Erfurter Kommentar
zum Arbeitsrecht

Beck'sche Kurz-Kommentare

Band 51

Erfurter Kommentar zum Arbeitsrecht

2., neubearbeitete Auflage

Herausgeber

Dr. Thomas Dieterich
Präsident des Bundesarbeitsgerichts a. D.
Honorarprofessor an der Universität Göttingen

Dr. Dres. h. c. Peter Hanau
Professor an der Universität zu Köln

Dr. h. c. Günter Schaub
Vorsitzender Richter am Bundesarbeitsgericht a. D.

Redaktoren

Dr. Rudi Müller-Glöge
Richter am Bundesarbeitsgericht

Dr. Ulrich Preis
Professor an der Universität Düsseldorf
und an der FernUniversität Hagen

Verlag C. H. Beck München 2001

Zitiervorschlag:

ErfK/*Schaub* § 1 ArbGG Rn. 3

Die Deutsche Bibliothek – CIP-Einheitsaufnahme

Erfurter Kommentar zum Arbeitsrecht / Hrsg.
Thomas Dieterich ... [Die Autoren des Kommentars
Reiner Ascheid ...]. – München : Beck, 2000
 (Beck'sche Kurz-Kommentare ; Bd. 51)
 ISBN 3 406 46807 1

ISBN 3 406 46807 1

© 2001 Verlag C. H. Beck oHG, Wilhelmstraße 9, 80801 München
Satz und Druck: C. H. Beck'sche Buchdruckerei, Nördlingen (Adresse wie Verlag)
Gedruckt auf säurefreiem, alterungsbeständigem Papier
(hergestellt aus chlorfrei gebleichtem Zellstoff)

Die Autoren des Kommentars

Dr. Reiner Ascheid
Vorsitzender Richter am Bundesarbeitsgericht a. D.,
Honorarprofessor an der Universität Passau

Dr. Thomas Dieterich
Präsident des Bundesarbeitsgerichts a. D.,
Honorarprofessor an der Universität Göttingen

Hans-Jürgen Dörner
Vorsitzender Richter am Bundesarbeitsgericht

Dr. Hans-Friedrich Eisemann
Präsident des Landesarbeitsgerichts Brandenburg

Dr. Dres. h.c. Peter Hanau
em. Professor an der Universität zu Köln

Dr. Thomas Kania
Fachanwalt für Arbeitsrecht in Köln

Dr. Ulrich Koch
Direktor des Arbeitsgerichts Stralsund

Dr. Rudi Müller-Glöge
Richter am Bundesarbeitsgericht

Dr. Hartmut Oetker
Professor an der Universität Jena,
Richter am Thüringer Oberlandesgericht

Dr. Ulrich Preis
Professor an der Universität Düsseldorf
und an der FernUniversität Hagen

Dr. Christian Rolfs
Privatdozent an der FernUniversität Hagen

Dr. h.c. Günter Schaub
Vorsitzender Richter am Bundesarbeitsgericht a. D.

Dr. Monika Schlachter
Professorin an der Universität Jena

Dr. Heinz-Dietrich Steinmeyer
Professor an der Universität Münster

Dr. Rolf Wank
Professor an der Ruhr-Universität Bochum

Dr. Hellmut Wißmann
Präsident des Bundesarbeitsgerichts

Im einzelnen haben bearbeitet:

Prof. Dr. Reiner Ascheid .... ArbPlSchG (mit Ausnahme von §§ 4, 14 a, 14 b ArbPlSchG)
§ 19 BErzGG
§§ 125–128 InsO
KSchG
SGB III – Arbeitsförderung
§ 323 UmwG

Prof. Dr. Thomas Dieterich .... Vorbemerkung zum GG, Art. 1–6, 12, 14 GG

Hans-Jürgen Dörner .... § 4 ArbPlSchG
§§ 15–17 BErzGG
§§ 616, 617 BGB
BUrlG
EFZG
§ 19 JArbSchG
§§ 44, 45, 49 SGB V

Dr. Hans-Friedrich Eisemann .... §§ 80–100 ArbGG
§§ 1–73 BetrVG
§§ 321, 322 UmwG

Prof. Dr. Dres. h.c. Peter Hanau .... Art. 39 (48) EGV
AEntG
§§ 120–122 InsO

Prof. Dr. Dres. h.c. Peter Hanau/
Dr. Thomas Kania .... §§ 74–132 BetrVG

Dr. Ulrich Koch .... Sachverzeichnis

Dr. Rudi Müller-Glöge .... ÄArbVtrG
§ 1 BeschFG
§§ 339–345 BGB
§§ 620–630 BGB
§§ 57a–57 f HRG
§ 113 InsO
§ 41 SGB VI

Prof. Dr. Hartmut Oetker .... §§ 15–18, 95–116 AktG
BetrVG 1952
MitbestG
Montan-MitbestG
SprAuG
§ 325 UmwG

Prof. Dr. Ulrich Preis .... §§ 2–6 BeschFG
Einleitung zum BGB, §§ 104–113, 125–127, 194–225, 611, 612–615 BGB
NachwG
§ 324 UmwG

Dr. Christian Rolfs .... AltersteilzeitG
§§ 7, 8 SGB IV
§ 2 SGB VI
SGB VII

Die Autoren des Kommentars

Dr. h.c. Günter Schaub .... ArbGG (mit Ausnahme von §§ 61 b, 80–100 ArbGG)
GVG
HGB
TVG

Prof. Dr. Monika Schlachter .... Art. 9 GG mit Arbeitskampfrecht
Art. 141 (119) EGV
§ 61 b ArbGG
BBiG
BErzGG (mit Ausnahme von §§ 15–17, 19 BErzGG)
BeschäftigtenschutzG
§§ 611 a, 611 b BGB
Art. 27, 30, 34 EGBGB
JArbSchG (mit Ausnahme von § 19 JArbSchG)
MuSchG
SGB V – Anhang: Reichsversicherungsordnung – Mutterschaftshilfe (§§ 195–200 b RVO)

Prof. Dr. Heinz-Dietrich Steinmeyer .... §§ 14 a, 14 b ArbPlSchG
BetrAVG
SchwbG
Einführung zum SGB VI

Prof. Dr. Rolf Wank .... ArbZG
AÜG
BDSG
§§ 618, 619 BGB
LadSchlG

Dr. Hellmut Wißmann .... Vorbemerkung zum EGV, Art. 234 (177) EGV

Vorwort zur 2. Auflage

Das im Oktober 1998 in erster Auflage erschienene Werk ist von Rechtsprechung, Wissenschaft, Anwaltschaft und Personalpraxis freundlich aufgenommen worden. Das Ziel, den Kommentar in zweijährigem Rhythmus erscheinen zu lassen, wurde (fast) erreicht. In der zweiten Auflage haben sich Herausgeber, Redaktoren und Autoren um eine weitere Straffung bemüht. Insbesondere wurde Wert auf eine noch engere Verzahnung der Kommentarteile gelegt.

Im Autorenteam haben sich kleinere Verschiebungen ergeben, die aus dem Autorenverzeichnis ersichtlich sind. Neu aufgenommen wurde im BGB die Kommentierung der §§ 623, 125 bis 127 und 339 bis 345 BGB sowie der arbeitsrechtlich relevanten Vorschriften des EGBGB zum internationalen Privatrecht. Erweitert wurden die arbeitsrechtlich bedeutsamen Teile des Sozialrechts. Der Kommentar enthält jetzt eine eigenständige Kommentierung der Vorschriften zum sozialversicherungsrechtlichen Beschäftigtenbegriff und zur geringfügigen Beschäftigung (§§ 7 und 8 SGB IV).

Der Kommentar erscheint mit dem Rechtsstand 1. September 2000.

Im Oktober 2000 *Die Herausgeber und Redaktoren*

Vorwort der 1. Auflage

Das Arbeitsrecht kann sich nicht auf eine Kodifikation stützen. Selbst ein Arbeitsvertragsgesetz fehlt ihm. Es findet seine gesetzlichen Grundlagen im allgemeinen Zivilrecht und in zahlreichen Spezialgesetzen sowie in dem von der Wissenschaft begleiteten Richterrecht. Ziel des Erfurter Kommentars ist es, dem Praktiker des Arbeitslebens in dieser unübersichtlichen Rechtslage zu helfen. Er soll dem Leser einen klar gegliederten und unkomplizierten Überblick über das gesamte Rechtsgebiet verschaffen. Dieser Kommentar ist das Ergebnis der Zusammenarbeit von Richtern, überwiegend des BAG, Hochschullehrern und Anwaltschaft. Mit der Titelgebung des Werkes „Erfurter Kommentar zum Arbeitsrecht" soll der Ausrichtung der Kommentierung an der höchstrichterlichen Rechtsprechung sowie dem neuen Standort des Bundesarbeitsgerichts in Erfurt Rechnung getragen werden.

Der Kommentar wendet sich an alle, die sich schnell und zuverlässig über die arbeitsrechtliche Lage informieren und rechtlich fundierte Entscheidungen treffen müssen. Das sind zunächst Richter, Rechtsanwälte und Verbandsvertreter, aber auch Wissenschaftler und Politiker, vor allem aber die Normunterworfenen, die sich im Gestrüpp der Regelungen zurechtfinden müssen.

Der Erfurter Kommentar enthält nahezu alle arbeitsrechtlichen Gesetze und erläutert sie. Nach den für das Arbeitsrecht bedeutsamen Grundrechten werden die einzelnen Gesetze alphabetisch abgedruckt, um ein leichtes Auffinden zu gewährleisten. Die Numerierung der Gesetze läßt Raum, in späteren Auflagen weitere Arbeitsschutzgesetze in den Kommentar aufzunehmen, ohne daß sich die Gliederung ändert.

Die Kommentierung weist den Stand vom Sommer 1998 aus. Bereits voraussehbare Änderungen sind jedoch berücksichtigt. Dies gilt insbesondere für die am 1. Januar 1999 in Kraft tretenden Gesetze. Die Erläuterungen sind möglichst kurz gefaßt und auf die Bedürfnisse der Praxis zugeschnitten. Gleichwohl ist auf wissenschaftliche Gründlichkeit Bedacht genommen. Streitfragen werden klar angesprochen und mit Entscheidungshilfen verbunden. In manchen Fragen werden auch neue Wege beschritten.

Im Arbeitsrecht gewinnen sozialversicherungsrechtliche Regelungen immer größere Bedeutung. Die Verfasser haben auf die Verzahnung mit dem Sozialversicherungsrecht geachtet; insbesondere das Arbeitsförderungsrecht des SGB III und das Unfallversicherungsrecht sind berücksichtigt.

Herausgeber, Redaktoren und Verfasser hoffen, mit dem Erfurter Kommentar den Benutzern eine ebenso handliche wie zuverlässige Hilfe für die tägliche Arbeit zu bieten. Für alle Anregungen und Verbesserungsvorschläge sind sie stets dankbar.

Kassel/Köln/Schauenburg,
im August 1998 *Die Herausgeber*

Inhaltsverzeichnis

Abkürzungsverzeichnis	....	XV
Literaturverzeichnis	....	XXXI
10. GG	**Grundgesetz** (Auszug)	1
	Einleitung..	1
	Art. 1. Schutz der Menschenwürde	19
	Art. 2. Allgemeine Handlungsfreiheit, Allgemeines Persönlichkeitsrecht	21
	Art. 3. Gleichheit vor dem Gesetz....................	44
	Art. 4. Glaubens-, Gewissens- und Bekenntnisfreiheit	62
	Art. 5. Recht der freien Meinungsäußerung, Pressefreiheit, Rundfunkfreiheit	76
	Art. 6. Ehe und Familie, Mutterschutz	95
	Art. 9. Vereinigungsfreiheit	99
	Art. 12. Berufsfreiheit	149
	Art. 14. Eigentum, Erbrecht, Enteignung	157
20. EG	**Vertrag zur Gründung der Europäischen Gemeinschaft** (Auszug)..	163
	Vorbemerkung zum EGV: Das Verhältnis des Gemeinschaftsrechts zum nationalen Recht	163
	Art. 39 (ex-48). Freizügigkeit der Arbeitnehmer.............	167
	Art. 141 (ex-119). Gleiches Entgelt für Männer und Frauen.....	178
	– Protokoll des EU-Vertrages über die Sozialpolitik.........	178
	Art. 234 (ex-177). Vorabentscheidung.....................	185
25. ÄArbVtrG	**Gesetz über befristete Arbeitsverträge mit Ärzten in der Weiterbildung**	194
30. AEntG	**Arbeitnehmer-Entsendegesetz**	197
50. AktG	**Aktiengesetz** (Auszug) (§§ 15–18, 95–116 AktG)............................	216
60. ArbGG	**Arbeitsgerichtsgesetz**................................	254
80. ArbPlSchG	**Arbeitsplatzschutzgesetz**.............................	427
110. ArbZG	**Arbeitszeitgesetz**...................................	450
130. ATG	**Altersteilzeitgesetz**.................................	503
140. AÜG	**Arbeitnehmerüberlassungsgesetz**.....................	526
150. BBiG	**Berufsbildungsgesetz** (Auszug) (§§ 1–49 BBiG)	606
160. BDSG	**Bundesdatenschutzgesetz** (Auszug) (§§ 1–13, 27, 28, 31, 33–41 BDSG)......................	642
170. BErzGG	**Bundeserziehungsgeldgesetz**.........................	673
180. BeschFG	**Beschäftigungsförderungsgesetz**.......................	703
190. BeschäftigtenschutzG	**Beschäftigtenschutzgesetz**...........................	740
200. BetrAVG	**Gesetz zur Verbesserung der betrieblichen Altersversorgung**.	747
210. BetrVG	**Betriebsverfassungsgesetz**...........................	849
220. BetrVG 1952	**Betriebsverfassungsgesetz 1952** (Auszug) (§§ 76–77 a, 81, 85, 87 BetrVG 1952).....................	1246

Inhaltsverzeichnis

230. BGB		Bürgerliches Gesetzbuch (Auszug)	1264
		§§ 104 ff. Geschäftsfähigkeit	1264
		§ 113. Dienst- oder Arbeitsverhältnis	1265
		§§ 125–127. Formvorschriften	1268
		§§ 194–225. Verjährung	1277
		§§ 339–345. Vertragsstrafe	1291
		§ 611. Wesen des Dienstvertrags	1298
		§ 611 a. Gleichbehandlung von Männern und Frauen	1475
		§ 611 b. Ausschreibung eines Arbeitsplatzes	1483
		§ 612. Vergütung	1484
		§ 612 a. Maßregelungsverbot	1495
		§ 613. Höchstpersönliche Verpflichtung und Berechtigung	1500
		§ 613 a. Rechte und Pflichten bei Betriebsübergang	1503
		§ 614. Fälligkeit der Vergütung	1547
		§ 615. Vergütung bei Annahmeverzug	1551
		§ 616. Vorübergehende Verhinderung	1572
		§ 617. Erkrankung des Dienstverpflichteten	1575
		§ 618. Pflicht zu Schutzmaßnahmen	1577
		§ 619. Unabdingbarkeit der Fürsorgepflichten	1586
		§ 620. Ende des Dienstverhältnisses	1586
		§ 621. Kündigungsfristen	1623
		§ 622. Kündigungsfrist bei Arbeitsverhältnissen	1625
		§ 623. Schriftform von Kündigung, Auflösungsvertrag und Befristung	1642
		§ 624. Kündigungsfrist bei Verträgen über mehr als 5 Jahre	1648
		§ 625. Stillschweigende Verlängerung	1651
		§ 626. Fristlose Kündigung	1653
		§ 627. Fristlose Kündigung bei Vertrauensstellung	1702
		§ 628. Vergütung; Schadensersatz bei fristloser Kündigung	1704
		§ 629. Freizeit zur Stellungssuche	1719
		§ 630. Pflicht zur Zeugniserteilung	1722
250. BUrlG		Bundesurlaubsgesetz	1745
280. EFZG		Entgeltfortzahlungsgesetz	1808
290. EGBGB		Einführungsgesetz zum Bürgerlichen Gesetzbuch (Auszug) (Art. 27, 30, 34 EGBGB – Internationales Arbeitsrecht)	1878
340. GVG		Gerichtsverfassungsgesetz (Auszug)	1884
390. HGB		Handelsgesetzbuch (Auszug) (§§ 48, 54, 59–65, 73–75 h, 82 a–92 c HGB)	1889
400. HRG		Hochschulrahmengesetz (Auszug) (§§ 57 a–57 f HRG)	1937
410. InsO		Insolvenzordnung (Auszug) (§§ 113, 120–122, 125–128 InsO)	1956
420. JArbSchG		Jugendarbeitsschutzgesetz	1969
430. KSchG		Kündigungsschutzgesetz	2031
		§ 1. Sozial ungerechtfertigte Kündigungen	2031
		§ 2. Änderungskündigung	2117
		§ 3. Kündigungseinspruch	2130
		§ 4. Anrufung des Arbeitsgerichts	2131
		§ 5. Zulassung verspäteter Klagen	2146
		§ 6. Verlängerte Anrufungsfrist	2152
		§ 7. Wirksamwerden der Kündigung	2154
		§ 8. Wiederherstellen der früheren Arbeitsbedingungen	2155
		§ 9. Auflösung des Arbeitsverhältnisses durch Urteil des Gerichts; Abfindung des Arbeitnehmers	2156
		§ 10. Höhe der Abfindung	2165
		§ 11. Anrechnung auf entgangenen Zwischenverdienst	2169
		§ 12. Neues Arbeitsverhältnis des Arbeitnehmers; Auflösung des alten Arbeitsverhältnisses	2172
		§ 13. Verhältnis zu sonstigen Kündigungen	2174

Inhaltsverzeichnis

	§ 14. Angestellte in leitender Stellung	2180
	§ 15. Unzulässigkeit der Kündigung	2183
	§ 16. Neues Arbeitsverhältnis; Auflösung des alten Arbeitsverhältnisses	2194
	§ 17. Anzeigepflicht	2195
	§ 18. Entlassungssperre	2203
	§ 19. Zulässigkeit von Kurzarbeit	2207
	§ 20. Entscheidungen des Arbeitsamtes	2209
	§ 21. Entscheidungen der Hauptstelle der Bundesanstalt für Arbeit	2211
	§ 22. Ausnahmebetriebe	2211
	§ 23. Geltungsbereich	2212
	§ 24. Anwendung des Gesetzes auf Betriebe der Schiffahrt und des Luftverkehrs	2216
	§ 25. Kündigung in Arbeitskämpfen	2219
	§ 25a. Berlin-Klausel	2220
	§ 26. Inkrafttreten	2220
440. LadSchlG	Ladenschlußgesetz	2221
470. MitbestG	Mitbestimmungsgesetz	2237
490. Montan-MitbestG	Montan-Mitbestimmungsgesetz	2279
500. MuSchG	Mutterschutzgesetz	2299
510. NachwG	Nachweisgesetz	2333
530. SchwbG	Schwerbehindertengesetz (Auszug) (§§ 1–29, 38, 39, 44–49, 54–58 SchwbG)	2345
540. SGB III	Arbeitsförderung (SGB III) (Auszug) (§§ 143, 143 a, 144, 146, 147 a SGB III)	2379
545. SGB IV	Gemeinsame Vorschriften für die Sozialversicherung (SGB IV) (Auszug) (§§ 7, 8 SGB IV)	2406
550. SGB V	Gesetzliche Krankenversicherung (SGB V) (Auszug) (§§ 44, 45, 49 SGB V)	2429
	Anhang: Reichsversicherungsordnung – Mutterschaftshilfe – §§ 195–200 b RVO	2438
560. SGB VI	Gesetzliche Rentenversicherung (SGB VI) (Auszug) (§§ 2, 41 SGB VI)	2445
570. SGB VII	Gesetzliche Unfallversicherung (SGB VII) (Auszug) (§§ 2–9, 104–110 SGB VII)	2458
590. SprAuG	Sprecherausschußgesetz	2480
600. TVG	Tarifvertragsgesetz	2514
610. UmwG	Umwandlungsgesetz (Auszug) (§§ 321–325 UmwG)	2577
Sachverzeichnis		2591

Abkürzungsverzeichnis

Zeitschriften werden, soweit nicht anders angegeben, nach Jahr und Seite zitiert

a.	auch
AA	Arbeitsamt
aA	anderer Ansicht
aaO	am angegebenen Ort
AAV	Arbeitsaufenthalteverordnung
ABA	Arbeitsgemeinschaft für betriebliche Altersversorgung; Arbeit, Beruf und Arbeitslosenhilfe, Zeitschrift
ABG	Allgemeines Berggesetz für die Preuß. Staaten
abgedr.	abgedruckt
Abh.	Abhandlungen
AbgG	Gesetz über die Rechtsverhältnisse der Mitglieder des Deutschen Bundestages (Abgeordnetengesetz)
Abl.	Amtsblatt
abl.	ablehnend
ABlEG	Amtsblatt der Europäischen Gemeinschaften; vor 1958: Amtsblatt der EGKS
Abk.	Abkommen
ABM	Arbeitsbeschaffungsmaßnahmen
Abs.	Absatz
Abschn.	Abschnitt
Abt.	Abteilung
abw.	abweichend
AcP	Archiv für die civilistische Praxis
ADHGB	Allgemeines Deutsches Handelsgesetzbuch
aE	am Ende
Änd.	Änderung
ÄndG	Gesetz zur Änderung
ÄArbVtrG	Gesetz über befristete Arbeitsverträge mit Ärzten in der Weiterbildung
AEntG	Gesetz über zwingende Arbeitsbedingungen bei grenzüberschreitenden Dienstleistungen (Arbeitnehmer-Entsendegesetz)
AErlV	Arbeitserlaubnisverordnung
AETR	Europäisches Übereinkommen über die Arbeit des im internationalen Straßenverkehr beschäftigten Fahrpersonals
AEVO	Ausbilder-Eignungsverordnung
aF	alte Fassung
AfA	Absetzung für Abnutzungen
AFG	Arbeitsförderungsgesetz
AFKG	Arbeitsförderungs-Konsolidierungsgesetz
AfP	Archiv für Presserecht
AFRG	Arbeitsförderungs-Reformgesetz
AG	Arbeitgeber; Aktiengesellschaft; Amtsgericht; Ausführungsgesetz; Die Aktiengesellschaft, Zeitschrift
Ag.	Antragsgegner(in)
AG	Arbeitgeber; Aktiengesellschaft
AGB	Allgemeine Geschäftsbedingungen
AGB-DDR	Arbeitsgesetzbuch der DDR
AGBG	Gesetz zur Regelung des Rechts der Allgemeinen Geschäftsbedingungen (AGB-Gesetz)
AGBGB	Ausführungsgesetz zum BGB
AG EuGÜbk.	Ausführungsgesetz zum Übereinkommen der Europäischen Wirtschaftsgemeinschaft über die gerichtliche Zuständigkeit und die Vollstreckung gerichtlicher Entscheidungen in Zivil- und Handelssachen
AHB	Allgemeine Versicherungsbedingungen für die Haftpflichtversicherung
AiB	Arbeitsrecht im Betrieb, Zeitschrift
AK	Alternativkommentar
AKB	Allgemeine Bedingungen für die Kfz-Versicherung
AktG	Recht der Aktiengesellschaften und der Kommanditgesellschaften auf Aktien (Aktiengesetz)
ALG	Gesetz über die Alterssicherung der Landwirte
AlhiV	Arbeitslosenhilfe-Verordnung
allg.	allgemein
allgA	allgemeine Ansicht

Abkürzungsverzeichnis

Alt.	Alternative
aM	anderer Meinung
amtl.	amtlich
Amtl.Begr.	Amtliche Begründung
Amtl.Mitt.	Amtliche Mitteilungen
AN	Arbeitnehmer
ANBA	Amtliche Nachrichten der Bundesanstalt für Arbeit
AnfG	Gesetz über die Anfechtung von Rechtshandlungen eines Schuldners außerhalb des Insolvenzverfahrens (Anfechtungsgesetz)
AngKSchG	Gesetz über die Fristen für die Kündigung von Angestellten
AnglG	Gesetz zur Angleichung der Bestandsrenten an das Nettorentenniveau der BRD und zu weiteren rentenrechtlichen Regelungen
Anh.	Anhang
Anm.	Anmerkung
AnVG	Angestelltenversicherungsgesetz
AnVNG	Gesetz zur Neuregelung des Rechts der Rentenversicherung der Angestellten
AnwBl.	Anwaltsblatt
AO	Abgabenordnung
AöR	Archiv des öffentlichen Rechts
AOK	Allgemeine Ortskrankenkasse
AP	Nachschlagewerk des Bundesarbeitsgerichts (seit 1954, vorher: Arbeitsrechtliche Praxis)
ARB	Allgemeine Bedingungen für die Rechtsschutz-Versicherung
ArbG	Arbeitsgericht
ArbGeb.	Der Arbeitgeber, Zeitschrift
ArbGegw.	Arbeitsrecht der Gegenwart, Zeitschrift
ArbGG	Arbeitsgerichtsgesetz
ArbZG	Arbeitszeitgesetz
AR-Blattei	Arbeitsrecht-Blattei
ArbKrankhG	Gesetz zur Verbesserung der wirtschaftlichen Stellung der Arbeiter im Krankheitsfalle
ArbnErfG	Gesetz über Arbeitnehmererfindungen
ArbPlSchG	Gesetz über den Schutz des Arbeitsplatzes bei Einberufung zum Wehrdienst (Arbeitsplatzschutzgesetz)
ArbR	Arbeitsrecht
ArbRBerG	Gesetz zur Änderung des Kündigungsrechts und anderer arbeitsrechtlicher Vorschriften (Arbeitsrechtsbereinigungsgesetz)
ArbRBeschFG	Arbeitsrechtliches Beschäftigungsförderungsgesetz
ArbRGeg.	Das Arbeitsrecht der Gegenwart, Jahrbuch
ArbSchG	Arbeitsschutzgesetz
ArbSG	Gesetz zur Sicherstellung von Arbeitsleistungen für Zwecke der Verteidigung einschließlich des Schutzes der Zivilbevölkerung (Arbeitssicherstellungsgesetz)
ArbStättR	Arbeitsstättenrichtlinie
ArbStättV	VO über Arbeitsstätten
ArbStoffV	VO über gefährliche Arbeitsstoffe (Arbeitsstoffverordnung)
ArbuR	s. AuR
ArbuSozPol.	Arbeit und Sozialpolitik, Mitteilungsblatt des Arbeitsministeriums Nordrhein-Westfalen
ArbuSozR	Arbeits- und Sozialrecht, Mitteilungsblatt des Arbeitsministeriums Baden-Württemberg
ArbVerh	Arbeitsverhältnis
ArbZG	Arbeitszeitgesetz
ArbZRG	Gesetz zur Vereinheitlichung und Flexibilisierung des Arbeitszeitrechts (Arbeitszeitrechtsgesetz)
ArchBürgR	Archiv für Bürgerliches Recht, Zeitschrift
A-Reha.	Anordnung des Verwaltungsrats der Bundesanstalt für Arbeit über die Arbeits- und Berufsförderung Behinderter
ArEV	Arbeitsentgeltverordnung
arg.	argumentum
Arge.	Arbeitsgemeinschaft
ARS	Arbeitsrechtssammlung mit Entscheidungen des Reichsarbeitsgerichts, der Landesarbeitsgerichte und Arbeitsgerichte
ARSt.	Arbeitsrecht in Stichworten
Art.	Artikel
ArVNG	Gesetz zur Neuregelung des Rechts der Rentenversicherung der Arbeiter (Arbeiterrentenversicherungs-Neuregelungsgesetz)
ArztR	Arztrecht, Zeitschrift
ASiG	Gesetz über Betriebsärzte, Sicherheitsingenieure und andere Fachkräfte für Arbeitssicherheit – Arbeitssicherheitsgesetz
ASJ	Arbeitsgemeinschaft Sozialdemokratischer Juristinnen und Juristen

Abkürzungsverzeichnis

Ast.	Antragsteller(in)
AsylVfG	Gesetz über das Asylverfahren
AT	Allgemeiner Teil
ATG, ATZG	Altersteilzeitgesetz
ATO	Allgemeine Tarifordnung für Arbeitnehmer im öffentlichen Dienst
AU	Arbeitsunfähigkeit
AuA	Arbeit und Arbeitsrecht, Zeitschrift
AuB	Arbeit und Beruf, Zeitschrift
AUB	Allgemeine Unfallversicherungs-Bedingungen; Arbeitsunfähigkeitsbescheinigung(en)
AÜG	Gesetz zur Regelung der gewerbsmäßigen Arbeitnehmerüberlassung (Arbeitnehmerüberlassungsgesetz)
AufenthG/EWG	Gesetz über Einreise und Aufenthalt von Staatsangehörigen der Mitgliedstaaten der Europäischen Wirtschaftsgemeinschaft
Aufl.	Auflage
AufzVO	VO über Aufzugsanlagen
AUG	Auslandsunterhaltsgesetz
AuR	Arbeit und Recht, Zeitschrift
AusbPlFöG	Gesetz zur Förderung des Angebots an Ausbildungsplätzen in der Berufsausbildung (Ausbildungsplatzförderungsgesetz)
ausf.	ausführlich
AusfG	Ausführungsgesetz
AusfVO	Ausführungsverordnung
AuslandsrentenVO	VO über die Zahlung von Renten in das Ausland
AuslG	Ausländergesetz
AVAG	Anerkennungs- und Vollstreckungsausführungsgesetz
AVAVG	Gesetz über Arbeitsvermittlung und Arbeitslosenversicherung
AVB	Allgemeine Versicherungsbedingungen
AVE	Allgemeinverbindlichkeitserklärung
AVermV	Arbeitsvermittlungsverordnung
AVG	Angestelltenversicherungsgesetz
AVR	Allgemeine Vertragsrichtlinien
AWD	Außenwirtschaftsdienst des Betriebs-Beraters, Zeitschrift
AWG	Außenwirtschaftsgesetz
AZ	Arbeitszeit
Az.	Aktenzeichen
AZO	Arbeitszeitordnung
BA	Bundesanstalt für Arbeit
BäckArbZG	Gesetz über die Arbeitszeit in Bäckereien und Konditoreien
BAföG	Bundesgesetz über individuelle Förderung der Ausbildung (Bundesausbildungsförderungsgesetz)
BAG	Bundesarbeitsgericht
BAGE	Sammlung der Entscheidungen des Bundesarbeitsgerichts
BAnstArb.	Bundesanstalt für Arbeit
BAnz.	Bundesanzeiger
BArbBl.	Bundesarbeitsblatt
BarwertVO	VO zur Ermittlung des Barwerts einer auszugleichenden Versorgung
BAT	Bundes-Angestelltentarifvertrag
BAT-O	Tarifvertrag zur Anpassung des Tarifrechts – Manteltarifliche Vorschriften
BAV	Bundesaufsichtsamt für das Versicherungswesen
BayBS	Bereinigte Sammlung des Bayerischen Landesrechts
BayObLG	Bayerisches Oberstes Landesgericht
BayVBl.	Bayerisches Verwaltungsblatt
BayVGH	Bayerischer Verwaltungsgerichtshof
BB	Betriebs-Berater, Zeitschrift
BBergG	Bundesberggesetz
BBesG	Bundesbesoldungsgesetz
BBG	Bundesbeamtengesetz
BbgDSG	Brandenburgisches Datenschutzgesetz
BBiG	Berufsbildungsgesetz
Bd.	Band
BDA	Bundesvereinigung Deutscher Arbeitgeberverbände
BDI	Bundesverband der Deutschen Industrie
BDO	Bundesdisziplinarordnung
BDSG	Gesetz zum Schutz von Mißbrauch personenbezogener Daten bei der Datenverarbeitung (Bundesdatenschutzgesetz)
Bearb.	Bearbeiter; Bearbeitung
bearb.	bearbeitet
BeamtVG	Gesetz über die Versorgung der Beamten und Richter in Bund und Ländern (Beamtenversorgungsgesetz)

XVII

Abkürzungsverzeichnis

BEG	Bundesgesetz zur Entschädigung für Opfer der nationalsozialistischen Verfolgung (Bundesentschädigungsgesetz)
Begr.	Begründung
BehinR	Behindertenrecht
Beil.	Beilage
Bek.	Bekanntmachung
Bekl., bekl.	Beklagte(r), beklagte(r)
Bem.	Bemerkung
BenshSlg.	Entscheidungen des Reichsarbeitsgerichts und der Landesarbeitsgerichte, verlegt bei Bensheimer (ab 1934: Arbeitsrechtssammlung – ARS)
Ber.	Berichtigung
ber.	bereinigt; berichtigt
BerBiFG	Gesetz zur Förderung der Berufsbildung durch Planung und Forschung (Berufsbildungsförderungsgesetz)
BergPDV	VO zur Durchführung des Gesetzes über Bergmannsprämien
BergPG	Gesetz über Bergmannsprämien
BerHG	Gesetz über Rechtsberatung und Vertretung für Bürger mit geringem Einkommen (Beratungshilfegesetz)
Berl.	Berlin
BErzGG	Bundeserziehungsgeldgesetz
bes.	besonders
BeschFG (1985)	Gesetz über arbeitsrechtliche Vorschriften zur Beschäftigungsförderung (Beschäftigungsförderungsgesetz 1985)
BeschFG 1996	Beschäftigungsförderungsgesetz 1996
Beschl.	Beschluß
BeschSG, BeschSchG	Gesetz zum Schutz der Beschäftigten vor sexueller Belästigung am Arbeitsplatz (Beschäftigtenschutzgesetz)
bestr.	bestritten
betr.	betreffend
BetrAV	Betriebliche Altersversorgung, Zeitschrift
BetrAVG	Gesetz zur Verbesserung der betrieblichen Altersversorgung
BetrVerf.	Betriebsverfassung
BetrVG	Betriebsverfassungsgesetz
BeurkG	Beurkundungsgesetz
BewG	Bewertungsgesetz
BezG	Bezirksgericht
Bf.	Beschwerdeführer(in)
BfA	Bundesversicherungsanstalt für Angestellte
BfG	Bank für Gemeinwirtschaft
BFH	Bundesfinanzhof
BFHE	Sammlung der Entscheidungen des BFH
BFH/NV	Sammlung amtlich nicht veröffentlichter Entscheidungen des BFH
Bg.	Beschwerdegegner(in)
BG	Die Berufsgenossenschaft, Zeitschrift
BGB	Bürgerliches Gesetzbuch
BGBl.	Bundesgesetzblatt
BGH	Bundesgerichtshof
BGH GS	Bundesgerichtshof Großer Senat
BGHSt.	Entscheidungen des Bundesgerichtshofs in Strafsachen
BGHZ	Entscheidungen des Bundesgerichtshofs in Zivilsachen
BGremBG	Gesetz über die Berufung und Entsendung von Frauen und Männern in Gremien im Einflußbereich des Bundes (Bundesgremienbesetzungsgesetz)
BHO	Bundeshaushaltsordnung
BIBB	Bundesinstitut für berufliche Bildung
BillBG	Gesetz zur Bekämpfung der illegalen Beschäftigung
BImSchG	Gesetz zum Schutz vor schädlichen Umwelteinwirkungen durch Luftverunreinigungen, Geräusche, Erschütterungen und ähnliche Vorgänge (Bundesimmissionsschutzgesetz)
BinnSchG	Gesetz betreffend die privatrechtlichen Verhältnisse der Binnenschiffahrt (Binnenschiffahrtsgesetz)
BKGG	Bundeskindergeldgesetz
BKK	Die Betriebskrankenkasse, Zeitschrift
BKV	Berufskrankheitenverordnung
BLG	Bundesleistungsgesetz
BlnDSG	Berliner Datenschutzgesetz
BlStSozArbR	Blätter für Steuerrecht, Sozialversicherung und Arbeitsrecht, Zeitschrift
BMA	Bundesminister(ium) für Arbeit und Sozialordnung
BMF	Bundesminister(ium) der Finanzen
BMFT	Bundesminister(ium) für Bildung, Wissenschaft, Forschung und Technologie
BMietG	Bundesmietengesetz
BMI	Bundesminister(ium) des Innern

Abkürzungsverzeichnis

BMJ	Bundesminister(ium) der Justiz
BMTG	Bundesmanteltarifvertrag für Arbeiter gemeindlicher Verwaltungen und Betriebe
BMTV	Bundesmanteltarifvertrag
b + p	Betrieb und Personal, Zeitschrift
BPatA	Bundespatentamt
BPatG	Bundespatentgericht
BPersVG	Bundespersonalvertretungsgesetz
BR	Betriebsrat; Der Betriebsrat, Zeitschrift; Bundesrat
BRAGO	Bundesrechtsanwaltsgebührenordnung
BRAO	Bundesrechtsanwaltsordnung
BRD	Bundesrepublik Deutschland
BR-Drucks.	Drucksache des Deutschen Bundesrates
BrDSG	Bremisches Datenschutzgesetz
BReg.	Bundesregierung
Breithaupt.	Sammlung von Entscheidungen aus dem Gericht der Sozialversicherung, Versorgung und Arbeitslosenversicherung
Brem.	Bremen
BRG	Betriebsrätegesetz vom 4. 2. 1920
BRKG	Gesetz über die Reisekostenvergütung für die Bundesbeamten, Richter im Bundesdienst und Soldaten (Bundesreisekostengesetz)
BR-Prot.	Stenographische Berichte des Bundesrates (zit. nach Jahr u. S.)
BRRG	Beamtenrechtsrahmengesetz
BRT	Bundesrahmentarif
BRTV	Bundesrahmentarifvertrag
BRTV-Bau	Bundesrahmentarifvertrag für Arbeiter des Baugewerbes
BrZ	Britische Zone
BSeuchG	Bundesseuchengesetz
BSG	Bundessozialgericht
BSGE	Sammlung der Entscheidungen des BSG
BSHG	Bundessozialhilfegesetz
Bsp.	Beispiel
BStBl.	Bundessteuerblatt
BT	Bundestag
BT-Drucks.	Drucksache des Deutschen Bundestages
BtG	Betreuungsgesetz
BT-Prot.	Stenographische Berichte des Deutschen Bundestages (zit. nach Legislaturperiode u. S.)
Buchst.	Buchstabe
Bull.	Bulletin
BUrlG	Mindesturlaubsgesetz für Arbeitnehmer (Bundesurlaubsgesetz)
BUV	Betriebs- und Unternehmensverfassung, Zeitschrift
BVerfG	Bundesverfassungsgericht
BVerfGE	Sammlung der Entscheidungen des BVerfG
BVerwG	Bundesverwaltungsgericht
BVFG	Bundesvertriebenengesetz
BVG	Gesetz über die Versorgung der Opfer des Krieges (Bundesversorgungsgesetz)
BVS	Bergmannsversorgungsschein
BVSG-NRW	Gesetz über den Bergmannsversorgungsschein Nordrhein-Westfalen
bzgl.	bezüglich
BZRG	Bundeszentralregistergesetz
c.c.	code civil
CGD	Christlicher Gewerkschaftsbund Deutschland
ChemG	Gesetz zum Schutz vor gefährlichen Stoffen (Chemikaliengesetz)
cic.	culpa in contrahendo (Verschulden bei Vertragsschluß)
CMLR	Common Market Law Review
CMR	Übereinkommen über den Beförderungsvertrag im internationalen Straßengüterverkehr
CR	Computer und Recht, Zeitschrift
DA	Dienstanweisung
DAG	Deutsche Angestelltengewerkschaft
DampfkesselVO	VO über Dampfkesselanlagen
DAngVers	Die Angestelltenversicherung, Zeitschrift
DAR	Deutsches Autorecht, Zeitschrift
DArbR	Deutsches Arbeitsrecht, Zeitschrift
DAWAG	Deutsche Angestellten WohnungsbauAG
DB	Der Betrieb, Zeitschrift
DBIR	Dienstblatt d. BAnstArb. Ausgabe C – Rechtsprechung
DDR	Deutsche Demokratische Republik

XIX

Abkürzungsverzeichnis

ders.	derselbe
DEVO	Verordnung über die Erfassung von Daten für die Träger der Sozialversicherung und für die Bundesanstalt für Arbeit (Datenerfassungs-Verordnung)
DFB	Deutscher Fußballbund
DGB	Deutscher Gewerkschaftsbund
dgl.	dergleichen; desgleichen
dh.	das heißt
dies.	dieselbe(n)
Diss.	Dissertation
DIHT	Deutscher Industrie- und Handelstag
DJ	Deutsche Justiz, Zeitschrift
DJT	Deutscher Juristentag
DM	Deutsche Mark
DMBilG	D-Markbilanzgesetz
DNotZ	Deutsche Notar-Zeitschrift
DOK	Die Ortskrankenkasse, Zeitschrift
DöD	Der öffentliche Dienst, Zeitschrift
DöV	Die öffentliche Verwaltung, Zeitschrift
DRdA	Das Recht der Arbeit, österreichische Zeitschrift
DRiG	Deutsches Richtergesetz
DRiZ	Deutsche Richterzeitung, Zeitschrift
DRsp.	Deutsche Rechtsprechung, Zeitschrift
DruckgasVO	Druckgasverordnung
DruckluftVO	VO über Arbeiten in Druckluft (Druckluftverordnung)
DRV	Deutsche Rentenversicherung
DSG	Datenschutzgesetz
DSG-LSA	Datenschutzgesetz Sachsen-Anhalt
DSG-MV	Datenschutzgesetz Mecklenburg-Vorpommern
DSG-NW	Datenschutzgesetz Nordrhein-Westfalen
DStR	Deutsches Steuerrecht, Zeitschrift
DSuDS	Datenschutz und Datensicherung, Zeitschrift (s. auch DuD)
DSWR	Datenverarbeitung in Steuer, Wirtschaft und Recht, Zeitschrift
dt.	deutsch
DtZ	Deutsch-Deutsche Rechtszeitschrift
DuD	Datenschutz und Datensicherung, Zeitschrift (s. auch DSuDS)
DüVO	Verordnung über die Datenübermittlung auf maschinell verwertbaren Datenträgern im Bereich der Sozialversicherung und der Bundesanstalt für Arbeit (Datenübermittlungs-Verordnung)
DurchfBest.	Durchführungsbestimmung
DVO	Durchführungsverordnung
DVAuslG	Durchführungsverordnung zum Ausländergesetz
DVBl.	Deutsches Verwaltungsblatt, Zeitschrift
DVersZ	Deutsche Versicherungs-Zeitschrift für Sozialversicherung und Privatversicherung
DV-EWG	Verordnung zur Durchführung der Verordnung (EWG)
DVO zum AVAVG	Durchführungsverordnung zum Gesetz über die Arbeitsvermittlung und Arbeitslosenversicherung
DZWir	Deutsche Zeitschrift für Wirtschaftsrecht
E	Entwurf; Entscheidung (in der amtlichen Sammlung)
EA, Euratom	Vertrag zur Gründung der Europäischen Atomgemeinschaft
EAS	Europäisches Arbeits- und Sozialrecht, Rechtsvorschriften, Systematische Darstellungen und Entscheidungssammlung
ECU	European Currency Unit
EEK	*Sabel*, Entscheidungssammlung zur Entgeltfortzahlung an Arbeiter und Angestellte bei Krankheit, Kur und anderen Arbeitsverhinderungen
EFG	Entscheidungen der Finanzgerichte, Zeitschrift
EFZG	Gesetz über die Zahlung des Arbeitsentgeltes an Sonn- und Feiertagen und im Krankheitsfall
EG	Europäische Gemeinschaft(en); Vertrag zur Gründung der Europäischen Gemeinschaft; Einführungsgesetz
EGBGB	Einführungsgesetz zum Bürgerlichen Gesetzbuch
EGInsO	Einführungsgesetz zur Insolvenzordnung
EGKS	Europäische Gemeinschaft für Kohle und Stahl
EGKSV	Vertrag über die Gründung der Europäischen Gemeinschaft für Kohle und Stahl
EGMR	Europäischer Gerichtshof für Menschenrechte
EGV	Vertrag zur Gründung der Europäischen Gemeinschaft
EheG	Ehegesetz
1. EheRG	Erstes Gesetz zur Reform des Ehe- und Familienrechts
EhfG	Entwicklungshelfergesetz

Abkürzungsverzeichnis

EhrRiEntschG	Gesetz über die Entschädigung ehrenamtlicher Richter
EignÜG	Gesetz über den Einfluß von Eignungsübungen der Streitkräfte auf Vertragsverhältnisse der Arbeitnehmer und Handelsvertreter sowie auf Beamtenverhältnisse (Eignungsübungsgesetz)
Einf.	Einführung
Einl.	Einleitung
EKD	Evangelische Kirche in Deutschland
EKMR	Europäische Kommission für Menschenrechte
EMRK	Konvention zum Schutze der Menschenrechte und Grundfreiheiten
engl.	englisch(en)
ENeuOG	Eisenbahnneuordnungsgesetz
Entgfortz	Entgeltfortzahlung
Entsch.	Entscheidung
entspr.	entsprechend
Entw.	Entwurf
EPA	Europäisches Patentamt
EPÜ	Europäisches Patentübereinkommen
Erg.	Ergänzung
ErgVO	Ergänzungsverordnung
Erl.	Erlaß, Erläuterung
Ersk.	Die Ersatzkasse, Zeitschrift
ErzUrl.	Erziehungsurlaub
ESC	Europäische Sozialcharta
EStDV	Einkommensteuer-Durchführungsverordnung
EStER	Einkommensteuer-Ergänzungsrichtlinien
EStG	Einkommensteuergesetz
EStR	Einkommensteuer-Richtlinien
etc.	et cetera
EU	(Vertrag über die) Europäische Union
EuAbgG	Gesetz zur Regelung der Rechtsstellung von Abgeordneten des Europa-Parlaments
EuGH	Gerichtshof der Europäischen Gemeinschaften
EuGHE	Entscheidungen des Gerichtshofs der Europäischen Gemeinschaften
EuGRZ	Europäische Grundrechte, Zeitschrift
EuGVÜ	Übereinkommen über die gerichtliche Zuständigkeit und die Vollstreckung gerichtlicher Entscheidungen in Zivil- und Handelssachen
EuR	Europarecht, Zeitschrift
EuZW	Europäische Zeitschrift für Wirtschaftsrecht
EVertr.	Vertrag zwischen der BRD und der DDR über die Herstellung der Einheit Deutschlands vom 31. 8. 1990 (BGBl. II S. 889)
eV	eingetragener Verein
EWG	Europäische Wirtschaftsgemeinschaft
EWG-Richtl.	Richtlinie(n) der Europäischen Wirtschaftsgemeinschaft
EWGV	Vertrag zur Gründung einer Europäischen Wirtschaftsgemeinschaft
EWG-VO	Verordnung der Europäischen Wirtschaftsgemeinschaft
EWiR	Entscheidungen zum Wirtschaftsrecht, Zeitschrift
EWIV	Europäische wirtschaftliche Interessenvereinigung
EWS	Europäisches Währungssystem; Europäisches Wirtschafts- und Steuerrecht
EzA	Entscheidungen zum Arbeitsrecht, hrsg. von *Stahlhacke*
EzAÜG	Entscheidungssammlung zum Arbeitnehmerüberlassungsgesetz und zum sonstigen drittbezogenen Personaleinsatz
EzB	Entscheidungssammlung zum Berufsbildungsrecht, hrsg. von *Horst-Dieter Hurlebaus*
EzBAT	Entscheidungssammlung zum BAT
f., ff.	folgend(e)
FamG	Familiengericht
FamRZ	Zeitschrift für das gesamte Familienrecht
FAZ	Frankfurter Allgemeine Zeitung
FdA	Anordnung des Verwaltungsrats der Bundesanstalt für Arbeit zur Förderung der Arbeitsaufnahme
FernUSG	Gesetz zum Schutz der Teilnehmer am Fernunterricht (Fernunterrichtsschutzgesetz)
FFG	Gesetz zur Förderung von Frauen und der Vereinbarkeit von Familie und Beruf in der Bundesverwaltung und den Gerichten des Bundes (Frauenfördergesetz)
FG	Finanzgericht
FGG	Gesetz über die Angelegenheiten der freiwilligen Gerichtsbarkeit
FGO	Finanzgerichtsordnung
Film u. Recht	Film und Recht, Zeitschrift
FLG	Gesetz zur Regelung der Lohnzahlung an Feiertagen

Abkürzungsverzeichnis

Fn.	Fußnote
Fortb/UmschAO	Anordnung des Verwaltungsrats der Bundesanstalt für Arbeit über die individuelle Förderung der beruflichen Fortbildung und Umschulung
FPersG	Gesetz über das Fahrpersonal von Kraftfahrzeugen und Straßenbahnen (Fahrpersonalgesetz)
FreizeitAO	AO über Arbeitszeitverkürzung für Frauen, Schwerbeschädigte und minderleistungsfähige Personen
FRG	Fremdrentengesetz
FS	Festschrift
G	Gesetz
GAL	Gesetz über eine Altershilfe für Landwirte
GaststG	Gaststättengesetz
GBl.	Gesetzblatt
GBl.-DDR	Gesetzblatt der DDR
GbR	Gesellschaft bürgerlichen Rechts
GebrMG	Gebrauchsmustergesetz
GefStoffV	Gefahrstoffverordnung
GEG	Großeinkaufsgenossenschaft deutscher Konsumgenossenschaften mbH
gem.	gemäß
GenG	Gesetz über die Erwerbs- und Wirtschaftsgenossenschaften (Genossenschaftsgesetz)
GerSiG	Gesetz über technische Arbeitsmittel (Gerätesicherheitsgesetz)
Ges.; ges.	Gesetz; gesetzlich
GeschmMG	Gesetz über das Urheberrecht an Mustern und Modellen (Geschmacksmustergesetz)
GeschO	Geschäftsordnung
GesO	Gesamtvollstreckungsordnung
GewA	Gewerbe-Archiv, Zeitschrift
Gewerkschafter	Der Gewerkschafter, Zeitschrift
GewM	Gewerkschaftliche Monatshefte
GewO	Gewerbeordnung
GewStDV	Gewerbesteuer-Durchführungsverordnung
GewStG	Gewerbesteuergesetz
GFG	Graduiertenförderungsgesetz
GG	Grundgesetz
ggf.	gegebenenfalls
GKG	Gerichtskostengesetz
GleiBG, GleichberG	Gleichberechtigungsgesetz
GmbH	Gesellschaft mit beschränkter Haftung
GmbHG	Gesetz über die Gesellschaften mit beschränkter Haftung
GmbHR	GmbH-Rundschau, Zeitschrift
GMBl.	Gemeinsames Ministerialblatt
GmS-OGB	Gemeinsamer Senat der Obersten Gerichtshöfe des Bundes
GO	Gemeindeordnung
grdl.	grundlegend
grds.	grundsätzlich
GRUR	Gewerblicher Rechtsschutz und Urheberrecht
GRUR Ausl.	Gewerblicher Rechtsschutz und Urheberrecht, Auslands- und internationaler Teil, Zeitschrift
GRUR-Int.	Gewerblicher Rechtsschutz und Urheberrecht, international
GS	Großer Senat
GSG	Gesundheitsstrukturgesetz
GS NW	Gesetzessammlung des Landes Nordrhein-Westfalen
GSP	Gesamtsozialplan
GUG	Gesamtvollstreckungs-Unterbrechungsgesetz
GVBl.	Gesetzes- und Verordnungsblatt
GVG	Gerichtsverfassungsgesetz
GV NW	Gesetzes- und Verordnungsblatt des Landes Nordrhein-Westfalen
GWB	Gesetz gegen Wettbewerbsbeschränkung (Kartellgesetz)
hA	herrschende Ansicht
HAG	Heimarbeitsgesetz
Halbbd.	Halbband; s. auch Hbd.
Halbs.	Halbsatz
HandwO	Handwerksordnung
HATG	Hausarbeitstagsgesetz
Hbd.	Halbband; s. auch Halbbd.
HebG	Hebammengesetz
HessDSG	Hessisches Datenschutzgesetz
HFVG	Gesetz über befristete Arbeitsverträge mit wissenschaftlichem Personal an Hochschulen und Forschungseinrichtungen

Abkürzungsverzeichnis

HGB	Handelsgesetzbuch
HHG	Häftlingshilfegesetz
hins.	hinsichtlich
HinterlO	Hinterlegungsordnung
hL	herrschende Lehre
hM	herrschende Meinung
HmbDSG	Landesdatenschutzgesetz Hamburg
HPflG	Haftpflichtgesetz
HRefG	Handelsrechtsreformgesetz
HRG	Hochschulrahmengesetz
HRR	Höchstrichterliche Rechtsprechung, Zeitschrift
HwB AR	Handwörterbuch zum Arbeitsrecht, Loseblatt
HwVG	Handwerkerversicherungsgesetz
IAA	Internationales Arbeitsamt
IAK	Internationale Arbeitskonferenz
IAO	Internationale Arbeitsorganisation
idF	in der Fassung
idR	in der Regel
iE	im Ergebnis
ieS	im engeren Sinne
IG	Industriegewerkschaft
IGBE	Industriegewerkschaft Bergbau und Energie
IHK	Industrie- und Handelskammer
ILO	International Labour Organisation (Internationale Arbeitsorganisation)
InkrG	Gesetz über die Inkraftsetzung von Rechtsvorschriften der BRD in der ehemaligen DDR
insb.	insbesondere
InsO	Insolvenzordnung
int.	international
IPR	Internationales Privatrecht
IPRax.	Praxis des internationalen Privatrechts, Zeitschrift
iSd.	im Sinne des/der
iSv.	im Sinne von
iVm.	in Verbindung mit
IWB	Internationale Wirtschaftsbriefe, Zeitschrift
iwS	im weiteren Sinne
IZPR	Internationales Zivilprozeßrecht
iZw.	im Zweifel
JA	Juristische Arbeitsblätter, Zeitschrift
JArbSchG	Gesetz zum Schutz der arbeitenden Jugend (Jugendarbeitsschutzgesetz)
JAV	Jugend- und Auszubildendenvertretung
Jb.	Jahrbuch
JBeitrO	Justizbeitreibungsordnung
Jg.	Jahrgang
JGG	Jugendgerichtsgesetz
JM	Justizminister(ium)
JMBl.	Justizministerialblatt
JöR	Jahrbuch des öffentlichen Rechts
JÖSchG	Gesetz zum Schutz der Jugend in der Öffentlichkeit
JR	Juristische Rundschau, Zeitschrift
JSchG	Jugendschutzgesetz
Jura	Jura, Ausbildungszeitschrift
JurA	Juristische Analysen, Zeitschrift
JurBüro	Das juristische Büro, Zeitschrift
JuS	Juristische Schulung, Zeitschrift
JW	Juristische Wochenschrift, Zeitschrift
JZ	Juristenzeitung, Zeitschrift
KABl.	Kirchliches Amtsblatt
Kap.	Kapitel
KAPOVAZ	Kapazitätsorientierte Arbeitszeit
KArbT	Kirchlicher Tarifvertrag Arbeiter
KAT	Kirchlicher Arbeitsvertrag Angestellter
KAUG	Konkursausfallgeld
KfzPflVV	Verordnung über den Versicherungsschutz in der Kraftfahrzeug-Haftpflichtversicherung (Kraftfahrzeug-Pflichtversicherungsverordnung)
KG	Kammergericht; Kommanditgesellschaft
KGaA	Kommanditgesellschaft auf Aktien
KGJ	Jahrbuch der Entscheidungen des KG
KGVOBl.	Gesetzes- und Verordnungsblatt der Kirche

Abkürzungsverzeichnis

KJ	Kritische Justiz, Zeitschrift
KJB	Karlsruher Juristische Bibliographie
KJHG	Kinder- und Jugendhilfegesetz
Kl.	Kläger(in)
kl.	klagend(e)
KnVNG	Knappschaftsrentenversicherungs-Neuregelungsgesetz
KO	Konkursordnung
Koda.	Kommission zur Ordnung des diözesanen Arbeitsvertragsrechts
KohleG	Gesetz zur Anpassung und Gesundung des deutschen Steinkohlebaus
KOM	Kommissionsdokumente
Kom(m).	Kommentar
KonkTrW	Zeitschrift für Konkurs, Treuhand und Schiedsgerichtswesen
Konv.	Konvention
KostG	Kostengesetz
KostRspr.	Kostenrechtsprechung Nachschlagewerk
KOV	Kriegsopferversorgung
KR	Kontrollrat
KRG	Kontrollratsgesetz
KrG	Kreisgericht
krit.	kritisch
KrPflG	Krankenpflegegesetz
KrPflVO	VO über die Arbeitszeit in Krankenpflegeanstalten
KrV	Die Krankenversicherung, Zeitschrift
KS	Vertrag über die Gründung der Europäischen Gemeinschaft für Kohle und Stahl
KSchG	Kündigungsschutzgesetz
KStDVO	Körperschaftsteuer-Durchführungsverordnung
KStG	Körperschaftsteuergesetz
KSV-ÄndG	Künstlersozialversicherungsänderungsgesetz
KSVG	Künstler-Sozialversicherungsgesetz
KSZE	Konferenz über Sicherheit und Zusammenarbeit in Europa
KTS	Zeitschrift für Insolvenzrecht (Konkurs-Treuhand-Sanierung)
KUG	Kurzarbeitergeld
KündFG	Kündigungsfristengesetz
KVLG	Gesetz über die Krankenversicherung der Landwirte
KVRS	Die Krankenversicherung in Rechtsprechung und Schrifttum
LAA	Landesarbeitsamt
LadSchlG	Gesetz über den Ladenschluß
LAG	Landesarbeitsgericht
LAGE	Entscheidungen der Landesarbeitsgerichte, hrsg. von *Stahlhacke*
LAM	Landesarbeitsministerium
LAO	Vorläufige Landarbeiterverordnung
LAV	Landesstelle für Arbeitsvermittlung
LDSG-BW	Landesdatenschutzgesetz Baden-Württemberg
LDSG-RPf.	Landesdatenschutzgesetz Rheinland-Pfalz
LDSG-SH	Landesdatenschutzgesetz Schleswig-Holstein
Lehrb.	Lehrbuch
Lfg.	Lieferung
LFZG	Gesetz über die Fortzahlung des Arbeitsentgelts im Krankheitsfalle (Lohnfortzahlungsgesetz)
LG	Landgericht
lit.	Buchstabe
LM	*Lindenmaier-Möhring*, Nachschlagewerk des BGH, Loseblatt
LohnabzVO	Lohnabzugsverordnung
LReg.	Landesregierung
LSchlG	Gesetz über den Ladenschluß (auch LadSchlG)
LSG	Landessozialgericht
LStDV	Lohnsteuer-Durchführungsverordnung
LStR	Lohnsteuer-Richtlinien
LVA	Landesversicherungsanstalt
LVerf.	Landesverfassung
Mat.	Materialien
MAVO	Rahmenordnung für eine Mitarbeitervertretungsordnung in der kath. Kirche
MBl.	Ministerialblatt
MDR	Monatsschrift für Deutsches Recht
MedR	Medizinrecht, Zeitschrift
mE	meines Erachtens
MHRG	Gesetz zur Regelung der Miethöhe (Zweites Wohnraum-Kündigungsschutzgesetz)

Abkürzungsverzeichnis

MietRÄndG	Mietrechtsänderungsgesetz
MietSchG	Mieterschutzgesetz
MindArbbG	Gesetz über Mindestarbeitsbedingungen
MitbestErgG	Gesetz zur Ergänzung des Gesetzes über die Mitbestimmung der Arbeitnehmer in den Aufsichtsräten und Vorständen der Unternehmen des Bergbaus und der Eisen und Stahl erzeugenden Industrie (Montan-Mitbestimmungsergänzungsgesetz)
MitbestG	Gesetz über die Mitbestimmung der Arbeitnehmer (Mitbestimmungsgesetz)
Mitbestimmung	Die Mitbestimmung, Zeitschrift
Mitt.	Mitteilungen
Montan-MitbestG	Gesetz über die Mitbestimmung der Arbeitnehmer in den Aufsichtsräten und Vorständen der Unternehmen des Bergbaus und der Eisen und Stahl erzeugenden Industrie (Montan-Mitbestimmungsgesetz)
Mot.	Motive
Mrd.	Milliarde(n)
MRG	Militärregierung
MSA	Minderjährigenschutzabkommen
MTB	Manteltarifvertrag für Arbeiter des Bundes
MTL	Manteltarifvertrag für Arbeiter der Länder
MTM	Methods Time Measurement
MTV	Manteltarifvertrag
MuSchG	Gesetz zum Schutz der erwerbstätigen Mutter (Mutterschutzgesetz)
MUV	Richtlinien über die Gewährung von Beihilfen für die Arbeitnehmer des Steinkohlebergbaus, die von Maßnahmen iSd. Art. 56 § 2 EGKS-Vertrag betroffen sind
mvN	mit vielen Nachweisen
mwN	mit weiteren Nachweisen
m. zahlr. Nachw.	mit zahlreichen Nachweisen
Nachw.	Nachweise
NachwG	Gesetz über den Nachweis der für ein Arbeitsverhältnis geltenden wesentlichen Bestimmungen (Nachweisgesetz)
NATO	North Atlantic Treaty Organization, Atlantikpakt-Organisation
NDSG	Niedersächsisches Landesdatenschutzgesetz
nF	neue Fassung, neue Folge
Nieders.	Niedersachsen
NJ	Neue Justiz, Zeitschrift
NJW	Neue Juristische Wochenschrift, Zeitschrift
NJW-CoR	NJW-Computerreport
NJW-RR	NJW-Rechtsprechungs-Report Zivilrecht
Nr.	Nummer
n.rkr.	nicht rechtskräftig
NS	Nationalsozialismus
NStZ	Neue Zeitschrift für Strafrecht
NTS	Abkommen zwischen den Parteien des Nordatlantik-Pakts über die Rechtsstellung ihrer Truppen (NATO-Truppenstatut)
nv.	nicht amtlich veröffentlicht
NVwZ	Neue Zeitschrift für Verwaltungsrecht
NVwZ-RR	NVwZ-Rechtsprechungs-Report Verwaltungsrecht
NW	Nordrhein-Westfalen
NZA	Neue Zeitschrift für Arbeitsrecht
NZA-RR	NZA-Rechtsprechungs-Report Arbeitsrecht
NZS	Neue Zeitschrift für Sozialrecht
NZV	Neue Zeitschrift für Verkehrsrecht
o.	oben
o.ä.	oder ähnliche(s)
OECD	Organization for Economic Cooperation and Development
OEEC	Organization for European Economic Cooperation, Organisation für Europäische wirtschaftliche Zusammenarbeit
OEG	Gesetz über die Entschädigung für Opfer von Gewalttaten
öffentl.	öffentlich
OFD	Oberfinanzdirektion
o.g.	oben genannt
OGH	Oberster Gerichtshof
OGHBrZ	Oberster Gerichtshof für die britische Zone
OHG	offene Handelsgesellschaft
OLG	Oberlandesgericht
OLGE	Rechtsprechung der Oberlandesgerichte
OVG	Oberverwaltungsgericht
OWiG	Gesetz über Ordnungswidrigkeiten

Abkürzungsverzeichnis

PatG	Patentgesetz
Personal	Personal, Mensch und Arbeit im Betrieb, Zeitschrift
PersR	Personalrat, Zeitschrift
PersF	Personalführung, Zeitschrift
PersV	Personalvertretung, Zeitschrift
PersVG	Personalvertretungsgesetz (des Landes)
PflVG	Pflichtversicherungsgesetz
pFV	positive Forderungsverletzung
PKH	Prozeßkostenhilfe
PostG	Postgesetz
PostO	Postordnung
pr. ABG	preußisches Allgemeines Berggesetz
Pr AR	Praktisches Arbeitsrecht, Entscheidungssammlung von *Müller-Gröninger*
PrAVV	Private Arbeitsvermittlung-Statistik-Verordnung
PresseG	Gesetz über die Presse
PrHGB	Gesetz zur Beseitigung von Hemmnissen bei der Privatisierung
ProdHaftG	Gesetz über die Haftung für fehlerhafte Produkte (Produkthaftungsgesetz)
Prot.	Protokolle
PSV	Pensionssicherungsverein
PublG	Gesetz über die Rechnungslegung von bestimmten Unternehmen und Konzernen
pVV	positive Vertragsverletzung
RabelsZ	Zeitschrift für ausländisches und internationales Privatrecht (Bd. u. Seite)
RABl.	Reichsarbeitsblatt
RAG	Reichsarbeitsgericht
RAGE	Amtl. Sammlung der Entscheidungen des RAG
RAM	Reichsarbeitsminister(ium)
RAnz.	Reichsanzeiger
RdA	Recht der Arbeit, Zeitschrift
RdErl.	Runderlaß
RdJB	Recht des Jugend- und Bildungswesens
RdSchr.	Rundschreiben
RDV	Recht der Datenverarbeitung, Zeitschrift
Rechtspfleger	Der Deutsche Rechtspfleger, Zeitschrift
Refa	Reichsausschuß für Arbeitszeitermittlung
RefE	Referentenentwurf
RegBl.	Regierungsblatt
RegelungsG	Regelungsgesetz
RegEntw.	Regierungsentwurf
RegErkl.	Regierungserklärung
Reha-AO	Anordnung des Verwaltungsrats der Bundesanstalt für Arbeit- und Berufsförderung der Behinderten
RehaG	Gesetz über die Angleichung der Leistungen zur Rehabilitation
RFH	Reichsfinanzhof
RG	Reichsgericht
RGBl.	Reichsgesetzblatt
RGSt.	Entscheidungen des Reichsgerichts in Strafsachen
RGZ	Entscheidung des Reichsgerichts in Zivilsachen
RiA	Recht im Amt, Zeitschrift
Richtl.	Richtlinien
RiW	Recht der internationalen Wirtschaft, Zeitschrift
RKG	Reichsknappschaftsgesetz
RL	Richtlinie
Rn.	Randnummer
RöV	Röntgenverordnung
RP	Regierungspräsident
RpflAnpG	Rechtspflege-Anpassungsgesetz
Rpfleger	Der Rechtspfleger, Zeitschrift
RpflEntlG	Rechtspflegeentlastungsgesetz
RPflG	Rechtspflegergesetz
RRG	Rentenreformgesetz
Rs.	Rechtssache
Rspr.	Rechtsprechung
RsprEinhG	Gesetz zur Wahrung der Einheitlichkeit der Rechtsprechung der obersten Gerichtshöfe des Bundes
RT-Sten. Ber.	Verhandlungen des Deutschen Reichstages, Stenographische Berichte und Anlagen
RTV	Rahmentarifvertrag
RÜG	Gesetz zur Herstellung der Rechtseinheit in der gesetzlichen Renten- und Unfallversicherung (Rentenüberleitungsgesetz)
RuW	Recht und Wirtschaft, Zeitschrift

Abkürzungsverzeichnis

RV	Die Rentenversicherung, Zeitschrift
RVA	Reichsversicherungsamt
RVA in AN	Amtliche Nachrichten des früheren Reichsversicherungsamtes
RVerwBl.	Reichsverwaltungsblatt
RVO	Reichsversicherungsordnung
RzK	Rechtsprechung zum Kündigungsrecht
s.	siehe
S.	Seite; Satz
SachBezV	Sachbezugsverordnung
SAE	Sammlung arbeitsrechtlicher Entscheidungen, Zeitschrift
SächsDSG	Sächsisches Datenschutzgesetz
SBl.	Sammelblatt
ScheckG	Scheckgesetz
SchG	Gesetz über die Errichtung und das Verfahren der Schiedsstellen für Arbeitsrecht vom 29. 6. 1990 (GBl.-DDR I S. 505)
SchliG	Schlichtungsgesetz
SchliO	Schlichtungsordnung
SchulPflG	Schulpflichtgesetz
SchwArbG	Gesetz zur Bekämpfung der Schwarzarbeit
SchwbAV	Schwerbehinderten-Ausgleichsverordnung
SchwBeschG	Schwerbeschädigtengesetz
SchwbG	Schwerbehindertengesetz
SchwbWO	Wahlordnung zum Schwerbehindertengesetz
SchwbWV	WerkstättenVO SchwbG; 3. DVO zum SchwbG
SchwerbAwV	Ausweisverordnung zum Schwerbehindertengesetz
SDSG	Saarländisches Datenschutzgesetz
SE	Societas Europaea
SeemannsG	Seemannsgesetz
SeuffA	Seufferts Archiv
SF	Sozialer Fortschritt, Zeitschrift
SFJ	Sammlung aktueller Entscheidungen aus dem Sozial-, Familien- und Jugendrecht
SG	Sozialgericht
SGB	Sozialgesetzbuch
SGB I	SGB – Allgemeiner Teil
SGB III	Arbeitsförderung
SGB IV	Gemeinsame Vorschriften für die Sozialversicherung
SGB V	Gesetzliche Krankenversicherung
SGB VI	Gesetzliche Rentenversicherung
SGB VII	Gesetzliche Unfallversicherung
SGB VIII	Kinder- und Jugendhilfe
SGB X	Verwaltungsverfahren
SGB XI	Soziale Pflegeversicherung
SGb.	Die Sozialgerichtsbarkeit, Zeitschrift
SGG	Sozialgerichtsgesetz
Slg.	Sammlung von Entscheidungen, Gesetzen etc.
SMBl. NW	Sammelblatt des Bereinigten Ministerialblattes für das Land Nordrhein-Westfalen
sog.	sogenannt(e)
SoldG	Gesetz über die Rechtsstellung der Soldaten (Soldatengesetz)
SozFort.	Sozialer Fortschritt, Zeitschrift
SozPlKonkG	Gesetz über den Sozialplan im Konkurs
SozPolInf.	Sozialpolitische Information
SozR	Sozialrecht; Sozialrecht, Rspr. und Schrifttum, bearb. von den Richtern des BSG
SozREntschS	Sozialrechtliche Entscheidungssammlung
SozSich.	Soziale Sicherheit, Zeitschrift
SozVers.	Die Sozialversicherung, Zeitschrift
SozVersR	Sozialversicherungsrecht
spät. Änd.	spätere Änderung
SparPDV	Spar-Prämiengesetz Durchführungsverordnung
SparPG	Spar-Prämiengesetz
SprAuG	Gesetz über die Sprecherausschüsse der leitenden Angestellten (Sprecherausschußgesetz)
SprengG	Gesetz über explosionsgefährliche Stoffe (Sprengstoffgesetz)
SprengStoffVO	DurchführungsVO zum SprengG
SpTrUG	Gesetz über die Spaltung der von der Treuhandanstalt verwalteten Unternehmen
SR	Sonderregelung (zum BAT)
Staatsvertrag	Vertrag über die Schaffung einer Währungs-, Wirtschafts- und Sozialunion zwischen der BRD u. der DDR vom 18. 5. 1990 (BGBl. II S. 537)

Abkürzungsverzeichnis

st.	ständig
StAnpG	Steueranpassungsgesetz
Stbg.	Die Steuerberatung, Zeitschrift
StGB	Strafgesetzbuch
StHG	Staatshaftungsgesetz
str.	streitig
StrlSchVO	Verordnung über den Schutz vor Schäden durch Strahlen radioaktiver Stoffe (Strahlenschutzverordnung)
StUG	Stasi-Unterlagengesetz
StVG	Straßenverkehrsgesetz
StVO	Straßenverkehrsordnung
StVollzG	Gesetz über den Vollzug der Freiheitsstrafe und der freiheitsentziehenden Maßregeln der Besserung und Sicherung
StVZO	Straßenverkehrszulassungsordnung
SVG	Gesetz über die Versorgung für die ehemaligen Soldaten und ihre Hinterbliebenen (Soldatenversorgungsgesetz)
SZ	Süddeutsche Zeitung
TKG	Telekommunikationsgesetz
tlw.	teilweise
TOA	Tarifordnung für Angestellte
TOK	Tarifordnung für die deutschen Kulturorchester
TreuhandG	Treuhandgesetz vom 17. 6. 1990 (GBl.-DDR I S. 300)
TV	Tarifvertrag
TVABA	Tarifvertrag über allgemeine betriebliche Arbeitsbedingungen im rheinisch-westfälischen Steinkohlebergbau
TVAL	Tarifvertrag für Angehörige alliierter Dienststellen
TVG	Tarifvertragsgesetz
TVParteien	Tarifvertragsparteien
ua.	unter anderem, und andere
UBGG	Gesetz über Unternehmensbeteiligungsgesellschaften
Übk.	Übereinkommen
UFITA	Archiv für Urheber-, Film-, Funk- und Theaterrecht, Zeitschrift
ULA	Union leitender Angestellter
UmstG	Drittes Gesetz zur Neuordnung des Geldwesens (Umstellungsgesetz)
umstr.	umstritten
UmwG	Umwandlungsgesetz
UNO	United Nations Organization
unstr.	unstreitig
Unterabs.	Unterabsatz
UnternehmensG	Gesetz über die Gründung und Tätigkeit privater Unternehmen und über Unternehmensbeteiligungen vom 7. 3. 1990 (GBl.-DDR I S. 141)
unveröff.	unveröffentlicht
UrhG	Gesetz über Urheberrecht und verwandte Schutzrechte
Urt.	Urteil
USG	Gesetz über die Sicherung des Unterhalts der zum Wehrdienst einberufenen Wehrpflichtigen und ihrer Angehörigen (Unterhaltssicherungsgesetz)
USK	Urteilssammlung für die gesetzliche Krankenversicherung
UStDV	Umsatzsteuer-Durchführungsverordnung
UStG	Umsatzsteuergesetz
usw.	und so weiter
uU	unter Umständen
UVNG	Gesetz zur Neuregelung des Rechts der gesetzlichen Unfallversicherung (Unfallversicherungs-Neuregelungsgesetz)
UVV	Unfallverhütungsvorschriften
UWG	Gesetz gegen den unlauteren Wettbewerb
v.	vom; von
V	Verordnung
va.	vor allem
VA(e)	Verwaltungsakt(e)
VAG	Gesetz über die Beaufsichtigung der privaten Versicherungsunternehmen und Bausparkassen (Versicherungsaufsichtsgesetz)
VBL	Versorgungsanstalt des Bundes und der Länder
VEB	Volkseigener Betrieb
Vela.	Vereinigung leitender Angestellter
Vereinb.	Vereinbarung
Verf.	Verfassung
VerfDDR	Verfassung der Deutschen Demokratischen Republik
VerfGH	Verfassungsgerichtshof
VerfGHG	Gesetz über den Verfassungsgerichtshof

Abkürzungsverzeichnis

VerfIAO	Verfassung Internationale Arbeitsorganisation
VerglO	Vergleichsordnung
Verh.	Verhandlungen
VerlG	Gesetz über das Verlagsrecht
VermBG	[Fünftes] Gesetz zur Förderung der Vermögensbildung der Arbeitnehmer (5. VermBG)
VermBDV	Durchführungsverordnung zum Vermögensbildungsgesetz
VermG	Gesetz zur Regelung offener Vermögensfragen
Veröff.	Veröffentlichungen
VersG	Versammlungsgesetz
VersR	Versicherungsrecht, Juristische Zeitschrift
VerwR	Verwaltungsrecht
VG	Verwaltungsgericht
VGB I	Unfallverhütungsvorschriften, Allgemeine Vorschriften
VGG	Verwaltungsgerichtsgesetz
VGH	Verwaltungsgerichtshof
vgl.	vergleiche
vH	vom Hundert
ViZ	Zeitschrift für Vermögens- und Investitionsrecht
VkBl.	Verkündungsblatt
VMBl.	Ministerialblatt des Bundesministeriums (ab 1962: der Verteidigung)
VO	Verordnung
VOB Teil A/B	Verdingungsordnung für Bauleistungen, Teil A: Allgemeine Bestimmungen für die Vergabe von Bauleistungen, Teil B: Allgemeine Vertragsbedingungen für die Ausführung von Bauleistungen
VOBl.	Verordnungsblatt
Vorb.	Vorbemerkung
VRG	Gesetz zur Förderung von Vorruhestandsleistungen (Vorruhestandsgesetz)
VRTV	Vorruhestandstarifvertrag (Baugewerbe)
VSSR	Vierteljahresschrift für Sozialrecht
VStR	Vermögen-Steuerrichtlinien
VU	Versäumnisurteil
VVA	Allgemeine Verwaltungsvorschrift über Versicherungskarten und Aufrechnungsbescheinigungen
VVaG	Versicherungsverein auf Gegenseitigkeit
VVDStRL	Veröffentlichungen der Vereinigung der Deutschen Staatsrechtslehrer
VVG	Versicherungsvertragsgesetz
VWA	Verband weiblicher Angestellter
VwGO	Verwaltungsgerichtsordnung
VwKostG	Verwaltungskostengesetz
VwVfG	Verwaltungsverfahrensgesetz
VwVG	Verwaltungsvollstreckungsgesetz
VwZG	Verwaltungszustellungsgesetz
VwZVG	Verwaltungszustellungs- und Vollstreckungsgesetz
WahlO	Wahlordnung; s. auch WO
WährG	Währungsgesetz
WasserhaushaltsG	Gesetz zur Ordnung des Wasserhaushalts
WEG	Gesetz über das Wohnungseigentum und das Dauerwohnrecht (Wohnungseigentumsgesetz)
WehrpflG	Wehrpflichtgesetz
WiB	Wirtschaftsberatung, Zeitschrift
WiKG	Gesetz zur Bekämpfung der Wirtschaftskriminalität
Wirt. u. Wiss.	Wirtschaft und Wissen, Die Deutsche Angestelltenzeitschrift
WiSta.	Wirtschaft und Statistik, Zeitschrift
wistra.	Zeitschrift für Wirtschaft, Steuer, Strafrecht
WiVerw	Wirtschaft und Verwaltung (Beilage zur Zeitschrift Gewerbearchiv)
WKSchG	Gesetz über den Kündigungsschutz für Mietverhältnisse über Wohnraum
WM	Wertpapier-Mitteilungen, Zeitschrift
WO	Wahlordnung; s. auch WahlO
WoBauG	Wohnungsbaugesetz
WoGG	Wohngeldgesetz
II. WohnbauG	Zweites Wohnungsbaugesetz (Wohnungsbau- und Familienheimgesetz)
WoPDV	Durchführungsverordnung zum Wohnungsbauprämiengesetz
WoPG	Wohnungsbauprämiengesetz
WOS	Zweite Verordnung zur Durchführung des Betriebsverfassungsgesetzes (Wahlordnung Seeschiffahrt)
WRP	Wettbewerb in Recht und Praxis, Zeitschrift
WRV	Verfassung des Deutschen Reiches v. 11. 8. 1919 (Weimarer Reichsverfassung)
WSI-(Mitt.)	Mitteilungen des Wirtschafts- und Sozialwissenschaftlichen Instituts des Deutschen Gewerkschaftsbundes

Abkürzungsverzeichnis

z. Änd.	zur Änderung
zahlr.	zahlreich
ZA-NTS	Zusatzabkommen zu dem Abkommen zwischen den Parteien des Nordatlantikvertrages über die Rechtsstellung ihrer Truppen hinsichtlich der in der BRD stationierten ausländischen Truppen
ZAS	Zeitschrift für Arbeits- und Sozialrecht, Österreich
ZAV	Zentralstelle für Arbeitsvermittlung
zB	zum Beispiel
ZBlSozVers.	Zentralblatt für Sozialversicherung, Sozialhilfe und Versorgung
ZBR	Zeitschrift für Beamtenrecht
ZDG	Gesetz über den Zivildienst der Kriegsdienstverweigerer (Zivildienstgesetz)
ZeuP	Zeitschrift für Europäisches Privatrecht
ZevKr.	Zeitschrift für evangelisches Kirchenrecht
ZfA	Zeitschrift für Arbeitsrecht
ZfB	Zeitschrift für Bergrecht
ZfSH	Zeitschrift für Sozialhilfe
ZG	Zeitschrift für Gesetzgebung
ZGB	Zivilgesetzbuch
ZGR	Zeitschrift für Unternehmens- und Gesellschaftsrecht
ZHR	Zeitschrift für das gesamte Handelsrecht und Wirtschaftsrecht
ZIAS	Zeitschrift für ausländisches und internationales Arbeits- und Sozialrecht
Ziff.	Ziffer
ZInsO	Zeitschrift für das gesamte Insolvenzrecht
ZIP	Zeitschrift für Wirtschaftsrecht
zit.	zitiert
ZivG	Zivilgericht
ZMR	Zeitschrift für Miet- und Raumrecht
ZPO	Zivilprozeßordnung
ZRHO	Rechtshilfeordnung für Zivilsachen
ZRP	Zeitschrift für Rechtspolitik
ZSEG	Gesetz über die Entschädigung von Zeugen und Sachverständigen
ZSKG	Gesetz über das Zivilschutzkorps
ZSR	Zeitschrift für Sozialreform
zT	zum Teil
ZTR	Zeitschrift für Tarif-, Arbeits- und Sozialrecht des öffentlichen Dienstes
ZUM	Zeitschrift für Urheber- und Medienrecht
zust.	zuständig; zustimmend
ZustG	Zustimmungsgesetz
zVb.	zur Veröffentlichung bestimmt
ZVG	Zwangsversteigerungsgesetz
ZVK	Zusatzversorgungskasse des Baugewerbes
ZVKLG	Gesetz über die Errichtung einer Zusatzversorgungskasse in der Land- und Forstwirtschaft
zZ	zur Zeit
ZZP	Zeitschrift für Zivilprozeß

Literaturverzeichnis

(Übergreifende oder abgekürzt zitierte Literatur; weitere spezielle Literatur bei Einzelvorschriften)

Ahrend/Förster	Gesetz zur Verbesserung der betrieblichen Altersversorgung, Erläuterungen, 7. Aufl., 1999
Ahrend/Förster/Rößler	Steuerrecht der betrieblichen Altersversorgung mit arbeitsrechtlicher Grundlegung, 1. Teil, Loseblatt
Alt.Kom./*Bearbeiter*	s. *Azzola*
APS/*Bearbeiter*	*Ascheid/Preis/Schmidt*, Großkommentar zum Kündigungsrecht, 2000
Ascheid	Kündigungsschutzrecht – Die Kündigung des Arbeitsverhältnisses, 1993
Ascheid Beweislastfragen	Beweislastfragen im Kündigungsschutzprozeß, 1989
Azzola	Azzola (Hrsg.), Alternativkommentar zum GG, 2. Aufl., 1989
Bader/Bram/Dörner/Wenzel	Kündigungsschutzgesetz, Loseblatt
Bauer	Arbeitsrechtliche Aufhebungsverträge, 6. Aufl., 1999
Bauer SprAuG	Sprecherausschußgesetz, 2. Aufl., 1990
Bauer/Röder/Lingemann	Krankheit im Arbeitsverhältnis, 2. Aufl., 1996
Baumbach/Bearbeiter	*Baumbach/Lauterbach/Albers/Hartmann*, Kommentar zur ZPO, 57. Aufl., 1999; 58. Aufl., 2000
Baumbach/Hopt	Kommentar zum HGB, 29. Aufl., 1995; 30. Aufl., 2000
Baumbach/Hueck	GmbH-Gesetz, 16. Aufl., 1996
Baumgärtel	Handbuch der Beweislast im Privatrecht, Band 1, 2. Aufl., 1991
BBDW/*Bearbeiter*	*Bader/Bram/Dörner/Wenzel*, Kommentar zum Kündigungsschutzgesetz, Loseblatt
Becker/Wulfgramm	Kommentar zum Arbeitnehmerüberlassungsgesetz, 3. Aufl., 1985; Nachtrag zur 3. Aufl., 1986
Bethmann/Kamm/ Möller-Lücking/ Reiseler/Westermann/Witt/ Unterhinninghofen	Schwerbehindertengesetz, Basiskommentar, 4. Aufl., 1993
Boecken	Unternehmensumwandlung und Arbeitsrecht, 1996
Blomeyer/Otto	Gesetz zur Verbesserung der betrieblichen Altersversorgung, Kommentar, 2. Aufl., 1997, mit Nachtrag 1998
Boldt	Mitbestimmungsgesetz Eisen und Kohle, 1952
Boldt/Röhsler	Bundesurlaubsgesetz, 2. Aufl., 1968
Borgwardt/Fischer/Janert	Sprecherausschußgesetz für leitende Angestellte, 2. Aufl., 1990
Borrmann	Bundesurlaubsgesetz, 1963
Brecht	Entgeltfortzahlung an Feiertagen und im Krankheitsfall, 1995; 2. Aufl., 2000
Brox/Rüthers	Arbeitsrecht, 14. Aufl., 1999
Buchner/Becker	Mutterschutzgesetz und Bundeserziehungsgeldgesetz, 6. Aufl., 1998
Calliess/Ruffert	EUV/EGV, Kommentar, 1999
Cramer	Schwerbehindertengesetz, Kommentar, 5. Aufl., 1998
Däubler	Das Arbeitsrecht, Bd. I, 15. Aufl., 1998; Bd. II, 11. Aufl., 1998
Dehmer	Umwandlungsgesetz, Umwandlungssteuergesetz, 2. Aufl., 1996
Dersch/Neumann	Bundesurlaubsgesetz, 8. Aufl., 1997
Dietz/Richardi	Kommentar zum Betriebsverfassungsgesetz, 2 Bde., 6. Aufl., 1981; siehe auch *Richardi*
DKK/*Bearbeiter*	*Däubler/Kittner/Klebe* (Hrsg.), Kommentar zum Betriebsverfassungsgesetz, 7. Aufl., 2000
Dörner, H.-J.	Schwerbehindertengesetz, Loseblatt
Dörner, K.	Praktisches Arbeitsrecht, Bd. I, 2. Aufl., 1993, Bd. II, 1993
Dörner/Luczak/Wildschütz	Arbeitsrecht in der anwaltlichen und gerichtlichen Praxis, 2. Aufl., 1999
Dorndorf/Weller/Hauck	Kündigungsschutzgesetz, Kommentar, 3. Aufl., 1999 (auch zit.: HK/*Bearbeiter*)
Dreier	Dreier (Hrsg.), Kommentar zum Grundgesetz, 1996
Dütz	Arbeitsrecht, 5. Aufl., 2000
EAS/*Bearbeiter*	*Oetker/Preis*, Europäisches Arbeits- und Sozialrecht, Rechtsvorschriften, Systematische Darstellungen und Entscheidungssammlung, Loseblatt
EEK	*Sabel*, Entscheidungssammlung zur Entgeltfortzahlung an Arbeiter und Angestellte bei Krankheit, Kur und anderen Arbeitsverhinderungen
Erman/Bearbeiter	Handkommentar zum BGB, 2 Bde., 9. Aufl., 1993; 10. Aufl., 2000
Fabricius	*Fabricius* (Hrsg.), Gemeinschaftskommentar zum Mitbestimmungsgesetz, 1976

Literaturverzeichnis

Fitting	*Fitting/Kaiser/Heither/Engels,* Kommentar zum Betriebsverfassungsgesetz, 20. Aufl., 2000
Fitting/Wlotzke/Wißmann	Mitbestimmungsgesetz, Kommentar, 2. Aufl., 1978
FKI/*Bearbeiter*	*Wimmer,* Frankfurter Kommentar zur Insolvenzordnung, 1999
Fuchs/Köstler	Aufsichtsratswahlen, 4. Aufl., 1996
Gagel	Sozialgesetzbuch III, 1999, Loseblatt-Kommentar
Gamillscheg	Kollektives Arbeitsrecht, Bd I, 1997
Gedon/Spiertz	Berufsbildungsrecht, 1992
Germelmann/Matthes/ Prütting	Kommentar zum Arbeitsgerichtsgesetz, 3. Aufl., 1999
Gessert	Schadensersatz nach Kündigung. Voraussetzungen, Inhalt, Reichweite und Konsequenzen des § 628 Abs. 2 BGB, 1987
Geßler/Hefermehl/Eckardt/ Kropff	Aktiengesetz, Bd. II, 1973/1974
Geyer/Knorr/Krasney	Vergütung der Arbeitnehmer bei Krankheit und Mutterschutz, 7. Aufl., 1997
Gitter	Arbeitsrecht, 4. Aufl., 1997
GK-AFG/*Bearbeiter*	Gemeinschaftskommentar zum Arbeitsförderungsgesetz, Loseblatt
GK-ArbGG/*Bearbeiter*	Gemeinschaftskommentar zum Arbeitsgerichtsgesetz, bearb. von *Ascheid, Bader, Dörner, Leinemann, Stahlhacke, Wenzel,* Loseblatt
GK-BetrVG/*Bearbeiter*	Gemeinschaftskommentar zum Betriebsverfassungsgesetz, Bd. I, 6. Aufl., 1997; Bd. II, 5. Aufl., 1994
GK-BUrlG/*Bearbeiter*	Gemeinschaftskommentar zum Bundesurlaubsgesetz, 5. Aufl., 1992
GK-EFZR/*Bearbeiter*	Gemeinschaftskommentar zum Entgeltfortzahlungsrecht, 1992
GK-MitbestG/*Bearbeiter*	Gemeinschaftskommentar zum Mitbestimmungsgesetz, Loseblatt
GKSB	*Gnade/Kehrmann/Schneider/Blanke/Klebe,* Kommentar zum Betriebsverfassungsgesetz, 7. Aufl., 1997
GK-SGB VI/*Bearbeiter*	Gemeinschaftskommentar zum SGB VI, Loseblatt
GK-TzA/*Bearbeiter*	Gemeinschaftskommentar zum Teilzeitarbeitsrecht, 1987
Gola	Entgeltfortzahlungsgesetz, 1994
Grabitz/Hilf	Kommentar zur Europäischen Union, Loseblatt
Groeben/Thiesing/Ehlermann	Kommentar zum EWG-Vertrag, 5. Aufl., 1997
Gröniger/Gehring/Taubert	Jugendarbeitsschutzgesetz, Loseblatt
Gröninger/Thomas	Mutterschutz, Loseblatt-Kommentar
Grüner/Dalichau	Bundeserziehungsgeldgesetz, Sozialgesetzbuch, Loseblatt-Kommentar
Grunsky	Arbeitsgerichtsgesetz, Kommentar, 7. Aufl., 1995
Hanau	Die Kausalität der Pflichtwidrigkeit, 1971
Hanau/Adomeit	Arbeitsrecht, 12. Aufl., 2000
Hanau/Preis	Der Arbeitsvertrag, Loseblatt
Hanau/Ulmer	Mitbestimmungsgesetz, 1981
Hauck	Arbeitsgerichtsgesetz, Kommentar, 1996
H/B/K/P	*Henkes/Baur/Kopp/Polduwe,* Handbuch Arbeitsförderung SGB III, 1999
HbStR/*Bearbeiter*	*Isensee/Kirchhof* (Hrsg.), Handbuch des Staatsrechts der Bundesrepublik Deutschland
HbVerfR/*Bearbeiter*	*Benda/Maihofer/Vogel* (Hrsg.), Handbuch des Verfassungsrechts
Heither/Schönherr	Arbeitsgerichtsgesetz, Kommentar aufgrund der Rechtsprechung, Loseblatt
Helml	Entgeltfortzahlungsgesetz, 1995
Henn	Handbuch des Aktienrechts, 6. Aufl., 1998
Hennig/Bearbeiter	SGB III – Arbeitsförderungsrecht, Loseblatt-Kommentar
Herkert	Berufsbildungsgesetz, 1993
Hesse	Grundzüge des Verfassungsrechts der Bundesrepublik Deutschland, 20. Aufl., 1995
Heubeck/Höhne/ Paulsdorff/Rau/Weinert	Kommentar zum Betriebsverfassungsgesetz, Bd. I, Arbeitsrechtliche Vorschriften, 2. Aufl., 1982
HK/*Bearbeiter*	*Dorndorf/Weller/Hauck,* Heidelberger Kommentar zum Kündigungsschutzgesetz, 3. Aufl., 1999
HKHH	*Hennig/Kühl/Heuer/Henke,* Kommentar zum Arbeitsförderungsgesetz
HKI/*Bearbeiter*	*Eickmann/Flessner/Irschlinger/Kirchhof/Kreft/Landfermann/Marotzke,* Heidelberger Kommentar zur Insolvenzordnung, 1999
HKMM	*Hailbronner/Klein/Magiera/Müller-Graf,* Handkommentar zum EU-Vertrag, Loseblatt, Stand 1997
Höfer	Gesetz zur Verbesserung der betrieblichen Altersversorgung, Bd. I: Arbeitsrecht, Bd. 2: Steuerrecht, Loseblatt-Kommentar
Hoffmann-Becking	*Hoffmann-Becking* (Hrsg.), Münchener Handbuch des Gesellschaftsrechts, Bd. IV, Aktiengesellschaft, 1988
Hohmeister	Bundesurlaubsgesetz, 1995
Hopt/Wiedemann	Großkommentar zum Aktiengesetz, 4. Aufl.
Hromadka	*Hromadka/Maschmann,* Arbeitsrecht, Bd. 1, 1998, Bd. 2, 1999
Hromadka SprAuG	Sprecherausschußgesetz, 1991
HSG/*Bearbeiter*	*Hess/Schlochauer/Glaubitz,* Kommentar zum Betriebsverfassungsgesetz, 5. Aufl., 1997

Literaturverzeichnis

HS-KV/*Bearbeiter*	*Schulin* (Hrsg.), Handbuch des Sozialversicherungsrechts, Bd. 1, Krankenversicherungsrecht, 1994
HS-RV/*Bearbeiter*	*Schulin* (Hrsg.), Handbuch des Sozialversicherungsrechts, Bd. 3, Rentenversicherungsrecht, 1999
HS-UV/*Bearbeiter*	*Schulin* (Hrsg.), Handbuch des Sozialversicherungsrechts, Bd. 2, Unfallversicherungsrecht, 1996
Hueck/v. Hoyningen-Huene	Kündigungsschutzgesetz, 12. Aufl., 1997
Hueck/Nipperdey	Lehrbuch des Arbeitsrechts, 7. Aufl., Bd. I 1967; Bd. II, 1. und 2. Halbbd. 1967, 1970
Hüffer	Aktiengesetz, 4. Aufl., 1999
HzA/*Bearbeiter*	Handbuch zum Arbeitsrecht, hrsg. von *Stahlhacke,* fortgeführt von *Leinemann,* Loseblatt
Jarass/Pieroth	Grundgesetz für die Bundesrepublik Deutschland, Kommentar, 5. Aufl., 2000
Jauernig/Bearbeiter	Kommentar zum BGB, 9. Aufl., 1999
Kasseler Handbuch/*Bearbeiter*	Kasseler Handbuch zum Arbeitsrecht, 2. Aufl., 2000
KassKomm	Kasseler Kommentar Sozialversicherungsrecht, Loseblatt
KBK	*Knorr/Bichlmeier/Kremhelmer,* Handbuch des Kündigungsrechts, 4. Aufl., 1998, Nachtrag 1999
KDHK	*Kaiser/Dunkel/Hold/Kleinsorge,* Entgeltfortzahlungsgesetz, 3. Aufl., 1996
KDZ/*Bearbeiter*	*Kittner/Däubler/Zwanziger,* Kündigungsschutzrecht, 4. Aufl., 1999
Kissel	GVG, Kommentar, 2. Aufl., 1994
KKMW	*Knigge/Ketelsen/Marschall/Wissing,* Kommentar zum Arbeitsförderungsgesetz, Loseblatt
Knopp/Kraegerloh	Berufsbildungsgesetz, 4. Aufl., 1998, 3. Aufl., 1990
Koberski/Sahl/Hold	Arbeitnehmer-Entsendegesetz, Kommentar, 1997
KölnKomm/*Bearbeiter*	s. KPK
Köstler/Kittner/Zachert	Aufsichtsratspraxis, 6. Aufl., 1999
Kötter	Mitbestimmungsrecht, 1952
KP/*Bearbeiter*	*Kübler/Prütting,* Kommentar zur Insolvenzordnung, 1999
KPK/*Bearbeiter*	*Sowka/Bengelsdorfer/Köster,* Kölner Praxiskommentar zum Kündigungsschutzgesetz, 1996
KR/*Bearbeiter*	Gemeinschaftskommentar zum Kündigungsschutzgesetz und zu sonstigen kündigungsschutzrechtlichen Vorschriften, 5. Aufl., 1998
Kramer	Kündigungsvereinbarungen im Arbeitsvertrag, 1994
Krauskopf	Soziale Krankenversicherung, Pflegeversicherung, Loseblatt
KRM	*Koller/Roth/Morck,* Kommentar zum HGB, 1996, 2. Aufl., 1999
Küttner/Bearbeiter	*Küttner* (Hrsg.), Personalbuch 2000, Arbeitsrecht, Lohnsteuerrecht, Sozialversicherungsrecht
Lang/Weidmüller	Genossenschaftsgesetz, Kommentar, 33. Aufl., 1997
Leinemann/Linck	Urlaubsrecht, 1995
Lenz	Kommentar zum EG-Vertrag, 1994, 2. Aufl., 1999
Lieb	Arbeitsrecht, 6. Aufl., 1997
Löwisch	Arbeitsrecht, 5. Aufl., 2000
Löwisch BetrVG	Taschenkommentar zum BetrVG, 4. Aufl., 1996
Löwisch KSchG	Kommentar zum Kündigungsschutzgesetz, 7. Aufl., 1997
Löwisch SprAuG	Kommentar zum Sprecherausschußgesetz, 2. Aufl., 1994
Lutter/Bearbeiter	Umwandlungsgesetz, Kommentar, 2. Aufl., 2000
v. Mangoldt/Klein (Starck)	Das Bonner Grundgesetz, 3. Aufl. 1996; 4. Aufl., 2000
Marienhagen	Entgeltfortzahlungsgesetz, Loseblatt. Stand März 1995
Maunz/Dürig GG	Grundgesetz, Loseblatt-Kommentar von *Theodor Maunz, Günter Dürig, Roman Herzog, Rupert Scholz, Peter Lerche, Hans-Jürgen Papier, Albrecht Randelzhofer, Eberhard Schmidt-Aßmann*
Meisel/Sowka	Mutterschutz und Erziehungsurlaub, 5. Aufl., 1999
Mengel	Umwandlungen im Arbeitsrecht, 1997
Molitor/Volmer/Germelmann	Jugendarbeitsschutzgesetz, Kommentar, 3. Aufl., 1986
Motzer	Die „positive Vertragsverletzung" des Arbeitnehmers, 1982
Müller/Berenz	Entgeltfortzahlungsgesetz, 2. Aufl., 1997; 3. Aufl., 2000
Müller G./Lehmann	Kommentar zum Mitbestimmungsgesetz, Bergbau und Eisen, 1952
v. Münch/Kunig	Grundgesetz-Kommentar, 3 Bde.; Bd. 1, 4. Aufl., 1992, 5. Aufl., 2000; Bd. 2, 3. Aufl., 1995; Bd. 3, 3. Aufl., 1997
MünchArbR/*Bearbeiter*	Münchener Handbuch zum Arbeitsrecht, 3 Bde., 1. Aufl., 1992/93; 2. Aufl., 2000
MünchGesR IV/*Bearbeiter*	Münchener Handbuch zum Gesellschaftsrecht, Band 4, 2. Aufl., 1999
MünchKommBGB/*Bearbeiter*	Münchener Kommentar zum BGB, 3. Aufl., 1993 ff.
MünchKommHGB/*Bearbeiter*	Münchener Kommentar zum HGB, Bd. I, 1996 und Bd. VII, 1997
MünchKommZPO/*Bearbeiter*	Münchener Kommentar zur ZPO, 1992
MünchVertragsHandbuch/*Bearbeiter*	Münchener Vertrags-Handbuch, 4. Aufl., 1996
Natzel	Bundesurlaubsrecht, 4. Aufl., 1988
Neumann/Biebl	Kommentar zum Arbeitszeitgesetz, 12. Aufl., 1995

Literaturverzeichnis

Neumann/Pahlen	Schwerbehindertengesetz, 9. Aufl., 1999
Niesel	SGB III, 1998
Nikisch	Arbeitsrecht, Bd. I, 3. Aufl., 1961; Bd. II, 2. Aufl., 1959; Bd. III, 2. Aufl., 1966
Obermüller/Hess	Insolvenzordnung, 2. Aufl., 1998
Oetker	Das Dauerschuldverhältnis und seine Beendigung, 1994
Oetker/Preis	Europäisches Arbeits- und Sozialrecht, Loseblatt
Palandt/Bearbeiter	Kommentar zum Bürgerlichen Gesetzbuch, 59. Aufl., 2000
Paulsdorff	Kommentar zur Insolvenzsicherung der betrieblichen Altersversorgung, 2. Aufl., 1996
Peters	Handbuch der Krankenversicherung, Loseblatt
Pieroth/Schlink	Staatsrecht II, Grundrechte, 13. Aufl., 1997
Preis	Prinzipien des Kündigungsrechts bei Arbeitsverhältnissen, 1987
Preis Vertragsgestaltung	Grundfragen der Vertragsgestaltung im Arbeitsrecht, 1993
Raiser	Mitbestimmungsgesetz nebst Wahlordnungen, Kommentar, 3. Aufl., 1998
RGRK/*Bearbeiter*	Kommentar zum Bürgerlichen Gesetzbuch, hrsg. von Reichsgerichtsräten und Bundesrichtern, 12. Aufl., 1978 ff.
Richardi	Betriebsverfassungsgesetz mit Wahlordnung, 7. Aufl., 1998, mit Ergänzung 2000
Sachs	Sachs (Hrsg.), Grundgesetz, 2. Aufl., 1998
Sandmann/Marschall	Arbeitnehmerüberlassungsgesetz, Loseblatt-Kommentar, 1997
Schaub	Arbeitsrechts-Handbuch, 9. Aufl., 2000
Schaub ArbR-Formb.	Arbeitsrechtliche Formularsammlung und Arbeitsgerichtsverfahren, 6. Aufl., 1994; Arbeitsrechtliche Formularsammlung, 7. Aufl., 1999
Schaub ArbGV	Arbeitsgerichtsverfahren-Handbuch, 7. Aufl., 2000
Schlegelberger/Bearbeiter	Kommentar zum HGB, 5. Aufl., 1973 ff.
Schmid/Trenk-Hinterberger	Grundzüge des Arbeitsrechts, 2. Aufl., 1994
Schmitt	Entgeltfortzahlungsgesetz, 4. Aufl., 1999, 3. Aufl., 1997
Schüren	Arbeitnehmerüberlassungsgesetz, Kommentar, 1994
Siara	Bundesurlaubsgesetz, 1975
Söllner	Grundriß des Arbeitsrechts, 11. Aufl., 1994
Soergel/Bearbeiter	Kommentar zum BGB, 12. Aufl., 1987 ff.
SozVersGesKomm/*Bearbeiter*	Bley/Gitter u. a., SGB Gesamtkommentar Sozialversicherung, Loseblatt
SPV	Stahlhacke/Preis/Vossen, Kündigung und Kündigungsschutz im Arbeitsverhältnis, 7. Aufl., 1999
Staudinger/Bearbeiter	Kommentar zum BGB, 12. Aufl., 1979 ff., 13. Bearb., 1993 ff.
Stege/Weinspach	Betriebsverfassungsgesetz, Kommentar, 8. Aufl., 1999
Stern	Das Staatsrecht der Bundesrepublik Deutschland, 1./2. Aufl., 1980 ff.
StJ/*Bearbeiter*	Stein/Jonas, Kommentar zur ZPO, 21. Aufl., 1993 ff.
Stober	Kommentar zum Ladenschlußgesetz, 4. Aufl., 2000, 3. Aufl., 1990
Stoffels	Der Vertragsbruch des Arbeitnehmers, 1994
TASEG	Oetker/Preis, Technisches Arbeitsschutzrecht der EG, Loseblatt
Theis	Kommentar zum Ladenschlußgesetz, 1991
Thomas/Putzo	Kommentar zur ZPO, 22. Aufl., 1999
Ulmer/Brandner/Hensen	Kommentar zum AGB-Gesetz, 8. Aufl., 1997
Wagner	Insolvenzordnung, 1998
Weber	Berufsbildungsgesetz und Berufsbildungsförderungsgesetz, 13. Aufl., 1999
WGKP	Wedde/Gerntke/Kunz/Platow, Entgeltfortzahlungsgesetz, 2. Aufl., 1997
Widmann/Mayer	Umwandlungsrecht, Loseblatt-Kommentar
Wiedemann	Tarifvertragsgesetz, 6. Aufl., 1999
Willemsen/Hohenstatt/Schweibert	Umstrukturierung und Übertragung von Unternehmen, 1999
Wlotzke/Schwedes/Lorenz	Das neue Arbeitsgerichtsgesetz, 1979
Wohlgemuth	Berufsbildungsgesetz, 2. Aufl., 1995
Worzalla/Süllwald	Entgeltfortzahlung, 1995
Zmarzlik/Anzinger	Kommentar zum Arbeitszeitgesetz, 1995
Zmarzlik/Anzinger JArbSchG	Kommentar zum Jugendarbeitsschutzgesetz, 5. Aufl., 1998
Zmarzlik/Roggendorff	Kommentar zum Ladenschlußgesetz, 2. Aufl., 1997
Zmarzlik/Zipperer/Viethen	Mutterschutzgesetz, Mutterschaftsleistungen, Bundeserziehungsgeldgesetz, 8. Aufl., 1999
Zöller/Bearbeiter	Kommentar zur ZPO, 21. Aufl., 1999
Zöllner	Zöllner (Hrsg.), Kölner Kommentar zum Aktiengesetz, 2. Aufl., 1988 ff.
Zöllner/Loritz	Arbeitsrecht, 5. Aufl., 1998

10. Grundgesetz für die Bundesrepublik Deutschland

Vom 23. Mai 1949 (BGBl. I S. 1)

Zuletzt geändert durch Gesetz vom 16. Juli 1998 (BGBl. I S. 1822)

(BGBl. III/FNA 100-1)

– Auszug –

Einleitung

Gesamtdarstellungen und Kommentare

Alexy, Theorie der Grundrechte, 1986; *Azzola u. a.,* Kommentar zum GG, 2 Bde. (Alternativkommentare); *Benda/Maihofer/Vogel,* Handbuch des Verfassungsrechts der Bundesrepublik Deutschland, 2. Aufl., 1994; *Blank/Fangmann/Hammer,* GG-Basiskommentar, 2. Aufl. 1996; *Bleckmann,* Staatsrecht II, 4. Aufl., 1997; 2. Aufl., 1985; *Dolzer/Vogel (Hrsg.),* Bonner Kommentar zum GG (Loseblatt); *Dreier (Hrsg) u. a.,* GG-Kommentar Bd. I, 1996; *Gallwas,* Grundrechte, 2. Aufl. 1995 (Lernbuch); *Grimm,* Die Zukunft der Verfassung, 1991; *Jarass/Pieroth,* GG-Kommentar, 4. Aufl. 1997; *K. Hesse,* Grundzüge des Verfassungsrechts der Bundesrepublik Deutschland, 20. Aufl., 1995; *J. Ipsen,* Staatsrecht II, 1997; *Isensee/Kirchhof (Hrsg.),* Handbuch des Staatsrechts der Bundesrepublik Deutschland Bd. I (1987) – Bd. VIII (1995); *Dürik/Dürig/ Herzog u. a.,* GG-Kommentar, Loseblatt (1958 ff.); *v. Mangold/Klein/Starck,* GG-Kommentar, 4. Aufl. Bd. I, 1999; *v. Münch/Kunig,* GG-Kommentar, 4. Aufl. Bd. I, 1992; *Pieroth/Schlink,* Grundrechte, Staatsrecht II, 12. Aufl., 1996; *Sachs (Hrsg.) u. a.,* GG-Kommentar, 2. Aufl. 1999; *Schlaich,* Das BVerfG, 4. Aufl., 1997; *Schmidt-Bleibtreu/Klein,* GG-Kommentar, 8. Aufl., 1995; *Seifert/Hömig* (Hrsg.), GG-Taschenkommentar, 5. Aufl., 1995; *Stern,* Das Staatsrecht der Bundesrepublik Deutschland, Bd. III1 (1988) Bd. III2 (1994).

Übersicht

	Rn.		Rn.
I. Bedeutung der Grundrechte	1	b) Legitimationsgrundlage	47
II. Grundrechtsträger (Berechtigte)	4	c) Grundrechtliche Kompetenzgrenzen	49
1. Jedermann/Deutsche	4	(1) Arbeits- und Wirtschaftsbedingungen	52
2. Juristische Personen	6	(2) Kernbereich	55
3. Der Staat	8	(3) Gleichheitsrechte	57
III. Grundrechtsadressaten (Verpflichtete)	10	4. Grundrechtsbindung betrieblicher Regelungen	59
1. Gesetzgeber	10	V. Grundrechtsverzicht/Einwilligung	62
2. Rechtsprechung	12	1. Der Begriff „Grundrechtsverzicht"	62
3. Bürgerinnen und Bürger	15	2. Grundsatz und Ausnahmen	63
4. Gewerkschaften und Arbeitgeberverbände	20	3. Tarifverträge	67
5. Betriebspartner	24	VI. Grundrechtskonkurrenz und -kollision	68
IV. Grundrechtsfunktionen und Wirkungen	25	1. Grundrechtskonkurrenz	68
1. Abwehrfunktion	25	2. Grundrechtskollision	70
a) Freiheitsrechte	25	VII. Auslegung und Anwendung der Grundrechte	73
b) Gleichheitsrechte	30	1. Verfassungsauslegung	73
2. Schutzfunktion	33	2. Abwägungsprobleme	76
a) „Ausstrahlungswirkung"	33	3. Aufgaben der Fachgerichte	80
b) Schutzpflicht/Untermaßverbot	38	a) Auslegung und Rechtsfortbildung	80
c) Prüfungsmaßstab und Kontrolldichte	42	b) Richtervorlage	82
3. Grundrechtsbindung der Tarifverträge	46	c) Nach Zurückverweisung	84
a) Die herrschende Rechtsprechung und Lehre	46		

I. Bedeutung der Grundrechte

Die Grundrechte sind keine Programmsätze, nicht unverbindliche Postulate, sondern **unmittelbar** 1 **geltendes Recht.** Sie binden die Gesetzgebung, die vollziehende Gewalt und die Rechtsprechung (Art. 1 III). Sie zu achten und zu schützen, ist Verpflichtung aller staatlicher Gewalt. Das postuliert zwar Art. 1 I GG ausdrücklich nur für die Würde des Menschen, es gilt aber im Prinzip auch für die übrigen Freiheitsrechte und die Gleichheitsrechte des Art. 3. Daraus erwachsen für die Bürgerinnen und Bürger **subjektive Rechte,** deren prozessuale Durchsetzung gewährleistet wird (Art. 19 IV). Insoweit haben alle Gerichte in ihrem Zuständigkeitsbereich Rechtsschutz zu gewähren. Darüber wacht das BVerfG als „Hüter der Verfassung" mit weitreichenden Kompetenzen.

2   Die Bedeutung der Grundrechte wird nur unvollkommen erfaßt, wenn man den Grundrechtskatalog als wertneutrale Addition subjektiver Rechte versteht. Die Grundrechte sind vielmehr nach der Rechtsprechung des BVerfG und einhelliger Auffassung im Schrifttum **objektiv-rechtliche Grundsatznormen.** Ursprünglich sprach das BVerfG sogar von einer objektiven Wertordnung, die ein Wertsystem bilde (15. 1. 1958, BVerfGE 7, 198, 205 – *Lüth*). Heute wählt es meist den zurückhaltenden Begriff einer objektiven Grundentscheidung (vgl. BVerfGE 7. 2. 1990 – 81, 242, 254 – Handelsvertreter = AP GG Art. 12 Nr. 65). Das ändert aber nichts an seiner Überzeugung, daß der Grundrechtskatalog über seinen Wortlaut hinausweisend eine Ordnung von Grundprinzipien bildet, die alle Teilrechtsordnungen überlagert und prägt. Diese Sicht hat der Erkenntnis den Weg gebahnt, daß die Grundrechte nicht nur staatsgerichtete Abwehrrechte sind. Sie machte es möglich, die Bedeutung der Grundrechte so zu entfalten, daß sie den vielfältigen Freiheitsbedrohungen und Gleichheitsverletzungen des modernen Staates und einer hochtechnisierten, sich schnell wandelnden Gesellschaft wirksam entgegengesetzt werden können (Rn. 33 ff.).

3   Im **Arbeitsrecht** haben sich die Gerichte besonders früh auf die richtungweisende Bedeutung der Grundrechte berufen und die Arbeitsgerichte tun das noch heute mehr als andere Zivilgerichte. Das geschah ursprünglich unter dem Einfluß der Lehre Nipperdey's von der unmittelbaren Drittwirkung der Grundrechte, die das BAG heute nicht mehr vertritt (Rn. 17). Für die Rechtsprechung wichtiger sind aber die faktischen Anstöße, die sich aus den besonderen Interessen- und Kräfteverhältnissen im Arbeitsleben sowie aus der defizitären Rechtsquellenlage ergeben. Der Blick auf die objektivrechtlichen Grundentscheidungen der Verfassung verspricht hier die Orientierungshilfe, die das Arbeitsrecht an einigen Stellen schmerzlich vermissen läßt. Dem wird gelegentlich entgegengehalten, die Grundrechte dürften nicht als Rechtsgrundlage in Alltagsfällen dienen und damit zu „kleiner Münze verkommen". Diese Meinung verkennt jedoch, daß die Grundrechte nicht für „Haupt- und Staatsaktionen" geschaffen wurden, sondern sich – wie jedes Recht – in den banalen Konflikten des täglichen Lebens bewähren müssen (*Bleckmann* Staatsrecht II § 6 2). Dennoch ist vor einem allzu schnellen und umstandslosen Durchgriff auf die Grundrechte zu warnen. Sie sind keine zivilrechtlichen Generalklauseln, machen also die Ausformung der Arbeitsrechtsordnung nicht entbehrlich (Rn. 19).

II. Grundrechtsträger (Berechtigte)

4   **1. Jedermann/Deutsche.** Auf die Grundrechte kann sich grundsätzlich **jedermann** berufen. (Art. 2 GG: „Jeder hat das Recht ..."; Art. 3 I: „Alle Menschen sind vor dem Gesetz gleich"). Allerdings sind einige Grundrechte ausdrücklich nur Deutschen vorbehalten, zB die Versammlungsfreiheit (Art. 8 GG), die Vereinigungsfreiheit (Art. 9 I), die Freizügigkeit (Art. 11 I) und die Berufsfreiheit (Art. 12 I). Aber die darin liegende Schlechterstellung von **Ausländern** wird in doppelter Weise stark gemildert. Zum einen ist nach der Rechtsprechung des BVerfG neben den „Deutschen–Grundrechten" auch die allgemeine Freiheitsrecht des Art. 2 I zu beachten, das subsidiär gilt und nicht auf Deutsche beschränkt ist. Ausländer werden dadurch zwar nicht völlig gleichgestellt, ihre grundrechtliche Stellung wird aber insofern angeglichen, als sie sich gegen verfassungswidrige Gesetze auch dann mit der Verfassungsbeschwerde wehren können, wenn der Verfassungsverstoß auf einem „Deutschen – Grundrecht" beruht, zB auf Art. 12 I (10. 5. 1988 BVerfGE 78, 179, 196 f. = NJW 1988, 2290 f.). Zum anderen gewährleistet das Völkerrecht ihnen einen Mindeststandard, bei EG-Ausländern sogar eine weitgehende Gleichstellung (vgl. *Stern* Staatsrecht Bd. III § 70 III; *Robbers* HbVerfR § 11).

5   **AN** und **AG** sind gleichermaßen grundrechtsfähig. Das Grundgesetz formuliert keine sozialen Grundrechte, auch keine Grundrechte mit sozialpolitisch einseitigem Geltungsanspruch. Wenn Art. 12 I von der freien Wahl des Arbeitsplatzes spricht, so ist damit nicht etwa speziell der arbeitsrechtliche Kündigungsschutz gemeint, sondern ganz allgemein die Freiheit, eine konkrete Beschäftigungsmöglichkeit in dem gewählten Beruf zu ergreifen, beizubehalten oder aufzugeben (24. 4. 1991 BVerfGE 84, 133, 146 f. = AP GG Art. 12 Nr. 70 zu C III 1). Im Konfliktfall wirken sich die Grundrechte natürlich für AG und AN ganz unterschiedlich aus; das ist jedoch keine Frage der Grundrechtsfähigkeit, sondern der Grundrechtswirkung (dazu Rn. 25 ff.).

6   **2. Juristische Personen.** Der Kreis der Grundrechtsträger wird durch Art. 19 III erweitert. Danach gelten die Grundrechte auch für **inländische juristische Personen,** soweit sie ihrem Wesen nach auf diese anwendbar sind. Die unscharfe Verweisung auf das „Wesen" der Grundrechte hat zu einer umfangreichen Diskussion geführt. Nach herrschender Lehre spricht aber eine Vermutung zugunsten der Anwendbarkeit auf juristische Personen des Privatrechts, die ihren Sitz im Inland haben (*Bleckmann* Staatsrecht II § 9 II 4). Nach der Rechtsprechung des BVerfG kommt es entscheidend darauf an, ob die vom Schutzbereich des Grundrechts erfaßte Tätigkeit auch von juristischen Personen ausgeübt werden kann (BVerfGE 42, 212, 219) bzw. ob juristische Personen sich in einer vergleichbaren Gefähr-

dungslage befinden (BVerfGE 45, 63, 79; 61, 82, 105 f.). Das wurde zB für Art. 2 I (BVerfGE 20, 323, 336; 44, 353, 372), für Art. 3 I (BVerfGE 35, 348, 357; 41, 126, 149; 42, 374, 383) sowie für Art. 12 I GG (BVerfGE 65, 196, 210; 53, 1, 13; 41, 126, 149) mehrfach bejaht, während es zB für Art. 1 I, 2 II, 6 und 16 eindeutig zu verneinen ist.

Die **Rechtsfähigkeit** einer Vereinigung, die sich ja nach einfachem Recht richtet, ist für die Grundrechtsfähigkeit **nicht entscheidend.** Es kommt nur darauf an, ob die Vereinigung zu eigenständiger Willensbildung und zu eigenem Handeln fähig ist. Deshalb können auch offene Handelsgesellschaften Grundrechtsträger sein (BVerfGE 10, 89, 99; 20, 283, 290; 53, 1, 13). Das gleiche gilt für BGB-Gesellschaften und nichtrechtsfähige Vereine (zB Gewerkschaften). Ob auch eine Personalvertretung grundrechtsfähig ist, hat das BVerfG offengelassen (27. 3. 1979 BVerfGE 51, 77, 87 = AP GG Art. 9 Nr. 31 unter II 2; immerhin zweifelhaft nach BVerfG 24. 5. 1995 E 93, 37 = NVwZ 1996, 574). 7

3. Der Staat und alle seine Träger öffentlicher Gewalt sind Grundrechtsadressaten und können daher grundsätzlich nicht gleichzeitig Grundrechtsträger sein. Das gilt vor allem für **juristische Personen des öffentlichen Rechts.** Ihr Handeln beruht auf gesetzlichen Kompetenzen, ist also nicht als Wahrnehmung von Freiheitsrechten zu bewerten (31. 10. 1984 BVerfGE 68, 193, 206 – Innung). Das gilt auch für **Sondervermögen** (wie das Bundeseisenbahnvermögen) und für Sparkassen (14. 4. 1987 BVerfGE 75, 192, 200). Selbst juristische Personen des Privatrechts, deren Anteile vollständig oder überwiegend von juristischen Personen des öffentlichen Rechts gehalten werden, entbehren der Grundrechtsfähigkeit (7. 6. 1977 BVerfGE 45, 63, 78; 78, 193, 212; BVerfG-Kammer 16. 5. 1989 NJW 1990, 1783 – 72% Aktienanteil in öffentlicher Hand). 8

Die Abgrenzung im einzelnen ist allerdings im Schrifttum heftig umstritten (vgl. *Bleckmann* Staatsrecht II § 9 III, *Stern* Bd. III 1 § 71 VII) und wird auch von der Rechtsprechung trotz ihrer außerordentlich restriktiven Tendenz nicht ohne erhebliche **Ausnahmen** durchgehalten. Körperschaften, die organisationsrechtlich vom Staat unabhängig sind und grundrechtlich geschützten Lebensbereichen dienen, können sich staatlichen Eingriffen gegenüber auf die darauf bezogenen Grundrechte berufen. Das wurde angenommen für öffentlich-rechtliche Rundfunkanstalten, Religionsgesellschaften, Universitäten und Fakultäten (vgl. die Nachweise bei *Jarass/Pieroth* Art. 19 Rn. 18; *Krüger* in *Sachs* Art. 19 Rn. 86 ff. mit Hinweisen auf Grenzfälle). Weitere Ausnahmen gelten für das grundrechtliche Willkürverbot (Art. 3) und für die Prozeßgrundrechte (Art. 101 I und 103 I GG), die in diesem Kommentar nicht erläutert werden. 9

III. Grundrechtsadressaten (Verpflichtete)

1. Gesetzgeber. Erster und wichtigster Adressat der Grundrechte ist der Gesetzgeber des Bundes und der Länder. Von ihm erwartet die Verfassung das normative Gerüst des demokratischen und sozialen Rechtsstaats (Art. 20 I) nach den Vorgaben der Grundentscheidungen des Grundrechtskataloges. Der politischen Gestaltung bleibt zwar ein weiter Freiraum, dieser wird aber begrenzt, soweit Freiheitsrechte übermäßig beschränkt, Schutzpflichten vernachlässigt oder Gruppen diskriminiert werden. Daß die betroffenen Bürgerinnen und Bürger die Einhaltung dieser Grenzen auch gegenüber dem Gesetzgeber verlangen und mit Hilfe der Gerichte durchsetzen können, gibt den Grundrechten ihre große Durchschlagskraft und sorgt als Unruhe im Uhrwerk der Rechtsordnung. 10

Von der unmittelbaren Grundrechtsbindung ist kein Gegenstand der Gesetzgebung ausgenommen. Die Bindung erstreckt sich nach heute einhelliger Auffassung nicht nur auf das öffentliche Recht, sondern ebenso auf das **Privatrecht.** Das BVerfG prüft zivilrechtliche Gesetze **unmittelbar am Maßstab der Grundrechte,** und zwar gleichermaßen unter dem Gesichtspunkt des Übermaßverbotes, der Schutzpflichtverletzung und des Gleichheitsverstoßes (Art. 3 I GG) oder des Diskriminierungsverbotes (Art. 3 II und III GG). Der Privatrechtsgesetzgeber ist hoheitlich handelnde Staatsgewalt. Seine freiheitsbeschränkende Macht ist keineswegs geringer als diejenige des Öffentlichen Rechts. Die nachfolgende Kommentierung bietet dazu Belege bei allen Grundrechtsartikeln. 11

2. Rechtsprechung. Auch die rechtsprechende Gewalt ist unmittelbar an die Grundrechte gebunden (Art. 1 III). Sie wird durch das BVerfG und die Fachgerichte des Bundes und der Länder ausgeübt (Art. 92). Die unterschiedlichen Kompetenzen der Gerichte führen zu einer **Arbeitsteilung** bei der Auslegung und Anwendung der Grundrechte. 12

Die **Fachgerichte** haben für die Entscheidung von Rechtsstreitigkeiten zunächst und in erster Linie zu klären, welche Antworten die maßgebenden Vorschriften des einfachen Rechts für die Streitfrage geben. Sie sind dem Gesetz unterworfen (Art. 97 I), haben also die rechtspolitischen Vorgaben zu respektieren, die der Gesetzgeber innerhalb seines weiten Gestaltungsfreiraums normiert hat. Da aber der Gesetzgeber ebenfalls an die Grundrechte gebunden ist, wirkt das Grundgesetzrecht in seiner Gesamtheit „verfassungsimprägniert" *(Stern)*, so daß dessen Auslegung und Anwendung die Beachtung der Grundrechte voraussetzt. Ganz allgemein sind gesetzliche Regelungen „im Lichte" der Grundrechte zu lesen, also **grundrechtsgeleitet** zu interpretieren (Rn. 80). Lassen sich mehrere Auslegungen denken, ist davon auszugehen, daß der Gesetzgeber die Wirkung der Grundrechte optimieren will. Läßt der Auslegungsspielraum sowohl verfassungsgemäße als auch verfassungswidrige Deutungen zu, 13 so ist nach allgemeiner Ansicht und Rechtsprechung die **verfassungskonforme Auslegung** geboten (Rn. 81). Hält das Fachgericht hingegen die allein in Betracht kommende Auslegung für unvereinbar mit einem Grundrecht, so darf es das Gesetz nicht anwenden. Bei nachkonstitutionellen Gesetzen, also jetzt in der Regel, muß es die Sache dem BVerfG vorlegen (Rn. 82).

14 Das **Bundesverfassungsgericht** ist allein zuständig für die verbindliche Auslegung der Grundrechte. Diese gelten so, wie sie das BVerfG versteht (vgl Rn. 75). Nur das BVerfG ist berechtigt, nachkonstitutionelles Gesetzesrecht für unanwendbar oder nichtig zu erklären („**Verwerfungsmonopol**"). Trotz dieser starken Stellung muß es die Kompetenzbereiche der anderen Grundrechtsadressaten respektieren: Vor allem den rechtspolitischen Gestaltungsfreiraum des Gesetzgebers, aber auch die Kompetenz der Fachgerichte bei der Auslegung und Anwendung des „einfachen Rechts" (vgl. *Dieterich* NZA 1996, 673; *ders.* WM 2000, 11). Das BVerfG ist **keine „Superrevisionsinstanz"**, sondern kassiert rechtskräftige Entscheidungen wegen eines Grundrechtsverstoßes nur unter Voraussetzungen, die es wiederholt formelhaft umschrieben hat (vgl. zu diesen Formeln und ihren unterschiedlichen Konsequenzen für die Fachgerichte Rn. 87 f.). Das ist eine äußerst unscharfe Kompetenzgrenze, die das BVerfG je nach der Intensität des umstrittenen Eingriffs mehr oder weniger großzügig handhabt, und die auch keineswegs unumstritten ist (vgl. *Schlaich*, Das BVerfG, Rn. 301). Einigkeit besteht jedoch darüber, daß die Grundrechte keine abschließenden Regelungskonzepte für die vielfältigen Konflikte des Rechtslebens bieten, sondern nur Grenzziehungen, die dem Gesetzgeber und den die Gesetze auslegenden und anwendenden Gerichten Raum lassen. Jedem der genannten Grundrechtsadressaten ist ein eigener Verantwortungsbereich zugewiesen, der der Art seiner Grundrechtsbindung entspricht.

15 **3. Keine Grundrechtsadressaten** sind die Grundrechtsträger. Mit geringfügigen Ausnahmen verpflichten Grundrechte die **Bürgerinnen und Bürger** sowie die inländischen juristischen Personen nicht unmittelbar. Auch die AGStellung ändert daran nichts. Das ergibt sich sehr klar aus Wortlaut und Systematik des Grundrechtsabschnitts. Art. 1 GG spricht nur von der Bindung aller öffentlichen Gewalt und beschreibt in seinem Absatz 3, was darunter verstanden werden soll. Art. 3 I GG spricht von der Gleichheit vor dem Gesetz. Wären auch die Rechtsbeziehungen zwischen den verschiedenen Grundrechtsträgern ein Regelungsgegenstand der Grundrechte, wären zumindest allgemeine Hinweise auf die Frage zu erwarten, inwieweit vertragliche Beschränkungen zulässig und möglich sind. Das geschieht jedoch nur in Art. 9 III 2 GG für ein spezielles, nach historischer Erfahrung besonders brisantes Problem. Das läßt sich nicht verallgemeinern. Im auffälligen Gegensatz dazu wird die Einschränkbarkeit der Grundrechte durch den Gesetzgeber mit zahlreichen Gesetzesvorbehalten differenziert geregelt, ohne daß sich daraus etwas für den zulässigen Umfang vertraglicher Gestaltungen ableiten ließe (*Canaris* AcP 184 (1984), 201, 204 f.).

16 Die **Staatsrichtung der Grundrechte** ist nicht die Folge unzulänglicher Problemsicht, sondern entspricht ihrer verfassungsspezifischen Funktion. Diese besteht nicht darin, die vielfältigen, komplizierten und wechselhaften Interessengegensätze der Grundrechtsträger untereinander so auszugleichen, daß die beiderseitigen Rechte und Pflichten feststehen. Dazu bedarf es detaillierter und situationsbezogener Regelungen, für die je nach der rechtspolitischen Konzeption ganz unterschiedliche Lösungen in Betracht kommen. Diese Aufgabe muß dem Gesetzgeber überlassen bleiben, der sich die dafür erforderliche Legitimation in demokratischen Wahlen zu beschaffen hat. Gesetzgebung ist nicht bloßer Verfassungsvollzug. Dementsprechend ist auch die Kompetenz des BVerfG darauf beschränkt, die Einhaltung der grundrechtlich markierten Grenzen zu überwachen. Schon für diese **Grenzbestimmung** sind zwar vielfach gegenläufige Grundrechtspositionen abzuwägen, aber nur um den gesetzgeberischen Gestaltungsfreiraum zu ermitteln, also nicht mit dem Ziel, die einfachrechtliche Lage daraus abzuleiten. Das entspricht der ständigen Rechtsprechung des BVerfG und inzwischen auch der nahezu einhelligen Lehre (vgl. *Bleckmann* § 10 V; *Canaris* AcP 184, (1984), 201 ff.; *Stern* Bd. III 1 § 76; *Starck* in v. *Mangoldt/Klein* Art. 1 Rn. 191 ff.; *Jarass/Pieroth* Art. 1 Rn. 24; MünchArbR/*Richardi* § 10 Rn. 8 ff.).

17 Im Gegensatz dazu vertritt die **Lehre von der „unmittelbaren Drittwirkung"** die Auffassung, daß zwar nicht alle, aber eine ganze Reihe von Grundrechten auch Privatpersonen unmittelbar verpflichten und im Verhältnis untereinander (gleichsam „horizontal") binden, also ohne die Vermittlung durch einfaches Recht zivilrechtliche Ansprüche und Pflichten begründen (grundlegend *Nipperdey*, Grundrechte und Privatrecht, 1961; *Leisner*, Grundrechte und Privatrecht, S. 356 ff.; *Gamillscheg* AcP 164 (1964), 386, 419 ff.; *ders.* Die Grundrechte im Arbeitsrecht, 1989, insbesondere S. 25 ff. und 75 ff.). Auch das BAG ist ursprünglich von einer „unmittelbaren Drittwirkung" ausgegangen (grundlegend 15. 1. 1955 AP GG Art. 3 Nr. 4; 10. 11. 1955 AP BGB § 611 Beschäftigungspflicht Nr. 2; 10. 5. 1957 GG Art. 6 I Ehe und Familie Nr. 1; 29. 6. 1962 AP GG Art. 12 Nr. 25). Später ist es davon abgerückt und hat im Einklang mit der herrschenden Lehre Grundrechte nur noch wegen ihrer „Ausstrahlungswirkung" berücksichtigt (vgl. nur die beiden Beschlüsse des Gr. Sen.: 27. 2. 1985 AP BGB § 611 Beschäftigungspflicht Nr. 14 und 27. 9. 1994 AP BGB § 611 Haftung des AN Nr. 103; ausdrücklich auch 1. Sen.: 27. 5. 1986 AP BetrVG 1972 § 87 Überwachung Nr. 15 zu II 2 b).

III. Grundrechtsadressaten (Verpflichtete) Einl. **GG 10**

Bedeutung und Verdienst der Lehre von der unmittelbaren Drittwirkung ist die bleibende Erkenntnis, daß die grundrechtlich geschützten Freiheiten faktisch nicht nur und nicht einmal in erster Linie vom Staat bedroht werden. Gesellschaftliche Mächte können mit den Mitteln des Privatrechts eine Durchsetzungskraft entwickeln, die dem Einzelnen keine Chance läßt, seine Freiheitssphäre ohne staatliche Hilfe wirksam zu verteidigen. Die Rede ist von „**privater Gewalt**" *(Leisner)* oder „**sozialer Macht**" *(Gamillscheg)*, die der Begrenzung und Bändigung bedürfe, soweit grundrechtlich geschützte Rechtspositionen betroffen sind. Da die Privatrechtsordnung diesen Schutz nicht lückenlos gewährleisten könne, müsse der Richter im Streitfall unmittelbar auf die Grundrechte zugreifen, um ihr Leerlaufen zu verhindern. So entstehe „Richterrecht" (Verfassungsrecht? Zivilrecht?), das nicht der „Zwischenschaltung eines einfachen Gesetzes" bedürfe *(Gamillscheg,* Die Grundrechte im Arbeitsrecht, IV 5, S. 84 f.). **18**

Die Ausgangsüberlegung dieses Gedankenganges ist zwingend und wird inzwischen vom BVerfG ganz ähnlich formuliert (7. 2. 1990 AP GG Art. 12 Nr. 65 und 19. 10. 1993 AP GG Art. 2 Nr. 35). Hingegen kann die vorgeschlagene Lösung des Problems nicht überzeugen. Sie verkennt die zentrale Bedeutung und **politische Verantwortung des Gesetzgebers** und überdehnt die Kompetenz der Rechtsprechung, indem sie die Grundrechte wie zivilrechtliche Generalklauseln anwenden will. Eine entsprechende Konkretisierungskompetenz ist den Gerichten aber weder vom Grundgesetz, noch von der Privatrechtsordnung eingeräumt. Rein fallbezogene Billigkeitsrechtsprechung ohne einfachrechtliche Grundlage ist mit der **Kompetenzverteilung** unserer Verfassung unvereinbar, selbst wenn für das Ergebnis auf grundrechtliche Wertungen verwiesen werden kann. Die Zivil- und Arbeitsgerichte sind verpflichtet, zunächst zu versuchen, verfassungsmäßige Ergebnisse mit den Mitteln der Auslegung, uU auch der Lückenfüllung, zu erreichen, wobei die Grundrechte allerdings verbindliche Orientierung bieten (Rn. 80 ff.). Ist eine verfassungskonforme Auslegung und Anwendung der Gesetze nicht möglich, auch nicht im Rahmen zulässiger Rechtsfortbildung, so bleibt nur die Vorlage an das BVerfG. Selbst dieses kann der Verfassung nicht ohne weiteres entnehmen, wie verfassungswidriges Zivil- und Arbeitsrecht „im Lichte" der Grundrechte näher auszugestalten sei. Vielmehr ist es seinerseits darauf beschränkt, den Gesetzgeber zum Tätigwerden zu verpflichten (wobei es allerdings uU die Fachgerichte für den Fall anhaltender Untätigkeit zu gesetzesvertretendem Richterrecht als vorläufigem Notbehelf ermächtigt: 30. 5. 1990, BVerfGE 82, 126, 155 – Kündigungsfristen = AP BGB § 622 Nr. 28 unter C II). Diese **Kompetenzordnung des Grundgesetzes** vernachlässigt, wer die Grundrechte unmittelbar als Zivilrechtsquelle versteht, den Grundrechten also detaillierte Abwägungs- und Regelungsprogramme entnehmen will. Sie markieren nur Schranken (vgl. Rn. 25 ff.). **19**

4. Gewerkschaften und Arbeitgeberverbände sind Grundrechtsträger und **keine Grundrechtsadressaten**. Selbst in ihrer Rolle als Tarifvertragsparteien mutieren sie (und tarifvertragschließende AG) nicht zu staatlicher Gewalt im Sinne von Art. 1 III GG. Allerdings hat der Gesetzgeber ihre kollektivvertraglichen Regelungen mit normativer Wirkung ausgestattet (§ 4 I TVG). Das rechtfertigt es aber nicht, Tarifverträge den Gesetzen gleichzustellen und in gleicher Weise am Maßstab der Grundrechte zu messen. Sie können sich nämlich auf eine privatautonome Grundlage stützen, die ihre maßgebende Legitimation bildet (Rn. 47). Die normative Wirkung wird den Tarifvertragsparteien nicht etwa aufgezwungen. Sie ist auch nicht mit inhaltlichen Vorgaben und staatlichen Kontrollen belastet, sondern freiem Gestaltungswillen zur Wahrung und Förderung der Arbeits- und Wirtschaftsbedingungen überlassen. Aus der Gewährleistung des Art. 9 III GG folgt keine Regelungspflicht der Verbände (BVerfG 19. 10. 1966 E 20, 312, 320 = AP TVG § 2 Nr. 24; *Säcker/Oetker,* Grundlagen und Grenzen der Tarifautonomie, S. 93 ff.; *Wiedemann* zu AP TVG § 1 Form Nr. 7 unter II M 2; *ders.* wohl jetzt aA in RdA 1997, 297, 304). Für die Bewertung und Kontrolle tariflicher Regelungen ist deshalb weniger deren normative Wirkung, als vielmehr ihre verbandsrechtliche Grundlage und die Art ihres Zustandekommens maßgebend. Es geht hier nur um die Schutzfunktion der Grundrechte und die entsprechende Konkretisierung der Tarifautonomie (*Canaris* AcP 184 (1984) 201, 243 ff.; *Däubler* Tarifvertragsrecht Rn. 413; *Denninger* Alt. Kom. GG Art. 1 II, III Rn. 25; *Dieterich,* FS für Schaub, 1998, S. 117; *Kempen/Zachert* TVG Einl. Rn. 154; *Dreier* Art. 1 III, Rn. 26; *Farthmann/Coen* in HbVerfR § 19 Rn. 74 f.; *Jarass/Pieroth* Art. 1 Rn. 25; *Sachs,* Art. 1 Rn. 88; *Kirchhof,* Private Rechtssetzung, S. 519; *C. J. Müller,* Die Berufsfreiheit der AG, 1996, S. 237 ff.; *Rüfner* in HbStR V § 117, Rn. 10; *Schliemann* ZTR 2000, 198, 202; *Stern* Bd. III 1 § 73 III 6 a; *Starck* in v. *Mangoldt/Klein* Art. 1 Rn. 161; MünchArbR/*Richardi* § 10 Rn. 22 ff.; *Scholz,* Die Koalitionsfreiheit als Verfassungsproblem, S. 369; *Singer* ZfA 1995, 611, 616 f.; *A. Wiedemann,* Die Bindung der Tarifnormen an Grundrechte, insbes. an Art. 12 GG, S. 29 ff.; grundlegend schon *Zöllner,* Die Rechtsnatur der Tarifnormen nach deutschem Recht, 1966, S. 37 und RdA 1964, 443 ff.). **20**

Das **Bundesarbeitsgericht** sah das lange Zeit in ständiger Rechtsprechung anders. Tarifrecht sei Gesetzgebung im materiellen Sinn, so daß die Tarifvertragsparteien unmittelbar und in gleichem Umfang an die Grundrechte gebunden seien wie der staatliche Gesetzgeber nach Art. 1 III (grundlegend BAG 15. 1. 1955 AP GG Art. 3 Nr. 4 und danach ständig, zuletzt meist ohne Begründung; zur Rechtsprechungsänderung des 7. Senats vgl. Rn. 50). Im **arbeitsrechtlichen Schrifttum** kommen gewichtige Stimmen zum gleichen Ergebnis (*Biedenkopf,* Grenzen der Tarifautonomie, S. 72 f.; *Wiede-* **21** *mann* TVG Einl. Rn. 205 ff.; *Gamillscheg,* Grundrechte im Arbeitsrecht, S. 103 f.; *Gerhard Müller,* Die Tarifautonomie in der Bundesrepublik Deutschland, S. 146; *Söllner* AuR 1991, 45, 49; MünchArbR/*Löwisch* § 239 Rn. 69). Als weitere Begründung wird darauf verwiesen, daß die tarifliche Rechtssetzung auf staatlicher Delegation beruhe und abgeleitete Kompetenz nicht weiterreichen könne als die Ursprungskompetenz des Gesetzgebers (BAG AP GG Art. 3 Nr. 4 und 16; *Adomeit,* Rechtsquellenfragen im Arbeitsrecht, S. 137 ff.; *Küchenhoff,* FS für Nipperdey, 1965, Band II, S. 317, 340; *Hinz,* Tarifhoheit und Verfassungsrecht, S. 158 ff.). Manche Autoren begnügen sich mit dem Hinweis auf den untergeordneten Rang der Tarifnormen innerhalb der Normenhierarchie, (*Säcker/ Oetker,* Grundlagen und Grenzen der Tarifautonomie, S. 242 f.) oder die Ähnlichkeit der Regelungsmacht (*Waltermann* RdA 1990, 138, 141; *Wiedemann* RdA 1997, 297, 302; wohl jetzt auch *Söllner* NZA 1996, 897, 901 ff.).

22 **Kritik:** Solche Gleichstellung von Tarifnorm und Gesetz verfehlt die Eigenart kollektivvertraglicher Rechtsgestaltung und wird in den Konsequenzen auch gar nicht durchgehalten. So wird das Fehlen von Publikationspflicht und Staatsaufsicht hingenommen (vgl. BVerfG 14. 5. 1977 E 44, 322, 347 = AP TVG § 5 Nr. 15 unter B II 2 a). Auch wird nirgends vertreten, Tariflöhne müßten als Eingriffe in die Berufsfreiheit überprüft werden, obwohl das bei gesetzlichen Vergütungsregelungen nach der ständigen Rechtsprechung des BVerfG geboten ist (17. 10. 1990 BVerfGE 83, 1, 13 – Rechtsanwaltsgebühren; 30. 3. 1993 BVerfGE 88, 145, 159 – Konkursverwaltervergütung; zuletzt 15. 12. 1999 E 101, 331 – Berufsbetreuer). Die Konstruktion dient dazu, eine gerichtliche **Kontrolle am Maßstab der Grundrechte** zu legitimieren. Dabei ergibt sich aber ein überschießender Effekt, wie er in ähnlicher Weise auch der Lehre von der unmittelbaren Drittwirkung der Grundrechte unterläuft (Rn. 19). Der Ausgangspunkt steht außer Streit: Auch Tarifrecht muß mit den Grundrechten vereinbar sein. Problematisch ist nur der Maßstab. Die Tarifvertragsparteien sind weniger engen Grundrechtsbindungen unterworfen als der Gesetzgeber und die anderen Träger staatlicher Gewalt. Die Grundrechtsbindung der Tarifverträge ergibt sich nicht unmittelbar aus deren Normqualität, sondern nur mittelbar und eingeschränkt aus der Schutzpflicht des Staates (vgl. im einzelnen Rn. 47 ff.). Deshalb kann auch eine **Verfassungsbeschwerde** nicht unmittelbar gegen Tarifverträge gerichtet werden (a. A. *Gamillscheg,* Kollektives Arbeitsrecht I S. 667; *Wiedemann* TVG Einl. Rn. 355; MünchArbR/*Löwisch* § 259 Rn. 41).

23 Anders ist die Rechtslage bei der **Allgemeinverbindlicherklärung** von Tarifverträgen nach § 5 TVG. Die Erstreckung der Normwirkung auf Außenseiter ist ein staatlicher Rechtssetzungsakt (BVerfG 24. 5. 1977 BVerfGE 44, 322, 343, 346 = AP TVG § 5 Nr. 15 unter B II 1), den nicht die Tarifvertragsparteien, sondern der Staat zu verantworten hat. Daran ändert sich auch dann nichts, wenn die Tarifvertragsparteien ihre Regelung von vornherein so konzipiert haben, daß sie auf eine Allgemeinverbindlicherklärung angewiesen ist, zB bei der Begründung von Beitragspflichten zu einer Sozialkasse (15. 7. 1980 BVerfGE 55, 7, 20 ff. = AP TVG § 5 Nr. 17 unter B I). Auch dann hat das zuständige Ministerium als Grundrechtsadressat im Sinne von Art. 1 III im Rahmen seiner Ermessensentscheidung zu gewährleisten, daß die Grundrechte der Außenseiter nicht verletzt werden.

24 **5. Betriebspartner** sind ebenfalls keine unmittelbaren Grundrechtsadressaten: Ihre **Betriebsvereinbarungen** sind nach ganz herrschender Auffassung privatrechtlicher Natur (vgl. *Richardi* BetrVG § 77 Rn. 29; *Reichold,* Betriebsverfassung als Sozialprivatrecht, S. 486 ff.; *Waltermann,* Rechtssetzung durch Betriebsvereinbarung, S. 140 f. mwN). Auch das BVerfG nimmt an, daß Betriebsvereinbarungen nur durch die „Ausstrahlungswirkung" der Grundrechte beeinflußt werden (23. 4. 1986 BVerfGE 73, 261 = AP GG Art. 2 Nr. 28), also nicht wie Gesetze unmittelbar am Maßstab der Grundrechte zu messen sind. Das BAG ist (in Abkehr von seiner früheren Rechtsprechung) dieser Auffassung gefolgt (Großer Senat 27. 2. 1995 AP BGB § 611 Beschäftigungspflicht Nr. 14; Erster Senat 27. 5. 1986 AP BetrVG 1972 § 87 Überwachung Nr. 15). Die herrschende Lehre sieht das jetzt ähnlich (vgl. GK-BetrVG/*Kreuz* § 77 Rn. 253, § 75 Rn. 25; MünchArbR/*Richardi* § 10 Rn. 34; *Waltermann* RdA 1990, 138, 141 f.; *Sachs,* Art. 1 Rn. 88; *Stern* Bd. III 1 § 73 III 6 b). Allerdings unterliegen Betriebsvereinbarungen einer gerichtlichen Inhaltskontrolle; bei dieser sind die Grundrechte zu beachten, weil die Betriebspartner durch die Generalklausel des § 75 BetrVG an sie gebunden sind (Rn. 60). Für die Sprüche einer **Einigungsstelle** kann nichts anderes gelten (Rn. 61).

IV. Grundrechtsfunktionen und Wirkungen

25 **1. Abwehrfunktion. a) Freiheitsrechte.** Zur Zeit der Schaffung des Grundgesetzes und nach den Erfahrungen eines Unrechtsstaates stand ganz im Vordergrund die Abwehrfunktion der Grundrechte, also der Schutz des Bürgers gegen staatliche Freiheitsbeschränkungen. Auch die Formulierung der einzelnen Grundrechtstatbestände bezieht sich in erster Linie auf „klassische" **Grundrechtseingriffe** und vergleichbare Grundrechtsbeeinträchtigungen durch Gesetzgebung und Verwaltung (zum Eingriffsbegriff *Sachs* vor Art. 1 Rn. 78 ff.; *Dreier* Vorb. Rn. 80 ff.).

26 Orientiert an ihrer Abwehrfunktion, sind die meisten Grundrechte entweder vorbehaltlos gewährt oder mit einfachen oder qualifizierten **Gesetzesvorbehalten** verknüpft, die den politischen Gestal-

IV. Grundrechtsfunktionen und Wirkungen **Einl. GG 10**

tungsfreiraum im Schutzbereich der Grundrechte abstecken und damit zugleich der Verwaltung Grenzen setzen, weil diese nur auf der Grundlage von Gesetzen in Grundrechte eingreifen kann. Im Ergebnis gilt das gleiche für die Rechtsprechung, die im Arbeitsrecht besonders bedeutsam ist, dabei aber leicht vergessen kann, daß sie nicht nur schützt, sondern auch in Freiheitsrechte eingreift. Der Gesetzgeber ist bei der Realisierung eines Gesetzesvorbehalts nicht frei, sondern an den **Grundsatz der Verhältnismäßigkeit** gebunden. Dieser Grundsatz wird aus dem Rechtsstaatsprinzip (Art. 20) abgeleitet und griffig als Übermaßverbot bezeichnet. Das BVerfG hat ihn zur zentralen Maxime allen staatlichen Handelns entwickelt (*Stern* Bd. III 2 § 84; *Sachs* Art. 20 Rn. 145 ff.; *Jarass/Pieroth* Art. 20 Rn. 56 ff.; zur Bedeutung im Privatrecht zuletzt *Preis* FS-Dieterich 1999, S. 429).

Das **Übermaßverbot** fordert ein stimmiges Zweck-Mittel-Verhältnis und besteht aus drei Teilge- 27 boten, die sich an einem gemeinsamen Bezugspunkt orientieren: dem Zweck der Grundrechtsbeschränkung. Auf diesen bezogen muß das entsprechende Gesetz und die darauf gestützte Eingriffsmaßnahme geeignet, erforderlich und angemessen sein. Das Gebot der **Geeignetheit** ist schon dann erfüllt, wenn der gewünschte Erfolgt in irgendeiner Weise gefördert wird. Das Gebot der **Erforderlichkeit** geht darüber hinaus und verlangt, daß kein milderes Mittel zur Verfügung steht, das (bei Berücksichtigung der Erfolgswahrscheinlichkeit und des Aufwandes) genauso wirksam wäre. Das Gebot der **Angemessenheit** oder **Zumutbarkeit** schließlich verlangt eine Gesamtabwägung zwischen der Schwere des Eingriffs und dem Gewicht und der Dringlichkeit der ihn rechtfertigenden Gründe, wobei das Sozialstaatsprinzip die Gewichtung beeinflußt (*Neumann* DVBl. 1997, 92, 99; Beispiel: BVerfG 4. 4. 1967 E 21, 245, 251 = AP AVAVG § 35 Nr. 2 unter C III 3 b). Der sachspezifische **Kernbereich** eines Grundrechts darf nie angetastet werden (Art. 19 II). Diese „Wesentlichkeitsgarantie" gewinnt aber neben dem Übermaßverbot kaum praktische Bedeutung.

Die **Kontrolldichte** die das BVerfG bei der Anwendung des Übermaßverbots selbst praktiziert und 28 auch von den zuständigen Fachgerichten erwartet, ist unterschiedlich engmaschig: Während die Verwaltung zu strikter Beachtung der Verhältnismäßigkeit in jedem Einzelfall verpflichtet ist, muß dem Gesetzgeber ein **rechtspolitischer Gestaltungsfreiraum** und eine **Einschätzungsprärogative** zur Verfügung stehen. Dessen Umfang hängt vor allem von der Intensität der Freiheitsbeschränkung, aber auch von der Art der Regelung und des geregelten Sachbereichs ab; tritt der personale gegenüber dem sozialen Bezug zurück, etwa bei wirtschaftspolitischen Konzepten, überprüft das BVerfG die Einschätzung des Gesetzgebers nur auf offensichtliche Fehler (zB 17. 11. 1992 BVerfGE 87, 363, 382 – Nachtbackverbot). Erweist sich die Prognose später als unzutreffend, muß der Gesetzgeber nachbessern (BVerfG 1. 3. 1979 E 50, 290, 335 = AP MitbestG § 1 Nr. 1; aus neuerer Zeit: 17. 10. 1990 BVerfGE 83, 1, 19 = NJW 1991, 555 – Gebühren für Sozialanwälte; 4. 7. 1995 BVerfGE 92, 365, 397 = AP AFG § 116 Nr. 4 unter C I 1 e).

Die staatsgerichtete Abwehrfunktion hat auch im **Arbeitsrecht** erhebliche praktische Bedeutung. 29 Besonders umstrittene arbeitsrechtliche Gesetze und Entscheidungen werden fast regelmäßig einer Überprüfung durch das BVerfG am Maßstab der Grundrechte zugeführt; so zB das Mitbestimmungsgesetz (1. 3. 1979 BVerfGE 50, 290 = AP MitbestG § 1 Nr. 1), die Novelle des § 116 AFG (4. 7. 1995 BVerfGE 92, 365 = AP AFG § 116 Nr. 4) und die Aussperrungsrechtsprechung des BAG (26. 6. 1991 BVerfGE 84, 212 = AP GG Art. 9 Arbeitskampf Nr. 117). In diesen spektakulären Verfahren wurden allerdings Grundrechtsverletzungen nicht festgestellt. Es gibt aber auch Beispiele für verfassungsrechtliche Beanstandungen wegen unverhältnismäßiger Eingriffe. Manchmal wird eine gesetzliche Regelung nur in ihren Auswirkungen zurückgeschnitten (zB 15. 12. 1987 BVerfGE 77, 308 = AP GG Art. 12 Nr. 62; 23. 1. 1990 BVerfGE 81, 156 = AP AFG § 128 Nr. 1). Auch das BAG mußte sich schon vorwerfen lassen, Freiheitsgrundrechte verkannt oder das Übermaßverbot verletzt zu haben (13. 1. 1982 BVerfGE 59, 231 = AP GG Art. 5 Rundfunkfreiheit Nr. 1; 19. 10. 1983 BVerfGE 65, 196 = AP BetrAVG § 1 Unterstützungskassen Nr. 2; 19. 5. 1992 BVerfGE 86, 122 = AP GG Art. 5 Meinungsfreiheit Nr. 12).

b) **Gleichheitsrechte** dienen ebenfalls vor allem der Abwehr staatlicher Eingriffe. Sie beziehen sich 30 aber nicht auf einen bestimmten Schutzbereich, so daß das Eingriffs- und Schrankenschema der Freiheitsgrundrechte hier nicht paßt. Der rein „modale" Charakter des Art. 3 betrifft nur das „Wie", nicht das „Ob" staatlichen Handelns. Es soll verhindert werden, daß wesentlich Gleiches ungleich oder wesentlich Ungleiches gleich behandelt wird (vgl. BVerfGE 24. 4. 1971 E 84, 133, 157 f. – Warteschleife = AP GG Art. 12 Nr. 70 unter C V; Näheres unter Art. 3 I).

Auch die Gleichheitsrechte sind in ihrer Abwehrfunktion gegenüber hoheitlicher Gewalt für das 31 Arbeitsrecht bedeutsam. Wiederholt haben **arbeitsrechtliche Gesetze** einer verfassungsgerichtlichen Prüfung an den verschiedenen Maßstäben des Art. 3 nicht standhalten können. So wurden die unterschiedlichen Kündigungsfristen für Arbeiter und Angestellte im § 622 BGB als nicht ausreichend begründbar angesehen (30. 5. 1990 BVerfGE 82, 126 = AP BGB § 622 Nr. 28; vgl. auch zum Wahlverfahren in den ANkammergesetz Bremens: 22. 10. 1985 BVerfGE 71, 81 = AP GG Art. 3 Nr. 142). Als Gleichheitsverstoß und außerdem als Diskriminierung wegen des Geschlechts wertete das BVerfG das Nachtarbeitsverbot für Arbeiterinnen in § 19 AZO (28. 1. 1992 BVerfGE 85, 191 = AP AZO § 19 Nr. 2; vgl. auch BVerfGE 52, 369 = AP HausarbtgG NRW § 1 Nr. 28). Das BAG hat im Rahmen seiner Prüfungskompetenz für vorkonstitutionelles Gesetzesrecht § 75 III HGB wegen Verletzung des Gleichheitssatzes für nichtig erklärt (23. 2. 1977 AP HGB § 75 Nr. 6).

32 Hingegen hat die Abwehrfunktion des Art. 3 GG kaum Bedeutung in Bezug auf die **Rechtsprechung**. Das BVerfG überprüft nämlich die Rechtsanwendungsgleichheit nur am Maßstab des Willkürverbots. Rechtsprechung sei wegen der Unabhängigkeit der Richter „konstitutionell uneinheitlich" (26. 4. 1988 BVerfGE 78, 123, 126 = AP GG Art. 2 Nr. 30). Fachgerichtliche Urteile werden deshalb erst beanstandet, wenn sie schlechthin unverständlich sind, so daß sich der Gedanke an sachfremde Erwägungen aufdrängt (st. Rspr. vgl. BVerfGE 86, 59, 62 ff.; 89, 1, 14). Das BVerfG greift nicht einmal dann ein, wenn es eine Entscheidung für eindeutig falsch hält und das auch deutlich zum Ausdruck bringt (vgl. 3. 11. 1992 BVerfGE 87, 273 = AP BRAGO § 31 Nr. 5).

33 **2. Schutzfunktion. a) „Ausstrahlungswirkung".** Die Abwehrfunktion der Grundrechte reicht nicht aus, um die Freiheit der Bürgerinnen und Bürger zu gewährleisten und Diskriminierungen zu verhindern. Ihre rein defensive Problemsicht, die dem **bürgerlich-liberalen Staatsverständnis** am Ende des 19. Jahrhunderts genügte, beruhte auf zwei Annahmen: zum einen, daß die Ausübung der Grundrechte keiner staatlichen Mitwirkung und Förderung bedarf; zum anderen, daß umfassende Freiheitsgewährung zu gleichen Nutzungsvorteilen aller Grundrechtsträger führt, also ein freiheitliches und gerechtes Gesellschaftsgefüge entstehen läßt, das sich ohne staatliche Eingriffe selbst trägt. Beide Prämissen waren jedoch von Anfang an unzutreffend und haben sich mit zunehmender Komplexität des modernen Staates immer mehr von der Realität entfernt (*K. Hesse* in HbVerfR § 1 Rn. 26 ff.).

34 Schon zur Weimarer Zeit war anerkannt, daß die Grundrechte zum großen Teil angewiesen sind auf ein **normatives Instrumentarium**, das die Rechtsordnung bereitstellen muß. Eigentum, Erbrecht, Ehe und Familie müssen rechtlich strukturiert und als Einrichtung garantiert werden, um als Schutzgegenstand dienen zu können. Für die Privat- und Tarifautonomie gilt gleiches. Aber auch die anderen Grundrechte setzen zumindest Verfahren voraus, die eine wirksame Rechtsausübung erst ermöglichen. Leben und körperliche Unversehrtheit, die Art. 2 II gewährleistet, sind offensichtlich durch staatliche Gewalt am wenigsten bedroht. Die viel akuteren Gefahren des Verkehrs, des Arbeitslebens, der Umweltvergiftung, der Atomkraft, des Terrorismus usw. verlangen nicht den passiven, sondern den aktiven Staat, der vorbeugend Schutz gewährt und dabei zwangsläufig auch in Freiheitsrechte eingreift. **Sicherheit** ist eine Staatsaufgabe (*Isensee* HbStR Bd. V § 111 Rn. 137, der allerdings nur diesen Aspekt zu sehen scheint).

35 Eine andere Aufgabe des sozialen Rechtsstaates ist der **Ausgleich konfligierender Freiheitsausübung**. Freiheitsrechte führen nur bei gesellschaftlichem Kräftegleichgewicht zu einem Interessenausgleich, der die Rechtspositionen aller Beteiligten respektiert. Bei ganz ungleichen Durchsetzungsmitteln schlägt formal gleiche Freiheit de facto in das Recht des Stärkeren um; es entstehen private Herrschaftsverhältnisse; die grundrechtlich gewährleisteten Freiheiten werden für einen Teil der Gesellschaft wert- oder wirkungslos (*Grimm*, Die Zukunft der Verfassung, 1991, S. 221, 229).

36 Das hat das BVerfG schon früh erkannt und betont, daß die Grundrechtsgewährung umfassend zu verstehen ist, also nicht auf seine Abwehrfunktion verkürzt werden darf. Schon das Lüth-Urteil (15. 1. 1958 BVerfGE 7, 198) weist darauf hin, daß der Grundrechtskatalog eine **objektiv-rechtliche Dimension** habe. Der Grundrechtsabschnitt bilde ein System verfassungsrechtlicher Grundentscheidungen, die in allen Bereichen der Rechtsordnung Geltung beanspruchten und allen Trägern staatlicher Gewalt Richtlinien und Impulse für den Ausgleich kollidierender Grundrechtspositionen gäben. Das BVerfG beschrieb diese erweiternde Funktion der Grundrechte zunächst höchst unscharf als „Ausstrahlungswirkung" (aaO S. 207). Gemeint war damit die „Verpflichtung des Staates, seine Rechtsordnung so zu gestalten, daß in ihr und durch sie die Grundrechte gesichert sind und die von ihnen gewährleisteten Freiheiten sich wirksam entfalten können" (*H. H. Klein* DVBl. 1994, 489, 491).

37 Die weitere Rechtsprechung hat aus dem objektiv-rechtlichen Gehalt der Grundrechte **subjektive Rechtspositionen** der verschiedensten Art abgeleitet. So wurden Maßstäbe für die Gestaltung staatlicher Einrichtungen und Verfahren entwickelt sowie Verfahrens-, Teilhabe- und Leistungsrechte näher bestimmt (vgl. die Beispiele und Nachweise bei *Denninger* HbStR Bd. V § 113; *Stern* Bd. III 1 § 69 V; *Jarass/Pieroth* Vorbem. vor Art. 1 Rn. 7 und 11). In seinem Numerus-clausus-Urteil erwägt das BVerfG sogar die Möglichkeit eines subjektiven Anspruchs auf Schaffung von Studienplätzen, ohne die Frage jedoch abschließend zu beantworten (18. 7. 1972 BVerfGE 33, 303, 333). Vor allem aber hat es seit dem ersten Fristenlösungsurteil (25. 2. 1975 BVerfGE 39, 1) in ständiger Rechtsprechung und zunehmender Nachdrücklichkeit entschieden, daß den Staat eine Schutzpflicht trifft. Er muß die Gefahr der Grundrechtsverletzung durch andere Grundrechtsträger vorbeugend abwenden. Betrachtet man diese erweiternde Rechtsprechung im Zusammenhang, erweist sich der Gedanke der Schutzfunktion als der zentrale Ansatz aller objektiv-rechtlichen Elemente der Grundrechte (*Grimm*, Die Zukunft der Verfassung, S. 234; *H. H. Klein* DVBl. 1994, S. 489, 491 Fn 38; *Stern* Bd. III 1 § 76 IV 5 und III 2 § 96 IV 3 b).

38 **b) Schutzpflicht/Untermaßverbot.** Charakteristisch für die Schutzpflicht ist eine **dreiseitige Konstellation**: Der Staat steht zwei Grundrechtsträgern mit gegenläufigen Interessen und Grundrechts-

IV. Grundrechtsfunktionen und Wirkungen   Einl.   GG 10

positionen gegenüber. Entsprechend ambivalent ist seine Rolle. Indem er die Freiheit des einen schützt, muß er in diejenige des anderen eingreifen. Nach beiden Seiten sind ihm Grenzen gesetzt. Während der Eingriff durch das Übermaßverbot begrenzt wird, darf der Schutz zugunsten des anderen nicht uneffektiv bleiben, so daß man hier von einem „**Untermaßverbot**" sprechen kann (grundlegend *Canaris* AcP 184 [1984], 201, 228; jetzt auch das BVerfG 28. 5. 1993 BVerfGE 88, 203, 254 – Schwangerschaftsabbruch; kritisch *Hain* DVBl. 1993, 982, 983 f.; *ders.* ZG 1996, 75 f.; *Starck*, Praxis der Verfassungsauslegung, S. 88 f.; zum Streitstand *Unruh*, Zur Dogmatik der grundrechtlichen Schutzpflichten, 1996, S. 79). Voraussetzungen und Grenzen der Schutzpflicht sind noch weitgehend ungeklärt, sie lassen sich wohl auch nicht allgemein definieren, sondern nur für die einzelnen Grundrechte und bestimmte Gefährdungslagen entwickeln (Rn. 42 ff.).

Die meisten Entscheidungen des BVerfG betreffen Art. 2 II GG, also Gefahren für Leben und **39** Gesundheit: So die Pflicht zum Schutz werdenden Lebens (25. 2. 1975 BVerfGE 39, 1, 42 und 28. 5. 1993 BVerfGE 88, 203, 251 ff.), gegen terroristische Anschläge (16. 10. 1977 BVerfGE 46, 160 – Schleyer), gegen atomare Gefahren (8. 8. 1978 BVerfGE 49, 89, 140 – Kalkar – und 20. 12. 1979 BVerfGE 53, 30, 57 ff. – Mülheim-Kärlich), gegen Fluglärm (14. 1. 1981 BVerfGE 56, 54) und Straßenverkehrslärm (30. 11. 1988 BVerfGE 79, 174, 201 f.) sowie gegen Gesundheitsgefahren, die von amerikanischen C-Waffen-Lagern (29. 10. 1987 BVerfGE 77, 170, 222 ff.) und von Nachtarbeit ausgehen (28. 1. 1992 E 85, 191, 212 = APA ZO § 19 Nr. 2). Die Schutzfunktion der Grundrechte ist aber keineswegs auf Gesundheitsrisiken begrenzt, sondern gilt ganz allgemein.

Die Schutzfunktion der Grundrechte ist auch für das **Zivilrecht** bedeutsam. Sie erklärt und löst die **40** Drittwirkungsproblematik (Rn. 17 ff.). Diese Erkenntnis (grundlegend *Canaris* AcP 194 [1984], 201 ff.; zusammenfassend *Fastrich* RdA 1997, 65 ff.; *Unruh*, Zur Dogmatik der grundrechtlichen Schutzpflichten, 1996, S. 66 ff.) ist zwar immer noch umstritten (vgl. *Zöllner* AcP 196 [1996] 1 ff.), entspricht aber jetzt der Rechtsprechung des BVerfG (grundlegend 7. 2. 1990 BVerfGE 81, 242, 255 – Handelsvertreter = AP GG Art. 12 Nr. 65 unter C I 3; 19. 10. 1993 BVerfGE 89, 214, 232 – Bürge = AP GG Art. 2 Nr. 35 unter C II 2 b; zuletzt 15. 7. 1998 E 98, 365 = AP BetrAVG § 18 Nr. 26).

Nicht nur die Freiheitsgrundrechte, sondern auch die **Gleichheitsrechte des Art. 3 GG** haben **41 Schutzfunktion.** Auch im Arbeits- und Wirtschaftsleben gibt es Diskriminierungen, denen die Betroffenen praktisch nicht ausweichen können, deren Wirkungen jedoch ebenso belastend und entwürdigend sind wie Gleichheitsverstöße des Staates (zu eng *Classen* AöR 122 [1997], 65, 92 f.; *Isensee* HbStR V § 111 Rn. 96 u. 135). So werden zB die allgemeinen Geschäftsbedingungen der Banken und der Versicherungen für ganze Geschäftsfelder abgesprochen und abgestimmt. Würden sie sachwidrig nach Geschlecht, Rasse, Abstammung, Glauben oder politischen Überzeugungen differenzieren, müßte der Staat hier schützend eingreifen. Art. 3 II normiert sogar ausdrücklich eine Pflicht zur Beseitigung der Benachteiligung von Frauen und gesteht damit zu, daß die reine Abwehrfunktion eines Verbots der Diskriminierung wegen des Geschlechts nicht ausreicht. Im Arbeitsrecht wirkt sich die Schutzfunktion des Art. 3 GG vor allem bei den Kollektivverträgen aus (Rn. 57 ff.). Aber auch vertragliche Einheitsregelungen sind im Rahmen der gebotenen Inhaltskontrolle (Art. 2 Rn. 33) am Maßstab des Art. 3 zu überprüfen. Hier bietet der Gleichbehandlungsgrundsatz regelmäßig die einfachrechtliche Grundlage (Art. 3 Rn. 30).

c) **Prüfungsmaßstab und Kontrolldichte** sind bei der Schutzfunktion der Grundrechte noch wenig **42** geklärt und lebhaft umstritten. Soweit es um **Freiheitsgrundrechte** geht, sind sie großzügig zu handhaben, großzügiger als bei deren Abwehrfunktion. Die Feststellung, wann ein staatlicher Eingriff das Übermaßverbot verletzt, ist durch die drei Teilgebote der Geeignetheit, Erforderlichkeit und Zumutbarkeit bezogen auf das Regelungsziel „konditional programmiert" (Rn. 27). Hingegen ist die Grenze des Untermaßverbotes sehr viel schwerer zu bestimmen. Sie hängt zunächst davon ab, ob staatlicher Schutz im Hinblick auf die akute Gefährdung einer Grundrechtsposition erforderlich ist; wenn das bejaht wird, folgen schwierige Anschlußfragen: Welche Schutzmaßnahmen sind für den erforderlichen Schutz geeignet und beschränken die Freiheitsrechte anderer Grundrechtsträger möglichst wenig. Die Antworten darauf hängen von der Einschätzung der Gefahrenlage und von (naturgemäß unsicheren) Prognosen ab.

Hier muß dem **Gesetzgeber** ein weiter rechtspolitischer und prognostischer Freiraum bleiben **43** (*K. Hesse*, FS für Mahrenholz, 1994, S. 541 ff.; *Denninger*, daselbst S. 561, 566 ff.). Das BVerfG betrachtet im allgemeinen als ausreichend, daß die getroffenen Schutzvorkehrungen nicht gänzlich ungeeignet und völlig unzulänglich sind. Ferner muß ein angemessener Ausgleich der betroffenen Grundrechtspositionen noch erkennbar sein (BVerfG 27. 1. 1998 E 97, 169, 176 f. = AP KSchG § 23 Nr. 17). Nur unter ganz besonderen Umständen verenge sich die Gestaltungsfreiheit des Gesetzgebers in der Weise, daß allein durch eine bestimmte Maßnahme der Schutzpflicht genügt werden könne (29. 10. 1987 – BVerfGE 77, 170, 214 f. – C-Waffen; vgl. auch 28. 1. 1992 – BVerfGE 85, 191, 212 – Nachtarbeitsverbot = AP AZO § 19 Nr. 2 C III 3). Aber je nach der Bedeutung der Grundrechtsgefährdung legt das Bundesverfassungsgericht unter Umständen auch einen sehr viel strengeren Maßstab an. So verlangte es bei seiner letzten Entscheidung zum Schwangerschaftsabbruch angemessenen Schutz, der ausreichend wirksam sein und auf sorgfältigen Ermittlungen sowie **verläßlichen Progno-**

Dieterich

sen beruhen müsse (28. 5. 1993 – BVerfGE 88, 203, 261 ff.; kritisch dazu die abweichende Meinung der Richter Mahrenholz und Sommer S. 338, 340 ff.; nachdrücklich und überzeugend für eine Plausibilitätskontrolle *Kühling* in der abweichenden Meinung zu BVerfG 24. 4. 1996 E 94, 294 ff.; skeptisch zur Konkretisierbarkeit *Dietlein* ZG 1995, 131, 139 f.; *Unruh*, Zur Dogmatik der grundrechtlichen Schutzpflichten, 1996, S. 79 ff.; umfassend *Kokott*, Beweislastverteilung und Prognoseentscheidungen bei der Inanspruchnahme von Grund- und Menschenrechten, 1993). Wenn der Gesetzgeber seinem Regelungskonzept selbst eine bestimmte Gefahrenprognose zugrundelegt, muß er sich daran auch messen und Schutzdefizite vorhalten lassen (7. 2. 1990 E 81, 242, 256 f. = AP GG Art. 12 Nr. 65 unter C II 1 – Handelsvertreter; 15. 67. 1998 E 98, 365 = AP BetrAVG § 18 Nr. 26 unter C III).

44 Für **Verwaltung** und **Rechtsprechung** gilt schon allein deshalb ein strengerer Prüfungsmaßstab, weil sie die Schutzpflicht in einem konkreten Regelungszusammenhang zu erfüllen haben und dabei an die Einschätzung des Gesetzgebers gebunden sind (*Klein* DVBl. 1994, 489, 496). Deshalb haben die Fachgerichte auch nicht nur die Möglichkeit, eine Verletzung der Schutzpflicht festzustellen und die Sache dem BVerfG vorzulegen (Art. 100); sie können und müssen darüber hinaus versuchen, durch verfassungskonforme Auslegung oder Rechtsfortbildung der Schutzfunktion des maßgebenden Grundrechts Geltung zu verschaffen (vgl. *Dieterich* RdA 1993, 67 ff.). Bei Vorschriften, die grundrechtliche Schutzpflichten erfüllen sollen, verletzen sie selbst das maßgebende Grundrecht, wenn ihre Auslegung den vom Grundrecht vorbezeichneten Schutzzweck grundlegend verfehlt (16. 11. 1993 – BVerfGE 89, 276 = AP BGB § 611 a Nr. 9). Entsprechendes gilt für Behörden und ihr Verfahren (3. 5. 1977 BVerfGE 53, 31 – Mülheim-Kärlich). Das bedeutet aber keineswegs, daß ihre Bindung an eine grundrechtliche Schutzpflicht praktisch auf unmittelbare Drittwirkung der Grundrechte hinausliefe (a. A. *Gamillscheg*, Die Grundrechte im Arbeitsrecht, 77 f., 85; ders. AuR 1996, 41, 48; *Hager* JZ 1994, S. 373, 376 ff.). Maßgebend ist und bleibt auch hier die Auslegung und Anwendung des einfachen Rechts, für das der demokratisch legitimierte Gesetzgeber die Verantwortung trägt (Rn. 19).

45 Bei den **Gleichheitsrechten** des Art. 3 ist der Unterschied zwischen ihrer Abwehrfunktion und ihrer Schutzfunktion geringer als bei den Freiheitsgrundrechten. Muß die Notwendigkeit staatlichen Eingreifens zum Schutze der Gleichheitsrechte, also die Frage des Ob bejaht werden, gilt für die Frage des Wie nichts anderes als bei der Abwehr staatlicher Diskriminierung. Es gilt das gleiche Prüfungsprogramm für das gebotene Regelungsergebnis. Normalerweise sind also mehrere Lösungen zulässig (Rn. 30 ff.). Darüber hinaus bleibt dem Gesetzgeber ein Gestaltungsfreiraum bei der Frage, welche Zwangsmittel oder Sanktionen bei Gleichheitsverstößen geboten, wirksam und angemessen sind. Auch in diesem Zusammenhang stellt sich aber der Rechtsprechung die Aufgabe verfassungskonformer Auslegung. So ist zB § 611 a BGB im Lichte des Art. 3 II so auszulegen und anzuwenden, daß Arbeitsuchende bei der Begründung eines Arbeitsverhältnisses wirksam vor Benachteiligung wegen des Geschlechts geschützt werden (16. 11. 1993 – BVerfGE 89, 276 = AP BGB § 611 a Nr. 9 = NZA 1994, 745).

46 **3. Grundrechtsbindung der Tarifverträge. a) Die herrschende Rechtsprechung und Lehre** sieht Tarifverträge in gleicher Weise **wie Gesetze** an die Grundrechte gebunden. Der normative Teil der Tarifverträge sei „Gesetzgebung" im Sinne von Art. 1 III GG. Außerdem beruhe die Normsetzungskompetenz der Koalitionen auf einer entsprechenden Delegation in § 1 I TVG und könne deshalb nicht weiter gehen als die Kompetenz des Gesetzgebers selbst. Schließlich soll auch die „normhierarchische Einbettung" der Tarifnormen eine so weitreichende Grundrechtsbindung gebieten (vgl. die Nachweise in Rn. 21; zur Gegenmeinung Rn. 20). Alle diese Begründungen gehen nur die Abwehrfunktion der Grundrechte. Sie stehen und fallen mit der Annahme, daß der Abschluß von Tarifverträgen als Ausübung staatlicher Gewalt im Sinne von Art. 1 I und 20 II GG zu verstehen ist und in seinem normativen Teil einer besonderen rechtsstaatlichen Legitimation bedarf. Nur in diesem Sinne ist in Art. 1 III GG von „Gesetzgebung" die Rede und nur unter dieser Voraussetzung erscheinen die Delegationstheorie und der Hinweis auf die Normhierarchie schlüssig. Dennoch halten einige Autoren eine Festlegung insoweit für unerlaubt. Allein schon die Wirkung der Tarifverträge gebiete die Geltung der Grundrechte (*Säcker/Oetker*, Grundlagen und Grenzen der Tarifautonomie, S. 242 f.; *Rüfner* HbStR Bd. V § 117 Rn. 77, *Waltermann* RdA 1990, 138, 141). Ähnlich argumentiert *Wiedemann* (TVG Einl. Rn. 205 ff.), der dann aber doch ganz im Sinne der herkömmlichen Rechtsprechung und entgegen der hM darauf abstellt, daß der Begriff der „Öffentlichen Gewalt" eine erweiterte Bedeutung erhalten habe (Rn. 355).

47 **b) Legitimationsgrundlage.** Tarifverträge sind nicht die Realisierung staatlicher Regelungskonzepte oder Ausübung eines staatlichen Mandats, sie sind auch in ihrem normativen Teil das **Ergebnis autonomer Rechtsgestaltung**, „gebündelter Ausdruck individueller Selbstbestimmung" (*Zachert* DB 1990, 986, 987), „kollektive Privatautonomie" (*Söllner* RdA 1989, 144, 149; *Scholz* in *Maunz/Dürig*; Art. 9 Rn. 301). Der Staat hat seine Regelungszuständigkeit zugunsten der eigenverantwortlichen Schaffung von Rechtsregeln durch die Koalitionen weit zurückgenommen und autonomen Formen der Normsetzung überlassen. In dem von der staatlichen Rechtsetzung freigelassenen Raum dient die Tarifautonomie dazu, die strukturelle Unterlegenheit der einzelnen AN beim Abschluß von Arbeitsverträgen durch kollektives Handeln auszugleichen und damit ein annähernd gleichgewichtiges Aus-

handeln der Löhne und Arbeitsbedingungen zu ermöglichen (24. 5. 1977 BVerfGE 44, 322 LS 2 = AP TVG § 5 Nr. 15 und 26. 6. 1991 BVerfGE 84, 212, 229 = AP GG Art. 9 Arbeitskampf Nr. 117 unter C I 3 b aa). Die Koalitionen üben dabei nicht nur ein eigenes Grundrecht aus (Art. 9 III), sondern können sich auf die privatautonome Legitimation stützen, die ihnen durch den Verbandsbeitritt ihrer Mitglieder vermittelt wird. Dieser Beitritt geschieht im Vertrauen auf die Sachgerechtigkeit der Interessenvertretung, die Verhandlungsstärke des Verbandes und die Richtigkeitsgewähr seiner Tarifabschlüsse. Natürlich erwächst den Koalitionen dadurch allein noch nicht die Kompetenz, Normen zu schaffen. Dazu bedarf es in der Tat eines staatlichen Geltungsbefehls (§ 4 I TVG). Aber die gesetzlich zugestandene Regelungsmacht bedarf der zusätzlichen Abstützung durch die privatautonome Unterwerfung, die im Verbandsbeitritt enthalten ist und ausgedrückt wird. Solche privatautonome Legitimation reicht teilweise weiter als die Legitimation durch den staatlichen Gesetzgebers, weil Grundrechtsträger ihre Freiheit selbst weitergehend beschränken können, als sie staatliche Eingriffe hinnehmen müßten (Rn. 62). Der Beitritt zu einer Gewerkschaft oder einem AGverband ist zugleich Disposition über Freiheitsrechte im Interesse eines insgesamt wirksameren Schutzes. Die Besonderheiten der in § 3 II und III TVG geregelten Außenseiterwirkungen sind Ausnahmen, die ihrerseits an Art. 9 III und dem Rechtsstaatsprinzip zu messen sind (vgl. zur Grundrechtsbindung von Betriebsnormen *Dieterich,* FS für Däubler, 1999, S. 451; *H. Hanau* RdA 1996, 158; *Schleusener* ZTR 1998, 100; zu Allgemeinverbindlicherklärungen vgl. Rn. 23).

Nicht nur die Begründung, auch die Ergebnisse der herrschenden Rechtsprechung und Lehre sind **48** unbefriedigend. Fast alle zwingenden Regelungen der beiderseitigen Rechte und Pflichten im Arbeitsverhältnis bedeuten Beschränkungen grundrechtlich gewährleisteter Freiheiten. So werden zwangsläufig die Berufsfreiheit, die Vertragsfreiheit und die allgemeine Handlungsfreiheit der AN, der AG oder beider beschränkt. Müßte jede dieser Bindungen wie ein hoheitlicher Eingriff am Maßstab der Verhältnismäßigkeit geprüft werden, ergäbe sich eine umfassende und extrem komplizierte **Inhaltskontrolle**, also eine „**Tarifzensur**" durch die Arbeitsgerichte (*Dieterich*, FS für Schaub, 1998, S. 117, 122 f.; *C. J. Müller,* Die Berufsfreiheit des AG, 1996, S. 239 ff.; *Schliemann* ZTR 2000, 198, 203). Das wäre nicht nur mit Art. 9 III unvereinbar, sondern führte auch zu kaum lösbaren praktischen Schwierigkeiten. *Wiedemann* hält diese zwar für lösbar, fordert aber konsequenterweise ein komplexes Prüfungsprogramm, das sogar Allgemeininteressen und die grundrechtlichen Schutzpflichten einbeziehen soll (RdA 1997, 117, 304). Das ist in einer rational diskutierbaren Folge von Prüfungsschritten nicht erreichbar und führt zwangsläufig zu völlig unkalkulierbaren Rechtsprechungsergebnissen (a. A. *Wiedemann* TVG Einl. Rn. 209; *Rieble*, Arbeitsmarkt und Wettbewerb, 1996, Rn. 1295; *Löwisch* ZfA 1996, 293, 300; *Säcker/Oetker*, Grundlagen und Grenzen der Tarifautonomie S. 288 ff.; *Oetker,* SAE 1999, 149, 152 und *Söllner* NZA 1996, 897, 904 ff., die das Ergebnis einer Tarifzensur mit unterschiedlichen und unklaren Modifikationen des Prüfungsmaßstabes vermeiden wollen).

c) **Grundrechtliche Kompetenzgrenzen.** Die privatautonome Legitimationsgrundlage der Tarif- **49** verträge hat allerdings Grenzen und kann die Wirkung der Grundrechte keineswegs ganz ausschalten. Nur ergibt sich die Grundrechtsbindung der Tarifnormen nicht unmittelbar aus der Abwehrfunktion, sondern mittelbar aus der **Schutzfunktion der Grundrechte** (*Dieterich,* FS für Schaub, 1998, S. 117, 124; MünchArbR/*Richardi* § 10 Rn. 32; *Singer* ZfA 1995 S. 611, 626 ff.; *C. J. Müller,* Die Berufsfreiheit des AG, 1996, S. 251 ff.; *A. Wiedemann,* Die Bindung der Tarifnormen an Grundrechte, S. 117 ff.; *Käppler* NZA 1991 S. 745, 748 ff.; ebenso nur im Ansatz, aber ohne Konsequenz für das Prüfungsprogramm: Münch ArbR/*Löwisch* § 239 Rn. 64; *Löwisch/Rieble,* TVG § 1 Rn. 155; *Rieble,* Arbeitsmarkt und Wettbewerb, 1996, Rn. 1277; *Schwarze* ZTR 1996, 1 ff.; *Söllner* NZA 1996, 901 ff.). Der Gesetzgeber ist verpflichtet, bei der unerläßlichen **Ausgestaltung der Tarifautonomie** dafür zu sorgen, daß die AN und AG als Normadressaten nicht durch strukturelle Funktionsstörungen des kollektiven Vertragsmechanismus in ihren Grundrechten beeinträchtigt werden. Wo solche Störungen sich deutlich abzeichnen und vorhersehbar sind, ergibt sich die Aufgabe des Staates, die Tarifautonomie entsprechend einzugrenzen.

Dabei ist allerdings dann auch die Abwehrfunktion des **Art. 9 III GG** zu beachten. Eine Beschrän- **50** kung der Koalitionsfreiheit durch Gesetz oder Rechtsprechung darf nicht unverhältnismäßig sein, also das Übermaßverbot verletzen. Deshalb geht es zu weit, wenn einige Autoren (Nachweise: Rn. 49) den Tarifvertragsparteien auch im Rahmen grundrechtlicher Schutzpflichten keinen größeren Gestaltungsfreiraum zubilligen wollen als dem staatlichen Gesetzgeber. Es muß nur durch geeignete Grenzen und Kontrollen gewährleistet sein, daß nicht das **Untermaßverbot** verletzt wird, das sich aus der Schutzfunktion der Grundrechte zugunsten der Tarifnormunterworfenen ergibt (Rn. 38 ff.). Wo diese Untergrenze verläuft, ist bisher weitgehend ungeklärt. Das Tarifvertragsgesetz schweigt dazu; die Grenze der tariflichen Regelungsmacht ist ebensowenig geregelt wie das Koalitionsrecht insgesamt. Infolgedessen muß die Aufgabe einer tarifrechtlichen Grenzziehung von der **Rechtsprechung** kraft ihrer „subsidiären Konkretisierungskompetenz" gelöst werden. Das Tarifvertragsrecht ist verfassungskonform zu ergänzen. Das hat der 7. Senat des BAG jetzt erkannt (25. 2. 1998 und 11. 3. 1998 AP TVG § 1 Tarifverträge Luftfahrt Nr. 11 und 12).

10 GG Einl.

51 Die durch die Schutzfunktion der Grundrechte geforderte Grenze der Tarifautonomie hängt von der Art der **Funktionsstörungen im kollektiven Vertragsmechanismus** ab. Solche Störungen ergeben sich allerdings nicht aus dem Verhältnis der Koalitionen zueinander. Deren Vertragsstärke ist als gleichgewichtig und deren Interessengegensatz als sachdienlich anzusehen (vgl. Art. 9 Rn. 47 ff.). Hingegen können sich aus der Struktur der kollektiven Interessenvertretung Funktionsstörungen ergeben, die die Richtigkeitschance beeinträchtigen und einer ausreichenden Legitimationsgrundlage entbehren. Das führt zu spezifischen Schutzbedürfnissen und zur grundrechtlichen Pflicht des Staates, der **Tarifautonomie Grenzen** zu setzen. Nach drei Seiten sind solche Grenzen unverzichtbar. Eine äußerste Kompetenzgrenze ergibt sich aus Art. 9 III, der den Schutzbereich der Koalitionsfreiheit festlegt (Rn. 52). Eine zweite Schranke ist deshalb erforderlich, weil ein Blankettverzicht auf Grundrechte nicht unbegrenzt zugelassen werden kann, also auch nicht durch Unterwerfung unter fremde Regelungsmacht möglich sein darf (Rn. 55, 62). Und schließlich läßt sich nicht ausschließen, daß im kollektiven Meinungsbildungsprozeß die besondere Interessenlage von Minderheiten verkannt oder verdrängt wird, so daß die Sachgerechtigkeit der Gruppenbildung gewährleistet bleiben muß (Rn. 57). Ob **Firmentarifverträge** bei gestörter Vertragsparität einen speziellen AGschutz erfordern, halte ich für ein rein akademisches Problem, das ganz außergewöhnliche Vertragslagen voraussetzt (vgl. *C. J. Müller*, Die Berufsfreiheit des AG, S. 115 f.).

52 **(1) Arbeits- und Wirtschaftsbedingungen.** Die äußerste Grenze der Tarifautonomie entspricht der Schutzbereichsgrenze der Koalitionsfreiheit. Diese wird nach Art. 9 III „zur Wahrung und Förderung der Arbeits- und Wirtschaftsbedingungen" gewährleistet (vgl. Art. 9 Rn. 11 f. und 54). Damit ist zugleich die Grenze dessen bezeichnet, was als koalitionsmäßige Betätigung gelten und Gegenstand tariflicher Regelung sein kann. Weiter geht auch die Unterwerfung nicht, die in der Beitrittserklärung zu einer Gewerkschaft oder einem AGverband enthalten ist. Wo diese Kompetenzgrenze genau verläuft, läßt sich nicht abschließend markieren, sondern nur formelhaft beschreiben. Sie war immer lebhaft umstritten. Der aktuelle Strukturwandel des Arbeits- und Wirtschaftslebens hat neue tarifpolitische Initiativen veranlaßt und den Streitstoff erheblich vergrößert (*Säcker/Oetker*, Grundlagen und Grenzen der Tarifautonomie S. 39 ff.). Weitgehende Übereinstimmung besteht jedoch darüber, daß das Begriffspaar „Arbeits- und Wirtschaftsbedingungen" als funktionale Einheit zu verstehen ist. „Es bezeichnet einen unteilbaren Sinn- und Lebenszusammenhang" (*Badura* ArbRGeg. 15 [1978], 17, 27; *Söllner*, ArbRGeg. 16 [1979], 19, 27 f.). Gemeint sind alle Faktoren, die im Zusammenwirken die Voraussetzungen und Bedingungen abhängiger Arbeit beeinflussen (eingehend *Gamillscheg*, Kollektives Arbeitsrecht I, S. 219 ff.; *Wiedemann* TVG Einl. Rn. 95 ff.).

53 Für die **AN** folgt daraus, daß die Freiheit ihres Privatlebens grundsätzlich nicht durch Tarifverträge eingeschränkt werden kann: Glaubens- und Gewissensfreiheit (Art. 4), Meinungsfreiheit (Art. 5), Ehe- und Familie (Art. 6), Versammlungs- und Vereinigungsfreiheit (Art. 8 und 9), private Post- und Telefonverbindungen (Art. 10) und die Freizügigkeit (Art. 11) sind der tariflichen Regelung entzogen, soweit kein Bezug zu beruflichen Aufgaben besteht (zum Grenzgebiet der berufsethischen Verantwortung vgl. allerdings *Deiseroth*, Berufsethische Verantwortung in der Forschung, 1997, S. 455). Hingegen ist die Berufsfreiheit der AN (Art. 12) zentraler Gegenstand der Tarifautonomie. Einschränkungen der Berufsausübung und auch der Berufswahl sind also nicht ausgeschlossen. Ausnahmen nach beiden Seiten bedürfen der besonderen Begründung. So sind einerseits berufsspezifische Beschränkungen der Meinungs-, Versammlungs- und Vereinigungsfreiheit denkbar (zB bei Tendenzunternehmen oder speziellen Berufen), andererseits aber auch Berufswahlbeschränkungen nicht uneingeschränkt kompetenzkonform (zB rein ordnungspolitische Lenkungsmaßnahmen).

54 Praktisch noch bedeutsamer und heftig umstritten ist die Frage der Kompetenzgrenze bei Grundrechtspositionen der **AG**. Inwieweit dürfen Tarifnormen **unternehmerische Entscheidungen** binden? Betroffen ist hier nicht nur die Berufsfreiheit der AG und ihrer speziellen Tendenzen, soweit diese grundrechtlich geschützt sind (vgl. *Dörrwächter*, Tendenzschutz im Tarifrecht, S. 261 ff.), sondern darüber hinaus auch deren grundrechtlich geschütztes Eigentum, wenn man mit dem Bundesverfassungsgericht die „Funktionsfähigkeit des Unternehmens" als durch Art. 14 GG geschützt betrachtet (1. 3. 1979 BVerfGE 50, 290, 352 = AP MitbestG § 1 Nr. 1 unter C III 1 c). Die Meinungen gehen weit auseinander. Während die einen alle im Produktionsprozeß anfallenden Entscheidungen der Tarifautonomie unterwerfen (*Däubler*, Das Grundrecht auf Mitbestimmung, S. 187; *Kittner* AK-GG Art. 9 III Rn. 30), will die restriktivste Gegenmeinung alle unternehmerischen Planungs- und Koordinierungsentscheidungen ausnehmen (*Biedenkopf*, Gutachen zum 46. DJT, S. 97, 139; *Richardi*, Kollektivgewalt und Individualwille, S. 181). Die Rechtsprechung sucht mit der herrschenden Lehre einen Mittelweg (BAG 3. 4. 1990 und 26. 4. 1990 AP GG Art. 9 Nr. 56 und 57; BAG 22. 1. 1991 AP GG Art. 12 Nr. 67; *Gamillscheg*, Kollektives Arbeitsrecht I, S. 332 ff.; *Säcker/Oetker*, Grundlagen und Grenzen der Tarifautonomie, S. 39 ff.; *H. Wiedemann* RdA 1986, 231).

55 **(2) Kernbereich.** Eine zweite äußerste Grenze tariflicher Regelungsmacht ergibt sich daraus, daß Grundrechtsträger nicht unbegrenzt über ihre Grundrechte verfügen können (Rn. 62). Die Gewährleistung personaler Freiheiten schützt allerdings im allgemeinen auch die Freiheit der Nichtausübung und der freiwilligen Selbstbeschränkung. Aber zum einen gibt es einen unverzichtbaren Menschenwürdekern (Art. 1 I, 19 II), der bei einem globalen und zeitlich unbegrenzten Blankettverzicht ange-

IV. Grundrechtsfunktionen und Wirkungen **Einl. GG 10**

tastet würde. Manche Grundrechte lassen deshalb eine Selbstbeschränkung nur solange zu, wie der Bindungswille tatsächlich fortbesteht. Zum anderen gibt es Grundrechte, die zugleich öffentlichen Interessen dienen (zB Art. 3 II, 5 I und III, 6, 7 II GG) und aus diesem Grunde nicht unbeschränkt zur Disposition stehen (ausdrücklich Art. 9 III). Der Staat ist verpflichtet, dafür zu sorgen, daß der unverzichtbare Kern der Grundrechte auch durch Tarifverträge nicht beschränkt wird (*Kempen/ Zachert* TVG Einl. Rn. 160).

Tarifliche Beschränkungen der **Berufsfreiheit** können diese Grenze kaum berühren. Das verkennt **56** *A. Wiedemann* (Die Bindung der Tarifnormen an Grundrechte, S. 193), der schon bei tariflichen Altersgrenzen den unverzichtbaren Kernbereich der Berufsfreiheit verletzt sieht. Das Problem der Altersgrenzen ist lebhaft umstritten und läßt sich nur differenziert lösen (vgl. zur Altersgrenze allgemein: BVerfG 16. 6. 1959 E 9, 338 = AP GG Art. 12 Nr. 17; 4. 5. 1983 E 64, 72; in Tarifverträgen: BAG 11. 6. 1997AP SGB VI § 41 Nr. 7; 25. 2. 1998 NZA 1998, 715; zum Schrifttum: *Löwisch/Rieble* TVG § 1 Rn. 164, 167; *Wiedemann* TVG § 1 Rn. 526; *Waltermann* RdA 1993, 209, 217 f. *Bieback* AuR 1999, 41, 45 ff.). *C. J. Müller* trifft den Charakter der von den Grundrechten gesetzten äußersten Grenzen besser, wenn er auf „Unerträglichkeit" abstellt (Die Berufsfreiheit des AG, 1996, S. 254). Als Beispiel einer unerträglichen Beschränkung der Berufsfreiheit gilt nach herrschender Lehre mit Recht der tarifliche Ausschluß von außerordentlichen Kündigungen. Hier würde den Vertragspartnern der letzte und schlechthin unverzichtbare Selbstschutz verwehrt (*Erman/Hanau* BGB § 626 Rn. 15; *Staudinger/Preis* BGB § 626 Rn. 38; *Scholz* ZfA 1981, 265, 282; *Papier* RdA 1989, 137, 140). Vgl. auch Art. 12 Rn. 40 ff.

(3) **Gleichheitsrechte.** Eine dritte Begrenzung tarifvertraglicher Regelungsmacht folgt aus der **57** grundrechtlichen Schutzpflicht des Staates im Hinblick auf denkbare **Funktionsstörungen des Meinungsbildungsprozesses** innerhalb der Verbände. Diese sind zwar zu einer demokratischen Struktur und Willensbildung verpflichtet (grundlegend und rechtsvergleichend *Schüren*, Die Legitimation der tariflichen Normsetzung, 1990; vgl. auch *Kempen/Zachert* TVG Einl. Rn. 159). Mehrheitsentscheidungen tendieren zur Unterbewertung gegenläufiger Sonderinteressen; das gilt für staatliche und privatrechtliche Organisationen gleichermaßen und erzwingt rechtsstaatliche Sicherungen. Die Rechtsprechung ist voller Belege, daß vor allem die Interessen von **Frauen,** die mit denen ihrer männlichen Kollegen auf vielfache Weise kollidieren, in Tarifverhandlungen mangelhaft vertreten werden (vgl. *Pfarr/Bertelsmann,* Diskriminierung im Erwerbsleben, 1989, S. 310 ff.; *Däubler* AuR 1981, 193 ff.). Zwar besteht die theoretische Möglichkeit, unerwünschten Rechtswirkungen eines Tarifvertrages durch Verbandsaustritt zu entfliehen; das ist jedoch im geltenden Tarifrecht durch § 3 III TVG sehr erschwert und ganz generell regelmäßig unzumutbar, weil es praktisch zum Verzicht auf kollektive Interessenvertretung führt (*Singer* ZfA 1995 S. 611, 628; *Schüren* AuR 1988 S. 245 ff.; *A. Wiedemann,* Die Bindung der Tarifnormen an Grundrechte, S. 167 ff.).

Die Schutzfunktion des Art. 3 verpflichtet deshalb Gesetzgebung und Rechtsprechung, die Rege- **58** lungskompetenz der Tarifpartner so zu begrenzen, daß sachwidrige oder gar diskriminierende Gruppenbildungen nicht wirksam werden können (vgl. Art. 3 Rn. 11 und 26). Dabei ist allerdings die **Einschätzungsprärogative der Tarifvertragsparteien** zu respektieren. Die Gerichte dürfen nicht eigene Gerechtigkeitsvorstellungen unter Berufung auf Art. 3 an die Stelle von Bewertungen der zuständigen Verbände setzen. Diese können sehr viel sachnäher urteilen und sich dabei auf Art. 9 III berufen (*Wiedemann* TVG Einl. Rn. 218 ff.; *Kempen/Zachert,* TVG Grundl. Rn. 167 ff.). Zu den prozessualen Problemen bei Gleichheitsverstößen Art. 3 Rn. 58.

4. Grundrechtsbindung betrieblicher Regelungen. Anders als bei Tarifverträgen sind bei **Be- 59 triebsvereinbarungen** Rechtsprechung und Lehre weitgehend einig, daß eine Grundrechtsbindung nicht unmittelbar aus der grundrechtlichen Abwehrfunktion folgt, sondern sich nur mittelbar aus der Schutzfunktion der Grundrechte ergibt (Rn. 24). Allerdings ist die **privatautonome Legitimationsgrundlage** hier weniger deutlich, weil es an einem besonderen und disponiblen Verbandsbeitritt fehlt, der als rechtsgeschäftliche Unterwerfung unter die betriebliche Regelungsmacht gedeutet werden könnte. Entsprechend streitig ist bis heute die Frage, worauf sich die Betriebsautonomie stützt. So ist einerseits von einer fremdbestimmten Zwangsordnung die Rede (GK-BetrVG/*Kreutz* § 77 Rn. 186), andererseits von privatautonomem Arbeitsverbandsrecht (*Reuter* RdA 1991 S. 193, 197 f.; *Nebel,* Die Normen des Betriebsverbandes am Beispiel der ablösenden Betriebsvereinbarung, S. 77 ff.) und – ebenso treffend wie mehrdeutig – von Akzessorietät zum Arbeitsvertrag (*Reichold,* Betriebsverfassung als Sozialprivatrecht, S. 486 ff.).

Der unübersichtliche Streit um die Legitimationsgrundlage der Betriebsvereinbarung beeinflußt **60** aber nicht die Frage nach ihrer Grundrechtsbindung. Diese wird im Ergebnis einhellig bejaht. Ob und inwieweit Grundrechte das gebieten, kann für die Fachgerichte offenbleiben, weil es für sie darauf im Ergebnis nicht ankommt. Die Regelungsmacht der Betriebspartner ist nämlich nicht grundrechtlich gewährleistet; sie wird nicht durch Art. 9 III gegen staatliche Beschränkungen geschützt. Nach einhelliger Rechtsprechung und Lehre setzt ihr das Betriebsverfassungsgesetz selbst Grenzen. **§ 75 I BetrVG** fordert die Behandlung nach den Grundsätzen von Recht und Billigkeit und verbietet damit unsachliche Gruppenbildung, insbesondere Diskriminierung wegen Abstammung, Religion, Nationalität, Herkunft, politischer und gewerkschaftlicher Einstellung oder wegen des Geschlechts. **§ 75 II BetrVG** verpflichtet die Betriebspartner ausdrücklich, die freie Entfaltung der Persönlichkeit aller im Betrieb beschäftigten AN zu fördern und zu schützen, also auch deren grundrechtliche Freiheiten bei betrieblichen Regelungen zu wahren. Daraus ist ein **gesetzliches Übermaßverbot** zugunsten der AN abzuleiten (BAG 19. 1. 1999 AP BetrVG 1972 § 87 Ordnung des Betriebes Nr. 28; 210 – BetrVG § 75 Rn. 9; *Richardi* BetrVG § 75 Rn. 37; GK-BetrVG/*Kreuz* § 75 Rn. 25, § 77 Rn. 265 mwN). Der Gestaltungsspielraum der Betriebspartner geht im Ergebnis nicht weiter, als bei unmittelbarer Geltung der Grundrechte und die Arbeitsgerichte sind verpflichtet das zu gewährleisten. Sie unterliegen insoweit der Kontrolle des BVerfG (BVerfG-Kammer 1. 9. 1997 NZA 1997, 1339).

61   Für diesen Ansatz ist die normative Wirkung der Betriebsvereinbarungen (§ 77 IV BetrVG) unerheblich. Deshalb läßt er sich zwanglos auf **Regelungsabreden** übertragen. Für die zwingenden Sprüche einer **Einigungsstelle** gilt nichts anderes. Einigungsstellen sind zwar keineswegs öffentliche Gewalt im Sinne von Art. 1 III GG, sondern privatrechtliche Schlichtungsstellen (allg. Meinung vgl. 210 – BetrVG § 76 Rn. 1 und 24; *Richardi* BetrVG § 76, Rn. 6 f.; *Fitting* BetrVG § 76, Rn. 63 ff.), aber ihre Kompetenz geht selbstverständlich nicht weiter als die Regelungsautonomie der Betriebspartner, an deren Stelle sie im Konfliktfall tätig werden (BVerfG-Kammer 18. 10. 1986 NZA 1988, 25, 26 – Kontoführungsgebühr). Ein zusätzliches Problem stellt sich hier insofern, als nicht nur die normunterworfenen AN betroffen sind, sondern auch der AG schutzbedürftig wird, wenn der Einigungsstellenspruch gegen seinen Willen ergeht. Im Schrifttum wird deshalb eine unmittelbare Geltung der Grundrechte analog Art. 1 III vorgeschlagen (MünchArbR/*Richardi* § 10 Rn. 35; *Canaris* JuS 1989, 167). Das ist mE nicht erforderlich (ebenso *C. J. Müller*, Die Berufsfreiheit des AG, S. 119 ff.). Es genügt die Angleichung der Rechtsstellung des AG durch entsprechende Auslegung von § 76 V 3 BetrVG).

V. Grundrechtsverzicht/Einwilligung

62   **1. Der Begriff „Grundrechtsverzicht"** hat sich eingebürgert, obwohl er nicht paßt und eher Verwirrung stiftet. Ein Rechtsgeschäft, in dem ein Grundrechtsträger gegenüber einem Grundrechtsadressaten auf ein bestimmtes Grundrecht oder dessen Ausübung total verzichtet, kommt praktisch nicht vor. Gemeint ist aber die Problematik, die weiter ausgreift: die individuelle Verfügbarkeit von Grundrechtspositionen, vor allem die Wirksamkeit einer Einwilligung in Eingriffe und Beeinträchtigungen (*Pietzker*, Der Staat 17 [1978], 526, 531; *Sachs* vor Art. 1 Rn. 55; *Stern* Bd. III 2 § 86 II 4). Diskutiert werden die prinzipiellen Grenzen, die formalen Voraussetzungen und die Rechtsfolgen entsprechender Verfügungen. Dabei geht es allein um rechtlich bindende Erklärungen; die bloße Hinnahme von Rechtsverletzungen und das rein tatsächliche Nichtgebrauchmachen von Grundrechten gehören nicht zum Thema.

63   **2. Grundsatz und Ausnahmen.** Obwohl noch viele Detailfragen klärungsbedürftig sind, besteht inzwischen weitgehende Einigkeit darüber, daß die Verfügung über Grundrechtspositionen eine wesentliche Form des Grundrechtsgebrauchs darstellt und um der personalen Selbstbestimmung willen grundsätzlich nicht beschränkt ist. Die freie Entfaltung der Persönlichkeit bedeutet ein Recht auf freies Belieben; eine Pflicht zu „verantwortungsbewußtem, vernünftigem und richtigem" Gebrauch der Grundrechte gibt es nicht (*Bleckmann* JZ 1988, 57, 58; *Robbers* JuS 1985, 925, 926; *Sachs*, vor Art. 1 Rn. 57). Deshalb können die grundrechtlich gewährleisteten Freiheiten vertraglich beschränkt werden. Dieser Grundsatz verlangt jedoch Ausnahmen zum Schutze der Grundrechtsträger selbst wie auch im Interesse der Allgemeinheit. Rang und allgemeine Bedeutung der betroffenen Rechtsgüter verlangen, daß den Voraussetzungen und Konsequenzen eines Grundrechtsverzichts besondere Aufmerksamkeit geschenkt wird. Dabei ergeben sich Unterschiede für die einzelnen Schutzbereiche.

64   Nicht alle Grundrechte sind beliebig verfügbar. Der Grundrechtskatalog enthält auch Gewährleistungen, die zugleich **öffentlichen Interessen** dienen. Soweit diese Vorrang beanspruchen, wird dadurch die individuelle Verfügbarkeit ausgeschlossen. Das geschieht ausdrücklich in **Art. 9 III GG** für Vereinbarungen, die die Koalitionsfreiheit beschränken. Aber auch Art. 3 II, 5 I 2 und 6 I verfolgen ersichtlich gesamtgesellschaftliche Ziele, die nicht zur individuellen Disposition stehen sollen (*Robbers* JuS 1985, 925, 928). Demgegenüber geht es im Arbeitsrecht vor allem um „vertragsnahe Grundrechte" (*Pietzker*, Der Staat, 17 [1978] 526, 544). Die Grundrechte des Eigentums und der Berufsfreiheit verdanken ihre praktische Bedeutung für die Grundrechtsträger gerade ihrer Verfügbarkeit. Auch für die grundrechtlich gewährleistete Vertragsfreiheit und das allgemeine Persönlichkeitsrecht gilt, daß ihre wissentliche und willentliche Einschränkung zugleich ihre Verwirklichung darstellt.

65   **Voraussetzung** des Grundrechtsverzichts als Grundrechtsgebrauch ist allerdings **Freiwilligkeit** (*Stern* Staatsrecht Bd. III 2 § 86 II 6 b; *Robbers* JuS 1985, 925, 926; *Bleckmann* JZ 1988, 57, 61). Die Entscheidung darf nicht unter Druck oder in einer Zwangslage getroffen werden. Sie muß außerdem auf einer ausreichenden Kenntnis der Sachlage beruhen. Ein pauschaler und zeitlich unbefristeter Verzicht ist deshalb bedenklich, wenn er unvorhersehbare Situationen und Rechtsfolgen einschließt. Zumindest muß dann ein jederzeitiger Widerruf möglich sein.

Würdekern, Wesensgehalt: Es ist allgemein anerkannt, daß ein Grundrechtsverzicht, der gegen die **66** Menschenwürde des Art. 1 I verstößt, unwirksam ist (*Stern* Bd. III 2 § 86 III 3 a aa; *Robbers* JuS 1985, 925, 929; *Hilgruber*, Der Schutz des Menschen vor sich selbst, 1992, S. 138). Das wird aus der Unantastbarkeit der Menschenwürde abgeleitet und im Zusammenhang mit dem Grundsatz gesehen, daß der Wesenskern der Grundrechte auf keine Weise ausgehöhlt werden darf (Art. 19 II). Die Abgrenzung dieses Kerns soll allerdings für jedes Grundrecht gesondert stattfinden und ist in der bisherigen Diskussion über vage Andeutungen noch nicht hinausgekommen. *Pietzker* weist mit Recht darauf hin, daß die Würde des Menschen auch durch seine Autonomie bestimmt wird, so daß Grundrechtsbeeinträchtigungen durch die Einwilligung des Betroffenen ihren würdeverletzenden Charakter verlieren können. Er sieht bei vertragsnahen Grundrechten eine Parallele zum Maßstab der Sittenwidrigkeit (*Pietzker*, Der Staat, 17 [1978], 526, 540, 544). Es handelt sich also um einen Vorbehalt für Extremfälle.

3. Tarifverträge beschränken Grundrechtspositionen sowohl der AG wie auch der AN – vor allem **67** deren Vertrags- und Berufsfreiheit, aber auch Persönlichkeitsrechte der AN. Das geschieht zwar mit normativer Wirkung, aber nicht durch hoheitlichen Eingriff, sondern aufgrund privatautonomer Legitimation (s. o. Rn. 47 ff.). Damit wird hier zur zentralen Frage, in welchen Grenzen Grundrechtspositionen individuell verfügbar sind. Das ist die gleiche Frage, die auch unter dem Stichwort des Grundrechtsverzichts diskutiert wird. Die Grenze des Würdekerns und des Wesensgehalts gilt deshalb auch für Tarifverträge (s. o. Rn. 55). Vorgelagert stellt sich die Frage, wie weit der Verzichtswille reicht, also inwieweit der Beitritt zu einer Gewerkschaft als Unterwerfung unter unbekannte künftige Beschränkungen von Grundrechtspositionen verstanden werden darf. Die Unterwerfung betrifft nur Regelungen im Bereich der traditionellen Arbeits- und Wirtschaftsbedingungen (s. o. Rn. 52 ff.). Aber auch die Intensität der Freiheitsbeschränkung spielt eine Rolle. Unzumutbare Beschränkungen des allgemeinen Persönlichkeitsrechts und der unternehmerischen Freiheit werden nicht erwartet und in Kauf genommen werden. Vor allem ist auszuschließen, daß AN oder AG durch ihren Beitritt zu einem tarifschließendem Verband gleichheitswidrige Benachteiligungen oder gar Diskriminierungen hinnehmen wollen (s. o. Rn. 57 ff.).

VI. Grundrechtskonkurrenz und -kollision

1. Grundrechtskonkurrenz ergibt sich, wenn mehrere **Grundrechte gleichgerichtet** für denselben **68** Grundrechtsträger und in bezug auf denselben Sachverhalt eingreifen, wenn also die umstrittene Grundrechtsbetroffenheit im Überschneidungsfeld der Schutzbereiche mehrerer Grundrechte liegt. Das ist fast regelmäßig der Fall, selbst wenn man von dem Auffanggrundrecht der allgemeinen Handlungsfreiheit (Art. 2 I) absieht. Ein Musterbeispiel bietet das Mitbestimmungsurteil, wo nacheinander die Art. 14, 9 I, 12 und 2 I geprüft wurden (BVerfG 1. 3. 1979 E 50, 290 = AP MitbestG § 1 Nr. 1). Ebenso häufig ist das Zusammentreffen von Freiheits- und Gleichheitsrechten. So läßt sich eine unverhältnismäßige Beschränkung der Berufsfreiheit regelmäßig auch als sachwidrige und wettbewerbsverzerrende Gruppenbildung darstellen, also als Verletzung des Art. 3 I rügen. Freiheits- und Gleichheitsrechte schließen sich nicht aus, sondern ergänzen sich.

Für das Verhältnis mehrerer einschlägiger Grundrechte gilt die **Spezialitätsregel**. Die spezielleren **69** Freiheitsrechte verdrängen Art 2 I (s. u. Art. 2 Rn. 9 f.). Das gleiche gilt für die spezielleren Gleichheitsrechte im Verhältnis zu Art. 3 I (s. u. Art. 3 Rn. 5 ff.). Für die speziellen Freiheitsrechte läßt sich eine Rangordnung oder systembezogene Relation unabhängig von der jeweils umstrittenen Grundrechtsbetroffenheit kaum feststellen. Das BVerfG prüft deshalb nur, welches Grundrecht „im Vordergrund steht", „die stärkere sachliche Beziehung zu dem zu prüfenden Sachverhalt hat" oder gegen welches Grundrecht sich der „Schwerpunkt des Eingriffs" richtet **(Meistbetroffenheitsregel)**. Führt dieses pragmatische Verfahren zu keinem klaren Ergebnis, wendet das BVerfG die konkurrierenden Grundrechte nebeneinander an. Es läßt die Konkurrenz oft dahingestellt, wenn schon eines der in Betracht kommenden Grundrechte zum Erfolg einer Verfassungsbeschwerde führt (BVerfG 29. 11. 1967 E 22, 380, 386). Die Wissenschaft bemüht sich noch um eine klarere Strukturierung des Problems (vgl. *Stern* Bd. III 2 § 92).

2. Grundrechtskollision ergibt sich beim Zusammentreffen **gegensätzlicher Grundrechtspositio-** **70** **nen**. Die Möglichkeit eines solchen Konflikts beruht darauf, daß die Grundrechte nicht nur Abwehr gegen hoheitliche Eingriffe gewährleisten, sondern darüber hinaus auch Schutz und Teilhabe (s. o. Rn. 33 ff.). Dadurch können **Dreieckskonstellationen** entstehen: Zwei Grundrechtsträger treten dem Staat gleichzeitig, aber mit gegensätzlichen subjektiven Rechten gegenüber – der eine abwehrend, der andere fordernd. Beide Grundrechtspositionen müssen sich hier einschränken lassen. Schon die erste Drittwirkungsentscheidung des BVerfG, das Lüth-Urteil (15. 1. 1958 E 7, 198) stand vor diesem Problem: Die Meinungsfreiheit des Beschwerdeführers Lüth mußte auf Kosten der Berufsfreiheit von Filmverleihern und Theaterbesitzern geschützt werden. „Besonders kollisionsträchtig sind die Rechtsbeziehungen zwischen AN und AG" (*Stern* Bd. III 2 § 82 III 1 b); nahezu alle Grundrechte können in dieser Rechtsbeziehung betroffen sein, entweder in ihrer Abwehrfunktion oder in ihrer Schutzfunktion. Bei der Koalitionsfreiheit wird die Kollision mit der Privatautonomie sogar ausdrücklich geregelt (Art. 9 III 2).

71 Das BVerfG fordert im Anschluß an *K. Hesse* (Grundzüge des Verfassungsrechts, Rn. 317 ff.) eine Kollisionsauflösung durch Grundrechtsbegrenzung im Wege **„praktischer Konkordanz"**. Es gehe um ein „Prinzip des schonendsten Ausgleichs" sagt das BVerfG (25. 2. 1975 E 39, 1, 43 – Schwangerschaftsabbruch I). Beiden Grundrechten müßten Grenzen gezogen werden, damit beide zu optimaler Wirkung gelangen könnten. Das BVerfG hat sich dabei nicht auf ein bestimmtes Verfahren festgelegt, auch nicht geklärt, ob die erforderliche Einschränkung schon den Schutzbereich der beteiligten Grundrechte betrifft oder nur besondere Eingriffe rechtfertigt (dazu *Pieroth/Schlink* Rn. 348 ff.). Entscheidend sei die Bedeutung der konfligierenden Grundrechte in der konkreten Fallkonstellation. *Stern* bezeichnet das als „abstrakt – konkrete Güterabwägungsmethode" (Staatsrecht Bd. III 2 § 82 III 3 c). Immerhin lassen sich einige wenige Grundsätze herausschälen (dazu Rn. 76 ff.).

72 Einzelheiten sind bei der Kommentierung der Grundrechte darzustellen, und zwar speziell im Zusammenhang mit ihrer Schutzfunktion. (Zur Vertragsfreiheit: Art. 2 Rn. 14; zum Persönlichkeitsschutz: Art. 2 Rn. 67; zur Glaubensfreiheit: Art. 4 Rn. 20; zur Meinungsfreiheit Art. 5 Rn. 19 usw.). In abgewandelter Form wird das Problem auch als **ungeschriebener Schrankenvorbehalt** diskutiert (vgl. Art. 2 Rn. 65 f., Art. 4 Rn. 18 f. und 67, Art. 5 Rn. 24 usw.). Das halte ich für problematisch. Dieser Ansatz vergrößert zum einen den „Schrankenwirrwarr" (Ausdruck von *Bettermann*, Grenzen der Grundrechte, S. 3); zum anderen vermischt er die Kontrollmethoden der praktischen Konkordanz und des Verhältnismäßigkeitsgrundsatzes, die nicht notwendigerweise zum gleichen Ergebnis führen müssen. Einigkeit besteht immerhin, daß der Ausgleich kollidierender Grundrechte **nicht** gleichbedeutend ist mit einem **Interessenausgleich** der beteiligten Grundrechtsträger, zumal die kollidierenden Grundrechte regelmäßig unter Gesetzesvorbehalt stehen. Der Ausgleich führt noch nicht zu einem bestimmten Regelungsprogramm, das der Gesetzgeber nur umsetzen müßte, oder zu einer konkreten Fallösung, die allein verfassungskonform wäre. Nur der verfassungsrechtliche Rahmen, Maßstab für die Bestimmung des Übermaß- und des Untermaßverbots, ist im Blick auf die kollidierenden Grundrechte näher zu bestimmen.

VII. Auslegung und Anwendung der Grundrechte

73 **1. Verfassungsauslegung.** Die Methode der Auslegung von Grundrechten war immer und ist bis heute Gegenstand heftiger Auseinandersetzungen. Die Gründe dafür liegen auf der Hand: Schon der appellative und höchst abstrakte Text der Grundrechtsartikel entspricht nicht dem normalen Erscheinungsbild gesetzlicher Vorschriften (zur sprachlichen Struktur *Hilf* HbStR VII § 161). Vor allem aber sind ihr Rang in der Normenhierarchie und ihre funktionale „Mehrdimensionalität" innerhalb des Verfassungsganzen mit den klassischen Interpretationsgrundsätzen nicht abschließend zu erfassen. Zwar besteht Einigkeit, daß der Normcharakter der Grundrechte nicht verwässert werden darf und daß die „möglichen Sinnvarianten" zunächst in der klassischen Weise mit Hilfe des Wortlauts, der Systematik, der Entstehungsgeschichte und des Zwecks ermittelt werden müssen, aber ebenso einhellig wird nach weiterführenden Interpretationsmethoden gesucht, um das Besondere der Grundrechte zu erfassen (vgl. die Übersichten bei *K. Hesse*, Rn. 49 ff.; *Stern* Bd. III 2 § 95; *Sachs*, vor Art. 1 Rn. 60 und *Starck* HbStR VII § 164; ferner die klassischen und vielzitierten Analysen von *Böckenförde* NJW 1974, 1529 ff. und 1976, 2089). Das **BVerfG** hat sich auf keine der diskutierten Methoden festlegen lassen. Es beruft sich zwar auf die klassischen Auslegungsgrundsätze und verfassungsimmanente Regeln, arbeitet aber von Fall zu Fall mit topischen Argumentationsmustern (kritisch-analytische Überblicke bei *Roellecke*, FS für BVerfG, [1976] II S. 22 ff. und *Böckenförde*, Zur Lage der Grundrechtsdogmatik nach 40 Jahren, 1990).

74 Um die Beliebigkeit der Ansätze rational diskutieren zu können und der Auslegungsdiskussion einen festen Rahmen zu bieten, wurde versucht, **Grundrechtstheorien** herauszuarbeiten und den verschiedenen Auslegungsergebnissen im Meinungsstreit zuzuordnen. Es handelt sich um Grundansichten allgemeinster Art über Zwecke und Struktur der Grundrechte. *Böckenförde* stellte fünf unterschiedliche Ansätze einander gegenüber: eine liberale (bürgerlich-rechtsstaatliche), eine institutionelle, eine demokratisch-funktionale, eine sozialstaatliche und eine Werttheorie. Aber er legte sich selbst nicht fest und erkannte auch zutreffend, daß sich das BVerfG auf verschiedene seiner Grundrechtstheorien stützt (NJW 1974, 1529, 1536). Seine Definitionen erfassen nur Teilaspekte und sind in ihren Begriffsebenen zu unterschiedlich, als daß sie zu einer abschließenden Ordnung zusammengefügt werden könnten (vgl. *Alexy*, Theorie der Grundrechte, S. 39 f. und 508 ff.). Der Ansatz wird im Schrifttum nicht weiter verfolgt (*Stern* Staatsrecht Bd. III 2 § 95 III 3).

75 Die Offenheit der Grundrechte für neue problembezogene Konkretisierungen würde zur Gefahr für die normative Effizienz und schrankensetzende Kraft der Verfassung, wenn deren Auslegung und Anwendung einer „offenen Gesellschaft" überlassen wäre, die Konkretisierung sich also in der Praxis erst entwickeln müßte (so *Häberle* JZ 1975, 297 ff.). Das ist jedoch nicht der Fall. Die letztverbindliche Konkretisierungskompetenz ist dem **BVerfG** zugewiesen. „We are under a Constitution, but the Constitution is, what the judges say it is" (Justice *O. W. Holmes*, zitiert nach *Stern* Bd. III 2 S. 1640).

VII. Auslegung und Anwendung der Grundrechte **Einl. GG 10**

Die Entscheidungssammlung des BVerfG erweist sich damit als maßgebende Erkenntnisquelle der Grundrechtsinterpretation und die Arbeit mit **Präjudizien** wird für alle Grundrechtsadressaten, vor allem aber für die Rechtsprechung der Fachgerichte unverzichtbar. Auch das BVerfG selbst muß mit dem eigenen Präjudizienbestand arbeiten. Es kann zwar seine Rechtsprechung ändern, aber jede einzelne Fallentscheidung muß auf älteren Entscheidungen aufbauen und künftige Streitfälle so weit als möglich vorausschauend einbeziehen (*Starck* HbStR § 164 Rn. 22).

2. Abwägungsprobleme. Neben Auslegungsfragen erweisen sich Abwägungsprobleme zunehmend 76 als die schwierigeren und allein fallentscheidenden Aufgaben. Sie stellen sich typischerweise im Rahmen der Verhältnismäßigkeitsprüfung (Rn. 27 f.) und der Verhältnismäßigkeitskontrolle bei Differenzierungen (Art. 3 Rn. 40 ff.), in anderer Form auch bei grundrechtlichen Schutzpflichten und der Ermittlung des gebotenen Mindestschutzes (Rn. 38), vor allem aber bei Grundrechtskollisionen im Rahmen der Herstellung „praktischer Konkordanz" (Rn. 70 f.). Die neuere Rechtsprechung des BVerfG hat die Zahl solcher Abwägungsaufgaben erheblich vermehrt. Damit gewinnt die Suche nach rational handhabbaren Abwägungskriterien und einer kontrollierbaren Abwägungsmethode besondere Bedeutung.

Drei Abwägungsaspekte sind zu unterscheiden und bei allen Abwägungsprogrammen (neben 77 formal rechtsstaatlichen Kriterien) zu berücksichtigen und zu gewichten: (1) Die Intensität der jeweils umstrittenen Freiheitsbeschränkung (Eingriffsintensität) bzw. der Grad und die Wirkung einer Ungleichbehandlung; (2) Rang und Gewicht des damit verfolgten Ziels, also des Eingriffszwecks bzw. des Differenzierungsgrundes; (3) Bedeutung und spezieller Gehalt des betroffenen Grundrechts bzw. der kollidierenden Grundrechtspositionen in bezug auf das jeweils umstrittene Regelungsproblem. Alle drei Abwägungsschritte sind durch die Verfassung vorgeprägt. Das Grundgesetz enthält Leitprinzipien, die immer berücksichtigt werden müssen.

Die **Menschenwürdegarantie** in Art. 1 I gilt als Leitprinzip für die Auslegung aller Grundrechte 78 (Art. 1 Rn. 9). Das BVerfG berücksichtigt es auch bei der Würdigung von Eingriffsintensitäten, indem es der personalen Betroffenheit stärkeres Gewicht zumißt als rein wirtschaftlichen Nachteilen (vgl. die Unterscheidung von Unternehmensinhaberschaft und bloßem Anteilseigentum sowie von Klein- und Großunternehmen (BVerfG 1. 3. 1979 E 50, 290, 341 f., 364 f. = AP MitbestG § 1 Nr. 1 unter C III 1 b und 3 a bb). Darüber hinaus werden auch Eingriffsziel oder Differenzierungsgrund in ihrem verfassungsrechtlichen Gewicht durch ihren personalen Bezug oder damit durch die Menschenwürdegarantie entscheidend geprägt (BVerfG 18. 6. 1975 E 40, 121, 133 f. – Waisenrente; 21. 6. 1977 E 45, 187, 227 – lebenslange Freiheitsstrafe; 29. 5. 1990 E 82, 60, 85 f. = NJW 1990, 2869 unter C III 2 – Steuerfreibetrag). Folgerichtig müssen diese Kriterien auch bei der Herstellung praktischer Konkordanz zur Geltung kommen.

Das **Sozialstaatsprinzip** wird vom BVerfG in ähnlicher Weise als Wertungsmaßstab verwandt. Es 79 dient der Rechtfertigung von Ungleichbehandlungen aber auch von sozialrechtlichen Typisierungen, also einer Rechtfertigung der Gleichbehandlung von Ungleichem (zuletzt BVerfG 2. 3. 1999 E 99, 367, 395 = NZA 1999, 435, 439 oben; eingehend *V. Neumann* DVBl. 1997, 92, 94 f.). Ebenso wirkt das Sozialstaatsprinzip bei der Verhältnismäßigkeitsprüfung eingriffslegitimierend. Schon die Bedeutung des Eingriffszwecks wird vom BVerfG mit seiner Hilfe gewertet. Das Sozialstaatsprinzip kann danach uU sogar Berufswahlbeschränkungen (BVerfG 4. 4. 1967 E 21, 245, 251 = AP AVAVG § 35 Nr. 2 unter C III 3 b) und Eingriffe in die Tarifautonomie rechtfertigen (BVerfG 27. 4. 1999 E 100, 271 = AP GG Art. 9 Nr. 88). Besondere Bedeutung hat das Sozialstaatsprinzip für die Entwicklung und Strukturierung grundrechtlicher Schutzpflichten (vgl. BVerfG 7. 2. 1990 E 81, 242, 255 = AP GG Art. 12 Nr. 65 unter C I 3). Daß die formale Freiheitsgewährung sinnlos ist, wenn die tatsächlichen Voraussetzungen für ihre Nutzung fehlen, die Schutzfunktion der Grundrechte also eine Voraussetzung ihrer Wirksamkeit darstellt, entspricht einem sozialstaatlichen Grundrechtsverständnis, das folglich auch für die Bestimmung des Schutzminimums maßgebend sein muß. Das Sozialstaatsprinzip ist nicht nur Thema der Grundrechts- oder Staatstheorie, sondern wichtige Antriebskraft bei der Entfaltung der Grundrechte (*V. Neumann* DVBl. 1997, 92, 17; *U. Preis*, SGb 1999, 329, 332).

3. Aufgaben der Fachgerichte. a) Auslegung und Rechtsfortbildung. Obwohl das BVerfG als 80 letztverbindliche Instanz über die Auslegung und Anwendung der Grundrechte zu wachen hat, ist den Fachgerichten aller Gerichtszweige und Instanzen eine zentrale Rolle zugewiesen. Sie haben das „einfache Recht" im Lichte der Grundrechte zu entfalten, sind zu **verfassungsgeleiteter Auslegung** verpflichtet. Vor allem bei der Ausfüllung unbestimmter Rechtsbegriffe und der Konkretisierung von Generalklauseln sind ihnen Abwägungsaufgaben gestellt, die sich an den übergeordneten Grundsatzentscheidungen der Grundrechte orientieren müssen. Das ist besonders evident, wo das Gesetz erklärtermaßen grundrechtliche Schutzpflichten erfüllen will (vgl. BVerfG 16. 11. 1993 E 89, 276 = AP BGB § 611a Nr. 9), gilt aber ebenso für ganz „neutrale" Generalklauseln (BVerfG 19. 10. 1993 E 89, 214 = AP GG Art. 2 Nr. 35). Sogar dann, wenn das Gericht selbst im Wege des Richterrechts Abwägungsprogramme durch Auslegung entwickelt, muß es sich bei ihrer Anwendung an den Zielvorgaben der Grundrechte orientieren; es ist hier also nach dem ersten Schritt, der noch keinen grundrechtlichen Vorgaben folgte, beim zweiten Schritt weniger frei (vgl. BVerfG 19. 5. 1992 E 86, 122 = AP GG

Art. 5 I Meinungsfreiheit Nr. 12; BAG 14. 9. 1994 AP BGB § 626 Verdacht strafbarer Handlungen Nr. 24 unter II 3 c).

81 Von der verfassungsgeleiteten Auslegung, die bei der Wahl zwischen mehreren verfassungsmäßigen Auslegungsalternativen die verfassungsnächste zu wählen hat, ist die **verfassungskonforme Auslegung** zu unterscheiden. Sie ist nach ständiger Rechtsprechung und allgemeiner Ansicht dann geboten, wenn mit den anerkannten Auslegungsgrundsätzen ambivalente Ergebnisse erzielt werden können, die teils verfassungswidrig, teils aber verfassungsgemäß sind. Hier hat das Gericht keinen Spielraum; es muß sich für die verfassungsgemäße Auslegung entscheiden (vgl. die zahlreichen Nachweise bei *Sachs* Einf. Rn. 52 ff.; *Schlaich*, Das BVerfG, Rn. 407 ff.; *Stern* Bd. III 2 § 90 II 3). Es kann eine problematische Vorschrift nicht einmal im Wege der Richtervorlage vom BVerfG prüfen lassen, bevor die Möglichkeit der verfassungskonformen Auslegung eindeutig ausgeschlossen wurde (BVerfG 12. 2. 1992 E 85, 329, 333 = NJW 1992, 1951 unter C II 1). Die dafür bestehenden Auslegungsspielräume sieht das BVerfG keineswegs eng bemessen. Der Wortlaut markiert nicht etwa die Grenze einer verfassungskonformen Auslegung (BVerfG 30. 3. 1993 E 88, 145, 166 = NJW 1993, 2861 unter C II 1 zur Lückenschließung; BVerfG-Kammer; 7. 4. 1997 NZA 1997, 773 f. zur teleologischen Reduktion).

82 **b) Richtervorlage.** Kommt das Fachgericht in einem Rechtsstreit zu der Überzeugung, daß eine entscheidungserhebliche Vorschrift das Grundgesetz verletzt und auch nicht verfassungskonform ausgelegt werden kann, so muß es das Verfahren aussetzen und im Wege der Richtervorlage eine Entscheidung des BVerfG einholen (Art. 100 mit §§ 80 ff. BVerfGG). Die **Verwerfungskompetenz** liegt also allein beim **BVerfG**. Dieses nimmt sie allerdings nur für formelle und **nachkonstitutionelle Gesetze** in Anspruch (teleologische Reduktion). Die Unterscheidung von vor- und nachkonstitutionellen Normen ist keineswegs einfach, weil Gesetzesänderungen nach dem 23. 5. 1949 oft nicht klar werden lassen, welche Regelungen in den gesetzgeberischen Willen aufgenommen wurden (Nachw. bei *Lechner/Zuck* BVerfGG § 80 Vorb. Rn. 36; anschauliches Beispiel: BAG-Vorlage 16. 3. 1982 AP GewO § 124 b Nr. 2; Zurückweisung BVerfG 14. 6. 1983 E 64, 217 = AP GewO § 124 b Nr. 3). Inzwischen hat sich das Problem praktisch erledigt, weil es kaum noch Vorschriften geben wird, die in einem halben Jahrhundert gesetzgeberisch völlig unberührt geblieben sind. In den neuen Bundesländern bleibt allerdings die Ausnahme für diejenigen **Gesetze der DDR** aktuell, die nach Art. 9 II EVertr. in Kraft geblieben sind (BVerfG 21. 12. 1997 E 97, 117 = NJW 1998, 1699).

83 Die Richtervorlage nach Art. 100 unterscheidet sich von der Vorlage an den EuGH nach Art. 234 EGV durch ihre **strengen Voraussetzungen.** Auslegungszweifel und verfassungsrechtliche Bedenken genügen nicht. Das vorlegende Gericht muß sich eine abschließende Überzeugung bilden und diese auch eingehend begründen (*Schlaich*, Das BVerfG, Rn. 137, spricht hier von „Überforderung"; *Benda/Klein*, Verfassungsprozeßrecht Rn. 756, warnen vor „Überanstrengung"; die restriktive Rechtsprechung erklärt sich aus der Erfahrung mit ungezählten äußerst oberflächlichen Vorlagen). Vor allem muß die **Entscheidungserheblichkeit** abschließend geklärt sein. Das vorlegende Gericht muß also die für verfassungswidrig gehaltene Norm zunächst hypothetisch anwenden und auch alle danach erheblichen Tatfragen durch Beweisaufnahme klären. Zu den vielfältigen Einzelfragen des konkreten Normenkontrollverfahrens vgl. *Lechner/Zuck* BVerfGG § 80; *H. Klein* in Umbach/Clemens BVerfGG § 80; *E. Klein* in Benda/Klein, Verfassungsprozeßrecht, Rn. 691 ff.; *Schlaich*, Das BVerfG, Rn. 126 ff.; zur Konkurrenz von Art. 100 GG mit Art. 234 EG vgl. *Wißmann* – 20 – EG Art. 234 Rn. 39 ff.).

84 **c) Nach Zurückverweisung.** Die Entscheidungen der Fachgerichte können von jedermann im Wege der **Verfassungsbeschwerde** mit der Begründung angegriffen werden, sie verletzten seine Grundrechte (Art. 93 I Nr. 4 a mit §§ 90 ff. BVerfGG). Hat die Verfassungsbeschwerde Erfolg, so wird die angegriffene Entscheidung aufgehoben und die Sache zurückverwiesen. Die weitere Aufgabe des Fachgerichts richtet sich dann nach dem Inhalt der verfassungsgerichtlichen Beanstandung. **Drei Arten von Beanstandungen** sind dabei scharf zu unterscheiden. Sie entsprechen der Art der Grundrechtsverletzung.

85 Beanstandet das BVerfG die **Rechtsgrundlage** der angegriffenen Entscheidung, hält es also schon das Gesetz für verfassungswidrig, auf das die Entscheidung sich stützt (Beispiel: BVerfG 7. 2. 1990 E 81, 242 = AP GG Art. 12 Nr. 65), so unterscheidet sich das weitere Verfahren nicht von demjenigen einer Richtervorlage nach Bestätigung durch das BVerfG. Die beanstandete Vorschrift, die für nichtig oder für unvereinbar mit dem GG erklärt wurde, darf nun nicht mehr angewandt werden. Grundsätzlich ist das Verfahren auszusetzen, bis der Gesetzgeber für Ersatz gesorgt hat (*Heußner* NJW 1982, 257). Oft wird dem Gesetzgeber eine Frist eingeräumt (vgl. BVerfG 10. 11. 1998 E 99, 202 = AP AFG § 128 a Nr. 3). Das BVerfG legt aber den Fachgerichten gelegentlich nahe, mit Hilfe zivilrechtlicher Generalklauseln wenigstens vorläufig im Wege des Richterrechts auszuhelfen (Beispiel: BVerfG 30. 5. 1990 E 82, 126 = AP BGB § 622 Nr. 28). Sie müssen dann allerdings ebenso wie der eigentlich zuständige Gesetzgeber dafür sorgen, daß sich im Rückwirkungszeitraum keine Überforderung ergibt (BVerfG 27. 11. 1997 E 97, 35, 48 = AP RuheG Hamburg § 3 Nr. 2).

86 Oft beanstandet das BVerfG aber nicht die Rechtsgrundlage einer Entscheidung, sondern lediglich deren **Auslegung und Anwendung** durch die Rechtsprechung. Dabei setzt es sich nicht an die Stelle

der Fachgerichte, indem es selbst einfaches Recht mit den Mitteln der klassischen Auslegungsmethode konkretisiert und den Ausgangsfall darunter subsumiert. Vielmehr markiert es nur die **Grenzen**, die die Grundrechte einer Auslegung setzen. Solche Grenzmarken können dazu führen, daß entweder das Ergebnis oder die Methode zu beanstanden sind.

Das **Entscheidungsergebnis** verstößt dann gegen Grundrechte, wenn selbst der Gesetzgeber es 87 nicht anordnen dürfte („**Schumannsche Formel**"). Als Beispiele können alle Entscheidungen dienen, in denen das BVerfG eine verfassungskonforme Auslegung gefordert hat. Sie sind stets dadurch gekennzeichnet, daß der Eingriff in eine grundrechtliche Freiheit zu weit ging oder der gewährleistete Mindestschutz zu schwach war oder für eine Unterscheidung ausreichende Gründe fehlten, jedoch die einfachrechtliche Lage flexibel genug erschien, um angemessene Lösungen zuzulassen. Das BVerfG hebt in diesen Fällen das angegriffene Urteil auf und überläßt es den Fachgerichten, bessere Lösungen zu entwickeln, die das verfassungswidrige Ergebnis vermeiden (Beispiel: BVerfG 24. 4. 1991 E 84, 133 = AP GG Art. 12 Nr. 70; vgl. dazu *Dieterich* RdA 1992, 330; *ders.* WM 2000, 11).

Noch ergebnisoffener ist die Beanstandung, wenn das BVerfG lediglich das **Abwägungsprogramm** 88 kritisiert, mit dessen Hilfe das Fachgericht seine Meinung gebildet hat. So wird verfahren, wenn die Entscheidungsgründe erkennen lassen, daß die Bedeutung von Grundrechten und der Umfang ihres Schutzbereichs grundlegend verkannt wurde („**Hecksche Formel**": BVerfG 10. 6. 1964 E 18, 85, 92 f. = AP BVerfGG § 90 Nr. 1). Hier muß das Fachgericht die verfassungsrechtlich gebotene Abwägung lediglich nachholen und dabei die Ausstrahlungswirkung des ursprünglich vernachlässigten Grundrechts berücksichtigen. Es ist aber nicht gehindert, dennoch wieder zum gleichen Ergebnis zu kommen (Beispiel: BVerfG 19. 5. 1992 E 86, 122 = AP GG Art. 5 I Meinungsfreiheit Nr. 12), zumindest nach ergänzender Aufklärung des Sachverhalts (Beispiele: BVerfG 14. 11. 1995 E 93, 352 = AP GG Art. 9 Nr. 80; BVerfG-Kammer 1. 9. 1997 – NZA 1997, 1339). Wie sehr diese Besonderheit der verfassungsgerichtlichen Abwägungskritik in der Öffentlichkeit verkannt wird, haben die erregten Stellungnahmen zum „Soldaten-sind-Mörder-Beschluß" (BVerfG 10. 10. 1995 E 93, 266 = NJW 1995, 3303) besonders deutlich gemacht. Das BVerfG hatte darin nicht generelle Straffreiheit, sondern nur eine sorgfältigere Berücksichtigung der Meinungsfreiheit gefordert.

Art. 1 [Schutz der Menschenwürde]

(1) ¹ Die Würde des Menschen ist unantastbar. ² Sie zu achten und zu schützen ist Verpflichtung aller staatlichen Gewalt.

(2) **Das Deutsche Volk bekennt sich darum zu unverletzlichen und unveräußerlichen Menschenrechten als Grundlage jeder menschlichen Gemeinschaft, des Friedens und der Gerechtigkeit in der Welt.**

(3) **Die nachfolgenden Grundrechte binden Gesetzgebung, vollziehende Gewalt und Rechtsprechung als unmittelbar geltendes Recht.**

I. Bedeutung und Eigenart

Der erste Artikel des Grundgesetzes ist keine normale Verfassungsnorm. **Art. 1 I und II** erinnern 1 an Spruchbänder. Nicht zufällig zieren sie Gerichtsgebäude und Sitzungssäle. Ganz unverkennbar sollen die geistesgeschichtlichen Wurzeln des Staates sichtbar werden. Mit einem **Bekenntnis** zur Würde des Menschen und zu unveräußerlichen Menschenrechten knüpften die Verfassungsväter und -mütter an die naturrechtliche Tradition und an die französische Deklaration der Menschenrechte vom 26. 8. 1789 an, um sich von dem nationalsozialistischen Unrechtsregime scharf abzugrenzen (zur Ideengeschichte vgl. *Zippelius,* Bonner Kom., Rn. 2 ff.; *Starck* in v. *Mangoldt/Klein* Rn. 3 ff.; *Enders,* Die Menschenwürde in der Verfassungsordnung, 1997, S. 163 ff.). Aber zugleich soll Art. 1 auch die rechtliche Verbindlichkeit einer **Verfassungsnorm** erreichen („unantastbar" (I), „unverletzlich und unveräußerlich" (II) „unmittelbar geltendes Recht" (III). *Carlo Schmid* sprach bei den Beratungen von einer „Generalklausel für den ganzen Grundrechtskatalog". Der Artikel sei „der eigentliche Schlüssel für das Ganze" (Der Parlamentarische Rat 1948–1949, Akten und Protokolle, Bd. V, S. 64).

Trotz dieser Ambivalenz besteht Einigkeit, daß die Menschenwürdegarantie nicht nur ethisches 2 Bekenntnis und Programm, sondern als „**richtungweisende Wertentscheidung**" eine Norm des objektiven Verfassungsrechts ist. Streit besteht nur über die Art seiner normativen Wirkung. Die herrschende Lehre nimmt an, es handele sich um ein echtes **Individualgrundrecht**, das auch mit der Verfassungsbeschwerde durchgesetzt werden kann *(Höfling* bei *Sachs,* Rn. 3 ff.; *Benda* HbVerfR § 6 Rn. 7, 8; *Starck* in v. *Mangold/Klein,* Rn. 24; *Stern,* Bd. III 1, § 58 II 5; *Pieroth/Schlink,* II Rn. 380; *Zippelius,* Bonner Kom., Rn. 28). Das BVerfG scheint der hL zuzuneigen; jedenfalls hat es entsprechende Verfassungsbeschwerden nicht als unzulässig bezeichnet (vgl. Nachw. bei *Stern,* Bd. III 1 § 58 Fn. 111) und einmal beiläufig von einem „Grundrecht" gesprochen (19. 10. 1982 E 61, 126, 137). Die Gegenmeinung will Art. 1 I nur als Grundprinzip ansehen, das in flexibler Weise auf das Verständnis aller Grundrechte und der gesamten Verfassungsordnung einwirke *(Dreier,* Rn. 72 mwN in Fn. 183;

Dürig in *Dürig/Dürig*, Rn. 4). Für die arbeitsrechtliche Praxis hat die Kontroverse kaum Bedeutung; auch die Mindermeinung verlangt nämlich die Beachtung und Realisierung der Menschenwürdegarantie in allen Einzelregelungen des einfachen Rechts und bei der Auslegung der übrigen Grundrechte (zu den Wirkungen Rn. 8 ff.).

3 Daraus ergibt sich ein **Konkretisierungsdilemma** *(Höfling)*: Zum einen erlaubt die normative Offenheit der Menschenwürdegarantie keine gegenständliche Abgrenzung von den Schutzbereichen anderer Grundrechte; zum anderen ist die weite Generalklausel mit keinem Gesetzesvorbehalt verbunden. Die „Unantastbarkeit" der Menschenwürde läßt nicht einmal Beschränkungen zum Zwecke des Ausgleichs mit anderen Grundrechten zu (BVerfG 3. 6. 1987 E 75, 369, 380). Die Auslegung muß deshalb einen Mittelweg suchen. Auf der einen Seite ist zu vermeiden, Art. 1 I als Leerformel verblassen zu lassen. Auf der anderen Seite darf aber das Bemühen seiner Anwendbarkeit auch nicht zu konturloser Ausweitung führen (zur Konkretisierung Rn. 5 ff.).

4 Im Gegensatz dazu ist **Art. 1 III** von großer juristischer Klarheit und verfassungsrechtlicher Bestimmtheit. Die Norm kennzeichnet die Grundrechtsadressaten (dazu näher Einl. Rn. 10 ff.) und verlangt ihre Bindung an die Grundrechte als unmittelbar geltendes Recht. Das GG entscheidet damit eine Prinzipienfrage der Weimarer Republik. Damals galten Grundrechte entweder nur als Programmsätze oder allenfalls mit Bindungswirkung für Verwaltung und Justiz, also nur „im Rahmen der Gesetze" (*Krüger* DVBl. 1950, 626). Jetzt stellt Art. 1 III klar, daß sich der Einzelne auf die Grundrechte als subjektive Rechte berufen kann, auch gegenüber dem Gesetzgeber. Das BVerfG hat immer wieder aufgrund von Verfassungsbeschwerden Gesetze für verfassungswidrig erklärt und damit den Grundrechten eine bis dahin kaum vorstellbare Kraft und Bedeutung verschafft.

II. Inhalt der Menschenwürdegarantie

5 Menschenwürde ist keine Bezeichnung eines Schutzbereiches, der neben den Freiheitsgewährleistungen stünde und gegen sie abgegrenzt werden könnte. Es geht nicht um einen spezifischen Lebensausschnitt, sondern um den existenziellen Kern, um die Subjektqualität des Individuums. Art. 1 I schützt nicht bestimmte Handlungen oder Handlungsfelder, sondern ist in seiner umfassenden Allgemeinheit eine „**modal ausgerichtete**" **Basisnorm** (*Höfling* JuS 1995, 857, 858), insoweit vergleichbar mit Art. 3 (vgl. Art. 3 Rn. 9). Da auch alle „nachfolgenden Grundrechte" mehr oder weniger starken Menschenwürdebezug haben, kann man sagen, daß sie alle „im Dienste der Würde des Menschen" stehen (*Häberle* HbStR I § 20 Rn. 57).

6 Der modale Charakter der Menschenwürdegarantie hat zur Folge, daß seine Konkretisierung bei dem **Verletzungsvorgang** ansetzen muß. Es kommt darauf an, unter welchen Umständen und mit welcher Intensität in die Lebenssphäre des Einzelnen eingedrungen wird. Das BVerfG betont jedoch, daß eine allgemeine Definition würdeverletzender Eingriffe nicht möglich sei (15. 12. 1970 E 30, 1, 25 = AP Art. 10 Nr. 1). Immerhin könne die **Objektformel** *Dürigs* die Richtung andeuten. Danach ist die Menschenwürde betroffen, „wenn der konkrete Mensch zum Objekt, zu einem bloßen Mittel, zur vertretbaren Größe herabgewürdigt wird" (*Maunz/Dürig*, Rn. 28, 34). Aber die Schwäche dieser Formel ist offensichtlich: Sie ist zu weit gefaßt, um würdeverletzende Eingriffscharakteristika deutlich machen zu können, und deshalb beliebig einsetzbar (*Hoerster* JuS 1983, 93, 94). Demgegenüber war der Eingrenzungsversuch des BVerfG im Abhörurteil nach einhelliger Meinung wiederum zu eng. Danach sollte es auf **subjektive Merkmale,** nämlich die „willkürliche Mißachtung" und „verächtliche Behandlung" ankommen (15. 12. 1970 E 30, 1, 26 = AP Art. 10 Nr. 1). Die Intention des Verletzers ist jedoch für die grundrechtliche Bewertung eines Eingriffs prinzipiell unerheblich (zu den verschiedenen Ansätzen: *Höfling* in *Sachs* Rn. 12 ff.; *Dreier*, Rn. 37 ff.; *Benda* HbVerfR § 6 Rn. 14 ff.; *Starck* in *v. Mangoldt/Klein* Rn. 16).

7 Als vorläufiges Ergebnis läßt sich festhalten, daß die Menschenwürdegarantie die **elementare Substanz menschlicher Persönlichkeit** schützt, also den Kernbereich der Individualität, Identität und Integrität, der schlechthin unantastbar bleiben muß und keiner Relativierung durch Abwägungen oder gesetzliche Einschränkungen zugänglich ist (*Höfling* in *Sachs* Rn. 17 f.; *Dreier*, Rn. 44; ähnlich *Häberle* HbStR I § 20 Rn. 46 ff. mit berechtigter Betonung der Kulturabhängigkeit aller Abgrenzungsversuche). Die Menschenwürde kann nicht genommen werden; verletzbar ist aber der aus ihr folgende Achtungsanspruch (BVerfG 20. 10. 1992 E 87, 209, 228; 12. 11. 1997, NJW 1998, 519 – Arzthaftung).

III. Rechtliche Wirkungen

8 Die Wirkungsweise der Menschenwürdegarantie läßt sich nur im Zusammenhang mit den übrigen Grundrechten deutlich machen. Bezogen auf diese hat sie drei Funktionen: Sie dient ihnen als Richtschnur (Rn. 9), als Substanzgarantie (Rn. 10) und als Auffangtatbestand (Rn. 11).

9 **1. Leitprinzip.** Die der Menschenwürdegarantie „nachfolgenden" (sie gleichsam als Prämisse voraussetzenden) Grundrechte stehen „im Dienste der Würde des Menschen" (*Häberle* HbStR § 20 Rn. 57). Daraus folgt, daß bei ihrer Auslegung Art. 1 I als **Leitprinzip** zu beachten ist. Alle Grundrechte müssen zugleich als Konkretisierung dieser wertsetzenden Fundamentalnorm gelesen werden,

also dazu beitragen, die Individualität, Identität und Integrität der menschlichen Persönlichkeit zu gewährleisten (*Höfling* in *Sachs* Rn. 45 mwN allerdings skeptisch). Dabei dürfen sie sich nicht auf staatsgerichtete Abwehr beschränken, sondern müssen aktiven Schutz gewähren („achten" und „schützen"; zur Schutzfunktion der Grundrechte vgl. Einl. Rn. 33 ff.). Bei allen Abwägungsproblemen (Einl. Rn. 76 ff.) ist das Leitprinzip der Menschenwürdegarantie zu beachten und uU von entscheidender Bedeutung.

2. Kernbereich. Damit zusammenhängend vermittelt Art. 1 I allen Grundrechten eine zusätzliche 10 Strukturierung ihres Schutzbereichs. Die Menschenwürdegarantie wird allgemein als **Kernbereichsgewährleistung** der Freiheitsrechte, aber auch des Gleichheitssatzes verstanden. Das bedeutet, daß die Reichweite der verschiedenen Schrankenvorbehalte an dieser Grenze endet. Der Menschenwürdekern gehört zum Wesensgehalt eines Grundrechts im Sinne von Art. 19 II (*Stern*, Bd. III 2 § 85 III 2 c; sinngemäß auch BVerfG 23. 4. 1991 E 84, 90, 121). Er ist insoweit nach Art. 79 III sogar einer Verfassungsänderung entzogen (*Maunz/Dürig*, Rn. 81; aA *Dreier*, Rn. 97). Nicht einmal Träger des Grundrechts dürfen über diesen Kernbereich verfügen (vgl. Einl. Rn. 66).

3. Auffangschutz. Schließlich muß Art. 1 I als **Auffangschutz** gelten, soweit das dichte Gefüge der 11 allgemeinen und speziellen Freiheitsrechte sich als lückenhaft erweisen und wesentliche Schutzbedürfnisse offen lassen sollte (*Höfling* JuS 1995, 857, 862; *Zippelius*, Bonner Kom., Rn. 28; aA *Dreier*, Rn. 96). Allerdings darf dabei nicht der besondere Rang des Menschenwürdesatzes eingeebnet und der allgemeinen Handlungsfreiheit angenähert werden. Nicht jede Geschmacklosigkeit oder bewußte Selbsterniedrigung kann als schwerwiegende Verletzung personaler Würde gelten (Beispiele bei *Dreier*, Rn. 90 ff.). Der Staat muß jedoch ein menschenwürdiges Dasein gewährleisten (BVerfG 29. 5. 1990 E 82, 60, 85; *V. Neumann* DVBl. 1997, 92, 94).

Eine Sonderform des Auffangschutzes bildet die Kombination des Art. 1 I mit der allgemeinen 12 Handlungsfreiheit (Art. 2 I), die das BVerfG verwendet, um im Wege der Rechtsfortbildung ein **allgemeines Persönlichkeitsrecht** zu entwickeln (s. u. Art. 2 Rn. 36 ff.). Der Vorteil, aber auch das grundrechtsdogmatisch Bedenkliche dieser Konstruktion besteht darin, daß dadurch Fragen der personalen Würde einer einschränkenden Regelung in Abwägung mit anderen Rechtsgütern zugänglich werden (für scharfe Trennung *Starck* in *v. Mangoldt/Klein*, Art. 2 I Rn. 54). Arbeitsrechtliche Konflikte, die die personale Würde berühren, sind praktisch immer Fragen des allgemeinen Persönlichkeitsrechts; der Schutz der Menschenwürde dient also in der Regel nicht unmittelbar als Maßstab (aA BAG 13. 2. 1964 AP Nr. 1; 24. 2. 1982 AP BAT § 17 Nr. 7 – ein Musterbeispiel für inflatorischen Umgang mit diesem Höchstwert).

Art. 2 [Allgemeine Handlungsfreiheit, Allgemeines Persönlichkeitsrecht]

(1) Jeder hat das Recht auf die freie Entfaltung seiner Persönlichkeit, soweit er nicht die Rechte anderer verletzt und nicht gegen die verfassungsmäßige Ordnung oder das Sittengesetz verstößt.

(2) ¹Jeder hat das Recht auf Leben und körperliche Unversehrtheit. ²Die Freiheit der Person ist unverletzlich. ³In diese Rechte darf nur auf Grund eines Gesetzes eingegriffen werden.

Übersicht

	Rn.		Rn.
A. Handlungsfreiheit (Art. 2 I)	1	2. Schutzpflicht der Rechtsprechung	30
I. Schutzbereich	1	a) Verfassungskonforme Auslegung	31
1. Handlungsfreiheit	1	b) Vertragsinhaltskontrolle	33
2. Grundrechtsträger	7	B. Allgemeines Persönlichkeitsrecht	
3. Konkurrenzen	9	(Art. 2 I iVm. Art. 1 I)	36
II. Eingriffe/Beeinträchtigungen	11	I. Grundlage und Bedeutung	36
1. Abwehrfunktion	11	II. Schutzbereich	38
2. Schutzfunktion	14	1. Privatsphäre	39
III. Schranken	15	2. Soziale Identität	42
1. Verfassungsmäßige Ordnung	16	a) Recht am eigenen Bild und Wort	43
a) Formell	17	b) Informationelle Selbstbestimmung	45
b) Materiell	18	c) Namen, Titel, Anrede	47
c) Gewohnheitsrecht/Rechtsprechung	21	3. Ehrenschutz	48
d) Brisante Beispiele	22	III. Träger des Grundrechts	50
2. Rechte anderer	25	IV. Eingriffe/Beeinträchtigungen	52
3. Sittengesetz	26	1. Abwehrfunktion	52
IV. Schutzpflicht bei der Ausgestaltung der Privatautonomie	27	2. Schutzfunktion	53
1. Gestaltungsrahmen des Gesetzgebers	27	3. Einwilligung	55

	Rn.		Rn.
V. Schranken/Grenzen der Einschränkbarkeit	58	7. Gutachten und Untersuchungen	93
1. Schrankentrias	58	8. Offenbarungspflicht und Fragerecht	96
2. Sphären	60	9. Überwachung	99
3. Kollisionen	65	10. Beurteilung von Arbeitnehmern	102
VI. Schutzpflicht im Privatrecht	67	a) Personalakten	102
1. Gesetzgebung	67	b) Zeugnisse	104
2. Rechtsprechung zum Vertragsrecht	69	c) Auskünfte	105
a) Inhaltskontrolle	71		
b) Vertragspflichten	72	C. Recht auf Leben und körperliche Unversehrtheit (Art. 2 II 1)	106
c) Gestaltungsrechte	75	I. Schutzbereich	106
3. Deliktsrecht	76	II. Eingriffe/Beeinträchtigungen	109
4. Prozeßrecht	79	1. Abwehrfunktion	109
VII. Beispiele zum Persönlichkeitsschutz für Arbeitnehmer	80	2. Schutzfunktion	111
1. Außerdienstliches Verhalten	81	III. Schranken und Grenzen der Einschränkbarkeit	115
2. Beschäftigungsanspruch	83	1. Gesetz	115
3. Geschlechtsspezifische Benachteiligungen	84	2. Einwilligung	116
4. Ehrenschutz	85	IV. Schutzpflichten im Arbeitsrecht	120
5. Erscheinungsbild der Arbeitnehmer	88	1. Gesetzgebung	120
6. Datenschutz	89	2. Rechtsprechung	122

A. Handlungsfreiheit (Art. 2 I)

I. Schutzbereich

1. Handlungsfreiheit. Art. 2 I regelt die allg. **Handlungsfreiheit im umfassenden Sinne** (vgl. BVerfG 16. 1. 1957 E 6, 32, 36 – Elfes; 23. 5. 1980 E 54, 143, 146 = NJW 1980, 2572; 6. 6. 1989 E 80, 137, 152 = NJW 1989, 2525). Sein Schutzbereich erfaßt jedes menschliche Verhalten, auch das Nichthandeln. Zweck der Freiheitsgewährleistung ist der Schutz der Entschließungsfreiheit. Gemeint sind nicht nur existenzielle Entscheidungen wie zB zur sexuellen Selbstbestimmung (BVerfG 21. 12. 1977 E 47, 46, 73 = NJW 1978, 807; 26. 1. 1993 E 88, 87, 98 = NJW 1993, 1517), die Entscheidung, in eheähnlicher Gemeinschaft zu leben (BVerfG 7. 4. 1964 E 17, 306, 314 = AP Art. 2 Nr. 2; 17. 11. 1992 E 87, 234, 267 = NJW 1993, 643), oder das Selbstbestimmungsrecht von Ehegatten in finanzieller Hinsicht (BVerfG 4. 5. 1982 E 60, 329, 339 = NJW 1982, 2365; 3. 10. 1989 E 81, 1, 10 f. = NJW 1990, 175). Auch das Füttern von Tauben (BVerfG 23. 5. 1980 E 54, 143, 246 f. = NJW 1980, 2572) oder das Reiten im Wald (BVerfG 6. 6. 1989 E 80, 137, 154 f. = NJW 1989, 2525) werden vom Schutzbereich des Art. 2 I erfaßt. Erlaubt ist danach alles, was nicht in verfassungsmäßiger Weise verboten ist.

2 Die praktisch wichtigsten Aspekte der nicht durch ein spezielles Grundrecht geschützten Verhaltensfreiheit sind die **Freiheit im wirtschaftlichen Verkehr** und die **Privatautonomie,** für die Art. 2 I die verfassungsrechtliche Grundlage bildet (vgl. BVerfG 16. 1. 1957 E 6, 32, 41 f.; 23. 6. 1993 E 89, 48, 61 = NJW 1993, 2923). Dazu gehört die Freiheit, sich durch **Verträge** zu binden. Der Abschluß, die inhaltliche Gestaltung und die Beendigung von Verträgen sind praktizierte Vertragsautonomie. Das BVerfG hat stets betont, daß die Selbstbestimmung des einzelnen im Rechtsleben als Strukturelement jeder freiheitlichen Gesellschaftsordnung gilt und durch Art. 2 I geschützt ist (vgl. zB 12. 11. 1958 E 8, 274, 328 = NJW 1959, 475; 16. 5. 1961 E 12, 341, 347 = NJW 1961, 1395; 19. 10. 1983 E 65, 196, 210 = AP BetrAVG § 1 Unterstützungskassen Nr. 2; 4. 6. 1985 E 70, 115, 123 = NJW 1986, 243; 14. 1. 1987 E 74, 129, 151 f. = AP BetrAVG § 1 Unterstützungskassen Nr. 11; 19. 10. 1993 E 89, 214, 231 = NJW 1994, 36).

3 Das BVerfG ist der **Persönlichkeitskerntheorie** (vgl. *Peters,* Das Recht auf freie Entfaltung der Persönlichkeit in der höchstrichterlichen Rechtsprechung, S. 49) nicht gefolgt. Danach sollte die freie Entfaltung der Persönlichkeit nur in jenem Kernbereich geschützt sein, der das „Wesen des Menschen als geistig-sittliche Person" ausmacht. Das BVerfG hat jedoch darauf hingewiesen, daß es nicht verständlich wäre, selbst diesen Kernbereich durch das Sittengesetz, die Rechte anderer oder sogar die verfassungsmäßige Ordnung einer freiheitlichen Demokratie zu beschränken. Gerade die Schranken zeigen, daß Art. 2 I die Handlungsfreiheit umfassend gewährleistet. Dem entspricht die Entstehungsgeschichte. Es sind nicht rechtliche, sondern sprachliche Gründe, die den Gesetzgeber bewogen haben, die ursprüngliche Fassung („Jeder kann tun und lassen, was er will") durch die jetzige Fassung zu ersetzen (BVerfG 16. 1. 1957 E 6, 32, 39 unter Hinweis auf *v. Mangoldt,* Parlamentarischer Rat, 42. Sitzung des Hauptausschusses, S. 533 BVerfG; 6. 6. 1989 E 80, 137, 152 = NJW 1989, 2525).

4 Auch eine **eingeschränkte Persönlichkeitskerntheorie** hat sich nicht durchgesetzt. Freie Entfaltung der Persönlichkeit ist nach dieser Auslegung nur die Gewährleistung einer engeren persönlichen

A. Handlungsfreiheit (Art. 2 I) Art. 2 GG 10

Lebenssphäre, die zwar nicht auf den Kernbereich sittlicher Entfaltung beschränkt, aber für die Entfaltung der Persönlichkeit gewichtig sein soll (*Grimm* abw. Meinung zu BVerfG 6. 6. 1989 E 80, 137, vgl. 164 f., 166, 168; Hesse, 426). Die Vertreter dieser Theorie befürchten eine „Banalisierung der Grundrechte" (*Grimm* S. 169). Dagegen versteht das BVerfG den Schutz menschlicher Handlungsfreiheit als umfassende Ergänzung der engeren Schutzbereiche anderer Grundrechte. Jede wertende Einschränkung verminderte erheblich den Freiheitsraum der Bürger. Sie führte außerdem zu schwierigen, in der Praxis kaum befriedigend lösbaren Abgrenzungsproblemen (BVerfG 6. 6. 1989 E 80, 137, 154 = NJW 1989, 2525; 7. 12. 1994 E 91, 335, 338 = NJW 1995, 649). Bestandteil des Rechts auf freie Entfaltung der Persönlichkeit sind damit alle denkbaren Verhaltensweisen.

Die **Abwehrfunktion** des Art. 2 I betrifft in erster Linie Verbote und Gebote, erschöpft sich aber 5 nicht darin. Gewährleistet wird den Grundrechtsträgern darüber hinaus das subjektive Recht, bei ihrem Verhalten nicht durch faktische Nachteile belastet zu werden, soweit diese ihre Entschließungsfreiheit einschränken oder steuern, obwohl eine verfassungsmäßige Grundlage dafür fehlt. Zur Abgrenzung von mittelbaren Folgen ohne Grundrechtsrelevanz vgl. Rn. 13.

Art. 2 I hat – wie alle Freiheitsrechte – neben der Abwehrfunktion auch eine **Schutzfunktion**. Sie 6 ist für die Ausgestaltung und Anwendung des Zivilrechts von besonderer Bedeutung. Am Zivilrechtsverkehr nehmen gleichrangige Grundrechtsträger mit unterschiedlichen, bisweilen gegenläufigen Interessen und Zielen teil. Alle Beteiligten können sich gleichermaßen auf die allgemeine Handlungsfreiheit und damit auch auf die Gewährleistung ihrer Privatautonomie berufen. Dennoch darf der Staat die Vertragsparteien nicht dem unbegrenzten Spiel der Kräfte überlassen. Zwar ergibt sich in vertragsrechtlichen Regelungen grundsätzlich ein sachgerechter Interessenausgleich aus dem übereinstimmenden Willen der Vertragspartner, die damit über ihre grundrechtlich geschützte Handlungsfreiheit ohne staatlichen Zwang verfügen. Die Prämisse gleicher Verhandlungsstärke liegt aber nicht zwangsläufig jedem Vertragsschluß zu Grunde. Deshalb ist der Staat verpflichtet, ein **Vertragsrecht** zu schaffen, das bei struktureller Ungleichheit der Verhandlungsstärke kompensierend wirkt (vgl. Rn. 14 und 27).

2. Grundrechtsträger. Anspruchsberechtigt sind alle natürlichen Personen, also auch **Kinder** 7 (BVerfG 9. 2. 1982 E 59, 360, 382 = NJW 1982, 1375), **Schüler** (BVerfG 20. 10. 1981 E 58, 257, 272 = NJW 1982, 921) und **Jugendliche** (BVerfG 21. 12. 1977 E 47, 46, 74 = NJW 1978, 807). Art. 2 I steht als allgemeines Menschenrecht ebenso **Ausländern** in der Bundesrepublik Deutschland zu. Es hat als Auffanggrundrecht Bedeutung, soweit Ausländer nicht in den personellen Schutzbereich spezieller Freiheitsrechte fallen (zB Art. 9 und 12 I, vgl. auch Einl. Rn. 4). Der Grundrechtsschutz erlischt mit dem **Tod** (BVerfG 24. 2. 1971 E 30, 173, 194 = NJW 1971, 1645; differenzierend BGH 20. 3. 1968 JZ 1968, 697).

Träger des Grundrechts sind auch **Handelsgesellschaften** (BVerfG 29. 7. 1959 E 10, 89, 99 = NJW 8 1959, 1675; 19. 12. 1967 E 23, 12, 30 = AP UVNG Art. 3 Nr. 1) sowie **juristische Personen**, soweit sie in ihrem Recht auf freie Entfaltung im Sinne der wirtschaftlichen Betätigungsfreiheit betroffen sind (vgl. BVerfG 25. 1. 1984 E 66, 116, 130 = AP Art. 5 Abs. 1 Pressefreiheit Nr. 2). Der Schutz des Art. 2 Abs. 1 umfaßt daher zB die Freiheit einer juristischen Person, Vergütungsvereinbarungen mit der Gegenseite auszuhandeln (BVerfG 14. 5. 1985 E 70, 1, 25 = NJW 1986, 772).

3. Konkurrenzen. Die allg. Handlungsfreiheit ist als Auffanggrundrecht subsidiär gegenüber den 9 speziellen Freiheitsrechten. Art. 2 I kommt also nicht zum Tragen, wenn ein Eingriff in den Schutzbereich eines besonderen Freiheitsrechts gegeben ist (vgl. BVerfG 16. 12. 1981 E 59, 128, 163 = NJW 1983, 103).

Für die Freiheit im wirtschaftlichen Verkehr ist die Abgrenzung zur **Berufsfreiheit** allerdings ohne 10 praktische Bedeutung. Das BVerfG hat zwar stets den Vorrang der speziellen Grundrechtsverbürgungen betont, tatsächlich aber nie scharfe Grenzen gezogen und praktisch identische Ergebnisse erzielt (zutr. Diskussionsbericht, RdA 1989, 150, 151; vgl. auch *Söllner* RdA 1989, 144, 148; krit. *Tettinger* in *Sachs* Rn. 21). So wurde Art. 2 I vom BVerfG in zwei Fällen zum Widerruf betrieblicher Versorgungszusagen geprüft (BVerfG 19. 10. 1983 E 65, 196, 216 = AP BetrAVG § 1 Unterstützungskasse Nr. 2 und 14. 1. 1987 E 74, 129, 162 = AP BetrAVG § 1 Unterstützungskassen Nr. 11). Im Mitbestimmungsurteil betonte das BVerfG, Art. 2 I könne gegenüber Art. 12 I nicht von vornherein außer Betracht bleiben. Die Abgrenzung bedurfte jedoch keiner Entscheidung, weil das MitbestG, gemessen an beiden Grundrechten nicht verfassungswidrig ist (BVerfG 1. 3. 1979 E 50, 290, 362 = AP MitbestG § 1 Nr. 1). In der Entscheidung über die Vereinbarkeit der Pflichtplatzquote des SchwbG mit dem GG setzte sich das BVerfG mit Art. 12 I auseinander, betonte in den Gründen jedoch die Ähnlichkeit des Prüfungsmaßstabs mit Art. 2 I. Maßnahmen mit **berufsregelnder Tendenz** sind danach durch Art. 12 I erfaßt. Private AG, bei denen der Zusammenhang mit einer Berufsausübung fehlt (zB gemeinnützige Einrichtungen), sollen sich gegen Eingriffe unter Berufung auf die allgemeine Handlungsfreiheit wenden (vgl. BVerfG 26. 5. 1981 E 57, 139, 158 = AP SchwbG § 4 Nr. 1). In den Entscheidungen über das Verbot der ANüberlassung in Betrieben des Baugewerbes (BVerfG 6. 10. 1987 E 77, 84, 106 = NZA 1989, 218), über die Bildungsurlaubsgesetze in Hessen und Nordrhein-Westfalen (BVerfG 15. 12. 1987 E 77, 308, 332 = AP Art. 12 Nr. 62) sowie im Handelsvertreterfall, in dem es um ein Wettbewerbsverbot ohne Karenzentschädigung ging, prüfte das BVerfG dagegen

Art. 12 I (BVerfG 7. 2. 1990 E 81, 242, 252 = AP Art. 12 Nr. 65). Zur Grundrechtskonkurrenz und -kollision vgl. auch Einl. Rn. 68 ff.

II. Eingriffe/Beeinträchtigungen

11 **1. Abwehrfunktion.** Im Bereich der **Abwehrfunktion** des Art. 2 I ist in erster Linie an Gesetze und Entscheidungen zu denken, die dem Adressaten ein bestimmtes Verhalten auferlegen. Die in Art. 2 I garantierte weite Handlungsfreiheit wird durch jede (imperative) Regelung der öffentlichen Gewalt beeinträchtigt, die bestimmte positive oder negative Pflichten auferlegt oder sich die Genehmigung bestimmter Verhaltensweisen vorbehält. Das Grundrecht der allgemeinen Handlungsfreiheit schützt auch gegen **faktische** bzw. **mittelbare** Beeinträchtigungen durch die öffentliche Gewalt.

12 Die Erteilung einer Genehmigung beeinträchtigt an sich nicht die Handlungsfreiheit Dritter (BVerwG 29. 7. 1977 E 54, 211, 220 ff. = NJW 1978, 554). Auf die allgemeine Handlungsfreiheit können sich aber zB Unternehmer im Rahmen des **wirtschaftlichen Wettbewerbs** berufen, wenn Konkurrenten durch eine Ausnahmegenehmigung begünstigt werden (BVerwG 23. 3. 1982 E 65, 167, 174 = AP LSchlG § 23 Nr. 1), oder wenn sie **Subventionen** oder höhere Entgelte erhalten (vgl. BVerwG 29. 6. 1968 E 30, 191 = MDR 1969, 416; 22. 5. 1980 E 60, 154, 160 = NJW 1980, 2764; zweifelnd *Murswiek* in *Sachs* Rn. 87). Ferner beeinträchtigt das Ladenschlußgesetz nicht nur unmittelbar die Unternehmen, sondern mittelbar auch die Handlungsfreiheit von Kunden (BVerfG 29. 11. 1961 E 13, 230, 235 f. = AP LSchlG § 3 Nr. 3). Auch die Verweigerung von **Teilhabe** und **Leistung** kann sich als Freiheitseinschränkung darstellen, zB bei einer Beschränkung der gemeingebräuchlichen Benutzung öffentlicher Sachen (vgl. allg. m. w. Bsp. *Jarass/Pieroth* Art. 2 Rn. 12 und *Murswiek* in *Sachs* Rn. 85 f.).

13 Natürlich sind nicht sämtliche Veränderungen der sozialen Umwelt als Eingriff in die allgemeine Handlungsfreiheit zu werten. Von einzelnen als nachteilig empfundene Entwicklungen der sich stets ändernden politischen, sozialen und wirtschaftlichen Verhältnisse fallen nicht in den Schutzbereich des Art. 2 I (vgl. *Murswiek* in *Sachs* Rn. 82). Voraussetzung ist vielmehr, daß die Freiheitsbeschränkung auf staatliches Handeln zurückzuführen ist und nach Art und Intensität ihres Steuerungseffekts einem Ge- oder Verbot gleichkommt (*Erichsen* HbStR VI § 152 Rn. 80 f.; vgl. auch BVerwG 23. 3. 1982 E 65, 167, 174 = AP LSchlG § 23 Nr. 1).

14 **2. Schutzfunktion.** Neben der Abwehrfunktion des Grundrechts ist für das Arbeitsrecht bedeutsam, daß grundrechtliche **Schutzpflichten** auch aktives Handeln der öffentlichen Gewalt verlangen können (vgl. Einl. Rn. 33 ff.). Im Vertragsrecht muß der Gesetzgeber die Privatautonomie durch freiheitsschützende Normen sichern. Ihm steht aber bei der Würdigung der Verhandlungspositionen und der gegenläufigen Interessen von Vertragsparteien ein weiter Einschätzungs- und Gestaltungsrahmen zur Verfügung, der durch das freiheitssichernde **Untermaßverbot** begrenzt wird (vgl. Einl. Rn. 38). Eine Beeinträchtigung des Schutzbereichs von Art. 2 I liegt vor, wenn der Gesetzgeber bei der Ausgestaltung des Vertragsrechts für Situationen **struktureller Unterlegenheit** gar keine kompensierenden Regelungen schafft, oder wenn diese gänzlich ungeeignet oder völlig unzulänglich sind (vgl. Einl. Rn. 43). Auch die Rechtsprechung muß bei der Auslegung und Anwendung des Privatrechts grundrechtliche Schutzpflicht erfüllen (vgl. Rn. 30).

III. Schranken

15 Abgesehen von dem absolut geschützten **Kernbereich privater Lebensgestaltung,** welcher der Einwirkung öffentlicher Gewalt völlig entzogen ist (BVerfG 16. 1. 1957 E 6, 32, 41; 6. 6. 1989 E 80, 137, 153 = NJW 1989, 2525), wird die allg. Handlungsfreiheit nur in den Schranken des zweiten Halbsatzes von Art. 2 I gewährleistet. Sie steht unter dem dreifachem Vorbehalt der **Schrankentrias**.

16 **1. Verfassungsmäßige Ordnung.** Die allg. Handlungsfreiheit ist vor allem durch die verfassungsmäßige Ordnung beschränkt. Das BVerfG versteht diesen Begriff hier als die **Gesamtheit der Normen, die formell und materiell verfassungsmäßig sind** (BVerfG 14. 3. 1973 E 34, 369, 378 f.; 6. 6. 1989 E 80, 137, 153 = NJW 1989, 2525; 7. 12. 1994 E 91, 335, 338 f. = NJW 1995, 649; *Jarass/Pieroth* Rn. 14; *v. Münch/Niemöhlmann* Rn. 23; *Murswiek* in *Sachs* Rn. 89). Der Begriff ist also weiter als der wortgleiche Begriff in Art. 20 III und 9 II.

17 **a) Formell** muß jede Norm den Kompetenzvorschriften der Verfassung entsprechen (vgl. zB BVerfG 10. 5. 1960 E 11, 105, 110 = AP KindGG § 1 Nr. 2; 6. 6. 1989 E 80, 137, 153 = NJW 1989, 2525). Sie muß rechtsstaatlichen Maßstäben genügen, darf also zB weder gegen das Verbot von Einzelfallgesetzen (Art. 19 I) noch gegen das Bestimmtheitsgebot verstoßen. Sofern eine bestehende Befugnis beseitigt wird, muß der nach dem Rechtsstaatsgrundsatz gebotene **Vertrauensschutz** gewahrt bleiben (BVerfG 14. 1. 1987 E 74, 129, 152 = AP BetrAVG § 1 Unterstützungskassen Nr. 11; 6. 6. 1989 E 80, 137, 153 = NJW 1989, 2525).

18 **b) Materiell** müssen freiheitsbeschränkende Regelungen vor allem das **Verhältnismäßigkeitsprinzip** beachten, dürfen also nicht das Übermaßverbot verletzen (vgl. zB BVerfG 7. 4. 1964 E 17, 306, 314

A. Handlungsfreiheit (Art. 2 I)　　　　　　　　　　　　　　　　　　　　Art. 2　GG 10

= NJW 1964, 1219; 6. 6. 1989 E 80, 137, 153 = NJW 1989, 2525). Im einzelnen folgt daraus, daß die Beeinträchtigung geeignet sein, also in sachlichem Zusammenhang mit dem verfolgten Zweck stehen muß (BVerfG 5. 11. 1980 E 55, 159, 165 ff. = NJW 1981, 673). Sie muß ferner erforderlich sein (BVerfG 27. 1. 1983 E 63, 88, 115 = NJW 1983, 1417) und sie darf schließlich bei Abwägung der betroffenen Interessen nicht außer Verhältnis zu dem verfolgten Zweck stehen (BVerfG 15. 1. 1958 E 7, 198, 220 = NJW 1958, 257). Zur Verhältnismäßigkeit in der Privatrechtsordnung *Preis*, FS-Dieterich, 1999, S. 429; vgl. auch Einl. Rn. 26.

Die **gerichtliche Kontrolle** des Übermaßverbots darf allerdings nicht dazu dienen, die aus richterlicher Sicht angemessenste oder wünschenswerteste aller denkbaren Regelungen durchzusetzen. Dies würde in die Kompetenz des demokratisch legitimierten Gesetzgebers übergreifen. Ausgehend von einem weiten gesetzgeberischen Gestaltungsfreiraum richtet sich die Kontrolldichte nach der Intensität der Freiheitsbeschränkung. Die Prüfung ist um so sorgfältiger, je mehr der gesetzliche Eingriff elementare Formen menschlichen Handelns berührt (BVerfG 7. 4. 1964 E 17, 306, 314 = AP Art. 2 Nr. 2; 5. 8. 1966 E 20, 150, 159 = NJW 1966, 1651). Innerhalb der Privatsphäre ist die Verhältnismäßigkeitsprüfung intensiver als im Bereich der Sozialsphäre, zu deren Ausgestaltung dem Gesetzgeber ein besonders weiter rechtspolitischer und prognostischer Freiraum zusteht (vgl. zur Sphärenabstufung Rn. 60; zur Kontrolldichte allgemein Einl. Rn. 42; BVerfG 25. 2. 1960 E 10, 354, 371 = NJW 1960, 619; 9. 2. 1977 E 44, 70, 89 f. = NJW 1977, 1099; 26. 4. 1978 E 48, 227, 234 = DB 1978, 1356; *Jarass/Pieroth* Art. 2 Rn. 18). 19

Ein Gesetz, das seiner Natur nach **typisieren** muß, kann nicht alle Fallgestaltungen berücksichtigen und gerät notwendigerweise mit Interessen in Konflikt, die dem gesetzgeberischen Ziel widerstreiten. Es muß aber wenigstens für die Mehrzahl möglicher Tatbestände angemessene Regelungen schaffen. Härten in Sonderfällen sind bei einer generalisierenden Regelung oft unvermeidlich und hinzunehmen (vgl. BVerfG 29. 11. 1961 E 13, 230, 236 = AP LSchlG § 3 Nr. 3). Andererseits verlangt der Verhältnismäßigkeitsgrundsatz Ausnahmetatbestände vorzusehen, wenn die Folgen einer schematisierenden Regelung nach ihrer Intensität und Häufigkeit erheblich ins Gewicht fallen (vgl. BVerfG 5. 4. 1978 E 48, 102, 115 f = NJW 1978, 2089; *Jarass/Pieroth* Rn. 19). 20

c) **Gewohnheitsrecht/Rechtsprechung.** Zur verfassungsmäßigen Ordnung zählen auch **vorkonstitutionelles Gewohnheitsrecht** (*Jarass/Pieroth* Rn. 17 mwN) und Erkenntnisse **richterlicher Rechtsfortbildung** (BVerfG 14. 1. 1987 E 74, 129, 152 = AP BetrAVG § 1 Unterstützungskassen Nr. 11; vgl. auch nachfolgend Rn. 30 ff.). **Gerichtsentscheidungen** entsprechen der verfassungsmäßigen Ordnung, wenn die angewandten Rechtsnormen gültig sind (vgl. zB BVerfG 16. 1. 1957 E 6, 32, 37 f., 41; 9. 6. 1971 E 31, 145, 173 = NJW 1971, 2122) oder zu Recht als ungültig behandelte Rechtsnormen nicht angewandt wurden (BVerfG 17. 11. 1959 E 10, 221, 225 = MDR 1960, 23). Gerichte verletzen die verfassungsmäßige Ordnung, wenn sie die Grenzen der Auslegung und damit ihre Kompetenz überschreiten (vgl. zB BVerfG 11. 11. 1964 E 18, 224, 236 = NJW 1965, 243; 26. 5. 1993 E 89, 1, 13 = NJW 1993, 2035; 19. 10. 1983 E 65, 196, 210 = AP BetrAVG § 1 Unterstützungskassen Nr. 2). Eine klare Grenze der Auslegung ist allerdings nicht ersichtlich. Das BVerfG ist inzwischen sehr viel großzügiger geworden und beanstandet nur, wenn das Gericht offensichtlich nicht bereit war, sich Recht und Gesetz zu unterwerfen (3. 11. 1992 E 87, 273 = AP BRAGO § 31 Nr. 5). 21

d) **Brisante Beispiele.** Die Handlungsfreiheit auf wirtschaftlichem Gebiet ist zwar nur in den Schranken der „verfassungsmäßigen Ordnung" geschützt (vgl. BVerfG 7. 5. 1969 E 25, 371, 407 = AP MitbestErgG § 16 Nr. 1; 8. 2. 1972 E 32, 311, 316 = NJW 1972, 573; 12. 10. 1994 E 91, 207, 221 = NJW 1995, 2343), ein angemessener Spielraum zur **Entfaltung von Unternehmerinitiative** muß aber bestehen bleiben. Das BVerfG hat bereits im Investitionshilfe-Urteil ausgesprochen, daß der Gesetzgeber befugt ist, durch **Auferlegung von Geldleistungen** ordnend und klärend in das Wirtschaftsleben einzugreifen. Die Pflicht zur Zahlung einer Abgabe und insbesondere von Steuern verletzt aber den durch Art. 2 I geschützten Kernbestand des Erfolges eigener Betätigung im wirtschaftlichen Bereich unverhältnismäßig, wenn die Höhe der Gebühren keinen Spielraum zu freier Entfaltung läßt. Steuern dürfen keine „erdrosselnde Wirkung" haben (vgl. zB BVerfG 20. 7. 1954 E 4, 7, 16; 25. 9. 1992 E 87, 153, 169 = NJW 1992, 3153; 12. 10. 1994 E 91, 207, 221 = NJW 1995, 2343). Gebühren müssen das Äquivalenzprinzip beachten (BVerfG 7. 2. 1991 E 83, 363, 392). 22

Auch die Grundsätze der **Unternehmensmitbestimmung** nach dem MitbestG beschränken die allgemeine Handlungsfreiheit in verfassungsrechtlich zulässiger Weise. Die Vorschriften verfolgen Zwecke des Gemeinwohls und lassen den Kern der wirtschaftlichen Betätigungsfreiheit der Gesellschaften und Anteilseigner unberührt (BVerfG 1. 3. 1979 E 50, 290, 366, 378 = AP MitbestG § 1 Nr. 1). Selbst ein Eingriff in die **Preisgestaltung** kann einem verfassungsmäßig zulässigen wirtschaftspolitischen Ziel dienen, wenn dadurch mittelständische Einzelhandelsgeschäfte vor überlegener Konkurrenz von Großbetrieben des Einzelhandels geschützt werden (BVerfG 11. 4. 1967 E 21, 292, 299 – Rabattgesetz). Ähnliche Ziele rechtfertigen das Nacht- und Sonntagsbackverbot, das das Bäckerhandwerk gegenüber der Backindustrie schützen sollten (BVerfG 17. 11. 1992 E 87. 363 = AP BAZG § 5 Nr. 13). Zulässig sein kann die Einführung einer **Marktordnung** für bestimmte Produkte, um zB die Versorgung der Bevölkerung stets zu einem nicht unangemessenen Preis zu gewährleisten (BVerfG 23

27. 1. 1965 E 18, 315, 327 = AP Art. 2 Nr. 3). Behördliche **Besichtigungs- und Betretungsrechte** sind nur zulässig, wenn sie auf einem Gesetz beruhen und das Betreten zu Zeiten vorgenommen wird, in denen die Räume normalerweise für die jeweilige geschäftliche oder behördliche Nutzung zur Verfügung stehen (BVerfG 13. 10. 1971 E 32, 54, 75 ff. = NJW 1971, 2299).

24   Gebilligt wurde die gesetzlich angeordnete **Pflichtmitgliedschaft** von Gewerbetreibenden in der **Industrie- und Handelskammer** (BVerfG 19. 12. 1962 E 15, 235, 239 = NJW 1963, 195; vgl. 13. 10. 1971 E 32, 54, 64 f. = NJW 1971, 2299) unter besonderen Voraussetzungen auch die Pflichtzugehörigkeit von AN zu Arbeitnehmerkammern (BVerfG 18. 12. 1974 E 38, 281, 197, 301, 310 = AP Art. 9 Nr. 23). Die Zwangskörperschaft darf aber nur im Rahmen ihrer Zuständigkeit tätig werden (vgl. für Handwerkskammer BVerwG 10. 6. 1987 NJW 1987, 338). **Pflichtversicherungen** für die Altersversorgung bzw. Arbeitslosigkeit sind regelmäßig zulässig. Dies gilt auch hinsichtlich der Pflichtmitgliedschaft im Versorgungswerk der Ärzte (BVerfG 25. 2. 1960 E 10, 354; 25. 9. 1990 NJW 1991, 176) und Rechtsanwälte (4. 4. 1989 NJW 1990, 1653). Ebenso ist die Einbeziehung höherverdienender Angestellter in die **gesetzliche Rentenversicherung** angemessen, selbst wenn diese die Fähigkeit und Bereitschaft zur Eigenvorsorge besitzen (BVerfG 14. 10. 1970 E 29, 221, 235 f. = NJW 1971, 365) oder eine andere Versorgung nachweisen (BVerfG 14. 10. 1970 E 29, 245, 254 = NJW 1971, 369). Die AG müssen die damit einhergehenden Belastungen durch die AGanteile im Allgemeininteresse hinnehmen (BVerfG 14. 10. 1970 E 29, 260, 267 f. = NJW 1971, 368).

25   **2. Rechte anderer.** Freiheitsrechte finden eine zweite Schranke in den Rechten anderer. Bloße Interessen, auch Allgemeininteressen sind nicht gemeint. Rechte anderer sind vielmehr sämtliche subjektiven Rechte des Privatrechts. Umstritten ist, ob auch die Grundrechte Dritter dazu zählen. Dies ist anzunehmen, soweit Grundrechte durch ihre Schutzfunktion zu einer mittelbaren Drittwirkung führen, zB bei der Konkretisierung von Generalklauseln (dagegen zB *Murswiek* in Sachs Rn. 91). Dennoch kommt dieser Schranke keine besondere Bedeutung zu (vgl. *Dreier* Rn. 37; *Jarass/Pieroth* Rn. 15; *Murswiek* in Sachs Rn. 93, 102). Denn alle „Rechte anderer" bedürfen der Ausformung und sind damit stets auch Bestandteil der verfassungsmäßigen Ordnung.

26   **3. Sittengesetz.** Das Sittengesetz ist im Gegensatz zu den Rechten anderer und der verfassungsmäßigen Ordnung eine unmittelbare verfassungsrechtliche Freiheitsbeschränkung, die keiner Umsetzung durch ein Gesetz bedarf. Die Schranke hat aber in der Praxis ebenfalls keine große Bedeutung. Zweifelhaft ist, ob Sittengesetze gleichzusetzen sind mit den historisch überlieferten Moralauffassungen (dazu *Starck*, FS für Geiger, S. 259, 276). Eine solche Festlegung wäre angesichts des schnellen Wandels moralischer Wertvorstellungen mit der freiheitlichen Konzeption des Art. 2 nicht vereinbar. Derselbe Einwand gilt gegenüber der Auffassung, als Sittengesetze seien die „altbewährten und praktikablen Rechtsbegriffe" der zivilrechtlichen Generalklauseln zu verstehen (*Dürig* in *Maunz/ Dürig* Rn. 16). Auch Generalklauseln sind im Lichte des GG auszulegen und veränderten Vorstellungen und Lebensverhältnissen ständig anzupassen. Begreift man das Sittengesetz als unverfügbares überpositives ethisches Minimum des Grundgesetzes, so hat die Schranke im funktionierenden, die Menschenwürde achtenden Rechtsstaat keine eigenständige Funktion (vgl. *Dreier* Rn. 44; *Jarass/ Pieroth* Rn. 16; *Starck* in *v. Mangoldt/Klein* Rn. 39).

IV. Schutzpflicht bei der Ausgestaltung der Privatautonomie

27   **1. Gestaltungsrahmen des Gesetzgebers.** Die Privatautonomie ist gewährleistet in den Grenzen der durch Gesetze ausgestalteten verfassungsmäßigen Ordnung (oben Rn. 16 ff.). Sie bedarf der Rechtsförmigkeit und Justizgewährung und erfordert daher eine gesetzliche Ausgestaltung. Dies bedeutet jedoch nicht, daß der Gesetzgeber die Voraussetzungen und Grenzen der Privatautonomie beliebig gestalten dürfte. Aus der grundrechtlichen Gewährleistung folgt, daß er der Selbstbestimmung des einzelnen im Rechtsverkehr einen angemessenen Betätigungsraum zur Verfügung stellen muß und den Rahmen ihrer Nutzungsmöglichkeit nicht übermäßig beschränken darf (vgl. BVerfG 19. 10. 1993 E 89, 214 = AP Art. 2 Nr. 35; *Canaris* JZ 1987, S. 993, 995; *Dieterich* RdA 1995, 129, 130; *Erichsen* HStR Bd. VI, § 152 Rn. 58; *Söllner* RdA 1989, 144, 146).

28   Die Aufgabe, den Teilnehmern am Rechtsverkehr ein möglichst hohes Maß an Selbstbestimmung zu ermöglichen, verlangt einerseits weitgehende Zurückhaltung; der Staat soll privatrechtliche Beziehungen möglichst wenig reglementieren. Andererseits dürfen die gesellschaftlichen und wirtschaftlichen Voraussetzungen des Ausgleichs widerstreitender Interessen nicht vernachlässigt werden. Kann eine Partei der anderen die Vertragsbedingungen typischerweise diktieren, deren Privatautonomie also leerlaufen lassen (BVerfG: „strukturell ungleiche Verhandlungsstärke"), so folgt aus der Schutzfunktion des Grundrechts die verfassungsmäßige Pflicht, im Rahmen des Vorhersehbaren und Möglichen, kompensatorische Regeln und Rechtsbehelfe zur Verfügung zu stellen. Dem Gesetzgeber steht dabei ein weiter rechtspolitischer Einschätzungs-, Wertungs- und Gestaltungsspielraum zur Verfügung. Er muß sich nur innerhalb der Grenzen von verfassungswidrigem **Untermaß** und **Übermaß** halten (vgl. Einl. Rn. 38, 43; BVerfG 7. 2. 1990 E 81, 242 = AP Art. 12 Nr. 65 mit Anm. von *Canaris*; *Dieterich* RdA 1995, 129, 131; *Preis* S. 42, 47; *Söllner* RdA 1989, 144, 146).

Danach kommt eine Verletzung der Schutzpflicht nur dann in Betracht, wenn das Problem strukturell gestörter Parität gar nicht gesehen oder seine Lösung mit untauglichen Mitteln versucht wird. Der Gesetzgeber darf **offensichtliche Fehlentwicklungen** nicht tatenlos geschehen lassen (vgl. BVerfG 19. 10. 1993 E 89, 214, 231 ff. = NJW 1994, 36; zuletzt 2. 5. 1996 NJW 1996, 2021). Jedoch ist ihm überlassen, ob er für bestimmte Fallgruppen abstrakt-generelle Regelungen entwickelt, zB spezielle Schutzgesetze (vgl. für das allgemeine Zivilrecht: *Hönn*, Kompensation gestörter Vertragsparität) oder sich auf unbestimmte Rechtsbegriffe oder **Generalklauseln** beschränkt, die den Richter ermächtigen, innerhalb eines gesetzlichen Rahmens sachverhaltsbezogene Lösungen herauszuarbeiten und im Streitfall anzuwenden (dazu Rn. 34 ff.). 29

2. Schutzpflicht der Rechtsprechung. Die Fachgerichte sind wie Gesetzgebung und vollziehende Gewalt an die Grundrechte als unmittelbar geltendes Recht gebunden (Art. 1 III). Sie haben die subsidiäre Verpflichtung, den objektiven Wertentscheidungen der Grundrechte in Fällen gestörter Vertragsparität mit den Mitteln des Zivilrechts Geltung zu verschaffen, soweit Gesetze Schutzlücken aufweisen oder Generalklauseln zu konkretisieren sind. Die Gerichte müssen ihre verfassungsrechtliche Schutzpflicht insbesondere durch **verfassungskonforme Auslegung** bestehender Gesetze und durch verfassungsgeleitete Konkretisierung von unbestimmten Rechtsbegriffen und **Generalklauseln** erfüllen (vgl. Einl. Rn. 80 f.). Es bedarf angesichts der vorhandenen Instrumentarien keiner neuen Generalklauseln, um die verfassungsmäßige Ordnung im Zivilrecht zu gewährleisten (*Canaris* Anm. zu BAG AP Art. 12 Nr. 65; *Fastrich* RdA 1997, 65, 70; *Dieterich* RdA 1995, 129, 132; *ders.* WM 2000, 11). 30

a) Verfassungskonforme Auslegung. Bei der verfassungskonformen Auslegung des Zivilrechts (Einl. Rn. 13 u. 81) ist das grundrechtliche Schutzminimum im Wege richterlicher Rechtsfortbildung zu gewährleisten. Sie ist geboten, wenn die Anwendung bürgerlich-rechtlicher Vorschriften zu grundrechtswidrigen Ergebnissen führen kann, aber nicht muß, weil die maßgebenden Vorschriften hinreichenden **Auslegungsspielraum** lassen. Denkbar ist auch, daß die Verfassungswidrigkeit einer Norm zu einer **Regelungslücke** führt, die wenigstens vorläufig zu schließen ist. Die Gerichte müssen dann versuchen, bis zur Neuregelung durch den Gesetzgeber verfassungskonforme Lösungen mit Mitteln des geltenden Zivilrechts zu erreichen. Das BVerfG hat zB § 90 a II 2 HGB in seiner Handelsvertreterentscheidung nicht für nichtig, sondern nur für verfassungswidrig erklärt und darauf hingewiesen, daß es eine verfassungskonforme Modifikation der beanstandeten Ausnahmeregelung für möglich hält (7. 2. 1990 E 81, 242 = AP Art. 12 Nr. 65 zu C I 3 a. E. der Gründe), wobei erkennbar an die Generalklauseln der §§ 138, 242 BGB gedacht war (vgl. *Dieterich* RdA 1995, 129, 132 Fn. 21). 31

So ist zB im ANhaftungsrecht § 254 BGB verfassungskonform dahin auszulegen und anzuwenden, daß Gestaltungsmacht und Risikosphäre des AG anspruchsmindernd berücksichtigt werden. Der Gesetzgeber des BGB hatte das rechtspolitische Bedürfnis für eine Begrenzung der ANhaftung bereits erkannt (vgl. *Mugdan*, Die gesamten Materialien des BGB, Bd. 2, S. 1328, 1333 und 1340). Dennoch fehlt bis heute eine entsprechende Regelung. Unter ausdrücklicher Berufung auf die Schutzpflicht-Rechtsprechung des BVerfG erkannte der Große Senat des BAG, die volle ANhaftung sei mit der verfassungsrechtlichen Gewährleistung der Berufsfreiheit (Art. 12) und der allg. Handlungsfreiheit (Art. 2) unvereinbar (27. 9. 1994 AP BGB § 611 Haftung des AN Nr. 103; ablehnend insoweit BGH 21. 9. 1993 AP § 611 BGB Haftung des AN Nr. 102; allgemein zur verfassungsrechtlichen Problematik einer unbegrenzten Inanspruchnahme des Schädigers im Zivilrecht. *Canaris* JZ 1987, 993, 1001 f.; JZ 1990, 679, 679 f.; *Preis* DB 1995, 261, 267; speziell zur ANhaftung: 230 – BGB – § 611 Rn. 1035 ff.). 32

b) Vertragsinhaltskontrolle. Die verfassungskonforme Auslegung kommt als methodisches Prinzip nur bei Gesetzen und nicht bei vertraglichen Regelungen in Betracht. Sie ist von der **richterlichen Vertragsinhaltskontrolle** zu unterscheiden. Die Vertragspartner sind keine Grundrechtsadressaten (Einl. Rn. 15). Im übrigen wäre es auch eine Fiktion zu unterstellen, ein Vertrag solle im Zweifel die Grundrechte des anderen wahren (vgl. *Preis* AuR 1994, 139, 144). 33

Die Zivilgerichte haben jedoch die Pflicht, zum Schutze der Privatautonomie bei der Auslegung und Anwendung der **Generalklauseln** darauf zu achten, daß Verträge nicht allein als Mittel der Fremdbestimmung dienen. Insoweit ist eine richterliche Inhaltskontrolle nach § 242 BGB unverzichtbar. (vgl. BVerfG 26. 6. 1991 E 84, 212, 226 = AP Art. 9 Arbeitskampf Nr. 117; BVerfG 19. 10. 1993 E 89, 214 = AP Art. 2 Nr. 35; *Dieterich* RdA 1995, 129, 131; *Fastrich*, Richterliche Inhaltskontrolle im Privatrecht, S. 184 ff.; RdA 1997, 65 ff.). Wie dabei zu verfahren ist und zu welchem Ergebnis die Gerichte gelangen, ist eine Frage des einfachen Rechts. Die Gerichte dürfen und können ebensowenig wie der Gesetzgeber jeden nachweisbaren Störfaktor ausgleichen. Die im Privatrechtsverkehr unentbehrliche Rechtssicherheit würde zerstört, der Vertrag verlöre als rechtlich verbindliches Gestaltungsmittel seine Bedeutung, wenn Einzelfälle einer konturenlosen Billigkeitsrechtsprechung zugeführt würden. Die Gerichte müssen daher typisierbare Kriterien entwickeln, um strukturelle Ungleichgewichtslagen aufdecken und ausgleichen zu können. Nach einer groben Einteilung des BVerfG kommt es auf die Art der Paritätsstörung und eine daraus erklärbare Einseitigkeit des Vertragsinhalts an (19. 10. 1993 E 89, 214 = AP Art. 2 Nr. 35). Das geltende Vertragsrecht läßt sich in diesem Sinne verfassungskonform auslegen und anwenden (vgl. dazu: 230 – BGB – § 611 Rn. 548 ff.). 34

35 Für eine richterliche Inhaltskontrolle besteht kein Raum, soweit ein Arbeitsvertrag global auf den maßgebenden **Tarifvertrag** verweist. Die im Tarifvertrag geregelten Arbeitsbedingungen haben in ihrer Gesamtheit die **Vermutung der Sachgerechtigkeit** für sich (vgl. Einl. Rn. 47; BVerfG 26. 6. 1991 E 84, 212, 229 = AP GG Art. 9 Arbeitskampf Nr. 117). Enthält der Arbeitsvertrag wörtlich die Bestimmungen des Tarifvertrages, gilt gleiches zumindest für die Dauer der Geltung des Tarifvertrages. Hingegen ist die individualrechtliche Inhaltskontrolle nicht schon dann entbehrlich, wenn die Arbeitsbedingungen tariflich regelbar wären (*Fastrich*, Richterliche Inhaltskontrolle im Privatrecht, S. 195; *Preis*, Grundfragen der Vertragsgestaltung im Arbeitsrecht, S. 213 f., 272 mwN). Anderenfalls würde mittelbar ein mit der negativen Koalitionsfreiheit unvereinbarer Organisationsdruck ausgeübt (*Preis*, Grundfragen der Vertragsgestaltung im Arbeitsrecht, S. 273). Die Vermutung der Sachgerechtigkeit bei vertraglicher Verweisung auf Tarifverträge trifft ferner nur dann zu, wenn die im Tarifvertrag geregelten Arbeitsbedingungen insgesamt und nicht nur partiell, dh. hinsichtlich einzelner Bestimmungen oder Regelungsbereiche Anwendung finden. Selektive Verweisungen können zu durchaus sachwidrigen und einseitigen Vertragsgestaltungen führen.

B. Allgemeines Persönlichkeitsrecht (Art. 2 I iVm. Art. 1 I)

I. Grundlage und Bedeutung

36 Das allg. Persönlichkeitsrecht wird aus Art. 2 I in Verbindung mit Art. 1 I abgeleitet. Es schützt die persönliche Integrität des Menschen und stellt gegenüber der allgemeinen Handlungsfreiheit ein Spezialgrundrecht dar. Inhalt und Gewährleistungsumfang werden maßgeblich durch Art. 1 I bestimmt. Demgemäß konkretisiert das BVerfG die tatbestandlichen Voraussetzungen des Persönlichkeitsrechts als **Richterrecht**. Das Persönlichkeitsrecht kommt nicht zum Tragen, soweit speziellere Grundrechte dem Schutz der Persönlichkeit dienen, etwa die Glaubensfreiheit (Art. 4), die Meinungsfreiheit (Art. 5), das Brief-, Post- und Fernmeldegeheimnis (Art. 10) und die Unverletzlichkeit der Wohnung (Art. 13).

37 Das allg. Persönlichkeitsrecht ergänzt als „**unbenanntes**" Freiheitsrecht die speziellen („benannten") Freiheitsrechte, die alle mittelbar auch dem Schutz der Persönlichkeit dienen. Insoweit kann das allg. Persönlichkeitsrecht als Auffanggrundrecht bezeichnet werden, dessen Aufgabe darin besteht, im Sinne des obersten Konstitutionsprinzips der „**Würde des Menschen**" (Art. 1 I) die engere persönliche Lebenssphäre und die Erhaltung ihrer Grundbedingungen zu gewährleisten. Die Notwendigkeit einer solchen Ergänzung traditioneller Freiheitsgarantien besteht insbesondere im Hinblick auf Entwicklungen der Informationstechnologie und der mit ihnen verbundenen neuen Gefährdungen (vgl. zB BVerfG 3. 6. 1980 E 54, 148, 153 f. = NJW 1980, 2070; 15. 12. 1983 E 65, 1, 41 = NJW 1984, 419; 13. 5. 1986 E 72, 155, 170 = NJW 1986, 1859; 31. 1. 1989 E 79, 256, 268 = NJW 1989, 891). Solche Gefährdungen gehen keineswegs nur von hoheitlicher Gewalt aus. Das allg. Persönlichkeitsrecht enthält deshalb wie alle Freiheitsrechte nicht nur ein subjektives **Abwehrrecht** gegenüber Persönlichkeitsverletzungen durch Staatsorgane. Es fordert außerdem **Schutz** durch den Staat (vgl. Einl. Rn. 33 ff.; unten Rn. 67 ff.).

II. Schutzbereich

38 Der Schutzbereich des unbenannten Freiheitsrechts erschließt sich (nur vorläufig) aus der Rechtsprechung des BVerfG. Den bisher entschiedenen Fallgruppen lassen sich drei **Schutzfelder** entnehmen: der Schutz der Privatsphäre, das Recht der Selbstdarstellung und der Ehrenschutz.

39 **1. Privatsphäre.** Der ursprüngliche Schutz des allg. Persönlichkeitsrechts bezieht sich auf die Privatsphäre des Grundrechtsträgers (BVerfG 16. 7. 1969 E 27, 1, 6 = NJW 1969, 1707; 2. 3. 1977 E 44, 197, 203 = NJW 1977, 2205). Er sichert jedem einzelnen einen **autonomen Bereich privater Lebensgestaltung,** in dem er seine Individualität entwickeln und wahren kann, in dem er „in Ruhe gelassen wird" (vgl. BVerfG 5. 6. 1973 E 35, 202, 220 = NJW 1973, 1227; 31. 1. 1989 E 79, 256, 268 = NJW 1989, 891). Dieser „Rückzugsbereich" ist nicht auf die häusliche Sphäre begrenzt, sondern überall dort, wo die Einzelnen davon ausgehen dürfen, fremden Blicken entzogen zu sein (BVerfG 15. 12. 1999 E 101, 361, 382 f. = NJW 2000, 1026). Geschützt ist das Recht des Menschen auf Selbstfindung im Alleinsein und in enger Beziehung zu Vertrauten (*Steindorff*, Persönlichkeitsrecht im Zivilrecht, S. 23; vgl. ferner *Jarass/Pieroth* Rn. 27; *Murswiek* in *Sachs* Rn. 69; *Schmitt Glaeser* HbStR VI § 129 Rn. 32: Schutz der „personalen Identität").

40 Am Schutz der Privatsphäre nimmt die **vertrauliche Kommunikation** teil. Gerade bei Äußerungen gegenüber Familienangehörigen und Vertrauenspersonen steht häufig der Aspekt der Meinungskundgabe nicht im Vordergrund. Nur unter den Bedingungen besonderer Vertraulichkeit ist dem Einzelnen die rückhaltlose Offenbarung von Gefühlen, die freimütige Äußerung seines Urteils über Verhältnisse und Personen möglich. Dieser Schutz privater Kommunikation schließt auch die Partner vertraulicher Gespräche ein, zB um diesen in einer Persönlichkeitskrise Hilfe zu bieten. Unter beiden Umständen

B. Allgemeines Persönlichkeitsrecht (Art. 2 I iVm. Art. 1 I) **Art. 2 GG 10**

kann es zu Äußerungen kommen, die sich der Einzelne gegenüber Außenstehenden oder der Öffentlichkeit nicht gestatten würde. Sie verlangen als Ausdruck der Persönlichkeit und als Bedingung ihrer Entfaltung den Schutz des Grundrechts (vgl. BVerfG 26. 4. 1994 E 90, 255, 260 f. = NJW 1995, 1015).

Das allg. Persönlichkeitsrecht umfaßt weiterhin die Selbstbestimmung im Bereich der **Sexualität**. 41 Das Grundrecht sichert dem Menschen die Freiheit, seine Einstellung zum Geschlechtlichen selbst zu bestimmen und grundsätzlich selbst darüber befinden, ob, in welchen Grenzen und mit welchen Zielen er hier Einwirkungen Dritter hinnehmen will (BVerfG 10. 5. 1957 E 6, 389, 432; 21. 12. 1977 E 47, 46, 73 = NJW 1978, 807; 11. 10. 1978 E 49, 286, 298 = NJW 1979, 595; 16. 3. 1982 E 60, 123, 146 = NJW 1982, 2061; 26. 1. 1993 E 88, 87, 98 = NJW 1993, 1517; BAG 23. 6. 1994 AP BGB § 242 Kündigung Nr. 9; vgl. Rn. 90). Zur durch Art. 2 I iVm. Art. 1 I geschützten Intimsphäre der Frau gehört die **Schwangerschaft** (BVerfG 25. 2. 1975 E 39, 1, 42 f. = NJW 1975, 573).

2. Soziale Identität. Das Persönlichkeitsrecht ist nicht auf die Privatsphäre beschränkt, sondern 42 erfaßt auch die **soziale Identität** (vgl. *Schmitt Glaeser* HbStR VI § 129 Rn. 32). Es garantiert die erforderliche Freiheit bei der **Darstellung** der eigenen Person gegenüber Dritten und in der **Öffentlichkeit**. Der Einzelne darf selbst darüber befinden, was seinen sozialen Geltungsanspruch kennzeichnen soll und inwieweit Dritte seine Persönlichkeit zum Gegenstand öffentlicher Erörterungen machen dürfen (vgl. BVerfG 8. 2. 1983 E 63, 131, 142 = NJW 1983, 1179).

a) Recht am eigenen Bild und Wort. Daraus folgt zB das **Recht am eigenen Bild** und dessen 43 Verbreitung in der Öffentlichkeit (BVerfG 5. 6. 1973 E 35, 202, 220 = NJW 1973, 1227; 3. 6. 1980 E 54, 148, 155 = NJW 1980, 2070; 15. 12. 1999 – 1 BvR 653/96) sowie das **Recht am eigenen Wort** (BVerfG 31. 1. 1973 AP Art. 2 Nr. 20 = NJW 1973, 891; 3. 6. 1980 E 54, 148, 154 ff., 157 ff. = NJW 1980, 2070; 3. 6. 1980 E 54, 208, 217 f., 219 = NJW 1980, 2072; 26. 6. 1990 E 82, 236, 269 = NJW 1991, 91). Es umfaßt die Befugnis des Menschen, selbst zu bestimmen, ob eigene Worte einzig einem Gesprächspartner, nur einem bestimmten Kreis oder der Öffentlichkeit zugänglich sein sollen (vgl. BVerfG 3. 6. 1980 E 54, 208, 217 f., 219 = NJW 1980, 2072: Schutz des Sprechers vor dem Zitat von Äußerungen, die nicht getan wurden; BVerfG – Kammer 19. 12. 1991 AP BGB § 611 Persönlichkeitsrecht Nr. 24; vgl. ferner BGH 20. 5. 1958 NJW 1958, 1344; 17. 2. 1982 AP ZPO § 282 Nr. 2 = NJW 1982, 1397; für geschäftliche Besprechungen BGH 13. 10. 1987 NJW 1988, 1016). Dagegen hat der Einzelne keinen Anspruch auf eine bestimmte Interpretation seiner Äußerungen (BVerfG 26. 6. 1990 E 82, 236, 269 = NJW 1991, 91).

Das allg. Persönlichkeitsrecht schützt vor **heimlichen Tonbandaufnahmen**; jedermann darf grund- 44 sätzlich selbst darüber entscheiden, ob das gesprochene Wort auf Tonträger aufgenommen werden soll, sowie ob und vor wem eine solche Aufnahme wieder abgespielt werden darf (BVerfG 31. 1. 1973 AP Art. 2 Nr. 20 = NJW 1973, 891; BVerfG 19. 12. 1991 AP BGB § 611 Persönlichkeitsrecht Nr. 24 = NZA 1992, 307). Eine Ausnahme gilt in notwehrähnlichen Situationen (BVerfG 4. 12. 1974 E 38, 241, 249 f. = NJW 1975, 203; vgl. *Jarass/Pieroth* Rn. 42; näher *Starck* in *v. Mangoldt/Klein* – Rn. 119). Zur Telefonüberwachung vgl. Rn. 100.

b) Informationelle Selbstbestimmung. Die Verbreitung elektronischer Datenverarbeitung und dar- 45 aus folgende Konflikte führten zur Ausformung des „Rechts auf informationelle Selbstbestimmung". Das BVerfG leitet aus dem allg. Persönlichkeitsrecht die Befugnis des Einzelnen ab, grundsätzlich selbst über die **Preisgabe und Verwendung seiner persönlichen Daten** zu bestimmen. Die zentrale Bedeutung dieses Rechts liegt in der Beschränkung und Bindung der Datenerhebung, Datenverarbeitung und des Informationsflusses zwischen verschiedenen Stellen der Verwaltung. Angesichts der Gefährdungen durch die Nutzung der automatischen Datenverarbeitung hat das BVerfG hervorgehoben, daß der Gesetzgeber organisatorische und verfahrensrechtliche Vorkehrungen zu treffen hat, die der Gefahr einer Verletzung des Persönlichkeitsrechts entgegenwirken (BVerfG 15. 12. 1983 E 65, 1, 41 f. = NJW 1984, 419; vgl. ferner 14. 9. 1989 E 80, 367, 373 = NJW 1990, 563; 26. 1. 1993 E 88, 87, 98 = NJW 1993, 1517; zu den Anforderungen an ein einschränkendes Gesetz BVerfG 7. 3. 1995 E 92, 191, 197 = NJW 1995, 3110).

Die Tragweite des Rechts auf informationelle Selbstbestimmung beschränkt sich weder auf **automa-** 46 **tische Datenverarbeitung** noch auf die zwangsweise Erhebung von Daten und deren Verwendung. Geschützt wird generell die Entscheidung darüber, wann und innerhalb welcher Grenzen persönliche Lebenssachverhalte offenbart werden. Geschützt sind deshalb **alle entsprechenden Dokumentationen** zB Ehescheidungsakten (BVerfG 15. 1. 1970 E 27, 344, 350 f. = AP Art. 2 Nr. 17), Tagebücher und private Aufzeichnungen (BVerfG 14. 9. 1989 E 80, 367, 373 f. = NJW 1990, 563) sowie Unterlagen über den Gesundheitszustand und soziale Beziehungen. Dazu gehören zB Krankenakten (BVerfG 8. 3. 1972 E 32, 373, 379 = NJW 1972, 1123), Informationen einer Suchtberatungsstelle (BVerfG 24. 5. 1977 E 44, 353, 372 = NJW 1977, 1489), Unterlagen zur Entmündigung (BVerfG 9. 3. 1988 E 78, 77, 84 = NJW 1988, 2031), Angaben über den Schwerbehindertenstatus (BSG 22. 10. 1986 E 60, 284, 286 = AP SchwbG § 3 Nr. 1), Akten eines Sozialarbeiters (BVerfG 19. 7. 1972 E 33, 367, 374 f. = NJW 1972, 2214) sowie Befunde über die seelische Verfassung und den Charakter des Einzelnen (BVerfG 24. 6. 1993 E 89, 69, 82 = NJW 1993, 2365). Steuerdaten (BVerfG 17. 7. 1984 E 67, 100, 142 f. = NJW 1984, 2271) und Angaben über persönliche und wirtschaftliche Verhältnisse werden ebenfalls durch das Recht auf informationelle Selbstbestimmung geschützt (BVerfG 14. 10. 1987 E 77, 121, 125 = NJW 1988, 403). Das gleiche gilt für Auskünfte über die politische Biographie (zB Tätigkeit als IM: BVerfG 8. 7. 1997 E 96, 171 = AP Art. 2 Nr. 39).

47   c) **Namen, Titel, Anrede.** Elemente des Selbstdarstellungsrechts und daher im Schutzbereich des allgemeinen Persönlichkeitsrechts sind ferner die sozialtypischen **Merkmale zur Kennzeichnung und Identifizierung von Personen.** Solche identitätskennzeichnenden Merkmale prägen die Selbstdarstellung des Einzelnen und sind deshalb zu schützen. Zu diesem Teilbereich gehört vor allem der Schutz des Namens (BVerfG 8. 3. 1988 E 78, 38, 49 = FamRZ 1988, 808). Akademische Titel sind zwar kein Namensbestandteil (*Zimmerling* MDR 1997, 224), dürfen aber dennoch nicht unkorrekt verwendet werden (BAG 8. 2. 1984 AP BGB § 611 Persönlichkeitsrecht Nr. 5). Jeder hat nämlich das Recht, in der üblichen Weise angeredet zu werden. Er muß sich auch nicht gegen seinen Willen duzen lassen (LAG *Hamm* NJW 1999, 1053; zu starr *Roellecke* NJW 1999, 999).

48   **3. Ehrenschutz.** Zum Selbstbestimmungsrecht gehört der Schutz gegen unwahre Behauptungen und gegen herabsetzende Äußerungen und Verhaltensweisen. Beide Aspekte lassen sich unter dem Begriff des Ehrenschutzes zusammenfassen. Der soziale Geltungsanspruch, der sich auf das Ansehen der Person in den Augen anderer bezieht, bezeichnet die „äußere Ehre" (vgl. BVerfG 3. 6. 1980 E 54, 208, 217 = NJW 1980, 2070; BVerfG 15. 8. 1989 NJW 1989, 3269; vgl. *Murswiek* in *Sachs* Rn. 74; Kriele NJW 1994, 1897 ff.). Daraus folgt zwar kein Recht, in der Öffentlichkeit nur nach eigenen Vorstellungen dargestellt zu werden, aber verfälschende und entstellende Darstellungen, die für das soziale Ansehen wichtig sind, gelten als Verletzung (BVerfG 10. 11. 1998 E 99, 185 Scientology).

49   Durch das Persönlichkeitsrecht geschützt ist das Recht des Einzelnen, sich in Strafverfahren nicht selbst bezichtigen zu müssen (BVerfG 8. 10. 1974 E 38, 105, 114 f. = NJW 1975, 103). Der verurteilte Straftäter muß außerdem die Chance erhalten, sich nach Verbüßung seiner Strafe wieder in die Gemeinschaft einzuordnen, also in angemessener Zeit nach Begehung von Fehlern wieder „neu anfangen zu können". Daraus leitet das BVerfG unter Heranziehung des Sozialstaatsprinzips das **Recht auf Resozialisierung** ab (BVerfG 5. 6. 1973 E 35, 202, 235 f. = NJW 1973, 1227; 21. 6. 1977 E 45, 187, 238 f. = NJW 1977, 1525; vgl. ferner 28. 6. 1983 E 64, 261, 276 f. = NJW 1984, 33; 25. 2. 1993 NJW 1993, 1463, 1464; BAG 26. 8. 1997 AP BGB § 823 Persönlichkeitsrecht Nr. 5).

III. Träger des Grundrechts

50   ist – wie bei der allg. Handlungsfreiheit – jede **natürliche Person** von der Geburt an. Der BGH bejaht in ständiger Rechtsprechung auch ein **postmortales Persönlichkeitsrecht** (20. 3. 1968 NJW 1968, 173). Das BVerfG lehnt das ausdrücklich ab und stützt den über den Tod hinausreichenden Achtungsanspruch allein auf Art. 1 I (24. 2. 1971 E 30, 173, 194 ff. = NJW 1971, 1645). Die praktische Bedeutung dieser Divergenz ist gering.

51   Umstritten ist, ob auch **juristische Personen** Träger des allg. Persönlichkeitsrechts sein können. Dies wird im Hinblick auf das Wesen des Grundrechts teilweise verneint (vgl. *Jarass* NJW 1989, 857, 860; *Jarass/Pieroth* Art. 2 Rn. 31; *Dürig* in *Maunz/Dürig* Rn. 68; *Schmitt Glaeser* HbStR VI § 129 Rn. 88). In der Tat besteht die Besonderheit des allgemeinen Persönlichkeitsrechts in der Bezugnahme auf die Menschenwürde (Art. 1 I), die juristischen Personen an sich naturgemäß nicht zugesprochen werden kann. Nach Art. 19 III gelten Grundrechte aber auch für inländische juristische Personen, soweit sie ihrem Wesen nach auf diese übertragbar sind. Das verlangt eine differenzierende Handhabung auch hier (*Dreier* Rn. 56). So ist bei Personenvereinigungen mit ideeller Zielsetzung ausnahmsweise der Schutz des Persönlichkeitsrechts anzunehmen, „soweit ihr sozialer Geltungsanspruch in ihrem Aufgabenbereich betroffen ist" (BVerwG 23. 5. 1989, E 82, 76, 78 = NJW 1989, 2272). Der BGH geht noch weiter und schützt hier auch Unternehmensinterna (8. 2. 1994 NJW 1994, 1281).

IV. Eingriffe/Beeinträchtigungen

52   **1. Abwehrfunktion.** Das allg. Persönlichkeitsrecht kann durch die öffentliche Gewalt rechtlich oder faktisch beeinträchtigt werden. Zu den **rechtlichen Einwirkungen** gehört zB die gesetzliche Verpflichtung, persönliche Daten zu offenbaren (vgl. *Jarass/Pieroth* Rn. 32). Zu den **faktischen Einwirkungen** zählen die Erhebung, Speicherung und Weitergabe personenbezogener Daten (BVerfG 15. 12. 1983, E 65, 1, 43 = NJW 1984, 419; BVerwG 20. 2. 1990 NJW 1990, 2762). Das Persönlichkeitsrecht kann ferner durch Verweigerung bestimmter Leistungen beeinträchtigt werden, insbesondere durch die Ablehnung von Akteneinsicht (vgl. BVerwG 27. 4. 1989 E 82, 45, 50 f. = NJW 1989, 2960 – Krankenakten –; 20. 2. 1990 NJW 1990, 2765 – Kriminalakten –; 20. 2. 1990 E 84, 375, 378 ff. = NJW 1990, 2761 – Verfassungsschutzunterlagen –).

53   **2. Schutzfunktion.** Der Staat hat aber die Würde des Menschen nicht nur zu achten, sondern auch zu schützen (Art. 1 I 2). Das allgemeine Persönlichkeitsrecht kann deshalb verletzt sein, wenn der Staat untätig bleibt, wo die persönliche Integrität durch gesellschaftliche Einflüsse signifikant bedroht ist. Die Nichtbeachtung dieser grundrechtlichen Schutzpflicht durch Gesetzgebung oder Rechtspre-

chung gilt als Grundrechtsbeeinträchtigung (BVerfG 4. 11. 1986 E 73, 118, 201; 10. 11. 1998 E 99, 185, 194; *Dreier* Rn. 62 ff.; *Murswiek* in *Sachs* Rn. 59).

Im **Privatrechtsverkehr** kann das Persönlichkeitsrecht auf vielfältige Weise bedroht sein. So werden **54** Personen zB zu Auskünften verpflichtet, die ihre Privatsphäre berühren; man erwartet von ihnen uU Handlungen, die diese Sphäre oder ihre Selbstdarstellung beeinträchtigen. Faktisch verletzt das Persönlichkeitsrecht, wer vertrauliche Informationen aus der Privatsphäre veröffentlicht, persönliche Daten unbefugt an Dritte weitergibt oder heimlich Tonbandaufnahmen fertigt. Im **Arbeitsrecht** wird das Persönlichkeitsrecht schon bei der Anbahnung eines Arbeitsvertrages durch Fragen tangiert, die die Privatsphäre des Bewerbers berühren (vgl. Rn. 96; 230 – BGB § 611 Rn. 359 ff.). Während des Arbeitsverhältnisses sind ungezählte Beeinträchtigungen des Persönlichkeitsrechtes unvermeidlich, ganz einfach deshalb, weil die Arbeitskraft „keinen anderen Behälter hat, als menschliches Fleisch und Blut" (*K. Marx*, Lohnarbeit und Kapital, Werke–Schriften–Briefe, Darmstadt; Bd. VI S. 757, 760). Auch das Verhältnis der AN untereinander ist zu berücksichtigen. Unterläßt es der AG, wesentliche Persönlichkeitsinteressen seiner AN gegenüber Verletzungen durch Kollegen zu schützen, kann selbst darin eine Beeinträchtigung des Persönlichkeitsrechts liegen (zB im Falle sexueller Belästigung). Vgl. zu den grundrechtlichen Schutzpflichten im Privatrecht näher Rn. 67 ff.

3. Einwilligung. Willigt der Grundrechtsträger in eine konkrete Beeinträchtigung des Persönlich- **55** keitsrechts ein, fehlt es regelmäßig an einer Grundrechtsverletzung (vgl. Einl. Rn. 62). Voraussetzung ist, daß die **Einwilligung** freiwillig und nicht in einer Zwangslage erteilt wurde (vgl. BVerfG 18. 8. 1981 NStZ 1981, 446 = NJW 1982, 375). An die Wirksamkeit einer solchen Einwilligung sind strenge Anforderungen zu stellen. Das gilt auch im **Vertragsrecht,** das die Wirksamkeit der Einwilligung begrenzt und so seine Schutzpflicht erfüllt. Grenzen für eine wirksame Einwilligung ergeben sich hier insbesondere aus §§ 134, 138, 242 BGB (vgl. Rn. 34 ff.). Treffen die Parteien keine ausdrückliche Vereinbarung über Pflichten des AN, die seine Persönlichkeitssphäre berühren, so ist davon auszugehen, daß der AN mit Abschluß des Arbeitsvertrages nur in solche Beeinträchtigungen des Persönlichkeitsrechts einwilligt, die zur Begründung und Durchführung des Arbeitsverhältnisses erkennbar notwendig sind und keine übermäßig gravierenden Belastungen darstellen (vgl. Einl. Rn. 65). Auch Blankoermächtigungen können keine weitergehenden Eingriffe legitimieren. Eine absolute Grenze der individuellen Verfügbarkeit findet das Persönlichkeitsrecht in seinem Menschenwürdekern (vgl. Einl. Rn. 66).

Als Einwilligung im weiteren Sinne läßt sich auch die Unterwerfung unter geltende oder auch **56** künftige **Tarifverträge** verstehen. Sie ist im Beitritt zu einem tariffähigen und tarifzuständigen Verband stillschweigend enthalten (Einl. Rn. 47), kommt aber auch vielfach in einer arbeitsvertraglichen Verweisungsklausel besonders zum Ausdruck. Der AN kann zwar nicht im einzelnen wissen, ob und inwieweit die Tarifvertragsparteien Regelungen schaffen werden, die seine Persönlichkeitssphäre tangieren (zB Offenbarungspflichten, Datenerfassung, Minderung des Beschäftigungsanspruchs usw.), er kann aber von gleichstarken und sachnahen Verhandlungspartnern ausgehen und verläßt sich auf die Sachgerechtigkeit des Ausgleichs. Dennoch hat auch diese Unterwerfung Grenzen. Sie deckt nicht Bereiche ohne sinnfälligen Zusammenhang mit dem Arbeitsverhältnis und reicht insbesondere nicht in die Intimsphäre (vgl. auch Rn. 81 f. und Einl. Rn. 67).

Betriebsvereinbarungen können sich nicht auf eine vergleichbare Unterwerfung stützen. Bei der **57** betrieblichen Zusammenarbeit sind aber die allgemeine Handlungsfreiheit und das Persönlichkeitsrecht auf vielfältige Weise betroffen und bedürfen uU des Ausgleichs. § 75 II BetrVG verpflichtet deshalb die Betriebspartner zum Schutz der freien Entfaltung der Persönlichkeit. Betriebsvereinbarungen unterliegen einer entsprechenden Rechtmäßigkeitskontrolle (vgl. Einl. Rn. 59 und 210 – BetrVG § 75 Rn. 9 ff.; praktisches Beispiel BAG 19. 1. 1999 AP BetrVG 1972 § 87 Ordnung des Betriebes Nr. 28).

V. Schranken/Grenzen der Einschränkbarkeit

1. Schrankentrias. Das allgemeine Persönlichkeitsrecht markiert keine Tabuzone für jegliches **58** Handeln des Staates. Wie für alle Grundrechte gelten auch für das Persönlichkeitsrecht Schranken, durch die in näher bestimmten Grenzen Eingriffe und Beeinträchtigungen verfassungsrechtlich legitimiert werden. Das BVerfG orientiert sich auch hier an der **Schrankentrias** des Art. 2 I, legt dabei jedoch sehr viel strengere Maßstäbe an als bei der allgemeinen Handlungsfreiheit und fordert einen umso intensiveren Schutz, je tiefer in die Persönlichkeitssphäre der Betroffenen eingegriffen wird (24. 6. 1993 E 89, 69, 82 f. = NJW 1993, 2365).

Begrenzt wird das allgemeine Persönlichkeitsrecht durch die **verfassungsmäßige Ordnung.** Ein- **59** griffe bedürfen danach der Grundlage in einer gesetzlichen Regelung, die der Bedeutung des Rechts entsprechend hinreichend bestimmt gefaßt sein muß (BVerfG 15. 12. 1983 E 65, 1, 44, 46 = NJW 1984, 419). Das Gesetz hat in materieller Hinsicht dem **Grundsatz der Verhältnismäßigkeit** zu genügen. Einschränkende Regelungen müssen also zum Schutz eines gewichtigen Gemeinschaftsguts geeignet und erforderlich sein; der Schutzzweck muß so schwer wiegen, daß er die Beeinträchtigung des

Persönlichkeitsrechts in seinem Ausmaß rechtfertigt (vgl. BVerfG 15. 12. 1983 E 65, 1, 44, 46 = NJW 1984, 419; 9. 3. 1988, E 78, 77, 85 = NJW 1988, 2031; 26. 4. 1994 E 90, 263, 271 = NJW 1994, 2475; zum Verhältnismäßigkeitsprinzip ferner Rn. 18 und Einl. Rn. 30). Zu Einzelfällen vgl. die Nachweise bei *Jarass/Pieroth* Art. 2 Rn. 39 ff.; *Murswiek* in *Sachs* Rn. 121 ff.

60 **2. Sphären.** Das BVerfG bedient sich einer **Sphärenabstufung**, um die Schutzbedürftigkeit verschiedener Lebenssachverhalte gewichten und die Verhältnismäßigkeitsprüfung rationalisieren zu können. Die innerste Sphäre, die **Intimsphäre** gilt als unantastbar. Dabei handelt es sich um den Kernbereich privater Lebensgestaltung. Selbst schwerwiegende Interessen der Allgemeinheit können Eingriffe in diesen Bereich nicht rechtfertigen. Es gehört zu den Bedingungen der Persönlichkeitsentfaltung, daß der Einzelne einen persönlichen Freiheitsraum besitzt, in dem er unbeobachtet sich selbst überlassen ist und mit Personen seines besonderen Vertrauens ohne Rücksicht auf gesellschaftliche Verhaltenserwartungen oder Furcht vor staatlichen Eingriffen verkehren kann. Ein Gesetz, das ein Eindringen in diese Sphäre ermöglichen wollte, könnte nicht Bestandteil der verfassungsmäßigen Ordnung sein. Dies folgt aus der Garantie des Wesensgehaltes der Grundrechte (Art. 19 II). Die Zuordnung zum unantastbaren Bereich privater Lebensgestaltung wird nicht schon dadurch ausgeschlossen, daß ein Sachverhalt auch soziale Bedeutung hat. Maßgeblich ist nach Auffassung des BVerfG, welcher Art und wie intensiv der soziale Bezug ist; dies lasse sich nicht abstrakt beschreiben, sondern sei unter Berücksichtigung der Besonderheiten des einzelnen Falls zu beantworten (vgl. std. Rspr. BVerfG 10. 5. 1957 E 6, 389, 433 = NJW 1957, 297; 31. 1. 1973 E 34, 238, 245 = NJW 1973, 891; 23. 5. 1980 E 54, 143, 146 = NJW 1990, 563; 26. 4. 1994 E 90, 255, 260 f. = NJW 1995, 1015; zustimmend zB *Starck* in *v. Mangoldt/Klein* Abs. 1 Rn. 64 ff.; *Schmitt Glaeser* HbStR VI, § 129 S. 57 ff.).

61 Diesen Kernbereich umgibt eine **Privatsphäre**, die stärker gemeinschaftsgebunden erscheint (zB bereits Aktenkundiges oder geschäftliche Verhandlungen). In diese Sphäre darf immerhin unter strenger Wahrung des Verhältnismäßigkeitsgrundsatzes eingegriffen werden (BVerfG 15. 1. 1970 E 27, 344, 350 = NJW 1970, 555; 31. 1. 1973 E 34, 238, 245 = NJW 1973, 891). So dürfen Auskünfte darüber nur verlangt werden, wenn und soweit überwiegende Interessen der Allgemeinheit dies gebieten (BVerfG 19. 7. 1972 E 33, 367, 375 = NJW 1972, 2214).

62 Am wenigsten Schutz genießt die sog. **Sozialsphäre.** Sie ist Eingriffen in gleicher Weise zugänglich wie die Handlungsfreiheit. Einschränkungen können hier gerechtfertigt sein, wenn die persönliche Sphäre anderer oder Belange der Gemeinschaft berührt sind (vgl. BVerfG 11. 4. 1973 E 35, 35, 39 Briefkontrolle in U-Haft = NJW 1973, 1643; 5. 6. 1973 E 35, 202, 220 – *Lebach*; 14. 9. 1989 E 80, 367, 373 – Tagebuch im Strafverfahren = NJW 1990, 563).

63 Gegen diese Abstufung läßt sich einwenden, daß die Sphären nicht klar voneinander abzugrenzen sind und außerdem für die betroffenen Menschen unterschiedliche Bedeutung haben (vgl. *Starck* in *v. Mangoldt/Klein* Rn. 11; *Pieroth/Schlink* Staatsrecht II Rn. 435 mwN; *Steinmüller*, Grundfragen des Datenschutzes, BT-Drucks. 6/3826, 1972, S. 548 ff.). Selbst die Intimsphäre kann uU staatlichem Zugriff nicht völlig entzogen sein, soweit die Gefahr nachhaltiger Grundrechtsverletzungen Dritter besteht (zB bei Vergewaltigung in der Ehe). Das BVerfG ist auch nicht konsequent. So rechnete es sogar ein privates Tagebuch nicht uneingeschränkt zur Intimsphäre, sondern ließ seine Verwertung im Strafprozeß zu (14. 9. 1989 E 80, 367). Im Grunde geht es nur darum, die Rechtfertigungsanforderungen auf die Eingriffsintensität abzustimmen, wobei die Sphären immerhin grobe Anhaltspunkte bieten (so zutr. *Murswiek* in *Sachs* Rn. 105; *Dreier* Rn. 60 f.).

64 Für den Bereich der **informationellen Selbstbestimmung** hat die Sphärentheorie keine Bedeutung mehr. Das BVerfG machte im Volkszählungsurteil den Schutz von Informationen nicht mehr von der Zuordnung zu einer Sphäre abhängig, weil es wegen der durch die EDV ermöglichten Verknüpfung einzelner Daten kein „belangloses Datum" mehr gibt. Es kommt nicht darauf an, ob Daten einer „äußeren" oder „inneren" Sphäre zuzurechnen sind, sondern allein darauf, ob die mögliche Belastung des Einzelnen unter Berücksichtigung aller in Betracht kommenden Wirkungen des Eingriffs und der vorgesehenen Schutzvorkehrungen gegen Mißbrauch mit dem Verhältnismäßigkeitsprinzip vereinbar ist. Danach kann das informationelle Selbstbestimmungsrecht im Rahmen der Verhältnismäßigkeit zugunsten öffentlicher Zwecke eingeschränkt werden. Daten dürfen nur zu gesetzlich bestimmten Zwecken und nicht „auf Vorrat" gesammelt werden. Dabei sind zur Vermeidung von Mißbrauch besondere Vorkehrungen für die Durchführung der Datenerhebung und -verarbeitung nötig. Im übrigen ist die Eingriffsintensität von maßgeblicher Bedeutung. Anonymisierte Daten sind nur geschützt, wenn die Individualisierung mit zumutbarem Aufwand möglich ist (vgl. BVerfG 15. 12. 1983 E 65, 1, 44 ff. = NJW 1984, 419).

65 **3. Kollisionen.** Das allgemeine Persönlichkeitsrecht wird ferner durch **kollidierende Grundrechte Dritter** beschränkt. Bei Äußerungen in der Öffentlichkeit bzw. den Medien ist zB ein Ausgleich erforderlich zwischen dem allg. Persönlichkeitsrecht und der Meinungsfreiheit bzw. der Pressefreiheit des Art. 5 II 1 (vgl. BVerfG 14. 2. 1973 E 34, 269, 282 = NJW 1973, 1221; 3. 12. 1985 E 71, 206, 219 f. = NJW 1986, 1239). Kollisionen ergeben sich vor allem mit Persönlichkeitsrechten Dritter (BVerfG 6. 5. 1997 E 96, 56 = NJW 1997, 1769; BVerwG 21. 3. 1986 E 74, 115, 118; *Jarass/*

B. Allgemeines Persönlichkeitsrecht (Art. 2 I iVm. Art. 1 I)   Art. 2   GG 10

Pieroth Rn. 38, *Jarass* NJW 1989, 857, 862). Für Eingriffe durch den Staat ist aber auch hier grundsätzlich eine **Ermächtigung durch Gesetz** erforderlich (vgl. *Jarass/Pieroth* Rn. 38; *Kunig* in v. *Münch/ Kunig* Rn. 42; differenzierend für öffentliche Erklärungen staatlicher Organe *Murswiek* in *Sachs* Rn. 107).

Im Bereich des Zivilrechts müssen Persönlichkeitsrechte und andere Grundrechte der Teilnehmer   **66** am Rechtsverkehr nach Möglichkeit im Sinne **praktischer Konkordanz** zum Ausgleich gebracht werden. Dazu sind in erster Linie der Gesetzgeber und in zweiter Linie die Gerichte (durch Auslegung und Anwendung zivilrechtlicher Vorschriften) verpflichtet. Soweit nicht beiden Grundrechtspositionen Geltung verschafft werden kann, ist unter Berücksichtigung der besonderen Umstände des Einzelfalles zu entscheiden, welches Interesse zurückzutreten hat (BVerfG 24. 2. 1971 E 30, 173, 195 = NJW 1971, 1645; 5. 6. 1973 E 35, 202, 225 = NJW 1973, 1227; 13. 1. 1982 E 59, 231, 261 ff. = NJW 1982, 1447; 17. 7. 1984 E 67, 213, 228 = NJW 1985, 477; vgl. *Jarass* NJW 1989, 857, 862; *Kübler* NJW 1999, 1281). Eine Verletzung des allgemeinen Persönlichkeitsrechts kann schon darin bestehen, daß ein Gericht seinen Abwägungsspielraum verkennt (BVerfG 6. 5. 1997 E 96, 56 = NJW 1997, 1769 – Auskunftsanspruch des nichtehelichen Kindes).

VI. Schutzpflicht im Privatrecht

1. Gesetzgebung. Der **Gesetzgeber** muß das **Schutzminimum** der Grundrechte auch im Privat-   **67** rechtsverkehr gewährleisten (s. o. Einl. Rn. 43). Soweit der Einzelne zB von einer Darstellung in den Medien betroffen ist, muß ihm gesetzlich die Möglichkeit der Gegendarstellung eingeräumt werden (vgl. BVerfG 8. 2. 1983 E 63, 131, 142 f. = NJW 1983, 1179; 4. 11. 1986 E 73, 118, 201 ff. = NVwZ 1987, 125). Dieser Schutzpflicht tragen die Länder in den Presse-, Rundfunk- und Mediengesetzen Rechnung. Weitere spezielle gesetzliche Regelungen enthalten vor allem das BDSG (160), ferner zB das Namensrecht (§ 12 BGB), das Recht am eigenen Bild (§§ 22 ff. KUrhG) oder Urheberrecht. Im Arbeitsrecht dienen eine Reihe spezieller Regelungen dem Persönlichkeitsschutz der AN: § 14 II 1 SchwbG verpflichtet den AG, Schwerbehinderte so zu beschäftigen, daß diese ihre Kenntnisse und Fähigkeiten möglichst voll verwerten und weiterentwickeln können.

Das BetrVG hat erstmals ausdrücklich den Schutz und die Förderung der **ANpersönlichkeit** als   **68** Aufgabe des Arbeitsrechts formuliert. Nach § 75 II BetrVG haben AG und BR die freie Entfaltung der Persönlichkeit der im Betrieb beschäftigten AN zu schützen und zu fördern. Dadurch will der Gesetzgeber der allgemeinen Forderung nach verstärkter Berücksichtigung der Persönlichkeitsrechte im Arbeitsleben Rechnung tragen (vgl. Begr. zum RegE BT-Drucks. VI/1786, S. 46). Die Betriebspartner müssen das allgemeine Persönlichkeitsrecht bei personellen Einzelmaßnahmen ebenso wie bei Betriebsvereinbarungen beachten; den Beteiligungsrechten wird dadurch eine Ausübungsschranke gesetzt (vgl. 210 – § 75 BetrVG/*Kreutz* Rn. 9 ff. sowie GK-BetrVG/*Kreutz* § 75 Rn. 69 ff.). Ergänzt wird die Bestimmung durch weitere Vorschriften des BetrVG (§§ 81 bis 83 BetrVG), die als Ausprägung des Persönlichkeitsschutzes besondere Unterrichtungs-, Anhörungs-, Erörterungs- und Einsichtsrechte enthalten. Hinzu kommt nach § 84 BetrVG ein allgemeines Beschwerderecht.

2. Rechtsprechung. Der verfassungsrechtliche Persönlichkeitsschutz verpflichtet subsidiär die   **69** **Rechtsprechung** bei der **Auslegung** privatrechtlicher Vorschriften, insbesondere bei der Konkretisierung von unbestimmten Rechtsbegriffen und Generalklauseln des **Vertragsrechts** (zB §§ 138, 242, 315, 626 BGB, § 1 KSchG). Die Gerichte haben deshalb zu prüfen, ob von der Anwendung zivilrechtlicher Vorschriften im Einzelfall Persönlichkeitsrechte berührt werden. Trifft das zu, dann sind diese Vorschriften im Lichte von Art. 2 und 1 I zu interpretieren (BVerfG 15. 1. 1958 E 7, 198, 206 – *Lüth* = NJW 1958, 257; 14. 2. 1973 E 34, 269, 280 – Soraya = AP Art. 2 Nr. 21; 11. 6. 1991 E 84, 192, 194 f. – Offenbarung der Entmündigung = NJW 1991, 2411). Zur Rechtsprechung der Arbeitsgerichte vgl. die Beispiele Rn. 80 ff.

Bei der Anwendung privatrechtlicher Regelungen stellt sich häufig das Problem einer **Kollision**   **70** **widerstreitender Interessen.** Die vom AG zu beachtenden Persönlichkeitsinteressen des AN sind mit entgegenstehenden betrieblichen Belangen auszugleichen. Ob die gegenläufigen Interessen des AG dabei den Vorrang verdienen, darf von der Rechtsprechung nicht in konturenloser Billigkeitsrechtsprechung entschieden werden. Vielmehr sind in einer Methode wertorientierten normativen Denkens typisierende Kriterien zu entwickeln und im Einzelfall anzuwenden (vgl. auch Rn. 34). Dazu wird allgemein auf das **Verhältnismäßigkeitsprinzip** zurückgegriffen. Eingriffe in die Persönlichkeitssphäre sind nur zulässig, wenn sie einem rechtlich gebilligten Ziel des AG dienen und nicht nur das dafür nach Inhalt, Form und Begleitumständen erforderliche, sondern auch das nach Art, Schwere und Dauer schonendste Mittel darstellen (vgl. zur std. Rspr. des BAG 4. 4. 1990 AP BGB § 611 Persönlichkeitsrecht Nr. 21 mwN; GK-BetrVG/*Kreutz* § 75 Rn. 71 a. E.; MünchArbR/*Blomeyer* § 95 Rn. 4; *Wiese* ZfA 1971, 273, 283). Soweit das Persönlichkeitsrecht sowohl mit betrieblichen Belangen, als auch mit schützenswerten Interessen anderer AN kollidiert, ist ein Rückgriff auf das Verhältnismäßigkeitsprinzip nicht ausreichend. Hier bedarf es vielmehr einer sorgfältigen Abwägung unter Einbeziehung der **dreiseitigen Interessen.**

Dieterich

10 GG Art. 2 Allg. Handlungsfreiheit, Allg. Persönlichkeitsrecht

71 **a) Inhaltskontrolle.** Das Persönlichkeitsrecht kann im Rahmen der **Inhaltskontrolle von Verträgen** bedeutsam sein. Vereinbarungen, die intensive Eingriffe in das Persönlichkeitsrecht des AN vorsehen (zB hinsichtlich außerdienstlichen Verhaltens oder bei umfassender Überwachung mit Kameras oder Abhöranlagen), können unter verschiedenen rechtlichen Gesichtspunkten unwirksam sein. Zwar steht es dem AN grundsätzlich frei, auf grundrechtlich geschützte Positionen und damit in gewissen Grenzen auch auf seinen Persönlichkeitsschutz zu **verzichten** (vgl. Einl. Rn. 62 ff.; zur Einwilligung Rn. 55 f.). Voraussetzung ist aber, daß der AN rechtlich und tatsächlich frei war. Reale Freiheit setzt voraus, daß er den Vertragspassus bei typisierender Betrachtung im Rahmen der Verhandlungen zur Disposition stellen könnte, ohne allein dadurch den Vertragsschluß insgesamt zu gefährden (vgl. Rn. 34 ff.). Ein genereller Verzicht auf jeglichen Schutz der Persönlichkeit ist aber ausgeschlossen. Ein so weitreichender Verzicht widerspräche dem Anstandsgefühl aller billig und gerecht Denkenden (vgl. MünchArbR/*Blomeyer* § 92 Rn. 21). Unabdingbar ist ferner der Kernbereich des allgemeinen Persönlichkeitsrechts, in dem jeder vertragliche Verzicht bzw. jede Einwilligung nach § 138 BGB sittenwidrig wäre (MünchArbR/*Blomeyer* § 95 Rn. 5 mwN). Formularmäßige Einwilligungen sind regelmäßig unzureichend (vgl. *Jarass* NJW 1989, 857, 862; *Jarass/Pieroth* Art. 2 Rn. 35; *Steindorff*, Persönlichkeitsschutz im Zivilrecht, S. 31). Das gilt nicht für die globale Verweisung auf den maßgebenden Tarifvertrag (Rn. 56).

72 **b) Vertragspflichten.** Soweit vertragliche Regelungen fehlen, bestimmen sich die gegenseitigen **Rücksichts-, Schutz- und Förderpflichten** im Arbeitsverhältnis nach § 242 BGB, der im Blick auf das allgemeine Persönlichkeitsrecht auszulegen und anzuwenden ist. Die entsprechenden Pflichten wurden früher zusammengefaßt unter dem Begriff der **Fürsorgepflicht**, der heute als unzeitgemäß vermieden wird, ohne daß sich in der Sache viel änderte (vgl. 230 – BGB § 611 Rn. 876; MünchArbR/ *Blomeyer* § 92 Rn. 1 ff., inbs. Rn. 10 ff.; § 93 Rn. 6 f., § 95 Rn. 1 und § 49 Rn. 16). AN müssen zwar Beeinträchtigungen ihres Persönlichkeitsrechts, unter Umständen sogar Eingriffe in die engere Persönlichkeitssphäre dulden, soweit dies zur Durchführung des Arbeitsverhältnisses notwendig ist; aber auf der anderen Seite hat der AG die Persönlichkeitsrechte des AN weitestmöglich zu respektieren. Dies ist auch bei der Auslegung und Anwendung des § 315 BGB zu bedenken, der das Direktionsrecht des AG einer Ausübungskontrolle nach den Grundsätzen billigen Ermessens unterwirft.

73 Der Schutz der Persönlichkeitssphäre verlangt vom AG nicht nur Zurückhaltung; er ist über § 242 BGB auch zu **positivem Handeln** verpflichtet (*Preis* 230 – BGB § 611 Rn. 825 und 888; MünchArbR/ *Blomeyer* § 95 Rn. 2; *Schwerdtner*, Fürsorgetheorie und Entgelttheorie im Recht der Arbeitsbedingungen, S. 105 f.; aA *Wiese* ZfA 1971, 279).

74 Bei **Verletzung** des Persönlichkeitsrechts stellt die Zivilrechtsordnung verschiedene Sanktionen zur Verfügung. Der betroffene AN kann nach den Umständen des Einzelfalls berechtigt sein, seine Leistung gem. § 273 I BGB zu verweigern. Bei der Einzelfallabwägung wird unter Rückgriff auf den Grundsatz der Verhältnismäßigkeit danach entschieden, ob die **Zurückbehaltung der Arbeitsleistung** zur Beseitigung der Persönlichkeitsbeeinträchtigung erforderlich und angemessen ist (dies ist bei geringfügigen Beeinträchtigungen zu verneinen, vgl. BAG 7. 6. 1973 AP BGB § 615 Nr. 28; MünchArbR/*Blomeyer* § 93 Rn. 24). Drohende Verletzungen seiner geschützten Persönlichkeitssphäre kann der Betroffene analog § 1004 I 2 BGB mit einem selbständig einklagbaren **Unterlassungsanspruch** abwehren (eingehend *Seyfarth* NJW 1999, 1287). Entsprechendes gilt für den Anspruch auf **Widerruf** sowie auf Beseitigung von falschen und ehrenrührigen Angaben, die das Persönlichkeitsrecht beeinträchtigen (zB Abmahnungen, Angaben in Personalakten oder gegenüber Auskunftsstellen; vgl. Rn. 102 ff.; Münch ArbR/*Blomeyer* § 96 Rn. 29). Der Anspruch erstreckt sich auch auf Vernichtung widerrechtlich aufgenommener Aufnahmen (vgl. MünchArbR/*Blomeyer* § 95 Rn. 32; *Wiese* ZfA 1971, 311 ff.). Bei Nichterfüllung von Rücksichtnahme- und Schutzpflichten, kann der AN nach § 611 BGB iVm. § 242 BGB **Erfüllung** verlangen (zB Beschäftigung oder Schutzeinrichtungen gegen Mißbrauch persönlicher Daten). Bei schuldhaftem Verhalten des AG kommt natürlich auch ein **Schadenersatzanspruch** nach den Grundsätzen der positiven Forderungsverletzung in Betracht (vgl. MünchArbR/ *Blomeyer* § 93 Rn. 25 f.; zum deliktischen Persönlichkeitsschutz Rn. 76 f.).

75 **c) Gestaltungsrechte.** Die Schutzfunktion des allgemeinen Persönlichkeitsrechts aus Art. 2 I iVm. Art. 1 I können schließlich bei der Ausübung von Gestaltungsrechten zu beachten sein, etwa bei der **Anfechtung** von Arbeitsverträgen wegen Irrtums oder Drohung (zB wegen falsch beantworteter Fragen im Einstellungsgespräch, vgl. Rn. 105 f.) oder bei ordentlicher oder außerordentlicher **Kündigung**. Hier ist im Rahmen der Auslegung von § 1 KSchG und § 626 BGB zunächst zu prüfen, ob beanstandete, das Persönlichkeitsrecht berührende Sachverhalte bei typisierender Betrachtung überhaupt einen Kündigungsgrund darstellen dürfen. Bei der Normabwägung kann dann in einem weiteren Schritt zu entscheiden sein, ob der konkrete Sachverhalt bei einer Abwägung der beiderseitigen Interessen die Kündigung rechtfertigt. Auf beiden Prüfungsebenen können Wertentscheidungen des Persönlichkeitsrechts bedeutsam werden (Beispiel Homosexualität: BAG 23. 6. 1994 AP BGB § 242 Kündigung Nr. 9).

76 **3. Deliktsrecht.** Im Deliktsrecht ist die richterrechtliche Ausformung des allgemeinen Persönlichkeitsrechts besonders deutlich. Der **BGH** leitet aus ihm seit der „Leserbrief-Entscheidung" ein

absolutes Recht im Sinne von § 823 I BGB ab und stützt sich dabei vor allem auf Art. 1 I und Art. 2 I. Das allgemeine Persönlichkeitsrecht sei durch das Grundgesetz als privates, von jedermann zu achtendes Grundrecht anerkannt und müsse unter Beachtung der Schranken des Art. 2 I angewandt werden (BGH 25. 5. 1954 NJW 1954, 1404). Der BGH bestätigte diese Rechtsprechung in seinem „Herrenreiter"-Urteil (2. 4. 1957 NJW 1957, 1276) und war in einer Reihe späterer Entscheidungen bestrebt, die generalklauselartige Weite des allgemeinen Persönlichkeitsrechts zu konkretisieren (vgl. BVerfG 14. 2. 1973 E 34, 269 = AP Art. 2 Nr. 21 mwN zur Rspr. des BGH; Übersicht bei *Ehmann* JuS 1997, 193). Ungeachtet der Regelung in § 253 BGB kann danach dem in seinem Persönlichkeitsrecht Verletzten als wirksame Sanktion eine **billige Entschädigung in Geld** zugesprochen werden, weil der zivilrechtliche Persönlichkeitsschutz lückenhaft und unzulänglich wäre, wenn eine Verletzung keine der ideellen Beeinträchtigung adäquate Sanktion auslösen würde. Die Rechtsordnung würde dann auf das wirksamste und oft einzige Mittel verzichten, das geeignet ist, die Respektierung des Personenwertes des Einzelnen zu sichern (vgl. BGH 5. 12. 1995 NJW 1996, 984 f.).

Das BVerfG beanstandete in seinem „Soraya"-Beschluß, in dem ein Schmerzensgeldanspruch nach einem frei erfundenen Interview zu beurteilen war, weder das Ergebnis noch die Begründung der Rechtsfortbildung. § 253 schließe einen Schmerzensgeldanspruch nicht aus. Vielmehr verlangten die Wertvorstellungen des Grundgesetzes dringlich nach einer Regelung, die dem Gesetz nicht zu entnehmen sei. Ein Abwarten auf eine diesen Schutzbedarf deckende Novelle genüge dem verfassungsrechtlichen Gebot nicht. Vielmehr bestehe die Aufgabe der Gerichte in der Fortbildung des Rechts, in „schöpferischer Rechtsfindung", um der im Mittelpunkt der grundgesetzlichen Werteordnung stehenden menschlichen Persönlichkeit und ihrer Würde auch zivilrechtlichen Schutz zu gewährleisten (BVerfG 14. 2. 1973 E 34, 268 = AP Art. 2 Nr. 21). Das BAG wendet die vom BGH entwickelten Rechtsgrundsätze auf schwere Persönlichkeitsverletzungen im Arbeitsverhältnis entsprechend an (BAG 21. 2. 1979 AP BGB § 847 Nr. 13; 18. 12. 1984 AP BGB § 611 Persönlichkeitsrecht Nr. 8; anders noch für den Fall konkurrierender arbeitsvertraglicher Ansprüche BAG 25. 4. 1972 AP BGB § 611 Öffentlicher Dienst Nr. 9; 31. 10. 1972 AP BGB § 611 Fürsorgepflicht Nr. 80). 77

In der **Diskriminierung wegen des Geschlechts** oder der geschlechtlichen Orientierung liegt ebenfalls eine Verletzung des allgemeinen Persönlichkeitsrechts, die nach §§ 823 Abs. 1 iVm. 847 BGB einen Anspruch auf Geldentschädigung auslösen kann. Ob ein Anspruch begründet ist, hängt nach allgemeinen Grundsätzen vom Grad des Verschuldens, von Art und Schwere der Benachteiligung, von der Nachhaltigkeit und Fortdauer der Schädigung sowie von Anlaß und Beweggrund des Verletzers ab (vgl. BAG 14. 3. 1989 AP BGB § 611 a Nr. 5 und 6). An einem Verschulden und schweren Eingriff fehlt es, wenn sich der AG gesetzestreu verhalten will, indem er eine sog. „leistungsbezogene Frauenquote" im Vertrauen darauf anwendet, daß die Vorschrift nicht gegen höherrangiges Recht verstößt (vgl. BAG 5. 3. 1993 AP Art. 3 Nr. 226 = NZA 1996, 751). Das Deliktsrecht wird durch **§ 611 a BGB** ergänzt. Die Vorschrift begründet einen speziellen, der Höhe nach begrenzten Ersatzanspruch bei Persönlichkeitsverletzung wegen Geschlechtsdiskriminierung. Vgl. zu den Einzelheiten 230 – § 611 a BGB, Rn. 5 ff.). 78

4. Prozeßrecht. Schließlich ist auch das **Prozeßrecht** durch das allgemeine Persönlichkeitsrecht beeinflußt. Beweismittel, die durch sachwidriges Eindringen in die Persönlichkeitssphäre erlangt wurden, unterliegen grundsätzlich einem **Verwertungsverbot**. Ausnahmen gelten nur dann, wenn das Interesse des Beweispflichtigen oder der Allgemeinheit erheblich schwerer wiegt. Das ergibt sich aus der Grundrechtsbindung der Gerichte, obwohl eine gesetzliche Regelung fehlt (vgl. 60 – ArbGG § 58 Rn. 43 f.; *MünchKommZPO/Prütting* § 284 Rn. 62 ff.; *Germelmann/Matthes/Prütting* ArbGG § 58 Rn. 36; *Stein/Jonas/Leipold* ZPO § 284 Rn. 56 ff.). Die Rechtsprechung hatte sich vor allem mit heimlichen Telefonüberwachungen und Tonbandaufzeichnungen zu befassen (vgl. BVerfG 31. 1. 1973 E 34, 238 = AP Art. 2 Nr. 20; 19. 12. 1991 AP BGB § 611 Persönlichkeitsrecht Nr. 24; BAG 2. 6. 1982 AP ZPO § 284 Nr. 3). Aber die gleichen Grundsätze gelten auch bei unzulässigen Kontrollen, Videoaufnahmen sowie Spitzeln und Detektiven, die in die Privatsphäre eindringen (*Röckl/Fahl* NZA 1998, 1035, 1038). Zum Datenschutz im Verfahrensrecht vgl. *Prütting* ZZP 106, 427, 441 ff. 79

VII. Beispiele zum Persönlichkeitsschutz für Arbeitnehmer

Im Arbeitsverhältnis werden die Persönlichkeitsrechte von AN in vielfältiger Weise berührt – durch Gesetze, Tarifverträge oder Betriebsvereinbarungen, durch Verträge und durch Anweisungen des AG. Auch Kündigungen können in die geschützte Persönlichkeitssphäre eindringen (Rn. 75). Den Gerichten obliegt die Aufgabe, dem Persönlichkeitsrecht und seinen Grenzen durch Auslegung und Anwendung des einfachen Rechts Geltung zu verschaffen (s. o. Rn. 69 ff.). Die dazu nachfolgend aufgeführten Beispiele sind nicht abschließend. Sie verdeutlichen, daß der Persönlichkeitsschutz im Arbeitsverhältnis einerseits große Bedeutung hat, andererseits aber notwendigerweise beschränkt ist. 80

1. Außerdienstliches Verhalten. Das außerdienstliche Verhalten des AN unterliegt grundsätzlich keinen Einschränkungen. Der AG ist nicht zum „Sittenwächter" über die im Betrieb tätigen AN berufen. AN müssen deshalb ihren privaten Lebenswandel nicht an den **moralisch-ethischen Vor-** 81 stellungen ihres Arbeitsgebers ausrichten. Sie müssen darauf nur Rücksicht nehmen, wenn das außerdienstliche Verhalten unmittelbaren Einfluß auf die Arbeitspflicht hat. Außerdienstliche Verhaltensweisen können durch Tarifvertrag oder Arbeitsvertrag in zulässiger Weise geregelt sein, wenn dies Voraussetzung für die Glaubvertrag des Unternehmensziels oder der betroffenen Einrichtung ist. Neben Arbeitsverhältnissen im öffentlichen Dienst (vgl. zB § 8 BAT), kirchlichen Arbeitsverhältnissen oder Arbeitsverhältnissen mit Tendenzträgern können derartige Verpflichtungen ausnahmsweise auch für leitende Angestellte von Privatunternehmen in Betracht kommen. Gewahrt werden muß jedoch stets der unverzichtbare Kern des Persönlichkeitsrechts. (Zum Vertragsrecht vgl. 230 – BGB § 611 Rn. 1015; zum Kündigungsrecht 230 – § 626 BGB Rn. 150 und 178 ff. sowie 430 – § 1 KSchG Rn. 255; zu kirchlichen Arbeitsverhältnissen Art. 4 Rn. 42 ff.).

82   Das **Sexualleben** gehört in die unantastbare Intimsphäre des AN. Nur dort, wo es auf den Arbeitsbereich übergreift und dort zu Störungen führt, kommen Einschränkungen in Betracht. Dies liegt in Fällen sexueller **Belästigung** auf der Hand (vgl. Rn. 94). Dagegen ist bei der **Homosexualität** eines AN kein Bezug zum Arbeitsverhältnis anzuerkennen. Das gleiche gilt für Geschlechtsumwandlung (*Däubler*, Arbeitsrecht 2, Rn. 66 mwN). Generell darf ein AG keine arbeitsrechtlichen Sanktionen durchsetzen, weil er private Lebensumstände mißbilligt. Eine Kündigung innerhalb der Probezeit wegen Homosexualität ist deshalb unwirksam (BAG 23. 6. 1994 AP BGB § 242 Kündigung Nr. 9 = NZA 1994, 1080). Ob Einschränkungen bei AN gelten, die im kirchlichen Dienst tätig sind (vgl. BAG 30. 6. 1983 AP Art. 140 Nr. 15: offen gelebte und öffentlich vertretene Homosexualität), ist sehr zu bezweifeln.

83   **2. Beschäftigungsanspruch.** Schon frühzeitig leitete das BAG aus dem Persönlichkeitsrecht den im BGB nicht geregelten Beschäftigungsanspruch ab (10. 11. 1955 AP BGB § 611 Beschäftigungspflicht Nr. 2). Es würde dem Persönlichkeitsrecht widersprechen, wenn der AG an seinen AN lediglich Arbeitsentgelt zahlt und ihn nicht vertragsgemäß beschäftigt. Im Gegensatz zum Dienstverhältnis erfaßt das Arbeitsverhältnis die ganze Person des AN. Eine Arbeitsleistung ist nicht nur ein Wirtschaftsgut; sie gestaltet wesentlich sein Leben und bestimmt dadurch maßgeblich seine Persönlichkeit. Die Gerichte müssen deshalb der Schutzpflicht des Staates aus Art. 1 und 2 dadurch entsprechen, daß sie bei der Auslegung des § 242 BGB eine Beschäftigungspflicht anerkennen (vgl. BAG 19. 8. 1976, 26. 5. 1977, 27. 2. 1985 AP BGB § 611 Beschäftigungspflicht Nr. 4, 5, 14; zur Begründung kritisch MünchArbR/*Blomeyer* § 93 Rn. 5 ff.; *Gamillscheg* FS-Dieterich, 1999, S. 185, 193 ff.). Da die Beschäftigungspflicht aber nicht den unantastbaren Intimbereich des AN betrifft, kann der AG nicht verpflichtet sein, die Interessen des AN ohne Rücksicht auf eigene Interessen zu fördern. Der Beschäftigungsanspruch muß zurücktreten, wenn überwiegende schutzwerte Interessen entgegenstehen (vgl. 230 – BGB § 611 Rn. 825). Die Grundsätze zum Beschäftigungsanspruch hat der Große Senat des BAG auf die Situation im gekündigten Arbeitsverhältnis übertragen und unter bestimmten Voraussetzungen über den Kündigungstermin hinaus einen allgemeinen **Weiterbeschäftigungsanspruch** anerkannt (BAG GS 27. 2. 1985 AP BGB § 611 Beschäftigungspflicht Nr. 14 = NZA 1985, 702; vgl. dazu 230 – BGB § 611 Rn. 825 ff. sowie zum Weiterbeschäftigungsanspruch 430 – KSchG § 4 Rn. 94 ff.).

84   **3. Geschlechtsspezifische Benachteiligungen** ohne ausreichenden Grund verstoßen zwar vor allem gegen Art. 3 II und III, daneben verletzen sie aber auch das allgemeine Persönlichkeitsrecht der Frauen. Mit dieser Begründung hat das BAG schon vor der Novellierung des § 611 a BGB diskriminierten Frauen Ersatz des immateriellen Schadens zugesprochen (14. 3. 1989 AP BGB § 611 a Nr. 5, 6). Dazu Schlachter 230 – BGB § 611 a Rn. 31.

85   **4. Ehrenschutz.** Hier geht es nicht nur um die Bekundung und Verbreitung ehrenrühriger Äußerungen, sondern ganz allgemein um ein Verhalten, das den sozialen Geltungsanspruch verletzt. Entwürdigend sind Behandlungen wie zB die nicht aus besonderen Gründen veranlaßte ständige oder betont selektive Überwachung eines einzelnen AN, die Durchführung von Leibesvisitationen ohne besonderen Grund (vgl. Rn. 99–101). Durch ehrverletzende Verhaltensweisen verstößt der AG gegen seine Pflicht zur Rücksichtnahme (§ 242 BGB). Die daraus abzuleitende Schutzpflicht kann darüber hinaus sein Eingreifen erfordern, zB bei Schikane durch Vorgesetzte und Kollegen. In den letzten Jahren ist diese Erscheinung unter der Bezeichnung „**Mobbing**" behandelt worden (*Däubler* BB 1995, 1347; *Schaub* § 108 V 8). Vgl. zum Ganzen zB GK-BetrVG/*Kreutz* § 75 Rn. 76; MünchArbR/*Blomeyer* § 95 Rn. 21; MünchKomm/*Schwerdtner* § 12 Anm. 250 ff.). Heftig umstritten ist das Verhältnis von Ehrenschutz und Freiheit der Meinungsäußerung (vgl. zum Streitstand *Grimm* NJW 1995, 1697; *Hager* AcP 196 (1996), 168 ff.).

86   Unwürdig ist jede Form **unsittlicher Belästigung.** Dazu gehören nicht nur die nach §§ 174 ff. StGB unter Strafe gestellten Verhaltensweisen, sondern alle sexuellen Handlungen und Aufforderungen gegen den Willen der betroffenen Person. Schon aus § 242 BGB obliegt dem AG die Pflicht, durch organisatorische oder personelle Maßnahmen angemessenen Schutz zu gewähren (vgl. 230 – BGB § 611 Rn. 888). Diese Pflicht hat der Gesetzgeber durch das **Beschäftigtenschutzgesetz** (190) vom 24. 6. 1994 normativ konkretisiert.

B. Allgemeines Persönlichkeitsrecht (Art. 2 I iVm. Art. 1 I) **Art. 2 GG 10**

Auch **Verdachtskündigungen** stellen eine **Ehrverletzung** dar, wenn sich der Verdacht als unge- 87
rechtfertigt erweist. Der AN wird mit dem Makel einer schweren Pflichtverletzung oder dem Vorwurf
einer Straftat belastet. Das Persönlichkeitsrecht beeinflußt deshalb die Auslegung und Anwendung der
Kündigungsschutzgesetze in § 1 KSchG und § 626 BGB. Der schuldlos in Verdacht geratene AN hat
aus Gründen nachvertraglicher Pflicht zu Schutz und Rücksichtnahme einen Wiedereinstellungsanspruch, wenn sich seine Unschuld später herausstellt. (Vgl. zum Ganzen 430 – KSchG § 1 Rn. 296
sowie 230 – § 626 BGB Rn. 208 ff.)

5. Erscheinungsbild der Arbeitnehmer. Es gehört zum Persönlichkeitsrecht des AN, wie er sein 88
Äußeres gestaltet. Allerdings kann die vertragliche Rücksichtnahmepflicht (§ 242 BGB) der freien
Gestaltung ausnahmsweise Grenzen setzen. Entscheidend ist, ob ein bestimmtes äußeres Erscheinungsbild (zB Haartracht, Körperpflege, Schutzkleidung, Uniformen, Abzeichen, usw.) aus Sicherheitsgründen oder im Interesse des Unternehmens geboten erscheint. Beispielsweise darf eine Haartracht weder Unfallgefahren hervorrufen noch mit Hygieneanforderungen (besonders in der Gastronomie) unvereinbar sein. Kleidung und Körperpflege dürfen Kunden und Kollegen nicht abschrecken
und müssen – je nach Tätigkeit – der Darstellung des Unternehmens in der Öffentlichkeit entsprechen.
Nach einer Güter- und Interessenabwägung kann der AG – unter Mitbestimmung des BRs nach § 87 I
Nr. 1 BetrVG – das Tragen einer **bestimmten Arbeitskleidung** vorschreiben. Mit dem allgemeinen
Persönlichkeitsrecht kann es vereinbar sein, daß ein AG das äußere Erscheinungsbild seines Unterneh-
mens durch Einführung einheitlicher Kleidung mit **Firmenemblem** fördern will (BAG 1. 12. 1992 AP
BetrVG 1972 § 87 Ordnung des Betriebes Nr. 20 = NZA 1993, 711). Dagegen gehört es in aller Regel
zum unantastbaren Bereich seiner Persönlichkeitssphäre, wie der AN sein Äußeres außerhalb der
Arbeitszeit darstellt (vgl. zum außerdienstlichen Verhalten Rn. 81). Vgl. zum Ganzen *Däubler*,
Arbeitsrecht 2, Rn. 453 ff.; GK-BetrVG/*Kreutz* § 75 Rn. 81; MünchArbR/*Blomeyer* § 95 Rn. 22 f.
mwN; *Schaub* § 55 II 7).

6. Datenschutz. Ein gesetzlicher Eingriff in das vom BVerfG entwickelte Recht auf informationelle 89
Selbstbestimmung ist nur rechtmäßig, soweit eine Güter- und Interessenabwägung zugunsten der
Informationsbeschaffung und Verarbeitung ausfällt (BVerfG 5. 12. 1983 E 65, 1 = NJW 1984, 419; vgl.
auch Rn. 45 und 64). Das Grundrecht wehrt übermäßige Eingriffe durch den Staat ab und verlangt ein
Mindestmaß an Schutz. Diesen bietet das **Bundesdatenschutzgesetz** (160) dessen Bestimmungen über
die Rechtsgrundlagen der „Datenverarbeitung nicht-öffentlicher Stellen" auch für Arbeitsverhältnisse
gelten (§ 27 BDSG). Der Gesetzgeber hat zur Vermeidung von Datenmißbrauch einen weiteren
Schutz durch die Mitbestimmungsrechte in § 87 I Nr. 6 und § 94 I BetrVG zur Verfügung gestellt
(vgl. die Erläuterungen dort).

Neben dem gesetzlichen Datenschutz beeinflußt das Persönlichkeitsrecht die Auslegung und An- 90
wendung des Arbeitsvertrags- und Deliktsrechts. Es erfordert einen Schutz vor dem **Sammeln und
Verwerten persönlicher Daten** (BAG 17. 5. 1983 = AP BPersVG § 75 Nr. 11 = NJW 1984, 824)
sowie vor deren Aufbewahrung zB in Personalakten und Weitergabe (BAG 6. 6. 1984 = AP BGB
§ 611 Persönlichkeitsrecht Nr. 7 = NZA 1984, 321; 15. 7. 1987 AP BGB § 611 Persönlichkeitsrecht
Nr. 14 = NZA 1988, 464; zu Personalakten vgl. Rn. 110). Der Informationsanspruch des AG ist zu beachten
(vgl. BAG 17. 5. 1983 AP § 75 BPersVG Nr. 11 und 6. 6. 1984 BGB § 611 Persönlichkeitsrecht Nr. 7).

Bei **Anbahnung** eines **Arbeitsvertrages** muß sich der AG in bestimmten Grenzen über die Person 91
des AN unterrichten. Es bedarf deshalb einer sorgsamen Abwägung, welche Daten und Umstände der
AN von sich aus oder auf entsprechende **Fragen** offenlegen muß (vgl. Rn. 105 f.). Das Persönlichkeitsrecht schützt aber auch offengelegte Daten, die deshalb im Zweifel nur für das Bewerbungsverfahren
genutzt werden dürfen. Der ausgefüllte **Personalbogen** eines nicht eingestellten Bewerbers ist daher
zu vernichten, wenn der AG kein überwiegendes berechtigtes Interesse an seiner Aufbewahrung hat;
das ist ausnahmsweise anzunehmen, wenn er wegen der negativen Einstellungsentscheidung mit
einem Rechtsstreit rechnen muß (BAG 6. 6. 1984 AP BGB § 611 Persönlichkeitsrecht Nr. 7). Das Bewerbungsschreiben ist zurückzugeben, gespeicherte Bewerberdaten sind zu löschen (vgl. *Gola* NJW 1996,
3312, 3316).

Inwieweit der AN während des Arbeitsverhältnisses nach § 242 BGB verpflichtet ist, die Erhebung, 92
Speicherung und Weitergabe persönlicher Daten zu dulden, und inwieweit er dazu einwilligen kann,
muß nach den Umständen des Einzelfalls entschieden werden. Eine wirksame Einwilligung bzw.
Duldungspflicht besteht, soweit die Daten erforderlich sind, damit der AG seine gesetzlichen Pflichten
erfüllt, zB bei der Lohn- und Gehaltsabrechnung oder bei der Ermittlung der Sozialauswahl bei der
betriebsbedingten Kündigung. Die **Weitergabe** an Dritte muß der AN grundsätzlich nicht hinnehmen,
wenn er hierzu nicht wirksam zugestimmt hat. Die Weiterleitung von Daten an den **Verfassungsschutz** kann allerdings bei überwiegenden Interessen der Allgemeinheit ausnahmsweise zulässig sein
(vgl. BAG 17. 5. 1983 AP BPersVG § 75 Nr. 11 = NJW 1984, 824). Vgl. zum Ganzen die Erläuterungen zum BDSG (160) sowie 230 – BGB § 611 Rn. 893; zu neuen Entwicklungen im AN-
datenschutzrecht *Gola* NJW 1996, 3312, 3316; *Simitis* NJW 1998, 2395; vgl. ferner zB *Däubler*, Gläserne
Belegschaften? Datenschutz für Arbeiter, Angestellte und Beamte, 3. Aufl. 1993; *Schaub* § 148 V;
MünchArbR/*Blomeyer* § 97; *Staudinger*/*Richardi* § 611 BGB Rn. 845 ff.

Dieterich

93 **7. Gutachten und Untersuchungen. Ärztliche Untersuchungen** und **psychologische Tests:** Das Persönlichkeitsrecht ist berührt durch die Erhebung und Weitergabe von **Gesundheitsbefunden** oder solchen über die seelische Verfassung oder den **Charakter** des AN. Der Schutz vor derartigen Eingriffen ist umso dringender, je näher die Daten der Intimsphäre des Betroffenen stehen, die als unantastbarer Bereich privater Lebensgestaltung gegenüber aller staatlichen Gewalt Achtung und Schutz beansprucht (BVerfG 24. 6. 1993 E 89, 69, 82 f. = NJW 1993, 2365). Untersuchungen dürfen nur mit ausdrücklicher **Einwilligung** des Betroffenen durchgeführt werden, selbst wenn sie nicht in die durch Art. 2 II 1 geschützte körperliche Unversehrtheit eingreifen (vgl. GK-BetrVG/*Kreutz* § 75 Rn. 77; MünchArbR/*Blomeyer* § 95 Rn. 15; *Schaub* § 24 II 6 mwN. in Fn. 14; eingehend auch *Preis* 230 – BGB § 611 Rn. 403 ff.). Diese Einwilligung ist nur wirksam, soweit das Untersuchungsergebnis die Eignung für eine bestimmte Arbeitsaufgabe betrifft. Bei **werksärztlichen oder vertrauensärztlichen Untersuchungen** ist dies nicht anders; die einzelnen Befunde fallen unter die ärztliche Schweigepflicht (vgl. allg. *Däubler*, BB 1989, 282; *Keller* NZA 1988, 561; *Wohlgemuth* AiB 1987, 243; *Zeller* BB 1987, 2439). Fehlt ein berechtigtes Interesse des AG, kann der AN die Einwilligung sanktionslos verweigern (vgl. *Deutsch* NZA 1989, 657, 659; *Wiese* RdA 1988, 217, 220 f.), was ihm allerdings als Bewerber wenig nützt.

94 Entsprechende Grundsätze gelten für **psychologische Tests** (vgl. BAG 13. 2. 1964 AP Art. 1 Nr. 1). Hier ist aber zu berücksichtigen, daß Umfang und Intensität der Ausforschung kaum im voraus begrenzbar und für den Betroffenen abzuschätzen sind. Deshalb werden reine IQ-Tests und Streßinterviews mit guten Gründen als unzulässig angesehen (*Däubler* CR 1994, 101, 105; *Preis* 230 – BGB § 611 Rn. 424). **Genetische Analysen** (Genomanalysen) greifen besonders intensiv in die durch Art. 2 und 1 I geschützte Eigensphäre des AN ein und sind allenfalls aus Gründen des Gesundheitsschutzes in engen Grenzen tolerabel. Solange aber eine gesetzliche Regelung fehlt, müssen sie als unzulässig angesehen werden. (Näheres dazu bei 230 – BGB § 611 Rn. 411).

95 Bei der Anbahnung von Arbeitsverhältnissen ist eine **graphologische Begutachtung** der Bewerbungsunterlagen nur mit Einwilligung des Stellenbewerbers zulässig. Es gehört zum Selbstbestimmungsrecht des Menschen, darüber entscheiden zu können, ob und inwieweit seine Persönlichkeit mit Mitteln, die über jedermann zur Verfügung stehende Erkenntnismöglichkeiten hinausgehen, ausgeleuchtet werden darf (vgl. BAG 16. 9. 1982 AP BGB § 123 Nr. 24 = NJW 1984, 446; LAG Baden-Württemberg 26. 1. 1972, NJW 1976, 310). Zu den zahlreichen Abgrenzungs- und Bewertungsfragen hierbei vgl. eingehend *Preis* 230 – BGB § 611 Rn. 416.

96 **8. Offenbarungspflicht und Fragerecht.** Das Persönlichkeitsrecht begrenzt generell den Informationsanspruch des AG. Ein unantastbarer Bereich privater Lebensgestaltung ist in jedem Falle zu wahren. Grundsätzlich besteht keine **Offenbarungspflicht** in bezug auf nachteilige Umstände. Der AN ist zu Auskünften über seine Person, über Werdegang und Qualifikation nur verpflichtet, soweit er dazu vom AG befragt wird und ein berechtigtes Informationsinteresse anzuerkennen ist. Zu den Einzelheiten vgl. 230 – BGB § 611 Rn. 393.

97 Fragen können neben dem Persönlichkeitsrecht eine Reihe **weiterer Grundrechte** berühren, insbesondere das **Diskriminierungsverbot** nach Art. 3 III. Nach Art. 9 III sind Fragen nach der **Gewerkschaftszugehörigkeit** unzulässig (vgl. MünchArbR/*Buchner* § 38 Rn. 18; vgl. auch Art. 9 Rn. 15). Fragen nach der **Religionszugehörigkeit** oder Weltanschauung berühren neben dem Persönlichkeitsrecht die Glaubens- und Bekenntnisfreiheit und sind deshalb unzulässig, sofern es sich nicht um konfessionelle Tendenzbetriebe handelt (Art. 4 Rn. 15 und 46; vgl. auch MünchArbR/*Buchner* § 38 Rn. 16). Vor Fragen zu **politischen** Aktivitäten sind Stellenbewerber in erster Linie durch die Meinungsfreiheit (Art. 5 I) geschützt (vgl. MünchArbR/*Buchner* § 38 Rn. 19; *Däubler*, Arbeitsrecht 2, Rn. 52 f.). Ausnahmen können bei Tendenzunternehmen wie Kirchen, Parteien, Koalitionen oder Presseunternehmen bestehen. Daneben ist der **öffentliche AG** befugt, vom Stellenbewerber Auskunft über seine **verfassungsrechtliche Einstellung** zu verlangen, sofern dies für die Beurteilung seiner Eignung geboten ist (vgl. BAG 17. 5. 1983 AP BPersVG § 75 Nr. 11 = NJW 1984, 824). Hierzu gehören Fragen an Lehrer nach Funktionen in politischen Parteien oder Massenorganisationen der ehemaligen DDR (BAG 26. 8. 1993 AP Art. 20 Einigungsvertrag Nr. 8 = NZA 1994, 25). Voraussetzung ist aber, daß die Umstände nicht schon so lange zurückliegen, daß sie die Personalentscheidung kaum noch beeinflussen könnten (BVerfG 8. 7. 1997 E 96, 171, 187 = AP Art. 2 Rn. 39; BAG 4. 12. 1997 AP KSchG 1969 Verhaltensbedingte Kündigung Nr. 37).

98 Unzulässige Fragen muß der AN nicht beantworten. Das Schweigen wird aber vielfach ungünstige Schlüsse zulassen (zB auf die Frage nach Vorstrafen oder einer Schwangerschaft). Hier ist dem Bewerber als Notwehr ein „**Recht auf Lüge**" zuzubilligen. Er kann die Frage unrichtig beantworten, ohne daß der AG daraus rechtliche Konsequenzen ziehen, zB anfechten oder kündigen dürfte (BAG 22. 9. 1961 AP BGB § 123 Nr. 15; *Däubler* CR 1994, 101, 104; *Wohlgemuth* AuR 1992, 46, 49; Münch ArbR/*Buchner* § 38 Rn. 164; *Preis* 230 – BGB § 611 Rn. 363). Die **heimliche Informationsbeschaffung** durch Dritte (zB Detektive) beeinträchtigt das Persönlichkeitsrecht in diesem Bereich im allgemeinen genauso, wenn nicht sogar noch intensiver. Hier kommen Schadenersatzansprüche sowohl gegen den recherchierenden AG, als auch gegen Dritte in Betracht (vgl. *Wiedemann*, FS für

Herschel, 1982, S. 463, 475 f.; MünchArbR/*Buchner* § 38 Rn. 239 ff.; zu Auskünften über AN vgl. auch Rn. 105).

9. Überwachung. Die Kontrolle der Arbeitsleistung und des Verhaltens der Arbeitnehmer gehört zu den Eingriffen in das Persönlichkeitsrecht, die im Arbeitsverhältnis unvermeidlich sind. Der AN weiß und billigt dies beim Abschluß des Arbeitsvertrages. Darin liegt aber kein Einverständnis mit einer lückenlosen Überwachung, wie sie insbesondere durch technische Geräte möglich ist (zB durch EDV-Geräte, Datenverarbeitungssysteme, Fahrtenschreiber, Kameras, Kienzle-Schreiber; Telefonanlagen usw.). Der auf dem AN lastende Überwachungsdruck, das Gefühl ständiger Beobachtung beeinträchtigt das Persönlichkeitsrecht erheblich (vgl. BAG 7. 10. 1987 AP BGB § 611 Persönlichkeitsrecht Nr. 15; *Wiese* ZfA 1971, 273, 284 ff.). Dies gilt zumal dann, wenn der AG die Möglichkeit unbemerkbarer Kontrolle hat (vgl. MünchArbR/*Blomeyer* § 95 Rn. 6). AN müssen informiert werden. Im übrigen ist die Zulässigkeit eines Eingriffs in Persönlichkeitsinteressen des AN an eine Interessenabwägung gebunden. Eine ständige Überwachung durch **Videokameras** kann zB am Bankschalter erforderlich sein, ebenso bei ständigen Warenverlusten, wenn sie das einzige Mittel darstellt, um die Täter zu ermitteln (vgl. BAG 7. 10. 1987 AP BGB § 611 Persönlichkeitsrecht Nr. 15; *Röckl/Fahl* NZA 1998, 1035). Dagegen überwiegt der Persönlichkeitsschutz die betrieblichen Interessen, wenn es dem AG nur allgemein darum geht, kostengünstig und schnell Informationen zu sammeln (vgl. MünchArbR/*Blomeyer* § 95 Rn. 7).

Das allgemeine Persönlichkeitsrecht schützt AN vor dem Mithören von **Telefongesprächen** und vor dem Einsatz von Telefonerfassungsanlagen. Den entsprechenden Eingriff muß der AN nicht ohne weiteres dulden. Vielmehr ist zu differenzieren: Schlechthin unzulässig ist das unbefugte **Abhören** oder das Mithören oder Mithörenlassen, sofern sich der Betroffene auf die Vertraulichkeit verlassen durfte. Läßt der AG über eine Bürosprechanlage einen Dritten ohne Wissen mithören, so darf der Dritte nicht über den Gesprächsinhalt als Zeuge vernommen werden (BAG 2. 6. 1982 AP ZPO § 284 Nr. 3 = NJW 1983, 1691; 29. 10. 1997 NZA 1998, 307). Das Mithören oder Mithörenlassen eines Gesprächs ohne Zustimmung des Gesprächspartners verletzt dessen Eigensphäre (vgl. BAG 2. 6. 1986 AP ZPO § 284 Nr. 3; BGH 21. 10. 1963 NJW 1963, 165; 17. 2. 1982 AP ZPO § 284 Nr. 2; BVerfG 19. 12. 1991 AP BGB § 611 Persönlichkeitsrecht Nr. 24 = NZA 1992, 307; zuletzt 30. 8. 1995 AP BetrVG 1972 § 87 Überwachung Nr. 29). Die Persönlichkeitsrechtsverletzung wird auch nicht durch die bloße Kenntnis einer Mithörmöglichkeit beseitigt, sondern erst durch die Einwilligung des AN (BVerfG 19. 12. 1991 AP § 611 BGB Persönlichkeitsrecht Nr. 24). Dagegen ist das Mithören eines Telefongesprächs oder die Aufzeichnung von Telefondaten **mit Einwilligung** des AN zulässig, soweit der darin liegende Eingriff in das Persönlichkeitsrecht nach Inhalt, Form und Begleitumständen verhältnismäßig erscheint. Ein berechtigtes Interesse am Mithören kann zB vorliegen, wenn der AG am Arbeitsplatz Telefongespräche zu **Ausbildungszwecken** mithört (vgl. BAG 30. 8. 1995 AP BetrVG 1972 § 87 Überwachung Nr. 29 = NZA 1996, 218). Unbedenklich ist die Verwendung einer **Telefonaufschaltanlage**, auf der sich Dritte deutlich wahrnehmbar in laufende Gespräche einschalten können (vgl. BAG 1. 3. 1973 AP BGB § 611 Persönlichkeitsrecht Nr. 1). Hinzunehmen ist auch die Aufzeichnung von **Gesprächsdaten,** soweit sie von dienstlichem Interesse sind. Die Zulässigkeit betrieblicher Regelungen ist aber im Hinblick auf den Persönlichkeitsschutz des AN begrenzt (vgl. BAG 27. 5. 1986 AP BetrVG 1972 § 87 Überwachung Nr. 15; vgl. ferner 210 – BetrVG § 87 Rn. 48 f.).

Torkontrollen mit **Leibesvisitationen** berühren die Persönlichkeitssphäre und insbesondere das Ehrgefühl des AN. Sie bedürfen daher grundsätzlich der Einwilligung. Diese ist in engen Grenzen im Arbeitsvertrag enthalten. Er begründet in Verbindung mit § 242 BGB eine Duldungspflicht, soweit dringende sachliche Gründe eine entsprechende Kontrollmaßnahme nahelegen. Eine Duldungspflicht kann außerdem durch Tarifvertrag und Betriebsvereinbarungen nach § 87 I Nr. 1 BetrVG begründet werden. Die Intensität der Kontrolle muß dem Verhältnismäßigkeitsgrundsatz genügen. Im allgemeinen genügt das Öffnen der Taschen; Abtasten oder gar körperliche Durchsuchungen bedürfen eines aktuellen Anlasses und zwingenden Grundes (vgl. MünchArbR/*Blomeyer* § 51 Rn. 23; *Schaub* § 55 II 3 a; *Däubler*, Arbeitsrecht 2, Rn. 487 ff.).

10. Beurteilung von Arbeitnehmern. a) Personalakten. Der AG ist verpflichtet, mißbilligende Erklärungen aus der Personalakte zu entfernen, wenn diese **unrichtige Tatsachen** enthalten und den AN in seiner Rechtsstellung oder in seinem beruflichen Fortkommen beeinträchtigen können (vgl. BAG 27. 11. 1985, 14. 4. 1988 AP BGB § 611 Fürsorgepflicht Nr. 93, 100). Dies gilt ebenso für Abmahnungen und Leistungsberichte im öffentlichen Dienst (BAG 25. 2. 1959 AP BGB § 611 Fürsorgepflicht Nr. 6; 25. 4. 1972 AP BGB § 611 öffentlicher Dienst Nr. 9 = NJW 1972, 2061). Der Entfernungsanspruch ergibt sich aus dem Vertrag (§ 242 BGB), aber auch wegen Verletzung des Persönlichkeitsrechts aus einer analogen Anwendung der §§ 12, 862, 1004 BGB. Zu entfernen sind unter Umständen selbst solche Aktenvorgänge, die auf **richtiger Sachverhaltsdarstellung** beruhen. Das Persönlichkeitsinteresse überwiegt in der Regel, wenn die in der Personalakte festgehaltene Information für die weitere Beurteilung des AN überflüssig geworden ist (BAG 9. 2. 1977 AP BGB § 611 Fürsorgepflicht Nr. 83 = NJW 1978, 124: Entfernung eines gegen den AN ergangenen Strafurteils, das ein strafbares Verhalten im außerdienstlichen Bereich betraf; BAG 18. 11. 1986 AP KSchG 1969 § 1

Verhaltensbedingte Kündigung Nr. 17 = NZA 1987, 418: Entfernung einer wirkungslos gewordenen Abmahnung; BAG 15. 7. 1987 AP BGB § 611 Persönlichkeitsrecht Nr. 14: Entfernung eines durch die Ereignisse überholten amtsärztlichen Gutachtens; BAG 13. 4. 1988 AP BGB § 611 Fürsorgepflicht Nr. 100: Gehaltskürzung wegen Streikteilnahme).

103 Der AG muß Informationen aus der Personalakte grundsätzlich **vertraulich** behandeln und deshalb den Kreis der befaßten Mitarbeiter möglichst eng halten (zur Revisionsabteilung BAG 4. 4. 1990 AP BGB § 611 Persönlichkeitsrecht Nr. 21). Die Akte ist sorgfältig zu verwahren (BAG 15. 7. 1987 AP BGB Persönlichkeitsrecht Nr. 14; BVerwG 28. 8. 1986 ZTR 1987, 152). Ausnahmen sind nur in besonderen Fällen und unter engen Voraussetzungen mit dem Persönlichkeitsrecht vereinbar. Die Weitergabe von Personaldaten an den Betriebs- bzw. Personalrat ist unbedenklich, soweit der BR zur Mitwirkung an der Personalentscheidung zuständig ist (vgl. MünchArbR/*Buchner* § 38 Rn. 275). Der AN selbst hat unter Wahrung der dienstlichen Interessen ein **Einsichtsrecht** (vgl. *Schaub* § 148 II und *Däubler*, Arbeitsrecht 2, Rn. 494 ff.), und zwar auch nach Beendigung des Arbeitsverhältnisses (BAG 11. 5. 1994 5 AZR 660/93; AuR 1994, 381).

104 b) **Zeugnisse** betreffen die Darstellung der Person des AN in der Öffentlichkeit und können somit schon durch ihre äußere Form, durch die verwandte Wortwahl und durch den gesamten Inhalt unmittelbar in das Persönlichkeitsrecht des Beurteilten eingreifen. Bei Auslegung und Anwendung des § 630 BGB im Lichte der Art. 2 I mit 1 I ergeben sich zusätzliche Anforderungen. Das Zeugnis muß objektiv der Wahrheit entsprechen, darf aber das berufliche Fortkommen nicht unnötig erschweren. Der AN kann auch verlangen, daß das Zeugnis nicht aufgrund seiner äußeren Form oder wegen der Person seines Ausstellers diskriminierend wirkt. In der Wortwahl ist der AG nicht ganz frei. Wegen der bezweckten Außenwirkung muß er die aus Sicht eines objektiven AG zu beachtenden Gepflogenheiten der Zeugnissprache berücksichtigen. Mißachtet der AG diese Grundsätze, hat der AN einen Berichtigungsanspruch und bei verschuldeter Nichterfüllung, Schlechterfüllung oder verspäteter Erfüllung einen Schadensersatzanspruch aus § 286 BGB bzw. positiver Forderungsverletzung, bei deliktischem Handeln aus §§ 823, 826 BGB. Das allgemeine Persönlichkeitsrecht kann sogar einen Anspruch auf nachträgliche Berichtigung begründen, zB bei Geschlechtsumwandlung (LAG *Hamm* 17. 12. 1998 NZA-RR 1999, 455). Vgl. zum gesetzlichen Anspruch 230 – BGB § 630 Rn. 25.

105 c) **Auskünfte über Arbeitnehmer** verschaffen einem anderen AG, dem eine Bewerbung vorliegt, zusätzliche Informationen über den Leistungsstand und die persönlichen Eigenschaften des Bewerbers. Sie beeinträchtigen dessen Persönlichkeitsrecht (vgl. BAG 18. 12. 1984 AP BGB § 611 Persönlichkeitsrecht Nr. 8 – Auskunft über Personalkredit). Das gilt natürlich vor allem dann, wenn die Grenze des Informations- und Fragerechts überschritten wird (dazu oben Rn. 96.). Das Persönlichkeitsrecht kann aber auch dadurch beeinträchtigt werden, daß der bisherige AG Auskünfte verweigert, wenn aus dieser Tatsache und den Begleitumständen nachteilige Schlüsse zu ziehen sind (MünchArbR/*Wank* § 124 Rn. Rn. 57). Unter Beachtung beider Aspekte darf der AG im allgemeinen Auskünfte nur mit Zustimmung des AN erteilen. Angaben, die keinen Bezug zur fachlichen Befähigung oder zum dienstlichen Verhalten des AN aufweisen, sind generell unzulässig (vgl. zum Ganzen 230 – BGB § 630 Rn. 116; MünchArbR/*Blomeyer* § 95 Rn. 18 ff.; MünchArbR/*Buchner* § 38 Rn. 192 ff.; MünchArbR/*Wank* § 124 Rn. 55 ff.; *Schaub* § 147; *Schulz* NZA 1990, 717).

C. Recht auf Leben und körperliche Unversehrtheit (Art. 2 II 1)

I. Schutzbereich

106 Das **Recht auf Leben** stellt innerhalb der grundgesetzlichen Werteordnung einen „Höchstwert" dar (vgl. BVerfG 1. 8. 1978 E 49, 24, 53), weil Leben die „vitale Basis der Menschenwürde" ist (BVerfG 25. 2. 1975 E 39, 1, 42). Geschützt ist die biologisch-physische Existenz. Das Grundrecht erschöpft sich nicht in einem subjektiven Abwehrrecht gegenüber staatlichen Eingriffen. Aus Art. 2 II 1 ist die Pflicht des Staates und seiner Organe abzuleiten, das Leben aktiv zu schützen; das heißt vor allem, es vor rechtswidrigen Eingriffen von Seiten anderer zu bewahren (BVerfG 25. 2. 1975 E 39, 1, 42; 28. 5. 1993 E 88, 203, 253 f.). Der Schutz des Lebens verlangt ebenso wie der Schutz der körperlichen Unversehrtheit, daß der Staat lebensnotwendige Mindestleistungen garantiert (zB zur Sicherung des Existenzminimums oder eines funktionierenden Gesundheitssystems) und außerdem in seiner Rechtsordnung ausreichenden Schutz vor Beeinträchtigungen durch Dritte zur Verfügung stellt. Umstritten ist, ob das Grundrecht den Staat verpflichtet, den einzelnen vor sich selbst zu schützen (vgl. BVerwG 27. 4. 1989 E 82, 45, 49; BGH 11. 12. 1980 BGHZ 79, 131, 141 f.; zur Sterbehilfe vgl. auch Rn. 117).

107 Das **Recht auf körperliche Unversehrtheit** schützt die Integrität der Körpersphäre vor allen Einwirkungen im biologisch-physiologischen Sinne. Das ist nicht gleichbedeutend mit einem „Recht auf Gesundheit" (*Murswiek* in *Sachs* Rn. 150), klammert aber andererseits psychische Beeinträchtigungen nicht völlig aus. Zumindest solche Einwirkungen auf das psychische Wohlbefinden, die ihrer Wirkung nach körperlichen Eingriffen gleichzusetzen sind, fallen in den Schutzbereich (BVerfG 14. 1. 1981 E 56, 54 – Fluglärm). Das Grundrecht verlangt auch hier den Schutz vor Gefährdungen.

C. Recht auf Leben und körperliche Unversehrtheit (Art. 2 II 1)   **Art. 2**

Träger des Grundrechts auf Leben und körperliche Unversehrtheit sind alle lebenden Menschen. **108**
Der verfassungsrechtliche Schutz erstreckt sich auf das **ungeborene Leben** (BVerfG 28. 5. 1993 E 88, 203, 251) und endet mit dem Tode, der medizinisch mit dem endgültigen Erlöschen aller Hirnströme angenommen wird (sog. Hirntod, vgl. HbStR *Lorenz* VI § 128 Rn. 10; *Murswiek* in *Sachs* Rn. 12 jew. m. N.; kritisch *Schulze-Fielitz* in *Dreier* Rn. 16). Deshalb greifen Organentnahmen bei Verstorbenen nicht in Art. 2 II 1 ein, wohl aber in das durch Art. 2 I posthum geschützte Persönlichkeitsrecht. Naturgemäß nicht geschützt sind juristische Personen.

II. Eingriffe/Beeinträchtigungen

1. Abwehrfunktion. In das **Recht auf Leben** wird durch jede rechtliche oder faktische Maßnahme **109** der öffentlichen Gewalt eingegriffen, die unmittelbar oder mittelbar, beabsichtigt oder ungewollt zum Tod eines Menschen führt. Dazu gehören der sog. finale Todesschuß durch einen Polizisten, die (durch Art. 102 ausdrücklich verbotene) Einführung von Todesstrafe, die Auslieferung in ein Land, in dem der Ausgelieferte die Todesstrafe zu erwarten hat (vgl. dazu *Jarass/Pieroth* Art. 102 Rn. 2), der Schwangerschaftsabbruch (BVerfG 28. 5. 1993 E 88, 203, 251 f.) und die aktive Sterbehilfe, aber auch Umweltverschmutzungen, die zu tödlichen Erkrankungen führen (vgl. *Murswiek* in *Sachs* Rn. 153). Eine Beeinträchtigung des Schutzbereichs liegt schon in einer ernsthaften **Gefährdung** (vgl. BVerfG 19. 6. 1979 E 51, 324, 346 f. – Verhandlungsfähigkeit; 16. 12. 1983 E 66, 39, 57 f. – Nachrüstung; vgl. zur „Gefahrenschwelle" *Murswiek* in *Sachs* Rn. 176 f.). Diese Grundsätze hat das BVerfG vor allem auf den Umweltschutz angewandt (BVerfG 8. 8. 1978 E 49, 89, 141 – Kalkar I; 20. 12. 1979 E 53, 30, 57 – Mülheim-Kärlich; 29. 10. 1987, E 77, 170, 171 – Chemische Waffen).

Die Rechtsprechung bietet viele Beispiele für Eingriffe in das **Recht auf körperliche Unversehrt- 110 heit**: Zwangsversuche und Zwangssterilisationen (BVerfG 30. 11. 1988 E 79, 174, 201), Lärm (vgl. BVerfG 14. 1. 1981 E 56, 54, 75 ff.; BVerwG 29. 4. 1988 E 79, 254, 257), Blutentnahme (unentschieden noch BVerfG 25. 5. 1956 E 5, 13, 15) und Entnahme von Gehirn- und Rückenmarkflüssigkeit (BVerfG 10. 6. 1963 E 16, 194, 198), Hirnkammerluftfüllung (BVerfG 25. 7. 1963 E 17, 108, 115), Heileingriffe (Injektionen oder Zwangsernährung), Kürzen von Haaren unter Einsatz von Gewalt (BVerfG 14. 2. 1978 E 47, 239, 248 f.). Selbst geringfügige oder zumutbare Beeinträchtigungen werden vom Schutzbereich des Rechts auf körperliche Unversehrtheit erfaßt (vgl. HbStR VI *Lorenz* § 128 Rn. 12 f.; *Jarass/Pieroth* Rn. 48; *Murswiek* in *Sachs* Rn. 151 und 163 entgegen BVerfG 8. 8. 1978 E 49, 89, 141 f.). Das Recht auf körperliche Unversehrtheit wird auch dadurch eingeschränkt, daß eine staatliche Leistung von der Voraussetzung abhängig gemacht wird, der Empfänger müsse zuvor in eine körperliche Beeinträchtigung einwilligen. Beispiele hierfür sind die Verweigerung der Immatrikulation ohne vorherige Röntgenuntersuchung oder die Einstellung von Sozialleistungen bei Ablehnung einer Heilbehandlung (vgl. HbStR *Lorenz* VI § 128 Rn. 24; *Murswiek* in *Sachs* Rn. 157). Dagegen liegt **keine Beeinträchtigung** vor bei bloßen Berührungen, wie sie auch bei äußerlichen, schmerzlosen und für den Körper ungefährlichen diagnostischen Maßnahmen stattfinden (zB durch eine hirnelektrische Untersuchung vgl. BVerfG 25. 7. 1963 E 17, 108, 115). Unwürdige Behandlungen werden durch das Persönlichkeitsrecht ausgeschlossen (vgl. BVerfG 18. 8. 1981 NJW 1982, 375 – Lügendetektor –; BVerwG 25. 7. 1972 E 46, 1, 7; vgl. *Murswiek* in *Sachs* Rn. 156).

2. Schutzfunktion. Das Recht aus Art. 2 II 1 wird auch beeinträchtigt, wenn der Staat seiner **111 Schutzpflicht** nicht nachkommt (vgl. Einl. Rn. 33 ff. und nachfolgend Rn. 120 ff.). Das ist etwa der Fall, wenn das Existenzminimum der Bürgerinnen und Bürger völlig ungesichert ist, wenn kein ausreichendes Gesundheitssystem besteht, wenn die Rechtsordnung keine Verteidigung gegen körperliche Angriffe Dritter ermöglicht und Schutzgesetze bei veränderten Voraussetzungen und mangelhafter Wirkung nicht angepaßt werden (vgl. zu letzterem BVerfG 14. 1. 1981 E 56, 54, 78 f. – Fluglärm). Drittbetroffene sind in ihrem Grundrecht auf Leben und körperliche Unversehrtheit auch dann beeinträchtigt, wenn der Staat Tätigkeiten genehmigt, durch die sie Gefahren ausgesetzt werden (BVerwG 11. 5. 1989 E 82, 61, 75).

Die Verfassung gibt den Schutz als Ziel vor. Aufgabe des Gesetzgebers ist es dann, Art und Umfang **112** der Realisierung zu bestimmen. Ihm steht dafür ein weiter **Einschätzungs-, Wertungs- und Gestaltungsfreiraum** zur Verfügung, der es ihm ermöglicht, konkurrierende öffentliche und private Interessen auszugleichen. Er muß zB nicht öffentlich-rechtliche Sanktionen vorsehen, sondern kann auf zivilrechtliche Mechanismen setzen (vgl. zum „Elektrosmog" BVerfG – Kammer 17. 2. 1997, NJW 1997, 2509 f.). Die gesetzgeberische Gestaltungsfreiheit verengt sich nur unter besonderen Umständen auf bestimmte Maßnahmen. Verletzt ist das Grundrecht jedoch, wenn der Staat untätig bleibt oder nur Vorkehrungen trifft, die gänzlich ungeeignet oder völlig unzulänglich sind (BVerfG 11. 10. 1978 E 49, 304 – Sachverständigenhaftung; 29. 10. 1987 E 77, 170, 215 – C-Waffen; zum Untermaßverbot vgl. Einl. Rn. 38 ff.). Daneben besteht ein Anspruch gegen den Staat auf sachgerechte **Teilhabe** an seinen Einrichtungen, beispielsweise darauf, daß Universitätskrankenhäuser nach den Regeln ärztlicher Kunst behandeln (BVerfG 8. 4. 1981 E 57, 70, 99). Die objektive Wertentscheidung dieses Grundrechts verpflichtet den Staat ferner zur Einrichtung eines funktionsfähigen Gesundheitssystems. Bei dessen

Dieterich

Ausgestaltung hat der Gesetzgeber einen weiten Gestaltungsspielraum, so daß sich aus dem Grundrecht wohl keine konkreten Leistungsansprüche gegen den Staat auf eine medizinische Mindestversorgung ableiten lassen (vgl. *Murswiek* in *Sachs* Rn. 225; *Seewald*, Gesundheit als Grundrecht, S. 86; aA *Jarass/Pieroth* Art. 2 Rn. 49 a; *v. Münch/Kunig* Rn. 60).

113 Den **Gerichten** obliegt die Aufgabe, der staatlichen Schutzpflicht durch Auslegung und Anwendung der Gesetze Geltung zu verschaffen. Erfüllen sie diese Aufgabe unzureichend, kann darin ebenfalls eine Beeinträchtigung des Grundrechts auf Leben und körperlicher Unversehrtheit liegen. Art. 2 II 1 verlangt danach zB für die Auslegung und Anwendung des § 81 a StPO, daß der Richter prüft, ob der beabsichtigte Eingriff in angemessenem Verhältnis zur Schwere der Tat steht (BVerfG 10. 6. 1963 E 16, 194, 202). Besteht die ernsthafte Befürchtung, daß dem Angeklagten ein schwerwiegender, irreparabler Gesundheitsschaden droht, darf eine **Hauptverhandlung** nicht durchgeführt werden (vgl. 10. 6. 1963 E 51, 324, 346). Entsprechende Grundsätze gelten für Maßnahmen der **Zwangsvollstreckung**. § 765 a ZPO sieht die Möglichkeit der zeitweiligen Einstellung, aber auch einer – selbst auf Dauer wirkenden – Untersagung der Zwangsvollstreckung vor, wenn sich diese für den Vollstreckungsschuldner wegen besonderer Umstände und Härte mit den guten Sitten nicht vereinbaren läßt. Danach kann die Zwangsräumung gegen einen psychisch erkrankten Mieter im Hinblick auf Art. 2 II 1 von Verfassungs wegen unzulässig sein, weil sonst akute Lebensgefahr bestünde (vgl. BVerfG 3. 10. 1979 E 52, 214 ff. = NJW 1979, 2607).

114 Im **Arbeitsrecht** ist der Schutzbereich des Art. 2 II 1 insbesondere dann beeinträchtigt, wenn ausreichende Vorschriften zur Vermeidung arbeitsbedingter Körperschädigungen fehlen (vgl. BVerfG 28. 1. 1992 E 85, 191, 212 – Nachtarbeit = AP AZO § 19 Nr. 2 unter C III 3), oder wenn Schutzgesetze von den Gerichten so ausgelegt und angewandt werden, daß sie den Gesundheitsschutz verfehlen. Gefahren für Leben und Gesundheit der AN ergeben sich zB durch Lärm, Strahlen, chemische Gefahrstoffe, Luftverschmutzungen, technische Betriebsanlagen oder durch Überbeanspruchungen aller Art (s. u. Rn. 120 ff.).

III. Schranken und Grenzen der Einschränkbarkeit

115 **1. Gesetz.** Nach Art. 2 II 3 darf in die geschützen Rechtsgüter nur auf Grund eines **förmlichen Gesetzes** eingegriffen werden, das ausreichend bestimmt ist. Es genügt, daß eine Maßnahme durch untergesetzliche Norm oder Verwaltungsakt angeordnet wird, wenn diese sich ihrerseits auf ein förmliches Gesetz stützen kann (vgl. BVerfG 8. 8. 1978 E 49, 89, 129 ff.; zu den Anforderungen allg. *Jarass/Pieroth* Rn. 54; *Murswiek* in *Sachs* Rn. 164 ff.). Materiell müssen Eingriffe den Anforderungen des Verhältnismäßigkeitsgrundsatzes entsprechen, wobei das BVerfG eine strenge Prüfung fordert (vgl. 25. 7. 1963 E 17, 108, 117; 15. 12. 1965 E 19, 342, 349). Das einschränkende Gesetz ist (wie alle Gesetze) im Lichte der objektiven Wertentscheidung der Grundrechte auszulegen („Wechselwirkung").

116 **2. Einwilligung.** Die Einwilligung des Grundrechtsträgers kann ebenfalls Eingriffe, Beeinträchtigungen und Gefährdungen des Rechts auf Leben und körperliche Unversehrtheit rechtfertigen. Wegen des hohen Wertes der geschützten Rechtsgüter kann aber nur eine absolut zwangfreie, in voller Kenntnis der tatsächlichen Entscheidungsalternativen und Folgen abgegebene Erklärung ausreichen (vgl. Einl. Rn. 65 f.).

117 Diese Grundsätze gelten entsprechend für das Privatrecht und werden dort zB für den **ärztlichen Heileingriff** bedeutsam. Art. 2 II 1 gewährleistet auch dem Patienten die Entscheidungsfreiheit, ob und inwieweit er sich behandeln lassen will (BVerfG 22. 9. 1993 E 89, 120, 130; vgl. dazu *Jarass/Pieroth* Rn. 57 a). Die erforderliche Einwilligung setzt aber eine ausreichende ärztliche Aufklärung voraus, weil eine selbstbestimmte Entscheidung nur auf der Grundlage der dafür erforderlichen Informationen getroffen werden kann (abw. Meinung der Richter *Hirsch, Niebler* und *Steinberger* zu BVerfG 25. 7. 1979 E 52, 171 ff. = AP BGB § 249 Arzthaftung Nr. 1). Eine Einwilligung setzt ferner voraus, daß der Patient entscheidungsfähig ist (vgl. *Murswiek* in *Sachs* Rn. 206). Entsprechende Grundsätze gelten für die **passive Sterbehilfe**, solange der Betroffene zu einer selbstverantwortlichen Entscheidung noch in der Lage ist (Bonner Kommentar/*Zippelius* Art. 1 Rn. 94 f.; *Jarass/Pieroth* Rn. 53). Ob unter diesen Voraussetzungen auch ein unheilbar Kranker wirksam in eine **aktive Sterbehilfe** einwilligen kann, ist umstritten (dafür bei einer entsprechenden gesetzlichen Grundlage HbStR/*Häberle* I § 20 Rn. 849 f.; *Murswiek* in *Sachs* Rn. 210 f.; *Jarass/Pieroth* Rn. 53 und 56; *Pieroth/Schlink* Staatsrecht Bd. II Rn. 451; *Schulze-Fielitz* in *Dreier* Rn. 43; aA *Starck* in *v. Mangoldt/Klein* Rn. 139).

118 Im **Arbeitsrecht** ist die Frage der Wirksamkeit einer Einwilligung von zentraler Bedeutung. Mit der vertraglichen Übernahme von Arbeitspflichten und der Eingliederung in den Betrieb setzt der AN sich gesundheitlichen Risiken aus, die in der Regel nicht völlig auszuschalten, aber im voraus auch kaum ganz zu überblicken sind. Es hängt von den Umständen des Einzelfalls ab, ob und inwieweit er mit dem Abschluß des Arbeitsvertrages auch akzeptiert, arbeitsbedingte Gesundheitsrisiken auf sich zu nehmen. Grundsätzlich ist von einer Einwilligung zu solchen Gefahren auszugehen, die mit der

C. Recht auf Leben und körperliche Unversehrtheit (Art. 2 II 1)   Art. 2   **GG 10**

Arbeitspflicht zwangsläufig verbunden und für einen verständigen AN bei Vertragsschluß vorhersehbar sind. Dazu gehören zB die Unfallgefahren eines Kraftfahrers im Straßenverkehr, Verletzungsgefahren bestimmter Gruppen von Berufssportlern und spezifische Risiken für AN, die Schußwaffen tragen. In diesem Sinne verpflichtet § 618 I BGB den AG nur insoweit zu Maßnahmen des Gesundheitsschutzes, wie „die Natur der Dienstleistung es gestattet". Das ist verfassungsrechtlich nicht zu beanstanden, markiert aber nur die äußerste Grenze.

Grenzen einer wirksamen Einwilligung ergeben sich aus den Vorschriften des einfachen Rechts, **119** insbesondere aus § 134 BGB i. V. mit zwingenden Schutzvorschriften und aus den §§ 138, 242 BGB. Bei deren Auslegung und Anwendung ist zu beachten, daß auf das Schutzgut Leben und körperliche Unversehrtheit mit Rücksicht auf dessen Menschenwürdekern nicht global und zeitlich unbegrenzt verzichtet werden kann (Einl. Rn. 66). Deshalb ist jede pauschale Unterwerfung unter unkalkulierbare Risiken problematisch. Das Einverständnis ist im Zweifel nur so weit, wie Gefahren für Leib und Leben auch durch zumutbare Maßnahmen des Arbeitsschutzes bzw. arbeitsorganisatorische Vorkehrungen nicht ausgeschlossen oder gemindert werden können. Der gesetzliche Arbeitschutz ist unabdingbar (vgl. § 619 BGB). Er steht nicht einmal unbegrenzt zur Disposition des Gesetzgebers, der die Schutzpflicht aus Art. 2 II erfüllen muß und deshalb nicht völlig frei Parteivereinbarungen überlassen darf (vgl. Rn. 120).

IV. Schutzpflichten im Arbeitsrecht

1. Gesetzgebung. Die Schutzpflicht aus Art. 2 II 1 fordert Schaffung eines wirksamen gesetzlichen **120 Arbeitsschutzrechts.** Der Gesetzgeber hat unter Würdigung gegenläufiger Interessen und Freiheiten im Rahmen seiner Einschätzungsprärogative zu beurteilen, bei welchen Gefahren des Arbeitslebens ein generelles Schutzbedürfnis für Leben und Gesundheit besteht, wie der Schutz effektiv auszugestalten ist und welche gesundheitlichen Restrisiken noch hinnehmbar erscheinen. Dies hat das BVerfG in seiner Nachtarbeitsentscheidung hervorgehoben. Das früher in § 19 I und II AZO geregelte Nachtarbeitsverbot für Arbeiterinnen ist mit Art. 3 I und III unvereinbar. Die dadurch entstehenden Lücke hat zur Folge, daß der Gesetzgeber verpflichtet ist, wegen der nachgewiesenen Gesundheitsschädlichkeit von Nachtarbeit den Schutz der AN nunmehr neu zu regeln (BVerfG 28. 1. 1992 E 85, 191, 212 f. = AP AZO § 19 Nr. 2; vgl. ferner 17. 11. 1992 E 87, 363, 386 – Nachtbackverbot = AP BAZG § 5 Nr. 13). Eine solche Regelung ist nicht deshalb entbehrlich, weil Nachtarbeit in der Regel arbeitsvertraglich vereinbart wird (vgl. Rn. 118 f.). Dem Gesetzgeber steht es jedoch frei, wie er den Arbeitsschutz (im Rahmen von Vorgaben des Gemeinschaftsrechts) regeln will. Er kann Schutzinstrumente öffentlich-rechtlich ausgestalten und dabei spezielle Sachverhalte selbst regeln oder sich auf Rahmenvorschriften beschränken, die durch Rechtsverordnungen und Verwaltungsakte konkretisiert werden müssen (**Arbeitsschutz im engeren Sinne**). Er muß dann entscheiden, welche Verfahren zur Genehmigung und Kontrolle der Arbeitssicherheit sachgerecht sind. Der Gesetzgeber kann die Verordnung von Unfallverhütungsvorschriften auch den Unfallversicherungsträgern überlassen. Er kann sich schließlich auf Regelungen beschränken, die auf der Ebene der Privatautonomie zu beachten sind, also **zwingendes Arbeitsvertragsrecht** normieren (vgl. die Übersicht bei 230 – BGB § 618 Rn. 2; umfassend *Wank*, Kom. zum techn. Arbeitsschutz; ferner MünchArbR/*Wlotzke* §§ 199 ff. und *Schaub* §§ 152 ff.; auch 110 – ArbZG gehört in diesen Zusammenhang).

Der gesetzliche Arbeitsschutz wird ergänzt durch den **autonomen Arbeitsschutz,** der von den **121** Selbstverwaltungsorganen des Arbeitslebens ausgestaltet wird. Nach § 15 I SGB VII können die Unfallversicherungsträger Unfallverhütungsvorschriften als autonomes Recht erlassen. Große Bedeutung haben daneben **tarifvertragliche Regelungen.** Der autonome Arbeitsschutz wird vervollständigt durch **Betriebs-** und **Dienstvereinbarungen,** die nach § 87 I Nr. 7 BetrVG bzw. § 75 VII Nr. 10 und 11 BPersVG erzwungen werden können.

2. Rechtsprechung. Der Gesetzgeber kann nicht jeden Aspekt einer Gefährdung für Leib und **122** Leben in einem speziellen Gesetz erfassen. Deshalb ergänzt er seine gezielten Vorgaben, indem er den Parteien des Arbeitsvertrages durch **Generalklauseln** einen allgemeinen Gefahrenschutz vorschreibt (vgl. zB § 618 BGB, § 62 HGB). Darüber hinaus gelten die allgemeinen Rücksichtspflichten im Arbeitsverhältnis, die sich aus § 242 BGB ergeben. Dadurch wird den **Gerichten** die Aufgabe übertragen, Art. 2 II 1 im Privatrecht Geltung zu verschaffen. Die verfassungsrechtliche Forderung nach einem Tätigwerden des Gesetzgebers ist erfüllt, wenn objektiv eine gesetzliche Regelung vorhanden ist, die nach den allgemeinen Grundsätzen der Gesetzesauslegung den gesundheitsgefährdenden Sachverhalt erfaßt und den Anforderungen der grundrechtlichen Schutzpflicht inhaltlich genügt. Die subjektive Vorstellung des historischen Gesetzgebers ist nicht allein maßgeblich (vgl. BVerfG 26. 1. 1988 E 77, 381, 404 f. – Gorleben). Vielmehr haben die Gerichte im Rahmen ihrer Konkretisierungskompetenz die Aufgabe, die gegenläufigen Interessen abzuwägen, vor allem die betrieblichen Belange, aber auch Freiheitsrechte anderer AN.

Wie kompliziert solche dreiseitigen Abwägungserfordernisse sein können, zeigen die vielen Ent- **123** scheidungen zu **Alkohol- und Rauchverboten** mit ihrem breiten Problemspektrum und vielfach

Dieterich 43

differenzierten Lösungen. Es geht hier nicht nur um die gegenläufigen Grundrechtspositionen von AG und AN, sondern auch um Konflikte innerhalb der Belegschaft und entsprechende Grundrechtskollisionen. Das ist besonders deutlich bei der zunehmenden Bedeutung des **Nichtraucherschutzes**, angesichts der unbestreitbaren Gefahren des Passivrauchens (BVerfG 22. 1. 1997 E 95, 173, 184 f.). Betriebliche Rauchverbote sind zum brisanten Thema geworden, das die Rechtsprechung zunehmend beschäftigt und grundrechtlicher Orientierung bedarf (BAG 8. 5. 1996 und 17. 2. 1998 AP BGB § 618 Nr. 20 und 26; 19. 1. 1999 AP BetrVG 1972 § 87 Ordnung des Betriebes Nr. 28; MünchArbR/ *Blomeyer* § 51 Rn. 9; *Künzl* BB 1999, 2187; *Börgmann* RdA 1999, 403; *Dübbers* AuR 1999, 115; *Wank* 230 – BGB § 618 Rn. 18). Das BAG betont hier die Einschätzungsprärogative der Betriebspartner, beansprucht aber eine grundrechtsgeleitete Rechtskontrolle (19. 1. 1999 AP BetrVG § 87 Ordnung des Betriebes Nr. 28, zust. Anm. *v. Hoyningen-Huene*).

124 Bei **Alkoholverboten** stellt sich das besondere Problem der Kontrolle mit erhöhter Grundrechtsrelevanz. Ein Alkoholtest setzt wegen des allgemeinen Persönlichkeitsrechts und des Grundrechts auf körperliche Integrität stets eine Einwilligung zu der konkreten Kontrolle (zB mittels Alkomat und erst recht mittels einer ärztlichen Blutprobe) voraus. Eine generelle vorherige Zustimmung für den Zeitpunkt eines etwaigen Verdachts reicht nur ausnahmsweise aus, wenn ein alkoholsensibler Arbeitsplatz häufigere Kontrollen im Interesse der Allgemeinheit bedarf (vgl. MünchArbR/*Blomeyer* § 51 Rn. 5 f.; *Willemsen/Brune* DB 1988, 2304, 2306). Dementsprechend kann eine Verpflichtung zur Einwilligung in Alkoholkontrollen auch nur unter dieser Voraussetzung begründet werden. Hat der AG belegbare Anzeichen für eine alkoholbedingte Beeinträchtigung der Leistungsfähigkeit, verweigert der AN jedoch die Einwilligung zur Alkoholkontrolle, so sind entsprechende Rückschlüsse und Konsequenzen (Abmahnung, Kündigung) zulässig. Allerdings muß dem AN mit Rücksicht auf dessen Persönlichkeitsrecht die Möglichkeit gegeben werden, den Verdacht durch einen objektiven Alkoholtest zu entkräften (vgl. BAG 26. 1. 1995 AP KSchG 1969 § 1 Verhaltensbedingte Kündigung Nr. 34 = NZA 1995, 517 mwN).

Art. 3 [Gleichheit vor dem Gesetz]

(1) Alle Menschen sind vor dem Gesetz gleich.

(2) ¹Männer und Frauen sind gleichberechtigt. ²Der Staat fördert die tatsächliche Durchsetzung der Gleichberechtigung von Frauen und Männern und wirkt auf die Beseitigung bestehender Nachteile hin.

(3) ¹Niemand darf wegen seines Geschlechtes, seiner Abstammung, seiner Rasse, seiner Sprache, seiner Heimat und Herkunft, seines Glaubens, seiner religiösen oder politischen Anschauungen benachteiligt oder bevorzugt werden. ²Niemand darf wegen seiner Behinderung benachteiligt werden.

Übersicht

	Rn.
A. Der allgemeine Gleichheitssatz – Art. 3 I GG	1
I. Normzweck und Systematik	1
1. Normzweck	1
2. Konkurrenzen	5
II. Abwehr- und Schutzfunktion des Art. 3 I GG	9
1. Abwehrfunktion	9
2. Schutzfunktion	11
3. Verfahrensregeln	12
III. Kompetenzabhängigkeit der Bindungen	14
1. Gesetzgebung	15
2. Rechtsprechung	18
3. Verwaltung	23
4. Tarifverträge	26
5. Betriebsvereinbarungen	29
6. Arbeitsverträge	30
IV. Prüfungsmaßstab und -programm	32
1. Willkürmaßstab und „neue Formel"	32
2. Ungleichbehandlung/Gruppenbildung	35
3. Differenzierungsmerkmale und -ziele	37
4. Abgestufte Prüfungsintensität	40
5. Legitimationszusammenhang	43
6. Typisierung	47
7. Darlegungs- und Beweislast	49
V. Rechtsfolgen bei Gleichheitsverstößen	53
1. Verfassungskonforme Auslegung	53
2. Gleichheitswidriges Gesetz	54
3. Gleichheitswidrige Tarifverträge	58
VI. Problematische Differenzierungsmerkmale	62
1. Betriebs- und Unternehmensgröße	62
2. Beschäftigtengruppen	64
3. Teilzeitarbeit	65
B. Diskriminierungsverbote – Art. 3 III GG	66
I. Bedeutung und Systematik	66
II. Funktion und Wirkung	68
III. Tatbestand der Diskriminierung	70
1. Benachteiligung oder Bevorzugung	70
2. Die unzulässigen Gruppenmerkmale	71
3. Begründungszusammenhang	77
C. Benachteiligung wegen Behinderung	79

	Rn.		Rn.
D. Gleichberechtigung der Frauen – Art. 3 II und III	83	II. Benachteiligung von Frauen	87
I. Bedeutung und Systematik	83	1. Formen der Benachteiligung	87
		2. Rechtfertigungsgründe	90
		III. Frauenförderung	92

A. Der allgemeine Gleichheitssatz – Art. 3 I GG

I. Normzweck und Systematik

1. Normzweck. Der allgemeine Gleichheitssatz ist neben dem Rechtsstaatsprinzip zentraler Ausdruck des Gerechtigkeitsgedankens im Grundgesetz und fundamentales Rechtsprinzip (BVerfG 31. 5. 1988 E 78, 232, 248 = NJW 1988, 3258). Die **staatsbürgerliche Gleichheit** ist Grundlage der verfaßten Demokratie. Gleichheit vor dem Gesetz – **Rechtsanwendungsgleichheit** – ist als Gegenprinzip zu ständischen Unterschieden eng mit dem modernen Begriff des Rechts und der Bindung aller Staatsgewalt an Recht und Gesetz verknüpft. Unter dem Grundgesetz bindet das Ziel materialer Gerechtigkeit den parlamentarischen Gesetzgeber ebenso wie jede andere Rechtssetzung (**Rechtssetzungsgleichheit**). In Verbindung mit dem Sozialstaatsprinzip ist der Gleichheitssatz Grundlage und Legitimation staatlicher Bestrebung, tatsächliche gesellschaftliche Ungleichheit abzubauen (**Gleichheit durch das Gesetz**).

Die lange, wechselvolle Tradition in der Rechtsphilosophie (vgl. dazu *Kirchhof* HbStR V § 124 Rn. 44 ff.; *Bleckmann*, Die Struktur des allgemeinen Gleichheitssatzes, 1995, 3 ff.) und in der deutschen Verfassungsgeschichte (s. nur Art. 137 III Paulskirchenverfassung; Art. 109 I WRV) geben dem allgemeinen Gleichheitssatz **überpositive Grundlagen** (BVerfG 5. 4. 1952 E 1, 208, 223; 23. 1. 1957 E 6, 84, 91). Er ist ein **allgemeines Strukturprinzip** der durch das Grundgesetz geschaffenen Rechtsordnung (BVerfG 23. 1. 1957 E 6, 84, 91; st. Rspr.) und findet seinen Niederschlag auch in den Verfassungen der Bundesländer, soweit diese mehr als ein bloßes Organisationsstatut enthalten. Im supra- und internationalen Recht (s. etwa Art. 14 EMRK; Art. 14, 26 f IPBürgR) wie auch im europäischen Gemeinschaftsrecht ist er als gesicherter Bestandteil anerkannt (*Häberle* EuGRZ 1991, 261).

Aus der Gesamtschau der besonderen Gleichheitssätze des Gemeinschaftsrechts (insb. Art. 6 I, 40 III 2, 119 EGV) leitet der EuGH einen **allgemeinen gemeinschaftsrechtlichen Gleichheitssatz** ab (grundlegend EuGH 19. 10. 1977 EuGHE 1977, 1753); sein Inhalt stimmt ungeachtet des abweichenden Anwendungsbereiches weitgehend mit Art. 3 I überein (eingehend *Mohn*, Der Gleichheitssatz im Gemeinschaftsrecht, 1990, 30 ff.; *Kischel* EuGRZ 1997, 1 ff.; allg. zu Diskriminierungs- und Behinderungsverboten im europäischen Arbeits- und Sozialrecht *Bieback*, in *Eichendorfer/Zuleeg* [Hrsg.], Die Rechtsprechung des EuGH zum Arbeits- und Sozialrecht im Streit, 1995, 103 ff.).

Der allgemeine Gleichheitssatz zielt auf Gleichheit im und durch Recht. Hingegen ist er (im Gegensatz zu Art. 3 II) **kein rechtspolitisches Programm**, das die Herstellung umfassender faktischer Gleichheit durch Beseitigung wirtschaftlicher, sozialer oder sonstiger Ungleichheit forderte. Er enthält insbesondere keinen Verfassungsauftrag zur Egalisierung der Lebensverhältnisse unter Nivellierung tatsächlicher Unterschiede, die als Folge grundrechtsgeschützter Freiheitsentfaltung zwangsläufig entstehen. Insoweit betrifft er allein das „Wie", nicht das „Ob" der Staatstätigkeit. Allerdings wird er auch durch das Sozialstaatsprinzip beeinflußt (vgl. Rn. 11).

2. Konkurrenzen. Der allgemeine Gleichheitssatz wird im Grundgesetz selbst konkretisiert, ergänzt und in seiner Wirkkraft verstärkt durch den **Gleichberechtigungssatz** (Art. 3 II), den **besonderen Gleichheitssatz** des Art. 3 III sowie auf bestimmte Lebensbereiche oder Differenzierungsmerkmale bezogene Gleichheitsgebote (s. etwa Art. 6 V [Gleichstellung nichtehelicher Kinder], Art. 33 I bis III [staatsbürgerliche Rechte und Zugang zum öffentlichen Dienst], Art. 38 [Wahlgleichheit], Art. 21 [Gleichbehandlung der Parteien], Art. 12 a II und III [Ersatzdienst]); Diskriminierungsschutz vermittelt weiterhin die Drittwirkungsklausel des Art. 9 III 2.

Im **Verhältnis zu speziellen Gleichheitssätzen** tritt Art. 3 I zurück, soweit diese das aufgeworfene Gleichheitsproblem abschließend regeln (BVerfG 16. 12. 1981 E 59, 128, 156 = NJW 1983, 103, 105). Der allgemeine Gleichheitssatz kann aber zusätzlich auf denselben Sachverhalt Anwendung finden, soweit Differenzierungsmerkmale betroffen sind, die die spezielleren Gleichheitssätze nicht erfassen (BVerfG 8. 3. 1988 E 78, 38, 53 = NJW 1988, 1577 – gemeinsamer Familienname; BVerfG 28. 1. 1992 E 85, 191, 206 = AP AZO § 19 Nr. 2 – Nachtarbeitsverbot).

Für den **Zugang zu Ämtern im öffentlichen Dienst** gehen Art. 33 II und III als speziellere grundrechtsgleiche (BVerfG [Kammer] 19. 9. 1989 NJW 1990, 501) Garantien dem allgemeinen Gleichheitssatz vor. Sie gewährleisten im Rahmen der von Art. 33 nicht erfaßten vorrangigen haushalts- oder beschäftigungspolitischen Entscheidungen über die Einrichtung oder Besetzung von Dienstposten für deutsche Staatsangehörige und nach Maßgabe des Art. 48 EGV auch für EU-Angehörige den chancengleichen (Abs. 2) und diskriminierungsfreien (Abs. 3) Zugang zu Ämtern im öffentlichen Dienst. Die

10 GG Art. 3 Gleichheit vor dem Gesetz

Chancengleichheit gewährt im Regelfall lediglich den Anspruch auf ermessensfehlerfreie, insbesondere benachteiligungsfreie Besetzungsentscheidung; ein Einstellungsanspruch kommt nur im Ausnahmefall in Betracht, wenn der Ermessensspielraum auf Null reduziert ist (vgl. zum ähnlichen Problem bei Einstellungs- oder Beförderungsdiskriminierung BAG 5. 3. 1996 AP GG Art. 3 Nr. 226 – Kalanke).

8 **Freiheits- und Gleichheitsrechte** schließen sich nicht aus. Sie ergänzen einander ohne logisch zwingendes Rangverhältnis. Als unmittelbar geltendes, subjektiv-öffentliches Recht auf Gleichbehandlung verstärkt der Gleichheitssatz vor allem den Schutz der Menschenwürde (Art. 1 I) und die freie Entfaltung der Persönlichkeit (Art. 2 I). Eingriffe in Freiheitsrechte müssen dem Gleichheitssatz genügen. Andererseits ist die Schutzdimension der Freiheitsrechte bei der Ausfüllung des wertungsoffenen Gleichheitssatzes zu berücksichtigen, namentlich bei der Gewichtung tatsächlicher Unterschiede und der zur Rechtfertigung einer Ungleichbehandlung herangezogenen Differenzierungsziele. Entscheidend für den heranzuziehenden Prüfungsmaßstab ist das thematische Schwergewicht; so ist das (ungefähre) Gleichgewicht der Tarifparteien allein eine Frage des Art. 9 III. Ergänzender Prüfungsmaßstab ist Art. 3 I allerdings hinsichtlich der Folgen der gesetzlichen Ausgestaltungen des Koalitionsrechts (BVerfG 4. 7. 1995 E 92, 365, 407 ff. = AP AFG § 116 Nr. 4).

II. Abwehr- und Schutzfunktion des Art. 3 I GG

9 **1. Abwehrfunktion.** Art. 3 I vermittelt in seiner Abwehrfunktion ein subjektiv-öffentliches Recht auf Gleichbehandlung, einen – gerichtlich durchsetzbaren – Abwehranspruch dagegen, durch eine unmittelbar grundrechtsgebundene Gewalt im Verhältnis zu anderen Grundrechtsträgern gleichheitswidrig behandelt zu werden. Der Abwehranspruch hat hier nicht das Ziel, einen bestimmten Schutzbereich zu verteidigen, wie es die Freiheitsrechte tun. Der allgemeine Gleichheitssatz ist vielmehr ergebnisoffen. Er fordert als **„modales Abwehrrecht"** (*Sachs* DÖV 1984, 411, 414) den wertenden Vergleich zweier Sachverhalte, die sich hinsichtlich bestimmter Merkmale unterscheiden.

10 Aussagen über Beachtung oder Verletzung des allgemeinen Gleichheitssatzes verlangen also die Bestimmung der zum Vergleich gestellten Sachverhalte – bei personenbezogenen Differenzierungen eine **Vergleichsgruppenbildung** –, sodann die Identifizierung des **Differenzierungsmerkmals** und schließlich die Feststellung des mit der Ungleichbehandlung verfolgten **Differenzierungszieles**. Auf der Grundlage dieser Feststellungen ist das Verhältnis von Differenzierungsmerkmal und -ziel nach Art. 3 I zu bewerten. Dies wirft neben der Beachtung (absoluter oder relativer) Differenzierungsverbote vor allem die kompetenzrechtliche Frage auf, wem der Vorrang bei den erforderlichen Wertungen zukommt und mit welcher Intensität dessen Entscheidung gerichtlich überprüft werden kann (vgl. Rn. 14).

11 **2. Schutzfunktion.** Art. 3 I verpflichtet den Gesetzgeber und subsidiär auch die Rechtsprechung bei der Ausgestaltung der Privatrechtsordnung gleichheitswidrige Regelbildungen auszuschließen (allg. zur Schutzfunktion Einl. Rn. 41, 57 ff.). In Verbindung mit dem **Sozialstaatsprinzip** ergibt sich aus dem allgemeinen Gleichheitssatz die Pflicht des Staates, die gravierenden Unterschiede in der sozialen Wirklichkeit realitätsnah zu erfassen (eingehend und differenzierend *V. Neumann* DVBl. 1997, 92). Hieraus lassen sich allerdings verfassungsunmittelbare Individualansprüche bestimmten Inhalts nicht herleiten. Der Ausgleich gestörter Vertragsparität wird vorrangig als Problem der Art. 2 I und 12 I gesehen (dazu Einl. Rn. 40 und Art. 2 Rn. 33). Der Wirkbereich des allgemeinen Gleichheitssatzes ist demgegenüber die **privatautonome Normsetzung**. Der Gesetzgeber muß verhindern, daß zivilrechtliche Regeln gebildet und angewandt werden, die zu sachwidrigen Differenzierungen oder gar zu Diskriminierungen führen. Er darf ferner nicht zulassen, daß gleichheitswidrige Grundsätze und Vertragspraktiken mit staatlichen Zwangsmitteln durchgesetzt werden. Das gilt vor allem für die Ausgestaltung der Tarif- und Betriebsautonomie (Einl. Rn. 57 ff.), aber auch bei der Ausformung des arbeitsrechtlichen Gleichbehandlungsgrundsatzes (vgl. Rn. 30). Zur Schutzpflicht bei Einstellung und Kündigung vgl. auch Art. 12 Rn. 30 u. 34 ff.

12 **3. Verfahrensregeln.** Im Grenzbereich von Abwehr- und Schutzfunktion liegt die gesetzliche Ausgestaltung des **Organisations- und Verfahrensrechts**. Hier findet Art. 3 I in seiner Ausprägung als **Wahlgleichheit** Anwendung, wo die speziellen Wahlrechtsgrundsätze (Art. 28 I, 38 I) nicht greifen. Er wirkt als strikter Grundsatz der Chancengleichheit bei Wahlen etwa im Bereich der Selbstverwaltung der Sozialversicherung (BVerfG 24. 2. 1971 E 30, 227, 246 ff. = AP GG Art. 9 Nr. 22), der Richtervertretung (BVerfG 16. 12. 1975 E 41, 1, 12 ff. = NJW 1976, 889), der Personalvertretung (BVerfG 23. 3. 1982 E 60, 162, 167 ff. = AP LPVG Bremen § 48 Nr. 1) und bei ANkammern (BVerfG 22. 10. 1985 E 71, 81, 94 ff. = AP GG Art. 3 Nr. 142). Für die BRwahl gilt er genauso, und zwar schon für das Wahlvorschlagsrecht (GK-BetrVG/*Kreutz* § 14 Rn. 132).

13 Für das **Prozeßrecht** verstärkt Art. 3 I den durch Art. 19 IV garantierten gleichen Zugang zum Gericht (einschließlich prozeßrechtlich vorgesehener Rechtsmittelinstanz). Er prägt auch die Auslegung und Anwendung des Prozeßkostenhilferechts (BVerfG 26. 4. 1988 E 78, 104, 117 f.; BVerfG 13. 3. 1990 E 81, 347, 356 f. = NJW 1991, 413) und steht dem Ausschluß der Beratungshilfe in arbeits-

rechtlichen Angelegenheiten entgegen (BVerfG 2. 12. 1992 E 88, 5, 12 ff. = AP BeratungshilfeG § 2 Nr. 1).

III. Kompetenzabhängigkeit der Bindungen

Alle Grundrechtsadressaten sind an den Gleichheitssatz als **Handlungsmaßstab** im Ansatz gleichermaßen gebunden. Offenheit und Konkretisierungsbedürftigkeit des Gleichheitssatzes erlauben und gebieten indes bei seiner Heranziehung als **Kontrollmaßstab** Differenzierungen, die die unterschiedlichen Funktionen und Kompetenzen respektieren. 14

1. Gesetzgebung. Der Gleichheitssatz wirkt **kompetenzakzessorisch.** Er bezieht sich also von vornherein allein auf den sachlichen und räumlichen Kompetenzbereich des jeweiligen Trägers öffentlicher Gewalt. Entscheidend ist die nach der Kompetenzordnung rechtlich zugewiesene Regelungs- oder Entscheidungsmöglichkeit. **Landesgesetzgeber** haben den Gleichheitssatz nur für ihren eigenen Regelungsbereich zu wahren. Kompetenzgerecht erlassenes Landesrecht kann nicht allein deswegen gleichheitswidrig sein, weil andere Bundesländer abweichende Regelungen getroffen haben; dies gilt auch dann, wenn landesgesetzliche Regelungen (etwa im Feiertags- oder Bildungsurlaubsrecht) die Kostenstrukturen und damit die Wettbewerbssituation ländergrenzübergreifend beeinflussen. Gleiches gilt bei einem **divergierenden Verwaltungsvollzug**, namentlich bei Ausfüllung von Beurteilungs- und Ermessensspielräumen. Eine äußerste Grenze setzt der Grundsatz der Bundestreue. 15

Dem Gesetzgeber ist für die tatsächlichen Grundlagen seiner Regelung und für die Einschätzung der voraussichtlichen Wirkungen ein **Beurteilungs-** und **Prognosespielraum** einzuräumen. Für die Regelung selbst hat er erhebliche **Gestaltungsfreiheit.** Der Gestaltungsfreiraum bezieht sich sowohl auf das „Ob" einer Regelung (und damit auch einer Deregulierung) als auch auf die Bestimmung des zeitlichen und sachlichen Regelungsbereiches – und damit die Vergleichbarkeit der Sachverhalte –, des Differenzierungszieles sowie des Differenzierungsmerkmals. Der Gesetzgeber hat namentlich zu befinden, welche Elemente der regelungsbedürftigen Lebensverhältnisse er als maßgebend für eine Gleich- oder Ungleichbehandlung ansieht (BVerfG 9. 3. 1994 E 90, 145, 196 = NJW 1994, 1577). Der allgemeine Gleichheitssatz ist nicht etwa schon dann verletzt, wenn der Gesetzgeber an sich zulässige Differenzierungen nicht vornimmt (BVerfG 23. 3. 1994 E 90, 226, 239 = NZS 1994, 417). 16

Andererseits kann der Gesetzgeber die Anforderungen durch einfachgesetzliche Gleichheitsvorschriften (**Differenzierungsver- oder -gebote**) erhöhen, oder die für eine Gleichheitsbetrachtung beachtlichen Faktoren begrenzen (§ 1 III, IV KSchG). Das gilt ebenso für den Gesetzgeber des Gemeinschaftsrechts. Die Durchsetzbarkeit gemeinschaftsrechtlicher Gleichheitsgebote hat der nationale Gesetzgeber zu gewährleisten und auch gegenüber den Tarifparteien sicherzustellen (EuGH 27. 6. 1990 AP EWG-Vertrag Art. 119 Nr. 21; BAG 26. 5. 1993 Art. 119 EWG-Vertrag Nr. 42 = NZA 1994, 413). Konkretisierende einfachgesetzliche Gleichheitsregeln können die Tarifparteien binden; die Tarifautonomie bedarf der gestzlichen Ausgestaltung, ist also gesetzgeberischer Modifikation in den durch Art. 9 III gesetzten Grenzen zugänglich (s. BVerfG 10. 1. 1995 E 92, 26, 38 ff. = AP GG Art. 9 Nr. 76; BVerfG 24. 4. 1996 E 94, 268, 284 = NZA 1996, 1157; s. a. Art. 9 Rn. 56 ff.). 17

2. Rechtsprechung ist „konstitutionell uneinheitlich" (BVerfG 26. 4. 1988 E 78, 123, 126 = AP GG Art. 2 Nr. 30 = NJW 1988, 2787). Die Gerichte müssen bei ihrer am Einzelfall orientierten Tätigkeit nicht **Rechtsprechungsgleichheit** iS einer gerichtsübergreifend gleichheitskonformen Rechtsanwendung sicherstellen (zum Ganzen *Schulte*, Rechtsprechungseinheit als Verfassungsauftrag, 1986). Eine für sich verfassungs- und gesetzeskonforme Auslegung und Anwendung des Rechts verstößt insbesondere nicht deswegen gegen Art. 3 I, weil andere Gerichte dieselbe Rechtsvorschrift in vergleichbaren Fällen anders auslegen (BVerfG 6. 5. 1987 E 75, 329, 347 = NJW 1987, 3175; st. Rspr.). Das Spannungsfeld zwischen Einzelfallgerechtigkeit und gleichmäßiger richterlicher Rechtsanwendung wird lediglich abgemildert durch das Rechtsmittelrecht (Divergenzrevision) und die den obersten Bundesgerichten zugewiesene Aufgabe, die Rechtsprechungseinheit zu wahren (Art. 95 III; Gesetz zur Wahrung der Einheitlichkeit der Rechtsprechung der obersten Gerichtshöfe des Bundes). Aber über die einfachgesetzlich angeordnete Bindungswirkung höchstrichterlicher Entscheidungen im Einzelfall hinaus gebietet Art. 3 I keine weitergehenden Folgepflichten für im Instanzenzug nachgeordnete Gerichte. 18

Die Rechtsprechung hat auch keine kontinuierliche Entscheidungspraxis, also **Rechtsprechungseinheit in der Zeit,** zu gewährleisten. Eine starre Selbstbindung der Gerichte an ihre ständige Rechtsprechung widerspricht dem Interesse der Rechtsentwicklung und -fortbildung sowie der notwendigen Offenheit für neue Argumente und bessere Erkenntnis (BVerfG 26. 6. 1991 E 84, 212, 227 f. = AP GG Art. 9 Arbeitskampf Nr. 117). Der Gleichheitssatz kann aber dann (und erst dann) verletzt sein, wenn eine einzelne Entscheidung die Bahnen organischer Fortentwicklung der Rechtsprechung so sehr verläßt, daß sie als objektiv willkürlich bezeichnet werden muß (BVerfG 11. 11. 1964 E 18, 224, 240; offengelassen BVerfG 26. 6. 1991 E 84, 226, 227 = AP GG Art. 9 Arbeitskampf Nr. 117, wo – positiv – darauf abgestellt wird, daß sich die geänderte Rechtsprechung des BAG zum Arbeitskampfrecht „im Rahmen vorhersehbarer Entwicklung" hielt. Siehe auch Rn. 22). Rechtlich gebotener Ver- 19 trauensschutz in den Fortbestand einer gefestigten Rechtsprechung kann sich allerdings aus dem Rechtsstaatsprinzip ergeben und bei dessen Anwendung eine sachliche oder zeitliche Beschränkung der geänderten Rechtserkenntnis gebieten. Dies gilt namentlich dann, wenn die Rechtsprechung zu irreversiblen Rechtshandlungen und wirtschaftlichen Dispositionen geführt hat (BAG 20. 11. 1990 AP BetrAVG § 1 Ablösung Nr. 14 = NZA 1991, 477, 480 f.); zu berücksichtigen sind Gesichtspunkte der Zumutbarkeit und des Gemeinwohls, etwa übermäßige Kostenbelastung oder die faktische Undurchführbarkeit einer Rückabwicklung (BAG 28. 7. 1992 AP BetrAVG § 1 Gleichbehandlung Nr. 18 = NZA 1993, 215, 219 f.; zum Ganzen umfassend und kritisch *Louven*, Problematik und Grenzen rückwirkender Rechtsprechung des BAG; vgl. auch *Medicus* NJW 1995, 2577 f.; *Löwisch*, FS 100 Jahre Arbeitsgerichtsverband, 1994, 601).

20 Für die Rechtsprechung hat Art. 3 I Bedeutung vor allem als Prüfungsmaßstab arbeitsrechtlicher Normen. Die Verfassungskonformität der **Entscheidungsgrundlagen** ist stets (inzident) von Amts wegen zu prüfen. Der Amtsermittlungsgrundsatz gilt auch für die tatsächlichen Verhältnisse, die für die verfassungsrechtliche Beurteilung erheblich sind; sie sind nach den Grundsätzen des § 293 ZPO zu ermitteln. Das gilt auch bei der Inzidentkontrolle von Tarifverträgen (BAG 4. 3. 1993 AP BGB § 622 Nr. 40 mit krit. Anm. *Hergenröder* = NZA 1993, 995, 996; BAG 16. 9. 1993 AP BGB § 622 Nr. 42 = NZA 1994, 221).

21 Bei der **Auslegung und Anwendung** von Gesetzes- und Tarifrecht hat die Rechtsprechung den allgemeinen Gleichheitssatz vor allem insoweit zu beachten, als sie das Recht fortbildet oder durch Konkretisierung ausformt. Sie darf dabei keine Differenzierungen zugrundelegen, die – als Norm formuliert – dem Gesetzgeber verwehrt wären (BVerfG 14. 1. 1987 E 74, 129, 149 = AP BetrAVG § 1 Unterstützungskassen Nr. 11; BVerfG 11. 6. 1991 E 84, 197, 199).

22 Das BVerfG überprüft fachgerichtliche Entscheidungen darüber hinaus am Maßstab des Art. 3 I, wenn diese mit der Begründung angegriffen werden, sie verstießen gegen das **Willkürverbot**. Eine Verletzung des Gleichheitssatzes in seiner Bedeutung als Willkürverbot kommt allerdings nicht schon bei jedem Rechtsfehler in Betracht; selbst eine zweifelsfrei fehlerhafte Gesetzesanwendung begründet noch keinen Verstoß gegen den allgemeinen Gleichheitssatz. Hinzukommen muß vielmehr, daß die fehlerhafte Rechtsanwendung unter Berücksichtigung der das Grundgesetz beherrschenden Gedanken nicht mehr verständlich ist und sich daher der Schluß aufdrängt, daß sie auf sachfremden Erwägungen beruht (BVerfG 13. 1. 1987 E 74, 102, 127 = AP GG Art. 12 Nr. 59; BVerfG [Kammer] 18. 2. 1993 AP BeschFG 1985 § 2 1985 Nr. 25; BVerfG 3. 11. 1992 E 87, 273 = AP BRAGO § 31 Nr. 5; st. Rspr.) Die betonte Zurückhaltung wird allerdings vom BVerfG nicht immer praktiziert (vgl. zB BVerfG [Kammer] 7. 11. 1995 AP BGB § 611 Ehegatten-Arbeitsverhältnis Nr. 5; zur verbreiteten Kritik vgl. *Miebach*, Zur Willkür- und Abwägungskontrolle des BVerfG bei der Verfassungsbeschwerde gegen Gerichtsurteile, 1990, S. 53 ff.; *Winter*, FS für Merz, 1992, S. 611 ff. mwN).

23 **3. Verwaltung.** Die im Bereich des Arbeitsrechts tätigen Behörden haben den Gleichheitssatz vor allem bei der Ausfüllung von Beurteilungs- und Ermessensspielräumen zu beachten, etwa bei der Aufsichtstätigkeit im Bereich des Arbeitsschutzes oder der Zustimmung zur Kündigung von Schwerbehinderten. Bei der strikt gesetzesgebundenen Verwaltung hat das Gebot der Rechtsanwendungsgleichheit neben dem Vorrang des Gesetzes (Art. 20 III) keine selbständige Bedeutung. Die Behörden haben in ihrem jeweiligen Zuständigkeitsbereich die Rechtsanwendungsgleichheit auch in der Zeit zu beachten (**Selbstbindung**). Von einer ständigen Verwaltungspraxis darf die Verwaltung nicht ohne sachlichen Grund abweichen; dieser kann in Besonderheiten des Einzelfalles liegen, aber auch in einer generellen Neuorientierung der Verwaltungspraxis selbst. Ermessensleitende oder -bindende **Verwaltungsvorschriften** indizieren eine nach Art. 3 I zu beachtende Selbstbindung und entfalten so mittelbar Außenwirkung.

24 Unmittelbar grundrechtsgebunden ist die öffentliche Verwaltung ferner bei ihrer normsetzenden Tätigkeit. Sie muß bei **Verordnungsrecht** den ihr durch die Verordnungsermächtigung belassenen Gestaltungsspielraum gleichheitskonform ausfüllen. Differenzierungen haben nach Art und Gewicht sachgebietsbezogen zu sein. Aus Inhalt und Zweck der Ermächtigung ergeben sich zugleich Maßstäbe für die Sachgerechtigkeit und Verhältnismäßigkeit getroffener Unterscheidungen.

25 Die **Allgemeinverbindlicherklärung von Tarifverträgen** nach § 5 TVG steht als Sonderfall staatlicher Normsetzung (BVerfG 24. 5. 1977 E 44, 322, 343, 346 = AP TVG § 5 Nr. 15; 15. 7. 1980 E 55, 7, 20 ff = AP TVG § 5 Nr. 17) in der Letzt- und Alleinverantwortung des Ministeriums bzw. der Bundesregierung. Der erforderliche Antrag einer Tarifvertragspartei und das Einvernehmen des Tarifausschusses können ihnen diese Last nicht abnehmen. Sie müssen im Rahmen der ihnen obliegenden Ermessensentscheidung von Amts wegen die Regelungen des Tarifvertrages auch auf deren Vereinbarkeit mit Art. 3 I überprüfen (BAG 28. 3. 1990 AP TVG § 5 Nr. 25 = NZA 1990, 781; *Löwisch/Rieble* TVG § 5 Rn. 50; unter Berufung auf BVerfG [Kammer] 10. 9. 1991 AP TVG § 5 Nr. 27; vgl. auch § 5 TVG Rn. 20).

26 **4. Tarifverträge** sind entgegen der bisherigen Rechtsprechung des BAG nicht Ausübung öffentlicher Gewalt iSv. Art. 1 III (Einl. Rn. 47 ff.). Sie werden dazu auch nicht allein wegen der ihnen durch § 4 TVG zuerkannten normativen Wirkung. Die autonome Rechtssetzungsmacht der Tarifvertrags-

parteien ist aber dennoch im Ergebnis an Art. 3 I gebunden, wenngleich eine § 75 BetrVG vergleichbare Vorschrift im TVG fehlt. Es handelt sich um eine **ungeschriebene Kompetenzgrenze,** die die Rechtsprechung aufgrund der Schutzfunktion des Art. 3 (vgl. Rn. 11) im Wege des Richterrechts entwickeln mußte (Einl. Rn. 57 f.).

Den Tarifparteien gebührt ebenso wie dem Gesetzgeber ein weiter Gestaltungsfreiraum und eine **27** Einschätzungsprärogative in Bezug auf die sachlichen Gegebenheiten und betroffenen Interessen. Das folgt aus Art. 9 III, der Staatsferne gewährleistet und Tarifzensur verbietet. Entsprechende Zurückhaltung ist bei der gerichtlichen Kontrolle von Tarifverträgen am Maßstab des Art. 3 I geboten. So kann zB Systemgerechtigkeit nicht in gleichem Maße wie vom Gesetzgeber gefordert werden (Rn. 46). Den Tarifvertragsparteien sind ferner Differenzierungen erlaubt, die der arbeitsrechtliche Gleichbehandlungsgrundsatz dem einzelnen AG verwehrt (10. 3. 1982, BAG AP BGB § 242 Gleichbehandlung Nr. 47 = NJW 1982, 2575 – zu Differenzierungen bei rückwirkenden Lohnerhöhungen). Die Gleichgewichtigkeit der Tarifparteien führt zu einer **erhöhten Richtigkeitsgewähr und damit Sachgerechtigkeitsvermutung** (BAG 23. 1. 1992 AP BGB § 622 Nr. 37 = NZA 1992, 739).

Sachlich und räumlich richtet sich die Regelungsmacht der Tarifvertragsparteien nach ihrer sat- **28** zungsmäßigen Tarifzuständigkeit. Im Gegensatz zur staatlichen Rechtsetzung kann aber die Vergleichsgruppenbildung nicht auf den gesamten Tarifzuständigkeitsbereich abstellen. Dieser ist auf der Seite der Gewerkschaften meistens anders geregelt als auf der Seite der AGverbände und umfaßt für beide Seiten regelmäßig ganz unterschiedliche Branchen und Berufsgruppen. Ein **tarifvertragsübergreifender Gleichheitsvergleich** ist aber angezeigt, wenn dieselben Tarifparteien für unterschiedliche ANgruppen derselben Branche oder Berufsgruppe je eigenständige Tarifverträge schließen oder eine Gruppe von ihrer Regelung ausnehmen. Eine solche Differenzierung bedarf der sachlichen rechtfertigung, um am Maßstab des Art. 3 bestehen zu können (BAG 23. 1. 1992 AP BGB § 622 Nr. 35 = NZA 1992, 742; BAG 17. 12. 1992 AP BAT § 2 SR 2 e II Nr. 1 = NZA 1993, 708; BAG 17. 10. 1995 AP BGB § 242 Gleichbehandlung Nr. 132 = NZA 1996, 656; für unterschiedliche Normgeber offengelassen BAG 21. 2. 1991 AP BAT § 63 Nr. 9, wo bereits die Vergleichbarkeit der Sachverhalte abgelehnt wurde). Die Regelung in unterschiedlichen Tarifverträgen schließt für sich allein einen Gleichheitsverstoß nicht aus (s. a. *Hanau/Kania,* Ungleichbehandlung von Arbeitern und Angestellten in den Tarifverträgen des öffentlichen Dienstes, 1994, 29 ff.; skeptisch *Wiedemann/Peters* RdA 1997, 100, 101). Der EuGH verlangt sogar den Vergleich von Vergütungsregelungen für unterschiedliche Berufe, um die mittelbare Diskriminierung von Frauen zu verhindern (27. 10. 1993 Fall – *Enderby* = AP EWG-Vertrag Art. 119 Nr. 50 = NZA 1994, 797).

5. Betriebsvereinbarungen und ihnen gleichgestellte Regelungen sind nicht verfassungsunmittelbar **29** an den Gleichheitssatz gebunden (BVerfG 23. 4. 1986 E 73, 261, 268 = AP GG Art. 2 Nr. 28; Einl. Rn. 24 und 59); gleiches gilt für die **Einigungsstellen** als privatrechtliche, innerbetriebliche Schlichtungsstellen (BAG 22. 1. 1980 AP BetrVG 1972 § 111 Nr. 7 = NJW 1980, 2094) selbst dann, wenn ihre Beschlüsse bindend und Grundlage für Eingriffe in grundrechtsgeschützte Bereiche sind (BAG 27. 5. 1986 AP BetrVG 1972 § 87 Überwachung Nr. 15 = NZA 1986, 643). Für die betriebliche Rechtsetzung folgt aber ihre Bindung an den allgemeinen Gleichheitssatz aus **§ 75 BetrVG,** und zwar auch über die beispielhaft („insbesondere") hervorgehobenen absoluten Differenzierungsverbote hinaus (Einl. Rn. 59 und 210 – BetrVG § 75 Rn. 6 f.).

6. Arbeitsverträge. Die Arbeitsvertragsparteien selbst sind als Grundrechtsträger nicht Grund- **30** rechtsadressaten, also bei Abschluß des Arbeitsvertrages und Abwicklung des Arbeitsverhältnisses nicht verfassungsunmittelbar an Art. 3 I gebunden. Der AN genießt aber im Verhältnis zum AG gleichartigen Schutz durch den **arbeitsrechtlichen Gleichbehandlungsgrundsatz.** Dieser ist nicht Ausdruck einer unmittelbaren Drittwirkung des allgemeinen Gleichheitssatzes. Gleichheitssatz und Gleichbehandlungsgrundsatz greifen zwar auf dieselben Rechtsgedanken zurück (MünchArbR/*Richardi* § 14 Rn. 6), der arbeitsrechtliche Gleichbehandlungsgrundsatz wurzelt aber ungeachtet seiner umstrittenen dogmatischen Herleitung als Rechtssatz im Privatrecht (230 – BGB § 611 Rn. 836; *Marhold/Beckers* AR-Blattei SD 800.1 Rn. 11 ff.; *Maute,* Gleichbehandlung von AN, 1993, 18 ff.). Er wird indes **inhaltlich bestimmt durch den allgemeinen Gleichheitssatz** (BAG 28. 7. 1992 AP BetrAVG § 1 Gleichbehandlung Nr. 18 = NZA 1993, 215, 216; BAG 15. 11. 1994 AP BGB § 242 Gleichbehandlung Nr. 121 = NZA 1995, 939; s. a. BAG 28. 3. 1996 AP BeschFG 1985 § 2 Nr. 49 = NZA 1996, 1280, 1281: „§ 242 BGB iVm. Art. 3 Abs. 1 GG"). Zwischen beiden Grundsätzen bestehen zwar Unterschiede, vor allem in den Regelungsadressaten und der Frage der (unmittelbar) anspruchsbegründenden Wirkung, aber die zu bewältigenden Probleme stimmen weitgehend überein (krit. *Fastrich* RdA 2000, 65 ff.). Es geht um Regelbildungen mit vertragsrechtlichen Mitteln. Deshalb sind die Gerichte bei der Ausformung des Gleichbehandlungsgrundsatzes von Verfassungs wegen verpflichtet, Art. 3 Geltung zu verschaffen. Die neuere Rechtsprechung des BVerfG zum Gebot der „verhältnismäßigen Gleichheit" bei personenbezogenen Differenzierungen (Rn. 33 ff.) ist von ihnen zu beachten. Adressat des Gleichbehandlungsgrundsatzes ist der AG, dessen Regelungskompetenz **nicht auf einzelne Betriebe beschränkt** ist; deshalb ist auch der Gleichbehandlungsgrundsatz in der Weise zu konkretisieren, daß er sich betriebsübergreifend auf das ganze Unternehmen erstreckt

(BAG 17. 11. 1998 AP BGB 242 Gleichbehandlung Nr. 162; eingehend *Preis* – 230 – BGB § 611 Rn. 847 f.).

31 Lediglich dem arbeitsrechtlichen Gleichbehandlungsgrundsatz unterworfen ist auch die öffentliche Hand als AG. Soweit die öffentliche Verwaltung ihre Bediensteten auf arbeitsrechtlicher Grundlage beschäftigt, betätigt sie sich als Privatrechtssubjekt (BVerfG 2. 3. 1993 E 88, 103, 116 = AP GG Art. 9 Arbeitskampf Nr. 125); für die **fiskalische Verwaltung** wird nach überwiegender Meinung eine Grundrechtsbindung aus Art. 1 III verneint (*Heun* in *Dreier*, Rn. 50), und zwar im Gegensatz zu dem unmittelbar grundrechtsgebundenen Handeln im Bereich des öffentlich-rechtlich geordneten Beamtenrechts.

IV. Prüfungsmaßstab und -programm

32 **1. Willkürmaßstab und „neue Formel".** Je nach Regelungsgegenstand und Differenzierungsmerkmalen gelten unterschiedliche Prüfungsmaßstäbe. Daraus ergeben sich **Prüfungsprogramme mit abgestufter Prüfungsintensität.** Sie können vom bloßen Willkürverbot bis hin zu einer strengen Bindung an Verhältnismäßigkeitserfordernisse reichen (BVerfG 26. 1. 1993 E 88, 87, 96 f.; BVerfG 10. 1. 1995 E 92, 26, 50 ff. = AP GG Art. 9 Nr. 76; BAG 9. 3. 1994 AP BAT § 23 a Nr. 31 = NZA 1994, 1042, 1044; zusammenfassend *Jarass* NJW 1997, 2545 ff.).

33 Die ältere Rechtsprechung des BVerfG hatte sich im Regelfall auf den **Willkürmaßstab** beschränkt. Der allgemeine Gleichheitssatz war hiernach nur verletzt, „wenn sich ein vernünftiger, aus der Natur der Sache folgender oder sonstwie sachlich einleuchtender Grund für die gesetzliche Differenzierung oder Gleichbehandlung nicht finden läßt" (seit BVerfG 23. 10. 1951 E 1, 14, 52 st. Rspr. vgl. 28. 6. 1994 E 91, 118 = NJW 1995, 581). Diese „Willkürformel" ist seit Anfang der 80er Jahre in der Rechtsprechung des Ersten Senats des BVerfG durch einen weitergehenden Prüfungsmaßstab ergänzt worden, der den **Aspekt verhältnismäßiger Gleichheit** betont. Nach der sog. **„neuen Formel"** ist der allgemeine Gleichheitssatz „vor allem" dann verletzt, „wenn eine Gruppe von Normadressaten im Vergleich zu anderen Normadressaten anders behandelt wird, obwohl zwischen beiden Gruppen keine Unterschiede von solcher Art und solchem Gewicht bestehen, daß sie die ungleiche Behandlung rechtfertigen könnten" (BVerfG 7. 10. 1980 E 55, 72, 88 = NJW 1981, 46; 11. 1. 1995 E 92, 53, 69 = AP GG Art. 3 Nr. 209 unter C I 1). Der Zweite Senat des BVerfG vermeidet die ausdrückliche Übernahme der „neuen Formel", fordert aber in der Sache ebenfalls ein abgestuftes Prüfungskonzept. Hiernach ist das Verbot, wesentlich Gleiches willkürlich ungleich und wesentlich Ungleiches willkürlich gleich zu behandeln, verletzt, „wenn die (un)gleiche Behandlung der geregelten Sachverhalte mit Gesetzlichkeiten, die in der Natur der Sache selbst liegen, und mit einer am Gerechtigkeitsgedanken orientierten Betrachtungsweise nicht mehr vereinbar ist, also bezogen auf den jeweils in Rede stehenden Sachbereich und seine Eigenart ein vernünftiger, einleuchtender Grund für die gesetzliche Regelung fehlt" (BVerfG 30. 9. 1987 E 76, 256, 329 = AP GG Art. 33 Abs. 5 Nr. 7). Siehe auch Rn. 40.

34 Im Schrifttum ist umstritten, inwieweit die „neue Formel" die frühere „Willkürformel" ersetzt oder lediglich für bestimmte Fallkonstellationen ergänzt, ob sie eine wesentliche Änderung der Rechtsprechung bewirkt hat und ob die unterschiedlichen Formulierungen auf einen ernsthaften Gegensatz zwischen den beiden Senaten des BVerfG verweisen (vgl. *Heun* in *Dreier*, Rn. 19 f.; *Gubelt* in *v. Münch/Kunig* Rn. 14; *Osterloh* in *Sachs* Rn. 13 ff.). Diese Streitfragen sind für die Praxis unerheblich. Wichtig ist nur, daß die **Willkürprüfung als Basismaßstab** nach wie vor anzuwenden ist, aber nicht ausreicht. Je nach der Art der Regelung, insbesondere ihrer Auswirkungen ist eine erhöhte Kontrollintensität geboten, um dem allgemeinen Gleichheitssatz Effektivität zu verschaffen. Die „neue Formel" ersetzt die Gleichheitsprüfung nicht durch eine Verhältnismäßigkeitsprüfung. Sie konkretisiert und verfeinert lediglich die „klassische" Willkürprüfung. Die Bedeutung des Differenzierungsziels und das Gewicht der Differenzierungsgründe dürfen nicht mehr vernachlässigt werden. Das führt zwangsläufig zu einem differenzierten Prüfungsprogramm (*Jarass* NJW 1997, 2545; *Sachs* JuS 1997, 129). Näher dazu Rn. 40.

35 **2. Ungleichbehandlung/Gruppenbildung.** Eine Verletzung des allgemeinen Gleichheitssatzes setzt voraus, daß **vergleichbare Sachverhalte, Gruppen oder Personen** in wesentlicher Hinsicht ungleich oder wesentlich unterschiedliche Sachverhalte, Gruppen oder Personen gleich behandelt werden. Für die Vergleichsgruppenbildung bedarf es eines Aktes wertender Erkenntnis, um den Bezugspunkt für die wesentliche Übereinstimmung bzw. Differenz der zum Vergleich gestellten Sachverhalte, Gruppen oder Personen erfassen zu können. Die Vergleichsgruppenbildung erweist sich in den umstrittenen Fällen oft als die entscheidende Weichenstellung. Der Vergleich von Unvergleichbarem („Äpfel mit Birnen") bewirkt nur zusätzlichen Rechtfertigungsbedarf, ist aber im Ergebnis unschädlich. Hingegen führt eine Vergleichsgruppenbildung, die ganz Unterschiedliches zusammenfaßt, zu gleichheitswidrigen Ergebnissen. Das streitige Problem läßt sich mit einer solchen Methode unkenntlich machen. Ein anschauliches Beispiel bietet die Rechtsprechung des EuGH zur Überstundenvergütung für Teilzeitkräfte (15. 12. 1994, NZA 1995, 218). Verglichen werden dort nicht Überstunden von Voll- und Teilzeitkräften, sondern Arbeitsstunden der gleichen Anzahl, gleichgültig ob sie die regelmäßig ge-

schuldete Arbeitszeit übersteigen (bei Teilzeitkräften) oder nicht (bei Vollzeitkräften). Bei einem solchen Vergleichsmaßstab lassen sich dann in der Tat Voll- und Teilzeitkräfte nicht mehr unterscheiden, der Gleichheitsverstoß wird unsichtbar gemacht. Die größten Schwierigkeiten der Vergleichsgruppenbildung ergeben sich beim Vergleich von Vergütungsregelungen. Vergleichsgruppenbildung und Rechtmäßigkeitsprüfung sind hier fast identisch (vgl. BAG 23. 8. 1995 AP BGB § 612 Nr. 48). Soweit die Struktur des Regelungsgegenstandes dies zuläßt, ist zunächst von einem fiktiven **Maßstab schematischer Gleichbehandlung** im jeweiligen Ordnungsbereich auszugehen. Im Zweifel bedarf jede Ungleichbehandlung einer sachlichen Rechtfertigung (vgl. aber Rn. 49).

Die festgestellte Ungleichbehandlung muß für die Betroffenen einen **Nachteil** bewirken, sich also 36 negativ auf die tatsächliche Lebenssituation auswirken. Bereits ein geringer Nachteil kann ausreichen (BVerfG 15. 10. 1985 E 71, 39, 50). Die formale Struktur des Gleichheitssatzes hat zur Folge, daß die Vorenthaltung lediglich geringfügiger Leistungen nicht aus dem Anwendungsbereich herauszunehmen ist (anders für den arbeitsrechtlichen Gleichbehandlungsgrundsatz *Marhold/Beckers* AR-Blattei SD 800.1 Rn. 110 ff.). Auch eine **Saldierung mit etwaigen Vorteilen** ist von Bedeutung erst für die Rechtfertigung einer Differenzierung.

3. Differenzierungsmerkmale und -ziele. Jede festgestellte Ungleichbehandlung bedarf der Recht- 37 fertigung durch ein legitimes Regelungsziel. Differenzierungskriterium und -ziel müssen nicht in der Weise verfassungsrechtlich fundiert sein, daß nur im Grundgesetz ausdrücklich benannte Rechtfertigungsgründe herangezogen werden dürften (s. etwa die Rücksichtnahme auf die Opfer des DDR-Regimes als sachlicher Grund für die generelle Nichtanrechnung von Dienstzeiten, die bei den DDR-Grenztruppen verbracht wurden BAG 23. 6. 1994 AP TVG § 1 Tarifverträge: DDR Nr. 13 = NZA 1995, 851, 853). So dürfen auch **wirtschafts- und beschäftigungspolitische Differenzierungsziele** mitberücksichtigt werden, etwa bei Schwellenwerten für arbeitsrechtlichen Schutz. Entsprechendes gilt für das Ziel einer Mittelstandsförderung durch größere arbeitsmarktpolitische Freizügigkeit (BAG 19. 4. 1990 AP KSchG 1969 § 23 Nr. 8 = NZA 1990, 724).

Auf dem Gebiet des **Arbeitsrechts** besteht ein breiter Gestaltungs- und Differenzierungsbedarf zur 38 Verwirklichung unterschiedlichster wirtschafts-, beschäftigungs-, sozial- und gesellschaftspolitischer Vorstellungen. Bei ihrer Umsetzung hat der Gesetzgeber weitgehende Freiheit. Er muß aber im Grenzbereich neben den Grundrechten der AG (vorrangig Art. 12 I) auch die aus den Freiheitsrechten der Beschäftigten und dem Sozialstaatsprinzip folgenden Schutzpflichten berücksichtigen. Seine Regelungsmacht bei der Festlegung der Sachverhalte, die im Rechtssinne als gleich anzusehen sein sollen (BVerfG 9. 3. 1994 E 90, 145, 196 = NJW 1994, 1577), und bei der damit verbundenen Befugnis, Differenzierungskriterien und -ziele zu normieren, wird durch das Erfordernis hinreichender Sachgerechtigkeit begrenzt. Das gilt im Prinzip auch für die Tarifvertragsparteien (s. o. Rn. 26 und Einl. Rn. 57 f.).

Entscheidend ist die Sachgerechtigkeit von Differenzierungskriterien und -zielen, die sich bei einer 39 **objektiven Gesamtbetrachtung** erschließen müssen. Die subjektive „Willkür" des Normgebers und dessen fehlerhafte Vorstellungen schließen nicht aus, daß es objektiv vernünftige und sachliche Gründe für eine Regelung gibt; Mängel der Motive führen für sich allein nicht zur Verfassungswidrigkeit (BVerfG 26. 4. 1978 E 48, 227, 237). Andererseits wird eine Verletzung des Gleichheitssatzes nicht dadurch unschädlich, daß dem Normgeber ein Irrtum unterlaufen ist, der ihm nicht vorgeworfen werden kann (BAG 7. 3. 1995 AP BetrAVG § 1 Gleichbehandlung Nr. 26 = NZA 1996, 48, 49).

4. Abgestufte Prüfungsintensität. Die vom Normgeber herangezogenen Rechtfertigungsgründe 40 unterliegen je nach Anknüpfungspunkt und Art der Differenzierung einer abgestuften Intensität der Kontrolle. Eine intensivere, um Verhältnismäßigkeit bemühte Kontrolle ist regelmäßig dann vorzunehmen, wenn eine **Ungleichbehandlung von Personengruppen** vorliegt (BVerfG 22. 2. 1994 E 90, 46, 56 = NZA 1994, 661, 662). Der je zu belassende Gestaltungsspielraum wird dabei um so kleiner, je stärker sich die Ungleichbehandlung von Personen auf die Ausübung grundrechtlich geschützter Freiheiten nachteilig auswirken kann; in solchen Fällen ist nach der „neuen Formel" (Rn. 33) im einzelnen nachzuprüfen, ob für die vorgesehene Differenzierung Unterschiede von solcher Art und von solchem Gewicht bestehen, daß sie die ungleichen Rechtsfolgen rechtfertigen können (ebd.; BVerfG 30. 5. 1990 E 82, 126, 146 = AP BGB § 622 Nr. 28; BVerfG 11. 1. 1995 E 92, 53 = AP GG Art. 3 Nr. 209 unter B I 1; BVerfG 4. 7. 1995 E 92, 365, 407 f = AP AFG § 116 Nr. 4). Die Bindung wird bei der Ungleichbehandlung von Personengruppen um so enger, je mehr sich die personenbezogenen Merkmale den in Art. 3 III genannten annähern und je größer deshalb die Gefahr ist, daß eine an sie anknüpfende Ungleichbehandlung zur **Diskriminierung einer Minderheit** führt (BVerfG 10. 1. 1995 E 92, 26, 51 f = AP GG Art. 9 Nr. 76 unter B II 4 a) bb)).

Bei lediglich **verhaltensbezogenen Unterschieden** hängen das Maß der Bindung und die Intensität 41 der Nachprüfung davon ab, inwieweit die Betroffenen auf die Verwirklichung der Unterscheidungsmerkmale einwirken, die nachteiligen Folgen also vermeiden können (BVerfG 7. 10. 1980 E 55, 72, 89 = NJW 1981, 46; BVerfG 14. 12. 1994 E 91, 346, 363 = NJW 1995, 2977; st. Rspr.). Ist ihnen das ohne weiteres möglich, zB ein bestimmtes prozessuales oder rechtsgeschäftliches Verhalten, kommt nur eine Willkürprüfung in Betracht; ein Verstoß gegen Art. 3 I kann dann nur festgestellt werden, wenn die Unsachlichkeit der Differenzierung evident ist (BVerfG 14. 12. 1994 E 91, 346, 363; BVerfG 11. 1. 1995 E 92, 53, 69 = AP GG Art. 3 Nr. 209).

42 Hingegen verengt sich der Gestaltungsspielraum des Normgebers, wenn erheblich in den **Schutzbereich eines speziellen Freiheitsrechts** eingegriffen wird (etwa bei berufsbezogenen Prüfungen; dazu BVerfG 6. 12. 1988 E 79, 212, 218 = NVwZ 1989, 645). Das gleiche gilt, wenn ein besonderer Gleichheitssatz oder ein grundgesetzlicher Schutzauftrag berührt sind (zB Art. 6 IV; dazu BVerfG 4. 10. 1983 E 65, 104, 112 f = AP MuSchG 1968 § 8 a Nr. 5; keine Erstreckung auf Adoptivmütter und -väter – dazu BVerfG [Kammer] 2. 2. 1982 AP MuSchG 1968 § 8 a Nr. 2; BAG 27. 7. 1983 AP MuSchG 1968 § 8 a Nr. 3 BAG 31. 1. 1985 AP MuSchG 1968 § 8 a Nr. 6 = NZA 1986, 138).

43 **5. Legitimationszusammenhang.** Soweit die differenzierende Regelung anhand der „neuen Formel" zu überprüfen ist, also einer intensiveren Kontrolle unterliegt, ist zweierlei zu fordern: Eine sach(bereichs)bezogene Auswahl des Differenzierungsgrundes (BVerfG 30. 5. 1990 E 82, 126, 146 = AP BGB § 622 Nr. 28) und ein sachgerechter Zusammenhang zwischen diesem und den daran anknüpfenden Differenzierungsfolgen. Die Beurteilung dieses „Legitimationszusammenhanges" hängt von der Eigenart des jeweiligen Sachgebietes, den in der Realität vorgefundenen Verhältnissen und ihrer rechtlichen Gestaltung sowie von Sinn und Zweck der Normierung ab; sie kann daher nicht abstrakt und allgemein bewertet werden. Außerdem sind die Beurteilungs- und Gestaltungsspielräume des jeweiligen Normgebers zu respektieren. Die Gerichte haben allein die Einhaltung äußerster Grenzen sicherzustellen, also nicht zu prüfen, ob der Normgeber die jeweils zweckmäßigste oder gerechteste Lösung gefunden hat (**kein Optimierungsgebot;** BVerfG 7. 10. 1980 E 55, 72, 90 = NJW 1981, 46; BVerfG 26. 3. 1980 E 54, 11, 25 f = AP GG Art. 3 Nr. 116; BVerfG 29. 11. 1989 E 81, 108, 117 f.; BAG 25. 2. 1987 AP BAT § 52 Nr. 3 = NZA 1987, 667, 668; BAG 2. 4. 1992 § 622 BGB Nr. 38 = NZA 1992, 886; BAG 23. 6. 1994 AP TVG § 1 Tarifverträge: DDR Nr. 13 = NZA 1995, 851).

44 Bei der gebotenen Bewertung hat das **Ausmaß der Differenzierungsfolgen** entscheidende Bedeutung. Die regelungsbedingten Nachteile sind zu gewichten und bezogen auf das Regelungsziel als Mittel zum Zweck zu würdigen. Geringfügige Nachteile oder Belastungen werden regelmäßig aus Typisierungsgründen gerechtfertigt sein (*Jarass/Pieroth* Rn. 8 a). Außerdem ist zu prüfen, inwieweit **vorteilhafte Regelungen,** die in sachlichem Zusammenhang mit der Benachteiligung stehen, der benachteiligten Personengruppe zugute kommen und kompensierend wirken (BVerfG 22. 2. 1994 E 90, 46, 59 = NZA 1994, 661). Insbesondere den Tarifvertragsparteien muß es wegen der durch die Verfassung garantierten **Tarifautonomie** und des auf Kompromiß angelegten Verfahrens überlassen bleiben, in eigener Verantwortung Zugeständnisse durch Vorteile auszugleichen (BAG 21. 3. 1991 AP BGB § 622 Nr. 31 = NZA 1991, 803, 805 f; BAG 17. 10. 1995 AP BGB § 242 Gleichbehandlung Nr. 132 = NZA 1996, 656, 657). Zwar ist auch hier im Regelungszusammenhang der in die Gesamtbetrachtung eingestellten Normen erforderlich (*Hanau/Kania,* Ungleichbehandlung von Arbeitern und Angestellten in den Tarifverträgen des öffentlichen Dienstes, 34), er läßt sich aber wegen der Eigenart von Tarifverhandlungen nachträglich nur noch in groben Zügen ermitteln. Das muß genügen.

45 Bei der Bewertung arbeitsrechtlicher Regelungen kommt es auf die **spezifische Funktion des Arbeitsrechts** an. Im Sozialversicherungs- oder Steuerrecht getroffene Differenzierungen sind wegen ihrer öffentlich-rechtlichen Zwecksetzung nicht ohne weiteres auf das Arbeitsrecht übertragbar (BAG 7. 3. 1995 AP BetrAVG § 1 Nr. 26 = NZA 1996, 48, 51; BAG 28. 3. 1996 AP BeschFG 1985 § 2 Nr. 49 = NZA 1996, 1280, 1281).

46 Das Gebot sachgerechter Differenzierung knüpft nicht nur an tatsächliche Gegebenheiten an (soziale Bedürfnisse, wirtschaftliche Interessen usw.), sondern bezieht sich auch auf den rechtlichen Zusammenhang. In diesem Sinne verlangt er **Folgerichtigkeit** innerhalb der Rechtsordnung und ist insofern Ausdruck einer relativen Bindung an selbstgewählte Gerechtigkeitsmaßstäbe. Den Geboten der Folgerichtigkeit und entsprechender **Systemgerechtigkeit** (dazu *Osterloh* in *Sachs* Rn. 98 ff.; *Starck* in *v. Mangoldt/Klein* Rn. 44 ff.; *Kirchhof* in HbStR V § 124 Rn. 222 ff.) kommt aber für die Auswahl von Differenzierungskriterien und -zielen sowie für deren Gewichtung nur dienende, keine selbständige Bedeutung zu, weil die Systematik eines Gesetzes oder Rechtsgebietes zur Disposition des Gesetzgebers stehen. Die Feststellung der „Systemwidrigkeit" einer getroffenen Differenzierung stößt daher bereits methodisch auf das Problem, daß es oft nur eine Frage der Sichtweise ist, ob eine Regelung als systemwidrige Abweichung oder als systemprägende Modifizierung zu werten ist. Die Schwierigkeiten einer Bestimmung der „Systemgrenzen" und die Möglichkeit „systemübergreifender" Ansätze kommen hinzu. Die neuere Rechtsprechung betont deshalb in einer – vermeintlichen oder festgestellten – **Systemwidrigkeit** allein noch keinen Verstoß gegen Art. 3 I (BVerfG 1. 7. 1987 E 76, 130, 139 f.; BVerfG 26. 4. 1988 E 78, 104, 123), sondern nur ein **Indiz für einen Gleichheitsverstoß** (BVerfG 23. 1. 1990 E 81, 156, 207 = AP AFG § 128 Nr. 1). Bei Tarifverträgen ist selbst eine solche Indizwirkung nicht generell anzuerkennen. Bei der gebotenen Gesamtbetrachtung ist zu berücksichtigen, daß punktuelle Benachteiligungen durch Zugeständnisse in anderem Zusammenhang kompensiert worden sein können (s. o. Rn. 27).

47 **6. Typisierung.** Gleichheitssatz und Individualgerechtigkeit können in einem Spannungsverhältnis stehen. Für die abstrakt-generelle Normsetzung des Gesetzgebers (BVerfG 15. 12. 1987 E 77, 308,

338 = AP GG Art. 12 Nr. 62; BVerfG 31. 5. 1988 E 78, 214, 226 f.; BVerfG 8. 6. 1993 E 89, 15, 24 = NJW 1994, 122 f.; st. Rspr.) und der Tarifvertragsparteien (BAG 28. 7. 1992 AP TVG § 1 Tarifverträge: Seniorität = NZA 1993, 759, 760) ist – vor allem bei der Ordnung von Massenerscheinungen – die **Notwendigkeit einer Typisierung und Pauschalierung** von Tatbeständen als sachliche Rechtfertigung von Ungleichbehandlungen anerkannt (eingehend zu Gleichheitssatz und Typisierung *Huster*, Rechte und Ziele, 1993, 245 ff.; zum Verhältnis von Sozialstaatsgebot und Typisierung *V. Neumann*, DVBl. 1997, 92, 96). Eine Typisierung muß sach- und realitätsgerecht sein, sich also am tatsächlich typischen Fall orientieren, wobei die Freiräume bei einer Neuregelung komplexer, schwer überschaubarer Sachverhalte weiter sind (BVerfG 8. 4. 1987 E 75, 108, 162 = NJW 1987, 3115). Es darf nur eine verhältnismäßig kleine Gruppe benachteiligt werden und der Gleichheitsverstoß nicht sehr intensiv sein (BVerfG 30. 5. 1990 E 82, 126, 146 = AP BGB § 622 Nr. 28; BVerfG 26. 4. 1978 E 48, 227, 238; BVerfG 22. 2. 1994 E 90, 46, 59 = NZA 1994, 661, 663; BAG 7. 3. 1995 AP BetrAVG § 1 Gleichbehandlung Nr. 26 = NZA 1996, 48). Der hinnehmbare Anteil derjenigen, die durch Typisierung benachteiligt werden dürfen, ist nicht abstrakt zu bestimmen. Maßgebend sind Art und Gewicht der eintretenden Härten und Ungerechtigkeiten. Ferner kommt es darauf an, inwieweit sich diese unter Berücksichtigung der Praktikabilität des Normvollzuges vermeiden ließen (BVerfG 26. 4. 1978 E 48, 227, 239; 8. 10. 1991 E 84, 348, 365 = NJW 1992, 423; BVerfG 29. 1. 1998 E 97, 186 = AP KSchG 1969 Nr. 18 – Kleinbetriebsklausel und Teilzeitkräfte); Härteklauseln oder Billigkeitsregelungen können den Typisierungsspielraum erweitern (BVerfG 15. 12. 1987 E 77, 308, 335, 338 = AP GG Art. 12 Nr. 62).

Stichtagsregelungen als „Typisierung in der Zeit" sind ungeachtet der damit verbundenen Härten **48** zur Abgrenzung des begünstigten Personenkreises zulässig. Das gilt bei der Einführung von Leistungen ebenso wie bei dem Inkrafttreten belastender Regelungen. Die Wahl des Stichtages muß sich allerdings am gegebenen Sachverhalt orientieren und die Interessenlage der Betroffenen angemessen erfassen (BVerfG 6. 12. 1988 E 79, 212, 218 f. = NVwZ 1989, 645; BAG 14. 6. 1983 AP BGB § 242 Gleichbehandlung Nr. 58); abgestufte **Übergangsregelungen** können geboten sein (BVerfG 8. 4. 1986 E 71, 364, 397 = AP BetrAVG § 1 Versorgungsausgleich Nr. 1), etwa um schutzwürdiges Vertrauen in den Fortbestand einer bestimmten Rechtslage zu berücksichtigen oder um aus sozialpolitischen Erwägungen die Folgen gravierender Rechtsänderungen abzumildern. Bei Leistungen können auch **finanzielle und finanzpolitische Erwägungen** Stichtagsregelungen rechtfertigen (BAG 23. 2. 1994 ZTR 1994, 462; zu stichtagsbezogene Differenzierungen bei der Anrechnung von Vordienstzeiten BAG 28. 9. 1994 AP TVG § 1 Einzelhandel Nr. 51; zur betrieblichen Altersversorgung BAG 14. 1. 1986 AP BetrAVG § 1 Gleichbehandlung Nr. 5 = NZA 1987, 23; BVerfG [1. Kammer des Ersten Senats] 27. 11. 1989 AP BetrAVG § 1 Gleichbehandlung Nr. 5 a).

7. Darlegungs- und Beweislast. Der für die sachliche Rechtfertigung einer Differenzierung maß- **49** gebliche Zweck ist durch Auslegung unter Berücksichtigung des Regelungsinhaltes, des systematischen Zusammenhangs und der Entstehungsgeschichte (zB verworfener Normalternativen, Begründungen, Protokollnotizen) **zu ermitteln**. Für die staatliche und tarifliche Normsetzung gilt eine **relative Sachlichkeitsvermutung**. Verselbständigte Begründungs- oder Transparenzpflichten, wonach der Differenzierungszweck ausdrücklich festgelegt oder auf Rückfrage erläutert werden müßte, gibt es nicht (anders mit Recht für den Gleichbehandlungsgrundsatz BAG 20. 7. 1993 AP BetrAVG § 1 Gleichbehandlung Nr. 11; *Wiedemann/Peters* RdA 1997, 100, 108). Nachträgliche Erläuterungen und Auskünfte sind für die Zweckermittlung nur beachtlich, soweit sie in der Norm einen Niederschlag gefunden haben, wenn also der nach Wortlaut und Systematik erkennbare Regelungsgehalt mit ihnen vereinbar ist.

Die tatsächlichen Grundlagen der benannten Zwecke bzw. Differenzierungsziele eines Gesetzes **50** oder Tarifvertrages sind ohne formelle Darlegungslast in entsprechender Anwendung des § 293 ZPO **von Amts wegen aufzuklären** (BAG 4. 3. 1993 AP BGB § 622 Nr. 40 mit eingehender Besprechung von *Hergenröder*; BAG 16. 9. 1993 AP BGB § 622 Nr. 42 = NZA 1994, 221). Normstützende Rechtstatsachen („legislative facts") sind auch noch in der Revisionsinstanz zu ermitteln; das Revisionsgericht wird hier zum Tatsachengericht (insoweit dem BVerfG ähnlich). Die Einschätzungsprärogative und der Prognosespielraum, die aus Kompetenzgründen dem Normgeber zuzubilligen sind, wirken sich auch hier aus. Die tatsächlichen Annahmen und Prognosen unterliegen einer **abgestuften Nachprüfung**, die von einer bloßen Evidenz- über eine Vertretbarkeits- bis hin zu einer intensiven inhaltlichen Kontrolle reichen kann (BVerfG 1. 3. 1979 E 50, 290, 332 f = AP MitbestG § 1 Nr. 1). Die Anforderungen an den sachlichen Grund selbst bestimmen auch die Kontrolldichte hinsichtlich der tatsächlichen Grundlagen; hohe sachliche Anforderungen dürfen nicht durch gesenkte Anforderungen an die Tatsachenfeststellung unterlaufen werden. Bei diskriminierenden Gruppenmerkmalen oder ihnen nahekommenden Differenzierungen sind an das Vorliegen sachlich rechtfertigender Unterscheidungsgründe deutlich erhöhte Begründungsanforderungen zu stellen (*Colneric*, FS-Dieterich, 1999, S. 45).

Das Gebot der Amtsermittlung kann nicht immer verhindern, daß entscheidungserhebliche Rechts- **51** tatsachen unaufklärbar bleiben. Das Risiko des „non liquet", also die **objektive Beweislast** muß eine Partei tragen, weil das Gericht eine Entscheidung nicht verweigern darf. Im Prinzip geht es um ein

Zumutbarkeitsproblem, dessen Lösung jedoch auf formale Kriterien angewiesen ist (*Benda/Klein*, Lehrbuch des Verfassungsprozeßrechts, Rn. 217 ff.). In der Regel wird die Ungewißheit in Bezug auf eine Ungleichbehandlung zu Lasten der Partei gehen, die die Regelung angreift, während die Gegenpartei, die sich auf die Regelung beruft, mit Zweifeln zu belasten ist, die in Bezug auf die sachlichen Gründe einer Differenzierung verblieben sind (ähnlich *Wiedemann* TVG Einl. Rn. 279 ff., der aber bei Tarifverträgen auch die Darlegungslast entsprechend verteilen will).

52 Im Streit um Verletzungen des **Gleichbehandlungsgrundsatzes** besteht ein wesentlicher Unterschied: hier geht es um vertragsrechtliche Fragen. Deshalb gilt der zivilprozessuale Beibringungsgrundsatz und die Bindung des Revisionsgerichts an tatrichterliche Feststellungen. Da dem AN die Darlegung einer sachwidrigen Benachteiligung in der Regel nicht in allen Einzelheiten möglich ist, hilft die Rechtsprechung mit einer gestuften Darlegungslast und Vermutungen (BAG 5. 3. 1980 AP BGB § 242 Gleichbehandlung Nr. 44; BAG 9. 9. 1981 AP GG Art. 3 Nr. 117; BAG 20. 11. 1990 AP BetrAVG § 1 Gleichberechtigung Nr. 8; vgl. auch 230 – BGB § 611 Rn. 871).

V. Rechtsfolgen bei Gleichheitsverstößen

53 **1. Verfassungskonforme Auslegung.** Die Ungleichbehandlung durch eine Norm darf nur beanstandet werden, wenn der Gleichheitsverstoß nicht durch eine verfassungskonforme Auslegung vermieden werden kann (Einl. Rn. 13 und 81; BVerfG 22. 2. 1994 E 90, 46 = NZA 1994, 661, 663). Das gilt auch für die verfassungskonforme Auslegung von Tarifrecht (dazu BAG 30. 11. 1970 AP BGB § 242 Ruhegehalt Nr. 148 = BB 1971, 654; BAG 16. 2. 1978 AP BGB § 242 Ruhegehalt Nr. 178; BAG 30. 7. 1992 AP TVG § 1 TV Ang Bundespost Nr. 1 = NZA 1993, 324, 326; s. a. *Hartmann*, Gleichbehandlung und Tarifautonomie, 1994, S. 111–153). Dabei dürfen die Gerichte nicht ihre Kompetenzgrenze zu Lasten des Normgebers (Gesetzgeber; Tarifvertragsparteien) überschreiten; der Regelung darf durch Auslegung kein Inhalt unterschoben werden, der vom Normgeber ersichtlich nicht gewollt war. Bei der verfassungskonformen Auslegung von Tarifrecht bedarf es hierzu ebenso wie bei der ergänzenden Tarifvertragsfortbildung der sorgsamen Ermittlung des hypothetischen subjektiven Willens beider Tarifvertragsparteien. Protokolle (BAG 21. 3. 1991 AP BGB § 622 Nr. 29 = NZA 1991, 797) oder gemeinsame Erklärungen vor bzw. nach Vertragsschluß (BAG 27. 6. 1986 § 7 BUrlG Abgeltung Nr. 28) sind zu berücksichtigen (*Liedmeier*, Die Auslegung und Fortbildung arbeitsrechtlicher Kollektivverträge, 1991, 101 ff., 109).

54 **2. Gleichheitswidriges Gesetz.** Der allgemeine Gleichheitssatz hat keine unmittelbar anspruchsbegründende Wirkung. Hat der Gesetzgeber mehrere Möglichkeiten, einen festgestellten Gleichheitsverstoß zu beheben, überläßt ihm das BVerfG aus kompetenzrechtlichen Gründen grundsätzlich die Entscheidung, in welcher Weise er den Anforderungen des Gleichheitssatzes genügen will. Das BVerfG sieht regelmäßig von Nichtigkeitsausspruch (§ 78 Satz 1 BVerfGG) ab und beschränkt sich auf eine Unvereinbarkeitserklärung (BVerfG 30. 5. 1990 E 82, 126, 146 = AP BGB § 622 Nr. 28; BVerfG 28. 1. 1992 E 85, 191, 211 ff. = AP AZO § 19 Nr. 2; *Heußner* NJW 1982, 257 ff.). Der Gesetzgeber ist dann verpflichtet, die Rechtslage mit der Verfassung in Einklang zu bringen (**Korrekturpflicht**). Bis zu einer Neuregelung sind anhängige Verfahren, in denen die Entscheidung von der verfassungswidrigen Norm abhängt, auszusetzen (BVerfG 2. 12. 1992 E 88, 5, 17 = AP BeratungshilfeG § 2 Nr. 1; BAG 21. 3. 1991 AP BGB § 622 Nr. 30 = NZA 1991, 801). Dies gilt auch für Verfahren, die Angehörige der gesetzlich begünstigten Gruppe betreffen (BAG 26. 1. 1982 AP HausarbTagsG NRW § 1 Nr. 9 = NJW 1982, 2573).

55 Der Gesetzgeber hat den Gleichheitsverstoß binnen angemessener Frist zu beseitigen. Das BVerfG kann ihm eine **Beseitigungsfrist** setzen. Für den Fall, daß der Gesetzgeber untätig bleibt, können die Gerichte zur Wahrung wirksamen Rechtsschutzes (Art. 19 IV, 20 III GG) ermächtigt werden, ausgesetzte Verfahren fortzuführen und verfassungskonform zu entscheiden (BVerfG 30. 5. 1990 E 82, 126, 146 = AP BGB § 622 Nr. 28). In Ausnahmefällen können zur Vermeidung von Rechtsunsicherheit (BVerfG 14. 7. 1986 E 73, 40, 101 f. = NJW 1986, 2487) oder im Interesse anderer übergeordneter Gesichtspunkte (zB der Finanz- und Haushaltswirtschaft) **Übergangsregelungen** getroffen werden (BVerfG 5. 3. 1991 E 84, 9, 22 – Ehenamen; 25. 9. 1992 E 87, 153, 177 – Existenzminimum im Steuerrecht).

56 Bei einer **Neuregelung** ist der Gesetzgeber gehalten, auch für die **Vergangenheit** eine den Grundsätzen des Art. 3 I entsprechende Regelung zu suchen (BVerfG 8. 10. 1980 E 55, 100, 110 f.; *Heyde*, FS für Faller, 1984, 53 ff.). Diese Verpflichtung erstreckt sich im Grundsatz auf den gesamten von der Unvereinbarkeitserklärung betroffenen Zeitraum und erfaßt zumindest alle noch nicht bestands- oder rechtskräftig abgeschlossenen Sachverhalte (BVerfG 25. 9. 1992 E 87, 153, 178 = NJW 1992, 3153, 3156). Hiervon kann der Gesetzgeber nur unter besonderen Voraussetzungen absehen, soweit eine Abhilfe unverhältnismäßig große Beeinträchtigungen anderer schutzwürdiger Belange, etwa finanzwirtschaftlicher Art, zur Folge hätte (BVerfG 23. 9. 1992 E 87, 114, 137 = NJW-RR 1993, 971; BVerfG 12. 3. 1996 E 94, 241, 266 = NJW 1996, 2293, 2295). Rechts- oder bestandskräftig gewordene Entscheidungen kann der Gesetzgeber von der Rückwirkung ausnehmen (BVerfG 12. 3. 1996 E 94, 241,

266 f. = NJW 1996, 2293, 2295 f.; s. a. BVerfG 25. 9. 1992 E 87, 153, 178 ff. = NJW 1992, 3153, 3156 f.). Zahlungsansprüche können für die Vergangenheit begrenzt werden (BVerfG 27. 11. 1997 E 97, 35 = AP RuhegeldG Hamburg § 3 Nr. 2 = NZA 1998, 247, 249).

In Ausnahmefällen genügt eine bloße Unvereinbarkeitserklärung mit Anwendungsverbot nicht. So 57 ist eine **Nichtigkeitserklärung** im Bereich arbeitsrechtlicher Wahlgleichheit geboten, wenn die Grundsätze der Chancengleichheit verletzt wurden (BVerfG 22. 10. 1985 E 71, 81, 107 f = AP GG Art. 3 Nr. 142 – ANkammergesetz Bremen). In Fällen des gleichheitswidrigen Ausschlusses von Begünstigungen kann die mit Art. 3 I unvereinbare Ausschlußregelung für nichtig erklärt werden, wenn mit Sicherheit anzunehmen ist, daß der Gesetzgeber bei Beachtung des allgemeinen Gleichheitssatzes die nach einer Teilnichtigerklärung verbleibende Regelung wählen müßte (BVerfG 18. 11. 1986 E 74, 9, 28 = AP AFG § 118 a Nr. 1; BVerfG 26. 1. 1993 E 88, 87, 101 f.), die vorenthaltene Begünstigung also auf die Ausgeschlossenen erstreckt werden würde („Anpassung nach oben"). Dies kommt insbesondere in Betracht, wenn ein Verfassungsauftrag die Ausweitung der vorenthaltenen Begünstigung verlangt (BVerfG 28. 11. 1967 E 22, 349, 360 = AP GG Art. 3 Nr. 101) oder wenn nach dem Regelungssystem, an dem der Gesetzgeber erkennbar festhalten will oder muß, allein die Ausweitung der Begünstigung folgerichtig erscheint (*Jarass/Pieroth* Rn. 30 a). Andererseits kann das BVerfG die Unvereinbarkeitserklärung auch in der Weise beschränken, daß der Gesetzgeber zwar eine Neuregelung binnen bestimmter Frist aufgegeben wird, jedoch für die Übergangszeit die als verfassungswidrig erkannte Regelung weiter anwendbar bleibt; Hauptanwendungsbereich ist hier das Steuerrecht und das Sozialversicherungsrecht (BVerfG 25. 9. 1992 E 87, 153, 181 = NJW 1992, 3153; BVerfG 11. 1. 1995 E 92, 53, 73 f = AP GG Art. 3 Nr. 209).

3. Gleichheitswidrige Tarifverträge. Bei gleichheitswidrigem Tarifrecht ergeben sich für die Ar- 58 beitsgerichte prozessuale Besonderheiten. Hier haben sie selbst die Verwerfungskompetenz, allerdings nicht in einem speziellen Normenkontrollverfahren (Ausnahme: Verfahren nach § 2 I Nr. 1 ArbGG), sondern in einem Parteiprozeß, an dem nicht der oder die Normgeber selbst beteiligt sind, sondern regelmäßig nur normunterworfene AG und AN. Diese können aufgrund des rechtsstaatlichen Rechtsverweigerungsverbots eine abschließende Entscheidung verlangen. Die Arbeitsgerichte haben jedoch keine Möglichkeit, den Tarifvertragsparteien spezielle Normierungspflichten aufzuerlegen (BAG 14. 12. 1982 AP BetrAVG § 1 Besitzstand Nr. 1; BAG 13. 11. 1985 GG Art. 3 Nr. 136). Der Lösungsweg einer Unvereinbarkeitsentscheidung ist ihnen deshalb verschlossen (aA *Wiedemann* TVG Einl. Rn. 275). Das BAG beurteilt gleichheitswidrige Tarifnormen konsequent als ganz oder teilweise nichtig und sucht die dadurch entstehende ungewollte Regelungslücke durch ergänzende Auslegung des Tarifvertrages selbst zu schließen (zum Ganzen vgl. *Sachs* RdA 1989, 25 ff.; *Hartmann*, Gleichbehandlung und Tarifautonomie, S. 101 ff., 219 ff.; *Wiedemann* TVG Einl. Rn. 213 ff.).

Bei gleichheitswidrigem Ausschluß von einer tariflichen Begünstigung bewertet das BAG die Aus- 59 nahmeregelung zumeist als teilnichtig; der **Anspruch der benachteiligten ANGruppe** wird unmittelbar aus der fortbestehenden tarifvertraglichen Grundnorm oder im Wege einer ergänzenden Auslegung hergeleitet, wenn nach dem Regelungsgegenstand unter Berücksichtigung der Zusatzbelastung davon auszugehen ist, daß die Tarifparteien die Regelung auch mit erweitertem Anwendungsbereich getroffen hätten (für viele: BAG 7. 3. 1995 AP BetrAVG § 1 Gleichbehandlung Nr. 26; 7. 11. 1995 AP TVG § 1 Tarifverträge: Metallindustrie Nr. 138; 13. 5. 1997 AP BetrAVG § 1 Gleichbehandlung Nr. 36). Die **Tarifergänzung** nach Maßgabe eines hypothetischen (methodisch indes schwer feststellbaren) Willens der Tarifparteien kann jedoch einen rechtfertigungsbedürftigen Eingriff in die Koalitionsfreiheit (Art. 9 III) bewirken. Auszuwählen ist deshalb diejenige Ergänzungsmöglichkeit, die dem Regelungssystem des Tarifvertrages am nächsten kommt und keine ergänzende oder zweckändernde rechtspolitische Entscheidung erforderlich macht (BAG 14. 12. 1982 AP BetrAVG § 1 Besitzstand Nr. 1 = BB 1983, 1034). Entsprechendes gilt bei Verstößen gegen besondere Gleichheitsregeln etwa des Gemeinschaftsrechts (BAG 7. 11. 1995 AP EWG-Vertrag Art. 119 Nr. 71 = NZA 1996, 653) oder des einfachen Gesetzgebers (§ 2 BeschFG).

Besondere Zurückhaltung ist geboten, wenn die Anpassung nach oben eine nachhaltige **Erweite-** 60 **rung des Dotierungs- oder Kostenrahmens** bewirkt (BAG 28. 5. 1996 AP TVG § 1 Tarifverträge: Metallindustrie Nr. 143 = NZA 1997, 101). Dabei ist zu unterscheiden zwischen den Urteilsfolgen für die Vergangenheit und für die Zukunft. Bei der auch den Tarifparteien obliegenden Pflicht, Gleichheitsverstöße rückwirkend zu bereinigen, wartet das BAG nicht die (rückwirkende) Neuregelung der Tarifvertragsparteien ab, sondern billigt – tarifergänzend bzw. lückenfüllend – den in der **Vergangenheit** gleichheitswidrig ausgeschlossenen AN einen Anspruch zu, wenn nur auf diesem Wege dem Gleichheitssatz Rechnung getragen werden kann. Dies gilt namentlich dann, wenn Leistungen umstritten sind, die von den gleichheitswidrig begünstigten nicht oder nicht mehr zurückgefordert werden können – etwa wegen Verjährungs- oder tariflicher Ausschlußfristen (BAG 13. 11. 1985 AP GG Art. 3 Nr. 136; BAG 28. 5. 1996 AP TVG § 1 Tarifverträge: Metallindustrie Nr. 143 = NZA 1997, 101; krit. *Hartmann*, Gleichbehandlung und Tarifautonomie, S. 223 ff., 235; *Wiedemann* TVG Einl. Rn. 269). Der Kreis der Begünstigten muß aber zum Schutz vor Überlastung begrenzt werden (BVerfG 27. 11. 1997 E 97, 35 = AP RuhegeldG Hamburg § 3 Nr. 2).

61 Korrekturen des Tarifrechts für die **Zukunft** sind sehr viel problematischer, weil sie über den Parteiprozeß hinausweisen und dabei ein hohes Maß an Rechtsunsicherheit bewirken, zumal andere Gerichte nicht an die Bewertung des jeweiligen Prozeßgerichts gebunden sind. Vor allem aber ist der Eingriff in die Tarifautonomie hier erheblich intensiver als bei der bloßen Bereinigung für einen zurückliegenden Zeitraum und für das anhängige Verfahren. Deshalb gebietet Art. 9 III GG in Verbindung mit dem Verhältnismäßigkeitsgrundsatz, daß die Arbeitsgerichte sich zunächst, soweit das nach Sachlage möglich und den Parteien zumutbar ist, auf eine **befristete Aussetzung** beschränken, um den Tarifvertragsparteien den Vortritt zu lassen (a. A. BAG 30. 5. 1991 AP BGB § 622 Nr. 29; wie hier *Hartmann*, Gleichbehandlung und Tarifautonomie, S. 249 ff.; *Wiedemann* TVG Einl. Rn. 275; *Baumann* RdA 1994, S. 272, 275, der aber zu Unrecht einen negatorischen Unterlassungsanspruch zubilligen will). Nach Ablauf der Frist kann das Prozeßgericht dann den Tarifvertrag in der schon bisher weitgehend praktizierten Weise ergänzend auslegen, ohne sich der Rüge eines unverhältnismäßigen Eingriffs in die Tarifautonomie auszusetzen.

VI. Problematische Differenzierungsmerkmale

62 **1. Betriebs- und Unternehmensgröße.** Arbeitsrechtliche Schutzgesetze sind regelmäßig mit Kosten- und Organisationsaufwand für die AG verbunden. Die entsprechenden Belastungen wirken sich aber je nach Unternehmensgröße unterschiedlich aus. Der Gesetzgeber berücksichtigt das punktuell durch Ausnahmen für Kleinbetriebe **(Kleinbetriebsklauseln)**. Eine solche Privilegierung ist für das Kündigungsschutzrecht wegen der engeren persönlichen Beziehungen zwischen dem Inhaber und den AN, der typischerweise geringeren verwaltungsmäßigen und wirtschaftlichen Belastbarkeit sowie aus wirtschaftspolitischen Gründen als grundsätzlich sachgerecht anerkannt worden (BVerfG 27. 1. 1998 NZA 1998, 469; BAG 19. 4. 1990 AP KSchG 1969 § 23 Nr. 8 = NZA 1990, 724; zur Vereinbarkeit der §§ 9, 10 KSchG mit Art. 3 I: BVerfG [Kammer] 29. 1. 1990 NJW 1990, 1843 = NZA 1990, 535). Die Gestaltungsfreiheit des Gesetzgebers läßt dabei Raum für Variationen bei den Schwellenwerten und ihrer Berechnung, aber nicht bei Differenzierungen nach dem Beschäftigungsstatus (BAG 16. 1. 1992 AP AngestelltenKündigungsG § 2 Nr. 12 = NZA 1992, 591; BAG 17. 3. 1994 AP BGB § 622 Nr. 45 = NZA 1994, 785). Problematisch ist hier allerdings, daß auf die Betriebsgröße bzw. die Zahl der AN eines Betriebes abgestellt wird, die in Wirklichkeit keinen zuverlässigen Indikator für die Wirtschaftskraft eines Unternehmens bieten. Deshalb fordert Art. 3 I eine verfassungskonforme Interpretation, die die Unternehmensgröße berücksichtigt (BVerfG 27. 1. 1998 E 97, 169 u. 186 = AP KSchG 1969 § 23 Nr. 17 u. 18). In diesem Sinne hat das BAG die Kleinbetriebsklausel in § 111 BetrVG ausgelegt (8. 6. 1999 AP BetrVG 1972 § 111 Nr. 47).

63 An die Betriebsgröße anknüpfende **Umlagesysteme** sind geeignet, bei sozialstaatlich motivierter Inanspruchnahme von AGn gleichheitswidrige, gar wettbewerbsverzerrende Effekte zu vermeiden (BAG 1. 11. 1995 AP MuSchG 1968 § 14 Nr. 13 = NZA 1996, 377). Sie müssen aber ihrerseits die Umlagelast gleichheitskonform gestalten (BVerfG 26. 4. 1978 E 48, 227; 15. 12. 1987 E 77, 308 = AP GG Art. 12 Nr. 62; problematisch deshalb § 14 I 1 MuSchG, vgl. BAG 1. 11. 1995 AP MuSchG 1968 § 14 Nr. 13, wonach die Regelung nur noch auf absehbare Zeit tolerabel ist).

64 **2. Beschäftigtengruppen.** Ein ständiges Konfliktpotential sind Differenzierungen nach Statusmerkmalen verschiedener Beschäftigtengruppen (Handelsvertreter, Heimarbeiter, Beamte, Organmitglieder usw. (vgl. § 611 BGB Rn. 864). Die **Unterscheidung** von **Arbeitern und Angestellten** war schon lange Gegenstand heftiger Kontroversen, als das BVerfG sie grundsätzlich in Frage stellte und die unterschiedlichen Kündigungsfristen in § 622 BGB für verfassungswidrig erklärte (30. 5. 1990 E 82, 126, 146 = AP BGB § 622 Nr. 29). Heute besteht Einigkeit, daß diese Unterscheidung überholt ist und nur noch ausnahmsweise unterschiedliche Regelungen rechtfertigt (Rechtsprechungsübersicht bei 230 – BGB § 611 Rn. 866 ff.).

65 **3. Teilzeitarbeit.** Für das Differenzierungskriterium „Teilzeitbeschäftigung" gilt seit 1985 auch einfachgesetzlich ein relatives Benachteiligungsverbot (180 BeschFG § 2 I). Schon zuvor war jedoch erkannt worden, daß die Benachteiligung von Teilzeitbeschäftigten in der Regel nahezu ausschließlich Frauen betrifft, die auf diese Weise mittelbar diskriminiert werden. Das verstößt gegen Art. 3 II und III sowie gegen das gemeinschaftsrechtliche Diskriminierungsverbot nach Art. 119 EG-Vertrag (BAG 14. 10. 1986 AP EWG-Vertrag Art. 119 Nr. 11; MünchArbR/*Schüren* § 157 Rn. 59, 89 ff.; *Pfarr/Bertelsmann*, Diskriminierung im Erwerbsleben, 1989, 238 ff.; *Saunders*, Gleiches Entgelt für Teilzeitarbeit 1997). Soweit eine Teilzeitregelung ausnahmsweise Männer und Frauen gleichermaßen belastet, muß sie sich dennoch am allgemeinen Gleichheitssatz messen lassen (vgl. BVerfG 27. 11. 1997 E 97, 35 = NZA 1998, 242; 25. 8. 1999 – 1 BvR 1246/95 –; BAG 16. 1. 1996 AP GG Art. 3 Nr. 222). Zur umfangreichen Rechtsprechung und dem breiten Problemspektrum vgl. 180 BeschFG § 2 Rn. 54 ff. und 230 – BGB § 611 Rn. 715.

B. Diskriminierungsverbote in Art. 3 III GG

I. Bedeutung und Systematik

Art. 3 III formuliert den **Menschenwürdekern** des Gleichheitssatzes und stellt ihn unter besonde- 66
ren und verstärkten Schutz. Die genannten Gruppenmerkmale dürfen grundsätzlich keine Rolle spielen. Das entspricht im Ansatz (nicht in den Einzelheiten) übereinstimmender Überzeugung der Völkergemeinschaft (s. nur Art. 1 III UN-Charta; Art. 2 I AMRE; Art. 14 EMRK) und wurzelt in der geschichtlichen Erfahrung mit vielfältiger Verfolgung und Diskriminierung von Minderheiten. Dennoch führt die Grundrechtsnorm in der Rechtsprechung des BVerfG „ein merkwürdiges Schattendasein" (*Simon*, Sondervotum BVerfGE 63, 298, 303). Im Arbeitsrecht hat sie demgegenüber große Bedeutung, vermittelt durch den Gleichbehandlungsgrundsatz und § 75 BetrVG.

In **Konkurrenz** zum allgemeinen Gleichheitssatz (Art. 3 I) hat Art. 3 III Vorrang. Hingegen ist 67
dessen Verhältnis zu Art. 3 II komplizierter: Während Art. 3 III die geschlechtsbezogene Gruppenbildung betrifft und sie verbietet, hat Art. 3 II einen darüber hinausgehenden Regelungsgehalt, indem er auf die **Gleichstellung der Frauen** in der gesellschaftlichen Wirklichkeit zielt (BVerfG 28. 1. 1992 E 85, 191, 206 f. = AP AZO § 19 Nr. 2 unter C I 2). Daraus ergibt sich zwangsläufig eine Kollision mit Art. 3 III, weil gezielte Frauenförderung notwendigerweise nach dem Geschlecht differenziert, wenn nicht unmittelbar, so doch zumindest mittelbar. Wie diese Kollision zu bewerten ist und gelöst werden kann, ist bis heute umstritten (vgl. dazu Rn. 84, 85).

II. Funktion und Wirkung

Wie der allgemeine Gleichheitssatz hat auch das Diskriminierungsverbot des Art. 3 III in erster 68
Linie **Abwehrfunktion**, richtet sich also gegen Bevorzugungen oder Benachteiligungen der bezeichneten Gruppen durch den Staat. Darüber hinaus geht seine **Schutzfunktion.** Sie fordert, auch gesellschaftliche Diskriminierung nicht zu dulden und hat zentrale Bedeutung für die Verfassungswirklichkeit. Daß daraus eine Schutzpflicht des Staates erwächst, liegt hier besonders nahe wegen der engen Verbindung mit der Menschenwürdegarantie, die nach Art. 1 I 2 nicht nur zu achten, sondern auch zu schützen ist. Subjektive Ansprüche auf kompensatorische Maßnahmen zugunsten der Minderheiten, wie sie Art. 3 II für Frauen fordert, lassen sich aus Art. 3 III allerdings nicht ableiten (BVerfG 28. 1. 1992 E 85, 191, 206 f. = AP AZO § 19 Nr. 2 unter C I 1; 17. 5. 1983 E 64, 135, 156 = NJW 1983, 2762 unter III). Dennoch ergeben sich wichtige Vorgaben für die Ausgestaltung der Zivilrechtsordnung, vor allem vermittelt durch Generalklauseln (*Heun* in *Dreier* Rn. 123; *Starck* in *v. Mangoldt/Klein* Rn. 237).

Geschützt sind alle Menschen, also Deutsche wie Ausländer gleichermaßen („niemand" darf dis- 69
kriminiert werden). Für **Juristische Personen** und Personenvereinigungen paßt der Schutz nur eingeschränkt. Allenfalls Glaubensgemeinschaften und politische Vereinigungen können mit Hilfe der unzulässigen Gruppenmerkmale des Art. 3 III bevorzugt oder benachteiligt werden (*Osterloh* in *Sachs* Rn. 238; *Jarass/Pieroth* Rn. 73).

III. Tatbestand der Diskriminierung

1. Benachteiligung oder Bevorzugung ist praktisch jede Differenzierung. Es genügt, daß Personen 70
in ihren wirtschaftlichen, ideellen oder emotionalen Interessen unmittelbar oder mittelbar berührt werden (*Sachs* HbStR § 126 Rn. 52 ff.; *Heun* in *Sachs* Rn. 104). Schon die Tatsache allein, daß Gruppen mit Hilfe der unzulässigen Merkmale gebildet werden, widerspricht auf den ersten Blick dem Normzweck. Sie indiziert einen Verfassungsverstoß, bedarf also besonderer Rechtfertigung (Rn. 77).

2. Die unzulässigen Gruppenmerkmale. Das Geschlecht steht nicht zufällig am Anfang der Auf- 71
zählung unzulässiger Gruppenmerkmale. Dieses Differnzierungsverbot ist in seiner rechts- und gesellschaftspolitischen Bedeutung kaum zu überschätzen. Definitionsprobleme scheinen sich auf den ersten Blick nicht zu ergeben. Es geht natürlich um die Unterscheidung zwischen Männern und Frauen. Aber gerade diese Unterscheidung wird auch im Absatz 2 angesprochen, so daß sich die Frage aufdrängt, was mit dieser Doppelung eigentlich erreicht werden soll. Um diese Frage beantworten zu können, muß man das breite Spektrum gesellschaftlicher Vorurteile und die Zähigkeit der geschlechtsspezifischen Rollenbilder berücksichtigen (Rn. 84, 85). Hingegen ist die geschlechtliche Orientierung (zB Hetero- oder Homosexualität, Geschlechtsumwandlung usw.) an dieser Stelle nicht angesprochen. Sie wird vielmehr durch das allgemeine Persönlichkeitsrecht geschützt (vgl. Art. 2 Rn. 78 und 82).

Abstammung meint zunächst die natürlichen biologischen Beziehungen eines Menschen zu seinen 72
Vorfahren (BVerfG 22. 1. 1959 E 9, 124, 128 f.), erfaßt aber auch alle sonstigen Beziehungen zu den Eltern, verbietet also „Sippenhaft" im weitesten Sinn (*Starck* in *v. Mangoldt/Klein* Rn. 622). Damit verwandt ist das Merkmal der **Herkunft,** das die sozial-ökonomische oder ständische Verwurzelung

meint und um der sozialen Durchlässigkeit willen als Merkmal ausgeschlossen ist (BVerfG 22. 1. 1959 E 9, 124, 128 f.; 30. 5. 1978 E 48, 281, 287 f.). Demgegenüber ist **Heimat** örtlich definiert im Sinne von Geburtsort und landsmannschaftlicher Zugehörigkeit (BVerfG 30. 5. 1978 E 48, 281, 287 f.). Unzulässig sind danach „Landeskinderprivilegien". Allerdings meint Art. 3 III nicht den aktuellen Wohnsitz oder den gewöhnlichen Aufenthaltsort (BVerfG 22. 10. 1974 E 38, 128, 135).

73   Die **Staatszugehörigkeit** wird als Gruppenmerkmal nicht generell ausgeschlossen, sondern vom Grundgesetz selbst vorausgesetzt (Art. 116 GG) und praktiziert („Deutschengrundrechte" Einl. Rn. 4). Im Arbeitsrecht sind Aufenthalts- und Arbeitserlaubnisse von einiger praktischer Bedeutung, allerdings gemeinschaftsrechtlich eingeschränkt. Hingegen fehlt bei der Abwicklung von Arbeitsverhältnissen regelmäßig ein sachlicher Grund, ausländische AN zu bevorzugen oder zu benachteiligen. Deshalb darf nicht nach der Nationalität unterschieden werden. Das folgt hier aus dem Gleichbehandlungsgrundsatz in Verbindung mit dem allgemeinen Gleichheitssatz des Art. 3 I und für die Betriebspartner aus § 75 I BetrVG.

74   Arbeitsrechtliche Sonderregelungen für das **Beitrittsgebiet** kommen nur in Betracht, wenn sie an sachgerechte Differenzierungsmerkmale anknüpfen, die nicht allein durch die Besonderheiten von Heimat und Herkunft in den fünf neuen Ländern gekennzeichnet sind. Solche Gründe können sich zeitlich begrenzt aus den gravierenden Problemen ergeben, die mit den tiefgreifenden Veränderungen in der Wirtschafts-, Sozial- und Arbeitsordnung aufgrund der staatlichen Einigung Deutschlands verbunden (gewesen) sind. Beispiele sind die Sonderkündigungstatbestände des Einigungsvertrages, die das BVerfG wiederholt beschäftigt haben (grundlegend 24. 4. 1991 E 84, 133 = AP GG Art. 12 Nr. 70), und die schlechterstellenden „Tarifverträge – Ost" (BAG 30. 7. 1992 AP TV-Ang Bundespost § 1 Nr. 1). Die vielen Streitigkeiten um deren räumlichen und personellen Geltungsbereich (Überblick bei *Schmitt* AuA 1996, 117 ff.) belegen die Dringlichkeit der dahinterstehenden Gleichheitsproblematik.

75   Das Merkmal der **Sprache** stellt auf die Muttersprache ab und ist für nationale Minderheiten, Gastarbeiter und Flüchtlinge wegen seiner identitätsprägenden Rolle existenziell. Gebrauch und Pflege der Muttersprache dürfen nicht zu Nachteilen führen. Die Festlegung des Deutschen als Schul-, Amts- und Gerichtssprache bedeutet jedoch trotz der mittelbaren Nachteilswirkungen keine Verletzung (BVerfG 17. 5. 1983 E 64, 135, 156) und führt noch nicht zur Pflicht des Staates, Dolmetscher und Übersetzungen zu stellen. (Diese Pflicht kann aber aus Art. 103 folgen.) Die Kenntnis der deutschen Sprache ist auch als Eignungsvoraussetzung bei personellen Maßnahmen nicht ausgeschlossen. Das gilt auch innerhalb der EU (Art. 3 I S. 2 VO 1612/68).

76   **Glauben, religiöse und politische Anschauungen** werden nicht nur durch Art. 3 III, sondern auch durch die Grundrechte der Glaubens-, Bekenntnis- und Meinungsfreiheit (Art. 4 I und 5 I) geschützt. Der Schutz betrifft nicht allein die innere Einstellung, sondern auch die Betätigung sowie die Zugehörigkeit zu entsprechenden Gemeinschaften und Organisationen (Sondervotum *Simon* BVerfGE 63, 298, 304; *Osterloh* in *Sachs* Rn. 302 f.; *Heun* in *Dreier* Rn. 118 f.; *Starck* in *v. Mangoldt/Klein* Rn. 286; enger noch BVerfG 22. 5. 1975 E 39, 334, 368 [mit drei Sondervoten] = AP GG Art. 33 V Nr. 2; BAG 12. 3. 1986 AP GG Art. 33 II Nr. 23). Allerdings ergeben sich hier wie auch bei Art. 4 und 5 Modifikationen für den Bereich der Religionsgesellschaften (Art. 140) und im Drittwirkungsbereich für Rechtsverhältnisse mit Tendenzunternehmen (Art. 4 Rn. 26; Art. 5 Rn. 33 ff.).

77   **3. Begründungszusammenhang.** Die schwierigste und lebhaft umstrittene Frage ergibt sich daraus, daß nur die Unterscheidung **wegen** der genannten Merkmale verboten ist. Wann besteht ein solcher Begründungszusammenhang? Die strengste Auffassung geht von einem absoluten Anknüpfungsverbot aus, läßt also keine Regelung oder Maßnahme zu, die eines der verpönten Merkmale verwendet (*Sachs* HbStR § 126 Rn. 66; *Starck* in *v. Mangoldt/Klein* Rn. 264). Das ist zu starr und im Ergebnis auch zu eng. In dieser Form läßt sich das Modell nicht ausreichend abwägungsoffen durchhalten und insbesondere in seiner Schutzfunktion bei mittelbarer Diskriminierung (Rn. 78) nicht verwirklichen. Praktikabel und effizient ist nur ein Abwägungsmodell (BVerfG 28. 1. 1992 E 85, 191, 206 f. = AP AZO § 19 Nr. 2 unter C I; *Osterloh* in *Sachs* Rn. 239 ff., 254). Die verbotenen Merkmale dürfen zwar grundsätzlich nicht als Anknüpfung dienen (auch nicht als Teilaspekt in einem „Motivbündel"), ihre Verwendung kann aber gerechtfertigt sein. Die denkbaren **Rechtfertigungsgründe** lassen sich nicht auf eine allgemeine Formel bringen, weil die Schutzzwecke der einzelnen Verbotstatbestände zu unterschiedlich sind. Eine differenzierende Regelung darf diesem Schutzzweck nicht zuwiderlaufen. Dabei ist nach der herrschenden Lehre ein **strenger Maßstab** geboten (*Jarass/Pieroth* Rn. 78 und *Osterloh* in *Sachs* Rn. 254 mwN). Für Menschen mit Behinderungen und für Frauen enthält Art. 3 Sondertatbestände (vgl. nachfolgend Rn. 79 und 83 ff.).

78   Nach umstrittener aber richtiger Ansicht schützt Art. 3 III auch vor **mittelbarer Diskriminierung**, die nicht ausdrücklich an unzulässige Gruppenmerkmale anknüpft. Sie ist dann anzunehmen, wenn eine Regelung günstige oder nachteilige Rechtsfolgen von Merkmalen abhängig macht, die Angehörige einer der geschützten Gruppen signifikant leichter oder schwerer erfüllen können, mit der Folge, daß sie von Vor- oder Nachteilen unverhältnismäßig häufiger betroffen sind. Solche „Schlagseite" einer Regelung begründet die (widerlegliche) Vermutung, daß eines der in Art. 3 III genannten Merkmale

rechtspolitisch maßgebend war, ohne ausdrücklich genannt zu werden (*Osterloh* in *Sachs* Rn. 255 ff.). Speziell zur mittelbaren Diskriminierung von Frauen Art. 3 II Rn. 88.

C. Benachteiligung wegen Behinderung

Am 27. 10. 1994 wurde dem traditionellen Diskriminierungsverbot in Art. 3 III 2 ein besonderes 79 Verbot der Benachteiligung Behinderter hinzugefügt. Abweichend von Satz 1 ist hier die **Bevorzugung** nicht untersagt. Arbeitsrechtliche Schutzvorschriften und Integrationshilfen wurden vielmehr bei der Verfassungsänderung gerade vorausgesetzt. Der Förderungs- und Integrationsauftrag des Sozialstaatsprinzips (BVerfG 18. 6. 1975 E 40, 121, 133) soll erkennbar mit Signalwirkung verstärkt werden (BT-Drucks. 12/8165 S. 29; *Heun* in *Sachs* Rn. 120; *Berlit* JöR 1996, 17, 60 f.). In den Worten des BVerfG: Die besondere Situation der Behinderten soll weder zu gesellschaftlichen noch zu rechtlichen Ausgrenzungen führen (8. 10. 1997 E 96, 288, 302 = NJW 1998, 131 unter C I 1 b).

Der verfassungsrechtliche Begriff der **Behinderung** bedarf der Präzisierung. Der Verfassunggeber 80 hielt ihn als Gruppenmerkmal für „klar erkennbar" und die geschützte Gruppe auch ohne weiteres für vergleichbar mit den geschützten Gruppen in Satz 1 des Art. 3 III (BT-Drucks. 12/8165 S. 29). Tatsächlich ergeben sich hier jedoch viele Zweifelsfragen. Das beginnt mit der Abgrenzung von divergierenden Behinderungsbegriffen in Sozialgesetzen (etwa § 3 I SchwbG, § 10 SGB I, § 39 BSHG). In Anlehnung an den Behindertenbericht der Bundesregierung wird überwiegend davon ausgegangen, daß Personen dann als behindert anzusehen sind, wenn sie an einer nicht nur vorübergehenden Beeinträchtigung körperlicher, geistiger oder seelischer Art leiden und deshalb in erheblichem Umfang Hilfe benötigen, damit sie einen angemessenen Platz in der Gesellschaft einnehmen können (*Heun* in *Sachs* Rn. 121; ähnlich *Osterloh* in *Dreier* Rn. 308 f.; *Jarass/Pieroth* Rn. 80).

Aus diesem Begriff der Behinderung folgt, daß das Verbot der **Benachteiligung** vom Staat mehr 81 verlangt als bei den Minderheitsgruppen des vorangehenden Satzes. Natürlich dürfen Behinderte genau wie diese grundsätzlich weder unmittelbar noch mittelbar durch Regelungen, die ungünstige Rechtsfolgen an ihre Behinderteneigenschaft knüpfen, belastet werden (zur Abwägung s. o. Rn. 77). Aber da die Behinderung gerade durch Hilfsbedürftigkeit manifest und damit definiert wird, besteht genaugenommen schon in der Verursachung und Verstärkung von Hilfsbedürftigkeit eine unzulässige Benachteiligung. Motto: „Man ist nicht behindert, man wird behindert." Geboten ist eine Lebensumwelt, die keine Mobilitäts- und Entfaltungsbeschränkungen für Behinderte verursacht, also nicht zu deren Ausgrenzung führt (*Berlit* RdJB 1996, 145, 147; aA *Sachs* RdJB 1996, 154, 173 f.). **Abwehr-** und **Schutzfunktion** lassen sich bei diesem Benachteiligungsbegriff kaum trennen. Die Frage nach dem Umfang subjektiver Rechte, also nach dem grundrechtlichen Untermaß, ist noch unbeklärt. Das BVerfG hat ausdrücklich offengelassen, ob sich aus Art. 3 III 2 originäre Leistungsansprüche ableiten lassen, aber die „besondere Verantwortung" des Staates betont und eine schützende Auslegung und Anwendung des Schulrechts gefordert (8. 10. 1997 E 96, 288, 303 = NJW 1998, 131). Eine entsprechende Ausstrahlungswirkung im Zivilrecht ist unbestritten (vgl. *Osterloh* in *Sachs* Rn. 307), aber offenbar schwer vermittelbar (vgl. zum Reisemangel abschreckend: LG Frankfurt/M. NJW 1980, 1169).

Die Bestimmung des gebotenen Mindestschutzes ergibt sich im **Arbeitsrecht** als Ergebnis einer 82 Interessenabwägung. Sie führt vor allem bei der Begründung und der Beendigung von Arbeitsverhältnissen zu Konflikten. Die Verfassungsergänzung durch Art. 3 III 2 scheint hier vielfach vernachlässigt zu werden. So läßt das BAG die Frage nach der Schwerbehinderteneigenschaft auch dort zu, wo sie für die vorgesehene Arbeit des behinderten Stellenbewerbers gar keine Rolle spielt; es hat eine unrichtige Beantwortung als arglistige Täuschung gewertet (BAG 5. 10. 1995 und 3. 12. 1998 AP BGB § 123 Nr. 40 und 49). Ich halte das für verfassungswidrig (ebenso *Däubler* Arbeitsrecht 2, Rn. 95 sowie hier § 611 BGB Rn. 378).

D. Gleichberechtigung der Frauen – Art. 3 II und III GG

I. Bedeutung und Systematik

Art. 3 II nennt Männer und Frauen in einem Atemzug, als ginge es für beide um die gleiche oder 83 doch vergleichbare Betroffenheit. In der Tat sind auch Männer gegen Diskriminierung wegen ihres Geschlechts geschützt; das ergibt sich aber schon aus Art. 3 III. Die rechtspolitische Stoßrichtung von Art. 3 II gilt der uralten und tiefverwurzelten **Benachteiligung von Frauen**. Die Norm wurde von den Müttern des Grundgesetzes gegen große Widerstände erkämpft und galt von Anfang an als rechts- und gesellschaftspolitischer Sprengsatz, dessen Wirksamkeit sogar durch eine Übergangsvorschrift (Art. 117 I) verzögert wurde (zur Entstehungsgeschichte vgl. *Pfarr*, Quoten und Grundgesetz, 1988 S. 36 ff.; *Sacksofsky*, Das Grundrecht auf Gleichberechtigung 2. Aufl., 1996 S. 323). Heute überwiegt die Ansicht, daß Art. 3 II eine spezielle Schutzpflicht zugunsten der Frauen begründet, die über das allgemeine Diskriminierungsverbot hinausgeht und dessen Durchsetzung in der Realität fordert

(BVerfG 28. 1. 1992 E 85, 191, 207 = AP AZO § 19 Nr. 2; 16. 11. 1993 E 89, 276, 285 = AP BGB § 611 a Nr. 9; *Osterloh* in *Sachs* Rn. 261; *Jarass/Pieroth* Rn. 49; aA *Starck* in *v. Mangoldt/Klein* Rn. 281).

84   Die spezielle Bedeutung von Art. 3 II neben Art. 3 III war lange Zeit unklar. Das BVerfG betrachtete beide Gleichheitsgebote bis 1991 als gleichbedeutend. Beide seien Differenzierungsverbote, die lediglich eine besondere Rechtfertigung verlangten. Erstmals in der Entscheidung zum Nachtarbeitsverbot betonte es den Unterschied: Während Art. 3 III als Differenzierungsverbot wirke, formuliere Art. 3 II ein Gleichberechtigungsgebot, das sich auf die gesellschaftliche Wirklichkeit beziehe, also positive Veränderungen erfordere. Begründet wird damit eine grundrechtliche Schutzpflicht zugunsten der Frauen (BVerfG 16. 11. 1993 E 89, 276, 286 = AP BGB § 611 a Nr. 9). Das führt insofern zu einer Kollision mit Art. 3 III, als die Verfassung selbst gegen das Differenzierungsverbot zu verstoßen scheint. Das BVerfG übersieht das nicht, sondern interpretiert Art. 3 II als Rechtfertigungstatbestand, der ausnahmsweise Regelungen zuläßt, die Frauen begünstigen (28. 1. 1992 E 85, 191, 209 = AP AZO § 19 Nr. 2).

85   Inzwischen ist diese Auslegung des BVerfG durch den Verfassungsgeber bekräftigt worden. Nach einer sehr kontroversen Diskussion in der gemeinsamen Verfassungskommission von Bundestag und Bundesrat (vgl. *Limbach/Eckertz-Höfer*, Frauenrechte im GG des geeinten Deutschland, 1993, S. 21 ff.) wurde Art. 3 II im Jahre 1994 ein zweiter Satz hinzugefügt, der ein **Staatsziel** formuliert. Er verlangt in Übereinstimmung mit der Rechtsprechung des BVerfG, daß die Durchsetzung der Gleichberechtigung vom Staat gefördert wird. Der Zusatz stellt klar, daß Frauen auf gesellschaftliche Benachteiligung stoßen, die staatliche Fördermaßnahmen erforderlich machen. Das BVerfG sieht sich dadurch mit Recht in seiner Sicht bestätigt (24. 1. 1995 E 92, 91, 109; ebenso *Osterloh* in *Sachs* Rn. 262; *Jarass/Pieroth* Rn. 49; *Sacksofsky*, Das Grundrecht auf Gleichberechtigung, 2. Aufl. 1996, S. 403; aA: *Starck* in v. *Mangoldt/Klein* Rn. 281, der gerade umgekehrt die Ergänzung als Korrektur der bisherigen Rechtsprechung versteht).

86   Ein weiteres Koordinationsproblem ergibt sich aus dem **Recht der EU**. Art. 141 (früher 119) EGV verpflichtet die Mitgliedstaaten auf den Grundsatz des gleichen Entgelts für gleiche Arbeit (dazu *Schlachter* 20 – EG Art. 141). Darüber hinaus enthalten zahlreiche Richtlinien Verbote der unmittelbaren und mittelbaren Diskriminierung von Männern und Frauen im Erwerbsleben (*Oetker/Preis* EAS Teil A). Für deren Auslegung ist der Europäische Gerichtshof zuständig, der bereits eine umfangreiche Rechtsprechung entwickelt hat. Sie bindet die Gerichte der Mitgliedstaaten (*Wißmann* 20 – EGV Vorbem. Rn. 13 und Art. 243). Auch Art. 3 II ist „gemeinschaftsfreundlich" auszulegen (*Ebsen* RdA 1993, 11, 12; *Colneric* PersR 1994, 45, 46). Eine Richtervorlage an das BVerfG setzt voraus, daß der gemeinschaftsrechtliche Einfluß zuvor geklärt worden ist (BVerfG 28. 1. 1992 E 85, 191, 203 = AP AZO § 19 Nr. 2 unter B I).

II. Benachteiligung von Frauen

87   **1. Formen der Benachteiligung.** Bei Erlaß des Grundgesetzes gab es noch eine Vielzahl gesetzlicher Regelungen, die ausdrücklich den Frauen Rechte vorenthielten oder sie Beschränkungen unterwarfen, vor allem im Familienrecht. So krasse Formen der Benachteiligung bestehen kaum noch. Immerhin mußte das BVerfG noch im Jahre 1991 den Stichentscheid des Mannes bei der Bestimmung des Familiennamens für verfassungswidrig erklären (5. 3. 1991 E 84, 9 = NJW 1991, 1602). Im Arbeitsrecht galt für die ersten Grundsatzentscheidungen dem Gebot der Lohngleichheit. In Tarifverträgen fanden sich in der Regel prozentuale Lohnabschläge für Arbeitnehmerinnen, die gleiche Arbeit wie Männer verrichteten. Solche Klauseln erklärte das BAG für nichtig (15. 1. 1955 AP GG Art. 3 Nr. 4). Wie zäh auch hier die Beharrungskräfte wirken, belegt die Tatsache, daß erst im Jahre 1984 ein Tarifvertrag beanstandet wurde, der nur verheirateten Männern eine „Ehegattenzulage" zubilligte (BAG 13. 11. 1985 AP GG Art. 3 Nr. 136).

88   Sehr viel schwerer zu erfassen sind **mittelbare Benachteiligungen**. Sie ergeben sich aus der unterschiedlichen Prägung und Lebenssituation von Männern und Frauen. Regelungen, die diese Unterschiede nicht berücksichtigen und sich nur an der Interessenlage von Männern und deren Lebensbedingungen orientieren, wirken diskriminierend (*Pfarr/Bertelsmann*, Diskriminierung im Erwerbsleben, 1989 S. 111 ff.; *Fuchsloch*, Das Verbot der mittelbaren Geschlechtsdiskriminierung, 1995). Der europäische Gesetzgeber hat eine Definition der mittelbaren Diskriminierung formuliert. Nach der Richtlinie 97/80/EG v. 15. 12. 1997 (*Oetker/Preis* EAS Teil A Nr. 3530) liegt sie vor, „wenn dem Anschein nach neutrale Vorschriften, Kriterien oder Verfahren einen wesentlich höheren Anteil der Angehörigen eines Geschlechts benachteiligen, es sei denn, die betreffenden Vorschriften, Kriterien oder Verfahren sind angemessen und notwendig und durch nicht auf das Geschlecht bezogene sachliche Gründe gerechtfertigt". Im Gegensatz zum EuGH war diese Erkenntnis deutschen Gerichten lange Zeit unzugänglich. So empfahl das BAG in seinem ersten Lohngleichheitsurteil (vgl. Rn. 87) den Tarifparteien, an Stelle von Lohnabschlägen „Leichtlohngruppen" einzuführen, obwohl diese eine eklatante Form mittelbarer Diskriminierung darstellen. Ein weiteres Beispiel bilden Differenzierungen zum Nachteil von Teilzeitkräften, die in den meisten Branchen weit überwiegend

D. Gleichberechtigung der Frauen – Art. 3 II und III GG   Art. 3   GG 10

Frauen sind (vgl. auch Rn. 65). Auch alle Regelungen, die eine kontinuierliche Arbeitsbiographie voraussetzen, diskriminieren Frauen mittelbar (eingehend *Bieback,* Die mittelbare Diskriminierung wegen des Geschlechts, 1997, S. 132). Zum Streitstand im Arbeitsrecht *Schlachter* – 230 – BGB § 611a Rn. 13ff.

Das Hauptproblem der Benachteiligung von Frauen bilden nicht Gesetze und Kollektivverträge, **89** sondern individuelle **Auswahlentscheidungen,** vor allem Einstellungen, Beförderungen und Kündigungen. Im Arbeitsrecht hat der Gesetzgeber immerhin versucht, seiner Schutzpflicht durch § 611a BGB zu genügen (sehr zögernd und zaghaft nach mehreren Rügen des EuGH). Bei der Auslegung und Anwendung dieser Vorschrift muß Art. 3 II beachtet werden. Die Gerichte müssen schon bei der Verfahrensgestaltung und **Beweislastverteilung** berücksichtigen, wie stark Vorurteile und traditionelle Rollenbilder in Personalentscheidungen einfließen (BVerfG 16. 11. 1993 E 89, 276, 288 f. = AP BGB § 611a Nr. 9 unter C I 2 d).

2. Rechtfertigungsgründe. Das BVerfG überprüfte Regelungen, die nach dem Geschlecht unter- **90** scheiden, ursprünglich nur mit Hilfe einer sehr großzügigen Formel. Sie seien verfassungsmäßig, wenn objektive biologische oder funktionale Unterschiede dies rechtfertigten. Allerdings müßten solche Unterschiede den Regelungsgegenstand so entscheidend prägen, daß vergleichbare Elemente daneben zurücktreten (für viele: 20. 3. 1963 E 15, 337, 343 = AP GG Art. 3 Nr. 76). Inzwischen arbeitet das Gericht mit einem außerordentlich **strengen Prüfungsmaßstab.** Differenzierende Regelungen sind danach nur ausnahmsweise zulässig, „soweit sie zur Lösung von Problemen, die ihrer Natur nach nur entweder bei Männern oder bei Frauen auftreten können, zwingend erforderlich sind" (BVerfG 28. 1. 1992 E 85, 191, 207 = AP GG Art. 3 Nr. 2 unter C I 2; 24. 1. 1995 E 92, 91, 109 = NJW 1995, 1733). Funktionale Unterschiede, die durch die Rollenverteilung in Familie und Arbeitswelt gekennzeichnet sind, können also Differenzierungen nicht mehr rechtfertigen, es sei denn, es ginge gerade um eine Angleichung, also um die Überwindung der vorgefundenen Rollenmodelle. In jedem Fall ist eine strenge Verhältnismäßigkeitsprüfung der auf die Unterschiede bezogenen Rechtsfolgen geboten („zwingend erforderlich").

Bei **mittelbar wirksamen Unterscheidungen** läßt sich ein so scharfkantiges Prüfungsprogramm **91** nicht durchhalten. Die Rechtsprechung läßt sie gelten, wenn ein objektives und nicht mit dem Geschlecht zusammenhängendes Bedürfnis für die Verwendung des Unterscheidungsmerkmals anzuerkennen ist. Die nachteiligen Folgen dürfen sich allerdings nicht unverhältnismäßig auswirken. Insbesondere muß die Gruppenbildung geeignet und erforderlich sein, um dem „objektiven Bedürfnis" zu genügen (dazu *Fuchsloch,* Das Verbot der mittelbaren Geschlechtsdiskriminierung, 1995, S. 80 ff.; *Bieback,* Die mittelbare Diskriminierung wegen des Geschlechts, 1997, S. 83 ff.)

III. Frauenförderung

Obwohl Art. 3 II ausdrücklich verlangt, daß bestehende Nachteile beseitigt, Frauen also kompensa- **92** torisch gefördert werden sollen, stoßen gerade Maßnahmen und Gleichstellungsgesetze, die dieses Ziel verfolgen, auf besonders heftige politische und **verfassungsrechtliche Kritik.** Das liegt daran, daß staatliche Maßnahmen auf diesem Gebiet höchst komplexe gesellschaftliche Zusammenhänge aufhellen und beeinflussen müssen. Es gibt Beispiele für offensichtlich verfehlte Ansätze. So konnte die Zubilligung bezahlter Hausarbeitstage nur für Frauen lediglich die bestehenden familiären Rollenbilder festigen und daher einer verfassungsrechtlichen Kontrolle nicht standhalten (BVerfG 13. 11. 1979 E 52, 369 = AP HausarbTagsG NRW § 1 Nr. 28). Ähnlich kritisch sind unterschiedliche Altersgrenzen zu bewerten, die das BVerfG aber mit problematischer Begründung passieren ließ (28. 1. 1987 E 74, 163, 180 = AP AVG § 25 Nr. 3, dazu *Sacksofsky,* Das Grundrecht auf Gleichberechtigung, 2. Aufl. 1996, S. 74 ff.; EuGH 17. 5. 1990 AP EWG-Vertrag Art. 119 Nr. 20).

Die schärfsten Kontroversen hat die Frage ausgelöst, ob auch **Quoten** geeignet sind und gesetzlich **93** vorgeschrieben werden dürfen, um Frauen den Zugang zu Arbeitsplätzen und Aufstiegspositionen zu ermöglichen, wo sie signifikant unterrepräsentiert sind (zur Diskussion in der Literatur *Raasch,* Frauenquoten und Männerrechte, 1991; *Sacksofsky,* Das Grundrecht auf Gleichberechtigung, 2. Aufl. 1996, 179 ff., 405 ff.; *Schlachter,* Wege zur Gleichberechtigung, 1993, S. 40 ff.; *Slupik,* Die Entscheidung des GG für die Parität im Geschlechterverhältnis, 1988, S. 35 ff.; ablehnend *Starck* in v. *Mangoldt/ Klein* Rn 290; *Sachs,* NJW 1989, 553). Die Diskussion leidet darunter, daß nicht ausreichend zwischen unterschiedlichen legislatorischen Formen von Quoten unterschieden wird (*Pfarr,* Quoten und Grundgesetz, 1988, S. 202 ff.; Übersicht über die verschiedenen Landesgesetze *Schiek/Buhr u. a.,* Frauengleichstellungsgesetze des Bundes und der Länder, 1996). Allen Ansätzen gemeinsam ist die Voraussetzung, daß auf einem abgrenzbaren Gebiet und bestimmten Positionen Männer in auffallender Weise dominieren, so daß der Anschein diskriminierender Auswahlentscheidungen oder Beschäftigungsbedingungen besteht und eine Korrektur nach Art. 3 II geboten ist. Aber die verschiedenen Quotenmodelle verfolgen dieses legitime Ziel auf unterschiedliche Weise. Ihre verfassungsrechtliche und europarechtliche Bewertung hängt davon ab, wieviel Spielraum für eine sachgerechte Personalpolitik verbleibt.

94 Am weitesten gehen **starre Ergebnisquoten**. Sie schreiben für die Stellen ein bestimmtes Verhältnis von Frauen und Männern vor ohne Rücksicht auf konkrete Entscheidungssituationen, zB die Zahl von Bewerberinnen und Bewerbern. Solche starren Quoten werden allgemein als unzulässig angesehen (*Osterloh* in *Sachs* Rn. 286; Ausnahme bei Ausbildungsplätzen; so zu zu entsprechenden Regelungen im Hessische Gleichberechtigungsgesetz HessStGH 16. 4. 1997 in *Bertelsmann/Colneric/Pfarr/Rust*, Handbuch zur Frauenerwerbstätigkeit T 3 Nr. 38.; *Schiek* in *Schiek/Buhr u. a.*, Frauengleichstellungsgesetze, Rn. 793 ff.). Weniger eindeutig sind **leistungsabhängige Entscheidungsquoten** zu bewerten. Sie setzen bei den konkreten Auswahlverfahren an und verlangen bei gleicher Qualifikation von Bewerberinnen und Bewerber die Bevorzugung der Frauen, wenn und solange Frauen in dem entsprechenden Bereich unterrepräsentiert sind. Solche Quoten finden sich in verschiedenen Landesgesetzen, leiden aber an zwei Schwächen. Auf der einen Seite sind sie zu weich, weil Qualifikation ein äußerst dehnbarer Begriff ist und von der entscheidenden Stelle, zB dem AG, geschlechtsspezifisch beeinflußt werden kann (anschaulich BVerfG 16. 11. 1993 E 89, 276, 289 f. = AP BGB § 611 a Nr. 9 unter C I 2 e). Auf der anderen Seite sind solche Quoten zu starr, wenn sie Personalentscheidungen allein von der Qualifikation und dem Geschlecht abhängig machen. Deshalb hat der EuGH eine entsprechende Regelung im Bremer Landesgleichstellungsgesetz beanstandet (17. 10. 1995 – Kalanke, AP EWG-Richtl. 76/207 Nr. 6) und das BAG hat sie daraufhin für unanwendbar erklärt (5. 3. 1996 AP GG Art. 3 Nr. 226).

95 Hingegen wurde eine **flexible Entscheidungsquote** im Landesbeamtengesetz von NRW vom EuGH nicht beanstandet, weil sie ausdrücklich zuließ, daß „sonstige Gründe" in der Person eines männlichen Mitbewerbers zu dessen Gunsten den Ausschlag geben können. (11. 11. 1997 – Marschall, AP EWGRichtl. 76/207 Nr. 14). In dieser Form sind Quoten auch verfassungsrechtlich zu billigen (*Osterloh* in *Sachs* Rn. 287 f.; *Jarass/Pieroth* Rn. 60; *Heun* in *Dreier* Rn. 100; aA *Starck* in *v. Mangoldt/Klein* Rn. 289). Sie können allerdings auch praktisch kaum noch wirksam kontrolliert werden, wirken also nur noch appelativ. Deshalb wird nunmehr verstärkt auf **Zielvorgaben** gesetzt: In den von dafür zuständigen Stellen selbst entwickelten Gleichstellungsplänen werden sie entsprechend den personalwirtschaftlichen Möglichkeiten und Bedürfnissen festgelegt; die Einhaltung wird kontrolliert und sanktioniert. Verfassungsrechtlich läßt sich mE dagegen nichts einwenden (ebenso EuGH 28. 3. 2000, NZA 2000, 473 und HessStGH 16. 4. 1997 in *Bertelsmann/Colneric/Pfarr/Rust*, Handbuch zur Frauenerwerbstätigkeit T 3 Nr. 38).

Art. 4 [Glaubens-, Gewissens- und Bekenntnisfreiheit]

(1) **Die Freiheit des Glaubens, des Gewissens und die Freiheit des religiösen und weltanschaulichen Bekenntnisses sind unverletzlich.**

(2) **Die ungestörte Religionsausübung wird gewährleistet.**

(3) [1] **Niemand darf gegen sein Gewissen zum Kriegsdienst mit der Waffe gezwungen werden.** [2] **Das Nähere regelt ein Bundesgesetz.**

Übersicht

	Rn.		Rn.
A. Glaubens- und Bekenntnisfreiheit	1	2. Eingriffe/Beeinträchtigungen	36
I. Bedeutung und Systematik	1	3. Schranken und Grenzen der Einschränkbarkeit	38
II. Individuelle Glaubensfreiheit	5	a) Staatliche Gesetze	38
1. Schutzbereich	5	b) Vertragsrecht	42
a) Religion und Weltanschauung	6	c) Kollektives Arbeitsrecht	48
b) Glaubensfreiheit	9	aa) Tarifrecht und „Dritter Weg"	49
c) Bekenntnisfreiheit	12	bb) Mitbestimmungsrecht	55
d) Ausübungsfreiheit	13		
2. Eingriffe/Beeinträchtigungen	14	B. Gewissensfreiheit	58
3. Schranken und Grenzen der Einschränkbarkeit	16	I. Bedeutung und Schutzbereich	58
4. Schutzfunktion im Arbeitsrecht	20	II. Eingriffe/Beeinträchtigungen	65
III. Kollektive Glaubensfreiheit	27	III. Schranken und Grenzen der Einschränkbarkeit	67
1. Schutzbereich	27	1. Ungeschriebene Schranken	67
a) Religionsgesellschaften und Weltanschauungsvereinigungen	28	2. Arbeitsrecht	69
b) Träger der kollektiven Glaubensfreiheit	32		

A. Glaubens- und Bekenntnisfreiheit

I. Bedeutung und Systematik

Die Freiheit des Glaubens, des religiösen und weltanschaulichen Bekenntnisses (Art. 4 I) sowie die 1
Störungsfreiheit des gesamten religiösen oder weltanschaulichen Lebens (Art. 4 II) bilden **einheitlich das Grundrecht** der Glaubens- und Bekenntnisfreiheit (BVerfG 16. 10. 1968 E 24, 236, 245 f. = NJW 1969, 31). Es gilt für **jedermann**, also nicht nur für Deutsche, sondern ebenso für Ausländer und ihre spezifischen Formen religiöser Selbstdarstellung.

Das Grundrecht ist im Zusammenhang mit den durch **Art. 140 GG** einbezogenen Vorschriften der 2
Weimarer Reichsverfassng (Art. 136 ff. WRV) zu lesen. Sie enthalten Bestimmungen zum Grundverhältnis von Staat und Religionsgesellschaften bzw. Weltanschauungsgemeinschaften (Art. 137 f. WRV) sowie zur individuellen Glaubensfreiheit (Art. 136 WRV). Diese Artikel der Weimarer Reichsverfassung sind vollständiger Bestandteil des Grundgesetzes und werden deshalb aufeinander abgestimmt interpretiert (BVerfG 14. 12. 1965 E 19, 226, 236 = AP GG Art. 2 Nr. 6; 25. 3. 1980 E 53, 366, 400 = AP GG Art. 140 Nr. 6; 4. 6. 1985 E 70, 138, 167 = AP GG Art. 140 Nr. 24; ebenso *Jarass/Pieroth* Rn. 2 mwN; MünchArbR/*Richardi* § 185 Rn. 4; aA, für eine Zuordnung der Art. 140 GG iVm. Art. 137 WRV zur kollektiven Glaubensfreiheit und des Art. 4 zur individuellen Glaubensfreiheit *v. Campenhausen* HbStR VI § 136 Rn. 91; *Herzog* in *Maunz/Dürig* Rn. 28).

Das GG verlangt vom Staat **weltanschaulich-religiöse Neutralität** (Art. 4 I, Art. 3 III, Art. 33 III 3
sowie Art. 136 I, IV und Art. 137 I WRV iVm. Art. 140). Es verwehrt die Einführung staatskirchlicher Rechtsformen und untersagt die Privilegierung bestimmter Bekenntnisse (BVerfG 8. 11. 1960 E 12, 1, 4; 11. 4. 1972 E 33, 23, 28 = NJW 1972, 1183). Die Glaubensfreiheit ist damit eine wichtige Grundsatzentscheidung, die auch im **Privatrecht** Beachtung verlangt. Geschützt ist die **individuelle** Glaubensfreiheit natürlicher Personen (Rn. 5 ff.). Daneben kommt das Grundrecht als **kollektive** Glaubensfreiheit religiösen und weltanschaulichen Gemeinschaften bzw. Vereinigungen zugute (Rn. 27 ff.).

Die Glaubensfreiheit ist ein **spezielles Freiheitsrecht**. Sie hat Vorrang gegenüber der durch Art. 2 I 4
geschützten allgemeinen Handlungsfreiheit (BVerfG 7. 4. 1964 E, 17, 302, 306 = AP GG Art. 4 Nr. 2), gegenüber der Meinungsfreiheit (Art. 5, vgl. BVerfG 19. 10. 1971 E 32, 98, 107 = NJW 1972, 327), gegenüber der Versammlungsfreiheit (Art. 8, vgl. *Jarass/Pieroth* Rn. 5; aA *Herzog* in *Maunz/Dürig* Rn. 96) und Vereinigungsfreiheit (Art. 9, vgl. *Jarass/Pieroth* Rn. 5; Art. 9 Rn. 2 mwN aA *Herzog* in *Maunz/Dürig* Rn. 97; BVerwG 23. 3. 1971 E 37, 344, 362 f. = NJW 1971, 1377). Zu weiteren Konkurrenzen vgl. *Jarass/Pieroth* Rn. 5. Die Gleichheitsrechte in Art. 3 und Art. 33 III haben neben Art. 4 I und II selbständige Bedeutung (vgl. Art. 3 Rn. 8).

II. Individuelle Glaubensfreiheit

1. Schutzbereich. Art. 4 I und II gewährleisten mit der Glaubens- und Bekenntnisfreiheit und mit 5
der ungestörten Religionsausübung einen von staatlicher Einflußnahme freien Rechtsraum, in dem sich jeder die Lebensform geben kann, die seiner religiösen und weltanschaulichen Überzeugung entspricht. Jeder darf danach über sein Bekenntnis und seine Zugehörigkeit zu einer Kirche oder Weltanschauungsgemeinschaft frei und ohne inneren Zwang entscheiden (BVerfG 31. 3. 1971 E 30, 415, 423 = NJW 1971, 931; 19. 10. 1971 E 32, 98, 106 = NJW 1972, 327; BVerwG 27. 3. 1992 E 90, 112, 115 = NJW 1992, 2496). Art. 4 enthält ein **individuelles Abwehrrecht**. Darüber hinaus gebietet er in seiner **Schutzfunktion** dem Staat, ausreichenden Raum für eine aktive Betätigung persönlicher Glaubensüberzeugungen zu gewährleisten und damit die Verwirklichung der autonomen Persönlichkeit auf weltanschaulich-religiösem Gebiet zu sichern (BVerfG 17. 12. 1975 E 41, 29, 49 = NJW 1976, 947; 16. 10. 1979 E 52, 223, 240 f. = NJW 1980, 575).

a) Religion und Weltanschauung sind gekennzeichnet durch die Gewißheit über Aussagen zum 6
Weltganzen sowie zur Herkunft und zum Ziel menschlichen Lebens. Die Begriffe Religion und Weltanschauung werden in Art. 4 nebeneinander gleichwertig verwendet und müssen deshalb nicht exakt gegeneinander abgegrenzt werden (BVerwG 27. 3. 1992 E 90, 112, 115 = NJW 1992, 2496; *Jarass/Pieroth* Rn. 6 mwN; *Kokott* in *Sachs* Rn. 20). Schwierig ist hingegen die Abgrenzung dieser Begriffe gegen allgemeine Überzeugungen und Tendenzen, die nicht den weitreichenden Schutz des Art. 4 genießen. Eine allzu enge, an objektiven Merkmalen orientierte Auslegung würde in Kauf nehmen, daß Überzeugungen, die für den einzelnen existenzielle Bedeutung haben, schutzlos blieben. Eine weite, allein auf das Selbstverständnis der Betroffenen abstellende Auslegung würde bedeuten, daß die Religions- bzw. Weltanschauungsfreiheit, letztlich alle menschlichen Handlungen und Eigenarten erfassen könnte (vgl. *Kokott* in *Sachs* Rn. 14 f.). Das BVerfG sucht einen Mittelweg. Es berücksichtigt zwar in erster Linie das Selbstverständnis der Betroffenen (BVerfG 11. 4. 1972 E 33, 23 = NJW 1972, 1183) bzw. der Religions- und Weltanschauungsgemeinschaft (BVerfG 16. 10. 1968 E 24, 236, 247 = NJW 1969, 31), fordert aber auf der anderen Seite, daß es sich dabei auch tatsächlich, nach geistigem Gehalt und äußerem Erscheinungsbild, um eine Religion oder Weltanschauung handeln kann. Dies im

Streitfall zu prüfen und zu entscheiden, obliegt den staatlichen Organen, letztlich den Gerichten (vgl. BVerfG 5. 2. 1991 E 83, 341, 353 – Baha'i = NJW 1991, 2623; BAG 22. 3. 1995 AP ArbGG § 5 Nr. 21 = NZA 1995, 823 – Scientology).

7   **Religion** ist getragen von dem Glauben an eine umgreifende sinnerfüllte Wirklichkeit mit einem transzendenten Bezug. Sie beruht auf der subjektiven Gewißheit der Eingliederung des einzelnen in einen Zusammenhang, der nicht mit menschlichen Maßstäben zu beurteilen und durch wissenschaftliche Erkenntnisquellen nicht erschöpfend zu klären ist. Bezugspunkt ist eine überweltliche Macht, mit der der einzelne Gläubige durch Gebete, Meditationen oder religiöse Übungen verbunden sein kann (vgl. Alt. Kom./*Preuß* Rn. 15; *Kokott* in *Sachs* Rn. 17 mwN).

8   Eine **Weltanschauung** beschränkt sich dagegen auf innerweltliche („immanente") Bezüge. Gemeint sind gedankliche Systeme, die das Weltgeschehen in großen Zusammenhängen werten, ohne dabei auf Gott, das Jenseits, überhaupt auf Transzendenz zu verweisen. Auch die Modelle der Philosophie und der Wissenschaft zur umfassenden Erklärung des Weltgeschehens können Weltanschauungen in diesem Sinne, gleichzeitig aber auch durch Art. 5 geschützt sein (zum Begriff der Weltanschauung v. *Campenhausen* HbStR VI, § 136 Rn. 43; *Kokott* in *Sachs* GG Art. 4 Rn. 18 mwN).

9   b) Die **Glaubensfreiheit** bildet den Kern der Religionsfreiheit. Sie umfaßt das religiöse Bekenntnis und dessen Betätigung, gilt aber gleichermaßen für religionsfreie oder sogar religionsfeindliche Weltanschauungen. Insofern geht der Schutz der Glaubensfreiheit weiter als das Gebot religiöser Toleranz; er fordert Respektierung religiöser Bekenntnisse ebenso wie areligiöser Überzeugungen (vgl. BVerfG 8. 11. 1960 E 12, 1, 3 f.; 16. 10. 1979 E 52, 223, 240 f. = NJW 1980, 575). Zur Glaubensfreiheit gehört das Recht des Einzelnen, sein Verhalten an den Lehren seines Glaubens auszurichten und seiner inneren Glaubensüberzeugung gemäß zu leben. Geschützt sind nicht nur Handlungen, die auf imperativen Glaubenssätzen beruhen; in den Schutzbereich fallen auch Verhaltensweisen, die religiöse Lehren zwar nicht zwingend fordern, aber nahelegen, um einer Glaubenshaltung zu entsprechen (BVerfG 19. 10. 1971 E 32, 98, 106 f. – Gesundbeter = NJW 1972, 327; 17. 12. 1975 E 41, 29, 49 – Simultanschule = NJW 1976, 947). Für den Gläubigen geht es auch hier um Bindungen, die er ohne ernste Gewissensnot nicht vernachlässigen kann.

10   Keine Rolle spielt, ob sich der Glaube auf dem Boden sittlicher Grundanschauungen entwickelt hat (BVerfG 17. 12. 1975 E 41, 29, 50 = NJW 1976, 947) oder christlichem Glauben entspricht (BVerfG 19. 10. 1971 E 32, 98, 106 = NJW 1972, 327). Vom Grundrechtsschutz erfaßt wird auch die vereinzelte, von den offiziellen Lehren der religiösen und weltanschaulichen Vereinigungen abweichende Glaubensüberzeugung (BVerfG 11. 4. 1972 E 33, 23, 28 f. – Eidesverweigerung = NJW 1972, 1183). Auch **Außenseitern** und **Sektierern** muß die ungestörte Entfaltung ihrer Persönlichkeit nach Maßgabe ihrer subjektiven Glaubensüberzeugungen gewährleistet sein, solange sie nicht in Widerspruch zu anderen Wertentscheidungen der Verfassung geraten (BVerfG 11. 4. 1972 E 33, 23, 29 = NJW 1972, 1183). Nicht unter die Glaubensfreiheit fallen bloße geistige Techniken (offengelassen für „tranzendentale Meditation" BVerwG 23. 5. 1989 E 82, 76, 78 = NJW 1989, 2272) oder wirtschaftliche Betätigungen, die Glaubensüberzeugung nur vorschieben (BAG 22. 3. 1995 AP ArbGG § 5 Nr. 21 = NZA 1995, 823: „Scientology"; s. u. Rn. 31, 35).

11   **Kirchenaustritt.** Die Glaubensfreiheit schließt auch die Freiheit ein, einer Kirche fernzubleiben und sich jederzeit von der kirchlichen Mitgliedschaft zu befreien (BVerfG 8. 2. 1977 E 44, 37, 49 = NJW 1977, 1279; BVerfG 7. 10. 1980 E 55, 32, 36). Niemand darf zu einer kirchlichen Handlung oder Feierlichkeit oder zur Teilnahme an religiösen Übungen oder zur Benutzung einer **religiösen Eidesform** gezwungen werden (Art. 136 Abs. 4 WRV), gleichgültig, ob dies aus Überzeugung oder aus purer Gleichgültigkeit geschieht. Für die Absage an Weltanschauungen und Sekten gilt entsprechendes.

12   c) **Bekenntnisfreiheit** ist die Freiheit, religiöse und weltanschauliche Überzeugungen kundzutun, also die Freiheit des kultischen Handelns, der konfessionellen Lebensform und der Propaganda (vgl. BVerfG 8. 11. 1960 E 12, 1, 3 f.; 4. 1985 E 69, 1, 33 f. = NJW 1985, 1519). Sie ist als grundrechtlich privilegierte Form der Kommunikation ein **Spezialfall der Meinungsfreiheit** (hM vgl. *Herzog* in *Maunz/Dürig* Rn. 83; Alt. Kom./*Preuss* Rn. 19; *Kokott* in *Sachs* Rn. 30) Die Freiheit des religiösen oder weltanschaulichen Bekenntnisses kann in unterschiedlicher Form ausgeübt werden, zB durch schriftliche oder mündliche Äußerungen, durch das Tragen von Symbolen oder einer den Glaubensgrundsätzen entsprechenden **Kleidung.** Auch der Versuch, andere von ihrem Glauben abzuwerben, fällt in den Schutzbereich des Art. 4, soweit es mit den Mitteln geistiger Kommunikation und Überzeugungskraft geschieht, nicht durch Druck, List oder andere unlautere Mittel verwandt werden (BVerfG 8. 11. 1960 E 12, 1, 4 f.; BVerwG 14. 11. 1980 E 61, 152, 161 = NJW 1981, 1460). Geschützt ist ferner die **negative Bekenntnisfreiheit,** so daß grundsätzlich niemand verpflichtet ist, seine religiöse Überzeugung zu offenbaren (Art. 136 III 1 WRV; vgl. aber Art. 136 III 2; dazu Rn. 17, 22, 46).

13   d) **Ausübungsfreiheit.** Das Grundrecht der ungestörten Religionsausübung (Art. 4 II) gilt zwar nach seinem Wortlaut nicht zugunsten weltanschaulicher Riten, das BVerfG schließt aber aus dem für den Staat verbindlichen Gebot religiöser Neutralität und dem Grundsatz der Parität der Kirchen und

A. Glaubens- und Bekenntnisfreiheit Art. 4 GG 10

Bekenntnisse, daß sich der Schutz des Art. 4 II auch auf **Weltanschauungsgemeinschaften** erstreckt (BVerfG 16. 10. 1968 E 24, 236, 246 = NJW 1969, 31). Zur Religionsausübung gehören nicht nur kultische Handlungen sowie die Beachtung und Ausübung religiöser Gebräuche, sondern auch religiöse Erziehung, freireligiöse und atheistische Feiern sowie andere Äußerungen des religiösen und weltanschaulichen Lebens (BVerfG 17. 12. 1975 E 41, 29, 50 = NJW 1976, 947).

2. Eingriffe/Beeinträchtigungen. Die individuelle Glaubens- und Bekenntnisfreiheit dient primär 14 der **Abwehr staatlicher Eingriffe.** Das Grundrecht ist beeinträchtigt, wenn der Staat Tätigkeiten regelt oder faktisch in erheblicher Weise behindert, die durch religiöse oder weltanschauliche Überzeugungen geleitet oder beeinflußt werden. Dies ist zB der Fall bei der Kirchensteuerpflicht (BVerfG 8. 2. 1977 E 44, 37, 50 ff. = NJW 1977, 1279), bei der Verpflichtung zu religiösem Eid im gerichtlichen Verfahren (BVerfG 11. 4. 1972 E 33, 23, 29 f. = NJW 1972, 1183), sowie bei Gerichtsverhandlungen oder Unterricht unter dem **Kruzifix** (BVerfG 17. 12. 1975 E 41, 29, 48 = NJW 1976, 947; BVerfG 17. 12. 1975 E 41, 29 = NJW 1976, 947; BVerfG 16. 5. 1995 E 93, 1 = NJW 1995, 2477). Auch in der Verhängung von Sperrzeiten in der Sozialversicherung kann eine Beeinträchtigung des Art. 4 liegen, wenn ein Arbeitsloser bei Annahme einer ihm vom Arbeitsamt angebotenen Arbeit gezwungen wäre, entgegen seiner religiösen Überzeugung und den Geboten seiner Glaubensgemeinschaft zu arbeiten. So kann die Arbeit am Sabbat für den gläubigen Juden ein wichtiger Grund sein, ein Arbeitsangebot im Sinne des § 119 I 1 Nr. 1 AFG abzulehnen (BSG 10. 12. 1980 E 51, 70, 72 f. = NJW 1981, 1526). Jede **Ungleichbehandlung** wegen des Glaubens beeinträchtigt nicht nur Art. 3 III, sondern auch Art. 4 I. Wenn der Staat Raum für die aktive Betätigung einer Glaubensüberzeugung schafft, kann sich daraus zugleich eine **Beeinträchtigung für Andersgläubige** ergeben, deren negative Bekenntnisfreiheit betroffen ist; für diese muß Freiwilligkeit gesichert werden, wie das BVerfG im Zusammenhang mit dem Schulgebet betont hat (vgl. BVerfG 16. 10. 1979 E 52, 223, 240 f. = NJW 1980, 575; zur Streichung des Buß- und Bettags als staatlich anerkanntem Feiertag BVerfG-Kammer 18. 9. 1995, NJW 1995, 3378).

In seiner **Schutzfunktion** ist Art. 4 I beeinträchtigt, wenn der Staat nichts unternimmt, um fakti- 15 sche Beeinträchtigungen der Glaubens- und Bekenntnisfreiheit durch gesellschaftliche Kräfte zu verhindern. Im Geltungsbereich des Grundgesetzes leben Menschen aus den verschiedensten Kulturkreisen mit stark divergierenden religiösen und weltanschaulichen Vorstellungen und Lebensmustern. Daraus ergeben sich zwangsläufig Schutzbedürfnisse, vor allem für Minderheiten. Das gilt auch im **Arbeitsrecht.** Hier kann die Glaubensfreiheit von AN vor allem dadurch beeinträchtigt werden, daß ihnen arbeitsvertraglich Leistungs- oder Verhaltenspflichten auferlegt werden, deren Befolgung mit ihrem Glauben oder Bekenntnis unvereinbar ist. Dazu gehört zB die Anweisung, an bestimmten religiösen Feiertagen zu arbeiten oder auf das Tragen religiöser Kleidung zu verzichten. Schon eine Frage nach der Religionszugehörigkeit wirkt als Freiheitsbeschränkung, soweit sie ein Bekenntnis erzwingt. Die Zivilrechtsordnung darf diese Gefahren und Zwänge nicht ignorieren (vgl. Rn. 20 ff.).

3. Schranken und Grenzen der Einschränkbarkeit. Die Glaubensfreiheit ist **ohne Gesetzesvorbe-** 16 **halt** gewährleistet. Das BVerfG lehnt es auch ab, eine Begrenzung des Art. 4 durch „Schrankenleihe" aus anderen Normen (Art. 2 I oder Art. 136 I WRV) zu übernehmen (BVerfG 11. 4. 1972 E 33, 23, 30 f. = NJW 1972, 1183; ebenso *Kokott* in *Sachs* Rn. 80 ff. und *Morlok* in *Dreier* Rn. 89 ff.). Einige Autoren wollen hingegen Art. 136 I WRV als Vorbehalt des allgemeinen Gesetzes interpretieren und wegen der Verweisung in Art. 140 auch als maßgebend für Art. 4 ansehen (vgl. Alt. Kom./*Preuß* Rn. 30; *Jarass/Pieroth* Rn. 17; *Starck* in *v. Mangoldt/Klein* Rn. 75 ff.; einschränkend auch *v. Campenhausen* HbStR VI § 136 Rn. 82). Das wirkt aber konstruiert und führt zu einem Wertungswiderspruch, weil dann die Gewissensfreiheit stärker geschützt erschiene als die Glaubensfreiheit (zu den Schranken der Gewissensfreiheit vgl. Rn. 67 f.).

Nur der **begrenzte Gesetzesvorbehalt des Art. 136 III 2 WRV** gilt nach einhelliger Ansicht auch 17 für Art. 4. Danach haben Behörden das Recht nach der Religionszugehörigkeit zu fragen, soweit davon Rechte und Pflichten abhängen oder eine gesetzlich angeordnete **statistische Erhebung** dies erfordert (BVerfG 15. 12. 1983 E 65, 1, 38 f. = NJW 1984, 419 „Volkszählung"). Zulässig ist zB die Angabepflicht auf der **Lohnsteuerkarte** (BVerfG 20. 6. 1978 E 49, 1, 38 f.).

Beschränkt wird die Glaubensfreiheit ferner vor allem durch **kollidierendes Verfassungsrecht.** 18 In den Worten des BVerfG: Die Glaubensfreiheit ist zwar vorbehaltlos aber „nicht schrankenlos gewährleistet" (19. 10. 1971 E 32, 98, 107). Die vom GG anerkannte Gemeinschaftsbindung des Individuums rechtfertigt auch bei Grundrechten, die vorbehaltlos gewährleistet sind, äußerste Grenzziehungen. Auf die Glaubensfreiheit kann sich nicht berufen, wer die Schranken übertritt, die sich aus dem System der Grundsatzentscheidungen des Grundgesetzes ergeben (BVerfG 8. 11. 1960 E 12, 1, 4 f.). Aus der Glaubensfreiheit anderer und der Würde des Menschen folgt das verfassungsrechtliche **Toleranzgebot** (BVerfG 19. 10. 1971 E 32, 98, 107 f. = NJW 1972, 327; 17. 12. 1975 E 41, 29, 50 f. = NJW 1976, 947). Art. 4 schützt den einzelnen zwar gegen die Intoleranz seiner Mitmenschen, verpflichtet ihn aber gleichzeitig, anderen gegenüber die gleiche Duldsamkeit zu erweisen, die er für seine eigenen Überzeugungen in Anspruch nimmt (BVerwG 9. 11. 1962 AP GG Art. 4 Nr. 1 = NJW 1963, 1170: Werbung für Zeugen Jehovas durch Lehrherrn).

Dieterich

19 Positive und negative Glaubensfreiheit begrenzen sich wechselseitig (BVerfG 16. 10. 1979 E 52, 223, 242, 246 f. = NJW 1980, 575), ohne daß eine von ihnen Vorrang beanspruchen dürfte (*Jarass/ Pieroth* Rn. 19; *Kokott* in *Sachs* Rn. 27). Es ist primär Aufgabe des Gesetzgebers, unvermeidliche **Spannungsverhältnisse** nach dem Prinzip der Konkordanz zu lösen. Daß es sich hierbei um einen äußerst schwierigen Abwägungsvorgang handelt, zeigen die kontrovers diskutierten Entscheidungen des BVerfG zum Verhältnis von positiver und negativer Glaubensfreiheit im Schulwesen. Sie betreffen das Schulgebet in öffentlichen Schulen (BVerfG 16. 10. 1979 E 52, 223 = NJW 1980, 575; vgl. dazu ferner BVerwG 30. 11. 1973 E 44, 196 = NJW 1974, 574 aA HessVGH NJW 1966, 31; vgl. zum Streitstand *Kokott* in *Sachs* Rn. 32 ff. und *Morlok* in *Dreier* Rn. 98 ff.) sowie das Kreuz im Klassenzimmer (BVerfG 16. 5. 1995 E 93, 1 = NJW 1995, 2477, vgl. dazu einerseits *Czermak* NJW 1995, 3348 und andererseits *Link* NJW 1995, 3353; zuvor schon BVerfG 17. 12. 1975 E 41, 29 = NJW 1976, 947). Die Entscheidung belegt die Sicht des BVerfG zur Gleichwertigkeit der durch Art. 4 geschützten Religionen und Weltanschauungen. Schon zuvor hatte das BVerfG entschieden, daß der Zwang, entgegen der eigenen religiösen oder weltanschaulichen Überzeugung in einem mit einem Kreuz ausgestatteten Gerichtssaal verhandeln zu müssen, das Grundrecht eines Prozeßbeteiligten aus Art. 4 I verletzen kann (BVerfG 17. 7. 1973 E 35, 366, 373 ff. = NJW 1973, 2196).

20 **4. Schutzfunktion im Arbeitsrecht.** Die Glaubens- und Bekenntnisfreiheit ist wie die meisten Grundrechte individuell weitgehend verfügbar (Einl. Rn. 63). Daraus können in der sozialen Wirklichkeit erhebliche Gefahren für die Realisierung des Grundrechts erwachsen. Art. 4 begründet deshalb Schutzpflichten des Staates (Einl. Rn. 33 ff.), die sich im Privatrecht vor allem zugunsten der AN auswirken. Sie richten sich primär an den Gesetzgeber, aber auch an die Rechtsprechung. Die grundrechtlich geschützte Glaubens- und Bekenntnisfreiheit ist bei der **Auslegung und Anwendung des Zivil- und Arbeitsrechts** zu beachten. Hier ergeben sich in einer multikulturellen, pluralistischen Gesellschaft viele Konflikte insbesondere bei starrer Handhabung religiöser oder weltanschaulicher Lebensregeln. Inwieweit innerhalb eines Arbeitsverhältnisses die Freiheit des AN unbeschränkt fortbesteht, sein Verhalten an den Lehren einer Religion bzw. Weltanschauung auszurichten und seiner Glaubensüberzeugung gemäß zu handeln (s. o. Rn. 12 f.), beantwortet sich nicht unmittelbar aus Art. 4, sondern aus dem Vertragsrecht im allgemeinen und dem konkreten Arbeitsvertrag im besonderen.

21 Mit dem Abschluß des Arbeitsvertrages begründen die Vertragsparteien neben den Hauptleistungspflichten auch die **Pflicht zu gegenseitiger Rücksichtnahme.** Die privatautonome Begründung dieser Vertragspflicht, ihre Konkretisierung im Arbeitsverhältnis sowie die Beendigung der Vertragsbeziehungen sind einer gerichtlichen Inhaltskontrolle nur im Rahmen zivilrechtlicher Generalklauseln zugänglich. Dabei ist die Grundsatzentscheidung des Art. 4 angemessen zu berücksichtigen. Insbesondere muß der verfassungsrechtliche **Leitgedanke religiöser und weltanschaulicher Toleranz** so weit als möglich Geltung erlangen. Normalerweise können weder der AG noch der AN für ihren Glauben oder ihr Bekenntnis Vorrang beanspruchen. Weder „positive" noch „negative" Glaubensbzw. Bekenntnisfreiheit sind grundsätzlich höher zu bewerten (Rn. 19). Beide sind für ihre Träger im Privatrechtsverkehr weitgehend verfügbar (vgl. Einl. Rn. 63 ff.). Da aber der Kern der Freiheitsrechte unverzichtbar ist (vgl. Einl. Rn. 66), kann von keinem der beiden Vertragsparteien verlangt werden, daß er sich mit dem Arbeitsvertrag verpflichtet, gegen schwerwiegende, die Substanz seines Glaubens betreffende Grundsätze zu verstoßen. Darüber hinaus besteht die wechselseitige Rücksichtspflicht, Glauben und Weltanschauung des Vertragspartners so weit als möglich zu respektieren. Zugunsten des AN ist zu berücksichtigen, daß er regelmäßig kaum Einfluß auf die Vertragsgestaltung hat.

22 Nach § 138 BGB sind Vereinbarungen sittenwidrig, die die Einstellung eines AN von der Mitgliedschaft bzw. dem Austritt aus einer Glaubensgemeinschaft oder dem **Verzicht auf religiöse Betätigung** abhängig machen. Deshalb verbieten sich grundsätzlich Fragen nach der Religionszugehörigkeit im Rahmen von Vorstellungsgesprächen (vgl. dazu aber auch Rn. 46). Die Bekenntnisfreiheit ist zumindest beeinträchtigt, wenn der AN sich vertraglich verpflichten muß, die Zurschaustellung religiöser Bekenntnisse durch Kleidung, Haartracht oder Ansteckungssymbole zu unterlassen. Ob eine derartige Verpflichtung einer **richterlichen Inhaltskontrolle** nach § 138 BGB bzw. § 242 BGB Stand hält, ist im Einzelfall vor dem Hintergrund der geschuldeten Tätigkeit abzuwägen. Die Art dieser Tätigkeit kann ausnahmsweise religiöse und weltanschauliche Neutralität erfordern. So kann Lehrern und Ausbildern das Tragen religiöser Kleidung (zB der typischen Farben der Bhagwan-Sekte) verboten werden (*v. Campenhausen* HbStR VI § 136 Rn. 84; aA *Alt. Kom./Preuß* Art. 4 Rn. 31). Ist die Kleidung aber gleichzeitig Ausdruck einer ethnischen Tradition, wie zB das Kopftuch der Muslimin, ist äußerste Großzügigkeit geboten (ArbG Hamburg 3. 1. 1996, AuR 1996, 243 – Sikh-Turban).

23 Selbst wenn die Tätigkeit keine Neutralität erfordert, darf jedenfalls keine **mißbräuchliche Werbung** für eine Religion oder Weltanschauung betrieben werden. Dies gilt aufgrund der arbeitsvertraglichen Rücksichtspflichten im Verhältnis der Vertragsparteien und insbesondere auch bei Ausbildungsverhältnissen. Eine an sich erlaubte Glaubenswerbung oder Glaubensabwerbung ist zB mißbräuchlich, wenn sie unmittelbar oder mittelbar mit Hilfe unlauterer Methoden betrieben wird, etwa mit Druckmitteln oder unlauteren Anreizen (BVerfG 8. 11. 1960 E 12, 1, 4 f.; BVerwG 14. 11. 1980 E 61, 152,

A. Glaubens- und Bekenntnisfreiheit   Art. 4   GG 10

161 = NJW 1981, 1460). Ein Ausbilder, der minderjährige Auszubildende für den Übertritt zu einem anderen Glauben wirbt, verstößt gröblich gegen seine Schutz- bzw. Rücksichtnahmepflicht, zumindest wenn er seiner Werbung durch eine bevorzugte Behandlung für den Fall des Übertritts Nachdruck verleiht (vgl. BVerwG 9. 11. 1962 AP GG Art. 4 Nr. 1 = NJW 1963, 1170). Unzulässig ist auch eine den Betriebsfrieden störende Werbung. Das gilt vor allem dann, wenn die berufliche Stellung oder das Amt des BR mißbraucht werden (vgl. LAG Rheinland-Pfalz 12. 7. 1995, zitiert nach *Abel* NJW 1997, 426, 427).

Die in Art. 4 gewährleistete Glaubens- und Bekenntnisfreiheit begrenzen mittelbar auch die Aus- 24 übung des **Direktionsrechts**, das analog § 315 BGB billigem Ermessen entsprechen muß. Die Rechtsordnung muß gewährleisten, daß der AG seine Autorität nicht gegenüber dem AN bei der Zuweisung von Arbeiten nicht in vermeidbare Gewissenskonflikte bringt (BAG 20. 12. 1984 AP BGB § 611 Direktionsrecht Nr. 27 = NZA 1986, 325). Stehen dem AG weniger belastende Alternativen problemlos zur Verfügung, ist es im allgemeinen geboten, diese zu nutzen und dem AN andere Arbeiten zuzuweisen (vgl. *Kokott* in *Sachs* GG Art. 4 Rn. 42; *Gamillscheg*, Die Grundrechte im Arbeitsrecht, S. 53).

Die Erfüllung religiöser Pflichten (zB eine kirchliche Eheschließung) kann zu einem subjektiven 25 **Leistungshindernis** im Sinne des § 616 BGB führen (BAG 27. 4. 1983 AP BGB § 616 Nr. 61 = NJW 1983, 2600; vgl. zum Schutz des Begräbnisses BVerwG 26. 6. 1974 E 45, 224, 234 = NJW 1974, 2018). Ob ein AN im Einzelfall unter Berufung auf seinen Glauben ohne weiteres die Erfüllung arbeitsvertraglicher Pflichten verweigern kann, ist unter Einbeziehung der Umstände des Vertrages sowie des unverzichtbaren Schutzminimums der Glaubens- und Bekenntnisfreiheit festzustellen. Als Mittellösung kommt uU die Arbeitsbefreiung ohne **Lohnanspruch** in Betracht, zB bei hohen religiösen Feiertagen (zu eng LAG Düsseldorf 14. 2. 1963 JZ 1964, 258; krit. dazu *Canaris* AcP 184 [1984], 201, 239 Fn. 120). Konnte der AN bei Abschluß des Arbeitsvertrages voraussehen, daß er mit Aufgaben betraut werden würde, die ihn in Konflikte mit seinem Glauben bringen, ist im Zweifel von einer vertraglichen Selbstbeschränkung auszugehen. Das Interesse des AG an der Einhaltung des Vertrages hat dann zunächst Vorrang (vgl. *Kokott* in *Sachs* Rn. 67). Die bloße abstrakte Möglichkeit genügt dafür aber nicht. Vielfach ergeben sich die Gewissenskonflikte erst in der aktuellen Arbeitssituation. Hier hilft im Rahmen des Zumutbaren die vertragliche Rücksichtspflicht bei fundamentalen und unüberwindbaren Glaubenshindernissen. Sie können ein Leistungsverweigerungsrecht begründen, rechtfertigen dann aber möglicherweise eine **personenbedingte Kündigung** (vgl. zum vergleichbaren Fall eines Gewissenskonflikts Rn. 69 ff.). War hingegen für den AG bei Abschluß des Arbeitsvertrages offensichtlich, daß der AN bestimmte Verhaltensweisen wegen seiner religiösen Überzeugung als schlechthin unerträglich empfinden muß, oder hat der AN dies sogar von sich aus offenbart, darf der AG später nicht verlangen, daß sich der AN über seine Glaubensgrundsätze hinwegsetzt.

Problematisch ist die Abwägung der individuellen Glaubens- und Bekenntnisfreiheit des AN mit 26 der **kollektiven Glaubensfreiheit** des AG. Durch die in Art. 4 I und II iVm. Art. 140 GG, Art. 137 WRV geschützte Selbstbestimmung ist Religions- und Weltanschauungsgemeinschaften ein **weiter Tendenzschutz** eingeräumt. Zumindest bei tendenznah beschäftigten AN kann ein Verhalten verlangt werden, das der Religion oder Weltanschauung ihres AG Rechnung trägt (ausführlich Rn. 42 ff.).

III. Kollektive Glaubensfreiheit

1. Schutzbereich. Ein besonders wichtiger Teil der Glaubensfreiheit ist die religiöse Vereinigungs- 27 freiheit, also die **Freiheit des organisatorischen Zusammenschlusses** zum Zwecke des gemeinsamen öffentlichen Bekenntnisses (BVerfG 25. 3. 1980 E 53, 366, 387 = AP GG Art. 140 Nr. 6). Diese Gewährleistung läßt sich als gemeinsame bzw. kollektive Glaubensfreiheit bezeichnen (vgl. BVerfG 21. 9. 1976 E 42, 312, 322 = AP GG Art. 140 Nr. 5; *Jarass/Pieroth* Rn. 23; *Herzog* in *Maunz/Dürig* Rn. 93).

a) Religionsgesellschaften und Weltanschauungsvereinigungen haben nach Art. 140 GG iVm. 28 Art. 137 III WRV das Recht, ihre Angelegenheiten selbständig innerhalb der Schranken der für alle geltenden Gesetze zu ordnen und zu verwalten (**Selbstbestimmungsrecht**). Sie können ebenso wie andere juristische Personen, deren Zweck die Pflege oder Förderung eines religiösen Bekenntnisses oder die Verkündung des Glaubens ihrer Mitglieder ist, Träger des Grundrechts aus Art. 4 sein (vgl. BVerfG 4. 10. 1965 E 19, 129, 135 = AP GG Art. 4 Nr. 2 und 3; vgl. Rn. 32 ff.). Die Ordnung und Verwaltung der eigenen Angelegenheiten im Sinne von Art. 137 III WRV dient der kollektiven kirchlichen Bekenntnis- und Kultfreiheit. Deshalb können Beeinträchtigungen des kirchlichen Selbstbestimmungsrechts zugleich als Verletzung des Art. 4 gerügt werden (*Jarass/Pieroth* Rn. 3; Münch ArbR/*Richardi* § 185 Rn. 6 f.).

Die als **Körperschaften des öffentlichen Rechts** (Art. 140 GG iVm. Art. 137 V WRV) anerkannten 29 „**verfaßten**" Kirchen haben die Möglichkeit, die Eigenständigkeit ihrer Ordnung durch das **Instrumentarium des öffentlichen Rechts** zu sichern (BVerfG 13. 12. 1983 E 66, 1, 19 = NJW 1984, 2401). Sie entscheiden selbst, welche Dienste es in ihren Einrichtungen geben soll und in welchen Rechtsformen sie wahrzunehmen sind. Die damit begründete Sonderstellung geht über die jeder Religionsgemeinschaft gewährte Verfassungsgarantie hinaus (MünchArbR/*Richardi* § 185 Rn. 18 mwN). Soweit

Dieterich 67

die Kirchen Körperschaften des öffentlichen Rechts sind, können sie zur Bewältigung ihrer Aufgaben **Beamtenverhältnisse** begründen und dafür Kirchengesetze erlassen (vgl. §§ 121, 135 Satz 2 BRRG). Die Dienstverhältnisse werden dann durch Hoheitsakt begründet. Sie unterliegen nicht den Normen des Arbeitsrechts, sondern der kirchlichen Ordnung (vgl. MünchArbR/*Richardi* § 185 Rn. 15 f. mwN). Ob das auch gegenüber **europäischem Gemeinschaftsrecht** gilt, ist bisher ungeklärt (restriktiv *Müller-Vollbehr*, Europa und das Arbeitsrecht der Kirchen, 1999; *Richardi*, Arbeitsrecht in der Kirche, § 1 V; a. A. *Reichold* ZTR 2000, 57).

30 Die körperschaftlichen Kirchen sind jedoch nicht dazu verpflichtet, für ihren Dienst besondere öffentlich-rechtliche Gestaltungsformen zu entwickeln. Es bleibt ihnen unbenommen, sich wie jede Religions- oder Weltanschauungsgemeinschaft zur Regelung ihrer Dienst- und Arbeitsverhältnisse der **Privatautonomie** zu bedienen. Die Verfassungsgarantie des Selbstbestimmungsrechts sichert die Freiheit der Kirchen innerhalb der staatlich geordneten Arbeits- und Sozialverfassung. Schließen Religions- und Weltanschauungsgesellschaften **Arbeitsverträge** ab, nehmen sie die allgemeine Vertragsfreiheit für sich in Anspruch und machen zugleich von ihrem verfassungsrechtlichen Selbstbestimmungsrecht Gebrauch. Die Anwendbarkeit des staatlichen Arbeitsrechts ist dabei eine Folge der Rechtswahl (BVerfG 4. 6. 1985 E 70, 138, 165 = AP GG Art. 140 Nr. 24; BAG std. Rspr. zB 21. 10. 1982 und 10. 12. 1992 AP GG Art. 140 Nr. 14 und 41 = NJW 1984, 826 bzw. NZA 1993, 593). Arbeitsvertragliche Streitigkeiten kirchlicher Bediensteter unterliegen nach § 2 I Nr. 3 ArbGG der Arbeitsgerichtsbarkeit (vgl. BAG 7. 2. 1990 AP GG Art. 140 GG Nr. 37 = NJW 1990, 2082).

31 Von den privat- oder öffentlichrechtlichen Dienstverhältnissen zu unterscheiden ist die **Mitgliedschaft** in religiösen Vereinigungen. Religionsgemeinschaften können **Arbeit auf verbandsrechtlicher Grundlage** vorsehen. Soweit Mitglieder ausschließlich von ihrem religiösen Bekenntnis geprägten Dienst verrichten, sind sie keine AN. Dies ist zB bei Ordensangehörigen der katholischen Kirche oder evangelischen Diakonissen der Fall, wenn sie in Einrichtungen ihrer Schwesternschaft beschäftigt werden (vgl. MünchArbR/*Richardi* § 186 R. 3 mwN). Die Begründung vereinsrechtlicher Arbeitspflichten darf allerdings nicht zur Umgehung zwingender arbeitsrechtlicher Schutzbestimmungen führen. Hauptamtliche, aktiv tätige Mitglieder der „Scientology Kirche Hamburg e.V." sind daher nach Auffassung des BAG AN im Sinne des § 5 I 1 ArbGG (22. 3. 1995 AP ArbGG § 5 Nr. 21 = NZA 1995, 823; vgl. dazu Rn. 10, 35).

32 **b) Träger der kollektiven Glaubensfreiheit** sind juristische Personen und sonstige Vereinigungen, deren Zweck die Pflege oder Förderung eines religiösen oder weltanschaulichen Bekenntnisses oder die Verkündung des Glaubens ihrer Mitglieder ist. Art. 137 ff. WRV sprechen von religiösen oder weltanschaulichen Vereinigungen. Nicht entscheidend ist, ob sie öffentlich-rechtlich oder privatrechtlich organisiert sind. Auch auf die zahlenmäßige Stärke einer derartigen Gemeinschaft oder auf ihre soziale Relevanz kommt es nicht an. Das folgt aus dem für den Staat verbindlichen Gebot weltanschaulich-religiöser Neutralität sowie aus dem Grundsatz der Gleichrangigkeit aller Kirchen und Bekenntnisse (BVerfG 19. 10. 1971 E 32, 98, 106 = NJW 1972, 327).

33 Geschützt sind auch Vereinigungen, die nur einen Ausschnitt des religiösen oder weltanschaulichen Lebens pflegen, ferner **selbständige Einrichtungen**, die der Kirche in bestimmter Weise zugeordnet sind, und zwar ohne Rücksicht auf ihre Rechtsform. Einzige Voraussetzung soll nach Ansicht des BVerfG sein, daß sie nach kirchlichem Selbstverständnis ihrem Zweck oder ihrer Aufgabe entsprechend berufen sind, ein Stück des Auftrags der Kirche wahrzunehmen und zu erfüllen (BVerfG 11. 10. 1977 E 46, 73 – Hospital in Goch = NJW 1978, 581; 4. 6. 1985 E 70, 138, 162 = AP GG Art. 140 Nr. 24; instruktiv BAG 14. 4. 1988 AP BetrVG § 118 Nr. 36 = NJW 1988, 3283, vgl. ferner BAG 10. 12. 1992 AP GG Art. 140 Nr. 41 = NZA 1993, 593; sehr großzügig: 30. 4. 1997 AP BetrVG § 118 Nr. 60). Diese konturlose Formel geht zu weit. Im Schrifttum wird mit Recht eine organisatorische Verbindung mit durchsetzbarer Verantwortung zwischen Einrichtung und Kirche gefordert (*Fabricius*, GK-BetrVG § 118 Rn. 781 ff.; *Fitting* BetrVG § 118 Rn. 57 b; *Blanke* in *Däubler/Kittner/Klebe* § 118 Rn. 107 mwN). Als Einrichtungen in diesem Sinne wurden zB anerkannt **konfessionelle Krankenhäuser** (BVerfG 11. 10. 1977 E 46, 73, 87 = AP GG Art. 140 Nr. 1; BVerfG 25. 3. 1980 E 53, 366, 386 ff. = AP GG Art. 140 Nr. 6; BVerfG 4. 6. 1985 F 70, 138 = AP GG Art. 140 Nr. 24; BAG 19. 12. 1969 AP § 81 BetrVG 1952 Nr. 12); sowie **Erziehungseinrichtungen** und sonstige Einrichtungen mit religiösem oder karitativem Wirkungskreis (BVerfG 4. 10. 1965 E 19, 129, 132 = AP GG Art. 4 Nr. 2 und 3: „Wachtturm Bibel- und Traktatgesellschaft"; 16. 10. 1968 E 24, 236, 246 f. = NJW 1969, 31: Vereinigung katholischer ländlicher Jugend Deutschlands; BAG 14. 4. 1988 AP BetrVG 1972 § 118 Nr. 36 = NJW 1988, 3283: Kolping-Werk GmbH; 24. 7. 1991 NZA 1991, 977 ff.: „Evangelischer Presseverband Nord e. V."; vgl. zu den Abgrenzungskriterien MünchArbR/*Richardi* § 186 Rn. 52 ff.).

34 Eine Vereinigung verliert ihre Eigenschaft als Religions- und Weltanschauungsgemeinschaft nicht schon dadurch, daß sie überwiegend politisch oder erwerbswirtschaftlich tätig ist (BVerwG 23. 3. 1971 E 37, 344, 363 = NJW 1971, 1377; 27. 3. 1992 E 90, 112, 116 = NJW 1992, 2496). In welcher Weise sie ihre **Finanzverhältnisse** gestaltet, hat sie kraft ihrer verfassungsrechtlich gewährleisteten Autonomie selbst zu entscheiden. Sie kann, wenn sie als Körperschaft des öffentlichen Rechts anerkannt ist, Steuern erheben. Jede Religions- bzw. Weltanschauungsgemeinschaft ist befugt, Mitgliedsbeiträge

sowie Entgelte für Güter und Dienstleistungen mit unmittelbar religiösem oder weltanschaulichem Bezug zu verlangen (BAG 22. 3. 1995 AP ArbGG § 5 Nr. 21 = NZA 1995, 823).

Abgrenzung: Der Grundrechtsschutz kann nur von echten Religions- oder Weltanschauungsgemeinschaften und ihren Einrichtungen beansprucht werden. Im Streitfall haben die Gerichte das zu klären. Allein die Behauptung einer Gemeinschaft, sie bekenne sich zu einer Religion und sei Religionsgemeinschaft, genügt nicht. Maßgebend ist der geistige Gehalt des Zwecks der Gemeinschaft und das äußere Erscheinungsbild (BVerfG 28. 8. 1992 NVwZ 1993, 357; siehe auch Rn. 6). Die Mitglieder oder Anhänger einer religiösen oder weltanschaulichen Vereinigung müssen auf der Grundlage gemeinsamer religiöser oder weltanschaulicher Überzeugungen eine unter ihnen bestehende Übereinstimmung über Sinn und Bewältigung des menschlichen Lebens bezeugen (BAG 22. 3. 1995 AP ArbGG § 5 Nr. 21 = NZA 1995, 823; *Scholz* NVwZ 1992, 1152). Dienen die religiösen oder weltanschaulichen Lehren nur als Vorwand für die Verfolgung ausschließlich wirtschaftlicher Ziele, kann von einer Religions- oder Weltanschauungsgemeinschaft iSd. Art. 4, 140 GG, 137 WRV nicht mehr gesprochen werden (BVerwG 27. 3. 1992 E 90, 112, 116 = NJW 1992, 2496). Das gilt zB nach Auffassung des BAG für die „Scientology Kirche Hamburg e. V." (BAG 22. 3. 1995 AP ArbGG § 5 Nr. 21 = NZA 1995, 823; aA BGH 25. 9. 1980 E 78, 274, 278 = NJW 1981, 675; offengelassen BVerwG 14. 11. 1980 E 61, 152, 162 f. = NJW 1981, 1460; vgl. ferner *Abel* NJW 1997, 426 mwN zur aktuellen Rechtsprechung; *ders.,* Ist das Menschen- und Gesellschaftsbild der Scientology-Organisation vereinbar mit der Werte- und Rechtsordnung des GG 1996).

2. Eingriffe/Beeinträchtigungen. Im Gegensatz zur individuellen Glaubensfreiheit steht bei der kollektiven Glaubensfreiheit die Abwehrfunktion ganz im Vordergrund. Es geht vornehmlich um die Abwehr von Beschränkungen der religiösen und weltanschaulichen Selbstbestimmung durch den Staat. In Betracht kommen Gesetze und gerichtliche Entscheidungen, die sich auf den in Art. 4 I und II geschützten Freiheitsraum auswirken. Wegen ihrer freiheitsmindernden Bedeutung müssen aber auch erhebliche faktische Behinderungen des Selbstbestimmungsrechts als Grundrechtseingriffe behandelt werden.

Eingriffe in das **Eigentum** von Religions- und Weltanschauungsgemeinschaften beeinträchtigen zugleich die kollektive Glaubensfreiheit, soweit durch sie die geschützte Betätigung behindert wird (BVerfG 13. 12. 1983 E 66, 1, 21 = NJW 1984, 2401). Ebenso kann sich eine **Ungleichbehandlung** verschiedener Religions- und Weltanschauungsgemeinschaften als Beeinträchtigung erweisen (vgl. dazu *Jarass/Pieroth* Rn. 31). Der öffentlich-rechtliche Status der „verfaßten Kirchen" kann aber eine Besserstellung gegenüber privatrechtlichen Vereinigungen rechtfertigen (vgl. BVerfG 4. 10. 1965 E 19, 129, 134 f. = NJW 1965, 2339; *Jarass/Pieroth* Art. 4 Rn. 37 m. w. Bsp. und Nachw.; speziell zu Kirchensteuern BVerfG 23. 10. 1986 E 73, 388, 399 = NJW 1987, 943).

3. Schranken und Grenzen der Einschränkbarkeit. a) Staatliche Gesetze dürfen das Selbstbestimmungsrecht der Kirchen für die Ordnung ihres Dienstes nur beschränken, soweit sie für alle gelten (Art. 137 III WRV). Das schrankenziehende Gesetz muß also **religionsneutral** sein. Zu den für alle geltenden Gesetzen rechnen nur solche, die für die Kirche dieselbe Bedeutung haben wie für jedermann (BVerfG 21. 9. 1976 E 42, 312, 332 ff. = AP GG Art. 140 Nr. 5 mwN). Dies ist zB beim Konkursrecht nicht der Fall, soweit Kirchen und ihre Organisationen als Körperschaft anerkannt sind. Wegen der unmittelbar aus dem Grundgesetz folgenden Konkursunfähigkeit besteht keine Verpflichtung, die Umlage für das Konkursausfallgeld zu zahlen (BVerfG 13. 12. 1983 E 66, 1 = AP GG Art. 140 Nr. 17). Der Schrankenvorbehalt des Art. 137 III WRV ermöglicht das reibungslose Zusammenleben von Staat und Kirche. Er respektiert zwar das selbständige Ordnen und Verwalten der eigenen Angelegenheiten durch die Kirchen, schafft aber dem Staat den unverzichtbaren Gestaltungsfreiraum zum Schutz der für das Gemeinwesen bedeutsamen Rechtsgüter (BVerfG 21. 9. 1976 E 42, 312, 340 = AP GG Art. 140 Nr. 5; 25. 3. 1980 E 53, 366 = AP GG Art. 140 Nr. 6; MünchArbR/ *Richardi* § 185 Rn. 34).

Als Schranke scheiden Gesetze aus, die die Verfassung der Kirche und ihren Auftrag betreffen (sog. rein **innerkirchlichen Angelegenheiten,** vgl. BVerfG 17. 2. 1965 E 18, 385, 387 f. = NJW 1965, 961; 14. 5. 1986 E 72, 278, 289 – Berufsbildung = AP GG Art. 140 Nr. 28). Allerdings läßt sich über den Grenzverlauf innerkirchlicher Angelegenheit durchaus streiten (Alt. Kom./*Preuß* Art. 140 Rn. 140; *Jarass/Pieroth* Rn. 34; *Maunz/Dürig* Art. 137 WRV Rn. 19; *v. Campenhausen* in *v. Mangoldt/Klein* Art. 138 WRV Rn. 128). Das Arbeitsrecht der Kirchen betrifft jedenfalls keine rein innerkirchliche Angelegenheit (BVerfG 4. 6. 1985 E 70, 138, 165 f. = AP GG Art. 140 Nr. 24).

Außerhalb des Bereichs rein innerkirchlicher Angelegenheiten kann ein allgemeines Gesetz die kollektive Glaubensfreiheit unter Beachtung des **Verhältnismäßigkeitsgrundsatzes** einschränken. Bei der Abwägung zwischen kollektiver Glaubensfreiheit und Zweck der Beschränkung kommt dem Selbstverständnis der religiösen und weltanschaulichen Gemeinschaft besonderes Gewicht zu (BVerfG 25. 3. 1980 E 53, 366, 404 = NJW 1980, 1895; 14. 5. 1986 E 72, 278, 289 = NJW 1987, 427). Ein anschauliches Beispiel bietet die Entscheidung des BVerfG vom 14. 5. 1986 zu Berufsbildung. Einerseits ist das Berufsbild des kirchlichen Dienstes insgesamt durch seine verfassungsrechtlich geschützte Eigenart geprägt. Andererseits konkretisiert das Berufsbildungsrecht das Sozialstaatsprinzip

(Art. 20 I, 28 I 1) und unterliegt damit der staatlichen Verantwortung. Bei Abwägung von kirchlichem Selbstbestimmungsrecht und Gemeinwohl berücksichtigten die Vorschriften des BBiG über die Zusammensetzung des Berufsbildungsausschusses (§ 56 I und II) die Belange der Kirche nicht ausreichend (BVerfG 14. 5. 1986 E 72, 278 = AP GG Art. 140 Nr. 28).

41 Die gesetzlichen Vorgaben des **Zivilrechts** gehören zu den für alle geltenden Gesetzen iSd. Art 137 III WRV. Sie regeln keine rein innerkirchlichen Angelegenheiten. Bedienen sich die Kirchen der Privatautonomie, so unterwerfen sie sich damit der für alle geltenden Privatrechtsordnung. Dennoch ist bei der Auslegung und Anwendung zivil- und arbeitsrechtlicher Vorschriften deren verfassungsrechtlich garantierte Selbstbestimmung zu beachten (BVerfG 25. 3. 1980 und 4. 6. 1985 E 53, 366, 392 und E 70, 138, 165 = AP GG Art. 140 Nr. 6 und 24; BAG 23. 3. 1984 AP GG Art. 140 Nr. 16; *Richardi* Arbeitsrecht in der Kirche §§ 5–8). Hätte die Geltung des Arbeitsrechts zur Folge, daß Arbeitsverhältnisse mit einer Religionsgemeinschaft unterschiedslos wie jedes andere Arbeitsverhältnis in der Wirtschaft zu behandeln wären, bliebe die Eigenart der Kirchen folgenlos. Dadurch würde deren Selbstbestimmungsrecht unverhältnismäßig eingeschränkt. Auslegungsspielräume sind deshalb, soweit erforderlich, zugunsten der verfassungsrechtlich geschützten Gemeinschaften zu nutzen. Das darf allerdings nicht dazu führen, daß die für alle geltenden Gesetze ihren **Schutzzweck** verfehlen.

42 b) **Vertragsrecht.** In diesem Sinne sind nach der Rechtsprechung des BAG nicht alle kirchlichen Arbeitsverhältnisse gleich zu behandeln. Vielmehr kommt es entscheidend auf Art und Umfang der **Loyalitätspflichten** des einzelnen AN an. Ursprünglich nahm das BAG für die Arbeitsgerichte in Anspruch, Kriterien für die Funktionsnähe und Loyalitätspflichtigkeit selbst zu bestimmen (vgl. für viele BAG 21. 10. 1982 und 23. 3. 1984 AP GG Art. 140 Nr. 14 und 16). Aber das wurde vom BVerfG (2. Senat) beanstandet. Es räumte den Kirchen die sehr weitgehende Befugnis ein, bindend festzustellen, welche AN Loyalitätspflichten unterliegen und wie weit diese Loyalitätspflichten gehen. Der Zweite Senat des BVerfG hob die beiden zitierten BAG-Urteile auf und verlangte eine Neubewertung nach den Maßstäben der Kirchen. Nach Auffassung des BVerfG regeln die Kirchen verbindlich die spezifischen Obliegenheiten ihrer AN nach ihrem Selbstverständnis. Sie bestimmten allein, welche kirchlichen Grundverpflichtungen die Rechtsbeziehungen prägen sollen, also auch, was „die Glaubwürdigkeit der Kirche und ihrer Verkündung erfordert", was „spezifisch kirchliche Aufgaben" sind, was „Nähe" zu ihnen bedeutet und was als schwerer Verstoß gegen „wesentliche Grundsätze der Glaubens- und Sittenlehre" anzusehen ist. **Kirchliche oder weltanschauliche Vorgaben** seien nur dann unverbindlich, wenn sie gegen Grundprinzipien der Rechtsordnung verstießen, etwa gegen das allgemeine Willkürverbot, die „guten Sitten" (§ 138 I BGB) oder den ordre public (Art. 6 EGBGB). Die Arbeitsgerichte müßten ferner sicherstellen, daß die kirchlichen Einrichtungen nicht im Einzelfall unzumutbare Anforderungen an die Loyalität ihrer Mitarbeiter stellten (vgl. BVerfG 4. 6. 1985 E 70, 138, 168 = AP GG Art. 140 Nr. 24).

43 Soweit keine unzumutbaren Anforderungen gestellt werden, sind die kirchlichen Vorgaben arbeitsgerichtlicher Kontrolle entzogen; dies gilt insbesondere für die Vertragsinhaltskontrolle (§ 242 BGB), die Vertragsausübungskontrolle (§ 315 BGB) sowie die Beendigungskontrolle (§ 626 BGB, § 1 KSchG). Die vorgegebenen Maßstäbe müssen im Zweifel durch **Rückfragen bei den zuständigen Kirchenbehörden** aufgeklärt werden. Die Besonderheit des kirchlichen Dienstes wird nämlich nur von den generellen und anerkannten Maßstäben der verfaßten Kirchen bestimmt. Hingegen sind die speziellen Interessen des konkreten kirchlichen AG als Partei des Arbeitsvertrages nicht maßgebend (vgl. BVerfG 4. 6. 1985 E 70, 138, 166, 168 = AP GG Art. 140 Nr. 24).

44 Obwohl die Rechtsprechung des BVerfG das Selbstbestimmungsrecht der Kirchen übermäßig betont, wird dadurch die **arbeitsgerichtliche Kontrolle** nicht gegenstandslos. Selbst wenn zB nach kirchlichem Verständnis eine schwere Loyalitätspflichtverletzung vorliegt, folgt daraus allein noch nicht, daß eine deshalb ausgesprochene Kündigung nach staatlichem Recht (§ 1 KSchG, § 626 BGB) wirksam sein müßte. So bedarf es weiterhin stets einer konkreten Interessenabwägung, bei der nur die Abwägungsspielräume eingeschränkt sind. Absolute Kündigungsgründe (etwa bei Kirchenaustritt) gibt es nicht (vgl. zB BAG 16. 9. 1999 AP GrO kath. Kirche Art. 4 Nr. 1; *Stahlhacke/Preis/Vossen* Rn. 708; aA *Spengler* NZA 1987, 833, 835). Das BVerfG hat nicht die Interessenabwägung selbst beanstandet, sondern nur die Ermittlung und Gewichtung des festgestellten Loyalitätsverstoßes. Auch im Verständnis des BVerfG ist der Bestandsschutz des Arbeitsverhältnisses ein hoch anzusetzender Wert, der durch Art. 12 geschützt ist (vgl. dazu Art. 12 Rn. 34). Bei der Interessenabwägung müssen auch die Grundrechte der AN beachtet werden (vgl. *Jarass/Pieroth* Rn. 37). Die Entscheidungen des Ersten Senats vom 10. 3. 1992 (BVerfGE 85, 360 = AP Einigungsvertrag Art. 38 Nr. 1 – Warteschleife) und vom 27. 1. 1998 (E 97, 169 = AP KSchG § 23 Nr. 17) konnte der Zweite Senat in der zitierten Entscheidung nicht berücksichtigen; das erklärt wohl die geringe Sensibilität in Bezug auf den Arbeitsplatzschutz der Kirchenbediensteten.

45 Einer gerichtlichen Bewertung entzogene **Loyalitätspflichtverletzungen** sind nach Ansicht des BVerfG zB der **Kirchenaustritt** (4. 6. 1985 E 70, 138, 165 ff. = AP GG Art. 140 Nr. 24; ebenso MünchArbR/*Richardi* § 186 Rn. 43 ff.; einschränkend BAG 12. 12. 1984 AP GG Art. 140 Nr. 21 =

NZA 1986, Beil. 1, 32; *Jarass/Pieroth* Art. 4 Rn. 32), der öffentliche Eintritt des Arztes eines katholischen Krankenhauses für **Schwangerschaftsabbruch** (BVerfG 4. 6. 1985 E 70, 138 = AP GG Art. 140 Nr. 24). Ähnlich beurteilt das BAG Verstöße gegen das **kirchliche Eherecht**, jedenfalls soweit der AN durch seine vertagliche Arbeitsleistung Funktionen der Kirche wahrnimmt und an der Erfüllung des Verkündungsauftrags mitwirkt (BAG 25. 4. 1978 und 4. 3. 1980 AP GG Art. 140 Nr. 2 und 3 = NJW 1978, 2116 und 1980, 2211: Kindergartenleiterinnen; BAG 31. 10. 1984, 18. 11. 1986 und 25. 5. 1988 AP GG Art. 140 Nr. 20, 35 und 36: Lehrer an Schule mit kirchlicher Trägerschaft; BAG 14. 10. 1980 AP GG Art. 140 Nr. 7 = NJW 1981, 1228: Caritas-Angestellte; 24. 4. 1997 NZA 1998, 145: Mormonen-Priester). Selbst die im außerdienstlichen Bereich ausgeübte **homosexuelle Praxis** eines Psychologen der Diakonischen Werks hat das BAG als Vertragsverletzung gewertet, allerdings eine Abmahnung gefordert (30. 6. 1983 AP GG Art. 140 Nr. 15 = NJW 1984, 1917; ebenso für einen evangelischen Hilfspfarrer das Verfassungs- und Verwaltungsgericht der Vereinigten Ev. Luth. Kirche Deutschlands 7. 9. 1984 AP GG Art. 140 Nr. 23; aA LAG Baden-Württemberg 24. 6. 1993 NZA 1994, 416).

Das kirchliche Selbstbestimmungsrecht wirkt sich bei der Anwendung des Zivil- und Individualarbeitsrechts in den verschiedenen Stadien eines Arbeitsverhältnisses aus. Für die **Einstellung** können Kirchen Richtlinien der Personalauswahl festlegen (BVerfG 4. 6. 1985 E 70, 138, 164 = AP GG Art. 140 Nr. 24); soweit es um die religiöse Dimension des kirchlichen Dienstes geht, darf ein kirchlicher AG die Einstellung von der Kirchenzugehörigkeit abhängig machen und sein entsprechendes **Fragerecht** ausüben (MünchArbR/*Richardi* § 186 Rn. 16). Hingegen gebietet das kirchliche Selbstbestimmungsrecht keine Ausnahme von gesetzlichen AGpflichten, die kirchliche Belange nicht berühren, wie zB die Pflicht zur Beschäftigung von **Schwerbehinderten**. Die Schwerbehindertenquote und die Ausgleichsabgabe (§ 11 SchwbG) ergeben sich aus einem für jedermann geltenden Gesetz (vgl. MünchArbR/*Richardi* § 186 Rn. 15).

Die Erfüllung kirchlicher Aufgaben läßt nicht überall eine scharfe Unterscheidung von dienstlicher Loyalität und **außerdienstlichem Verhalten** zu. Deshalb erstreckt sich das Bestimmungsrecht der Kirchen und Weltanschauungsgemeinschaften recht weitgehend auch auf außerdienstliches Verhalten. So sind die Kirchen nach Ansicht des BVerfG befugt, ihren AN die Beachtung tragender Grundsätze der kirchlichen Glaubens- und Sittenlehre aufzuerlegen. Sie könnten verlangen, daß sie in ihrer Lebensgestaltung nicht gegen fundamentale Verpflichtungen verstoßen, die sich aus der Zugehörigkeit zur Kirche ergeben und jedem Kirchenmitglied obliegen (BVerfG 4. 6. 1985 E 70, 138, 165 = AP GG Art. 140 Nr. 24; BAG 14. 10. 1980 AP GG Art. 140 Nr. 7 = NJW 1981, 1228; zustimmend MünchArbR/*Richardi* § 186 Rn. 26 ff.). Daß auch die kollidierenden **Grundrechte der AN** Schutz gegen übermäßige Beschränkung verlangen, wird in dieser Rechtsprechung zu wenig berücksichtigt (*Jarass/Pieroth* Rn. 37; Alt. Kom./*Preuß* Art. 140 Rn. 48; *Wieland*, Der Staat, 25 [1986], 340 ff.).

c) **Das kollektive Abeitsrecht** ist nur teilweise als Schranke im Sinne von Art. 137 III WRV anzusehen. Das Selbstbestimmungsrecht garantiert den Kirchen, eigene kollektive Interessenvertretungen zu schaffen. Der Staat muß ihnen bei der Gestaltung ihrer sozialen Ordnung eigene Wege offenhalten, damit sie von der Freiheit Gebrauch machen können, die zur Wahrung ihrer Aufgaben unerläßliche Organisation zu schaffen (BVerfG 25. 3. 1980 E 53, 366, 401 = AP GG Art. 140 Nr. 6; 17. 2. 1981 E 57, 220, 224 = AP GG Art. 140 Nr. 9). Diese partielle Freistellung von staatlichem Recht betrifft zum einen die kollektivrechtliche Gestaltung der Arbeitsbedingungen (Rn. 49 ff.); sie bezieht sich ferner auf die Formen der Mitbestimmung (Rn. 55 ff.).

aa) **Tarifrecht und „Dritter Weg".** Zwar ist Art. 9 III wegen seiner unmittelbaren Drittwirkung als ein für alle geltendes Gesetz im Sinne von Art. 137 III WRV anzusehen (BVerfG 17. 2. 1981 E 57, 220, 248 = AP GG Art. 140 GG Nr. 9). Daraus folgt jedoch nicht, daß den geschützten Personen und Vereinigungen ein inhaltlich unbegrenzter Handlungsspielraum zur Verfügung stehen müßte. Die Ausgestaltung des Koalitionsrechts ist vielmehr Sache der Rechtsordnung, in erster Linie des Gesetzgebers (BVerfG 1. 3. 1971 E 50, 290, 368 = AP MitbestG § 1 Nr. 1; BVerfG 26. 6. 1991 E 84, 212, 225 = NZA 1991, 809, 810), der dabei das Selbstbestimmungsrecht der Kirchen angemessen zu berücksichtigen hat. Beide Grundrechte müssen beschränkt werden, damit beide zu optimaler Wirkung gelangen können (s. o. Einl. Rn. 71). Bei der herzustellenden Konkordanz besteht das Problem, daß die kollektivvertragliche Regelung von Arbeits- und Wirtschaftsbedingungen ein Tarifvertragssystem voraussetzt, dieses aber ohne die Möglichkeit von Arbeitskämpfen praktisch kaum funktionieren kann (vgl. MünchArbR/*Richardi* § 187 Rn. 16; vgl. dazu Art. 9 Rn. 83). Der **Arbeitskampf** wird jedoch von den Kirchen als unvereinbar mit ihrem kirchlichen Selbstverständnis abgelehnt. Das Arbeitskampfrecht geht von einem typischen Interessenkonflikt zwischen AN und AG aus, der nach herrschender Ansicht einer kirchlichen **Dienstgemeinschaft** widersprechen soll (vgl. zB *Richardi*, Arbeitsrecht in der Kirche, § 10 Rn. 7 ff.; *Thüsing* ZTR 1999, 298; aA *Bieback* in Däubler, Arbeitskampfrecht, Rn. 498 ff., *Zeuner* ZfA 1985, 127, 137 und schon *Nell-Breuning* AuR 1979, 1, 8). Die Lösung kann nur in der Kombination unterschiedlicher Regelungsmodelle bestehen.

Entscheiden sich die Kirchen freiwillig zum Abschluß von Tarifverträgen, zB die Nordelbische Kirche (ARRG vom 9. 6. 1979, GVBl. 1979, 193) sowie die Kirche von Berlin-Brandenburg (Tarifvertragsordnung vom 18. 11. 1979, KABl. 1979, 139), findet das TVG Anwendung. Dabei handelt es sich um ein für alle geltendes Gesetz iSd. Art. 137 III WRV (vgl. *Dietz* RdA 1979, 79; *Fitting* BetrVG § 118 Rn. 51; *Frank* RdA 1979, 86; *Pirson* RdA 1979, 65). Es regelt die Ordnungsprobleme, die sich aus dem Abschluß von Tarifverträgen ergeben. Die Anwendung des TVG ist allein Konsequenz der Rechtswahl. Der Abschluß **eigener Tarifverträge** (bezeichnet als sog. „zweiter Weg"), ist aber in der evangelischen Kirche umstritten (vgl. MünchArbR/*Richardi* § 188 Rn. 6 ff.) und wird in der katholischen Kirche abgelehnt (vgl. Erklärung der deutschen Bischofskonferenz vom 27. 6. 1983, RdA 1984, 180 f.). Andererseits wird auch der ursprünglich sowohl in der evangelischen wie auch in der katholischen Kirche vertretene sog. „**erste Weg**", dem Wesen des kirchlichen Dienstes wenig gerecht. Er war dadurch gekennzeichnet, daß die Kirchen durch ihre Leitungsorgane oder durch Kirchengesetze Arbeits- und Dienstvertragsordnungen erließen, in denen weitgehend auf das Tarifvertragsrecht des öffentlichen Dienstes verwiesen wurde. Das **öffentliche Dienstrecht** nimmt aber auf das bekenntnismäßige Verständnis der Kirchen keine Rücksicht. Seine Übernahme wird nur als Notlösung angesehen (vgl. MünchArbR/*Richardi* § 188 Rn. 1 ff.).

51   Den Kirchen ist daher im Hinblick auf die notwendige Konkordanz von kirchlichem Selbstbestimmungsrecht und Betätigungsrecht der Koalitionen ein sog. „**Dritter Weg**" einzuräumen (vgl. dazu *Richardi*, Arbeitsrecht in der Kirche, § 10 Rn. 26 ff.; *Grethlein* NZA 1986 Beil. 1 S. 18). Dabei handelt es sich um **Kollektivvereinbarungen besonderer Art**, die es gestatten, Interessenkonflikte ohne Arbeitskämpfe auszutragen. Dies geschieht, indem allgemeine Bedingungen für die Vertragsverhältnisse („Dienstvertragsordnungen") durch paritätisch zusammengesetzte Kommissionen festgelegt werden. Derartige Regelungen beruhen bei der evangelischen Kirche auf einer Richtlinie der EKD vom 8. 10. 1976 (vgl. die Nachweise entsprechender Ländergesetze bei MünchArbR/*Richardi* § 187 Rn. 13 aE und *Fitting* BetrVG § 118 Rn. 53). Die katholische Kirche hat ihr Arbeitsrecht durch die von der Deutschen Bischofskonferenz am 22. 9. 1993 verabschiedete, am 1. 1. 1994 in Kraft getretene „Grundordnung des kirchlichen Dienstes im Rahmen kirchlicher Arbeitsverhältnisse" (NZA 1994, 112 = NJW 1994, 1394) auf eine neue Basis gestellt und durch Kirchengesetze der Diözesen geregelt (vgl. *Richardi* aaO § 18).

52   Art. 9 III steht Regelungsverfahren nicht entgegen, die unter Wahrung des kirchlichen Sendungsauftrags einerseits und der Interessen der Mitarbeiter andererseits im Wege einer **paritätischen** und **partnerschaftlichen Konfliktlösung** zu einem angemessenen Interessenausgleich führen (ausführlich MünchArbR/*Richardi* § 188; aA *Däubler* Tarifrecht Rn. 503). Art. 9 III gewährleistet nicht allein das geltende Tarifvertragssystem als ausschließliche Form des Förderung von Arbeits- und Wirtschaftsbedingungen. Die sinnvolle Ordnung und Befriedung des Arbeitslebens ist auf konflikthafte Gestaltungen nicht zwingend angewiesen. Regelungsmodelle, die partnerschaftliches Zusammenwirken in den Vordergrund rücken, sind verfassungskonform, wenn sie Konflikte nicht leugnen und deren Klärung ermöglichen (vgl. zu Gewerkschaften ohne Streikbereitschaft BVerfG 6. 5. 1964 E 18, 18 = AP TVG § 2 Nr. 15; zur gesetzlichen Mitbestimmung BVerfG 1. 3. 1979 E 50, 290, 371 = AP MitbestG § 1 Nr. 1). Solche „Dienstvertragsordnungen" der Kirchen besitzen allerdings keine staatliche Rechtsnormqualität; da sie Tarifverträgen gleichgestellt sind, ist umstritten (dafür zB MünchArbR/*Richardi* Rn. 31 ff.; dagegen zutreffend *Wiedemann* TVG § 1 Rn. 129; *Fitting* BetrVG § 118 Rn. 52: nur interne Selbstbindung und Entscheidungsvorbereitung). Auch das BAG verlangt eine einzelvertragliche Bezugnahme (26. 5. 1993 AP AVR Caritasverband § 12 Nrn. 2, 3 und 4; 6. 12. 1990 AP BeschFG 1985 § 2 Nr. 12 unter II 2 b) und behält sich eine Inhaltskontrolle vor (kritisch dazu *Thüsing* NZA RR 1999, 561, 564).

53   Damit ist aber die Frage noch nicht entschieden, ob das sozialpartnerschaftliche Konfliktlösungsverfahren des „Dritten Weges" ausreicht, um das **Streikrecht** der Gewerkschaften im kirchlichen Bereich gänzlich verdrängen zu können. Diese Frage ist umstritten. Während die herrschende Lehre von einem generellen Arbeitskampfverbot ausgeht (vgl. MünchArbR/*Richardi* § 187 Rn. 17; *G. Müller* RdA 1979, 71, 79; *Grethlein* NZA 1986 Beilage 1, 18, 19; *Gehring* RGRK § 630 Anh. III Rn. 137), bemüht sich eine starke Mindermeinung um differenzierende Lösungen, die dem Selbstverständnis der Kirchen Rechnung tragen sollen, ohne das Arbeitskampfrecht ganz auszuschließen (vgl. *Bieback* in Däubler Arbeitskampfrecht Rn. 498 ff.; MünchArbR/*Otto* § 278 Rn. 219; *Naendrup* BlStSozArbR 1979, 353, 368; *Kempen* in Kempen/Zachert TVG Grundl. Rn. 144). Der herrschenden Lehre ist zuzugeben, daß nicht von einem Vorrang der Koalitionsfreiheit ausgegangen werden kann. Auch sind Lösungen unpraktikabel, die nach unterschiedlichen Funktionen der AN differenzieren wollen, weil die dienstrechtliche Einordnung dem Selbstbestimmungsrecht der Kirchen unterliegt (BVerfG 11. 10. 1977 E 46, 73 = AP GG Art. 140 Nr. 1; MünchArbR/*Richardi* § 187 Rn. 18). Dennoch geht die herrschende Lehre zu weit. Eine überzeugende Konkordanz der kollidierenden Grundrechte kann sie nicht bieten, weil sie nicht sicherstellt, daß den Koalitionen als legitimen Interessenvertretungen der AN innerhalb des „Dritten Weges" oder daneben autonome Handlungs- und Entscheidungsspielräume verbleiben. Das Selbstbestimmungsrecht der Kirchen kann aber nicht so weit gehen, daß in seinem Geltungsbereich die Koalitionen und damit Art. 9 III praktisch verdrängt werden. Es bleibt daher die skeptische Frage von *Nell-Breuning* offen, ob der „Dritte Weg" zu dem erstrebten Ziel führt (AuR 1979, 1, 8). Zumindest muß er verfassungskonform verbreitert werden (überzeugend MünchArbR/*Otto* § 278 Rn. 220 f.).

Die **Gewerkschaften** müssen auch in kirchlichen Einrichtungen **Werbung** betreiben können. Dies **54** folgt aus der Freiheit der Koalitionsbetätigung (Art. 9 III). Nach der älteren Rechtsprechung des BVerfG soll sich daraus allerdings kein Anspruch auf Duldung gewerkschaftlicher Werbe-, Informations- und Betreuungstätigkeit durch betriebsfremde Gewerkschaftsbeauftragte ergeben, falls auch anstaltsangehörige Gewerkschaftsmitglieder dafür zur Verfügung stehen. Die weitergehende Rechtsfortbildung des BAG auf diesem konfliktträchtigen Gebiet wurde beanstandet (BVerfG 17. 2. 1981 E 57, 220, 247 f. AP GG Art. 140 Nr. 9 und im Anschluß daran BAG 19. 1. 1982 AP GG Art. 140 Nr. 10; vgl. ferner MünchArbR/*Richardi* § 188 Rn. 34 ff.; kritisch dazu *Herschel* AuR 1981, 265, 267; *Otto* EzA Anm. GG Art. 9 Nr. 32; *Fitting* BetrVG § 118 Rn. 50 aE mwN). Diese Rechtsprechung beruhte aber auf einer grundrechtsdogmatischen Engführung, die das BVerfG inzwischen klarstellend beseitigt hat. Das Betätigungsrecht der Koalitionen und auch deren Mitgliederwerbung sind nicht lediglich in Kernbereich geschützt. Das gewerkschaftliche **Zutrittsrecht** kann auch bei kirchlichen Einrichtungen nur beschränkt werden, wenn und soweit im konkreten Fall der ungestörte Arbeitsgang oder der Betriebsfrieden dies gebieten (BVerfG 14. 11. 1995 E 93, 352, 359 = AP GG Art. 9 Nr. 80).

bb) **Mitbestimmungsrecht.** Das Betriebsverfassungsgesetz ist kein für alle geltendes Gesetz iSd. **55** Art. 137 III WRV. Die öffentlich-rechtlich organisierten „verfaßten" Kirchen sind aus dem Geltungsbereich des BetrVG ausgenommen (§ 130 BetrVG). § 118 II BetrVG enthält außerdem zugunsten von Religionsgemeinschaften und ihrer karitativen und erziehrischen Einrichtungen einen ausdrücklichen Vorbehalt. Mit diesen Ausnahmebestimmungen will der Gesetzgeber dem Grundrecht freier Religionsausübung und der Verfassungsgarantie kirchlicher Selbstbestimmung genügen (BVerfG 11. 10. 1977 E 46, 73 = AP GG Art 140 Nr. 1; BAG 11. 3. 1986 AP GG Art. 140 Nr. 25 = NZA 1985, 685; – 210 – BetrVG § 118 Rn. 28). Eine dem § 118 II BetrVG entsprechende Bestimmung enthält § 1 III Nr. 2 SprAuG. Auch die Gesetze über die Personalvertretung (§ 112 BPersVG) und die Mitbestimmung in Kaptialgesellschaften und Genossenschaften (§ 1 IV 2 MitbestG, § 81 II BetrVG 1952) klammern den Bereich der Religionsgemeinschaften und ihrer karitativen und erziehrischen Einrichtungen aus. Die Verfassungsgarantie des Selbstbestimmungsrechts beschränkt sich nicht auf die „verfaßte" Kirche, sondern erstreckt sich auf die rechtlich verselbständigten karitativen und erziehrischen Einrichtungen, unabhängig von deren Rechtsform (BVerfG 11. 10. 1977 E 46, 73, 85 und 1. LS = NJW 1978, 581; BAG 10. 12. 1992 AP GG Art. 140 Nr. 41 = NZA 1993, 593; ebenso hM, zB MünchArbR/*Richardi* § 189 Rn. 3 m. zahlr. w. N. auch zur Gegenauffassung in Fn. 3; zur Abgrenzung vgl. Rn. 33).

Die in den Mitbestimmungsgesetzen ausgenommenen Religionsgemeinschaften und ihre karitativen **56** und erziehrischen Einrichtungen sind aufgrund der ihnen eingeräumten Rechtsetzungsgewalt befugt, für ihren Bereich ein **Mitarbeitervertretungsrecht** zu schaffen, um eine Mitwirkung und Mitbestimmung der im kirchlichen Dienst Beschäftigten zu verwirklichen. Hier ist zB das Kirchengesetz über Mitarbeitervertretungen in der evangelischen Kirche in Deutschland vom 6. 1. 1992 zu nennen, das von den meisten Gliedkirchen übernommen wurde, ferner die Ordnung für die Mitarbeitervertretungen in diakonischen Einrichtungen (MVO) vom 24. 9. 1973 idF vom 1. 4. 1983 (dazu BAG 11. 3. 1986 AP GG Art. 140 Nr. 25 = NZA 1986, 685) und die Rahmenverordnung für eine Mitarbeitervertretungsordnung im katholischen Bereich (vgl. zu der Fassung vom 1. 11. 1977 BVerfG 11. 10. 1977 E 46, 73 = AP Art 140 GG Nr. 1). Die Mitbestimmungsordnungen werden von den Kirchen als Teil der Organisation verstanden, die ihrem Sendungsauftrag dient; die Mitarbeitervertretung sei nicht nur als Interessenvertretung, sondern auch als kirchliches Amt anzusehen (BAG 11. 3. 1986 AP GG Art. 140 Nr. 25 = NZA 1986, 685).

Das Selbstbestimmungsrecht der Religionsgemeinschaften umfaßt über die Befugnis zu eigenständi- **57** ger Rechtsetzung und Verwaltung hinaus im Bereich der eigenen Angelegenheiten auch die Kompetenz zur Kontrolle des selbstgesetzten Rechts durch **kircheneigene Gerichte** (*Maunz/Dürig* Art. 140 Rz. 18; *v. Campenhausen* Staatskirchenrecht S. 202 f.; *Richardi*, Arbeitsrecht in der Kirche, §§ 20, 21). Für eine staatliche Gerichtsbarkeit besteht in den Angelegenheiten der Kirche kein Bedürfnis, soweit eine Verletzung staatlichen Rechts ausscheidet. Staatliche Gerichte dürfen in den eigenen Angelegenheiten der Kirche nur prüfen, ob für alle geltenden Gesetze verletzt worden sind. Für den Bereich des Mitarbeitervertretungsrechts besteht aber kein schrankenziehendes Gesetz, so daß schon deshalb der Rechtsweg zu den staatlichen Gerichten ausscheidet. Rechtsstaatliche Bedenken aus Art. 19 IV bestehen nicht, wenn für Streitigkeiten zwischen einer Mitarbeitervertretung und dem kirchlichen AG eine **Schlichtungsstelle** entscheidet, die den rechtsstaatlichen Mindestanforderungen an ein Gericht genügt (BAG 25. 4. 1989 AP GG Art. 140 Nr. 34; 9. 9. 1992 AP Art. 140 Nr. 40).

B. Gewissensfreiheit

I. Bedeutung und Schutzbereich

Die Gewissensfreiheit ist mit der Glaubensfreiheit eng verbunden, nicht nur im Normtext, sondern **58** auch nach Sinn und Zweck der Gewährleistung. Beide lassen sich als „Grundrecht der Sinnorientierung" zusammenfassend kennzeichnen (*Morlok* in *Dreier* Rn. 21). Die Besonderheit der Gewissensfreiheit besteht in dem Fehlen eines kollektiven Bezugs. Gewissensgebote haben zwar ebenso wie Glaubensaussagen und weltanschauliche Überzeugungen historische und gesellschaftliche Wurzeln, aber diese bleiben hier rechtlich außer Betracht. Die **individuelle Sinnorientierung** allein ist entscheidend. Daraus ergeben sich spezielle Probleme der Definition (Rn. 59), der tatsächlichen Feststellung (Rn. 61) und der Schranken (Rn. 67). Hingegen entfallen alle Schutzbedürfnisse, die mit den Erfordernissen gemeinsamer Ausübung verbunden wären. Das erklärt die unterschiedlichen Rechtsfolgen der Gewährleistungen von Glaubens- und Gewissenfreiheit.

59 **Definition:** Gewissen ist ein seelisches und damit letztlich metajuristisches Phänomen (*Bethge* HbStR VI § 137 Rn. 3). Es bedarf dennoch der rechtlichen Definition, um geschützt werden zu können. Aber nur ein sehr offener, möglichst undifferenzierter Begriff kann der Aufgabe gerecht werden (*Herzog* in *Maunz/Dürig* Rn. 124). Das BVerfG definiert das Gewissen „als ein (wie immer begründbares, jedenfalls aber) real erfahrbares seelisches Phänomen, dessen Forderungen, Mahnungen und Wahrnehmungen für den Menschen unmittelbar evidente Gebote unbedingten Sollens sind ... In diesem Sinne ist die Gewissensentscheidung immer situationsbezogen ... an den Kategorien von „Gut" und „Böse" orientiert. Der Einzelne kann sie nicht ohne ernsthafte Gewissensnot verletzen" (BVerfG 20. 12. 1966 E 12, 45, 54 f. – Kriegsdienstverweigerung). Das BAG und die herrschende Lehre sind dem gefolgt (BAG 20. 12. 1984 AP BGB § 611 Direktionsrecht Nr. 27 und 24. 5. 1989 AP BGB § 611 Gewissensfreiheit Nr. 1; *Bethge* HbStR § 137 Rn. 10 ff.; *Kokott* in: *Sachs* Rn. 74; *Morlok* in *Dreier* Rn. 57 ff.; *Konzen/Rupp,* Gewissenskonflikte im Arbeitsverhältnis, S. 13 ff.).

60 Geschützt ist nicht nur die Gewissensbildung als „Gedankenfreiheit in Gewissensfragen" (**„forum internum"**), sondern auch die Freiheit, seinem Gewissen durch Tun oder Unterlassen zu folgen (**„forum externum"**). Hier muß sich niemand ethische Postulate vorschreiben oder inhaltlich bewerten lassen. Es kommt also nicht darauf an, ob ein bestimmter Gewissenskonflikt von anderen nachvollzogen werden kann (aA *Brox* in Anm. zu AP BGB § 611 Direktionsrecht Nr. 27) oder gar auf allgemeines Verständnis stößt. Andererseits können aber bloße Skrupel und Bedenken nicht genügen. Deshalb besteht die Schwierigkeit für den Betroffenen darin, seine Konfliktlage glaubhaft zu machen, und zwar um so mehr, je ungewöhnlicher und irrationaler das behauptete Gewissensgebot anderen erscheint.

61 **Gewissensprüfung:** Wenn auch eine Rationalitätsprüfung unzulässig ist, so muß doch die Ernsthaftigkeit des Gewissensgebots, seine Unbedingtheit im Konfliktfall geprüft werden können, wobei die **Darlegungslast** trägt, wer sich auf sein Gewissen beruft, um bestehende Rechtspflichten abzuwehren. Er muß dann die ethischen Gebote nachvollziehbar beschreiben und ihre Dringlichkeit verständlich machen können. Das „Ob" eines Gewissenskonflikts unterliegt zwar keiner Kontrolle, aber das „Wie" und das „Warum" müssen plausibel sein. Dabei können **Indiztatsachen** helfen. Selten bieten Standesgrundsätze, Ethikkodizes oder ähnliche Richtlinien geeignete Anhaltspunkte (zu diesen vgl. *Wendeling-Schröder,* Autonomie im Arbeitsrecht, S. 61 ff.). Die Rechtsprechung berücksichtigt bei der Kriegsdienstverweigerung aus Gewissensgründen die Bereitschaft zur „lästigen Alternative" als „Probe auf das Gewissen" (BVerfG 24. 4. 1985 E 69, 1, 25 ff.). Das ist auf andere Zusammenhänge nur schwer übertragbar (*Konzen/Rupp,* Gewissenskonflikte im Arbeitsverhältnis S. 75). Beweiskräftiger ist die Bereitschaft zur Konsequenz, also das dauernde Einstehen für ein ethisches Gebot ohne Rücksicht auf nachteilige Folgen (*Böckenförde* VVDStRL. 28 [1970], 71 ff.). Die Mitgliedschaft in Vereinen und Parteien sowie frühere Gewissensbekundungen (zB Kriegsdienstverweigerung) sind aussagekräftig. Auch die Konsistenz einer Begründung kann als Indiz dienen. Die Anforderungen dürfen aber nicht überspannt werden. Die Gewissensprüfung darf nicht ihrerseits das Gewissen oder gar die Menschenwürde verletzen (*Herzog* in *Maunz/Dürig* Rn. 160, 162). Insbesondere darf die Möglichkeit eines Gewissenswandels nicht ausgeschlossen werden (BAG 24. 5. 1989 AP BGB § 611 Gewissensfreiheit Nr. 1 unter B I 2 b) gg)).

62 Wie alle Grundrechte so hat auch die Gewissensfreiheit in erster Linie **Abwehrfunktion.** Sie gewährleistet, daß niemand von der öffentlichen Gewalt gezwungen wird, gegen Gebote und Verbote seines Gewissens zu handeln (BVerfG 30. 6. 1988 E 78, 391, 395). Der Staat hat Gewissensentscheidungen so weit als möglich zu respektieren. Bei der Auslegung und Anwendung des einfachen Rechts gilt für die Gerichte insoweit ein „Wohlwollensgebot" (*Kokott* in *Sachs* GG Rn. 79). Darüber hinaus hat der Staat aufgrund der **Schutzfunktion** des Grundrechts darauf zu achten, daß die Gewissensfreiheit nicht durch andere Bürger verletzt werden kann und daß auch das Zivilrecht in diesem Sinne ausgelegt und angewandt wird. Hier gilt nichts anderes als bei der Religionsfreiheit (Rn. 20 ff.), allerdings stellt sich das zusätzliche Problem, daß für die Ge- und Verbote des Gewissens objektivierbare Vorgaben, die sich durch Auskünfte oder Auslegung klären ließen, weitgehend fehlen (Rn. 61). Die Überwindung dieser Schwierigkeit gehört zu den Pflichten, die Art. 4 I den Gerichten auferlegt, auch dies ist Rechtsfolge der grundrechtlichen Schutzfunktion.

63 **Träger** des Grundrechts ist jede natürliche Person. Ausländer sind nicht ausgenommen. Hingegen können sich juristische Personen nicht auf das Grundrecht der Gewissensfreiheit berufen (BVerfG-Kammer 18. 10. 1998 AP LohnFG § 1 Nr. 84 a).

64 **Konkurrenzen:** Art. 4 I ist lex specialis gegenüber Art. 2 I. Hingegen ist das Recht zur Kriegsdienstverweigerung (Art. 4 III) die speziellere Norm, die der allgemeinen Gewissensfreiheit vorgeht.

B. Gewissensfreiheit

Wenn Religions- und Gewissensfreiheit gleichzeitig betroffen sind, muß die Religionsfreiheit Vorrang haben, weil sie weitergehende Rechtsfolgen begründet (vgl. *Bethge* HbStR § 137 Rn. 31).

II. Eingriffe/Beeinträchtigungen

In die Gewissensfreiheit wird eingegriffen, wenn der Staat moralische Haltungen und Wertkonzepte 65 zu beeinflussen sucht. Schon der staatliche Zwang, seine sittlichen Überzeugungen zu offenbaren, ist ein Eingriff, der jedoch dort, wo der Grundrechtsträger sich selbst abwehrend auf sein Gewissen beruft, in Grenzen unvermeidbar ist (vgl. Rn. 61). **Gesetzliche Verhaltenspflichten** greifen in die Gewissensfreiheit ein, wenn sie ein Tun oder Unterlassen fordern, das ethischen Grundüberzeugungen des Verpflichteten widersprechen (vgl. zu Krankenkassenbeiträgen mit Wirkung für Schwangerschaftsabbrüche BVerfG 18. 4. 1984 E 67, 26, 37).

Eine Verletzung der grundrechtlichen Schutzpflicht kommt insbesondere im Zivilrecht in Betracht, 66 vor allem dort, wo **vertragliche Pflichten** die Gewissensfreiheit beschränken können (Rn. 62). Hier ist aber zu berücksichtigen, daß auch die Privatautonomie grundrechtlich gewährleistet ist (Art. 2 Rn. 27 ff.) und daß der Grundrechtsträger seine Freiheit vertraglich einschränken kann (Einl. Rn. 68 ff.). Im Vertragsrecht kann es also nur um einen Ausgleich gehen, vor allem um die Konkretisierung vertraglicher Rücksichtspflichten (zum vergleichbaren Problem bei der Glaubensfreiheit Rn. 20 ff.). Die Generalklauseln des BGB und des Arbeitsrechts sind flexibel genug, um der Schutzfunktion des Art. 4 I ausreichend Geltung zu verschaffen.

III. Schranken und Grenzen der Einschränkbarkeit

1. Ungeschriebene Schranken. Die Gewissensfreiheit ist **ohne Gesetzesvorbehalt** gewährleistet. 67 Wenn man das wörtlich nimmt, ergibt sich eine absurde Konsequenz, die das System eines demokratischen Rechtsstaates sprengen müßte: Alle Gesetze stünden unter dem ungeschriebenen Vorbehalt, daß sie nur insoweit Geltung beanspruchen können, wie sie sich mit den höchst subjektiven Ge- und Verboten individueller Moralvorstellungen der einzelnen Bürgerinnen und Bürger vereinbaren lassen. Eine Rechtsordnung mit dieser Prämisse wäre praktisch undurchführbar und als freiheitliches System auch theoretisch unsinnig. Das erklärt die verschiedenen Versuche, die Gesetzesvorbehalte anderer Grundrechte (Art. 2 I, Art. 5 II oder Art. 136 I WRV) analog anzuwenden (vgl. die Nachweise bei *Kokott* in *Sachs* Rn. 80 ff.). Solche „Schrankenleihe" läßt sich aber nicht plausibel begründen. Das BVerfG sucht einen Mittelweg mit der Formel, daß auch vorbehaltlos gewährleistete Grundrecht nicht schrankenlos, sondern zum Schutze der **Grundrechte Dritter und anderer Rechtswerte mit Verfassungsrang** beschränkt sind (BVerfG 19. 10. 1971 E 32, 98, 107 f.; 16. 10. 1979 E 52, 223, 246 f.; *Bethge* HbStR VI § 137 Rn. 26 ff. mit der berechtigten Warnung vor einer inflationären Handhabung dieser Formel Rn. 29 ff.; zB reichen die bloße Funktionsinteressen der Arbeitslosenversicherung zur Schrankenlegitimation nicht aus; aA BSG 25. 11. 1987 E 83, 358, 360 f.).

Daraus folgt, daß es kein generelles Recht zum **zivilen Ungehorsam** aus Gewissensgründen geben 68 kann, der Staat jedoch verpflichtet ist, für Gewissensnöte Vorkehrungen zu treffen. Diese müssen zunächst organisatorischer und prozeduraler Art sein, indem bei vorhersehbaren Gewissenskonflikten soweit als möglich Verhaltensalternativen eröffnet werden (*Bethge* HbStR VI § 137 Rn. 35; *Morlok* in *Dreier* GG Art. 4 Rn. 126). Zum anderen muß der Gesetzgeber durch Generalklauseln, Ausnahme- und Härteregelungen Wertungsspielräume zulassen, um so das grundrechtliche **„Wohlwollensgebot"** zu erfüllen (*Morlok* in *Dreier* GG Art. 4 Rn. 129). Schließlich ist bei staatlichen Sanktionen wegen Pflichtverletzungen auf schwerwiegende Gewissenskonflikte Rücksicht zu nehmen (Problem der Gewissenstäter, vgl. *Roxin* Strafrecht AT I S. 813).

2. Arbeitsrecht. Für Gewissenskonflikte im **Arbeitsverhältnis** gilt im Prinzip das gleiche wie bei 69 Konflikten aus religiösen oder weltanschaulichen Gründen (vgl. Rn. 20 ff.). Hier wie dort geht es um die Abwägung und den Ausgleich gegenläufiger Grundrechtspositionen und Interessen im Rahmen der zivil- und arbeitsrechtlichen Generalklauseln, vor allem der vertraglichen Rücksichts- und Förderungspflichten unter dem Leitprinzip wechselseitiger **Toleranz**. Die Privatrechtsordnung ist für dieses Abwägungsprogramm ausreichend flexibel. Schon bei der Begründung des Arbeitsverhältnisses, vor allem aber bei dessen inhaltlicher Ausgestaltung gelten die Grundsätze von **Treu und Glauben** sowie verwandte Wertungsmaßstäbe (§§ 138, 242, 315 BGB). Bei der Beendigung vermitteln neben § 242 BGB vor allem § 1 KSchG und § 626 BGB die „Einbruchstellen" für das Toleranzgebot der Verfassung. Die Gerichte sind verpflichtet, die Schutzfunktion der Gewissensfreiheit bei der Konkretisierung der Generalklauseln zu berücksichtigen. Diese einzelfallbezogene Abwägung läßt sich nur schwer in allgemeine Regeln fassen (eingehend aber restriktiv *Konzen/Rupp*, Gewissenskonflikte im Arbeitsverhältnis, S. 107 ff., die der zu statisch auf die Vorhersehbarkeit eines Gewissenskonflikts abstellen; offener mit Recht *Derleder* AuR 1991, 193, 198 f.; *Däubler*, Arbeitsrecht 2, Rn. 630 ff.).

In der **Rechtsprechung** stehen ganz im Vordergrund Konflikte aus pazifistischer Überzeugung. 70 Aber auch Umweltgefahren und Schwangerschaftsabbrüche haben zu Konflikten geführt (zahlreiche Beispiele bei *Wendeling-Schröder*, Autonomie im Arbeitsrecht, S. 17 ff.; *Kohte* NZA 1989, 161, 162).

Dieterich

Das BAG hat sich zweimal eingehend mit der Problematik befassen müssen. In beiden Fällen hatten AN aus Gewissensgründen die Arbeit verweigert und waren deshalb entlassen worden. Ihre Revisionen hatten Erfolg. Im ersten Fall hatte es ein Drucker abgelehnt, Werbematerial für kriegsverharmlosende „Landser-Literatur" herzustellen (20. 12. 1984 AP BGB § 611 Direktionsrecht Nr. 27). Im zweiten Fall hatte sich ein Arzt geweigert, an einem Forschungsprojekt teilzunehmen; es ging um die Entwicklung eines Medikaments, mit dem Brechreiz gemindert werden soll; nach unternehmensinternen Prognosen bestanden besondere Gewinnchancen im militärischen Bereich wegen der Einsatzmöglichkeit bei atomarer Verstrahlung (24. 5. 1989 AP BGB § 611 Gewissensfreiheit Nr. 1). In beiden Fällen hielt das BAG die Ernsthaftigkeit des Gewissenskonflikts für hinreichend belegt durch Indiztatsachen. Der Blickwinkel eines unbefangenen Dritten sei kein Maßstab. Auch dürften an die **Vorhersehbarkeit** des Konflikts zur Zeit des Vertragsschlusses keine zu hohen Anforderungen gestellt werden, zumal zusätzliche Erkenntnisse die Gewissensbelastung im Laufe der Zeit verschärfen könnten (24. 5. 1989, AP BGB § 611 Gewissensfreiheit Nr. 1 unter B I 2 b) gg)). Für die Billigkeit der AGweisung komme es entscheidend auf die **betrieblichen Erfordernisse** an, insbesondere auf bestehende Ausweichmöglichkeiten. Das Gewicht des Kündigungsgrundes hänge von der **Wiederholungswahrscheinlichkeit** ab. Insgesamt wird hier ein praktikables Abwägungsprogramm deutlich.

71 Gewissenskonflikte ergeben sich nicht nur bei der Arbeitsleistung selbst, sie können auch die Rücksichtspflichten des AN betreffen, insbesondere seine **Verschwiegenheitspflicht**. Wenn ein AN aus Gewissensgründen glaubt Unternehmensinterna nicht geheimhalten zu dürfen, Mißstände oder Gefahren offenbaren zu müssen, macht er gleichzeitig von seiner Meinungsfreiheit Gebrauch (dazu Art. 5 Rn. 37), verletzt jedoch zwangsläufig die Loyalitätsinteressen des AG. Die Rechtslage wird dadurch noch kompliziert, daß auch Geheimhaltungsbedürfnisse Dritter (Kunden, Kollegen, Mandanten, Patienten) und das Informationsinteresse der Öffentlichkeit (Aufsichts- und Strafverfolgungsbehörden, Finanzamt, Presse) eine Rolle spielen (eingehend *Wendeling-Schröder*, Autonomie im Arbeitsrecht, S. 70ff.; zu markanten Konfliktfällen in USA *Deiseroth*, Berufsethische Verantwortung in der Forschung, S. 234 ff.). Fest steht, daß der AG nicht verlangen kann, strafbares oder sittenwidriges Verhalten geheimzuhalten. Auf der anderen Seite sind selbstverständlich standesrechtliche und gesetzliche Verschwiegenheitspflichten zu wahren (zB §§ 17, 18, 20 UWG, §§ 79, 120 BetrVG, §§ 93, 116 AktG; § 9 VI BBiG). Ebenso gehen gesetzliche Anzeige- und Auskunftspflichten den vertraglichen Pflichten vor (zB § 3 II BSeuchG). Aber innerhalb dieser Grenzen liegt das Abwägungsproblem: Die Gewissensfreiheit des AN und das Loyalitätsinteresse des AG müssen im Wege beiderseitiger Rücksichtnahme ausgeglichen werden. Dazu näher 230 § 611 BGB Rn. 995 ff. und MünchArbR/*Blomeyer* § 51 Rn. 37 ff.

Art. 5 [Recht der freien Meinungsäußerung, Pressefreiheit; Rundfunkfreiheit][1]

(1) ¹Jeder hat das Recht, seine Meinung in Wort, Schrift und Bild frei zu äußern und zu verbreiten und sich aus allgemein zugänglichen Quellen ungehindert zu unterrichten. ²Die Pressefreiheit und die Freiheit der Berichterstattung durch Rundfunk und Film werden gewährleistet. ³Eine Zensur findet nicht statt.

(2) Diese Rechte finden ihre Schranken in den Vorschriften der allgemeinen Gesetze, den gesetzlichen Bestimmungen zum Schutze der Jugend und in dem Recht der persönlichen Ehre.

(3) ¹Kunst und Wissenschaft, Forschung und Lehre sind frei. ²Die Freiheit der Lehre entbindet nicht von der Treue zur Verfassung.

Übersicht

	Rn.		Rn.
A. Überblick	1	2. Gesetzesvorbehalte	22
		3. Rechtsprechung	25
B. Meinungs- und Informationsfreiheit	3	V. Meinungsfreiheit im Arbeitsrecht	28
I. Bedeutung	3	1. Spezielle Interessenlage	28
II. Schutzbereich	5	2. Gesetzliche Einschränkungen	31
1. Meinungsfreiheit	5	3. Vertragliche Einschränkungen	38
2. Informationsfreiheit	13	4. Sonderstellung des Betriebsrats	40
3. Konkurrenzen	15		
III. Eingriffe/Beeinträchtigungen	16	C. Pressefreiheit (Art. 5 I 2 Alt. 1)	44
1. Abwehrfunktion	16	I. Schutzbereich	44
2. Schutzfunktion	18	1. Bedeutung und Abgrenzung	44
IV. Schranken und Grenzen der Beschränkbarkeit	20	2. Presse	52
		3. Träger des Grundrechts	59
1. Prinzip der Wechselwirkung	20	II. Eingriffe/Beeinträchtigungen	60

---

[1]) Vorarbeit von *Dr. Heinrich Kiel*, Hannover.

	Rn.		Rn.
III. Schranken und Grenzen der Beschränkbarkeit	64	1. Der verfassungsrechtliche Rundfunkbegriff	90
1. Schranken und Zensurverbot	64	2. Geschützte Tätigkeiten	92
2. Wechselwirkung	66	3. Träger des Grundrechts	94
3. Grundrechte Dritter	68	III. Eingriffe/Beeinträchtigungen	96
IV. Pressefreiheit im Arbeitsrecht	71	IV. Schranken und Grenzen der Beschränkbarkeit	98
1. Arbeitsvertragsrecht	73	V. Rundfunkfreiheit im Arbeitsrecht	100
2. Betriebsverfassungsrecht	79	1. Allgemeines	100
3. Arbeitskampfrecht	82	2. Arbeitsvertragsrecht	102
D. Rundfunkfreiheit (Art. 5 I 2 Alt. 2)	88	3. Kollektives Arbeitsrecht	106
I. Bedeutung und Eigenart	88		
II. Schutzbereich	90		

A. Überblick

Art. 5 faßt **verschiedene Einzelgrundrechte** in sehr lapidarer Formulierung zusammen: die Meinungs- und Informationsfreiheit, die Presse-, Rundfunk- und Filmfreiheit (Art. 5 I) sowie die Freiheit der Kunst und die Freiheit der Wissenschaft (Art. 5 III). Gemeinsam ist ihnen, daß sie die geistige Freiheitsentfaltung gewährleisten und der Kommunikation dienen. Insoweit besteht eine Verwandtschaft mit der Versammlungsfreiheit (Art. 8) und der Vereinigungsfreiheit (Art. 9). 1

Art. 5 unterscheidet zwei Gruppen von Grundrechten: solche mit und ohne Gesetzesvorbehalt. Die Schrankenregelung des Art. 5 II gilt nur für die Meinungs- und Informationsfreiheit sowie die Presse-, Rundfunk- und Filmfreiheit. Hingegen werden die Freiheit der Kunst und der Wissenschaft in Art. 5 III vorbehaltlos gewährleistet. Sie enthalten Einrichtungsgarantien und folgen ganz eigenen Strukturprinzipien, die im folgenden nicht kommentiert werden sollen, weil das den Rahmen dieses Kommentars sprengen würde. Ich beschränke mich auf die Erläuterung von Art. 5 I und II. 2

B. Meinungs- und Informationsfreiheit

I. Bedeutung

Das BVerfG hat die Bedeutung der Meinungsfreiheit von Anfang an stark betont. Schon im Lüth-Urteil hat es von dem „vornehmsten Menschenrecht" gesprochen (15. 1. 1958 E 7, 198, 208). Vor allem hat es immer wieder darauf hingewiesen, daß die Kommunikationsgrundrechte für ein freiheitliches demokratisches Gemeinwesen schlechthin konstituierend sind. Sie ermöglichen erst die ständige **geistige Auseinandersetzung,** die das Lebenselement der demokratischen Staatsform bildet. Nur der ungehemmte und unreglementierte Meinungsbildungsprozeß kann das liberale Klima schaffen, das dazu erforderlich ist (st. Rspr. vgl. 15. 11. 1982 E 62, 230, 246; 16. 6. 1981 E 57, 295, 323). 3

Die konstitutive Bedeutung für die parlamentarische Demokratie hat Rechtsprechung und Lehre frühzeitig dazu veranlaßt, die Funktion der Kommunikationsgrundrechte bis hin zu Teilhaberechten und institutionellen Gewährleistungen auszuweiten. Vor allem aber ist seit dem Lüth-Urteil unbestritten, daß sie auch im **Zivilrecht** gewährleistet sein müssen, was nur durch eine entsprechende Ausgestaltung, Auslegung und Anwendung der maßgebenden Zivilgesetze erreicht werden kann (grundlegend 15. 1. 1958 E 7, 198, 205 ff.). Das gilt auch und besonders im **Arbeitsrecht** (Rn. 28 ff.). Im Sinne dieser Schutzfunktion hatte schon die Weimarer Reichsverfassung in Art. 118 gefordert, daß die Meinungsfreiheit durch kein Arbeits- oder Anstellungsverhältnis gehindert werden dürfe. Das gilt für beide Vertragsteile, AN und AG. 4

II. Schutzbereich

1. **Meinungsfreiheit.** Tragendes Merkmal des Schutzbereichs der Meinungsfreiheit ist die persönliche **Meinung.** Kennzeichnend ist ihre Subjektivität: Das Element der Stellungnahme, des Dafürhaltens und Meinens im Rahmen einer geistigen Auseinandersetzung; unerheblich sind die Bedeutsamkeit, die Richtigkeit oder gar Vernünftigkeit einer Äußerung (BVerfG 14. 3. 1972 E 33, 1, 14; 22. 6. 1982 E 61, 1, 7 ff.). Selbst polemische und beleidigende Werturteile fallen in den Schutzbereich, wenn sie nur als Teil des Meinungskampfes verstanden werden können. Diese Grenze überschreitet erst die sogenannte „Schmähkritik", die nur noch auf Verunglimpfung abzielt, für die also Meinungsbildung – keine Rolle mehr spielt in nicht so polemisch und zugespitzer Form – keine Rolle mehr spielt (26. 6. 1990 E 82, 272, 283 f. – Zwangsdemokraten; 9. 10. 1991 E 85, 1, 16 – Bayer-Aktionäre). 5

Vom subjektiv wertenden Meinen läßt sich theoretisch die reine **Tatsachenbehauptung** unterscheiden. Sie ist an sich, wie auch Angaben statistischer Art, einem Wahrheitsbeweis zugänglich. Da eine 6 erwiesen oder sogar bewußt unwahre Tatsachenbehauptung keinen Informationswert hat und zum Meinungsbildungsprozeß nichts beitragen kann, fällt sie nach Ansicht des BVerfG aus dem Schutzbereich des Art. 5 I heraus (9. 10. 1991 E 85, 1, 15; *Grimm* NJW 1995, 1697, 1699). Anders als bei der eigentlichen Meinung, die überdreht, sinnlos, sogar einfach albern sein kann, soll es hier also auf den Wert des Beitrags zum Meinungsbildungsprozeß ankommen. Das ist eigentlich widersprüchlich.

7 Die Unterscheidung hat aber aus einem anderen Grunde kaum Bedeutung. Wie das BVerfG selbst hervorhebt, sind die subjektiven und objektiven Elemente einer Meinungsäußerung regelmäßig so eng verknüpft und wechselseitig aufeinander bezogen, daß sie sich praktisch nicht trennen lassen, soll nicht die Freiheit der Meinungsäußerung leerlaufen (9. 10. 1991 E 85, 1, 15 – Bayer-Aktionäre; 13. 4. 1994 E 90, 241, 147 – Auschwitzlüge). **Meinungsbezogene Tatsachenbehauptungen** fallen auch dann in den Schutzbereich des Art. 5 I, wenn sie offensichtlich falsch sind. Im Zweifel ist eine solche Bezogenheit anzunehmen (BVerfG 9. 10. 1991, E 85, 1 = NJW 1992, 1439). Einige Autoren halten die ganze Unterscheidung mit guten Gründen für untauglich und wollen falsche Tatsachenbehauptungen ebenso wie unhaltbare Meinungen prinzipiell in den Grundrechtsschutz einbeziehen, ihre Schutzwürdigkeit erst bei den Schranken der Meinungsfreiheit und der Abwägung mit kollidierenden Rechten Dritter berücksichtigen (*Schmidt-Jortzig* HbStR VI § 141 Rn. 20). Jede Äußerung, die einem individuellen Mitteilungsbedürfnis entspricht, genieße den Schutz von Art. 5 I (*Herzog* in *Maunz/Dürig* Art. 5 I, II Rn. 55; *Schulze-Fielitz* in *Dreier* Art. 5 I, II Rn. 47).

8 Wie bei allen Grundrechten ist auch hier die negative Form des Verhaltens mitgeschützt, also die Freiheit, keine Meinung zu haben oder zu äußern (**negative Meinungsfreiheit**). Niemand soll gezwungen werden, sich im Meinungskampf festzulegen oder eine fremde Meinung als eigene verbreiten zu müssen. Insoweit muß sich auch niemand ausfragen lassen (*Pieroth/Schlink* Staatsrecht Bd. II Rn. 612 f.; *Herzog* in *Maunz/Dürig* Art. 5 I, II Rn. 43). Das gilt allerdings nicht für rein statistische Angaben und Mitteilungen ohne jedes subjektive Element (BVerfG 15. 12. 1983 E 65, 1, 40 f. – Volksbefragung).

9 Die **Form der Meinungsäußerung** ist gleichgültig, soweit es nur um den Schutzbereich geht. Die in Art. 5 I 1 erwähnten Medien „Wort, Schrift und Bild" sind nur Beispiele. Meinungen können auch gestisch und mimisch geäußert werden oder in der Kleidung und sonstigem Verhalten zum Ausdruck kommen (hL für viele *Bethge* in *Sachs* Rn. 44; *Schmidt-Jortzig* HbStR VI § 141 Rn. 23). Besonders die verbreiteten Anstecknadeln und Plaketten haben immer wieder zu Konflikten geführt (BVerfG 23. 10. 1985 E 71, 108 – „Atomkraft? – Nein, danke"). Schwierigkeiten bereitet die Unterscheidung der Merkmale „äußern" und „verbreiten", die jedoch kaum praktische Bedeutung hat. Es geht nur um unterschiedliche Grade der Außenwirkung. Geschützt ist jedenfalls der gesamte Prozeß der Meinungsweitergabe (*Schulze-Fielitz* in *Dreier* Art. 5 I, II Rn. 49 mwN).

10 Auch die inhaltliche Gestaltung der Meinungsäußerung ist gleichgültig. Auch **Polemik** fällt in den Schutzbereich (BVerfG-Kammer 16. 10. 1998 NZA 1999, 77). Echte oder rhetorische **Fragen** sind für die geistige Auseinandersetzung bedeutsam und deshalb ebenfalls geschützt (BVerfG 9. 10. 1991 E 85, 23 = NJW 1992, 1442). Das gleiche gilt für **satirische Verfremdung** (BVerfG 25. 3. 1992 E 86, 1 = NJW 1992, 2073; BVerfG-Kammer 12. 11. 1997 NJW 1998, 1386). Eine besonders scharfe Waffe im Meinungskampf ist das wörtliche **Zitat** von fremden Meinungsäußerungen oder von Aktenbestandteilen. Auch hier unterscheidet das BVerfG zwischen richtigen und falschen Zitaten; letztere sind nicht geschützt (3. 6. 1980 E 54, 208 – *Böll/Walden*; 3. 12. 1985 E 71, 206, 216 – § 353 d StGB).

11 Obwohl das BVerfG entscheidend auf den gesellschaftlichen Meinungsbildungsprozeß abstellt, sind die Motive der Meinungsäußerung unerheblich. Die Kundgabe einer Meinungsäußerung ist also auch dann geschützt, wenn sie ausschließlich **wirtschaftliche Ziele** verfolgt, zB bei rein kommerziell vertriebenen Presseerzeugnissen (BVerfG 23. 3. 1971 E 30, 336, 352; 31. 10. 1984 E 68, 226, 233). Bei der **Reklame** unterscheidet das BVerfG nach deren Inhalt. Dient sie nur der Umsatzsteigerung, wird sie als Teil der Berufsausübung im Sinne des Art. 12 I gewertet (10. 12. 1975 E 40, 371, 382); enthält sie hingegen wertende, meinungsbildende Bestandteile, verfolgt sie also weitergehende Ziele, so wird sie auch von Art. 5 I geschützt (19. 11. 1985 E 71, 162, 175 – Frischzellentherapie; 22. 1. 1997 E 95, 173, 182 – Tabakwerbung).

12 Schließlich nehmen auch **Boykottaufrufe** am Schutz der Meinungsfreiheit teil, soweit ihnen eine bestimmte Meinungskundgabe zugrunde liegt. Ob diese Form der Teilnahme am Meinungskampf privaten oder altruistischen Motiven dient, ist unerheblich. Auch eine wirtschaftliche Machtstellung ändert nichts am Schutzbereich des Art. 5 I. Das gilt jedoch nur, solange der Aufruf sich auf die Überzeugungskraft von Darlegungen, Erklärungen und Erwägungen beschränkt; die Androhung schwerwiegender Nachteile oder die Ausnutzung sozialer und wirtschaftlicher Machtpositionen ist nicht durch das Grundrecht der freien Meinungsäußerung geschützt (BVerfG 26. 2. 1969 E 25, 256, 264; BAG 4. 6. 1998 AP BGB § 823 Nr. 7 unter B III 2 a; *Bethge* in *Sachs* Rn. 37).

13 **2. Informationsfreiheit.** Als selbständiges Grundrecht steht die Informationsfreiheit neben der Meinungsfreiheit. Sie gewährleistet das Recht, sich aus allgemein zugänglichen Quellen ungehindert zu unterrichten. Das ist die Voraussetzung einer selbständigen Meinungsbildung, die der Meinungsäußerung vorausgeht und deshalb für den Diskurs einer demokratischen Öffentlichkeit vergleichbare

B. Meinungs- und Informationsfreiheit

Bedeutung hat (BVerfG 3. 10. 1969 E 27, 71, 83 ff.; ergänzend zur Medienberichterstattung: 9. 2. 1994 E 90, 27, 31 f.).

Nach verbreiteter, aber nicht näher begründeter Ansicht soll die Informationsfreiheit nur Abwehr- 14 funktion haben (*Bethge* in *Sachs* Rn. 59; *Schmidt-Jortzig* HbStR VI § 141 Rn. 35; vgl. auch BVerwG 13. 12. 1984 E 70, 310). Es soll also nur um die Abwehr von Informationsbehinderungen durch den Staat gehen. Das BVerfG sieht das mit Recht anders (9. 2. 1994 E 90, 27, 33 = NJW 1994, 1147 – Parabolantenne des Mieters). Im Arbeitsrecht lassen sich mannigfache Informationsbehinderungen denken, die **Schutzpflichten** auslösen, und zwar sowohl in den Betrieben (vgl. *Simitis/Kreuder* NZA 1992, 1009), wie auch in den Verbänden (vgl. das rechtsvergleichende Beispiel bei *Gamillscheg*, Kollektives Arbeitsrecht I, § 9 Fn. 79). Die Rechtsfigur einer nur „dienenden" Funktion der Rundfunkfreiheit (Rn. 88) ließe sich zwanglos mit der Schutzfunktion der Informationsfreiheit begründen.

3. Konkurrenzen. Die Meinungsfreiheit geht als spezielleres Grundrecht der allgemeinen Hand- 15 lungsfreiheit vor. Hingegen wird ihr Schutz ersetzt durch die spezielleren Grundrechte der Pressefreiheit, der Rundfunk- und Filmfreiheit (Art. 5 I 2) sowie der Freiheit von Kunst und Wissenschaft (Art. 5 III). Auch die Glaubensfreiheit (Art. 4 I) ist als spezielleres Grundrecht anzusehen. Andere Grundrechte können verstärkend und teilweise verdrängend hinzutreten, insbesondere die Versammlungsfreiheit (Art. 8), die Koalitionsfreiheit (Art. 9 III) und das Post- und Fernmeldegeheimnis (Art. 10 I). Eine Verstärkung ergibt sich ferner mittelbar aus dem Diskriminierungsverbot des Art. 3 III, soweit dort eine Benachteiligung oder Bevorzugung wegen politischer Anschauungen verboten wird (vgl. zu Einzelheiten *Schmidt-Jortzig* HbStR VI § 141 Rn. 36 ff.; *Bethge* in *Sachs* Rn. 47 f.).

III. Eingriffe/Beeinträchtigungen

1. Abwehrfunktion. Die Meinungsäußerungsfreiheit wird durch jede staatliche Regelung oder 16 Entscheidung beeinträchtigt, die die Äußerung oder Verbreitung von Meinungen verbietet, erschwert oder durch Sanktionen verhindert (*Jarass/Pieroth* Rn. 7; *Schultze-Fielitz* in *Dreier* Art. 5 I, II Rn. 95). Das bedarf nicht ausgesprochener „Maulkorbgesetze"; auch gesetzliche Zurückhaltungsgebote wie § 74 II BetrVG, die bestimmte Meinungsäußerungen um des Betriebsfriedens willen unterbinden wollen, greifen in die Meinungsfreiheit ein und bedürfen deshalb der Rechtfertigung und einer meinungsfreundlichen Interpretation (BVerfG 28. 4. 1976 E 42, 133, 139 f. = AP BetrVG 1972 § 74 Nr. 2). In die negative Meinungsfreiheit wird eingegriffen, soweit Menschen zu einer Meinungsäußerung gezwungen werden (BVerfG 15. 12. 1983 E 65, 1, 40 f. – Volksbefragung).

Der Eingriff kann auch in einer behördlichen oder gerichtlichen Entscheidung liegen, die ein Verbot 17 ausspricht oder eine Sanktion verhängt. Zivilgerichtliche Unterlassungsurteile oder die Verurteilung zur Zahlung hoher Schmerzensgeldbeträge stehen in ihrer Eingriffsintensität unter Umständen einem Strafurteil nicht nach. Sie haben das BVerfG viel früher und auch öfter beschäftigt.

2. Schutzfunktion. Das Meinungsklima und die Streitkultur eines Landes hängen natürlich keines- 18 wegs nur von der Zurückhaltung öffentlicher Gewalt ab. „Wes Brot ich eß, des Lied ich sing", diese alte Volksweisheit bringt die Wirkungen sozialer und wirtschaftlicher Abhängigkeit auf den Begriff. Es besteht Einigkeit darüber, daß der Staat entsprechenden Pressionen, die die praktische Ausübung der Meinungsfreiheit behindern oder gar unmöglich machen können, nicht tatenlos zusehen darf. Art. 5 I ist schon dann beeinträchtigt, wenn der Gesetzgeber keinen ausreichenden Schutz gegen gesellschaftlichen Meinungsdruck bietet oder wenn die Gerichte bei der Auslegung und Anwendung dazu bestimmter und geeigneter Gesetze Art. 5 I nicht angemessen berücksichtigen (BVerfG 19. 5. 1992 E 86, 122 = AP GG Art. 5 Meinungsfreiheit Nr. 12; *Jarass/Pieroth* Rn. 10 und 55 ff.; *Schultze-Fielitz* in *Dreier* Art. 5 I, II Rn. 170 ff.; *Bethge* in *Sachs* Rn. 46; MünchArbR/*Blomeyer* § 51 Rn. 64 ff.; *Däubler*, Arbeitsrecht 2, Rn. 571 ff.; *Kissel* NZA 1988, 146 ff.; *Preis/Stoffels* RdA 1996, 210; im Ansatz auch *Buchner* ZfA 1979, 335 und 1982, 49).

Allerdings kann der Schutz der Meinungsfreiheit zu einer **Kollision mit anderen Grundrechten** 19 führen (zum Kollisionsproblem Einl. Rn. 68 ff. und nachfolgend Rn. 23 f.). Umstritten ist hier vor allem der Schutz des **allgemeinen Persönlichkeitsrechts**, insbesondere der Ehrenschutz (zum Streitstand vgl. *Grimm* NJW 1995, 1697; *Hager* AcP 196 (1996), 168 ff.). Die vertrauliche Meinungsäußerung wird durch das allgemeine Persönlichkeitsrecht sogar in ihrem Schutz verstärkt (Art. 2 Rn. 40).

IV. Schranken und Grenzen der Beschränkbarkeit

1. Prinzip der Wechselwirkung. Die außerordentliche Weite des Schutzbereichs hat zur Folge, daß 20 sich die unvermeidlichen Probleme der Abgrenzung erst bei der Bestimmung der Schranken zeigen. Auch in einer freiheitlichen Demokratie kann natürlich nicht jeder alles und in beliebiger Form äußern, ohne Rücksicht auf Belange der Allgemeinheit und Rechte Dritter. Der Gesetzgeber muß deshalb einen Ausgleich suchen und kann sich dabei auf die **Gesetzesvorbehalte in Art. 5 II** stützen. Die Meinungs- und Informationsfreiheit ist nur im Rahmen der allgemeinen Gesetze (Rn. 22) sowie gesetzlichen Bestimmungen zum Schutze der Jugend und der persönlichen Ehre gewährleistet

(Rn. 23). Schranken sollen sich außerdem nach herrschender Lehre unmittelbar aus der Verfassung selbst ergeben können (Rn. 24).

21 Die Gesetzesvorbehalte des Art. 5 II sind ihrerseits so weit gefaßt, daß sie die emphatische Betonung der existentiellen und staatsintegrativen Bedeutung des Grundrechts aufzuheben scheinen. Wenn es dem Staat freistünde, welches Gewicht er kollidierenden Regelungszielen und Werten beimißt (zB dem Ehrenschutz, dem Jugendschutz, dem Strafvollzug, dem Berufsbeamtentum oder dem Betriebsfrieden), könnte er das Meinungsklima und die Streitkultur des Gemeinwesens unter Berufung auf den Schrankenvorbehalt des Art. 5 II erdrücken. Diese Gefahr hat das BVerfG früh erkannt und daraus das Prinzip der Wechselwirkung abgeleitet. Die allgemeinen Gesetze müssen ihrerseits die Bedeutung der Meinungsfreiheit respektieren und den Anforderungen des Art. 5 I 1 entsprechen. Vor allem aber müssen sie so ausgelegt werden, daß in allen der Öffentlichkeit wesentlich berührenden Fragen eine Vermutung zugunsten der Meinungsfreiheit bestehen bleibt (15. 1. 1958 E 7, 198, 208 f. – Lüth). Es gilt das Übermaßverbot. Daraus leitet das BVerfG eine weitreichende Kontrolle der fachgerichtlichen Rechtsprechung ab (Rn. 25 ff.).

22 **2. Gesetzesvorbehalte.** Unter **allgemeinen Gesetzen** versteht das BVerfG solche, die sich nicht gegen die Äußerung einer Meinung selbst richten, sondern dem Schutz eines umfassenderen Rechtsgutes dienen (st. Rspr. zB 15. 1. 1958 E 7, 198, 209 f.; 15. 11. 1982 E 62, 230, 244 = AP GG Art. 5 I Pressefreiheit Nr. 1; 14. 7. 1994 E 91, 125, 135 = NJW 1995, 184). Das sind natürlich vor allem die Strafgesetze, aber auch der zivilrechtliche Deliktsschutz, der das BVerfG immer wieder beschäftigt hat. Dabei wurden Rechtsgrundsätze, die die Rechtsprechung entwickelt hat, den allgemeinen Gesetzen mit Recht gleichgestellt (BVerfG 14. 2. 1973 E 34, 269, 292 – Soraya). Aus dem Bereich des Arbeitsrechts ist § 74 II BetrVG zu nennen, der ebenfalls als allgemeines Gesetz anerkannt wurde (BVerfG 28. 4. 1976 E 42, 133 = AP BetrVG 1972, § 74 Nr. 2). **Tarifnormen** (wie zB § 8 I BAT) behandelt die hL ebenfalls als allgemeine Gesetze (BAG 2. 3. 1982 AP GG Art. 5 I Meinungsfreiheit Nr. 8 unter II 2 d; BVerfG-Kammer 16. 10. 1998 NZA 1999, 77; *Preis/Stoffels* RdA 1996, 210, 212). Ich halte das nicht für richtig (Einl. Rn. 47 und nachf. Rn. 39).

23 Neben den allgemeinen Gesetzen nennt Art. 5 II gesetzliche Bestimmungen zum **Schutze der Jugend** und das **Recht der persönlichen Ehre**, das ebenfalls einer gesetzlichen Grundlage bedarf. Die Erwähnung dieser Regelungsziele neben den allgemeinen Gesetzen läßt den Schluß zu, daß hier auch Beschränkungen bestimmter Kommunikationsinhalte zulässig sind, auf die allgemeine Gesetze grundsätzlich nicht abzielen dürfen (*Schmitz-Jortzig* HbStR VI § 141 Rn. 47 f.). Aber auch hier gilt die Wechselwirkungstheorie des BVerfG. Sie hat zu einer der seltenen Beanstandungen einer gesetzlichen Norm geführt. § 6 II des Gesetzes über die Verbreitung jugendgefährdender Schriften wurde in der Fassung vom 29. 4. 1961 für nichtig erklärt, weil er ein Verbot an eine unwiderlegliche Vermutung knüpfte und damit die grundsätzliche Wertentscheidung zugunsten der Meinungsfreiheit vernachlässigte (BVerfG 23. 3. 1971 E 30, 336 = NJW 1971, 1555).

24 Nach herrschender Lehre sollen neben den in Art. 5 II ausdrücklich genannten Gesetzen auch solche die Kommunikationsfreiheiten eingreifen können, die Konflikte mit **anderen Grundrechten** oder entgegenstehenden Verfassungsrechtsgütern im Sinne praktischer Konkordanz ausgleichen (BVerfG 25. 1. 1984 E 66, 116, 136; *Schmidt-Jortzig* HbStR VI § 141 Rn. 46 f.; *Jarass/Pieroth* Rn. 53; *Schulze-Fielitz* in *Dreier* Art. 5 I, II Rn. 121; aA *Bethge* in *Sachs* Rn. 173 ff.). Im Grunde geht es dabei nur um das generelle Problem der Grundrechtskollision (vgl. Einl. Rn. 70 ff.). Die Einordnung als ungeschriebener Gesetzesvorbehalt wirkt irritierend, wo sich die Verfassung so deutlich um eine abschließende Regelung bemüht. Ich halte es für sinnvoller, zwischen Grundrechtsschranken und Grundrechtskollisionen klar zu unterscheiden.

25 **3. Rechtsprechung.** Die eigentliche Schwierigkeit der Grenzbestimmung ergibt sich erst bei der Auslegung und Anwendung schrankenziehender Gesetze und ist vor allem von der Rechtsprechung zu bewältigen. Die tolerable Grenze eines Eingriffs in die Meinungsfreiheit läßt sich nämlich mit Hilfe genereller und abstrakter Normen nicht abschließend festlegen. Zu wichtig sind der konkrete Inhalt und die Form einer Meinungsäußerung sowie die gesamten Begleitumstände und Folgen. Das zeigt sich besonders deutlich bei der Abgrenzung zum Ehrenschutz. Was beleidigend ist und von dem Betroffenen in der konkreten Situation noch hingenommen werden muß, hängt von der Feststellung und der Bewertung vielfältiger Faktoren ab, die sich jeder Verallgemeinerung entziehen. Daraus folgt, daß im Ergebnis nicht der Gesetzgeber, sondern die Rechtspraxis der Gerichte über das Meinungsklima und die Streitkultur eines Landes bestimmen. Wenn sie auf Kritik und verbale Zuspitzungen empfindlich reagieren, schnell urteilen und scharfe Sanktionen verhängen, muß sich das abschreckend und lähmend auf den Meinungskampf auswirken. Deshalb hat das BVerfG die fachgerichtliche Rechtsprechung bei Rügen einer Verletzung des Art. 5 I wesentlich intensiver kontrolliert, als bei allen anderen Grundrechten (Überblick bei *Grimm* NJW 1995, 1697 ff.).

26 Schon bei der **Normauslegung** verlangt das BVerfG seit dem Lüth-Urteil, daß die grundlegende Bedeutung der Meinungsfreiheit für Persönlichkeitsentfaltung und Demokratie ausreichend gewürdigt wird. Eine Gesetzesauslegung, die an die Zulässigkeit öffentlicher Kritik oder an die Sorgfaltspflicht bei Tatsachenbehauptungen überhöhte Anforderungen stellt, sei mit Art. 5 I unvereinbar (BVerfG

11. 5. 1976 E 42, 163, 170 = NJW 1976, 1680 – *Echternach*). Das gilt natürlich genauso für richterrechtliche Regelbildungen. Das BVerfG kontrolliert aber darüber hinaus auch die **Normanwendung** im Einzelfall auf ihre Vereinbarkeit mit Art. 5 I. Hier liegt sogar das Schwergewicht der Rechtsprechung des BVerfG und hier stößt sie sich auch auf die schärfste Kritik (vgl. zB *Redeker* NJW 1973, 1835; *Sendler* NJW 1993, 2157; *Stürner* JZ 1994, 865; *Kriele* NJW 1994, 1897).

Diese **einzelfallbezogene Verfassungskontrolle** ist unverzichtbar, wie die entschiedenen Fälle 27 zeigen. Schon bei der Interpretation einer sanktionierten Äußerung ergeben sich Beurteilungsspielräume, deren Ausfüllung im konkreten Fall zeigen kann, daß die Bedeutung der Meinungsfreiheit verkannt wurde. Ein besonders spektakuläres und umstrittenes Beispiel dafür ist der Beschluß zu verschiedenen Äußerungsformen des Tucholsky-Zitats „Soldaten sind Mörder" (BVerfG 10. 10. 1995 E 93, 266 = NJW 1995, 3303). Darin wurden mehrere Strafurteile aufgehoben, weil sie das Zitat als Beleidigung einzelner Soldaten und der Bundeswehr insgesamt gewertet hatten, ohne die Begleitumstände und den Sinn der Äußerung ausreichend zu würdigen. Daß schon **einseitige Sachverhaltswürdigung** das Grundrecht der Meinungsfreiheit verletzen kann, läßt sich kaum bestreiten. Eine entsprechende Rüge mußte auch das BAG hinnehmen. Es hatte dem AG zugebilligt, aus einem emotionalen Artikel in einer Schülerzeitung auf die Gewaltbereitschaft des Autors zu schließen und dessen Einstellung nur deshalb abzulehnen (BAG 5. 4. 1984 AP BBiG § 17 Nr. 2 = NZA 1985, 329). Das BVerfG beanstandete diese Würdigung als zu eng; der Artikel lasse keineswegs ohne weiteres auf Gewaltbereitschaft schließen, insbesondere, wenn die jugendliche Unerfahrenheit des Autors und die Besonderheit einer Schülerzeitung berücksichtigt würden. Eine umfassende Würdigung werde von Art. 5 I verlangt (19. 5. 1992 E 86, 122 = AP GG Art. 5 I Meinungsfreiheit Nr. 12). Die abschließende Entscheidung des konkreten Falles bleibt aber immer den Fachgerichten vorbehalten (vgl. zB BVerfG 13. 2. 1996 E 94, 1).

V. Meinungsfreiheit im Arbeitsrecht

1. Spezielle Interessenlage. Für viele Menschen ist der Arbeitsplatz ein Schwerpunkt ihres Lebens, 28 also auch Ort und Anlaß geistiger Auseinandersetzung mit gesellschaftlichen Prozessen und der Politik des Landes. Deshalb können **Betriebe und Behörden** kein neutraler oder geistig temperierter Raum sein. Im Gegenteil: Das Arbeitsleben ist Quelle vielfältiger Konflikte und konflikthafter Meinungsbildungsprozesse von allgemeiner Bedeutung. Es liegt auf der Hand, daß die gesamtgesellschaftliche Funktion des Art. 5 I sich gerade hier bewähren muß. Das ist auch allgemeine Meinung; fraglich ist nur, welche Schranken gelten und wie sie verlaufen (*Kissel* NZA 1988, 145; *Preis/Stoffels* RdA 1996, 210; *Söllner*, FS für Herschel, 1982, S. 389 ff.; *Buchner* ZfA 1982, 49 ff. und *Däubler*, Gewerkschaftsrechte im Betrieb, Rn. 559 ff.).

Das Grundrecht der freien Meinungsäußerung steht **AN und AG** gleichermaßen zu. Dennoch ist es 29 kein Zufall, daß alle veröffentlichten Urteile den Meinungsschutz von AN betreffen. Arbeitsrechtlich relevant wird das Grundrecht nämlich erst dann, wenn eine Meinung mit den verfügbaren Sanktionen des Arbeitsrechts unterbunden werden soll. In Betracht kommen Abmahnung und Kündigung sowie Schadenersatzansprüche, für BR auch das Ausschlußverfahren nach § 23 BetrVG. Hier geht stets die Initiative von einem AG aus, der sich durch eine Meinungsäußerung gestört oder verletzt sieht. Denkbar sind aber auch Unterlassungsansprüche wegen Meinungsäußerungen des AG, etwa bei einer Betriebsversammlung (BAG 19. 7. 1995 und 12. 11. 1997 AP BetrVG § 23 Nr. 25 und 27); auch dessen Meinungsfreiheit muss beachtet werden (so im Ansatz zutreffend *Bengelsdorf* in seiner AP-Anm.).

Im Konfliktfall stellt sich zunächst die Frage, ob eine **Meinungsäußerung** vorliegt, die in den 30 Schutzbereich des Art. 5 I fällt. Darüber läßt sich oft streiten (vgl. zur Schmähkritik Rn. 5, zur unwahren Tatsachenbehauptung Rn. 6). Wenn ein Lehrer im Sprachunterricht einen scheußlichen „Judenwitz" übersetzen läßt (BAG 5. 11. 1992 AuR 1993, 124), ist das durchaus zweifelhaft; wenn ein Arzt seiner Patientin zu Desinfektionszwecken ein Hakenkreuz auf den Körper malt (LAG Köln 17. 12. 1993 AuR 1994, 315), ist das ausgeschlossen. Nicht jede Entgleisung ist als Meinungsäußerung zu verstehen. Aber in der Masse der Fälle, die die Arbeitsgerichte beschäftigen, ist die Meinungsäußerung klar und stellt sich nun auch das Problem der Schranken.

2. Gesetzliche Einschränkungen. Auch im Arbeitsleben gelten zunächst die **Schranken der all-** 31 **gemeinen Gesetze** ohne sozialpolitische Zielsetzung. Äußerungen, die als Volksverhetzung strafbar sind, werden vom Grundrecht der freien Meinungsäußerung nicht gedeckt (BAG 14. 2. 1996 AP BGB § 620 Verdacht strafbarer Handlung Nr. 26 = NZA 1996, 873). Das Gleiche gilt natürlich dann, wenn der Tatbestand einer Formalbeleidigung erfüllt ist (BAG 15. 12. 1977 AP BGB § 626 Nr. 69 – „Machenschaften der BR-Klicke"). Allerdings darf politische Agitation nicht voreilig mit einer Formalbeleidigung gleichgesetzt werden; daß AG und BR als zu bekämpfende Gegner dargestellt werden, genügt keinesfalls (so aber BAG 13. 10. 1977 AP KSchG 1969 § 1 Verhaltensbedingte Kündigung Nr. 1 unter III 3 b). Der Vorwurf der Formalbeleidigung wird in der Praxis inflationär eingesetzt.

Der Allgemeine Ehrenschutz des Straf- und Deliktsrechts reicht selbstverständlich nicht aus, um die 32 Eigenart arbeitsvertraglicher Rechtsbeziehungen vollständig zu erfassen, wenn Meinungsäußerungen von AN im Streit sind. Das erklärt die Suche nach spezifisch arbeitsrechtlichen Normen, die als allgemeine Gesetze im Sinne von Art. 5 II Schranken ziehen. Das BAG hat sich in vielen Entscheidungen mit **„Grundregeln über die Arbeitsverhältnisse"** beholfen, die es ausdrücklich zu den allgemeinen Gesetzen im Sinne von Art. 5 II rechnet. Eine solche Grundregel sei „das Pflichtgebot, sich so zu verhalten, daß der Betriebsfrieden nicht ernstlich und schwer gefährdet wird, und daß die Zusammenarbeit im Betrieb mit den übrigen AN, aber auch mit dem AG, für diese zumutbar bleibt" (3. 12. 1954 AP KSchG § 13 Nr. 2). Später hat das BAG die Formel sogar dahin verschärft, die Meinungsschranke bedeute, daß der AN nicht den Interessen des AG zuwiderhandeln oder diese beeinträchtigen dürfe (28. 9. 1972 AP BGB § 134 Nr. 2 unter II 2 b). Das kann nicht richtig sein. Abgesehen davon, daß völlig offen bleibt, welchem allgemeinen Gesetz diese Regel zu entnehmen sein soll, würde sie den absoluten Vorrang der AGinteressen postulieren, also die freie Meinungsäußerung im Arbeitsverhältnis ausschließen, sobald sich AG gestört fühlen können. Inzwischen entspricht es allgemeiner Ansicht, daß die maßgebende **Schrankenregelung aus § 242 BGB** abzuleiten ist. Diese Vorschrift verlangt von allen Vertragspartnern Rücksichtnahme auf die Belange des jeweils anderen. Eine solche Generalklausel bedarf einer Konkretisierung im Wege richterrechtlicher Regelbildung, die das BAG offenbar mit der Formulierung von „Grundregeln" anstrebte. Dem BAG ist auch darin zu folgen, daß richterrechtliche Grundsätze, die aus allgemeinen Gesetzen abgeleitet wurden, geeignet sind, Schranken im Sinne von Art. 5 II zu bilden (BVerfG 14. 2. 1973 E 34, 269, 292 – Soraya). Aber auch bei diesen ist das Prinzip der Wechselwirkung zu beachten, so daß der Meinungsfreiheit soweit als möglich Raum bleiben muß (vgl. Rn. 20, 25). Diesen verfassungsrechtlichen Auftrag verfehlte die Formel des BAG schon im Ansatz (*Preis/Stoffels* RdA 1996, 210, 212 mwN in Fn. 38).

33 Eine verfassungskonforme Lösung ergibt sich, wenn man die prinzipielle **Zweiseitigkeit der Rücksichtspflichten** des § 242 BGB beachtet (zutreffend MünchArbR/*Blomeyer* § 51 Rn. 64 ff.). Auf der einen Seite müssen AN die betrieblichen und unternehmerischen Belange berücksichtigen (vgl. § 611 BGB Rn. 992 ff.), auf der anderen Seite hat aber der AG die Meinungsfreiheit seiner Mitarbeiter zu achten. Er ist verpflichtet, deren Meinungen und Äußerungen (auch rechts- und linksradikale) soweit als möglich zu ignorieren und auch deren Kritik an seiner Betriebsführung und Unternehmenspolitik zu tolerieren. Die Grenze ist erst erreicht, wenn konkrete Gefahren für Betriebsabläufe oder für die Außenwirkung des Unternehmens drohen. Selbst dann müssen seine Reaktionen oder Sanktionen (zB Abmahnung, ordentliche oder außerordentliche Kündigung) dem Verhältnismäßigkeitsprinzip entsprechen. Auf Störungen des Vertrauensverhältnisses kann er sich nur berufen, wenn sich das aus dem Inhalt oder der Art des Vertrages ergibt (dazu Rn. 38 f.).

34 Die meisten Urteile und Stellungnahmen im Schrifttum betreffen parteipolitische Agitation im Betrieb (Plaketten, Aufkleber, Flugblätter) und die Frage, wann die betrieblichen Belange konkret gestört sind. Dabei wird viel mit einem verschwommenen **Schutz des Betriebsfriedens** argumentiert. Daran ist richtig, daß die Zusammenarbeit von Menschen u. a. auch auf atmosphärische Rahmenbedingungen angewiesen ist. Aber dabei muß die gleiche Toleranz vorausgesetzt werden, die auch außerhalb des Betriebes im gesellschaftlichen Umfeld erwartet wird. Heftige Meinungsverschiedenheiten sind normal und der Arbeitsplatz keine Enklave. Wie sehr die Berufung auf den Betriebsfrieden zum beliebig verwendbaren Begründungsansatz und einer scharf restriktiven Praxis gemacht werden kann, zeigt das Urteil des BAG zur Anti-Strauß-Plakette. Danach soll der Betriebsfrieden schon dann gestört sein, wenn der zuständige Meister und ein weiterer Mitarbeiter Anstoß nehmen und der betroffene AN sich in „ungehöriger Weise" der Anordnung des technischen Direktors widersetzt, die beanstandete Plakette zu entfernen (9. 12. 1982 AP BGB § 626 Nr. 73 unter II 5 a; dazu krit. *Kohte* AuR 1984, 125; *Zachert* AuR 1984, 289; *Otto* AuR 1984, 289; MünchArbR/*Berkowsky* § 133 Rn. 145 ff.). Im allgemeinen kann das Tragen einer Plakette, das für ein zulässiges Ziel wirbt, nicht beanstandet werden (*Preis/Stoffels* RdA 1996, 210, 214; *Buschmann/Grimberg* AuR 1989, 65, 76). Es ist auch nicht einzusehen, daß diese Form der Meinungsäußerung in der Vervielfachung als „Beflaggungseffekt" unzumutbar werden könnte (so aber *Söllner*, FS für Herschel, 1982, S. 389, 400).

35 Eine etwas andere Interessenlage ergibt sich bei AN mit **Öffentlichkeitskontakt** (zB als Repräsentant gegenüber Kunden, Lieferanten oder Besuchern). Hier wird geltend gemacht, Meinungsäußerungen würden uU dem AG zugerechnet. In der Tat muß sich ein Unternehmen nicht gefallen lassen, als Meinungsträger oder gar -verstärker instrumentalisiert zu werden. Aber auch hier besteht die Gefahr einer klischeehaften Argumentation. Entgegen *Blomeyer* (MünchArbR § 51 Rn. 69) ergibt sich ein solcher Zurechnungszusammenhang keineswegs schon dann, wenn ein Privatwagen mit Parteipostern auf dem Firmenparkplatz abgestellt wird. Die konkrete Gefahr der Zurechnung von unangemessenen oder gar geschäftsschädigenden Meinungsäußerungen muß nachvollziehbar belegt werden können.

36 Eine allgemeine **Tendenzförderungspflicht** besteht nicht (aA *Buchner* ZfA 1979, 335). Bergarbeiter, die die Verstaatlichung der Kohleindustrie, Bankkaufleute, die eine Verschärfung der Bankenaufsicht, Brauereiarbeiter, die ein Verbot der Alkoholwerbung fordern, sie verhalten sich nicht vertragswidrig, sondern machen von ihrer Meinungsfreiheit in zulässiger Weise Gebrauch (*Kissel* NZA 1988, 145, 150; *Preis/Stoffels* RdA 1996, 210, 215). Für Tendenzunternehmen gelten arbeitsvertragliche Besonderheiten (Rn. 38 f.).

B. Meinungs- und Informationsfreiheit **Art. 5 GG 10**

Einen zweiten Schwerpunkt der Diskussion bilden die verschiedensten Fälle von **Kritik am AG**. 37
Auch hier ist von dem Grundsatz der Meinungsfreiheit auszugehen, vor allem bei politischen Fragen (BVerfG-Kammer 16. 10. 1998 NZA 1999, 77). Eine Besonderheit besteht, wenn es um das Beseitigen von Mißständen geht, die im eigenen Interesse des AG liegt und für die infolgedessen betriebsinterne Zuständigkeits- und Verfahrensregeln vorgesehen sind. Darüber hinaus besteht regelmäßig eine institutionelle Interessenvertretung der AN im Betrieb. Daraus folgt im Rahmen des Möglichen und Zumutbaren die Pflicht, betriebsbezogene Kritik zunächst intern vorzubringen und mit arbeitsrechtlichen Instrumenten Abhilfe anzustreben. Das Recht der freien Meinungsäußerung endet jedoch nicht an dieser Grenze. Die sog. „**Flucht in die Öffentlichkeit**" muß als „Notausgang" offenbleiben, zumindest dann, „wenn es um die Aufdeckung von gewichtigen Mißständen geht, durch die die Öffentlichkeit betroffen ist und denen durch betriebsinternes Vorstelligwerden nicht erfolgreich begegnet werden kann" (BGH 20. 1. 1981 BGHZ 80, 25, 28 f. = NJW 1981, 1089 – Wallraff; eingehend *Wendeling-Schröder*, Autonomie im Arbeitsrecht, S. 197 ff.; zum Schutz für „whistleblowing" in den USA *Deiseroth*, Berufsethische Verantwortung in der Forschung, S. 233 ff.). Die zuständige **Gewerkschaft** ist keine „Öffentlichkeit" in diesem Sinne, sondern Teil des arbeitsrechtlichen Korrekturverfahrens (aA LAG Baden-Württemberg 20. 10. 1976 EzA KSchG § 1 Verhaltensbedingte Kündigung Nr. 8 mit krit. Anm. v. *Weiß*).

3. Vertragliche Einschränkungen der Meinungsfreiheit sind von den gesetzlichen Schranken des 38
Art. 5 II scharf zu unterscheiden. Sie können strengere Zurückhaltungsgebote und Schweigepflichten begründen, weil die Meinungsfreiheit wie alle anderen Freiheitsgewährleistungen weitgehend zur Disposition des Grundrechtsträgers steht (Einl. Rn. 68 ff.). Ausdrückliche Vertragsklauseln in diesem Sinne sind zwar selten, aber ganz entbehrlich, weil sich entsprechende Bindungen stillschweigend aus der Art des Arbeitsverhältnisses ergeben. Das gilt vor allem für **Tendenzunternehmen** und **Kirchen**, thematisch begrenzt ferner für **bestimmte Berufe** mit standesrechtlichen Bindungen und uU auch für AN mit herausgehobenen oder repräsentativen Funktionen. Eine Sonderstellung in diesem Sinne nimmt schließlich der **öffentliche Dienst** ein, von dem ganz allgemein funktionsbezogene Zurückhaltung erwartet werden darf. Das ist der Grund, warum zB Lehrer in staatlichen Schulen während ihres Schuldienstes keine Anti-Atomkraft-Plaketten tragen dürfen (BAG 2. 3. 1982 AP GG Art. 5 I – Meinungsfreiheit Nr. 8). Auf Angestellte der Deutschen Lufthansa läßt sich das nicht übertragen (LAG Frankfurt/Main 21. 9. 1990 LAGE Art. 4 Nr. 4). Auch ist der öffentliche Dienst kein homogener Block; der Grad der politischen Loyalitätspflicht hängt vielmehr von Status, Stellung und Aufgabenkreis ab (st. Rspr. BAG 31. 3. 1976 AP GG Art. 3 II Nr. 2 = NJW 1976, 1708; 28. 9. 1989 AP KSchG 1969 § 1 – Verhaltensbedingte Kündigung Nr. 24 = NJW 1990, 1196).

Auch **kollektivvertragliche Regelungen**, die den Normadressaten Zurückhaltung auferlegen, ge- 39
hören in diesen Zusammenhang. Sie sind als privatautonome Beschränkungen der Meinungsfreiheit zu werten und wirksam, soweit ein Zusammenhang mit der Art des Arbeitsverhältnisses besteht (Einl. Rn. 47 und 53). Abweichend davon bewertet die hL den 8 I 1 BAT als „allgemeines Gesetz" und damit als Schranke iS von Art. 5 II (Rn. 22). Das ist zwar unzutreffend, aber für das Ergebnis unschädlich, weil die Regelungsbefugnis der Tarifvertragsparteien hier weiter geht als die des Gesetzgebers.

4. Sonderstellung des Betriebsrats. Auch der BR kann sich bei seiner Öffentlichkeitsarbeit auf das 40
Recht der freien Meinungsäußerung berufen (*Müller/Boruttau* NZA 1996, 1071; allgemein zu seiner Grundrechtsfähigkeit *Richardi* BetrVG Einl. Rn. 112 f.). Er ist dabei nicht auf bestimmte Räumlichkeiten oder Medien beschränkt. Im Rahmen seiner Zuständigkeit kann er selbst darüber entscheiden, wann und in welchem Umfang er eine öffentliche Stellungnahme für angebracht hält. Das gleiche Recht nimmt selbstverständlich auch der AG in Anspruch. Es geht hier also um „das Informationsgleichgewicht" (*Simitis/Kreuder* NZA 1992, 1009, 1013).

Allerdings ist die Freiheit des BR nicht unbeschränkt. Eine formale Grenze ergibt sich zunächst aus 41
der **Kostenbelastung**, die mit der Öffentlichkeitsarbeit des BR verbunden ist. Der AG muß solche Kosten tragen (§ 40 BetrVG). Das gilt jedoch nach einhelliger Auffassung nur im Rahmen der Erforderlichkeit. Dieser Rechtsgrundsatz gilt als allgemeines Gesetz im Sinne von Art. 5 II. Er darf jedoch nicht zum Instrument der Meinungssteuerung gemacht werden.

Darüber hinaus müssen AG und BR im Interesse vertrauensvoller Zusammenarbeit und auch zum 42
Schutze der Meinungsfreiheit der Belegschaft Grenzen beachten, die in **§ 74 II BetrVG** geregelt sind. Sie dürfen nichts tun, was den Betriebsfrieden stört und haben darüber hinaus (!) jede parteipolitische Betätigung im Betrieb zu unterlassen, soweit es nicht um Angelegenheiten tarifpolitischer, sozialpolitischer und wirtschaftlicher Art geht, die den Betrieb oder seine AN unmittelbar betreffen. Diese Regelung ist ebenfalls ein allgemeines Gesetz im Sinne von Art. 5 II (BVerfG 28. 4. 1976 E 42, 133 = AP BetrVG 1972 § 74 Nr. 2).

Wie alle Schrankengesetze muß auch § 74 II 3 BetrVG in Wechselwirkung mit Art. 5 I ausgelegt 43
werden, s. o. Rn. 20). Umstritten ist insbesondere die Frage, was hier unter „**parteipolitischer Betätigung**" zu verstehen ist. Der Begriff soll nach der Rechtsprechung des BAG und verbreiteter Lehre weit ausgelegt werden. Die Schranke erstrecke sich auf alle politischen Richtungen sowie auf einzelne repräsentative Persönlichkeiten der Politik; die Unterscheidung zwischen „parteipolitisch" und „all-

gemeinpolitisch" sei weder sinnvoll, noch möglich (BAG 21. 2. 1978 und 12. 6. 1986 AP BetrVG 1972 § 74 Nr. 1 und 5; MünchArbR/*v. Hoyningen-Huene* § 293 Rn. 54; weitere Nachw. bei 210 – BetrVG § 74 Rn. 25). Nach meiner Ansicht schränkt diese Auslegung das Grundrecht der Meinungsfreiheit übermäßig ein. Richtig ist allerdings, daß der **BR als Organ** nur für die gesamte Belegschaft sprechen kann. Ferner trifft es zu, daß die einzelnen **BRmitglieder**, deren persönliche Meinungsfreiheit betroffen ist, ihren Amtsbonus nicht mißbrauchen dürfen; das ist ein geläufiges Problem bei allen Amtsträgern. Aber nicht jede persönliche Meinungsäußerung zu allgemeinpolitischen Themen (zB pazifistischer oder ökologischer Art) ist in einer freiheitlichen Gesellschaft und im Geiste des Art. 5 als Mißbrauch iS einer politischen Stellungnahme anzusehen. Beim Verteilen von Flugblättern kommt es entscheidend auf den Inhalt und die Begleitumstände an. Das Tragen einer pazifistischen oder ökologischen Plakette ist mE im allgemeinen als Ausdruck eines persönlichen Bekenntnisses keine Aufforderung zur Diskussion, so lästig solche plakative Äußerungen uU auch wirken mögen. Auch hier gilt: Im Zweifel für die Meinungsfreiheit – auch und gerade des Andersdenkenden (*Fitting* BetrVG § 74 Rn. 45; GK-BetrVG/*Kreutz* § 74 Rn. 98; *Derleder* AuR 1988, 17).

C. Pressefreiheit (Art. 5 I 2 Alt. 1)

I. Schutzbereich

44 **1. Bedeutung und Abgrenzung.** Das Grundrecht der Pressefreiheit ist nicht nur ein Unterfall der durch Art. 5 I 1 geschützten Meinungsfreiheit. Der Schutzbereich bezieht sich auf die Institution der freien Presse und dient damit sowohl den im Pressewesen in Ausübung ihrer Funktion tätigen Personen, wie auch den institutionell-organisatorischen Voraussetzungen und Rahmenbedingungen einer freien Presse (st. Rspr. des BVerfG, vgl. 6. 10. 1959 E 10, 118, 121; 9. 10. 1991 E 85, 1, 12 f. = NJW 1992, 1439; 14. 7, 1994 E 91, 125, 134; vgl. auch BAG 15. 11. 1982 AP GG Art. 5 Abs. 1 Pressefreiheit Nr. 1). Handelt es sich dagegen nur um die Frage, ob eine bestimmte Äußerung erlaubt ist, insbesondere ob ein Dritter eine für ihn nachteilige Äußerung hinzunehmen hat, ist ungeachtet des Verbreitungsmediums Art. 5 I 1 einschlägig (BVerfG 9. 10. 1991 E 85, 1, 12 f. = NJW 1992, 1439). Zu sonstigen Konkurrenzfragen *Bethge* in *Sachs* Rn. 89.

45 Die Pressefreiheit schützt einerseits den Einzelnen vor staatlichen Beeinträchtigungen bei der Herstellung und Verbreitung von Presseerzeugnissen. Neben dieses **Individualgrundrecht** tritt die **institutionelle Garantie** der freien Presse als selbständige Gewährleistung. Daraus folgt die Freiheit der Gründung von Presseorganen, ein freier Zugang zu den Presseberufen sowie Auskunftspflichten der öffentlichen Behörden (BVerfG 5. 8. 1966 E 20, 162, 175 f.; 6. 2. 1979 E 50, 234, 240). Die institutionelle Garantie erfordert eine privatwirtschaftliche und privatrechtliche Organisation der Presse (vgl. BVerfG 5. 8. 1966 E 20, 162, 174 f. – Spiegel; 25. 1. 1984 E 66, 116, 133 – Wallraff).

46 Das Grundrecht bezweckt in erster Linie die **Abwehr staatlicher Eingriffe**. Die Garantie eines Abwehrrechts hat vor dem Hintergrund der Erfahrungen der vom NS-Staat „gleichgeschalteten" Presse- und Funkmedien besonderes Gewicht (vgl. zu den Motiven MünchArbR/*Rüthers* § 194 Rn. 25). Eine freie, nicht gelenkte und keiner Zensur unterworfene Presse ist ein Wesensmerkmal des demokratischen Staates. Regelmäßig erscheinende, die Politik begleitende Informationen und Kommentare sind für die moderne Demokratie unentbehrlich (BVerfG 5. 8. 1966 E 20, 162, 174; 25. 1. 1984 E 66, 116, 133).

47 Darüber hinaus hat aber auch die Pressefreiheit **Schutzfunktion**. Das Grundrecht erlegt dem Staat als objektive Grundsatznorm Schutzpflichten auf (vgl. BVerfG 6. 6. 1989 E 80, 124, 133 = NJW 1989, 2877). Sie treffen in erster Linie den **Gesetzgeber**. Er hat im Rahmen des ihm zustehenden weiten Gestaltungsspielraums die Funktionsbedingungen eines freien Pressewesens zu gewährleisten (vgl. *Bethge* in *Sachs* Rn. 73). Der Gesetzgeber ist aber weder gehalten noch steht es ihm frei, der Pressefreiheit absoluten Vorrang vor anderen wichtigen Gemeinschaftsgütern einzuräumen. Es bedarf einer sorgsamen Abwägung, ob und inwieweit die Erfüllung publizistischer Aufgaben einen Vorrang der Pressefreiheit gegenüber anderen gewichtigen Interessen des freiheitlich-demokratischen Staates oder seiner Bürger erfordert (vgl. BVerfG 1. 10. 1987 E 77, 65, 75 ff. = NJW 1988, 329).

48 Beispiele für **gesetzliche Sicherungen** der Pressefreiheit: Die Vorschriften in § 53 V, § 97 II 3 und V StPO sowie § 98 I StPO enthalten einen Informantenschutz und einen Schutz der von ihnen mitgeteilten Informationen, Ton-, Bild- und Datenträger. Gesetzlich nicht geschützt ist dagegen das selbst recherchierte Material (vgl. zu dieser noch immer umstrittenen Unterteilung BVerfG 1. 10. 1987 E 77, 65 = NJW 1988, 329; kritisch mit Beispielen von Beschlagnahmen *Kerscher*, NJW 1997, 1350). Der in § 1 II BbgPresseG verankerte Grundsatz der „Polizeifestigkeit des Presserechts" verbietet jegliche präventive ordnungsbehördliche oder polizeiliche Sondermaßnahme zur Einschränkung der Pressefreiheit, sofern diese sich gegen den Inhalt des Presseerzeugnisses gerichtet sind (vgl. zur Polizeifestigkeit als historisch gewachsenem Prinzip OVG Brandenburg 17. 3. 1997, NJW 1997, 1387). **§ 118 BetrVG** sichert den Tendenzschutz von Presseunternehmen gegenüber Einflüssen von Betriebsvertretungen bei der Ausübung von Mitbestimmungsrechten (vgl. Rn. 79 sowie 210 – BetrVG § 118 Rn. 15).

C. Pressefreiheit (Art. 5 I 2 Alt. 1) Art. 5 GG 10

Die entsprechende Schutzpflicht trifft nicht nur den Gesetzgeber, sondern auch die **Gerichte.** Daraus 49 ergeben sich Konsequenzen bei der Auslegung und Anwendung **bürgerlich-rechtlicher Vorschriften** (vgl. BVerfG 25. 1. 1984 E 66, 116, 130 ff., 135). Schon in der „Blinkfuer-Entscheidung" hat das BVerfG das nachdrücklich betont (vgl. 26. 2. 1969 E 25, 256). Das Ziel der Pressefreiheit, eine diskursive Bildung öffentlicher Meinung zu ermöglichen, erfordert u. a. den freien **Wettbewerb veröffentlichter Meinungen,** der nicht durch wirtschaftliche Druckmittel gestört werden darf. Die Rechtsprechung muß das bei der Auslegung des Zivilrechts beachten. Die entsprechende Schutzpflicht dient jedoch nur dem Ziel, die Gestaltung und Verbreitung von Presseerzeugnissen mit angemessenen Mitteln zu sichern (vgl. BVerfG 26. 2. 1969 E 25, 256, 268). Der veröffentlichte Boykottaufruf ist deshalb vom Schutz der Pressefreiheit ausgenommen, wenn dadurch eigene wirtschaftliche Interessen verfolgt werden (vgl. BVerfG 15. 11. 1982 E 62, 230, 243 f.), während uneigennützige Ziele und Belange von öffentlichem Interesse eine andere Abwägung gebieten (BVerfG 15. 1. 1958 E 7, 198 – Lüth).

Lebhaft umstritten und nicht völlig geklärt ist die Frage, ob Art. 5 I 2 den Staat zum Schutz der 50 Journalisten auch gegenüber ihrem Verleger verpflichtet, ob also eine „**innere Pressefreiheit**" von Verfassungs wegen gewährleistet sein muß. Einigkeit besteht dahin, daß die Pressefreiheit ohne ein Mindestmaß an **Unabhängigkeit der publizistischen Mitarbeiter** nicht funktionieren kann. Die Frage ist nur, ob die Garantie einer privatwirtschaftlichen Struktur der Presse (Rn. 45) vereinbar ist mit gesetzlichen Vorgaben für den presseinternen Abstimmungsprozeß oder gar mit zwingenden Ordnungsmodellen, die sich gegen den Verleger und dessen Freiheit zugunsten der redaktionellen Unabhängigkeit beschränken. Die herrschende Lehre verneint das (*Bethge* in *Sachs* Rn. 81; *Bullinger* HStR § 142 Rn. 62; *Degenhart* Bonner Kom. Art. 5 I und II Rn. 391 ff.; *Scholz,* Pressefreiheit und Arbeitsverfassung, S. 106 ff.; *Starck* in v. Mangoldt/Klein Rn. 59 f.; aA *Hoffmann-Riem/Plander,* Grundfragen der Pressereform S. 104 ff.; *Stammler,* Die Presse als soziale und verfassungsrechtliche Institution, S. 232 ff.).

In der Tat ist es wohl kaum möglich, innerhalb einer privatwirtschaftlich strukturierten Presse die 51 komplizierte, nuancenreiche und situationsabhängige Abstimmung zwischen dem Verleger und seinen publizistischen Mitarbeitern gleichsam presseinstitutionell geordnet unmittelbar aus Art. 5 I 2 abzuleiten. Das Grundrecht der Pressefreiheit ist insoweit offen. Umso bedeutsamer wird allerdings bei dieser Sachlage der **Meinungs- und Gewissensschutz der Redakteure** (Art. 5 I 1 und Art. 4 I). Kein Presseangehöriger darf innerhalb der vorgegebenen Tendenz angewiesen werden, eine andere als die eigene Meinung publizistisch zu vertreten (*Bethge* bei *Sachs* Rn. 82; MünchArbR/*Rüthers* § 194 Rn. 86; *Dörner/Schaub* in *Löffler* Presserecht BT ArbR Rn. 87 ff.). Daraus ergeben sich Mindestanforderungen in Bezug auf die publizistische Freiheit. Dafür kann uU auch Vorsorge in Gestalt organisatorischer Festlegungen erforderlich sein (Rn. 76).

2. Presse. Der Begriff Presse ist weit und formal auszulegen. Er umfaßt alle **Druckerzeugnisse** wie 52 Zeitungen, Zeitschriften, Bücher, Plakate, Flugblätter, Handzettel. Ebenso wird **Werkszeitungen** der Grundrechtsschutz zuteil; sie unterscheiden sich von Presseerzeugnissen, die dem Publikum allgemein zum Kauf angeboten werden, vor allem dadurch, daß sie lediglich unternehmensintern verteilt werden. Für die Funktion des Grundrechts, eine staatlich nicht reglementierte, offene Kommunikation zu gewährleisten, ist dieser Unterschied unerheblich. Die Ermöglichung freier individueller und öffentlicher Meinungsbildung wird nicht nur von allgemein zugänglichen, sondern auch von gruppeninternen Publikationen erfüllt. Entscheidend für den Grundrechtsschutz der Presse ist allein das Kommunikationsmedium, nicht der Vertriebsweg oder Empfängerkreis (BVerfG 8. 10. 1996, E 95, 28 = AP GG Art. 5 I Pressefreiheit Nr. 3). Das gilt dann auch für Betriebszeitungen der AN (*Däubler,* Arbeitsrecht 1, Rn. 783). Dem Grundrechtsschutz des Art. 5 I unterliegen ferner **elektronische Medien,** die zur Verbreitung von Nachrichten oder Meinungen an einen individuell unbestimmten Personenkreis eingesetzt werden und dabei nicht unter den Rundfunk oder Filmbegriff fallen, zB CD's oder Videos als Nachrichtenträger (vgl. *Bullinger* in Löffler, Presserecht, Einl. Rn. 4 „elektronische Presse"; *Bethge* in *Sachs* Rn. 68, 88).

Geschützt sind **alle Verhaltensweisen** von der Informationsbeschaffung bis zur Verbreitung der 53 Nachrichten und Meinungen (vgl. BVerfG 14. 7. 1994 E 91, 125, 134). In den Schutzbereich fällt schon die **Festlegung der Tendenz** von Presseerzeugnissen (BVerfG 6. 11. 1979 E 52, 283, 296 f. = AP BetrVG 1972 § 118 Nr. 14; näher Rn. 58). Nicht geschützt ist die (Zweit-) Verwertungstätigkeit (vgl. BVerfG 23. 3. 1988 E 78, 101, 103).

Grundlage einer freiheitlichen Presse ist zunächst die **Beschaffung von Informationen,** unabhängig 54 davon, woher sie stammen und ob sie rechtmäßig erlangt sind (vgl. BVerfG 14. 7. 1994 E 91, 125, 134). Es ist keine Frage des Schutzbereichs, sondern der Anwendung der grundrechtsbeschränkenden allgemeinen Gesetze, ob die Verbreitung rechtswidrig erlangter Informationen zulässig ist. Dabei ist sowohl hinsichtlich des Inhalts der Informationen als auch der Art ihrer Erlangung zu differenzieren. Der gänzliche Ausschluß rechtswidrig beschaffter Informationen aus dem Schutzbereich des Art. 5 I würde dessen Wirkung gerade in Fällen beseitigen, in denen es einer besonders bedarf, zB bei Informationen zur Aufdeckung schwerer Verbrechen (vgl. BVerfG 25. 1. 1984 AP Art. 5 Abs. 1 Pressefreiheit Nr. 2). Unerläßlich ist deshalb auch ein gewisser Schutz im **Vertrauensverhältnis** zwischen Presse und privaten Informanten. Eine solche Informationsquelle wird nur dann ergiebig

Dieterich 85

sein, wenn der Informant auf die Wahrung des **Redaktionsgeheimnisses** grundsätzlich vertrauen kann (vgl. BVerfG 5. 8. 1966 E 20, 162, 176; BVerfG 8. 10. 1996 E 95, 28, 36 = AP GG Art. 5 I Pressefreiheit Nr. 3). In den Schutzbereich der Pressefreiheit fällt weiterhin das **Chiffregeheimnis** (BVerfG 10. 5. 1983 E 64, 108, 115) sowie die Entscheidung, ob die Veröffentlichung des Beitrags mit oder ohne Autorenangabe erfolgt.

55 Der Grundrechtsschutz ist von der **Art des Druckerzeugnisses** unabhängig (vgl. dazu *Jarass/ Pieroth* Rn. 21; *Herzog* in *Maunz/Dürig* Rn. 128; *Bethge* in *Sachs* Rn. 69). Er ist weder Erzeugnissen der Unterhaltungs- und Sensationspresse (vgl. BVerfG 14. 2. 1973 E 34, 269, 283) noch dem Anzeigenteil bzw. Anzeigenblättern zu versagen. Eine Unterscheidung zwischen geschützten und nicht geschützten Teilen einer Zeitung läßt Art. 5 I 2 nicht zu. Das Grundrecht schützt den gesamten Inhalt des Presseorgans (vgl. BVerfG 4. 4. 1967 E 21, 271, 278 = NJW 1967, 976; 10. 5. 1983 E 64, 108, 118; 8. 10. 1996 E 95, 28 = AP GG Art. 5 I Pressefreiheit Nr. 3 für das „Offen-Gesagt-Programm" als Bestandteil einer Werkszeitung).

56 Geschützt ist auch die rein **subjektive Meinungsäußerung** (vgl. zB BVerfG 6. 10. 1959 E 10, 118, 121; zur Meinungsfreiheit der Redakteure vgl. auch Rn. 51 und 76). Es würde dem Grundgedanken der Pressefreiheit widersprechen, Journalisten öffentliche Kritik nur unter der Voraussetzung zuzubilligen, daß sie durch Tatsachen belegt und für den Durchschnittsleser überprüfbar sein müßte. Jeder soll – auch in der Presse – frei sagen können, was er denkt, selbst wenn er keine nachprüfbaren Gründe für sein Urteil angeben kann (vgl. BVerfG 11. 5. 1976 E 42, 163, 170 f; 22. 6. 1982 E 61, 1, 7); er soll auch die Form seiner Äußerung selbst bestimmen dürfen (vgl. BVerfG 20. 4. 1982 E 60, 234, 241 zur Bezeichnung „Kredithai"). Da jede zur Meinungsbildung beitragende öffentliche Äußerung Aufmerksamkeit erregen muß, sind einprägsame, auch starke Formulierungen hinzunehmen. Zumal im politischen Meinungskampf gehört dazu auch überspitzte und **polemische Kritik**, weil sonst die Gefahr einer Lähmung oder Verengung des Meinungsbildungsprozesses zu befürchten wäre (vgl. BVerfG 23. 3. 1971 E 30, 336, 347; 14. 2. 1973 E 34, 269, 283; 13. 5. 1980 E 54, 129, 138 f. – Kunstkritik; 13. 4. 1994 E 90, 241, 247 – Auschwitzlüge).

57 Nicht geschützt ist dagegen die **bewußt wahrheitswidrige Berichterstattung**, beispielsweise in Form eines **erfundenen Interviews** (vgl. BVerfG 14. 2. 1973 E 34, 269, 283; vgl. zu Fällen vorsätzlicher Falschberichterstattung in der Presse BGH 15. 11. 1994 NJW 1995, 861 – Caroline von Monaco; OLG Dresden 14. 11. 1996 NJW 1997, 1379 – Justus Frantz). Nur dann, wenn der Leser zutreffend unterrichtet wird, kann sich die öffentliche Meinung richtig bilden. Inwieweit Berichte, die – möglicherweise unter Zeitdruck – unzureichend recherchiert sind und sich als wahrheitswidrig erweisen, noch von der Pressefreiheit erfaßt werden, bestimmt sich nach allgemeinen, die Pressefreiheit nach Art. 5 II beschränkenden Gesetzen (zur publizistischen Sorgfalt Rn. 69).

58 Zur Pressefreiheit gehört schon die **Grundentscheidung** über **Tendenz und Stil eines Publikationsorgans**. Die Aufgabe der Presse, umfassende Information zu ermöglichen, die Vielfalt der bestehenden Meinungen wiederzugeben und selbst Meinungen zu bilden, setzt die Existenz selbständiger, vom Staat unabhängiger und nach ihrer Tendenz, politischen Färbung oder weltanschaulichen Grundhaltung miteinander konkurrierender Presseerzeugnisse voraus. Deshalb darf die Wahl der Grundrichtung nicht beeinflußt werden. Der Staat darf die Presse auch keinen fremden – nichtstaatlichen – Einflüssen unterwerfen oder öffnen, soweit diese mit dem durch Art. 5 I 2 begründeten Postulat unvereinbar wären. Das ist der Grund für Regelungen des **Tendenzschutzes**, die das Verhältnis zwischen dem Verleger und dem **BR** eines Pressebetriebes zum Gegenstand haben (vgl. BVerfG 6. 11. 1979 E 52, 283, 296 ff. sowie Leitsätze 1 und 2; BAG 1. 9. 1987 AP BetrVG 1972 § 101 Nr. 10 = NZA 1988, 99; näher Rn. 79 ff.).

59 **3. Träger des Grundrechts** sind all diejenigen, die in enger organisatorischer Bindung zu den geschützten Tätigkeiten stehen. Auf den Grundrechtsschutz können sich alle natürlichen Personen berufen, unabhängig davon, welcher Staatsbürgerschaft sie angehören und ob sie minder- oder volljährig sind. Gemeint sind insbesondere **Verleger, Produzenten, Redakteure** und **Journalisten** (zu deren internem Verhältnis Rn. 50 f.). Daß ein Zeitungsverlag auch dazu betrieben wird, um Gewinn zu erzielen, ist unerheblich (vgl. BAG 14. 11. 1975 AP BetrVG 1972 § 118 Nr. 5). **Vertriebsunternehmer** (Presse-Grossisten) können sich (unter den gegenwärtigen Vertriebsbedingungen) ebenfalls auf den Grundrechtsschutz berufen (vgl. BVerfG 13. 1. 1988 E 77, 346, 354). **Nicht** in den Schutz der Pressefreiheit einbezogen sind **Leser** und Konsumenten der geschützten Medien, ferner **Leserbriefschreiber**, die von ihrer Meinungsfreiheit Gebrauch machen und allein durch sie geschützt sind (vgl. *Bethge* in *Sachs* Art. 5 Rn. 76). In den Schutzbereich des Grundrechts eingeschlossen ist dagegen die Entscheidung, ob Zuschriften Dritter in die Publikation aufgenommen werden. Der Schutz der Pressefreiheit umfaßt auch die Wiedergabe von Beiträgen Außenstehender, die nicht beruflich im Pressewesen tätig sind (BVerfG 8. 10. 1996 E 95, 28, 36 = AP GG Art. I Pressefreiheit Nr. 3).

II. Eingriffe/Beeinträchtigungen

60 Der klassische Eingriffstyp, die **Zensur**, wird in Art. 5 I 3 ausdrücklich verboten. In die geschützten Aktionsräume der Pressefreiheit kann aber auch durch **andere staatliche Maßnahmen** unmittelbar

oder mittelbar eingegriffen werden. Solche Eingriffe liegen vor, wenn der Staat Verlegern oder Redakteuren die Berufsausübung untersagt (vgl. 6. 10. 1959 E 10, 118, 121), wenn er recherchiertes Material beschlagnahmt (BVerfG 4. 3. 1981 E 56, 247), wenn Reporter von Gerichtsverhandlungen ausgeschlossen (vgl. BVerfG 6. 2. 1979 E 50, 234, 241 ff.; 11. 11. 1992 E 87, 334, 339) oder Redaktionsräume durchsucht werden, wenn Aussagen über Pressetätigkeiten erzwungen (BVerfG 28. 11. 1973 E 36, 193, 204) oder das Redaktionsgeheimnis in sonstiger Weise beeinträchtigt wird (BVerfG 10. 5. 1983 E 64, 108, 115), wenn der Staat politisch ungelegene Berichterstatter nicht zu Pressekonferenzen zuläßt (BVerfG 6. 2. 1979 E 50, 234, 241 ff.) oder ähnliche staatliche Leistungen verweigert (dazu *Jarass/Pieroth* Rn. 25; *Bullinger* HbStR § 142 Rn. 68 ff.).

Art. 5 I 2 schützt die Pressetätigkeit nicht nur vor staatlichen Beschränkungen, sondern wirkt sich **61** auch auf Leistungen aus, die der Staat der Presse gewährt. Die Pressefreiheit begründet im Förderungsbereich für den Staat eine inhaltliche **Neutralitätspflicht**, die jede Differenzierung nach Meinungen verbietet. Staatliche Förderungen sind zulässig, wenn eine Einflußnahme auf Inhalt und Gestaltung einzelner Presseerzeugnisse sowie Verzerrungen des publizistischen Wettbewerbs insgesamt vermieden werden (vgl. 6. 6. 1989 E 80, 124, 131 ff., 135 sowie Leitsätze 1 und 2).

Die Pressefreiheit des Verlegers ist schon dann betroffen, wenn er Druckerzeugnisse mit der von **62** ihm vorgegebenen Tendenz nicht veröffentlichen kann, weil er **sozialem Druck** ausgesetzt ist. Dies ist zB der Fall, wenn sein Unternehmen mit dem Ziel **bestreikt** wird, auf die redaktionelle Arbeit Einfluß zu nehmen (vgl. *Jarass/Pieroth* Rn. 59; *Starck* in v. *Mangoldt/Klein* Rn. 48; weitergehend MünchArbR/*Rüthers* § 194 Rn. 113 ff.; s. u. Rn. 82). Ebenso können Einflüsse der betrieblichen **Mitbestimmung** auf die Tendenzbestimmung des Verlegers die Pressefreiheit einschränken (vgl. BVerfG 6. 11. 1979 E 52, 283, 297 f. = AP BetrVG 1972 § 118 Nr. 14; BAG 1. 9. 1987 AP BetrVG 1972 § 101 Nr. 10 = NZA 1988, 99; s. u. Rn. 79).

Das Grundrecht ist ferner beeinträchtigt, wenn die **Rechtsprechung** die Schutzfunktion der Pres- **63** sefreiheit überhaupt nicht berücksichtigt oder unzutreffend einschätzt und die Entscheidung auf der Verkennung des Grundrechtseinflusses beruht. Beispielsweise fehlt es an der vom Grundgesetz geforderten Abwägung zwischen dem vom Betriebsverfassungsrecht geschützten Rechtsgut der vertrauensvollen Zusammenarbeit und der Pressefreiheit, wenn ein Gericht davon ausgeht, daß Werkszeitungen nicht unter den Schutz des Art. 5 I 2 fallen (BVerfG 8. 10. 1996 E 95, 28 = AP GG Art. 5 I Pressefreiheit Nr. 3). Im Individualarbeitsrecht würde die Pressefreiheit des Verlegers einer Zeitung faktisch beeinträchtigt, wenn Redakteure in ihren Artikeln die Tendenz der Zeitung mißachten könnten, ohne daß eine rechtliche Handhabe dagegen zugestanden würde.

III. Schranken und Grenzen der Beschränkbarkeit

1. Schranken und Zensurverbot. Die Pressefreiheit ist wie die Meinungsfreiheit durch allgemeine **64** Gesetze, durch gesetzliche Bestimmungen zum Schutze der Jugend und durch das Recht zur Wahrung der persönlichen Ehre eingeschränkt (Art. 5 I 2). Wegen der Schrankensystematik kann im Grundsatz auf die Ausführungen zur Meinungsfreiheit verwiesen werden (vgl. Rn. 20 ff.). Allgemein im Sinne von Art. 5 II sind Gesetze nur dann, wenn sie dem Schutz eines schlechthin zu schützenden Rechtsgutes dienen (BVerfG 4. 4. 1967 E 21, 271, 280; 14. 1. 1998 E 97, 125, 146 = NJW 1998, 1381). Zu den allgemeinen Gesetzen, die die Pressefreiheit teilweise erheblich beschränken können, gehören auch die Vorschriften des individuellen und des kollektiven Arbeitsrechts (vgl. *Reuter*, FS Kissel, S. 941, 943; *Bullinger* in Löffler Presserecht Einl. Rn. 5).

Das **Zensurverbot** bildet eine **Schranke der Beschränkungsmöglichkeiten** nach Art. 5 II. Es **65** verbietet jede Form von Vor- bzw. Präventivzensur durch staatliche Stellen (20. 10. 1992 E 87, 209, 230). Schon die Existenz eines Kontroll- und Genehmigungsverfahrens lähmt die Presse. Das gilt auch für die Abhängigkeit wirtschaftlicher Vorteile (zB Steuervergünstigungen) von bestimmten inhaltlichen Vorgaben (*Hoffmann-Riem* HbVerfR § 7 Rn. 46). Deswegen darf es keine Ausnahme vom Zensurverbot geben, auch nicht durch allgemeine Gesetze (BVerfG 25. 4. 1972 E 33, 52, 72). Zulässig ist dagegen eine Nachzensur, soweit sie nur dazu dient, die allgemeinen Regeln über die Meinungs- und Pressefreiheit, also die Schranken des Art. 5 II zu realisieren (vgl. *Bethge* in *Sachs* Rn. 132). Das Zensurverbot gilt auch nicht für das Verhältnis zwischen angestelltem Redakteur und Verleger. Dies bedeutet allerdings nicht, daß der Verleger die von einem Redakteur erstellten Beiträge ohne Einschränkung zensieren dürfte. Vielmehr können sich insoweit Beschränkungen unter dem Gesichtspunkt der Meinungsfreiheit ergeben (vgl. Rn. 71, 76).

2. Wechselwirkung. Einschränkende allgemeine Gesetze müssen ihrerseits die Bedeutung der Pres- **66** sefreiheit respektieren. Sie sind stets mit Blick auf die Pressefreiheit auszulegen und anzuwenden, da Äußerungen in der Presse in der Regel zur Bildung der öffentlichen Meinung beitragen sollen (vgl. Rn. 21). Es besteht eine Vermutung zugunsten der Pressefreiheit. Selbst eine prinzipiell zulässige Beschlagnahme von Material, das durch Journalisten recherchiert wurde, stellt eine Beeinträchtigung der durch Art. 5 I 2 geschützten Tätigkeiten dar. Das BVerfG verlangt, daß der mit der Rechtsanwendung bezweckte Erfolg gegen die nachteiligen Auswirkungen auf die Pressefreiheit abgewogen und

Dieterich

insbesondere auch am Maßstab des Verhältnismäßigkeitsprinzips gemessen wird (BVerfG 4. 3. 1981 E 56, 247, 247 ff.).

67 Wie allerdings die „richtige" Lösung einer **bürgerlich-rechtlichen Streitigkeit** auszusehen hat, bei der die Pressefreiheit zu beachten ist, schreibt Art. 5 I 2 nicht vor (vgl. BVerfG 11. 5. 1976 E 42, 143, 148 f.; 25. 1. 1984 E 66, 116, 135). Im Rahmen der auslegungsfähigen Tatbestandsmerkmale einfacher Gesetze muß eine Abwägung zwischen den grundrechtlichen Belangen und dem gesetzlich geschützten Rechtsgut vorgenommen werden (std. Rspr. vgl. zB BVerfG 15. 1. 1958 E 7, 198, 205 ff. = NJW 1958, 257; 15. 11. 1982 E 62, 230, 244 ff. = AP GG Art. 5 Abs. 1 Pressefreiheit Nr. 1; 8. 10. 1996 E 95, 28, 34 f. = AP GG Art. 5 I Pressefreiheit Nr. 3 und ergänzend *Kittner* AuR 1997, 294 f.).

68 **3. Grundrechte Dritter.** Eine Abwägung ist im Presserecht vor allem bei der Auslegung und Anwendung zivil- und strafrechtlicher Vorschriften erforderlich (zB bei den §§ 823 I und II, 1004 BGB analog; §§ 185 ff., 193 StGB), soweit sich Fragen nach der publizistischen Sorgfalt bei wahrheitswidriger Berichterstattung stellen und Grundrechte Dritter von Bedeutung sind. Zur Grundrechtskollision allgemein Einl. Rn. 70.

69 Die wahrheitswidrige Berichterstattung kann Schadenersatz- bzw. Schmerzensgeld und Unterlassungs- bzw. Richtigstellungsansprüche auslösen. Die Presse ist deshalb gehalten, Nachrichten und Behauptungen, die sie weitergibt, auf ihren **Wahrheitsgehalt** zu prüfen (vgl. zB BGH 26. 11. 1996 NJW 1997, 1148 „Stern-TV"; *Peters,* NJW 1997, 1334 ff.). Andererseits dürfen die Anforderungen an die **publizistische Sorgfaltspflicht** nicht überspannt werden. Sie müssen im Licht des Art. 5 I 2 so bemessen sein, daß die Presse ihrer Aufgabe gerecht werden kann. Das gilt vor allem dann, wenn über Angelegenheiten berichtet wird, die für die Allgemeinheit von erheblicher Bedeutung sind (vgl. BVerfG 9. 10. 1991 E 85, 1, 15 = NJW 1992, 1439; BGH, 30. 1. 1996, NJW 1996, 1131). Als Auslegungshilfe zur Bestimmung des Umfangs der einzelnen Pflichten kann der Pressekodex des Deutschen Presserats herangezogen werden (Wortlaut bei *Löffler* Presserecht BT StandesR Anh. A; vgl. allg. dazu *Peters* NJW 1997, 1334, 1335).

70 Besondere Schwierigkeit bereitet es den Zivilgerichten, die Kollision von **Pressefreiheit** und **Persönlichkeitsrecht** abzuwägen. Beide Rechtsgüter müssen geschützt werden. Dabei steigt die Bedeutung der Pressefreiheit in dem Maße, in dem der konkrete Fall im Interesse der öffentlichen Information liegt und der Meinungsbildung dient (vgl. BVerfG 14. 2. 1973 E 34, 269, 283 – Soraya; 3. 12. 1985 E 71, 206, 220 – Anklageschrift). Auf der anderen Seite wirkt der Schutz des Persönlichkeitsrechts umso stärker, je weiter die Information in die Privat-, Geheim- bzw. Intimsphäre eingreift (zur Sphärenabstufung Art. 2 Rn. 39 ff.) und je größer die erzielte Wirkung bei einer breiten Leserschaft ist (BVerfG 14. 1. 1998 E 97, 125= NJW 1998, 1381 unter B II 3 a; besonders krass BAG 18. 2. 1999 NZA 1999, 645 – „faulste Mitarbeiterin Deutschlands"). Ob das eine oder andere Grundrecht überwiegt, läßt sich nur in Grundzügen beschreiben und bedarf deshalb stets einer Einzelfallbetrachtung (umfangreiche Rechtsprechungsübersichten und Nachweise bei *Wenzel,* Das Recht der Wort- und Bildberichterstattung, und *Löffler* Presserecht – LPG § 6; speziell zum Ehrenschutz *Kübler* NJW 1999, 281).

IV. Pressefreiheit im Arbeitsrecht

71 Noch komplexer sind die **Grundrechtskollisionen** im Arbeitsrecht der Presseunternehmen. Hier sind auf Seiten der angestellten Journalisten (also der Redakteure) neben deren Vereinigungs- und Berufsfreiheit auch deren Meinungs- und Gewissensfreiheit zu berücksichtigen, und zwar jeweils auch in ihrer Schutzfunktion. Diese verpflichtet den Staat (Gesetzgeber und Gerichte) zum Ausgleich konfligierender Freiheitsausübung (s. o. Einl. Rn. 38 ff.), also auch im Verhältnis zur Berufs- und Pressefreiheit ihrer Arbeitgeber. Die entsprechende Aufgabe muß das Arbeitsrecht leisten. Daraus ergeben sich Modifikationen, die es aber nicht rechtfertigen, von einem Sonderarbeitsrecht zu sprechen (zutreffend *Dörner/Schaub* bei *Löffler* Presserecht BT ArbR Rn. 9 gegen *Reuter,* FS für Kissel, 1994, S. 941 und *Rüthers* in MünchArbR § 194 Rn. 1 ff.).

72 Alle Modifikationen zielen im Ansatz auf einen **pressespezifischen Tendenzschutz,** der schon den Abschluß des Arbeitsvertrages beeinflußt (Rn. 73), vor allem aber die beiderseitigen Loyalitäts- und Rücksichtspflichten prägt (Rn. 75 f.). Das kollektive Arbeitsrecht, vor allem das Betriebsverfassungsrecht (Rn. 79), aber auch das Tarif- und Arbeitskampfrecht (Rn. 82) müssen ebenfalls die besondere Funktion und Schutzbedürftigkeit der Presse beachten. Dabei geht es nicht um ein Programm der Verteilung von „Pressemacht" wie *Rüthers* überspitzt formuliert (MünchArbR § 194 Rn. 4). Ein entsprechendes Verteilungskonzept bieten weder die Grundrechte, die nur Freiheiten postulieren und entsprechende Grenzen markieren (Über- und Untermaßverbote), noch das Arbeitsrecht, das anderen Zwecken dient, dem also kein medienpolitisches Programm zu entnehmen ist.

73 **1. Arbeitsvertragsrecht.** Die Tendenzbezogenheit der Tätigkeit von Redakteuren zeigt sich schon bei deren **Einstellung.** Während Bewerber grundsätzlich nicht nach politischen und religiösen Überzeugungen befragt werden dürfen (vgl. Art. 2 Rn. 96 ff.), rechtfertigt der Tendenzschutz im Pressearbeitsrecht eine weitergehende Aufklärung bezogen auf die grundsätzliche Ausrichtung der Presse-

C. Pressefreiheit (Art. 5 I 2 Alt. 1)   Art. 5   GG 10

erzeugnisse, für die der Bewerber als Tendenzträger tätig werden soll. Auf **tendenzbezogene Fragen** muß er also „Farbe bekennen". Dabei gilt allerdings der Grundsatz der Verhältnismäßigkeit. Allzu detaillierte oder tendenzferne Fragen muß der Bewerber nicht beantworten. Das gleiche gilt für Fragen, die die Intimsphäre oder die Ehre des AN berühren (*Reuter,* FS für Kissel, 1994, S. 941, 945). Ein „Recht auf Lüge" (dazu Art. 2 Rn. 98) wird hier allerdings nicht anzuerkennen sein. Dem Bewerber ist zuzumuten, eine für unzulässig gehaltene Frage zurückzuweisen und nicht etwa tendenzkonforme Ansichten oder biographische Details vorzutäuschen.

Im Schrifttum wird die weitergehende Auffassung vertreten, Presseunternehmen könnten frei **74** darüber entscheiden, ob sie tendenzbezogenes Personal fest anstellen oder nur als **freie Mitarbeiter** tätig werden lassen wollen. Das soll ein elementarer Garantiebestandteil der Presse- und Rundfunkfreiheit sein (MünchArbR/*Rüthers* § 194 Rn. 21). Zur Begründung wird auf die Entscheidung des BVerfG zu den freien Mitarbeitern der Rundfunkanstalten verwiesen (13. 1. 1982 E 59, 231 = AP GG Art. 5 I Rundfunkfreiheit Nr. 1; vgl. auch Kammerbeschluß vom 3. 12. 1992 AP GG Art. 5 I Rundfunkfreiheit Nr. 5). Diese Entscheidungen enthalten jedoch keine so weitgehenden Grundsätze (BVerfG-Kammer 18. 2. 2000, NZA 2000, 653). Sie sind auch nicht auf die Einstellungspraxis von Presseunternehmen übertragbar. Rundfunkanstalten müssen im Gegensatz zur Presse den Rundfunkauftrag realisieren und deshalb verschiedene Tendenzen in gleichgewichtiger Vielfalt zur Geltung bringen. Daraus ergeben sich personalpolitische Zwänge, die bei Presseunternehmen nicht auftreten (*Dörner/Schaub* in *Löffler* Presserecht BT ArbR Rn. 43 f., 68; vgl. auch Rn. 78).

Die Arbeitspflicht der Redakteure ist geprägt durch das Gebot der **Tendenzloyalität**. In erster Linie **75** ist es Sache des Arbeitsvertrages, den entsprechenden Rahmen näher zu bestimmen. Das geschieht vielfach im Wege der Verweisung auf redaktionelle Richtlinien oder Redaktionsstatuten, die die Tendenz des Presseerzeugnisses festlegen. Diese binden dann auch den Verleger selbst. Tendenzwidrige Weisungen muß ein Redakteur nicht befolgen, weil sie den vertraglichen Rahmen überschreiten (MünchArbR/*Rüthers* § 194 Rn. 88; *Dörner/Schaub* in *Löffler* Presserecht BT ArbR Rn. 90). Andererseits kann der Redakteur dem Gebot der Tendenzloyalität nicht abweichende Überzeugungen unter Berufung auf seine Meinungs- und Gewissensfreiheit entgegenhalten, weil er auf diese Freiheiten bei Abschluß des Arbeitsvertrages im Rahmen der ihm bekannten Tendenz verzichtet hat (zum Grundrechtsverzicht vgl. Einl. Rn. 68 ff.).

Die Abstraktionshöhe von Redaktionsrichtlinien und -statuten hat zur Folge, daß sie der Alltags- **76** arbeit von Pressejournalisten nur einen weiten Rahmen setzen können. Inwieweit Redakteure darüber hinaus **Detailanweisungen** ihres Verlegers befolgen müssen, hängt in erster Linie von ihrer vertraglichen Stellung und Festlegungen im Arbeitsvertrag, uU auch von Kollektivverträgen. Generelle Kompetenzgrenzen lassen sich aus Art. 5 I 2 nicht ableiten (vgl. Rn. 50). Das ändert nichts daran, daß ein Mindestmaß an **publizistischer Unabhängigkeit** zu den Funktionsmerkmalen einer freien Presse gehört und die beiderseitigen Rechte und Pflichten prägt, wenn nicht ausdrücklich etwas anderes vereinbart wurde. Es ist aber Sache der arbeitsrechtlichen Praxis, für diese „innere Pressefreiheit" im untechnischen Sinne sachgerechte Verfahrensregeln zu entwickeln. Das Mindestmaß an Autonomie, das Redakteuren verbleiben muß, ergibt sich aus deren Meinungs- und Gewissensfreiheit (Art. 5 I 1 und Art. 4 I). Das Direktionsrecht des Verlegers reicht deshalb nicht bis in alle Details der journalistischen Arbeit. Innerhalb ihres vertraglichen Aufgabenbereichs und im Rahmen der vereinbarten Ausrichtung eines Blattes müssen Redakteure keine Positionen vertreten, die ihrer Überzeugung widersprechen (vgl. Rn. 51). Das entspricht allgemeiner Ansicht und deckt sich mit dem Mindestschutz, den Art. 4 I 1 und 5 I 1 gebieten. Dieser Mindeststandard sollte in Redaktionsrichtlinien fixiert werden, damit die Grenze nicht im einzelnen Konfliktfall durch die Gerichte gezogen werden muß.

Die Pflicht zur Tendenzloyalität kann sich auch auf den **außerdienstlichen Bereich** erstrecken. Hier ist **77** allerdings zusätzlich das allgemeine Persönlichkeitsrecht des Redakteurs zu berücksichtigen. Auf der anderen Seite ist anzuerkennen, daß zumindest bei Redakteuren der Richtungspresse tendenzwidriges Verhalten im privaten Bereich zu Zweifeln an der Glaubwürdigkeit führen kann und damit auch die Wirkung der publizistischen Tätigkeit schwächt. Die beiderseitigen Grundrechtspositionen müssen bei der Konkretisierung der vertraglichen Rücksichtspflichten, die sich aus § 242 BGB ergeben, berücksichtigt und abgewogen werden. Probleme bereiten hier vor allem tendenzwidrige journalistische **Nebentätigkeiten**. Aber auch die private oder öffentliche **Lebensführung** kann ausnahmsweise zu Konflikten führen und sich als vertragswidrig erweisen (vgl. die Beispiele bei MünchArbR/*Rüthers* § 194 Rn. 69 ff.; *Dörner/Schaub* in *Löffler* Presserecht BT ArbR Rn. 96).

Im Schrifttum wird die Auffassung vertreten, das Grundrecht der Pressefreiheit verlange, daß der **78** **Bestandsschutz** der Presseredakteure im Vergleich zu dem Bestandsschutz anderer Arbeitsverhältnisse geringer sein müsse (MünchArbR/*Rüthers* § 194 Rn. 82). Zumindest müsse der Abschluß von befristeten Arbeitsverhältnissen im Pressebereich erleichtert sein (*Hesse/Schaffeld/Rübenach,* Arbeitsrecht der Pressejournalisten, Rn. 16; *Löffler/Rieker,* Handbuch des Presserechts Kap. 34, Rn. 19). Das soll sich aus der Rechtsprechung des BVerfG zum Arbeitsrecht der Tendenzträger in Rundfunkanstalten ergeben (13. 1. 1982 E 59, 231 = AP GG Art. 5 I Rundfunkfreiheit Nr. 1 und im Anschluß daran BAG 13. 1. 1983 AP BGB § 611 Abhängigkeit Nr. 42 und 43). Diese Rechtsprechung stützt sich aber entscheidend auf Besonderheiten und Zwänge, die mit der Erfüllung des Rundfunkauftrages

Dieterich   89

verbunden sind, deren Erwägungen sich nicht auf die Situation von Printmedien übertragen lassen. Im Gegenteil: der Tendenzschutz der Presse verlangt sogar eine gewisse Kontinuität der Linie des einzelnen Presseerzeugnisses, das mit anderen konkurriert. Ein besonderes Bedürfnis erleichterter Befristung von Arbeitsverhältnissen besteht daher nicht (zutreffend *Dörner/Schaub* in *Löffler* Presserecht BT ArbR Rn. 67 f.).

79 **2. Betriebsverfassungsrecht.** Eine Fülle von Problemen ergeben sich beim Tendenzschutz im Betriebsverfassungsrecht. Es liegt auf der Hand, daß die Mitbestimmung des BR vielfältige Einflüsse auf die Führung und Ausrichtung eines Presseunternehmens ermöglicht, besonders bei personellen und wirtschaftlichen Maßnahmen. Art. 5 I 2 verpflichtet Gesetzgebung und Rechtsprechung, die Verleger vor solchen Einflüssen zu schützen, soweit sie mit den Funktionsbedingungen einer freien Presse unvereinbar sind (BVerfG 6. 11. 1979 E 52, 283 = AP BetrVG 1972 § 118 Nr. 14). Dieser Schutzfunktion dient die Generalklausel des § 118 I 1: Die Vorschriften des Betriebsverfassungsgesetzes finden danach keine Anwendung auf Presseunternehmen und -betriebe, soweit deren Eigenart der Mitwirkung des BR entgegensteht („**Eigenartsklausel**"). Im Schrifttum ist die Abgrenzung in vielen Einzelheiten umstritten (vgl. 210 – BetrVG § 118 Rn. 4 ff.). Die hL vertritt die sog. „Maßnahmetheorie". Danach sind Tendenzunternehmen nicht generell von der betrieblichen Mitbestimmung ausgeschlossen; es kommt vielmehr auch bei tendenzbedingten personellen Maßnahmen darauf an, wie diese sich im Einzelfall auswirken. Die Informations- und Anhörungspflichten des PresseAG bleiben in jedem Fall bestehen (BVerfG 6. 11. 1979 E 52, 283 = AP BetrVG 1972 § 118 Nr. 14; zur Mitbestimmung bei der Lage der Arbeitszeit BVerfG-Kammer 15. 12. 1999 AuR 2000, 143; zu den Einzelheiten vgl. auch § 118 BetrVG Rn. 20 ff.).

80 Danach ergeben sich verfassungsrechtliche Probleme, wenn dem BR oder speziellen Redaktionsvertretungen **weitergehende Mitwirkungsrechte** eingeräumt werden. Hier ist vor allem danach zu differenzieren, mit welchem Regelungsinstrument und mit welchem Ziel das geschieht. Gesetzliche Mitwirkungsrechte, die die verlegerischen Kompetenzen beschneiden, müssen sich mit dem Einwand einer übermäßigen Beschränkung der Pressefreiheit auseinandersetzen. **Tarifliche Regelungen** dieser Art sind nicht ausgeschlossen (vgl. auch BAG 31. 1. 1995 AP BetrVG § 118 Nr. 56). Die Einzelheiten sind umstritten, aber zur Zeit nicht aktuell (vgl. die Nachweise bei MünchArbR/*Rüthers* § 194 Rn. 107 ff. einerseits, *Däubler*, Arbeitsrecht 1, Rn. 1185 andererseits).

81 Hingegen sind **freiwillige Redaktionsstatute** weit verbreitet, zweckmäßig und unproblematisch. Es handelte sich um schuldrechtliche Absprachen zwischen dem Verleger und der Redaktion. Aber auch Betriebsvereinbarungen wären mE möglich. Dabei erübrigt sich eine Diskussion der Frage, ob die Pressefreiheit zur freien Disposition der Grundrechtsträger steht, ein Verleger also auf sein Grundrecht verzichten kann (vgl. zum Grundrechtsverzicht Einl. Rn. 62 ff.). Jedenfalls steht die Tendenz eines Presseerzeugnisses zur Disposition des Verlegers, so daß auch der entsprechende Tendenzschutz freiwillig aufgegeben werden kann.

82 **3. Arbeitskampfrecht.** Soweit die Arbeitsbedingungen in Presseunternehmen den Regelungsgegenstand von Tarifverträgen bilden können, dürfen sie auch durch Arbeitskampf erzwungen werden. Der hohe Stellenwert der Pressefreiheit und die Tendenzautonomie der Verleger erfordern nicht ausschließlich wirtschaftsfriedliche Formen der sozialpolitischen Auseinandersetzung. Es gibt kein generelles Gebot, wonach Arbeitskämpfe die Presse schonen müßten, weil sie zwangsläufig das Medienangebot vorübergehend einschränken (BVerfG 26. 6. 1991 E 84, 212, 232 = AP GG Art. 9 Arbeitskampf Nr. 117 unter C II; BAG 12. 3. 1985 AP GG Art. 9 Arbeitskampf Nr. 84 unter II 1 d; *Brox/Rüthers* Arbeitskampfrecht Rn. 96; *Däubler*, Arbeitsrecht 1, Rn. 536; *Degenhart*, Bonner Kom. Art. 5 I u. II Rn. 403; MünchArbR/*Otto* § 278 Rn. 222 ff.; *Dörner/Schaub* in *Löffler* Presserecht BT ArbR Rn. 447 ff.; aA *Löffler* NJW 1962, 1601, 1602; *Hesse/Schaffeld/Rübenach*, Arbeitsrecht der Pressejournalisten, Rn. 708).

83 Allerdings ist das Grundrecht der Pressefreiheit bei der richterrechtlichen Ausgestaltung des Arbeitskampfrechts zu beachten. Seine Schutzfunktion gebietet den Gerichten, dafür zu sorgen, daß die Funktionsbedingungen der freien Presse nicht nachhaltig und in einer das Meinungsspektrum verzerrenden Weise gestört werden (*Degenhart*, Bonner Kom. Art. 5 I u. II Rn. 404). Daraus ergeben sich **Beschränkungen** für die kampftaktischen Spielräume und den Umfang der Angriffs- und Abwehrmittel.

84 Eine **totale Ausschaltung** sämtlicher Presseerzeugnisse oder die Lahmlegung aller für den normalen Meinungskampf relevanten Medien betrachtet die hL als unzulässig, wie auch die gezielte Ausschaltung bestimmter publizistischer Tendenzen (*Brox/Rüthers* Arbeitskampfrecht Rn. 96; MünchArbR/*Otto* § 278 Rn. 227; *Dörner/Schaub* in *Löffler* Presserecht BTArbR Rn. 449), ist aber in dieser Zuspitzung praxisfern und unwahrscheinlich (*Weiß* AuR 1984, 97, 103).

85 Hingegen sind arbeitskampfspezifische Beschneidungen des Meinungsspektrums und Einschränkungen des Informationsangebots normal und praktisch unvermeidbar. Deshalb wird gelegentlich gefordert, es müßten wenigstens **Notausgaben** ermöglicht oder gar sichergestellt werden (*Löffler/Ricker*, Handbuch des Presserechts, Kap. 36 Rn. 22). Das ist jedoch nach weit überwiegender Ansicht abzulehnen; Zeitungsverlage sind keine „lebenswichtigen Betriebe", die einen Notdienst zu gewähr-

leisten hätten (*Degenhart* in Bonner Kom. Art. 5 I u. II Rn. 412; *Brox/Rüthers* Arbeitskampfrecht Rn. 96; MünchArbR/*Otto* § 278 Rn. 227; *Dörner/Schaub* in *Löffler* Presserecht BTArbR Rn. 448).

Gelegentlich haben Drucker im Laufe von Arbeitskämpfen in die redaktionelle Arbeit eingegriffen, **86** indem sie **kritische Artikel** über ihre Gewerkschaft oder den Streik schwärzten oder durch weiße Flecken ersetzten (so während des Druckerstreiks 1976 bei der Bild-Zeitung). Gerechtfertigt wurde das als Notwehr gegen Medienmacht und als Druckmittel zur Erzwingung einer Gegendarstellung (*Bieback* in *Däubler* Arbeitskampfrecht Rn. 532ff.). Dem kann nicht gefolgt werden. Eine Vermischung von Arbeits- und Meinungskampf ist mit Art. 5 I 2 unvereinbar (eingehend *Degenhart* in Bonner Kom. Art. 5 I und II Rn. 414ff. mwN; im Ergebnis ebenso *Reuter* ZfA 1990, 535, 556f.; *Dörner/Schaub* in *Löffler* Presserecht BTArbR Rn. 452). Im übrigen können Gegendarstellungen von der betroffenen Gewerkschaft gerichtlich erzwungen werden. Allenfalls in Sonderfällen kommt ein individuelles Leistungsverweigerungsrecht aus Gewissensgründen in Betracht (vgl. Art. 4 Rn. 69f.).

Auch die **Aussperrung** kann als Abwehrkampfmittel nur in den Grenzen zugelassen werden, die **87** Art. 5 I 2 berücksichtigen. Sie darf also nicht als Mittel des Meinungskampfes dienen oder zum Totalausfall führen. Es trifft nicht zu, daß die Meinungs- und Wettbewerbsneutralität nur durch flächendeckende Aussperrungen erreichbar wäre (BVerfG 26. 6. 1991 E 84, 212, 232 = AP GG Art. 5 Arbeitskampfrecht Nr. 117 unter C II; MünchArbR/*Otto* § 278 Rn. 229; aA *Rüthers* Anm. zu EzA GG Art. 9 Arbeitskampf Nr. 37 unter B II 4). Die Besonderheiten von Presseunternehmen sind dennoch für Einzelfragen von Bedeutung (vgl. zur eingeschränkten Beschäftigungspflicht bei Wellenstreiks BAG 12. 11. 1996 AP GG Art. 9 Arbeitskampf Nr. 147).

D. Rundfunkfreiheit (Art. 5 I 2 Alt. 2)

I. Bedeutung und Eigenart

Neben der Pressefreiheit ist auch die Rundfunkfreiheit von **zentraler Bedeutung** für das geistige **88** Klima und den offenen Diskurs im demokratischen Staat. Hörfunk und Fernsehen ergänzen die Rolle der traditionellen Printmedien und sind in ihrer meinungsbildenden Funktion kaum zu überschätzen. Das hat das BVerfG schon früh erkannt und immer wieder betont (28. 2. 1961 E 12, 205, 260f. – Deutschland Fernsehen; 14. 7. 1994 E 91, 125, 134 – Fernsehen im Gerichtssaal). Der gesteigerte Einfluß der elektronischen Massenmedien begründe eine besondere Verantwortung; das BVerfG spricht sogar von einer „öffentlichrechtlichen Aufgabe" (27. 7. 1971 E 31, 314, 329). Es handele sich um **„dienende Freiheit"** (E 31, 314, 324ff.), ein problematischer Ansatz, der auf andere Grundrechte nicht übertragbar ist und besser mit der Schutzfunktion der Informationsfreiheit begründbar wäre (Rn. 14).

Die Grundsätze der Pressefreiheit lassen sich zwar im Prinzip auf die neuen elektronischen Medien **89** übertragen, aber deren Eigenart und Wirkung verursachen viele **spezielle Probleme** und Schutzbedürfnisse. Schon die Definition des Rundfunks ist viel komplizierter als die der Presse (Rn. 90). Vor allem aber sind Einrichtung und Betrieb von Sendern auf staatliche Leistungen und Strukturen angewiesen, woraus sich verfassungsrechtliche Probleme ergeben. Auch die spezifischen „Marktbedingungen", insbesondere die Finanzierung und das Verhältnis zu den Hörern und Zuschauern verlangen nach staatlicher Regulierung. Das BVerfG hat in einer langen Kette von Entscheidungen mit den Mitteln des Richterrechts Grundsätze einer differenzierten **„Rundfunkordnung"** aus Art. 5 I 2 abgeleitet. Diese ist gekennzeichnet durch das Zusammenspiel von öffentlichem und privatem Rundfunk (vgl. *Bullinger* HbStR § 142 Rn. 87ff.; *Hoffmann-Riem* HbVerfR § 7 Rn. 48ff.; *Bethge* in *Sachs* GG Art. 5 Rn. 95ff.; *Degenhart* in Bonnter Kom. Art. 5 I u. II Rn. 526ff.; *Schulze-Fielitz* in *Dreier* GG Art. 5 I, II Rn. 181ff.).

II. Schutzbereich

1. Der verfassungsrechtliche Rundfunkbegriff stellt auf die Herstellungs- und Verbreitungsme- **90** thode ab. Verschiedene Staatsverträge bemühen sich um Definitionen, die allerdings keinen Verfassungsrang beanspruchen und durch die technologische Entwicklung überholt werden können. Fest steht, daß vor allem **Hörfunk und Fernsehen** gemeint sind. Der Rundfunkbegriff ist gekennzeichnet durch das sendetechnische Element elektromagnetischer Schwingungen und durch das inhaltliche Kriterium der Ausrichtung auf einen offenen Empfängerkreis. Durch letzteres unterscheidet sich Rundfunk von individuellen Kommunikationsformen. Auch neuartige Angebote der Sender wie Pay-TV, Videotext oder Abruf- und Zugriffsdienste werden von dem verfassungsrechtlichen Rundfunkbegriff erfaßt; der Schutzbereich ist offen für neue Entwicklungen (BVerfG 24. 3. 1987 E 74, 297, 350f.). Die „neuen Medien" führen hier aber zu manchen Abgrenzungsproblemen (zahlr. Nachw. bei *Degenhart* in Bonner Kom. Art. 5 I u. II Rn. 517ff.).

Der **Inhalt** der Sendungen ist für den Rundfunkbegriff unerheblich. Wenn Art. 5 I 2 von der **91** Freiheit der **Berichterstattung** spricht, so soll damit der Schutzbereich nicht etwa auf Informationsvermittlung beschränkt werden. Es spielt keine Rolle, ob Sendungen primär der Information, der Bildung, der Unterhaltung oder anderen Zwecken dienen (BVerfG 13. 1. 1982 E 59, 231, 258 = AP GG Art. 5 I Rundfunkfreiheit Nr. 1). Auch **Werbesendungen** sind nicht ausgenommen, allerdings weniger intensiv geschützt (*Bethge* in *Sachs* Rn. 108; *Jarass/Pieroth* Rn. 31; zu Wahlsendungen vgl. BVerwG 17. 10. 1986 E 75, 67, 70 = NJW 1987, 270).

92 **2. Geschützte Tätigkeiten** sind alle, die mit der Veranstaltung von Rundfunk im beschriebenen Sinne zusammenhängen und nicht rein fernmeldetechnischen Charakter tragen. Was die Informationsbeschaffung und Verbreitung anbelangt, gilt im Prinzip das gleiche wie bei der Presse (Rn. 53 ff.; vgl. insbesondere BVerfG 1. 10. 1987 E 77, 65, 74 ff. – Filmbeschlagnahme). Besonderheiten ergeben sich aber aus den Voraussetzungen des Rundfunkbetriebs, die den Zugang wirtschaftlich und technisch erschweren und staatliche Zulassungsverfahren erforderlich machen. Dennoch fällt nach herrschender Lehre auch die **Gründung von Rundfunkunternehmen** in den Schutzbereich des Art. 5 I 2, allerdings mit sehr weitreichenden Vorbehalten im Hinblick auf die Frequenzvergabe und die strukturellen Rahmenbedingungen einer dualen Rundfunkordnung: *Bethge* spricht deshalb von einer bloßen „Vorwirkung" (in *Sachs* Rn. 112). Seit dem 6. Rundfunkurteil des BVerfG (5. 2. 1991 E 83, 238 – LRG-NW = NJW 1991, 899) ist selbst das zweifelhaft (vgl. *Degenhart* in Bonner Kom. Art. 5 I u. II Rn. 659 a).

93 Eine empfindliche Schwachstelle der Rundfunkfreiheit bilden alle Fragen, die mit der **Finanzierung** zusammenhängen. Die dem öffentlich-rechtlichen Rundfunk gemäße Finanzierungsform ist die Rundfunkgebühr, die die Bundesländer festsetzen. Hinzu kommt aber die Werbefinanzierung, deren Umfang den öffentlich-rechtlichen Anstalten nicht völlig freistehen kann, trotz oder auch wegen des Wettbewerbs mit privaten Sendern, die sich allein aus Werbeeinnahmen finanzieren. Das BVerfG hat hier Kompromißformeln entwickelt, die einerseits die Programmfreiheit des Rundfunks gewährleisten, andererseits aber auch Geboten der Wirtschaftlichkeit genügen sollen (6. 10. 1992 E 87, 181 = NJW 1992, 3285; 22. 2. 1994 E 90, 60 = NJW 1994, 1942). Grundsätzlich bestimmen die Rundfunkanstalten über Art und Umfang ihrer Aufgabenerfüllung selbst. Ihnen ist insoweit die Einschätzungsprärogative zuzubilligen. Sie können aber nicht verlangen, die Rundfunkgebühren selbst festsetzen zu dürfen.

94 **3. Träger des Grundrechts** sind alle natürlichen und juristischen Personen, die Rundfunk veranstalten wollen, und zwar schon als Bewerber um eine Lizenz (BVerfG 20. 2. 1998 E 97, 298). Das gilt nicht nur für private Veranstalter, sondern auch für die öffentlich-rechtlichen Rundfunkanstalten. Sie sind zwar Teil der Staatsorganisation im weitesten Sinne, können aber im Rahmen ihrer Aufgaben Staatsunabhängigkeit verlangen und vor dem BVerfG durchsetzen (BVerfG 13. 1. 1982 E 59, 231 = AP GG Art. 5 Rundfunkfreiheit Nr. 1). Nach außen sind auch alle Mitarbeiter im Rahmen ihrer programmbezogenen Rolle als Träger der Rundfunkfreiheit gegen Eingriffe und Beschränkungen geschützt (*Hoffmann-Riem* HbVerfR § 7 Rn. 33; aA *Starck* in *v. Mangoldt/Klein* GG Art. 5 I, II Rn. 77). – Die Empfänger der Rundfunksendungen können sich hingegen nicht auf Art. 5 I 2 berufen. Sie sind durch das Grundrecht der Informationsfreiheit geschützt (BVerfG 11. 10. 1988 E 79, 29, 42; dazu Rn. 13 f.).

95 Umstritten ist die Frage der „**inneren Rundfunkfreiheit**", ob sich also die Journalisten auch innerhalb der Rundfunkanstalten auf die grundrechtlich gewährleistete Rundfunkfreiheit berufen können und als Mitarbeiter privater Sender durch staatliche Verfahrensregeln entsprechend geschützt werden müssen. Wie bei der Pressefreiheit (Rn. 50) wird das überwiegend abgelehnt (*Bethge* in *Sachs* Rn. 109; *Degenhart* Bonner Kom. Art. 5 I u. II, Rn. 687 ff.; *Starck* in *v. Mangoldt/Klein* Art. 5 I, II Rn. 77). Das ist hier aber weniger plausibel, weil der Staat ohnehin im Wege der Ausgestaltung für eine Rundfunkordnung sorgen muß, die die interne Meinungsvielfalt sichert (*Schulze-Fielitz* in *Dreier* Art. 5 I, II Rn. 238). Das BVerfG hält zwar formale Sicherungen der inneren Rundfunkfreiheit nicht für verfassungsrechtlich geboten, wohl aber für vorteilhaft und deshalb für ein erlaubtes Kriterium bei der Zulassung privaten Rundfunks (5. 2. 1991 E 83, 238, 318 f. – LRG-NW).

III. Eingriffe/Beeinträchtigungen

96 Der Staat greift in die Rundfunkfreiheit unmittelbar oder mittelbar durch alle **Maßnahmen** ein, die Rundfunkanstalten oder -unternehmen in ihrer geschützten Tätigkeit behindern. Das ist nicht nur bei unmittelbarer Einflußnahme auf die Programmauswahl und -gestaltung der Fall. Auch **mittelbare Einflüsse** durch Vorgaben auf technischem und organisatorischem Gebiet sowie bei der Finanzierung müssen sich am Maßstab des Art. 5 I 2 messen lassen (vgl. BVerfG 4. 11. 1986 E 73, 118 ff. – niedersächsisches LRG; 5. 2. 1991 E 83, 238 – LRG-NW). Auch bei der Auswahl, Einstellung und Beschäftigung derjenigen Mitarbeiter, die bei der Programmgestaltung mitwirken, muß der Sender durch Art. 5 I 2 geschützt (BVerfG 13. 1. 1987 E 59, 231 = AP GG Art. 5 Abs. 1 Rundfunkfreiheit Nr. 1; dazu Rn. 100 ff.).

97 Die **Schutzfunktion** ist hier besonders deutlich. Aufgrund der speziellen Gegebenheiten und der herausragenden Rolle des Rundfunks ist der Staat verpflichtet, die technischen, wirtschaftlichen und rechtlichen Voraussetzungen zu schaffen, von denen die Wahrnehmung der Freiheit und der Aufgaben des Rundfunks zwangsläufig abhängen. Geboten sind „materielle, organisatorische und Verfahrensregeln" (BVerfG 16. 6. 1981 E 57, 295, 320 – saarländisches LRG). Zuständig sind primär die Bundesländer (BVerfG 28. 2. 1961 E 12, 225 ff. – Deutschland-Fernsehen), die auch die Rundfunkgebühren festsetzen müssen (Rn. 93). Ihr **gesetzgeberischer Gestaltungsfreiraum** ist zwar erheblich, aber durch die Verfassung geleitet und begrenzt. Bleiben sie untätig oder sind ihre Regelungen ungeeignet,

D. Rundfunkfreiheit (Art. 5 I 2 Alt. 2)   Art. 5   **GG 10**

so verletzen sie Art. 5 I 2 (*Hoffmann-Riem* HbVerfR § 7 Rn. 34 f.). Tatsächlich besteht eine sehr umfangreiche und regelungsdichte Rundfunkgesetzgebung. Die **Auslegung** und Anwendung dieser Gesetze und Staatsverträge sind ebenfalls an Art. 5 I 2 zu messen. Das betrifft vor allem die Landesmedienanstalten und die Gerichte.

IV. Schranken und Grenzen der Beschränkbarkeit

Der Schrankenvorbehalt des Art. 5 II 1 und das Zensurverbot des Art. 5 I 3 betreffen auch die Rundfunkfreiheit. Im Prinzip gilt also das gleiche wie für die Meinungs- und Pressefreiheit (Rn. 20 ff. und 64 ff.).   **98**

Die Rechtslage ist hier allerdings sehr viel unübersichtlicher. Angesichts der regelungsintensiven Rundfunkordnung, die naturgemäß nicht nur Handlungsmöglichkeiten bietet, sondern auch Grenzen setzt, stellt sich die Frage, was dabei grundrechtsgebotene **Ausgestaltung** und was **Grundrechtsbeschränkung** im Sinne von Art. 5 II ist. Das BVerfG will hier scharf unterscheiden: Schrankengesetze ermöglichen Eingriffe, um anderen Schutzgütern Geltung zu verschaffen. Hingegen dienen Ausgestaltungsgesetze der Rundfunkfreiheit selbst im Interesse einer freien, individuellen und ungestörten Meinungsbildung (3. 6. 1986 E 73, 118, 166; 24. 3. 1987 E 74, 297, 343). Hier geht es zwar auch um den Ausgleich von kollidierenden Rechtspositionen, aber mit dem Ziel der Optimierung von Kommunikationsinteressen (*Hoffmann-Riem* HbVerfR § 7 Rn. 34; *Bethge* in *Sachs* GG Art. 5 Rn. 158 [mit Beispielen]; *Jarass/Pieroth* Rn. 37; kritisch *Starck* in *v. Mangoldt/Klein* Art. 5 I, II Rn. 119 ff.).   **99**

V. Rundfunkfreiheit im Arbeitsrecht

1. Allgemeines. Die Vorschriften des individuellen und kollektiven Arbeitsrechts sind **allgemeine Gesetze** im Sinne von Art. 5 II (vgl. auch Rn. 22 ff. und 64). Auch die richterrechtlichen Grundsätze, die im Arbeitsrecht eine erhebliche Rolle spielen, gehören dazu (BVerfG 13. 1. 1982 E 59, 231, 264 = AP GG Art. 5 I Rundfunkfreiheit Nr. 1 unter C II 2 b); sie unterliegen nicht etwa intensiverer Kontrolle als Gesetzesrecht (BVerfG-Kammer 3. 12. 1992 AP GG Art. 5 I Rundfunkfreiheit Nr. 5). Sie müssen sich aber wie diese am Maßstab der Rundfunkfreiheit messen lassen, dürfen also nicht unverhältnismäßig eingreifen (vgl. auch Rn. 66 zur Pressefreiheit).   **100**

Wesentlicher Teil der Rundfunkfreiheit ist die Programmfreiheit im Sinne eines Verbots jeder fremden Einflußnahme auf Auswahl, Inhalt und Ausgestaltung der einzelnen Sendungen. Dabei geht es nicht wie bei der Pressefreiheit um Tendenzschutz, sondern um **Programmvielfalt und Ausgewogenheit**, die nur durch flexible Kombination unterschiedlicher Tendenzen, Inhalte und Formen erreichbar ist. Das setzt voraus, daß Mitarbeiter zur Verfügung stehen, die den entsprechenden, oft wechselnden Anforderungen genügen. Die Auswahl, Einstellung und Beschäftigung von Mitarbeitern, die die Programme von Hörfunk- und Fernsehsendungen gestalten, müssen von fremden und vor allem von staatlichen Einflüssen möglichst unabhängig sein. Die Sender sollen grundsätzlich frei entscheiden können, ob sie programmgestaltende Mitarbeiter fest oder nur für bestimmte Projekte einstellen wollen. Bei der Auslegung und Anwendung arbeitsrechtlicher Schutzvorschriften ist das zu berücksichtigen, obwohl diese auch ihrerseits grundrechtlichen Gewährleistungen dienen.   **101**

2. Arbeitsvertragsrecht. Anlaß, auf diese Zusammenhänge hinzuweisen und die Rechtsprechung des BAG zu beanstanden, sah das BVerfG in seinem Beschluß vom 13. 1. 1982 (E 59, 231 = AP GG Art. 5 I Rundfunkfreiheit Nr. 1). Die Praxis der Rundfunkanstalten, ihre Mitarbeiter weitgehend nicht als AN zu behandeln, sondern unabhängig von der Art und Dauer ihrer Tätigkeit nur als „**freie Mitarbeiter**", die auf der Grundlage von formalisierten Werkverträgen zB als Kameramann oder Moderator, als Orchestermusiker oder Regisseur beschäftigt werden, war auf den energischen Widerstand der Arbeitsgerichte gestoßen. Diese hatten darauf beharrt, daß zwingendes Arbeitsrecht nicht zur Disposition der Rundfunkanstalten stehen könne. In einer Serie von Entscheidungen hatte das **BAG** mit Hilfe seiner bekannten typologischen Methode (vgl. 210 – BGB § 611 Rn. 65) umstrittene Arbeitsbeziehungen bewertet und vielfach Lohnfortzahlung im Krankheitsfall und Kündigungsschutz mit der Begründung zugebilligt, die betroffenen Mitarbeiter seien entgegen ihrer unzutreffenden Bezeichnung als AN zu behandeln. Dabei wurde allerdings nicht danach unterschieden, welche Bedeutung die Mitarbeiter für die Programmgestaltung hatten; die Ausstrahlungswirkung der Rundfunkfreiheit wurde kaum thematisiert (vgl. aber *Hilger* RdA 1981, 265). Dieser Begründungsansatz greift nach Ansicht des **BVerfG** zu kurz. Es sei nicht auszuschließen, daß anders entschieden worden wäre, wenn die Arbeitsgerichte die Programmfreiheit und das damit verbundene Bedürfnis flexibler Personaldisposition klarer gesehen und stärker berücksichtigt hätten. Zumindest müsse die Möglichkeit der Befristung offen bleiben, weil es mit Art. 5 I 2 nicht mehr vereinbar wäre, wenn die Rundfunkfreiheit erst in einem ewigen Kündigungsschutzprozeß arbeitsrechtlich relevant würde.   **102**

Das **BAG** hat die Vorgaben des BVerfG inzwischen in mehreren Entscheidungen umgesetzt. Zwar könne im Rundfunkbereich kein spezieller **ANBegriff** gelten, aber die Möglichkeiten der **Befristung** seien im Vergleich mit anderen Arbeitsverhältnissen erheblich weitergehend, um den Flexibilitätsbedürfnissen der Sender genügen zu können. Der Bestandsschutz von Arbeitsverhältnissen programmge-   **103**

Dieterich

staltender Mitarbeiter müsse entsprechend eingeschränkt werden (vgl. zum ANbegriff BAG 13. 1. 1983, 9. 6. 1993 und 30. 11. 1994, AP BGB § 611 Abhängigkeit Nr. 42, 66 und 74; zur Befristung BAG 11. 12. 1991 und 24. 4. 1996, AP BGB § 620 Befristeter Arbeitsvertrag Nr. 144 und 180). Diese Rechtsprechung ist auf **Kritik** gestoßen. Ihr ist vorgeworfen worden, sie entspreche nicht ausreichend den Vorgaben der Verfassung, weil sie an dem traditionellen ANbegriff festhalte (*Rüthers* RdA 1985, 129 ff. und *Degenhart* in Bonner Kom. Art. 5 I u. II Rn. 696, beide mwN). Das ist unzutreffend. Das BVerfG hat den Fachgerichten die einfachrechtliche Klärung der Frage überlassen, wie sich die Sender die erforderliche Flexibilität ihrer Personalplanung und -disposition verschaffen können. Dieses Ziel würde überschritten, ja sogar verfehlt, wenn um der Flexibilität willen die Anwendbarkeit des Arbeitsrechts insgesamt zur Disposition stünde, zumal dann Grundrechtspositionen der Rundfunkmitarbeiter tangiert würden, nämlich Art. 3 I und Art. 12 I (zutreffend *Otto* AuR 1983, 1 ff.; *Wank* RdA 1982, 363 ff.). Das BVerfG hat inzwischen klargestellt, daß die freie Wahl des Arbeitsplatzes (Art. 12 I) einen Mindestbestandsschutz fordert (24. 4. 1991 E 84, 133, 146 = AP GG Art. 12 Nr. 70; 21. 2. 1995 E 92, 140, 150 = NZA 1995, 619). Dieses Grundrecht ist mit der Rundfunkfreiheit in Konkordanz zu bringen (*Breuer* HbStR § 147, Rn. 101; *Wieland* in *Dreier* GG Art. 12, Rn. 172; im Ergebnis auch BVerfG-Kammer 18. 2. 2000, NZA 2000, 653).

104   Für die erleichterte Befristungsmöglichkeit kommt es entscheidend auf eine Abgrenzung der Gruppe **programmgestaltender Mitarbeiter** an. Entsprechend heftig war die Reaktion auf die tastenden Bemühungen des **BAG**, diesen Mitarbeitertyp zu erfassen (vgl. *Rüthers* RdA 1985, 129, 142 ff.; zur Konkretisierungskompetenz der Tarifvertragsparteien vgl. *Otto* RdA 1984, 260 ff.; *Löwisch/Schüren*, Befristete Vertragsverhältnisse programmgestaltender Mitarbeiter der Rundfunkanstalten, 1983). Das BVerfG hält die Merkmale dieser Gruppe für erfüllt, „wenn die Rundfunkmitarbeiter typischerweise ihre eigene Auffassung zu politischen, wirtschaftlichen, künstlerischen oder anderen Sachfragen, ihre Fachkenntnisse und Informationen, ihre individuelle künstlerische Befähigung und Aussagekraft in die Sendung einbringen, wie dies etwa bei Regisseuren, Moderatoren, Kommentatoren, Wissenschaftlern und Künstlern der Fall ist" (BVerfG-Kammer 3. 12. 1992 AP GG Art. 5 I Rundfunkfreiheit Nr. 5).

105   Der Einfluß der Rundfunkfreiheit betrifft nicht nur den Arbeitsplatzschutz. Das Flexibilitätsbedürfnis wirkt sich auch bei anderen Personalmaßnahmen aus und kann eine Anpassung der Arbeitsbedingungen erforderlich machen (BVerfG-Kammer 3. 12. 1992 aE). Der **Umfang des Direktionsrechts**, der im Rahmen des § 315 BGB der Konkretisierung bedarf, kann ebenfalls nicht ohne Berücksichtigung des Art. 5 I 2 bestimmt werden. Der Schutz der Programmautonomie kann uU verhindern, daß sich die längerdauernde Erfüllung bestimmter Programmfunktionen arbeitsvertraglich verfestigt und Besitzstände begründet (eingehend und informativ *Rüthers/Buhl* ZfA 1986, 19 ff., die aber den Arbeitsplatzschutz z. T. unterbewerten).

106   **3. Kollektives Arbeitsrecht.** Die Rundfunkfreiheit führt ferner zu Einschränkungen der **Mitbestimmung**. Für die Privatsender ergibt sich das aus § 118 I Nr. 2 BetrVG, der „im Lichte der Verfassung" entsprechend auszulegen ist (BAG 11. 2. 1992 und 27. 7. 1993, AP BetrVG 1972 § 118 Nr. 50, 51; *Richardi* BetrVG § 118 Rn. 89 f.; *Fitting* BetrVG § 118 Rn. 29). Für die öffentlich-rechtlichen Rundfunkanstalten sind vorwiegend die Länder zuständig, die das Personalvertretungsrecht teilweise in Staatsverträgen geregelt haben. Auch sie müssen Art. 5 I 2 beachten (vgl. für Rundfunkanstalten des Bundesrechts *Dietz/Richardi* BPersVG § 69 Rn. 84). Die Probleme sind denen vergleichbar, die sich in Presseunternehmen ergeben (Rn. 79 ff; zur „inneren Rundfunkfreiheit" vgl. Rn. 95).

107   Weitgehend ungeklärt ist bisher die Frage, inwieweit auch die **Tarifautonomie** durch die Rundfunkfreiheit eingeschränkt wird. Die privatautonome Legitimationsgrundlage tariflicher Regelungen (Einl. Rn. 47) scheint hier besonders evident, weil es sich fast ausschließlich um Haustarifverträge handelt, die von den Anstalten selbst abgeschlossen werden, so daß ein Schutz gegen Freiheitsbeschränkungen entbehrlich zu sein scheint. Aber diese Sicht würde die dienende Funktion der Rundfunkfreiheit (Rn. 88) und die Informationsfreiheit der Rundfunkteilnehmer (Rn. 13) vernachlässigen. Die Träger der Rundfunkfreiheit können über ihre Grundrechtsposition nur in Grenzen frei verfügen (eingehend und überzeugend *Otto* RdA 1984, 261 ff.; vgl. auch Einl. Rn. 94). Daß sie diese Grenze überschreiten, ist allerdings unwahrscheinlich, wenn nicht besonderem Druck ausgesetzt sind, der ihre Entscheidungsfreiheit stark mindert.

108   Schon das **Arbeitskampfrecht** ist aber durch Art. 5 I 2 beeinflußt. Es gilt ähnliches wie im Pressebereich (Rn. 82 ff.). Allerdings wird man hier nicht ohne weiteres sagen können, daß jede zulässige Regelung auch erzwungen werden darf. Jedenfalls muß der Programmfreiheit Vorrang eingeräumt werden. Regelungen, die diese beschränken, sind kein zulässiges Kampfziel, selbst wenn sie als Ergebnis freier Programmplanung regelbar wären.

109   Auch bei der Durchführung von Arbeitskämpfen ergeben sich Unterschiede im Vergleich zur Presse. Die totale Ausschaltung des öffentlichen Rundfunks für ganze Sendegebiete würde die Informationsfreiheit der Öffentlichkeit übermäßig beschränken. Das ist wohl der Grund für kampftaktische Erwägungen, die weniger weit gehen und auf die Eigenart des Rundfunks abzielen (vgl. *Löwisch* RdA 1987, 219 ff.). Auch hier gilt der Grundsatz, daß die Gerichte eine Vermischung von Arbeits- und Meinungskampf nicht dulden dürfen.

Art. 6 [Ehe und Familie; Mutterschutz]

(1) Ehe und Familie stehen unter dem besonderen Schutze der staatlichen Ordnung.

(2) ¹Pflege und Erziehung der Kinder sind das natürliche Recht der Eltern und die zuvörderst ihnen obliegende Pflicht. ²Über ihre Betätigung wacht die staatliche Gemeinschaft.

(3) Gegen den Willen der Erziehungsberechtigten dürfen Kinder nur aufgrund eines Gesetzes von der Familie getrennt werden, wenn die Erziehungsberechtigten versagen oder wenn die Kinder aus anderen Gründen zu verwahrlosen drohen.

(4) Jede Mutter hat Anspruch auf den Schutz und die Fürsorge der Gemeinschaft.

(5) Den unehelichen Kindern sind durch die Gesetzgebung die gleichen Bedingungen für ihre leibliche und seelische Entwicklung und ihre Stellung in der Gesellschaft zu schaffen wie den ehelichen Kindern.

A. Übersicht

Art. 6 faßt mehrere Grundrechtsnormen mit unterschiedlichen Zielen zusammen. Gemeinsam ist 1
ihnen der familiäre Lebensbereich. Dem Staat wird seine Rolle im **Verhältnis zu Ehe und Familie, Eltern und Kindern** verbindlich zugewiesen. Diesen Bereich soll er einerseits als personalen Freiraum respektieren, andererseits soll er durch gesetzgeberische Ausgestaltung und effektiven Schutz gewährleisten, daß die Voraussetzungen freiheitlicher Lebensformen hier tatsächlich bestehen. Diesem Ziel dienen alle Möglichkeiten der Wirkung von Grundrechten. Art. 6 enthält Abwehrrechte, Schutzpflichten, Institutsgarantien und Diskriminierungsverbote.

Absatz 1 gewährleistet ganz allgemein den Schutz von Ehe und Familie als einem geschlossenen 2
Autonomie- und Lebensbereich. Die **Absätze 2, 3 und 5** betreffen das Verhältnis von Eltern und Kindern als einem speziellen Schutzbereich mit großer gesellschaftlicher Relevanz. **Absatz 4** betont schließlich die besondere Rolle der Mutter und den speziellen Schutzbedarf, der sich aus den Belastungen durch Schwangerschaft, Geburt und Stillzeit ergibt. Für das Arbeitsrecht haben nur die Absätze 1 und 4 eine Bedeutung, die der Erläuterung bedarf. Die Grundrechte, die das Eltern-Kind-Verhältnis und die Stellung nichtehelicher Kinder betreffen, bleiben daher im Folgenden außer Betracht.

B. Ehe und Familie

I. Bedeutung und Systematik

Der Schutz von Ehe und Familie dient als **Freiheitsrecht** der persönlichen Entfaltung in einem 3
abgeschirmten Autonomie- und Lebensbereich (BVerwG 29. 10. 1992 E 91, 120 = NVwZ 1993, 696). Insoweit unterscheidet er sich nicht grundsätzlich von anderen Freiheitsrechten in seiner **Abwehr- und Schutzfunktion** (vgl. Einl. Rn. 25 ff.). Daneben hat er aber als **Institutsgarantie** bewahrende Funktion und reicht damit über subjektive Rechte einzelner Grundrechtsträger hinaus. Die Institutsgarantie verlangt eine gesetzliche Ausgestaltung, die überkommene Strukturprinzipien als „**Ordnungskern**" bewahrt, ohne sich gesellschaftlichen Entwicklungen zu verschließen (BVerfG 18. 4. 1989 E 80, 81; *Schmitt-Kammler* in *Sachs* Rn. 27 mwN; *Robbers* in *v. Mangoldt/Klein* Rn. 6 f.). Als Institutsgarantie will Art. 6 I nicht nur den Einzelnen in einer gelebten Gemeinschaft schützen, sondern diese Gemeinschaft selbst gewährleisten (BVerfG 12. 5. 1987 E 76, 1, 45). Zur Verfassungs- und Ideengeschichte vgl. *Gröschner* in *Dreier* Rn. 1 ff.

II. Schutzbereiche

1. **Ehe** im Sinne des GG ist nach ständiger Rechtsprechung des BVerfG das staatlich beurkundete 4
und auf Dauer angelegte Zusammenleben von Mann und Frau in einer umfassenden Lebensgemeinschaft, die als unauflöslich gedacht ist (grundlegend BVerfG 29. 7. 1959 E 10, 59, 66). Dem „Ordnungskern" des Schutzbereichs liegt das Bild der verweltlichten bürgerlich-rechtlichen Ehe zugrunde, zu dem es auch gehört, daß sich die Ehepartner scheiden lassen können und damit ihre Eheschließungsfreiheit wiedererlangen (BVerfG 4. 5. 1971 E 31, 58, 82 f.). Eheähnliche Lebensgemeinschaften werden von diesem traditionellen Ehebegriff nicht erfaßt (BVerfG 14. 11. 1973 E 36, 146, 165). Dementsprechend hat das BVerfG auch gleichgeschlechtlichen Partnerschaften bisher den Schutz des Art. 6 I versagt (Kammer 4. 10. 1993 NJW 1993, 3058).

Geschützt ist jedes Verhalten, das das eheliche Zusammenleben betrifft, von der Eheschließung bis 5
zur Auflösung. Auch die Folgewirkungen einer durch Tod oder Scheidung beendeten Ehe können noch in den Schutzbereich des Art. 6 I fallen, zB Unterhaltsregelungen (BVerfG 28. 2. 1980 E 53, 257, 297; 10. 1. 1984 E 66, 84, 93). Hingegen ist der Entschluß, keine Ehe einzugehen, nur durch die allgemeine Handlungsfreiheit geschützt (BVerfG 24. 3. 1981 E 56, 363, 384).

10 GG Art. 6   Ehe und Familie; Mutterschutz

6 **2. Familie** ist sehr viel schwerer zu definieren. Der Schutzbereich ist noch stärker von sozialen Wandlungsprozessen abhängig. Während ursprünglich die typische Kleinfamilie (verheiratete Eltern mit ihren eigenen Kindern) als „Ordnungskern" angesehen wurde, Familie also nur als Erweiterung der Ehe galt, hat die Rechtsprechung die beiden Schutzbereiche inzwischen „entkoppelt". Familie entwickelt sich von der „Erziehungsgemeinschaft" zur familiären „Beistandsgemeinschaft" (*Gröschner* in *Dreier* Rn. 5 ff.) Das BVerfG sieht sie als einen „Raum für Ermutigung und Zuspruch", der auch noch für erwachsene Familienmitglieder seine zentrale Bedeutung behalte (14. 4. 1989 E 80, 81, 91). Dennoch hält die Rechtsprechung an einer elternbezogenen Familiendefinition fest, die zwar Adoptiv-, Stief- und Pflegekinder einbezieht, jedoch Lebensgemeinschaften und elternlose Geschwister bisher nicht als Familie anerkennt (*Jarass/Pieroth* Rn. 4; *Schmitt-Kammler* in *Sachs* Rn. 16; *Robbers* in *v. Mangoldt/Klein* Rn. 77; offener *Gröschner* in *Dreier* Rn. 51). Die Entwicklung ist noch nicht abgeschlossen. Es zeichnet sich aber ab, daß die Schutzwirkung jedenfalls abgestuft sein muß, je nachdem, ob es sich um eine Lebens- und Erziehungsgemeinschaft, ein Hausgemeinschaft oder eine bloße Begegnungsgemeinschaft handelt (BVerfG 14. 4. 1989 E 80, 81, 91).

III. Ausgestaltung, Beeinträchtigung, Schranken

7 Die Rechtsinstitute der Ehe und der Familie bedürfen einer einfachrechtlichen **Ausgestaltung**. Der Gesetzgeber hat zwar dabei Gestaltungsfreiheit, muß aber den „Ordnungskern" der Institute wahren (Rn. 3). Die gesetzliche Ausgestaltung des Ehe- und Familienrechts, die diese Voraussetzung erfüllt, wirkt zugleich als Konkretisierung des Schutzbereichs und damit als Maßstab für Regelungen und Maßnahmen, die anderen staatlichen Zwecken dienen.

8 **Eingriffe** sind staatliche Maßnahmen, die die Bereitschaft zur Eheschließung und partnerschaftliche Lebensformen in Ehe und Familie stören oder sonst beeinträchtigen (BVerfG 3. 10. 1989 E 81, 1, 6). Das gilt sowohl im immateriell-persönlichen als auch im materiell-wirtschaftlichen Bereich (BVerfG 21. 10. 1980 E 55, 114, 126 f.). Als Abwehrrecht garantiert Art. 6 I die Freiheit, über die Art und Weise der Gestaltung des ehelichen und familiären Zusammenlebens selbst zu entscheiden. Der Staat hat individuelle Gestaltungen zu respektieren, insbesondere bei der steuerlichen und sozialpolitischen Lastenverteilung (BVerfG 3. 11. 1982 E 61, 319, 347; 10. 11. 1998 E 99, 216, 231; *Jarass/Pieroth* Rn. 18 ff.; *Schmitt-Kammler* in *Sachs* Rn. 35 ff. mwN).

9 Die **Schutzfunktion** wird in Art. 6 I ausdrücklich betont. Der Staat hat die Pflicht, Ehe und Familie vor Beeinträchtigungen durch gesellschaftliche Kräfte zu bewahren (BVerfG 21. 10. 1980 E 55, 114, 126; 28. 4. 1992 E 87, 1, 35). Auch hier gilt, wie stets bei grundrechtlichen Schutzpflichten (vgl. Einl. Rn. 42 ff.), daß der Gesetzgeber bei der Auswahl geeigneter Mittel und Wege frei ist (BVerfG 28. 4. 1992 E 87, 1, 36). Auch der Verwaltung und den sie kontrollierenden Gerichten muß ein Beurteilungsspielraum zugebilligt werden (BVerfG 23. 6. 1982 E 61, 18, 27). Sie dürfen jedoch das einfache Recht nicht in einer Weise auslegen und anwenden, die geeignet ist, den autonomen Bereich von Ehe und Familie zu beeinträchtigen (BVerfG 18. 3. 1970 E 28, 104, 112; 23. 6. 1982 E 61, 18, 25). So müssen sie zB bei der Entscheidung über ein Aufenthaltsbegehren bestehende eheliche und familiäre Bindungen in einer Weise berücksichtigen, „die der großen Bedeutung entspricht, welche das Grundgesetz dem Schutz von Ehe und Familie erkennbar beimißt" (BVerfG 12. 5. 1987 E 76, 1 Leitsatz 2).

10 In der grundrechtlichen Pflicht zu Schutz und Förderung enthalten ist im Umkehrschluß ein **Benachteiligungsverbot**. Ehe und Familie dürfen im Vergleich zu anderen Lebens- und Erziehungsgemeinschaften rechtlich nicht schlechter gestellt werden (st. Rspr. und hL *Maunz/Dürig* Rn. 15 a; *Schmitt-Kammler* in *Sachs* Rn. 32; kritisch *Kingreen*, Die verfassungsrechtliche Stellung der nichtehelichen Lebensgemeinschaft im Spannungsfeld zwischen Freiheits- und Gleichheitsrechten, 1995, S. 136 ff., 207 ff.). Das bedeutet nun aber nicht etwa, daß nichteheliche Lebensgemeinschaften um der Förderung der herkömmlichen Ehe willen diskriminiert werden müßten (*Robbers* in *v. Mangoldt/Klein* Rn. 50).

11 **Schranken** sind in Art. 6 I nicht normiert. Ehe und Familie sind vorbehaltlos gewährleistet. Dennoch sind freiheitsbeschränkende Eingriffe möglich, soweit sie durch kollidierendes Verfassungsrecht legitimiert werden können (*Jarass/Pieroth*, Rn. 13; *Robbers* in *v. Mangoldt/Klein*, Rn. 29; *Schmitt-Kammler* in *Sachs* Rn. 21). Das BVerfG hatte sich aber fast ausschließlich mit Fragen der Schutzpflicht und des Benachteiligungsverbotes zu befassen, wo es ohnehin stets um die Abwägung kollidierender Gemeinschaftsbelange geht, eine bloße Eingriffskontrolle also nicht genügt. Der Gesetzgeber hat bei der Förderung von Ehe und Familie „vor allem auf die Funktionsfähigkeit und das Gleichgewicht des Ganzen zu achten", was die Berücksichtigung der unterschiedlichsten Gemeinschaftsbelange erfordert (BVerfG 29. 5. 1990 E 82, 60, 81 f.).

IV. Arbeitsrechtliche Einzelprobleme

12 **1. Bestandsschutz.** Schon sehr früh hatte sich das BAG mit den damals verbreiteten „**Zölibatsklauseln**" zu befassen. Die Einstellung einer Krankenschwester war an die Bedingung geknüpft worden, daß das Arbeitsverhältnis mit Ablauf des Monats, in dem eine Ehe geschlossen wird, automatisch

endet. Ähnliche Klauseln gab es bei vielen Frauenberufen, zB bei Stewardessen. Das BAG erklärte sie für nichtig (10. 5. 1957 AP GG Art. 6 Ehe und Familie Nr. 1). Die Begründung stellte zwar damals auf die unmittelbare Drittwirkung der Grundrechte ab, die das BAG inzwischen mit Recht aufgegeben hat (vgl. Einl. Rn. 17), aber eine gerichtliche Inhaltskontrolle in Erfüllung der grundrechtlichen Schutzpflicht (vgl. Art. 2 Rn. 30 ff.) führt hier zu demselben Ergebnis. Das BVerwG, das eine vergleichbare Regelung bei Bereitschaftspolizisten zu beurteilen hatte, will stattdessen je nach Fallgestaltung differenzieren, zB auf eine bestehende Schwangerschaft abstellen (22. 2. 1962 E 14, 21); das genügt nicht (*Gröschner* in *Dreier* Rn. 37; *Pieroth/Schlink*, Rn. 654; *Robbers* in *v. Mangoldt/Klein*, Rn. 52; aA *Schmidt-Kammler* in *Dreier*, Rn. 24; *Hillgruber*, Der Schutz des Menschen vor sich selbst, S. 149 ff.). Ausnahmsweise anders zu beurteilen sind „Zölibatsklauseln" und Kündigungen wegen eines Eheschlusses nur im **Bereich der Kirchenautonomie** und nur für diejenigen Arbeitnehmer, deren Tätigkeit in der Außenwirkung mit dem Verkündigungsauftrag der Kirchen identifiziert wird (st. Rechtsprechung des BAG, zuletzt 31. 10. 1984 AP GG Art. 140 Nr. 20; *Lecheler* HbStR Bd. 6 § 133 Rn. 117; vgl. auch Art. 4 Rn. 42 ff.).

2. Betriebliche Altersversorgung. Das arbeitsrechtliche Teilgebiet, bei dem sich die Frage nach **13** dem Schutz von Ehe und Familie relativ oft stellt, ist die betriebliche Altersversorgung und dabei speziell die Hinterbliebenenversorgung als einer wirtschaftlich bedeutsamen Folgewirkung der ehelichen Lebensgemeinschaft. Auch sie fällt in den Schutzbereich des Art. 6 I (Rn. 5). Das BAG hatte sich wiederholt mit Regelungen zu befassen, die auf familiäre Entscheidungen mit Versorgungsnachteilen reagierten, hat sie aber in keinem Fall beanstandet. Das bestätigt die Feststellung des BVerfG, daß die Schutzfunktion des Art. 6 I „nicht das Maß an Verbindlichkeit" erreicht, „das der Institutsgarantie oder dem Freiheitsrecht eigen ist" (18. 4. 1989 E 80, 81, 93).

So hat das BAG gebilligt, daß Versorgungszusagen durch **„Getrenntlebensklauseln"** bloße Versor- **14** gungssehen auszuschließen suchen. Danach erlischt die Anwartschaft auf Hinterbliebenenrente, wenn die Ehepartner auf Dauer getrennt leben (BAG 6. 9. 1979 AP BGB § 242 Ruhegehalt Nr. 183; 28. 3. 1995 AP BetrAVG § 1 Hinterbliebenenversorgung Nr. 14). Aus dem gleichen Grunde wurden **Spätehenklauseln** gebilligt, die Versorgungsansprüche von einer bestimmten Mindestdauer der Ehe abhängig machen (BAG 11. 8. 1987 AP BetrAVG § 1 Hinterbliebenenversorgung Nr. 4). Auch eine ganz außergewöhnliche Altersdifferenz kann Kürzungen rechtfertigen. Problematischer sind **Wiederverheiratungsklauseln**, die die Hinterbliebenenversorgung entfallen lassen, sobald die Witwe oder der Witwer erneut heiraten. Das BAG läßt sie sogar dann gelten, wenn die Rente im Gegensatz zu § 46 III SGB VI auch nach Auflösung der zweiten Ehe nicht wieder aufleben soll (16. 4. 1997 AP BetrAVG § 1 Hinterbliebenenversorgung Nr. 16). Mit dem fehlenden Versorgungsbedarf läßt sich das nicht mehr rechtfertigen.

3. Tarifvertragsrecht. Tarifverträge sind nicht unmittelbar an die Grundrechte gebunden (umstrit- **15** ten, vgl. Einl. Rn. 46 ff.). Dennoch ist Art. 6 I in seiner freiheitsbewahrenden Abwehrfunktion von den Tarifvertragsparteien zu beachten, weil ihre Regelungskompetenz nach Art. 9 III auf Arbeits- und Wirtschaftsbedingungen beschränkt ist und im übrigen die Institutsgarantie des Art. 6 I privatautonomen Disposition steht. Zölibatsklauseln oder Kündigungserleichterungen aus Anlaß einer Eheschließung könnten also auch in Tarifverträgen nicht wirksam vereinbart werden (vgl. Einl. Rn. 52 ff.). Ebenso beansprucht das Verbot der Benachteiligung von Ehe und Familie als spezieller Gleichheitssatz im Tarifvertragsrecht Beachtung (vgl. Einl. Rn. 57 f.; Beispiel: BAG 25. 2. 1987 AP BAT § 52 Nr. 3).

Hingegen haben die Tarifvertragsparteien nicht die Pflicht, durch Regelungen zum besonderen **16** Schutz von Ehe und Familie beizutragen. Diese Schutzpflicht trifft nur die „staatliche Ordnung". Soweit der tarifliche Schutz insoweit lückenhaft erscheint, müssen Gesetzgebung und Rechtsprechung für Abhilfe sorgen. Deshalb halte ich es auch nicht für möglich, bei der Auslegung tariflicher Regelungen das Ziel der Förderung von Ehe und Familie zu unterstellen. Allerdings sind auch Tarifverträge an das Verbot mittelbarer Diskriminierung von Frauen und deren Benachteiligung während und nach der Schwangerschaft gebunden. Das wird vielfach zum gleichen Ergebnis führen.

C. Grundrechtlicher Mutterschutz

I. Funktion und Bedeutung

Der Absatz 4 ist gleichsam der archimedische Punkt des Art. 6. Er schützt die Quelle des familiären **17** Schutzbereichs durch ein spezielles Grundrecht der Mutter. Dessen Schutzfunktion wird durch einen bindenden, also auch verfassungsgerichtlich durchsetzbaren **Gesetzgebungsauftrag** verstärkt. Die besonderen Belastungen, denen Mütter aus biologischen, emotionalen und gesellschaftlichen Gründen ausgesetzt sind, sollen angemessen ausgeglichen werden. Viele spezialgesetzlichen Regelungen, vor allem auch im Mutterschutzgesetz, bemühen sich um diesen Auftrag. Ob er allerdings bereits erfüllt ist, läßt sich mit guten Gründen bezweifeln (*Gröschner* in *Dreier* Rn. 11 f.). Die nach wie vor bestehenden Defizite erweisen sich zugleich als Hindernisse bei der Erfüllung des Schutzauftrags in Art. 3 II. Daraus ergibt sich eine Herausforderung auch an die Rechtsprechung.

II. Schutzbereich

18 Die scheinbar klare Bezeichnung des Schutzbereiches erweist sich als auslegungsbedürftig. Der verfassungsrechtliche Begriff der Mutter ist sowohl in personeller wie auch in zeitlicher Hinsicht nicht ganz eindeutig.

19 Einigkeit besteht immerhin darüber, daß die **leibliche Mutter** geschützt ist, und zwar schon während der Schwangerschaft und unabhängig von familiären Bezügen (Ersatz- oder Leihmutter, verheiratet oder unverheiratet). Im Umkehrschluß nimmt die hL Adoptiv- und Pflegemütter pauschal aus und verweist sie in den Schutzbereich von Art. 6 I (*Gröschner* in *Dreier* Rn. 110; *Jarass/Pieroth* Rn. 38; *Schmitt-Kammler* in *Sachs* Rn. 84; *Zacher* HbStR Bd. 6 § 134 Rn. 115; auch BAG 27. 7. 1983 AP MuSchG 1968 § 8a Nr. 3). Dieser biologischen Betrachtungsweise hält *Robbers* (in *v. Mangoldt/ Klein* Rn. 290) entgegen, daß die „soziale Mutter" nicht weniger schutzbedürftig sei. Da das BVerfG Art. 6 IV als spezifische Konkretisierung des Sozialstaatsprinzips interpretiert (25. 1. 1972 E 32, 273, 279 = AP MuSchG 1968 Nr. 1 letzter Abs.), erscheint dieser Einwand auf den ersten Blick schlüssig. Das Gegenteil ergibt sich aber bei einer systematischen Würdigung, die Art. 3 II berücksichtigt. Die nachfolgend erörterte Abgrenzungsproblematik macht das noch deutlicher.

20 Die **zeitliche Dimension** des Schutzbereichs ist bisher ungeklärt. Fest steht, daß der Schutz mit Beginn der Schwangerschaft einsetzt (BVerfG 13. 11. 1979 E 52, 357, 365 = AP MuSchG 1968 § 9 Nr. 7). Hingegen hat das BVerfG offen gelassen, ob er über die ersten Monate nach der Geburt hinausreicht (12. 3. 1996 E 94, 241, 259). Im Schrifttum werden dazu ganz unterschiedliche Ansichten vertreten. Während *Maunz* auf die Dauer der Hilfsbedürftigkeit des Kindes abstellt (*Maunz/Dürig* Rn. 43), wollen andere den Schutz bis zur Volljährigkeit des Kindes und sogar darüber hinaus reichen lassen (*Gröschner* in *Dreier* Rn. 108; *Robbers* in *v. Mangoldt/Klein* Rn. 292). Zu berücksichtigen ist aber, daß Art. 6 IV bei Sachverhalten ausscheiden muß, die nicht allein Mütter betreffen (BVerfG 7. 7. 1992 E 87, 1, 42 und 12. 3. 1996 E 94, 241, 259). Das ergibt sich aus einer Zusammenschau mit Art. 3 II. Die Verfassung erstrebt eine Angleichung der Lebensverhältnisse von Männern und Frauen; sie kann daher nicht Regelungen gebieten, die die Kinderbetreuung im Sinne eines traditionellen Rollenbildes allein der Mutter zuordnen. Nur die natürlichen Belastungen durch Schwangerschaft, Geburt und Stillzeit treffen unabhängig von gesellschaftlichen Entwicklungen allein die leibliche Mutter und bedürfen daher eines besonderen Schutzes.

III. Schutz und Fürsorge

21 Der Staat muß die besonderen Belastungen der Mutterschaft abmildern und die damit verbundenen Lasten angemessen ausgleichen. Er hat zwar (wie immer) einen Ermessensspielraum. Es gibt aber ein Untermaß, das nicht unterschritten werden darf. Dazu gehört vor allem der öffentlich-rechtliche Gesundheits- und Arbeitsschutz sowie eine sozialrechtliche Sicherung im Krankheitsfall, aber auch zivilrechtliche Mindeststandards (*Zacher* HbStR § 134 Rn. 118). So hat das BVerfG sogar mietrechtlichen Kündigungsschutz angemahnt (28. 5. 1993 E 88, 203, 260).

22 Vor allem das **Arbeitsrecht** ist hier gefordert. Unbestritten wirkt Mutterschaft in der wettbewerbsfixierten und rein leistungsorientierten Arbeitswelt als schweres Handicap. Davon sind nicht nur Schwangere, sondern ganz allgemein junge Frauen im gebärfähigen Alter belastet. Der Staat ist verpflichtet, ihre Arbeitsplatzrisiken und wirtschaftlichen Belastungen abzumildern, sowie ihnen den Zugang zum Arbeitsmarkt zu erleichtern. Er hat auch mit dem Mutterschutzgesetz nur die unmittelbaren Schutzbedürfnisse geregelt, seine Schutzpflicht reicht aber darüber hinaus und verlangt auch die Abwehr **mittelbarer Beeinträchtigungen** (*Robbers* in *v. Mangoldt/Klein* Rn. 300; *Gröschner* in *Dreier* Rn. 111, der hier gravierende Defizite moniert; offen gelassen in BVerfG 23. 4. 1974 E 37, 121, 126 = AP MuSchG 1968 § 14 Nr. 1).

23 Der **Arbeitsplatzschutz** des § 9 MuSchG geht zwar sehr weit und ist für die betroffenen Arbeitgeber uU hart, hat das BVerfG hat das aber gebilligt. Es hat sogar eine Erweiterung gefordert, als eine frühere Fassung des Gesetzes den Sonderschutz entfallen ließ, wenn die Schwangerschaft unverschuldet nicht rechtzeitig mitgeteilt wurde (13. 11. 1979 E 52, 357 = AP MuSchG 1968 Nr. 7). Ebenso wurden Regelungen des Einigungsvertrages beanstandet, die einen Arbeitsplatzverlust ohne jeden Mutterschutz vorsahen (24. 4. 1991 E 84, 133 = AP GG Art. 12 Nr. 70; 10. 3. 1992 E 85, 360 = AP Einigungsvertrag Art. 38 Nr. 1).

24 Der Arbeitsplatzschutz des § 9 MuSchG bedarf der Ergänzung durch ausreichende **Entgeltsicherung**. Das MuSchG erreicht das mit Hilfe des Mutterschaftsgeldes der Krankenkasse (§ 13 MuSchG) und eines Zuschusses, den der Arbeitgeber zu leisten hat (§ 14 MuSchG). Das BVerfG hat diese Lastenverteilung bisher gebilligt (23. 4. 1974 E 37, 121 = AP MuSchG 1968 § 14 Nr. 1) und das BAG ist ihm mit dem Hinweis auf eine entsprechende „Verantwortungsbeziehung" gefolgt (st. Rspr. zuletzt mit deutlichen Skrupeln: 1. 11. 1995 AP MuSchG 1968 § 14 Nr. 13). Ein Abwägungsproblem ergibt

sich hier aber nicht nur durch den Grundrechtsschutz der belasteten Arbeitgeber. Problematisch sind vielmehr auch die mittelbaren Folgen. Eine Belastung, die als unangemessen oder sogar als unzumutbar empfunden wird, verursacht zwangsläufig Einstellungshürden für junge Frauen. Der gesetzliche Mutterschutz kann dadurch leerlaufen oder sogar dem Schutzauftrag des Art. 3 II entgegenwirken (ebenso 500 – MuSchG § 14 Rn. 2; *Gröschner* in *Dreier* Rn. 111). Der Gesetzgeber ist hier gefordert. Eine Verfassungsbeschwerde wurde bereits zur Entscheidung angenommen.

Art. 9 [Vereinigungsfreiheit]

(1) Alle Deutschen haben das Recht, Vereine und Gesellschaften zu bilden.

(2) Vereinigungen, deren Zwecke oder deren Tätigkeit den Strafgesetzen zuwiderlaufen oder die sich gegen die verfassungsmäßige Ordnung oder gegen den Gedanken der Völkerverständigung richten, sind verboten.

(3) ¹Das Recht, zur Wahrung und Förderung der Arbeits- und Wirtschaftsbedingungen Vereinigungen zu bilden, ist für jedermann und für alle Berufe gewährleistet. ²Abreden, die dieses Recht einschränken oder zu behindern suchen, sind nichtig, hierauf gerichtete Maßnahmen sind rechtswidrig. ³Maßnahmen nach den Artikeln 12a, 35 Abs. 2 und 3, Artikel 87a Abs. 4 und Artikel 91 dürfen sich nicht gegen Arbeitskämpfe richten, die zur Wahrung und Förderung der Arbeits- und Wirtschaftsbedingungen von Vereinigungen im Sinne des Satzes 1 geführt werden.

Übersicht

	Rn.		Rn.
A. Koalitionsfreiheit	1	III. Tariffreiheit	53
I. Vereinigungsfreiheit nach Art. 9 I GG	1	1. Abschlußfreiheit	53
II. Arbeitsrechtliche Koalitionen nach Art. 9 III GG	4	2. Inhaltsfreiheit	54
		3. Grenzen	55
1. Arbeitsrechtliche Koalitionen im allgemeinen	4	a) Verfassung	55
a) Wahrung und Förderung der Arbeits- und Wirtschaftsbedingungen	6	b) Gesetzliche Grenzen	56
		c) Günstigkeitsklausel	59
b) Gegnerunabhängig	7	d) Gesetzliche Öffnungsklauseln	60
c) Überbetrieblich	8	e) Gemeinwohlbindung	61
d) Tarifwilligkeit	9	4. Tarifvertrag und Betriebsverfassung	63
e) Koalition/Gewerkschaft	10	a) Tarifvertragliche Regelungskompetenz	63
2. Arbeits- und Wirtschaftsbedingungen	11	b) Tarifvorrang	64
3. Jedermann	13	5. Richtigkeitsvermutung	65
4. Individualgrundrecht	14	IV. Tarifbindung	66
a) Positive Koalitionsfreiheit	15	1. Kraft Verbandszugehörigkeit	66
b) Negative Koalitionsfreiheit	17	2. Tarifbindung des Betriebs	67
5. Freiheit der Koalitionen selbst	21	3. Allgemeinverbindlichkeit	68
a) Freiheitsrecht	21	4. Einzelvertragliche Regelung	69
b) Grenzen	22	V. Tarifkonkurrenz	70
c) Abschluß von Tarifverträgen	25	VI. Tarifdurchsetzung	71
d) Andere Mittel zur Zweckerreichung	26	VII. Schutz der Tarifautonomie	74
		1. Verfassungsrechtlicher Schutz	74
e) Werbung	27	2. Grenzen der Gesetzgebung	75
f) Zutrittsrechte betriebsexterner Gewerkschaftsbeauftragter	34	3. Allgemeiner Rechtsschutz	76
		VIII. Tarifkontrolle	77
g) Rechtsberatung	36	C. Arbeitskampf im allgemeinen	78
6. Selbstverwaltung der Koalitionen	37	I. Begriffsbestimmung	78
a) Mitgliedschaft im allgemeinen	38	1. Begriff	78
b) Aufgabenbereich	40	2. Arten	79
7. Schutz der Koalitionen und ihrer koalitionsgemäßen Betätigung	41	3. Beteiligte am Arbeitskampf	80
		4. Ziele	81
B. Tarifautonomie	43	II. Rechtliche Regelung im allgemeinen	82
I. Der Tarifvertrag im allgemeinen	43	1. Verfassung	82
II. Tarifvertragsparteien	47	2. Bundesgesetze	84
1. Tariffähigkeit im allgemeinen	47	3. Landesrecht	85
2. Mächtigkeit	49	4. Internationales Recht	86
3. Tarifwilligkeit	51	5. Rechtsprechung	92
4. Arbeitskampfbereitschaft?	52	III. Allgemeine Prinzipien	93
		1. Druckausübung	93
		2. Tarifbezogenheit	95
		a) Tarifbezogener Arbeitskampf	95
		b) Tarifzuständigkeit	96

	Rn.
c) Rechtsansprüche	97
d) Verhältnis zu Dritten	98
e) Sympathie-(Solidaritäts-)Arbeitskampf	99
f) Politischer Arbeitskampf	100
g) Demonstrationsarbeitskampf	101
3. Koalitionsgetragener Arbeitskampf	102
4. Wahrung der Friedenspflicht	103
5. Wahrung des Gemeinwohls	104
6. Arbeitskampffreie Bereiche?	106
7. Verhältnismäßigkeit	107
8. Ultima-ratio-Prinzip	109
9. Fairer Arbeitskampf	113
10. Arbeitskampfparität	114
11. Arbeitskampfrisiko	116
12. Staatliche Neutralität im Arbeitskampf	123
a) Allgemeine Überlegung	123
b) Polizeieinsatz	124
c) Allgemeiner Beamteneinsatz	126
d) Neutralität im sozialen Bereich	127
aa) Sozialversicherungen	127
bb) Sozialhilfe	128
e) Staat als Arbeitgeber	129
aa) Privatrechtliche Arbeitsverhältnisse	129
bb) Öffentlich-rechtliche Arbeitsverhältnisse	130
f) Rechtswidriger Streik	134
13. Betriebsverfassung und Arbeitskampf	135
D. Streik	140
I. Begriff	140
II. Allgemeine rechtliche Zulässigkeit	142
III. Streikbeteiligte	145
1. Arbeitnehmerseite	145
2. Arbeitgeberseite	150
a) Verbandstarifverträge	150
b) Firmentarifverträge	151
IV. Streikbeginn	153
V. Streikposten	161
VI. Erhaltungsarbeiten	164
1. Umfang	164
2. Zuständigkeit	173
a) Vereinbarung	173
b) Fehlen einer Vereinbarung	175
VII. Notdienst	176
VIII. Streik im öffentlichen Dienst	177
1. Beamte	178
2. Angestellte, Arbeiter	181
3. Funktionale Streikverbote?	182
IX. Streik und Einzelarbeitsverhältnis	183
1. Grundsatz	183
2. Lohnanspruch	184
a) Im allgemeinen	184
b) Krankheitsfall	187
c) Mutterschaftsgeld	191
d) Feiertagslohn	192
e) Zuschläge, Zulagen	194
3. Sozialleistungen des Arbeitgebers	195
a) Jährliche Sonderzahlungen, Gratifikationen	196
b) Anwesenheitsprämien	197
c) Beihilfen	198
4. Urlaub/Arbeitsbefreiung	199
5. Sozialversicherung	207
6. Kündigung während des Streiks	208
7. Maßregelungsverbote	210

	Rn.
X. Gegenstrategie des Arbeitgebers	211
1. Betriebsfortführung	211
2. Druckausübung	217
XI. Nichtstreikende Arbeitnehmer	218
1. Grundsatz	218
2. Lohnrisiko	219
a) Fortsetzung des Betriebs möglich	220
b) Stillegung durch den Arbeitgeber	221
3. Behinderung durch Streikposten	226
XII. Beendigung des Streiks	227
XIII. Rechtswidriger Streik	229
1. Verhältnis Gewerkschaft/Arbeitgeber	229
2. Verhältnis Gewerkschaft/Arbeitgeberverband	236
3. Verhältnis Arbeitgeber/streikende Arbeitnehmer	237
4. Rechtswidrige Streikmaßnahmen	245
E. Aussperrung	
I. Begriff	246
II. Zulässigkeit im allgemeinen	247
III. Konkrete Zulässigkeit	248
1. Abwehraussperrung gegen rechtmäßigen Streik	248
2. Abwehraussperrung gegen rechtswidrigen Streik	253
3. Angriffsaussperrung	254
IV. Aussperrungskompetenz	257
V. Auszusperrende Arbeitnehmer	261
1. Arbeitnehmer im allgemeinen	261
2. Kündigungsschutz	262
3. Schwerbehinderte	263
4. Betriebsratsmitglieder	264
5. Mutterschutz	265
6. Erkrankte	266
VI. Beginn der Aussperrung	267
VII. Erhaltungsarbeiten	270
VIII. Staatliche Neutralität	271
IX. Beendigung der Aussperrung	272
X. Rechtmäßige Aussperrung und Einzelarbeitsverhältnis	275
1. Arbeitsverhältnis insgesamt	275
2. Lohnanspruch	276
3. Nichtausgesperrte Arbeitnehmer	277
XI. Rechtswidrige Aussperrung	278
1. Rechtsstellung der Ausgesperrten	278
2. Verhältnis Gewerkschaft/Arbeitgeber	279
3. Verhältnis Gewerkschaft/Arbeitgeberverband	281
4. Nichtausgesperrte Arbeitnehmer	282
5. Rechtswidrige Aussperrung und Mitbestimmung	283
XII. Aussperrung und Betriebsverfassung	284
F. Weitere Arbeitskampfmittel	285
I. Vorbemerkung	285
II. Weitere Arbeitskampfmittel der Arbeitnehmer	288
1. Beschränkte Leistungsverweigerung	288
2. Schlechtleistung	289
3. Zurückbehaltungsrecht	292
4. Massenkündigung	293
5. Betriebsblockade	299
6. Boykott	300

	Rn.		Rn.
7. Betriebsbesetzung	301	III. Weitere Arbeitskampfmittel der Arbeitgeberseite	311
8. Demonstrationen	309	1. Massen-Kündigung	311
9. Weitere Arbeitskampfformen	310	2. Lohnverweigerung	314
		G. Schlichtung	315

A. Koalitionsfreiheit

I. Vereinigungsfreiheit nach Art. 9 I GG

Mit der allgemeinen Vereinigungsfreiheit des Art. 9 I GG, also dem Recht, Vereine und Gesellschaften zu bilden, ist ein konstituierendes Prinzip der demokratischen und rechtsstaatlichen Ordnung des GG, nämlich das **Prinzip freier sozialer Gruppenbildung**, gewährleistet: Das soziale System des durch das GG verfaßten Gemeinwesens soll weder in ständisch-korporativen Ordnungen Gestalt gewinnen, noch in der planmäßigen Formung und Organisation durch den Staat nach den Maßstäben eines von der herrschenden Gruppe diktierten Wertsystems. In diesem Prinzip sind der menschenrechtliche Gehalt der Vereinigungsfreiheit und ihre Bedeutung für die Gestaltung der Gesellschaft und des Staates eng aufeinander bezogen. Dieser menschenrechtliche Gehalt wird deutlich im Blick auf das Bild des Menschen, von dem das GG in Art. 1 ausgeht: Es ist nicht das des isolierten und selbstherrlichen Individuums, sondern das der gemeinschaftsbezogenen und gemeinschaftsgebundenen Person, die von unverfügbarem Eigenwert, zu ihrer Entfaltung auf vielfältige zwischenmenschliche Bezüge angewiesen ist. Diese stellen sich zu einem wesentlichen Teil durch Vereinigungen her (BVerfG 1. 3. 1979 E 50, 290 = AP MitbestG § 1 Nr. 1). 1

Die „**Vereinigungen**" umfassen als Oberbegriff (Abs. 2, 3) sowohl Vereine (§ 2 VereinsG) als auch Gesellschaften (Abs. 1), im allgemeinen rechtlichen Sprachgebrauch, also alle Zusammenschlüsse, zu denen sich eine Mehrheit von Personen freiwillig zusammenschließt; das können sowohl natürliche (Einzel-)Personen sein wie auch Personengesellschaften und juristische Personen, also auch Kapitalgesellschaften ohne Rücksicht auf ihre konkrete personale Ausgestaltung, ebenso Kartelle und auch Stiftungen. Rechtsfähigkeit ist nicht erforderlich. Die Vereinigung muß im Verhältnis zu ihren Mitgliedern und für ihre Rechtsverhältnisse selbst auf bürgerlich-rechtlicher Grundlage organisiert sein; öffentlich-rechtliche Zusammenschlüsse fallen nicht unter Art. 9. Von einer Vereinigung kann dann gesprochen werden, wenn sich mehrere für eine gewisse Dauer zu einem gemeinsamen Zweck **freiwillig** zusammenschließen; der Bestand soll unabhängig sein vom Mitgliederwechsel; es muß eine die Handlungsfähigkeit ermöglichende, organschaftliche Organisation bestehen (**korporativer Charakter**). Die Willensbildung innerhalb der Koalition muß sich nach **demokratischen Regeln** vollziehen, jedenfalls in wichtigen Fragen (BVerfG 6. 5. 1964 E 18, 18 = AP TVG § 2 Nr. 15; BAG 25. 11. 1986 AP TVG § 2 Nr. 36). Es muß deshalb gewährleistet sein, daß in wichtigen Fragen des Verbandslebens die Mitglieder ein Mitspracherecht haben, also die demokratischen Spielregeln eingehalten werden. Wie das im einzelnen auszugestalten ist, wird durch die Satzung festgelegt, doch muß ein Kernbereich an demokratischer Willensentscheidungsmöglichkeit für die Mitglieder bestehen. Die Folgen eines gewissen Maßes an Fremdbestimmung können in Kauf genommen werden, wenn eine dahin gehende Regelung nicht sachfremd ist, sondern im Interesse schutzwürdiger Belange liegt. Dabei sind vom Freiheitsgedanken her die Anforderungen an die organisierte Willensbildung niedrig anzusetzen, so daß auch „lose" Vereinigungen erfaßt werden wie auch der Begriff insgesamt weit auszulegen und unabhängig von der gewählten Rechtsform ist (BVerfG 15. 6. 1989 E 80, 244 = NJW 1990, 37). Die Art der verfolgten Zwecks, ob nun ideell oder wirtschaftlich, ist (den Fall des Abs. 2 ausgenommen) ohne Bedeutung. Eine Mindestzahl ist nicht vorgeschrieben, es genügen 2 Mitglieder (*Jarass/Pieroth* Rn. 3; *Maunz/Dürig* GG Rn. 59; AltK/*Rinken* Rn. 47; HbStR/*Merten* VI, 789 fordert 3 Mitglieder). 2

Eine Grenze aber hat die Vereinigungsfreiheit: Vereinigungen, deren Zwecke oder deren Tätigkeit den Strafgesetzen zuwiderlaufen oder die sich gegen die verfassungsmäßige Ordnung oder gegen den Gedanken der Völkerverständigung richten, sind verboten (Art. 9 II GG; vgl. dazu BVerfG 15. 6. 1989 E 80, 244 = NJW 1990, 37). 3

II. Arbeitsrechtliche Koalitionen nach Art. 9 III GG

1. Arbeitsrechtliche Koalitionen im allgemeinen. Die im Art. 9 III 1 GG verbürgte Freiheit, zur Wahrung und Förderung der Arbeits- und Wirtschaftsbedingungen Vereinigungen zu bilden, ist ein verfassungsrechtlich geregelter Sonderfall der allgemeinen Vereinigungsfreiheit. Die Koalitionsfreiheit ist zusätzlich in den Verfassungen der **Bundesländer** Bayern (Art. 114, 170), Berlin (Art. 18), Brandenburg (Art. 20, 51), Bremen (Art. 17, 48), Hessen (Art. 15, 36), Rheinland-Pfalz (Art. 13, 66), Saarland (Art. 7, 56, 57), Sachsen (Art. 24, 25), Sachsen-Anhalt (Art. 13) und Thüringen (Art. 13, 37) 4 verankert sowie durch die Bezugnahme auf die Grundrechte des GG in den Verfassungen der Länder Baden-Württemberg (Art. 2), Mecklenburg-Vorpommern (Art. 5), Niedersachsen (Art. 3), Nordrhein-Westfalen (Art. 4); ohne Regelung sind Hamburg und Schleswig-Holstein. Auch **internationalrechtlich** ist die Koalitionsfreiheit gewährleistet: Europäisches Recht: Art. 11 EMRK (BGBl. 1952 II S. 686, 953; BGBl. 1954 II S. 14) iVm. Art. 6 Abs. 2 des EU-Vertrages (idF v. 2. 10. 1997 BGBl. II 1998 S. 387, 454); Teil I Nr. 5 ESC (BGBl. 1964 II S. 1261); Art. 11 Nr. 1 der Erklärung der Grundrechte und Grundfreiheiten des Europäischen Parlaments vom 12. 4. 1989 (EuGRZ 1989, 204); Art. 11 ff. der Gemeinschaftscharta der sozialen Grundrechte (vgl. *Birk,* Europäisches Arbeitsrecht, 1990 Nr. 4); der EuGH geht in st. Rspr. von der Koalitionsfreiheit als einem in den Mitgliedstaaten geltenden Grundrecht aus (18. 1. 1990 NZA 1991, 189). – Mehrere ILO-Abkommen gewährleisten die Koalitionsfreiheit, grdl. Abkommen Nr. 87 (BGBl. 1956 II S. 2072, 1958 II S. 113) und Nr. 98 (BGBl. 1955 II S. 1122, 1957 II S. 1231). – UN: Art. 23 Nr. 4 der Allgemeinen Erklärung der Menschenrechte vom 10. 12. 1948; Art. 8 des Internationalen Paktes über wirtschaftliche, soziale und kulturelle Rechte vom 19. 12. 1966 (BGBl. 1973 II S. 1569); Art. 22 des Internationalen Paktes über bürgerliche und politische Rechte vom 19. 12. 1966 (BGBl. 1973 II S. 1533). Eingehend zum Ganzen: MünchArbR/*Löwisch* § 235 II 3; *Schaub* § 3 II, III; *Gamillscheg,* Kollektives Arbeitsrecht Bd. I, S. 50 ff.).

5 Die Anerkennung als arbeitsrechtliche Koalition iSd. Art. 9 III GG erfordert die Erfüllung derselben Voraussetzungen wie Art. 9 I GG; nach Wortlaut und Sinn des Abs. 3 sind darüber hinaus aber noch weitere Voraussetzungen zu erfüllen:

6 a) Die Wahrung und Förderung der **Arbeits- und Wirtschaftsbedingungen** (Rn. 11) muß Hauptzweck der Koalition sein; daß daneben noch weitere Zwecke verfolgt werden, ist unschädlich.

7 b) Da die arbeitsrechtlichen Koalitionen teils gegenläufige Interessen zu vertreten haben, können sie dies mit Nachdruck und Erfolgsaussicht glaubwürdig nur tun, wenn sie von ihrem jeweiligen sozialpolitischen Gegner unabhängig sind (BVerfG 10. 12. 1985 AP BetrVG 1972 § 40 Nr. 20a). Gleichermaßen müssen sie auch vom Staat, von politischen Parteien und kirchlichen Institutionen **unabhängig** sein (BAG 17. 2. 1998 NZA 1998, 754; *Schaub* § 187 III). Übereinstimmung bei der Verfolgung allgemeinpolitischer Ziele hebt die Unabhängigkeit nicht auf (BAG 17. 2. 1998 NZA 1998, 754 zum Verband der Gewerkschaftsbeschäftigten).

8 c) Die Koalitionen sollen **überbetrieblich** sein, also mit ihrem Mitgliederbestand über ein einzelnes Unternehmen hinausgehen im Gegensatz zum „Werksverein", um bessere Gewähr für gesamtwirtschaftliches und gesamtgesellschaftliches sinnvolles Verhalten (BVerfG 1. 3. 1979 E 50, 290 = AP MitbestG § 1 Nr. 1; BAG 25. 11. 1986 AP TVG § 2 Nr. 36) bieten zu können.

9 d) Daß die **Tarifwilligkeit** (Rn. 51) als Merkmal der arbeitsrechtlichen Koalition zwingend erforderlich ist, wird bestritten, da die Wahrung und Förderung der Arbeits- und Wirtschaftsbedingungen nicht denknotwendig nur durch TV möglich ist, sondern auch auf andere Weise erreicht werden kann (BVerfG 30. 11. 1965 E 19, 303 = AP GG Art. 9 Nr. 7); nach anderer Ansicht kann freilich der Schutz des Grundrechts aus Abs. 3 nur erlangt werden, wenn dessen Hauptzweck, die Beteiligung an der Tarifautonomie, verfolgt wird (*Hueck/Nipperdey* Arbeitsrecht, Bd. II/1, 7. Aufl. 1966, S. 105; *Staudinger/Richardi* Vorbem. zu § 611ff. BGB Rn. 581; *Gamillscheg,* Kollektives Arbeitsrecht Bd. I, S. 528: vgl. auch TVG § 2 Rn. 14). Die erforderliche Durchsetzungsfähigkeit zum Abschluß eines TV („soziale Mächtigkeit", vgl. Rn. 49) ist nicht Voraussetzung der Koalitionseigenschaft (BVerfG AP TVG § 2 Nr. 31); Vereinigungen genießen den Schutz des Abs. 3 vielmehr bereits in dem Stadium, in dem sie die Durchsetzungskraft erst anstreben (BAG 17. 2. 1998 NZA 1998, 754). Auch die Arbeitskampfbereitschaft ist nicht Voraussetzung der Koalitionseigenschaft.

10 e) Innerhalb der Koalitionen der AN ist zwischen den ANOrganisationen nach Art. 9 III GG im allgemeinen und den Gewerkschaften systematisch zu unterscheiden: „Gewerkschaft" ist der engere Begriff, an den die Tariffähigkeit anknüpft (BVerfG 26. 1. 1995 NJW 1995, 3377; vgl. Rn. 47ff.), während diese für die Anerkennung als arbeitsrechtlicher Koalition nach Art. 9 III GG nicht erforderlich ist (BAG 28. 4. 1966 AP GG Art. 9 Arbeitskampf Nr. 37), ebensowenig die Durchsetzungsfähigkeit (BVerfG 26. 1. 1995 NJW 1995, 3377; vgl. Rn. 49).

11 **2. Arbeits- und Wirtschaftsbedingungen.** Die Besonderheit der gegenüber Art. 9 I GG verstärkten Koalitionsfreiheit des Art. 9 III GG besteht in der **Festlegung des Koalitionszwecks auf die Wahrung und Förderung der Arbeits- und Wirtschaftsbedingungen** (Einleitung Rn. 52ff.). Nur im Rahmen der Förderung gerade dieses Zwecks gilt die besondere Gewährleistung des Art. 9 III GG.

12 Nach der wohl hM sind „Arbeits- und Wirtschaftsbedingungen" **kumulativ** zu verstehen als Gesamtheit der Bedingungen, unter denen der AN abhängige Arbeit leistet und der AG AN beschäftigen darf (*Söllner* NZA 1996, 897ff.). Hierunter fallen nicht nur die **traditionellen Regelungen** über Begründung, Beendigung und Inhalt (Lohn, Arbeitszeit, Urlaub usw.), sondern auch alle Fragen aus der **modernen Entwicklung** des Arbeitslebens iwS, wie der Schutz vor Rationalisierungen und vor den Folgen neuer Technologien (BAG 3. 4. 1990 AP GG Art. 9 Nr. 56); Erholungs- und Bedürfniszeiten, weil von der verlangten Intensität der Arbeit und/oder der Arbeitsgeschwindigkeit pro Arbeits-

A. Koalitionsfreiheit   Art. 9   GG 10

einheit die physische und psychische Belastung des AN abhängt, ähnlich wie bei Akkordvorgabezeiten; das gilt auch für ein Personalbemessungssystem, das Auswirkungen auf die Arbeitsintensität hat, zB wegen eines rechnerisch geringeren Personalbedarfs (BAG 3. 4. 1990 AP GG Art. 9 Nr. 56). Hierher rechnen weiter die Betätigung in der Personalvertretung (BVerfG 30. 11. 1965 E 19, 303 = AP GG Art. 9 Nr. 7) und in der Betriebsverfassung (BVerfG 1. 3. 1979 E 50, 290 = AP MitbestG § 1 Nr. 1) sowie die Unternehmensorganisation, soweit in ihr eine Mitbestimmungsordnung verwirklicht wird (AP GG Art. 9 Nr. 37) wie insgesamt betriebliche Fragen. Nicht hierher gehören Fragen der unternehmerischen Zielsetzungen und Betätigungen des privaten Unternehmens. Die Tarifgarantie umfaßt demgemäß keine Regelungen, die sich etwa mit allgemeinpolitischen Zielen oder mit solchen unternehmerischen Angelegenheiten befassen, die mit der Rolle des Unternehmers als AG nichts zu tun haben.

3. Jedermann. Die Koalitionsfreiheit nach Art. 9 III GG gilt für jedermann, nicht nur für Deutsche **13** wie in Art. 9 I GG, und für alle Berufe (BVerfG 14. 11. 1995 E 93, 352 = AP GG Art. 9 Nr. 80), für AN wie AG (BVerfG 26. 6. 1991 E 84, 212 = AP GG Art. 9 Arbeitskampf Nr. 117). Geschützt sind also auch ausländische AN und AG nicht nur bei arbeitsrechtlicher Koalitionsbildung, Mitgliedschaft und Teilnahme an der Tätigkeit inländischer Verbände, sondern stets auch dann, wenn sie ihre Arbeits- und Wirtschaftsbedingungen selbst privatautonom regeln (*Gerken/Löwisch/Rieble* BB 1995, 2370 ff.).

4. Individualgrundrecht. Aus Art. 9 III GG folgt seinem unmittelbaren Wortlaut gemäß das **14** **Individualgrundrecht**, sich in Koalitionen der genannten Art zusammenzuschließen. Das enthält die Gründungs- und Beitrittsfreiheit (positive Koalitionsfreiheit) sowie die Freiheit des Fernbleibens von Koalitionen und des Austritts (negative Koalitionsfreiheit; zusammenfassend BVerfG 14. 11. 1995 E 93, 352 = AP GG Art. 9 Nr. 80). Dieses jedermann gewährleistete Grundrecht gilt uneingeschränkt und **vorbehaltlos** für alle Menschen in ihrer Eigenschaft als Berufstätige; Art. 9 III GG ist ein sozial qualifiziertes Menschenrecht (*Sachs/Höfling* Art. 9 Rn. 111). Deshalb ist dieses Grundrecht auch **nicht gegenständlich beschränkbar**, so daß es auch den Personen zusteht, die in unselbständiger Arbeit im kirchlichen Dienst stehen, ausgenommen Priester und Pfarrer – die Kirchenautonomie (Art. 140 GG) steht insoweit unter dem mit unmittelbarer Drittwirkung (BVerfG 17. 2. 1981 E 57, 220 = AP GG Art. 140 Nr. 9) ausgestatteten Grundrecht. Soweit das Grundrecht aus Art. 9 III GG mit anderen Grundrechten oder verfassungsrechtlich geschützten Positionen in Konflikt gerät, besteht kein Vorrang des Art. 9 III GG (BAG 16. 9. 1993 AP BGB § 622 Nr. 42); es ist der Konflikt nach dem **Grundsatz praktischer Konkordanz** zu lösen, der fordert, daß nicht eine der widerstreitenden Rechtspositionen bevorzugt und maximal behauptet wird, sondern alle einen möglichst schonenden Ausgleich erfahren (BVerfG 16. 5. 1995 E 93, 1 = NJW 1996, 2477).

a) Positive Koalitionsfreiheit. Art. 9 III GG ist in erster Linie ein Freiheitsrecht und gewährleistet **15** dem Einzelnen, Vereinigungen zur Wahrung und Förderung der Arbeits- und Wirtschaftsbedingungen zu gründen, ihnen beizutreten, anzugehören und deren Zweck gemeinsam zu verfolgen (BVerfG 14. 11. 1995 E 93, 352 = AP GG Art. 9 Nr. 80). Darüber sollen die Beteiligten grds. frei von staatlicher Einflußnahme, selbst und eigenverantwortlich, bestimmen können (BVerfG 4. 7. 1995 E 92, 365 = AP AFG § 116 Nr. 4). Benachteiligungen aufgrund der Koalitionszugehörigkeit sind unzulässig (vgl. Art. 9 III S. 2 GG), etwa die „selektive Aussperrung" (BAG AP GG Art. 9 Arbeitskampf Nr. 66 = NJW 1980, 1653) oder das Abhängigmachen der Einstellung vom Austritt aus der Gewerkschaft (BAG 2. 6. 1987 AP GG Art. 9 Nr. 49).

Art. 9 III GG gewährleistet jedoch nicht nur die Freiheit der Koalitionszugehörigkeit, sondern **16** auch die **koalitionsspezifische Tätigkeit.** Insgesamt wird jede persönliche Tätigkeit geschützt, die eine Teilnahme an der Koalitionstätigkeit selbst darstellt, denn die Koalitionen können nur durch ihre Mitglieder handeln. Dieses Teilnahmerecht umfaßt alle rechtmäßigen Tätigkeiten der Koalitionen, zB zur Teilnahme am rechtmäßigen Arbeitskampf, und zwar als ein dahin gehendes Grundrecht. Dazu gehört zB die persönliche Mitgliederwerbung (Rn. 27). Hierher zählt auch das Recht an der Teilhabe des von der Koalition Erreichten, vor allem die persönliche Wirksamkeit des im TV ausgehandelten Arbeitsbedingungen. Die Wahrnehmung eines BR- oder Personalratsmandats zählt jedoch nicht dazu (BVerfG 27. 3. 1979 E 51, 77 = AP GG Art. 9 Nr. 31).

b) Negative Koalitionsfreiheit. Durch Abs. 3 wird es jedermann gewährleistet, einer Koalition **17** fernzubleiben, überhaupt keiner Koalition anzugehören oder nach einem Beitritt wieder auszutreten (BVerfG 14. 6. 1983 E 64, 208 = AP BergmannVersorgSchein § 9 Nr. 21; BAG 21. 1. 1987 AP GG Art. 9 Nr. 47); niemand darf zum Eintritt in eine Koalition gedrängt oder ein dahin gehender Druck auf ihn ausgeübt werden.

Einem **sozial adäquaten Druck** dürfen jedoch AN und AG, die nicht Koalitionsangehörige sind, **18** ausgesetzt werden, ohne daß dies den Schutzbereich der negativen Koalitionsfreiheit verletzen würde (BVerfG 19. 10. 1966 E 20, 312 = AP TVG § 2 Nr. 24; BAG 21. 1. 1987 AP GG Art. 9 Nr. 47). Die Tatsache, daß organisierte AN anders behandelt werden als nichtorganisierte, bedeutet selbst noch keine Verletzung der negativen Koalitionsfreiheit. Diese ist vielmehr erst verletzt, wenn ein Zwang oder Druck auf die Nichtorganisierten ausgeübt wird, einer Organisation beizutreten (BVerfG 20. 7.

Schlachter   103

1971 E 31, 297 = AP ArbGG § 11 Nr. 34). Deshalb müssen es nichtorganisierte AN grds. hinnehmen, daß **Ansprüche aus TV,** an denen sie ja qua Mitgliedschaft in einem Verband nicht beteiligt waren, nur tarifgebundenen AN zustehen. Der davon ausgehende Druck auf den „Außenseiter", der tarifschließenden Gewerkschaft doch beizutreten, ist legitim. Auch ist es st. Rspr., daß ein nicht tarifgebundener AN nicht unter Berufung auf den arbeitsrechtlichen Gleichbehandlungssatz fordern kann, wie tarifgebundene AN behandelt zu werden (BAG 21. 1. 1987 AP GG Art. 9 Nr. 47). Andernfalls wären die Koalitionen in ihrem durch Art. 9 III GG geschützten Bestand gefährdet, weil für die meisten AN und auch AG kein vernünftiger Grund mehr bestünde, einer Koalition beizutreten oder ihr weiter anzugehören. – Tarifvertragliche **Differenzierungsklauseln** (Vereinbarung, daß zwischen Mitgliedern und Nichtmitgliedern unterschieden wird und bestimmte Leistungen nur an Mitglieder erbracht werden dürfen), werden vom BAG dagegen als inadäquater sozialer Druck angesehen (BAG GS 29. 11. 1967 AP GG Art. 9 Nr. 13; BAG 21. 1. 1987 AP GG Art. 9 Nr. 47).

19 Entsprechendes gilt für die Freiheit, aus einer Koalition **auszutreten.** Es darf einem Koalitionsmitglied nicht unangemessen erschwert werden, sich von seiner Koalition zu lösen, wenn auch mit Rücksicht auf die ebenfalls nach Art. 9 III GG geschützten Interessen der Koalition selbst dem ausscheidungswilligen Mitglied eine „mäßige" Kündigungsfrist zuzumuten ist, wobei 3 Monate als zulässig angesehen werden (BGH 4. 7. 1977 AP GG Art. 9 Nr. 25), nicht jedoch 15 Monate (BGH 22. 9. 1980 AP GG Art. 9 Nr. 33). Auch darf auf Mitglieder kein finanzieller Druck ausgeübt werden, um sie von einem Austritt abzuhalten, zB durch eine Rückzahlungsklausel hinsichtlich gewährter Streikunterstützung für den Fall des Austritts aus der Gewerkschaft (ArbG Ahrensburg 12. 4. 1996 NJW 1996, 2516).

20 Besondere Probleme ergeben sich für die negative Koalitionsfreiheit der sog. **Außenseiter** aus tariflichen Regelungen mit Wirkung auf die Betriebsverfassung und damit auch unmittelbar auf die Nicht-Tarifgebundenen. Das gilt einmal für die gesetzlich vorgesehenen Befugnisse der TVParteien, Betriebsnormen mit der Folge ihrer Verbindlichkeit auch für die Nicht-Koalitionsangehörigen nach § 3 II TVG zu vereinbaren (vgl. BAG 7. 11. 1995 AP TVG § 3 Betriebsnorm Nr. 1), oder für tarifvertragliche Öffnungsklauseln (vgl. Rn. 64). Die Rspr. hält solche Einschränkungen der negativen Koalitionsfreiheit, ähnlich wie bei Tarifkonkurrenz und Tarifpluralität (Rn. 70) für zulässig (BAG 18. 8. 1987 AP BetrVG 1972 § 77 Nr. 23); insoweit überwiegt die positive Koalitionsfreiheit der Organisierten, den von § 1 TVG eröffneten Regelungsbereich tatsächlich auszuschöpfen.

21 **5. Freiheit der Koalitionen selbst. a) Freiheitsrecht.** Das (personale) Grundrecht des Abs. 3 wird auch auf die in Ausübung des individuellen Grundrechts gebildeten Koalitionen erstreckt. Die individual-rechtliche Gewährleistung setzt sich nach unumstrittener st. Rspr. fort in dem **Freiheitsrecht der Koalitionen selbst:** Es schützt sie in ihrem Bestand und garantiert ihnen die Bestimmung über ihre Organisation, das Verfahren ihrer Willensbildung und die Führung ihrer Geschäfte (Selbstverwaltung), herausragend auch die Betätigungen der Koalitionen im Zusammenhang mit den Arbeits- und Wirtschaftsbedingungen (zuletzt BVerfG 24. 4. 1996 E 94, 268 = AP HRG § 57a Nr. 2). Letzteres umfaßt das Recht der Koalitionen, durch **spezifische koalitionsmäßige Betätigung** (BVerfG 26. 6. 1991 E 84, 212 = AP GG Art. 9 Arbeitskampf Nr. 117) die Arbeits- und Wirtschaftsbedingungen zu wahren und zu fördern. Wenn auch diese Zweckbestimmung weit zu verstehen ist, so fällt nicht darunter „die Propagierung allgemeiner außen- und verteidigungspolitischer Ziele und Vorstellungen im Rahmen der politischen Willensbildung des Volkes" (BVerfG 7. 4. 1981 E 57, 29 = AP GG Art. 9 Nr. 34). Andererseits fällt unter die geschützte koalitionsmäßige Tätigkeit auch eine Aktivität, die über die Arbeits- und Wirtschaftsbedingungen hinausgeht (zB Erhaltung der Arbeitsplätze durch Maßnahmen der Arbeitsmarktpolitik, Überstundenverringerung, Kündigungsverzicht), wenn sie untrennbar mit der originär koalitionsgemäßen Betätigung verbunden ist. Soweit Bemühungen um die Wahrung und Förderung der Arbeits- und Wirtschaftsbedingungen zugleich eine Stellungnahme zu wettbewerbsrelevanten Tatbeständen notwendig macht (zB Verhältnisse im Straßen- und Schienenverkehr), unterfallen solche Betätigungen nicht den allgemeinen Regeln des Wettbewerbs (BGH 5. 2. 1980 AP GG Art. 9 Nr. 32).

22 **b) Grenzen.** Die aus dem Individualgrundrecht des Art. 9 III GG von der Rspr. abgeleitete Gewährleistung der koalitionsgemäßen Betätigung für die Koalitionen selbst räumt diesen aber **keinen inhaltlich unbegrenzten** und unbegrenzbaren Handlungsspielraum ein. Der **Gesetzgeber** ist berufen, die Tragweite der Koalitionsfreiheit dadurch zu bestimmen, daß er die Befugnisse der Koalitionen im einzelnen ausgestaltet und **näher regelt** (BVerfG 2. 3. 1993 E 88, 108 = AP GG Art. 9 Arbeitskampf Nr. 126). Allerdings dürfen dem Betätigungsrecht der Koalitionen nur solche Schranken gezogen werden, die zum Schutz anderer Rechtsgüter von der Sache her geboten sind (BAG 20. 10. 1993 AP SGB IV § 41 Nr. 3). Regelungen, die nicht in dieser Weise gerechtfertigt sind, tasten den durch Abs. 3 geschützten Kerngehalt der Koalitionsbetätigung an (BVerfG 20. 10. 1981 E 58, 233 = AP TVG § 2 Nr. 31). Eingriffe zu dem Zweck, die Massenarbeitslosigkeit zu bekämpfen, können sich jedoch auf das Sozialstaatsprinzip (Art. 20 Abs. 1 GG) stützen und – bei angemessenem Ausgleich der betroffenen Rechtspositionen – dadurch gerechtfertigt sein (BVerfG 27. 4. 1999 – 1 BvR 897/95).

A. Koalitionsfreiheit   Art. 9   GG 10

Über viele Jahre sah die Rspr. nur einen „**Kernbereich**" der Koalitionsfreiheit als verfassungsrecht- 23
lich verbürgt an, der für die Erhaltung und Sicherung der Existenz der Koalitionen als unerläßlich
betrachtet werden muß (BVerfG 20. 10. 1981 E 58, 233 = AP TVG § 2 Nr. 31; BAG 1. 12. 1993 AP
SGB IV § 41 Nr. 4). Mit Entscheidung vom 14. 11. 1995 (E 93, 352 = AP GG Art. 9 Nr. 80) hat das
BVerfG „klargestellt", es habe den Schutzbereich des Art. 9 III GG nicht von vornherein auf den
Bereich des Unerläßlichen beschränken wollen: Abs. 3 schützt die koalitionsgemäße Betätigung nicht
nur in einem inhaltlich eng begrenzten Umfang; der Grundrechtsschutz erstreckt sich vielmehr auf
alle Verhaltensweisen, die koalitionsspezifisch sind, die „Unerläßlichkeit" erlangt nur noch Bedeutung
bei der Einschränkung der Tätigkeit nach Art. 9 III GG: Zwar ist die Betätigungsfreiheit der Koalitionen nicht schrankenlos gewährleistet, sondern kann durch den Gesetzgeber ausgestaltet werden
(BVerfG 20. 10. 1981 E 58, 233 = AP TVG § 2 Nr. 31); die Kernbereichsformel soll daher nur die
dabei zu beachtende Grenze umschreiben, die dann überschritten wird, wenn die einschränkende
Regelung nicht zum Schutz anderer Rechtsgüter von der Sache her geboten ist. Damit ist klargestellt,
daß der Schutzbereich des Abs. 3 nicht von vornherein auf den Bereich des Unerläßlichen beschränkt
ist, er erstreckt sich vielmehr auf alle Verhaltensweisen, die koalitionsspezifisch sind (BVerfG 14. 11.
1995 E 93, 352 = AP GG Art. 9 Nr. 80; BVerfG 24. 4. 1996 E 94, 268 = AP HRG § 57 a Nr. 2).
Anderseits sind aber einschränkende Regelungen zum Schutze anderer Rechtsgüter von der Sache
her zulässig (BVerfG 24. 4. 1996 E 94, 268 = AP HRG § 57 a Nr. 2) im Sinne der Rspr. des BVerfG
zur „praktischen Konkordanz" (Rn. 14).

Im einzelnen ist noch offen, was zum nunmehr verfassungsrechtlich gewährleisteten „Schutzbe- 24
reich" gehört; tendenziell ist ein weniger eingeschränktes Betätigungsrecht der Koalitionen anzunehmen (zur Diskussion vgl.: *Heilmann* AuR 1996, 121; *Hanau* ZIP 1996, 470; *Thüsing* Anm. zu EzA
GG Art. 9 Nr. 60; *Wiedemann* EWiR 1996, 357; *Heimes* MDR 1996, 562; *Wank* JZ 1996, 627;
v. Hoyningen-Huene AR-Blattei ES 20 Nr. 33; *Scholz* SAE 1996, 317; *Schulte Westenberg* NJW 1997,
375; *Höfling*, FS für Friauf, 1996, S. 377; *Boerner* ZTR 1996, 435).

c) Abschluß von Tarifverträgen. Unter die verfassungsmäßige Betätigungsgarantie fällt **jedenfalls** 25
der Abschluß von TV, durch die die Koalitionen in eigener Verantwortung und im wesentlichen ohne
staatliche Einflußnahme Löhne und sonstige Arbeitsbedingungen in einem Bereich regeln, in dem der
Staat seine „Regelungszuständigkeit weit zurückgenommen hat" (BVerfG 1. 3. 1979 E 50, 290 =
AP MitbestG § 1 Nr. 1; vgl. Rn. 44): Das BVerfG sieht in der Garantie eines vom Staat bereitzustellenden funktionsfähigen TVSystems und in der Bildung freier Koalitionen als Partner der TV einen
wichtigen Teil des Kernbereiches, in dem der Staat sich jeder Einflußnahme enthält (BVerfG 18. 12.
1974 E 38, 281 = AP GG Art. 9 Nr. 23). Zu dieser verfassungsrechtlich gewährleisteten Betätigung
durch Abschluß von TV gehört es auch, daß die Koalitionen beim Abschluß eines TV frei sind und
auch die **Mittel**, die sie zur Erreichung dieses Zwecks für geeignet halten, **selbst wählen** können
(BVerfG 2. 3. 1993 E 88, 103 = AP GG Art. 9 Nr. 126); zu den geschützten Mitteln zählen auch die
Arbeitskampfmaßnahmen, die auf den Abschluß von TV gerichtet sind; sie werden jedenfalls insoweit
von der Koalitionsfreiheit erfaßt, als sie erforderlich sind, um eine funktionierende Tarifautonomie
sicherzustellen (BVerfG 2. 3. 1993 E 88, 103 = AP GG Art. 9 Arbeitskampf Nr. 126; BVerfG 4. 7.
1995 E 92, 365 = AP AFG § 116 Nr. 4). Anderseits gehört zur Betätigungsfreiheit auch das Recht,
den Abschluß eines TV mit einem bestimmten Inhalt abzulehnen. Dieses Recht wird nicht durch die
gegnerische Druckausübung beeinträchtigt, denn es gibt kein druckfreies Verhandeln (BAG 12. 9.
1984 AP GG Art. 9 Arbeitskampf Nr. 81).

d) Andere Mittel zur Zweckerreichung. Die Koalitionen sind zur Wahrung der Arbeits- und 26
Wirtschaftsbedingungen nicht allein auf den Abschluß von TV beschränkt, ihnen stehen vielmehr im
Rahmen der Gesamtrechtsordnung alle anderen als geeignet erscheinenden Mittel zur Verfügung
(Grundsatz der Freiheit der Wahl der Mittel). Das gilt zB für die Tätigkeiten in der Betriebsverfassung und der Personalvertretung entsprechend der Ausgestaltung durch den Gesetzgeber (BVerfG 26. 5.
1970 E 28, 295 = AP GG Art. 9 Nr. 16), auch bei einer freiwilligen Mitbestimmungsregelung (BGH
AP GG Art. 9 Nr. 37), durch Stellungnahmen, Resolutionen, Teilnahme an Anhörungen usw. Soweit
die Bestrebungen jedoch über den Kreis der Arbeits- und Wirtschaftsbedingungen hinausgehen, sind
diese Betätigungen nicht mehr durch Abs. 3 geschützt, sondern nur im Rahmen des Abs. 1 (BVerfG
28. 4. 1976 E 42, 133 = AP BetrVG 1972 § 74 Nr. 1).

e) Werbung. Zur geschützten Betätigungsgarantie gehört die allgemeine Werbung wie auch die 27
Werbung neuer Mitglieder durch die Koalitionen selbst (BVerfG 14. 11. 1995 E 92, 352 = AP GG
Art. 9 Nr. 80; BAG 23. 9. 1986 AP GG Art. 9 Nr. 45), denn die eigene Koalition wird durch Mit-
gliederzuwachs gestärkt (BVerfG 14. 11. 1995 E 92, 352 = AP GG Art. 9 Nr. 80). Untrennbar mit der
Werbung verbunden ist die Selbstdarstellung der Gewerkschaft wie die Information der Mitglieder
und der Nichtorganisierten über Aufgaben, Ziele und Tätigkeit der Koalition (BAG 26. 1. 1982 AP
GG Art. 9 Nr. 35). Die Koalition hat aber kein verfassungsmäßig abgesichertes Recht, für die werbende, informierende oder die Mitglieder betreuende Tätigkeit im Betrieb durch betriebsfremde Funktionäre auszuüben (BVerfG 17. 2. 1981 E 57, 220 = AP GG Art. 140 Nr. 9).

Schlachter

28 Besondere Bedeutung in der Rspr. hat die gewerkschaftliche **Werbung im Betrieb** erlangt. So hat das BVerfG durch Entscheidung vom 14. 11. 1995 (E 93, 352 = AP GG Art. 9 Nr. 80) die Werbung durch einen AN während der Arbeitszeit mittels Verteilung einer Druckschrift über gewerkschaftliche Leistungen und eines Beitrittsformulars als durch die Koalitionsfreiheit gewährleistete koalitionsspezifische Betätigung für zulässig, dh. nicht als Verletzung der arbeitsvertraglichen Pflichten angesehen.

29 Im Verhältnis zwischen Gewerkschaft und AG ist es jedoch nach Auffassung des BVerfG (17. 2. 1981 E 57, 220 = AP GG Art. 140 Nr. 9) nicht Inhalt der Betätigungsfreiheit der Koalitionen, daß sie bestimmen können, ob sie werbende, informierende und betreuende Tätigkeit durch betriebsangehörige Gewerkschaftsmitglieder ausüben lassen oder betriebsfremden Beauftragten diese Tätigkeit übertragen und somit selbst ein Zutrittsrecht wahrnehmen. Das wurde als nicht „unerläßlich" verneint für den Fall, daß im Betrieb gewerkschaftsangehörige AN tätig sind. Diese Entscheidung wird wohl im Ergebnis auch nach der neuen Rspr. des BVerfG (Rn. 23) unter Berücksichtigung der entgegenstehenden Interessen des AG aufrecht zu erhalten sein.

30 Das BAG hat die gewerkschaftliche Werbung mittels **Verteilung** von Werbe- und Informationsmaterial durch AN des Betriebs außerhalb der Arbeitszeit und während der Pausen als zulässig angesehen (BAG 14. 12. 1967 AP GG Art. 9 Nr. 10), da bei dieser Verteilung das Eigentum des Betriebsinhabers, sein Recht am eingerichteten und ausgeübten Gewerbebetrieb und sein Direktionsrecht nicht oder doch nur äußerst geringfügig beeinträchtigt werden, solange der Ablauf und der Zu- und Abgang der AN sowie die Erbringung der Arbeit nicht gestört werden; eine Verteilung durch betriebsfremde AN während der Arbeitszeit hat es jedoch, weil nicht „unerläßlich", nicht zugelassen (BAG 26. 1. 1982 AP GG Art. 9 Nr. 35).

31 Die gewerkschaftliche Mitgliederwerbung im Betrieb durch **Plakatieren** gehört zum Kernbereich einer koalitionsgemäßen Betätigung auch dann, wenn lediglich mit satzungsgemäßen Leistungen – hier: mit einem arbeits- und sozialrechtlichen Rechtsschutz sowie einem privaten Familienrechtsschutz – geworben wird (BAG 30. 8. 1983 AP GG Art. 9 Nr. 38).

32 Eine Werbung unter **Inanspruchnahme des Eigentums** des AG wird nicht als durch Art. 9 III GG gewährleistet angesehen, wenn sie ebensogut auf andere Weise erfolgen kann (Schutzhelmaufkleber; BAG 23. 2. 1973 AP GG Art. 9 Nr. 30) oder wenn sie ausdrücklichen Anordnungen über die Verwendung des Eigentums (Verteilung über Firmen-Postfächer; BAG 23. 9. 1986 AP GG Art. 9 Nr. 45) entgegensteht. Zulässig ist es jedoch, wenn ein Zeitungszusteller mit der Zeitung auch Informationsmaterial der Gewerkschaft zu einem Streik einwirft (LAG Köln 3. 2. 1995 AP GG Art. 9 Arbeitskampf Nr. 145).

33 Die Verteilung einer periodisch erscheinenden Gewerkschaftszeitung im Betrieb ausschließlich an Mitglieder gehört nicht zur verfassungsrechtlich geschützten Kernbereichsbetätigung, weil die Gewerkschaft ihre Mitglieder mit ihrer Zeitung ebensogut auf andere Weise erreichen kann (BAG 23. 3. 1979 AP GG Art. 9 Nr. 29).

34 **f) Zutrittsrechte betriebsexterner Gewerkschaftsbeauftragter** in den Betrieb sind im § 2 II BetrVG nicht abschließend geregelt; sie sind vielmehr immer dann anzuerkennen, wenn sie im Rahmen koalitionsgemäßer Tätigkeit liegen (BAG 14. 2. 1978 AP GG Art. 9 Nr. 26). Sie sind zwar vom BVerfG (17. 2. 1981 E 57, 220 = AP GG Art. 140 Nr. 9) verneint worden, soweit Gewerkschaften bereits im Betrieb durch Mitglieder vertreten sind und es deshalb an der „Unerläßlichkeit" der Tätigkeit Betriebsexterner fehle (dem folgend: BAG 19. 1. 1982 AP GG Art. 140 Nr. 10). Da inzwischen die Unerläßlichkeit als Primärerfordernis des Betätigungsrechts aufgegeben wurde (Rn. 23), ist nunmehr entsprechend der früheren Rspr. des BAG ein Zutrittsrecht für koalitionsmäßige Betätigung grds. anzunehmen.

35 Ein Zutrittsrecht der Gewerkschaft zu kirchlichen Einrichtungen unter Berufung auf Abs. 3 wird vom BVerfG aufgrund der Kirchenautonomie aus Art. 140 GG iVm. Art. 137 III WRV abgelehnt (17. 2. 1981 E 57, 220 = AP GG Art. 140 Nr. 9): Art. 9 III GG garantiere die Tätigkeit der Koalitionen selbst nicht schrankenlos, sondern nur in einem Kernbereich, und es sei Aufgabe des Gesetzgebers, die Befugnisse der Koalitionen im einzelnen auszugestalten und näher zu regeln. Durch die von Art. 140 GG verfassungsrechtlich gewährleistete Kirchenautonomie stünden dem Recht aus Art. 9 III GG gewichtige verfassungsrechtlich gewährleistete Belange entgegen, und die Kirchenautonomie werde nicht schlechthin durch Art. 9 III GG unmittelbar verfassungsrechtlich eingeschränkt. Es sei vielmehr Sache des Gesetzgebers, hier modifizierende Regelungen zu treffen. Es sei jedenfalls nicht Ausdruck einer durch Art. 9 III GG verfassungsverbürgten Autonomie und kernbereichsgeschützter Betätigungsfreiheit, daß Koalitionen in jedem Fall bestimmen können, ob ihre werbende, informierende und betreuende Tätigkeit durch betriebsangehörige Gewerkschaftsmitglieder ausüben lassen oder betriebsfremden Beauftragten diese Tätigkeit übertragen und somit selbst ein Zutrittsrecht wahrnehmen. Daher lehnte das BAG jedenfalls dort ein Zutrittsrecht für Externe ab, wo die Gewerkschaft bereits in Betrieben und Anstalten durch Mitglieder vertreten ist, ohne Rücksicht auf die Zahl der Mitglieder und deren Bereitschaft zum Tätigwerden (BAG 19. 1. 1982 AP GG Art. 140 Nr. 10). Nachdem das BVerfG die Maßstäbe des Kernbereichs und der Unerläßlichkeit modifiziert hat

B. Tarifautonomie   Art. 9 GG 10

(Rn. 23), sind Kirchenautonomie und Koalitionsbetätigungsfreiheit neu gegeneinander abzuwägen. Dabei wird ein Zutrittsrecht beim Vorhandensein von im Betrieb beschäftigten Gewerkschaftsangehörigen unverändert zu verneinen sein, während das Fehlen solcher Mitglieder für ein externes Zutrittsrecht spricht.

g) **Rechtsberatung.** Die außergerichtliche Rechtsberatung der Mitglieder ist ebenso wie die Vertretung im gerichtlichen Verfahren als koalitionsmäßige Betätigung geschützt (BVerfG 2. 12. 1992 E 88, 295 = AP BeratungshilfeG § 2 Nr. 1) in den Grenzen der koalitionsspezifischen Tätigkeit. So kann zB die Beschlagnahme von im Zusammenhang der Beratung von Gewerkschaftsmitgliedern entstandenen Akten im Interesse der Allgemeinheit an einer leistungsfähigen Strafjustiz das Recht aus Art. 9 III GG überwiegen (LG Berlin 3. 5. 1996 NZA 1996, 985). 36

6. Selbstverwaltung der Koalitionen. Die Koalitionen haben, wie sich aus Abs. 1 ergibt, das Recht der Selbstverwaltung im Rahmen der für alle geltenden Gesetze. Die Koalitionsfreiheit schützt auch „die **Selbstbestimmung der Koalitionen** über ihre eigene Organisation, das Verfahren ihrer Willensbildung und die Führung ihrer Geschäfte" (Satzungsautonomie, vgl. BVerfG 14. 11. 1995 E 93, 352 = AP GG Art. 9 Nr. 80; BVerfG 24. 2. 1999 NZA 1999, 713; BAG 19. 11. 1985 AP TVG § 2 Tarifzuständigkeit Nr. 4). Diesem Selbstbestimmungsrecht der Koalitionen dürfen nur solche **Schranken** gesetzt werden, die zum Schutz anderer Grundrechte oder verfassungsrechtlich geschützter Rechtsgüter geboten sind (BVerfG 4. 7. 1995 E 92, 365 = AP AFG § 116 Nr. 4). 37

a) **Mitgliedschaft im allgemeinen.** Im Rahmen ihrer Selbstverwaltung regeln die Koalitionen, wer Mitglied werden kann und unter Beachtung welcher Formalien, wie die Mitglieder freiwillig ausscheiden können (vgl. Rn. 19) und wie sie wegen Verstoß gegen die Satzung und/oder die Zielsetzung der Koalition ausgeschlossen werden können (BGH 27. 9. 1993 AP GG Art. 9 Nr. 70; dazu § 3 TVG Rn. 13). Da in den Schutzbereich von Abs. 3 aber auch Maßnahmen eines Verbandes zur Aufrechterhaltung seiner Geschlossenheit nach innen und außen fallen, ist eine Gewerkschaft grds. berechtigt, ein Mitglied auszuschließen, das bei einer BRWahl auf der Konkurrenzliste kandidiert (BVerfG 24. 2. 1999 NZA 1999, 713). 38

Grds. ist die Koalition vereinsrechtlich zur **Gleichbehandlung ihrer Mitglieder** verpflichtet; jedoch kann die Satzung unterschiedliche Regelungen vorsehen, wenn sachliche Gründe dafür vorhanden sind. Soweit jedoch Mitgliedern kraft Satzung wesentliche Mitgliedschaftsrechte wie Antragsrecht, Stimmrecht und Wahlrecht fehlen, sind diese als Gastmitglieder anzusehen (BAG 20. 2. 1986 AP ArbGG § 11 Prozeßvertreter Nr. 8), die nicht nach §§ 3, 4 TVG tarifgebunden sind. 39

b) **Aufgabenbereich.** Zur Selbstverwaltung gehört es, daß die Koalitionen ihren persönlichen, fachlichen und geographischen **Aufgabenbereich selbständig** in ihrer Satzung bestimmen; das gilt besonders für die Tarifzuständigkeit (vgl. TVG § 2 Rn. 39). 40

7. Schutz der Koalitionen und ihrer koalitionsgemäßen Betätigung. Abs. 3 S. 2 erklärt alle **Abreden, die das Koalitionsrecht einschränken** oder zu behindern suchen, für nichtig. Damit besteht für die gesamte Rechtsordnung, auch für das gesamte Privatrecht, eine unmittelbare Rechtswirkung dieses Grundrechts, nämlich ein gesetzliches Verbot gem. § 134 BGB. Weitergehend sind nicht nur beschränkende Abreden, sondern alle hierauf gerichteten Maßnahmen rechtswidrig, sofern es sich um zielgerichtete bekämpfende Maßnahmen handelt, nicht nur um Abreden, die sich nur mittelbar auswirken (ArbG Frankfurt 28. 10. 1996 EzA GG Art. 9 Nr. 62; MünchArbR/*Löwisch* § 238 Rn. 93). Abs. 3 S. 2 ist aber nicht nur ein Schutzgesetz für einzelne AN und AG, sondern auch für die Koalitionen selbst. Deswegen können sich die **Koalitionen gegen eine Beeinträchtigung ihres Rechts** aus Abs. 3 zur Wehr setzen, indem sie die Unterlassung einer Beeinträchtigung bzw. deren Beseitigung fordern (BAG 20. 8. 1991 AP BetrVG 1972 § 77 Tarifvorbehalt Nr. 2). Macht zB ein AG die Einstellung eines AN davon abhängig, daß dieser aus der Gewerkschaft austritt, so liegt darin ein rechtswidriger Angriff auf das Betätigungsrecht der Gewerkschaft, gegen den sie mit einer Unterlassungsklage vorgehen kann (BAG 2. 6. 1987 AP GG Art. 9 Nr. 49). 41

Notstandsmaßnahmen nach Art. 12 a, 35 II und III, 87 a IV und 91 GG dürfen sich nicht gegen Arbeitskämpfe richten, die zur Wahrung und Förderung der Arbeits- und Wirtschaftsbedingungen von Vereinigungen im Sinne des Abs. 1 geführt werden, Abs. 3 S. 3. Diese Vorschrift wurde im Zusammenhang mit den sog. Notstandsgesetzen im Jahre 1968 in das GG eingefügt. Damit wurden Arbeitskämpfe „notstandsfest" gemacht, im übrigen brachte aber diese Vorschrift keine Änderung in der überkommenen rechtlichen Bewertung des Arbeitskampfes (BAG 9. 7. 1968 AP TVG § 2 Nr. 25). 42

B. Tarifautonomie

I. Der Tarifvertrag im allgemeinen

Unter die Gewährleistung der spezifisch koalitionsmäßigen Betätigung durch Art. 9 III GG fällt der Abschluß von TV als das herausragende Tätigkeitsmerkmal der arbeitsrechtlichen Koalitionen (Rn. 25). Der TV ist ein **privatrechtlicher Vertrag** (BAG 29. 4. 1992 AP TVG § 1 Durchführungs- 43 pflicht Nr. 3), der zwischen TVParteien abgeschlossen wird zur Wahrung und Förderung der Arbeits- und Wirtschaftsbedingungen. Der TV unterliegt nicht dem **GWB** (BAG 27. 6. 1989 AP GG Art. 9 Arbeitskampf Nr. 113 mit zust. Anm. *Wiedemann/Wonneberger*; aA KG 21. 2. 1990 AP GG Art. 9 Nr. 60). Er regelt die allgemeinen Rechte und Pflichten zwischen Vertragsparteien (sog. **obligatorischer** Teil, vgl. TVG § 1 Rn. 56), insb. die dem TV immanente Friedenspflicht, wonach die TVParteien die zwischen ihnen vereinbarte Regelung als rechtsverbindlich zu respektieren haben, solange der TV läuft: Während der Laufzeit des TV darf seine Änderung, Verlängerung usw. nicht mit Kampfmaßnahmen durchzusetzen versucht werden (§ 1 TVG Rn. 63). Aus dem TV folgt weiter die Durchführungspflicht (§ 1 TVG Rn. 66): Die TVParteien müssen dafür sorgen, daß auch ihre Mitglieder ihre Pflichten aus dem TV erfüllen. – Der TV enthält weiter „**Rechtsnormen**, die den Inhalt, den Abschluß und die Beendigung von Arbeitsverhältnissen sowie betriebliche und betriebsverfassungsrechtliche Fragen ordnen können" (sog. normativer Teil; dazu § 1 TVG Rn. 83 ff.). Dieser normative Teil ist für die Mitglieder der TVParteien verbindlich, seine Bestimmungen gelten unmittelbar und zwingend zwischen den beiderseits Tarifgebundenen, § 4 I TVG.

44   Der TV als privatrechtlicher Vertrag nimmt teil an der allgemeinen **Vertragsfreiheit**, also der Freiheit des einzelnen, selbst darüber zu entscheiden, ob und mit welchem Inhalt er mit wem einen Vertrag abschließen will, § 305 BGB. Diese Vertragsfreiheit wird als Teil der allgemeinen Handlungsfreiheit verstanden, als wichtigste Ausdrucksform der Privatautonomie (BVerfG 19. 10. 1993 E 89, 214 = AP GG Art. 2 Nr. 35; BAG GS 12. 6. 1992 AP BGB § 611 Haftung der AN Nr. 101). Die allgemeine Vertragsfreiheit erfährt aber durch Art. 9 III GG für das Arbeitsrecht eine besondere, spezifische Ausprägung: Art. 9 III GG schützt über die individuelle Koalitionsfreiheit hinaus auch die Koalitionen selbst nicht nur in ihrem Bestand, sondern auch in ihrem Recht, durch spezifische koalitionsmäßige Betätigung die Arbeits- und Wirtschaftsbedingungen zu wahren und zu fördern (Rn. 25). Unter dieser Betätigungsgarantie fällt insb. der Abschluß von TV (BVerfG 2. 3. 1993 E 88, 103 = AP GG Art. 9 Arbeitskampf Nr. 126; BVerfG 10. 1. 1995 E 92, 26 = AP GG Art. 9 Nr. 76), durch die die Koalitionen **in eigener Verantwortung** und im wesentlichen ohne staatliche Einflußnahme Lohn- und sonstige Arbeitsbedingungen in einem Bereich regeln, in dem **der Staat seine Regelungszuständigkeit weit zurückgenommen** hat (BVerfG 1. 3. 1979 E 50, 290 = AP MitbestG § 1 Nr. 1; BAG 27. 6. 1989 AP GG Art. 9 Nr. 113). „Mit der grundrechtlichen Garantie der Tarifautonomie wird ein Freiraum gewährleistet, in dem AN und AG ihre Interessengegensätze in eigener Verantwortung austragen können. Diese Freiheit findet ihren Grund in der historischen Erfahrung, daß auf diese Weise eher Ergebnisse erzielt werden, die den Interessen der widerstreitenden Gruppen und dem Gemeinwohl gerecht werden, als bei einer staatlichen Schlichtung." (BVerfG 2. 3. 1993 E 88, 103 = AP GG Art. 9 Arbeitskampf Nr. 126).

45   Das BVerfG sieht in der Garantie eines vom Staat bereitzustellenden TVSystems und in der Bildung freier Koalitionen als Partner der TV einen wichtigen Teil des Kernbereiches, in dem der Staat sich jeder Einflußnahme enthält (18. 12. 1974 E 38, 281 = AP GG Art. 9 Nr. 23): „Den Koalitionen ist durch Art. 9 III GG die Aufgabe zugewiesen und in einem Kernbereich gewährleistet, die Arbeits- und Wirtschaftsbedingungen in eigener Verantwortung und im wesentlichen ohne staatliche Einflußnahme zu gestalten. Sie erfüllen dabei eine öffentliche Aufgabe" (BVerfG 26. 5. 1970 E 28, 295 = AP GG Art. 9 Nr. 16); sie haben eine bedeutungsvolle wirtschaftliche Ordnungsfunktion (BVerfG 1. 3. 1979 E 50, 290 = AP MitbestG § 1 Nr. 1). Jedoch ändert diese Bedeutung nichts an der privatrechtlichen Qualifikation ihrer Tätigkeit und an der Beschränkung der Tätigkeit auf ihre Mitglieder.

46   Das BVerfG (24. 4. 1996 E 94, 268 = AP HRG § 57 a Nr. 2) sieht den den Koalitionen zustehenden („überlassenen") Regelungsbereich in den Materien, die diese in eigener Verantwortung zu ordnen vermögen. „Dazu gehört vor allem das Arbeitsentgelt und die anderen materiellen Arbeitsbedingungen wie etwa Arbeits- und Urlaubszeiten sowie nach Maßgabe von Herkommen und Üblichkeit weitere Bereiche des Arbeitsverhältnisses, außerdem darauf bezogene soziale Leistungen und Einrichtungen." Ein **gesetzgeberischer Eingriff** in diese Regelungskompetenz der Tarifparteien sei nur durch hinreichende gewichtige, grundrechtlich geschützte Belange gerechtfertigt. Ein Normsetzungsmonopol der Tarifparteien wird jedoch abgelehnt (BVerfG 24. 4. 1996 E 94, 268 = AP HRG § 57 a Nr. 2; BAG 20. 10. 1993 AP SGB IV § 41 Nr. 3), es gilt eine **Normsetzungsprärogative** (*Scholz*, FS für Trinkner, 1995, S. 383 ff.; *Söllner* NZA 1996, 899).

II. Tarifvertragsparteien

47   **1. Tariffähigkeit im allgemeinen.** Während das allgemeine Privatrecht für die Wirksamkeit eines abgeschlossenen Vertrags die Rechtsfähigkeit des BGB erfordert, gilt für den TV eine besondere Regelung: § 2 TVG regelt spezialgesetzlich, wer wirksam einen TV abschließen kann, also die Tariffähigkeit besitzt (§ 2 TVG Rn. 18 ff.). Weitere Voraussetzungen für die Tariffähigkeit stellt das Gesetz ausdrücklich nicht auf (BAG 25. 11. 1986 AP TVG § 2 Nr. 36).

48   Gewerkschaften und Vereinigungen von AG müssen die allgemeinen Voraussetzungen einer arbeitsrechtlichen Koalition erfüllen (Rn. 4 ff.). Für die Frage, **ob jede solche Koalition als tariffähig** anzusehen ist, ist der Grundgedanke der Tarifautonomie zu beachten: Die innere Berechtigung der

B. Tarifautonomie   Art. 9 **GG 10**

weitreichenden Zurücknahme der staatlichen Regelungskompetenz im Vertrauen auf die Ausgewogenheit der auch für die Gesamtwirtschaft bedeutungsvollen TV setzt voraus, daß die Koalitionen zur sinnvollen Gestaltung in gesamtwirtschaftlicher Verantwortung auch **faktisch in der Lage sind**, im Verhältnis zum tariflichen Gegenspieler einen Interessenausgleich herbeizuführen und damit den Zweck der Wahrung und Förderung der Arbeitsbedingungen zu erfüllen. Der Staat kann nur Koalitionen, die faktisch in der Lage sind, das Arbeitsleben durch TV sinnvoll zu ordnen und so letztlich die Gemeinschaft sozial zu befrieden, an der Tarifautonomie teilnehmen lassen (BVerfG 18. 11. 1954 E 4, 96 = AP GG Art. 9 Nr. 1; BVerfG 19. 10. 1966 E 20, 312 = AP TVG § 2 Nr. 24; BAG 15. 3. 1977 AP GG Art. 9 Nr. 24).

2. Mächtigkeit. Aus den dargelegten Gründen zur Erforderlichkeit eines Interessenausgleichs zwi- 49 schen den Koalitionen folgert die Rspr., daß trotz Fehlens einer ausdrücklichen zusätzlichen Voraussetzung für die Tariffähigkeit über den Wortlaut des § 2 TVG hinaus für die Anerkennung einer arbeitsrechtlichen Koalition als tariffähig noch zusätzlich die „Mächtigkeit" gegeben sein muß: Koalitionen, die die Tariffähigkeit für sich in Anspruch nehmen, müssen so viel Gewicht haben, daß sie im Verhältnis der Koalitionspartner zueinander einen fühlbaren Druck auszuüben vermögen, um so zur Aufnahme von Tarifverhandlungen und zum Abschluß von TV zu kommen (BAG 10. 9. 1985 AP TVG § 2 Nr. 34; str., vgl. eingehend *Gamillscheg*, Kollektives Arbeitsrecht, Bd. I, S. 428 ff.; *Schrader*, „Durchsetzungsfähigkeit" als Kriterium für AG im TVRecht, 1993, S. 45, 59 ff.; MünchArbR/*Löwisch* § 248 Rn. 8; *Brox/Rüthers* Rn. 132; *Söllner* S. 130; *Zöllner/Loritz* S. 340 f.). Mächtig und leistungsfähig ist eine Koalition nur dann, wenn sie Autorität nach außen gegenüber ihrem Gegenspieler sowie gegenüber ihren Mitgliedern besitzt (§ 2 TVG Rn. 10; BAG 14. 3. 1978 AP TVG § 2 Nr. 30), sonst kann sie nicht effektiv an der Gestaltung der Arbeits- und Wirtschaftsbedingungen teilnehmen (BVerfG 20. 10. 1981 E 58, 233 = AP TVG § 2 Nr. 31).

Diese Durchsetzungsfähigkeit wird bei Gewerkschaften in der Rspr. gefordert; ob sie konkret 50 vorliegt, muß im Einzelfall beurteilt werden (BVerfG 20. 10. 1981 E 58, 233 = AP TVG § 2 Nr. 31; BAG 16. 11. 1982 AP TVG § 2 Nr. 32; BAG 10. 9. 1985 AP TVG § 2 Nr. 34; BAG 25. 11. 1986 AP TVG § 2 Nr. 36; BAG 16. 1. 1990 AP TVG § 2 Nr. 39; str.). Als Merkmale sind dabei Mitgliederzahl, organisatorische Ausstattung sowie Bewährung in der Tarifpraxis heranzuziehen (eingehend *Schrader* S. 50 ff.). – Der einzelne AG ist kraft Gesetzes tariffähig ohne Rücksicht auf die Frage der Mächtigkeit (§ 2 I TVG). Auch für die Tariffähigkeit eines AGVerbandes fordert die Rspr. keine Mächtigkeit (BAG 20. 11. 1990 AP TVG § 2 Nr. 40; str,. vgl. eingehend *Schrader* S. 89 ff.; vgl. auch § 2 TVG Rn. 17).

3. Tarifwilligkeit. Die Tariffähigkeit einer Koalition setzt voraus, daß sie das geltende Tarifrecht als 51 für sich verbindlich anerkennt und nach ihrem satzungsmäßigen Ziel zur Gestaltung der Arbeits- und Wirtschaftsbedingungen (zumindest auch) TV abschließen will (BAG st. Rspr., vgl. 15. 3. 1977 AP TVG § 2 Nr. 24; 10. 9. 1985 AP TVG § 2 Nr. 34; 25. 11. 1986 AP TVG § 2 Nr. 36). Eine andere Frage ist es, ob jedes Mitglied sich dieser satzungsmäßigen Tarifbindung unterwerfen muß oder ob eine Mitgliedschaft ohne Tarifbindung an die von der Koalition geschlossenen TV möglich ist (§ 2 TVG Rn. 14).

4. Arbeitskampfbereitschaft? Die Gestaltung der Arbeits- und Wirtschaftsbedingungen im Sinne 52 des Art. 9 III GG vornehmlich durch TV setzt nicht voraus, daß diese notwendigerweise (nur) durch Arbeitskämpfe erzwungen werden können; die ganz überwiegende Zahl von TV wird freiwillig abgeschlossen. Deshalb kommt es nach der Rspr. für die Tariffähigkeit einer Koalition nicht darauf an, ob sie arbeitskampfbereit ist (BVerfG 6. 5. 1964 E 18, 18 = AP TVG § 2 Nr. 15), sondern allein auf die Fähigkeit, Druck und Gegendruck auszuüben; das ist nicht stets mit dem Kampfwillen gleichzusetzen (BAG 14. 3. 1978 AP TVG § 2 Nr. 30).

III. Tariffreiheit

1. Abschlußfreiheit. Zur Tariffreiheit gehört die Abschlußfreiheit, also die Freiheit jeder Seite zu 53 entscheiden, ob, mit wem und mit welchem Inhalt ein TV abgeschlossen oder ein Tarifangebot abgegeben wird. Dementsprechend lehnt das BAG einen **Verhandlungsanspruch** zwischen möglichen TVParteien mangels entsprechender vertraglicher Abreden ab (BAG 14. 2. 1989 AP GG Art. 9 Nr. 52), die erhobenen **Tarifforderungen** werden inhaltlich nicht überprüft (BAG 19. 6. 1984 AP TVG § 1 Verhandlungspflicht Nr. 3; BAG 3. 4. 1990 AP GG Art. 9 Nr. 56); etwas anderes gilt allenfalls dann, wenn ein Arbeitskampf droht (BAG 21. 3. 1978 AP GG Art. 9 Arbeitskampf Nr. 62; BAG 3. 4. 1990 AP GG Art. 9 Nr. 56). Auch eine Kontrolle der Zusammensetzung der gegnerischen **Verhandlungskommission** wird abgelehnt (BAG 14. 7. 1981 AP TVG § 1 Verhandlungspflicht Nr. 1). Zur Abschlußfreiheit gehört es auch, daß die Koalitionen die Mittel, die sie zur Erreichung des Abschlusses eines TV für geeignet halten, selbst wählen können (Rn. 25).

2. Inhaltsfreiheit. Der besondere Rechtscharakter des TV wird inhaltlich durch die Arbeits- und 54 Wirtschaftsbedingungen bestimmt. Innerhalb dieser weitgesteckten Grenze entscheiden die TVPar-

Schlachter

teien in freier Selbstbestimmung darüber, ob und für welche Berufsgruppen oder Tätigkeiten sie überhaupt eine tarifliche Regelung treffen wollen (BAG 18. 9. 1985 AP BAT § 23 a Nr. 20). Die TVParteien sind grds. auch **frei in der inhaltlichen Gestaltung** des tariflich zu Vereinbarenden, ob sie stärker differenzieren oder einen einheitlichen TV schließen, ob sie Tariföffnungen für betriebliche Regelungen vorsehen; ja sogar, ob sie wirtschaftliche „Vernunft" walten lassen. Schadensersatzansprüche tarifunterworfener AN oder AG, die sich durch tarifliche Normen benachteiligt fühlen, gegen die TVParteien oder deren Repräsentanten bestehen nicht (BAG 20. 8. 1986 AP TVG § 1 Tarifverträge Seniorität Nr. 6).

55   3. Grenzen. a) Verfassung. Art. 9 III GG garantiert die koalitionsspezifische Betätigungsfreiheit nicht unbegrenzt (Rn. 22), sondern nur im Rahmen der gesamten Rechtsordnung (Art. 2 I GG). Das gilt auch für die TVParteien: Sie sind an die Verfassung gebunden. Aufgrund der weitreichenden, in die Einzelarbeitsverhältnisse unmittelbar rechtlich hineinwirkenden tarifvertraglichen Regelungen geht die Rspr. davon aus, daß es sich beim Abschluß eines TV um Gesetzgebung im materiellen Sinne handelt, die den durch Art. 1 III GG gesetzten Schranken, einschließlich der Grundrechtsbindung, unterliegt (grdl. BAG 15. 1. 1955 AP GG Art. 3 Nr. 4; st. Rspr., vgl. BAG 30. 5. 1996 AP BAT-O § 19 Nr. 9; zum Streitstand vgl. TVG § 1 Rn. 137 ff.). Doch hat der 7. Senat des BAG mittlerweile zusätzlich die in der Mitgliedschaft des AN liegende Unterwerfung unter die Tarifmacht zur Begründung herangezogen (BAG 25. 2. 1998, 11. 3. 1998 AP TVG § 1 Tarifverträge Luftfahrt Nr. 11, 12; eingehend GG Vorb. Rn. 50 ff. und *Dieterich*, FS für Schaub, 1998, S. 117 ff.).

56   b) Gesetzliche Grenzen. Die Tarifautonomie steht unter dem Gesetz (vgl. § 1 TVG Rn. 153 ff.). Soweit Gesetze eine zwingende Regelung enthalten, können grds. keine davon abw. TV geschlossen werden; anderenfalls sind sie unwirksam (BAG 26. 9. 1984 AP TVG § 1 Nr. 21). – Zum tarifdispositiven Gesetz vgl. TVG § 1 Rn. 157. – Die erforderliche Abgrenzung zwischen der Kompetenz des Gesetzgebers und der TVParteien im Rahmen der Arbeits- und Wirtschaftsbedingungen ist nicht mit letzter Sicherheit vorzunehmen, denn es geht letztlich um den Gegensatz von staatlicher zu koalitionsgetragener Arbeits- und Wirtschaftspolitik in ihrer Gesamtheit.

57   Bei der Abgrenzung zwischen der Tarifautonomie einerseits und der staatlichen Kompetenz gem. Art. 74 Nr. 12 GG iVm. der Sozialstaatsklausel (Art. 20 GG) andererseits sind als „Eckpunkte" zu bedenken: Den TVParteien muß ein funktionsfähiges TVSystem zur Verfügung stehen (Rn. 25), bei dem der Staat seine Regelungsbefugnis weit zurücknimmt. Da die TVParteien zum Interessenausgleich zwischen den widerstreitenden Gruppeninteressen unter Berücksichtigung des Gemeinwohls am ehesten in der Lage sind (BVerfG 2. 3. 1993 E 88, 103 = AP GG Art. 9 Arbeitskampf Nr. 126; 27. 4. 1999 NZA 1999, 923), ist eine Regelungs*prärogative* (Rn. 46) der TVParteien anzunehmen. Der den Koalitionen staatsfrei überlassene Regelungsbereich bezieht sich dabei auf solche Bereiche, die sie in eigener Verantwortung zu ordnen vermögen, vor allem Arbeitsentgelt, Arbeitszeit und Urlaub sowie nach Herkommen und Üblichkeit weitere Bereiche des Arbeitsverhältnisses und darauf bezogene soziale Leistungen und Einrichtungen (BVerfG 24. 4. 1996 E 94, 268 = AP HRG § 57 a Nr. 2). Dem entspricht § 1 I des Gesetzes über die Festsetzung der Mindestarbeitsbedingungen: „Die Regelung von Entgelten und sonstigen Arbeitsbedingungen erfolgt grds. in freier Vereinbarung zwischen den TVParteien durch TV".

58   Andererseits ist die **Tarifautonomie nicht schrankenlos**, es trägt der Gesetzgeber letztlich gegenüber der Gesamtheit die Verantwortung für die Verwirklichung des Sozialstaats, des Gemeinwohls sowie weiterer Verfassungsgüter, zB das gesamtwirtschaftliche Gleichgewicht und die Förderung des wirtschaftlichen Wachstums (Art. 104 a IV GG). Deshalb ist eine gesetzliche Regelung in diesem Bereich nicht schlechthin unzulässig, denn den TVParteien ist kein Normsetzungs*monopol* verliehen (Rn. 46). Wohl aber bedarf es für einen solchen **Eingriff in die Tarifautonomie** einer besonderen Rechtfertigung, daß nämlich der Gesetzgeber zum Schutze der Grundrechte Dritter oder anderer mit Verfassungsrang ausgestatteter Rechte im Rahmen der Verhältnismäßigkeit handelt (BVerfG 26. 6. 1991 E 84, 212 = AP GG Art. 9 Arbeitskampf Nr. 117; BVerfG 24. 4. 1996 E 94, 268 = AP HRG § 57 a Nr. 2; BVerfG 27. 4. 1999 NZA 1999, 923; BAG 20. 10. 1993 AP SGB IV § 41 Nr. 3). Unter diesen engen Voraussetzungen ist auch ein Eingriff in bestehende TV zulässig; dabei sind bestehende tarifvertragliche Regelungen grds. stärker geschützt als die Tarifautonomie in den Bereichen, die die Koalitionen bisher ungeregelt gelassen haben (BVerfG 24. 4. 1996 E 94, 268 = AP HRG § 57 a Nr. 2; BAG 20. 10. 1993 AP SGB IV § 41 Nr. 3). – Unter diesen Prämissen bestehen gegen tarifdispositives Recht keine grds. Bedenken (MünchArbR/*Löwisch* § 239 Rn. 58 ff.).

59   c) **Günstigkeitsklausel.** Bedeutungsvoll ist die gesetzliche Einschränkung der Tarifautonomie durch die Günstigkeitsklausel des § 4 III TVG, wonach vom TV abw. Abmachungen zulässig sind, soweit sie eine Regelung zugunsten des AN enthalten; TV haben nur die Wirkung von Mindestbedingungen.

60   d) **Gesetzliche Öffnungsklauseln.** Öffnungsklauseln gestatten, daß von den im TV getroffenen verbindlichen (§ 4 I TVG) Regelungen abgewichen werden kann. Soweit die TVParteien selbst eine solche Öffnungsklausel vereinbaren, ist das ein Teil ihrer Tarifautonomie (Rn. 64). Im Rahmen der allgemeinen arbeitsmarktpolitischen Diskussion wird nun die Forderung erhoben, daß gesetzlich die

B. Tarifautonomie   Art. 9 GG 10

Möglichkeit geschaffen wird, daß die Tarifgebundenen von einem TV (auch nach „unten") abw. Regelungen treffen können, der TV also für abw. Regelungen auf betrieblicher Ebene „geöffnet" wird (61. DJT 1996 Arbeitsrechtl. Abt., Beschluß Nr. 3, veröffentlicht NZA 1996, 1277, Bericht RdA 1996, 376 ff.; vgl. Gutachten *Richardi;* vgl. *Ehmann/Schmidt* NZA 1995, 193; *Hromadka* NZA 1996, 1233; *Walker* ZfA 1996, 369; *Junker* ZfA 1996, 393; *Löwisch* NJW 1997, 905). Bei einer solchen gesetzlichen Öffnungsklausel handelt es sich um einen Eingriff in die Tarifautonomie (zuletzt *Söllner* NZA 1996, 899): Damit wird die Befugnis an die Tarifgebundenen verliehen, trotz bestehender Tarifbindung (§ 4 TVG) und ohne tarifvertragliche Gestattung vom TV abzuweichen. Ein solcher gesetzlicher Eingriff ist zwar nicht schlechthin unzulässig, wenn eine besondere Rechtfertigung besteht (Rn. 58). Es bestehen jedoch erhebliche Bedenken, ob nicht durch eine solche Regelung das TVSystem insgesamt aufgeweicht und der Geltungsumfang des TV in elementaren Fragen des Arbeitsverhältnisses der Betriebsautonomie überlassen und dadurch entgegen den Anforderungen von Art. 9 Abs. 3 ausgehöhlt wird (eingehend *Hanau* RdA 1993, 1 ff.; *Däubler* Tarifvertragsrecht Rn. 353); der TV denaturiert zu einem unverbindlichen Vorschlag für die Betriebspartner (*Söllner* NZA 1996, 899).

e) **Gemeinwohlbindung.** Vielfach wird die Auffassung vertreten, daß die arbeitsrechtlichen Koali- 61 tionen, obwohl sie privatrechtlich organisierte Interessenvertretungen ihrer Mitglieder sind, gleichwohl an das Gemeinwohl gebunden sind (BAG GS 21. 4. 1971 AP GG Art. 9 Arbeitskampf Nr. 43; vgl. *Zöllner/Loritz* S. 389; *Wiedemann/Stumpf* Einl. Rn. 193 ff.; *Däubler* Tarifvertragsrecht Rn. 562 ff.; *Hagemeier/Kempen/Zachert/Zilius* Einl. Rn. 118 f., § 1 Rn. 41; *Gamillscheg,* Kollektives Arbeitsrecht Bd. I, S. 317 ff.; *Söllner* S. 146; *Junker* ZfA 1996, 391 mwN). Für diese Auffassung spricht manches, denn TV sind keine „Privatsache" der Verbände und ihrer Mitglieder: Sie wirken nicht isoliert und isolierbar nur für die Koalitionsmitglieder, sondern auch auf die allgemeinen Kosten, besonders Arbeitskosten und damit auf die Wettbewerbsfähigkeit ein, haben also erhebliche Breitenwirkung. Wenn schon der Staat im Bereich der Tarifautonomie seine eigene Ordnungstätigkeit zurücknimmt und den TVParteien überläßt, dann müssen diese regelungsbefugten Koalitionen auch den „Über-Koalitionsaspekt" berücksichtigen.

Die **Konkretisierung** der sich aus Gemeinwohlüberlegungen ergebenden Konsequenzen ist grds. 62 Sache des Gesetzgebers (vgl. zuletzt BVerfG 22. 6. 1995 E 93, 121 unter C III 2 c, aa = NJW 1995, 2615), aber im Zusammenhang mit Arbeits- und Wirtschaftsbedingungen unter Respektierung der Tarifautonomie, was gesetzlichen Regelungen weitgehend entgegensteht (vgl. Stabilitätsgesetz). Es gibt auch außergesetzlich kein überzeugendes Koordinatensystem für die Definition des Gemeinwohls in Bezug auf einen konkreten TV, da Gemeinwohl ein höchst unbestimmter Wert ist, dessen Einzelelemente zahlreich sind und in einem sehr komplexen (auch antagonistischen) Zusammenhang stehen; es gibt keinen vorgegebenen Begriff (*Söllner* S. 146; *Isensee,* Die Zukunft der sozialen Partnerschaft, 1986, S. 159, 177), der eine gerichtliche Nachprüfung ermöglichen könnte. Daher ist die Gemeinwohlbindung im Sinne einer moralischen Pflicht zu verstehen (*Herschel* RdA 1986, 1), also unverbindlich (*Buchner* NZA 1996, 1178).

4. Tarifvertrag und Betriebsverfassung. a) Tarifvertragliche Regelungskompetenz. Regelungen 63 des Tarifrechts und des Betriebsverfassungsrechts stehen im Grundsatz unabhängig nebeneinander. Gem. §§ 3, 76 VIII und 86 BetrVG kann das BetrVG allerdings durch TV geändert werden; auch § 1 TVG sieht vor, daß ein TV betriebsverfassungsrechtliche Fragen ordnen kann. Dennoch ist die Frage umstritten, ob die betriebliche Mitbestimmung durch einen TV verändert werden kann (vgl. *Beuthien* ZfA 1986, 131; *Zachert* AuR 1985, 201), weil so die Koalitionen unmittelbar rechtliche Wirkungen auch für nicht koalitionsangehörige AN des Betriebs herbeiführen können (§ 3 II TVG). Trotz einiger, vornehmlich auf die negative Koalitionsfreiheit (Rn. 17) gestützter Einwände hat das BAG eine Regelungskompetenz der TVParteien über die für sie im BetrVG ausdrücklich enthaltenen Kompetenzen hinaus bejaht (BAG 10. 2. 1988 AP BetrVG 1972 § 99 Nr. 53; BAG 31. 1. 1995 AP BetrVG 1972 § 99 Nr. 56: zust. *Meier/Krenz* DB 1988, 2149; abl. *Richardi* NZA 1988, 673). Die **Erstreckung der Rechtsnormen** über betriebliche Fragen auf Außenseiter ohne Allgemeinverbindlichkeitserklärung läßt sich sachlich rechtfertigen, wenn die entsprechenden Bestimmungen in der sozialen Wirklichkeit aus tatsächlichen oder rechtlichen Gründen nur einheitlich gelten können (BAG 21. 1. 1987 AP GG Art. 9 Nr. 47).

b) **Tarifvorrang.** Die von der Verfassung den TV beigelegte hohe Bedeutung (Rn. 44) macht es 64 erforderlich, dem TV gegenüber anderen Rechtsquellen des Arbeitsrechts erhöhte Durchsetzungskraft zuzugestehen. Dem dient der Tarifvorrang, einmal geregelt im § 77 III 1 BetrVG, zum anderen im § 87 I BetrVG. Sinn des Tarifvorrangs ist die Sicherung der von der Verfassung gewährleisteten Tarifautonomie vor konkurrierenden Gestaltungen im Rahmen der betriebsverfassungsrechtlichen Mitbestimmungsordnung (BAG 9. 4. 1991 AP BetrVG 1972 § 77 Tarifvorbehalt Nr. 1; BAG GS 3. 12. 1991 AP BetrVG 1972 § 87 Lohngestaltung Nr. 51). – Vom Tarifvorrang können die TVParteien durch eine **Öffnungsklausel im TV** befreien dahin gehend, daß und in welchem Rahmen innerhalb des Betriebs vom TV abgewichen werden kann (BAG 18. 8. 1987 AP BetrVG 1972 § 77 Nr. 23; BAG 7. 7. 1988 AP BUrlG § 11 Nr. 22; BAG 11. 7. 1995 AP TVG § 1 Versicherungsgewerbe Nr. 10; vgl. dazu § 4 TVG Rn. 48 ff.).

Schlachter

65 **5. Richtigkeitsvermutung.** Der Tarifautonomie liegt der Gedanke zugrunde, daß die TVParteien aufgrund ihrer Sachkunde und ihres annähernden Kräftegleichgewichts durch einen TV wesentlich angemessener die besonderen Verhältnisse und Bedürfnisse einzelner Berufszweige regeln können als das ein Gesetzgeber tun könne (Rn. 44), der notwendigerweise auf einer höheren Abstraktionsebene pauschalieren und generalisieren muß. Deshalb hat der von den TVParteien ausgehandelte TV die Vermutung der Richtigkeit für sich (BAG 7. 6. 1984 AP KO § 22 Nr. 5; BAG 16. 6. 1993 NZA 1994, 221; *Enderlein* RdA 1995, 264).

IV. Tarifbindung

66 **1. Tarifbindung kraft Verbandszugehörigkeit.** Die Rechtsnormen des TV gelten unter den Voraussetzungen des § 4 I TVG für die beiderseits Tarifgebundenen, dh. die Mitglieder der tarifschließenden Verbände bzw. einen AG, der selbst TVPartei ist (§ 3 I TVG); zu den Einzelheiten der Tarifgebundenheit trotz Austritts aus dem vertragschließenden Verband vgl. § 3 III TVG. Ist nur eine Arbeitsvertragspartei tarifgebunden, gilt der TV für dieses Arbeitsverhältnis grds. (Rn. 67) nicht normativ, es kommt allenfalls eine vertragliche Geltung kraft arbeitsvertraglicher Bezugnahmeklausel in Betracht (Rn. 69).

67 **2. Tarifbindung des Betriebs.** Eine Ausnahme von der notwendigen beiderseitigen Tarifbindung als Voraussetzung für die unmittelbare Geltung eines TV besteht für TV über betriebliche und betriebsverfassungsrechtliche Fragen: Die darin enthaltenen Normen gelten für alle Betriebe, deren AG (nur er) tarifgebunden sind (§ 3 II TVG, Rn. 63).

68 **3. Allgemeinverbindlichkeit.** TV können für allgemeinverbindlich erklärt werden (§ 5 TVG) mit der Folge, daß die normativen Bestimmungen des TV nicht nur für die nach § 3 TVG Tarifgebundenen gelten, sondern auch für die Nichttarifgebundenen. Die Allgemeinverbindlichkeits-Erklärung ist im Verhältnis zu den Nicht-Tarifgebundenen („Außenseitern") ein Rechtsetzungsakt eigener Art zwischen autonomer Regelung und staatlicher Rechtsetzung (BAG 28. 3. 1990 AP TVG § 5 Nr. 25; vgl. BVerwG NJW 1988, 1495).

69 **4. Einzelvertragliche Tarifgeltung.** Wenn auch die TV nur für die beiderseits Tarifgebundenen unmittelbar gelten, so kann doch einzelvertraglich die Geltung von TV vereinbart werden (BAG 1. 6. 1995 AP BAT-O § 1 Nr. 5).

V. Tarifkonkurrenz

70 Vom Grundgedanken der Koalitionsfreiheit her hat jede TVPartei und jeder Koalitionsangehörige das Recht, unter den allgemeinen Voraussetzungen die Anwendung „seines" TV zu verlangen. Demgegenüber hat die Rspr. betont, daß aus Gründen der Zweckmäßigkeit und der betrieblichen Ordnung in einem Betrieb nur jeweils ein TV gelten solle (BAG 20. 3. 1991 AP TVG § 3 Tarifkonkurrenz Nr. 20, keineswegs unumstritten *Wiedemann/Arnold* ZTR 1994, 443; *Schaub* BB 1995, 2005; *Kania* DB 1996, 1921), (zum Ganzen vgl. TVG § 4 Rn. 98 ff.).

VI. Tarifdurchsetzung

71 Ein wirksam zustande gekommener, inhaltlich nicht zu beanstandender TV wirkt rechtlich unmittelbar (§ 4 I TVG) und ist zu erfüllen (eingehend *Kittner*, FS für Stahlhacke, 1995, S. 247). **Erfüllungsmängel** im individualrechtlichen Bereich können durch Erfüllungsanspruch des einzelnen AN im Individualprozeß geltend gemacht werden. Eine Klage einer TVPartei gegen die andere auf Erfüllung gegenüber einem Mitglied lehnt die Rspr. ab (BAG 8. 11. 1957 AP ZPO § 256 Nr. 7 = BAGE 5, 115), auch im Wege einer Feststellungsklage, daß im Verhältnis zu einem Mitglied die Pflicht aus dem TV verletzt sei (BAG 11. 9. 1991 AP IPR-AR Nr. 29).

72 Aus dem TV folgt im Verhältnis der TVParteien zueinander die prozessual zwischen den TVParteien durchsetzbare **Durchführungspflicht** (BAG 11. 9. 1991 AP IPR-AR Nr. 28) als eine Nebenpflicht, die jedem Vertrag immanent ist, wie auch die Pflicht, alles zu unterlassen, was die tariflichen Regelungen leerlaufen lassen könnte (BAG 29. 4. 1992 AP TVG § 1 Durchführungspflicht Nr. 3; kritisch *Buchner* DB 1992, 572). Diese Durchführungspflicht kann auch im Wege der Feststellungsklage geltend gemacht werden (BAG 11. 9. 1991 AP IPR-AR Nr. 29).

73 Schwieriger ist die Frage, ob und wie die TVParteien gegeneinander vorgehen können, wenn das tarifgebundene Mitglied einer Seite sich vertragswidrig verhält. Hier folgt aus der Durchführungspflicht eine rechtlich durchsetzbare **Einwirkungspflicht** (BAG 29. 4. 1992 AP TVG § 1 Durchführungspflicht Nr. 3) der TVPartei gegenüber ihrem Mitglied. Eine Befugnis einer TVPartei, die Vereinbarkeit einer Betriebsvereinbarung mit einer Tarifbestimmung gerichtlich aus eigenem Recht überprüfen zu lassen, wurde von der Rspr. abgelehnt (BAG 20. 8. 1991 AP BetrVG 1972 § 77 Tarifvorbehalt Nr. 2; kritisch *Kempen* AuR 1989, 261). Entsprechend war zunächst eine Unterlassungsklage mit dem Ziel, eine als tarifwidrig angesehene Betriebsvereinbarung oder einzelvertragliche

Abrede nicht anzuwenden, für unzulässig erklärt worden (BAG 20. 8. 1991 AP BetrVG 1972 § 77 Tarifvorbehalt Nr. 2). Mittlerweile hat das BAG einen Anspruch aus § 1004, 823 BGB iVm. Art. 9 III GG anerkannt, wenn betriebseinheitliche Regelungen mit kollektivem Charakter die Tarifnormen von der Regelung der normativen Ordnung des Betriebes verdrängen; Gewerkschaften haben damit die Möglichkeit, gegen tarifwidrige Betriebsvereinbarungen und vertragliche Einheitsregelungen vorzugehen, wenn letztere auf einer Absprache mit dem BR beruhen oder vom BR unterstützt werden (BAG 20. 4. 1999 NZA 1999, 887). Der Anspruch richtet sich nur gegen die Vereinbarung untertariflicher Arbeitsbedingungen mit organisierten AN, mit Tarifaußenseitern dürfen untertarifliche Arbeitsbedingungen nach wie vor vereinbart werden. Die Entscheidung ist in der Literatur sehr kontrovers aufgenommen worden (ua. zustimmend: *Kocher* AuR 1999, 382; *Wohlfahrt* NZA 1999, 962; ua. kritisch: *Thüsing* DB 1999, 1552; *Buchner* NZA 1999, 897; *Bauer* NZA 1999, 957; *Löwisch* BB 1999, 2080; *Rieble* ZTR 1999, 483).

VII. Schutz der Tarifautonomie

1. Verfassungsrechtlicher Schutz. Das GG schützt die Tarifautonomie durch die Gewährleistung 74 der Koalitionsfreiheit in Abs. 3 S. 1; das umfaßt über die unmittelbare Koalitionsfreiheit hinaus auch die Betätigungsfreiheit (Rn. 21). Ausdrücklich erklärt Abs. 3 S. 2 alle Abreden für nichtig, die das Koalitionsrecht einschränken oder zu behindern suchen (Rn. 41). Darüber hinaus sind Arbeitskämpfe als Ausfluß der Koalitions-Betätigungsfreiheit „notstandsfest" (Rn. 42). – Die Freiheitsgrundrechte schützen aber nicht nur vor Eingriffen der Staatsgewalt in eine verbürgte Freiheitssphäre, vielmehr verpflichten sie den Staat auch, diese Freiheitssphäre zu schützen und zu sichern. Bestimmte Anforderungen an die Art und das Maß des Schutzes lassen sich der Verfassung aber grds. nicht entnehmen. Die staatlichen Organe haben bei der Erfüllung von Schutzpflichten einen weiten Gestaltungsraum (BVerfG 10. 1. 1995 E 92, 26 = AP GG Art. 9 Nr. 76; eingehend *Kempen*, FS für Gitter, 1995, S. 427; Einleitung Rn. 33 ff.).

2. Grenzen der Gesetzgebung. Gesetzliche Regelungen, die die Koalitionsfreiheit begrenzen, sind 75 grds. zulässig, denn das GG hat den Koalitionen keinen unbegrenzbaren Handlungsspielraum eingeräumt. Es ist Sache des Gesetzgebers, die Koalitionsfreiheit dadurch auszugestalten, daß er die Befugnisse der Koalitionen im einzelnen festlegt (Rn. 22, 44). Eine Grenze findet diese Gesetzgebungskompetenz allerdings in der „Kernbereichsgarantie" (Rn. 23) der Koalitionsfreiheit; in diese wird aber nur eingegriffen, wenn dem Betätigungsrecht der Koalitionen Schranken gesetzt werden, die zum Schutz anderer Rechtsgüter von der Sache her nicht geboten sind (Rn. 23).

3. Allgemeiner Rechtsschutz. Wird das Recht einer Koalition auf ihre koalitionsgemäße Betätigung 76 beeinträchtigt, kann dagegen mit der Unterlassungsklage nach § 1004 BGB vorgegangen werden, etwa in dem Falle, in dem ein AG die Einstellung eines AN von dessen Nachweis seines Austritts aus der Gewerkschaft abhängig macht (BAG 2. 6. 1987 AP GG Art. 9 Nr. 49). Dasselbe gilt nach neuester Rspr. auch bei Verdrängung der tariflichen Ordnung durch tarifwidrige „Bündnisse für Arbeit" (BAG 20. 4. 1999 NZA 1999, 887; vgl. Rn. 73).

VIII. Tarifkontrolle

Die Tarifautonomie muß auch bei der gerichtlichen Nachprüfung von TV respektiert werden, die 77 gerichtliche Kontrolle darf nicht zu einer „**Tarifzensur**" führen (BAG 10. 6. 1980 AP GG Art. 9 Arbeitskampf Nr. 64; *Söllner* NZA 1996, 904). Da jedoch bei aller inhaltlichen Gestaltungsfreiheit die Tarifautonomie an Verfassung und Gesetze gebunden ist (Rn. 55 ff.), haben die Gerichte die TV daraufhin zu überprüfen, ob sie gegen **höherrangiges Recht**, insb. das GG mit seinen Grundrechten, oder zwingendes Gesetzesrecht verstoßen (BAG 28. 5. 1996 AP TVG § 1 TV Metall Nr. 143; *Schlachter*, FS für Schaub, S. 651 ff.). Es ist also nur zu kontrollieren, ob durch die tarifliche Regelung die Grenzen der Tarifautonomie überschritten werden, die sich nicht nur aus dem GG und aus zwingendem Gesetzesrecht (BAG 27. 2. 1996 AP BetrAVG § 1 Gleichbehandlung Nr. 28), sondern auch aus den guten Sitten oder tragenden Grundsätzen des Arbeitsrechts ergeben. Auch eine Überprüfung nach § 242 BGB wird abgelehnt (BAG 6. 2. 1985 AP TVG § 1 Tarifverträge Süßwarenindustrie Nr. 1). – Verschlechternde TV sind von den Gerichten nur darauf zu prüfen, ob sie gegen das GG, gegen zwingendes Gesetzesrecht, gegen die guten Sitten oder tragende Grundsätze des Arbeitsrechts verstoßen (BAG 24. 8. 1993 AP BetrAVG § 1 Ablösung Nr. 19). Im übrigen ist es **nicht** Aufgabe der Gerichte zu prüfen, ob die TVParteien die **sachgerechteste** und zweckmäßigste Regelung getroffen haben (BAG 10. 10. 1989 AP TVG § 1 Vorruhestand Nr. 3; BAG 12. 3. 1992 AP BeschFG 1985 § 4 Nr. 1; BAG 23. 6. 1994 AP EWG-Vertrag Art. 40 Nr. 18; BAG 27. 3. 1996 NZA 1996, 992; BAG 23. 10. 1996 NZA 1997, 547). Zur gerichtlichen Kontrolle im Vorfeld von Tarifabschlüssen vgl. Rn. 53.

C. Arbeitskampf im allgemeinen

I. Begriffsbestimmung

78 **1. Begriff.** Der Arbeitskampf ist die Auseinandersetzung zwischen AN und AG um die Gestaltung des Arbeitslebens. Er ist ein sozialökonomisches Phänomen, das in der kollektiv begründeten Störung der Durchführung des Arbeitsverhältnisses besteht, ohne Rücksicht darauf, wer den Arbeitskampf herbeiführt, mit welchem Ziel und unter Einsatz welcher Mittel. Merkmal eines so weit verstandenen Begriffs des Arbeitskampfes ist lediglich die kollektive Druckausübung der einen Seite gegen die andere im Zusammenhang mit der inhaltlichen Ausgestaltung des Arbeitsverhältnisses.

79 **2. Arten.** a) Auf seiten der **AN** ist der Streik das historisch-klassische Arbeitskampfmittel; er besteht in der kollektiven Einstellung (Niederlegung) der vertraglich geschuldeten Arbeitsleistung durch eine Mehrzahl von AN. Daneben treten weitere Formen der Störung des Arbeitsverhältnisses in ihrer Bedeutung in den Hintergrund (vgl. Rn. 288 ff.). – b) Auf seiten der **AG** ist das dem Streik entsprechende Arbeitskampfmittel die Aussperrung. Durch sie macht der AG seinen AN die Erfüllung ihrer vertraglichen Pflichten unmöglich mit der Folge des Lohnverlustes. Demgegenüber treten auch hier weitere Formen der Störung des Arbeitsverhältnisses in ihrer Bedeutung in den Hintergrund (vgl. Rn. 311).

80 **3. Beteiligte am Arbeitskampf.** Unmittelbar am Arbeitskampf beteiligt sind die selbst streikenden oder ausgesperrten AN sowie die bestreikten oder aussperrenden AG. Der Arbeitskampf ist aber kein auf die unmittelbar Beteiligten beschränkter Vorgang, seine Folgen gehen weit darüber hinaus: Sie wirken sowohl durch die Verzahnung der Produktionsverhältnisse in andere Arbeitsverhältnisse hinein wie sie auch auf die Rechtsstellung und Lebensverhältnisse Dritter einwirken.

81 **4. Ziele.** Ziel des Arbeitskampfes ist der Abschluß eines TV, über dessen Inhalt auf dem Verhandlungswege keine Einigung erzielt werden konnte. Weitere Ziele wie die Durchsetzung von Rechten, Sympathiebekundung, allgemein-politische und Warnfunktion treten demgegenüber in den Hintergrund; zu deren rechtlicher Zulässigkeit vgl. Rn. 285 ff.

II. Rechtliche Regelung im allgemeinen

82 **1. Verfassung.** Der Begriff „Arbeitskampf" wird in der Verfassung ausschließlich im Art. 9 III 3 GG erwähnt, wonach sich Notstandsmaßnahmen nicht gegen Arbeitskämpfe richten dürfen. Das bedeutet aber nicht, daß die Verfassung zum allgemeinen Thema Arbeitskampf keine Aussagen erlaubt. Unter Berücksichtigung der wirtschaftspolitischen Neutralität des GG (vgl. BVerfG 1. 3. 1979 E 50, 290 = AP MitbestG § 1 Nr. 1; BVerfG 15. 12. 1987 E 77, 308 = AP GG Art. 12 Nr. 62) wird in der Wissenschaft kontrovers diskutiert, ob dem GG eine verfassungsrechtliche Garantie des Arbeitskampfes zu entnehmen ist. Einerseits wird die Auffassung vertreten: Aus dem Koalitionsrecht des Art. 9 III GG ergebe sich auch ein verfassungsrechtlich garantiertes Betätigungsrecht als instrumentelle Garantie, und da den Koalitionen damit die Verfolgung ihres Grundzwecks der Wahrung und Förderung der Arbeits- und Wirtschaftsbedingungen verfassungsrechtlich gewährleistet werde, müsse ihnen dann aber auch ein geeignetes und koalitionsgemäßes Mittel zur Herbeiführung eines TV zur Verfügung stehen; eine unter dem Sozialstaatsprinzip stehende Koalitionsgarantie müsse daher Arbeitskampfmöglichkeiten zur Verfügung stellen, die eine einerseits wirkungsvolle und andererseits verhältnismäßige Führung des Arbeitskampfes zulasse. – Eine andere Auffassung verneint die verfassungsmäßige Garantie des Arbeitskampfrechts insb. mit dem Hinweis, wenn neben dem Recht zur Koalitionsbildung auch das Recht zum Arbeitskampf mit verfassungsmäßiger Garantie hätte gewährleistet werden sollen, hätte das im Wortlaut zum Ausdruck kommen müssen.

83 Die Rspr. hat zunächst eine eindeutige Stellungnahme vermieden, später (BVerfGE 84, 212 = AP GG Art. 9 Arbeitskampf Nr. 117) hat dann das BVerfG eindeutig zur **verfassungsrechtlichen Gewährleistung des Arbeitskampfs** entschieden. Es geht aus von der Bestands- und Betätigungsgarantie der Koalitionen. Zu dieser Betätigungsgarantie gehöre der Abschluß von TV. „Die Wahl der Mittel, die sie" – die Koalitionen – „zur Erreichung dieses Zwecks für erforderlich halten, überläßt Art. 9 III GG grds. den Koalitionen. Soweit die Verfolgung des Vereinigungszwecks von dem Einsatz bestimmter Mittel abhängt, werden daher auch diese vom Schutz des Grundrechts umfaßt. Zu den geschützten Mitteln zählen auch Arbeitskampfmaßnahmen, die auf den Abschluß von TV gerichtet sind. Sie werden jedenfalls insoweit von der Koalitionsfreiheit erfaßt, als sie allgemein erforderlich sind, um eine **funktionierende Tarifautonomie** sicherzustellen". Diese Auffassung hat das BVerfG dann in der Folgezeit mehrfach bekräftigt (2. 3. 1993 E 88, 103 = AP GG Art. 9 Arbeitskampf Nr. 126; 4. 7. 1995 E 92, 365 = AP AFG § 116 Nr. 4). Daraus folgt: a) Die Freiheit der TVParteien, über die Mittel, die sie zur Erreichung ihres koalitionsgemäßen Zwecks für geeignet halten, frei zu entscheiden; – b) die grds. Anerkennung der verfassungsrechtlichen Gewährleistung des Arbeitskampfes; – c) die verfassungsrechtlich gewährleistete Freiheit der Auswahl der Mittel des Arbeitskampfes im einzelnen.

C. Arbeitskampf im allgemeinen   Art. 9   GG 10

Schließlich liegt den Entscheidungen die Voraussetzung zugrunde, daß verfassungsrechtlich Arbeitskampfmaßnahmen der AN wie der AG grds. gewährleistet sind, und zwar ausdrücklich Streik wie Aussperrung.

2. **Bundesgesetze.** Zur näheren Ausgestaltung des Arbeitskampfes bedarf es einer gesetzlichen 84 Regelung (vgl. BVerfG 2. 3. 1993 E 88, 103 = AP GG Art. 9 Arbeitskampf Nr. 126). Einzelfragen sind zwar geregelt in: § 2 I Nr. 2 ArbGG, § 74 II BetrVG, § 66 II BPersVG, Art. 1 § 11 V AÜG, § 25 KSchG, § 21 VI SchwbG, §§ 36 III, 146, 174 SGB III. Indessen fehlt eine auch nur grdl. Gesamtregelung (vgl. *Konzen*, FS für Kissel, 1994, S. 582): Der Währungsunionsvertrag mit der ehemaligen DDR (BGBl. 1990 II S. 537) bestimmte zwar im Art. 17, daß ua. das Arbeitskampfrecht „entsprechend dem Recht der Bundesrepublik Deutschland" in der DDR gelte, enthält aber keinerlei normative Konkretisierung, verweist also praktisch auf das, was Rspr. und Lehre als „Regelung" des Arbeitskampfs entwickelt haben (vgl. *Kissel* NZA 1990, 545; *Preis* ZfA 1992, 62, 133; *Müller* DB 1992, 269, 273 Fn. 43; zur ähnlich gelagerten Situation im Tarifrecht vgl. *Gitter*, FS für Kissel, 1994, S. 265). Ein 1988 von den Professoren *Birk, Konzen, Löwisch, Raiser* und *Seiter* vorgelegter Entwurf „Gesetz zur Regelung kollektiver Arbeitskonflikte" hat bis heute keine Realisierungschance. – Gleichermaßen fehlt eine Vereinbarung der TVParteien über die Austragung ihrer tariflichen Auseinandersetzungen, wie sie vom BAG gefordert wird (BAG GS 21. 4. 1971 AP GG Art. 9 Arbeitskampf Nr. 43; BAG 10. 6. 1980 AP GG Art. 9 Arbeitskampf Nr. 64).

3. **Landesrecht.** Das Streikrecht ist in einigen Landesverfassungen grds. gewährleistet: Art. 18 III 85 Berlin, Art. 51 II Brandenburg, Art. 51 III Bremen, Art. 29 IV Hessen, Art. 66 II Rheinland-Pfalz, Art. 56 II Saarland, Art. 37 II Thüringen; die Aussperrung ist zusätzlich in Hessen verboten, Art. 29 V. Mangels einer umfassenden bundesrechtlichen Regelung besteht eine jedenfalls partielle Gesetzgebungskompetenz der Länder. Aber auch hier fehlen nähere Regelungen, abgesehen von Schlichtungsvorschriften; die in einigen Landesverfassungen enthaltenen allgemeinen Regelungen gehen inhaltlich nicht über Art. 9 III GG und die sich daraus ergebenden Konsequenzen hinaus.

4. **Internationales Recht. a)** Die **Europäische Sozialcharta** (BGBl. 1964 II S. 1262) erkennt in II 86 Art. 6 Nr. 4 a „das Recht der AN und der AG auf kollektive Maßnahmen einschließlich des Streikrechts im Falle von Interessenkonflikten, vorbehaltlich etwaiger Verpflichtungen aus geltenden Gesamtarbeitsverträgen". Nach Meinung des Sachverständigenausschusses, der das zuständige Organ für die Kontrolle der Einhaltung der ESC durch die Vertragsstaaten ist, verstößt das deutsche Arbeitskampfrecht in zwei Punkten gegen Art. 6 Nr. 4 ESC: unzulässig sei das gewerkschaftliche Streikmonopol und die Beschränkung des Streikrechts auf tariflich regelbare Ziele (dazu *Däubler* AuR 1998, 144). Das Ministerkommitee des Europarats erteilte am 3. 2. 1998 der Bundesrepublik die „Empfehlung", die Ergebnisse des Expertenausschusses zu berücksichtigen (AuR 1998, 156). Die Auswirkungen auf das Arbeitskampfrecht können beträchtlich sein. Allerdings ist die Frage, ob die ESC geltendes Bundesrecht ist, nach wie vor umstritten (MünchArbR/*Otto* § 277 Rn. 53) und noch nicht höchstrichterlich entschieden; sie ist jedenfalls eine von der BRD eingegangene völkerrechtliche Verpflichtung, an die die Rspr. ebenso gebunden ist wie der Gesetzgeber, der die in der ESC eingegangenen Verpflichtungen in innerstaatliches Recht umsetzt/umsetzen muß (BAG 12. 9. 1984 AP GG Art. 9 Arbeitskampf Nr. 81; BAG 7. 6. 1988 AP GG Art. 9 Arbeitskampf Nr. 106). Zur mit Art. 6 Nr. 4 ESC begründeten Zulässigkeit „wilder Streiks" vgl. ArbG Gelsenkirchen 13. 3. 1998 AiB 1998, 655. Obwohl im Gegensatz zum Streik die Aussperrung nicht ausdrücklich aufgeführt ist, unterfallen auch Aussperrungen als „kollektive Maßnahmen" der ESC, „weil die Aussperrung die hauptsächliche, wenn nicht die einzige Form kollektiven Maßnahmen ist, die die AG zur Verteidigung ihrer Interessen ergreifen können" (BAG 12. 3. 1985 AP GG Art. 9 Arbeitskampf Nr. 84). Nach V Art. 31 ESC kommt eine Einschränkung nur in Betracht, wenn sie „in einer demokratischen Gesellschaft zum Schutz der Rechte und Freiheiten anderer oder zum Schutz der öffentlichen Sicherheit und Ordnung, der Sicherheit des Staates, der Volksgesundheit und der Sittlichkeit notwendig sind".

b) Die **Europäische Konvention zum Schutz der Menschenrechte und Grundfreiheiten** 87 (BGBl. 1952 II S. 686, 953) enthält über die Koalitionsfreiheit (Art. 11) hinaus keine ausdrückliche Regelung des Arbeitskampfes. Wohl aber interpretiert der EuGH diese Vorschrift ohne nähere Konkretisierung dahin gehend, daß den Gewerkschaften erlaubt sein muß, zum Schutz ihrer Mitglieder zu kämpfen (EuGH 27. 10. 1975 EuGRZ 1975, 262; EuGH 13. 8. 1981 EuGRZ 1981, 559).

c) Die **Gemeinschaftscharta der Sozialen Grundrechte** der AN vom 9. 12. 1989 (abgedruckt bei 88 *Birk*, Europäisches Arbeitsrecht, Textausgabe 1990, S. 43) erkennt das Streikrecht an (Nr. 13), hat aber keinen Rechtscharakter (MünchArbR/*Otto* § 277 Rn. 57).

d) **ILO-Übereinkommen** sind nicht unmittelbar geltendes innerstaatliches Recht (vgl. Art. 19 der 89 ILO-Satzung), sie bedürfen der innerstaatlichen Ratifizierung (BAG 7. 12. 1993 AP BUrlG § 7 Nr. 15). Einschlägig ist vor allem das Übereinkommen Nr. 87 (BGBl. 1956 II S. 2072), das zwar die Koalitionsfreiheit gewährleistet, jedoch keine Aussage zum Arbeitskampf macht; die dahin gehende

Schlachter

Auslegung durch die Organe der ILO hat wiederum keine rechtsverbindliche Wirkung (MünchArbR/ *Otto* § 277 Rn. 55).

90 e) Nach Art. 22 des **UN-Pakt über bürgerliche und politische Rechte** (BGBl. 1976 II S. 1068) hat jedermann das Recht, sich frei mit anderen zusammenzuschließen sowie zum Schutz seiner Interessen Gewerkschaften zu bilden und ihnen beizutreten. Damit ist zwar die Koalitionsfreiheit garantiert, der UN-Ausschuß für Menschenrechte sieht darin aber nicht das Streikrecht als impliziten Bestandteil garantiert (NJW 1987, 3065).

91 f) Der **Internationale Pakt über wirtschaftliche, soziale und kulturelle Rechte** vom 19. 12. 1966 (BGBl. 1973 II S. 1570) gewährleistet zwar das Streikrecht, aber mit der Maßgabe, daß es nur in Übereinstimmung mit dem nationalen Recht ausgeübt werden kann (MünchArbR/*Otto* § 279 Rn. 56).

92 **5. Rechtsprechung.** Aus der Gesamtschau von GG, einzelnen Gesetzen und Internationalen Verträgen ergibt sich zwar, daß Arbeitskämpfe generell als zulässig angesehen werden, daß aber keine umfassenden normativen Maßstäbe dafür bestehen, wann, unter welchen Voraussetzungen usw. Arbeitskämpfe konkret zulässig sind, und wie die „Fernwirkungen" eines Arbeitskampfes angemessen ausgeglichen werden. Andererseits ist diese Rechtsmaterie durch eine kaum überschaubare wissenschaftliche Diskussion gekennzeichnet (vgl. *Zöllner* DB 1985, 2452). Die Last dieser Situation trägt die Rspr. Jenseits aller Überlegungen zur grds. Funktion der Rspr. innerhalb der Gewaltenteilung des Art. 20 II GG muß die Rspr. unter dem verfassungsrechtlichen Verbot der Rechtsverweigerung bei unzureichenden gesetzlichen Vorgaben das materielle Recht mit den anerkannten Methoden der Rechtsfindung aus den allgemeinen Rechtsgrundlagen ableiten, die für das betreffende Rechtsverhältnis maßgeblich sind. Das gilt auch dort, wo eine gesetzliche Regelung notwendig wäre (BVerfG 26. 6. 1991 E 84, 21 = AP GG Art. 9 Arbeitskampf Nr. 117). Die dabei auftretende und in der Literatur umstrittene Frage der Zulässigkeit richterlicher Rechtsfortbildung ist seit der Soraya-Entscheidung des BVerfG (14. 2. 1973 E 34, 269 = AP GG Art. 9 Nr. 21) im Sinne der Zulässigkeit grds. geklärt (vgl. BVerfG 26. 6. 1991 E 84, 212 unter C I 2 a = AP GG Art. 9 Arbeitskampf Nr. 117; vgl. *Kissel*, FS für Schaub, 1998, S. 373).

III. Allgemeine Prinzipien

93 **1. Druckausübung.** Auszugehen ist vom Arbeitskampf als kollektiver Druckausübung im Arbeitsverhältnis zur Erreichung eines bestimmten Zwecks. Dies dient normalerweise dem Abschluß eines dem Druckausübenden genehmen TV, wenn auch teilweise vertreten wird, was das BGB als zulässige Mittel zur Herbeiführung eines Vertrags ansieht. Bei dieser Druckausübung sind zwei Ebenen zu unterscheiden: Einmal die zwischen den zukünftigen TVParteien, und andererseits die Auswirkung dieser Druckausübung auf die individuellen Arbeitsverhältnisse, um deren Ausgestaltung es ja ganz überwiegend geht.

94 Im Verhältnis der zukünftigen TVParteien zueinander ergibt sich die Zulässigkeit eines Arbeitskampfes aus dem historischen Verständnis der durch Art. 9 III GG gewährleisteten Betätigungsfreiheit der Koalitionen (Rn. 22), zu der auch die Freiheit der Wahl der Mittel gehört, mit denen sie ihre Ziele zu verwirklichen trachten (Rn. 25). Soweit sie die Voraussetzungen einhalten, ist der Arbeitskampf im Verhältnis der Koalitionen zueinander rechtlich zulässig. Diese kollektivrechtliche Zulässigkeit wirkt sich indessen noch nicht zwingend aus auf die betroffenen Einzelarbeitsverhältnisse. Denn Streik wie Aussperrung stellen eine Verletzung der arbeitsvertraglich geschuldeten Leistung dar, die, sofern sie nicht als rechtswidrig angesehen werden soll, ihrerseits der individualrechtlichen Legitimation bedarf. Nach einer langen und kontroversen Entwicklung in Rspr. und Lehre hat schließlich der GS BAG diesen Knoten durchschlagen und dahingehend erkannt, daß die Teilnahme des einzelnen AN an einem kollektivrechtlich zulässigen Arbeitskampf den Bestand des Arbeitsverhältnisses nicht beeinträchtigt und auch keine rechtswidrige Verletzung der Pflichten aus dem Arbeitsverhältnis darstellt (BAG GS 28. 1. 1955 AP GG Art. 9 Arbeitskampf Nr. 1).

95 **2. Tarifbezogenheit. a) Tarifbezogener Arbeitskampf.** Aus der Ableitung der Arbeitskampffreiheit aus der Bestands- und Betätigungsgarantie des Art. 9 III GG zur Sicherstellung einer funktionierenden Tarifautonomie (Rn. 83) folgt, daß Arbeitskämpfe sich nur auf den Abschluß von TV zur Wahrung und Förderung der Arbeits- und Wirtschaftsbedingungen beziehen dürfen, daß der **Arbeitskampf nur als Instrument zur Durchsetzung tariflicher Regelungen** eingesetzt werden darf (BAG, st. Rspr., vgl. 5. 3. 1985 AP GG Art. 9 Arbeitskampf Nr. 85). Das bedeutet, daß Arbeitskämpfe nur zur Durchsetzung von Tarifforderungen (oder deren Abwehr) zulässig sind, also nur auf tariflich Regelbares gerichtet sein können; zu den Bedenken wegen der ESC vgl. Rn. 86. Das bedeutet zugleich, daß es sich um einen TV handeln muß, der nach seinem Inhalt rechtmäßig ist. Ein Arbeitskampfrecht zur Erreichung weiterer Ziele nach Art. 9 III GG wird nicht anerkannt (BAG 21. 4. 1971 AP GG Art. 9 Arbeitskampf Nr. 43; BAG 5. 3. 1985 AP GG Art. 9 Arbeitskampf Nr. 85 – hM vgl. MünchArbR/*Otto* § 278 Rn. 2; *Gamillscheg* S. 1071, jeweils mwN; aA mwN vgl. *Weiss* Anm. EzA Art. 9 GG Arbeitskampf Nr. 57; *Däubler* Arbeitskampfrecht Rn. 90 ff.). Der Arbeitskampf zur Durchsetzung einer schuldrechtlichen Vereinbarung wie der Verpflichtung des öffentlichen AG, aus-

C. Arbeitskampf im allgemeinen | Art. 9 **GG 10**

gegliederte Eigengesellschaften zur Bindung an den BAT zu verpflichten, wurde dagegen als zulässig angesehen (LAG Bremen 5. 5. 1998 AiB 1998, 537).

b) Tarifzuständigkeit. Aufgrund dieser Überlegungen kann sich ein Arbeitskampf nur gegen einen **96** **Gegner** richten, der die kampfweise geltend gemachte Forderung durch den Abschluß eines TV auch erfüllen kann; daher ist die Frage der Tariffähigkeit einer Koalition als Rechtsfrage dem Arbeitskampf nicht zugänglich. Schließlich muß für beide Seiten des Arbeitskampfs die Tarifzuständigkeit bestehen.

c) Rechtsansprüche. Forderungen, die nicht im TV erfüllt werden können, zB auf Rücknahme einer **97** Kündigung, Wiedereinstellung gekündigter AN (BAG 21. 10. 1969 AP GG Art. 9 Arbeitskampf Nr. 41), Rücknahme eines Antrags des AG an das ArbG zur Ersetzung der vom BR verweigerten Zustimmung zu einer Kündigung (BAG 7. 6. 1988 AP GG Art. 9 Arbeitskampf Nr. 106), wie auch auf Erfüllung von **Rechtsansprüchen** oder die Klärung von Rechtsfragen, können nicht kampfweise geltend gemacht werden (BAG 14. 2. 1978 AP GG Art. 9 Arbeitskampf Nr. 58); statt dessen ist der Rechtsweg einzuschlagen. Auch ein Arbeitskampf um die Wirksamkeit der Kündigung eines TV ist als rechtliche Auseinandersetzung nicht tarifbezogen, wohl aber ein Arbeitskampf um den Neuabschluß des gekündigten TV (*Walker* NZA 1993, 769). Umgekehrt kann aber eine tarifliche Wiedereinstellungsklausel am Ende eines Arbeitskampfes erkämpft werden, da sie rechtsbegründender Natur ist.

d) Verhältnis zu Dritten. Der Zulässigkeit des Arbeitskampfs steht es nicht entgegen, wenn eine **98** TVPartei Dritten gegenüber **schuldrechtlich verpflichtet** ist, keinen TV abzuschließen, denn eine Seite kann der anderen die Legitimität des Arbeitskampfes nicht durch Eingehung schuldrechtlicher Verpflichtungen nehmen.

e) Sympathie-(Solidaritäts-)Arbeitskampf. Der Sympathie-Arbeitskampf soll einen fremden (zwi- **99** schen anderen TVParteien als den am Sympathie-Arbeitskampf Beteiligten) rechtmäßigen Arbeitskampf, den sog. Hauptarbeitskampf, unterstützen. Er richtet sich also nicht gegen eine TVPartei, mit der ein TV abgeschlossen werden soll. Damit steht er außerhalb der unmittelbaren Hilfsfunktion des Arbeitskampfes (Rn. 95), denn der vom Sympathie-Arbeitskampf Betroffene kann die Forderungen, die im Hauptarbeitskampf durchgesetzt werden sollen, nicht erfüllen; er kann den Arbeitskampf nicht durch Nachgeben vermeiden oder zwischen Kampf und Nachgeben wählen. Das rechtfertigt es, die Zulässigkeit des Arbeitskampfes für den Regelfall auf den Arbeitskampf gegen den unmittelbaren Tarifpartner zu beschränken, der Sympathie-Arbeitskampf ist grds. unzulässig (BAG 5. 3. 1985 AP GG Art. 9 Arbeitskampf Nr. 85; BAG 12. 1. 1988 AP GG Art. 9 Arbeitskampf Nr. 90; str., wie BAG *Gamillscheg* S. 1139; MünchArbR/*Otto* § 279 Rn. 49; *Söllner* S. 96; *Zöllner/Loritz* S. 426; *v. Hoyningen-Huene* JuS 1987, 511. – Eine Ausnahme wird zu machen sein, wenn die „Sympathie" auf einer konkreten Verdichtung zum Hauptarbeitskampf beruht. Das hat das BAG angenommen bei einer derart engen Verzahnung der Gegner des Sympathie-Arbeitskampfes zu den den rechtmäßigen Hauptarbeitskampf Führenden, daß der vom Sympathie-Arbeitskampf betroffene Betrieb wirtschaftlich als Teil des im Hauptarbeitskampf umkämpften Betriebs erschien, oder bei Neutralitätsverletzung (BAG 5. 3. 1985 AP GG Art. 9 Arbeitskampf Nr. 85; *Preis* Anm. zu EzA GG Art. 9 Arbeitskampf Nr. 37).

f) Politischer Arbeitskampf. Unter politischem Arbeitskampf versteht man einen Arbeitskampf, **100** der sich nicht gegen den anderen Tarifpartner mit dem Ziel einer tarifvertraglichen Regelung richtet, sondern ein bestimmtes Verhalten staatlicher Organe (Gesetzgeber, Verwaltung, Rspr.) bezweckt. Der Arbeitskampf ist somit nicht tarifbezogen und damit unzulässig (LAG Hamm 17. 4. 1985 BB 1985, 1396 = DB 1985, 2691; LAG Rheinland-Pfalz 5. 3. 1986 LAGE GG Art. 9 Arbeitskampf Nr. 26; ArbG Hagen 23. 1. 1991 AP GG Art. 9 Arbeitskampf Nr. 118; ArbG Osnabrück 4. 6. 1996 NZA-RR 1996, 341; eingehend *Gamillscheg* S. 1097 ff.; MünchArbR/*Otto* § 278 Rn. 37 ff.; *Zöllner/Loritz* S. 407, 427; *Krichel* NZA 1987, 297, 299; aA *Däubler* Arbeitskampfrecht Rn. 190 ff.).

g) Demonstrationsarbeitskampf. Bei diesem Arbeitskampfmittel geht es um den nachhaltigen **101** kollektiven Hinweis auf eine Meinung im Sinne des Art. 5 GG. Aber auch hier fehlt die Tarifbezogenheit der Druckausübung durch den Arbeitskampf, so daß dieser Arbeitskampf nach dem Gesagten unzulässig ist. Die Rspr. will neben dem Recht, zur Durchsetzung von Tarifforderungen streiken zu können, ein weiteres Recht, der Arbeit schon dann fernbleiben zu dürfen, wenn dies allgemein der Durchsetzung von ANInteressen dient, nicht anerkennen. Proteste und Demonstrationen geben dem AN kein Recht, der Arbeit fernzubleiben oder die Arbeit niederzulegen, um damit auf Mißstände oder soziale Unzuträglichkeiten hinzuweisen (BAG 23. 10. 1984 AP GG Art. 9 Arbeitskampf Nr. 82; LAG Schleswig-Holstein 18. 1. 1995 NZA 1995, 842 – L –; LAG Rheinland-Pfalz 5. 3. 1986 LAGE GG Art. 9 Arbeitskampf Nr. 26).

3. Koalitionsgetragener Arbeitskampf. Der Arbeitskampf darf nur als Instrument zur Durchset- **102** zung tariflicher Regelungen eingesetzt werden (Rn. 95). Das setzt voraus, daß der Arbeitskampf von Tariffähigen aktiv geführt und sich gegen einen tariffähigen Gegner richtet (BAG 7. 6. 1988 AP GG Art. 9 Arbeitskampf Nr. 106). Der Arbeitskampf muß auf ANSeite daher grds. (vgl. aber Rn. 86) **von einer tariffähigen Koalition getragen** werden; hierzu ist in jedem Falle der kollektiven Arbeitsniederlegung (LAG Nürnberg 6. 2. 1995 NZA 1996, 784) eine ausdrückliche Erklärung der Gewerkschaft erforderlich – andernfalls liegt ein „wilder" Streik vor, der rechtswidrig ist (BAG 7. 6. 1988 AP

Schlachter

GG Art. 9 Arbeitskampf Nr. 106; BAG 31. 10. 1995 AP GG Art. 9 Arbeitskampf Nr. 140). Wohl aber kann eine Koalition einen zunächst nicht von ihr getragenen Arbeitskampf „übernehmen" mit der Folge, daß er von Anfang an als koalitionsgetragen anzusehen ist. Meinungsverschiedenheiten oder Kompetenzüberschreitungen innerhalb der gewerkschaftlichen Organe sind nur von verbandsinterner Bedeutung (BAG 17. 12. 1976 AP GG Art. 9 Arbeitskampf Nr. 51). – Auf seiten der AG kann der Arbeitskampf um einen VerbandsTV nur von einem AGVerband getragen werden und bedarf ebenfalls eines ausdrücklichen Beschlusses (BAG 31. 10. 1995 AP GG Art. 9 Arbeitskampf Nr. 140).

103   **4. Wahrung der Friedenspflicht.** Der Zweck der Tarifautonomie, das Arbeitsleben in dem von der staatlichen Rechtssetzung freigelassenen Raum durch TV sinnvoll zu ordnen und zu befrieden (Rn. 44, 48), kann nur dann erreicht werden, wenn während der Geltungsdauer eines TV dieser respektiert und nicht durch einen Arbeitskampf in Frage gestellt wird. Der TV begründet deshalb für die daran Beteiligten eine Friedenspflicht (Rn. 43), die einen Arbeitskampf unzulässig macht. Diese Friedenspflicht ist jedoch relativ, sie erstreckt sich nur auf solche Arbeits- und Wirtschaftsbedingungen, die konkret geregelt sind; so hindert zB ein LohnTV nicht, um einen UrlaubsTV einen Arbeitskampf zu führen. Eine absolute Friedenspflicht ist dem TV nicht immanent, sie könnte allenfalls tarifvertraglich ausdrücklich vereinbart werden.

104   **5. Wahrung des Gemeinwohls.** Aus der Gemeinwohlbindung der TVParteien (Rn. 61) folgt ein Arbeitskampfverbot für angestrebte tarifliche Regelungen, die gegen dieses Gemeinwohl verstoßen würden. Das BAG spricht ausdrücklich aus, daß durch Arbeitskämpfe das Gemeinwohl nicht offensichtlich verletzt werden darf, die Wahrung des Gemeinwohls ist Rechtmäßigkeitsvoraussetzung des Arbeitskampfes (BAG GS 21. 4. 1972 AP GG Art. 9 Arbeitskampf Nr. 43). Gegen die Berücksichtigung des Gemeinwohls wird geltend gemacht (*Buschmann* AuR 1980, 230), daß öffentliche Maßnahmen sich nicht gegen Arbeitskämpfe richten dürften (Art. 9 III 2 GG), und demgemäß auch öffentlich-rechtliche Gründe wie das Gemeinwohl nicht zur Beschränkung von Arbeitskampfmaßnahmen führen dürften. Dabei wird jedoch übersehen, daß die Wahrung des Gemeinwohls zu den verfassungsrechtlich immanenten Schranken des Arbeitskampfrechts gehört.

105   Bei allen Vorbehalten gegenüber der Justitiabilität der Gemeinwohlbindung (Rn. 61) ist eine der rechtlichen Bewertung zugängliche Ausnahme jedoch gegeben bei einer unverhältnismäßigen Beeinträchtigung von Allgemein- und Drittinteressen (*Seiter*, Streikrecht und Aussperrungsrecht, S. 549; *Schiffer* Erhaltungsarbeiten S. 24; *Säcker* Grundprobleme S. 88; LAG Frankfurt 22. 4. 1969 AuR 1970, 349, 350; LAG Baden-Württemberg 31. 1. 1980 DB 1980, 2042). Ob eine solche Gemeinwohlverletzung vorliegt, läßt sich nur durch eine Abwägung zwischen dem Recht auf die Führung eines Arbeitskampfes einerseits und dadurch beeinträchtigten anderen Grundrechten und Verfassungsprinzipien andererseits feststellen im Sinne der Rspr. des BVerfG zur praktischen Konkordanz (Rn. 14). Danach hat bei Beeinträchtigung des Gemeinwohls das Arbeitskampfrecht insoweit zurückzutreten, als dies zur Gewährleistung des Gemeinwohls notwendig wird. Ein solcher Vorrang des Gemeinwohls kann indessen nur zu einer Beschränkung des Arbeitskampfs durch die Gewährleistung von Notdienstarbeiten (Rn. 176) führen.

106   **6. Arbeitskampffreie Bereiche?** Die Folgen eines Arbeitskampfes wirken in einem vielfältig verflochtenen Arbeits- und Wirtschaftsleben weit über das Verhältnis der unmittelbaren Kampfparteien hinaus; dabei sind die Beeinträchtigungen Dritter oft von zumindest gleicher Intensität wie die der Arbeitskampfparteien selbst. Deshalb stellt sich die Frage, ob alle Lebensbereiche in Arbeitskämpfe einbezogen werden dürfen, oder ob es Bereiche gibt, bei denen mit Rücksicht auf überwiegende Interessen ein Arbeitskampf nicht oder nur eingeschränkt zulässig sein kann. Stichworte sind dabei vor allem: Gesundheitswesen, Müllabfuhr, öffentliche Sicherheit, Feuerwehr, Presse, Rundfunk, aber auch die gesamte staatliche Tätigkeit, so die Tätigkeit des Parlaments, der Regierung, der Rspr. wie der Verwaltung allgemein. Eine Bereichsaufnahme wird allgemein verneint. Soweit hier Konfliktsituationen zwischen dem Arbeitskampfrecht (Rn. 83) und anderen auch verfassungsrechtlich gewährleisteten (Grund)Rechten und Funktionen entstehen, sind diese über die Herstellung der praktischen Konkordanz (Rn. 14) zu lösen, insb. durch Notdienst (Rn. 176, 184).

107   **7. Verhältnismäßigkeit.** Arbeitskämpfe müssen unter dem Gebot der Verhältnismäßigkeit stehen. Dieses Postulat, vom Großen Senat des BAG erstmals 1971 aufgestellt (BAG GS 21. 4. 1971 AP GG Art. 9 Arbeitskampf Nr. 43), ist inzwischen in Rspr. und Lehre allgemein anerkannt (BVerfG 26. 6. 1991 E 84, 212 = AP GG Art. 9 Arbeitskampf Nr. 117; *Wank*, FS für Kissel, 1994, S. 1230 ff.). Dieser Grundsatz befaßt sich mit der Frage, ob und unter welchen Voraussetzungen ein Kampfmittel im Einzelfall eingesetzt werden darf, konkretisiert durch die Merkmale „der Geeignetheit, der Erforderlichkeit und der Proportionalität" (BAG 12. 3. 1985 AP GG Art. 9 Arbeitskampf Nr. 84; BAG 11. 5. 1993 AP FeiertagslohnzG § 1 Nr. 63). Die Mittel des Arbeitskampfes dürfen ihrer Art nach nicht über das hinausgehen, was zur Durchsetzung des erstrebten Zieles jeweils erforderlich ist (BAG GS 21. 4. 1971 AP GG Art. 9 Arbeitskampf Nr. 43). Daraus folgt das Verbot, Kampfmaßnahmen zu ergreifen, die unnötig oder ungeeignet sind oder außer Verhältnis zum angestrebten Ziel stehen (BAG 10. 6. 1980 AP GG Art. 9 Arbeitskampf Nr. 64). Dazu gehört auch, daß die Art der Kampfführung den

C. Arbeitskampf im allgemeinen   Art. 9 GG 10

Regeln eines fairen Kampfes entspricht, insb. nicht auf die Existenzvernichtung des Gegners abzielt (BAG GS 21. 4. 1971 AP GG Art. 9 Arbeitskampf Nr. 43). Das Prinzip der Verhältnismäßigkeit betrifft also nicht nur den Zeitpunkt, sondern auch die Art der Durchführung und die Intensität des Arbeitskampfes. Daneben hat der Begriff des „Übermaßverbots" keine eigenständige Bedeutung (BAG 10. 6. 1980 AP GG Art. 9 Arbeitskampf Nr. 64), denn es ist die Verletzung des Verhältnismäßigkeitsgrundsatzes, die zum Übermaß führt.

Die Überprüfung eines Arbeitskampfes am Verhältnismäßigkeitsgrundsatz ist nur möglich, wenn 108 der Prüfungsumfang hinsichtlich des Zweckes des Arbeitskampfes klar ist. Auf den Inhalt des angestrebten TV abzustellen, würde letztlich eine unzulässige Tarifzensur bedeuten (BAG 10. 6. 1980 AP GG Art. 9 Arbeitskampf Nr. 64; vgl. Rn. 77). Überlegungen zur Beschränkung des Arbeitskampfes auf das Tarifgebiet helfen nicht weiter, da ohnedies nur Arbeitskämpfe gegen den Tarifgegner auf Abschluß eines TV zulässig sind. Vom Gesamtgedanken der Tarifautonomie her, daß nämlich bei der annähernden Gleichgewichtigkeit der beiden Tarifpartner von einem angemessenen Interessenausgleich ausgegangen werden kann (Richtigkeitsgewähr, Rn. 65), kann nur die Verhandlungsparität maßgebend sein: Was ist erforderlich, damit die Verhandlungsparität hergestellt wird (BAG 12. 3. 1985 AP GG Art. 9 Arbeitskampf Nr. 117), damit die Voraussetzungen für einen angemessenen Interessenausgleich geschaffen werden und es nicht zum „kollektiven Betteln" (BAG 12. 9. 1984 AP GG Art. 9 Arbeitskampf Nr. 81) kommen muß.

8. Ultima-ratio-Prinzip. Der **Arbeitskampf** greift nicht nur in die individualrechtlichen Arbeits- 109 beziehungen der am Arbeitskampf Beteiligten ein, sondern hat auch oft **tiefgreifende Auswirkungen** über die unmittelbar Betroffenen hinaus. Daher kann ein Arbeitskampf nicht voraussetzungslos, sondern nur unter Berücksichtigung aller davon betroffenen Rechte und Interessen zulässig sein. Ausgangspunkt war die Auffassung des Großen Senats des BAG in seiner ersten, grdl. Entscheidung von 1955, daß **Arbeitskämpfe im allgemeinen unerwünscht** seien, „da sie volkswirtschaftliche Schäden mit sich bringen und den im Interesse der Gesamtheit liegenden sozialen Frieden beeinträchtigen". Arbeitskämpfe seien nur „als ultima ratio" anerkannt (BAG GS 28. 1. 1955 AP GG Art. 9 Arbeitskampf Nr. 1).

In der Entscheidung des Großen Senats des BAG von 1971 wurde diese Entwicklung abgeschlossen: 110 „Arbeitskämpfe müssen zwar nach unserem freiheitlichen TVSystem möglich sein, um Interessenkonflikte über Arbeits- und Wirtschaftsbedingungen im äußersten Fall austragen und ausgleichen zu können. In unserer verflochtenen und wechselseitig abhängigen Gesellschaft berühren wie Streik wie Aussperrung nicht nur die am Arbeitskampf unmittelbar Beteiligten, sondern auch Nichtstreikende und sonstige Dritte sowie die Allgemeinheit nachteilig. Arbeitskämpfe müssen deshalb unter dem obersten Gebot der Verhältnismäßigkeit stehen. Dabei sind die wirtschaftlichen Gegebenheiten zu berücksichtigen, und das Gemeinwohl darf nicht offensichtlich verletzt werden. Diese Gesichtspunkte hat das BAG wegen der möglichen tiefgreifenden wirtschaftlichen und sozialen Folgen von Arbeitskämpfen sowie im Hinblick auf die Verantwortung der TVParteien gegenüber der Allgemeinheit schon mehrfach betont" (BAG GS 21. 4. 1971 AP GG Art. 9 Arbeitskampf Nr. 43). Das Gericht kommt zu der Folgerung: „Arbeitskämpfe dürfen nur insoweit eingeleitet und durchgeführt werden, als sie zur Erreichung rechtmäßiger Kampfziele und des nachfolgenden Arbeitsfriedens geeignet und sachlich erforderlich sind. Jede Arbeitskampfmaßnahme – sei es Streik, sei es Aussperrung – darf ferner nur nach Ausschöpfung aller Verständigungsmöglichkeiten ergriffen werden; der Arbeitskampf muß also das letzt mögliche Mittel (ultima ratio) sein" (BAG GS 21. 4. 1971 AP GG Art. 9 Arbeitskampf Nr. 43). Das ultima-ratio-Prinzip wird als Teil des das ganze Arbeitskampfrecht beherrschenden Verhältnismäßigkeitsprinzips angesehen (BAG 21. 6. 1988 AP GG Art. 9 Arbeitskampf Nr. 108), es ist allgemein anerkannt.

Nur der **Arbeitskampf ist rechtmäßig, der nach Ausschöpfung aller Verständigungsmöglich-** 111 **keiten** begonnen wird. Die Feststellung, wann dieser für die Rechtmäßigkeit eines Arbeitskampfes essentielle **Zeitpunkt** erreicht ist, wirft erhebliche Probleme auf und ist erheblich umstritten: Eine ausdrückliche Erklärung einer Seite, das Verständigungspotential sei nun völlig ausgeschöpft, wäre auf den ersten Blick das klarste (*Brox/Rüthers* Rn. 201); damit ist aber noch nichts über die materielle Richtigkeit einer solchen Erklärung gesagt. Eine solche Forderung scheitert daran, daß eine möglicherweise dennoch bestehende Verhandlungs- und Kompromißbereitschaft als innere Tatsache nicht oder nur unter größten Schwierigkeiten festgestellt werden könnte; auch die Befassung der Gerichte mit der Kontrolle darüber, ob die Meinungsverschiedenheiten noch überbrückt werden können oder gar müßten, steht in der Gefahr der Tarifzensur. Das BAG läßt es deshalb für den Eintritt der Voraussetzung der Erfüllung des ultima-ratio-Prinzips genügen, daß die TVPartei, die zu Arbeitskampfmaßnahmen greift (auch zu einem „Warnstreik") (vgl. Rn. 141), damit implizite zu erkennen gibt, daß sie die Verhandlungsmöglichkeiten für erschöpft hält und keine Möglichkeit mehr sieht, ohne den Einsatz von Arbeitskampfmaßnahmen noch zu einer Einigung zu kommen (BAG 21. 6. 1988 AP GG Art. 9 Arbeitskampf Nr. 108; *Söllner*, FS für Molitor, 1988, S. 333; *Hanau*, Aktuelle Probleme des Arbeitskampfrechts, 1988, S. 12; *Hirschberg* RdA 1989, 212; *Reuter* ZfA 1990, 535, 558). – Jedoch müssen vor der Einleitung eines Arbeitskampfes zuvor Forderungen über den Inhalt des angestrebten

TV erhoben werden, es sei denn, daß die andere Seite Verhandlungen überhaupt ablehnt (BAG 9. 4. 1991 AP GG Art. 9 Arbeitskampf Nr. 116).

112 Gegen die soeben angeführte Auffassung des BAG werden in der Literatur erhebliche Bedenken geltend gemacht (MünchArbR/*Otto* § 278 Rn. 103; *Gamillscheg* S. 1152; *Rüthers* DB 1990, 113, 119; *Reuter* SAE 1989, 102 und ZfA 1990, 535, 558; *Groggert* DB 1988, 2097, 2100; *Löwisch/Rieble* JZ 1989, 91; *Kirchner* RdA 1990, 47; *Lieb* ZfA 1990, 357, 359; *Kempen* AuR 1990, 237, 245). Es wird gefordert, es müsse das **Scheitern förmlich erklärt** oder doch **ausdrücklich** kenntlich gemacht werden, weil eine solche Notwendigkeit als psychologische Hemmschwelle einmal die (Verhandlungsbereitschaft zum äußersten fördern könne wie auch die Bereitschaft zur freiwilligen Schlichtung. *Gamillscheg* sieht hier einen „Rest praktischer kampfvorbeugender Bedeutung" (S. 1152 unter e). – So sehr die Bemühungen um ein (vorbeugendes) Zurückdrängen von Arbeitskämpfen anzuerkennen sind (Rn. 109), so sollte doch nicht verkannt werden, daß a) die TVParteien nach aller Erfahrung sich der Bedeutung wie auch der Risiken eines (vielleicht doch vermeidbar gewesenen) Arbeitskampfes auch ohne die Notwendigkeit einer Scheiternserklärung hinsichtlich der Verhandlungsmöglichkeiten bewußt sind, und b) die Feststellung des Scheiterns der Verhandlungen in der freien, nur im äußersten Fall justitiablen Entscheidung der Arbeitskampfpartei liegt (*Konzen* Anm. IV 3 zu EzA GG Art. 9 Arbeitskampf Nr. 75).

113 **9. Fairer Arbeitskampf.** Als besondere Erscheinungsform des Verhältnismäßigkeitsprinzips sieht die Rspr. das Gebot der fairen Führung des Arbeitskampfes an: Er ist nur rechtmäßig, wenn und solange er nach den Regeln eines fairen Kampfes geführt wird (BAG 21. 4. 1971 AP GG Art. 9 Arbeitskampf Nr. 43). Schwierig ist es jedoch zu bestimmen, was „fair" ist. Allgemein anerkannt ist das Gebot, daß der Arbeitskampf nicht auf die Vernichtung des Gegners abzielen darf, **nicht „ruinös"** sein darf (BAG 21. 4. 1971 AP GG Art. 9 Arbeitskampf Nr. 43; BAG 11. 5. 1993 AP FeiertagslohnzG § 1 Nr. 63), sondern die **Wiederherstellung des Arbeitsfriedens und die Wiederaufnahme der Arbeit** ermöglichen muß. Die kampfführenden Parteien haben darauf zu achten, daß die jeweilige Kampfmaßnahme nicht zur Existenzvernichtung des Gegners führt und daß die von vornherein beabsichtigte Fortführung des Betriebs und der Arbeit nach Streikende unverändert möglich bleiben (BAG 30. 3. 1982 AP GG Art. 9 Arbeitskampf Nr. 74). Diesem Verbot des ruinösen Arbeitskampfes entspricht auch das Verbot, Arbeitskampf zur Vernichtung der gegnerischen Koalition zu führen. Bei Beachtung dieses Grundsatzes soll und darf durch jede Kampfmaßnahme, Streik wie Aussperrung, Druck auf die Gegenseite dadurch ausgeübt werden, daß ihr möglichst viele Kosten auferlegt werden, damit sie möglichst schnell einem TV zustimmt. Daher begegnet die Unterbrechung des Arbeitskampfes an Feiertagen keinen rechtlichen Bedenken (BAG 11. 5. 1993 AP FeiertagslohnzG § 1 Nr. 63).

114 **10. Arbeitskampfparität.** TV stellen einen zwischen den TVParteien ausgehandelten Kompromiß dar zwischen den bei Verhandlungsbeginn meist konträren Vorstellungen über die Gestaltung der Arbeits- und Wirtschaftsbedingungen. Ein solcher Kompromiß als Form des Ausgleichs der Interessen mit der Vermutung der Angemessenheit und Richtigkeit (Rn. 65) setzt voraus, daß beide Seiten annähernd gleich stark in die Verhandlung gehen und dies auch beim Abschluß des TV sind (Arbeitskampfparität). Die Rechtsordnung muß daher darauf achten, daß keiner Seite so starke Kampfmittel zur Verfügung stehen, daß dem sozialen Gegenspieler keine **gleichwertige Verhandlungschance** bleibt, kein „kollektives Betteln" entsteht (BAG 21. 4. 1971 AP GG Art. 9 Arbeitskampf Nr. 43; BAG 12. 9. 1984 AP GG Art. 9 Arbeitskampf Nr. 81). Entscheidend ist der Druck, der durch die Kampffolgen auf die andere Seite ausgeübt wird (BAG 22. 12. 1980 AP GG Art. 9 Arbeitskampf Nr. 70).

115 Das BAG hat zur Konkretisierung eine materielle Parität vorausgesetzt, der zufolge ein Verhandlungsgleichgewicht wenigstens in groben Zügen tatsächlich feststellbar sein muß. Dabei geht das BAG von einer „typisierenden" Betrachtungsweise aus: Der innere Zusammenhang des Paritätsprinzips mit der Tarifautonomie spreche nicht nur gegen eine auf den Einzelfall bezogene konkrete Betrachtung, sondern ebenso auch gegen eine globale Einbeziehung aller denkbaren Kriterien, die sich in anderen Bereichen auf das Kräfteverhältnis von AG und AN auswirken mögen. Obwohl die realen Kräfteverhältnisse maßgebend sind, müssen dennoch nicht alle Besonderheiten eines Arbeitskampfes (Kampfziele, wirtschaftliche Lage, Organisationsgrad usw.) berücksichtigt werden. Der Grundsatz der Parität bezieht sich lediglich auf die **zulässigen Kampfmittel**. Er muß als generelle Regel formuliert werden und kann deshalb nur Kriterien erfassen, die einer typisierenden Betrachtung zugänglich sind. Situationsbedingte Vorteile bleiben notwendigerweise unberücksichtigt, selbst wenn sie im Einzelfall erhebliche Wirkungen entfalten (BAG 10. 6. 1980 AP GG Art. 9 Arbeitskampf Nr. 64; BAG 11. 8. 1992 AP GG Art. 9 Arbeitskampf Nr. 124).

116 **11. Arbeitskampfrisiko.** Arbeitskämpfe bedienen sich der Begleitschäden als Druckpotential, um dadurch Verhandlungsbereitschaft und Nachgiebigkeit zu erreichen. Auswirkungen haben Arbeitskämpfe allerdings nicht nur auf die unmittelbar Beteiligten, sondern wirken in unbeteiligte Betriebe hinein (Fernwirkung). Damit stellt sich die Frage, wer die durch einen Arbeitskampf entstehenden Schäden trägt. **Auszugehen** ist von der allgemeinen arbeitsrechtlichen **Betriebsrisikolehre:** Danach trägt grds. der AG das Betriebs- oder Wirtschaftsrisiko; er muß also den Lohn selbst dann zahlen,

C. Arbeitskampf im allgemeinen Art. 9 GG 10

wenn er AN ohne sein Verschulden aus betriebstechnischen Gründen nicht beschäftigen kann (Betriebsrisiko, BAG 30. 1. 1991 AP BGB § 615 Betriebsrisiko Nr. 33) oder wenn die Fortsetzung des Betriebs wegen Auftrags- und Absatzmangels wirtschaftlich sinnlos wird (Wirtschaftsrisiko, BAG 23. 6. 1994 AP BGB § 615 Nr. 56).

Die Betriebsrisikolehre wird jedoch den besonderen Risikosituationen, die durch Arbeitskämpfe 117 entstehen, nicht gerecht. „Wer sich zum Kampf entschließt, muß auch das Risiko des Kampfes tragen" (BAG 28. 1. 1955 AP GG Art. 9 Arbeitskampf Nr. 1 unter II 3). Deshalb muß bei **unmittelbarer Beteiligung** am Arbeitskampf jeder Kampfbeteiligte aus Gründen der Arbeitskampfparität das Risiko der Nichtarbeit selbst tragen.

Differenzierter zu sehen ist das Risiko, das sich aus Störungen im Arbeitsverhältnis aufgrund eines 118 fremden Arbeitskampfes ergibt (**Fernwirkung**): Die isolierte Anwendung der Betriebsrisikolehre müßte hier dazu führen, daß Verzug des AG eintritt (§ 615 BGB), das Lohnrisiko des Arbeitskampfes würde allein beim AG liegen. Eine solche Betrachtung würde indessen die Eigenheiten des Arbeitskampfes als kollektiven Phänomens nicht angemessen berücksichtigen. Vielmehr müssen nach der grdl. Entscheidung des BAG (22. 12. 1980 AP GG Art. 9 Arbeitskampf Nr. 70) für dieses **Arbeitskampfrisiko andere Grundsätze** gelten als für das allgemeine Betriebs- und Wirtschaftsrisiko: „Die Last der Beschäftigungs- und Lohnzahlungspflicht kann bei legitimen Streiks den mittelbar betroffenen AG nicht uneingeschränkt aufgebürdet werden. Die Ursachen und Folgen der Fernwirkungen von Arbeitskämpfen, insb. soweit sie kampftaktisch bestimmt sind, müssen bei der Risikoverteilung berücksichtigt werden". Das hat zur Entwicklung eines besonderen Rechtsinstituts des Arbeitskampfrisikos in Fortentwicklung des allgemeinen Betriebsrisikos geführt.

Die Rspr. stellt entscheidend auf den Grundsatz der **Kampfparität** ab (BAG 14. 12. 1993 AP GG 119 Art. 9 Arbeitskampf Nr. 129, Rn. 114), die nicht nur beeinflußt wird durch die Schäden, „die in den unmittelbar kampfbetroffenen Betrieben für die AN und die Gewerkschaften einerseits wie auch für die AG und ihre Verbände andererseits entstehen. Auch die Fernwirkungen in ‚Drittbetrieben' können das Verhandlungsgleichgewicht wesentlich beeinflussen" (BAG 22. 12. 1980 AP GG Art. 9 Arbeitskampf Nr. 129). Nicht jede irgendwie geartete Folge des Arbeitskampfes ist in die Paritätsbetrachtung einzubeziehen; maßgebend sind nur diejenigen Belastungen, die sich auf die Kampf- und Verhandlungschancen auswirken. Eine Durchbrechung des allgemeinen Betriebs- und Wirtschaftsrisikos zugunsten arbeitskampfrechtlicher Grundsätze ist nur insoweit gerechtfertigt, wie die Fernwirkungen eines Arbeitskampfes unmittelbar oder mittelbar zu einer konkreten Störung des Kräfteverhältnisses führen können (BAG 22. 12. 1980 AP GG Art. 9 Arbeitskampf Nr. 129).

Das BAG hat eine solche beachtliche konkrete Einwirkung und Interessenverbindung angenommen 120 bei einem mittelbar betroffenen Betrieb, der zu derselben Branche gehörte wie der des umkämpften TV; die Belegschaft wurde von derselben Gewerkschaft vertreten, die auch den Arbeitskampf führte; der AG war Mitglied eines örtlichen AGVerbandes, der seinerseits im Gesamtverband organisiert war, dem auch der unmittelbar kampfbeteiligte AGVerband angehörte, und der die Kampftaktik und die Verhandlungspolitik koordinierte (BAG 22. 12. 1980 AP GG Art. 9 Arbeitskampf Nr. 129 unter C I 2 b4). Andererseits hat das BAG Schadensersatzansprüche gegen den AG aus seinen **Geschäftsbeziehungen zu Dritten** nicht als paritätsrelevant angesehen, da es hier nicht um die Folgen des Arbeitskampfrechts, sondern um die Reaktion der Rechtsordnung auf fehlerhaftes Verhalten geht (BAG 22. 12. 1980 AP GG Art. 9 Arbeitskampf Nr. 129 unter C I 2 b3). Die im Zusammenhang mit der mittelbaren Arbeitskampfbetroffenheit zutage tretenden **Fehldispositionen** können ebensowenig als paritätsrelevant angesehen werden wie das allgemeine Marktrisiko.

Insgesamt geht die Rspr. dahin: Bei Betriebsstörungen, die in einem nicht unmittelbar arbeitskampf- 121 betroffenen Betrieb auftreten, also auf den Fernwirkungen des Arbeitskampfes in einem anderen Betrieb beruhen, muß der AG an die AN, die nicht beschäftigt (beschäftigen kann), nur dann und insoweit Lohn zahlen, als die Fortsetzung des Betriebs oder Betriebsteils ihm möglich und wirtschaftlich zumutbar wäre; ist das nicht der Fall, tragen die betroffenen AN das Lohnrisiko, sie verlieren also ihre Vergütungsansprüche für die Dauer der arbeitskampfbedingten Störung (BAG 7. 6. 1988 AP GG Art. 9 Arbeitskampf Nr. 107; BAG 14. 12. 1993 AP GG Art. 9 Arbeitskampf Nr. 129).

Im unmittelbar kampfbetroffenen Betrieb gilt dagegen folgendes: Die einzelnen unmittelbar arbeits- 122 kampfbeteiligten AN (streikend oder ausgesperrt) erhalten keinen Lohn (Rn. 117; 276). Davon getrennt zu bewerten ist die Frage nach dem Lohnanspruch der arbeitswilligen AN: Hier ist ein Lohnanspruch nur zu bejahen und damit dem AG das Arbeitskampfrisiko aufzubürden, wenn die Fortsetzung des Betriebs oder von Betriebsteilen dem AG möglich und wirtschaftlich zumutbar ist und der Betrieb vom AG in Reaktion auf den Streik nicht insgesamt stillgelegt wird (vgl. Rn. 223). Anders kann das Lohnrisiko zu verteilen sein bei sogenannten *Wellenstreiks* (BAG 12. 11. 1996 NZA 1997, 393; 17. 2. 1998 NZA 1998, 896; 15. 12. 1998 NZA 1999, 550/552), die durch Arbeitsniederlegungen in einzelnen Betriebsabteilungen oder Schichten gekennzeichnet sind, die jeweils zu verschiedenen Zeiten stattfinden und nur von kurzer Dauer sind. In diesen Fällen könnten die AN nach Abschluß ihrer jeweiligen „Streikwelle" beschäftigt werden und bieten dies regelmäßig auch an. Der AG kann jedoch Abwehrmaßnahmen iSd. Beschäftigung einer Ersatzmannschaft ergreifen, um dem Überraschungseffekt zu begegnen, wann und wo die nächste „Streikwelle" einsetzt. Grds. hält das BAG auch die Belastung zuvor selbst Streikender mit den Auswirkungen ihres Kampfverhaltens für zulässig (BAG 12. 11. 1996 NZA 1997, 393); solange sich der AG auf bloße Abwehr beschränke, dürfe dies auch zu Lohnverlust auf ANSeite führen (dazu: *Hergenröder* SAE 1999, 55; *Fischer* RdA 1999, 406), wenn in der „ausgefallenen" Schicht tatsächlich nicht gestreikt worden sei. Der AG darf aber das Entgeltrisiko nur dann durch vorbeugende Maßnahmen auf die AN verlagern, wenn ein enger zeitlicher und sachlicher Zusammenhang zwischen Streik und Gegenmaßnahme besteht; die von beidem betroffenen Arbeiten müssen Teile eines einheitlichen Arbeitsprozesses sein. Liegen Streik und Gegenmaßnahme nicht nahe genug beieinander, verliert die letztere ihren Abwehrcharakter und ist nicht mehr geeignet, das Lohnrisiko der ANSeite zu übertragen (BAG 15. 12. 1998 NZA 1999, 552).

123   **12. Staatliche Neutralität im Arbeitskampf. a) Allgemeine Überlegung.** Zur staatlichen Zurückhaltung (Staat = alle öffentlich-rechtlichen Einrichtungen im weitesten Sinne) im gesamten Tarifgeschehen gehört die staatliche Neutralität in Arbeitskämpfen. Deshalb **darf der Staat nicht handelnd in Arbeitskämpfe eingreifen,** diese etwa verbieten oder die unterbleibenden Arbeiten ersatzweise durchführen lassen, darf nicht auf den Arbeitskampf bezügliche allgemein zulässige Druckschriften beschlagnahmen, Versammlungen und Demonstrationen verhindern oder auflösen usw., darf nicht in irgendeiner Weise zugunsten eines der Kontrahenten eingreifen und auch keine Zwangsschlichtung vornehmen (Rn. 316). Die staatliche Neutralitätspflicht hat jedoch da ihre Grenze, wo es um die Wahrung und Durchsetzung der Rechtsordnung geht. TVParteien stehen unter dem Gesetz (Rn. 56), und ebenso die der Tarifautonomie dienenden Arbeitskämpfe. Deshalb unterliegen die Arbeitskämpfe uneingeschränkt der Kontrolle durch die staatlichen Gerichte.

124   **b) Polizeieinsatz.** Die Aufgabe der Polizei ist nach den inhaltlich übereinstimmenden Gesetzen der Bundesländer die Abwehr der Gefahren für die öffentliche Sicherheit und Ordnung. Das Arbeitskampfgeschehen mag gelegentlich vergleichbar wirken, indessen sind dies sozialadaequate Folgen des verfassungsrechtlich geschützten Arbeitskampfes, die kein polizeiliches Einschreiten rechtfertigen. Soweit aber im Zusammenhang mit einem Arbeitskampf strafbare Handlungen begangen werden, ist eine Zuständigkeit der Polizei zum Einschreiten, und zwar sowohl zur Vorbeugung weiterer Straftaten als auch zur Ermittlung strafbarer Handlungen, gegeben.

125   Die Neutralitätspflicht gilt in gleicher Weise für die **Feuerwehr,** für Technische Hilfswerke und andere Hilfs- und Vorsorgeeinrichtungen. Sie alle dürfen in keiner Weise das Arbeitskampfgeschehen gezielt beeinflussen.

126   **c) Allgemeiner Beamteneinsatz.** Der Staat darf mit Rücksicht auf seine Neutralitätspflicht keine Beamten einsetzen, um außerhalb des staatlichen Bereichs arbeitskampfbedingt nicht erledigte Arbeitsaufgaben ausführen zu lassen. Hierin würde eine Störung der Arbeitskampfparität liegen, da der durch den Arbeitskampf beabsichtigte Druck auf die Gegenseite abgemildert würde. Deshalb kommt es hier nicht darauf an, ob die Beamten individuell zu einer solchen Tätigkeit bereit sind oder nicht. Zum Arbeitskampf im öffentlichen Dienst selbst vgl. Rn. 197 ff.

127   **d) Neutralität im sozialen Bereich. aa) Sozialversicherungen.** In der Krankenversicherung besteht die Versicherungspflicht fort, ebenso der Anspruch auf Versicherungsleistungen (§ 192 I Nr. 1 SGB V). – In der gesetzlichen Rentenversicherung wird das Versicherungsverhältnis suspendiert (vgl. § 7 SGB VI); da vom Arbeitskampf betroffene AN nicht gegen Entgelt beschäftigt sind (§ 1 SGB VI), ruht die Versicherungspflicht mit entsprechendem negativen Einfluß auf mögliche spätere Leistungen, vgl. aber § 122 SGB VI. – Unfallversicherungsschutz besteht nur für Unfälle, die AN bei Ausübung der versicherten Tätigkeit erleidet (§§ 7, 8 SGB VII). – Auf Mutterschaftsgeld und Erziehungsgeld hat die Arbeitskampfbetroffenheit keinen Einfluß (§§ 13, 14 MuSchG). – Arbeitslosengeld wird während der Arbeitskampfdauer nicht geleistet (§ 146 SGB III). – Wegen Kurzarbeitergeld vgl. § 146 SGB III. – Wegen Arbeitsvermittlung während des Arbeitskampfes vgl. § 36 III SGB III.

128   **bb) Sozialhilfe** hat unmittelbar nichts mit Arbeitskämpfen zu tun. Nach § 11 BSHG erhält jeder Hilfe zum Lebensunterhalt, der ihn nicht oder nicht ausreichend aus eigenen Kräften und Mitteln beschaffen kann. Nun sieht zwar § 25 BSHG vor, daß bei Arbeitsverweigerung kein Anspruch auf Sozialhilfe besteht, da es sich aber bei der Teilnahme am Streik um die Ausübung eines verfassungsmäßigen Rechts handelt, ist § 25 BSHG nicht anwendbar. Die staatliche Neutralitätspflicht steht der Gewährung von Sozialhilfe nicht entgegen: Bei den Leistungen der Sozialhilfe geht es nicht um Lohnersatz, sondern um die Sicherung des Existenzminimums, das auf den Verfassungsprinzipien der Menschenwürde und des Sozialstaats beruht.

129   **e) Staat als Arbeitgeber. aa) Privatrechtliche Arbeitsverhältnisse.** Der Staat (Bund, Länder, Gemeinden usw.) ist nicht nur Dienstherr der im öffentlich-rechtlichen Dienst- und Treueverhältnis stehenden Beamten, sondern er ist zugleich auch AG der Angestellten und Arbeiter im öffentlichen Dienst. Diese Arbeitsverhältnisse gehören den allgemeinen (privatrechtlichen) Arbeitsrecht an, **der Staat ist insoweit in der gleichen Rechtsstellung wie jeder andere private AG.** Demgemäß kann der Staat als AG der Angestellten und Arbeiter auch an einem Arbeitskampf beteiligt sein, indem er bestreikt wird. Auch eine Aussperrung kann er grds. in den dafür geltenden allgemeinen Grenzen vornehmen, wenn auch die ihm obliegenden öffentlichen Aufgaben hier engere Grenzen ziehen

C. Arbeitskampf im allgemeinen   Art. 9   GG 10

können. Wenn der Staat als AG an einem Arbeitskampf beteiligt ist, dann ist er selbst Arbeitskampfpartei, daher kann die Pflicht zur Neutralität nicht gelten. Er muß dann als befugt angesehen werden, alle Möglichkeiten des Arbeitskampfes ebenso auszuüben wie jeder andere private AG.

bb) **Öffentlich-rechtliche Arbeitsverhältnisse.** Eine besondere Situation tritt aber ein, wenn der 130 Staat (als privatrechtlicher AG) seine **Beamten** auf arbeitskampfbedingt unbesetzten Arbeitsplätzen **einsetzen will.** Hier ist der Staat in einer Sondersituation: Beamte dürfen nicht streiken (Rn. 179); sie dürfen auch mit Rücksicht auf ihre besonderen Pflichten gegenüber der Allgemeinheit (Art. 33 V GG, §§ 52, 54 BBG, §§ 35, 36 BRRG) „Streikarbeit" nach lange vertretener Auffassung nicht ablehnen (BVerwG 10. 5. 1984 AP GG Art. 9 Arbeitskampf Nr. 87 = NZA 1984, 401).

(1) Beamte des Tätigkeitsbereichs, in dem der Arbeitskampf stattfindet und die nicht zur „Streik- 131 arbeit" bereit sind: Mangels gesetzlicher Regelung ist die vom Dienstherrn zwangsweise angeordnete Tätigkeit von Beamten auf streikbedingt unbesetzten Arbeitsplätzen unzulässig (BVerfG 2. 3. 1993 E 88, 103 = AP GG Art. 9 Arbeitskampf Nr. 126.). Dennoch wird eine Pflicht der Beamten zur Befolgung der Anordnung zu Streikarbeit angenommen unbeschadet der Möglichkeit der Beamten, die Rechtmäßigkeit einer solchen Anordnung gerichtlich überprüfen zu lassen (BVerfG 7. 11. 1994 AP GG Art. 9 Arbeitskampf Nr. 144; BVerwG 10. 5. 1984 AP GG Art. 9 Arbeitskampf Nr. 87 = NZA 1984, 401).

(2) Beamte des Tätigkeitsbereichs, in dem der Arbeitskampf stattfindet, die zur Streikarbeit bereit 132 sind: Soweit Beamte zur Streikarbeit bereit sind, ist die Situation des öffentlich-rechtlichen Dienstherrn als vom Arbeitskampf unmittelbar betroffener AG nicht anders als die des privaten AG, wenn er arbeitsbereite AN auf arbeitskampfbedingt unbesetzten Arbeitsplätzen einsetzt. Deshalb können gegen den Einsatz von dienstbereiten Beamten auf arbeitskampfbedingt unbesetzten Dienstplätzen aus den seitherigen Überlegungen keine Bedenken hergeleitet werden; die Bedenken, die das BVerfG zur Unzulässigkeit des Beamteneinsatzes führten, betrafen nur den zwangsweise angeordneten Einsatz von Beamten als eines Mittels, das dem öffentlich-rechtlichen Dienstherrn nur als Hoheitsträger zu Gebote steht (BVerfG 2. 3. 1993 E 88, 103 = AP GG Art. 9 Arbeitskampf Nr. 126 unter C II 2 b). Der Einsatz von dienstbereiten Beamten auf kampfbedingt unbesetzten Dienstposten ist daher zulässig.

(3) Beamte fremder Tätigkeitsbereiche: Soweit öffentlich-rechtliche Dienstherren nicht an einem 133 Arbeitskampf unmittelbar beteiligt sind, können sie ihre Beamten nicht zu Streikarbeit in fremden Tätigkeitsbereichen einsetzen oder deren Einsatz bewilligen, auch wenn die Beamten dazu bereit sind. Dies würde, auch wenn es im allgemeinen Arbeitskampfgeschehen zulässig ist, gegen die Neutralitätspflicht verstoßen.

f) **Rechtswidriger Streik.** Die genannten Überlegungen galten nur für den rechtmäßigen Streik. 134 Handelt es sich um einen rechtswidrigen Streik, dann unterliegen die Teilnehmer den allgemeinen staatlichen Reaktionsmöglichkeiten und -pflichten gegenüber rechtswidrigem Verhalten. Das gilt auch für einen Beamteneinsatz, das BVerfG hat hier dessen Zulässigkeit offen gelassen (BVerfG 2. 3. 1993 E 88, 103 = AP GG Art. 9 Arbeitskampf Nr. 126 unter C I). Beim gewerkschaftsgetragenen Streik gilt allerdings die Vermutung seiner Rechtmäßigkeit, die auch zur Zurückhaltung beim ersatzweisen Einsatz von Beamten Anlaß gibt.

13. Betriebsverfassung und Arbeitskampf. Das BetrVG enthält zum Arbeitskampf nur die Bestim- 135 mung im § 74 II (ähnlich § 66 BPersVG), daß Maßnahmen des Arbeitskampfes zwischen AG und BR unzulässig sind, daß aber Arbeitskämpfe tariffähiger Parteien „hierdurch" nicht berührt werden. Das BetrVG enthält **keine ausdrückliche Einschränkung** der Kompetenzen des BR für den Fall eines Arbeitskampfes und ist somit während eines Arbeitskampfes grds. anzuwenden (BAG 5. 5. 1987 AP BetrVG 1972 § 44 Nr. 4): Das Amt des BR bleibt während des Arbeitskampfes erhalten, wie auch die Ausübung des BRMandats. Alle Maßnahmen des AG, für die der BR ein Beteiligungsrecht hat, bedürfen auch während eines Arbeitskampfes unverändert der Beteiligung des BR.

Jedoch ist nach der Rspr. im Rahmen einer **arbeitskampfkonformen Auslegung des BetrVG** der 136 BR während eines Arbeitskampfes gehindert, einzelne Beteiligungsrechte bei Maßnahmen des AG auszuüben, die durch das Arbeitskampfgeschehen bedingt sind und auf dieses einwirken (BAG 5. 5. 1987 AP BetrVG 1972 § 44 Nr. 4): Es träten hier Konfliktsituationen ein, die vom BR kaum oder nur schwer zu bewältigen seien, falls der BR eine sonst mögliche „Abwehrmaßnahme" vereitele und dadurch zum Nachteil des AG in das Kampfgeschehen eingreife. Dadurch werde die materielle Parität gestört, die gegenüber dem Betriebsverfassungsrecht Vorrang beanspruche (BAG 22. 12. 1980 AP Art. 9 Arbeitskampf Nr. 70, 71; BAG 30. 8. 1994 AP GG Art. 9 Arbeitskampf Nr. 132).

Spruchpraxis: Die Anordnung von **Überstunden** für die arbeitswilligen AN während eines Streiks 137 zur Aufrechterhaltung des Betriebs bedarf entgegen § 87 I Nr. 3 BetrVG nicht der Zustimmung des BR (BAG 24. 4. 1979 AP GG Art. 9 Arbeitskampf Nr. 63). – Beim Einsatz von **„Streikbrechern"** besteht kein Mitbestimmungsrecht, wohl aber hat der BR ein Informationsrecht (LAG Köln 22. 6. 1992 DB 1993, 838). – Sperrt der AG nur einen Teil der in seinem Betrieb beschäftigten AN aus, so hat der BR nicht mitzubestimmen, wenn der AG zur Unterscheidung der nicht ausgesperrten von den ausgesperrten AN den mit dem BR vereinbarten **Werksausweis** dahin verändert, daß dieser für die Dauer der Aussperrung zusätzlich den Ausweisinhaber als nicht ausgesperrten AN kennzeichnet

(BAG 16. 12. 1986 AP BetrVG 1972 § 87 Ordnung des Betriebs Nr. 13). – **Betriebsversammlungen** können während eines Arbeitskampfes in den davon betroffenen Betrieben stattfinden: Bei der Betriebsversammlung handelt es sich um ein Organ der auch im Arbeitskampf grds. fortgeltenden Betriebsverfassung. Deshalb kann der BR auch während des Arbeitskampfes ohne Rücksicht auf (s)eine Streikbeteiligung eine Betriebsversammlung einberufen und durchführen, und die teilnehmenden AN haben Anspruch auf die Vergütung nach § 44 BetrVG ohne Rücksicht darauf, ob sie sich am Streik beteiligen oder nicht; diese Zahlungspflicht stört nicht die Kampfparität. Anders wäre nur zu entscheiden, wenn die Betriebsversammlung als Instrument des Arbeitskampfes mißbraucht würde (BAG 5. 5. 1987 AP BetrVG 1972 § 44 Nr. 4, 6). – Eine während eines Streiks ausgesprochene arbeitgeberseitige **Kündigung** bedarf zu ihrer Wirksamkeit der vorherigen Anhörung des BR, wenn die Kündigung aus anderen als arbeitskampfbedingten Gründen erfolgt (BAG 6. 3. 1979 AP BetrVG 1972 § 102 Nr. 20).

138   Umstritten ist die Frage, inwieweit die Mitbestimmung des BR nach dem BetrVG gilt, wenn ein durch Fernwirkung in seiner Funktionsfähigkeit beeinträchtigter Betrieb ganz oder tlw. eingestellt werden soll/muß: Es liegt in der Entscheidungsfreiheit des AG, ob und wie der Betrieb wegen der **Fernwirkung** eines Arbeitskampfes eingeschränkt wird und welche AN davon betroffen sind mit der Folge des Lohnverlustes (sog. – terminologisch umstrittene – „**kalte Aussperrung**"). Soweit ein solcher Regelungsspielraum besteht, gilt grds. das BetrVG. Indessen bedarf es auch hier einer arbeitskampfkonformen Auslegung. Dabei ist zu unterscheiden zwischen der Feststellung der Voraussetzungen einer solchen Stillegung einerseits und der Entscheidung über die konkrete Durchführung der Stillegung andererseits. Die Ermittlung des konkreten Rahmens, „**ob**" und in welchem Umfang durch die Fernwirkungen des fremden Arbeitskampfes auf den Betrieb der AG AN nicht mehr beschäftigen kann mit der Folge der Befreiung von der Lohnzahlungspflicht entgegen § 615 BGB, unterliegt nicht der Mitbestimmung, sondern streitigenfalls der gerichtlichen Nachprüfung. „**Wie**" innerhalb dieses vorgegebenen Rahmens dann allerdings die innerbetriebliche Umsetzung vorgenommen wird, unterliegt der Mitbestimmung (BAG 22. 12. 1980 AP GG Art. 9 Arbeitskampf Nr. 71).

139   Für eine Entscheidung des AG und damit auch der Mitbestimmung ist jedoch kein Raum, wo in besonderen Fällen, zB bei Störung der Energieversorgung usw., sich betriebliche Störungen oder wirtschaftliche Schwierigkeiten so unvermittelt und eindeutig unvermeidbar auswirken, daß es einer Konkretisierung des betrieblichen Geschehens aufgrund der Fernwirkung mit der Folge der Lohnzahlungsentlastung nicht bedarf (BAG 22. 12. 1980 AP GG Art. 9 Arbeitskampf Nr. 70), sondern die fernwirkungsbedingte Störung zu einer innerbetrieblichen Automatik führt (BAG 22. 12. 1980 AP GG Art. 9 Arbeitskampf Nr. 71).

D. Streik

I. Begriff

140   Der Streik ist das primäre Arbeitskampfmittel der AN im Zusammenwirken mit ihren Gewerkschaften. Er besteht in der von einer Mehrzahl von AN planmäßig und gemeinschaftlich durchgeführten **Arbeitsniederlegung.** Ziel des Streiks ist es, durch die gemeinschaftliche Vorenthaltung der Arbeitsleistung Druck auf den Kampfgegner auszuüben, um dessen Verhandlungsbereitschaft zu beeinflussen. Dieser Druck wird bewirkt durch Schäden, die dem AG dadurch entstehen, daß er die vorenthaltene Arbeitskraft nicht unter Fortführung des Betriebs wirtschaftlich nutzen kann, auf die Höhe des entstehenden Schadens kommt es dabei grds. nicht an. Jedoch ergibt sich aus dem Charakter des Streiks als durch die Vorenthaltung der Arbeitsleistung bezweckte Unterbrechung des betrieblichen Geschehens, daß der Arbeitskampf etwas Vorübergehendes ist. „Er ist nicht auf eine Veränderung des Betriebs gerichtet, dieser soll vielmehr nach Beendigung des Streiks fortgesetzt werden" (BAG 30. 3. 1982 AP GG Art. 9 Arbeitskampf Nr. 74).

141   Herkömmlicherweise sind folgende **Streikformen** (mit tlw. unterschiedlicher rechtlicher Bewertung) zu unterscheiden: **Generalstreik:** Alle AN eines Wirtschaftsgebiets legen die Arbeit nieder, bringen also das gesamte Wirtschaftsleben zum Stillstand. – **Vollstreik:** Nach dem Streikplan werden alle AG eines Wirtschaftszweiges bestreikt (deshalb auch Flächenstreik genannt), ggf. auch nur einzelne AG, aber von allen ihren AN. – **Teil-/Schwerpunktstreik:** Im Gegensatz zum Vollstreik wird hier nur in Teilbereichen des Tarifgebiets oder nur in einzelnen Betrieben oder gar Betriebsteilen gestreikt. Kampftaktischer Hintergrund solcher beschränkten Streiks ist das Bemühen der Gewerkschaft, mit einem Mindestmaß an eigenen Aufwendungen (insb. Organisation und Streikunterstützung) ein Höchstmaß an Druckauswirkungen zu erreichen, besonders dadurch, daß die durch den Teilstreik hervorgerufenen Funktionsstörungen über den bestreikten Bereich hinaus wirken, wie beim Streik gegen Schlüsselbetriebe, zentrale bedeutsame Teilbereiche eines Betriebs usw. – **Gewerkschaftsstreik/wilder Streik:** Beim Gewerkschaftsstreik wird der Streik der AN von einer Gewerkschaft „getragen", beruht also auf einem Aufruf einer Gewerkschaft zum Streik oder

seiner nachträglichen Billigung. Soweit ein Streik nicht von einer Gewerkschaft getragen wird, spricht man vom „wilden", also koalitionslosen Streik. – **Politischer Streik:** Hierunter wird ein Streik verstanden, der sich nicht auf die Wahrung und Förderung der Arbeits- und Wirtschaftsbedingungen bezieht, sondern auf andere Zielsetzungen, zB Gesetzgebung. – Die aufgeführten Streikformen sind keine abschließende Zusammenstellung; wegen der Kampfmittelfreiheit steht es den Arbeitskampfführenden frei, neue Formen zu entwickeln. – Der **Warnstreik** ist eine Sonderform des Streiks, der in seiner Begrifflichkeit und in seiner (schwankenden) rechtlichen Bewertung durch die Rspr. erhebliche Diskussionen und Unsicherheiten hervorgerufen hat. Vom Tatsächlichen her handelt es sich um einen auf wenige Stunden beschränkten Streik, der im Zusammenhang mit einem Tarifkonflikt zur Unterstützung der verhandlungsführenden Gewerkschaft durchgeführt wird. Charakteristisch ist die besondere Streiktaktik, eine Vielzahl von Betrieben zu unterschiedlichen Tageszeiten (in einer Art Nadelstichtaktik) kurzzeitig und dadurch mit einem geringen Einsatz und Aufwand zu bestreiken. Wegen der hierdurch erhöhten Unsicherheit der AGSeite hinsichtlich des Streikverlaufs, die die Entwicklung einer Gegenstrategie erschwert, wird der Druck auf die Gegenseite verstärkt. Das BAG sah zunächst den Warnstreik nach Ablauf der Friedenspflicht als rechtliche Sonderform des Streiks an, der wegen seines milden Drucks darauf hinwirke, den tariflosen Zustand möglichst schnell zu beenden und damit verhältnismäßig sei und dem ultima-ratio-Prinzip entspreche (BAG 17. 12. 1976 AP GG Art. 9 Arbeitskampf Nr. 51; BAG 12. 9. 1984 AP GG Art. 9 Arbeitskampf Nr. 81). Nach der neueren Rspr. des BAG (21. 6. 1988 AP GG Art. 9 Arbeitskampf Nr. 108) unterliegt jedoch der Warnstreik auch in der Form der „Neuen Beweglichkeit" dem ultima-ratio-Prinzip und ist als allgemeiner, wenn auch kurzfristiger Streik zu bewerten ohne jede Privilegierung (zuletzt BAG 31. 10. 1995 AP GG Art. 9 Arbeitskampf Nr. 140).

II. Allgemeine rechtliche Zulässigkeit

Der Streik als Arbeitskampfmittel ist verfassungsrechtlich gewährleistet (Rn. 83). Indessen gibt es **142 keine allgemeine staatlich normierte Regelung** über die Zulässigkeit und Durchführung von Arbeitskämpfen (Rn. 84). Zur rechtlichen Bewertung muß daher auf die allgemeine Arbeitskampffreiheit (Rn. 83) und die Wahlfreiheit hinsichtlich der Arbeitskampfmittel (Rn. 25) abgestellt werden sowie auf die von Rspr. und Wissenschaft entwickelten Prinzipien für die Zulässigkeit von Arbeitskämpfen: Der Streik muß koalitionsgetragen sein (Rn. 102), tarifbezogen (Rn. 95), gemeinwohlbezogen (Rn. 104), verhältnismäßig (Rn. 107), fair geführt werden (Rn. 113), das ultima-ratio-Prinzip (Rn. 109) wahren, darf nicht gegen die Friedenspflicht (Rn. 103) verstoßen und muß die Arbeitskampfparität (Rn. 114) respektieren.

Unabhängig von der Wahrung der Friedenspflicht sind schon während der Geltung eines TV **143** kampffreie Verhandlungen über eine Änderung des TV in inhaltlicher oder zeitlicher Hinsicht zulässig. Jedoch lehnt die Rspr. einen Verhandlungsanspruch mangels besonderer Vereinbarung ebenso ab wie eine inhaltliche Kontrolle erhobener Forderungen oder der Zusammensetzung einer Verhandlungskommission (Rn. 53). Dagegen folgt aus den Überlegungen zur Verhältnismäßigkeit (Rn. 107) und zum Gebot der ultima ratio (Rn. 109), daß und in welchem Umfang vor Ausrufung eines Streiks Verhandlungen mit dem Ziel einer Einigung geführt werden müssen. Auch aus einer zwischen den TVParteien abgeschlossenen Schlichtungsvereinbarung kann sich eine Verhandlungspflicht vor Ausrufung eines Streiks ergeben. Nach Ablauf der Friedenspflicht besteht grds. keine Pflicht, die zeitliche Lage von Arbeitskampfmaßnahmen vorauszukündigen (LAG Niedersachsen 1. 2. 1980 AP GG Art. 9 Arbeitskampf Nr. 69; LAG Köln 29. 10. 1998 AuR 1999, 118).

Umstritten ist die Notwendigkeit einer **Urabstimmung** für die Zulässigkeit eines Streiks. Eine **144** dahin gehende ausdrückliche staatliche Rechtsnorm ist nicht vorhanden. Aus Art. 9 III GG kann auch unter Berücksichtigung des ultima-ratio-Prinzips eine solche Notwendigkeit nicht unmittelbar hergeleitet werden (hM, vgl. *Gamillscheg* S. 1153; *Brox/Rüthers* Rn. 203; *Zöllner/Loritz* S. 417; *Söllner* Verfassungsordnung S. 310; MünchArbR/*Löwisch* § 237 Rn. 45; *Seiter*, Streikrecht und Aussperrungsrecht, S. 509; *Däubler* Arbeitskampfrecht Rn. 222; *Kehrmann/Bobke* ZRP 1985, 78; aA *Hueck/Nipperdey* II 2 S. 1025; *Bauer/Röder* DB 1984, 1096; *Nipperdey/Säcker* II 2 S. 1026; *Vorderwülbecke* BB 1987, 750). Die Frage der Notwendigkeit einer Urabstimmung gehört zum Selbstverwaltungsrecht der Gewerkschaft (Rn. 37; *Zöllner/Loritz* S. 417). Soweit eine Urabstimmung der Mitglieder in der Satzung vorgesehen ist, muß für die Zulässigkeit eines jeden Streiks diese satzungsgemäße Voraussetzung erfüllt sein (*Bauer/Röder* DB 1984, 1096; *Hanau/Adomeit* C III 5 d; *von Stebut*, FS für Hilger/Stumpf, 1983, S. 678; *Reuter* RdA 1975, 282; aA *Zöllner/Loritz* S. 417). Andernfalls liegt die Ausrufung und Einleitung des Arbeitskampfes – wie auch die Beendigung – in der Kompetenz des satzungsmäßigen Vorstandes (*Kehrmann/Bobke* ZRP 1985, 78; aA *Steinhaus* ZRP 1985, 184; *Vorderwülbecke* BB 1987, 750). – Eine andere Frage ist es, inwieweit die Einleitung und Durchführung einer Urabstimmung schon als Arbeitskampfmaßnahme, besonders im Zusammenhang mit der Friedenspflicht anzusehen ist: Das hat das BAG bejaht (31. 10. 1958 AP TVG § 1 Friedenspflicht Nr. 2 = BAGE 6, 321, 353).

III. Streikbeteiligte

145 **1. Arbeitnehmerseite.** Zur Teilnahme am Streik sind die AN berechtigt, auf die sich der Streikaufruf der Gewerkschaft bezieht. Es gilt im Arbeitskampfrecht der **allgemeine ANBegriff.** Hierher gehören auch die Leitenden Angestellten (§ 5 III BetrVG), ebenso die **Auszubildenden,** jedenfalls dann, wenn sich der Streik auch auf ihre Arbeitsbedingungen bezieht (BAG 30. 8. 1994 AP GG Art. 9 Arbeitskampf Nr. 131). Wegen der Beamten vgl. Rn. 178.

146 Streik als Nichtbringung der geschuldeten Arbeitsleistung setzt begrifflich die Pflicht zur Arbeitsleistung voraus. Indessen können vor allem aus Solidarität auch solche AN sich dem Streik anschließen, deren **Arbeitspflicht ruht** (Rn. 187, 200, 206); das gilt auch für schon ausgesperrte AN.

147 Das Leitbild für die Bestimmung der am Streik beteiligten AN ist die Situation von Personen, die zu bestimmten Zeiten an einer Betriebsstätte vorgeschriebene Leistungen zu erbringen haben. Das ist zugleich die Voraussetzung für eine klare Erkennbarkeit von Arbeitsniederlegungen nach Art und Umfang und in ihren Konsequenzen. Indessen bestehen im Arbeitsleben eine große Zahl von Arbeitsbeziehungen, die konkret anders ausgestaltet sind. Soweit hier ein Streikrecht anzuerkennen ist, bedarf es einer gegenüber dem Normalarbeitsverhältnis deutlicheren Kundgabe (Rn. 156) der streikweisen Arbeitsniederlegung.

148 Das Recht zur **Teilnahme am Streik** folgt aus der Freiheit zur **koalitionsgemäßen Betätigung** (Rn. 16). Der Kreis der zum Streik berechtigten AN geht jedoch über die unmittelbar tarifbetroffenen Koalitionsangehörigen hinaus: Nach hM können sich auch die **nichtorganisierten** und die anders organisierten AN am Streik beteiligen, da das Ergebnis des Streiks auch ihnen faktisch zugute kommt (BAG 22. 3. 1994 AP GG Art. 9 Arbeitskampf Nr. 130). Maßgebend ist auch für sie der gewerkschaftliche Streikaufruf, der abgesehen von der fehlenden Gewerkschaftsmitgliedschaft, „passen" muß. Dieses Recht der Nichtorganisierten rechtfertigt es andererseits, sie auch mit den negativen Streikfolgen zu belasten. Diese Belastung wird „durch die Vorteile aufgewogen, die sich mittelbar auch für sie durch eine effiziente Tarifpraxis und Erfolge der gewerkschaftlichen Tarifpolitik ergeben. Eine unzulässige Beeinträchtigung der negativen Koalitionsfreiheit liegt darin nicht" (BAG 22. 3. 1994 AP GG Art. 9 Arbeitskampf Nr. 130; wegen der fehlenden Streikunterstützung vgl. BAG 10. 6. 1980 AP GG Art. 9 Arbeitskampf Nr. 66).

149 Die verfassungsrechtliche Gewährleistung des Streikrechts findet hinsichtlich der Folgen des Streiks für das Individualarbeitsverhältnis ihre grds. Absicherung im § 612a BGB: Danach darf der AG den AN nicht durch Maßregeln benachteiligen, weil dieser seine Rechte, also auch das Streikrecht, ausübt. „Benachteiligung" ist dabei als Verstoß gegen den arbeitsrechtlichen Gleichbehandlungsgrundsatz zu verstehen (BAG 11. 8. 1992 AP GG Art. 9 Arbeitskampf Nr. 124). Unter dieses Maßregelungsverbot fallen aber nicht allgemeine Nachteile, die dem AN durch die Streikteilnahme entstehen, zB Verlust des Entgelts (Rn. 184), Anwesenheitsprämie (Rn. 197), Beihilfe (Rn. 198); zur Streikbruchprämie vgl. Rn. 212.

150 **2. Arbeitgeberseite. a)** Streik um **Verbandstarifverträge.** Streikgegner kann bei einem angestrebten VerbandsTV die Gesamtheit aller Mitglieder (Betriebe) dieses Verbandes sein, aber auch einzelne Betriebe oder Betriebsteile von Verbandsangehörigen. Ein Nicht-Verbandsangehöriger steht unmittelbar außerhalb der durch den Streik um einen VerbandsTV herbeigeführten Drucksituation, er kann die Tarifforderung nicht erfüllen und ist auch an einen schließlich zustandekommenden VerbandsTV rechtlich nicht gebunden (§§ 3, 4 TVG); dennoch hat der BGH (19. 1. 1978 AP GG Art. 9 Arbeitskampf Nr. 56; zust. *Seiter* EzA GG Art. 9 Arbeitskampf Nr. 21; *Konzen* SAE 1980, 22) hier einen Streik gegen einen Nichtverbandsangehörigen als zulässig angesehen, ebenso tendiert das BAG aus tarifpraktischen Überlegungen dahin (9. 4. 1991 AP GG Art. 9 Arbeitskampf Nr. 116; dazu krit. *Lieb* SAE 1993, 268 und FS für Kissel, 1994, S. 653 ff.; *Häuser,* FS für Kissel, 1994, S. 297 ff.).

151 **b)** Streik um **Firmentarifverträge.** Gegen einen Nichtverbandsangehörigen kann ein Streik um einen FirmenTV geführt werden. Soweit er aber Mitglied eines tariffähigen Verbandes ist, bestehen in Rspr. und Literatur erhebliche Bewertungsunterschiede: Einmal zwischen Unzulässigkeit bei Verbandszugehörigkeit schlechthin und andererseits Orientierung an der Friedenspflicht; innerhalb der Friedenspflicht wird diese einerseits absolut gesehen auch zugunsten der einzelnen verbandsangehörigen Unternehmen, andererseits aber beschränkt auf die im VerbandsTV geregelten Gegenstände, und letzterenfalls wird hier die Friedenspflicht noch einmal beschränkt auf „eindeutig" geregelte Sachkomplexe und ausgeschlossen im Falle der Nachwirkung (eingehende Nachweise bei LAG Köln 14. 6. 1996 NZA 1997, 327; vgl. *Isenhardt,* FS für Stahlhacke, 1995, S. 195 ff.; *Thüsing* NZA 1997, 294; *Kempen/Zachert* TVG § 2 Rn. 99). Das BAG hält den Streik gegen einen Verbandsangehörigen für zulässig, selbst wenn dieser satzungsmäßig verpflichtet ist, keine FirmenTV abzuschließen, weil zur Gewerkschaft kein entsprechendes Vertragsverhältnis besteht (BAG 4. 5. 1955 AP GG Art. 9 Arbeitskampf Nr. 2).

152 Die Bewertung hat auszugehen von dem Grundgedanken der Koalitionsfreiheit des Art. 9 III GG und der allgemeinen Ordnungsfunktion der §§ 3, 4 TVG. Mit dem Beitritt zu einer Koalition als Ausfluß der positiven Koalitionsfreiheit nimmt das Mitglied mit rechtlicher Wirkung teil an der koalitionsspezifischen Tätigkeit und ihren Ergebnissen (vgl. §§ 3, 4 TVG). Das Mitglied davon herauslösen zu wollen, bedeutet eine Beeinträchtigung der positiven Koalitionsfreiheit sowohl des Mitglieds (*Buchner* ZfA 1995, 120) als auch der Koalition selbst, auch soweit private Dritte dies anstreben (Rn. 74). Das bedeutet als Grundsatz, daß im Umfang der beiderseitigen Friedenspflicht der Verbände aufgrund bestehender TV gegen ein Verbandsmitglied kein FirmenTV erstreikt werden kann. Dafür spricht auch, daß die Friedenspflicht zwischen den vertragschließenden Verbänden Drittwirkung zugunsten der Verbandsmitglieder besitzt (BAG 31. 10. 1958 AP TVG § 1 Friedenspflicht Nr. 2; LAG Düsseldorf 31. 7. 1985 LAGE GG Art. 9 Arbeitskampf Nr. 21; LAG Hamm 8. 8. 1985 DB 1985, 2155; *Wiedemann/Stumpf* TVG 5. Aufl. § 2 Rn. 82 ff.). Läßt jedoch die Verbandssatzung einen FirmenTV zu, kann ein solcher unabhängig von einem VerbandsTV erstreikt werden, die Verbandsbindung (§§ 3, 4 TVG) wie der Schutz der koalitionsspezifischen Tätigkeit ist insoweit verbandsautonom eingeschränkt. Als zulässig muß der Streik um einen FirmenTV aber auch dann angesehen werden, wenn ein Verbandsmitglied schon jahrelang FirmenTV abgeschlossen hat (LAG Köln 14. 6. 1996 NZA 1997, 327; aA *Kempen/Zachert* TVG § 2 Rn. 99). – Dasselbe gilt auch, soweit eine Mitgliedschaft ohne Tarifbindung als zulässig angesehen wird. – Soweit der AG nicht verbandsangehörig ist, kann die Gewerkschaft unter den allgemeinen Zulässigkeitsvoraussetzungen gegen ihn zum Streik um einen FirmenTV aufrufen (BAG 11. 8. 1992 AP GG Art. 9 Arbeitskampf Nr. 124).

IV. Streikbeginn

Der Streik wird geprägt durch den **Streikbeschluß der Gewerkschaft**. Mit ihm ruft sie gem. ihrer 153 Satzung ihre Mitglieder zum Streik auf, wobei im Streikbeschluß vor allem die für den Streik ausersehenen Mitglieder und der Beginn des Streiks bestimmt sind wie auch die zu bestreikenden Betriebe/Betriebsteile. Das gilt auch für die „Übernahme" eines zunächst nicht gewerkschaftsgetragenen („wilden") Streiks durch die Gewerkschaft. Eine Pflicht zur Vorankündigung von Streikmaßnahmen gegenüber dem betroffenen AG besteht dagegen nicht.

Der Streikaufruf als Ausdruck, daß ein Streik **„gewerkschaftsgetragen"** (Rn. 102) ist, ist von 154 Bedeutung für die praktische Durchführung des Streiks wie auch für seine rechtliche Bewertung und die des Verhaltens der streikenden AN im einzelnen. Zudem muß der Bestreikte aufgrund des Fairness-Gebots (Rn. 113) über den Streikbeschluß informiert werden (BAG 31. 10. 1995 AP GG Art. 9 Arbeitskampf Nr. 140; BAG 23. 10. 1996 AP GG Art. 9 Arbeitskampf Nr. 146).

Durch den Streikaufruf werden die davon erfaßten **Gewerkschaftsmitglieder** im Verhältnis zu 155 ihrem AG **berechtigt, am Streik teilzunehmen** und ihre vertragliche Arbeitspflicht rechtmäßig zu suspendieren. Der Streikaufruf ist aber nur die Ermächtigung zur rechtmäßigen Streikteilnahme, ob der AN dann am Streik auch teilnimmt, ist seine freie Entscheidung. Inwieweit der Streikaufruf für die Gewerkschaftsmitglieder koalitionsinterne Pflichten begründet, etwa am Streik auch effektiv teilzunehmen und „Streikarbeit" zu verweigern, ist im Verhältnis zum AG ohne rechtliche Bedeutung. Umgekehrt kann der AN, der nicht vom Streikaufruf erfaßt wird, nicht rechtmäßig streiken.

Sodann muß gegenüber dem AG erklärt werden, daß sich die AN am Streik beteiligen und deshalb 156 ihre Arbeitspflicht suspendieren. In aller Regel geben die von ihrer Gewerkschaft zum Streik aufgerufenen AN keine ausdrückliche Streik-Teilnahme-Erklärung ab; die streikwilligen AN, gewerkschaftlich organisierte wie Außenseiter, bekunden ihre Streikteilnahme vielmehr konkludent durch die Niederlegung ihrer Arbeit/durch Nichterscheinen am Arbeitsplatz (BAG 15. 1. 1991 AP GG Art. 9 Arbeitskampf Nr. 114). Der betroffene AG kann im Regelfall davon ausgehen, daß die AN, die nach einem gewerkschaftlichen Streikaufruf nicht zur Arbeit erscheinen, von ihrem Streikrecht Gebrauch machen und damit konkludent ihre Arbeitspflicht suspendieren (BAG 1. 10. 1991 AP GG Art. 9 Arbeitskampf Nr. 121).

Das ist aber nicht der Fall bei AN, die schon vor Streikbeginn von der Arbeit befreit waren, zB 157 wegen Krankheit (BAG 24. 4. 1961 AP ArbKrankhG § 1 Nr. 31) oder wegen Urlaubs (9. 2. 1982 AP BUrlG § 11 Nr. 16). Das muß aber auch bei anderen nicht zur Arbeitsleistung verpflichteten AN gelten; hier kann der AG nicht davon ausgehen, daß diese AN am Streik teilnehmen (BAG 31. 5. 1988 AP Feiertagslohnzahlungsg § 1 Nr. 81). Vielmehr bedarf es einer ausdrücklichen Streikteilnahme-Erklärung; dasselbe gilt, wenn die Arbeitsleistung nicht an einem innerbetrieblichen Arbeitsplatz zu erbringen ist, sondern vom AG eine Arbeitsverweigerung nur zeitversetzt erkannt werden kann, wie bei auswärtiger Montage, Fernfahrer auf Tour, Tele-arbeit.

Streikteilnahme bedeutet die Ausübung des Rechts, die geschuldete Arbeitsleistung zu verweigern, 158 also die Vorenthaltung der Arbeitsleistung, zu der der AN vertraglich verpflichtet ist. Die Arbeit kann nur **insgesamt** vorenthalten werden; ein nur teilweises Nichtarbeiten, etwa nur Verrichten eines Teils der geschuldeten Arbeit, ist kein Streik, sondern ist eine allein nach dem individualrechtlichen Arbeitsrecht zu beurteilende Arbeitsverweigerung.

Der Beginn der individuellen Streikteilnahme hat zudem immanente Grenzen im Sinne einer 159 gemeinschaftsbezogenen Rechtsausübung (dazu vgl. BVerfG 15. 6. 1989 E 80, 244; BAG 12. 1. 1988 AP BGB § 611 Persönlichkeitsrecht Nr. 18) und der Gemeinwohlbindung (Rn. 61): Auch wenn dies nicht im Streikbeschluß der Gewerkschaft hinreichend formuliert sein sollte, darf die individuelle

Streikteilnahme nicht zu einem Zeitpunkt beginnen (zur Unzeit), der übermäßige, nicht sozialadaequate Belastungen verfassungsrechtlich geschützter Rechtspositionen Dritter mit sich bringt.

160 Der nicht am Streik teilnehmende AN ist unverändert entsprechend seinem Arbeitsvertrag zur Arbeitsleistung verpflichtet. Der AG kann, wenn er den bestreikten Betrieb ganz oder tlw. aufrecht erhalten will, die Arbeitswilligen auch auf anderen Arbeitsplätzen (auch zusätzlich und/oder mit Mehrarbeit) einsetzen, mit deren Einverständnis uneingeschränkt, im übrigen in den Grenzen des allgemeinen Direktionsrechts. Eine besondere arbeitskampfbedingte Grenze findet aber dieses Direktionsrecht: Der arbeitswillige AN kann gegen seinen Willen nicht auf solchen Arbeitsplätzen eingesetzt werden, die durch die Streikteilnahme anderer AN unbesetzt sind, ausgenommen Erhaltungsarbeiten und Notdienst, zu denen der AN ordnungsgemäß eingeteilt ist. Andere „Streikarbeit" kann der AN verweigern (BAG 25. 7. 1957 AP BGB § 615 Betriebsrisiko Nr. 3), denn es ist ihm nicht zuzumuten, den Streikenden in den Rücken zu fallen.

V. Streikposten

161 Streikposten sind streikende AN, die meist am Eingang oder in enger räumlicher Nähe zur Arbeitsstelle postiert sind und andere AN, die arbeitswillig sind, zur Solidarität mit den Streikenden überreden wollen, damit diese sich ebenfalls am Streik beteiligen. Diese Tätigkeit ist für die Streikposten vom Streikrecht mit umfaßt; soweit andere Personen mit dieser Zielrichtung tätig sind, ist das im Rahmen der allgemeinen Meinungsfreiheit wie auch der allgemeinen koalitionsgemäßen Betätigungsfreiheit zulässig (BAG 21. 6. 1988 AP GG Art. 9 Arbeitskampf Nr. 108).

162 Ein Versuch der Beeinflussung der Arbeitswilligen setzt aber voraus, daß dies mit den Mitteln des gütlichen Zuredens und des Appells an die Solidarität erfolgt. Handlungen, die darüber hinausgehen oder gar strafrechtlich relevant sind, werden durch das Streikrecht, die Meinungsfreiheit und das Recht auf koalitionsgemäße Betätigung nicht gedeckt und sind rechtswidrig (BAG 21. 6. 1988 AP GG Art. 9 Arbeitskampf Nr. 108; BAG 11. 7. 1995 AP GG Art. 9 Arbeitskampf Nr. 139). Unzulässig sind demgemäß die Verhinderung des Zu- und Abgangs von Waren und Kunden (BAG 21. 6. 1988 AP GG Art. 9 Arbeitskampf Nr. 108) sowie die Behinderung arbeitswilliger AN am Betreten des Betriebs durch Maßnahmen, die über das bloße Zureden, sich am Streik zu beteiligen, hinausgehen (BAG 21. 6. 1988 AP GG Art. 9 Arbeitskampf Nr. 108).

163 Unzulässige Verhaltensweisen von Streikposten stellen im Verhältnis zum AG eine Verletzung des Rechts am eingerichteten und ausgeübten Gewerbebetrieb gem. § 823 I BGB dar (BAG 21. 6. 1988 AP GG Art. 9 Arbeitskampf Nr. 109). Im Verhältnis zu den arbeitswilligen AN liegt ebenfalls eine unerlaubte Handlung vor. Anspruchsgegner dieser Ansprüche sind einmal die unmittelbar Handelnden, die streikführende Gewerkschaft und die für sie Handelnden. Eine Gewerkschaft, die zum Streik aufruft, ist verpfichtet, das Kampfverhalten der AN zu beobachten und ggf. auf diese dahin einzuwirken, daß die Grenzen eines zulässigen Arbeitskampfes und einzelner Arbeitskampfmaßnahmen nicht überschritten werden (BAG 21. 6. 1988 AP GG Art. 9 Arbeitskampf Nr. 108). Auch die örtlichen Streikleiter der Gewerkschaft haften für Unterlassungsansprüche; gegen sie bestehen auch Ansprüche auf Einwirkung auf die Störer, soweit sie diese zur Kenntnis genommen haben, ohne dagegen einzuschreiten (BAG 21. 6. 1988 AP GG Art. 9 Arbeitskampf Nr. 108).

VI. Erhaltungsarbeiten

164 **1. Umfang.** Ziel des Streiks ist es, durch die gemeinschaftliche Vorenthaltung der Arbeitsleistung Druck auf den Kampfgegner auszuüben, um dessen Verhandlungsbereitschaft zu beeinflussen (Rn. 140). Dabei folgt aber aus dem Verbot des ruinösen Arbeitskampfes (Rn. 113), daß die sächlichen Voraussetzungen des Betriebs für die von vornherein beabsichtigte **Fortführung des Betriebs und der Arbeit nach Streikende** unverändert bleiben. Dem widersprächen durch den Streik verursachte Schäden an Anlagen, Rohstoffen und Produkten, also an der Substanz von sächlichen Betriebsmitteln, die zur Folge haben, daß die Arbeit nach Beendigung des Streiks nicht an der Stelle wieder aufgenommen werden kann, an der sie bei Beginn des Streiks unterbrochen worden ist. Deshalb müssen die zur Erhaltung der Substanz des bestreikten Betriebs erforderlichen Arbeiten trotz des Streiks durchgeführt werden. Die **grundsätzliche Notwendigkeit** solcher Erhaltungsarbeiten während des Arbeitskampfes und die entsprechende Pflicht dazu ist allgemein anerkannt (BAG 31. 1. 1995 AP GG Art. 9 Arbeitskampf Nr. 119; *Heckelmann*, Erhaltungsarbeiten im Arbeitskampf, 1984, S. 8).

165 Vom Zweck der Erhaltungsarbeiten her muß es sich um Arbeiten handeln, die aus tatsächlichen Gründen erforderlich sind, um das Unbrauchbarwerden der sächlichen Betriebsmittel zu verhindern, um die **Substanz** der sächlichen Betriebsmittel (Anlagen, Rohstoffe, Produkte) zu erhalten (BAG 31. 1. 1995 AP GG Art. 9 Arbeitskampf Nr. 114). Sie dienen der Erhaltung von Betriebsanlagen und Arbeitsplätzen (*Hromadka* SAE 1983, 61), der Produktionsmittel und Arbeitsplätze (BAG 30. 3. 1982 AP GG Art. 9 Arbeitskampf Nr. 74; *Däubler* AuR 1981, 277), der Sicherung der Betriebseinrichtungen (*Löwisch/Krauss* AR-Blattei Arbeitskampf II B II 1 b), die den Produktionsapparat erhalten sollen (*Leinemann* DB 1971, 2309), die die technische **Existenzvernichtung des Betriebs vermeiden** sollen

(*Brox/Rüthers* S. 147; *Oetker* S. 20), die die Fortführung von Arbeit und Produktion nach Streikende sicherstellen (*Heckelmann* S. 18). Welche Erhaltungsarbeiten erforderlich sind, ist aufgrund der allgemeinen industriellen und speziell-betrieblichen Gegebenheiten für jeden einzelnen Betrieb nach den objektiv vorliegenden Merkmalen (als Rechtsfrage) zu beantworten, kann sich also mit Entwicklung und Dauer des Streikgeschehens ändern.

Neben die technisch-organisatorischen Tatbestände, die die Notwendigkeit von Erhaltungsarbeiten **166** begründen, tritt als gewollte Folge des mit dem Streik beabsichtigten Drucks die „schlichte" wirtschaftliche Schadenszufügung. Diese wird idR Erhaltungsarbeiten nicht rechtfertigen (BAG 30. 3. 1982 AP GG Art. 9 Arbeitskampf Nr. 74; *Heckelmann* S. 19; aA *Löwisch/Mikosch* S. 261; *von Stebut* Anm. zu AP GG Art. 9 Arbeitskampf Nr. 74; *Hromadka* SAE 1983, 61). Auch die Wahrung des Kundenstammes und des kaufmännischen Rufes oder drohender Auftragsverlust rechtfertigen als normale Folge der streikbedingten Arbeitsverweigerung im allgemeinen keine Erhaltungsarbeiten (*Oetker*, Die Durchführung von Not- und Erhaltungsarbeiten bei Arbeitskämpfen, 1984, S. 22). Auch Nachteile, die dem AG wegen der streikbedingt nicht rechtzeitigen Leistung im Rahmen von Verträgen mit Dritten drohen, rechtfertigen nicht Erhaltungsarbeiten; das gilt für Vertragsstrafen wie für Schadensersatzansprüche.

Erhaltungsarbeiten sind jedoch solche Arbeiten, die zwar eine (wenn auch eingeschränkte) schlichte **167** Fortsetzung der Produktion zum Gegenstand haben, die aber aus technischen Gründen erforderlich sind, um die **Betriebsanlagen** selbst vor Schäden zu bewahren oder um diese ohne Schaden für die Streikdauer stillzulegen oder wenn sie die Wiederaufnahme der Arbeit nach Streikende überhaupt erst ermöglichen werden (*Heckelmann* S. 20); als Beispiele werden immer wieder genannt: die Hochöfen, überflutungsgefährdete Bergwerke, laufende chemische Prozesse, zu melkende Kühe, Tiere auf dem Transport (*Däubler* AuR 1997, 14).

Zu den Erhaltungsarbeiten rechnen auch die Maßnahmen, die erforderlich sind, um den Betrieb und **168** seine Einrichtungen und Bestände vor dem unbefugten **Zugriff Dritter** zu schützen, denn nur so kann die Wiederaufnahme der Produktion nach Streikende gesichert werden (*Oetker* S. 15). Das gilt aber nicht nur für Produktionsanlagen im herkömmlichen Sinne, sondern für vergleichbare Fremdgefährdungstatbestände (BAG 8. 6. 1982 DB 1982, 1827).

Feuerschutz und andere vergleichbare Vorsorgearbeiten gegen Schädigungen, die die Wiederauf- **169** nahme der Arbeit nach Streikende gefährden können wie Einfrieren, Wasserrohrbrüche, Katastrophen aller Art gehören ebenfalls zu den erforderlichen Erhaltungsarbeiten, sofern sie nicht durch die streikunterlaufende Fortsetzung der Betriebstätigkeit bedingt sind.

Zu den Erhaltungsarbeiten können auch **Abwicklungsarbeiten** gehören, die erforderlich sind, um **170** den endgültigen Verderb von Halbfertig- oder Fertigerzeugnissen oder anderen Warenvorräten zu verhindern (BAG 30. 3. 1982 AP GG Art. 9 Arbeitskampf Nr. 74). Soweit solche Schäden „sachlogisch notwendige Folgen der Vorenthaltung von Arbeitsleistung" (*Oetker* S. 12) sind, gehören sie grds. zu den dem Streik immanenten Schäden, die keine Erhaltungsarbeiten rechtfertigen (str., vgl. LAG Frankfurt 22. 4. 1969 AuR 1970, 349; *Reuß* JJ 4, 163, 187; *Rüthers* AfP 1977, 305, 328; *Brox/Rüthers* S. 180; *Schaub* § 194 V 1; *Fenn* SAE 1970, 189, 190; *Steinert*, Notstands- und Streikarbeit, S. 37; *Bertelsmann* Aussperrung S. 381; *Schell* BB 1969, 1179, 1180; *Löwisch/Mikosch* ZfA 1978, 153, 162; *Schiffer* Erhaltungsarbeiten S. 81).

In der Frage, ob die Entgegennahme von zugelieferten Waren und deren sachgemäße Aufbewahrung **171** Erhaltungsarbeiten rechtfertigt, ist zu unterscheiden: Soweit diese Waren dazu dienen, die alsbaldige Betriebsfortsetzung nach Streikende zu gewährleisten, ist die Notwendigkeit von Erhaltungsarbeiten zu bejahen (*Oetker* S. 35), im übrigen nicht, auch nicht bei Gefahr des Verderbens.

Erhaltungsarbeiten können auch durch **öffentlich-rechtliche Vorschriften** geboten sein. Das ist **172** einmal der Fall, wenn allein im Hinblick auf das (bloße) Vorhandensein einer betrieblichen Anlage oder von Rohstoffen, Materialien oder Produkten solche Vorschriften die Vornahme bestimmter Arbeiten (zB zur Vermeidung von Immissionen) zwingend gebieten, da nur durch die Durchführung dieser Arbeiten behördliche Betriebsschließungen abgewendet werden können. Zu den Erhaltungsarbeiten gehören dann auch die dafür erforderlichen Folgearbeiten (Heizung, Beleuchtung, büromäßige Abwicklung usw.). Auch hier ist eine enge Auslegung geboten (vgl. BAG 30. 3. 1982 AP GG Art. 9 Arbeitskampf Nr. 74).

2. Zuständigkeit für die Regelung der Erhaltungsarbeiten. a) Vereinbarung. Erfahrungsgemäß **173** werden die Fragen der Erhaltungsarbeiten durch Vereinbarung geregelt, sei es in einem TV, sei es zwischen örtlicher Streikleitung und dem bestreikten AG, aber auch unter Beteiligung des BR. Für diese Vereinbarung gilt die allgemeine Vertragsfreiheit (BAG 22. 3. 1994 AP GG Art. 9 Arbeitskampf Nr. 130). Diese „Notdienst"vereinbarung (genauer: Vereinbarung über die Erhaltungsarbeiten) regelt allein die Beziehungen zwischen den Vertragsparteien selbst, auch was die personelle Seite angeht, so daß sie keine unmittelbare rechtliche Auswirkung auf die zwischen dem AG und den für Erhaltungsarbeiten vorgesehenen AN hat (BAG 14. 12. 1993 AP GG Art. 9 Arbeitskampf Nr. 129; BAG 31. 1. 1995 AP GG Art. 9 Arbeitskampf Nr. 135). Es bedarf vielmehr noch der **Umsetzung** dieser Notdienstvereinbarung in die einzelnen Arbeitsverhältnisse.

Schlachter

174 Dabei ist von vertraglichen Arbeitspflichten des AN auszugehen, die dieser nur aufgrund des Streikaufrufs der Gewerkschaft suspendieren kann; somit bedeutet die von der Gewerkschaft unmittelbar oder mittelbar (im Rahmen einer Kompetenzklärung in einer Notdienstvereinbarung) vorgenommene Einteilung zu Erhaltungsarbeiten eine Einschränkung des Streikaufrufs mit der Folge, daß ein Streikrecht insoweit nicht besteht. Der AN ist somit zur Arbeitsleistung verpflichtet. Im übrigen ist die Auswahl der AN nach sachlichen, arbeitsplatzbezogenen Gesichtspunkten vorzunehmen (LAG Hamm 16. 7. 1993 NZA 1994, 430).

175 **b) Fehlt es an einer Notdienstvereinbarung,** muß im Interesse der Erbringung von eilbedürftigen Erhaltungsarbeiten eine einseitige Kompetenz für die Bestimmung der Erhaltungsarbeiten der Sache und der Personen nach geklärt werden. Die Frage ist gerichtlich noch nicht entschieden (vgl. BAG 30. 3. 1982 AP GG Art. 9 Arbeitskampf Nr. 74; BAG 8. 6. 1982 DB 1982, 1827). Die Argumente für die Zuständigkeit des AG dürften überwiegen: seine Einschätzungsprärogative, ob überhaupt Erhaltungsarbeiten geleistet werden sollen; seine genaue Kenntnis der betrieblichen Situation; die schnelle erste Reaktionsmöglichkeit zur Vermeidung von existenzgefährdenden Schäden. Das mit der Entscheidungskompetenz verbundene Übergewicht wird einmal begrenzt dadurch, daß seine Anordnungskompetenz dem Gleichbehandlungsgrundsatz und der Einschränkung auf „billiges Ermessen" nach § 315 BGB unterliegt. Zu diesem billigen Ermessen gehört es zB auch, daß der AG zunächst Arbeitswillige zu Erhaltungsarbeiten einsetzt (*Heckelmann* S. 23; *Fenn* S. 433; *Däubler* S. 261; *Löwisch/Mikosch* S. 162); zu Neueinstellungen ist er aber nicht verpflichtet (*Heckelmann* S. 23; aA *Säcker* GewM 1972, 287, 293). Eine Beschränkung auf gewerkschaftlich nicht organisierte AN ist unzulässig: Das würde gegen deren Koalitionsfreiheit verstoßen wie auch gegen den Gleichbehandlungsgrundsatz.

VII. Notdienst

176 Notdienst-Arbeit soll während eines Streiks die Versorgung der Bevölkerung mit lebensnotwendigen Diensten und Gütern sicherstellen. Die Notwendigkeit solcher Notstandsarbeiten ist dem Grunde nahezu einhellig anerkannt (BAG 31. 1. 1995 AP GG Art. 9 Arbeitskampf Nr. 135). Auszugehen ist für die Konkretisierung des Notdienstes von der Gemeinwohlbindung aller Arbeitskämpfe (Rn. 61): Die Wahrung des Gemeinwohls und damit auch die Gewährleistung des Notdienstes ist Voraussetzung für die Rechtmäßigkeit eines Arbeitskampfes (BAG 21. 4. 1971 AP GG Art. 9 Arbeitskampf Nr. 43). Entscheidend abzustellen ist dabei auf die Rechtsgüterabwägung zwischen dem Arbeitskampfrecht aus Art. 9 III GG einerseits und den durch den Arbeitskampf beeinträchtigten Rechtsgütern andererseits bei Herstellung der erforderlichen praktischen Konkordanz (Rn. 14).

VIII. Streik im öffentlichen Dienst

177 Für den öffentlichen Dienst gilt im Arbeitskampf nichts anderes als für die Privatwirtschaft; deshalb ist ein **Streik im öffentlichen Dienst grds.** unter den selben Voraussetzungen **zulässig.** Indessen ergeben sich sowohl aus dem Beamtenrecht wie auch aus den vom öffentlichen Dienst wahrgenommenen Aufgabenbereichen Besonderheiten.

178 **1. Das Beamtenverhältnis** ist öffentlich-rechtlich ausgestaltet, die Arbeitsbedingungen werden einseitig durch Gesetz und/oder VA geregelt. Es fehlt daher die Möglichkeit, durch TV das Beamtenverhältnis ganz oder teilweise zu regeln. Ein Streik kann daher nicht „tarifbezogen" (Rn. 95) sein und ist damit unzulässig.

179 Unabhängig davon wird ein **Streikrecht der Beamten** (einschl. aller anderen in einem öffentlich-rechtlich ausgestalteten Dienstverhältnis Stehenden wie Richter und Soldaten) ganz überwiegend **abgelehnt:** „Wenige Aussagen des Arbeitskampfrechts können sich auf eine ähnlich solide Grundlage stützen" (*Gamillscheg* S. 1109 – umfassend; MünchArbR/*Otto* § 278 Rn. 188 mwN; aA *Däubler/Bieback* Rn. 466 ff.; *Hoffmann, R.,* AöR 91 (1966) S. 141, 183 ff. mwN; *Blanke* AuR 1989, 1, 7 ff.). Maßgebend sind für die Ablehnung des Streikrechts der Beamten folgende Überlegungen: „Beamte sind nach einhelliger und ständiger höchstrichterlicher Rspr. im Hinblick auf ihre besonderen, verfassungsrechtlich verankerten Pflichten und Rechte gegenüber der Allgemeinheit gem. Art. 33 V GG, §§ 52, 54 BBG, §§ 35, 36 BRRG nicht befugt, zur Förderung gemeinsamer Berufsinteressen kollektiv wirtschaftliche Kampfmaßnahmen zu ergreifen... Die Verpflichtung zur Erfüllung öffentlicher Aufgaben im Dienst am ganzen Volke (§ 52 I BBG) hat für den Beamten auch hier Vorrang vor der Verfolgung sowohl eigener als fremder Gruppeninteressen. Deshalb und im Blick auf die gesetzliche Regelung seiner Bezüge und sonstigen Rechte und Pflichten steht der Beamte von vornherein außerhalb des auf jeweils solidarische Vertretung der Gruppeninteressen von AN einerseits und AG andererseits angelegten Systems von TV und Arbeitskampf" (eingehend BVerwG 10. 5. 1984 AP GG Art. 9 Arbeitskampf Nr. 87 = NZA 1984, 401 = NJW 1984, 2713; BAG 11. 7. 1995 AP GG Art. 9 Arbeitskampf Nr. 138).

180 Mit der Ablehnung eines Streikrechts für Beamte ist indessen noch nicht die Rechtsstellung der Beamten im Arbeitskampf insgesamt geklärt. Der **Einsatz von Beamten** im Rahmen eines Arbeitskampfes, an dem der Dienstherr nicht unmittelbar als AG beteiligt ist, zur Dienstleistung auf arbeits-

kampfbedingt unbesetzten Arbeitsplätzen, ist aufgrund der staatlichen Neutralitätspflicht (Rn. 126, 130) unzulässig. Soweit der Dienstherr unmittelbar arbeitskampfbetroffen ist, vgl. Rn. 131 f.

2. Den **Angestellten und Arbeitern** ist die Koalitionsfreiheit auch im öffentlichen Dienst gewähr- 181 leistet (BVerfG 2. 3. 1993 E 88, 103 = AP GG Art. 9 Arbeitskampf Nr. 126), denn ihre Arbeitsbedingungen werden durch TV ausgehandelt. „Wegen ihrer Unterlegenheit sind sie dabei auch auf das Druckmittel des Arbeitskampfes angewiesen. Soweit der Staat von der Möglichkeit Gebrauch macht, Arbeitskräfte auf privatrechtlicher Basis als AN zu beschäftigen, unterliegt er dem Arbeitsrecht, dessen notwendiger Bestandteil eine kollektive Interessenwahrnehmung ist" (BVerfG 2. 3. 1993 E 88, 103 = AP GG Art. 9 Arbeitskampf Nr. 126). AN im öffentlichen Dienst unterliegen daher keiner Einschränkung ihres Streikrechts über die allgemeinen Zulässigkeitsvoraussetzungen einer Streikteilnahme hinaus; jedoch ist hier die Gemeinwohlbindung (Rn. 61, 104) von besonderer Bedeutung.

3. **Funktionale Streikverbote?** Der öffentliche Dienst umfaßt funktionell viele Bereiche, in denen 182 die negativen Auswirkungen eines Arbeitskampfes über die schadenstiftende Druckausübung gegenüber dem Tarifgegner weit hinausgehen und die Allgemeinheit in ihrer Lebensführung betreffen, zB Krankenhäuser, öffentliche Verkehrsmittel, Post und Telefon, Müllabfuhr, aber auch an gesamtstaatliche Tätigkeit wie Parlament, Regierung, auch Rspr. und die gesamte Verwaltung. Auch wenn die negativen Folgen eines Arbeitskampfes auf Dritte (Bürger wie Institutionen) ärgerlich und nachteilig sein mögen, sie rechtfertigen es nicht, die Ausübung des Arbeitskampfrechts als schlechthin unzulässig anzusehen (Rn. 106). Den hier möglicherweise entstehenden Gefahren ist im Rahmen des Notdienstes (Rn. 176) zu begegnen.

IX. Streik und Einzelarbeitsverhältnis

1. **Grundsatz.** Durch die Teilnahme an einem rechtmäßigen Streik wird das Arbeitsverhältnis in 183 seinem Bestand nicht berührt (Rn. 94). Die streikweise Arbeitsverweigerung stellt zwar eine Verletzung der arbeitsvertraglichen Pflichten dar, wird aber durch die Rechtmäßigkeit des Arbeitskampfes gerechtfertigt. „Während der Teilnahme an einem rechtmäßigen Streik sind die beiderseitigen Rechte und Pflichten aus den Arbeitsverhältnissen **suspendiert**. Die AN sind nicht zur Erbringung der Arbeitsleistung verpflichtet, verlieren aber gleichzeitig den Lohnanspruch" (BAG 22. 3. 1994 AP GG Art. 9 Arbeitskampf Nr. 130).

2. **Lohnanspruch. a) Lohnanspruch im allgemeinen.** Da durch die Streikteilnahme die Arbeits- 184 pflicht aus dem Arbeitsverhältnis suspendiert wird, hat der AN für die Zeit seiner Streikteilnahme **keinen Lohnanspruch** (BAG 22. 3. 1994 AP GG Art. 9 Arbeitskampf Nr. 13), auch nicht Auszubildende (BAG 30. 8. 1994 AP GG Art. 9 Arbeitskampf Nr. 131). Dieser „Wegfall" des Lohnanspruchs (Lohnverweigerungsrecht des AG wegen Nichterfüllung des Arbeitsvertrags) ist streng streikbedingt, der Lohnanspruch entfällt nur, wenn der Arbeitsausfall allein auf der Streikteilnahme beruht. Die **Höhe** des Lohnausfalls richtet sich nach der effektiven Dauer der streikbedingten Arbeitsverweigerung. Bei Vergütung nach Stunden ist das meist einfach. Bei Tages-, Wochen- oder Monatsvergütung ist eine entsprechende Berechnung auf der Grundlage der normalen Arbeitszeit vorzunehmen. Tarifvertraglich vereinbarte Regelungen über die Berechnungsmethode für Tatbestände, bei denen eine Vergütung nicht für einen vollen Monat zusteht, gelten auch hier, zB für jeden Kalendertag des Monatsgehalts.

Eine Besonderheit ergibt sich bei gleitender Arbeitszeit für die **Gleitzeitkonten:** Hier kann in einer 185 Betriebsvereinbarung bestimmt werden, daß Zeiten der Teilnahme an einem Arbeitskampf nicht zur Kürzung des Entgelts, sondern zur Belastung des Gleitzeitkontos führen (BAG 30. 8. 1994 AP GG Art. 9 Arbeitskampf Nr. 132). Soweit über die Teilnahme am Arbeitskampf nichts bestimmt ist, führen arbeitskampfbedingte Ausfallzeiten nicht zu einer Belastung des Gleitzeitkontos, sondern zu einer Minderung des Arbeitsentgelts (BAG 30. 8. 1994 AP GG Art. 9 Arbeitskampf Nr. 131).

Die gewerkschaftlich organisierten AN erhalten je nach Maßgabe der Gewerkschaftssatzung eine 186 **Streikunterstützung**, die nicht der Einkommensteuer unterliegt (BFH 24. 10. 1990 AP GG Art. 9 Arbeitskampf Nr. 115 = NZA 1991, 277).

b) Entgeltfortzahlung im Krankheitsfalle. Ein AN, der durch **Arbeitsunfähigkeit infolge Krank-** 187 **heit** an seiner Arbeitsleistung verhindert ist, verliert dadurch nicht den Anspruch auf Arbeitsentgelt, § 3 EFZG. Der Anspruch auf Entgeltfortzahlung besteht nur dann, wenn der arbeitsunfähig erkrankte AN ohne die Arbeitsunfähigkeit einen Vergütungsanspruch gehabt hätte; die Arbeitsunfähigkeit muß die alleinige Ursache für den Ausfall der Arbeitsleistung sein (BAG st. Rspr., vgl. 1. 10. 1991 AP GG Art. 9 Arbeitskampf Nr. 121). Somit hat ein AN, der während seiner Streikteilnahme erkrankt, keinen Anspruch auf Entgeltfortzahlung, da seine Arbeitsleistung schon aus einem anderen Grund als dem der Arbeitsunfähigkeit entfällt. Bei einer schon vor dem Beginn des Streiks eingetretenen Arbeitsunfähigkeit dauert die Pflicht des AG zur Lohnfortzahlung während der weiteren Dauer der Erkrankung auch im Arbeitskampf fort (BAG 1. 10. 1991 AP GG Art. 9 Arbeitskampf Nr. 121); etwas anderes gilt dann, wenn der AN sich dem Streik ausdrücklich oder konkludent anschließt.

188 Der Entgeltfortzahlungsanspruch entfällt, wenn der bereits vor Streikbeginn erkrankte AN wegen des Streiks nicht mehr im Betrieb hätte weiter arbeiten können (BAG 1. 10. 1991 AP GG Art. 9 Arbeitskampf Nr. 121). Die Tage der streikbedingten Stillegung des Betriebs fallen in die Sechswochenfrist des § 3 I 1 EFZG, diese Frist wird um die Streiktage nicht verlängert (BAG 8. 3. 1973 AP LFZG § 1 Nr. 29 mit Anm. *Reuß*).

189 Hat ein AN sich zunächst am Streik beteiligt und wird er dann krank, besteht kein Anspruch auf Lohnfortzahlung, da die Erkrankung nicht die alleinige Ursache des Ausfalls der Arbeitstätigkeit ist. Wohl aber kann er seine Streikteilnahme durch Erklärung gegenüber dem AG beenden mit der Folge, daß der AG dann zur Lohnfortzahlung verpflichtet ist (*Seiter* Streikrecht S. 310; *Brox/Rüthers* Rn. 663; *Däubler/Colneric* Arbeitskampfrecht Rn. 572; aA *Buchner* DB 1966, 110, 111).

190 Der nichtstreikende AN, der während eines Streiks arbeitsunfähig erkrankt, hat Anspruch auf Entgeltfortzahlung, sofern seine Beschäftigung trotz des Streiks möglich wäre (BAG 1. 10. 1991 AP GG Art. 9 Arbeitskampf Nr. 121).

191 c) **Mutterschaftsgeld.** Die Weitergewährung des Durchschnittsverdienstes nach § 11 MuSchG setzt voraus, daß das Beschäftigungsverbot die alleinige Ursache für das Nichtleisten der Arbeit sein muß; umgekehrt steht der schwangeren Frau kein Anspruch auf Entgeltfortzahlung zu, wenn andere als die genannten Beschäftigungsverbote allein oder zusätzlich dazu führen, daß sie keine Arbeit leistet und deshalb kein oder ein geringeres Arbeitsentgelt erhält. Der Ursachenzusammenhang ist dann unterbrochen, wenn der Verdienstausfall seine ausschließliche Ursache nicht mehr in dem aus Gründen des Mutterschutzes erteilten Beschäftigungsverbot hat (BAG 5. 7. 1995 AP MuSchG 1968 § 3 Nr. 7).

192 d) **Feiertagslohn.** Eine Pflicht zur Lohnfortzahlung für Arbeitszeit, die infolge eines gesetzlichen Feiertags ausfällt (§ 2 EFZG), besteht nur, wenn der Feiertag die **alleinige Ursache** für den Arbeitsausfall gewesen ist (BAG 23. 10. 1996 NZA 1997, 397); dagegen entsteht der Anspruch auf Feiertags-Entgeltfortzahlung nicht, wenn die Arbeit auch aus anderen Gründen ausgefallen ist. Zu diesen „anderen" Gründen gehört auch die Teilnahme an einem Streik (BAG 1. 3. 1995 AP FeiertagslohnzahlungsG § 1 Nr. 68; BAG 11. 7. 1995 AP GG Art. 9 Arbeitskampf Nr. 138).

193 Umgekehrt muß aber Feiertagslohn gezahlt werden, wenn der Arbeitskampf diesen Feiertag ausdrücklich ausgeklammert hat, wenn also der Arbeitskampf unmittelbar vor dem Feiertag endet und/oder sich unmittelbar an ihn anschließt – in beiden Fällen ist dann als einzige Ursache für den Arbeitsausfall der gesetzliche Feiertag anzusehen (BAG 11. 5. 1993 AP FeiertagslohnzahlungsG § 1 Nr. 63). Für die Feststellung, ob ein feiertagsbedingter Arbeitsausfall vorliegt, kommt es auch hier allein darauf an, welche Arbeitszeit für den AN gegolten hätte, wenn der betreffende Tag kein Feiertag gewesen wäre (BAG 9. 10. 1996 NZA 1997, 444). – Soweit jedoch die gewerkschaftliche Erklärung der Aussetzung des Streiks nur darauf gerichtet ist, einen Feiertag als streikfrei zu deklarieren, um die Feiertagslohnzahlung zu veranlassen, wird dies nicht als arbeitskampfbeendend anerkannt (BAG 1. 3. 1995 AP FeiertagslohnzahlungsG § 1 Nr. 68).

194 e) **Zuschläge, Zulagen.** Bei Zulagen und Zuschlägen richtet sich die Wirkung einer streikbedingt unterbleibenden Arbeitsleistung nach dem anspruchsbegründenden Tatbestand. Eine allgemeine Firmen-Zulage zum Tariflohn teilt das Schicksal des allgemeinen Vergütungsanspruchs. Für persönliche Zulagen, die an besondere persönliche Merkmale anknüpfen (Erfahrung, Zusatzkenntnisse usw.) gilt dasselbe, da sie mit der Arbeitsleistung untrennbar verbunden sind. Soweit die Zulagen unmittelbar an eine effektiv erbrachte Arbeitsleistung anknüpfen, entfällt der Anspruch darauf wie auf die Arbeitsvergütung selbst. Das gilt zB für Zuschläge für Mehrarbeit, Nachtarbeit, Schmutzarbeit.

195 3. **Sozialleistungen des AG.** Zahlungen des AG über den vereinbarten Lohn und die gesetzlich vorgeschriebenen Leistungen hinaus sind nicht, wie Zulagen und Zuschläge, unmittelbar an die erbrachte Arbeitsleistung gebunden. Für sie stellt sich die Frage, ob Zeiten der Teilnahme an einem Streik diese Leistungen oder doch ihre Höhe anteilig mindern.

196 a) **Jährliche Sonderzahlungen/Gratifikationen.** Solche Leistungen werden ggf. in TV oder Betriebsvereinbarungen festgelegt und knüpfen an den Bestand des Arbeitsverhältnisses an, wenn auch inhaltlich damit die im vergangenen Jahr für den Betrieb geleistete Arbeit zusätzlich anerkannt werden soll. Diese tatsächliche Arbeitsleistung kann aus einer Vielzahl von Gründen während des Jahres teilweise ausgefallen sein (Arbeitsunfähigkeit, Urlaub usw.); es ist zulässig, in der die Sonderzahlung begründenden Vereinbarung zu bestimmen, welche Zeiten der unterbliebenen Arbeitsleistung den Anspruch auf die Sonderzahlung mindern oder ausschließen. Eine zugelassene Kürzung wegen „ruhenden" Arbeitsverhältnisses erfaßt auch das Ruhen während des Streiks (BAG 3. 8. 1999 BB 2000, 776). Wird eine solche Regelung nicht getroffen, kommt es auf die tatsächliche Arbeitsleistung nicht an (BAG 5. 8. 1992 AP BGB § 611 Gratifikation Nr. 143; BAG 11. 10. 1995 AP TVG § 1 Tarifverträge Metallindustrie Nr. 133); wird eine solche Regelung nur für bestimmte Fälle des Fehlens tatsächlicher Arbeitsleistung getroffen, so ist anzunehmen, daß andere Fälle unterbliebener Arbeitsleistung den Anspruch auf die Sonderzahlung nicht mindern oder ausschließen. Das gilt auch für die Zeiten einer Streikteilnahme (BAG 20. 12. 1995 AP GG Art. 9 Arbeitskampf Nr. 141).

b) Anwesenheitsprämien. Soweit eine Anwesenheitsprämie an AN gezahlt wird, die während eines 197 bestimmten Zeitraums keine Ausfallzeiten aufweisen, entfallen die Voraussetzungen für die Gewährung der Prämie bei Arbeitsausfall durch Streikteilnahme (BAG 31. 10. 1995 AP GG Art. 9 Arbeitskampf Nr. 140).

c) Beihilfen. Soweit Beihilfen im Krankheitsfalle vereinbart sind, kommt es für die mögliche Be- 198 rücksichtigung der Teilnahme am Streik darauf an, ob der Anspruch auf Beihilfe allein durch das Bestehen des Arbeitsverhältnisses begründet wird oder ob weitere Voraussetzungen aufgestellt sind. Soweit keine zusätzlichen Voraussetzungen aufgestellt sind, besteht der Beihilfeanspruch auch für Streikzeiten; denn der Beihilfeanspruch ist nicht auf Arbeitsvergütung gerichtet, sondern auf Freistellung von notwendigen Aufwendungen im Krankheitsfalle, und dieser Freistellungsanspruch wird durch die streikbedingte Suspendierung des Arbeitsverhältnisses nicht erfaßt (BAG 5. 11. 1992 AP BAT § 40 Nr. 7). Eine den Beihilfeanspruch ausschließende Streikbeteiligung ist jedoch nach der Rspr. (BAG 5. 11. 1992 AP BAT § 40 Nr. 7) anzunehmen, wenn als Voraussetzung vergleichsweise die „im Dienst befindliche Beamten" genannt sind, weil der Streikende wegen der Suspendierung des Arbeitsverhältnisses nicht „im Dienst" ist.

4. Urlaub/Arbeitsbefreiung. Die Teilnahme am Streik hat auf den **Urlaubsanspruch** selbst und 199 seine Dauer keinen Einfluß, der Urlaubsanspruch knüpft lediglich an das Bestehen des Arbeitsverhältnisses an ohne Rücksicht auf die tatsächlich erbrachte Arbeitsleistung (§ 4 BUrlG; grdl. BAG 28. 1. 1982 AP BUrlG § 3 Nr. 11). Auch die Bindung des Urlaubsanspruchs an das Kalenderjahr ändert sich nicht, so daß eine spätere Gewährung des Urlaubs sich nur nach § 7 III BUrlG richtet; die Streikteilnahme schafft keine „dringenden betrieblichen oder in der Person des AN liegenden Gründe" für die Urlaubsübertragung (LAG Nürnberg 25. 1. 1995 NZA 1995, 854). Die Dauer der Streikteilnahme kann jedoch Einfluß haben auf die Berechnung des Urlaubsentgelts nach § 11 BUrlG.

Hat ein AN einen bewilligten Urlaub angetreten, dann ruht seine Hauptpflicht zur Arbeitsleistung 200 unter Fortzahlung seines Entgelts (§ 11 BUrlG), er kann systematisch seine Arbeit nicht „zusätzlich" im Wege seiner Teilnahme am Streik niederlegen. Ein bewilligter Urlaub wird nicht dadurch unterbrochen, daß währenddessen der Betrieb bestreikt wird (BAG 9. 2. 1982 AP BUrlG § 11 Nr. 16), so daß an den beurlaubten AN das Urlaubsentgelt fortgezahlt werden muß.

Einem AN, dem ein Urlaub bewilligt ist, steht es frei, sich nicht am Streik zu beteiligen, sondern 201 den Urlaub anzutreten (BAG 9. 2. 1982 AP BUrlG § 11 Nr. 16). Jedoch kann ein beurlaubter AN sich dem Streik anschließen, ob er nun den Urlaub vor Streikbeginn schon angetreten hatte oder ob er bewilligt war für die Zeit nach Streikbeginn (vgl. BAG 15. 1. 1991 AP GG Art. 9 Arbeitskampf Nr. 114). Diese Anschließung des beurlaubten (urlaubsberechtigten) AN bedarf der Erklärung gegenüber dem AG, die zwar auch durch konkludente Handlung wie Tätigkeit als Streikposten abgegeben werden kann; allein darin, daß der AN nicht zur Arbeit erscheint, kann in diesen Fällen nicht die konkludente Erklärung gesehen werden. Mit der Anschließung an den Streik endet die Arbeitsfreistellung aufgrund Urlaubs (mit Entgeltfortzahlung), es tritt jetzt das Ruhen der Arbeitspflicht aufgrund Streikbeteiligung ein mit Wegfall des Vergütungsanspruchs.

Beteiligt sich ein AN am Streik, dann kann er während der Zeit des Streiks nicht Urlaub fordern, denn 202 das Arbeitsverhältnis ist hinsichtlich der Arbeitspflicht durch die Streikteilnahme suspendiert, so daß eine Urlaubsgewährung begrifflich ausscheidet (BAG 15. 6. 1964 AP GG Art. 9 Arbeitskampf Nr. 35). Voraussetzung für die Gewährung des Urlaubs wäre, daß der AN zuvor seine Teilnahme am Streik beendet und seine Arbeitsbereitschaft anzeigt (BAG 24. 9. 1996 NZA 1997, 507). Diese Beendigungserklärung kann jedoch nicht schon im schlichten Urlaubsantrag gesehen werden, denn damit hätte der AG die Entscheidung in der Hand, dem AN Urlaub zu bewilligen oder andernfalls ihn zur Fortsetzung seiner durch den Streik zunächst unterbrochenen Arbeitsleistung zu verpflichten (LAG Nürnberg 25. 1. 1995 NZA 1995, 854; *Dersch/Neumann* BUrlG § 3 Rn. 46; GK-BUrlG/*Bleistein* § 1 Nr. 147 ff.).

Ein tarifvertraglich vereinbarter Verfalltag für die Urlaubsansprüche bleibt auch während des 203 Arbeitskampfes maßgeblich: Durch die Suspendierung der Arbeitspflichten während des Streiks wird der Verfall von Urlaubsansprüchen nicht ausgeschlossen (BAG 24. 9. 1996 NZA 1997, 507). Eine Schadensersatzpflicht des AG wegen des Verfalls des Urlaubsanspruchs ist nur dann gegeben, wenn er sich zum Zeitpunkt des Verfalls in Schuldnerverzug befunden hat (BAG 24. 9. 1996 NZA 1997, 507).

Die Pflicht zur Zahlung des Urlaubsentgelts besteht auch für die Zeit, in der der Betrieb infolge des 204 Streiks zum Erliegen kommt und die Lohnansprüche der arbeitsbereiten AN entfallen: Die Grundsätze über das Arbeitskampfrisiko (Rn. 116 ff.) gelten nur für das Lohnrisiko, wenn der nicht am Streik beteiligte AN seine Arbeitsleistung anbietet, die der AG aber infolge der Auswirkungen des Streiks nicht annehmen kann. Demgegenüber sind die rechtmäßig streikenden AN nicht zur Arbeitsleistung verpflichtet, und mangels einer solchen Leistungspflicht kann von einer Leistungsstörung überhaupt nicht gesprochen werden (BAG 9. 2. 1982 AP BUrlG § 11 Nr. 16).

Wird tarifvertraglich eine bezahlte **Freischicht** vereinbart, zB für AN in Wechselschicht oder 205 Nachtarbeit, so kann diese von der vollständig erbrachten effektiven Arbeitsleistung abhängig gemacht werden (BAG 5. 9. 1995 AP TVG § 1 Tarifverträge Papierindustrie Nr. 11); streikbedingte Nichtarbeit steht dann dem Anspruch auf eine Freischicht entgegen.

206 Diese Überlegungen zum Urlaubsanspruch unter Aufrechterhaltung des Lohnanspruches gelten auch für Zeiten einer Befreiung von der Arbeitspflicht aus anderen Gründen, die bereits vor Beginn des Streiks feststehen (BAG 15. 1. 1991 AP GG Art. 9 Arbeitskampf Nr. 114), so etwa Beschäftigungsverbote nach dem MuSchG (Rn. 191) oder bei Kurzarbeit. Entsprechendes gilt für Befreiung von der Arbeitspflicht unter Fortzahlung des Entgelts zur Teilnahme an einer Schulungsveranstaltung (BAG 15. 1. 1991 AP GG Art. 9 Arbeitskampf Nr. 114; BAG 7. 4. 1992 AP GG Art. 9 Arbeitskampf Nr. 122).

207 **5. Sozialversicherung.** Da trotz des Streiks das Arbeitsverhältnis in seinem Bestand unverändert bestehen bleibt, bleiben auch alle sozialversicherungsrechtlichen Anwartschaften erhalten, die an den Bestand des Arbeitsverhältnisses anknüpfen; im einzelnen vgl. Rn. 127.

208 **6. Kündigung während des Streiks.** Das allgemeine Kündigungsrecht **des AG** wird durch den Streik grds. nicht verändert, da ja das Arbeitsverhältnis fortbesteht. Jedoch kann auf die Arbeitsverweigerung in Ausübung des Streikrechts eine Kündigung nicht gestützt werden. Kommen aber zusätzliche Umstände hinzu, kann darauf eine allgemeine ordentliche oder außerordentliche Kündigung gestützt werden. Wenn der AG zur Aufrechterhaltung des Betriebs neue AN einstellt, mit denen er die streikbedingt leerstehenden Arbeitsplätze besetzt, kann er im Rahmen seiner Abwehrtaktik (Rn. 211) den AN, die auf diesem Arbeitsplatz gearbeitet hatten, betriebsbedingt ordentlich kündigen (vgl. *Kalb* Rn. 227) oder eine Änderungskündigung aussprechen; möglich ist auch eine Massenkündigung.

209 Zur Kündigung nach allgemeinem Recht ist der **AN** während des Streiks befugt ohne Rücksicht auf den Kündigungsgrund (BAG 21. 4. 1971 AP GG Art. 9 Arbeitskampf Nr. 43). Der Streik selbst ist aber kein Grund für eine außerordentliche Kündigung (*Kalb* Rn. 251).

210 **7. Maßregelungsverbote.** In TV zum Abschluß eines Arbeitskampfes werden regelmäßig Bestimmungen getroffen, daß Maßnahmen gegen AN im Zusammenhang mit ihrer Streikbeteiligung rückgängig gemacht werden („Maßregelungsklauseln"). Solche Regelungen sind zulässig (BAG 24. 9. 1996 NZA 1997, 507) und betreffen vor allem ausgesprochene Kündigungen (LAG Sachsen-Anhalt 12. 3. 1997 AuR 1998, 423 zum gerichtlichen Prüfungsumfang ggü. einer vereinbarungsgemäß als „betriebsbedingt" geltenden Kündigung), Urlaubsansprüche, Nachteile im Zusammenhang mit freiwilligen Leistungen, Schadensersatzansprüche. Wegen Sonderleistungen des AG bei Streikarbeit vgl. Rn. 212.

X. Gegenstrategie des Arbeitgebers

211 **1. Betriebsfortführung.** AG wollen typischerweise das mit dem Streik verfolgte Ziel der zeitweiligen Stillegung des Betriebs oder Betriebsteils unterlaufen und den **Betrieb möglichst uneingeschränkt fortführen,** vgl. aber Rn. 221. Diese Betriebsfortführung hat neben der organisatorisch-technischen Seite vor allem eine besondere personelle Komponente, denn der AG muß die fehlende Arbeitsleistung der Streikenden ersetzen.

212 Das kann einmal geschehen durch den Einsatz der AN, die trotz des Streiks arbeitswillig sind und ihre vertragliche Arbeitsleistung weiter erbringen (Rn. 155). Die Bereitschaft zu solcher „Streikarbeit" kann er fördern durch zusätzlicheAnreize in Form einer Prämie **(„Streikbruchprämie").** Hier ist zu unterscheiden:

213 a) Die Prämie wird während des laufenden Arbeitskampfes verbindlich zugesagt/gezahlt als zusätzliche Leistung des AG an diejenigen AN, die nicht am Streik teilnehmen. Diese Belohnung wird vom AG als Anreiz zur Weiterarbeit genutzt im Rahmen seiner Strategie, trotz Arbeitskampfes den Betrieb möglichst ungestört fortzusetzen. Hierin ist ein zulässiges Arbeitskampfmittel des AG zu sehen (BAG 13. 7. 1993 AP GG Art. 9 Arbeitskampf Nr. 127; *Gaul* NJW 1994, 1025 ff.; *Otto* Anm. zu EzA GG Art. 9 Arbeitskampf Nr. 105; *Schwarze* NZA 1993, 967 ff. und RdA 1993, 264 ff.).

214 b) Die Gewährung einer Prämie ist weiter zulässig zum Ausgleich für zusätzliche Erschwerungen und Belastungen bei Verrichtung der Arbeit während des Streiks, die erheblich über das normale Maß der mit jeder Streikarbeit verbundenen Erschwerungen hinausgehen (BAG 28. 7. 1992 AP GG Art. 9 Arbeitskampf Nr. 123) oder für die Übernahme von Tätigkeiten, die der AN nach dem Arbeitsvertrag nicht schuldet (LAG Rheinland-Pfalz 30. 5. 1996 LAGE GG Art. 9 Nr. 62); diese Leistung ist zulässig ohne Rücksicht darauf, ob sie noch während des Streiks oder nachträglich gezahlt wird.

215 c) Die Prämie wird ohne Ankündigung während des Streiks nachträglich für die (schlichte) Nichtteilnahme am Streik gezahlt: Hierin liegt keine Arbeitskampfmaßnahme, daher verstößt dies gegen § 612a BGB (BAG 4. 8. 1987 AP GG Art. 9 Arbeitskampf Nr. 88 – gegen diese Entscheidung bestehen keine verfassungsrechtlichen Bedenken, BVerfG 11. 4. 1988 NZA 1988, 473; BAG 11. 8. 1992 AP GG Art. 9 Arbeitskampf Nr. 124 mit Anm. *Otto* EzA GG Art. 9 Arbeitskampf Nr. 105; BAG 13. 7. 1993 AP GG Art. 9 Arbeitskampf Nr. 127). Die Beseitigung der unzulässigen Maßregelung kann nur erreicht werden durch Gewährung der Prämie auch an die Streikteilnehmer (BAG 11. 8. 1992 AP GG Art. 9 Arbeitskampf Nr. 124).

d) Soweit in einem den Arbeitskampf beendenden TV eine Klausel enthalten ist, daß jede Maßre- 216
gelung von Beschäftigten aus Anlaß oder im Zusammenhang mit der Tarifbewegung unterbleibt oder
rückgängig gemacht wird („Maßregelungsklausel"), gilt entsprechendes (Rn. 215) (BAG 13. 7. 1993
AP GG Art. 9 Arbeitskampf Nr. 127).

2. Druckausübung auf die Gegenseite. Der AG kann aussperren. Die Teilnahme an einem recht- 217
mäßigen Streik ist selbst kein Kündigungsgrund; durch die Einstellung von neuen Arbeitskräften und/
oder Umorganisationen kann jedoch Anlaß für eine betriebsbedingte Kündigung entstehen.

XI. Nichtstreikende Arbeitnehmer

1. Grundsatz. Das **Arbeitsverhältnis Nichtstreikender besteht grds. fort** mit allen beiderseitigen 218
Rechten und Pflichten. Jedoch kann die zu erbringende Arbeitsleistung im Rahmen der Kampftaktik
des AG abgeändert werden (Rn. 160). Auch ist der AG als verpflichtet anzusehen, einem AN, dessen
„normale" Arbeit streikbedingt nicht mehr ausgeübt werden kann, auf dessen Verlangen nach Maßgabe der betrieblichen Möglichkeiten eine andere Tätigkeit zu übertragen (LAG Hamm 16. 7. 1993
NZA 1994, 430).

2. Lohnrisiko. Wenn nichtstreikende AN eines bestreikten Betriebs oder Betriebsteils trotz des 219
Streiks ihre Arbeitsleistung anbieten, sind zwei grds. Lösungsmöglichkeiten gegeben:

a) Die für die Fernwirkung von Arbeitskämpfen erarbeiteten Grundsätze des Arbeitskampfrisikos 220
(Rn. 116) gelten auch hier: Der AG muß an die AN, die er nicht beschäftigt (beschäftigen kann), **nur
dann und insoweit Lohn zahlen, als die Fortsetzung des Betriebs oder von Betriebsteilen möglich
und wirtschaftlich zumutbar wäre**; ist das nicht der Fall, tragen die betroffenen AN das Lohnrisiko,
sie verlieren also ihre Vergütungsansprüche für die Dauer der arbeitskampfbedingten Störung (BAG
14. 12. 1993 AP GG Art. 9 Arbeitskampf Nr. 129).

b) Demgegenüber geht das **BAG** aber seit der Entscheidung vom 22. 3. 1994 (AP GG Art. 9 221
Arbeitskampf Nr. 130; inzwischen st. Rspr.: 31. 1. 1995 AP GG Art. 9 Arbeitskampf Nr. 135; 11. 7.
1995 AP GG Art. 9 Arbeitskampf Nr. 138; 17. 6. 1995 AP GG Art. 9 Arbeitskampf Nr. 137; 12. 11.
1996 AP GG Art. 9 Arbeitskampf Nr. 147) davon aus, daß die Grundsätze des Arbeitskampfrisikos
nicht uneingeschränkt anwendbar seien, wenn in dem bestreikten Betrieb oder Betriebsteil selbst
arbeitsunwillige AN ihre Arbeitsleistung anbieten. Denn **dem bestreikten AG stehe es frei, wie er auf
die kampfbedingte Lage im Betrieb reagieren wolle:**

aa) Er könne **einmal versuchen,** die streikbedingte zeitweilige Stillegung seines Betriebs bzw. des 222
bestreikten Betriebsteils zu unterlaufen, indem er durch Fremdvergaben oder mit Hilfe arbeitswilliger
(unter Umständen auch neueingestellter) AN nach entsprechender Umorganisation den Betrieb wenigstens tlw. **aufrechterhält** (Rn. 160, 211): In diesem Falle sind die Arbeitsverhältnisse nur derjenigen
AN suspendiert, die sich am Streik beteiligen; die nichtstreikenden AN bleiben zur Arbeitsleistung
verpflichtet und behalten dementsprechend auch ihren Anspruch auf das Arbeitsentgelt. Er muß in
diesem Falle die Arbeitswilligen zur Arbeitsleistung heranziehen, soweit ihm die Beschäftigung trotz
des Arbeitskampfs möglich und zumutbar geblieben ist (BAG 11. 7. 1995 AP GG Art. 9 Arbeitskampf
Nr. 138). Der Vergütungsanspruch derjenigen AN, deren Beschäftigung unmöglich oder unzumutbar
ist, entfällt für die Dauer der arbeitskampfbedingten Störung (BAG 14. 12. 1993 AP GG Art. 9
Arbeitskampf Nr. 129; BAG 12. 11. 1996 AP GG Art. 9 Arbeitskampf Nr. 147). Das gilt auch dann,
wenn die Arbeit unmöglich oder unzumutbar wird, weil in einem anderen Betriebsteil infolge von
Arbeitskampfmaßnahmen nicht oder nur eingeschränkt gearbeitet werden kann, oder weil eine streikbedingte Störung die weitere Arbeit auch der Streikenden nach dem Ende der Arbeitskampfmaßnahme
unmöglich macht („Wellenstreik", BAG 12. 11. 1996 AP GG Art. 9 Arbeitskampf Nr. 147; 17. 2. 1998
AP aaO Nr. 152). Diese „überschießende", dh. über das Streikende hinausgehende Wirkung der
Abwehrmaßnahme des AG kann der Risikosphäre der AN jedoch nur dann zugerechnet werden,
wenn ein enger zeitlicher und organisatorischer Zusammenhang der ausfallenden zu den zuvor streikbetroffenen Arbeiten besteht. Nur dann trifft das Entgeltrisiko die AN (BAG 15. 12. 1998 AP GG
Art. 9 Arbeitskampf Nr. 132, 154).

bb) Da das Arbeitskampfrecht andererseits **keine Pflicht des AG zur aktiven Abwehr von** 223
Kampfmaßnahmen kenne, könne der AG sich auch dem Streik beugen und den unmittelbar kampfbetroffenen Betrieb oder Betriebsteil während des Streiks **stillegen,** selbst wenn die tlw. Aufrechterhaltung technisch möglich und wirtschaftlich zumutbar wäre (BAG 22. 3. 1994 AP GG Art. 9
Arbeitskampf Nr. 130). Diese Stillegung hat zur Folge, daß die beiderseitigen Rechte und Pflichten
aus dem Arbeitsverhältnis suspendiert werden, einschließlich der Beschäftigungs- und Lohnzahlungspflicht des AG gegenüber den arbeitswilligen AN (BAG 22. 3. 1994 AP GG Art. 9 Arbeitskampf
Nr. 130: anders noch BAG 14. 12. 1993 AP GG Art. 9 Arbeitskampf Nr. 129), abw. vom allgemeinen
Betriebsrisiko. Diese Reaktionsmöglichkeit besteht aber nur innerhalb des zeitlichen und gegenständlichen Rahmens, der sich aus dem Streikaufruf der Gewerkschaft ergibt; werden nur die Angehörigen
einer bestimmten Abteilung für eine begrenzte Zeit zum Streik aufgerufen, so ist auch die damit

begründete Stillegung nur bezogen auf diese Abteilung und nur für die betreffende Zeit möglich (BAG 12. 11. 1996 AP GG Art. 9 Arbeitskampf Nr. 147; 15. 12. 1998 AP GG Art. 9 Arbeitskampf Nr. 154).

224 Diese Stillegung sieht das BAG systematisch nicht als Maßnahme des Arbeitskampfes an (11. 7. 1995 AP GG Art. 9 Arbeitskampf Nr. 138), sondern als bloßes Erdulden, als Reaktion auf ein Kampfmittel der Gegenseite (BAG 27. 6. 1995 AP GG Art. 9 Arbeitskampf Nr. 137). Diese Stillegungsmöglichkeit ist indessen begrenzt: Sie findet ihre Grenze in dem räumlichen und zeitlichen Rahmen der gewerkschaftlichen Kampfmaßnahme. „Hat die kampfführende Gewerkschaft nur zu einem Kurzstreik aufgerufen, ergibt sich daraus, daß der AG auch nur für dessen Dauer die Stillegung des Betriebs als bloßes Erdulden einer gegnerischen Kampfmaßnahme rechtfertigen kann. Will er den Kampfrahmen erweitern, so muß er eigene Kampfmittel ergreifen" (BAG 27. 6. 1995 AP GG Art. 9 Arbeitskampf Nr. 137). In diesem Falle der arbeitskampfbedingten Betriebsstillegung fordert das BAG (11. 7. 1995 AP GG Art. 9 Arbeitskampf Nr. 138; ebenso BAG 11. 7. 1995 AP GG Art. 9 Arbeitskampf Nr. 139) eine entsprechende **Erklärung des AG gegenüber den AN** (nicht der streikführenden Gewerkschaft), deren Arbeitsverhältnisse dadurch suspendiert werden sollen (BAG 11. 7. 1995 AP GG Art. 9 Arbeitskampf Nr. 138; BAG 11. 7. 1995 AP GG Art. 9 Arbeitskampf Nr. 139); diese Erklärung kann auch stillschweigend erfolgen, muß aber hinreichend deutlich sein, sonst ist die Stillegung nicht anzunehmen. Das gilt auch, wenn der Betrieb zum Erliegen kommt, der AG aber den Eindruck erweckt, er wolle die AN so bald und so weit wie möglich zur Arbeit heranziehen; der AG darf keine Unklarheit über seine Reaktion auf den Streik und damit über den aktuellen Stand der beiderseitigen Rechte und Pflichten entstehen lassen.

225 **Gegen diese neuere Rspr.** zur Stillegung des gesamten bestreikten Betriebs oder Betriebsteils trotz seiner möglichen und wirtschaftlich sinnvollen Fortführung (Rn. 223 f.) werden **Bedenken** geltend gemacht: Obwohl es um die Rechtsstellung nichtstreikender AN gehe, deren Arbeitsverhältnis durch den Streik anderer gerade nicht suspendiert sei und die trotz Streiks effektiv beschäftigt werden könnten, so daß kein Fall des Arbeitskampfrisikos vorliege, räume diese neuartige Stillegungsbefugnis dem AG das Recht ein, schlechthin die Arbeitsverhältnisse mit den nichtstreikenden AN zu suspendieren, ohne daß es einer dies rechtfertigenden Begründung bedürfe. Die AN seien damit der Arbeitskampftaktik oder dem wirtschaftlichen Kalkül des AG unkontrollierbar ausgesetzt. Die Überlegung, daß auch die nichtstreikenden AN (Gewerkschaftsmitglieder wie Nichtorganisierte) an den Vorteilen des Streikergebnisses teilnähmen, sei zu vage, um als zwingendes rechtliches Argument akzeptiert werden zu können, zumal hier leicht der Eindruck entstehe, die alte Sphärentheorie lebe wieder auf und die negative Koalitionsfreiheit werde mißachtet. Auch die Überlegung, der AG sei nicht verpflichtet, einen bestreikten Betrieb oder Betriebsteil so weit wie möglich aufrechtzuerhalten, finde in den seitherigen Grundsätzen zum Arbeitskampfrisiko jedenfalls im Verhältnis des AG zu den nichtstreikenden AN keine Grundlage. Dieser Erweiterung der Grundsätze zum Arbeitskampfrisiko könne auch nicht zugestimmt werden, da die Stillegungsbefugnis inhaltlich eine Aussperrung darstelle, ohne jedoch den für diese entwickelten Einschränkungen unterworfen zu sein (vgl. dazu: *Gamillscheg* BB 1996, 212; *Hanau* NZA 1996, 841, 846; *Konzen* Anm. zu AP GG Art. 9 Arbeitskampf Nr. 139; *Lieb* SAE 1995, 257 und SAE 1996, 182; *Löwisch*, FS für Gitter, 1995, S. 533; *Löwisch* AR-Blattei ES 170.2 Nr. 39; *Oetker* Anm. zu AP GG Art. 9 Arbeitskampf Nr. 130; *Schulte Westenberg* NJW 1996, 1965).

226 **3. Behinderung durch Streikposten.** Soweit Streikposten über das rechtlich Zulässige hinausgehen (Rn. 161) und Arbeitswillige am Zugang zum Betrieb behindern, tragen letztere das Lohnrisiko. Der AG ist nicht verpflichtet, gegen rechtswidrige Maßnahmen der Streikposten vorzugehen und den Zugang zum Betrieb zu erzwingen (BAG 11. 7. 1995 AP GG Art. 9 Arbeitskampf Nr. 139).

XII. Beendigung des Streiks

227 Wie zur Suspendierung der Hauptpflichten aus dem Arbeitsvertrag eine erkennbare Willensbetätigung des AN erforderlich ist (Rn. 156), so endet auch die Suspendierung der Arbeitspflicht erst durch eine dahin gehende Erklärung des AN. Einmal kann der einzelne AN erklären, er scheide aus dem Streikgeschehen aus, was auch durch schlüssiges Verhalten geschehen kann (BAG 31. 5. 1988 AP FeiertagslohnzahlungsG § 1 Nr. 56), unabhängig von einer Beendigung des Streiks insgesamt (BAG 15. 1. 1991 AP GG Art. 9 Arbeitskampf Nr. 114). Es kann aber auch die Streikleitung für alle Streikteilnehmer verbindlich den Streik für beendet erklären (BAG 1. 10. 1991 AP GG Art. 9 Arbeitskampf Nr. 121). Dabei ist es nicht erforderlich, daß es sich um die Erklärung der endgültigen Beendigung des Arbeitskampfes handelt, es kann auch nur um die vorübergehende Beendigung gehen (BAG 1. 3. 1995 AP FeiertagslohnzahlungsG § 1 Nr. 68). Dieses Erklärungserfordernis soll der Gegenseite Gewißheit verschaffen, ob sie noch einer Kampfmaßnahme ausgesetzt ist, damit sie ihr eigenes Verhalten entsprechend einrichten kann. Daher genügt auch eine öffentliche Verlautbarung in den Medien, die tatsächlich zur Kenntnis des AG gelangt (BAG 23. 10. 1996 AP GG Art. 9 Arbeitskampf Nr. 146).

228 Mit dieser Beendigung setzt sich das Arbeitsverhältnis mit allen gegenseitigen Rechten und Pflichten so fort, wie es bei Beginn des Streiks bestanden hat; es erlischt die Suspendierung der Arbeitspflicht.

Nimmt der AG das Angebot des AN auf Wiederaufnahme der Arbeit nicht an, gerät er in Annahmeverzug nach § 615 BGB.

XIII. Rechtswidriger Streik

1. Das Verhältnis der Gewerkschaft zum bestreikten Arbeitgeber. Der von einem rechtswidrigen 229 Arbeitskampf betroffene AG kann nach st. Rspr. vom Gegner die Unterlassung von Maßnahmen des Arbeitskampfes verlangen (BAG 27. 6. 1989 AP GG Art. 9 Arbeitskampf Nr. 113).

Das durch einen solchen **Unterlassungsanspruch** geschützte Rechtsgut ist der eingerichtete und 230 ausgeübte Gewerbebetrieb, § 823 I BGB (BAG 12. 9. 1984 AP GG Art. 9 Arbeitskampf Nr. 81; BAG 9. 4. 1991 AP GG Art. 9 Arbeitskampf Nr. 116). Auch ein vorbeugender Unterlassungsanspruch ist anzuerkennen. – Prozessual bedarf es für die Unterlassungsklage des rechtlichen Interesses (BAG 12. 9. 1984 AP GG Art. 9 Arbeitskampf Nr. 81).

Als Anspruchsgrundlage kann auch die tarifliche Friedenspflicht (Rn. 103) herangezogen werden: 231 Diese besteht zwar primär nur zwischen den TVParteien selbst, nicht auch im Verhältnis zu den tarifgebundenen Mitgliedern der TVPartei. Da einem TV jedoch auch Schutzwirkungen zugunsten der tarifgebundenen Mitglieder zukommen, sind diese auch Grundlage für einen Unterlassungsanspruch im Verhältnis zu den einzelnen Tarifgebundenen (*Zöllner/Loritz* S. 413; *Kalb* Rn. 283).

Als Anspruchsgrundlage für einen **Schadensersatzanspruch** des AG (zur Berechnung vgl. BAG 232 5. 3. 1985 AP GG Art. 9 Arbeitskampf Nr. 85; BAG 7. 6. 1988 AP GG Art. 9 Arbeitskampf Nr. 106) kommt einmal die positive Verletzung der (drittschützenden, Rn. 231) tarifvertraglichen Friedenspflicht in Frage.

Ein Schadensersatzanspruch kann weiter auf § 823 I BGB gestützt werden wegen Verletzung des 233 eingerichteten und ausgeübten Gewerbebetriebs (BAG 7. 6. 1988 AP GG Art. 9 Arbeitskampf Nr. 106). Dieser Anspruch setzt ein Verschulden voraus, wobei die Frage des vermeidbaren, das Verschulden ausschließenden Rechtsirrtums Probleme aufwirft angesichts der fehlenden normativen Regelung des Arbeitskampfrechts und der sich wandelnden Rspr.: War der Irrtum der Gewerkschaft über die Rechtmäßigkeit des Streiks bei Beachtung der im Verkehr erforderlichen Sorgfalt unvermeidbar, kann ihr kein Schuldvorwurf gemacht werden (BAG 21. 3. 1978 AP GG Art. 9 Arbeitskampf Nr. 62). Hier hat sich im Laufe der Rspr. ein Wandel vollzogen: Von der ursprünglichen strengen Auffassung, daß derjenige, der bei zweifelhafter Rechtslage einen Streik beginne, das Risiko tragen müsse (BAG 31. 10. 1958 AP TVG § 1 Friedenspflicht Nr. 2) hat sich die Rspr. dahin entwickelt, daß von einem vermeidbaren, das Verschulden nicht ausschließenden Rechtsirrtum dann nicht gesprochen werden kann, wenn zu der streitigen Frage keine höchstrichterliche Rspr. vorliegt (BAG 21. 3. 1978 AP GG Art. 9 Arbeitskampf Nr. 62).

Eine **Feststellungsklage**, beschränkt auf Feststellung der Rechtswidrigkeit eines Streiks, ist mangels 234 Vorliegens eines Rechtsverhältnisses unzulässig (BAG 12. 9. 1984 AP GG Art. 9 Arbeitskampf Nr. 81; BAG 27. 6. 1989 AP GG Art. 9 Arbeitskampf Nr. 113).

Einstweilige Verfügungen zur Abwehr eines rechtswidrigen Arbeitskampfes sind unter den all- 235 gemeinen prozessualen Voraussetzungen (§ 62 II ArbGG, §§ 935 ff. ZPO) zulässig (LAG Hamm 31. 1. 1991 DB 1991, 1126; *Germelmann/Matthes/Prütting* § 62 ArbGG Rn. 91; *Grunsky* § 62 ArbGG Rn. 25; *Walker* NZA 1993, 773 und ZfA 1995, 185). – Der für den Erlaß einer einstweiligen Verfügung auf Unterlassung eines Streiks erforderliche Verfügungsgrund, § 940 ZPO, erfordert nach wohl hM eine umfassende Interessenabwägung der beiderseits drohenden Nachteile und wirtschaftlichen Auswirkungen, der materiellen Rechtslage wie vollstreckungsrechtlicher Erwägungen (LAG Schleswig-Holstein 25. 3. 1987 NZA 1988 Beil. 2, 31; LAG Hamm 17. 3. 1987 NZA 1988 Beil. 2, 26). Der notwendigen Effektivität des staatlichen Rechtsschutzes steht es nicht entgegen, daß gerade beim schnellebigen Arbeitskampf durch eine einstweilige Verfügung endgültige Verhältnisse geschaffen werden (LAG München 19. 12. 1979 EzA GG Art. 9 Arbeitskampf Nr. 35 = NJW 1980, 957). Bei einer zweifelhaften Rechtslage wird eine einstweilige Verfügung zu erlassen sein, während dann, wenn die Rechtslage durch die höchstrichterliche Rspr. weitgehend geklärt ist, der Verfügungsgrund nicht von besonderem Gewicht zu sein braucht (eingehend LAG Köln 14. 6. 1996 NZA 1997, 327; *Isenhardt*, FS für Stahlhacke, 1995, S. 195 ff.). Die Offenkundigkeit der Rechtswidrigkeit des Streiks ist nicht erforderlich, auch steht der einstweiligen Verfügung nicht entgegen, daß schwierige Rechtsfragen zu entscheiden sind und erheblicher Zeitdruck besteht (*Stein/Jonas/Grunsky* vor § 935 ZPO Rn. 72 mwN); weiter ist nicht erforderlich, daß der Streik zur Existenzbedrohung des Betriebs führt (*Stein/Jonas/Grunsky* vor § 935 ZPO Rn. 72).

2. Das Verhältnis der Gewerkschaft zum Arbeitgeberverband als Tarifgegner. Soweit eine AG- 236 Koalition als Tarifgegner gegen die einen rechtswidrigen Streik führende Gewerkschaft einen Unterlassungsanspruch gerichtlich geltend machen will, kann sich dieser aus der tarifvertraglichen Friedenspflicht (Rn. 43) oder der in einem Schlichtungsabkommen übernommenen Friedenspflicht ergeben. Der AGVerband kann außerdem aus eigenem Recht verlangen, daß der Tarifgegner einen rechtswidrigen Arbeitskampf unterläßt; das folgt aus § 1004 iVm. § 823 I BGB und Art. 9 III GG: Der verfassungsrechtliche Schutz des Art. 9 III GG richtet sich nicht nur gegen Beeinträchtigungen durch den Staat, sondern auch gegen Beeinträchtigungen von privater Seite, insb. durch konkurrierende Koalitionen und den sozialen Gegenspieler. Sowohl Gewerkschaften wie AGVerbände haben daher nicht nur einen Anspruch auf Unterlassen unerlaubter Störungen ihrer Organisation und ihrer Tätigkeit durch staatliche Maßnahmen, sondern auch einen eigenen Anspruch gegen einen sozialen Gegenspieler, rechtswidrige Arbeitskämpfe zu unterlassen. Durch rechtswidrige Arbeitskampfmaßnahmen wird ihr Recht auf koalitionsgemäße Betätigung in unzulässiger Weise verletzt (BAG 26. 4. 1988 AP GG Art. 9 Arbeitskampf Nr. 101; st. Rspr., vgl. 27. 6. 1989 AP GG Art. 9 Arbeitskampf Nr. 113).

237 3. **Das Verhältnis der streikenden Arbeitnehmer zu ihrem Arbeitgeber.** Der rechtswidrige Streik vermag die Pflichten aus dem Arbeitsverhältnis nicht zu suspendieren, der AN ist trotz des „Streiks" unverändert zu seiner Arbeitsleistung verpflichtet. Wer an einem rechtswidrigen Streik teilnimmt, verletzt sein Arbeitsverhältnis ohne Rücksicht darauf, ob der rechtswidrige Streik auf gewerkschaftlichen Erklärungen beruht oder nicht. Der AG hat gegen den rechtswidrig nicht leistenden AN den allgemeinen **Erfüllungsanspruch,** kann also Erfüllungsklage erheben, eventuell Unterlassungs- und Beseitigungsklagen.

238 Der AG kann außerdem aus § 325 I 1 BGB **Schadensersatzansprüche** haben. Es können sich auch deliktische Schadensersatzansprüche ergeben, da ein rechtswidriger Streik auch in den eingerichteten und ausgeübten Gewerbebetrieb iSd. § 823 I BGB eingreifen kann. Nach der st. Rspr. des BAG hat ein von der Gewerkschaft getragener Streik allerdings die Vermutung der Rechtmäßigkeit für sich (BAG 19. 6. 1973 AP GG Art. 9 Arbeitskampf Nr. 47). Nur besondere, von der Gegenseite zu beweisende zusätzliche Umstände können zur Rechtswidrigkeit des Streiks führen, es findet also keine Umkehrung der Beweislast statt. Diese Vermutung der Rechtmäßigkeit schlägt auch durch auf die Beurteilung der Teilnahme an einem solchen Streik.

239 Bei Teilnahme am rechtswidrigen Streik entfällt jeglicher **Vergütungsanspruch** gemäß § 323 I, § 325 I 3 BGB. Insoweit gilt nichts anderes als beim rechtmäßigen Streik auch.

240 Die Wartezeit für das Entstehen des **Urlaubsanspruchs** wird durch die Teilnahme am rechtswidrigen Streik nicht beeinträchtigt, da es allein auf den Bestand des Arbeitsverhältnisses ankommt. Die Teilnahme am rechtswidrigen Streik kann sich jedoch auf die Höhe des Urlaubsentgelts auswirken, da sich dieses nach dem durchschnittlichen Arbeitsverdienst der letzten dreizehn Wochen vor dem Beginn des Urlaubs bezieht.

241 Für **Feiertage,** die in die Streikzeit fallen, erhält der Streikende keinen Lohn; das für den rechtmäßigen Streik Gesagte (Rn. 192) gilt auch hier.

242 Die Teilnahme am rechtswidrigen Streik ist Vertragsverletzung und kann deshalb den AG zur ordentlichen wie auch zur außerordentlichen **Kündigung** berechtigen (BAG 21. 4. 1971 AP GG Art. 9 Arbeitskampf Nr. 43). Bei einer außerordentlichen Kündigung sind alle Umstände des Einzelfalles zu beachten und die Interessen der Parteien gegeneinander abzuwägen, insb. auch der Grad der Beteiligung des AN an der Arbeitsniederlegung, die Erkennbarkeit der Rechtswidrigkeit und ein etwaiges eigenes rechtswidriges, die Arbeitsniederlegung mit auslösendes Verhalten des AG andererseits. Der Gesichtspunkt der Solidarität kann vor allem bei einer „schlichten" Teilnahme an der Arbeitsniederlegung zugunsten des AN sprechen (BAG 14. 2. 1978 AP GG Art. 9 Arbeitskampf Nr. 58, 59; BAG 29. 11. 1983 AP BGB § 626 Nr. 78). – Unabhängig von der Möglichkeit der außerordentlichen Kündigung kann aber ordentlich verhaltensbedingt gekündigt werden.

243 Während eine einstweilige Verfügung auf Unterlassung des Streiks gegen die Gewerkschaft ergehen kann (Rn. 235), ist dies gegen den einzelnen streikenden AN nicht möglich (*Stein/Jonas/Grunsky* vor § 935 ZPO Rn. 73, 66).

244 Wegen der Aussperrung bei rechtswidrigem Streik vgl. Rn. 253, wegen der staatlichen Neutralität vgl. Rn. 123.

245 4. **Rechtswidrige Streikmaßnahmen.** Das für einen rechtswidrigen Streik insgesamt Gesagte gilt entsprechend für einzelne rechtswidrige Streikmaßnahmen. Gegen einzelne rechtswidrige Streikmaßnahmen kann auch gegen einen streikenden AN eine einstweilige Verfügung auf Unterlassung ergehen (*Stein/Jonas/Grunsky* vor § 935 ZPO Rn. 73 a).

E. Aussperrung

I. Begriff

246 Aussperrung ist die Weigerung des AG, die von dem AN angebotene vertragsgemäße Arbeitsleistung anzunehmen, also die planmäßige Nichtzulassung der AN zur Beschäftigung unter Verweigerung der Lohnzahlung; es handelt sich um ein Mittel der kollektiven Druckausübung zur Erreichung eines Tarifziels. Zu unterscheiden sind lösende und suspendierende Aussperrung: Durch die lösende Aussperrung wird das Arbeitsverhältnis insgesamt kampfweise beendet, und zwar endgültig, mit Wirkung über den Arbeitskampf hinaus. Demgegenüber hat die suspendierende Aussperrung nur die

E. Aussperrung

Suspendierung der Hauptpflichten aus dem Arbeitsverhältnis während des Arbeitskampfes zur Folge, vergleichbar der Suspendierungswirkung des Streiks der AN (Rn. 183). Zu unterscheiden sind weiter Abwehraussperrung und Angriffsaussperrung: Die Abwehraussperrung ist die Reaktion der AGSeite auf einen zuvor ihr gegenüber begonnenen Streik. Die Angriffsaussperrung ist die Eröffnung des Arbeitskampfes durch die AGSeite zum Abschluß eines ihr genehmen TV.

II. Zulässigkeit im allgemeinen

Die Aussperrung ist das wohl am meisten umstrittene Institut des gesamten Arbeitskampfrechts. **247** Die Rspr. läßt sich dahin zusammenfassen: Ausgehend von einer Gleichbewertung von Streik und Aussperrung (BAG GS 28. 1. 1955 AP GG Art. 9 Arbeitskampf Nr. 1) wird jetzt grds. nur noch die **suspendierende** Aussperrung als zulässig angesehen (BAG GS 21. 4. 1971 AP GG Art. 9 Arbeitskampf Nr. 43) und zwar **unter der Voraussetzung der Wahrung der Verhältnismäßigkeit:** Die Funktionsfähigkeit des TVSystems setze ein annäherndes Verhandlungsgleichgewicht zwischen den Tarifpartnern voraus; keine Seite dürfe in der Lage sein, der anderen Seite den Inhalt von TV zu diktieren. Genau wie die AN auf den Streik angewiesen seien, seien Aussperrungen zur Sicherung des Verhandlungsgleichgewichts notwendig (BAG 6. 6. 1980 AP GG Art. 9 Arbeitskampf Nr. 64; BAG 12. 3. 1985 AP GG Art. 9 Arbeitskampf Nr. 84; BAG 26. 4. 1988 AP GG Art. 9 Arbeitskampf Nr. 101 – Aussperrungsverbot der Hess. Verfassung –; BAG 7. 6. 1988 AP GG Art. 9 Arbeitskampf Nr. 107). Das BVerfG (26. 6. 1991 E 84, 212 = AP GG Art. 9 Arbeitskampf Nr. 107) erkennt Aussperrungen grds. als verfassungsrechtlich gewährleistet an zur Herstellung der Verhandlungsparität. Jedenfalls seien Aussperrungen mit suspendierender Wirkung in Abwehr von Teil- oder Schwerpunktstreiks nicht generell geeignet, die durch die Anerkennung des Streikrechts angestrebte Herstellung der Verhandlungsparität der AN wieder zu deren Lasten zu beeinträchtigen. – Mit dieser Rspr. ist die Auffassung in den Hintergrund getreten, Aussperrungen seien als Einschränkung des Streikrechts schlechthin unzulässig (so *Däubler/Wolter* Arbeitskampfrecht Rn. 871 ff.; Nachw. bei *Gamillscheg* S. 1034). Die Rspr. steht in Einklang mit der ganz überwiegenden Meinung in der Literatur (*Gamillscheg* S. 1035 mwN S. 941; *Zöllner/Loritz* S. 406; MünchArbR/*Otto* § 277 Rn. 22; *Otto* SAE 1991, 45; *Brox/Rüthers* Rn. 184 ff.; *Konzen* SAE 1991, 335; *Richardi* JZ 1992, 27; *Müller, G.* DB 1992, 269), wenn auch Bedenken gegen eine Tendenz zu einer nachhaltigen Zurückdrängung der Zulässigkeit der Aussperrung geltend gemacht werden (vgl. schon *Konzen* AfP 1984, 1, 6 ff.; *Zöllner* DB 1985, 2450).

III. Die konkrete Zulässigkeit der Aussperrung

1. Abwehraussperrung gegen rechtmäßigen Streik. Die Abwehraussperrung setzt begrifflich **248** einen Streik voraus, gerichtet auf die Erzwingung eines TV; sie ist gegen jede Art des Streiks zulässig, auch gegen einen begrenzten Teilstreik (BAG 12. 3. 1985 AP GG Art. 9 Arbeitskampf Nr. 84) und gegen einen Warnstreik/Kurzstreik (BAG 11. 8. 1992 AP GG Art. 9 Arbeitskampf Nr. 124; vgl. Rn. 141). Die Legitimation der Abwehraussperrung besteht darin, ein Verhandlungsübergewicht der Gewerkschaft zu verhindern (BAG 11. 8. 1992 AP GG Art. 9 Arbeitskampf Nr. 124). Dabei ist keine Personenidentität von Streikenden und Auszusperrenden erforderlich, in beiden Richtungen können personelle Erweiterungen und Einschränkungen vorgenommen werden.

Die suspendierende Abwehraussperrung bedarf zu ihrer konkreten Zulässigkeit der selben Voraus- **249** setzungen wie der Streik (Rn. 142). Das ultima-ratio-Prinzip (Rn. 109) ist durch die unmittelbare Abwehrfunktion der Aussperrung gegen den Streik gewahrt.

Von besonderer Bedeutung ist die Wahrung der **Verhältnismäßigkeit** (Rn. 107). Hier werden in der **250** neueren Rspr. für die Zulässigkeit der Aussperrung gegenüber dem Streik strengere Anforderungen gestellt, weil nur solche Abwehraussperrungen als verhältnismäßig angesehen werden, die die **Herstellung der Verhandlungsparität** bezwecken (BAG 10. 6. 1980 AP GG Art. 9 Arbeitskampf Nr. 64; BAG 12. 3. 1985 AP GG Art. 9 Arbeitskampf Nr. 84; BAG 11. 8. 1992 AP GG Art. 9 Arbeitskampf Nr. 124). Dabei folgt die Beurteilung einer abstrakt-materiellen Betrachtungsweise: Es werden nur Kriterien berücksichtigt, die einer typisierenden Betrachtung zugänglich sind, nicht dagegen situationsbedingte Vor- oder Nachteile, auch wenn diese sich im konkreten Arbeitskampf auswirken mögen. Als berücksichtigungsfähig hat das BAG (11. 8. 1992 AP GG Art. 9 Arbeitskampf Nr. 124) es angesehen, daß eine Gewerkschaft einem einzelnen mittelständischen Unternehmer gegenüber dann ein Übergewicht hat, wenn ein erheblicher gewerkschaftlicher Organisationsgrad besteht.

Angesichts des Fehlens gesetzlicher und auch tarifvertraglicher Grundsätze hat das BAG (10. 6. **251** 1980 AP GG Art. 9 Arbeitskampf Nr. 64) **Leitlinien** aufgestellt, die zukünftigen Arbeitskampfparteien zur Wahrung des Grundsatzes der Verhältnismäßigkeit dienlich sein sollten: a) Grenze für Arbeitskampfmaßnahmen ist das Tarifgebiet; b) die konjunkturelle Lage und die Konkurrenzsituation ist einer generalisierenden Betrachtung nicht zugänglich; c) auch die Dauer eines Arbeitskampfes als potentieller Faktor zur Paritätsbestimmung ist zur Bewertung nicht geeignet; d) die Zahl der am Arbeitskampf Teilnehmenden kann als geeigneter Anknüpfungspunkt gesehen werden. In dieser Entscheidung ergibt sich ein **Quotenschema** für die Verhältnismäßigkeit der Aussperrung: 1) Wenn

Schlachter

durch einen Streikbeschluß weniger als 25% der AN des Tarifgebietes zur Arbeitsniederlegung aufgefordert werden, handelt es sich um einen eng geführten Teilstreik, bei dem die Belastung für die Solidarität der AG und damit eine Verschiebung des Kräftegleichgewichts anzunehmen ist. Hier muß die AGSeite den Kampfrahmen um 25% der betroffenen AN erweitern können. – 2) Werden mehr als 25% der AN zum Streik aufgerufen, ist das Bedürfnis der AG entsprechend geringer, die Aussperrung wird nur noch bis zum Erreichen von 50% der damit insgesamt vom Arbeitskampf betroffenen AN als zulässig angesehen. – 3) Ist die Hälfte oder mehr der AN des Tarifgebietes zum Streik aufgerufen, scheint „manches dafür zu sprechen, daß eine Störung der Kampfparität nicht mehr zu befürchten ist". Maßgebend für die Prüfung der Frage, ob die Grenzen einer zulässigen Aussperrung eingehalten worden sind, kommt es auf den Aussperrungsbeschluß und nicht auf die Zahl der AN an, die tatsächlich ausgesperrt werden (BAG 7. 6. 1988 AP GG Art. 9 Arbeitskampf Nr. 107; LAG Mecklenburg-Vorpommern 18. 7. 1996 NZA-RR 1997, 163 = LAGE GG Art. 9 Arbeitskampf Nr. 64; aA LAG Hamm 9. 12. 1982 DB 1983, 558).

252   Dieser Versuch des BAG, für zukünftige Aussperrungssituationen eine Konkretisierungshilfe zur Verhältnismäßigkeit an die Hand zu geben (sog. **Aussperrungs-Arithmetik**), ist vielfach kritisiert worden (*Zöllner/Loritz* S. 324; *Hanau* AfP 1980, 126; *Kittner* AuR 1981, 289; *Seiter* RdA 1981, 65; *Otto* RdA 1981, 285, 292; *Däubler/Wolter* AuR 1982, 144; *Richardi* JZ 1985, 410; *Lieb* DB 1984 Beil. 12; *Mayer-Maly* Anm. zu AP GG Art. 9 Arbeitskampf Nr. 64–66; *Schmidt-Preuß* BB 1986, 1093; vgl. auch *Dieterich*, FS für Herschel, 1982, S. 37; zustimmend *Däubler* AuR 1982, 361). – In der Folgezeit hat das BAG noch nicht wieder über seine quotenmäßigen Überlegungen zu entscheiden gehabt, das LAG Hamm (9. 12. 1982 DB 1983, 558) hat sich jedoch dagegen gewendet. In der Entscheidung vom 12. 3. 1985 (AP GG Art. 9 Arbeitskampf Nr. 84) wurde unabhängig von den früheren Überlegungen ein eindeutiges Mißverhältnis zwischen der Zahl der Streikenden und der der Ausgesperrten angenommen, so daß es auf die früher aufgestellten Quoten gar nicht ankam: Die Aussperrung brachte an jedem Arbeitskampftag zweieinhalb mal so viele verlorene Arbeitstage wie vorher in zwei Wochen Streik insgesamt. Ähnlich wurde in der Entscheidung vom 11. 8. 1992 (AP GG Art. 9 Arbeitskampf Nr. 124) Unverhältnismäßigkeit angenommen bei einer zweitägigen Aussperrung gegenüber einem halbstündigen Kurzstreik. In weiteren Entscheidungen vom 31. 5. 1988 (AP FeiertagslohnfortzahlungsG § 1 Nr. 57) und vom 7. 6. 1988 (AP GG Art. 9 Arbeitskampf Nr. 107) kam es für die Entscheidung auf die Quotenfrage nicht an, weil die AG jedenfalls die mit der Entscheidung vom 10. 6. 1980 aufgestellten Quoten genau eingehalten hatten; jedoch hat das BAG später (7. 6. 1988 AP GG Art. 9 Arbeitskampf Nr. 107 unter II, 1) betont, daß Bedenken bestünden, an den Quoten festzuhalten.

253   **2. Abwehraussperrung gegen rechtswidrigen Streik.** Beim rechtswidrigen Streik stellt sich die Arbeitsverweigerung durch die AN als rechtswidrige Verletzung der vertraglichen Hauptpflicht dar (Rn. 237), und die Gewerkschaft greift in den eingerichteten und ausgeübten Gewerbebetrieb des AG ein (Rn. 230). Hiergegen kann der AG einmal auf dem **Rechtsweg** vorgehen (Rn. 229 ff.). Er kann die AN **kündigen** (Rn. 242), ordentlich oder fristlos. Bei einer Kündigung während des Streiks (sog. Kampfkündigung) bedarf es nicht der Beteiligung des BR (MünchArbR/*Otto* § 282 Rn. 47). Der AG kann schließlich zur **Abwehraussperrung** greifen (BAG 27. 9. 1957 AP GG Art. 9 Arbeitskampf Nr. 6; 21. 4. 1971 AP GG Art. 9 Arbeitskampf; Nr. 43; 14. 2. 1978 AP GG Art. 9 Arbeitskampf Nr. 58). Der GS sieht für den Fall des rechtswidrigen Streiks sogar die **lösende Aussperrung** als zulässig an, soweit es sich nicht um ganz kurze Arbeitsniederlegungen handelt oder die Rechtmäßigkeit des Streiks zweifelhaft ist (BAG GS 21. 4. 1971 AP GG Art. 9 Arbeitskampf Nr. 43). In der Literatur besteht hier die Tendenz zur Einschränkung der Aussperrungsmöglichkeit: Unter dem Aspekt der Erforderlichkeit wird der AG, soweit effektiv, auf den Rechtsweg verwiesen (*Zöllner/Loritz* S. 427). Hiergegen ist zu bedenken, daß der AG beim rechtswidrigen Streik in einer Art „außertariflichen" Notwehrsituation ist, bei der er in seiner Abwehrreaktion nicht in das allgemeine, aus Art. 9 III GG gewonnene System im Interesse der Funktionsfähigkeit der Tarifautonomie und des Tarifsystems eingebunden werden kann. Die arbeitskampfimmanente Gegenreaktion auf den rechtswidrigen Streik ist die Abwehraussperrung, jedoch angesichts der Rechtswidrigkeit des Streiks unter adaequat-herabgesetzten Zulässigkeitsvoraussetzungen: Das Erfordernis der Verhältnismäßigkeit (Rn. 107) schrumpft auf eine allgemeine Mißbrauchskontrolle, wie sie im Rahmen des § 227 BGB anerkannt ist; eine faire Arbeitskampfführung (Rn. 107, 113) ist nicht zu fordern, und die staatliche Neutralität (Rn. 123 ff.) relativiert sich, während die Pflicht zu Erhaltungs- und Notdienstarbeiten (Rn. 164, 176) für beide Seiten unverändert besteht und das Weisungsrecht des AG hinsichtlich der „Streikarbeit" (Rn. 160) nicht eingeschränkt ist.

254   **3. Angriffsaussperrung** liegt vor, wenn die AGSeite im Tarifgebiet den Arbeitskampf eröffnet (BAG 10. 6. 1980 AP GG Art. 9 Arbeitskampf Nr. 64). Während die suspendierende Abwehraussperrung als Reaktion auf einen gewerkschaftlichen Streik nach Rspr. und überwiegender Meinung in der Wissenschaft als zulässig anzusehen ist (Rn. 247), bietet die rechtliche Bewertung der Zulässigkeit der Angriffsaussperrung ein wesentlich differenzierteres Bild: Der GS des BAG hat 1955 von „der (praktisch seltenen) legitimen Aggressivaussperrung" gesprochen (28. 1. 1955 AP GG Art. 9 Arbeitskampf Nr. 1 unter II, 3) und damit ihre rechtliche Zulässigkeit anerkannt, aber die Frage ihrer Zuläs-

E. Aussperrung

sigkeit ist in der Folgezeit nicht mehr unmittelbar Gegenstand von Gerichtsentscheidungen gewesen; die Entscheidungen zur Zulässigkeit einer Aussperrung beschränken sich auf die der Abwehraussperrung mit grds. nur suspendierender Wirkung (BVerfG 26. 6. 1991 E 84, 212 = AP GG Art. 9 Arbeitskampf Nr. 117; BAG GS 21. 4. 1971 AP GG Art. 9 Arbeitskampf Nr. 43; BAG 10. 6. 1980 AP GG Art. 9 Arbeitskampf Nr. 64 bis 66; BAG 7. 6. 1988 AP GG Art. 9 Arbeitskampf Nr. 107).

In der wissenschaftlichen Literatur liegt angesichts dieser Entwicklung der Rspr. und auch der in 255 der Arbeitskampfpraxis seit Jahrzehnten nicht vorkommenden Angriffsaussperrung der Schwerpunkt der Auseinandersetzung auf der Abwehraussperrung. Zwischen der **völligen Verneinung** der Zulässigkeit der Aussperrung und damit der Angriffsaussperrung (zB *Däubler/Wolter* Arbeitskampfrecht S. 662 ff. mwN; *Seiter,* Streikrecht und Aussperrungsrecht, S. 330 ff.; *Dütz* DB 1979 Beil. 14) einerseits und der **Bejahung der Angriffsaussperrung** andererseits (*Zöllner/Loritz* S. 398; *Reuter,* FS für Böhm, 1975, S. 540; *Lieb* DB 1980, 2188; *Konzen* AcP 177, 473, 537; *Löwisch,* Schlichtung und Arbeitskampfrecht, Rn. 331 ff.; *Rüthers* Anm. zu EzA GG Art. 9 Arbeitskampf Nr. 74 unter D II) wird mit unterschiedlichen Begründungen und Voraussetzungen eine eingeschränkte Zulässigkeit angenommen (MünchArbR/*Otto* § 279 Rn. 71 ff.; *Brox/Rüthers* Rn. 186 ff.; *Gamillscheg* S. 1039; wohl auch *Dieterich,* FS für Herschel, 1982, S. 48 f.).

Auszugehen ist nach der Rspr. des BVerfG von der AN wie AG gleichermaßen verfassungsrechtlich 256 gewährleisteten Koalitionsfreiheit mit dem Recht der koalitionsgemäßen Betätigung; dazu gehört die den Arbeitskampf einschließende Freiheit der Wahl der Mittel zur Erreichung dieses Zwecks, sofern sie erforderlich sind, um eine funktionierende Tarifautonomie sicherzustellen (BVerfG 26. 6. 1991 E 84, 212 = AP GG Art. 9 Arbeitskampf Nr. 117 unter C I 1 a), bzw. um das Verhandlungsgleichgewicht bei Tarifauseinandersetzungen herzustellen (BVerfG 26. 6. 1991 E 84, 212 = AP GG Art. 9 Arbeitskampf Nr. 117 unter C I 3 b aa; Rn. 83). Damit ist die Zulässigkeit der suspendierenden Angriffsaussperrung grds. anzunehmen, konkret abhängig von der Frage des Verhandlungsgleichgewichts und unter den allgemeinen Voraussetzungen der Zulässigkeit eines Arbeitskampfes, insb. auch der Verhältnismäßigkeit. Eine Angriffsaussperrung wird je nach der konkreten Situation als zulässig angesehen wenn individualrechtliche Möglichkeiten nicht ausreichen oder es um betriebliche und betriebsverfassungsrechtliche Normen geht (MünchArbR/*Otto* § 279 III), besonders auch zwecks Änderung der Arbeitsbedingungen in schwierigen wirtschaftlichen Situationen (*Rüthers* Anm. zu AP GG Art. 9 Arbeitskampf Nr. 37 S. 424 p; *Müller, G.,* Arbeitskampf und Recht, S. 124 ff. und DB 1992, 273).

IV. Aussperrungskompetenz

Wesensmerkmal des Arbeitskampfes ist die kollektive Druckausübung auf einen Tarifgegner. Wäh- 257 rend für den Streik der AN entscheidend ist, daß es sich um eine kollektive Maßnahme handelt, die von einer Gewerkschaft als TVPartei getragen wird (Rn. 102), ist bei der Aussperrung zu differenzieren: Je nachdem, ob der Arbeitskampf um einen VerbandsTV oder um einen FirmenTV geführt wird, ist Arbeitskampfpartei die AGKoalition oder der einzelne AG. Das hat sowohl Bedeutung dafür, wer Streikgegner der Gewerkschaft ist (Rn. 150, 151), als auch dafür, wem das Recht zur Entscheidung über die Aussperrung zusteht.

Soweit es um einen **VerbandsTV** geht, liegt die Entscheidung über den Aufruf zur Aussperrung bei 258 der AGKoalition. Hierzu bedarf es eines Koalitionsbeschlusses (BAG 31. 10. 1995 AP GG Art. 9 Arbeitskampf Nr. 140). Fehlt eine Aussperrungsermächtigung durch den AGVerband, so handelt es sich um eine „wilde" Aussperrung, die rechtswidrig ist (BAG 31. 10. 1995 AP GG Art. 9 Arbeitskampf Nr. 140 unter I 1; LAG Hamm 21. 8. 1980 AP GG Art. 9 Arbeitskampf Nr. 72 mit zust. Anm. *Löwisch/Mikosch;* LAG Nürnberg 6. 2. 1995 NZA 1996, 784 – L –; *Däubler/Wolter* ArbKRecht Rn. 939 f.; *Kalb* Rn. 186; *Löwisch/Rieble* Schlichtung Rn. 317; *Seiter* Streik S. 339; aA *Brox/Rüthers* Arbk Rn. 53).

Soweit der Arbeitskampf um einen **Firmentarif** geführt wird, ist es Sache des einzelnen AG, sich 259 für die Aussperrung (formlos) zu entscheiden. Wenn die Gewerkschaft gegen ihn einen Streik führt (Rn. 151), dann folgt aus dem Gebot der Verhandlungs- und Kampfparität, daß der (Außenseiter-)AG grds. das Recht hat, diesen Streik der Gewerkschaft zur Erzwingung eines FirmenTV mit einer Aussperrung zu beantworten (BAG 11. 8. 1992 AP GG Art. 9 Arbeitskampf Nr. 124 mit Anm. *Otto* EzA GG Art. 9 Arbeitskampf Nr. 105; BAG 27. 6. 1995 AP GG Art. 9 Arbeitskampf Nr. 137; vgl. Rn. 248).

Eine besondere Situation ergibt sich bei der Aussperrung im Zusammenhang mit einem Verbands- 260 tarif für den AG, der dem AGVerband zwar nicht angehört (**Außenseiter**), aber in dessen Betrieb die vom Verband abgeschlossenen TV regelmäßig angewendet werden. Das BVerfG sieht ihn als berechtigt an, sich der Verbands-Aussperrung anzuschließen, weil in dieser Anschließung eine koalitionsgemäße Betätigung liege. Darin liege ein Kampfbündnis mit dem Verband, das eine Vereinigung nach Art. 9 III GG sein könne, wenn es den Abschluß eines TV im Interesse dieses Außenseiters beeinflussen solle (BVerfG 26. 6. 1991 E 84, 212 = AP GG Art. 9 Arbeitskampf Nr. 117; krit. *Konzen* SAE 1991, 335, 341; distanziert auch BAG 11. 8. 1992 AP GG Art. 9 Arbeitskampf Nr. 124).

V. Auszusperrende Arbeitnehmer

261 **1. Arbeitnehmer im allgemeinen.** Die Abwehr-Aussperrung als kollektives Druckmittel mit dem Ziel der Aufgabe des Streiks richtet sich einerseits gegen die **Streikenden** unmittelbar, damit sie ihren Streik persönlich beenden und/oder damit sie auf ihre Gewerkschaft intern dahin einwirken, daß diese den Streikbeschluß aufhebt und ein TVAbschluß im Sinne des Aussperrenden zustande kommt. Von dieser Zielsetzung her ist auch die Abwehr-Aussperrung **Nichtstreikender** und **Nichtkoalitionsangehöriger** adäquat, um damit einen kollektiven Druck auf die Streikenden und deren Koalition mit dem Ziel der Streikbeendigung auszuüben (BAG 22. 10. 1986 AP MuSchG 1968 § 14 Nr. 4). Zudem darf der Kreis der Auszusperrenden nicht auf die organisierten Mitglieder beschränkt werden (BAG 10. 6. 1980 AP GG Art. 9 Arbeitskampf Nr. 66): Damit würden diese gegenüber den Nichtorganisierten schlechter gestellt, was eine Verletzung ihrer positiven Koalitionsfreiheit darstellt; andererseits geht es bei einem Arbeitskampf nicht nur um die Rechte der Organisierten, sondern um die Arbeitsbedingungen im gesamten Kampfgebiet, so daß durch die Aussperrung die negative Koalitionsfreiheit nicht verletzt wird, zumal die Nichtorganisierten sich auch einem Streik anschließen können (Rn. 148).

262 **2. Kündigungsschutz.** Die allgemeinen Kündigungsschutz-Vorschriften gelten im Falle der Aussperrung nicht, da die Aussperrung keine Kündigung, sondern ein arbeitskampfrechtliches Mittel sui generis ist. Der Schutzgedanke, der den Kündigungsschutzvorschriften zugrunde liegt, kann jedoch bei der Gesamtbetrachtung nicht außer acht gelassen werden. Für den Extremfall der lösenden Aussperrung ist dem besonderen Bestandsschutz der Arbeitsverhältnisse der Vorrang einzuräumen (grdl. BAG 21. 4. 1971 AP GG Art. 9 Arbeitskampf Nr. 43). Bei der grds. nur suspendierend zulässigen Aussperrung tritt das Prinzip des Bestandsschutzes in den Hintergrund.

263 **3. Schwerbehinderte.** Das SchwbG enthält kein ausdrückliches Aussperrungsverbot. Aus einer Gesamtschau des Gesetzes folgt, daß der Schwerbehinderte keinen unbedingten Beschäftigungsanspruch hat, der von allen betrieblichen Besonderheiten losgelöst ist. Deshalb kann er suspendierend ausgesperrt werden (BAG 7. 6. 1988 NZA 1988, 892; BAG 7. 6. 1988 AP GG Art. 9 Arbeitskampf Nr. 107). Entsprechendes gilt für den Vertrauensmann der Schwerbehinderten (§ 24 SchwbG).

264 **4. Betriebsratsmitglieder.** Das BRMandat ist vom Arbeitskampf unabhängig; die BRMitglieder haben ihr Amt auch während des Arbeitskampfes wahrzunehmen (Rn. 135). Dennoch kann ein BRMitglied mit suspendierender Wirkung ausgesperrt werden (BAG 25. 10. 1988 AP GG Art. 9 Arbeitskampf Nr. 110), davon wird aber sein BRAmt nicht berührt. Entsprechendes gilt für Personalratsmitglieder und ANVertreter im Aufsichtsrat.

265 **5. Mutterschutz.** Entsprechend den Überlegungen zum Schutz der Schwerbehinderten ist die suspendierende Aussperrung zulässig. Dabei ist es unerheblich, ob die Aussperrung schon vor oder erst nach Beginn der Beschäftigungsverbote erfolgt (BAG 22. 10. 1986 AP MuSchG 1968 § 14 Nr. 4).

266 **6. Erkrankte.** Der arbeitsunfähig erkrankte AN ist nicht zur Arbeitsleistung verpflichtet. Eine Suspendierung der Arbeitspflicht erscheint denkgesetzlich ausgeschlossen. Es stellt sich aber die Frage, ob die Aussperrung als Rechtsinstitut darauf beschränkt ist, eine bestehende Beschäftigungspflicht zu suspendieren, oder ob die Aussperrung auch die Hauptpflicht des AG, das nach dem Arbeitsvertrag zu zahlende Entgelt zu zahlen, unabhängig davon suspendieren kann, ob durch die Aussperrung eine bestehende Beschäftigungspflicht suspendiert wird oder diese schon deswegen nicht besteht, weil der AN aus anderen Gründen zur Arbeitsleistung nicht verpflichtet ist. Letzteres nimmt das BAG an: Zu den Hauptpflichten des AG, die durch die Aussperrung suspendiert werden, gehört nicht nur die Gegenleistung für tatsächlich geleistete Arbeit, sondern gehören auch alle Lohnersatzleistungen, die an die Stelle einer aus anderen Gründen ausfallenden Vergütung treten. Deshalb kann ein erkrankter AN ausgesperrt werden und dadurch die Lohnersatzleistung „Lohnfortzahlung im Krankheitsfalle" suspendiert werden (BAG 7. 6. 1988 AP GG Art. 9 Arbeitskampf Nr. 107). – Vergleichbares gilt für die aus anderen Gründen von der Arbeitspflicht befreiten AN (Rn. 206).

VI. Beginn der Aussperrung

267 Der Aussperrungsbeschluß des AGVerbandes (Rn. 258) hinsichtlich eines VerbandsTV oder die Aussperrungsentscheidung des einzelnen AG im Falle eines umkämpften FirmenTV führt noch nicht zur Aussperrung, sondern bedarf der faktischen Umsetzung gegenüber den auszusperrenden AN. Der AG muß die Aussperrung der ANSeite gegenüber **zum Ausdruck** bringen (BAG 27. 6. 1995 AP GG Art. 9 Arbeitskampf Nr. 137), entweder den einzelnen AN oder ihrer Gewerkschaft gegenüber. Das muß in einer hinreichend klaren Form geschehen (BAG 27. 6. 1995 AP GG Art. 9 Arbeitskampf Nr. 137), denn die AN müssen mit Rücksicht auf ihre Reaktionsmöglichkeiten wissen, ob im Verhalten des AG eine Kampfmaßnahme zu sehen ist (BAG 31. 10. 1995 AP GG Art. 9 Arbeitskampf Nr. 140).

E. Aussperrung   Art. 9 GG 10

Diese **Aussperrungserklärung bedarf keiner besonderen Form,** sie kann auch konkludent abge- 268
geben werden (BAG 27. 6. 1995 AP GG Art. 9 Arbeitskampf Nr. 137); die tatsächliche Vollziehung
kann bei äußerlich erkennbarer Eindeutigkeit zugleich die konkludente Aussperrungserklärung darstellen und mit ihr zusammenfallen – aber Vorsicht ist geboten: Fordert der AG die AN zum Verlassen
der Arbeitsplätze auf, so muß er deshalb deutlich machen, ob er die AN damit aussperren oder nur auf
eine streikbedingte Betriebsstörung reagieren will (BAG 27. 6. 1995 AP GG Art. 9 Arbeitskampf
Nr. 137). Auch das Nach-Hause-Schicken der AN mit der Begründung, ein geordneter Arbeitsablauf
sei angesichts eines vorangegangenen Kurzstreiks und zu erwartender weiterer Kurzstreiks (sog.
Warnstreiks) nicht gesichert, reicht nicht aus (BAG 27. 6. 1995 AP GG Art. 9 Arbeitskampf Nr. 137).
– Einer eindeutigen Erklärung bedarf es auch, wenn der AG von der zunächst suspendierenden dann
zur lösenden Aussperrung übergeht (BAG 26. 10. 1971 AP GG Art. 9 Arbeitskampf Nr. 44).

Sofern es um einen Verbandstarif geht, muß der AG zusätzlich darauf hinweisen, daß die Aus- 269
sperrung **vom AGVerband getragen** ist (BAG 31. 10. 1995 AP GG Art. 9 Arbeitskampf Nr. 140),
also keine „wilde" und damit rechtswidrige Aussperrung darstellt, denn diese Kenntnis ist ausschlaggebend für die Reaktionsmöglichkeiten der ANSeite. An die Art dieser Erklärung dürfen indessen
keine besonders hohen oder gar förmlichen Anforderungen gestellt werden; es reicht aus, wenn sich
die Mitwirkung des AGVerbandes aus den Umständen ergibt. Das ist schon der Fall, wenn der
AGVerband bereits öffentlich für den Fall von Kurzstreiks Aussperrungen in den etwa betroffenen
Unternehmen angekündigt hatte (BAG 31. 10. 1995 AP GG Art. 9 Arbeitskampf Nr. 140). Dieser
Hinweis darauf, daß die Aussperrung vom AGVerband getragen wird, ist auch dann erforderlich,
wenn eine Aussperrung zunächst wegen der fehlenden Aussperrungsermächtigung des AGVerbandes
als „wild" und damit rechtswidrig anzusehen ist, dann aber der AGVerband noch während der
Aussperrung diese „übernimmt" und damit die Aussperrung rechtmäßig wird. Diese Anforderungen
gelten auch dann, wenn die Aussperrung die Reaktion auf einen rechtswidrigen Streik darstellt (BAG
31. 10. 1995 AP GG Art. 9 Arbeitskampf Nr. 140).

VII. Erhaltungsarbeiten

Die Notwendigkeit von Erhaltungsarbeiten besteht bei der Aussperrung gegenständlich genau wie 270
beim Streik: Die Aussperrung darf deshalb nicht, genau so wenig wie der Streik, zu einem Verlust der
Produktionsanlagen, Produktionsmittel und Arbeitsplätze führen, die Fortsetzung der Arbeit muß
sichergestellt sein (Rn. 164). Der AG hat es in der Hand, die auszusperrenden AN so zu bestimmen,
daß die Erhaltungsarbeiten sichergestellt sind. Soweit Streikende ausgesperrt werden, führt die Herausnahme von AN aus der Aussperrung durch den AG für sich allein noch nicht dazu, daß diese AN
die Erhaltungsarbeiten verrichten müssen, denn sie sind ja im Streik. Es muß hinzu kommen, daß sie
auch nach dem zu Erhaltungsarbeiten beim Streik Gesagten für diese Erhaltungsarbeiten einvernehmlich „eingeteilt" werden.

VIII. Staatliche Neutralität

Die staatliche Neutralitätspflicht im Zusammenhang mit Arbeitskämpfen (Rn. 123 ff.) besteht auch 271
bei der Aussperrung. Soweit der Staat aber selbst als AG in Tarifverhandlungen steht, kann diese
Neutralitätspflicht nicht gelten, er muß gegenüber den AN im privaten Arbeitsverhältnis und auch
gegenüber den ANKoalitionen die allgemeinen AGRechte wahrnehmen können (Rn. 177). Eine
andere Frage ist es, ob der Staat als AG auch aussperren kann, oder ob die jeder öffentlich-rechtlichen
Aufgabe immanente Pflicht zur Erfüllung dieser Aufgaben einer Aussperrung entgegensteht. Denn
eine solche Aussperrung müßte zwangsläufig zum zeitweiligen Erliegen staatlicher Tätigkeit führen
und die Frage des Notdienstes (Rn. 176) und des Gemeinwohls (Rn. 61, 104) virulent werden lassen.
Hierbei handelt es sich indessen nicht um eine arbeitskampfrechtliche Frage im Verhältnis des AG zu
seinen AN und ihren Koalitionen.

IX. Beendigung der Aussperrung

Bei der Aussperrung aufgrund eines Verbandsbeschlusses endet die Zulässigkeit der Aussperrung 272
mit der Aufhebung dieses Beschlusses; die Umsetzung des Beschlusses erfolgt durch Mitteilung an die
AN und Rückgängigmachung aller Aussperrungsmaßnahmen.

Mit der Beendigung der suspendierenden Aussperrung lebt das Arbeitsverhältnis wieder in vollem 273
Umfange auf: Der AN hat die Arbeit wieder aufzunehmen, der AG ist verpflichtet, den AN wieder
zur Arbeit zuzulassen. Der AG hat es lediglich in der Hand, den Beginn der Wiederaufnahme der
Arbeit den betrieblichen und marktmäßigen Erfordernissen anzupassen, die sich aus der Arbeitsunterbrechung ergeben (BAG GS 21. 4. 1971 unter Teil III C 1 AP GG Art. 9 Arbeitskampf Nr. 43).

War die Aussperrung ausnahmsweise lösend zulässig (Rn. 253), ändert sich durch die Beendigung 274
der Aussperrung nichts an der Beendigung des Arbeitsverhältnisses, soweit nicht in dem kampf-
beendenden TV etwas anderes vereinbart ist, zB Wiedereinstellungspflicht des AG (Maßregelungsklausel). Aber auch soweit keine tarifvertragliche Wiedereinstellungspflicht besteht, ist der AG bei der

Schlachter

Wiedereinstellung der lösend ausgesperrten AN nicht völlig ungebunden: Die Wiedereinstellung steht nicht in seinem Belieben, sondern in seinem billigen Ermessen (BAG GS 21. 4. 1971 AP GG Art. 9 Arbeitskampf Nr. 43).

X. Rechtmäßige Aussperrung und Einzelarbeitsverhältnis

275 1. **Arbeitsverhältnis insgesamt.** Durch die nur ausnahmsweise zulässige lösende Aussperrung (Rn. 253) wird das Arbeitsverhältnis insgesamt kampfweise vollständig aufgelöst. Die beiderseitigen Rechte und Pflichten aus dem Arbeitsverhältnis sind erloschen. Soll nach Beendigung des Arbeitskampfes das Arbeitsverhältnis „fortbestehen", bedarf es eines neuen Vertragsabschlusses (Rn. 274). Demgegenüber läßt die suspendierende Aussperrung das Arbeitsverhältnis in seinem Bestand unberührt. Es setzt sich nach dem Ende des Arbeitskampfes mit dem früheren Inhalt fort (Rn. 273). Die nachfolgenden Überlegungen gelten nach dem Gesagten daher nur für die suspendierende Aussperrung.

276 2. **Lohnanspruch.** Durch die Suspendierung der Hauptpflichten aus dem Arbeitsverhältnis entfällt die Lohnzahlungspflicht des AG mangels Gegenleistung; der AG braucht auch keine Lohnersatzleistungen zu erbringen, die sonst anstelle einer ausfallenden Vergütung treten, zB Entgeltfortzahlung an Feiertagen und im Krankheitsfall, Mutterschaftsgeld (BAG 22. 10. 1986 AP MuSchG 1968 § 14 Nr. 4). Darin kann auch kein Verstoß gegen § 612a BGB gesehen werden. Wegen Zuschlägen und Zulagen, Sozialleistungen des AG, Urlaub und Kündigung sowie Sozialversicherung vgl. Rn. 184 ff.

277 3. **Nichtausgesperrte Arbeitnehmer.** Das Arbeitsverhältnis Nichtausgesperrter besteht grds. fort mit allen beiderseitigen Rechten und Pflichten. Jedoch kann die zu erbringende Arbeitsleistung im Rahmen der Kampftaktik des AG verändert werden (Rn. 160, 218). Auch ist der AG als verpflichtet anzusehen, einem AN, dessen „normale" Arbeit aussperrungsbedingt nicht mehr ausgeübt werden kann, auf dessen Verlangen nach Maßgabe der betrieblichen Möglichkeiten im Rahmen seiner Fürsorgepflicht eine andere Tätigkeit zu übertragen. Die Grundsätze der Verteilung des Arbeitskampfrisikos gelten wie für den Streik auch für die rechtmäßige Aussperrung (BAG 22. 12. 1980 AP GG Art. 9 Arbeitskampf Nr. 71; vgl. Rn. 219 ff.).

XI. Rechtswidrige Aussperrung

278 1. **Rechtsstellung der ausgesperrten Arbeitnehmer.** Bei rechtswidriger Aussperrung besteht das Arbeitsverhältnis unverändert mit allen gegenseitigen Rechten und Pflichten fort. Der AG ist durch die rechtswidrige Aussperrung in Annahmeverzug geraten, § 615 BGB. Er hat die Arbeitsvergütung für den Aussperrungszeitraum zu zahlen als wenn der AN gearbeitet hätte. Soweit dem ausgesperrten AN weitergehende Schäden entstanden sind, kann er diese aus der Vertragsverletzung vom AG ersetzt verlangen. Auch hat der AN, da die rechtswidrige Aussperrung einen Vertragsbruch des AG darstellt, gegen diesen einen Anspruch auf Unterlassung der rechtswidrigen Aussperrung. Der AN kann auch aus wichtigem Grund das Arbeitsverhältnis kündigen.

279 2. **Verhältnis Gewerkschaft/Arbeitgeber.** Das Interesse einer Gewerkschaft, die die ausgesperrten AN organisiert, besteht darin, daß die rechtswidrige Aussperrung möglichst schnell beendet wird. Sie kann dies entweder durch Arbeitskampf oder im Wege einer Unterlassungsklage zu erreichen suchen: Als Rechtsgrundlage dafür kommt die tarifvertragliche Friedenspflicht (vgl. Rn. 231) oder auch eine solche aus einem Schlichtungsabkommen in Frage; das setzt allerdings voraus, daß der aussperrende AG tarifgebunden und damit auch selbst friedenspflichtig ist (vgl. Rn. 103).

280 Ein Unterlassungsanspruch kann daneben auf §§ 1004, 823 I BGB iVm. Art. 9 III GG gestützt werden, denn der verfassungsrechtliche Schutz des Art. 9 III GG richtet sich nicht nur gegen Beeinträchtigungen durch den Staat, sondern auch gegen Beeinträchtigungen durch den sozialen Gegenspieler (vgl. Rn. 230).

281 3. **Verhältnis Gewerkschaft/Arbeitgeberverband.** Wird die rechtswidrige Aussperrung vom AG-Verband getragen, dann ist auch dieser neben dem einzelnen aussperrenden AG Adressat von Gegenansprüchen der Gewerkschaft, und zwar sowohl aus verletzter Friedenspflicht als auch aus einer Verletzung ihrer Rechtsstellung aus Art. 9 III GG iVm. § 823 I BGB (vgl. Rn. 236).

282 4. **Nicht ausgesperrte Arbeitnehmer.** Soweit AN von der rechtswidrigen Aussperrung nicht betroffen sind, ändert sich nichts an ihrer Rechtsstellung. Jedoch gelten die Grundsätze des Arbeitskampfrisikos hier nicht, denn die Folgen seines rechtswidrigen Aussperrens muß der AG selbst voll tragen.

283 5. **Rechtswidrige Aussperrung und Mitbestimmung.** Während im Zusammenhang mit einem rechtmäßigen Arbeitskampf die Mitbestimmungsrechte des BR erheblichen arbeitskampfbedingten Einschränkungen unterliegen (Rn. 135 ff.), gilt das nicht für die rechtswidrige Aussperrung: Da die Arbeitsverhältnisse aller rechtswidrig ausgesperrten AN unverändert und uneingeschränkt fortbeste-

hen, und im Verhältnis zwischen ihnen und dem AG wegen der Rechtswidrigkeit der Aussperrung keine schützenswerten „mitbestimmungsfreien" Kampfinteressen des AG anerkannt werden können, liegen die Gründe für eine arbeitskampfbedingte Einschränkung der betrieblichen Mitbestimmung im Interesse der Arbeitskampfparität nicht vor (vgl. Rn. 136). Das bedeutet, daß auch während der Dauer der rechtswidrigen Aussperrung die Kompetenzen des BR uneingeschränkt bestehen mit allen negativen Konsequenzen für den AG bei Verletzung der Mitbestimmung.

XII. Aussperrung und Betriebsverfassung

Wie für den Streik gilt auch für die Aussperrung das Arbeitskampfverbot nach § 74 II BetrVG, § 66 BPersVG. **284**

F. Weitere Arbeitskampfmittel

I. Vorbemerkung

Streik und Aussperrung sind die klassischen Arbeitskampfmittel, mit denen eine TVPartei versucht, **285** durch Druckausübung auf die andere TVPartei diese zum Abschluß eines TV zu veranlassen. Indessen ist aber in der Realität des sich wandelnden Arbeitslebens die Möglichkeit der Druckausübung nicht auf diese beiden Arbeitskampfmittel beschränkt, wie auch Streik und Aussperrung in ihrer Wirkungsmöglichkeit Einschränkungen erleiden können, so daß sich die Frage stellt, ob weitere Formen der Druckausübung als Arbeitskampfmittel gegenüber dem Tarifgegner zulässig sind.

Auszugehen ist bei dieser Überlegung vom Inhalt der verfassungsrechtlich gewährleisteten Betäti- **286** gung nach Art. 9 III GG: Diese Gewährleistung umfaßt nicht nur die Freiheit zum Abschluß von TV, sondern auch, daß die Koalitionen beim Bemühen um den Abschluß eines TV **frei sind in der Wahl der Mittel**, die sie zur Erreichung dieses Zwecks für geeignet halten (Rn. 25, 26). Zu den geschützten Mitteln zählen alle die Arbeitskampfmaßnahmen, die auf den Abschluß von TV gerichtet sind; sie werden jedenfalls insoweit von der Koalitionsfreiheit erfaßt, als sie erforderlich sind, um eine funktionierende Tarifautonomie sicherzustellen (BVerfG 4. 7. 1995 unter C I 1 a AP AFG § 116 Nr. 4). Die Suche nach neuen Arbeitskampfformen ist demgemäß dem Arbeitskampf immanent, es gibt **kein geschlossenes System zulässiger Arbeitskampfmittel** (BAG 19. 10. 1976 AP TVG § 1 Form Nr. 6; BAG 17. 12. 1976 AP GG Art. 9 Arbeitskampf Nr. 51 mit Anm. *Rüthers*).

Der tatsächliche Machtausgleich, der den Hauptinhalt des gesamten Arbeitskampfrechts darstellt **287** (Verhandlungs- und Arbeitskampfparität), kann die Anerkennung neuer Arbeitskampfmittel nahelegen, wenn sie erforderlich und geeignet sind, eine funktionierende Tarifautonomie sicherzustellen, die auf annähernder **Verhandlungsparität** beruht und mit Streik und Aussperrung als den klassischen Arbeitskampfmitteln nicht erreicht werden kann (BVerfG 4. 7. 1995 E 92, 365 = AP AFG § 116 Nr. 4). Allerdings ist die Neuheit der Mittel für sich allein kein Zulässigkeitsgrund; die allgemeinen Rechtmäßigkeitsvoraussetzungen für einen Arbeitskampf müssen gegeben sein und die konkrete Maßnahme der Druckausübung muß im Einklang mit der Gesamtrechtsordnung stehen.

II. Weitere Arbeitskampfmittel der Arbeitnehmer

1. Beschränkte Leistungsverweigerung. Während der Streik begrifflich die vollständige Verweige- **288** rung der arbeitsvertraglich geschuldeten Arbeitsleistung darstellt, ist auch eine unterhalb der totalen Verweigerung liegende verringerte (partielle) Arbeitsverweigerung denkbar. Die vertragliche Leistungspflicht ist allerdings eine Einheit, die nicht quotiert werden kann. Deshalb ist auch die nur tlw. Arbeitsverweigerung als Arbeitsverweigerung schlechthin anzusehen und folgt den Regeln des Streiks.

2. Schlechtleistung. Die bewußte Schlechterfüllung arbeitsvertraglicher Pflichten (Langsamkeit, **289** Schadensstiftung usw.) ist keine (schlichte) Leistungsverweigerung, sondern als tarifbezogenes Druckmittel von anderer rechtlicher Qualität: Sie ist als bewußtes kollektives Druckmittel gewollt und folgt damit in ihrer rechtlichen Bewertung dem Arbeitskampfrecht. Gezielte unmittelbare Schadensstiftung an betrieblicher Ausstattung oder an Produkten ist mit dem Fairnessgebot (Rn. 113) unvereinbar, während die gewollte Langsamkeit der Arbeitsleistung („**Bummelstreik**") sich der Arbeitsverweigerung nähert und streikähnlich zu bewerten ist, besonders was die Erkennbarkeit für den AG als Arbeitskampfmittel der ANSeite angeht (Zum Fluglotsenstreik vgl. BGH 16. 6. 1977 BGHZ 69, 128 = NJW 1977, 1875; BVerwG 22. 11. 1979 NJW 1980, 1809).

Entsprechendes gilt für den „**Dienst nach Vorschrift**": Diese Form kollektiven Vorgehens ist ein **290** Unterfall des Bummelstreiks, indem durch (überbetont) korrekte Befolgung der für eine Arbeitsleistung bestehenden Vorschriften die geschuldete Arbeitsleistung gezielt verzögert und damit unvollständig wird.

Auch „**Go sick**" gehört hierher: Darunter ist eine kollektive Verhaltensweise zu verstehen, bei der **291** sich eine Anzahl AN aufgrund gemeinsamer Verabredung krank melden. Soweit sie krank sind, gilt für diese Krankmeldung individualrechtlich keine Besonderheit. Soweit diese Krankmeldung aber kollektiv aufgrund einer Absprache zur Druckausübung geschieht, gelten für sie entsprechend dem zum Zurückbehaltungsrecht Gesagten (Rn. 292) die Regeln des Arbeitskampfes.

292 **3. Zurückbehaltungsrecht.** Auch im Arbeitsrecht gilt das allgemeine schuldrechtliche Zurückbehaltungsrecht nach §§ 273, 320 BGB (BAG 8. 5. 1996 NZA 1997, 86). Soweit ein solches Zurückbehaltungsrecht geltend gemacht wird, handelt es sich, auch wenn es auf kollektiver Absprache beruht, um eine Rechtsausübung und damit im Streitfalle um eine Rechtsfrage, nicht um einen Arbeitskampf (BAG 14. 12. 1978 AP GG Art. 9 Arbeitskampf Nr. 58; vgl. Rn. 97). Darüber hinaus bedarf die Zurückbehaltungsrecht der ausdrücklichen individuellen Geltendmachung, das allein unterscheidet es vom „wilden" Streik. Auch wenn die Arbeitsniederlegung als Form des Zurückbehaltungsrechts auf kollektiven Absprachen beruht, ändert das nichts an ihrer Rechtsnatur als individueller Geltendmachung (BAG 20. 12. 1963 AP GG Art. 9 Arbeitskampf Nr. 32 mit Anm. *Mayer-Maly*; BAG 14. 2. 1978 AP GG Art. 9 Arbeitskampf Nr. 58 = EzA GG Art. 9 Arbeitskampf Nr. 22 mit Anm. *Herschel* = SAE 1980, 139 mit Anm. *Seiter* S. 154; *Kalb* Nr. 196; *Moll* RdA 1976, 100; *Seiter*, Streikrecht und Arbeitsrecht, S. 430 ff.; *Rüthers* AuR 1967, 129; *Däubler* Rn. 1418; *Schaub* § 192, IV 1, 2). Die Folge ist der Verzug des AG bei Fortbestand seiner Lohnzahlungspflicht. Soweit ein Zurückbehaltungsrecht nach dem Individualarbeitsrecht aber nicht besteht, liegt in der Nichtleistung der Arbeit unter Berufung auf ein Zurückbehaltungsrecht eine Leistungsverweigerung, die, wenn auch kollektivrechtlich verabredet, als individuelle Leistungsverweigerung und nicht als Streik (wenn auch verbreitet als „wilder Streik" bezeichnet) zu bewerten ist (*Däubler* Rn. 1433; *Gamillscheg* S. 1093; MünchArbR/ *Otto* § 279 Rn. 125; *Zöllner/Loritz* S. 410). Die Reaktionsmöglichkeiten des AG richten sich nach dem allgemeinen Individualarbeitsrecht bei Leistungsverweigerung.

293 **4. Massenkündigung.** Die Massenkündigung ist eine Kündigung des individuellen Arbeitsverhältnisses durch den einzelnen AN, deren Charakteristikum in der kollektiv verabredeten Vornahme besteht. Letzteres ändert aber nichts an seiner individualrechtlichen Zulässigkeit und seiner Beendigungswirkung (BAG 3. 9. 1968 AP GG Art. 9 Arbeitskampf Nr. 39), ebensowenig kann daraus ein Wiedereinstellungsanspruch hergeleitet werden (MünchArbR/ *Otto* § 279 Rn. 120; *Kraft* RdA 1968, 286, 287, 293; *Löwisch/Hartje* RdA 1970, 321, 327).

294 Die Beendigungskündigung als Mittel des Arbeitskampfes mit dem Ziel einer Umgestaltung des Inhalts des Arbeitsverhältnisses ist riskant: Kommt nach Ausspruch der Kündigung keine neue Vereinbarung mit dem AG zustande, endet das Arbeitsverhältnis. Mit der Kündigungserklärung (bei der außerordentlichen Kündigung) oder dem Ablauf der Kündigungsfrist enden alle gegenseitigen Rechte und Pflichten, insbes. die Arbeitspflicht des AN. Im Unterschied zum Streik, der nur zur Suspendierung der Arbeitspflicht führt, beendet die Kündigung jedoch das Arbeitsverhältnis überhaupt. Für die Kündigung macht es keinen Unterschied, ob sie auf individuellem Entschluß beruht oder auf einer kollektiven Absprache; auch eine verbandsgetragene Kündigung bleibt eine individuelle Kündigung und kann nicht umgedeutet werden in eine durch den Abschluß eines TV auflösend bedingte, auch wenn die Voraussetzungen für einen rechtmäßigen Arbeitskampf vorliegen: Hier ist der Streik das gegebene und verhältnismäßige Arbeitskampfmittel. – Unabhängig davon ist es dem einzelnen AN unbenommen, während eines Arbeitskampfes zu kündigen (BAG 21. 4. 1971 AP GG Art. 9 Arbeitskampf Nr. 43).

295 Die Änderungskündigung des AN hat, im Gegensatz zu der des AG nach § 2 KSchG, keine besondere gesetzliche Regelung erfahren; sie ist jedoch analog als Angebot zum Abschluß einer Änderung des bestehenden Arbeitsvertrags anzusehen, verbunden jedoch als Druckmittel mit der für den Fall des Nichtzustandekommens eines Änderungsvertrags bedingten Kündigung. Individualrechtlich ist eine solche Kündigung zulässig, es ist Sache des AG, ob er auf den Änderungswunsch eingeht, auch was seine tarifliche Bindung angeht. Soweit die Kündigung aber verbandsgetragen ist, muß unterschieden werden:

296 Die Gewerkschaft handelt bei der Veranlassung und/oder Unterstützung dieser individuellen Kündigung nur dann rechtmäßig, wenn die Voraussetzungen für einen rechtmäßigen Streik vorliegen (MünchArbR/ *Otto* § 279 Rn. 121). Das gilt vor allem für die Friedenspflicht, gegen die verstoßen wird, wenn kampfweise übertarifliche Arbeitsbedingungen auf dem Wege einer Betriebsvereinbarung oder durch Einzelarbeitsverträge durchgesetzt werden sollen (BAG 8. 2. 1957 AP TVG § 1 Friedenspflicht Nr. 1).

297 Die verbandsgetragene individuelle Änderungskündigung durch den einzelnen AN ist nach der Rspr. als Teilnahme an einer gewerkschaftlichen Arbeitskampfmaßnahme zu bewerten (BAG 28. 4. 1966 AP GG Art. 9 Arbeitskampf Nr. 37 mit abl. Anm. *Mayer-Maly* = SAE 1967, 44 mit Anm. *Rüthers*; zust. *Weller* AuR 1967, 76, 80; MünchArbR/ *Otto* § 279 Rn. 120; *Schaub* S. 1612). Daraus folgt, daß für Rechtmäßigkeit die allgemeinen Voraussetzungen des Arbeitskampfes vorliegen müssen.

298 Liegen alle Voraussetzungen für einen rechtmäßigen Arbeitskampf durch die Gewerkschaft vor, muß der AN nicht das volle Risiko für die Kündigung tragen, so daß die Kündigung bei Nichterreichen der mit der Änderungskündigung angestrebten Änderung der Arbeitsbedingungen nicht wirksam wird; vielmehr gilt die Bedingung für die Kündigung dann als nicht eingetreten mit der Folge

der Fortsetzung des Arbeitsverhältnisses, wenn die angestrebten Änderungen nur teilweise oder überhaupt nicht auf Verbandsebene erreichbar waren. Dies Ergebnis ist geboten, da die Kündigung als kollektive Arbeitskampfmaßnahme angesehen wird und der Arbeitskampf nicht die endgültige Lösung des Arbeitsverhältnisses und die Stillegung des Betriebs bezweckt (*Nipperdey/Säcker* Anm. zu AP GG Art. 9 Arbeitskampf Nr. 39 Bl. 158R; aA *Mayer-Maly* Anm. zu AP GG Art. 9 Arbeitskampf Nr. 37).

5. Betriebsblockade. Die Betriebsblockade bezweckt die Produktionsstörung eines bestreikten Betriebes, indem zur Verstärkung der Streikfolgen die Zugänge und die Zufahrten zum Betrieb blockiert werden: AN sollen nicht ein- und ausgehen können (Verhinderung sog. „Streikarbeit"), Zulieferungen sollen nicht möglich sein, ebensowenig die Auslieferung hergestellter Produkte. Eine solche Blockade ist unzulässig und stellt einen rechtswidrigen Eingriff in den eingerichteten und ausgeübten Gewerbebetrieb dar (BAG 21. 6. 1988 AP GG Art. 9 Arbeitskampf Nr. 109; BAG 8. 11. 1988 AP GG Art. 9 Arbeitskampf Nr. 111; MünchArbR/*Otto* § 279 Rn. 64; *Gamillscheg* S. 1016; *Zöllner/Loritz* S. 412; *Kappes* DB 1993, 378; *Konzen* Anm. zu EzA GG Art. 9 Arbeitskampf Nr. 75 unter B). Daran hat auch die Entscheidung des BVerfG zur Sitzblockade (10. 1. 1995 E 92, 1 = NJW 1995, 1141) nichts geändert (*Löwisch/Krauß* DB 1995, 130). 299

6. Boykott. Mit dem Boykott soll der Kampfgegner von rechtsgeschäftlichen Kontakten ausgeschlossen werden. Einmal soll verhindert werden, daß neue Arbeitsverträge abgeschlossen werden. Oft wird auch durch den Boykott die Behinderung der gesamten wirtschaftlichen oder beruflichen Betätigung des Tarifgegners beabsichtigt, wenn etwa dazu aufgerufen wird, von einem bestimmten AG keine Waren zu beziehen oder mit ihm überhaupt keine Verträge des allgemeinen Geschäftsverkehrs abzuschließen. Der Boykott wird als zulässiges Arbeitskampfmittel angesehen (BAG 19. 10. 1976 AP TVG § 1 Form Nr. 6; *Gamillscheg* S. 1052; differenziert MünchArbR/*Otto* § 279 Rn. 109 ff.), jedoch unter den Voraussetzungen der gesamten Rechtsordnung. 300

7. Betriebsbesetzung. Eine Betriebsbesetzung liegt vor, wenn die AN des Betriebs nach Beendigung ihrer regulären Arbeitszeit ihre Arbeitsstelle oder den Betrieb insgesamt nicht verlassen oder nachträglich in den Betrieb eindringen, um dadurch andere arbeitswillige AN an der Arbeit zu hindern. Dabei macht es keinen Unterschied, ob diese Betriebsbesetzung isoliert geschieht oder im Zusammenhang mit einem Streik zur Verstärkung der Streikfolgen, insbes. auch zur Verhinderung von „Streikarbeit" (Rn. 160). 301

Bei der Bewertung der Betriebsbesetzung als Mittel des Arbeitskampfes ist zu unterscheiden, ob sie gewerkschaftsgetragen ist oder nicht: Ist die Betriebsbesetzung nicht gewerkschaftsgetragen, dann ist sie schon deshalb als Arbeitskampfmaßnahme unzulässig (Rn. 102). 302

Ist die Betriebsbesetzung gewerkschaftsgetragen, dann könnte sie angesichts der Freiheit der Tarifparteien zur Wahl der geeigneten Arbeitskampfmittel (Rn. 26) als Arbeitskampfmittel angesehen werden, das der Erfüllung der allgemeinen Zulässigkeitsvoraussetzungen des Arbeitskampfes bedarf. Es ist jedoch zu bedenken, daß Maßnahmen des Arbeitskampfes im Einklang mit der Gesamtrechtsordnung stehen müssen: die Betriebsbesetzung greift jedoch in andere gesetzlich geschützte Rechte des AG als denen aus dem Arbeitsvertrag ein, denn der AG ist als Eigentümer berechtigt darüber zu entscheiden, wer das Betriebsgelände betritt oder nicht, geschützt durch Art. 13, 14 GG. Wer das Betriebsgelände betreten will, bedarf der Zustimmung des Eigentümers, anderenfalls eines besonderen dies rechtfertigenden Rechtstitels. 303

Die Zustimmung des AG für das Betreten durch den AN liegt in der Zweckbestimmung des Arbeitsvertrags und ist beschränkt auf den Umfang, in dem der AN zur Erfüllung seiner arbeitsvertraglichen Pflichten des Zutritts bedarf. Ein Betreten oder Verweilen (zeitlich und räumlich) ohne den Zusammenhang mit der effektiven arbeitsvertraglichen Arbeitsleistung ist nicht zulässig. Eine das Betreten des Betriebs rechtfertigende Notwehrsituation liegt nicht vor, denn es gibt kein Recht am Arbeitsplatz im Sinne eines notwehrfähigen Rechtsgutes (BAG 14. 2. 1978 unter 5 b: AP GG Art. 9 Arbeitskampf Nr. 58; *Seiter* SAE 1980, 154; aA *Däubler,* Arbeitsrecht I, S. 323). Auch ist die tatsächliche Sachherrschaft des AG am Betrieb zu berücksichtigen: Er ist Besitzer nach § 854 I BGB, die AN sind Besitzdiener iSd. des § 855 BGB. Durch eine Betriebsbesetzung wird in diese Besitzsituation derart eingegriffen, daß die Sachherrschaft des AG ausgeschlossen wird, die Besitzdienereigenschaft der AN entfällt, sie nehmen die Sachherrschaft in Anspruch. Die Sondervorschrift des § 856 II BGB, wonach der Besitz bei nur vorübergehender Verhinderung in der Ausübung nicht beeinträchtigt wird, wird der Sachlage nicht gerecht. 304

Die strafrechtliche Bewertung geht in die gleiche Richtung: Ein tatbestandsmäßiger Hausfriedensbruch (§ 123 StGB) ist anzunehmen, da die AN gegen den Willen des AG als des Hausrechtsinhabers eindringen oder verweilen (*Gegenwart,* Arbeitskampf im Medienbereich, 1988, S. 86 ff.). – Ob zusätzlich eine Nötigung (§ 240 StGB) vorliegt (vgl. BVerfG 10. 1. 1995 E 92, 1 = NJW 1995, 1141), kann hier dahingestellt bleiben. 305

Es sind somit die Rechtspositionen des AG aus Art. 13, 14 GG, mit dem Koalitionsbetätigungsrecht abzuwägen im Rahmen der „praktischen Konkordanz" (Rn. 14). Das BAG hat in seiner Entscheidung vom 14. 2. 1981 (1 AZR 417/86 – nv., vgl. RdA 1990, 43) Fabrikbesetzungen, die dem AG die 306

Verfügungsmöglichkeiten über den Betrieb als sächliche Einrichtung entziehen, mit der Rechtsordnung für unvereinbar erklärt, hatte aber die Frage im übrigen im Zusammenhang mit Betriebsblockaden (Rn. 299) nicht als entscheidungserheblich zu bewerten (BAG 14. 2. 1978 AP GG Art. 9 Arbeitskampf Nr. 58; BAG 14. 2. 1978 AP GG Art. 9 Arbeitskampf Nr. 59 = SAE 1980, 154 mit Anm. *Seiter*; BAG 8. 11. 1988 AP GG Art. 9 Arbeitskampf Nr. 111). Auch haben die LAG Hamm (6. 11. 1975 DB 1976, 343; 26. 3. 1981 DB 1981, 1571) und Düsseldorf (24. 2. 1994 LAGE GG Art. 9 Arbeitskampf Nr. 54) die Betriebsbesetzung ausdrücklich für rechtswidrig erklärt. In der wissenschaftlichen Literatur wird überwiegend die Betriebsbesetzung für unzulässig angesehen (vgl. *Gamillscheg* S. 1059 mwN Fn. 466; MünchArbR/*Otto* § 279 Rn. 68 mwN Fn. 188; *Seiter*, Streikrecht und Aussperrungsrecht, S. 522; *Zöllner/Loritz* S. 412; *Söllner* S. 102; aA *Däubler/Bieback* Rn. 415 ff.; *Däubler* Arbeitsrecht 1 S. 407 ff.; *Nauditt* AuR 1987, 153).

307   Jedoch bedarf es je nach der konkreten Situation der Überlegung, ob nicht ausnahmsweise das Paritätsgebot (Rn. 114) als ein tragendes Prinzip der Tarifautonomie unausweichlich weitergehende Eingriffsrechte erfordert.

308   Eine Beteiligung Betriebsfremder an einer Betriebsbesetzung ist schlechthin unzulässig (MünchArbR/*Otto* § 279 Rn. 66; *Söllner* Verfassungsordnung S. 319).

309   **8. Demonstrationen.** Als allgemeine staatsbürgerliche Demonstration nach Art. 8 GG unterliegt die Demonstration der AN für ihre Interessen allein den dort zulässigen Einschränkungen. Jedoch gibt Art. 8 GG kein Recht, unter Verletzung arbeitsvertraglicher Pflichten an einer Demonstration teilzunehmen. Auch die Verletzung des Eigentums- und Hausrechts des AG am Betriebsgelände (Rn. 304) ist insoweit unzulässig. Eine Demonstration kann aber auch gesehen werden als koalitionsgemäße Betätigung nach Art. 9 III GG, auch als Mittel des Arbeitskampfes. Das ist angesichts der Freiheit der Wahl der Arbeitskampfmittel (Rn. 25) zulässig, denn die von ihr ausgehende psychologische Druckwirkung ist geeignet zur Einwirkung auf die Verhandlungsbereitschaft der „Gegenseite", und unter dem Gebot des ultima-ratio-Prinzips ist sie eine wesentliche mildere Form als etwa der Streik. So hat denn auch das BAG die Teilnahme an einer Demonstration als zulässige Maßnahme des Arbeitskampfes eingestuft (17. 12. 1976 AP GG Art. 9 Arbeitskampf Nr. 51). Das setzt das Vorliegen der allgemeinen Voraussetzungen für einen Arbeitskampf voraus. Andererseits ist die Teilnahme der AN dann aber auch während der Arbeitszeit keine Verletzung der arbeitsvertraglichen Arbeitspflicht, diese ist vielmehr insoweit suspendiert.

310   **9. Weitere Arbeitskampfformen.** Die soeben aufgeführten denkbaren Formen eines Arbeitskampfes der AN über den „klassischen" Streik hinaus sind nicht abschließend. Aus der Freiheit der Wahl der Arbeitskampfmittel (Rn. 25) folgt, daß den Koalitionen generell die Wahl der Mittel überlassen ist, die sie zur Erreichung ihrer legitimen Ziele für geeignet halten. Das bedeutet, daß in Anpassung an gesamtwirtschaftliche, produktionstechnische und organisatorische Entwicklungen neue, als erfolgsversprechend angesehene, kollektive Vorgehensweisen ersonnen und praktiziert werden (zB Mahnminuten, Mahnwachen, Protestveranstaltungen, „Märsche auf ...", Autokorso, Aktionstage, Straßenblockaden, Blockaden von Arbeitsstätten und Firmenparkplätzen usw.) mit dem Ziel der Druckausübung auf die „Gegenseite" zum Erreichen eines bestimmten Zieles. Diese neuartigen Verhaltensweisen können nur dann als Arbeitskampf-Maßnahme anerkannt werden, wenn sie die für solche vorgegebenen Voraussetzungen erfüllen; das bedeutet vor allem Ablauf der Friedenspflicht (Rn. 103), tariflich regelbares Ziel (Rn. 95), Maßnahme gegen den, der den zur Erreichung des Ziels erforderlichen TV abschließen kann. Diese Voraussetzungen fehlen indessen bei vielen dieser Vorgehensweisen, so daß sie nicht als Arbeitskampfmaßnahme unter dem Schutz des Art. 9 III GG anerkannt werden können.

III. Weitere Arbeitskampfmittel der Arbeitgeberseite

311   **1. Massen-Kündigung.** Die Massen-Beendigungskündigung des AG bedeutet, auch wenn sie aufgrund einer einheitlichen Zielsetzung geschieht, eine Vielzahl von Einzelkündigungen, ausgesprochen gegenüber jedem einzelnen AN, wobei jede dieser Kündigungen in ihrer Zulässigkeit und Wirkung nach den für das einzelne Arbeitsverhältnis geltenden Voraussetzungen zu bewerten ist, einschließlich der gesetzlichen Kündigungsschutzvorschriften. Das gilt auch dann, wenn der AG als Reaktion auf die Teilnahme an einem rechtswidrigen Streik kündigt (Rn. 242); eine Kündigung wegen der Teilnahme an einem rechtmäßigen Streik ist unzulässig, wohl aber kann sie wegen rechtswidriger Einzelhandlungen im Zusammenhang mit einem rechtmäßigen Streik gerechtfertigt sein.

312   Bei der Massen-Änderungskündigung des AG mit dem Ziel der Änderung der bestehenden Arbeitsbedingungen wird mit den Entscheidungen des BAG vom 28. 1. 1955 (AP GG Art. 9 Arbeitskampf Nr. 1), 1. 2. 1957 (AP BetrVG § 56 Nr. 4), 14. 10. 1960 (AP GG Art. 9 Arbeitskampf Nr. 10) begründet, – wenn auch nicht ohne Kritik (*Gamillscheg* S. 1031; MünchArbR/*Otto* § 279 Rn. 119; *Brox/Rüthers* Rn. 548; *Zöllner/Loritz* S. 409; *Rüthers* SAE 1967, 47; *Weller* AuR 1967, 76) – daß es sich dabei nicht um eine kollektive Arbeitskampfmaßnahme (Aussperrung) handeln solle; die Massenänderungskündigung sei vielmehr allein nach Individualrecht zu bewerten – im Gegensatz zu der Bewertung der Massenkündigung der AN (Rn. 297).

Das hat zur Konsequenz, daß alle individualrechtlichen Voraussetzungen für eine Kündigung gegen- 313
über jedem einzelnen gekündigten AN vorliegen müssen; andererseits aber auch, daß für den AG nicht
die Voraussetzungen eines rechtmäßigen Arbeitskampfes vorliegen müssen, insb. besteht für ihn keine
Friedenspflicht. Das entläßt ihn aber andererseits nicht aus seiner Tarifbindung gegenüber den ebenfalls tarifgebundenen AN.

2. Lohnverweigerung. Eine kollektive Lohnverweigerung durch den AG, unabhängig von seiner 314
Berufung auf Arbeitskampfrisiko und Streikbeteiligung selbst, kann nicht als selbständiges Arbeits-
kampfmittel anerkannt werden (*Gamillscheg* S. 1062; MünchArbR/*Otto* § 280 Rn. 43). Wegen der
„Streikbruchprämie" an nichtstreikende AN vgl. Rn. 212.

G. Schlichtung

Der TV hat den angemessenen Ausgleich der unterschiedlichen Auffassungen der zukünftigen 315
TVParteien über den Inhalt der Arbeits- und Wirtschaftsbedingungen zur Aufgabe (Rn. 44f.). Soweit
dieser Ausgleich nicht auf dem Verhandlungswege erreichbar ist, eröffnet der Arbeitskampf die
Möglichkeit, durch Druck und Gegendruck zu einem Kompromiß zu kommen. Ein Arbeitskampf
begegnet aber wegen seiner nachteiligen Auswirkungen erheblichen Vorbehalten. Deshalb wird einmal
der Arbeitskampf unter das ultima-ratio-Prinzip gestellt (Rn. 109), zum anderen hält die Rspr. als
Ausfluß dessen ein Schlichtungsverfahren für erforderlich (grdl. BAG GS 21. 4. 1971 AP GG Art. 9
Arbeitskampf Nr. 43), jedoch nicht als zwingende Voraussetzung für die Zulässigkeit eines Arbeits-
kampfes. Aufgabe der Schlichtung ist es, unter Vermeidung eines Arbeitskampfes einen angemessenen
Ausgleich der entgegengesetzten Interessen unter Mitwirkung einer neutralen Instanz herbeizuführen:
Es geht nicht um die Anwendung des Rechts auf einen Sachverhalt, sondern um die zukünftige
Gestaltung der Arbeits- und Wirtschaftsbedingungen, deshalb kann die Schlichtung nicht Aufgabe der
Gerichte oder eines Schiedsgerichts sein. Für ein solches Schlichtungsverfahren sind unterschiedliche
Gestaltungsformen denkbar:

Eine gesetzliche Regelung enthält als Relikt aus der Besatzungszeit das KRG Nr. 35 vom 20. 8. 1946 316
(Abl. des Alliierten Kontrollrats S. 174), wonach auf Landesebene: a) Personen bestellt werden, deren
Aufgabe ua. die Beratung zu Fragen der Arbeitsbeziehungen sowie Förderung von Verfahren zum
Abschluß von TV ist; b) Schiedsausschüsse zu bestellen sind, denen Streitigkeiten zur Schlichtung
unterbreitet werden können, deren Schiedsspruch nur dann verbindlich ist, wenn dies von den Parteien
vereinbart worden ist. – Die Badische Landesschlichtungsordnung vom 19. 10. 1949 (vgl. *Arnold* RdA
1996, 356 ff.) bezweckt die Förderung des Abschlusses von TV durch die Tätigkeit eines Landes-
schlichters und eines Landesschlichtungsausschusses; letzterer kann bei Nichteinigung der Parteien
einen Schiedsspruch erlassen, der der Annahme durch die Parteien bedarf. Die im Gesetz vorgesehene
Möglichkeit der staatlichen Verbindlicherklärung dieses Schiedsspruchs verstößt gegen Art. 9 III GG,
denn den TVParteien muß stets die letzte Entscheidung über den Inhalt des TV und die Annahme
oder Ablehnung eines TVVorschlags von dritter Seite verbleiben, soweit sie nicht im Rahmen ihrer
Vertragsfreiheit sich im voraus einem Schlichtungsspruch oder -vorschlag unterworfen haben. Hiervon
erscheint auch jede Ausnahme im Interesse schwerwiegender öffentlicher Interessen unzulässig (aA
Löwisch/Rieble, TVG Grundl., Rn. 44; MünchArbR/*Otto* § 288 Rn. 14; *Schaub* § 196 II 4).

Der Normalfall der Institutionalisierung eines Schlichtungsverfahrens ist in praxi die tarifvertrag- 317
liche Regelung: Es besteht eine ganze Anzahl von Schlichtungsabkommen zwischen TVParteien.
Dadurch soll bei Fehlen oder nach Beendigung eines TV Einvernehmen zur Vermeidung eines Arbeits-
kampfes erzielt werden, zumeist unter Verhandlungsleitung eines Unparteiischen, oft auch mit dessen
Aufgabe, bei nicht erreichbarer Einigung der TVParteien seinerseits einen Einigungsvorschlag zu
unterbreiten. IdR ist vereinbart, daß bis zum Abschluß des Schlichtungsverfahrens Friedenspflicht
(Rn. 103) besteht, anderenfalls kann eine Schlichtungsabrede aber unter dem Aspekt des ultima-ratio-
Prinzips (Rn. 109) von Bedeutung sein.

Art. 12 [Berufsfreiheit]

(1) ¹Alle Deutschen haben das Recht, Beruf, Arbeitsplatz und Ausbildungsstätte frei zu wählen. ²Die Berufsausübung kann durch Gesetz oder auf Grund eines Gesetzes geregelt werden.

(2) Niemand darf zu einer bestimmten Arbeit gezwungen werden, außer im Rahmen einer
herkömmlichen allgemeinen, für alle gleichen öffentlichen Dienstleistungspflicht.

(3) Zwangsarbeit ist nur bei einer gerichtlich angeordneten Freiheitsentziehung zulässig.

I. Eigenart und Bedeutung

1   Art. 12 I ist neben Art. 14 die für das Arbeits- und Wirtschaftsleben zentrale Grundsatznorm und das **Hauptgrundrecht der freien wirtschaftlichen Betätigung** (*Tettinger* in *Sachs* Rn. 179). Seine Bedeutung für das Arbeitsrecht war allerdings lange Zeit unscharf. Noch bei der Staatsrechtslehrertagung im Jahre 1984 wurde allgemein konstatiert, daß die Berufsfreiheit der abhängigen Arbeit bislang kaum entfaltet und auch in der Gerichtspraxis fast bedeutungslos geblieben war (vgl. *Lecheler* VVDStRL 43 [1985], 48, 65 mwN). Das hat sich durch die Rechtsprechung des BVerfG in den letzten 10 Jahren grundlegend geändert. Heute kann man Art. 12 I als „Grundrecht der Arbeit" bezeichnen (*Söllner* AuR 1991; 45, 46).

2   Ideengeschichtlich wurzelt das Grundrecht in der Gewerbefreiheit des 19. Jahrhunderts, also einem Schutzrecht unternehmerischer Betätigung. Aber schon das Apotheken-Urteil des BVerfG betonte **den personalen Bezug** des Grundrechts. Verbürgt sei mehr als die Freiheit selbständiger Ausübung eines Gewerbes. Es gehe um Arbeit als Beruf und Lebensgrundlage mit Wert und Würde für alle sozialen Schichten (11. 6. 1958 E 7, 377, 397). Dieser Persönlichkeitsbezug bestehe zwar auch bei juristischen Personen und verwirkliche sich sogar in der Unternehmerfreiheit von Großunternehmen, sei dort aber nur schwach ausgebildet, so daß die Regelungsbefugnisse des Gesetzgebers hier weiter gingen als bei persönlicher Berufsausübung (BVerfG 1. 3. 1979 E 50, 290, 363 f. = AP MitbestG § 1 Nr. 1 unter C III 3 a) aa)). Solche Akzentuierung konnte den irrigen Eindruck erwecken, Art. 12 I sei eine „Magna Charta" der freien Berufe oder des Mittelstandes.

3   Das **Bundesarbeitsgericht** hat das naturgemäß umfassender gesehen. Aber obwohl es zunächst von der unmittelbaren Geltung der Grundrechte im Zivilrecht ausging (Einl. Rn. 17), hat es zur Konkretisierung des Grundrechts der Berufsfreiheit kaum beigetragen. Eine Bestandsaufnahme von 1984 (*Heither* JöR 33 (1984), 315) dokumentiert nur Rechtsprechung zu vertraglichen Wettbewerbs- und Nebentätigkeitsverboten sowie Rückzahlungsklauseln. Für die viel existenzielleren Fragen des Kündigungsschutzes wurde die Berufung auf Art. 12 ausdrücklich zurückgewiesen (23. 9. 1976 AP KSchG 1969 § 1 Wartezeit Nr. 1). Entgegen seinem hochgreifenden Ansatz hat sich das BAG immer bemüht, Entscheidungen allein auf der Grundlage des einfachen Rechts zu finden und zu begründen. In der Tat: Der Ausbau grundrechtsdogmatischer Strukturen kann nicht Sache der Fachgerichte sein. Deren Aufgabe besteht in der Realisierung der Grundrechte im einfachen Recht.

4   Inzwischen ist die sozialstaatliche Substanz des Art. 12 I GG durch das BVerfG breit entfaltet worden. Als Auftakt kann das Urteil zum numerus clausus gelten (18. 7. 1972 E 33, 303), mit dem das BVerfG zum erstenmal ein **Teilhaberecht** aus Art. 12 I ableitete. Der Staat dürfe sich nicht auf die Freihaltung des Zugangs zu seinen Ausbildungsstätten beschränken, sondern müsse – im Rahmen des möglichen – auch die Voraussetzungen für ihre Nutzung schaffen. Den Realitäten und Zwängen des Arbeitslebens stellte sich das BVerfG mit dem Handelsvertreter-Beschluß. Der Staat müsse schützend aktiv werden wo Teilnehmer des Arbeitslebens offensichtlich außerstande seien, ihre Berufsfreiheit wahrzunehmen. Gesetzgeber und Gerichte treffe eine grundrechtliche **Schutzpflicht** (7. 2. 1990 E 81, 242 = AP GG Art. 12 Nr. 65). Die Umbruchsituation in den neuen Ländern hat dann die Problematik des Arbeitsplatzverlustes ins Blickfeld des BVerfG gerückt. Die freie Wahl des Arbeitsplatzes schließe die Freiheit ein, eine konkrete Beschäftigungsmöglichkeit beizubehalten; auch insoweit bestehe eine grundrechtliche Schutzpflicht (24. 4. 1991 E 84, 133, 146 f. – Warteschleife = AP GG Art. 12 Nr. 70). Und schließlich wurde erkannt, daß auch die Verfallbarkeit betrieblicher Versorgungsanwartschaften ein zentrales Problem der Berufsfreiheit betrifft (15. 7. 1998 E 98, 365 = AP BetrAVG § 18 Nr. 26).

5   Ein **Grundrecht auf Arbeit** ergibt sich aus alledem nicht. Der Einzelne hat kein subjektives Recht auf Verschaffung eines Arbeitsplatzes oder auf eine entsprechende Bestandsgarantie (BVerfG 24. 4. 1991 E 84, 133, 146 = AP GG Art. 12 Nr. 70 unter C III 1). Der Staat ist zwar zu arbeitsmarktpolitischer Aktivität im Rahmen seiner Haushaltswirtschaft verpflichtet, das folgt aber nicht aus einem Grundrecht, sondern aus Art. 109 II; zu den Erfordernissen gesamtwirtschaftlichen Gleichgewichts, von denen diese Vorschrift spricht, gehört auch ein befriedigendes Beschäftigungsniveau (*Wieland* in *Sachs* Rn. 33). Einige Landesverfassungen gehen hier deutlich weiter (vgl. die Nachw. bei *Däubler*, Arbeitsrecht 2, Rn. 30 ff.).

II. Schutzbereich

6   **1. Beruf/Arbeitsplatz/Ausbildungsstätte. Beruf** ist nach der Rechtsprechung des BVerfG jede Tätigkeit, die der Schaffung und Erhaltung einer Lebensgrundlage dient (11. 6. 1958 E 7, 377, 397; 18. 6. 1980 E 54, 301, 313). Der Begriff suggeriert zwar eine gewisse Dauerhaftigkeit, es besteht aber Einigkeit, daß sich daraus kein praktisch bedeutsames Abgrenzungsmerkmal ergibt; auch Aushilfs- und Erprobungstätigkeiten gehören zum Beruf. Ebenso werden Zweit- und Nebenberufe geschützt. Nebentätigkeiten von Beamten sollen zwar nach der Rechtsprechung des BVerfG nur durch Art. 2 I geschützt sein (12. 4. 1972 E 33, 44, 48; ebenso BVerwG 26. 6. 1980 E 60, 254, 255), das ist aber nach jetzt herrschender Lehre nicht überzeugend (vgl. *Scholz* in *Maunz/Dürig* Rn. 203 f.; *Tettinger* in *Sachs* Rn. 33; *Jarass/Pieroth* Rn. 4 mwN). Der Begriff ist weit offen für jede dem Erwerb dienende Betäti-

II. Schutzbereich

gung. Die Frage, ob eine Tätigkeit sozial akzeptiert und erlaubt ist, betrifft nicht den Schutzbereich, sondern dessen Schranken (zu diesen vgl. Rn. 22 ff.). Nicht unter die Berufsfreiheit fallen private Betätigungen und Hobbys.

Arbeitsplatz ist die konkrete Betätigungsmöglichkeit, die es erlaubt berufliche Arbeit zu verrichten. 7 Der Begriff „Arbeitsplatz" ist nicht räumlich definiert, sondern meint alle materiellen und organisatorischen Voraussetzungen und Rahmenbedingungen, und zwar für Selbständige ebenso wie für abhängig Beschäftigte. (BVerfG 24. 4. 1991 E 84, 133, 146 = AP GG Art. 12 Nr. 70; *Tettinger* in *Sachs* Rn. 64; *Wieland* in *Dreier* Rn. 54). Für AN geht es vor allem um bestehende Beschäftigungsmöglichkeiten und konkrete Vertragspartner sowie um die Bestandssicherheit der arbeitsvertraglichen Beziehungen; gewährleistet werden also gleichermaßen Mobilität wie Immobilität. Die allgemeinen Gegebenheiten des Arbeitsmarktes gehören hingegen nicht zum Schutzbereich des Arbeitsplatzes (vgl. auch Rn. 5 und 34 ff.).

Ausbildungsstätte bedeutet im Kontext des Art. 12 I nicht jede Bildungsmöglichkeit, sondern nur 8 eine berufsbezogene Einrichtung. Gemeint ist die betriebliche und überbetriebliche Lehrlingsausbildung, Hochschulen und Akademien, Vorbereitungsdienst und Einrichtungen des „Zweiten Bildungsweges" (Nachw. bei *Tettinger* in *Sachs* Rn. 67 f und *Wieland* in *Dreier* Rn. 55).

2. Geschützte Betätigung. Geschützt ist die Freiheit der **Auswahl** und der **Ausübung** von er- 9 werbsbezogenen Tätigkeiten in allen denkbaren Formen. Die unterschiedliche Begriffsbildung der beiden Sätze von Art. 12 I bedeutet nicht, daß zwischen zwei Entscheidungsstadien grundsätzlich unterschieden werden könnte. Schon im „Apotheken-Urteil" hat das BVerfG klargestellt, daß Wahl und Ausübung nur verschiedene Blickwinkel eines einheitlichen Lebenssachverhalten bilden (11. 6. 1958 E 7, 377, 400). Allerdings glaubte das BVerfG anfangs, mit Hilfe dieser Begriffe unterschiedliche Grade von Eingriffsintensitäten kennzeichnen zu können („Stufentheorie"), aber auch das hat sich als wenig ergiebig erwiesen (Rn. 26).

Geschützt ist auch die **negative Berufsfreiheit**, also die Entscheidung, von einer Erwerbstätigkeit 10 abzusehen (BVerfG 21. 10. 1981 E 58, 358, 364) oder den Beruf aufgeben (BVerfG 21. 6. 1989 E 80, 257, 263 – Höchstaltersgrenze). Das bedeutet natürlich nicht, daß der Staat verpflichtet wäre, eine solche Entscheidung durch unterhaltssichernde Regelungen oder Leistungen möglich zu machen.

Die Freiheit der **Arbeitsplatzwahl** ist betroffen, wenn der Staat den Einzelnen an der Aufnahme 11 einer konkreten Beschäftigungsmöglichkeit hindert, ihn zur Annahme eines bestimmten Arbeitsplatzes zwingt, die Aufgabe eines Arbeitsplatzes verlangt oder ihn daran hindert. Der Begriff „Arbeitsplatz" ist nicht im arbeitsrechtlichen Sinne zu verstehen; gemeint ist jede Arbeitsmöglichkeit unabhängig von der Vertragsform (Werk-, Dienst- oder Arbeitsvertrag). Mit der Wahlfreiheit ist zwar weder der Anspruch auf Bereitstellung eines Arbeitsplatzes, noch eine Bestandsgarantie verbunden, wohl aber die Anerkennung eines spezifischen Schutzbedürfnisses; auch Machtausübung mit privatrechtlichen Gestaltungsmitteln kann diese Freiheit beeinträchtigen. (BVerfG 24. 4. 1991 E 84, 133, 146 f. = AP GG Art. 12 Nr. 70 unter C III 1; 21. 2. 1995 E 92, 140, 150 = NZA 1995, 619). Staatliche Maßnahmen der Arbeitsmarktpolitik betreffen nicht die Arbeitsplatzwahl. Auch der gesetzliche Kündigungsschutz beeinträchtigt nicht etwa die Berufsfreiheit potentieller Arbeitsplatzbewerber, die auf freiwerdende Stellen hoffen (aA *Reuter* RdA 1978, 344 ff.; *Papier* RdA 2000, 1, 4; *Oetker* RdA 1997, 9, 20 mwN). Besetzungsregeln und Einstellungsrichtlinien, die unmittelbar in den Wettbewerb um vorhandene Arbeitsplätze eingreifen, betreffen hingegen die Freiheit der Arbeitsplatzwahl.

3. Grundrechtsträger sind nur **Deutsche** im Sinne des Art. 116. Das führt in der Praxis zu Wer- 12 tungswidersprüchen und bedarf der Abmilderung (vgl. Einl. Rn. 4). Vor allem bei EG-Ausländern läßt sich die Unterscheidung nicht durchhalten. Der EuGH betrachtet die Berufsfreiheit als einen allgemeinen Grundsatz des Gemeinschaftsrechts (*Tettinger* in *Sachs* Rn. 19, *Stadler*, Die Berufsfreiheit in der Europäischen Gemeinschaft, 1980). Das führt im Ergebnis über Art. 2 I zu einer vergleichbaren Rechtsstellung (*Wieland* in *Dreier* Rn. 66; aA *Erichsen* HbStR VI § 152 Rn. 47 ff.)

Juristische Personen sind nach einhelliger Auffassung durch Art. 12 I geschützt, wenn sie einer 13 Erwerbstätigkeit nachgehen, die ebenso von einer natürlichen Person ausgeübt werden könnte (BVerfG 1. 3. 1979 E 50, 290, 363 = AP MitbestG § 1 Nr. 1), also nicht bei gemeinnützigen Vereinen (*Tettinger* in *Sachs* Rn. 22). Berufsorganisationen hat das BVerfG als Träger der Berufsfreiheit anerkannt, selbst wenn sie Körperschaften des öffentlichen Rechts sind (14. 5. 1985 E 70, 1, 15 ff). Vgl. zu juristischen Personen des öffentlichen Rechts Einl. Rn. 8 f.

Das BVerfG spricht häufig von **AG** oder **AN** als Grundrechtsträgern der Berufsfreiheit (1. 3. 1979 14 E 50, 290, 365 = AP MitbestG § 1 Nr. 1; 26. 5. 1981 E 57, 139, 158 = AP SchwbG § 4 Nr. 1; 23. 1. 1990 E 81, 156, 188 = AP AFG § 128 Nr. 1). Das ist natürlich eine abgekürzte Ausdrucksweise. Die arbeitsvertragliche Stellung kennzeichnet keinen Beruf, sondern nur eine bestimmte Form der Berufsausübung, die aber als solche den Schutz des Art. 12 beanspruchen kann. Die Arbeitsvertragsstellung ist ein Teilbereich der Berufsfreiheit (BVerfG 7. 2. 1990 E 81, 242, 255 = AP GG Art. 12 Nr. 65 unter C I 3; *C. J. Müller*, Die Berufsfreiheit des AG, S. 30 ff.). Das gleiche gilt für die Unternehmerstellung und die entsprechende **Unternehmerfreiheit** (BVerfG 1. 3. 1979 E 50, 290, 362 = AP MitbestG § 1 Nr. 1 unter C III 3 a; BAG 3. 4. 1990 AP GG Art. 9 Nr. 56 unter B II 1).

15 **4. Konkurrenzen.** Art. 12 ist lex specialis für die Handlungsfreiheit im Berufsleben und verdrängt Art. 2 I, der die allgemeine Handlungsfreiheit schützt. Die Unterscheidung ist allerdings für die Rechtsprechung nicht sehr bedeutsam (vgl. Art. 2 Rn. 10). Als Rechtsgrundlage des allgemeinen Persönlichkeitsrechts bleibt Art. 2 I neben Art. 12 I wirksam. So hat der Große Senat des BAG die Rechtsfortbildung eines Beschäftigungsanspruchs nicht mit Art. 12 I begründet, sondern mit dem grundrechtlich garantierten Persönlichkeitsschutz (27. 2. 1985 AP BGB § 611 Beschäftigungspflicht Nr. 14).

16 Für das Konkurrenzverhältnis der Berufsfreiheit zum **Eigentumsschutz** hat das BVerfG folgende Faustformel entwickelt: Art. 12 schützt den Erwerb, Art. 14 schützt das Erworbene. Zu fragen ist danach, ob eine umstrittene Regelung oder Maßnahme die individuelle Leistung und Existenzerhaltung betrifft, also zukunftsgerichtet ist, oder ob sie „objektbezogen" in den erworbenen Bestand an Vermögensgütern eingreift. Auch hier gilt die Meistbetroffenheitsregel (BVerfG 24. 4. 1991 E 84, 133, 157 = AP GG Art. 12 Nr. 70 unter C IV; *Tettinger* in *Sachs* Rn. 164 f.; vgl. auch Einl. Rn. 69, Art. 14 Rn. 9 und 18 zu den Gleichheitsrechten Art. 3 Rn. 8.

III. Eingriffe/Beeinträchtigungen

17 **1. Allgemeines.** Gezielte **Eingriffe** in die Berufsfreiheit haben das BVerfG außerordentlich oft beschäftigt. (Nachweise bei *Manssen* in *v. Mangold/Klein* Rn. 69 ff.; *Tettinger* in *Sachs* Rn. 71 ff.; *Wieland* in *Dreier* Rn. 67 ff.; *Jarass/Pieroth* Rn. 10 ff). Gesetzliche Regelungen, die berufliche Zulassungsvoraussetzungen, örtliche und zeitliche Vorgaben für die Berufsausübung sowie zwingende Entgeltregelungen enthalten, gibt es in großer Zahl (zu Vergütungen vgl. BVerfG 1. 3. 1978 E 47, 285, 318; 17. 10. 1990 E 87, 1, 13; 15. 12. 1999 1 BvR 1904/95 ua.). Der Gesetzgeber entwirft „Berufsbilder" und verbindet damit vor allem Ausbildungs- und Qualifikationsvoraussetzungen, uU darüber hinaus Unvereinbarkeitsgrundsätze, die die Freiheit, verschiedene berufliche Tätigkeiten zu kombinieren, stark einschränken (für Rechtsanwälte vgl. BVerfG 4. 11. 1992 E 87, 287 = NJW 1993, 317; zur Vereinbarkeit von Anstellung im öffentlichen Dienst und Abgeordnetenmandat BAG 11. 7. 1968 AP RechtsstellungsG § 5 Nr. 1).

18 Schwerer einzuordnen sind staatliche Regelungen und Maßnahmen, die nicht direkt auf berufliche Tätigkeiten abzielen, aber auf diese einen **mittelbaren Einfluß** ausüben. Hier verlangt das BVerfG einen engen Zusammenhang mit der Berufsausübung und objektiv **berufsregelnde Tendenz** (BVerfG 12. 6. 1990 E 82, 209, 223 f. = NJW 1990, 2306 – Krankenhausfinanzierung; kritisch *Manssen* in *v. Mangoldt/Klein*, Rn. 71). Bei Steuern und Abgaben ist das nur ausnahmsweise der Fall (BVerfG 29. 11. 1989 E 81, 108, 121 f. = NJW 1990, 2053). Eine scharfe Grenze wird aber nicht deutlich. So wurden die Erstattungspflichten des AG nach § 128 AFG bzw. § 148 SGB III vorrangig am Maßstab des Art. 12 I überprüft (BVerfG 23. 1. 1990 E 81, 156, 188 = AP AFG § 128 Nr. 1 unter C II; 10. 11. 1998 E 99, 202 = AP AFG § 128 a Nr. 3). Hingegen soll die Pflichtmitgliedschaft in den Sozialkassen des Baugewerbes keine Berufsregelung sein, weil nur der Interessenausgleich der branchenzugehörigen Arbeitgeber untereinander und im Verhältnis zu den AN auf überbetrieblicher Ebene geregelt werde (BVerfG 15. 7. 1980 E 55, 7, 27 = AP TVG § 5 Nr. 17 unter B II 4 b). Das kann kaum überzeugen. Zu eng wäre es auch, Abgaben und Beitragspflichten erst bei „erdrosselnder Wirkung" am Maßstab des Art. 12 I zu messen (so offenbar *Wieland* in *Dreier* Rn. 80; sehr weit hingegen *Manssen* in *v. Mangoldt/Klein* Rn. 73 ff.).

19 **2. Arbeitsrecht.** Für das **Arbeitsrecht** ist ein grundrechtliches **Spannungsverhältnis** charakteristisch: Seine zwingenden Vorschriften und Grundsätze haben regelmäßig berufsregelnde Tendenz und beschränken die Freiheit der Berufsausübung zumindest für den Arbeitgeber, der durch sie gehindert wird, andere Vertragsgestaltungen oder betriebliche Organisationsstrukturen zu wählen, sein Unternehmen mit anderen Verfahren oder in andere Richtungen zu steuern. Aber auch die AN werden durch zwingendes Arbeitsrecht beschränkt. Sie können zB Arbeitszeitregelungen, die das Arbeitszeitgesetz ausschließt, nicht treffen, müssen Beschäftigungsverbote (zB §§ 3, 4 MuSchG) beachten und gesetzliche Formen und Fristen wahren (weitere Beispiele bei *Löwisch* ZfA 1996, 293 ff., der aber zu Unrecht kollektivvertragliche Regelungen wie staatliche Eingriffe bewertet; vgl. dazu Einl. Rn. 47).

20 Wenn Art. 12 nur der Abwehr staatlicher Eingriffe diente, wäre die Berufsfreiheit nicht mehr als ein umfassendes Deregulierungsgebot. Die Grundrechte haben aber nicht nur Abwehr-, sondern auch **Schutzfunktion** (Rn. 4 und Einl. Rn. 33 ff.). Gesetzgebung und Rechtsprechung dürfen signifikante Schutzbedürfnisse im Berufsleben nicht ignorieren. Eine Beeinträchtigung der Berufsfreiheit des AN liegt auch dann vor, wenn das soziale Übergewicht des AG bei Abschluß des Arbeitsvertrages und der vertragsrechtlichen Regelung von Arbeitsbedingungen unkontrolliert zur Durchsetzung einseitiger Interessenwahrnehmung genutzt werden kann (vgl. *Wieland* in *Dreier* Rn. 145 ff.; *Tettinger* in *Sachs* Rn. 78; *Jarass/Pieroth* Rn. 16). Auch der Bestand des Arbeitsplatzes darf nicht gänzlich ungeschützt bleiben, obwohl jeder Bestandsschutz die Berufsfreiheit des AG tangiert und uU auch für andere Arbeitsplatzbewerber als Zugangshindernis wirkt (BVerfG 24. 4. 1991 E 84, 133, 147 = AP GG Art. 12 Nr. 70; 21. 2. 1995 E 92, 140, 150 = NZA 1995, 619; 27. 1. 1998 E 97, 169 = AP KSchG 1969

IV. Schranken und Grenzen der Einschränkbarkeit

§ 23 Nr. 17; *Hanau* FS Dieterich, 1999, S. 201; *Oetker* RdA 1997, 9 ff.). Das gilt entsprechend auch für arbeitnehmerähnliche Personen (*Oetker* FS 50 Jahre Arbeitsgerichtsbarkeit Rheinland-Pfalz 1999, S. 271).

Das Spannungsverhältnis zwischen den Grundrechtspositionen muß zum **Ausgleich** gebracht werden. Daraus ergibt sich jedoch nicht etwa ein bestimmtes Arbeitsrecht, das verfassungsrechtlich zwingend vorgeschrieben wäre. Art. 12 I steht unter Gesetzesvorbehalt (Rn. 22 ff.). Die sozialpolitische Verantwortung für die Einzelheiten des Regelungssystems trägt der demokratisch legitimierte Gesetzgeber und die konkretisierende Rechtsprechung (zu Schwerpunkten vgl. Rn. 29 ff.). Die Verfassung markiert nur den gebotenen Mindestschutz (Untermaßverbot) und die maximal zulässige Freiheitsbeschränkung (Übermaßverbot). Vgl. zur grundrechtlichen Schutzpflicht allgemein Einl. Rn. 33 ff., zur Grundrechtskollision Einl. Rn. 70.

IV. Schranken und Grenzen der Einschränkbarkeit

1. Gesetzesvorbehalt. Die Berufsfreiheit kann durch Gesetz „geregelt" werden. Gemeint ist ein normaler Gesetzesvorbehalt, der entsprechend dem Prinzip der Wechselwirkung fordert, daß die Bedeutung des Grundrechts beachtet wird (BVerfG 11. 6. 1958 E 7, 377, 403 f.; *Tettinger* in *Sachs* Rn. 81; *Wieland* in *Dreier* Rn. 97). Nach dem Wortlaut des Art. 12 I 2 scheint der Regelungsvorbehalt zwar nur die Berufsausübung zu betreffen, aber Rechtsprechung und Lehre betrachten die Berufsfreiheit als einheitliches Grundrecht und beziehen den Vorbehalt deshalb auch auf die Freiheit der Berufswahl und der Arbeitsplatzwahl (BVerfG 11. 6. 1958 E 7, 377, 401 f.; 24. 4. 1991 E 84, 133 148 = AP GG Art. 12 Nr. 70 unter C III 3; *Tettinger* in *Sachs* Rn. 82; *Jarass/Pieroth* Rn. 17).

Jede Einschränkung bedarf der Grundlage eines **formellen Gesetzes**. Verwaltungsvorschriften genügen also ebensowenig (BVerwG 6. 11. 1986 E 75, 109 = NVwZ 1987, 315) wie Standesrichtlinien (BVerfG 14. 7. 1987 E 76, 171). Hingegen erfüllen berufsregelnde Rechtsverordnungen, die sich auf eine ausreichende Ermächtigung iS von Art. 80 stützen können, die formellen Eingriffsvoraussetzungen; sie ergehen „auf Grund eines Gesetzes". Das gleiche gilt für **Richterrecht** mit berufsregelnder Wirkung (BVerfG 4. 7. 1989 E 80, 269, 279 = NJW 1989, 2611 – Sozietätsverbot für Anwaltsnotare). Soweit *Tettinger* (in *Sachs* Rn. 95) und *Wieland* (in *Dreier* Rn. 95) dies bezweifeln, bleibt unklar, wo sie die Grundlage von Richterrecht vermuten. *Jarass/Pieroth* (Rn. 18) wollen zwischen Auslegung im engeren Sinn und „richterlicher Rechtsschöpfung" unterscheiden. Diese Unterscheidung ist praktisch undurchführbar. Das Berufsrecht ist zB voller Generalklauseln, die der Konkretisierung bedürfen. Aber auch Entscheidungen, die eine Gesetzeslücke feststellen und schließen, ergehen „auf Grund eines Gesetzes" (BVerfG 4. 7. 1989 E 80, 269, 279).

Tarifverträge sind keine formellen Gesetze und können ihre berufsregelnden Normen auch nicht auf eine gesetzliche Grundlage stützen (aA *Kempen* in *Kempen/Zachert* TVG Grundl. Rn. 190; *Waltermann* RdA 1990, 138, 142 f.). Daß § 4 TVG zur Vereinbarung unmittelbar und zwingend geltender Regelungen ermächtigt, genügt nicht, weil der Gesetzesvorbehalt des Art. 12 I dynamische Verweisungen nur dann zuläßt, wenn sie rechtsstaatliche Bestimmtheitsgebote erfüllen (BVerfG 1. 3. 1978 E 47, 285, 311 ff.). Die Legitimation zu berufsregelnden Tarifnormen besteht dennoch. Sie ergibt sich aber nicht aus einem Gesetz, sondern aus der privatautonomen Beitrittserklärung der Verbandsmitglieder, die als (inhaltlich begrenzte) Unterwerfung unter bestehendes und künftiges Tarifvertragsrecht anzusehen ist (Einl. Rn. 47). wo diese Legitimationsgrundlage überschritten wird, bedarf es besonderer rechtsstaatlicher Sicherungen. Allgemeinverbindlicherklärungen sind nach Ansicht des BVerfG gerade „noch ausreichend demokratisch legitimiert" (24. 5. 1977 E 44, 322 = AP TVG § 5 Nr. 15; 15. 7. 1980 E 55, 7 = AP TVG § 5 Nr. 17 – allerdings beide ohne Prüfung am Maßstab von Art. 12 I).

2. Verhältnismäßigkeitsprüfung/Stufenlehre. Die materielle Grenze der Einschränkbarkeit wird durch den **Grundsatz der Verhältnismäßigkeit** markiert. Je intensiver die Berufsfreiheit eingeschränkt wird, desto schwerer müssen die Gründe dafür wiegen und desto strenger ist die Kontrolle des BVerfG im Rahmen des Prüfungsprogramms der Verhältnismäßigkeit (Geeignetheit, Erforderlichkeit und Zumutbarkeit; vgl. dazu Einl. Rn. 27 und Art. 2 Rn. 18). Grundsätzlich übt das BVerfG allerdings betonte Zurückhaltung bei der Bewertung gesetzgeberischer Ziele, Lagebeurteilungen und Prognosen. Auf dem Gebiete der Arbeitsmarkt-, Sozial- und Wirtschaftsordnung gebühre dem Gesetzgeber ein besonders weitgehender Einschätzungs- und Prognosevorrang (BVerfG 6. 10. 1987 E 77, 84, 106 f. = NJW 1988, 1195; 17. 11. 1992 E 87, 363, 383 = NVwZ 1993, 878). Das bedeutet praktisch die Beschränkung der gerichtlichen Nachprüfung auf eine Vertretbarkeitskontrolle auf der Basis der dem Gesetzgeber verfügbaren Fakten. Immerhin wird eine Nachbesserung innerhalb angemessener Zeit gefordert, wenn sich die Fakten als falsch erweisen oder grundlegend verändern (BVerfG 3. 6. 1980 E 54, 173, 202; 17. 10. 1990 E 83, 1, 21 ff.).

Um die Eingriffsintensität einer Berufsfreiheitsbeschränkung erfassen zu können, ordnet sie das BVerfG in einem ersten Prüfungsschritt einer von drei Kategorien zu, die schon im Apotheken-Urteil von 11. 6. 1958 (E 7, 377, 405 ff.) entwickelt und als **„Stufenlehre"** bezeichnet wurden. Danach ist der

Gesetzgeber am freiesten bei Regelungen der Berufsausübung; hier genügen „vernünftige Erwägungen des Gemeinwohls". Eingriffe in die Freiheit der Berufswahl wiegen weitaus schwerer und müssen deshalb an strengere Anforderungen gebunden werden. Bei Berufswahlbeschränkungen ist zwischen subjektiven und objektiven Zulassungsvoraussetzungen zu unterscheiden. Während die ersteren nur an persönliche Eigenschaften oder Leistungen anknüpfen und deshalb weniger intensiv wirken, betrachtete das BVerfG objektive Zulassungsvoraussetzungen (zB Bedürfnisprüfungen) als schwerste Form eines Eingriffs in die Berufsfreiheit, die nur zur Abwehr nachweisbar oder höchstwahrscheinlich schwerwiegender Gefahren für ein überragend wichtiges Gemeinschaftsgut gerechtfertigt seien. Eingriffe in die Arbeitsplatzwahl stellt das BVerfG Berufswahlbeschränkungen gleich (21. 2. 1995 E 92, 140, 151 = NZA 1995, 619 unter C I 2).

27 Im Laufe einer umfangreichen Kasuistik hat sich das BVerfG mehr und mehr davon überzeugen lassen, daß die drei Stufen weder ausreichen, um das **differenzierte Spektrum** staatlicher Interventionen zu erfassen, noch zuverlässige Indikatoren der Eingriffsintensitäten bieten. Eine klare Trennung ist wegen des weiten Berufsbegriffs oft gar nicht möglich. So können Regeln der Berufsausübung wie Zugangsvoraussetzungen wirken (BVerfG 23. 3. 1960 E 11, 30; 6. 10. 1987 E 77, 84, 106). Inkompatibilitätsgrundsätze haben sowohl objektive als auch subjektive Elemente; die Eingriffsintensität hängt vor allem von der Konkurrenzsituation ab (BVerfG 4. 11. 1992 E 87, 287, 317 = NJW 1993, 317). Insgesamt hat die Stufenlehre zwar noch **didaktische Funktion**, aber das Abwägungsprogramm des BVerfG arbeitet nicht mit drei Stufen, sondern mit einer ansteigenden Rampe (Überblicke bei *Tettinger* in *Sachs* Rn. 100 ff.; *Wieland* in *Dreier* Rn. 101 ff.; *Jarass/Pieroth* Rn. 20 ff.; *Manssen* in *v. Mangoldt/Klein*, Rn. 133 ff.; alle mit zahlr. Nachw. auch zur Kritik an der Stufenlehre, die schon 1958 einsetzte).

28 **3. Grundgesetzliche Schranken.** Das Grundgesetz selbst beschränkt die Berufsfreiheit. So enthält **Art. 48** Schutzvorschriften zugunsten von Abgeordneten (Urlaub, Kündigungsschutz), die auch private Arbeitgeber binden. **Art. 140** iVm. Art. 139 WRV schützt den Sonntag und staatlich anerkannte Feiertage als Tage der Arbeitsruhe und beschränkt damit die Berufsfreiheit beider Arbeitsvertragsparteien. Schließlich eröffnet **Art. 33 II** die Möglichkeit zu Sonderregelungen für den öffentlichen Dienst und bildet damit eine zusätzliche Schranke (vgl. *Jarass/Pieroth* Rn. 43 a). Hingegen bildet die Schutzfunktion anderer Grundrechte keine Schranke; sie führt nur zu einer Kollision, die Gesetzgeber und Rechtsprechung im Wege praktischer Konkordanz auflösen müssen (Rn. 21 und Einl. Rn. 70 ff.).

V. Arbeitsrechtliche Problemschwerpunkte

29 **1. Abschlußfreiheit.** Schon die Abschlußfreiheit des AG, also die Freiheit der Entscheidung, ob und mit wem Arbeitsverträge geschlossen werden, halten manche für ein Kernstück der **Berufsfreiheit des AG** (*Hillgruber* ZRP 1995, 6, 7). Tatsächlich kennt das Arbeitsrecht eine Vielzahl von Vorschriften und Grundsätzen, die den Entscheidungsfreiraum des AG mehr oder weniger stark einschränken: Verfahrensvorschriften, Vorgaben für das Auswahlermessen, Abschlußverbote, punktuell sogar Übernahmepflichten (§ 78 a BetrVG, § 10 AÜG, § 613 a BGB). Alle diese Regelungen greifen in die Freiheit der Berufsausübung des AG ein, bedürfen also „vernünftiger Erwägungen des Gemeinwohls", die die Eingriffsintensität legitimieren können. Sie müssen sich am Übermaßverbot messen lassen. Ihre Verfassungsmäßigkeit läßt sich aber angesichts des gesetzgeberischen Gestaltungsfreiraums im allgemeinen kaum ernsthaft anzweifeln (vgl. die Übersichten bei MünchArbR/*Buchner* § 36 Rn. 40 ff.; *Otto*, Personale Freiheit und soziale Bindung, § 2).

30 Problematisch sind allerdings echte individualrechtliche **Kontrahierungszwänge**. Manche Autoren halten sie für generell verfassungswidrig (MünchArbR/*Buchner* § 36 Rn. 43), andere fordern sie wenigstens als Sanktion bei Verstößen gegen die Diskriminierungsverbote des Art. 3 II und III (*Hanau*, FS Kahn-Freund, 1980, 457, 470). *Gamillscheg* will überhaupt nur sachbezogene Gründe bei der Einstellungsentscheidung zulassen (FS W. Weber, 1974, 793, 802) ebenso *Däubler* (Arbeitsrecht 2, Rn. 84). Nach meiner Ansicht sind gesetzliche Kontrahierungszwänge zur Sicherung verfassungsrechtlicher Grundsatzentscheidungen (wie zB Art. 3 II und III, Art. 5 I, Art. 9 III) im Rahmen der Verhältnismäßigkeit zulässig. Sie bedürfen allerdings einer **gesetzlichen Grundlage** (Art. 12 I 2). Will der Gesetzgeber nicht so weit gehen, einen gesetzlichen Kontrahierungszwang zu begründen, verletzt er das Untermaßverbot zu Lasten diskriminierter Bewerber oder Bewerberinnen, wenn er keine anderen wirkungsvollen Sanktionen schafft, insbesondere Schadenersatzansprüche. Die **Rechtsprechung** muß sich die ihr dafür gebotenen Instrumente nutzen (BVerfG 16. 11. 1993 E 89, 276 = AP BGB § 611 a Nr. 9; im gleichen Sinne zum Schutz der Meinungsfreiheit bei der Übernahme von Auszubildenden BVerfG 19. 5. 1992 E 86, 122 = AP GG Art. 5 Meinungsfreiheit Nr. 12).

31 **2. Inhaltskontrolle von Arbeitsverträgen.** Praktisch bedeutsam, aber weit weniger umstritten ist die Ausstrahlungswirkung der Berufsfreiheit bei der gerichtlichen **Inhaltskontrolle von Arbeitsverträgen**. Jeder richterliche Eingriff in den Vertragsinhalt ist theoretisch zugleich ein Grundrechtseingriff in die Vertrags- und in die Berufsfreiheit sowohl des AG als auch des AN. Aber praktisch ist die Freiheit dieser Vertragspartner höchst ungleich verteilt. Der Vertragsinhalt wird in der Regel nicht

V. Arbeitsrechtliche Problemschwerpunkte

ausgehandelt, sondern vom Arbeitgeber weitgehend diktiert. Das BVerfG fordert daher bei „strukturell ungleicher Verhandlungsstärke" sowie einseitig und übermäßig stark belastendem Verhandlungsergebnis zu Lasten des unterlegenen Teils eine **Kompensation** durch das Recht. Zumindest im Rahmen der Generalklauseln müssen die Gerichte ihrer grundrechtlichen Schutzpflicht genügen (vgl. Einl. Rn. 40 und Art. 2 Rn. 33 ff.; ferner eingehend 230 – BGB § 611 Rn. 552 ff.).

Das BAG hat schon lange vor der Bürgschaftsentscheidung des BVerfG (19. 10. 1993 E 89, 214 = AP GG Art. 2 Nr. 35) arbeitsvertragliche Regelungen inhaltlich überprüft und korrigiert, allerdings mit sehr unterschiedlichen Begründungsansätzen (kritisch dazu *Fastrich*, Richterliche Inhaltskontrolle im Privatrecht, S. 164 ff. und *Preis*, Grundlagen der Vertragsgestaltung im Arbeitsrecht, S. 149 ff.). Auf die Ausstrahlungswirkung des Art. 12 hat es sich nicht selten bezogen. Das geschah vor allem bei den verschiedensten **Rückzahlungsklauseln**, die als Kündigungserschwernis erkannt und hinsichtlich ihrer Intensität und sachlichen Rechtfertigung überprüft wurden (29. 6. 1962 AP GG Art. 12 Nr. 25; 24. 2. 1975 AP GG Art. 12 Nr. 50; 27. 10. 1978 AP BGB § 611 Gratifikation Nr. 99 unter I; 11. 4. 1990 AP BGB § 611 Ausbildungsbeihilfe Nr. 14 unter III 1). Bei den **Verfallklauseln** in Versorgungszusagen wurde dieser Ansatz merkwürdigerweise nicht aufgegriffen, aber mit anderer Begründung das gleiche Ziel verfolgt (10. 3. 1972 AP BGB § 242 Ruhegehalt Nr. 156). Hier hat das BVerfG inzwischen sehr weitreichende Grundsätze entwickelt, die auch den Gesetzgeber binden (15. 7. 1998 E 98, 365 = AP BetrAVG § 18 Nr. 26). Man kann jetzt von einem grundrechtlichen Mobilitätsschutz sprechen. In diesem Sinne hat das BAG schon früher bei der Fortbildung des Rechts der nachvertraglichen **Wettbewerbsverbote** wiederholt auf Art. 12 abgestellt (13. 9. 1969 AP BGB § 611 Konkurrenzklausel Nr. 24 unter V 3 b; 8. 2. 1974 AP HGB § 74 c unter III 4; ebenso auch der BGH: 28. 4. 1986 AP GG Art. 12 Nr. 57). Auf der gleichen Linie liegt die Rechtsprechung zu **Nebentätigkeitsverboten**; sie sind nach der Rechtsprechung des BAG wegen Art. 12 nur wirksam, soweit berechtigte Interessen des AG anerkannt werden können (BAG 3. 12. 1970 AP BGB § 626 Nr. 60; 20. 11. 1988 AP BGB § 611 Doppelarbeitsverhältnis Nr. 3).

Ein neues Anwendungsfeld für grundrechtsgeleitete Vertragsinhaltskontrolle hat sich auf dem Gebiet des **Berufssports** ergeben, wo **Transferentschädigungen** üblich sind und lange Zeit unbeanstandet blieben, obwohl sie für die betroffenen Sportler (meist Fußballer oder Eishockeyspieler) einem Berufsverbot gleichkommen können. Das LAG Berlin hat hier erstmals eine Willkürkontrolle mit der Schutzfunktion des Art. 12 begründet (21. 6. 1979 AP BGB § 611 Berufssport Nr. 3). Das BAG ist gefolgt (15. 11. 1989 und 11. 11. 1996 AP BGB § 611 Berufssport Nr. 6 und 12). Die Abgrenzung im einzelnen ist allerdings noch wenig geklärt (vgl. *Däubler* Anm. zu AP BGB § 611 Berufssport Nr. 6; *Arens/Scheffer*, AR-Blattei 1480.2 Rn. 233 ff.; MünchArbR/*Gitter* § 195 Rn. 96). Der grenzüberschreitende Transfer in Europa wird auch durch Art. 48 EGV gewährleistet (EuGH 15. 12. 1995 AP BGB § 611 Berufssport Nr. 10 – Bosmann).

3. Arbeitsplatzschutz. Schwerpunkt und Prüfstein der arbeitsrechtlichen Bedeutung des Art. 12 ist der Kündigungsschutz. Auch hier sind beide Vertragsparteien betroffen und sowohl die Abwehr- wie auch die Schutzfunktion der Berufsfreiheit wirksam. Der Arbeitgeber darf aus einem einmal begründeten Dauerschuldverhältnis nicht unbegrenzt, also übermäßig gebunden werden; andererseits bedarf der AN des Schutzes gegen einseitige Ausübung privater Gestaltungsmacht, soll seine Freiheit der Arbeitsplatzwahl nicht leerlaufen. Der **gesetzliche Kündigungsschutz** entspricht diesen Vorgaben der Verfassung mit einem differenzierten und komplizierten Regelwerk, das insgesamt zwar in dieser konkreten Ausgestaltung nicht verfassungsrechtlich geboten ist, aber weder das Übermaßverbot, noch das Untermaßverbot verletzt (BVerfG 24. 4. 1991 E 84, 133, 147 = AP GG Art. 12 Nr. 70 unter C III 1; 27. 1. 1998 E 97, 169 = AP KSchG 1969 § 23 Nr. 17). Voraussetzung ist allerdings, daß die Arbeitsgerichte die Generalklauseln verfassungskonform auslegen und anwenden (vgl. zu Beanstandungen BVerfG 21. 2. 1995 E 92, 140, 153 = NZA 1995, 619; BVerfG 8. 7. 1997 E 96, 152 = AP GG Art. 33 II Nr. 37; Kammer 19. 3. 1998 NZA 1998, 587 u. 588; ferner *Hanau* FS Dieterich 1999, S. 201, 205 ff.; *Kühling* FS Dieterich 1999, S. 325, 327 ff.), denn nicht nur der Gesetzgeber, auch die **Rechtsprechung** ist an die Grundrechte gebunden, muß diese also im Rahmen ihrer subsidiären Konkretisierungskompetenz berücksichtigen (vgl. Einl. Rn. 12 f. und Rn. 80 ff.). Das BAG hat mit dieser Begründung den Tatbestand der Verdachtskündigung eingegrenzt (14. 9. 1994 AP BGB § 626 Verdacht strafbarer Handlung Nr. 24 unter II 3 c) und bei Fehlgehen der Prognose einer betriebsbedingten Kündigung einen Wiedereinstellungsanspruch zugebilligt (27. 2. 1997 AP KSchG 1969 § 1 Wiedereinstellung Nr. 1). Auch bei der Kontrolle befristeter Arbeitsverträge lässt es sich von der Schutzfunktion des Art. 12 leiten (vgl. *I. Schmidt* FS Dieterich 1999, S. 585).

Die rechtspolitische Brisanz des verfassungsrechtlichen **Untermaßverbots** ergibt sich aus der Tendenz des Gesetzgebers, den geltenden Kündigungsschutz abzubauen. So hatte das Arbeitsrechtliche Beschäftigungsförderungsgesetz vom 26. 9. 1996 Betriebe mit bis einschließlich 10 AN von der Geltung des KSchG ausgenommen (inzwischen durch Gesetz vom 27. 9. 1998 wieder rückgängig gemacht). Das legte die Frage nahe, ob hier der grundrechtlich geforderte **Mindestschutz** durch die Rechtsordnung noch gewährleistet war. Die Frage wurde zwar einhellig mit dem Hinweis auf den Gestaltungsfreiraum des Gesetzgebers und die Auffangfunktion der zivilrechtlichen Generalklauseln (vor allem §§ 138 und 242 BGB) bejaht, aber gleichzeitig gefordert, daß auch außerhalb des Kündigungschutzgesetzes ein Mindestbestandsschutz gewährleistet bleibt. Allerdings ist noch ungeklärt, welchen Mindeststandard Art. 12 I fordert und welchen „Kündigungsschutz zweiter Klasse" (*Hanau* FS Dieterich, 1999, S. 201, 207) die Generalklauseln tatsächlich bieten.

36   Es liegt auf der Hand, daß aus der Verfassung keine bestimmten Regelungen abgeleitet werden können, die als Untergrenze den Mindeststandard markieren. Die Abgrenzungsfrage stellt sich sehr differenziert, je nach dem welches **spezielle Schutzbedürfnis** angesprochen ist; Schutz vor Überraschung, Schutz gegen Diskriminierung, Schutz der Entscheidungsfreiheit (vgl. *Hanau* FS Dieterich 1999, S. 201; *Oetker* RdA 1997, 9; *ders.* AuR 1997, 41; *Otto* FS Wiese 1997, S. 353; *Preis* NZA 1997, 1256). Als zusammenfassende Formel läßt sich immerhin festhalten, daß das Bestandsschutzinteresse des AN und die besonderen Gefährdungslagen nicht völlig vernachlässigt werden dürfen (*Oetker* RdA 1997, 9, 19). Es muß von einem angemessenen Ausgleich der gegenläufigen Grundrechtspositionen gesprochen werden können (BVerfG 27. 1. 1998 E 97, 169, 176 f. = AP KSchG 1969 § 23 Nr. 17 unter B I 3 a). Evident **unsachliche Gründe** und Gründe, die mit dem Arbeitsverhältnis nichts zu tun haben, muß die Rechtsordnung ausschließen. Die zivilrechtlichen Generalklauseln können dafür sorgen. Sie ergänzen den speziellen Kündigungsschutz und sind entsprechend auszulegen (BVerfG 27. 1. 1998 E 97, 169 = AP KSchG 1969 § 23 Nr. 17; *Dieterich*, AR-Blattei ES 1020 Anm. zu Nr. 345, 346; *Oetker* AuR 1997, 41, 47 ff.; *Otto* JZ 1998, 852; *Lakies* DB 1997, 1078, 1081; MünchArbR/*Wank* § 116 Rn. 13 u. 149). Die Darlegungs- und Beweislast im Prozeß muß dieser Ergänzungsfunktion angepaßt sein. Nur effektiv wirksame Rechtsbehelfe genügen der grundrechtlichen Schutzpflicht. Deshalb muß mE eine Kündigung zumindest dann begründet werden, wenn der AN dies verlangt und seinen Verdacht unsachlicher Gründe darlegen kann. Die Verfassung gebietet hier eine abgestufte Darlegungs- und Beweislastverteilung (BVerfG 27. 1. 1998 E 97, 169, 179 = AP KSchG 1969 § 23 Nr. 17).

37   Ein Sonderproblem bieten **betriebsbedingte Kündigungen** außerhalb des KSchG. Wenn sie nicht nur vorgeschoben sind (abschreckendes Beispiel dafür ArbG Elmshorn 29. 1. 1997 EzA BGB § 242 Nr. 40), ist ihre Sachbezogenheit im Zweifel unangreifbar. Sie führen aber zu einem **Auswahlproblem**, wenn nicht der ganze Betrieb geschlossen wird. Das BAG hat im Zusammenhang mit den Sonderkündigungstatbeständen nach dem Einigungsvertrag erkannt, daß diese Auswahlentscheidung den Gleichheitssatz (Art. 3 I) berührt und nach § 242 iV mit § 315 BGB nicht willkürlich sein darf (19. 1. 1995 AP Einigungsvertrag Art. 13 Nr. 12). Der durch Art. 12 gewährleistete Mindestschutz beeinflußt in gleicher Weise den Grundsatz von Treu und Glauben. Zwar gebietet er keine nähere Abwägung aller betroffenen Interessen, aber die Auswahlentscheidung muß sich wenigstens auf Erwägungen stützen, die erkennen lassen, daß die Belange besonders schutzbedürftiger AN nicht völlig unberücksichtigt geblieben sind (*Kiel/Koch*, Die betriebsbedingte Kündigung, Rn. 12; *Oetker* AuR 1997, 41, 52; ähnlich *Lakies* DB 1997, 1078, 1082). Das BVerfG hat die besondere Berücksichtigung von werdenden Müttern, Schwerbehinderten, älteren AN und Alleinerziehenden angemahnt (24. 4. 1991 E 84, 133, 154 ff. = AP GG Art. 12 Nr. 70 unter C III 3 d cc und 4. Speziell zu Schwerbehinderten *Dörner* FS Dieterich 1999, S. 83). Auch darf langjährige Mitarbeit und das dadurch erdiente Vertrauen bei der Auswahlentscheidung nicht bedeutungslos sein (BVerfG 27. 1. 1998 E 97, 169, 179 = AP KSchG 1969 § 23 Nr. 17 unter B I 3 b) cc).

38   Der grundrechtlich gebotene Mindestbestandsschutz für Arbeitsplätze ist nicht auf Arbeitsverhältnisse beschränkt. Der Begriff „Arbeitsplatz" in Art. 12 reicht über das Arbeitsrecht hinaus (Rn. 7). Auch für Selbständige ist die freie Wahl des Arbeitsplatzes gewährleistet. Die Schutzfunktion des Art. 12 greift daher auch zu ihren Gunsten ein, soweit ihre Privatautonomie bedroht ist (Rn. 4, Einl. Rn. 33 ff., Art. 2 Rn. 27 ff.). Daraus folgt, daß auch **arbeitnehmerähnliche Personen** (vgl. – 230 – BGB § 611 Rn. 133) bei einer Kündigung ihres Vertrages nicht völlig schutzlos sein dürfen (*Oetker* FS 50 Jahre Arbeitsgerichtsbarkeit Rheinland-Pfalz 1999, S. 271; zur vorangehenden Diskussion *Pfarr* FS Kehrmann 1996, S. 75, 89 f.

39   **4. Mitbestimmung.** Aus der Sicht der Arbeitgeber ist ein anderes Teilrechtsgebiet viel grundrechtssensibler: die Mitbestimmung. In der Tat bedeutet die Beteiligung der AN an Entscheidungen der **Betriebsorganisation,** der **Personalwirtschaft** und der **Unternehmensführung** für Arbeitgeber eine erhebliche Beschränkung in der Freiheit der Berufsausübung. Diese ist aber prinzipiell gerechtfertigt durch den „sozialen Bezug" und die „soziale Funktion" des Unternehmerberufs, soweit er nur mit Hilfe anderer ausgeübt werden kann, die ebenfalls durch Art. 12 geschützt sind (BVerfG 1. 3. 1979 E 50, 290, 365 = AP MitbestG § 1 Nr. 1 unter C III 3 a) bb)). Die Grenze bildet also nur das Übermaßverbot. Hier ist noch vieles streitig. Das BVerfG hat in seinem Mitbestimmungsurteil keineswegs einen „unantastbaren Kernbereich" gegen jede Mitbestimmung abgeschottet, wie *Beuthin* meint (ZfA 1988, 1, 2; an der zitierten Stelle [E 50, 290, 350], wird lediglich, die Eingriffsintensität des MitbestG referiert, um die Entscheidungserheblichkeit zu klären; zutreffend *C. J. Müller*, Die Berufsfreiheit des AG, S. 214). Die Arbeitsgerichte müssen also bei der Auslegung der einzelnen Mitbestimmungstatbestände darauf achten, daß der Grundsatz der Verhältnismäßigkeit nicht verletzt wird (Rn. 25). Das bedeutet praktisch, daß die Eingriffsintensität zu ermitteln und zu würdigen ist. Eine gesetzliche Regelung, die für unternehmerische Entscheidungen keinen angemessenen Spielraum läßt,

ist im Zweifel unverhältnismäßig (in diesem Sinne wohl auch BAG 16. 12. 1986 AP BetrVG 1972 § 87 Prämie Nr. 8 unter B I 1 a). Das gleiche gilt für Regelungen durch zwingende Sprüche von Einigungsstellen (*Papier* RdA 1989, 137, 143; *C. J. Müller*, Die Berufsfreiheit des AG, S. 215 ff.).

Das BAG widmet diesem Problem bisher wenig Aufmerksamkeit. In zwei lebhaft umstrittenen 40 Entscheidungen hat es betont, daß die betriebliche Mitbestimmung auch Fragen betrifft, die von großer unternehmerischer Bedeutung sind. Im einen Fall ging es um die regelmäßige Arbeitszeit in einem Kaufhaus (31. 8. 1982 AP BetrVG 1972 § 87 Arbeitszeit Nr. 8), im zweiten Fall um das Initiativrecht des BR zur Einführung von Kurzarbeit (4. 3. 1986 AP BetrVG 1972 § 87 Kurzarbeit Nr. 3). Beide Entscheidungen begründen zwar eingehend und überzeugend, warum das BetrVG keine immanente Schranke enthält, die den BR von unternehmerischen Entscheidungen generell ausschließt; aber die grundrechtliche Schranke des Art. 12, die eine übermäßige Einschränkung der Unternehmerfreiheit abwehrt, wird mit keinem Wort erwähnt. Das BVerfG hat allerdings die Verfassungsbeschwerde gegen den Kaufhaus-Beschluß nicht angenommen (BVerfG-Kammer 18. 12. 1995 AP BetrVG 1972 § 87 Arbeitszeit Nr. 15; krit. dazu *Scholz* NJW 1986, 1587). Dennoch wird das Problem nicht zur Ruhe kommen, weil der Begründungsansatz des BAG praktisch unbegrenzbar ist und das Gericht die Möglichkeit einer Grenzziehung sogar ausdrücklich bestreitet (31. 8. 1982 AP BetrVG 1972 § 87 Arbeitszeit Nr. 8 unter B III 2 b letzter Abs.). Das läßt aber Art. 12 nicht zu.

5. Tarifvertragsrecht. Schließlich wird auch die uralte Streitfrage nach den **Grenzen der Tarif-** 41 **autonomie** vor allem in Verbindung mit Art. 12 diskutiert. Für den AN geht es um eine kollektivfreie Individualsphäre, für den Arbeitgeber um seinen unternehmerischen Autonomiebereich. Die Abgrenzungsfrage verlangt vor allem die nähere Bestimmung des Begriffspaares „**Arbeits- und Wirtschaftsbedingungen**". Art. 9 III bestimmt nämlich, was als koalitionsmäßige Betätigung gelten soll und Gegenstand tariflicher Regelung sein kann. Obwohl damit eine Grenze von zentraler Bedeutung für das Arbeitsrecht benannt ist, wird eine endgültige Klärung voraussichtlich nie gelingen, weil immer neue tarifpolitische Ansätze die Diskussion entfachen (Einl. Rn. 52 ff.).

Der Streit beschränkt sich aber nicht auf diese äußerste Grenze, die immerhin an verfassungsrecht- 42 liche Begriffe anknüpft. Darüber hinaus soll Art. 12 auch innerhalb des Bereichs der Arbeits- und Wirtschaftsbedingungen einen **kollektivfreien Bereich** öffnen. Dabei ist aber äußerste Vorsicht geboten. Es ist nämlich zu berücksichtigen, daß Art. 12 zur Disposition des Grundrechtsträgers steht, die ja ihre Berufsfreiheit praktisch nur durch Selbstbindung nutzen können. Ferner darf nicht vernachlässigt werden, daß Tarifverträge genau diesem Zweck dienen, also nichts anderes sind als „kollektive Privatautonomie". Deshalb kann eine Einschränkung dieser Form der Grundrechtsausübung nur dort in Betracht kommen, wo entweder die Berufsfreiheit unverfügbar ist oder eine Unterwerfung unter Tarifrecht fehlt, weil der Verbandsbeitritt keine so weitreichende Bedeutung hat (Einl. Rn. 55 f., 62 ff.). Dafür läßt sich mit einiger Sicherheit immerhin ein Beispiel nennen: Eine Tarifregelung, die außerordentliche Kündigungen aus wichtigem Grund ausschließt; Altersgrenzen sind hingegen tariflich regelbar (Einl. Rn. 56).

Im Schrifttum werden jedoch sehr viel weitergehende Einschränkungen der Tarifautonomie disku- 43 tiert, vor allem zum Schutze der **Unternehmerfreiheit** (*Gamillscheg*, Kollektives Arbeitsrecht I, S. 339 ff.; MünchArbR/*Löwisch* § 252 Rn. 59 ff.; *Säcker/Oetker*, Grundlagen und Grenzen der Tarifautonomie, S. 285 ff.; *Beuthin* ZfA 1984, S. 1 ff.; *H. Wiedemann* RdA 1986, 231 ff.). Das leuchtet nur dort ein, wo die Intensität der Freiheitsbeschränkung einem Ausschluß der außerordentlichen Kündigung vergleichbar ist. Bei einer Tarifregelung, die lediglich die ordentliche Kündigung untersagt, ist das nicht der Fall, weil ja die Möglichkeit der außerordentlichen Kündigung fortbesteht (BAG 28. 3. 1985 AP BGB § 626 Nr. 86; 5. 2. 1998 AP BGB § 626 Nr. 143). Das entspricht der weit überwiegenden Ansicht (*Löwisch/Rieble* TVG § 1 Rn. 562; *Kania/Kramer* RdA 1995, 287, 289; *Oetker* RdA 1997, 91; wohl auch *Papier* RdA 1989, 137, 140). Hingegen sind Betriebsverfassungsnormen denkbar, die die Mitbestimmung in wirtschaftlichen Angelegenheiten so weit ausdehnen, daß sie die Unternehmensführung praktisch entziehen. Das ist nicht zulässig (*Säcker/Oetker*, Grundlagen und Grenzen der Tarifautonomie, S. 318; *H. Wiedemann* RdA 1986, 231, 236 ff.; wohl aA *Däubler* Tarifvertragsrecht Rn. 1110 ff.). Eine schärfere Grenzlinie wird sich nur an konkreten Fällen herausbilden lassen (Beispiele für tastende Versuche BAG 3. 4. 1990 AP GG Art. 9 Nr. 56 zu Zeitzuschlägen in einem Personalbemessungssystem; 27. 6. 1989 AP GG Art. 9 Arbeitskampf Nr. 113 zum Arbeitszeitende im Einzelhandel).

Art. 14 [Eigentum, Erbrecht und Enteignung]

(1) ¹Das Eigentum und das Erbrecht werden gewährleistet. ²Inhalt und Schranken werden durch die Gesetze bestimmt.

(2) ¹Eigentum verpflichtet. ²Sein Gebrauch soll zugleich dem Wohle der Allgemeinheit dienen.

(3) ¹Eine Enteignung ist nur zum Wohle der Allgemeinheit zulässig. ²Sie darf nur durch Gesetz oder auf Grund eines Gesetzes erfolgen, das Art und Ausmaß der Entschädigung regelt. ³Die

Entschädigung ist unter gerechter Abwägung der Interessen der Allgemeinheit und der Beteiligten zu bestimmen. [4] Wegen der Höhe der Entschädigung steht im Streitfalle der Rechtsweg vor den ordentlichen Gerichten offen.

I. Bedeutung und Eigenart

1 Die Eigentumsgarantie ist in der Formulierung des BVerfG „eine Wertentscheidung von besonderer Bedeutung für den sozialen Rechtsstaat" (7. 8. 1962 E 14, 263, 277 = AP GG Art. 14 Nr. 13). Daraus folgt, daß das GG wirtschaftspolitisch nicht völlig „neutral", sondern nur „relativ offen" sein kann (BVerfG 1. 3. 1979 E 50, 290, 338 = AP MitbestG § 1 Nr. 1 unter C II). Mit der Gewährleistung unternehmerischen Eigentums legt sich die Verfassung auf eine marktmäßig und wettbewerblich organisierte **Wirtschaftsordnung** fest; mit dem Prinzip der Sozialbindung des Absatzes 2 und dem Enteignungsvorbehalt in Absatz 3 sowie durch Art. 15 macht sie aber zugleich unmißverständlich klar, daß sie rücksichtslosen „Marktradikalismus" ablehnt. Das ist der berechtigte Kern der Ansicht *Nipperdeys* (Soziale Marktwirtschaft und Grundgesetz, S. 64 f.).

2 In seiner **Normstruktur** unterscheidet sich Art. 14 wesentlich von den meisten anderen Freiheitsrechten. Das ergibt sich zunächst schon daraus, daß sein Schutzgegenstand normativ geschaffen werden muß. Das einfache Recht formuliert, was verfassungsrechtlich abgesichert wird; Art. 14 gewährleistet ein Grundrecht nach Maßgabe der Inhaltsbestimmung durch Gesetze, die allerdings verfassungskonform sein müssen (Wechselwirkung). Zum anderen betrifft die Gewährleistung eine Zurechnungsbeziehung zwischen Rechtsträgern und Gegenständen, die sie gegen andere Rechtsträger abgrenzt. Seine Funktion ist also immer auch „drittgerichtet" (*Gallwas* Grundrechte Rn. 529). Dieser komplexen Struktur ist mit dem zweipoligen Modell eines subjektiv öffentlichen Rechts allein nicht beizukommen. Deshalb wurde Art. 14 schon früh und einhellig nicht nur als **Bestandsgarantie** zugunsten der Rechtsinhaber, sondern darüber hinaus auch als **Einrichtungs- und Institutsgarantie** verstanden. Der Gesetzgeber ist verpflichtet, das Eigentum als Rechtsinstitut normativ so auszugestalten, daß seine Kernelemente, nämlich Privatnützigkeit und Verfügungsbefugnis, zur Geltung kommen (*Badura* HbVerfR § 10 Rn. 32 ff.; *Papier* in *Maunz/Dürig* Rn. 11; *Wendt* in *Sachs* Rn. 10 f.; *Wieland* in *Dreier* Rn. 24 u. 117). Im Ergebnis wird allerdings mit dieser Formel nicht viel mehr erreicht als andere Freiheitsrechte mit ihrem objektivrechtlichen Gehalt und ihrer Schutzfunktion bewirken (skeptisch auch *Leisner* HbStR § 149 Rn. 13 ff.).

3 Art. 14 ist das einzige Grundrecht, das seinen Schrankenvorbehalt in einer sozialstaatlichen Formulierung ausdrückt, indem es die **Gemeinwohlbindung** betont. Auch dieses bedeutet aber allein noch keine wesentliche Abweichung von anderen Grundrechten unter Gesetzesvorbehalt. Jede Freiheit ist gemeinschaftsgebunden. Das GG sieht Grundrechtsträger nur als Glieder einer Gesellschaft und Bürger eines sozialen Rechtsstaates (zum Sozialstaatsprinzip als generellem Abwägungskriterium (Einl. Rn. 79). Die besondere Betonung hat hier die zusätzliche Funktion einer Richtlinie bei der notwendigen Inhaltsbestimmung (Rn. 9), die bei anderen Freiheitsrechten entbehrlich ist.

II. Schutzbereich

4 **1. Eigentum** im verfassungsrechtlichen Sinne ist mehr als das Sacheigentum nach § 903 BGB. Jedes vermögenswerte Recht, das dem Inhaber ebenso ausschließlich wie Eigentum an einer Sache zur privaten Nutzung und zur eigenen Verfügung zugeordnet ist, steht unter dem Schutz des Art. 14 I. Ob es sich um ein absolutes Recht oder um eine bloße Forderung handelt, ist unerheblich (BVerfG 7. 7. 1971 E 31, 229 u. 248 = AP GG Art. 14 Nr. 21 u. 22 – Urheberrecht; 24. 4. 1998 NJW 1999, 3704 – Arbeitnehmererfindungsrecht; 9. 1. 1991 E 83, 201, 208 = NJW 1991, 1807 – Vorkaufsrecht; 27. 4. 1999 E 100, 289 – Aktienrecht). Konsequenterweise hat das BVerfG auch das Besitzrecht des Mieters als geschützt betrachtet (26. 5. 1993 E 89, 1, 5 = NJW 1993, 2035), obwohl es ein vom Eigentümer vermitteltes Recht ist und natürlich auch der Vermieter Eigentumsschutz genießt. Solche Grundrechtskollision ist nichts Ungewöhnliches (Einl. Rn. 70 ff. u. 76 ff.). Ihre Auflösung ist Sache des einfachen Rechts, hier des Mietrechts, das die kollidierenden Rechtspositionen auszugestalten und abzugrenzen hat.

5 Umstritten ist die Frage, ob das **Unternehmen,** bzw. der „eingerichtete und ausgeübte Gewerbebetrieb" im Sinne der Zivilrechtsprechung zu § 823 I BGB unter die Eigentumsgarantie des Art. 14 fällt. Im Schrifttum wird das überwiegend bejaht (vgl. BGH 10. 7. 1980 E 78, 41, 44 = NJW 1980, 270; *Depenheuer* in *v. Mangoldt/Klein* Rn. 135 f.; *Wendt* in *Sachs* Rn. 26 mwN). Hingegen hat das BVerfG dies betont offengelassen und deutliche Zweifel geäußert („nur tatsächliche – nicht aber rechtliche – Zusammenfassung": 22. 5. 1979 E 51, 193, 221 f.). In der Tat hat das Zivilrecht bisher kein konkretes Rechtsinstitut „Unternehmen" so verfestigt, daß es der rechtlichen Anerkennung bedürfte. Es verwendet nur einen Sammelbegriff für wirtschaftlich verbundene Betriebsmittel, Rechte, Chancen und faktische Gegebenheiten. Da der Wert des Ganzen größer ist als die Summe seiner Teile, kann im Schadenersatzrecht auf eine solche Gesamtbetrachtung in der Tat nicht verzichtet werden, hingegen sind das **Vermögen** und Erwerbschancen keine Rechtspositionen im Sinne der Eigentumsgarantie

III. Inhaltsbestimmung und Schrankensetzung   Art. 14   GG 10

(*Wieland* in *Dreier* Rn. 44 ff.; *Jarass/Pieroth* Rn. 12). Der Schutz des Unternehmens wird dadurch nicht lückenhaft, weil Art. 12 die unternehmerische Tätigkeit einschließlich ihrer Funktionsvoraussetzungen schützt (Art. 12 Rn. 14 u. 16).
    Ähnlich umstritten ist die grundrechtliche Absicherung von **Betriebs- und Geschäftsgeheimnissen.** 6 Im Schrifttum werden sie neuerdings mit Urheberrechten gleichgesetzt und als „geronnene wirtschaftliche Leistung" dem Eigentumsschutz des Art. 14 I zugeordnet (*Breuer* HbStR VI § 148 Rn. 27 mwN). Das ist eine problematische Aufweichung des Eigentumsbegriffs (*A. Wolff* NJW 1997, 98 ff.) und Grenzverwischung zu Art. 12. Das BVerfG wird diesem Vorschlag kaum folgen.
    Vermögenswerte **öffentlich-rechtliche Ansprüche und Anwartschaften** fallen teilweise in den 7 Schutzbereich des Art. 14. Hier ergeben sich allerdings Abgrenzungsfragen, die noch wenig geklärt sind. Das BVerfG billigt ihnen Eigentumsschutz nur zu, wenn sie auf eigenen Leistungen des Berechtigten beruhen; es verlangt aber nicht, daß diese Eigenleistungen zur Finanzierung der Rechtsposition ausreichen. Immerhin sei der Eigentumsschutz um so stärker, je höher der eigene Anteil sei (BVerfG 28. 2. 1980 E 53, 257, 292 = AP GG Art. 14 Nr. 25 unter C I 1 a) am Ende). Hingegen genießen reine Fürsorgeleistungen des Staates keinen Eigentumsschutz; das gleiche gilt für Rechtspositionen, über die deren Inhaber nicht verfügen kann. **Sozialversicherungsrechtliche Ansprüche** sind im allgemeinen durch Art. 14 geschützt. Das gilt selbst dann, wenn staatliche Zuschüsse den Beitragsanteil übersteigen (BVerfG 16. 7. 1985 E 69, 272, 301 = NJW 1986, 39 unter C I 2 a; Einzelheiten und weitere Nachweise bei *Papier* in *Maunz/Dürig* II Rn. 149 ff.; *Wendt* in *Sachs* Rn. 28 ff.; *Jarass/Pieroth* Rn. 9). Der Einigungsvertrag hat in der DDR erworbene Rentenanwartschaften gleichgestellt und ihnen damit den Schutz des Art. 14 verschafft (BVerfG 28. 4. 1999 E 100, 1, 33). Hinterbliebenenrenten gelten jedoch als vorwiegend fürsorgerisch motiviert (BVerfG 18. 2. 1998 E 97, 271). Bei Kurzarbeitergeld hat das BVerfG Zweifel geäußert, ob sie nach Voraussetzung und Zweck als eigentumsähnliche Rechtsposition gelten können (4. 7. 1995 E 92, 365, 405 f. = AP AFG § 116 Nr. 4 unter C III 1).

    2. Grundrechtsträger. Der personelle Schutzbereich erstreckt sich auf alle natürlichen Personen, 8 sowie nach § 19 III auf inländische juristische Personen und Personenvereinigungen, hingegen nicht auf ausländische juristische Personen (BVerfG 1. 3. 1967 E 21, 207). Hier hilft nur Art. 3 I. Juristische Personen des öffentlichen Rechts genießen ebenfalls nach herrschender Rechtsprechung und Lehre grundsätzlich keinen Eigentumsschutz (vgl. Überblicke bei *Wendt* in *Sachs* Rn. 16 ff.; *Jarass/Pieroth* Rn. 60 ff.). Für die Kirchen gilt dies nach einhelliger Ansicht nicht. (Zur Kirchengutsgarantie vgl. BVerfG 13. 10. 1998 E 99, 100, 120.)

    3. Konkurrenzen. Der Schutz der Zuordnungsbeziehung in Art. 14 überschneidet sich vielfach mit 9 dem Schutz von Handlungsfreiheiten, weil geschützte Rechtspositionen die sächliche Grundlage der Freiheitsausübung bilden können, zB Urheberrechte in bezug auf Pressefreiheit, Eigentum an Produktionsmitteln in bezug auf Unternehmensfreiheit (Rn. 19). Zu unterscheiden ist danach, welcher Schutzbereich am meisten betroffen ist (Einl. Rn. 69). Ein umfassender Schutzbereich „Wirtschaftsfreiheit", der gleichermaßen von den Art. 2, 12 und 14 erfaßt würde, ist abzulehnen (*Wieland* in *Dreier* Rn. 153). Zur Abgrenzung von Art. 12 vgl. Art. 12 Rn. 16 : ferner BGH 27. 2. 1975 AP GG Art. 14 Nr. 24 unter I 1.

III. Inhaltsbestimmung und Schrankensetzung

    1. Die Unterscheidung. Art. 14 I 2 faßt in einem Satz zwei gesetzgeberische Aufgaben zusammen, 10 die unterschiedlichen Zielen dienen, sich aber in ihrer praktischen Wirkung kaum trennen lassen: **Inhaltsbestimmung** ist die generelle und abstrakte Festlegung von Rechten und Pflichten hinsichtlich solcher Rechtsgüter, die als Eigentum im Sinne der Verfassung zu verstehen sein sollen; sie ist zukunftsgerichtet (BVerfG 12. 3. 1986 E 72, 66, 76 = NJW 1986, 2188 unter C I 2 a). Demgegenüber setzen **Schrankennormen** die Eigentumsposition voraus und beschränken sie durch Handlungs-, Duldungs- und Unterlassungspflichten, um sie mit konfligierenden Rechtspositionen und Interessen auszugleichen (*Wendt* in *Sachs* Rn. 55). Im Schrifttum wird lebhaft darum gestritten, ob diese Unterscheidung praktische Bedeutung hat, ob sie also im Streitfall das Prüfungsprogramm und das Ergebnis beeinflussen kann (dagegen *Wieland* in *Dreier* Rn. 68; Übersicht bei *Kimminich* in Bonner Kom. Art. 14 Rn. 133 ff.). Fest steht, daß der Gesetzgeber weder bei der Inhalts- noch bei der Schrankenbestimmung ganz frei ist. Wo die Grenze verläuft, ist die allein praktisch bedeutsame Frage.

    2. Grenzen der Beschränkbarkeit. Das BVerfG unterscheidet bei dieser **Grenzziehung** nicht 11 zwischen Inhalts- und Schrankenbestimmung, sondern arbeitet mit unterschiedlichen Abwägungsformeln, die sich nach der jeweils umstrittenen Rechtsposition richten. Dabei wird einerseits die Anerkennung des Privateigentums als Institut, andererseits die Beachtung der Gemeinwohlbindung gefordert. Beiden Elementen sei Rechnung zu tragen und die Interessen der Beteiligten so zu einem gerechten Ausgleich und in ein ausgewogenes Verhältnis zu bringen. Der Gesetzgeber sei dabei an den **Grundsatz der Verhältnismäßigkeit** gebunden. Das Wohl der Allgemeinheit bilde nicht nur den

Grund, sondern auch die Grenze zulässiger Beschränkungen (BVerfG 12. 6. 1979 E 52, 1, 29 – Kleingarten). Die Begrenzung einer Rechtsposition muß zur Erreichung des damit verfolgten Ziels geeignet und erforderlich sein; sie darf die Betroffenen nicht übermäßig belasten (BVerfG 1. 7. 1981 E 58, 81, 114 = AP GG Art. 14 Nr. 26 unter C I 3 – Ausfallzeiten; 8. 4. 1987 E 75, 78, 97 = NZA 1988, 139 unter C II 3 – Berufsunfähigkeitsrente; 10. 2. 1987 E 74, 203, 204, 214 = AP GG Art. 14 Nr. 31 unter C I 2 – Meldeversäumnis bei Arbeitslosengeld; zu Verhältnismäßigkeitsgrundsatz vgl. auch Einl. Rn. 27 und Art. 2 Rn. 18).

12 Bei der erforderlichen **Abwägung** (vgl. auch Einl. Rn. 76 f.) kommt es nicht nur auf die Intensität der Beschränkung und das Gewicht der angestrebten Ziele, sondern auch darauf an, welche Bedeutung das Eigentumsrecht für die betroffenen Grundrechtsträger und Dritte hat (BVerfG 14. 7. 1981 E 58, 137, 147 ff. = NJW 1982, 633 unter C III; *Wendt* in *Sachs* Rn. 111). Der Spielraum des Gesetzgebers ist umso weiter, je stärker die Eigentumsposition durch deren **soziale Funktion** geprägt ist (vgl. zum Eigentum an Produktionsmitteln: BVerfG 1. 3. 1979 E 50, 290, 340 f. = AP MitbestG § 1 Nr. 1; zum Mieterschutz: BVerfG 23. 4. 1974 E 37, 132, 140). Bei Anwartschaften aus der Sozialversicherung ist demgemäß auch die Bedeutung für die Solidargemeinschaft zu berücksichtigen. Deshalb rechtfertigt das Ziel, die Leistungsfähigkeit des Systems zu sichern weitgehende Einschränkungen (BVerfG 1. 7. 1981 E 58, 110 = AP GG Art. 14 Nr. 26 unter C I 1; das BVerfG ist hier so großzügig, daß die Richter *Benda* und *Katzenstein* in ihrem Sondervotum unter II Abs. 5 die „Grundsätze ehrbarer Kaufleute" reklamierten).

13 **3. Bindung der Rechtsprechung.** Auch bei der **Auslegung und Anwendung** von Gesetzen, die Inhalt und Schranken von Eigentumspositionen bestimmen, müssen die Fachgerichte vorstehende Grundsätze beachten und Ergebnisse vermeiden, die zu übermäßigen Beschränkungen führen. Mit dieser Begründung sind Mietgerichte wiederholt gerügt worden (BVerfG 14. 2. 1989 E 79, 283 u. 292 = AP GG Art. 14 Nr. 34 u. 35; 3. 10. 1989 E 81, 29 = AP GG Art. 14 Nr. 36 mit Sondervotum von *Grimm, Dieterich* und *Kühling*. Gerade diese Rechtsprechung macht die Drittrichtung und Schutzfunktion der Eigentumsgarantie deutlich, zeigt aber auch die Unschärfe der Kompetenzabgrenzung zwischen BVerfG und Fachgerichtsbarkeit.

IV. Enteignung

14 Von der Beschränkung des Eigentums durch Inhalts- und Schrankenbestimmung ist die Enteignung scharf zu unterscheiden. Das ergibt sich aus der Entstehungsgeschichte und zeigt sich auch darin, daß die Enteignung in Art. 14 III selbständig geregelt wird. Allerdings gibt es **keine Legaldefinition,** was zu lebhaften Kontroversen geführt hat. Der Enteignungsbegriff setzt Eigentum und den Inhalt der Eigentumsgarantie des Art. 14 I voraus. So beruhte die Kontroverse um die inzwischen aufgegebene Rechtsprechung des BGH zum „enteignungsgleichen Eingriff" (Übersichten bei *Kimminich* Bonner Kom. Art. 14 Rn. 224 ff.; *Wieland* in *Dreier* Rn. 131 ff.) auf grundsätzlichen Meinungsverschiedenheiten über Art und Umfang des Eigentumsschutzes, die das BVerfG inzwischen weitgehend geklärt hat.

15 Nach der Rechtsprechung des BVerfG ist **Enteignung** die vollständige oder teilweise Entziehung konkreter subjektiver Eigentumspositionen im Sinne von Art. 14 I zum **Zwecke der Erfüllung bestimmter öffentlicher Aufgaben** (19. 6. 1985 E 70, 191, 199 = NVwZ 1986, 113 unter C I 2 – Fischereigenossenschaft; 12. 3. 1986 E 72, 66, 76 = NJW 1986, 2188 unter C I 2 – Flughafen Salzburg). Diese können auch mittelbar mit Hilfe privater Unternehmen angestrebt werden (24. 3. 1984 E 74, 264 – Boxberg). Von der Inhaltsbestimmung des Eigentums unterscheidet sich die Enteignung nicht durch ihre Eingriffsintensität, sondern durch ihren Zweck. Sie dient nicht dem generellen Ausgleich gegenläufiger Interessen, um sie in ein ausgewogenes Verhältnis zu bringen, sondern der konkreten Durchsetzung des einen Interesses auf Kosten eines anderen (*Wendt* in *Sachs* Rn. 77). Dem entspricht eine grundsätzlich andere Form des Interessenausgleiches: „Die Bestandsgarantie des Art. 14 I 1 wandelt sich bei zulässiger Enteignung in eine **Eigentumswertgarantie"** (BVerfG 10. 3. 1981 E 56, 249, 260 f. = NJW 1981, 1257 unter B I 2 – Dürkheimer Gondelbahn).

16 Die Enteignung taugt nicht als Instrument der sozialen **Umverteilung** vermögenswerter Rechte. Das ergibt sich vor allem aus ihrer Zweckbindung. Da sie nur zur Erfüllung bestimmter öffentlicher Aufgaben zulässig ist, kann sie nicht dem sozialpolitischen Ziel einer Vermögensumschichtung dienen. An einer solchen Aufgabe müßte sie aber außerdem schon wegen der Entschädigungspflicht des Art. 14 III 2 scheitern (*Kimminich* Bonner Kom. Rn. 184 f. mwN).

17 Die vielfältigen Rechtsprobleme, die sich bei Enteignungen stellen (zB ihre Rechtsgrundlagen, ihre formellen und materiellen Voraussetzungen, die Entschädigungsprobleme und auch das Recht der Rückübereignung), können und müssen hier nicht dargestellt werden. Sie spielen im Arbeitsrecht kaum eine Rolle und sind jedenfalls nie von Arbeitsgerichten zu entscheiden. Ich verweise auf die GG-Kommentare, deren Aufzählung meiner Vorbemerkung vorangestellt ist (besonders eingehend: *Kimminich,* Bonner Kom. Art. 14 Rn. 349 ff. und *Papier* in *Maunz/Dürig* Art. 14 Rn. 530 ff.).

V. Eigentumsschutz im Arbeitsrecht

1. Ausstrahlungswirkung. Die spezifische Funktion des Arbeitsrechts besteht nicht darin, Eigentumspositionen auszugestalten und zu schützen. Sein Ziel ist es vielmehr, die Freiheit beruflicher Betätigung für AN und AG zu sichern und deren gegensätzliche Interessen auszugleichen. Eigentumspositionen sind aber die erstrebte Frucht der Berufsausübung, gleichsam „geronnene Arbeit" *(Dürig)* und geraten dadurch teilweise ebenfalls in das arbeitsrechtliche Blickfeld. Im Schrifttum wird darüber hinausgehend die Auffassung vertreten, für die AG gehe es bei ihrer unternehmerischen Betätigung vor allem um die privatnützige Verwendung der Betriebsmittel. Die Unternehmerfreiheit werde daher nicht nur durch Art. 12 sondern in gleicher Weise oder sogar vorrangig durch Art. 14 geschützt (*Scholz* in *Maunz/Dürig* GG Art. 12 Rn. 123; *Beuthien* ZfA 1988, 1 ff.). Das BVerfG ist aber anderer Ansicht: Aus Art. 14 folgt kein übergreifender Schutz ökonomisch sinnvoller und rentabler Eigentumsnutzung und unternehmerischer Dispositionsbefugnis (6. 10. 1987 E 77, 84, 118 = NJW 1988, 1195 unter C III 1 – ANÜberlassung; BVerfG-Kammer 18. 12. 1985 AP BetrVG 1972 § 87 Arbeitszeit Nr. 15; vgl. auch *Söllner* NZA 1992, 721, 730 f.; dagegen *Scholz* NJW 1986, 1587). Die Ausstrahlungswirkung des Art. 14 im Arbeitsrecht bezieht sich nur auf den Bestand geschützter Eigentumspositionen.

2. Eigentumspositionen des Arbeitgebers. Das Unternehmen bzw. der „eingerichtete und ausgeübte Gewerbebetrieb" sind zwar nicht als geschützte Eigentumsposition anzusehen (Rn. 5), wohl aber Bestandteile, zB gesellschaftsrechtliche Anteile an Unternehmen (1. 3. 1979 E 50, 290, 339 = AP MitbestG § 1 Nr. 1; 27. 2. 1999 E 100, 289) sowie die verschiedenen materiellen und immateriellen Betriebsmittel, die im Betrieb organisatorisch zusammengefaßt werden. Das gleiche gilt für die im Betrieb verwandten Rohstoffe und Halbfertigprodukte sowie die Produktionsergebnisse, die die Rechtsordnung dem AG zuordnet (MünchArbR/*Sack* § 98 Rn. 1 ff.; anders bei Urheberrechten ebd. § 100 Rn. 32 ff.). Der Schutz dieser Eigentumspositionen richtet sich nach den allgemeinen Grundsätzen des Zivilrechts. Das Arbeitsrecht beschränkt zwar die Nutzungsmöglichkeiten des Eigentümers im Interesse des ANschutzes (vor allem durch Sicherheitsvorschriften und Mitbestimmungsrechte). Darin liegen aber keine Eigentumsbindungen im Sinne von Art. 14, sondern Eingriffe in die unternehmerische Berufsfreiheit (Rn. 9).

Es gibt allerdings Problemzonen, bei denen der Eigentumsschutz des allgemeinen Zivilrechts berührt oder sogar überlagert wird durch Rechtsgrundsätze des Arbeitsrechts. Das ist zB im **Arbeitskampfrecht** der Fall, wo eine Konkordanz von Art. 14 I und 9 III erforderlich ist. Gezielte Sachbeschädigung ist nach einhelliger Ansicht kein zulässiges Arbeitskampfmittel (*Däubler* Arbeitskampfrecht Rn. 1483 f.; *Seiter*, Streikrecht und Aussperrungsrecht, S. 143). Das genügt aber nicht, weil schon die streikbedingte Stillegung der Produktion bei manchen Anlagen und Verfahrensabläufen zu irreparablen *Sach*schäden führen kann. Deshalb besteht Einigkeit (auch bei den Gewerkschaften), daß während eines Arbeitskampfes Erhaltungsarbeiten geboten sind (Art. 9 Rn. 164 ff.; *Gamillscheg*, Kollektives Arbeitsrecht I, S. 1166 ff.; MünchArbR/*Otto* § 278 Rn. 136 ff.). Hingegen sind Betriebsbesetzungen und ihre rechtliche Begrenzung keine Fragen des Eigentumsschutzes, sondern der Berufsfreiheit.

Eine ähnliche Schnittstelle der Schutzbereiche von Art. 14 I und 9 III ergibt sich bei der Frage, ob das kollektive Arbeitsrecht dem AG als Eigentümer der Betriebsmittel Duldungspflichten gem. § 1004 II BGB auferlegt. Diese Frage stellt sich bei **gewerkschaftlichen Werbemaßnahmen** im Betrieb zB bei Anschlägen am schwarzen Brett. Spektakulär war hier der Streit um ein Gewerkschaftsemblem auf Schutzhelmen (BAG 23. 2. 1979 AP GG Art. 9 Nr. 30; BVerfG-Kammer 21. 11. 1980 AP GG Art. 9 Nr. 30 a). Das BAG hatte der Unterlassungsklage des AG stattgegeben, weil diese Form der Werbung nicht „unerläßlich" im Sinne der Kernbereichsvoraussetzungen sei. Das BVerfG hatte das zwar damals (mit betonter Zurückhaltung) nicht beanstandet, es hat aber die Kernbereichslehre inzwischen aufgegeben und bei der Gewerkschaftswerbung im Betrieb eine Abwägung der betroffenen Interessen gefordert (14. 11. 1995 E 93, 352, 358 = AP GG Art. 9 Nr. 80 unter B I 3). Danach muß der AG Werbemaßnahmen der Gewerkschaften dulden, soweit nicht seine eigenen Verwertungsinteressen gemindert oder der Betriebsablauf gestört werden.

3. Eigentumspositionen der Arbeitnehmer. Nicht anders als für AG gilt auch für AN, daß die Inhaltsbestimmung und der Schutz ihrer Eigentumspositionen in erster Linie Aufgabe des allgemeinen Zivilrechts ist. Aber der Unterschied besteht darin, daß für die Existenz- und Freiheitssicherung der AN besonders wichtige Eigentumspositionen im Arbeitsrecht wurzeln. Das gilt vor allem für **Lohn- und betriebliche Versorgungsansprüche** (*K. Hesse*, Grundzüge des Verfassungsrechts, Rn. 444; *Däubler* AuR 1984, 1, 7 mwN; zu Versorgungsansprüchen BAG 12. 3. 1996 AP RuhegeldG Hamburg § 3 Nr. 1). Nicht nur bereits entstandene Ansprüche, sondern auch schon rechtlich gesicherte **Anwartschaften** können rechtlich so verfestigt sein, daß sie durch Art. 14 geschützt werden. Das BAG hat das zunächst für unverfallbare Versorgungsanwartschaften angenommen (17. 1. 1980 AP BGB § 242 Ruhegehalt Nr. 185; 21. 8. 1980 AP BetrAVG § 1 Wartezeit Nr. 7 unter I 3). In der Konsequenz dieser Rechtsprechung muß für den erdienten Teil verfallbarer Anwartschaften im Ansatz gleiches gelten, wenn auch mit minderem Bestandsschutz (*Stumpf*, FS für Herschel, 1982, S. 409, 419; jetzt auch BAG – jedenfalls nach Ablauf der Wartezeit – 12. 3. 1996 AP RuhegeldG Hamburg § 3 Nr. 1 unter II 2a; dazu BVerfG-Kammer 3. 12. 1998 AR-Blattei ES 460.5 Nr. 29). Auch künftig anwachsende Anspruchsteile sind – bei entsprechender Rechtsgrundlage – geschützt, was allerdings keineswegs besagt, daß sie unantastbar wären. Ihr Bestandsschutz ist nur angemessen zu berücksichtigen, soweit Obergrenzen und Anrechnungsvorbehalte sowie Widerrufs- oder Ablösungstatbestände rechtlich zu würdigen sind (*Däubler* AuR 1984, 1, 7 ff.; *Gamillscheg*, Die Grundrechte im Arbeitsrecht, S. 70). Gesetzgeber und Rechtsprechung haben dem Rechnung getragen (vgl. die Kommentierung zum BetrAVG). Das BVerfG hat zwar § 18 BetrAVG für verfassungswidrig erklärt, dies aber allein mit Art. 3 und 12 begründet (15. 7. 1998 E 98, 365 = AP BetrAVG § 18 Nr. 26)

23   Die konkrete Grundlage des Arbeitsverhältnisses, der **Arbeitsplatz**, ist keine eigentumsähnliche Rechtsposition, sondern eine Erwerbsmöglichkeit, die in den Schutzbereich des Art. 12 fällt (BVerfG 24. 4. 1991 E 84, 133, 157 = AP GG Art. 12 Nr. 70 unter C IV). Generelle **Abfindungen** als Ausgleich für Arbeitsplatzverluste sind daher von Art. 14 nicht geboten. Hingegen ist der durch die §§ 9, 10 KSchG vorgesehene Abfindungsanspruch, der bei rechtswidrigen Kündigungen auf Antrag festgesetzt werden kann, eine eigentumsähnliche Rechtsposition. Er bildet den gesetzlichen Wertersatz für den Arbeitsplatz und dient der Genugtuung für erlittenes Unrecht. Wie alle erdienten Ansprüche genießt er als „geronnene Arbeit" den Schutz des Art. 14. Seine Anrechnung auf Arbeitslosengeld, wie sie § 140 SGB III aF vorsah, war daher verfassungsrechtlich problematisch (eingehend *Gagel/Kreitner* in ArbRGeg. 35 [1998] S. 33 ff.).

20. Vertrag zur Gründung der Europäischen Gemeinschaft (EG-Vertrag – EG)

Vom 25. März 1957

(BGBl. II S. 766, in der Fassung des Vertrages über die Europäische Union vom 7. 2. 1992, BGBl. II S. 1253/ 1256, geändert durch Beitrittsvertrag vom 24. 6. 1994, BGBl. II S. 2022, in der Fassung des Beschlusses vom 1. 1. 1995, ABl. EG Nr. L 1/1, ber. ABl. EG Nr. L 179/12); Änderung einheitlich in Kraft seit 1. 1. 1995 gem. Bek. vom 30. 8. 1996, BGBl. II S. 1486, geändert durch den Amsterdamer Vertrag vom 2. 10. 1997, BGBl. 1998 II S. 387, ber. BGBl. II S. 416)

– Auszug –

Vorbemerkung zum EG: Das Verhältnis des Gemeinschaftsrechts zum nationalen Recht

I. Charakter und Erscheinungsformen des Gemeinschaftsrechts

Im Unterschied zu klassischen völkerrechtlichen Verträgen hat der EWGV – jetzt EG – eine eigen- 1
ständige **supranationale Rechtsordnung** geschaffen. Diese beruht auf der Beschränkung der nationalen Souveränität zu Gunsten der Gemeinschaft, die mit eigenen Hoheitsrechten ausgestattet ist (grundlegend EuGH 5. 2. 1963 Van Gend & Loos Slg. 1963, 1, 24; 15. 7. 1964 Costa./.E. N. E. L. Slg. 1964, 1251, 1269). In Deutschland ist diese Übertragung von Hoheitsrechten nach Art. 23 (früher Art. 24) GG zulässig. Das Gemeinschaftsrecht beschränkt sich demnach nicht darauf, Rechte und Pflichten der Mitgliedstaaten zu begründen. Es greift vielmehr unmittelbar gestaltend in deren Rechtsordnungen ein. Es stellt einen Rechtskörper dar, der für die Mitgliedstaaten und deren Bürger verbindlich und auch von den innerstaatlichen Gerichten anzuwenden ist (EuGH 15. 7. 1964 Costa./E. N. E. L. Slg. 1964, 1251, 1269).

Seit dem Vertrag über die Europäische Union vom 7. 2. 1992 (EU – „Vertrag von Maastricht") ist 2
die **EG Bestandteil der Europäischen Union** (EU – Art. 1 III EU). Die EG ist also nicht etwa durch die EU ersetzt worden. Das durch Art. 8 EU wesentlich geänderte Gemeinschaftsrecht ist nunmehr Teil des Rechts der EU, besteht aber als eigenständige Rechtsordnung fort. Die im EU enthaltenen materiellen und Kompetenzregelungen außerhalb des Gemeinschaftsrechts sind bisher arbeitsrechtlich ohne Bedeutung und bleiben hier außer Betracht.

Kernbestand des Gemeinschaftsrechts ist das **Primärrecht**. Hierbei handelt es sich, soweit aus 3
arbeitsrechtlicher Sicht von Interesse, in erster Linie um den EG einschließlich der Anhänge, Zusatzprotokolle und -vereinbarungen zum EG. Zum Primärrecht gehört zB die Satzung des EuGH (Art. 245 I 1 EG). Weiter zählen zum Primärrecht die ungeschriebenen Grundsätze des Gemeinschaftsrechts, wie die Verhältnismäßigkeit und der Vertrauensschutz (EuGH 12. 12. 1996 Accrington Beef Slg. 1996, I-6699, 6730 ff.), der allgemeine Gleichheitssatz (EuGH 19. 10. 1977 Ruckdeschel Slg. 1977, 1753, 1770), die Rechtssicherheit (EuGH 14. 3. 2000 Scientology C-54/99), das Recht des AN auf freie Wahl des AG (EuGH 16. 12. 1992 Katsikas Slg. 1992, I-6577, 6609 = AP BGB § 613 a Nr. 97), die Koalitionsfreiheit der Gemeinschaftsbediensteten (EuGH 8. 10. 1974 Gewerkschaftsbund Europäischer öffentlicher Dienst Slg. 1974, 917, 924) und die Gewährleistung eines effektiven Rechtsschutzes (EuGH 22. 9. 1998 Coote Slg. 1998, I-5199, 5220 = NZA 1998, 1223). Auch sonstige Grundrechte, die zu den gemeinsamen Verfassungstraditionen der Mitgliedstaaten gehören, sind zugleich allgemeine Rechtsgrundsätze des Gemeinschaftsrechts (Art. 6 II EU; vgl. EuGH 29. 5. 1997 Kremzow Slg. 1997, I-2629, 2645; 28. 3. 1996 Gutachten Slg. 1996, I-1763, 1789). Der Vertrag über die Gründung der Europäischen Atomgemeinschaft (EAGV, jetzt EA) enthält ebenfalls arbeitsschutzrechtliche Regelungen (Art. 30 ff.). Der Vertrag über die Gründung der Europäischen Gemeinschaft für Kohle und Stahl (EGKSV, jetzt KS) enthält keine arbeitsrechtlichen Vorschriften.

Alles vom Primärrecht abgeleitete Gemeinschaftsrecht wird als **Sekundärrecht** bezeichnet. Es ist 4
gegenüber dem Primärrecht nachrangig und muß sich daher hinsichtlich seiner Gültigkeit an diesem messen lassen. **Verordnungen** sind nach Art. 249 II EG in allen ihren Teilen verbindlich und gelten in jedem Mitgliedstaat allgemein und unmittelbar. Für die Gestaltung des Arbeitsrechts sind sie mangels entsprechender Kompetenzen der EG bisher von untergeordneter Bedeutung. Im allgemeinen entfaltet arbeitsrechtliches Sekundärrecht in Form von **Richtlinien**. Diese sind nach Art. 249 III EG für jeden Mitgliedstaat, an den sie gerichtet sind, hinsichtlich des zu erreichenden Ziels verbindlich, überlassen jedoch den innerstaatlichen Stellen die Wahl der Form und der Mittel. Als Sekundärrecht sind hier noch die nach Art. 245 III EG vom EuGH erlassene Verfahrensordnung zu erwähnen sowie völker-

20 EG Vorb.

rechtliche Verträge der EG mit internationalen Organisationen oder Drittstaaten. Die in Art. 249 V EG genannten **Empfehlungen** sind dagegen wegen fehlender Verbindlichkeit keine Rechtsnormen, können aber bei der Auslegung von Gemeinschaftsrecht eine Rolle spielen.

II. Anwendbarkeit des Gemeinschaftsrechts

5 **1. Unmittelbar anwendbares Recht.** Das **Primärrecht** besteht überwiegend aus Zielvorgaben für die Mitgliedstaaten, Kompetenzregeln und sonstigen institutionellen Vorschriften. Daneben enthält es aber auch Vorschriften, die im Verhältnis zwischen Privaten unmittelbar anwendbar sind und daher zB Ansprüche des einzelnen AN gegen seinen AG begründen können, wie die Verbote der Diskriminierung wegen der Staatsangehörigkeit (Art. 39 EG) und wegen des Geschlechts (Art. 141 EG).

6 Auch **Verordnungen** sind nach Art. 249 II EG unmittelbar anwendbar und können Rechte und Pflichten des einzelnen Bürgers begründen. Sie spielen im Arbeitsrecht nur vereinzelt eine Rolle, so hinsichtlich des Schutzes der Wanderarbeitnehmer vor Benachteiligungen (vgl. zur Verordnung 1612/68/EWG BAG 23. 6. 1994 AP EWG-Vertrag Art. 48 Nr. 18). Allerdings können sozialrechtliche Verordnungen auf diesem Gebiet auch arbeitsrechtliche Wirkungen entfalten (vgl. zur Verordnung 574/72/EWG hinsichtlich der Beweiskraft ausländischer Arbeitsunfähigkeitsbescheinigungen EuGH 3. 6. 1992 Paletta I Slg. 1992, I-3423, 3458 = AP EWG-Verordnung Nr. 574/72 Art. 18 Nr. 1; 2. 5. 1996 Paletta II Slg. 1996, I-2357, 2382 = AP EWG-Verordnung Nr. 574/72 Art. 18 Nr. 2).

7 **2. Richtlinien. a) Keine unmittelbare Anwendbarkeit.** Richtlinien sind nach Art. 249 III EG nicht auf eine unmittelbare Gestaltung der Rechtsordnung gerichtet, sondern enthalten einen **Befehl an den nationalen Gesetzgeber,** dafür zu sorgen, daß das nationale Recht innerhalb einer bestimmten Frist die geforderte Regelung enthält. Daher begründet die Richtlinie in der Regel keine Rechte und Pflichten Privater. Insoweit ist vielmehr das nationale Recht maßgeblich, das der Umsetzung der Richtlinie dient (Ausnahmen s. Rn. 9).

8 Im Verhältnis zwischen **privaten AG** und ihren AN gilt dieser Grundsatz auch dann, wenn eine Richtlinie nicht rechtzeitig oder nicht ordnungsgemäß in nationales Recht umgesetzt ist. Bei einer unmittelbaren Anwendung der Richtlinie in diesem Falle würde der EG nämlich die Befugnis zuerkannt, mit unmittelbarer Wirkung Pflichten des Bürgers zu schaffen, obwohl sie diese Kompetenz nur hat, wo sie Verordnungen erlassen kann (EuGH 7. 3. 1996 El Corte Inglés SA Slg. 1996, I-1281, 1303; 14. 7. 1994 Faccini Dori Slg. 1994, I-3347, 3355 f.). Die insoweit bestehende Benachteiligung gegenüber Beschäftigten im öffentlichen Dienst (Rn. 9) verstößt nicht gegen deutsches Recht (BAG 2. 4. 1996 AP BetrVG 1972 § 87 Gesundheitsschutz Nr. 5).

9 **b) Ausnahmsweise unmittelbare Anwendbarkeit.** Eine Besonderheit besteht für **öffentliche AG.** Da die Richtlinie für den Mitgliedstaat verbindlich ist, wäre es nicht hinnehmbar, wenn dieser seinen AN die in der Richtlinie vorgesehenen Rechte mit der Begründung vorenthalten könnte, er habe die Richtlinie nicht (ordnungsgemäß) umgesetzt. Daher können im Verhältnis zwischen öffentlichen AG und deren AN auch Richtlinien unmittelbar Rechte und Pflichten erzeugen, allerdings nicht zugunsten der AG (EuGH 8. 10. 1987 Kolpinghuis Nijmegen Slg. 1987, 3969, 3986). Dies ist dann der Fall, wenn die Frist zur Umsetzung verstrichen ist und die Vorschrift, auf die sich der AN beruft, hinsichtlich ihrer Voraussetzungen und Rechtsfolgen hinreichend genau und unbedingt ist (EuGH 14. 7. 1994 Faccini Dori Slg. 1994, I-3347, 3356; 26. 2. 1986 Marshall Slg. 1986, 723, 748 ff.). Diese Grundsätze gelten für alle Organisationen und Einrichtungen, die dem Staat oder dessen Aufsicht unterstehen oder die mit besonderen Rechten ausgestattet sind, welche über diejenigen hinausgehen, die für die Beziehungen zwischen Privatpersonen gelten (EuGH 12. 7. 1990 Foster Slg. 1990, 3313, 3347 f.). Das sind alle öffentlichen AG, selbst wenn sie auf eine Umsetzung der Richtlinie keinen unmittelbaren Einfluß haben, also zB auch Kommunen und öffentlich-rechtlich verfaßte Kreditinstitute.

10 Unter den vorgenannten Voraussetzungen kann sich ein Bürger auf die nicht ordnungsgemäße Umsetzung einer Richtlinie auch gegenüber einer staatlichen Stelle berufen, zu der **keine arbeitsrechtliche Beziehung** besteht. Hinsichtlich arbeitsrechtlicher Richtlinien kommt dies in Betracht, soweit sie Gegenstände regeln, für die das nationale Recht Behörden die Befugnis zum hoheitlichen Handeln gibt. Das gilt besonders für das Recht des technischen und sozialen Arbeitsschutzes. So kann sich ein privater AG, der wegen Verstoßes gegen ein Nachtarbeitsverbot für Frauen nach nationalem Recht strafgerichtlich verfolgt wird, gegen eine Verurteilung wehren, indem er geltend macht, daß das Nachtarbeitsverbot dem Verbot der Diskriminierung wegen des Geschlechts bei den Arbeitsbedingungen nach der Richtlinie 76/207/EWG widerspricht (EuGH 25. 7. 1991 Stoeckel Slg. 1991, I-4047, 4066 = AP EWG-Vertrag Art. 119 Nr. 28). In gleicher Weise können Vorschriften eines von der EG mit internationalen Organisationen oder Drittstaaten geschlossenen Abkommens unmittelbar anwendbar sein (EuGH 4. 5. 1999 Sema Sürül Slg. 1999, I-2685; BAG 22. 3. 2000 AP HRG § 57 b Nr. 24).

11 **c) Staatshaftung bei fehlender oder fehlerhafter Umsetzung.** Nach der neueren Rechtsprechung des EuGH können Ansprüche Privater auch noch in anderer Hinsicht aus Richtlinien herzuleiten sein: Kommt ein Mitgliedstaat seiner Umsetzungspflicht nicht oder nicht ordnungsgemäß nach, so können

sich daraus **Schadensersatzansprüche** betroffener Bürger, zB von AN, gegen diesen Mitgliedstaat ergeben. Es handelt sich um eine weitere Sanktion zur Durchsetzung richtlinienkonformen Verhaltens, welche die Haftung für gesetzgeberisches Fehlverhalten begründet. Dieser Anspruch, der dem deutschen Recht fremd ist, ist rein gemeinschaftsrechtlicher Natur.

Der Schadensersatzanspruch ist von **drei Voraussetzungen** abhängig (EuGH 10. 7. 1997 Maso u. a. Slg. 1997, I-4051, 4073; 8. 10. 1996 Dillenkofer Slg. 1996, I-4845, 4878 ff.; 3. 5. 1996 Brasserie du pêcheur Slg. 1996, I-1029, 1141 ff.; 19. 11. 1991 Francovich I Slg. 1991, I-5357, 5413 ff.): 12
– Die Richtlinienvorschrift, welche nicht ordnungsgemäß umgesetzt ist, bezweckt die **Verleihung von Rechten** an den Geschädigten.
– Der Verstoß des Mitgliedstaats gegen die Richtlinie ist **hinreichend qualifiziert.** Das ist zB dann zu bejahen, wenn der Mitgliedstaat offenkundig die Grenzen seiner Befugnisse überschritten oder nichts zur Umsetzung der Richtlinie getan hat. Dagegen kommt es auf das Verschulden eines Amtsträgers nicht an. Das nationale Gericht hat zu beurteilen, ob ein hinreichend qualifizierter Verstoß vorliegt. Danach hat der BGH im Fall Brasserie du pêcheur einen Schadensersatzanspruch verneint, weil es bis zur entgegenstehenden Entscheidung des EuGH nicht offenkundig war, daß das deutsche Reinheitsgebot für Bier nicht durch das Erfordernis des Gesundheitsschutzes gerechtfertigt ist (BGH 24. 10. 1996 BGHZ 134, 30, 36).
– Zwischen diesem Verstoß und dem Schaden besteht ein unmittelbarer **Kausalzusammenhang.**

Die Durchsetzung des Anspruchs richtet sich nach nationalem Haftungsrecht, woraus sich allerdings keine höheren Anforderungen ergeben dürfen als für Klagen, die nur nationales Rechts betreffen; außerdem darf es nicht übermäßig erschwert werden, die Entschädigung zu erlangen (EuGH 22. 4. 1997 Sutton Slg. 1997, I-2163, 2191).

III. Vorrang vor nationalem Recht

1. Allgemeines. Sämtliches Gemeinschaftsrecht, also sowohl Primär- als auch Sekundärrecht, beansprucht **Vorrang** vor dem nationalen Recht. Dieser Anspruch beruht auf der Übertragung von Hoheitsrechten auf die EG (Rn. 1) und besteht daher im Verhältnis zu allem nationalen Recht. Demnach hat auch jüngeres nationales Recht gegenüber älterem Gemeinschaftsrecht zurückzutreten (EuGH 15. 7. 1964 Costa./.E. N. E. L. Slg. 1964, 1251, 1269). Der Vorrang besteht nicht nur gegenüber staatlich gesetztem Recht, sondern auch gegenüber **TV** (vgl. zum Verbot der Diskriminierung wegen des Geschlechts Art. 4 der Richtlinie 75/117/EWG und Art. 3 II der Richtlinie 76/207/EWG; EuGH 31. 5. 1995 Royal Copenhagen Slg. 1995, I-1275, 1314 = AP EWG-Vertrag Art. 119 Nr. 68; 8. 4. 1976 Defrenne II Slg. 1976, 455, 476). Der Vorrang des Gemeinschaftsrechts wird von der deutschen Rechtsprechung im Grundsatz anerkannt (zB BVerfG 28. 1. 1992 AP AZO § 19 Nr. 2; BAG 5. 3. 1996 AP GG Art. 3 Nr. 226); vgl. aber Rn. 1. 13

Das Gemeinschaftsrecht beansprucht Vorrang auch gegenüber dem **nationalen Verfassungsrecht** (vgl. zum Vorrang der Gleichbehandlungs-Richtlinie 76/207 vor Art. 12a GG EuGH 11. 1. 2000 Kreil AP EWG-Richtlinie Nr. 76/207 Nr. 19). Eine Prüfung von Gemeinschaftsrecht an den Maßstäben des GG ist nach dieser Sicht ausgeschlossen (EuGH 17. 12. 1970 Internationale Handelsgesellschaft Slg. 1970, 1125, 1135). Insoweit ist die praktische Bedeutung des Vorrangs allerdings begrenzt. Die gemeinsamen Verfassungsüberlieferungen der Mitgliedstaaten hinsichtlich des Grundrechtsschutzes gehören nämlich zu den allgemeinen Rechtsgrundsätzen des Gemeinschaftsrechts, deren Wahrung der EuGH zu sichern hat (grundlegend EuGH 14. 5. 1974 Nold Slg. 1974, 491, 507). 14

Hinsichtlich möglicher Kollisionen des Gemeinschaftsrechts mit dem GG besteht ein – bisher nicht ausgetragener – **Konflikt mit dem BVerfG:** Dieses hat sich die Prüfung sekundären Gemeinschaftsrechts daraufhin vorbehalten, ob es sich in den Grenzen der an die EG übertragenen Hoheitsrechte hält (BVerfG 12. 10. 1993 Maastricht BVerfGE 89, 155, 188). Außerdem geht das BVerfG von seiner grundsätzlichen Kompetenz zur Prüfung von Sekundärrecht auf Grundrechtsverstöße aus. Diese nimmt es jedoch nicht in Anspruch, solange die EG, insbesondere die Rechtsprechung des EuGH, einen wirksamen Grundrechtsschutz gegenüber der Hoheitsgewalt der Gemeinschaft gewährleistet, welcher dem vom GG als unabdingbar gebotenen Grundrechtsschutz im wesentlichen gleichzuachten ist. Unter dieser Voraussetzung nimmt das BVerfG entsprechende Verfassungsbeschwerden und Richtervorlagen nicht mehr zur Entscheidung an (BVerfG 22. 10. 1986 Solange II BVerfGE 73, 339, 387). 15

2. Gemeinschaftsrechtskonforme Auslegung. Aus dem Vorrang des Gemeinschaftsrechts folgt zunächst, daß es allen Trägern öffentlicher Gewalt in den Mitgliedstaaten obliegt, im Rahmen ihrer jeweiligen Zuständigkeit die erforderlichen Maßnahmen zu treffen, um die sich aus einer Richtlinie nach Art. 249 III EG ergebenden Verpflichtungen des Mitgliedstaats zu erfüllen. Zu diesen gehört vor allem die Übereinstimmung des nationalen Rechts mit den Vorgaben des Gemeinschaftsrechts. Zu diesem Zweck hat jedes nationale Gericht die **Auslegung des innerstaatlichen Rechts** so weit wie möglich am Wortlaut und Zweck einschlägiger Richtlinien auszurichten (EuGH 14. 7. 1994 Faccini Dori Slg. 1994, I-3347, 3357; 10. 4. 1984 von Colson und Kamann Slg. 1984, 1891, 1909 = AP BGB § 611a Nr. 1; BAG 5. 3. 1996 AP GG Art. 3 Nr. 226). Die Verpflichtung zur gemeinschaftsrechts- 16 konformen Auslegung gilt auch für nationales Recht, das älter ist als die Richtlinie. Auch besteht sie unabhängig davon, ob der nationale Gesetzgeber überhaupt schon zur Umsetzung tätig geworden ist (BAG 2. 4. 1996 AP BetrVG 1972 § 87 Gesundheitsschutz Nr. 5). Die weitergehende Forderung de EuGH (8. 10. 1987 Kolpinghuis Nijmegen Slg. 1987, 3969, 3987), nationales Recht bereits vor Ende der Umsetzungsfrist richtlinienkonform auszulegen, findet in Art. 249 III EGV keine Stütze (BGH 5. 2. 1998 ZIP 1998; 1084, 1087); eine solche gemeinschaftsrechtskonforme Auslegung „im Vorgriff" ist aber möglich (BGH aaO; abw. – richtlinienkonforme Auslegung vor Fristablauf nur zulässig, wenn Umsetzung bereits erfolgt – *Ehricke* EuZW 1999, 553).

17 Die **Grenzen einer gemeinschaftsrechtskonformen Auslegung** werden durch die allgemeinen Auslegungsregeln bestimmt. Es gelten dieselben Grundsätze wie für die verfassungskonforme Auslegung (BAG 5. 3. 1996 AP GG Art. 3 Nr. 226). Danach geht die Auslegung zwar vom Wortlaut der Vorschrift aus, ist aber nicht in jedem Fall durch diesen begrenzt. Lassen Sinn und Zweck des Gesetzes erkennen, daß der Gesetzgeber nicht alle Konsequenzen der gewählten Gesetzesfassung bedacht hat, so muß eine auslegungsfähige Regelung einschränkend oder ergänzend in dem Sinne verstanden werden, den der Gesetzgeber bei voller Kenntnis der Probleme normiert hätte. Die Auslegung darf aber den erkennbaren Willen des Gesetzgebers nicht verändern (zB BVerfG 24. 5. 1995 BVerfGE 93, 37, 79 f.).

18 **3. Anwendungsvorrang im Normenkonflikt.** Eine vorrangige Anwendung von Gemeinschaftsrecht kommt nur in Betracht, soweit **unmittelbar anwendbares** Gemeinschaftsrecht betroffen ist, also Vorschriften, die Rechte und Pflichten im Verhältnis AN und AG oder zwischen ihnen und staatlichen Stellen erzeugen können (dazu Rn. 5 f.). Im Verhältnis zu staatlichen Stellen, auch in ihrer Rolle als AG, können dies auch Vorschriften einer Richtlinie sein (Rn. 9 f.). Die gemeinschaftsrechtliche Regelung geht vor, soweit sie an einen Tatbestand Rechtsfolgen knüpft, die mit denjenigen nicht vereinbar sind, welche sich für denselben Tatbestand aus dem nationalen Recht ergeben. Hinsichtlich deutscher arbeitsrechtlicher Vorschriften hat sich die Frage der vorrangigen Anwendung von Gemeinschaftsrecht bisher nur im Zusammenhang mit den Diskriminierungsverboten wegen der Staatsangehörigkeit (zB Art 39 EG, vgl. EuGH 20. 10. 1993 Spotti Slg. 1993, I-5185, 5202 = AP EWG-Vertrag Art. 48 Nr. 17; BAG 20. 9. 1995 AP HRG § 57 b Nr. 4) oder des Geschlechts (zB Art. 141 EG, EuGH 13. 7. 1989 Rinner-Kühn Slg. 1989, 2743, 2757 = AP EWG-Vertrag Art. 119 Nr. 16; BAG 9. 10. 1991 AP LohnFG § 1 Nr. 95; 31. 7. 1996 AP MuSchG § 14 Nr. 15) gestellt. Wegen Unvereinbarkeit mit einer hinreichend bestimmten Richtlinienvorschrift hatte im öffentlichen Dienst deutsches Gesetzesrecht außer Anwendung zu bleiben (BAG 5. 3. 1996 AP GG Art. 3 Nr. 226).

19 Das innerstaatliche Gericht hat **von Amts wegen zu prüfen**, ob das von ihm für entscheidungserheblich gehaltene nationale Recht unmittelbar anwendbarem Gemeinschaftsrecht widerspricht. Diese Pflicht ist gemeinschaftsrechtlicher Natur. Daher kann der nationale Gesetzgeber das Gericht nicht daran hindern, innerstaatliches Recht auf seine Vereinbarkeit mit dem Gemeinschaftsrecht zu überprüfen (EuGH 14. 12. 1995 – Peterbroeck – Slg. 1995, I-4599, 4621).

20 **Anwendungsvorrang** des Gemeinschaftsrechts bedeutet, daß es von Amts wegen anstelle des widersprechenden nationalen Rechts vom Gericht anzuwenden ist. Da jedes nationale Gericht im Rahmen seiner Zuständigkeit für die volle Wirksamkeit der Vorschriften des Gemeinschaftsrechts Sorge zu tragen hat, muß es entgegenstehendes nationales Recht ohne weiteres außer Anwendung lassen. Es bedarf also nicht der vorherigen Beseitigung der gemeinschaftsrechtswidrigen Vorschrift durch den Gesetzgeber, die Tarifvertragsparteien oder in einem gerichtlichen Verfahren (EuGH 7. 2. 1991 Nimz Slg. 1991, I-297, 321 = AP BAT § 23 a Nr. 25; BAG 9. 10. 1991 AP LohnFG § 1 Nr. 95). Ein Verwerfungsmonopol eines bestimmten Gerichts und eine daraus resultierende Vorlagepflicht, wie sie in Art. 100 GG für den Fall der Verfassungswidrigkeit eines Gesetzes enthalten sind, bestehen nicht. Daher hat jedes Gericht für Arbeitsachen ein nationales Gesetz unangewendet zu lassen, wenn es der Meinung ist, es sei gemeinschaftsrechtswidrig. Dies gilt auch für TV (EuGH 7. 2. 1991 Nimz Slg. 1991, I-297, 321 = AP BAT § 23 a Nr. 25). Das Fehlen eines förmlichen Verwerfungsverfahrens kann dazu führen, daß jedenfalls solange, wie eine Klärung durch den EuGH aussteht, nationale Gerichte die Vereinbarkeit innerstaatlichen Rechts mit dem Gemeinschaftsrecht und daher auch die Frage, ob es noch anzuwenden ist, unterschiedlich beurteilen.

21 Anders als die Verfassungswidrigkeit führt die Gemeinschaftsrechtswidrigkeit einer nationalen Vorschrift nicht etwa zu deren Nichtigkeit. Die nationale **Rechtsnorm besteht vielmehr fort** und ist wieder anzuwenden, sobald die Gemeinschaftsrechtswidrigkeit entfällt. Dieser Fall kann nicht nur dann eintreten, wenn das einschlägige Gemeinschaftsrecht geändert wird. Die erneute Anwendung kommt auch dann in Betracht, wenn tatsächliche Gegebenheiten entfallen, die zur Gemeinschaftsrechtswidrigkeit geführt haben. So ist es vorstellbar, daß eine Vorschrift zunächst wegen mittelbar diskriminierender Wirkung gemeinschaftsrechtswidrig ist, sich später aber die Geschlechterverteilung unter den von der Regelung Begünstigten und den von ihr Benachteiligten so sehr ändert, daß sie keine mittelbare Diskriminierung mehr begründet (näher zu den Voraussetzungen Art. 141 Rn. 14 ff.).

Art. 39 (ex-Art. 48) [Freizügigkeit der Arbeitnehmer]

(1) Innerhalb der Gemeinschaft ist die Freizügigkeit der Arbeitnehmer gewährleistet.

(2) Sie umfaßt die Abschaffung jeder auf der Staatsangehörigkeit beruhenden unterschiedlichen Behandlung der Arbeitnehmer der Mitgliedstaaten in bezug auf Beschäftigung, Entlohnung und sonstige Arbeitsbedingungen.

(3) Sie gibt – vorbehaltlich der aus Gründen der öffentlichen Ordnung, Sicherheit und Gesundheit gerechtfertigten Beschränkungen – den Arbeitnehmern das Recht,
a) sich um tatsächlich angebotene Stellen zu bewerben;
b) sich zu diesem Zweck im Hoheitsgebiet der Mitgliedstaaten frei zu bewegen;
c) sich in einem Mitgliedstaat aufzuhalten, um dort nach den für die Arbeitnehmer dieses Staates geltenden Rechts- und Verwaltungsvorschriften eine Beschäftigung auszuüben;
d) nach Beendigung einer Beschäftigung im Hoheitsgebiet eines Mitgliedstaats unter Bedingungen zu verbleiben, welche die Kommission in Durchführungsverordnungen festlegt.

(4) Dieser Artikel findet keine Anwendung auf die Beschäftigung in der öffentlichen Verwaltung.

Schrifttum: *Becker,* Freizügigkeit in der EU, EuR 1999, 522; *Birk* in MünchArb, 2. Aufl. 2000, Bd. 1 § 19 Rdn. 3 ff; *Dimakopoulos,* Wanderarbeiter aus der Türkei in der Europäischen Gemeinschaft, 1988; *Framheim,* Freies Studieren in Europa?, in Hailbronner (Hrsg.), 30 Jahre Freizügigkeit in Europa, S. 235; *Frikell/ Hoffmann/Platzer,* Ausländische Arbeitskräfte am Bau, 1996; *Gutmann,* Die Assoziationsfreizügigkeit türkischer Staatsangehöriger, 2. Aufl. 1999; *Hailbronner,* 30 Jahre Freizügigkeit in Europa, 1999; *Heinze,* Reichweite und Grenze der Freizügigkeit als Grundfreiheit für Arbeitsuchende, in Heinze u. a. (Hrsg), 9. Bonner Europa-Symposion Arbeitsförderung in Europa 1997, S. 53; *Heyer,* Diskriminierungs- und Beschränkungsverbot im Rahmen der gemeinschaftsrechtlichen Arbeitnehmerfreizügigkeit, Diss. jur. Köln 1996; *Lichtenberg/Limme/Gümrükcu,* Gastarbeiter – Einwanderer – Bürger? Die Rechtstellung türkischer Arbeitnehmer in der EU, 1996; *Schieffer,* Privilegierte Drittstaatsangehörige: EU-Familienangehörige und Assoziationsabkommen, in Hailbronner (Hrsg.) 30 Jahre Freizügigkeit in Europa, S. 183; *Schumacher,* Grenzgänger: Soziale und steuerliche Aspekte, in Hailbronner (Hrsg.), 30 Jahre Freizügigkeit in Europa, S. 199; *Sieveking,* Probleme des Rechtsstatus von Grenzgängern, in Hailbronner (Hrsg.), 30 Jahre Freizügigkeit in Europa, S. 219; *Veltmann,* Der Anwendungsbereich des Freizügigkeitsrechts der Arbeitnehmer gemäß Art. 48 EGV, 2000; *Weiß,* Die Personenverkehrsfreiheiten von Staatsangehörigen assoziierter Staaten, 1998.

I. Einleitung

Art. 39 I stellt infolge der Änderung durch den Vertrag von Amsterdam nicht mehr auf die Herstellung der Freizügigkeit, sondern auf deren Gewährleistung ab. Dies bedeutet keinen rechtlichen Unterschied zum bisherigen Inhalt, verdeutlicht aber die Unbedingtheit der Freizügigkeit (*Lenz/ Scheuer* Vor Art. 39 Rn. 3). Neben dem freien Warenverkehr (Art. 28), der freien Dienstleistung (Art. 49, 50) und dem freien Kapitalverkehr (Art. 56) ist sie Bestandteil des freien Personenverkehrs und damit Merkmal des **Binnenmarktes** (vgl. Art. 3 I lit. c). Sie enthält eine subjektiv-rechtliche Komponente, da sie unmittelbar Rechte des AN gewährleistet (EuGH 16. 6. 1992 Slg. I-3958, 3963; vgl. Vorb. Rn. 5). In der Präambel der VO 1612/68 ist gar die Rede von einem **Grundrecht** der AN. Sekundärrechtlich wird die Freizügigkeit wie folgt konkretisiert: VO 1612/68 (ABl EG L 257/2, zuletzt geändert ABl EG 1992 L 245/1; s. Vorschlag zur Neufassung ABl EG 1998 C 344/9); für das Einreise- und Aufenthaltsrecht die RL 68/360 (L 257/13, Änderungsvorschläge ABl EG 1998 C 344/ 12), 64/221 (L 56/850), 90/364 (L 180/364), 90/365 (L 180/28; ehemalige Erwerbstätige), 93/96 (L 317/ 59; Studenten), die im deutschen AufenthG/EWG (22. 7. 1969 BGBl. I S. 927 zuletzt geändert 1997 BGBl. I S. 51), umgesetzt worden sind. Daneben regelt VO 1251/70 (L 142/25) das Verbleiberecht aus dem Arbeitsleben ausgeschiedener AN. Für die Systeme der sozialen Sicherheit greifen die VO 1408/ 71 (L 149/2 zuletzt geändert ABl EG 1998 L 168/1) und 574/72 (L 74/1 zuletzt geändert ABl EG 1997 L 176/1), die auf Art. 42 gestützt sind.

II. Berechtigte

1. Unionsbürger. Art. 39 II spricht von den AN der Mitgliedstaaten; diese Formulierung sagt nicht eindeutig aus, daß damit die AN mit der Staatsangehörigkeit eines Mitgliedstaats gemeint sind, sondern könnte auch auf die Zugehörigkeit zum Arbeitsmarkt eines Mitgliedstaates abstellen, die auch bei Drittstaatsangehörigen gegeben sein kann. Klarheit in diesem Zusammenhang schafft aber Art. 1 I VO 1612/68, der den gleichberechtigten Zugang zur Beschäftigung in der EG von der Staatsangehörigkeit eines Mitgliedstaats abhängig macht. Demnach müssen auch Art. 39 ff. so verstanden werden, daß die Anwendbarkeit der Freizügigkeitsvorschriften grds. eine **EG-Staatsangehörigkeit** voraussetzt. Die Feststellung, wer Staatsangehöriger ist, obliegt grds. den Mitgliedstaaten selbst. Unschädlich ist es, zusätzlich zur Staatsangehörigkeit eines Mitgliedstaats der Gemeinschaft auch eine Drittstaatsangehörigkeit zu besitzen, selbst wenn nach dem Recht des Aufnahmestaats ausschließlich die Drittstaatsangehörigkeit Anerkennung findet (EuGH 7. 7. 1992 Slg. I-4239, 4262 in einem Fall, der die Niederlassungsfreiheit betraf). Eine Reihe von Mitgliedstaaten hat Erklärungen abgegeben, die den Kreis ihrer Staatsangehörigen iSd. Gemeinschaftsrechts näher bestimmen sollen. So hat die Bundesrepublik anläßlich der Unterzeichnung von EWGV und EAG erklärt, daß Deutsche iSd. Gemeinschaftsrechts alle Deutschen iSd. Art. 116 GG sind, nicht nur diejenigen, deren Staatsangehörigkeit sich aus dem Reichs- und Staatsangehörigkeitsgesetz ergibt. Umfangreiche Sonderregelungen ergeben sich auch aus einer Erklärung Großbritanniens (ABl. 1972, L 73/196) in Verbindung mit dem British Nationality Act 1981. Danach genießen zB in Hongkong ansässige britische Bürger ebensowenig die Freizügigkeitsrechte des EGV wie die Bewohner der Kanalinseln und der Insel Man (einen Überblick über die Sonderregelungen für die einzelnen Mitgliedstaaten gibt *Grabitz/Hilf/Randelzhofer* Art. 48 EWGV Rn. 9ff.). Dementsprechend können sich **Drittstaatsangehörige,** auch wenn sie in einem Mitgliedstaat der Gemeinschaft ansässig sind und dem dortigen Arbeitsmarkt regulär angehören, nicht auf die Freizügigkeitsvorschriften des Gemeinschaftsrechts berufen (EuGH 5. 7. 1984 Slg. 1984, 2631; vgl. auch *Groeben/Thiesing/Ehlermann/Wölker* Vorbem. zu Art. 48 Rn. 41; *Grabitz/Hilf-Randelzhofer* Art. 48 EWGV Rn. 7. Auf die Angehörigen mit der EG assoziierter Staaten wird unter Rn. 5 eingegangen). Keine gemeinschaftsrechtliche Freizügigkeit genießen auch Staatenlose und Flüchtlinge (für diese gilt aber gem. Art. 2 I VO 1408/71 das koordinierende Sozialrecht der Gemeinschaft, wenn sie in einem Mitgliedstaat wohnen). Drittstaatsangehörige können deshalb nur dann eine Arbeiterlaubnis bekommen, wenn kein AN aus einem EU-Mitgliedstaat zur Verfügung steht. Eine Entschließung des Europäischen Parlaments vom 16. 7. 1998 zu dem Aktionsplan der Kommission zur Förderung der Freizügigkeit der AN (KOM 97/586) fordert Freizügigkeit auch für in einem Mitgliedstaat zugelassene Drittstaatsangehörige. S. auch Rn. 4.

3   **2. Angehörige des Europäischen Wirtschaftsraumes.** Neben der Staatsangehörigkeit eines Mitgliedstaats der Gemeinschaft ist auch die Zugehörigkeit zu einem Mitgliedstaat des Europäischen Wirtschaftsraums ausreichend; dies ergibt sich aus dem Art. 39 nachgebildeten Art. 28 EWR-Abkommen sowie den besonderen Bestimmungen des Anhangs V zu diesem Abkommen (näher *Welte* ZAR 1994, 80). In diesem Zusammenhang ist allerdings zu beachten, daß die Regelungen des EWR und damit auch das daraus folgende Diskriminierungsverbot zugunsten von WanderAN aus den EWR-Staaten keine Rückwirkung entfalten und somit keine Anwendung auf vor Bildung des EWR abgeschlossene Sachverhalte finden können. Nach dem Beitritt Österreichs, Finnlands und Schwedens zur Europäischen Gemeinschaft mit Wirkung v. 1. 1. 1995 entfalten die Regelungen des EWR nur noch Wirkung für die Staatsangehörigen Norwegens, Islands und Liechtensteins.

4   **3. Aus EU- und EWR-Mitgliedstaaten entsandte Drittstaatsangehörige.** Diese können sich nicht auf Art. 39 berufen, doch hat der EuGH aus der Dienstleistungsfreiheit (Art. 49) das Recht der im EU- und EWR-Bereich niedergelassenen Unternehmen abgeleitet, bei ihnen ordnungsgemäß beschäftigte Drittstaatsangehörige vorübergehend in andere Mitgliedstaaten zu entsenden (27. 3. 1990 Slg. I-1417; 9. 8. 1994 Slg. I-3803; 28. 3. 1996 Slg. I-1915; dazu *Hailbronner,* FS für Everling, 1995, 399; *Wichmann,* Dienstleistungsfreiheit und grenzüberschreitende Entsendung von Arbeitnehmern, 1998; *Häußler* ZAR 2000, 24). Infolgedessen ist der Zugang zum europäischen Arbeitsmarkt für Drittstaatsangehörige eröffnet. Die Kommission hat dies in einem RLVorschlag präzisiert und vorgeschlagen, die von Drittstaatsangehörige in den Mitgliedstaaten erworbenen Diplome anzuerkennen (Art. 3 IV RL zur Ausdehnung der grenzüberschreitenden Dienstleistungsfreiheit auf in der Gemeinschaft niedergelassene Staatsangehörige dritter Länder, ABl EG 1999 C-67/12; s. a. *Häußler* ZAR 2000, 24, 30; *Deinert* AuR 2000, 92). Die gerichtliche Durchsetzung dieser Rechte soll allerdings nur dem AG möglich sein. Der aufgrund der Entscheidungen des EuGH ergangene Dienstblatt Runderlaß 72/95 der BA, in dem eine deklaratorische Arbeitserlaubnis verlangt wurde, ist aufgrund Bedenken von Seiten der Kommission (ABl EG 1996 C 9/51) durch eine Verfügung des Präsidenten der BA vom 26. 5. 1996 aufgehoben worden (vgl. *Marschner* NZA 1996, 186; *Borgmann* ZAR 1996, 119; *Häußler* ZAR 2000, 24, 26). Auf die Niederlassungsfreiheit läßt sich dies nicht ohne weiteres übertragen (EuGH 9. 8. 1994 Slg. I-3824), zumal Art. 44 II f) nur Beschränkungen für den Eintritt des Personals der Hauptniederlassung in die Leitungs- und Überwachungsorgane von Tochtergesellschaften abbauen will. S. auch die Kommentierung des AEntG.

5   **4. Angehörige assoziierter Staaten.** Aus dem seit 1963 bestehenden Assoziationsabkommen zwischen der EG und der Türkei und den dazu ergangenen Assoziationsratsbeschlüssen, die den Rang von Gemeinschaftsrecht haben, ergibt sich ein Recht auf weitere Arbeits- und Aufenthaltserlaubnisse bei einjähriger ordnungsgemäßer Beschäftigung (s. EuGH 30. 9. 1987, 20. 9. 1990, 16. 12. 1992, 5. 10. 1994, 17. 4. 1997, 29. 5. 1997, 5. 6. 1997, 30. 9. 1997, Slg. 1987, 3719; 1990, I-3461; 1992, I-6781; 1994, I-5113; 1997, I-2144, I-2707, I-2866, I-5193; 10. 2. 2000, EuGRZ 2000, 50; *Delbrück/Tietje* ZAR 1995, 29; *Gutmann* AuR 2000, 81; *ders.,* Die Assoziationsfreizügigkeit türkischer Arbeitnehmer, 2. Aufl. 1999). Bedeutung kommt insb. dem Diskriminierungsverbot des Art. 3 I des ARB 3/80 zu (EuGH 26. 11. 1998 Slg. I-7767; EuGH 4. 5. 1999 AuR 2000, 111; *Hänlein* ZAR 1998, 21) und dem Recht

Familienangehöriger aus Art. 7 S. 2 ARB 1/80 auf Zugang zum Arbeitsmarkt (EuGH 19. 11. 1998 Slg. I-7537; *Lang* ZAR 1999, 69; *Gutmann*, S 112). Neben dem Abkommen mit der Türkei gibt es Abkommen (Art. 310) mit Polen, Ungarn, Rumänien, Bulgarien, der Tschechischen und Slowakischen Republik, Marokko, Algerien und Tunesien, die eine Zusammenarbeit im Bereich der Arbeitskräfte vorsehen (Übersicht *Dauses/Hailbronner* D I Rn. 68 b, c; s. auch *Evtimor*, Rechtsprobleme der Assoziierung der mittel- und osteuropäischen Länder, 1998). Dabei handelt es sich allerdings lediglich um ein Diskriminierungsverbot und nicht um die Begründung eigenständiger Aufenthaltsrechte (*Dauses/Hailbronner* D I Rn. 68 b, c; für Algerien EuGH 5. 4. 1995 Slg. I-729; *Navarro* ZAR 1999, 65; für Marokko EuGH 11. 11. 1999 InfAuslR 2000, 56 und 2. 3. 1999 Slg. I-1228, 1246, in der ausdrücklich auf die Unterschiede zwischen dem Abkommen mit der Türkei und dem mit Marokko im Hinblick auf Aufenthaltsrechte hingewiesen wird).

5. Arbeitnehmer. Art. 1 I VO 1612/68 erwähnt als Kriterium der ANEigenschaft eine „Tätigkeit im 6 Lohn- oder Gehaltsverhältnis". Daraus hat der EuGH als Voraussetzung der ANEigenschaft abgeleitet, daß eine weisungsgebundene Erbringung von Leistungen für einen Dritten gegen eine Vergütung erforderlich ist (EuGH 3. 7. 1986 Slg. 2121, 2144; 31. 5. 1989 Slg. 1621, 1645). Um ein gemeinschaftsweit einheitliches Verständnis des ANBegriffs und damit der Art. 39 ff. zu gewährleisten, verbietet es der EuGH den Mitgliedstaaten in st. Rspr., weitere als die soeben genannten Voraussetzungen für die ANEigenschaft iSd. Freizügigkeitsbestimmungen aufzustellen (EuGH 21. 6. 1988 Slg. 3161, 3201; 21. 6. 1988, Slg. 3205, 3244). Auch nach Gemeinschaftsrecht soll kein Arbeitsverhältnis vorliegen, wenn im Rahmen einer Tätigkeit „völlig untergeordnete und unwesentliche" (EuGH 23. 3. 1982 Slg. 1035, 1050) Beschäftigungen vorliegen, bei denen nicht Leistungen von „einem gewissen wirtschaftlichen Wert" (EuGH 3. 7. 1986 Slg. 2121, 2144) erbracht werden. Daraus folgt, daß eine Reihe von Kriterien für die Abgrenzung zwischen einem Arbeitsverhältnis und einer wirtschaftlich und damit auch freizügigkeitsrechtlich irrelevanten Tätigkeit nicht in Frage kommen: Dies gilt für eine bestimmte Mindestdauer des Arbeitsverhältnisses (EuGH 21. 6. 1988 Slg. 3161, 3201; 21. 6. 1988 Slg. 3205, 3244), die Unterscheidung zwischen Arbeitern und Angestellten (EuGH 31. 5. 1989 Slg. 1621, 1645) sowie zwischen Voll- und Teilzeitarbeitskräften (EuGH 23. 3. 1982 Slg. 1035, 1050). Demnach kann auch bei einer wöchentlichen Arbeitszeit von nur zwölf Stunden (EuGH 3. 6. 1986 Slg. 1741, 1750) oder einer unter dem branchenüblichen Mindesteinkommen liegenden Bezahlung, die nicht die einzigen Einkünfte darstellt (EuGH 23. 3. 1982 Slg. 1035, 1050; 3. 6. 1986 Slg. 1741, 1750), die ANEigenschaft zu bejahen sein. Den Anforderungen eines Arbeitsverhältnisses iSd. des Gemeinschaftsrechts genügt dagegen nicht die bloße Erfüllung familiärer Pflichten (BVerwG 24. 10. 1984 NJW 1985, 1301), wohingegen die Beschäftigung an zwei Tagen pro Woche bei einer Gesellschaft, deren Geschäftsführer und Alleingesellschafter der Ehemann ist, ein Arbeitsverhältnis begründen kann (EuGH 8. 6. 1999 Slg. I-3289, 3311 Rn. 15). Tätigkeiten, bei denen therapeutische und soziale Aspekte im Vordergrund stehen, sollen nach der Rspr. des EuGH die ANEigenschaft nicht begründen; es soll dann an ihrer Einstufung als wirtschaftliche Tätigkeit fehlen (EuGH 31. 5. 1989 Slg. 1621, 1646). Im entschiedenen Fall ging es um ein niederländisches Programm zur Wiedereingliederung Drogensüchtiger. Beschäftigte nach § 19 BSHG sollen indes Arbeitnehmer sein (EuGH 26. 11. 1998 Slg. I-7747, 7778). Unter den Begriff des AN iSd. Art. 39 ff. fallen auch Personen, die sich in einem Berufsausbildungsverhältnis befinden, in dessen Rahmen sie eine Vergütung erhalten. Davon geht ebenfalls die AufenthG/EWG in seinem § 1 I aus. Aufgrund der entgeltlichen Arbeitsleistung nehmen am Wirtschaftsleben Referendare und Beschäftigte im öffentlichen Dienst teil (EuGH 3. 7. 1986 Slg. 2121; 15. 1. 1998 Slg. I-47) sowie Berufssportler (EuGH 15. 12. 1995 EuZW 1996, 82, 86).

Die ANEigenschaft von Geschäftsführern ist differenziert zu beurteilen. Der EuGH lehnt in seinem 7 Urteil vom 27. 6. 1996 unter Verweis auf die Niederlassungsfreiheit die ANEigenschaft eines Geschäftsführers und Alleingesellschafter ab (Slg. I-3113, 3121). Hingegen geht er inzident von der AN-Eigenschaft eines Geschäftsführers aus, wenn es sich nicht um eine Ein-Mann-Gesellschaft handelt (EuGH 7. 5. 1998 Slg. I-2537). Wenn der EuGH in seinen Entscheidungen vom 29. 10. 1998 und 9. 3. 2000 (Slg. I-6732, 6744; Rs. 355/98 Rn. 31) die Vereinbarkeit eines Wohnsitzerfordernisses für Geschäftsführer an der Niederlassungsfreiheit und Dienstleistungsfreiheit mißt, ist dies wohl darin begründet, daß die Wohnsitzklausel auch für das Unternehmen galt. Prostituierte gehen ebenfalls einer entgeltlichen Arbeitsleistung nach, allerdings unter Berücksichtigung des Vorbehalts nach Art. 39 III (EuGH 18. 5. 1982 Slg. 1665; VGH Mannheim 11 S 1387/99; s. auch BVerfG 22. 3. 2000 AuR 2000, 188; *Callies/Ruffert/Brechmann* Rn. 17; aA *Grabitz/Hilf/Randelzhofer* Art. 48 EGV Rn. 6, 6 a).

Das (aktuelle) Bestehen eines Arbeitsverhältnisses iSd. Gemeinschaftsrechts bildet allerdings nicht aus- 8 nahmslos Voraussetzung für die Inanspruchnahme der Freizügigkeitsrechte. Dies ergibt sich schon aus der Tatsache, daß das Freizügigkeitsrecht gem. Art. 39 III lit. a), b) auch ein Recht auf Einreise zum Zwecke der Bewerbung beinhaltet. Erhalten bleiben der ANStatus und damit die Privilegien des Freizügigkeitsrechts auch früheren WanderAN, die nunmehr im Aufnahmestaat eine (auch universitäre) Berufsausbildung aufnehmen, soweit diese in einem gewissen Zusammenhang mit der vorherigen Berufsausübung steht (EuGH 21. 6. 1988 Slg. 1988, 3161, 3200 Rn. 37. Vgl. dazu unten Rn. 15 ff.).

6. Arbeitgeber. Auch der AG kann sich auf die Freizügigkeit berufen, wenn er einen AN eines 9 Mitgliedstaates beschäftigen möchte und ihm dies von staatlicher Seite unter Hinweis auf den fehlenden Wohnsitz oder die fehlende nationale Staatsangehörigkeit des AN verweigert wird (EuGH 7. 5. 1998 Slg. I-2537, 2545). In dem vom EuGH entschiedenen Fall wollte ein AG einen Geschäftsführer bestellen, der seinen Wohnsitz außerhalb Österreichs hatte. Der EuGH stellt darauf ab, daß die ANFreizügigkeit ihre Wirkung nicht voll entfalten könnte und umgangen würde, wenn die Mitgliedstaaten dem AG die Einstellung nicht ortsansässiger AN verbieten könnten (vgl. auch Art. 2 VO 1612/68).

10   7. **Räumlicher Geltungsbereich.** Grds. erfaßt die Freizügigkeit nur die Fälle, die einen relevanten Auslandsbezug aufweisen (EuGH 28. 1. 1992 Slg. I-341; 2. 7. 1998 Slg. I-4239). Dafür genügt es, wenn der AN die Grenze zum Erreichen des Arbeitsplatzes überschreitet, sog. GrenzAN (EuGH 27. 11. 1997 Slg. I-6689; EuGH 8. 6. 1999 AP Art. 48 EG-Vertrag Nr. 9, Rn. 20; vgl. Art. 7 a des Entwurfs zur Änderung der VO 1612/68 vom 12. 11. 1998, ABl EG C 344/11). Die Tätigkeit muß auch nicht im Gemeinschaftsgebiet ausgeübt werden. Es genügt nach der Rspr. des EuGH, wenn ein hinreichend enger Bezug zum Recht eines Mitgliedstaates besteht und damit zu den einschlägigen Regeln des Gemeinschaftsrechts besteht (EuGH 30. 4. 1996 Slg. I-2273; BAG 8. 8. 1996 AP EWG-Vertrag Art. 48 Nr. 22 m. Anm. *Waas; Lenz/Scheuer* Rn. 2; vgl. Art. 9 a des Entwurfs zur Änderung der VO 1612/68 ABl EG 1998 C 344/11).

III. Verpflichtete

11   Zur Gewährung der Freizügigkeit ist vor allem der Staat verpflichtet, in dem der AN tätig werden will. Aber auch der Heimatstaat darf der Freizügigkeit keine Hindernisse in den Weg legen (EuGH 15. 12. 1995 Slg. 5040, 5069; 26. 1. 1999 Slg. I-376, 386). Für die Frage, ob und inwieweit Private (etwa AG, AGVerbände und sonstige Organisationen) durch Art. 39 gebunden sind, ist zu differenzieren. In Bezug auf das Diskriminierungsverbot greift unmittelbar Art. 7 IV VO 1612/68, der alle Bestimmungen in Einzel- und Tarifverträgen betreffend Zugang zur Beschäftigung, Beschäftigung und Entlohnung und alle übrigen Arbeitsbedingungen von Rechts wegen für nichtig erklärt, soweit sie Staatsangehörige anderer Mitgliedstaaten diskriminieren (EuGH 12. 12. 1974 Slg. 1405; *Dauses/Hailbronner* D I Rn. 41 e; zu den Rechtsfolgen s. unten Rn. 40). Der EuGH hat eine Bindung für Private auch außerhalb des Diskriminierungsverbots jedenfalls bei Vorschriften von Verbänden (Gewerkschaften und AGVerbände, Sportverbände ua.) bejaht, die zur kollektiven Regelung unselbständiger Arbeit dienen, sog. „intermediäre Gewalten", da diese privaten Vereinigungen im Arbeitsrecht gesetzesgleiche Gewalt wahrnehmen (EuGH 15. 12. 1995 EuZW 1996, 82, 87 zu Transferentschädigungen aufgrund Sportverbandsrecht unter Bezug auf EuGH 12. 12. 1974 Slg. 1419, 1420 Rn. 16/19; bzgl. verbandsrechtlicher Transferfristen vgl. EuGH 13. 4. 2000 AP Art. 39 EG Nr. 1; s. a. *Callies/Ruffert/Brechmann* Rn. 51; *Roth*, FS für Everling, 1231, 1238; aA *Burgi* EWS 1999, 327, 331, der die Bindung von Verbänden mangels Kompetenz der Gemeinschaft zur umfassenden Regelung des Privatrechts kritisiert). Nach Ansicht des EuGH gefährdet eine Beschränkung auf behördliche Maßnahmen die gleichmäßige Anwendung des Freizügigkeitsrechts (EuGH 15. 12. 1995 EuZW 1996, 82, 87). Nach EuGH 6. 6. 2000 (Angonese) EuZW 2000, 468 gilt Art. 39 ebenso wie Art. 141 auch gegenüber Privatpersonen. Der Hinweis auf Art. 141 legt es nahe, § 611 a BGB analog anzuwenden, s. auch Rn. 40.

IV. Einzelne Rechte

12   1. **Einreise und Aufenthaltsrechte. a) Erwerbszweck.** Art. 39 III gewährt den Unionsbürgern ein Einreise- und Aufenthaltsrecht zu Zwecken der unselbständigen Beschäftigung (EuGH 4. 12. 1974 Slg. 1337, 1347; 8. 4. 1976 Slg. 497, 512). Von Art. 39 zu unterscheiden ist der durch die Maastrichter Verträge in den EG eingefügte Art. 18, nach dem jeder Unionsbürger vorbehaltlich der im Gemeinschaftsrecht enthaltenen Beschränkungen und Bedingungen das Recht hat, sich im Hoheitsgebiet der Mitgliedstaaten frei zu bewegen und aufzuhalten. Dies zielt auf diejenigen Unionsbürger ab, die bislang keine der von einer wirtschaftlichen Zwecksetzung abhängigen Personenverkehrsfreiheiten (dies sind neben der Freizügigkeit der AN die Niederlassungsfreiheit gem. Art. 43 ff. und die Dienstleistungsfreiheit gem. Art. 49 ff.) für sich in Anspruch nehmen konnten, da sie sich nicht zu Erwerbszwecken in anderen Mitgliedstaaten aufhalten wollten. Für diesen Kreis nicht erwerbstätiger Personen wurden im Jahre 1990 drei RL erlassen, die ihre Freizügigkeitsrechte innerhalb der Gemeinschaft konkretisieren; neben einer allgemeinen RL für nicht erwerbstätige Unionsbürger (RL 90/364/EWG) bestehen zwei speziellere RL für ehemals Erwerbstätige (RL 90/365/EWG) und für Studenten (RL 93/96/EWG des Rates v. 24. 10. 1993, ABl. L 317/59; die ihr inhaltlich entsprechende ursprüngliche RL 90/366/EWG ist vom EuGH mit Urteil 7. 7. 1992 Slg. 4193, 4230 ff., für nichtig, weil auf die falsche Rechtsgrundlage gestützt, erklärt worden), die den Nachweis einer Krankenversicherung und ausreichender Existenzmittel verlangen, so daß die Sozialhilfe des Aufenthaltsstaates nicht in Anspruch genommen werden muß. Art. 18 begründet – im Gegensatz zu Art. 39 – kein unmittelbar anwendbares Individualrecht auf Einreise und Aufenthalt in andere Mitgliedstaaten der Gemeinschaft, sondern gewährt es nur nach Maßgabe des oben erwähnten Sekundärrechts. Paßkontrollen sind deshalb grds. zulässig (EuGH 21. 9. 1999 Slg I-6207 Rn. 43). Mit Urteil vom 20. 3. 1997 (Slg. I-1668) hat der

IV. Einzelne Rechte   Art. 39 (ex-Art. 48)   EG 20

EuGH festgestellt, daß Deutschland besagte RL nicht hinreichend umgesetzt hat (dazu *Fischer* ZAR 1998, 159); zu den erforderlichen Dokumenten EuGH 25. 5. 2000, C 424/98.

b) Während der Berufstätigkeit folgen Aufenthalts- und Einreiserecht unmittelbar aus Art. 39 III 13 lit. b) und c), während die Einzelheiten sich aus dem AufenthG/EWG (Umsetzung der RL 68/360) ergeben. Den Mitgliedstaaten ist nicht gestattet, die bezweckte Ausübung einer Erwerbstätigkeit schon bei der Einreise zu überprüfen, was sich aus einem Vergleich des Art. 3 RL 68/360 mit Art. 4 ergibt, wonach der Nachweis eines Arbeitsverhältnisses nur für den Nachweis des Aufenthaltsrechts, nicht aber des Einreiserechts erforderlich ist. Die Einreisevorschriften der RL 68/360 sind in §§ 2, 10 AufenthG/EWG in deutsches Recht umgesetzt worden. Zum Nachweis ihres Aufenthaltsrechts erhalten die EG-WanderAN vom Aufnahmestaat gem. Art. 4 II RL 68/360 eine deklaratorische „Aufenthaltserlaubnis für Angehörige eines Mitgliedstaats der EWG", deren zwingender Wortlaut sich aus der Anlage zur RL ergibt („Diese Aufenthaltserlaubnis wird aufgrund der Verordnung (EWG) Nr. 1612/68 des Rates der Europäischen Gemeinschaften vom 15. Oktober 1968 und der zur Durchführung der Richtlinie des Rates vom 15. Oktober 1968 erlassenen Vorschriften ausgestellt. Gemäß der genannten Verordnung hat der Inhaber dieser Aufenthaltserlaubnis unter denselben Bedingungen wie die [für die Bundesrepublik: deutschen] AN das Recht auf Zugang zu Beschäftigungen im Lohn- oder Gehaltsverhältnis und auf deren Ausübung im [für die Bundesrepublik: deutschen] Hoheitsgebiet."). Über die Vorlage des Einreisedokuments sowie einer Arbeitsbescheinigung, die die Dauer des Beschäftigungsverhältnisses erkennen läßt (Art. 6 III RL 68/360), hinaus dürfen keine weiteren Unterlagen, wie zB der Nachweis der Zugehörigkeit zu einem bestimmten System der sozialen Sicherheit, zur Ausstellung der Aufenthaltserlaubnis-EG verlangt werden (EuGH 5. 2. 1991 Slg. I-273, 291 f.). Nach Art. 6 I RL 68/360 muß die Aufenthaltserlaubnis für das gesamte Hoheitsgebiet des Aufnahmestaats gelten, eine Mindestgültigkeitsdauer von fünf Jahren haben und ohne weiteres zu verlängern sein. Die Unerheblichkeit von bis zu sechsmonatigen oder durch Militärdienst gerechtfertigten Aufenthaltsunterbrechungen ergibt sich aus Art. 6 II. Nur für Arbeitsverhältnisse, die voraussichtlich zwischen drei Monaten und einem Jahr dauern, läßt Abs. 3 die Erteilung einer auf diese Dauer befristeten Aufenthaltserlaubnis-EG zu.

Über die Vorgaben der RL 68/360 hinaus sieht § 7a AufenthG/EWG die Möglichkeit vor, die 14 Aufenthaltserlaubnis-EG unbefristet zu erteilen. Diese Regelung soll verhindern, daß Freizügigkeitsberechtigte zusätzlich zu ihrem europarechtlichen Aufenthaltsrecht einen unbefristeten Aufenthaltstitel nach dem AuslG beantragen (*Hailbronner* § 7a AufenthG/EWG, Rn. 1). Diese unterliegt, da sie vom Gemeinschaftsrecht nicht gefordert wird, den vom deutschen Gesetzgeber festgelegten Voraussetzungen. Dies sind gem. § 7a I AufenthG/EWG ein mindestens fünfjähriger ständiger Aufenthalt in der Bundesrepublik, deutsche Sprachkenntnisse, ausreichender Wohnraum iSd. § 17 IV AuslG und eigenständige, gesicherte wirtschaftliche Verhältnisse ohne die Inanspruchnahme öffentlicher Mittel.

Die Innenminister Deutschlands, Frankreichs, Spaniens und Italiens haben beschlossen, daß Arbeitnehmer, Studenten und Familienangehörige Einheimischer ab 2001 keine Aufenthaltserlaubnis, sondern nur eine Meldebestätigung brauchen. Anders bei Rentnern und Arbeitslosen.

c) Während der Stellensuche. Art. 39 III spricht nicht ausdrücklich von einem Einreise- und 15 Aufenthaltsrecht für Angehörige anderer Mitgliedstaaten, die sich im Aufnahmestaat auf Stellensuche begeben wollen. Dennoch sind auch diese zum Kreise der aus Art. 39 III Freizügigkeitsberechtigten zu zählen. Dies ergibt sich zum einen aus dem vom EuGH in st. Rspr. verfochtenen Grundsatz, daß die Freizügigkeit der AN als eine der Grundlagen der Gemeinschaft einer weiten Auslegung bedürfe (EuGH 26. 2. 1991 Slg. 745, 777). Auch ergibt sich aus dem Wille des europäischen Gesetzgebers zur Einbeziehung der Arbeitsuchenden in den Kreis der Freizügigkeitsberechtigten aus Art. 5 VO 1612/ 68, wonach Arbeitsuchende aus anderen Mitgliedstaaten Anspruch auf gleiche Hilfe durch die AA haben wie arbeitsuchende Inländer. Arbeitsuchende finden daher auch im AufenthG/EWG grds. Berücksichtigung, wie sich der Formulierung „eine Beschäftigung (...) ausüben oder *ausüben wollen*" in § 1 I Nr. 1 AufenthG/EWG entnehmen läßt. Ein Recht auf Sozialhilfe ist damit aber nicht verbunden (EuGH 18. 6. 1987 Slg. 2811, 2839; OVG Rheinland-Pfalz 6. 8. 1987 InfAuslR 1988, 67). Nach der Vorstellung des deutschen Gesetzgebers soll eine Berufung auf die Freizügigkeit für diejenigen nicht in Frage kommen, in deren Person ein nicht behebbares Beschäftigungshindernis vorliegt (Amtl. Begr. zu § 1 AufenthG/EWG, BT-Drucks. V/4125 S. 9 f.). Da in diesem Fall die Ausrichtung des Aufenthalts auf eine wirtschaftliche Betätigung hin fehlen dürfte, ist dieser Standpunkt gemeinschaftsrechtskonform. Fraglich ist die zeitliche Begrenzung des dem Stellensuchenden zustehenden Aufenthaltsrechts. Die RL 68/360 trifft hierzu keine Aussage, während § 8 I AufenthG/EWG bestimmt, daß Arbeitsuchende während der ersten drei Monate ihrer Stellensuche keine Aufenthaltsgenehmigung benötigen. Dies entspricht einer Erklärung der Mitgliedstaaten anläßlich der Verabschiedung der VO 1612/68 und der RL 68/360 (abgedruckt im Sitzungsbericht der Rs. 53/81 Slg. 1982, 1035, 1043; für Begrenzung auf drei Monate auch Hess. VGH 5. 7. 1989 DB 1989, 1880). Der EuGH bezweifelt allerdings die rechtliche Erheblichkeit dieser Erklärung, da sie in das Gemeinschaftsrecht keinen Eingang gefunden habe (EuGH 26. 2. 1991 Slg. I-745, 778). Automatische Ausweisung nach drei Monaten ist unzulässig, EuGH 20. 2. 1997 Slg. I-1046.

16 Im Ergebnis ließ der EuGH offen, wie lange die Frist sein muß, sechs Monate seien jedenfalls genug. Allerdings komme auch nach Ablauf dieser Frist eine Ausweisung nicht in Frage, wenn der Betroffene den Nachweis erbringe, mit begründeter Aussicht auf Erfolg die Arbeitsuche fortzusetzen (EuGH 26. 2. 1991 Slg. I-779 Rn. 21 f.). Da der EuGH ausdrücklich von einer Arbeitsuche mit begründeter Erfolgsaussicht spricht, ist an deren Nachweis eine höhere Anforderung als nur die regelmäßige Kontaktaufnahme mit dem AA zu stellen; vielmehr ist hier zu verlangen, daß sich das Interesse des Stellensuchenden auf Stellen bezieht, für die es in dem betreffenden Bezirk in der jüngeren Vergangenheit auch zu Vermittlungen gekommen ist.

17 In Anbetracht der RL 90/364 (oben s. Rn. 12) dürfte die Dauer des aus Art. 39 III abzuleitenden Aufenthaltsrechts zu Zwecken der Arbeitsuche an Bedeutung verlieren.

18 **d) Während der Arbeitslosigkeit.** Wie sich aus Art. 7 RL 68/360 (§ 3 III S. 2 AufenthG/EWG) ergibt, führt unfreiwillige Arbeitslosigkeit – ebenso wie vorübergehende Arbeitsunfähigkeit infolge Krankheit oder Unfalls – im Aufnahmestaat nicht zum Verlust der Freizügigkeitsrechte aus Art. 39. Dieser Gedanke liegt auch Art. 7 I VO 1612/68 zugrunde, wonach arbeitslos gewordenen WanderAN die gleichen Hilfen im Hinblick auf berufliche Wiedereingliederung oder Wiedereinstellung zuteil werden müssen wie inländischen AN. Daraus ergibt sich, daß die gemeinschaftsrechtliche Stellung von unfreiwillig Arbeitslosen iSd. RL 68/360 günstiger ist als die von Arbeitsuchenden iSd. letzten Abschnitts. Ausschlaggebend ist in diesem Zusammenhang, ob ein WanderAN im Aufnahmestaat bereits als AN in einem Beschäftigungsverhältnis von den Freizügigkeitsrechten des EG Gebrauch gemacht hat; nur dann kann er auch unfreiwillig Arbeitsloser iSd. RL 68/360 bzw. der VO 1612/68 sein (EuGH 26. 5. 1993 EuZW 1993, 451 f., Rn. 9 ff., wo der Status des unfreiwillig Arbeitslosen iSd. Gemeinschaftsrechts einem Griechen verweigert wird, der lediglich vor dem griechischen Beitritt zur Gemeinschaft in der Bundesrepublik tätig war).

19 **e) Nach der Berufstätigkeit.** Art. 39 III lit. d) gibt den EG-WanderAN das Recht, nach Beendigung einer Beschäftigung im Hoheitsgebiet eines Mitgliedstaats unter von der Kommission festzulegenden Bedingungen zu verbleiben (Handbuch des Europäischen Rechts/*Wölker* Art. 48 Rn. 2 aE, 76). Die Kommission hat von ihrer Ermächtigung durch den Erlaß der Durchführungsverordnung 1251/70 (VO 1251/70/EWG der Kommission v. 29. 6. 1970 über das Recht der AN, nach Beendigung einer Beschäftigung im Hoheitsgebiet eines Mitgliedstaats zu verbleiben, ABl. Nr. L 142/24; auch abgedruckt in Sartorius II, Nr. 180 d). Gebrauch gemacht, die für die Betroffenen unmittelbare Ansprüche begründet; zusätzlich wurde das Verbleiberecht in § 1 Nr. 5, § 6 a AufenthG/EWG in die deutsche Rechtsordnung eingefügt. Voraussetzung des Verbleiberechts ist, daß der AN zum Zeitpunkt der Aufgabe der Beschäftigung das im Aufnahmestaat vorgeschriebene Rentenalter erreicht hat, dort zumindest in den letzten zwölf Monaten einer Beschäftigung nachging und sich seit mindestens drei Jahren dort aufgehalten hat. § 6 a II Nr. 1 AufenthG/EWG läßt hier das Alter von 65 Jahren unabhängig davon genügen, ob damit das deutsche Rentenalter erreicht ist (Eine Erhöhung des Rentenalters in der Bundesrepublik hat somit auf das Verbleiberecht nur dann Auswirkungen, wenn auch das AufenthG/EWG geändert wird.). Art. 2 I lit. b) dehnt den Anwendungsbereich der VO 1251/70 auf dauernd Arbeitsunfähige aus, die einen mindestens zweijährigen ständigen Aufenthalt im Aufnahmestaat vorweisen können; beruht die Arbeitsunfähigkeit auf einem Arbeitsunfall oder einer Berufskrankheit mit der Folge eines Rentenanspruchs im Aufnahmestaat, so besteht kein Erfordernis einer bestimmten Aufenthaltsdauer. Voraussetzung ist im Falle von lit. b) aber auch, daß die Aufgabe der Erwerbstätigkeit auf der Arbeitsunfähigkeit beruht (*Hailbronner* § 6 a AufenthG/EWG Rn. 5). Schließlich erfaßt lit. c) auch Grenzgänger, die ihren Wohnsitz im Aufnahmestaat haben und in der Vergangenheit mindestens drei Jahre lang auch dort gearbeitet haben. Das Verbleiberecht gewährt auch das Verbleiben in einem anderen Mitgliedstaat als dem der letzten Arbeitsstätte, was sich auch aus Art. 1 I der RL 90/365 ergibt (*Groeben/Thiesing/Ehlermann/Wölker* Art. 48 Rn. 90).

20 Ein ständiger Aufenthalt in diesem Sinne liegt gem. Art. 4 VO 1251/70 auch dann vor, wenn dieser bis zu insgesamt drei Monaten im Jahr oder zur Ableistung des Wehrdienstes unterbrochen wurde. Als Beschäftigungszeiten gelten auch die Zeiten unfreiwilliger Arbeitslosigkeit und die Fehlzeiten infolge von Krankheit oder Unfall (so auch § 6 a VI, VII Nr. 1, 2 AufenthG/EWG).

21 **f) Besonderheiten für Familienangehörige.** Ungeachtet ihrer Staatsangehörigkeit ergibt sich für bestimmte Familienmitglieder von EG-WanderAN aus Art. 10 I VO 1612/68 ein Aufenthaltsrecht im Aufnahmestaat: Es sind dies der Ehegatte, die Verwandten in absteigender Linie im Alter bis zu 21 Jahren sowie seine und seines Ehepartners sonstigen Verwandten in auf- und absteigender Linie, soweit diesen vom Freizügigkeitsberechtigten Unterhalt gewährt wird. Entscheidend für die Berechtigung von Ehegatten ist nicht der tatsächliche Bestand der ehelichen Lebensgemeinschaft, sondern der rechtliche Bestand der Ehe, so daß ein dauernd getrennt lebender Ehegatte das Aufenthaltsrecht des Art. 10 I VO 1612/68 bis zur Scheidung beanspruchen kann (EuGH 31. 2. 1985 Slg. 567, 589 f.). Eheähnliche Lebensgemeinschaften erfüllen den Tatbestand des Art. 10 I VO 1612/68 dagegen nicht (EuGH 17. 4. 1986 Slg. 1283, 1300; ein Gebot, ständigen Lebensgefährten ein Aufenthaltsrecht zu gewähren, kann sich allerdings aus dem Diskriminierungsverbot des Art. 12 I iVm. Art. 7 II VO 1612/68 ergeben, wenn der Aufnahmestaat den ständigen Lebensgefährten seiner eigenen Staatsange-

IV. Einzelne Rechte   **Art. 39 (ex-Art. 48)**   **EG 20**

hörigen ein Aufenthaltsrecht gewährt, EuGH 17. 4. 1986 Slg. 1303 f.). Soweit es auf den Unterhalt ankommt, ist von dem durch den EuGH (18. 6. 1987 Slg. 2811, 2838) festgelegten Grundsatz auszugehen, daß es auf den tatsächlichen Unterhalt, ohne Rücksicht auf Grund und Umfang dieser Leistung sowie die Unterstützungsbedürftigkeit des Angehörigen (s. a. Art. 10 I lit c) Entwurf zur Änderung der VO 1612/68 ABl EG 1998 C 344/11).

In Art. 10 I VO 1612/68 ist nicht ausdrücklich von einem Aufenthaltsrecht die Rede, sondern **22** lediglich vom Recht bestimmter Familienangehöriger, beim Freizügigkeitsberechtigten **Wohnung** zu nehmen. Daraus ergibt sich aber nicht, daß der ständige Aufenthalt in einer gemeinsamen Familienwohnung Voraussetzung des Aufenthaltsrechts ist (EuGH 31. 2. 1985 Slg. 567, 589). Dies ändert aber nichts daran, daß Voraussetzung der Entstehung des Aufenthaltsrechts für Familienangehörige gem. Art. 10 III 1 VO 1612/68 eine Wohnung des WanderAN für sich und seine Familie ist, die den normalen Anforderungen für die in der gleichen Region beschäftigten inländischen AN genügt. Dementsprechend verlangt § 7 I AufenthG/EWG eine nach den am Aufenthaltsort geltenden Maßstäben angemessene Wohnung. Den geforderten Standard muß die Wohnung dem EuGH (18. 5. 1989 Slg. 1263, 1290) zufolge nur bei der erstmaligen Erteilung der Aufenthaltserlaubnis für den Familienhörigen haben (so jetzt auch § 7 X AufenthG/EWG mit Mißbrauchsvorbehalt). Besondere Voraussetzungen für die Erteilung der Aufenthaltserlaubnis-EG für Familienangehörige sieht Art. 4 III lit. d), e) RL 68/360 vor. Danach können, neben den üblichen Einreisedokumenten, auch Bescheinigungen des Herkunftsstaats über das Verwandtschaftsverhältnis sowie die Unterhaltsgewährung durch den WanderAN verlangt werden. S. auch Rn. 33.

Familienangehörige haben das Recht, ein Arbeitsverhältnis zu begründen oder selbständig beruflich **23** tätig zu werden (Art. 11 VO 1612/68, s. dazu unten Rn. 31). Die Kinder des AN können nach Art. 12 VO 1612/68 unter den gleichen Bedingungen wie die Staatsangehörigen der Mitgliedstaaten an der Berufsausbildung teilnehmen. Das umfaßt jede Bildungsveranstaltung von der Vorschule bis zur Universität und begründet ein selbständiges Aufenthaltsrecht in der Ausbildungszeit (*Groeben/Thiesing/Ehlermann/Wölker* Art. 48 Rn. 78; für die schulische Betreuung vgl. RL 77/486, L 199/32). Diese Rechtsstellung begründet ein Gleichbehandlungsgebot nach Art. 7 II VO 1612/68, soweit die Voraussetzungen des Art. 10 VO 1612/68 vorliegen (EuGH 18. 6. 1987 Slg. 2832, 2836) Angehörige haben zudem nach Art. 3 I VO 1251/70 ein abgeleitetes Verbleiberecht, das nach dem Tod des AN und unter den Voraussetzungen des Art. 3 II zu einem eigenständigen Recht erstarkt. In diesem Rahmen haben sie auch einen Anspruch auf Gleichbehandlung nach Art. 7 VO 1251/70 (*Groeben/Thiesing/Ehlermann/Wölker* Art. 48 Rn. 88).

g) Ordre-Public-Vorbehalt. Die Rechte des Art. 39 III und nur diese (*Dauses/Hailbronner* D I **24** Rn. 48 a) werden unter dem Vorbehalt von aus Gründen der öffentlichen Ordnung, Sicherheit und Gesundheit gerechtfertigten Beschränkungen gewährt; damit stehen diese Rechte unter dem Vorbehalt des ordre public der Mitgliedstaaten. Dieser Vorbehalt wird seinerseits durch das Verhältnismäßigkeitsprinzip beschränkt (EuGH 18. 5. 1989 Slg. 1263, 1292). Konkretisiert wurde der Ordre-Public-Vorbehalt durch die RL 64/221, die wiederum durch § 12 AufenthG/EWG in deutsches Recht umgesetzt wurde.

Nicht jede beliebige Gefährdung der öffentlichen Sicherheit und Ordnung ist für die Berufung auf **25** den Ordre-Public-Vorbehalt ausreichend. Vielmehr ist eine tatsächliche und hinreichend **schwere Gefährdung** erforderlich, die ein Grundinteresse der Gesellschaft berührt (EuGH 27. 10. 1977 Slg. 2013; 18. 5. 1982 Slg. 1665, 1707; 18. 5. 1989 Slg. 1263, 1291). Weiterhin können Gefährdungen der öffentlichen Sicherheit und Ordnung (nicht der öffentlichen Gesundheit) im Sinne des Ordre-Public-Vorbehalt nur auf dem persönlichen Verhalten des Betreffenden beruhen, wie sich aus Art. 3 I RL 64/221 bzw. § 12 III AufenthG/EWG ergibt. Dies verbietet den Mitgliedstaaten vom Einzelfall losgelöste Erwägungen oder pauschale Wertungen (EuGH 26. 2. 1975 Slg. 297, 307; 8. 4. 1976 Slg. 497, 514). In einer früheren Entscheidung des EuGH war schon die Mitgliedschaft in einer bestimmten Gemeinschaft für die Berufung auf den Ordre-Public-Vorbehalt ausreichend, auch wenn diese nicht insgesamt verboten war, aber von den Behörden als gesellschaftsgefährdend angesehen wurde (EuGH 4. 12. 1974 Slg. 1337, 1350 wonach die britischen Behörden einer Angehörigen der Scientology Church aus den Niederlanden, die in Großbritannien für die Scientology Church arbeiten wollte, die Einreise verweigern dürfen). Später betonte der EuGH in diesem Zusammenhang, daß es bei der Bewertung des **persönlichen Verhaltens** des einzelnen nicht zu willkürlichen Ungleichbehandlungen zwischen Inländern und WanderAN kommen dürfe. So darf ein Mitgliedstaat nicht den Angehörigen anderer Mitgliedstaaten die Einreise wegen eines Verhaltens untersagen, das er bei seinen eigenen Staatsangehörigen duldet, ohne wirksame und effektive Gegenmaßnahmen zu ergreifen (EuGH 18. 5. 1982 Slg. 1665, 1707). Demzufolge ist auch ein auf einen Teil des jeweiligen Hoheitsgebiets beschränktes Aufenthaltsverbot unzulässig, soweit nicht vergleichbare Sanktionen auch Einheimischen gegenüber zur Anwendung gelangen (EuGH 28. 10. 1975 Slg. 1219, 1234).

Gem. Art. 3 II RL 64/221 bzw. § 12 IV AufenthG/EWG sind **strafrechtliche Verurteilungen** nicht **26** allein ausreichend, um eine Maßnahme mit dem Ordre-Public-Vorbehalt zu begründen. Daraus wird geschlossen, daß auf den Ordre-Public-Vorbehalt gestützte Ausweisungen zu Zwecken der Generalprävention unzulässig sind (EuGH 26. 2. 1975 Slg. 297, 307; 18. 5. 1982 Slg. 1665, 1708). Zulässig sind dagegen Gründe der Spezialprävention, insb. wenn die Umstände einer früheren strafrechtlichen Verurteilung eine gegenwärtige Gefährdung der öffentlichen Sicherheit und Ordnung begründen (EuGH 27. 10. 1977 Slg. 2012; HessVGH 20. 10. 1992 InfAuslR 1993, 50, 51 f. betont, daß auch bei schwersten Verfehlungen [Vatermord durch 14- bzw. 15 jährige Griechen] eine im Einzelfall begründete Prognose für die Gefährdung der öffentlichen Sicherheit und Ordnung erforderlich ist). Als unzulässig wird deshalb die auf den Ordre-Public-Vorbehalt gestützte Ausweisung von Straffälligen angesehen, deren Strafe zur Bewährung ausgesetzt wurde (BVerwG 27. 10. 1978 BVerwGE 57, 61, 68). Auch wenn persönliches Verhalten, etwa der Konsum von Rauschgift, nach nationalem Recht eine Gefährdung der öffentlichen Sicherheit darstellt, rechtfertigt dies noch nicht die automatische Ausweisung, da es sich hierbei um eine Ausweisung aus generalpräventiven und nicht aus spezialpräventiven Gründen handelt (EuGH 19. 1. 1999 Slg. I-21, 31; EuGH 10. 2. 2000 EuGRZ 2000, 50). Nicht zu rechtfertigen ist eine Ausweisung durch den zwischenzeitlichen Ablauf der Gültigkeit der Einreisepapiere, wie sich aus Art. 3 III RL 64/221 bzw. § 12 V AufenthG/EWG ergibt (EuGH 5. 2. 1991 Slg. 273, 294). In derartigen Fällen müssen immer weitere Gesichtspunkte hinzutreten, die nach den oben aufgeführten Kriterien auf eine Gefährdung der öffentlichen Sicherheit und Ordnung schließen lassen (EuGH 8. 4. 1976 Slg. 497, 513). Art. 4 I RL 64/221 verweist wegen der **Krankheiten oder Gebrechen**, die ein Einreiseverbot oder die Verweigerung der ersten Aufenthaltserlaubnis rechtfertigen können, auf einen Anhang zur RL. § 12 VI AufenthG/EWG enthält eine dem Anhang zur RL 64/221 entsprechende Aufzählung von Krankheiten. Nach Erteilung der ersten Aufenthaltserlaubnis kann das Auftreten von Krankheiten und Gebrechen eine Ausweisung gem. Abs. 2 nicht mehr rechtfertigen.

27 **2. Recht auf Zugang zur Beschäftigung.** Das Recht auf gleichen Zugang zu Beschäftigung ist zwischen Art. 39 III und II angesiedelt, da es sowohl Elemente der Bewerbung, III lit a), als auch Elemente der Gleichbehandlung, II, enthält. Die Frage der Zuordnung dieses Rechts hat hinsichtlich des Vorbehaltes nach Art. 39 III besondere Bedeutung, da die Beschränkung nicht im Rahmen des Art. 39 II greift (vgl. oben Rn. 24). Sie ist in dem Sinne zu beantworten, daß es sich bei dem Zugangsrecht um eine besondere Ausprägung des Gleichbehandlungsgrundsatzes handelt, der einen Vorbehalt der öffentlichen Ordnung nicht zuläßt (*Groeben/Thiesing/Ehlermann/Wölker* Art. 48 Rn. 92; aA *Grabitz/Hilf/Randelzhofer* Art. 48 Rn. 58). Für diese Sichtweise spricht bereits, daß die bloße Ausländereigenschaft keine besondere Gefahr für die öffentliche Ordnung zu begründen vermag, der Vorbehalt setzt gerade Umstände in der Person des AN voraus (vgl. oben Rn. 25, 26). Das Recht auf gleichen Zugang zu Beschäftigung hat daneben Grundrechtsgehalt und ist mit dem Grundrecht der Berufsfreiheit vergleichbar (zum Verhältnis Grundfreiheiten und Grundrechte *Callies/Ruffert/ Kingreen* Art. 6 EU Rn. 78 ff). Konkretisiert wird das Recht auf gleichen Zugang durch Art. 1–6 VO 1612/68.

28 Unabhängig von einem Einreise- und Aufenthaltsrecht ist für die Aufnahme einer Beschäftigung in der Bundesrepublik durch einen ausländischen Staatsangehörigen grds. die Erteilung einer Arbeitserlaubnis gem. § 284 SGB III erforderlich. Davon weicht das Freizügigkeitsrecht des EGV ab, indem es ein Zutrittsrecht von Angehörigen der Mitgliedstaaten zum Arbeitsmarkt anderer Mitgliedstaaten festlegt. Nach § 284 I Nr. 1 SGB III bedürfen Ausländer keiner Arbeitserlaubnis, denen nach den Rechtsvorschriften der EG oder nach dem Abkommen über den Europäischen Wirtschaftsraum Freizügigkeit zu gewähren ist.

29 Art. 4 I VO 1612/68 verbietet es den Mitgliedstaaten, auf Staatsangehörige der anderen Mitgliedstaaten **Quotenregelungen** anzuwenden, die den Zugang von Ausländern zu bestimmten Beschäftigungen zahlen- oder anteilmäßig beschränken. Unzulässig ist deshalb auch die Beschränkung der Beschäftigung von freizügigkeitsberechtigten Ausländern in **Berufssportvereinen** (EuGH 15. 12. 1995 Slg. I-5040 = NJW 1996, 505 im Falle Bosman). Art. 4 II VO 1612/68 gebietet es, AN aus anderen Mitgliedstaaten als Inländer mitzuzählen, wenn Vergünstigungen für ein Unternehmen von einer bestimmten Quote dort beschäftigter inländischer AN abhängen. Drittstaatsangehörigen, die eine Arbeitserlaubnis benötigen, darf sie nur erteilt werden, wenn weder Deutsche noch Ausländer, die ihnen hinsichtlich der Arbeitserlaubnis rechtlich gleichgestellt sind, zur Verfügung stehen (§ 285 I Nr. 2 SGB III). Art. 6 I VO 1612/68 verbietet es den Mitgliedstaaten, bei Angehörigen anderer Mitgliedstaaten einen anderen Maßstab für die gesundheitliche und berufliche Qualifikation für eine bestimmte Tätigkeit anzulegen als bei eigenen Staatsangehörigen. Dies verbietet es ihrem Wortlaut nach aber nicht zwingend, für bestimmte Tätigkeiten eine im Inland absolvierte Ausbildung zu verlangen. Die Lösung des Problems der mittelbaren Diskriminierung von WanderAN im Rahmen der Anerkennung ausländischer Diplome und Befähigungsnachweise ergibt sich demnach nicht aus Art. 6 VO 1612/68. Sie ist vielmehr in den von der Gemeinschaft erlassenen Rechtsakten zu suchen, die sich auf die Anerkennung von Berufsausbildungen aus anderen Mitgliedstaaten beziehen. (RL zur Anerkennung der Hochschuldiplome (89/48) ABl EG 1989 L 19/16 und RL 92/51 ABl EG 1992 L 209/25; diese Regelung wird ergänzt durch RL 99/42 ABl EG 1999 L 201/77; RL zu Anerkennung der Diplome von Ärzten, Apothekern, Architekten ua. sind abgedruckt in Sartorius II Europäisches Wirtschaftsrecht ab Ziffer 700). Daneben sind die Mitgliedstaaten verpflichtet, entsprechende Aner-

kennungs- und Prüfungsverfahren für fremde Diplome oder Berufsausbildungen zu schaffen. Unter sachlichen Gesichtspunkten müssen in diesen Verfahren die attestierten Fähigkeiten mit dem national bescheinigten Diplom verglichen werden. Bei objektiver Gleichwertigkeit darf die Anerkennung nicht verweigert werden (EuGH 7. 5. 1991 Slg. I-2379, 2384; 7. 5. 1992 Slg. I-3023, 3028; vgl. für Rechtsanwälte Schlußantrag von Generalanwalt *Colomer* in der Rs. C-168/98; BVerwG 26. 10. 1999 NJW 2000, 753; neuerdings auch Gesetz vom 9. 3. 2000 zur Umsetzung der RL 98/5, BGBl. I, 182). Diese Rspr. im Bereich der Niederlassungsfreiheit ist auch für die Freizügigkeit maßgeblich (*Groeben/ Thiesing/Ehlermann/Wölker* Art. 48 Rn. 35; *Callies/Ruffert/Brechmann* Rn. 54).

Eine Ausnahme vom Verbot der mittelbaren Diskriminierung im Rahmen des Zugangs zur Beschäftigung wird für Regelungen gemacht, die bestimmte **Sprachkenntnisse voraussetzen**; diese können sich zwar als mittelbare Diskriminierung aus Gründen der Staatsangehörigkeit darstellen, sind aber im Rahmen des für die einzelne Stelle Erforderlichen als Zugangsvoraussetzung zulässig (28. 11. 1989 Slg. 3987, 3992; vgl. Art. 3 I VO 1612/68). Allerdings besteht eine Ausnahme von diesem Grundsatz, wenn für ortsansässige Personen eine besondere Sprachregelung greift, auf die sich Fremde nicht berufen können, bsp. zulässige Verwendung der deutschen Sprache bei Behörden und vor Gericht nur für in Bozen (Italien) ansässige deutschsprachige Personen (EuGH 24. 11. 1998 Slg. I-7650, 7655; zum Nachweis EuGH 6. 6. 2000 EuZW 2000, 468 zur mittelbaren Diskriminierung s. unten Rn. 34). Problematisch ist § 1 SchwbG, nach dem als **Schwerbehinderter** nur anerkannt wird, wer (ua.) Wohnsitz und gewöhnlichen Aufenthalts- oder Beschäftigungsort in der Bundesrepublik hat. Demzufolge erstrecken sich die aus § 5 SchwbG folgenden Privilegien für Schwerbehinderte beim Zugang zur Beschäftigung nicht auf Angehörige anderer Mitgliedstaaten, die als Schwerbehinderte von dort kommend eine Beschäftigung in der Bundesrepublik suchen möchten. Dies ist nicht ohne weiteres mit Art. 1 II VO 1612/68 in Einklang zu bringen, wonach Angehörige anderer Mitgliedstaaten mit dem gleichen Vorrang Anspruch auf Zugang zu den verfügbaren Stellen haben wie Inländer.

Art. 11 VO 1612/68 räumt das Recht, im Hoheitsgebiet irgendeine Tätigkeit im Lohn- oder Gehaltsverhältnis (nicht selbständig) auszuüben, dem **Ehegatten** sowie denjenigen **Kindern** des WanderAN ein, die noch nicht 21 Jahre alt sind oder denen er Unterhalt gewährt, auch und gerade wenn sie keine EG- oder EWR-Staatsangehörigkeit haben. Der persönliche Anwendungsbereich des Art. 11 VO 1612/68 ist damit enger als der des im Kreis der aufenthaltsberechtigten Familienmitglieder festlegenden Art. 10 VO 1612/68. Die Aufnahme einer Tätigkeit dürfte in vielen Fällen die **Unterhaltsgewährung** entfallen lassen. Der Anwendungsbereich des Art. 11 VO 1612/68 wäre somit erheblich eingeengt, wenn man daraus auf den Wegfall des Berufsausübungsrechts für die drittstaatsangehörigen, über 21 Jahre alten Kinder des WanderAN schließen wollte; erfaßt wären dann nur noch die Fälle, in denen die Unterhaltsgewährung trotz der Aufnahme einer Tätigkeit fortgesetzt wird. Die nächstliegende Lösung dieses Problems liegt darin, für das Kriterium der Unterhaltsgewährung auf den Zeitpunkt des erstmaligen Zutritts zum Arbeitsmarkt abzustellen.

3. Beschäftigung in der öffentlichen Verwaltung. Art. 39 IV nimmt die Beschäftigung in der öffentlichen Verwaltung von der Anwendung des Art. 39 aus (Eine entsprechende Regelung enthält Art. 45 I für die Niederlassungsfreiheit). Nur eine gemeinschaftseinheitliche Auslegung dieser Ausnahmeregelung kann Einheit und Wirksamkeit des Gemeinschaftsrechts sicherstellen. Entscheidend ist, ob die Stelle eine besondere Verbundenheit ihres Inhabers zum Staat erfordert (EuGH 17. 12. 1980 Slg. 3881, 3900; zuletzt EuGH 29. 10. 1998 Slg. I-6732, 6742; vgl. auch Art. 8 I des Entwurfs zur Änderung der VO 1612/68 ABl EG 1998 C 344/11). Der EuGH hat dem Anwendungsbereich des Art. 39 IV nicht hinzugerechnet die Tätigkeiten von durch die öffentliche Hand beschäftigten Handwerkern, Bau- und Hilfsarbeitern, Lokomotivführern, Krankenschwestern und -pflegern (26. 5. 1982 Slg. 1845), Studienreferendaren (3. 7. 1986 Slg. 2121, 2146), Lehrern (30. 5. 1989 Slg. 1591, 1609; 27. 11. 1991 Slg. I-5421, 5641), Fremdsprachenlektoren an Universitäten (30. 5. 1989 Slg. 1591, 1610), Forschern im nationalen Forschungsrat, soweit nicht mit staatlichen Leitungs- oder Beratungsfunktionen betraut (16. 6. 1987 Slg. 2625, 2639) und staatlichen Wirtschaftsprüfern (EuGH 13. 7. 1993 Slg. I-4066). Die Kommission sieht außerhalb des Anwendungsbereichs von Art. 39 IV außerdem alle Verwaltungseinrichtungen, die kommerzielle Dienstleistungen erbringen, wie das öffentliche Verkehrswesen, Luftfahrtunternehmen, Strom- und Gasversorgung, Post- und Fernmeldewesen, Rundfunk- und Fernsehanstalten, weiterhin das öffentliche Gesundheitswesen (ebenso EuGH 2. 7. 1996 Slg. I-3248, 3276, 3317).

4. Diskriminierungsverbot. a) Unmittelbare und mittelbare Diskriminierung. Art. 12 I verbietet im Anwendungsbereich des Vertrages jede Benachteiligung aus Gründen der Staatsangehörigkeit (zu Diskriminierungen aufgrund Rasse, ethnischer Herkunft, Religion, Behinderung, Alter oder sexueller Ausrichtung, Richtlinienentwurf Kom (1999) 565, der auf Art. 13 EG beruht). Konkretisierend und speziell legt Art. 39 II fest, daß die Freizügigkeit der AN jede auf der Staatsangehörigkeit beruhende unterschiedliche Behandlung der AN und ihrer Angehörigen der Mitgliedstaaten in bezug auf Beschäftigung, Entlohnung und sonstige Arbeitsbedingungen verbietet. Näher ausgeführt wird dieser Grundsatz schließlich durch die Art. 7 bis 9 VO 1612/68 (s. *Groeben/Thiesing/Ehlermann/Wölker*

Art. 48 Rn. 41 ff. insb. zur Sozialhilfe, deren Gewährung an zu ihrer Erlangung einreisende Familienangehörige zwischen Kommission und Bundesgesundheitsministerium umstritten ist).

34 Eine **mittelbare Diskriminierung** liegt vor, wenn auf andere Unterscheidungsmerkmale als die Staatsangehörigkeit abgestellt wird und dies tatsächlich zum gleichen Ergebnis führt (EuGH 12. 2. 1974 Slg. 153, 164 f., seitdem in st. Rspr., zB EuGH 30. 5. 1989 Slg. 1589, 1610). Von einer mittelbar diskriminierenden Regelung müssen im wesentlichen AN anderer Mitgliedstaaten betroffen sein (EuGH 30. 5. 1989 Slg. 1591, 1610). Dies wurde für ausreichend in einem Fall betrachtet, in dem von der in Frage stehenden Regelung zu 75% Ausländer (nicht nur aus anderen Mitgliedstaaten der Gemeinschaft) betroffen waren. In anderen Fällen hat der EuGH verlangt, daß die Betroffenen „ausschließlich oder hauptsächlich" Ausländer sein müssen (7. 7. 1988 Slg. 3877, 3893 f.). Bei anderer Gelegenheit hat sich der EuGH mit der Feststellung begnügt, daß „oft" WanderAN betroffen sind (8. 5. 1990 Slg. 1779, 1793).

35 Das Verbot mittelbarer Dikriminierung ist bei einer Benachteiligung wegen ausländischen **Wohnsitzes** zu beachten (EuGH 7. 5. 1998 Slg. I-2537, 2546; 29. 10. 1998 Slg. I-6732, 6742). Dies gilt insb. für das Anknüpfen an den Wohnsitz bei der Gewährung von Steuervergünstigungen wie des Ehegattensplittings und/oder des Jahressteuerausgleichs (EuGH 14. 2. 1995 Slg. I-249, 261; 14. 9. 1999 EuZW 2000, 60; 16. 5. 2000, (87/99). Eine mittelbare Diskriminierung liegt beim Vorenthalten von Steuervergünsigungen vor, wenn Gebietsfremde bzw. deren Haushalt nahezu ihr gesamtes Einkommen in dem Beschäftigungsstaat erzielen und ihnen dort die Steuervergünstigungen aufgrund einer Wohnsitzklausel vorenthalten bleiben. In diesem Fall kann weder der Wohnsitzstaat noch der Beschäftigungsstaat die besonderen persönlichen Verhältnisse des AN berücksichtigen und seine steuerlichen Vergünstigungen an ihn weitergeben (EuGH 14. 2. 1995 Slg. I-261; 14. 9. 1999 EuZW 2000, 60, 62). Das Vorenthalten von Steuervergünstigungen ohne Vorliegen dieser Voraussetzungen stellt hingegen keine mittelbare Diskriminierung dar, da Gebietsfremde und Gebietsansässige nicht in einer vergleichbaren Lage sind (EuGH 14. 9. 1999 EuZW 2000, 60, 62).

36 Zur mittelbaren Diskriminierung geeignet sind auch sonstige **geographische Anknüpfungspunkte**, da bei WanderAN vielfach einzelne Sachverhalte wie zB Geburtsort, Herkunftsort, Ort des Qualifikationserwerbs, der Eheschließung etc. auf das Ausland hinweisen (EuGH 5. 3. 1998 EuZW 1998, 217 zum Pflegegeld und 12. 5. 1998 EuZW 1998, 372 zum Erziehungsgeld). Auch die geringere Beweiskraft von ausländischen Personenstands- oder Geburtsurkunden stellt eine mittelbare Diskriminierung dar (EuGH 2. 12. 1997 Slg. I-6774, 6780). Besondere Anforderungen an die Änderung des Geburtsdatums, die gleichermaßen für in- und ausländische Urkunden gelten, stellen allein wegen der erhöhten Betroffenheit ausländischer Bürger keine mittelbare Diskriminierung dar, da nationale Urkunden gleichbehandelt werden (EuGH 14. 3. 2000 EuZW 2000, 470). Weiterhin kann eine mittelbare Diskriminierung auch in der benachteiligenden Behandlung bestimmter **Berufsgruppen** liegen, wenn sich diese in der Hauptsache aus WanderAN zusammensetzen (So hat der EuGH in seinem Urteil 30. 5. 1989 Slg. 1591, 1610, eine mittelbare Diskriminierung aufgrund besonderer Befristungsmöglichkeiten für die Berufsgruppe der Hochschullektoren angenommen, die sich in Italien zu 75% aus Ausländern zusammensetzen sollen). Soweit eine Regelung auf Beschäftigungszeiten im gesamten öffentlichen Dienst eines Landes abstellt, muß sie den öffentlichen Dienst anderer Mitgliedstaaten gleichstellen (EuGH 15. 1. 1998 EuZW 1998, 118; 12. 3. 1998 Slg. I-1110, 1117; Schlußantrag von Jacobs Rs. C 195/98 Rn. 95 f.; vgl. auch Art. 7 V des Entwurfs zur Änderung der VO 1612/68 ABl EG 1998 C 344/11).

37 Mittelbare Diskriminierungen sind **zulässig**, wenn sie den sachlichen Unterschieden des zu regelnden Sachverhalts Rechnung tragen (EuGH 12. 2. 1974 Slg. 153, 165). Sie müssen auf objektiven, von der Staatsangehörigkeit unabhängigen Gründen beruhen und in einem angemessenen Verhältnis zum verfolgten Zweck stehen (EuGH 2. 8. 1993 JZ 1994, 94; 15. 1. 1998 Slg. I-47, 68; 7. 5. 1998 Slg. I-2537, 2547; zuletzt Schlußantrag Jacobs Rs. C 195/98 Rn. 123). Dh. ein sachlicher Grund darf nur in dem Rahmen zu tatsächlichen Benachteiligungen von WanderAN führen, der zur Verfolgung des ihm zugrundliegenden Zwecks geeignet ist. Dies wurde bsp. bejaht für die Kohärenz des Steuersystems (EuGH 28. 1. 1992 Slg. I-249 Rn. 28; abl. *Wernsmann* EuR 1999, 754, 769 ff.) und den Schutz der öffentlichen Gesundheit (EuGH 10. 3. 1993 Slg. I-817 Rn. 11). Die Zulässigkeit wurde etwa verneint bei geringerer Beweiskraft von ausländischen Personenstandsurkunden (EuGH 2. 12. 1997 Slg. I-6774, 6780) und bei einem Wohnsitzerfordernis für die Sicherstellung von Zustellungen und der Vollstreckung von Strafen (EuGH 7. 5. 1998 Slg. I-2537, 2548).

38 b) **Arbeitsbedingungen**. Der weite Begriff der Arbeitsbedingungen, der dem freizügigkeitsrechtlichen Diskriminierungsverbot zugrunde liegt (Art. 7 VO 1612/68), macht öffentlich- und privatrechtliche Regelungen im Arbeitsleben schwer vorstellbar, die dem Gleichbehandlungsgebot unterliegen. So sind freiwillig gewährte Nebenleistungen nach der Rspr. des EuGH (12. 2. 1974 Slg. 153) ebenso erfaßt wie Vorschriften über die Voraussetzungen von Beförderungen oder den Abschluß unbefristeter Verträge (16. 6. 1987 Slg. 2625, 2640; insb. in bezug auf Fremdsprachenlektoren EuGH 20. 10. 1993 AP EWG-Vertrag Art. 48 Nr. 17 = EAS EG-Vertrag Art. 48 Nr. 69; BAG 15. 3. 1995 AP BAT § 2 SR 2 y Nr. 10; dazu *Hanau*, Forschung und Lehre, 1996, 368; neuestens BAG 12. 2. 1997 AP

IV. Einzelne Rechte   Art. 39 (ex-Art. 48)   EG 20

HRG § 57b Nr. 13). Dies gilt aber nicht für drittstaatsangehörige Ehegatten eines Unionsbürgers, der von der Freizügigkeit keinen Gebrauch gemacht hat, EuGH 5. 6. 1997 Slg. 3982) oder die Anrechnung von Wehrdienstzeiten auf die Dauer der Betriebszugehörigkeit (15. 10. 1969 Slg. 363, 369 f.). Mit dem Gleichbehandlungsgebot unvereinbar ist weiterhin eine Vorschrift, die den besonderen Kündigungsschutz für Schwerbehinderte von Voraussetzungen abhängig macht, die für Inländer nicht gelten (13. 12. 1972 Slg. 1243, 1248 f.; ebenso für Waisenrenten EuGH 25. 6. 1997 Slg. I-3676).

c) Vorbehalt der öffentlichen Verwaltung. Art. 8 I 1 2. Halbs. VO 1612/68 gestattet es allerdings, **39** Angehörige anderer Mitgliedstaaten von der Teilnahme an der Verwaltung von Körperschaften des öffentlichen Rechts und der Ausübung öffentlich-rechtlicher Ämter auszuschließen. Ebenso wie bei Art. 39 IV handelt es sich hier um eine eng auszulegende Ausnahmeregelung. Sie entfaltet daher nur Wirkung für Aufgaben, die mit der Wahrnehmung hoheitlicher Befugnisse verbunden sind (EuGH 17. 12. 1980 Slg. 3881, 3902; 4. 7. 1991 Slg. 3507, 3531; vgl. auch *Uechtritz* BayVBl. 1988, 743, 746; vgl. auch Art. 8 des Entwurfs zur Änderung der VO 1612/68 ABl EG 1998 C 344/11). Auf keinen Fall einzuschränken ist auf diesem Wege das aktive Wahlrecht zu Berufsvertretungen, auch wenn diese öffentlich-rechtliche Körperschaften sind und hoheitliche Befugnisse wahrnehmen (EuGH 4. 7. 1991 Slg. 3507, 3531). Vom Vorbehalt des Art. 8 I 1, 2. Halbs. VO 1612/68 nicht erfaßt ist schließlich die Betätigung in Personalvertretungen im öffentlichen Dienst, so daß EG-WanderAN hier auch das passive Wahlrecht genießen. Für ehrenamtliche Richter der Arbeitsgerichtsbarkeit wird dagegen die deutsche Staatsangehörigkeit verlangt, §§ 31 GVG, 21 ArbGG; zu Änderungsbestrebungen des Landes Hessen krit. *Wassermann* NJW 1996, 1253.

d) Rechtsfolgen einer Diskriminierung. Die diskriminierende Einzelmaßnahme ist infolge Art. 7 **40** IV VO 1612/68 unwirksam, an ihre Stelle tritt die Maßnahme, die für die Nicht-Diskriminierten gilt (EuGH 26. 1. 1999 Slg. I-376, 394; 15. 1. 1998 Slg. I-60, 70; *Callies/Ruffert/Brechmann* Rn. 51, unter Hinweis auf die Rspr. zu Art. 141; s. dort Rn. 21). Ein diskriminierendes Gesetz wird im Wege des Anwendungsvorrangs verdrängt und es gilt die Regelung, die gegenüber den übrigen Betroffenen gilt (EuGH 26. 1. 1999 Slg. I-376, 394; vgl. Vorbemerkung EGV Rn. 18 ff.). Wenig erörtert wurde bisher, ob sich aus dem Diskriminierungsverbot ein Einstellungs- oder Entschädigungsanspruch gegen private AG ergibt, die eine Einstellung (oder Beförderung) unterlassen, weil ein AN einem anderen Mitgliedstaat angehört (bejahend *Hanau* in v. Maydell (Hrsg.) Soziale Rechte in der EG, 55; s. jetzt Rn. 11). Für einen Entschädigungsanspruch läßt sich eine aktuelle Entscheidung des EuGH vom 6. 6. 2000 anführen (EuZW 2000, 468). In einem Fall mittelbarer Diskriminierung nach der Staatsangehörigkeit hat der EuGH dem Arbeitgeber unter Hinweis auf Art. 141 EG unmittelbar an das Diskriminierungsverbot gebunden (Rn. 34, 35). Daraus läßt sich ableiten, daß erst recht die Sanktionen des § 611a BGB Anwendung finden.

5. Beschränkungsverbot. Über den Wortlaut des Art. 39 hinaus enthält die Freizügigkeit nach der **41** Rechtsprechung des EuGH nicht nur ein Diskriminierungs-, sondern auch ein Beschränkungsverbot, dh. die Beseitigung aller ungerechtfertigten Hemmnisse für die Aufnahme der Beschäftigung, selbst wenn diese gleichermaßen für Inländer gelten (diese Entwicklung begann bei der Dienstleistungsfreiheit mit der Entscheidung des EuGH 3. 12. 1974 Slg. 1974, 1299; seitdem hat der EuGH seine Rspr. ausgebaut, beispielhaft genannt seien seine Entscheidungen v. 17. 12. 1981 Slg. 3305; 24. 3. 1994 Slg. I-1039).

Aber auch in der EuGH-Rspr. (ausgehend von EuGH 7. 7. 1976 Slg. 1185; 7. 2. 1979 Slg. 399; 30. 4. **42** 1986 Slg. 1475; 7. 7. 1988 Slg. 3877; 8. 5. 1990 Slg. 1779; 7. 7. 1992 Slg. 4265; 31. 3. 1993 Slg. 1663; ausf. Analyse bei *Heyer* S. 200 ff.), die sich unmittelbar auf Art. 39 bzw. 43 EG bezieht, finden sich Anhaltspunkte dafür, daß der EuGH Verstöße gegen die ANFreizügigkeit und die – hinsichtlich des Umfangs ihrer Gewährleistung weitestgehend gleichgearteten – Niederlassungsfreiheit nicht mehr vom Vorliegen einer unmittelbaren oder mittelbaren Diskriminierung aus Gründen der Staatsangehörigkeit abhängig machen, sondern nur noch nach der Eignung von Maßnahmen fragen will, die Inanspruchnahme der ANFreizügigkeit bzw. der Niederlassungsfreiheit zu erschweren, ohne daß es dabei darauf ankäme, daß sich die Situation für Inländer günstiger darstellt. Besonders deutlich tritt dies in der Entscheidung des EuGH im Fall Bosman hervor (15. 12. 1995 Slg. 5040 = NJW 1996, 505; in Rn. 96 des Urteils heißt es: „Bestimmungen, die einen Staatsangehörigen eines Mitgliedstaats daran hindern oder davon abhalten, sein Herkunftsland zu verlassen, um von seinem Recht auf Freizügigkeit Gebrauch zu machen, stellen daher Beeinträchtigungen dieser Freiheit dar, auch wenn sie unabhängig von der Staatsangehörigkeit der betreffenden AN Anwendung finden"). Zu beachten ist, daß sich der EuGH nur gegen die Erschwerung des Vereins- und Landeswechsels nach Ablauf des Vertrages wendet. Zulässig ist deshalb auch das beidseitige Optionsrecht nach § 11 des Mustervertrages des DFB, der beiden Vertragsparteien ein Recht zur Vertragsverlängerung einräumt (LAG Köln 13. 8. 1996 NZA 1997, 317, 318; LAG Hamm 10. 3. 1998 LAGE BGB § 611 Berufssport Nr. 9; so auch MünchArbR/ *Gitter* § 202, Rn. 41 g; aA ArbG Dortmund 19. 5. 1998 – 6 Ca 1111/98 – und 10. 3. 1998 SpuRt 1999, 73; *Nasse* SpuRt 1997, 45, 47; Zulässigkeit einseitiger Optionen strittig, verneinend *Kindler* NZA 2000, 744). Auch die Entscheidung BAG 20. 11. 1996 (AP BGB § 611 Berufssport Nr. 12), die das Bosmanurteil auf innerdeutsche Vorgänge überträgt, bezieht sich ausdrücklich nur auf den Transfer nach beendeten Arbeitsverhältnis (vgl. BGH 25. 9. 1999 WM 1999, 2319; mit identischem Wortlaut in einem vergleichbaren Fall BGH 27. 9. 1999 NZA-RR 2000, 10). Soweit sich aus dem Beschränkungsverbot stärkere Beschränkungen für Inländer ergeben, die von der Freizügigkeit keinen Gebrauch gemacht haben, verstößt das nicht gegen europäisches Recht (EuGH 16. 6. 1994 Slg. I-2720). Die Höchstdauer der festen dienstvertraglichen Bindung ergibt sich aus § 624 BGB (5 Jahre), der nicht gegen das Beschränkungsverbot verstoßen dürfte.

43 Offen ist auch noch, ob für den AN **nachteilige Berufsausübungsregeln** hinsichtlich der Beendigung oder der Begründung des Arbeitsverhältnisses, wie etwa die Verfallbarkeit von Anwartschaften auf betriebliche Altersversorgung gem. § 1 BetrAVG (s. *Steinmeyer* EuZW 1991, 43 und EuZW 1999, 645), der Verlust sonstiger Vergünstigungen bei Beendigung des Arbeitsverhältnisses oder besondere Fristen für den Arbeitsbeginn, eine unzulässige Behinderung der Freizügigkeit darstellen. Die EG-RL 98/49 vom 29. 6. 1998 (ABl EG L 209/46) verbietet den Verlust von Anwartschaften auf betriebliche Altersversorgung nicht (krit. hierzu *Steinmeyer* EuZW 1999, 645, 649). Zum Verlust von geldwerten Abfindungen („Abfertigungen") bei freiwilligem Ausscheiden aus dem Arbeitsverhältnis hat der EuGH eine Behinderung der Freizügigkeit abgelehnt, da der Verlust zu ungewiß und zu indirekt auf die Freizügigkeit einwirke, als daß er diese wirklich beeinträchtigen könnte (EuGH 27. 1. 2000 EuGRZ 2000, 48, Rn. 25 unter Hinweis auf die Rspr. zu den Warenverkehrsfreiheiten; EuGH 7. 3. 1990 Slg. I-594, 597; 21. 9. 1999 Rs. C 44/98 Rn. 16, 21; 13. 4. 2000 NZA 2000, 645; s. hierzu auch ausf. den Schlußantrag von Generalanwalt *Fennelly* in der Rs. C-190/98 und den Schlußantrag des Generalanwalts *Alber* in der Rs. C-176/96, Rn. 48 zu der Frage, ob Transferzeiten im Profisport eine Beschränkung der Freizügigkeit des den Verein wechselnden Spielers darstellen. Der EuGH hat eine Beschränkung der Freizügigkeit angenommen, 13. 4. 2000, NZA 2000, 645, 658, Rn. 47 ff.).

44 Das Beschränkungsverbot steht Maßnahmen der Mitgliedstaaten, die dem Schutz von **Allgemeinwohlinteressen** dienen und dem Verhältnismäßigkeitsgrundsatz entsprechen, nicht entgegen (EuGH 26. 2. 1991 Slg. I-659, 686 f.; 26. 2. 1991 Slg. I-709, 723 f.; 26. 2. 1991 Slg. I-727, 741 f). Auch sind die Mitgliedstaaten befugt, Umgehungen ihrer Rechtsvorschriften durch die Inanspruchnahme der Freiheiten des EG zu verhindern (EuGH 7. 2. 1979 Slg. 399, 410; 3. 10. 1990 Slg. I-3551, 3568; 7. 7. 1992 Slg. I-4265, 4295; 9. 3. 1999 Slg. I-1489, 1496).

Art. 141 (ex-Art. 119) [Gleiches Entgelt für Männer und Frauen]

(1) Jeder Mitgliedstaat stellt die Anwendung des Grundsatzes des gleichen Entgelts für Männer und Frauen bei gleicher oder gleichwertiger Arbeit sicher.

(2) [1] Unter „Entgelt" im Sinne dieses Artikels sind die üblichen Grund- oder Mindestlöhne und -gehälter sowie alle sonstigen Vergütungen zu verstehen, die der Arbeitgeber auf Grund des Dienstverhältnisses dem Arbeitnehmer mittelbar oder unmittelbar in bar oder in Sachleistungen zahlt.
[2] Gleichheit des Arbeitsentgelts ohne Diskriminierung auf Grund des Geschlechts bedeutet,
a) daß das Entgelt für eine gleiche nach Akkord bezahlte Arbeit auf Grund der gleichen Maßeinheit festgesetzt wird;
b) daß für eine nach Zeit bezahlte Arbeit das Entgelt bei gleichem Arbeitsplatz gleich ist.

(3) Der Rat beschließt gemäß dem Verfahren des Artikels 251 und nach Anhörung des Wirtschafts- und Sozialausschusses Maßnahmen zur Gewährleistung der Anwendung des Grundsatzes der Chancengleichheit und der Gleichbehandlung von Männern und Frauen in Arbeits- und Beschäftigungsfragen, einschließlich des Grundsatzes des gleichen Entgelts bei gleicher oder gleichwertiger Arbeit.

(4) Im Hinblick auf die effektive Gewährleistung der vollen Gleichstellung von Männern und Frauen im Arbeitsleben hindert der Grundsatz der Gleichbehandlung die Mitgliedstaaten nicht daran, zur Erleichterung der Berufstätigkeit des unterrepräsentierten Geschlechts oder zur Verhinderung bzw. zum Ausgleich von Benachteiligungen in der beruflichen Laufbahn spezifische Vergünstigungen beizubehalten oder zu beschließen.

Protokoll des EU-Vertrages zu Artikel 119 des Vertrags zur Gründung der Europäischen Gemeinschaft

Die hohen Vertragsparteien –
sind über folgende Bestimmung übereingekommen, die dem Vertrag zur Gründung der Europäischen Gemeinschaft beigefügt wird:
Im Sinne des Artikels 119 gelten Leistungen aufgrund eines betrieblichen Systems der sozialen Sicherheit nicht als Entgelt, sofern und soweit sie auf Beschäftigungszeiten vor dem 17. Mai 1990 zurückgeführt werden können, außer im Fall von Arbeitnehmern oder deren anspruchsberechtigten Angehörigen, die vor diesem Zeitpunkt eine Klage bei Gericht oder ein gleichwertiges Verfahren nach geltendem einzelstaatlichen Recht anhängig gemacht haben.

I. Normzweck

Art. 119 aF begründete lediglich eine rechtliche Verpflichtung der Mitgliedstaaten zur Anwendung des Entgeltgleichheitsgrundsatzes. Ursprünglich sollten dadurch Länder, die diesen Grundsatz bereits vorgeschrieben hatten, vor Wettbewerbsnachteilen gegenüber anderen EG-Staaten geschützt werden (*Grabitz/Jansen* Art. 119 Rn. 3; *Lenz/Junghanns* Art. 119 Rn. 1). Durch den Vertrag von Amsterdam v. 2. 10. 1997 (BGBl. II S. 387) wurde Art. 119 aF inhaltlich neu gefaßt und erweitert. Der neue Art. 141 enthält drei selbständige Teile, die sich nicht mehr nur mit der Entgeltgleichheit, sondern mit der Gleichbehandlung der Geschlechter im Arbeitsleben befaßt. Der vom Gerichtshof (EuGH 8. 4. 1976 Defrenne II NJW 1976, 2068 ff.) stets betonte Grundrechtscharakter der Norm wird dadurch besonders hervorgehoben. Auf dieses Grundrecht können sich die Unionsbürger nicht nur ihrem eigenen Staat, sondern auch privaten Dritten gegenüber berufen (EuGH 17. 5. 1990 Barber AP EWG-Vertrag Art. 119 Nr. 20; BAG 2. 12. 1992 AP BAT § 23 a Nr. 28; BAG 23. 2. 1994 AP EWG-Vertrag Art. 119 Nr. 51); daher unterliegen Verträge mit öffentlichen und privaten AG gleichermaßen den Anforderungen des Gemeinschaftsrechts (EuGH 2. 10. 1997 Gerster NZA 1997, 1277). In beiden Fällen wird ein subjektives Recht der AN begründet, bei gleicher oder gleichwertiger Arbeit ohne Rücksicht auf das Geschlecht gleich entlohnt zu werden. Aus dem nur an die Mitgliedstaaten gerichteten Wortlaut der Norm ergibt sich dies zwar nicht, doch sieht der EuGH die Mitgliedstaaten als verpflichtet an, die Wirksamkeit der Vertragsbestimmungen umfassend zu garantieren, weil sie sich durch den Vertragsschluß zum Erreichen des Zieles „Entgeltgleichheit" verpflichtet haben. Der geänderte Wortlaut der Norm in der Fassung des Amsterdamer Vertrages („stellt die Anwendung sicher" statt „wird anwenden") macht deutlich, daß die voll Gemeinschaft sich diesem weiten Verständnis des Gleichbehandlungsgrundsatzes anschließt. Neben der – im Vergleich zur aF etwas erweiterten Bestimmung zur Entgeltgleichheit enthält Art. 141 in Abs. III eine Rechtsgrundlage für Maßnahmen zur „Gewährleistung des Grundsatzes der Chancengleichheit" sowie zur Gleichbehandlung der Geschlechter. Das reicht über die Begründung bloßer Entgeltgleichheit deutlich hinaus. Ergänzt wird die Erweiterung durch eine Öffnungsklausel zugunsten von Rechtsakten der Mitgliedstaaten, die spezifisch am Nachteilsausgleich orientierte Begünstigungen beibehalten oder einführen wollen (Abs. 4); die Regelung übernimmt Grundgedanken des Art. 6 Abs. 3 des Sozialprotokolls.

II. Vorrang und Wirkung des Art. 141

Dem Entgeltgleichheitsgrundsatz kommt als Bestandteil des primären Gemeinschaftsrechts (Vorbem. Rn. 3, 13) grds. Vorrang gegenüber dem nationalen Recht zu. Daher können sich die Mitgliedstaaten oder deren Bürger gegen solche gemeinschaftsrechtlichen Verpflichtungen nicht auf möglicherweise abw. Bestimmungen des nationalen Rechts berufen, vielmehr sind die Vorschriften des nationalen Rechts in Übereinstimmung mit den unmittelbar anwendbaren Vorgaben des Gemeinschaftsrechts auszulegen (BAG 23. 9. 1992 AP BGB § 612 Diskriminierung Nr. 1; Vorbem. Rn. 16 f.). Unmittelbar anwendbar sind Normen der Gemeinschaft, wenn sie Individualrechte und -pflichten begründen, die ohne Beiziehung anderweitiger Bestimmungen allein aus der fraglichen Vorschrift selbst ableitbar sind (EuGH 8. 4. 1976 Defrenne II NJW 1976, 2068 ff.). Das trifft auf das Entgeltgleichheitsgebot zu, da dessen Regelungszweck nur erreicht werden kann, wenn es individuelle Rechtsansprüche begründet. Den Anforderungen des Art. 141 müssen nicht nur staatliche Normgeber und Gerichte, sondern ungeachtet der Tarifautonomie auch die TVParteien genügen (EuGH 8. 4. 1976 Defrenne II Slg. 1976, 455; EuGH 7. 2. 1991 Nimz AP BAT § 23 a Nr. 25, vgl. *Mauer* NZA 1991, 501; *Wißmann* ZTR 1994, 223, 225); alle anderen Individual- oder Kollektivverträge zur Regelung der abhängigen Erwerbstätigkeit müssen ebenfalls die Entgeltgleichheit beachten. Der Vorrang des Gemeinschaftsrechts verlangt, daß gegen Art. 141 verstoßende nationale Bestimmungen nicht angewendet werden (EuGH 7. 2. 1991 Nimz AP BAT § 23 a Nr. 25; vgl. vor Art. 177 Rn. 20), die maßgebliche Rechtsfolge also direkt aus dem Gemeinschaftsrecht bestimmt wird.

III. Entgeltgleichheitsgrundsatz

1. Anwendungsbereich. Das Entgeltgleichheitsgebot richtet sich an die Mitgliedstaaten (Abs. I), die zur Herstellung eines dem entsprechenden Rechtszustandes verpflichtet werden. Unmittelbare Wirkung entfaltet die Norm dagegen im Arbeitsverhältnis, da Anspruchsverpflichteter typischerweise der AG ist (Abs. II). Aus demselben Absatz folgt aber, daß eine für den AG von einem Dritten erbrachte Leistung ebenfalls Art. 141 untersteht, wenn sie mittelbar aufgrund des Arbeitsverhältnisses erfolgte. Leistungsempfänger ist typischerweise, aber eben nicht stets (Hinterbliebenenversorgung) der AN (EuGH 6. 10. 1993 Ten Oever NZA 1993, 1125); in solchen Fällen steht der Entgeltgleichheitsanspruch auch dem Dritten zu. Der AGBegriff umfaßt jeden, der AN beschäftigt, dh. private und öffentliche AG gleichermaßen (EuGH 2. 10. 1997 Gerster AP EWG-RL 76/207 Nr. 13). Aber auch der ANBegriff ist nicht definiert; dem Normzweck entsprechend ist davon auszugehen, daß die Bestimmung nicht dem nationalen Recht überlassen bleiben kann, sondern autonom gemeinschaftsrechtlich zu erfolgen hat. Maßgeblich ist insoweit die Rechtsprechung des EuGH. Daher gehören nicht nur aufgrund privatrechtlichen Vertrages Beschäftigte, sondern auch Beamte zu den AN iSd. Art. 141 (EuGH 2. 10. 1997 Gerster NZA 1997, 1277).

2. Entgeltbegriff. Gemäß Abs. II umfaßt der Entgeltbegriff neben dem Entgelt im engeren Sinne noch alle Arten von Vergütungen, die ein AG **aufgrund des Dienstverhältnisses** einem AN mittelbar oder unmittelbar gewährt. Davon sind alle mit Rücksicht auf das bestehende Arbeitsverhältnis erbrachten Leistungen erfaßt, ob sie auf vertraglicher Grundlage, aufgrund von Rechtsvorschriften oder freiwillig (EuGH 21. 10. 1999 Lewen/Denda NZA 1999, 1325 Rs. C-333/97) gewährt werden, solange nur der geldwerte Vorteil überhaupt auf den arbeitsvertraglichen Beziehungen der Parteien beruht (*Lenz/Junghanns* Art. 119 Rn. 5); dazu zählen zB Entgelterhöhung bei quasi automatischem Bewährungsaufstieg (EuGH 7. 2. 1991 Nimz AP BAT § 23 a Nr. 25), Sondervergütungen wie Prämien und Übergangsgelder (EuGH 7. 2. 1991 AP EWG-Vertrag Art. 119 Nr. 13), andere geldwerte Sozialleistungen (EuGH 13. 7. 1989 Rinner-Kühn AP EWG-Vertrag Art. 119 Nr. 16) wie Personalrabatt oder vergünstigte Nutzung von Betriebseinrichtungen (EuGH 17. 2. 1998 Grant EuZW 1998, 212). Weiter wurde dazu vom EuGH ein Ersatz der Schulungskosten von BRMitgliedern gezählt (EuGH 4. 6. 1992 Bötel AP EWG-Vertrag Art. 119 Nr. 39; dagegen BAG 20. 10. 1993 AP BetrVG 1972 § 37 Nr. 90; abschwächend EuGH 6. 2. 1996 Lewark NZA 1996, 319; BAG 5. 3. 1997, NZA 1997, 1242). Beträge, die zur Absicherung der AN während Zeiten der Nichtleistung vertraglich geschuldeter Dienste vom AG gezahlt werden, fallen ebenso unter den Entgeltbegriff (EuGH 13. 2. 1996 Gillespie AP EWG-Vertrag Art. 119 Nr. 74) wie Leistungen während der Mutterschutzzeiten (EuGH 27. 10. 1998 Boyle ua EuR 1999, 242; BAG 31. 7. 1995 EzA MuSchG § 14 Nr. 13) und Leistungen aus Anlaß der Beendigung des Beschäftigungsverhältnisses (EuGH 14. 12. 1993 AP EWG-Vertrag Art. 119 Nr. 54).

4 Aufgrund des Arbeitsverhältnisses gewährte Leistungen sind auch dann „Entgelt", wenn daneben sozialpolitische Zwecke verfolgt werden, zB im Falle von Betriebsrenten (EuGH 28. 9. 1994 Fisscher AP EWG-Vertrag Art. 119 Nr. 56; BAG 23. 1. 1990 AP BetrAVG § 1 Gleichberechtigung Nr. 7) einschließlich der Beamtenversorgung (EuGH 28. 9. 1994 Russel Slg. 1994/I, 4504; VG Frankfurt NZA-RR 1998, 329), Entgeltfortzahlung im Krankheitsfalle (EuGH 13. 7. 1989 Rinner-Kühn AP EWG-Vertrag Art. 119 Nr. 16), Entschädigung wegen Kündigung (EuGH 17. 5. 1990 Barber AP EWG-Vertrag Art. 119 Nr. 20) oder Übergangsgeld bei Beendigung des Arbeitsverhältnisses (EuGH 27. 6. 1990 Kowalska AP EWG-Vertrag Art. 119 Nr. 21). Nur wenn die sozialpolitischen Erwägungen derart überwiegen, daß es an einer inhaltlichen Abhängigkeit von der Arbeitsleistung fehlt, wie bei den typischerweise unmittelbar durch Gesetz geregelten, zwingend für allgemein bestimmte Gruppen geltenden Sozialversicherungsleistungen (EuGH 6. 10. 1993 Ten Oever AP EWG-Vertrag Art. 119 Nr. 49), ist Art. 141 nicht anwendbar. Die Abgrenzung ist vom EuGH noch nicht abschließend konkretisiert, müßte aber anhand folgender Indizien vorgenommen werden: Ein Versorgungssystem unterliegt dem Entgeltbegriff, wenn die Versorgung nicht auf gesetzlicher, sondern auf vertraglicher Grundlage oder auf einseitiger Entscheidung des AG beruht, den Charakter einer Zusatzversorgung besitzt, und wenn die Finanzierung entweder von den Arbeitsvertragsparteien gemeinsam oder nur vom AG in Abhängigkeit vom Dienstverhältnis aufgebracht wird. Ein öffentliches Versorgungssystem, das notwendig durch Gesetz geregelt wird, ist dennoch „Entgelt" iSd. Art. 141, wenn es nur für eine besondere Gruppe von AN eingerichtet ist (vgl. EuGH 17. 4. 1997 Evrenopoulos Slg. 1997, 2057) und seine Leistungen von der Beschäftigungszeit und der Entgelthöhe des AN abhängen.

5 **3. Gleichheit des Entgelts.** Nach Art. 141 II muß nach Akkord bezahlte Arbeit aufgrund der gleichen Maßeinheit entlohnt werden, nach Zeit bezahlte Arbeit muß bei gleichem Arbeitsplatz gleich entlohnt werden. Damit muß bei vereinbartem Zeitlohn derselbe Betrag bezahlt werden, bei leistungsabhängigem Entgelt muß dieselbe Berechnungsmethode zugrunde gelegt werden (*Schlachter*, EAS B 4100 Rn. 27). Handelt es sich um Stücklohnsysteme, muß trotz der Abhängigkeit des Entgelts von der individuellen Leistung ein etwa gewährter fester Entgeltbestandteil bei gleicher und gleichwertiger Arbeit grds. gleich hoch sein (EuGH 31. 5. 1995 Dansk Industri AP EWG-Vertrag Art. 119 Nr. 68). Bei der Entgeltgleichheit ist Regelungsziel somit ausdrücklich die Erzielung derselben Ergebnisse für Angehörige beider Geschlechter; im Anwendungsbereich der Richtl. 76/207 EWG ist dagegen für den Zugang zur Beschäftigung und den beruflichen Aufstieg ausdrücklich auf die Chancengleichheit abgestellt worden (EuGH 17. 10. 1995 Kalanke AP EWG-Richtlinie Nr. 76/207 Nr. 6, dazu § 611 a BGB Rn. 19).

6 **4. Gleiche Arbeit.** Der Anspruch aus Art. 119 der alten Vertragsfassung setzte seinem Wortlaut nach noch gleiche Arbeit voraus. Gleiche Arbeit liegt vor, wenn der Inhalt der Tätigkeit derselbe ist oder die Tätigkeiten einander so ähnlich sind, daß die damit Beschäftigten einander ersetzen könnten (*Schlachter* EAS B 4100 Rn. 29). Dabei kommt es auf die tatsächlichen Anforderungen des Arbeitsplatzes an, nicht auf vertragliche Vereinbarung oder tarifliche Einstufung. Der EuGH stellt insbesondere auf die Faktoren „Art der Arbeit, Ausbildungsanforderungen und Arbeitsbedingungen" ab (11. 5. 1999 Wiener Gebietskrankenkasse NZA 1999, 699). Unterschiedliche berufliche Qualifikatio-

III. Entgeltgleichheitsgrundsatz   Art. 141   **EG 20**

nen, die ein breiteres Einsatzgebiet eröffnen, lassen demzufolge selbst dann auf fehlende Gleichheit der Arbeit schließen, wenn zwei ANGruppen derzeit mit denselben Aufgaben betraut werden (EuGH 11. 5. 1999 Wiener Gebietskrankenkasse NZA 1999, 699 f.). Unerheblich ist auch, daß die Vergleichspersonen nicht gleichzeitig beschäftigt sind: Die Arbeitsleistung des Vorgängers am Arbeitsplatz ist tauglicher Vergleichsmaßstab (EuGH 28. 9. 1994 Russel AP EWG-Vertrag Art. 119 Nr. 57); dies kann allerdings nur bei im übrigen gleichgebliebenen Rahmenbedingungen zutreffen, damit zB eine deutlich verschlechterte wirtschaftliche Lage des Unternehmens auch bei „gleicher Arbeit" berücksichtigt werden kann (EuGH 28. 9. 1994 Russel AP EWG-Vertrag Art. 119 Nr. 57; vgl. EuGH 27. 3. 1980 Macarthys Slg. 1980, 1275). Auf den zeitlichen Umfang der vereinbarten Arbeitsleistung kommt es dagegen nicht an: Vollzeit- und Teilzeitkräfte leisten die gleiche Arbeit (EuGH 31. 3. 1981 Jenkins AP EWG-Vertrag Art. 119 Nr. 2).

5. Gleichwertige Arbeit. Art. 141 hat das Entgeltgleichheitsgebot mittlerweile ausdrücklich auf 7
Beschäftigte erstreckt, die „gleichwertige" Arbeit leisten. Damit wird der in Art. 1 der RL 75/117/ EWG (10. 2. 1975, AblEG 1975 L 45/19) formulierte Grundsatz ausdrücklich bestätigt, den der EuGH (31. 3. 1981 Jenkins AP EWG-Vertrag Art. 119 Nr. 2) allerdings auch zuvor schon dahingehend ausgelegt hatte, daß das Entgeltgleichheitsgebot auf gleichwertige Arbeit anzuwenden ist.

Wie die Gleichwertigkeit **festgestellt** wird, gibt das geschriebene Gemeinschaftsrecht nicht vor; ein 8
Verweis auf die unterschiedlichen Konzeptionen der Mitgliedstaaten ist damit aber ebenfalls nicht begründbar: Auf Dauer ist die Einheitlichkeit des Gemeinschaftsrechts nur zu erreichen, wenn die beträchtlichen Differenzen zwischen Rechtsordnungen mit sehr weitem Gleichwertigkeitsbegriff (UK; Irland) und dem eher engen deutschen Verständnis verbindlich beseitigt werden (*Callies/ Ruffert-Krebber* Rn. 57 ff.). Nach deutscher Rspr. (BAG 23. 8. 1995 AP § 612 BGB Nr. 48) ist der Normzweck entscheidend, durch Einbeziehung gleichwertiger Arbeit sicherzustellen, daß unwichtige Unterschiede der Arbeitsleistung die Entgeltgleichheit nicht hindern. Zur Feststellung berufen sind (1) tarifliche Eingruppierungsvorschriften oder (2) Unternehmerentscheidungen; in diesem Falle muß allerdings die gerichtliche Durchsetzbarkeit des Entgeltgleichheitsgrundsatzes gewährleistet werden.

(1) Handelt es sich um **tarifliche Eingruppierung,** kann das Gericht die Überprüfung nicht unter 9
Hinweis auf eine Einschätzungsprärogative der Tarifparteien verweigern, denn die Eingruppierung der Tätigkeiten in unterschiedliche Tarifgruppen ist nicht selbst schon eine Rechtfertigung für Entgeltunterschiede (EuGH 27. 10. 1993 Enderby AP EWG-Vertrag Art. 119 Nr. 50; BAG 7. 3. 1995 NZA 1996, 48). Vielmehr müssen auch die Tarifparteien den Entgeltgleichheitsgrundsatz beachten (*Wißmann*, FS für Dieterich, 1999, S. 683). Sie müssen die Gruppen so bilden, daß nicht nur die besonderen Fähigkeiten bewertet werden, die den Angehörigen des einen Geschlechts typischerweise eigen sind (Körperkraft), aber die typischerweise an das andere Geschlecht gestellten Anforderungen (Geschicklichkeit) unberücksichtigt bleiben (EuGH 1. 7. 1986 Rummler AP EWG-Vertrag Art. 119 Nr. 3; BAG 29. 7. 1992 AP TVG § 1 Tarifverträge: Einzelhandel Nr. 32 = NZA 1993, 181; LAG Hamm 11. 8. 1997 AuR 1998, 291). Der Ausschluß geringfügig Beschäftigter aus dem Anwendungsbereich des BAT ist insoweit eine mittelbare Benachteiligung, wie diesen AN Jahressonderzulagen nicht gewährt werden (EuGH 9. 9. 1999 Krüger NZA 1999, 1151).

(2) Handelt es sich dagegen um eine Bestimmung der Wertigkeit der Arbeitsleistung durch **vertrag-** 10
liche Eingruppierung oder einseitige Festlegung durch den AG, muß die Frage der Gleichwertigkeit äußerlich unterschiedlicher Tätigkeiten zumindest gerichtlich überprüfbar bleiben.

6. Diskriminierung aufgrund des Geschlechts. Art. 141 bezweckt nicht, den Grundsatz „gleicher 11
Lohn für gleiche Arbeit" im Arbeitsverhältnis generell vorzuschreiben, sondern verbietet lediglich die geschlechtsbedingt unterschiedliche Entlohnung; eine Benachteiligung aufgrund der sexuellen Orientierung wird von Art. 119 nicht erfaßt (EuGH 17. 2. 1998 Grant EuZW 1998, 212). Die Gleichbehandlung wird rein formal gesehen: Erhält die eine Gruppe für dieselbe Anzahl geleisteter Arbeitsstunden dasselbe Entgelt wie die andere, ist keine Benachteiligung gegeben; daher haben auch Teilzeitkräfte solange keinen Anspruch auf Überstundenzuschläge, wie sie zwar länger als ihre vertraglich geschuldete Arbeitszeit, aber nicht über die Regelarbeitszeit für Vollzeitkräfte hinaus arbeiten (EuGH 15. 12. 1994 Helmig AP EWG-Vertrag Art. 119 Nr. 65). An einer Benachteiligung fehlt es, wenn der AG eine freiwillige Sonderleistung davon abhängig macht, daß die Empfänger zum Zeitpunkt der Gewährung aktiv im Beschäftigungsverhältnis stehen (EuGH 21. 10. 1999 Lewen/Denda NZA 1999, 1325); Erziehungsurlauberinnen dürften also ausgenommen werden, aufgrund Mutterschutzzeiten Abwesende dagegen nicht.

Eine geringere Vergütung darf weder unmittelbar noch mittelbar aufgrund des Geschlechts gezahlt 12
werden (BAG 14. 3. 1989 AP BetrAVG § 1 Gleichberechtigung Nr. 5). Daß neben der unmittelbaren auch die mittelbare Benachteiligung von Art. 119 erfaßt ist, ist dem Wortlaut der Norm nicht zu entnehmen. Ausdrücklich erwähnt wird diese Unterscheidung in Art. 2 I der RL 76/207 EWG (AblEG 1976 L 39/40) zur Gleichbehandlung der Geschlechter, doch zieht sie der EuGH (13. 5. 1986 Bilka AP EWG-Vertrag Art. 119 Nr. 10; vgl. *Pfarr* NZA 1986, 585) für alle Diskriminierungsverbote heran (BAG 5. 10. 1993 AP BetrAVG § 1 Lebensversicherung Nr. 20).

13 a) Eine **unmittelbare Benachteiligung** liegt vor, wenn direkt nach dem Geschlecht der Betroffenen unterschieden wird, also zB die Höhe der Frauenlöhne durch einen prozentualen Abschlag gegenüber Männerlöhnen definiert wird (BAG 15. 1. 1955 AP GG Art. 3 Nr. 4 = NJW 1955, 684). Den wichtigsten aktuellen Anwendungsfall stellt derzeit das unterschiedliche Rentenzugangsalter dar, das jedoch gem. Art. 7 der RL 79/7 EWG von den Mitgliedstaaten von der Gleichbehandlung ausgenommen werden darf. Weiter liegt eine unmittelbare Diskriminierung vor, wenn der Nachteil an Tatsachen anknüpft, die nur von Angehörigen des einen Geschlechts erfüllt werden, zB Schwangerschaft und Geburt (EuGH 8. 11. 1990 Dekker AP EWG-Vertrag Art. 119 Nr. 23; 14. 7. 1994 Webb AP EWG-Richtlinie Nr. 76/207 Nr. 5; 19. 11. 1998 Pedersen NZA 1999, 757). In beiden Fällen weiß der Handelnde zwar idR, daß hier nach dem Geschlecht unterschieden wird, auf eine etwaige Benachteiligungsabsicht kommt es aber nicht an.

14 b) Eine **mittelbar benachteiligende Maßnahme** knüpft nicht direkt an das Geschlecht an, sondern an Merkmale, die zwar bei beiden Geschlechtern vorliegen können, tatsächlich jedoch überwiegend gerade von dem einen Geschlecht verwirklicht werden, ohne daß die Verwendung des Kriteriums gerechtfertigt werden könnte (vgl. Art. 2 RL 97/80/EG über die Beweislast; dazu *Schlachter* RdA 1998, 321; *Bergwitz* DB 1999, 94). Beispiele: Teilzeitarbeit (EuGH 13. 5. 1986 Bilka AP EWG-Vertrag Art. 119 Nr. 10; vgl. *Pfarr* NZA 1986, 585; EuGH 7. 2. 1991 Nimz AP BAT § 23 a Nr. 25; BAG 2. 12. 1992 AP BAT § 23 a Nr. 28); unständige Beschäftigung; befristete Beschäftigung; Zulagen für Verheiratete, oder für generell bekundete Versetzungsbereitschaft; Heimarbeit; uU genügt sogar die Festlegung von gesonderten Lohngruppen für reine Frauenberufe (EuGH 27. 10. 1993 Enderby AP EWG-Vertrag Art. 119 Nr. 50). Auf eine Benachteiligungsabsicht der Handelnden kommt es auch hier wieder nicht an. So kann ein betriebliches Entgeltsystem insgesamt mittelbar diskriminierend sein, wenn es lediglich im Durchschnitt zu einer deutlich geringeren Entlohnung der mit gleichwertigen Tätigkeiten beschäftigten Gruppe führt, aber so undurchschaubar ist, daß das Merkmal nicht herausgefunden werden kann, dessen Verwendung diesen Effekt verursacht (EuGH 17. 10. 1989 Danfoss AP EWG-Vertrag Art. 119 Nr. 19; BAG 23. 9. 1992 AP BGB § 612 Diskriminierung Nr. 1; vgl. EuGH 15. 12. 1994 Helmig AP BGB § 611 Teilzeit Nr. 7; 6. 2. 1996 Lewark NZA 1996, 319).

15 aa) Das Vorliegen einer mittelbaren Benachteiligung wird durch den **statistischen Vergleich** zweier Gruppen festgestellt (EuGH 27. 10. 1993 Enderby AP EWG-Vertrag Art. 119 Nr. 50). Das dient allerdings nicht dem Zweck, schematische Gleichbehandlung der Gruppen im Ergebnis durchzusetzen, sondern es handelt sich um eine Methode zur Senkung der Beweisanforderungen für die Geschlechtsabhängigkeit einer Benachteiligung im konkreten Einzelfalle (*Schlachter* NZA 1995, 393, 396). Die geringere Entlohnung einer bestimmten Person wird dadurch als „wahrscheinlich geschlechtsbedingt" ausgewiesen, daß sich das dafür ausschlaggebende Differenzierungskriterium typischerweise und überwiegend (BAG 23. 2. 1994 AP EWG-Vertrag Art. 119 Nr. 51; 9. 3. 1994 AP BAT § 23 a Nr. 31) gerade zu Lasten des einen Geschlechts auswirkt: Daß die von der Unterscheidung Benachteiligten überwiegend dem einen Geschlecht angehören, genügt dafür allein allerdings nicht. Vielmehr muß das zahlenmäßige Verhältnis unter den Begünstigten wesentlich anders als das unter den Benachteiligten sein (EuGH 9. 2. 1999 Seymour-Smith Slg. 1999/I S. 681 ff.; BAG 19. 4. 1995 AP BGB § 242 Gleichbehandlung Nr. 124; 5. 3. 1997 NZA 1997, 1242; *Schlachter* NZA 1995, 393, 396; *Wiedemann*, FS für Gnade, 1992, S. 135, 142 f.). Mehr als eine erhöhte Wahrscheinlichkeit der Kausalität von Geschlechtszugehörigkeit und dem Betroffensein durch den Nachteil läßt sich mit der Statistik allerdings nicht feststellen. Daher ist die weitere Verwendung mittelbarer benachteiligender Kriterien auch nicht automatisch untersagt, sondern nur in den Fällen, in denen die Wahrscheinlichkeit nicht entkräftet werden kann. Kann der AG den Einsatz des Differenzierungskriteriums als sachnotwendig, dh. nicht mit dem Geschlecht zusammenhängend rechtfertigen, und hat er es in verhältnismäßiger Weise eingesetzt, ist die Verwendung weiterhin zulässig (EuGH 27. 10. 1993 Enderby AP EWG-Vertrag Art. 119 Nr. 50).

16 bb) Die **Vergleichsgruppen** dürfen nicht willkürlich zusammengestellt werden. Eine hinreichende Wahrscheinlichkeit für das Vorliegen eines geschlechtsbedingten Nachteils liefert der Gruppenvergleich nur, wenn grds. alle Personen betrachtet werden, auf die sich das untersuchte Kriterium auswirken kann (EuGH 31. 5. 1995 Dansk Industri AP EWG-Vertrag Art. 119 Nr. 68): Ein einzelvertraglich generell vereinbartes Differenzierungskriterium kann alle Betriebsangehörigen betreffen, eine Tarifklausel die Tarifgebundenen und Gleichgestellten, eine gesetzliche Differenzierung dagegen alle Adressaten. Verglichen wird die Gruppe, die durch den Einsatz des Kriteriums belastet wird mit der Gesamtgruppe derjenigen, auf die die Unterscheidung angewendet werden kann. Wahrscheinlich „geschlechtsbedingt" ist die Belastung dann, wenn in der benachteiligten Gruppe ein Geschlecht erheblich stärker vertreten ist als in der Gesamtgruppe (BAG 23. 2. 1994 AP EWG-Vertrag Art. 119 Nr. 51). Vergleichsgegenstand ist grds. der konkrete Entgeltbestandteil, damit die Nichtgewährung von Vergünstigungen nicht im Wege der Gesamtbetrachtung ausgeglichen werden kann (EuGH 17. 5. 1990 Barber AP EWG-Vertrag Art. 119 Nr. 20); anderes gilt für undurchschaubare Entgeltsysteme (Rn. 14). In der Frage der korrekten Zusammensetzung der Vergleichsgruppe deutet sich

III. Entgeltgleichheitsgrundsatz   Art. 141   EG 20

allerdings eine Veränderung an: Der Generalanwalt Saggio hat (im Schlußantrag 14. 3. 2000 Rs. C-322/98 Kachelmann) bei der Beurteilung der Sozialauswahl gem. § 1 III KSchG nicht auf den Anwendungsbereich des Gesetzes, sondern nur auf die Branche als maßgebliche Bezugsgruppe abgestellt. Sollte der EuGH dem folgen, könnte dies zur Vermeidung der Benachteiligungen von Teilzeitkräften eine branchenabhängig unterschiedliche Anwendung der Sozialauswahl zur Folge haben.

Eine weitere Prüfung, ob die nachteilige Wirkung auch anders als mit dem Geschlecht erklärt 17 werden kann, ist zur Darlegung der „Geschlechtsbedingtheit" des Nachteils nicht erforderlich (*Wißmann* ZTR 1994, 223, 224 f.; *Schlachter* NZA 1995, 393, 397; offengelassen von BAG 23. 2. 1994 AP EWG-Vertrag Art. 119 Nr. 51; BAG 2. 12. 1992 AP BAT § 23 a Nr. 28).

cc) Eine mittelbar benachteiligend wirkende Unterscheidung darf verwendet werden, wenn sie 18 **gerechtfertigt** werden kann. Gerechtfertigt ist eine Differenzierung, wenn sie zur Verwirklichung eines mit dem Gemeinschaftsrecht vereinbaren, unternehmerischen Bedürfnisses dient (BAG 23. 1. 1990 AP BetrAVG § 1 Gleichberechtigung Nr. 7) und für dieses Ziel in geeigneter, erforderlicher sowie verhältnismäßiger Weise eingesetzt wird (EuGH 13. 5. 1986 Bilka AP EWG-Vertrag Art. 119 Nr. 10; BAG 5. 3. 1997 NZA 1997, 1242; *Pfarr* NZA 1986, 585; *Hanau/Preis* ZfA 1988, 177, 191). Das wurde etwa für hohe Qualifikation, Bereitschaft zur Versetzung und zum Leisten von Überstunden anerkannt, soweit diese Voraussetzungen am konkreten Arbeitsplatz sachlich erforderlich sind (EuGH 17. 10. 1989 Danfoss AP EWG-Vertrag Art. 119 Nr. 19). Herrscht auf dem Arbeitsmarkt ein Mangel an Bewerbern mit bestimmter Qualifikation, kann zur Gewinnung solcher Kräfte ein höheres Entgelt geboten werden (EuGH 27. 10. 1993 Enderby AP EWG-Vertrag Art. 119 Nr. 50).

Dagegen sind allgemeine Aussagen über ganze ANGruppen wie zB geringere betriebliche Verbun- 19 denheit oder geringere Arbeitsmotivation von Teilzeitkräften, keine tauglichen Rechtfertigungsgründe (EuGH 13. 7. 1989 Rinner-Kühn AP EWG-Vertrag Art. 119 Nr. 16; EuGH 7. 2. 1991 Nimz AP BAT § 23 a Nr. 25; vgl. *Mauer* NZA 1991, 501; vgl. BAG 23. 2. 1994 AP EWG-Vertrag Art. 119 Nr. 50). Nach Ansicht des EuGH ist jedoch eine Unterscheidung nach der Betriebszugehörigkeitsdauer stets gerechtfertigt (EuGH 17. 10. 1989 Danfoss AP EWG-Vertrag Art. 119 Nr. 19), da größere Berufserfahrung idR bessere Arbeitsleistung zur Folge habe. Daß ein Differenzierungsmerkmal durch TV oder **Gesetz** vorgegeben ist, genügt als Rechtfertigung dagegen nicht: Da sich das Entgeltgleichheitsgebot auch an die TVParteien und an den Gesetzgeber richtet, müssen deren Normen gleichfalls auf das Vorliegen eines Rechtfertigungsgrundes überprüft werden, falls sie mittelbar benachteiligende Differenzierungskriterien enthalten (EuGH 7. 2. 1991 Nimz AP BAT § 23 a Nr. 25; vgl. *Mauer* NZA 1991, 501; EuGH 27. 10. 1993 Enderby AP EWG-Vertrag Art. 119 Nr. 50; vgl. BAG 29. 7. 1992 AP TVG § 1 Tarifverträge: Einzelhandel Nr. 32; 7. 3. 1995 AP BetrAVG § 1 Gleichbehandlung Nr. 26). Hier besteht der Rechtfertigungsgrund in einem objektiven, sozialpolitischen Konzept, zu dessen Verwirklichung die Verwendung des benachteiligenden Merkmals geeignet und erforderlich ist. Als ein Indiz für das Vorliegen objektiver, nicht diskriminierender Gründe ist der Umstand, daß ein insgesamt benachteiligendes Entgeltgefüge gerade von den Tarifparteien festgesetzt worden ist, jedoch gewertet worden (EuGH 31. 5. 1995 Dansk Industri AP EWG-Vertrag Art. 119 Nr. 68).

dd) Nach allgemeinen **Beweislast**regeln muß der Anspruchsteller eine geschlechtsbedingt geringere 20 Entlohnung darlegen und beweisen (EuGH 27. 10. 1993 Enderby AP EWG-Vertrag Art. 119 Nr. 50). Eine Beweislastumkehr für gemeinschaftsrechtliche Benachteiligungsverbote ist nicht durchsetzbar gewesen. Statt dessen sieht die Beweislastrichtl. (RL 97/80/EG ABlEG 14/6 v. 20. 1. 1998; dazu *Schlachter* RdA 1998, 321; *Bergwitz* DB 1999, 94) vor, daß der Tatbestand der Benachteiligung lediglich glaubhaft gemacht werden muß; die Glaubhaftmachung hat eine Beweislastumkehr zur Folge. Weiter läßt der EuGH in speziellen Fällen Beweiserleichterungen zu, etwa bei Undurchschaubarkeit des Entlohnungssystems (EuGH 17. 10. 1989 Danfoss AP EWG-Vertrag Art. 119 Nr. 19) oder bei nicht nachvollziehbarer Kombination fester und variabler Entgeltbestandteile bei Stücklohnsystemen (EuGH 31. 5. 1995 Dansk Industri AP EWG-Vertrag Art. 119 Nr. 68), wenn sie durchschnittlich erheblich niedrigere Entlohnung für AN zur Folge haben. Dann muß der AG die dafür maßgeblichen Kriterien aufdecken und ihre Verwendung rechtfertigen. Für das Vorhandensein von Rechtfertigungsgründen trifft die Beweislast stets den AG (EuGH 13. 5. 1986 Bilka AP EWG-Vertrag Art. 119 Nr. 10; vgl. *Pfarr* NZA 1986, 585); lediglich in einem Vertragsverletzungsverfahren liegt die Beweislast beim Mitgliedstaat.

7. Rechtsfolge. Ein Verstoß gegen den Entgeltgleichheitsgrundsatz führt zur Unwirksamkeit nur der 21 benachteiligenden Differenzierung selbst; im übrigen bleibt der Vertrag wirksam. Art. 141 verpflichtet zur Herstellung der Gleichbehandlung bei der Entlohnung, über die Höhe des beiden Gruppen gleichermaßen zustehenden Entgelts ist damit nichts ausgesagt. Dabei hat der EuGH den Grundsatz aufgestellt, daß Lohngleichheit nur durch Angleichung „nach oben" hergestellt werden könne (EuGH 25. 5. 1971 Defrenne I Slg. 1971, 445; 27. 6. 1990 Kowalska AP EWG-Vertrag Art. 119 Nr. 21; BAG 7. 11. 1995 AP EWG-Vertrag Art. 119 Nr. 71; *Colneric* BB 1988, 968, 969; aA *Lenz/Junghanns* Art. 119 Rn. 30), um der in Art. 117 I EGV aF (= Art. 136 I neu) verankerten Verpflichtung zu entsprechen, auf eine Verbesserung der Lebens- und Arbeitsbedingungen der Beschäftigten hinzuwirken; das gilt allerdings nur solange, wie die Entgeltgleichheit nicht ordnungsgemäß im nationalen Recht umgesetzt worden ist. Die benachteiligende Differenzierung ist somit für in der Vergangenheit liegende Zeiten nicht anzuwenden, sondern bis zu einer ordnungsgemäßen Umsetzung des Gleichbehandlungsgebots bleibt die günstigere Regelung das einzig gültige Bezugssystem (EuGH 7. 2. 1991 Nimz AP BAT § 23 a Nr. 25; LAG Hamm 11. 8. 1997 AuR 1998, 291 (mit Anm. Feldhoff; *Mauer* NZA 1991, 501). Die benachteiligten AN können also dasselbe Entgelt wie die übrigen Beschäftigten verlangen. Wird das Gebot der Gleichbehandlung anschließend in einer Neuregelung beachtet, kann dies unter Beachtung des Vertrauensschutzes auch auf geringerem Niveau erfolgen. Daher ist eine Senkung künftiger Leistungen zulässig (EuGH 28. 9. 1994 Avdel Systems AP BetrAVG § 1 Gleichbehandlung Nr. 21), sofern dies nur für beide Geschlechter gleichermaßen gilt.

IV. Betriebsrentensysteme und das Protokoll zu Art. 119 EGV

22   Nach der Rspr. des EuGH werden zwar gesetzliche Sozialversicherungssysteme vom Entgeltgleichheitsgrundsatz nicht erfaßt, wohl aber Betriebsrenten (EuGH 10. 2. 2000 Schröder NZA 2000, 313; Rn. 4). In der Protokollerklärung zu Art. 119 aF wird der Geltungsbereich dieser Vorschrift dahingehend präzisiert, daß Leistungen aus einem Betriebsrentensystem davon grds. nicht umfaßt werden, sofern sie für Beschäftigungszeiten vor dem 17. 5. 1990 gewährleistet werden. Damit sollte die Rechtsprechung des EuGH (17. 5. 1990 Barber AP EWG-Vertrag Art. 119 Nr. 20) zur Gemeinschaftsrechtswidrigkeit unterschiedlicher Altersgrenzen für Männer und Frauen in der betrieblichen Altersversorgung in ihrer Rückwirkung beschränkt werden, weil diese Entscheidung erhebliche finanzielle Auswirkungen hatte: Sie hatte nicht nur die Beiträge zum Versorgungssystem, sondern auch die Leistungen aus diesem System als „Entgelt" eingeordnet und dem Gleichbehandlungsgrundsatz unterstellt (*Höfer* BetrAVG 1995, 119; *Löwisch* BB 2000, 821). Doch hat der EuGH selbst nachfolgend eine Rückwirkung seiner Rspr. ausgeschlossen (EuGH 28. 9. 1994 Coloroll AP BetrAVG § 1 Gleichbehandlung Nr. 20), so daß Rechtsverhältnisse nicht der unmittelbaren Wirkung des Art. 141 unterliegen, wenn und soweit sich ihre Wirkungen vor dem 17. 5. 1990 erschöpft haben (BAG 3. 6. 1997 AP BetrAVG-Gleichbehandlung § 1 Nr. 35). Ob mit dem Protokoll auch eine inhaltliche Einengung des vom EuGH entwickelten Entgeltbegriffs beabsichtigt war, ist dem Wortlaut zwar nicht eindeutig zu entnehmen, bei systematischer Auslegung jedoch abzulehnen (*Lenz/Junghanns* Art. 119 Rn. 59). Daß das BAG das Rückwirkungsverbot nicht anwenden will, wenn der Ausschluß Teilzeitbeschäftigter von der betrieblichen Altersversorgung an Art. 3 GG gemessen wird, war verfassungsrechtlich nicht zu beanstanden (BVerfG 5. 8. 1998 NZA 1998, 1245; 19. 5. 1999 NZA 1999, 815). Der Anspruch auf *Zugang* zu einem Betriebsrentensystem ist von der zeitlichen Einschränkung der unmittelbaren Wirkung von Art. 141 nicht umfaßt, sondern kann rückwirkend für Zeiten ab 8. 4. 1976 geltend gemacht werden (EuGH 11. 12. 1997 Magorrian u. Cunningham NZA 1998, 361; 10. 2. 2000 Schröder NZA 2000, 313). Die zeitliche Beschränkung der Wirkungen der EuGH-Rspr. war damit begründet worden, daß die AG/Rentenversicherungsträger wegen der in der RL zur Betriebsrente enthaltenen Ausnahmeregelungen eine unterschiedliche Behandlung für noch nicht verboten halten konnten. Diese Vorstellung durfte aber hinsichtlich des Zugangs zu Betriebsrentensystemen niemand entwickeln, da der EuGH das Diskriminierungsverbot in dieser Frage bereits seit 1986 (EuGH 13. 5. 1986 „Bilka" Slg. 1986, 1607) anwendet. Zahlung kann dabei auch schon für alle Zeiten verlangt werden, die seit 8. 4. 1976 (Anerkennung der unmittelbaren Wirkung des Entgeltgleichheitsgrundsatzes) hätten berücksichtigt werden müssen. Diese Auslegung steht allerdings der Anwendung nationaler Vorschriften nicht entgegen, in denen – wie Art. 3 II GG – ein zeitlicher früher ansetzender Gleichbehandlungsanspruch niedergelegt ist (EuGH 10. 2. 2000 Schröder NZA 2000, 313).

V. Ermächtigungsgrundlage (Abs. III)

23   Der Rat der EU wird ermächtigt, zur Gewährleistung von Entgeltgleichheit und Chancengleichheit im Arbeitsrecht, Maßnahmen im Verfahren nach Art. 251 EG (= Art. 189 b aF) zu beschließen. Die Regelung wirft verschiedene Probleme auf. Gedanklich setzt sie die Existenz eines allgemeinen, nicht auf das Entgelt begrenzten Gleichbehandlungsanspruch voraus, dessen Inhalt und Schranken primärrechtlich aber nicht festgelegt werden; dennoch muß er selbst Teil des Primärrechts sein. Der Inhalt dieses Gleichbehandlungsgrundsatzes ist dann nach Maßgabe der Richtl. zu konkretisieren, wie dies der EuGH bereits früher schon zum Verhältnis des Art. 119 aF zur RL 75/117/EWG entschieden hatte (31. 3. 1981 Jenkins AP EWG-Vertrag Art. 119 Nr. 2). Das Verfahren für Maßnahmen zur Förderung der Gleichbehandlung ist ebenfalls nicht hinreichend eindeutig bestimmt, da eine Abgrenzung zur Befugnisnorm des Art. 137 Abs. I, II EG nicht vorgenommen wird. Unklar bleibt zudem, ob Abs. III die Gemeinschaft zum Beschluß von Maßnahmen „umgekehrter Diskriminierung" ermächtigt. Die Befugnis zur Förderung der Chancengleichheit spricht dafür, die Beschränkung auf Maßnahmen zur „Anwendung" der Gleichheitsgrundsätze eher gegen die Erlaubnis zur inhaltlichen Ausgestaltung des nur anzuwendenden Grundsatzes (ebenso *Calliess/Ruffert-Krebber* Rn. 100).

VI. Spezifische Vergünstigungen (Abs. IV)

Abs. IV erlaubt den Mitgliedstaaten, nicht der Gemeinschaft selbst, Maßnahmen der „positiven Diskriminierung" zu ergreifen, sofern dies der Erleichterung der Berufstätigkeit des unterrepräsentierten Geschlechts oder dem Nachteilsausgleich dient. Damit wird ein Anliegen des Art. 6 Abs. 3 des Protokolls über die Sozialpolitik in den EGV übernommen, allerdings in inhaltlich abgewandelter Form: Abs. 4 ist nicht mehr nur als Ausnahme vom Entgeltgleichheitsgebot formuliert, sondern gestattet Maßnahmen auch im Rahmen des allgemeinen Gleichbehandlungsgebots des Abs. 3; zudem ist Abs. 4 geschlechtsneutral formuliert, kann Förderungsmaßnahmen also für beide Geschlechter legitimieren. Eine Ausnahme gem. Abs. 4 ist nur im Hinblick auf die *effektive Gewährleistung* der Gleichstellung zulässig; vom Grundsatz der Gleichbehandlung darf also nur abgewichen werden, wenn die geplanten Maßnahmen zur Durchsetzung dieses Ziels geeignet und erforderlich sind. Von der Öffnungsklausel Gebrauch machen dürfen nur die Mitgliedstaaten, eine Ausnahme zugunsten von Regelungen der Kollektivvertragsparteien ist davon nicht umfaßt, solange diese nicht vom Mitgliedstaat ausdrücklich ermächtigt worden sind. Die Maßnahme muß die von ihr Betroffenen *begünstigen*, also besserstellen; eine bereichsspezifische Begrenzung, etwa auf Wiedereingliederungsmaßnahmen, Schulungen usw. ist nicht vorgesehen. Kompensationsmaßnahmen im Entgeltbereich sind im Regelfalle weder geeignet noch hinreichend *spezifisch*, um die Berufstätigkeit zu erleichtern oder Benachteiligungen auszugleichen. Spezifisch in diesem Sinne kann eine Maßnahme nur sein, wenn sie gezielt zum Ausgleich der fraglichen Nachteile dient. Zur Erleichterung der Berufstätigkeit dient eine Maßnahme auch dann, wenn sie nicht unmittelbar als Gegenmaßnahme gegen eine Benachteiligung ergriffen wird; sie muß sich freilich positiv auf das *unterrepräsentierte Geschlecht* auswirken, also an einem Zahlenverhältnis ansetzen, das Indiz für die Feststellung einer mittelbaren Benachteiligung (Rn. 14) sein kann. Maßnahmen zur Verhinderung/Ausgleich von Benachteiligungen müssen dagegen unmittelbar als Gegenmittel gegen eine Diskriminierung ergriffen werden; Maßnahmen dieser Art können auch Quotenregelungen sein, wenn sie dem Verhältnismäßigkeitsgrundsatz entsprechen (EuGH 11. 11. 1997 Marschall NJW 1997, 3429; GA EuGH 10. 6. 1999 Rs. C-158/97).

24

VII. Richtlinien

Die Gleichbehandlung von Männern und Frauen wird außer von Art. 141 wesentlich von den Richtl. 75/117 EWG (Entgeltgleichheit), 76/207 EWG (Gleichbehandlung), 79/7 EWG (soziale Sicherheit), 86/378 EWG (Betriebsrenten) mit geprägt; zu ihrer Wirkung im nationalen Recht: vgl. Vorbem. Rn. 7 bis 12. Die weitreichendste Bedeutung hat die Gleichbehandlungsrichtl. erhalten, da sie die mittelbare Benachteiligung als Rechtsfigur ausdrücklich in das Gemeinschaftsrecht eingeführt hat. Die Abgrenzungsprobleme zur Entgeltgleichheit sind zahlreich, weil „sonstige Arbeitsbedingungen" iSd. RL dem Anwendungsbereich von Art. 141 nicht unterliegen (EuGH 15. 6. 1978 Defrenne III NJW 1978, 2445; 2. 10. 1997 Gerster EuGRZ 1997, 494). Art. 141 ist daher nur einschlägig, wenn eine Arbeitsbedingung die Höhe des Entgelts ohne Zwischenschaltung anderer Änderungserfordernisse selbst betrifft (Tarifliche Eingruppierung, Anerkennung von Betriebszugehörigkeitszeiten).

25

Art. 234 (ex-Art. 177) [Vorabentscheidung]

Der Gerichtshof entscheidet im Weg der Vorabentscheidung
a) über die Auslegung des Vertrags,
b) über die Gültigkeit und die Auslegung der Handlungen der Organe der Gemeinschaft und der EZB,
c) über die Auslegung der Satzungen der durch den Rat geschaffenen Einrichtungen, soweit diese Satzungen dies vorsehen.

Wird eine derartige Frage einem Gericht eines Mitgliedstaats gestellt und hält dieses Gericht eine Entscheidung darüber zum Erlaß seines Urteils für erforderlich, so kann es diese Frage dem Gerichtshof zur Entscheidung vorlegen.

Wird eine derartige Frage in einem schwebenden Verfahren bei einem einzelstaatlichen Gericht gestellt, dessen Entscheidungen selbst nicht mehr mit Rechtsmitteln des innerstaatlichen Rechts angefochten werden können, so ist dieses Gericht zur Anrufung des Gerichtshofes verpflichtet.

Schrifttum: *EuGH*, Hinweise zur Vorlage von Vorabentscheidungsersuchen durch die innerstaatlichen Gerichte, EuZW 1997, 142; *Dauses*, Das Vorabentscheidungsverfahren nach Artikel 177 EG-Vertrag, 2. Aufl. 1995; *Hakenberg/Stix-Hackl*, Handbuch zum Verfahren vor dem Europäischen Gerichtshof, 1996; *Koenig/Sander*, Einführung in das EG-Prozeßrecht, 1997; *Rengeling/Middeke/Gellermann*, Rechtsschutz in der Europäischen Union, 1994.

I. Normzweck

1   Das in der Vorschrift geregelte Vorabentscheidungsverfahren dient dem Zweck, im Geist der Zusammenarbeit zwischen dem EuGH und den innerstaatlichen Gerichten (EuGH 16. 12. 1981 Foglia./. Novello II Slg. 1981, 3045, 3062; BVerfG 8. 4. 1987 BVerfGE 75, 223, 234) die **einheitliche Anwendung** des Gemeinschaftsrechts und dessen Durchsetzung in den einzelnen Mitgliedstaaten der EG zu gewährleisten (EuGH 4. 11. 1997 Parfums Christian Dior Slg. 1997, I-6013, 6044). Die Notwendigkeit eines solchen Verfahrens ergibt sich daraus, daß auch die nationalen Gerichte verpflichtet sind, Gemeinschaftsrecht anzuwenden und damit auszulegen (Vorb. Rn. 1). Darüber hinaus dient das Verfahren dem **individuellen Rechtsschutz** der Bürger, die gemeinschaftsrechtlich begründete Rechtspositionen in Anspruch nehmen. Das Protokoll vom 3. 6. 1971 zum Übereinkommen vom 27. 9. 1968 über die gerichtliche Zuständigkeit und die Vollstreckung gerichtlicher Entscheidungen in Zivil- und Handelssachen, Art. 41 KS, Art. 150 EA sowie neuestens Art. 35 EU (die drei letzteren ohne arbeitsrechtliche Bedeutung) regeln gleichartige Verfahren, mit denen derselbe Zweck verfolgt wird.

2   Vor diesem Hintergrund stellt Art. 234 den nationalen Gerichten ein Instrument zur Verfügung, mit dessen Hilfe sie im Rahmen eines Zwischenverfahrens (EuGH 1. 3. 1973 Bollmann Slg. 1973, 269, 275) **eine verbindliche Auskunft des EuGH** über die Gültigkeit und Auslegung von Gemeinschaftsrecht, das sie anwenden wollen, einholen können. Da letztinstanzliche nationale Gerichte in ihrem jeweiligen Zuständigkeitsbereich für die Wahrung der Rechtseinheit verantwortlich sind, besteht für sie nach Abs. 3 im Regelfall sogar die Verpflichtung, den EuGH anzurufen.

3   Die **praktische Bedeutung** des Vorabentscheidungsverfahrens ist groß. Von 1961 bis Ende 1994 sind beim EuGH insgesamt 2893 Vorabentscheidungsersuchen eingegangen, davon 901 von deutschen Gerichten (nähere statistische Angaben Tätigkeitsbericht 1992–1994 des EuGH, 1995, S. 271 f.). Vorlagen aus der deutschen Arbeitsgerichtsbarkeit (dazu ausführlich *Bertelsmann* NZA 1993, 775, 779) kamen anfangs fast ausschließlich von Instanzgerichten. Dagegen verzeichnete der EuGH für den genannten Zeitraum von den insgesamt 269 Vorlagen oberster Bundesgerichte nur 4 vom BAG. Inzwischen ist das BAG allerdings vorlagefreudiger geworden. Der Wirksamkeit des Vorabentscheidungsverfahrens kommt zugute, daß der erforderliche Zeitaufwand vergleichsweise begrenzt ist. Die Verfahrensdauer betrug 1998 durchschnittlich 21,4 Monate (EuGH, Tätigkeitsbericht Nr. 33/98, S. 52).

4   Mit Fragen des Arbeitsrechts wird der EuGH bisher fast ausschließlich durch innerstaatliche Gerichte im Wege des Vorabentscheidungsersuchens befaßt. Dies ergibt sich daraus, daß der EuGH auf diesem Gebiet keine Kompetenz hat, Individualprozesse zu entscheiden. Er ist keine „Superrevisionsinstanz". Die vor einem nationalen Gericht für Arbeitssachen unterlegene Prozeßpartei kann gegen das Urteil **kein Rechtsmittel zum EuGH** einlegen, etwa mit der Begründung, das Urteil beruhe auf einer Verletzung von Gemeinschaftsrecht.

5   Zur Entscheidung über Inhalt und Gültigkeit gemeinschaftsrechtlicher Vorschriften kommen neben dem Vorabentscheidungsverfahren nach Art. 234 zwar noch das **Vertragsverstoßverfahren** nach Art. 226 und das **Nichtigkeitsverfahren** nach Art. 230 in Betracht. Ihre quantitative Bedeutung für das Arbeitsrecht ist aber gering. Im Verfahren nach Art. 226 begehrt die Kommission die Feststellung, daß ein Mitgliedstaat gegen seine Verpflichtung aus dem EG verstoßen hat, wobei es meist um die nicht rechtzeitige oder nicht ordnungsgemäße Umsetzung von Richtlinien geht. Für das deutsche Arbeitsrecht ist erst ein einziges Urteil in einem solchen Verfahren ergangen (EuGH 21. 5. 1985 Kommission./.Deutschland Slg. 1985, 1495, zu den Gleichbehandlungs-Richtlinien 75/117/EWG und 76/207/EWG). Im Verfahren nach Art. 230 klagt ein Mitgliedstaat oder eine Institution der EU auf Feststellung der Nichtigkeit einer Regelung des Gemeinschaftsrechts (vgl. EuGH 12. 11. 1996 Vereinigtes Königreich./.Rat Slg. 1996, I-5755, 5793 ff. = AP EWG-Richtlinie Nr. 93/104 Nr. 1 zur Wirksamkeit der Arbeitszeit-Richtlinie 94/104/EG).

II. Gegenstand des Vorabentscheidungsverfahrens

6   **1. Gemeinschaftsrecht.** Abs. 1 begrenzt den möglichen Inhalt eines Vorabentscheidungsersuchens. Danach ist Gegenstand des Verfahrens allein der **Bestand und Inhalt von Gemeinschaftsrecht (EG-Recht)**, nicht dagegen von nationalem Recht (EuGH Hinweise Nr. 3). Der EU (Vorb. Rn. 2), der freilich keine dem Arbeitsrecht zuzurechnenden materiellen Regelungen und auch keine Kompetenznormen auf diesem Gebiet enthält, ist mit seinem überwiegenden Teil ausdrücklich von der Zuständigkeit des EuGH ausgenommen (Art. 46 EU).

7   Nach st. Rspr. folgt aus Abs. 1 für die Abgrenzung der **Zuständigkeiten des EuGH und der nationalen Gerichte** nach Art. 234 im einzelnen folgendes: Der EuGH kann weder über den Ausgangsrechtsstreit noch über die Anwendung gemeinschaftsrechtlicher Vorschriften in diesem Rechtsstreit entscheiden (EuGH 31. 5. 1995 Royal Copenhagen Slg. 1995, I-1275, passim = AP EWG-Vertrag Art. 119 Nr. 68; 15. 7. 1964 Costa./.E. N. E. L. Slg. 1964, 1251, 1268). Er befindet auch nicht darüber, ob innerstaatliches Recht mit dem Gemeinschaftsrecht vereinbar ist oder möglicherweise wegen Gemeinschaftsrechtswidrigkeit außer Anwendung zu bleiben hat (EuGH 1. 2. 1996 Perfili Slg. 1996,

II. Gegenstand des Vorabentscheidungsverfahrens

I-161, 174; 13. 7. 1989 Rinner-Kühn Slg. 1989, 2743, 2761 = AP EWG-Vertrag Art. 119 Nr. 16; 9. 10. 1984 Heineken Brouwerijen Slg. 1984, 3435, 3451), oder ob es in einem bestimmten Sinne gemeinschaftsrechtskonform auszulegen ist. Die Auslegung nationalen Rechts ist auch dann allein Sache der innerstaatlichen Gerichte, wenn es vom Gemeinschaftsrecht in Bezug genommen wird (zB in Art. 6 III und Art. 7 Betriebsübergangs-Richtlinie 77/187/EWG, dazu EuGH 16. 12. 1992 Katsikas Slg. 1992, I-6577, 6611 = AP BGB § 613a Nr. 97). Alle diese Entscheidungen sind den nationalen Gerichten vorbehalten. Werden diese Grundsätze vom vorlegenden Gericht nicht beachtet, so deutet der EuGH die Fragen allerdings regelmäßig so um, daß sie einen zulässigen Inhalt haben (Rn. 33). Nicht selten formuliert der EuGH seine Antwort so fallbezogen („in einem Fall wie dem vorliegenden"; „eine nationale Regelung wie im vorliegenden Fall"), daß er dem nationalen Gericht faktisch die Subsumtion abnimmt (zB EuGH 14. 4. 1994 Schmidt Slg. 1994, I-1311, 1327 = AP BGB § 613a Nr. 106; zum Schadensersatz wegen fehlerhafter Umsetzung einer Richtlinie EuGH 17. 10. 1996 Denkavit Slg. 1996, I-5063, 5100 ff.).

2. Primärrecht. Nach Art. 234 I Buchst. a kann die **Auslegung des EG** Gegenstand des Vorabent- 8 scheidungsverfahrens sein. Zum EG iS der Vorschrift gehört auch das sonstige Primärrecht wie die Anhänge, Zusatzprotokolle und -vereinbarungen zum EG sowie die Verträge über den Beitritt neuer Mitgliedstaaten (*Dauses* S. 53f.). Weiter erfaßt Art. 234 I Buchst. a die allgemeinen Rechtsgrundsätze (dazu Vorb. Rn. 3), die als ungeschriebenes Gemeinschaftsrecht bestehen (*Dauses* S. 64 ff.). Die Gültigkeit des unter Art. 234 I Buchst. a fallenden Gemeinschaftsrechts kann nicht zum Inhalt eines Vorabentscheidungsverfahrens gemacht werden (*Dauses* S. 73), wohl aber die Frage, ob ein bestimmter ungeschriebener Rechtsgrundsatz des Gemeinschaftsrechts existiert.

Der Begriff der **Auslegung** wird in Art. 234 I nicht näher erläutert; er ist selbst auslegungsbedürftig 9 (EuGH 6. 4. 1962 De Geus./.Bosch Slg. 1962, 97, 110). Die Auslegung betrifft Inhalt und Tragweite einer bestimmten Rechtsnorm (EuGH 27. 3. 1980 Denkavit Italiana Slg. 1980, 1205, 1223). Dazu gehören auch das Ermitteln und Schließen von Lücken (*Groeben/Thiesing/Ehlermann/Krück* Rn. 38). Der Wortlaut von Vorschriften des Gemeinschaftsrechts ist, da die Texte in allen Amtssprachen gleichermaßen verbindlich sind, als Grundlage der Auslegung oft weniger tragfähig als im nationalen Recht. Daher greift der EuGH in noch stärkerem Maße als zB die deutsche Rspr. auf teleologische Gesichtspunkte zurück. Das gilt besonders für die Lehre vom „effet utile", nach der Gemeinschaftsrecht im Sinne einer möglichst großen Wirksamkeit auszulegen ist (zB EuGH 19. 11. 1991 Francovich I Slg. 1991, I-5357, 5414; 10. 4. 1984 von Colson und Kamann Slg. 1984, 1891, 1909 = AP BGB § 611a Nr. 1; 8. 4. 1976 Defrenne II Slg. 1976, 455, 472 ff.).

3. Handlungen der Organe. Nach Art. 234 I Buchst. b kann ein Vorabentscheidungsersuchen 10 „Handlungen der Organe" der EG oder der Europäischen Zentralbank (EZB) zum Gegenstand haben. Handlungen der EZB bleiben hier mangels arbeitsrechtlicher Bedeutung außer Betracht. Die Handlungen der Organe der EG umfassen zunächst das gesamte Sekundärrecht. Soweit Arbeitsrecht betroffen ist, geht es also um **Verordnungen, Richtlinien und Empfehlungen** (Vorb. Rn. 4). Daß Empfehlungen nach Art. 249 V nicht verbindlich sind, steht dem nicht entgegen, sie können nur bei der Auslegung verbindlicher Vorschriften eine Rolle spielen (EuGH 13. 12. 1989 Grimaldi Slg. 1989, 4407, 4421). Ebensowenig hindert die nach Art. 249 III fehlende unmittelbare Anwendbarkeit einer Richtlinie auf die Parteien des Ausgangsverfahrens ein Vorabentscheidungsersuchen zu ihrer Auslegung; der EuGH behandelt solche Vorlagen in st. Rspr. ohne weiteres als zulässig (zB EuGH 14. 4. 1994 Schmidt Slg. 1994, I-1311, 1324ff. = AP BGB § 613a Nr. 106).

Über das Sekundärrecht hinaus kommen als Gegenstand des Vorabentscheidungsverfahrens auch 11 **sonstige Akte von Gemeinschaftsorganen** in Betracht, soweit sie – wenigstens als Auslegungshilfe – für die Rechtsanwendung durch das nationale Gericht Relevanz haben können, zB politische Erklärungen des Rats (EuGH 3. 2. 1976 Manghera Slg. 1976, 91, 101 f.). Weiter erfaßt die Vorschrift völkerrechtliche Verträge der EG mit internationalen Organisationen oder Drittstaaten; dies gilt auch für „gemischte Abkommen", bei denen neben der EG auch die einzelnen Mitgliedstaaten Vertragspartner des Drittstaats sind (EuGH 30. 4. 1974 Haegemann Slg. 1974, 449, 460). Schließlich fallen unter Art. 234 I Buchst. b auch völkerrechtliche Verträge zwischen Mitgliedstaaten, wenn ihr Gegenstand jetzt in die Zuständigkeit der EG fällt und diese in die vertraglichen Verpflichtungen eingetreten ist (zB zum GATT EuGH 12. 12. 1972 International Fruit Company Slg. 1972, 1219, 1228), nicht dagegen Abkommen, die Mitgliedstaaten ohne Beteiligung der EG, wenn auch auf Grund einer EG-Richtlinie abschließen (EuGH 12. 11. 1998 Hartmann Slg. 1998, I-7083, 7089). Obwohl der EuGH ein Organ der EG ist, erfaßt Art. 234 I nicht auch Akte seiner Rechtsprechung (EuGH 5. 3. 1986 Wünsche Slg. 1986, 947, 953). Sie setzen kein Gemeinschaftsrecht, sondern erkennen es.

Soweit Handlungen der Organe betroffen sind, kann – anders als beim Primärrecht – nach 12 Art. 234 I Buchst. b nicht nur ihre Auslegung (dazu Rn. 9) Gegenstand des Vorabentscheidungsverfahrens sein, sondern auch ihre **Gültigkeit**. Prozeßparteien können sich vor dem nationalen Gericht nämlich auf die Ungültigkeit von Sekundärrecht berufen (EuGH 11. 11. 1997 Eurotunnel Slg. 1997 I-6315, 6353). Maßstab einer Gültigkeitsprüfung nach dieser Vorschrift ist nur höherrangiges Gemeinschaftsrecht, nicht dagegen nationales Recht (EuGH 13. 12. 1979 Hauer Slg. 1979, 3727, 3744). Sie umfaßt alle Fehler, auf die eine Nichtigkeitsklage nach Art. 230 gestützt werden könnte (EuGH 12. 12. 1972 International Fruit Company Slg. 1972, 1219, 1227). Wird die Gültigkeit von Sekundärrecht wegen Kompetenzüberschreitung der EG angegriffen, so konkurriert die vom BVerfG im Maastricht-Urteil (BVerfG 12. 10. 1993 BVerfGE 89, 155, 188) beanspruchte Prüfbefugnis (Vorb. Rn. 15) mit derjenigen des EuGH.

13 **4. Satzungen der vom Rat geschaffenen Einrichtungen.** Nach Art. 234 I Buchst. c entscheidet der EuGH im Vorabentscheidungsverfahren über die Auslegung solcher Satzungen, soweit diese das vorsehen. Die Vorschrift ist bisher ohne praktische Bedeutung, da entsprechende Satzungsbestimmungen nicht bestehen. Soweit Satzungen durch Sekundärrecht gegeben sind, werden sie bereits von Art. 234 I Buchst. b erfaßt (*Dauses* S. 64).

III. Vorlage durch Gericht

14 Nach Art. 234 II können Vorabentscheidungsverfahren nur von Gerichten, nicht dagegen von Verwaltungsbehörden oder gar von den Parteien des Ausgangsprozesses eingeleitet werden. Vorlagebefugt ist jedes **Gericht eines Mitgliedstaats** der EG. Eine Beschränkung in dem Sinne, daß nur bestimmte Gerichte den EuGH anrufen dürften, enthält Art. 234 nicht. Eine derartige Beschränkung, etwa der Ausschluß erstinstanzlicher Gerichte von der Vorlagebefugnis, kann auch nicht durch nationales Recht angeordnet werden (EuGH 14. 12. 1995 Peterbroeck Slg. 1995, I-4599, 4621). Gerichte von Drittstaaten oder internationale Gerichte sind keinem Mitgliedstaat zuzuordnen und daher nicht vorlagebefugt.

15 Da der **Begriff des Gerichts** dem Gemeinschaftsrecht angehört, ist er für alle Mitgliedstaaten einheitlich auszulegen (*Rengeling/Middeke/Gellermann* Rn. 357 f.). Es ist erforderlich, daß die betreffende Einrichtung im staatlichen Recht vorgesehen ist, daß sie ständigen Charakter hat, daß die Parteien nicht frei über ihre Zuständigkeit und Zusammensetzung entscheiden können, und daß sie Rechtsstreitigkeiten nach Rechtsnormen in einem kontradiktorischen Verfahren unabhängig von Weisungen und mit Rechtskraftwirkung entscheidet (EuGH 2. 3. 1999 Nour Eddline Slg. 1999, I-1209, 1235 = NZA 1999, 533, 534; 4. 2. 1999 Köllensperger Slg. 1999, I-551, 574; 17. 9. 1997 Dorsch Consult Slg. 1997, I-4961, 4992; 17. 10. 1989 Danfoss Slg. 1989, 3199, 3224 = AP EWG-Vertrag Art. 119 Nr. 27; 11. 6. 1987 Pretore di Salò Slg. 1987, 2545, 2567). Auf die Bezeichnung der Stelle als Gericht kommt es nicht an.

16 Danach sind die deutschen **Gerichte für Arbeitssachen** aller Instanzen Gerichte iS des Art. 234 II. Soweit **Schiedsgerichte** zur Entscheidung arbeitsrechtlicher Rechtsstreitigkeiten überhaupt befugt sind (dazu §§ 4, 101 ArbGG), fallen sie nicht unter Art. 234 II, denn ihre Zuständigkeit und Zusammensetzung sind nicht gesetzlich festgelegt, sondern hängen vom Willen der Tarifparteien ab (vgl. zu privaten Schiedsgerichten EuGH 1. 6. 1999 Eco Swiss EuZW 1999, 565, 567; 23. 3. 1982 Nordsee Slg. 1982, 1095, 1110). Allerdings sieht der EuGH ein tarifvertragliches Schiedsgericht, dessen Zuständigkeit und Zusammensetzung unabhängig vom Parteiwillen gesetzlich vorgegeben und damit dem Mitgliedstaat zuzurechnen sind, als vorlageberechtigt an (EuGH 31. 5. 1995 Royal Copenhagen Slg. 1995, I-1275, 1295 = AP EWG-Vertrag Art. 119 Nr. 68; 17. 10. 1989 Danfoss Slg. 1989, 3199, 3224 = AP Art. 119 EWG-Vertrag Nr. 27). Solche Schiedsgerichte gibt es jedoch nach deutschem Recht nicht.

17 Eine **Einigungsstelle** nach § 76 I BetrVG ist nicht vorlageberechtigt, ebensowenig eine tarifliche Schlichtungsstelle nach § 76 VIII BetrVG. Soweit sie – das ist der Normalfall – in Regelungsstreitigkeiten tätig wird, fehlt es schon an der Voraussetzung, daß sie einen Rechtsstreit nach Rechtsnormen zu entscheiden hat. Überdies ist sie meist keine ständige Einrichtung (§ 76 I BetrVG). Auch wenn es sich aber um eine ständige Einigungsstelle (oder Schlichtungsstelle) nach § 76 I 2 BetrVG handelt und diese ausnahmsweise über Rechtsfragen zu entscheiden hat (dazu § 76 BetrVG Rn. 23), wird sie dadurch nicht zum Gericht iS des Art. 234 II. Insoweit hat der Staat ihr nicht die Aufgabe übertragen, für die Beachtung seiner gemeinschaftsrechtlichen Verpflichtungen zu sorgen (vgl. EuGH 23. 3. 1982 Nordsee Slg. 1982, 1095, 1110). Vielmehr hat das stark von Billigkeitsgesichtspunkten geprägte Verfahren vor der Einigungsstelle in Rechtsfragen nur den Charakter eines dem ArbG vorgeschalteten Verfahrens (vgl. dagegen für den Fall der faktisch endgültigen Entscheidung durch einen gerichtsähnlichen Spruchkörper ohne effektive Kontrolle durch staatliche Gerichte EuGH 6. 10. 1981 Broekmeulen Slg. 1981, 2311, 2328).

IV. Vorlagebefugnis

18 Voraussetzung eines Vorabentscheidungsersuchens ist nach Art. 234 II zunächst, daß in einem **Prozeß vor einem nationalen Gericht** eine Frage des Gemeinschaftsrechts aufgeworfen wird. Einschränkungen hinsichtlich bestimmter Verfahrensarten bestehen nicht. So kann eine Vorlage nicht nur im Urteilsverfahren ergehen, sondern auch im arbeitsgerichtlichen Beschlußverfahren nach §§ 80 ff. ArbGG und im Verfahren der freiwilligen Gerichtsbarkeit (EuGH 12. 11. 1974 Haaga Slg. 1974, 1201), das zB nach §§ 98 f. AktG für die Ermittlung des Mitbestimmungsstatus eines Unternehmens (vgl. §§ 97–99 AktG Rn. 12 ff.) arbeitsrechtliche Bedeutung hat. Auch im Eilverfahren ist ein Vorab-

IV. Vorlagebefugnis   Art. 234 EG 20

entscheidungsersuchen zulässig (EuGH 27. 10. 1982 Morson Slg. 1982, 3723, 3734). Schließlich kommt eine Vorlage auch im Rahmen der arbeitsgerichtlichen Überprüfung der Entscheidung eines Schiedsgerichts (vgl. EuGH 23. 3. 1982 Nordsee Slg. 1982, 1095, 1111) oder einer Einigungsstelle in Betracht. Dagegen können innerstaatliche Gerichte außerhalb eines anhängigen Verfahrens, zB nach dessen Abschluß beim vorlegenden Gericht (EuGH 21. 4. 1988 Pardini Slg. 1988, 2041, 2075), kein Rechtsgutachten vom EuGH einholen.

Die dem EuGH vorgelegte Frage des Gemeinschaftsrechts muß nach Auffassung des vorlegenden 19 Gerichts für seine **Entscheidung erforderlich** sein. Entscheidungserheblich sind Normen des Gemeinschaftsrechts zum einen dann, wenn Rechtspositionen der Prozeßbeteiligten unmittelbar aus ihnen abgeleitet werden. Dies umfaßt auch die Frage, ob eine Norm des Gemeinschaftsrechts überhaupt einschlägig ist. Weiter erfaßt Art. 234 II die Fälle, in denen ein Rückgriff auf Gemeinschaftsrecht nur wegen der Pflicht zur gemeinschaftsrechtskonformen Auslegung nationalen Rechts (Vorb. Rn. 16 f.) in Frage steht (EuGH 20. 5. 1976 Mazzalai Slg. 1976, 657, 666). Schließlich ist die Vorlage auch zulässig, wenn sich das entscheidungserhebliche nationale Recht, ohne daß insoweit eine Verpflichtung bestünde, nach gemeinschaftsrechtlichen Regelungen richtet (EuGH 17. 12. 1998 IP Slg. 1998, I-8597, 8641 = NZA 1999, 811, 815; 17. 7. 1997 Leur-Bloem Slg. 1997, I-4161, 4200) Ob die Frage nach der Auslegung (oder Gültigkeit) des Gemeinschaftsrechts entscheidungsrelevant ist, beurteilt das vorlegende Gericht in eigener Verantwortung (EuGH 10. 7. 1997 Maso u. a. Slg. 1997, I-4051, 4071; 7. 12. 1995 Spano Slg. 1995, I-4321, 4345 = AP EWG-Richtlinie Nr. 77/187 Nr. 8). Grundsätzlich wird die Erforderlichkeit vom EuGH nicht überprüft, denn sie ist vom nationalen Recht abhängig, für dessen Auslegung dem EuGH Zuständigkeit und Sachkunde fehlen. Allerdings weist der EuGH ausnahmsweise das Vorabentscheidungsersuchen zurück, wenn offensichtlich kein Zusammenhang zwischen der vom vorlegenden Gericht gestellten Frage und den Gegebenheiten oder dem Gegenstand des Ausgangsverfahrens besteht (EuGH 10. 7. 1997 Maso u. a. Slg. 1997, I-4051, 4071; 7. 12. 1995 Spano Slg. 1995, I-4321, 4345 = AP EWG-Richtlinie Nr. 77/187 Nr. 8; 13. 12. 1994 Grau-Hupka Slg. 1994, I-5535, 5551 = AP EWG-Vertrag Art. 119 Nr. 60).

Nach Art. 234 II kann das nationale Gericht des Ausgangsverfahrens dem EuGH die für entschei- 20 dungserheblich gehaltene Frage des Gemeinschaftsrechts vorlegen, muß dies aber nicht tun; Ausnahmen bestehen nur für letztinstanzliche Gerichte (Rn. 23 ff.) sowie generell für den Fall, daß ein nationales Gericht eine gemeinschaftsrechtliche Vorschrift als ungültig ansieht (Rn. 29). Sonst steht es im **Ermessen des Gerichts**, darüber zu entscheiden, ob es vorlegt oder nicht, welchen Inhalt ein Vorabentscheidungsersuchen ggfs. haben (EuGH 17. 6. 1999 Piaggio EuZW 1999, 530, 531; BFH 2. 4. 1996 BB 1996, 1974 f.) und in welchem Verfahrensstadium es erfolgen soll (EuGH 11. 6. 1987 Pretore di Salò Slg. 1987, 2545, 2568). Selbst wenn das Gericht Gemeinschaftsrecht anders auslegen will als der EuGH, folgt daraus keine Vorlagepflicht. Eine Vorlage sollte erst dann erfolgen, wenn der Sachverhalt und die innerstaatliche Rechtslage geklärt sind (EuGH 11. 6. 1987 Pretore di Salò Slg. 1987, 2545, 2568). Dies gilt allerdings nicht uneingeschränkt hinsichtlich der Verfassungsmäßigkeit innerstaatlichen Rechts (s. u. Rn. 39 ff.). Auch kann das vorlegende Gericht aus Gründen der Prozeßökonomie von einer aufwendigen Sachaufklärung (zB der Feststellung der für eine mittelbare Diskriminierung maßgeblichen Zahlenverhältnisse – vgl. Art. 141 Rn. 15) zunächst absehen, wenn deren Erforderlichkeit von der Antwort des EuGH abhängt.

Über das Ob und Wie einer Vorlage entscheidet das Gericht **von Amts wegen** (*Dauses* S. 95; 21 *Groeben/Thiesing/Ehlermann/Krück* Rn. 56). Ein entsprechender Antrag ist nicht erforderlich. Die Verfahrensbeteiligten können ein Vorabentscheidungsersuchen zwar anregen; das Gemeinschaftsrecht gibt ihnen aber keine Mittel, es zu erzwingen oder zu verhindern (vgl. EuGH 11. 3. 1980 Foglia./. Novello I Slg. 1980, 745, 760; 22. 11. 1978 Mattheus./.Doego Slg. 1978, 2203, 2210). Das nationale Recht kann die Vorlagebefugnis nicht ausschließen oder einschränken. Allerdings steht Art. 234 Vorschriften des nationalen Prozeßrechts nicht entgegen, die Rechtsbehelfe gegen ein Vorabentscheidungsersuchen oder dessen Verweigerung vorsehen (EuGH 12. 2. 1974 Rheinmühlen Slg. 1974, 139, 148). In anderen Mitgliedstaaten existieren zT derartige Rechtsbehelfe (zB Belgien EuGH 15. 12. 1995 Bosman Slg. 1995, I-4921, 5052 = AP BGB § 611 Berufssport Nr. 10). Dagegen läßt sie das deutsche Recht nicht zu, da andernfalls ein Teil der Entscheidung in der Hauptsache – die Erheblichkeitsprüfung – in ein Beschwerdeverfahren verlagert würde; außerdem beschwert die Vorlage (oder ihr Unterbleiben) die Parteien nicht (hM, zB *Bauer/Diller* NZA 1996, 169, 170; *Dauses* S. 95; *Everling* DRiZ 1993, 5, 12; *Lenz/Borchardt*, Rn. 33; aA mit ausführlicher Begründung *Maschmann* NZA 1995, 920, 923 ff. mwN; *Pfeiffer* NJW 1994, 1996, 1998 ff.; für eine auf Verfahrensverstöße beschränkte Beschwerdemöglichkeit *Heß* ZZP 108 (1995), 59, 98).

Zu einer Frage, die der EuGH bereits entschieden hat, ist ein **erneutes Vorabentscheidungsersu-** 22 **chen** zulässig (EuGH 11. 6. 1987 Pretore di Salò Slg. 1987, 2545, 2568). Auf diese Weise kann das nationale Gericht den EuGH veranlassen, seine Meinung zu überprüfen und ggfs. zu modifizieren. Das nationale Recht kann ein erneutes Vorabentscheidungsersuchen nicht ausschließen. Gerade zu umstrittenen arbeitsrechtlichen Urteilen des EuGH ist von dieser Möglichkeit Gebrauch gemacht worden (vgl. EuGH 4. 6. 1992 Bötel Slg. 1992, I-3589, 3607 = AP EWG-Vertrag Art. 119 Nr. 39, mit zweifelnder Nachfrage BAG 20. 10. 1993 AP BetrVG 1972 § 37 Nr. 90, erneuter Antwort EuGH 6. 2.

1996 Lewark Slg. 1996, I-243, 260 = AP EWG-Vertrag Art. 119 Nr. 72 und schließlich BAG 5. 3. 1997 AP BetrVG 1972 § 37 Nr. 123). Der EuGH akzeptiert dies selbst dann, wenn die angezweifelte Entscheidung in demselben Ausgangsverfahren ergangen ist (zB EuGH 3. 6. 1992 Paletta I Slg. 1992, I-3423, 3458 = AP EWG-Verordnung Nr. 574/72 Art. 18 Nr. 1, mit Nachfrage BAG 27. 4. 1994 AP LohnFG § 1 Nr. 100 und erneuter Antwort EuGH 2. 5. 1996 Paletta II Slg. 1996, I- 2357, 2382 = AP EWG-Verordnung Nr. 574/72 Art. 18 Nr. 2).

V. Vorlagepflicht

23   1. **Letztinstanzliche Gerichte. a) Grundlagen.** Nach Art. 234 III sind nationale Gerichte, deren Entscheidungen mit Rechtsmitteln des innerstaatlichen Rechts nicht angefochten werden können, zur Vorlage nicht nur berechtigt, sondern auch verpflichtet. Auch insoweit ist (in Art. 234 III nicht ausdrücklich wiederholte) Voraussetzung, daß die gemeinschaftsrechtliche Frage **entscheidungserheblich** ist (dazu Rn. 19). Dabei genügt entsprechender Parteivortrag nicht; vielmehr muß das nationale Gericht die Frage selbst für entscheidungserheblich halten (EuGH 6. 10. 1982 C. I. L. F. I. T. Slg. 1982, 3415, 3428). Über die Vorlage entscheidet das Gericht von Amts wegen (dazu Rn. 21). In Eil- und Zwischenverfahren besteht zwar eine Vorlagebefugnis (Rn. 18), aber keine Vorlagepflicht (EuGH 27. 10. 1982 Morson Slg. 1982, 3723, 3734).

24   Im Schrifttum ist str., **welche Gerichte** von der Vorschrift erfaßt werden. Nach der abstrakten oder institutionellen Betrachtungsweise sind dies nur die in der Gerichtshierarchie jeweils an oberster Stelle stehenden Gerichte, also in der Arbeitsgerichtsbarkeit das BAG (zB *Bleckmann,* Europarecht Rn. 921; *Dauses* S. 111). Nach der konkreten oder funktionellen Betrachtungsweise kommt es dagegen darauf an, ob im konkreten Fall gegen die Entscheidung des Gerichts noch ein Rechtsmittel eingelegt werden kann, ob also zB die Revision überhaupt statthaft ist (so die jetzt wohl hM, zB BVerfG 13. 6. 1997 AP GG Art. 101 Nr. 52; BayVerfGH 8. 2. 1985 NJW 1985, 2894, 2895; *Callies/Ruffert/Wegener* Rn. 19; *Grabitz/Wohlfahrt* Rn. 49; *Groeben/Thiesing/Ehlermann/Krück* Rn. 67; HKMM Rn. 28; *Heß* ZZP 108 (1995), 59, 79; *Koenig/Sander,* Rz 483; *Lenz/Borchardt* Rn. 36; *Rengeling/Middeke/Gellermann* Rn. 384). Die konkrete Betrachtungsweise verdient den Vorzug, denn sie wird am besten dem Zweck des Vorabentscheidungsverfahrens gerecht, die einheitliche Anwendung des Gemeinschaftsrechts und seine Einbeziehung in den Rechtsschutz der Marktbürger zu gewährleisten. Die damit verbundene stärkere Belastung des EuGH ist angesichts der bei den Instanzgerichten ohnehin vorhandenen Vorlagefreudigkeit kein entscheidendes Gegenargument. Der EuGH hat das Friedensgericht Mailand beiläufig als ein unter Art. 177 III (jetzt Art. 234 III) fallendes Gericht bezeichnet und sich damit für die konkrete Betrachtungsweise ausgesprochen (EuGH 15. 7. 1964 Costa/.E. N. E. L. Slg. 1964, 1251, 1268).

25   Zu den **Rechtsmitteln** gehören zunächst alle ordentlichen Rechtsbehelfe, mit denen die Überprüfung einer Gerichtsentscheidung durch ein höheres Gericht erreicht werden kann. Im arbeitsgerichtlichen Urteilsverfahren sind dies Berufung (§ 64 ArbGG), Revision (§ 72 ArbGG) und Revisionsbeschwerde (§ 77 ArbGG), im Beschlußverfahren Beschwerde (§ 87 ArbGG) und Rechtsbeschwerde (§ 92 ArbGG). Überwiegend wird auch die Nichtzulassungsbeschwerde nach § 133 VwGO und nach § 115 II FGO als ein solches Rechtsmittel angesehen (BVerfG 31. 5. 1990 BVerfGE 82, 159, 196; BVerwG 20. 3. 1986 NJW 1987, 601; BFH 3. 2. 1987 NJW 1987, 3096; HKMM Rn. 29). Dagegen ist die Nichtzulassungsbeschwerde nach § 72a und § 92a ArbGG kein Rechtsmittel iS des Art. 234 (BVerfG 13. 6. 1997 AP GG Art. 101 Nr. 52; *Bertelsmann* NZA 1993, 775, 780; EAS/*Haedrich* B 1300 Rn. 86; *Schaub* NJW 1994, 81, 82; wohl auch *Lenz/Borchardt* Rn. 37; aA *Bauer/Diller* NZA 1996, 169, 170; *Heß* ZZP 108 (1995), 59, 100; *Maschmann* NZA 1995, 920, 921). Sie kann anders als diejenigen nach § 133 VwGO und § 115 II FGO weder auf die grundsätzliche Bedeutung einer Frage des Gemeinschaftsrechts (BAG 16. 12. 1993 AP ArbGG 1979 § 72a Grundsatz Nr. 44) noch auf einen Verfahrensmangel (BAG 4. 5. 1994 AP ArbGG 1979 § 72a Nr. 31) gestützt werden, auch gehört der EuGH nicht zu den divergenzfähigen Gerichten. Eine Überwindung dieser Hindernisse durch gemeinschaftsrechtskonforme Auslegung (Vorb. Rn. 16) ist für die §§ 72a und 92a ArbGG angesichts des klaren Wortlauts des Gesetzes nicht möglich (a. A. *Maschmann* NZA 1995, 920, 931). Damit ist die Nichtzulassungsbeschwerde zum BAG regelmäßig zur Erreichung der Zwecke des Art. 234 ungeeignet. Zwar ist es aus Sicht der Praxis unbefriedigend, daß die Vorlagepflicht des LAG erst nachträglich dadurch begründet wird, daß es die Revision (Rechtsbeschwerde) nicht zuläßt. Angesichts der Bedeutung des auch bei der Auslegung des Art. 234 geltenden (EuGH 6. 10. 1981 Broekmeulen Slg. 1981, 2311, 2328) Grundsatzes, daß das Gemeinschaftsrecht möglichst große Wirksamkeit haben muß, ist das aber in Kauf zu nehmen. Auch ein ArbG kann nach Art. 234 III vorlagepflichtig sein, wenn die Berufung nach § 64 ArbGG nicht statthaft ist.

26   **Außerordentliche Rechtsbehelfe** mit begrenzten Wirkungen wie die Verfassungsbeschwerde oder der Antrag auf Wiederaufnahme des Verfahrens zählen nicht zu den Rechtsmitteln iS des Art. 234 III. Sie kommen auch gegen Entscheidungen der in der Gerichtshierarchie höchsten Gerichte in Betracht. Schon deshalb können sie die Vorlagepflicht nicht ausschließen (*Dauses* S. 111 f.; *Grabitz/Wohlfahrt*

V. Vorlagepflicht   Art. 234 EG 20

Rn. 50; *Groeben/Thiesing/Ehlermann/Krück* Rn. 69; *Lenz/Borchardt* Rn. 37; *Rengeling/Middeke/ Gellermann* Rn. 385).

b) Ausnahmen. Eine Vorlagepflicht besteht nicht, wenn ein erneutes Vorabentscheidungsersuchen 27 sinnlos erscheint, weil der EuGH die Frage **schon entschieden** hat (BAG 31. 7. 1996 AP MuSchG § 14 Nr. 15). Dabei ist es unerheblich, in welcher Verfahrensart das geschehen ist, und ob die strittigen Fragen völlig identisch sind (EuGH 6. 10. 1982 C. I. L. F. I. T. Slg. 1982, 3415, 3429). Auch ist der Streitgegenstand des früheren Ausgangsverfahrens nicht maßgeblich, da es nicht um dessen Entscheidung, sondern um den vom EuGH bestimmten Gehalt der gemeinschaftsrechtlichen Norm geht (mißverständlich insoweit der Hinweis auf „einen gleichgelagerten Fall" in EuGH 27. 3. 1963 Da Costa Slg. 1963, 63, 80 f.). Ergeben sich nur deshalb, weil die Auskunft des EuGH zur Auslegung einer Norm abstrakt formuliert ist (Rn. 35), Zweifel bei deren Anwendung auf den Einzelfall, so verpflichtet das nicht zur erneuten Vorlage mit dem Ziel der Präzisierung. Anderenfalls übernähme der EuGH die Subsumtionsarbeit des nationalen Gerichts (BAG 5. 3. 1996 Kalanke AP GG Art. 3 Nr. 226).

Entsprechend der Doktrin vom „**acte clair**" (näher *Dauses* S. 113 ff.) kann ein Vorabentscheidungs- 28 ersuchen auch dann unterbleiben, wenn die richtige Anwendung des Gemeinschaftsrechts derart offenkundig ist, daß für vernünftige Zweifel keinerlei Raum bleibt. Hierzu muß das nationale Gericht davon überzeugt sein, daß auch für die Gerichte der übrigen Mitgliedstaaten und den EuGH die gleiche Gewißheit bestünde. Dabei ist zu berücksichtigen, daß von den Normen des Gemeinschaftsrechts verbindliche, aber möglicherweise unterschiedliche Fassungen in sämtlichen Amtssprachen der EG bestehen (EuGH 6. 10. 1982 C. I. L. F. I. T. Slg. 1982, 3415, 3430). Die deutsche Rspr. macht von dieser Ausnahme Gebrauch (BAG 2. 4. 1996 AP BetrVG 1972 § 87 Gesundheitsschutz Nr. 5; vgl. auch BVerfG 9. 11. 1987 EuR 1988, 190, 193 f.; BVerwG 24. 6. 1982 BVerwGE 66, 29, 38; *Dauses* S. 117 hält diese Praxis für zu großzügig; *Everling* ZGR 1992, 376, 391 verlangt das Studium von Rspr. und Schrifttum in den anderen Mitgliedstaaten vor Berufung auf den acte clair).

2. Instanzgerichte. Ausnahmsweise kann eine ungeschriebene Vorlagepflicht auch für ein Gericht 29 bestehen, dessen Entscheidung noch mit Rechtsmitteln angegriffen werden kann. Dies ist dann der Fall, wenn das Gericht **Gemeinschaftsrecht als ungültig** behandeln will (EuGH 17. 7. 1997 Krüger Slg. 1997, I-4517, 4554; 22. 10. 1987 Foto-Frost Slg. 1987, 4199, 4231; BVerfG 31. 5. 1990 BVerfGE 82, 159, 194). Die Vorlagepflicht korrespondiert zum Verwerfungsmonopol des EuGH, das aus dem Erfordernis der Einheit des Gemeinschaftsrechts folgt (*Dauses* S. 117 f.; HKMM Rn. 36; *Lenz/Borchardt* Rn. 38). Dementsprechend ist ein Instanzgericht nicht zur Vorlage verpflichtet, wenn es die im Verfahren angezweifelte Gültigkeit einer Norm des Gemeinschaftsrechts bejahen will (*Rengeling/ Middeke/Gellermann* Rn. 379). Die im Rahmen der Gewährung einstweiligen Rechtsschutzes bestehende Befugnis des nationalen Gerichts, zur Schadensabwendung den Vollzug eines Verwaltungsaktes auszusetzen, der auf einer für ungültig gehaltenen EG-Verordnung beruht (EuGH 17. 7. 1997 Krüger Slg. 1997, I-4517, 4552; 21. 2. 1991 Zuckerfabrik Slg. 1991, I-415, 542), spielt im Arbeitsrecht bisher keine Rolle.

3. Verletzung der Vorlagepflicht. Auch wenn das Gericht nach Art. 234 III zu einem Vorabent- 30 scheidungsersuchen verpflichtet ist, können die Parteien (Beteiligten) des Ausgangsverfahrens die Vorlage nur im Ausnahmefall erzwingen. Das deutsche Prozeßrecht kennt keine ordentlichen Rechtsbehelfe gegen die Verweigerung der Vorlage (Rn. 21). Nur dann, wenn die Vorlagepflicht „in objektiv willkürlicher Weise" verletzt ist, kann das BVerfG wegen **Verweigerung des gesetzlichen Richters** (Art. 101 Abs. 1 Satz 2 GG) mit der Verfassungsbeschwerde angerufen werden (BVerfG 5. 8. 1998 AP GG Art. 101 Nr. 56; 13. 6. 1997 AP GG Art. 101 Nr. 52; 8. 4. 1987 BVerfGE 75, 223, 234; 22. 10. 1986 „Solange II" BVerfGE 73, 339, 374). Diese Voraussetzungen liegen insbesondere dann vor, wenn das vorlagepflichtige Gericht eine Vorlage trotz Zweifeln an der Auslegung von Gemeinschaftsrecht nicht in Erwägung zieht (BVerfG 31. 5. 1990 BVerfGE 82, 159, 195) oder sogar bewußt von der Rspr. des EuGH abweicht (BVerfG 8. 4. 1987 BVerfGE 75, 223, 245). Der Verfassungsverstoß soll nachträglich entfallen, wenn der EuGH später die Rechtsfrage iS der Entscheidung des nationalen Gerichts beantwortet (BVerfG 13. 6. 1997 AP GG Art. 101 Nr. 52); das erscheint bedenklich, weil Schutzobjekt des Art. 101 GG das Verfahren und nicht den Inhalt der Entscheidung ist. Das Fehlen einschlägiger Rspr. des EuGH begründet noch nicht die Willkür der Nichtvorlage (vgl. BAG 2. 4. 1996 AP BetrVG 1972 § 87 Gesundheitsschutz Nr. 5; aA HKMM Rn. 40). Vielmehr muß das Gericht seinen Beurteilungsspielraum hinsichtlich eines acte clair und damit der Notwendigkeit einer Vorlage (Rn. 28) in unvertretbarer Weise überschritten haben, zB weil eine andere Auslegung eindeutig vorzuziehen ist (BVerfG 5. 8. 1998 AP GG Art. 101 Nr. 56).

Verletzt ein nationales Gericht seine Vorlagepflicht, so liegt darin ein Verstoß des betreffenden 31 Mitgliedstaats gegen seine Verpflichtungen aus dem EG. Daher kommt als gemeinschaftsrechtliche Sanktion ein **Vertragsverletzungsverfahren** nach Art. 226 EG in Betracht. Diese Möglichkeit hat jedoch bisher in der Praxis keine Rolle gespielt. Die entsprechende Verurteilung eines Mitgliedstaats erschiene wegen der Unabhängigkeit der Rechtsprechung und wegen der Rechtskraftwirkung des Urteils im Ausgangsverfahren auch problematisch (vgl. *Lenz/Borchardt* Rn. 44).

VI. Gang des Vorabentscheidungsverfahrens

32   Das nationale Gericht setzt analog § 148 ZPO (*Heß* ZZP 108 (1995), 59, 88) das Ausgangsverfahren aus und beschließt das **Vorabentscheidungsersuchen,** mit dem das Zwischenverfahren vor dem EuGH eingeleitet wird. Gemeinschaftsrechtliche Formerfordernisse hierfür bestehen nicht. Im allgemeinen sind aber in einer Begründung der Rahmen des innerstaatlichen Rechts und die sonstigen für die Vorlage maßgeblichen Tatsachen und Erwägungen darzustellen, damit der EuGH den Inhalt der Fragen richtig erfassen kann (vgl. EuGH 8. 7. 1998 Agostini Slg. 1998, I-4261, 4265; 30. 4. 1998 Testa Slg. 1998, I-2181, 2188; 26. 1. 1993 Telemarsicabruzzo Slg. 1993, I-393, 426; näher *Dauses* S. 123 ff.). Dies ermöglicht es dem EuGH auch, die nicht seltenen Vorabentscheidungsersuchen, die nach ihrem Wortlaut nicht vorlagefähige Fragen enthalten, so umzudeuten, daß sie einen zulässigen Inhalt haben (dazu Rn. 7) und er sie beantworten kann (EuGH 22. 9. 1988 Unilec Slg. 1988, 5075, 5119; 11. 6. 1987 Pretore di Salò Slg. 1987, 2545, 2569). Ausdrücklich ist eine Begründung allerdings nicht vorgeschrieben, gelegentlich unterbleibt sie auch. Die Vorlage ist nach Art. 20 I EuGH-Satzung vom fragenden Gericht unmittelbar dem EuGH zu übermitteln. Die Prozeßakten sind beizufügen (EuGH, Hinweise S. 3; *Dauses* S. 129).

33   Da das vorlegende Gericht Herr des Ausgangsverfahrens bleibt, kann es die Vorlage zurücknehmen mit der Folge, daß sich dadurch das **Verfahren vor dem EuGH erledigt** (BAG 17. 7. 1997 AP EWG-Richtlinie Nr. 77/187 Nr. 15; *Heß* ZZP 108 (1995), 59, 97; *Lenz/Borchardt* Rn. 34). Die Vorlage ist zurückzunehmen, wenn die in ihr gestellte Frage des Gemeinschaftsrechts ihre Entscheidungserheblichkeit für das Ausgangsverfahren verliert, zB wegen Änderung des nationalen Rechts sowie bei Vergleich, Anerkenntnis oder Klagerücknahme. Weiteren Einfluß auf das Verfahren vor dem EuGH hat das vorlegende Gericht nicht. Es erhält zwar die gegenüber dem EuGH abgegebenen Erklärungen (Rn. 34), bekommt aber selbst keine Gelegenheit, zu diesen Stellung zu nehmen.

34   Nach Art. 20 I EuGH-Satzung stellt der EuGH das Vorabentscheidungsersuchen u. a. der EU-Kommission, sämtlichen Mitgliedstaaten und den Parteien des Ausgangsverfahrens zu und gibt **Gelegenheit zur Stellungnahme** innerhalb von zwei Monaten (Art. 20 II EuGH-Satzung). Die dem vorlegenden Gericht im Rechtszug übergeordneten Gerichte werden vom EuGH nicht in das Verfahren einbezogen. Eine Stellungnahme der Bundesrepublik Deutschland wird von den fachlich jeweils zuständigen Bundesministerien erstellt und im Namen der Bundesregierung von Vertretern des Bundesministeriums für Wirtschaft abgegeben. Das BAG wird hierbei nicht beteiligt. Die Parteien des Ausgangsverfahrens können, abgesehen von ihrem Recht auf Stellungnahme, den Verfahrensablauf vor dem EuGH nicht gestalten (ausführlich zum Verfahren vor dem EuGH *Bauer/Diller* NZA 1996, 169, 172 ff.; *Dauses* S. 132 ff.).

VII. Inhalt und Wirkung des Urteils

35   Die Anwort des EuGH auf das Vorabentscheidungsersuchen ergeht in Form eines **Urteils.** Es wird durch die Schlußanträge des Generalanwalts vorbereitet (Art. 59 § 1 EuGH-Verfahrensordnung), die zusammen mit dem Urteil in der Amtlichen Sammlung des EuGH veröffentlicht und oft zu dessen Auslegung herangezogen werden. Das Urteil wird vom EuGH dem vorlegenden Gericht und nach Art. 64 § 2 EuGH-Verfahrensordnung abschriftlich auch den Parteien des Ausgangsverfahrens zugestellt. Da allein der Bestand und Inhalt von Gemeinschaftsrecht Gegenstand des Vorabentscheidungsverfahrens ist (Rn. 6 f.), ist auch der **Inhalt des Urteils** entsprechend begrenzt. Daher entscheidet der EuGH nicht darüber, wie das Gemeinschaftsrecht auf den Ausgangsfall anzuwenden ist. Er präzisiert vielmehr nur in Form abstrakter Rechtssätze den Inhalt der gemeinschaftsrechtlichen Vorschrift, nach dem er gefragt wurde. Die Subsumtion des konkreten Sachverhalts unter diese Rechtssätze ist dann Sache des nationalen Gerichts (BAG 5. 3. 1996 Kalanke AP GG Art. 3 Nr. 226).

36   Die im Urteil enthaltene Antwort ist für das vorlegende Gericht **verbindlich** (EuGH 3. 2. 1977 Benedetti Slg. 1977, 163, 183), ebenso für alle anderen mit dem Ausgangsverfahren befaßten Gerichte (BVerfG 8. 4. 1987 BVerfGE 75, 223, 234; BAG 8. 8. 1996 AP EWG-Vertrag Art. 48 Nr. 22; 2. 12. 1992 AP BAT § 23 a Nr. 28). Das bedeutet, daß die nationale Gerichtsbarkeit, sofern sie nicht in der Sache ein erneutes Vorabentscheidungsersuchen an den EuGH richtet (Rn. 22) oder das Gemeinschaftsrecht nicht mehr als entscheidungserheblich ansieht, den Fall nunmehr auf der Grundlage der Rechtssätze zu entscheiden hat, die der EuGH in dem Urteil als Bestandteile des Gemeinschaftsrechts erkannt hat („inter-partes-Wirkung"). Die Gerichte des Ausgangsverfahrens haben dabei diese Rechtssätze auszulegen (BAG 5. 3. 1996 Kalanke AP GG Art. 3 Nr. 226).

37   **Über das Ausgangsverfahren hinaus** hat das Urteil des EuGH im Grundsatz zwar keine bindende Wirkung. Aus Art. 234 III folgt aber, daß ein nach dieser Vorschrift vorlagepflichtiges Gericht, wenn es im Hinblick auf bereits vorhandene Rspr. des EuGH von einem Vorabentscheidungsersuchen absieht, dieser Rspr. folgen muß (*Dauses* S. 154; *Groeben/Thiesing/Ehlermann/Krück* Rn. 91; *Lenz/Borchardt* Rn. 55). Außerdem ist ein Urteil, mit dem der EuGH die Ungültigkeit sekundären Gemeinschaftsrechts festgestellt hat, auch außerhalb des Ausgangsverfahrens verbindlich („erga-omnes-Wirkung"), denn aus Gründen der Rechtssicherheit muß die weitere Anwendung der ungültigen Norm ausgeschlossen sein (EuGH 13. 5. 1981 International Chemical Slg. 1981, 1191, 1215). Positive Urteile

zur Gültigkeit sind dagegen nur im Ausgangsverfahren verbindlich, da sie auf die jeweils geltend gemachten Ungültigkeitsgründe beschränkt sind (*Dauses* S. 156; weitergehend *Lenz/Borchardt* Rn. 54: de facto erga-omnes-Wirkung); allerdings ist zu beachten, daß nationale Gerichte Gemeinschaftsrecht nicht von sich aus als ungültig behandeln und unangewendet lassen dürfen (Rn. 29). Soweit keine über den Ausgangsfall hinausreichende Bindungswirkung besteht, ergibt sich aus der generellen Vorlagepflicht letztinstanzlicher Gerichte in Kombination mit deren Bindung eine faktische Präjudizwirkung der Rspr. des EuGH, die derjenigen nationaler Revisionsgerichte ähnelt.

Die Entscheidung des EuGH, die den Inhalt einer Vorschrift des Gemeinschaftsrechts klarstellt, hat **38** grundsätzlich auch **rückwirkende Bedeutung** (EuGH 2. 2. 1988 Barra Slg. 1988, 355, 375). Sie ist also auch bei der Beurteilung rechtlicher Beziehungen in der Zeit vor der Entscheidung des EuGH zu berücksichtigen. Gelegentlich begrenzt der EuGH allerdings die Rückwirkung aus Gründen der Rechtssicherheit (zB EuGH 17. 5. 1990 Barber Slg. 1990, I-1889, 1955 f. = AP EWG-Vertrag Art. 119 Nr. 20; dazu Protokoll zu Art. 119 EGV).

VIII. Vorabentscheidungsverfahren nach Art. 234 EG und Richtervorlage nach Art. 100 GG

Im arbeitsgerichtlichen Verfahren können gleichzeitig ein Vorabentscheidungsersuchen an den **39** EuGH nach Art. 234 EG und eine Richtervorlage an das BVerfG nach Art. 100 GG in Betracht kommen. Die **Konkurrenz dieser Zwischenverfahren** tritt zB dann ein, wenn das Gericht annimmt, eine gesetzliche Regelung enthalte (möglicherweise) eine Diskriminierung wegen der Staatsangehörigkeit oder wegen des Geschlechts und verstoße daher sowohl gegen Art. 39 oder 141 EG als auch gegen Art. 3 GG. Weiter ist an Fälle zu denken, in denen ein möglicherweise verfassungswidriges nationales Gesetz erst zur Frage der Anwendung des Gemeinschaftsrechts führt (vgl. zur Anwendung eines gemeinschaftsrechtlichen Diskriminierungsverbots im Zusammenhang mit einem möglicherweise verfassungswidrigen Mitbestimmungsverfahren BAG 5. 3. 1996 Kalanke AP GG Art. 3 Nr. 226). Für diese Konkurrenz fehlt eine ausdrückliche Regelung. Die Schwierigkeit besteht darin, daß beide Verfahren die Entscheidungserheblichkeit der am höherrangigen Recht zu messenden gesetzlichen Vorschrift verlangen und daß deren Anwendbarkeit als Folge des jeweils anderen Vorlageverfahrens entfallen kann. Im einzelnen gilt folgendes:

Steht fest, daß ein deutsches **Gesetz wegen entgegenstehenden Gemeinschaftsrechts unanwend- 40 bar** ist, so ist eine Richtervorlage nach Art. 100 GG unzulässig, weil die fragliche Gesetzesvorschrift nicht entscheidungserheblich ist (BVerfG 28. 1. 1992 AP AZO § 19 Nr. 2, im Anschluß an EuGH 25. 7. 1991 Stoeckel Slg. 1991, I-4047, 4062 = AP EWG-Vertrag Art. 119 Nr. 28). Dasselbe muß gelten, wenn zwar noch keine einschlägige Entscheidung des EuGH vorliegt, das nach Art. 234 EG **nicht vorlagepflichtige** Instanzgericht aber von der Gemeinschaftsrechtswidrigkeit überzeugt ist. Auch dann fehlt die Entscheidungserheblichkeit der deutschen Gesetzesvorschrift, denn das Fachgericht kann den Anwendungsvorrang des Gemeinschaftsrechts selbst feststellen (Vorb. Rn. 20). Allerdings ist das Gericht in diesem Fall an einer Vorlage nach Art. 234 EG nicht gehindert.

Weniger klar ist die Lage in folgenden Fällen: Das nationale Fachgericht ist nach Art. 234 III EGV **41 vorlagepflichtig** und sowohl von der Verfassungswidrigkeit als auch von der Gemeinschaftsrechtswidrigkeit des Gesetzes überzeugt, oder es ist zwar von der Verfassungswidrigkeit überzeugt, hat aber hinsichtlich der Vereinbarkeit mit dem Gemeinschaftsrecht lediglich Zweifel. In beiden Fällen kann es das Gesetz nicht ohne Klärung der gemeinschaftsrechtlichen Situation durch den EuGH unangewandt lassen. Ob die Vorschrift wegen Gemeinschaftsrechtswidrigkeit nicht entscheidungserheblich iS des Art. 100 GG oder wegen Verfassungswidrigkeit nicht entscheidungserheblich iS des Art. 234 EG ist, kann sich erst auf Grund einer Entscheidung des EuGH bzw. des BVerfG im jeweiligen Vorlageverfahren ergeben. Es wäre indessen zweckwidrig, wenn sich deshalb beide Vorlagemöglichkeiten gegenseitig blockieren würden.

Hinreichend gewichtige Gesichtspunkte, die den generellen Vorrang eines der beiden Verfahren **42** fordern würden, bestehen nicht. Weder garantiert die Feststellung, daß das Gesetz verfassungsmäßig ist, auch die gemeinschaftsrechtliche Zulässigkeit, noch folgt aus einer gemeinschaftsrechtlichen Unbedenklichkeitsbescheinigung die Verfassungsmäßigkeit. Auch ergibt sich aus Art. 234 nicht etwa zwingend, daß erst die nationale Rechtslage abschließend geklärt werden müßte, bevor das Gericht die supranationale Ebene betreten darf. Im Gegenteil läßt hier der EuGH dem nationalen Gericht unter prozeßökonomischen Gesichtspunkten weite Beurteilungsspielräume (Rn. 19 f.). Daher wird in den oben (Rn. 41) beschriebenen Fällen dem Gericht des Ausgangsverfahrens eine **Auswahl zwischen beiden Vorlageverfahren** zuzubilligen sein. Dabei muß im Interesse der Parteien prozeßökonomischen Erwägungen erhebliches Gewicht zukommen. So liegt eine Vorlage an das BVerfG näher, wenn für das Gericht die Verfassungswidrigkeit der Norm feststeht, die Gemeinschaftsrechtswidrigkeit aber unsicher erscheint. Ist das Gericht dagegen auch von der Gemeinschaftsrechtswidrigkeit überzeugt, und hat diese für die Entscheidung des Ausgangsverfahrens dieselbe Bedeutung wie die Verfassungswidrigkeit, so ist wegen der meist deutlich kürzeren Verfahrensdauer eine Vorlage an den EuGH angezeigt.

25. Gesetz über befristete Arbeitsverträge mit Ärzten in der Weiterbildung

Vom 15. Mai 1986 (BGBl. I S. 742)

In der Fassung des Änderungsgesetzes vom 16. Dezember 1997 (BGBl. I S. 2994)

(BGBl. III/FNA 800-24)

§ 1 Befristung von Arbeitsverträgen

(1) Ein die Befristung eines Arbeitsvertrages mit einem Arzt rechtfertigender sachlicher Grund liegt vor, wenn die Beschäftigung des Arztes seiner zeitlich und inhaltlich strukturierten Weiterbildung zum Facharzt oder dem Erwerb einer Anerkennung für einen Schwerpunkt oder dem Erwerb einer Zusatzbezeichnung, eines Fachkundenachweises oder einer Bescheinigung über eine fakultative Weiterbildung dient.

(2) Die Dauer der Befristung des Arbeitsvertrages bestimmt sich im Rahmen der Absätze 3 und 4 ausschließlich nach der vertraglichen Vereinbarung; sie muß kalendermäßig bestimmt oder bestimmbar sein.

(3) [1] Ein befristeter Arbeitsvertrag nach Absatz 1 kann auf die notwendige Zeit für den Erwerb der Anerkennung als Facharzt oder den Erwerb einer Zusatzbezeichnung, höchstens bis zur Dauer von acht Jahren, abgeschlossen werden. [2] Zum Zweck des Erwerbs einer Anerkennung für einen Schwerpunkt oder des an die Weiterbildung zum Facharzt anschließenden Erwerbs einer Zusatzbezeichnung, eines Fachkundenachweises oder einer Bescheinigung über eine fakultative Weiterbildung kann ein weiterer befristeter Arbeitsvertrag für den Zeitraum, der für den Erwerb vorgeschrieben ist, vereinbart werden. [3] Wird die Weiterbildung im Rahmen einer Teilzeitbeschäftigung abgeleistet und verlängert sich der Weiterbildungszeitraum hierdurch über die zeitlichen Grenzen der Sätze 1 und 2 hinaus, so können diese nach der Zeit diese Verlängerung überschritten werden. [4] Erfolgt die Weiterbildung nach Absatz 1 im Rahmen mehrerer befristeter Arbeitsverträge, so dürfen sie insgesamt die zeitlichen Grenzen nach den Sätzen 1, 2 und 3 nicht überschreiten. [5] Die Befristung darf den Zeitraum nicht unterschreiten, für den der weiterbildende Arzt die Weiterbildungsbefugnis besitzt. [6] Beendet der weiterzubildende Arzt bereits zu einem früheren Zeitpunkt den von ihm nachgefragten Weiterbildungsabschnitt oder liegen bereits zu einem früheren Zeitpunkt die Voraussetzungen für die Anerkennung im Gebiet, Schwerpunkt, Bereich sowie für den Erwerb eines Fachkundenachweises oder einer Bescheinigung über eine fakultative Weiterbildung vor, darf auf diesen Zeitpunkt befristet werden.

(4) Auf die jeweilige Dauer eines befristeten Arbeitsvertrages nach Absatz 3 sind im Einvernehmen mit dem zur Weiterbildung beschäftigten Arzt nicht anzurechnen:
1. Zeiten einer Beurlaubung oder einer Ermäßigung der Arbeitszeit um mindestens ein Fünftel der regelmäßigen Arbeitszeit, die für die Betreuung oder Pflege eines Kindes unter 18 Jahren oder eines pflegebedürftigen sonstigen Angehörigen gewährt worden sind, soweit die Beurlaubung oder die Ermäßigung der Arbeitszeit die Dauer von zwei Jahren nicht überschreitet,
2. Zeiten einer Beurlaubung für eine wissenschaftliche Tätigkeit oder eine wissenschaftliche oder berufliche Aus-, Fort- oder Weiterbildung im Ausland, soweit die Beurlaubung die Dauer von zwei Jahren nicht überschreitet,
3. Zeiten einer Beurlaubung nach § 8 a des Mutterschutzgesetzes oder § 15 des Gesetzes über die Gewährung von Erziehungsgeld und Erziehungsurlaub und Zeiten eines Beschäftigungsverbots nach den §§ 3, 4, 6 und 8 des Mutterschutzgesetzes, soweit eine Beschäftigung nicht erfolgt ist,
4. Zeiten des Grundwehr- und Zivildienstes und
5. Zeiten einer Freistellung zur Wahrnehmung von Aufgaben in einer Personal- oder Schwerbehindertenvertretung, soweit die Freistellung von der regelmäßigen Arbeitszeit mindestens ein Fünftel beträgt und die Dauer von zwei Jahren nicht überschreitet.

(5) Die arbeitsrechtlichen Vorschriften und Grundsätze über befristete Arbeitsverträge sind nur insoweit anzuwenden, als sie den Vorschriften der Absätze 1 bis 4 nicht widersprechen.

(6) Die Absätze 1 bis 5 gelten nicht, wenn der Arbeitsvertrag unter den Anwendungsbereich des Hochschulrahmengesetzes vom 26. Januar 1976 (BGBl. I S. 185), zuletzt geändert durch das Gesetz vom 14. November 1985 (BGBl. I S. 2090), oder des Gesetzes über befristete Arbeitsver-

träge mit wissenschaftlichem Personal an Hochschulen und Forschungseinrichtungen vom 14. Juni 1985 (BGBl. I S. 1065) fällt.

§ 2 Berlin-Klausel *(gegenstandslos)*

§ 3 Inkrafttreten

Dieses Gesetz tritt am Tage nach der Verkündung in Kraft.

I. Normzweck

Das Gesetz über befristete Arbeitsverträge mit Ärzten in der Weiterbildung regelt die befristete 1 Beschäftigung von **Ärzten in der Weiterbildung**, sofern diese nicht unter den Geltungsbereich des HRG oder des Gesetzes über befristete Arbeitsverträge mit wissenschaftlichem Personal an Hochschulen und Forschungseinrichtungen fallen. Es bestätigt die Rspr. zu § 620 BGB und setzt voraus, daß es zur wirksamen Befristung von Arbeitsverträgen eines sie rechtfertigenden sachlichen Grundes bedarf. Sein Vorliegen wird fingiert. Das Gesetz will den Abschluß befristeter Arbeitsverträge mit Ärzten in der Weiterbildung erleichtern. Es war ursprünglich bis zum 31. 12. 1997 befristet, wurde aber mit Änderungsgesetz vom 16. 12. 1997 (BGBl. I S. 2994) entfristet.

II. Anwendungsbereich

Der persönliche Geltungsbereich umfaßt ausschließlich **approbierte Ärzte**. Die zeitlich vor der 2 Approbation liegende Ausbildung wird nicht erfaßt. Die Weiterbildung von Zahnärzten und Tierärzten wird gleichfalls nicht erfaßt, sondern bestimmt sich nach allgemeinen arbeitsrechtlichen Grundsätzen (vgl. LAG Sachsen-Anhalt 10. 7. 1997 LAGE BGB § 620 Nr. 52).

Findet die ärztliche Weiterbildung an Universitäten oder Forschungseinrichtungen statt, greifen die 3 §§ 54, 57 ff. HRG oder das Gesetz über befristete Arbeitsverträge mit wissenschaftlichem Personal an Hochschulen und Forschungseinrichtungen ein. Das ÄArbVtrG kommt vor allem zur Anwendung, wenn die Ausbildung in **Krankenhäusern kommunaler, kirchlicher oder freier Träger** durchgeführt wird.

Die Befristungsregeln der Abs. 1 bis 4 haben **Vorrang vor anderen arbeitsrechtlichen Grund-** 4 **sätzen**. Diese sind nur anzuwenden, wenn und soweit sie den Vorschriften dieses Gesetzes nicht widersprechen. Da das ÄArbVtrG in § 1 III 5 und 6 Mindestbefristungszeiten vorschreibt, darf bei Einstellung eines Arztes zur Weiterbildung keine Befristung nach dem BeschFG vereinbart werden (*Dreher* DB 1999, 1396, 1397; KR/*Lipke* §§ 1, 2, 3 ÄArbVtrG Rn. 8; aA *Kuhla/Schleusener* MedR 1999, 23, 27).

III. Befristungsgrund

Ein die Befristung rechtfertigender sachlicher Grund liegt nach § 1 I vor, wenn die Beschäftigung 5 des Arztes seiner Weiterbildung zum Facharzt oder dem Erwerb einer Anerkennung für ein Teilgebiet oder dem Erwerb einer Zusatzbezeichnung dient. Eine Befristung nach § 1 I setzt voraus, daß der Arzt ganz überwiegend zu seiner Weiterbildung beschäftigt wird. Es genügt nicht, daß die Beschäftigung diesen Zweck fördert (aA zur aF des Gesetzes: BAG 24. 4. 1996 AP HRG § 57 b Nr. 10 = DB 1996, 2338). Die Weiterbildung muß den **wesentlichen Inhalt des Arbeitsverhältnisses** ausmachen. Sie muß „zeitlich und inhaltlich strukturiert" sein. Mehrere Befristungen für ein und denselben Weiterbildungszweck sind nicht statthaft (BT-Drucks. 13/8668 S. 5). Der Befristungsgrund muß nicht ausdrücklich im Arbeitsvertrag genannt sein. § 57 b V HRG findet keine entsprechende Anwendung (BAG 24. 4. 1996 AP HRG § 57 b Nr. 10 = DB 1996, 2338). Wird der Arbeitsvertrag nach § 1 IV Nr. 5 verlängert, so ist nicht der Verlängerungsvertrag, sondern der ursprüngliche Vertrag der Befristungskontrolle zu unterziehen (BAG 23. 2. 2000 AP HRG § 57 b Nr. 26 zu § 57 c VI Nr. 5 HRG). Die Form der Abrede bestimmt sich seit dem 1. 5. 2000 nach § 623 BGB.

IV. Befristungsdauer

Nach § 1 II unterliegt die Dauer des Vertrages der Vereinbarung der Arbeitsvertragsparteien. Die 6 Befristung muß eine **Zeitbefristung** sein, sich also nach dem Kalender bestimmen lassen. Eine Zweckbefristung ist ausgeschlossen. Es kann daher nicht vereinbart werden, daß der Arbeitsvertrag mit dem Erwerb der Qualifikation endet (aA *Heinze* NJW 1987, 2279). Die Befristungsdauer darf den Zeitraum nicht unterschreiten, für den der weiterbildende Arzt die Weiterbildungsbefugnis besitzt. Deshalb darf für die gesamte Weiterbildung nur eine einzige Befristung vereinbart werden. Eine „Zerstückelung" in mehrere Verträge scheidet aus (KR/*Lipke* §§ 1, 2, 3 ÄArbVtrG Rn. 14; aA zum alten Recht LAG Berlin 22. 4. 1991 ZTR 1991, 337).

Müller-Glöge

7   Die Höchstbefristungsdauer ist abw. von § 57 c IV HRG auf **acht Jahre** festgelegt. Sie kann anders als im HRG nicht durch einen **Wechsel der Weiterbildungsstelle** überschritten werden. Die Regelung des § 57 c II 2 HRG, wonach nur Arbeitsverhältnisse bei derselben Hochschule zusammengerechnet werden, ist nicht übernommen worden. Ist ein Arzt zunächst im Hochschulbereich, dann im Bereich des ÄArbVtrG zu Zwecken der Weiterbildung tätig, so findet eine Zusammenrechnung statt (*Baumgarten* ZTR 1987, 114).

8   Schließt sich an die Facharztausbildung oder an den Erwerb einer Zusatzbezeichnung eine weitere Phase an, die die Anerkennung für einen Schwerpunkt oder den Erwerb einer Zusatzbezeichnung, eines Fachkundenachweises oder einer Bescheinigung über eine fakultative Weiterbildung zum Gegenstand hat, so kann nach § 1 III 2 **ein weiterer befristeter Arbeitsvertrag** abgeschlossen werden. Seine Dauer richtet sich nach dem Zeitraum, den die jeweilige Weiterbildungsordnung vorsieht. Die Zwei-Jahres-Grenze der Urfassung des Gesetzes existiert nicht mehr.

9   Das Gesetz läßt in zwei Fällen eine nachträgliche Änderung des Endtermins zu. Wird die Weiterbildung wegen einer **Teilzeitbeschäftigung** verlängert, erlaubt § 1 III 3 die entsprechende Verlängerung der Höchstfristen. § 1 III 6 gestattet eine einmalige **Neubefristung**, wenn das Weiterbildungsziel schon zu einem früheren Zeitpunkt erreicht wird. In diesem Fall darf das Fristende einvernehmlich vorverlegt werden.

10 § 1 IV gewährt wie § 57 c VI HRG einen **Anspruch auf Abschluß eines Arbeitsvertrages** für die Dauer der nach dieser Vorschrift anrechenbaren Unterbrechungszeiten eines nach § 1 III befristeten Arbeitsverhältnisses. Dieser Anspruch soll auch dann bestehen, wenn der in der Weiterbildung stehende Arzt die nach der jeweiligen Weiterbildungsordnung vorgeschriebenen Beschäftigungszeiten bereits vor Beginn des Unterbrechungszeitraumes zurückgelegt hat (BAG 24. 4. 1996 AP HRG § 57 b Nr. 10 = DB 1996, 2338). Verweigert der AG den Abschluß einer Verlängerungsvereinbarung, ist Rechtsschutz in Form einer Leistungsklage zu erlangen (BAG 12. 1. 2000 – 7 AZR 764/98 – nv.).

V. Abdingbarkeit; Kündigung

11 Das ÄArbVtrG ist **zweiseitig zwingendes Recht.** Von den Bestimmungen des Gesetzes kann auch tarifvertraglich nicht abgewichen werden.

12 Ist die **ordentliche Kündigung** vertraglich nicht vorgesehen, kann beiderseits ausschließlich aus wichtigem Grund außerordentlich gekündigt werden (aA KDZ/*Däubler* Rn. 20 ordentliche Kündigung des Arztes zulässig).

13 Wird die Mindestfrist des § 1 III 5 nicht beachtet, gilt der Arbeitsvertrag als über den richtigen Zeitraum abgeschlossen. Wird die **Höchstfrist überschritten,** ist die Befristungsabrede unwirksam. Es besteht ein unbefristetes Arbeitsverhältnis. Wird das wirksam befristete Arbeitsverhältnis über den Endtermin hinaus fortgesetzt, können die Voraussetzungen des § 625 BGB vorliegen.

VI. Übergangsvorschrift

14 Vor dem 31. 12. 1997 vereinbarte befristete Arbeitsverträge zur Weiterbildung von Ärzten sind nach altem Recht abzuwickeln. Eine erneute Befristung ist seit dem 1. 1. 1998 nur noch nach neuem Recht erlaubt. Seither ist eine abkürzende korrigierende Befristung des Arbeitsvertrages gem. § 1 III 6 auch für Altverträge möglich.

VII. Klagefrist

15 Bei Streitigkeiten über die wirksame Befristung des Arbeitsvertrages findet § 1 V BeschFG Anwendung.

30. Gesetz über zwingende Arbeitsbedingungen bei grenzüberschreitenden Dienstleistungen (Arbeitnehmer-Entsendegesetz – AEntG)

Vom 26. Februar 1996 (BGBl. I 227)

Zuletzt geändert durch Gesetz vom 19. Dezember 1998 (BGBl. I 3843)

(BGBl. III/FNA 810-1-56)

Neues Schrifttum: *Badura*, Verfassungsfragen der Entsendung ausländischer Arbeitnehmer nach Deutschland, FS *Söllner*, 2000, 111; *Bieback*, Rechtliche Probleme von Mindestlöhnen, insbesondere nach dem AEntG, RdA 2000, 207; *Birk* in MünchArbR 2. Aufl. 2000, Bd. 1, § 19 Rdn. 121 ff; *Büdenbender*, Die Erklärung der Allgemeinverbindlichkeit von Tarifverträgen nach dem AEntG, RdA 2000, 193; *Löwisch*, Das AEntG – ein ordnungspolitischer und rechtlicher Irrweg, Gedenkband für Walter Eucken, 2000, 221; *Ossenbühl/Cornils*, Tarifautonomie und staatliche Gesetzgebung, Verfassungsmäßigkeit von § 1 Abs. 3 a AEntG, Forschungsbericht 280 des Bundesministeriums für Arbeit und Sozialordnung, 2000.

§ 1 [Anwendungsbereich]

(1) [1] Die Rechtsnormen eines für allgemeinverbindlich erklärten Tarifvertrages des Bauhauptgewerbes oder des Baunebengewerbes im Sinne der §§ 1 und 2 der Baubetriebe-Verordnung vom 28. Oktober 1980 (BGBl. I S. 2033), zuletzt geändert durch Artikel 1 der Verordnung vom 13. Dezember 1996 (BGBl. I S. 1954), die
1. die Mindestentgeltsätze einschließlich der Überstundensätze oder
2. die Dauer des Erholungsurlaubs, das Urlaubsentgelt oder ein zusätzliches Urlaubsgeld zum Gegenstand haben, finden auch auf ein Arbeitsverhältnis zwischen einem Arbeitgeber mit Sitz im Ausland und seinem im räumlichen Geltungsbereich des Tarifvertrages beschäftigten Arbeitnehmer zwingend Anwendung, wenn der Betrieb überwiegend Bauleistungen im Sinne des § 211 Abs. 1 des Dritten Buches Sozialgesetzbuch erbringt und auch inländische Arbeitgeber ihren im räumlichen Geltungsbereich des Tarifvertrages beschäftigten Arbeitnehmern mindestens die am Arbeitsort geltenden tarifvertraglichen Arbeitsbedingungen gewähren müssen. [2] Ein Arbeitgeber im Sinne des Satzes 1 ist verpflichtet, seinem im räumlichen Geltungsbereich eines Tarifvertrages nach Satz 1 beschäftigten Arbeitnehmer mindestens die in dem Tarifvertrag vorgeschriebenen Arbeitsbedingungen zu gewähren. [3] Dies gilt auch für einen unter den Geltungsbereich eines Tarifvertrages nach Satz 1 fallenden Arbeitgeber mit Sitz im Inland unabhängig davon, ob der Tarifvertrag kraft Tarifbindung nach § 3 des Tarifvertragsgesetzes oder aufgrund der Allgemeinverbindlicherklärung Anwendung findet. [4] Tarifvertrag nach Satz 1 ist auch ein Tarifvertrag, der die Erbringung von Montageleistungen auf Baustellen außerhalb des Betriebssitzes zum Gegenstand hat.

(2) Absatz 1 gilt unter den dort genannten Voraussetzungen auch für allgemeinverbindlich erklärte Tarifverträge im Bereich der Seeschiffahrtsassistenz.

(2 a) Wird ein Leiharbeitnehmer von seinem Entleiher mit Tätigkeiten beschäftigt, die in den Geltungsbereich eines für allgemeinverbindlich erklärten Tarifvertrages nach Absatz 1 oder Absatz 2 oder einer Rechtsverordnung nach Absatz 3 a fallen, so hat ihm der Verleiher zumindest das in diesem Tarifvertrag oder in dieser Rechtsverordnung vorgeschriebene Mindestentgelt zu zahlen.

(3) [1] Sind im Zusammenhang mit der Gewährung von Urlaubsansprüchen nach Absatz 1 die Einziehung von Beiträgen und die Gewährung von Leistungen durch allgemeinverbindliche Tarifverträge einer gemeinsamen Einrichtung der Tarifvertragsparteien übertragen, so finden die Rechtsnormen solcher Tarifverträge auch auf einen ausländischen Arbeitgeber und seinen im räumlichen Geltungsbereich des Tarifvertrages beschäftigten Arbeitnehmer zwingend Anwendung, wenn in den betreffenden Tarifverträgen oder auf sonstige Weise sichergestellt ist, daß
1. der ausländische Arbeitgeber nicht gleichzeitig zu Beiträgen nach dieser Vorschrift und Beiträgen zu einer vergleichbaren Einrichtung im Staat seines Sitzes herangezogen wird und
2. das Verfahren der gemeinsamen Einrichtung der Tarifvertragsparteien eine Anrechnung derjenigen Leistungen vorsieht, die der ausländische Arbeitgeber zur Erfüllung des gesetzlichen, tarifvertraglichen oder einzelvertraglichen Urlaubsanspruchs seines Arbeitnehmers bereits erbracht hat.
[2] Ein Arbeitgeber im Sinne des Absatzes 1 Satz 1 ist verpflichtet, einer gemeinsamen Einrichtung der Tarifvertragsparteien die ihr nach Satz 1 zustehenden Beiträge zu leisten. [3] Dies gilt auch für

einen unter den Geltungsbereich eines Tarifvertrages nach Satz 1 fallenden Arbeitgeber mit Sitz im Inland unabhängig davon, ob der Tarifvertrag kraft Tarifbindung nach § 3 des Tarifvertragsgesetzes oder aufgrund der Allgemeinverbindlicherklärung Anwendung findet.

(3 a) ¹ Ist ein Antrag auf Allgemeinverbindlicherklärung eines Tarifvertrages nach Absatz 1 Satz 1 oder Absatz 3 Satz 1 gestellt worden, kann das Bundesministerium für Arbeit und Sozialordnung unter den dort genannten Voraussetzungen durch Rechtsverordnung ohne Zustimmung des Bundesrates bestimmen, daß die Rechtsnormen dieses Tarifvertrages auf alle unter den Geltungsbereich dieses Tarifvertrages fallenden und nicht tarifgebundenen Arbeitgeber und Arbeitnehmer Anwendung finden. ² Vor Erlaß der Rechtsverordnung gibt das Bundesministerium für Arbeit und Sozialordnung den in den Geltungsbereich der Rechtsverordnung fallenden Arbeitgebern und Arbeitnehmern sowie den Parteien des Tarifvertrages Gelegenheit zur schriftlichen Stellungnahme. ³ Die Rechtsverordnung findet auch auf ein Arbeitsverhältnis zwischen einem Arbeitgeber mit Sitz im Ausland und seinem im Geltungsbereich der Rechtsverordnung beschäftigten Arbeitnehmer zwingend Anwendung. ⁴ Unter den Geltungsbereich eines Tarifvertrages nach Absatz 1 oder Absatz 3 fallende Arbeitgeber mit Sitz im Inland sind verpflichtet, ihren Arbeitnehmern mindestens die in der Rechtsverordnung vorgeschriebenen Arbeitsbedingungen zu gewähren sowie einer gemeinsamen Einrichtung der Tarifvertragsparteien die ihr nach Satz 1 zustehenden Beiträge zu leisten; dies gilt unabhängig davon, ob die entsprechende Verpflichtung kraft Tarifbindung nach § 3 des Tarifvertragsgesetzes oder aufgrund der Rechtsverordnung besteht. ⁵ Satz 4 Halbsatz 1 gilt auch für Arbeitgeber mit Sitz im Ausland und ihre im Geltungsbereich der Rechtsverordnung beschäftigten Arbeitnehmer.

(4) Für die Zuordnung zum betrieblichen Geltungsbereich eines Tarifvertrages nach den Absätzen 1, 2, 3 und 3 a gelten die vom Arbeitgeber mit Sitz im Ausland im Inland eingesetzten Arbeitnehmer in ihrer Gesamtheit als Betrieb.

(5) Von einer nach Absatz 3 Satz 1 und 2 oder Absatz 3 a Satz 1 und 5 bestehenden Verpflichtung zur Zahlung von Beiträgen an eine gemeinsame Einrichtung der Tarifvertragsparteien kann bei der Beschäftigung eines Arbeitnehmers nach Absatz 1 in Ausnahmefällen abgesehen werden, wenn dies in dem betreffenden Fall wegen des geringen Umfangs der zu erbringenden Leistungen angemessen und begründet erscheint.

I. International-privatrechtliche und europarechtliche Grundlagen

1 Nach **Art. 30 EGBGB** (dazu neuestens MünchArbR/*Birk*, 2. Aufl. 2000, § 20, *Schlachter* NZA 2000, 57) unterliegen Arbeitsverträge und Arbeitsverhältnisse dem Recht des Staates, in dem der AN in Erfüllung des Vertrages gewöhnlich seine Arbeit verrichtet, selbst wenn er vorübergehend in einen anderen Staat entsandt ist. AN, die von ausländischen Bauunternehmen zur vorübergehenden Durchführung von Bauarbeiten ins Inland entsandt werden, unterliegen deshalb dem heimischen Arbeitsrecht. Damit ist auch die Geltung inländischer allgemeinverbindlicher TV ausgeschlossen (BAG 4. 5. 1977 AP TVG § 1 Tarifverträge Bau Nr. 30). Allerdings darf ausländischen AN eine Arbeitserlaubnis nach § 285 I Nr. 3 SGB III nur erteilt werden, wenn der Ausländer nicht zu ungünstigeren Arbeitsbedingungen als vergleichbare deutsche AN beschäftigt wird. AN von Unternehmen aus der Europäischen Union und dem Europäischen Wirtschaftsraum benötigen aber keine Arbeitserlaubnis; auch wenn sie nicht Staatsangehörige eines Mitgliedstaates sind (s. Art. 39 Rn. 4); sie können deshalb bei vorübergehender Entsendung im Inland zu ihren heimischen Arbeitsbedingungen beschäftigt werden, soweit sie nicht an nach Art. 34 EGBGB international zwingende Normen gebunden sind. Ebenso verbleibt ein AN, der von einem ausländischen Unternehmen vorübergehend ins Inland entsandt wird, in seiner heimischen Sozialversicherung (Art. 14 EWG-VO Nr. 1408/71; § 5 SGB IV).

2 Für das Arbeitsrecht (nicht für das Sozialversicherungsrecht) verlangt die im folgenden abgedruckte **EG-Richtlinie 96/71 vom 16. 12. 1996 über die Entsendung von AN** im Rahmen der Erbringung von Dienstleistungen eine erweiterte Anwendung des inländischen Rechts auf aus dem Ausland entsandte AN. Sie stützt sich auf Art. 57 II, 66 EGV, die Richtlinien über die Aufnahme und Ausübung selbständiger Tätigkeiten im Rahmen der Niederlassungs- und Dienstleistungsfreiheit vorsehen. Sie enthält teils eine Verpflichtung, teils eine Ermächtigung zur zwingenden Anwendung des inländischen Arbeitsrechts. Dies hindert den nationalen Gesetzgeber daran, mit seinen Regelungen hinter der Umsetzungspflicht zurückzubleiben und über die Umsetzungsermächtigungen hinauszugehen (ebenso *Rebhahn*, Das Recht der Arbeit, Wien, 1999, 173, 177, im Ergebnis auch *Birk* RdA 1999, 13, 17). In seiner jetzigen Fassung dürfte das AEntG beidem gerecht werden.

3 Gestützt auf diese Rspr hat das AEntG den Teil der Richtlinie vorweggenommen und ausgeführt, der sich auf **allgemeinverbindliche TV des Baugewerbes** bezieht. Trotz dieser klaren europarechtlichen Grundlage wurde die Vereinbarkeit des Gesetzes und damit inzidenter auch der Richtlinie mit der **Dienstleistungsfreiheit** gem. Art. 59 EGV vielfach bezweifelt. Das für Klagen gegen die Urlaubskasse des Baugewerbes zuständige ArbG Wiesbaden hat den EuGH gem. Art. 177 EGV angerufen, um die Vereinbarkeit der Urlaubsregelung des AEntG mit Art. 48, 59 und 60 EGV zu klären (NZA-

RR 1998, 217; Az. des EuGH C 49, 50, 52–54, 68–71/98). Der EuGH hat die Frage im Urteil vom 23. 11. 1999 (Arblade-NZA 2000, 85 = AP Art. 59 EG-Vertrag Nr. 1) wie folgt entschieden:
1. Die Art. 59 EGV (nach Änderung jetzt Art. 49 EGV) und 60 EGV (jetzt Art. 50 EGV) schließen es nicht aus, daß ein Mitgliedstaat einem Unternehmen, das in einem Mitgliedstaat ansässig ist und vorübergehend Arbeiten im ersten Staat ausführt, vorschreibt, den von ihm entsandten AN die Mindestvergütung zu zahlen, die in dem im ersten Mitgliedstaat geltenden TV festgelegt ist, sofern die betreffenden Bestimmungen hinreichend genau und zugänglich sind, um einem solchen AG in der Praxis nicht die Feststellung, welche Verpflichtungen er beachten müßte, unmöglich oder übermäßig schwer zu machen.
2. Die Art. 59 und 60 des Vertrages schließen es aus, daß ein Mitgliedstaat einem Unternehmen, das in einem anderen Mitgliedstaat ansässig ist und vorübergehend Arbeiten im ersten Staat ausführt, – auch durch Polizei- und Sicherheitsgesetze – vorschreibt, für jeden entsandten AN AGBeiträge im Rahmen von Systemen wie den belgischen Schlechtwetter- und Treuemarkensystemen zu entrichten und jedem dieser AN eine Personalkarte auszuhändigen, obwohl dieses Unternehmen bereits in dem Staat, in dem es ansässig ist, für dieselben AN und dieselben Beschäftigungszeiten Verpflichtungen unterliegt, die im Hinblick auf ihren Zweck, den Schutz der Interessen der AN, im wesentlichen vergleichbar sind.
3. Die Art. 59 und 60 des Vertrages schließen es aus, daß ein Mitgliedstaat einem Unternehmen, das in einem anderen Mitgliedstaat ansässig ist und vorübergehend Arbeiten im ersten Staat ausführt, – auch durch Polizei- und Sicherheitsgesetze – vorschreibt, Personal- oder Arbeitsunterlagen wie eine Arbeitsordnung, ein besonderes Personalregister und für jeden entsandten AN ein persönliches Konto in der nach der Regelung des ersten Staates verlangten Form zu erstellen, wenn der soziale Schutz der AN, der diese Erfordernisse rechtfertigen kann, bereits durch die Vorlage der Personal- und Arbeitsunterlagen gewahrt wird, die das betreffende Unternehmen gem. der Regelung des Mitgliedstaats, in dem es ansässig ist, führt.
Dies ist der Fall, wenn das Unternehmen bezüglich der Führung der Personal- und Arbeitsunterlagen bereits in dem Staat, in dem es ansässig ist, für dieselben AN und dieselben Beschäftigungszeiten Verpflichtungen unterliegt, die im Hinblick auf ihren Zweck, den Schutz der Interessen der AN, mit den in der Regelung des Aufnahmemitgliedstaats enthaltenen vergleichbar sind.
4. Die Art. 59 und 60 des Vertrages schließen es nicht aus, daß ein Mitgliedstaat ein Unternehmen, das in einem anderen Mitgliedstaat ansässig ist und vorübergehend Arbeiten im ersten Staat ausführt, verpflichtet, während des Zeitraums der Betätigung im Hoheitsgebiet dieses Staates bereitzuhalten, wenn diese Maßnahme erforderlich ist, um ihm eine effektive Kontrolle der Beachtung seiner durch die Wahrung des sozialen Schutzes der AN gerechtfertigten Regelung zu ermöglichen.
5. Die Art. 59 und 60 des Vertrages schließen es aus, daß ein Mitgliedstaat einem Unternehmen, das in einem anderen Mitgliedstaat ansässig ist und vorübergehend Arbeiten im ersten Staat ausführt, – auch durch Polizei- und Sicherheitsgesetze – vorschreibt, fünf Jahre lang, nachdem es die Beschäftigung von AN im ersten Mitgliedstaat eingestellt hat, Personalunterlagen wie das Personalregister und das persönliche Konto an dem in diesem Mitgliedstaat gelegenen Wohnsitz einer natürlichen Person aufzubewahren, die diese Unterlagen als Bevollmächtigter oder Aufsichtsperson führt.
(Ebenso der Schlußantrag des Generalanwalts vom 13. 7. 2000 zu den Vorlagebeschlüssen des ArbG Wiesbaden, der außerdem die Einbeziehung der deutschen Mischbetriebe fordert).

II. Änderung des AEntG durch das Korrekturgesetz

Die Änderungen des AEntG (zur aF zuletzt *Ulber*, Kommentar zum AÜG und zum AEntG, 1998) durch das Gesetz zu Korrekturen in der Sozialversicherung und zur Sicherung der ANR sind erheblich. In der **Amtlichen Begründung** (BT-Drs. 14/45, S. 17) heißt es dazu: „Mit den vorgesehenen Änderungen des Arbeitnehmer-Entsendegesetzes wird in erster Linie der gemeinschaftsrechtlichen Verpflichtung zur abschließenden Umsetzung der Richtlinie 96/71/EG des Europäischen Parlaments und des Rates vom 16. Dezember 1996 über die Entsendung von AN im Rahmen der Erbringung von Dienstleistungen (Abl. EG Nr. L 18/1 vom 21. Januar 1997) Rechnung getragen. Dieser Zielsetzung dient insbesondere die Aufhebung der Befristung des Gesetzes, dessen Außerkrafttreten bislang für den 1. September 1999 vorgesehen war.

Im Interesse einer wirksamen Durchführung des Gesetzes sind weitere Änderungen vorgesehen. Im wesentlichen handelt es sich dabei um folgende Bestimmungen:
– Die bislang ausschließliche Anknüpfung des Gesetzes an allgemeinverbindliche Tarifverträge wird ergänzt um eine Rechtsverordnungsermächtigung zugunsten des Bundesministeriums für Arbeit und Sozialordnung. In der Rechtsverordnung können auch nicht tarifgebundene Arbeitgeber verpflichtet werden, bestimmte tarifvertragliche Arbeitsbedingungen einzuhalten. Diese Arbeitsbedingungen gelten dann kraft gesetzlicher Anordnung zwingend auch für Arbeitgeber mit Sitz im Ausland.
– Der Gestaltungsfreiraum der betroffenen Tarifvertragsparteien wird dahin gehend erweitert, daß ein auch für entsandte Arbeitnehmer geltender Tarifvertrag im Sinne des Arbeitnehmer-Entsendegesetzes künftig nicht nur eine unterste Lohngruppe, sondern auch höhere Lohngruppen umfassen darf.

30 AEntG § 1   Anwendungsbereich

- Es wird eine verschuldensunabhängige Haftung des Generalunternehmers eingeführt. Er soll im eigenen Interesse verstärkt darauf achten, daß seine Subunternehmer die nach dem Arbeitnehmer-Entsendegesetz zwingenden Arbeitsbedingungen einhalten.
- Die rechtlichen Rahmenbedingungen für die Kontrolltätigkeit der Aufsichtsbehörden werden insbesondere im Bereich der Meldevorschriften und der Zusammenarbeit der Behörden erweitert. Die Sanktionsvorschriften werden durch eine Anhebung des Bußgeldrahmens verschärft.

6   § 1 III a hat die jetzige Fassung erst aufgrund eines Beschlusses des Bundestagsausschusses für Arbeit und Sozialordnung erhalten (s. BT-Drucks. 14/151). Der erste Entwurf enthielt noch nicht die Einschränkung, daß die Rechtsverordnung nur erlassen werden kann, wenn ein Antrag auf Allgemeinverbindlicherklärung des TV gestellt worden ist. Neu ist außerdem der S. 2 dieses Absatzes.

7   Da die Neufassung ua. zum Zweck hat, die EG-Entsenderichtlinie 96/71/EG in vollem Umfang umzusetzen, wird deren Wortlaut ohne die Präambel im folgenden wiedergegeben:

96/71/EG Art. 1 Anwendungsbereich

(1) Diese Richtlinie gilt für Unternehmen mit Sitz in einem Mitgliedstaat, die im Rahmen der länderübergreifenden Erbringung von Dienstleistungen Arbeitnehmer gemäß Absatz 3 in das Hoheitsgebiet eines Mitgliedstaats entsenden.

(2) Diese Richtlinie gilt nicht für Schiffsbesatzungen von Unternehmen der Handelsmarine.

(3) Diese Richtlinie findet Anwendung, soweit die in Absatz 1 genannten Unternehmen eine der folgenden länderübergreifenden Maßnahmen treffen:
a) einen Arbeitnehmer in ihrem Namen und unter ihrer Leitung in das Hoheitsgebiet eines Mitgliedstaats im Rahmen eines Vertrags entsenden, der zwischen dem entsendenden Unternehmen und dem in diesem Mitgliedstaat tätigen Dienstleistungsempfänger geschlossen wurde, sofern für die Dauer der Entsendung ein Arbeitsverhältnis zwischen dem entsendenden Unternehmen und dem Arbeitnehmer besteht, oder
b) einen Arbeitnehmer in eine Niederlassung oder ein der Unternehmensgruppe angehörendes Unternehmen im Hoheitsgebiet eines Mitgliedstaats entsenden, sofern für die Dauer der Entsendung ein Arbeitsverhältnis zwischen dem entsendenden Unternehmen und dem Arbeitnehmer besteht, oder
c) als Leiharbeitsunternehmen oder als einen Arbeitnehmer zur Verfügung stellendes Unternehmen einen Arbeitnehmer in ein verwendendes Unternehmen entsenden, das seinen Sitz im Hoheitsgebiet eines Mitgliedstaats hat oder dort seine Tätigkeit ausübt, sofern für die Dauer der Entsendung ein Arbeitsverhältnis zwischen dem Leiharbeitunternehmen oder dem einen Arbeitnehmer zur Verfügung stellenden Unternehmen und dem Arbeitnehmer besteht.

(4) Unternehmen mit Sitz in einem Nichtmitgliedstaat darf keine günstigere Behandlung zuteil werden als Unternehmen mit Sitz in einem Mitgliedstaat.

96/71/EG Art. 2 Begriffsbestimmung

(1) Im Sinne dieser Richtlinie gilt als entsandter Arbeitnehmer jeder Arbeitnehmer, der während eines begrenzten Zeitraums seine Arbeitsleistung im Hoheitsgebiet eines anderen Mitgliedstaates als demjenigen erbringt, in dessen Hoheitsgebiet er normalerweise arbeitet.

(2) Für die Zwecke dieser Richtlinie wird der Begriff des Arbeitnehmers in dem Sinne verwendet, in dem er im Recht des Mitgliedstaats, in dessen Hoheitsgebiet der Arbeitnehmer entsandt wird, gebraucht wird.

96/71/EG Art. 3 Arbeits- und Beschäftigungsbedingungen

(1) ¹Die Mitgliedstaaten sorgen dafür, daß unabhängig von dem auf das jeweilige Arbeitsverhältnis anwendbaren Recht die in Artikel 1 Absatz 1 genannten Unternehmen den in ihr Hoheitsgebiet entsandten Arbeitnehmern bezüglich der nachstehenden Aspekte die Arbeits- und Beschäftigungsbedingungen garantieren, die in dem Mitgliedstaat, in dessen Hoheitsgebiet die Arbeitsleistung erbracht wird,
- durch Rechts- oder Verwaltungsvorschriften und/oder
- durch für allgemein verbindlich erklärte Tarifverträge oder Schiedssprüche im Sinne des Absatzes 8, sofern sie die im Anhang genannten Tätigkeiten betreffen, festgelegt sind:
    a) Höchstarbeitszeiten und Mindestruhezeiten;
    b) bezahlter Mindestjahresurlaub;
    c) Mindestlohnsätze einschließlich der Überstundensätze; dies gilt nicht für die zusätzlichen betrieblichen Altersversorgungssysteme;

II. Änderung des AEntG durch das Korrekturgesetz   §1   AEntG 30

d) Bedingungen für die Überlassung von Arbeitskräften, insbesondere durch Leiharbeitsunternehmen;
e) Sicherheit, Gesundheitsschutz und Hygiene am Arbeitsplatz;
f) Schutzmaßnahmen im Zusammenhang mit den Arbeits- und Beschäftigungsbedingungen von Schwangeren und Wöchnerinnen, Kindern und Jugendlichen;
g) Gleichbehandlung von Männern und Frauen sowie andere Nichtdiskriminierungsbestimmungen.

²Zum Zweck dieser Richtlinie wird der in Unterabsatz 1 Buchstabe c) genannte Begriff der Mindestlohnsätze durch die Rechtsvorschriften und/oder Praktiken des Mitgliedstaats bestimmt, in dessen Hoheitsgebiet der Arbeitnehmer entsandt wird.

(2) ¹Absatz 1 Unterabsatz 1 Buchstabe b) und c) gilt nicht für Erstmontage- und/oder Einbauarbeiten, die Bestandteil eines Liefervertrags sind, für die Inbetriebnahme der gelieferten Güter unerläßlich sind und von Facharbeitern und/oder angelernten Arbeitern des Lieferunternehmens ausgeführt werden, wenn die Dauer der Entsendung acht Tage nicht übersteigt. ²Dies gilt nicht für die im Anhang aufgeführten Bauarbeiten.

(3) Die Mitgliedstaaten können gemäß ihren üblichen Verfahren und Praktiken nach Konsultation der Sozialpartner beschließen, Absatz 1 Unterabsatz 1 Buchstabe c) in den in Artikel 1 Absatz 3 Buchstabe a) und b) genannten Fällen nicht anzuwenden, wenn die Dauer der Entsendung einen Monat nicht übersteigt.

(4) Die Mitgliedstaaten können gemäß ihren Rechtsvorschriften und/oder Praktiken vorsehen, daß durch Tarifverträge im Sinne des Absatzes 8 für einen oder mehrere Tätigkeitsbereiche in den in Artikel 1 Absatz 3 Buchstabe a) und b) genannten Fällen von Absatz 1 Unterabsatz 1 Buchstabe c) sowie von dem Beschluß eines Mitgliedstaats nach Absatz 3 abgewichen werden kann, wenn die Dauer der Entsendung einen Monat nicht übersteigt.

(5) ¹Die Mitgliedstaaten können in den Artikel 1 Absatz 3 Buchstabe a) und b) genannten Fällen eine Ausnahme von Absatz 1 Unterabsatz 1 Buchstabe b) und c) vorsehen, wenn der Umfang der zu verrichtenden Arbeiten gering ist. ²Die Mitgliedstaaten, die von der in Unterabsatz 1 gebotenen Möglichkeit Gebrauch machen, legen die Modalitäten fest, denen die zu verrichtenden Arbeiten entsprechen müssen, um als Arbeiten von geringem Umfang zu gelten.

(6) ¹Die Dauer der Entsendung berechnet sich unter Zugrundelegung eines Bezugszeitraums von einem Jahr ab Beginn der Entsendung. ²Bei der Berechnung der Entsendungsdauer wird die Dauer einer gegebenenfalls im Rahmen einer Entsendung von einem zu ersetzenden Arbeitnehmer bereits zurückgelegten Entsendungsdauer berücksichtigt.

(7) ¹Die Absätze 1 bis 6 stehen der Anwendung von für die Arbeitnehmer günstigeren Beschäftigungs- und Arbeitsbedingungen nicht entgegen. ²Die Entsendungszulagen gelten als Bestandteil des Mindestlohns, soweit sie nicht als Erstattung für infolge der Entsendung tatsächlich entstandene Kosten wie zB Reise-, Unterbringungs- und Verpflegungskosten gezahlt werden.

(8) ¹Unter „für allgemein verbindlich erklärten Tarifverträgen oder Schiedssprüchen" sind Tarifverträge oder Schiedssprüche zu verstehen, die von allen in den jeweiligen geografischen Bereich fallenden und die betreffende Tätigkeit oder das betreffende Gewerbe ausübenden Unternehmen einzuhalten sind. ²Gibt es kein System zur Allgemeinverbindlicherklärung von Tarifverträgen oder Schiedssprüchen im Sinne von Unterabsatz 1, so können die Mitgliedstaaten auch beschließen, folgendes zugrundezulegen:
– die Tarifverträge oder Schiedssprüche, die für alle in den jeweiligen geografischen Bereich fallenden und die betreffende Tätigkeit oder das betreffende Gewerbe ausübenden gleichartigen Unternehmen allgemein wirksam sind, und/oder
– die Tarifverträge, die von den auf nationaler Ebene repräsentativsten Organisationen der Tarifvertragsparteien geschlossen werden und innerhalb des gesamten nationalen Hoheitsgebiets zur Anwendung kommen, sofern deren Anwendung auf die in Artikel 1 Absatz 1 genannten Unternehmen eine Gleichbehandlung dieser Unternehmen in bezug auf die in Absatz 1 Unterabsatz 1 genannten Aspekte gegenüber den im vorliegenden Unterabsatz genannten anderen Unternehmen, die sich in einer vergleichbaren Lage befinden, gewährleistet. ³Gleichbehandlung im Sinne dieses Artikels liegt vor, wenn für die inländischen Unternehmen, die sich in einer vergleichbaren Lage befinden,
– am betreffenden Ort oder in der betreffenden Sparte hinsichtlich der Aspekte des Absatzes 1 Unterabsatz 1 dieselben Anforderungen gelten wie für die Entsendeunternehmen und
– diese Anforderungen ihnen gegenüber mit derselben Wirkung durchgesetzt werden können.

(9) Die Mitgliedstaaten können vorsehen, daß die in Artikel 1 Absatz 1 genannten Unternehmen Arbeitnehmern im Sinne von Artikel 1 Absatz 3 Buchstabe c) diejenigen Bedingungen garantieren, die in dem Mitgliedstaat, in dessen Hoheitsgebiet die Arbeitsleistung erbracht wird, für Leiharbeiter gelten.

Hanau

(10) Diese Richtlinie berührt nicht das Recht der Mitgliedstaaten, unter Einhaltung des Vertrags für inländische und ausländische Unternehmen in gleicher Weise
- Arbeits- und Beschäftigungsbedingungen für andere als die in Absatz 1 Unterabsatz 1 aufgeführten Aspekte, soweit es sich um Vorschriften im Bereich der öffentlichen Ordnung handelt;
- Arbeits- und Beschäftigungsbedingungen, die in Tarifverträgen oder Schiedssprüchen nach Absatz 8 festgelegt sind und andere als im Anhang genannte Tätigkeiten betreffen, vorzuschreiben.

96/71/EG Art. 4 Zusammenarbeit im Informationsbereich

(1) Zur Durchführung dieser Richtlinie benennen die Mitgliedstaaten gemäß ihren Rechtsvorschriften und/oder Praktiken ein oder mehrere Verbindungsbüros oder eine oder mehrere zuständige einzelstaatliche Stellen.

(2) [1] Die Mitgliedstaaten sehen die Zusammenarbeit der Behörden vor, die entsprechend den einzelstaatlichen Rechtsvorschriften für die Überwachung der in Artikel 3 aufgeführten Arbeits- und Beschäftigungsbedingungen zuständig sind. [2] Diese Zusammenarbeit besteht insbesondere darin, begründete Anfragen dieser Behörden zu beantworten, die das länderübergreifende Zurverfügungstellen von Arbeitnehmern, einschließlich offenkundiger Verstöße oder Fälle von Verdacht auf unzulässige länderübergreifende Tätigkeiten, betreffen. [3] Die Kommission und die in Unterabsatz 1 bezeichneten Behörden arbeiten eng zusammen, um etwaige Schwierigkeiten bei der Anwendung des Artikels 3 Absatz 10 zu prüfen. [4] Die gegenseitige Amtshilfe erfolgt unentgeltlich.

(3) Jeder Mitgliedstaat ergreift die geeigneten Maßnahmen, damit die Informationen über die nach Artikel 3 maßgeblichen Arbeits- und Beschäftigungsbedingungen allgemein zugänglich sind.

(4) Jeder Mitgliedstaat nennt den anderen Mitgliedstaaten und der Kommission die in Absatz 1 bezeichneten Verbindungsbüros und/oder zuständigen Stellen.

96/71/EG Art. 5 Maßnahmen

[1] Die Mitgliedstaaten sehen geeignete Maßnahmen für den Fall der Nichteinhaltung dieser Richtlinie vor. [2] Sie stellen insbesondere sicher, daß den Arbeitnehmern und/oder ihren Vertretern für die Durchsetzung der sich aus dieser Richtlinie ergebenden Verpflichtungen geeignete Verfahren zur Verfügung stehen.

96/71/EG Art. 6 Gerichtliche Zuständigkeit

Zur Durchsetzung des Rechts auf die in Artikel 3 gewährleisteten Arbeits- und Beschäftigungsbedingungen kann eine Klage in dem Mitgliedstaat erhoben werden, in dessen Hoheitsgebiet der Arbeitnehmer entsandt ist oder war; dies berührt nicht die Möglichkeit, gegebenenfalls gem. den geltenden internationalen Übereinkommen über die gerichtliche Zuständigkeit in einem anderen Staat Klage zu erheben.

96/71/EG Art. 7 Durchführung

[1] Die Mitgliedstaaten erlassen die Rechts- und Verwaltungsvorschriften, die erforderlich sind, um dieser Richtlinie spätestens ab dem 16. Dezember 1999 nachzukommen. [2] Sie setzen die Kommission hiervon unverzüglich in Kenntnis. [3] Wenn die Mitgliedstaaten diese Vorschriften erlassen, nehmen sie in den Vorschriften selbst oder durch einen Hinweis bei der amtlichen Veröffentlichung auf diese Richtlinie Bezug. [4] Die Mitgliedstaaten regeln die Einzelheiten dieser Bezugnahme.

96/71/EG Art. 8 Überprüfung durch die Kommission

Spätestens zum 16. Dezember 2001 überprüft die Kommission die Anwendung dieser Richtlinie, um dem Rat erforderlichenfalls entsprechend Änderungen vorzuschlagen.

96/71/EG Art. 9

Diese Richtlinie ist an die Mitgliedstaaten gerichtet.

II. Änderung des AEntG durch das Korrekturgesetz § 1 AEntG 30

Anhang

Die in Artikel 3 Absatz 1 zweiter Gedankenstrich genannten Tätigkeiten umfassen alle Bauarbeiten, die der Errichtung, der Instandsetzung, der Instandhaltung, dem Umbau oder dem Abriß von Bauwerken dienen, insbesondere
1. Aushub
2. Erdarbeiten
3. Bauarbeiten im engeren Sinne
4. Errichtung und Abbau von Fertigbauelementen
5. Einrichtung oder Ausstattung
6. Umbau
7. Renovierung
8. Reparatur
9. Abbauarbeiten
10. Abbrucharbeiten
11. Wartung
12. Instandhaltung (Maler- und Reinigungsarbeiten)
13. Sanierung.

Die Neuregelung stellt klar, daß das Entsendegesetz auch auf inländische AG anwendbar ist (BGH 21. 3. 2000 NZA 2000, 558). Dies war zu der früheren Gesetzeslage in einem Beschluß des OLG Düsseldorf vom 3. 7. 1998 (NZA 1998, 1286) verneint worden (dagegen *Hanau* NZA 1998, 1249; dagegen wiederum *Böhm* NZA 1999, 128). Der Wortlaut des Gesetzes ist also irreführend, da es keineswegs nur auf grenzüberschreitende Dienstleistungen anwendbar ist. Dies beruht auf dem gemeinschaftsrechtlichen Gebot, die Niederlassungs- und Dienstleistungsfreiheit nicht durch ausländische Unternehmen besonders belastende Vorschriften einzuschränken (*Koberski/Sahl/Hold* AEntG, 1997, § 1 Rn. 6, 114). Darauf beruht auch die Regelung des § 1 I, nach der das Gesetz nur anwendbar ist, wenn der jeweilige TV auf alle in seinem Geltungsbereich tätigen inländischen AG anwendbar ist, ohne Rücksicht auf ihren Sitz. Im Baugewerbe ist das der Fall, da § 5 BRTV-Bau auf den „Lohn der Baustelle" verweist. Dagegen ist es nicht notwendig, daß der TV seine Geltung für aus dem Ausland entsandte AN ausdrücklich regelt, denn diese ergibt sich unmittelbar aus dem Gesetz. Fraglich ist, ob neben den Entgelten auch ergänzende Bestimmungen wie Ausschlußfristen geregelt werden können. ME ist das zu bejahen, bisher aber nicht erfolgt.

Die von dem Gesetz erfaßten TV haben eine besondere Qualität, da ihre Durchsetzung nicht den 9 unmittelbar Beteiligten überlassen ist, sondern durch öffentliche Kontrollen und Sanktionen verstärkt wird. Dadurch dürften diese TV aber keinen zusätzlichen öffentlich-rechtlichen Charakter bekommen, wie auch die Unterhaltspflichten ihren zivilrechtlichen Charakter nicht dadurch verlieren, daß ihre Verletzung § 170 StGB strafbar ist.

Bisher bezog sich die Regelung nur auf einheitliche Mindestentgelte für alle unter den Geltungsbe- 10 reich eines Tarifwerkes fallenden AN. Dies bedeutete, daß es sich um eine unterste Lohnkategorie handeln mußte, die keine spezifischen Tätigkeitsmerkmale voraussetzen durfte (*Kretz* AEntG, 1996, 37). Die nunmehr geltende Formulierung „Mindestentgelte" soll ausweislich der oben wiedergegebenen Amtlichen Begründung die TVParteien ermächtigen, auch höhere Lohngruppen zu erfassen; eine Verpflichtung dazu ist nicht gewollt. Allerdings steht es nicht im Belieben der Tarifparteien, ob sie einen allgemeinverbindlichen TV im Geltungsbereich des AEntG auch für entsandte AN gelten lassen wollen oder nicht. Eine Erstreckung tarifvertraglicher Entgeltregelungen für höhere Entgeltgruppen auf entsandte AN kann deshalb nur dadurch vermieden werden, daß insoweit von einer Allgemeinverbindlicherklärung abgesehen oder wenigstens das Arbeitsortprinzip aufgegeben wird. Dies ist am einfachsten möglich, indem über die verschiedenen Entgeltgruppen ein besonderer TV abgeschlossen wird, während streitig ist, ob ein einheitlicher TV tlw. für allgemeinverbindlich erklärt werden kann (s. § 5 TVG Rn. 10). Eine allgemeinverbindliche Entgeltregelung liegt nur vor, wenn sowohl die Umschreibung der Vergütungsgruppen als auch die ihnen zugeordneten Entgeltsätze allgemeinverbindlich sind.

In einer ausführlichen schriftlichen Stellungnahme gegenüber dem Bundestagsausschuß für Arbeit und Sozialordnung zu der öffentlichen Anhörung zu dem Gesetz zu Korrekturen in der Sozialversicherung und zur Sicherung der Arbeitnehmerrechte am 26. 11. 1998 (Ausschußdrucksache 14/0049) hat *Löwisch* erhebliche Bedenken gegen die Erstreckung auf höhere Entgeltgruppen geäußert. Nach seiner Auffassung versteht die Richtlinie unter Mindestlohnsätzen entsprechend dem allgemeinen, insb. durch Art. 1 des Übereinkommens Nr. 26 der IAO vom 16. 6. 1928 geprägten, in Deutschland in § 4 IV des Gesetzes über Mindestarbeitsbedingungen vom 11. 1. 1952 übernommenen Sprachgebrauch lediglich Mindestlöhne für bestimmte Gewerbe oder Beschäftigungsarten, nicht aber für einzelne Berufsgruppen. Daran ändere auch Art. 3 I 2 Entsende-RL nichts, denn die dortige Verweisung auf nationale Rechtsvorschriften beziehe sich nur auf die nähere Konkretisierung des Begriffs der Mindestlohnsätze, nicht aber auf eine Ausweitung des Begriffs auf Lohnsätze überhaupt. Das Gesetz über Mindestarbeitsbedingungen sehe zum Schutz der Tarifautonomie nur die Sicherung eines untersten Mindeststandards vor.

11 Der Hinweis *Löwischs* auf das Gesetz über Mindestarbeitsbedingungen ist mE nicht überzeugend. Bei diesem Gesetz geht es um die Sicherung des Existenzminimums, im AEntG dagegen um die Abwehr von Wettbewerbsverzerrungen. Außerdem hat sich das AEntG in seiner gesamten Terminologie, insb. in § 7, so eng an die Entsende-RL angelehnt, daß man auch den Begriff des Mindestentgelts als Übernahme des in der Entsende-RL verwendeten Begriffs des Mindestlohnes ansehen muß. Es handelt sich also um eine Art Rückverweisung: die Entsende-RL verweist auf das nationale Verständnis von Mindestentgelten, während das AEntG auf das europäische Verständnis verweist. Die Entsende-RL läßt aber an keiner Stelle erkennen, daß sie nur zur Sicherung des Existenzminimums bestimmt ist. Im europäischen Sprachgebrauch bedeutet die Bezeichnung als Mindestvorschrift (zB Art. 138 EG; Art. 2 des Protokolls des EU-Vertrages über die Sozialpolitik) nur, daß günstigere Regelungen nicht ausgeschlossen sein sollen. Die Entsende-RL bezieht sich auf alle aus dem Ausland in ein Mitgliedsland entsandten AN und würde deshalb ihre Wirkung weitgehend verfehlen, wenn sie nur das unterste Niveau der untersten AN sichern würde (ebenso *Ossenbühl/Cornils* Tarifautonomie S. 165; *Rebhahn*, Das Recht der Arbeit, Wien, 1999, 178).

12 Neu ist die in Abs. 3a enthaltene Verordnungsermächtigung. Fraglich ist, ob ein Antrag auf Allgemeinverbindlicherklärung (AVE) nur zu berücksichtigen ist, wenn die in § 5 I Nr. 1, 2 und II genannten materiellrechtlichen Voraussetzungen einer AVE gegeben sind. Die Verordnungsermächtigung hätte dann nur die Bedeutung, daß sie das in § 5 TVG geregelte Verfahren vor dem Tarifausschuß und das Einspruchsrecht der Länder aufheben würde. In dem Ausschußbericht (BT-Drucksache 14, 151) heißt es dazu, das BMA solle BauTV nach dem Entsendegesetz nur dann durch Rechtsverordnung auf nicht tarifgebundene AG und AN erstrecken können, wenn hierfür aus den Reihen der Parteien des TV ein entsprechendes Bedürfnis gesehen und durch Antrag auf AVE zum Ausdruck gebracht werde. Dies läßt die Frage offen. Ein weiterer Hinweis läßt sich den Ausführungen des Sachverständigen Prof. Dr. Manfred *Weiss* in der Anhörung des BT-Ausschusses für Arbeit und Sozialordnung am 26. 11. 1998 entnehmen (Ausschußprotokoll S. 30), auf die die Regelung des Antragsrechts anscheinend zurückgeht. Im Zusammenhang mit dem Vorschlag eines Antragsrechts befürwortete *Weiss* nicht eine Abschwächung der materiellen Voraussetzungen für die AVE, sondern nur eine Begrenzung des Einflusses des Tarifausschusses. Auf der anderen Seite zeigt das von § 1 III a vorausgesetzte beziehungslose Nebeneinander der durch den Antrag auf AVE ausgelösten Verfahren nach dieser Bestimmung und nach § 5 TVG, daß der Gesetzgeber möglicherweise doch von einer eigenständigen Rechtsverordnungsermächtigung ohne Bindung an die materiellrechtlichen Voraussetzungen der AVE ausging.

13 In Übereinstimmung mit *Ossenbühl/Cornils* aaO hat eine Kammerentscheidung des Bundesverfassungsgerichtes v. 18. 7. 2000, 1 BvR 948/00, EzA Art. 9 GG Nr. 69, die VO-Ermächtigung für verfassungsmäßig erklärt. Sie sei mit Art. 9 III GG aus den gleichen Gründen vereinbar wie § 5 TVG (Hinweis auf BVerfGE 44, 322, 349 ff.; 55, 7, 21 ff.). Das gelte um so mehr, als die VO nur erlassen werden kann, wenn zumindest eine der tarifvertragsschließenden Parteien durch einen entsprechenden Antrag ihr Interesse daran bekundet hat und den Außenseitern nicht jede Einflußmöglichkeit genommen ist. Die materiellen Voraussetzungen der AVE werden vom Bundesverfassungsgericht also nicht herangezogen. Die Ermächtigung sei auch bestimmt genug.

14 Die Rechtsverordnung hat keinen Vorrang vor inländischen TV in deren Geltungsbereich (*Ossenbühl/Cornils* Tarifautonomie S. 63 ff; zur Abgrenzung unter Rn. 15). Konkurrieren inländische TV mit der Rechtsverordnung, ist diese nicht mehr allgemeingültig und verliert deshalb ihre Geltung für nicht an diesen inländischen TV gebundene ausländische, entsendende AG (*Ossenbühl/Cornils* Tarifautonomie S. 67).

III. Einschlägige Tarifverträge und Rechtsverordnungen

15 Die einschlägigen TV sind im Anhang zu dem Rn. 9 genannten Runderlaß abgedruckt. Am wichtigsten war der TV vom 17. 7. 1997 zur Regelung eines **Mindestlohnes** im Baugewerbe im Gebiet der Bundesrepublik Deutschland, der vom 1. 9. 1997 bis 31. 8. 1999 einen Mindeststundenlohn West von DM 16,00 und einen Mindeststundenlohn Ost von DM 15,14 festsetzt. Dieser TV ist mit folgenden Maßgaben allgemeinverbindlich erklärt worden: 1. Die Allgemeinverbindlicherklärung beginnt am 1. 9. 1997 und endet mit Ablauf des 31. 8. 1999 ohne Nachwirkung. 2. Für den Fall der Kündigung des TV vor dem 31. 8. 1999 endet mit dem TV gleichzeitig die Allgemeinverbindlicherklärung ohne Nachwirkung. 3. Soweit Bestimmungen des TV auf Bestimmungen anderer TV verweisen, erfaßt die AVE die verweisenden Bestimmungen nur, wenn und soweit die in Bezug genommenen tariflichen Regelungen ihrerseits allgemeinverbindlich sind. Seitdem gilt die in Rn. 20 wiedergegebene Rechtsverordnung mit dem in Bezug genommenen TV.

16 Ein Anspruch einer Tarifpartei auf AVE ergibt sich weder aus dem Gesetz noch aus der RL (VG Köln 5. 7. 1996 – 1 L 1571/96 –). Dagegen verpflichtet die RL die Mitgliedstaaten dafür zu sorgen, daß die von ihr erfaßten allgemeinverbindlichen TV auf entsandte AN erstreckt werden. Anders als die RL

III. Einschlägige Tarifverträge und Rechtsverordnungen § 1 AEntG 30

gilt das Gesetz auch für entsandte AN von Unternehmen, die ihren Sitz außerhalb der EG und des EWR haben. Dies ist eine § 285 I Nr. 3 SGB III (s. Rn. 1) ergänzende Mindestregelung.

Für die in § 1 III angesprochenen **Urlaubsregelungen** ist der allgemeinverbindliche TV über das 17 Sozialkassenverfahren im Baugewerbe maßgeblich, soweit er die Urlaubskasse der Bauwirtschaft betrifft (zu dieser *Koch*, Die Zusatzversorgungskasse des Baugewerbes, 1994; *Matthes*, Das Sozialkassensystem im Baugewerbe der Bundesrepublik Deutschland, in *Köbele/Sahl*, Die Zukunft der Sozialkassensysteme der Bauwirtschaft, 1993; *Lorenz* in *Wiesehügel/Sahl*, Die Sozialkassen der Bauwirtschaft und die Entsendung innerhalb der EU, 1998). Durch ÄnderungsTV vom 18. 12. 1996 sind in den VerfahrensTV Vorschriften für das Urlaubsverfahren für außerhalb Deutschlands ansässige AG und ihre in Deutschland beschäftigten gewerblichen AN aufgenommen worden. Der TV begründet einen Anspruch des entsandten AN gegenüber der Urlaubskasse auf Urlaubsvergütung. Dafür hat der ausländische AG 14,25% der Bruttolohnsumme der entsandten AN an die Urlaubskasse zu entrichten. Die Dauer des Urlaubs ergibt sich aus § 8 des BRTV für das Baugewerbe, 30 Arbeitstage (= 36 Werktage) im Kalenderjahr. Maßgeblich ist die Gesamtdauer der Beschäftigung im Baugewerbe während des Urlaubsjahres; mit 16,5 Beschäftigungstagen wird ein Urlaubstag erworben.

Im Hinblick auf das Doppelbelastungsverbot in § 1 III ist zwischen der Urlaubskasse der Bauwirt- 18 schaft und der entsprechenden französischen Kasse eine **Rahmenvereinbarung über die gegenseitige Freistellung von AG** mit Betriebssitz in Deutschland und Frankreich vom Urlaubskassenverfahren bei Entsendung von AN in den jeweils anderen Staat abgeschlossen worden (abgedruckt in *Wiesehügel/Sahl* aaO). Zahlt ein französischer AG, der Bauarbeiter nach Deutschland entsandt hat, weiterhin Beiträge an die zuständige Urlaubskasse in Frankreich, kann er durch die deutsche Urlaubskasse von der Beitragspflicht freigestellt werden, wenn er durch Bescheinigung der französischen Urlaubskasse nachweist, daß diese ihn für jeden entsandten AN auch während der Tätigkeit in Deutschland zur Zahlung heranzieht.

Von einigen Bundesländern, insb. Berlin, und Gemeinden wird versucht, **auch nicht allgemeinver-** 19 **bindlichen TV** der Bauwirtschaft dadurch Geltung zu verschaffen, daß die Vergabe öffentlicher Aufträge an sie geknüpft wird. Dazu § 6 Rn. 3.

Aufgrund der Ermächtigung in Abs. 3 a (dazu Rn. 10 f) ist die im folgenden auszugsweise abge- 20 druckte Rechtsverordnung ergangen (BGBl. I 2000, 1290; Vorgänger BGBl. I 1999, 1894 ff).

Verordnung über zwingende Arbeitsbedingungen im Baugewerbe

vom 17. August 2000

VO § 1 Zwingende Arbeitsbedingungen

Die in der Anlage 1 zu dieser Verordnung aufgeführten Rechtsnormen des Tarifvertrages zur Regelung eines Mindestlohnes im Baugewerbe im Gebiet der Bundesrepublik Deutschland (TV Mindestlohn) vom 2. Juni 2000, ... finden auf alle nicht an ihn gebundenen Arbeitgeber und Arbeitnehmer Anwendung, die unter seinen am 1. September 2000 gültigen Geltungsbereich fallen, wenn der Betrieb überwiegend Bauleistungen im Sinne des § 211 Abs. 1 des Dritten Buches Sozialgesetzbuch erbringt. Die Rechtsnormen des Tarifvertrages gelten auch für Arbeitgeber mit Sitz im Ausland und ihre im Geltungsbereich der Rechtsverordnung beschäftigten Arbeitnehmer.

VO § 2 Anwendungsausnahmen

(1) Die Verordnung erstreckt sich nicht auf Betriebe und selbständige Betriebsabteilungen von Arbeitgebern mit Sitz im Inland oder Ausland, die unter einen der in der Anlage 2 zu dieser Verordnung abgedruckten fachlichen Geltungsbereiche der am 1. Juli 1999 geltenden Tarifverträge der holz- und kunststoffverarbeitenden Industrie, der Sägeindustrie und übriger Holzbearbeitung, der Steine- und Erden-Industrie, der Mörtelindustrie, der Transportbetonindustrie, der chemischen oder kunststoffverarbeitenden Industrie oder der Metall- oder Elektroindustrie fallen.

(2) Für Betriebe und selbständige Betriebsabteilungen von Arbeitgebern mit Sitz im Inland gilt Absatz 1 nur dann, wenn sie
a) bereits am Stichtag unmittelbar oder mittelbar ordentliches Mitglied des Hauptverbandes der Holz und Kunststoffe verarbeitenden Industrie und verwandter Industriezweige e. V., der Vereinigung Deutscher Sägewerksverbände e. V., der Sozialpolitischen Arbeitsgemeinschaft Steine und Erden e. V., des Bundesverbandes der Deutschen Mörtelindustrie e. V., des Bundesverbandes der Deutschen Transportbetonindustrie e. V., des Bundesarbeitgeberverbandes Chemie e. V., der Verbände der kunststoffverarbeitenden Industrie oder eines Arbeitgeberverbandes im Gesamtverband der metallindustriellen Arbeitgeberverbände (Gesamtmetall) waren. In diesem Fall wird unwiderlegbar vermutet, daß die Voraussetzungen des Absatz 1 erfüllt sind.

b) nachweislich als Niederlassung eines Betriebes nach Absatz 1 (Stammbetrieb), der bereits vor dem Stichtag unmittelbar oder mittelbar ordentliches Mitglied eines der in Buchstabe a genannten Verbände war, nachgegründet worden sind, überwiegend solche Tätigkeiten ausführen, die zum fachlichen Geltungsbereich der in Absatz 1 genannten Tarifverträge gehören, und die ordentliche Mitgliedschaft in einem der in Buchstabe a genannten Verbände erworben haben. Wenn diese Betriebe nachweislich zu drei Viertel ihrer betrieblichen Arbeitszeit für den Stammbetrieb tätig sind, wird unwiderlegbar vermutet, daß sie unter einen der fachlichen Geltungsbereiche der in Absatz 1 genannten Tarifverträge fallen.

c) ohne selbst Mitglied in einem der Verbände nach Buchstabe a zu sein, nachweislich als Niederlassung eines Stammbetriebes nach Absatz 1, der bereits vor dem Stichtag unmittelbar oder mittelbar ordentliches Mitglied eines der in Buchstabe a genannten Verbände war, nachgegründet worden sind, unter einen der in Absatz 1 genannten Tarifverträge fallen und zumindest zu drei Viertel der betrieblichen Arbeitszeit für ihren Stammbetrieb tätig sind.

(3) Für Betriebe und selbständige Betriebsabteilungen von Arbeitgebern mit Sitz im Inland, die bereits seit einem Jahr Fertigbauarbeiten ausführen, gilt die Ausnahme gemäß Absatz 1, wenn sie unmittelbar oder mittelbar Mitglied eines der in Absatz 2 a genannten Verbände geworden sind.

(4) Die Verordnung erstreckt sich nicht auf Betriebe und selbständige Betriebsabteilungen von Arbeitgebern mit Sitz im Inland,
1. die Bauten- und Eisenschutzarbeiten ausführen, sofern sie vom Rahmentarifvertrag für das Maler- und Lackiererhandwerk oder von dessen Allgemeinverbindlichkeit erfaßt werden,
2. die mittelbar oder unmittelbar Mitglied im Hauptverband des Deutschen Maler- und Lackiererhandwerks sind, soweit sie überwiegend folgende Tätigkeiten ausüben:
   a) Anbringen von Wärmedämmverbundsystemen
   b) Betonschutz- und Oberflächensanierungsarbeiten, soweit nicht Arbeiten zur Beseitigung statisch bedeutsamer Betonschäden verrichtet werden,
3. des Maler- und Lackiererhandwerks, die überwiegend Asbestbeschichtungen ausführen, die nicht im Zusammenhang mit anderen Asbestsanierungsarbeiten erfolgen,

(4–7, nicht abgedruckt)

(5) Die Verordnung erstreckt sich nicht auf Arbeitgeber mit Sitz im Ausland, wenn sie überwiegend in Absatz 3 oder 4 aufgeführte Tätigkeiten ausüben.

VO § 3 *(betr. Fertigbau)*

VO § 4 Zuordnung ausländischer Betriebe

Für die Zuordnung von Betrieben und selbständigen Betriebsabteilungen von Arbeitgebern mit Sitz im Ausland zum betrieblichen oder fachlichen Geltungsbereich eines Tarifvertrages sowie für die Anwendung des § 2 Abs. 5 gilt § 1 Abs. 4 AEntG.

VO § 5 In- und Außerkrafttreten

Diese Verordnung tritt am 1. September 2000 in Kraft und am 31. August 2002 außer Kraft.

Anlage 1
(zu § 1)

Rechtsnormen des Tarifvertrages zur Regelung eines Mindestlohnes im Baugewerbe im Gebiet der Bundesrepublik Deutschland (TV Mindestlohn)

vom 2. 6. 2000

TV Mindestlohn § 1 Geltungsbereich

(1) Räumlicher Geltungsbereich:
Das Gebiet der Bundesrepublik Deutschland.

(2) Betrieblicher Geltungsbereich:
Betriebe, die unter den betrieblichen Geltungsbereich des Bundesrahmentarifvertrages für das Baugewerbe in der jeweils geltenden Fassung fallen.

III. Einschlägige Tarifverträge und Rechtsverordnungen   § 1 AEntG 30

...
(3) **Persönlicher Geltungsbereich:**
Gewerbliche Arbeitnehmer (Arbeiter), die eine nach den Vorschriften des Sechsten Buches Sozialgesetzbuch – Gesetzliche Rentenversicherung – (SGB VI) versicherungspflichtige Tätigkeit ausüben. Nicht erfaßt werden jugendliche Arbeitnehmer ohne abgeschlossene Berufsausbildung sowie Boten, Küchenhilfen, Reinigungspersonal, Wächter und Wärter (Hilfskräfte) gemäß Berufsgruppe VIII des Anhangs zum Bundesrahmentarifvertrag für das Baugewerbe – Berufsgruppen für die Berufe des Baugewerbes.

TV Mindestlohn § 2 Lohn der Berufsgruppe VII 2/Mindestlohn

(1) Der Gesamttarifstundenlohn (GTL) der Berufsgruppe VII 2 (Die Definition der Berufsgruppe VII 2 im Anhang zum Bundesrahmentarifvertrag lautet wie folgt: Dies sind Arbeitnehmer, die einfache Bauarbeiten verrichten, in den ersten sechs Monaten ihrer Tätigkeit.) setzt sich aus dem Tarifstundenlohn (TL) und dem Bauzuschlag (BZ) zusammen. Der Bauzuschlag beträgt 5,9 vH des Tarifstundenlohnes. Der Bauzuschlag wird gewährt zum Ausgleich der besonderen Belastungen, denen der Arbeitnehmer insbesondere durch den ständigen Wechsel der Baustelle (2,5 vH) und die Abhängigkeit von der Witterung außerhalb der gesetzlichen Schlechtwetterzeit (2,9 vH) ausgesetzt ist; er dient ferner in Höhe von 0,5 vH dem Ausgleich von Lohneinbußen, die sich in der gesetzlichen Schlechtwetterzeit ergeben. Der Bauzuschlag wird für jede lohnzahlungspflichtige Stunde, nicht jedoch für Leistungslohn – Mehrstunden (Überschussstunden im Akkord), gewährt.

(2, 3) Der Tarifstundenlohn, der Bauzuschlag und der Gesamttarifstundenlohn betragen ab 1. 9. 2000 (2001):

	TL DM	BZ DM	GTL DM
a) im Gebiet der Bundesrepublik Deutschland ausgenommen der Länder Brandenburg, Mecklenburg – Vorpommern, Sachsen, Sachsen – Anhalt und Thüringen	17,82 (18,11)	1,05 (1,06)	18,87 (19,17)
b) im Gebiet der Länder Brandenburg, Mecklenburg – Vorpommern, Sachsen, Sachsen – Anhalt; und Thüringen	15,68 (15,93)	0,91 (0,94)	16,60 (16,87)

(4) Der Gesamttarifstundenlohn der Berufsgruppe VII 2 ist zugleich Mindestlohn im Sinne des § 1 Abs. 1 Nr. 1 AEntG für alle von dem persönlichen Geltungsbereich dieses Tarifvertrages erfaßten Arbeitnehmer. Höhere Lohnansprüche auf Grund anderer Tarifverträge oder einzelvertraglicher Vereinbarungen bleiben unberührt.

(5) Der Anspruch auf den Mindestlohn wird spätestens zur Mitte des Monats fällig, der auf den Monat folgt, für den er zu zahlen ist.

(6) Für die Geltendmachung des Mindestlohnes, welcher nicht ausgezahlt worden ist, sondern dem Ausgleichskonto (§ 3 Nr. 1.43 BRTV) gutzuschreiben war, gilt § 16 BRTV nicht.

TV Mindestlohn § 3 Lohn der Baustelle und Lohn bei auswärtiger Beschäftigung

Es gilt der Mindestlohn der Arbeitsstelle. Auswärts beschäftigte Arbeitnehmer erhalten jedoch den Anspruch auf den Mindestlohn ihres Einstellungsortes. Ist der Mindestlohn der auswärtigen Arbeitsstelle höher, so haben sie Anspruch auf diesen Mindestlohn, solange sie auf dieser Arbeitsstelle tätig sind.

Anlage 2 (zu § 2 Abs. 1)

Fachliche Geltungsbereiche

Die nach § 2 Abs. 1 der Verordnung über zwingende Arbeitsbedingungen im Baugewerbe maßgeblichen fachlichen Geltungsbereiche von Tarifverträgen lauten wie folgt:
Holz- und kunststoffverarbeitende Industrie
Für Betriebe, Hilfs- und Nebenbetriebe sowie selbständige Betriebsabteilungen der holz- und kunststoffverarbeitenden Industrie, des Serienmöbelhandwerks, der Sperrholz-, Faser-, und Spanplattenindustrie, Kunststoffprodukte herstellende Betriebe sowie Betriebe, die anstelle oder in Verbindung

mit Holz andere Werkstoffe oder Kunststoffe verarbeiten, wie zB Betriebe zur Herstellung nachstehender Erzeugnisse einschließlich Vertrieb und Montage:
(1–34; nicht abgedruckt)

Sägeindustrie und übrige Holzbearbeitung
Für die nachstehenden Betriebe und selbständigen Betriebsabteilungen der Sägeindustrie, übrigen holzbearbeitenden Industrie und verwandter Wirtschaftszweige
(A–E; nicht abgedruckt)

Steine- und Erdindustrie
(1–5; nicht abgedruckt)

Transportbeton
Betriebe, die gewerbsmäßig Transportbeton, Werk-Frischmörtel und Werk-Frischstrich herstellen und vertreiben, sowie Betriebe, die Transportbeton mittels Pumpen fördern.

Mörtelindustrie
Betriebe, die gewerbsmäßig Werk-Trockenmörtel, Werk-Frischmörtel und Werk-Estrich herstellen und vertreiben.

Chemische Industrie
Für Betriebe und Verkaufsunternehmen der chemischen Industrie und verwandten Industrien einschließlich ihrer Hilfs- und Nebenbetriebe, Forschungsstellen, Verwaltungsstellen, Auslieferungslager und Verkaufsstellen, für Chemie- und Mineralöl – Handelsunternehmen, für Unternehmen des Chemie – Anlagenbaus, für Büros und Unternehmen zur chemisch – technischen Beratung und zur Konstruktion und Instandhaltung chemischer Anlagen sowie für chemische Laboratorien und Untersuchungsanstalten.
Zur chemischen Industrie gehören insbesondere folgende Produktionsgebiete:
(1–47; nicht abgedruckt)

Kunststoffverarbeitende Industrie

Metall- und Elektroindustrie
Für alle Betriebe der Eisen-, Metall-, oder Elektroindustrie; darunter fallen – ohne Rücksicht auf die verarbeiteten Grundstoffe – insbesondere folgende Fachzweige: *(1–3, nicht abgedruckt)*

21 Zu Abs. 2 a (Leiharbeit) *Marschall* NZA 1998, 634. Für die Sozialversicherung hat EuGH 10. 2. 2000 ZIP 2000, 468, ausgesprochen, daß ein Zeitarbeitsunternehmen seine Geschäftätigkeit gewöhnlich im Mitgliedstaat seiner Betriebsstätte ausübt, wenn es üblicherweise nennenswerte Tätigkeiten in diesem Staat verrichtet. Diese Abgrenzung dürfte auch für Arbeits- und Arbeitnehmerüberlassungsrecht maßgeblich sein.

IV. Der Dienstblatt-Runderlaß 50/97 der Bundesanstalt für Arbeit vom 1. 1. 1999

22 Dieser Runderlaß ist für die den Organen der BA und den Hauptzollämtern obliegende Durchführung des Gesetzes von großer Bedeutung. Er enthält Regelungen über den Mindestlohn und seine Feststellung, die Prüfungen der Urlaubsansprüche, die Prüfungen und den Informationsaustausch in Bezug auf die Abführung von Beiträgen an die Urlaubskasse sowie eine eingehende Regelung des Ermittlungsverfahrens nach dem Gesetz über Ordnungswidrigkeiten. Als Anlage sind die einschlägigen TV beigegeben, ferner Merkblätter für AG und Vordrucke und Muster für das behördliche Verfahren. Die wichtigsten Bestimmungen sind in der folgenden Kommentierung der §§ 2 bis 5 wiedergegeben.

V. Seeschiffahrtsassistenz

23 Art. 2 erstreckt den Geltungsbereich des Gesetzes auf allgemeinverbindliche TV über die Seeschiffahrtsassistenz, dh. die Schlepper in den deutschen Seehäfen. Dies wird durch Art. 3 X der EntsendeRL (Rn. 2) gestützt, nach dem die Mitgliedstaaten allgemeinverbindliche TV aus anderen Bereichen als der Bauwirtschaft in ihre Regelung einbeziehen dürfen. Zu beachten ist weiter, das im Rahmen der EG geschlossene **Übereinkommen über das auf vertragliche Schuldverhältnisse anzuwendende Recht**, das durch Art. 30, 34 EGBGB in das deutsche Recht umgesetzt wurde. Art. 34 EGBGB, der Art. 7 des Übereinkommens entspricht, sieht Bestimmungen des deutschen Rechts vor, die ohne Rücksicht auf das auf den Vertrag anzuwendende Recht den Sachverhalt zwingend regeln. Demnach kann jeder Mitgliedstaat selbst festlegen, welche Regelungen ihm so wichtig erscheinen, daß er sie auf Entsendefälle angewendet wissen will. Allerdings sind die Bestimmungen des EGV über Niederlassungs- und Dienstleistungsfreiheit vorrangig, so daß nur ein Allgemeininteresse am sozialen Schutz der AN des jeweiligen Sektors eine solche Beschränkung des freien Dienstleistungsverkehrs rechtfertigt (s. § 1 Rn. 2). Dies wird man für die Seeschiffahrtsassistenz bejahen können, die in einer ähnlichen Lage sein dürfte wie die Bauwirtschaft.

§ 1 a [Haftung zur Zahlung des Mindestentgelts]

¹ Ein Unternehmer, der einen anderen Unternehmer mit der Erbringung von Bauleistungen im Sinne des § 211 Abs. 1 des Dritten Buches Sozialgesetzbuch beauftragt, haftet für die Verpflichtungen dieses Unternehmers, eines Nachunternehmers oder eines von dem Unternehmer oder einem Nachunternehmer beauftragten Verleihers zur Zahlung des Mindestentgelts an einen Arbeitnehmer oder zur Zahlung von Beiträgen an eine gemeinsame Einrichtung der Tarifvertragsparteien nach § 1 Abs. 1 Satz 2 und 3, Abs. 2 a, 3 Satz 2 und 3 oder Abs. 3 a Satz 4 und 5 wie ein Bürge, der auf die Einrede der Vorausklage verzichtet hat. ² Das Mindestentgelt im Sinne des Satzes 1 umfaßt nur den Betrag, der nach Abzug der Steuern und der Beiträge zur Sozialversicherung und zur Arbeitsförderung oder entsprechender Aufwendungen zur sozialen Sicherung an den Arbeitnehmer auszuzahlen ist (Nettoentgelt).

Eine weitere wesentliche Neuerung liegt in der in § 1 a geregelten Generalunternehmerhaftung. 1 Diese ist nicht in die öffentlich-rechtlichen Kontroll- und Sanktionsregelungen des Gesetzes einbezogen, so daß die Haftung des Generalunternehmers gegenüber den AN seiner Subunternehmer und deren Subunternehmern sowie gegenüber der Urlaubskasse besteht. Auch diese Regelung bezieht sich nicht nur auf aus dem Ausland entsandte, sondern auf alle AN von Subunternehmen. Gerichtsstand und Verjährung wie bei dem gesicherten Anspruch.

Die Vorschrift bezieht sich nur auf den Generalunternehmer, nicht auf den Bauherren und nicht auf 2 einen Subunternehmer, der seinerseits Nachunternehmer beauftragt. Dies ergibt sich nicht nur aus dem Wortlaut des § 1 a, der nur an das oberste Glied der Unternehmerkette anknüpft, sondern auch aus der Amtlichen Begründung, die ausdrücklich von Generalunternehmer spricht (s. § 1 Rn. 5). Die behördliche Auffassung ist freilich anders (anders auch *Harbrecht* BauR 1999, 1376, 1377).

Die in § 1 a vorgesehene Haftung setzt kein Verschulden des Generalunternehmers voraus, soll also 3 auch eingreifen, soweit die Verpflichtung weder erkennbar noch verhinderbar war. Dies dürfte aber gegen Art. 12 GG verstoßen. Das BVerfG hat in einem Beschluß vom 10. 11. 1998 (DB 1999, 335) klargestellt, daß einem Unternehmer auferlegte Geldleistungspflichten für Vorgänge, die er nicht zu verantworten hat, mit Art. 12 GG unvereinbar sind. Dies betraf § 128 AFG und muß um so mehr im vorliegenden Zusammenhang gelten, der die unternehmerische Tätigkeit im Baugewerbe viel stärker betrifft. Verfassungskonforme Auslegung erfordert deshalb die Beschränkung der Generalunternehmerhaftung auf zumutbare Erkennungs- und Abwehrmaßnahmen. Weitergehend *Badura*, FS Söllner, 222 ff.: § 1 a verfassungswidrig.

§ 2 [Prüfung und Kontrolle]

(1) Für die Prüfung der Arbeitsbedingungen nach § 1 sind die Bundesanstalt für Arbeit und die Hauptzollämter zuständig.

(2) ¹ §§ 304 bis 307 des Dritten Buches Sozialgesetzbuch sind entsprechend anzuwenden mit der Maßgabe, daß die dort genannten Behörden auch Einsicht in Arbeitsverträge, Niederschriften nach § 2 des Nachweisgesetzes und andere Geschäftsunterlagen nehmen können, die mittelbar oder unmittelbar Auskunft über die Einhaltung der Arbeitsbedingungen nach § 1 geben, und die nach § 306 Abs. 1 des Dritten Buches Sozialgesetzbuch zur Mitwirkung Verpflichteten diese Unterlagen vorzulegen haben. ² § 308 Abs. 3 des Dritten Buches Sozialgesetzbuch findet entsprechende Anwendung. ³ Die genannten Behörden dürfen nach Maßgabe der datenschutzrechtlichen Vorschriften auch mit Behörden anderer Mitgliedstaaten des Europäischen Wirtschaftsraums, die entsprechende Aufgaben wie nach diesem Gesetz durchführen oder für die Bekämpfung illegaler Beschäftigung zuständig sind und Auskünfte geben können, ob ein Arbeitgeber die Arbeitsbedingungen nach § 1 einhält, zusammenarbeiten. ⁴ Für die Datenverarbeitung, die dem in Absatz 1 genannten Zweck oder der Zusammenarbeit mit den Behörden des Europäischen Wirtschaftsraums dient, findet § 67 Abs. 2 Nr. 4 des Zehnten Buches Sozialgesetzbuch keine Anwendung.

(2 a) Soweit die Rechtsnormen eines für allgemeinverbindlich erklärten Tarifvertrages nach § 1 Satz 1 Nr. 1 oder einer entsprechenden Rechtsverordnung nach § 1 Abs. 3 a auf das Arbeitsverhältnis Anwendung finden, ist der Arbeitgeber verpflichtet, Beginn, Ende und Dauer der täglichen Arbeitszeit des Arbeitnehmers aufzuzeichnen und diese Aufzeichnungen mindestens zwei Jahre aufzubewahren.

(3) Jeder Arbeitgeber mit Sitz im Ausland ist verpflichtet, die für die Kontrolle der Einhaltung der Rechtspflichten nach § 1 Abs. 1 Satz 2, Abs. 2 a, 3 Satz 2 und Abs. 3 a Satz 5 erforderlichen Unterlagen im Inland für die gesamte Dauer der tatsächlichen Beschäftigung des Arbeitnehmers im Geltungsbereich dieses Gesetzes, mindestens für die Dauer der gesamten Bauleistung, insgesamt jedoch nicht länger als zwei Jahre in deutscher Sprache, auf Verlangen der Prüfbehörde auch auf der Baustelle, bereitzuhalten.

(4) Für die Entscheidung gemäß § 1 Abs. 5 ist die Bundesanstalt für Arbeit zuständig.

I. Europarechtliche Zulässigkeit

1   In der § 1 Rn. 2 wiedergegebenen Entscheidung hat der EuGH ausdrücklich klargestellt, daß es das Gemeinschaftsrecht den Mitgliedstaaten nicht verbietet, die Beachtung der allgemeinverbindlichen Mindestregelungen mit den geeigneten Mitteln durchzusetzen. Gleichzeitig hat er die aus der Urteilsformel ersichtlichen Grenzen gezogen. Ebenso der Schlußantrag des Generalanwalts v. 13. 7. 2000 zu den Vorlagebeschlüssen des ArbG Wiesbaden, s. § 1 Rn. 3 a. E.

II. Prüfungsverfahren

2   Dazu heißt es in dem § 1 Rn. 22 angeführten Runderlaß der BA:

3   **1. Zuständigkeit.** Die für Außenprüfungen zuständigen Stellen der BA und die Hauptzollämter (HZA) haben gleichermaßen und gleichrangig Prüfungen nach dem AEntG im Baubereich durchzuführen. Für Prüfungen von AG, bei denen WerkvertragsAN im Rahmen bilateraler Regierungsvereinbarungen beschäftigt werden, besteht weiterhin eine vorrangige Zuständigkeit der Sonderprüfgruppen. Der Bereich der Seeschiffahrtsassistenz (§ 1 I) wird ausschließlich von den Dienststellen der Bundeszollverwaltung geprüft.

4   **2. Ermittlung des Mindestlohnes.** Nach dem TV zur Regelung eines Mindestlohnes für das Baugewerbe ist, wie der Runderlaß der BA ausführt, maßgeblicher Mindestlohn der Gesamttarifstundenlohn, der sich aus dem Tarifstundenlohn und dem Bauzuschlag zusammensetzt. Es handelt sich dabei um einen Bruttolohn. Bei der Prüfung, ob der AG dem AN den nach § 1 geschuldeten Mindestlohn zahlt, ist von folgenden Grundsätzen auszugehen: Vom AG gezahlte Zulagen oder Zuschläge (mit Ausnahme des Bauzuschlages) werden nicht als Bestandteile des Gesamttarifstundenlohnes berücksichtigt. Hierzu zählen insb. Mehrarbeitszuschläge, Nachtzuschläge, Sonn- und Feiertagszuschläge, Auslösungen, Erschwerniszuschläge. Zahlungen, die im Arbeitsvertrag als Differenzausgleich zwischen dem heimischen Lohn und dem nach § 1 geschuldeten Lohn ausgewiesen sind, werden als Bestandteil des Gesamttarifstundenlohnes berücksichtigt. Zahlt der AG dem AN einen (zB monatlichen) Gesamtbetrag, mit dem der AN auch seine Aufwendungen für Unterkunft und/oder Verpflegung selbst bestreiten soll, so ist von dem Gesamtbetrag die nach der Sachbezugsverordnung jeweils niedrigste Stufe für Unterkunfts- bzw. Verpflegungsleistungen abzuziehen. Gewährt der AG zusätzlich zum Lohn geldwerte Sachleistungen wie zB Unterkunft und/oder Verpflegung, so wird deren Geldwert nicht als Lohnbestandteil berücksichtigt. Zahlt der AG den Lohn nur abzüglich von Kosten für arbeitgeberseitige Leistungen (zB Unterkunft, Verpflegung) aus, so ist lediglich dieser tatsächlich ausgezahlte Betrag als Mindestlohnzahlung zu berücksichtigen.

5   Bei der Ermittlung des Mindeststundenlohnes ist wie folgt vorzugehen:

a) Personenbefragung. Anläßlich der Personenbefragung ist zu klären, welche Zahlungen der AN erhält, ob darin og. nicht zu berücksichtigende Bestandteile enthalten sind, wieviele Arbeitsstunden im Abrechnungszeitraum geleistet wurden, welche Auszahlungsmodalitäten vereinbart wurden sowie, ob und ggf. in welcher Höhe Sozialversicherungsbeiträge und Steuern abgeführt werden. Sofern die Abführung von Sozialversicherungsbeiträgen und Steuern behauptet wird, ist dies durch prüfbare Unterlagen zu belegen. Werden solche nicht vorgelegt, wird der Nettolohn als Berechnungsgrundlage für den Mindestlohn zugrunde gelegt.

6   **b) Prüfung der Geschäftsunterlagen.** An die Personenbefragung hat sich grds. die Prüfung der Geschäftsunterlagen anzuschließen. Hierauf kann im Einzelfall verzichtet werden, wenn die Personenbefragung ergeben hat, daß es sich um AN von AG handelt, die bekannterweise höhere als die tariflichen Mindestlöhne zahlen. Soweit Angaben anläßlich der Personenbefragung gemacht wurden, sind diese anhand der Geschäftsunterlagen zu überprüfen sowie noch fehlende Angaben zur Feststellung des Bruttolohnes zu ermitteln.

7   Für die Ermittlung des Mindeststundenlohnes sind die tatsächlich geleisteten Arbeitsstunden zu berücksichtigen, auch wenn ein Verstoß gegen das ArbZG vorliegt; in diesem Fall sind die für die Verfügung und Ahndung dieser Verstöße nach Landesrecht zuständigen Behörden, das sind idR die Gewerbeaufsichtsämter oder die Ämter für Arbeitsschutz, zu unterrichten. Bereits vor der Durchführung von Prüfungen sollte Kontakt mit den für Kontrolle des ArbZG zuständigen Behörde aufgenommen und deren Beteiligung angeregt werden. Werden Akkordlöhne gezahlt, sind die Abrechnungszeiträume und die in dieser Zeit geleisteten Arbeitsstunden zur Ermittlung des Mindestlohnes zu berücksichtigen. Da der TV über den Mindestlohn keine Zuschläge für Überstunden oder Sonn- und Feiertagsarbeit vorsieht, ist auch bei diesen Arbeitsstunden nur von dem Mindestlohn auszugehen.

8   Bei AG, die im Rahmen von Werkverträgen aufgrund bilateraler Regierungsvereinbarungen in Deutschland tätig sind, sind für die Ermittlung des Mindestlohnes der gezahlte Nettolohn sowie die – ggf. nach Heimatrecht – abgeführten Steuern und Sozialversicherungsbeiträge zu berücksichtigen.

c) **Auszahlungsmodalitäten.** Für die Fälligkeit des Lohnes im Bau(haupt)gewerbe wurde im TV vom 17. 7. 1997 (s. Anlage 4.2) in § 2 IV vereinbart, daß der Anspruch auf den Mindestlohn spätestens zur Mitte des Monats fällig wird, der auf den Monat folgt, für den er zu zahlen ist. Der TV ist auch insoweit allgemeinverbindlich. Außerhalb des Tarifbereiches für das Bau(haupt)gewerbe ist abzustellen auf evtl. einzelvertragliche Regelungen, die jedoch ihre Grenzen im jeweiligen Heimratrecht des AG finden. Sofern Abschlagszahlungen im Inland und Restzahlungen im Heimtland behauptet werden, ist dies durch prüfbare Unterlagen durch den AG zu belegen. Für die Umrechnung in ausländischer Währung gezahlter Löhne sind die Kurse zu berücksichtigen, die zur Durchführung der Verordnung (EWG) Nr. 2615/79 des Europäischen Rates festgelegt werden. Diese Kurse werden vierteljährlich durch RdErl, AZ 7034. 14. 16-A-/7504.1/3455, bekanntgegeben.

d) **Unterlagen.** Es können alle Unterlagen des AG eingesehen werden, soweit sie zur Feststellung des Mindestlohnes erforderlich sind, auch wenn diese nicht in Erfüllung einer Rechtspflicht, sondern freiwillig erstellt wurden. Gem. § 2 III AEntG ist der AG mit Sitz im Ausland verpflichtet, die für die Kontrolle der Einhaltung der Rechtspflichten nach § 1 I, II a und III S. 2 erforderlichen Unterlagen im Inland bereitzuhalten. Hierzu gehören auch solche, die eine Beitragszahlung an eine Urlaubskasse (ggf. auch im Heimatland) belegen. Den AG mit Sitz im Ausland treffen nur eingeschränkt Aufzeichnungs- oder Buchführungspflichten nach deutschem Recht, insoweit gilt auch hier regelmäßig das Heimatrecht des AG.

In dem Runderlaß heißt es weiter: Die Richtlinie des Rates der Europäischen Gemeinschaften über die Pflicht des AG zur Unterrichtung des AN über die für seinen Arbeitsvertrag oder sein Arbeitsverhältnis geltenden Bedingungen vom 14. 10. 1991 wurde inzwischen in allen EU-Mitgliedstaaten umgesetzt. Mit diesen Umsetzungsgesetzen werden die AG verpflichtet, bestimmte Dokumente über den Inhalt der Arbeitsbedingungen zu erstellen. Nach § 16 II ArbZG haben alle AG, die im Inland AN beschäftigen, die über 8 Stunden täglich hinausgehende Arbeitszeit der AN einschließlich eines Ausgleichs der über 8 Stunden hinausgehenden Mehrarbeit auf durchschnittlich 8 Stunden werktäglich (48 Stunden pro Woche) innerhalb eines Ausgleichszeitraums von sechs Kalendermonaten bzw. 24 Wochen aufzuzeichnen und diese Aufzeichnungen mindestens zwei Jahre aufzubewahren. Erfahrungsgemäß werden im Baubereich regelmäßig mehr als 8 Stunden täglich gearbeitet, so daß AG regelmäßig zur Führung von Arbeitszeitnachweisen verpflichtet sind. Werden Arbeitszeitnachweise nicht geführt und liegen ausreichende Anhaltspunkte vor, daß regelmäßig mehr als 8 Stunden täglich gearbeitet wird, sind die für die Verfolgung von Ordnungswidrigkeiten nach dem ArbZG zuständigen Behörden zu unterrichten. In diesen Fällen kann auch ein Verfahren wegen Nichtbereithaltung erforderlicher Unterlagen eingeleitet werden.

§ 3 [Anmeldung]

(1) [1] Von einem Arbeitgeber mit Sitz im Ausland, der einen oder mehrere Arbeitnehmer innerhalb des Geltungsbereichs dieses Gesetzes beschäftigt, ist vor Beginn jeder Bauleistung eine schriftliche Anmeldung in deutscher Sprache bei dem für den Ort der Bauleistung zuständigen Landesarbeitsamt vorzulegen, die die für die Prüfung wesentlichen Angaben enthält. [2] Wesentlich sind die Angaben über
1. Namen, Vornamen und Geburtsdaten der von ihm im Geltungsbereich dieses Gesetzes beschäftigten Arbeitnehmer,
2. Beginn und voraussichtliche Dauer der Beschäftigung,
3. Ort der Beschäftigung (Baustelle),
4. den Ort im Inland, an dem die nach § 2 Abs. 3 erforderlichen Unterlagen bereitgehalten werden,
5. Name, Vorname, Geburtsdatum und Anschrift in Deutschland des verantwortlich Handelnden,
6. Name, Vorname und Anschrift in Deutschland eines Zustellungsbevollmächtigten, soweit dieser nicht mit dem in Nummer 5 genannten verantwortlich Handelnden identisch ist.

(2) Überläßt ein Verleiher mit Sitz im Ausland im Rahmen des Arbeitnehmerüberlassungsgesetzes einen oder mehrere Arbeitnehmer zur Arbeitsleistung einem Entleiher im Geltungsbereich dieses Gesetzes, so hat er vor Beginn jeder Bauleistung dem für den Ort der Bauleistung zuständigen Landesarbeitsamt schriftlich eine Anmeldung in deutscher Sprache mit folgenden Angaben zuzuleiten:
1. Namen, Vornamen und Geburtsdaten der von ihm in den Geltungsbereich dieses Gesetzes überlassenen Arbeitnehmer,
2. Beginn und Dauer der Überlassung,
3. Ort der Beschäftigung (Baustelle),
4. den Ort im Inland, an dem die nach § 2 Abs. 3 erforderlichen Unterlagen bereitgehalten werden,
5. Name, Vorname und Anschrift in Deutschland eines Zustellungsbevollmächtigten,
6. Name und Anschrift des Entleihers.

(3) Der Arbeitgeber oder der Verleiher hat der Anmeldung eine Versicherung beizufügen, daß er die in § 1 vorgeschriebenen Arbeitsbedingungen einhält.

(4) ¹Die Landesarbeitsämter stellen unverzüglich den Hauptzollämtern oder den für diese tätig werdenden Stellen Abdrucke aller eingegangenen Anmeldungen zur Verfügung. ²Den Hauptzollämtern oder den für diese tätig werdenden Stellen obliegt die Unterrichtung der zuständigen Finanzämter.

1 Einzelheiten ergeben sich auch hier aus dem § 1 Rn. 22 aufgeführten Runderlaß der BA. Die Anmeldung ist schriftlich auf einem amtlichen Vordruck einzureichen. Die Meldepflicht steht nach OLG Düsseldorf (16. 3. 2000, LS in DB 2000, 1077) im Einklang mit dem EU-Vertrag.

§ 4 [Zustellung]

Für die Anwendung dieses Gesetzes gilt die im Inland gelegene Baustelle als Geschäftsraum und der mit der Ausübung des Weisungsrechts des Arbeitgebers Beauftragte als Gehilfe im Sinne des § 11 Abs. 3 des Verwaltungszustellungsgesetzes.

§ 5 [Ordnungswidrigkeiten; Sanktionen]

(1) Ordnungswidrig handelt, wer vorsätzlich oder fahrlässig
1. entgegen § 1 Abs. 1 Satz 2 oder Abs. 3 a Satz 5 als Arbeitgeber mit Sitz im Ausland oder entgegen § 1 Abs. 1 Satz 3 oder Abs. 3 a Satz 4 als Arbeitgeber mit Sitz im Inland einem Arbeitnehmer eine dort genannte Arbeitsbedingung nicht gewährt,
1 a. entgegen § 1 Abs. 2 a den vorgeschriebenen Mindestlohn nicht zahlt,
2. entgegen § 1 Abs. 3 Satz 2 oder Abs. 3 a Satz 5 als Arbeitgeber mit Sitz im Ausland oder entgegen § 1 Abs. 3 Satz 3 oder Abs. 3 a Satz 4 als Arbeitgeber mit Sitz im Inland einen Beitrag nicht leistet,
3. entgegen § 2 Abs. 2 Satz 1, auch in Verbindung mit § 306 Abs. 1 des Dritten Buches Sozialgesetzbuch, eine Prüfung nicht duldet, bei einer Prüfung nicht mitwirkt, eine genannte Unterlage nicht oder nicht vollständig vorlegt, eine Auskunft über Tatsachen, die darüber Aufschluß geben, ob die Arbeitsbedingungen nach § 1 eingehalten werden, nicht, nicht richtig oder nicht vollständig erteilt, entgegen § 2 Abs. 2 Satz 1 in Verbindung mit § 306 Abs. 1 des Dritten Buches Sozialgesetzbuch das Betreten eines Grundstückes oder eines Geschäftsraumes nicht duldet, entgegen § 2 Abs. 2 Satz 1 in Verbindung mit § 306 Abs. 2 Satz 1 des Dritten Buches Sozialgesetzbuch die erforderlichen Daten nicht oder nicht vollständig zur Verfügung stellt, entgegen § 2 Abs. 2 a eine Aufzeichnung nicht, nicht richtig oder nicht vollständig erstellt oder nicht oder nicht mindestens zwei Jahre aufbewahrt, entgegen § 2 Abs. 3 eine Unterlage nicht, nicht in deutscher Sprache, nicht für die vorgeschriebene Dauer oder entgegen einem Verlangen der Prüfbehörde nicht auf der Baustelle bereithält oder entgegen § 3 die Anmeldung oder die Versicherung gegenüber dem zuständigen Landesarbeitsamt nicht, nicht richtig, nicht vollständig oder nicht rechtzeitig vorlegt.

(2) Ordnungswidrig handelt, wer Bauleistungen im Sinne des § 211 Abs. 1 des Dritten Buches Sozialgesetzbuch in erheblichem Umfang ausführen läßt, indem er als Unternehmer einen anderen Unternehmer beauftragt, von dem er weiß oder fahrlässig nicht weiß, daß dieser bei der Erfüllung dieses Auftrags
1. gegen § 1 verstößt oder
2. einen Nachunternehmer einsetzt oder zuläßt, daß ein Nachunternehmer tätig wird, der gegen § 1 verstößt.

(3) Die Ordnungswidrigkeit kann in den Fällen des Absatzes 1 Nr. 1, 1a und 2 sowie des Absatzes 2 mit einer Geldbuße bis zu einer Million Deutsche Mark, in den Fällen des Absatzes 1 Nr. 3 mit einer Geldbuße bis zu fünfzigtausend Deutsche Mark geahndet werden.

(4) Verwaltungsbehörden im Sinne des § 36 Abs. 1 Nr. 1 des Gesetzes über Ordnungswidrigkeiten sind die in § 2 Abs. 1 genannten Behörden.

(5) ¹Die Geldbußen fließen in die Kasse der Verwaltungsbehörde, die den Bußgeldbescheid erlassen hat. ²Für die Vollstreckung zugunsten der Behörden des Bundes und der unmittelbaren Körperschaften und Anstalten des öffentlichen Rechts sowie für die Vollziehung des dinglichen Arrestes nach § 111 d der Strafprozeßordnung in Verbindung mit § 46 des Gesetzes über Ordnungswidrigkeiten durch die in § 2 Abs. 1 genannten Behörden gilt das Verwaltungs-Vollstreckungsgesetz. ³Die nach Satz 1 zuständige Kasse trägt abweichend von § 105 Abs. 2 des Gesetzes über Ordnungswidrigkeiten die notwendigen Auslagen; sie ist auch ersatzpflichtig im Sinne des § 110 Abs. 4 des Gesetzes über Ordnungswidrigkeiten.

(6) Die Bundesanstalt für Arbeit und die Hauptzollämter unterrichten jeweils für ihren Geschäftsbereich das Gewerbezentralregister über rechtskräftige Bußgeldentscheidungen nach den Absätzen 1 bis 3, sofern die Geldbuße mehr als zweihundert Deutsche Mark beträgt.

(7) [1] Gerichte und Staatsanwaltschaften sollen den nach diesem Gesetz zuständigen Behörden Erkenntnisse übermitteln, die aus ihrer Sicht zur Verfolgung von Ordnungswidrigkeiten nach den Absätzen 1 und 2 erforderlich sind, soweit nicht für das Gericht oder die Staatsanwaltschaft erkennbar ist, daß schutzwürdige Interessen des Betroffenen oder anderer Verfahrensbeteiligter an dem Ausschluß der Übermittlung überwiegen. [2] Dabei ist zu berücksichtigen, wie gesichert die zu übermittelnden Erkenntnisse sind.

Hierzu heißt es in dem Runderlaß der BA (§ 1 Rn. 8), der allerdings für die Gerichte nicht verbindlich ist.

I. Ordnungswidrigkeiten, Sanktionen

1. Grundsätzliches. Gem. § 17 III OWiG sind Grundlagen für die Zumessung der Geldbuße die Bedeutung der Ordnungswidrigkeit und der Vorwurf, der den Täter trifft. Die wirtschaftlichen Verhältnisse des Täters sind zu berücksichtigen. Gem. § 17 IV OWiG soll die Geldbuße den wirtschaftlichen Vorteil, den der Täter aus der Ordnungswidrigkeit gezogen hat, übersteigen. Bei der Zumessung der Geldbuße wegen Nichtgewährung des Mindestlohnes kommt dieser Vorschrift erhebliche Bedeutung zu.

2. Abgrenzung Tateinheit zu Tatmehrheit. Es ist im Einzelfall zu entscheiden, ob bei Nichtgewährung des Mindestlohnes hinsichtlich verschiedener AN und/oder verschiedener Bauleistungen Tateinheit oder Tatmehrheit vorliegt; idR kann im Rahmen einer „Bauleistung im Sinne der Anmeldung nach dem AEntG" Tateinheit angenommen werden. Bei Verstößen sowohl wegen Nichtgewährung des Mindestlohnes als auch nichterfolgter Anmeldung/Versicherung und/oder Nichtgewährung der Urlaubsbedingungen, Nichtabführung der Beiträge zur Urlaubskasse etc. wird im Verhältnis zueinander idR Tatmehrheit vorliegen. Ebenso jetzt BayObLG 29. 6. 1999 DB 1999 2220: Tateinheit bei gleichzeitigem Einsatz illegal überlassener Bauarbeiter.

3. Zumessung. Für die Zumessung der Geldbuße werden von der BA einige Anhaltspunkte für eine abstrakte Zumessung derartiger Fälle – insb. im Hinblick auf die Bedeutung der Ordnungswidrigkeit – gegeben. Diese können eine Prüfung im jeweiligen Einzelfall jedoch nicht entbehrlich machen; gem. § 17 III OWiG sind im konkreten Einzelfall immer auch der Vorwurf, der den Täter trifft, sowie seine wirtschaftlichen Verhältnisse zu berücksichtigen. Eine Geldbuße wegen Nichtgewährung des Mindestlohnes setzt sich im Regelfall zusammen aus dem wirtschaftlichen Vorteil, der aus dem Gewinn und einem Marktvorteil besteht, und einer individuellen Geldbuße. Zum Verbotsirrtum BayObLG DB 2000, 231.

Zur Ermittlung des wirtschaftlichen Vorteils ist zunächst der durch die Ordnungswidrigkeit unmittelbar erzielte Gewinn festzustellen. Grundlage dafür sind die Zahl der betroffenen AN, die von diesen bei Nichtgewährung des Mindestlohnes geleisteten Arbeitsstunden sowie die Höhe der Mindestlohnunterschreitung (Beispiel: 10 AN je 200 Stunden 5,- DM Mindestlohnunterschreitung = 10 000,00 DM Gewinn). Neben diesem Gewinn ist für den wirtschaftlichen Vorteil auch ein Marktvorteil zu berücksichtigen, der dem Täter dadurch zukommt, daß er gerade durch diese im Vergleich zu Mitbewerbern „günstigen" Bedingungen Aufträge erhalten hat. Ein Marktvorteil läßt sich weder abstrakt noch im konkreten Einzelfall exakt ermitteln, eine Schätzung ist jedoch möglich und zulässig. Diese Schätzung sollte sich an der Höhe des Gewinns orientieren; die Berücksichtigung eines Marktvorteils in Höhe von ca. 20% des Gewinns hält die BA dabei für angemessen.

Bei der Zumessung der individuellen – täterbezogenen – Geldbuße ist hinsichtlich des Vorwurfs, der den Täter trifft, auch die Bedeutung der Ordnungswidrigkeit im Einzelfall zu berücksichtigen, dh. der Umfang des ordnungswidrigen Verhaltens steht idR im Zusammenhang mit dem Vorwurf. Da sich der Umfang des ordnungswidrigen Verhaltens bereits bei der Ermittlung des wirtschaftlichen Vorteils niederschlägt, kann sich die individuelle Geldbuße ebenfalls an diesem Wert als Richtwert orientieren, sie sollte jedoch darüber liegen. Ist ein Gewinn bei dem Täter oder der juristischen Person nicht entstanden oder ist er später entfallen, weil zB der Lohn nachweislich nachgezahlt wurde, verbleibt es für die Festsetzung einer Gesamtgeldbuße bei dem Marktvorteil und der individuellen Geldbuße.

II. Verstöße von Unternehmen, die einen anderen Unternehmer beauftragen; § 5 Abs. 2

Ein ordnungswidriges Handeln iSd. § 5 II liegt vor, wenn ein Unternehmer Bauleistungen in erheblichem Umfang von einem Unternehmer ausführen läßt, von dem er weiß oder leichtfertig nicht weiß, daß dieser bei der Erfüllung seines Auftrages gegen § 1 verstößt oder einen Nachunternehmer einsetzt oder zuläßt, daß ein Nachunternehmer tätig wird, der gegen § 1 verstößt.

8   **1. Bauleistungen „in erheblichem Umfang".** Bauleistungen „in erheblichem Umfang" sind im AEntG nicht definiert. Nach bisherigen Erfahrungswerten kann nach Auffassung der BA davon ausgegangen werden, daß bei einem Auftragsvolumen von 20 000,00 DM bezogen auf einen Auftraggeber und einen Auftragnehmer ein erheblicher Umfang gegeben ist.

9   **2. „Weiß oder leichtfertig nicht weiß".** Ob ein ordnungswidriges Handeln des Auftraggebers vorliegt, ist immer im Einzelfall zu prüfen. Durch die Sanktionsregelung in § 5 II wird der Auftraggeber zu besonderer Sorgfalt verpflichtet. In welcher Weise er diesen Pflichten nachkommt, ist nicht ausdrücklich festgelegt. Unterläßt er jedoch die Überprüfung seines Nachunternehmers, kann dies bereits eine Pflichtverletzung iSd. § 5 II darstellen. Dies gilt insbes. dann, wenn bereits Umstände erkennbar sind, die für ein unrechtmäßiges Handeln des Nachunternehmers sprechen, zB Preiskalkulationen im Rahmen der Angebotsabgabe.

10 **3. Individuelle Geldbuße.** Da hier bei der Zumessung der individuellen Geldbuße ein wirtschaftlicher Vorteil als Anhaltspunkt im Regelfall nicht in Betracht kommt, sollte das Auftragsvolumen bezogen auf einen Auftraggeber und einen Auftragnehmer berücksichtigt werden. Bei einem Auftragsvolumen von 20 000,00 DM wird von der BA eine Geldbuße in Höhe von 8 000,00 DM als Richtwert für angemessen gehalten, bei Auftragsvolumina zwischen 20 000,00 DM und 50 000,00 DM sollten entsprechend höhere Geldbußen ausgesprochen werden. Bei Auftragsvolumina über 50 000,00 DM sollte jedoch die individuelle Geldbuße idR nicht höher als ca. 30% des Auftragsvolumens sein. Auch bei diesen Verstößen ist gem. § 17 III OWiG im Einzelfall zu prüfen, ob der Täter, den der Vorwurf trifft, vom Regelfall abweicht und ob die wirtschaftlichen Verhältnisse eine Geldbuße in dieser Höhe rechtfertigen.

§ 6 [Ausschluß vom Wettbewerb]

¹ Von der Teilnahme an einem Wettbewerb um einen Liefer-, Bau- oder Dienstleistungsauftrag der in § 98 des Gesetzes gegen Wettbewerbsbeschränkungen genannten Auftraggeber sollen Bewerber für eine angemessene Zeit bis zur nachgewiesenen Wiederherstellung ihrer Zuverlässigkeit ausgeschlossen werden, die wegen eines Verstoßes nach § 5 mit einer Geldbuße von wenigstens fünftausend Deutsche Mark belegt worden sind. ² Das gleiche gilt auch schon vor Durchführung eines Bußgeldverfahrens, wenn im Einzelfall angesichts der Beweislage kein vernünftiger Zweifel an einer schwerwiegenden Verfehlung nach Satz 1 besteht. ³ Die für die Verfolgung oder Ahndung der Ordnungswidrigkeiten nach § 5 zuständigen Behörden dürfen den Vergabebehörden auf Verlangen die erforderlichen Auskünfte geben.

1   Die Vorschrift bezieht sich auf die Auftragsvergabe durch einen großen Kreis öffentlicher und gemeinnütziger Unternehmen. Nach *Koberski/Sahl/Hold* AEntG, 1997, § 6 Rn. 11, ist der Ausschluß als Verwaltungsakt einzustufen, zweifelhaft, weil die Auftragsvergabe privatrechtlich erfolgt.

2   S. 3 ist erst durch das Änderungsgesetz eingefügt worden. Vorher hatte der Runderlaß ein Recht zur Übermittlung von Daten an Vergabestellen, Bauherren und Gewerbeunternehmen aus §§ 67 d, 69 I Nr. 1 SGB X abgeleitet. S. 3 dürfte jetzt eine Sonderregelung sein.

3   Verschiedene Bundesländer und Gemeinden machen die Vergabe öffentlicher Bauaufträge von „Tariftreueerklärungen" abhängig, dh. der Verpflichtung zur Einhaltung bestimmter TV. Der BGH hält dies für verfassungswidrig und hat die Frage dem BVerfG vorgelegt (18. 1. 2000 ZIP 2000, 426)

§ 7 [Anwendungsbereich]

(1) Die in Rechts- oder Verwaltungsvorschriften enthaltenen Regelungen über
1. die Höchstarbeitszeiten und Mindestruhezeiten,
2. den bezahlten Mindestjahresurlaub,
3. die Mindestentgeltsätze einschließlich der Überstundensätze,
4. die Bedingungen für die Überlassung von Arbeitskräften, insbesondere durch Leiharbeitsunternehmen,
5. die Sicherheit, den Gesundheitsschutz und die Hygiene am Arbeitsplatz,
6. die Schutzmaßnahmen im Zusammenhang mit den Arbeits- und Beschäftigungsbedingungen von Schwangeren und Wöchnerinnen, Kindern und Jugendlichen,
7. die Gleichbehandlung von Männern und Frauen sowie andere Nichtdiskriminierungsbestimmungen finden auch auf ein Arbeitsverhältnis zwischen einem im Ausland ansässigen Arbeitgeber und seinem im Inland beschäftigten Arbeitnehmer zwingend Anwendung.

(2) Die Arbeitsbedingungen nach Absatz 1 Nr. 1 und 4 bis 7 betreffenden Rechtsnormen eines für allgemeinverbindlich erklärten Tarifvertrages nach § 1 Abs. 1 finden unter den dort genannten Voraussetzungen auch auf ein Arbeitsverhältnis zwischen einem Arbeitgeber mit Sitz im

Ausland und seinem im räumlichen Geltungsbereich dieses Tarifvertrages beschäftigten Arbeitnehmer zwingend Anwendung.

Die Vorschrift übernimmt Art. 3 der Entsende-RL, bringt aber inhaltlich nichts Neues. Schon bisher war anerkannt, daß das AÜG auf den Verleih aus dem Ausland anwendbar ist (*Schüren* AÜG, 1994, Einl. Rn. 573 ff.). 1

§ 8 [Klagemöglichkeit]

¹ Ein Arbeitnehmer, der in den Geltungsbereich dieses Gesetzes entsandt ist oder war, kann eine auf den Zeitraum der Entsendung bezogene Klage auf Gewährung der Arbeitsbedingungen nach §§ 1, 1a und 7 auch vor einem deutschen Gericht für Arbeitssachen erheben. ² Diese Klagemöglichkeit besteht auch für eine gemeinsame Einrichtung der Tarifvertragsparteien nach § 1 Abs. 3 in bezug auf die ihr zustehenden Beiträge.

Dazu MünchArbR/*Birk* § 23 Rn. 33.

§ 9 [Inkrafttreten; Geltungsdauer]

Dieses Gesetz tritt am 1. März 1996 in Kraft.

50. Aktiengesetz

Vom 6. September 1965 (BGBl. I S. 1089)

Zuletzt geändert durch Gesetz vom 24. Februar 2000 (BGBl. I S. 154)

(BGBl. III/FNA 4121-1)

– Auszug –

Erstes Buch. Aktiengesellschaft

Erster Teil. Allgemeine Vorschriften

Schrifttum: *Emmerich/Habersack* Aktienkonzernrecht, 1998; *Emmerich/Sonnenschein* Konzernrecht, 6. Aufl. 1997; *Hachenburg/Ulmer* GmbHG, 8. Aufl. 1994, Anh. § 77; *Lutter/Hommelhoff* GmbH-Gesetz, 15. Aufl. 2000; *Scholz/Emmerich* GmbHG, 8. Aufl. 1995, Anhang Konzernrecht.

§ 15 Verbundene Unternehmen

Verbundene Unternehmen sind rechtlich selbständige Unternehmen, die im Verhältnis zueinander in Mehrheitsbesitz stehende Unternehmen und mit Mehrheit beteiligte Unternehmen (§ 16), abhängige und herrschende Unternehmen (§ 17), Konzernunternehmen (§ 18), wechselseitig beteiligte Unternehmen (§ 19) oder Vertragsteile eines Unternehmensvertrags (§§ 291, 292) sind.

I. Allgemeines

1   Die §§ 15 bis 19 enthalten allgemeine Definitionsnormen, an die andere gesetzliche Regelungen anknüpfen. § 15 faßt die Konzernierungstatbestände (§§ 16 bis 19) unter dem Oberbegriff „verbundene Unternehmen" zusammen. Die §§ 15 ff. sind rechtsformneutral; sie umfassen neben rein aktienrechtlichen Konzernierungen auch solche, an denen Gesellschaften mit beschränkter Haftung und Personengesellschaften beteiligt sind (näher GroßKomm/*Windbichler* Rn. 15 ff.).

II. Unternehmensbegriff

2   Der den §§ 15 ff. zugrundeliegende Unternehmensbegriff wurde wegen großer praktischer Schwierigkeiten nicht gesetzlich definiert (*Hüffer* Rn. 6). Im Hinblick auf seine Definition ist zwischen dem herrschenden und dem abhängigen Unternehmen zu unterscheiden.

3   **1. Herrschendes Unternehmen.** Nach heute wohl einhelliger Ansicht gilt im Aktienrecht als Unternehmen iSd. §§ 15 ff. jeder Gesellschafter ohne Rücksicht auf seine Rechtsform, bei dem zu seiner Beteiligung an der Gesellschaft wirtschaftliche Interessenbindungen außerhalb der Gesellschaft hinzutreten, die stark genug sind, um die ernsthafte Gefahr zu begründen, der Gesellschafter könne um ihretwillen seinen Einfluß zum Nachteil der Gesellschaft geltend machen (BGH 13. 10. 1977 Z 69, 334, 336 ff.; BGH 16. 9. 1985 Z 95, 330, 337; OLG Celle 18. 11. 1998 AG 1999, 572, 573; OLG Karlsruhe 9. 6. 1999 ZIP 1999, 1176, 1177; *Emmerich/Sonnenschein* § 2 III 1; *Hüffer* Rn. 8; KölnKomm/*Koppensteiner* Rn. 19). Sofern andere Normen auf den aktienrechtlichen Konzernbegriff verweisen (§ 54 I 1 BetrVG), kann es der Zweck der Verweisungsnorm gebieten, den Unternehmensbegriff teleologisch zu modifizieren und auf das Erfordernis einer wirtschaftlichen Interessenbindung außerhalb der Gesellschaft zu verzichten (näher *Oetker* ZfA 1986, 177, 188 f.), vgl. auch § 5 MitbestG Rn. 2 und 3.

4   Für eine anderweitige wirtschaftliche Interessenbindung ist die Intensität der außerhalb der Gesellschaft verfolgten wirtschaftlichen Interessen ausschlaggebend. Die erforderliche Intensität liegt regelmäßig bei einer maßgeblichen Beteiligung an einer anderen (weiteren) Gesellschaft vor (BGH 13. 12. 1993 NJW 1994, 446; *Emmerich/Habersack* Rn. 13 f.; KölnKomm/*Koppensteiner* Rn. 21; GroßKomm/*Windbichler* Rn. 36 ff. jeweils mwN; s. auch OLG Karlsruhe 9. 6. 1999 ZIP 1999, 1176, 1177), sie kann sich aber auch aus einer nicht gewerbsmäßigen, insb. freiberuflichen Betätigung des Gesellschafters ergeben (BGH 19. 9. 1994 NJW 1994, 3288, 3290; *Hüffer* Rn. 11; KölnKomm/*Koppensteiner* Rn. 20; MünchGesR IV/*Krieger* § 68 Rn. 7).

Herrschende Unternehmen können juristische und natürliche Personen (grdl. BGH 16. 9. 1985 Z 95, 330, 337 mwN; vgl. auch BGH 25. 11. 1996 BB 1997, 489 f.; OLG Celle 18. 11. 1998 AG 1999, 572, 573) aber auch die öffentliche Hand (grdl. BGH 13. 10. 1977 Z 69, 334, 336 ff.; BGH 17. 3. 1997 Z 135, 107, 113 f.; vgl. *Emmerich/Habersack* Rn. 22 ff.) oder Gewerkschaften (*Hüffer* Rn. 13; KölnKomm/*Koppensteiner* Rn. 33) sein, sofern sie die vorgenannten Voraussetzungen erfüllen.

2. Abhängiges Unternehmen. Im Gegensatz zum herrschenden Unternehmen ist der Begriff des abhängigen Unternehmens weit zu interpretieren. Da es nicht darauf ankommt, ob Interessen außerhalb der eigenen Gesellschaft verfolgt werden, ist praktisch jede Gesellschaft Unternehmen, ohne daß es auf die Höhe der Beteiligung des herrschenden Unternehmens ankommt (*Emmerich/Habersack* Rn. 20 f.; KölnKomm/*Koppensteiner* Rn. 53; *Hüffer* Rn. 14).

III. Rechtliche Selbständigkeit

Für die in § 15 vorausgesetzte rechtliche Selbständigkeit der Unternehmen ist, unabhängig von der Rechtsfähigkeit, die Zuordnung zu verschiedenen Rechtsträgern maßgebend (*Hüffer* Rn. 15; KölnKomm/*Koppensteiner* Rn. 54; GroßKomm/*Windbichler* Rn. 14).

IV. Rechtsfolgen

Der Begriff „verbundene Unternehmen" dient als Anknüpfungspunkt für zahlreiche aktienrechtliche Regelungen, vgl. insb. §§ 90 I 2, III 1, 131 I 2.

§ 16 In Mehrheitsbesitz stehende Unternehmen und mit Mehrheit beteiligte Unternehmen

(1) Gehört die Mehrheit der Anteile eines rechtlich selbständigen Unternehmens einem anderen Unternehmen oder steht einem anderen Unternehmen die Mehrheit der Stimmrechte zu (Mehrheitsbeteiligung), so ist das Unternehmen ein in Mehrheitsbesitz stehendes Unternehmen, das andere Unternehmen ein an ihm mit Mehrheit beteiligtes Unternehmen.

(2) ¹Welcher Teil der Anteile einem Unternehmen gehört, bestimmt sich bei Kapitalgesellschaften nach dem Verhältnis des Gesamtnennbetrags der ihm gehörenden Anteile zum Nennkapital, bei Gesellschaften mit Stückaktien nach der Zahl der Aktien. ²Eigene Anteile sind bei Kapitalgesellschaften vom Nennkapital, bei Gesellschaften mit Stückaktien von der Zahl der Aktien abzusetzen. ³Eigenen Anteilen des Unternehmens stehen Anteile gleich, die einem anderen für Rechnung des Unternehmens gehören.

(3) ¹Welcher Teil der Stimmrechte einem Unternehmen zusteht, bestimmt sich nach dem Verhältnis der Zahl der Stimmrechte, die es aus den ihm gehörenden Anteilen ausüben kann, zur Gesamtzahl aller Stimmrechte. ²Von der Gesamtzahl aller Stimmrechte sind die Stimmrechte aus eigenen Anteilen sowie aus Anteilen, die nach Absatz 2 Satz 3 eigenen Anteilen gleichstehen, abzusetzen.

(4) Als Anteile, die einem Unternehmen gehören, gelten auch die Anteile, die einem von ihm abhängigen Unternehmen oder einem anderen für Rechnung des Unternehmens oder eines von diesem abhängigen Unternehmens gehören und, wenn der Inhaber des Unternehmens ein Einzelkaufmann ist, auch die Anteile, die sonstiges Vermögen des Inhabers sind.

Die Norm definiert den Begriff der Mehrheitsbeteiligung und löst eine widerlegbare Abhängigkeitsvermutung aus (vgl. § 17 II sowie dort Rn. 8 f.). Eine Mehrheitsbeteiligung liegt nach § 16 I vor, wenn die Mehrheit der Anteile eines rechtlich selbständigen Unternehmens einem anderen Unternehmen gehört (sog. Anteilsmehrheit) oder dem anderen Unternehmen die Mehrheit der Stimmen zusteht (sog. Stimmenmehrheit).

Anteils- und Stimmmehrheit werden in der Regel zusammenfallen, können aber auch voneinander abweichen, namentlich bei der Ausgabe von Mehrstimmaktien (§ 12 II 2) oder stimmrechtslosen Vorzugsaktien (§§ 12 I 2, 139 ff.). Die Berechnung der Anteils- und der Stimmenmehrheit ist in Abs. 2 und 3 näher geregelt. Mittelbare Beteiligungen werden dem Unternehmen unter den Voraussetzungen des Abs. 4 zugerechnet.

§ 17 Abhängige und herrschende Unternehmen

(1) Abhängige Unternehmen sind rechtlich selbständige Unternehmen, auf die ein anderes Unternehmen (herrschendes Unternehmen) unmittelbar oder mittelbar einen beherrschenden Einfluß ausüben kann.

(2) Von einem in Mehrheitsbesitz stehenden Unternehmen wird vermutet, daß es von dem an ihm mit Mehrheit beteiligten Unternehmen abhängig ist.

I. Allgemeines

1   Die in § 17 umschriebene Abhängigkeit eines Unternehmens von einem anderen ist der zentrale Anknüpfungspunkt des Konzernrechts. Er stellt durch die Vermutung in § 18 I 3 nicht nur den praktisch wichtigsten Bezugspunkt für den Konzernbegriff dar, sondern bildet auch die Grundlage für die gesetzliche (§§ 311 bis 318) und richterrechtlich ausgestaltete Haftung im qualifiziert faktischen Konzern (vgl. § 18 Rn. 9 ff.).

II. Abhängigkeitsbegriff

2   Nach § 17 I liegt Abhängigkeit vor, wenn ein (herrschendes) Unternehmen auf ein anderes (abhängiges) Unternehmen unmittelbar oder mittelbar einen beherrschenden Einfluß ausüben kann.

3   **1. Beherrschender Einfluß.** Der beherrschende Einfluß muß durch **gesellschaftsrechtliche Einwirkungsmöglichkeiten** auf das andere Unternehmen vermittelt werden. Damit scheiden rein wirtschaftliche Abhängigkeiten aus, die auf externen Austauschbeziehungen, wie Liefer- oder Kreditverträgen, beruhen (grdl. BGH 26. 3. 1984 Z 90, 381, 395 f.; GroßKomm/*Windbichler* Rn. 12 f.; KölnKomm/*Koppensteiner* Rn. 50; *Hüffer* Rn. 8). Eine Beherrschung entsteht zwingend durch Abschluß eines Unternehmensvertrags nach § 291 (§ 18 I 2, vgl. dort Rn. 6).

4   In Anknüpfung an § 17 II liegt eine Beherrschung vor, wenn der ausgeübte Einfluß nach Art und Umfang den Einflußmöglichkeiten einer Mehrheitsbeteiligung im Sinne von § 16 gleichkommt (*Geßler/Hefermehl/Eckardt/Kropff* Rn. 25; *Hüffer* Rn. 5). Sie kann auch bei einer Minderheitsbeteiligung vorliegen, soweit rechtliche oder tatsächliche Gegebenheiten (zB Hauptversammlungsmehrheit) einen beherrschenden Einfluß vermitteln (BGH 13. 10. 1977 Z 69, 334, 347; BGH 17. 3. 1997 Z 135, 105, 114 f.; vgl. GroßKomm/*Windbichler* Rn. 23 f. mwN).

5   Ein beherrschender Einfluß wird vorrangig dadurch indiziert, daß das herrschende Unternehmen die personelle Besetzung der Verwaltungsorgane des anderen Unternehmens maßgeblich beeinflussen kann, da die Organmitglieder regelmäßig dessen Interessen entsprechen werden (*Emmerich/Sonnenschein* § 3 II 1; MünchKommAktG/*Bayer* Rn. 27; KölnKomm/*Koppensteiner* Rn. 19; *Hüffer* Rn. 5). Rein personelle Verflechtungen zwischen den Unternehmen begründen nach hM nicht zwingend eine solche Abhängigkeit (*Emmerich/Sonnenschein* § 3 II 3 c cc; KölnKomm/*Koppensteiner* Rn. 52; aA *Säcker* ZHR 151 [1987], 59; s. auch GroßKomm/*Windbichler* Rn. 43 ff.).

6   Abhängigkeit können auch Satzungsbestimmungen begründen, die einem Gesellschafter einen besonderen Einfluß auf die Geschäftsführung der Gesellschaft einräumen (*Emmerich/Sonnenschein* § 3 II 3 c dd; KölnKomm/*Koppensteiner* Rn. 43;). In der AG kommt dies wegen § 23 V praktisch nur bei der Ausgabe von Mehrstimmaktien (§ 12 II) in Betracht.

7   **2. Möglichkeit der Einflußnahme.** Die Beherrschung setzt nicht voraus, daß von der bestehenden Einflußmöglichkeit Gebrauch gemacht wird; vielmehr genügt es, wenn es dem herrschenden Unternehmen möglich ist, seinen Willen im abhängigen Unternehmen durchzusetzen (BGH 4. 3. 1974 Z 62, 193, 201; *Hüffer* Rn. 6; vgl. GroßKomm/*Windbichler* Rn. 19 f.).

III. Abhängigkeitsvermutung

8   § 17 II stellt die widerlegbare Vermutung auf, daß eine Mehrheitsbeteiligung (vgl. § 16) ein Abhängigkeitsverhältnis begründet. Infolge der damit bewirkten Umkehr der Darlegungs- und Beweislast obliegt es demjenigen, der sich auf die Unabhängigkeit der Unternehmen beruft, Tatsachen vorzutragen, durch die die vermutete Beherrschung entkräftet wird (*Hüffer* Rn. 18; GroßKomm/*Windbichler* Rn. 70).

9   Als die Vermutung widerlegende Tatsachen kommen alle Umstände in Betracht, die den Einfluß des mit Mehrheit beteiligten Unternehmens auf die personelle Zusammensetzung der Verwaltungsorgane des anderen Unternehmens nachhaltig abschwächen. Ausgeräumt wird sie insb. durch Satzungsbestimmungen, die das Stimmrecht weitgehend beschränken, zB Höchststimmrechte gem. § 134 I 2, qualifizierte Beschlußmehrheiten (vgl. *Emmerich/Sonnenschein* § 3 IV 1; KölnKomm/*Koppensteiner* Rn. 86 f.) oder Stimmbindungsverträge, die eine Ausübung der Stimmenmehrheit ausschließen (vgl. hierzu KölnKomm/*Koppensteiner* Rn. 88). Sie kann auch durch sog. Entherrschungsverträge widerlegt werden (vgl. hierzu *Emmerich/Sonnenschein* § 2 IV 2; KölnKomm/*Koppensteiner* Rn. 89; GroßKomm/*Windbichler* Rn. 80 ff. mwN).

IV. Gemeinschaftsunternehmen

10   Ein Gemeinschaftsunternehmen liegt vor, wenn ein Unternehmen von mindestens zwei anderen Unternehmen in der Weise beherrscht wird, daß erst die Summe des Einflußpotentials zu einer Abhängigkeit führt (*Emmerich/Sonnenschein* § 3 III; *Hüffer* Rn. 13; KölnKomm/*Koppensteiner* Rn. 70 mwN). Die mehrfache Abhängigkeit setzt eine Koordination der Einflußpotentiale der beteiligten Mutterunternehmen voraus, die durch vertragliche Vereinbarungen, aber auch in Form eines

Gleichordnungskonzerns (vgl. § 18 Rn. 7) hergestellt werden kann (*Hüffer* Rn. 15; KölnKomm/*Koppensteiner* Rn. 74).

Daß bei **paritätischen Gemeinschaftsunternehmen**, dh. bei einer paritätischen Beteiligung beider 11 Mutterunternehmen, grds. eine Abhängigkeit aufgrund des faktischen Einigungszwanges besteht bzw. zu vermuten ist (so *Säcker* NJW 1980, 401, 404; *Klinkhammer*, Mitbestimmung in Gemeinschaftsunternehmen, 1977, S. 70 ff.), wird von der hM verneint (BGH 5. 8. 1979 Z 74, 359, 366; *Hüffer* Rn. 16; KölnKomm/*Koppensteiner* Rn. 75; *Steindorff* NJW 1980, 1921, 1922); im Regelfall werden sich bei der Feststellung keine Unterschiede ergeben.

Das Abhängigkeitsverhältnis besteht zu den gemeinsam herrschenden Unternehmen und nicht zu 12 der häufig zwischen ihnen bestehenden BGB-Gesellschaft (grdl. BGH 4. 3. 1974 Z 62, 193, 195 ff.; MünchKommAktG/*Bayer* Rn. 83; KölnKomm/*Koppensteiner* Rn. 71). Im Regelfall wird auch ein Konzern iSv. § 18 I begründet (vgl. § 18 Rn. 5). Zu den mitbestimmungsrechtlichen Besonderheiten § 5 MitbestG Rn. 10.

V. Rechtsfolgen

Wichtigste Rechtsfolge der Abhängigkeit ist die Konzernvermutung nach § 18 I 3 (vgl. dort Rn. 6). 13 Daneben dient sie auch als Anknüpfungspunkt für zahlreiche andere Regelungen: zB die Beschränkung der Zahl der Aufsichtsratsmandate (§ 100 Rn. 4) und die Genehmigungspflicht der Kreditgewährung an Aufsichtsratsmitglieder (§ 115), vgl. ausführlich GroßKomm/*Windbichler* Rn. 4 ff.

§ 18 Konzern und Konzernunternehmen

(1) ¹Sind ein herrschendes und ein oder mehrere abhängige Unternehmen unter der einheitlichen Leitung des herrschenden Unternehmens zusammengefaßt, so bilden sie einen Konzern; die einzelnen Unternehmen sind Konzernunternehmen. ²Unternehmen, zwischen denen ein Beherrschungsvertrag (§ 291) besteht oder von denen das eine in das andere eingegliedert ist (§ 319), sind als unter einheitlicher Leitung zusammengefaßt anzusehen. ³Von einem abhängigen Unternehmen wird vermutet, daß es mit dem herrschenden Unternehmen einen Konzern bildet.

(2) Sind rechtlich selbständige Unternehmen, ohne daß das eine Unternehmen von dem anderen abhängig ist, unter einheitlicher Leitung zusammengefaßt, so bilden sie auch einen Konzern; die einzelnen Unternehmen sind Konzernunternehmen.

I. Der Konzerntatbestand nach § 18

1. Allgemeines. § 18 definiert den Konzern als die Zusammenfassung mehrerer Unternehmen unter 1 der einheitlichen Leitung eines anderen Unternehmens und differenziert zwischen dem praktisch wichtigen Unterordnungskonzern (Abs. 1) und dem Gleichordnungskonzern (Abs. 2). Im Vergleich zum Abhängigkeitstatbestand kommt dem Konzernbegriff eine weitaus geringere Bedeutung zu, weil die Mehrheit der gesetzlichen Regelungen bereits an ersteren anknüpft (vgl. aber GroßKomm/*Windbichler* Rn. 8 ff.).

2. Unterordnungskonzern. Nach § 18 I 1 liegt ein Unterordnungskonzern vor, wenn ein herr- 2 schendes ein oder mehrere abhängige Unternehmen unter einheitlicher Leitung zusammengefaßt hat. Die so zusammengefaßten Unternehmen sind Konzernunternehmen (§ 18 I 1 2. Halbs.).

a) **Einheitliche Leitung.** Das zentrale Konzernierungsmerkmal ist die einheitliche Leitung der 3 Unternehmen. Sie ist gegeben, wenn die bestimmenden Leitungs- und Planungsentscheidungen der beteiligten Unternehmen in den Händen des herrschenden Unternehmens liegen und dieses seine unternehmerische Zielkonzeption in den beteiligten Unternehmen verwirklicht (im einzelnen str.; vgl. KölnKomm/*Koppensteiner* Rn. 17 ff.; *Hüffer* Rn. 8 ff.; GroßKomm/*Windbichler* Rn. 24 ff. jeweils mwN). Im Regelfall liegt eine einheitliche Leitung bei einheitlicher Finanzplanung und -kontrolle der beteiligten Unternehmen vor (*Emmerich/Sonnenschein* § 4 II 1; *Hüffer* Rn. 9, 11; KölnKomm/*Koppensteiner* Rn. 20; vgl. auch *Scheffler* AG 1990, 173 ff.).

b) **Konzern im Konzern.** Von einem Konzern im Konzern wird gesprochen, wenn innerhalb einer 4 mehrstufigen Abhängigkeit die einheitliche Leitung sowohl durch die Muttergesellschaft, als auch durch die Tochtergesellschaft in der Enkelgesellschaft ausgeübt wird. Dieser Tatbestand der Konzernierung wird für das gesellschaftsrechtlich orientierte Konzernrecht einhellig abgelehnt, da er für die Lösung der auftretenden Probleme nicht erforderlich ist (vgl. im einzelnen *Emmerich/Sonnenschein* § 4 II 5; *Hüffer* Rn. 14; KölnKomm/*Koppensteiner* Rn. 22). Eine andere Beurteilung gilt jedoch für die Konzernzurechnung im Mitbestimmungsrecht, vgl. § 5 MitbestG Rn. 8 ff.

c) **Gemeinschaftsunternehmen.** Gemeinschaftsunternehmen (vgl. § 17 Rn. 10 f.) stehen bei ein- 5 heitlicher Ausübung der Leitung in einem Konzernverhältnis zu den beteiligten herrschenden Unternehmen (*Emmerich/Sonnenschein* § 4 II 5 a; KölnKomm/*Koppensteiner* Rn. 25).

6   **d) Konzernvermutungen.** Soweit zwischen den Unternehmen ein Beherrschungsvertrag besteht (§ 291 I 1. Fall) oder das eine Unternehmen in das andere eingegliedert ist (§ 319 ff.), wird nach § 18 I 2 unwiderlegbar vermutet, daß zwischen den beteiligten Unternehmen ein Konzernverhältnis besteht. Auch für den Fall der Abhängigkeit wird gem. § 18 I 3 die Vermutung für das Bestehen einer einheitlichen Leitung aufgestellt. Sie kann jedoch im Einzelfall durch Widerlegung der in § 17 II vermuteten Abhängigkeit (vgl. dort Rn. 8 f.) oder des in § 18 I 3 unterstellten Sachverhalts der einheitlichen Leitung entkräftet werden. Letzterer wird insb. durch den Nachweis von Umständen widerlegt, nach denen eine finanzielle Koordinierung der Gesellschaften ausgeschlossen ist (*Hüffer* Rn. 19; GroßKomm/*Windbichler* Rn. 36 ff. mwN). Zur Konzernvermutung bei Gemeinschaftsunternehmen § 5 MitbestG Rn. 10 f.

7   **3. Gleichordnungskonzern.** Bei einem Gleichordnungskonzern sind nach § 18 II mehrere Unternehmen unter einer einheitlichen Leitung zusammengefaßt, ohne daß zwischen den beteiligten Unternehmen ein Beherrschungs- bzw. Abhängigkeitsverhältnis besteht (vgl. auch § 291 II). Ihrer Rechtsnatur nach sind Gleichordnungskonzerne Gesellschaften bürgerlichen Rechts (*Emmerich/Sonnenschein* § 4 III 2; *Hüffer* Rn. 20; vgl. auch *K. Schmidt* ZHR 155 [1991], 417 ff.).

8   **4. Rechtsfolgen.** Der Tatbestand des Unterordnungskonzerns hat primär für die (Konzern-) Rechnungslegung der Unternehmen Bedeutung (vgl. §§ 290 ff. HGB). Andere Anknüpfungspunkte finden sich in § 97 (Statusverfahren) und in § 100 II 2 (vgl. dort Rn. 3). Für den Gleichordnungskonzern werden nur die Rechtsfolgen des § 15 praktisch relevant (vgl. dort Rn. 8).

II. Der qualifiziert faktische GmbH-Konzern

9   **1. Allgemeines.** Durch die Konzernierung von Unternehmen entstehen vielfältige Regelungsprobleme und Gefahren für die abhängigen Unternehmen, die (Minderheits-)Gesellschafter und Gläubiger, denen die Rspr. unter lebhafter Mitwirkung der Literatur im Wege der Rechtsfortbildung Rechnung getragen hat. Ein Teilaspekt dieser Rechtsentwicklung ist das Institut des qualifiziert faktischen GmbH-Konzerns, dessen grundlegende richterrechtliche Ausformung nach Verwirrung stiftenden Modifizierungen durch den BGH (vgl. hierzu zB *Bitter/Bitter* BB 1996, 2153 ff.; *Windbichler*, FS für Kissel, 1994, S. 1287 ff.; *Ziegenhain* ZIP 1994, 1003 ff.) weitgehend als abgeschlossen bezeichnet werden kann, das aber noch in zahlreichen Einzelheiten der Präzisierung bedarf. Gleichwohl ist zu konstatieren, daß seine praktische Relevanz aufgrund anderer Rechtsprechungsentwicklungen, wie der Geschäftsführerhaftung bei verspäteter Konkursanmeldung (grdl. BGH 6. 6. 1994 Z 126, 181, 190 ff.) sowie der auch im Konzern anzuwendenden Durchgriffshaftung (BAG 8. 9. 1998 AP AktG § 303 Nr. 12 mwN; hierzu auch *Henssler* ZGR 2000, 479 ff.), gegenwärtig in den Hintergrund getreten ist (zu weitergehenden Ansätzen einer konzernrechtlichen Vertrauenshaftung *Fleischer* ZHR 163 [1999], 461 ff.).

10 Der qualifiziert faktische GmbH-Konzern knüpft an die nicht auf einem Organisationsvertrag beruhende einheitliche Leitung mehrerer Unternehmen und damit im Grundsatz an den Konzerntatbestand iSd. § 18 (vgl. dort) an. Soweit die einheitliche Leitung eine (qualifizierte) Intensität erreicht, die der aufgrund eines Beherrschungsvertrages iSd. § 291 ausgeübten Leitungsmacht entspricht, erscheint es sachgerecht, die entstehenden Regelungs- und Haftungsprobleme in Anlehnung an die für den Beherrschungsvertrag geltenden aktienrechtlichen Bestimmungen zu lösen. Die Rspr. hat dies zum Anlaß genommen, für die Rechtsfolgen der qualifiziert faktischen GmbH-Konzernierung das Regelungskonzept der §§ 291 ff., insb. der §§ 302 f., zugrundezulegen (grdl. BGH 16. 9. 1985 Z 95, 330, 334 ff.; vgl. hierzu umfassend *Emmerich/Habersack* Vor § 311 Rn. 20 ff.; *Hachenburg/Ulmer* Anh. § 77 Rn. 97 ff.).

11 **2. Voraussetzungen. a) Konzern.** Die Haftung im qualifiziert faktischen Konzern knüpft an das Bestehen eines Konzerns iSd. § 18 I an. Voraussetzung ist demzufolge, daß das herrschende Unternehmen (vgl. § 15 Rn. 3 ff.) eine einheitliche Leitung zwischen den beteiligten Unternehmen hergestellt hat (vgl. § 18 Rn. 3).

12 **b) Leitungsdichte.** Die frühere Rspr. hatte die Haftung von einer dauernden und umfassenden Ausübung der Konzernleitungsmacht durch das herrschende Unternehmen abhängig gemacht (BGH 20. 2. 1989 Z 107, 7, 17; BGH 23. 9. 1991 Z 115, 187, 193 f.). Nach der nunmehr gefestigten Rspr. kommt es darauf jedoch nicht mehr an (BGH 29. 3. 1993 Z 122, 123, 131; vgl. *Hachenburg/Ulmer* Anh. § 77 Rn. 128 f.).

13 **c) Mißbräuchliche Ausübung.** Maßgebliches Kriterium der Haftung ist nunmehr die mißbräuchliche Ausübung der Leitungsmacht zum Nachteil der abhängigen Gesellschaft, die keine angemessene Rücksicht auf deren Belange nimmt (BGH 29. 3. 1993 Z 122, 123, 130; BGH 13. 12. 1993 NJW 1994, 446; *Baumbach/Hueck/Zöllner* GmbH-KonzernR Rn. 83; *Lutter/Hommelhoff* Anh. § 13 Rn. 27; *Hachenburg/Ulmer* Anh. § 77 Rn. 128). In Betracht kommen alle Maßnahmen, die das Eigeninteresse der abhängigen Gesellschaft verletzen und nicht anderweitig ausgeglichen werden, zB der nachhaltige Entzug von Liquidität oder für den Betrieb erforderlichen Personals (vgl. *Lutter/Hommelhoff* Anh.

§ 13 Rn. 27; *Hachenburg/Ulmer* Anh. § 77 Rn. 132; *Emmerich/Habersack* Vor § 311 Rn. 27 ff. jeweils mwN).

d) **Mangelnde Isolierbarkeit der Nachteile.** Die Haftung des herrschenden Unternehmens setzt 14 negativ voraus, daß die einzelnen der abhängigen GmbH zugefügten Nachteile nicht isolierbar sind (BGH 29. 3. 1993 Z 122, 123, 130; sowie *Emmerich/Habersack* Vor § 311 Rn. 33 ff.; *Zeidler* GmbHR 1997, 881 ff.). Bei Isolierbarkeit der Nachteile kommt idR nur eine (Innen-) Haftung wegen Verletzung der gesellschaftsrechtlichen Treuepflicht in Betracht (grdl. BGH 5. 6. 1975 Z 65, 15 ff.; vgl. hierzu *Lutter/Hommelhoff* Anh. § 13 Rn. 17 ff.; *Baumbach/Hueck/Zöllner* GmbH-KonzernR Rn. 97 ff.).

e) **Verschulden.** Ein Verschulden des herrschenden Unternehmens wird entgegen früheren Inter- 15 pretationen nicht vorausgesetzt (BGH 23. 9. 1991 Z 115, 187, 193 f.; *Baumbach/Hueck/Zöllner* GmbH-KonzernR Rn. 86; aA *Lutter/Hommelhoff* Anh. § 13 Rn. 24).

f) **Darlegungs- und Beweislast.** Der Kläger muß grds. die Umstände darlegen und beweisen, die 16 die Vermutung nahelegen, daß die Leitung des herrschenden Unternehmens über den Einzelfall hinaus im Konzerninteresse für das abhängige Unternehmen nachteilige Entscheidungen getroffen hat (BGH 29. 3. 1993 Z 122, 123, 130). Bei konzerninternen Umständen wird ihm dies jedoch erleichtert, da das beklagte herrschende Unternehmen verpflichtet ist, nähere Angaben zu machen, wenn es im Gegensatz zum Kläger die maßgebenden Tatsachen kennt und ihm die Darlegung des Sachverhalts zumutbar ist (BGH 29. 3. 1993 Z 122, 123, 132 f.; vgl. im einzelnen *Emmerich/Habersack* Vor § 311 Rn. 37 f.; *Hachenburg/Ulmer* Anh. § 77 Rn. 143; *Lutter/Hommelhoff* Anh. § 13 Rn. 32).

g) **Rechtsfolgen.** Das herrschende Unternehmen hat dem abhängigen Unternehmen die entstande- 17 nen Verluste analog § 302 I auszugleichen (BGH 16. 9. 1985 Z 95, 330, 345; näher *Emmerich/Habersack* Vor § 311 Rn. 39). Die Gläubiger der abhängigen Gesellschaft haben gem. § 303 I einen Anspruch auf Sicherheitsleistung nach Beendigung der Beherrschung, der sich in der masselosen Insolvenz oder bei Vermögenslosigkeit in einen direkten Anspruch gegen das herrschende Unternehmen umwandelt (BGH 16. 9. 1985 Z 95, 330, 346 f.).

3. Berechnungsdurchgriff. Die qualifiziert faktische Konzernierung führt zu zahlreichen arbeits- 18 rechtlichen Folgeproblemen. So stellt sich die Frage, ob bei arbeitsrechtlichen Ansprüchen, für deren Bemessung auf die wirtschaftliche Lage des Unternehmens abzustellen ist, bei der Anpassung von Betriebsrenten (§ 16 BetrAVG) oder bei der Dotierung des Sozialplans durch die Einigungsstelle (§ 112 II bis V BetrVG), etwaige Konzernzusammenhänge zu berücksichtigen sind. Bei der Zugrundelegung der wirtschaftlichen Lage des Konzerns oder der Muttergesellschaft könnte mitunter ein anderer Bemessungsmaßstab maßgeblich sein als bei isolierter Betrachtung der Lage der abhängigen Konzerntochter.

Die Voraussetzungen eines solchen Berechnungsdurchgriffs sind im einzelnen ungeklärt. Nach der 19 Rspr. des BAG kann bei der Anpassung von Betriebsrenten nach § 16 BetrAVG die wirtschaftliche Lage des herrschenden Unternehmens zu berücksichtigen sein. Dies setzt voraus, daß zwischen dem Mutter- und dem Tocherunternehmen eine wesentlich verdichtete Konzernverbindung besteht (Beherrschungs- und Ergebnisabführungsvertrag, qualifiziert faktischer Konzern), und die Konzernleitungsmacht in einer Weise ausgeübt wird, die keine angemessene Rücksicht auf die Belange des abhängigen Unternehmens nimmt und deshalb dessen mangelnde Leistungsfähigkeit verursacht hat (BAG 14. 12. 1993 AP BetrAVG § 16 Nr. 29; BAG 4. 10. 1994 AP BetrAVG § 16 Nr. 32; BAG 17. 4. 1996 AP BetrAVG § 16 Nr. 35; vgl. hierzu auch *Ziegenhain* ZIP 1994, 1003 ff.; *Zöllner* AG 1994, 385 ff. sowie § 16 BetrAVG Rn. 45 ff.). Für das Kündigungsschutzrecht wird bei der Ermittlung der Arbeitnehmerzahl (§ 23 I KSchG) ein unternehmensübergreifender Berechnungsdurchgriff, dh. die Berücksichtigung der Arbeitnehmer anderer Konzernunternehmen bei der Beschäftigtenzahl der Konzernobergesellschaft, indes abgelehnt (BAG 29. 4. 1999 AP KSchG 1969 § 23 Nr. 21).

Vierter Teil. Verfassung der Aktiengesellschaft

Zweiter Abschnitt. Aufsichtsrat

Schrifttum: *Hachenburg/Raiser* GmbHG, 8. Aufl. 1991, § 52; *Hanau/Ulmer* Mitbestimmungsgesetz, 1981; *Hoffmann/Preu,* Der Aufsichtsrat, 4. Aufl. 1999; *Lutter/Krieger,* Rechte und Pflichten des Aufsichtsrats, 3. Aufl. 1993; *Scholz/Schneider* GmbHG, 8. Aufl. 1995, § 52.

§ 95 Zahl der Aufsichtsratsmitglieder

¹ Der Aufsichtsrat besteht aus drei Mitgliedern. ² Die Satzung kann eine bestimmte höhere Zahl festsetzen. ³ Die Zahl muß durch drei teilbar sein. ⁴ Die Höchstzahl der Aufsichtsratsmitglieder beträgt bei Gesellschaften mit einem Grundkapital

bis zu 1 500 000 Euro neun,
von mehr als 1 500 000 Euro fünfzehn,
von mehr als 10 000 000 Euro einundzwanzig.

⁵Durch die vorstehenden Vorschriften werden hiervon abweichende Vorschriften des Gesetzes über die Mitbestimmung der Arbeitnehmer vom 4. Mai 1976 (Bundesgesetzbl. I S. 1153), des Montan-Mitbestimmungsgesetzes und des Gesetzes zur Ergänzung des Gesetzes über die Mitbestimmung der Arbeitnehmer in den Aufsichtsräten und Vorständen der Unternehmen des Bergbaus und der Eisen und Stahl erzeugenden Industrie vom 7. August 1956 (Bundesgesetzbl. I S. 707) – Mitbestimmungsergänzungsgesetz – nicht berührt.

1 § 95 beschränkt den Spielraum der Satzung im Hinblick auf die Größe des Aufsichtsrats. Damit wird zum einen die Möglichkeit der Hauptversammlung begrenzt, die Beteiligung von Arbeitnehmervertretern durch Verminderung der Aufsichtsratsgröße zu beeinflussen. Zum anderen soll die Einführung von Höchstzahlen die Effektivität der Aufsichtsratsarbeit gewährleisten (*Hüffer* Rn. 1; KölnKomm/*Mertens* Rn. 5).

2 S. 5 stellt den **Vorrang der mitbestimmungsrechtlichen Regelungen** klar. Soweit eine Gesellschaft dem Anwendungsbereich der aufgeführten Mitbestimmungsgesetze unterliegt, gelten die dortigen Bestimmungen zur Zusammensetzung des Aufsichtsrats (vgl. § 7 MitbestG, § 4 Montan-MitbestG, § 5 MitbestErgG).

3 Der **Anwendungsbereich** der Vorschrift beschränkt sich auf mitbestimmungsfreie Unternehmen und solche, die der Mitbestimmung nach dem BetrVG 1952 unterliegen. Nach der gesetzlichen Grundregel in S. 1 muß der Aufsichtrat mindestens aus drei Mitgliedern bestehen. Nach S. 2 kann eine höhere, nicht aber eine variable Mitgliederzahl bestimmt werden (*Hüffer* Rn. 3). Den Gestaltungsspielraum der Satzung begrenzen S. 3 und 4 durch das Erfordernis der Dreiteilbarkeit und am Grundkapital orientierte Höchstzahlen, für die das tatsächlich ausgegebene Grundkapital maßgeblich ist (KölnKomm/*Mertens* Rn. 13).

4 Bei **Änderungen der Aufsichtsratsgröße durch die Satzung** ist zwischen der Erhöhung und der Verminderung zu unterscheiden. Soweit die Zahl der Aufsichtsratsmandate **erhöht** wird, ist unabhängig vom Mitbestimmungsstatut eine Ergänzungswahl durch die Hauptversammlung bzw. nach dem einschlägigen Mitbestimmungsgesetz durchzuführen. Bei einer **Verminderung** der Aufsichtsratsgröße, namentlich auch soweit die Gesellschaft dem BetrVG 1952 unterliegt, bleiben nach hM die Aufsichtsratsmitglieder bis zum Ablauf der Amtszeit im Amt (OLG Hamburg 26. 8. 1988 DB 1988, 1941, 1941 f.; OLG Dresden 18. 2. 1997 ZIP 1997, 589, 591; *Martens* DB 1978, 1065, 1069; *Hüffer* Rn. 5; KölnKomm/*Mertens* Rn. 25 mwN). Näher zu den Voraussetzungen des Statusverfahrens §§ 97 bis 99 Rn. 3 ff.

5 **Verstöße** gegen S. 1 und 3 führen zur Nichtigkeit der Satzungsbestimmung (ebenso *Hüffer* Rn. 7; tlw. aA KölnKomm/*Mertens* Rn. 16; *Geßler/Hefermehl/Eckardt/Kropff* Rn. 21). Bei einer Verletzung von S. 2 und 4 gilt anstelle der Satzungsbestimmung die gesetzliche Regelung. Ein Hauptversammlungsbeschluß über die Bestellung der Aufsichtsratsmitglieder ist nach § 250 Nr. 3 nur nichtig, wenn die nach § 95 oder den Mitbestimmungsgesetzen zulässige Höchstzahl überschritten wird. Alle nicht hierunter fallenden Verletzungen des Gesetzes oder der Satzung führen lediglich zur Anfechtbarkeit des Beschlusses (*Hüffer* Rn. 7). Zur Auswirkung auf die Wahl der ANVertreter vgl. § 22 MitbestG, § 76 BetrVG 1952 Rn. 64.

§ 96 Zusammensetzung des Aufsichtsrats

(1) Der Aufsichtsrat setzt sich zusammen
bei Gesellschaften, für die das Mitbestimmungsgesetz gilt, aus Aufsichtsratsmitgliedern der Aktionäre und der Arbeitnehmer,
bei Gesellschaften, für die das Montan-Mitbestimmungsgesetz gilt, aus Aufsichtsratsmitgliedern der Aktionäre und der Arbeitnehmer und aus weiteren Mitgliedern,
bei Gesellschaften, für die die §§ 5 bis 13 des Mitbestimmungsergänzungsgesetzes gelten, aus Aufsichtsratsmitgliedern der Aktionäre und der Arbeitnehmer und aus einem weiteren Mitglied,
bei Gesellschaften, für die § 76 Abs. 1 des Betriebsverfassungsgesetzes 1952 gilt, aus Aufsichtsratsmitgliedern der Aktionäre und der Arbeitnehmer,
bei den übrigen Gesellschaften nur aus Aufsichtsratsmitgliedern der Aktionäre.

(2) Nach anderen als den zuletzt angewandten gesetzlichen Vorschriften kann der Aufsichtsrat nur zusammengesetzt werden, wenn nach § 97 oder nach § 98 die in der Bekanntmachung des Vorstands oder in der gerichtlichen Entscheidung angegebenen gesetzlichen Vorschriften anzuwenden sind.

1 Abs. 1 unterstreicht die Maßgeblichkeit der Mitbestimmungsgesetze für die gruppenmäßige Zusammensetzung des Aufsichtsrats (vgl. die Kommentierungen zu §§ 6 f. MitbestG; §§ 4, 9 Montan-

MitbestG; § 5 MitbestErgG; § 76 I BetrVG 1952). Darüber hinaus hat er keinen weiteren Regelungsgehalt.

Abs. 2 schreibt den **Grundsatz der Amtskontinuität** fest. Die Zusammensetzung des Aufsichtsrats gilt danach als richtig, solange im Statusverfahren nach den §§ 97 ff. keine andere verbindliche Feststellung getroffen worden ist (OLG Düsseldorf 10. 10. 1995 AG 1996, 87 f.). 2

§ 97 Bekanntmachung über die Zusammensetzung des Aufsichtsrats

(1) [1] Ist der Vorstand der Ansicht, daß der Aufsichtsrat nicht nach den für ihn maßgebenden gesetzlichen Vorschriften zusammengesetzt ist, so hat er dies unverzüglich in den Gesellschaftsblättern und gleichzeitig durch Aushang in sämtlichen Betrieben der Gesellschaft und ihrer Konzernunternehmen bekanntzumachen. [2] In der Bekanntmachung sind die nach Ansicht des Vorstands maßgebenden gesetzlichen Vorschriften anzugeben. [3] Es ist darauf hinzuweisen, daß der Aufsichtsrat nach diesen Vorschriften zusammengesetzt wird, wenn nicht Antragsberechtigte nach § 98 Abs. 2 innerhalb eines Monats nach der Bekanntmachung im Bundesanzeiger das nach § 98 Abs. 1 zuständige Gericht anrufen.

(2) [1] Wird das nach § 98 Abs. 1 zuständige Gericht nicht innerhalb eines Monats nach der Bekanntmachung im Bundesanzeiger angerufen, so ist der neue Aufsichtsrat nach den in der Bekanntmachung des Vorstands angegebenen gesetzlichen Vorschriften zusammenzusetzen. [2] Die Bestimmungen der Satzung über die Zusammensetzung des Aufsichtsrats, über die Zahl der Aufsichtsratsmitglieder sowie über die Wahl, Abberufung und Entsendung von Aufsichtsratsmitgliedern treten mit der Beendigung der ersten Hauptversammlung, die nach Ablauf der Anrufungsfrist einberufen wird, spätestens sechs Monate nach Ablauf dieser Frist insoweit außer Kraft, als sie den nunmehr anzuwendenden gesetzlichen Vorschriften widersprechen. [3] Mit demselben Zeitpunkt erlischt das Amt der bisherigen Aufsichtsratsmitglieder. [4] Eine Hauptversammlung, die innerhalb der Frist von sechs Monaten stattfindet, kann an Stelle der außer Kraft tretenden Satzungsbestimmungen mit einfacher Stimmenmehrheit neue Satzungsbestimmungen beschließen.

(3) Solange ein gerichtliches Verfahren nach §§ 98, 99 anhängig ist, kann eine Bekanntmachung über die Zusammensetzung des Aufsichtsrats nicht erfolgen.

§ 98 Gerichtliche Entscheidung über die Zusammensetzung des Aufsichtsrats

(1) [1] Ist streitig oder ungewiß, nach welchen gesetzlichen Vorschriften der Aufsichtsrat zusammenzusetzen ist, so entscheidet darüber auf Antrag ausschließlich das Landgericht (Zivilkammer), in dessen Bezirk die Gesellschaft ihren Sitz hat. [2] Die Landesregierung kann die Entscheidung durch Rechtsverordnung für die Bezirke mehrerer Landgerichte einem der Landgerichte übertragen, wenn dies der Sicherung einer einheitlichen Rechtsprechung dient. [3] Die Landesregierung kann die Ermächtigung auf die Landesjustizverwaltung übertragen.

(2) [1] Antragsberechtigt sind
1. der Vorstand,
2. jedes Aufsichtsratsmitglied,
3. jeder Aktionär,
4. der Gesamtbetriebsrat der Gesellschaft oder, wenn in der Gesellschaft nur ein Betriebsrat besteht, der Betriebsrat,
5. der Gesamtbetriebsrat eines anderen Unternehmens, dessen Arbeitnehmer nach den gesetzlichen Vorschriften, deren Anwendung streitig oder ungewiß ist, selbst oder durch Delegierte an der Wahl von Aufsichtsratsmitgliedern der Gesellschaft teilnehmen, oder, wenn in dem anderen Unternehmen nur ein Betriebsrat besteht, der Betriebsrat,
6. mindestens ein Zehntel oder einhundert der Arbeitnehmer, die nach den gesetzlichen Vorschriften, deren Anwendung streitig oder ungewiß ist, selbst oder durch Delegierte an der Wahl von Aufsichtsratsmitgliedern der Gesellschaft teilnehmen,
7. Spitzenorganisationen der Gewerkschaften, die nach den gesetzlichen Vorschriften, deren Anwendung streitig oder ungewiß ist, ein Vorschlagsrecht hätten,
8. Gewerkschaften, die nach den gesetzlichen Vorschriften, deren Anwendung streitig oder ungewiß ist, ein Vorschlagsrecht hätten. [2] Ist die Anwendung des Mitbestimmungsgesetzes oder die Anwendung von Vorschriften des Mitbestimmungsgesetzes streitig oder ungewiß, so sind außer den nach Satz 1 Antragsberechtigten auch je ein Zehntel der wahlberechtigten Arbeiter, der wahlberechtigten in § 3 Abs. 3 Nr. 1 des Mitbestimmungsgesetzes bezeichneten Angestellten oder der wahlberechtigten leitenden Angestellten im Sinne des Mitbestimmungsgesetzes antragsberechtigt.

(3) Die Absätze 1 und 2 gelten sinngemäß, wenn streitig ist, ob der Abschlußprüfer das nach § 3 oder § 16 des Mitbestimmungsergänzungsgesetzes maßgebliche Umsatzverhältnis richtig ermittelt hat.

(4) ¹Entspricht die Zusammensetzung des Aufsichtsrats nicht der gerichtlichen Entscheidung, so ist der neue Aufsichtsrat nach den in der Entscheidung angegebenen gesetzlichen Vorschriften zusammenzusetzen. ² § 97 Abs. 2 gilt sinngemäß mit der Maßgabe, daß die Frist von sechs Monaten mit dem Eintritt der Rechtskraft beginnt.

§ 99 Verfahren

(1) Auf das Verfahren ist das Gesetz über die Angelegenheiten der freiwilligen Gerichtsbarkeit anzuwenden, soweit in den Absätzen 2 bis 5 nichts anderes bestimmt ist.

(2) ¹Das Landgericht hat den Antrag in den Gesellschaftsblättern bekanntzumachen. ²Der Vorstand und jedes Aufsichtsratsmitglied sowie die nach § 98 Abs. 2 antragsberechtigten Betriebsräte, Spitzenorganisationen und Gewerkschaften sind zu hören.

(3) ¹Das Landgericht entscheidet durch einen mit Gründen versehenen Beschluß. ²Gegen die Entscheidung findet die sofortige Beschwerde statt. ³Sie kann nur auf eine Verletzung des Gesetzes gestützt werden; die §§ 550, 551, 561, 563 der Zivilprozeßordnung gelten sinngemäß. ⁴Die Beschwerde kann nur durch Einreichung einer von einem Rechtsanwalt unterzeichneten Beschwerdeschrift eingelegt werden. ⁵Über sie entscheidet das Oberlandesgericht. ⁶ § 28 Abs. 2 und 3 des Gesetzes über die Angelegenheiten der freiwilligen Gerichtsbarkeit gilt entsprechend. ⁷Die weitere Beschwerde ist ausgeschlossen. ⁸Die Landesregierung kann durch Rechtsverordnung die Entscheidung über die Beschwerde für die Bezirke mehrerer Oberlandesgerichte einem der Oberlandesgerichte oder dem Obersten Landesgericht übertragen, wenn dies der Sicherung einer einheitlichen Rechtsprechung dient. ⁹Die Landesregierung kann die Ermächtigung auf die Landesjustizverwaltung übertragen.

(4) ¹Das Gericht hat seine Entscheidung dem Antragsteller und der Gesellschaft zuzustellen. ²Es hat sie ferner ohne Gründe in den Gesellschaftsblättern bekanntzumachen. ³Die Beschwerde steht jedem nach § 98 Abs. 2 Antragsberechtigten zu. ⁴Die Beschwerdefrist beginnt mit der Bekanntmachung der Entscheidung im Bundesanzeiger, für den Antragsteller und die Gesellschaft jedoch nicht vor der Zustellung der Entscheidung.

(5) ¹Die Entscheidung wird erst mit der Rechtskraft wirksam. ²Sie wirkt für und gegen alle. ³Der Vorstand hat die rechtskräftige Entscheidung unverzüglich zum Handelsregister einzureichen.

(6) ¹Für die Kosten des Verfahrens gilt die Kostenordnung. ²Für das Verfahren des ersten Rechtszugs wird das Vierfache der vollen Gebühr erhoben. ³Für den zweiten Rechtszug wird die gleiche Gebühr erhoben; dies gilt auch dann, wenn die Beschwerde Erfolg hat. ⁴Wird der Antrag oder die Beschwerde zurückgenommen, bevor es zu einer Entscheidung kommt, so ermäßigt sich die Gebühr auf die Hälfte. ⁵Der Geschäftswert ist von Amts wegen festzusetzen. ⁶Er bestimmt sich nach § 30 Abs. 2 der Kostenordnung mit der Maßgabe, daß der Wert regelmäßig auf einhunderttausend Deutsche Mark anzunehmen ist. ⁷Schuldner der Kosten ist die Gesellschaft. ⁸Die Kosten können jedoch ganz oder zum Teil dem Antragsteller auferlegt werden, wenn dies der Billigkeit entspricht. ⁹Kosten der Beteiligten werden nicht erstattet.

I. Regelungszweck/-inhalt

1 Die §§ 97 bis 99 tragen der vom Mitbestimmungsstatut abhängigen unterschiedlichen gruppenmäßigen Zusammensetzung des Aufsichtsrats Rechnung. Den hieran interessierten Organen und Gruppen wird ein formalisiertes Verfahren zur Verfügung gestellt, in dem die zutreffende Aufsichtsratszusammensetzung verbindlich festgestellt werden kann. Das Statusverfahren findet gem. § 27 EGAktG bei der GmbH entsprechende Anwendung. Verweisungen auf die §§ 97 ff. finden sich ua. in § 6 II MitbestG, § 3 II Montan-MitbestG, § 3 MitbestErgG und § 77 I, III BetrVG 1952.

2 Das Statusverfahren ist als **zweistufiger Anpassungsprozeß** ausgeformt. Zunächst wird ermittelt, nach welchen Vorschriften der Aufsichtsrat zukünftig zusammenzusetzen ist. Sodann wird die Satzung und die Zusammensetzung des Aufsichtsrats an die verbindlich festgestellten Vorschriften angepaßt.

II. Verfahren

3 **1. Allgemeine Voraussetzung.** Voraussetzung des Statusverfahrens ist eine tatsächliche Zusammensetzung des Aufsichtsrats, die im Widerspruch zu den gesetzlichen Vorschriften steht.

4 **a) Änderungen des Mitbestimmungsstatuts.** Durch § 97 wird vorrangig eine Änderung des Mitbestimmungsstatuts und die damit verbundene Veränderung der Größe und der gruppenmäßigen Zusammensetzung des Aufsichtsrats erfaßt. Dies ist sowohl bei einem Wechsel des konkreten Mitbe-

stimmungsstatuts, aber auch bei einer Veränderung der Schwellenzahlen, wie zB der ANZahl nach § 7 I 1 MitbestG, der Fall (*Hanau/Ulmer* § 6 Rn. 14). Das Statusverfahren ist insb. auch dann einzuleiten, wenn die Voraussetzungen für die Anwendung der Mitbestimmungsgesetze entfallen.

b) Satzungsänderungen. Die Einleitung des Statusverfahrens ist über den Wortlaut der §§ 97, 98 5 hinaus auch dann erforderlich, wenn die Aufsichtsratsgröße durch die Satzung verkleinert wird (BAG 3. 10. 1989 AP BetrVG 1952 § 76 Nr. 28; *Oetker* ZHR 149 [1985], 575, 585 f.; für mitbestimmte Gesellschaften *Geßler/Hefermehl/Eckardt/Kropff* § 95 Rn. 31, § 96 Rn. 52; *Scholz/Schneider* § 52 Rn. 35; aA OLG Hamburg 26. 8. 1988 DB 1988, 1941, 1942; *Hüffer* § 97 Rn. 3; KölnKomm/*Mertens* §§ 97–99 Rn. 40; *Hanau/Ulmer* § 6 Rn. 15; s. auch § 95 Rn. 4).

c) Umwandlungen. Bei einer formwechselnden Umwandlung iSv. § 190 UmwG ist das Status- 6 verfahren dann durchzuführen, wenn beim neuen Rechtsträger der Aufsichtsrat nach anderen gesetzlichen Vorschriften gebildet und zusammengesetzt wird und die Voraussetzungen des § 203 UmwG für die Kontinuität der Aufsichtsratsmandate nicht vorliegen (*Lutter/Decher* § 203 Rn. 14; aA *Goutier/Knopf/Tulloch/Laumann*, Kommentar zum Umwandlungsrecht, 1996, § 203 Rn. 6). Soweit bei einer Abspaltung oder Ausgliederung nach § 325 die Mitbestimmung befristet beibehalten wird, ist das Statusverfahren mit Ablauf der Frist durchzuführen (§ 325 Rn. 10)

d) Nicht erfaßte Tatbestände. Keine Anwendung findet das Statusverfahren zB bei einer veränder- 7 ten Zusammensetzung der Belegschaft, die zu einem anderen Gruppenproporz nach § 15 II MitbestG führt, und bei Änderungen im Konzernverbund, soweit die maßgeblichen Schwellenzahlen unberührt bleiben (*Hanau/Ulmer* § 6 Rn. 16; tlw. aA *Martens* DB 1978, 1065, 1069 f.).

2. Außergerichtliches Verfahren nach § 97. Der Vorstand ist verpflichtet, für eine gesetzmäßige 8 Zusammensetzung des Aufsichtsrats zu sorgen. Das Statusverfahren ermöglicht es ihm, auf einfache und kostengünstige Weise eine verbindliche Feststellung über die für die Gesellschaft maßgebliche Aufsichtsratszusammensetzung herbeizuführen.

a) Bekanntmachung. Nach § 97 I 1 hat der Vorstand das Verfahren unverzüglich (§ 121 I 1 BGB) 9 durch die Bekanntmachung einzuleiten, wenn der Aufsichtsrat seiner Ansicht nach fehlerhaft zusammengesetzt ist. Die Bekanntmachung erfolgt in der in § 97 I 1 beschriebenen Weise, wobei für die einmonatige Anfechtungsfrist die Bekanntmachung im Bundesanzeiger maßgeblich ist (§ 97 II).

Die Bekanntmachung beinhaltet neben der Mitteilung über die nach Ansicht des Vorstands fehler- 10 hafte Zusammensetzung die Angabe der anzuwendenden gesetzlichen Vorschrift (*Oetker* ZHR 149 [1985], 575, 590). Im Hinblick auf die sachgemäße Ausübung des Anfechtungsrechts durch die hierzu berechtigten Organe und Gruppen ist darüber hinaus die Anzahl der beschäftigten AN und der konzernzugehörigen Unternehmen anzugeben (*Oetker* ZHR 149 [1985], 575, 590; aA KölnKomm/ *Mertens* § 97 bis 99 Rn. 10). Nach § 97 I 3 muß die Bekanntmachung die bei einer Nichtanrufung des zuständigen Gerichtes eintretenden Rechtsfolgen benennen.

b) Rechtswirkungen. Die Bekanntmachung löst die Sperrwirkung nach § 97 III aus, die ein zweites 11 paralleles außergerichtliches Verfahren ausschließt. Soweit kein Antrag auf gerichtliche Entscheidung gestellt wird, ist die in der Bekanntmachung angegebene Aufsichtsratszusammensetzung verbindlich. In der sich anschließenden zweiten Stufe erfolgt die Anpassung der Satzung und Neubestellung des gesamten Aufsichtsrates; vgl. im einzelnen § 97 II 2 bis 4. Wird der Antrag auf gerichtliche Entscheidung fristgemäß gestellt, so entfaltet die Bekanntmachung nach § 97 I keine Rechtswirkungen, es schließt sich das gerichtliche Verfahren nach § 98 an.

3. Gerichtliches Verfahren nach den §§ 98, 99. Das gerichtliche Verfahren wird bei Anfechtung 12 der Bekanntmachung nach § 97 und unabhängig davon auf Antrag eines nach § 98 II Antragsberechtigten durchgeführt.

a) Antragsberechtigung. Die antragsberechtigten Organe bzw. Gruppen zählt § 98 II abschließend 13 auf. Während die Antragsberechtigung der in Nr. 1 bis 4 Genannten an keine weiteren Voraussetzungen gebunden ist, haben die in Nr. 5 bis 8 Genannten zusätzlich die Wahrnehmung von mitbestimmungsrechtlichen Belangen nachzuweisen (*Hanau/Ulmer* § 6 Rn. 32). S. 2 eröffnet über Nr. 6 hinaus eine Antragsberechtigung für die im Mitbestimmungsgesetz unterschiedenen ANGruppen.

b) Verfahren. Für die gerichtliche Entscheidung ist gem. § 98 I 1 das LG des Sitzes der Gesellschaft 14 zuständig. Neben den vorrangigen § 99 II bis VI kommen nach § 99 I subsidiär die Regelungen des FGG zur Anwendung (vgl. zu den Einzelheiten *Hüffer* § 99 Rn. 1 ff.; KölnKomm/*Mertens* §§ 97 bis 99 Rn. 40 ff.). Gegen die Entscheidung des LG ist die sofortige Beschwerde zum OLG statthaft, gegen dessen Entscheidung gem. § 99 III 6 iVm. § 28 II FGG die Divergenzvorlage eröffnet ist.

Die Kosten des Verfahrens trägt grds. die Gesellschaft (§ 99 IV 7). Eine abw. Entscheidung kann das 15 Gericht treffen, wenn dies der Billigkeit entspricht. Die außergerichtlichen Kosten der Beteiligten werden nicht erstattet (§ 99 IV 9). Hierdurch ist nur ein prozessualer Kostenerstattungsanspruch ausgeschlossen; materiellrechtliche Kostenerstattungsansprüche (zB § 40 BetrVG) werden nicht berührt.

16 **c) Rechtsfolgen.** Entspricht die Zusammensetzung des Aufsichtsrats nicht der gerichtlichen Entscheidung, so ist nach § 98 IV der Aufsichtsrat entsprechend der festgestellten Zusammensetzung zu bilden. Hierfür gelten die Regelungen des AktG bzw. des anzuwendenden Mitbestimmungsgesetzes (vgl. § 101).

§ 100 Persönliche Voraussetzungen für Aufsichtsratsmitglieder

(1) [1] Mitglied des Aufsichtsrats kann nur eine natürliche, unbeschränkt geschäftsfähige Person sein. [2] Ein Betreuter, der bei der Besorgung seiner Vermögensangelegenheiten ganz oder teilweise einem Einwilligungsvorbehalt (§ 1903 des Bürgerlichen Gesetzbuchs) unterliegt, kann nicht Mitglied des Aufsichtsrats sein.

(2) [1] Mitglied des Aufsichtsrats kann nicht sein, wer
1. bereits in zehn Handelsgesellschaften, die gesetzlich einen Aufsichtsrat zu bilden haben, Aufsichtsratsmitglied ist,
2. gesetzlicher Vertreter eines von der Gesellschaft abhängigen Unternehmens ist, oder
3. gesetzlicher Vertreter einer anderen Kapitalgesellschaft ist, deren Aufsichtsrat ein Vorstandsmitglied der Gesellschaft angehört.

[2] Auf die Höchstzahl nach Satz 1 Nr. 1 sind bis zu fünf Aufsichtsratssitze nicht anzurechnen, die ein gesetzlicher Vertreter (beim Einzelkaufmann der Inhaber) des herrschenden Unternehmens eines Konzerns in zum Konzern gehörenden Handelsgesellschaften, die gesetzlich einen Aufsichtsrat zu bilden haben, inne hat. [3] Auf die Höchstzahl nach Satz 1 Nr. 1 sind Aufsichtsratsämter im Sinne der Nummer 1 doppelt anzurechnen, für die das Mitglied zum Vorsitzenden gewählt worden ist.

(3) Die anderen persönlichen Voraussetzungen der Aufsichtsratsmitglieder der Arbeitnehmer sowie der weiteren Mitglieder bestimmen sich nach dem Mitbestimmungsgesetz, dem Montan-Mitbestimmungsgesetz, dem Mitbestimmungsergänzungsgesetz und dem Betriebsverfassungsgesetz 1952.

(4) Die Satzung kann persönliche Voraussetzungen nur für Aufsichtsratsmitglieder fordern, die von der Hauptversammlung ohne Bindung an Wahlvorschläge gewählt oder auf Grund der Satzung in den Aufsichtsrat entsandt werden.

I. Allgemeines

1 Die Vorschrift, die auch für die Vertreter der AN gilt, stellt persönliche Voraussetzungen für Aufsichtsratsmitglieder auf und beschränkt im Hinblick darauf den Gestaltungsspielraum der Satzung. Die Mandatsbeschränkungen in Abs. 2 sollen die Effektivität der Aufsichtsratsarbeit gewährleisten und eine Machtkonzentration verhindern.

II. Persönliche Voraussetzungen

2 Nach **Abs. 1** kann nur eine natürliche, unbeschränkt geschäftsfähige Person Mitglied des Aufsichtsrats werden. Das schließt juristische Personen und Minderjährige zwingend von der Übernahme eines Aufsichtsratsmandats aus. Weitere Voraussetzungen, wie eine besondere Qualifikation oder der Besitz von Gesellschaftsaktien, bestehen nicht.

3 Die in **Abs. 2** aufgeführten Mandatsbeschränkungen gelten grds. für alle Aufsichtsratsmitglieder, können für ANVertreter aber nur im Fall der Nr. 1 praktisch werden. Nach Nr. 1 wird die Zahl der ausgeübten Mandate in obligatorischen Aufsichtsräten auf 10 beschränkt. Hierauf werden gem. S. 2 fünf Aufsichtsratssitze nicht angerechnet, die ein gesetzlicher Vertreter eines herrschenden Konzernunternehmens in den Aufsichtsräten der Konzerntöchter innehat (sog. Konzernprivileg). Die Höchstzahl nach Nr. 1 verringert sich gegebenenfalls nach S. 3.

4 Gemäß Nr. 2 kann ein gesetzlicher Vertreter eines von der Gesellschaft abhängigen Unternehmens nicht Mitglied des Aufsichtsrats des herrschenden Unternehmens sein. Dadurch wird dem natürlichen Organisationsgefälle im Konzern Rechnung getragen. Das in Nr. 3 statuierte Verbot der Überkreuzverflechtungen soll eine unabhängige und unparteiische Überwachungstätigkeit sichern (KölnKomm/*Mertens* Rn. 21). Danach ist ein gesetzlicher Vertreter einer anderen Kapitalgesellschaft von der Ausübung eines Aufsichtsratsmandates in der Gesellschaft ausgeschlossen, wenn gleichzeitig ein Vorstandsmitglied der Gesellschaft Mitglied des Aufsichtsrats der anderen Gesellschaft ist. Die Mitgliedschaft im Aufsichtsrat eines konkurrierenden Unternehmens ist dagegen kein Hinderungsgrund (KölnKomm/*Mertens* Rn. 11; aA *Lutter*, FS für Beusch, 1993, S. 509 ff.) kann aber unter Umständen zur Abberufung nach § 103 III führen (vgl. § 103 Rn. 11).

5 Die Verweisung auf die Mitbestimmungsgesetze in **Abs. 3** konkretisiert die persönlichen Voraussetzungen für Vertreter der AN; vgl. hierzu § 7 II bis IV MitbestG, §§ 4 II, 6 I Montan-MitbestG, §§ 5, 6 MitbestErgG, § 76 II 2 BetrVG 1952.

III. Erweiterung durch Satzungsbestimmungen

Nach **Abs. 4** können für Aufsichtsratsmitglieder der Aktionäre weitere persönliche Voraussetzungen durch die Satzung nur aufgestellt werden, wenn sie von der Hauptversammlung ohne Bindung an einen Wahlvorschlag gewählt (vgl. § 101 I 2) oder auf Grund der Satzung entsandt werden. Für ANVertreter können die persönlichen Voraussetzungen durch die Satzung nicht erweitert werden, da anderenfalls die Wahlfreiheit der AN beeinträchtigt wird (BGH 21. 2. 1963 Z 39, 116, 122 f.).

IV. Rechtsfolgen bei Verstoß

Maßgeblicher Zeitpunkt für das Vorliegen der persönlichen Voraussetzungen ist, wie sich aus § 250 I Nr. 4 ergibt, der Beginn der Amtszeit. Das Fehlen persönlicher Voraussetzungen nach Abs. 1 und 2 bei Beginn der Amtszeit führt zur Nichtigkeit des Wahlbeschlusses nach § 250 I Nr. 4. Soweit persönliche Voraussetzungen nach Amtsantritt wegfallen, erlischt das Amt des Aufsichtsratsmitglieds (*Hüffer* Rn. 11; KölnKomm/*Mertens* Rn. 32). Beim Wegfall der für ANVertreter geltenden persönlichen Voraussetzungen (vgl. Rn. 5) sind die Sonderregelungen der Mitbestimmungsgesetze anzuwenden.

§ 101 Bestellung der Aufsichtsratsmitglieder

(1) ¹Die Mitglieder des Aufsichtsrats werden von der Hauptversammlung gewählt, soweit sie nicht in den Aufsichtsrat zu entsenden oder als Aufsichtsratsmitglieder der Arbeitnehmer nach dem Mitbestimmungsgesetz, dem Mitbestimmungsergänzungsgesetz oder dem Betriebsverfassungsgesetz 1952 zu wählen sind. ²An Wahlvorschläge ist die Hauptversammlung nur gemäß §§ 6 und 8 des Montan-Mitbestimmungsgesetzes gebunden.

(2) ¹Ein Recht, Mitglieder in den Aufsichtsrat zu entsenden, kann nur durch die Satzung und nur für bestimmte Aktionäre oder für die jeweiligen Inhaber bestimmter Aktien begründet werden. ²Inhabern bestimmter Aktien kann das Entsendungsrecht nur eingeräumt werden, wenn die Aktien auf Namen lauten und ihre Übertragung an die Zustimmung der Gesellschaft gebunden ist. ³Die Aktien der Entsendungsberechtigten gelten nicht als eine besondere Gattung. ⁴Die Entsendungsrechte können insgesamt höchstens für ein Drittel der sich aus dem Gesetz oder der Satzung ergebenden Zahl der Aufsichtsratsmitglieder der Aktionäre eingeräumt werden. ⁵§ 4 Abs. 1 des Gesetzes über die Überführung der Anteilsrechte an der Volkswagenwerk Gesellschaft mit beschränkter Haftung in private Hand vom 21. Juli 1960 (Bundesgesetzbl. I S. 585), zuletzt geändert durch das Zweite Gesetz zur Änderung des Gesetzes über die Überführung der Anteilsrechte an der Volkswagenwerk Gesellschaft mit beschränkter Haftung in private Hand vom 31. Juli 1970 (Bundesgesetzbl. I S. 1149), bleibt unberührt.

(3) ¹Stellvertreter von Aufsichtsratsmitgliedern können nicht bestellt werden. ²Jedoch kann für jedes Aufsichtsratsmitglied mit Ausnahme des weiteren Mitglieds, das nach dem Montan-Mitbestimmungsgesetz oder dem Mitbestimmungsergänzungsgesetz auf Vorschlag der übrigen Aufsichtsratsmitglieder gewählt wird, ein Ersatzmitglied bestellt werden, das Mitglied des Aufsichtsrats wird, wenn das Aufsichtsratsmitglied vor Ablauf seiner Amtszeit wegfällt. ³Das Ersatzmitglied kann nur gleichzeitig mit dem Aufsichtsratsmitglied bestellt werden. ⁴Auf seine Bestellung sowie die Nichtigkeit und Anfechtung seiner Bestellung sind die für das Aufsichtsratsmitglied geltenden Vorschriften anzuwenden.

I. Allgemeines

Nach § 101 werden die Aufsichtsratsmitglieder durch Wahl der Hauptversammlung, Entsendung oder entsprechend dem anzuwendenden Mitbestimmungsgesetz bestellt. In Abs. 3 wird die Möglichkeit der Bestellung von Ersatzmitgliedern eröffnet.

Hinsichtlich der **Stellung des Aufsichtsratsmitglieds zur Gesellschaft** ist zwischen der Bestellung und der Anstellung zu unterscheiden (vgl. *Hüffer* Rn. 2; KölnKomm/*Mertens* Rn. 5). Die Bestellung ist ein körperschaftlicher Rechtsakt, der neben dem Wahl- bzw. Entsendungsakt der Bekanntgabe und der zumindest konkludenten Annahme des Gewählten bedarf. Mit der Annahme entsteht ein organschaftliches Verhältnis zur Gesellschaft, das durch das AktG und die Satzung näher ausgestaltet ist. Nach zutreffender hM besteht daneben ein Anstellungsverhältnis, auf das, abhängig von der Entgeltlichkeit, die §§ 675, 611 ff. BGB oder die §§ 662 ff. BGB Anwendung finden (vgl. KölnKomm/*Mertens* Rn. 5 ff.; aA *Geßler/Hefermehl/Eckardt/Kropff* Rn. 54).

II. Bestellung durch die Hauptversammlung

Abs. 1 weist die Kompetenz zur Bestellung der Aufsichtsratsmitglieder grds. der Hauptversammlung zu, beschränkt sie aber gleichzeitig auf die Aufsichtsratsmandate, die nicht durch Entsendung (II) oder durch Wahl der AN besetzt werden. Bei der Wahl ist die Hauptversammlung frei und nur bei einem Wahlvorschlag nach den §§ 6 und 8 Montan-MitbestG gebunden (§ 103 I 2). Das Wahlverfahren der Hauptversammlung gestalten die §§ 121 ff. näher aus. Nach § 124 II 1 ist in der Bekanntmachung über die Einberufung der Hauptversammlung anzugeben, nach welchen gesetzlichen Vorschriften der Aufsichtsrat zusammenzusetzen ist. Zur Wahl der Aufsichtsratsmitglieder ist gem. § 133 die Mehrheit der Stimmen erforderlich, soweit die Satzung keine qualifizierten Mehrheiten verlangt (BGH 13. 3. 1980 Z 76, 191, 193).

III. Bestellung der Arbeitnehmervertreter

4   Die ANVertreter werden nach Maßgabe des anzuwendenden Mitbestimmungsgesetzes bestellt (vgl. §§ 9 ff. MitbestG, § 6 Montan-MitbestG, §§ 7 ff. MitbestErgG, § 76 BetrVG 1952).

IV. Entsendung

5   Nach Abs. 2 kann durch Satzung für höchstens ein Drittel der Anteilseignervertreter im Aufsichtsrat ein Entsendungsrecht zugunsten eines Aktionärs eingeräumt werden. Das Entsendungsrecht der Gewerkschaften nach § 7 MitbestErgG aF ist im Jahre 1981 entfallen.

V. Ersatzmitglieder

6   Abs. 3 erklärt die Bestellung von Stellvertretern für unzulässig, ermöglicht den Aktionären und AN aber für jedes ihrer Aufsichtsratsmitglieder, ein Ersatzmitglied zu bestellen. Ausgeschlossen ist dies nach S. 2 nur für das weitere Mitglied im Sinne von § 4 I lit. c Montan-MitbestG.

7   Für die Bestellung des Ersatzmitglieds, das nach S. 3 gleichzeitig mit dem Aufsichtsratsmitglied bestellt werden muß, gelten die gleichen Regeln, die bei Bestellung des ordentlichen Mitglieds anzuwenden sind. Ersatzmitglieder der Anteilseigner können grds. für mehrere Aufsichtsratsmitglieder in der Weise bestellt werden, daß sie mit der ersten Nachfolge in den Aufsichtsrat ihre Ersatzstellung für die übrigen Aufsichtsratsmitglieder nicht verlieren (BGH 15. 12. 1986 Z 99, 211, 214; vgl. *Rellermeyer* ZGR 1987, 563 ff.). Bei ANVertretern lassen die Mitbestimmungsgesetze eine Mehrfachbestellung nur bedingt zu, vgl. im einzelnen § 17 MitbestG und die entsprechenden Wahlordnungen.

8   Mit dem Wegfall des ordentlichen Mitglieds (zB Amtsniederlegung oder Tod) rückt das Ersatzmitglied in dessen Rechtsstellung ein. Die Amtszeit wird durch die des Vorgängers bestimmt (vgl. § 102 II), kann aber für Vertreter der Anteilseigner durch die Satzung auf die Zeit bis zur Nachwahl beschränkt werden (vgl. zur Abberufung § 103 V).

VI. Fehlerhafte Bestellung

9   Die Rechtsfolgen einer fehlerhaften Bestellung richten sich nach den für das jeweilige Aufsichtsratsmitglied anzuwendenden Vorschriften. Für die Vertreter der Aktionäre gelten die §§ 250 ff. Bei den ANVertretern sind die mitbestimmungsrechtlichen Vorschriften anzuwenden, vgl. § 22 MitbestG, § 10 k MitbestErgG, § 76 BetrVG 1952.

10   Hinsichtlich der **Rechtsstellung eines fehlerhaft bestellten Aufsichtsratsmitglieds** ist zu differenzieren. Die Verantwortlichkeit des Aufsichtsratsmitglieds richtet sich unabhängig von der fehlerhaften Bestellung nach den §§ 116, 93 (RG 9. 10. 1936 Z 152, 273, 279; *Hüffer* Rn. 17). Bei einer Anfechtung der Bestellung ist das Aufsichtsratsmitglied bis zur Rechtskraft des Urteils wie ein vollwertiges Aufsichtsratsmitglied zu behandeln (KölnKomm/*Mertens* Rn. 97; *Geßler/Hefermehl/Eckardt/Kropff* Rn. 124; GroßKomm/*Schmidt* § 252 Rn. 12). Eine nichtige Bestellung entfaltet demgegenüber keinerlei Rechtswirkungen. Die Wirksamkeit der Beschlüsse des Aufsichtsrats ist danach zu beurteilen, ob sie auch ohne die Stimme des betreffenden Aufsichtsratsmitglieds fehlerfrei, insb. unter Beachtung der erforderlichen Mehrheit und der Beschlußfähigkeit, zustande gekommen sind (*Hüffer* Rn. 17).

§ 102 Amtszeit der Aufsichtsratsmitglieder

(1) ¹**Aufsichtsratsmitglieder können nicht für längere Zeit als bis zur Beendigung der Hauptversammlung bestellt werden, die über die Entlastung für das vierte Geschäftsjahr nach dem Beginn der Amtszeit beschließt.** ²**Das Geschäftsjahr, in dem die Amtszeit beginnt, wird nicht mitgerechnet.**

(2) **Das Amt des Ersatzmitglieds erlischt spätestens mit Ablauf der Amtszeit des weggefallenen Aufsichtsratsmitglieds.**

1   Die Norm beschränkt den Gestaltungsspielraum der Satzung hinsichtlich der Regelung der Amtszeit und deren Höchstdauer. Sie gilt ohne Einschränkungen für die Vertreter der Anteilseigner und der AN, vgl. § 15 I MitbestG, § 10 c MitbestErgG, § 76 II 1 BetrVG 1952.

Entsprechend dem Wortlaut bezieht sich die Amtszeit und damit die Amtsperiode auf das einzelne 2
Aufsichtsratsmitglied. Die daraus resultierende Unabhängigkeit der einzelnen Amtszeiten wird in der Praxis durch die satzungsmäßige Festlegung von Aufsichtsratsperioden überwunden.

Nach Abs. 1 können Aufsichtsratsmitglieder nicht länger als bis zum Ende der ersten Hauptver- 3
sammlung bestellt werden, die über die Entlastung für das vierte Geschäftsjahr beschließt. Die Höchstdauer beträgt somit idR fünf Jahre. Beschließt die hiernach maßgebliche Hauptversammlung nicht über die Entlastung des Aufsichtsrats, so verlängert sich nach hM die Amtszeit der Aufsichtsratsmitglieder (*Hüffer* Rn. 3; *Geßler/Hefermehl/Eckardt/Kropff* Rn. 9; MünchGesR IV/*Hoffmann-Becking* § 30 Rn. 36; aA KölnKomm/*Mertens* Rn. 5). Zur vorzeitigen Beendigung der Amtszeit § 103 Rn. 13 f.

§ 103 Abberufung der Aufsichtsratsmitglieder

(1) ¹ Aufsichtsratsmitglieder, die von der Hauptversammlung ohne Bindung an einen Wahlvorschlag gewählt worden sind, können von ihr vor Ablauf der Amtszeit abberufen werden. ² Der Beschluß bedarf einer Mehrheit, die mindestens drei Viertel der abgegebenen Stimmen umfaßt. ³ Die Satzung kann eine andere Mehrheit und weitere Erfordernisse bestimmen.

(2) ¹ Ein Aufsichtsratsmitglied, das auf Grund der Satzung in den Aufsichtsrat entsandt ist, kann von dem Entsendungsberechtigten jederzeit abberufen und durch ein anderes ersetzt werden. ² Sind die in der Satzung bestimmten Voraussetzungen des Entsendungsrechts weggefallen, so kann die Hauptversammlung das entsandte Mitglied mit einfacher Stimmenmehrheit abberufen.

(3) ¹ Das Gericht hat auf Antrag des Aufsichtsrats ein Aufsichtsratsmitglied abzuberufen, wenn in dessen Person ein wichtiger Grund vorliegt. ² Der Aufsichtsrat beschließt über die Antragstellung mit einfacher Mehrheit. ³ Ist das Aufsichtsratsmitglied auf Grund der Satzung in den Aufsichtsrat entsandt worden, so können auch Aktionäre, deren Anteile zusammen den zehnten Teil des Grundkapitals oder den anteiligen Betrag von einer Million Euro erreichen, den Antrag stellen. ⁴ Gegen die Entscheidung ist die sofortige Beschwerde zulässig.

(4) Für die Abberufung der Aufsichtsratsmitglieder, die weder von der Hauptversammlung ohne Bindung an einen Wahlvorschlag gewählt worden sind noch auf Grund der Satzung in den Aufsichtsrat entsandt sind, gelten außer Absatz 3 das Mitbestimmungsgesetz, das Montan-Mitbestimmungsgesetz, das Mitbestimmungsergänzungsgesetz und das Betriebsverfassungsgesetz 1952.

(5) Für die Abberufung eines Ersatzmitglieds gelten die Vorschriften über die Abberufung des Aufsichtsratsmitglieds, für das es bestellt ist.

I. Allgemeines

Die Norm regelt zusammenfassend die Abberufung von Aufsichtsratsmitgliedern. Neben der Abbe- 1
rufung durch den jeweils Bestellungsberechtigten (Abs. 1, 2 und 4) sieht Abs. 3 ein gerichtliches Abberufungsverfahren aus wichtigem Grund vor. Gemäß Abs. 5 finden die Vorschriften über die Abberufung auf die noch nicht in den Aufsichtsrat nachgerückten Ersatzmitglieder entsprechende Anwendung (vgl. § 101 III).

Die Abberufung ist ein körperschaftlicher Rechtsakt, der der Bekanntgabe an das betroffene Auf- 2
sichtsratsmitglied bedarf. Nach richtiger Ansicht genügt es, daß der Abberufungsbeschluß dem Aufsichtsratsmitglied gegenüber irgendwie verlautbart wird (KölnKomm/*Mertens* Rn. 10; MünchGesR IV/*Hofmann-Becking* § 30 Rn. 52; aA *Hüffer* Rn. 5; *Geßler/Hefermehl/Eckardt/Kropff* Rn. 14). Eine wirksame Abberufung hat neben dem Verlust des Aufsichtsratsamts auch das Ende des Anstellungsverhältnisses zur Folge. Etwaige Vergütungsansprüche des Aufsichtsratsmitglieds erlöschen für die Zukunft (RG 31. 3. 1908 Z 68, 223, 225 ff.; *Hüffer* Rn. 6; KölnKomm/*Mertens* Rn. 5).

II. Abberufung durch die Hauptversammlung

Nach Abs. 1 kann die Hauptversammlung nach ihrem freien Ermessen die von ihr bestellten Auf- 3
sichtsratsmitglieder abberufen. Hierzu bedarf es eines ausdrücklichen Beschlusses, der eine Mehrheit von drei Viertel der abgegebenen Stimmen erfordert (§ 103 I 2). Die Satzung kann andere Mehrheiten und weitere Erfordernisse verfahrensrechtlicher Art bestimmen (§ 103 I 3). Unzulässig ist eine Satzungsbestimmung, die unterschiedliche Mehrheiten aufstellt (BGH 15. 12. 1986 Z 99, 211, 215) oder die Mehrheitserfordernisse nach dem Anlaß der Abberufung differenziert (*Hüffer* Rn. 4; KölnKomm/*Mertens* Rn. 15).

III. Abberufung durch den Entsendungsberechtigten

Abs. 2 räumt dem Entsendungsberechtigten die Befugnis ein, das entsandte Aufsichtsratsmitglied 4
jederzeit abzuberufen und durch ein anderes zu ersetzen. Bei Wegfall des satzungsmäßigen Entsen-

dungsrechts kann auch die Hauptversammlung mit einfacher Stimmenmehrheit das entsandte Aufsichtsratsmitglied abberufen (§ 103 II 2).

IV. Abberufung nach Mitbestimmungsrecht

5 Nach Abs. 4 gelten für die Aufsichtsratsmitglieder, die aufgrund mitbestimmungsrechtlicher Vorschriften in den Aufsichtsrat gewählt worden sind, die Abberufungsvorschriften des § 23 MitbestG, § 11 Montan-MitbestG, § 10 m MitbestErgG, § 76 V BetrVG 1952.

V. Gerichtliches Abberufungsverfahren

6 Das in Abs. 3 geregelte gerichtliche Verfahren zur Abberufung aus wichtigem Grund ist unabhängig von den übrigen Abberufungskompetenzen der Abs. 1, 2 und 4. Der Gesellschaft soll es ermöglicht werden, sich von einem untragbar gewordenen Aufsichtsratsmitglied zu trennen.

7 1. **Antragsberechtigung.** Der Antrag zur Einleitung des Verfahrens kann gem. § 103 III 1 nur von dem Aufsichtsrat gestellt werden. Bei der Beschlußfassung, für die die einfache Stimmenmehrheit genügt (§ 103 III 2), ist das betroffene Aufsichtsratsmitglied nicht stimmberechtigt (*Hüffer* Rn. 12; KölnKomm/*Mertens* Rn. 29; *Hanau/Ulmer* § 6 Rn. 70; aA *Geßler/Hefermehl/Eckardt/Kropff* Rn. 34; MünchGesR IV/*Hoffmann-Becking* § 30 Rn. 55; *Hoffmann/Kirchhoff*, FS für Beusch, 1993, S. 377, 380). Soweit das Aufsichtsratsmitglied aufgrund der Satzung in den Aufsichtsrat entsandt worden ist, steht nach § 103 III 3 auch einer Aktionärsminderheit, deren Anteile 10% des Grundkapitals oder einen Nennwert von 1 Million Euro erreichen, das Antragsrecht zu.

8 2. **Wichtiger Grund.** Die Abberufung setzt einen wichtigen Grund in der Person des Aufsichtsratsmitglieds voraus. Der BGH bejahte früher das Vorliegen eines wichtigen Grundes, wenn ein krasses gesellschaftswidriges Verhalten vorliegt oder das Mitglied schlechthin untragbar für die Gesellschaft geworden ist (BGH 21. 2. 1963 Z 39, 111, 123). Heute wird jedoch darauf abgestellt, ob bei Abwägung der beteiligten Interessen ein Verbleiben des Aufsichtsratsmitgliedes in der Gesellschaft bis zum Ende der Amtszeit nicht zumutbar ist (OLG Hamburg 23. 1. 1990 ZIP 1990, 311, 313; vgl. LG Frankfurt 14. 10. 1986 NJW 1987, 505, 506; *Hofmann* BB 1973, 1081 ff.; *Hüffer* Rn. 10; KölnKomm/*Mertens* Rn. 32).

9 Ein wichtiger Grund **liegt vor,** wenn ein Aufsichtsratsmitglied aufgrund einer Tätigkeit außerhalb der Gesellschaft in einen Pflicht- und Interessenkonflikt mit den Unternehmenszielen gerät, namentlich durch das Eintreten für politische Zielsetzungen, die den Unternehmensgegenstand unterminieren (LG Hamburg 15. 9. 1989 ZIP 1990, 102; OLG Hamburg 23. 1. 1990 ZIP 1990, 311), einzelne Aufsichtsratsmitglieder sich im Hinblick auf ein geplantes Fusionsvorhaben mit einer negativen Stellungnahme an das Bundeskartellamt wenden (LG Frankfurt 14. 10. 1986 NJW 1987, 505) oder Mitglieder des Aufsichtsrats ohne Wissen des Vorstands Kontakt zu Geschäftspartnern der Gesellschaft aufnehmen (OLG Zweibrücken 25. 5. 1990 AG 1991, 70). Auch eine Verletzung der Verschwiegenheitspflichten kann abhängig von Art und Umfang der Pflichtverletzung einen wichtigen Grund darstellen (AG München 2. 5. 1985 ZIP 1985, 1139).

10 Bei einer Tätigkeit des Aufsichtsratsmitglieds im Vorstand oder Aufsichtsrat eines Konkurrenzunternehmens wird tlw. angenommen, daß ein Abberufungsgrund gegeben ist (*Lutter*, FS für Beusch, 1993, S. 509, 521 ff.). Richtigerweise ist dies jedoch nur beim Vorliegen von Anhaltspunkten zu bejahen, die die konkrete Gefahr eines nicht überbrückbaren Pflichten- und Loyalitätskonfliktes begründen (vgl. KölnKomm/*Mertens* Rn. 34; *Hüffer* Rn. 13 a f.).

11 3. **Verfahren.** Über den Antrag entscheidet gem. § 14 iVm. § 145 I FGG das AG des Sitzes der Gesellschaft im Verfahren der freiwilligen Gerichtsbarkeit. Gegen den Beschluß des Amtsgerichts ist nach § 103 III 4 die sofortige Beschwerde und gegen die Entscheidung des Beschwerdegerichts die sofortige weitere Beschwerde nach § 29 FGG gegeben. Da die Beschwerde keine aufschiebende Wirkung besitzt, erlischt das Amt des Aufsichtsratsmitglieds bereits mit Bekanntgabe der stattgebenden Entscheidung gem. § 16 I FGG. Soweit diese durch die Beschwerdeinstanz aufgehoben wird, lebt die Mitgliedschaft des abberufenen Aufsichtsratsmitglieds nur dann wieder auf, wenn zwischenzeitlich kein neues Aufsichtsratsmitglied das Amt übernommen hat (OLG Köln 12. 10. 1988 ZIP 1989, 572, 574; KölnKomm/*Mertens* Rn. 42).

VI. Sonstige Beendigungsgründe

12 Weitere Gründe einer Beendigung des Aufsichtsratsmandats sind der Tod, der Wegfall der persönlichen Voraussetzungen nach § 100 I, II (vgl. dort Rn. 2 ff.) die wirksame Anfechtung der Bestellung nach den §§ 251, 252 bzw. § 22 MitbestG und § 76 BetrVG 1952. Das Aufsichtsratsmandat endet nicht durch die Auflösung der Gesellschaft oder eine formwechselnde Umwandlung, bei der die Voraussetzungen des § 203 UmwG erfüllt sind.

Ein praktisch wichtiger Beendigungsgrund ist die **Amtsniederlegung** (vgl. *Singhof* AG 1998, 318 ff.; *Wardenbach* AG 1999, 74). Sie erfordert nach nunmehr einhelliger Ansicht keinen wichtigen Grund (*Hüffer* Rn. 17; KölnKomm/*Mertens* Rn. 56). Zur Wirksamkeit ist nach hM die Erklärung gegenüber dem Vorstand erforderlich (*Hüffer* Rn. 17; *Geßler/Hefermehl/Eckardt/Kropff* § 102 Rn. 34; aA Köln-Komm/*Mertens* Rn. 58: Aufsichtsratsvorsitzender). 13

§ 104 Bestellung durch das Gericht

(1) ¹ Gehört dem Aufsichtsrat die zur Beschlußfähigkeit nötige Zahl von Mitgliedern nicht an, so hat ihn das Gericht auf Antrag des Vorstands, eines Aufsichtsratsmitglieds oder eines Aktionärs auf diese Zahl zu ergänzen. ² Der Vorstand ist verpflichtet, den Antrag unverzüglich zu stellen, es sei denn, daß die rechtzeitige Ergänzung vor der nächsten Aufsichtsratssitzung zu erwarten ist. ³ Hat der Aufsichtsrat auch aus Aufsichtsratsmitgliedern der Arbeitnehmer zu bestehen, so können auch den Antrag stellen
1. der Gesamtbetriebsrat der Gesellschaft oder, wenn in der Gesellschaft nur ein Betriebsrat besteht, der Betriebsrat, sowie, wenn die Gesellschaft herrschendes Unternehmen eines Konzerns ist, der Konzernbetriebsrat,
2. der Gesamtbetriebsrat eines anderen Unternehmens, dessen Arbeitnehmer selbst oder durch Delegierte an der Wahl teilnehmen, oder, wenn in dem anderen Unternehmen nur ein Betriebsrat besteht, der Betriebsrat,
3. mindestens ein Zehntel oder einhundert der Arbeitnehmer, die selbst oder durch Delegierte an der Wahl teilnehmen,
4. Spitzenorganisationen der Gewerkschaften, die das Recht haben, Aufsichtsratsmitglieder der Arbeitnehmer vorzuschlagen,
5. Gewerkschaften, die das Recht haben, Aufsichtsratsmitglieder der Arbeitnehmer vorzuschlagen.
⁴ Hat der Aufsichtsrat nach dem Mitbestimmungsgesetz auch aus Aufsichtsratsmitgliedern der Arbeitnehmer zu bestehen, so sind außer den nach Satz 3 Antragsberechtigten auch je ein Zehntel der wahlberechtigten Arbeiter, der wahlberechtigten in § 3 Abs. 3 Nr. 1 des Mitbestimmungsgesetzes bezeichneten Angestellten oder der wahlberechtigten leitenden Angestellten im Sinne des Mitbestimmungsgesetzes antragsberechtigt. ⁵ Gegen die Entscheidung ist die sofortige Beschwerde zulässig.

(2) ¹ Gehören dem Aufsichtsrat länger als drei Monate weniger Mitglieder als die durch Gesetz oder Satzung festgesetzte Zahl an, so hat ihn das Gericht auf Antrag auf diese Zahl zu ergänzen. ² In dringenden Fällen hat das Gericht auf Antrag den Aufsichtsrat auch vor Ablauf der Frist zu ergänzen. ³ Das Antragsrecht bestimmt sich nach Absatz 1. ⁴ Gegen die Entscheidung ist die sofortige Beschwerde zulässig.

(3) Absatz 2 ist auf einen Aufsichtsrat, in dem die Arbeitnehmer ein Mitbestimmungsrecht nach dem Mitbestimmungsgesetz, dem Montan-Mitbestimmungsgesetz oder dem Mitbestimmungsergänzungsgesetz haben, mit der Maßgabe anzuwenden,
1. daß das Gericht den Aufsichtsrat hinsichtlich des weiteren Mitglieds, das nach dem Montan-Mitbestimmungsgesetz oder dem Mitbestimmungsergänzungsgesetz auf Vorschlag der übrigen Aufsichtsratsmitglieder gewählt wird, nicht ergänzen kann,
2. daß es stets ein dringender Fall ist, wenn dem Aufsichtsrat, abgesehen von dem in Nummer 1 genannten weiteren Mitglied, nicht alle Mitglieder angehören, aus denen er nach Gesetz oder Satzung zu bestehen hat.

(4) ¹ Hat der Aufsichtsrat auch aus Aufsichtsratsmitgliedern der Arbeitnehmer zu bestehen, so hat das Gericht ihn so zu ergänzen, daß das für seine Zusammensetzung maßgebende zahlenmäßige Verhältnis hergestellt wird. ² Wenn der Aufsichtsrat zur Herstellung seiner Beschlußfähigkeit ergänzt wird, gilt dies nur, soweit die zur Beschlußfähigkeit nötige Zahl der Aufsichtsratsmitglieder die Wahrung dieses Verhältnisses möglich macht. ³ Ist ein Aufsichtsratsmitglied zu ersetzen, das nach Gesetz oder Satzung in persönlicher Hinsicht besonderen Voraussetzungen entsprechen muß, so muß auch das vom Gericht bestellte Aufsichtsratsmitglied diesen Voraussetzungen entsprechen. ⁴ Ist ein Aufsichtsratsmitglied zu ersetzen, bei dessen Wahl eine Spitzenorganisation der Gewerkschaften, eine Gewerkschaft oder die Betriebsräte ein Vorschlagsrecht hätten, so soll das Gericht Vorschläge dieser Stellen berücksichtigen, soweit nicht überwiegende Belange der Gesellschaft oder der Allgemeinheit der Bestellung des Vorgeschlagenen entgegenstehen; das gleiche gilt, wenn das Aufsichtsratsmitglied durch Delegierte zu wählen wäre, für gemeinsame Vorschläge der Betriebsräte der Unternehmen, in denen Delegierte zu wählen sind.

(5) Das Amt des gerichtlich bestellten Aufsichtsratsmitglieds erlischt in jedem Fall, sobald der Mangel behoben ist.

50 AktG § 104

(6) ¹Das gerichtlich bestellte Aufsichtsratsmitglied hat Anspruch auf Ersatz angemessener barer Auslagen und, wenn den Aufsichtsratsmitgliedern der Gesellschaft eine Vergütung gewährt wird, auf Vergütung für seine Tätigkeit. ²Auf Antrag des Aufsichtsratsmitglieds setzt das Gericht die Auslagen und die Vergütung fest. ³Gegen die Entscheidung ist die sofortige Beschwerde zulässig. ⁴Die weitere Beschwerde ist ausgeschlossen. ⁵Aus der rechtskräftigen Entscheidung findet die Zwangsvollstreckung nach der Zivilprozeßordnung statt.

I. Allgemeines

1   Nach § 104 kann ein beschlußunfähiger (Abs. 1) oder unterbesetzter Aufsichtsrat (Abs. 2) auf Antrag durch eine gerichtliche Entscheidung ergänzt werden, um die Funktions- und Arbeitsfähigkeit des Aufsichtsrats sicherzustellen (*Hüffer* Rn. 1). Ein beschlußunfähiger Aufsichtsrat kann nach § 104 I auf die zur Beschlußfähigkeit notwendige Zahl von Aufsichtsratsmitgliedern ergänzt werden.

II. Beschlußunfähigkeit

2   Der Aufsichtsrat einer mitbestimmten Gesellschaft ist beschlußunfähig, wenn ihm weniger als die Hälfte der erforderlichen Mitgliederzahl angehört, vgl. § 28 MitbestG, § 10 Montan-MitbestG. Soweit die Gesellschaft dem BetrVG 1952 unterliegt oder mitbestimmungsfrei ist, bestimmt sich die Beschlußfähigkeit nach § 108 II.

III. Antragsberechtigung

3   Der Antrag kann nach § 104 I 1 vom Vorstand, von jedem Aufsichtsratsmitglied und jedem Aktionär gestellt werden. Der Vorstand ist nach § 104 I 2 verpflichtet, den Antrag unverzüglich (§ 121 I 1 BGB) zu stellen, sofern nicht die rechtzeitige Ergänzung vor der nächsten Aufsichtsratssitzung zu erwarten ist. Daneben sind die in § 104 I 3 Nr. 1 bis 5 genannten Gremien, Organisationen und Gruppen sowie die im MitbestG unterschiedenen ANGruppen (§ 104 I 4) zur Antragstellung berechtigt.

IV. Ergänzung bei Unterbesetzung

4   Eine Ergänzung des Aufsichtsrats ist nach § 104 II 1 möglich, wenn dem Aufsichtsrat länger als drei Monate weniger als die durch Gesetz und Satzung vorgeschriebene Zahl von Mitglieder angehören. Der Antrag kann von allen in Abs. 1 genannten Antragsberechtigten gestellt werden (§ 104 II 3).

5   Die Dreimonatsfrist ist nicht einzuhalten, wenn ein dringender Fall iSv. § 104 II 2 vorliegt. Das ist gem. § 104 III Nr. 2 immer dann der Fall, wenn die Gesellschaft der Mitbestimmung nach dem MitbestG, dem Montan-MitbestG oder MitbestErgG unterliegt. Im übrigen ist Dringlichkeit anzunehmen, wenn bei wichtigen Entscheidungen aufgrund der Unterrepräsentierung einer Interessengruppe konkrete Auswirkungen auf das Beschlußergebnis zu erwarten sind (KölnKomm/*Mertens* Rn. 13; *Hüffer* Rn. 7).

V. Gerichtliche Entscheidung

6   Über den Antrag entscheidet gem. § 145 I FGG iVm. § 14 das AG am Sitzes der Gesellschaft im Verfahren der freiwilligen Gerichtsbarkeit. Gegen den Beschluß ist gem. § 104 I 5 bzw. § 104 II 4 die sofortige Beschwerde und gegen die Entscheidung des Beschwerdegerichts die sofortige weitere Beschwerde gegeben. Zur Beschwerdebefugnis OLG Dresden 30. 9. 1997 AG 1998, 427.

7   Bei der Entscheidung, insb. bei der Auswahl, ist das Gericht frei, jedoch im Rahmen von § 104 IV an Einschränkungen gebunden (BayObLG 20. 8. 1997 ZIP 1997, 1883, 1884 f.). Wenn der Aufsichtsrat auch aus Vertretern der AN zu bestehen hat, ist er nach § 104 IV 1 so zu ergänzen, daß das für die Zusammensetzung des Aufsichtsrats maßgebliche zahlenmäßige Verhältnis unter Beachtung der Parität und des Gruppenproporzes hergestellt wird (*Hüffer* Rn. 9; *Hanau/Ulmer* § 6 Rn. 61). Bei der Ergänzung wegen Beschlußunfähigkeit nach Abs. 1 hat das Gericht nach § 104 IV 2 den Aufsichtsrat abw. hiervon unter weitgehender Herstellung der gruppenmäßigen Zusammensetzung soweit zu ergänzen, bis die Beschlußfähigkeit erreicht ist (KölnKomm/*Mertens* Rn. 15; *Geßler/Hefermehl* Rn. 32).

8   Das vom Gericht bestellte Aufsichtsratsmitglied muß nach § 104 IV 3 die besonderen persönlichen Voraussetzungen aufweisen, die durch Gesetz oder Satzung aufgestellt sind, insb. auch die erweiterten mitbestimmungsrechtlichen Voraussetzungen, vgl. § 100 Rn. 5. Im Rahmen von § 104 IV 4 ist das Gericht gehalten die nach dem Mitbestimmungsrecht bestehenden Vorschlagsrechte zu berücksichtigen, vgl. § 16 II MitbestG, § 6 I, III Montan-MitbestG, § 76 III BetrVG 1952 sowie BayObLG 20. 8. 1997 ZIP 1997, 1883, 1884.

VI. Rechtsstellung des Bestellten

Nach § 104 V erlischt das Amt des gerichtlich bestellten Aufsichtsratsmitglieds, wenn der Mangel behoben ist. Dies ist bei der Ergänzung wegen Beschlußunfähigkeit nach Abs. 1 dann der Fall, wenn der Aufsichtsrat auch ohne das gerichtlich bestellte Mitglied seine Beschlußfähigkeit wiedererlangt hat, bei der Ergänzung nach Abs. 2 nur dann, wenn die Unterbesetzung beseitigt worden ist. Der Mangel iSv. § 104 V ist behoben, wenn das Aufsichtsratsmitglied ordentlich bestellt wird oder die in der Satzung festgelegten Bestimmungen über die Mitgliederzahl und die Beschlußfähigkeit heruntergesetzt werden (*Hüffer* Rn. 13). 9

Das gerichtlich bestellte Aufsichtsratsmitglied hat während seiner Amtszeit dieselben Rechte und Pflichten wie ein ordentlich bestelltes Mitglied, insb. auch einen Vergütungsanspruch, § 104 VI. Auf Antrag setzt das zuständige Gericht (Rn. 6) die von der Gesellschaft zu zahlenden Auslagen und die Vergütung fest, vgl. im einzelnen § 104 VI. 10

§ 105 Unvereinbarkeit der Zugehörigkeit zum Vorstand und zum Aufsichtsrat

(1) Ein Aufsichtsratsmitglied kann nicht zugleich Vorstandsmitglied, dauernd Stellvertreter von Vorstandsmitgliedern, Prokurist oder zum gesamten Geschäftsbetrieb ermächtigter Handlungsbevollmächtigter der Gesellschaft sein.

(2) ¹ Nur für einen im voraus begrenzten Zeitraum, höchstens für ein Jahr, kann der Aufsichtsrat einzelne seiner Mitglieder zu Stellvertretern von fehlenden oder behinderten Vorstandsmitgliedern bestellen. ² Eine wiederholte Bestellung oder Verlängerung der Amtszeit ist zulässig, wenn dadurch die Amtszeit insgesamt ein Jahr nicht übersteigt. ³ Während ihrer Amtszeit als Stellvertreter von Vorstandsmitgliedern können die Aufsichtsratsmitglieder keine Tätigkeit als Aufsichtsratsmitglied ausüben. ⁴ Das Wettbewerbsverbot des § 88 gilt für sie nicht.

I. Allgemeines

§ 105 regelt die Inkompatibilität der Aufsichtsratsmitgliedschaft mit der Mitgliedschaft im Vorstand und der Ausübung weiterer leitender Funktionen. Damit setzt die Norm die Funktionsabgrenzung zwischen dem Geschäftsführungsorgan Vorstand und dem Überwachungsorgan Aufsichtsrat auch in personeller Hinsicht um. Durch die in Abs. 2 ermöglichte Bestellung von Aufsichtsratsmitgliedern zu Stellvertretern von Vorstandsmitgliedern wird der Inkompatibilitätsgrundsatz partiell durchbrochen. 1

Der Unvereinbarkeitsgrundsatz in § 105 I stellt keinen absoluten Vorrang des Aufsichtsratsmandats gegenüber den anderen dazu inkompatiblen Rechtsstellungen auf. Vielmehr besteht dahingehend eine Priorität, daß die Eingehung der späteren Rechtsstellung unzulässig ist, sofern die frühere bei Übernahme des Amts nicht gleichzeitig aufgegeben wird (KölnKomm/*Mertens* Rn. 5). 2

II. Unvereinbare Rechtsstellungen

Nach § 105 I 1. und 2. Fall kann ein Aufsichtsratsmitglied nicht zugleich Mitglied des Vorstands oder dauernder Stellvertreter eines Vorstandsmitglieds derselben Gesellschaft sein. Zur Mitgliedschaft in Vorstand und Aufsichtsrat verschiedener Gesellschaften vgl. § 100 Rn. 4. Unvereinbar mit dem Aufsichtsratsamt sind nach § 105 I 3. und 4. Fall auch die Stellung eines Prokuristen, unabhängig von der Art der erteilten Prokura, und eines Generalhandlungsbevollmächtigten iSv. § 54 I 1. Fall HGB. Im Anwendungsbereich des MitbestG ist dessen § 6 II 2 zu beachten. Auf andere als die in § 105 I genannten Rechtsstellungen, zB nicht erfaßte Funktionen der Leitungsebene, ist die Inkompatibilitätsregel nicht anzuwenden (*Hüffer* Rn. 5; KölnKomm/*Mertens* Rn. 12). 3

III. Rechtsfolgen bei Verstoß

Für die Inkompatibilität zwischen Aufsichtsratsmandat und den damit unvereinbaren Rechtsstellungen ist der Zeitpunkt des Amtsantritts maßgeblich. Die Bestellung ist bis zur auch konkludent erklärbaren Niederlegung des anderen Amtes schwebend unwirksam. Sollte das Amt nicht niedergelegt werden, so ist die Bestellung nach § 134 BGB bzw. analog § 250 I nichtig (*Hüffer* Rn. 6). Die Stellung eines Prokuristen oder Generalhandlungsbevollmächtigten kann abw. von den Vertretungsregeln des BGB bzw. des HGB durch Erklärung gegenüber der Gesellschaft beendet werden (*Brox* NJW 1967, 804 f.; KölnKomm/*Mertens* Rn. 14). 4

IV. Aufsichtsratsmitglied als stellvertretendes Vorstandsmitglied

Nach Abs. 2 kann der Aufsichtsrat einzelne seiner Mitglieder zu Stellvertretern von fehlenden oder verhinderten Vorstandsmitgliedern für eine im voraus zu bestimmende Amtszeit von höchstens einem Jahr bestellen. Ein Fehlen in diesem Sinne ist gegeben, wenn die nach Gesetz, Satzung oder Geschäftsordnung vorgeschriebene Mitgliederzahl unterschritten ist. Ein Vorstandsmitglied ist verhindert, wenn 5 es infolge langer Abwesenheit dauernd an der Ausübung des Vorstandsamts gehindert ist (*Hüffer* Rn. 7; KölnKomm/*Mertens* Rn. 18, 19; *Geßler/Hefermehl/Eckardt/Kropff* Rn. 24, 25).

6 Die Bestellung erfolgt durch Beschluß des Aufsichtsrats, bei dem auch das zu bestellende Aufsichtsratsmitglied stimmberechtigt ist. Soweit die Gesellschaft dem MitbestG unterliegt, ist für die Beschlußfassung § 29 MitbestG und nicht § 31 MitbestG anzuwenden (KölnKomm/*Mertens* Rn. 16; *Krieger*, Personalentscheidungen des Aufsichtsrats, 1981, S. 228ff.).

7 Das zum Stellvertreter eines Vorstandsmitglieds bestellte Aufsichtsratsmitglied tritt in dessen Rechtsposition mit allen sich daraus ergebenden Rechten und Pflichten mit Ausnahme des Wettbewerbsverbots nach § 88 (§ 105 II 4) ein. Während der Amtszeit als Stellvertreter von Vorstandsmitgliedern ruht das Aufsichtsratsmandat (vgl. § 105 II 3).

§ 106 Bekanntmachung der Änderungen im Aufsichtsrat

Der Vorstand hat jeden Wechsel der Aufsichtsratsmitglieder unverzüglich in den Gesellschaftsblättern bekanntzumachen und die Bekanntmachung zum Handelsregister einzureichen.

Die Vorschrift regelt die Publizität der personellen Aufsichtsratszusammensetzung. Der Vorstand ist verpflichtet, eine personelle Veränderung in der Zusammensetzung des Aufsichtsrats in den Gesellschaftsblättern (§ 25) bekanntzumachen und die Bekanntmachung zum Handelsregister einzureichen. Bei Eintritt neuer Aufsichtsratsmitglieder ist deren Name, Beruf und Wohnort analog §§ 40 I Nr. 3, 124 III 3 anzugeben (KölnKomm/*Mertens* Rn. 4).

§ 107 Innere Ordnung des Aufsichtsrats

(1) ¹Der Aufsichtsrat hat nach näherer Bestimmung der Satzung aus seiner Mitte einen Vorsitzenden und mindestens einen Stellvertreter zu wählen. ²Der Vorstand hat zum Handelsregister anzumelden, wer gewählt ist. ³Der Stellvertreter hat nur dann die Rechte und Pflichten des Vorsitzenden, wenn dieser behindert ist.

(2) ¹Über die Sitzungen des Aufsichtsrats ist eine Niederschrift anzufertigen, die der Vorsitzende zu unterzeichnen hat. ²In der Niederschrift sind der Ort und der Tag der Sitzung, die Teilnehmer, die Gegenstände der Tagesordnung, der wesentliche Inhalt der Verhandlungen und die Beschlüsse des Aufsichtsrats anzugeben. ³Ein Verstoß gegen Satz 1 oder Satz 2 macht einen Beschluß nicht unwirksam. ⁴Jedem Mitglied des Aufsichtsrats ist auf Verlangen eine Abschrift der Sitzungsniederschrift auszuhändigen.

(3) ¹Der Aufsichtsrat kann aus seiner Mitte einen oder mehrere Ausschüsse bestellen, namentlich, um seine Verhandlungen und Beschlüsse vorzubereiten oder die Ausführung seiner Beschlüsse zu überwachen. ²Die Aufgaben nach Absatz 1 Satz 1, § 59 Abs. 3, § 77 Abs. 2 Satz 1, § 84 Abs. 1 Satz 1 und 3, Abs. 2 und Abs. 3 Satz 1, § 111 Abs. 3, §§ 171, 314 Abs. 2 und 3 sowie Beschlüsse, daß bestimmte Arten von Geschäften nur mit Zustimmung des Aufsichtsrats vorgenommen werden dürfen, können einem Ausschuß nicht an Stelle des Aufsichtsrats zur Beschlußfassung überwiesen werden.

Schrifttum: *Brinkschmidt*, Protokolle des Aufsichtsrats und seiner Ausschüsse, 1992; *Paefgen*, Struktur und Aufsichtsratsverfassung der mitbestimmten AG, 1982; *Peus*, Der Aufsichtsratsvorsitzende, 1983; *Rellermeyer*, Aufsichtsratsausschüsse, 1986; *Säcker*, Aufsichtsratsausschüsse nach dem Mitbestimmungsgesetz 1976, 1979.

I. Allgemeines

1 1. **Regelungsinhalt.** § 107 regelt die innere Ordnung des Aufsichtsrats, namentlich die Wahl des Aufsichtsratsvorsitzenden und seines Stellvertreters (Abs. 1), die Anfertigung von Sitzungsniederschriften (Abs. 2) sowie die Bildung von Aufsichtsratsausschüssen (Abs. 3). Die unvollständig gehaltene Regelung überläßt der Satzung bzw. der Geschäftsordnung bei der näheren Ausgestaltung der inneren Ordnung des Aufsichtsrats und seiner Ausschüsse einen weiten Spielraum.

2 2. **Geschäftsordnung, Satzung.** Die innere Organisation des Aufsichtsrats obliegt vorrangig dem Aufsichtsrat und wird regelmäßig durch eine mit einfacher Stimmenmehrheit zu beschließende Geschäftsordnung näher ausgestaltet (*Hüffer* Rn. 23; *Geßler/Hefermehl/Eckardt/Kropff* Rn. 58). Die Geschäftsordnung bleibt solange in Kraft, bis sie durch Beschluß des Aufsichtsrats geändert bzw. aufgehoben wird, verliert ihre Geltung aber nicht mit Ende der Amtsperiode (OLG Hamburg 23. 7. 1982 WM 1982, 1090, 1092; *Hüffer* Rn. 24; *Geßler/Hefermehl/Eckardt/Kropff* Rn. 59; aA *Säcker* DB 1977, 2031, 2035 f.). Regelungsgegenstand von Geschäftsordnungen ist insb. das Verfahren zur Einberufung einschließlich der Bekanntmachung der Tagesordnung, das Abstimmungsverfahren und die Einsetzung und Besetzung von Ausschüssen.

Regelungen durch die Satzung sind zulässig, wenn die Selbstorganisationsautonomie des Aufsichts- 3
rats gewahrt bleibt. Als höherrangige Norm gehen zulässige Satzungsbestimmungen der vom Aufsichtsrat beschlossenen Geschäftsordnung vor (BGH 5. 6. 1975 Z 64, 325, 327 f.).

II. Aufsichtsratsvorsitzender und Stellvertreter

1. Allgemeines. Nach § 107 I 1 wählt der Aufsichtsrat aus seiner Mitte einen Vorsitzenden und 4
mindestens einen Stellvertreter. Wird die Wahl nicht durchgeführt, so kommt eine gerichtliche Bestellung des Vorsitzenden analog § 104 in Betracht, da anderenfalls die Funktionsfähigkeit des Aufsichtsrats aufgrund der ihm nach dem AktG und den Mitbestimmungsgesetzen zustehenden Kompetenzen beeinträchtigt ist (KölnKomm/*Mertens* Rn. 18; *Lutter/Krieger* Rn. 217, 207; *Hanau/Ulmer* § 27 Rn. 4; *Hüffer* Rn. 3 b; aA *Geßler/Hefermehl/Eckardt/Kropff* Rn. 8; MünchGesR IV/*Hoffmann-Becking* § 31 Rn. 7).

2. Wahl des Aufsichtsratsvorsitzenden. Im Anwendungsbereich des MitbestG ist dessen § 27 zu 5
beachten. Außerhalb davon, dh. insb. im Anwendungsbereich der übrigen Mitbestimmungsgesetze, erfolgt die Wahl des Vorsitzenden und seines Stellvertreters entsprechend dem AktG. Die Wahl, bei der der zu wählende Kandidat stimmberechtigt ist, erfordert die einfache Stimmenmehrheit, sofern die Satzung keine auch in qualifizierter Form möglichen Mehrheitserfordernisse aufstellt (*Hüffer* Rn. 3; *Lutter/Krieger* Rn. 209; aA KölnKomm/*Mertens* Rn. 9). Die Wahl bedarf zu ihrer Wirksamkeit der Annahme durch den Gewählten und ist vom Vorstand zum Handelsregister anzumelden (§ 107 I 2).

3. Rechtsstellung des Aufsichtsratsvorsitzenden. a) Amtszeit. Die Amtszeit kann grds. durch 6
Satzung, Geschäftsordnung oder Wahlbeschluß festgelegt werden, endet aber stets mit dem Ende der Mitgliedschaft im Aufsichtsrat (RG 19. 3. 1910 Z 73, 234, 237; KölnKomm/*Mertens* Rn. 24; *Lutter/Krieger* Rn. 211).

b) Abberufung/Amtsniederlegung. Die Bestellung kann durch Beschluß des Aufsichtsrats, der der 7
gleichen Mehrheit wie der Wahlbeschluß bedarf, jederzeit widerrufen werden. Die Satzung und die Geschäftsordnung können das Verfahren und die Voraussetzungen der Abberufung näher ausgestalten, wobei die Abberufung aus wichtigem Grund mit einfacher Mehrheit möglich sein muß (vgl. KölnKomm/*Mertens,* Rn. 31; *Lutter/Krieger* Rn. 212). Zu § 27 MitbestG siehe dort Rn. 4.

c) Aufgaben und Befugnisse. Aufgaben und Befugnisse des Aufsichtsratsvorsitzenden regelt das 8
Gesetz nur vereinzelt. Ihm steht die Befugnis zur Einberufung (§ 110 I 1) und Leitung der Aufsichtsratssitzung zu (KölnKomm/*Mertens* Rn. 39), daneben all diejenigen Aufgaben und Befugnisse, die dem Vorsitzenden eines Gremiums üblicherweise zustehen (KölnKomm/*Mertens* Rn. 35; *Hüffer* Rn. 5). Hierzu gehört die allgemeine Koordination der Aufsichtsratstätigkeit, insb. hinsichtlich der Arbeit der Ausschüsse und der Einhaltung der Ordnungsmäßigkeit der Aufsichtsratssitzungen. Hinzu kommt die Funktion als Repräsentant des Aufsichtsrats gegenüber dem Vorstand und der Hauptversammlung sowie der Öffentlichkeit und daneben regelmäßig auch die Vertretung gegenüber dem Vorstand (vgl. § 112). Zu den besonderen Funktionen nach dem MitbestG vgl. dort § 29 Rn. 3, 5.

4. Stellvertreter. Nach § 107 I 1 können ein oder mehrere Stellvertreter bestellt werden, deren 9
Amtszeit von der des Vorsitzenden abweichen kann (KölnKomm/*Mertens* Rn. 25; *Lutter/Krieger* Rn. 211; zur Bestellung weiterer Stellvertreter BGH 25. 2. 1982 Z 83, 106 sowie § 27 MitbestG Rn. 7). Besonderheiten bei der Wahl und hinsichtlich der Rechtsstellung der Stellvertreter bestehen nach § 27 MitbestG (vgl. dort).

Der Stellvertreter hat gem. § 107 I 3 die Rechte und Pflichten des Vorsitzenden, wenn dieser verhin- 10
dert ist. Das ist der Fall, wenn der Aufsichtsratsvorsitzende eine ihm obliegende Maßnahme innerhalb des zur Verfügung stehenden Zeitraums nicht selbst wahrnehmen kann, dagegen nicht, wenn er zur Wahrnehmung nicht gewillt ist (*Hüffer* Rn. 7; KölnKomm/*Mertens* Rn. 66). Außerhalb des Vertretungsfalls hat der Stellvertreter mit Ausnahme von § 27 III MitbestG keine herausgehobene Rechtsstellung (KölnKomm/*Mertens* Rn. 64; aA *Peus* S. 205 ff.).

III. Niederschrift über die Sitzung

1. Protokollierung. Nach § 107 II ist über die Sitzungen des Aufsichtsrats eine Niederschrift 11
anzufertigen, zu deren Erstellung entgegen § 109 ein Protokollführer hinzugezogen werden kann, wenn kein Aufsichtsratsmitglied widerspricht (*Hüffer* Rn. 12; MünchGesR IV/*Hoffmann-Becking* § 31 Rn. 45; für Mehrheitsbeschluß *Brinkschmidt* S. 52; *Lutter/Krieger* Rn. 237). In dem vom Aufsichtsratsvorsitzenden zu unterzeichnenden Sitzungsprotokoll müssen nach § 107 II 2 Ort und Tag der Sitzung, die Teilnehmer, die Gegenstände der Tagesordnung, der wesentliche Inhalt der Verhandlungen und die Beschlüsse aufgenommen werden. Nach § 107 II 4 ist allen Mitgliedern des Aufsichtsrats auf ihr Verlangen das Protokoll der Aufsichtsratssitzungen und der Ausschußsitzungen auszuhändigen.

Oetker

12 **2. Funktion.** Die Niederschrift besitzt Beweisfunktion, sie begründet eine tatsächliche Vermutung für die Richtigkeit und Vollständigkeit ihres Inhalts, insb. über den Sitzungsverlauf und die gefaßten Beschlüsse (KölnKomm/*Mertens* Rn. 79; *Hüffer* Rn. 13; ausführlich *Brinkschmidt* S. 33 ff.). Für die Wirksamkeit der Aufsichtsratsbeschlüsse hat sie nach § 107 II 3 keine Bedeutung.

13 **3. Vorlage und Beschlagnahme.** Eine Vorlagepflicht gegenüber gesellschaftsfremden Dritten kommt im Rahmen der gesetzlichen Vorschriften in Betracht. Sie besteht im Zuge steuerlicher Buch- und Betriebsprüfungen gegenüber der Finanzbehörde, beschränkt auf den zur Durchführung der Maßnahme erforderlichen Umfang (BFH 11. 7. 1967 BStBl. II S. 365; BFH 27. 6. 1968 BStBl. II S. 592), des weiteren aber auch gegenüber parlamentarischen Untersuchungsausschüssen, soweit die Tätigkeit der Gesellschaft zulässiger Gegenstand der Untersuchung ist (BVerfG 1. 10. 1987 E 77, 1, 43 ff.).

IV. Aufsichtsratsausschüsse

14 **1. Allgemeines.** Nach § 107 III kann der Aufsichtsrat aus seiner Mitte Ausschüsse bestellen, vor allem zur Vorbereitung seiner Verhandlungen und Beschlüsse sowie zur Überwachung der Ausführung der Beschlüsse. Durch die Delegation von Aufgaben auf Ausschüsse soll eine effiziente Aufsichtsratsarbeit verwirklicht werden.

15 In Konkretisierung der durch die Satzung nicht beschränkbaren Organisationsautonomie des Aufsichtsrats entscheidet dieser grds. eigenverantwortlich über Bildung und personelle Zusammensetzung bzw. Besetzung der Ausschüsse (BGH 25. 2. 1982 Z 83, 106, 112, 115; BGH 17. 5. 1993 Z 122, 342, 357 f.; *Paefgen* S. 308 ff., 319 ff.; KölnKomm/*Mertens* Rn. 90). Nach dem MitbestG besteht eine Verpflichtung zur Bildung des sog. Vermittlungsausschusses (vgl. § 27 MitbestG Rn. 8 ff.). Eine vergleichbare Bestimmung enthält § 8 II Montan-MitbestG für die Wahl des „neutralen" Aufsichtsratsmitgliedes.

16 **2. Bestellung.** Bildung eines Ausschusses und Bestellung der Mitglieder erfolgen durch Beschluß des Aufsichtsrats mit einfacher Stimmenmehrheit. In Gesellschaften, die dem MitbestG unterliegen, findet § 29 MitbestG und nicht § 27 MitbestG Anwendung (MünchGesR IV/*Hoffmann-Becking* § 32 Rn. 18; *Hanau/Ulmer* § 25 Rn. 126; aA *Fitting/Wlotzke/Wißmann* § 29 Rn. 41).

17 **3. Besetzung.** Für die Bildung des Vermittlungsausschusses nach dem MitbestG gilt die Sonderregelung des § 27 III MitbestG (vgl. dort Rn. 8 ff.). Über die Besetzung der sonstigen Ausschüsse entscheidet der Aufsichtsrat autonom (vgl. die Nachweise bei Rn. 15). Dem Grunde nach besteht diese Organisationsautonomie auch in mitbestimmten Gesellschaften, wird dort aber durch den Zweck der Mitbestimmung überlagert. Dies führt aber nicht dazu, daß dort die personelle Zusammensetzung der Ausschüsse der des Gesamtaufsichtsrates entsprechen muß (BGH 17. 5. 1993 Z 122, 342, 355 ff. mwN; aA *Säcker* S. 56 ff.). Allerdings dürfen die ANVertreter bei der Besetzung der Ausschüsse nicht allein aufgrund ihrer Gruppenzugehörigkeit von der Mitarbeit ausgeschlossen werden, ohne daß dafür im Einzelfall erhebliche sachliche Gründe vorliegen (BGH 17. 5. 1993 Z 122, 342, 355; *Hüffer* Rn. 21; KölnKomm/*Mertens* Rn. 108 ff. mwN; *Hanau/Ulmer* § 25 Rn. 127; *Lutter/Krieger* Rn. 264; MünchGesR IV/*Hoffmann-Becking* § 32 Rn. 20; tlw. aA *Zöllner*, FS für Zeuner, 1994, S. 161, 182 ff.). Dies gilt nicht nur im Anwendungsbereich des MitbestG, sondern auch für solche Unternehmen, deren Aufsichtsrat nach den §§ 76 ff. BetrVG 1952 zusammenzusetzen ist (s. aber einschränkend *Altmeppen*, FS für Brandner, 1996, S. 3 ff.).

18 Ob nach dem Diskriminierungsverbot die Beteiligung der ANVertreter an den Ausschüssen geboten ist, hängt von den Umständen des Einzelfalls ab. In Unternehmen, in denen der Aufsichtsrat nach dem MitbestG paritätisch besetzt ist, werden allgemein höhere Anforderungen an den sachlichen Grund des Ausschlusses der ANVertreter von der Beteiligung an den Ausschüssen zu stellen sein (KölnKomm/*Mertens* Rn. 112 mwN; s. auch *Oetker* ZGR 2000, 19, 52 ff.).

19 Deshalb sind ANVertreter an sog. beschließenden Personalausschüssen zu beteiligen, die die Bestellung der Mitglieder des gesetzlichen Vertretungsorgans vorbereiten, insb. die Bedingungen der Anstellung festlegen (BGH 17. 5. 1993 Z 122, 342, 360; *Brandes* WM 1994, 2177, 2182; KölnKomm/ *Mertens* Rn. 112). Ebenso ist eine Beteiligung der ANVertreter an Ausschüssen angezeigt, die über die Ausübung eines Zustimmungsvorbehalts nach § 111 IV 2 (vgl. dort Rn. 12 ff.) entscheiden (OLG München 27. 1. 1995 ZIP 1995, 1753, 1754; zustimmend *Wank* EWiR 1995, 605 f.; aA OLG Hamburg 15. 9. 1995 ZIP 1995, 1673, 1675 f.; *Fleck* EWiR 1995, 1147 f.; *Jaeger* ZIP 1995, 1735, 1737). Daneben wird eine Beteiligung an Ausschüssen mit sozialem Tätigkeitsfeld regelmäßig geboten sein (*Rellermeyer* S. 107; *Lutter/Krieger* Rn. 264; MünchGesR IV/*Hoffmann-Becking* § 32 Rn. 19).

20 Auch bei sog. Beteiligungsausschüssen, die nach § 32 MitbestG über die Ausübung von Beteiligungsrechten entscheiden, wird regelmäßig kein sachlicher Grund für den Ausschluß der ANVertreter vorliegen. Der Regelungszweck des § 32 MitbestG (vgl. dort Rn. 1) wird durch die Beteiligung der ANVertreter nicht berührt, da für Entscheidungen iSv. § 32 I 2 MitbestG nur die Stimmen der Anteilseigner maßgeblich sind (*Hanau/Ulmer* § 32 Rn. 28; *Raiser* § 32 Rn. 22; aA *Paefgen* S. 383 ff.; KölnKomm/*Mertens* Anh. § 117 B § 32 MitbestG Rn. 22).

4. Grenzen der Aufgabendelegierung. Nach § 107 III 2 sind bestimmte Entscheidungen des Auf- 21
sichtsrats dem Plenum vorbehalten. Hierunter fallen insb. die Wahl des Vorsitzenden, die Bestellung
zum Vorstand und der Widerruf aus wichtigem Grund sowie die Festlegung von Zustimmungsvorbehalten nach § 111 IV 2. Darüber hinaus kann der Gesamtaufsichtsrat die Überwachung des Vorstands nicht auf einen Ausschuß zur ausschließlichen Wahrnehmung delegieren (KölnKomm/*Mertens*
Rn. 130; *Rellermeyer* S. 32 ff.; *Lutter/Krieger* Rn. 259).

Dem Aufsichtsrat bleibt es unbenommen, die Vorbehaltsentscheidungen einem Ausschuß zur Vor- 22
bereitung zu übertragen, so zB die Auswahl und die Anstellungsbedingungen eines Vorstandsmitglieds
(*Hüffer* Rn. 18; *Lutter/Krieger* Rn. 259). Die Tätigkeit der Ausschüsse darf jedoch die Entscheidungen
des Gesamtaufsichtsrats nicht präjudizieren (BGH 24. 11. 1980 Z 79, 38 ff.; *Hüffer* Rn. 18).

Die Delegierung an die Ausschüsse berührt nicht die Kompetenz des Aufsichtsrats, diese Aufgaben 23
wieder an sich zu ziehen und im Aufsichtsratsplenum zu entscheiden. Dies schließt ein umfassendes
Informationsrecht gegenüber dem Ausschuß ein (KölnKomm/*Mertens* Rn. 128; *Rellermeyer* S. 204 ff.;
Lutter/Krieger Rn. 261).

5. Verfahren. Für das gesetzlich nicht geregelte Verfahren in den Ausschüssen sind die Vorschriften 24
für den Gesamtaufsichtsrat entsprechend heranzuziehen. Einberufung und Leitung der Sitzungen
obliegt regelmäßig dem Ausschußvorsitzenden. Über die Sitzung ist entsprechend § 107 II eine
Niederschrift anzufertigen (vgl. Rn. 9 ff.). Das Verfahren kann im übrigen durch die Geschäftsordnung
und die Satzung näher ausgestaltet werden (vgl. dazu Rn. 2 f.).

Für die in § 107 III 2 vorausgesetzten beschließenden Ausschüsse ist die Beschlußfähigkeit zu 25
beachten (vgl. § 108 Rn. 9 ff.). Das Zweitstimmrecht des Aufsichtsratsvorsitzenden nach § 29 II MitbestG ist nicht auf den Vorsitzenden des Ausschusses übertragbar, kann aber durch Satzung oder
Geschäftsordnung eingeräumt werden (BGH 25. 2. 1982 Z 83, 144, 147 f.).

§ 108 Beschlußfassung des Aufsichtsrats

(1) Der Aufsichtsrat entscheidet durch Beschluß.

(2) ¹Die Beschlußfähigkeit des Aufsichtsrats kann, soweit sie nicht gesetzlich geregelt ist, durch
die Satzung bestimmt werden. ²Ist sie weder gesetzlich noch durch die Satzung geregelt, so ist der
Aufsichtsrat nur beschlußfähig, wenn mindestens die Hälfte der Mitglieder, aus denen er nach
Gesetz oder Satzung insgesamt zu bestehen hat, an der Beschlußfassung teilnimmt. ³In jedem
Fall müssen mindestens drei Mitglieder an der Beschlußfassung teilnehmen. ⁴Der Beschlußfähigkeit steht nicht entgegen, daß dem Aufsichtsrat weniger Mitglieder als die durch Gesetz oder
Satzung festgesetzte Zahl angehören, auch wenn das für seine Zusammensetzung maßgebende
zahlenmäßige Verhältnis nicht gewahrt ist.

(3) ¹Abwesende Aufsichtsratsmitglieder können dadurch an der Beschlußfassung des Aufsichtsrats und seiner Ausschüsse teilnehmen, daß sie schriftliche Stimmabgaben überreichen
lassen. ²Die schriftlichen Stimmabgaben können durch andere Aufsichtsratsmitglieder überreicht
werden. ³Sie können auch durch Personen, die nicht dem Aufsichtsrat angehören, übergeben
werden, wenn diese nach § 109 Abs. 3 zur Teilnahme an der Sitzung berechtigt sind.

(4) Schriftliche, telegrafische oder fernmündliche Beschlußfassungen des Aufsichtsrats oder
eines Ausschusses sind nur zulässig, wenn kein Mitglied diesem Verfahren widerspricht.

Schrifttum: *Axhausen*, Die Anfechtbarkeit aktienrechtlicher Aufsichtsratsbeschlüsse, 1986; *Lemke*, Der
fehlerhafte Aufsichtsratsbeschluß, 1994; *Matthießen*, Stimmrecht und Interessenkollision im Aufsichtsrat,
1989.

I. Allgemeines

§ 108 regelt die Grundsätze der Beschlußfassung des Aufsichtsrats und seiner Ausschüsse. Entschei- 1
dungen des Aufsichtsrats müssen nach Abs. 1 durch Beschluß gefaßt werden. Das Verfahren muß den
in Abs. 2 für die Beschlußfähigkeit aufgestellten Mindestanforderungen gerecht werden. Außerdem
wird die Abstimmung durch Stimmboten (Abs. 3) sowie die Beschlußfassung ohne Sitzung zugelassen
(Abs. 4).

II. Beschlußfassung des Aufsichtsrats

1. Entscheidung durch Beschluß. Der Beschluß ist die Bildung des Organwillens durch Abstim- 2
mung über einen Antrag (KölnKomm/*Mertens* Rn. 6; *Hüffer* Rn. 3). Gegenstand eines Beschlusses
können neben Handlungen, an die kraft Gesetzes oder Satzung Rechtswirkungen geknüpft werden,
auch sonstige Erklärungen sein, die der Aufsichtsrat aufgrund Gesetzes abgeben muß. In Betracht
kommen insb. Willenserklärungen des Aufsichtsrats (zB nach §§ 112, 88 I, 89 I und V), nicht aber rein
tatsächliche Äußerungen und Stellungnahmen, soweit sie keine Rechtswirkungen entfalten (Köln-

Komm/*Mertens* Rn. 11). Eine Beschlußfassung ist auch immer dann erforderlich, wenn ein Mitglied des Aufsichtsrats eine Entscheidung durch Beschluß beantragt (*Hüffer* Rn. 2).

3   **2. Beschlußfassung.** Der Aufsichtsrat kann aus Gründen der Rechtssicherheit, insb. im Hinblick auf die Feststellung der Beschlußfähigkeit und des Abstimmungsergebnisses, seine Beschlüsse nur ausdrücklich fassen (BGH 6. 4. 1964 Z 41, 282, 286; BGH 19. 12. 1988 NJW 1989, 1928, 1929). Liegt ein ausdrücklicher Beschluß vor, kann dessen Inhalt aber nach den allgemeinen Auslegungsregeln ermittelt werden (BGH 19. 12. 1988 NJW 1989, 1928, 1929; KölnKomm/*Mertens* Rn. 13).

4   **a) Beschlußfassung in der Sitzung.** Der gesetzliche Regelfall ist die Beschlußfassung in der Sitzung. Eine Sitzung in diesem Sinne ist jede unmittelbare Kommunikation zwischen den Aufsichtsratsmitgliedern bei gleichzeitiger allseitiger Sicht- und Hörbarkeit (KölnKomm/*Mertens* Rn. 16).

5   Abs. 3 ermöglicht den abwesenden Aufsichtsratsmitgliedern die **schriftliche Stimmabgabe** durch sog. Stimmboten innerhalb einer Sitzung und gleicht damit die Nachteile aus, die aus der Unzulässigkeit der Bestellung von Stellvertretern resultieren (vgl. § 101 III 1). Die vorgefertigte Stimmerklärung kann durch andere Aufsichtsratsmitglieder (§ 108 III 2) oder Personen, die nach § 109 III zur Teilnahme an der Sitzung berechtigt sind (§ 108 III 3), überreicht werden. Das Schriftformerfordernis wird auch durch Telegramm, Telex oder Telefax erfüllt (KölnKomm/*Mertens* Rn. 20; *Lutter*, FS für Duden, 1977, S. 280 f.; *Lutter/Krieger* Rn. 246; aA *Hanau/Ulmer* § 25 Rn. 30).

6   Für eine wirksame Stimmbotenschaft muß gewährleistet werden, daß der Wille des abwesenden Aufsichtsratsmitglieds zur Geltung gebracht wird; der Stimmbote darf keinerlei Entscheidungsspielraum haben (*Lutter*, FS für Duden, 1977, S. 276). Über die konkrete Verfahrensweise der Stimmbotenschaft besteht Uneinigkeit (vgl. KölnKomm/*Mertens* Rn. 20 mwN). Im Interesse einer flexiblen Handhabung ist es grds. zulässig, daß der Bote, gegebenenfalls nach Unterrichtung des abwesenden Aufsichtsratsmitglieds über den Gang der Beratungen, ein nach dessen konkreten Weisungen ausgefülltes Blankett in der Sitzung überreicht (KölnKomm/*Mertens* Rn. 27; *Lutter*, FS für Duden, 1977, S. 276; MünchGesR IV/*Hoffmann-Becking* § 31 Rn. 79; aA *Hanau/Ulmer* § 25 Rn. 30; *Geßler/Hefermehl/Eckardt/Kropff* Rn. 49).

7   **b) Beschlußfassung ohne Sitzung.** § 108 IV läßt die Beschlußfassung ohne Sitzung mit schriftlicher, telegrafischer oder fernmündlicher Stimmabgabe zu; dem ist die Stimmabgabe durch Telefax gleichzustellen (*Hüffer* Rn. 16). Voraussetzung ist jedoch, daß nach ordnungsgemäßer Unterrichtung über den Beschlußantrag und die Form der Beschlußfassung kein Aufsichtsratsmitglied dieser Form der Stimmabgabe widerspricht. Sollte sich ein Aufsichtsratsmitglied nicht äußern, so liegt darin weder ein Widerspruch noch eine Stimmenthaltung (KölnKomm/*Mertens* Rn. 32; *Lutter/Krieger* Rn. 247).

8   **c) Gemischte Abstimmung.** Zulässig ist auch eine gemischte Abstimmung, bei der ein Teil der Stimmen in der Sitzung abgegeben und den abwesenden Aufsichtsratsmitgliedern die Möglichkeit eingeräumt wird, ihre Stimmen nachträglich innerhalb einer angemessenen Frist abzugeben (*Hüffer* Rn. 16; KölnKomm/*Mertens* Rn. 19). Dem darf jedoch entsprechend § 108 IV kein Aufsichtsratsmitglied widersprechen.

9   **3. Beschlußfähigkeit.** Ein wirksamer Beschluß setzt die Beschlußfähigkeit des Aufsichtsrats voraus. Sie liegt nach § 108 II 2 vor, wenn mindestens die Hälfte der Mitglieder an der Beschlußfassung teilnehmen, aus denen er nach Gesetz oder Satzung zu bestehen hat. Diese Regelung ist nach dem MitbestG, dem Montan-MitbestG oder dem MitbestErgG insoweit zwingend, als keine geringeren Anforderungen durch die Satzung aufgestellt werden dürfen (vgl. § 28 MitbestG, § 10 Montan-MitbestG, § 11 MitbestErgG).

10   In allen übrigen Gesellschaften, einschließlich den nach dem BetrVG 1952 mitbestimmten Unternehmen, kann die Beschlußfähigkeit gem. § 108 II 1 durch die Satzung unter Beachtung der zwingenden Regelungen und Grundsätze näher geregelt werden. So wäre zB eine Regelung unzulässig, die die Beschlußfähigkeit von der Teilnahme bestimmter Aufsichtsratsmitglieder abhängig macht (BGH 25. 2. 1982 Z 83, 151, 154 ff.).

11   Nach § 108 II 3 müssen in jedem Fall mindestens drei Mitglieder an der Beschlußfassung teilnehmen, während die bloße Unterbesetzung nicht die Beschlußunfähigkeit zur Folge hat, auch wenn dadurch eine Gruppenparität berührt wird (§ 108 II 4).

12   **4. Abstimmung. a) Erforderliche Stimmenmehrheit.** Die Annahme bzw. Ablehnung eines Beschlußantrags erfordert grds. die Mehrheit der abgegebenen Stimmen (§ 29 I MitbestG bzw. § 32 I 3 BGB analog). Anderenfalls ist dieser mangels erforderlicher Mehrheit abgelehnt. Stimmenthaltungen und ungültige Stimmen werden bei der Feststellung des Stimmenverhältnisses nicht mitgezählt (BGH 25. 2. 1982 Z 83, 35, 36 f.; BGH 8. 12. 1988 Z 106, 179, 183 f.).

13   **Abweichende Mehrheitserfordernisse** bestehen nach dem MitbestG für die Wahl des Aufsichtsratsvorsitzenden (§ 27 MitbestG) und die Bestellung des gesetzlichen Vertretungsorgans (§ 31 MitbestG) sowie bei der Ausübung von Beteiligungsrechten nach § 32 MitbestG bzw. § 15 MitbestErgG, zu den Einzelheiten dort. Für mitbestimmungsfreie und nach dem BetrVG 1952 mitbestimmte Gesellschaften können qualifizierte Mehrheiten durch die Satzung festgelegt werden, sofern die Funktionsfähigkeit

des Aufsichtsrats bei der Erfüllung der gesetzlichen Pflichten gewährleistet bleibt (vgl. KölnKomm/*Mertens* Rn. 46; *Geßler/Hefermehl/Eckardt/Kropff* Rn. 22).

b) Stimmrecht und Stimmrechtsausschluß. Aus dem Grundsatz der gleichen Berechtigung aller 14 Aufsichtsratsmitglieder folgt die Gleichwertigkeit aller Stimmen. Im Anwendungsbereich des MitbestG steht dem Aufsichtsratsvorsitzenden nach § 29 II und § 31 IV MitbestG ein Zweitstimmrecht bei Stimmengleichheit zu. In allen übrigen Gesellschaften kann dem Aufsichtsratsvorsitzenden oder seinem Stellvertreter durch die Satzung ein Recht zum Stichentscheid eingeräumt werden (*Hüffer* Rn. 8; KölnKomm/*Mertens* Rn. 45).

Ein **Stimmrechtsausschluß** greift entsprechend § 34 BGB ein, wenn die Beschlußfassung die 15 Vornahme eines Rechtsgeschäfts mit dem Aufsichtsratsmitglied oder die Einleitung oder Erledigung eines Rechtsstreits zwischen ihm und der Gesellschaft betrifft. Dies muß nach dem Normzweck auch gelten, wenn die Beschlußfassung ein Rechtsgeschäft mit einer anderen Gesellschaft betrifft, bei der das Aufsichtsratsmitglied zugleich Organmitglied ist (*Hanau/Ulmer* § 25 Rn. 27; aA KölnKomm/*Mertens* Rn. 51; *Geßler/Hefermehl/Eckardt/Kropff* Rn. 29).

Kein Stimmverbot besteht bei Abstimmungen, die die innere Ordnung des Aufsichtsrats betreffen, 16 wie zB die Wahl des Aufsichtsratsvorsitzenden (*Hüffer* Rn. 9; KölnKomm/*Mertens* Rn. 50). Andererseits wird bei Abstimmungen über die Bestellung eines Aufsichtsratsmitglieds zum Vorstand ein Stimmrechtsausschluß für das betreffende Mitglied tlw. befürwortet (so *Hanau/Ulmer* § 31 Rn. 18 a; *Hüffer* Rn. 9; aA KölnKomm/*Mertens* Rn. 50; *Lutter/Krieger* Rn. 128, 248).

Eine Erweiterung des Stimmrechtsausschlusses auf Fälle, die zu einem Interessenkonflikt bei AN- 17 Vertretern führen können, namentlich soweit die Abstimmung arbeitskampf- oder tarifpolitische Entscheidungen zum Gegenstand hat, ist nach hM abzulehnen (*Hanau/Ulmer* § 25 Rn. 28; KölnKomm/*Mertens* Rn. 53; aA *Säcker* DB 1977, 1794; *Wiedemann*, Gesellschaftsrecht I, 1980, S. 632). Gegen einen Stimmrechtsausschluß läßt sich der Grundsatz der gleichen Berechtigung und Verpflichtung der Aufsichtsratsmitglieder und die Verpflichtung der Aufsichtsratsmitglieder auf das Unternehmensinteresse anführen (vgl. hierzu zuletzt BGH 26. 11. 1988 Z 106, 54, 65).

c) Geheime Abstimmung. Der Aufsichtsrat kann seine Beschlüsse grds. in geheimer Abstimmung 18 fassen (*Hanau/Ulmer* § 25 Rn. 26; *Hüffer* Rn. 5 f.; *Lutter/Krieger* Rn. 243; *Peus*, Der Aufsichtsratsvorsitzende, 1983, S. 120 ff.; aA KölnKomm/*Mertens* Rn. 38; *Fitting/Wlotzke/Wißmann* § 25 Rn. 23), wenn dies durch ein Aufsichtsratsmitglied verlangt wird (*Peus* DStR 1996, 1656 f.; für Minderheit von zwei Mitgliedern *Ulmer* AG 1982, 300, 305 f.; für Mehrheitsbeschluß *Hüffer* Rn. 5 a). Durch die geheime Abstimmung wird sachfremder Druckausübung und der Gefahr einer Disziplinierung der jeweiligen Gruppe wirksam entgegengewirkt (*Hanau/Ulmer* § 25 Rn. 26; *Peus*, Der Aufsichtsratsvorsitzende, 1983, S. 122). Demgegenüber treten haftungsrechtliche Gesichtspunkte in den Hintergrund (vgl. dazu KölnKomm/*Mertens* Rn. 38 mwN), denn auch den dissentierenden Aufsichtsratsmitgliedern obliegt es, gegen einen sorgfaltswidrigen Beschluß vorzugehen (*Hanau/Ulmer* § 25 Rn. 26).

III. Fehlerhafte Aufsichtsratsbeschlüsse

1. Grundsätze. Ein fehlerhafter Aufsichtsratsbeschluß liegt vor, wenn das Beschlußverfahren unter 19 Mängeln leidet oder der Beschluß seinem Inhalt nach gegen Gesetz oder Satzung verstößt. Die dogmatische Einordnung des fehlerhaften Aufsichtsratsbeschlusses ist im Hinblick auf die Geltendmachung und die Rechtsfolgen der Fehlerhaftigkeit umstritten.

Eine verbreitete Meinung differenziert zwischen nichtigen und anfechtbaren Aufsichtsratsbeschlüs- 20 sen, überwiegend in Anlehnung an die §§ 241 ff. (OLG Hamburg 6. 3. 1992 AG 1992, 197 f.; *Baums* ZGR 1983, 300, 305 ff.; *Lemke* S. 94 ff.; *Lutter/Krieger* Rn. 251 ff.). Demgegenüber lehnt der BGH die entsprechende Anwendung der §§ 241 ff. im Grundsatz ab, läßt jedoch offen, ob bei der Fehlerhaftigkeit zwischen nichtigen und anfechtbaren Beschlüssen zu differenzieren ist (BGH 17. 5. 1993 Z 122, 342, 347 ff.; zustimmend *Hüffer* Rn. 18 f.; *Kindl* DB 1993, 2065 ff.).

2. Beschlußfehler und Folgen. Nach der Rspr. des BGH sind Aufsichtsratsbeschlüsse nichtig, die 21 verfahrensmäßig oder inhaltlich gegen zwingendes Gesetzes- oder Satzungsrecht verstoßen (BGH 17. 5. 1993 Z 122, 342, 351). Nichtigkeit wird in der Regel bei schweren inhaltlichen Mängeln des Beschlusses sowie bei schwerwiegenden Verfahrensfehlern, wie Beschlußunfähigkeit, gesetzwidriger Zusammensetzung des Aufsichtsrats und Kompetenzüberschreitung anzunehmen sein. Bei Verstößen gegen reine Ordnungsvorschriften oder minderschweren Verfahrensfehlern, die keine konkreten Auswirkungen auf das Beschlußergebnis hatten oder die die Mitwirkungsrechte von Aufsichtsratsmitgliedern nur unwesentlich berühren, tritt keine Nichtigkeit ein.

3. Geltendmachung. Die Nichtigkeit eines Aufsichtsratsbeschlusses kann mit einer Feststellungs- 22 klage von jedem gerichtlich geltend gemacht werden, der ein rechtliches Interesse an dieser Feststellung hat. Nach Ansicht des BGH ist der zur Geltendmachung des Beschlußmangels berechtigte Personenkreis durch sachgerechte Bestimmung des erforderlichen Rechtsschutzinteresses zu begrenzen (BGH 17. 5. 1993 Z 122, 342, 351). Im Regelfall werden die Aufsichtsrats- und die Vorstandsmitglieder zur Geltendmachung des Beschlußmangels berechtigt sein, die Aktionäre jedoch nicht (Köln-Komm/*Mertens* Rn. 89; vgl. auch *Hachenburg/Raiser* § 52 Rn. 83).

23 Die Klage ist gegen die Gesellschaft, vertreten durch den Vorstand, zu richten (BGH 15. 11. 1982 Z 85, 293, 295; BGH 17. 5. 1993 Z 122, 342, 344 ff.; OLG Düsseldorf 22. 6. 1995 ZIP 1995, 1183, 1187; KölnKomm/*Mertens* Rn. 90; aA *Hommelhoff* ZHR 143 [1979], 288, 313 ff.). Eine Frist für die Geltendmachung, orientiert an der einmonatigen Anfechtungsfrist des § 246, besteht nicht (dafür aber OLG Hamburg 6. 3. 1992 AG 1992, 197, 199; *Lemke* S. 183 ff.). Allerdings kommt nach den konkreten Umständen eine Verwirkung in Betracht, soweit der Beschlußmangel nicht binnen angemessener Zeit gegenüber dem Aufsichtsratsvorsitzenden und daran anschließend gegenüber dem Gericht geltend gemacht wird (BGH 17. 5. 1993 Z 122, 342, 351; *Hachenburg/Raiser* § 52 Rn. 84; *Hüffer* Rn. 20; vgl. auch *Lutter/Krieger* Rn. 254). Dies betrifft vorwiegend minderschwere Mängel, wie Verstöße gegen Verfahrensvorschriften (BGH 17. 5. 1993 Z 122, 342, 351), oder aber widersprüchliches Verhalten. Bei besonders schwerwiegenden Mängeln ist eine Verwirkung regelmäßig nicht anzunehmen (*Hachenburg/Raiser* § 52 Rn. 84).

24 Ein die Nichtigkeit feststellendes **Urteil** wirkt analog § 248 I für und gegen alle Aktionäre sowie die Mitglieder des Vorstands und des Aufsichtsrats (*Baums* ZGR 1983, 300, 308; *Hachenburg/Raiser* § 52 Rn. 82; KölnKomm/*Mertens* Rn. 91 mwN; tlw. aA *Lemke* S. 176). Der BGH erwägt eine ähnliche Rechtskraftwirkung in Anlehnung an die Rspr. zum Vereinsrecht (BGH 17. 5. 1993 Z 122, 342, 350 unter Hinweis auf BGH 25. 5. 1992 NJW-RR 1992, 1209). Erfaßt der zur Nichtigkeit führende Fehler nur einen Teil des Beschlusses, so können die Grundsätze zur Teilnichtigkeit von Rechtsgeschäften entsprechend § 139 BGB Anwendung finden (BGH 15. 11. 1993 Z 124, 111, 121 f.; *Brandes* WM 1994, 2177, 2182).

§ 109 Teilnahme an Sitzungen des Aufsichtsrats und seiner Ausschüsse

(1) ¹ An den Sitzungen des Aufsichtsrats und seiner Ausschüsse sollen Personen, die weder dem Aufsichtsrat noch dem Vorstand angehören, nicht teilnehmen. ² Sachverständige und Auskunftspersonen können zur Beratung über einzelne Gegenstände zugezogen werden.

(2) Aufsichtsratsmitglieder, die dem Ausschuß nicht angehören, können an den Ausschußsitzungen teilnehmen, wenn der Vorsitzende des Aufsichtsrats nichts anderes bestimmt.

(3) Die Satzung kann zulassen, daß an den Sitzungen des Aufsichtsrats und seiner Ausschüsse Personen, die dem Aufsichtsrat nicht angehören, an Stelle von verhinderten Aufsichtsratsmitgliedern teilnehmen können, wenn diese sie hierzu schriftlich ermächtigt haben.

(4) Abweichende gesetzliche Vorschriften bleiben unberührt.

I. Allgemeines

1 § 109 regelt, welche Personen zur Teilnahme an den Sitzungen des Aufsichtsrats und seiner Ausschüsse berechtigt sind. Nach Abs. 3 können bei Verhinderung eines Aufsichtsratsmitglieds dem Aufsichtsrat nicht angehörende Personen zur Teilnahme an den Sitzungen ermächtigt werden.

II. Teilnahmeberechtigte Personen

2 **1. Aufsichtsratsmitglieder.** Die Mitglieder des Aufsichtsrats haben kraft Amtes ein unentziehbares Recht, aber auch die Pflicht zur Teilnahme an den Sitzungen des Aufsichtsrats (KölnKomm/*Mertens* Rn. 7 f.; *Hüffer* Rn. 2; *Lutter/Krieger* Rn. 234). Die Teilnahmeberechtigung besteht ebenfalls, wenn das Aufsichtsratsmitglied in bezug auf den betreffenden Beratungsgegenstand einem Stimmrechtsausschluß unterliegt (KölnKomm/*Mertens* Rn. 8).

3 Ein **Ausschluß von der Sitzung** kann durch den Aufsichtsratsvorsitzenden ausgesprochen werden. Hieran sind jedoch strenge Anforderungen zu stellen. Er kommt erst in Betracht, wenn konkrete Anhaltspunkte dafür bestehen, daß durch die Teilnahme wichtige Belange der Gesellschaft beeinträchtigt werden könnten, so zB bei drohendem Geheimnisverrat (*Hüffer* Rn. 2; *Lutter/Krieger* Rn. 234; aA *Geßler/Hefermehl/Eckardt/Kropff* Rn. 9) oder die erforderliche Sitzungsordnung anders nicht hergestellt werden kann (KölnKomm/*Mertens* Rn. 8).

4 **2. Vorstandsmitglieder.** Nach Abs. 1 können Vorstandsmitglieder an den Sitzungen des Aufsichtsrats teilnehmen, ohne daß es eines besonderen Anlasses bedarf. Der Vorstand bzw. seine Mitglieder sind zur Teilnahme verpflichtet, wenn der Aufsichtsrat dies verlangt (*Hüffer* Rn. 3; MünchGesR IV/ *Hoffmann-Becking* § 31 Rn. 44). Ein gesetzliches Teilnahmerecht zugunsten der Vorstandsmitglieder besteht nicht (KölnKomm/*Mertens* Rn. 9; *Hüffer* Rn. 3; *Geßler/Hefermehl/Eckardt/Kropff* Rn. 6; *Lutter/Krieger* Rn. 236).

5 **3. Sachverständige und Auskunftspersonen.** § 109 I 2 ermöglicht dem Aufsichtsrat, Sachverständige und Auskunftspersonen zur Beratung einzelner Gegenstände hinzuzuziehen. Zur Teilnahme

berechtigt sind alle Personen, die aufgrund ihrer Sachkunde bzw. ihres Informationsstandes zum Beratungsgegenstand etwas beitragen können (*Geßler/Hefermehl/Eckardt/Kropff* Rn. 13; *Hüffer* Rn. 5). Die Hinzuziehung sachkundiger Dritter wird jedoch durch den Grundsatz der eigenverantwortlichen Amtsausübung begrenzt, der eine über den Einzelfall hinausgehende dauernde Teilnahme und Beratung durch nicht dem Aufsichtsrat angehörige Personen ausschließt (BGH 15. 12. 1982 Z 85, 293, 295 ff.; KölnKomm/*Mertens* Rn. 15).

4. Fehlerfolgen. Sollten nicht teilnahmeberechtigte Personen an der Aufsichtsratssitzung teilnehmen, so führt dies nach hM grds. nicht zur Nichtigkeit der gefaßten Beschlüsse (BGH 24. 2. 1954 Z 12, 327, 330; BGH 17. 4. 1967 Z 47, 341, 349 f.; *Geßler/Hefermehl/Eckardt/Kropff* Rn. 5; *Hüffer* Rn. 4). 6

III. Teilnahme an Ausschußsitzungen

Zur **Teilnahme an Ausschußsitzungen** sind die jeweiligen Mitglieder des Ausschusses berechtigt. Aufsichtsratsmitglieder, die nicht dem betreffenden Ausschuß angehören, haben nach § 109 II ein Recht zur Teilnahme an dessen Sitzung. Der Aufsichtsratsvorsitzende, nicht der Vorsitzende des Ausschusses, hat jedoch nach § 109 II die Befugnis, ausschußfremde Aufsichtsratsmitglieder von den Ausschußsitzungen auszuschließen, sofern dies nicht in genereller Weise erfolgt oder zu einer Diskriminierung einzelner oder einer Gruppe von Aufsichtsratsmitgliedern führt (vgl. hierzu § 107 Rn. 18 f.; sowie *Hüffer* Rn. 6; *Geßler/Hefermehl/Eckardt/Kropff* Rn. 22). 7

IV. Teilnahme von Beauftragten

Gemäß Abs. 3 kann die Satzung zulassen, daß bei Verhinderung eines Aufsichtsratsmitglieds eine nicht zum Aufsichtsrat gehörende Person an den Sitzungen teilnehmen kann. Dies setzt voraus, daß das Aufsichtsratsmitglied objektiv verhindert ist und den Beauftragten schriftlich ermächtigt. Der Beauftragte hat die Stellung eines Boten und kann innerhalb seiner Ermächtigung Erklärungen des verhinderten Aufsichtsratsmitglieds abgeben und vorformulierte Anträge stellen, hat darüber hinaus aber kein eigenes Rede- und Antragsrecht (*Hüffer* Rn. 7; KölnKomm/*Mertens* Rn. 29; *Lutter/Krieger* Rn. 235; zur Botenschaft bei der Abstimmung vgl. § 108 Rn. 5). 8

§ 110 Einberufung des Aufsichtsrats

(1) ¹Jedes Aufsichtsratsmitglied oder der Vorstand kann unter Angabe des Zwecks und der Gründe verlangen, daß der Vorsitzende des Aufsichtsrats unverzüglich den Aufsichtsrat einberuft. ²Die Sitzung muß binnen zwei Wochen nach der Einberufung stattfinden.

(2) Wird einem Verlangen, das von mindestens zwei Aufsichtsratsmitgliedern oder vom Vorstand geäußert ist, nicht entsprochen, so können die Antragsteller unter Mitteilung des Sachverhalts selbst den Aufsichtsrat einberufen.

(3) Der Aufsichtsrat soll einmal im Kalendervierteljahr, er muß einmal und bei börsennotierten Gesellschaften zweimal im Kalenderhalbjahr zusammentreten.

I. Allgemeines

Die Vorschrift regelt die Grundlagen der Einberufung des Aufsichtsrats. Im einzelnen wird das Recht zur Einberufung (Abs. 1) und ein damit korrespondierendes Selbsthilferecht der Aufsichtsratsmitglieder und des Vorstands (Abs. 2) normiert und eine Mindestzahl von Aufsichtsratssitzungen vorgeschrieben (Abs. 3). Innerhalb des durch die Vorschrift abgesteckten Rahmens können die weiteren Modalitäten der Einberufung durch die Satzung oder die Geschäftsordnung geregelt werden. 1

II. Einberufung durch den Aufsichtsratsvorsitzenden

Der in § 110 I vorausgesetzte Regelfall ist die Einberufung durch den Aufsichtsratsvorsitzenden bzw. im Falle seiner Verhinderung durch dessen Stellvertreter, die unter Angabe von Ort, Tag und Zeit der Sitzung aber nicht notwendig in schriftlicher Form erfolgt. Dabei ist eine angemessene Frist zwischen der Einberufung und der Sitzung einzuhalten (*Hüffer* Rn. 3; *Lutter/Krieger* Rn. 229). 2

Die **Tagesordnung** wird üblicherweise mit der Einberufung mitgeteilt, kann aber auch separat unter Einhaltung einer angemessenen Frist bekanntgegeben werden (KölnKomm/*Mertens* Rn. 4). In ihr sind die Beschlußgegenstände so konkret anzugeben, daß es den Aufsichtsratsmitgliedern möglich ist, über die Teilnahme zu entscheiden und sich auf die Sitzung vorzubereiten (KölnKomm/*Mertens* Rn. 4). Eine förmliche Tagesordnung ist nicht zwingend erforderlich (dagegen *Hüffer* Rn. 4), wird aber idR am ehesten diesen Anforderungen gerecht. 3

III. Einberufungsantrag

4 Nach Abs. 1 können einzelne Aufsichtsratsmitglieder und der Vorstand vom Aufsichtsratsvorsitzenden die Einberufung des Aufsichtsrats verlangen. Der Antrag muß den Zweck, dh. den Gegenstand der Einberufung, und den Grund für die Notwendigkeit und den Zeitpunkt der Einberufung enthalten. Der Aufsichtsratsvorsitzende ist grds. verpflichtet, dem Verlangen durch unverzügliche (§ 121 I 1 BGB) Einberufung des Aufsichtsrats zu entsprechen. Die Sitzung muß spätestens zwei Wochen nach der Einberufung stattfinden (§ 110 I).

5 Der Aufsichtsratsvorsitzende kann die Einberufung ablehnen, wenn das Verlangen rechtsmißbräuchlich ist (KölnKomm/*Mertens* Rn. 11; MünchGesR IV/*Hoffmann-Becking* § 31 Rn. 38; *Lutter/Krieger* Rn. 231). Hieran sind jedoch hohe Anforderungen zu stellen. Ein Rechtsmißbrauch ist zB in Betracht zu ziehen, wenn der Aufsichtsrat schon abschließend unter Berücksichtigung aller entscheidungsrelevanten Umstände entschieden hat oder der Berufungsgegenstand ausschließlich gesellschaftsexterne Angelegenheiten betrifft (KölnKomm/*Mertens* Rn. 11). Nicht genügend ist, daß die durch die Einberufung angestrebte Beschlußfassung keine Aussicht auf Erfolg hat (*Hüffer* Rn. 7; KölnKomm/*Mertens* Rn. 11).

IV. Selbsteinberufung

6 Das Selbsthilferecht in Abs. 2 ermöglicht es einer Mindestzahl von zwei Aufsichtsratsmitgliedern sowie dem Vorstand, den Aufsichtrat selbst einzuberufen, sofern diese einen Einberufungsantrag nach Abs. 1 erfolglos gestellt haben. Ein erfolgloser Antrag liegt vor, wenn die Sitzung nicht unverzüglich bzw. innerhalb der Zweiwochenfrist (§ 110 I 2) zu dem im Verlangen angegebenen Beschlußgegenstand einberufen wird (*Hüffer* Rn. 9).

7 Von der Befugnis zur Selbsteinberufung ist unverzüglich Gebrauch zu machen, anderenfalls erlischt sie. Die Zweiwochenfrist des § 110 I 2 findet keine Anwendung (*Hüffer* Rn. 9; KölnKomm/*Mertens* Rn. 20). Mit der Einberufung ist neben den allgemeinen Angaben (Rn. 2 f.) auch der der Selbsteinberufung zugrundeliegende Sachverhalt mitzuteilen (§ 110 II aE). Bei der Beschlußfassung sind die allgemeinen Wirksamkeitsvoraussetzungen wie zB die Beschlußfähigkeit einzuhalten.

V. Mindestzahl der Aufsichtsratssitzungen

8 Nach Abs. 3 soll der Aufsichtsrat einmal im Kalendervierteljahr einberufen werden, er ist zwingend mindestens einmal im Kalenderhalbjahr einzuberufen. Die halbjährliche Einberufung wird vom Gesetzgeber als Grundvoraussetzung einer wirksamen Aufsichtsratstätigkeit angesehen. Sie kann nicht durch eine Beschlußfassung außerhalb der Sitzung ersetzt werden (KölnKomm/*Mertens* Rn. 29; *Geßler/Hefermehl/Eckardt/Kropff* Rn. 44). Bei börsennotierten Gesellschaften erhöht sich die Zahl der zwingend durchzuführenden Sitzungen auf zwei pro Kalenderhalbjahr.

§ 111 Aufgaben und Rechte des Aufsichtsrats

(1) Der Aufsichtsrat hat die Geschäftsführung zu überwachen.

(2) ¹Der Aufsichtsrat kann die Bücher und Schriften der Gesellschaft sowie die Vermögensgegenstände, namentlich die Gesellschaftskasse und die Bestände an Wertpapieren und Waren, einsehen und prüfen. ²Er kann damit auch einzelne Mitglieder oder für bestimmte Aufgaben besondere Sachverständige beauftragen. ³Er erteilt dem Abschlußprüfer den Prüfungsauftrag für den Jahres- und den Konzernabschluß gemäß § 290 des Handelsgesetzbuchs.

(3) ¹Der Aufsichtsrat hat eine Hauptversammlung einzuberufen, wenn das Wohl der Gesellschaft es fordert. ²Für den Beschluß genügt die einfache Mehrheit.

(4) ¹Maßnahmen der Geschäftsführung können dem Aufsichtsrat nicht übertragen werden. ²Die Satzung oder der Aufsichtsrat kann jedoch bestimmen, daß bestimmte Arten von Geschäften nur mit seiner Zustimmung vorgenommen werden dürfen. ³Verweigert der Aufsichtsrat seine Zustimmung, so kann der Vorstand verlangen, daß die Hauptversammlung über die Zustimmung beschließt. ⁴Der Beschluß, durch den die Hauptversammlung zustimmt, bedarf einer Mehrheit, die mindestens drei Viertel der abgegebenen Stimmen umfaßt. ⁵Die Satzung kann weder eine andere Mehrheit noch weitere Erfordernisse bestimmen.

(5) Die Aufsichtsratsmitglieder können ihre Aufgaben nicht durch andere wahrnehmen lassen.

Schrifttum: *Semler*, Leitung und Überwachung. Die Leitungsaufgabe des Vorstandes und die Überwachungsaufgabe des Aufsichtsrats in der Aktiengesellschaft, 1996; *Theisen*, Grundsätze einer ordnungsgemäßen Informationsversorgung des Aufsichtsrats, 1991.

I. Allgemeines

§ 111 regelt die Überwachung der Geschäftsführung durch den Aufsichtsrat. Ihm wird hierzu ein 1 Einwirkungsinstrumentarium zur Verfügung gestellt (Abs. 2 bis 4), das durch Befugnisse nach anderen Vorschriften ergänzt wird (vgl. Rn. 26). Nach Abs. 5 ist die dauernde Wahrnehmung des Aufsichtsratsmandats durch Dritte ausgeschlossen (vgl. Rn. 30 ff.).

II. Überwachungsaufgabe

1. Adressat und Gegenstand. Nach § 111 I hat der Aufsichtsrat die Geschäftsführung des Vor- 2 stands zu überwachen. Adressat dieser Aufgabe ist der Aufsichtsrat als Organ, nicht dessen Mitglieder (BGH 25. 3. 1991 Z 114, 127, 130; *Hüffer* Rn. 9; KölnKomm/*Mertens* Rn. 10); dies schließt die Unterstützung und Vorbereitung durch Ausschüsse oder einzelne Mitglieder nicht aus.

Die Überwachung umfaßt nicht die gesamte Geschäftsführung des Vorstands. Vielmehr unterliegen 3 ihr nur solche Geschäftsführungsmaßnahmen, die besondere Bedeutung für die Leitung der Gesellschaft haben; regelmäßig sind dies Leitungsmaßnahmen, aber auch wesentliche Einzelmaßnahmen (*Hüffer* Rn. 3; *Lutter/Krieger* Rn. 17; MünchGesR IV/*Hoffmann-Becking* § 29 Rn. 23). Als Anhaltspunkt für die Konkretisierung dienen die Berichtspflichten des Vorstands nach § 90 I (vgl. Rn. 10 f.; *Hüffer* Rn. 3; *Hanau/Ulmer* § 25 Rn. 50; *Semler* S. 20).

In zeitlicher Hinsicht umfaßt die Überwachung abgeschlossene Geschäftsführungsvorgänge. Grund- 4 lage sind hierbei vorrangig die nach § 90 I Nr. 2 und 3 zu erstattenden Berichte (Rn. 10 f.) und der nach § 171 I zu prüfende Jahresabschluß und Lagebericht (Rn. 28). Über eine vergangenheitsbezogene Kontrolle hinaus erstreckt sich die Überwachung auch auf die gegenwärtige Geschäftsführung und grds. Fragen der künftigen Geschäftspolitik (BGH 25. 3. 1991 Z 114, 127, 129 f.; MünchGesR IV/ *Hoffmann-Becking* § 29 Rn. 30 f.; *Lutter/Krieger* Rn. 30; *Hüffer* Rn. 5).

Die Wahrnehmung der Überwachungsaufgabe schließt auch die Beratung des Vorstands ein, da diese 5 das vorrangige Mittel einer in die Zukunft gerichteten Kontrolle bildet (BGH 25. 3. 1991 Z 114, 127, 130; *Hüffer* Rn. 5; vgl im einzelnen *Henze* BB 2000, 209, 214; *Lutter/Krieger* Rn. 30 ff.; *Lutter/Kremer* ZGR 1992, 87, 88 ff.; *Deckert* AG 1997, 109, 111 ff.; MünchGesR IV/*Hoffmann-Becking* § 29 Rn. 32).

2. Maßstäbe der Überwachung. Der Aufsichtsrat hat über die Rechtmäßigkeit, die Ordnungsmä- 6 ßigkeit sowie über die Zweckmäßig- bzw. Wirtschaftlichkeit der Geschäftsführung zu wachen (BGH 25. 3. 1991 Z 114, 127, 129 f.; *Henze* BB 2000, 209, 214 f.; *Lutter/Krieger* Rn. 22 ff.; *Hüffer* Rn. 6; *Semler* S. 68 ff.).

Bei der Rechtmäßigkeitskontrolle hat der Aufsichtsrat darauf zu achten, daß sich die Geschäfts- 7 führung des Vorstands im Rahmen der Gesetze hält (*Semler* S. 69 ff.; *Lutter/Krieger* Rn. 22). Dies betrifft neben den Vorschriften des AktG und des sonstigen Wirtschaftsrechts der Satzung und den darin festgelegten Unternehmensgegenstand. Die Ordnungsmäßigkeit zielt hingegen auf die Gewährleistung einer fehlerfreien Entscheidungsbasis ab. Die Geschäftsführung ist danach so zu organisieren, daß die Leitung des Unternehmens auf hinreichenden und zutreffenden Entscheidungsgrundlagen aufbaut (*Semler* S. 68 f.; *Scholz/Schneider* § 52 Rn. 65). Die Kontrolle der Zweckmäßig- und Wirtschaftlichkeit erstreckt sich im wesentlichen auf grds. Fragen der Rentabilität des Unternehmens (vgl. im einzelnen *Semler* S. 71 f.; *Lutter/Krieger* Rn. 39 ff.).

3. Intensität der Überwachung. Die Intensität der Überwachung hängt von der wirtschaftlichen 8 Lage der Gesellschaft ab (vgl. im einzelnen *Semler* S. 87 ff.; *ders.* AG 1984, 141 ff.; *Hüffer* Rn. 7; *Lutter/Krieger* Rn. 27 f.; kritisch KölnKomm/*Mertens* Rn. 20; *Claussen* AG 1984, 20, 21). Bei normalem Geschäftsverlauf kann sich der Aufsichtsrat zurückhalten und auf eine allgemeine Kontrolle beschränken. Eine Verschlechterung der Lage des Unternehmens zwingt ihn indessen zu einer Intensivierung der Überwachungstätigkeit (vgl. *Semler* S. 87 ff.; *Lutter/Krieger* Rn. 27 f.; KölnKomm/*Mertens* Rn. 20). Ob der Aufsichtsrat gegen rechtswidrige Geschäftsführungsmaßnahmen des Vorstands einschreiten muß, hängt von den Umständen des Einzelfalls ab. Bei schwerwiegenden Unregelmäßigkeiten und bei Verletzung von Rechtsvorschriften ist im Regelfall eine Einwirkungspflicht anzunehmen; anders hingegen bei nur geringfügigen Verstößen, die keinen wesentlichen Einfluß auf die Rentabilität der Gesellschaft haben (s. auch LG Stuttgart 29. 10. 1999, DB 1999, 2462 ff.).

III. Mittel der Überwachung

1. Berichtspflichten des Vorstands. Die vom Vorstand nach § 90 periodisch zu erstattenden Be- 9 richte bilden die wesentliche Grundlage der Überwachungstätigkeit. Der Vorstand ist verpflichtet, über die in § 90 I aufgezählten Gegenstände innerhalb eines bestimmten Turnus (§ 90 II) ordnungsgemäß (§ 90 IV) Bericht zu erstatten. Außerhalb der periodischen Berichterstattung ist dem Aufsichtsratsvorsitzenden aus wichtigem Anlaß zu berichten (§ 90 I 2). Darüber hinausgehende Berichte hat der Vorstand auf Verlangen des Gesamtaufsichtsrats zu erstatten (§ 90 III). Auch einzelne Mitglieder des Aufsichtsrats können Berichte des Vorstands an den Gesamtaufsichtsrat anfordern. Soweit der

50 AktG § 111
Aufgaben und Rechte des Aufsichtsrats

Vorstand dieses Verlangen ablehnt, kann der Bericht nur bei Unterstützung durch ein weiteres Mitglied verlangt werden (§ 90 II 2, vgl. näher *Lutter,* Informationen und Vertraulichkeit im Aufsichtsrat, 1984).

10   **2. Meinungsäußerung und Beanstandung.** Der Aufsichtsrat kann auf der Grundlage der ihm nach § 90 vorzulegenden Berichte zu den einzelnen Berichtsgegenständen Stellung nehmen und die Geschäftsführung ggf. beanstanden (*Lutter/Krieger* Rn. 32 ff.; MünchGesR IV/*Hoffmann-Becking* § 29 Rn. 29). Auch wenn diese Meinungsäußerung des Aufsichtsrats für den Vorstand rechtlich unverbindlich ist, wirkt sie mittelbar auf die Geschäftsführung des Vorstands ein, da dieser regelmäßig zur Überprüfung seiner Geschäftsführungsmaßnahmen angehalten ist.

11   **3. Einsichts- und Prüfungsrecht.** Nach § 111 II kann der Aufsichtsrat die Bücher und Schriften der Gesellschaft sowie die Vermögensgegenstände einsehen. Das Einsichts- und Prüfungsrecht ist eine notwendige Fortsetzung der dem Vorstand nach § 90 obliegenden Berichtspflichten (*Hüffer* Rn. 12) und kommt nur aus konkretem Anlaß in Betracht (KölnKomm/*Mertens* Rn. 42). **Gegenstand** der Einsichtnahme sind alle Unterlagen der Gesellschaft und deren Vermögensgegenstände, einschließlich der Produktionsanlagen. Bei der Wahrnehmung des Einsichts- und Prüfungsrechts ist der Aufsichtsrat zur Befragung von Vorstandsmitgliedern und Angestellten befugt, sofern diese einen sachlichen Bezug zum Gegenstand der Einsichtnahme haben (KölnKomm/*Mertens* Rn. 45; s. auch *Brandi* ZIP 2000, 173 ff.). Der Aufsichtsrat kann nach § 111 II 2 einzelne Aufsichtsratsmitglieder und besondere Sachverständige mit der Ausübung des Einsichts- und Prüfungsrechts beauftragen; dies schließt die Einsetzung eines Ausschusses ein (*Geßler/Hefermehl/Eckardt/Kropff* Rn. 40; MünchGesR IV/*Hoffmann-Becking* § 29 Rn. 33; *Hüffer* Rn. 12). Die Beauftragung von Sachverständigen ist nur zeitlich und gegenständlich begrenzt zulässig (BGH 15. 11. 1982 Z 85, 293, 296).

12   **4. Zustimmungsvorbehalt. a) Allgemeines.** Nach der Funktionsaufteilung zwischen Vorstand und Aufsichtsrat obliegt allein dem Vorstand die Geschäftsführung der Gesellschaft, während der Aufsichtsrat von deren Ausübung nach § 111 IV 1 grds. ausgeschlossen und auf die Überwachung der Geschäftsführung beschränkt ist. § 111 IV 2 durchbricht diese Kompetenzabgrenzung, indem die Vornahme bestimmter Geschäftsführungsmaßnahmen von der Zustimmung des Aufsichtsrats abhängig gemacht werden kann. Mit der Aufstellung eines Zustimmungsvorbehalts wird der Aufsichtsrat an der Geschäftsführung des Vorstands beteiligt. Er erlangt hierdurch jedoch keine neben dem Vorstand gleichberechtigte Stellung hinsichtlich der Geschäftsführung, da durch die Aufstellung von Vorbehalten kein eigenes Initiativrecht begründet werden kann (MünchGesR IV/*Hoffmann-Becking* § 29 Rn. 37).

13   **b) Aufstellung.** Die Hauptversammlung und der Aufsichtsrat haben nach § 111 IV 2 eine konkurrierende Befugnis zur Anordnung eines Zustimmungsvorbehalts. Begründet die Satzung das Zustimmungserfordernis, so kann es der Aufsichtsrat nicht aufheben (*Lutter/Krieger* Rn. 36; *Hüffer* Rn. 17; *Götz* ZGR 1990, 633, 634 ff.). Der Satzung ist es verwehrt, die Befugnis des Aufsichtsrats zur Aufstellung von Zustimmungsvorbehalten auszuschließen oder einzuschränken (*Götz* ZGR 1990, 633, 637; *Geßler/Hefermehl/Eckardt/Kropff* Rn. 63). Der Aufsichtsrat entscheidet über die Aufstellung eines Zustimmungsvorbehalts nach eigenem Ermessen. Im Einzelfall kann sich dieses zu einer Anordnungspflicht verdichten, namentlich soweit eine gesetzwidrige Geschäftsführungsmaßnahme des Vorstands nicht anders unterbunden werden kann (BGH 15. 11. 1993 Z 124, 111, 127; hierzu *Boujong* AG 1995, 203, 206); *Götz* ZGR 1990, 633, 639; *Hüffer* Rn. 17; KölnKomm/*Mertens* Rn. 79).

14   **c) Schranken.** Zustimmungsvorbehalte können nur für nach Art, Gegenstand und Risiko bedeutsame Geschäfte, nicht aber für Maßnahmen des gewöhnlichen Geschäftsbetriebs aufgestellt werden, da anderenfalls die Eigenverantwortlichkeit des Vorstands gefährdet sein würde (KölnKomm/*Mertens* Rn. 66; MünchGesR IV/*Hoffmann-Becking* § 29 Rn. 37; *Götz* ZGR 1990, 633, 638; *Semler* S. 85 f.). Auch Einzelmaßnahmen können einem Zustimmungsvorbehalt unterworfen werden, wenn das Geschäft erhebliche Bedeutung für die Gesellschaft hat (BGH 15. 11. 1993 Z 124, 111, 127; *Götz* ZGR 1990, 633, 642 f.; *Hüffer* Rn. 18; KölnKomm/*Mertens* Rn. 65). Inhaltlich müssen Zustimmungsvorbehalte so bestimmt sein, daß für die Beteiligten erkennbar ist, welche Geschäftsführungsmaßnahmen der Zustimmung des Aufsichtsrats unterliegen; generalklauselartige Vorbehalte sind unzulässig (*Götz* ZGR 1990, 633, 640; *Lutter/Krieger* Rn. 37; *Hüffer* Rn. 18).

15   **d) Erteilung der Zustimmung.** Der Zustimmungsvorbehalt besitzt keine Außenwirkung (KölnKomm/*Mertens* Rn. 86). Der Vorstand ist jedoch im Innenverhältnis verpflichtet, die Zustimmung des Aufsichtsrats vor der Vornahme des Geschäfts einzuholen (*Hüffer* Rn. 19). Nur in dringenden Fällen kann er hiervon absehen, wenn er pflichtgemäß davon ausgehen kann, daß der Aufsichtsrat werde der Geschäftsführungsmaßnahme zustimmen (KölnKomm/*Mertens* Rn. 62; MünchGesR IV/*Hoffmann-Becking* § 29 Rn. 39).

16   Die Zustimmung zu einer Geschäftsführungsmaßnahme liegt grds. im Ermessen des Aufsichtsrats, innerhalb dessen Grenzen er eine eigene unternehmenspolitische Konzeption gegenüber dem Vorstand verfolgen kann (KölnKomm/*Mertens* Rn. 85; *Lutter/Krieger* Rn. 29). Bei einer Verweigerung der

VI. Rechtsstellung der Aufsichtsratsmitglieder § 111 AktG 50

Zustimmung kann der Vorstand nach § 111 IV 3 eine Beschlußfassung der Hauptversammlung über die fragliche Geschäftsführungsmaßnahme herbeiführen. Für den die Zustimmung ersetzenden Beschluß der Hauptversammlung bedarf es einer qualifizierten von der Satzung nicht abänderbaren Mehrheit von drei Viertel der abgegebenen Stimmen (§ 111 IV 4, 5).

IV. Einberufung der Hauptversammlung

Nach § 111 III hat der Aufsichtsrat die Hauptversammlung einzuberufen, wenn das Wohl der 17 Gesellschaft dies erfordert. Zur Beschlußfassung genügt gem. § 111 III 2 zwingend die einfache Mehrheit. Die Entscheidung liegt im pflichtgemäßen Ermessen des Aufsichtsrats.

Gegenstand einer durch den Aufsichtsrat einberufenen Hauptversammlung können alle Entschei- 18 dungen sein, die in deren Zuständigkeitsbereich fallen (*Hüffer* Rn. 13; *Lutter/Krieger* Rn. 41). Darüber hinaus wird es auch für zulässig erachtet, daß der Aufsichtsrat die Hauptversammlung zur Erörterung von Geschäftsführungsmaßnahmen einberufen kann (*Geßler/Hefermehl/Eckardt/Kropff* Rn. 54; *Lutter/Krieger* Rn. 41; MünchGesR IV/*Semler* § 35 Rn. 9). Für eine Erweiterung der Einberufungskompetenz auf Geschäftsführungsmaßnahmen finden sich jedoch keine Anhaltspunkte im Gesetz. Vielmehr ist eine diesbezügliche Einberufungskompetenz des Aufsichtsrats im Umkehrschluß aus § 119 II abzulehnen (vgl. *Hüffer* Rn. 14). Ein Einberufungsrecht des Aufsichtsrats wird andererseits im Anschluß an die vom BGH entwickelten Grundsätze bei solchen Geschäftsführungsmaßnahmen des Vorstands in Betracht kommen, die wesentliche Strukturveränderungen der Gesellschaft zum Inhalt haben (BGH 25. 2. 1982 Z 83, 122, 131; vgl. hierzu *Hüffer* § 119 Rn. 16 ff. mwN).

V. Weitere Befugnisse des Aufsichtsrats

1. Personalkompetenz. Neben der Überwachung der Geschäftsführung obliegt dem Aufsichtsrat 19 die umfassende Personalkompetenz in bezug auf die Bestellung und Abberufung des Vorstands (§ 84). Der Aufsichtsrat hat nach § 84 I den Vorstand zu bestellen und die Anstellungsverträge abzuschließen. Soweit mehrere Personen zum Vorstand bestellt werden, kann der Aufsichtsrat einen Vorsitzenden ernennen (§ 84 II). In paritätisch mitbestimmten Unternehmen bestellt der Aufsichtsrat auch den Arbeitsdirektor (vgl. § 33 MitbestG, § 13 Montan-MitbestG).

Dem Aufsichtsrat ist auch die Abberufung des Vorstands zugewiesen (§ 84 III). Die Bestellung zum 20 Vorstandsmitglied und Vorstandsvorsitzenden kann widerrufen werden, wenn ein wichtiger Grund vorliegt. Als solcher kommen vor allem grobe Pflichtverletzung, Unfähigkeit oder Vertrauensentzug durch die Hauptversammlung in Betracht (§ 84 III 2). Letzterer liegt regelmäßig in der Verweigerung der Entlastung.

2. Geltendmachung von Schadensersatzansprüchen. In seiner Funktion als gesetzlicher Vertreter 21 ist der Aufsichtrat nach den §§ 112, 93 dazu berufen, Schadensersatzansprüche gegen die Vorstandsmitglieder geltend zu machen. Soweit der Aufsichtsrat davon ausgehen kann, daß der Vorstand die Gesellschaft in vorwerfbarer Weise durch ein gegen Gesetz oder Satzung verstoßendes Verhalten geschädigt hat, ist er verpflichtet, die Schadensersatzansprüche durchzusetzen. Eine andere Beurteilung kann sich ergeben, wenn die Interessen der Gesellschaft der Geltendmachung entgegenstehen, insb. eine Auseinandersetzung wirtschaftliche Schwierigkeiten der Gesellschaft zur Folge hätte (BGH 21. 4. 1997 Z 135, 244, 255 f.; hierzu auch *Heermann* AG 1998, 201; *Kindler* ZHR 162 [1998], 101; *Thümmel* DB 1997, 1117; aA OLG Düsseldorf 27. 6. 1995 ZIP 1995, 1183 ff.; hierzu auch *Jaeger/Trölitzsch* ZIP 1995, 1157 ff.).

3. Feststellung des Jahresabschlusses. Der Aufsichtsrat hat nach den §§ 170 ff. den durch den 22 Vorstand vorzulegenden Jahresabschluß zu prüfen und ihn nach Billigung gemeinsam mit dem Vorstand festzustellen (vgl. hierzu MünchGesR IV/*Hoffmann-Becking* §§ 44 ff.; *Schulze-Osterloh* ZIP 1998, 2129, 2133 f.).

4. Sonstige Befugnisse. Nach § 77 II kann durch die Satzung die Geschäftsordnungskompetenz für 23 den Vorstand auf den Aufsichtsrat übertragen werden. In Gesellschaften, die dem MitbestG unterliegen, bedarf die Ausübung von Beteilungsrechten der Zustimmung des Aufsichtsrats (vgl. § 32 MitbestG).

VI. Rechtsstellung der Aufsichtsratsmitglieder

1. Allgemeines. Die Mitglieder des Aufsichtsrats haben, unabhängig von wem sie bestellt werden, 24 die gleichen Rechte und Pflichten (BGH 25. 2. 1982 Z 83, 106, 112 f.; BGH 15. 12. 1986 Z 99, 211, 216; BGH 15. 11. 1993 Z 124, 111, 127; *Lutter/Krieger* Rn. 279; MünchGesR IV/*Hoffmann-Becking* § 33 Rn. 1 f.; ausdrücklich § 4 III Montan-MitbestG). Entsprechend ihrer gleichen Berechtigung und Verpflichtung stehen allen Aufsichtsratsmitgliedern die gleichen Mitwirkungs-, Informations- und Stimmrechte zu; sie sind aber auch im gleichen Maße zur Mitwirkung verpflichtet und gegenüber der Gesellschaft haftungsrechtlich verantwortlich.

25 Im Rahmen ihrer Organtätigkeit sind die Aufsichtsratsmitglieder weder an Weisungen des Bestellungsorgans, des Entsendungsberechtigten oder eines Dritten gebunden (vgl. *Lutter/Krieger* Rn. 280; MünchGesR IV/*Hoffmann-Becking* § 33 Rn. 6 ff.; vgl. § 4 III Montan-MitbestG) noch können sie sich selbst dem Weisungsrecht eines Dritten unterwerfen (MünchGesR IV/*Hoffmann-Becking* § 33 Rn. 7; *Hanau/Ulmer* Rn. 78).

26 Ein weiteres Wesensmerkmal des Aufsichtsratsmandats ist die Eigenverantwortlichkeit der Amtsausübung, die die Aufsichtsratsmitglieder zur persönlichen Wahrnehmung der Aufgaben verpflichtet. Unzulässig ist deshalb nach § 111 V eine dauerhafte Übertragung der Aufgaben auf Dritte (BGH 15. 11. 1982 Z 85, 293, 295 f.; *Hüffer* Rn. 23; KölnKomm/*Mertens* Rn. 89 ff.).

27 **2. ANVertreter.** Besonderheiten ergeben sich bei ANVertretern im Aufsichtsrat, da sie regelmäßig in einem Arbeitsverhältnis zur Gesellschaft stehen. Im Hinblick auf die aus dem Arbeitsvertrag geschuldete Tätigkeit gilt für die ANVertreter ein allgemeines Benachteiligungsverbot, das eine sachlich nicht gerechtfertigte Schlechterstellung wegen der Tätigkeit im Aufsichtsrat verbietet. Dies ergibt sich außerhalb der Montanmitbestimmung aus § 26 MitbestG (vgl. dort Rn. 6) und § 76 II 5 BetrVG 1952 iVm. § 78 BetrVG (*Köstler/Kittner/Zachert* Rn. 615 sowie 624 ff.; im einzelnen dazu § 78 BetrVG); in Unternehmen, die der Montanmitbestimmung unterliegen, folgt es aus einer Rechtsanalogie zu den vorgenannten Vorschriften bzw. aus § 612a BGB. Ein absoluter Kündigungsschutz zugunsten der ANVertreter besteht nicht (vgl. § 26 MitbestG Rn. 7).

28 Soweit es die Wahrnehmung der Aufsichtsratstätigkeit erfordert, sind die ANVertreter von ihren arbeitsvertraglichen Verpflichtungen freizustellen. Ob in diesem Fall ein Anspruch auf Entgeltfortzahlung besteht, ist differenziert zu beurteilen; vgl. § 26 MitbestG Rn. 4.

29 Probleme können sich ergeben, wenn das Unternehmen von einem **Arbeitskampf** unmittelbar betroffen ist. Die Beteiligung an einem rechtswidrigen Streik stellt eine Verletzung des Arbeitsvertrags dar und kann im Einzelfall eine Kündigung des Arbeitsverhältnisses rechtfertigen (GK-BetrVG/*Kraft* § 76 BetrVG 1952 Rn. 132). Sie stellt darüber hinaus auch eine Verletzung der gesellschaftsrechtlichen Pflichten des Aufsichtsratsmitglieds gegenüber dem Unternehmen dar und kann unter Umständen eine gerichtliche Abberufung (dazu § 103) oder eine Abberufung nach dem anzuwendenden Mitbestimmungsgesetz (vgl. § 103 Rn. 6) rechtfertigen.

30 Bei einem **rechtmäßigen Streik** ist ein passive Streikteilnahme grds. zulässig (KölnKomm/*Mertens* Anh. § 117 B § 25 MitbestG Rn. 13; *Dietz/Richardi* § 76 BetrVG 1952 Rn. 179 f.; GK-BetrVG/*Kraft* § 76 BetrVG 1952 Rn. 135; *Köstler/Kittner/Zachert* Rn. 633). Eine darüber hinausgehende aktive Streikbeteiligung soll nach verbreiteter Ansicht mit der besonderen Pflichtenbindung gegenüber dem Unternehmen nicht vereinbar sein (KölnKomm/*Mertens* Anh. § 117 B § 25 MitbestG Rn. 13; *Geßler/ Hefermehl/Eckardt/Kropff* § 96 Rn. 63; aA *Gaumann/Schafft* DB 2000, 1514, 1517 f.; *Hanau/Ulmer* § 26 Rn. 23; *Fitting/Wlotzke/Wißmann* § 26 Rn. 120; *Köstler/Kittner/Zachert* Rn. 634; MünchArbR/ *Wißmann* § 374 Rn. 9, § 370 Rn. 25).

§ 112 Vertretung der Gesellschaft gegenüber Vorstandsmitgliedern

Vorstandsmitgliedern gegenüber vertritt der Aufsichtsrat die Gesellschaft gerichtlich und außergerichtlich.

I. Allgemeines

1 § 112 regelt die Vertretung der Gesellschaft gegenüber den Vorstandsmitgliedern. Abw. von § 78 steht dem Aufsichtsrat die Vertretungsbefugnis gegenüber den Vorstandsmitgliedern zu. Weitere Vertretungszuständigkeiten des Aufsichtsrats bestehen bei der Beauftragung von Sachverständigen nach § 111 II 2 und der Prozeßvertretung im Rahmen einer Anfechtungs- oder Nichtigkeitsklage nach den §§ 246 II, 249 I 1.

2 § 112 soll die unbefangene Vertretung der Gesellschaft sicherstellen, um eine Beeinflussung durch sachfremde Erwägungen auszuschließen (BGH 8. 2. 1988 Z 103, 213, 216; *Hüffer* Rn. 1; KölnKomm/ *Mertens* Rn. 2). Maßgeblicher **Regelungszweck** ist die abstrakte Gefährdung, die bei typisierter Betrachtung von einer Vertretung des Vorstands mit seinen Mitgliedern ausgeht (BGH 23. 9. 1996 AG 1997, 123; *Hüffer* Rn. 2; vgl. auch *Werner* ZGR 1989, 369, 371 ff.); der Nachweis einer konkreten Gefahr der Befangenheit ist nicht erforderlich.

II. Anwendungsbereich

3 **1. Persönlicher Anwendungsbereich.** Die Vertretungszuständigkeit besteht gegenüber Vorstandsmitgliedern. Erfaßt werden damit sowohl die amtierenden als auch die werdenden Vorstandsmitglieder, unabhängig davon, ob ihre Bestellung wirksam ist oder nicht (*Hüffer* Rn. 2; KölnKomm/ *Mertens* Rn. 12; *Werner* ZGR 1989, 369, 376 f.). Daneben resultiert aus dem Regelungszweck auch eine Vertretungsbefugnis gegenüber den ausgeschiedenen Vorstandsmitgliedern (BGH 8. 2. 1988 Z 103, 213, 216 ff.; BGH 28. 4. 1997 DB 1997, 1445; *Werner* ZGR 1989, 369, 377 ff.; *Brandner*, FS für

Quack, 1991, S. 206 f.; aA *Geßler/Hefermehl/Eckardt/Kropff* Rn. 8), insb. soweit der Widerruf Gegenstand der Auseinandersetzung ist (*Hüffer* Rn. 2). Die Vertretungszuständigkeit des Aufsichtsrats besteht auch gegenüber Familienmitgliedern, wenn der fragliche Gegenstand im Vorstandsverhältnis wurzelt (LG München I 18. 7. 1995 AG 1996, 38; KölnKomm/*Mertens* Rn. 11; aA OLG München 25. 10. 1995 WM 1996, 346).

2. Sachlicher Anwendungsbereich. Die Vertretungsbefugnis erstreckt sich auf alle Rechtsgeschäfte 4 und Rechtshandlungen mit Vorstandsmitgliedern ohne Rücksicht auf deren Umfang, einschließlich der Geschäfte des täglichen Lebens (*Hüffer* Rn. 3; KölnKomm/*Mertens* Rn. 15). Das gilt auch im Hinblick auf die Kündigung des ruhenden Arbeitsverhältnisses eines ausgeschiedenen Vorstandsmitgliedes, wenn die Kündigungsgründe ihren Ursprung in der früheren Vorstandstätigkeit haben (LAG Köln 30. 11. 1999 EWiR 2000, 653 f.). In diesem Rahmen obliegt dem Aufsichtrat als gesetzlicher Vertreter iSv. § 51 I ZPO die Prozeßvertretung in allen Rechtsstreitigkeiten.

III. Ausübung der Vertretungsmacht

Grds. steht die Vertretungsbefugnis dem Gesamtaufsichtsrat zu. Ihre Ausübung setzt einen entspre- 5 chenden Beschluß voraus (§ 108 I), der von der Mehrheit gegenüber dem Vorstandsmitglied erklärt werden kann (OLG Frankfurt 23. 4. 1981 AG 1981, 230, 231; KölnKomm/*Mertens* Rn. 22; zweifelnd *Hüffer* Rn. 5). Bei der Entgegennahme von Erklärungen genügt in Rechtsanalogie zu § 78 II 2 sowie § 28 II BGB, § 125 II 3 HGB die Abgabe gegenüber einem Aufsichtsratsmitglied (*Hüffer* Rn. 4; *Geßler/Hefermehl/Eckardt/Kropff* Rn. 15; MünchGesR IV/*Hoffmann-Becking* § 31 Rn. 88; aA KölnKomm/*Mertens* Rn. 23).

Die Vertretungsbefugnis kann grds. auf Ausschüsse oder einzelne Aufsichtsratsmitglieder über- 6 tragen werden. Bei der Delegation an einen Ausschuß ist eine Vertretung im Rahmen der dem Aufsichtsrat nach § 107 III vorbehaltenen Entscheidungen nicht möglich (KölnKomm/*Mertens* Rn. 26). Ein einzelnes Aufsichtsratsmitglied kann zwar durch den Aufsichtsrat zur Erklärung ermächtigt werden. In jedem Fall muß diesem aber die Willensbildung überlassen bleiben (*Geßler/Hefermehl/Eckardt/Kropff* Rn. 20 f.; *Hüffer* Rn. 5; *Lutter/Krieger* Rn. 167; KölnKomm/*Mertens* Rn. 27 f.).

IV. Fehlerhafte Vertretung

Wird die Gesellschaft fehlerhaft durch den Vorstand vertreten, ist das betreffende Geschäft schwe- 7 bend unwirksam und kann analog § 177 ff. BGB durch den Aufsichtsrat genehmigt werden (*Hüffer* Rn. 7; *Werner* ZGR 1989, 369, 392 ff.; *Lutter/Krieger* Rn. 165; aA für Nichtigkeit OLG Hamburg 16. 5. 1986 AG 1986, 259, 260; KölnKomm/*Mertens* Rn. 5; *Schmits* AG 1992, 149, 155).

Eine **fehlerhafte prozessuale Vertretung** der Gesellschaft hat die Unzulässigkeit der Klage zur 8 Folge; die Prozeßführung des Vorstands kann jedoch durch den Aufsichtsrat genehmigt werden (BGH 13. 2. 1989 NJW 1989, 2055 f.; BGH 22. 4. 1991 AG 1991, 269 f.; *Hüffer* Rn. 8; *Brander,* FS für Quack 1991, S. 201, 202). Eine Verweigerung der Genehmigung durch den Aufsichtsrat ist grds. nicht rechtsmißbräuchlich (BGH 22. 4. 1991 AG 1991 269 f.).

§ 113 Vergütung der Aufsichtsratsmitglieder

(1) ¹Den Aufsichtsratsmitgliedern kann für ihre Tätigkeit eine Vergütung gewährt werden. ²Sie kann in der Satzung festgesetzt oder von der Hauptversammlung bewilligt werden. ³Sie soll in einem angemessenen Verhältnis zu den Aufgaben der Aufsichtsratsmitglieder und zur Lage der Gesellschaft stehen. ⁴Ist die Vergütung in der Satzung festgesetzt, so kann die Hauptversammlung eine Satzungsänderung, durch welche die Vergütung herabgesetzt wird, mit einfacher Stimmenmehrheit beschließen.

(2) ¹Den Mitgliedern des ersten Aufsichtsrats kann nur die Hauptversammlung eine Vergütung für ihre Tätigkeit bewilligen. ²Der Beschluß kann erst in der Hauptversammlung gefaßt werden, die über die Entlastung der Mitglieder des ersten Aufsichtsrats beschließt.

(3) ¹Wird den Aufsichtsratsmitgliedern ein Anteil am Jahresgewinn der Gesellschaft gewährt, so berechnet sich der Anteil nach dem Bilanzgewinn, vermindert um einen Betrag von mindestens vier vom Hundert der auf den geringsten Ausgabebetrag der Aktien geleisteten Einlagen. ²Entgegenstehende Festsetzungen sind nichtig.

I. Allgemeines

Der Vergütungsanspruch für die Tätigkeit im Aufsichtsrat kann nur unter den Voraussetzungen des 1 § 113 begründet werden. Die Vorschrift setzt einen Vergütungsanspruch der Aufsichtsratsmitglieder voraus und überträgt die Zuständigkeit für dessen Festlegung der Hauptversammlung (§ 113 I 2, II). Weiterer Regelungsgegenstand ist die materielle Begrenzung der Höhe der Vergütung, einschließlich der zu gewährenden Gewinntantieme (§ 113 I 3, III).

2 Durch die mit der Kompetenzzuweisung verwirklichte Publizität und der damit eröffneten Möglichkeit der Anfechtung eines diesbezüglichen Hauptversammlungsbeschlusses (KölnKomm/*Mertens* Rn. 4; *ders.,* FS für Steindorff, 1990, S. 173, 174; *Lutter* AG 1979, 85, 88) wird in erster Linie der Schutz der Gläubiger und Aktionäre der Gesellschaft bezweckt (*Hüffer* Rn. 1).

II. Zuständigkeit

3 Die Aufsichtsratsvergütung kann durch die Satzung oder durch einen Hauptversammlungsbeschluß bewilligt werden (§ 113 I 2); die Zuständigkeit der Hauptversammlung ist zwingend. Soweit die Festsetzung der Vergütung in der Satzung erfolgt, kann sie abw. von § 179 mit einfacher Stimmenmehrheit herabgesetzt werden (§ 113 I 4). Die Bewilligung der Vergütung für die Mitglieder des ersten Aufsichtsrats obliegt der Hauptversammlung, die über deren Entlastung beschließt (§ 113 II 1, 2).

III. Vergütungsanspruch

4 **1. Bestandteile.** Bestandteile der Vergütung können alle in § 87 I aufgezählten Entgelte sein. Üblich sind Satzungsregelungen, die neben einem festen ein variables Entgelt vorsehen, das an die ausgeschüttete Dividende gekoppelt ist. Soweit die Gewinntantieme auf der Grundlage des festgestellten Bilanzgewinns berechnet wird, ist § 113 III zu beachten.

5 Nicht zur Vergütung gehören die von der Gesellschaft zu ersetzenden **Auslagen der Aufsichtsratsmitglieder,** wie Reise- und Übernachtungskosten. Sie können von ihnen unabhängig von etwaigen Satzungsregelungen nach § 670 BGB analog geltend gemacht werden (*Hüffer* Rn. 2; *Geßler/Hefermehl/Eckardt/Kropff* Rn. 14; MünchGesR IV/*Hoffmann-Becking* § 33 Rn. 12). Zur Pauschalierung von Aufwendungsersatz BAG 27. 10. 1998 AP BetrVG 1972 § 87 Lohngestaltung Nr. 99.

6 **2. Angemessenheit.** Nach § 113 I 3 soll die Vergütung in einem angemessenen Verhältnis zu den Aufgaben der Aufsichtsratsmitglieder und zur Lage der Gesellschaft stehen. Bei der Festsetzung der Höhe gilt der Grundsatz der Gleichbehandlung aller Aufsichtsratsmitglieder (vgl. § 111 Rn. 24). In diesem Rahmen kann nach den wahrgenommenen Funktionen und Aufgaben differenziert werden, namentlich bei den Vergütungen des Aufsichtsratsvorsitzenden und seines Stellvertreters (*Hüffer* Rn. 4; MünchGesR IV/*Hoffmann-Becking* § 33 Rn. 16; KölnKomm/*Mertens* Rn. 9, 13).

7 **3. Steuerliche Behandlung.** Die Vergütung ist bei der Gesellschaft gem. § 10 Nr. 4 KStG nur zur Hälfte als Betriebsausgabe abzugsfähig. Von den Aufsichtsratsmitgliedern ist sie als Einnahme aus selbständiger Tätigkeit zu versteuern. ANVertreter können den an die Hans-Böckler-Stiftung abgeführten Teil ihrer Vergütung als Betriebsausgabe geltend machen (BFH 9. 10. 1980 BStBl. II 1981, 29; aA als Spende gem. § 10 b I EStG GK-BetrVG/*Kraft* § 76 BetrVG 1952 Rn. 125 mwN). Als Einnahme aus selbständiger Tätigkeit ist die Aufsichtsratsvergütung grds. umsatzsteuerpflichtig (BFH 2. 10. 1986 AG 1987, 180).

IV. Fehlerhafte Vergütungsregelungen

8 Vergütungsregelungen und -absprachen, die nicht den Voraussetzungen des § 113 entsprechen, sind nichtig. Dies gilt auch für Beraterverträge, die Aufsichtsratsmitgliedern eine Vergütung für Tätigkeiten gewähren, deren Erfüllung zum organschaftlichen Aufgabenbereich des Aufsichtsrats gehört (BGH 25. 3. 1991 Z 114, 127, 129 f.; BGH 4. 7. 1994 Z 126, 340, 346 ff.; *Hüffer* Rn. 5; *Lutter/Kremer* ZGR 1992, 87, 91 f.; *Beater* ZHR 157 [1993], 420, 432 ff.). Zu sonstigen Verträgen vgl. § 114.

§ 114 Verträge mit Aufsichtsratsmitgliedern

(1) Verpflichtet sich ein Aufsichtsratsmitglied außerhalb seiner Tätigkeit im Aufsichtsrat durch einen Dienstvertrag, durch den ein Arbeitsverhältnis nicht begründet wird, oder durch einen Werkvertrag gegenüber der Gesellschaft zu einer Tätigkeit höherer Art, so hängt die Wirksamkeit des Vertrags von der Zustimmung des Aufsichtsrats ab.

(2) ¹Gewährt die Gesellschaft auf Grund eines solchen Vertrags dem Aufsichtsratsmitglied eine Vergütung, ohne daß der Aufsichtsrat dem Vertrag zugestimmt hat, so hat das Aufsichtsratsmitglied die Vergütung zurückzugewähren, es sei denn, daß der Aufsichtsrat den Vertrag genehmigt. ²Ein Anspruch des Aufsichtsratsmitglieds gegen die Gesellschaft auf Herausgabe der durch die geleistete Tätigkeit erlangten Bereicherung bleibt unberührt; der Anspruch kann jedoch nicht gegen den Rückgewähranspruch aufgerechnet werden.

I. Allgemeines

1 Nach § 114 unterliegen bestimmte Verträge zwischen den Aufsichtsratsmitgliedern und der Gesellschaft der Zustimmung des Aufsichtsrats, um Umgehungen des § 113 zu verhindern und einer sachfremden Beeinflussung der Aufsichtsratsmitglieder durch vom Vorstand gewährte unzulässige Sonder-

vergütungen entgegenzuwirken (KölnKomm/*Mertens* Rn. 2; *Hüffer* Rn. 1). Abs. 2 normiert einen eigenständigen aktienrechtlichen Rückforderungsanspruch für die aufgrund eines unzulässigen Vertrags gewährten Vergütungen.

II. Anwendungsbereich

1. Vertragsarten. Zustimmungspflichtig sind nur Dienst- und Werkverträge, die eine Tätigkeit 2 höherer Art iSv. § 627 BGB zum Gegenstand haben (*Beater* ZHR 157 [1993], 420, 426 f.; KölnKomm/ *Mertens* Rn. 10; *Hüffer* Rn. 3); dies sind zB Dienstleistungen oder Beratungen, die besondere Kenntnisse erfordern. Nicht erfaßt werden die Arbeitsverträge der ANVertreter, sofern mit ihnen keine über das gewöhnliche Arbeitsverhältnis hinausgehenden Vereinbarungen geschlossen werden (*Hüffer* Rn. 3).

2. Aufsichtsratsmitglieder. Das Zustimmungserfordernis erstreckt sich auf Verträge mit Aufsichts- 3 ratsmitgliedern ohne Rücksicht darauf, ob der Vertrag vor oder nach Amtsantritt geschlossen worden ist (BGH 25. 3. 1991 Z 114, 127, 133; BGH 4. 7. 1994 Z 126, 340, 346 ff.; *Mertens*, FS für Steindorff, 1990, S. 173, 182 f.; *Hüffer* Rn. 2; *Lutter/Kremer* ZGR 1992, 87, 99). Nicht zustimmungspflichtig sind Verträge mit Aufsichtsratsmitgliedern verbundener Unternehmen (KölnKomm/*Mertens* Rn. 8; *Hüffer* Rn. 2; MünchGesR IV/*Hoffmann-Becking* § 33 Rn. 29; für Beraterverträge mit Tochtergesellschaften *Lutter/Kremer* ZGR 1992, 87, 104 f.).

3. Tätigkeit außerhalb des Aufsichtsrats. Der Vertrag muß eine Tätigkeit zum Gegenstand haben, 4 die nicht zum organschaftlichen Aufgabenbereich des Aufsichtsratsmitglieds gehört, anderenfalls ist der Vertrag nichtig, vgl. § 113 Rn. 8. Zulässig sind solche Verträge, die Fragen eines bestimmten Fachgebietes betreffen und regelmäßig ein über die Aufsichtsratstätigkeit hinausgehendes Sonderwissen erfordern. Bei der erforderlichen Abgrenzung ist ausschließlich auf die Art der Tätigkeit, nicht auf ihren Umfang abzustellen (BGH 25. 3. 1991 Z 114, 127, 130; BGH 4. 7. 1994 Z 126, 340, 344; KG 25. 9. 1995 AG 1997, 42, 43; *Hüffer* Rn. 5). Ein nach § 114 zu genehmigender Vertrag muß eindeutige Feststellungen ermöglichen, ob die zu erbringende Leistung jenseits des organschaftlichen Aufgabenbereichs liegt (BGH 4. 7. 1994 Z 126, 340, 344; *Mertens*, FS für Steindorff, 1990, S. 173, 175).

4. Zustimmung durch den Aufsichtsrat. Solange der Aufsichtsrat die Zustimmung nicht erteilt, ist 5 der Vertrag schwebend unwirksam (KölnKomm/*Mertens* Rn. 11) und bei einer endgültigen Verweigerung nichtig. Ein Anspruch aus cic. wird durch die Zustimmungsverweigerung nicht ausgelöst (*Hüffer* Rn. 6).

III. Rückgewähr der Vergütung

Die Vergütung ist nach § 114 II 1 zurückzugewähren, solange eine Zustimmung durch den Auf- 6 sichtsrat unterbleibt. Das Aufsichtsratsmitglied seinerseits hat nach § 114 II 2 einen Bereicherungsanspruch gegen die Gesellschaft, der aber regelmäßig durch § 814 BGB ausgeschlossen sein dürfte. Mit dem Bereicherungsanspruch kann nicht gegen den Rückforderungsanspruch der Gesellschaft aufgerechnet werden (§ 113 II 2 aE).

§ 115 Kreditgewährung an Aufsichtsratsmitglieder

(1) ¹Die Gesellschaft darf ihren Aufsichtsratsmitgliedern Kredit nur mit Einwilligung des Aufsichtsrats gewähren. ²Eine herrschende Gesellschaft darf Kredite an Aufsichtsratsmitglieder eines abhängigen Unternehmens nur mit Einwilligung ihres Aufsichtsrats, eine abhängige Gesellschaft darf Kredite an Aufsichtsratsmitglieder des herrschenden Unternehmens nur mit Einwilligung des Aufsichtsrats des herrschenden Unternehmens gewähren. ³Die Einwilligung kann nur für bestimmte Kreditgeschäfte oder Arten von Kreditgeschäften und nicht für länger als drei Monate im voraus erteilt werden. ⁴Der Beschluß über die Einwilligung hat die Verzinsung und Rückzahlung des Kredits zu regeln. ⁵Betreibt das Aufsichtsratsmitglied ein Handelsgewerbe als Einzelkaufmann, so ist die Einwilligung nicht erforderlich, wenn der Kredit für die Bezahlung von Waren gewährt wird, welche die Gesellschaft seinem Handelsgeschäft liefert.

(2) Absatz 1 gilt auch für Kredite an den Ehegatten oder an ein minderjähriges Kind eines Aufsichtsratsmitglieds und für Kredite an einen Dritten, der für Rechnung dieser Personen oder für Rechnung eines Aufsichtsratsmitglieds handelt.

(3) ¹Ist ein Aufsichtsratsmitglied zugleich gesetzlicher Vertreter einer anderen juristischen Person oder Gesellschafter einer Personenhandelsgesellschaft, so darf die Gesellschaft der juristischen Person oder der Personenhandelsgesellschaft Kredit nur mit Einwilligung des Aufsichtsrats gewähren; Absatz 1 Satz 3 und 4 gilt sinngemäß. ²Dies gilt nicht, wenn die juristische Person oder die Personenhandelsgesellschaft mit der Gesellschaft verbunden ist oder wenn der Kredit für die Bezahlung von Waren gewährt wird, welche die Gesellschaft der juristischen Person oder der Personenhandelsgesellschaft liefert.

Oetker

(4) Wird entgegen den Absätzen 1 bis 3 Kredit gewährt, so ist der Kredit ohne Rücksicht auf entgegenstehende Vereinbarungen sofort zurückzugewähren, wenn nicht der Aufsichtsrat nachträglich zustimmt.

(5) Ist die Gesellschaft ein Kreditinstitut oder Finanzdienstleistungsinstitut, auf das § 15 des Gesetzes über das Kreditwesen anzuwenden ist, gelten anstelle der Absätze 1 bis 4 die Vorschriften des Gesetzes über das Kreditwesen.

1   Die Norm soll der Gefahr sachfremder Beeinflussung des Aufsichtsrats durch den Vorstand entgegenwirken, die mit der grds. zulässigen Kreditgewährung an Mitglieder des Aufsichtsrats verbunden ist. Eine Kreditgewährung seitens des Vorstands hängt deshalb von der Einwilligung des Aufsichtsrats ab.

2   Einwilligungspflichtig ist die Kreditgewährung an die Mitglieder des Aufsichtsrats (§ 115 I 1) sowie an nahestehende Angehörige (§ 115 II), an Aufsichtsratsmitglieder in bestimmten verbundenen Unternehmen (§ 115 I 2) und Gesellschaften, zu der in der Person des Aufsichtsratsmitglieds begründete personelle Verflechtungen bestehen (§ 115 III).

3   Der Aufsichtsrat hat vor der Kreditgewährung seine Zustimmung durch Beschluß zu erteilen, der bestimmte inhaltliche Anforderungen erfüllen muß (§ 115 I 3 bis 5). Ein ohne Zustimmung gewährter Kredit ist sofort zurückzugewähren, soweit der Aufsichtsrat diesem nicht nachträglich zustimmt (§ 115 IV).

§ 116 Sorgfaltspflicht und Verantwortlichkeit der Aufsichtsratsmitglieder

Für die Sorgfaltspflicht und Verantwortlichkeit der Aufsichtsratsmitglieder gilt § 93 über die Sorgfaltspflicht und Verantwortlichkeit der Vorstandsmitglieder sinngemäß.

§ 93 AktG lautet:

§ 93 Sorgfaltspflicht und Verantwortlichkeit der Vorstandsmitglieder

(1) ¹ Die Vorstandsmitglieder haben bei ihrer Geschäftsführung die Sorgfalt eines ordentlichen und gewissenhaften Geschäftsleiters anzuwenden. ² Über vertrauliche Angaben und Geheimnisse der Gesellschaft, namentlich Betriebs- oder Geschäftsgeheimnisse, die ihnen durch ihre Tätigkeit im Vorstand bekanntgeworden sind, haben sie Stillschweigen zu bewahren.

(2) ¹ Vorstandsmitglieder, die ihre Pflichten verletzen, sind der Gesellschaft zum Ersatz des daraus entstehenden Schadens als Gesamtschuldner verpflichtet. ² Ist streitig, ob sie die Sorgfalt eines ordentlichen und gewissenhaften Geschäftsleiters angewandt haben, so trifft sie die Beweislast.

(3) Die Vorstandsmitglieder sind namentlich zum Ersatz verpflichtet, wenn entgegen diesem Gesetz

1. Einlagen an die Aktionäre zurückgewährt werden,
2. den Aktionären Zinsen oder Gewinnanteile gezahlt werden,
3. eigene Aktien der Gesellschaft oder einer anderen Gesellschaft gezeichnet, erworben, als Pfand genommen oder eingezogen werden,
4. Aktien vor der vollen Leistung des Ausgabebetrags ausgegeben werden,
5. Gesellschaftsvermögen verteilt wird,
6. Zahlungen geleistet werden, nachdem die Zahlungsunfähigkeit der Gesellschaft eingetreten ist oder sich ihre Überschuldung ergeben hat,
7. Vergütungen an Aufsichtsratsmitglieder gewährt werden,
8. Kredit gewährt wird,
9. bei der bedingten Kapitalerhöhung außerhalb des festgesetzten Zwecks oder vor der vollen Leistung des Gegenwerts Bezugsaktien ausgegeben werden.

(4) ¹ Der Gesellschaft gegenüber tritt die Ersatzpflicht nicht ein, wenn die Handlung auf einem gesetzmäßigen Beschluß der Hauptversammlung beruht. ² Dadurch, daß der Aufsichtsrat die Handlung gebilligt hat, wird die Ersatzpflicht nicht ausgeschlossen. ³ Die Gesellschaft kann erst drei Jahre nach der Entstehung des Anspruchs und nur dann auf Ersatzansprüche verzichten oder sich über sie vergleichen, wenn die Hauptversammlung zustimmt und nicht eine Minderheit, deren Anteile zusammen den zehnten Teil des Grundkapitals erreichen, zur Niederschrift Widerspruch erhebt. ⁴ Die zeitliche Beschränkung gilt nicht, wenn der Ersatzpflichtige zahlungsunfähig ist und sich zur Abwendung des Insolvenzverfahrens mit seinen Gläubigern vergleicht oder wenn die Ersatzpflicht in einem Insolvenzplan geregelt wird.

(5) ¹ Der Ersatzanspruch der Gesellschaft kann auch von den Gläubigern der Gesellschaft geltend gemacht werden, soweit sie von dieser keine Befriedigung erlangen können. ² Dies gilt jedoch in anderen Fällen als denen des Absatzes 3 nur dann, wenn die Vorstandsmitglieder die Sorgfalt eines ordentlichen und gewissenhaften Geschäftsleiters gröblich verletzt haben; Absatz 2 Satz 2 gilt sinngemäß. ³ Den Gläubigern gegenüber wird die Ersatzpflicht weder durch einen Verzicht oder Vergleich der Gesellschaft noch dadurch aufgehoben, daß die Handlung auf einem Beschluß der Hauptver-

II. Sorgfalts- und Verhaltenspflichten § 116 AktG 50

sammlung beruht. ⁴ *Ist über das Vermögen der Gesellschaft das Insolvenzverfahren eröffnet, so übt während dessen Dauer der Insolvenzverwalter oder der Sachwalter das Recht der Gläubiger gegen die Vorstandsmitglieder aus.*
(6) Die Ansprüche aus diesen Vorschriften verjähren in fünf Jahren.

Schrifttum: *Hübner* Managerhaftung, 1992; *Klinkhammer/Rancke,* Verschwiegenheitspflicht der Aufsichtsratsmitglieder, 1978; *Lutter,* Information und Vertraulichkeit im Aufsichtsrat, 2. Aufl. 1984; *Mutter,* Unternehmerische Entscheidungen und Haftung des Aufsichtsrats der Aktiengesellschaft, 1994; *Säcker,* Informationsrechte der Betriebs- und Aufsichtsratsmitglieder und Geheimnisspähre des Unternehmens, 1979; *von Stebut,* Geheimnisschutz und Verschwiegenheitspflicht im Aktienrecht, 1972.

I. Allgemeines

§ 116 regelt die Sorgfalts- und Verschwiegenheitspflicht sowie die Verantwortlichkeit der Aufsichts- 1 ratsmitglieder. Wegen der Verweisung auf § 93 finden im Grundsatz die für den Vorstand geltenden Regelungen Anwendung. Aufgrund der spezifischen Organstellung des Aufsichtsrats ergeben sich aber auch zahlreiche Besonderheiten (vgl. Rn. 5, 17; *Hüffer* Rn. 1; *Geßler/Hefermehl/Eckardt/Kropff* Rn. 7 ff.).

Dem mit der Anwendung der Sorgfalt eines ordentlichen und gewissenhaften Geschäftsleiters (§ 93 2 I 1) umschriebenen maßgeblichen Anknüpfungspunkt kommt nach überwiegender Ansicht eine Doppelfunktion zu (*Hüffer* § 93 Rn. 3; KölnKomm/*Mertens* § 93 Rn. 6 f.). Er beschreibt nicht nur einen allgemeinen Verschuldensmaßstab, sondern beinhaltet in generalklauselartiger Weise objektive Verhaltenspflichten, die einer näheren Konkretisierung im Einzelfall bedürfen.

II. Sorgfalts- und Verhaltenspflichten

1. Grundsätze. Grundsätzlich gelten für alle Aufsichtsratsmitglieder unabhängig von ihrer Her- 3 kunft und ihren Kenntnissen die gleichen Sorgfaltspflichten (*Hüffer* Rn. 2; MünchGesR IV/*Hoffmann-Becking* § 33 Rn. 45; *Hanau/Ulmer* § 25 Rn. 118; *Lutter/Krieger* Rn. 311; KölnKomm/*Mertens* Rn. 10; aA *Geßler/Hefermehl/Eckardt/Kropff* Rn. 10). Jedes Aufsichtsratsmitglied muß diejenigen Mindestkenntnisse und -fähigkeiten besitzen oder sich aneignen, die es benötigt, um alle normalerweise anfallenden Geschäftsvorgänge beurteilen zu können (BGH 15. 11. 1982 Z 85, 293, 295; *Hüffer* Rn. 2; KölnKomm/*Mertens* Rn. 6).

Differenzierungen hinsichtlich der an die Aufsichtsratsmitglieder zu stellenden Sorgfaltspflichten 4 sind aufgrund der jeweils wahrgenommenen Funktion bzw. der Ressortverteilung im Aufsichtsrat, aber auch nach der Art und Größe des Unternehmens möglich (LG Hamburg 16. 12. 1980 ZIP 1981, 194, 197; *Hüffer* Rn. 3; MünchGesR IV/*Hoffmann-Becking* § 33 Rn. 45).

2. Allgemeine Sorgfaltspflichten. Die von den Aufsichtsratsmitgliedern einzuhaltende Sorgfalt 5 orientiert sich an der Organfunktion des Gesamtaufsichtsrats. Im Mittelpunkt der die einzelnen Aufsichtsratsmitglieder treffenden Sorgfaltspflichten steht die Überwachungsfunktion (vgl. hierzu § 111 Rn. 2). Abw. von § 93 I 1 haben die Aufsichtsratsmitglieder die Sorgfaltspflichten einzuhalten, die eine ordentliche und gewissenhafte Erfüllung der Aufgaben des Aufsichtsrats erfordert (*Hüffer* Rn. 2; *Scholz/Schneider* § 52 Rn. 358; MünchGesR IV/*Hoffmann-Becking* § 33 Rn. 45).

Bei der Wahrnehmung der Überwachungsaufgabe sind die Aufsichtsratsmitglieder insb. verpflichtet, 6 für eine funktionsgerechte Organisation des Aufsichtsrats und ausreichende Berichterstattung durch den Vorstand zu sorgen (KölnKomm/*Mertens* Rn. 9 ff.). Soweit Anhaltspunkte für eine fehlerhafte Geschäftsführung vorliegen, haben die Aufsichtsratsmitglieder auf entsprechende Maßnahmen des Gesamtaufsichtsrats hinzuwirken.

3. Treuepflicht. Die Mitglieder des Aufsichtsrats stehen gegenüber der Gesellschaft in einem be- 7 sonderen Treueverhältnis (*Lutter* S. 122; *Hüffer* Rn. 4), das sie zur Loyalität gegenüber der Gesellschaft und zur Wahrung des Unternehmensinteresses verpflichtet (KölnKomm/*Mertens* Rn. 22 ff.; *Lutter/Krieger* Rn. 279).

Der Charakter des Aufsichtsratsmandats als Nebenamt bedingt jedoch, daß das Aufsichtsratsmit- 8 glied bei Interessenkonflikten im Rahmen seiner Organtätigkeit nicht stets den Belangen der Gesellschaft den Vorrang einräumen muß (*Hüffer* Rn. 4; KölnKomm/*Mertens* Rn. 28; *Fleck,* FS für Heinsius, 1991, S. 89, 91; *Ulmer* NJW 1980, 1603, 1606). Die Aufsichtsratsmitglieder unterliegen weder einem Wettbewerbsverbot (KölnKomm/*Mertens* Rn. 29; *Ulmer* NJW 1980, 1603, 1606), noch sind sie gehindert, im Rahmen selbständiger Vertragsbeziehungen mit der Gesellschaft einen eigenen Vorteil zu erstreben (*Fleck,* FS für Heinsius, 1991, S. 89, 91; *Ulmer* NJW 1980, 1603 f.).

Eine **Treuwidrigkeit** ist anzunehmen, wenn Aufsichtsratsmitglieder ihr Mandat und die dadurch 9 erlangten Kenntnisse willkürlich und ausschließlich eigennützig benutzen, namentlich beim Mißbrauch von Insiderkenntnissen (*Fleck,* FS für Heinsius, 1991, S. 89, 91; KölnKomm/*Mertens* Rn. 29; vgl. auch *Ulmer* NJW 1980, 1603, 1606). Gleiches gilt, wenn ein Aufsichtsratsmitglied seine Stellung

Oetker 251

gebraucht, um die Gesellschaft zu gesellschaftsschädigenden Handlungen zu veranlassen (BGH 21. 2. 1979 NJW 1980, 1629 f.; *Hüffer* Rn. 5; KölnKomm/*Mertens* Rn. 30).

4. Verschwiegenheitspflicht. Die Aufsichtsratsmitglieder haben nach § 116 iVm. § 93 I 2 über vertrauliche Angaben und Geheimnisse der Gesellschaft, die ihnen durch ihre Aufsichtsratstätigkeit bekanntgeworden sind, Stillschweigen zu bewahren. Die Verschwiegenheitspflicht, die ein notwendiges Korrelat zur Berichtspflicht des Vorstands ist (*Hüffer* Rn. 6; *Lutter* S. 121 f.), gilt für alle Aufsichtsratsmitglieder gleichermaßen (BGH 5. 7. 1975 Z 64, 325, 330; *Geßler/Hefermehl/Eckardt/Kropff* Rn. 29 ff.; KölnKomm/*Mertens* Rn. 50; *Lutter/Krieger* Rn. 94). Damit sind auch die **ANVertreter** betreffenden Einschränkungen der Verschwiegenheitspflicht zugunsten der BR oder der Belegschaft ausgeschlossen (so aber *Köstler/Kittner/Zachert* Rn. 442 f.; *Kittner* ZHR 136 [1972], 208, 231; wie hier KölnKomm/*Mertens* Rn. 51; *Lutter* S. 151 ff.; GK-BetrVG/*Kraft* § 76 BetrVG 1952 Rn. 112; MünchArbR/*Wißmann* § 370 Rn. 21, § 374 Rn. 9). UU kann es jedoch im Interesse des Unternehmens notwendig sein, eine im Aufsichtsrat besprochene Angelegenheit mit den AN zu erörtern, um Mißverständnisse auszuräumen, Gerüchten entgegenzutreten oder Unruhen zu vermeiden (BGH 5. 7. 1975 Z 64, 325, 331).

Die Verschwiegenheitspflicht kann durch die Satzung nicht begrenzt oder erweitert werden (BGH 5. 7. 1975 Z 64, 325, 327 ff., 330 ff.). Der Umfang der Verschwiegenheitspflicht beurteilt sich nach dem objektiv zu bestimmenden Interesse der Gesellschaft an der Geheimhaltung (BGH 5. 7. 1975 Z 64, 325, 329; *Lutter* S. 132; MünchGesR IV/*Hoffmann-Becking* § 33 Rn. 33).

Welche Tatsachen der Verschwiegenheitspflicht unterliegen, hat das Aufsichtsratsmitglied nach objektiven Kriterien eigenverantwortlich zu entscheiden. Im Grundsatz wird dem Gesellschaftsinteressen der Vorrang vor den Informationsinteressen Dritter einzuräumen sein. So unterliegen die Beratung und das Abstimmungsverhalten im Aufsichtsrat grds. der Verschwiegenheitspflicht (KölnKomm/ *Mertens* Rn. 49; *Säcker/Oetker* NJW 1986, 803, 806 f.; MünchGesR IV/*Hoffmann-Becking* § 33 Rn. 33). Inwieweit hiervon Ausnahmen gemacht werden können, ist letztlich anhand der konkreten Umstände des Einzelfalls zu entscheiden, kommt in der Regel aber nur in krassen Fällen in Betracht (vgl. im einzelnen *Lutter* S. 161 f.; MünchGesR IV/*Hoffmann-Becking* § 33 Rn. 33).

III. Verantwortlichkeit

1. Grundsätze. Aufsichtsratsmitglieder, die ihre Pflichten verletzen, sind der Gesellschaft nach § 116 iVm. § 93 II zum Schadensersatz verpflichtet. Hinsichtlich der Geltendmachung und der Verjährung des Schadensersatzanspruchs findet § 93 IV bis VI sinngemäße Anwendung.

2. Haftungsvoraussetzungen. a) Aufsichtsratsmitglieder. Der Haftung nach § 116 iVm. § 93 II unterliegen alle zum Aufsichtsrat bestellten Personen, ohne Rücksicht auf die Wirksamkeit der Bestellung. Die Haftung beginnt mit Übernahme des Aufsichtsratsamts und endet mit Ablauf der Amtszeit (vgl. § 103 Rn. 13 f.).

b) Pflichtverletzung. Das Aufsichtsratsmitglied muß eine ihn treffende Sorgfalts- oder Verhaltenspflicht verletzt haben. Diese kann sich aus § 93 III ergeben. In erster Linie kommt sie aber im Zusammenhang mit der Überwachung in Betracht, so zB wenn Aufsichtsratsmitglieder Unregelmäßigkeiten in der Geschäftsführung trotz gegebener Anhaltspunkte nicht nachgehen (*Lutter/Krieger* Rn. 319; s. auch LG Stuttgart 29. 10. 1999 DB 1999, 2462 ff.) oder hinnehmen, daß die Einleitung eines Insolvenzverfahrens nur verzögernd betrieben wird, obwohl die Insolvenz offensichtlich ist (BGH 9. 7. 1979 Z 75, 96, 106 ff.; s. auch LG Bielefeld 16. 11. 1999 BB 1999, 2630 ff.).

c) Verschulden. Die Pflichtverletzung ist verschuldet, wenn die Sorgfalt eines ordentlichen und gewissenhaften Aufsichtsratsmitglieds nicht beachtet wird (vgl. Rn. 5). Bei dem im Einzelfall zu konkretisierenden Verschuldensmaßstab ist zu berücksichtigen, daß der Aufsichtsrat im Vergleich zum Vorstand einen anderen Funktions- und Aufgabenbereich hat und bei der Erfüllung seiner Aufgaben nur zeitlich begrenzt in Anspruch genommen werden kann.

d) Schaden. Die verschuldete Pflichtverletzung muß zu einem Schaden der Gesellschaft geführt haben. Hierbei wird es sich in der Regel um einen Vermögensschaden handeln. Ob der Schaden nur auf solche Vermögensbeeinträchtigungen zu beschränken ist, denen dem Unternehmenszweck widersprechen (so KölnKomm/*Mertens* § 93 Rn. 23 ff.; MünchGesR IV/*Wiesner* § 26 Rn. 10), ist zweifelhaft (vgl. *Hüffer* § 93 Rn. 15).

3. Beweislastumkehr. Nach § 116 iVm. § 93 II 2 liegt die Beweislast für die Anwendung der Sorgfalt eines ordentlichen und gewissenhaften Aufsichtsratsmitgliedes beim Inanspruchgenommenen. IdR hat der Anspruchsteller, dh. idR die Gesellschaft, nur das Vorliegen einer Pflichtverletzung und eines dazu kausalen Schadens einschließlich dessen Höhe zu beweisen (vgl. hierzu auch *Fleck* GmbHR 1997, 237 ff.). Das Aufsichtsratsmitglied seinerseits muß zur Abwendung des Schadensersatzanspruchs wenigstens den Beweis für ein nicht schuldhaftes Handeln führen.

III. Verantwortlichkeit § 116 AktG 50

4. Andere Anspruchsgrundlagen. Neben der Organhaftung nach § 116 iVm. § 93 II bestehen 19
weitere den Aufsichtsrat betreffende aktienrechtliche Haftungsnormen: § 117 bei vorsätzlicher Schadenszufügung unter Benutzung des Einflusses auf die Gesellschaft (vgl. hierzu BGH 4. 3. 1985 Z 94, 55, 57 ff.; BGH 22. 6. 1992 NJW 1992, 3167, 3171 f.) und §§ 310, 318 II bei konzernrechtlichen Sachverhalten. Daneben finden die allgemeinen bürgerlich-rechtlichen Haftungsnormen Anwendung. Namentlich kann sich eine Schadensersatzverpflichtung der Aufsichtsratsmitglieder bei Verletzung der Konkursantragspflicht des Vorstands gem. § 92 II iVm. den §§ 823 II, 830 II BGB ergeben (BGH 9. 7. 1979 Z 75, 96, 107; vgl. KölnKomm/*Mertens* § 92 Rn. 48 f. mwN).

60. Arbeitsgerichtsgesetz (ArbGG)

In der Fassung der Bekanntmachung vom 2. Juli 1979 (BGBl. I S. 853, ber. S. 1036)

Zuletzt geändert durch Gesetz vom 30. März 2000 (BGBl. I S. 333)

(BGBl. III/FNA 320-1)

Erster Teil. Allgemeine Vorschriften

§ 1 Gerichte für Arbeitssachen

Die Gerichtsbarkeit in Arbeitssachen – §§ 2 bis 3 – wird ausgeübt durch die Arbeitsgerichte – §§ 14 bis 31 –, die Landesarbeitsgerichte – §§ 33 bis 39 – und das Bundesarbeitsgericht – §§ 40 bis 45 – (Gerichte für Arbeitssachen).

I. Der Rechtsweg zu den Gerichten für Arbeitssachen

1 **1. Allgemeines. a)** Die Gerichte für Arbeitssachen sind dreistufig aufgebaut. Die Arbeitsgerichte entscheiden im Urteils- und im Beschlußverfahren in erster Instanz, die Landesarbeitsgerichte auf Berufung und Beschwerde im Beschlußverfahren sowie über Beschwerde gegen prozeßleitende Verfügungen der Arbeitsgerichte in zweiter Instanz, das Bundesarbeitsgericht entscheidet ausschließlich in dritter Instanz.

2 **b)** Die Gerichte für Arbeitssachen sind als besondere Zivilgerichte eingerichtet worden, weil das Verfahren vor den Arbeitsgerichten besonderer Schnelligkeit bedarf, die Beteiligung der ehrenamtlichen Richter erreicht werden sollte und die Gerichte auf ihrem Rechtsgebiet besonders spezialisiert sein sollen.

3 **c)** Das ArbGG gilt örtlich in der gesamten Bundesrepublik. Für das Gebiet der neuen Bundesländer bestehen verfahrensrechtlich keine Besonderheiten mehr. Besonderheiten bestehen lediglich noch im Gebührenrecht.

4 **2. Rechtsweg. a)** Die Abgrenzung zu den Verwaltungs-, Sozial- und Finanzgerichten war stets eine Frage der Zulässigkeit des Rechtsweges. Seit dem 4. VerwGO-ÄndG und der Änderung von § 48 ArbGG gilt das auch im Verhältnis zu den ordentlichen Gerichten (BAG 26. 3. 1992 AP ArbGG 1979 § 48 Nr. 7 = NZA 1992, 954; 28. 4. 1992 AP BetrVG 1972 § 50 Nr. 12 = NZA 1993, 31).

5 **b)** Für die Verweisung vgl. § 48 Rn. 2 ff.

II. Deutsche Gerichtsbarkeit

6 **1. Exterritorialität. a)** Das ArbGG setzt voraus, daß überhaupt ein deutsches Gericht zur Entscheidung des Rechtsstreites befugt ist. Daran fehlt es in den Fällen der Exterritorialität (§§ 18 ff. GVG). Der BRD steht es frei, in internationalen Verträgen die deutsche Gerichtsbarkeit auszuschließen. Dies ist geschehen für das Personal der Europäischen Weltraumforschungsorganisation (BAG 24. 1. 1958 AP Truppenvertrag Art. 44 Nr. 12). Ein ausländischer Staat ist hinsichtlich Bestandsstreitigkeiten mit Konsulatsangestellten, die nach dem Inhalt ihres Arbeitsverhältnisses originär konsularische (hoheitliche) Aufgaben wahrnehmen, grundsätzlich nicht der deutschen Gerichtsbarkeit unterworfen (BAG 3. 7. 1996 AP GVG § 20 Nr. 1 = NZA 1996, 1229). Anders ist es bei Bestandsstreitigkeiten von Arbeitnehmern, die keine hoheitlichen Aufgaben wahrnehmen (BAG 20. 11. 1997 AP GVG § 18 Nr. 1 = NZA 1998, 813).

7 **b)** Für arbeitsrechtliche Streitigkeiten der zivilen Arbeitskräfte bei den in der BRD stationierten Truppen der NATO sind die Arbeitsgerichte zuständig (BAG 29. 1. 1986 AP TVAL II § 48 Nr. 2; 15. 5. 1991 AP BGB § 611 Persönlichkeitsrecht Nr. 23 = NZA 1992, 43). Die Klage ist gegen die BRD zu richten. Dasselbe gilt bei Streitigkeiten aus dem Arbeitsverhältnis von Zivilkräften bei den Streitkräften der SU nach dem Aufenthalts- und Abzugsvertrag vom 12. 10. 1990.

8 **2. Kirchen. a)** Soweit die Kirchen innerhalb der für alle geltenden Gesetze ihre Angelegenheiten verwalten und ordnen, errichten sie ihre eigenen Gerichte (Art. 140 GG, Art. 137 WRV). Staatliche Gerichte sind für Streitigkeiten von kirchlichen Beamten, Geistlichen und Ordensangehörigen nicht zuständig. Das gilt auch für exklaustrierte, noch nicht säkularisierte Ordensgeistliche (BAG 7. 2. 1990 AP GG Art. 140 Nr. 37 = NJW 1990, 2082).

b) Dagegen gilt für Arbeitnehmer der Kirchen in privatrechtlichen Arbeitsverhältnissen das staatliche Arbeitsrecht und damit auch der Rechtsweg zu den Gerichten für Arbeitssachen. Dieser wird auch nicht durch kirchliche Schiedsstellen ausgeschlossen. 9

c) Zum Selbstbestimmungsrecht der Kirchen gehört die Einrichtung von Mitarbeitervertretungen. Die staatlichen Arbeitsgerichte sind ausgeschlossen, soweit es um Rechte und Pflichten der kirchlichen Mitarbeitervertretungen geht (BAG 11. 3. 1986 AP GG Art. 140 = NJW 1986, 2591 = NZA 1986, 685; 25. 4. 1989 AP Nr. 34 aaO = NJW 1989, 2284). 10

III. Internationale Zuständigkeit

1. Deutsches Gericht. Ob ein deutsches oder ausländisches Gericht zuständig ist, richtet sich nach der internationalen Zuständigkeit. 11

2. Örtliche Zuständigkeit. a) Grundsätzlich richtet sich die internationale Zuständigkeit nach den Vorschriften der ZPO über die örtliche Zuständigkeit (§§ 12 ff. ZPO). Ist ein deutsches Gericht örtlich zuständig, ist es auch international zuständig (BAG 26. 2. 1985 AP Internat. Privatrecht, Arbeitsrecht Nr. 23 = NJW 1985, 2910 = NZA 1985, 635; 3. 5. 1995 AP Nr. 32 aaO). Der internationale Gerichtsstand des Vermögens ist nur dann gegeben, wenn der Rechtsstreit einen hinreichenden Bezug zum Inland aufweist (BAG 17. 7. 1997 AP ZPO § 38 Internationale Zuständigkeit Nr. 13 = NJW 1997, 3482). Nach Art. 6 der Entsenderichtlinie sollen die Arbeitsgerichte des Staates, in dem der Arbeitnehmer tätig ist, zuständig sein für Klagen, mit denen in der Richtlinie garantierte Arbeitsbedingungen geltend gemacht werden. 12

b) Für Bürger der EU-Mitgliedstaaten richtet sich die internationale Zuständigkeit nach dem Übereinkommen der Europäischen Gemeinschaft über die gerichtliche Zuständigkeit und die Vollstreckung gerichtlicher Entscheidungen in Zivil- und Handelssachen (EuGVÜ) einschließlich der Ausführungsgesetze und Beitrittsübereinkommen. 13

c) Über die internationale Zuständigkeit kann im Rahmen von §§ 38 bis 40 ZPO und dem Geltungsbereich des EuGVÜ nach Art. 17 EuGVÜ eine Vereinbarung getroffen werden. 14

3. Verfahrensfragen. Das Vorliegen der internationalen Zuständigkeit ist von Amts wegen zu prüfen (BAG 5. 9. 1972 AP BGB § 242 Ruhegehalt Nr. 159). Fehlt die internationale Zuständigkeit, so ist eine Verweisung an das ausländische Gericht nicht möglich. Die Klage ist als unzulässig abzuweisen. Ist die internationale Zuständigkeit gegeben, so kann dies durch Zwischenurteil (§ 280 ZPO) ausgesprochen werden. 15

IV. Verfassungsbeschwerde und Vorabentscheidungsverfahren.

1. BVerfG. Gegen die Entscheidungen der Arbeitsgerichte kann eine Verfassungsbeschwerde an das BVerfG gegeben sein. 16

2. EuGH. Die Gerichte für Arbeitssachen können bei der Auslegung von EG-Recht das Vorabentscheidungsverfahren des Art. 177 EG-Vertrag/Art 234 EUV einleiten (vgl. Art. 177 Rn. 1). 17

§ 2 Zuständigkeit im Urteilsverfahren

(1) Die Gerichte für Arbeitssachen sind ausschließlich zuständig für
1. bürgerliche Rechtsstreitigkeiten zwischen Tarifvertragsparteien oder zwischen diesen und Dritten aus Tarifverträgen oder über das Bestehen oder Nichtbestehen von Tarifverträgen;
2. bürgerliche Rechtsstreitigkeiten zwischen tariffähigen Parteien oder zwischen diesen und Dritten aus unerlaubten Handlungen, soweit es sich um Maßnahmen zum Zwecke des Arbeitskampfes oder um Fragen der Vereinigungsfreiheit einschließlich des hiermit im Zusammenhang stehenden Betätigungsrechts der Vereinigungen handelt;
3. bürgerliche Rechtsstreitigkeiten zwischen Arbeitnehmern und Arbeitgebern
   a) aus dem Arbeitsverhältnis;
   b) über das Bestehen oder Nichtbestehen eines Arbeitsverhältnisses;
   c) aus Verhandlungen über die Eingehung eines Arbeitsverhältnisses und aus dessen Nachwirkungen;
   d) aus unerlaubten Handlungen, soweit diese mit dem Arbeitsverhältnis im Zusammenhang stehen;
   e) über Arbeitspapiere;
4. bürgerliche Rechtsstreitigkeiten zwischen Arbeitnehmern oder ihren Hinterbliebenen und
   a) Arbeitgebern über Ansprüche, die mit dem Arbeitsverhältnis in rechtlichem oder unmittelbar wirtschaftlichem Zusammenhang stehen;
   b) gemeinsamen Einrichtungen der Tarifvertragsparteien oder Sozialeinrichtungen des privaten Rechts über Ansprüche aus dem Arbeitsverhältnis oder Ansprüche, die mit dem

Arbeitsverhältnis in rechtlichem oder unmittelbar wirtschaftlichem Zusammenhang stehen, soweit nicht die ausschließliche Zuständigkeit eines anderen Gerichts gegeben ist;
5. bürgerliche Rechtsstreitigkeiten zwischen Arbeitnehmern oder ihren Hinterbliebenen und dem Träger der Insolvenzsicherung über Ansprüche auf Leistungen der Insolvenzsicherung nach dem Vierten Abschnitt des Ersten Teils des Gesetzes zur Verbesserung der betrieblichen Altersversorgung;
6. bürgerliche Rechtsstreitigkeiten zwischen Arbeitgebern und Einrichtungen nach Nummer 4 Buchstabe b und Nummer 5 sowie zwischen diesen Einrichtungen, soweit nicht die ausschließliche Zuständigkeit eines anderen Gerichts gegeben ist;
7. bürgerliche Rechtsstreitigkeiten zwischen Entwicklungshelfern und Trägern des Entwicklungsdienstes nach dem Entwicklungshelfergesetz;
8. bürgerliche Rechtsstreitigkeiten zwischen den Trägern des freiwilligen sozialen Jahres und Helfern nach dem Gesetz zur Förderung eines freiwilligen sozialen Jahres und bürgerliche Rechtsstreitigkeiten zwischen den Trägern des freiwilligen ökologischen Jahres und Teilnehmern nach dem Gesetz zur Förderung eines freiwilligen ökologischen Jahres;
9. bürgerliche Rechtsstreitigkeiten zwischen Arbeitnehmern aus gemeinsamer Arbeit und aus unerlaubten Handlungen, soweit diese mit dem Arbeitsverhältnis im Zusammenhang stehen;
10. bürgerliche Rechtsstreitigkeiten zwischen Behinderten im Arbeitsbereich von Werkstätten für Behinderte und den Trägern der Werkstätten aus den in § 54 b des Schwerbehindertengesetzes geregelten Rechtsverhältnissen.

(2) Die Gerichte für Arbeitssachen sind auch zuständig für bürgerliche Rechtsstreitigkeiten zwischen Arbeitnehmern und Arbeitgebern,
a) die ausschließlich Ansprüche auf Leistung einer festgestellten oder festgesetzten Vergütung für eine Arbeitnehmererfindung oder für einen technischen Verbesserungsvorschlag nach § 20 Abs. 1 des Gesetzes über Arbeitnehmererfindungen zum Gegenstand haben;
b) die als Urheberrechtsstreitsachen aus Arbeitsverhältnissen ausschließlich Ansprüche auf Leistung einer vereinbarten Vergütung zum Gegenstand haben.

(3) Vor die Gerichte für Arbeitssachen können auch nicht unter die Absätze 1 und 2 fallende Rechtsstreitigkeiten gebracht werden, wenn der Anspruch mit einer bei einem Arbeitsgericht anhängigen oder gleichzeitig anhängig werdenden bürgerlichen Rechtsstreitigkeit der in den Absätzen 1 und 2 bezeichneten Art in rechtlichem oder unmittelbar wirtschaftlichem Zusammenhang steht und für seine Geltendmachung nicht die ausschließliche Zuständigkeit eines anderen Gerichts gegeben ist.

(4) Auf Grund einer Vereinbarung können auch bürgerliche Rechtsstreitigkeiten zwischen juristischen Personen des Privatrechts und Personen, die kraft Gesetzes allein oder als Mitglieder des Vertretungsorgans der juristischen Person zu deren Vertretung berufen sind, vor die Gerichte für Arbeitssachen gebracht werden.

(5) In Rechtsstreitigkeiten nach diesen Vorschriften findet das Urteilsverfahren statt.

I. Allgemeines

1 1. **Gliederung.** a) Aus § 2 ArbGG ergibt sich die Zulässigkeit des Rechtswegs zu den Gerichten für Arbeitssachen, deren sachliche Zuständigkeit und die Bestimmung, daß in den in § 2 genannten Fällen das Urteilsverfahren stattfindet (§ 2 V). In § 2 I ist die ausschließliche Zuständigkeit geregelt, in § 2 III die Zuständigkeit des Sachzusammenhangs und in § 2 IV die fakultative Zuständigkeit.

2 b) Ausschließliche Zuständigkeit bedeutet, daß allein die Arbeitsgerichte für die Entscheidung des Rechtsstreits zuständig sind. Es kann weder eine andere Gerichtsbarkeit vereinbart noch im Wege rügeloser Einlassung begründet werden (§ 39 ZPO). Ausnahmen nach § 2 III, IV. Wird ein Gericht einer anderen Gerichtsbarkeit angegangen, so ist der Rechtsstreit nach § 17 a II GVG an die Gerichte für Arbeitssachen zu verweisen. In einem höheren Rechtszug ist jedoch nicht mehr zu prüfen, ob der beschrittene Rechtsweg zulässig ist (§ 17 a V GVG).

3 c) Die in § 2 genannten Fälle sind im Urteilsverfahren zu entscheiden. Dagegen sind die kollektiven Streitigkeiten des § 2 a im Beschlußverfahren zu entscheiden. Urteils- und Beschlußverfahren schließen sich wechselseitig aus. Wird ein Verfahren in der falschen Verfahrensart anhängig, so ist es in die andere Verfahrensart zu verweisen (§ 48).

4 2. **Prüfung.** a) Die örtliche und sachliche Zuständigkeit ist von Amts wegen in der ersten Instanz zu prüfen. Maßgebender Prüfungszeitpunkt ist die Rechtshängigkeit der Klage (§ 261 III Nr. 2 ZPO). Bei objektiver oder subjektiver Klagehäufung ist die Zuständigkeit für jeden Anspruch zu prüfen. Die Prüfung von Amts wegen bedeutet aber keine Amtsermittlungspflicht.

5 b) Bei der Überprüfung der Zulässigkeit des Rechtswegs zu den Arbeitgerichten sind mehrere Fallgruppen zu unterscheiden. *(1)* Der Anspruch kann widerspruchslos sowohl auf eine arbeitsrechtliche als auch auf eine bürgerlich-rechtliche Anspruchsgrundlage gestützt werden (sog. et–et-Fall).

Diese Fallkonstellation ist gegeben, wenn der Kläger Vergütungsansprüche aus einem Arbeitsverhältnis verfolgt, das der Beklagte für ein Dienstverhältnis hält. *(2)* Es bestehen mehrere Ansprüche zwischen den Parteien, die in verschiedenen Rechtswegen geltend zu machen sind. *(3)* Der Anspruch kann lediglich auf eine Anspruchsgrundlage gestützt werden. Es ist jedoch umstritten, ob deren Voraussetzungen vorliegen (sog. sic–non–Fall). Hauptbeispiel ist die auf Feststellung eines Arbeitsverhältnisses gerichtete Klage. *(4)* Es kommen mehrere Anspruchsgrundlagen in Betracht. Es kann nur eine eingreifen. Es ist aber noch unklar, ob es eine arbeitsrechtliche oder sonstige ist (aut–aut–Fälle).

In dem sog. et–et–Fall hat die hM die Auffassung vertreten, daß die Arbeitsgerichte nur für die arbeitsrechtliche Rechtsgrundlage zuständig seien (BAG 9. 10. 1958 AP ArbGG 1953 § 2 Zuständigkeitsprüfung Nr. 12 = NJW 1959, 260; Nr. 28). Wegen der nicht arbeitsrechtlichen Anspruchsgrundlage, zB einer öffentlich – rechtlichen Fürsorgepflichtverletzung war die Unzulässigkeit des Rechtswegs festzustellen und in den anderen Rechtsweg zu verweisen. Diese Rechtslage ist überholt. Nach § 17 II GVG hat das Gericht des zulässigen Rechtswegs den Rechtsstreit unter jedem rechtlichen Gesichtspunkt zu überprüfen (BAG 10. 12. 1996 AP ArbGG 1979 § 2 Zuständigkeitsprüfung Nr 4 = NZA 1997, 674; 14. 12. 1998 AP GVG § 17 a Nr 39 a). Von dem vorstehenden Fall sind solche zu unterscheiden, bei dem mehrere Ansprüche zwischen den Parteien bestehen, die in verschiedenen Rechtswegen geltend gemacht werden müssen. Dies ist zB in gemischten Verträgen der Fall, wenn dem Arbeitnehmer Geschäftsführeraufgaben übertragen werden. 6

3. Zuständigkeit bei mehreren Anspruchsgrundlagen. a) Macht der Kläger geltend, er habe in einem Arbeitsverhältnis gestanden und die ihm erklärte Kündigung sei unwirksam, reicht seine bloße Rechtsansicht, er sei Arbeitnehmer für die Begründung der Zuständigkeit aus. Ist der Kläger kein Arbeitnehmer ist die Klage als unbegründet abzuweisen (sog sic–non–Fall). Eine Verweisung in den anderen Rechtsweg wäre sinnlos (BAG 24. 4. 1996, 9. 10. 1996, 10. 12. 1996, 18. 12. 1996 AP ArbGG 1979 § 2 Zuständigkeitsprüfung Nr. 1 =NJW 1996, 2948; Nr. 2 = NJW 97, 542; Nr. 4; Nr. 3 = NZA 1997, 509; zuvor 30. 8. 1993 AP GVG § 17 Nr. 6). Anders ist es, wenn der Kläger geltend macht, ihm stünden Entgeltansprüche aus dem Arbeitsverhältnis zu, was der Beklagte für ein Dienstverhältnis hält. Hier kann der Kläger durch die bloße Rechtsansicht die Zuständigkeit nicht begründen (BAG 28. 10. 1993 AP ArbGG 1979 § 2 Nr. 19 = NZA 1994, 234; 9. 10. 1996 AP ArbGG 1979 § 2 Zuständigkeitsprüfung Nr. 2 NJW 1997, 542). 7

b) Können aus einem einheitlichen Tatbestand mehrere Anspruchsgrundlagen erwachsen, die sich wechselseitig ausschließen, so kann die bloße Rechtsansicht des Klägers die Zuständigkeit nicht begründen (aut–aut–Fall). Insoweit ist umstr., ob es ausreicht, daß das Vorbringen schlüssig ist oder ob Beweis zu erheben ist (offengelassen BAG 10. 12. 1996 AP ArbGG 1979 § 2 Zuständigkeitsprüfung Nr. 4 = NZA 1997, 674). Werden Provisionsansprüche geltend gemacht, die entweder aus dem Arbeitsvertrag resultieren oder aus einem freien Handelsvertreterverhältnis erwachsen, ist zunächst Beweis über die Zuständigkeit des Arbeitsgerichtes zu erheben (BAG 13. 3. 1964 AP ArbGG 1953 § 2 Zuständigkeitsprüfung Nr. 26; 11. 3. 1965 AP Nr. 28 aaO; dagegen OLG Köln 23. 5. 1996 BB 1997, 52). Liegt ein Arbeitsvertrag nicht vor, ist das Arbeitsgericht unzuständig. 8

c) Bei Organmitgliedern (Geschäftsführer, Vorstand) unterscheidet das BAG für die Zulässigkeit des Rechtswegs zu den Arbeitsgerichten gleichfalls nach Fallgruppen. Macht der Kläger nicht Rechte aus dem der Bestellung zugrunde liegenden Verhältnis, sondern ausschließlich Rechte aus einem angeblich weiterbestehenden Arbeitsverhältnis geltend und kann die Klage nur dann Erfolg haben, wenn der Kläger Arbeitnehmer ist (sic-non-Fall), so ist der Rechtsweg zu den Arbeitsgerichten bereits dann gegeben, wenn der Kläger die Rechtsauffassung vertritt, Arbeitnehmer zu sein. Hat sich das freie Dienstverhältnis, das Grundlage der Bestellung zum Organ war, nicht in ein Arbeitsverhältnis umgewandelt, ist die Klage als unbegründet abzuweisen. *Kann* dagegen die Klage eines ehemaligen Organmitgliedes, das das Weiterbestehen eines Arbeitsverhältnisses behauptet, auch dann Erfolg haben, wenn der Kläger nicht Arbeitnehmer ist (aut–aut– und et–et–Fälle), ist die bloße Rechtsbehauptung unzureichend. Umstr. ist, ob ein schlüssiger Sachvortrag ausreicht oder über die Behauptung des Klägers Beweis zu erheben ist. In einem Rechtsstreit über die außerordentliche Kündigung eines einvernehmlich abberufenen Vorstandsmitglieds hat das BAG die Streitfrage dahingestellt sein lassen, weil die Klage nicht schlüssig war (BAG 10. 12. 1996 AP ArbGG 1979 § 2 Zuständigkeitsprüfung Nr. 4 = NZA 1997, 674). In seiner früheren Rechtsprechung ist das BAG aber davon ausgegangen, daß über das Vorbringen Beweis zu erheben ist (BAG 30. 8. 1993 AP GVG § 17 a Nr. 6 NZA 94, 141). 9

II. Die Einzelfälle des § 2 I

1. Bürgerlicher Rechtsstreit. a) Die Gerichte für Arbeitssachen sind nach § 2 I nur zuständig für bürgerliche Rechtsstreitigkeiten. Diese sind dann gegeben, wenn die Parteien über Rechtsverhältnisse oder Rechtsfolgen des Privatrechts streiten und einander gleichberechtigt gegenüberstehen (BAG 10. 9. 1985 AP GG Art. 9 Arbeitskampf Nr. 86; *Kissel* GVG § 13 Rn. 11; *ders.* NZA 95, 345). 10

b) Keine bürgerlichen Rechtsstreitigkeiten sind gegeben, wenn die Parteien über öffentlich-rechtliche Rechtsverhältnisse streiten und zueinander in einem Subordinationsverhältnis stehen. Öffentlich- 11 rechtliche Unterordnungsverhältnisse sind gegeben bei Streitigkeiten aus dem Sozialversicherungsrecht, für Klagen auf Zuschüsse zur gesetzlichen Kranken- und Pflegeversicherung (BAG 1. 6. 1999 NZA 1999, 1174), bei Streitigkeiten aus dem Recht der Arbeitsverwaltung, der Gewerbeaufsicht und dem Lohnsteuerrecht. Ferner sind öffentlich-rechtliche Rechtsstreitigkeiten gegeben bei Streitigkeiten aus dem Beamtenverhältnis oder öffentlich-rechtlich ausgestalteten Ausbildungsverhältnissen. Es sind die Gerichte für Arbeitssachen nicht zuständig für Klagen einer ausländischen Rechtsreferendarin auf Vergütung (BAG 28. 6. 1989 AP ArbGG 1979 § 2 Nr. 13 = NZA 1990, 325), wegen Schadensersatz wegen verzögerter Ausbildung in einem Referendarverhältnis (BAG 14. 12. 1988 AP ArbGG 1979 § 2 Nr. 12 = NZA 1989, 820) oder auf Zulassung zur wissenschaftlichen Ausbildung und Prüfung in einer sonderpädagogischen Fachrichtung (BAG 22. 9. 1999 NZA 2000, 55).

12   2. **Ausschließliche Zuständigkeit nach § 2 I Nr. 1. a)** Die Arbeitsgerichte sind ausschließlich zuständig für bürgerliche Rechtsstreitigkeiten zwischen Tarifvertragsparteien oder zwischen diesen und Dritten aus Tarifverträgen oder über das Bestehen oder Nichtbestehen von Tarifverträgen. Erfaßt werden Rechtsstreitigkeiten der Tarifvertragsparteien aus dem obligatorischen Teil des Tarifvertrages (§ 1 TVG Rn. 56 ff.). Parteien können nur Tarifvertragsparteien sein. Die Klage kann gerichtet sein auf die Durchführung des Tarifvertrages gegen den Tarifpartner (BAG 11. 9. 1991 AP TVG § 1 Durchführungspflicht Nr. 6 = NZA 1992, 321; § 9 TVG Rn. 8 ff.), auf die Einwirkung auf Verbandsmitglieder, den Tarifvertrag einzuhalten (BAG 29. 4. 1992 AP TVG § 1 Durchführungspflicht Nr. 3 = NZA 1992, 846), die Wahrung der Friedenspflicht, auf die Unterlassung von Arbeitskampfmaßnahmen.

13   b) Unter die Vorschrift fallen aber auch Rechtsstreitigkeiten über die Auslegung des normativen Teils des Tarifvertrages oder einzelner Vorschriften. Hierzu gehören die Auslegungsstreitigkeiten nach § 9 TVG (BAG 30. 5. 1984 TVG § 9 Nr. 3 = NZA 1984, 300; 25. 9. 1987 AP BeschFG § 1 Nr. 1 = NZA 1988, 358), insbesondere soweit Durchführungs- und Friedenspflichten davon abhängen (BAG 24. 2. 1987 BetrVG 1972 § 80 Nr. 28 = NZA 1987, 674; 29. 4. 1992 AP TVG § 1 Durchführungspflicht Nr. 3 = NZA 1992, 846). Gegenstand des Rechtsstreits kann sein, ob der Tarifvertrag nach seinem Geltungsbereich eine genau bestimmte Arbeitnehmergruppe erfaßt (BAG 23. 2. 1995 AP TV Ang Bundespost § 1 Nr. 2).

14   c) Zu den Rechtsstreitigkeiten über Bestehen oder Nichtbestehen von Tarifverträgen gehören Fragen der Wirksamkeit des Abschlusses, seiner Wirksamkeit oder Gültigkeit, seines räumlichen, fachlichen und betrieblichen Geltungsbereichs oder die Wirksamkeit seiner Kündigung. Ausreichend ist, wenn über einzelne Normen des Tarifvertrags gestritten wird (BAG 28. 9. 1977 AP TVG 1969 § 9 Nr. 1). Ferner gehören zur Zuständigkeit der Arbeitsgerichte Fragen über Umfang und Wirksamkeit der Allgemeinverbindlichkeit. Dagegen sind die Rechtsstreitigkeiten zwischen der Tarifvertragspartei und dem BAM bzw. LAM öffentlich-rechtlich.

15   d) Zuständig sind die Gerichte für Arbeitssachen für Rechtsstreitigkeiten zwischen den Tarifvertragsparteien und Dritten aus dem Tarifvertrag. Dritte sind alle, die nicht selbst Tarifvertragspartei sind. Dagegen gehören Streitigkeiten aus dem Vereinsrecht der Tarifvertragsparteien in die Zuständigkeit der ordentlichen Gerichte.

16   3. **Zuständigkeit nach § 2 I Nr. 2. a)** Die Gerichte für Arbeitssachen sind zuständig für Rechtsstreitigkeiten zwischen tariffähigen Parteien oder zwischen diesen und Dritten aus unerlaubten Handlungen, soweit es sich um Maßnahmen zum Zwecke des Arbeitskampfes oder um Fragen der Vereinigungsfreiheit einschließlich des hiermit in Zusammenhang stehenden Betätigungsrechts der Vereinigungen handelt. Die Zuständigkeit besteht nur für bürgerliche Rechtsstreitigkeiten. Das ist aber auch dann der Fall, wenn eine öffentlich-rechtliche Körperschaft des Arbeitgebers Beamte auf bestimmten Arbeitnehmerstellen einsetzt (BAG 18. 9. 1985 AP GG Art. 9 Arbeitskampf Nr. 86 = NJW 1986, 210 = NZA 1985, 814). Über die Einhaltung der Neutralitätspflicht der BAnstArb entscheiden die Gerichte der Sozialgerichtsbarkeit (§ 51 I SGG).

17   b) Die unerlaubte Handlung muß zum Zweck des Arbeitskampfes erfolgen; unzureichend sind unerlaubte Handlungen anläßlich eines Arbeitskampfes. Der Begriff der unerlaubten Handlung ist weit auszulegen. Es kommt nicht darauf an, ob die Voraussetzungen von § 823 I BGB vorliegen (*Germelmann/Matthes/Prütting* § 2 Rn. 34; *Grunsky* § 2 Rn. 70). Unerlaubte Handlung ist jedes rechtswidrige Verhalten, das zum Schadensersatz führt. Erfaßt werden alle Handlungen, die während des Arbeitskampfes unzulässig sind. Das kann auch der Arbeitskampf selbst sein. Erfaßt werden zB die Verweigerung von Notdienstarbeiten, Werksbesetzungen, Behinderung oder Benachteiligung von Arbeitswilligen, Behinderung von Tarifvertragsverhandlungen.

18   c) Zu den Rechtsstreitigkeiten zwischen den tariffähigen Parteien und Dritten gehören Ansprüche der Arbeitnehmer bei rechtswidriger Aussperrung oder Schadensersatzansprüche der Arbeitgeber bei rechtswidrigem Streik. Dritter ist aber regelmäßig nicht der Betriebsrat, da insoweit zumindest eine betriebsverfassungsrechtliche Streitigkeit vorliegt.

II. Die Einzelfälle des § 2 I   § 2 ArbGG 60

d) Fragen der Vereinigungsfreiheit und des Betätigungsrechtes der Koalitionen werden betroffen, 19
wenn es sich um Streitigkeiten über die positive oder negative Koalitionsfreiheit handelt (BAG 18. 8.
1987 AP ArbGG 1979 § 72 a Grundsatz Nr. 33) oder um Fragen des Zutrittsrechts zum Betrieb für
Gewerkschaften oder deren Werbung im Betrieb (BAG 14. 2. 1978 AP GG Art. 9 Nr. 38).

e) Umstritten ist die Zuständigkeit für Streitigkeiten der Koalitionen untereinander. Insoweit geht 20
der BGH von der Zuständigkeit der ordentlichen Gerichte aus, während die hM im Arbeitsrecht
die Zuständigkeit der Gerichte für Arbeitssachen annimmt (*Germelmann/Matthes/Prütting* § 2 Rn. 46;
Grunsky § 2 Rn. 72; *Hauck* § 2 Rn. 16). Dasselbe gilt für Streitigkeiten der Koalitionsmitglieder
untereinander, soweit die Vereinigungsfreiheit berührt wird. Für deren Beitrags- und Leistungsklagen
sind dagegen die ordentlichen Gerichte zuständig.

4. Bürgerliche Rechtsstreitigkeiten zwischen Arbeitnehmern und Arbeitgebern (§ 2 I Nr. 3). 21

a) Die Gerichte für Arbeitssachen haben eine umfassende Zuständigkeit für alle bürgerlich-rechtlichen
Streitigkeiten zwischen Arbeitnehmer und Arbeitgeber (BAG 23. 2. 1979 AP GG Art 9 Nr. 30;
14. 11. 1979 AP TVG § 4 Nr. 2). Der verfahrensrechtliche Begriff des Arbeitnehmers ergibt sich aus
§ 5 (vgl. § 5 Rn. 2). Arbeitgeber ist jeder, der einen Arbeitnehmer beschäftigt. Arbeitgeber ist der
persönlich haftende Gesellschafter einer Personengesellschaft (BAG 6. 5. 1986 AP HGB § 128 Nr. 8),
einer KG (BAG 1. 3. 1993 AP ArbGG 1979 § 2 Nr. 25 = NZA 1993, 617); dagegen nicht der
Kommanditist (BAG 23. 6. 1992 AP ArbGG 1979 § 2 Nr. 23 = NZA 1993, 862). Die Zuständigkeit
der Arbeitsgerichte ist auch dann gegeben, wenn der Arbeitnehmer einen Gesellschafter seines Arbeitgebers im Wege der Durchgriffshaftung in Anspruch nimmt (BAG 13. 6. 1997 NJW 1998, 261 = NZA,
1997, 1128). Dasselbe gilt bei Konzernobergesellschaften (BAG 15. 3. 2000 – 5 AZB 70/99).

b) Die Rechtsstreitigkeit muß sich aus dem Arbeitsverhältnis ergeben, das zur Zeit der Klage 22
bestand oder hätte begründet werden sollen.

aa) Arbeitsverhältnis ist auch das Beschäftigungsverhältnis, das sich aufgrund eines unwirksamen 23
oder angefochtenen Arbeitsvertrages ergibt bzw. das sog. faktische Arbeitsverhältnis (§ 611
Rn. 454 ff.). Arbeitsverhältnis ist auch das Rechtsverhältnis bei unerlaubter Arbeitnehmerüberlassung
(§ 10 AÜG) oder das Berufsausbildungsverhältnis (arg. § 3 II BBiG). Keine Ansprüche aus dem
Arbeitsverhältnis sind Entschädigungsansprüche ehemaliger Zwangsarbeiter (BAG 16. 2. 2000 – 5
AZB 71/99). Zu den Ansprüchen der Arbeitnehmer gehören Ansprüche auf Vergütung, Urlaub, Auslagen, Schadensersatz usw. Zu den Ansprüchen des Arbeitgebers gehören Schadensersatzansprüche,
Rückforderungsansprüche, Auskunfts- oder Herausgabeansprüche. Nicht hierin gehören Rückzahlungsansprüche aus öffentlich-rechtlichen Beschäftigungsverhältnissen (BAG 10. 10. 1990 AP ArbGG
1979 § 2 Nr. 17 = NJW 1991, 943 = NZA 1991, 180). Ohne Bedeutung ist, auf welche Anspruchsgrundlage die Klage gestützt wird. Es handelt sich auch dann um Ansprüche aus dem Arbeitsverhältnis, wenn sie aus einem Vergleich oder Scheck über eine arbeitsrechtliche Forderung herrühren (BAG
7. 11. 1996 AP ArbGG 1979 § 46 Nr. 1 = NJW 1997, 758) oder gegen arbeitsrechtliche Titel im Wege
der Vollstreckungsgegenklage vorgegangen wird. Dagegen schließt ein Anspruch aus Geschäftsführung ohne Auftrag begrifflich ein Arbeitsverhältnis aus.

bb) Streitigkeiten aus der Überlassung einer Werkmietwohnung gehören vor die ordentlichen 24
Gerichte (§ 29 a ZPO; hierzu BAG 24. 1. 1990 AP ArbGG 1979 § 2 Nr. 16 = NZA 1990, 539). Streiten
die Parteien im Rahmen einer Lohnklage über die Höhe des Mietzinses, so sind für den Streit aus dem
Mietverhältnis die ordentlichen Gerichte zuständig (LAGE Frankfurt 25. 7. 1997 § 2 ArbGG 1979
Nr 26; aA LAGE München 10. 3. 1998 § 17 GVG Nr. 1). Dagegen ist die Zuständigkeit bei Werks-
dienstwohnungen umstritten. Für sind richtigerweise die Arbeitsgerichte zuständig, da die Überlassung der Wohnung Teil des Arbeitsvertrages ist (BAG 2. 11. 1999 – 5 AZB 18/99; LAGE Berlin
14. 9. 1993 § 2 ArbGG 1979 Nr. 15).

cc) Die Arbeitsgerichte sind auch zuständig, wenn der Arbeitnehmer Ansprüche aus dem Arbeits- 25
verhältnis geltend macht, die durch das Betriebsverfassungsrecht beeinflußt sind. Maßgebend ist, ob
die Ansprüche im Arbeitsverhältnis ihren Rechtsgrund haben. Die Zuständigkeit der Arbeitsgerichte
ist mithin gegeben für Ansprüche auf Weiterbeschäftigung nach §§ 78 a, 102 V BetrVG, den allgemeinen Weiterbeschäftigungsanspruch (BAG GS 27. 2. 1985 AP BGB § 611 Beschäftigungspflicht Nr. 14
= NZA 1985, 702 = NJW 1985, 2968) sowie die Ansprüche der Mitglieder der Betriebsverfassungsorgane auf Entgeltfortzahlung (§ 37 II, VI BetrVG) oder auf Arbeitsfreistellung (§ 37 III BetrVG).
Dagegen sind Ansprüche auf Auslagenersatz im Beschlußverfahren geltend zu machen.

dd) Keine Ansprüche aus dem Arbeitsverhältnis sind gegeben bei Streitigkeiten der Arbeitnehmer- 26
vertreter aus dem Amt im Aufsichtsrat. Ebenso liegt keine Streitigkeit aus dem Arbeitsverhältnis bei
der Verletzung der Auskunftpflicht eines Drittschuldners nach § 840 ZPO vor (BAG 31. 10. 1984 AP
ZPO § 840 Nr. 4 = NZA 1985, 289 = NJW 1985, 1181).

c) Die Arbeitsgerichte sind ausschließlich zuständig für Rechtsstreitigkeiten über Bestehen oder 27
Nichtbestehen eines Arbeitsverhältnisses. Erfaßt werden Rechtsstreitigkeiten über die Begründung
des Arbeitsverhältnisses oder seine Beendigung infolge Kündigung oder Befristung, Anfechtung. Hier-

hin gehören aber auch Rechtsstreitigkeiten über den Inhalt des Arbeitsverhältnisses, insbesondere über den Status des Arbeitnehmers oder freier Mitarbeiter (§ 2 I Nr. 3 c).

28 d) Die Arbeitsgerichte sind ausschließlich zuständig für alle Rechtsstreitigkeiten aus Verhandlungen über die Eingehung eines Arbeitsverhältnisses sowie aus dessen Nachwirkung. Zu den Ansprüchen aus Verhandlungen über die Eingehung von Arbeitsverhältnissen gehören Schadensersatzansprüche aus Verschulden bei Vertragsschluß, Ersatz von Vorstellungskosten, aus Vorverträgen, Herausgabe von Bewerbungsunterlagen. Ansprüche aus der Nachwirkung sind Ansprüche auf Herausgabe eines Zeugnisses, Schadensersatzansprüche bei unrichtiger Auskunft. Hierhin gehören ferner Ansprüche auf Karenzentschädigung, Unterlassung von Wettbewerb (BAG 18. 8. 1997 AP HGB § 74 Nr. 70 = NZA 1997, 1362), Vorruhestandsleistungen oder die Nachversicherung in der Rentenversicherung.

29 e) Die Arbeitsgerichte sind zuständig für unerlaubte Handlungen im Zusammenhang mit dem Arbeitsverhältnis (§ 2 I Nr. 3 d). Sie darf nicht nur anläßlich des Arbeitsverhältnisses begangen worden sein. Die Zuständigkeit ist auch dann gegeben, wenn ein Arbeitnehmer einer juristischen Person deren Geschäftsführer aus unerlaubter Handlung verklagt (BAG 24. 6. 1996 AP ArbGG 1979 § 2 Nr. 39 = NJW 1996, 2885).

30 f) Nach § 2 I Nr. 3 e sind die Arbeitsgerichte ausschließlich zuständig für bürgerliche Rechtsstreitigkeiten über Arbeitspapiere. Eine bürgerliche Rechtsstreitigkeit ist gegeben bei Streitigkeiten um die Herausgabe der Arbeitspapiere, nicht aber auf deren Ausfüllung oder Berichtigung. Dies gilt insbesondere, soweit die Eintragung von sozialversicherungsrechtlichen oder steuerrechtlichen Vorschriften abhängt. Zu den öffentlich-rechtlichen Streitigkeiten gehört insbesondere die Klage auf Herausgabe, Ausfüllung oder Berichtigung einer Bescheinigung nach § 133 AFG – jetzt § 312 SGB III (BAG 15. 1. 1992 AP ArbGG 1979 Nr. 21 = NZA 1992, 996).

31 **5. Zuständigkeit nach § 2 I Nr. 4 ArbGG. a)** Die Arbeitsgerichte sind ausschließlich zuständig für Rechtsstreitigkeiten zwischen Arbeitnehmern oder ihren Hinterbliebenen mit Arbeitgebern über Ansprüche, die mit dem Arbeitsverhältnis in rechtlichem oder unmittelbar wirtschaftlichem Zusammenhang stehen sowie mit gemeinsamen Einrichtungen der Tarifvertragsparteien oder Sozialeinrichtungen des privaten Rechtes. Es handelt sich um Rechtsstreitigkeiten über Nebenleistungen aus dem Arbeitsverhältnis, insbesondere solche auf betriebliche Altersversorgung. Für Versorgungsansprüche eines aus dem Amt ausgeschiedenen Richters, der eine Zusatzversorgung anstrebt, sind die Verwaltungsgerichte zuständig (BAG 17. 7. 1995 AP ArbGG 1979 Nr. 33 = NJW 1996, 413 = NZA 1995, 1175). Die Arbeitsgerichte sind zuständig für Renten nach der AO 54 (BAG 29. 4. 1994 AP ArbGG 1979 § 2 Nr. 26 = NZA 94, 962) sowie solche für Ballettänzer in der ehemaligen DDR (BSG 24. 8. 1994 AP ArbGG 1979 § 2 Nr. 27)

32 b) Hinterbliebene sind solche Personen, denen beim Ableben des Arbeitnehmers eigene Ansprüche aus dem Arbeitsverhältnis erwachsen wie Sterbehilfen, Hinterbliebenenrenten, Schadensersatzansprüche nach §§ 844, 845 BGB. Ein rechtlicher Zusammenhang ist gegeben, wenn der Anspruch seine Grundlage im Arbeitsverhältnis hat. Ein wirtschaftlicher Zusammenhang liegt vor, wenn der Anspruch seine Grundlage im Arbeitsverhältnis hat.

33 **6. Bürgerliche Rechtsstreitigkeiten zur Insolvenzsicherung. a)** Nach § 2 I Nr. 5 sind die Arbeitsgerichte ausschließlich zuständig für bürgerliche Rechtsstreitigkeiten zwischen Arbeitnehmern und ihren Hinterbliebenen und dem Träger der Insolvenzsicherung über Ansprüche auf Leistungen der Insolvenzsicherung nach dem Vierten Abschnitt des ersten Teils des BetrAVG. Das sind Ansprüche gegen den Pensionssicherungsverein bei Insolvenz des Arbeitgebers. Es muß sich um eine bürgerliche Rechtsstreitigkeit handeln. Das sind Ansprüche gegen den Arbeitgeber und dessen Sozialeinrichtung. Zuständig sind die Arbeitsgerichte, wenn über die Kürzung der Leistungen der betrieblichen Altersversorgung gestritten wird oder soweit Ansprüche der Arbeitnehmer auf den Pensionssicherungsverein übergegangen sind (§ 9 ArbGG; vgl. BAG 11. 11. 1986 AP ArbGG 1979 § 2 Nr. 6).

34 b) Dagegen ist das Rechtsverhältnis zwischen dem Träger der Insolvenzsicherung und den einzelnen Arbeitgebern öffentlich-rechtlich ausgestaltet (§ 10 I BetrAVG). Für derartige Ansprüche sind die Verwaltungsgerichte zuständig.

35 c) Die ordentlichen Gerichte sind zuständig für Streitigkeiten von Nichtarbeitnehmern (§ 17 BetrAVG) und dem Träger der Insolvenzsicherung.

36 **7. Gemeinsame Einrichtungen und Insolvenzsicherung.** Nach § 2 I Nr. 6 ArbGG sind die Arbeitsgerichte zuständig für bürgerliche Rechtsstreitigkeiten zwischen Arbeitgebern und Einrichtungen nach Nr. 4 lit. b und lit. 5 sowie zwischen diesen Einrichtungen, soweit nicht die ausschließliche Zuständigkeit eines anderen Gerichts gegeben ist.

37 **8. Entwicklungshilfe.** Die Arbeitsgerichte sind zuständig für bürgerliche Rechtsstreitigkeiten zwischen den Trägern des Entwicklungsdienstes (§ 2 I Nr. 7 ArbGG).

38 **9. Freiwilliges soziales Jahr.** Nach § 2 I Nr. 8 sind die Arbeitsgerichte ausschließlich zuständig für bürgerliche Rechtsstreitigkeiten zwischen den Trägern des Freiwilligen sozialen Jahres und Helfern

nach dem Gesetz zur Förderung des Freiwilligen sozialen Jahres. Dasselbe gilt für die Träger und Helfer des Freiwilligen ökologischen Jahres.

10. Gemeinsame Arbeit. a) Nach § 2 I Nr. 9 sind die Arbeitsgerichte ausschließlich zuständig für bürgerliche Rechtsstreitigkeiten zwischen Arbeitnehmern aus gemeinsamer Arbeit und aus unerlaubten Handlungen, soweit diese mit dem Arbeitsverhältnis im Zusammenhang stehen (BAG 11. 7. 1995, ArbGG 1979 § 2 Nr. 32). Die Voraussetzungen sind auch dann gegeben, wenn die Arbeitnehmer bei verschiedenen Arbeitgebern beschäftigt werden (LG Oldenburg 27. 5. 1994 DB 1994, 2244). Rechtsstreitigkeiten aus gemeinsamer Arbeit sind solche aus Gruppenarbeitsverhältnissen oder über Schadensersatzansprüche untereinander, zB bei Arbeitsunfällen oder Fahrgemeinschaften. Hierhin gehört auch der Streit unter mehreren Chefärzten über die Honorarverteilung (BGH 26. 2. 1998 NJW 1998, 2745). 39

b) Die unerlaubte Handlung muß im Zusammenhang mit dem Arbeitsverhältnis stehen. Das ist dann der Fall, wenn die unerlaubte Handlung so mit dem Arbeitsverhältnis verknüpft ist, daß sein Bestand wesentliche Ursache der Ansprüche ist. Das können Ansprüche auf Schadensersatz, Unterlassung von Ehrverletzungen usw. sein. 40

11. Arbeitnehmererfindung. a) Die Gerichte für Arbeitssachen sind zuständig für bürgerliche Rechtsstreitigkeiten zwischen Arbeitnehmern und Arbeitgebern (a) die ausschließlich Ansprüche auf Leistung einer festgesetzten Vergütung für eine Arbeitnehmererfindung oder für einen technischen Verbesserungsvorschlag nach § 20 I ArbNErfG zum Gegenstand haben oder (b) die als Urheberrechtsstreitigkeiten aus Arbeitsverhältnissen ausschließlich Ansprüche auf Leistung einer vereinbarten Vergütung zum Gegenstand haben. Die Arbeitsgerichte sind nur zuständig für die festgestellte oder festgesetzte Vergütung. Hierzu gehören aber auch Klagen auf Auskunft oder Rechnungslegung. 41

b) Die Arbeitsgerichte sind dagegen nicht zuständig, soweit andere Ansprüche aus der Arbeitnehmererfindung oder der Urheberrechtsstreitigkeit erhoben werden. Nach § 39 I ArbNErfG, § 143 PatG sind ausschließlich die Landgerichte zuständig. Das gilt auch dann, wenn ein Arbeitnehmer Ansprüche aus dem Recht gegen seinen früheren Arbeitgeber geltend macht (BAG 9. 7. 1997 AP ArbGG 1979 § 2 Nr. 50 = NZA 1997, 1181). So sind für Auseinandersetzungen zwischen Arbeitnehmer und Arbeitgeber über die Nutzung von Computerprogrammen, die der Arbeitnehmer geschaffen oder eingebracht hat, die ordentlichen Gerichte zuständig (BAG 21. 8. 1996 BB 1996, 2416 = DB 1996, 2548). 42

III. Fakultative Zuständigkeit der Arbeitsgerichte

1. Begriff. Von fakultativer Zuständigkeit der Arbeitsgerichte wird dann gesprochen, wenn die Zuständigkeit der Arbeitsgerichte vereinbart werden kann oder durch rügelose Einlassung begründet wird (§ 39 ZPO). 43

2. Zusammenhangsklage. a) Nach § 2 III ist die Zuständigkeit der Arbeitsgerichte erweitert für Rechtsstreitigkeiten, die nicht unter den Zuständigkeitskatalog fallen, aber mit diesem in einem rechtlichen oder unmittelbar wirtschaftlichen Zusammenhang stehen. Die Zuständigkeit der Zusammenhangsklage ist fakultativ, weil sie erst bei entsprechender Klageerhebung erwächst. Die Parteien sollen die Möglichkeit haben, zusammenhängende Verfahren durch die Arbeitsgerichte entscheiden zu lassen. Dagegen besteht keine Möglichkeit, den arbeitsrechtlichen Streit vor eine andere Gerichtsbarkeit zu bringen. 44

b) Ein rechtlicher Zusammenhang ist in den in § 33 ZPO genannten Fällen gegeben. Ein wirtschaftlicher Zusammenhang besteht, wenn die arbeitsrechtliche Streitigkeit und die Streitigkeit der Zusammenhangsklage aus dem gleichen einheitlichen Lebenssachverhalt entspringen und keine zufällige Verbindung besteht. Ein Zusammenhang besteht zB bei einer Klage gegen den Schuldner und den Bürgen. Insbesondere in gemischten Verträgen kann es zu Zusammenhangsstreitigkeiten kommen, von denen einer ein Arbeitsvertrag ist. Bei Streit um die Beendigung des gesamten Verhältnisses liegt ein einheitlicher Rechtsstreit vor. Zuständig ist das Gericht, das für das wirtschaftliche Schwergewicht des Vertrages und das Vertragselement zuständig ist, eine wirtschaftlich sinnvolle Beendigung ermöglicht (BAG 24. 8. 1972 AP BGB § 611 Nr. 2 Gemischter Vertrag; 15. 8. 1975 AP ArbGG 1953 § 2 Zuständigkeitsprüfung). Für die Klage eines Prozeßbevollmächtigten gegen seinen Mandanten wegen Gebühren und Auslagen im Zusammenhang mit einem Rechtsstreit vor dem Arbeitsgericht ist der Rechtsweg zu den ordentlichen Gerichten gegeben (BAG 28. 10. 1997 AP ArbGG 1979 § 2 Nr. 55 = NZA 1998, 219). 45

c) Ein Zusammenhang besteht, wenn die Hauptklage erhoben ist oder gleichzeitig mit der Zusammenhangsklage erhoben wird. Ist die Zusammenhangsklage zuerst erhoben, so wird das Gericht zuständig, wenn die Hauptklage noch erhoben wird (*Germelmann/Matthes/Prütting* § 2 Rn. 122; *Grunsky* § 2 Rn. 138). Für die Hauptklage muß das Arbeitsgericht zuständig sein. Unzureichend eine Zwischenfeststellungsklage, von deren Qualifizierung die Zulässigkeit des einen oder anderen Rechtswegs abhängt (BAG 28. 10. 1993 AP ArbGG 1979 § 2). 46

60 ArbGG § 2 a

47 **3. Organmitglieder. a)** Die Zuständigkeit für Organmitglieder ist in § 2 IV geregelt. Hiernach kann mit Organen von juristischen Personen des Privatrechtes für bürgerliche Rechtsstreitigkeiten des Privatrechtes die Zuständigkeit der Arbeitsgerichte vereinbart werden. Die Zuständigkeit kann nicht vereinbart werden mit Organen der juristischen Personen des öffentlichen Rechtes. Wegen der Zuständigkeit bei Mischrechtsverhältnissen von Organvertretern vergleiche § 5 Rn. 11 ff.

48 **b)** Die Zuständigkeit der Organmitglieder kann nicht vereinbart werden zwischen den Handelsgesellschaften und ihren zu gesetzlichen Vertretern berufenen Organen.

IV. Verfahren zur Zuständigkeit

49 **1. Verweisung.** Die Zuständigkeit der Arbeitsgerichte kann bei wirksamer und bindender Verweisung erwachsen (§ 17 a II GVG).

50 **2. Widerklage.** Wird in einem zur Zuständigkeit der Arbeitsgerichte gehörenden Rechtsstreit eine Widerklage erhoben, so sind die Gerichte für Arbeitssachen zuständig, wenn die Widerklage im Zusammenhang mit der Klage steht. Besteht kein rechtlicher Zusammenhang, ist die Widerklage abzutrennen und zu verweisen (*Schaub* ArbGV § 25; aber umstritten).

51 **3. Aufrechnung.** Wird beim Arbeitsgericht mit einer Forderung aufgerechnet, die zur Zuständigkeit der Arbeitsgerichte gehört, so bestehen gegen die Entscheidung zur Aufrechnung keine Bedenken. Im allgemeinen wird ein Vorbehaltsurteil nicht in Betracht kommen. Wird dagegen mit einer Forderung aufgerechnet, die nicht zur Zuständigkeit der Arbeitsgerichte gehört, so ist die Forderung abzutrennen und in den zulässigen Rechtsweg zu verweisen (*Schaub* ArbGV § 27 III).

V. Örtliche Zuständigkeit

52 Die örtliche Zuständigkeit richtet sich nach den Vorschriften der ZPO. Im ArbGG sind keine Sonderregelungen enthalten.

§ 2 a Zuständigkeit im Beschlußverfahren

(1) Die Gerichte für Arbeitssachen sind ferner ausschließlich zuständig für
1. Angelegenheiten aus dem Betriebsverfassungsgesetz, soweit nicht für Maßnahmen nach seinen §§ 119 bis 121 die Zuständigkeit eines anderen Gerichts gegeben ist;
2. Angelegenheiten aus dem Sprecherausschußgesetz, soweit nicht für Maßnahmen nach seinen §§ 34 bis 36 die Zuständigkeit eines anderen Gerichts gegeben ist;
3. Angelegenheiten aus dem Mitbestimmungsgesetz, dem Mitbestimmungsergänzungsgesetz und dem Betriebsverfassungsgesetz 1952, soweit über die Wahl von Vertretern der Arbeitnehmer in den Aufsichtsrat und über ihre Abberufung mit Ausnahme der Abberufung nach § 103 Abs. 3 des Aktiengesetzes zu entscheiden ist;
3 a. Angelegenheiten aus den §§ 24, 25 und 54 c des Schwerbehindertengesetzes;
3 b. Angelegenheiten aus dem Gesetz über Europäische Betriebsräte, soweit nicht für Maßnahmen nach seinen §§ 43 bis 45 die Zuständigkeit eines anderen Gerichts gegeben ist;
4. die Entscheidung über die Tariffähigkeit und die Tarifzuständigkeit einer Vereinigung.
(2) In Streitigkeiten nach diesen Vorschriften findet das Beschlußverfahren statt.

1 **1. Allgemeines.** Die Vorschrift regelt die ausschließliche Zuständigkeit (§ 2 Rn. 2) der Arbeitsgerichte im Beschlußverfahren und daß in den aufgezählten Fällen im Beschlußverfahren zu entscheiden ist. Unerheblich ist, ob eine bürgerlich-rechtliche Streitigkeit vorliegt. Die ausschließliche Zuständigkeit ist von Amts wegen zu prüfen. Sind die Gerichte für Arbeitssachen nicht zuständig oder in der unrichtigen Verfahrensart angegangen, ist nach § 17 a II GVG, § 48 ArbGG zu entscheiden. Eine Verbindung von Streitigkeiten im Urteils- und Beschlußverfahren nach § 147 ZPO ist unzulässig. Dagegen kann im Urteils- wie im Beschlußverfahren über Vorfragen der anderen Verfahrensart entschieden werden.

2 **2. Ausschließliche Zuständigkeit nach § 2 a I Nr. 2. a)** Die Gerichte für Arbeitssachen sind ausschließlich zuständig für Angelegenheiten aus dem BetrVG, soweit nicht für Maßnahmen nach §§ 119 bis 121 BetrVG die Zuständigkeit eines anderen Gerichtes gegeben ist. Die Arbeitsgerichte sind mithin umfassend für alle Rechtsstreitigkeiten aus dem BetrVG zuständig. Hierzu gehören die Fälle der durch das BetrVG geregelten Ordnung des Betriebes und der Streitigkeiten um die Rechte und Pflichten der Betriebspartner (BAG 16. 7. 1985 AP BetrVG 1972 § 87 Lohngestaltung Nr. 17).

3 **b)** Das Beschlußverfahren ist mithin gegeben über Streitigkeiten um die Notwendigkeit der Errichtung eines Betriebsrats, über die Betriebsratswahl, über die Zusammensetzung des Betriebsrats, über gewerkschaftliche Zugangsrechte, über Streitigkeiten zwischen betriebsverfassungsrechtlichen Organen, Streitigkeiten um Betriebsratskosten (BAG 18. 1. 1989 AP BetrVG 1972 § 40 Nr. 28 = NZA 1989, 641), Streitigkeiten um die Honoraransprüche der Mitglieder der Einigungsstelle (BAG 26. 7.

1989 AP ArbGG 1979 § 2a Nr. 4) und der Honorarfestsetzungskosten (BAG 27. 7. 1994 AP BetrVG 1972 § 76a Nr. 4) oder der Schwerbehindertenvertreter gegenüber Arbeitgeber und Betriebsrat (BAG 21. 9. 1989 SchwbG 1986 § 25 Nr. 1 = NZA 1990, 362). Die Arbeitsgerichte sind dagegen nicht zuständig für Streitigkeiten aus dem Personalvertretungsrecht (§ 130 BetrVG). In diesen Streitigkeiten entscheiden die Verwaltungsgerichte.

c) Die Arbeitsgerichte sind ferner zuständig für betriebsverfassungsrechtliche Streitigkeiten außer- 4 halb des BetrVG. Hierzu gehören zB Streitigkeiten nach § 17 KSchG, § 9 ASiG, §§ 113 ff. InsO, § 21a JArbSchG, § 14 AÜG, §§ 23 ff. SchwbG. Zuständig sind die Arbeitsgerichte auch in Streitigkeiten der Werkstattvertretung nach § 54c SchwbG (BAG 21. 9. 1989 AP SchwbG 1986 § 25 Nr. 1 = NZA 1990, 362) sowie Wahl, Amtszeit und Aufgaben der Schwerbehindertenvertretung (§§ 24, 25 SchwbG).

d) Die Zuständigkeit im Beschlußverfahren setzt stets voraus, daß die Angelegenheit aus dem 5 BetrVG selbst Gegenstand der Streitigkeit und nicht nur Vorfrage einer bürgerlich-rechtlichen Rechtsstreitigkeit im Urteilsverfahren ist. Damit ist zB über die Ersetzung der Zustimmung des Betriebsrats zur Kündigung nach § 103 BetrVG im Beschlußverfahren zu entscheiden, während im Urteilsverfahren über die Wirksamkeit der Kündigung zu entscheiden ist (vgl. *Schaub* ArbGV § 10 Rn. 89 ff.). Werden Beamte eines Nachfolgeunternehmens der Deutschen Bundespost einem anderen Unternehmensteil zugewiesen und nimmt der Betriebsrat ein Mitbestimmungsrecht in Anspruch, so sind die Arbeitsgerichte zuständig (BAG 26. 6. 1996 AP ArbGG 1979 § 2a Nr. 12 = NZA 1996, 1061). Im Urteilsverfahren ist mithin zu entscheiden über die Lohnansprüche eines Betriebsratsmitgliedes für die durch die Amtstätigkeit versäumte Arbeitszeit (BAG 26. 9. 1990 AP BPersVG § 8 Nr. 4 = NZA 1991, 694).

e) Die Kirchen (Religionsgesellschaften) haben das Recht der Selbstbestimmung (Art. 140 GG iVm. 6 Art. 137 WRV). Das Recht ihrer Mitarbeitervertretungen ist daher auch der staatlichen Arbeitsgerichtsbarkeit entzogen (BAG 11. 3. 1986 AP GG Art. 140 Nr. 25 = NZA 1986, 685; 25. 4. 1989 Nr. 34 = NJW 1989, 2284; 9. 9. 1992 Nr. 40 = NZA 1993, 597). Das gilt auch für die Erstattung der Kosten der Mitglieder der Mitarbeitervertretung (BAG 9. 9. 1992 AP GG Art. 140 Nr. 40 =NZA 1993, 597).

f) Für Straftaten nach §§ 119 bis 121 BetrVG sind die ordentlichen Gerichte zuständig. Die Arbeits- 7 gerichte sind zuständig für die Anfechtung der Anerkennung einer Schulung als geeignet iSv. § 37 VII BetrVG (BAG 11. 8. 1993 AP BetrVG 1972 § 37 Nr. 92 = NZA 1994, 517).

3. Sprecherausschußverfassung. Die Arbeitsgerichte sind ausschließlich im Beschlußverfahren 8 zuständig für Angelegenheiten aus dem Sprecherausschußgesetz soweit nicht nach den §§ 34 bis 36 SprAuG die Zuständigkeit eines anderen Gerichtes gegeben ist. Hierzu gehören vor allem Streitigkeiten über die Bildung von Sprecherausschüssen, die Rechtsstellung ihrer Mitglieder sowie die Beteiligungsrechte der Ausschüsse. Die Arbeitsgerichte entscheiden im Beschlußverfahren auch über Statusprozesse, ob ein Arbeitnehmer leitender Angestellter iSv. § 5 III BetrVG ist.

4. Mitbestimmungsgesetz. Die ausschließliche Zuständigkeit der Arbeitsgerichte ist gegeben für 9 Angelegenheiten aus dem Mitbestimmungsgesetz, dem Mitbestimmungsergänzungsgesetz und dem Betriebsverfassungsgesetz 1952, soweit über die Wahl von Vertretern der Arbeitnehmer in den Aufsichtsrat und über ihre Abberufung mit Ausnahme der Abberufung nach § 103 III AktG zu entscheiden ist. Hierzu gehören Rechtsstreitigkeiten um die Anfechtung und Nichtigkeit der Wahl der Arbeitnehmervertreter zum Aufsichtsrat, Streitigkeiten während des Wahlverfahrens sowie Rechtsstreitigkeiten um die Abberufung von Aufsichtsratsmitgliedern. Dagegen sind für Streitigkeiten der Arbeitnehmervertreter im Aufsichtsrat aus ihrer Rechtsstellung die ordentlichen Gerichte zuständig.

5. Tariffähigkeit und Tarifzuständigkeit. Die Arbeitsgerichte sind ausschließlich im Beschlußver- 10 fahren zuständig für Streitigkeiten über die Tariffähigkeit und/oder die Tarifzuständigkeit einer Vereinigung. Die Rechtsstreitigkeiten können nicht als Vorfrage in einem anderen Rechtsstreit entschieden werden. Insoweit bedarf es der Aussetzung des Verfahrens und der Einleitung eines Beschlußverfahrens nach § 97 V ArbGG. Die Frage der Tarifgebundenheit eines Mitglieds ohne Verbandstarifbindung ist im Beschlußverfahren zu entscheiden (BAG 23. 10. 1996 AP TVG § 3 Verbandszugehörigkeit Nr. 15 = NZA 1997, 383).

§ 3 Zuständigkeit in sonstigen Fällen

Die in den §§ 2 und 2a begründete Zuständigkeit besteht auch in den Fällen, in denen der Rechtsstreit durch einen Rechtsnachfolger oder durch eine Person geführt wird, die kraft Gesetzes an Stelle des sachlich Berechtigten oder Verpflichteten hierzu befugt ist.

1. Zweck. a) Die Vorschrift des § 3 bezweckt, daß die ausschließliche Zuständigkeit in allen Fällen 1 der §§ 2, 2a ArbGG auch dann fortbesteht, wenn das Recht im Wege der Rechtsnachfolge auf einen anderen übergeht oder eine gesetzliche Prozeßstandschaft gegeben ist, das Recht anstelle des sachlich Berechtigten oder Verpflichteten geltend zu machen.

2   b) Zur Begründung der Zuständigkeit ist die Behauptung ausreichend, es liege eine gesetzliche Rechtsnachfolge oder Prozeßstandschaft vor (*Grunsky* § 3 Rn. 7; *Hauck* § 3 Rn. 2; aA *Germelmann/ Matthes/Prütting* § 3 Rn. 4). Von § 3 abweichende Parteivereinbarungen sind unwirksam, da es sich um einen Fall der ausschließlichen Zuständigkeit handelt. § 261 III Nr. 2 ZPO bleibt unberührt.

3   **2. Rechtsnachfolge. a)** Der Begriff der Rechtsnachfolge ist weit zu verstehen. Eine Rechtsnachfolge iSv. § 3 ist in allen Fällen der gesetzlichen Gesamt- oder Einzelrechtsnachfolge oder der Rechtsnachfolge kraft Rechtsgeschäfts gegeben.

4   **b)** Eine gesetzliche Gesamtrechtsnachfolge ist gegeben im Erbfall (§ 1922 BGB) sowie in allen Fällen der Umwandlung nach § 1 UmwG.

5   **c)** Eine gesetzliche Einzelrechtsnachfolge ist gegeben in den Fällen von §§ 426 II, 774 BGB, § 6 EntgeltFG, § 187 SGB III (vgl. (BAG 12. 6. 1997 AP SGB X § 115 Nr. 11 = BB 1997, 1644), § 115 SGB X. Ferner ist der Pfändungsgläubiger eines Anspruches Rechtsnachfolger iSv. § 3 ArbGG. Umstritten ist, ob Schadensersatzansprüche nach § 840 II ZPO in die Zuständigkeit der Arbeitsgerichte oder der ordentlichen Gerichte gehören (bejahend für Arbeitsgerichte *Schaub* ArbGV § 10 85 ff.; dagegen BAG 31. 10. 1984 AP ZPO § 840 Nr. 4 = NJW 1985, 1181 = NZA 1985, 289). Für einen Rechtsstreit gegen den Kommanditisten nach § 171 HGB sind die Arbeitsgerichte nicht zuständig (BAG 23. 6. 1992 AP ArbGG 1979 § 2 Nr. 23 = NZA 1993, 862).

6   **d)** Eine Rechtsnachfolge aufgrund Rechtsgeschäfts liegt vor bei Arbeitsvertrag zugunsten oder mit Schutzwirkung zugunsten Dritter sowie im Falle der Abtretung (§ 398 BGB), einer Vermögensübernahme (§ 419 BGB), eines Schuldbeitrittes (§§ 414 ff. BGB), der Bürgschaft (§ 774 BGB) oder in den Fällen der §§ 25, 28 HGB. Nach der Rechtsprechung des BAG ist die Zuständigkeit auch gegeben, wenn im Wege der Durchgriffshaftung ein Anspruch aus dem Arbeitsverhältnis gegen den Alleingesellschafter einer Kapitalgesellschaft geltend gemacht wird (BAG 11. 11. 1986 und 13. 6. 1997 AP ArbGG 1979 § 3 Nr. 2 = NJW 1987, 2606; Nr. 5 NZA 1997, 1128).

7   **3. Betriebsübergang.** Kein Fall der gesetzlichen Rechtsnachfolge ist bei Betriebsübergang nach § 613 a BGB gegeben. Der Betrieb- oder Betriebsteilerwerber tritt in die Arbeitsverhältnisse ein. Es ist damit § 2 oder § 2 a ArbGG gegeben. Keine Rechtsnachfolge ist gegeben, wenn im Laufe des Verfahrens eine betriebsverfassungsrechtliche Stelle neu gewählt wird oder der Betrieb auf einen anderen Inhaber übergeht (BAG 23. 6. 1992 AP ArbGG 1979 § 2 Nr. 23 = NJW 1993, 2891 = NZA 1993, 862). Besonderheiten bestehen bei der Privatisierung von Post und Bahn (vgl. BAG 28. 10 1997 ArbGG 1979 Nr. 56 = NZA 1998, 165).

8   **4. Prozeßstandschaft. a)** Die Zuständigkeit der Arbeitsgerichte ist gegeben, wenn eine Person anstelle des sachlich Berechtigten oder Verpflichteten ein Recht im eigenen Namen geltend machen kann. Hierzu sind berechtigt der Testamentvollstrecker, der Nachlaß-, Zwangs- und Vergleichsverwalter, der Konkursverwalter. Ferner ergibt sich eine gesetzliche Prozeßstandschaft aus § 25 HAG, wonach die Länder für Heimarbeiter Entgeltansprüche geltend machen können (BAG 10. 4. 1984 AP HAG § 25 Nr. 4 = NZA 1985, 362) und aus § 48 TVAL II (BAG 29. 1. 1986 AP TVAl II § 48 Nr. 2 = NJW 1986, 2209 = NZA 1987, 384).

9   **b)** In den Fällen gewillkürter Prozeßstandschaft wird § 3 ArbGG entsprechend angewandt.

§ 4 Ausschluß der Arbeitsgerichtsbarkeit

In den Fällen des § 2 Abs. 1 und 2 kann die Arbeitsgerichtsbarkeit nach Maßgabe der §§ 101 bis 110 ausgeschlossen werden.

1   **1. Allgemeines.** Die Arbeitsgerichte sind ausschließlich in den Fällen des § 2 I und II zuständig. Hiervon besteht nur eine Ausnahme nach Maßgabe des in § 101 bis 110 geregelten Schiedsverfahrens. In anderen Fällen kann weder ein Schiedsverfahren noch der Rechtsweg zu einem anderen Gericht vereinbart werden. Zweck der Vorschrift ist es, eine einheitliche Durchsetzung des Arbeitsrechtes zu gewährleisten. Dies gilt auch bei Inbezugnahme einer tariflichen Schiedsklausel (BAG 6. 8. 1997 AP TVG § 1 Tarifverträge: Bühnen Nr. 5).

2   **2. Durchführungsregelung. a)** Nur im Urteilsverfahren des § 2 I und II kann ein Schiedsverfahren eingeführt werden. Dagegen ist kein Schiedsverfahren im Beschlußverfahren des § 2 a möglich. Damit ist zugleich sichergestellt, daß für die Überprüfung von Beschlüssen der Einigungsstelle nicht die Zuständigkeit eines Schiedsgerichtes vorgesehen werden kann (BAG 20. 11. 1990 AP BetrVG 1972 § 76 Nr. 43 = NZA 1991, 473). Die Betriebspartner können lediglich vereinbaren, daß zunächst noch einmal die Einigungsstelle entscheidet. Die Überprüfung ist aber in jedem Fall den Gerichten vorbehalten (vgl. § 76 VII BetrVG).

3   **b)** Der Ausschluß der Gerichte für Arbeitssachen kann allgemein oder nur für den Einzelfall erfolgen (vgl. § 101 ArbGG). Der Ausschluß kann nur durch die Tarifvertragsparteien erfolgen. Die Betriebspartner können eine derartige Entscheidung nicht treffen. Vereinbaren diese in einem Sozial-

plan, daß Meinungsverschiedenheiten zwischen Arbeitgeber und Arbeitnehmer nur durch die Einigungsstelle entschieden werden, so stellt dies eine unzulässige Schiedsabrede dar (BAG 27. 10. 1987 AP BetrVG 1972 § 76 Nr. 22 = NZA 1988, 207). Zulässig ist jedoch, daß ein außergerichtliches Vorverfahren durchgeführt wird. Dies darf die Streitenden jedoch nicht binden.

3. Schiedsgutachten. Zulässig können Schiedsgutachten vereinbart werden, da dadurch die ausschließliche Zuständigkeit der Arbeitsgerichte nicht berührt wird. Im Schiedsgutachten wird lediglich für die Parteien bindend festgestellt, daß ein Tatbestandsmerkmal gegeben ist oder nicht (*Hauck* § 4 Rn. 6; aA *Germelmann/Matthes/Prütting* § 4 Rn. 6; *Grunsky* § 4 Rn. 4). 4

4. Fakultative Zuständigkeit. Soweit die Arbeitsgerichte nach § 2 III und IV nur fakultativ zuständig sind, gilt der Ausschluß der Beschränkung der Schiedsgerichtsbarkeit nicht. Schiedsgerichte können uneingeschränkt vereinbart werden. In diesem Fall gelten jedoch §§ 1025 ff. ZPO. 5

§ 5 Begriff des Arbeitnehmers

(1) ¹Arbeitnehmer im Sinne dieses Gesetzes sind Arbeiter und Angestellte sowie die zu ihrer Berufsausbildung Beschäftigten. ²Als Arbeitnehmer gelten auch die in Heimarbeit Beschäftigten und die ihnen Gleichgestellten (§ 1 des Heimarbeitsgesetzes vom 14. März 1951 – Bundesgesetzbl. I S. 191 –) sowie sonstige Personen, die wegen ihrer wirtschaftlichen Unselbständigkeit als arbeitnehmerähnliche Personen anzusehen sind. ³Als Arbeitnehmer gelten nicht in Betrieben einer juristischen Person oder einer Personengesamtheit Personen, die kraft Gesetzes, Satzung oder Gesellschaftsvertrags allein oder als Mitglieder des Vertretungsorgans zur Vertretung der juristischen Person oder der Personengesamtheit berufen sind.

(2) Beamte sind als solche keine Arbeitnehmer.

(3) ¹Handelsvertreter gelten nur dann als Arbeitnehmer im Sinne dieses Gesetzes, wenn sie zu dem Personenkreis gehören, für den nach § 92 a des Handelsgesetzbuchs die untere Grenze der vertraglichen Leistungen des Unternehmers festgesetzt werden kann, und wenn sie während der letzten sechs Monate des Vertragsverhältnisses, bei kürzerer Vertragsdauer während dieser, im Durchschnitt monatlich nicht mehr als 2000 Deutsche Mark auf Grund des Vertragsverhältnisses an Vergütung einschließlich Provision und Ersatz für im regelmäßigen Geschäftsbetrieb entstandene Aufwendungen bezogen haben. ²Der Bundesminister für Arbeit und Sozialordnung und der Bundesminister der Justiz können im Einvernehmen mit dem Bundesminister für Wirtschaft die in Satz 1 bestimmte Vergütungsgrenze durch Rechtsverordnung, die nicht der Zustimmung des Bundesrates bedarf, den jeweiligen Lohn- und Preisverhältnissen anpassen.

1. Allgemeines. Die Vorschrift regelt für das ArbGG, wer Arbeitnehmer ist. Dies ist von Bedeutung 1 für die Zuständigkeit der Gerichte für Arbeitssachen. Dagegen ist der Begriff des Arbeitgebers nicht geregelt. Er richtet sich nach allgemeinem Arbeitsrecht (*Germelmann/Matthes/Prütting* § 5 Rn. 35; *Hauck* Rn. 1), wie er § 611 BGB Rn. 219 ff. dargestellt ist.

2. Arbeitnehmer; Allgemeiner Arbeitnehmerbegriff. § 5 I 1 geht von dem allgemeinen Arbeit- 2 nehmerbegriff aus (§ 611 BGB Rn. 44 ff.). Arbeitnehmer sind Arbeiter und Angestellte sowie die zu ihrer Berufsausbildung Beschäftigten. Der Unterscheidung von Arbeitern und Angestellten kommt prozeßrechtlich keine Bedeutung mehr zu. Zu ihrer Berufsausbildung sind alle Personen beschäftigt, denen aufgrund eines privatrechtlichen Rechtsverhältnisses auf betrieblicher Ebene Kenntnisse und Fähigkeiten vermittelt werden. Der Begriff ist nicht identisch mit dem Berufsausbildungsverhältnis nach dem BBiG. Zu ihrer Berufsausbildung beschäftigt sind damit Auszubildende, Umschüler (BAG 21. 5. 1997 AP ArbGG 1979 § 5 Nr. 32 = NZA 1997; 1013; LAG Köln 8. 9. 1997 NZA-RR 1998, 135), Teilnehmer an berufsvorbereitenden Lehrgängen, Rehabilitanten, Anlernlinge, Praktikanten und Volontäre. Notwendig ist jedoch stets, daß die Ausbildung auf betrieblicher Ebene erfolgt (BAG 26. 1. 1994 AP BetrVG 1972 § 5 Nr. 54 = NZA 1995, 120). Die Ausbildung im Strafvollzug erfolgt regelmäßig in einem öffentlich-rechtlichen Rechtsverhältnis. Für Strafgefangene sind die Arbeitsgerichte nicht zuständig (BAG 18. 11. 1986 AP ArbGG 1979 Nr. 2). Keine Arbeitnehmer sind Zwangsarbeiter (vgl. BAG 16. 2. 2000 5 AZB 71/99).

3. Sonderfälle. a) Bei Ordensangehörigen, deren Beschäftigung in erster Linie karitativen oder 3 religiösen Gründen dient, liegt ein Arbeitsverhältnis zum Orden nicht vor (vgl. LAG *Hamm* 9. 9. 1971 AP BGB § 611 Ordensangehörige Nr. 3 = DB 1972, 295). Ein solches kann jedoch zu Dritten begründet werden. Die Rote Kreuz Schwestern sind weder Arbeitnehmer der Schwesternschaft noch arbeitnehmerähnliche Personen iSv. § 5 I ArbGG (BAG 6. 7. 1995 AP ArbGG 1979 § 5 Nr. 22 = DB 1995, 2612; BAG 18. 2. 1956 AP ArbGG 1953 § 5 Nr. 1). Für die Geltendmachung von Ansprüchen, die sich aus der Mitgliedschaft ergeben, sind die Arbeitsgerichte nicht zuständig. Eine Schwester, die zwar nicht Mitglied der Schwesternschaft ist, aber die Schwesternordnung als für sich verbindlich anerkennt und sich dem Lebenskreis der Schwesternschaft anschließt, ist rechtlich wie ein Mitglied zu

60 ArbGG § 5 Begriff des Arbeitnehmers

behandeln. Hauptamtliche außerordentliche Mitglieder von Scientology sind Arbeitnehmer (BAG 22. 3. 1995 AP ArbGG 1979 § 5 Nr. 21 = NJW 1996, 143 = NZA 1996, 823).

4   b) **Keine Arbeitnehmer** sind Personen, die zu ihrer Heilung, Wiedereingewöhnung, sittlichen Besserung oder Erziehung beschäftigt werden. Bei Strafgefangenen ist zu differenzieren. Die Arbeit im Rahmen der Strafanstalt erfolgt aufgrund öffentlichen Rechtes (BAG 18. 11. 1986 AP ArbGG 1979 § 2 Nr. 5). Dasselbe gilt für Gefangene, die aufgrund ihres besonderen öffentlich-rechtlichen Gewaltverhältnisses in einem Privatbetrieb arbeiten (BAG 3. 10. 1978 AP BetrVG 1972 § 5 Nr. 18; BAG 24. 4. 1969 AP ArbGG 1953 § 5 Nr. 18 = NJW 1969, 1824). Anders ist es bei Freigängern, die bei Dritten in einem Arbeitsverhältnis stehen. Kein Arbeitsverhältnis kommt mit Personen zustande, die im Rahmen von § 19 BSHG mit gemeinnützigen Aufgaben beschäftigt werden.

5   c) **Familienangehörige** sind dann keine Arbeitnehmer, wenn sie die Arbeit allein auf familienrechtlicher Grundlage verrichten (§§ 1619, 1356 BGB). Dasselbe gilt aber auch dann, wenn sie allein aufgrund familienrechtlicher Rücksichten arbeiten. Sie sind Arbeitnehmer, wenn ein Arbeitsvertrag geschlossen und praktiziert wird (vgl. *Schaub* ArbR-Hdb. § 36 VII).

6   **4. Heimarbeiter.** Im Wege der Fiktion gelten als Arbeitnehmer auch die in Heimarbeit Beschäftigten und die ihnen Gleichgestellten (§ 1 HAG). In Heimarbeit beschäftigt werden Heimarbeiter und Hausgewerbetreibende sowie die ihnen Gleichgestellten.

7   **5. Arbeitnehmerähnliche Personen. a)** Arbeitnehmerähnliche Personen gelten als Arbeitnehmer iS des ArbGG. Voraussetzung ist aber, daß sie wirtschaftlich abhängig und einem Arbeitnehmer vergleichbar sozial schutzbedürftig sind. Wirtschaftlich abhängig sind sie, wenn sie auf die Verwertung ihrer Arbeitskraft und die Einkünfte aus der Dienstleistung als Existenzgrundlage angewiesen sind. Eine soziale Schutzbedürftigkeit ist gegeben, wenn die Abhängigkeit einen solchen Grad erreicht, wie er im allgemeinen nur in einem Arbeitsverhältnis vorkommt und die geleisteten Dienste nach ihrer sozialen Typik mit denen eines Arbeitnehmers vergleichbar sind (BAG 2. 10. 1990 AP TVG § 12 a Nr. 1 = NZA 1991, 239). Das sind sie nicht mehr, wenn sie über ausreichende eigene Einkünfte verfügen (Rundfunkgebührenbeauftragter mit halbjährlich 70 000,– DM Einnahmen). Bei Franchisenehmern wird es auf die tatsächliche Handhabung des Vertrages ankommen (vgl. BAG 16. 7. 1997 AP ArbGG 1979 § 5 Nr. 37 = NJW 1997, 2973 = NZA 1998, 1126, *Reinecke* ZIP 1998, 581; dagegen OLG Schleswig 27. 8. 1986 NJW-RR 1987, 220; OLG Düsseldorf 30. 1. 1998 ZIP 1998, 624; dazu *Horn/ Henssler* ZIP 1998, 589; *Boemke* DStR 1998, 1066). Einen Frachtführer hat das BAG als selbständig angesehen. Er wird nur dann zum Arbeitnehmer, wenn die Tätigkeit als Transporteur stärker eingeschränkt wird, als dieses aufgrund gesetzlicher Regelungen oder versicherungsrechtlicher Regelungen geboten ist (BAG 19. 11. 1997 ZIP 1998, 612). Arbeitnehmer kann auch der Kommissionär sein (BAG 8. 9. 1997 NZA 1997, 1302).

8   b) **Mehrere Einkunftsquellen.**
Eine arbeitnehmerähnliche Person kann bei mehreren Personen beschäftigt sein. Der Status ist für jedes einzelne Rechtsverhältnis zu beurteilen, ob noch eine Arbeitnehmerähnlichkeit vorliegt. Dies kann zB dann gegeben sein, wenn eine Person für mehrere Medien arbeitet. Soweit keine Arbeitnehmerähnlichkeit vorliegt, sind die ordentlichen Gerichte zuständig.

9   c) **Arbeitnehmerähnlich** sind Personen, die aufgrund eines Dienst- oder Werkvertrages die in § 12 a TVG bezeichneten Leistungen erbringen (BAG 17. 10. 1990 AP ArbGG 1979 § 5 Nr. 9 = NZA 1991, 402). Hierzu gehören vor allem Personen die künstlerische, schriftstellerische oder journalistische Leistungen erbringen. Dozenten eines Weiterbildungsinstitutes können arbeitnehmerähnlich sein (BAG 11. 4. 1997 AP ArbGG 1979 § 5 = NJW 1997, 2404).

10   d) Dagegen sind die Arbeitsgerichte nicht zuständig für die Vermögensstreitigkeiten von Freiberuflern, zB Rechtsanwälten die aufgrund gesellschaftsrechtlicher Verpflichtung (§ 705 BGB) in einer Anwaltssozietät Dienste leisten (BAG 15. 4. 1993 AP ArbGG 1979 § 5 Nr. 12 = NJW 1993, 2458 = NZA 1993, 789).

11   **6. Gesetzliche Vertreter. a)** Nicht als Arbeitnehmer gelten unabhängig von ihrer materiell-rechtlichen Rechtsstellung Personen, die aufgrund Gesetz, Satzung oder Gesellschaftsvertrag zur Vertretung einer juristischen Person oder Personengesamtheit berufen sind (Zusammenfassung der Rspr: *Reinicke* ZIP 1997, 1525). Die Fiktion gilt nur für Personen mit gesetzlicher Vertretungsmacht. Unerheblich ist, ob die gesetzliche Vertretungsmacht im Innenverhältnis beschränkt ist (BAG 17. 1. 1985 AP ArbGG 1979 § 5 Nr. 2 = NZA 1986, 68). Auch Geschäftsführer einer Vor-GmbH sind keine Arbeitnehmer (BAG 13. 5. 1996 AP ArbGG 1979 § 5 Nr. 27 = NJW 1996, 2678 = NZA 1996, 952). Der Status als Dienstnehmer wird nicht dadurch berührt, daß die Bestellung zum Geschäftsführer unterbleibt (BAG 25. 6. 1997 NZA 1997, 1363). Wird ein Arbeitnehmer zum Geschäftsführer einer konzernabhängigen GmbH bestellt, wird dadurch noch nicht das Arbeitsverhältnis aufgehoben (BAG 20. 10. 1995 AP ArbGG 1979 § 2 Nr. 36 = NZA 1996, 200). Der Arbeitnehmerstatus bleibt unberührt, wenn die Vertretungsmacht auf rechtsgeschäftlicher Vollmacht beruht (Prokura) (BAG 13. 7. 1995 AP ArbGG 1979 § 5 Nr. 23 = NJW 1995, 3338 = NZA 1995, 1070). Vertretungsorgane sind zB Vorstände und

Geschäftsführer von juristischen Personen. Auf den Geschäftsführer einer Betriebskrankenkasse, der einen Dienstvertrag mit dem Arbeitgeber abgeschlossen hat, für dessen Betrieb die Kasse errichtet worden ist, ist § 5 I Satz 3 ArbGG nicht anzuwenden. Ein Geschäftsführer einer Betriebskrankenkasse kann im Verhältnis zum Arbeitgeber, mit dem er einen Einzelvertrag geschlossen hat, arbeitnehmerähnliche Person sein (BAG 25. 7. 1996, ZIP 1996, 1714). Keine Arbeitnehmer sind Vertreter eines ausländischen Kreditinstitutes nach § 53 II Nr. 1 KWG (BAG 15. 10. 1997 AP ArbGG 1979 § 5 Nr. 39 = NZA 1998, 51). Ein Geschäftsführer einer Kreishandwerkerschaft gilt nicht als Arbeitnehmer, wenn er diese auf Grund der Satzung vertritt (BAG 11. 4. 1997 AP ArbGG 1979 § 2 Nr. 47 = NZA 1997, 902). Dienstordnungsangestellte einer AOK, die zum Geschäftsführer bestellt sind, sind keine Arbeitnehmer (BAG 30. 6. 1960 AP ArbGG § 5 Nr. 8). Besondere Vertreter eines Vereins nach § 30 BGB gelten dann nicht als Arbeitnehmer, wenn ihre Vertretungsmacht auf der Satzung beruht (BAG 5. 5. 1997 AP ArbGG 1979 § 5 Nr. 31 = NZA 1997, 959).

b) War der gesetzliche Vertreter vor seiner Bestellung zum Mitglied des Vertretungsorgans Arbeitnehmer, so sind mehrere Fallgestaltungen denkbar. Das Arbeitsverhältnis kann mit der Bestellung und Begründung eines Dienstverhältnisses beendet werden. In diesem Falle sind für Rechtsstreitigkeiten die ordentlichen Gerichte zuständig (BAG 17. 1. 1985 AP ArbGG 1979 § 5 Nr. 2 = NZA 1986, 68; vgl. BFH 15. 10. 1976 NJW 1977, 167). Mit der Bestellung und Begründung eines Dienstverhältnisses kann jedoch das alte Arbeitsverhältnis ruhend gestellt werden. In diesem Fall bleiben die Arbeitsgerichte zuständig, wenn etwa nach Beendigung des Dienstvertrages über Rechtsfolgen aus dem Arbeitsverhältnis gestritten wird (BAG 21. 2. 1994 AP ArbGG 1979 § 5 Nr. 17 = NZA 1994, 905; 2. 3. 1989 RzK I 4b Nr. 5; 12. 3. 1987 AP ArbGG 1979 § 5 Nr. 6 = NZA 1987, 1845; 18. 12. 1996 AP ArbGG 1979 Zuständigkeitsprüfung § 2 Nr. 3 = NJW 1997, 1722 = NZA 1997, 509; LAG Düsseldorf 28. 6. 1989 BB 1990, 1352 = DB 1989, 1880). Es müssen aber deutliche Anhaltspunkte dafür sprechen, daß das Arbeitsverhältnis ruhend gestellt worden ist (BAG 12. 7. 1990 RzK I 10a Nr. 12). Im Zweifel sollte das bisherige Arbeitsverhältnis nicht fortbestehen (BAG 9. 5. 1989 AP ArbGG 1979 § 5 Nr. 3 = NZA 1986, 792; 18. 12. 1996 AP ArbGG 1979 Zuständigkeitsprüfung Nr. 3 = NJW 1997, 1722 = NZA 1997, 509). Diese Rspr hat das BAG aufgegeben (BAG 18. 12. 1996 AP ArbGG 1979 § 2 Zuständigkeitsprüfung Nr. 3 = NJW 1997, 1722). Wird ein Arbeitnehmer eines Vereins zum Vorstandsmitglied bestellt, wird im Zweifel das Arbeitsverhältnis aufgehoben (BAG 28. 9. 1995 AP ArbGG 1979 § 5 Nr. 24 = NJW 1996, 614). Wegen der Zuständigkeitsprüfung § 2 Rn. 7ff. Wer als Gesamtprokurist für eine GmbH & Co KG tätig ist, ist regelmäßig kein abhängiger Arbeitnehmer. Er wird nicht allein dadurch zum Dienstnehmer, daß er zum Mitgeschäftsführer der Komplementär-GmbH bestellt wird (BAG 13. 7. 1995 AP ArbGG 1979 § 5 Nr. 23 = NJW 1995, 3338 = NZA 1995, 1070).

c) Prorogation. Nach § 2 IV ArbGG können bürgerliche Rechtsstreitigkeiten zwischen juristischen Personen des Privatrechts und Personen, die kraft Gesetzes allein oder als Mitglieder des Vertretungsorgans der juristischen Person zu deren Vertretung berufen sind, vor die Gerichte für Arbeitssachen gebracht werden.

7. Beamte. a) Beamte sind keine Arbeitnehmer (§ 5 II). Für ihre Rechtsstreitigkeiten sind die Verwaltungsgerichte zuständig. Werden Beamte eines Nachfolgeunternehmens der Deutschen Bundespost einem anderen Unternehmensteil zugewiesen und nimmt der Betriebsrat hierfür ein Mitbestimmungsrecht nach § 99 BetrVG in Anspruch, so ist für die Entscheidung über den Streit, ob ein solches Mitbestimmungsrecht besteht, der Rechtsweg zu den Gerichten für Arbeitssachen eröffnet (BAG 25. 6. 1996 AP ArbGG 1979 § 2a Nr. 12 = NZA 1996, 1061). Dagegen ist der Rechtsweg zu den Verwaltungsgerichten gegeben, wenn ein der Bahn AG zugewiesener Beamter Ansprüche aus einem Sozialplan geltend macht, der sein Beamtenverhältnis betrifft (BAG 24. 10. 1997 10 AZB 28/97 DB 1998, 632).

b) Kirchenbeamte. Die Ausnahme nach Abs. 2 gilt auch für Kirchenbeamte (BAG 7. 2. 1990 GG Art. 140 Nr. 37 = NJW 1990, 2082). Etwas anderes gilt für deren Arbeiter und Angestellte.

8. Handelsvertreter. a) Handelsvertreter sind grundsätzlich selbständige Kaufleute, so daß für sie die Zuständigkeit der Arbeitsgerichte nicht gegeben ist. Zuständig sind dagegen die Arbeitsgerichte für die sog. Handelsagenten, also solche Personen, die aufgrund eines Arbeitsverhältnisses wie Handelsvertreter tätig werden.

b) Handelsvertreter gelten nur dann als Arbeitnehmer iSd. ArbGG, wenn sie Einfirmenvertreter gem. § 92a HGB sind und wenn sie während der letzten 6 Monate des Vertragsverhältnisses, bei kürzerer Vertragsdauer während dieser, im Durchschnitt monatlich nicht mehr als 2000,- DM aufgrund des Vertragsverhältnisses an Vergütung einschließlich Provision und Ersatz für im regelmäßigen Geschäftsbetrieb entstandenen Aufwendungen bezogen haben. Liegen die Voraussetzungen von Abs. 3 nicht vor, sind die ordentlichen Gerichte zuständig, unabhängig davon, ob die Handelsvertreter arbeitnehmerähnlich sind (*Germelmann/Matthes/Prütting* § 5 Rn. 28; *Hauck* § 5 Rn. 17; aA *Grunsky* § 5 Rn. 22).

§ 6 Besetzung der Gerichte für Arbeitssachen

(1) **Die Gerichte für Arbeitssachen sind mit Berufsrichtern und mit ehrenamtlichen Richtern aus den Kreisen der Arbeitnehmer und Arbeitgeber besetzt.**

(2) *(weggefallen)*

1 1. **Allgemeines.** Die Vorschrift regelt allgemein die Besetzung der Gerichte für Arbeitssachen. Wie das ArbG, LAG oder BAG besetzt wird, ergibt sich aus §§ 14 bis 31, 33 bis 39 und 40 bis 45 ArbGG.

2 2. **Berufsrichter.** Berufsrichter ist, wer durch Aushändigung einer Urkunde zum Berufsrichter ernannt worden ist (vgl. § 8 DRiG). Nach Art. 97 GG sind die Richter unabhängig und nur dem Gesetz unterworfen. Die Rechtsstellung der Richter wird im einzelnen geregelt durch das Deutsche Richtergesetz idF vom 19. 4. 1972 (BGBl. I S. 713) mit spät. Änd.

3 3. **Ehrenamtliche Richter.** a) Nach § 44 DRiG dürfen ehrenamtliche Richter bei einem Gericht nur aufgrund eines Gesetzes und unter den gesetzlich bestimmten Voraussetzungen tätig werden. Die paritätische Beteiligung von ehrenamtlichen Richtern aus Kreisen der Arbeitnehmer und Arbeitgeber hat bei den Gerichten für Arbeitssachen eine mehr als 100-jährige Tradition. Durch die Beteiligung ehrenamtlicher Richter soll erreicht werden, daß die Erfahrungen der beteiligten Berufskreise bei der Rechtsfindung berücksichtigt werden und die Entscheidungen eine größere Akzeptanz erhalten.

4 b) **Gleichstellung.** Die ehrenamtlichen Richter haben grundsätzlich die gleichen Rechte und Pflichten wie die Berufsrichter (§ 53 II). Einzelne Aufgaben sind schon aus praktischen Gründen den Berufsrichtern vorbehalten. Nach § 53 I werden alle Verfügungen und Beschlüsse außerhalb der mündlichen Verhandlung vom Vorsitzenden vorgenommen, soweit nichts anders bestimmt ist. Er führt die Güteverhandlung (§ 54) und entscheidet in den Fällen des § 55. Gleichgestellt sind sie jedoch in der mündlichen Verhandlung. Sie haben das Recht, Fragen an die Parteien zu stellen. Ihre Stimme hat bei Beratungen das gleiche Gewicht (§§ 192 ff. GVG).

5 c) **Unabhängigkeit.** Die ehrenamtlichen Richter sind in der Sache unabhängig und nur dem Gesetz unterworfen (Art. 97 I GG). Ihre persönliche Rechtsstellung ist besonders gesichert (§ 26). Die ehrenamtlichen Richter sind nur an Gesetz und Recht gebunden (Art. 20 III GG). Sie sind an Weisungen und Empfehlungen der sie benennenden Organisationen nicht gebunden. Die ehrenamtlichen Richter haften wie die Berufsrichter nur im Rahmen von § 839 II BGB auf Schadensersatz, wenn die Pflichtverletzung in einer Straftat besteht.

6 4. **Ehrenamt.** Das Amt eines ehrenamtlichen Richters ist ein Ehrenamt. Bei der Übernahme handelt es sich um eine staatsbürgerliche Pflicht. Sie erhalten für die Amtstätigkeit kein Entgelt, sondern lediglich Aufwendungsersatz nach dem Gesetz über die Entschädigung der ehrenamtlichen Richter idF vom 1. 10. 1969 (BGBl. I S. 1753) mit spät. Änd. (EhRiG). Der ehrenamtliche Richter hat Anspruch darauf, daß er zur Amtsausübung von der Arbeit freigestellt wird. Ob er während der Freistellung Anspruch auf Entgeltfortzahlung hat, ist unterschiedlich geregelt.

§ 6 a Allgemeine Vorschriften über das Präsidium und die Geschäftsverteilung

Für die Gerichte für Arbeitssachen gelten die Vorschriften des Zweiten Titels des Gerichtsverfassungsgesetzes nach Maßgabe der folgenden Vorschriften entsprechend:
1. **Bei einem Arbeitsgericht mit weniger als drei Richterplanstellen werden die Aufgaben des Präsidiums durch den Vorsitzenden oder, wenn zwei Vorsitzende bestellt sind, im Einvernehmen der Vorsitzenden wahrgenommen. Einigen sich die Vorsitzenden nicht, so entscheidet das Präsidium des Landesarbeitsgerichts oder, soweit ein solches nicht besteht, der Präsident dieses Gerichts.**
2. **Bei einem Landesarbeitsgericht mit weniger als drei Richterplanstellen werden die Aufgaben des Präsidiums durch den Präsidenten, soweit ein zweiter Vorsitzender vorhanden ist, im Benehmen mit diesem wahrgenommen.**
3. **Der aufsichtführende Richter bestimmt, welche richterlichen Aufgaben er wahrnimmt.**
4. **Jeder ehrenamtliche Richter kann mehreren Spruchkörpern angehören.**
5. **Den Vorsitz in den Kammern der Arbeitsgerichte führen die Berufsrichter.**

1 1. **Allgemeines.** Für das Präsidium und die Geschäftsverteilung der Gerichte für Arbeitssachen gelten die Regelungen der §§ 21 a bis 21 i GVG (vgl. *Kissel* GVG, 2. Aufl., 1994). In den Nr. 1 bis 5 sind darüber hinaus Regelungen für die Arbeitsgerichte und Landesarbeitsgerichte enthalten. Die Interessen der ehrenamtlichen Richter werden durch einen Ausschuß gewahrt (§ 29).

2 2. **Präsidium.** a) Nach § 21 a GVG ist bei jedem Gericht ein Präsidium zu bilden. Es ist ein richterliches Selbstverwaltungsorgan zur Wahrnehmung von Aufgaben der Gerichtsverwaltung. Es ist ein unabhängiges Rechtspflegeorgan, das in richterlicher Unabhängigkeit entscheidet.

b) Zusammensetzung. Nach § 21 a II GVG ist Mitglied des Präsidiums stets der Präsident oder der aufsichtsführende Richter. Die Zahl der übrigen Präsidiumsmitglieder richtet sich nach der Zahl der Richterplanstellen (§§ 21 a II, 21 d I GVG). Bis zu einschließlich 7 Richterplanstellen gehören dem Präsidium alle wählbaren Richter an (§§ 21 a II Nr. 5, 21 b I 2 GVG). Hat das Gericht mindestens 8 Richterstellen, werden die Mitglieder gewählt.

3. Sonderregelung für Arbeits- und Landesarbeitsgerichte. Bei einem Arbeitsgericht mit einer Richterplanstelle werden die Aufgaben des Präsidiums durch den Vorsitzenden wahrgenommen. Bei einem Arbeitsgericht mit 2 Richterplanstellen werden die Aufgaben im Einvernehmen wahrgenommen. Auf die Wählbarkeit kommt es nicht an. Einigen sich die Vorsitzenden nicht, so entscheidet das Präsidium des Landesarbeitsgerichtes oder, soweit nicht vorhanden, der Präsident (§ 6 a Nr. 1). Bei einem Landesarbeitsgericht mit weniger als 3 Richterplanstellen werden die Aufgaben des Präsidiums durch den Präsidenten, soweit ein zweiter Vorsitzender vorhanden ist, im Einvernehmen mit diesem wahrgenommen (§ 6 a Nr. 2).

4. Dienstaufsichtführender Richter. Nach § 21 e GVG ist es Aufgabe des Präsidiums die Verteilung der richterlichen Dienstgeschäfte und die Besetzung der Spruchkammern. Das Präsidium bestimmt damit den gesetzlichen Richter. Demgegenüber hat nach Nr. 3 der aufsichtführende Richter, in der zweiten und dritten Instanz der Präsident, das Recht zu bestimmen, welche richterlichen Aufgaben er wahrnimmt.

5. Ehrenamtlicher Richter. Ein ehrenamtlicher Richter kann mehreren Kammern oder Senaten angehören (Nr. 4). Wird wegen Arbeitsüberlastung des LAG eine Hilfskammer eingerichtet (§ 21 e GVG), so können bereits zum LAG berufene und anderen Kammern zugewiesene ehrenamtliche Richter an die Hilfskammer zugewiesen werden (BAG 24. 3. 1998 AP GVG § 21 e GVG Nr. 4 = NZA 1999, 107).

6. Zuteilung der Richter. Aus dem Geschäftsverteilungsplan muß sich die Zuteilung der Richter ergeben. Es muß damit die Besetzung der einzelnen Spruchkörper geregelt werden. Den Vorsitz in der Kammer hat nach Nr. 5 der Berufsrichter zu führen. Es kann damit ein ehrenamtlicher Richter nicht mit der Vertretung des Vorsitzenden beauftragt werden. Zweifelhaft ist die Rechtslage im Falle der Tatbestandsberichtigung (§ 319 ZPO), wenn der Berufsrichter etwa wegen Besorgnis der Befangenheit abgelehnt wird. Insoweit wird die Bestimmung des § 319 vorgehen, wenn nicht das rechtliche Gehör der Parteien verletzt werden soll.

§ 7 Geschäftsstelle, Aufbringung der Mittel

(1) ¹Bei jedem Gericht für Arbeitssachen wird eine Geschäftsstelle eingerichtet, die mit der erforderlichen Zahl von Urkundsbeamten besetzt wird. ²Die Einrichtung der Geschäftsstelle bestimmt bei dem Bundesarbeitsgericht der Bundesminister für Arbeit und Sozialordnung im Benehmen mit dem Bundesminister der Justiz. ³Die Einrichtung der Geschäftsstelle bestimmt bei den Arbeitsgerichten und Landesarbeitsgerichten die zuständige oberste Landesbehörde.

(2) ¹Die Kosten der Arbeitsgerichte und der Landesarbeitsgerichte trägt das Land, das sie errichtet. ²Die Kosten des Bundesarbeitsgerichts trägt der Bund.

1. Einrichtung der Geschäftsstelle. Bei jedem Gericht für Arbeitssachen (ArbG, LAG, BAG) ist eine Geschäftsstelle einzurichten. Beim BAG wird die Geschäftsstelle durch den BAM im Benehmen mit dem Justizminister eingerichtet. Bei den Arbeits- und Landesarbeitsgerichten wird die Geschäftsstelle durch die zuständige oberste Landesbehörde errichtet. Ob eine Geschäftsstelle für mehrere Gerichte errichtet werden kann, ist umstritten, aber kaum von praktischer Bedeutung.

2. Besetzung und Ausstattung der Geschäftsstelle. a) Die Geschäftsstelle ist mit der erforderlichen Zahl von Urkundsbeamten zu besetzen. Welche Zahl erforderlich ist, richtet sich nach dem Umfang der zu erledigenden Arbeit und dem Erfordernis, einen effektiven Rechtsschutz zu gewähren. Die Geschäftsstelle ist so zu besetzen, daß die Arbeit zügig bewältigt werden kann. Die Geschäftsstelle ist mit ausreichenden sächlichen Mitteln auszustatten.

b) Die Geschäftsstellen sind mit Urkundsbeamten zu besetzen. Die persönlichen Voraussetzungen ergeben sich aus § 153 II und III GVG. Damit kommmen vor allem Beamte des mittleren Dienstes in Betracht. Die näheren Vorschriften über die Ausbildung des mittleren Dienstes und die Betrauung mit Aufgaben des Urkundsbeamten der Geschäftsstelle erlassen Bund und Länder für ihren Bereich je nach Inhalt der zu treffenden Regelungen durch Rechtsnorm oder Verwaltungsvorschrift. Zulässig ist aber auch, die Geschäftsstelle mit Beamten des gehobenen Dienstes, Angestellten oder Rechtspflegern zu besetzen.

3. Aufgabe der Geschäftsstelle. Da in §§ 46 II, 64 VI, 72 V weitgehend auf die Vorschriften der ZPO verwiesen ist, ergeben sich die Aufgaben der Geschäftsstelle weitgehend aus deren Vorschriften.

Daneben enthalten §§ 59 ff., 81 I, II, 90 I, 95, 50 iVm. § 209 ZPO Aufgabenzuweisungen. Der Arbeitsablauf ist weitgehend durch allgemeine Verwaltungsvorschriften geregelt.

5   **4. Kosten.** Die Kosten des ArbG und LAG trägt das jeweilige Land; die Kosten des BAG der Bund. Zu den Kosten gehören die Personal- und Sachkosten.

§ 8 Gang des Verfahrens

(1) Im ersten Rechtszug sind die Arbeitsgerichte zuständig.

(2) Gegen die Urteile der Arbeitsgerichte findet die Berufung an die Landesarbeitsgerichte nach Maßgabe des § 64 Abs. 1 statt.

(3) Gegen die Urteile der Landesarbeitsgerichte findet die Revision an das Bundesarbeitsgericht nach Maßgabe des § 72 Abs. 1 statt.

(4) Gegen die Beschlüsse der Arbeitsgerichte und ihrer Vorsitzenden im Beschlußverfahren findet die Beschwerde an das Landesarbeitsgericht nach Maßgabe des § 87 statt.

(5) Gegen die Beschlüsse der Landesarbeitsgerichte im Beschlußverfahren findet die Rechtsbeschwerde an das Bundesarbeitsgericht nach Maßgabe des § 92 statt.

I. Allgemeines

1   Die Vorschrift regelt die sachliche und funktionelle Zuständigkeit im Instanzenzug des Urteils- und Beschlußverfahrens. Die Arbeitsgerichte (§§ 14 bis 31) sind zuständig im ersten Rechtszug; die Landesarbeitsgerichte (§§ 33 bis 39) im zweiten Rechtszug und das BAG (§§ 40 bis 45) im dritten Rechtszug.

II. Erste Instanz

2   **1. Allzuständigkeit.** Im ersten Rechtszug sind sowohl im Urteilsverfahren wie im Beschlußverfahren grundsätzlich stets die Arbeitsgerichte zuständig. Dies gilt unabhängig vom Streitwert und der Bedeutung des Rechtsstreits.

3   a) Aus der sachlichen Zuständigkeit ergibt sich, welches Gericht erster Instanz den Rechtsstreit zu bearbeiten hat. Die Abgrenzung zu den Gerichten erster Instanz anderer Rechtszüge folgt aus §§ 2, 3.

4   b) Aus der funktionellen Zuständigkeit ergibt sich, welches Rechtspflegeorgan tätig wird, also die Arbeitsgerichte in erster, die Landesarbeitsgerichte in zweiter Instanz usw. Dagegen enthält § 8 keine Aufteilung der funktionellen Zuständigkeit zwischen dem Vorsitzenden und der Kammer, dem Richter und dem Rechtspfleger.

5   c) Die Landesarbeitsgerichte und das BAG sind nur Rechtsmittelgerichte. Von diesem Grundsatz bestehen zwei Ausnahmen. LAG und BAG sind in erster und letzter Instanz zuständig für die Amtsentbindung und Amtsenthebung ehrenamtlicher Richter (§§ 21 V, 27 Satz 2, 37 III, 43 III) sowie die Verhängung von Ordnungsgeldern gegen ehrenamtliche Richter (§§ 21 V, 28, 37 III, 43 III). Eine weitere Ausnahme ergibt sich aus § 71 Nr. 5 SchwbG. Das BAG ist in erster und letzter Instanz zuständig für Rechtsstreitigkeiten aus dem SchwbG im Geschäftsbereich des Bundesnachrichtendienstes, wenn der Rechtsweg zu den Gerichten für Arbeitssachen zulässig ist. Wird das Verfahren beim Arbeitsgericht eingeleitet, ist das Verfahren nach §§ 48 I, 17 a II 1 GVG zu verweisen.

6   **2. Zwingende Regelung.** Die sachliche und funktionelle Zuständigkeit ist zwingend. Von ihr kann durch Parteivereinbarung nicht abgewichen werden. Eine beim LAG eingereichte Klage ist damit unzulässig.

III. Zweite Instanz

7   Die Landesarbeitsgerichte entscheiden über die Berufungen gegen die Urteile der Arbeitsgerichte im Urteilsverfahren (§§ 64 ff.) und die Beschwerde gegen Beschlüsse der Arbeitsgerichte im Beschlußverfahren (§ 87 ff.). Sie sind ferner zuständig für sofortige Beschwerde gegen Entscheidungen der Arbeitsgerichte sowie für Beschwerden gegen verfahrensleitende Beschlüsse der Arbeitsgerichte oder ihrer Vorsitzenden (§ 78 I 1 iVm. §§ 567 ff. ZPO).

IV. Dritte Instanz

8   Das BAG entscheidet in dritter Instanz über Revisionen (§§ 72 ff.) gegen Urteile der Landesarbeitsgerichte und Sprungrevisionen (§ 76) gegen Urteile der Arbeitsgerichte sowie über Rechtsbeschwerden (§ 92), gegen die das Verfahren beendenden Beschlüsse der Landesarbeitsgerichte und Sprungrechtsbeschwerden (§ 96 a) gegen die das Verfahren beendenden Beschlüsse der Arbeitsgerichte im Beschlußverfahren. Das BAG ist ferner zuständig für die Entscheidung über Nichtzulassungsbe-

schwerden im Urteils- und Beschlußverfahren (§§ 72 a ff., 92 a ArbGG) sowie über die sofortige Beschwerde (Revisionsbeschwerde, § 77), die weitere Beschwerde und in den Fällen der Vorabentscheidung über den Rechtsweg (§ 17 a II, III GVG).

§ 9 Allgemeine Verfahrensvorschriften

(1) Das Verfahren ist in allen Rechtszügen zu beschleunigen.

(2) Die Vorschriften des Gerichtsverfassungsgesetzes über Zustellungs- und Vollstreckungsbeamte, über die Aufrechterhaltung der Ordnung in der Sitzung, über die Gerichtssprache, über die Wahrnehmung richterlicher Geschäfte durch Referendare und über Beratung und Abstimmung gelten in allen Rechtszügen entsprechend.

(3) ¹ Die Vorschriften über die Wahrnehmung der Geschäfte bei den ordentlichen Gerichten durch Rechtspfleger gelten in allen Rechtszügen entsprechend. ² Als Rechtspfleger können nur Beamte bestellt werden, die die Rechtspflegerprüfung oder die Prüfung für den gehobenen Dienst bei der Arbeitsgerichtsbarkeit bestanden haben.

(4) Zeugen und Sachverständige werden nach dem Gesetz über die Entschädigung von Zeugen und Sachverständigen entschädigt.

(5) ¹ Alle mit einem befristeten Rechtsmittel anfechtbaren Entscheidungen enthalten die Belehrung über das Rechtsmittel. ² Soweit ein Rechtsmittel nicht gegeben ist, ist eine entsprechende Belehrung zu erteilen. ³ Die Frist für ein Rechtsmittel beginnt nur, wenn die Partei oder der Beteiligte über das Rechtsmittel und das Gericht, bei dem das Rechtsmittel einzulegen ist, die Anschrift des Gerichts und die einzuhaltende Frist und Form schriftlich belehrt worden ist. ⁴ Ist die Belehrung unterblieben oder unrichtig erteilt, so ist die Einlegung des Rechtsmittels nur innerhalb eines Jahres seit Zustellung der Entscheidung zulässig, außer wenn die Einlegung vor Ablauf der Jahresfrist infolge höherer Gewalt unmöglich war oder eine Belehrung dahin erfolgt ist, daß ein Rechtsmittel nicht gegeben sei; § 234 Abs. 1, 2 und § 236 Abs. 2 der Zivilprozeßordnung gelten für den Fall höherer Gewalt entsprechend.

I. Allgemeines

Die Vorschrift enthält eine Reihe von Verfahrensgrundsätzen, die nicht miteinander im Zusammenhang stehen. 1

II. Beschleunigungsgrundsatz

1. Beschleunigung. a) Das Verfahren ist in allen Rechtszügen zu beschleunigen. Dies ist sowohl für 2 den Arbeitnehmer von Bedeutung, da die Ansprüche aus dem Arbeitsverhältnis vielfach seine Lebensgrundlage darstellen. Es ist aber auch wegen der drohenden Kostenbelastung für den Arbeitgeber von Interesse. Eine verzögerte oder verspätete Entscheidung kann den Wert des Prozesses gegenstandslos machen. Im Kündigungsschutzrechtsstreit hat der Grundsatz der Verfahrensbeschleunigung eine besondere Ausgestaltung erfahren, da die Prozesse vorrangig zu terminieren sind (§§ 61 a, 64 VIII).

b) Der Beschleunigungsgrundsatz hat seine Ausgestaltung in zahlreichen Einzelbestimmungen des 3 ArbGG erfahren. Er ist insbesondere bei verfahrensleitenden Entscheidungen des Gerichtes zu beachten, zB bei Entscheidungen zur Aussetzung (§§ 148, 149 ZPO), zu Fristverlängerungen oder bei Entscheidung über Terminsverlegungen oder Vertagungen. Dagegen kann auf die Verletzung des Beschleunigungsgrundsatzes ein Rechtsmittel nicht gestützt werden.

2. Einzelregelungen zur Verfahrensbeschleunigung. a) Die Einlassung ist gegenüber den ordent- 4 lichen Gerichten auf eine Woche verkürzt (§§ 47 I, 80 II). Eine Aufforderung zur Klageerwiderung ergeht im Urteilsverfahren nicht (§ 47 II).

b) Die Zustellung der Urteile und Beschlüsse erfolgt binnen drei Wochen seit Übergabe an die 5 Geschäftsstelle (§§ 50 I, 80 II). Im Unterschied zu den ordentlichen Gerichten besteht keine Möglichkeit, die Zustellung nach § 317 I 3 ZPO hinauszuschieben.

c) Der Vorsitzende hat die streitige Verhandlung vorzubereiten, damit diese möglichst in einem 6 Termin zu Ende geführt werden kann (§§ 56, 57 I).

d) Die streitige Verhandlung schließt sich unmittelbar an eine erfolglose Güteverhandlung an 7 (§ 54 IV).

e) Der Vorsitzende hat eine Reihe von Alleinentscheidungskompetenzen (§ 55). 8

f) Verspätetes Vorbringen kann zurückgewiesen werden (§§ 56, 61 a). Neuer Sachvortrag ist im 9 zweiten Rechtszug nur beschränkt zulässig (§ 67).

g) Kündigungsrechtsstreitigkeiten sind vorrangig zu erledigen (§§ 61 a, 64 VIII). 10

h) Die Einspruchsfrist bei Versäumnisurteilen ist auf eine Woche verkürzt (§ 59 Satz 1). 11

12 i) Ein Prozeßbevollmächtigter kann zurückgewiesen werden, wenn die Partei trotz Anordnung des persönlichen Erscheinens nicht zum Termin erscheint (§ 51 II).

13 j) Nur ausnahmsweise wird ein besonderer Termin zur Verkündung des Urteils bestimmt (§ 60 I).

14 k) Berufungsbegründungs- und -beantwortungsfrist sowie die Revisionsbegründungsfrist werden nur einmal verlängert (BAG 4. 2. 1994 AP ArbGG 1979 § 66 Nr. 5 = NJW 1995, 150 = NZA 1994, 907). Eine zweite Verlängerung der Rechtsmittelbegründungsfrist ist selbst dann nicht zulässig, wenn erst durch sie eine insgesamt einmonatige Fristverlängerung erreicht würde (BAG 6. 12. 1994 ArbGG 1979 § 55 Nr. 7 = NJW 1995, 2054 = NZA 1995, 549).

15 l) Die Zurückverweisung durch das Berufungsgericht an die erste Instanz ist eingeschränkt (§§ 68, 91).

16 m) Zwischenurteile nach § 61 III und Beschlüsse über die Ablehnung von Gerichtspersonen nach § 49 III sind unanfechtbar.

III. Verweisung auf das GVG

17 **1. Verweisungsnormen.** In § 9 II wird auf mehrere Vorschriften des GVG verwiesen. Es gelten die Vorschriften über:

18 a) Zustellungs- und Vollstreckungsbeamte (§§ 154, 155 GVG). Die Gerichtsvollzieher werden im Bereich der Gerichte für Arbeitssachen in gleichem Umfang wie bei den ordentlichen Gerichten tätig.

19 b) Die Aufrechterhaltung der Ordnung in der Sitzung (§§ 176 bis 183 GVG). Dem Vorsitzenden obliegt es, diejenigen Maßnahmen einzuleiten, die dem ungestörten Sitzungsablauf und dem Schutz der Verfahrensbeteiligten dienen.

20 c) Die Gerichtssprache. Die Gerichtssprache ist Deutsch. Schriftsätzen in einer Fremdsprache muß eine Übersetzung beigefügt werden.

21 d) Die Wahrnehmung richterlicher Geschäfte durch Referendare. Nach § 10 GVG können Rechtsreferendare im Rahmen ihrer Ausbildung unter Aufsicht des Richters Rechtshilfeersuchen bearbeiten, Verfahrensbeteiligte anhören, Beweise erheben und die mündliche Verhandlung leiten. Sie dürfen aber nicht die Vereidigung von Zeugen anordnen oder den Eid abnehmen. Rechtsreferendare können als Urkundsbeamte eingesetzt werden und vorübergehend die Aufgaben eines Rechtspflegers wahrnehmen.

22 e) Die Vorschriften über Beratung und Abstimmung. In § 197 ist die Abstimmungsreihenfolge festgelegt.

23 **2. Weitere Verweisungen.** In §§ 6 a, 9 I, 13, 45 III und 52 ist ebenfalls auf das GVG verwiesen.

IV. Rechtspfleger

24 **1. Wahrnehmung der Geschäfte.** In allen Rechtszügen gelten die Vorschriften über die Wahrnehmung der Geschäfte bei den ordentlichen Gerichten durch Rechtspfleger entsprechend.

25 **2. Bestellung.** Zum Rechtspfleger können nur Beamte bestellt werden, die die Rechtspflegerprüfung oder die Prüfung für den gehobenen Dienst bestanden haben. Nach § 2 III, V RPflG können auch Personen, die die Befähigung zum Richteramt besitzen, sowie Rechtsreferendare mit den Aufgaben des Rechtspflegers betraut werden.

26 **3. Aufgabe.** Die Aufgabe des Rechtspflegers bei den Gerichten für Arbeitssachen sind in § 3 Nr. 3, 4 RPflG aufgezählt.

V. Entschädigung der Zeugen und Sachverständigen

27 Zeugen und Sachverständige werden nach dem Gesetz über die Entschädigung von Zeugen und Sachverständigen vom 1. 10. 1969 (BGBl. I S. 1756) zul. geänd. am 24. 6. 1994 (BGBl. I S. 1325) entschädigt.

VI. Rechtsmittelbelehrung

28 **1. Grundsatz. a)** Alle Entscheidungen der Arbeitsgerichte im Urteils- und Beschlußverfahren, die mit einem befristeten Rechtsmittel angefochten werden können, müssen eine Rechtsmittelbelehrung enthalten. Ist ein Rechtsmittel nicht gegeben, ist eine entsprechende Belehrung zu geben. Keine Rechtsmittelbelehrung ist vorgesehen für Entscheidungen, die mit unbefristeten Rechtsmitteln oder lediglich mit Rechtsbehelfen anfechtbar sind.

29 **b)** Der Begriff des Rechtsmittels wird durch zwei Merkmale markiert. Sie sind Rechtsbehelfe mit Devolutiveffekt. Sie führen mithin zu einer Überprüfung der Entscheidung in der höheren Instanz. Sie haben Suspensiveffekt, weil sie den Eintritt der Rechtskraft hemmen. Zu den Rechtsmitteln zählen Berufung, Revision und Beschwerde im Beschlußverfahren.

VI. Rechtsmittelbelehrung §9 ArbGG 60

c) Rechtsbehelfe gegen gerichtliche Entscheidungen sind solche ohne Suspensiv- oder Devolutiv- 30
effekt. Zu den Rechtsbehelfen gehören der Widerspruch gegen den Mahnbescheid, der Einspruch
gegen ein Versäumnisurteil bzw. Vollstreckungsbescheid. Nach § 59 ArbGG ist eine Partei jedoch auf
die Einspruchsmöglichkeit hinzuweisen.

2. Nichtzulassungsbeschwerde und Sprungrechtsmittel. a) Ob die Nichtzulassungsbeschwerde 31
ein Rechtsmittel darstellt, ist umstritten. Da ihr kein Devolutiveffekt zukommt, wird sie nicht als
Rechtsmittel angesehen (BAG 1. 4. 1980 AP ArbGG 1979 § 72 a Nr. 5). Nach aA ist sie ein Rechtsmittel (*Germelmann/Matthes/Prütting* § 9 Rn. 26; GK-ArbGG/*Bader* § 9 Rn. 88). Auch soweit ein
Rechtsmittel nicht angenommen wird, wird ein Hinweis auf die Nichtzulassungsbeschwerde für notwendig gehalten.

b) Sprungrevision und Sprungrechtsbeschwerde sind Rechtsmittel. Über sie muß daher belehrt 32
werden.

c) Nicht zu belehren ist über Anschlußberufung und Anschlußrevision. Über die unselbständige 33
Anschlußberufung und Anschlußrevision kann im Zeitpunkt der Urteilszustellung nicht belehrt
werden.

3. Form und Inhalt der Belehrung. a) Die Rechtsmittelbelehrung ist Bestandteil der Entscheidung 34
des Gerichtes. Sie muß mithin von der Unterschrift der Richter gedeckt werden (§ 60 IV 1, § 69 I 1,
§ 75 II; dazu BAG 1. 3. 1994 AP ArbGG 1979 § 9 Nr. 10 = NJW 1994, 3181 = NZA 1994, 1053; LAG
Hess. 18. 9. 1992 = NZA 1993, 816; zum Schlichtungsausschuß bei Ausbildungsstreitigkeiten: BAG
30. 9. 1998 AP BBiG § 10 Nr. 8). Ein Hinweis auf eine nachfolgende oder auf die rückseitig befindliche Belehrung ist unzureichend (BAG 1. 3. 1994 AP ArbGG 1979 § 9 Nr. 10 = NJW 1994, 3181 =
NZA 1994, 1053).

b) Die Rechtsmittelbelehrung muß die Prozeßbeteiligten konkret und auf den Einzelfall bezogen 35
informieren, ob und welches Rechtsmittel gegen die Entscheidung gegeben ist, bei welchem Gericht,
in welcher Form und in welcher Frist das Rechtsmittel einzulegen ist (BAG 20. 2. 1997 AP ArbGG
1979 § 9 Nr. 16 = NZA 1997, 901). Es ist das statthafte Rechtsmittel zu bezeichnen und das Gericht
mit vollständiger Anschrift LAGE Rostock 21. 8. 1997 NZA – RR 1998, 32) anzugeben. Eine abstrakt
erteilte Rechtsmittelbelehrung genügt den Erfordernissen nicht, weil auch die nicht rechtskundige
Partei erkennen soll, ob und welches Rechtsmittel einzulegen ist. Dagegen braucht über die Begründung des Rechtsmittels und deren Form und Frist nicht belehrt werden. Bei einem zweiten Versäumnisurteil soll darauf verwiesen werden, daß der Einspruch nur darauf gestützt werden kann, daß ein
Fall der Säumnis nicht vorliegt (vgl. LAG Nürnberg 25. 3. 1993 = NZA 1993, 816).

4. Fehlende oder fehlerhafte Rechtsmittelbelehrung. a) Die Frist für ein Rechtsmittel beginnt nur, 36
wenn die Partei über das Rechtsmittel und das Rechtsmittelgericht belehrt worden ist (§ 9 V 3). Ist die
Belehrung unterblieben oder unrichtig erteilt, so ist die Einlegung nur innerhalb eines Jahres seit
Zustellung der Entscheidung zulässig. Die Jahresfrist gilt dann nicht, wenn die Einlegung vor Ablauf
der Jahresfrist infolge höherer Gewalt unmöglich war oder eine Belehrung dahin erfolgt ist, daß ein
Rechtsmittel nicht gegeben sei. Keine Rechtsfolgen treten ein, wenn der Hinweis unterblieben ist, daß
ein Rechtsmittel nicht gegeben ist. Ist in der Rechtsmittelbelehrung ein unstatthaftes Rechtsmittel
bezeichnet, so wird dadurch die Anfechtbarkeit der Entscheidung nicht berührt (BAG 10. 12. 1986
AP ZPO § 566 Nr. 3). Eine fehlerhafte Rechtsmittelbelehrung ersetzt nicht die nach § 64 II, 72
erforderliche Zulassung des Rechtsmittels (BAG 24. 2. 1988 AP TVG § 1 Tarifverträge: Schuhindustrie Nr. 2 = NZA 1988, 553; 4. 4. 1989 AP ArbGG 1979 § 64 Nr. 13 = NJW 1989, 2644 = NZA 1989,
693).

b) Im Falle der Verhinderung der Einhaltung der Jahresfrist aufgrund höherer Gewalt ist ein 37
Wiedereinsetzungsantrag nach § 243 I, II und § 236 II ZPO erforderlich. Höhere Gewalt ist dabei
mehr als ein Verschulden der Partei oder ihres Prozeßbevollmächtigten (GK-ArbGG/*Bader* § 9
Rn. 110; *Hauck* § 10 Rn. 19; aA *Germelmann/Matthes/Prütting* § 9 Rn. 51).

c) Ist keine Zustellung der gerichtlichen Entscheidung erfolgt, so beginnt die Jahresfrist entspre- 38
chend §§ 516, 552 ZPO fünf Monate nach Verkündung des Urteils zu laufen (BAG 23. 11. 1994 AP
ArbGG 1979 § 9 Nr. 12 = NZA 1995, 654; 1. 7. 1992 AP ZPO § 36 Nr. 39 = NZA 1992, 1047; 16. 8.
1991 AP SchwbG 1986 § 15 Nr. 2 = NZA 1992, 23). Die Rechtsmittelfrist beträgt mithin längstens 17
Monate (BAG 6. 8. 1997 AP ZPO § 516 Nr. 8 = BB 1997, 2116). Wird die vollständig abgefaßte
Entscheidung kurz vor Ablauf der 17 Monate zugestellt, so beginnt mit der Zustellung die in der
Rechtsmittelbelehrung genannte Normalfrist für die Einlegung des Rechtsmittels (BAG 23. 11. 1994
AP ArbGG 1979 § 9 Nr. 12 = NZA 1995, 654).

5. Heilung. Der Mangel der fehlenden oder unrichtigen Rechtsmittelbelehrung kann dadurch 39
geheilt werden, daß das Gericht nach § 319 ZPO die Rechtsmittelbelehrung berichtigt und das Urteil
erneut mit der Rechtsmittelbelehrung zustellt (LAG Rheinl.-Pfalz 28. 1. 1999 JurCD). Der Mangel ist
auch dann geheilt, wenn die Partei rechtzeitig das zulässige Rechtsmittel einlegt.

60 ArbGG § 10 Parteifähigkeit

40   **6. Kostenniederschlagung.** Sind einer Partei aufgrund einer fehlerhaften Rechtsmittelbelehrung und Einlegung des Rechtsmittels Kosten erwachsen, so sind diese nach § 8 GKG wegen unrichtiger Sachbehandlung niederzuschlagen.

§ 10 Parteifähigkeit

Parteifähig im arbeitsgerichtlichen Verfahren sind auch Gewerkschaften und Vereinigungen von Arbeitgebern sowie Zusammenschlüsse solcher Verbände; in den Fällen des § 2 a Abs. 1 Nr. 1 bis 3 b sind auch die nach dem Betriebsverfassungsgesetz, dem Sprecherausschußgesetz, dem Mitbestimmungsgesetz, dem Mitbestimmungsergänzungsgesetz, dem Betriebsverfassungsgesetz 1952, dem § 54 c des Schwerbehindertengesetzes und den zu diesen Gesetzen ergangenen Rechtsverordnungen sowie dem Gesetz über Europäische Betriebsräte beteiligten Personen und Stellen Beteiligte, in den Fällen des § 2 a Abs. 1 Nr. 4 auch die beteiligten Vereinigungen von Arbeitnehmern oder von Arbeitgebern sowie die oberste Arbeitsbehörde des Bundes oder derjenigen Länder, auf deren Bereich sich die Tätigkeit der Vereinigung erstreckt.

I. Allgemeines

1   **1. Parteifähigkeit.** Sie ist die Fähigkeit, Partei eines Rechtsstreites als Kläger oder Beklagter zu sein. Nach § 46 I gelten für die Parteifähigkeit die allgemeinen Vorschriften des Zivilprozeßrechtes. Der Begriff der Parteifähigkeit ist durch § 10 ArbGG erweitert.

2   **2. Beteiligungsfähigkeit.** Das Beschlußverfahren kennt keine Parteien sondern nur Beteiligte. Die Fähigkeit am Beschlußverfahren beteiligt zu sein, heißt Beteiligungs- oder Beteiligtenfähigkeit.

II. Parteifähigkeit im Urteilsverfahren

3   **1. Natürliche und juristische Personen. a)** Nach § 50 I ZPO ist parteifähig, wer rechtsfähig ist. Die Rechtsfähigkeit richtet sich nach materiellem Recht. Parteifähig sind alle natürlichen oder juristischen Personen des privaten oder öffentlichen Rechtes. Hierzu gehören auch die Kirchen.

4   **b)** Parteifähig sind auch die Vorgesellschaften der juristischen Personen. Eine Vorgesellschaft ist dann gegeben, wenn der Gründungsvertrag bereits geschlossen, aber die Eintragung in die Register noch nicht erfolgt ist. Die Parteifähigkeit bleibt bis zur Abwicklung erhalten (vgl. BAG 22. 3. 1988 AP ZPO § 50 Nr. 6 = NZA 1988, 841; 8. 11. 1962 AP GmbHG § 11 Nr. 1 = NJW 1963, 608).

5   **c)** Die Parteifähigkeit ausländischer, natürlicher oder juristischer Personen richtet sich nach § 7 EGBGB.

6   **d)** Die Löschung einer GmbH im Handelsregister hat nur deklaratorische Bedeutung. Trotz der Löschung besteht die Parteifähigkeit jedenfalls dann fort, wenn noch verteilbares Vermögen vorhanden ist. Streitig ist nur, ob die Parteifähigkeit auch dann endet, wenn die Abwicklung abgeschlossen worden ist, bevor alle Gläubiger der Liquidationsgesellschaft befriedigt worden sind (BAG 17. 10. 1989 BetrVG 1972 § 111 Nr. 29 = NZA 1990, 443). Im Streit über die Partei- und Prozeßfähigkeit einer beklagten GmbH wird diese als parteifähig behandelt (BAG 22. 3. 1988 AP ZPO § 50 Nr. 6 = NJW 1988, 2637 = NZA 1988, 841). Wird eine beklagte GmbH während des Rechtsstreites aufgelöst, nach Anmeldung der Beendigung der Liquidation im Handelsregister gelöscht und ist außerdem kein verteilbares Vermögen mehr vorhanden, so verliert sie dann nicht ihre Parteifähigkeit in einem Kündigungsrechtsstreit, wenn mit der gegen sie gerichteten Klage nur die Feststellung begehrt wird, die außerordentliche Kündigung eines Arbeitnehmers wegen Vertragsverletzung sei unwirksam (BAG 9. 7. 1981 ZPO § 50 Nr. 4 = NJW 1982, 1831).

7   **2. Personenhandelsgesellschaft. a)** Nach § 124 I, § 161 II HGB sind Personenhandelsgesellschaften parteifähig. Dasselbe gilt für Partnerschaftsgesellschaften freier Berufe (§ 7 PartGG, § 124 HGB).

8   **b)** Nicht parteifähig ist die GbR. Es müssen die einzelnen Gesellschafter klagen und verklagt werden.

9   **c)** Ein nicht rechtsfähiger Verein ist nach § 50 II ZPO passiv parteifähig.

10   **3. Gewerkschaften und Arbeitgeberverband. a)** Nach § 10 Satz 1 sind im arbeitsgerichtlichen Verfahren parteifähig auch Gewerkschaften und Vereinigungen von Arbeitgebern sowie Zusammenschlüsse solcher Verbände. Dies auch dann, wenn sie in ihrer Eigenschaft als Arbeitgeber klagen (BGH 22. 12. 1960 AP ArbGG 1953 § 11 Nr. 25). Für den Begriff der Gewerkschaft ist der allgemein arbeitsrechtliche maßgebend (§ 2 TVG Rn. 1 ff.). Endet die Tariffähigkeit im Laufe des Verfahrens, so endet damit auch die Parteifähigkeit (BAG 25. 9. 1990 AP TVG 1969 § 9 Nr. 8 = NZA 1991, 314).

11   **b)** Untergliederungen von Gewerkschaften sind partei fähig, wenn sie selbst die Voraussetzungen der Gewerkschaft erfüllen und weitgehend selbständig sind (BAG 29. 11. 1989 AP ArbGG 1979 § 10 Nr. 3 = NZA 90, 615). Der Landesbezirk des DGB ist nicht partei- oder beteiligtenfähig (LAGE

VI. Prozessuale Sonderfragen § 10 ArbGG 60

München 16. 7. 1997 BetrVG 1972 § 112 Interessenausgleich Nr. 1). Zusammenschlüsse von Arbeitnehmern und Arbeitgeberverbänden sind die Spitzenverbände, zu deren satzungsgemäße Aufgaben der Abschluß von Tarifverträgen gehört (§ 2 II TVG; vgl. Rn. 32 ff.).

c) Nicht parteifähig sind selbständige Vereinigungen von Arbeitnehmern mit sozial- oder berufs- 12 politischer Zwecksetzung (vgl. § 11 I 2 ArbGG). Etwas anderes gilt, wenn diese die Voraussetzungen von § 51 ZPO erfüllen.

III. Beteiligungsfähigkeit im Beschlußverfahren

1. Partei- und Beteiligungsfähigkeit. Beteiligungsfähig sind grundsätzlich alle, die auch im Urteils- 13 verfahren parteifähig sind. Antragsteller im Beschlußverfahren kann grundsätzlich nur sein, wer rechtsfähig ist oder wer hierzu vom Gesetz ermächtigt worden ist (BAG 29. 11. 1989 AP ArbGG 1979 § 10 Nr. 3 = NZA 1990, 615; 25. 8. 1981 AP ArbGG 1979 § 83 Nr. 2).

2. Beteiligungsfähigkeit. Beteiligungsfähig sind die in § 10 2. Halbsatz aufgezählten Personen und 14 Stellen. Hieraus folgt jedoch nicht, wer im konkreten Beschlußverfahren beteiligt ist (GK-ArbGG/ *Leinemann* § 10 Rn. 24; *Hauck* § 10 Rn. 7; *Germelmann/Matthes/Prütting* § 10 Rn. 16). Die konkrete Beteiligungsfähigkeit folgt daraus, ob die Beteiligten nach dem BetrVG berechtigt oder verpflichtet sind.

IV. Prozeßfähigkeit

1. Allgemeines. a) Für die Prozeßfähigkeit gelten die allgemeinen Vorschriften der ZPO. Nach § 52 15 ZPO ist eine Person prozeßfähig, soweit sie sich durch Verträge verpflichten kann. Die Vertragsverpflichtungsfähigkeit haben alle volljährigen natürlichen Personen sowie die Minderjährigen, die nach §§ 112, 113 BGB ermächtigt sind, ein Erwerbsgeschäft zu führen oder ein Arbeitsverhältnis einzugehen. Wegen des Erziehungscharakters des Berufsausbildungsverhältnisses deckt die Ermächtigung nicht die Eingehung von Ausbildungsverhältnissen. Prozeßfähigkeit ist die Fähigkeit, Prozeßhandlungen selbst oder durch einen gewählten Vertreter vorzunehmen.

b) Prozeßunfähig sind juristische Personen des Privatrechtes, parteifähige Personengesamtheiten, 16 geschäftsunfähige und in der Geschäftsfähigkeit beschränkte natürliche Personen. Sie werden durch ihre gesetzlichen Vertreter vertreten.

2. Prozeßfähigkeit im Beschlußverfahren. a) Im Beschlußverfahren sind diejenigen Personen und 17 Stellen prozeßfähig, die auch im Urteilsverfahren prozeßfähig sind.

b) Minderjährige sind im Beschlußverfahren prozeßfähig, wenn sie betriebsverfassungsrechtliche 18 Rechte wahrnehmen. Ebenfalls sind prozeßfähig diejenigen Stellen, die beteiligungsfähig sein können.

V. Prozeßführungsbefugnis

1. Begriff. Prozeßführungsbefugnis ist die Berechtigung, ein eigenes oder fremdes Recht im eigenen 19 Namen gerichtlich geltend zu machen. Prozeßführungsbefugt ist damit der materiell-rechtlich Berechtigte und Verpflichtete. Ausnahmsweise kann auch ein Dritter prozeßführungsbefugt sein, wenn er aufgrund des materiellen Rechtes hierzu ermächtigt ist.

2. Prozeßstandschaft. a) Eine gesetzliche Prozeßstandschaft besteht nach §§ 265, 841 ZPO, Art. 56 20 Abs. 8 Zusatzabkommen zum NATO-Truppenstatut und nach § 25 HAG sowie für die sog. Partei kraft Amtes. Hierzu gehören Insolvenzverwalter und Testamentsvollstrecker.

b) Eine gewillkürte Prozeßstandschaft liegt vor, wenn der Dritte durch Rechtsgeschäft zur Prozeß- 21 führung berechtigt ist. Eine gewillkürte Prozeßstandschaft ist nur zulässig, wenn der Dritte durch Rechtsgeschäft zur Prozeßführung ermächtigt wird, das Recht im eignen Namen geltend zu machen und der Prozeßstandschafter ein eigenes schutzwürdiges Interesse hat (*Schaub* ArbGV § 16 Rn. 12 ff.).

VI. Prozessuale Sonderfragen

1. Amtsprüfung. a) Die Partei-, Beteiligten- und Prozeßfähigkeit ist vom Gericht in jeder Lage des 22 Verfahrens von Amts wegen zu prüfen (§ 56 I ZPO; vgl. BAG 15. 9. 1977 AP ZPO § 56 Nr. 5). Die Parteien sind für die Voraussetzungen darlegungs- und beweispflichtig (BAG 1. 3. 1963 AP ZPO § 56 Nr. 2; 20. 1. 2000 – 2 AZR 733/98). Das Gericht ist gehalten, von Amts wegen alle in Frage kommenden Beweise zu erheben. Besteht Streit über das Bestehen der Prozeßvoraussetzungen, so ist die Partei insoweit zuzulassen. Sie kann auch Rechtsmittel einlegen (BAG 19. 11. 1985 AP TVG § 2 Tarifzuständigkeit Nr. 4 = NJW 1987, 514 = NZA 1986, 480).

b) Über das Vorliegen der Prozeßvoraussetzungen kann durch Zwischenurteil nach § 303 ZPO 23 entschieden werden. Lassen sich die Voraussetzungen der Prozeßvoraussetzungen nicht feststellen, ist die Klage als unzulässig abzuweisen. Sind die Prozeßvoraussetzungen bei dem Beklagten nicht festzustellen, ist gleichfalls die Klage als unzulässig abzuweisen.

24   c) Der Mangel der Prozeßvoraussetzungen kann geheilt werden, wenn die zuständige Partei die Prozeßführung genehmigt (BAG 30. 9. 1970 AP ZPO § 56 Nr. 3; 13. 4. 1967 AP BGB § 1913 Nr. 1 = NJW 1967, 1437).

25   2. **Tariffähigkeit und Tarifzuständigkeit.** Der Streit über Partei- oder Beteiligungsfähigkeit der Verbände ist in dem Sonderverfahren nach § 97 V ArbGG festzustellen.

§ 11 Prozeßvertretung

(1) ¹Die Parteien können vor den Arbeitsgerichten den Rechtsstreit selbst führen oder sich vertreten lassen. ²Eine Vertretung durch Vertreter von Gewerkschaften oder von Vereinigungen von Arbeitgebern oder von Zusammenschlüssen solcher Verbände ist zulässig, wenn diese Personen kraft Satzung oder Vollmacht zur Vertretung befugt sind und der Zusammenschluß, der Verband oder deren Mitglieder Partei sind. ³Das gleiche gilt für die Prozeßvertretung durch Vertreter von selbständigen Vereinigungen von Arbeitnehmern mit sozial- oder berufspolitischer Zwecksetzung. ⁴Satz 2 gilt entsprechend für Bevollmächtigte, die als Angestellte juristischer Personen, deren Anteile sämtlich im wirtschaftlichen Eigentum einer der in Satz 2 genannten Organisationen stehen, handeln, wenn die juristische Person ausschließlich die Rechtsberatung und Prozeßvertretung der Mitglieder der Organisation entsprechend deren Satzung durchführt und wenn die Organisation für die Tätigkeit der Bevollmächtigten haftet. ⁵Mitglieder der in Satz 2 genannten Organisationen können sich durch einen Vertreter eines anderen Verbandes oder Zusammenschlusses mit vergleichbarer Ausrichtung vertreten lassen; Satz 4 gilt entsprechend.

(2) ¹Vor den Landesarbeitsgerichten und vor dem Bundesarbeitsgericht müssen die Parteien sich durch Rechtsanwälte als Prozeßbevollmächtigte vertreten lassen; zur Vertretung berechtigt ist jeder bei einem deutschen Gericht zugelassene Rechtsanwalt. ²An ihre Stelle können vor den Landesarbeitsgerichten Vertreter von Gewerkschaften oder von Vereinigungen von Arbeitgebern oder von Zusammenschlüssen solcher Verbände treten, wenn sie kraft Satzung oder Vollmacht zur Vertretung befugt sind und der Zusammenschluß, der Verband oder deren Mitglieder Partei sind. ³Absatz 1 Satz 4 und 5 gilt entsprechend.

(3) ¹Mit Ausnahme der Rechtsanwälte sind Personen, die die Besorgung fremder Rechtsangelegenheiten vor Gericht geschäftsmäßig betreiben, als Bevollmächtigte und Beistände in der mündlichen Verhandlung ausgeschlossen; § 157 Abs. 1 Satz 2 und Abs. 2 der Zivilprozeßordnung ist entsprechend anzuwenden. ²Dies gilt nicht für die in Absatz 1 Satz 2 bis 5, Absatz 2 Satz 2 und 3 genannten Personen.

I. Allgemeines

1   Die Vorschrift regelt, inwieweit eine Prozeßvertretung vor den Arbeitsgerichten zulässig bzw. notwendig ist. Sie enthält Sondervorschriften gegenüber §§ 78, 79, 90, 157 ZPO. Soweit keine Sondervorschriften bestehen, gelten §§ 78 ff. ZPO. In §§ 80 II, 87 II 2, 92 II 2 wird auf die Vorschriften für das Urteilsverfahren verwiesen.

II. Prozeßvertretung in der ersten Instanz

2   1. **Prozeßführung durch die Parteien selbst.** a) Die Parteien können vor den Arbeitsgerichten den Rechtsstreit selbst führen oder sich vertreten lassen. Eine Partei, die den Rechtsstreit selbst führt, muß prozeßfähig sein (§§ 51, 52 ZPO). Natürliche Personen sind prozeßfähig, wenn sie geschäftsfähig sind. Geschäftsunfähige oder beschränkt Geschäftsfähige (§§ 104, 106, 114 BGB) fehlt die Prozeßfähigkeit. Minderjährige sind geschäftsfähig, soweit sie zum selbständigen Betrieb eines Erwerbsgeschäftes (§ 112 BGB) oder in Dienst oder Arbeit zu treten (§ 113 BGB) ermächtigt sind. In diesem Umfange ist der Minderjährige geschäftsfähig und damit auch prozeß- und parteifähig. Ist die Prozeßfähigkeit nicht gegeben, kann der Rechtsstreit nur durch den gesetzlichen Vertreter geführt werden. Bei ausländischen Arbeitnehmern richtet sich die Prozeßfähigkeit nach Art. 7 EGBGB und § 55 ZPO. Juristische Personen und parteifähige Personenhandelsgesellschaften handeln durch ihre gesetzlichen Vertreter. Es werden vertreten die Aktiengesellschaft durch den Vorstand (§ 78 I AktG) ausnahmsweise durch den Aufsichtsrat (§ 12 AktG), die GmbH durch den Geschäftsführer (§ 35 GmbHG), Vereine und Stiftungen durch den Vorstand (§§ 26 II, 86 BGB), oHG und KG durch die Gesellschafter (Komplementäre) (§§ 125, 161 HGB) Partnerschaftsgesellschaften durch die Gesellschaft (§ PartGG, § 125 HGB) und die KG aA durch die persönlich haftenden Gesellschafter (§ 278 II AktG).

3   b) Eine Partei muß prozeßführungsbefugt sein. Prozeßführungsbefugt ist eine Partei, wenn sie ein eigenes Recht geltend macht oder selbst verpflichtet ist. Ausnahmsweise kann sie auch ein fremdes Recht in gesetzlicher Vertretung oder gewillkürter Prozeßstandschaft geltend machen (vgl. § 10 Rn. 19).

II. Prozeßvertretung in der ersten Instanz § 11 ArbGG 60

2. Vertretung durch Dritte. a) Eine Partei kann sich durch jede prozeßfähige Person vertreten 4
lassen (§ 79 ZPO). Das können Freunde oder Verwandte oder auch Angestellte des Arbeitgebers sein.

b) Nach § 11 III 1 sind Personen, die die Besorgung fremder Rechtsangelegenheiten vor Gericht 5
geschäftsmäßig betreiben, als Bevollmächtigte und Beistände in der mündlichen Verhandlung ausgeschlossen, auch wenn sie in die Rechtsanwaltskammer (§ 209 BRAGO) aufgenommen sind (BAG
21. 4. 1988 AP ArbGG 1979 Prozeßvertreter Nr. 10 = NZA 1989, 151). Zu diesem Personenkreis
gehören vor allem Rechtsbeistände und Rechtskonsolenten. Geschäftsmäßig ist die Vertretung dann,
wenn ihr die Absicht zugrundeliegt, wiederholt tätig zu sein und die Prozeßvertretung zum Bestandteil der Beschäftigung wird (*Schaub* ArbGV § 17 Rn. 54 ff.). Von der Prozeßvertretung ausgeschlossen
sind Steuerberater. Nicht ausgeschlossen sind Arbeitnehmer des Arbeitgebers, auch wenn sie wiederholt tätig werden.

c) Nach dem Wortlaut sind Beistände nur in der mündlichen Verhandlung ausgeschlossen. Außer- 6
halb der mündlichen Verhandlung können sie nach einer verbreiteten Meinung die Partei beraten und
vertreten (*Germelmann/Matthes/Prütting* § 11 Rn. 41). Das BAG hat dagegen zunächst angenommen,
daß die Rechtsbeistände von der prozessualen und außerprozessualen Vertretung vor dem Arbeitsgericht ausgeschlossen sind (BAG 21. 4. 1988 AP ArbGG 1979 § 11 Prozeßvertreter Nr. 10 = NZA
1989, 151). Diese Rspr hat es aufgegeben (BAG 26. 9. 1996 AP ArbGG 1979 § 11 Nr. 10 = NJW 1997,
1325). Nach § 11 III 1 iVm. § 157 I 2 ZPO gilt der Ausschluß auch dann, wenn der Rechtsbeistand
einen abgetretenen Anspruch geltend macht.

d) Die Rechtsbeistände sind kraft Gesetzes von der Verhandlung ausgeschlossen. Eines Beschlusses 7
über den Ausschluß bedarf es daher nicht. Sofern die Partei nicht selbst anwesend ist, ist sie als säumig
zu behandeln. Die Rechtshandlungen des Rechtsbeistandes sind unwirksam. Die Zurückweisung eines
Rechtsbeistandes kann nicht selbständig angefochten werden (LAGE München ArbGG 1979 § 11
Nr. 7). Der Ausschluß wird nur im Rahmen eines zulässigen Rechtsmittels überprüft.

3. Prozeßvertretung durch Rechtsanwalt. a) Die Parteien können sich vor den Arbeitsgerichten 8
durch einen jeden bei einem deutschen Gericht zugelassenen Rechtsanwalt vertreten lassen. Eine
Ausnahme gilt für Rechtsanwälte, die beim BGH zugelassen sind (§ 172 BRAO). Die Vertretungsmöglichkeit durch einen jeden Rechtsanwalt ist darauf zurückzuführen, daß jede Partei sich durch
einen Rechtsanwalt ihres Vertrauens vertreten lassen können soll. Vertretungsbefugt sind auch Syndikusanwälte. Die Berufung eines Syndikusanwaltes auf einem Firmenbogen und deren Unterzeichnung
als Syndikusanwalt ist jedoch unzulässig (BAG 19. 3. 1996 AP ZPO § 519 b Nr. 21). Rechtsanwälte
sind unabhängig davon zur Vertretung befugt, ob sie eine Anerkennung als Fachanwalt für Arbeitsrecht erworben haben. Die Prozeßvertretung durch Rechtsanwälte der EG war zunächst geregelt
in der Richtlinie 77/249/EWG des Rates vom 22. 3. 1977 (ABl. EG Nr. L 78 S. 17). Die Richtlinie 77/
249/EWG ist ergänzt worden durch die Richtlinie 98/5/EG des Europäischen Parlaments und des
Rates vom 16. 2. 1998 zur Erleichterung der ständigen Ausübung des Rechtsanwaltsberufs in einem
anderen Mitgliedstaat als dem, in dem die Qualifikation erworben wurde (ABl. EG Nr. L 77, S. 36)
und der Richtlinie 89/48/EWG des Rates der Europäischen Gemeinschaften vom 21. 12. 1988 über
eine allgemeine Regelung zur Anerkennung der Hochschuldiplome, die eine mindest dreijährige
Berufsausbildung abschließen (ABl. EG Nr. L 19 S. 16). Alle Richtlinien sind umgesetzt worden durch
das Gesetz zur Umsetzung von Richtlinien der Europäischen Gemeinschaft auf dem Gebiet des
Berufsrechts der Rechtsanwälte vom 9. 3. 2000 (BGBl. I S. 182). Das Gesetz enthält in Art. 1 das
Gesetz über die Tätigkeit europäischer Rechtsanwälte in Deutschland (EuRAG). In § 2 EuRAG heißt
es: Wer als europäischer Rechtsanwalt auf Antrag in die für den Ort seiner Niederlassung zuständige
Rechtsanwaltskammer aufgenommen wurde, ist berechtigt, in Deutschland unter der Berufsbezeichnung des Herkunftsstaates die Tätigkeit eines Rechtsanwalts gemäß §§ 1 bis 3 der Bundesrechtsanwaltsordnung auszuüben (niedergelassener europäischer Rechtsanwalt). Die Aufnahme in die Rechtsanwaltskammer setzt voraus, daß der Antragsteller bei der zuständigen Stelle des Herkunftsstaates als
europäischer Rechtsanwalt eingetragen ist. Über den Antrag auf Aufnahme in die Rechtsanwaltskammer entscheidet die Landesjustizverwaltung. Rechtsanwälte sind dann von der Vertretung ausgeschlossen, wenn sie aus der Anwaltschaft ausgeschlossen (§ 114 Nr. 5 BRAO), die Zulassung zurückgenommen (§§ 14, 15 BRAO) oder ein Berufsverbot verhängt worden ist (BAG 16. 8. 1991 AP
BRAO § 114 a Nr. 1 = NZA 1992, 617).

b) Ein Rechtsanwalt kann Untervollmacht erteilen. Nach hM können Unterbevollmächtigte sein 9
andere Rechtsanwälte (BAG 22. 5. 1990 AP ZPO § 519 Nr. 38 = NJW 1990, 2706 = NZA 1990, 828)
und, soweit eine Vertretung durch Rechtsanwälte nicht geboten ist, Stationsreferendare sowie nebenberuflich beschäftigte Referendare (BAG 22. 2. 1990 AP ArbGG 1979 § 11 Prozeßvertreter Nr. 12 =
NZA 1990, 665) sowie angestellte Assessoren und Bürovorsteher (LAG München 10. 3. 1989 = NZA
1989, 822; krit. *Schaub* ArbGV § 17 Rn. 41) sowie Verbandsvertreter nach § 11 I 2.

4. Verbandsvertreter. a) Die Parteien können sich durch Vertreter von Gewerkschaften, von Ver- 10
einigungen von Arbeitgebern oder von Zusammenschlüssen solcher Verbände vertreten lassen, wenn
diese Personen kraft Satzung oder Vollmacht zur Vertretung befugt sind und der Zusammenschluß,

der Verband oder deren Mitglieder Partei sind. Hierbei handelt es sich um eine Ausnahme von § 157 ZPO für den Bereich der Arbeitsgerichtsbarkeit. Für den Begriff der Gewerkschaft ist der allgemein arbeitsrechtliche maßgebend (vgl. § 2 TVG Rn. 1 ff., 32 ff.). Der DGB hat den Rechtsschutz auf eine DGB-Rechtsschutz GmbH übertragen. Dies ist zulässig, da die Prozeßvertreter nicht beim DGB angestellt sein müssen (*Prütting* AuR 1998, 133; vgl. LAG *Hamm* 2. 4. 1998 BB 1998, 1216; LAG Berlin 17. 4. 1998 AuR 1998, 297). Nach aA ist eine Vertretungsvollmacht des DGB notwendig (LAG Schleswig-Holstein 9. 4. 1998 BB 1998, 1424). Durch G. zur Änderung der BRAO, der Patentanwaltsordnung und anderer G. v. 31. 8. 1998 (BGBl. I S. 2600) ist § 11 I 4 eingefügt worden. Hiernach sind vertretungsbefugt Angestellte juristischer Personen, deren Anteile sämtlich im Eigentum einer Koalition stehen, wenn *(1)* die juristische Person ausschließlich die Rechtsberatung und Prozeßvertretung der Mitglieder der Koalition vornimmt und *(2)* die Koalition für die Tätigkeit der Bevollmächtigten haftet. Durch das gleiche Gesetz ist § 11 I 5 eingeführt worden. Danach kann sich eine Partei auch durch einen Vertreter eines anderen Verbandes oder Zusammenschlusses mit vergleichbarer Ausrichtung vertreten lassen.

11 b) Der Verbandsvertreter ist nur dann postulationsfähig, wenn der Zusammenschluß, Verband oder deren Mitglieder Partei sind. Die Mitglieder der Parteien müssen daher im allgemeinen tarifgebunden sein (vgl. BAG 29. 1. 1992 AP ArbGG 1979 Prozeßvertreter Nr. 14 = NZA 1993, 379; 16. 11. 1989 AP Nr. 11, aaO = NZA 1990, 666 AP Nr. 8, aaO). Zur Verbandsmitgliedschaft ohne Tarifbindung vgl. § 2 TVG Rn. 14. Der Verbandsvertreter ist nicht postulationsfähig, wenn die Prozeßpartei nicht seinem Verband angehört. Der Insolvenzverwalter kann sich mithin im Berufungsverfahren nicht durch einen Verbandsvertreter vertreten lassen, wenn der Gemeinschuldner nicht mehr Mitglied des Arbeitgeberverbandes ist (BAG 20. 11. 1997 AP ArbGG 1979 § 11 Nr. 15 = NZA 1998, 334). Ein rechtsfähiges Berufbildungswerk einer Gewerkschaft kann sich vor dem Arbeits- und Landesarbeitsgericht nicht durch Rechtssekretäre einer Gewerkschaft vertreten lassen, wenn dem Berufsbildungswerk nach der Satzung auch Nichtgewerkschaftsmitglieder angehören können (BAG 29. 1. 1992 AP ArbGG 1979 § 11 Prozeßvertreter Nr. 14 = NZA 1993, 379). Eine besondere Sach- und Fachkompetenz ist durch das Gericht nicht zu überprüfen. Das Gesetz geht davon aus, daß dies die Verbände selbst tun.

12 c) Verbandsvertreter sind auch Vertreter der Innungen, die nach § 5 III Nr. 1 HO tariffähig sind.

13 d) Verbandsvertreter sind nur dann postulationsfähig, wenn sie kraft Satzung oder Vollmacht zur Vertretung der Mitglieder befugt sind. Daneben bedürfen sie noch der Prozeßvollmacht ihrer Partei. Der Verband kann die Vertretungsvollmacht einschränken, auf Einzelfälle für bestimmte Mitglieder, auf bestimmte Verfahren oder auf eine Instanz (BAG 29. 4. 1983 AP ArbGG 1979 § 9 Nr. 2). Die Verbände können die Vollmacht ihren Mitarbeitern aber auch Syndikusanwälten erteilen. Immer dürfen sie aber die Parteien nur im Rahmen des satzungsgemäßen Umfanges und nicht außerhalb der satzungsgemäßen Aufgaben des Verbandes vertreten. Fehlt die Postulationsfähigkeit kann der Verbandsvertreter nach § 157 I ZPO zurückgewiesen werden. Dagegen obliegt dem Gericht keine Prüfungskompetenz, ob die Partei in dem richtigen Verband organisiert ist.

14 **5. Selbständige Vereinigungen mit sozial- oder berufspolitischer Zwecksetzung. a)** Postulationsfähig sind Vertreter von selbständigen Vereinigungen von Arbeitnehmern mit sozial- oder berufspolitischer Zwecksetzung. Dagegen werden Vertreter von Arbeitgebervereinigungen nicht erfaßt. Die sozial- oder berufspolitische Zwecksetzung ist im weitesten Sinne zu verstehen. Vertretungsbefugt sind zB die katholische Arbeitnehmerbewegung, die christlichen Gewerkschaften oder früher der Verband der Bergmannsversorgungsscheininhaber.

15 b) Nicht postulationsfähig sind die Zusammenschlüsse dieser Vereinigungen oder die Vertreter solcher Vereinigungen, die unterschiedslos Arbeitnehmer und Arbeitgeber aufnehmen. Nicht postulationsfähig sind die Vertreter von Arbeitnehmerkammern.

III. Die Rechtsstellung der Verbandsvertreter

16 **1. Angeglichene Rechtsstellung. a)** Die Verbandsvertreter haben im allgemeinen die gleiche Rechtsstellung wie Rechtsanwälte. Einem Verbandsvertreter kann mithin im vereinfachten Zustellungsverfahren zugestellt werden (§ 50 II, §§ 212a, 183 II ZPO). Dagegen ist nicht vorgesehen, daß sie Schriftstücke selbst beglaubigen (§ 170 II ZPO) oder nach § 198 ZPO von Anwalt zu Anwalt zustellen. Sie haben ein Zeugnisverweigerungsrecht nach § 383 I Nr. 6 ZPO. Die Partei muß sich ihr Verschulden zurechnen lassen (§ 85 II ZPO).

17 b) Verbandsvertreter unterliegen nicht dem Standesrecht der Rechtsanwälte, wenngleich es vielfach eingehalten wird. Verbandsvertreter können damit sowohl gegeneinander wie auch gegen Rechtsanwälte Versäumnisurteile nehmen.

18 **2. Prozeßvollmacht.** Für die Prozeßvollmacht der Parteien gilt das allgemeine Zivilprozeßrecht.

IV. Prozeßvertretung in den Rechtsmittelinstanzen

1. Landesarbeitsgericht. a) Im Urteilsverfahren vor dem LAG besteht Vertretungszwang. Vertretungsberechtigt sind Rechtsanwälte. Vertretungsberechtigt sind auch Vertreter von Gewerkschaften und Arbeitgeberverbänden (vgl. II 2). Dagegen sind nicht postulationsfähig Vertreter von selbständigen Vereinigungen von Arbeitnehmern mit sozial- oder berufspolitischer Zwecksetzung (vgl. Rn. 14). Postulationsfähig sind alle zugelassenen Rechtsanwälte vor allen Landesarbeitsgerichten. Entsprechendes gilt für die Verbandsvertreter.

b) Die vor dem LAG Vertretungsberechtigten dürfen nur solchen Personen Untervollmacht erteilen, die selbst vor dem LAG postulationsfähig sind. Die Partei selbst ist vor dem LAG nicht postulationsfähig. Eine Ausnahme gilt nur für solche Prozeßhandlungen, die vor dem Urkundsbeamten der Geschäftsstelle vorgenommen werden können. Gegen ein Versäumnisurteil des LAG kann die Partei selbst Einspruch einlegen (§ 64 VII iVm. § 59). Einen Vergleich kann die Partei als materiellrechtliches Rechtsgeschäft mit der Gegenseite abschließen. Dieses wirkt prozeßbeendend, wenn es dem Gericht vorgelegt wird.

2. Bundesarbeitsgericht. Vor dem BAG sind nur Rechtsanwälte postulationsfähig. Es ist aber jeder bei einem deutschen Gericht zugelassene Rechtsanwalt postulationsfähig. Die Partei selbst kann vor dem BAG nur dann Rechtshandlungen vornehmen, wenn dies vor dem Urkundsbeamten der Geschäftsstelle geschieht. Der Einspruch gegen ein Versäumnisurteil des BAG durch die Partei selbst ist unzulässig.

V. Verbandsvertretung im Beschlußverfahren

1. Arbeitsgericht. Für das Verfahren erster Instanz nimmt § 80 II auf das Urteilsverfahren erster Instanz Bezug. Die Beteiligten können sich daher in erster Instanz selbst vertreten, soweit sie partei- und prozeßfähig sind (§ 10 Rn. 3, 15). Der Betriebsrat wird durch seinen Vorsitzenden im Rahmen der gefaßten Beschlüsse vertreten (§ 26 III 1 BetrVG). Für die Wirksamkeit der Beschlüsse spricht eine Vermutung. Dasselbe gilt für Gesamt- und Konzernbetriebsrat. Der Betriebsrat kann sich durch einen Rechtsanwalt vertreten lassen. Für die Kostenerstattung gilt § 40 BetrVG.

2. Landesarbeitsgericht. In der zweiten Instanz können sich die Beteiligten des Beschlußverfahrens selbst vertreten oder durch eine postulationsfähige Person vertreten lassen (§ 87 II 2). Die Beschwerdeschrift muß von einem Rechtsanwalt oder Verbandsvertreter unterzeichnet sein (§ 89 I).

3. Bundesarbeitsgericht. In der dritten Instanz im Beschlußverfahren gilt § 11 I entsprechend (§ 92 II). Die Beteiligten können sich im Beschlußverfahren selbst vertreten oder durch einen Rechtsanwalt oder Verbandsvertreter vertreten lassen (BAG 20. 3. 1990 AP BetrVG 1972 § 99 Nr. 79 = NZA 1990, 699). Rechtsbeschwerdeschrift und Rechtsbeschwerdebegründung müssen jedoch durch einen Rechtsanwalt unterzeichnet sein.

§ 11 a Beiordnung eines Rechtsanwalts, Prozeßkostenhilfe

(1) ¹Einer Partei, die außerstande ist, ohne Beeinträchtigung des für sie und ihre Familie notwendigen Unterhalts die Kosten des Prozesses zu bestreiten, und die nicht durch ein Mitglied oder einen Angestellten einer Gewerkschaft oder einer Vereinigung von Arbeitgebern vertreten werden kann, hat der Vorsitzende des Arbeitsgerichts auf ihren Antrag einen Rechtsanwalt beizuordnen, wenn die Gegenpartei durch einen Rechtsanwalt vertreten ist. ²Die Partei ist auf ihr Antragsrecht hinzuweisen.

(2) Die Beiordnung kann unterbleiben, wenn sie aus besonderen Gründen nicht erforderlich ist, oder wenn die Rechtsverfolgung offensichtlich mutwillig ist.

(3) Die Vorschriften der Zivilprozeßordnung über die Prozeßkostenhilfe gelten in Verfahren vor den Gerichten in Arbeitssachen entsprechend.

(4) Der Bundesminister für Arbeit und Sozialordnung wird ermächtigt, zur Vereinfachung und Vereinheitlichung des Verfahrens durch Rechtsverordnung mit Zustimmung des Bundesrates Vordrucke für die Erklärung der Partei über ihre persönlichen und wirtschaftlichen Verhältnisse (§ 117 Abs. 2 der Zivilprozeßordnung) einzuführen.

1. Allgemeines. Die Rechtsinstitute der Beiordnung eines Rechtsanwaltes und der Prozeßkostenhilfe stehen nebeneinander. Sie ermöglichen auch finanziell Schwächeren anwaltliche Hilfe in Anspruch zu nehmen. Sie unterscheiden sich in ihren Voraussetzungen und Wirkungen. Die Beiordnung eines Rechtsanwaltes kommt in Betracht, wenn die Gegenseite durch einen Rechtsanwalt vertreten ist. Sie setzt nicht voraus, daß die Rechtsverfolgung Aussicht auf Erfolg verspricht. Die Prozeßkostenhilfe setzt dagegen Erfolgsaussicht der Rechtsverfolgung oder Rechtsverteidigung voraus. In den Wirkungen unterscheiden sich die Rechtsinstitute dadurch, daß im Falle der Beiordnung bei Unterliegen nur

60 ArbGG § 12

die Anwaltskosten von der Staatskasse getragen werden, dagegen die Gerichtskosten bezahlt werden müssen. Bei der Prozeßkostenhilfe werden sowohl die Kosten des Rechtsanwaltes und des Gerichtes von der Staatskasse getragen. Die Prozeßkostenhilfe hat also weitergehende Wirkungen. In einem Antrag auf Gewährung der Prozeßkostenhilfe ist als Minus auch der Antrag auf Beiordnung eines Rechtsanwaltes enthalten (LAG Bremen 26. 2. 1986 AnwBl. 1986, 344; LAG Düsseldorf vom 29. 10. 1986 JurBüro 1987, 440; LAGE Sachsen-Anhalt 11. 6. 1997 und 8. 9. 1997 ArbGG 1979 § 11 a Nrn. 6 und 7). Bei Beratungsbedarf vor Beginn eines Verfahrens greift die Beratungshilfe ein.

2 **2. Beratungshilfe.** Einem Rechtsuchenden wird auf seinen Antrag Beratungshilfe gewährt in Form von Beratung und, soweit erforderlich Vertretung, wenn er die für eine anwaltliche Beratung erforderlichen Mittel nicht selbst aufbringen kann und die beabsichtigte Wahrnehmung seiner Rechte nicht mutwillig erscheint. Wegen der Einkommensverhältnisse gelten die Vorschriften zur Prozeßkostenhilfe entsprechend. Der Antrag auf Beratungshilfe kann schriftlich oder zu Protokoll der Geschäftsstelle des Amtsgerichtes gestellt werden, in dessen Bereich der Antragsteller seinen allgemeinen Gerichtsstand hat. Ist der Antrag begründet, stellt das Amtsgericht einen Beratungsschein aus. Der Rechtsanwalt kann daneben noch eine Gebühr von 20,– DM verlangen.

3 **3. Prozeßkostenhilfe.** Nach § 11 a III ArbGG gelten die Vorschriften der ZPO über die Prozeßkostenhilfe in Verfahren vor den Gerichten für Arbeitssachen entsprechend. Vgl. §§ 114 bis 127a ZPO.

4 **4. Beiordnung eines Rechtsanwalts. a)** Die Beiordnung eines Rechtsanwaltes kann erfolgen, wenn (1) die Partei außerstande ist, ohne Beeinträchtigung des für sie und ihre Familien notwendigen Unterhalts die Kosten des Rechtsstreits zu bestreiten, (2) sie nicht durch ein Mitglied oder Angestellten einer Gewerkschaft oder einer Vereinigung von Arbeitgebern vertreten werden kann, (3) die Gegenseite durch einen Rechtsanwalt vertreten wird und (4) sie einen Antrag auf Beiordnung gestellt hat. Die Partei ist durch das Gericht auf ihr Antragsrecht hinzuweisen. Die Belehrung wird zweckmäßig in der Sitzungsniederschrift vermerkt (§ 510 a ZPO). Die Beiordnung erfolgt nur in der ersten Instanz. In den höheren Instanzen kommt nur die Prozeßkostenhilfe in Betracht.

5 **b)** Auch juristische Personen können Beiordnung verlangen (LAG Sachsen-Anhalt 26. 11. 1997 AnwBl 1998, 543). Für die persönlichen und wirtschaftlichen Verhältnisse gelten im wesentlichen die Vorschriften der Prozeßkostenhilfe entsprechend.

6 **c)** Die Beiordnung erfolgt nur, wenn sich die Parteien sich nicht durch einen Verbandsvertreter vertreten lassen kann oder ihr wegen eines (berechtigten) fehlenden Vertrauens nicht zumutbar ist, sich durch einen Verbandsvertreter vertreten zu lassen.

7 **d)** Die Gegenseite muß durch einen Rechtsanwalt vertreten sein. Unzureichend ist, wenn sie durch einen Verbandsvertreter vertreten wird, auch wenn dieser Rechtsanwalt ist (LAG Bad.-Württemberg 17. 7. 1998 MDR 1998, 1169). Der Zweck der Regelung besteht darin, eine Benachteiligung derjenigen Parteien zu verhindern, die sich nicht durch Verbandsvertreter vertreten lassen können, wenn der Gegner sich anwaltlichen Beistandes bedienen kann.

8 **e)** Für die Bescheidung des Antrages gelten die Regeln des Prozeßkostenhilfeverfahrens entsprechend. Eine Berufung ist unzulässig, wenn ein angestellter Syndikusanwalt auf einem Firmenbogen für die Firma Berufung einlegt (BAG 19. 3. 1996 AP ArbGG 1979 § 11 Prozeßvertreter = NZA 1996, 671).

9 **5. Verweigerung der Beiordnung. a)** Die Beiordnung kann unterbleiben, wenn sie aus besonderen Gründen nicht erforderlich ist oder die Rechtsverfolgung mutwillig erscheint. Dagegen ist nicht erforderlich, daß die Rechtsverfolgung aussichtsreich ist.

10 **b)** Die Beiordnung ist nicht erforderlich, wenn die Partei selbst über die erforderlichen Kenntnisse und Fähigkeiten verfügt, den Rechtsstreit selbst zu führen. Dies ist bereits dann der Fall, wenn der Streitstoff einfach gelagert ist.

11 **c)** Offensichtlich mutwillig ist die Rechtsverfolgung, wenn die Sach- und Rechtslage offenkundig gegen den Antragsteller spricht oder ein Parallelfall vom BAG entschieden ist. Die Verweigerung der Beiordnung kann verfassungsgerichtlicher Kontrolle unterliegen (BayVerfGH 1. 2. 1991, BayVerwBl. 1991, 377; BayVerfGH 1. 2. 1991, BayVerwBl. 1991, 377).

§ 12 Kosten

(1) Im Urteilsverfahren (§ 2 Abs. 5) werden Gebühren nach dem Verzeichnis der Anlage 1 zu diesem Gesetz erhoben.

(2) ¹Im Verfahren vor dem Arbeitsgericht wird eine einmalige Gebühr bis zu höchstens tausend Deutsche Mark erhoben. ²Die einmalige Gebühr bestimmt sich nach der Tabelle der Anlage 2 zu diesem Gesetz. ³Der Mindestbetrag einer Gebühr ist zwanzig Deutsche Mark. ⁴Absatz 2 der Vorbemerkung zu Teil 9 des Kostenverzeichnisses der Anlage 1 zum Gerichtskostengesetz ist im Verfahren vor dem Arbeitsgericht nicht anzuwenden.

(3) ¹ Im Verfahren vor dem Landesarbeitsgericht und dem Bundesarbeitsgericht vermindern sich die Gebühren der Tabelle, die dem Gerichtskostengesetz als Anlage 2 beigefügt ist, um zwei Zehntel. ² Im übrigen betragen die Gebühr für das Verfahren und die Gebühr für das Urteil im Verfahren vor dem Landesarbeitsgericht das Eineinhalbfache und im Verfahren vor dem Bundesarbeitsgericht das Doppelte der Gebühr.

(4) ¹ Kosten werden erst fällig, wenn das Verfahren in dem jeweiligen Rechtszug beendet ist, sechs Monate geruht hat oder sechs Monate von den Parteien nicht betrieben worden ist. ² Kostenvorschüsse werden nicht erhoben; dies gilt für die Zwangsvollstreckung auch dann, wenn das Amtsgericht Vollstreckungsgericht ist. ³ Die Gerichtsvollzieher dürfen Gebührenvorschüsse nicht erheben. ⁴ Soweit ein Kostenschuldner nach § 54 Nr. 1 oder 2 des Gerichtskostengesetzes haftet, ist § 49 des Gerichtskostengesetzes nicht anzuwenden. ⁵ § 49 des Gerichtskostengesetzes ist ferner nicht anzuwenden, solange der Kostenschuldner nach § 54 Nr. 1 oder 2 des Gerichtskostengesetzes bei einer Zurückweisung des Rechtsstreits an die Vorinstanz nicht feststeht und der Rechtsstreit noch anhängig ist; § 49 des Gerichtskostengesetzes ist jedoch anzuwenden, wenn das Verfahren nach Zurückverweisung 6 Monate geruht hat oder 6 Monate von den Parteien nicht betrieben worden ist.

(5) In Verfahren nach § 2a Abs. 1, § 103 Abs. 3, § 108 Abs. 3 und § 109 werden Kosten nicht erhoben.

(5a) Kosten für vom Gericht herangezogene Dolmetscher und Übersetzer werden nicht erhoben, wenn ein Ausländer Partei und die Gegenseitigkeit verbürgt oder ein Staatenloser Partei ist.

(6) ¹ Die Verordnung über Kosten im Bereich der Justizverwaltung und die Justizbeitreibungsordnung gelten entsprechend, soweit sie nicht unmittelbar Anwendung finden. ² Bei Einziehung der Gerichts- und Verwaltungskosten leisten die Vollstreckungsbehörden der Justizverwaltung oder die sonst nach Landesrecht zuständigen Stellen den Gerichten für Arbeitssachen Amtshilfe, soweit sie diese Aufgaben nicht als eigene wahrnehmen. ³ Vollstreckungsbehörde ist für die Ansprüche, die beim Bundesarbeitsgericht entstehen, die Justizbeitreibungsstelle des Bundesarbeitsgerichts.

(7) ¹ Für die Wertberechnung bei Rechtsstreitigkeiten über das Bestehen, das Nichtbestehen oder die Kündigung eines Arbeitsverhältnisses ist höchstens der Betrag des für die Dauer eines Vierteljahres zu leistenden Arbeitsentgelts maßgebend; eine Abfindung wird nicht hinzugerechnet. ² Bei Rechtsstreitigkeiten über wiederkehrende Leistungen ist der Wert des dreijährigen Bezugs und bei Rechtsstreitigkeiten über Eingruppierungen der Wert des dreijährigen Unterschiedsbetrages zur begehrten Vergütung maßgebend, sofern nicht der Gesamtbetrag der geforderten Leistungen geringer ist; bis zur Klageerhebung entstandene Rückstände werden nicht hinzugerechnet. ³ § 24 Satz 1 des Gerichtskostengesetzes findet keine Anwendung.

I. Allgemeines

Die Vorschrift enthält Sonderregelungen zur Erhebung und Berechnung der Gerichtskosten im arbeitsgerichtlichen Verfahren sowie Regeln zur Streitwertfestsetzung. Soweit das ArbGG keine Sonderregelungen enthält, gelten die allgemeinen Regeln des GKG und der ZPO. Die Kostenentscheidung selbst ergeht nach §§ 91 ff. ZPO. Zu den eigentlichen Gerichtskosten gehören die Gebühren und Auslagen des Gerichtes. Die Gebühren sind die in den gesetzlich geregelten Fällen zu erhebenden öffentlichen Abgaben. Auslagen sind die Aufwendungen des Gerichtes, zB die Entschädigungen für Zeugen, Sachverständige usw.

II. Urteilsverfahren

1. Urteilsverfahren erster Instanz. a) Im Urteilsverfahren werden Gebühren nach dem Gebührenverzeichnis der Anlage 1 zu § 12 I ArbGG erhoben. Soweit dort Gebühren nicht vorgesehen sind, besteht Gebührenfreiheit. Aus dem Gebührenverzeichnis ergibt sich, für welche Verfahrenshandlungen eine Gebühr und in welcher Höhe anfällt.

b) Im Urteilsverfahren vor dem Arbeitsgericht wird eine einmalige Gebühr erhoben. Sie beträgt mindestens 20,- DM und höchstens 1000,- DM (vgl. Anlage 2 zu § 12 II). Im übrigen bemißt sich die Gebühr anhand des Streitwertes nach der Anlage 2 zum ArbGG. Soweit in den neuen Bundesländern nach Art. 8 iVm. Anlage 1 Kapitel III Sachgebiet A Abschnitt III Nr. 19 eine Gebührenermäßigung stattfindet, ist dies für die Arbeitsgerichte umstritten. Die allgemeine Gebührenermäßigung wird aber anerkannt (LAG Sachsen-Anhalt 8. 5. 1995, NJW 1995, 669).

c) Zusätzlich sind die Auslagen des Gerichtes nach Teil 9 der Anlage 1 zum GKG, Kostenverzeichnis zu § 11 I GKG zu erstatten. Hierzu gehören Schreibauslagen, Zustellkosten sowie die Kosten für Zeugen und Sachverständige.

5 d) Wegen der Verbilligung des Arbeitsgerichtsverfahrens greift bei einzelnen Gebührentatbeständen nach dem Gebührenverzeichnis zu § 12 I eine Kostenverbilligung ein. Die einmalige Gebühr nach Nr. 9112 ff. entfällt oder ermäßigt sich auf die Hälfte bei Beendigung des Verfahrens ohne streitige Verhandlung (9112), Beendigung des Verfahrens durch Klagerücknahme, Anerkenntnis oder Verzichtsurteil nach streitiger Verhandlung, Urteil das einer Begründung nicht bedarf (9113), Beschluß nach § 91 a ZPO (9117), Beschluß der keine Begründung enthält oder zu enthalten braucht.

6 2. Urteilsverfahren zweiter Instanz. Vor dem LAG können die Verfahrensgebühr und die Urteilsgebühr anfallen (§ 12 III 2). Die Gebührenhöhe folgt aus der Anlage 2 zum GKG, Gebührentabelle zu § 11 II. Im Interesse der Kostenverbilligung ermäßigt sich die Gebühr beim LAG um 2/10. Sowohl die Verfahens- wie die Urteilsgebühr betragen das 1 1/2-fache des gekürzten Gebührensatzes.

7 3. Urteilsverfahren dritter Instanz. Nach § 12 III 2 fallen die Verfahrensgebühr und die Urteilsgebühr an. Die Gebühr beträgt das Doppelte des um 2/10 verminderten Satzes. Die Gebühren und Privilegierungen richten sich nach Nr. 9130 ff. des Gebührenverzeichnisses.

8 4. Fälligkeit. a) Im arbeitsgerichtlichen Urteilsverfahren werden die Kosten erst fällig, wenn das Verfahren in dem jeweiligen Rechtszug beendet ist, sechs Monate geruht hat oder sechs Monate von den Parteien nicht betrieben worden ist. Eine Beendigung des Verfahrens ist gegeben, wenn über den gesamten Streitstoff abschließend durch Urteil entschieden ist oder die Klage oder ein Rechtsmittel wirksam zurückgenommen worden sind. Ein Nichtbetreiben liegt vor, wenn die Parteien den Rechtsstreit nicht vorantreiben, obwohl dies möglich ist.

9 b) Kostenvorschüsse werden nicht erhoben. Dies gilt für eine Zwangsvollstreckung auch dann, wenn das Amtsgericht oder der Gerichtsvollzieher Vollstreckungsbehörde ist. Das Verbot der Kostenvorschüsse gilt in allen Instanzen.

10 5. Kostenschuldner. Kostenschuldner im arbeitsgerichtlichen Verfahren ist idR derjenige, dem durch gerichtliche Entscheidung die Kosten des Rechtsstreits auferlegt worden sind (§ 54 I Nr. 1 GKG). Nach § 12 IV 4 ist die sog. Zweitschuldnerhaftung nach § 49 GKG ausgeschlossen. Nach § 49 GKG haftet als Zweitschuldner, wer das Verfahren beantragt oder veranlaßt hat. Der das Verfahren veranlaßt hat, haftet nur für die Gerichtskosten, wenn der Rechtsstreit nach seiner Zurückverweisung sechs Monate geruht oder von den Parteien nicht betrieben worden ist.

11 6. Auslagen. Die Auslagen sind im arbeitsgerichtlichen Verfahren nach Anlage 1 zum GKG zu entrichten. Nach § 12 V a werden jedoch Kosten für vom Gericht herangezogene Dolmetscher und Übersetzer nicht erhoben, wenn ein Ausländer Partei und die Gegenseitigkeit verbürgt ist oder ein Staatenloser Partei ist. Die Vorschrift hat nicht den Zweck, den Ausländer besser als eine deutsche Partei zu stellen. Die Dolmetscherkosten fallen mithin an, wenn dieser nicht im Interesse der Partei, sondern wegen eines sprachunkundigen Zeugen hinzugezogen wird (LAGE Bremen 26. 11. 1997 ArbGG § 12 Nr. 5).

12 7. Einziehung. Nach § 12 VI ArbGG sind für die Einziehung der Gebühren und Kosten die Vorschriften der Justizverwaltungskostenordnung maßgebend. Die Vollstreckungsbehörden oder die sonst zuständigen Stellen leisten Amtshilfe. In Ausnahmefällen kann eine Kostenniederschlagung, insbesondere bei verspäteter Urteilabsetzung in Betracht kommen (BAG 18. 10. 1994 AP GKG § 8 Nr. 20 NZA 1996, 807).

III. Beschlußverfahren

13 Im Beschlußverfahren nach § 2 a ArbGG sowie in Verfahren nach §§ 103 III, 108 III und 109 werden Kosten, also auch Gebühren und Auslagen nicht erhoben. Dies gilt auch für Auslagen des Gerichtes für Zeugen und Sachverständige.

IV. Streitwertfestsetzung

14 1. Rechtsgrundlagen. a) Für die Streitwertfestsetzung gelten nach § 1 III GKG die §§ 12 ff. GKG und die §§ 3 bis 9 ZPO, soweit nicht die Sonderregeln nach § 12 VII eingreifen. Die Streitwertfestsetzung erfolgt in der ersten Instanz grundsätzlich im Urteil (§ 61 I).

15 b) Unabhängig von der Streitwertfestsetzung im Urteil kann der Gebührenstreitwert durch gesonderten Beschluß festgesetzt werden. Nach § 12 VII 3 findet § 24 Satz 1 GKG keine Anwendung, wonach der Gebührenstreitwert und der Rechtsmittelstreitwert übereinstimmen. Für die Rechtsanwaltsgebühren kann nach § 9 II BRAGO iVm. § 25 II 2 GKG eine gesonderte Streitwertfestsetzung erfolgen.

16 2. Streitwertberechnung über Bestand oder Beendigung. a) Für die Wertberechnung bei Rechtsstreitigkeiten über das Bestehen, das Nichtbestehen oder die Kündigung eines Arbeitsverhältnisses ist höchstens der Betrag des für die Dauer eines Vierteljahres zu leistenden Arbeitsentgeltes maßgebend.

IV. Streitwertfestsetzung § 12 ArbGG 60

Eine Abfindung wird nicht hinzugerechnet. Dagegen sind zu berücksichtigen ein 13. Monatsgehalt (LAG Kön 17. 11. 1995, MDR 1996, 505; die Benutzung eines Firmenfahrzeuges LAG Köln 4. 3. 1994, NZA 1994, 1104 = MDR 1994, 843). Erfaßt werden von § 12 VII 1 alle Rechtsstreitigkeiten über Bestehen, Nichtbestehen oder Beendigung eines Arbeitsverhältnisses. § 12 VII ist bei Bestandsstreitigkeiten von Geschäftsführern nicht anzuwenden (KG Berlin 8. 11. 1996 KGR 1997, 228.

b) Die hM nimmt an, daß der Vierteljahresverdienst den Regelstreitwert darstellt (*Germelmann/* 17 *Matthes/Prütting* § 12 Rn. 96; GK-ArbGG/*Wenzel*, § 12 Rn. 132; LAG *Hamm* 15. 3. 1988, JurBüro 1988, 855; LAG München 21. 11. 1985, NZA 1986, 171). Dagegen nimmt das BAG an, daß es sich bei dem Streitwert um eine Obergrenze und nicht um einen Regelstreitwert handelt (BAG 30. 11. 1984 AP ArbGG 1979 § 12 Nr. 9 = NZA 1985, 369; LAG Rheinland-Pfalz 24. 3. 1986 NZA 1986, 496). Werden in einem Rechtsstreit mehrere Kündigungen angegriffen, gilt nach Meinung des BAG die Obergrenze von § 12 VII 1 (BAG 6. 12. 1984 AP ArbGG 1979, § 12 Nr. 8 = NZA 1985, 296; LAG Niedersachsen 8. 2. 1994, MDR 1994, 627; LAG Niedersachsen 8. 2. 1994, MDR 1994, 627; LAG München 21. 4. 1988, JurBüro 1989, 57). Nach herrschender Meinung sind die Streitwerte zu addieren (vgl. LAG Hamburg 8. 2. 1994 = NZA 1995, 495). Jedoch ist zu berücksichtigen, welche Zeiträume zwischen den einzelnen Kündigungen sich befinden (LAG Nürnberg 7. 2. 1992 = NZA 1992, 617; LAG Köln 4. 10. 1990, JurBüro 1991, 64; LAG *Hamm* 30. 11. 1989, JurBüro 1990, 1605; LAG Köln 8. 3. 1989, JurBüro 1989, 1109; LAG Hessen 30. 4. 1988, JurBüro 1989, 58). Soweit der Vierteljahreszeitraum sich deckt, wird er herausgerechnet (*Germelmann/Matthes/Prütting* § 12 Rn. 101). Nach dieser Meinung gilt nur dann etwas anders, wenn die zweite Kündigung für den Fall der Unwirksamkeit der ersten Kündigung ausgesprochen wird. Bei dem sog. Schleppnetzantrag (sondern ungekündigt fortbesteht), der im Rahmen einer Kündigungsschutzklage gestellt ist, tritt eine Streitwerterhöhung erst ein, wenn weitere Beendigungstatbestände in das Verfahren einbezogen werden (LAGE Köln 8. 9. 1998 ArbGG 1979 § 12 Streitwert Nr. 115 = NZA 1999, 224 (L).

c) Werden mit der Kündigungsschutzklage im Wege kumulativer Klagehäufung Leistungsansprüche 18 geltend gemacht, so ist zu differenzieren. Sind die Lohn- und Gehaltsansprüche vom Ausgang des Kündigungsschutzverfahrens unabhängig, so sind die Streitwerte zu addieren. Dagegen sind die Streitwerte nicht zu addieren, wenn die Leistungsklage auf dem Feststellungsantrag aufbaut, also wirtschaftlich auf das Gleiche gerichtet ist. Eine Ausnahme von diesem Rechtsgrundsatz gilt dann, wenn die Leistungsansprüche höher als der Vierteljahresverdienst ist. Er ist alsdann insoweit zusammenzurechnen.

d) Wird mit der Kündigungsschutzklage der Weiterbeschäftigungsanspruch geltend gemacht, so 19 wirkt dieser streitwerterhöhend (LAG Nürnberg 3. 1. 1989 = NZA 1989, 862). Umstritten ist, in welcher Höhe der Weiterbeschäftigungsanspruch zu bewerten ist. Im allgemeinen werden dafür 1 Monatsverdienste hinzukommen (vgl. LAG Thüringen 27. 2. 1996, AuA 1996, 250 (1); LAG Köln 4. 7. 1996, MDR 1995, 1150; LAG Rheinland-Pfalz 16. 4. 1992 = NZA 1992, 664). Wird der Weiterbeschäftigungsanspruch nur als unechter Hilfsantrag, also für den Fall des Erfolges der Kündigungsschutzklage geltend gemacht, so ist er nur zu berücksichtigen, wenn über ihn entschieden wird (vgl. LAG Köln 4. 7. 1996, MDR 1995, 1150; LAG Düsseldorf 13. 7. 1989 = NZA 1989, 862; für Addition: LAG Rheinland-Pfalz 16. 4. 1992 = NZA 1992, 664; LAG München 30. 10. 1990 = NZA 1992, 140).

e) Im Falle einer Änderungskündigung wird der Streitwert nach der Verdienstdifferenz für ein Jahr 20 berechnet, wenn der Arbeitnehmer die Änderungskündigung unter Vorbehalt annimmt. Hat die Änderungskündigung keine Verdienstminderung zur Folge, so ist der Wert nach § 3 ZPO zu schätzen und die Grenze nach § 12 VII 1 zu beachten (LAG Bremen 5. 5. 1987 = NZA 1987, 716). Nimmt der Arbeitnehmer die Änderungskündigung nicht unter Vorbehalt an, gelten die allgemeinen Regeln wie bei der Kündigungsschutzklage.

f) In jedem Fall streitwerterhöhend wirkt die Erhebung sonstiger Ansprüche im Kündigungsschutz- 21 prozeß, also Klage auf Zeugnis, Arbeitspapiere, Urlaub usw.

3. Streitwert bei wiederkehrenden Leistungen. Bei Rechtsstreitigkeiten über wiederkehrende 22 Leistungen ist der Wert des dreijährigen Bezuges und bei Rechtsstreitigkeiten über Eingruppierung der Wert des dreijährigen Unterschiedsbetrages zur begehrten Vergütungsgruppe maßgebend, sofern nicht der Gesamtbetrag der geforderten Leistung geringer ist. Mit dem festzusetzenden Streitwert werden Rückstände bis zur Klageerhebung nicht hinzugerechnet. Wird eine Eingruppierungsstreitigkeit im Wege der Feststellungsklage verfolgt, so erfolgt bei der Streitwertbemessung kein Abschlag (LAG Baden-Württemberg 12. 7. 1990, JurBüro 1991, 665).

4. Allgemeine Grundsätze. Neben den Sonderregeln aus § 12 VII gelten die allgemeinen Grund- 23 sätze zur Streitwertberechnung (vgl. §§ 3 ff. ZPO).

5. Einzelfälle zur Streitwertbemessung: Abfindung: Abfindungen nach §§ 9, 10 KSchG werden 24 nicht hinzugerechnet. Dagegen anders bei anderen Abfindungen (LAG Berlin 14. 3. 1995 = NZA 1995, 1072).

Schaub

Abmahnung, Entfernung aus Personalakte: ein Monatsgehalt (LAG *Hamm* 16. 8. 1989 = NZA 1990, 328).
Arbeitspapiere, Herausgabe: 300,- DM bis 600,- DM.
Auskunftsanspruch: Wert des Hauptanspruches abzüglich 20%.
Beschlußverfahren: Bei nicht vermögensrechtlichen Streitigkeiten entsprechend dem Wert der Sache schätzen. Dabei ist der Regelstreitwert zu beachten.
Bruttoforderung: eingeklagter Bruttobetrag.
Einstellung im Rahmen des Beschlußverfahrens: Entspr. Anwendung von § 12 VII (LAG Düsseldorf 25. 4. 1995 AuR 1995, 332).
Nichtvermögensrechtliche Streitigkeiten: Nach § 12 II GKG nicht unter 600,- DM und nicht über 2 Mio DM.
Zeugnis: ein Monatsverdienst je nach Umfang der Berichtigung.
Zuordnung zu einer Arbeitnehmergruppe: Nicht vermögensrechtliche Streitigkeit; kein Bezug zu § 99 BetrVG (LAGE Hamburg 17. 12. 1996 BRAGO § 8 Nr. 37).
Zustimmungsersetzungsverfahren nach § 103 II BetrVG ist nichtvermögensrechtliche Streitigkeit. Streitwert nach § 8 BRAGO, dagegen nicht § 12 VII ArbGG.

§ 12 a Kostentragungspflicht

(1) [1] In Urteilsverfahren des ersten Rechtszugs besteht kein Anspruch der obsiegenden Partei auf Entschädigung wegen Zeitversäumnis und auf Erstattung der Kosten für die Zuziehung eines Prozeßbevollmächtigten oder Beistandes. [2] Vor Abschluß der Vereinbarung über die Vertretung ist auf den Ausschluß der Kostenerstattung nach Satz 1 hinzuweisen. [3] Satz 1 gilt nicht für Kosten, die dem Beklagten dadurch entstanden sind, daß der Kläger ein Gericht der ordentlichen Gerichtsbarkeit, der allgemeinen Verwaltungsgerichtsbarkeit, der Finanz- oder Sozialgerichtsbarkeit angerufen und dieses den Rechtsstreit an das Arbeitsgericht verwiesen hat.

(2) [1] Werden im Urteilsverfahren des zweiten Rechtszugs die Kosten nach § 92 Abs. 1 der Zivilprozeßordnung verhältnismäßig geteilt und ist die eine Partei durch einen Rechtsanwalt, die andere Partei durch einen Verbandsvertreter nach § 11 Abs. 2 Satz 2, 4 und 5 vertreten, so ist diese Partei hinsichtlich der außergerichtlichen Kosten so zu stellen, als wenn sie durch einen Rechtsanwalt vertreten worden wäre. [2] Ansprüche auf Erstattung stehen ihr jedoch nur insoweit zu, als ihr Kosten im Einzelfall tatsächlich erwachsen sind.

I. Ausschluß der Kostenerstattung

1 **1. Allgemeines.** Kostentragung und Kostenerstattung regeln sich grundsätzlich nach § 91 ZPO. Jedoch enthält § 12 a eine Reihe von Ausnahmen.

2 **2. Ausschluß der Kostenerstattung erster Instanz. a)** Im Urteilsverfahren erster Instanz besteht kein Anspruch der obsiegenden Partei auf Entschädigung wegen Zeitversäumnis und auf Erstattung der Kosten für die Hinzuziehung eines Prozeßbevollmächtigten oder Beistandes. Die Vorschrift beschränkt das Kostenrisiko in der ersten Instanz. Sie stellt aber auch eine erhebliche Belastung des Obsiegenden dar, weil er keine volle Kostenerstattung erlangt, was den Erfolg des Prozesses vernichten kann, wenn der Streitwert sehr hoch war. Die Vorschrift ist verfassungsrechtlich unbedenklich. Sie findet aber auch Anwendung, wenn zwei Arbeitgeber auf beiden Seiten am Verfahren beteiligt sind. Sie findet nur im Urteilsverfahren, dagegen nicht im Beschlußverfahren Anwendung (BAG 27. 7. 1994 = NZA 1995, 545).

3 **b)** Die Vorschrift findet in allen Verfahren nach § 2 ArbGG Anwendung. Das ist das Urteilsverfahren, kann aber auch das Mahnverfahren und das Verfahren des Arrestes und der einstweiligen Verfügung sein. Die Beschränkung der Kostenerstattung gilt nicht im Vollstreckungsverfahren und im Beschlußverfahren (BAG 27. 7. 1994 AP BetrVG 1972 § 76 a Nr. 4 = NZA 1995, 545).

4 **c)** Der Ausschluß der Kostenerstattung bezieht sich auf den prozessualen Kostanerstattungsanspruch aus § 91 ZPO sowie den materiell-rechtlichen Kostenerstattungsanspruch zB aus Verzug (BAG 30. 4. 1992 AP ArbGG 1979 § 12 a Nr. 6 = NJW 1993, 157 = NZA 1992, 1101). Ausgeschlossen ist auch die Erstattung von erstinstanzlichen Rechtsanwaltskosten bei Verfolgung von Lohnansprüchen eines Betriebsratsmitgliedes nach § 37 II BetrVG (BAG 30. 6. 1993 AP ArbGG 1979 § 12 Nr. 8 = NZA 1994, 284). Nicht ausgeschlossen ist der Anspruch auf Ersatz der Anwaltskosten, wenn der Drittschuldner seinen Auskunftspflichten nach § 840 II ZPO nicht nachkommt (BAG 16. 5. 1990 AP ZPO § 840 Nr. 6 = NJW 1990, 2643 = NZA 1991, 27).

5 **d)** Ausgeschlossen ist der Anspruch auf Kosten für die Hinzuziehung eines Prozeßbevollmächtigten oder Beistandes. Das können auch die Kosten für einen Verbandsvertreter sein, wenn für seine Hinzuziehung besondere Kosten erwachsen. Ausgeschlossen ist der Anspruch auf Erstattung von

II. Ausnahmen von dem Ausschluß der Kostenerstattung § 12 a ArbGG 60

Kosten (Gebühren und Auslagen, Porto und Fahrtkosten) einschließlich der darauf entfallenden Mehrwertsteuer.

e) Ausgeschlossen ist der Anspruch auf Entschädigung wegen Zeitversäumnis. Hiervon erfaßt **6** werden Zeitversäumnisse wegen Klageerhebung, Aufsuchen des Gerichtes und der Prozeßbevollmächtigten, Anfertigen der Schriftsätze, Befolgung der Anordnung persönlichen Erscheinens. Nicht ausgeschlossen sind die Kosten für die Klageerhebung und Terminswahrnehmung, soweit es um Fahrtkosten, Verpflegungs- und Übernachtungskosten geht. Die Partei kann im Rahmen des Notwendigen die Termine auch selbst wahrnehmen, auch wenn dadurch hohe Kosten erwachsen (LAGE Hamburg 13. 8. 1992 ArbGG 1992 § 12 a Nr. 18). Erstattungsfähig sind ferner Auslagen für Büromaterial. Ausnahmen werden gemacht bei juristischen Personen des öffentlichen Rechts, die am Gerichtsort eine Außenstelle unterhalten, wenn der Termin von einer auswärtigen Hauptverwaltung wahrgenommen wird (LAG Berlin 6. 7. 1994 DB 1994, 1628). Gleiches gilt in der Privatwirtschaft, wenn am Gerichtsort geeigneter Angestellter (LAG Rheinl. - Palz 15. 1. 1991 Jur-CD).

f) Eine fiktive Kostenerstattung findet statt, wenn durch die Beauftragung eines Rechtsanwaltes **7** sonst erstattungsfähige Auslagen eingespart werden. Die Erstattung der Anwaltskosten erfolgt bis zur Höhe der Einsparungen (LAG Nürnberg 22. 11. 1994 JurBüro 1995, 266).

3. Belehrung über die Kostenerstattung. a) Nach § 12 a I 2 ist vor Abschluß der Vereinbarung **8** über die Vertretung auf den Ausschluß der Kostenerstattung hinzuweisen. Der Partei sind auf Verlangen die voraussichtlichen Kosten mitzuteilen.

b) Unterbleibt die Belehrung über den Ausschluß der Kostenerstattung, so erwächst ein Schadens- **9** ersatzanspruch gegen den Prozeßbevollmächtigten aus Verschulden bei Vertragsschluß. Der Anspruch ist auf das negative Interesse gerichtet, also auf den Betrag, der nicht erwachsen wäre, wenn rechtzeitig belehrt worden wäre. Mit ihm kann gegen die Gebührenforderung aufgerechnet werden. Zweifelhaft ist die Rechtslage, wenn die Partei rechtsschutzversichert ist. Im Zweifel wird die Belehrung erfolgen mit dem Hinweis des Eintritts der Rechtsschutzversicherung.

II. Ausnahmen von dem Ausschluß der Kostenerstattung

1. Verweisung. Ein Ausschluß der Kostenerstattung besteht dann nicht, wenn dem Beklagten **10** Kosten dadurch entstehen, daß der Kläger ein Gericht der ordentlichen Gerichtsbarkeit, der allgemeinen Verwaltungsgerichtsbarkeit, der Finanz- und Sozialgerichtsbarkeit angerufen und dieses den Rechtsstreit an das Arbeitsgericht verwiesen hat. Umstritten ist, ob insoweit ein allgemeiner Kostenerstattungsanspruch angeordnet worden ist (Schleswig - Holsteinisches OLG 1. 11. 1994 AnwBl 1995, 207; *Germelmann/Matthes/Prütting* § 12 a Rn. 18; *Hauck* Rn. 12) oder ob nur die rechnerischen Mehrkosten zu ersetzen sind (KG Berlin 3. 6. 1993 AnwBl BE 1994, 82; LAG Bremen 5. 7. 1996 NZA - RR 1997, 26; *Schaub* ArbGV § 49 Rn. 13 ff.). Nach § 17 b II 2 GVG hat der Kläger die durch die Anrufung des unzuständigen Gerichtes entstandenen Mehrkosten zu tragen, wenn er in der Hauptsache obsiegt. Nicht zu erstatten sind Kosten für eine Widerklage, die der Beklagte bei dem unzuständigen Gericht erhoben hat (LAG Frankfurt 15. 5. 1984 = NZA 1985, 132; LAG Baden-Württemberg 9. 8. 1984 = NZA 1985, 132).

Wird zunächst das unzuständige Arbeitsgericht angerufen und dann der Rechtsstreit in einen **11** anderen zuständigen Gerichtszweig verwiesen, so sind die beim Arbeitsgericht angefallenen Kosten nicht erstattungsfähig. Die Kosten werden nur dann erstattungsfähig, wenn sie später noch einmal erwachsen (OLG Karlsruhe 1. 8. 1991 JurBüro 1991, 1637).

2. Vereinbarung. Den Parteien ist unbenommen, vertraglich die Kostenerstattung auch beim Ar- **12** beitsgericht zu vereinbaren (LAG Hamm 26. 2. 1991 = NZA 1992, 524). Werden die Kosten erster Instanz vergleichsweise übernommen, so kann jedoch nicht eine Kostenfestsetzung nach § 104 ZPO stattfinden (LAG Rheinland-Pfalz 28. 8. 1990 = NZA 1992, 141).

3. Rechtsmittelinstanzen. a) Nach § 12 a I 1 gilt der Ausschluß der Kostenerstattung nur in der **13** ersten Instanz. Auf diese Vorschrift ist im Berufungs- und Revisionsverfahren nicht verwiesen (§ 64 VII, § 72 VI).

b) In der Berufungs- und Revisionsinstanz gilt für die Kostenerstattung § 91 ZPO uneingeschränkt. **14** Bei Vertretung durch Verbandsvertreter besteht eine Kostenerstattungspflicht nur, soweit Kosten erwachsen sind. Erstattungsfähig sind sowohl die Kosten eines Prozeßvertreters, wenn ein Rechtsanwalt am Wohnort der Partei des ersten Rechtszugs als auch am Sitz des Berufungs- oder Revisionsgerichtes beauftragt wird.

4. Sonderregelung Verbandsvertreter. § 12 a II enthält eine Sonderregelung für den Fall, daß die **15** Kosten in der Berufungsinstanz verhältnismäßig geteilt werden und die eine Partei durch einen Rechtsanwalt und die andere Partei durch einen Verbandsvertreter vertreten wird. Würde die durch den Rechtsanwalt vertretene Partei Kostenausgleichsansprüche erhalten, würde die durch den Verbandsvertreter vertretene Partei einen Kostennachteil erleiden. Für die durch den Verbandsvertreter vertretene Partei sind mithin fiktive Rechtsanwaltskosten einschließlich der Auslagen in Ansatz zu bringen. Alsdann ist zu Quoteln. Kostenerstattungsansprüche für den Verbandsvertreter können nur erwachsen, soweit die Partei tatsächlich Kosten hat (§ 12 a II 2 ArbGG).

III. Rechtsschutzversicherung

16 Das Kostenrisiko kann durch den Abschluß von Rechtsschutzversicherungen begrenzt werden (*Schaub* ArbGV § 18 Rn. 55 ff.).

§ 13 Rechtshilfe

(1) ¹**Die Arbeitsgerichte leisten den Gerichten für Arbeitssachen Rechtshilfe.** ²**Ist die Amtshandlung außerhalb des Sitzes eines Arbeitsgerichts vorzunehmen, so leistet das Amtsgericht Rechtshilfe.**

(2) **Die Vorschriften des Gerichtsverfassungsgesetzes über Rechtshilfe und des Einführungsgesetzes zum Gerichtsverfassungsgesetz über verfahrensübergreifende Mitteilungen von Amts wegen finden entsprechende Anwendung.**

1 **1. Allgemeines. a)** Die Vorschrift regelt die Rechtshilfe im Inland. Ergänzend sind die Vorschriften des GVG anzuwenden.

2 **b)** Die Behörden des Bundes und der Länder leisten sich wechselseitig Rechts- und Amtshilfe. Rechtshilfe ist dann gegeben, wenn sich die Gerichte wechselseitig Hilfe leisten. Amtshilfe ist gegeben, wenn die eine Verwaltungsbehörde der anderen hilft.

3 **2. Rechtshilfe in der Arbeitsgerichtsbarkeit. a)** Innerhalb der Arbeitsgerichte leisten grundsätzlich die Arbeitsgerichte den anderen Arbeitsgerichten oder den Arbeitsgerichten des höheren Rechtszuges Rechtshilfe. Von diesem Rechtsgrundsatz gilt dann eine Ausnahme, wenn die Amtshandlung außerhalb des Gerichtssitzes des Arbeitsgerichtes vorgenommen werden muß. In diesen Fällen kann das Amtsgericht um Rechtshilfe ersucht werden (OLG Bamberg 5. 8. 1983, BB 1984, 1099). Es steht aber im Ermessen des ersuchenden Gerichtes, ob das Arbeitsgericht des Gerichtssprengels oder das Amtsgericht ersucht wird (*Germelmann/Matthes/Prütting* § 13 Rn. 9; *Hauck* § 13 Rn. 3; *Schaub* ArbGV § 20 Rn. 20 ff.; LAG Frankfurt vom 18. 6. 1963 AuR 1964, S. 58).

4 **b)** Die Rechtshilfe erfolgt, wenn eine Amtshandlung außerhalb des Gerichtsbezirks vorzunehmen ist. Ist die Amtshandlung innerhalb des Gerichtsbezirks vorzunehmen, so kann sie das Gericht selbst oder durch Beauftragung des Vorsitzenden vornehmen (§ 58 I 2). Nach § 13 II iVm. § 166 GVG kann das Gericht Amtshandlungen außerhalb des Bezirks wahrnehmen.

5 **3. Rechtshilfeersuchen. a)** Das Rechtshilfeersuchen ist an das Arbeitsgericht oder Amtsgericht zu richten, in dessen Bezirk die Amtshandlung vorzunehmen ist (§ 13 II iVm. § 157 II GVG). Das Rechtshilfeersuchen darf nicht abgelehnt werden. Eine Ausnahme besteht dann, wenn das Rechtshilfeersuchen von einem im Rechtszug nicht vorgesetzten Gericht kommt und die vorzunehmende Handlung gegen Bundes- oder Landesrecht verstößt (BAG 16. 1. 1991 AP ArbGG 1979 § 13 Nr. 1 = NJW 1991, 1252 = NZA 1991, 364). Das ersuchte Gericht hat jedoch keine Kompetenz nachzuprüfen, ob die Übertragung der Amtshandlung zweckmäßig oder notwendig ist (BGH 31. 5. 1990 = NJW 1990, 2936).

6 **b)** Ist das ersuchte Gericht für das Rechtshilfeersuchen unzuständig, so gibt es dies an das zuständige Gericht weiter. Unzulässig ist ein Rechtshilfeersuchen, wenn die Vernehmung einer Partei oder eines gesetzlichen Vertreters als Zeugen angeordnet oder eine unzulässige Vereidigung vorgenommen werden soll. Umstritten ist, in welchem Umfang ein Rechtshilfeersuchen zurückgewiesen werden kann, wenn ein Ausforschungsbeweis durchgeführt werden soll. Nach der Rechtsprechung des BAG ist ein Rechtshilfeersuchen dann unzulässig, wenn es überhaupt keine Tatsachen enthält, über die der ersuchte Richter Beweis erheben könnte. Das ist dann der Fall, wenn nur eine Rechtsnorm zitiert wird und der ersuchte Richter dazu die Tatsachen ermitteln soll oder das Rechtshilfeersuchen wegen der Tatsachen schlicht auf die Akten verweist (BAG 16. 1. 1991 AP ArbGG 1979 § 13 Nr. 1 = NJW 1991, 1252 = NZA 1991, 364; 26. 10. 1999 10 AS 5/99). Dagegen wird ein Rechtshilfeersuchen kaum abgelehnt werden können mit der Begründung, es enthalte einen unzulässigen Ausforschungsbeweis, es sei denn, dieser ist offensichtlich (vgl. *Germelmann/Matthes/Prütting* § 13 Rn. 6).

7 **c)** Über das Rechtshilfeersuchen entscheidet das ersuchte Gericht bzw. nach § 53 I 2 der Vorsitzende ohne Hinzuziehung der ehrenamtlichen Richter. Der ersuchte Richter nimmt eine Vereidigung nur vor, wenn er entsprechend angewiesen worden ist. Die Beweisaufnahme vor dem ersuchten Richter ist nicht öffentlich (§ 169 Satz 1 GVG).

8 **d)** Nach Erledigung des Rechtshilfeersuchens gibt der ersuchte Richter die Akten an das ersuchende Gericht zurück, das alsdann Termin zur Fortsetzung der Verhandlung anberaumt. Das Terminsprotokoll ist nach § 285 II, § 137 III ZPO zu berücksichtigen. Lehnt das ersuchte Gericht das Rechtshilfe-

ersuchen ab, kann nach § 159 GVG die Entscheidung des übergeordneten Landesarbeitsgerichtes eingeholt werden. Gegen dessen Entscheidung ist die weitere Beschwerde zum BAG gegeben (§ 159 I 3 GVG). Diese Beschwerden sind nicht nach § 78 II bzw. § 70 Satz 1 ausgeschlossen. Beschwerdeberechtigt ist auch das ersuchende Gericht (BAG 16. 1. 1991 AP ArbGG 1979 § 13 Nr. 1 = NJW 1991, 1252).

e) Die Kosten der Rechtshilfe sind Teil der Verfahrenskosten. Sie werden durch das ersuchende Gericht nicht dem ersuchten Gericht erstattet (§ 164 I GVG). 9

4. **Rechtshilfe ins Ausland.** Die Rechtshilfe ins Ausland richtet sich nach § 46 II iVm. §§ 199, 363 ZPO. Das Ersuchen erfolgt grundsätzlich im diplomatischen Rechtsverkehr, ausnahmsweise direkt durch Ersuchen an die zuständige ausländische Behörde. Formelle Regelungen ergeben sich aus der gemeinsamen Anordnung des BMA und des BJM vom 30. 12. 1955 (BAnz 1960 Nr. 9 Satz 1) und der Rechtshilfeordnung für Zivilsachen vom 19. 10. 1956 (BAnz 1957 Nr. 63). Muster und Formulierungen bei *Schaub* (ArbR-Formb. § 55). 10

Zweiter Teil. Aufbau der Gerichte für Arbeitssachen

Erster Abschnitt. Arbeitsgerichte

§ 14 Errichtung und Organisation

(1) In den Ländern werden Arbeitsgerichte errichtet.

(2) Durch Gesetz werden angeordnet
1. die Errichtung und Aufhebung eines Arbeitsgerichts;
2. die Verlegung eines Gerichtssitzes;
3. Änderungen in der Abgrenzung der Gerichtsbezirke;
4. die Zuweisung einzelner Sachgebiete an ein Arbeitsgericht für die Bezirke mehrerer Arbeitsgerichte;
5. die Errichtung von Kammern des Arbeitsgerichts an anderen Orten;
6. der Übergang anhängiger Verfahren auf ein anderes Gericht bei Maßnahmen nach den Nummern 1, 3 und 4, wenn sich die Zuständigkeit nicht nach den bisher geltenden Vorschriften richten soll.

(3) Mehrere Länder können die Errichtung eines gemeinsamen Arbeitsgerichts oder gemeinsamer Kammern eines Arbeitsgerichts oder die Ausdehnung von Gerichtsbezirken über die Landesgrenzen hinaus, auch für einzelne Sachgebiete, vereinbaren.

(4) ¹Die zuständige oberste Landesbehörde kann anordnen, daß außerhalb des Sitzes des Arbeitsgerichts Gerichtstage abgehalten werden. ²Die Landesregierung kann ferner durch Rechtsverordnung bestimmen, daß Gerichtstage außerhalb des Sitzes des Arbeitsgerichts abgehalten werden. ³Die Landesregierung kann die Ermächtigung nach Satz 2 durch Rechtsverordnung auf die zuständige oberste Landesbehörde übertragen.

(5) Bei der Vorbereitung gesetzlicher Regelungen nach Absatz 2 Nr. 1 bis 5 und Absatz 3 sind die Gewerkschaften und Vereinigungen von Arbeitgebern, die für das Arbeitsleben im Landesgebiet wesentliche Bedeutung haben, zu hören.

§ 15 Verwaltung und Dienstaufsicht

(1) ¹Die Geschäfte der Verwaltung und Dienstaufsicht führt die zuständige oberste Landesbehörde. ²Vor Erlaß allgemeiner Anordnungen, die die Verwaltung und Dienstaufsicht betreffen, soweit sie nicht rein technischer Art sind, sind die in § 14 Abs. 5 genannten Verbände zu hören.

(2) ¹Die Landesregierung kann durch Rechtsverordnung Geschäfte der Verwaltung und Dienstaufsicht dem Präsidenten des Landesarbeitsgerichts oder dem Vorsitzenden des Arbeitsgerichts oder, wenn mehrere Vorsitzende vorhanden sind, einem von ihnen übertragen. ²Die Landesregierung kann die Ermächtigung nach Satz 1 durch Rechtsverordnung auf die zuständige oberste Landesbehörde übertragen.

Wegen der Erläuterung vgl. *Schaub* ArbGV § 3. 1

§ 16 Zusammensetzung

(1) ¹Das Arbeitsgericht besteht aus der erforderlichen Zahl von Vorsitzenden und ehrenamtlichen Richtern. ²Die ehrenamtlichen Richter werden je zur Hälfte aus den Kreisen der Arbeitnehmer und der Arbeitgeber entnommen.

(2) Jede Kammer des Arbeitsgerichts wird in der Besetzung mit einem Vorsitzenden und je einem ehrenamtlichen Richter aus Kreisen der Arbeitnehmer und der Arbeitgeber tätig.

§ 17 Bildung von Kammern

(1) Die zuständige oberste Landesbehörde bestimmt die Zahl der Kammern nach Anhörung der in § 14 Abs. 5 genannten Verbände.

(2) ¹ Soweit ein Bedürfnis besteht, kann die Landesregierung durch Rechtsverordnung für die Streitigkeiten bestimmter Berufe und Gewerbe und bestimmter Gruppen von Arbeitnehmern Fachkammern bilden. ² Die Zuständigkeit einer Fachkammer kann durch Rechtsverordnung auf die Bezirke anderer Arbeitsgerichte oder Teile von ihnen erstreckt werden, sofern die Erstreckung für eine sachdienliche Förderung oder schnellere Erledigung der Verfahren zweckmäßig ist. ³ Die Rechtsverordnungen auf Grund der Sätze 1 und 2 treffen Regelungen zum Übergang anhängiger Verfahren auf ein anderes Gericht, sofern die Regelungen zur sachdienlichen Erledigung der Verfahren zweckmäßig sind und sich die Zuständigkeit nicht nach den bisher geltenden Vorschriften richten soll. ⁴ § 14 Abs. 5 ist entsprechend anzuwenden.

(3) Die Landesregierung kann die Ermächtigung nach Absatz 2 durch Rechtsverordnung auf die zuständige oberste Landesbehörde übertragen.

§ 18 Ernennung der Vorsitzenden

(1) Die Vorsitzenden werden auf Vorschlag der zuständigen obersten Landesbehörde nach Beratung mit einem Ausschuß entsprechend den landesrechtlichen Vorschriften bestellt.

(2) ¹ Der Ausschuß ist von der zuständigen obersten Landesbehörde zu errichten. ² Ihm müssen in gleichem Verhältnis Vertreter der in § 14 Abs. 5 genannten Gewerkschaften und Vereinigungen von Arbeitgebern sowie der Arbeitsgerichtsbarkeit angehören.

(3) Einem Vorsitzenden kann zugleich ein weiteres Richteramt bei einem anderen Arbeitsgericht übertragen werden.

(4)–(6) (weggefallen)

(7) Bei den Arbeitsgerichten können Richter auf Probe und Richter kraft Auftrags verwendet werden.

§ 19 Ständige Vertretung

(1) Ist ein Arbeitsgericht nur mit einem Vorsitzenden besetzt, so beauftragt das Präsidium des Landesarbeitsgerichts einen Richter seines Bezirks mit der ständigen Vertretung des Vorsitzenden.

(2) ¹ Wird an einem Arbeitsgericht die vorübergehende Vertretung durch einen Richter eines anderen Gerichts nötig, so beauftragt das Präsidium des Landesarbeitsgerichts einen Richter seines Bezirks längstens für zwei Monate mit der Vertretung. ² In Eilfällen kann an Stelle des Präsidiums der Präsident des Landesarbeitsgerichts einen zeitweiligen Vertreter bestellen. ³ Die Gründe für die getroffene Anordnung sind schriftlich niederzulegen.

§ 20 Berufung der ehrenamtlichen Richter

(1) ¹ Die ehrenamtlichen Richter werden von der zuständigen obersten Landesbehörde oder von der von der Landesregierung durch Rechtsverordnung beauftragten Stelle auf die Dauer von fünf Jahren berufen. ² Die Landesregierung kann die Ermächtigung nach Satz 1 durch Rechtsverordnung auf die zuständige oberste Landesbehörde übertragen.

(2) Die ehrenamtlichen Richter sind in angemessenem Verhältnis unter billiger Berücksichtigung der Minderheiten aus den Vorschlagslisten zu entnehmen, die der zuständigen Stelle von den im Land bestehenden Gewerkschaften, selbständigen Vereinigungen von Arbeitnehmern mit sozial- oder berufspolitischer Zwecksetzung und Vereinigungen von Arbeitgebern sowie von den in § 22 Abs. 2 Nr. 3 bezeichneten Körperschaften oder deren Arbeitgebervereinigungen eingereicht werden.

§ 21 Voraussetzungen für die Berufung als ehrenamtliche Richter

(1) ¹ Als ehrenamtliche Richter sind Personen zu berufen, die das fünfundzwanzigste Lebensjahr vollendet haben. ² Es sind nur Personen zu berufen, die im Bezirk des Arbeitsgerichts als Arbeitnehmer oder Arbeitgeber tätig sind.

(2) Vom Amt des ehrenamtlichen Richters ist ausgeschlossen,
1. wer infolge Richterspruchs die Fähigkeit zur Bekleidung öffentlicher Ämter nicht besitzt oder wegen einer vorsätzlichen Tat zu einer Freiheitsstrafe von mehr als sechs Monaten verurteilt worden ist;
2. wer wegen einer Tat angeklagt ist, die den Verlust der Fähigkeit zur Bekleidung öffentlicher Ämter zur Folge haben kann;
3. wer das Wahlrecht zum Deutschen Bundestag nicht besitzt.
² Personen, die in Vermögensverfall geraten sind, sollen nicht als ehrenamtliche Richter berufen werden.

(3) Beamte und Angestellte eines Gerichts für Arbeitssachen dürfen nicht als ehrenamtliche Richter berufen werden.

(4) ¹ Das Amt des ehrenamtlichen Richters, der zum ehrenamtlichen Richter in einem höheren Rechtszug berufen wird, endet mit Beginn der Amtszeit im höheren Rechtszug. ² Niemand darf gleichzeitig ehrenamtlicher Richter der Arbeitnehmerseite und der Arbeitgeberseite sein oder als ehrenamtlicher Richter bei mehr als einem Gericht für Arbeitssachen berufen werden.

(5) ¹ Wird das Fehlen einer Voraussetzung für die Berufung nachträglich bekannt oder fällt eine Voraussetzung nachträglich fort, so ist der ehrenamtliche Richter auf Antrag der zuständigen Stelle (§ 20) oder auf eigenen Antrag von seinem Amt zu entbinden. ² Über den Antrag entscheidet die vom Präsidium für jedes Geschäftsjahr im voraus bestimmte Kammer des Landesarbeitsgerichts. ³ Vor der Entscheidung ist der ehrenamtliche Richter zu hören. ⁴ Die Entscheidung ist unanfechtbar. ⁵ Die nach Satz 2 zuständige Kammer kann anordnen, daß der ehrenamtliche Richter bis zu der Entscheidung über die Entbindung vom Amt nicht heranzuziehen ist.

(6) Verliert der ehrenamtliche Richter seine Eigenschaft als Arbeitnehmer oder Arbeitgeber wegen Erreichens der Altersgrenze, findet Absatz 5 mit der Maßgabe Anwendung, daß die Entbindung vom Amt nur auf Antrag des ehrenamtlichen Richters zulässig ist.

§ 22 Ehrenamtlicher Richter aus Kreisen der Arbeitgeber

(1) Ehrenamtlicher Richter aus Kreisen der Arbeitgeber kann auch sein, wer vorübergehend oder regelmäßig zu gewissen Zeiten des Jahres keine Arbeitnehmer beschäftigt.

(2) Zu ehrenamtlichen Richtern aus Kreisen der Arbeitgeber können auch berufen werden
1. bei Betrieben einer juristischen Person oder einer Personengesamtheit Personen, die kraft Gesetzes, Satzung oder Gesellschaftsvertrag allein oder als Mitglieder des Vertretungsorgans zur Vertretung der juristischen Person oder der Personengesamtheit berufen sind;
2. Geschäftsführer, Betriebsleiter oder Personalleiter, soweit sie zur Einstellung von Arbeitnehmern in den Betrieb berechtigt sind, oder Personen, denen Prokura oder Generalvollmacht erteilt ist;
3. bei dem Bunde, den Ländern, den Gemeinden, den Gemeindeverbänden und anderen Körperschaften, Anstalten und Stiftungen des öffentlichen Rechts Beamte und Angestellte nach näherer Anordnung der zuständigen obersten Bundes- oder Landesbehörde;
4. Mitglieder und Angestellte von Vereinigungen von Arbeitgebern sowie Vorstandsmitglieder und Angestellte von Zusammenschlüssen solcher Vereinigungen, wenn diese Personen kraft Satzung oder Vollmacht zur Vertretung befugt sind.

§ 23 Ehrenamtlicher Richter aus Kreisen der Arbeitnehmer

(1) Ehrenamtlicher Richter aus Kreisen der Arbeitnehmer kann auch sein, wer arbeitslos ist.

(2) ¹ Den Arbeitnehmern stehen für die Berufung als ehrenamtliche Richter Mitglieder und Angestellte von Gewerkschaften, von selbständigen Vereinigungen von Arbeitnehmern mit sozial- oder berufspolitischer Zwecksetzung sowie Vorstandsmitglieder und Angestellte von Zusammenschlüssen von Gewerkschaften gleich, wenn diese Personen kraft Satzung oder Vollmacht zur Vertretung befugt sind. ² Gleiches gilt für Bevollmächtigte, die als Angestellte juristischer Personen, deren Anteile sämtlich im wirtschaftlichen Eigentum einer der in Satz 1 genannten Organisationen stehen, handeln und wenn die juristische Person ausschließlich die Rechtsberatung und Prozeßvertretung der Mitglieder der Organisation entsprechend deren Satzung durchführt.

§ 24 Ablehnung und Niederlegung des ehrenamtlichen Richteramtes

(1) Das Amt des ehrenamtlichen Richters kann ablehnen oder niederlegen,
1. wer das fünfundsechzigste Lebensjahr vollendet hat;
2. wer durch Krankheit oder Gebrechen behindert ist, das Amt ordnungsgemäß auszuüben;

3. wer durch ehrenamtliche Tätigkeit für die Allgemeinheit so in Anspruch genommen ist, daß ihm die Übernahme des Amtes nicht zugemutet werden kann;
4. wer in den zehn *[bis zum 30. 4. 2000: acht]* der Berufung vorhergehenden Jahren als ehrenamtlicher Richter bei einem Gericht für Arbeitssachen tätig gewesen ist;
5. wer glaubhaft macht, daß ihm wichtige Gründe, insbesondere die Fürsorge für seine Familie, die Ausübung des Amtes in besonderem Maße erschweren.

(2) ¹ Über die Berechtigung zur Ablehnung oder Niederlegung entscheidet die zuständige Stelle (§ 20). ² Die Entscheidung ist endgültig.

1 **1. Allgemeines.** Aus der Vorschrift ergibt sich, wer verpflichtet ist, das Amt eines ehrenamtlichen Richters zu übernehmen oder es ablehnen oder niederlegen kann.

2 **2. Ablehnungsgründe.** a) Nach Abs. 1 Nr. 1 kann das Amt ablehnen oder niederlegen, wer das 65. Lebensjahr vollendet hat. Unerheblich ist, ob er wegen Erreichens der Altersgrenze noch Arbeitgeber oder Arbeitnehmer ist.

3 b) Wer infolge Krankheit oder Gebrechen nicht in der Lage ist, das Amt ordnungsgemäß zu führen, kann es ablehnen oder niederlegen (Nr. 2). Im allgemeinen wird es ausreichend sein, wenn der ehrenamtliche Richter dies versichert.

4 c) Nach Abs. 1 Nr. 3 kann das Amt ablehnen oder niederlegen, wer durch ehrenamtliche Tätigkeit für die Allgemeinheit so in Anspruch genommen ist, daß ihm die Übernahme des Amtes nicht zugemutet werden kann. Ausreichend ist jede ehrenamtliche Tätigkeit für die Allgemeinheit. Das kann auch eine Tätigkeit für gemeinnützige Organisationen sein.

5 d) Nach Abs. 1 Nr. 4 kann das Amt ablehnen, wer in den vorausgegangenen zehn Jahren ehrenamtlicher Richter bei einem Gericht für Arbeitssachen gewesen ist. Unzureichend ist, wenn er ehrenamtlicher Richter bei einem Sozialgericht war.

6 e) Ablehnen kann das Amt, wer glaubhaft macht, daß ihm wichtige Gründe, insbesondere die Fürsorge für die Familie, die Amtsausübung erschweren. Es ist jeweils auf die Umstände des Einzelfalles abzustellen. Umstritten ist, ob berufliche Überlastung zur Ablehnung berechtigt (bejahend: *Grunsky* § 24 Rn. 7; *Germelmann/Matthes/Prütting* § 24 Rn. 12; aA GK-ArbGG/*Dörner* § 24 Rn. 6).

7 f) Nach hM kann das Amt mit Zustimmung der obersten Landesbehörde ablehnen oder niederlegen, wenn einer der Berufungsvoraussetzungen nachträglich wegfällt. Dies ist möglich, weil sonst das Amtsenthebungsverfahren nach § 21 V stattfinden müßte.

8 **3. Verfahren.** Nach Abs. 2 entscheidet die zuständige Stelle (§ 20) über die Berechtigung der Ablehnung oder Niederlegung. Die Entscheidung ist nach dem Wortlaut von Satz 2 unanfechtbar. Nach hM wird jedoch aus rechtsstaatlichen Gründen (Art. 19 I VGG) der Rechtsweg für zulässig gehalten (VerwG: *Schaub* ArbR-Formb. § 3 Rn. 37; ordentliches Gericht: *Grunsky* § 24 Rn. 10; verfassungswidrig: *Germelmann/Matthes/Prütting* § 24 Rn. 19; GK-ArbGG/*Dörner* § 24 Rn. 10).

9 **4. Übergangsvorschrift.** Gem. Art. 4 I des ArbeitsgerichtsbeschleunigungsG vom 30. März 2000 (BGBl. I S. 333) gilt: „Für die zum Zeitpunkt des Inkrafttretens dieses Gesetzes im Amt befindlichen ehrenamtlichen Richter verbleibt es bei [...] der bisherigen Fassung des § 24 Abs. 1 Nr. 4 [...] des Arbeitsgerichtsgesetzes."

§ 25. *(weggefallen)*

§ 26 Schutz der ehrenamtlichen Richter

(1) Niemand darf in der Übernahme oder Ausübung des Amtes als ehrenamtlicher Richter beschränkt oder wegen der Übernahme oder Ausübung des Amtes benachteiligt werden.

(2) Wer einen anderen in der Übernahme oder Ausübung seines Amtes als ehrenamtlicher Richter beschränkt oder wegen der Übernahme oder Ausübung des Amtes benachteiligt, wird mit Freiheitsstrafe bis zu einem Jahr oder mit Geldstrafe bestraft.

1 **1. Allgemeines.** Ehrenamtliche Richter üben ein Ehrenamt aus. Die Vorschrift gewährleistet den zivil- und strafrechtlichen Schutz. Sie dient damit der Unabhängigkeit der Rechtsprechung.

2 **2. Beschränkungs- und Benachteiligungsverbot.** a) Nach Abs. 1 ist der ehrenamtliche Richter von Arbeitgeber und Arbeitnehmerseite vor jeder Beschränkung oder Benachteiligung wegen der Übernahme oder der Amtstätigkeit geschützt. Das Verbot richtet sich gegen jedermann, also gegen den Arbeitgeber des ehrenamtlichen Richters, die vorschlagende Organisation, Arbeitskollegen, Betriebsrat und Gewerkschaften. Da auf die Amtsübernahme abgestellt wird, besteht der Schutz noch

nicht bei Aufnahme in die Vorschlagsliste (GK-ArbGG/*Dörner* § 23 Rn. 3; aA *Germelmann/ Matthes/Prütting* § 26 Rn. 11; *Grunsky* § 26 Rn. 2). Zur Amtstätigkeit gehört die Teilnahme an den Sitzungen, Aktenstudium, Teilnahme an Schulungsveranstaltungen (BAG 25. 8. 1982 AP ArbGG 1979 § 26 Nr. 1).

b) Verboten ist jede Beschränkung. Eine solche ist gegeben bei Androhung von Nachteilen im Falle 3 der Amtsübernahme (Kündigung = ArbG Neuruppin 1. 6. 1994 = AuA 1995, 26; Versetzung, Herabgruppierung usw.) oder Verweigerung von Freistellung zur Amtsausübung oder Teilnahme an Schulungen.

c) Eine Benachteiligung ist gegeben, wenn der ehrenamtliche Richter wegen seines Amtes gekün- 4 digt, versetzt oder herabgruppiert wird, von Beförderungen oder Sonderleistungen ausgeschlossen wird. Eine Benachteiligung kann aber auch gegeben sein, wenn ihm in seiner Organisation wegen seiner Amtsausübung Funktionen entzogen werden. Nach hM stellt es aber keine Benachteiligung dar, wenn der ehrenamtliche Richter für die Zeit der Amtsausübung keine Vergütung erhält. Sie begründet dies damit, daß er einen Anspruch nach dem Gesetz über Entschädigung der ehrenamtlichen Richter erhält (*Germelmann/Matthes/Prütting* § 26 Rn. 17; *Hauck* § 26 Rn. 4).

3. Rechtsfolgen. Wird ein ehrenamtlicher Richter benachteiligt oder beschränkt, so sind die Maß- 5 nahmen unwirksam; Rechtsgeschäfte sind unwirksam (§ 134 BGB). Der ehrenamtliche Richter kann Gerichtsschutz in Anspruch nehmen, also zB eine entsprechende Klage erheben. § 26 ist Schutzgesetz. Er kann mithin auch nach § 823 II BGB Schadensersatz verlangen, soweit die Benachteiligung schuldhaft erfolgt. Ferner steht ihm eine vorbeugende Unterlassungsklage zu, wenn weitere Benachteiligungen zu gewärtigen sind (§ 1004 BGB). Nach Abs. 2 stellt die Beschränkung oder Benachteiligung eine strafbare Handlung dar.

§ 27 Amtsenthebung der ehrenamtlichen Richter

¹Ein ehrenamtlicher Richter ist auf Antrag der zuständigen Stelle (§ 20) seines Amtes zu entheben, wenn er seine Amtspflicht grob verletzt. ²§ 21 Abs. 5 Satz 2 bis 5 ist entsprechend anzuwenden.

1. Allgemeines. § 27 regelt die Fälle der groben Amtspflichtverletzung. In § 21 V sind dagegen die 1 Fälle der Amtsentbindung wegen Fehlens oder Wegfalls der Berufungsvoraussetzungen geregelt. § 28 regelt die Rechtsfolgen bei leichteren Verstößen.

2. Voraussetzungen der Amtsenthebung. a) Ein ehrenamtlicher Richter kann seines Amtes entho- 2 ben werden, wenn er seine Amtspflichten grob verletzt. Amtspflichtverletzungen sind zB die Verletzung der Eidespflicht bei Beginn der Amtsperiode, verspätetes Erscheinen zur Sitzung, unentschuldigtes Fehlen, Vernachlässigung von Mitberatung und Abstimmung, Verletzung der Verschwiegenheitspflichten, Verweigerung der Unterschriftsleistung unter Entscheidungen usw. Aber noch nicht jede Verzögerung der Unterschrift ist eine Amtspflichtverletzung, wenn der ehrenamtliche Richter Einwendungen gegen die Formulierungen des Vorsitzenden erhebt. Das Verhalten außerhalb des Amtes ist noch nicht ohne weiteres eine Amtspflichtverletzung. Politische, gewerkschaftliche, religiöse oder sozialpolitische Anschauungen oder Tätigkeiten bilden grundsätzlich keine Grundlage für die Amtsenthebung (LAG *Hamm* 26. 11. 1992 = NZA 1993, 476).

b) Eine grobe Amtspflichtverletzung ist dann gegeben, wenn es sich um einen schwerwiegenden 3 Pflichtverstoß handelt. Ein solcher liegt vor bei einem wiederholten oder nachhaltigen Verhalten. Nicht erforderlich ist, daß der ehrenamtliche Richter vorsätzlich oder grob fahrlässig handelt. Eine grobe Amtspflichtverletzung kann auch bei einem leicht fahrlässigen Verhalten gegeben sein, wenn das Ansehen der Rechtspflege oder des Gerichtes gefährdet ist.

3. Verfahren der Amtsenthebung. a) Das Amtsenthebungsverfahren wird durch einen Antrag der 4 zuständigen Stelle (§ 20) in Gang gesetzt. Bejaht diese eine grobe Amtspflichtverletzung, so ist das Verfahren einzuleiten.

b) Für das weitere Verfahren wird auf § 21 V 2 bis 5 verwiesen. Da in einem gerichtsförmigen 5 Verfahren entschieden wird, bestehen gegen die Regelungen keine verfassungsrechtlichen Bedenken. Nimmt die Klärung der geltend gemachten Amtspflichtverletzungen gem. § 27 einige Zeit in Anspruch und ist dem Amtsenthebungsverfahren Erfolgsaussicht beizumessen, so kann der ehrenamtliche Richter gem. § 21 V 5 ArbGG durch einstweilige Anordnung von der Ausübung des Richteramtes vorläufig suspendiert werden (LAG *Hamm* 28. 1. 1993 = NZA 1993, 479).

§ 28 Ordnungsgeld gegen ehrenamtliche Richter

¹Die vom Präsidium für jedes Geschäftsjahr im voraus bestimmte Kammer des Landesarbeitsgerichts kann auf Antrag des Vorsitzenden des Arbeitsgerichts gegen einen ehrenamtlichen

Richter, der sich der Erfüllung seiner Pflichten entzieht, insbesondere ohne genügende Entschuldigung nicht oder nicht rechtzeitig zu den Sitzungen erscheint, ein Ordnungsgeld festsetzen. ²Vor dem Antrag hat der Vorsitzende des Arbeitsgerichts den ehrenamtlichen Richter zu hören. ³Die Entscheidung ist endgültig.

1   1. **Allgemeines.** Die Vorschrift regelt als Disziplinarmaßnahme die Festsetzung eines Ordnungsgeldes gegen ehrenamtliche Richter.

2   2. **Voraussetzung.** a) Die Festsetzung kommt in Betracht, wenn sich der ehrenamtliche Richter seinen Pflichten entzieht. Es kommt jeder Pflichtverstoß in Betracht, auch wenn nur das Nicht- oder verspätete Erscheinen angesprochen sind. Bei groben Verstößen kommt das Amtsenthebungsverfahren in Betracht (§ 27). Es handelt sich regelmäßig um leichtere Verstöße.

3   b) Nach hM ist ein vorsätzliches Handeln des ehrenamtlichen Richters notwendig (*Grunsky* § 28 Rn. 2; GK-ArbGG/*Dörner* § 28 Rn. 4; *Hauck* § 28 Rn. 3). Nach einer Mindermeinung ist auch fahrlässiges Handeln ausreichend (*Germelmann/Matthes/Prütting* § 28 Rn. 7).

4   3. **Verfahren.** a) Das Verfahren wird durch einen Antrag des Vorsitzenden des Gerichtes eingeleitet, bei dem der ehrenamtliche Richter seine Pflicht verletzt hat. Der ehrenamtliche Richter ist vorab zu hören. Der Antrag wird bei der nach dem Geschäftsverteilungsplan zuständigen Kammer des LAG gestellt.

5   b) Das LAG hat den ehrenamtlichen Richter erneut zu hören. Kommt es zu dem Ergebnis, daß eine grobe Amtspflichtverletzung vorliegt, ist das Verfahren auszusetzen, um der zuständigen Stelle (§ 20) die Möglichkeit zu geben, das Amtsenthebungsverfahren nach § 27 einzuleiten. Geschieht das nicht oder gibt das LAG einem entsprechenden Antrag nicht statt, so kann ein Ordnungsgeld verhängt werden.

6   4. **Entscheidung.** a) Über den Antrag entscheidet das LAG durch Beschluß. Dieser ist nach Satz 3 unanfechtbar. Hiergegen bestehen keine verfassungsrechtlichen Bedenken, da in einem gerichtsförmigen Verfahren entschieden wird.

7   b) Das Ordnungsgeld beträgt nach Art. 6 I EGStGB mindestens 5,– DM und höchstens 1000,– DM.

8   c) Wird der Antrag zurückgewiesen, so kann auf die Verletzung ein neuer Antrag – auch nach § 27 – nicht gestützt werden.

§ 29 Ausschuß der ehrenamtlichen Richter

(1) ¹Bei jedem Arbeitsgericht mit mehr als einer Kammer wird ein Ausschuß der ehrenamtlichen Richter gebildet. ²Er besteht aus mindestens je drei ehrenamtlichen Richtern aus den Kreisen der Arbeitnehmer und der Arbeitgeber in gleicher Zahl, die von den ehrenamtlichen Richtern aus den Kreisen der Arbeitnehmer und der Arbeitgeber in getrennter Wahl gewählt werden. ³Der Ausschuß tagt unter der Leitung des aufsichtführenden oder, wenn ein solcher nicht vorhanden oder verhindert ist, des dienstältesten Vorsitzenden des Arbeitsgerichts.

(2) ¹Der Ausschuß ist vor der Bildung von Kammern, vor der Geschäftsverteilung, vor der Verteilung der ehrenamtlichen Richter auf die Kammern und vor der Aufstellung der Listen über die Heranziehung der ehrenamtlichen Richter zu den Sitzungen mündlich oder schriftlich zu hören. ²Er kann den Vorsitzenden des Arbeitsgerichts und den die Verwaltung und Dienstaufsicht führenden Stellen (§ 15) Wünsche der ehrenamtlichen Richter übermitteln.

1   1. **Allgemeines.** Durch den Ausschuß werden die ehrenamtlichen Richter bei den Arbeits- und Landesarbeitsgerichten an der Gerichtsverwaltung beteiligt. Beim BAG ist ein Ausschuß nicht vorgesehen. Insoweit vgl. § 44.

2   2. **Bildung des Ausschusses.** a) Bei jedem Arbeitsgericht und Landesarbeitsgericht mit mehr als einer Kammer wird ein Ausschuß gebildet.

3   b) Der Ausschuß besteht aus mindestens je drei ehrenamtlichen Richtern von jeder Seite, die von den ehrenamtlichen Richtern in getrennten Wahlgängen für Arbeitnehmer und Arbeitgeber gewählt werden. Es können auch mehr ehrenamtliche Richter gewählt werden. Zweckmäßig werden Ersatzmitglieder gewählt. Die Wahl erfolgt für die jeweilige Amtszeit der ehrenamtlichen Richter. Wiederwahl ist zulässig.

4   3. **Verfahren.** Der Ausschuß tagt unter der Leitung des dienstaufsichtführenden Vorsitzenden des Arbeitsgerichtes. Der Ausschuß kann sich eine Geschäftsordnung geben. Die Beschlüsse werden mit einfacher Stimmenmehrheit gefaßt. Der Vorsitzende ist nicht stimmberechtigt.

5   4. **Aufgaben.** a) Die Aufgaben sind in Abs. 1 Satz 1 aufgezählt. Daneben ist der Ausschuß die Interessenvertretung der ehrenamtlichen Richter und kann Wünsche äußern und Anregungen geben.

b) Ist die Anhörung des Ausschusses zu Unrecht unterblieben, so hat dies auf die Wirksamkeit der Organisationsmaßnahmen keinen Einfluß. Der Ausschuß hat nur beratende Funktion.

c) Die Anhörung des Ausschusses kann mündlich oder schriftlich erfolgen. Bei den Gerichten erster Instanz erfolgt die Anhörung häufig schriftlich, es sei denn, daß sich erhebliche Änderungen gegenüber früheren Jahren ergeben.

§ 30 Besetzung der Fachkammern

¹ Die ehrenamtlichen Richter einer Fachkammer sollen aus den Kreisen der Arbeitnehmer und der Arbeitgeber entnommen werden, für die die Fachkammer gebildet ist. ² Werden für Streitigkeiten der in § 22 Abs. 2 Nr. 2 bezeichneten Angestellten Fachkammern gebildet, so dürfen ihnen diese Angestellten nicht als ehrenamtliche Richter aus Kreisen der Arbeitgeber angehören. ³ Wird die Zuständigkeit einer Fachkammer gemäß § 17 Abs. 2 erstreckt, so sollen die ehrenamtlichen Richter dieser Kammer aus den Bezirken derjenigen Arbeitsgerichte berufen werden, für deren Bezirke die Fachkammer zuständig ist.

1. **Allgemeines.** Sind nach § 17 Fachkammern gebildet, so regelt die Vorschrift die Besetzung dieser Fachkammern.

2. **Leitende Angestellte.** Ist für Streitigkeiten von leitenden Angestellten eine Fachkammer gebildet, so können diese nicht zu ehrenamtlichen Richtern von Arbeitgeberseite bestimmt werden. Der Rechtsgrund besteht darin, daß bei ihrer Bestellung die Arbeitgeberseite keine eigene Interessenvertretung hätte.

§ 31 Heranziehung der ehrenamtlichen Richter

(1) Die ehrenamtlichen Richter sollen zu den Sitzungen nach der Reihenfolge einer Liste herangezogen werden, die der Vorsitzende vor Beginn des Geschäftsjahres oder vor Beginn der Amtszeit neu berufener ehrenamtlicher Richter gemäß § 29 Abs. 2 aufstellt.

(2) Für die Heranziehung von Vertretern bei unvorhergesehener Verhinderung kann eine Hilfsliste von ehrenamtlichen Richtern aufgestellt werden, die am Gerichtssitz oder in der Nähe wohnen oder ihren Dienstsitz haben.

1. **Allgemeines.** In § 6 a ist geregelt, welchen Kammern des Gerichtes ein ehrenamtlicher Richter zugeteilt wird. Sind die ehrenamtlichen Richter allen oder einzelnen Kammern zugeteilt, so bedarf es einer Regelung, in welcher Reihenfolge sie zu den einzelnen Sitzungen herangezogen werden, damit das Gebot des gesetzlichen Richters gewahrt bleibt.

2. **Liste.** a) Sind die ehramtlichen Richter jeweils nur einer oder mehreren Kammern zugeteilt, so haben die Vorsitzenden dieser Kammern eine Liste der ehrenamtlichen Richter getrennt nach Arbeitnehmern und Arbeitgebern aufzustellen, in welcher Reihenfolge die ehrenamtlichen Richter herangezogen werden. Sind dagegen die ehrenamtlichen Richter allen Kammern eines Gerichtes zugeteilt, so ist ausreichend, daß das Präsidium des Gerichtes eine Liste für die Kammern des Gerichtes aufstellt und die jeweiligen Kammervorsitzenden die Liste billigen (BAG 30. 1. 1963 AP ArbGG § 39 Nr. 2; GK-ArbGG/*Dörner* § 31 Rn. 5; *Hauck* § 31 Rn. 3; aA *Germelmann/Matthes/Prütting* § 31 Rn. 8).

b) Das Gesetz schreibt nicht vor, in welcher Reihenfolge die ehrenamtlichen Richter in die Liste aufgenommen werden. Theoretisch ist möglich, sie in alphabetischer Reihenfolge aufzunehmen. Nur muß gewährleistet sein, daß nicht dadurch eine ungleichmäßige Belastung herbeigeführt wird. Zweckmäßig wird daher sein, die Listen so aufzustellen, daß Neuberufene an das Ende der Liste kommen und im Falle der Wiederberufung der ehrenamtliche Richter seinen Listenplatz behält. Vor Aufstellung der Liste ist der Ausschuß nach § 29 zu hören.

c) Bei der Heranziehung der ehrenamtlichen Richter ist der Vorsitzende an die Reihenfolge der Liste gebunden. Hiervon kann nur abgewichen werden, wenn der ehrenamtliche Richter verhindert ist (Krankheit, Urlaub usw.). Weicht der Vorsitzende willkürlich von der Reihenfolge der Liste ab, so liegt ein Verstoß gegen Art. 101 GG vor (BAG 2. 3. 1962 AP ArbGG § 39 Nr. 1). Ein solcher Verstoß kann den absoluten Revisionsgrund des § 551 Nr. 1 ZPO darstellen. Nach Erschöpfung des Rechtsweges ist die Verfassungsbeschwerde gegeben. Wird dagegen irrtümlich gegen die Liste verstoßen, so ist dies unschädlich.

3. **Heranziehung.** a) Nach hM ist unter Sitzung der einzelne Sitzungstag und nicht der jeweilige Termin in einer Streitsache zu verstehen (GK-ArbGG/*Dörner* § 31 Rn. 7; *Hauck* § 31 Rn. 5). Hieraus folgt, daß im Falle der Verlegung oder Vertagung einer Sache die dann nach der Liste heranzuziehenden ehrenamtlichen Richter und nicht die früher damit befaßten Richter heranzuziehen sind (BVerfG 6. 2. 1998 AP GG Art. 101 Nr. 55 NZA 1998, 445).

6 b) In Ausnahmefällen können nach Auffassung des BAG die einmal mit der Sache befaßten ehrenamtlichen Richter wieder herangezogen werden (BAG 2. 3. 1962 AP ArbGG 1953 § 39 Nr. 1). Dies muß jedoch im Geschäftsverteilungsplan vorgesehen sein (BAG 16. 11. 1995 AP Einigungsvertrag Anlage I Kapitel XIX Nr. 54 = NZA 1996, 589). Die Kammer kann aus sachlichen Gründen beschließen, daß sie die Streitsache nach einer Vertagung weiter behandelt. Dies kann nach einer umfangreichen Beweisaufnahme sinnvoll sein (BAG 19. 6. 1973 AP GG Art. 9 Arbeitskampf Nr. 47 = NJW 1973, 1994 = NZA 1974, 470). Das bloße Einverständnis der Parteien zur Weiterbehandlung ist unzureichend (BAG 25. 8. 1983 AP ZPO § 551 Nr. 11). Ob diese Meinung nach der Entscheidung des BVerfG aufrechterhalten werden kann, ist zweifelhaft. In Großprozessen kann es sich empfehlen, gleich für mehrere Tage Termin anzuberaumen. Beschließt ein Gericht bei einer Vertagung, mit den bisherigen ehrenamtlichen Richtern weiterzuverhandeln, ist bei Verhinderung eines der ehrenamtlichen Richter an seiner Stelle der nach der Reihenfolge der Liste nächstberufene ehrenamtliche Richter heranzuziehen (BAG 16. 10. 1974 AP BAT §§ 22, 23 Nr. 81). Werden dieselben ehrenamtlichen Richter zu einer späteren Verhandlung herangezogen, so muß am Sitzungstag mit verschiedenen ehrenamtlichen Richtern verhandelt werden.

7 4. **Hilfsliste.** Für den Fall einer unvorhergesehenen Verhinderung eines ehrenamtlichen Richters kann eine Hilfsliste aufgestellt werden. In die Hilfsliste werden solche ehrenamtlichen Richter aufgenommen, die am Gerichtssitz oder in dessen unmittelbarer Nähe wohnen. Die Aufstellung der Hilfsliste erfolgt nach denselben Grundsätzen wie die Aufstellung der Liste der ehrenamtlichen Richter. Es müssen also regelmäßig nach der Liste die ehrenamtlichen Richter abtelefoniert werden.

§ 32. *(weggefallen)*

Zweiter Abschnitt. Landesarbeitsgerichte

§ 33 Errichtung und Organisation

¹ In den Ländern werden Landesarbeitsgerichte errichtet. ² § 14 Abs. 2 bis 5 ist entsprechend anzuwenden.

§ 34 Verwaltung und Dienstaufsicht

(1) ¹ Die Geschäfte der Verwaltung und Dienstaufsicht führt die zuständige oberste Landesbehörde. ² § 15 Abs. 1 Satz 3 gilt entsprechend.

(2) ¹ Die Landesregierung kann durch Rechtsverordnung Geschäfte der Verwaltung und Dienstaufsicht dem Präsidenten des Landesarbeitsgerichts übertragen. ² Die Landesregierung kann die Ermächtigung nach Satz 1 durch Rechtsverordnung auf die zuständige oberste Landesbehörde übertragen.

§ 35 Zusammensetzung, Bildung von Kammern

(1) ¹ Das Landesarbeitsgericht besteht aus dem Präsidenten, der erforderlichen Zahl von weiteren Vorsitzenden und von ehrenamtlichen Richtern. ² Die ehrenamtlichen Richter werden je zur Hälfte aus den Kreisen der Arbeitnehmer und der Arbeitgeber entnommen.

(2) Jede Kammer des Landesarbeitsgerichts wird in der Besetzung mit einem Vorsitzenden und je einem ehrenamtlichen Richter aus den Kreisen der Arbeitnehmer und der Arbeitgeber tätig.

(3) ¹ Die zuständige oberste Landesbehörde bestimmt die Zahl der Kammern. ² § 17 gilt entsprechend.

§ 36 Vorsitzende

Der Präsident und die weiteren Vorsitzenden werden auf Vorschlag der zuständigen obersten Landesbehörde nach Anhörung der in § 14 Abs. 5 genannten Gewerkschaften und Vereinigungen von Arbeitgebern als Richter auf Lebenszeit entsprechend den landesrechtlichen Vorschriften bestellt.

§ 37 Ehrenamtliche Richter

(1) Die ehrenamtlichen Richter müssen das dreißigste Lebensjahr vollendet haben und sollen mindestens fünf Jahre ehrenamtliche Richter eines Gerichts für Arbeitssachen gewesen sein.

(2) Im übrigen gelten für die Berufung und Stellung der ehrenamtlichen Richter sowie für die Amtsenthebung und die Amtsentbindung die §§ 20 bis 28 entsprechend.

§ 38 Ausschuß der ehrenamtlichen Richter

¹ Bei jedem Landesarbeitsgericht wird ein Ausschuß der ehrenamtlichen Richter gebildet. ² Die Vorschriften des § 29 Abs. 1 Satz 2 und 3 und Abs. 2 gelten entsprechend.

§ 39 Heranziehung der ehrenamtlichen Richter

¹ Die ehrenamtlichen Richter sollen zu den Sitzungen nach der Reihenfolge einer Liste herangezogen werden, die der Vorsitzende vor Beginn des Geschäftsjahres oder vor Beginn der Amtszeit neu berufener ehrenamtlicher Richter gemäß § 38 Satz 2 aufstellt. ² § 31 Abs. 2 ist entsprechend anzuwenden.

Die Vorschriften regeln die Organisation der Landesarbeitsgerichte.   1

Dritter Abschnitt. Bundesarbeitsgericht

§ 40 Errichtung

(1) Das Bundesarbeitsgericht hat seinen Sitz in Erfurt.

(1 a) ¹ Das Bundesministerium für Arbeit und Sozialordnung wird ermächtigt, den Zeitpunkt der Verlegung des Sitzes des Bundesarbeitsgerichts von Kassel nach Erfurt durch Rechtsverordnung ohne Zustimmung des Bundesrates zu bestimmen, sobald die Voraussetzungen für die Funktionsfähigkeit des Bundesarbeitsgerichts in Erfurt vorliegen. ² Bis zu dem Zeitpunkt der Sitzverlegung können die Senate des Bundesarbeitsgerichts Sitzungen auch in Erfurt abhalten.

(2) ¹ Die Geschäfte der Verwaltung und Dienstaufsicht führt der Bundesminister für Arbeit und Sozialordnung im Einvernehmen mit dem Bundesminister der Justiz. ² Der Bundesminister für Arbeit und Sozialordnung kann im Einvernehmen mit dem Bundesminister der Justiz Geschäfte der Verwaltung und Dienstaufsicht auf den Präsidenten des Bundesarbeitsgerichts übertragen.

Der Sitz des BAG ist mit VO v. 8. 10. 1999 (BGBl. I S. 1954) nach Erfurt verlegt worden.

§ 41 Zusammensetzung, Senate

(1) ¹ Das Bundesarbeitsgericht besteht aus dem Präsidenten, der erforderlichen Zahl von Vorsitzenden Richtern, von berufsrichterlichen Beisitzern sowie ehrenamtlichen Richtern. ² Die ehrenamtlichen Richter werden je zur Hälfte aus den Kreisen der Arbeitnehmer und der Arbeitgeber entnommen.

(2) Jeder Senat wird in der Besetzung mit einem Vorsitzenden, zwei berufsrichterlichen Beisitzern und je einem ehrenamtlichen Richter aus den Kreisen der Arbeitnehmer und der Arbeitgeber tätig.

(3) Die Zahl der Senate bestimmt der Bundesminister für Arbeit und Sozialordnung im Einvernehmen mit dem Bundesminister der Justiz.

§ 42 Bundesrichter

(1) ¹ Für die Berufung der Bundesrichter (Präsident, Vorsitzende Richter und berufsrichterliche Beisitzer nach § 41 Abs. 1 Satz 1) gelten die Vorschriften des Richterwahlgesetzes. ² Zuständiger Minister im Sinne des § 1 Abs. 1 des Richterwahlgesetzes ist der Bundesminister für Arbeit und Sozialordnung; er entscheidet im Benehmen mit dem Bundesminister der Justiz.

(2) Die zu berufenden Personen müssen das fünfunddreißigste Lebensjahr vollendet haben.

§ 43 Ehrenamtliche Richter

(1) ¹Die ehrenamtlichen Richter werden vom Bundesminister für Arbeit und Sozialordnung für die Dauer von fünf Jahren berufen. ²Sie sind im angemessenen Verhältnis unter billiger Berücksichtigung der Minderheiten aus den Vorschlagslisten zu entnehmen, die von den Gewerkschaften, den selbständigen Vereinigungen von Arbeitnehmern mit sozial- oder berufspolitischer Zwecksetzung und Vereinigungen von Arbeitgebern, die für das Arbeitsleben des Bundesgebietes wesentliche Bedeutung haben, sowie von den in § 22 Abs. 2 Nr. 3 bezeichneten Körperschaften eingereicht worden sind.

(2) ¹Die ehrenamtlichen Richter müssen das fünfunddreißigste Lebensjahr vollendet haben, besondere Kenntnisse und Erfahrungen auf dem Gebiet des Arbeitsrechts und des Arbeitslebens besitzen und sollen mindestens fünf Jahre ehrenamtliche Richter eines Gerichts für Arbeitssachen gewesen sein. ²Sie sollen längere Zeit in Deutschland als Arbeitnehmer oder als Arbeitgeber tätig gewesen sein.

(3) Für die Berufung, Stellung und Heranziehung der ehrenamtlichen Richter sowie für die Amtsenthebung und die Amtsentbindung sind im übrigen die Vorschriften der §§ 21 bis 28 und des § 31 entsprechend anzuwenden mit der Maßgabe, daß die in § 21 Abs. 5, § 27 Satz 2 und § 28 Satz 1 bezeichneten Entscheidungen durch den vom Präsidium für jedes Geschäftsjahr im voraus bestimmten Senat des Bundesarbeitsgerichts getroffen werden.

§ 44 Anhörung der ehrenamtlichen Richter, Geschäftsordnung

(1) Bevor zu Beginn des Geschäftsjahres die Geschäfte verteilt sowie die berufsrichterlichen Beisitzer und die ehrenamtlichen Richter den einzelnen Senaten und dem Großen Senat zugeteilt werden, sind je die beiden lebensältesten ehrenamtlichen Richter aus den Kreisen der Arbeitnehmer und der Arbeitgeber zu hören.

(2) ¹Der Geschäftsgang wird durch eine Geschäftsordnung geregelt, die das Präsidium beschließt; sie bedarf der Bestätigung durch den Bundesrat. ²Absatz 1 gilt entsprechend.

§ 45 Großer Senat

(1) Bei dem Bundesarbeitsgericht wird ein Großer Senat gebildet.

(2) Der Große Senat entscheidet, wenn ein Senat in einer Rechtsfrage von der Entscheidung eines anderen Senats oder des Großen Senats abweichen will.

(3) ¹Eine Vorlage an den Großen Senat ist nur zulässig, wenn der Senat, von dessen Entscheidung abgewichen werden soll, auf Anfrage des erkennenden Senats erklärt hat, daß er an seiner Rechtsauffassung festhält. ²Kann der Senat, von dessen Entscheidung abgewichen werden soll, wegen einer Änderung des Geschäftsverteilungsplanes mit der Rechtsfrage nicht mehr befaßt werden, tritt der Senat an seine Stelle, der nach dem Geschäftsverteilungsplan für den Fall, in dem abweichend entschieden wurde, nunmehr zuständig wäre. ³Über die Anfrage und die Antwort entscheidet der jeweilige Senat durch Beschluß in der für Urteile erforderlichen Besetzung.

(4) Der erkennende Senat kann eine Frage von grundsätzlicher Bedeutung dem Großen Senat zur Entscheidung vorlegen, wenn das nach seiner Auffassung zur Fortbildung des Rechts oder zur Sicherung einer einheitlichen Rechtsprechung erforderlich ist.

(5) ¹Der Große Senat besteht aus dem Präsidenten, je einem Berufsrichter der Senate, in denen der Präsident nicht den Vorsitz führt, und je drei ehrenamtlichen Richtern aus den Kreisen der Arbeitnehmer und Arbeitgeber. ²Bei einer Verhinderung des Präsidenten tritt ein Berufsrichter des Senats, dem er angehört, an seine Stelle.

(6) ¹Die Mitglieder und die Vertreter werden durch das Präsidium für ein Geschäftsjahr bestellt. ²Den Vorsitz im Großen Senat führt der Präsident, bei Verhinderung das dienstälteste Mitglied. ³Bei Stimmengleichheit gibt die Stimme des Vorsitzenden den Ausschlag.

(7) ¹Der Große Senat entscheidet nur über die Rechtsfrage. ²Er kann ohne mündliche Verhandlung entscheiden. ³Seine Entscheidung ist in der vorliegenden Sache für den erkennenden Senat bindend.

1 **1. Allgemeines.** Beim BAG wird wie bei allen obersten Gerichtshöfen der einzelnen Gerichtszweige ein Großer Senat gebildet. Er dient dazu, die Rechtseinheit zwischen den Senaten zu wahren und ggf. das Recht fortzubilden. Geht es um die Rechtseinheit zwischen den einzelnen Gerichtszweigen bzw. den obersten Gerichtshöfen des Bundes, so ist der Gemeinsame Senat der obersten Gerichtshöfe des Bundes zuständig (Art. 95 GG).

2. Besetzung. Der Große Senat setzt sich zusammen aus dem Präsidenten und je einem berufsrichterlichen Mitglied der Senate, in denen der Präsident nicht den Vorsitz führt, sowie je drei ehrenamtlichen Richtern aus Kreisen der Arbeitgeber und Arbeitnehmer (Abs. 5 Satz 1). Da das BAG zur Zeit zehn Senate hat, besteht der Große Senat aus 16 Mitgliedern. Der Präsident ist geborenes Mitglied, die übrigen Mitglieder werden durch das Präsidium bestimmt. Vor der Zuteilung sind die ehrenamtlichen Richter nach § 44 zu hören. Bei Verhinderung des Präsidenten tritt ein Mitglied seines Senates an seine Stelle (Abs. 5 Satz 2).

3. Zuständigkeit des Großen Senats. a) Die Zuständigkeit des Großen Senats ist abschließend in Abs. 2 bis 4 geregelt. In allen anderen Fällen muß der erkennende Senat selbst entscheiden. Es kann allerdings ein Normenkontrollverfahren oder ein Vorabentscheidungsverfahren stattfinden.

b) Der Große Senat ist zuständig, wenn ein Senat in einer Rechtsfrage von der Entscheidung eines anderen Senates oder des Großen Senates abweichen will (Abs. 2). Unerheblich ist, in welcher Form der frühere Rechtssatz enthalten ist (Urteil oder Beschluß). Unzureichend ist jedoch der Vorlagebeschluß eines Senats an den Großen Senat (BAG 20. 8. 1986 AP ArbGG 1979 § 72 a Divergenz Nr. 18). Nicht divergenzfähig sind Entscheidungen, die inzwischen von einem anderen Senat aufgegeben worden sind. Die Rechtsfrage, bei der die Divergenz auftritt, muß klärungsfähig und klärungsbedürftig sein. Sie kann die Zulässigkeit und die Begründetheit betreffen. Sie muß sowohl für die frühere und jetzige Entscheidung tragend sein. Es bedarf dann keiner Vorlage an den Großen Senat, wenn der Fachsenat von der Entscheidung eines für die Rechtsfrage unzuständigen Senats abweicht, die dieser nur beiläufig getroffen hat (BAG 16. 1. 1991 AP TVG § 1 Tarifverträge: Metallindustrie Nr. 95 = NZA 1991, 679). Der Große Senat prüft nach, ob tatsächlich eine Divergenz vorliegt.

c) Eine Vorlage an den Großen Senat ist nur zulässig, wenn der Senat, von dessen Entscheidung abgewichen werden soll, auf Anfrage des erkennenden Senats erklärt hat, daß er an seiner Rechtsauffassung festhält (Abs. 3 Satz 1). Hat inzwischen die Zuständigkeit der Senate gewechselt, so ist für die Anfrage der jetzt zuständige Senat zuständig. Über Anfrage und Antwort entscheidet der jeweilige Senat durch Beschluß in der für Urteile erforderlichen Besetzung.

d) Nach Abs. 4 kann der erkennende Senat eine Frage von grundsätzlicher Bedeutung dem Großen Senat zur Entscheidung vorlegen, wenn das nach seiner Auffassung zur Fortbildung des Rechtes oder zur Sicherung einer einheitlichen Rechtsprechung erforderlich ist. Die Rechtssache muß grundsätzliche Bedeutung haben. Sie muß klärungsfähig und klärungsbedürftig sein. Zur Rechtsfortbildung berechtigt sind auch die einzelnen Senate. Man wird annehmen können, daß die Vorlage dann in Betracht kommt, wenn sie mit der Einheit der Rechtsordnung in Zusammenhang steht (vgl. dazu *Germelmann/Matthes/Prütting* § 45 Rn. 34; *Grunsky* § 45 Rn. 6). Der Große Senat prüft nach, ob der erkennende Senat zu Recht eine grundsätzliche Bedeutung der Rechtsfrage angenommen hat (BAG GS 27. 2. 1985 AP BGB § 611 Beschäftigungspflicht Nr. 14 = NJW 1985, 2968 = NZA 1985, 702).

4. Verfahren. a) Den Vorsitz im Großen Senat führt der Präsident, bei dessen Verhinderung das dienstälteste Mitglied des Großen Senats. Dies braucht nicht der Vizepräsident zu sein, wenn er dem Großen Senat angehört. Bei Abstimmungen gibt im Falle von Stimmengleichheit die Stimme des Vorsitzenden den Ausschlag. Zur Vorbereitung der Entscheidung des Großen Senats werden zwei Berichterstatter ernannt (§ 7 III Geschäftsordnung des BAG). Der Große Senat kann nach seinem Ermessen ohne mündliche Verhandlung entscheiden (BAG 2. 11. 1983 AP ArbGG 1979 Nr. 1 = NJW 1994, 1990).

b) Die Entscheidung ergeht durch Beschluß. Ist die Vorlage unzulässig, lautet er, daß die Entscheidung der Rechtsfrage abgelehnt wird. Über die Zulässigkeit der Vorlage kann durch Zwischenbeschluß (§§ 280, 303 ZPO) entschieden werden (BAG 2. 11. 1983 AP ArbGG 1979 § 45 Nr. 1). Ist die Vorlage zulässig, wird allein über die Rechtsfrage entschieden, dagegen nicht über den gesamten Rechtsstreit. Zu einer Entscheidung kommt es nicht, wenn die Zuständigkeit des Großen Senats wegfällt, weil sich der Rechtsstreit ohne Sachentscheidung erledigt hat (BAG 4. 9. 1987 AP ArbGG 1979 § 45 Nr. 11 = NJW 1988, 990 = NZA 1988, 259). Die Entscheidung des Großen Senats allein kann nicht mit der Verfassungsbeschwerde angegriffen werden, wohl dagegen die Entscheidung des später erkennenden Senates (BVerfG 4. 5. 1971 AP GG Art. 9 Nr. 19 = NJW 1971, 1212).

5. Ausgangsrechtsstreit. Nach der Entscheidung des Großen Senates ist den Parteien des Ausgangsrechtsstreites der Beschluß des Großen Senates zuzustellen und sind diese zu laden (§ 138 III GVG). Der erkennende Senat ist an den Beschluß gebunden (Abs. 7 Satz 3). Eine weitere Vorlage kommt nur dann in Betracht, wenn neue oder andere Rechtsfragen auftreten. Treten im Ausgangsrechtsstreit Umstände ein, nach denen es auf die Rechtsfrage nicht mehr ankommt, ist die Vorlage an den Großen Senat zurückzunehmen.

6. Gemeinsamer Senat. Nach Art. 95 III GG ist ein Gemeinsamer Senat der obersten Gerichtshöfe des Bundes zu bilden. Dies ist durch das Gesetz zur Wahrung der Einheitlichkeit der Rechtsprechung der obersten Gerichtshöfe des Bundes vom 19. 6. 1968 (BGBl. I S. 661 – RsprEinhG) geschehen. Der Gemeinsame Senat entscheidet, wenn ein oberster Gerichtshof in einer Rechtsfrage von der Entscheidung eines anderen obersten Gerichtshofs oder des Gemeinsamen Senates abweichen will (§ 2 RsprEinhG). Das Verfahren beim Gemeinsamen Senat wird durch einen Vorlagebeschluß eingeleitet. Die Entscheidung des Gemeinsamen Senates ist für den vorlegenden Senat bindend (§ 16 RsprEinhG).

Dritter Teil. Verfahren vor den Gerichten für Arbeitssachen

Erster Abschnitt. Urteilsverfahren

Erster Unterabschnitt. Erster Rechtszug

§ 46 Grundsatz

(1) Das Urteilsverfahren findet in den in § 2 Abs. 1 bis 4 bezeichneten bürgerlichen Rechtsstreitigkeiten Anwendung.

(2) ¹Für das Urteilsverfahren des ersten Rechtszugs gelten die Vorschriften der Zivilprozeßordnung über das Verfahren vor den Amtsgerichten entsprechend, soweit dieses Gesetz nichts anderes bestimmt. ²Die Vorschriften über den frühen ersten Termin zur mündlichen Verhandlung und das schriftliche Vorverfahren (§§ 275 bis 277 der Zivilprozeßordnung), über das vereinfachte Verfahren (§ 495a der Zivilprozeßordnung), über den Urkunden- und Wechselprozeß (§§ 592 bis 605a der Zivilprozeßordnung), über die Entscheidung ohne mündliche Verhandlung (§ 128 Abs. 2 und 3 der Zivilprozeßordnung) und über die Verlegung von Terminen in der Zeit vom 1. Juli bis 31. August (§ 227 Abs. 3 Satz 1 der Zivilprozeßordnung) finden keine Anwendung.

I. Allgemeines

1   Aus Abs. 1 ergibt sich, in welchen Fällen das Urteilsverfahren Anwendung findet. Abs. 2 regelt, welche Verfahrensvorschriften in der ersten Instanz anzuwenden sind bzw. nicht angewandt werden.

II. Urteilsverfahren

2   1. Abgrenzung der Verfahren. Die Gerichte für Arbeitssachen entscheiden im Urteils- und Beschlußverfahren. Im Urteilsverfahren wird über zivilrechtliche Ansprüche zwischen Vertragsparteien, insbesondere über individualrechtliche Ansprüche zwischen Arbeitgeber und Arbeitnehmer entschieden. Im Beschlußverfahren wird dagegen auf Antrag eines Beteiligten über betriebsverfassungsrechtliche oder sonstige kollektivrechtliche Fragen entschieden.

3   2. Zwingende Wirkung. a) Die Abgrenzung zwischen Urteils- und Beschlußverfahren ist zwingend. Die Parteien können nicht die Entscheidung in der anderen Verfahrensart beantragen oder vereinbaren. Wird die Rechtssache in der unrichtigen Verfahrensart geltend gemacht, so ist auf Antrag in die richtige Verfahrensart zu verweisen. Im allgemeinen wird der Richter auf die Verweisungsmöglichkeit hinweisen müssen.

4   b) Nach Maßgabe von § 4 kann den Verfahren ein Schiedsgerichtsverfahren vorgeschaltet sein (§ 101 bis 110).

III. Anzuwendende Vorschriften

5   1. Arbeitsrechtliche Sonderregeln. Das Verfahrensrecht der Arbeitsgerichte ist in weitem Umfang durch Verweisung geregelt. Für das arbeitsgerichtliche Verfahren gelten zunächst die Sonderregeln des ArbGG, also §§ 46 bis 63.

6   2. Zivilprozessuale Regeln. a) Die Sondervorschriften des ArbGG werden ergänzt durch die Vorschriften der ZPO über das Verfahren vor den Amtsgerichten in §§ 495 bis 510b ZPO, soweit sie nicht ausgenommen sind oder durch Sondervorschriften des ArbGG verdrängt werden.

7   b) Nach § 495 ZPO finden daneben weiter die Vorschriften über das Verfahren vor den Landgerichten Anwendung (§§ 253 bis 494 ZPO).

8   3. Allgemeine Vorschriften. a) Nach Abs. 2 Satz 2 gelten für das arbeitsgerichtliche Verfahren nicht die Vorschriften über den frühen ersten Termin zur mündlichen Verhandlung und das schriftliche Vorverfahren (§§ 275 bis 277 ZPO). Insoweit enthält das ArbGG Sondervorschriften für die Güteverhandlung (§ 54) und die Vorbereitung der streitigen Verhandlung des allgemeinen Verfahrens und des Kündigungsschutzverfahrens (§§ 56, 61a).

9   b) Nicht anzuwenden ist das vereinfachte Verfahren nach § 495a ZPO. Insoweit verbleibt es zwingend bei dem Güteverfahren des § 54.

c) Wegen des Grundsatzes der Mündlichkeit finden vor den Arbeitsgerichten erster Instanz die Vorschriften über das schriftliche Verfahren keine Anwendung (§ 128 II, III ZPO). Auch auf Antrag oder mit Zustimmung der Parteien ist keine Entscheidung im schriftlichen Verfahren zulässig. Dagegen ist das schriftliche Verfahren im Berufungs- und Revisionsverfahren zulässig (§ 64 VII, § 72 VI).

d) Der Urkunden- und Wechselprozeß findet im arbeitsgerichtlichen Verfahren keine Anwendung. Ausgeschlossen ist nur die besondere Verfahrensart der §§ 592 bis 605 a ZPO. Davon unberührt bleibt aber die arbeitsgerichtliche Zuständigkeit, wenn eine arbeitsrechtliche Forderung aus einem Wechsel oder Scheck geltend gemacht wird (BAG 7. 11. 1996 – AP ArbGG 1979 § 46 Nr. 1 = NJW 1997, 758 = NZA 1997, 226).

IV. Allgemeine Verfahrensgrundsätze

1. Grundsatz der Mündlichkeit. a) Er besagt, daß der Rechtsstreit mündlich zu verhandeln ist (§ 128 I ZPO) und auf der Grundlage der mündlichen Verhandlung zu entscheiden ist. Dabei ist nur das Parteivorbringen zu berücksichtigen, das mündlich verhandelt worden ist (BAG 23. 1. 1996 AP § 64 ArbGG 1979 Nr. 20 = NJW 1996, 2749 = NZA 1996, 838). Der Grundsatz der mündlichen Verhandlung steht einer schriftlichen Verfahrensvorbereitung nicht entgegen. Nach § 283 ZPO kann einer Partei auch nachgelassen werden, Schriftsätze nachzureichen.

b) Die mündliche Verhandlung wird geschlossen, wenn nach Ansicht des Gerichts die Sache vollständig erörtert ist. Eine Wiedereröffnung kann durch die Kammer erfolgen, wenn von der Fragepflicht (§ 139 ZPO) nicht oder unzureichend Gebrauch gemacht worden ist. Dagegen ist eine Wiedereröffnung noch nicht dann geboten, wenn nachträglich noch Angriffs- oder Verteidigungsmittel vorgebracht werden (GK-ArbGG/*Dörner* § 46 Rn. 23; *Germelmann/Matthes/Prütting* § 46 Rn. 29). Die Kammer entscheidet auch dann, wenn aus Gründen des rechtlichen Gehörs die Verhandlung vertagt werden muß.

2. Verhandlungsgrundsatz. a) Er besagt, daß das Gericht bei seiner Entscheidung nur einen solchen Sachvortrag berücksichtigen darf, der von den Parteien vorgetragen worden ist. Diese Grundsätze gelten auch bei offenkundigen Tatsachen. Insoweit wird der Vorsitzende jedoch nach § 139 ZPO von seinem Fragerecht Gebrauch machen. Ferner kann er nach §§ 56, 61 a ArbGG die Parteien zu weiterem Sachvortrag auffordern. Nach §§ 142 bis 144 ZPO kann die Vorlage von Unterlagen angeordnet werden.

b) Der Untersuchungsgrundsatz findet nur nach § 293 ZPO bei der Ermittlung von ausländischem Recht, Gewohnheitsrecht und Satzungen Anwendung (*Fuchs*, Die Ermittlung ausländischem Rechts durch Sachverständige, RIW/AWD 1995, 807; *Hetger*, Die Ermittlung ausländischen Rechts, FamRZ 1995, 654; *Sommerlad/Schrey*, Die Ermittlung ausländischen Rechts im Zivilprozeß und die Folgen der Nichtermittlung, NJW 1991, 1377).

3. Dispositionsmaxime. Sie besagt, daß die Parteien über Beginn und Ende des Verfahrens entscheiden. Nach der Dispositionsmaxime entscheidet der Kläger, ggf. mit Zustimmung des Beklagten, über die Klagerücknahme (§ 279 ZPO), die Klageänderung (§§ 263 ff. ZPO), Verzicht und Anerkenntnis (§§ 306 ff. ZPO) sowie die Erledigung der Hauptsache (§ 91 a ZPO). Die Dispositionsmaxime gilt auch für den Abschluß von Vergleichen.

4. Grundsatz der Unmittelbarkeit. Er besagt, daß das Verfahren und die Beweisaufnahme vor dem erkennenden Gericht erfolgt (vgl. § 58).

5. Amtsprinzip. Aus dem Amtsprinzip folgt, daß Ladungen und Zustellungen sowie Bekanntmachungen von Amts wegen erfolgen (§ 50). Eine Ausnahme besteht für Vergleiche. Für deren Zustellung müssen die Parteien selbst sorgen (§ 50 Rn. 4).

6. Beschleunigungsgrundsatz. a) Für das arbeitsgerichtliche Verfahren gilt in besonderem Maße der Grundsatz der Beschleunigung. Er kommt vor allem zum Ausdruck (1) bei der Abkürzung der Einlassungsfrist (§ 47 I, § 80 II); (2) der Zustellung der Urteile und Beschlüsse binnen drei Wochen (§ 55 I, § 80 II); (3) der Vorbereitung der streitigen Verhandlung durch den Vorsitzenden (§ 56); (4) dem unmittelbaren Anschluß der streitigen Verhandlung an die erfolglose Güteverhandlung (§ 54 IV); (5) der Alleinentscheidungsbefugnis des Vorsitzenden (§ 55); (6) der Zurückweisung verspäteten Vorbringens (§ 56 II, § 61 IV); (7) der vorrangigen Erledigung von Kündigungsschutzstreitigkeiten nach §§ 61 a, 64 VIII; (8) der Abkürzung der Einspruchsfrist gegen Versäumnisurteile auf eine Woche (§ 59 Satz 1); (9) der Zurückweisung eines Prozeßbevollmächtigten (§ 51 II); (10) in § 60 I, wonach nur ausnahmsweise ein besonderer Termin zur Verkündung des Urteils bestimmt werden kann; (11) der einmaligen Verlängerung der Berufungsbegründungs- und Beantwortungsfrist nach § 66 I 4 (BAG AP Nr. 5 zu § 66 ArbGG) und der Revisionsbegründungsfrist; (12) der beschränkten Zulassung neuer Tatsachen und Beweismittel in der Berufungsinstanz (§ 67); (13) dem Ausschluß der Zurückverweisung vom Berufungsgericht an die erste Instanz (§§ 68, 91); (14) der Unanfechtbarkeit von Zwischenurteilen nach § 61 III und der Beschlüsse über die Ablehnung von

Gerichtspersonen; (15) den Ausschluß der Vorschriften des GVG über die Gerichtsferien (§§ 199 bis 202 GVG) nach Abs. I 2.

20 b) Ein Rechtsmittel kann auf die Verletzung des Grundsatzes der Beschleunigung nicht gestützt werden.

21 7. **Öffentlichkeit.** Zum Grundsatz der Öffentlichkeit vgl. § 52 Rn. 3 ff.

V. Die Einleitung des arbeitsgerichtlichen Verfahrens

22 1. **Einleitungsmöglichkeiten.** a) Das arbeitsgerichtliche Urteilsverfahren kann eingeleitet werden: (1) durch Klage, indem eine Klageschrift eingereicht oder zu Protokoll der Geschäftsstelle erklärt wird. Mit Eingang beim Arbeitsgericht wird die Klage anhängig, mit Zustellung an den Beklagten rechtshängig (§ 261 ZPO). Sofern der Klage die erforderlichen Abschriften nicht beigefügt sind, werden sie durch die Geschäftsstelle auf Kosten des Klägers gefertigt (Kostenverzeichnis Nr. 9000 Anlage 1 zum GKG); (2) durch einen Mahnantrag (vgl. § 46 a); (3) Antrag auf Erlaß eines Arrestes oder einer einstweiligen Verfügung (vgl. § 62 Rn. 32).

23 b) Die Form der Klage ergibt sich aus § 253 ZPO.

24 c) Im arbeitsgerichtlichen Verfahren müssen die allgemeinen Verfahrensvoraussetzungen erfüllt sein.

25 2. **Klagearten.** a) Nach ihrem prozessualen Inhalt werden Leistungs-, Feststellungs- und Gestaltungsklagen unterschieden.

26 b) Bei der Leistungsklage begehrt der Kläger die Verurteilung des Beklagten zu einer Leistung, Duldung und Unterlassung. Mit einem Leistungsurteil wird das Bestehen des Anspruches festgestellt und ein Befehl zur Erfüllung ausgesprochen.

27 c) Mit einer Feststellungsklage nach § 256 I ZPO kann auf die Feststellung des Bestehens oder Nichtbestehens eines Rechtsverhältnisses, auf Anerkennung einer Urkunde oder auf Feststellung ihrer Unrichtigkeit geklagt werden. Für eine nur auf die Feststellung eines beendeten Rechtsverhältnisses gerichtete Klage ist ein Feststellungsinteresse nur gegeben, wenn sich aus der Feststellung Folgen für Gegenwart und Zukunft ergeben (BAG 23. 4. 1997 AP ZPO 1977 § 256 Nr. 40 = NJW 1997, 3396 = NZA 1997, 1246). Mit der Zwischenfeststellungsklage (§ 256 II ZPO) kann auf die Feststellung eines im Laufe des Prozesses streitig gewordenen Rechtsverhältnisses, von dessen Bestehen oder Nichtbestehen die Entscheidung des Rechtsstreites ganz oder zum Teil abhängt, geklagt werden. Mit der Zwischenfeststellungsklage kann die Rechtskraft auf das streitige Rechtsverhältnis erstreckt werden.

28 Im Arbeitsgerichtsverfahren kommen vor allem die Kündigungsschutzklage (§ 4 KSchG) und die Eingruppierungsfeststellungsklage in Betracht.

29 d) Mit der Gestaltungsklage erstrebt der Kläger die Änderung der Rechtslage durch Richterspruch. Als Gestaltungsklagen kommen vor allem in Betracht (1) die Auflösung eines Arbeitsverhältnisses gegen Zahlung einer Abfindung nach §§ 9, 10 KSchG, (2) die Auflösung des Arbeitsverhältnisses nach § 78 a Abs. 4 Nr. 2 BetrVG, (3) die Abänderungsklage nach § 323 ZPO sowie die verschiedenen Vollstreckungsgegenklagen (§§ 767, 771 ZPO), (4) die Herabsetzung einer Vertragsstrafe nach § 343 BGB sowie die Festsetzung der geschuldeten Leistung nach § 315 III BGB.

§ 46 a Mahnverfahren

(1) Für das Mahnverfahren vor den Gerichten für Arbeitssachen gelten die Vorschriften der Zivilprozeßordnung über das Mahnverfahren einschließlich der manuellen Bearbeitung entsprechend, soweit dieses Gesetz nichts anderes bestimmt.

(2) Zuständig für die Durchführung des Mahnverfahrens ist das Arbeitsgericht, das für die im Urteilsverfahren erhobene Klage zuständig sein würde.

(3) Die in den Mahnbescheid nach § 692 Abs. 1 Nr. 3 der Zivilprozeßordnung aufzunehmende Frist beträgt eine Woche.

(4) [1] Wird rechtzeitig Widerspruch erhoben und beantragt eine Partei die Durchführung der mündlichen Verhandlung, so hat die Geschäftsstelle dem Antragsteller unverzüglich aufzugeben, seinen Anspruch binnen zwei Wochen schriftlich zu begründen. [2] Bei Eingang der Anspruchsbegründung bestimmt der Vorsitzende den Termin zur mündlichen Verhandlung. [3] Geht die Anspruchsbegründung nicht rechtzeitig ein, so wird bis zu ihrem Eingang der Termin nur auf Antrag des Antragsgegners bestimmt.

(5) Die Streitsache gilt als mit Zustellung des Mahnbescheids rechtshängig geworden, wenn alsbald nach Erhebung des Widerspruchs Termin zur mündlichen Verhandlung bestimmt wird.

(6) Im Falle des Einspruchs wird Termin bestimmt, ohne daß es eines Antrags einer Partei bedarf.

(7) Das Bundesministerium für Arbeit und Sozialordnung wird ermächtigt, durch Rechtsverordnung mit Zustimmung des Bundesrates den Verfahrensablauf zu regeln, soweit dies für eine einheitliche maschinelle Bearbeitung der Mahnverfahren erforderlich ist (Verfahrensablaufplan).

(8) ¹ Das Bundesministerium für Arbeit und Sozialordnung wird ermächtigt, durch Rechtsverordnung mit Zustimmung des Bundesrates zur Vereinfachung des Mahnverfahrens und zum Schutze der in Anspruch genommenen Partei Vordrucke einzuführen. ² Dabei können für Mahnverfahren bei Gerichten, die die Verfahren maschinell bearbeiten, und für Mahnverfahren bei Gerichten, die die Verfahren nicht maschinell bearbeiten, unterschiedliche Vordrucke eingeführt werden.

I. Allgemeines

Für das Mahnverfahren vor den Gerichten für Arbeitssachen gelten die §§ 688 ff. ZPO entsprechend, soweit in § 46 a ArbGG keine Sonderregeln enthalten sind. Soweit die besonderen Voraussetzungen des Mahnverfahrens gegeben sind, kommt das Mahnverfahren neben dem Urteilsverfahren in Betracht. Ausgeschlossen ist nach § 46 II 2 ArbGG das Scheck- und Wechselverfahren (§ 703 a ZPO). Besonderheiten gelten für die Zuständigkeit und die Widerspruchsfrist (Abs. 2, 3). 1

II. Voraussetzungen des Mahnverfahrens

1. Allgemeine Voraussetzungen. a) Für das arbeitsgerichtliche Mahnverfahren müssen die allgemeinen Prozeßvoraussetzungen vorliegen, also Partei- und Prozeßfähigkeit, gesetzliche Vertretung und Rechtsschutzbedürfnis. 2

b) Nach § 689 II 1 ZPO ist für das Mahnverfahren ausschließlich das Amtsgericht am Wohnsitz des Antragstellers zuständig. Nach Abs. 2 ist für die Durchführung des Mahnverfahrens das Arbeitsgericht zuständig, das für die im Urteilsverfahren erhobene Klage zuständig sein würde. Die Zuständigkeit richtet sich mithin nach den verschiedenen Gerichtsständen der §§ 12, 13, 17, 21, 29 ZPO. 3

2. Besondere Voraussetzungen des Mahnverfahrens. a) Nach § 688 I ZPO ist das Mahnverfahren nur zulässig wegen Ansprüchen, die die Zahlung einer bestimmten Geldsumme in Euro oder Deutscher Mark zum Gegenstand haben. Nach § 688 III ZPO ist das Mahnverfahren dann zulässig, wenn die Zustellung des Mahnbescheides im Ausland den Anerkennungs- und Vollstreckungsausführungsgesetz (AVAG) vom 30. Mai 1988 (BGBl. I S. 662) dies vorsieht. Das ist insbesondere im Rahmen des EuGVÜ der Fall. Das Mahnverfahren kann auch dann erfolgen, wenn es auf eine ausländische Währung gerichtet ist. 4

b) Das Mahnverfahren findet nicht in den in § 688 II ZPO genannten Fällen statt. Die Mahnforderung darf nach § 688 II Nr. 2 ZPO nicht von einer noch nicht erbrachten Gegenleistung abhängig sein. Maßgebend ist der Zeitpunkt des Erlasses des Mahnbescheides. 5

c) Das Mahnverfahren findet nicht statt, wenn die Zustellung des Mahnbescheides durch öffentliche Bekanntmachung erfolgen müßte. 6

III. Durchführung des Mahnverfahrens

1. Antrag. a) Das Mahnverfahren wird nur auf Antrag durchgeführt. Der Mahnantrag ist auf dem dafür vorgeschriebenen Formular zu stellen (§§ 703 c II, 702 I ZPO). Die Vordrucke sind gemäß der Ermächtigung des Abs. 7 durch VO vom 15. Dezember 1977 (BGBl. I S. 2625) eingeführt worden. Der Antrag bedarf der handschriftlichen Unterzeichnung. Ausreichend ist die Übermittlung des Vordrucks durch Telefax oder Telekopie. Nach § 1 I 2 der VO besteht kein Zwang zur Benutzung des Vordrucks, wenn der Antragsteller das Mahnverfahren maschinell betreibt oder der Mahnbescheid im Ausland zugestellt wird. Damit kann auch § 690 III ZPO entsprechend angewandt werden. 7

b) Der Mahnantrag muß die in § 690 I ZPO aufgezählten Angaben enthalten. Hierzu gehören: (1) Die Bezeichnung der Parteien, ihrer gesetzlichen Vertreter und der Prozeßbevollmächtigten; (2) die Bezeichnung des Gerichtes, bei dem der Antrag gestellt wird; (3) die Bezeichnung des Anspruches unter bestimmter Angabe der verlangten Leistung; Haupt- und Nebenforderungen sind gesondert und einzeln zu bezeichnen; (4) die Erklärung, daß der Anspruch nicht von einer Gegenleistung abhängt oder daß die Gegenleistung erbracht ist; dagegen bedarf es nicht der Bezeichnung des Gerichtes, das für ein streitiges Verfahren zuständig ist, da nach Abs. 2 bereits das Gericht zuständig ist, das für das Streitverfahren in Betracht kommt. 8

c) Der Anspruch ist zu beziffern und anzugeben, für welchen Zeitraum Leistungen verlangt werden. Eine Schlüssigkeitsprüfung findet nicht statt. Der Sachverhalt ist mithin nur so anzugeben, daß die Zuständigkeit der Gerichte für Arbeitssachen erkennbar ist. Bei der Geltendmachung der Zinsen reichen der Zinssatz und Laufzeit sowie die Angabe des Geldbetrages, aus dem Zinsen verlangt werden, aus. 9

10   **2. Entscheidung (Zurückweisung). a)** Über den Antrag entscheidet der Rechtspfleger (§ 9 III; § 20 Nr. 1 RPflG). Der Rechtspfleger prüft nur, ob die allgemeinen und besonderen Prozeßvoraussetzungen vorliegen. Dagegen führt er keine Schlüssigkeitsprüfung des erhobenen Anspruches durch.

11   **b)** Der Rechtspfleger hat den Antrag auf Erlaß eines Mahnbescheides zurückzuweisen, wenn die gesetzlichen Voraussetzungen der §§ 688, 689, 690, 703 c II ZPO nicht gegeben sind. Ferner erfolgt die Zurückweisung, wenn der Mahnbescheid nur wegen eines Teiles des Anspruches nicht erlassen werden kann (§ 691 I Nr. 1, 2 ZPO). Vor der Zurückweisung ist der Antragsteller zu hören (§ 691 I 2 ZPO) und eine Frist zu setzen, innerhalb derer die Mängel zu beheben sind, anderenfalls eine Zurückweisung erfolgt. Die Entscheidung ergeht durch zu begründenden Beschluß, der von Amts wegen nach § 329 III ZPO zuzustellen ist.

12   **c)** Gegen den Zurückweisungsbeschluß ist die sofortige Erinnerung innerhalb von zwei Wochen (§ 577 II 1 ZPO) zulässig. Über sie entscheidet nach § 11 II 3 RPflG der Richter. Er kann die Erinnerung zurückweisen oder den Rechtspfleger anweisen, den Mahnbescheid zu erlassen. Hat der Richter den Mahnbescheid zurückgewiesen, so findet die Beschwerde nur nach Maßgabe von § 691 III 1 ZPO statt. Die Zurückweisung erwächst nicht in Rechtskraft. Der Antragsteller kann seinen Antrag im Urteilsverfahren weiterverfolgen.

13   **3. Erlaß des Mahnbescheides.** Der Rechtspfleger erläßt den Mahnbescheid, wenn die Voraussetzungen gegeben sind. Der Inhalt des Mahnbescheides richtet sich nach § 692 ZPO. Er enthält den Hinweis, daß das Gericht die Schlüssigkeit des Klageanspruches nicht geprüft hat (§ 692 I Nr. 2) sowie die Aufforderung an den Antragsgegner, innerhalb einer Woche ab Zustellung des Mahnbescheides entweder die behauptete Schuld zu begleichen oder dem Gericht mitzuteilen, ob und in welchem Umfang dem geltend gemachten Anspruch widersprochen wird (§ 692 I Nr. 3 ZPO). Der Mahnbescheid wird von Amts wegen zugestellt (§ 693 I ZPO). Der Antragsteller wird von der Zustellung benachrichtigt (§ 693 III ZPO). Erfolgt die Zustellung demnächst, tritt die Wirkung der Fristwahrung oder der Unterbrechung der Verjährung bereits mit der Einreichung oder Anbringung des Mahnantrages ein (§ 693 II ZPO). Die Verjährung wird auch dann unterbrochen, wenn vor ihrem Ablauf ein Mahnbescheid beim unzuständigen Arbeitsgericht beantragt, auf entsprechenden Antrag das Verfahren an das zuständige Arbeitsgericht abgegeben und der von diesem erlassene Mahnbescheid nach Ablauf der Verjährungsfrist demnächst zugestellt wird (BAG 13. 5. 1987 AP BGB § 209 Nr. 3). Die Unterzeichnung des Mahnbescheides kann durch einen Faksimile-Stempel erfolgen.

14   **4. Widerspruch. a)** Wird der Mahnbescheid erlassen, kann der Antragsgegner Widerspruch einlegen (§ 694 I ZPO). Er soll den Vordruck benutzen (§ 692 I Nr. 5 ZPO). Zwingend vorgeschrieben ist dies aber nicht. Der Widerspruch ist schriftlich einzulegen; eines Nachweises der Vollmacht bedarf es nicht (§ 703 ZPO). Wer als Bevollmächtigter einen Antrag einreicht oder einen Rechtsbehelf einlegt, hat seine ordnungsgemäße Bevollmächtigung zu versichern (§ 703 S. 2 ZPO). Der Widerspruch kann auch vor dem Urkundsbeamten der Geschäftsstelle abgegeben werden (§ 702 I 1 ZPO). Eine Begründung des Widerspruches ist nicht vorgeschrieben.

15   **b)** Die Widerspruchsfrist beträgt nach Abs. 3 eine Woche. Im Unterschied zu Rechtsmitteln ist der Widerspruch solange zulässig, solange der Vollstreckungsbescheid noch nicht erlassen ist (§ 694 I ZPO). Der Vollstreckungsbescheid ist erlassen, wenn der Rechtspfleger ihn in den Geschäftsgang gegeben hat. Ist bei Eingang des Widerspruchs der Vollstreckungsbescheid erlassen, wird der Widerspruch als Einspruch behandelt (§ 694 II 1 ZPO). Ist der Widerspruch rechtzeitig eingegangen, kann ein Vollstreckungsbescheid nicht mehr ergehen.

16   **c)** Wird rechtzeitig Widerspruch erhoben und hat eine Partei die Durchführung der mündlichen Verhandlung beantragt, so hat die Geschäftsstelle dem Antragsteller unverzüglich aufzugeben, seinen Anspruch binnen zwei Wochen schriftlich zu begründen (Abs. 4). Der Antrag auf Durchführung der mündlichen Verhandlung kann bereits im Mahnantrag oder im Widerspruch enthalten sein. Er kann auch unabhängig hiervon gestellt werden. Nach Eingang der Anspruchsbegründung bestimmt der Vorsitzende Termin zur Güteverhandlung (§ 54 IV 2). Geht eine Anspruchsbegründung nicht rechtzeitig ein, so wird bis zu ihrem Eingang der Termin nur auf Antrag des Antragsgegners bestimmt (Abs. 4 Satz 2). Wird kein Antrag gestellt, werden die Akten nach Ablauf von sechs Monaten nach der Aktenordnung weggelegt. Die Streitsache gilt nur dann als mit Zustellung des Mahnbescheides rechtshängig geworden, wenn nach Erhebung des Widerspruches Termin zur mündlichen Verhandlung bestimmt wird (Abs. 5). Dem Antragsteller wird der Widerspruch und der Zeitpunkt seines Einganges mitgeteilt (§ 695 I ZPO). Dagegen wird dem Antragsgegner der Antrag auf Erlaß eines Mahnbescheides oder Vollstreckungsbescheides nicht mitgeteilt (§ 702 II ZPO).

IV. Vollstreckungsbescheid

17   **1. Erlaß. a)** Nach Ablauf der Widerspruchsfrist erläßt das Gericht auf Antrag einen Vollstreckungsbescheid, wenn der Antragsgegner nicht rechtzeitig Widerspruch erhoben hat (§ 699 I 1 ZPO). Der Vollstreckungsbescheid kann auch erlassen werden, wenn der Widerspruch zurückgenommen

wird. Die Widerspruchsfrist beträgt eine Woche (Abs. 3). Nach § 699 I 2 ZPO kann der Antrag auf Erlaß des Vollstreckungsbescheides nicht vor Ablauf der Widerspruchsfrist gestellt werden. Ein früher gestellter Antrag ist zurückzuweisen. Ist Widerspruch nicht erhoben und beantragt der Antragsteller den Erlaß des Vollstreckungsbescheides nicht binnen einer sechsmonatigen Frist, die mit Zustellung des Mahnbescheides beginnt, so fällt die Wirkung des Mahnbescheides weg. Dasselbe gilt, wenn der Vollstreckungsbescheid rechtzeitig beantragt ist, der Antrag aber zurückgewiesen wird.

b) Der Antrag ist nach § 703 c II auf dem bestehenden Vordruck zu stellen. Er hat die Erklärung zu **18** enthalten, ob und welche Zahlungen auf den Mahnbescheid geleistet worden sind (§ 699 I 2 ZPO).

c) Die Entscheidung über den Erlaß des Vollstreckungsbescheides erläßt der Rechtspfleger (§ 20 **19** Nr. 1 RPflG; § 9 III). Er hat von Amts wegen zu prüfen, ob die Voraussetzungen vorliegen. Fehlt eine der Voraussetzungen, ist der Antrag durch Beschluß zurückzuweisen. Der Beschluß wird dem Antragsteller formlos mitgeteilt. Der Antragsteller hat dagegen die unbefristete Erinnerung nach § 11 I 1 RPflG. Sind dagegen die Voraussetzungen gegeben, erläßt der Rechtspfleger den Vollstreckungsbescheid. Dieser ist von Amts wegen zuzustellen (§ 699 IV 1 ZPO). Der Vollstreckungsbescheid steht einem für vorläufig vollstreckbar erklärten Versäumnisurteil gleich; er ist Vollstreckungstitel. Zweifelhaft wird zunehmend, ob nicht in entsprechender Anwendung von § 9 V aus verfassungsrechtlichen Gründen eine Rechtsmittelbelehrung beigefügt werden muß (verneinend: LAG Köln 7. 8. 1998 11 Sa 1218/97 JurCD m. Angabe weiterer Rspr.)

2. Einspruch. a) Gegen den Vollstreckungsbescheid kann in entsprechender Anwendung von § 59 **20** binnen einer Woche Einspruch eingelegt werden. Der Einspruch kann schriftlich oder zur Niederschrift der Geschäftsstelle erfolgen. Nach § 700 III ZPO finden § 340 I, II, nicht aber Abs. III entsprechend Anwendung. Es brauchen mithin die Angriffs- und Verteidigungsmittel nicht bezeichnet werden.

b) Ist der Einspruch zulässig, so hat das Gericht Termin zur mündlichen Verhandlung zu bestimmen **21** (§ 700 VI ZPO). Es ist Kammertermin zu bestimmen, da der Vollstreckungsbescheid einem Versäumnisurteil gleichsteht. Der Vorsitzende des Gerichtes kann dem Antragsteller aufgeben, seinen Anspruch zu begründen.

c) Ist der Einspruch unzulässig, kann er ohne mündliche Verhandlung durch Beschluß des Vorsit- **22** zenden allein verworfen werden (*Germelmann/Matthes/Prütting* § 46 a Rn. 29; GK-ArbGG/*Bader* § 46 a Rn. 80; *Hauck* § 46 a Rn. 12; *Oetker* NZA 1989, 201; LAG Baden-Württemberg 27. 5. 1993 NZA 1994, 575; aA *Grunsky* § 46 a Rn. 5; LAG Baden-Württemberg 11. 12. 1990 NZA 1992, 83; LAG Bremen 17. 8. 1988 NZA 1989, 236).

d) Ist im Termin zur mündlichen Verhandlung die Partei, die Einspruch eingelegt hat, säumig, so **23** kann ein zweites Versäumnisurteil ergehen (§ 345 ZPO), sofern der Einspruch zulässig, der Vollstreckungsbescheid ordnungsgemäß erhoben und die Klage zulässig und schlüssig ist. Ist dagegen die Klage unzulässig oder unschlüssig, wird der Vollstreckungsbescheid im Wege unechten Versäumnisurteils aufgehoben und die Klage abgewiesen (§ 700 VI ZPO).

V. Kosten und Prozeßkostenhilfe

1. Kosten. Nach Nr. 9100 des Gebührenverzeichnisses der Anlage 1 zu § 12 I fällt für die Entschei- **24** dung über den Antrag auf Erlaß eines Mahnbescheides eine halbe Gebühr an. Daneben erwachsen Auslagen (§ 11 I GKG). Bei Widerspruch oder Einspruch entsteht eine weitere halbe Gebühr. Wird im Streitverfahren die Klage zurückgenommen oder ein Vergleich geschlossen, entfällt die Gebühr (Nr. 9110), nicht aber die Gebühr nach Nr. 9100. Es besteht keine Vorschußpflicht (§ 12 IV 2).

2. Prozeßkostenhilfe. Im Mahnverfahren kann Prozeßkostenhilfe bewilligt werden. Es entscheidet **25** der Rechtspfleger. Die Prozeßkostenhilfe deckt aber nicht das anschließende Streitverfahren.

§ 47 Sondervorschriften über *Ladung und* Einlassung

(1) **Die Klageschrift muß mindestens eine Woche vor dem Termin zugestellt sein.**
(2) **Eine Aufforderung an den Beklagten, sich auf die Klage schriftlich zu äußern, erfolgt in der Regel nicht.**

1. Allgemeines. Die Vorschrift regelt nur noch die Einlassungsfrist im arbeitsgerichtlichen Verfah- **1** ren. Die Sonderregelung für die Ladungsfrist ist durch die Beschleunigungsnovelle vom 21. 5. 1979 (BGBl. I S. 545) aufgehoben worden. In der Amtlichen Anmerkung heißt es: Die Worte „Ladung und" sind gegenstandslos.

2. Einlassungsfrist. a) Einlassungsfrist ist diejenige Frist, die der Beklagte beanspruchen kann, um **2** sich auf den Rechtsstreit vorzubereiten (§ 274 III 1 ZPO). Die Klageerhebung richtet sich nach § 46 II, § 253 ZPO. Mit der Einreichung der Klageschrift bei Gericht wird die Sache anhängig. Mit deren Zustellung wird sie rechtshängig (§ 261 I ZPO). Zwischen der Zustellung der Klageschrift und dem Termin muß mindestens eine Woche liegen (Abs. 1).

3   b) Die **Fristberechnung** richtet sich nach § 222 I ZPO, §§ 187 I, 188 II BGB. Hiernach bleibt der Tag der Zustellung außer Betracht, so daß die Frist in der Folgewoche an den dem Tag der Zustellung entsprechenden Tag abläuft. Der Tag der mündlichen Verhandlung ist regelmäßig auf den Folgetag festzusetzen. Fällt der letzte Tag der Frist auf einen Sonntag, einen allgemeinen Feiertag oder einen Sonnabend (§ 222 II ZPO), so endet die Frist am nächsten Werktag. Die Sitzung wird durch den Vorsitzenden festgesetzt (§ 216 II ZPO).

4   c) Die Einlassungsfrist kann auf Antrag des Klägers **abgekürzt** werden (§ 46 II, § 226 ZPO). Vor der Abkürzung wird der Gegner nicht gehört. Jedoch darf sein rechtliches Gehör nicht eingeschränkt werden. Die Entscheidung über die Abkürzung der Einlassungsfrist ist zu begründen. Wird die Abkürzung abgelehnt, kann sie mit der Beschwerde angefochten werden (§§ 78, 567 ZPO). Wird die Einlassungsfrist antragsgemäß verkürzt, kann dies nur mit der Endentscheidung angegriffen werden.

5   d) Eine **Verlängerung** der Einlassungsfrist ist nicht vorgesehen.

6   **3. Sonderfälle der Einlassungsfrist.** a) Die Einlassungsfrist muß gewahrt werden bei Klagen, Klageerweiterungen und Widerklagen sowie im Falle der öffentlichen Zustellung (teilweise einschränkend *Germelmann/Matthes/Prütting* § 47 Rn. 2). Die Einlassungsfrist gilt nicht für einstweilige Verfügungen und Arreste.

7   b) Bei **Zustellung im Ausland** hat der Vorsitzende bei der Festsetzung des Termins die Einlassungsfrist zu bestimmen (§ 46 II, §§ 274 III 3, 199 bis 202 ZPO). In der Regel ist eine wesentlich längere Frist festzusetzen.

8   **4. Verletzung der Einlassungsfrist.** Ist die Einlassungsfrist nicht eingehalten, so ist der Termin zur mündlichen Verhandlung auf Rüge des Beklagten zu vertagen. Ein Versäumnisurteil kann gegen den Beklagten nicht erlassen werden (§ 335 I Nr. 2 ZPO). Verhandelt der erschienene Beklagte zur Hauptsache, wird der Mangel nach § 295 ZPO geheilt.

9   **5. Ladungsfrist.** a) Die Ladungsfrist liegt zwischen der Zustellung der Ladung und dem Terminstag (§ 217 ZPO). Die Ladungsfrist beträgt nach § 46 II, § 217 ZPO in der ersten Instanz drei Tage, wenn es sich nicht um einen Anwaltsprozeß handelt (§ 11 I 1 ArbGG). Die Fristberechnung erfolgt nach § 222 ZPO.

10 b) Die Ladungsfrist kann auf Antrag **abgekürzt** werden. Nicht vorgesehen ist eine Verlängerung (§ 224 II ZPO). Eine Abkürzung von Amts wegen kommt auch im Verfahren der einstweiligen Verfügung oder des Arrestes nicht in Betracht. Allerdings kann ein Antrag auf Abkürzung darin liegen, daß Entscheidung ohne mündliche Verhandlung beantragt wird (*Germelmann/Matthes/Prütting* § 47 Rn. 18; *Hauck* § 47 Rn. 8; aA GK-ArbGG/*Bader* § 47 Rn. 22). Die Entscheidung ergeht durch den Vorsitzenden ohne mündliche Verhandlung (§§ 226 III, 225 I ZPO, 53 I 1). Einer vorherigen Anhörung des Gegners bedarf es nicht.

11 c) Die Ladungsfrist ist bei allen Terminsbestimmungen einzuhalten, also auch bei Terminsverlegungen. Sie gilt auch bei Zustellung von Klageerweiterungen und Widerklagen.

12 **6. Aufforderung zur Gegenäußerung.** a) Eine Aufforderung des Beklagten zur schriftlichen Gegenäußerung erfolgt in der Regel nicht. Das Gesetz will eine mündliche Erörterung erreichen, um auch schreibungewandten Parteien ausreichend gerecht zu werden. Das Güteverfahren braucht nicht schriftlich vorbereitet werden. Die Vorschriften über das schriftliche Verfahren im allgemeinen Zivilprozeßrecht finden keine Anwendung (§§ 275 bis 277 ZPO).

13 b) Der Beklagte kann aber zur Äußerung aufgefordert werden, wenn dies sachgemäß ist. Der Vorsitzende kann nach § 56 I Vorbereitungsmaßnahmen treffen. Der Kündigungsschutzprozeß ist besonders zu fördern. Sachgemäß ist insbesondere, den Beklagten aufzufordern bestimmte Urkunden zum Gütetermin mitzubringen, zB Pfändungs- und Überweisungsbeschlüsse, Lohn- und Schuldenaufstellungen usw.

§ 48 Rechtsweg und Zuständigkeit

(1) Für die Zulässigkeit des Rechtsweges und der Verfahrensart sowie für die sachliche und örtliche Zuständigkeit gelten die §§ 17 bis 17 b des Gerichtsverfassungsgesetzes mit folgender Maßgabe entsprechend:
1. Beschlüsse entsprechend § 17 a Abs. 2 und 3 des Gerichtsverfassungsgesetzes über die örtliche Zuständigkeit sind unanfechtbar.
2. Der Beschluß nach § 17 a Abs. 4 des Gerichtsverfassungsgesetzes ergeht, sofern er nicht lediglich die örtliche Zuständigkeit zum Gegenstand hat, auch außerhalb der mündlichen Verhandlung stets durch die Kammer.

II. Rechtswege § 48 ArbGG 60

(2) ¹ Die Tarifvertragsparteien können im Tarifvertrag die Zuständigkeit eines an sich örtlich unzuständigen Arbeitsgerichts festlegen für
1. bürgerliche Rechtsstreitigkeiten zwischen Arbeitnehmern und Arbeitgebern aus einem Arbeitsverhältnis und aus Verhandlungen über die Eingehung eines Arbeitsverhältnisses, das sich nach einem Tarifvertrag bestimmt,
2. bürgerliche Rechtsstreitigkeiten aus dem Verhältnis einer gemeinsamen Einrichtung der Tarifvertragsparteien zu den Arbeitnehmern oder Arbeitgebern.
² Im Geltungsbereich eines Tarifvertrags nach Satz 1 Nr. 1 gelten die tarifvertraglichen Bestimmungen über das örtlich zuständige Arbeitsgericht zwischen nicht tarifgebundenen Arbeitgebern und Arbeitnehmern, wenn die Anwendung des gesamten Tarifvertrags zwischen ihnen vereinbart ist. ³ Die in § 38 Abs. 2 und 3 der Zivilprozeßordnung vorgesehenen Beschränkungen finden keine Anwendung.

I. Allgemeines

§ 48 ArbGG und §§ 17 bis 17 b GVG (340) sind durch das Vierte VwGO-ÄndG geändert worden. 1 Die Regelung geht von der Gleichwertigkeit aller Rechtswege aus. Zweck der Regelung war, Verfahrensverzögerungen und Rechtswegstreitigkeiten zu vermeiden. Die Regelung ermöglicht eine frühzeitige und bindende Entscheidung über die Zulässigkeit des Rechtswegs und die sachliche und örtliche Zuständigkeit (Kissel, NZA 1995, 345). Die Zulässigkeit des Rechtswegs und die richtige Verfahrensart sowie die sachliche und örtliche Zuständigkeit sind in einem Vorwegverfahren zu klären. Eine Klageabweisung als unzulässig kommt in aller Regel nicht in Betracht. In den Rechtsmittelinstanzen wird die Zulässigkeit des Rechtswegs und die Zuständigkeit nur begrenzt überprüft (§§ 65, 73 II, 88, 93 II).

II. Rechtswege

1. Zulässigkeit des Rechtswegs. Seit der Neuregelung ist die Abgrenzung der Rechtsprechung der 2 Arbeitsgerichte nicht nur gegenüber den Verwaltungs-, Finanz- und Sozialgerichten, sondern auch den ordentlichen Gerichten eine Frage der Zulässigkeit des Rechtswegs (BAG 26. 3. 1992 AP ArbGG 1979 § 48 Nr. 7 = NZA 1992, 954; OLG Frankfurt 26. 9. 1994 = NJW-RR 1995, 319). Abs. 1 regelt, wie zu verfahren ist, wenn die Zulässigkeit des Rechtswegs nicht gegeben ist. Die Vorschrift ist zwingend. Die Zulässigkeit des Rechtswegs kann weder durch Parteivereinbarung noch durch rügelose Einlassung begründet werden. Da auch das Verhältnis der Arbeitsgerichte zu den ordentlichen Gerichten eine Frage der Zulässigkeit des Rechtswegs ist, besteht keine Eilzuständigkeit der Amtsgerichte in Verfahren der einstweiligen Verfügung nach § 942 ZPO.

2. Verweisungsverfahren. a) § 48 regelt die Verweisung in einen anderen Rechtsweg, in eine andere 3 Verfahrensart, also vom Urteils- in das Beschlußverfahren und umgekehrt, sowie bei sachlicher und örtlicher Unzuständigkeit. Die Verweisungsvorschrift gilt im Urteils- und Beschlußverfahren, im Verfahren der einstweiligen Verfügung (KG 3. 3. 1998 DB 1998, 1340) und des Arrestes, jedoch nicht im Mahnverfahren und im eigenständigen Prozeßkostenhilfeverfahren. Ist in einem Prozeßkostenhilfeverfahren eine Verweisung erfolgt, so tritt deren Rechtswegbindungswirkung nach § 17 a II 3 GVG ein (BAG 27. 10. 1992 AP ZPO 1977 § 281 Nr. 5 = NJW 1993, 751 = NZA 1993, 285).

b) Nicht von § 48 erfaßt wird die Prüfung der internationalen Zuständigkeit, da das GVG nur für 4 innerstaatliche Gerichte gilt (LAG Rheinland-Pfalz 15. 10. 1991 NZA 1992, 138). Sie ist daher in jeder Instanz von Amts wegen zu prüfen (BAG 26. 2. 1985 AP Internat. Privatrecht Nr. 23 = NJW 1985, 2910 = NZA 1985, 635).

3. Prüfung des Rechtswegs. a) Die Prüfung des Rechtswegs, der Verfahrensart sowie der sach- 5 lichen und örtlichen Zuständigkeit erfolgt ohne Antrag in allen in Rn. 3 aufgezählten Verfahren. Sie erfolgt nach dem Streitgegenstand, wie er sich aus dem Sachvortrag des Klägers und seinen Anträgen ergibt. Das Gericht prüft aufgrund seines Vorbringens, ob nach §§ 2, 2 a ArbGG der Rechtsweg zu den Gerichten für Arbeitssachen gegeben ist und ob es in der richtigen Verfahrensart angegangen und örtlich zuständig ist. Für das Prüfungsverfahren gelten § 2 Rn. 4 ff. dargestellten Grundsätze. Es sind also die dort dargestellten vier Fallgruppen zu unterscheiden. Ist streitig, ob Ansprüche aus einem Arbeitsverhältnis oder freien Mitarbeiterverhältnis verfolgt werden, so ist über die Frage des Arbeitsverhältnisses Beweis zu erheben (BAG 30. 8. 1993 AP GVG § 17 a Nr. 6 = NJW 1994, 604 = NZA 1994, 141; 28. 10. 1993 AP ArbGG 1979 § 2 Nr. 19 = NJW 1994, 1172 = NZA 1994, 234). Macht der Kläger geltend, daß er Arbeitnehmer sei und wendet sich gegen die ordentliche Kündigung seines Arbeitsverhältnisses und stützt die Unwirksamkeitsgründe allein auf seine Arbeitnehmerstellung, so kommt eine Beweiserhebung nicht in Betracht. Erweist sich, daß der Kläger nicht Arbeitnehmer ist, so ist die Klage als unbegründet abzuweisen (BAG 24. 4. 1996 AP ArbGG 1979 § 2 Zuständigkeitsprüfung Nr. 1 = NJW 1996, 2948 = NZA 1996, 1005; 9. 10. 1996 AP Nr. 2 = NJW 1997, 542 = NZA 1997, 145; sic-non-Rspr). Dasselbe gilt, wenn ein Mitglied des Organs einer juristischen Person, die Unwirksamkeit einer Kündigung mit der fehlenden Sozialrechtfertigung begründet (BAG 10. 12. 1996 AP

ArbGG 1979 § 2 Zuständigkeitsprüfung Nr. 4 = NZA 1997, 674; 18. 12. 1996 AP Nr. 3 = NJW 1997, 1722 = NZA 1997, 509). Selbst wenn sich die Zulässigkeit des Rechtswegs nur aus der sic non Rspr. ergibt, ist der Rechtsweg zu den Gerichten für Arbeitssachen auch für weitere in rechtlichem Zusammenhang stehende Ansprüche gegeben. Der Rechtsweg zu den Arbeitsgerichten ist auch dann eröffnet, wenn der Kläger entweder Arbeitnehmer oder arbeitnehmerähnliche Person ist (BAG 14. 1. 1997 AP ArbGG 1979 § 2 Nr. 41 = NJW 1997, 1724 = NZA 1997, 399). Bei einer objektiven Klagehäufung ist für jeden erhobenen prozessualen Anspruch die Zulässigkeit des Rechtsweges, die Verfahrensart und die örtliche Zuständigkeit zu prüfen (BGH 19. 12. 1996 NJW 1998, 909). Ist für einen Anspruch der Rechtsweg nicht gegeben, so ist dieser abzutrennen und in den zulässigen Rechtsweg zu verweisen. Ist für einen Anspruch eine Haupt- und Hilfsbegründung gegeben, so ist für die Beurteilung auf die Hauptbegründung abzustellen. Die Gerichte für Arbeitssachen sind zuständig für Klagen der Mitglieder des Redaktionsrats gegen die Kündigung des Redaktionsstatuts (BAG 21. 5. 1999 AP BGB § 611 Zeitungsverlage Nr. 1 = NZA 1999, 837) oder bei Zuweisung eines Beamten der Deutschen Bundespost zu einem anderen Unternehmensteil, wenn der Betriebsrat ein Mitbestimmungsrecht in Anspruch nimmt (BAG 26. 6. 1996 AP ArbGG 1979 § 2a Nr. 12 = NZA 1996, 1061).

6   b) Bestehen gegen die Zulässigkeit des beschrittenen Rechtswegs Zweifel, so kann das Gericht hierüber vorab durch Beschluß entscheiden (§ 17 a II bis IV GVG). Es hat vorab zu entscheiden, wenn eine Partei die Zulässigkeit des Rechtswegs rügt (§ 17 a II 2GVG). Kommt das Gericht zu dem Ergebnis, daß der beschrittene Rechtsweg und die Verfahrensart zulässig ist, kann es dies vorab durch Beschluß aussprechen. Die Entscheidung ist für die anderen Gerichte bindend, kann nicht mehr mit Rechtsmitteln angefochten werden kann (BAG 1. 3. 1993 AP ArbGG 1979 § 2 Nr. 25 = NZA 1993, 617). Vor der Entscheidung ist den Parteien rechtliches Gehör zu gewähren; die Entscheidung kann ohne mündliche Verhandlung ergehen (§ 17 a IV GVG). Die Entscheidung ergeht durch zu begründenden Beschluß. Er enthält keine Kostenentscheidung (§ 17 b II GVG). Die Entscheidung über die Zulässigkeit des Rechtswegs, die richtige Verfahrensart und die örtliche Zuständigkeit kann auch zusammen mit der Klageentscheidung erfolgen. Die Rechtswegszuständigkeit wird durch eine nach Rechtshängigkeit eintretende tatsächliche oder rechtliche Veränderung nicht berührt. Etwas anderes gilt nur bei Veränderung des Streitgegenstandes (*Germelmann/Matthes/Prütting* § 48 Rn. 29; *Hauck* § 48 Rn. 5). Hat das Gericht im Vorabverfahren entschieden, so wird das Hauptsacheverfahren erst nach Rechtskraft der Entscheidung weiterbetrieben (BAG 26. 3. 1992 AP ArbGG 1979 § 48 Nr. 7 = NZA 1992, 954).

7   c) Kommt das Gericht zu dem Ergebnis, daß der beschrittene Rechtsweg nicht gegeben ist, so hat es dies durch Beschluß auszusprechen und in den richtigen Rechtsweg zu verweisen. Den Parteien ist rechtliches Gehör zu gewähren. Sind mehrere Gerichte zuständig, so erfolgt die Verweisung an das vom Kläger ausgewählte Gericht oder, sofern die Wahl unterbleibt, an ein von Amts wegen bestimmtes Gericht. Der Beschluß über die Verweisung kann mit und ohne mündliche Verhandlung ergehen (§ 17 a I GVG). Der Beschluß erfolgt auch außerhalb der mündlichen Verhandlung stets durch die Kammer unter Heranziehung der ehrenamtlichen Richter (Abs. 1 Nr. 2). Der Beschluß ist für das angegangene Gericht bindend, wenn er rechtskräftig ist. Wird ein vom Arbeitsgericht verkündeter Beschluß nach § 17 a GVG später als fünf Monate seit der Verkündung zugestellt, so beginnen mit der Verkündung die Fünfmonatsfrist und im Anschluß die Jahresfrist (BAG 5. 8. 1996 AP GVG § 17 a Nr. 25 = NZA 1996, 1175). Das angegangene Gericht darf den Rechtsstreit grundsätzlich nicht weiterverweisen. Hiervon besteht dann eine Ausnahme, wenn die Verweisung wegen Unzulässigkeit des Rechtsweges erfolgt ist, bei Verweisung an ein örtlich unzuständiges Gericht (BAG 1. 7. 1992 AP ZPO § 36 Nr. 39 = NZA 1992, 1047; 14. 1. 1994 AP ZPO § 36 Nr. 43 = NJW 1994, 1815 = NZA 1994, 478).

8   d) Mit der Rechtskraft des Verweisungsbeschlusses wird der Rechtsstreit bei dem Gericht, an das verwiesen ist, anhängig (§ 17 b I 1 GVG). Die Wirkungen der Rechtshängigkeit bleiben bestehen. Soweit durch die Klageerhebung Fristen einzuhalten waren, gilt diese Wirkung weiter. Für das weitere Verfahren gelten die Vorschriften des angewiesenen Gerichtes. Dieses hat den Anspruch unter jedem rechtlichen Gesichtspunkt zu überprüfen. Das LAG darf im Berufungsverfahren die Zulässigkeit auch dann nicht prüfen, wenn das Landgericht einen Rechtsstreit über Schadensersatzansprüche, die unter anderem auf Amtspflichtverletzung gestützt werden, an das Arbeitsgericht verwiesen hat (BAG 14. 12. 1998 AP ArbGG 1979 § 2 Nr. 33 NJW 1996, 413).

9   e) Bindende Wirkung entfalten auch fehlerhafte Beschlüsse. Diese tritt lediglich bei offensichtlicher Gesetzwidrigkeiten nicht ein (BAG 29. 6. 1992 AP ZPO § 36 Nr. 39 = NZA 1992, 1049; 17. 7. 1995 AP ArbGG 1979 § 2 Nr. 33 NJW 1996, 413). Dies gilt vor allem bei fehlender Gewährung des rechtlichen Gehöres. Die Bindungswirkung gilt vor allem bei Verweisung an ein örtlich unzuständiges Gericht. Insoweit besteht dann eine Ausnahme, wenn sich das verweisende Gericht über die Zuordnung des Wohnorts an den Gerichtssitz offensichtlich geirrt hat (BAG 31. 1. 1994 AP ZPO § 36 Nr. 44 = NZA 1994, 959; 11. 11. 1996 AP ZPO § 36 Nr. 51 = NZA 1997, 228).

10   **4. Kostenentscheidung.** Nach § 17 b II 1 GVG gilt der Grundsatz der Kosteneinheit. Über die Kosten wird mit der Hauptsache entschieden. Die durch die Anrufung des unzuständigen Gerichtes erwachsenen Mehrkosten sind dem obsiegenden Kläger aufzuerlegen. Bestehen in den Rechtswegen

unterschiedliche Kostenregelungen, so nimmt die hM an, daß Mehrkosten alle die sind, die durch die vorherige Anrufung des unzulässigen Rechtsweges erwachsen sind.

5. Rechtsmittel. a) Gegen die Beschlüsse nach § 17a II und III GVG findet die sofortige Beschwerde an das Landesarbeitsgericht statt. Nach Abs. 1 Nr. 1 sind Beschlüsse über die örtliche Zuständigkeit unanfechtbar. Die sofortige Beschwerde gegen einen Verweisungsbeschluß kann nicht darauf gestützt werden, der Rechtsstreit hätte statt an das Amtsgericht an das Landgericht verwiesen werden müssen (BAG 20. 9. 1995 AP GVG § 17a Nr. 23 = NJW 1996, 742 = NZA 1996, 112) 11

b) Die Frist zur Einlegung der sofortigen Beschwerde beträgt zwei Wochen. Sie beginnt mit der Zustellung des Verweisungsbeschlusses. Bei unterbliebener Zustellung gelten §§ 516, 552 ZPO entsprechend. Die Frist beginnt fünf Monate nach Verkündung oder formloser Mitteilung des Verweisungsbeschlusses (BAG 1. 7. 1992 AP ZPO § 36 Nr. 39 = NZA 1992, 1047). Beschwerdeberechtigt ist nach § 17a III 2 GVG jede Partei. 12

c) Eine weitere sofortige Beschwerde ist nur dann statthaft, wenn das LAG diese wegen grundsätzlicher Bedeutung oder Divergenz zugelassen hat (§ 17a IV 4, 5 GVG; BAG 22. 3. 1995 AP ArbGG 1979 § 5 Nr. 21 = NJW 1996, 143 = NZA 1995, 823). Eine Nichtzulassungsbeschwerde ist unstatthaft (BAG 22. 2. 1992 ArbGG 1979 § 78 Nr. 2 = NJW 1994, 2110 = NZA 1995, 1223). Über die Beschwerde entscheidet beim LAG der Vorsitzende allein ohne mündliche Verhandlung (BAG 10. 12. 1992 AP GVG § 17a Nr. 4 = NZA 1993, 619; LAG Köln 3. 9. 1991 = NZA 1992, 139; LAG Berlin 13. 1. 1992 = NZA 1992, 386). Beim BAG entscheidet der Senat ohne Hinzuziehung der ehrenamtlichen Richter (BAG 20. 10. 1993 AP ArbGG 1979 § 2 Nr. 19 = NJW 1994, 1172 = NZA 1994, 234). Findet eine mündliche Verhandlung statt, entscheidet die Kammer bzw. der Senat unter Hinzuziehung der ehrenamtlichen Richter. 13

d) Hat das ArbG trotz Rüge einer Partei über die Zulässigkeit des beschrittenen Rechtswegs nicht vorab entschieden, so kann die unterlegene Partei nach dem Grundsatz der Meistbegünstigung wahlweise sofortige Beschwerde oder Berufung einlegen (BAG 26. 3. 1992 AP ArbGG 1979 § 48 Nr. 7 = NZA 1992, 954; LAG 5. 9. 1991 NZA 1992, 136). In diesem Falle prüft das LAG in eigener Zuständigkeit die Zulässigkeit des beschrittenen Rechtsweg und verweist unter Aufhebung der erstinstanzlichen Entscheidung an das zuständige Gericht bzw. in die zulässige Verfahrensart (BGH 4. 3. 1998 NJW 1998, 2057). Es entscheidet durch Beschluß. Kommt es dagegen zu dem Ergebnis, daß der beschrittene Rechtsweg zulässig ist, so entscheidet es durch Beschluß. Eine Aufhebung und Zurückverweisung ist nicht möglich. Ist die sofortige Beschwerde an das BAG statthaft, so ist die Hauptsache bis zur Rechtskraft auszusetzen (BAG 26. 3. 1992 AP ArbGG 1979 § 48 Nr. 7 = NZA 1992, 954). 14

III. Die Bestimmung des zuständigen Gerichtes nach § 36 ZPO

1. Kompetenzkonflikt. Durch die Regelungen in §§ 17 bis 17b GVG ist ein positiver oder negativer Kompetenzkonflikt weitgehend ausgeschlossen. Gleichwohl kann die Bestimmung des zuständigen Gerichtes notwendig werden. Das Verfahren richtet sich nach § 36 Nr. 6 ZPO. Zuständig war das zuerst angegangene Bundesgericht (BGH 7. 5. 1965 NJW 1965, 1596; BVerwG 5. 3. 1993 NJW 1993, 3087). Nach § 36 II ZPO sind jetzt weitgehend die OLG/LAGe zuständig. In negativen Kompetenzkonflikten zwischen Gerichten verschiedener Gerichtsbarkeiten sind die obersten Gerichtshöfe des Bundes zur Bestimmung des zuständigen Gerichts berufen (BAG 22. 7. 1998 AP ZPO § 36 Nr. 55 = NZA 1998, 1190). 15

2. Bestimmung. Auch bei Bestimmung des zuständigen Gerichtes ist die bindende Wirkung von Verweisungsbeschlüssen (§ 48 ArbGG, § 17a II 3 GVG) zu beachten (BAG 17. 7. 1995 AP ArbGG 1979 § 2 Nr. 33 = NJW 1996, 413 = NZA 1995, 1175; 1. 7. 1992 AP ZPO § 36 Nr. 39 = NZA 1992, 1047). Es ist damit das zuerst angewiesene Gericht als zuständig zu bestimmen. Nur wenn der Verweisungsbeschluß nicht bindend war (Rn. 9), ist an das Gericht zu verweisen, an das die Sache durch den zweiten Verweisungsbeschluß gelangt ist, sofern dieser Bindungswirkung hat (BAG 3. 11. 1993 AP GVG § 17a Nr. 11 = NZA 1994, 479; 14. 1. 1994 AP ZPO § 36 Nr. 43 = NJW 1994, 1815 = NZA 1994, 478). Ein gemeinsamer Gerichtsstand für einen Rechtsstreit gegen Betriebsveräußerer und Betriebserwerber kann nach § 36 Nr. 3 ZPO nicht mehr bestimmt werden, wenn der Rechtsstreit gegen einen der Beteiligten durch bindenden Beschluß an ein anderes Gericht verwiesen worden ist (BAG 13. 11. 1996 AP ZPO § 36 Nr. 52 = NZA 1997, 227). Eine Widerklage, die sich gegen einen bislang am Rechtsstreit nicht beteiligten Drittwiderbeklagten richtet, bedarf einer Gerichtsstandsbestimmung (BAG 16. 5. 1997 AP ZPO § 36 Nr. 53 = NZA 1997, 1071). 16

IV. Tarifvertragliche Zuständigkeitsregelung

1. Tarifliche Regelung. Nach Abs. 2 können die Tarifvertragsparteien die Zuständigkeit eines an sich örtlich unzuständigen Arbeitsgerichtes festlegen. Die Vereinbarung muß schriftlich im normativen Teil des Tarifvertrages erfolgen. Möglich ist eine ausschließliche oder eine Zusatzzuständigkeit. 17

18 **2. Bürgerliche Rechtsstreitigkeit.** Die abweichende Zuständigkeitsbestimmung ist nur zulässig für bürgerliche Rechtsstreitigkeiten zwischen Arbeitnehmern und Arbeitgebern aus einem Arbeitsverhältnis und aus Verhandlungen über die Eingehung eines Arbeitsverhältnisses, das sich nach einem Tarifvertrag bestimmt. Damit ist eine tarifvertragliche Zuständigkeitsbestimmung nicht für Ansprüche aus unerlaubter Handlung (§ 2 I Nr. 3 b) sowie aus Nachwirkung eines Arbeitsverhältnisses (§ 2 I Nr. 3 c) zulässig. Ein Arbeitsverhältnis richtet sich nach einem Tarifvertrag, wenn die Parteien tarifgebunden sind (§ 3 TVG; vgl. § 3 Rn. 5 ff.), der Tarifvertrag allgemeinverbindlich ist (§ 5 TVG Rn. 1 ff.) oder individualvertraglich in Bezug genommen ist (§ 3 TVG Rn. 40).

19 **3. Gemeinsame Einrichtungen.** Nach Abs. 2 Nr. 2 kann für bürgerliche Rechtsstreitigkeiten aus dem Verhältnis einer gemeinsamen Einrichtung der Tarifvertragsparteien zu den Arbeitnehmern oder Arbeitgebern die örtliche Zuständigkeit eines Arbeitsgerichtes festgelegt werden. Hinterbliebene werden nicht erfaßt (§ 2 I Nr. 4).

20 **4. Verweisung.** Die individualvertragliche Inbezugnahme auf einen Tarifvertrag muß sich auf den gesamten Tarifvertrag und nicht nur einzelne Teile beziehen. Die Vereinbarung kann im voraus erfolgen. Sie bedarf nicht der Schriftform nach § 38 II, III ZPO (Abs. 2 Satz 3). Sie kann nur im räumlichen, fachlichen und personellen Geltungsbereich erfolgen, da einheitliche Arbeitsbedingungen für Tarifgebundene und Außenseiter ermöglicht werden sollen.

§ 48 a. *(aufgehoben)*

§ 49 Ablehnung von Gerichtspersonen

(1) Über die Ablehnung von Gerichtspersonen entscheidet die Kammer des Arbeitsgerichts.
(2) Wird sie durch das Ausscheiden des abgelehnten Mitglieds beschlußunfähig, so entscheidet das Landesarbeitsgericht.
(3) Gegen den Beschluß findet kein Rechtsmittel statt.

I. Allgemeines

1 Die Vorschrift enthält Regelungen zur Ablehnung von Gerichtspersonen. Sie wird ergänzt durch §§ 41 bis 49 ZPO (§ 46 II). Sie gilt im Urteils- und Beschlußverfahren (§ 80 II). In der Berufungsinstanz gilt § 49 II und in der Revisionsinstanz Abs. 2 und 3 nicht, weil hierfür kein Bedürfnis besteht.

II. Die Ablehnung und ihre Gründe

2 **1. Personenkreis.** a) Gerichtspersonen sind die Berufsrichter und ehrenamtliche Richter. Erfaßt werden aber auch die Urkundsbeamten der Geschäftsstelle (§ 49 ZPO) und die Rechtspfleger (§ 10 RpflG). Rechtsfolge ist, daß die Kammer und nicht der Vorsitzende der Kammer allein entscheidet (Abs. 1).

3 b) Keine Gerichtspersonen sind die Schreibkräfte, Gerichtswachtmeister und Geschäftsstellenverwalter (GK-ArbGG/*Dörner* § 49 Rn. 4).

4 c) Sonderregeln bestehen für Sachverständige (§ 406 ZPO), Dolmetscher (§ 191 GVG) und Gerichtsvollzieher (§ 155 GVG). Auf Vorsitzende von Einigungsstellen wird § 1036 ZPO entsprechend angewandt.

5 **2. Ausschließung kraft Gesetzes.** In den Fällen des § 41 ZPO ist die betroffene Gerichtsperson kraft Gesetzes von der Ausübung des Richteramtes ausgeschlossen. Allerdings ist auch in diesen Fällen eine Ablehnung der Gerichtsperson möglich.

6 **3. Gesetzliche Ausschließungsgründe.** a) Nach § 41 Nr. 1 ZPO ist eine Gerichtsperson ausgeschlossen in Sachen, in denen sie selbst Partei ist oder bei denen sie zu einer Partei in dem Verhältnis eines Mitberechtigten, Mitverpflichteten oder Regresspflichtigen steht. Partei ist jeder Prozeßbeteiligte, auf die sich die Rechtskraft erstreckt (*Germelmann/Matthes/Prütting* § 49 Rn. 7; *Hauck* § 49 Rn. 4; GK-ArbGG/*Dörner* § 49 Rn. 6). Ausgeschlossen sind mithin der Kläger und Beklagte, der Antragsteller und Antragsgegner im Beschlußverfahren, Streitgenossen und Streithelfer, der Insolvenzverwalter und der Gemeinschuldner. Eine Mitberechtigung und Mitverpflichtung ist gegeben bei den Gesellschaftern einer Personengesellschaft. Im Sinne von § 41 Nr. 1 liegt aber auch dann eine Mitberechtigung oder Mitverpflichtung bei Vorständen oder Geschäftsführern von Kapitalgesellschaften vor. Keine Mitberechtigung oder Mitverpflichtung liegt vor bei Aktionären einer Aktiengesellschaft oder bei Mitgliedschaft in einer eine Partei vertretenden Gewerkschaft oder einem Arbeitgeberverband. Eine Ausschließung kraft Gesetzes ist auch dann nicht gegeben, wenn ein Arbeitskollege desselben

II. Die Ablehnung und ihre Gründe § 49 ArbGG 60

Unternehmens Partei ist. Insoweit kann lediglich eine Ablehnung nach § 42 ZPO in Betracht kommen.

b) Ausgeschlossen ist eine Gerichtsperson, wenn sie Ehegatte einer Partei ist, auch wenn die Ehe 7 nicht mehr besteht (§ 41 Nr. 2 ZPO).

c) Ausgeschlossen ist eine Gerichtsperson in Sachen einer Person, mit der sie in gerader Linie 8 verwandt oder verschwägert, in der Seitenlinie bis zum 3. Grad verwandt oder bis zum 2. Grad verschwägert ist. Für die Feststellung der Grade der Verwandtschaft oder Schwägerschaft gelten die Vorschriften der §§ 1589, 1590 BGB, also die Zahl der sie vermittelnden Geburten. Die Verwandtschaft muß zu einer Partei des Rechtsstreits bestehen; unzureichend bei einem Prozeßbevollmächtigten einer Partei (aA LSG SchlH 5. 3. 1998 NJW 1998, 2925). Insoweit kann eine Ablehnung nach § 42 ZPO in Betracht kommen.

d) Ausgeschlossen ist die Gerichtsperson, wenn sie in derselben Sache als Prozeßbevollmächtigter 9 oder Beistand einer Partei bestellt oder als gesetzlicher Vertreter aufzutreten berechtigt ist oder war (§ 41 Nr. 4 ZPO). Die Regelung gilt auch dann, wenn sie Unterbevollmächtigter oder Vertreter nach § 53 BRAO war. Ist ein Vertreter auf sog. Sammelvollmachten aufgeführt, so gilt der Ausschluß in jedem Fall für alle die aufgeführten, die mit dem Prozeß befaßt waren. Namentlich in den Verbänden stehen vielfach die ersten Geschäftsführer auf den Sammelvollmachten, obwohl sie niemals mit der Prozeßführung befaßt sind. Dies geschieht, um notfalls einen Unterschriftsbefugten zu haben. Insoweit ist zumindest zweifelhaft, ob sie zu Vertretern bestellt sind oder nicht aus organisationspolitischen Gründen bevollmächtigt sind. Sie werden in aller Regel nach § 42 ZPO abgelehnt werden können. Dagegen ist eine Ablehnung nicht gerechtfertigt, wenn ein Geschäftsführer eines Verbandes, der mit der Prozeßführung nicht befaßt ist, zum ehrenamtlichen Richter in einem Prozeß eines Verbandsmitgliedes berufen ist (BAG 6. 8. 1997 AP ArbGG 1979 § 49 Nr. 5 = NZA 98, 332).

e) Ausgeschlossen ist, wer in der Sache als Zeuge oder Sachverständiger vernommen worden ist. 10 Notwendig ist die Vernehmung; unzureichend die Benennung im Prozeß, weil sonst eine Gerichtsperson leicht ausgeschaltet werden könnte. Der Ausschluß ist aber gegeben, wenn die Gerichtsperson in einem anderen Verfahren zu demselben Sachverhalt vernommen worden ist.

f) Ausgeschlossen ist eine Gerichtsperson, die in einem früheren Verfahren tätig geworden ist. 11 Ausgeschlossen ist nur diejenige, die in einem früheren Rechtszug oder im schiedsrichterlichen Verfahren bei der Entscheidung mitgewirkt hat, mit Ausnahme des Beauftragten oder ersuchten Richters. Mitwirkung ist dann gegeben, wenn der Richter materiell an der Entscheidung beteiligt gewesen ist. Unzureichend ist die bloße formelle Verkündung einer Entscheidung. Erfaßt wird nicht nur die Mitwirkung an der Entscheidung, sondern auch die Mitwirkung an einer auf Widerspruch bestätigten einstweiligen Verfügung bzw. einem bestätigenden Versäumnisurteil, soweit die Schlüssigkeit zu überprüfen war (BAG 7. 2. 1968 AP ZPO § 41 Nr. 3 = NJW 1968, 814). Keine Mitwirkung ist gegeben, wenn es sich um die Beteiligung an einem Versäumnisurteil gegen den Kläger gehandelt hat, bei dem eine Schlüssigkeitsprüfung nicht erforderlich war (echtes Versäumnisurteil). Bei einem Versäumnisurteil gegen den Beklagten ist der Richter nur ausgeschlossen, wenn er in einem früheren Rechtszug beteiligt war. Ebenfalls keine Mitwirkung liegt vor, wenn der Richter lediglich an einem Beweisbeschluß oder einer Beweisaufnahme mitgewirkt hat oder nach Aufhebung und Zurückverweisung durch das Rechtsmittelgericht.

Ausgeschlossen ist der Schiedsrichter. Hierzu gehört im Arbeitsgerichtsverfahren auch ein Mitglied 12 der Einigungsstelle, das am Beschluß teilgenommen hat.

4. Entscheidung über die Ausschließung. Der Ausschluß einer Gerichtsperson nach § 41 ZPO ist 13 von Amts wegen zu beachten. An Stelle des ausgeschlossenen Richters tritt der geschäftsplanmäßige Vertreter bzw. bei den ehrenamtlichen Richtern der nächste aus der Liste. Bei Zweifeln über die Ausschließung entscheidet die Kammer unter Ausschluß des betroffenen Richters. Vor der Entscheidung sind die Parteien zu hören (BVerfG 8. 6. 1993 AP ArbGG 1979 § 49 Nr. 3 = NJW 1993, 2229).

5. Ablehnung einer Gerichtsperson. a) Die Ablehnung einer Gerichtsperson ist möglich, wenn ein 14 gesetzlicher Ausschließungsgrund oder die Besorgnis der Befangenheit besteht (§ 42 I ZPO). Gesetzgeber und Gerichte haben wegen des grundrechtsgleichen Rechts auf den gesetzlichen Richter Anspruch darauf, daß Vorsorge dafür getroffen wird, daß im Einzelfall ein Richter, der nicht die Gewähr der Unparteilichkeit bietet, von der Ausübung seines Amtes ausgeschlossen ist oder abgelehnt werden kann. Daraus folgt aber noch nicht, daß die Gerichte allgemein von sich aus die Verfahrensbeteiligten vor einer Entscheidung darüber unterrichten müssen, welche Richter daran mitwirken werden (BVerfG 23. 9. 1997 NJW 1998, 369).

b) Die Besorgnis der Befangenheit ist gegeben, wenn bei objektiver und vernünftiger Betrachtungs- 15 weise eine Partei befürchten kann, daß der Richter nicht unparteiisch entscheiden werde (BAG 29. 10. 1992 AP ZPO § 42 Nr. 9 = NZA 1993, 238). Maßgebend ist, daß ein Grund vorliegt, der geeignet ist, Mißtrauen gegen die Unparteilichkeit des Richters zu rechtfertigen (BVerfG 5. 4. 1990 BVerfGE 82, 30 = NJW 1990, 2457; 16. 2. 1995 NJW 1995, 1277). Es ist nicht notwendig, daß der Richter tatsächlich befangen ist, sondern ob bei vernünftiger Betrachtungsweise Gründe vorliegen können, aus denen eine Partei einen Richter für befangen halten kann.

16 c) Ablehnungsgründe können sich ergeben aus den Beziehungen des Richters zu einer Partei oder zu deren Prozeßbevollmächtigten. Dies können freundschaftliche sein, aber auch ein gestörtes Verhältnis zu Gewerkschaften oder Arbeitgeberverbänden. Bei Sachverständigen ist die freundschaftliche Beziehung zu einem Vorstand der Krankenkasse unzureichend (LSG NRW 23. 12. 1996 BB 1998, 376). Ferner sind Ablehnungsgründe ein unsachliches Benehmen gegenüber einer Partei, die Erteilung von Ratschlägen, unsachliche Formulierungen oder unangemessene Gestik, besonderes Interesse des Richters am Prozeßausgang, gehäufte Rechtsfehler im bisherigen Verlauf des Rechtsstreites, insbesondere wenn sie sich stets zum Nachteil einer Partei auswirken, der Hinweis an eine Partei, die Berufung der Gegenseite werde als unzulässig verworfen (LAGE Berlin 18. 12. 1996 § 49 ArbGG Nr. 7). Ein Sachverständiger ist nicht befangen, wenn er im Beweissicherungsverfahren zum Nachteil einer Partei gegutachtet hat, wohl dann, wenn er im Parallelprozeß wegen seines Gutachtens auf Schadensersatz in Anspruch genommen wird (OLG Düsseldorf 8. 7. 1997 NJW 1998, 168).

17 d) Keine Ablehnungsgründe lassen sich aus der Äußerung von Rechtsansichten des Richters ableiten (BAG 29. 10. 1992 AP ZPO § 42 Nr. 9 = NJW 1993, 879). Dasselbe gilt bei zurückhaltender und prozeßneutraler Äußerung von politischen Rechtsansichten (BVerfG 15. 9. 1998 NJW 1999, 132); ArbG Frankfurt 11. 5. 1982 = NJW 1984, 142), oder aus dem Festhalten an früheren Rechtsansichten. Kein Ablehnungsgrund folgt aus der vorläufigen Äußerung von Erfolgsaussichten, Gewerkschaftszugehörigkeit eines ehrenamtlichen Richters (BVerfG 16. 9. 1991 – 1 BvR 453/90 – EzA TVG § 2 Nr. 19; BAG 14. 7. 1961 AP ZPO § 322 Nr. 6 = NJW 1961, 1166; 20. 4. 1960 AP ZPO § 41 Nr. 1), auch wenn dieser als Vorstand bei dem Abschluß des Tarifvertrages beteiligt war in den Auslegungsstreitigkeiten von Individualparteien (BAG 10. 7. 1996 AP ArbGG § 49 Nr. 4). Persönliche Angriffe gegen Richter enthaltende Schreiben der Parteien rechtfertigen in aller Regel keine Ablehnung (BAG 30. 5. 1972 AP ZPO § 42 Nr. 2). Keine Befangenheit folgt aus dem Hinweis auf Verjährungsfristen im Rahmen von Vergleichsverhandlungen (BGH 12. 11. 1997 NJW 1998, 612, Sonderfall bei Hinweis auf Vermeidung des Ausschlusses von Parteivorbringen: OLG München 20. 10. 1993 NJW 1994, 60). Ein Sachverständiger kann abgelehnt werden, wenn er sich in einem Parallelverfahren festgelegt hat (OLG Düsseldorf 8. 7. 1997 NJW 1998, 168).

III. Ablehnungsverfahren

18 1. Ablehnungsgesuch. a) Das Ablehnungsgesuch ist mündlich, schriftlich oder zu Protokoll der Geschäftsstelle bei dem Arbeitsgericht, Landesarbeitsgericht oder Bundesarbeitsgericht anzubringen, dem der ehemalige Richter angehört. Der abgelehnte Richter ist namentlich zu bezeichnen, es sei denn, daß er unzweifelhaft identifizierbar ist (BAG 1. 4. 1960 AP ArbGG 1953 Nr. 3 = DB 1960, 788). Unzulässig ist die Ablehnung des Gerichtes als ganzes. Zulässig ist jedoch die Ablehnung von mehreren Richtern eines Spruchkörpers, wenn alle aus dem gleichen Grund abgelehnt werden (BAG 31. 1. 1968 AP ZPO § 41 Nr. 2 = BB 1968, 508). Über die Ablehnung kann in einem Beschluß entschieden werden (BGH 12. 2. 1998 NJW 1998, 2458).

19 b) Das Ablehnungsgesuch muß die Tatsachen enthalten, auf die die Ablehnung gestützt wird. Diese sind glaubhaft zu machen (§ 44 II ZPO). Zur Versicherung an Eides statt darf die Partei nicht zugelassen werden. Ausreichend ist jedoch, wenn auf das Zeugnis des abgelehnten Richters Bezug genommen wird. Der abgelehnte Richter hat sich über das Ablehnungsgesuch dienstlich zu äußern (§ 44 III ZPO). Auch die dienstliche Äußerung soll keine Ansichten zur Erfolgsaussicht des Ablehnungsgesuches enthalten, sondern lediglich eine Stellungnahme zu den behaupteten Tatsachen, sowie die Äußerung, ob er sich befangen oder nicht befangen fühle.

20 c) Eine Partei verliert das Recht zur Ablehnung, wenn sie sich bei dem Richter auf eine Verhandlung eingelassen hat. Wird das Ablehnungsgesuch erst nach der Einlassung angebracht, so ist glaubhaft zu machen, daß es erst danach entstanden oder bekannt geworden ist (§ 44 IV ZPO).

21 d) Unzulässig ist ein Ablehnungsgesuch, das nicht ernst gemeint ist, zur Prozeßverschleppung oder sonst rechtsmißbräuchlich ist. Ein Ablehnungsgesuch kann jedoch mehrfach gestellt werden, wenn mehrfach Gründe zur Ablehnung auftreten.

22 2. Selbstablehnung. a) Ein Richter kann sich nach § 48 ZPO selbst ablehnen. Dies ist möglich, wenn (1) ein gesetzlicher Ausschließungsgrund vorliegt, (2) der Richter von einem Verhältnis Anzeige macht, daß seine Ablehnung rechtfertigen könnte, (3) aus anderen Verhältnissen Zweifel darüber bestehen, ob ein Richter kraft Gesetzes ausgeschlossen ist. Die Selbstablehnung erfolgt in der Regel durch eine dienstliche Äußerung, zu der die Parteien rechtliches Gehör erhalten (BVerfG 8. 6. 1993 AP ArbGG 1979 § 49 Nr. 3 = NJW 1993, 2229).

23 b) Liegt ein Grund der Ausschließung zweifelsfrei vor, tritt an seine Stelle der Vertreter. Anderenfalls entscheidet die Kammer durch Beschluß.

3. Wirkung von Ausschluß und Ablehnung. a) Ist eine Gerichtsperson nach § 41 ZPO kraft 24 Gesetzes ausgeschlossen, hat sie sich jeglicher Amtshandlungen zu enthalten. Sind Amtshandlungen vorgenommen worden, so können sie durch Wiederholung geheilt werden. Hat der Richter an einer Endentscheidung mitgewirkt, so kann eine hierauf gestützte Berufung begründet sein. Das Berufungsgericht kann jedoch nach § 68 ArbGG den Rechtsstreit nicht in die erste Instanz zurückverweisen. Hat ein ausgeschlossener Richter in der Berufungsinstanz mitgewirkt, so ist der absolute Revisionsgrund nach § 551 Nr. 2 ZPO gegeben. Ist das Urteil bereits rechtskräftig, kann ein Wiederaufnahmegrund nach § 579 I Nr. 2 ZPO gegeben sein.

b) Auch der abgelehnte Richter hat sich weiterer Prozeßhandlungen zu enthalten. Er kann jedoch 25 nach § 47 ZPO solche Handlungen vornehmen, die keinen Aufschub gestatten. Zu solchen Handlungen gehören Ladung oder Abladung von Parteien oder Zeugen. In Ausnahmefällen kann hierin auch die Durchführung einer Beweisaufnahme gehören, wenn das Beweismittel später nicht mehr zur Verfügung steht.

c) Ist ein Richter mit Erfolg abgelehnt, darf er weitere Prozeßhandlungen in dem Verfahren nicht 26 mehr vornehmen, anderenfalls liegt ein absoluter Revisionsgrund (§ 551 Nr. 3 ZPO) oder ein Wiederaufnahmegrund (§ 579 I Nr. 3 ZPO) vor. Ein auf Besorgnis der Befangenheit des Richters gestütztes Ablehnungsgesuch bewirkt keine Unterbrechung des Verfahrens und keine Hemmung von Notfristen (BAG 28. 12. 1999 – 9 AZN 739/99).

4. Entscheidung über die Ablehnung. a) Über die Ablehnung entscheidet nach § 49 die Kammer. 27 Dies gilt auch, wenn außerhalb der mündlichen Verhandlung entschieden wird. § 49 I ist gegenüber § 53 lex spezialis. Ein abgelehnter Richter wird durch seinen Vertreter ersetzt. An Stelle des abgelehnten ehrenamtlichen Richters tritt der nächste ehrenamtliche Richter der Liste. Gerade in diesen Fällen kann ein Richter der Reserveliste hinzugezogen werden. Nur in Ausnahmefällen kann der abgelehnte Richter mitentscheiden, wenn das Ablehnungsgesuch rechtsmißbräuchlich und offensichtlich unzulässig ist (LAG Rheinland-Pfalz 10. 3. 1982 EzA § 49 ArbGG 1979 Nr. 2; *Germelmann/Matthes/Prütting* § 49 Rn. 32, 41; *Hauck* § 49 Rn. 18; aA GK-ArbGG/*Dörner* § 49 Rn. 38). Wird das Gericht, zu dem der abgelehnte Richter gehört, beschlußunfähig, entscheidet das übergeordnete Gericht.

b) Die Entscheidung erfolgt durch Beschluß. Den Parteien ist vorab rechtliches Gehört zu bewil- 28 ligen. Hierbei erhalten die Parteien Gelegenheit, zur dienstlichen Äußerung des Richters Stellung zu nehmen. Durch den Beschluß wird das Ablehnungsgesuch als unzulässig verworfen, als unbegründet zurückgewiesen oder für begründet erklärt. Entscheidungen über die Ablehnung von Gerichtspersonen können nach der Verfassungsbeschwerde angefochten werden (BVerfG 25. 6. 1968 AP GG Art. 103 Nr. 25 = NJW 1968, 1621). Der Beschluß enthält keine Kostenentscheidung. Ein Rechtsmittel gegen den Beschluß findet nicht statt (Abs. 3). Hierüber sind die Parteien nach § 9 V zu belehren. War über die Ablehnung eines Sachverständigen zu entscheiden, so ist dagegen § 49 III nicht anzuwenden. Vielmehr ist die Beschwerde gegeben (LAG *Hamm* 19. 6. 1989 AP ArbGG 1979 Nr. 1 = DB 1986, 1932).

c) Der Rechtsmittelausschluß ist verfassungsrechtlich unbedenklich (BAG 27. 7. 1998 AP ArbGG 29 1979 § 49 Nr. 6 = NJW 1999, 84). Ist der Beschluß zu Unrecht ergangen, weil zB der abgelehnte Richter mitgewirkt hat, kann dies im Rechtsmittelzug überprüft werden. Hat dagegen der Vorsitzende allein über die Ablehnung entschieden, soll ein außerordentlicher Rechtsbehelf gegeben sein (LAG Köln 18. 8. 1992 = NZA 1993, 142).

d) Der Streitwert ist derjenige der Hauptsache (OLG Düsseldorf 29. 3. 1994 AnwBl 94, 425). Eine 30 Richterablehnung 1. Instanz erhöht nicht den Streitwert (LAG Köln 19. 3. 1996 AnwBl 1996, 644). Außergerichtliche Kosten der Richterablehnung sind nicht erstattungsfähig (OLG München 16. 2. 1994 AnwBl 1994, 426).

§ 50 Zustellung

(1) ¹Die Urteile werden von Amts wegen binnen drei Wochen seit Übergabe an die Geschäftsstelle zugestellt. ² § 317 Abs. 1 Satz 3 der Zivilprozeßordnung ist nicht anzuwenden.

(2) Die Vorschriften des § 183 Abs. 2 und des § 212a der Zivilprozeßordnung finden entsprechende Anwendung auf die nach § 11 zur Prozeßvertretung zugelassenen Vertreter von Gewerkschaften und von Vereinigungen von Arbeitgebern sowie von Zusammenschlüssen solcher Verbände.

(3) § 211 der Zivilprozeßordnung gilt mit der Maßgabe, daß an die Stelle eines Gerichtswachtmeisters oder der Post der Urkundsbeamte der Geschäftsstelle oder ein von ihm beauftragter Beamter oder Angestellter des Gerichts treten kann.

Schaub

I. Allgemeines

1 **1. Regelungszweck.** Auch nach Privatisierung der Post ist sichergestellt, daß die Zustellung noch durch die Post AG erfolgen kann (BFH 17. 12. 1996 NJW 1997, 3264; VG Hannover 23. 10. 1997 NJW 1998, 920). Die Vorschrift enthält drei Besonderheiten der Zustellung im arbeitsgerichtlichen Verfahren.

2 **2. Zustellung.** a) Zustellung ist beurkundete Übergabe eines Schriftstückes an den Zustellungsadressaten in der gesetzlich vorgeschriebenen Form. Durch die Zustellung wird der Zustellungsadressat in die Lage versetzt, vom Inhalt des Schriftstückes Kenntnis zu nehmen. Durch die Beurkundung der Zustellung wird sichergestellt, daß der Absender Zeitpunkt und Art der Übergabe des Schriftstückes erfährt.

3 b) Nach § 46 II 1 iVm. § 270 I ZPO erfolgen die Zustellungen grundsätzlich von Amts wegen, soweit nichts anderes vorgeschrieben ist. Dies gilt auch für die Zustellung der Klageschrift, Ladungen, Prozeßerklärungen, Entscheidungen und Rechtsmittel. Für die Zustellung gelten grundsätzlich die §§ 208 ff. und 166 ff. ZPO.

4 c) Im Parteibetrieb zugestellt werden (1) durch Beschluß erlassene Arrestbefehle und einstweilige Verfügungen (§§ 62 iVm. 902 II, 936, 922 II ZPO). Wird durch Urteil entschieden, bleibt es bei der Amtszustellung. (2) Prozeßvergleiche, soweit aus ihnen die Zwangsvollstreckung erfolgen soll (§§ 794 I Nr. 1, 795, 750 I ZPO) und Urkunden (§ 794 I Nr. 5 ZPO), (3) Urteile als Voraussetzung der Zwangsvollstreckung (§ 750 ZPO).

5 d) Die Zustellung wird vom Urkundsbeamten der Geschäftsstelle veranlaßt, bei dem der Prozeß anhängig ist (§§ 209, 211 ZPO). Er bestimmt nach pflichtgemäßem Ermessen, ob die Zustellung durch Aufgabe zur Post, durch einen Gerichtsvollzieher oder den Gerichtswachtmeister erfolgt. Lediglich in den Fällen des unbekannten Aufenthalts des Prozeßbevollmächtigten (§ 177 ZPO), der Zustellung zur Nachtzeit und an Sonn- und Feiertagen (§ 188 ZPO), der Zustellung im Ausland sowie der öffentlichen Zustellung (§ 204 ZPO) ist die Mitwirkung des Richters oder Rechtspflegers erforderlich. Der Urkundsbeamte der Geschäftsstelle hat die notwendigen Ausfertigungen und beglaubigten Abschriften zu fertigen (§§ 170, 210 ZPO). Er hat für die Beurkundung des Zustellungsvorganges zu sorgen (§§ 212, 195 ZPO).

6 **3. Zustellungsempfänger.** a) Die Zustellung muß an den richtigen Zustellungsempfänger erfolgen. Bei mehreren Beklagten oder Streitgenossen ist an jeden zuzustellen. Bei der einfachen Nebenintervention wird nur an die Hauptpartei zugestellt. Die Zustellung kann an jedem Ort erfolgen, an dem der Zustellungsempfänger angetroffen wird (§ 180 ZPO). Verweigert er die Annahme, so ist das zuzustellende Schriftstück am Ort der Zustellung zurückzulassen (§ 186 ZPO).

7 b) Eine Ersatzzustellung findet statt, wenn der Zustellungsadressat nicht angetroffen wird. Wird der Zustellungsadressat in der Wohnung nicht angetroffen, so kann die Zustellung in der Wohnung an einen zur Familie gehörenden erwachsenen Hausgenossen oder an eine in der Familie dienende erwachsene Person erfolgen (§ 181 I ZPO). Erwachsen ist jede Person die nach äußeren Erscheinungsbild zu einem Erwachsenen gezählt wird. Wird eine solche Person in der Wohnung nicht angetroffen, so kann die Zustellung an den in demselben Haus wohnenden Hauswirt oder Vermieter erfolgen, wenn diese zur Annahme bereit sind (§ 181 II ZPO). Ist auch auf diese Weise die Zustellung nicht durchführbar, so kann sie durch Niederlegung des Schriftstücks auf der Geschäftsstelle des Amtsgerichtes, der Postanstalt oder der Gemeinde erfolgen. Zugleich muß eine schriftliche Mitteilung über die Niederlegung unter der Anschrift des Empfängers in der bei gewöhnlichen Briefen üblichen Weise abgegeben oder an der Tür befestigt werden bzw. einer in der Nachbarschaft wohnenden Person zur Weitergabe ausgehändigt werden.

8 c) Bei Gewerbetreibenden, die ein besonderes Geschäftslokal haben, kann, wenn sie in dem Geschäftslokal nicht angetroffen werden, die Zustellung an einen darin anwesenden Gewerbegehilfen erfolgen (§ 183 I ZPO). Dagegen ist eine Niederlegung zur Post nicht zulässig. Für die Ersatzzustellung an einen Rechtsanwalt, Notar oder Gerichtsvollzieher vgl. § 183 II ZPO; für eine Ersatzzustellung an juristische Personen vgl. § 184 ZPO.

9 d) Die Ersatzzustellung an eine in §§ 181, 183, 184 I bezeichnete Person hat zu unterbleiben, wenn die Person an dem Rechtsstreit des Gegners der Partei, an welche die Zustellung erfolgen soll, beteiligt ist. Unzulässig ist die Ersatzzustellung an einen Gewerbegehilfen des Arbeitgebers (Drittschuldners), wenn das Einkommen des Gewerbegehilfen gepfändet und zur Einziehung überwiesen worden ist.

10 e) Hat der Zustellungsadressat einen Prozeßbevollmächtigten und diesen dem Gericht benannt, so müssen Zustellungen an den für den Prozeß bestellten Prozeßbevollmächtigten erfolgen (§ 176 ZPO). Dies gilt nicht für Unterbevollmächtigte, Terminbevollmächtigte, Beistände. Nur ausnahmsweise kann die Zustellung nach § 177 ZPO an einen Zustellungsbevollmächtigten oder die Partei selbst erfolgen.

11 f) Über die Zustellung ist eine Urkunde aufzunehmen (§ 212 iVm, § 195 II ZPO). Keine Zustellung kann durch Telefax erfolgen.

4. Fehlerhafte Zustellung. Ist die Zustellung fehlerhaft erfolgt, so kann sie mit Wirkung für die 12 Zukunft wiederholt werden. Ausnahmsweise kann sie auch mit rückwirkender Kraft nach § 295 ZPO geheilt werden.

II. Besonderheit nach § 50 I

1. Amtszustellung. In Abs. 1 ist der Grundsatz wiederholt, daß alle Urteile von Amts wegen 13 zuzustellen sind. Dies gilt für alle Verfahren und alle Instanzen. Ebenfalls gilt das Prinzip der Amtszustellung von Beschlüssen im Beschlußverfahren. Nach hM sind entgegen § 699 IV 2 ZPO auch Vollstreckungsbescheide von Amts wegen zuzustellen (*Germelmann/Matthes*/Prütting § 50 Rn. 8; *Hauck* § 50 Rn. 10; aA GK-ArbGG/*Dörner* § 50 Rn. 22).

2. Frist. Die Zustellung hat binnen drei Wochen seit Übergabe der Urteile an die Geschäftsstelle zu 14 erfolgen. Die Frist beginnt, wenn das Urteil in vollständiger Form abgefaßt und unterschrieben der Geschäftsstelle übergeben worden ist. § 317 I 3 ZPO, wonach der Vorsitzende auf übereinstimmenden Antrag der Parteien die Zustellung verkündeter Urteile aussetzen kann, ist nicht anzuwenden. Hier kommt das Beschleunigungsprinzip des Arbeitsgerichtsverfahrens zum Ausdruck.

III. Besonderheiten nach § 50 II und III

1. Gleichstellung von Verbandsvertretern. a) Für die Zustellung werden Gewerkschaftssekretäre 15 und Vertreter von Arbeitgeberverbänden für die passive Zustellung an Rechtsanwälte gleichgestellt. Damit erfolgen Zustellungen mittels Empfangsbekenntnis (§ 212 a ZPO) und die Aushändigung des Urteils kann auch an eine vom Verband beschäftigte Person erfolgen. Die Empfangspostkarte muß dagegen stets vom Verbandsvertreter unterschrieben sein (BAG 27. 5. 1971 AP ZPO § 212 a Nr. 4; 10. 7. 1991 AuR 92, 61; LAG *Hamm* 10. 7. 1991 AuR 1992, 61; zum Stationsreferendar BAG 3. 10. 1975 AP ZPO § 212 a Nr. 5). Eine vereinfachte Zustellung ist nicht möglich, wenn der Gewerkschaftssekretär einen nicht organisierten AN vertreten hat (BAG 16. 5. 1975 AP ArbGG 1953 § 11 Nr. 35 = NJW 1975, 1798). Gleichfalls ist eine Zustellung nach § 212 a ZPO im Beschlußverfahren zulässig (BAG 17. 2. 1983 AP ZPO § 212 a Nr. 6).

b) Die vereinfachte Zustellung nach § 212 a ZPO setzt voraus, daß (1) das zuzustellende Schrift- 16 stück in den Gewahrsam einer Person kommt, (2) der Zustellungsempfänger den Willen hat, das zuzustellende Schriftstück entgegenzunehmen und (3) ein Empfangsbekenntnis ausstellt (BAG 2. 12. 1994 AP ZPO § 212 a Nr. 10 = NJW 1995, 1916 = NZA 1995, 287). Der Zustellungsempfänger kann das Empfangsbekenntnis in beliebiger Form ausstellen (BAG 27. 5. 1971 AP ZPO § 212 a Nr. 4). Die Zustellung gegen Empfangsbekenntnis ist zu dem Zeitpunkt als bewirkt anzusehen, in dem der Anwalt durch Datierung und Unterschrift seinen entsprechenden Willen zur Entgegennahme bekundet hat (LAG Köln 9. 6. 1995 NZA-RR 1996. 148). Der Gegenbeweis unrichtiger Datierung ist unbeschränkt zulässig (BAG 30. 5. 1974 AP ArbGG 1953 § 92 Nr. 14 = DB 1974, 1728; LAG Köln 27. 2. 1987 MDR 1987, 699). Ergibt das Empfangsbekenntnis berechtigte Zweifel an der Richtigkeit des vermerkten Zustellungsdatums, so trägt der Anwalt die volle Darlegungs- und Beweislast dafür, daß er unverschuldet erst erheblich Zeit nach Eingang des Urteils in der Kanzlei positive Kenntnis von der Zustellung erlangt hat. Die vereinfachte Zustellung gilt auch im Beschlußverfahren (BAG 17. 2. 1983 (AP ZPO 3 212 a Nr. 6).

2. Zustellung durch Gerichtspersonen. Nach Abs. 3 kann abweichend von § 211 ZPO anstelle 17 eines Gerichtswachtmeisters oder der Post der Urkundsbeamte der Geschäftsstelle oder ein von ihm beauftragter Beamter oder Angestellter des Gerichtes treten.

§ 51 Persönliches Erscheinen der Parteien

(1) ¹Der Vorsitzende kann das persönliche Erscheinen der Parteien in jeder Lage des Rechtsstreits anordnen. ²Im übrigen finden die Vorschriften des § 141 Abs. 2 und 3 der Zivilprozeßordnung entsprechende Anwendung.

(2) ¹Der Vorsitzende kann die Zulassung eines Prozeßbevollmächtigten ablehnen, wenn die Partei trotz Anordnung ihres persönlichen Erscheinens unbegründet ausgeblieben ist und hierdurch der Zweck der Anordnung vereitelt wird. ²§ 141 Abs. 3 Satz 2 und 3 der Zivilprozeßordnung findet entsprechende Anwendung.

I. Allgemeines

1. Zweck. Im Arbeitsgerichtsverfahren gilt der Grundsatz der Unmittelbarkeit. Das Gesetz will 1 sicherstellen, daß die Parteien selbst am Prozeß teilnehmen. Zunächst ist angenommen worden, daß die Ordnungsmaßnahmen auch zur Sicherung der Autorität des Gerichtes dienen. Inzwischen wird in den Ordnungsmaßnahmen eine reine Erzwingungsmaßnahme gesehen, da die Partei ihrer prozessualen Förderungspflicht nicht nachgekommen ist. Sie löst daher die Anordnung des persönlichen Erscheinens aus (LAG Baden-Württemberg 3. 8. 1987 NZA 1987, 827; LAG Düsseldorf 1. 8. 1985 ArbGG 1979 § 51 Nr. 3). Die Vorschrift gilt im Urteils- und Beschlußverfahren sowie in der ersten und zweiten Instanz; dagegen nicht in der dritten Instanz, weil dort nur eine Rechtsprüfung stattfindet.

2 **2. Verhältnis zu § 141 ZPO. a)** Die Vorschrift entspricht inhaltlich § 141 I ZPO. Anders als § 141 I ZPO enthält sie aber keine Zweckbestimmung der Anordnung des persönlichen Erscheinens. Nach hM dient die Anordnung des persönlichen Erscheinens dazu, den Sachverhalt aufzuklären, die Ausübung des richterlichen Fragerechtes zu ermöglichen und das Verfahren und dessen Abschluß durch eine gütliche Beilegung des Rechtsstreits zu fördern (§ 279 ZPO).

3 b) Soweit § 51 keine Regelung enthält, greifen ergänzend §§ 141, 279 ZPO ein.

II. Anordnung des persönlichen Erscheinens

4 **1. Ermessen des Vorsitzenden. a)** Die Anordnung des persönlichen Erscheinens einer oder beider Parteien erfolgt nach dem Ermessen des Vorsitzenden im Rahmen der Zwecksetzung des persönlichen Erscheinens (Rn. 1). Dagegen ist eine Anordnung unzulässig, soweit sie zur Maßregelung einer Partei erfolgt.

5 b) Der Vorsitzende kann das Erscheinen einer oder beider Parteien anordnen. Wer Partei ist, richtet sich nach § 50 ZPO, § 10. Partei ist auch der streitgenössische Streithelfer (§ 69 ZPO), dagegen nicht der Nebenintervenient (§ 66 ZPO). Ist die Partei geschäftsunfähig bzw. eine juristische Person, so ist das Erscheinen des gesetzlichen Vertreters anzuordnen (LAG *Hamm* 25. 1. 1999 MDR 1999, 825; LAG Köln 15. 3. 1996 AuR 15. 3. 1996 AuR 1996, 459). Dieser muß namentlich benannt werden; besteht zB der Vorstand aus mehreren Personen, muß angegeben werden, wer zu laden ist (LAG Düsseldorf 6. 1. 1995 MDR 1996, 98).

6 **2. Beschluß. a)** Die Entscheidung über die Anordnung des persönlichen Erscheinens erfolgt außerhalb der mündlichen Verhandlung durch prozeßleitende Verfügung, innerhalb der mündlichen Verhandlung durch Beschluß. Eine Begründung ist nicht vorgesehen, im allgemeinen aber zweckmäßig, um den Zweck der Anordnung aufzuzeigen. Die Anordnung muß unterschrieben und darf nicht nur mit der Paraphe unterzeichnet sein (LAG *Hamm* 11. 3. 1982 EzA ZPO § 141 Nr. 2; LAG Rheinland-Pfalz 19. 11. 1993 JurCD).

7 b) Ist das persönliche Erscheinen angeordnet, so ist die Partei von Amts wegen durch die Geschäftsstelle zu laden. Die Ladung ist der Partei selbst mitzuteilen, auch wenn sie einen Prozeßbevollmächtigten bestellt hat. Der Zustellung bedarf die Ladung nicht (§ 141 II ZPO). Sie ist aber zweckmäßig. In der Ladung ist die Partei auf die Folgen ihres Ausbleibens hinzuweisen (§ 141 III 2 ZPO). Die Prozeßbevollmächtigten der Parteien sind von der Anordnung des persönlichen Erscheinens und der Ladung zu unterrichten.

8 **3. Unterbleiben des Beschlusses. a)** Eine Anordnung des persönlichen Erscheinens kommt nicht in Betracht, wenn im Zeitpunkt der Anordnung bereits ersichtlich ist, daß der mit ihr verfolgte Zweck nicht erreicht werden kann. Dies kann der Fall sein, wenn die Partei selbst zur Aufklärung des Sachverhaltes nichts beitragen kann oder von vornherein feststeht, daß sie sich nicht vergleichen will. Durch die Anordnung kann kein Druck zum Abschluß von Vergleichen ausgeübt werden.

9 b) Nach § 141 I 2 ZPO hat die Anordnung des persönlichen Erscheinens zu unterbleiben, wenn einer Partei wegen großer Entfernung oder aus sonstigem wichtigen Grund die persönliche Wahrnehmung des Termins nicht zuzumuten ist. In § 51 ist auf § 141 I 2 ZPO nicht verwiesen. Hieraus folgt, daß auch in diesen Fällen eine Anordnung möglich ist. Jedoch sind diese Umständes im Rahmen der Ermessensausübung bei der Anordnung zu berücksichtigen.

III. Rechtsfolgen des Ausbleibens

10 **1. Erscheinungspflicht.** Ist das persönliche Erscheinen angeordnet und ordnungsgemäß geladen, so ist die Partei zum Erscheinen verpflichtet. Sie kann sich vor dem Termin entschuldigen, wenn sie durch Krankheit, Urlaub, Ortsabwesenheit oder anderer dringender Geschäfte am Erscheinen verhindert ist. Unzureichend ist eine Entschuldigung, wenn der Termin vergessen wurde (LAGE Düsseldorf 1. 3. 1993 ArbGG 1979 § 51 Nr. 4) oder eine Kanzleiangestellte der Partei erklärt, sie brauche nicht zu kommen (LAG Frankfurt 17. 7. 1986 NZA 1987, 284). Nach verbreiteter Meinung muß sich die Partei ein Anwaltsverschulden nach § 85 II ZPO zurechnen lassen (vgl. LAGE Rheinland-Pfalz vom 19. 4. 1985 ArbGG 1979 § 51 Nr. 2; dagegen LAG Köln 14. 11. 1994 NZA 95, 864). Der Vorsitzende hat über die Entschuldigung nach pflichtgemäßem Ermessen zu entscheiden. Erfolgt die Entschuldigung nach dem Termin, sind etwaige Ordnungsmaßnahmen wieder aufzuheben.

2. Ordnungsgeld. a) Bleibt eine Partei im Termin aus, so kann gegen sie Ordnungsgeld wie gegen 11
einen im Verhandlungstermin nicht erschienenen Zeugen festgesetzt werden (Abs. 1 Satz 2, § 141 III
ZPO). Das Ordnungsgeld beträgt zwischen 5,– bis 1000,– DM (§ 6 I EGStGB). Das gilt auch bei
juristischen Personen. Das Verschulden des gesetzlichen Vertreters wird der juristischen Person zugerechnet (§ 51 II ZPO). Das Ordnungsgeld wird gegen die juristische Person und nicht deren Vertreter
festgesetzt (LAG *Hamm* 25. 1. 1999 MDR 1999, 825). Die Verhängung des Ordnungsgeldes steht im
Ermessen des Gerichtes. Sie ist ausgeschlossen, wenn die Partei nicht über die Folgen der Säumnis
belehrt worden ist (§ 141 III 3 ZPO).

b) Dagegen ist im Gesetz nicht vorgesehen die Verhängung von Ordnungshaft, Auferlegung der 12
Kosten des Termins oder der Vorführung der Partei. Es kann lediglich eine Verzögerungsgebühr nach
§ 34 GKG verhängt werden.

c) Der Beschluß über die Verhängung des Ordnungsgeldes ergeht in der streitigen Verhandlung vor 13
der Kammer durch die Kammer selbst. Er ist zu begründen (LAG Bremen 4. 8. 1993 MdR 1993,
1007).

3. Zurückweisung eines Prozeßbevollmächtigten. a) Der Vorsitzende kann neben der Verhängung 14
des Ordnungsgeldes bei unentschuldigtem Ausbleiben einer Partei die Zulassung eines Prozeßbevollmächtigten ablehnen, wenn die Partei trotz Anordnung eines persönlichen Erscheinens unbegründet,
also nicht genügend entschuldigt ausgeblieben ist und hierdurch der Zweck der Anordnung vereitelt
wird. Dies gilt jedoch nicht vor dem LAG, da hier Vertretungszwang für die Parteien besteht. Voraussetzung der Nichtzulassung ist, daß die Anordnung ordnungsgemäß, die Partei geladen und über die
Folgen des Ausbleibens belehrt worden ist und der Zweck der Anordnung vereitelt worden ist
(LAGE *Hamm* vom 22. 12. 1994 ArbGG 1979 § 51 Nr. 5; 12. 11. 1997 Nr. 14; 29. 11. 1990 DB 1991,
1684). Der Ausschluß des Prozeßbevollmächtigten gilt nur für den Termin; er kann jedoch mehrmals
erfolgen.

b) Umstritten ist, ob der Ausschluß des Prozeßbevollmächtigten bereits im Gütetermin erfolgen 15
kann (bejahend GK-ArbGG/*Dörner* § 51 Rn. 26; *Hauck* § 51 Rn. 12; verneinend *Germelmann/Matthes/Prütting* § 51 Rn. 28). Nach richtiger Ansicht ist dies zu bejahen, wenn überhaupt eine zulässige
Anordnung vorliegt und der Prozeßbevollmächtigte keine Erklärung zur Sache oder zu einer möglichen Beilegung des Rechtsstreites abgeben kann.

c) Ist der Ausschluß des Prozeßbevollmächtigten erfolgt, so ist die Partei säumig. Unter der Voraus- 16
setzung von § 59 ArbGG kann ein Versäumnisurteil ergehen.

IV. Ausnahme von Ordnungsmaßnahmen

1. Vertreter. a) Ein Ordnungsgeld darf nicht verhängt werden bzw. der Prozeßbevollmächtigte 17
nicht zurückgewiesen werden, wenn die Partei zur Verhandlung einen Vertreter entsendet, der zur
Aufklärung des Tatbestandes in der Lage und zur Abgabe der gebotenen Erklärungen, insbesondere
zu einem Vergleichsabschluß ermächtigt ist (Abs. 1 iVm. § 141 II ZPO). Der Vertreter muß über
die Einzelheiten des Sachverhaltes informiert sein und in der Lage sein, entsprechende Fragen des
Gerichtes zu beantworten. Die Information ist ausreichend, wenn sich auch die Partei oder ihr
Prozeßbevollmächtigter zu einer besseren Information nicht in der Lage wäre (LAG Rheinland-Pfalz
2. 8. 1985 JurCD). Eine unmittelbare Sachkenntnis ist nicht notwendig. Damit kann auch der Prozeßbevollmächtigte selbst Vertreter im Sinne von § 141 ZPO sein.

b) Die Ermächtigung zum Vergleichsabschluß muß die Vollmacht umfassen, einen Vergleich un- 18
widerruflich abzuschließen. Aus der Ablehnung des Vergleiches durch den Vertreter ist aber nicht zu
schließen, daß er nicht bevollmächtigt war.

c) Ist der Vertreter nicht hinreichend informiert oder ist er zum Vergleichsabschluß nicht ermäch- 19
tigt, so ist der Zweck der Anordnung vereitelt, so daß die Rechtsfolgen des Nichterscheinens eingreifen (Rn. 10 ff.).

2. Vergleichsabschluß. Umstritten ist, ob die Verhängung eines Ordnungsgeldes oder die Zurück- 20
weisung eines Prozeßbevollmächtigten auch dann stattfinden darf, wenn die Anordnung des persönlichen Erscheinens zum Zwecke der gütlichen Einigung erfolgt ist. Nach § 279 ZPO kann das persönliche Erscheinen zum Zweck der gütlichen Einigung angeordnet werden. In dieser Vorschrift ist nicht
auf § 141 III ZPO verwiesen, so daß hieraus zu Recht geschlossen wird, daß auch im Rahmen von
§ 51 keine Ordnungsmaßnahmen verhängt werden dürfen, wenn die Anordnung zum Zwecke der
gütlichen Einigung erfolgt.

3. Beendigung des Rechtsstreites. Vielfach wird die Verhängung des Ordnungsgeldes ausgeschlos- 21
sen, wenn das Gericht auch ohne das Erscheinen der Partei zur Beendigung des Rechtsstreites kommt
(LAG Sachsen-Anhalt 24. 2. 1995 BB 1995, 1962).

V. Rechtsbehelfe

22 Gegen die Anordnung des persönlichen Erscheinens ist ein Rechtsbehelf nicht gegeben. Die Partei kann sich allerdings entschuldigen. Gegen die Verhängung eines Ordnungsgeldes sowie die Auferlegung einer Verzögerungsgebühr ist die Beschwerde gegeben (§ 380 III ZPO, § 34 GKG). Gegen den Beschluß der Nichtzulassung eines Prozeßbevollmächtigten ist eine Beschwerde nicht gegeben, da die Voraussetzungen von § 567 I ZPO nicht vorliegen (LAG *Hamm* 4. 10. 1984 MDR 1985, 435). Es kann lediglich in der Hauptsache mit den zulässigen Rechtsbehelfen gerügt werden, ein Fall der Säumnis habe nicht vorgelegen.

§ 52 Öffentlichkeit

[1] Die Verhandlungen vor dem erkennenden Gericht einschließlich der Beweisaufnahme und der Verkündung der Entscheidung ist öffentlich. [2] Das Arbeitsgericht kann die Öffentlichkeit für die Verhandlung oder für einen Teil der Verhandlung ausschließen, wenn durch die Öffentlichkeit eine Gefährdung der öffentlichen Ordnung, insbesondere der Staatssicherheit, oder eine Gefährdung der Sittlichkeit zu besorgen ist oder wenn eine Partei den Ausschluß der Öffentlichkeit beantragt, weil Betriebs-, Geschäfts- oder Erfindungsgeheimnisse zum Gegenstand der Verhandlung oder der Beweisaufnahme gemacht werden; außerdem ist § 171b des Gerichtsverfassungsgesetzes entsprechend anzuwenden. [3] Im Güteverfahren kann es die Öffentlichkeit auch aus Zweckmäßigkeitsgründen ausschließen. [4] § 169 Satz 2 sowie die §§ 173 bis 175 des Gerichtsverfassungsgesetzes sind entsprechend anzuwenden.

I. Allgemeines

1 **1. Zweck.** Vor den Arbeitsgerichten gilt wie bei den Gerichten aller anderen Gerichtszweige der Grundsatz der Öffentlichkeit. Durch ihn soll ein rechtsstaatliches Verfahren gewährleistet und das Vertrauen der Bevölkerung in die Rechtsprechung gestärkt werden.

2 **2. Ausnahmen.** In § 52 sind jedoch eine Reihe von Ausnahmen enthalten, die zum Teil auf Zweckmäßigkeitserwägungen insbesondere bei der Durchführung eines Güteverfahrens beruhen. In der Praxis ist der Ausschluß der Öffentlichkeit nur in wenigen Fällen sinnvoll.

II. Grundsatz der Öffentlichkeit

3 **1. Verhandlung und Entscheidung. a)** Die Verhandlung, die Beweisaufnahme und die Verkündung der Entscheidung sind öffentlich (Satz 1). Die Öffentlichkeit setzt voraus, daß der Verhandlungstermin bekannt gemacht wird. Ausreichend ist eine Terminsliste im Verhandlungszimmer. Das Gerichtsgebäude muß ungehindert zugänglich sein. Unschädlich ist jedoch, wenn sich die Zuhörer durch eine Klingel Einlaß verschaffen müssen (BVerwG 23. 11. 1989 NJW 1990, 1249).

4 **b)** Die Öffentlichkeit ist dann nicht mehr gewahrt, wenn das Gericht selbst den Zugang verhindert oder eine nicht angeordnete Verhinderung nicht beseitigt, wenn es davon erfährt (BAG 12. 4. 1973 AP BGB § 611 Direktionsrecht Nr. 24 = DB 1973, 1904). Dies kann etwa der Fall sein, wenn die Gerichtstür ins Schloß fällt oder der Gerichtswachtmeister Personen zurückweist. Dagegen ist die versehentliche Behinderung, wenn sie unentdeckt bleibt, unschädlich, also wenn die Tür ins Schloß gefallen ist, aber dies nicht bemerkt wird (BVerwG 18. 1. 1984 NJW 1985, 448). Kein Verstoß gegen die Öffentlichkeit ist gegeben, wenn wegen großen Andranges Platzkarten ausgegeben werden. Aber auch insoweit darf der Zugang nicht auf einzelne Gruppen beschränkt werden. In jedem Fall sollten Vertreter der Medien zugelassen werden. Kein Verstoß gegen den Grundsatz der Öffentlichkeit liegt vor, wenn ein noch nicht vernommener Zeuge bis zu seiner Vernehmung den Sitzungssaal verlassen muß (BAG 21. 1. 1988 AP ZPO § 394 Nr. 1 = NZA 1988, 706).

5 **c)** Der Grundsatz der Öffentlichkeit betrifft die Verhandlung, die Beweisaufnahme und die Verkündung der Entscheidung. Die Verhandlung beginnt mit dem Aufruf der Sache (§ 220 I ZPO) und endet mit der Schließung (§ 136 IV ZPO). Die Beweisaufnahme vor dem erkennenden Gericht ist öffentlich, unabhängig ob sie an Gerichtsstelle oder außerhalb stattfindet. Nichtöffentlich ist dagegen die Beweisaufnahme vor dem beauftragten oder ersuchten Richter (§ 13). Die Verkündung der Entscheidung ist öffentlich. Dies gilt auch, wenn das Gericht im schriftlichen Verfahren eine Entscheidung verkündet.

6 **d)** Im Protokoll ist festzuhalten, daß öffentlich verhandelt worden ist (§ 160 I Nr. 5 ZPO). Es hat alleinige Beweiskraft (§ 165 I ZPO).

7 **2. Ton- und Fernseh-Rundfunk-Aufnahmen.** Nach Satz 4 iVm. § 169 Satz 2 GVG sind Ton- und Fernsehaufnahmen sowie Ton- und Filmaufnahmen unzulässig, soweit sie zum Zwecke der öffentlichen Vorführung oder Veröffentlichung ihres Inhaltes vorgenommen werden. Zulässig sind solche Aufnahmen aber außerhalb der mündlichen Verhandlung, also vor Beginn und nach Beendigung der

Verhandlung sowie in den Verhandlungspausen. Zum Schutz des Persönlichkeitsrechtes ist aber das Einverständnis der Betroffenen notwendig. Erlaubt sind dagegen handschriftliche Aufzeichnungen zum Zwecke der Berichterstattung durch die Presse.

3. Protokoll. Nach § 160 a I ZPO kann der Inhalt des Protokolls auf Ton- oder Datenträger vorläufig aufgezeichnet werden. 8

III. Ausschluß der Öffentlichkeit

1. Allgemeines. In Satz 2 und 3 sind fünf Fälle des Ausschlusses der Öffentlichkeit enthalten. Der Ausschluß kann sich auf Teile wie auch auf die ganze Verhandlung beziehen. 9

2. Gefährdung der öffentlichen Ordnung. Die Öffentlichkeit kann ausgeschlossen werden, wenn durch die Öffentlichkeit eine Gefährdung der öffentlichen Ordnung, insbesondere der Staatssicherheit, oder eine Gefährdung der öffentlichen Sicherheit zu besorgen ist. Die öffentliche Ordnung ist dann gefährdet, wenn außerhalb des Gerichtssaals in der Bevölkerung oder den am Arbeitsleben Beteiligten Ausschreitungen drohen. Unzureichend eine Gefährdung der Ordnung im Gerichtssaal. Diese ist mit Ordnungsmitteln zu beseitigen (§§ 176 ff. GVG). Die Staatssicherheit ist gefährdet, wenn im Verteidigungs- und nachrichtendienstlichen Bereich Umstände erörtert werden müssen, die geheimhaltungsbedürftig sind. Dies kann auch in Eingruppierungsprozessen vorkommen. Der Arbeitnehmer kann einen Anspruch darauf haben, daß er gegenüber seinem Rechtsanwalt und Gericht von der Schweigepflicht befreit wird (BAG 25. 8. 1966 AP BGB § 611 Schweigepflicht Nr. 1 = NJW 1967, 125; LAG Nürnberg 30. 9. 1989 ZTR 1987, 246). Eine Gefährdung der Sittlichkeit kann eintreten, wenn im Rahmen des BeschSchG sexuelle Fallgestaltungen erörtert werden müssen. 10

3. Persönlicher Lebensbereich. Nach Satz 2 iVm. § 171 b GVG kann die Öffentlichkeit ausgeschlossen werden, wenn dies zum Schutz des persönlichen Lebensbereiches eines Prozeßbeteiligten notwendig ist. Prozeßbeteiligte sind die Parteien, Nebenintervienten und Zeugen sowie am Beschlußverfahren alle Beteiligten. Geschützt sind aus dem persönlichen Lebensbereich insbesondere medizinische Diagnosen, gesundheitliche und familiäre Umstände. Unzureichend ist, wenn Prozeßbeteiligte gekränkt werden oder ihnen die Sache peinlich ist. Es hat eine Abwägung zwischen dem Interessen der Öffentlichkeit und der zu schützenden Privatsphäre stattzufinden. Der Ausschluß ist unzulässig, wenn die betroffene Person widerspricht (§ 171 b I 2 GVG). Anderseits muß die Öffentlichkeit ausgeschlossen werden, wenn die Voraussetzungen vorliegen und der Betroffene es beantragt (§ 171 b II GVG). 11

4. Betriebs- und Geschäftsgeheimnisse. a) Die Öffentlichkeit kann ausgeschlossen werden, wenn eine Partei den Ausschluß beantragt, weil Betriebs-, Geschäfts- oder Erfindungsgeheimnisse zum Gegenstand der Verhandlung oder der Beweisaufnahme gemacht werden. Auf den Antrag hat das Gericht die Partei hinzuweisen. 12

b) Geheimnis ist eine Tatsache, die nur einem beschränkten Personenkreis bekannt ist und über die man sich nicht aus allgemein zugänglichen Quellen unterrichten kann. Geschäftsgeheimnisse beziehen sich mehr auf den kaufmännischen Bereich, zB Kundenlisten, Bilanzen, Kalkulationsverfahren. Betriebsgeheimnisse gehören mehr zum betrieblich-technischen Bereich, zB Fabrikationsmethoden, Datenprogramme usw. Erfindungsgeheimnis ist nicht nur die patentierte oder sonst geschützte Erfindung, sondern alle Entwicklungs- und Forschungsergebnisse, die patent- und gebrauchsmusterfähig sind (*Kissel* GVG § 172 Rn. 76). 13

c) Nicht besonders erwähnt ist das Steuergeheimnis. Es bedarf daher der Entscheidung, ob es ein Geschäftsgeheimnis darstellt. 14

d) Der Antrag auf Ausschluß der Öffentlichkeit kann jederzeit zurückgenommen werden. Alsdann ist die Öffentlichkeit wieder herzustellen. Einer Wiederholung der Prozeßhandlung bedarf es nicht, da die Rücknahme nur ex nunc wirkt. 15

5. Schweigegebot. Ist die Öffentlichkeit ausgeschlossen worden, kann das Gericht nach § 174 III GVG ein besonderes Schweigegebot verhängen. Dies kommt gelegentlich bei der Erörterung von Fragen der betrieblichen Altersversorgung vor (BAG 23. 4. 1985 AP BetrAVG § 16 Nr. 16 = NZA 1985, 499). 16

6. Güteverfahren. Nach Satz 3 kann im Güteverfahren allein aus Zweckmäßigkeitsgründen die Öffentlichkeit ausgeschlossen werden. Hierdurch soll die gütliche Beilegung des Rechtsstreites erleichtert werden. Wird im Anschluß an eine Güteverhandlung streitig verhandelt oder eine Entscheidung verkündet, ist die Öffentlichkeit wieder herzustellen. 17

7. Urteilsverkündung. Die Urteilsverkündung ist stets öffentlich. Eines besonderen Beschlusses über die Herstellung der Öffentlichkeit bedarf es nicht. Nur ausnahmsweise kann nach § 173 II GVG unter den Voraussetzungen von §§ 171 b, 172 GVG auch die Verkündung der Urteilsgründe oder eines Teils der Gründe nichtöffentlich erfolgen. 18

IV. Verfahren

19 **1. Die Verhandlung.** Die Verhandlung über den Ausschluß der Öffentlichkeit findet grundsätzlich in öffentlicher Verhandlung statt. Nur dann ist in nichtöffentlicher Sitzung zu verhandeln, wenn bereits geheimhaltungsbedürftige Tatsachen erörtert werden (§ 174 I GVG). Die Entscheidung erfolgt durch Beschluß, der idR öffentlich verkündet wird (§ 174 I 2 GVG). Die Entscheidung über den Ausschluß der Öffentlichkeit ist unanfechtbar (vgl. § 171 b III GVG).

20 **2. Verletzung des Grundsatzes der Öffentlichkeit.** Die Verletzung des Grundsatzes der Öffentlichkeit ist ein Verfahrensmangel. Hat das Arbeitsgericht die Öffentlichkeit zu Unrecht ausgeschlossen, bleibt dies in der Berufungsinstanz folgenlos, da eine Zurückverweisung nicht in Betracht kommt. Hat dagegen das Landesarbeitsgericht die Öffentlichkeit zu Unrecht ausgeschlossen oder nicht ausgeschlossen, stellt dies nach § 551 Nr. 6 ZPO einen absoluten Revisionsgrund dar, der nach statthafter Revision zur Aufhebung führt. Dies kann allein dann zweifelhaft sein, wenn die Öffentlichkeit zu Unrecht nicht ausgeschlossen war, weil die Verletzung des Geheimhaltungsinteresses einer Partei nicht wieder beseitigt werden kann.

§ 53 Befugnisse des Vorsitzenden und der ehrenamtlichen Richter

(1) ¹Die nicht auf Grund einer mündlichen Verhandlung ergehenden Beschlüsse und Verfügungen erläßt, soweit nichts anderes bestimmt ist, der Vorsitzende allein. ²Entsprechendes gilt für Amtshandlungen auf Grund eines Rechtshilfeersuchens.

(2) Im übrigen gelten für die Befugnisse des Vorsitzenden und der ehrenamtlichen Richter die Vorschriften der Zivilprozeßordnung über das landgerichtliche Verfahren entsprechend.

I. Allgemeines

1 **1. Befugnis des Vorsitzenden. a)** Die nicht aufgrund der mündlichen Verhandlung ergehenden Beschlüsse und Verfügungen erläßt der Vorsitzende allein. Die Entscheidungskompetenz des Vorsitzenden ist notwendig, weil die ehrenamtlichen Richter nur zu den streitigen Verhandlungen herangezogen werden. Der Vorsitzende muß mithin die prozessualen Verfügungen treffen. Die Entscheidungen während der mündlichen Verhandlung trifft dagegen die Kammer.

2 **b)** Der Vorsitzende hat besondere Befugnisse nach § 56 kraft ausdrücklicher Übertragung, zur Alleinentscheidung nach § 55, nach § 9 II in Fragen der Gerichtsverfassung über die Aufrechterhaltung der Ordnung in der Sitzung und bei Beratung und Abstimmung (§§ 176 bis 179, 192 bis 197 GVG).

3 **c)** Nach § 64 VII gilt § 53 im Berufungsverfahren, nach § 72 VI im Revisionsverfahren mit der Maßgabe, daß an die Stelle des Vorsitzenden der Senat durch seine berufsrichterlichen Mitglieder entscheidet (BAG 2. 6. 1954 AP ArbGG 1953 § 53 Nr. 1).

4 **2. Befugnis der ehrenamtlichen Richter.** Nach Abs. 2 iVm. §§ 495, 253 bis 299 a ZPO haben die ehrenamtlichen Richter während der Verhandlung dieselben richterlichen Befugnisse wie die beisitzenden Richter bei den Landgerichten.

5 **3. Zwingende Regelung.** Die gesetzliche Zuständigkeitsverteilung zwischen Vorsitzendem und ehrenamtlichen Richtern ist zwingend und unterliegt nicht der Parteidisposition (LAG Schleswig-Holstein 11. 5. 1989 JurCD).

II. Die Befugnis des Vorsitzenden

6 **1. Beschlüsse und Verfügungen. a)** Außerhalb der mündlichen Verhandlung erläßt der Vorsitzende die Beschlüsse und Verfügungen allein. Für den Begriff des Beschlusses und der Verfügung ist der allgemein zivilprozessuale maßgebend. Verfügungen sind damit vor allem die prozeßleitenden Verfügungen. Beschlüsse sind alle Entscheidungen, die ohne mündliche Verhandlung ergehen können. Dagegen entscheidet die Kammer, wenn eine mündliche Verhandlung stattgefunden hat. Wegen der Aussetzung des Verfahrens war umstr., ob der Beschluß vor mündlicher Verhandlung durch den Vorsitzenden allein ergehen kann (verneinend LAG Schleswig-Holstein 25. 9. 1998 EzA – SD 1998 Nr. 24, 22). Nach § 55 I Nr. 8 entscheidet der Vorsitzende über die Aussetzung allein.

7 **b)** Eine Alleinentscheidungskompetenz des Vorsitzenden besteht dann nicht, wenn im ArbGG etwas anderes bestimmt ist. Über die Ablehnung von Gerichtspersonen entscheidet immer die Kammer. Schreibt das Gesetz zwingend eine mündlichen Verhandlung vor, so entscheidet die Kammer. Dies gilt zB für die nachträgliche Zulassung einer Klage (§ 5 KSchG, § 1 BeschFG; anders im Beschwerdeverfahren, da keine mündliche Verhandlung stattfindet: LAG Frankfurt 26. 10. 1993 BB 1994, 508), die Verweisung des Rechtsstreites (§ 48 iVm. § 17 a GVG), die Tatbestandsberichtigung (§ 320 ZPO) und die Urteilsergänzung (§ 321 ZPO).

Güteverfahren § 54 ArbGG 60

c) Der Vorsitzende ist allein für Entscheidungen im Rechtshilfeverfahren zuständig (§ 13). 8

2. Befugnis des Vorsitzenden nach der ZPO. Nach Abs. 2 gelten für die Befugnisse des Vorsitzenden und der ehrenamtlichen Richter die Abgrenzungen im landgerichtlichen Verfahren entsprechend. Hiernach ist der Vorsitzende insbesondere zuständig für die Terminsbestimmung (§ 216 II ZPO), die Eröffnung, Leitung und Schließung der mündlichen Verhandlung (§ 136 I bis IV ZPO), die richterliche Aufklärung und die Gestattung von Fragen (§ 139 ZPO) sowie die Aufrechterhaltung der Ordnung in den Sitzungen (§ 9 II). 9

III. Befugnis der ehrenamtlichen Richter

Die ehrenamtlichen Richter haben die gleichen richterlichen Befugnisse wie die beisitzenden Richter bei den Landgerichten. Sie können gem. § 136 III ZPO Fragen stellen, entscheiden nach § 140 ZPO mit, wenn der Vorsitzende eine Frage nicht zulassen will und gem. § 156 ZPO über eine bereits geschlossene Verhandlung, die wiedereröffnet werden soll. Dagegen können den ehrenamtlichen Richtern keine einzelnen richterlichen Handlungen übertragen werden. 10

§ 54 Güteverfahren

(1) ¹Die mündliche Verhandlung beginnt mit einer Verhandlung vor dem Vorsitzenden zum Zwecke der gütlichen Einigung der Parteien (Güteverhandlung). ²Der Vorsitzende hat zu diesem Zwecke das gesamte Streitverhältnis mit den Parteien unter freier Würdigung aller Umstände zu erörtern. ³Zur Aufklärung des Sachverhalts kann er alle Handlungen vornehmen, die sofort erfolgen können. ⁴Eidliche Vernehmungen sind jedoch ausgeschlossen. ⁵Der Vorsitzende kann die Güteverhandlung mit Zustimmung der Parteien in einem weiteren Termin, der alsbald stattzufinden hat, fortsetzen.

(2) ¹Die Klage kann bis zum Stellen der Anträge ohne Einwilligung des Beklagten zurückgenommen werden. ²In der Güteverhandlung erklärte gerichtliche Geständnisse nach § 288 der Zivilprozeßordnung haben nur dann bindende Wirkung, wenn sie zu Protokoll erklärt worden sind. ³§ 39 Satz 1 und § 282 Abs. 3 Satz 1 der Zivilprozeßordnung sind nicht anzuwenden.

(3) Das Ergebnis der Güteverhandlung, insbesondere der Abschluß eines Vergleichs, ist in die Niederschrift aufzunehmen.

(4) Erscheint eine Partei in der Güteverhandlung nicht oder ist die Güteverhandlung erfolglos, schließt sich die weitere Verhandlung unmittelbar an oder es ist, falls der weiteren Verhandlung Hinderungsgründe entgegenstehen, Termin zur streitigen Verhandlung zu bestimmen; diese hat alsbald stattzufinden.

(5) ¹Erscheinen oder verhandeln beide Parteien in der Güteverhandlung nicht, ist das Ruhen des Verfahrens anzuordnen. ²Auf Antrag einer Partei ist Termin zur streitigen Verhandlung zu bestimmen. ³Dieser Antrag kann nur innerhalb von sechs Monaten nach der Güteverhandlung gestellt werden; § 251 Abs. 2 der Zivilprozeßordnung ist nicht anzuwenden. ⁴Nach Ablauf der Frist ist § 269 Abs. 3 der Zivilprozeßordnung entsprechend anzuwenden.

I. Allgemeines

1. Zweck. a) Die mündliche Verhandlung beginnt mit einer Verhandlung vor dem Vorsitzenden zum Zweck der gütlichen Einigung der Parteien (Güteverhandlung). Führt die Güteverhandlung nicht zu einer gütlichen Einigung, dient sie der Vorbereitung der streitigen Verhandlung. Der Vorsitzende erteilt nach Erörterung des Sach- und Streitstandes den Parteien entsprechende Auflagen. 1

b) Die Durchführung der Güteverhandlung ist obligatorisch. Die Parteien können auf sie nicht verzichten. Sie können sie nur dadurch unterlaufen, daß sie beide nicht zur Güteverhandlung erscheinen. 2

2. Ausnahmen von der Güteverhandlung. Eine Güteverhandlung findet nicht statt (1) bei einem Einspruch gegen einen Vollstreckungsbescheid, da dieser einem Versäumnisurteil gleichsteht, (2) in Verfahren des einstweiligen Rechtsschutzes bei Arresten und einstweiligen Verfügungen, (3) bei Erhebung einer Widerklage. Durch das Arbeitsgerichtsbeschleunigungsgesetz ist die Möglichkeit eröffnet, im Beschlußverfahren eine Güteverhandlung durchzuführen und ist der Ausschluß der Güteverhandlung in Ausbildungsstreitigkeiten beseitigt. 3

II. Güteverhandlung

1. Mündliche Verhandlung. a) Die Güteverhandlung beginnt mit einer Verhandlung vor dem Vorsitzenden. Sie ist ein besonderer Verfahrensabschnitt. In ihm werden noch keine Anträge gestellt (LAG München 24. 1. 1989 NJW 1989, 1502 = NZA 1989, 863). Die Güteverhandlung ist als Ver- 4

Schaub 319

handlung der streitigen Verhandlung vorgeschaltet (§ 137 I ZPO). Da die Parteien sich in der Güteverhandlung aussprechen sollen, haben gerichtliche Geständnisse nur dann Wirksamkeit (§ 288 ZPO), wenn sie zu Protokoll erklärt worden sind. Nach Abs. 2 Satz 3 sind §§ 39 1 und 282 II 3 ZPO nicht anzuwenden. Dies besagt, daß prozeßhindernde Einreden nicht verloren gehen, wenn sie nicht vorgebracht werden.

5   b) Der Rechtsanwalt erhält für die Durchführung der Güteverhandlung die Erörterungsgebühr (§ 31 I Nr. 4 BRAGO). Erörterungsgebühr und Verhandlungsgebühr werden aufeinander angerechnet.

6   **2. Vorsitzender. a)** Die Güteverhandlung findet vor dem Vorsitzenden statt. Die ehrenamtlichen Richter sind nicht hinzuzuziehen. Es ist damit unzulässig, daß sie stumm am Verhandlungstisch sitzen. Hierauf kann jedoch ein Rechtsmittel nicht gestützt werden, da eine Zurückverweisung nicht in Betracht kommt (§ 68).

7   b) Nach § 9 II iVm. § 10 Satz 1 GVG kann der Vorsitzende die Leitung der Verhandlung einem zur Ausbildung zugewiesenen Referendar überlassen.

8   **3. Vorbereitung der Güteverhandlung.** Ob zur Vorbereitung der Güteverhandlung prozeßleitende Verfügungen ergehen können, ist umstritten. Nach § 47 II erfolgt idR keine Aufforderung an den Beklagten, sich auf die Klage schriftlich zu äußern. Gesetzgeberisches Motiv ist, die gütliche Einigung durch einen substantiierten Vortrag des Beklagten nicht zu erschweren. Schon aus dem Wortlaut von § 47 ergibt sich, daß nach § 46 II iVm. 129 II ZPO Vorbereitungsverfügungen ergehen können. Die Ladung von Zeugen und Sachverständigen zur Güteverhandlung kommt nicht in Betracht, da sie nicht vernommen werden können. Dagegen kann der Vorsitzende von den Parteien mitgebrachte Zeugen informatorisch hören. Eine förmliche Beweisaufnahme hat vor der Kammer stattzufinden (§ 58). Allerdings ist denkbar, daß die Aussage protokolliert wird und im Einverständnis der Parteien im Wege des Urkundenbeweises verwertet wird.

9   **4. Durchführung der Güteverhandlung. a)** Die Güteverhandlung ist grundsätzlich in einem Termin durchzuführen. Es war aber nach hM zulässig, im Einverständnis der Parteien eine zweite oder weitere Güteverhandlungen durchzuführen, wenn zu erwarten war, daß es zu einer schnelleren Beilegung des Rechtsstreites kommt (*Grunsky* § 54 Rn. 1; *Hauck* § 54 Rn. 8; *Germelmann/Matthes/Prütting* § 54 Rn. 28). Diese Rechtslage ist durch das Arbeitsgerichtsbeschleunigungsgesetz bestätigt worden. Auch in der streitigen oder einer weiteren Güteverhandlung kann es bei Säumnis einer Partei zu einem Versäumnisurteil kommen. Die weitere Güteverhandlung bedarf nur der Zustimmung der Parteien; dagegen werden die Verfahrensgrundsätze nicht suspendiert. Dagegen kann eine Entscheidung nach Aktenlage nicht ergehen, da die Voraussetzungen von § 251 a ZPO nicht vorliegen (LAG Frankfurt 26. 3. 1992 NZA 1992, 1103).

10 b) In der Güteverhandlung hat der Vorsitzende das gesamte Streitverhältnis unter Würdigung aller Umstände mit den Parteien zu erörtern. Es muß zunächst der Sachverhalt erarbeitet werden. Alsdann schließt sich die Erörterung der Rechtsfragen an. Abweichende Meinungen in Schrifttum und Rechtsprechung sind darzustellen. Der Vorsitzende wird seine Meinung zum möglichen Ausgang des Rechtsstreits und möglichen Verfahrensdauer sagen und schließlich einen begründeten Vergleichsvorschlag machen. Dabei sollte aber der Eindruck vermieden werden, es sollte Druck auf die Parteien ausgeübt werden. Es ist strengste Neutralität einzuhalten.

11 c) Über die Güteverhandlung ist nach § 46 II 1 ArbGG iVm. § 159 I ZPO ein Protokoll aufzunehmen. Das Protokoll muß die in § 160 ZPO aufgezählten Umstände enthalten. Nach hM ist in das Protokoll auch das Ergebnis nach Abs. 4 aufzunehmen (*Germelmann/Matthes/Prütting* § 54 Rn. 48; *Hauck* § 54 Rn. 14; *Grunsky* § 54 Rn. 18). Ein in der Güteverhandlung erklärtes gerichtliches Geständnis hat nur dann Wirksamkeit, wenn es zu Protokoll genommen worden ist (Abs. 2 Satz 2).

III. Beendigung des Güteverfahrens

12 **1. Klagerücknahme. a)** Nach Abs. 2 Satz 1 kann die Klage bis zur Stellung der Klageanträge zurückgenommen werden. Da in der Güteverhandlung regelmäßig keine Klageanträge gestellt werden (Rn. 4), kann die Klage bis zur streitigen Verhandlung zurückgenommen werden.

13 b) Auf Antrag des Beklagten sind dem Kläger gem. § 269 III ZPO die Kosten des Verfahrens aufzuerlegen (§§ 53, 55 I Nr. 1). Gerichtsgebühren sind jedoch noch nicht angefallen (Gebührenverzeichnis Nr. 9112 zu § 12 I). Die Klagerücknahme ist nach § 160 III Nr. 8, § 162 I ZPO zu protokollieren.

14 **2. Klageverzicht und Anerkenntnis. a)** Der Kläger kann gem. § 306 ZPO auf den Klageanspruch ganz oder teilweise verzichten. Andererseits kann der Beklagte gem. § 307 ZPO die Klage anerkennen. Der Klageverzicht unterscheidet sich von der Klagerücknahme. Bei der Klagerücknahme erklärt der Kläger, daß er den Rechtsstreit nicht fortsetzen will. Er kann aber notfalls eine neue Klage einreichen. Beim Klageverzicht verzichtet er auf das Recht. Ein Klageverzicht ist unwirksam, wenn mit ihm auf

tarifliche Rechte oder Rechte aus einer Betriebsvereinbarung verzichtet wird (§ 4 IV TVG, § 77 IV BetrVG).

b) Wird eine Verzichts- oder Anerkenntniserklärung abgegeben, kann die Gegenpartei ein Verzichts- oder Anerkenntnisurteil beantragen. Dies ergeht durch den Vorsitzenden allein (§ 55 I Nr. 2, 3 ArbGG). Verzicht und Anerkenntnis sind in das Protokoll aufzunehmen (§§ 160 III Nr. 1, 162 ZPO). Nach Gebührenverzeichnis Nr. 9113 zu § 12 I entfallen die Gerichtsgebühren.

3. **Erledigung der Hauptsache.** Erklären beide Parteien den Rechtsstreit in der Hauptsache für erledigt, wird dieser beendet. Der Vorsitzende entscheidet durch Beschluß allein (§ 53; § 91 a ZPO). Es erwächst eine halbe Gebühr (Gebührenverzeichnis Nr. 9118 zu § 12 I).

4. **Vergleich.** Die Parteien können sich im Gütetermin vergleichen. Der Vergleich ist in das Protokoll aufzunehmen (Abs. 3) und nach Verlesung von den Parteien zu genehmigen (§ 162 I ZPO).

5. **Streitige Verhandlung.** a) Bleibt die Güteverhandlung erfolglos, schließt sich nach Abs. 4 die weitere Verhandlung an. Da zu dieser Zeit die ehrenamtlichen Richter hinzugezogen werden müssen, ist dies in aller Regel nicht möglich. Am Ende der Güteverhandlung ergeht daher im allgemeinen ein Beschluß des Vorsitzenden, in dem dieser nach § 56 die streitige Verhandlung vorbereitet und Termin zur streitigen Verhandlung ansetzt. Nach § 218 ZPO werden zu diesem die Parteien nicht mehr gesondert geladen.

b) Können ausnahmsweise die ehrenamtlichen Richter hinzugezogen werden und findet die streitige Verhandlung sofort statt, können die Parteien immer noch durch Klagerücknahme, Verzicht, Anerkenntnis oder Vergleich das Verfahren beenden. Sind inzwischen die Klageanträge gestellt, bedarf aber die Klagerücknahme des Klägers der Zustimmung des Beklagten.

6. **Säumnis des Klägers.** Erscheint der Kläger in der Güteverhandlung nicht, schließt sich die weitere Verhandlung an. Nach § 55 I Nr. 4 entscheidet der Vorsitzende allein. Er kann damit auf Antrag der Beklagten ein Versäumnisurteil erlassen und die Klage abweisen.

7. **Säumnis des Beklagten.** Erscheint der Beklagte in der Güteverhandlung nicht oder verhandelt er nicht, so kann unter den Voraussetzungen von §§ 330, 331, 333, 335 und 337 ein Versäumnisurteil gegen den Beklagten ergehen, sofern die Klage schlüssig war. War dagegen die Klage nicht schlüssig, kann auch ein sog. unechtes Versäumnisurteil gegen den Kläger ergehen. Dies ist möglich, weil in § 55 I Nr. 4 der Vorsitzende bei Säumnis entscheidet und nicht wegen Säumnis einer Partei.

8. **Entscheidung durch den Vorsitzenden allein.** Der Vorsitzende entscheidet allein, wenn in der Verhandlung, die sich unmittelbar an die Güteverhandlung anschließt, eine das Verfahren beendende Entscheidung ergehen kann und die Parteien übereinstimmend eine Entscheidung durch den Vorsitzenden beantragen. Der Antrag ist in das Protokoll aufzunehmen (§ 55 III).

9. **Säumnis beider Parteien.** Erscheinen oder verhandeln beide Parteien in der Güteverhandlung nicht, so ist das Ruhen des Verfahrens anzuordnen (Abs. 5 Satz 1). Auf Antrag einer Partei ist Termin zur streitigen Verhandlung anzuberaumen. Eine Zustimmung des Gerichtes bedarf es dazu nicht. Wird der Antrag nicht innerhalb einer Frist von sechs Monaten gestellt, gilt die Klage als zurückgenommen. Auf Antrag des Beklagten ist eine Kostenentscheidung zu treffen (§ 269 III ZPO).

§ 55 Alleinentscheidung durch den Vorsitzenden

(1) Der Vorsitzende entscheidet allein
1. bei Zurücknahme der Klage;
2. bei Verzicht auf den geltend gemachten Anspruch;
3. bei Anerkenntnis des geltend gemachten Anspruchs;
4. bei Säumnis einer Partei;
5. bei Säumnis beider Parteien;
6. über die einstweilige Einstellung der Zwangsvollstreckung;
7. über die örtliche Zuständigkeit;
8. über die Aussetzung des Verfahrens.

(2) ¹Der Vorsitzende kann in den Fällen des Absatzes 1 Nr. 1, 3 und 5 bis 8 eine Entscheidung ohne mündliche Verhandlung treffen. ²Dies gilt mit Zustimmung der Parteien auch in dem Fall des Absatzes 1 Nr. 2.

(3) Der Vorsitzende entscheidet ferner allein, wenn in der Verhandlung, die sich unmittelbar an die Güteverhandlung anschließt, eine das Verfahren beendende Entscheidung ergehen kann und die Parteien übereinstimmend eine Entscheidung durch den Vorsitzenden beantragen; der Antrag ist in die Niederschrift aufzunehmen.

(4) ¹Der Vorsitzende kann vor der streitigen Verhandlung einen Beweisbeschluß erlassen, soweit er anordnet

1. eine Beweisaufnahme durch den ersuchten Richter;
2. eine schriftliche Beantwortung der Beweisfrage nach § 377 Abs. 3 der Zivilprozeßordnung;
3. die Einholung amtlicher Auskünfte;
4. eine Parteivernehmung;
5. die Einholung eines schriftlichen Sachverständigengutachtens.
² Anordnungen nach den Nummern 1 bis 3 und 5 können vor der streitigen Verhandlung ausgeführt werden.

I. Allgemeines

1 1. **Zuständigkeit.** a) Die Vorschrift regelt die Alleinentscheidungskompetenz des Vorsitzenden. In § 53 ist geregelt, in welchen Fällen der Vorsitzende außerhalb der mündlichen Verhandlung entscheidet. Aus § 54 ergeben sich die Befugnisse des Vorsitzenden in der Güteverhandlung. In § 55 sind die Befugnisse des Vorsitzenden außerhalb der Güteverhandlung geregelt und zwar auch dann, wenn eine mündliche Verhandlung stattgefunden hat.

2 b) Die Kompetenzen des Vorsitzenden sind abschließend in §§ 53 bis 55 geregelt. Daneben gelten die §§ 349 II, 358 ZPO sowie § 524 III ZPO für das Berufungsverfahren nicht.

3 c) Nach § 64 VII sind 1, 2 und 4 im Berufungsverfahren entsprechend anzuwenden. In § 72 VI ist eine Bezugnahme auf § 55 nicht enthalten. Im Beschlußverfahren gilt § 55 nicht (§ 80 II).

4 2. **Überschreiten der funktionellen Zuständigkeit.** a) Entscheidet der Vorsitzende allein, obwohl ein Fall der §§ 53 bis 55 nicht vorliegt, ist das Gericht nicht ordnungsgemäß besetzt. Wird gegen die Entscheidung des Vorsitzenden Berufung eingelegt, so kommt wegen § 68 eine Zurückverweisung nicht in Betracht. Ist die Entscheidung mit einer statthaften Sprungrevision angegriffen oder hat der Vorsitzende des Berufungsverfahrens zu Unrecht allein entschieden und ist die Entscheidung mit einer statthaften Revision angegriffen, so liegt der absolute Revisionsgrund des § 551 Nr. 1 ZPO vor. Ist die Entscheidung bereits rechtskräftig, ist die Wiederaufnahme des Verfahrens nach § 579 I Nr. 1 ZPO gegeben.

5 b) Entscheidet an Stelle des Vorsitzenden die Kammer, so ist dies unschädlich (*Schaub* ArbGV § 29 Rn. 2; aA GK-ArbGG/*Dörner* § 55 Rn. 7). Eine derartige Fallgestaltung kann eintreten, wenn zB nach mündlicher Verhandlung die Klage zurückgenommen wird oder ein Verzichts- bzw. Anerkenntnisurteil nach streitiger Verhandlung ergeht. Da die ehrenamtlichen Richter in der streitigen Verhandlung ohnehin anwesend sind, besteht kein Bedarf für die Alleinentscheidung des Vorsitzenden.

II. Einzelfälle der Alleinentscheidung

6 1. **Klagerücknahme.** a) Der Vorsitzende entscheidet allein nach einer wirksamen Zurücknahme der Klage. Regelmäßig muß eine Kostenentscheidung nach § 269 III ZPO auf Antrag des Beklagten ergehen. Diese erläßt der Vorsitzende außerhalb der mündlichen Verhandlung nach § 53, in der Güteverhandlung nach § 54 und in der streitigen Verhandlung nach § 55 I Nr. 1. Unschädlich ist jedoch, wenn der Kostenbeschluß durch die Kammer ergeht.

7 b) Ist umstritten, ob die Klagerücknahme wirksam ist, entscheidet die Kammer. Ist die Klagerücknahme unwirksam, so kann durch Zwischenurteil nach § 303 ZPO entschieden werden. Dasselbe gilt, wenn nach streitiger Verhandlung der Beklagte einer Klagerücknahme nicht zustimmt.

8 2. **Verzicht und Anerkenntnis.** Bei Verzicht und Anerkenntnis kann ein Verzichts- bzw. Anerkenntnisurteil (Abs. 1 Nr. 2, 3) durch den Vorsitzenden allein ergehen und zwar auch dann, wenn eine streitige Verhandlung vorausgegangen ist. Bezieht sich Verzicht oder Anerkenntnis nur auf einen abtrennbaren Teil des Anspruches, so ergeht ein entsprechendes Teilurteil (BAG 26. 10. 1979 AP KSchG 1969 § 9 Nr. 5 = NJW 1980, 1484).

9 3. **Säumnis der Parteien.** Bei Säumnis einer oder beider Parteien (Abs. 1 Nr. 4, 5) entscheidet der Vorsitzende allein. Anders als nach der früheren Fassung des Gesetzes braucht die Entscheidung nicht aufgrund der Säumnis zu ergehen. Hieraus folgt, daß der Vorsitzende sowohl ein echtes als auch ein unechtes Versäumnisurteil erlassen kann. Von einem unechten Versäumnisurteil wird dann gesprochen, wenn die gleiche Entscheidung auch bei Erscheinen der Partei zu treffen gewesen wäre. Ferner kann der Vorsitzende allein eine Entscheidung nach Aktenlage treffen. Für die Entscheidung des Vorsitzenden müssen die allgemeinen Voraussetzungen der Säumnisentscheidung vorliegen. Gelegentlich wird die Auffassung vertreten, daß der Vorsitzende auch in der Kammer- oder Berufungsverhandlung allein entscheiden müsse (LAG Berlin 14. 7. 1997 NZA 1998, 167; LAG Rheinl.-Pfalz 14. 3. 1997 NZA 1997, 1072). Hierfür besteht kein Bedürfnis. Die Alleinentscheidungskompetenz ist dem Vorsitzenden eingeräumt, um das Verfahren zu beschleunigen, wenn die Kammer nicht zur Verfügung steht. Es sollen aber nicht die ehrenamtlichen Richter nicht beteiligt werden, wenn sie zur Stelle sind (ArbG Bamberg 29. 10. 1997 NZA 1998, 904).

4. Einstweilige Einstellung der Zwangsvollstreckung. Der Vorsitzende entscheidet über die einst- 10
weilige Einstellung der Zwangsvollstreckung außerhalb der mündlichen Verhandlung bereits nach
§ 53, im Berufungsverfahren nach §§ 62, 64 VII, 62 I, §§ 707, 719, 769 ZPO. Nach Abs. 1 Nr. 6 kann
der Vorsitzende auch nach mündlicher Verhandlung entscheiden.

5. Örtliche Zuständigkeit. Der Vorsitzende kann bereits vor der mündlichen Verhandlung nach 11
§ 48 über die örtliche Zuständigkeit entscheiden.

6. Aussetzung. Der Vorsitzende kann bereits vor der mündlichen Verhandlung über die Aussetzung 12
entscheiden, zB wenn die Entscheidung der Hauptfürsorgestelle abgewartet werden soll.

7. Alleinentscheidung auf Antrag. Nach Abs. 3 entscheidet der Vorsitzende allein auf überein- 13
stimmenden Antrag der Parteien (vgl. § 54 Rn. 22). Es kann jedoch insoweit nur eine Endentscheidung, dagegen nicht ein Beweisbeschluß ergehen. Endentscheidung kann auch ein Verweisungsbeschluß (LAGE Niedersachsen 23. 1. 1995 ArbGG 1979 § 48 Nr. 10) oder ein das Verfahren sonst beendender Beschluß sein. Dagegen kann nach Abs. 3 keine Entscheidung über die nachträgliche Zulassung der Klage ergehen (LAG Frankfurt 19. 12. 1986 BB 1987, 1033; aufgegeben vom 27. 3. 1987 LAGE ArbGG 1979 § 55 Nr. 2). Eine Beweisaufnahme steht der Entscheidung des Vorsitzenden dann nicht entgegen, wenn die Beweismittel präsent sind. Erweist sich nach Durchführung der Beweisaufnahme, daß eine Vertagung notwendig wird, sind die ehrenamtlichen Richter hinzuzuziehen. Nach Durchführung der Kammerverhandlung kommt eine Entscheidung durch den Vorsitzenden allein nicht in Betracht (LAGE *Hamm* 2. 7. 1997 § 60 KO Nr. 3; vgl dazu BAG 8. 12. 1998 NZA 1999, 596).

8. Beweisbeschluß vor der streitigen Verhandlung. Der Vorsitzende kann vor der streitigen Ver- 14
handlung einen Beweisbeschluß erlassen (§ 55 V), soweit er anordnet (1) die Beweisaufnahme durch
den ersuchten Richter; hierzu gehören die Rechtshilfeersuchen; (2) eine schriftliche Beantwortung der
Beweisfrage nach § 377 III ZPO; (3) die Einholung amtlicher Auskünfte sowie (4) die Parteivernehmung; (5) die Einholung eines Sachverständigengutachtens. Der Beweisbeschluß dient der beschleunigten Durchführung des Verfahrens. Die Anordnungen nach (1) bis (3) und (5) können bereits vor
der streitigen Verhandlung ausgeführt werden. Dies ist vielfach sinnvoll, da das Rechtshilfeverfahren
sofort durchgeführt oder die Zeugen nach § 377 III ZPO sofort eine Erklärung abgeben. Die Zeugen
sind auf die Wahrheitspflicht, das Recht zur Zeugnisverweigerung sowie auf die Möglichkeit hinzuweisen, daß sie geladen werden können.

§ 56 Vorbereitung der streitigen Verhandlung

(1) ¹Der Vorsitzende hat die streitige Verhandlung so vorzubereiten, daß sie möglichst in einem Termin zu Ende geführt werden kann. ²Zu diesem Zweck soll er, soweit es sachdienlich erscheint, insbesondere
1. den Parteien die Ergänzung oder Erläuterung ihrer vorbereitenden Schriftsätze sowie die Vorlegung von Urkunden und von anderen zur Niederlegung bei Gericht geeigneten Gegenständen aufgeben, insbesondere eine Frist zur Erklärung über bestimmte klärungsbedürftige Punkte setzen;
2. Behörden oder Träger eines öffentlichen Amtes um Mitteilung von Urkunden oder um Erteilung amtlicher Auskünfte ersuchen;
3. das persönliche Erscheinen der Parteien anordnen;
4. Zeugen, auf die sich eine Partei bezogen hat, und Sachverständige zur mündlichen Verhandlung laden sowie eine Anordnung nach § 378 der Zivilprozeßordnung treffen.
³Von diesen Maßnahmen sind die Parteien zu benachrichtigen.

(2) ¹Angriffs- und Verteidigungsmittel, die erst nach Ablauf einer nach Absatz 1 Satz 2 Nr. 1 gesetzten Frist vorgebracht werden, sind nur zuzulassen, wenn nach der freien Überzeugung des Gerichts ihre Zulassung die Erledigung des Rechtsstreits nicht verzögern würde oder wenn die Partei die Verspätung genügend entschuldigt. ²Die Parteien sind über die Folgen der Versäumung der nach Absatz 1 Satz 2 Nr. 1 gesetzten Frist zu belehren.

I. Allgemeines

Die Vorschrift regelt die Pflicht und die Befugnis zur Vorbereitung der streitigen Verhandlung sowie 1
den Ausschluß des Parteivorbringens in der ersten Instanz. Sie wird ergänzt durch § 61 a. Sie gilt im
Berufungsverfahren entsprechend (§ 64 VII). Dagegen findet sie keine Anwendung im Revisionsverfahren; auf sie ist mangels Bedarf in § 72 VI nicht verwiesen. Sie gilt auch im Beschlußverfahren
(§ 80 II). Obwohl im Beschlußverfahren der Untersuchungsgrundsatz gilt, sieht § 83 I a ArbGG die
Zurückweisung von Parteivorbringen vor.

II. Vorbereitung der streitigen Verhandlung

2 **1. Konzentrationsmaxime. a)** Die Vorschrift gilt nur für die Vorbereitung der streitigen Verhandlung und der Folgetermine. Dagegen ist sie nicht anzuwenden auf die Vorbereitung des Gütetermins (vgl. § 54 Rn. 8). Die Vorbereitungsmaßnahmen dienen der Beschleunigung des Verfahrens. Dieses soll nach Möglichkeit in einem Termin zu Ende geführt werden.

3 **b)** Der Vorsitzende ist zu Vorbereitungsmaßnahmen verpflichtet (vgl. LAG Berlin 24. 10. 1988 NZA 1989, 236). Er hat ein Beurteilungsermessen, welche Maßnahmen er durchführt. Auf eine Verletzung der Vorbereitungspflicht kann ein Rechtsmittel nicht gestützt werden.

4 **c)** Die Aufzählung der zu ergreifenden Maßnahmen in Abs. 1 Nr. 1 bis 4 ist nicht abschließend. Vielmehr kann der Vorsitzende alle gesetzlich zulässigen Maßnahmen ergreifen, die sachlich geboten sind, damit der Termin in einer Verhandlung zu Ende geführt werden kann.

5 **2. Richterliche Aufklärung. a)** Nach Abs. 1 Nr. 1 kann der Vorsitzende im Rahmen seiner richterlichen Aufklärungspflicht nach § 139 ZPO den Parteien die Ergänzung oder Erläuterung ihrer vorbereitenden Schriftsätze aufgeben. Er hat dabei die aufklärungsbedürftigen Punkte genau zu bezeichnen (BAG 19. 6. 1980 AP ArbGG 1979 § 56 Nr. 1; vgl. auch LAGE Nürnberg 18. 12. 1989 ArbGG 1979 § 56 Nr. 1). Unzureichend ist die allgemeine Aufforderung zur Klage oder Klageerwiderung Stellung zu nehmen. Der Vorsitzende hat bei seinen Aufklärungsmaßnahmen die Grenzen richterlicher Neutralität zu wahren. Haben die Parteien die ladungsfähige Anschrift eines Zeugen nicht angegeben, ist die beweisbelastete Partei zur Hergabe aufzufordern (LAGE Frankfurt 17. 5. 1993 ZPO § 373 Nr. 3).

6 **b)** Der Vorsitzende kann die Vorlegung von Urkunden und von anderen zur Niederlegung bei Gericht geeigneten Gegenständen anordnen. Es gelten §§ 142 bis 144 ZPO. Danach ist erforderlich, daß die Partei sich auf die Urkunden berufen hat. In Betracht kommt zB die Vorlage von Kündigungsschreiben (LAG München 11. 11. 1977 EzB BBiG § 15 II Nr. 1, 8). Die Vorlage von Personalakten kommt nur im Einverständnis der Parteien in Betracht (BAG 13. 2. 1974 AP BAT § 70 Nr. 4).

7 **3. Auskunft von Behörden.** Der Vorsitzende kann Behörden oder Träger eines öffentlichen Amtes um Mitteilung von Urkunden oder um Erteilung amtlicher Auskünfte ersuchen (Abs. 1 Nr. 2).

8 **4. Persönliches Erscheinen.** Der Vorsitzende kann das persönliche Erscheinen von Parteien anordnen (vgl. § 51 Rn. 4 ff.).

9 **5. Zeugen und Sachverständige. a)** Nach Abs. 1 Nr. 4 soll der Vorsitzende (1) Zeugen, auf die sich eine Partei bezogen hat, (2) Sachverständige auch ohne besondere Bezugnahme laden und (3) Anordnungen nach § 378 ZPO treffen, also Zeugen auffordern, bestimmte Unterlagen mitzubringen. Der Vorsitzende soll im Interesse der Verfahrensbeschleunigung die Beweisaufnahme vor der Kammer vorbereiten. Eine Ladung von Zeugen kommt nur dann in Betracht, wenn absehbar ist, daß die Tatsachen streitig sein werden (BAG 28. 4. 1982 AP BAT 1975, §§ 22, 23 Nr. 60). Andererseits liegt ein Normenverstoß iSv. § 8 GKG nicht bereits dann vor, wenn ein Zeuge unvernommen entlassen wird (LAG Schleswig-Holstein 29. 4. 1997 JurCD).

10 **b)** Bei der Ladung der Zeugen ist diesen das Beweisthema mitzuteilen, anderenfalls kann bei ihrem Ausbleiben ein Ordnungsgeld nicht verhängt werden (BAG 29. 10. 1980 AP BAT 1975 §§ 22, 23 Nr. 41).

11 **c)** Mit der Ladung erwächst für den Rechtsanwalt noch nicht die Beweisgebühr (LAG *Hamm* 21. 10. 1971 NJW 1972, 1685; LAG Bremen 15. 6. 1960 AuR 1960, 348).

12 **6. Rechtliches Gehör.** Von den getroffenen Maßnahmen sind die Parteien zu benachrichtigen (Abs. 1 Satz 3). Die Parteien sollen sich auf die getroffenen Maßnahmen einrichten können. Dies entspricht dem Grundsatz des rechtlichen Gehöres.

III. Zurückweisung des Parteivorbringens

13 **1. Nichtzulassung von Parteivorbringen. a)** Nach Abs. 2 Satz 1 sind Angriffs- oder Verteidigungsmittel, die erst nach Ablauf einer nach Abs. 1 Satz 2 Nr. 1 gesetzten Frist vorgebracht werden, nur zuzulassen, wenn nach der freien Überzeugung des Gerichtes ihre Zulassung die Erledigung des Rechtsstreits nicht verzögern würde oder wenn die Partei die Verzögerung genügend entschuldigt. Nach dem Wortlaut des Gesetzes ist die Partei mit dem Vorbringen kraft Gesetzes ausgeschlossen, wenn die Voraussetzungen vorliegen. Nach der Rechtsprechung des BVerfG liegt darin kein Verstoß gegen den Grundsatz des rechtlichen Gehörs, wenn Sachvorbringen aus Gründen des formellen Rechtes nicht berücksichtigt wird (BVerfG 2. 7. 1979 AP GG Art. 103 Nr. 13; 13. 9. 1979 Nr. 32).

14 **b)** Voraussetzung der Nichtzulassung ist eine wirksame Auflage nach Abs. 1 Satz 2 Nr. 1. Es muß also eine fristgebundene Auflage unter Bezeichnung der klärungsbedürftigen Punkte gesetzt worden sein (BAG 19. 6. 1980 AP ArbGG 1979 Nr. 1 = DB 1980, 2399; BGH 15. 3. 1990 NJW-RR 1990, 856). Auslegungsmöglichkeiten bestehen aus dem Sitzungsprotokoll, wenn dort die Aufklärungspunkte

III. Zurückweisung des Parteivorbringens § 56 ArbGG 60

bezeichnet sind (LAG 18. 12. 1989 JurCD). Die Anordnung ist mit vollem Namen zu unterzeichnen. Sofern sie nicht in einem Termin verkündet worden ist, ist sie den Parteien zuzustellen (§ 329 II ZPO). Die Frist muß angemessen sein. Auch wenn die Partei durch einen Rechtskundigen vertreten worden ist, sind die Parteien über die Folgen der Versäumung der gesetzten Frist (Abs. 2 Satz 2) zu belehren (LAG Schleswig-Holstein 12. 1. 1989 NJW-RR 1989, 441). Die Belehrung kann mündlich erfolgen, wenn sie im Termin erfolgt; anderenfalls ist die Belehrung mit der Fristsetzung zuzustellen.

c) Die Partei ist nur mit solchen Angriffs- oder Verteidigungsmitteln ausgeschlossen, wenn bei 15 deren Berücksichtigung eine Verzögerung eintreten würde. Eine Verzögerung tritt ein, wenn der Rechtsstreit bei Zulassung länger dauern würde als bei Nichtzulassung des Vortrages. Keine Verzögerung ist gegeben, wenn der Rechtsstreit bei Zulassung gleich lang dauern würde. Ebenfalls keine Verzögerung liegt vor, wenn der verspätete Vortrag unstreitig oder unerheblich ist. Eine Verzögerung ist immer gegeben, wenn ein neuer Termin erforderlich ist. Das Gericht ist jedoch aus rechtsstaatlichen Gründen gehalten, alle prozessualen Maßnahmen zu ergreifen, um den Rechtsstreit trotz Nichteinhaltung der Frist rechtzeitig zu erledigen (BVerfG 21. 2. 1990 NJW 1990, 2373). Das Gericht ist damit gehalten, Zeugen im Wege prozeßleitender Verfügung zu laden. Ein Zeitraum von zehn Tagen zwischen Eingang des Schriftsatzes und Termin ist als ausreichend angesehen worden (BAG 23. 11. 1988 AP TVG § 1 Tarifverträge Bau Nr. 104 = NJW 1989, 1236 = NZA 1989, 436). Anderenseits ist das Gericht nicht gehalten, Eilmaßnahmen zu ergreifen (*Germelmann/Matthes/Prütting* § 56 Rn. 26; GK-ArbGG/*Dörner* § 56 Rn. 38; *Hauck* § 56 Rn. 14). Keine Verzögerung tritt ein, wenn die Partei einen Zeugen zum Termin mitbringt. Auch dann tritt keine Verzögerung ein, wenn der Gegenpartei nach § 283 ZPO wegen der Vernehmung der Zeugen eine Erklärungsfrist eingeräumt werden kann (BAG 2. 3. 1989 AP BGB § 130 Nr. 17 = NJW 1989, 2213 = NZA 1989, 635). Dagegen kommt es zu einer Verzögerung, wenn Gegenzeugen geladen und vernommen werden müssen. In jedem Fall kommt eine Nichtzulassung nicht in Betracht, wenn die Verzögerung auf einer Fehlleistung des Gerichtes beruht.

d) Verspätetes Vorbringen, das die Entscheidung verzögert, führt dann nicht zur Nichtzulassung, 16 wenn die Verspätung genügend entschuldigt wird. Der Partei wird ein Verschulden ihres Prozeßbevollmächtigten zugerechnet (§ 85 II ZPO). Zuzulassen ist, wenn überhaupt kein Verschulden vorliegt sowie dann, wenn vernünftige Entschuldigungsgründe bestehen, zB Erkrankung oder Überlastung der Partei oder ihres Vertreters, Urlaub, Verzögerung der Postlaufzeit oder in jedem Fall bei Verschulden des Gerichtes. Das Gericht darf ein verspätetes Vorbringen nicht wegen Unglaubwürdigkeit des vorgetragenen Entschuldigungsgrundes zurückweisen, ohne daß es die Partei zur Glaubhaftmachung aufgefordert und ihr dazu binnen einer regelmäßig kurzen Frist in angemessener Weise Gelegenheit gegeben hat (BGH 10. 3. 1986 NJW 1986, 3193).

2. Entscheidung. a) Vor der Nichtzulassung von Parteivorbringen ist einer Partei rechtliches Gehör 17 zu gewähren. Die Partei ist auf die Verzögerung oder die Möglichkeit der Entschuldigung hinzuweisen. Die Entscheidung erfolgt in der Regel zusammen mit der Endentscheidung. Sie ist so vorzunehmen, als ob die Partei den Sachverhalt nicht vorgetragen hätte (BGH 17. 4. 1996 NJW-RR 1996, 961). Die Zulassung kann aber auch in einem Beweisbeschluß enthalten sein, wenn Beweis angeordnet wird. Die Zulassung verspäteten Vorbringens ist nicht anfechtbar, da die Verzögerung ohnehin eingetreten ist. Dagegen ist die Nichtzulassung zB mit der Entscheidung anfechtbar. Hat das Arbeitsgericht zu Recht Vorbringen nicht zugelassen, ist die Partei auch in der Berufungsinstanz damit ausgeschlossen (§ 67 I 3 iVm. § 528 III ZPO).

b) Erscheint die Partei zum Termin nicht oder verhandelt sie nicht, kann ein Versäumnisurteil 18 ergehen. Legt die Partei nunmehr Einspruch ein, kann sie nach § 340 III ZPO auch Angriffs- oder Verteidigungsmittel und deren Beweismittel vortragen. Eine Nichtzulassung erfolgt nicht. Unterläßt die Partei den Sachvortrag überhaupt, kann in zweiter Instanz lediglich eine Zurückweisung nach § 67 I 1 zu gewärtigen sein.

3. Anwendung allgemeinen Zivilprozeßrechts. a) Abs. 2 ist gegenüber §§ 273, 296 I ZPO Spezial- 19 regelung. Diese finden daher keine Anwendung.

b) Nach § 340 III 3 ZPO ist im Falle der Säumnis auf § 296 ZPO verwiesen. Insoweit kann es 20 gleichwohl zur Anwendung kommen.

c) Jede Partei trifft die allgemeine Prozeßförderungspflicht. Es finden §§ 282, 296 ZPO Anwen- 21 dung.

d) Im arbeitsgerichtlichen Verfahren findet eine Zurückweisung nach § 296 III ZPO nicht statt, da 22 die Rügen zur Zulässigkeit regelmäßig verzichtbar sind.

e) § 296 IV ZPO findet Anwendung, da § 56 insoweit eine Regelungslücke enthält. Das Gericht 23 kann mithin verlangen, daß die Verzögerungsgründe glaubhaft gemacht werden.

Schaub 325

§ 57 Verhandlung vor der Kammer

(1) ¹Die Verhandlung ist möglichst in einem Termin zu Ende zu führen. ²Ist das nicht durchführbar, insbesondere weil eine Beweisaufnahme nicht sofort stattfinden kann, so ist der Termin zur weiteren Verhandlung, die sich alsbald anschließen soll, sofort zu verkünden.

(2) Die gütliche Erledigung des Rechtsstreits soll während des ganzen Verfahrens angestrebt werden.

I. Allgemeines

1   Der Vorschrift liegt der Beschleunigungsgrundsatz und die Konzentrationsmaxime zugrunde, wenn sie die Erledigung des Rechtsstreites in einem Termin vorsieht. Der Realisierung der Beschleunigung dienen die Regelungen über die Alleinentscheidungskompetenzen und die Vorbereitungspflicht des Vorsitzenden (§§ 55, 56). Die Vorschrift gilt kraft ausdrücklicher Bezugnahme im Berufungsverfahren (§ 64 VII), im Revisionsverfahren (§ 72 VI) sowie im Beschlußverfahren (§§ 80 II, 87 II, 92 II). Auch im Termin zur streitigen Verhandlung soll eine gütliche Beilegung des Rechtsstreites versucht werden. Das entspricht § 279 ZPO und der Kostenprivilegierung von Vergleichen (Gebührenverzeichnis Nr. 9112 zu § 12 I).

II. Verhandlung vor dem Arbeitsgericht

2   **1. Ablauf des Verfahrens. a)** Das ArbGG enthält keine Sonderregelungen über den Ablauf des Verfahrens. Insoweit wird nach § 46 I auf die Vorschriften der ZPO verwiesen. Nach § 136 I ZPO hat der Vorsitzende die mündliche Verhandlung zu führen und zu leiten. Der Vorsitzende führt in den Sach- und Streitstand ein. Die Parteien haben sich nach § 138 ZPO über die Tatsachen zu erklären und der Vorsitzende hat gemäß § 139 ZPO dafür zu sorgen, daß sich die Parteien vollständig erklären und sachdienliche Anträge stellen.

3   **b)** Die streitige Verhandlung ist grundsätzlich im ersten Termin zu Ende zu führen (Abs. 1 Satz 1). Zur Vorbereitung des Termins bietet das ArbGG zahlreiche Maßnahmen (§§ 53 bis 56). Er kann insbesondere Zeugen zum Termin laden. Darin liegt kein Normenverstoß iS. von § 8 GKG, auch wenn der Zeuge später nicht vernommen wird LAG Schleswig-Holstein 29. 4. 1997 JurCD). Dabei fördert es die Nichtzulassung von Tatsachen, wenn die Parteien die ihnen gesetzten Fristen zum Vortrag nicht einhalten (§§ 56 II, 61 a V). Der beschleunigten Erledigung dient auch die allgemeine Prozeßförderungspflicht (§ 282 ZPO). Wird der Vortrag schuldhaft verzögert, kann er nicht zugelassen werden. Er bleibt dann auch in der zweiten Instanz unberücksichtigt (§ 67 I iVm. § 528 III ZPO).

4   **2. Vertagung. a)** Ist die Erledigung im ersten Termin nicht möglich, weil zB eine Beweisaufnahme nicht stattfinden kann, so ist der Termin zur weiteren Verhandlung, die sich alsbald anschließen soll, sofort zu verkünden. Neben der Unmöglichkeit eine Beweisaufnahme sofort vorzunehmen, kommen noch andere Gründe in Betracht, zB wenn zu einem Sachvortrag eine Stellungnahme erforderlich ist, die nicht sofort erfolgen kann. Keine Vertagungsgründe sind aber die mangelhafte Vorbereitung einer Partei oder ihres Prozeßbevollmächtigten (§ 227 ZPO). Die neue Verhandlung soll alsbald stattfinden. Auch diese ist nach § 56 vorzubereiten. Der neue Verhandlungstermin ist sofort zu verkünden. Dies bedeutet auch eine erhebliche Arbeitserleichterung für das Gericht, da es keiner erneuten Ladungen bedarf. Unzureichend ist die Verkündung „Neuer Termin von Amts wegen".

5   **b)** Die Vertagung eines Termins ist grundsätzlich nicht anfechtbar. Eine Ausnahme kann dann gelten, wenn die Vertagung der Aussetzung des Verfahrens gleichkommt (LAG Baden-Württemberg vom 12. 7. 1985 und 24. 9. 1985 NZA 1985, 636; 1986, 338; LAGE Köln 12. 9. 1995 § 57 ArbGG 1979 Nr. 1). Wird ein Termin zur Verkündung einer Entscheidung bestimmt, ist dies keine Vertagung (§ 310 ZPO).

III. Gütliche Einigung

6   Abs. 2 schreibt vor, daß in jeder Lage des Verfahrens eine gütliche Einigung zu versuchen ist. Das gilt auch im Berufungs- (§ 64 VII) und Revisionsverfahren (§ 72 VI). Jedoch ist ein Druck auf die Parteien zu vermeiden. Die Vergleichsbemühungen müssen in strengster Neutralität erfolgen.

§ 58 Beweisaufnahme

(1) ¹Soweit die Beweisaufnahme an der Gerichtsstelle möglich ist, erfolgt sie vor der Kammer. ²In den übrigen Fällen kann die Beweisaufnahme, unbeschadet des § 13, dem Vorsitzenden übertragen werden.

(2) ¹Zeugen und Sachverständige werden nur beeidigt, wenn die Kammer dies im Hinblick auf die Bedeutung des Zeugnisses für die Entscheidung des Rechtsstreits für notwendig erachtet. ²Im Falle des § 377 Abs. 3 der Zivilprozeßordnung ist die eidesstattliche Versicherung nur erforderlich, wenn die Kammer sie aus dem gleichen Grunde für notwendig hält.

I. Allgemeines

1. Geltungsbereich. Die Vorschrift regelt nur wenige Fragen des Beweisrechtes. Im übrigen gelten 1 nach § 46 II die allgemeinen Vorschriften der ZPO. Sie gilt nach § 64 VII auch im Berufungsverfahren. Im Revisionsverfahren findet sie keine Anwendung, da dort nur eine rechtliche Überprüfung des Verfahrens stattfindet. Nach § 80 II gelten die Beweisvorschriften auch im Beschlußverfahren.

2. Gegenstand des Beweises. a) Dies sind tatsächliche Umstände, auf deren Wahrheit oder Vor- 2 handensein es für die Entscheidung des Rechtsstreites ankommt. Eine Beweisaufnahme erfolgt nur über erhebliche tatsächliche Umstände. Nicht beweisbedürftig sind solche Behauptungen, die nicht bestritten (§ 138 III ZPO), zugestanden (§ 288 ZPO) oder offenkundig sind.

b) Gegenstand des Beweises sind grundsätzlich keine Rechtsnormen oder die Subsumtion von 3 Tatsachen unter die Rechtsnorm. Es kann mithin kein Beweis erhoben werden, ob eine Tätigkeit besonders verantwortungsvoll ist. Nur ausnahmsweise kann nach § 293 Satz 1 ZPO auch eine Rechtsnorm Gegenstand des Beweises sein. Hiernach bedürfen in einem anderen Staat geltendes Recht, die Gewohnheitsrechte und Statuten des Beweises insofern, als sie dem Gericht unbekannt sind. Zu dem in einem anderen Staat geltenden Recht gehört nicht das Recht der EU, wenn es in das staatliche Recht transponiert ist oder zu transponieren war. Gewohnheitsrechte sind die ungeschriebenen Rechtssätze, die durch längere Übung entstanden sind und nach allgemeiner Rechtsüberzeugung von den Beteiligten als Rechtsnormen anerkannt werden. Zu dem statutarischen Recht gehören im Arbeitsrecht insbesondere Tarifverträge und Betriebsvereinbarungen. Ergibt sich jedoch aus dem Parteivortrag, daß tarifliche Normen für die Entscheidung erheblich sein könnten, so haben die Gerichte für Arbeitssachen den Inhalt dieser Rechtsnormen nach den Grundsätzen der ZPO (§ 293) zu ermitteln (BAG 29. 3. 1957 AP TVG § 4 Tarifkonkurrenz Nr 4; 9. 8. 1995 AP TVG § 1 Rückwirkung = NZA 1996, 994). Bei der Ermittlung der Rechtsnormen ist das Gericht auf die von den Parteien beigebrachten Nachweise nicht beschränkt. Es ist befugt, auch andere Erkenntnisquellen zu benutzen und zum Zwecke einer solchen Benutzung das Erforderliche zu veranlassen. Für die Ermittlung ausländischen Rechtes gilt der Untersuchungsgrundsatz und der Freibeweis (BGH 28. 10. 1965 NJW 1966, 296).

c) Bei der Ermittlung des ausländischen Rechtes kommen vor allem Auskünfte von Behörden und 4 Rechtsgutachten in Betracht. Es kann nach dem Europäischen Übereinkommen vom 7. 6. 1968 (BGBl. II S. 74, 937) mit Ausführungsgesetz (BGBl. I S. 74, 1433), in *Kraft* seit dem 19. 3. 1975 (BGBl. II S. 300) verfahren werden (vgl. *Schaub* ArbGV § 8 Rn. 28 ff.).

II. Arten des Beweises

1. Vollbeweis. Dieser ist dann gegeben, wenn eine Tatsache mit an Sicherheit grenzender Wahr- 5 scheinlichkeit festgestellt werden muß. Eine letzte Sicherheit über in der Vergangenheit abgelaufene Umstände läßt sich nicht gewinnen. Eine Tatsache ist erwiesen, wenn kein vernünftiger, mit den Verhältnissen vertrauter Mensch an der Wahrheit oder Unwahrheit noch zweifelt.

2. Glaubhaftmachung. Sie ist eine Beweisführung, die dem Richter einen geringeren Grad der 6 Wahrscheinlichkeit vermittelt. Für sie ist ausreichend, wenn eine Tatsache einen hohen Grad der Wahrscheinlichkeit für sich hat. Sie ist für eine Prozeßentscheidung nur zureichend, wenn das Gesetz sie besonders zuläßt. Dies ist zB der Fall in §§ 44 II, 104 II, 236 II 1, 251 a II 4, 296 IV, 920 II, 936 ZPO. Die Glaubhaftmachung wird ersetzt durch den Vollbeweis. Zur Glaubhaftmachung können nicht nur die Beweismittel des Strengbeweises (Rn. 13) herangezogen werden, sondern auch andere Beweismittel. Zur Glaubhaftmachung kann auch eine anwaltliche Versicherung ausreichen (BAG 14. 11. 1985 ZPO § 251 a Nr. 1). Im Falle der Glaubhaftmachung ist eine Terminsverlegung zum Zwecke der Beweisaufnahme unstatthaft (§ 294 II ZPO). Dies soll auch dann gelten, wenn ein geladener Zeuge nicht erscheint (LAG Köln 4. 7. 1997 NZA 1998, 280). Zeugen müssen notfalls gestellt werden (LAGE Bad.-Württemberg 8. 3. 1988 KSchG § 5 Nr 37).

3. Strengbeweis und Freibeweis. a) Von Strengbeweis wird gesprochen, wenn der Beweisführer 7 zur Feststellung der Tatsachen auf die gesetzlichen Beweismittel beschränkt ist.

b) Beim Freibeweis ist die Feststellung mit sämtlichen Beweismitteln möglich. Der Freibeweis 8 findet statt im Verfahren der Prozeßkostenhilfe (§ 118 ZPO) sowie zur Feststellung ausländischen Rechtes (§ 293 ZPO).

4. Haupt- und Gegenbeweis. a) Hauptbeweis ist der Beweis, das das Vorliegen der Tatbestands- 9 voraussetzungen einer Rechtsnorm ergeben soll. Gegenbeweis ist der Beweis, der zur Widerlegung tatsächlicher Behauptungen führt (§ 282 BGB). Zum Hauptbeweis gehört, daß der Richter von der tatsächlichen Behauptung überzeugt ist. Der Gegenbeweis ist bereits geführt, wenn er die Behauptung von der Wahrheit einer Tatsache wieder zweifelhaft macht (BGH 23. 3. 1983 NJW 1983, 1740).

10   b) Der Beweis des Gegenteiles ist Hauptbeweis. Er dient dazu, eine gesetzliche Vermutung zu widerlegen (§ 292 ZPO).

11   **5. Unmittelbarer und Indizienbeweis. a)** Der unmittelbare Beweis dient zum Nachweis eines Tatbestandsmerkmales. Der Indizienbeweis bezieht sich auf Tatsachen, die den Schluß auf das Vorliegen oder Nichtvorliegen eines Tatbestandsmerkmales zulassen (BGH 29. 6. 1982 NJW 1982, 2447; 4. 7. 1989 NJW 1989, 2947; BAG 25. 3. 1992 AP BetrVG 1972 § 2 Nr. 4 = NJW 1993, 612 = NZA 1993, 134).

12   b) Vom Indizienbeweis zu unterscheiden ist der Anscheinsbeweis. Bei ihm wird aufgrund eines Erfahrungssatzes unter Berücksichtigung der allgemeinen Lebenserfahrung auf das Vorliegen bestimmter Umstände geschlossen (BAG 23. 8. 1956 AP ZPO § 139 Nr. 1; 29. 8. 1958 AP ZPO § 282 Nr. 1; 18. 1. 1995 AP BGB § 812 Nr. 13 = NJW 1996, 411 = NZA 1996, 27). Der Erfahrungssatz muß folgenden Voraussetzungen genügen: (1) Er muß sich aus einem gleichmäßigen, sich immer wiederholenden Hergang ergeben; (2) er muß dem neuesten Stande entsprechen; (3) er muß jederzeit überprüfbar und eindeutig zu formulieren sein.

III. Beweismittel

13   **1. Allgemeines.** Für den Strengbeweis kommen fünf Beweismittel in Betracht: (1) Der Zeugenbeweis, (2) der Beweis durch Sachverständige, (3) durch Augenschein, (4) durch Urkunden und (5) die Parteivernehmung. Im Freibeweis kommen auch Auskünfte von Behörden und Beamten (§§ 118 a I 3, § 273 II Nr. 2 ZPO) sowie dienstliche Äußerungen von Beamten (BGH 29. 5. 1957 NJW 1957, 1440), ferner behördliche Zeugnisse (§ 202 II ZPO) in Betracht. Für die einzelnen Beweismittel des Strengbeweises gilt das Recht der ZPO. Insoweit bestehen nur wenige arbeitsrechtliche Sonderregeln.

14   **2. Zeugenbeweis. a)** Zeuge ist jede Person, die über Tatsachen und Zustände kraft der von ihr gemachten Wahrnehmungen aussagen soll. Über Wahrnehmungen sagen auch Zeugen von Hörensagen aus. Soll ein Zeuge über innere Tatsachen eines Dritten aussagen, so ist zu einem schlüssigen Beweisantrag regelmäßig erforderlich, daß dargelegt wird, aufgrund welcher Umstände der Zeuge von der inneren Tatsache Kenntnis erlangt hat (BGH 4. 5. 1983 ZIP 1983, 860; 11. 2. 1992 NJW 1992, 1899). Zeuge kann jede Person sein, die nicht Partei ist. Als Zeuge sind mithin zu vernehmen Kommanditisten, Parteien und ihre gesetzlichen Vertreter, soweit sie nicht zur Parteivernehmung zugelassen sind, Streitgenossen, soweit das Beweisthema nicht mit ihrem Prozeß in Zusammenhang steht. Für den Zeugenbeweis gelten die §§ 373 bis 401 ZPO. Der Zeugenbeweis wird durch die Benennung des Zeugen und die Bezeichnung der Tatsachen, über welche die Vernehmung der Zeugen stattfinden soll, angetreten.

15   b) Für alle Staatsbürger sowie alle Ausländer, die sich im Inland aufhalten, gilt eine Erscheinungspflicht bei Gericht. Eine Ausnahme gilt für Minister und Abgeordnete (§ 382 ZPO). Besonderheiten gelten bei der Vernehmung von Richtern, Beamten und anderen Personen des öffentlichen Dienstes (§ 376 ZPO). Für sie hat das Gericht eine Aussagegenehmigung einzuholen und sie dem Zeugen bekannt zu machen (§ 376 III ZPO). Nach § 377 III ZPO kann das Gericht eine schriftliche Beantwortung der Beweisfrage anordnen, wenn es dies im Hinblick auf den Inhalt der Beweisfrage und die Person des Zeugen für ausreichend hält. Nach § 378 ZPO hat der Zeuge Unterlagen, die die Aussage erleichtern, zum Termin mitzubringen. Dies kann ihm aufgegeben werden. Die Ladung des Zeugen erfolgt durch die Geschäftsstelle des Gerichtes. Sie muß den weiteren Voraussetzungen von § 377 ZPO genügen. Kommt der Zeuge der Ladung nicht nach, kann nach § 380 ZPO ein Ordnungsgeld oder die Vorführung angeordnet werden. Nach § 381 ZPO sind die Ordnungsmaßnahmen bei hinreichender Entschuldigung wieder aufzuheben.

16   c) Der Zeuge ist zur Aussage verpflichtet. Von der Aussageverpflichtung bestehen Ausnahmen aus persönlichen und sachlichen Gründen. Nach § 383 ZPO kann in den Prozessen von Angehörigen, bei eigener Belastung die Aussage verweigert werden. Aussageverweigerungsrechte haben bestimmte Berufe (Geistliche, Redakteure usw.). Ein Zeugnisverweigerungsrecht aus sachlichen Gründen besteht aus den in § 384 ZPO aufgezählten Gründen. In § 385 ZPO ist vorgesehen, daß der Zeuge trotz Bestehens von Verweigerungsrechten aussagen muß, zB, wenn er von den Verschwiegenheitspflichten entbunden ist. Nach § 386 ZPO hat der Zeuge, der das Zeugnis verweigert, vor dem zu seiner Vernehmung bestimmten Termin schriftlich oder zu Protokoll der Geschäftsstelle oder in diesem Termin die Tatsachen, auf die er die Weigerung gründet, anzugeben und glaubhaft zu machen. Danach kann es zu einem Zwischenstreit über die Berechtigung der Aussageverweigerung kommen (§ 387 ZPO). Wird das Zeugnis ohne Grund verweigert, können die Zwangsmittel nach § 390 ZPO verhängt werden.

17   d) Der Zeuge kann auf seine Aussage vereidigt werden. Die Vereidigung muß unterbleiben, (1) bei Eidesunmündigen, das sind noch nicht 16 Jahre alte Personen, die nach ihrem geistigen Zustand keine

genügende Vorstellung von der Bedeutung des Eides haben, (2) wenn die Parteien darauf verzichten und (3) wenn ein zur Zeugnisverweigerung Berechtigter die Eidesleistung verweigert. Die Eidesleistung der Zeugen und Sachverständigen ist im Arbeitsgerichtsverfahren stark eingeschränkt. Sie werden nur vereidigt, wenn die Kammer dies im Hinblick auf die Bedeutung des Zeugnisses für die Entscheidung des Rechtsstreites für notwendig erachtet (Abs. 2 Satz 1). Anders als im ordentlichen Zivilprozeß findet die Vereidigung mithin nicht zur Erzwingung einer wahrheitsgemäßen Aussage statt, sondern nur dann, wenn die Aussage für die Entscheidung des Rechtsstreits von Bedeutung ist (BAG 5. 11. 1992 AP BGB § 626 Krankheit Nr. 4 = NJW 1993, 1544 = NZA 1993, 308). Bei sich widersprechenden Zeugenaussagen ist jede Aussage einzeln und im Zusammenhang zu erörtern. Die Vereidigung eines Zeugen kann nicht mit der Begründung unterbleiben, dieser sei geringer glaubwürdig. Von der Vereidigung kann jedoch abgesehen werden, wenn konkrete, durch Tatsachen erhärtete Zweifel an der Glaubwürdigkeit eines Zeugen begründet sind oder sonstige Tatsachen vorliegen, die den Beweiswert der Aussage von Anfang an erheblich mindern. Ist die Aussage zu Unrecht beeidigt worden, so ist die Aussage als beeidete zu würdigen.

Hat das Gericht nach § 377 III eine schriftliche Zeugenaussage angeordnet, so ist nach Abs. 2 Satz 2 **18** eine Eidesstattliche Versicherung nur erforderlich, wenn die Kammer dies wegen der Bedeutung der Aussage für die Entscheidung für notwendig hält.

e) Jeder Zeuge ist einzeln und in Abwesenheit der später abzuhörenden Zeugen zu vernehmen **19** (§ 394 I ZPO). Es verstößt nicht gegen den Grundsatz der Öffentlichkeit der Verhandlung, wenn das Gericht einen anwesenden Zeugen veranlaßt, außerhalb des Sitzungssaales zu warten, auch wenn eine Vernehmung noch nicht angeordnet ist (BAG 21. 1. 1988 AP ZPO § 394 Nr. 1).

Im Ablauf der Zeugenvernehmung wird der Zeuge vor seiner Vernehmung zur Wahrheit ermahnt **20** und darauf hingewiesen, daß er in den vom Gesetz vorgesehenen Fällen seine Aussage zu beeidigen habe. Alsdann beginnt die Feststellung der Personalien. Danach wird nach den verwandtschaftlichen Beziehungen zu den Parteien gefragt und ob bereits einmal ein Arbeitsverhältnis bestanden hat (§ 395 ZPO). Hiernach wird er zur Sache befragt. Der Zeuge soll seine Wahrnehmungen im Zusammenhang schildern (§ 396 ZPO). Schließlich können Gericht und Parteien ergänzende Fragen stellen. Der Zeuge kann wiederholt vernommen werden (§ 398 ZPO). Vgl. für die Berufungsinstanz *Schaub* ArbGV § 51 Rn. 148 ff.

f) Eine Partei kann auf die Zeugenvernehmung verzichten. Der Gegner kann aber verlangen, daß **21** der erschienene Zeuge vernommen und, wenn die Vernehmung bereits begonnen hat, daß sie fortgesetzt wird (§ 399 ZPO).

g) Der Zeuge wird nach dem Gesetz über die Entschädigung von Zeugen und Sachverständigen **22** entschädigt (§ 401 ZPO).

3. Sachverständigenbeweis. a) Der Sachverständige hat dem Gericht aufgrund seiner Erfahrungen **23** und besonderen Sachkunde fehlende Sachkenntnisse zu vermitteln. Er macht seine Aussage nicht aufgrund eigener Wahrnehmungen aus der Vergangenheit, sondern vermittelt Erkenntnisse aufgrund seiner besonderen Sachkunde. Von sachverständigen Zeugen wird gesprochen, wenn der Zeuge zum Beweis vergangener Tatsachen oder Zustände aussagt, zu deren Wahrnehmung eine besondere Sachkunde erforderlich war (vgl. VGH Kassel, 17. 1. 1996 NVwZ-Beil. 1996, 43). Auf den sachverständigen Zeugen finden die Vorschriften über den Zeugenbeweis Anwendung (§ 414 ZPO). Für den Sachverständigen gelten die Vorschriften der §§ 402 bis 413 ZPO, die ihrerseits wieder auf die Vorschriften über den Zeugen verweisen, soweit keine Sonderregelungen in §§ 402 ff. bestehen. Der Sachverständigenbeweis wird durch Bezeichnung der zu begutachtenden Punkte angetreten (§ 403 ZPO).

b) Die Erstellung eines Sachverständigengutachtens wird zumeist durch einen besonderen Beweis- **24** beschluß angeordnet (§ 404 ZPO). Die Auswahl der hinzuzuziehenden Sachverständigen und die Bestimmung ihrer Anzahl erfolgt durch das Gericht (§ 404 I ZPO). Das Gericht fordert die Parteien jedoch auf, Sachverständige zu benennen. Einigen sich die Parteien auf bestimmte Personen als Sachverständige, so ist das Gericht daran gebunden (§ 404 IV ZPO). Bei der Erörterung der Auswahl der Sachverständigen werden zumeist die IHK bzw. Handwerkskammer um Benennung eines Sachverständigen ersucht. Sind für gewisse Arten von Gutachten Sachverständige öffentlich bestellt, so dürfen andere Personen nur dann gewählt werden, wenn besondere Umstände es erfordern (§ 404 II ZPO).

c) Ein Sachverständiger kann aus denselben Gründen wie ein Richter abgelehnt werden (§ 406 I **25** ZPO). Der Ablehnungsantrag ist bei dem Gericht oder Richter, von dem der Sachverständige ernannt ist, vor seiner Vernehmung zu stellen (§ 406 II ZPO). Gegen den Beschluß, durch den die Ablehnung für begründet erachtet wird, findet kein Rechtsmittel statt, gegen den Beschluß, durch den sie für unbegründet erklärt wird, ist die sofortige Beschwerde gegeben (§ 406 V ZPO). § 49 III steht nicht entgegen (§ 49 Rn. 28).

d) Das Gericht hat den Sachverständigen anzuleiten (§ 404 a ZPO). Nach §§ 407, 407 a ZPO ist der **26** Sachverständige zur Erstellung des Gutachtens verpflichtet. Nach § 408 ZPO kann er unter bestimmten Gründen die Erstellung des Gutachtens verweigern. Das Gutachten wird in der Regel zunächst schriftlich vorbereitet. Das Gericht kann dem Sachverständigen hierzu eine Frist setzen (§ 411 ZPO).

Es kann das Erscheinen des Sachverständigen zum Termin anordnen, damit er sein Gutachten schriftlich erläutert (§ 411 III ZPO). Es gehört zur Gewährung rechtlichen Gehöres, daß die Parteien Fragen an den Sachverständigen stellen können (BGH 21. 10. 1986 NJW-RR 1987, 339; BVerfG 29. 8. 1995 NJW-RR 1996, 103). Wird ein Sachverständiger im Anschluß an sein schriftlich erstattetes Gutachten mündlich gehört und vom Gericht in einer bestimmten Weise verstanden, muß das Berufungsgericht den Sachverständigen neu vernehmen, wenn es von diesem Verständnis abweichen will (BGH 12. 10. 1994 NJW 1994, 803).

27   e) Der Sachverständige wird nach dem Gesetz über die Entschädigung von Zeugen und Sachverständigen entschädigt. Dem Sachverständigen steht eine Beschwerde gegen die Entziehung des Auftrages nicht zu. Er kann sich wohl gegen die Aberkennung der Entschädigung wehren (§ 16 ZSEG; dazu OLG Brandenburg 9. 8. 1995 Baurecht 1996, 432).

28   **4. Urkunde. a)** Für den Urkundenbeweis gelten die Vorschriften der §§ 415 bis 444 ZPO. Die Beweiskraft der Urkunden ist unterschiedlich (*Mankowski*/Tarnowski, Zum Umfang der Beweiskraft öffentlicher Urkunden, JuS 1992, 826). (1) Urkunden, die von einer öffentlichen Behörde innerhalb der Grenzen ihrer Amtsbefugnisse oder von einer mit öffentlichem Glauben versehenen Person innerhalb des ihr zugewiesenen Geschäftskreises in der vorgeschriebenen Form aufgenommen sind (öffentliche Urkunden), begründen, wenn sie über eine vor der Behörde oder der Urkundsperson abgegebene Erklärung errichtet sind, vollen Beweis des durch die Behörde oder die Urkundsperson beurkundeten Vorganges (BGH 24. 6. 1993 NJW-RR 1993, 1379). Der Beweis, daß der Vorgang unrichtig beurkundet worden ist, ist zulässig (§ 415 ZPO). (2) Die von einer Behörde aufgestellten, eine amtliche Anordnung, Verfügung oder Entscheidung enthaltenden öffentlichen Urkunden begründen vollen Beweis ihres Inhalts. (3) Öffentliche Urkunden, die einen andern als den in §§ 415, 417 bezeichneten Inhalt haben, begründen vollen Beweis der darin bezeugten Tatsachen (BGH 8. 12. 1993 NJW-RR 1994, 386). Der Beweis der Unrichtigkeit ist möglich, sofern die Landesgesetze diesen nicht ausschließen (§ 418 ZPO). (4) Zumeist geht der Streit um Privaturkunden. Voraussetzung der Beweiskraft von Privaturkunden ist, daß sie echt, äußerlich mängelfrei (§ 419 ZPO) und vom Aussteller unterschrieben sind. Genügt die Privaturkunde diesen Voraussetzungen, so entfaltet sie vollen Beweis dafür, daß die in ihnen enthaltenen Erklärungen von den Ausstellern abgegeben sind (§ 417 ZPO). Es gilt das Prinzip der formellen Beweiskraft, dh. erwiesen ist die Abgabe der Erklärung, nicht ihre Richtigkeit. (5) Für die inhaltliche Richtigkeit von Privaturkunden können Erfahrungssätze eingreifen. Niemand stellt eine Quittung aus, bevor er nicht das Geld erhalten hat. Es gilt mithin der Erfahrungssatz, daß dann, wenn jemand eine Quittung erteilt hat, er auch den quittierten Betrag empfangen hat. Für unterschriebene Vertragsurkunden gilt der Erfahrungssatz, daß sie die vollständigen Willenserklärungen einer Partei richtig wiedergeben.

29   b) Für den Antritt des Urkundenbeweises gelten die in §§ 420 bis 434 aufgestellten Regelungen. Eine öffentliche Urkunde kann in Urschrift oder in beglaubigter Abschrift vorgelegt werden (vgl. § 435 ZPO).

30   c) Eine Privaturkunde ist echt, wenn sie von dem in der Urkunde angegebenen Aussteller herrührt. Über die Echtheit einer Privaturkunde hat sich der Gegner des Beweisführers nach der Vorschrift des § 138 ZPO zu erklären. Befindet sich unter der Urkunde eine Namensunterschrift, so ist die Erklärung auf die Echtheit der Unterschrift zu richten (§ 439 ZPO). Der Beweisgegner hat drei Erklärungsmöglichkeiten. (1) Er kann die Urkunde als echt anerkennen. Häufig wird die Urkunde als echt anerkannt, aber behauptet, daß sie blanco erteilt worden sei. In diesen Fällen erwächst eine gesetzliche Vermutung, daß die über der Unterschrift stehende Schrift die Vermutung der Echtheit für sich hat (§ 440 II ZPO). Der Beweisgegner muß mithin den Gegenbeweis führen (vgl. BGH 20. 11. 1990 NJW 1991, 487). (2) Er kann sich verschweigen, alsdann wird die Urkunde als echt anerkannt (§ 439 III ZPO). Diese Rechtsfolge tritt vor den Arbeitsgerichten erster Instanz nur dann ein, wenn er durch das Gericht nach § 510 ZPO zur Erklärung aufgefordert worden ist. Die Erklärung und die Aufforderung werden zweckmäßig nach § 510 a ZPO in das Sitzungsprotokoll aufgenommen. (3) Der Beweisgegner kann die Echtheit der Urkunde bestreiten. Alsdann hat der Beweisführer die Echtheit der Urkunde zu beweisen (§ 440 I ZPO). Der Beweis der Echtheit oder Unechtheit einer Urkunde kann durch Schriftvergleich geführt werden (§ 441 ZPO). Zum Zwecke der Schriftvergleichung hat der Beweisführer zum Vergleich geeignete Schriftstücke vorzulegen (§ 441 II ZPO). Aber auch der Beweisgegner ist zur Hergabe geeigneter Vergleichsschriften verpflichtet (§ 441 III ZPO). Es kann angeordnet werden, daß derartige Urkunden auf der Geschäftsstelle niedergelegt werden (§ 443 ZPO).

31   d) Eine Urkunde muß äußerlich mängelfrei sein. Bei durch Streichungen, Radierungen, Einschaltungen oder sonstigen äußeren Mängeln, die die Beweiskraft ganz oder teilweise aufheben oder mindern, entscheidet das Gericht nach freier Überzeugung. Urkunden können auch Kopien der Urkunde sein (*Zöller*, Mikro-, Foto- und Telekopie im Zivilprozeß, NJW 1993, 429).

32   e) Die Unterschrift muß den ganzen Text decken und darf keinen Zweifel über die Identität lassen. Ein links neben dem Urkundentext stehender Namenszug (Nebenschrift) ist keine Unterschrift iSv. § 416 ZPO (BGH 21. 1. 1992 NJW 1992, 829). Dasselbe gilt für einen am oberen Rand stehenden

Namenszug (Oberschrift), zB bei Überweisungsträgern (BGH 20. 11. 1990 NJW 1991, 487). Familienname oder Firma sind ausreichend. Hinreichend kann ein Künstler-, Deck- oder Spitzname sein. Der Vertreter kann dem Namen des Vertretenen unterzeichnen, wenn dieser das weiß und will. Es richtet sich nach § 126 BGB, ob eine Unterschrift materiell-rechtlich wirksam ist.

In der Verwertung der Zeugenaussagen aus anderen Rechtsstreitigkeiten liegt in der Regel die **33** Erhebung eines Urkundenbeweises. Gerade weil die Verwertung von Niederschriften von Zeugenaussagen aus anderen Rechtsstreitigkeiten einen Urkundenbeweis darstellt und der Zeugenbeweis Vorrang vor dem Urkundenbeweis hat, darf das Gericht einen Antrag der Parteien, die Zeugen im anhängigen Verfahren noch einmal zu vernehmen, nicht übergehen (BAG 27. 2. 1981 2 AZR 86/79 n. a. v. JurCD).

5. Augenschein. a) Der Beweis durch Augenschein richtet sich nach §§ 371 bis 372 a ZPO. Der **34** Augenschein erfolgt aufgrund der unmittelbaren Sinneswahrnehmung durch das Gericht. Der Beweis des Augenscheines wird durch die Bezeichnung des Gegenstandes des Augenscheines und durch die Angabe der zu beweisenden Tatsache angetreten (§ 371 ZPO). Die Augenscheinseinnahme kann von Amts wegen angeordnet werden. Das Gericht kann anordnen, daß bei der Einnahme des Augenscheins ein oder mehrere Sachverständige hinzuzuziehen sind. Der Tatrichter ist nicht verpflichtet, den (zusätzlich) gestellten Beweisantrag auf Augenscheinseinnahme einer Örtlichkeit stattzugeben, wenn eine von derselben Partei vorgelegte Fotografie der Örtlichkeit die für die rechtliche Beurteilung maßgebenden Merkmale hinreichend ausweist und die Partei keine von der Fotografie abweichenden Merkmale behauptet (BGH 23. 6. 1987 NJW-RR 1987, 1237; vgl. zur Beurteilung von Gesundheitsstörungen BSG 26. 1. 1994 MDR 1994, 812).

b) Das Ergebnis des Augenscheins ist nach § 160 III Nr. 5 ZPO im Protokoll festzuhalten. **35**

6. Parteivernehmung. a) Die Parteivernehmung ist ein subsidiäres Beweismittel. Die Parteivernehmung **36** ist von der Anhörung der Partei im Termin zur mündlichen Verhandlung abzugrenzen. Diese dient zur Aufklärung des Sachverhaltes, die Parteivernehmung zum Beweis (Organides, Probleme des gerichtlichen Geständnisses, NJW 1990, 3174; Terbille, Parteianhörung und Parteivernehmung, VersR 1996, 408). Erklärungen einer Partei im Rahmen der Parteivernehmung enthalten kein Geständnis (BGH 14. 3. 1995 NJW 1995, 1432). Hat eine Partei den ihr obliegenden Beweis mit anderen Beweismitteln nicht vollständig geführt oder andere Beweismittel nicht vorgebracht, kann der Beweis dadurch angetreten werden, daß sie beantragt, den Gegner über die zu beweisenden Tatsachen zu vernehmen. Der Antrag ist nicht zu berücksichtigen, wenn er Tatsachen betrifft, deren Gegenteil das Gericht für erwiesen erachtet (§ 445 ZPO). Lehnt der Gegner ab, sich vernehmen zu lassen, oder gibt er auf Verlangen des Gerichtes keine Erklärung ab, so hat das Gericht unter Berücksichtigung der gesamten Sachlage, insbesondere der für die Weigerung vorgebrachten Gründe, nach freier Überzeugung zu entscheiden, ob es die behaupteten Tatsachen als erwiesen erachtet (§ 446 ZPO).

b) In Ausnahmefällen kommt auch die Vernehmung der beweisbelasteten Partei über die beweiserheblichen **37** Tatsachen in Betracht. (1) Dies ist der Fall, wenn eine Partei es beantragt und die andere damit einverstanden ist (§ 447 ZPO). Das Gericht wird entsprechenden Anträgen regelmäßig stattgeben, da die Parteien für die Vermittlung des zutreffenden Sachverhalts die Verantwortung tragen. (2) Auch ohne Antrag einer Partei und ohne Rücksicht auf die Beweislast kann das Gericht, wenn das Ergebnis der Verhandlungen und einer etwaigen Beweisaufnahme nicht ausreicht, um seine Überzeugung von der Wahrheit oder Unwahrheit einer zu erweisenden Tatsache zu begründen, die Vernehmung einer oder beider Parteien über die Tatsache anordnen. Voraussetzung ist, daß für die Wahrheit oder Unwahrheit einer Tatsache noch kein voller Beweis geführt, wohl aber eine gewisse Wahrscheinlichkeit erbracht ist (BAG 20. 10. 1967 AP BGB § 138 Nr. 27 = NJW 1968, 1648; 24. 3. 1975 AP ZPO § 448 Nr. 3; 18. 6. 1980 AP TVG § 4 Ausschlußfristen Nr. 68; BGH 17. 9. 1986 FamRZ 1987, 152; 5. 7. 1989 NJW 1989, 3222; vgl. EGMR 27. 10. 1993 NJW 1995, 1413; von *Schlosser,* NJW 1995, 1404). Bevor eine Partei als beweisfällig abgewiesen wird, ist stets die Möglichkeit der Parteivernehmung nach § 448 ZPO zu prüfen.

c) Die Anordnung der Parteivernehmung erfolgt stets durch formellen Beweisbeschluß (§ 450 **38** ZPO). Die Partei ist, wenn sie bei der Verkündung des Beweisbeschlusses nicht persönlich anwesend ist, zu der Vernehmung unter Mitteilung des Beweisbeschlusses persönlich durch Zustellung von Amts wegen zu laden (§ 450 ZPO). Erscheint die Partei nicht, so ist dies nach § 454 ZPO zu würdigen. Zur Durchführung der Parteivernehmung wird die Partei befragt, ob sie bereit ist, sich vernehmen zu lassen. Alsdann wird sie zur Wahrheit ermahnt und über die Rechtsfolge einer Falschaussage belehrt. Wegen der Einzelheiten der Parteivernehmung wird auf die Zeugenvernehmung verwiesen (§ 451 ZPO). Eine Partei kann auf ihre Aussage vereidigt werden.

IV. Beweisaufnahme

1. Beweisangebot. Ist eine Tatsache rechtserheblich, so ordnet das Gericht die Beweisaufnahme an, **39** sofern die beweisbelastete Partei ein Beweismittel angeboten hat oder sich auch konkludent das

60 ArbGG § 58

Beweisangebot der Gegenseite zu eigen gemacht hat. Notfalls ist von dem richterlichen Fragerecht Gebrauch zu machen (§ 139 ZPO).

40 **2. Beweisaufnahme vor der Kammer.** a) Die Beweisaufnahme findet vor der Kammer statt, wenn sie an Gerichtsstelle möglich ist. Ist die Beweisaufnahme nicht an der Gerichtsstelle möglich, kann sie dem Vorsitzenden übertragen werden, zB die Vernehmung eines bettlägerich erkrankten Zeugen. Schließlich kann die Rechtshilfe nach § 13 durch den Vorsitzenden erfolgen (vgl. § 13 Rn. 3 ff.).

41 b) Die Beweisaufnahme erfolgt vor dem Prozeßgericht (§ 355 I ZPO). Finden mehrere Termine statt, so ist es unschädlich, wenn die jeweiligen ehrenamtlichen Richter des Terminstages herangezogen werden.

V. Beweisverbote

42 **1. Beweiserhebungsverbote.** Im allgemeinen bestehen keine Beweiserhebungsverbote. Ein solches erwächst, wenn ein Zeuge von einem Zeugnisverweigerungsrecht Gebrauch macht (§§ 383 ff. ZPO). Ferner können bestimmte Umstände nur mit bestimmten Beweismitteln ermittelt werden, zB ist die Vollmacht nur durch eine Urkunde zu erweisen (§ 80 I ZPO), der Ablauf der Verhandlung durch das Protokoll (§ 165 Satz 1 ZPO), das mündliche Vorbringen durch den Tatbestand, der durch das Sitzungsprotokoll entkräftet wird (§ 314 ZPO).

43 **2. Beweisverbote.** a) Beweismittel, die durch Eingriffe in verfassungsrechtlich geschützte Grundrechte oder entgegen den allgemeinen Strafgesetzen (§§ 201 bis 203 StGB) erlangt sind, dürfen nicht verwertet werden. Das BVerfG hat angenommen, daß das gesprochene Wort als Ausprägung des grundrechtlichen Persönlichkeitsschutzes gegen Eingriffe geschützt ist, so daß die aus dem Mithören eines Telefongespräches gewonnenen Erkenntnisse nicht verwertet werden dürfen (BVerfG 19. 12. 1991 AP BGB § 611 Persönlichkeitsrecht Nr. 24 = NJW 1992, 815 = NZA 1992, 307). Nicht verwertet werden dürfen rechtswidrig über eine Zimmersprechanlage mitgehörte Telefongespräche (LAG *Hamm* 1. 9. 1995 EzA – SD 1995, Nr. 25, 15; BGH 17. 2. 1982 AP ZPO § 284 Nr. 2 = NJW 1982, 1397), rechtswidrig hergestellte Tonbandaufnahmen (LAGE Berlin 15. 2. 1988 ZPO § 371 Nr. 1), durch rechtswidrige Kontrollen erlangte Beweismittel sowie deutlich persönliche Aufzeichnungen mit intimem Inhalt.

44 b) Unzulässig ist die Vernehmung eines Dritten, der ein als vertraulich ausgegebenes Gespräch des Arbeitgebers mit einem Arbeitnehmer über eine Sprechanlage mitgehört hat (BAG 2. 6. 1982 AP ZPO § 284 Nr. 3 = NJW 1983, 1691), einer Stenotypistin, die ein Telefongespräch des Arbeitnehmers mitstenografiert hat, oder die Vernehmung der Ehefrau des Arbeitgebers, die ein Telefongespräch ihres Mannes mit einem Arbeitnehmer mitgehört hat (LAG Berlin 15. 2. 1981 AP ZPO § 284 Nr. 1).

45 c) Nur im Falle der Notwehr oder der Wahrnehmung überwiegender Interessen dürfen auch rechtswidrig erlangte Beweismittel verwandt werden. Ferner ist grundsätzlich die Vernehmung der Zeugen von Hörensagen zulässig.

46 **3. Ausforschungsbeweis.** Unzulässig ist die Erhebung von Ausforschungsbeweisen (LAG Frankfurt 7. 1. 1994 EzBAT §§ 22, 23 F 2 VergGr. III Nr. 1; vgl. BAG 16. 1. 1991 AP ArbGG 1979 Nr. 1 = NJW 1991, 1252 = NZA 1991, 364; 29. 10. 1986 AP TVG § 1 Tarifverträge: Rundfunk Nr. 14). Ein Ausforschungsbeweis ist dann gegeben, wenn eine Partei nur vage Behauptungen aufgestellt hat und durch die Zeugenvernehmung sich erst die erforderlichen Tatsachen verschaffen will. Vor Zurückweisung hat das Gericht die Parteien jedoch darauf hinzuweisen.

VI. Grundsätze der Beweiswürdigung

47 **1. Freie Beweiswürdigung.** a) Nach § 286 I 1 ZPO hat das Gericht unter Berücksichtigung des gesamten Inhalts der Verhandlungen und des Ergebnisses einer etwaigen Beweisaufnahme nach freier Überzeugung zu entscheiden, ob eine tatsächliche Behauptung für wahr oder nicht wahr zu erachten sei. Es wird ein so hoher Grad von Wahrscheinlichkeit vorausgesetzt, daß kein vernünftiger, mit den Lebensverhältnissen vertrauter Mensch noch zweifelt. Nicht ausreichend ist eine gewisse Wahrscheinlichkeit oder Plausibilität für das Vorliegen der Tatsache.

48 b) Die freie Beweiswürdigung beinhaltet ein gewisses subjektives Element. Der Richter ist jedoch an bestehende Erfahrungssätze, Naturgesetze und die Denkgesetze gebunden. Dagegen bestehen anders als in anderen Rechtsordnungen grundsätzlich keine Beweisregeln.

49 c) An Beweisregeln ist das Gericht nur dann gebunden, wenn es im Gesetz besonders vorgesehen ist. Dies gilt nach §§ 415 bis 418 ZPO für die Beweiskraft von Urkunden, nach § 314 ZPO für den Tatbestand des Urteils und nach § 165 ZPO das gerichtliche Protokoll.

50 d) Für die Beweiswürdigung ist der gesamte Inhalt der Verhandlungen maßgebend. Ausgeschlossen ist jedoch das private Wissen des Richters.

2. Einzelgrundsätze. a) Unzulässig ist eine vorweggenommene Beweiswürdigung, ein bestimmtes 51
Beweismittel sei zur Beweisführung ungeeignet (BVerfG 28. 2. 1992 NJW 1993, 254) oder sei als
unglaubhaft zu bezeichnen.

b) Das Gericht hat sich mit der gesamten Beweisaufnahme auseinanderzusetzen und die Gründe für 52
die Überzeugung im Urteil anzugeben (§ 286 I Satz 2 ZPO). Es braucht aber nicht zu jeder Einzelausführung einer Partei Stellung zu nehmen.

c) Im Falle von Zeugenaussagen ist anzugeben, warum das Gericht einem Zeugen glaubt, dagegen 53
einem anderen nicht. Die angegebenen Gründe müssen objektiv nachvollziehbar sein.

d) In Schadensersatzprozessen ist die haftungsbegründende Kausalität nach § 286 I ZPO und die 54
haftungsausfüllende Kausalität nach § 287 I ZPO nachzuweisen.

3. Anscheinsbeweis. a) Bei einem Anscheinsbeweis wird aufgrund der allgemeinen Lebenserfah- 55
rung aus bestimmten Geschehensabläufen auf deren Ursachen geschlossen.

b) Der Anscheinsbeweis ist bereits dann erschüttert, wenn von der Regel abweichende Geschehens- 56
abläufe als möglich erscheinen.

c) Für den Zugang einer Willenserklärung, die durch gewöhnlichen Brief übersandt wird, spricht 57
kein Anscheinsbeweis (Allgaier VersR 1992, 1070; *Huber* JR 1985, 177; Stück JuS 1996, 153).

4. Beweisvereitelung. a) Eine Beweisvereitelung ist gegeben, wenn die Gegenpartei die Beweisfüh- 58
rung durch die beweisbelastete Partei verhindert oder unmöglich macht. Dies kann zB der Fall sein,
wenn Urkunden vernichtet oder Augenscheinsobjekte beseitigt werden (vgl. Michalsky, Beweisvereitelung durch beweisbelastende Partei und Nachholbarkeit in der Berufungsinstanz, NJW 1991,
2069).

b) Die Rechtsfolge der Beweisvereitelung ist umstritten. Zum Teil wird angenommen, daß sich die 59
Beweislast umkehrt, zum Teil wird angenommen, daß das Gericht die Behauptung als erwiesen
anzusehen habe, deren Beweis nicht mehr möglich ist.

VII. Darlegungs- und Beweislast

1. Darlegungs- und Beweislast. a) Im Rechtsstreit hat jede Partei grundsätzlich die ihr günstigen 60
Tatsachen darzulegen und zu beweisen (BAG 27. 1. 1972 AP BGB § 252 Nr. 2 = NJW 1972, 1437).
Der Kläger hat mithin die anspruchsbegründenden Tatsachen darzulegen, der Beklagte diejenigen, aus
denen sich rechtshindernde oder rechtsvernichtende Einwendungen oder Einreden ergeben. Ist der
Vortrag einer Partei nicht geeignet, die beanspruchte Rechtsfolge zu rechtfertigen, so ist der Vortrag
des Klägers nicht schlüssig, der des Beklagten nicht erheblich.

b) Ist der Vortrag der Parteien schlüssig bzw. erheblich, so ist über sie Beweis zu erheben. Führt die 61
Beweisaufnahme nicht zu einem bestimmten Ergebnis, so erwächst die Frage der Beweislast. Nach der
formellen Beweislast richtet sich, welche Partei die Tatsache nachweisen muß. Nach der materiellen
Beweislast richtet sich, wer die Nachteile zu tragen hat, wenn ein Umstand nicht erwiesen wird.

2. Beweislastregelungen. a) Im materiellen Recht sind zahlreiche Beweisverteilungsregeln enthal- 62
ten. Dies ist zB der Fall in §§ 179 I, 282, 285, 345, 358, 363, 442, 542 III, 636 II BGB, §§ 1, 23 KSchG.
Im Kündigungsschutzprozeß trägt der Arbeitnehmer die Darlegungs- und Beweislast, daß das KSchG
Anwendung findet; dagegen trägt der Arbeitgeber die Darlegungs- und Beweislast für die Gründe, die
eine Kündigung sozial rechtfertigen.

b) In zahlreichen Fällen hat die Rechtsprechung Regeln zur Darlegungs- und Beweislast entwickelt, 63
die bis zur Umkehr der Beweislast gehen. So ist eine Umkehr der Beweislast angenommen worden,
wenn sich der Geschädigte in Beweisnot befindet, der Schädiger aber die Beweise leichter erbringen
kann, weil er die Gefahrenursache beherrscht.

c) Bei der Unterlassung von Aufklärungs- und Belehrungspflichten trägt diejenige Partei die Darle- 64
gungs- und Beweislast dafür, daß der Schaden auch bei pflichtgemäßer Erfüllung der Belehrungs- und
Aufklärungspflichten erwachsen wäre (BAG 18. 12. 1984 AP BetrAVG § 1 Zusatzversorgungskassen
Nr. 3 = NZA 1985, 459; 15. 10. 1985 AP Nr. 12 = NZA 1986, 360).

§ 59 Versäumnisverfahren

¹Gegen ein Versäumnisurteil kann eine Partei, gegen die das Urteil ergangen ist, binnen einer
Notfrist von einer Woche nach seiner Zustellung Einspruch einlegen. ²Der Einspruch wird beim
Arbeitsgericht schriftlich oder durch Abgabe einer Erklärung zur Niederschrift der Geschäftsstelle eingelegt. ³Hierauf ist die Partei zugleich mit der Zustellung des Urteils schriftlich hinzuweisen. ⁴§ 345 der Zivilprozeßordnung bleibt unberührt.

Schaub

I. Allgemeines

1 Die Vorschrift regelt Teilbereiche des Versäumnisverfahrens. Soweit in ihr keine Sonderregelungen enthalten sind, gelten nach § 46 II 1 die §§ 330 bis 347 ZPO für das Verfahren vor dem Arbeitsgericht entsprechend. Ausgenommen sind §§ 331 III, 335 I Nr. 4 ZPO, weil es kein schriftliches Vorverfahren gibt (§ 46 II 2). Nach § 64 VII gilt § 59 auch im Berufungsverfahren. Dagegen ist im Revisionsverfahren § 59 nicht in Bezug genommen (§ 72 VI). Es richtet sich mithin nach §§ 557, 552, 330 ff. ZPO. Im Beschlußverfahren gibt es kein Versäumnisverfahren (§ 83 IV 2).

II. Erlaß des Versäumnisurteils

2 1. **Voraussetzungen des Versäumnisverfahrens.** a) Ein Versäumnisurteil ergeht nur, wenn die allgemeinen Prozeßvoraussetzungen gegeben sind (vgl. § 46 Rn. 12 ff.) und ein Termin zur Güte- oder streitigen Verhandlung angesetzt war. Dagegen kann ein Versäumnisurteil nicht in einem Termin zur Beweisaufnahme, zur Verkündung einer Entscheidung oder vor dem ersuchten Richter ergehen. Zu dem Termin zur Güte- oder streitigen Verhandlung muß ordnungsgemäß geladen sein und die Ladungs- und Einlassungsfrist gewahrt sein.

3 b) Ein Versäumnisurteil kann nur ergehen, wenn eine Partei säumig ist. Säumig ist eine Partei, wenn sie im Termin nicht erscheint. Säumig ist aber auch eine Partei, die zum Termin zwar erscheint, aber nicht verhandelt (§ 333 ZPO). Verhandeln ist jede aktive Beteiligung an der Erörterung des Rechtsstreits vor Gericht. Dies ist jedes Verhandeln zur Sache, auch ein Verhandeln zu den Prozeßvoraussetzungen (vgl. BGH 15. 12. 1992 NJW 1993, 861; OLG Bamberg 24. 8. 1995, NJW-RR 1996, 317). Dagegen liegt kein Verhandeln zur Sache vor, wenn nur Anträge zur Vertagung, zur Aussetzung, Trennung oder Verbindung von Rechtsstreitigkeiten oder eine Richterablehnung erfolgt. Regelmäßig ist ein Verhandeln gegeben, wenn die Anträge gestellt werden und auf das frühere Sachvorbringen verwiesen wird. Hat eine Partei im Termin zunächst verhandelt, dann aber nach Beweisaufnahme keine Anträge mehr gestellt, so liegt wegen der Termineinheit ein Fall der Säumnis nicht vor (BGH 9. 10. 1974 NJW 1974, 2322; OLG *Hamm* 3. 10. 1973 NJW 1974, 1097).

4 c) Ein Fall der Säumnis ist nicht gegeben, wenn eine Partei zwar in dem Termin verhandelt, sich jedoch über Tatsachen, Urkunden oder Anträge auf Parteivernehmung nicht erklärt (§ 334 ZPO).

5 2. **Einteilung der Versäumnisentscheidungen.** a) Versäumnisurteil ist nur die gegen die säumige Partei aufgrund der Säumnis ergehende Entscheidung, nicht dagegen die gegen die erschienene Partei ergehende Entscheidung oder die zwar gegen die säumige Partei, aber ohne Rücksicht auf ihre Säumnis ergehende Entscheidung (zB Abweisung der Klage als unzulässig, unbegründet usw.). Insoweit wird von unechtem Versäumnisurteil gesprochen, weil die gleiche Entscheidung hätte ergehen müssen, wenn die Partei erschienen wäre (vgl. BAG 10. 6. 1988 NJW 1989, 733 = NZA 1989, 105). Gegen ein echtes Versäumnisurteil ist der Einspruch statthaft; gegen ein unechtes Versäumnisurteil sind nur die statthaften Rechtsmittel gegeben.

6 b) Nach § 331a ZPO kann beim Ausbleiben einer Partei im Termin zur mündlichen Verhandlung der Gegner statt eines Versäumnisurteils eine Entscheidung nach Lage der Akten beantragen. § 251a II ZPO gilt entsprechend. Hiernach darf ein Urteil nach Lage der Akten nur ergehen, wenn in einem früheren Termin mündlich verhandelt worden ist und die Sache entscheidungsreif ist. Das bedeutet, daß eine streitige Verhandlung stattgefunden haben muß. In einem Güteverfahren kommt eine Entscheidung nach Lage der Akten nicht in Betracht, da keine streitige Verhandlung vorausgegangen ist. Vielmehr ist das Ruhen des Verfahrens anzuordnen (§ 54 V 1). Wird eine Entscheidung nach Lage der Akten abgelehnt, findet ein Rechtsmittel nicht statt (§ 336 II ZPO), weil sonst in die Entscheidungskompetenz des Gerichtes eingegriffen würde.

7 c) Im Falle der Säumnis einer oder beider Parteien in der Güteverhandlung entscheidet der Vorsitzende der Kammer (§ 54 IV, V). Im Falle der Säumnis einer oder beider Parteien in der streitigen Verhandlung entscheidet der Vorsitzende (§ 55 I Nr. 4, 5). Wenn die ehrenamtlichen Richter aber anwesend sind, entscheiden diese mit (§ 55 Rn. 5). Ein echtes Versäumnisurteil enthält weder Tatbestand noch Entscheidungsgründe (§ 313 b ZPO). Ein unechtes Versäumnisurteil ist dagegen wie ein Streiturteil mit Tatbestand und Entscheidungsgründen zu versehen.

8 3. **Versäumnisurteil gegen den Kläger.** Auf Antrag des Beklagten wird gegen den nicht erschienenen Kläger die Klage abgewiesen (§ 330 ZPO). Der Prozeßantrag auf Erlaß eines Versäumnisurteils kann im Sachantrag liegen. Die allgemeinen Prozeßvoraussetzungen müssen vorliegen oder geheilt sein (§ 295 ZPO). Liegen die allgemeinen Prozeßvoraussetzungen nicht vor und können sie auch nicht geheilt werden, so ist die Klage durch unechtes Versäumnisurteil abzuweisen (OLG München 16. 6. 1987 NJW-RR 1989, 1405). Hieraus folgt, daß das Gericht bei Zweifeln über die Prozeßfähigkeit des Klägers diese vor Erlaß eines Versäumnisurteils zu prüfen hat (BAG 28. 2. 1974 AP ZPO § 56 Nr. 4).

II. Erlaß des Versäumnisurteils

4. Versäumnisurteil gegen den Beklagten. a) Auf Antrag des Klägers wird gegen den Beklagten nur dann ein Versäumnisurteil erlassen, wenn sein tatsächliches mündliches Vorbringen den Klageantrag rechtfertigt. Wegen der Säumnis gilt das tatsächliche mündliche Vorbringen des Klägers als zugestanden (§ 331 I 1 ZPO). Die Klage muß „schlüssig" sein. Hat der Kläger rechtshindernde oder rechtsvernichtende Einwände als unstreitig vorgetragen, so ist die Klage nicht schlüssig und dementsprechend kann auch kein Versäumnisurteil ergehen (BAG 14. 6. 1994 AP BGB § 196 Nr. 15 = NZA 1995, 1056; OLG Düsseldorf 5. 2. 1991 NJW 1991, 2089).

b) Die Geständnisfiktion gilt nicht wegen des Erfüllungsortes oder der Gerichtsstandsvereinbarung (§§ 331, 29 II, 38 ZPO). Der Kläger muß auch bei Säumnis des Beklagten die Tatsachen nachweisen, aus denen sich die Zulässigkeit der Gerichtsstandsvereinbarung bzw. des Erfüllungsortes ergeben.

c) Soweit die Klage schlüssig ist und die Tatsachen zugestanden bzw. in erforderlichem Umfang nachgewiesen sind, ist dem Antrag stattzugeben. Soweit dies nicht der Fall ist, ist die Klage abzuweisen (§ 331 II ZPO).

5. Zurückweisung des Antrages auf Erlaß eines Versäumnisurteils. a) Der Antrag auf Erlaß eines Versäumnisurteils oder einer Entscheidung nach Lage der Akten ist zurückzuweisen, wenn die Voraussetzungen nach § 335 ZPO vorliegen.

b) Der Antrag ist zurückzuweisen, wenn die erschienene Partei die vom Gericht wegen eines von Amts wegen zu berücksichtigenden Umstandes erforderliche Nachweisung nicht zu beschaffen vermag (§ 335 Nr. 1 ZPO). Von Amts wegen zu berücksichtigen sind die allgemeinen Prozeßvoraussetzungen und die besonderen Zulässigkeitsvoraussetzungen für ein Versäumnisurteil. Steht endgültig fest, daß diese nicht zu beschaffen sind, ist die Klage durch unechtes Versäumnisurteil abzuweisen.

c) Der Antrag ist zurückzuweisen, wenn die nicht erschienene Partei nicht ordnungsgemäß, insbesondere nicht rechtzeitig geladen ist (§ 335 Nr. 2 ZPO). Die Ordnungsmäßigkeit der Ladung ist nach §§ 47, 214 ff. ZPO, die der Zustellung nach §§ 166 ff., 208 ff. ZPO zu beurteilen. Ist das Erlöschen einer Prozeßvollmacht wirksam angezeigt, so können nach §§ 176, 87 I ZPO Zustellungen nicht mehr an den bisherigen Prozeßbevollmächtigten erfolgen. Eine gleichwohl erfolgte Zustellung setzt die Einspruchsfrist nicht in Lauf.

d) Der Antrag ist zurückzuweisen, wenn der nicht erschienenen Partei ein tatsächliches mündliches Vorbringen oder ein Antrag nicht rechtzeitig mittels Schriftsatz mitgeteilt worden ist (§ 335 Nr. 3 ZPO). Dasselbe wird gelten, wenn neue Beweismittel vorgetragen werden (vgl. OLG Frankfurt 25. 11. 1992 FamRZ 1993, 1467). Einer Mitteilung bedarf es dann nicht, wenn die Tatsache in einer früheren Verhandlung vorgebracht worden ist. Gegen den Kläger bzw. Rechtsmittelführer bedarf es keines Vorbringens, da die Klage nach §§ 330 bzw. 542 I ZPO abzuweisen ist.

e) Der Antrag ist zurückzuweisen, wenn der Vorsitzende die Einlassungs- und Ladungsfrist zu bestimmen hatte (vgl. §§ 226, 239 III, 274 III ZPO) und diese zu kurz bemessen war oder wenn die Partei ohne ihr Verschulden am Erscheinen verhindert war (§ 337 ZPO). Das Gericht weist den Antrag auf Erlaß eines Versäumnisurteils von Amts wegen zurück.

f) Unverschuldet ist eine Autopanne (BAG 19. 10. 1971 AP ZPO § 337 Nr. 3 = NJW 1972, 790); das Übersehen eines Benachrichtigungszettels bei Niederlegung der Ladung zur Post (LAG Baden-Württemberg 24. 3. 1983 EzA ZPO § 513 Nr. 6); ein Rechtsanwalt entgegen einer Zusage gegen die Gegenpartei ein Versäumnisurteil nimmt (OLG Karlsruhe 19. 12. 1973 NJW 1974, 1096); § 13 BORA ist jedoch verfassungswidrig (BVerfG 14. 12. 1999 BB 2000, 12) bei einem Gericht die Übung besteht, bei einem durch einen Verbandsvertreter oder Rechtsanwalt vertretenen Partei eine gewisse Zeitspanne (15 Minuten) zu warten (BGH 9. 10. 1975 NJW 1976, 1096) oder sich Ladung und Bestellung eines Rechtsanwalts kreuzen und dieser entgegen seiner Bitte nicht geladen oder benachrichtigt wird (BAG 11. 11. 1976 AP ZPO § 176 Nr. 4 = DB 1977, 919). Verschuldet ist aber ein Versäumnis, wenn ein Rechtsanwalt entgegen anwaltlichem Standesrecht gegen die durch einen Rechtsanwalt vertretene Partei ein Versäumnisurteil nimmt (BGH vom 27. 9. 1990 NJW 1991, 42; auch OLG Köln 6. 5. 1993 BB 1993, 1397; OLG Stuttgart 13. 8. 1993 NJW 1994, 1884); ein Vertreter bei Anordnung des persönlichen Erscheinens berechtigt zurückgewiesen worden ist und auf diese Folgen zuvor hingewiesen worden ist (LAG *Hamm* 18. 2. 1981 EzA ZPO § 345 Nr. 3); eine Partei mitteilt, sie sei mittellos und könne die Reisekosten nicht bezahlen (vgl. LAG Hessen 30. 5. 1994 NZA 1995, 239). Ebenso ist das Gericht nicht gehindert, ein Versäumnisurteil zu erlassen, wenn eine Partei vor dem Termin Vertagung beantragt hat und dieser Antrag noch nicht beschieden ist (LAG Berlin 23. 10. 1969 AP ZPO § 337 Nr. 2). Vertagungsgründe können aber berechtigte Urlaubsplanungen oder Erkrankungen des Prozeßbevollmächtigten sein.

6. Rechtsbehelfe gegen Erlaß oder Zurückweisung. a) Erläßt das Gericht ein Versäumnisurteil, so ist der Einspruch gegeben.

b) Weist dagegen das Gericht den Antrag auf Erlaß eines Versäumnisurteils zu Recht zurück, so ist die nicht erschiene Partei zu dem neuen Termin zu laden (§§ 337 Satz 2 ZPO).

20 c) Wird der Antrag auf Erlaß eines Versäumnisurteils zurückgewiesen, so findet die sofortige Beschwerde statt (§ 336 I 1 ZPO). Wird der Zurückweisungsbeschluß aufgehoben, so ist die nichterschienene Partei zu dem neuen Termin nicht zu laden.

III. Einspruch

21 **1. Statthaftigkeit des Einspruches.** a) Die Partei, gegen die ein Versäumnisurteil erlassen ist, steht gegen ein echtes Versäumnisurteil der Einspruch zu (§§ 59, 338 ZPO). Da über den Einspruch dieselbe Instanz entscheidet, ist der Einspruch mangels Devolutiveffekt ein Rechtsbehelf. Gegen ein unechtes Versäumnisurteil finden dagegen unter den allgemeinen Statthaftigkeitsvoraussetzungen die Berufung bzw. Revision statt (vgl. § 64 Rn. 2 ff.; § 72 Rn. 3). Hat das Arbeitsgericht nach Form und Inhalt ein Versäumnisurteil erlassen, weil es zu Unrecht einen Fall der Säumnis angenommen hat, so ist dagegen nur der Einspruch statthaft, nicht auch – unter dem Blickwinkel der Meistbegünstigung – die Berufung (BGH 3. 12. 1993 NJW 1994, 665; 11. 5. 1994 NJW-RR 1995, 257).

22 b) Die Einspruchsfrist ist gegenüber dem Zivilprozeß im Interesse der Verfahrensbeschleunigung verkürzt. Sie beträgt eine Woche. Die Fristberechnung erfolgt nach § 222 ZPO, §§ 187 ff. BGB. Die Einspruchsfrist endet mithin an dem Tag der folgenden Woche, der nach seiner Benennung dem Zustellungstag entspricht. Ist dies ein Sonnabend, Sonntag oder allgemeiner Feiertag, so endet die Frist an dem darauffolgenden Werktag (§ 222 II ZPO). Da die Einspruchsfrist eine Notfrist ist, kann bei ihrer Versäumung die Wiedereinsetzung in den vorigen Stand in Betracht kommen.

23 c) Der Einspruch wird beim Arbeitsgericht schriftlich oder durch Abgabe einer Erklärung zur Niederschrift der Geschäftsstelle eingelegt. Es ist nicht erforderlich, daß der Rechtsbehelf ausdrücklich als Einspruch bezeichnet wird, sofern sich aus dem Gesamtzusammenhang ergibt, daß die Partei das Versäumnisurteil nicht hinnehmen will. Dies kann auch der Fall sein, wenn die Partei ihr Nichterscheinen im Termin entschuldigt (BAG 11. 3. 1971 AP ZPO § 340 Nr. 2). Die schriftliche Einlegung kann auch durch Telefax, Telekopie, Telegramm oder Fotokopie eines handschriftlichen Einspruches (LAG Nürnberg 16. 6. 1982 NJW 1983, 2285) erfolgen. Notwendig ist jedoch, daß die Unterschrift des Originals erkennbar ist. Der Einspruch kann auch zum Sitzungsprotokoll erfolgen, wenn die Partei nach Verkündung des Versäumnisurteils erscheint. Für den Einspruch gilt auch im Berufungsrechtszug kein Vertretungszwang nach § 11 ArbGG. Dagegen ist ein fernmündlich erfolgter Einspruch auch zur Niederschrift der Geschäftsstelle unwirksam. Wird der Einspruch durch einen Vertreter eingereicht, ohne daß eine schriftliche Prozeßvollmacht beigefügt worden ist, so ist die Heilung des Mangels mit rückwirkender *Kraft* möglich, sofern der Einspruch zulässig ist (LAGE Rheinland-Pfalz 22. 6. 1988 ArbGG 1979 § 59 Nr. 2).

24 d) Der Inhalt der Einspruchsschrift richtet sich nach § 340 II ZPO. Die Einspruchsschrift muß enthalten (1) die Bezeichnung des Urteils, gegen das der Einspruch gerichtet war, (2) die Erklärung, daß gegen dieses Urteil Einspruch eingelegt werde. Soll das Urteil nur zum Teil angefochten werden, so ist der Umfang der Anfechtung zu bezeichnen. Der Einspruch wird nicht dadurch unzulässig, daß das Urteil nur unzureichend bezeichnet ist oder nicht ausdrücklich das Wort Einspruch gebraucht wird. Ausreichend ist, wenn sich das angefochtene Urteil identifizieren läßt und durch Auslegung zu ermitteln ist, daß die säumige Partei den Rechtsstreit fortsetzen will. Es verletzt den Anspruch auf wirkungsvollen Rechtsschutz, wenn ein Wiedereinsetzungsgesuch bei Versäumung der Einspruchsfrist nach einem Versäumnisurteil nicht zugleich als Einspruch aufgefaßt und deshalb als unzulässig angesehen wird (BVerfG 2. 3. 1993 NJW 1993, 1635). Nach § 340 III ZPO hat die Partei ihre Angriffs- und Verteidigungsmittel, soweit es nach der Prozeßlage einer sorgfältigen und auf Förderung des Verfahrens bedachten Prozeßführung entspricht, so wie Rügen, die die Zulässigkeit der Klage betreffen, in der Einspruchsschrift vorzutragen. Der Vortrag ist aber keine Zulässigkeitsvoraussetzung für den Einspruch (BAG 9. 11. 1983 AP ZPO § 340 Nr. 3 = NZA 1985, 130). Die Partei kann wohl mit verspätetem Vorbringen ausgeschlossen werden (BAG 9. 11. 1983 NZA 1985, 130; OLG München 8. 11. 1988 NJW-RR 1989, 255; BGH 7. 4. 1992 NJW-RR 1992, 957).

25 **2. Belehrung über Einspruch.** Nach Satz 3 sind die Parteien mit Zustellung des echten Versäumnisurteils zugleich über den Einspruch und seine Form und Frist zu belehren. Daneben gilt nicht § 9 V, weil es sich bei dem Einspruch nicht um ein Rechtsmittel, sondern einen Rechtsbehelf handelt (LAGE Nürnberg 10. 5. 1988 ArbGG 1979 § 59 Nr. 1). Gegen ein unechtes Versäumnisurteil sind die statthaften Rechtsmittel gegeben. Die Rechtsmittelbelehrung muß demnach nach § 9 V erfolgen. Fehlt bei der Zustellung des Versäumnisurteils eine Rechtsbehelfsbelehrung, so beginnt die Einspruchsfrist nicht zu laufen. Das Versäumnisurteil muß mit Rechtsbehelfsbelehrung erneut zugestellt werden.

26 **3. Wirkung des Einspruches.** a) Ist der Einspruch zulässig, so wird der Rechtsstreit, soweit der Einspruch reicht, in die Lage zurückversetzt, in der er sich vor Eintritt der Säumnis befand (§ 342 ZPO). Alle früheren Prozeßhandlungen des Gerichtes und der Parteien bleiben wirksam. Lediglich nach § 340 III ZPO kann eine Zurückweisung erfolgen.

b) Der Einspruch verhindert den Eintritt der Rechtskraft. Das Versäumnisurteil eines Arbeits- und 27
Landesarbeitsgerichtes ist jedoch vorläufig vollstreckbar (§ 62 I 1). Die Zwangsvollstreckung kann
jedoch einstweilen eingestellt werden (§ 62 I 3).

IV. Das Einspruchsverfahren

1. Zulässigkeit des Einspruches. a) Das Gericht hat von Amts wegen zu prüfen, ob der Einspruch 28
an sich statthaft und ob er in der gesetzlichen Form und Frist eingelegt ist. Fehlt es an einem dieser
Erfordernisse, so ist der Einspruch als unzulässig zu verwerfen (§ 341 ZPO). Die Entscheidung kann
ohne mündliche Verhandlung ergehen. Sie kann durch den Vorsitzenden des Arbeitsgerichtes allein
getroffen werden (§ 53). Sie unterliegt in diesem Fall der sofortigen Beschwerde, sofern gegen ein
Urteil gleichen Inhalts die Berufung stattfinden würde. Das Gericht kann aber auch Termin zur
mündlichen Verhandlung ansetzen. In diesem Fall ist durch Urteil zu entscheiden, das mit den
statthaften Rechtsmitteln angegriffen werden kann.

b) Ist der Einspruch statthaft und zulässig, so ist der Termin zur mündlichen Verhandlung über den 29
Einspruch und die Hauptsache zu bestimmen und den Prozeßparteien bekannt zu machen (§ 341a
ZPO). Nach § 340a ZPO ist die Einspruchsschrift der Gegenpartei zuzustellen. Die erforderliche
Zahl von Abschriften soll die Partei mit der Einspruchsschrift vorlegen.

2. Verhandlung. a) Erscheinen im Termin zur weiteren Verhandlung die Parteien, so wird über 30
Einspruch und Hauptsache verhandelt. Insoweit die Entscheidung, die aufgrund der neuen Verhandlung zu erlassen ist, mit der in dem Versäumnisurteil enthaltenen Entscheidung übereinstimmt, ist
auszusprechen, daß diese Entscheidung aufrecht zu erhalten sei. Insoweit diese Voraussetzung nicht
zutrifft, wird das Versäumnisurteil in dem neuen Urteil aufgehoben (§ 343 ZPO). In jedem Fall trägt
der Säumige die durch die Säumnis erwachsenden Kosten (§ 344 ZPO).

b) Erscheint im Termin zur weiteren Verhandlung die Partei, die das Versäumnisurteil erstritten hat, 31
nicht, so kann, wenn die Voraussetzungen eines Versäumnisurteils vorliegen, ein echtes Versäumnisurteil gegen sie ergehen. Das erste Versäumnisurteil ist alsdann aufzuheben (vgl. Rn. 5).

c) Versäumt sich die säumige Partei in dem Termin zur weiteren Verhandlung erneut, so wird der 32
Einspruch nach § 59 Satz 4 und § 344 ZPO verworfen. Ein weiterer Einspruch steht ihr nicht zu. Es
erfolgt keine neue Sachprüfung. Jedoch ist bei einem zweiten Versäumnisurteil die Schlüssigkeit des
Klagevorbringens erneut festzustellen (BAG 2. 2. 1994 AP ZPO § 513 Nr. 8 = NZA 1994, 1102). Eine
Berufung kann aber nicht darauf gestützt werden, die Klage sei nicht schlüssig gewesen (BAG 2. 2.
1994 NZA 1994, 1102). Gegen ein zweites Versäumnisurteil findet die Berufung nur statt, wenn ein
Fall der Säumnis nicht vorgelegen hat (§ 513 II ZPO), sofern die allgemeinen Berufungsvoraussetzungen vorliegen (BAG 4. 4. 1989 AP ArbGG 1979 § 64 = NJW 1989, 2644 = NZA 1989, 693; 2. 2. 1994
NZA 1994, 1102). Damit ist eine Berufung nur statthaft, wenn der Beschwerdewert 800,- DM übersteigt oder sie vom Arbeitsgericht zugelassen worden ist.

3. Gebühren. Wird der Rechtsstreit durch ein Versäumnisurteil beendet, ermäßigt sich die Verfah- 33
rensgebühr in der ersten Instanz auf die Hälfte (Nr. 9113 Gebührenverzeichnis zu § 12 I), im Berufungsverfahren auf 4/10 (Nr. 9122 Gebührenverzeichnis).

§ 60 Verkündung des Urteils

(1) ¹Zur Verkündung des Urteils kann ein besonderer Termin nur bestimmt werden, wenn die
sofortige Verkündung in dem Termin, auf Grund dessen es erlassen wird, aus besonderen Gründen nicht möglich ist, insbesondere weil die Beratung nicht mehr am Tage der Verhandlung
stattfinden kann. ²Der Verkündungstermin wird nur dann über drei Wochen hinaus angesetzt,
wenn wichtige Gründe, insbesondere der Umfang oder die Schwierigkeit der Sache, dies erfordern. ³Dies gilt auch dann, wenn ein Urteil nach der Lage der Akten erlassen wird.

(2) ¹Bei Verkündung des Urteils ist der wesentliche Inhalt der Entscheidungsgründe mitzuteilen. ²Dies gilt nicht, wenn beide Parteien abwesend sind; in diesem Fall genügt die Bezugnahme
auf die unterschriebene Urteilsformel.

(3) ¹Die Wirksamkeit der Verkündung ist von der Anwesenheit der ehrenamtlichen Richter
nicht abhängig. ²Wird ein von der Kammer gefälltes Urteil ohne Zuziehung der ehrenamtlichen
Richter verkündet, so ist die Urteilsformel vorher von dem Vorsitzenden und den ehrenamtlichen
Richtern zu unterschreiben.

(4) ¹Das Urteil nebst Tatbestand und Entscheidungsgründen ist vom Vorsitzenden zu unterschreiben. ²Wird das Urteil nicht in dem Termin, in dem die mündliche Verhandlung
geschlossen wird, verkündet, so muß es bei der Verkündung in vollständiger Form abgefaßt sein. ³Ein Urteil,
das in dem Termin, in dem die mündliche Verhandlung geschlossen wird, verkündet wird, ist vor
Ablauf von drei Wochen, vom Tage der Verkündung an gerechnet, vollständig abgefaßt der

Geschäftsstelle zu übergeben; kann dies ausnahmsweise nicht geschehen, so ist innerhalb dieser Frist das von dem Vorsitzenden unterschriebene Urteil ohne Tatbestand und Entscheidungsgründe der Geschäftsstelle zu übergeben. ⁴ In diesem Fall sind Tatbestand und Entscheidungsgründe alsbald nachträglich anzufertigen, von dem Vorsitzenden besonders zu unterschreiben und der Geschäftsstelle zu übergeben.

I. Allgemeines

1 Nach § 46 II gelten die Vorschriften der §§ 310 ff. ZPO. § 60 enthält die für das Arbeitsgerichtsverfahren abweichenden Regelungen. Nach § 69 I 2 gilt mit geringfügigen Abweichungen § 60 entsprechend. Sie gilt nicht im Revisionsverfahren. Nach § 84 Satz 3, § 91 I 2 gilt § 60 für das Beschlußverfahren erster und zweiter Instanz. Sie findet keine Anwendung in der Rechtsbeschwerdeinstanz.

II. Arbeitsverfahrensrechtliche Besonderheiten

2 **1. Inhalt des Urteils. a)** Der Inhalt des Urteils folgt aus § 313 ZPO. Da die Urteile der Arbeits- und Landesarbeitsgerichte vorläufig vollstreckbar sind, bedarf es keines Ausspruchs über die vorläufige Vollstreckbarkeit; ein Ausspruch ist dann erforderlich, wenn die Vollstreckung ausgeschlossen wird. Ferner enthält die Urteilsformel die Festsetzung des Streitwertes und die Zulassung der Berufung. Versäumnisurteile des BAG müssen für vorläufig vollstreckbar erklärt werden.

3 **b)** Im Tatbestand sollen die erhobenen Ansprüche und die dazu vorgetragenen Angriffs- und Verteidigungsmittel unter Hervorhebung der gestellten Anträge nur ihrem wesentlichen Inhalt dargestellt werden (§ 313 II ZPO). Die Entscheidungsgründe enthalten eine kurze Zusammenfassung der Erwägungen, auf denen die Entscheidung in tatsächlicher und rechtlicher Hinsicht beruht.

4 **c)** Unter den Voraussetzungen von §§ 313 a, b ZPO können Tatbestand und Entscheidungsgründe weggelassen werden. Dies führt alsdann zu Gebührenprivilegien.

5 **2. Verkündung. a)** Die arbeitsgerichtlichen Urteile werden wie im allgemeinen Zivilprozeß verkündet. Das gilt auch, wenn im schriftlichen Verfahren oder nach Lage der Akten entschieden worden ist. Die Form der Verkündung ergibt sich aus § 311 ZPO. Keiner Verkündung bedarf es, wenn der Vorsitzende im Falle des Anerkenntnisses (§ 55 I Nr. 3) oder des Verzichts (§ 55 I Nr. 2) im Einverständnis der Parteien ohne mündliche Verhandlung entscheidet. In diesen Fällen wird die Verkündung durch die Zustellung des Urteils ersetzt (§ 310 III ZPO).

6 **b)** Im Interesse der Beschleunigung des Verfahrens bestimmt § 60 I 1, daß die Verkündung in der Regel am Schluß des Termins, aufgrund dessen das Urteil ergeht, zu verkünden ist. Ausnahmsweise kann für die Verkündung ein besonderer Termin eingesetzt werden, insbesondere dann, wenn die Beratung nicht mehr am Tage der Verhandlung stattfinden kann. Dies kann der Fall sein, wenn der Richter oder ein ehrenamtlicher Richter aufgrund anderer Termine verhindert ist oder wegen der Schwierigkeit der Sach- und Rechtslage eine weitere Beratung notwendig ist, wenn zwischen den Parteien Vergleichsgespräche stattfinden oder ein Widerrufsvergleich geschlossen worden ist oder einer Partei noch eine Schriftsatzfrist nach § 283 ZPO nachgelassen worden ist.

7 **c)** Liegt ein Grund für einen besonderen Verkündungstermin vor, wird der Verkündungstermin nur dann über drei Wochen angesetzt, wenn wichtige Gründe, insbesondere der Umfang oder die Schwierigkeit der Sache dies erfordern. Dies gilt auch dann, wenn ein Urteil nach Lage der Akten erlassen wird. Wichtige Gründe sind auch der Lauf von Vergleichswiderrufsfristen oder die Unmöglichkeit, das Urteil innerhalb einer Frist von drei Wochen abzusetzen.

8 **d)** Die Bestimmung des Verkündungstermins erfolgt am Ende der mündlichen Verhandlung durch die Kammer. Der Termin ist datumsmäßig zu bestimmen. Unzureichend ist ein Beschluß, nach dem der Termin zur Verkündung der Entscheidung von Amts wegen bestimmt wird (GK-ArbGG/*Dörner* § 60 Rn. 9; *Hauck* § 60 Rn. 6; aA *Germelmann/Matthes/Prütting* § 60 Rn. 13). Ein Rechtsmittel kann nicht auf einen Verstoß gegen Abs. 1 Satz 2 gestützt werden. Es ist allenfalls eine Dienstaufsichtsbeschwerde gegeben (BAG 9. 2. 1994 AP BGB § 613 a Nr. 105 = NZA 1994, 686).

9 **3. Mitteilung der Entscheidungsgründe. a)** Bei der Verkündung ist der wesentliche Inhalt der Entscheidungsgründe mitzuteilen, wenn eine oder beide Parteien bei der Verkündung anwesend sind (Abs. 2). Dies steht anders als nach § 311 II ZPO nicht im Ermessen des Gerichtes. Eine Verpflichtung zur Mitteilung der Entscheidungsgründe besteht dann nicht, wenn keine der Parteien anwesend ist oder auf die Mitteilung verzichtet wird. Gleichwohl ist es wohl abwegig, ein Urteil nicht zu begründen, wenn der Prozeß starkes Aufsehen erregt hat und eine erhebliche Zahl von Zuhörern und die Medien im Sitzungssaal anwesend sind. Ein Rechtsmittel kann auf den Verstoß gegen Abs. 2 nicht gestützt werden.

10 **b)** Bei der Verkündung ist die Anwesenheit der ehrenamtlichen Richter nicht erforderlich (Abs. 3 Satz 1). Es ist daher auch unschädlich, wenn bei der Verkündung andere ehrenamtliche Richter anwesend sind als diejenigen, die an der Entscheidung mitgewirkt haben. Wird jedoch das Urteil ohne

Anwesenheit der ehrenamtlichen Richter verkündet, so ist die Urteilsformel von dem Vorsitzenden und den ehrenamtlichen Richtern zu unterschreiben (Abs. 3 Satz 2). Nach hM ist ein Verstoß gegen die Unterzeichnungspflicht unerheblich (*Grunsky* § 60 Rn. 8; *Germelmann/Matthes/Prütting* § 60 Rn. 24; *Hauck* § 60 Rn. 9). Nach anderer Auffassung soll ein Scheinurteil vorliegen (LAGE Chemnitz 2. 8. 1994 ArbGG 1979 § 60 Nr. 1).

c) Nach § 160 III Nr. 7 ZPO ist die Verkündung des Urteils im Protokoll festzustellen. Durch das Protokoll wird bewiesen, daß die vorgeschriebenen Formalien beachtet sind (§ 165 Satz 1 ZPO). 11

4. Die Abfassung des Urteils. a) Abs. 4 enthält die Sonderregeln über die Abfassung des Urteils. 12 Das Urteil nebst Tatbestand und Entscheidungsgründen wird in der ersten Instanz nur vom Vorsitzenden unterzeichnet. Ist der Vorsitzende an der Unterschriftsleistung verhindert, so soll nach hM eine Unterzeichnung durch den ältesten ehrenamtlichen Richter nicht in Betracht kommen (GK-ArbGG/ *Dörner* § 60 Rn. 27; *Hauck* § 60 Rn. 15).

b) Ein Urteil, das in dem Termin, in dem die mündliche Verhandlung geschlossen wird, verkündet 13 wird, ist vor Ablauf von drei Wochen, vom Tage der Verkündung an gerechnet, vollständig abgefaßt der Geschäftsstelle zu übergeben. *Kann* dies ausnahmsweise nicht geschehen, so ist innerhalb dieser Frist das von dem Vorsitzenden unterschriebene Urteil ohne Tatbestand und Entscheidungsgründe der Geschäftsstelle zu übergeben. Tatbestand und Entscheidungsgründe sind in diesem Fall unverzüglich nachträglich anzufertigen und vom Vorsitzenden unterschrieben der Geschäftsstelle zu übergeben. Wird gegen die Dreiwochenfrist verstoßen, so bleibt dies in aller Regel folgenlos. Jedoch kann die Frist für einen Tatbestandsberichtigungsantrag vereitelt werden.

c) Wird das Urteil nicht in dem Termin verkündet, in dem die mündliche Verhandlung geschlossen 14 wird, so muß es bei der Verkündung in vollständiger Form abgefaßt sein (Abs. 4 Satz 2). Ist im Verkündungstermin das Urteil noch nicht abgefaßt, kann der Verkündungstermin verlegt werden.

d) Die Fristbestimmungen über die Absetzung des Urteils sind Ordnungsvorschriften. Werden sie 15 verletzt, so kann im allgemeinen hierauf ein Rechtsmittel nicht gestützt werden (BAG 9. 2. 1994 AP BGB § 613 a Nr. 105 = NZA 1994, 686). Ein absoluter Revisionsgrund ist jedoch dann gegeben, wenn das Urteil des LAG nicht innerhalb von fünf Monaten von seiner Verkündung an schriftlich niedergelegt, von den Richtern unterschrieben und der Geschäftsstelle übergeben worden ist (GemS 27. 4. 1993 AP ZPO § 551 Nr. 21 = NJW 1993, 2603 = NZA 1993, 1147). Die Fristversäumnis wird jedoch nur auf Verfahrensrüge berücksichtigt (BAG 4. 8. 1993 AP ZPO § 551 Nr. 22 = NZA 1993, 1150). Versäumt das Arbeitsgericht die Fünfmonatsfrist, so kommt eine Zurückverweisung nach § 68 an das Arbeitsgericht nicht in Betracht (BAG 24. 2. 1982 NJW 1982, 2792; 24. 4. AP ArbGG 1979 § 68 Nr. 2 = NJW 1996, 3430 = NZA 1997, 176). Die Rüge, ein seit Verkündung erst nach Ablauf von fünf Monaten zur Geschäftsstelle gelangtes erstinstanzliches Urteil sei als solches ohne Gründe anzusehen, reicht als Berufungsbegründung aus (BAG 13. 9. 1995 NJW 1996, 1430 = NZA 96, 446).

§ 61 Inhalt des Urteils

(1) Den Wert des Streitgegenstandes setzt das Arbeitsgericht im Urteil fest.

(2) ¹ Spricht das Urteil die Verpflichtung zur Vornahme einer Handlung aus, so ist der Beklagte auf Antrag des Klägers zugleich für den Fall, daß die Handlung nicht binnen einer bestimmten Frist vorgenommen ist, zur Zahlung einer vom Arbeitsgericht nach freiem Ermessen festzusetzenden Entschädigung zu verurteilen. ² Die Zwangsvollstreckung nach §§ 887 und 888 der Zivilprozeßordnung ist in diesem Falle ausgeschlossen.

(3) Ein über den Grund des Anspruchs vorab entscheidendes Zwischenurteil ist wegen der Rechtsmittel nicht als Endurteil anzusehen.

I. Allgemeines

Die Vorschrift enthält einige Sonderbestimmungen zu Inhalt und Wirkungen des Urteils. Daneben 1 gelten §§ 313 bis 313 b ZPO. Ferner muß das Urteil eine Rechtsmittelbelehrung enthalten (§ 9 V). Für das Verfahren vor dem LAG gelten Abs. 2, 3; für das Verfahren vor dem BAG nur Abs. 2.

II. Streitwertfestsetzung

1. Zweck. a) Den Wert des Streitgegenstandes setzt das ArbG im Urteil fest. Die Streitwertfest- 2 setzung hat Bedeutung für die Kosten- und Gebührenberechnung sowie die Zulässigkeit der Berufung.

b) Die Berufung ist in vermögensrechtlichen Streitigkeiten nur statthaft, wenn der Beschwerdewert 3 1200,– DM übersteigt. Der Beschwerdewert hängt von zwei Faktoren ab. Er ist abhängig von der sog. formellen Beschwer. Beschwer ist das Zurückbleiben der angefochtenen Entscheidung hinter dem in der früheren Instanz gestellten Antrag. Zum anderen ist der Beschwerdewert abhängig von dem in der nächsten Instanz gestellten Antrag. Ob der Beschwerdewert 1200,– DM übersteigt, ist aus dem festgesetzten Streitwert zu ermitteln (BAG 2. 3. 1983 ArbGG 1979 § 64 Nr. 6; 30. 11. 1984 AP ArbGG 1979 § 12 Nr. 9 = NJW 1985, 2494 = NZA 1985, 369). Unterliegt eine Partei voll, so entspricht der Beschwerdewert dem Streitwert (BAG 13. 11. 1988 AP ArbGG 1979 § 64 Nr. 11 = NZA 1988, 705). Der Beschwerdewert kann nicht höher sein als der Streitwert (BAG 11. 6. 1986 AP ArbGG 1979 § 61 Nr. 3). Im Interesse der Rechtsmittelklarheit ist das LAG an die Streitwertfestsetzung gebunden. Dies gilt nur dann nicht, wenn sie offensichtlich unrichtig ist (BAG 27. 5. 1994 ArbGG 1979 § 64 Nr. 17 = NZA 1994, 1054; 11. 6. 1986 AP ArbGG 1979 § 61 Nr. 3).

4   **2. Festsetzung des Streitwerts. a)** Der Streitwert ist in jedem Urteil des Arbeitsgerichts festzusetzen, also im Endurteil, Teilurteil (§ 301 ZPO), Vorbehaltsurteil (§ 302 ZPO) und über die Zulässigkeit der Klage (§ 280 I ZPO). Dagegen ist umstritten, ob eine Streitwertfestsetzung auch erfolgen muß, wenn eine Berufung nicht statthaft ist. Dies gilt für Zwischenurteile (§ 303 ZPO), Grundurteile (§ 304 ZPO) sowie bei Zwischenurteilen, gegen die das Rechtsmittel der sofortigen Beschwerde gegeben ist (§§ 71, 135, 387 ZPO). Zum Teil wird angenommen, daß eine Streitwertfestsetzung nicht notwendig sei, weil ein Rechtsmittel nicht gegeben ist (*Germelmann/Matthes/Prütting* § 61 Rn. 14; *Schaub* ArbGV § 48). Zum Teil wird angenommen, daß sich für diese Meinung keine Anhaltspunkte aus dem Gesetz ergeben (GK-ArbGG/*Dörner* § 61 Rn. 18; *Hauck* § 61 Rn. 3).

5   **b)** Die Streitwertfestsetzung erfolgt im Tenor des Urteils. Unzureichend ist eine Streitwertfestsetzung in den Gründen. Ist die Streitwertfestsetzung irrtümlich unterblieben, kann eine Urteilsberichtigung nach § 319 ZPO oder eine Urteilsergänzung nach § 321 ZPO in Betracht kommen.

6   **c)** Ist der Streitwert im Urteil festgesetzt, so ist diese Festsetzung unanfechtbar und bindend (LAG Mainz 21. 12. 1984 NZA 1985, 195).

7   **3. Berechnung des Streitwertes.** Die Berechnung des Streitwertes erfolgt nach §§ 3 bis 9 ZPO und §§ 10 bis 20 GKG. Jedoch werden diese Vorschriften durch § 12 VII überlagert. Vgl. §§ 3 ff. ZPO.

III. Verurteilung zur Vornahme einer Handlung

8   **1. Abweichung von der ZPO. a)** Abs. 2 enthält im Falle der Verurteilung zur Vornahme einer Handlung eine gegenüber §§ 510 b, 888 a ZPO abweichende Regelung.

9   **b)** Abs. 2 gilt nur für diejenigen Leistungsurteile, bei denen die Zwangsvollstreckung nach §§ 887, 888 ZPO erfolgt. Die Zahlung einer Entschädigung kann nicht erfolgen bei einem Urteil auf Unterlassung oder Duldung, auf Herausgabe von Sachen oder auf Abgabe einer Willenserklärung. In diesen Fällen erfolgt die Vollstreckung nach §§ 890, 883 bzw. 894 ZPO. Die Verurteilung zu einer Entschädigung kommt in Betracht bei Leistungsurteilen auf Erbringung der Arbeitsleistung, auf Auskunft und Abrechnung sowie Ausfüllung der Arbeitspapiere. Dagegen wird die Herausgabe der Arbeitspapiere nach § 883 ZPO vollstreckt. Macht der AN neben der Herausgabe der ausgefüllten Lohnsteuerkarte zugleich für den Fall nicht fristgerechter Herausgabe uneingeschränkt eine Entschädigung geltend, so sind mit dieser sämtliche Schadensersatzansprüche wegen der Nichtherausgabe (entgangene Lohnsteuererstattung) ausgeschlossen (BAG 20. 2. 1997 AP BGB § 611 Haftung des Arbeitgebers Nr. 4 NZA 1997, 880).

10   **c)** Die Verurteilung erfolgt nur auf Antrag des Klägers. Der Kläger trägt die Darlegungs- und Beweislast, daß ihm ein Schaden erwachsen ist. Die Höhe des Schadens ist zu beziffern, soweit dies möglich ist. Jedoch ist zulässig, daß der Kläger die Höhe der Entschädigung und die zu setzende Frist in das Ermessen des Gerichtes stellt. Jedoch sind alsdann die Umstände darzulegen, aus denen auf die Schadenshöhe geschlossen werden kann (*Germelmann/Matthes/Prütting* § 61 Rn. 31; *Hauck* § 61 Rn. 8).

11   **2. Entscheidung des Gerichtes. a)** Das Gericht entscheidet über den Zahlungsantrag zusammen mit dem Antrag auf Verpflichtung zur Vornahme der Handlung. Über die Anträge kann nach überwiegender Meinung nicht jeweils durch Teilurteil entschieden werden (*Germelmann/Matthes/Prütting* § 61 Rn. 37; GK-ArbGG/*Dörner* § 61 Rn. 26; *Hauck* § 61 Rn. 9; aA *Grunsky* § 61 Rn. 13; *Schaub*, ArbGV § 00 III 2 b).

12   **b)** Die Länge der Frist richtet sich nach den Umständen des Einzelfalles. Hierbei sind insbesondere zu berücksichtigen, wie lange die beklagte Partei braucht, um die Handlung vorzunehmen. Ist der Beklagte innerhalb einer Frist von sechs Wochen nach Urteilszustellung zur Erfüllung gehalten, so kann er auch noch später erfüllen, wenn das Urteil mit Rechtsmitteln angefochten, aber bestätigt wird (BAG 28. 10. 1992 AP ArbGG 1979 Nr. 8 = NZA 1993, 520). Die Frist darf nicht kürzer sein als die Rechtsmittelfrist (BAG 5. 6. 1985 AP TVG § 1 Tarifverträge Bau Nr. 67). Bei Auskunftsklagen wird ein Abzug von 20% gemacht (BAG 6. 5. 1987 AP ArbGG 1979 Nr. 7 = DB 1987, 2662; 27. 8. 1986 AP TVG § 1 Tarifverträge Bau Nr. 70).

13   **3. Rechtsfolgen.** Ist der Beklagte zur Vornahme der Handlung und Zahlung der Entschädigung verurteilt worden, ist die Zwangsvollstreckung nach §§ 887, 888 ZPO ausgeschlossen. Nach Fristab-

lauf wandelt sich der Erfüllungsanspruch in einen Schadensersatzanspruch (aA BAG 4. 10. 1989 AP ArbGG 1979 Nr. 9 = NJW 1990, 1008). Die Verurteilung zur Auskunftserteilung und zur Zahlung einer Entschädigung, falls die Auskunft nicht erteilt wird, schließt die Geltendmachung eines Leistungsanspruches, der sich aus der Auskunft ergeben könnte, nicht aus. Der Beweis kann mit allen Beweismitteln geführt werden und die Höhe der geschuldeten Leistung ggf. nach § 287 II ZPO geschätzt werden (BAG 6. 5. 1987 NZA 1988, 259). Behauptet der Beklagte, die rechtzeitige Erfüllung der Vornahme der Handlung, so muß er dies im Wege der Vollstreckungsgegenklage geltend machen (BAG 28. 10. 1992 AP ArbGG 1979 § 61 Nr. 8 = NZA 1993, 520). Der Kläger kann aber die ursprünglich geschuldete Leistung nach Ablauf der Frist noch annehmen. Er verliert dann den Entschädigungsanspruch (BAG 4. 10. 1989 AP ArbGG 1979 § 61 Nr. 9 = NZA 1990, 1008; 11. 7. 1975 AP ArbGG 1953 Zwangsvollstreckung Nr. 3). Ist der Antrag auf Entschädigung abgewiesen worden, weil der Schaden nicht schlüssig dargelegt worden ist, bleibt der Erfüllungsanspruch unberührt.

IV. Grundurteil

Nach Abs. 3 kann zwar über den Grund des Anspruches durch Zwischenurteil entschieden werden. 14 In Abweichung von § 304 II ZPO kann das Grundurteil nicht selbständig angefochten werden, auch wenn insoweit ein Rechtsmittel im Urteil zugelassen worden ist (BAG 1. 12. 1975 AP ArbGG 1953 § 61 Grundurteil Nr. 2).

§ 61a Besondere Prozeßförderung in Kündigungsverfahren

(1) Verfahren in Rechtsstreitigkeiten über das Bestehen, das Nichtbestehen oder die Kündigung eines Arbeitsverhältnisses sind nach Maßgabe der folgenden Vorschriften vorrangig zu erledigen.

(2) Die Güteverhandlung soll innerhalb von zwei Wochen nach Klageerhebung stattfinden.

(3) Ist die Güteverhandlung erfolglos oder wird das Verfahren nicht in einer sich unmittelbar anschließenden weiteren Verhandlung abgeschlossen, fordert der Vorsitzende den Beklagten auf, binnen einer angemessenen Frist, die mindestens zwei Wochen betragen muß, im einzelnen unter Beweisantritt schriftlich die Klage zu erwidern, wenn der Beklagte noch nicht oder nicht ausreichend auf die Klage erwidert hat.

(4) Der Vorsitzende kann dem Kläger eine angemessene Frist, die mindestens zwei Wochen betragen muß, zur schriftlichen Stellungnahme auf die Klageerwiderung setzen.

(5) Angriffs- und Verteidigungsmittel, die erst nach Ablauf der nach Absatz 3 oder 4 gesetzten Fristen vorgebracht werden, sind nur zuzulassen, wenn nach der freien Überzeugung des Gerichts ihre Zulassung die Erledigung des Rechtsstreits nicht verzögert oder wenn die Partei die Verspätung genügend entschuldigt.

(6) Die Parteien sind über die Folgen der Versäumung der nach Absatz 3 oder 4 gesetzten Fristen zu belehren.

I. Allgemeines

Rechtsstreitigkeiten über Bestehen oder Nichtbestehen eines Arbeitsverhältnisses oder seine Kündi- 1 gung sind nach Maßgabe von § 61a zu beschleunigen. Damit soll verhindert werden, daß ein Arbeitnehmer unabhängig von der Durchführung eines Rechtsstreits erst einmal aus dem Arbeitsverhältnis ausscheiden muß. § 61a verdrängt als speziellere Vorschrift § 56 II. Für das Berufungsverfahren gilt § 64 VIII.

II. Prozeßförderung

1. Anwendungsbereich. a) Von § 61a werden alle Rechtsstreitigkeiten über das Bestehen oder 2 Nichtbestehen eines Arbeitsverhältnisses und seine Kündigung erfaßt. Die Vorschrift knüpft an § 2 I Nr. 3b und § 12 VII an. Erfaßt werden neben den eigentlichen Kündigungsstreitigkeiten alle Rechtsstreite, in denen um die wirksame Begründung eines Arbeitsverhältnisses und seinen Fortbestand gestritten wird. Hierzu gehören auch Klagen wegen Anfechtung (§§ 119, 123 BGB) eines Arbeitsverhältnisses. Nicht erfaßt werden Klagen auf Einstellung oder Beschäftigung im Arbeitsverhältnis.

b) Werden neben der Bestandsstreitigkeit Ansprüche aus Annahmeverzug (§ 615 BGB) oder auf 3 Beschäftigung geltend gemacht, so nehmen diese an dem Beschleunigungsverfahren teil. Dieses entfällt, wenn diese Ansprüche abgetrennt werden.

2. Maßnahmen der Prozeßförderung. a) Nach Abs. 1 ist die besondere Prozeßförderung für 4 Bestandsstreitigkeiten vorgesehen. Wie die Prozeßförderung im einzelnen erfolgt, steht im Ermessen des Gerichtes. Die Abs. 2 bis 6 enthalten lediglich Einzelvorschläge des Gesetzes.

5   b) Nach Abs. 2 soll die Güteverhandlung innerhalb von zwei Wochen nach Klageerhebung stattfinden. Die Klage ist mit Zustellung der Klageschrift erhoben (§ 253 I ZPO). Da die Einlassungsfrist eine Woche beträgt (§ 47), soll die Güteverhandlung in der zweiten Woche nach Zustellung der Klageschrift stattfinden. Im übrigen gelten für das Güteverfahren §§ 54 ff.

6   c) Bleibt die Güteverhandlung erfolglos, so schließt sich nach § 54 IV die weitere Verhandlung unmittelbar an, soweit dem keine Hinderungsgründe entgegenstehen.

7   d) Bleibt die Güteverhandlung erfolglos und kann der Rechtsstreit auch nicht in der sich unmittelbar anschließenden Verhandlung beendet werden, so kann der Vorsitzende zur weiteren Vorbereitung der Verhandlung dem Beklagten aufgeben, schriftlich auf die Klage unter Beweisantritt zu erwidern, soweit bis dahin noch keine Klageerwiderung erfolgt ist. Die Erwiderungsfrist muß angemessen sein. Sie beträgt mindestens zwei Wochen. Der Vorsitzende hat nach § 139 ZPO die erforderlichen Hinweise zu erteilen, zu welchen Punkten noch ein Vortrag erforderlich ist (LAG Köln 30. 1. 1998 NZA 1998, 1284). Zugleich kann er Maßnahmen nach § 56 I ergreifen. Die Aufforderung zur Stellungnahme ergeht nur, wenn die Klage zulässig und schlüssig ist. Der Vorsitzende kann von der Aufforderung nur absehen, wenn der Beklagte bereits ausreichend auf die Klage erwidert hat. Der Beschluß über die Fristsetzung ist mit vollem Namen zu unterschreiben und, sofern er nicht verkündet wird, dem Beklagten zuzustellen (LAG Frankfurt 13. 1. 1989 JuR CD). Die Frist kann nach § 224 II ZPO auf Antrag verlängert werden.

8   e) Nach Abs. 4 kann der Vorsitzende dem Kläger eine angemessene Frist zur Stellungnahme auf die Klageerwiderung setzen. Die Frist muß mindestens zwei Wochen betragen. Ob der Vorsitzende dem Kläger eine Auflage macht oder eine Frist setzt, steht in seinem Ermessen. Die Frist kann zugleich mit der Fristsetzung für den Beklagten oder nach Eingang des Schriftsatzes des Beklagten erfolgen. Auch die Hinweise für den Kläger müssen konkret erfolgen, wenn auf ihrer Grundlage eine Zurückweisung von Parteivorbringen erfolgen soll.

9   f) Im allgemeinen steht die besondere Prozeßförderungspflicht einer Aussetzung der Kündigungsverfahren entgegen (vgl. LAG Hessen 12. 11. 1993 NZA 1994, 576; LAG Düsseldorf 16. 2. 1989 EzA ZPO § 148 Nr. 18; LAG München 22. 2. 1989 EzA ZPO § 148 Nr. 17). Die Entscheidung steht im Ermessen des Gerichts (LAG Rheinl.-Pfalz 9. 10. 1997 MDR 1998, 724).

10   3. Verletzung der Prozeßförderung. Das Gesetz sieht keine Rechtsfolgen vor, wenn der Vorsitzende seine Prozeßförderungspflicht verletzt. In Ausnahmefällen wird eine Dienstaufsichtsbeschwerde stattfinden.

11   4. Zurückweisung des Parteivorbringens. a) Versäumen die Parteien die ihnen gesetzten Fristen und war der Aufklärungsbeschluß hinreichend konkret gefaßt und sind die Parteien über die Folgen der Fristversäumung belehrt worden, so ist das Vorbringen der Parteien kraft Gesetzes ausgeschlossen (Abs. 5). Die Belehrung muß auch dann erfolgen, wenn die Partei durch einen Rechtsanwalt oder Verbandsvertreter vertreten war.

12   b) Angriffs- oder Verteidigungsmittel, die erst nach Ablauf der gesetzten Fristen vorgetragen werden, sind nur zuzulassen, wenn durch ihre Berücksichtigung der Rechtsstreit nicht verzögert wird. Dies ist etwa der Fall, wenn sie unstreitig werden oder noch die notwendigen Aufklärungsmaßnahmen getroffen werden können. Vgl. § 56 Rn. 13 ff.

13   c) Die Angriffs- und Verteidigungsmittel sind zuzulassen, wenn die Partei die Verspätung genügend entschuldigt.

§ 61 b Besondere Vorschriften für Klagen wegen geschlechtsbedingter Benachteiligung

(1) Eine Klage auf Entschädigung nach § 611a Abs. 2 des Bürgerlichen Gesetzbuches muß innerhalb von drei Monaten, nachdem der Anspruch schriftlich geltend gemacht worden ist, erhoben werden.

(2) ¹Machen mehrere Bewerber wegen Benachteiligung bei der Begründung eines Arbeitsverhältnisses oder beim beruflichen Aufstieg eine Entschädigung nach § 611a Abs. 2 des Bürgerlichen Gesetzbuchs gerichtlich geltend, so wird auf Antrag des Arbeitgebers das Arbeitsgericht, bei dem die erste Klage erhoben ist, auch für die übrigen Klagen ausschließlich zuständig. ²Die Rechtsstreitigkeiten sind von Amts wegen an dieses Arbeitsgericht zu verweisen; die Prozesse sind zur gleichzeitigen Verhandlung und Entscheidung zu verbinden.

(3) Auf Antrag des Arbeitgebers findet die mündliche Verhandlung nicht vor Ablauf von sechs Monaten seit Erhebung der ersten Klage statt.

I. Normzweck

§ 61 b regelt die Durchsetzung der in § 611 a II, III BGB vorgesehenen Entschädigungsansprüche **1** wegen geschlechtsbedingter Benachteiligung bei der Begründung eines Arbeitsverhältnisses, ist aber auch auf Ansprüche wegen Benachteiligung beim beruflichen Aufstieg anzuwenden, Abs. 2. Er soll durch besondere Fristen sicherstellen, daß alle mit derselben diskriminierenden Handlung zusammenhängenden Verfahren innerhalb eines festen Zeitrahmens eingeleitet und gleichzeitig durchgeführt werden (BT-Drucks. 12/5468 S. 45). Dies war nach der ursprünglichen Gesetzesfassung erforderlich, um die damals noch vorgesehene Haftungsobergrenze für mehrere im selben Verfahren liegende Benachteiligungshandlungen praktisch handhabbarer zu machen. Da diese Haftungsbegrenzung gemeinschaftsrechtswidrig war (EuGH 22. 4. 1997 AP BGB § 611 a Nr. 13), ist sie aufgehoben worden; die Zusammenführung mehrerer Schadensersatzklagen durch § 61 b wird daher zT für entbehrlich gehalten (*Germelmann/Matthes/Prütting* Rn. 2; BT-Drucks. 13/7896); Stellungnahmen aus der Arbeitsgerichtsbarkeit zufolge besteht dagegen das rechtspolitische Bedürfnis nach Beibehaltung der Summenbegrenzung fort (vgl. Mitteilungen des Arbeitsgerichtsverbandes Nr. 60/1997, S. 3 ff.).

II. Klagefrist (Abs. 1)

1. Bedeutung der Frist. § 61 b I legt die Frist zur Klageerhebung bei Entschädigungsansprüchen **2** aus § 611 a II, III, V BGB fest. Es handelt sich um eine Ausschlußfrist, die von Amts wegen zu beachten ist und deren Nichteinhaltung zum **Verfall** des Anspruchs führt (zur grds. Vereinbarkeit von Ausschlußfristen mit dem Gemeinschaftsrecht EuGH 1. 12. 1998 EuZW 1999, 249). Eine verspätet erhobene Klage ist als unbegründet abzuweisen, eine Wiedereinsetzung in den vorigen Stand ist im Gesetz bewußt nicht vorgesehen (BT-Drucks. 12/5468 S. 44), um in absehbarer Zeit Rechtsklarheit zu schaffen. Auf die Kenntnis des Klägers von der Frist kommt es grds. nicht an (*Schaub* § 205 IV). Doch können die von der Rspr. entwickelten Grundsätze zur Anwendung tariflicher Ausschlußfristen auf § 61 b übertragen werden, so daß auch die Einrede der Arglist gegen den Ablauf der Verfallfrist in Betracht kommt (dazu *Schaub* §§ 165 I 3 d, 205 VII; aA *Germelmann/Matthes/Prütting* Rn. 14). Ob die Einrede durchgreift, hängt von den Besonderheiten des Einzelfalles ab; insb. kann sich der Kläger nicht darauf berufen, der AG hätte auf die Frist oder auf die vorgeschriebene Schriftform hinweisen müssen (BAG 30. 3. 1962 AP TVG § 4 Ausschlußfristen Nr. 28; LAG Frankfurt/Main 13. 9. 1990 NZA 1991, 896).

2. Frist. Der Entschädigungsanspruch muß nach § 611 a IV innerhalb einer angemessenen Frist nach **3** Ablehnung der Bewerbung schriftlich beim AG geltend gemacht werden. Da der AN durch die bloße Ablehnung der Bewerbung nicht erkennen kann, ob sie durch eine Benachteiligung iSd. § 611 a BGB verursacht wurde, darf an dieses Ereignis der Beginn einer Ausschlußfrist nicht geknüpft werden (*Germelmann/Matthes/Prütting* Rn. 10). Die Frist darf nämlich, um den Anforderungen des EuGH (22. 4. 1997 AP BGB § 611 a Nr. 13) nachzukommen, nicht hinter der Regelung vergleichbarer Ansprüche zurückbleiben. Sie wurde aber lediglich hinsichtlich ihrer Dauer der für Schadensersatzansprüche im angestrebten Arbeitsverhältnis maßgeblichen Ausschlußfrist angepaßt. Zugleich wurde in § 611 a Abs. 4 S. 3 BGB eine Mindestfrist von zwei Monaten, eine Höchstfrist von sechs Monaten vorgegeben. An die gem. § 611 a IV BGB jeweils einschlägige Frist schließt sich diejenige aus Abs. 1 an: Wird der Entschädigungsanspruch vom Unternehmen nicht erfüllt, ist spätestens drei Monate nach der schriftlichen Geltendmachung die Klage beim zuständigen Arbeitsgericht zu erheben. Der Bewerber ist berechtigt, statt der schriftlichen Geltendmachung des Anspruchs beim AG sofort Klage zu erheben, da die Frist des Abs. 1 die zweite Stufe einer zweistufigen gesetzlichen Ausschlußfrist enthält; in diesem Falle ist aber die Frist des § 611 a IV BGB zu beachten, nicht die Dreimonatsfrist des § 61 b I; diese Frist steht nur zur Verfügung, wenn der Anspruch fristgerecht vorher geltend gemacht worden ist. Eine anderweitige Schadensersatzklage wegen der Benachteiligung oder ein Auskunftsanspruch wegen der Höhe der entgangenen Vergütung beeinflussen den Fristablauf nicht, da sie für die Entschädigung nach § 611 a II BGB nicht vorgreiflich sind; eine Stufenklage wäre nur fristwahrend, wenn der Anspruch erst nach einer Auskunft des Schuldners beziffert werden kann (BAG 23. 2. 1977 AP TVG § 4 Ausschlußfristen Nr. 58 = RdA 1977, 196) **und** dies Voraussetzung für die Leistungsklage ist. Die Bewerber müssen den Anspruch aus § 611 a II, III, V BGB jedoch betragsmäßig nicht bestimmen, die Höhe der beanspruchten Entschädigung kann vielmehr in das Ermessen des Gerichts gestellt werden, § 287 ZPO.

III. Zuständigkeit (Abs. 2)

1. Geltungsbereich. § 61 b II enthielt in seiner aF zugleich eine materiell-rechtliche Regelung zur **4** Einschränkung des Inhaltes von Ansprüchen aus § 611 a II BGB gegenüber einer Mehrzahl von Klägern (Rn. 1). Die Neufassung regelt nur noch Verfahrensfragen zur Durchsetzung der materiellen

Schlachter

Ansprüche aus § 611 a BGB. Sie ist ihrem Wortlaut zufolge und dem Sinne nach auf Ersatzansprüche aus anderweitigen Benachteiligungen (*Germelmann/Matthes/Prütting* Rn. 6) nicht übertragbar.

5 **2. Klage mehrerer Bewerber.** Eine Geltendmachung von Ansprüchen durch mehrere Bewerber setzt voraus, daß diese form- und fristgerecht Klage beim Arbeitsgericht erheben. Die Klagen müssen nicht bei demselben Arbeitsgericht anhängig gemacht worden sein. Inhaltlich muß es sich um Leistungsklagen auf Entschädigung iSd. § 611 a II, III, V BGB handeln; einer Feststellungsklage fehlt regelmäßig das Rechtsschutzinteresse: Da die Höhe des geltend gemachten Anspruchs vom Kläger nicht beziffert zu werden braucht, ist es den Klägern möglich, statt dessen unmittelbar eine Leistungsklage zu erheben.

6 **3. Begrenzung der Entschädigungsansprüche.** Der AG konnte nach der alten Rechtslage die Bildung einer Obergrenze für mehrere Ansprüche beantragen. Der Antrag war (formlos) an das Gericht zu stellen und mußte mindestens Angaben zu dem/den weiteren anhängig gemachten Verfahren und ihrer zeitlichen Reihenfolge enthalten. Dieses Summenbegrenzungsverfahren ist mit der gesetzlichen Neuregelung auch für alle Klagen beseitigt worden, die am 3. Juli 1998 anhängig waren.

7 **4. Zuständigkeit.** Erheben mehrere Personen Klage wegen geschlechtsbedingter Benachteiligung bei der Begründung eines Arbeitsverhältnisses oder beim Aufstieg, so begründet ein formloser Antrag des AG einen ausschließlichen Gerichtsstand bei dem Arbeitsgericht, das als erstes eine Klage zugestellt hat, § 253 I ZPO (GK-ArbGG/*Dörner* Rn. 37). §§ 12 ff. ZPO sind dadurch ausgeschlossen, auch rügelose Einlassung (§ 39 ZPO) kann keine abweichende Zuständigkeit begründen. Die später erhobenen Klagen sind von Amts wegen an dieses Gericht zu verweisen und zur gemeinsamen Entscheidung zu verbinden; dem Gericht steht darüber kein Ermessen zu, anders als gem. § 147 ZPO. Ist nicht zu ermitteln, welche Klage zuerst erhoben wurde, wird das zuständige Gericht entsprechend § 36 ZPO vom nächsthöheren Gericht bestimmt (BT-Drucks. 12/5468 S. 46).

8 Ist die Verweisung unterblieben, zB weil dem Arbeitsgericht die Existenz weiterer Klagen nicht bekannt war, kann der AG den Antrag nach Abs. 2 nicht mehr in der Berufungsinstanz stellen. Gem. § 17 a V GVG iVm. § 48 ist die Entscheidung des Arbeitsgerichts über die örtliche Zuständigkeit bindend und kann in der Berufungsinstanz nicht mehr korrigiert werden; entsprechendes muß für eine Entscheidung auf den Antrag gem. Abs. 2 S. 1 gelten. Daher ist es Sache des AG, das Gericht beizeiten auf die Existenz mehrerer Klagen hinzuweisen.

9 Die Bestimmung des ausschließlichen Gerichtsstandes ist trotz Wegfalls des Summenbegrenzungsverfahrens weiterhin erforderlich, weil anderenfalls die Kläger gem. § 46 II auf die Gerichtsstände nach §§ 12 ff. ZPO, insbesondere § 29 ZPO (Erfüllungsort) und § 21 ZPO (Niederlassung) zurückgreifen könnten. In diesem Falle könnte es Schwierigkeiten bei der Bestimmung des Entschädigungsumfanges geben, da § 611 a II und III BGB insoweit zwischen den Ansprüchen des Bestqualifizierten und derjenigen aller anderen Bewerber differenziert. Um den angemessenen Umfang feststellen zu können, bedarf es also der Kenntnis aller anhängigen Klagen.

10 **5. Begründung eines Arbeitsverhältnisses oder beruflicher Aufstieg.** Die in der alten Gesetzesfassung enthaltene Differenzierung zwischen Entschädigungsklagen bei Benachteiligungen bei der Einstellung oder bei der Beförderung ist aufgegeben worden; eine nachvollziehbare Begründung für diese Differenzierung fehlte auch tatsächlich. Da sich die Neufassung auf alle Ansprüche aus § 611 a II BGB bezieht, gilt sie im Falle der Benachteiligung beim beruflichen Aufstieg dann nicht, wenn ein Anspruch auf den Aufstieg besteht, vgl. § 611 a V iVm. II BGB. Unter „beruflichem Aufstieg" sind alle Beförderungen, aber auch nur die rein tatsächlichen Verbesserungen der beruflichen Stellung der Beschäftigten zu verstehen.

11 **6. Entschädigungsumfang.** Der Umfang richtet sich nach materiellem Recht, vgl. § 611 a II, III, V BGB. Nach Ansicht des EuGH (22. 4. 1997 AP BGB § 611 a Nr. 13) muß die in den Rechtsordnungen der Mitgliedstaaten vorgesehene Sanktion einen wirksamen Rechtsschutz gewährleisten, eine wirklich abschreckende Wirkung gegenüber dem AG entfalten und in einem angemessenen Verhältnis zum erlittenen Schaden stehen. Dieser Vorgabe genügte das in der alten Fassung des § 61 b II enthaltene Summenbegrenzungsverfahren nicht; deshalb wurde in der Neuregelung ersatzlos gestrichen. Der Umfang des Ersatzanspruches ist nunmehr – systematisch zutreffend – ausschließlich dem BGB zu entnehmen; eine Anspruchskürzung auf dem Umweg über das Prozeßrecht wurde vermieden.

IV. Verzögerte mündliche Verhandlung (Abs. 3)

12 Im Gegensatz zu dem Beschleunigungsgrundsatz des § 9 I 1 sieht § 61 b IV eine Verschiebung der mündlichen Verhandlung (Güteverhandlung) vor dem Arbeitsgericht vor, die auf Antrag des AG nicht vor Ablauf von sechs Monaten seit Erhebung der ersten Klage stattfinden darf. Der Antrag nach Abs. 2 genügt dafür nicht, die Verschiebung muß ausdrücklich beantragt werden. Der Gesetzgeber hat auf diese Weise verfahrensmäßig absichern wollen, daß das einheitliche Verfahren vor dem ausschließ-

lich zuständigen Gericht (Abs. 2) unter Einbeziehung aller fristgerecht erhobenen Klagen ermöglicht wird. Dies ist indessen infolge der Veränderung des § 611a IV 3 BGB nicht mehr gewährleistet, denn diejenigen Bewerber, die die Fristen in § 611a IV BGB und § 61b I vollständig ausschöpfen, haben – bei Vorliegen der Voraussetzungen des § 611a IV 3 BGB – erst nach Ablauf von neun Monaten ihre Klagen eingereicht. Eine Inanspruchnahme des Unternehmens wegen desselben Vorfalles ist solange also noch möglich. Insoweit dürfte es sich um ein redaktionelles Versehen des Gesetzgebers handeln, da ein Auseinanderfallen der maßgeblichen Fristen den Normzweck (Rn. 1) erheblich beeinträchtigt.

Weitere Voraussetzungen bestehen nicht, es genügt also ein (formloser) Antrag auf Verzögerung der 13 mündlichen Verhandlung. Nach dem Normzweck ist nicht vorausgesetzt, daß schon eine weitere Klage anhängig ist (aA *Germelmann/Matthes/Prütting* Rn. 30 unter Berufung auf den Wortlaut); der AG kann den Antrag daher bereits auf die erste Klage hin stellen, sofern die Möglichkeit weiterer Klagen innerhalb der Frist besteht.

§ 62 Zwangsvollstreckung

(1) ¹ Urteile der Arbeitsgerichte, gegen die Einspruch oder Berufung zulässig ist, sind vorläufig vollstreckbar. ² Macht der Beklagte glaubhaft, daß die Vollstreckung ihm einen nicht zu ersetzenden Nachteil bringen würde, so hat das Arbeitsgericht auf seinen Antrag die vorläufige Vollstreckbarkeit im Urteil auszuschließen. ³ In den Fällen des § 707 Abs. 1 und des § 719 Abs. 1 der Zivilprozeßordnung kann die Zwangsvollstreckung nur unter derselben Voraussetzung eingestellt werden.

(2) ¹ Im übrigen finden auf die Zwangsvollstreckung einschließlich des Arrestes und der einstweiligen Verfügung die Vorschriften des Achten Buchs der Zivilprozeßordnung Anwendung. ² Die Entscheidung über den Antrag auf Erlaß einer einstweiligen Verfügung kann in dringenden Fällen, auch dann, wenn der Antrag zurückzuweisen ist, ohne mündliche Verhandlung ergehen.

I. Allgemeines

Die Vorschrift enthält zur Beschleunigung des arbeitsgerichtlichen Verfahrens Sonderregeln für die 1 vorläufige Vollstreckbarkeit sowie die Einstellung der Zwangsvollstreckung sowie ferner für das Verfahren der einstweiligen Verfügung. Soweit die Sonderregeln nicht eingreifen, finden auf die Zwangsvollstreckung die Vorschriften der ZPO entsprechende Anwendung (Abs. 2 Satz 1). Die Vorschrift gilt nach § 64 VII auch im Berufungsverfahren. Für das Revisionsverfahren ist sie nicht in Bezug genommen. Im Beschlußverfahren ist in § 85 I 2 lediglich auf Abs. 1 Satz 2 und 3 verwiesen.

II. Vorläufige Vollstreckbarkeit

1. Grundsatz. a) Nach Abs. 1 Satz 1 sind alle Urteile der Arbeits- und Landesarbeitsgerichte 2 vorläufig vollstreckbar, auch wenn sie noch nicht rechtskräftig sind. Hierzu gehören auch Urteile auf Abfindung nach §§ 9, 10 KSchG (BAG 9. 12. 1987 NZA 1988, 329). Es bedarf daher keines besonderen Ausspruchs über die vorläufige Vollstreckbarkeit. Erfaßt sind alle End- und Teilurteile, nicht dagegen Zwischenurteile nach § 304 ZPO. Urteile im Arrest- und Verfügungsverfahren sind auch nach allgemeinem Zivilprozeßrecht vorläufig vollstreckbar. Die Vorschrift bezieht sich nicht auf sonstige Vollstreckungstitel nach § 794 ZPO, also Vergleiche, Beschlüsse usw.

b) Auch im arbeitsgerichtlichen Verfahren ist für die Zwangsvollstreckung eine vollstreckbare Aus- 3 fertigung (§ 724 ZPO) sowie eine Vollstreckungsklausel (§ 725 ZPO) notwendig.

2. Ausschließung der vorläufigen Vollstreckbarkeit. a) Das Arbeitsgericht hat die vorläufige Voll- 4 streckbarkeit im Urteil auszuschließen, wenn (1) der Beklagte einen Antrag stellt, (2) darlegt, daß die Vollstreckung ihm einen nicht zu ersetzenden Nachteil bringen würde und (3) dies glaubhaft macht. Nach Verkündung ist das ArbG nicht mehr zuständig (LAG Bremen 26. 5. 1996 AP ArbGG 1979 § 62 Nr. 11).

b) Der Ausschluß setzt einen Antrag voraus. Dieser ist in der Urteilsformel zu bescheiden. Die 5 Entscheidung ist zu begründen. Unter den Voraussetzungen von §§ 319, 321 ZPO kommt eine Urteilsberichtigung oder Urteilsergänzung in Betracht. Nicht vorgesehen ist im Gesetz eine Ausschließung der Zwangsvollstreckung gegen Sicherheitsleistung.

c) Ein nicht zu ersetzender Nachteil ist mehr als ein schwer zu ersetzender Nachteil. Ein nicht zu 6 ersetzender Nachteil ist dann gegeben, wenn er nicht abgewendet werden kann und bei Wegfall des Vollstreckungstitels nicht durch Geld oder andere Mittel ausgeglichen werden kann. Durch die vorläufige Vollstreckbarkeit sollen keine endgültigen Verhältnisse geschaffen werden. Dagegen bleiben die Interessen des Klägers ausdrücklich unberücksichtigt. Umstritten ist, ob die Erfolgsaussichten eines Rechtsmittels zu berücksichtigen sind (verneinend *Germelmann/Matthes/Prütting* § 62 Rn. 14; dagegen *Groeger* NZA 1994, 251). Es ist zu differenzieren. Ist nach den Umständen vorauszusehen, daß ein Rechtsmittel keinen Erfolg haben wird, kann durch die vorläufige Vollstreckbarkeit kein unersetzbarer Nachteil erwachsen. Bei einer Verurteilung auf Unterlassung, Duldung oder Vornahme einer Handlung können die durch die Vollstreckung erwachsenden Folgen nicht mehr rückgängig gemacht werden. Insoweit sind auch die Interessen des Klägers zu berücksichtigen (LAGE Düsseldorf 4. 10. 1979 ArbGG 1979 § 62 Nr. 1). Es ist eine Abwägung der wechselseitigen Interessen notwendig. Bei der Vollstreckung des Beschäftigungsanspruches wurde ein nicht zu ersetzender Nachteil verneint, weil der Arbeitgeber auch die Gegenleistung erhalten hat (BAG GS 27. 2. 1985 AP BGB § 611 Beschäftigungspflicht Nr. 14 = NJW 1985, 2968 = NZA 1985, 702).

7   d) Ein nicht zu ersetzender Nachteil wurde verneint: Bei der Vollstreckung von Zahlungstiteln im Falle der Vermögenslosigkeit (LAG Frankfurt 8. 1. 1992 NZA 1992, 427), der Arbeitslosigkeit des Vollstreckungsgläubigers, bei Gewährung von Prozeßkostenhilfe, wenn der Vollstreckungsgläubiger Ausländer ist (ArbG Reutlingen 8. 2. 1980 AP ArbGG 1979 § 62 Nr. 1), bei Kreditgefährdung. Dagegen wurde ein nicht zu ersetzender Nachteil bejaht, wenn sich der Vollstreckungsgläubiger ins Ausland absetzen will, um sich der Rückabwicklung zu entziehen. Ggfls. kann die Zwangsvollstreckung teilweise ausgeschlossen werden. Jedoch ist die Vollstreckung im EU-Ausland kein unersetzbarer Nachteil (LAGE Schleswig-Holstein 12. 6. 1998 § 62 ArbGG 1979 Nr. 25).

8   e) Die Gründe der Ausschließung müssen nach § 294 ZPO glaubhaft gemacht werden.

9   **3. Einstellung der Zwangsvollstreckung. a)** Die nachträgliche Einstellung der Zwangsvollstreckung kommt in Betracht, wenn (1) die Wiedereinsetzung in den vorigen Stand beantragt worden ist, (2) die Wiederaufnahme des Verfahrens erfolgt (§ 707 I ZPO), (3) bei Einspruch oder Berufung gegen ein vorläufig vollstreckbares Urteil (§ 719 I ZPO). Die Einstellung erfolgt nur unter denselben Voraussetzungen, unter denen ein Ausschluß der Zwangsvollstreckung erfolgen kann. Es gelten daher die oben dargestellten Rechtsgrundsätze. Insbesondere ist umstritten, ob die Erfolgsaussichten eines Rechtsmittels berücksichtigt werden können.

10 **b)** Die Entscheidung über den Antrag kann ohne mündliche Verhandlung ergehen. Dem Antragsgegner ist rechtliches Gehör zu erteilen. Die Gewährung kann nur in Ausnahmefällen unterbleiben, wenn zB ein Notfall vorliegt. Zweckmäßig wird nur vorläufig entschieden. Die Entscheidung ergeht durch Beschluß, der zu begründen ist. Zur Entscheidung werden die ehrenamtlichen Richter nicht hinzugezogen (§§ 53 I 1, 55 I Nr. 6, 64 VII ArbGG). Im arbeitsgerichtlichen Verfahren ist weder die Vollstreckung noch die Einstellung der Vollstreckung von einer Sicherheitsleistung abhängig, da eine geringer bemittelte Partei nicht benachteiligt werden soll. Anders ist es dagegen in den Fällen der Vollstreckungsgegenklage (§ 767 ZPO) oder der Drittwiderspruchsklage (§ 771 ZPO). Nach §§ 769, 771 III ZPO kann die Zwangsvollstreckung nur mit und ohne Sicherheitsleistung eingestellt werden (LAG Frankfurt 3. 10. 1988 – Jur CD; LAG Köln 16. 6. 1983 DB 1983, 1827).

11 **c)** Gegen die Entscheidung des Vorsitzenden des Arbeitsgerichts ist die sofortige Beschwerde an das Landesarbeitsgericht gegeben (§ 793 ZPO, § 62 II 1 ArbGG). Bei Einstellung nach §§ 719, 707 ZPO ist die Anfechtung ausgeschlossen (§ 707 II 2 ZPO); sie kann gleichwohl in Ausnahmefällen bei fehlender Ermessensausübung gegeben sein (Thür. LAG 29. 12. 1997 NZA 1998, 1358). Gegen die Entscheidung des Vorsitzenden des Landesarbeitsgerichtes ist ein Rechtsmittel nicht statthaft.

III. Zwangsvollstreckung

12 **1. Übersicht. a)** Nach Abs. 2 Satz 1 richtet sich die Zwangsvollstreckung nach den Vorschriften des Achten Buches der ZPO.

13 **b)** Der Gerichtsvollzieher ist sachlich und funktionell für jede Vollstreckung zuständig, die nicht den Amtsgerichten oder dem Prozeßgericht zugewiesen ist (§ 753 I ZPO). Die wichtigsten Fälle der Vollstreckung durch den Gerichtsvollzieher sind in §§ 808, 883 bis 885 ZPO geregelt. Das sind die Beitreibung von Geldforderungen durch Pfändung in das bewegliche Vermögen und die Wegnahme von Gegenständen (Herausgabeansprüche). Die örtliche Zuständigkeit der Gerichtsvollzieher ist nach §§ 12 ff. ZPO, 154 GVG und durch Vorschriften der Landesjustizverwaltung (Gerichtsvollzieherordnung) geregelt.

14 **c)** Das Amtsgericht ist vor allem Vollstreckungsgericht, wenn Forderungen gepfändet werden sollen. In Betracht kommen in erster Linie der Erlaß eines Pfändungs- und Überweisungsbeschlusses. Auch insoweit werden vom Amtsgericht keine Kostenvorschüsse erhoben (§ 12 IV 2 ArbGG). Bleibt aber die Vollstreckung erfolglos, so haftet der Antragsteller auf die Kosten nach Maßgabe von § 12 IV, § 49 GKG.

15 **d)** Das Prozeßgericht ist Vollstreckungsgericht, wenn (1) die Verurteilung zu einer vertretbaren Handlung (§ 887 ZPO); (2) die Verurteilung zu einer unvertretbaren Handlung (§ 888 ZPO); (3) die Verurteilung zu einer Unterlassung (zB von Wettbewerb oder zur Duldung der Vornahme einer Handlung) vollstreckt werden muß (§ 890 ZPO).

16 **2. Rechtsbehelfe in der Zwangsvollstreckung. a)** Wird die Art und Weise der Zwangsvollstreckung durch den Gerichtsvollzieher oder das Amtsgericht gerügt, so ist der Rechtsbehelf der Erinne-

rung an das Amtsgericht gegeben (§ 766 ZPO). Dies ist zB der Fall, wenn Hausrat gepfändet wird, obwohl er der Pfändung nicht unterliegt. Gegen die Beschlüsse des Amtsgerichtes ist alsdann das Rechtsmittel der sofortigen Beschwerde statthaft (§ 793 ZPO), über die das Landgericht entscheidet.

b) Gegen Vollstreckungshandlungen der Arbeitsgerichte ist allein das Rechtsmittel der sofortigen 17 Beschwerde gegeben (§ 78).

c) Soll dagegen eingewandt werden, der Urteilsausspruch sei nach Erlaß erfüllt worden (zB durch 18 Zahlung der Urteilssumme), so ist die Vollstreckungsgegenklage (§ 767 ZPO) gegeben. Wird im Rahmen der Vollstreckung in die Rechte Dritter, zB durch Pfändung eines dem Schuldner nicht gehörenden Möbelstückes, eingegriffen, so hat der Dritte das Recht der Drittwiderspruchsklage (§ 771 ZPO). Bei Entscheidung nach § 769 ZPO ist die sofortige Beschwerde gegeben (LAG Frankfurt 10. 9. 1997 MDR 1998, 925).

IV. Arrest

1. Anwendung. Nach Abs. 2 Satz 1 finden die Vorschriften des Achten Buches der ZPO auch 19 wegen des Arrestes und der einstweiligen Verfügung (§§ 916 bis 945 ZPO) Anwendung. Arrest und einstweilige Verfügung sind grundsätzlich nur zur Sicherung bestehender Ansprüche geeignet, dagegen nicht zu ihrer Durchsetzung. Für das Beschlußverfahren ist in § 85 II nur die einstweilige Verfügung, nicht aber der Arrest angesprochen. Insoweit ist eine Regelungslücke gegeben, die zur entsprechenden Anwendung führt.

2. Arrest. a) Der Arrest findet statt zur Sicherung der Zwangsvollstreckung wegen einer Geld- 20 forderung oder eines Anspruches, der in eine Geldforderung übergehen kann (§ 916 I ZPO). Es sind zu unterscheiden der dingliche Arrest und der persönliche Arrest. Der dingliche Arrest findet statt, wenn zu besorgen ist, daß ohne dessen Verhängung die Vollstreckung des Urteils vereitelt oder wesentlich erschwert werden würde. Der persönliche Sicherheitsarrest findet nur statt, wenn er erforderlich ist, um die gefährdete Zwangsvollstreckung in das Vermögen des Schuldners zu sichern. Die Vollziehung des persönlichen Sicherheitsarrestes richtet sich, wenn sie durch Haft erfolgt, nach den Vorschriften der §§ 904 bis 913 und, wenn sie durch sonstige Beschränkungen der persönlichen Freiheit erfolgt, nach den vom Arrestgericht zu treffenden besonderen Anordnungen, für welche die Beschränkung der Haft maßgebend sind (§ 933 ZPO).

b) Ein Arrest setzt voraus (1) einen Arrestantrag, (2) einen Arrestanspruch, (3) einen Arrestgrund 21 und (4) seine Glaubhaftmachung. Der Arrestantrag kann schriftlich oder mündlich bei dem Gericht angebracht werden (§ 920 III ZPO). Es besteht mithin auch vor dem LAG kein Anwaltszwang, wenn das LAG Arrestgericht ist (§ 78 III ZPO). Der Arrestanspruch muß eine Geldforderung sein oder in eine Geldforderung übergehen können. Daneben müssen die allgemeinen Prozeßvoraussetzungen gegeben sein (§ 46 Rn. 5 ff.).

c) Ein Arrestgrund ist gegeben, wenn die Besorgnis besteht, daß ohne Verhängung des Arrestes 22 die Vollstreckung des Urteils vereitelt oder wesentlich erschwert wird (§ 917 I ZPO). Als ein zureichender Arrestgrund wird angesehen, wenn das Urteil im Ausland vollstreckt werden müßte. Diese Regelung wird nicht mehr gelten, soweit das Urteil in der EU zu vollstrecken ist (EuGH 10. 2. 1994 EuZW 1994, 216). Ein Arrestgrund wurde auch bejaht, auch wenn bereits ein Titel vorliegt (OLG *Hamm* 27. 11. 1989 NJW-RR 1990, 1536). Dagegen wurde ein Arrestgrund verneint, wenn sich die Vermögenslage des Schuldners verschlechtert (OLG Frankfurt 11. 4. 1995 Rechtspfleger 1995, 468). Für den persönlichen Arrest ist ein Arrestgrund gegeben, wenn der Schuldner das Land verlassen will. Im allgemeinen erfolgt keine Freiheitsentziehung, sondern wird der Reisepaß entzogen.

d) Arrestanspruch und Arrestgrund sind nach § 294 ZPO glaubhaft zu machen. 23

3. Arrestverfahren. a) Zuständig für den Arrest ist das Gericht der Hauptsache (§ 919 ZPO). 24 Gericht der Hauptsache kann auch das LAG sein, wenn bereits Berufung eingelegt ist (§ 943 I ZPO). Ist die Hauptsache bereits im Revisionsverfahren anhängig, ist das Arbeitsgericht Arrestgericht. Dagegen besteht keine Eilzuständigkeit des Amtsgerichtes mehr (vgl. § 48 Rn. 2).

b) Das Gericht kann mit und ohne mündliche Verhandlung entscheiden (§ 921 I ZPO). Es steht im 25 pflichtgemäßem Ermessen des Gerichtes, ob es ohne mündliche Verhandlung entscheidet. Von einer mündlichen Verhandlung kann abgesehen werden, wenn es im Interesse eines effektiven Rechtsschutzes notwendig ist. Dies kann der Fall sein, wenn besondere Eile geboten ist oder sonstige dringende Gründe vorliegen.

c) Entscheidet das Gericht aufgrund mündlicher Verhandlung, so ergeht ein Endurteil durch die 26 Kammer (§ 922 I ZPO). Unter den allgemeinen Voraussetzungen von § 64 ArbGG ist die Berufung an das LAG möglich. Entscheidet das LAG, so ist eine Revision unstatthaft (§ 72 IV).

d) Entscheidet das Gericht mit oder ohne vorherige Anhörung des Arrestgegners ohne mündliche 27 Verhandlung, so ergeht die Entscheidung durch den Vorsitzenden der Kammer (§§ 53, 64 VII) durch

60 ArbGG § 62

Beschluß (§ 921 ZPO). Gegen den stattgebenden Beschluß ist der Widerspruch nach § 924 ZPO gegeben. Über den Widerspruch entscheidet das Gericht nach vorheriger mündlicher Verhandlung durch Endurteil. Gegen dieses kann die Berufung, dagegen nicht die Revision stattfinden. Weist dagegen das Gericht ohne mündliche Verhandlung den Antrag auf Erlaß des Arrestes ab, so findet gegen den Beschluß die einfache Beschwerde statt (§ 567 ZPO).

28 e) Erläßt das Gericht einen Arrestbefehl, so ist nach § 923 ZPO ein Geldbetrag festzusetzen durch dessen Hinterlegung die Vollziehung des Arrestes gehemmt wird.

29 **4. Vollziehung des Arrestes. a)** Der Arrest wird entsprechend den Vorschriften über die Zwangsvollstreckung vollzogen (§ 928 ZPO). Die Zustellung des Arrestes muß durch die Parteien selbst innerhalb einer Woche erfolgen. Nach § 929 III ZPO kann die Vollziehung bereits vor Zustellung erfolgen. Eine Vollstreckungsklausel für den Arrest ist nur dann erforderlich, wenn die Vollziehung für oder gegen eine andere im Arrestbefehl genannte Person erfolgen soll (§ 929 I ZPO). Nach Ablauf eines Monats ist die Vollziehung unzulässig (§ 929 II ZPO).

30 b) Die Art der Vollziehung ist in § 930 bis § 934 ZPO geregelt.

31 **5. Aufhebung.** Der Arrest ist aufzuheben, wenn (1) er zu Unrecht erlassen worden ist, (2) dem Antragsteller aufgegeben worden ist, Klage zur Hauptsache zu erheben und diese nicht erhoben worden ist (§ 926 II ZPO) und (3) bei Veränderung der Umstände.

V. Einstweilige Verfügung

32 **1. Anwendung.** Für den Erlaß der einstweiligen Verfügung gelten die Vorschriften von §§ 935 bis 945 ZPO. Insoweit wird auf die Vorschriften für den Arrest verwiesen, soweit für das einstweilige Verfügungsverfahren keine Besonderheiten geregelt sind. Auch die einstweilige Verfügung dient grundsätzlich nur der Sicherung von Ansprüchen. In Ausnahmefällen kann sie aber auch auf Erfüllung gerichtet sein.

33 **2. Voraussetzungen. a)** Die einstweilige Verfügung setzt voraus (1) einen Antrag auf Erlaß einer einstweiligen Verfügung, (2) einen Verfügungsanspruch, (3) einen Verfügungsgrund und (4) die Glaubhaftmachung von Verfügungsanspruch und Verfügungsgrund. Daneben müssen die allgemeinen Prozeßvoraussetzungen für ihren Erlaß gegeben sein (§ 46 Rn. 5 ff.).

34 b) Die einstweilige Verfügung kann in verschiedenen Arten vorkommen. Die Sicherungsverfügung nach § 935 ZPO ist zulässig, wenn zu besorgen ist, daß durch eine Veränderung des bestehenden Zustandes die Verwirklichung des Rechtes einer Partei vereitelt oder wesentlich erschwert werden könnte. Durch die Regelungsverfügung nach § 940 ZPO wird ein einstweiliger Zustand in Bezug auf ein streitiges Rechtsverhältnis geregelt, sofern diese Regelung, insbesondere bei dauerndem Rechtsverhältnis zur Abwendung wesentlicher Nachteile oder zur Verhinderung drohender Gewalt oder aus anderen Gründen nötig erscheint. In Ausnahmefällen kann aber die einstweilige Verfügung bereits auf die Erfüllung eines Anspruches gerichtet sein. Dies kann in Betracht kommen, wenn ein Teil des Entgeltanspruches im Wege der einstweiligen Verfügung zugesprochen wird, weil der Gläubiger sonst in eine Notlage geraten würde (vgl. LAG Köln 9. 2. 1991 NZA 1991, 396; LAG Schleswig-Holstein 26. 8. 1958 AP ZPO § 940 Nr. 1), wenn ein Anspruch aus der Arbeitslosenversicherung oder ein Sozialhilfeanspruch nicht zu realisieren ist. Der Hauptfall ist die einstweilige Verfügung auf Unterlassung von Wettbewerb aus einem nachvertraglichen Wettbewerbsverbot.

35 c) Ein Verfügungsgrund nach § 935 ZPO ist gegeben, wenn nach einem objektiven Urteil die Befürchtung besteht, daß die Verwirklichung des Individualanspruches durch bevorstehende Veränderung des bestehenden Zustandes gefährdet wird. Eine Zustandsverfügung nach § 940 ZPO ist nur zulässig, wenn diese notwendig ist.

36 **3. Verfügungsverfahren. a)** Zuständig für den Erlaß der einstweiligen Verfügung ist das Gericht der Hauptsache (§§ 937, 943 ZPO). Dagegen ist keine Zuständigkeit des Amtsgerichtes mehr gegeben (§ 48 Rn. 2).

37 b) Über den Antrag auf Erlaß einer einstweiligen Verfügung kann mit und ohne mündliche Verhandlung entschieden werden. Nach § 937 II ZPO kann die mündliche Verhandlung nur aus dringenden Gründen entfallen. Dies kann der Fall sein, wenn die Sache so eilbedürftig ist, daß die ehrenamtlichen Richter nicht herangezogen werden können. Nach § 937 II 2 ZPO kann in dringenden Fällen der Antrag auch ohne mündliche Verhandlung zurückgewiesen werden. Nach § 938 ZPO bestimmt das Gericht nach freiem Ermessen, welche Anordnungen zur Erreichung des Zweckes erforderlich sind.

38 c) Für den Verfahrensverlauf und die Rechtsbehelfe gelten die Ausführungen zum Arrest sinngemäß (vgl. Rn. 24 ff.).

VI. Schutzschrift

In Wettbewerbsprozessen ist das Rechtsinstitut der Schutzschrift entwickelt worden. Erwartet ein 39
Verfügungsgegner, daß gegen ihn eine einstweilige Verfügung ausgebracht wird, so kann er sich an die zuständigen Gerichte wenden und eine Schutzschrift einreichen. Namentlich bei Arbeitskämpfen werden Schutzschriften eingereicht, (1) den Antrag auf einstweilige Verfügung zurückzuweisen und (2) hilfsweise zumindest nicht ohne mündliche Verhandlung zu entscheiden. Im Interesse des Schutzes des rechtlichen Gehöres ist das Sachvorbringen aus der Schutzschrift umfassend zu berücksichtigen.

§ 63 Übersendung von Urteilen in Tarifvertragssachen

¹ Rechtskräftige Urteile, die in bürgerlichen Rechtsstreitigkeiten zwischen Tarifvertragsparteien aus dem Tarifvertrag oder über das Bestehen oder Nichtbestehen des Tarifvertrags ergangen sind, sind alsbald der zuständigen obersten Landesbehörde und dem Bundesminister für Arbeit und Sozialordnung in vollständiger Form abschriftlich zu übersenden. ² Ist die zuständige oberste Landesbehörde die Landesjustizverwaltung, so sind die Urteilsabschriften auch der obersten Arbeitsbehörde des Landes zu übersenden.

I. Allgemeines

Die Vorschrift dient der Durchführung von § 9 TVG. Hiernach sind rechtskräftige Entscheidungen 1
der Gerichte für Arbeitssachen, die in Rechtsstreitigkeiten zwischen Tarifvertragsparteien aus dem Tarifvertrag ergangen sind, in Rechtsstreitigkeiten zwischen tarifgebundenen Parteien sowie zwischen diesen und Dritten für die Gerichte und Schiedsgerichte bindend. Mit der Übersendung der Urteile an die zuständigen Behörden soll gewährleistet werden, daß das Regelungsziel von § 9 TVG erreicht wird.

II. Übersendungspflicht

1. **Sachurteile.** a) Die Übersendungspflicht bezieht sich nur auf Sachurteile, dagegen nicht auf 2
Prozeßurteile. Nur eine Sachentscheidung kann die Bindungswirkung entfalten. Wird mithin die Berufung gegen ein Urteil des Arbeitsgerichtes als unzulässig verworfen, so ist das Urteil des Arbeitsgerichtes, nicht dagegen das des Landesarbeitsgerichtes zu übersenden.

b) Die Vorschrift ist enger gefaßt als § 2 I Nr. 1. Die Übersendungspflicht bezieht sich nur auf 3
Urteile in Rechtsstreitigkeiten zwischen den Tarifvertragsparteien, nicht dagegen auf Urteile in Rechtsstreitigkeiten zwischen Tarifvertragsparteien und Dritten (GK-ArbGG/*Stahlhacke* § 63 Rn. 3; *Hauck* § 63 Rn. 3; aA *Grunsky* § 63 Rn. 3). Die Übersendungspflicht erwächst nur, wenn über den Inhalt des Tarifvertrages oder über Bestehen oder Nichtbestehen des Tarifvertrages gestritten wird.

c) Keine Übersendungspflicht ist gegeben, wenn über die Tariffähigkeit oder Tarifzuständigkeit 4
gestritten wird (vgl. § 9 TVG).

2. **Form und Frist der Übersendung.** a) Die Urteile sind schriftlich in vollständiger Form ab- 5
schriftlich zu übersenden. Soweit aus datenschutzrechtlichen Gründen das Urteil anonymisiert wird, ist zu gewährleisten, daß der Tarifvertrag erkennbar bleibt, weil sonst der verfolgte Zweck nicht erreicht werden kann.

b) Die Übersendung muß alsbald nach Eintritt der Rechtskraft erfolgen, dh. ohne schuldhaftes 6
Zögern. Wird die Übersendung oder die Frist versäumt, ist eine Sanktion im Gesetz nicht vorgesehen.

Zweiter Unterabschnitt. Berufungsverfahren

§ 64 Grundsatz

(1) Gegen die Urteile der Arbeitsgerichte findet, soweit nicht nach § 78 das Rechtsmittel der sofortigen Beschwerde gegeben ist, die Berufung an die Landesarbeitsgerichte statt.

(2) Die Berufung kann nur eingelegt werden,
a) wenn sie in dem Urteil des Arbeitsgerichts zugelassen worden ist,
b) wenn der Wert des Beschwerdegegenstandes 1200 Deutsche Mark übersteigt oder
c) in Rechtsstreitigkeiten über das Bestehen, das Nichtbestehen oder die Kündigung eines Arbeitsverhältnisses.

(3) Das Arbeitsgericht hat die Berufung zuzulassen, wenn
1. die Rechtssache grundsätzliche Bedeutung hat,
2. die Rechtssache Rechtsstreitigkeiten betrifft

a) zwischen Tarifvertragsparteien aus Tarifverträgen oder über das Bestehen oder Nichtbestehen von Tarifverträgen,
b) über die Auslegung eines Tarifvertrags, dessen Geltungsbereich sich über den Bezirk eines Arbeitsgerichts hinaus erstreckt, oder
c) zwischen tariffähigen Parteien oder zwischen diesen und Dritten aus unerlaubten Handlungen, soweit es sich um Maßnahmen zum Zwecke des Arbeitskampfes oder um Fragen der Vereinigungsfreiheit einschließlich des hiermit im Zusammenhang stehenden Betätigungsrechts der Vereinigungen handelt, oder
3. das Arbeitsgericht in der Auslegung einer Rechtsvorschrift von einem ihm im Verfahren vorgelegten Urteil, das für oder gegen eine Partei des Rechtsstreits ergangen ist, oder von einem Urteil des im Rechtszug übergeordneten Landesarbeitsgerichts abweicht und die Entscheidung auf dieser Abweichung beruht.
3 a. Die Entscheidung des Arbeitsgerichts, ob die Berufung zugelassen oder nicht zugelassen wird, ist in den Urteilstenor aufzunehmen. Ist dies unterblieben, kann binnen zwei Wochen ab Verkündung des Urteils eine entsprechende Ergänzung beantragt werden. Über den Antrag kann die Kammer ohne mündliche Verhandlung entscheiden.
(4) Das Landesarbeitsgericht ist an die Zulassung gebunden.
(5) Ist die Berufung nicht zugelassen worden, hat der Berufungskläger den Wert des Beschwerdegegenstandes glaubhaft zu machen; zur Versicherung an Eides Statt darf er nicht zugelassen werden.
(6) ¹Für das Verfahren vor den Landesarbeitsgerichten gelten, soweit dieses Gesetz nichts anderes bestimmt, die Vorschriften der Zivilprozeßordnung über die Berufung entsprechend. ²Die Vorschriften über das Verfahren vor dem Einzelrichter finden keine Anwendung.
(7) Die Vorschriften des § 49 Abs. 1 und 3, des § 50, des § 51 Abs. 1, der §§ 52, 53, 55 Abs. 1, 2 und 4, der §§ 56 bis 59, 61 Abs. 2 und 3 und der §§ 62 und 63 über Ablehnung von Gerichtspersonen, Zustellungen, persönliches Erscheinen der Parteien, Öffentlichkeit, Befugnisse des Vorsitzenden und der ehrenamtlichen Richter, Vorbereitung der streitigen Verhandlung, Verhandlung vor der Kammer, Beweisaufnahme, Versäumnisverfahren, Inhalt des Urteils, Zwangsvollstreckung und Übersendung von Urteilen in Tarifvertragssachen gelten entsprechend.
(8) Berufungen in Rechtsstreitigkeiten über das Bestehen, das Nichtbestehen oder die Kündigung eines Arbeitsverhältnisses sind vorrangig zu erledigen.

I. Allgemeines

1 Die Berufung ist ein Rechtsmittel, das der tatsächlichen und rechtlichen Überprüfung der Urteile der Arbeitsgerichte durch das Landesarbeitsgericht dient. Die Berufung hat Suspensiveffekt (§ 707 ZPO) und Devolutiveffekt. Neues Sachvorbringen ist nur in den Grenzen von § 67 möglich. Nur in Ausnahmefällen unterliegen die Urteile des Arbeitsgerichtes der sofortigen Beschwerde (vgl. Rn. 3). Das entsprechende Rechtsmittel im Beschlußverfahren ist die Beschwerde (§§ 80, 87).

II. Statthaftigkeit der Berufung

2 1. **Berufungsfähigkeit.** a) Berufungsfähig sind grundsätzlich nur Urteile der Arbeitsgerichte. Berufung kann eingelegt werden gegen Endurteile oder diesen gleichgestellte Urteile. Hierzu gehören Teilurteile (§ 301 ZPO), Vorbehaltsurteile (§ 302 ZPO), Ergänzungsurteile (§ 321 ZPO), Zwischenurteile über die Zulässigkeit der Klage (§ 280 II ZPO) sowie Zwischenurteile, wenn der Antrag auf Wiedereinsetzung in den vorigen Stand abgelehnt worden ist. Nicht berufungsfähig sind Zwischenurteile, mit denen über den Grund des Anspruches oder ein Zwischenstreit entschieden wird (§§ 61 III; §§ 303, 304 ZPO). Zwischenurteile können nach § 512 ZPO zusammen mit dem Endurteil angegriffen werden. Gegen erste Versäumnisurteile ist nicht die Berufung, sondern der Einspruch gegeben. Gegen zweite Versäumnisurteile ist die Berufung nur mit der Begründung zulässig, daß ein Fall der Säumnis nicht vorgelegen habe (§ 513 II 1 ZPO). Dagegen kann die Berufung nicht darauf gestützt werden, daß die Klage nicht schlüssig gewesen sei (BAG 2. 2. 1994 AP ZPO § 513 Nr. 8 = NZA 1994, 1102).

3 b) Nicht berufungsfähig sind Urteile der Arbeitsgerichte, gegen die die sofortige Beschwerde gegeben ist. Dies ist der Fall bei Zulassung oder Zurückweisung eines Streitgenossen (§ 71 II ZPO), der Kostenentscheidung bei Anerkenntnisurteil (§ 92 II ZPO), Zwischenurteil über ein Aussageverweigerungsrecht eines Zeugen (§ 387 II ZPO).

4 c) Hat das Arbeitsgericht statt eines Urteils einen Beschluß erlassen, so ist nach dem Grundsatz der Meistbegünstigung sowohl die Berufung als auch die Beschwerde gegeben (BAG 5. 12. 1984 AP ArbGG 1979 § 72 Nr. 3; 26. 3. 1992 AP ArbGG 1979 § 48 Nr. 7 = NZA 1992, 954). Ein Rechtsmittel ist jedoch nur dann gegeben, wenn auch gegen die in richtiger Form erlassene Entscheidung ein Rechtsmittel zulässig wäre.

II. Statthaftigkeit der Berufung § 64 ArbGG 60

2. Zulassung der Berufung. a) Bis zum Arbeitsgerichtsbeschleunigungsgesetz wurde wegen der 5
Statthaftigkeit der Berufung zwischen nichtvermögensrechtlichen und vermögensrechtlichen Streitigkeiten unterschieden. Diese Unterscheidung ist aufgegeben, weil nichtvermögensrechtliche Streitigkeiten nur eine geringe Bedeutung hatten. Nach der Neufassung des Gesetzes ist die Berufung dagegen in Bestandsstreitigkeiten stets zulässig. Die Berufung ist statthaft, wenn sie vom Arbeitsgericht zugelassen ist (vgl. Rn. 13).

b) Die Berufung ist zulässig, wenn sie in dem Urteil des Arbeitsgerichtes zugelassen worden ist oder 6
der Wert des Beschwerdegegenstandes 1200,– DM übersteigt.

c) Die Berufung ist unstatthaft, wenn sie nicht vom Arbeitsgericht zugelassen worden ist oder der 7
Beschwerdewert 1200,– DM nicht übersteigt. Dies gilt auch bei schwersten Gesetzesverstößen und greifbarer Gesetzwidrigkeit. Die Entscheidung über die Zulassung erfolgt von Amts wegen. Anträge der Parteien stellen nur Anregungen dar. Aus dem Grundsatz der Rechtsmittelklarheit ist gefolgert worden, daß die Entscheidung über die Zulassung im Tenor erfolgen müsse. Mit der Verkündung der Entscheidung müsse feststehen, ob das Urteil berufungsfähig sei (BAG 19. 8. 1986 AP ZPO § 319 Nr. 20 = NJW 1987, 1221 = NZA 1986, 843). Das BVerfG hat eine Berufungszulassung auch dann für wirksam gehalten, wenn sie irrtümlich unterblieben ist und in den Entscheidungsgründen erfolgt (BVerfG 15. 1. 1992 AP ArbGG 1979 § 64 Nr. 16 = NJW 1992, 1496 = NZA 1992, 383). Danach ist es zu einer divergierenden Rechtsprechung der Senate des BAG gekommen. Durch das Arbeitsgerichtsbeschleunigungsgesetz vom 30. 3. 2000 (BGBl. I S. 333) ist klargestellt worden, daß die Zulassung der Berufung oder deren Nichtzulassung in den Tenor aufgenommen werden muß. Es muß mithin immer ein Ausspruch über die Statthaftigkeit der Berufung enthalten sein, wenn der Beschwerdewert nicht erreicht ist. Ist dies unterblieben, kann eine Urteilsergänzung binnen zwei Wochen ab Verkündung durch Schriftsatz oder zur Niederschrift der Geschäftsstelle beantragt werden. Die Frist läuft im Interesse der Verfahrensbeschleunigung auch dann ab Verkündung, wenn das Urteil noch nicht zugestellt oder das Sitzungsprotokoll noch nicht übersandt worden ist. Bei Fristversäumnis findet eine Wiedereinsetzung nicht statt, da es sich nicht um eine Notfrist handelt. Über den Antrag entscheidet die Kammer. Sie kann ohne mündliche Verhandlung entscheiden; es kann aber auch Termin angesetzt werden.

3. Überschreitung des Beschwerdewertes. Die Berufung ist statthaft, wenn der Wert des Beschwer- 8
degegenstandes 1200,– DM übersteigt. Voraussetzung der Berufung ist die Beschwer einer Partei. Ein Kläger ist durch ein Urteil beschwert, wenn es hinter seinem in der ersten Instanz gestellten Antrag zurückbleibt (formelle Beschwer). Greift ein Kläger ein teilweise klageabweisendes Urteil nicht mit Berufungsanträgen an, so ist der Beschwerdewert nur bei Zurückbleiben der Berufungsanträge gegeben. Ein Beklagter ist dann beschwert (materielle Beschwer), wenn er eine für ihn günstigere Entscheidung begehrt. Materiell beschwert ist der Beklagte auch dann, wenn die Klage als unzulässig und nicht als unbegründet abgewiesen worden ist (BAG 19. 11. 1985 AP TVG § 2 Tarifzuständigkeit Nr. 4 = NJW 1987, 514 = NZA 1986, 480). Ist der Klageantrag nicht beziffert, so ist der Kläger dann beschwert, wenn das Urteil hinter dem nach den Umständen zu erwartenden Wert zurückbleibt. Zum Teil wird allerdings auch vertreten, daß eine Beschwer dann nicht gegeben sei, wenn das Gericht überhaupt etwas zugesprochen hat (*Hauck* § 64 Rn. 6). Keine Beschwer des Klägers ist gegeben, wenn das Gericht auf seinen Antrag das Arbeitsverhältnis gegen Zahlung einer Abfindung auflöst (BAG 23. 6. 1993 AP KSchG 1969 § 9 Nr. 23 = NJW 1994, 1428 = NZA 1994, 264). Bei der Stufenklage richtet sich die Beschwer der zur Auskunft verurteilten Partei nicht nach der Höhe des Zahlungsanspruches sondern nach ihrem Aufwand zur Auskunftserteilung (BAG 27. 5. 1994 NZA 1994, 1054).

a) Der Beschwerdewert für den Kläger ergibt sich, wenn von dem in der ersten Instanz gestellten 9
Antrag der zuerkannte Betrag abgezogen wird. Im allgemeinen kann der Beschwerdewert nicht höher sein als der im Urteil festgesetzte Streitwert. Ist der Kläger in der ersten Instanz in vollem Umfang unterlegen, so stimmen Streit- und Beschwerdewert überein (BAG 13. 1. 1988 AP ArbGG 1979 § 64 Nr. 11 = NZA 1988, 705). Das Berufungsgericht ist an den festgesetzten Streitwert gebunden, sofern dieser nicht offensichtlich fehlerhaft ist (BAG 27. 5. 1994 AP ArbGG 1979 Nr. 17 = NZA 1994, 1054). Dies ist dann der Fall, wenn er sich unter keinem vernünftigen Gesichtspunkt begründen läßt. Bei der Berechnung des Beschwerdewertes bleiben Nebenforderungen (Zinsen und Kosten) unberücksichtigt (§ 4 I ZPO). In Eingruppierungsstreitigkeiten nach dem BAT bleibt die Sonderwendung unberücksichtigt (BAG 4. 9. 1996 AP ArbGG 1979 § 12 Nr. 19 = NZA 1997, 283). Werden mehrere Klageanträge gestellt, so ist ihr Wert zusammenzurechnen. Bei Haupt- und Hilfsanträgen ist der Wert zusammenzurechnen, wenn über alle Anträge entschieden wird. Wird der Hauptantrag abgewiesen und nach dem Hilfsantrag entschieden, so liegt der Beschwerdewert im Streitwert des Hauptantrages. Ist zu einem Bruttobetrag verurteilt, so ergibt sich der Beschwerdewert aus der Differenz zum Klageantrag.

b) Für die Feststellung des Beschwerdewertes ist der Zeitpunkt der Einlegung der Berufung maßge- 10
bend (§ 4 I ZPO). Der Berufungskläger hat den Wert glaubhaft zu machen (Abs. 5). Der Wert kann nicht dadurch erhöht werden, daß mit der Berufung der Streitgegenstand erweitert wird. Andererseits

60 ArbGG § 64

kann die Berufung unzulässig werden, wenn der Wert des Beschwerdegegenstandes unter die Rechtsmittelgrenze sinkt.

11 **4. Bestandsstreitigkeiten.** Durch das Arbeitsgerichtsbeschleunigungsgesetz sind alle Bestandsstreitigkeiten wegen ihrer existentiellen Bedeutung für den Arbeitnehmer berufungsfähig. Bestandsstreitigkeiten sind gegeben, wenn über Bestehen oder Nichtbestehen des Arbeitsverhältnisses gestritten wird. Der Wortlaut entspricht insoweit § 2 I Nr. 3 b. Erfaßt werden Streitigkeiten über Aufhebungs- und Abwicklungsverträge. Ferner ist eine Bestandsstreitigkeit gegeben, wenn eine Kündigung im Streit ist.

12 **5. Versäumnisurteil.** Nach § 64 II findet die Berufung nur in den dort geregelten Fällen statt. Gegen ein zweites Versäumnisurteil ist die Berufung nur unter den eingeschränkten Voraussetzungen des § 513 II ZPO statthaft. Die Berufung findet aber auch nur dann statt, wenn die übrigen Berufungsvoraussetzungen (übersteigen des Beschwerdewertes, Zulassung) gegeben sind. Nach der Rechtsprechung des BAG enthält Abs. 2 eine abschließende Regelung der Zulässigkeit der Berufung (BAG 4. 4. 1989 AP ArbGG 1979 § 64 Nr. 13 = NJW 1989, 2644 = NZA 1989, 693). Dies ist im Wortlaut auch klargestellt. Vor Erlaß eines zweiten Versäumnisurteils ist die Schlüssigkeit der Klage erneut zu prüfen (BAG 2. 2. 1994 AP ZPO § 513 Nr. 8 = NZA 1994, 1102).

III. Zulassung der Berufung

13 **1. Zulassung.** Die Berufung ist zuzulassen, wenn die Zulassungsgründe vorliegen (Abs. 3). Einen Ermessens- oder Beurteilungsspielraum hat das Arbeitsgericht nicht. Das LAG ist an die Zulassung gebunden (Abs. 4). Hiervon gilt nur dann eine Ausnahme, wenn die Zulassung gegen ein Urteil erfolgt, gegen das die Berufung unstatthaft ist.

14 **2. Grundsätzliche Bedeutung.** Die Berufung ist zuzulassen, wenn die Rechtssache grundsätzliche Bedeutung hat. Die grundsätzliche Bedeutung hat eine geringere Ranghöhe als bei der Revisionszulassung. Ausreichend ist, wenn die grundsätzliche Bedeutung nur für den Bezirk des LAG besteht. Eine grundsätzliche Bedeutung der Rechtssache ist dann gegeben, wenn die Entscheidung von einer klärungsbedürftigen Rechtsfrage abhängt und die Klärung der Rechtsfrage entweder von allgemeiner Bedeutung für die Rechtsordnung ist oder wegen ihrer tatsächlichen Auswirkungen die Interessen der Allgemeinheit oder eines größeren Teils der Allgemeinheit berührt.

15 **3. Kollektivstreitigkeiten.** Die Berufung ist zuzulassen, wenn die Rechtssache Rechtsstreitigkeiten betrifft a) zwischen Tarifvertragsparteien aus Tarifverträgen oder über das Bestehen oder Nichtbestehen von Tarifverträgen, b) über die Auslegung eines Tarifvertrages, dessen Geltungsbereich sich über den Bezirk eines Arbeitsgerichtes hinaus erstreckt, oder c) zwischen tariffähigen Parteien oder zwischen diesen und Dritten aus unerlaubten Handlungen, soweit es sich um Maßnahmen zum Zwecke des Arbeitskampfes oder um Fragen der Vereinigungsfreiheit einschließlich des hiermit im Zusammenhang stehenden Betätigungsrechts der Vereinigungen handelt. Die Zulassungsgründe entsprechen im wesentlichen den Gründen nach § 72 (vgl. § 72 Rn. 8 ff.).

16 **4. Vorgelegtes Urteil.** Die Berufung ist ferner zuzulassen, wenn das Arbeitsgericht in der Auslegung einer Rechtsvorschrift von einem ihm im Verfahren vorgelegten Urteil, das für oder gegen eine Partei des Rechtsstreites ergangen ist, oder von einem Urteil des im Rechtszug übergeordneten Landesarbeitsgerichtes abweicht und die Entscheidung auf dieser Abweichung beruht. Die Vorschrift dient der Wahrung der Rechtseinheit im Bezirk des Landesarbeitsgerichtes. Im Rechtsstreit muß eine Entscheidung eines jeden Gerichtes vorgelegt werden, das für oder gegen eine Partei ergangen ist. Ferner ist die Berufung zuzulassen, wenn die Entscheidung von einer des übergeordneten Landesarbeitsgerichtes abweicht und hierauf beruht. Weicht die Entscheidung des Arbeitsgerichtes von der Entscheidung eines anderen Landesarbeitsgerichtes oder des BAG ab, so ist der Zulassungsgrund nicht gegeben. Regelmäßig wird aber der Zulassungsgrund wegen grundsätzlicher Bedeutung gegeben sein.

IV. Anzuwendende Vorschriften

17 **1. Entsprechende Anwendung.** a) Nach Abs. 6 gelten für das Berufungsverfahren vor den Gerichten für Arbeitssachen (1) die besonderen Vorschriften des ArbGG und (2) soweit diese Vorschriften keine Regelung enthalten, die Vorschriften für das Berufungsverfahren entsprechend. Hiervon ausgenommen sind die Vorschriften über den Einzelrichter (§ 524 ZPO).

18 b) Zu den anzuwendenden Vorschriften gehören im einzelnen
   - §§ 518, 519 ZPO wegen der Berufungseinlegung und Berufungsbegründung mit der Maßgabe des § 66;
   - § 519 b ZPO wegen der Prüfung der Zulässigkeit der Berufung;
   - §§ 521 bis 522 a ZPO wegen der Anschlußberufung (vgl. Rn. 19);
   - § 514 ZPO wegen des Verzichtes auf die Berufung. Der Verzicht muß unmißverständlich zum Ausdruck kommen. Er ist unanfechtbar und unwiderruflich. Eine Zustimmung des Berufungsgeg-

ners ist nicht erforderlich. Der dem Gericht erklärte Verzicht macht die Berufung unzulässig. Die Berufung ist von Amts wegen durch Beschluß zu verwerfen.
- § 515 ZPO wegen der Zurücknahme der Berufung. Die Rücknahme der Berufung kann bis zum Beginn der mündlichen Verhandlung in der Berufungsinstanz ohne Einwilligung des Berufungsbeklagten erfolgen (§ 515 I ZPO). Danach ist seine Zustimmung erforderlich. Sie hat den Verlust des eingelegten Rechtsmittels und die Kostentragung zur Folge. Die Wirkungen sind einzeln oder kumulativ auf Antrag des Berufungsbeklagten durch das Gericht nach Anhörung des Berufungsklägers auszusprechen. Ist noch nicht mündlich verhandelt worden, hat der Berufungskläger auch die Kosten einer unselbständigen Anschlußberufung zu tragen. Sofern die Berufungsfristen noch laufen, kann erneut Berufung eingelegt werden. Unabhängig von der Berufung kann auch die Klage zurückgenommen werden. Hierzu ist aber regelmäßig die Zustimmung des Beklagten notwendig.

2. Anschlußberufung. a) Sie gibt dem Berufungsbeklagten die Möglichkeit, sich der Berufung des 19 Berufungsklägers anzuschließen, wenn er mehr als die Berufungszurückweisung erreichen will. Er kann also seinerseits das Urteil angreifen, wenn er beschwert ist. Er kann mit der Anschlußberufung aber auch neue Ansprüche erheben, also die Klage erweitern.

b) Selbständige Anschlußberufung. Eine selbständige Anschlußberufung ist gegeben, wenn sich 20 der Berufungsbeklagte innerhalb der Berufungsfrist der erhobenen Berufung anschließt (§ 522 II ZPO). Sie steht einer unselbständigen Anschlußberufung gleich. Sie wird aber als Hauptberufung behandelt, wenn die ursprünglich eingelegte Berufung zurückgenommen, als unzulässig verworfen oder auf sie verzichtet wird. In diesen Fällen müssen auch die Voraussetzungen einer eigenen Berufung gegeben sein.

c) Die unselbständige Anschlußberufung erfolgt durch Einreichung einer Anschlußberufungsschrift 21 beim LAG (§ 522a I ZPO). Unzureichend ist die Erklärung zu Protokoll oder in der mündlichen Verhandlung. Entspricht die Anschlußberufung nicht der gesetzlichen Form, ist sie als unzulässig zu verwerfen. Nach § 522a III ZPO ist die Anschlußberufung vor Ablauf der Berufungsbegründungsfrist des § 519 II ZPO oder in der Anschlußberufungsschrift zu begründen, wenn die Begründungsfrist abgelaufen ist. In der nachträglichen Begründung einer Anschlußberufung ist jedoch regelmäßig die Wiederholung einer unselbständigen Anschlußberufung zu sehen (BAG 6. 9. 1994 AP TVG § 1 Tarifverträge Einzelhandel Nr. 50 = NZA 1995, 232).

3. Vorschriften für das Arbeitsgerichtsverfahren. a) Nach Abs. 7 gelten die dort aufgezählten 22 Vorschriften für das Verfahren erster Instanz entsprechend.

b) Zu den anzuwendenden Vorschriften gehören: 23
- § 49 I und III über die Ablehnung von Gerichtspersonen;
- § 50 über die Zustellung von Urteilen;
- § 51 I über das persönliche Erscheinen; dagegen ist auf die Vorschrift wegen der Zurückweisung eines Prozeßbevollmächtigten nicht verwiesen;
- § 52 über die Öffentlichkeit;
- § 53 über die Befugnisse des Vorsitzenden und der ehrenamtlichen Richter;
- § 55 I, II und IV. Insoweit ist verwiesen auf die Befugnisse des Vorsitzenden erster Instanz. Dagegen ist nicht verwiesen auf Abs. 3, weil in der zweiten Instanz keine Güteverhandlung stattfindet;
- § 56 über die Vorbereitung der streitigen Verhandlung;
- § 57 über die Verhandlung vor der Kammer;
- § 58 über die Beweisaufnahme;
- § 59 über das Versäumnisverfahren;
- § 61 II, III über die Verkündung des Urteils;
- § 62 über die Zwangsvollstreckung;
- § 63 über die Übersendung von Urteilen in Tarifvertragssachen.

c) Fehlende Verweisung. Da auf § 46 nicht verwiesen ist, kann anders als bei den Gerichten erster 24 Instanz auch ohne mündliche Verhandlung nach § 128 ZPO entschieden werden. Es fehlt auch eine ausdrückliche Verweisung auf § 48. Gleichwohl ergibt sich dort, daß auch § 48 iVm. §§ 17 ff. GVG gelten müssen.

V. Beschleunigung in Bestandsschutzstreitigkeiten

Nach Abs. 8 sind Berufungen in Bestandsschutzstreitigkeiten über das Bestehen oder Nichtbestehen 25 oder die Kündigung eines Arbeitsverhältnisses vorrangig zu erledigen. Wird die Vorschrift verletzt, so sind im Gesetz keine Sanktionen vorgesehen.

Schaub

§ 65 Beschränkung der Berufung

Das Berufungsgericht prüft nicht, ob der beschrittene Rechtsweg und die Verfahrensart zulässig sind, ob das Gericht des ersten Rechtszugs seine Zuständigkeit zu Unrecht angenommen hat und ob bei der Berufung der ehrenamtlichen Richter Verfahrensmängel unterlaufen sind oder Umstände vorgelegen haben, die die Berufung eines ehrenamtlichen Richters zu seinem Amte ausschließen.

I. Allgemeines

1   Die Vorschrift ist durch das VwGO-ÄndG im Zusammenhang mit der Neuregelung des Verweisungsrechtes nach § 48 iVm. §§ 17 ff. GVG (vgl. § 48) neugefaßt worden. Da die Zulässigkeit des Rechtsweges, die Verfahrensart und die örtliche Zuständigkeit zur Verfahrensbeschleunigung abschließend in der ersten Instanz geprüft werden sollen, enthält sie eine Reihe von Beschränkungen der Nachprüfung durch das LAG.

II. Beschränkung des Nachprüfungsrechtes des LAG

2   **1. Zulässigkeit des Rechtsweges. a)** § 48 ArbGG iVm. § 17 GVG sieht für die Prüfung der Zulässigkeit des Rechtsweges und der richtigen Verfahrensart ein Vorabentscheidungsverfahren vor (vgl. § 48 Rn. 5). § 65 ergänzt diese Regelung dahin, daß das LAG nicht erneut über die Zulässigkeit des Rechtswegs und der Verfahrensart entscheidet (vgl. § 17 a V GVG).

3   **b)** Ist der beschrittene Weg unzulässig, so hatte das ArbG von Amts wegen nach Anhörung der Parteien durch Beschluß auszusprechen, daß die Verfahrensart unzulässig und zugleich in die zulässige Verfahrensart zu verweisen (§ 48 I, § 17 a II GVG). Dagegen kam eine Abweisung als unzulässig nicht in Betracht. War die gewählte Verfahrensart zulässig, war dies durch Beschluß vorab auszusprechen; dieser mußte ergehen, wenn eine Partei es beantragt (§ 48, § 17 a III GVG). Gegen den Beschluß des ArbG war die sofortige Beschwerde statthaft (§ 48 Rn. 11). Das Hauptverfahren war auszusetzen (BAG 26. 3. 1992 AP ArbGG 1979 § 48 Nr. 7 = NZA 1992, 954). Das LAG konnte die weitere Beschwerde zulassen. Sind die Beschlüsse rechtskräftig, kommt eine erneute Entscheidung nicht in Betracht. Hat das ArbG den Rechtsweg zu den Gerichten für Arbeitssachen stillschweigend durch Erlaß eines Urteils bejaht, ist das Berufungsgericht gemäß § 17 a V GVG, § 65 gehindert, die Frage des Rechtswegs zu prüfen (BAG 9. 7. 1996 = NJW 1996, 3430 = NZA 1996, 117). Etwas anderes gilt dann, wenn das ArbG die Rüge der Vorabentscheidung übergangen hat (BAG 21. 8. 1996 AP ArbGG 1979 § 2 Nr. 42 = BB 1996, 2416 = DB 1996, 2548). Alsdann hat das LAG das Urteil aufzuheben und in den zulässigen Rechtsweg zu verweisen (LAG Frankfurt 27. 1. 1997 AR – Blattei 160. 5. 2 Nr. 72).

4   **2. Verfahrensart.** Die vorstehenden Ausführungen gelten für die gewählte Verfahrensart, Urteils- oder Beschlußverfahren, entsprechend.

5   **3. Zuständigkeit.** Die sachliche und örtliche Zuständigkeit wird vom Berufungsgericht nicht überprüft. Die Überprüfung der örtlichen Zuständigkeit ist bereits durch § 48 I Nr. 1 ausgeschlossen. Eine Ausnahme von der Prüfungssperre besteht dann, wenn das ArbG die Rüge der örtlichen Zuständigkeit verfahrensfehlerhaft behandelt hat (BAG 5. 9. 1995 AP TVG § 1 Vorruhestand Nr. 24 = NZA 1996, 610). Die sachliche Zuständigkeit wird nur im Vorabentscheidungsverfahren, dagegen nicht mehr im Berufungsverfahren überprüft.

6   **4. Berufung der ehrenamtlichen Richter. a)** Das LAG überprüft nicht, ob bei der Berufung der ehrenamtlichen Richter Verfahrensmängel unterlaufen sind oder Umstände vorgelegen haben, die die Berufung eines ehrenamtlichen Richters zu seinem Amt ausschließen (§§ 21 bis 23). Das LAG überprüft nicht, ob die oberste Landesbehörde bei der Berufung Fehler begangen hat. Dagegen können Verfahrensfehler, die nach der Berufung vorgekommen sind, überprüft werden. Hierzu gehören zB eine nach § 45 II DRiG notwendige Vereidigung, Verletzung der Liste zur Heranziehung der ehrenamtlichen Richter (§ 31), ob ein ehrenamtlicher Richter kraft Gesetzes von der Ausübung des Richteramtes ausgeschlossen war (§ 41 ZPO). Dagegen wird nicht überprüft, ob die Berufungsvoraussetzungen später weggefallen sind. Es kann nicht mit Erfolg gerügt werden, daß ein ehrenamtlicher Richter seine Amtspflichten grob verletzt hat.

7   **b)** Hat das Berufungsgericht keine Verfahrensmängel zu überprüfen, so kommt eine Zurückverweisung nicht in Betracht (§ 68).

8   **5. Verfahrenswidrige Überprüfung.** Hat das Berufungsgericht zu Unrecht die nach § 65 ausgeschlossenen Verfahrensmängel überprüft, so ist das Urteil des LAG auf Rüge in der Revisionsinstanz aufzuheben und zurückzuverweisen, wenn es darauf beruht. Das Urteil würde nicht darauf beruhen, wenn die Überprüfung sich bei der Entscheidung nicht ausgewirkt hat. Dies ist zB der Fall, wenn das LAG die Zulässigkeit bejaht und dies zutreffend war. Unter den Voraussetzungen von §§ 564, 565 ZPO wird an das LAG zurückverwiesen.

6. Ausnahmen von der eingeschränkten Prüfung. Eine Ausnahme von der eingeschränkten Über- 9
prüfung besteht dann, wenn das ArbG die Prüfung noch nicht vornehmen konnte, weil zB die Klage
in der Berufungsinstanz erwidert, eine Widerklage erhoben oder die Aufrechnung (§ 530 ZPO) erklärt
ist. In diesen Fällen kann das LAG wegen dieser Änderungen die Zulässigkeit auch nach § 17a GVG
überprüfen.

III. Unterlassenes Vorabentscheidungsverfahren

1. Grundsatz der Meistbegünstigung. Hat das ArbG nicht im Vorabentscheidungsverfahren durch 10
Beschluß entschieden, sondern erst im Urteil zur Hauptsache, so kann die beschwerte Partei nach dem
Grundsatz der Meistbegünstigung sowohl Berufung als auch sofortige Beschwerde einlegen. Die
Berufung nur dann nicht, wenn diese unstatthaft ist. Wird vom Betroffenen Berufung eingelegt, so
greift die Beschränkung des § 65 nicht ein.

2. Behandlung durch das Berufungsgericht. a) Das Berufungsgericht hat die Berufung als sofor- 11
tige Beschwerde zu behandeln und als Beschwerdegericht vorab über die Frage des Rechtswegs, die
richtige Verfahrensart sowie die sachliche Zuständigkeit zu entscheiden. Das Hauptverfahren ist
auszusetzen (BAG 26. 3. 1992 AP ArbGG 1979 § 48 Nr. 7 = NZA 1992, 954; 28. 2. 1995 AP GVG
§ 17a Nr. 17 = NJW 1995, 2310 = NZA 1995, 595). Das LAG kann nach § 78 II, 17a IV 4 bis 5 GVG
die weitere Beschwerde an das BAG zulassen.

b) Ist der beschrittene Rechtsweg oder die Verfahrensart unzulässig, hat das LAG das Urteil abzu- 12
ändern und den Rechtsstreit an das zuständige Gericht zu verweisen.

§ 66 Einlegung der Berufung, Terminbestimmung

(1) ¹Die Berufungsfrist und die Frist für die Berufungsbegründung betragen je einen Monat.
²Die Berufung muß innerhalb einer Frist von einem Monat nach Zustellung der Berufungsbegründung beantwortet werden. ³Mit der Zustellung der Berufungsbegründung ist der Berufungsbeklagte auf die Frist für die Berufungsbeantwortung hinzuweisen. ⁴Die Fristen zur Begründung der Berufung und zur Berufungsbeantwortung können vom Vorsitzenden einmal auf Antrag verlängert werden, wenn nach seiner freien Überzeugung der Rechtsstreit durch die Verlängerung nicht verzögert wird oder wenn die Partei erhebliche Gründe darlegt.

(2) ¹Die Bestimmung des Termins zur mündlichen Verhandlung muß unverzüglich erfolgen.
²§ 519b Abs. 2 der Zivilprozeßordnung bleibt unberührt; die Verwerfung der Berufung ohne
mündliche Verhandlung ergeht durch Beschluß der Kammer.

I. Allgemeines

Die Vorschrift regelt die Art und Weise der Berufungseinlegung. Daneben gelten die Vorschriften 1
der ZPO. In § 87 II ist sie im Beschlußverfahren in Bezug genommen. Ferner enthält sie eine Regelung
über die Terminsbestimmung.

II. Einlegung der Berufung

1. Ergänzung durch ZPO. a) Für die Einlegung der Berufung gelten ergänzend die Vorschriften 2
der ZPO. Nach § 518 ZPO ist die Berufung durch Einreichung der Berufungsschrift bei dem Berufungsgericht einzulegen. Berufungsgericht ist das LAG. Die Berufungsschrift kann auch bei den
Außenkammern eines LAG oder bei diesen für das Stammgericht eingelegt werden (BAG 23. 9. 1981
AP ArbGG 1979 § 64 Nr. 2 = NJW 1982, 1119). War die Berufung an das ArbG adressiert, so geht die
Berufung erst beim LAG zu, wenn sie dort eingeht. Das ArbG ist zur Weiterleitung an das Berufungsgericht verpflichtet (BVerfG 20. 6. 1995 AP ArbGG 1979 Nr. 15 = NJW 1995, 3173). Wird die
Berufung statt an das LAG an das ArbG gerichtet und geht die weitergeleitete Berufung vespätet zu,
so ist nur dann Wiedereinsetzung zu gewähren, wenn der Schriftsatz bei unverzögerter Weiterleitung
rechtzeitig zugegangen wäre (BAG 20. 8. 1997 AP ArbGG 1979 § 66 Nr. 19 NJW 1998, 923).

b) Die Berufungsschrift muß von einem Rechtsanwalt oder einem nach § 11 II postulationsfähigen 3
Vertreter unterzeichnet sein (BAG 2. 12. 1992 AP TVG § 3 Nr. 14 = NZA 1993, 655). Die Unterschrift braucht nicht lesbar zu sein, aber es müssen noch Buchstaben erkennbar sein. Unzureichend ist
eine Unterzeichnung mit einer Paraphe oder Faksimile. Bei Doppelnamen ist ausreichend mit einem
Namen zu unterzeichnen (BAG 15. 12. 1987 AP ZPO § 130 Nr. 6 = NJW 1988, 2822 = NZA 1989,
227). Das Unterschriftserfordernis ist gewahrt, wenn gleichzeitig beglaubigte Abschriften eingereicht
werden und diese durch den Anwalt unterzeichnet sind (BAG 30. 5. 1978 AP ZPO § 518 Nr. 42 = BB
1978, 1573; 21. 3. 1973 AP TVG § 4 Geltungsbereich Nr. 12 = DB 1973, 1506). Der Grundsatz des
fairen Verfahrens verbietet aber, eine mit einer Paraphe unterzeichneten Berufung zu verwerfen, wenn

diese Art der Unterzeichnung wiederholt durchgegangen ist (BAG 18. 6. 1997 AP TVG § 1 Kündigung Nr. 2 = NZA 1997, 1234).

4   c) Die Berufung kann durch Telegraphie oder Telefax erfolgen. Telegraphie oder Telefax müssen aber ihren Verfasser eindeutig erkennen lassen. Das Telefax muß unterzeichnet sein (BAG 24. 9. 1986 AP ArbGG 1979 Nr. 12 = NJW 1987, 341 = NZA 1987, 106). Unzulässig ist die telefonische Einlegung.

5   d) Nach § 518 II ZPO muß die Berufungsschrift enthalten: (1) Die Bezeichnung des Urteils gegen das die Berufung gerichtet wird; (2) die Erklärung, daß gegen dieses Urteil Berufung eingelegt werde. Zur Bezeichnung des anzufechtenden Urteils sind das erstinstanzliche Gericht, Verkündungsdatum und Aktenzeichen der Entscheidung anzugeben. Fehlt eine dieser Angaben, so ist das unschädlich, wenn sich aus den übrigen Angaben eine eindeutige Bestimmung des Urteils ergibt. Nicht erforderlich ist, daß sich aus der Berufungsschrift die ladungsfähige Anschrift des Beklagten ergibt (BAG GS 16. 9. 1986 AP ZPO § 518 Nr. 53 = NJW 1987, 1356 = NZA 1987, 136). Nach § 518 III ZPO soll mit der Berufungsschrift eine Ausfertigung oder beglaubigte Abschrift des angefochtenen Urteils vorgelegt werden.

6   e) Eine Berufung kann nicht unter einer Bedingung eingelegt werden (BAG 13. 12. 1995 = NJW 1996, 2533; kritisch *Kornblum* NJW 1997, 922). Unzulässig ist die Berufung unter der Bedingung der Prozeßkostenhilfebewilligung.

7   f) Rechtsmittel können wiederholt eingelegt werden. Ein Rechtsmittelführer kann deshalb bestimmen, ob er eine oder mehrere Berufungen gegen ein arbeitsgerichtliches Urteil einlegen will. Fehlt es an einer ausdrücklichen Erklärung, kommt es auf das prozessuale Verhalten des Rechtsmittelführers an (BAG 17. 10. 1995 AP ZPO § 518 Nr. 66 = NJW 1996, 1365 = NZA 1996, 278). Gehen mehrere Berufungen beim LAG ein, so ist im allgemeinen eine einheitliche Berufung gegeben, wenn diese erst durch Telefax und dann durch Schriftsatz erfolgt.

8   **2. Berufungsfrist.** a) Die Berufungsfrist beträgt einen Monat (Abs. 1 Satz 1). Sie beginnt mit der Zustellung des erstinstanzlichen Urteils in vollständiger Form. Die Fristberechnung richtet sich nach § 222 ZPO, §§ 187, 188 BGB. Fällt das Fristende auf einen Sonnabend, Sonntag oder Feiertag, endet die Frist am nächsten Werktag.

9   b) Ist das Urteil noch nicht in vollständiger Form den Parteien zugestellt, beginnt die Berufungsfrist nach § 516 ZPO mit dem Ablauf von fünf Monaten. Wenn ein Urteil nicht zugestellt worden ist, ist auch eine Rechtsmittelbelehrung nicht zugestellt worden. Nach § 9 Abs. V 4 ist bei unterbliebener Belehrung die Einlegung des Rechtsmittels nur innerhalb eines Jahres seit Zustellung der Entscheidung zulässig. Es läuft also zunächst die Fünfmonatsfrist und dann die Jahresfrist, so daß die Berufung spätestens 17 Monate nach der Verkündung des Urteils eingelegt werden muß (BAG 11. 9. 1984 = NZA 1985, 195; 23. 11. 1994 = NZA 1995, 654; 6. 8. 1997 AP ZPO § 516 Nr. 8).

10 c) Wird innerhalb der Berufungsfrist ein Urteil durch eine nachträgliche Entscheidung ergänzt (§ 321), so beginnt mit der Zustellung der nachträglichen Entscheidung der Lauf der Berufungsfrist auch für die Berufung gegen das zuerst ergangene Urteil von neuem. Wird das Urteil nach § 319 ZPO berichtigt, so beginnt die Berufungsfrist nur dann mit Zustellung des Berichtigungsbeschlusses, wenn erst aus ihm die Voraussetzungen der Berufung ersichtlich sind. Ein Streithelfer kann solange Berufung einlegen, wie die Berufungsfrist noch läuft (BAG 17. 8. 1984 AP ZPO § 67 Nr. 2 = NZA 1985, 68).

11 d) Die Berufung kann am letzten Tag der Berufungsfrist bis 24.00 Uhr eingelegt werden. Zu diesem Zweck stehen Nachtbriefkästen zur Verfügung, die vor und nach 24.00 Uhr eingeworfene Post sortieren. Bei Übermittlung der Berufung durch Telekopie oder Telefax muß der Übermittlungsvorgang bis 24.00 Uhr abgeschlossen sein.

12 **3. Die Berufungsbegründung.** a) Nach § 519 I ZPO ist die Berufung zu begründen. Die Berufungsbegründung kann bereits in der Berufungsschrift oder in einer besonderen Berufungsbegründung erfolgen. Nach § 519 III ZPO muß die Berufungsbegründung enthalten (1) die Erklärung, inwieweit das Urteil angefochten wird und welche Abänderung des Urteils beantragt wird (Berufungsanträge); (2) die bestimmte Bezeichnung der einzelnen anzufechtenden Gründe der Anfechtung (Berufungsgründe) sowie der neuen Tatsachen, Beweismittel und Beweiseinreden, die die Partei zur Rechtfertigung ihrer Berufung anzuführen hat. In der Berufungsbegründung hat sich der Berufungsführer mit den Gründen des anzufechtenden Urteils auseinander zu setzen. Es muß regelmäßig angegeben werden, was der Berufungsführer in dem Urteil für falsch hält. Ist das Urteil bis zum Ablauf der Berufungs- und Berufungsbegründungsfrist noch nicht in vollständiger Form zugestellt, so reicht es als Berufungsbegründung aus, wenn vorgetragen wird, das Urteil sei nach Ablauf der Berufungsbegründungsfrist zugestellt (BAG 13. 9. 1995 AP ArbGG 1979 Nr. 12 = NJW 1996, 1430 = NZA 1996, 446; v. 24. 9. 1996 AP BUrlG § 7 Nr. 22 = NZA 1997, 507). Eine ausreichende Berufungsbegründung liegt aber auch dann vor, wenn sich der Berufungsführer hypothetisch mit den Gründen auseinandersetzt (BAG 13. 9. 1995 AP ArbGG 1979 Nr. 12 = NJW 1996, 1430 = NZA 1996, 446). Sind mehrere aufeinanderfolgende Kündigungen ausgesprochen, so ist es für eine ordnungsgemäße

Berufungsbegründung auch hinsichtlich der weiteren Kündigung ausreichend, wenn der Rechtsmittelführer das Urteil bezüglich der ersten Kündigung mit bestimmt bezeichneten Gründen angreift (BAG 5. 10. 1995 AP ZPO § 519 Nr. 48 = NZA 1996, 651). Ist eine Entscheidung auf zwei voneinander unabhängige selbständig tragende Gründe gestützt, muß zu beiden Begründungen Stellung genommen werden (BGH 13. 11. 1997 NJW 1998, 1081; LAG Hamm 20. 11. 1997 NZA 1998, 613).

b) Die Frist für die Berufungsbegründung beträgt einen Monat. Sie beginnt mit der Einlegung der 13 Berufung (§ 519 I 2 ZPO). Die Berechnung der Berufungsbegründungsfrist richtet sich nach § 222 ZPO iVm. §§ 187, 188 BGB. Wird die Berufung bereits vor der Zustellung des in vollständiger Form abgefaßten Urteils eingelegt, so beginnt die Begründungsfrist gleichwohl zu laufen. Sind mehrere Berufungen eingelegt, beginnt die Begründungsfrist mit der Einlegung der ersten Berufung. Ist die Berufung verspätet eingelegt, dem Berufungskläger aber Wiedereinsetzung in den vorigen Stand gewährt worden, so beginnt die Begründungsfrist gleichwohl mit der Berufungseinlegung. Hat der Berufungskläger die Begründungsfrist versäumt, ist aber die Berufungsfrist noch nicht abgelaufen, weil vor Zustellung des Urteils Berufung eingelegt worden ist, so ist in der verspäteten Berufungsbegründung eine erneute Berufungseinlegung mit gleichzeitiger Berufungsbegründung zu sehen (BAG 13. 9. 1995 AP ArbGG 1979 Nr. 12 = NJW 1996, 1430 = NZA 1996, 446). Der Berufungsführer braucht sich dann nicht mit dem Urteil erster Instanz auseinander zu setzen, wenn die Berufung ausschließlich auf neue Tatsachen gestützt wird.

c) Nach § 519 II 3 ZPO kann die Frist auf Antrag von dem Vorsitzenden verlängert werden, wenn 14 nach seiner freien Überzeugung des Rechtsstreit durch die Verlängerung nicht verzögert wird oder wenn der Berufungskläger erhebliche Gründe darlegt. Eine zweite Verlängerung ist auch dann ausgeschlossen, wenn durch sie eine insgesamt einmonatige Fristverlängerung erreicht würde (BAG 6. 12. 1994 AP ArbGG 1979 Nr. 7 = NJW 1995, 2054 = NZA 1995, 549; BAG 13. 9. 1995 AP ArbGG 1979 § 66 Nr. 12 = NJW 1996, 1430 = NZA 1996, 446). Der Antrag muß innerhalb der Berufungsbegründungsfrist bei Gericht eingehen. Er kann auch noch nach Ablauf der Frist beschieden werden (BAG 8. 6. 1994 AP ZPO 1977 § 233 Nr. 31 = NJW 1995, 548). Ein Prozeßbevollmächtigter kann jedenfalls solange auf eine positive Bescheidung über seinen Antrag auf Verlängerung einer Rechtsmittelbegründungsfrist beim LAG vertrauen, wie im Vergleich zu einer höchstrichterlichen Rechtsprechung nicht eine deutlich restriktive Praxis des LAG in dessen Bezirk bekannt geworden ist (BAG 27. 9. 1994 NJW 1995, 1446 = NZA 1995, 189; auch OLG Karlsruhe 7. 5. 1997 NZA-RR 1998, 31). Trägt ein Prozeßbevollmächtigter in seinem Antrag auf Verlängerung vor, eine ordnungsgemäße Bearbeitung der Sache sei aufgrund einer Vielzahl gleichzeitig ablaufender Fristen nicht möglich, darf der Vorsitzende, sofern nicht besondere Umstände vorliegen, ohne Gewährung des rechtlichen Gehöres von einer Verlängerung der Begründungsfrist nicht mit der Begründung absehen, die Gründe seien nicht nach § 224 II ZPO glaubhaft gemacht (BAG 4. 2. 1984 AP ArbGG 1979 § 66 Nr. 5 = NJW 1995, 150 = NZA 1994, 907).

d) Auch die Berufungsbegründungsschrift kann durch Fernschreiben, Telekopie oder Telefax einge- 15 reicht werden.

III. Berufungsbeantwortung

Nach Abs. 1 Satz 2 muß die Berufung innerhalb einer Frist von einem Monat nach Zustellung der 16 Berufungsfrist beantwortet werden. Der Berufungsbeklagte ist auf diese Frist ausdrücklich hinzuweisen (Abs. 1 Satz 3). Durch die Berufungsbeantwortung soll das Verfahren beschleunigt werden. Die Frist kann durch den Vorsitzenden einmal auf Antrag verlängert werden (Abs. 1 Satz 4). Für die Fristberechnung und die Fristverlängerung gelten die Ausführungen zur Berufungsbegründung entsprechend.

IV. Terminsbestimmung

1. Unverzügliche Terminsbestimmung. Nach Abs. 2 Satz 1 muß unverzüglich Termin zur münd- 17 lichen Verhandlung bestimmt werden. Unverzüglich heißt ohne schuldhaftes Zögern. Eine Terminsbestimmung ist dann entbehrlich, wenn die Berufung unzulässig ist. Bestandsschutzstreitigkeiten sind nach § 64 VIII vorrangig zu terminieren.

2. Ladungs- und Einlassungsfrist. Bei der Terminierung ist die Berufungsbeantwortungsfrist zu 18 beachten sowie Ladungs- und Einlassungsfristen einzuhalten (§§ 217, 274 III ZPO).

V. Wiedereinsetzung in den vorigen Stand

Werden die Berufungsfrist, die Berufungsbegründungsfrist oder die Berufungsbeantwortungsfrist 19 versäumt, so kann unter den Voraussetzungen von § 233 ZPO die Wiedereinsetzung in den vorigen Stand beantragt werden.

VI. Unzulässige Berufung

20 **1. Verwerfung.** Ist die Berufung unstatthaft oder nicht in der gesetzlichen Form und Frist eingelegt und begründet worden, so ist die Berufung als unzulässig zu verwerfen (§ 519 b I ZPO).

21 **2. Entscheidung. a)** Die Entscheidung kann ohne mündliche Verhandlung durch Beschluß ergehen. Die Entscheidung ergeht durch die Kammer und nicht den Vorsitzenden allein. Dem Berufungskläger ist vorab rechtliches Gehör zu gewähren (BAG 15. 8. 1989 AP ZPO 1977 § 233 Nr. 15 = NJW 1990, 2151 = NZA 1990, 537). Gegen den Beschluß des LAG ist nur dann die sofortige Beschwerde gegeben, wenn das LAG sie in den Beschluß wegen der Bedeutung der Rechtssache zugelassen hat (§ 77 I). Die Zulassung kann nicht durch Nichtzulassungsbeschwerde erreicht werden. § 72 a ist nicht entsprechend anzuwenden.

22 **b)** Ist die Berufung durch Urteil als unzulässig verworfen worden, ist die Revision nur unter den Voraussetzungen des § 72 zulässig. Hat das LAG irrtümlich die Revisionsbeschwerde zugelassen, ist davon auszugehen, daß es das prozessual zulässige Rechtsmittel, also die Revison zulassen wollte (BAG 5. 12. 1984 AP ArbGG 1979 Nr. 3 = NZA 1988, 436). Ist in mehreren Schriftsätzen Berufung eingelegt, so kommt eine Verwerfung einer einzelnen Berufung wegen des Grundsatzes der Rechtsmitteleinheit nicht in Betracht.

23 **3. Erneute Einlegung.** Hat das LAG die Berufung als unzulässig verworfen, weil die Begründungsfrist abgelaufen und war das Urteil noch nicht in vollständiger Form zugestellt, so ist eine erneute Berufungseinlegung möglich. Ein rechtskräftiger Verwerfungsbeschluß kann jedoch nachträglich vom LAG nicht geändert werden (BAG 26. 6. 1974 AP ZPO § 519 b ZPO = NJW 1974, 250). Unter Umständen ist die Verfassungsbeschwerde gegeben.

§ 67 Zulassung neuer Angriffs- und Verteidigungsmittel

(1) [1] Neue Angriffs- und Verteidigungsmittel, die im ersten Rechtszug entgegen einer hierfür nach § 56 Abs. 1 Satz 2 Nr. 1 oder § 61 a Abs. 3 oder 4 gesetzten Frist nicht vorgebracht worden sind, sind nur zuzulassen, wenn nach der freien Überzeugung des Landesarbeitsgerichts ihre Zulassung die Erledigung des Rechtsstreits nicht verzögern würde oder wenn die Partei die Verspätung genügend entschuldigt. [2] Der Entschuldigungsgrund ist auf Verlangen des Landesarbeitsgerichts glaubhaft zu machen. [3] Im übrigen gilt § 528 Abs. 2 und 3 der Zivilprozeßordnung entsprechend.

(2) [1] Soweit das Vorbringen neuer Angriffs- und Verteidigungsmittel nach Absatz 1 zulässig ist, sind sie vom Berufungskläger in der Berufungsbegründung, vom Berufungsbeklagten in der Berufungsbeantwortung vorzubringen. [2] Werden sie später vorgebracht, sind sie nur zuzulassen, wenn sie nach der Berufungsbegründung oder der Berufungsbeantwortung entstanden sind oder das verspätete Vorbringen nach der freien Überzeugung des Landesarbeitsgerichts die Erledigung des Rechtsstreits nicht verzögern würde oder nicht auf Verschulden der Partei beruht.

I. Allgemeines

1 Das LAG ist eine zweite Tatsacheninstanz, in der grundsätzlich neue Angriffs- und Verteidigungsmittel bis zum Schluß der mündlichen Verhandlung vorgebracht werden können (§§ 519 III Nr. 2, 523, 296 a ZPO). In § 67 wird diese Möglichkeit im Interesse der Verfahrensbeschleunigung eingeschränkt. Nach Abs. 1 richtet sich, wenn in der ersten Instanz zurückgewiesenes Vorbringen auch in der zweiten Instanz zurückgewiesen werden kann. Abs. 2 bestimmt, wenn das Vorbringen ausgeschlossen werden kann. Die Einschränkung des rechtlichen Gehöres ist verfassungsrechtlich zulässig.

II. Neue Angriffs- und Verteidigungsmittel

2 **1. Angriffs- und Verteidigungsmittel.** Das sind alle tatsächlichen Behauptungen oder deren Bestreiten, die Erhebung von Einwendungen und Einreden sowie das Vorbringen von Beweismitteln und Beweiseinreden (§ 282 I ZPO), ferner Verzicht und Anerkenntnis. Angriffs- und Verteidigungsmittel sind nicht die Klage und Klageerweiterung, die Klageänderung, die Widerklage, die Aufrechnung sowie der Antrag auf Auflösung des Arbeitsverhältnisses. Die Äußerung von Rechtsansichten sind zwar Angriffs- oder Verteidigungsmittel. Das Gericht muß sie jedoch von Amts wegen beurteilen, so daß sie nicht zurückgewiesen werden können.

3 **2. Neue Angriffs- und Verteidigungsmittel.** Neu sind sie, wenn sie in der ersten Instanz nicht vorgetragen worden sind oder wieder fallengelassen worden sind. Zur Beurteilung, ob ein Vorbringen neu ist, ist auf das Urteil der Vorinstanz abzustellen. Die Tatsachen können sich sowohl im Tatbestand wie in den Entscheidungsgründen befinden.

IV. Prozeßförderung in der Berufungsinstanz § 67 ArbGG 60

III. Ausschluß bereits in der ersten Instanz verspäteten Vorbringens

1. Voraussetzungen. Sind entgegen einer in der ersten Instanz nach § 56 I 2 oder § 61 a III oder IV 4
gesetzten Frist Angriffs- oder Verteidigungsmittel nicht vorgebracht worden, so sind sie grundsätzlich nicht zuzulassen. Voraussetzung der Nichtzulassung ist allein die ordnungsgemäße Fristsetzung (§ 56 Rn. 5, 14; § 61 a Rn. 11). Die klärungsbedürftigen Punkte haben genau bezeichnet werden müssen. Die Belehrung muß über die Rechtsfolgen bei Fristversäumnis erfolgt sein. Vor der Zurückweisung ist rechtliches Gehör zu erteilen. Auf Verlangen sind Entschuldigungsgründe glaubhaft zu machen. Das Berufungsgericht hat keinen Ermessensspielraum. Es hat zurückzuweisen.

2. Verzögerung des Rechtsstreits. a) Die Zurückweisung darf nicht erfolgen, wenn nach der freien 5
Überzeugung des LAG die Zulassung die Erledigung des Rechtsstreites nicht verzögern würde (BAG 5. 7. 1978 AP BAT 1975 §§ 22, 23 Nr. 7). Eine Verzögerung des Rechtsstreits ist immer dann gegeben, wenn dieser durch die Zulassung länger dauern würde als bei Zurückweisung. Die Verzögerung muß durch die Zulassung verursacht sein.

b) Eine Verzögerung ist dann nicht kausal, wenn sie durch prozeßleitende Verfügungen vermieden 6
werden kann. Das Gericht hat die streitige Verhandlung vorzubereiten, also Auskünfte einzuholen, Zeugen zu laden (BAG 23. 11. 1988 AP TVG § 1 Tarifverträge-Bau Nr. 104 = NJW 1989, 1236 = NZA 1989, 436). Andererseits ist das Gericht nicht gezwungen, Eilanordnungen zu treffen. Eine Verzögerung ist immer dann gegeben, wenn eine Vertagung notwendig wird.

3. Zurückweisung nach Abs. 1 iVm. § 528 II, III ZPO. a) Nach I 3 iVm. § 528 II ZPO dürfen 7
Angriffs- oder Verteidigungsmittel, die in der ersten Instanz entgegen der allgemeinen Prozeßförderungspflicht (§ 282 ZPO) nicht rechtzeitig vorgetragen worden sind, in der Berufungsinstanz nur zugelassen werden, wenn ihre Zulassung nach der freien Überzeugung des Gerichtes die Erledigung des Rechtsstreits nicht verzögern würde oder die Partei das Vorbringen in der ersten Instanz nicht aus grober Nachlässigkeit unterlassen hat. Rügen, die die Zulässigkeit der Klage betreffen, müssen nach § 282 III ZPO bereits in der ersten Instanz vorgebracht werden. Auch insoweit ist die Zurückweisung zwingend. Ein Ermessensspielraum hat das LAG nicht. Ein in der Berufungsinstanz gestellter Beweisantrag ist nicht deshalb verspätet, weil die Partei in der ersten Instanz der vom Gegner beantragten urkundenbeweislichen Verwertung der Akten über die Beweisaufnahme eines anderen Verfahrens zugestimmt und deshalb den Beweisantrag unterlassen hat (BAG 12. 10. 1989 AP BGB § 611 Haftung des Arbeitnehmers Nr. 97 = NJW 1990, 468 = NZA 1990, 97). Eine grobe Nachlässigkeit ist dann gegeben, wenn eine Partei in besonders schwerwiegender Weise die Prozeßförderungspflicht verletzt; wenn sie ein solches Verhalten an den Tag gelegt hat, was von jeder Partei erwartet werden kann. Eine grobe Nachlässigkeit scheidet aus, wenn das Gericht selbst Prozeßfehler begangen hat. Dies kann der Fall sein, wenn nicht hinreichend von der richterlichen Fragepflicht Gebrauch gemacht worden ist. Die Partei muß sich ein Verschulden ihres Prozeßbevollmächtigten zurechnen lassen.

b) Nach Abs. 1 Satz 3 iVm. § 528 III ZPO bleiben Angriffs- und Verteidigungsmittel, die das ArbG 8
zu Recht ausgeschlossen hat, in der Berufungsinstanz ausgeschlossen. Das Berufungsgericht hat jedoch zu überprüfen, ob das ArbG das Vorbringen zu Recht ausgeschlossen hat. Es hat zu überprüfen, ob das ArbG zu Recht Verzögerung angenommen hat, diese hätte vermieden werden können und ob die Partei die Verzögerung hinreichend entschuldigt hat. Die Entschuldigung kann jedoch nicht in zweiter Instanz nachgeholt werden. Eine Entschuldigung ist in der Berufungsinstanz nur dann möglich, wenn die Entschuldigung in der früheren Instanz schuldlos unterblieben ist. Hat das ArbG zu Unrecht Vorbringen als verspätet zurückgewiesen, so ist es in der Berufungsinstanz unter den Voraussetzungen von Abs. 2 zuzulassen. Hat das ArbG dagegen zu Unrecht verspätetes Vorbringen zugelassen, so ist das Berufungsgericht daran gebunden, weil die Verzögerung des Rechtsstreits in der Berufungsinstanz nicht beseitigt werden kann.

c) Eine Zurückweisung kann erfolgen, wenn das ArbG Parteivortrag unberücksichtigt gelassen hat, 9
weil es ihn nicht für schlüssig angesehen hat oder weil es erst nach Schluß der mündlichen Verhandlung zum Gericht gelangt ist.

IV. Prozeßförderung in der Berufungsinstanz

1. Zulässiges Vorbringen. Soweit das Vorbringen neuer Angriffs- oder Verteidigungsmittel nach 10
Abs. 1 zulässig ist, sind sie vom Berufungskläger in der Berufungsbegründung, vom Berufungsbeklagten in der Berufungsbeantwortung vorzubringen (Abs. 2 Satz 1). Werden sie später vorgebracht, sind sie nur zuzulassen, wenn sie nach der Berufungsbegründung oder der Berufungsbeantwortung entstanden sind oder das verspätete Vorbringen nach der freien Überzeugung des LAG die Erledigung des Rechtsstreits nicht verzögern würde oder nicht auf Verschulden der Partei beruht. Abs. 2 Satz 2 enthält zwingendes Recht. Ein Ermessensspielraum besteht nicht. Einer Fristsetzung durch das Berufungsgericht bedarf es nicht, da durch die Fristen von § 66 die erforderlichen Fristen für die Berufungsbegründung und Berufungsbeantwortung laufen (BAG 5. 9. 1985 AP TVG § 4 Besitzstand

Nr. 1 = NZA 1986, 472). Die Rechtsfolgen der Nichteinhaltung der Berufungsbeantwortungsfrist richten sich allein nach § 66 I 2 (LAG Berlin 14. 7. 1998 NZA 1998, 167).

11   **2. Zulassung verspäteten Vorbringens. a)** Verspätetes Vorbringen ist zuzulassen, wenn es erst nach Ablauf der Berufungsbegründungsfrist oder der Berufungsbeantwortungsfrist entstanden ist. Nach Ablauf der Frist entstanden sind auch solche Angriffs- und Verteidigungungmittel, die sich aus der Ausübung eines Gestaltungsrechtes ergeben, also zB der Anfechtung oder der Aufrechnung. Unerheblich ist, ob die Partei das Gestaltungsrecht auch früher hätte ausüben können.

12   **b)** Früher entstandene Angriffs- oder Verteidigungsmittel sind dann zu berücksichtigen, wenn sie nach der freien Überzeugung des LAG die Erledigung des Rechtsstreits nicht verzögern würde oder nicht auf Verschulden der Partei beruht. Das Gericht hat zumutbare prozeßleitende Verfügungen zu treffen, also zB die erforderlichen Zeugen zu laden (BAG 23. 11. 1988 AP TVG § 1 Tarifverträge-Bau = NJW 1989, 1236 = NZA 1989, 436) oder die Parteien darauf hinzuweisen, notfalls die Zeugen zum Termin zu stellen (BAG 22. 1. 1987 – 2 AZR 63/66 – JurCD). Eine Verzögerung tritt nicht ein, wenn der Zeuge zum Termin bestellt wird.

13   **c)** Frühere Angriffs- oder Verteidigungsmittel sind auch dann zuzulassen, wenn das verspätete Vorbringen nicht auf Verschulden einer Partei beruht. Nicht erforderlich ist grobe Nachlässigkeit. Es genügt jedes Verschulden. Die Partei muß sich ein Verschulden ihres Prozeßbevollmächtigten zurechnen lassen (§ 85 II ZPO). Der Antrag auf Auflösung des Arbeitsverhältnisses kann nach § 9 I Satz 3 KSchG bis zum Schluß der mündlichen Verhandlung gestellt werden.

14   **3. Überprüfung der Zurückweisung.** Ist die Revision zulässig, so hat das Revisionsgericht zu überprüfen, ob das LAG Vorbringen zu Recht zurückgewiesen hat. Dagegen kann mit der Revision nicht angegriffen werden, das LAG habe Angriffs- und Verteidigungsmittel zu Unrecht zugelassen. Eine einmal eingetretene Verzögerung kann nicht wieder beseitigt werden (BVerfG 26. 1. 1995 AP ArbGG § 67 Nr. 3 = NJW 1995, 2980; BAG 31. 10. 1984 TVAL II § 42 Nr. 3; BAG 20. 4. 1983 AP TVAL II § 21 Nr. 2). Hat das LAG verspätetes Vorbringen zugelassen, so hat das BAG das zugelassene Sachvorbringen bei der Entscheidung zu berücksichtigen.

§ 67 a. *(aufgehoben)*

§ 68 Zurückverweisung

Wegen eines Mangels im Verfahren des Arbeitsgerichts ist die Zurückverweisung unzulässig.

I. Allgemeines

1   **1. Urteilsverfahren.** Nach §§ 538, 539 ZPO können die Berufungsgerichte der ordentlichen Gerichte in Ausnahmefällen die Sache in die erste Instanz zurückverweisen. Diese Möglichkeit ist in der Arbeitsgerichtsbarkeit weitgehend ausgeschlossen. Nach § 68 ZPO ist wegen eines Mangels im Verfahren des ArbG eine Zurückverweisung nicht möglich. Eine Zurückverweisung kommt nach § 64 VI 1 iVm. § 538 ZPO nur insoweit in Betracht, als es die Zurückverweisung vorsieht, wenn das ArbG nicht in der Sache selbst, nicht abschließend oder nicht aufgrund einer streitigen Verhandlung entschieden hat. Die Zurückverweisung nach § 538 ZPO ist durch § 68 nicht ausgeschlossen (BAG 30. 5. 1963 AP Internationales Privatrecht, Arbeitsrecht Nr. 7 mwN). Jedoch prüft das Berufungsgericht nicht, ob der beschrittene Rechtsweg und die Verfahrensart zulässig ist (§ 65 Rn. 2 ff.).

2   **2. Beschluß- und Beschwerdeverfahren.** Für das Beschlußverfahren ist in § 91 I 2 eine besondere Regelung vorhanden, die § 68 vorgeht. Im Beschwerdeverfahren ist nach § 78 ebenfalls § 68 ausgeschlossen.

II. Ausschluß der Zurückverweisung

3   **1. Grundsatz.** Wegen des für das Arbeitsgerichtserfahren geltenden Beschleunigungsgebotes ist die Zurückverweisung wegen eines Verfahrensmangels grundsätzlich ausgeschlossen. Dies gilt auch bei schwersten Verfahrensverstößen oder Grundrechtsverletzungen wie zB dem Gebot des gesetzlichen Richters (Art. 101 I GG) oder des rechtlichen Gehöres (Art. 103 I GG; vgl. BAG 25. 2. 1988 RzK I 5 c Nr. 26). Auch im Falle des Fehlens von Entscheidungsgründen wegen unterlassener oder verspäteter Urteilsabsetzung kommt eine Zurückverweisung nicht in Betracht (BAG 24. 4. 1996 AP ArbGG 1979 § 68 Nr. 2 = NJW 1996, 3430; 24. 2. 1982 AP ArbGG 1979 § 68 Nr. 1 = NJW 1982, 2792; LAG Nürnberg 3. 9. 1993 NZA 1993, 1152; *Keil* NZA 1995, 819). Da eine Zurückverweisung nicht in Betracht kommt, soll das LAG eine Zeugenvernehmung frei würdigen können, ohne diesen erneut zu vernehmen (LAG Hessen 30. 5. 1995 NZA-RR 1996, 168).

II. Ausschluß der Zurückverweisung

2. Ausnahmen vom Zurückverweisungsverbot. Ausnahmsweise kommt eine Zurückverweisung 4 in Betracht, wenn das ArbG einen Verfahrensverstoß begangen hat, der in der Berufungsinstanz nicht mehr korrigiert werden kann. Ein derartiger Verfahrensmangel wird angenommen, wenn das ArbG über den Antrag auf nachträgliche Zulassung einer Kündigungsschutzklage (§ 4 KSchG) oder wegen Befristung eines Rechtsstreits (§ 1 V BeschFG) nicht entschieden hat. Dies kann der Fall sein, weil das ArbG den Antrag übersehen hat, aber auch weil es eine Verspätung nicht angenommen hat. In diesen Fällen kann das Berufungsgericht den gesamten Rechtsstreit in die erste Instanz zurückverweisen, auch wenn der Antrag auf nachträgliche Zulassung erst in der zweiten Instanz gestellt wird (LAG Nürnberg 19. 9. 1995 – NZA 1996, 503). Ferner wird eine Zurückverweisung bejaht, wenn der Arbeitnehmer bei einer innerhalb von drei Wochen erhobenen Kündigungsschutzklage nach § 6 KSchG unterlassen hat, in der ersten Instanz den erforderlichen Zulassungsantrag zu stellen und er vom ArbG auch nicht darauf hingewiesen worden ist (BAG 30. 11. 1961 AP KSchG § 5 Nr. 3 = NJW 1962, 1587). Zulässig ist eine Zurückverweisung, wenn statt eines beantragten Versäumnisurteils durch streitiges Endurteil entschieden wird (LAG Rheinl. Pfalz 4. 3. 1997 NZA 1997, 1071). Dagegen kommt eine Zurückverweisung nicht in Betracht, wenn das ArbG ein Teilurteil erlassen hat und nicht erkennbar ist, über welchen Teil das ArbG überhaupt entschieden hat. Insoweit muß das LAG den nicht entschiedenen Teil an sich ziehen (BAG 12. 8. 1993 BMT-G II SR 2a = NZA 1994, 133). Eine Zurückverweisung wird zugelassen, wenn gegen ein unzulässiges Teilurteil Berufung eingelegt wird (LAG Rheinland Pfalz 10. 7. 1997 NZA 1998, 903) oder das ArbG über eine Kündigung im Wege des Teilurteils entschieden hat, ohne vorhergehende Beendigungstatbestände zu bescheiden (LAGE Düsseldorf 28. 2. 1997 § 4 KSchG).

3. Notwendige Zurückverweisung. a) Nach § 538 I Nr. 1 bis 5 ZPO ist die Zurückverweisung in 5 Fällen notwendig, in denen das Erstgericht nicht zur Sache entschieden hat. Dies ist der Fall, wenn der Einspruch gegen ein Versäumnisurteil nach § 341 ZPO als unzulässig verworfen wurde (Nr. 1), das ArbG lediglich über die Zulässigkeit der Klage (LAG Sachsen 24. 1. 1996 AuA 1996, 316) entschieden hat (Nr. 2) oder wenn das angefochtene Urteil nur ein Versäumnisurteil ist (Nr. 5). Die Zurückverweisung ist jedoch nicht möglich, wenn das ArbG durch Zwischenurteil lediglich über die Zulässigkeit der Klage entschieden hat (§ 280 ZPO). Wird das Zwischenurteil bestätigt, muß das ArbG in der Hauptsache entscheiden. Ist die Klage unzulässig, wird der Rechtsstreit insgesamt erledigt.

b) § 538 I Nr. 2 wird entsprechend angewandt, wenn das ArbG die Fortsetzung des Rechtsstreites 6 ablehnt, weil es einen Prozeßvergleich als wirksam ansieht (BAG 18. 7. 1969 AP ZPO § 794 Nr. 17). Das gleiche gilt, wenn das ArbG zu Unrecht eine Erledigung der Hauptsache annimt (LAG *Hamm* 24. 11. 1998 DB 1999, 491). Ebenfalls wird eine Zurückverweisung als zulässig angesehen, wenn das ArbG zu Unrecht mangels Feststellungsinteresse die Klage als unzulässig abgewiesen hat (BAG 28. 11. 1963 AP ArbGG 1953 § 2 Zuständigkeitsprüfung Nr. 25). Dagegen kommt eine Zurückverweisung nicht in Betracht, weil das ArbG wegen Versäumung der Klagefrist eine Bestandsschutzklage abweist (§ 4 KSchG, § 1 V BeschFG). In diesen Fällen hat das ArbG die Klage als unbegründet abgewiesen, also zur Sache erkannt.

c) § 538 I Nr. 3 ZPO ist für das arbeitsgerichtliche Verfahren ohne Bedeutung. Ein über den 7 Grund erkennendes Zwischenurteil nach § 61 III ist nicht als Endurteil anzusehen. Wird gleichwohl gegen ein Grundurteil Berufung eingelegt, ist diese als unzulässig zu verwerfen. Bei einer Stufenklage auf Rechnungslegung und -zahlung kann das ArbG den Anspruch auf Rechnungslegung verneinen, das Berufungsgericht jedoch bejahen. In diesen Fällen kann das Berufungsgericht den Auskunftsanspruch zuerkennen und im übrigen wegen des Zahlungsanspruches an das ArbG zurückverweisen (LAG Köln 11. 8. 1992 NZA 1993, 864; *Germelmann/Matthes/Prütting* § 68 Rn. 18; *Hauck* § 69 Nr. 7).

d) § 538 I Nr. 4 kommt im arbeitsgerichtlichen Verfahren nicht vor, da ein Urkunden- und Wech- 8 selprozeß nicht stattfindet.

e) § 538 I Nr. 5 kommt im arbeitsgerichtlichen Verfahren vor, wenn ein Versäumnisurteil nach 9 § 513 II aufgehoben wird, weil ein Fall der Säumnis nicht vorgelegen hat. Entsprechendes gilt bei Aufhebung eines Anerkenntnisurteils, weil ein Anerkenntnis nicht vorlag (GK-ArbGG/*Stahlhacke* § 68 Rn. 23).

4. Eigene Sachentscheidung bei notwendiger Zurückverweisung. Auch in den Fällen der not- 10 wendigen Zurückverweisung kann das LAG nach seinem Ermessen in der Sache selbst entscheiden (§ 64 VI 1 iVm. § 540 ZPO), wenn es dies für sachdienlich hält. Voraussetzung ist, daß ein Prozeßfehler in der Berufungsinstanz korrigiert werden kann. Ferner ist die Beschleunigung des Verfahrens und etwaige Sachaufklärungen gegeneinander abzuwägen. Entscheidet das LAG in der Sache selbst, ist das Urteil des ArbG abzuändern (vgl. § 536 ZPO), nach anderer Ansicht aufzuheben.

§ 69 Urteil

(1) ¹Das Urteil nebst Tatbestand und Entscheidungsgründen ist von sämtlichen Mitgliedern der Kammer zu unterschreiben. ²§ 60 Abs. 1 bis 3 und Abs. 4 Satz 2 bis 4 ist entsprechend mit der Maßgabe anzuwenden, daß die Frist nach Absatz 4 Satz 3 vier Wochen beträgt und im Falle des Absatzes 4 Satz 4 Tatbestand und Entscheidungsgründe von sämtlichen Mitgliedern der Kammer zu unterschreiben sind.

(2) *(aufgehoben)*

I. Allgemeines

1   In Satz 2 wird im wesentlichen auf erstinstanzliche Bestimmungen zur Verkündung des Urteils verwiesen. In Satz 1 sind die wesentlichen Besonderheiten des Urteils des LAG gegenüber dem des ArbG geregelt. Wegen des Beschlußverfahrens ist in § 91 II 2 auf Abs. 1 Satz 2 verwiesen.

II. Form und Inhalt des Urteils

2   **1. Unterzeichnung. a)** Das Urteil nebst Tatbestand und Entscheidungsgründen ist von sämtlichen Mitgliedern der Kammer zu unterzeichnen, die an der Entscheidung mitgewirkt haben. In Abweichung vom Urteil erster Instanz unterschreiben die ehrenamtlichen Richter auch Tatbestand und Entscheidungsgründe. Wird von der Kammer gefälltes Urteil ohne Zustimmung der ehrenamtlichen Richter verkündet, so ist die Urteilsformel von dem Vorsitzenden und den ehrenamtlichen Richtern zu unterschreiben (Satz 2 iVm. § 60 III). Die Unterzeichnung erfolgt mit dem vollen Familiennamen; die Unterschrift muß noch Schriftzüge erkennen lassen. Ist die Unterschrift unterblieben, so kann sie auch noch nach Einlegung eines Rechtsmittels nachgeholt werden. Jedoch muß mangels einer wirksamen Zustellung diese erneut erfolgen.

3   **b)** Im Falle der Verhinderung eines Richters an der Unterschrift aus triftigen Gründen tatsächlicher oder rechtlicher Art unterschreibt für den ehrenamtlichen Richter der Vorsitzende, im Falle der Verhinderung des Vorsitzenden der dienstälteste ehrenamtliche Richter, der an der Entscheidung mitgewirkt hat (§§ 64 VI iVm. §§ 523, 315 I 2 ZPO). Der Verhinderungsgrund ist anzugeben. Als Verhinderungsgrund anerkannt sind eine längere Erkrankung des Richters, längerfristige berufliche örtliche Abwesenheit oder Ausscheiden aus dem Amt aufgrund Tod, Versetzung in den Ruhestand, Versetzung an ein anderes Gericht, Ablauf der Amtszeit. Ist der Vorsitzende auf Dauer verhindert, das Urteil abzusetzen, zB wegen Todes, müssen die ehrenamtlichen Richter das Urteil absetzen.

4   **c)** Die Unterschrift kann von keinem Richter verweigert werden, weil er zB überstimmt worden ist oder mit Teilen der Entscheidungsgründe nicht einverstanden ist. In diesen Fällen ist über Tatbestand und Entscheidungsgründe erneut zu beraten und abzustimmen. Der überstimmte Richter muß alsdann unterschreiben.

5   **2. Inhalt des Urteils. a)** Für das Berufungsurteil gilt nach § 64 VI iVm. § 523 ZPO die Vorschrift des § 313 ZPO. Danach enthält auch das Berufungsurteil ein Rubrum, die Urteilsformel, Tatbestand und Entscheidungsgründe sowie einen Ausspruch darüber, ob ein Rechtsmittel zugelassen oder nicht zugelassen wird. Ein Verzicht auf Tatbestand und Entscheidungsgründe nach § 313a ZPO mit der Kostenprivilegierung nach Nr. 9125 des Gebührenverzeichnisses ist nur zulässig, wenn ein Rechtsmittel gegen das Urteil unzweifelhaft nicht eingelegt werden kann. Wegen der Möglichkeit der Nichtzulassungsbeschwerde kommt das nur in Betracht, wenn die Parteien auf das Rechtsmittel verzichten.

6   **b)** Nach § 543 ZPO kann von der Darstellung des Tatbestandes nur abgesehen werden, wenn gegen das Urteil des LAG die Revision nicht stattfindet (BAG 14. 9. 1994 AP TVG § 1 Tarifverträge Apotheke Nr. 2 = NZA 1995, 537). Hat das BAG auf Nichtzulassungsbeschwerde die Revision zugelassen, ist auf die Revision das Berufungsurteil aufzuheben und die Sache zurückzuweisen. Jedoch besteht nach § 543 II 2 ZPO die Möglichkeit, auf das angefochtene Urteil, Schriftsätze, Protokolle und andere Unterlagen Bezug zu nehmen, so daß sich eindeutig ergibt, von welchem Sachverhalt das LAG ausgegangen ist (BAG 7. 12. 1988 AP § 543 ZPO 1977 Nr. 8 = NJW 1989, 1627 = NZA 1989, 527). Ist die Revision statthaft, darf das LAG den Tatbestand in aller Regel nicht völlig durch Bezugnahme ersetzen, da damit nur der erstinstanzliche Streitgegenstand dargestellt ist und nicht seine weitere Entwicklung (BAG 28. 5. 1997 BB 1997, 1740). Der Tatbestand erster Instanz kommt ersetzend nur in Betracht, wenn er unstreitig und keine neuen Tatsachen in der zweiten Instanz mehr vorgetragen worden sind. Im allgemeinen wird dies nur möglich sein, wenn lediglich eine Rechtsfrage zur Entscheidung steht. Eine Bezugnahme ist unzureichend, wenn der Tatbestand erster Instanz selbst unklar oder widersprüchlich ist.

7   **c)** Von der Darstellung der Entscheidungsgründe kann das LAG nach § 543 I ZPO absehen, wenn das Berufungsgericht den Gründen der angefochtenen Entscheidung folgt und dies in seinem Urteil feststellt.

d) In § 64 VII ist schließlich auf § 61 II wegen der Verpflichtung zur Vornahme einer Handlung und Abs. 3 wegen des Grundurteils verwiesen. **8**

3. Abfassung des Urteils. a) Wegen der Abfassung des Urteils wird die Frist auf vier Wochen verlängert, da das Urteil zur Unterzeichnung durch die ehrenamtlichen Richter versandt werden muß. Die Verletzung der Frist ist jedoch ein bloßer Ordnungsverstoß, der im allgemeinen ohne Rechtsfolgen bleibt (BAG 7. 12. 1983 AP BAT 1975 §§ 22, 23 Nr. 82). **9**

b) Wird das Urteil des LAG nicht innerhalb von fünf Monaten nach seiner Verkündung schriftlich niedergelegt und von den Richtern unterschrieben der Geschäftsstelle übergeben, ist das Urteil als nicht mit Gründen versehen anzusehen (GemS AP ZPO § 551 Nr. 21 = NJW 1993, 2603 = NZA 1993, 374). In einem solchen Fall wird auf Rüge das Urteil aufgehoben und der Rechtsstreit zur erneuten Verhandlung zurückverwiesen. Eine Nichtzulassungsbeschwerde kann auf die Fristüberschreitung nicht gestützt werden (BAG 20. 9. 1993 AP ArbGG 1979 § 72 a Nr. 28 = NJW 1994, 751 = NZA 1993, 1151; 13. 12. 1995 AP ArbGG 1979 § 72 a Nr. 36 = NJW 1996, 2533 = NZA 1996, 554). Haben gegen ein Berufungsurteil beide Parteien Revision eingelegt, erhebt aber nur eine Partei die Verfahrensrüge der verspäteten Urteilsabsetzung, so ist zumindest dann das Berufungsurteil insgesamt aufzuheben und der Rechtsstreit zurückzuverweisen, wenn die Revision beider Parteien unterschiedliche Sachverhalte und Streitgegenstände betrifft (BAG 15. 11. 1995 AP ZPO § 551 Nr. 34 = NJW 1996, 277 = NZA 1996, 277). Die Kosten sind wegen des offensichtlichen Verstoßes niederzuschlagen (BAG 18. 10. 1994 AP GKG § 8 Nr. 2 = NZA 1995, 807). **10**

§ 70 Ausschluß der Beschwerde

¹ Gegen Beschlüsse und Verfügungen des Landesarbeitsgerichts oder seines Vorsitzenden findet außer im Falle der Verwerfung des Einspruchs nach § 341 Abs. 2 der Zivilprozeßordnung und im Falle der Verwerfung der Berufung nach § 519b Abs. 2 der Zivilprozeßordnung sowie in den Fällen des § 17a Abs. 2 und 3 des Gerichtsverfassungsgesetzes kein Rechtsmittel statt. ² Das gleiche gilt für die Entscheidung des Landesarbeitsgerichts über den Kostenpunkt, wenn die Hauptsache durch Anerkenntnisurteil erledigt ist.

I. Allgemeines

Gegen Beschlüsse und Verfügungen des LAG oder seines Vorsitzenden findet grundsätzlich ein Rechtsmittel nicht statt. Hiervon enthält die Norm einige Ausnahmen. Der Grundsatz gilt nach hM auch dann, wenn der Beschluß unter Verletzung wesentlicher Verfahrensvorschriften, zB der Verletzung des rechtlichen Gehöres zustande gekommen ist. **1**

II. Ausnahmen vom Ausschluß der Beschwerde

1. Ausnahmetatbestände. Der Grundsatz der Unanfechtbarkeit von Beschlüssen und Verfügungen des LAG und seiner Vorsitzenden gilt nicht, (1) im Falle der Verwerfung des Einspruches nach § 341 II ZPO, (2) im Falle der Verwerfung der Berufung nach § 519b II ZPO, (3) in den Fällen des § 17a II und III GVG, (4) bei Entscheidungen des LAG über den Kostenpunkt, wenn die Hauptsache durch Anerkenntnisurteil erledigt ist. **2**

2. Verwerfung des Einspruches. Bei Verwerfung eines Einspruches ist die sofortige Beschwerde nach § 64 VI iVm. § 542 II, § 341 I, II ZPO nur statthaft, wenn gegen ein Urteil gleichen Inhalts die Berufung möglich wäre (§ 341 II 2 ZPO). Das ist dann der Fall, wenn das LAG die sofortige Beschwerde wegen grundsätzlicher Bedeutung der Rechtssache zugelassen hat (vgl. BAG 1. 2. 1978 AP ArbGG 1953 Nr. 3 = NJW 1978, 2215). **3**

3. Verwerfung der Berufung. Im Falle der Verwerfung der Berufung nach § 66 II iVm. § 519 I ZPO kann gegen den Beschluß sofortige Beschwerde eingelegt werden, wenn gegen das Urteil gleichen Inhalts die Revision zulässig wäre und das LAG gemäß § 77 I die sofortige Beschwerde wegen der Bedeutung der Rechtssache zugelassen hat. **4**

4. Zulässigkeit des Rechtsweges. Nach § 17a II, III GVG ist die sofortige Beschwerde statthaft (§ 17a IV 3 GVG), wenn das LAG sie in dem Beschluß zugelassen hat. Die Beschwerde ist zuzulassen, wenn die Rechtsfrage grundsätzliche Bedeutung hat oder das LAG von der Entscheidung eines obersten Gerichtshofes des Bundes oder des Gemeinsamen Senates abweicht (§ 17a IV 5 GVG). Läßt das LAG die Beschwerde zu, ist die Entscheidung für das BAG bindend. Läßt das LAG nicht zu, ist eine Nichtzulassungsbeschwerde nicht gegeben (BAG 7. 1. 1980 ArbGG 1979 § 78 Nr. 1). Ferner ist die sofortige Beschwerde dann zulässig, wenn das LAG die Wiedereinsetzung gegen die Versäumung der Berufungs- oder Berufungsbegründungsfrist ohne mündliche Verhandlung ablehnt. **5**

60 ArbGG §§ 71, 72

6 **5. Sonstige gesetzliche Ausnahmen.** Eine sofortige Beschwerde gegen Entscheidungen der LAG ist ferner zulässig, (1) gegen Zwischenurteile, in denen über den Antrag auf Zurückweisung einer Nebenintervention (§ 71 II ZPO), (2) die Rechtmäßigkeit einer Zeugnisverweigerung nach § 387 III ZPO, (3) über die Rückgabe von Urkunden unter Anwälten nach § 135 III ZPO entschieden wird.

7 **6. Greifbare Gesetzwidrigkeit. a)** Umstritten ist, ob eine sofortige Beschwerde wegen greifbarer Gesetzwidrigkeit zuzulassen ist. Im ArbGG ist eine sofortige Beschwerde nicht vorgesehen. Vielmehr kommt allein eine Verfassungsbeschwerde in Betracht, wenn deren Voraussetzungen gegeben sind. Eine außerordentliche sofortige Beschwerde wegen greifbarer Gesetzwidrigkeit der angefochtenen Entscheidung bleibt auf wirkliche Ausnahmefälle krassen Unrechts beschränkt (BAG 21. 4. 1998 AP ArbGG 1979 § 78 Nr. 5 = NZA 1998, 1357).

8 **b)** Sofern das LAG an seine Entscheidung nicht gebunden ist, kann eine Gegenvorstellung gegeben sein. Gegebenenfalls kann auch eine an das BAG gerichtete sofortige Beschwerde als Gegenvorstellung ausgelegt werden. Ist dagegen das LAG an seine Entscheidung gebunden, ist eine Gegenvorstellung unzulässig.

III. Entscheidung über die sofortige Beschwerde

9 Ist die sofortige Beschwerde gegen eine Entscheidung des LAG statthaft, so entscheidet über sie das BAG. Ist sie dagegen unstatthaft (Rn. 1, 2), so soll das LAG sie selbst verwerfen können, wenn sie beim LAG eingelegt wird. In den übrigen Fällen entscheidet das BAG.

§ 71. *(weggefallen)*

Dritter Unterabschnitt. Revisionsverfahren

§ 72 Grundsatz

(1) Gegen das Endurteil eines Landesarbeitsgerichts findet die Revision an das Bundesarbeitsgericht statt, wenn sie in dem Urteil des Landesarbeitsgerichts oder in dem Beschluß des Bundesarbeitsgericht nach § 72 a Abs. 5 Satz 2 zugelassen worden ist. § 64 Abs. 3 a ist entsprechend anzuwenden.

(2) Die Revision ist zuzulassen, wenn
1. die Rechtssache grundsätzliche Bedeutung hat oder
2. das Urteil von einer Entscheidung des Bundesverfassungsgerichts, von einer Entscheidung des Gemeinsamen Senats der obersten Gerichtshöfe des Bundes, von einer Entscheidung des Bundesarbeitsgerichts, oder, solange eine Entscheidung des Bundesarbeitsgerichts in der Rechtsfrage nicht ergangen ist, von einer Entscheidung einer anderen Kammer desselben Landesarbeitsgerichts oder eines anderen Landesarbeitsgerichts abweicht und die Entscheidung auf dieser Abweichung beruht.

(3) Das Bundesarbeitsgericht ist an die Zulassung der Revision durch das Landesarbeitsgericht gebunden.

(4) Gegen Urteile, durch die über die Anordnung, Abänderung oder Aufhebung eines Arrestes oder einer einstweiligen Verfügung entschieden wird, ist die Revision nicht zulässig.

(5) Für das Verfahren vor dem Bundesarbeitsgericht gelten, soweit dieses Gesetz nichts anderes bestimmt, die Vorschriften der Zivilprozeßordnung über die Revision mit Ausnahme des § 566 a entsprechend.

(6) Die Vorschriften des § 49 Abs. 1, der §§ 50, 52 und 53, des § 57 Abs. 2, des § 61 Abs. 2 und des § 63 über Ablehnung von Gerichtspersonen, Zustellung, Öffentlichkeit, Befugnisse des Vorsitzenden und der ehrenamtlichen Richter, gütliche Erledigung des Rechtsstreits sowie Inhalt des Urteils und Übersendung von Urteilen in Tarifvertragssachen gelten entsprechend.

I. Allgemeines

1 In §§ 72 bis 77 ist das Revisionsverfahren im arbeitsgerichtlichen Verfahren geregelt. Soweit in diesen Vorschriften keine Sondernormen enthalten sind, finden für das Verfahren vor dem BAG die Vorschriften der ZPO über die Revision mit Ausnahme des § 566 a ZPO entsprechende Anwendung (Abs. 6). Im übrigen gelten für das Verfahren vor dem BAG die in Abs. 7 aufgezählten Normen.

2 Wegen der Eigenheiten des Revisionsverfahrens sind die §§ 545 bis 547, 549, 554 b, 555, 557 a, 560, 562, 566 a ZPO nicht anzuwenden. Insoweit gelten §§ 72, 72 a, 73 bis 75 und 76.

II. Zulässigkeit der Revision

1. Statthaftigkeit. Die Revision zum BAG ist nur statthaft, wenn das LAG sie im Urteil zugelassen 3 hat oder sie vom BAG auf Nichtzulassungsbeschwerde zugelassen worden ist. Ferner ist die Sprungrevision statthaft, wenn sie vom ArbG gegen sein Urteil zugelassen worden ist. Nicht anzuwenden sind die Vorschriften der §§ 547 ZPO oder 554 b ZPO über die Ablehnung der Annahme der Revision (BAG 10. 12. 1986 AP ZPO § 566 Nr. 3). Ist die Revision statthaft und zulässig eingelegt, so hat sie Suspensiveffekt, weil sie den Eintritt der formellen Rechtskraft hindert und Devolutiveffekt, weil sie die Sache in die höhere Instanz bringt.

2. Revisible Entscheidungen. a) Die Revision findet gegen Endurteile der LAG statt. Endurteile 4 sind alle Entscheidungen, die den Rechtsstreit für die Instanz ganz oder teilweise erledigen. Endurteile der LAG sind Vollurteile (§ 300 ZPO), Teilendurteile (§ 301 ZPO), Ergänzungsurteile (§ 321 ZPO), Vorbehaltsurteile (§ 302 ZPO), unechte Versäumnisurteile, Zwischenurteile nach § 280 II ZPO (BAG 17. 10. 1990 AP ArbGG 1979 § 5 Nr. 9 = NZA 1991, 402). Nach § 61 III ist ein Zwischenurteil, das über den Grund des Anspruches vorab entscheidet, nicht als Endurteil anzusehen. Es kann erst zusammen mit dem Betragsurteil angefochten werden. Die Revision ist unstatthaft gegen Urteile im Arrest oder Verfügungsprozeß (Abs. 4). Eine gleichwohl erfolgte Zulassung ist unwirksam und bindet das BAG nicht (BAG 14. 10. 1982 AP ArbGG 1979 § 72 Nr. 2 = NJW 1984, 254). Ebenfalls unstatthaft ist die Revision gegen Urteile, die mit der sofortigen Beschwerde angefochten werden.

b) Ausnahmsweise kann ein Urteil des ArbG mit der Sprungrevision angegriffen werden (vgl. 5 § 76 a).

c) Nach Auffassung des BAG enthält § 72 ein geschlossenes Rechtsschutzsystem. Hieraus folgt, daß 6 gegen ein zweites Versäumnisurteil die Revision nur statthaft ist, wenn sie zugelassen worden ist (BAG 22. 6. 1994 AP ArbGG 1979 § 72 Nr. 24; 10. 12. 1986 AP ZPO § 566 Nr. 3).

d) Hat ein LAG in fehlerhafter Form statt durch Urteil durch Beschluß entschieden und ein Rechts- 7 mittel zugelassen, so ist nach dem Grundsatz der Meistbegünstigung die Revision zulässig, wenn gegen ein entsprechendes Urteil die Revision zulässig wäre (BAG 14. 10. 1982 AP ArbGG 1979 Nr. 2 = NJW 1984, 254; 5. 12. 1984 AP ArbGG 1979 § 72 Nr. 3 = NZA 1985, 436).

III. Zulassung der Revision durch das LAG

1. Zulassung. Ist gegen ein Endurteil die Revision zulässig, so ist für die Statthaftigkeit notwendig, 8 daß sie vom LAG oder – auf Nichtzulassungsbeschwerde – vom BAG zugelassen worden ist. Das LAG muß die Revision zulassen, wenn die Rechtssache grundsätzliche Bedeutung hat (Abs. 2 Nr. 1) oder das Urteil von der Entscheidung eines divergenzfähigen Gerichtes abweicht und auf dieser Entscheidung beruht (Abs. 2 Nr. 2).

2. Zulassung wegen grundsätzlicher Bedeutung. a) Eine grundsätzliche Bedeutung ist gegeben, 9 wenn die Entscheidung des Rechtsstreits von einer klärungsfähigen und klärungsbedürftigen Rechtsfrage abhängt und diese Klärung entweder von allgemeiner Bedeutung für die Rechtsordnung ist oder wegen ihrer tatsächlichen Auswirkungen die Interessen der Allgemeinheit oder eines größeren Teils der Allgemeinheit eng berührt (BAG 5. 12. 1979 AP ArbGG 1979 § 72 a Grundsatz Nr. 1 = NJW 1980, 1812).

b) Die Rechtsfrage kann das materielle Arbeitsrecht oder Verfahrensrecht oder eine Vorfrage aus 10 einem anderen Rechtsgebiet betreffen.

c) Die Revision ist nur zuzulassen, wenn die Rechtsfrage entscheidungserheblich ist. Die Entschei- 11 dung des Rechtsstreits muß mithin von der Beantwortung der Rechtsfrage abhängen (BAG 27. 11. 1984 AP ArbGG 1979 § 72 a Grundsatz Nr. 27 = NZA 1985, 435; 28. 1. 1981 AP ArbGG 1979 § 72 a Grundsatz Nr. 13). Sie ist nicht entscheidungserheblich, wenn sie lediglich ein sog. obiter dictum oder eine die Entscheidung nicht tragende Hilfs- oder Alternativbegründung betrifft.

d) Eine Rechtssache ist nicht klärungsbedürftig, wenn sie bereits durch das BAG geklärt ist und 12 keine neuen, beachtlichen Gesichtspunkte vorgetragen werden (BAG 11. 3. 1995 AP BAT 1975 §§ 22, 23 Nr. 139; 9. 9. 1981 AP TVG § 1 Tarifverträge: Metallindustrie Nr. 9; 3. 11. 1982 AP ArbGG 1979 § 72 a Nr. 17). In diesen Fällen kommt allenfalls eine Zulassung wegen Divergenz in Betracht, wenn das LAG von der Rechtsprechung abweicht. Nicht klärungsfähig und bedürftig ist auch, wenn eine gesetzliche oder tarifliche Regelung völlig eindeutig ist (BAG 25. 10. 1989 AP ArbGG 1979 Grundsatz Nr. 39 = NZA 1990, 536).

e) Die Beantwortung der Rechtsfrage muß von allgemeiner Bedeutung für die Rechtsordnung sein. 13 Sie muß über den Einzelfall hinaus Bedeutung haben, so daß sie der Wahrung der Rechtseinheit oder der Rechtsfortbildung dient. Unzureichend ist, wenn nur das Rechtsverhältnis der Parteien oder wenige Rechtsverhältnisse betroffen werden (BAG 20. 10. 1982 AP ArbGG 1979 § 72 a Grundsatz Nr. 24; 24. 3. 1987 AP ArbGG 1979 § 72 a Grundsatz Nr. 31 = NZA 1988, 259). Das BAG ist gelegentlich davon ausgegangen, daß etwa 20 Rechtsstreite betroffen sein müssen. Nicht von allgemeiner Bedeutung für die Rechtsordnung sind Rechtssachen, deren Entscheidung von außer Kraft getretenen oder geänderten Gesetzen oder Tarifverträgen abhängt (BAG 24. 3. 1993 AP ArbGG 1979 § 72 Nr. 21).

14 f) Die grundsätzliche Bedeutung kann darin liegen, daß die tatsächlichen Auswirkungen der Entscheidung von erheblicher wirtschaftlicher Tragweite für die Allgemeinheit oder einen größeren Teil der Allgemeinheit sind (BAG 5. 12. 1979 AP ArbGG 1979 § 72a Grundsatz Nr. 1 = NJW 1980, 1812). Unzureichend ist aber, wenn die Entscheidung des Rechtsstreits nur für die Parteien erhebliche Auswirkungen hat. Das Gesetz hat die früher zulässige Streitwertrevision abgeschafft. Im allgemeinen wird aber die grundsätzliche Bedeutung zu bejahen sein, wenn die Parteien oder die hinter ihnen stehenden Organisationen Musterprozesse führen. Dagegen kommt eine Zulassung nicht in Betracht, wenn die Rechtsnorm nur im Bereich eines LAG gilt. Etwas anderes kann dann in Betracht kommen, wenn in den einzelnen LAG-Bezirken zwar unterschiedliche Rechtsnormen gelten, diese aber wortgleich sind.

15 3. Zulassung wegen Divergenz. a) Das LAG hat die Revision zuzulassen, wenn das Urteil von einer Entscheidung des Bundesverfassungsgerichtes, des Gemeinsamen Senats der obersten Gerichtshöfe des Bundes, des BAG oder, solange eine Entscheidung des BAG in der Rechtsfrage nicht ergangen ist, von einer Entscheidung einer anderen Kammer desselben LAG oder eines anderen LAG abweicht und die Entscheidung auf dieser Abweichung beruht. Weicht das LAG von einer Entscheidung eines nicht aufgezählten Gerichtes ab, so kommt eine Zulassung wegen Divergenz nicht in Betracht. Vielmehr kann allenfalls eine Zulassung wegen grundsätzlicher Bedeutung in Betracht kommen.

16 b) Die Zulassung hat nur zu erfolgen, wenn das LAG einen abstrakten Rechtssatz aufstellt, der von einem abstrakten Rechtssatz in einer Entscheidung eines divergenzfähigen Gerichtes abweicht. Ergibt sich der Rechtssatz lediglich aus einem Beweisbeschluß oder einer anderen das Verfahren betreffenden Entscheidung, so rechtfertigt dies die Revisionszulassung nicht (BAG 17. 11. 1988 AP ArbGG 1979 § 72a Divergenz Nr. 22; 29. 1. 1989 AP Nr. 23, aaO). Hat das LAG nach § 543 ZPO ein abgekürztes Urteil erlassen, so muß sich der Rechtssatz aus der Entscheidung des ArbG ergeben (BAG 3. 2. 1981 ArbGG 1979 § 72a Divergenz Nr. 4). Ob der abstrakte Rechtssatz, von dem abgewichen wird, sich in einem Urteil oder Beschluß befindet, ist unerheblich.

17 c) Der Rechtssatz, von dem abgewichen wird, muß vor der Entscheidung des LAG ergangen sein (BAG 10. 2. 1981 AP ArbGG 1979 § 72a Divergenz Nr. 6). Es muß eine Abweichung zu der letzten Entscheidung bestehen. Unerheblich ist eine Divergenz zu einer früheren, inzwischen aufgehobenen Entscheidung (BAG 15. 7. 1986 AP ArbGG 1979 § 92a Nr. 5 = NZA 1986, 843). Eine Entscheidung eines LAG ist nur solange divergenzfähig wie eine Entscheidung des BAG dazu noch nicht ergangen ist (BAG 10. 2. 1988 AP ArbGG § 92a Nr. 6 = NZA 1988, 519). Zu den divergenzfähigen Entscheidungen des BAG gehören auch solche, in denen die Sache aufgehoben und zurückverwiesen worden ist (BAG 24. 10. 1988 AP ArbGG 1979 § 72a Divergenz Nr. 21). Nicht divergenzfähig ist ein Vorlagebeschluß an den Großen Senat (BAG 20. 8. 1986 AP ArbGG 1979 Divergenz Nr. 18).

18 d) Die Entscheidungen müssen im allgemeinen besondere gesetzliche oder tarifliche Regelungen betreffen. Unzureichend ist, wenn die Rechtsfrage in verschiedenen Gesetzen oder tariflichen Regelungen auftaucht. Insoweit können nämlich die Tarifvertragsparteien von unterschiedlichen Rechtssätzen ausgegangen sein. Eine Einschränkung ist dann zu machen, wenn die verschiedenen Tarifverträge, namentlich im Bereich der Metallindustrie, in den Bestimmungen wortgleich sind und lediglich in einzelnen Überleitungsbestimmungen voneinander abweichen (vgl. BAG 8. 12. 1994 AP ArbGG 1979 § 72a Divergenz Nr. 28 = NJW 1995, 1693 = NZA 1995, 447).

19 e) Der abweichende vom LAG aufgestellte Rechtssatz muß für die Entscheidung tragend sein. Dies ist er dann, wenn bei einer abweichenden rechtlichen Beurteilung die Entscheidung anders ausfallen würde. Gibt das LAG für seine Entscheidung mehrere Begründungen, Haupt- und Hilfsbegründungen, Alternativbegründungen, bei der nur eine Begründung eine Divergenz enthält, beruht die Entscheidung nicht auf dem Rechtssatz. Das BAG könnte auch auf Nichtzulassungsbeschwerde eine Begründung, die keine Divergenz enthält, bestätigen, ohne daß zu der abweichenden Rechtsauffassung etwas gesagt werden müßte (BAG 9. 12. 1980 AP ArbGG 1979 § 72a Divergenz Nr. 3 = NJW 1981, 1687).

IV. Zulassungsentscheidung

20 1. Form. a) Liegen die Zulassungsvoraussetzungen vor, so muß das LAG über die Zulassung von Amts wegen entscheiden. Ein Antrag der Parteien ist nicht notwendig; er stellt lediglich eine Anregung an das Gericht dar. Die Zulassung muß im Urteil erfolgen. Sie ist noch nicht dann erfolgt, wenn dem Urteil eine Rechtsmittelbelehrung beigefügt ist, die die Revision vorsieht. Andererseits kann auch die Rechtsmittelbelehrung die Revisionszulassung enthalten, wenn sie mit verkündet worden ist (BAG

21. 8. 1990 AP BetrAVG § 1 Unverfallbarkeit Nr. 1 = NZA 1991, 311). Eine ordnungsgemäße Revisionszulassung wird durch eine entgegengesetzte Rechtsmittelbelehrung nicht beseitigt (BAG 17. 6. 1993 AP BeschFG 1985 § 2 Nr. 32; 24. 2. 1988 AP TVG § 1 Tarifverträge: Schuhindustrie Nr. 2).

b) Das BAG ist zunächst in ständiger Rechtsprechung davon ausgegangen, daß die Revisionszulassung nur dann wirksam ist, wenn sie als Bestandteil des Urteilstenors oder als Teil der Gründe verkündet worden ist. Aus dem Gebot der Rechtsmittelklarheit folge, daß bereits bei der Verkündung Klarheit darüber herrschen müsse, in welchem Umfang das Urteil noch angefochten werden könne. Dem Gebot der Rechtsmittelklarheit sei auch genügt, wenn das vollständig abgesetzte und unterschriebene Urteil in einem besonderen Verkündungstermin verkündet worden ist (BAG 30. 9. 1987 AP BGB § 611 Bühnenengagementsvertrag Nr. 33). Ist die Revisionszulassung weder im Tenor, noch den Entscheidungsgründen oder einer Rechtsmittelbelehrung enthalten, kam eine Urteilsberichtigung grundsätzlich nicht in Betracht. Eine Ausnahme wurde nur dann gemacht, wenn sich die Unrichtigkeit aus den Vorgängen bei der Verkündung ergibt (BAG 23. 11. 1994 AP ArbGG 1979 § 72 Nr. 27 = NZA 1995, 596; 19. 8. 1986 AP ZPO Nr. 20 = NJW 1987, 1221 = NZA 1986, 843). Für die Berichtigung reichte es aber nicht aus, wenn das Gericht den Eindruck erweckt hat, es werde die Revision zulassen (BVerfG 15. 1. 1992 NJW 1992, 1496 = NZA 1992, 383). 21

c) Das BVerfG hat die Rechtsprechung des BAG zunächst bestätigt (BVerfG 27. 4. 1976 AP ArbGG 1953 § 92 Nr. 15). In einer weiteren Entscheidung hat es alsdann in der strengen Auslegung des BAG einen Verstoß gegen das Rechtsstaatsprinzip gesehen (BVerfG 5. 3. 1990 AP ArbGG 1979 § 64 Nr. 16 = NJW 1991, 417 = NZA 1990, 579). Es sei weder die Verkündung als Wirksamkeitsvoraussetzung noch der Ausschluß einer nachträglichen Korrektur für sich verfassungswidrig. In ihrer Kombination seien sie jedoch verfassungswidrig, weil dem Rechtsuchenden ein Rechtsmittel genommen werde, obwohl das Gericht es habe zulassen wollen. Es ist dann zu divergierenden Entscheidungen des BAG gekommen. Inzwischen hat das Arbeitsgerichtsbeschleunigungsgesetz eine Klarstellung vorgenommen. Die Entscheidung, ob die Revision zugelassen oder nicht zugelassen wird, ist in den Urteilstenor aufzunehmen. Ist dies unterblieben, kann binnen zwei Wochen ab Verkündung des Urteils eine entsprechende Ergänzung beantragt werden. Über den Antrag kann die Kammer ohne mündliche Verhandlung entscheiden (§ 72 I 2). 22

2. Umfang der Revisionszulassung. a) Das LAG kann die Revision in vollem Umfang zulassen. Dann kann jede Partei Revision einlegen, die durch das Urteil beschwert ist. Es kann aber auch die Revision für einen tatsächlich und rechtlich abtrennbaren Teil nur teilweise oder nur für eine Partei zulassen (BAG 8. 2. 1994 AP ArbGG 1979 § 72 Nr. 23 = NZA 1994, 908). Die Beschränkung kann sich auch aus den Entscheidungsgründen ergeben (BAG 28. 5. 1998 AP ArbGG 1979 § 72 Nr. 36). So ist eine Revisionszulassung als möglich angesehen worden nur für den Kläger oder den Beklagten, bei subjektiver Klagehäufung für einzelne Streitgenossen (BAG 28. 2. 1985 AP BGB § 622 Nr. 21 = NZA 1986, 255), von Klage und Widerklage, von Berufung und Anschlußberufung, bei Aufrechnung von Forderung und Gegenforderung, von einem für mehrere Streitgegenstände (BAG 19. 6. 1981 AP ArbGG 1979 § 72a Nr. 8 = NJW 1982, 351), auch wenn sie voneinander abhängen (BAG 28. 5. 1986 AP BGB § 620 Befristeter Arbeitsvertrag Nr. 101 = NZA 1986, 820). 23

b) Dagegen ist es unzulässig, die Revisionszulassung auf einzelne Rechtsfragen, Anspruchsgrundlagen, Angriffs- oder Verteidigungsmittel zu beschränken (BAG 9. 3. 1995 BGB § 626 Nr. 123 = NZA 1995, 777; 18. 12. 1984 BGB § 626 Nr. 89 = NZA 1986, 95). Dies gilt auch dann, wenn das LAG rechtsfehlerhaft durch Teilurteil über einzelne Anspruchsgrundlagen entschieden hat (BAG 18. 5. 1988 BAT §§ 22, 23 Datenverarbeitung Nr. 2). 24

c) Die Beschränkung der Zulassung muß eindeutig sein. Ist das nicht der Fall, gilt die Revision als unbeschränkt zugelassen (BAG 6. 9. 1990 AP BGB § 615 Nr. 47 = NZA 1991, 221). Ist die Revision nur beschränkt zugelassen, kann sich auch eine Anschlußrevision nur auf den zugelassenen Teil beziehen (BAG 19. 10. 1982 AP ArbGG 1979 § 72 Nr. 1). 25

3. Wirkung der Revisionszulassung. a) Durch die Zulassung der Revision wird diese statthaft. Dies gilt auch dann, wenn der Zulassungsgrund inzwischen weggefallen ist, weil die Rechtsfrage in einem anderen Verfahren entschieden worden ist. 26

b) Das BAG ist an die Zulassung der Revision durch das LAG gebunden. Das BAG darf die Rechtmäßigkeit der Zulassung nicht nachprüfen. Es ist damit unerheblich, ob das LAG die Zulassung begründet oder wie sie sie begründet. § 554 b ZPO gilt im arbeitsgerichtlichen Verfahren nicht (BAG 23. 1. 1988 AP ArbGG 1979 § 72 a Grundsatz Nr. 4). 27

c) Es hat wiederholt Ansätze gegeben, die Bindungswirkung aufzubrechen. Das BAG ist an die Revisionszulassung nicht gebunden, wenn die Entscheidung nicht mit der Revision angefochten werden kann, also zB im Arrest und Verfügungsprozeß (Abs. 4). Dasselbe gilt, wenn das LAG über die nachträgliche Zulassung einer Bestandsschutzklage nicht durch unanfechtbaren Beschluß, sondern durch Urteil entschieden und die Revision zugelassen hat (BAG 14. 10. 1982 AP ArbGG 1979 Nr. 2 = NJW 1984, 254). Keine Bindungswirkung entstand, wenn die Zulassungsentscheidung in einer fehler- 28 haften Form erfolgte, also durch Berichtigungsbeschluß oder in einem Ergänzungsurteil (BAG 26. 9. 1980 AP ZPO 1977 § 321 Nr. 1). Diese Rspr. gilt nicht mehr nach der Klarstellung des Gesetzes. Umstritten ist dagegen, ob Bindungswirkung besteht, wenn die Revision in einem Fall zugelassen wird, den das Gesetz überhaupt nicht vorsieht. Voll anfechtbar ist dagegen, ob das LAG die Revision voll oder nur teilweise zugelassen hat (BAG 18. 12. 1984 BetrAVG § 17 Nr. 8 = NZA 1986, 95).

§ 72 a Nichtzulassungsbeschwerde

(1) Die Nichtzulassung der Revision durch das Landesarbeitsgericht kann selbständig durch Beschwerde angefochten werden, im Falle des § 72 Abs. 2 Nr. 1 jedoch nur dann, wenn die Rechtssache Rechtsstreitigkeiten betrifft
1. zwischen Tarifvertragsparteien aus Tarifverträgen oder über das Bestehen oder Nichtbestehen von Tarifverträgen,
2. über die Auslegung eines Tarifvertrags, dessen Geltungsbereich sich über den Bezirk des Landesarbeitsgerichts hinaus erstreckt, oder
3. zwischen tariffähigen Parteien oder zwischen diesen und Dritten aus unerlaubten Handlungen, soweit es sich um Maßnahmen zum Zwecke des Arbeitskampfes oder um Fragen der Vereinigungsfreiheit einschließlich des hiermit im Zusammenhang stehenden Betätigungsrechts der Vereinigungen handelt.

(2) ¹Die Beschwerde ist bei dem Bundesarbeitsgericht innerhalb einer Notfrist von einem Monat nach Zustellung des in vollständiger Form abgefaßten Urteils schriftlich einzulegen. ²Der Beschwerdeschrift soll eine Ausfertigung oder beglaubigte Abschrift des Urteils beigefügt werden, gegen das die Revision eingelegt werden soll.

(3) ¹Die Beschwerde ist innerhalb einer Notfrist von zwei Monaten nach Zustellung des in vollständiger Form abgefaßten Urteils zu begründen. ²In der Begründung müssen die Voraussetzungen des Absatzes 1 und des § 72 Abs. 2 Nr. 1 dargelegt oder die Entscheidung, von der das Urteil des Landesarbeitsgerichts abweicht, bezeichnet werden.

(4) ¹Die Einlegung der Beschwerde hat aufschiebende Wirkung. ²Die Vorschriften des § 719 Abs. 2 und 3 der Zivilprozeßordnung sind entsprechend anzuwenden.

(5) ¹Das Landesarbeitsgericht ist zu einer Änderung seiner Entscheidung nicht befugt. ²Das Bundesarbeitsgericht entscheidet unter Hinzuziehung der ehrenamtlichen Richter durch Beschluß, der ohne mündliche Verhandlung ergehen kann. ³Die ehrenamtlichen Richter wirken nicht mit, wenn die Nichtzulassungsbeschwerde als unzulässig verworfen wird, weil sie nicht statthaft oder nicht in der gesetzlichen Form und Frist eingelegt und begründet ist, es sei denn, die Nichtzulassungsbeschwerde soll verworfen werden, weil die Voraussetzungen des Absatzes 1 und des § 72 Abs. 2 Nr. 1 nicht dargelegt sind. ⁴Dem Beschluß soll eine kurze Begründung beigefügt werden. ⁵Von einer Begründung kann abgesehen werden, wenn sie nicht geeignet ist, zur Klärung der Voraussetzungen des Absatzes 1 und des § 72 Abs. 2 beizutragen. ⁶Mit der Ablehnung der Beschwerde durch das Bundesarbeitsgericht wird das Urteil rechtskräftig. ⁷Wird der Beschwerde stattgegeben, beginnt mit der Zustellung dieser Entscheidung der Lauf der Revisionsfrist.

I. Allgemeines

1   Die Revision gegen ein Urteil des LAG ist nur statthaft, wenn sie vom LAG zugelassen worden ist. Hat das LAG die Revision nicht zugelassen, kann unter den Voraussetzungen von Abs. 1 Nichtzulassungsbeschwerde eingelegt werden. Eine weitere Eröffnung des Rechtswegs zum BAG ist nicht gegeben. Die starke Beschränkung der Rechtsmittelfähigkeit der Urteile des LAG ist verfassungsrechtlich zulässig (BVerfG 11. 6. 1981 AP ArbGG 1979 § 72 a Nr. 9). Die Nichtzulassungsbeschwerde ist nach der Rechtsprechung des BAG kein Rechtsmittel, sondern ein Rechtsbehelf, weil sie in der Sache keine Devolutivwirkung hat (BAG 1. 4. 1980 AP ArbGG 1979 § 72 a Nr. 5 = NJW 1980, 2599; 18. 5. 1999 AP ArbGG 1979 § 72 a Grundsatz Nr. 57 = NZA 99, 896). Hieraus folgt, daß keine Rechtsmittelbelehrung nach § 9 V erforderlich ist. Auf die Möglichkeit der Nichtzulassungsbeschwerde ist nur hinzuweisen.

II. Nichtzulassungsbeschwerde wegen grundsätzlicher Bedeutung

2   **1. Voraussetzungen.** Eine Nichtzulassungsbeschwerde wegen grundsätzlicher Bedeutung ist nur dann zulässig, wenn die Sache grundsätzliche Bedeutung hat und einen der privilegierten Fälle des § 72 a I betrifft. Das LAG muß in allen Fällen der grundsätzlichen Bedeutung die Revision zulassen. Eine Beschwerde kann im Falle der Nichtzulassung jedoch nur unter den eingeschränkten Voraussetzungen des Abs. 1 erhoben werden.

II. Nichtzulassungsbeschwerde wegen grundsätzlicher Bedeutung § 72 a **ArbGG 60**

2. Grundsätzliche Bedeutung. a) Eine grundsätzliche Bedeutung ist nur dann gegeben, wenn die 3 Entscheidung von einer klärungsbedürftigen und klärungsfähigen Frage abhängt, die von allgemeiner Bedeutung für die Rechtsordnung, die Interessen der Allgemeinheit oder eines größeren Teils der Allgemeinheit ist. Diese Voraussetzungen sind anhand der Entscheidung des LAG zu überprüfen.

b) Nicht klärungsbedürftig ist eine Rechtsfrage, wenn sie bereits höchstrichterlich entschieden ist 4 und keine neuen Gesichtspunkte gegen sie vorgetragen werden (BAG 22. 3. 1995 AP BAT 1975 §§ 22, 23 Nr. 193 = NZA 1996, 42; 8. 9. 1998 AP ArbGG 1979 § 72 Nr. 56 = NZA 1999, 223). Ebenso ist im allgemeinen keine grundsätzliche Bedeutung mehr gegeben, wenn die Tarifnorm außer Kraft getreten ist. Etwas anderes gilt nur dann, wenn noch Auseinandersetzungen zu erwarten sind (BAG 24. 3. 1993 AP ArbGG 1979 § 72 Nr. 21 = NZA 1993, 849; 21. 10. 1998 AP ArbGG 1979 § 72 a Nr. 55 = NZA 1999, 224).

c) Für den Zeitpunkt der Beurteilung, ob eine grundsätzliche Bedeutung vorliegt, ist auf den Zeit- 5 punkt der Verkündung des Urteils des LAG abzustellen. Umstritten ist, ob die grundsätzliche Bedeutung noch gegeben sein muß, wenn über die Nichtzulassungsbeschwerde entschieden wird (dafür GK-ArbGG/*Ascheid* § 72 a Rn. 28; *Hauck* § 72 a Rn. 6; aA *Germelmann/Matthes/Prütting* § 72 a Rn. 15).

d) Hat das LAG seine Entscheidung mehrfach begründet (Haupt- und Hilfsbegründung, Alterna- 6 tivbegründung), muß auf die grundsätzliche Bedeutung wegen jeder Begründung gegeben sein (BAG 28. 9. 1989 AP ArbGG 1979 § 72 Grundsatz Nr. 38 = NZA 1990, 201). Wird jede Begründung in zulässiger Weise angefochten, könnte sich das BAG auf die Nachprüfung einer Begründung beschränken. Bei Mehrfachbegründung ist aber auch zulässig, die eine Begründung wegen Divergenz und die andere wegen grundsätzlicher Bedeutung anzugreifen (BAG 10. 3. 1999 NZA 1999, 726).

3. Rechtsstreitigkeiten zwischen Tarifvertragsparteien (Abs. 1 Nr. 1). Die Nichtzulassungsbe- 7 schwerde ist nur bei Rechtsstreitigkeiten zwischen Tarifvertragsparteien aus Tarifverträgen oder über das Bestehen oder Nichtbestehen von Tarifverträgen gegeben. Anders als nach § 2 I Nr. 1 reicht ein Rechtsstreit zwischen Tarifvertragsparteien und einem Dritten nicht aus.

4. Auslegung des Tarifvertrages (Abs. 1 Nr. 2). a) Die Nichtzulassungsbeschwerde setzt voraus, 8 daß die Parteien über die Auslegung eines Tarifvertrages streiten und daß dessen Geltungsbereich sich über den Bezirk des LAG hinaus erstreckt. Bei Geltung des Tarifvertrages für nur einen Bezirk, reicht die Entscheidung des LAG zur Wahrung der Rechtseinheit aus.

b) Streitgegenstand des Rechtsstreits muß die Auslegung tariflicher Rechtsbegriffe sein. Dies ist nur 9 dann der Fall, wenn um die fallübergreifende abstrakte Interpretation tariflicher Rechtsbegriffe gestritten wird. Der tarifliche Rechtsbegriff ist präzise zu bezeichnen (BAG 18. 6. 1997 AP ArbGG 1979 § 52 a Grundsatz Nr. 52 NZA 1997, 1238). Darzulegen ist, wie das LAG den Rechtsbegriff ausgelegt hat und ob und warum diese Auslegung falsch ist oder richtig sein müßte. Unzureichend ist dagegen, wenn nur um die Subsumtion des Sachverhaltes unter den Tarifbegriff gestritten wird, die Auslegung des Rechtsbegriffes selbst aber nicht streitig ist. Die Voraussetzungen von Abs. 1 Nr. 2 sind nicht gegeben, wenn um die fehlerhafte Anwendung von Verfassungsrecht, Gesetzesrecht oder Verfahrensrecht gestritten wird. Es kann die Nichtzulassungsbeschwerde nicht auf die fehlerhafte Besetzung des Gerichtes (BAG 4. 5. 1994 AP ArbGG 1979 § 72 a Nr. 31 = NZA 1984, 1152), die Verletzung des Gleichheitssatzes (BAG 19. 12. 1991 AP ArbGG 1979 § 22 a Nr. 27 = NZA 1992, 425), die verspätete Urteilsabsetzung (BAG 20. 9. 1993 AP ArbGG 1979 § 72 a Nr. 28 = NJW 1994, 751 = NZA 1993, 1151) gestützt werden. Läßt das LAG bei der Auslegung einen Gesichtspunkt unerwähnt, kann daraus nicht geschlossen werden, daß es von einem anderen Rechtsbegriff ausgegangen ist (BAG 10. 12. 1997 AP ArbGG 1979 § 72 a Nr. 40 = NZA 1998, 500).

c) Die Auslegung muß Rechtsbegriffe des Tarifvertrages betreffen. Dagegen ist unerheblich, ob der 10 Tarifvertrag kraft Tarifbindung (§ 3 TVG), Allgemeinverbindlicherklärung (§ 5 TVG) oder betrieblicher Verweisung gilt. Keine Tarifverträge sind EWG-Verordnungen (BAG 9. 11. 1993 AP ArbGG 1979 § 72 a Grundsatz Nr. 43 = NJW 1994, 880 = NZA 1995, 482), die Arbeitsvertragsrichtlinien der Kirchen (BAG 7. 9. 1988 AP ArbGG 1979 § 72 a Grundsatz Nr. 36 = NJW 1989, 549 = NZA 1988, 842), der BAT kirchlicher Fassung, der in Wirklichkeit eine Arbeitsvertragsrichtlinie darstellt (BAG 5. 1. 1989 ArbGG 1972 § 72 a Nr. 37 = NJW 1990, 2033 = NZA 1989, 769), Vergütungsrichtlinien (BAG 13. 1. 1987 AP ArbGG 1979 Nr. 30 Grundsatz; 12. 11. 1991 AP ArbGG § 72 a Nr. 42 Grundsatz), Betriebs- oder Dienstvereinbarungen, Dienstordnungen oder bindende Festsetzungen.

d) Der Geltungsbereich des Tarifvertrages muß sich über den Bezirk des LAG hinaus erstrecken. 11 Dieser wird durch Außenkammern eines LAG nicht erweitert (BAG 29. 9. 1982 AP ArbGG 1979 § 72 a Nr. 15). Ausreichend ist aber, wenn ein Tarifvertrag, dessen Geltungsbereich sich nur auf einen LAG-Bezirk erstreckt, in einem bestimmten Regelungsbereich wortgleich in einem anderen LAG-Bezirk gilt und aus dem Gesamtzusammenhang ersichtlich ist, die eine gesonderte Auslegung zulassen (BAG 24. 3. 1993 AP ArbGG 1979 § 72 a Nr. 21 = NZA 1993, 849). Zulässig ist eine Nichtzulassungsbeschwerde wegen eines Haustarifvertrages, wenn ein Arbeitgeber für seine in einem LAG-Bezirk liegenden Betriebe ein Haustarifvertrag abschließt und in den außerhalb liegenden

Betrieben diesen Tarifvertrag vertraglich in Bezug nimmt (BAG 30. 11. 1994 AP ArbGG 1979 § 72 a Nr. 46 Grundsatz = NZA 1995, 438). Dagegen ist unzureichend, wenn ein Tarifvertrag nur in einem Bezirk gilt und außerhalb des Bezirkes auf diesen verwiesen wird.

12 **5. Rechtsstreitigkeiten zwischen tariffähigen Parteien und diesen und Dritten (Abs. 1 Nr. 3).** Die Nichtzulassungsbeschwerde kann auf Streitigkeiten zwischen tariffähigen Parteien oder zwischen diesen und Dritten aus unerlaubten Handlungen gestützt werden, soweit es sich um Maßnahmen zum Zwecke des Arbeitskampfes oder um Fragen der Vereinigungsfreiheit einschließlich des hiermit im Zusammenhang stehenden Betätigungsrechts der Vereinigungen handelt. Prozeßpartei muß immer eine tariffähige Partei sein und die unerlaubte Handlung zum Zwecke des Arbeitskampfes erfolgt sein (BAG 18. 8. 1987 AP ArbGG 1979 § 72 a Nr. 33 Grundsatz).

III. Divergenzbeschwerde

13 **1. Voraussetzungen. a)** Die Nichtzulassungsbeschwerde kann auf eine Divergenz der angefochtenen Entscheidung zu einer Entscheidung eines divergenzfähigen Gerichtes, wie sie in § 72 II Nr. 2 aufgezählt sind, gestützt werden. Die Rechtsausführungen müssen divergieren; kein Rechtssatz ist im berichtenden Teil einer Entscheidung des BVerfG enthalten (BAG 10. 3. 1999 NZA 1999, 726).

14 **b)** Nicht divergenzfähig sind die Entscheidungen anderer Gerichte, also auch der anderen obersten Gerichtshöfe des Bundes, der Oberlandesgerichte oder Landesverwaltungsgerichte.

15 **2. Abstrakter Rechtssatz. a)** Die Divergenzbeschwerde setzt voraus, daß in der angefochtenen Entscheidung ein abstrakter Rechtssatz aufgestellt wird, der von einem Rechtssatz in der angezogenen Entscheidung abweicht. Die Rechtssätze müssen zumindest dem Regelungsgegenstand inhaltlich gleiche Rechtsnormen betreffen (BAG 8. 12. 1994 AP ArbGG 1979 § 72 a Divergenz Nr. 28 = NJW 1995, 1693 = NZA 1995, 447; 28. 4. 1998 AP ArbGG 1979 § 72 a Divergenz Nr. 37 = NZA 1998, 900). Kein Rechtssatz ist aufgestellt, wenn nur eine Gesetzesvorschrift zitiert wird (BAG 16. 9. 1997 AP ArbGG 1979 § 72 a Divergenz Nr. 36 = NZA 1998, 54).

16 **b)** Die divergierenden Rechtssätze können sich auch aus fallbezogenen Ausführungen der LAG ergeben. Erforderlich ist aber, daß die Ausführungen der LAG zwingend den Schluß zulassen, zu welchem Rechtssatz es gekommen ist. Bei einer Haupt- und Hilfsbegründung des LAG ist die Divergenzbeschwerde unbegründet, wenn das LAG nur in der Hilfsbegründung einen divergierenden Rechtssatz aufgestellt hat. Eine Nichtzulassungsbeschwerde hat nur dann Erfolg, wenn sowohl die Haupt- wie die Hilfsbegründung eine Divergenz enthält (BAG 27. 10. 1998 AP ArbGG 1979 § 72 a Nr. 39 = NJW 1999, 1419).

17 **3. Beurteilungszeitpunkt.** Die Divergenz muß im Zeitpunkt der Entscheidung des LAG bestehen. Die angezogene Entscheidung muß daher im allgemeinen vor der angefochtenen Entscheidung ergangen sein. Zulässig ist dagegen, wenn die angezogene Entscheidung nach der angefochtenen Entscheidung ergangen ist, aber lediglich wiederholend auf einen bereits früher aufgestellten Rechtssatz verweist (BAG 15. 11. 1994 AP ArbGG 1979 § 72 a Divergenz Nr. 27 = NZA 1995, 286). Eine andere Entscheidung wäre förmelnd. Gleichwohl sollte die Erstentscheidung herangezogen werden. Eine Divergenzbeschwerde soll nach überwiegender Meinung keinen Erfolg mehr haben, wenn die Divergenz nicht mehr besteht (GK-ArbGG/*Ascheid* § 72 a Rn. 37; *Hauck* § 72 a Rn. 8; *Germelmann/Matthes/Prütting* § 72 a Rn. 18).

IV. Einlegung und Begründung der Nichtzulassungsbeschwerde

18 **1. Einlegung, Form und Frist. a)** Die Nichtzulassungsbeschwerde ist bei dem BAG innerhalb einer Notfrist von einem Monat nach Zustellung des in vollständiger Form abgefaßten Urteils schriftlich einzulegen (Abs. 2 Satz 1). Die Fristberechnung richtet sich nach §§ 221, 222 ZPO.

19 **b)** Aus dem Beschwerdeschriftsatz muß sich ergeben, für und gegen wen er eingereicht wird. Das angefochtene Urteil muß eindeutig bezeichnet sein, zweckmäßig nach Datum, Aktenzeichen und Gericht sowie die Erklärung enthalten, daß Nichtzulassungsbeschwerde eingereicht wird. Eine unzulässige Revision kann nicht in eine Nichtzulassungsbeschwerde umgedeutet werden (*Germelmann/Matthes/Prütting* § 72 a Rn. 21; *Hauck* § 72 a Rn. 9). Die Nichtzulassungsbeschwerde kann auf einzelne Streitgegenstände beschränkt werden. Wegen der übrigen wird das Urteil alsdann rechtskräftig. Die Nichtzulassungsbeschwerde kann ohne Zustimmung des Gegners zurückgenommen werden.

20 **c)** Der Beschwerdeschrift soll eine Ausfertigung oder beglaubigte Abschrift des Urteils beigefügt werden, gegen das die Revision eingelegt werden soll.

21 **d)** Auch für die Nichtzulassungsbeschwerde kann Prozeßkostenhilfe beantragt werden. Unzulässig ist eine bedingte Nichtzulassungsbeschwerde für den Fall, daß Prozeßkostenhilfe bewilligt wird. Dagegen ist eine hilfsweise Nichtzulassungsbeschwerde zulässig (*Germelmann/Matthes/Prütting* § 72 a Rn. 23; *Hauck* § 72 a Rn. 9).

V. Entscheidung über die Nichtzulassungsbeschwerde

2. Begründung der Nichtzulassungsbeschwerde. a) Die Nichtzulassungsbeschwerde muß inner- 22 halb einer Notfrist von zwei Monaten nach Zustellung des in vollständiger Form abgefaßten Urteils begründet werden. Für die Fristberechnung gelten §§ 221, 222 ZPO. Eine Verlängerung der Begründungsfrist ist im Gesetz nicht vorgesehen. Bei Fristversäumnis ist die Wiedereinsetzung in den vorigen Stand zulässig.

b) Zur Begründung einer Grundsatzbeschwerde muß dargelegt werden, daß (1) die Sache einen 23 privilegierten Rechtsstreit nach Abs. 1 betrifft und (2) daß die Sache grundsätzliche Bedeutung hat. Im Falle der Nichtzulassungsbeschwerde wegen Auslegung eines Tarifvertrages (Rn. 8 ff.) ist der tarifliche Rechtsbegriff und seine Auslegung genau zu bezeichnen. Fehlt es an entsprechenden Darlegungen, ist die Nichtzulassungsbeschwerde unzulässig. Dagegen gehört zur Begründetheit, ob eine grundsätzliche Bedeutung der Rechtssache tatsächlich gegeben ist.

c) Bei der Divergenzbeschwerde hat der Beschwerdeführer die angezogene Entscheidung so deut- 24 lich zu bezeichnen, daß das Beschwerdegericht sie leicht auffinden kann. Im allgemeinen werden daher Datum und Aktenzeichen des Gerichtes anzugeben sein. Wünschenswert ist auch eine Fundstelle. Darüber hinaus ist in der Beschwerdebegründung sowohl der Rechtssatz aus der angezogenen wie der anzufechtenden Entscheidung anzugeben und daß der abweichende Rechtssatz für die Entscheidung des Gerichtes erheblich war. Ob tatsächlich eine Divergenz vorliegt, wird dagegen erst bei der Begründetheit der Beschwerde geprüft. Enthält das angefochtene Urteil mehrere Begründungen (Haupt- und Hilfsbegründungen, Alternativbegründungen), so muß jede einzelne angegriffen werden (BAG 6. 12. 1994 AP ArbGG 1979 § 72 a Nr. 32 = NJW 1995, 1573 = NZA 1995, 445).

3. Wirkung der Nichtzulassungsbeschwerde. Die Einlegung der Nichtzulassungsbeschwerde hat 25 aufschiebende Wirkung (Abs. 4 Satz 1). Der Eintritt der Rechtskraft der Entscheidung wird gehemmt. Das LAG ist zu einer Änderung der Entscheidung nicht befugt (Abs. 5 Satz 1). Betrifft die Nichtzulassungsbeschwerde nur einen Teil der Entscheidung, wird diese im übrigen rechtskräftig. Nach IV 2 iVm. § 719 II und III ZPO kann das BAG auf Antrag des Schuldners die Zwangsvollstreckung einstweilen einstellen, wenn sie zu einem nicht zu ersetzenden Nachteil führen würde.

V. Entscheidung über die Nichtzulassungsbeschwerde

1. Beschluß. a) Das BAG entscheidet über die Nichtzulassungsbeschwerde durch Beschluß, der 26 ohne mündliche Verhandlung ergehen kann. Dem Beschluß soll eine kurze Begründung beigefügt werden (Abs. 5 Satz 4). Von einer Begründung kann abgesehen werden, wenn sie nicht geeignet ist, zur Klärung der Voraussetzungen des § 72 a I und des § 72 II beizutragen.

b) Die Nichtzulassungsbeschwerde wird als unzulässig verworfen, wenn sie nicht statthaft oder 27 nicht form- und fristgerecht eingelegt wird. Enthält das Urteil mehrere Streitgegenstände, so muß jeder einzelne mit der Nichtzulassungsbeschwerde angegriffen werden. Soweit dies nicht geschieht, wird sie als unzulässig verworfen (BAG 6. 12. 1994 AP ArbGG 1979 § 72 a Nr. 32 = NJW 1995, 1573 = NZA 1995, 445). Zur Zulässigkeit gehört die Darlegung der grundsätzlichen Bedeutung bei der Grundsatzbeschwerde und die Darlegung der divergierenden Rechtssätze bei der Divergenzbeschwerde.

c) Ist die Nichtzulassungsbeschwerde zulässig, aber nicht begründet, wird sie zurückgewiesen. Ist 28 sie dagegen zulässig und begründet, weil das LAG die Zulassungsvoraussetzungen verkannt hat, wird die Revision zugelassen. Das BAG ist an den vom Beschwerdeführer geltend gemachten Zulassungsgrund gebunden. Es überprüft dagegen nicht, ob andere Zulassungsgründe vorliegen. Mit der Zulassung der Revision wird mithin noch nichts über die Erfolgsaussichten einer Revision ausgesagt.

2. Hinzuziehung der ehrenamtlichen Richter. a) An der Entscheidung über die Nichtzulassungs- 29 beschwerde wirken grundsätzlich die ehrenamtlichen Richter mit (BVerfG 23. 8. 1995 AP GG Art. 101 Nr. 49 = NZA 1996, 616 = NZA-RR 1996, 26). Dies gilt sowohl dann, wenn mit als auch ohne mündliche Verhandlung entschieden wird.

b) Die ehrenamtlichen Richter wirken nicht mit, wenn die Nichtzulassungsbeschwerde als unzuläs- 30 sig verworfen wird, weil sie nicht statthaft oder nicht in der gesetzlichen Form und Frist eingelegt und begründet worden ist (Abs. 5 Satz 3). Die ehrenamtlichen Richter wirken jedoch bei der Grundsatzbeschwerde mit, wenn die grundsätzliche Bedeutung oder das Vorliegen eines privilegierten Rechtsstreites (Abs. 1 iVm. § 72 II) nicht dargelegt worden ist. Die ehrenamtlichen Richter wirken mithin bei der Grundsatzbeschwerde auch dann mit, wenn sie als unzulässig verworfen wird.

3. Wirkung und Rechtsmittel. a) Wird die Nichtzulassungsbeschwerde als unzulässig verworfen 31 oder als unbegründet zurückgewiesen, wird das Urteil des LAG rechtskräftig (Abs. 5 Satz 6). Ist die Nichtzulassungsbeschwerde begründet und wird die Revision zugelassen, beginnt mit der Zustellung der Entscheidung der Lauf der Revisionsfrist (Abs. 5 Satz 7). Über die Möglichkeit, Revision einzulegen, belehrt das BAG (§ 9 V).

32   b) Gegen den Beschluß des BAG ist ein Rechtsmittel nicht gegeben. Es kann allenfalls unter deren Voraussetzungen Verfassungsbeschwerde eingelegt werden.

33   **4. Kosten.** a) Wird die Nichtzulassungsbeschwerde als unzulässig verworfen oder als unbegründet zurückgewiesen, so hat der Beschwerdeführer die Kosten zu tragen (§ 97 ZPO). Ist die Beschwerde begründet und wird die Revision zugelassen, so fallen gesonderte Kosten nicht an. Die Kosten des Beschwerdeverfahrens sind Teil der Kosten des Revisionsverfahrens. Wird trotz Revisionszulassung diese nicht eingelegt, hat der Beschwerdeführer die Kosten des Nichtzulassungsverfahrens zu tragen. Für das Nichtzulassungsverfahren fällt nach Nr. 9302 des Gebührenverzeichnisses zu § 12 Anhang 1 eine 8/10-Gebühr an.

34   b) Der Streitwert ist der des gesamten Rechtsstreits, wenn in vollem Umfang Beschwerde eingelegt wird; sonst beträgt er den Wert desjenigen Teils des Streitgegenstandes, wegen des Beschwerde eingelegt wird. Der Streitwert ist von Amts wegen festzusetzen (§ 25 GKG).

§ 73 Revisionsgründe

(1) **Die Revision kann nur darauf gestützt werden, daß das Urteil des Landesarbeitsgerichts auf der Verletzung einer Rechtsnorm beruht.**
(2) **§ 65 findet entsprechende Anwendung.**

I. Allgemeines

1   **1. Verletzung einer Rechtsnorm.** Die Vorschrift regelt für das Arbeitsgerichtsverfahren, auf welche Gründe die Revision gestützt werden kann. Die Vorschrift unterscheidet sich von § 550 ZPO, da die Verletzung einer jeden Rechtsnorm ausreicht. Es braucht sich nicht um Bundesrecht zu handeln oder um eine Norm, die über den Geltungsbereich eines (LAG) Bezirks hinausgeht. Neben § 73 sind §§ 550, 563 ZPO anwendbar. In den Fällen des § 551 ZPO ist stets anzunehmen, daß die Entscheidung auf der Rechtsverletzung beruht.

2   **2. Veränderung der Sach- und Rechtslage.** a) Das Revisionsgericht ist keine neue Tatsacheninstanz. Es ist an den vom LAG festgestellten Tatbestand gebunden (§ 561 ZPO). Eine unrichtige Tatsachenfeststellung kann mit dem Antrag auf Tatbestandsberichtigung (§ 320 ZPO) angegriffen werden (BAG 6. 9. 1994 AP BAT § 50 Nr. 17 = NZA 1995, 953). Zu den Tatsachenfeststellungen gehören auch solche in den Entscheidungsgründen.

3   b) Nur ausnahmsweise können neue Tatsachenfeststellungen berücksichtigt werden (BAG 13. 4. 1994 AP TVG § 1 Einzelhandel Nr. 45 = NZA 1994, 945). Dies ist der Fall, wenn (1) sie unstreitig sind oder von den Parteien unstreitig gestellt werden; (2) sie gemäß § 554 III Nr. 3 b ZPO einen Verfahrensmangel begründen sollen (§ 561 I 2 ZPO); (3) sie von Amts wegen zu berücksichtigende Sachurteilsvoraussetzungen betreffen und Belange der Gegenpartei nicht vernachlässigt werden; hierzu gehört zB die Eröffnung des Konkurs-/Insolvenzverfahrens; (4) sie nach der mündlichen Verhandlung vor dem Berufungsgericht entstanden sind und auch unter Berücksichtigung der Rechtsauffassung des Berufungsgerichtes zu einer anderen Beurteilung der Rechtslage geführt hätten. Dies gilt zB für Veränderungen im Rahmen der Zwangsvollstreckung (BAG 16. 5. 1990 AP ZPO § 554 Nr. 21 = NJW 1990, 2641 = NZA 1990, 825).

4   c) Änderungen der Rechtslage sind auch in der Revisionsinstanz zu berücksichtigen. Hierzu gehören Rechtsänderungen von Gesetzen, Tarifverträgen oder rechtskräftige Entscheidungen vorgreiflicher Verfahren. Hierzu gehört zB die Anerkennung als Schwerbehinderter, Erteilung behördlicher Genehmigungen sowie neue Tatsachen, die Grundlage eines Wiederaufnahmeverfahrens sein können (GK-ArbGG/*Ascheid* § 73 Rn. 72; *Grunsky* § 73 Rn. 31; *Hauck* § 73 Rn. 2).

II. Verletzung einer Rechtsnorm

5   **1. Kenntnis des anzuwendenden Rechts (jura novit curia).** a) Das auf den Sachverhalt anzuwendende Recht, insbesondere Bundes- und Landesrecht hat das Revisiongericht zu kennen.

6   b) Andere Rechtsvorschriften, insbesondere ausländisches Recht, Tarifverträge, Gewohnheitsrecht, Satzungen, Betriebsvereinbarungen usw. hat das Revisionsgericht nach § 293 ZPO zu ermitteln. Dabei kann es die Ermittlungen selbst vornehmen oder den Rechtsstreit an das LAG zurückverweisen (BAG 10. 4. 1975 AP Internationales Privatrecht, Arbeitsrecht Nr. 12 = NJW 1975, 2160).

7   c) Bei der Anwendung von Tarifverträgen ist zu unterscheiden: Das Gericht ermittelt nur von Amts wegen den Inhalt eines Tarifvertrages. Dagegen bedarf es des Sachvortrages der Parteien, ob ein Arbeitsverhältnis dem Geltungsbereich eines Tarifvertrages unterfällt. Ist ein Tarifvertrag anwendbar, kann auch in der Revisionsinstanz noch nachgeprüft werden, ob er wirksam zustandegekommen ist (BAG 20. 4. 1994 AP TVG § 1 Tarifverträge DDR Nr. 9 = NZA 1994, 1090).

II. Verletzung einer Rechtsnorm § 73 ArbGG 60

2. Die einzelnen Rechtsnormen. a) Rechtsnormen sind alle Gesetze, Rechts-VO, Verwaltungsvor- 8
schriften, soweit sie objektiv das Recht enthalten, ausländisches Recht (BAG 24. 8. 1989 AP Internationales Privatrecht, Arbeitsrecht Nr. 28 = NZA 1990, 841). Die Rechtsnormen können enthalten sein in ausländischem Recht, EU-Recht, Rechte des Bundes und der Länder, früherem Reichs- und Landesrecht, soweit es noch weitergilt.

b) Revisibel sind Satzungen und Statute öffentlich-rechtlicher und privater juristischer Personen 9
(Körperschaften, Anstalten, Stiftungen des öffentlichen Rechtes; Satzungen der Kapitalgesellschaften sowie der rechtsfähigen und nicht rechtsfähigen Vereine). Revisibel ist kirchliches Recht, Gewohnheitsrecht und betriebliche Übungen. Nicht revisibel sind dagegen rein intern wirkende Verwaltungsvorschriften, Erlasse oder Dienstanweisungen.

c) Rechtsnormen können im materiellen Recht und im Verfahrensrecht enthalten sein. Verfahrens- 10
mängel werden aber nicht von Amts wegen (§ 559 II ZPO), sondern nur auf zulässige Verfahrensrügen überprüft.

d) Rechtsnormen sind enthalten im normativen Teil von Tarifverträgen und Betriebsvereinbarungen 11
(BAG 30. 8. 1994 AP GG Art. 9 Arbeitskampf Nr. 132 = NZA 1995, 183; 30. 9. 1971 AP TVG § 1 Auslegung Nr. 121), in Dienstordnungen der Sozialversicherungsträger (BAG 26. 9. 1984 AP BGB § 611 Dienstordnungs-Angestellte Nr. 59 = NZA 1985, 90), bindenden Festsetzungen der Heimarbeitsausschüsse (BAG 12. 8. 1976 AP HAG § 19 Nr. 9 = NJW 1977, 166), Erlassen und Eingruppierungsrichtlinien (BAG 29. 8. 1984 AP BAT 1975 §§ 22, 23 Nr. 93).

3. Unbestimmte Rechtsbegriffe. a) Unbestimmte Rechtsbegriffe sind nach der Rechtsprechung des 12
BAG nur begrenzt revisibel. Zu den unbestimmten Rechtsbegriffen gehören der wichtige Grund, die Sozialwidrigkeit einer Kündigung, Treu und Glauben, die Billigkeit. Eine Rechtsverletzung liegt nur vor, wenn der Rechtsbegriff selbst verkannt ist und bei der Subsumtion des Sachverhaltes der Begriffsumfang verlassen wird, Denkgesetze oder allgemeine Erfahrungssätze verletzt werden, bei einer gebotenen Interessenabwägung nicht der gesamte Sachverhalt berücksichtigt wird oder das Ergebnis in sich widersprüchlich ist (BAG 24. 7. 1991 AP BetrVG 1972 § 78 a Nr. 23 = NZA 1992, 174; 21. 5. 1992 AP KSchG 1969 § 1 Verhaltensbedingte Kündigung Nr. 28 = NJW 1993, 154 = NZA 1992, 1028; 29. 10. 1997 AP ZPO § 554 Nr. 30 = NZA 1998, 336).

b) Die Rechtsprechung wird gelegentlich kritisiert (vgl. GK-ArbGG/*Ascheid* § 73 Rn. 22 ff.; 13
Grunsky § 73 Rn. 6). Ihr ist aber zu folgen. Das BAG legt im Interesse der Rechtseinheit die unbestimmten Rechtsbegriff verbindlich aus. Lediglich in Randbereichen wahrt es einen Beurteilungsspielraum der Tatsacheninstanzen. Dieser mag in Eingruppierungsprozessen nur noch gering sein. Er kann aber namentlich dann nicht beseitigt werden, wenn es um die Berücksichtigung der Umstände des Einzelfalles wie zB in § 626 BGB geht.

4. Ermessen. a) Beschränkt revisibel ist eine Entscheidung nur dann, wenn dem LAG bei seiner 14
Entscheidung ein Ermessen eingeräumt ist. Das Revisionsgericht setzt nicht sein Ermessen an die Stelle des Ermessens des LAG. Das LAG hat zB bei der einseitigen Leistungsbestimmung nach billigem Ermessen zu entscheiden. Revisibel ist nur, (1) ob das LAG überhaupt erkannt hat, daß es einen Ermessensspielraum hat, (2) ob es die Voraussetzungen und Grenzen des Ermessens richtig bestimmt und eingehalten hat, (3) ob das Ermessen fehlerfrei ausgeübt worden ist, ob also alle relevanten Umstände berücksichtigt worden sind (BAG 29. 1. 1992 AP BGB § 611 Lehrer Nr. 104 = NZA 1992, 853; 16. 10. 1991 AP BErzGG § 19 Nr. 1 = NZA 1992, 793). In Ausnahmefällen kann das BAG selbst beurteilen, was billigem Ermessen entspricht, wenn alle entscheidungserheblichen Tatsachen festgestellt sind (BAG 19. 6. 1985 AP BAT § 4 Nr. 11).

b) Auf die Verletzung einer Sollvorschrift kann die Revision nicht gestützt werden. 15

5. Denkgesetze und allgemeine Erfahrungssätze. Die Revision kann gestützt werden auf die 16
Verletzung der Denk- und Erfahrungssätze. Revisibel sind auch Rechenfehler, soweit sie nicht ohnehin wegen offenbarer Unrichtigkeit berichtigt werden.

6. Verträge und Willenserklärungen. a) Bestimmungen in Arbeitsverträgen und die Auslegung 17
einzelner Willenserklärungen sind grundsätzlich nicht revisibel. Gleichwohl gibt es von diesem Rechtsgrundsatz zahlreiche Ausnahmen. Revisibel ist die Auslegung von Verträgen und Willenserklärungen, wenn das Berufungsgericht alle erforderlichen Feststellungen getroffen hat und weitere Feststellungen nicht mehr in Betracht kommen (BAG 28. 2. 1991 AP ZPO § 550 Nr. 21 = NZA 1991, 685; 17. 5. 1984 AP BAT § 55 Nr. 3 = NZA 1985, 62) oder wenn eine Vertragsurkunde auszulegen ist und besondere Umstände des Einzelfalles, die der Auslegung eine bestimmte Richtung geben können, ausscheiden (BAG 28. 2. 1990 AP BeschFG 1985 § 1 Nr. 14 = NZA 1990, 746). Unbegrenzt revisibel sind in einer Vielzahl von Fällen gleichlautende verwandte Arbeitsverträge, weil im Umstände des Einzelfalles nicht in Betracht kommen (BAG 28. 6. 1985 AP BetrVG 1972 § 112 Nr. 33 = NZA 1986, 258). Hierzu gehören Formular- und Musterverträge, die von Verbänden und Behörden herausgegeben oder benutzt werden, Ausgleichsquittungen usw. Enthält ein Mustervertrag neben vorge-

druckten Klauseln einzelne Individualabreden, so soll der ganze Vertrag als nichttypischer Vertrag anzusehen sein (BAG 16. 10. 1987 AP BAT § 53 Nr. 2 = NZA 1988, 877).

18   b) Soweit nicht typische Verträge grundsätzlich nicht revisibel sind, kann jedoch gleichwohl in der Revisionsinstanz nachgeprüft werden, (1) ob gegen materiell-rechtliche Auslegungsregeln verstoßen worden ist (§§ 133, 157 BGB), (2) ob Denkgesetze und Erfahrungssätze verletzt sind, (3) ob der Tatsachenstoff vollständig verwertet wurde (BAG 26. 5. 1992 AP HGB § 74 Nr. 63 = NZA 1992, 976; 22. 9. 1992 AP BetrVG 1972 § 87 Lohngestaltung Nr. 54 = NZA 1993, 232). Das Revisionsgericht prüft jedoch nur nach, ob die Auslegung möglich ist, nicht ob sie richtig ist (BAG 5. 5. 1988 AP AÜG § 1 Nr. 8 = NZA 1989, 18). Nachgeprüft wird, ob eine gebotene Auslegung unterlassen wurde (BAG 10. 2. 1992 AP TVG § 4 Ausschlußfristen Nr. 115 = NZA 1992, 881) oder umgekehrt eine eindeutige Bestimmung ausgelegt wurde (BAG 14. 9. 1972 AP BGB § 133 Nr. 34) oder rechtsirrtümlich die Voraussetzungen einer ergänzenden Vertragsauslegung angenommen wurden (BAG 8. 11. 1972 AP BGB § 157 Nr. 3 = NJW 1973, 822).

19   7. **Prozeßhandlungen.** Sie unterliegen in vollem Umfang der Überprüfung durch das Revisionsgericht (BAG 20. 4. 1983 TVAL II § 21 Nr. 2). Voll überprüft werden damit auch Prozeßvergleiche.

20   8. **Verfahrensfehler.** a) Bei Verfahrensfehlern ist zunächst zu überprüfen, ob das Gericht sie von Amts wegen zu berücksichtigen hatte (§ 559 II 2 ZPO). Waren die Verfahrensfehler nicht von Amts wegen zu berücksichtigen, so kommen im wesentlichen die Aufklärungsrüge (§§ 139, 278 III ZPO) sowie die Beweisrüge (§ 286 ZPO) in Betracht.

21   b) Bei der Aufklärungsrüge ist darzulegen, (1) daß das Gericht seine Aufklärungspflicht hätte erkennen müssen, (2) daß das Gericht seine Aufklärungspflicht verletzt hat, (3) was die Partei vorgetragen hätte, wenn das Gericht seiner Aufklärungspflicht genügt hätte, (4) daß alsdann die Entscheidung anders ausgefallen wäre (BAG 15. 12. 1994 AP KSchG 1969 § 1 Betriebsbedingte Kündigung Nr. 67 = NJW 1995, 1982 = NZA 1995, 521).

22   c) Bei der Beweisrüge ist zu unterscheiden zwischen der Übergehung eines Beweisantritts und der Beweiswürdigung. Hat das LAG einen Beweisantrag übergangen, ist darzulegen, (1) welche Tatsachen beweiserheblich waren, (2) wo sich der entsprechende Beweisantritt in den Akten befindet (Schriftsatz, Seitenzahl); soweit der Beweisantritt schon in der ersten Instanz erfolgt ist, warum das LAG davon ausgehen mußte, daß er aufrechterhalten worden ist, (3) was die Beweisaufnahme ergeben hätte und (4) daß die Verfahrensverletzung entscheidungserheblich war. Bei der Rüge wegen fehlerhafter Beweiswürdigung kann im allgemeinen nur gerügt werden, die Beweiswürdigung verstoße gegen Erfahrungs- und Denkgesetze und sei in sich widersprüchlich (BAG 17. 11. 1958 AP KSchG § 3 Nr. 18; 25. 2. 1987 AP TVG § 1 Tarifverträge Bau Nr. 81). Es steht grundsätzlich im Ermessen des Berufungsgerichtes, ob es die im ersten Rechtszug gehörten Zeugen nochmals nach § 398 ZPO vernimmt oder sich mit der Verwertung der protokollierten erstinstanzlichen und gemäß § 526 ZPO vorgetragenen Aussagen begnügt. Das ist aber dann nicht möglich, wenn das Berufungsgericht die Glaubwürdigkeit der erstinstanzlich gehörten Zeugen anders als die Richter erster Instanz beurteilen und dies die Tatsachenfeststellung beeinflußt (BAG 26. 9. 1989 AP ZPO § 398 Nr. 3 = NZA 1990, 74).

III. Kausalität der Rechtsverletzung

23   Eine Revision ist nur dann begründet, wenn der Urteilsinhalt auf der Verletzung einer Rechtsnorm beruht (Abs. 1). Erweist sich das Urteil aus anderen Gründen als richtig, ist die Revision unbegründet (§ 563 ZPO). Liegt ein absoluter Revisionsgrund vor (unter IV), bedarf es keiner besonderen Feststellung, daß das Urteil darauf beruht. Bei einem Verfahrensverstoß im übrigen ist ausreichend, daß die Möglichkeit nicht auszuschließen ist, daß ohne den Fehler die Entscheidung günstiger ausgefallen wäre.

IV. Absolute Revisionsgründe

24   1. **Übersicht.** In § 551 ZPO sind die absoluten Revisionsgründe zusammengefaßt. Liegen deren Voraussetzungen vor, wird unwiderruflich vermutet, daß die Entscheidung auf ihnen beruht. Die Berücksichtigung eines absoluten Revisionsgrundes setzt aber voraus, daß die Revision an sich statthaft und zulässig ist. Eine Nichtzulassungsbeschwerde kann nicht auf das Vorliegen eines absoluten Revisionsgrundes gestützt werden.

25   2. **Nicht ordnungsgemäße Besetzung des Gerichtes (§ 551 Nr. 1 bis 3 ZPO).** a) Das Gericht ist dann nicht vorschriftsmäßig besetzt, wenn die Berufsrichter nicht ordnungsgemäß nach § 8 DRiG berufen worden sind, die ehrenamtlichen Richter nicht vereidigt oder ihre Amtszeit abgelaufen ist oder sie willkürlich außerhalb der Liste zu den Sitzungen herangezogen worden sind (BAG 26. 9. 1996 AP ArbGG 1979 § 39 Nr. 3 = NZA 1997, 333; 25. 8. 1993 AP ZPO § 551 Nr. 11). Dagegen ist ihre fehlerhafte Berufung nicht nachprüfbar (§ 65). Der absolute Revisionsgrund ist unabhängig davon gegeben, ob die Parteien mit der Mitwirkung des Richters einverstanden sind oder nicht (BAG 25. 8.

1983 AP ZPO § 551 Nr. 11). Das Gericht ist auch dann nicht ordnungsgemäß besetzt, wenn ein Richter während der Verhandlung abwesend ist oder schläft. Kein absoluter Revisionsgrund ist gegeben, wenn nach einer Vertagung eines Rechtsstreits andere Richter an einer Entscheidung mitwirken als diejenigen, vor denen die Beweisaufnahme stattgefunden hat. Hat eine nach der Geschäftsverteilung nicht zuständige Kammer eines Landesarbeitsgerichts entschieden, so liegt der absolute Revisionsgrund nicht vor, wenn sie irrtümlich ihre Zuständigkeit angenommen hat (BAG 3. 9. 1991 AP BetrAVG § 1 Überversorgung Nr. 3 = NZA 1992, 515). Anders ist es dagegen, wenn sie bewußt außerhalb der Geschäftsverteilung tätig geworden ist.

b) Ein absoluter Revisionsgrund ist gegeben (§ 551 Nr. 2, 3 ZPO), wenn ein Richter an der 26 Entscheidung mitgewirkt hat, der entweder kraft Gesetzes von der Mitwirkung ausgeschlossen war (§ 41 ZPO) oder mit Erfolg abgelehnt worden ist (§ 42 ZPO).

3. Fehlerhafte Entscheidung über die Zuständigkeit (§ 551 Nr. 4 ZPO). Nach § 73 II iVm. § 65 27 hat der absolute Revisionsgrund nur Bedeutung, wenn Verfahrensfehler bei der funktionellen Zuständigkeit (Vorsitzender entscheidet statt der Kammer) oder der internationalen Zuständigkeit vorkommen.

4. Fehlerhafte Vertretung (§ 551 Nr. 5 ZPO). Der absolute Revisionsgrund ist gegeben, wenn die 28 Partei nicht nach den gesetzlichen Vorschriften vertreten war und die Prozeßführung weder ausdrücklich noch stillschweigend genehmigt hat.

5. Verletzung der Vorschriften über die Öffentlichkeit (§ 551 Nr. 6). Eine Verletzung der Vor- 29 schriften über die Öffentlichkeit ist insbesondere gegeben, wenn die Öffentlichkeit bei der mündlichen Verhandlung zu Unrecht ausgeschlossen worden ist oder trotz Vorliegens der Voraussetzungen nicht ausgeschlossen worden ist (§ 52 iVm. § 169 Satz 2, §§ 173 bis 175 GVG).

6. Entscheidung ohne Entscheidungsgründe (§ 551 Nr. 7). a) Der absolute Revisionsgrund ist 30 gegeben, wenn Gründe vollständig fehlen oder völlig unverständlich oder nichtssagend sind. Das gleiche gilt, wenn das Urteil keinen Tatbestand enthält, lückenhaft oder widersprüchlich ist. Der absolute Revisionsgrund ist aber dann nicht gegeben, wenn das LAG zulässigerweise nach § 543 ZPO auf das Urteil des ArbG Bezug genommen hat (BAG 24. 6. 1980 AP ZPO § 543 Nr. 2 = NJW 1981, 2078). Das Berufungsgericht kann nach § 543 II 2 ZPO auch auf ein vorangegangenes Revisionsurteil nach Aufhebung und Zurückverweisung Bezug nehmen (BAG 7. 12. 1988 AP ZPO 1977 § 543 Nr. 8 = NJW 1989, 1627 = NZA 1989, 527). Keine Bezugnahme auf das erstinstanzliche Urteil ist gegeben, wenn das Berufungsgericht nach § 543 ZPO von der Darstellung des Tatbestandes Abstand nimmt (BAG 30. 10. 1987 AP ZPO 1977 § 543 Nr. 7 = NJW 1988, 843 = NZA 1988, 218). Insoweit liegt entgegen § 313 I Nr. 5, § 543 II ZPO kein Tatbestand vor.

b) Nach dem Beschluß des Gemeinsamen Senats der obersten Gerichtshöfe des Bundes vom 27. 4. 31 1993 (GmS AP ZPO § 551 Nr. 21 = NJW 1993, 2603 = NZA 1993, 1147) ist ein absoluter Revisionsgrund gegeben, wenn Tatbestand und Entscheidungsgründe des Urteils des LAG nicht binnen fünf Monaten nach Verkündung schriftlich niedergelegt, von den Richtern unterschrieben der Geschäftsstelle übergeben worden ist. Dieser Rechtsprechung hat sich das BAG angeschlossen (BAG 4. 8. 1993 AP ZPO § 551 Nr. 22 = NZA 1993, 1150). Das Urteil ist nur auf fristgemäß erhobene Verfahrensrüge aufzuheben (BAG 15. 11. 1995 AP ZPO § 551 Nr. 34 = NJW 1996, 870 = NZA 1996, 277; 23. 11. 1994 AP BAT 1975 §§ 22, 23 Nr. 190; 12. 1. 1994 AP TVG § 1 Tarifverträge Rundfunk Nr. 22 = NZA 1995, 36). Haben beide Parteien Revision eingelegt, aber nur eine die Verspätung gerügt, ist grundsätzlich das gesamte Urteil aufzuheben. Der Revisionsgrund ist dann nicht gegeben, wenn das Urteil erst fünf Monate nach Schluß der mündlichen Verhandlung verkündet worden ist. Alsdann müssen aber Tatbestand und Entscheidungsgründe vorliegen.

7. Ausgeschlossener Revisionsgrund. Nach II iVm. § 65 sind die dort aufgezählten Fehler nicht 32 revisibel (vgl. § 65 Rn. 2 ff.). Dies gilt auch dann, wenn die Revision erst auf Nichtzulassungsbeschwerde zugelassen worden ist.

§ 74 Einlegung der Revision, Terminbestimmung

(1) ¹Die Revisionsfrist und die Revisionsbegründungsfrist betragen je einen Monat. ²Die Revisionsbegründungsfrist kann einmal bis zu einem weiteren Monat verlängert werden.

(2) ¹Die Bestimmung des Termins zur mündlichen Verhandlung muß unverzüglich erfolgen. ²§ 554a Abs. 2 der Zivilprozeßordnung bleibt unberührt. ³Die Verwerfung der Revision ohne mündliche Verhandlung ergeht durch Beschluß des Senats und ohne Zuziehung der ehrenamtlichen Richter.

I. Allgemeines

1   Die Vorschrift ist nicht abschließend. Ergänzend gelten nach § 72 V die Vorschriften über die Revision entsprechend.

II. Einlegung der Revision

2   **1. Zulässigkeit. a)** Die Revision ist statthaft, wenn sie durch das LAG im Urteil (§ 72) zugelassen worden ist oder auf Nichtzulassungsbeschwerde (§ 72 a) durch das BAG zugelassen worden ist.

3   **b)** Die Revision kann von jeder Partei, dem Nebenintervenienten und vom streitgenössischen Nebenintervenienten auch gegen den Willen der Hauptpartei eingelegt werden (BAG 15. 1. 1985 AP ZPO § 67 Nr. 3). Wegen der Beschwer ist auf die Lage der Hauptpartei abzustellen.

4   **c)** Die Revision wird durch Einreichung einer Revisionsschrift beim BAG eingelegt. Durch die Einlegung der Revision beim LAG wird die Revisionsfrist nicht gewahrt (BAG 21. 1. 1987 AP ZPO § 233 Nr. 12 = NJW 1987, 1355 = NZA 1987, 357). Sie ist nur dann gewahrt, wenn das LAG sie rechtzeitig an das BAG weiterreicht.

5   **d)** Die Revisionsschrift muß von einem Rechtsanwalt unterzeichnet sein. Die Unterschrift muß nicht lesbar sein; sie muß aber noch Schriftzüge erkennen lassen und die Identität des Unterzeichnenden durch ein individuelles Schriftbild mit charakteristischen Merkmalen kennzeichnen. Unzureichend ist eine Paraphe (BAG 27. 3. 1996 AP ZPO § 518 Nr. 67 = NJW 1996, 3164 = NZA 1996, 1116). Hat ein Rechtsmittelgericht die Unterschrift längere Zeit hingenommen, bedarf es eines Hinweises, daß dies hinfort nicht mehr erfolgen wird, bevor das Rechtsmittel verworfen wird (BVerfG 7. 10. 1996 1 BvR 1183/95; BAG 18. 6. 1997 NZA 1997, 1234). Ausreichend ist die Unterzeichnung durch einen Rechtsanwalt, der in Untervollmacht handelt (BAG 22. 5. 1990 AP ZPO § 519 Nr. 38 = NJW 1990, 2706 = NZA 1990, 828). Ist die Revisionsschrift nicht unterzeichnet, es ist zureichend, wenn eine von dem Rechtsanwalt beglaubigte Abschrift beigefügt ist, der der Verfasser der Revisionsschrift ist (BAG 30. 5. 1978 AP ZPO § 518 Nr. 42). Der Schriftform ist genügt, wenn die Revisionsschrift telegraphisch, durch Fernschreiben, Telekopie oder Telebrief sowie heute üblich – zunächst – durch Telefax eingelegt wird (BAG 14. 3. 1989 AP ZPO § 130 Nr. 10 = NJW 1989, 1822 = NZA 1989, 525).

6   **2. Inhalt der Revisionsschrift. a)** Nach § 553 I 2 muß die Revisionsschrift enthalten (1) die Bezeichnung des Urteils gegen das die Revision gerichtet wird; (2) die Erklärung, daß gegen dieses Urteil die Revision eingelegt werde.

7   **b)** Zur Bezeichnung des angefochtenen Urteils ist die Angabe des Gerichtes, das Datum der angefochtenen Entscheidung und das Aktenzeichen erforderlich. Das Revisionsgericht muß die Identität des angefochtenen Urteils innerhalb der Revisionsfrist erkennen können. Die angegebenen Angaben können daher fehlen, wenn das angefochtene Urteil durch andere Umstände eindeutig zu identifizieren ist. Dies kann der Fall sein, wenn Abschriften beigefügt sind usw. Wird gegen ein Schlußurteil Revision eingelegt, so ist auch das vorangegangene Grundurteil erfaßt.

8   **c)** Wird in der Revisionsschrift das Rechtsmittel unrichtig bezeichnet, so ist das unschädlich, wenn aus der Schrift eindeutig zu ersehen ist, daß das zulässige Rechtsmittel eingelegt werden sollte (BAG 3. 12. 1985 AP BAT § 74 Nr. 1). Die Revision muß unbedingt erhoben werden. Unzulässig ist eine Revision für den Fall ihrer Zulässigkeit oder Statthaftigkeit. Unzureichend ist, wenn Prozeßkostenhilfe zum Zwecke der Durchführung der Revision beantragt wird oder einem Prozeßkostenhilfeantrag eine Revisionsschrift beigefügt wird. Wird mehrfach Revision eingelegt, so ist im allgemeinen nur eine Revision anhängig (BAG 16. 8. 1991 AP SchwbG 1986 § 15 Nr. 2 = NZA 1992, 23).

9   **d)** Nach § 553 II ZPO ist auf die Revisionsschrift § 130 ZPO anzuwenden. Sie soll auch die dort geforderten Angaben enthalten. Eine Revisionsschrift ist aber auch dann noch ordnungsgemäß, wenn sie nicht die ladungsfähige Anschrift des Revisionsbeklagten oder seines Prozeßbevollmächtigten enthält (BAG GS 16. 9. 1986 AP ZPO § 518 Nr. 53 = NJW 1987, 1356 = NZA 1987, 136).

10   **e)** Die Revisionsschrift ist nach § 553 a III ZPO der Gegenpartei zuzustellen. Mit der Revision soll die erforderliche Zahl beglaubigter Abschriften beigefügt werden. Das BAG wünscht acht. Ferner ist die beglaubigte Abschrift oder eine Ausfertigung des angefochtenen Urteils beizufügen. Dem Revisionsbeklagten ist der Zeitpunkt mitzuteilen, an dem die Revision beim BAG eingegangen ist (§ 553 a I 2 ZPO).

11   **3. Die Revisionsfrist. a)** Die Revisionsfrist beträgt einen Monat (Abs. 1). Sie ist eine Notfrist und beginnt mit der Zustellung des in vollständiger Form abgefaßten Urteils, spätestens aber mit Ablauf von fünf Monaten nach der Verkündung (§ 552 ZPO). Nach § 9 V 4 beginnt nach Ablauf der Jahresfrist, da ohne Zustellung des Urteils in vollständiger Form die Rechtsmittelbelehrung fehlt (BAG 14. 9. 1984 AP ArbGG 1979 Nr. 3 = NZA 1985, 195; 19. 1. 1995 AP ArbGG 1979 § 9 Nr. 12 = NJW 1995, 2508 = NZA 1995, 654). Wird das Urteil in vollständiger Form innerhalb der

Schaub

Jahresfrist zugestellt, so läuft die Revisionsfrist von einem Monat ab diesem Zeitpunkt. Eine Besonderheit gilt, wenn die dem Urteil beigefügte Frist später endet als die Jahresfrist. Hat das LAG auch insoweit die übliche Belehrung beigefügt, so läuft die Revisionsfrist nicht vor dem angegebenen Zeitpunkt – einem Monat nach Zustellung des Urteils – ab (BAG 23. 11. 1994 AP ArbGG 1979 § 9 Nr. 12 = NJW 1995, 2508 = NZA 1995, 654).

b) Bei mehreren Verfahrensbevollmächtigten ist die Zustellung gegenüber jedem von ihnen wirksam (BAG 23. 1. 1986 AP BetrVG 1972 Nr. 31 = NZA 1986, 487). Für den Lauf der Frist ist die erste Zustellung maßgebend. Unzureichend ist die Zustellung an einen Unterbevollmächtigten. Bei der Fristberechnung wird der Tag der Zustellung nicht mitgerechnet (§§ 221, 222 ZPO, § 188 BGB). Die Revisionsfrist endet an dem Tag, der von der Zahl her dem Tag der Zustellung im Vormonat entspricht. War das Verfahren unterbrochen, so läuft die Revisionsfrist nicht. Gegen ein gleichwohl zuvor verkündetes Urteil kann bereits das Rechtsmittel eingelegt werden. Wird die Revision bereits vor Verkündung des Urteils des LAG eingelegt, so ist sie unwirksam. Wird ein Ergänzungsurteil erlassen, beginnt die Frist von neuem. Wird die Revision auf Nichtzulassungsbeschwerde zugelassen, beginnt die Revisionsfrist mit Zustellung des Beschlusses (§ 72 a V 7). 12

c) Die Revisionsschrift muß innerhalb der Revisionsfrist beim BAG eingehen. Unerheblich ist, bis zu welcher Tageszeit sich das Gericht zur Entgegennahme bereithält. Unterhält ein LAG im Gebäude eines anderen Gerichts desselben Ortes ein Fach zur Aufnahme von für das LAG bestimmten Schriftstücken, das unter Ausschluß eines fortbestehenden Zugriffs des Absenders oder eines Beförderers nur vom Gericht geleert werden kann, so wird durch den Einwurf eines fristgebundenen Schriftsatzes in dieses Fach am letzten Tag der Frist diese auch dann gewahrt, wenn der Schriftsatz erst nach dem auf dem Fach angegebenen täglichen Leerungszeit in das Fach gelangt ist (BAG 29. 4. 1986 AP ZPO § 519 Nr. 36 = NZA 1987, 68). Bei Versäumung der Revisionsfrist kann die Wiedereinsetzung in den vorigen Stand gegeben sein. Mit der fristgemäßen Einlegung der Revision wird der Eintritt der Rechtskraft gehemmt (Suspensiveffekt) und die Sache in die höhere Instanz überwälzt (Devolutiveffekt). 13

III. Revisionsbegründung

1. Schriftliche Begründung. Die Revision ist nach § 554 I ZPO zu begründen. Sofern die Begründung noch nicht in der Revisionsschrift enthalten ist, muß sie durch einen von einem Rechtsanwalt unterzeichneten Schriftsatz begründet werden (§ 554 II 1 ZPO). Die Revision kann auch durch Telekopie (BAG 14. 1. 1986 AP ArbGG 1979 § 94 Nr. 2 = NZA 1986, 578) oder Telefax erfolgen. Die Begründungsschrift muß selbst eine Begründung enthalten. Unzureichend ist eine Verweisung auf andere Schriftsätze. Ausreichend ist die Verweisung auf im Verfahren der Prozeßkostenhilfe oder der Nichtzulassungsbeschwerde eingereichte Schriftsätze (*Germelmann/Matthes/Prütting* § 74 Rn. 22; *Hauck* § 74 Rn. 9). 14

2. Revisionsbegründungsfrist. a) Die Revisionsbegründungsfrist beträgt einen Monat (Abs. 1). Sie beginnt mit der Einlegung der Revision (§ 554 II ZPO). Es ist also nicht abzustellen auf den Zeitpunkt des Ablaufs der Revisionsfrist, sondern auf den Eingang der Revision beim BAG. Dies gilt auch dann, wenn die Revision vor Zustellung des Urteils oder verspätet eingelegt worden ist. Hat der Revisionsführer mehrfach Revision eingelegt, so beginnt die Frist mit der ersten Revisionseinlegung (BAG 16. 8. 1991 AP SchwbG 1986 § 15 Nr. 2 = NZA 1992, 23). 15

b) Die Revisionsbegründungsfrist kann einmal bis zu einem weiteren Monat verlängert werden (Abs. 1 Satz 2). Der Antrag auf Fristverlängerung muß vor Ablauf der Revisionsbegründungsfrist bei Gericht eingehen. Die Entscheidung kann auch noch nach Fristablauf erfolgen. Die Verlängerung der Frist erfolgt durch den Vorsitzenden (§ 554 II 2 ZPO). 16

c) Bei Versäumung der Revisionsbegründungsfrist kann Wiedereinsetzung in den vorigen Stand gewährt werden (§ 233 ZPO). Mit dem Antrag auf Wiedereinsetzung muß die Revision begründet werden (§ 236 II 2 ZPO). Ist die Revision fristgemäß begründet, kommt eine Wiedereinsetzung zum Nachschieben weiterer Revisionsgründe nach herrschender Meinung nicht in Betracht (GK-ArbGG/ *Ascheid* § 74 Rn. 37; *Hauck* § 74 Rn. 12; aA *Germelmann/Matthes/Prütting* § 74 Rn. 21). Die hM hält ein Bedürfnis nicht für gegeben, weil materielle Rügen ohnehin zu berücksichtigen seien. Der Meinungsstreit kann mithin nur wegen Verfahrensrügen von Bedeutung werden. 17

3. Inhalt der Revisionsbegründung. a) Nach § 554 III ZPO muß die Revisionsbegründung enthalten (1) die Erklärung, inwieweit das Urteil angefochten und dessen Aufhebung beantragt werde (Revisionsanträge); (2) die Angabe der Revisionsgründe, und zwar (a) die Bezeichnung der verletzten Rechtsnorm; (b) inwieweit die Revision darauf gestützt wird, daß das Gesetz in Bezug auf das Verfahren verletzt sei, die Bezeichnung der Tatsachen, die den Mangel ergeben. 18

b) Der Revisionskläger wird regelmäßig beantragen, das Urteil der LAG aufzuheben und die Berufung gegen das Urteil des ArbG zurückzuweisen oder das Urteil des ArbG abzuändern und nach dem Klageantrag zu erkennen. Ausreichend ist aber, wenn aus dem Inhalt der Revisionsbegründung ersichtlich ist, in welchem Umfang das LAG-Urteil aufgehoben werden soll (BAG 22. 5. 1985 AP 19

60 ArbGG § 74   Einlegung der Revision, Terminbestimmung

TVG § 1 Tarifverträge-Bundesbahn Nr. 6 = NZA 1986, 169). Zureichend ist auch, wenn die Aufhebung des Urteils und die Zurückweisung des Rechtsstreites beantragt wird, wenn sich aus dem Vorbringen im übrigen ergibt, daß der ursprüngliche Sachantrag weiter verfolgt werden soll (BAG 22. 10. 1982 AP BetrVG 1972 § 99 Nr. 24 = NZA 1986, 235). Nach Ablauf der Revisionsbegründungsfrist kann der Antrag nicht mehr erweitert werden, da das Urteil wegen des nicht angefochtenen Teils rechtskräftig geworden ist.

20 c) Das Revisionsgericht ist an die von den Parteien gestellten Revisionsanträge gebunden. Eine Änderung der Klage ist in der Revisionsinstanz unzulässig (BAG 16. 11. 1982 AP SchwbG § 42 Nr. 8 = NJW 1983, 2215). Aufgabe des Revisionsgerichtes ist es zu überprüfen, ob die Vorinstanz fehlerfrei entschieden hat. Außerdem ist es an den festgestellten Sachverhalt gebunden. Eine Änderung des Sachantrages ist ausnahmsweise zulässig, wenn der geänderte Sachvortrag auf einem beim Revisionsgericht unstreitig gestellten Sachverhalt oder auf den Feststellungen des LAG beruht (BAG 5. 11. 1985 AP BetrVG 1972 § 98 Nr. 2 = NZA 1986, 535). Das BAG hat in der Revisionsinstanz den Übergang von der Leistungsklage zur Feststellungsklage für zulässig gehalten (BAG 3. 9. 1986 AP BAT 1975 §§ 22, 23 Nr. 125; 17. 10. 1972 AP BGB § 620 Nr. 8). Dagegen wird umgekehrt nicht das gleiche gelten, weil es wegen der Höhe der Leistungen häufig nicht unstreitig zu stellender weiterer Feststellungen bedarf (aA *Hauck* § 74 Rn. 14). In der Revisionsinstanz ist es prozessual zulässig, den früheren Hauptantrag als Hilfsantrag und umgekehrt den früheren Hilfsantrag als Hauptantrag zu stellen (BAG 4. 5. 1977 AP BGB § 611 Bergbau Nr. 17). Ist Revision über den Hauptantrag eingelegt, ist auch über den Hilfsantrag zu entscheiden. Ferner kann in der Revisionsinstanz erstmals über den Antrag nach § 717 III ZPO entschieden werden (BAG 23. 12. 1961 AP ZPO § 717 Nr. 2 = NJW 1962, 1125). Dagegen ist die erstmalige Erhebung der Widerklage oder einer Zwischenfeststellungsklage unzulässig.

21 d) Die Revisionsbegründung muß weiter nach § 554 III Nr. 3 ZPO die Angabe der Revisionsgründe enthalten, und zwar (a) die Bezeichnung der verletzten Rechtsnorm; (b) insoweit die Revision darauf gestützt wird, daß das Gesetz in Bezug auf das Verfahren verletzt sei, die Bezeichnung der Tatsachen, die den Mangel ergeben.

22 **4. Materielle Revisionsgründe.** a) Wenn der Revisionskläger einen materiell-rechtlichen Fehler rügen will, hat er die verletzte Rechtsnorm oder den verletzten Rechtsgrundsatz zu bezeichnen, deren falsche Anwendung er rügen will. Unzureichend sind nur allgemeine Rügen, das angefochtene Urteil sei fehlerhaft, verletze das Recht. Die irrtümlich falsche Bezeichnung der Rechtsnorm oder des Rechtsgrundsatzes ist unschädlich, da das Revisionsgericht nur an die Anträge, dagegen nicht an die geltend gemachten Revisionsgründe gebunden ist. Immer muß erkennbar bleiben, welche Rechtsverletzung gerügt wird. Die Rechtsprechung verlangt eine Auseinandersetzung mit den Gründen des angefochtenen Urteils (BAG 16. 8. 1991 AP SchwbG 1986 § 15 Nr. 2 = NZA 1992, 23; 29. 10. 1997 AP ZPO § 554 Nr. 30 = NZA 1998, 336). Gelegentlich wird diese Meinung als übergezogen bezeichnet (vgl. *Germelmann/Matthes/Prütting* § 74 Rn. 34; GK-ArbGG/*Ascheid* § 74 Rn. 57; *Grunsky* § 74 Rn. 7b).

23 b) Hat das angefochtene Urteil über mehrere Streitgegenstände entschieden, muß sich die Revisionsbegründung mit allen angefochtenen Teilen auseinandersetzen und für jeden Streitgegenstand begründet werden. Soweit eine Begründung fehlt, ist die Revision unzulässig (BAG 16. 10. 1991 AP SchwbG 1986 § 18 Nr. 1 = NZA 1992, 503; 16. 4. 1997 AP ArbGG 1979 § 72 Nr. 35 = DB 1997, 2284). Eine Ausnahme von diesem Rechtsgrundsatz gilt dann, wenn die Entscheidung über den einen Streitgegenstand notwendig von dem anderen korrekt angefochtenen abhängt (BAG 15. 11. 1994 AP BeschFG 1985 § 2 Nr. 39 = NZA 1995, 936; 24. 3. 1977 AP BGB § 630 Nr. 12; 9. 4. 1991 AP BetrVG 1972 § 18 Nr. 8).

24 c) Für die ordnungsgemäße Revisionsbegründung unerheblich ist, ob der Rechtsfehler vorliegt. Da materiellen Fehlern von Amts wegen nachgegangen wird, können materielle Rügen auch noch nach Ablauf der Revisionsbegründungsfrist erhoben werden.

25 **5. Verfahrensrügen.** a) Wird eine Verfahrensrüge nach § 554 III Nr. 3 b ZPO erhoben, so muß der Revisionskläger auch die Tatsachen innerhalb der Begründungsfrist vortragen, aus denen sich der Verfahrensverstoß ergibt. Gleichwohl ist insoweit zu unterscheiden. Ist der Verfahrensfehler von Amts wegen zu berücksichtigen, ist die Rüge des Verfahrensmangels entbehrlich. Dagegen muß sie erhoben werden, wenn der Verfahrensmangel nicht von Amts wegen zu berücksichtigen ist. Auf solche Verfahrensmängel wird das Urteil nur dann überprüft, wenn sie ordnungsgemäß gerügt worden sind. Wird die Rüge nicht innerhalb der Revisionsbegründungsfrist erhoben, kann sie nicht mehr nachgeschoben werden. Mit der Rüge ist ferner darzulegen, daß das Urteil auf dem Verfahrensfehler beruht. Bei Verfahrensmängeln reicht es aus, daß das Urteil möglicherweise auf dem Verfahrensmangel beruht. Eine Verfahrensrüge ist auch dann notwendig, wenn ein absoluter Revisionsgrund gegeben ist. Dies gilt insbesondere bei verspäteter Urteilsabsetzung (BAG 12. 1. 1994 AP TVG § 1 Tarifverträge – Rundfunk = NZA 1995, 36; 23. 11. 1994 AP BAT 1975 §§ 22, 23 Nr. 190).

IV. Terminbestimmung

b) Wird die Rüge der fehlerhaften Ausübung des richterlichen Fragerechtes (Aufklärungsrüge) er- 26 hoben (§ 139 ZPO), muß vorgetragen werden, welche weiteren erheblichen Tatsachen die Partei bei einem entsprechenden Hinweis des Gerichtes vorgetragen hätte und daß bei dessen Berücksichtigung die Entscheidung anders ausgefallen wäre (BAG 15. 12. 1994 AP KSchG 1969 § 1 Betriebsbedingte Kündigung Nr. 67 = NJW 1995, 1982 = NZA 1995, 521). Wird das Unterlassen einer Beweiserhebung gerügt, muß die Partei darlegen, wo das entsprechende Beweisangebot in der Akte steht, über welches Thema hätte Beweis erhoben werden müssen und welches Ergebnis die Beweisaufnahme gehabt hätte (BAG 11. 4. 1985 AP BetrVG 1972 § 102 Nr. 39 = NZA 1986, 674). Wird gerügt, das Urteil sei so spät zugestellt worden, daß ein Tatbestandsberichtigungsantrag nicht mehr hätte gestellt werden können, muß angegeben werden, welcher Antrag gestellt worden wäre und daß das Urteil auf dem Fehler beruht.

c) Verfahrensverstöße liegen auch dann vor, wenn das Berufungsgericht die Glaubwürdigkeit eines 27 Zeugen ohne erneute Vernehmung anders als das ArbG beurteilt (BAG 26. 9. 1989 AP ZPO § 389 Nr. 3 = NZA 1990, 74). Dagegen kann nicht gerügt werden, das LAG habe zu Unrecht eine Klageänderung als sachdienlich angesehen oder verspätetes Vorbringen zu Unrecht zugelassen, da insoweit die eingetretenen Verzögerungen nicht mehr beseitigt werden können.

IV. Terminbestimmung

1. Terminierung. Nach Abs. 2 Satz 1 muß die Bestimmung des Termins zur mündlichen Verhand- 28 lung unverzüglich erfolgen. Bei der Terminsbestimmung ist der arbeitsgerichtliche Beschleunigungsgrundsatz zu beachten. Ladungs- und Einlassungsfristen müssen jedoch gewahrt bleiben. Im allgemeinen erfolgt die Terminierung nach der Reihenfolge des Eingangs. Dies ist nach der Rechtsprechung des Bundesverfassungsgerichtes schon zur Wahrung des gesetzlichen Richters notwendig. Nur in herausragenden Fällen wird hiervon abgesehen.

2. Verwerfung der unzulässigen Revision. a) Nach Abs. 2 Satz 2 bleibt § 554 a II ZPO unberührt. 29 Danach hat das Revisionsgericht von Amts wegen zu prüfen, ob die Revision an sich statthaft und ob sie in der gesetzlichen Form und Frist eingelegt und begründet ist. Mangelt es an einem dieser Erfordernisse, ist die Revision als unzulässig zu verwerfen. Unzulässig ist eine Revision, wenn sie nicht zugelassen ist, nicht form- und fristgemäß bei Gericht eingegangen ist, ein Verfahrensfehler nicht ordnungsgemäß gerügt ist oder die Partei nicht beschwert ist. Eine Beschwer kann sich auch aus der Begründung ergeben, wenn eine Klage als unzulässig statt als unbegründet abgewiesen worden ist, oder das LAG zu Unrecht an die erste Instanz zurückverwiesen hat (BAG 24. 4. 1996 AP ArbGG 1979 § 68 Nr. 2 = NJW 1996, 3430).

b) Die Verwerfung der Revision erfolgt ohne mündliche Verhandlung durch Beschluß des Senats 30 ohne Hinzuziehung der ehrenamtlichen Richter. Der Verwerfungsbeschluß kann nicht geändert werden, auch wenn er zu Unrecht ergangen ist. Insoweit kann allenfalls die Verfassungsbeschwerde gegeben sein. Die Revision kann insgesamt oder teilweise verworfen werden.

3. Einstellung der Zwangsvollstreckung. Die Zwangsvollstreckung kann unter den Voraussetzun- 31 gen von § 719 II ZPO durch das BAG eingestellt werden. Die Einstellung erfolgt nicht, wenn die Revision nicht begründet ist oder bei einem zeitlich befristeten Urteil dem Urteil jede Wirkung genommen würde, sofern die Interessen des Gläubigers überwiegen. Hat das LAG die Zwangsvollstreckung ausgeschlossen, kann das Revisionsgericht nach § 560 ZPO das Urteil für vollstreckbar erklären.

4. Rücknahme und Verzicht auf Revision. a) Die Revision kann nach § 72 V iVm. §§ 566, 515 32 ZPO zurückgenommen werden (vgl. § 64 Rn. 18).

b) Der Verzicht erfolgt nach § 72 V iVm. §§ 566, 514 ZPO (vgl. § 64 Rn. 18). 33

5. Anschlußrevision. a) Nach § 72 V iVm. § 556 ZPO kann sich der Revisionsbeklagte bis zum 34 Ablauf eines Monats nach der Zustellung der Revisionsbegründung der Revision anschließen, selbst wenn er auf die Revision verzichtet hat. Zu unterscheiden ist die selbständige und unselbständige Anschlußrevision.

b) Die Anschließung erfolgt durch Einreichung der Revisionsanschlußschrift bei dem Revisionsge- 35 richt. Die Anschlußrevision muß in der Anschlußschrift begründet werden. Erfolgt die Begründung in einem gesonderten Schriftsatz, so muß dieser innerhalb der Anschlußfrist bei Gericht eingehen. Ist die Revision nur beschränkt zugelassen, so kann sich die Anschlußrevision nur auf den Teil beziehen, für den die Revision zugelassen worden ist (BAG 21. 10. 1982 AP GG Art. 140 Nr. 14 = NJW 1984, 826). Nach §§ 556 II, 522 I verliert die Anschließung ihre Wirkung, wenn die Revision zurückgenommen oder als unzulässig verworfen wird. Dasselbe gilt bei einer Rücknahme oder dem Verzicht auf die Revision.

c) Hat der Revisionsbeklagte innerhalb der Revisionsfrist sich der erhobenen Revision angeschlos- 36 sen, so wird es so angesehen, als habe er die Revision selbständig eingelegt (§§ 556, 522 II ZPO). Von zwei selbständigen Revisionen ist auch dann auszugehen, wenn diese unabhängig voneinander eingelegt worden sind.

§ 75 Urteil

(1) ¹ Die Wirksamkeit der Verkündung des Urteils ist von der Anwesenheit der ehrenamtlichen Richter nicht abhängig. ² Wird ein Urteil in Abwesenheit der ehrenamtlichen Richter verkündet, so ist die Urteilsformel vorher von sämtlichen Mitgliedern des erkennenden Senats zu unterschreiben.

(2) Das Urteil nebst Tatbestand und Entscheidungsgründen ist von sämtlichen Mitgliedern des erkennenden Senats zu unterschreiben.

I. Allgemeines

1   Die Vorschrift regelt Verkündung und Unterzeichnung des Revisionsurteils. Soweit die Vorschrift keine Regelung enthält, gelten nach § 72 V die Vorschriften der §§ 557 bis 561 ZPO und §§ 563 bis 565 a ZPO. Dort werden die Vorschriften der §§ 310 bis 312, 313 bis 313 b und 315 ZPO in Bezug genommen.

II. Verkündung des Revisionsurteils

2   **1. Verkündungstermin. a)** Die Revisionsurteile müssen verkündet werden, um wirksam zu werden. Dies gilt auch dann, wenn das BAG nach § 128 ZPO im schriftlichen Verfahren entscheidet.

3   b) Die Verkündung richtet sich nach § 72 V iVm. § 557 ZPO. Hier wird alsdann auf §§ 310 bis 312 ZPO weiterverwiesen. Danach wird das Urteil in dem Termin, in dem die mündliche Verhandlung geschlossen wird, oder in einem sofort anzuberaumenden Termin verkündet. Der Verkündungstermin wird nur dann über drei Wochen hinaus angesetzt, wenn wichtige Gründe, insbesondere der Umfang oder die Schwierigkeit der Sache es erfordern (§ 310 I ZPO). Wird das Urteil nicht in dem Termin, in dem die mündliche Verhandlung geschlossen wird, verkündet, so muß es bei der Verkündung in vollständiger Form abgefaßt sein. § 60 gilt im Revisionsverfahren nicht.

4   c) Nach Abs. 1 Satz 1 ist die Wirksamkeit der Verkündung des Urteils nicht von der Anwesenheit der ehrenamtlichen Richter abhängig. Wird ein besonderer Verkündungstermin angesetzt, kann der Vorsitzende das Urteil allein verkünden (§ 311 IV ZPO). Wird das Urteil in Abwesenheit der ehrenamtlichen Richter verkündet, so ist die Urteilsformel vorher von sämtlichen Mitgliedern des erkennenden Senats zu unterschreiben (Abs. 1 Satz 2).

5   d) Das Urteil wird durch Vorlesung der Urteilsformel verkündet (§ 311 II 1 ZPO). Wird das Urteil in einem besonderen Verkündungstermin verkündet, kann die Verlesung der Urteilsformel durch die Bezugnahme auf die Urteilsformel ersetzt werden, wenn in dem Verkündungstermin von den Parteien niemand erschienen ist. Die Entscheidungsgründe werden durch Vorlesung der Urteilsgründe oder durch mündliche Mitteilung des wesentlichen Inhalts verkündet, wenn es das Gericht für angemessen erachtet (§ 310 II ZPO).

6   **2. Inhalt des Revisionsurteils. a)** Der Inhalt des Revisionsurteils richtet sich nach § 313 ZPO. Das Urteil enthält das Rubrum, die Bezeichnung des Gerichtes und die Namen der Richter, den Tag, an dem die mündliche Verhandlung geschlossen worden ist, die Urteilsformel, den Tatbestand und die Entscheidungsgründe.

7   b) Ausnahmen vom Begründungszwang bestehen nach § 565 a ZPO und wenn die Parteien nach § 313 a ZPO auf Tatbestand und Entscheidungsgründe verzichten. Nach § 565 a ZPO braucht die Entscheidung nicht begründet zu werden, soweit das Revisionsgericht Rügen von Verfahrensmängeln nicht für durchgreifend erachtet. Dies gilt nicht für Rügen nach § 551 ZPO. Nach § 313 a I ZPO bedarf es eines Tatbestandes nicht, wenn ein Rechtsmittel gegen das Urteil unzweifelhaft nicht eingelegt werden kann. Das gleiche gilt, wenn die Parteien zusätzlich spätestens am zweiten Tag nach dem Schluß der mündlichen Verhandlung auf sie verzichten. Alsdann tritt eine Kostenprivilegierung nach Nr. 9134 des Gebührenverzeichnisses ein. Ein Verzicht kommt nicht in Betracht, wenn der Rechtsstreit zur anderweitigen Verhandlung und Entscheidung an das LAG zurückverwiesen wird.

8   c) Nach Abs. 2 Satz 1 sind Tatbestand und Entscheidungsgründe von sämtlichen Mitgliedern des erkennenden Senats zu unterschreiben. Ist ein Richter verhindert seine Unterschrift beizufügen, so wird dies unter Angabe des Verhinderungsgrundes von dem Vorsitzenden und bei dessen Verhinderung von dem ältesten beisitzenden Richter unter dem Urteil vermerkt (§ 315 I 2 ZPO). Ein Richter ist zB an der Unterschrift verhindert, wenn die Amtszeit abgelaufen ist, er schwer erkrankt ist, sich in Urlaub befindet. Die Verweigerung der Unterschrift durch einen evtl. überstimmten Richter ist nicht zulässig. Weigert sich ein Richter das Urteil zu unterschreiben, so muß über die Abfassung des Urteils eine Beratung stattfinden, in der notfalls über einzelne Formulierungen abzustimmen ist. Die Überstimmten müssen alsdann unterschreiben.

d) *Kann* das Urteil nicht innerhalb von drei Wochen in vollständiger Form der Geschäftsstelle 9 übergeben werden, so ist innerhalb der Frist das von den Richtern unterschriebene Urteil ohne Tatbestand und Entscheidungsgründe der Geschäftsstelle zu übergeben (§ 315 II 2 ZPO).

3. Zustellung. Das Revisionsurteil wird von Amts wegen den Parteien zugestellt (§§ 72 VI, 50). 10 Eine Tatbestandsberichtigung kommt bei Revisionsurteilen nicht in Betracht, weil das BAG keine eigenen tatsächlichen Feststellungen trifft (BAG 13. 8. 1985 AP ZPO § 320 Nr. 5). Offenbare Unrichtigkeiten des Revisionsurteils können nach § 319 ZPO berichtigt werden.

III. Gegenstand der Revisionsentscheidung

1. Anträge. a) Der Prüfung des Revisionsgerichtes unterliegen nur die von den Parteien gestellten 11 Anträge (§ 559 I ZPO). Dagegen ist das Revisionsgericht an die geltend gemachten Revisionsgründe nicht gebunden (§ 559 II 1 ZPO). Auf Verfahrensmängel, die nicht von Amts wegen zu berücksichtigen sind, darf das angefochtene Urteil nur geprüft werden, wenn die Mängel nach §§ 554, 556 ZPO gerügt worden sind (§ 559 II ZPO).

b) Wegen des Sachverhaltes ist das Revisionsgericht an die Feststellungen nach § 561 ZPO gebun- 12 den. Neues Vorbringen kann in der Revisionsinstanz grundsätzlich nicht überprüft werden. Ausnahmen bestehen, wenn entsprechender Sachverhalt unstreitig gestellt wird oder der Sachverhalt nach Schluß der mündlichen Verhandlung bei dem LAG entstanden ist (BAG 16. 5. 1990 AP ZPO § 554 Nr. 21 = NJW 1990, 2641 = NZA 1990, 825).

2. Entscheidung. a) Die Revision wird zurückgewiesen, wenn entweder das angefochtene Urteil 13 keine Rechtsverletzung aufweist oder die Entscheidungsgründe zwar eine Gesetzesverletzung aufweisen, die Entscheidung sich aber aus anderen Gründen als richtig darstellt (§ 563 ZPO).

b) Insoweit die Revision für begründet erachtet wird, ist das angefochtene Urteil aufzuheben 14 (§ 564 I ZPO). Wird das Urteil wegen eines Mangels des Verfahrens aufgehoben, so ist zugleich das Verfahren insoweit aufzuheben, als es durch den Mangel betroffen wird (§ 564 II ZPO). Läßt der Tatbestand des Berufungsurteils infolge widerspruchsvoller Angaben nicht zweifelsfrei erkennen, welchen tatsächlichen Streitstoff das Gericht seiner Entscheidung zugrundegelegt hat, so führt dieser Mangel, der von Amts wegen zu beachten ist, zur Aufhebung des Urteils und gemäß § 564 II ZPO auch zur Aufhebung des Verfahrens (BAG 15. 1. 1958 AP ZPO § 313 Nr. 1).

c) Im Falle der Aufhebung des Urteils ist die Sache zur anderweiten Verhandlung und Entscheidung 15 an das Berufungsgericht zurückzuverweisen. Die Zurückverweisung erfolgt an das Berufungsgericht. Die Zurückverweisung kann an eine andere Kammer des Berufungsgerichtes erfolgen (§ 565 I ZPO). Wird schlechthin zurückverwiesen, kommt die Sache an die nach der Geschäftsverteilung zuständige Kammer. Wird an eine andere Kammer zurückverwiesen, so war umstritten, ob das BAG die entscheidende Kammer bestimmen kann. Inzwischen ist in den Geschäftsverteilungsplänen der LAG vorgesehen, welche Kammer in diesen Fällen zu entscheiden hat.

d) Das Revisionsgericht hat eine ersetzende Entscheidung zu treffen (§ 565 III ZPO), wenn die 16 Aufhebung des Urteils nur wegen Gesetzesverletzung bei Anwendung des Gesetzes auf das festgestellte Sachverhältnis erfolgt und nach letzterem die Sache zur Endentscheidung reif ist. Im wesentlichen handelt es sich hierbei um Subsumtionsfehler, wenn die Sache spruchreif ist. Weitere Beispiele sind die Verwerfung der Berufung, die das LAG für zulässig erachtet hat, Abweisung der Klage als unzulässig, die die Vorinstanzen für zulässig gehalten haben, Abweisung einer Klage, die die Vorinstanzen als unzulässig gehalten haben, Klageabweisung, wenn die Vorinstanzen ein unzulässiges Teilurteil erlassen haben (BAG 12. 8. 1993 AP BMT-G SR 2 a § 2 Nr. 1 = NZA 1994, 133).

Der zweite Fall der ersetzenden Entscheidung (§ 565 III Nr. 2 ZPO) kann kaum noch in Betracht 17 kommen.

3. Wirkung der Zurückverweisung. a) Durch die Zurückverweisung wird die Sache in Fortsetzung 18 der früheren Verhandlung neu verhandelt. Neues Vorbringen ist in den Grenzen von § 67 zulässig.

b) Das Berufungsgericht hat die rechtliche Beurteilung, die der Aufhebung zugrundeliegt, auch 19 seiner Entscheidung zugrunde zu legen (§ 565 II ZPO). Rechtliche Beurteilung sind die Rechtsausführungen in ihrer Gesamtheit; insbesondere Inhalt, Gültigkeit und Anwendung von Rechtsnormen. Der Aufhebung zugrundeliegt die rechtliche Beurteilung, die für die Aufhebung unmittelbar ursächlich geworden ist. Die Bindung besteht auch bei Anwendung von Vertragsrecht der Europäischen Union, soweit die Zurückverweisung zum Zweck der ergänzenden Tatsachenfeststellung erfolgt (BAG 23. 2. 1994 AP EWG-Vertrag Art. 119 Nr. 51 = DB 1995, 226).

c) Keine Bindung des Berufungsgerichtes besteht, wenn (1) die rechtliche Beurteilung anderer 20 Ansprüche in Betracht kommt, (2) sich die Rechtslage ändert, (3) das Revisionsgericht selbst seine Rechtsansicht ändert, (4) aufgrund neuer Tatsachen die Subsumtion sich ändert (BAG 14. 4. 1967 AP ZPO § 565 Nr. 12), (5) die Kausalität der rechtlichen Beurteilung fehlt, zB wenn das Revisionsgericht die Auffassung des Berufungsgerichtes gebilligt hat, aber aus anderen Gründen wegen ungenügender

Prüfung zurückverwiesen hat, (6) es um technische Regeln und Erfahrungssätze geht, die das Revisionsgericht seiner Beurteilung zugrundegelegt hat. Im übrigen entscheidet das Berufungsgericht frei.

21 **4. Bindung des Revisionsgerichtes.** Das Revisionsgericht ist ebenfalls an seine Entscheidung gebunden (BAG 19. 2. 1959 AP ZPO § 318 Nr. 1; 16. 2. 1961 AP ZPO § 565 Nr. 1; 25. 3. 1976 AP BGB § 626 Nr. 10; 20. 11. 1990 AP BetrAVG § 1 Gleichberechtigung Nr. 8 = NZA 1991, 635). Etwas anderes gilt nur dann, wenn die Sache auf erneute Revision wieder an das Revisionsgericht gelangt und dieses vor seiner zweiten Entscheidung in einer anderen Sache seine Rechtsauffassung geändert hat (BAG 19. 2. 1997 BGB § 618 Nr. 24 = NZA 1997, 821; GmS-OGB AP RSprEinhG § 4 Nr. 1 = NJW 1973, 1273).

§ 76 Sprungrevision

(1) ¹Gegen das Urteil eines Arbeitsgerichts kann unter Übergehung der Berufungsinstanz unmittelbar die Revision eingelegt werden (Sprungrevision), wenn der Gegner schriftlich zustimmt und wenn sie vom Arbeitsgericht auf Antrag im Urteil oder nachträglich durch Beschluß zugelassen wird. ²Der Antrag ist innerhalb einer Notfrist von einem Monat nach Zustellung des in vollständiger Form abgefaßten Urteils schriftlich zu stellen. ³Die Zustimmung des Gegners ist, wenn die Revision im Urteil zugelassen ist, der Revisionsschrift, andernfalls dem Antrag beizufügen.

(2) ¹Die Sprungrevision ist nur zuzulassen, wenn die Rechtssache grundsätzliche Bedeutung hat und Rechtsstreitigkeiten betrifft
1. zwischen Tarifvertragsparteien aus Tarifverträgen oder über das Bestehen oder Nichtbestehen von Tarifverträgen,
2. über die Auslegung eines Tarifvertrags, dessen Geltungsbereich sich über den Bezirk des Landesarbeitsgericht hinaus erstreckt, oder
3. zwischen tariffähigen Parteien oder zwischen diesen und Dritten aus unerlaubten Handlungen, soweit es sich um Maßnahmen zum Zwecke des Arbeitskampfes oder um Fragen der Vereinigungsfreiheit einschließlich des hiermit im Zusammenhang stehenden Betätigungsrechts der Vereinigungen handelt.

²Das Bundesarbeitsgericht ist an die Zulassung gebunden. ³Die Ablehnung der Zulassung ist unanfechtbar.

(3) ¹Lehnt das Arbeitsgericht den Antrag auf Zulassung der Revision durch Beschluß ab, so beginnt mit der Zustellung dieser Entscheidung der Lauf der Berufungsfrist von neuem, sofern der Antrag in der gesetzlichen Form und Frist gestellt und die Zustimmungserklärung beigefügt war. ²Läßt das Arbeitsgericht die Revision durch Beschluß zu, so beginnt mit der Zustellung dieser Entscheidung der Lauf der Revisionsfrist.

(4) Die Revision kann nicht auf Mängel des Verfahrens gestützt werden.

(5) Die Einlegung der Revision und die Zustimmung gelten als Verzicht auf die Berufung, wenn das Arbeitsgericht die Revision zugelassen hat.

(6) § 566 a Abs. 5 bis 7 der Zivilprozeßordnung ist entsprechend anzuwenden.

1 **1. Allgemeines.** Gegen das Urteil des ArbG kann unter Übergehung der Berufungsinstanz unmittelbar die Revision eingelegt werden. Die Sprungrevision ist abschließend in § 76 geregelt. Ergänzend sind § 566 a V bis VII ZPO entsprechend anzuwenden (§ 76 a VI).

2 **2. Zulassung der Sprungrevision. a) Antrag.** Die Sprungrevision ist nur statthaft, wenn sie vom ArbG zugelassen worden ist. Die Zulassung erfolgt nur auf schriflichen Antrag. Der Antrag ist vor Erlaß des Urteils oder innerhalb einer Notfrist von einem Monat nach Zustellung des in vollständiger Form abgefaßten Urteils zu stellen.

3 **b)** Der vor Erlaß des Urteils gestellte Antrag ist im Urteil, sonst durch Beschluß zu bescheiden. Wird der Antrag im Urteil beschieden, so erfolgt die Zulassung im Tenor (vgl. §§ 64 IIIa, 72 I). Zumindest ist die Zulassung mitzuverkünden. Bei Zulassung im Urteil bedarf es keiner vorherigen Zustimmung des Gegners; die Zustimmungserklärung ist der Revisionsschrift beizufügen. Es verstößt nicht gegen das Rechtsstaatsprinzip, wenn das Revisionsgericht die unbeglaubigte Fotokopie der Zustimmungserklärung zur Sprungrevision nicht genügen läßt (BVerfG 15. 2. 1993 AP ArbGG 1979 Nr. 8 = NJW 1994, 649). Wird die Sprungrevision zugelassen, so hat der Beschwerte sowohl das Rechtsmittel der Berufung wie der Revision. In der Rechtsmittelbelehrung ist darauf hinzuweisen. Soweit nach § 64 erforderlich, umfaßt die Zulassung der Revision auch die Zulassung der Berufung.

4 **c)** Erfolgt die Zulassung auf nachträglich gestellten Antrag durch Beschluß, so ist dem Antrag die schriftliche Zustimmung des Gegners beizufügen. Sowohl der Antrag als auch die Zustimmung unterliegen nicht dem Anwaltszwang. Sie können mithin auch von der Partei selbst oder ihren Prozeßbevollmächtigten (Rechtsanwalt, Verbandsvertreter) erklärt werden (BAG 17. 4. 1985 AP BAT § 37

Nr. 7 = NJW 1987, 732 = NZA 1986, 171; 13. 10. 1982 AP ArbGG 1979 § 76 Nr. 3 = NJW 1983, 1079; aA 25. 4. 1979 AP ArbGG 1953 § 76 Nr. 1 = NJW 1979, 2422). Der Beschluß über die Zulassung ergeht außerhalb der mündlichen Verhandlung. Er kann daher nach § 53 I auch durch den Vorsitzenden allein erfolgen.

3. Zulassungsvoraussetzungen. a) Die Sprungrevision ist nur zuzulassen, wenn die Rechtssache grundsätzliche Bedeutung hat (§ 72 Rn. 9) und einen der in Abs. 2 Nr. 1 bis 3 aufgeführten Rechtsstreitigkeiten betrifft. Die Rechtsstreitigkeiten betreffen dieselben wie in § 72 a I Nr. 1 bis 3 (Rn. 7), auf die eine Nichtzulassungsbeschwerde gestützt werden kann. Liegen diese Voraussetzungen vor, so hat das ArbG die Revision zuzulassen. Liegen sie nur teilweise vor, so ist sie teilweise zuzulassen. In anderen Fällen ist die Zulassung nicht zulässig.

b) Wirkung der Zulassung. Hat das ArbG die Revision zugelassen, so ist das BAG hieran gebunden (§ 76 II 2). Das BAG hat hiervon dann eine Ausnahme gemacht, wenn es sich nicht um einen Rechtsstreit nach Abs. 2 Nr. 1 bis 3 handelt (BAG 22. 2. 1985 AP ArbGG 1979 § 76 Nr. 4 = NJW 1985, 2974 = NZA 1985, 436) oder die Revision in keinem Fall möglich ist (BAG 14. 10. 1982 AP ArbGG 1979 § 76 Nr. 2 = NJW 1984, 254). Nach dieser Meinung besteht die Bindung nur an die Bewertung der grundsätzlichen Bedeutung. Insoweit hatte der Dritte Senat die übrigen Senate angerufen, ob an der bisherigen Rechtsprechung festgehalten wird (BAG 25. 4. 1996 AP ArbGG 1979 § 76 Nr. 10 = NZA 1997, 231). Die Hauptsache ist inzwischen durch Vergleich erledigt.

c) Verfahren. Mit der Zulassung der Sprungrevision durch Urteil oder Beschluß und Zustellung der Entscheidung beginnt die Revisionsfrist, wenn die entsprechende Rechtsmittelbelehrung beigefügt ist. Hat das ArbG durch nachträglichen Beschluß die Zulassung abgelehnt, so beginnt die Berufungsfrist. Dagegen ist die Entscheidung des ArbG, die Revision nicht zuzulassen, selbst rechtskräftig. Einen Rechtsbehelf zur Herbeiführung der Zulassung gibt es nicht.

4. Einlegung der Sprungrevision. a) Wird die Sprungrevision zugelassen, kann die beschwerte Partei Berufung oder Revision einlegen. Wird Revision eingelegt, wird eine zuvor eingelegte Berufung unzulässig. Die Einlegung der Sprungrevision enthält keinen Verzicht auf die Berufung. Der Verzicht wirkt auch dann, wenn die Sprungrevision zurückgenommen oder als unzulässig verworfen wird, es sei denn, daß sie verworfen worden ist, weil die Zulassung nicht bindend war. In diesem Fall ist nach Wiedereinsetzung in den vorigen Stand die Berufung zulässig.

b) Ist die Sprungrevision im Urteil zugelassen, ist die Zustimmungserklärung der Revision beizufügen. Die Zustimmung muß eindeutig erklärt werden; sie gilt als Verzicht auf die Berufung. Die Zustimmung unterliegt nicht dem Anwaltszwang (BAG 28. 10. 1986 ArbGG 1979 § 76 Nr. 7 = BB 1987, 2028). Die Zustimmungserklärung liegt in der Regel noch nicht in dem eigenen Antrag der Partei, die Revision zuzulassen (BAG 16. 6. 1998 AP TVG § 1 Tarifverträge Schuhindustrie = NZA 1998, 1288). Ist die Zustimmungserklärung bereits in der Sitzungsniederschrift des ArbG enthalten, ist die Sitzungsniederschrift in beglaubigter Abschrift oder Fotokopie vorzulegen. Ausreichend ist die Zustimmungserklärung in Telegramm, Fernschreiben oder Telefax, wenn sie den Inhalt des Schriftstückes und die Unterschrift erkennen läßt. Ist die Zustimmung beim BAG eingegangen, ist sie unwiderruflich.

5. Entscheidung des BAG. a) Ist die Sprungrevision durch Urteil zugelassen und bis zum Ablauf der Revision eine Zustimmung des Gegners nicht beigefügt, ist die Revision unzulässig. Ist die Frist ohne Verschulden versäumt worden, kommt eine Wiedereinsetzung in Betracht. Dem Revisionskläger ist jedoch ein Verschulden des Revisionsgegners zuzurechnen.

b) Verfahrensmängel. Die Sprungrevision kann nicht auf Mängel des Verfahrens gestützt werden (§ 76 IV ArbGG). Sollen Verfahrensmängel gerügt werden, ist Berufung einzulegen (BAG 28. 5. 1998 AP BGB § 611 Bühnenengagementsvertrag Nr. 52 = NZA 1998, 1015).

c) Das BAG kann in der Sache entscheiden. Ist eine Aufhebung oder Zurückverweisung notwendig, kann diese Zurückverweisung nach Abs. 6 iVm. § 566 a V nach dem Ermessen des BAG entweder an das ArbG oder das LAG erfolgen. Eine Verletzung des gesetzlichen Richters besteht bei dieser Wahlmöglichkeit nicht, da die geschäftsplanmäßige Zuständigkeit nach dem Geschäftsverteilungsplan der Gerichte richtet (BAG 12. 6. 1996 AP ArbGG 1979 § 96 a Nr. 2 = NZA 1997, 565). Hat das BAG an das LAG zurückverwiesen, hat dies die Sache so zu behandeln, als ob zulässig Berufung eingelegt worden ist.

§ 77 Revisionsbeschwerde

[1] Die sofortige Beschwerde nach § 519 b Abs. 2 der Zivilprozeßordnung ist nur zulässig, wenn sie das Landesarbeitsgericht in dem Beschluß über die Verwerfung der Berufung wegen der Bedeutung der Rechtssache zugelassen hat. [2] Über die sofortige Beschwerde entscheidet das Bundesarbeitsgericht ohne Zuziehung der ehrenamtlichen Richter. [3] Die Vorschriften der Zivilprozeßordnung über die sofortige Beschwerde gelten entsprechend.

60 ArbGG § 78

1   **1. Allgemeines.** Hat das LAG eine Berufung durch Beschluß als unzulässig verworfen, so ist die Revisionsbeschwerde nur zulässig, wenn die allgemeinen zivilprozessualen Voraussetzungen vorliegen und zusätzlich das LAG die sofortige Beschwerde in dem Beschluß zugelassen hat (BAG 8. 11. 1979 AP ArbGG 1979 § 77 Nr. 2 = BB 1980, 212; 25. 10. 1979 Nr. 1 = NJW 1980, 1128). Hat das LAG die Berufung durch Urteil verworfen, so ist unter den Voraussetzungen von § 72 die Revision zulässig. § 77 ist entsprechend anzuwenden, wenn das LAG durch Beschluß die Wiedereinsetzung in den vorigen Stand wegen Versäumung der Berufung oder Berufungsbegründungsfrist zurückgewiesen hat (BAG 23. 5. 1989 AP ZPO 1977 § 233 Nr. 14 = NJW 1989, 2708 = NZA 1989, 818) oder in anderer Weise zur Zulässigkeit der Berufung entschieden hat.

2   **2. Zulassung der Revisionsbeschwerde. a)** Das LAG muß die Revisionsbeschwerde zugelassen haben. Eine nachträgliche Zulassung ist auch auf Gegenvorstellung nicht möglich. Jedoch ist eine Berichtigung des Beschlusses nach § 319 ZPO möglich, wenn die Zulassung versehentlich unterblieben ist. Ein Ergänzungsbeschluß nach § 321 ZPO ist unzulässig. Hat das LAG zunächst die Berufung als unzulässig verworfen, so kann die Revisionsbeschwerde noch in dem Beschluß zugelassen werden, in dem über die Wiedereinsetzung in den vorigen Stand entschieden wird. Umstritten ist, ob die Zulassung der Revisionsbeschwerde möglich ist, wenn der Verwerfungsbeschluß in einem Verfahren der einstweiligen Verfügung ergangen ist (verneinend GK-ArbGG/*Ascheid* § 77 Rn. 12; *Hauck* § 77 Rn. 3; aA *Germelmann/Matthes/Prütting* § 77 Rn. 4).

3   **b)** Die Zulassung muß wegen der Bedeutung der Rechtssache erfolgt sein. Eine Zulassung wegen Divergenz ist nicht vorgesehen; allerdings wird häufig in diesen Fällen die Bedeutung der Rechtssache vorliegen. Der Wortlaut „Bedeutung der Rechtssache" und „grundsätzliche Bedeutung der Rechtssache" in § 72 II Nr. 1 weicht voneinander ab. Die Streitfrage, ob beide Tatbestandsmerkmale gleich auszulegen sind, hat keine praktische Bedeutung. Die Nichtzulassung ist unanfechtbar. An die Zulassung ist das BAG gebunden. Hat das LAG die Zulassung auf Divergenz gestützt, ist sie nicht nichtig (GK-ArbGG/*Ascheid* § 77 Rn. 16; *Germelmann/Matthes/Prütting* § 77 Rn. 7; *Hauck* § 77 Nr. 4; aA *Grunsky* § 77 Rn. 1).

4   **c)** Die Entscheidung über die Zulassung muß eine Rechtsmittelbelehrung enthalten. Gegen die Nichzulassung ist ein Rechtsmittel nicht gegeben. § 72 a über die Nichtzulassungsbeschwerde ist nicht entsprechend anzuwenden (BAG 25. 10. 1979 AP ArbGG 1979 § 77 Nr. 1 = NJW 1980, 1128; 8. 11. 1979 AP Nr. 2 = BB 1980, 212). Die Nichtzulassungsbeschwerde gegen ein Verwerfungsurteil ist zwar zulässig. Die unterschiedliche Behandlung unterliegt keinen verfassungsrechtlichen Bedenken (vgl. BVerfG 10. 8. 1978 AP ArbGG 1953 § 77 Nr. 19).

5   **3. Verfahren.** Für die Revisionsbeschwerde gelten die Vorschriften des § 567 ZPO. Sie kann beim LAG oder BAG eingelegt werden. Es herrscht grundsätzlich Vertretungszwang. Beim LAG kann die Beschwerde jedoch durch einen Verbandsvertreter eingelegt werden. Beim BAG sind nur Rechtsanwälte postulationsfähig. Die Beschwerdefrist beträgt 2 Wochen. Sie beginnt mit Zustellung des Verwerfungsbeschlusses. Sie ist eine Notfrist; Widereinsetzung in den vorigen Stand bei Versäumung ist zulässig (§ 233 ZPO). Enthält der Verwerfungsbeschluß keine Rechtsmittelbelehrung, gilt § 9 V 4 ArbGG (vgl. 36).

6   **4. Entscheidung des BAG.** Die Entscheidung über die Revisionsbeschwerde erfolgt durch das BAG ohne Hinzuziehung der ehrenamtlichen Richter unabhängig davon, ob mit oder ohne mündliche Verhandlung entschieden wird. Ist die Revisionsbeschwerde nicht form- und fristgerecht eingelegt worden oder vom LAG nicht zugelassen, wird sie als unzulässig verworfen. Ist sie unbegründet, wird sie zurückgewiesen. Ist sie zulässig und begründet, so wird der Verwerfungsbeschluß idR aufgehoben. Damit steht die Zulässigkeit der Berufung fest, da das LAG an die Entscheidung gebunden ist (§ 565 II ZPO). Ausnahmsweise kann auch eine Aufhebung und Zurückverweisung zur erneuten Verhandlung über die Zulasung der Berufung in Betracht kommen, wenn das LAG verfahrensfehlerhaft entschieden hat und die Sache nicht entscheidungsreif ist.

Vierter Unterabschnitt. Beschwerdeverfahren

§ 78

(1) [1] Hinsichtlich der Beschwerde gegen Entscheidungen der Arbeitsgerichte oder ihrer Vorsitzenden gelten die für die Beschwerde gegen Entscheidungen der Amtsgerichte maßgebenden Vorschriften der Zivilprozeßordnung entsprechend. [2] Über die Beschwerde entscheidet das Landesarbeitsgericht.

(2) Eine weitere Beschwerde findet außer gegen Beschlüsse des Landesarbeitsgerichts im Falle der Verwerfung des Einspruchs (§ 568 a der Zivilprozeßordnung) und in den Fällen des § 17 a Abs. 2 und 3 des Gerichtsverfassungsgesetzes nicht statt.

I. Beschwerde gegen Entscheidungen der ArbG oder der Vorsitzenden

1. Zulässigkeit. Die Beschwerde ist zulässig gegen Beschlüsse und Verfügungen der ArbG und ihrer Vorsitzenden sowie in Urteilsverfahren ergehenden Entscheidungen der ArbG, soweit gegen sie nach der ZPO die Beschwerde zulässig ist (Rn. 2 ff.). Unzulässig ist die Beschwerde, soweit es sich um Entscheidungen in der Sache selbst handelt. Für das Beschwerdeverfahren gelten die §§ 567 bis 577 ZPO entsprechend. Zu unterscheiden sind die einfache und die sofortige Beschwerde (§ 577 ZPO). Daneben ist die Anschlußbeschwerde gegeben (§ 577 a ZPO).

2. Einfache Beschwerde. Sie ist zulässig in den Fällen § 127 II, III ZPO (Bewilligung der Prozeßkostenhilfe), § 204 ZPO (Anordnung der öffentlichen Zustellung), § 225 ZPO (Ablehnung der Abkürzung einer Frist), § 252 ZPO (Aussetzung der Verfahrens), §§ 356, 481 I ZPO (Ablehnung eines Antrages auf Fristsetzung zur Beibringung eines Beweismittels oder Vorlage einer Urkunde), §§ 380 II, 390 III, 409 II (Verhängung von Ordnungsgeld bzw. Ordnungshaft gegen Zeugen und Sachverständige), Entscheidungen ohne mündliche Verhandlung, durch die ein das Verfahren betreffendes Gesuch zurückgewiesen wird, § 11 a ArbGG (Beiordnung eines Rechtsanwalts § 922 ZPO) bzw. § 62 II iVm. § 936 ZPO (Ablehnung der Anordnung des Arrestes oder des Erlasses einer einstweiligen Verfügung).

3. Sofortige Beschwerde. Die sofortige Beschwerde ist gegeben nach § 91 a II ZPO (Kostenentscheidung nach Erledigung der Hauptsache), §§ 104, 107 ZPO (Kostenfestsetzung), § 252 ZPO (Ablehnung der Aussetzung), § 319 III ZPO (Urteilsberichtigung), § 336 I ZPO (Zurückweisung eines Antrages auf Erlaß eines Versäumnisurteils), § 341 ZPO (Verwerfung des Einspruches gegen ein Versäumnisurteil), § 406 V ZPO (Ablehnung eines Antrages einen Sachverständigen für befangen zu erklären), § 793 (Entscheidungen im Zwangsvollstreckungsverfahren), § 934 IV ZPO (Aufhebung des Arrestes), § 5 KSchG (nachträgliche Zulassung der Kündigungsschutzklage), § 17 a II, III GVG (Zulässigkeit des Rechtsweges).

4. Zwischenurteile. Zwischenurteile sind mit der Beschwerde anfechtbar, in den Fällen von § 71 II ZPO (Zwischenstreit über Nebenintervention), § 135 III ZPO (Rückgabe von Urkunden unter Anwälten), § 387 III ZPO (Rechtmäßigkeit einer Zeugnisverweigerung).

5. Nichtbeschwerdefähigkeit. Nicht beschwerdefähig sind dagegen solche Fälle, die kraft ausdrücklicher gesetzlicher Vorschrift für unanfechtbar erklärt sind. Hierzu gehören vor allem § 49 III ArbGG (Ablehnung von Gerichtspersonen), § 157 II ZPO (Zurückweisung von Prozeßbevollmächtigten), § 225 III ZPO (Ablehnung einer Fristverlängerung), § 238 ZPO (Entscheidung bei Wiedereinsetzung), § 320 IV ZPO (Berichtigung des Tatbestandes), § 406 V ZPO (Ablehnung eines Sachverständigen), § 567 II ZPO (Entscheidungen zu Prozeßkosten), § 707 ZPO (einstweilige Einstellung bei Wiedereinsetzungs- und Wiederaufnahmeantrag), § 171 b I, II GVG (Ausschluß der Öffentlichkeit), § 10 III 1 BRAGO (Wertfestsetzung für die Rechtsanwaltsgebühren).

6. Außerordentliche Beschwerde. Eine außerordentliche Beschwerde ist nach hM gegen Beschlüsse gegeben, wenn eine greifbare Gesetzwidrigkeit vorliegt. Eine solche wird angenommen, wenn die angegriffene Entscheidung mit der geltenden Rechtsordnung schlechthin unvereinbar ist, weil jeder gesetzlichen Grundlage entbehrt und inhaltlich dem Gesetz fremd ist (BAG 21. 4. 1998 AP ArbGG 1979 § 78 Nr. 5 = NZA 1998, 1357; 22. 10. 1999 NZA 2000, 503; *Germelmann/Matthes/Prütting* § 78 Rn. 3; *Hauck* § 78 Rn. 5).

7. Verfahren. a) Die Beschwerde ist durch Einreichung einer Beschwerdeschrift bzw. durch Erklärung zu Protokoll der Geschäftsstelle einzulegen (§ 569 II ZPO). Sie ist bei dem Gericht einzulegen, von dem oder dessen Vorsitzenden die angefochtene Entscheidung erlassen worden ist. Sie kann in dringenden Fällen auch bei dem Beschwerdegericht eingelegt werden (§ 569 I ZPO). Ein Vertretungszwang besteht auch dann nicht, wenn die Beschwerde beim LAG eingelegt wird, weil sie zu Protokoll der Geschäftsstelle eingelegt werden kann (§ 78 III ZPO). Einer Begründung der Beschwerde bedarf es nicht; sie ist aber zweckmäßig. Die einfache Beschwerde ist an keine Frist gebunden. Die sofortige Beschwerde ist nur binnen einer Notfrist von zwei Wochen zulässig (§ 577 II ZPO). Bei Versäumung kann die Wiedereinsetzung in den vorigen Stand in Betracht kommen. Die Beschwerde ist nur zulässig, wenn der Beschwerdeführer beschwert ist.

b) **Abhilfe.** Bei einer einfachen Beschwerde kann das ArbG oder sein Vorsitzender abhelfen, indem er die Entscheidung einfach aufhebt. Wird nicht abgeholfen, ist sie dem LAG vorzulegen. Bei einer sofortigen Beschwerde ist eine Abhilfe unzulässig (LAG Rheinl.-Pfalz NZA 1998, 55).

8. Entscheidung des LAG. a) Über die Beschwerde entscheidet das LAG. Entscheidet das LAG ohne mündliche Verhandlung (§ 573 I ZPO), wirken die ehrenamtlichen Richter nicht mit (§ 53 I). Entscheidet es aufgrund mündlicher Verhandlung, wirken die ehrenamtlichen Richter mit. Es besteht Vertretungszwang. Eine aufgrund mündlicher Verhandlung ergehende Entscheidung ist zu verkünden. Im übrigen ist sie nach § 329 ZPO formlos mitzuteilen.

Schaub

10 b) **Das LAG prüft** nach § 574 ZPO, ob die Beschwerde statthaft und in der gesetzlichen Form und Frist eingelegt ist. Ist die Beschwerde unzulässig, ist sie zu verwerfen. Ist sie zulässig aber unbegründet, zurückzuweisen. Ist die Beschwerde zulässig und begründet, hebt das LAG die angefochtene Entscheidung auf und entscheidet in der Sache selbst. Das LAG kann den Rechtsstreit an das ArbG zurückverweisen und dem Gericht oder dessen Vorsitzenden die Anordnungen nach § 575 ZPO übertragen (Sächs. LAG 8. 4. 1997 NZA 1998, 223). Eine Aufhebung und Zurückverweisung wird insbesondere erfolgen, wenn die Entscheidung nicht begründet ist.

11 c) **Nebenentscheidungen.** Über die Kosten ist nach §§ 91, 97 ZPO zu entscheiden. Die Entscheidung muß eine Rechtsmittelbelehrung enthalten.

II. Weitere Beschwerde

12 **1. Unanfechtbar.** Die Entscheidungen der LAG und ihrer Vorsitzenden sind grundsätzlich der Beschwerde entzogen. Dies entspricht § 70 ArbGG.

13 **2. Ausnahmen.** Nach § 78 II ist ausnahmsweise eine weitere sofortige Beschwerde zum BAG zulässig, wenn (1) das LAG über die sofortige Beschwerde wegen Verwerfung eines Einspruches gegen ein vom ArbG erlassenes Versäumnisurteil oder (2) über die sofortige Beschwerde gegen einen Beschluß des ArbG über die Zulässigkeit des Rechtsweges (§ 17 a IV GVG) entschieden hat. Voraussetzung ist aber, daß das LAG die weitere sofortige Beschwerde zugelassen hat (BAG 22. 2. 1994 AP ArbGG 1979 § 78 Nr. 2 = NJW 1994, 2110 = NZA 1995, 1223; 7. 1. 1980 AP ArbGG 1979 § 78 Nr. 1 = BB 1980, 371). Eine Nichtzulassungsbeschwerde ist nicht gegeben.

14 Nach § 17 a IV GVG ist die weitere Beschwerde unter bestimmten Voraussetzungen im Rechtswegbestimmungsverfahren zuzulassen (BAG AP ArbGG 1979 § 78 Nr. 7 = NZA 1992, 954). Ferner ist im Fall des § 568 a ZPO die sofortige Beschwerde zuzulassen, wenn gegen ein Urteil gleichen Inhalts die Revision statthaft wäre. Eine weitere Beschwerde ist für das im Rechtshilfeverfahren ersuchende ArbG gegeben, wenn das LAG die Beschwerde gegen die Ablehnung eines Rechtshilfeersuchens durch das ersuchte Gericht zurückweist (BAG 16. 1. 1991 AP ArbGG 1979 § 13 Nr. 1 = NJW 1991, 1252 = NZA 1991, 364).

Fünfter Unterabschnitt. Wiederaufnahme des Verfahrens

§ 79

¹ Die Vorschriften der Zivilprozeßordnung über die Wiederaufnahme des Verfahrens gelten für Rechtsstreitigkeiten nach § 2 Abs. 1 bis 4 entsprechend. ² Die Nichtigkeitsklage kann jedoch nicht auf Mängel des Verfahrens bei der Berufung der ehrenamtlichen Richter oder auf Umstände, die die Berufung eines ehrenamtlichen Richters zu seinem Amt ausschließen, gestützt werden.

I. Allgemeines

1 Nach Satz 1 gelten für das Urteilsverfahren die Vorschriften der ZPO über die Wiederaufnahme des Verfahrens entsprechend. Die Wiederaufnahme des Verfahrens erfolgt bei rechtskräftigen Entscheidungen, bei schweren Verfahrensmängeln oder bei falschen Urteilsgrundlagen.

II. Voraussetzungen der Wiederaufnahme des Verfahrens

2 **1. Wiederaufnahme.** Die Wiederaufnahme eines durch rechtskräftiges Endurteil geschlossenen Verfahrens kann durch Nichtigkeitsklage oder durch Restitutionsklage erfolgen (§ 578 I ZPO).

3 **2. Rechtskräftiges Urteil. a)** Voraussetzung ist ein rechtskräftiges Urteil. Unerheblich ist die Rechtsnatur des Urteils. In Betracht kommen daher auch Prozeßurteile, Versäumnisurteile, Urteile im Arrest- oder Verfügungsprozeß. Über den Wortlaut von § 578 I ZPO ist aber die Wiederaufnahme auch bei urteilsersetzenden Beschlüssen möglich, zB Entscheidungen nach §§ 519 b, 554 a ZPO (GK-ArbGG/*Ascheid* § 79 Rn. 9; *Hauck* § 79 Rn. 2). Das gleiche gilt für Beschlüsse, durch die eine Nichtzulassungsbeschwerde verworfen oder zurückgewiesen worden ist (BAG 11. 1. 1995 AP ZPO § 579 Nr. 5 = NJW 1995, 2125 = NZA 1995, 550; 18. 10. 1990 AP ZPO § 579 Nr. 2 = NJW 1991, 1252 = NZA 1991, 363). In diesen Fällen wird über den Wiederaufnahmeantrag durch Beschluß entschieden, der ohne mündliche Verhandlung ergehen kann.

4 **b)** Keine Wiederaufnahme ist möglich bei Vorbehalts- und Zwischenurteilen (§§ 302, 280 ZPO). Insoweit besteht kein Bedürfnis nach § 583 ZPO. Bei Scheinurteilen ist keine Nichtigkeitsklage, sondern eine Feststellungsklage nach § 256 ZPO zu erheben. Bei Nichturteilen wird der bisherige Rechtsstreit fortgesetzt. Ist ein Verfahren durch einen Prozeßvergleich abgeschlossen worden, wird das bisherige Verfahren fortgesetzt, wenn der Vergleich unwirksam ist.

III. Nichtigkeitsklage

1. Verfahrensvorschriften. a) Eine Nichtigkeitsklage findet bei Verletzung der in § 579 abschlie- 5 ßend aufgezählten Verfahrensvorschriften statt (BAG 21. 7. 1993 AP ZPO § 579 Nr. 4).

b) Eine Nichtigkeitsklage kann darauf gestützt werden, daß das Gericht nicht ordnungsgemäß 6 besetzt war. Dies ist der Fall, wenn § 309 ZPO verletzt worden ist oder an Stelle der Kammer der Vorsitzende allein entschieden hat. Dagegen kann die Nichtigkeitsklage nicht darauf gestützt werden, daß an Stelle des Vorsitzenden allein die Kammer entschieden hat (*Germelmann/Matthes/Prütting* § 79 Rn. 5; GK-ArbGG/*Ascheid* § 79 Rn. 22; *Hauck* § 79 Rn. 4). Die Nichtigkeitsklage kann nicht auf Mängel des Verfahrens bei der Berufung der ehrenamtlichen Richter oder auf Umstände, die die Berufung eines ehrenamtlichen Richters zu seinem Amt ausschließen, gestützt werden (Satz 2). Dagegen ist die Nichtigkeitsklage gegeben, wenn nicht ein ehrenamtlicher Richter von Arbeitgeber- und Arbeitnehmerseite mitgewirkt hat oder die Reihenfolge der Heranziehung nach § 31 verletzt wurde.

c) Die Nichtigkeitsklage findet statt (§ 579 I Nr. 3 ZPO), wenn ein Richter bei der Entscheidung 7 mitgewirkt hat, der von der Ausübung des Richteramtes kraft Gesetzes ausgeschlossen (§ 41 ZPO) war, sofern nicht dieses Hindernis mittels eines Ablehnungsgesuches oder eines Rechtsmittels ohne Erfolg geltend gemacht ist. Dasselbe gilt, wenn bei der Entscheidung ein Richter mitgewirkt hat, obgleich er wegen Besorgnis der Befangenheit abgelehnt (§ 42 ZPO) und das Ablehnungsgesuch für begründet erachtet worden ist (§ 579 I Nr. 3 ZPO). Die Vorschrift ist entsprechend anzuwenden auf Urkundsbeamte.

d) Ferner findet die Nichtigkeitsklage statt, wenn eine Partei in dem Verfahren nicht nach der 8 Vorschrift des Gesetzes vertreten war, sofern sie nicht die Prozeßführung ausdrücklich oder stillschweigend genehmigt hat. Nr. 4 gilt entsprechend bei fehlender Parteifähigkeit oder wenn der Beklagte wegen öffentlicher Zustellung von dem Prozeß gegen ihn nichts erfahren hat (KG NJW-RR 1987, 1215). Gelegentlich wird eine entsprechende Anwendung bejaht, wenn das Gericht versehentlich das rechtliche Gehör verletzt hat (dagegen BAG 21. 7. 1993 AP ZPO § 579 Nr. 4; Bayerischer VGH 24. 4. 1991 = PersR 1992, 79).

2. Subsidiarität. Die Nichtigkeitsklage ist nach § 579 II ZPO in den Fällen des § 579 II Nr. 1 und 3 9 ZPO unzulässig, wenn der Kläger bei Anwendung der gebotenen Sorgfalt die Nichtigkeit mittels eines Rechtsmittels geltend machen konnte. Zum Rechtsmittel zählt hier auch der Einspruch gegen ein Versäumnisurteil (BAG 21. 7. 1993 AP ZPO § 579 Nr. 4).

IV. Restitutionsklage

1. Zulässigkeit. Die Restitutionsklage findet in den Fällen des § 580 ZPO statt. Die Aufzählung ist 10 abschließend. Die Klage ist aber nach § 582 ZPO subsidiär. Hiernach ist sie nur zulässig, wenn die Partei ohne ihr Verschulden außerstande war, den Restitutionsgrund in dem früheren Verfahren, insbesondere durch Einspruch oder Berufung oder mittels Anschließung an eine Berufung geltend zu machen.

2. Restitutionsgrund. a) Die Restitutionsklage findet statt, wenn im Rahmen einer Parteiverneh- 11 mung sich der Gegner einer vorsätzlichen oder fahrlässigen Verletzung der Eidespflicht schuldig gemacht hat (§ 580 Nr. 1 ZPO). Ausreichend ist, wenn die Aussage in Nebenpunkten falsch war.

b) Restitutionsgrund ist die Urkundenfälschung. Unerheblich ist, wer sie begangen hat (§ 580 Nr. 2 12 ZPO).

c) Restitutionsgrund ist ein falsches Zeugnis oder Gutachten (§ 580 Nr. 3 ZPO). Dolmetscher 13 stehen Sachverständigen gleich.

d) Restitutionsgrund ist, wenn das Urteil von dem Vertreter der Partei oder von dem Gegner oder 14 dessen Vertreter durch eine in Beziehung auf den Rechtsstreit verübte strafbare Handlung erwirkt ist (§ 580 Nr. 4 ZPO). Es fallen hierunter die allgemeinen Straftaten des gesetzlichen oder rechtsgeschäftlichen Vertreters nach §§ 156, 160, 240, 263, 266 StGB.

e) Restitutionsgrund ist die Amtspflichtverletzung des Richters; dies ist der Fall, wenn ein Richter 15 bei dem Urteil mitgewirkt hat, der sich in Beziehung auf den Rechtsstreit einer strafbaren Verletzung seiner Amtspflichten gegen die Partei schuldig gemacht hat (§ 580 Nr. 5 ZPO). Die Vorschrift gilt entsprechend für Urkundsbeamte.

f) Restitutionsgrund ist nach § 580 Nr. 6 ZPO, wenn das Urteil eines ordentlichen Gerichts, eines 16 früheren Sondergerichts oder eines Verwaltungsgerichtes, auf welches das Urteil begründet ist, durch ein anderes rechtskräftiges Urteil aufgehoben ist.

g) Schließlich ist Restitutionsgrund, wenn die Partei (a) ein in derselben Sache erlassenes, früher 17 rechtskräftig gewordenes Urteil oder (b) eine andere Urkunde auffindet oder zu benützen in den Stand gesetzt wird, die eine ihr günstigere Entscheidung herbeigeführt haben würde. Urkunde im Sinne der ZPO ist die Verkörperung einer Willensäußerung durch Schriftzeichen. Auffinden bedeutet, daß

Existenz oder Verbleib der Urkunde bis zum maßgebenden Zeitpunkt dem Restitutionskläger unverschuldet unbekannt war. Zu benutzen in den Stand gesetzt wird eine Partei, die Existenz und Verbleib der Urkunde nicht kannte und sie bis zum maßgebenden Zeitpunkt nicht vorlegen konnte. Die Urkunde muß eine günstigere Entscheidung für die Partei herbeiführen. Der nach Rechtskraft eines klageabweisenden Kündigungsschutzurteils erlassene Feststellungsbescheid des Versorgungsamtes, in dem eine zum Zeitpunkt der Kündigung bereits bestandene Schwerbehinderteneigenschaft festgestellt wird, stellt einen Restitutionsgrund dar (BAG 15. 8. 1984 AP SchwbG § 12 Nr. 13 = NJW 1985, 1485).

V. Wiederaufnahmeverfahren

18 **1. Zuständigkeit.** Die Zuständigkeit für die Wiederaufnahmeklage richtet sich nach § 584 ZPO. Gegen Vollstreckungsbescheide im Mahnverfahren, die einem Versäumnisurteil gleichstehen, ist die Wiederaufnahmeklage an das Gericht zu richten, das im Streitverfahren zuständig gewesen wäre.

19 **2. Frist.** Die Klagen sind vor Ablauf der Notfrist eines Monats zu erheben. Die Frist beginnt mit dem Tage, an dem die Partei von dem Anfechtungsgrund Kenntnis erhalten hat, jedoch nicht vor eingetretener Rechtskraft des Urteils. Nach Ablauf von fünf Jahren, von dem Tage der Rechtskraft des Urteils an gerechnet, sind die Klagen unstatthaft (§ 586 ZPO). Besonderheiten der Fristberechnung ergeben sich bei Nichtigkeitsklagen nach § 586 III ZPO.

20 **3. Inhalt der Klageschrift.** Der Inhalt der Klageschrift ergibt sich aus §§ 587, 588 ZPO.

21 **4. Prüfung.** Das Gericht hat nach § 589 ZPO von Amts wegen zu prüfen, ob die Klage an sich statthaft und ob sie in der gesetzlichen Form und Frist erhoben ist. Mangelt es an einem dieser Erfordernisse, so ist die Klage als unzulässig zu verwerfen. Die Tatsachen, die ergeben, daß die Klage vor Ablauf der Notfrist erhoben ist, sind glaubhaft zu machen.

22 **5. Erneute Verhandlung.** Die Hauptsache wird nach § 590 I ZPO, insoweit sie von dem Anfechtungsgrunde betroffen ist, von neuem verhandelt. Das Gericht kann anordnen, daß die Verhandlung und Entscheidung über Grund und Zulässigkeit der Wiederaufnahme des Verfahrens vor der Verhandlung über die Hauptsache erfolgt.

23 **6. Rechtsmittel.** Rechtsmittel sind insoweit zulässig, als sie gegen die Entscheidungen der mit der Klage befaßten Gerichte überhaupt stattfinden (§ 591 ZPO).

Zweiter Abschnitt. Beschlußverfahren

Erster Unterabschnitt. Erster Rechtszug

§ 80 Grundsatz

(1) Das Beschlußverfahren findet in den in § 2 a bezeichneten Fällen Anwendung.

(2) ¹Für das Beschlußverfahren des ersten Rechtszugs gelten die für das Urteilsverfahren des ersten Rechtszugs maßgebenden Vorschriften über Prozeßfähigkeit, Prozeßvertretung, Ladungen, Termine und Fristen, Ablehnung und Ausschließung von Gerichtspersonen, Zustellungen, persönliches Erscheinen der Parteien, Öffentlichkeit, Befugnisse des Vorsitzenden und der ehrenamtlichen Richter, Vorbereitung der streitigen Verhandlung, Verhandlung vor der Kammer, Beweisaufnahme, gütliche Erledigung des Verfahrens, Wiedereinsetzung in den vorigen Stand und Wiederaufnahme des Verfahrens entsprechend, soweit sich aus den §§ 81 bis 84 nichts anderes ergibt. ²Der Vorsitzende kann ein Güteverfahren ansetzen; die für das Urteilsverfahren des ersten Rechtszugs maßgebenden Vorschriften über das Güteverfahren gelten entsprechend.

(3) § 48 Abs. 1 findet entsprechende Anwendung.

I. Allgemeines

1 Im Beschlußverfahren entscheiden die Gerichte über die Tariffähigkeit und -zuständigkeit einer Vereinigung, vor allem aber über die Befugnisse und Pflichten im Rahmen der Mitbestimmung. **Abs. 1** bestimmt mit der Verweisung auf § 2 a, welche Fälle in dieser Verfahrensart verhandelt werden (s. § 2 a Rn. 10 ff.). Auf Streitigkeiten aus dem BPersVG sind nach § 83 II BPersVG die Vorschriften zum Beschlußverfahren entsprechend anzuwenden, Streitigkeiten aus den Landespersonalvertretungsgesetzen können nach § 106 BPersVG im Beschlußverfahren verhandelt werden, wenn es die Ländergesetze vorsehen. Beim Beschlußverfahren handelt es sich um ein Rechtsprechungsverfahren (*Germelmann/Matthes/Prütting* Rn. 6; GK-ArbGG/*Leinemann/Schütz* Rn. 4) eigener Art; es ist in den nachfolgenden Vorschriften – soweit die Bestimmungen reichen – abschließend geregelt. Urteils- und Beschluß-

verfahren schließen sich gegenseitig aus. Das Verhältnis der beiden Verfahrensarten zueinander ist in § 48 I bestimmt. Danach hat das Arbeitsgericht von Amts wegen zu prüfen, welche Verfahrensart für den Antrag bzw. die Klage gegeben ist und ggfl. den Streit nach. §§ 17 ff. GVG in die zutreffende Verfahrensart zu verweisen (s. § 81 Rn. 1; § 48 Rn. 2 ff.). Zwischen beiden Verfahren bestehen **terminologische Unterschiede**: Die Parteien des Beschlußverfahrens heißen Antragsteller und sonstige Beteiligte (§ 81), die mündliche Verhandlung wird als Anhörung bezeichnet (§ 83 Abs. 4) und das Verfahren wird nicht durch eine Klage, sondern durch einen Antrag eingeleitet. Die Instanz beendende Entscheidung ist der Beschluß (§ 85), gegen den das Rechtsmittel der Beschwerde (§ 87) und ggfl. das weitere Rechtsmittel der Rechtsbeschwerde zum BAG (§ 92) gegeben ist. Erhebliche Unterschiede zur ZPO weisen die eigentlichen Verfahrensvorschriften auf. Es gilt ein **eingeschränkter Untersuchungsgrundsatz**. Das Gericht hat im Rahmen der gestellten Anträge den für die Entscheidung erheblichen Sachverhalt von Amts wegen zu erforschen. Die Beteiligten müssen daran mitwirken (s. § 83 Rn. 2). Auch die erforderlichen Beweise hat das Gericht von Amts wegen zu erheben, wobei es nicht auf die Beweisantritte der Beteiligten beschränkt ist. Die Beteiligten können zur Sachverhaltsaufklärung vernommen werden. § 138 III ZPO – die Fiktion des Geständnisses durch Nichtbestreiten – gilt nicht; ein Versäumnisverfahren gegen ausgebliebene Beteiligte findet daher nicht statt (s. § 83 Rn. 1).

II. Anwendbare Vorschriften

Nach **Abs. 2** gelten für das Beschlußverfahren in der ersten Instanz bestimmte Vorschriften des arbeitsgerichtlichen Urteilsverfahrens. Die Vorschriften der ZPO gelten auch, soweit sie in § 80 nicht ausdrücklich aufgeführt sind. Die besonderen prozessualen Regelungen in den §§ 80 ff. und die für anwendbar erklärten Vorschriften zum Urteilsverfahren decken nicht alles ab. Es dürfen keine Fragen ungeregelt bleiben, die in jedem gerichtlichen Verfahren auftreten können und zu entscheiden sind (*Germelmann/Matthes/Prütting* Rn. 42 ff.; GK-ArbGG/*Leinemann/Schütz* Rn. 35). Soweit sich Verweisungen finden – neben § 80 Abs. 2 auch in §§ 85, 87 Abs. 2 und 92 Abs. 2, wird deutlich, daß das Beschlußverfahren insgesamt auf dem arbeitsgerichtlichen Urteilsverfahren bzw. der ZPO aufbaut. Lücken in der Regelung dieses Verfahrens sind daher unter Rückgriff auf die ZPO zu schließen, soweit sein besonderer Charakter nicht entgegensteht (BAG 16. 7. 1996 AP BetrVG 1972 § 76 Nr. 53; *Germelmann/Matthes/Prütting* Rn. 43). Ein Beschlußverfahren kann daher wegen Vorgreiflichkeit nach § 148 ZPO **ausgesetzt** werden (*Germelmann/Matthes/Prütting* Rn. 43). Es gelten die Regelungen über die **Rechtshängigkeit** (§ 261 ZPO; BAG v. 16. 7. 1996 AP BetrVG 1972 § 76 Nr. 53). § 253 ZPO ist auch für den Mindestinhalt der **Antragschrift** anzuwenden (BAG 8. 11. 1983 AP BetrVG 1972 § 87 Arbeitszeit Nr. 11; v. 24. 2. 1987 AP BetrVG 1972 § 80 Nr. 28). Beschlüsse können nach § 319 ZPO **berichtigt** (BAG 14. 11. 1958 AP ArbGG 1953 § 81 Nr. 6) und nach § 321 ZPO **ergänzt** werden (BAG 21. 6. 1957 AP ArbGG 1953 § 81 Nr. 2); Tatbestände sind nach § 320 ZPO zu berichtigen (*Germelmann/Matthes/Prütting* Rn. 43).

Die Regelungen zur **Prozeßfähigkeit** im Urteilsverfahren gelten nach Abs. 2 entsprechend. Über § 46 II wird damit auf § 50 ZPO Bezug genommen. Voraussetzung ist danach die Parteifähigkeit, für die wiederum in § 10 die besonderen Regelungen in § 10 heranzuziehen sind. Für die **Prozeßvertretung** gilt § 11. Betriebsverfassungsrechtliche Stellen können sich durch einen Verbandsvertreter vertreten lassen, wenn mindestens ein Mitglied der Stelle Mitglied des entsprechenden Verbandes ist (BAG 3. 12. 1954 AP ArbGG 1953 § 11 Nr. 7). Der Betriebsrat kann sich jedoch auch dann durch einen Rechtsanwalt vertreten lassen, wenn eine Verbandsvertretung möglich ist (BAG 4. 12. 1979 AP BetrVG 1972 § 40 Nr. 18). Für den **Ausschluß** und die **Ablehnung von Gerichtspersonen** wird auf § 49 und ergänzend auf §§ 41 ff. ZPO verwiesen. Dabei gelten alle Beteiligten als Partei im Sinne des § 41 ZPO (*Germelmann/Matthes/Prütting* Rn. 50; GK-ArbGG/*Leinemann/Schütz* Rn. 51; aA *Grunsky* Rn. 34). Nach § 41 VI ZPO ist in Streitigkeiten über einen Einigungsstellenspruch der Vorsitzende dieser Einigungsstelle ausgeschlossen (*Germelmann/Matthes/Prütting* Rn. 50). **Zustellungen** an Organe der Betriebsverfassung müssen nach § 171 II ZPO an den Vorsitzenden erfolgen. Eine Ersatzzustellung ist nur zulässig, wenn die betriebsverfassungsrechtliche Stelle eigene Geschäftsräume hat (GK-ArbGG/*Leinemann/Schütz* Rn. 53), es sei denn, die Postannahmestelle des Arbeitgebers ist damit betraut, auch die Post für das betriebsverfassungsrechtliche Organ entgegen zu nehmen (BAG 20. 1. 1976 AP BetrVG 1972 § 47 Nr. 7). Das Gericht kann nach § 141 ZPO das **persönliche Erscheinen** der Beteiligten bzw. des Vorsitzenden einer betriebsverfassungsrechtlichen Stelle zur Sachverhaltsaufklärung anordnen (*Germelmann/Matthes/Prütting* Rn. 52). Erscheinen sie nicht, kommt allerdings der Ausschluß ihres Prozeßbevollmächtigten nach § 51 II 1 nicht in Betracht (GK-ArbGG/*Leinemann/Schütz* Rn. 56). Für die **Antragsrücknahme** sieht § 81 II 2 eine Sonderregelung vor. **Verzicht** und **Anerkenntnis** sind auch im Beschlußverfahren möglich, soweit die Beteiligten über den Gegenstand verfügen können, § 83 A I (*Germelmann/Matthes/Prütting* Rn. 55). Die Wiedereinsetzung in den vorigen Stand – §§ 233 ff. ZPO (BAG 28. 8. 1969 AP ArbGG 1953 § 92 Nr. 11) – und die Wiederaufnahme des Verfahrens – §§ 578 ff. ZPO – richten sich über §§ 80 II, 46 II nach den Vorschriften der ZPO (*Germelmann/Matthes/Prütting* Rn. 61).

4 Der Vorsitzende kann nach **Abs. 2 Satz 2** ein **Güteverfahren** ansetzen, er muß es nicht. Die Durchführung dieses Verfahrens liegt in seinem Ermessen (BT-Drucks. 14/2490 S. 12). Es findet *nicht* automatisch statt. Ohne Anordnung des Vorsitzenden beginnt das Beschlußverfahren mit dem Anhörungstermin vor der Kammer. Die Bezugnahme auf die im Urteilsverfahren geltenden Vorschriften zur Güteverhandlung ist mißverständlich. Sie gelten nur, soweit nicht der besondere Charakter des Beschlußverfahrens oder seine gesetzliche Regelung entgegenstehen. Eine Güteverhandlung kann angesetzt werden, wenn das Verfahren nach § 83 a I durch Vergleich beendet werden darf, weil die Beteiligten über den Streitgegenstand verfügen können. Nur in diesem Fall kann es zu einer schnellen Beendigung des Verfahrens beitragen. Wo von vornherein mit einer gütlichen Einigung nicht zu rechnen ist, weil die Beteiligten in der Regel eine gerichtliche Entscheidung wünschen oder eine Einigung nach § 83 a I ausgeschlossen ist, sollte das Güteverfahren unterbleiben. Die Güteverhandlung findet nach § 54 I 1 ohne Beisitzer statt. Unter den Voraussetzungen des § 54 I 5 kann sich ein **weiterer Gütetermin** anschließen. Da es im Beschlußverfahren keine Säumnisentscheidung gibt, sind § 55 I Nr. 4 und 5 nicht anwendbar. Eine **Alleinentscheidung** durch den Vorsitzenden auf Antrag der Beteiligten bleibt auch nach Einführung des Gütetermins ausgeschlossen. Bei der Verhandlung nach § 55 III handelt es sich um eine streitige Verhandlung nach Abschluß des Gütetermins. Die Vorschrift wird so von der Verweisung des Abs. 2 Satz 2 nicht erfaßt. Die **Endentscheidung** in der Hauptsache ergeht daher im Beschlußverfahren stets durch die Kammer. Der Vorsitzende ist befugt, nach § 55 IV vor der mündlichen Anhörung einen **Beweisbeschluß** zu erlassen. Die sonstigen Befugnisse des Vorsitzenden ergeben sich aus § 53 I und § 55 I Nr. 1 bis 3 und 6–8. Verfügungen und Beschlüsse außerhalb der mündlichen Verhandlung sowie Entscheidungen bei Rücknahme, Verzicht und Anerkenntnis. Die mündliche Anhörung ist entsprechend § 56 I durch Auflagen und sonstige sachdienliche Anordnungen so vorzubereiten, daß dem Beschleunigungsgrundsatz Rechnung getragen wird. Den Beteiligten können nach § 83 I a Fristen gesetzt werden. Dabei handelt es sich um Ausschlußfristen des Beschlußverfahrens, nicht um allgemeine Ausschlußfristen (s. § 83 Rn. 3).

§ 81 Antrag

(1) Das Verfahren wird nur auf Antrag eingeleitet; der Antrag ist bei dem Arbeitsgericht schriftlich einzureichen oder bei seiner Geschäftsstelle mündlich zur Niederschrift anzubringen.

(2) [1] Der Antrag kann jederzeit in derselben Form zurückgenommen werden. [2] In diesem Fall ist das Verfahren vom Vorsitzenden des Arbeitsgerichts einzustellen. [3] Von der Einstellung ist den Beteiligten Kenntnis zu geben, soweit ihnen der Antrag vom Arbeitsgericht mitgeteilt worden ist.

(3) [1] Eine Änderung des Antrags ist zulässig, wenn die übrigen Beteiligten zustimmen oder das Gericht die Änderung für sachdienlich hält. [2] Die Zustimmung der Beteiligten zu der Änderung des Antrags gilt als erteilt, wenn die Beteiligten sich, ohne zu widersprechen, in einem Schriftsatz oder in der mündlichen Verhandlung auf den geänderten Antrag eingelassen haben. [3] Die Entscheidung, daß eine Änderung des Antrags nicht vorliegt oder zugelassen wird, ist unanfechtbar.

I. Allgemeines

1 Der in **Abs. 1** beschriebene Antrag ist ein **Sachantrag**, der den Verfahrensgegenstand bestimmt (BAG 27. 10. 1992 AP BetrVG Lohngestaltung 1972 § 87 Nr. 61) und nicht die Verfahrensart festlegt (*Germelmann/Matthes/Prütting* Rn. 3; aA GK-ArbGG/*Leinemann/Schütz* Rn. 6; *Grunsky* § 80 Rn. 8 f.). Sie unterliegt nicht der Disposition der Beteiligten (BAG 5. 4. 1984 AP BetrVG 1972 § 78 a Nr. 13). Der Antragsteller muß weder ein Beschlußverfahren beantragen, noch kann er die Verfahrensart wählen (aA *Fitting* Rn. 1 Nr. 10). Der Antrag darf daher nicht als unzulässig zurückgewiesen werden, weil die falsche Verfahrensart „gewählt" wurde (GK-ArbGG/*Leinemann/Schütz* § 80 Rn. 26). Das Gericht hat nach § 48 von Amts wegen zu prüfen, welche Verfahrensart für den Antrag gegeben ist und verhandelt dann entsprechend. Es muß das Verfahren vorab nur dann durch Beschluß nach den §§ 48 iVm. 17 ff. GVG in die zutreffende Verfahrensart überführen, wenn die Parteien bzw. die Beteiligten über die Verfahrensart streiten (*Germelmann/Matthes/Prütting* Rn. 4; GK-ArbGG/ *Leinemann/Schütz* § 80 Rn. 27). Für die **Antragschrift** gilt § 253 II, IV und V ZPO grundsätzlich entsprechend (BAG 8. 11. 1983 AP BetrVG 1972 § 87 Lohngestaltung Nr. 18). Sie muß nach § 253 II Nr. 2 ZPO einen bestimmten Sachantrag enthalten sowie den Sachverhalt darstellen, aus dem sich die konkrete, dem Gericht zur Entscheidung vorgelegte Streitfrage ergibt (GK-ArbGG/*Leinemann/ Schütz* Rn. 25). Ohne eine derartige Antragsbegründung ist der Antrag unzulässig. Deshalb ist bei fristgebundenen Anträgen – zB in den Fällen der §§ 100 Abs. 2 Satz 3 und 103 Abs. 2 BetrVG – die Frist durch einen Antrag ohne Begründung nicht gewahrt. Die Begründung läßt sich in diesen Fällen nicht nachholen (BAG 26. 5. 1988 AP BetrVG 1972 § 76 Nr. 26). Entgegen § 253 II Nr. 1 ZPO müssen die übrigen Beteiligten in der Antragsschrift weder genannt werden noch ist ihre Nennung für das Gericht bindend, da das Gericht von Amts wegen zu ermitteln hat, wer im Verfahren zu beteiligen ist (*Germelmann/Matthes/Prütting* Rn. 11; GK-ArbGG/*Leinemann/Schütz* Rn. 27; s. § 83 Rn. 5).

Das Gericht hat ggfl. nach § 139 ZPO und § 83 I und I a den Antragsteller zur Ergänzung der Antragsbegründung aufzufordern und auf einen sachdienlichen Antrag hinzuwirken.

II. Antragsart

Im Beschlußverfahren sind wie im Urteilsverfahren Leistungs-, Feststellungs-, und Gestaltungsanträge zulässig (*Germelmann/Matthes/Prütting* Rn. 14 ff.; GK-ArbGG/*Leinemann/Schütz* Rn. 9). **Leistungsanträge** gehen regelmäßig entsprechenden Feststellungsanträgen vor, weil aus ihnen vollstreckt werden kann (BAG 19. 6. 1984 AP BetrVG 1972 § 92 Nr. 2), es sei denn das Feststellungsverfahren ist geeigneter, weil es zu einer umfassenden Bereinigung des Streits führen kann (BAG 15. 12. 1998 AP BetrVG 1972 § 80 Nr. 56). Die Verpflichtung zur zukünftigen Vornahme einer Handlung nach § 259 ZPO ist zulässig (BAG 17. 5. 1983 AP BetrVG 1972 § 80 Nr. 19). Mit einem Leistungsantrag kann auch die Freistellung von Verbindlichkeiten (BAG v. 27. 3. 1979 AP ArbGG 1953 § 80 Nr. 7) sowie die Verpflichtung zur Duldung oder Unterlassung begehrt werden (BAG 22. 7. 1980 AP BetrVG 1972 § 74 Nr. 3). Gegenstand eines **Feststellungsantrages** kann nach § 256 I ZPO das Bestehen oder Nichtbestehen eines Rechtsverhältnisses oder bestimmter Rechte aus einem Rechtsverhältnis sein (BAG 22. 10. 1985 AP BetrVG 1972 § 87 Werkmietwohnungen Nr. 5). Hauptanwendungsfall sind Anträge auf Feststellung des Bestehens oder Nichtbestehens von Mitbestimmungsrechten (BAG 15. 12. 1998 AP BetrVG 1972 § 80 Nr. 56); Gegenstand des Antrags kann auch die Frage sein, ob von einem Mitbestimmungsrecht eine bestimmte Detailregelung, in bestimmten Regelungsverlangen des Betriebsrats gedeckt ist (BAG 13. 10. 1987 AP BetrVG 1972 § 87 Arbeitszeit Nr. 24). Geeignet sind Feststellungsanträge auch zur Klärung von Statusfragen – Wahlrecht, Zuordnung eines Arbeitnehmers zu einem bestimmten Betrieb oder zur Gruppe der leitenden Angestellten, Feststellung der Betriebseigenschaft iSd. § 1 BetrVG (BAG 11. 1. 1995 AP BetrVG 1972 § 99 Nr. 65) oder die Feststellung des Tendenzcharakters eines Unternehmens (BAG 21. 7. 1998 AP BetrVG 1972 § 118 Nr. 63). Auch die Unwirksamkeit des Spruchs einer Einigungsstelle wird nur festgestellt. Man kann nicht beantragen, daß er aufgehoben wird (BAG 4. 5. 1993 AP GewO § 105 a Nr. 1; BAG vom 20. 7. 1999 – 1 ABR 66/98). Zwischenfeststellungsanträge sind möglich (BAG 1. 2. 1989 AP BetrVG 1972 § 99 Nr. 63). Anträge auf Feststellung von Tatsachen sind unzulässig (BAG 22. 10. 1985 AP BetrVG 1972 § 87 Werkmietwohnungen Nr. 5). **Gestaltungsanträge** dienen der Durchsetzung eines Rechts auf Begründung, Änderung oder Aufhebung eines Rechtsverhältnisses. Dem Gestaltungsantrag liegt kein Anspruch (Verpflichtung eines Schuldners zu einem Tun, Dulden oder Unterlassen) zugrunde; er ist darauf gerichtet, durch eine rechtsändernde (konstitutive) Entscheidung eine bisher nicht vorhandene Rechtslage zu schaffen. Der Beschluß bedarf keiner Vollstreckung, da mit der formellen Rechtskraft die vom Antragsteller angestrebte Rechtsfolge von selbst eintritt (*Thomas/Putzo* Vorbemerkung § 253 Rn. 5). Gestaltungsanträge werden gestellt in Verfahren nach § 23 I BetrVG (Auflösung des Betriebsrates oder Ausschluß eines Mitgliedes), Zustimmungsersetzungsverfahren (bei personellen Einzelmaßnahmen nach § 99 BetrVG oder nach § 103 II BetrVG – außerordentliche Kündigung eines Betriebsratsmitgliedes) sowie im Verfahren nach § 78 a IV Nr. 2 BetrVG (Auflösung des Arbeitsverhältnisses eines Jugend- und Auszubildendenvertreters). Auch Entscheidungen in Einigungsstelleneinsetzungsverfahren (§ 76 II BetrVG, 98) sowie in Wahlanfechtungsverfahren nach § 19 BetrVG haben gestaltende Wirkung. Dagegen ist die Nichtigkeit einer Betriebsratswahl mit einem Feststellungsantrag geltend zu machen (BAG 29. 5. 1991 AP BetrVG 1972 § 9 Nr. 2).

III. Bestimmtheit

Auch im Beschlußverfahren besteht gem. §§ 80 II, 46 II iVm. § 253 II Ziff. 2 ZPO das Erfordernis, einen hinreichend bestimmten Antrag zu stellen. **Leistungsanträge** müssen die begehrte Leistung so genau bezeichnen, daß der Anspruchsgegner sein Risiko erkennen und sich demgemäß erschöpfend verteidigen kann (BGH 24. 11. 1980 DB 81, 366). Ein entsprechender Beschluß muß die Grenzen der Rechtskraft erkennen lassen und durch klare Anordnungen eine Vollstreckung ermöglichen. Ein **Feststellungsantrag** genügt dem Bestimmtheitsgebot, wenn er diejenigen Maßnahmen des Arbeitgebers bzw. die betrieblichen Vorgänge, für die der Betriebsrat ein Beteiligungsrecht beansprucht, so genau bezeichnet, daß mit der Entscheidung feststeht, für welche Maßnahme oder welchen Vorgang das Mitbestimmungsrecht bejaht oder verneint worden ist (BAG 4. 12. 1990 AP BetrVG 1972 § 97 Nr. 1). Probleme ergeben sich, wenn in einem Feststellungs- oder Unterlassungsantrag im wesentlichen nur der **Wortlaut der Norm,** die das streitige Mitbestimmungsrecht regelt, wiedergegeben wird. Wenn zwischen den Beteiligten gerade die Frage im Streit ist, ob eine bestimmte Verfahrensweise eine mitbestimmungspflichtige Maßnahme darstellt, der Arbeitgeber sich aber nicht grundsätzlich weigert, den Betriebsrat zu beteiligen, würde eine derart pauschale Feststellung oder Unterlassungsanordnung keine Klärung des wirklichen Streits herbeiführen, sondern das Problem in das Vollstreckungsverfahren verlagern. Der Antrag muß daher so genau gefaßt werden, daß der Arbeitgeber aufgrund einer entsprechend tenorierten Entscheidung genau weiß, welches Verhalten ihm für eine konkrete Konfliktsituation aufgegeben worden ist (BAG 17. 3. 1987 AP BetrVG 1972 § 23 Nr. 7). Anders liegt der

Fall, wenn der Arbeitgeber generell die Beachtung von Mitbestimmungsrechten verweigert, es also keinen Streit um die Auslegung eines Mitbestimmungstatbestandes in einem konkreten Fall geht. Hier genügt es zur Gewährung effektiven Rechtsschutzes, wenn der Arbeitgeber durch einen auf den Gesetzeswortlaut beschränkte Feststellung bzw. durch einen Unterlassungstitel zur Beachtung der Mitbestimmungsrechte angehalten wird. Nicht um eine Frage der Bestimmtheit des Antrags, sondern der Begründetheit handelt es sich bei dem sogenannten **Globalantrag**, mit dem von einer Betriebspartei eine konkret bezeichnete Handlung, Duldung oder Unterlassung für viele denkbare Fallkonstellationen verlangt wird (vgl. BAG 22. 10. 1985 AP BetrVG 1972 § 87 Nr. 18 Lohngestaltung). Wenn der geltend gemachte Anspruch nicht in jeder dieser Fallkonstellationen besteht, muß der Antrag als unbegründet zurückgewiesen werden. Das Gericht darf nicht dahin erkennen, daß der geltend gemachte Anspruch unter einschränkenden Voraussetzungen gegeben ist, die nicht vom Antragsteller zum Inhalt des Antrags gemacht wurden. Eine derartige Verfahrensweise verstieße gegen § 308 ZPO, da nicht weniger als beantragt zugesprochen wird, sondern etwas anderes (BAG 18. 9. 1991 AP BetrVG 1972 § 40 Nr. 41; BAG 3. 5. 1994 AP BetrVG 1972 § 23 Nr. 23).

IV. Auslegung des Antrages

4   Durch eine gerichtliche Entscheidung soll der Streit zwischen den Beteiligten möglichst umfassend geklärt und damit Rechtsfrieden herbeigeführt werden. Auslegungsfähige Anträge müssen daher vom Gericht unter Berücksichtigung der Antragsbegründung und des vorgetragenen bzw. von Amts wegen ermittelten Sachverhalts dem eigentlichen Verfahrensziel des Antragstellers entsprechend verstanden werden (BAG 3. 12. 1985 und 18. 12. 1986 AP BetrVG 1972 § 99 Nr. 28, 33). Wegen des größeren Allgemeininteresses an den im Beschlußverfahren zu entscheidenden Sachverhalten ist das Gericht bei der Auslegung des Antrags freier als im Urteilsverfahren. So hat in einem Zustimmungsersetzungsverfahren nach § 99 IV BetrVG, in dem sich herausstellt, daß die Zustimmung des Betriebsrats bereits nach § 99 III 2 BetrVG als erteilt gilt, das Gericht dies auch ohne einen ausdrücklich darauf gerichteten Antrag festzustellen (BAG v. 18. 10. 1988 AP BetrVG 1972 § 99 Nr. 57). **Grenze der Auslegung** ist § 308 ZPO: Das Gericht darf keinem Beteiligten etwas zusprechen, was nicht beantragt ist (BAG 27. 10. 1992 AP BetrVG 1972 § 87 Lohngestaltung Nr. 61). Die Auslegung darf sich nicht über einen eindeutigen und daher nicht auslegungsbedürftigen Antrag hinwegsetzen (BAG 27. 3. 1979 AP Nr. 7 zu § 80 ArbGG 1953). Gerade in einem solchen Fall hat das Gericht darauf hinzuwirken, daß der Antrag so geändert wird, daß er dem wirklichen Verfahrensziel entspricht.

V. Antragshäufung

5   Auch im Beschlußverfahren ist es zulässig, daß der Antragsteller mehrere Anträge gleichzeitig stellt – **objektive Antragshäufung** (*Germelmann/Matthes/Prütting* Rn. 21; GK-ArbGG/*Leinemann/Schütz* Rn. 20). Einen Fall der gesetzlichen Antragshäufung enthält § 100 II 3 BetrVG. Der antragstellende Arbeitgeber ist nach dieser Vorschrift gehalten, bei Widerspruch des Betriebsrats gegen eine vorläufige personelle Maßnahme nach § 100 I BetrVG gleichzeitig den Zustimmungsersetzungsantrag nach § 99 IV und den Feststellungsantrag nach § 100 II 3 BetrVG zu stellen (BAG 15. 9. 1987 AP BetrVG 1972 § 99 Nr. 46). § 260 ZPO findet im Beschlußverfahren keine Anwendung; die verschiedenen Anträge müssen sich daher nicht gegen denselben Beteiligten richten. Es ist auch denkbar, daß zu jedem Antrag eine unterschiedliche Personen und Stellen zu beteiligen sind. In diesem Fall kann eine Verfahrenstrennung (§ 145 ZPO) oder eine Entscheidung durch Teilbeschluß (§ 301 ZPO) sinnvoll sein. **Hilfsanträge** kommen in Betracht in einer Kombination von Leistungs-(Unterlassungs-)Anträgen und hilfsweisen Feststellungsanträgen. Zulässig ist ein Hilfsantrag auf Ausschluß aus dem Betriebsrat nach § 23 I BetrVG in einem Zustimmungsersetzungsverfahren nach § 103 II BetrVG (BAG 21. 2. 1978 AP BetrVG 1972 § 74 Nr. 1), ein hilfsweiser Zustimmungsersetzungsantrag kombiniert mit dem Hauptantrag festzustellen, daß die Zustimmung des Betriebsrats zu einer personellen Maßnahme als erteilt gilt (BAG 28. 1. 1996 AP BetrVG 1972 § 99 Nr. 34) sowie ein Hauptantrag im Verfahren nach § 78 a II und III BetrVG auf Feststellung der Nichtbegründung des Arbeitsverhältnisses wegen Fehlens der Voraussetzungen iVm. einem Hilfsantrag auf Auflösung eines solchen Arbeitsverhältnisses wegen Unzumutbarkeit der Weiterbeschäftigung nach § 78 a IV BetrVG (BAG 11. 1. 1995 AP BetrVG 1972 § 78 a Nr. 24). Auch **Wideranträge** sind zulässig (GK-ArbGG/*Leinemann/Schütz* Rn. 23). So kann der Widerantrag auf Aufhebung einer personellen Einzelmaßnahme nach § 101 BetrVG in einem vom Arbeitgeber eingeleiteten Zustimmungsersetzungsverfahren nach § 99 IV BetrVG gestellt werden. Unzulässig ist der als Widerantrag formulierte Abweisungsantrag (BAG 8. 8. 1989 AP BetrVG 1972 § 106 Nr. 6).

VI. Antragsrücknahme und -änderung

6   Der Antrag kann bis zur Verkündung einer Entscheidung in der ersten Instanz jederzeit in der Form, in der er gestellt wurde ohne Zustimmung der übrigen Beteiligen zurückgenommen werden (*Germelmann/Matthes/Prütting* Rn. 73; GK-ArbGG/*Leinemann/Schütz* Rn. 151). Nach Verkündung

der Entscheidung erfordert die Rücknahme entsprechend § 87 II 3 die Zustimmung der übrigen Beteiligten (*Germelmann/Matthes/Prütting* Rn. 74; GK-ArbGG/*Leinemann/Schütz* Rn. 151). Bei mehreren Antragstellern kann jeder seinen Antrag selbst dann zurücknehmen, wenn eine bestimmte Mindestzahl von Antragstellern Sachentscheidungsvoraussetzung ist – zB in den Fällen des § 19 II und 23 I BetrVG (BAG 10. 6. 1983 AP BetrVG 1972 § 19 Nr. 10). Gegen den **Einstellungsbeschluß** nach Abs. 2 S. 2 sind die Beschwerde nach § 87 bzw. die Rechtsbeschwerde nach § 92 statthaft (*Germelmann/Matthes/Prütting* § 81 Rn. 80; GK-ArbGG/*Leinemann/Schütz* Rn. 157). Erst dieser Beschluß beendet die Instanz. § 269 III und IV ZPO sind nicht anwendbar (*Germelmann/Matthes/Prütting* Rn. 82). Im Beschlußverfahren erfolgt weder eine Kostenentscheidung noch eine Kostenerstattung (BAG 31. 10. 1972 AP BetrVG 1972 § 40 Nr. 2; BAG 20. 4. 1999 AP ArbGG 1979 § 81 Nr. 43).

Die Regelungen in Abs. 3 über die **Antragsänderung** in der ersten Instanz entsprechen § 263 ZPO. 7 § 264 ZPO – Sachdienlichkeit der Klageänderung kraft Gesetzes – ist im Beschlußverfahren entsprechende anwendbar (BAG 14. 1. 1983 AP BetrVG 1972 § 19 Nr. 9). Eine Antragsänderung liegt vor, wenn sich der Verfahrensgegenstand ändert – dies ist ggfl. durch Auslegung zu ermitteln – oder wenn die Person des Antragstellers bzw. desjenigen Beteiligten, gegen den ein Recht geltend gemacht wird, wechselt. Auch in dem Beitritt weiterer Antragsteller ist eine Antragsänderung zu sehen (BAG 31. 1. 1989 AP ArbGG 1979 § 81 Nr. 12). Der Antragsänderung müssen alle Beteiligten zustimmen, nicht nur der „Antragsgegner" (*Germelmann/Matthes/Prütting* Rn. 87; GK-ArbGG/*Leinemann/Schütz* Rn. 164; aA *Grunsky* Rn. 12). Dies liegt an dem neben dem Antragsteller bestehenden unterschiedlichen Formen der Beteiligung (Vgl § 83 Rn. 6). Abs. 3 S. 2 reicht weiter als § 267 ZPO. Die **Zustimmungsfiktion** greift schon, wenn nur die Abweisung des geänderten Antrags beantragt wird ohne der Änderung zu widersprechen (BAG 23. 4. 1991 AP BetrVG 1972 § 98 Nr. 7). Die Zustimmung wird nur fingiert, wenn alle Beteiligten zur mündlichen Anhörung erscheinen bzw. sich schriftsätzlich einlassen (*Germelmann/Matthes/Prütting* Rn. 89; GK-ArbGG/*Leinemann/Schütz* Rn. 167). § 83 a III (Zustimmungsfiktion durch Zeitablauf) gilt nicht für die Antragsänderung (*Germelmann/Matthes/Prütting* Rn. 89). Das Gericht kann durch einen nach Abs. 3 S. 3 unanfechtbaren **Zwischenbeschluß** entsprechend § 303 ZPO über die Zulässigkeit der Antragsänderung entscheiden. Sie kann auch in den Gründen eines Beschlusses nach § 84 erörtert werden. Wird der Antrag wegen einer unzulässigen Antragsänderung im Endbeschluß zurückgewiesen, ist die Beschwerde nach § 87 statthaft.

VII. Rechtsschutzbedürfnis

Der Antragsteller muß ein rechtlich geschütztes Interesse an der von ihm begehrten gerichtlichen 8 Entscheidung haben. Auch im Beschlußverfahren ist die Beantwortung abstrakter Rechtsfragen nicht Aufgabe des Gerichts (BAG 24. 2. 1987 AP ArbGG 1979 § 80 Nr. 28). Für **Leistungsanträge** besteht regelmäßig ein Rechtsschutzinteresse (BAG 21. 9. 1989 AP BetrVG 1972 § 99 Nr. 72). Wird der in der Antragsschrift geltend gemachte Anspruch nach Anhängigkeit der Sache erfüllt oder seine Erfüllung unmöglich, so wird der Antrag damit nicht unzulässig, sondern unbegründet (*Germelmann/Matthes/Prütting* Rn. 29; GK-ArbGG/*Leinemann/Schütz* Rn. 117). Ggfl. kann der Antrag nach § 264 Nr. 3 ZPO geändert oder das Verfahren für erledigt erklärt werden. Für **Gestaltungsanträge** fehlt das Rechtsschutzbedürfnis, wenn die gerichtliche Entscheidung keine gestaltende Wirkung mehr haben kann (GK-ArbGG/*Leinemann/Schütz* Rn. 119). Dies ist bei Anträgen nach § 23 I BetrVG der Fall, wenn die Amtszeit abgelaufen und das Betriebsratsmitglied nicht wiedergewählt worden ist (BAG 8. 12. 1961 AP BetrVG § 23 Nr. 7). Anträgen auf Zustimmungsersetzung fehlt das Rechtsschutzbedürfnis, wenn die Zustimmung des Betriebsrats nachträglich erteilt oder eine personelle Maßnahme nach § 99 BetrVG zwischenzeitlich beendet wurde (BAG 26. 4. 1990 AP ArbGG 1979 § 83 a Nr. 3). Eine Wahlanfechtung wirkt unzulässig, wenn die Amtszeit der gewählten Organs abgelaufen ist (BAG 13. 5. 1998 AP MitbestG § 21 Nr. 1), nicht aber, wenn das Organ seinen Rücktritt erklärt, da in diesem Fall der Betriebsrat nach den §§ 22, 13 II 3 BetrVG geschäftsführend im Amt bleibt (BAG 29. 5. 1991 AP BetrVG 1972 § 4 Nr. 6). Für **Feststellungsanträge** ist nach § 256 I ZPO ein besonderes Feststellungsinteresse erforderlich (BAG 15. 12. 1998 AP BetrVG 1972 § 80 Nr. 56; BAG 17. 8. 1999 – 3 ABR 55/98). Es fehlt, wenn die Betriebsparteien einen bereits abgeschlossenen Vorgang zum Streitgegenstand machen, der im Zeitpunkt der Entscheidung keine Rechtswirkungen mehr entfaltet – Beispiel: Es soll festgestellt werden, daß die Anordnung von Überstunden in Eilfall zu einem zurückliegenden Zeitpunkt mitbestimmungspflichtig war. In diesem Fall würde das Gericht ein Rechtsgutachten erstellen (GK-ArbGG/*Leinemann/Schütz* Rn. 125; BAG 29. 7. 1982 AP ArbGG 1979 § 83 Nr. 5; BAG 10. 4. 1984 AP ArbGG 1979 § 81 Nr. 3). Ein Interesse an einer gerichtlichen Feststellung besteht nur dann, wenn künftige Fälle zum Gegenstand der Entscheidung gemacht werden – Beispiel: Es soll festgestellt werden, daß die Anordnung von Überstunden auch in – vom Arbeitgeber so bezeichneten – Eilfällen der Mitbestimmung unterliegt. Mit einem derartigen Antrag kann mit Rechtskraftwirkung für künftige gleichgelagerte Fälle entschieden und damit der Streit zwischen den Beteiligten tatsächlich befriedet werden (BAG 20. 4. 1999 AP ArbGG 1979 § 81 Nr. 43; *Germelmann/Matthes/Prütting* Rn. 26). Zulässig ist dagegen ein Antrag auf Feststellung des Bestehens eines Mitbestimmungsrechts, wenn der Arbeitgeber ohne Beteiligung des Betriebsrats Zulagen bereits angerechnet hat, da eine nachzuholende mitbestimmte Entscheidung auch noch mit Wirkung für die Vergangenheit Zahlungspflichten begründen kann (BAG 14. 12. 1995 AP BPersVG § 82 Nr. 1). **Einzelfälle:** Beantragt ein Arbeitgeber die Feststellung des Nichtbestehens eines Mitbestimmungsrechts des Betriebsrats, so ist der Antrag zulässig, wenn sich der Betriebsrat ernsthaft eines Mitbestimmungsrechts in einer Angelegenheit berühmt (BAG 13. 10. 1987 AP ArbGG 1979 § 81 Nr. 7). Der Antrag eines Betriebsrats auf Feststellung eines Mitbestimmungsrechts wird unzulässig, wenn entweder zu dieser Frage zwischen den Beteiligten eine Betriebsvereinbarung geschlossen wird (BAG 12. 1. 1988 AP ArbGG 1979 § 81 Nr. 8) oder wenn eine Einigungsstelle in der streitigen Angelegenheit durch Spruch entscheidet (BAG 13. 10. 1987 AP ArbGG 1979 § 81 Nr. 7).

VIII. Antragsteller

9   Antragsteller im Beschlußverfahren kann sein, wer **beteiligtenfähig** ist (GK-ArbGG/*Leinemann/ Schütz* Rn. 43). Nach § 50 ZPO parteifähig und damit beteiligtenfähig sind natürliche und juristische Personen. Daneben sind im Beschlußverfahren gem. § 10 auch Gewerkschaften und die in § 10 2. Halbsatz genannten Stellen beteiligtenfähig. Antragsteller können auch einzelne Mitglieder dieser Stellen sowie eine in ihr vertretene Gruppe (Arbeiter oder Angestellte) sein (GK-ArbGG/*Leinemann/ Schütz* Rn. 43). Tritt während des Verlaufs des Verfahrens eine personelle Veränderung in einer solchen Stelle ein, so bleibt ihre Identität als Antragsteller hiervon unberührt (BAG 25. 4. 1978 AP BetrVG 1972 § 80 Nr. 11). Geht in der streitbefangenen Angelegenheit während des laufenden Verfahrens die Zuständigkeit auf eine andere betriebsverfassungsrechtliche Stelle (zB vom Betriebsrat auf den Gesamtbetriebsrat) über, so wird diese Stelle Beteiligte (BAG 18. 10. 1988 AP ArbGG 1979 § 81 Nr. 10). Nach Beendigung der Amtszeit ohne Neuwahl bleibt die Beteiligtenfähigkeit der Stelle für das laufende Verfahren erhalten (BAG 25. 8. 1981 AP ArbGG 1979 § 83 Nr. 2). Auch im Beschlußverfahren kann es zu einer **Mehrheit von Antragstellern** kommen. Notwendig ist diese Mehrheit, wenn sie aufgrund gesetzlicher Bestimmung Sachentscheidungsvoraussetzung ist – Wahlanfechtung nach § 19 BetrVG; Ausschluß aus dem Betriebsrat, § 23 I BetrVG. Diese **notwendige Mehrheit** muß nicht nur bei Antragstellung, sondern während des gesamten Verfahrens bestehen; fällt die Zahl der Antragsteller während des Laufs des Verfahrens unter das gesetzliche vorgeschriebene Mindestmaß, so werden die verbleibenden Anträge unzulässig (BAG 14. 2. 1978 AP BetrVG 1972 § 19 Nr. 7). Bei notwendiger Antragstellermehrheit kann über die Anträge nur einheitlich entschieden werden (GK-ArbGG/*Leinemann/Schütz* Rn. 57). Dasselbe gilt für den Fall, daß mehrere selbständig antragsberechtigte Gruppen und Stellen nebeneinander eine Anfechtung oder einen Ausschluß aus dem Betriebsrat betreiben, so daß mehrere nebeneinander anhängige Verfahren zu verbinden sind (BAG 26. 11. 1968 AP BetrVG § 76 Nr. 18) Bei **tatsächlicher Mehrheit** von Antragstellern können unterschiedliche Anträge mit unterschiedlichen Verfahrenszielen gestellt werden, deren Zulässigkeit jeweils gesondert geprüft werden muß (GK-ArbGG/*Leinemann/Schütz* Rn. 53). Nimmt ein Antragsteller seinen Antrag zurück, muß über die restlichen Anträge entschieden werden. Beteiligte können selbst einen Antrag stellen und werden damit zu Antragstellern (BAG 31. 1. 1989 AP ArbGG 1979 § 81 Nr. 12). Stellen sie den gleichen Antrag wie der Antragsteller, muß ausgelegt werden, ob sie eine eigene Sachentscheidung anstreben oder den Antragsteller nur unterstützen (BAG 25. 8. 1981 AP ArbGG 1979 § 823 Nr. 2). Letzteres führt nicht zu einer Mehrheit der Antragsteller. Die Anträge brauchen daher jedenfalls nicht ausdrücklich beschieden werden (BAG 26. 3. 1987 AP BetrVG 1972 § 26 Nr. 7; *Germelmann/Matthes/Prütting* Rn. 49; GK-ArbGG/*Leinemann/Schütz* Rn. 55).

IX. Antragsbefugnis

10   Die Antragsbefugnis entspricht der **Prozeßführungsbefugnis** im Zivilprozeß (*Germelmann/ Matthes/Prütting* Rn. 56 vgl. hierzu Münch KommM/*Lindacher* vor § 50 Rn. 41 ff.; *Zöller* vor § 50 Rn. 18 ff.) und der Klagebefugnis (§ 42 II VWGO) im verwaltungsgerichtlichen Verfahren. Diese Prozeßvoraussetzung soll „**Popularklagen**" ausschließen (BAG 30. 10. 1986 AP BetrVG 1972 § 47 Nr. 6). Die Antragsbefugnis in betriebsverfassungsrechtlichen Streitigkeiten hängt davon ab, ob die streitgegenständlichen Normen des Betriebsverfassungsgesetzes dem Antragsteller **eigene Rechtspositionen** zuordnen, die durch den Antrag geschützt werden sollen (BAG 30. 10. 1986 AP BetrVG 1972 § 47 Nr. 6), oder solche Rechtspositionen aus abgetretenem Recht geltend gemacht werden (BAG 15. 1. 1992 AP BetrVG 1972 § 40 Nr. 41). Dabei genügt es grundsätzlich, wenn der Antragsteller behauptet, Träger des streitbefangenen Rechts zu sein und dies nach dem Inhalt der einschlägigen Norm des Betriebsverfassungsgesetzes zumindest möglich ist (*Germelmann/Matthes/Prütting* Rn. 56). Ob dem Antragsteller das geltend gemachte Recht tatsächlich zusteht, ist eine Frage der Begründetheit (GK-ArbGG/*Leinemann/Schütz* Rn. 67). Für Leistungsanträge gilt dies generell. Bei Feststellungs- und Gestaltungsanträgen ist erforderlich, daß die den Streitgegenstand betreffenden betriebsverfassungsrechtlichen Normen dem Antragsteller eine eigene Rechtsposition einräumen, die ihm erlaubt, sie mit seinem Antrag zu schützen (BAG 23. 2. 1988 AP ArbGG 1979 § 81 Nr. 9; GK-

ArbGG/*Leinemann/Schütz* Rn. 73; ähnlich *Germelmann/Matthes/Prütting* Rn. 58). Die Antragsbefugnis ist von Amts wegen in jeder Lage des Verfahrens bis in die Rechtsbeschwerdeinstanz zu prüfen (BAG 15. 8. 1978 AP BetrVG 1972 § 23 Nr. 1). Fehlt sie, ist der Antrag unzulässig (GK-ArbGG/ *Leinemann/Schütz* Rn. 61). Wird sie verneint, bleibt der Antragsteller Beteiligter und kann Rechtsmittel einlegen (BAG 25. 8. 1981 AP ArbGG 1979 § 83 Nr. 2). Eine **ausdrückliche gesetzliche Regelung** der Antragsbefugnis für den Arbeitgeber findet sich für den Streit um die Zuordnung von Betriebsteilen in § 18 II BetrVG, für die gesetzlich geregelten Fällen der Wahlanfechtung in § 19 II BetrVG sowie für die Auflösung eines betriebsverfassungsrechtlichen Gremiums bzw. des Ausschlusses einzelner Mitglieder in den §§ 23, 48, 56, 65 I, 48, 73 II BetrVG. Weiterhin ist der Arbeitgeber nach § 76 II und V BetrVG befugt, die Einsetzung einer Einigungsstelle zu betreiben bzw. ihren Spruch anzufechten und bei bestimmten Maßnahmen das Zustimmungsersetzungsverfahren zu betreiben – §§ 99 IV, 100 II, 103 II BetrVG. Der Arbeitgeber ist nicht befugt, analog § 19 I BetrVG eine betriebsratsinterne Wahl anzufechten, da ihm keine Kontrollfunktion über die Geschäftsführung des Betriebsrats zusteht (*Fitting* § 26 Rn. 58). Die Antragsbefugnis für eine bestimmte Anzahl von **Arbeitnehmern** ist geregelt für die Wahlanfechtung, die Bestellung eines Wahlvorstandes – §§ 16 II, 17 II, 18 I, 63 III BetrVG – sowie die Auflösung des Betriebsrats bzw. den Ausschluß einzelner Mitglieder. **Betriebsrat** und **Wahlvorstand** sind antragsbefugt bei der Zuordnung eines Betriebsteils nach § 18 II BetrVG. Ansonsten ist dem Betriebsrat in § 23 I 2 BetrVG ausdrücklich die Antragsbefugnis verliehen für den Ausschluß einzelner Mitglieder aus einem betriebsverfassungsrechtlichen Gremium. Der Betriebsrat ist weiterhin antragsbefugt bei der Durchsetzung von Freistellungs- und Kostenersatzansprüchen für seine Mitglieder (BAG 27. 3. 1979 AP ArbGG 1953 § 80 Nr. 7); er verliert jedoch die Antragsbefugnis, wenn er die Ansprüche an einen Dritten abtritt (BAG 15. 1. 1992 AP BetrVG 1972 § 40 Nr. 41). Die im Betrieb vertretenen **Gewerkschaften** sind bei der Zuordnung von Betriebsteilen sowie in Wahlangelegenheiten und bei der Auflösung eines betriebsverfassungsrechtlichen Gremiums bzw. dem Ausschluß eines Mitgliedes antragsbefugt. Gewerkschaften und Arbeitgeberverbände sind befugt, AG bzw. BR im Beschlußverfahren zu verpflichten, tarifwidrige Betriebsvereinbarungen nicht mehr anzuwenden (BAG 20. 4. 1999 AP GG Art. 9 Nr. 89).

Einen Fall der **gesetzlichen Prozeßstandschaft** regelt § 23 III BetrVG, indem er den Gewerkschaften das Recht zubilligt, Ansprüche des Betriebsrats gegen den Arbeitgeber auf Handlung, Duldung oder Unterlassung geltend zu machen. So sind die Gewerkschaften jedenfalls in einem Verfahren nach § 23 III BetrVG antragsbefugt, soweit sie beantragen, dem Arbeitgeber aufzugeben, die Durchführung einer tarifwidrigen Betriebsvereinbarung zu unterlassen (BAG 20. 8. 1991 AP BetrVG 1972 § 77 Tarifvorbehalt Nr. 2). In bestimmten Fällen ist im Beschlußverfahren eine **gewillkürte Prozeßstandschaft** zulässig. So können Gesamt- oder Konzernbetriebsrat, die vom Betriebsrat ermächtigt wurden, für ihn eine bestimmte Angelegenheit zu regeln, auch befugt sein, einen entsprechenden Rechtsstreit für ihn zu führen (BAG 6. 4. 1976 AP BetrVG 1972 § 50 Nr. 2). Der Betriebsrat kann Kostenansprüche seiner Mitglieder geltend machen (BAG 9. 9. 1975 AP ArbGG 1953 § 83 Nr. 6). Er macht eigene Ansprüche geltend, wenn er nach § 37 VI BetrVG die Freistellung eines Mitgliedes zum Besuch einer Schulungsveranstaltung verlangt (BAG 6. 11. 1973 AP BetrVG 1972 § 37 Nr. 5). Der Betriebsrat kann nicht individualrechtliche Ansprüche einzelner Arbeitnehmer geltend machen, auch wenn sie kollektivrechtlichen Ursprungs sind, wie zB aus einem Tarifvertrag (BAG 16. 7. 1985 AP BetrVG 1972 § 87 Lohngestaltung Nr. 17) oder aus einem Sozialplan (BAG 17. 10. 1989 AP BetrVG 1972 § 112 Nr. 53). Der Betriebsrat kann endlich nicht die Unwirksamkeit der Befristung eines Arbeitsvertrages im Beschlußverfahren geltend machen (BAG 5. 5. 1992 NZA 92, 1089).

§ 82 Örtliche Zuständigkeit

¹Zuständig ist das Arbeitsgericht, in dessen Bezirk der Betrieb liegt. ²In Angelegenheiten des Gesamtbetriebsrats, des Konzernbetriebsrats, der Gesamtjugendvertretung oder der Gesamt-Jugend- und Auszubildendenvertretung, des Wirtschaftsausschusses und der Vertretung der Arbeitnehmer im Aufsichtsrat ist das Arbeitsgericht zuständig, in dessen Bezirk das Unternehmen seinen Sitz hat. ³Satz 2 gilt entsprechend in Angelegenheiten des Gesamtsprecherausschusses, des Unternehmenssprecherausschusses und des Konzernsprecherausschusses. ⁴In Angelegenheiten eines Europäischen Betriebsrats, im Rahmen eines Verfahrens zur Unterrichtung und Anhörung oder des besonderen Verhandlungsgremiums ist das Arbeitsgericht zuständig, in dessen Bezirk das Unternehmen oder das herrschende Unternehmen nach § 2 des Gesetzes über Europäische Betriebsräte seinen Sitz hat. ⁵Bei einer Vereinbarung nach § 41 des Gesetzes über Europäische Betriebsräte ist der Sitz des vertragschließenden Unternehmens maßgebend.

I. Vorbemerkung

Die Zuständigkeitsregelung in § 82 ist abschließend und **zwingend** (BAG 19. 6. 1986 AP ArbGG 1979 § 82 Nr. 1). Eine andere örtliche Zuständigkeit kann weder durch Parteivereinbarung noch durch rügelose Einlassung begründet werden (*Germelmann/Matthes/Prütting* Rn. 2; *Hauck* Rn. 1). Kommt nach § 82 die Zuständigkeit mehrerer Arbeitsgerichte in Betracht, kann der Antragsteller wählen (*Germelmann/Matthes/Prütting* Rn. 2; GK-ArbGG/*Leinemann/Senne* Rn. 3; *Hauck* Rn. 1). Die örtliche Zuständigkeit des angerufenen Gerichts ist **Sachentscheidungsvoraussetzung** und deshalb von Amts wegen zu prüfen (*Germelmann/Matthes/Prütting* Rn. 4; *Hauck* Rn. 2). Die örtliche Unzuständigkeit stellt das Arbeitsgericht durch Vorabbeschluß fest und verweist an das örtlich zuständige Gericht. Für das **Verfahren** gilt § 48 iVm. §§ 17ff. GVG (s. § 48 Rn. 3ff.).

II. Allgemeine Zuständigkeit

2   Im Beschlußverfahren richtet sich die örtliche Zuständigkeit des Arbeitsgerichts nach dem **Sitz des Betriebes**. Besteht ein Betrieb, für den ein gemeinsamer Betriebsrat gewählt wurde, aus mehreren Teilen (zB Verkaufsstellen, Filialen), die in den Bezirken mehrerer Arbeitsgericht liegen, so ist das Arbeitsgericht am Sitz der Betriebsleitung zuständig, auch wenn die streitige Angelegenheit sich auf eine außerhalb dieses Gerichtsbezirks liegende Betriebs- oder Verkaufsstelle bezieht (*Germelmann/Matthes/Prütting* Rn. 8; GK-ArbGG/*Leinemann/Senne* Rn. 5). In originären Angelegenheiten des **Gesamtbetriebsrates** (§ 50 I BetrVG), des Konzernbetriebsrates und der übrigen in Satz 2 genannten Stellen ist das Arbeitsgericht am Unternehmenssitz zuständig, dh. an dem Ort, wo die Verwaltung geführt wird – § 17 I ZPO. Dabei kommt es nicht darauf an, wer Antragsteller und wer Beteiligter ist (GK-ArbGG/*Leinemann/Senne* Rn. 11). Entscheidend ist das materielle Betriebsverfassungsrecht (BAG 19. 6. 1986 AP ArbGG 1979 § 82 Nr. 1). Sind diesen Stellen – zB nach § 50 II BetrVG – Angelegenheiten übertragen, bleibt es bei der Zuständigkeit des Gerichts des Betriebssitzes. Bei Streitigkeiten um Beteiligungsrechte eines **europäischen Betriebsrates** ist nach Satz 4 iVm. § 2 EBRG das Arbeitsgericht am Sitz des Unternehmens bzw. des herrschenden Unternehmens örtlich zuständig. Nach Satz 5 gilt für Streitigkeiten aus einer vor dem 22. 9. 1996 abgeschlossenen Vereinbarung über grenzübergreifende Mitwirkung von Arbeitnehmervertretungen – § 41 EBRG – der Sitz des vertragschließenden Unternehmens als maßgeblich für die örtliche Zuständigkeit. Bei **ausländischen Unternehmen** gilt als Unternehmenssitz der Ort im Inland, von dem aus die inländische Betätigung zentral geleitet wird (BAG 31. 10. 1975 AP BetrVG 1972 § 106 Nr. 2).

III. Sonderfälle

3   Wird um die **Tariffähigkeit oder Tarifzuständigkeit** einer Vereinigung gestritten wird – § 2a Abs. 1 Nr. 3, ist das Arbeitsgericht örtlich zuständig, in dessen Bezirk die Vereinigung ihren Sitz hat, deren Tariffähigkeit oder Tarifzuständigkeit umstritten ist, unabhängig davon, ob diese Vereinigung Antragsteller oder sonstiger Beteiliger ist (*Germelmann/Matthes/Prütting* § 83 Rn. 14 mwN). Im Streitigkeiten um die **Anerkennung einer Schulungsveranstaltung** nach § 37 VII BetrVG sind vor dem Arbeitsgericht auszutragen, in dessen Bezirk die zuständige Behörde ihren Sitz hat (*Germelmann/Matthes/Prütting* Rn. 15). Für den Streit um die **Zustimmung zu Tarifverträgen** nach den §§ 3 II und 117 II BetrVG ist das Arbeitsgericht örtlich zuständig, in dessen Bezirk die für die Zustimmung zuständige Behörde ihren Sitz hat (*Germelmann/Matthes/Prütting* Rn. 15).

§ 83 Verfahren

(1) ¹Das Gericht erforscht den Sachverhalt im Rahmen der gestellten Anträge von Amts wegen. ²Die am Verfahren Beteiligten haben an der Aufklärung des Sachverhalts mitzuwirken.

(1a) ¹Der Vorsitzende kann den Beteiligten eine Frist zum Vorbringen von Angriffs- und Verteidigungsmitteln setzen. ²Angriffs- und Verteidigungsmittel, die erst nach Ablauf einer nach Satz 1 gesetzten Frist vorgebracht werden, können zurückgewiesen werden, wenn nach der freien Überzeugung des Gerichts ihre Zulassung die Erledigung des Rechtsstreits verzögern würde oder wenn der Beteiligte die Verspätung nicht genügend entschuldigen. ³Die Beteiligten sind über die Folgen der Versäumung der nach Satz 1 gesetzten Frist zu belehren.

(2) Zur Aufklärung des Sachverhalts können Urkunden eingesehen, Auskünfte eingeholt, Zeugen, Sachverständige und Beteiligte vernommen und der Augenschein eingenommen werden.

(3) In dem Verfahren sind der Arbeitgeber, die Arbeitnehmer und die Stellen zu hören, die nach dem Betriebsverfassungsgesetz, dem Sprecherausschußgesetz, dem Mitbestimmungsgesetz, dem Mitbestimmungsergänzungsgesetz, dem Betriebsverfassungsgesetz 1952, den §§ 24, 25, 54c des Schwerbehindertengesetzes und den zu diesen Gesetzen ergangenen Rechtsverordnungen sowie dem Gesetz über Europäische Betriebsräte im einzelnen Fall beteiligt sind.

(4) ¹Die Beteiligten können sich schriftlich äußern. ²Bleibt ein Beteiligter auf Ladung unentschuldigt aus, so ist der Pflicht zur Anhörung genügt; hierauf ist in der Ladung hinzuweisen. ³Mit Einverständnis der Beteiligten kann das Gericht ohne mündliche Verhandlung entscheiden.

(5) Gegen Beschlüsse und Verfügungen des Arbeitsgerichts oder seines Vorsitzenden findet die Beschwerde nach Maßgabe des § 78 statt.

I. Untersuchungsgrundsatz

Wegen der Bedeutung der Entscheidungen will man im Beschlußverfahren nicht den am Verfahren Beteiligten allein überlassen, den entscheidungserheblichen Sachverhalt beizubringen. Sie bestimmen und begrenzen grundsätzlich durch ihren Antrag den Verfahrensgegenstand und sind nach Abs. 1 S. 2 zur Mitwirkung an der Sachverhaltsaufklärung verpflichtet. Im übrigen ist das Gericht nach Abs. 1 Satz 1 **von Amts wegen** selbst dafür verantwortlich, daß die Entscheidung auf einem zutreffenden und vollständigen Sachverhalt beruht. Das Gericht muß zunächst die Sachentscheidungsvoraussetzungen aufklären. Dann hat es von Amts wegen zu prüfen, wer im Verfahren zu beteiligen ist (BAG 26. 11. 1968 AP BetrVG § 76 Nr. 18). Schließlich muß das Gericht alle für die Sachentscheidung erheblichen, für und gegen die Begründetheit des Antrags sprechenden Tatsachen erforschen. Der **Umfang der Ermittlungspflicht** des Gerichts bestimmt sich aus dem Vorbringen der Beteiligten, aus dem sich Anhaltspunkte dafür ergeben müssen, daß und wie weitere Tatsachen zu ermitteln sind. Eine „uferlose Ermittlungstätigkeit ins Blaue hinein" ist nicht geboten (*Germelmann/Matthes/Prütting* Rn. 87; GK-ArbGG/*Leinemann/Schütz* Rn. 151). Der Untersuchungsgrundsatz hat zur Folge, daß Gerichte an **Geständnisse** nicht gebunden sind und daß § 138 III ZPO nicht für das Beschlußverfahren gilt; Zugeständnisse werden nicht fingiert (*Germelmann/Matthes/Prütting* Rn. 93). Jedoch bedarf es in der Regel keiner Beweisaufnahme, wenn die Beteiligten einen Sachverhalt übereinstimmend vortragen oder wenn das Vorbringen eines Beteiligten von den anderen nicht bestritten wird und sich keine Zweifel an dessen Richtigkeit aufdrängen (BAG 10. 12. 1992 AP ArbGG 1979 § 87 Nr. 4). § 331 I ZPO ist nicht anwendbar, sodaß das **Nichterscheinen** eines Beteiligten im Anhörungstermin nicht als Zugeständnis des Vortrags der übrigen Beteiligten gilt. Es gibt deshalb beim Ausbleiben eines Beteiligten in der mündlichen Anhörung auch keinen „**Versäumnisbeschluß**". Das Gericht hat in diesem Fall auch die dem Säumigen günstigen Tatsachen zu ermitteln und zu verwerten; Abs. 4 S. 2 sieht als einzige Folge der Säumnis vor, daß bei unentschuldigten Ausbleiben eines Beteiligten insoweit die Pflicht zur Anhörung genügt ist. Dies gilt sogar beim unentschuldigten Ausbleiben aller Beteiligten einschließlich des Antragstellers; das Gericht hat in diesem Fall über den angekündigten Antrag nach Lage der Akten zu entscheiden, ggf. indem es einen Auflagenbeschluß erläßt. Die **Verspätungsvorschriften** der § 56 II sowie § 296 II iVm. § 282 I und II ZPO sind nicht anwendbar. Sachvortrag kann daher grundsätzlich nur wegen Fristüberschreitungen oder sonstigen Nachlässigkeiten unter den Voraussetzungen des Abs. 1 a als verspätet zurückgewiesen werden (aA GK-ArbGG/*Leinemann/Schütz* Rn. 172; s. Rn. 3). Wegen des Beschleunigungsgrundsatzes ist das Gericht jedoch nicht verpflichtet, Fristüberschreitungen und dadurch entstehende Verzögerungen unbegrenzt hinzunehmen. Das Gericht kann bei erheblichen, nicht entschuldigten Verzögerungen bei der Erfüllung der Auflagen seine Ermittlungsbemühungen in dieser Hinsicht beenden und aufgrund des bisher erforschten Sachverhalts entscheiden (*Germelmann/Matthes/Prütting* Rn. 95; *Grunsky* Rn. 7).

1. Mitwirkung der Beteiligten. Aus Abs. 1 S. 2 ergibt sich zunächst, daß der Antragsteller diejenigen Tatsachen vorzutragen hat, aus denen er sein mit dem Antrag verfolgtes Begehren herleitet (BAG 9. 9. 1975 AP ArbGG 1953 § 83 Nr. 6). Dies bedeutet nicht, daß der Antragsteller einen vollständigen und schlüssigen Sachverhalt darlegen muß. Die Abweisung eines Antrags mangels Substantiierung ist im Beschlußverfahren ohne weitere richterliche Aufklärungsbemühungen ausgeschlossen. Es verpflichtet den Antragsteller jedoch, auf eine vom Gericht erteilte Auflage hin die Antragsbegründung zu konkretisieren und zu vervollständigen (GK-ArbGG/*Leinemann/Schütz* Rn. 144). Andererseits ist die richterliche Bewertung eines Vorbringens als nicht ausreichender Vortrag nur statthaft, wenn das Gericht auf seine Einschätzung hingewiesen und zur Ergänzung des Vorbringens anhand konkreter Fragestellungen aufgefordert hat (BAG 11. 3. 1998 AP BetrVG 1972 § 40 Nr. 57). Die Mitwirkungspflicht trifft neben dem Antragsteller auch die übrigen Beteiligten. Sie sind verpflichtet, unabhängig von ihren eigenen Interesse am Ausgang des Verfahrens, die ihnen bekannten entscheidungserheblichen Tatsachen vollständig vorzutragen. Um dies sicherzustellen, soll das Gericht den Beteiligten konkrete Auflagen erteilen und zur Verfahrensbeschleunigung Fristen setzen. Die **Weigerung** eines Beteiligten, an der Sachverhaltsaufklärung mitzuwirken, entbindet das Gericht nicht von der Pflicht, alle anderen Erkenntnismöglichkeiten auszuschöpfen. Sie kann aber dazu führen, daß das Gericht für weitere Ermittlungen keinen Anlaß oder keine Möglichkeiten hat. Nach entsprechender Belehrung kann die Weigerung vom Gericht nach § 286 I ZPO gewürdigt werden (GK-ArbGG/*Leinemann/Schütz* Rn. 145). Das erforderliche Beweismaß für einen ansonsten feststellungs- und beweisbelasteten Beteiligten kann sich damit verringern (BAG 25. 3. 1992 AP BetrVG 1972 § 2 Nr. 4). Zur Aufklärung des Sachverhalts stehen dem Gericht die im einzelnen in Abs. 2 aufgeführten Maßnahmen zur Verfügung. Ggfl. muß sich das Gericht auch der in § 56 I für das Urteilsverfahren bestimmten Mittel zur Sachaufklärung bedienen, insbesondere des persönlichen Erscheinens der Beteiligten bzw. ihrer gesetzlichen Vertreter anordnen (*Germelmann/Matthes/Prütting* Rn. 98). Ordnet das Gericht nach § 80 iVm. 56 I Nr. 3 das **persönliche Erscheinen** von Beteiligten an, gilt auch § 141 II und III ZPO. Wegen des Untersuchungsgrundsatzes kann eine Vertreter jedoch nicht nach § 51 II 1 zurückgewiesen werden (*Germelmann/Matthes/Prütting* Rn. 100; aA *Grunsky* § 80 Rn. 36).

3   Abs. 1 a weist für die **Zurückweisung verspäteten Vorbringens** gegenüber den für das Urteilsverfahren geltenden Vorschriften einige Besonderheiten auf, die auf den Untersuchungsgrundsatz zurückzuführen sind. Die Bestimmung ändert nichts am Vorrang richterlicher Aufklärungspflicht. Bei der Aufforderung durch das Gericht, genau zu konkret bezeichneten Sachverhalten vorzutragen geht es daher im Beschlußverfahren nicht um die Substantiierung eines Sachvortrags, sondern allein um die **Mitwirkung** nach Abs. 1 S. 2. Nach wie vor ist damit im Beschlußverfahren – auch für den Anwendungsbereich von Abs. 1 a – ausgeschlossen, *jeden* Sachvortrag als verspätet zurückzuweisen. Die Vorschrift bezieht sich nur auf solche Angaben eines Beteiligten, die ohne ihn nicht zu klären oder zu ermitteln sind, weil sie aus seiner Sphäre stammen, nur er selbst über sie verfügen kann und ihre Klärung ohne seine Mitwirkung dem Gericht nicht oder nur unter großen Schwierigkeiten möglich ist. Darüber hinaus *muß* verspätetes Vorbringen – anders als bei den §§ 56 II ArbGG, 296 I ZPO – nicht zurückgewiesen werden, es *kann* zurückgewiesen werden. Dem Gericht wird damit ein Ermessensspielraum eingeräumt, seine Entscheidung unter Abwägung seiner Verpflichtung zur Amtsermittlung und den Erfordernissen einer Beschleunigung zu treffen (BT-Drucks. 14/2490 S. 12). Voraussetzung für die Zurückweisung ist eine Verzögerung des Verfahrens bei Zulassung *und* eine nicht genügende Entschuldigung der Verspätung durch den Beteiligten. Bei der Verknüpfung dieser Voraussetzungen durch das Wort „oder" handelt es sich um ein Redaktionsversehen. Es ist darauf zurückzuführen, daß man bei der teilweisen Übernahme des Wortlauts von § 56 II nicht bedacht hat, daß dort die Zulassung, mit § 83 I a die Zurückweisung verspäteten Vorbringens geregelt wird. Auch im Beschlußverfahren gilt der absolute Verzögerungsbegriff. Entscheidend ist nicht, ob das Verfahren bei rechtzeitigem Vorbringen schneller zu Ende gegangen wäre, sondern allein, ob es bei Zulassung des Vorbringens länger dauern würde (zu Einzelheiten und den übrigen Voraussetzungen s. § 56 Rn. 14 ff.). Weil es im Beschlußverfahren kein Versäumnisurteil gibt, können die Beteiligten nicht in die Säumnis fliehen, um ihr bei Anwesenheit im Termin verspätetes Vorbringen nach Einspruch gegen ein Versäumnisurteil nachzuholen.

4   **2. Feststellungslast.** Eine **Darlegungslast** wie im Zivilprozeß gibt es im Beschlußverfahren nicht. Jedoch trifft bei Anwendung des Untersuchungsgrundsatzes den Beteiligten, der einen Anspruch oder ein Recht behauptet, das Risiko, daß das Gericht wegen seines unzulänglichen Vortrages und mangels anderweitiger Aufklärungsmöglichkeiten nicht den für eine positive Entscheidung erforderlichen Sachverhalt feststellen kann; ihn trifft die **Feststellungslast** (*Germelmann/Matthes/Prütting* Rn. 96; aA *Hauck* Rn. 6). In welchem Umfang der Antragsteller zunächst von sich aus Tatsachen vortragen muß, die seinen Antrag begründen, hängt von den Besonderheiten des Anspruchs – oder Rechtsgrundlagen ab. So muß der Betriebsrat, der eine über die Mindeststaffel des § 38 I BetrVG hinausgehende Freistellung von Betriebsratsmitgliedern verlangt, zunächst detailliert die besonderen Umstände darlegen, aus denen sich die zusätzliche Belastung des Betriebsrats, welche die weitergehende Freistellung rechtfertigen soll, und deren voraussichtliche Dauer ergibt; der Vortrag muß so konkret sein, daß dem Arbeitgeber eine sachliche Erwiderung möglich ist (BAG 26. 7. 1989 AP BetrVG 1972 § 38 Nr. 10). In einem Zustimmungsersetzungsverfahren nach § 103 II BetrVG darf das Gericht einen bestimmten Sachverhalt, der im Laufe des Verfahrens bekannt wird, zur Rechtfertigung der beabsichtigten Kündigung nur dann heranziehen, wenn der Arbeitgeber sich gerade auch auf diese Tatsachen als Kündigungsgrund beruft (BAG 27. 1. 1977 AP BetrVG 1972 § 103 Nr. 7).

5   **3. Beweisverfahren.** Eine **Beweisführungslast** ist dem Beschlußverfahren fremd. Der Untersuchungsgrundsatz verpflichtet das Gericht zur Beweiserhebung von Amts wegen. Es muß den Beteiligten die Bezeichnung geeigneter Beweismittel aufgeben. Ein Beweisantritt der Beteiligten ist nicht erforderlich (*Germelmann/Matthes/Prütting* Rn. 102). Dies bedeutet jedoch nicht, daß eine Beweisaufnahme im Belieben des Gerichts steht; es ist verpflichtet, angebotene Beweise (auch beantragte Gegenbeweise) zu erheben, wenn die Wahrheit einer entscheidungserheblichen Tatsache nicht feststeht (BAG 25. 9. 1986 AP BetrVG 1972 § 1 Nr. 7). Über § 80 II gelten im Rahmen der Besonderheiten des Beschlußverfahrens für die Beweisaufnahme die Vorschriften des Urteilsverfahrens. Abs. 2 ermächtigt bzw. verpflichtet das Gericht ausdrücklich auch zur **Vernehmung der Beteiligten.** Es handelt sich um eine Parteivernehmung Die §§ 445 bis 447 ZPO sind nicht anzuwenden (*Germelmann/Matthes/Prütting* Rn. 104; *Hauck* Rn. 7). Die bloße Anhörung ist nicht schon Parteivernehmung. Auch im Beschlußverfahren gelten die Regeln zur **objektiven Beweislast** (GK-ArbGG/*Leinemann/Schütz* Rn. 170). Sie richtet sich nach der dem Verfahren zugrundeliegenden materiellen Vorschrift oder den allgemeinen zivilprozessualen Grundsätzen. Sind anspruchs- oder rechtsgründende Tatsachen zwischen den Beteiligten streitig und kann vom Gericht weder durch weitere Sachverhaltsaufklärung noch durch Würdigung der vorgetragenen oder sonst ermittelten Tatsachen oder durch eine Beweisaufnahme die Richtigkeit der einen oder der anderen Behauptung festgestellt werden, gehen im Regelfall Zweifel an der Erweislichkeit einen Tatsachen zu Lasten des Beteiligten, der

II. Beteiligte

Subjekte des Beschlußverfahrens sind nicht Parteien, sondern Beteiligte. Aus der einheitlich verwendeten Terminologie des Gesetzes folgt, daß das Beschlußverfahren nur einen einheitlichen Beteiligtenbegriff kennt und sich damit jede Differenzierung zwischen „notwendigen" Beteiligten und sonstigen Beteiligten, denen jeweils unterschiedliche Rechte und Pflichten im Verfahren zukommen, verbietet (*Germelmann/Matthes/Prütting* Rn. 8, 17; aA GK-ArbGG/*Leinemann/Schütz* Rn. 17 ff.; *Grunsky* § 80 Rn. 28). Auch einen „Antragsgegner" sieht das Gesetz nicht vor (BAG 20. 4. 1999 AP ArbGG 1979 § 81 Nr. 43). Die Person oder Stelle, gegen die sich der geltend gemachte Anspruch oder das geltend gemachte Recht richten, ist „übriger Beteiligter" iSd. § 83 a II. 1 (BAG 20. 7. 1982 AP BetrVG 1952 § 76 Nr. 26). Aus **Abs. 3** läßt sich weder entnehmen, wer im konkreten Verfahren zu beteiligen ist (aA BAG 25. 8. 1981 AP ArbGG 1979 § 83 Nr. 2) noch ist der BR nach dieser Vorschrift stets zu beteiligen (BAG 11. 11. 1998 AP BetrVG 1972 § 50 Nr. 18). Dies ergibt sich vielmehr entweder aus einer ausdrücklichen gesetzlichen Anordnung oder sonst aus der unmittelbaren Betroffenheit einer betriebsverfassungsrechtlichen Rechtsposition (BAG 11. 11. 1998 AP BetrVG 1972 § 50 Nr. 18; *Germelmann/Matthes/Prütting* Rn. 9) bzw. nach Inkrafttreten des EBRG aus der Betroffenheit in einer europäisch mitbestimmungsrechtlichen Position. Deshalb ist es mißverständlich, wenn die Frage der „Beteiligtenbefugnis" als Sachentscheidungsvoraussetzung erörtert wird (s. zB GK-ArbGG/*Leinemann/Schütz* Rn. 20). Dies erweckt den Eindruck, als könne eine Person oder Stelle iSd. Abs. 3 sich selbst durch Teilnahme an einem Beschlußverfahren zum „Beteiligten" machen und es müßte die Frage geklärt werden, ob diese Person oder Stelle sich nach den prozessualen oder materiell-rechtlichen Vorschriften zu Recht beteiligt hat. Die Rechtsstellung eines Beteiligten erwirbt man weder durch eigene Handlung noch durch eine Handlung des Gerichts (BAG 15. 11. 1963 AP TVG § 14 Nr. 2). Die Beteiligtenstellung hängt nicht vom Willen des Betroffenen ab. Sie folgt dem materiellen Recht (BAG 20. 4. 1999 AP ArbGG 1979 § 81 Rn. 43). Das Gericht hat nur für jeden einzelnen Sachantrag (BAG 11. 11. 1998 AP BetrVG 1972 § 50 Nr. 18) zu ermitteln, wer Beteiligter ist (BAG 20. 7. 1982 AP BetrVG 1952 § 76 Nr. 26). Allein der **Antragsteller** wird mit dem Stellen des Sachantrags kraft „eigenen Rechts" Beteiligter. Er ist stets beteiligt, da das Beschlußverfahren nach § 81 I einen Antragsteller voraussetzt, der mit seinem Antrag den Verfahrensgegenstand umschreibt und die Grundlage für die Beurteilung gibt, wer sonst noch zu beteiligen ist (*Germelmann/Matthes/Prütting* Rn. 12). Wer daneben **Beteiligter** ist, richtet sich danach, welche Personen oder Stellen durch die vom Antragsteller begehrte Entscheidung in ihrer betriebsverfassungsrechtlichen Rechtsstellung unmittelbar betroffen sind (BAG 25. 9. 1986 AP BetrVG 1972 § 1 Nr. 7; BAG 11. 11. 1998 AP BetrVG 1972 § 50 Nr. 18). Eine Beteiligung kommt nicht in Betracht, wenn nur die individualrechtliche Position einer Person durch die Entscheidung berührt wird (BAG 3. 12. 1985 AP BetrVG 1972 § 99 Nr. 31).

In betriebsverfassungsrechtlichen Streitigkeiten ist regelmäßig der **Arbeitgeber** zu beteiligen. Auch Wahlanfechtungsverfahren (BAG 4. 12. 1986 AP BetrVG 1972 § 19 Nr. 13) sowie betriebsratsinterne Streitigkeiten mit unmittelbarer Auswirkung – zB die Wahl des Betriebsratsvorsitzenden – berühren die Rechtsstellung des Arbeitgebers in der Betriebsverfassung. Dagegen ist der Arbeitgeber bei einem Streit, der nicht in seine betriebsverfassungsrechtliche Stellung eingreift – zB Streitkeiten innerhalb des Betriebsrates über seine interne Geschäftsführung – nach Abs. 3 lediglich zu hören. Einzelne **Arbeitnehmer** sind als Antragsteller beteiligt – zB bei der Wahlanfechtung sowie in Verfahren nach § 23 I BetrVG. Ansonsten sind sie nur zu beteiligen, soweit sie in ihrer betriebsverfassungsrechtlichen Stellung unmittelbar betroffen sind – zB bei einem Streit um den betriebsverfassungsrechtlichen Status als leitender Angestellter (BAG 23. 1. 1986 AP BetrVG 1972 § 5 Nr. 31) oder bei Streitigkeiten um das aktive oder passive Wahlrecht. Nicht zu beteiligen sind von personellen Einzelmaßnahmen betroffene Arbeitnehmer in Verfahren nach den §§ 98 V, 99 IV, 101 und 104 BetrVG (BAG 27. 5. 1982 AP ArbGG 1979 § 80 Nr. 3; 3. 12. 1985 AP BetrVG 1972 § 99 Nr. 31). Nach § 103 II 2 BetrVG ist das zu kündigende Betriebsratsmitglied im Zustimmungsersetzungsverfahren zu beteiligen.

Unmittelbar betroffen und daher zu beteiligen ist der **Betriebsrat,** wenn es um seinen Bestand – Wahlanfechtung, Auflösung nach § 23 I BetrVG – oder seine Zusammensetzung – Gruppenschutz, Ersatzmitglieder, Vorsitzender bzw. Stellvertreter – geht. Dies gilt entsprechend für die Errichtung des Gesamtbetriebsrats oder die Anfechtung der Wahl einer Jugendvertretung (BAG 13. 3. 1991 AP BetrVG 1972 § 60 Nr. 2). In einem Streit um Beteiligungsrechte ist der Betriebsrat immer zu beteiligen (GK-ArbGG/*Leinemann/Schütz* Rn. 95), es sei denn er hat den Gesamtbetriebsrat mit der Wahrung seiner Rechte nach § 50 II BetrVG beauftragt. Der Betriebsrat ist auch zu beteiligen, wenn ein Mitglied Ansprüche auf Erstattung von Kosten der Amtstätigkeit oder eines Schulungsbesuches geltend macht (BAG 3. 4. 1979 AP BetrVG 1972 § 40 Nr. 16), wenn nicht die Kostenerstattungsansprüche abgetreten wurden und über ihre Berechtigung dem Grunde nach kein Streit besteht (BAG 15. 1. 1992 AP BetrVG 1972 § 40 Nr. 43). Bei der Anfechtung einer betriebsratsinternen Wahl wegen Verstoßes gegen Gruppenschutzbestimmungen sind neben dem Betriebsrat und den gewählten Mitgliedern sämtliche Angehörigen der betroffenen Gruppe zu beteiligen (BAG 15. 1. 1992 AP BetrVG 1972 § 26 Nr. 10). Die **Jugend- und Auszubildendenvertretung** ist neben dem Betriebsrat nur zu beteiligen, wenn es um die Wahrnehmung ihrer Rechte gegenüber dem Betriebsrat geht oder eines ihrer Mitglieder eigene Kostenerstattungsansprüche gegen den Arbeitgeber verfolgt (BAG 30. 3. 1994 AP BetrVG 1972 § 40 Nr. 42). Kraft ausdrücklicher Anordnung in § 78 a IV 2 ist die Jugend- und Auszubildendenvertretung zu beteiligen, wenn über die Frage gestritten wird, ob mit einem Mitglied der Jugend- und Auszubildendenvertretung ein Arbeitsverhältnis zustande gekommen oder aufzulösen ist. Der **Wahlvorstand** ist zu beteiligen, soweit es um seine Amtshandlungen bis zur Durchführung der Wahl und Konstituierung des Betriebsrates geht (GK-ArbGG/*Leinemann/Schütz* Rn. 110), nicht jedoch in einem Wahlanfechtungsverfahren, auch wenn die Gründe für die Anfechtung aus seiner Bestellung herrühren (BAG 14. 1. 1983 AP BetrVG 1972 § 19 Nr. 9). Einzelne **Organmitglieder** sind zu beteiligen, soweit es um ihre eigenen Rechte gegenüber dem Organ oder dem Arbeitgeber geht (GK-ArbGG/*Leinemann/Schütz* Rn. 114), so zB bei der Erforderlichkeit einer Schulungsveranstaltung (BAG 28. 1. 1975 AP BetrVG 1972 § 37 Nr. 20) oder der Kostenerstattung für einen Schulungsbesuch oder sonstiger Amtstätigkeit (BAG 24. 8. 1976 AP ArbGG 53 § 95 Nr. 2), soweit die Ansprüche nicht abgetreten wurden. **Gewerkschaften** sind in den Fällen, in denen ihnen das Betriebsverfassungsgesetz ein eigenes Antragsrecht einräumt, nur dann zu beteiligen, wenn sie selbst Antragsteller sind, zB selbst die Wahl angefochten haben (BAG 19. 9. 1985 AP BetrVG 1972 § 19 Nr. 12; 27. 1. 1993 AP BetrVG 1972 § 76 Nr. 29). Ansonsten sind Gewerkschaften auch dann nicht zu beteiligen, wenn das Bestehen eines Mitbestimmungsrechts oder die Wirksamkeit einer Betriebsvereinbarung von Tarifvorschriften abhängt (BAG 25. 2. 1982 AP BetrVG 1972 § 87 – Prämie – Nr. 2; 9. 2. 1984 AP BetrVG 1972 § 77 Nr. 9). **Dritte** dürfen nicht beteiligt werden. Eine Beiladung mittelbar betroffener Personen oder Stellen entsprechend den §§ 65 VwGO, 60 FGO und 65 SGG kommt nicht in Betracht (*Germelmann/Matthes/Prütting* Rn. 27); das Beschlußverfahren verweist ausschließlich in die ZPO. Nebenintervention oder Streitverkündung sind nicht möglich (GK-ArbGG/*Leinemann/Schütz* Rn. 59 ff.). Die §§ 44 ff. ZPO sind über die §§ 80 II, 46 II nicht in Bezug genommen. Die Anwendung weiterer Vorschriften der ZPO im Beschlußverfahren ist nur zulässig, soweit sich aus den §§ 81 ff. nichts anderes ergibt. Die Beteiligung ist in diesem Verfahren nicht davon abhängig, ob man sich selbst oder Dritte daran beteiligen will. Sie folgt unmittelbar aus dem materiellen Recht (*Germelmann/Matthes/Prütting* Rn. 24). Wird eine betriebsverfassungsrechtliche Stelle beteiligt, so ist ein Wechsel der Mitglieder – zB durch Neuwahl – unerheblich. Geht während des Verfahrens das umstrittene Beteiligungsrecht auf ein anderes betriebsverfassungsrechtliches Organ über, so wird dieses beteiligt (BAG 18. 10. 1988 AP ArbGG 1979 § 81 Nr. 10). Bei einem Betriebsübergang bleibt der Betriebsrat Beteiligter, sofern die Identität des Betriebes fortbesteht (BAG 11. 10. 1995 AP BetrVG 1972 § 21 Nr. 2). An Stelle des Betriebsveräußerers ist der Betriebserwerber zu beteiligen (BAG 5. 2. 1991 AP BGB § 613 a Nr. 89). Die Änderung der Beteiligtenstellung kann sich auch im Laufe eine Verfahrens aus einer Änderung des Sachantrags ergeben (BAG 11. 11. 1998 AP BetrVG 1972 § 50 Nr. 18).

III. Beteiligung

9   Die **Beteiligtenstellung** ist vom Gericht in jeder Lage des Verfahrens zu **prüfen** (BAG 18. 10. 1988 AP ArbGG 1979 § 81 Nr. 10). Wenn das Gericht die Beteiligten ermittelt hat, sind sie von Amts wegen tatsächlich am Verfahren zu **beteiligen**; dh., ihnen ist der Antrag zuzustellen, sie sind zu hören und zur mündlichen Anhörung zu laden. Etwaige Erklärungen zum Verfahren – §§ 81 III, 83 a III – sind von ihnen einzuholen; gerichtliche Entscheidungen sind ihnen zuzustellen, auch wenn sie sich im Verfahren nicht geäußert haben oder zum Anhörungstermin nicht erschienen sind (BAG 6. 10. 1978 AP BetrVG 1972 § 101 Nr. 2). Wird in den Gründen eines Beschlusses ausgeführt, daß und warum Personen oder Stellen nicht im Verfahren beteiligt wurden, so ist die Entscheidung auch diesen Personen oder Stellen zuzustellen, damit ihnen gegenüber die Rechtsmittelfrist in Lauf gesetzt wird (*Germelmann/Matthes/Prütting* § 84 Rn. 19).

10 Wird im laufenden Verfahren oder in der Rechtsmittelinstanz festgestellt, daß nach materiellem Recht zu Beteiligende bisher nicht tatsächlich beteiligt wurden, so ist dieser **Verfahrensfehler** (BAG 20. 2. 1986 AP BetrVG 1972 § 63 Nr. 1) jederzeit dadurch zu beseitigen, daß die betreffende Person oder Stelle künftig beteiligt wird (GK-ArbGG/*Leinemann/Schütz* Rn. 199). Schriftsätze der übrigen Beteiligten sind zuzustellen bzw. zuzusenden, eine Anhörung ist nachzuholen. Eine fehlerhafte Nichtbeteiligung kann auch dadurch geltend gemacht werden, daß gegen eine gerichtliche Entscheidung das statthafte Rechtsmittel eingelegt wird (BAG 30. 8. 1963 AP ArbGG 1953 § 88 Nr. 2). Im umgekehrten Falle – Hinzuziehung von Personen und Stellen, die nicht Beteiligte sind – hat das Gericht – ggf. in der Rechtsmittelinstanz – den Fehler dadurch zu beheben, daß eine weitere Beteiligung im Verfahren unterbleibt (BAG v. 31. 5. 1983 AP BetrVG 1972 § 118 Nr. 27). Das Gericht muß in diesem Fall dem zu Unrecht Beteiligten einen rechtlichen Hinweis sowie Gelegenheit zur Stellungnahme geben. Einer förmlichen Entscheidung bedarf es nicht; es kann jedoch ein Zwischenbeschluß nach § 303 ZPO mit diesem Inhalt ergehen (*Germelmann/Matthes/Prütting* Rn. 34). Ein förmlicher Verwerfungsbeschluß

ist erforderlich, wenn ein zu Unrecht Beteiligter gegen die ergangene Entscheidung Rechtsmittel einlegt.

IV. Anhörung

Die mündliche Anhörung erfolgt ggf. nach Durchführung eines Güteverfahrens nach **Abs. 4** vor der Kammer. Die Verhandlung ist nach § 57 I möglichst in einem Termin durchzuführen. Sie ist deshalb nach § 56 I vom Vorsitzenden entsprechend vorzubereiten. Soweit es der Beschleunigung dient, kann nach § 55 IV vorab vom Kammervorsitzenden ein Beweisbeschluß ergehen. Nach § 137 I ZPO beginnt die Anhörung regelmäßig mit der Stellung der **Anträge**. Die Stellung eines Antrages ist jedoch nicht zwingend erforderlich, da auch der Antragsteller nach Abs. 4 S. 2 folgenlos ausbleiben kann und in diesem Fall über den in der Antragsschrift angekündigten Antrag verhandelt und entschieden wird. Auch ein dem Klageabweisungsantrag im Urteilsverfahren entsprechender Antrag der übrigen Beteiligen ist für eine die Instanz beendende Entscheidung nicht erforderlich. Bei unentschuldigtem **Nichterscheinen** eines Beteiligten trotz Ladung und entsprechendem gerichtlichem Hinweis ist nach Abs. 4 S. 2 der Pflicht zur Anhörung genügt; schriftliche Äußerungen dieses Beteiligten sind gleichwohl zu berücksichtigen. Weitere Nachteile entstehen einem ausgebliebenen Beteiligten nicht. Entschuldigt ein Beteiligter sein Ausbleiben, ist der Anhörungstermin zu verlegen bzw. ist ein neuer Termin zu bestimmen (GK-ArbGG/*Leinemann/Schütz* Rn. 183). Mit Einverständnis aller Beteiligten kann das Gericht nach Abs. 4 S. 3 auch im **schriftlichen Verfahren** entscheiden. Selbst wenn das Einverständnis aller Beteiligten vorliegt, steht es im Ermessen des Gerichts, ob mündlich verhandelt wird. Von der Möglichkeit der schriftlichen Verfahrens wird das Gericht regelmäßig nur dann Gebrauch machen, wenn es bei vollständig aufgeklärtem Sachverhalt allein um Rechtsfragen geht, die einer Entscheidung bedürfen. Wenn schriftlich verfahren wird, ist nach § 60 I ein Verkündungstermin anzuberaumen, zu dem der Beschluß nach § 84 S. 3 iVm. § 60 IV 2 schriftlich abgefaßt vorliegen muß. Der Beschlußtenor ist in diesem Fall von den ehrenamtlichen Richtern gem. § 60 III 2 zu unterschreiben.

V. Beschwerdeverfahren

Mit **Abs. 5** sind nicht instanzbeendende Beschlüsse nach § 84 angesprochen (GK-ArbGG/*Leinemann/Schütz* Rn. 201). Beschwerdefähige Entscheidungen iSd. Abs. 5 sind daher Anordnungen und Entscheidungen, die im Laufe des Verfahrens ergehen (zu den Einzelheiten s. § 78 Rn. 2). Gegen eine Vorabentscheidung über die zutreffende Verfahrensart nach § 80 III iVm. §§ 48 I, 17 ff. GVG ist nach § 17 a IV 3 GVG die sofortige Beschwerde nach § 577 II ZPO gegeben.

§ 83 a Vergleich, Erledigung des Verfahrens

(1) **Die Beteiligten können, um das Verfahren ganz oder zum Teil zu erledigen, zur Niederschrift des Gerichts oder des Vorsitzenden einen Vergleich schließen, soweit sie über den Gegenstand des Vergleichs verfügen können, oder das Verfahren für erledigt erklären.**

(2) ¹**Haben die Beteiligten das Verfahren für erledigt erklärt, so ist es vom Vorsitzenden des Arbeitsgerichts einzustellen.** ² **§ 81 Abs. 2 Satz 3 ist entsprechend anzuwenden.**

(3) ¹**Hat der Antragsteller das Verfahren für erledigt erklärt, so sind die übrigen Beteiligten binnen einer von dem Vorsitzenden zu bestimmenden Frist von mindestens zwei Wochen aufzufordern, mitzuteilen, ob sie der Erledigung zustimmen.** ² **Die Zustimmung gilt als erteilt, wenn sich der Beteiligte innerhalb der vom Vorsitzenden bestimmten Frist nicht äußert.**

I. Vergleich

Nach den §§ 80 II und 57 II ist das Gericht auch im Beschlußverfahren gehalten, auf eine Verfahrensbeendigung durch Vergleich hinzuwirken. Der Vergleich ist wie im Urteilsverfahren in materiellrechtlicher und zugleich prozessualer Vertrag zwischen den Beteiligten (BAG 5. 8. 1982 AP ZPO § 794 Nr. 31). Er muß daher **von allen** am Verfahren **Beteiligten** geschlossen werden (*Germelmann/Matthes/Prütting* Rn. 5; GK-ArbGG/*Leinemann/Senne* Rn. 7). Wird der Vergleich nicht von allen Beteiligten geschlossen, so hat das Gericht die übrigen Beteiligten zur Erklärung darüber aufzufordern, ob sie sich dem Vergleich anschließen. § 83 a III gilt in diesem Falle nicht entsprechend (*Germelmann/Matthes/Prütting* Rn. 6; GK-ArbGG/*Leinemann/Senne* Rn. 8; aA *Wlotzke/Schwedes/Lorenz*, § 83 a Rn. 6). Für die Verfahrensbeendigung macht es zwar keinen Unterschied, ob einige Beteiligte sich zur erklärten Hauptsachenerledigung oder zu einem von anderen Beteiligten geschlossenen Vergleich nicht äußern. Der Vergleich ist aber Vollstreckungstitel. Daher kann er nicht durch Schweigen zustandekommen. Ist der Verfahrensgegenstand teilbar (objektive Antragshäufung) mit unterschiedlicher Beteiligung, ist in jedem Fall bei einem Teilvergleich nur die Zustimmung der von diesem Verfahrensteil Betroffenen erforderlich (*Germelmann/Matthes/Prütting* Rn. 5). Durch einen Vergleich endet das Verfahren ohne förmlichen **Einstellungsbeschluß**. Vergleiche sind nach Maßgabe des § 85 I vollstreckbar.

2   Der Vergleich ist nur **zulässig**, wenn alle Beteiligten über den Gegenstand des Vergleichs verfügen können (*Germelmann/Matthes/Prütting* Rn. 5; GK-ArbGG/*Leinemann/Senne* Rn. 10; aA *Grunsky* Rn. 3). Damit soll sichergestellt werden, daß zwingende, insbesondere formelle betriebsverfassungsrechtliche Vorschriften – zB der Betriebsbegriff, Wahlrechtsvorschriften, Verfahrensvorschriften – nicht unterlaufen werden oder sich zwei Beteiligte zu Lasten eines Dritten vergleichen. In den Vergleich können nicht anhängige Streitpunkte einbezogen werden (*Germelmann/Matthes/Prütting* Rn. 8; GK-ArbGG/*Leinemann/Senne* Rn. 10). Die Verfügungsbefugnis der Beteiligten über einen Vergleichsgegenstand ist anhand des materiellen Rechts festzustellen (*Germelmann/Matthes/Prütting* Rn. 9; GK-ArbGG/*Leinemann/Senne* Rn. 11). Regelmäßig ist die Verfügungsbefugnis in vermögensrechtlichen Streitigkeiten gegeben. Bei Streitigkeiten über Mitbestimmungsrechte sind Vergleiche für den konkreten Fall zulässig. Der Betriebsrat kann jedoch nicht wirksam auf Mitbestimmungsrechte in zukünftigen, anders gelagerten Fallgestaltungen verzichten (*Germelmann/Matthes/Prütting* Rn. 9; GK-ArbGG/*Leinemann/Senne* Rn. 13). Kann durch Betriebsvereinbarung vom Gesetz abgewichen werden – wie zB in den §§ 38 I 3, 47 IV, 55 IV, 72 IV – sind nur die zum Abschluß dieser Betriebsvereinbarung Berechtigten verfügungsbefugt (GK-ArbGG/*Leinemann/Senne* Rn. 12). Ist nach diesen Grundsätzen ein Vergleich **nicht zulässig**, hat er als solcher auch keine verfahrensbeendende Wirkung (*Germelmann/Matthes/Prütting* Rn. 10; GK-ArbGG/*Leinemann/Senne* Rn. 16). Das Gericht darf die Protokollierung eines unwirksamen Vergleichs nicht ablehnen. Es hat jedoch die Beteiligten auf rechtliche Bedenken hinzuweisen. Der gleichwohl geschlossene Vergleich hat dann die Wirkung einer übereinstimmenden Erledigungserklärung; das Verfahren ist beendet, wenn es entsprechend Abs. 2 durch Beschluß eingestellt wird (*Germelmann/Matthes/Prütting* Rn. 10; aA GK-ArbGG/*Leinemann/Senne* Rn. 16). Innerhalb der Grenzen des § 242 BGB bleibt es den Beteiligten unbenommen, unter Hinweis auf die Unwirksamkeit des Vergleichs die Streitsache erneut anhängig zu machen. Auch **außergerichtliche Vergleiche** sind im Beschlußverfahren zulässig; sie haben jedoch als materieller Vertrag aus sich heraus keine verfahrensbeendende Wirkung (BAG 9. 7. 1981 AP BGB § 620 Bedingung Nr. 4; GK-ArbGG/*Leinemann/Senne* Rn. 19), so daß noch die Antragsrücknahme bzw. Verfahrenserledigung erklärt werden muß. Geschieht dies nicht, so wird nach einem wirksam geschlossenen außergerichtlichen Vergleich regelmäßig das Rechtsschutzinteresse für das weiterbetriebene Verfahren fehlen.

II. Erledigungserklärung

3   Abs. 2 regelt die übereinstimmenden Erledigungserklärungen aller Beteiligten. Hier prüft das Gericht nicht, ob das Verfahren tatsächlich erledigt ist und ob die Beteiligten über den Verfahrensgegenstand verfügen können, da die Erledigungserklärung lediglich eine Prozeßhandlung darstellt (*Germelmann/Matthes/Prütting* Rn. 14). Durch bekanntzugebenden Beschluß, gegen den nach § 87 die Beschwerde statthaft ist, hat das Gericht das Verfahren einzustellen.

4   Abs. 3 sieht eine Sonderregelung gegenüber den Vorschriften der ZPO für den Fall vor, daß der **Antragsteller** einseitig das Verfahren für erledigt erklärt. Die Regelung ist für das Verfahren vor den Arbeitsgerichten bedeutungslos. Der Antragsteller kann hier nach § 81 II den Antrag ohne Zustimmung der übrigen Beteiligten jederzeit zurücknehmen. Die Erledigungserklärung ist als Verfahrenshandlung unwiderruflich. Die Zustimmungsfiktion setzt voraus, daß alle Beteiligten in dem gerichtlichen Schreiben auf die Rechtsfolgen ihrer Nichtäußerung hingewiesen wurden (GK-ArbGG/*Leinemann/Senne* Rn. 26). Bei der Frist des Abs. 3 S. 1 handelt es sich nicht um eine Notfrist. Eine Wiedereinsetzung ist nicht möglich (*Germelmann/Matthes/Prütting* Rn. 17; GK-ArbGG/*Leinemann/Senne* Rn. 27). Gilt die Zustimmung nach diesen Grundsätzen als erteilt, so ist wie im Falle des Abs. 2 das Verfahren durch Beschluß einzustellen. Widerspricht ein Beteiligter der Erledigungserklärung, ist vom Gericht durch zu begründenden, beschwerdefähigen Beschluß die Erledigung des Verfahrens festzustellen und das Verfahren einzustellen, wenn es sich nach Rechtshängigkeit tatsächlich erledigt hat; ob der Antrag ursprünglich zulässig und begründet war, ist unerheblich (BAG 26. 4. 1990 AP Nr. 3 zu § 83a ArbGG 1979; BAG v. 27. 8. 1996 AP ArbGG 1979 § 83a Nr. 4; BAG 10. 2. 1999 AP ArbGG 1979 § 81 Nr. 43). Dies gilt auch in den Rechtsmittelinstanzen, wenn nach der Entscheidung erster Instanz tatsächliche Umstände eintreten, die den Antragsteller hindern, seinen Antrag mit Aussicht auf Erfolg weiterzuverfolgen. Voraussetzung ist jedoch, daß das eingelegte Rechtsmittel zulässig war (BAG v. 27. 8. 1996 AP ArbGG 1979 § 83a Nr. 4; BAG 10. 2. 1999 AP ArbGG 1979 § 83a Nr. 5 und 6). Fehlt ein erledigendes Ereignis, liegt in der einseitigen Erledigungserklärung des Antragstellers möglicherweise eine Antragsrücknahme (BAG v. 27. 8. 1996 AP ArbGG 1979 § 83a Nr. 4). Für die einseitige Erledigungserklärung anderer **Beteiligter** ist Abs. 3 auch nicht entsprechend anwendbar (BAG 26. 3. 1991 AP BPersVG § 75 Nr. 32). Auch im Beschlußverfahren bestimmt nur der Antragsteller, ob eine gerichtliche Entscheidung herbeigeführt bzw. was zur gerichtlichen Entscheidung gestellt werden soll. Daher kann auch nur der Antragsteller durch Erledigungserklärung auf eine gerichtliche Entscheidung im laufenden Verfahren verzichten (*Germelmann/Matthes/Prütting* Rn. 24). Die Erledigungserklärung eines sonstigen Beteiligten ist jedoch Anlaß für das Gericht, von Amts wegen zu prüfen, ob sich das

Verfahren tatsächlich erledigt hat; denn in diesem Fall wird regelmäßig das Rechtsschutzbedürfnis für den Antrag entfallen sein (BAG 23. 1. 1986 AP BetrVG 1972 § 5 Nr. 31). Das Gericht darf nicht **von Amts wegen** ein Verfahren für erledigt erklären (GK-ArbGG/*Leinemann/Senne* Rn. 33). Es muß aber prüfen, ob noch ein Rechtsschutzinteresse besteht, wenn sich nach seinen Feststellungen das Verfahren erledigt hat. Ein Verfahren nach § 100 II 3 BetrVG zur Feststellung der Erforderlichkeit einer vorläufige personelle Maßnahme ist von Amts wegen einzustellen, wenn die Zustimmung des Betriebsrats zur personellen Maßnahme rechtskräftig ersetzt wird. Die Rechtshängigkeit dieses Antrags ist von vornherein auf die Zeit bis zur rechtskräftigen Entscheidung über den Zustimmungsersetzungsantrag begrenzt (BAG 18. 10. 1988 AP BetrVG 1972 § 100 Nr. 4).

§ 84 Beschluß

¹ Das Gericht entscheidet nach seiner freien, aus dem Gesamtergebnis des Verfahrens gewonnenen Überzeugung. ² Der Beschluß ist schriftlich abzufassen. ³ § 60 ist entsprechend anzuwenden.

I. Entscheidung

Der die **Instanz beendende Beschluß** entspricht dem Urteil im Urteilsverfahren. Nicht unter diese 1
Vorschrift fallen verfahrensleitende Beschlüsse nach § 53 I, die der Endentscheidung vorausgehen. Über Satz 3 iVm. § 60 gelten die Vorschriften der ZPO über das Urteil (§§ 300 ff., insbesondere auch § 313, 301 und 304 ZPO) entsprechend. Entgegen dem Wortlaut des Satzes 1 trifft das Gericht keine Ermessens-, sondern eine Rechtsentscheidung. Entscheidungsgrundlage ist der gestellte Antrag sowie der von Amts wegen unter Mitwirkung der Beteiligten festgestellte Sachverhalt. Aus der Formulierung des Satzes 1 folgt, daß das Gericht auch im Beschlußverfahren das Recht und die Pflicht hat, bei der Sachverhaltsfeststellung den Vortrag der Beteiligten nach § 286 I ZPO zu würdigen (vgl. *Germelmann/Matthes/Prütting* § 58 Rn. 2).

Das Gericht entscheidet regelmäßig unter Mitwirkung der **ehrenamtlichen Richter,** auch wenn 2
nach § 83 IV 3 ohne mündliche Verhandlung entschieden wird. Nur bei den im Rahmen des § 83a auch im Beschlußverfahren zulässigen Anerkenntnis- oder Verzichtsbeschlüssen nach den §§ 306, 307 ZPO entscheidet der Vorsitzende allein. Der gesamte Beschluß ist **schriftlich abzufassen**. S. 2 und § 91 I 2 enthalten Sonderregelungen, welche die §§ 313 ff., 543 ZPO verdrängen (GK-ArbGG/*Leinemann/Senne* Rn. 3; teilweise aA *Germelmann/Matthes/Prütting* Rn. 11). Wegen der Rechtskraftwirkung des Beschlusses sind sämtliche Beteiligten im **Rubrum** aufzuführen, auch wenn sie sich nicht geäußert haben (*Germelmann/Matthes/Prütting* Rn. 10). Anders als arbeitsgerichtliche Urteile sind die Beschlüsse nur in vermögensrechtlichen Streitigkeiten vorläufig vollstreckbar. Im **Entscheidungstenor** sollte daher zum Ausdruck kommen, ob der Beschluß nach § 85 I 2 vorläufig vollstreckbar ist (*Germelmann/Matthes/Prütting* Rn. 12; GK-ArbGG/*Leinemann/Senne* Rn. 11). Gegebenenfalls ist durch entsprechende Tenorierung die vorläufige Vollstreckbarkeit nach § 85 I 2 2. Halbsatz iVm. § 62 I 2 auszuschließen. Um Unklarheiten über die vorläufige Vollstreckbarkeit im Beschlußverfahren zu vermeiden, empfiehlt es sich dem Antragsteller, die gerichtliche Anordnung der vorläufigen Vollstreckbarkeit ausdrücklich zu beantragen. Eine **Kostenentscheidung** erfolgt wegen der in § 12 V festgeschriebenen Gerichtskostenfreiheit des Beschlußverfahrens nicht (BAG 31. 10. 1972 AP BetrVG 1972 § 40 Nr. 2; *Germelmann/Matthes/Prütting* Rn. 29). Im übrigen sind die §§ 91 ff. ZPO im § 80 III nicht in Bezug genommen. Sie sind auch nicht entsprechend anwendbar (BAG 20. 4. 1999 AP ArbGG 1979 § 81 Nr. 43). Auch eine **Streitwertfestsetzung** nach § 61 I hat zu unterbleiben (*Germelmann/ Matthes/Prütting* Rn. 14; GK-ArbGG/*Leinemann/Senne* Rn. 13). Die Festsetzung des Verfahrenswertes zur anwaltlichen Gebührenberechnung erfolgt auf Antrag durch gesonderten Beschluß nach § 10 BRAGO. Nach § 87 ist die Beschwerde gegen verfahrensbeendende Beschlüsse unabhängig von einem bestimmten Beschwerdewert statthaft. Der Beschluß ist analog § 9 V mit einer die Beschwerdeberechtigten konkret bezeichnenden **Rechtsmittelbelehrung** zu versehen. Als Bestandteil des Beschlusses ist sie vom Vorsitzenden mit zu unterschreiben. Die **Verkündung** der Entscheidung erfolgt durch die Kammer; im Falle eines besonderen Verkündungstermins nach § 60 I ist die Anwesenheit der ehrenamtlichen Richter nicht erforderlich, jedoch muß der Beschlußtenor dann nach § 60 III von den ehrenamtlichen Richtern unterschrieben sein. Der Beschluß ist nach § 329 I ZPO allen Beteiligten **förmlich zuzustellen**. § 320 ZPO – Tatbestandsberichtigung – und § 321 ZPO – Ergänzungsbeschluß – gelten entsprechend.

II. Rechtskraft

Beschlüsse können wie Urteile formelle und materielle Rechtskraft entfalten (BAG 20. 3. 1996 AP 3
BetrVG 1972 § 19 Nr. 32; BAG 16. 9. 1999 – 2 ABR 68/98). Für die **materielle Rechtskraft** gelten die Vorschriften der §§ 323, 325 ZPO. Sie steht einer erneuten Entscheidung der gleichen Streitfrage in einem anderen Verfahren entgegen, es sei denn, daß sich nach der Entscheidung die Gesetzeslage geändert hat oder wesentliche tatsächliche Veränderungen stattgefunden haben (BAG 20. 3. 1996 AP

BetrVG 1972 § 19 Nr. 32). Rechtskräftige Beschlüsse wirken **für und gegen alle Beteiligten,** auch wenn sie nicht aktiv am Verfahren teilgenommen und sich nicht geäußert haben (*Germelmann/Matthes/Prütting* Rn. 25; aA nur gegenüber tatsächlich Beteiligten (GK-ArbGG/*Leinemann/Senne* Rn. 26). Die Rechtskraft einer Entscheidung muß sich auch ein neugewählter Betriebsrat (BAG 27. 1. 1981 AP Nr. 2 zu § 80 ArbGG 1979) sowie der Betriebserwerber bei einem Betriebsübergang (BAG 5. 2. 1991 AP Nr. 89 zu § 613 a BGB) entgegenhalten lassen. Rechtskräftige Beschlüsse können auch **Dritte** binden. So wirken in der Regel gerichtliche Entscheidungen, die zwischen den Betriebsparteien ergangen sind, auch gegenüber den **Arbeitnehmern,** die von dieser Entscheidung inhaltlich betroffen sind (BAG 10. 3. 1998 AP ArbGG 1979 § 84 Nr. 5). Das gilt insbesondere für rechtsgestaltende Entscheidungen – Wahlanfechtung, Ablösung des Betriebsrates, Ausschließung eines Betriebsratsmitgliedes – sowie bei feststellenden **Statusentscheidungen** – Zuordnung eines Nebenbetriebes oder Betriebsteils nach § 18 II 2 BetrVG (BAG 9. 4. 1991 AP BetrVG 1972 § 18 Nr. 8), aktives und passives Wahlrecht, Arbeitnehmereigenschaft, leitender Angestellter (BAG 5. 2. 1991 AP BGB § 613 a Nr. 89). Darüber hinaus sind Beschlüsse über den Inhalt von **Betriebsvereinbarungen** auch im Verhältnis zwischen Arbeitgeber und Arbeitnehmer verbindlich, wenn eine Partei des Arbeitsvertrages Ansprüche oder Rechte aus dieser Betriebsvereinbarung herleitet (BAG 17. 2. 1992 AP ArbGG 1972 § 84 Nr. 1). Das gleiche gilt, wenn in einem Beschlußverfahren über das Bestehen von **Mitbestimmungsrechten** entschieden wurde und ein Arbeitnehmer daraufhin die Unwirksamkeit einer Maßnahme des Arbeitgebers wegen einer Verletzung dieser Mitbestimmungsrechte geltend macht (BAG 10. 3. 1998 AP ArbGG 1979 § 84 Nr. 5; BAG 21. 9. 1989 AP BetrVG 1972 § 99 Nr. 72) oder wenn ein Arbeitnehmer im Hinblick auf einen Beschluß über das Vorliegen einer **Betriebsänderung** Abfindungsansprüche nach § 113 BetrVG begehrt (BAG 10. 11. 1987 AP BetrVG 1972 § 113 Nr. 15). Ist in einem Beschlußverfahren über die Erforderlichkeit einer **Schulungsveranstaltung** entschieden worden, so gilt dies auch für die nachfolgende Zahlungsklage eines Betriebsratsmitgliedes, das Entgeltansprüche für die Zeit des Besuchs der Schulungsveranstaltung geltend macht (BAG 6. 5. 1975 AP BetrVG 1972 § 65 Nr. 5). Nach rechtskräftiger **Ersetzung der Zustimmung nach § 103 Abs. 2 BetrVG** steht im nachfolgenden Kündigungsschutzprozeß des Betriebsratsmitgliedes bindend fest, daß die außerordentliche Kündigung formell und materiell rechtmäßig ist, soweit im Beschlußverfahren darüber entschieden wurde. Wegen dieser Präklusionswirkung kann das gekündigte Betriebsratsmitglied im Kündigungsschutzprozeß nur noch geltend machen, der Arbeitgeber habe nicht unverzüglich nach Rechtskraft des Ersetzungsbeschlusses gekündigt, oder die Unwirksamkeit der Kündigung auf neue Tatsachen stützen, die im Beschlußverfahren noch nicht berücksichtigt werden konnten (BAG 24. 4. 1975 AP BetrVG 1972 § 103 Nr. 3; BAG 27. 1. 1977 AP BetrVG 1972 § 103 Nr. 7; BAG 23. 6. 1993 AP ArbGG 1979 § 83 a Nr. 2) wie z. B. die fehlende Zustimmung der Hauptfürsorgestelle oder eine erst später mit Rückwirkung festgestellte Schwerbehinderung (BAG 11. 5. 2000 – 2 AZR 276/99). Wird im Verfahren nach § 103 BetrVG rechtskräftig festgestellt, daß eine Zustimmung des Betriebsrates nicht erforderlich war, gilt dies auch für das nachfolgende Kündigungsschutzverfahren (BAG 18. 9. 1997 AP BetrVG 1972 § 103 Nr. 35). Bei **Eingruppierungsstreitigkeiten** soll sich der Arbeitnehmer unmittelbar auf die Entscheidung in einem vorangegegangnen Zustimmungsersetzungsverfahren nach § 99 IV BetrVG stützen können, soweit dort eine bestimmte Entgeltgruppe als zutreffend ermittelt oder als unzutreffend ausgeschlossen wurde (BAG 3. 5. 1994 AP BetrVG 1972 § 99 Eingruppierung Nr. 2; aA *Germelmann/Matthes/Prütting* Rn. 28).

§ 85 Zwangsvollstreckung

(1) ¹ Soweit sich aus Absatz 2 nichts anderes ergibt, findet aus rechtskräftigen Beschlüssen der Arbeitsgerichte oder gerichtlichen Vergleichen, durch die einem Beteiligten eine Verpflichtung auferlegt wird, die Zwangsvollstreckung statt. ² Beschlüsse der Arbeitsgerichte in vermögensrechtlichen Streitigkeiten sind vorläufig vollstreckbar; § 62 Abs. 1 Satz 2 und 3 ist entsprechend anzuwenden. ³ Für die Zwangsvollstreckung gelten die Vorschriften des Achten Buches der Zivilprozeßordnung entsprechend mit der Maßgabe, daß der nach dem Beschluß Verpflichtete als Schuldner, derjenige, der die Erfüllung der Verpflichtung auf Grund des Beschlusses verlangen kann, als Gläubiger gilt und in den Fällen des § 23 Abs. 3, des § 98 Abs. 5 sowie der §§ 101 und 104 des Betriebsverfassungsgesetzes eine Festsetzung von Ordnungs- oder Zwangshaft nicht erfolgt.

(2) ¹ Der Erlaß einer einstweiligen Verfügung ist zulässig. ² Für das Verfahren gelten die Vorschriften des Achten Buches der Zivilprozeßordnung über die einstweilige Verfügung entsprechend mit der Maßgabe, daß die Entscheidungen durch Beschluß der Kammer ergehen, erforderliche Zustellungen von Amts wegen erfolgen und ein Anspruch auf Schadensersatz nach § 945 der Zivilprozeßordnung in Angelegenheiten des Betriebsverfassungsgesetzes nicht besteht.

I. Vollstreckbarkeit

1   Rechtskräftige Beschlüsse sowie Vergleiche, die Beteiligten Verpflichtungen auferlegen, sind nach den Vorschriften der ZPO – mit den Maßgaben des Abs. 1 Satz 3 – vollstreckbar. Einen vollstreck-

baren Inhalt hat ein Tenor, wenn das Gericht einem Beteiligten die Vornahme, Unterlassung oder Duldung einer Handlung aufgibt oder ihn verpflichtet, Sachen herauszugeben oder eine Zahlung zu leisten. Nicht vollstreckbar sind gerichtliche Feststellungen sowie Gestaltungsbeschlüsse, deren Wirkung ohne Vollstreckung unmittelbar mit Rechtskraft des Beschlusses eintritt. Nach Abs. 1 Satz 2 sind Beschlüsse – anders als arbeitsgerichtliche Urteile – nur in **vermögensrechtlichen Streitigkeiten** vorläufig vollstreckbar. Dies sind im Beschlußverfahren im wesentlichen nur Streitigkeiten über Kosten der Betriebsratstätigkeit, Sachmittel und Wahlkosten. Eine Streitigkeit ist nicht bereits dann vermögensrechtlicher Art, wenn in einem Streit über Beteiligungsrechte vermögenswerte Interessen der Arbeitnehmer und des Arbeitgebers berührt sind, weil es bei den Beteiligungsrechten nicht in erster Linie um die Verfolgung wirtschaftlicher Zwecke geht, sondern um die Teilhabe an der Gestaltung des Geschehens im Betrieb *(Germelmann/Matthes/Prütting* § 85 Rn. 6). Damit handelt es sich zB bei einem Verfahren über die Wirksamkeit eines Sozialplanes oder bei einem Verfahren über Fragen der betrieblichen Lohngestaltung nicht um vermögensrechtliche Streitigkeiten (LAG Niedersachsen 19. 12. 1986 DB 1987, 1440). Da aus dem **Beschlußtenor** nicht immer zweifelsfrei zu erkennen ist, ob es sich um eine vermögensrechtliche Streitigkeit handelt, empfiehlt es sich, daß das Gericht im Beschlußtenor die vorläufige Vollstreckbarkeit ausdrücklich anordnet. Ein besonderer Antrag des Antragstellers ist nicht erforderlich, eine entsprechende Anregung an das Gericht ist empfehlenswert. Für den **Ausschluß der vorläufigen Vollstreckbarkeit** oder die **Einstellung der Zwangsvollstreckung** gilt § 62 I 2 und 3 entsprechend.

II. Vollstreckung

Da das Beschlußverfahren nur Beteiligte kennt, das Vollstreckungsverfahren nach der ZPO jedoch 2 Gläubiger und Schuldner voraussetzt, regelt Abs. 1 Satz 3, daß der nach dem Beschluß verpflichtete Beteiligter als **Schuldner** und derjenige, der die Erfüllung der Verpflichtung aufgrund des Beschlusses verlangen kann, als **Gläubiger** iSd. ZPO gilt. Eine **Vollstreckung für betriebsverfassungsrechtliche Stellen** ist möglich. Die an sich nicht rechtsfähigen aber nach § 10 2. Halbsatz beteiligtenfähigen betriebsverfassungsrechtlichen Organe – Betriebsrat, Wirtschaftsausschuß, Wahlvorstand – sind auch für das anschließende Zwangsvollstreckungsverfahren parteifähig *(Germelmann/Matthes/Prütting* Rn. 12). Soweit diesen Stellen im Vollstreckungstitel einen Anspruch zugesprochen wird, sind sie für das Vollstreckungsverfahren insoweit auch rechtsfähig und können in der Zwangsvollstreckung Rechte erwerben *(Germelmann/Matthes/Prütting* Rn. 13; *Hauck* Rn. 5). Zu Gunsten des Betriebsrats kann eine Pfändung betrieben werden *(Grunsky* Rn. 4). Der Betriebsrat kann Besitz an herauszugebenden Sachen erwerben und nach § 887 ZPO die Ersatzvornahme betreiben, wenn der Arbeitgeber verpflichtet wird, dem Betriebsrat Sachmittel zur Verfügung zu stellen (BAG 21. 4. 1983 AP BetrVG 1972 § 40 Nr. 20). Eine **Vollstreckung gegen betriebsverfassungsrechtliche Stellen** ist nur teilweise möglich. Zulässig ist die Zwangsvollstreckung wegen der Herausgabe von Sachen, die sich im Besitz des Betriebsrats befinden oder zur Rückzahlung von geleisteten Vorschüssen nach § 883 ZPO *(Germelmann/Matthes/Prütting* Rn. 15, 16). Da betriebsverfassungsrechtliche Stellen nicht vermögensfähig sind, scheiden gegen sie gerichtete Zwangsvollstreckungsmaßnahmen aus, die ein Vermögen des Schuldners voraussetzen *(Germelmann/Matthes/Prütting* Rn. 14; *Hauck* Rn. 5). Eine Anordnung von Zwangs- oder Ordnungsgeld unmittelbar gegen den Betriebsrat oder eine Ersatzvornahme auf seine Kosten ist daher auch dann unzulässig, wenn der Betriebsrat über zweckgebundene Geldmittel – zB als Vorschuß auf Geschäftsführungskosten – verfügt *(Germelmann/Matthes/Prütting* Rn. 17; aA *Grunsky* Rn. 5). Denn auch hierbei handelt es sich nicht um das Vermögen des Betriebsrates. Da eine betriebsverfassungsrechtliche Stelle als solche nicht in Zwangs- oder Ordnungshaft genommen werden kann, entfallen somit alle unmittelbar gegen diese Stelle gerichteten Zwangsmaßnahmen nach den §§ 887, 888, und 890 ZPO auf Vornahme einer Handlung, Duldung oder Unterlassung *(Hauck* Rn. 5).

Aus Titeln gegen eine betriebsverfassungsrechtliche Stelle kann weder unmittelbar **gegen ihre Mit-** 3 **glieder** vollstreckt werden *(Germelmann/Matthes/Prütting* § 85 Rn. 17 ff.), noch läßt sich ein gegen eine dieser Stellen gerichteter Titel auf ihre Mitglieder umschreiben *(Germelmann/Matthes/Prütting* Rn. 18; *Hauck* Rn. 5). Bei einem Titel auf Vornahme einer Handlung kann auf Antrag des Gläubigers die **Vollstreckungsklausel** gegen den Vorsitzenden oder bestimmte Mitglieder der Stelle entsprechend § 731 ZPO erteilt werden, sofern das betreffende Mitglied materiellrechtlich zur Vornahme der Handlung für die Stelle verpflichtet ist, deren Verpflichtung als solche rechtskräftig feststeht (LAG Hamburg 3. 9. 1987 NZA 1988, 371; *Germelmann/Matthes/Prütting* § 85 Rn. 19). Über diesen Antrag hat das Arbeitsgericht als Prozeßgericht im Fall des § 731 ZPO („Klage vor dem Prozeßgericht") im Beschlußverfahren zu entscheiden *(Germelmann/Matthes/Prütting* § 85 Rn. 24). Ist die Vollstreckungsklausel gegen ein Mitglied der Stelle erteilt, so kann gegen dieses nach den §§ 887 bis 890 ZPO vollstreckt werden. Wurde einer Stelle ein Dulden oder ein Unterlassen aufgegeben, werden hierdurch sämtliche Mitglieder der Stelle verpflichtet; gegen ein einer gerichtlichen Anordnung zuwiderhandelndes Mitglied der Stelle kann wiederum unmittelbar nach den Vorschriften der ZPO vollstreckt werden *(Germelmann/Matthes/Prütting* Rn. 20).

4 Das **Verfahren** bei der Festsetzung eines Ordnungs- bzw. Zwangsgeldes sowie in den sonstigen Fällen der Vollstreckung, in denen es einer gerichtlichen Entscheidung bedarf, regelt sich nicht nach den §§ 80 ff., sondern nach den Bestimmungen des 8. Buches der ZPO. Beschlüsse des Gerichts können nach § 891 ZPO ohne mündliche Verhandlung und daher nach § 53 I durch den Vorsitzenden allein getroffen werden. Gegen diese Beschlüsse ist nach § 793 ZPO iVm. § 78 die sofortige Beschwerde gegeben. Vollstreckungsrechtliche **Besonderheiten** regeln die §§ 23 III, 98 V, 101 Satz 2 und 104 Satz 2 BetrVG. In diesen Fällen ist der Rahmen für die Ordnungs- oder Zwangsgelder gegenüber den Vorschriften der ZPO deutlich herabgesetzt; nach Abs. 1 Satz 3 letzter Halbsatz darf Ordnungs- und Zwangshaft nicht verhängt werden. Auch für die Zwangsvollstreckung gilt das **Kostenprivileg** des Beschlußverfahrens nach § 12 V (*Germelmann/Matthes/Prütting* Rn. 25). Schadensersatzansprüche nach § 717 II ZPO sind ausgeschlossen (*Germelmann/Matthes/Prütting* Rn. 26; *Grunsky* Rn. 1).

III. Vorläufiger Rechtsschutz

5 Kostenerstattungsansprüche betriebsverfassungsrechtlicher Organe können über einen Arrest gesichert werden (*Germelmann/Matthes/Prütting* Rn. 28). Für die nach Abs. 2 auch im Beschlußverfahren zulässige einstweilige Verfügung gelten die Vorschriften der §§ 916 ff. ZPO. Danach ist Voraussetzung für den Erlaß einer (Sicherungs-, Regelungs- oder Leistungs-) Verfügung, daß der Antragsteller einen Verfügungsanspruch sowie einen Verfügungsgrund hat bzw. glaubhaft gemacht hat. **Verfügungsanspruch** ist der materielle Anspruch, dessen Vereitelung oder Gefährdung durch Zeitablauf die einstweilige Verfügung verhindern soll. Im Betriebsverfassungsrecht können dies Ansprüche der Betriebsparteien aus Gesetzen, Tarifverträgen oder Betriebsvereinbarungen sein (BAG 24. 2. 1987 AP BetrVG 1972 § 77 Nr. 21). In der Praxis bedeutsam sind Ansprüche des Betriebsrats gegen den Arbeitgeber auf Duldung des Betretens des Betriebs zum Zwecke der Amtsausübung von Betriebsratsmitgliedern – zB nach dem Ausspruch einer Kündigung –, auf Durchführung einer Betriebsversammlung, auf Freistellung zum Besuch einer Schulungsveranstaltung, sowie Ansprüche des Arbeitgebers auf Unterlassung der Amtsausübung nach einem Amtsenthebungsverfahren oder auf Unterlassung von Maßnahmen, die gegen § 74 II BetrVG verstoßen (vgl. BAG AP BetrVG 1972 § 74 Nr. 3). Problematisch können Fälle sein, in denen **Beteiligungsrechte** des Betriebsrats durch eine einstweilige Verfügung gesichert werden sollen. In einem solchen Verfahren wird regelmäßig beantragt, dem Arbeitgeber die Unterlassung der betriebsverfassungswidrigen Maßnahme (zB die Anordnung von Überstunden ohne Zustimmung des Betriebsrats) aufzugeben. Wenn man darauf abstellt, daß in diesem Fall der zu sichernde Anspruch nur dieser **Unterlassungsanspruch** sein kann, ist bereits im Verfügungsverfahren regelmäßig die Frage des allgemeinen Unterlassungsanspruchs im Betriebsverfassungsrecht (hierzu BAG 3. 6. 1994 und 6. 12. 1994 AP BetrVG 1972 § 23 Nr. 23 und 24) oder des groben Verstoßes gem. § 23 III 1 BetrVG zu erörtern (s. § 23 BetrVG Rn. 34; Einl. vor § 74 BetrVG Rn. 28 ff.; § 111 BetrVG Rn. 24). Diese Betrachtungsweise trägt der Funktion des einstweiligen Rechtsschutzes nicht hinreichend Rechnung. Da das Gericht nach § 938 ZPO nach freiem Ermessen bestimmen kann, welche Anordnungen es zu treffen hat, kann eine einstweilige Verfügung in Form einer Regelungsverfügung auf vorläufiges Unterlassen einer bestimmten Maßnahme grundsätzlich unabhängig davon ergehen, ob es einen materiellen Unterlassungsanspruch gibt, wenn sie sich als mildeste geeignete Anordnung zur Erreichung des Regelungszwecks erweist (*Germelmann/Matthes/Prütting* Rn. 34). Aus diesem Grunde ist es grundsätzlich möglich, im einstweiligen Verfügungsverfahren den zum Interessenausgleich bestehenden **Beratungsanspruch** des Betriebsrats aus §§ 111, 112 I und II BetrVG dadurch vorläufig zu sichern, daß man dem Arbeitgeber untersagt, die geplanten betriebsbedingten Massenentlassungen bis zu einer Hauptsacheentscheidung oder bis zu einer vom Gericht zu bestimmenden Frist vorzunehmen (LAG Hamburg 26. 6. 1997 NZA RR 97, 296 LAG Frankfurt 6. 4. 1993 AuR 1994, 162; LAG Berlin 7. 9. 1995 NZA 1996, 1284 einerseits und LAG Baden-Württemberg 28. 8. 1985 DB 1986, 805; LAG Rheinland-Pfalz 28. 3. 1989 NZA 1989, 863; LAG Köln 1. 9. 1995 NZA 1995, 966; LAG Schleswig-Holstein 13. 1. 1992 DB 1992, 1788; LAG Düsseldorf 19. 11. 1996 NZA-RR 97, 297 andererseits). Freilich darf die Planungsphase nicht schon überschritten sein, so daß sich der Interessenausgleich nicht mehr nachholen läßt (BAG 14. 9. 1976 AP BetrVG 1972 § 113 Nr. 2).

6 Ein **Verfügungsgrund** liegt vor, wenn die Besorgnis besteht, daß ohne die begehrte einstweilige Verfügung die Verwirklichung des Rechts, das Gegenstand des Verfügungsanspruchs ist, bis zur Verkündung (oder – bei nichtvermögensrechtlichen Streitigkeiten – bis zur Rechtskraft, § 85 I 2) einer Hauptsacheentscheidung vereitelt oder wesentlich erschwert wird. Wird durch die einstweilige Verfügung die Hauptsache vorweggenommen, ist eine umfassende Interessenabwägung unter Einschluß der Prüfung der Erfolgsaussichten in der Hauptsache erforderlich. Dabei ist auch zu beachten, daß Abs. 2 eine Schadensersatzklage aus § 945 ZPO ausschließt (*Hauck* Rn. 11; *Germelmann/Matthes/Prütting* Rn. 36). Soweit es um die Sicherung von **Beteiligungsrechten** des Betriebsrats geht, kommt es für die Interessenabwägung darauf an, wie stark die Beteiligungsrechte des Betriebsrats ausgestaltet sind und ob die Arbeitnehmer, zu deren Schutz die Beteiligungsrechte des Betriebsrats bestehen, durch individualrechtliche Sanktionen im Betriebsverfassungsgesetz hinreichend geschützt sind (*Hauck*

Rn. 11; aA *Germelmann/Matthes/Prütting* Rn. 37). Deshalb besteht regelmäßig – wegen der Unwirksamkeitsanordnung der Kündigung nach § 102 I 3 BetrVG – keine Eilbedürftigkeit, wenn der Betriebsrat vor Ausspruch einer Kündigung nicht beteiligt wird. Dagegen sind die Arbeitnehmer durch die Vorschriften über den Nachteilsausgleich nicht hinreichend gegen die Folgen einer Betriebsänderung ohne den Versuch eines Interessenausgleichs durch den Arbeitgeber geschützt, solange nach der Rechtsprechung (BAG 15. 10. 1979 AP BetrVG 1972 § 111 Nr. 5) die eingeklagte Abfindung aus § 113 I und III BetrVG auf Sozialplanansprüche anzurechnen ist. In **Wahlangelegenheiten** ist zu beachten, daß die Aussetzung eines Wahlverfahrens durch einstweilige Verfügung zu einem betriebsratslosen Zustand führen kann. Ein Verfügungsgrund wird daher regelmäßig nur dann vorliegen, wenn entweder die Verfahrensfehler so gravierend sind, daß die Nichtigkeit der Wahl droht, oder wenn die Wahl durch den Fehler anfechtbar wird und dieser Fehler in kurzer Zeit beseitigt werden kann (LAG München 14. 4. 1987 DB 1988, 347; LAG Köln 5. 7. 1987 DB 1987, 1996).

Über den Antrag auf Erlaß einer einstweiligen Verfügung wird in einem **ordentlichen Beschlußverfahren** nach den Vorschriften der §§ 80 ff. entschieden. Obwohl nach § 920 II ZPO Verfügungsanspruch und Verfügungsgrund glaubhaft zu machen sind, gilt nach § 83 I 1 der **Untersuchungsgrundsatz**. Auch im einstweiligen Verfügungsverfahren hat der Richter den Sachverhalt in den Grenzen des § 83 der Dringlichkeit des Verfahrens angemessen zu erforschen (*Germelmann/Matthes/Prütting* Rn. 44). Nach § 937 II ZPO kann unter den dort genannten Voraussetzungen ohne mündliche Anhörung der Beteiligten entschieden werden. Abs. 2 schreibt aber auch für diesen Fall ausdrücklich vor, daß die Entscheidungen durch **Beschluß der Kammer** ergehen; § 944 ZPO – Alleinentscheidung durch den Vorsitzenden in dringenden Fällen – ist grundsätzlich nicht anzuwenden (BAG 28. 8. 1991 AP ArbGG 1979 § 85 Nr. 2). Durch gerichtsorganisatorische Maßnahmen ist sicherzustellen, daß ehrenamtliche Richter möglichst kurzfristig hinzugezogen werden können. Ausnahmsweise ist zur Sicherstellung effektiven Rechtsschutzes eine **Alleinentscheidung** durch den Vorsitzenden dann zulässig, wenn in einem äußerst eiligen Fall ehrenamtliche Richter nicht mehr rechtzeitig geladen werden können und daher die Einhaltung von Abs. 2 zu einer zwischenzeitlichen Erledigung der Hauptsache und damit zur Rechtsverweigerung durch das Gericht führte (*Grunsky* Rn. 18; MünchKomm ZPO/ *Heinze* § 935 Rn. 35). Hierbei ist jedoch genau zu prüfen, ob im Falle einer Rechtsverweigerung Rechtsgüter von erheblichem Gewicht verletzt würden und ob mit großer Wahrscheinlichkeit ein Erfolg des Antragstellers im Hauptsacheverfahren zu erwarten ist. Hat der Antragsteller diese besondere Eilbedürftigkeit selbst herbeigeführt, ist eine Alleinentscheidung von vornherein ausgeschlossen. Die Entscheidung im einstweiligen Verfügungsverfahren ergeht durch **Beschluß**. Gegen die einstweilige Verfügung erlassenden Beschluß ist der Widerspruch zulässig, § 924 ZPO, wenn **ohne mündliche Anhörung** entschieden wurde; über den Widerspruch wird nach mündlicher Anhörung durch Beschluß entschieden – § 925 ZPO –, gegen den die Beschwerde nach § 87 gegeben ist. Wird der Antrag ohne mündliche Anhörung zurückgewiesen – was nach § 62 II 2 nur bei besonderer Dringlichkeit zulässig ist (LAG Chemnitz 8. 4. 1997 NZA 98, 223; *Grunsky* § 62 Rn. 28) –, ist für den Antragsteller die einfache Beschwerde nach § 567 ZPO gegeben, der das Arbeitsgericht abhelfen kann. Weist das Arbeitsgericht den Antrag **nach mündlicher Anhörung** zurück oder wird die einstweilige Verfügung nach mündlicher Anhörung erlassen, ist die Beschwerde nach § 87 statthaft.

§ 86. *(weggefallen)*

Zweiter Unterabschnitt. Zweiter Rechtszug

§ 87 Grundsatz

(1) Gegen die das Verfahren beendenden Beschlüsse der Arbeitsgerichte findet die Beschwerde an das Landesarbeitsgericht statt.

(2) ¹**Für das Beschwerdeverfahren gelten die für das Berufungsverfahren maßgebenden Vorschriften über die Einlegung der Berufung und ihre Begründung, über Prozeßfähigkeit, Ladungen, Termine und Fristen, Ablehnung und Ausschließung von Gerichtspersonen, Zustellungen, persönliches Erscheinen der Parteien, Öffentlichkeit, Befugnisse des Vorsitzenden und der ehrenamtlichen Richter, Vorbereitung der streitigen Verhandlung, Verhandlung vor der Kammer, Beweisaufnahme, gütliche Erledigung des Rechtsstreits, Wiedereinsetzung in den vorigen Stand und Wiederaufnahme des Verfahrens sowie die Vorschriften des § 85 über die Zwangsvollstreckung entsprechend.** ²**Für die Vertretung der Beteiligten gilt § 11 Abs. 1 entsprechend.** ³**Der Antrag kann jederzeit mit Zustimmung der anderen Beteiligten zurückgenommen werden; § 81 Abs. 2 Satz 2 und 3 und Absatz 3 ist entsprechend anzuwenden.** ⁴**Für die Zulassung neuer Angriffsmittel gilt § 67 Abs. 2 entsprechend.**

(3) Die Einlegung der Beschwerde hat aufschiebende Wirkung; § 85 Abs. 1 Satz 2 bleibt unberührt.

I. Allgemeines

1   Die Beschwerde ist das Rechtsmittel gegen alle **instanzbeendenden Entscheidungen** des Arbeitsgerichts im Beschlußverfahren. In den Fällen der §§ 122 und 126 InsO findet eine Beschwerde an das LAG nicht statt. Das ArbG kann aber die Rechtsbeschwerde an das BAG zulassen (s. § 126 InsO Rn. 11). Die Beschwerde entspricht der Berufung im Urteilsverfahren. Sie ist statthaft gegen alle Beschlüsse des Arbeitsgerichts nach § 84 unabhängig von der Höhe des Beschwer oder einer Zulassung durch das Arbeitsgericht. Daneben ist die Beschwerde auch gegen verfahrenseinstellende Beschlüsse des Arbeitsgerichts nach §§ 81 II und 83 a II gegeben (LAG Rheinland-Pfalz 25. 6. 1982 EzA ArbGG 1979 § 92 Nr. 1; *Germelmann/Matthes/Prütting* Rn. 5; GK-ArbGG/*Leinemann/Senne* Rn. 3; aA *Grunsky* Rn. 2). Nach Abs. 3 Satz 1 hat auch die unzulässige Beschwerde aufschiebende Wirkung – Suspensiveffekt, § 705 S. 2 ZPO (*Germelmann/Matthes/Prütting* Rn. 6; GK-ArbGG/ *Leinemann/Senne* Rn. 27). Sie hindert den Eintritt der Rechtskraft des erstinstanzlichen Beschlusses. Nach der ausdrücklichen Anordnung in Abs. 3 2. Halbsatz berührt die aufschiebende Wirkung jedoch nicht die vorläufige Vollstreckbarkeit eines Beschlusses in vermögensrechtlichen Streitigkeiten (GK-ArbGG/*Leinemann/Senne* Rn. 29). Mit Einlegen der Beschwerde gelangt das Verfahren ohne weiteres zum Landesarbeitsgericht als Beschwerdeinstanz (Devolutiveffekt). Nur dieses ist für die weitere Bearbeitung zuständig; das Arbeitsgericht kann der Beschwerde daher nicht abhelfen (*Germelmann/ Matthes/Prütting* Rn. 6; GK-ArbGG/*Leinemann/Senne* Rn. 28).

II. Verfahren

2   **Abs. 2** verweist – ähnlich wie im erstinstanzlichen Beschlußverfahren § 80 II – für einige Rechtsinstitute auf die Vorschriften des arbeitsgerichtlichen Berufungsverfahrens. Diese Verweisung ist unvollständig und kompliziert. Die anzuwendenden Vorschriften erschließen sich meist erst durch eine Doppelverweisung in die ZPO. Daneben fehlt eine Einschränkung der Verweisung im Blick auf die nachfolgenden Vorschriften zum Beschwerdeverfahren. Im Ganzen ist die Vorschrift so zu verstehen, daß zunächst die ausdrücklich geregelten Besonderheiten des Beschwerdeverfahrens in den §§ 88 ff. zu beachten sind. Daneben sind die Vorschriften zum Berufungsverfahren in den §§ 64 ff. und über § 64 VI und VII in Verbindung mit § 46 II die Vorschriften über die Berufung und das erstinstanzliche Verfahren nach der ZPO anzuwenden, soweit die Besonderheiten des Beschwerdeverfahrens dem nicht entgegenstehen (*Germelmann/Matthes/Prütting* § 87, 8 ff.; GK-ArbGG/*Leinemann/Senne* Rn. 5). Dies gilt in gleicher Weise für die Nichtzulassung verspäteten Vorbringens nach **Abs. 2 Satz 4**. Nach dem Wortlaut der Vorschrift sind nur verspätete Angriffsmittel, nicht aber Verteidigungsmittel (nach § 282 I ZPO Bestreiten, Einwendungen, Einreden) nicht zuzulassen, sollte es sich dabei um mehr als ein Redaktionsversehen handeln. Sie hängt im übrigen in der Luft, weil nach § 67 II mit der Berufung nur solche Angriffs- und Verteidigungsmittel neu vorgebracht werden dürfen, die nicht schon das Arbeitsgericht nach Abs. 1 dieser Vorschrift berechtigterweise nicht zugelassen hat. An die Stelle des Abs. 1 muß man wohl § 83 I a setzen. Dann wird deutlich, daß nur in den Fällen der verweigerten Mitwirkung vor dem Arbeitsgericht (s. § 83 Rn. 3) neues Vorbringen in der Beschwerdeinstanz von vornherein ausgeschlossen ist. Im übrigen gilt auch für die Beschwerdeinstanz, daß es im Beschlußverfahren vor dem Hintergrund des eingeschränkten Untersuchungsgrundsatzes stets nur um die Mitwirkung der Beteiligten geht. Enthalten die fristgerecht eingereichte Beschwerdeschrift oder die Beschwerdeerwiderung Anhaltspunkte für eine richterliche Aufklärung, muß ihnen daher nachgegangen werden, auch wenn der Vortrag nicht substantiiert ist. Dies gilt ebenso für Anhaltspunkte im erstinstanzlichen Vortrag, die mit der Beschwerdeschrift nicht aufgegriffen wurden. Die Prüfung der Beschwerde ist damit nicht auf den Tatsachenvortrag beschränkt, den der Beschwerdeführer zur Grundlage seiner Beschwerde gemacht hat.

III. Antragsrücknahme und -änderung

3   In der Beschwerdeinstanz ist die **Rücknahme** des Antrags nach Abs. 2 Satz 3 nur mit Zustimmung **aller Beteiligten** zulässig (*Germelmann/Matthes/Prütting* Rn. 24; GK-ArbGG/*Leinemann/Senne* Rn. 23; aA *Grunsky* Rn. 30). Sinn des Zustimmungserfordernisses ist es, zu verhindern, daß der Antragsteller sich nach einer für ihn ungünstigen erstinstanzlichen Entscheidung einseitig dem Verfahren entzieht und eine rechtskräftige Klärung der Streitfrage unmöglich macht (BAG 10. 6. 1986 AP BetrVG 1972 § 80 Nr. 26). Der Beschluß des Arbeitsgerichts wirkt gegenüber allen betriebsverfassungsrechtlichen Stellen, die in ihrer Rechtsstellung materiell betroffen sind. Die Zustimmung muß ausdrücklich erteilt werden; eine Zustimmungsfiktion wie in § 83 a III ist nicht vorgesehen (*Germelmann/Matthes/Prütting* Rn. 25; GK-ArbGG/*Leinemann/Senne* Rn. 24). Bei wirksamer Rücknahme ist das Verfahren durch bekanntzugebenden Beschluß nach § 81 II 2 und 3 einzustellen (*Germelmann/ Matthes/Prütting* Rn. 26; GK-ArbGG/*Leinemann/Senne* Rn. 25). Mit der Einstellung endet die Rechtshängigkeit. Der angefochtene Beschluß wird nach § 269 III ZPO wirkungslos, was auf Antrag eines Beteiligten durch Beschluß auszusprechen ist. Eine **Antragsänderung** ist bei Sachdienlichkeit

oder Zustimmung aller Beteiligten (s. § 81 Rn. 7) nach Abs. 2 S. 3 letzter Halbsatz, § 81 III auch noch im Beschwerdeverfahren zulässig. Die Nichtzulassung der Antragsänderung ist unanfechtbar (GK-ArbGG/*Leinemann*/*Senne* Rn. 26).

§ 88 Beschränkung der Beschwerde
§ 65 findet entsprechende Anwendung.

Auf die Beschwerde hin wird der Rechtsstreit vom Landesarbeitsgericht in tatsächlicher und rechtlicher Hinsicht neu verhandelt. Auf die mit der Beschwerde vorgetragenen Gründe kommt es nicht an (*Germelmann/Matthes/Prütting* Rn. 2). Die Vorschrift stellt klar, daß auch im Beschwerdeverfahren bestimmte Mängel im Verfahren des Arbeitsgerichts vom Landesarbeitsgericht nicht überprüft werden. Ohne Bedeutung ist die Vorschrift im Hinblick auf die im § 65 genannten Verfahrensmängel, da nach § 91 I 2 eine Zurückverweisung an das Arbeitsgericht ausgeschlossen ist. Dem Beschwerdegericht ist es durch die Verweisung auf § 65 auch verwehrt, die durch rechtskräftigen Vorabbeschluß nach § 48 in Verbindung mit § 17 b GVG geklärte Frage des **Rechtswegs**, der zutreffenden **Verfahrensart** (BAG 20. 4. 1999 AP GG Art. 9 Nr. 89) oder der **örtlichen Zuständigkeit** erneut einer rechtlichen Prüfung zu unterziehen. So wird das Verfahren beschleunigt. Dies gilt jedoch dann nicht, wenn das Arbeitsgericht statt durch besonderen Vorabbeschluß in dem instanzbeendenden Beschluß nach § 84 inzident über die Zulässigkeit des Rechtswegs oder der Verfahrensart entschieden hat (BAG 20. 4. 1999 AP GG Art. 9 Nr. 89). Die Beschwerde ist dann nach dem **Meistbegünstigungsgrundsatz** als sofortige Beschwerde nach § 17 a IV GVG in Verbindung mit § 83 V und § 78 zu behandeln, sofern die Beschwerde – auch – darauf gestützt wird. Die sofortige Beschwerde bezweckt, so hat das Landesarbeitsgericht das Verfahren wieder in die richtige Bahn zu lenken (BAG 26. 3. 1992 AP ArbGG 1979 § 48 Nr. 7). Ist der Rechtsweg zu den Gerichten für Arbeitssachen nicht gegeben, so ist der Beschluß des Arbeitsgerichts aufzuheben und das Verfahren in die zuständige Gerichtsbarkeit zu verweisen (*Germelmann/Matthes/Prütting* Rn. 7; GK-ArbGG/*Leinemann*/*Senne* Rn. 11). Hat das Arbeitsgericht fehlerhaft im Beschlußverfahren entschieden, so ist die Beschwerde als Berufung im Urteilsverfahren zu sehen und vom Landesarbeitsgericht nach den Vorschriften über das Urteilsverfahren zu verhandeln, da eine Zurückweisung allein wegen der erstinstanzlichen Entscheidung in der falschen Verfahrensart nach § 91 I 2 ausgeschlossen ist (*Germelmann/Matthes/Prütting* Rn. 7; GK-ArbGG/*Leinemann*/*Senne* Rn. 12).

§ 89 Einlegung

(1) **Die Beschwerdeschrift muß von einem Rechtsanwalt oder einer nach § 11 Abs. 2 Satz 2, 4 und 5 zur Vertretung befugten Person unterzeichnet sein.**

(2) ¹**Die Beschwerdeschrift muß den Beschluß bezeichnen, gegen den die Beschwerde gerichtet ist, und die Erklärung enthalten, daß gegen diesen Beschluß die Beschwerde eingelegt wird.** ²**Die Beschwerdebegründung muß angeben, auf welche im einzelnen anzuführenden Beschwerdegründe sowie auf welche neuen Tatsachen die Beschwerde gestützt wird.**

(3) ¹**Ist die Beschwerde nicht in der gesetzlichen Form oder Frist eingelegt oder begründet, so verwirft sie die Kammer als unzulässig.** ²**Der Beschluß kann ohne vorherige mündliche Verhandlung ergehen; er ist endgültig.** ³**Er ist dem Beschwerdeführer zuzustellen.**

(4) ¹**Die Beschwerde kann jederzeit in der für ihre Einlegung vorgeschriebenen Form zurückgenommen werden.** ²**Im Falle der Zurücknahme stellt der Vorsitzende das Verfahren ein.** ³**Er gibt hiervon den Beteiligten Kenntnis, soweit ihnen die Beschwerde zugestellt worden ist.**

I. Sachentscheidungsvoraussetzungen

Die Zulässigkeit einer Beschwerde richtet sich nicht allein nach § 89. Die Vorschrift regelt die Einlegung einer Beschwerde und die Behandlung unzulässiger Beschwerden. Sie wird ergänzt durch die Vorschriften zum Einlegen einer Berufung – §§ 66 und 64 VI sowie die §§ 518, 519 ZPO.

1. Beschwerdebefugnis. Beschwerdebefugt sind alle im Verfahren zu Recht beteiligten oder zu beteiligenden (s. § 83 Rn. 5 ff.) Personen und Stellen (*Germelmann/Matthes/Prütting* Rn. 3; GK-ArbGG/*Leinemann*/*Senne* Rn. 6). Ein zu Unrecht vom Arbeitsgericht Beteiligter ist nicht beschwerdebefugt (BAG 13. 3. 1984 AP ArbGG 1979 § 83 Nr. 9). Ein zu Unrecht nicht Beteiligter ist beschwerdebefugt und kann durch die Beschwerde seine weitere Beteiligung am Verfahren erreichen (BAG 10. 9. 1985 AP BetrVG 1972 § 117 Nr. 2). Ist die Beteiligung auf einen von mehreren Anträgen beschränkt, so besteht auch die Beschwerdebefugnis nur hinsichtlich dieses Antrags (BAG 31. 1. 1989 AP ArbGG 1979 § 81 Nr. 12). Ist für die Zulässigkeit eines Antrags eine Mindestzahl von Antragstellern vorgeschrieben (Wahlanfechtung, § 19 II 1 BetrVG; Amtsenthebung, § 23 I 1 BetrVG), ist jeder Antragsteller für sich beschwerdebefugt (*Germelmann/Matthes/Prütting* Rn. 3). Legt nicht die erforderliche Mindestzahl von Antragstellern Beschwerde ein, so berührt dies nicht die Zulässigkeit der Beschwerde, sondern führt dazu, daß der Antrag unzulässig wird (BAG 12. 2. 1985 AP BetrVG § 76 Nr. 27). Der Wahlanfechtung können sich Anfechtungsberechtigte nicht dadurch anschließen, daß sie gegen die Entscheidung des Arbeitsgerichts Beschwerde einlegen (BAG 10. 6. 1983 AP BetrVG 1972 § 19 Nr. 10). Jedoch kann ein Beschwerdebefugter, der nicht innerhalb der für ihn geltenden Beschwerdefrist das Rechtsmittel eingelegt hat, sich der Beschwerde eines oder mehrerer anderer Antragsteller anschließen, um dadurch die vom Gesetz jeweils geforderte Mindestzahl an Antragstellern zu erreichen (*Germelmann/Matthes/Prütting* § 89 Rn. 3).

3   **2. Beschwer.** Der Beschwerdeführer muß durch die angefochtene Entscheidung beschwert sein. Er muß durch die Entscheidung in seiner kollektivrechtlichen Rechtsstellung, die seine Beteiligung begründet, in irgend einer Weise beeinträchtigt werden (BAG AP ArbGG 1979 § 11 Nr. 14; *Germelmann/Matthes/Prütting* § 89 Rn. 8; GK-ArbGG/*Leinemann/Senne* Rn. 8). Eine Beschwer wird nicht allein dadurch begründet, daß ein Beteiligter an Zurückweisung des Antrags gehindert hat, dem Antrag aber stattgegeben wurde; erforderlich ist eine materielle Beschwer (*Germelmann/Matthes/Prütting* § 89 Rn. 8; GK-ArbGG/*Leinemann/Senne* Rn. 8; aA BAG 19. 11. 1974 AP BetrVG 1972 § 5 Nr. 3). Für den Antragsteller ergibt sich die Beschwer aus einem Vergleich zwischen dem gestellten Antrag und der ergangenen Entscheidung (*Germelmann/Matthes/Prütting* Rn. 7; GK-ArbGG/*Leinemann/ Senne* Rn. 7). Hierfür sind nicht nur der Tenor, sondern auch die Gründe der Entscheidung maßgebend, soweit sie in Rechtskraft erwachsen (BAG 14. 1. 1986 AP BetrVG 1972 § 87 – Lohngestaltung – Nr. 21). Der Arbeitgeber ist in Wahlanfechtungsverfahren stets beschwert, wenn die Wahl für unwirksam erklärt wird (BAG 4. 12. 1986 AP BetrVG 1972 § 19 Nr. 13). Der Betriebsrat ist beschwert, wenn ein Zustimmungsersetzungsantrag nach § 99 Abs. 4 BetrVG mit der Begründung zurückgewiesen wird, die Zustimmung gelte als erteilt (BAG 22. 10. 1985 AP BetrVG 1972 § 99 Nr. 24). Er ist nicht beschwert, wenn ein zu seinen Gunsten gestellter Antrag der Gewerkschaft zurückgewiesen wird (BAG 29. 1. 1992 AP ArbGG 1979 § 11 – Prozeßvertreter – Nr. 14).

4   **3. Einlegung.** Die Beschwerde muß beim **Landesarbeitsgericht** eingelegt werden. Geht sie beim Arbeitsgericht ein, ist sie an das Landesarbeitsgericht weiterzuleiten; für die Einhaltung der Beschwerdefrist ist dann der Eingang beim Landesarbeitsgericht maßgeblich (*Germelmann/Matthes/Prütting* Rn. 9). Haben Arbeitsgericht und Landesarbeitsgericht einen gemeinsamen Briefkasten, geht die Beschwerdeschrift bei demjenigen Gericht ein, an das sie adressiert ist (BAG 29. 4. 1986 AP ZPO § 519 Nr. 36). Die Beschwerde ist nach § 87 II iVm. § 66 I 1 binnen einer **Frist** von einem Monat nach Zustellung des in vollständiger Form abgefaßten Beschlusses einzulegen (BAG 27. 11. 1973 AP ArbGG 1953 § 89 Nr. 9). Voraussetzung für den Beginn des Fristlaufs ist eine zutreffende Rechtsmittelbelehrung nach § 9 V. Die Folgen der fehlenden oder unzutreffenden Rechtsmittelbelehrung sind dieselben wie im Urteilsverfahren (s. § 9 Rn. 36). Die Beschwerdefrist kann nicht verlängert werden; unter den Voraussetzungen der §§ 233 ff. ZPO ist eine Wiedereinsetzung möglich (*Germelmann/Matthes/Prütting* Rn. 12; GK-ArbGG/*Leinemann/Senne* Rn. 21). Die Beschwerde muß **schriftlich** eingelegt werden. Die Beschwerdeschrift ist von einem Rechtsanwalt oder einem Verbandsvertreter nach § 11 II 2 zu unterzeichnen; der entsprechende Mangel kann nur in der Beschwerdefrist behoben werden (*Germelmann/Matthes/Prütting* Rn. 13). Der Beschwerdeschrift muß nach Abs. 2 Satz 1 zu entnehmen sein, daß gegen einen nach Datum, Aktenzeichen und Gericht genau bezeichneten Beschluß Beschwerde eingelegt werden soll. In der Beschwerdeschrift ist anzugeben, wer Beschwerdeführer ist (BAG 23. 7. 1975 AP ZPO § 518 Nr. 31). Nicht erforderlich ist es, einen Beschwerdegegner oder die übrigen Beteiligten des Beschwerdeverfahrens zu bezeichnen (BAG 16. 9. 1986 AP ZPO § 518 Nr. 53).

5   **4. Beschwerdebegründung.** Für die Beschwerdebegründung gelten die Frist- und Formvorschriften der Berufungsbegründung. Die Begründungsschrift muß trotz unklaren Gesetzeswortlauts durch einen Rechtsanwalt oder einen Verbandsvertreter nach § 11 I 2 unterzeichnet sein (*Germelmann/ Matthes/Prütting* Rn. 24; GK-ArbGG/*Leinemann/Senne* Rn.33). Der Beschwerdebegründung muß entweder durch einen Antrag (BAG 3. 12. 1985 AP BAT § 74 Nr. 2) oder durch Ausführungen in der Begründung zu entnehmen sein, in welchem Umfang eine Abänderung des erstinstanzlichen Beschlusses begehrt wird (BAG 22. 10. 1985 AP BetrVG 1972 § 99 Nr. 24). Schließlich muß die Begründung nach Abs. 2 Satz 2 eine ausführliche Auseinandersetzung mit der angefochtenen Entscheidung enthalten. Die Beschwerde kann sich auf neue Tatsachen sowie auf Rechtsfehler des Arbeitsgerichts stützen, wobei das Landesarbeitsgericht nicht auf die Überprüfung der geltend gemachten Rechtsfehler beschränkt ist.

II. Anschlußbeschwerde

6   Die Vorschriften über das Beschwerdeverfahren enthalten keine ausdrückliche Verweisung auf § 521 I ZPO. Da das Beschwerdeverfahren dem Berufungsverfahren weitgehend angeglichen wurde, ist aber eine Anschlußbeschwerde auch im Beschlußverfahren zulässig (BAG 2. 4. 1987 AP ArbGG

1979 § 87 Nr. 3). Sie kann von jedem beschwerdebefugten Beteiligten (*Germelmann/Matthes/Prütting* Rn. 33; GK-ArbGG/*Leinemann/Senne* Rn. 41) eingelegt werden, auch wenn die für ihn geltende Beschwerdefrist verstrichen ist. Für Form, Frist und Inhalt der Anschlußbeschwerde gelten die Vorschriften über das Berufungsverfahren entsprechend. Ist die – damit unselbständige – Anschlußbeschwerde erst nach Ablauf der Beschwerdefrist eingelegt worden, verliert sie nach § 522 I ZPO ihre Wirkung, wenn die Beschwerde, der sie sich angeschlossen hat, als unzulässig verworfen oder zurückgenommen wird. Die innerhalb der Beschwerdefrist eingelegte – damit selbständige – Anschlußbeschwerde wird nach § 522 II ZPO als selbständige Beschwerde angesehen. Rücknahme und Verwerfung der Hauptbeschwerde sind für sie bedeutungslos.

III. Entscheidung über die Zulässigkeit

Abs. 3 regelt den Fall, daß die Beschwerde unzulässig ist, weil sie nicht in der gesetzlichen Form **7** oder Frist eingelegt oder begründet wurde. Hier kann der Beschluß des Landesarbeitsgerichts, mit dem die Beschwerde verworfen wird, ohne mündliche Anhörung ergehen. Über die Verwerfung entscheidet die Kammer des Landesarbeitsgerichts. Die Entscheidung ist nach Abs. 3 Satz 2 zweiter Halbsatz unanfechtbar unabhängig davon, ob eine mündliche Anhörung stattgefunden hat (BAG 25. 7. 1989 AP ArbGG 1979 § 92 Nr. 6). Abs. 3 ist auch auf Frist- oder Formmängel der Beschwerdebegründung anzuwenden (BAG 25. 7. 1989 AP ArbGG 1997 § 92 Nr. 6), wie der Wortlautrecht klarstellt. Die Vorschrift erfaßt daneben alle Fälle, in denen die Verwerfung der Beschwerde ohne Beurteilung der materiellen Rechtslage möglich ist – zB den Verzicht auf die Beschwerde (GK-ArbGG/*Leinemann/Senne* Rn. 52). Über Beschwerdebefugnis und Beschwer kann nicht ohne mündliche Anhörung entschieden werden (*Germelmann/Matthes/Prütting* Rn. 46). Gegen einen entsprechenden Beschluß ist daher auch die Rechtsbewerde nach § 92 statthaft. Wird die Beschwerde eines Beteiligten als unzulässig verworfen, bleibt der Beschwerdeführer Beteiligter des Verfahrens, welches aufgrund der Beschwerde eines anderen Beteiligten in der Beschwerdinstanz anhängig ist (BAG 26. 11. 1986 AP TVG § 2 Nr. 36).

IV. Rücknahme und Verzicht

Nach Abs. 4 kann die Beschwerde jederzeit **ohne Zustimmung** der übrigen Beteiligten zurück- **8** genommen werden, solange eine Entscheidung des Landesarbeitsgerichts noch nicht rechtskräftig geworden ist oder gegen sie Rechtsbeschwerde eingelegt wurde (*Germelmann/Matthes/Prütting* Rn. 53; GK-ArbGG/*Leinemann/Senne* Rn. 58). Für die Rücknahme gelten dieselben Formvorschriften wie für die Einlegung der Beschwerde; sie muß also durch einen von einem Rechtsanwalt oder Verbandsvertreter unterzeichneten Schriftsatz gegenüber dem Gericht erfolgen oder entsprechend § 515 II ZPO zu Protokoll des Gerichts erklärt werden (*Germelmann/Matthes/Prütting* Rn. 54; GK-ArbGG/*Leinemann/Senne* Rn. 57). Nach Rücknahme der Beschwerde ist das Verfahren vom Vorsitzenden durch **Beschluß** einzustellen. Der Beschluß ist den Beteiligten nach Abs. 4 S. 3 bekanntzugeben. Da dieser verfahrensbeendende Beschluß nach § 92 mit der Rechtsbeschwerde bzw. mit einer Nichtzulassungsbeschwerde anfechtbar ist (LAG Rheinland-Pfalz 25. 6. 1982 EZA ArbGG 1997 § 92 Nr. 1; *Germelmann/Matthes/Prütting* Rn. 57; GK-ArbGG/*Leinemann/Senne* Rn. 59), muß er förmlich zugestellt werden (aA *Germelmann/Matthes/Prütting* Rn. 57). Die Rücknahme der Beschwerde führt dazu, daß eine bereits ergangene, noch nicht rechtskräftige Entscheidung des Beschwerdegerichts gegenstandslos und die arbeitsgrichtliche Entscheidung rechtskräftig wird, wenn nicht noch Beschwerden anderer Beteiligter anhängig sind (*Germelmann/Matthes/Prütting* Rn. 60; GK-ArbGG/*Leinemann/Senne* Rn. 60). Sofern die Rechtsmittelfrist noch nicht abgelaufen ist, kann auch eine zurückgenommene Beschwerde erneut eingelegt werden. Auf die Beschwerde kann nach § 514 ZPO verzichtet werden. Der **Verzicht** führt zum endgültigen Verlust des Rechtsmittels mit damit die Beschwerde unzulässig (*Germelmann/Matthes/Prütting* Rn. 64; GK-ArbGG/*Leinemann/Senne* Rn. 61). Die Erklärung erfolgt nach Verkündung der arbeitsgerichtlichen Entscheidung. Der Verzicht kann auch gegenüber dem Landesarbeitsgericht zu Protokoll oder mit einem § 89 entsprechenden Schriftsatz erklärt werden (*Germelmann/Matthes/Prütting* Rn. 62; GK-ArbGG/*Leinemann/Senne* Rn. 61).

§ 90 Verfahren

(1) ¹**Die Beschwerdeschrift und die Beschwerdebegründung werden den Beteiligten zur Äußerung zugestellt.** ²Die Äußerung erfolgt durch Einreichung eines Schriftsatzes beim Beschwerdegericht oder durch Erklärung zur Niederschrift der Geschäftsstelle des Arbeitsgerichts, das den angefochtenen Beschluß erlassen hat.

(2) **Für das Verfahren sind die §§ 83 und 83 a entsprechend anzuwenden.**

(3) **Gegen Beschlüsse und Verfügungen des Landesarbeitsgerichts oder seines Vorsitzenden findet kein Rechtsmittel statt.**

1   Beschwerdeschrift und -begründung sind nach **Abs. 1 S. 1** allen Beteiligten bzw. ihren Verfahrensbevollmächtigten und damit auch den irrtümlich vom Arbeitsgericht nicht Beteiligten oder nicht im Beschluß bzw. der Beschwerdeschrift Genannten zuzustellen (*Germelmann/Matthes/Prütting* Rn. 2; GK-ArbGG/*Leinemann/Senne* Rn. 3). Steht schon mit Eingang der Beschwerdeschrift oder mit ihrer Begründung fest, daß die Beschwerde unzulässig ist, kann von der Zustellung abgesehen werden (*Germelmann/Matthes/Prütting* Rn. 3; GK-ArbGG/*Leinemann/Senne* Rn. 4). Mit der Zustellung der Beschwerdebegründung sind die Beteiligten – gegebenenfalls unter Fristsetzung – zur Stellungnahme aufzufordern. Diese sind verpflichtet sich zu äußern. Die Stellungnahme hat nach Abs. 1 Satz 2 schriftlich oder zu Protokoll der Geschäftsstelle des Arbeitsgerichts, das den angefochtenen Beschluß erlassen hat, zu erfolgen. Für die Stellungnahme besteht kein Vertretungszwang (BAG 20. 3. 1990 AP BetrVG 1972 § 99 Nr. 79).

2   **Abs. 2** bedeutet insbesondere, daß das Beschwerdegericht die Frage der Beteiligung zu prüfen und gegebenenfalls von Amts wegen zu korrigieren hat (s. § 83 Rn. 8). Auch das Landesarbeitsgericht muß den Sachverhalt von Amts wegen aufklären. Dabei richtet sich die Nichtzulassung neuen Vorbringens nach § 87 II 4, § 83 I a und den allgemeinen Vorschriften. **Verspätungsvorschriften** nehmen auch dem Beschwerdegericht grundsätzlich nicht die Pflicht zur Aufklärung ab. Das bedeutet: Bei der Zurückweisung von Vorbringen nach Abs. 2 kann es nur um den Sachvortrag gehen, der nicht schon nach § 87 II 4 (s. dort Rn. 4) zurückzuweisen ist. So muß das Gericht allen bis zum Ablauf der Beschwerdebegründungsfrist in beiden Instanzen vorgetragenen Anhaltspunkten nachgehen. Es darf nach § 87 II 4 allenfalls den nicht fristgerechten Vortrag neuer Anhaltspunkte zurückweisen. Im übrigen darf Vorbringen der Beteiligten allein unter den Voraussetzungen des § 83 I a (s. dort Rn. 4) oder nach allgemeinen Grundsätzen zurückgewiesen werden. Diese Zurückweisung liegt im Ermessen des Gerichts. Auch in der Beschwerdeinstanz geht es insoweit allein um die Zurückweisung als Folge einer Verweigerung der rechtzeitigen Mitwirkung bei der Aufklärung von Sachverhalten, die nur mit Hilfe eines Beteiligten aufzuklären sind oder ohne ihn nur unter großen Schwierigkeiten aufgeklärt werden können. So sollte es kaum jemals zu einer Zurückweisung verspäteten Vorbringens nach Abs. 2 kommen. Auch im Beschwerdeverfahren kann der Streit durch **Vergleich** oder **Erledigungserklärung** beendigt werden. Voraussetzung für eine Erledigungserklärung ist, daß das eingelegte Rechtsmittel zulässig war (BAG 27. 8. 1996 AP ArbGG 1979 § 83 a Nr. 4). Fehlt es an einem erledigenden Ereignis, so liegt in der einseitigen Erledigungserklärung möglicherweise eine nach § 87 II 3 mangels Zustimmung in der Rechtsmittelinstanz unzulässige Antragsrücknahme, so daß über den Antrag in der Sache zu entscheiden ist (BAG 27. 8. 1996 AP ArbGG 1979 § 83 a Nr. 4).

3   Nach **Abs. 3** sind nur die Beschlüsse sowie Verfügungen des Landesarbeitsgerichts oder des Vorsitzenden unanfechtbar, welche die Instanz nicht beenden (*Germelmann/Matthes/Prütting* Rn. 13; GK-ArbGG/*Leinemann/Senne* Rn. 17).

§ 91 Entscheidung

(1) ¹Über die Beschwerde entscheidet das Landesarbeitsgericht durch Beschluß. ²Eine Zurückverweisung ist nicht zulässig. ³ § 84 Satz 2 gilt entsprechend.

(2) ¹Der Beschluß nebst Gründen ist von den Mitgliedern der Kammer zu unterschreiben und den Beteiligten zuzustellen. ² § 69 Abs. 1 Satz 2 gilt entsprechend.

1   Diese Vorschrift regelt den **instanzbeendenden Beschluß**, mit dem über die Beschwerde entschieden wird. Er ist nach Abs. 1 Satz 3 in Verbindung mit § 84 Satz 2 schriftlich abzufassen, nach Abs. 2 vom Berufsrichter und den ehrenamtlichen Richtern zu unterschreiben und den Beteiligten zuzustellen. Der Tenor sollte verdeutlichen, ob die Entscheidung vorläufig vollstreckbar ist (*Germelmann/Matthes/Prütting* Rn. 7). Über §§ 92 I 2, 72 I 2 ist § 64 III a entsprechend anzuwenden. Im Beschlußtenor ist daher aufzunehmen, ob die Rechtsbeschwerde zugelassen wird oder nicht. Ist dies unterblieben, kann der Tenor auf rechtzeitigen Antrag hin ergänzt werden. Wird die Rechtsbeschwerde zugelassen, ist dem Beschluß nach § 9 V eine Rechtsmittelbelehrung beizufügen, im übrigen reicht ein Hinweis auf die Möglichkeit der Nichtzulassungsbeschwerde. Für die Verkündung des Beschlusses gelten nach Abs. 2 Satz 2 über § 69 I 2 die Regelungen für das Beschlußverfahren erster Instanz entsprechend.

2   Eine **Zurückweisung** an das Arbeitsgericht ist nach Abs. 1 Satz 2 – anders als im Urteilsverfahren – nicht nur bei Verfahrensmängeln, sondern generell ausgeschlossen (*Germelmann/Matthes/Prütting* Rn. 3). Erfolgt gleichwohl eine Zurückverweisung durch das Landesarbeitsgericht, die nicht erfolgreich mit der Rechtsbeschwerde angefochten wird, so ist das Arbeitsgericht daran gebunden und hat erneut über die Sache zu entscheiden (*Germelmann/Matthes/Prütting* § 91 Rn. 3; GK-ArbGG/*Leinemann/Senne* Rn. 5).

3   Entscheidungen des Landesarbeitsgericht mit denen die Rechtsbeschwerde nicht zugelassen wird, werden nicht mit der Verkündung, sondern frühestens mit Ablauf der Frist für die Einlegung der Nichtzulassungsbeschwerde **rechtskräftig** (*Germelmann/Matthes/Prütting* Rn. 14; GK-ArbGG/*Leinemann/Senne* Rn. 16). Hängen materiellrechtliche Wirkungen von der Beschwerdeentscheidung ab

(zB Zustimmungsersetzung zu einer personellen Einzelmaßnahme), so treten diese abweichend von dem vorgenannten Grundsatz schon mit Verkündung der Entscheidung ein, wenn eine Nichtzulassungsbeschwerde offensichtlich nicht in Betracht kommt (BAG 25. 1. 1979 AP BetrVG 1972 § 103 Nr. 1).

Dritter Unterabschnitt. Dritter Rechtszug

§ 92 Rechtsbeschwerdeverfahren, Grundsatz

(1) ¹Gegen den das Verfahren beendenden Beschluß eines Landesarbeitsgerichts findet die Rechtsbeschwerde an das Bundesarbeitsgericht statt, wenn sie in dem Beschluß des Landesarbeitsgerichts oder in dem Beschluß des Bundesarbeitsgerichts nach § 92 a Satz 2 zugelassen wird. ² § 72 Abs. 1 Satz 2, Abs. 2 ist entsprechend anzuwenden. ³In den Fällen des § 85 Abs. 2 findet die Rechtsbeschwerde nicht statt.

(2) ¹Für das Rechtsbeschwerdeverfahren gelten die für das Revisionsverfahren maßgebenden Vorschriften über Einlegung der Revision und ihre Begründung, Prozeßfähigkeit, Ladung, Termine und Fristen, Ablehnung und Ausschließung von Gerichtspersonen, Zustellungen, persönliches Erscheinen der Parteien, Öffentlichkeit, Befugnisse des Vorsitzenden und der Beisitzer, gütliche Erledigung des Rechtsstreits, Wiedereinsetzung in den vorigen Stand und Wiederaufnahme des Verfahrens sowie die Vorschriften des § 85 über die Zwangsvollstreckung entsprechend, soweit den §§ 93 bis 96 nichts anderes ergibt. ²Für die Vertretung der Beteiligten gilt § 11 Abs. 1 entsprechend. ³Der Antrag kann jederzeit mit Zustimmung der anderen Beteiligten zurückgenommen werden; § 81 Abs. 2 Satz 2 und 3 ist entsprechend anzuwenden.

(3) ¹Die Einlegung der Rechtsbeschwerde hat aufschiebende Wirkung. ² § 85 Abs. 1 Satz 2 bleibt unberührt.

I. Allgemeines

Die Rechtsbeschwerde entspricht der Revision im Urteilsverfahren. Sie ist statthaft gegen **verfah-** 1 **rensbeendende Beschlüsse** des Landesarbeitsgerichts, wenn das Landesarbeitsgericht oder das Bundesarbeitsgericht sie zuläßt. Auch Einstellungsbeschlüsse nach den §§ 89 IV 2, 87 II 3 beenden das Verfahren (GK-ArbGG/*Leinemann/Senne* Rn. 5; s. § 81 Rn. 6), verfahrensleitende Beschlüsse nach § 90 III beenden es nicht. Die Rechtsbeschwerde ist nach Abs. 1 S. 3 nicht statthaft in Fällen des einstweiligen Rechtsschutzes. Sie ist nach § 89 III ausdrücklich ausgeschlossen gegen Beschlüsse, mit denen die Beschwerde ohne Beurteilung der materiellen Rechtslage als unzulässig verworfen wird (s. § 89 Rn. 7). Sie ist nach § 98 II 4 nicht statthaft gegen Beschlüsse zur Bestellung eines Einigungsstellenvorsitzenden oder zur Bestimmung der Anzahl der Beisitzer. Die Rechtsbeschwerde ist in diesen Fällen auch dann nicht zulässig, wenn das Landesarbeitsgericht sie irrtümlich zugelassen hat (BAG 26. 7. 1989 AP ArbGG 1979 § 92 Nr. 6).

II. Zulassung

Aus der Verweisung in Abs. 1 Satz 2 folgt, daß die Rechtsbeschwerde wie die Revision im Urteils- 2 verfahren bei einer **Abweichung** von einer Entscheidung der in § 72 I Nr. 2 genannten Gerichte oder bei **grundsätzlicher Bedeutung** zuzulassen ist. Divergenzfähig sind auch Entscheidungen der genannten Gerichte außerhalb des Beschlußverfahrens (*Germelmann/Matthes/Prütting* Rn. 12; GK-ArbGG/ *Leinemann/Senne* Rn. 11). Entscheidungen anderer Gerichtsbarkeiten sind nicht divergenzfähig (BAG 9. 2. 1983 AP ArbGG 1979 § 72 a Grundsatz Nr. 25). Ist der Streitgegenstand teilbar, kann die Rechtsbeschwerde beschränkt zugelassen werden (*Germelmann/Matthes/Prütting* Rn. 16; s. § 72 Rn. 23). Die Entscheidung über die Zulassung oder Nichtzulassung der Rechtsbeschwerde ist nach Abs. 1 Satz 2 im **Tenor** des Beschlusses des Landesarbeitsgerichts auszusprechen. Ist sie nur in den Gründen enthalten, ist sie jedenfalls wirksam, wenn sie versehentlich nicht verkündet wurde und sich dies aus den Gründen ergibt (vgl. BAG 23. 11. 1994 AP ArbGG 1979 § 72 Nr. 27 einerseits und BAG 31. 10. 1995 AP ArbGG 1979 § 72 Nr. 29 andererseits). Das Bundesarbeitsgericht ist nach Abs. 1 Satz 2 iVm. § 72 III an die Zulassung der Rechtsbeschwerde gebunden. Dies gilt auch dann, wenn das Landesarbeitsgericht den Begriff der Divergenz verkannt oder die Zulassungsentscheidung nicht begründet hat und gilt nur dann nicht, wenn die Rechtsbeschwerde gesetzlich ausgeschlossen ist (BAG 28. 8. 1969 AP ArbGG 1953 § 93 Nr. 11).

III. Verfahren

Wie das Beschwerdeverfahren ist auch das Rechtsbeschwerdeverfahren in den §§ 92 ff. nur lük- 3 kenhaft geregelt. Es gelten deshalb allgemein die Vorschriften über die Revision im Urteilsverfahren und über diese die entsprechenden Vorschriften in der ZPO, soweit nachfolgend nichts besonderes

Eisemann

geregelt ist und die Besonderheiten des Beschlußverfahrens dem nicht entgegenstehen. Durch die Verweisung in Abs. 2 Satz 2 auf § 11 I ergibt sich, daß nach Einlegung und Begründung der Rechtsbeschwerde durch einen Rechtsanwalt – § 94 I und II – die Beteiligten sich vor dem Bundesarbeitsgericht selbst vertreten oder durch einen Verbandsvertreter vertreten lassen können (BAG 20. 3. 1990 AP BetrVG 1972 § 99 Nr. 79). Die Rücknahme des Antrags nach Abs. 2 Satz 3 entspricht der Regelung für das Beschwerdeverfahren (s. § 87 Rn. 3). Eine Antragsänderung ist in der Rechtsbeschwerdeinstanz nicht mehr möglich (*Germelmann/Matthes/Prütting* Rn. 24; GK-ArbGG/*Leinemann/Senne* Rn. 25). Ehrenamtliche Richter müssen stets an Entscheidungen mitwirken, die bei mündlicher Verhandlung nur mit ihnen ergehen dürften, soweit nicht ausdrücklich etwas anderes bestimmt wird wie bei der Verwerfung der Rechtsbeschwerde nach § 94 II 3 iVm. § 74 II (*Germelmann/Matthes/Prütting* Rn. 20).

§ 92 a Nichtzulassungsbeschwerde

¹ Die Nichtzulassung der Rechtsbeschwerde durch das Landesarbeitsgericht kann selbständig durch Beschwerde angefochten werden, im Falle des § 92 Abs. 1 Satz 2 in Verbindung mit § 72 Abs. 2 Nr. 1 jedoch nur dann, wenn die Rechtssache Streitigkeiten über die Tariffähigkeit und Tarifzuständigkeit einer Vereinigung betrifft. ² § 72 a Abs. 2 bis 5 ist entsprechend anzuwenden.

1   Die Vorschrift entspricht der Regelung über die Nichtzulassungbeschwerde im Urteilsverfahren nach § 72 a (s. dort Rn. 2 ff.). Satz 1 2. Halbsatz enthält jedoch eine Besonderheit: Auf die **grundsätzliche Bedeutung** der Rechtssache kann die Nichtzulassungsbeschwerde im Beschlußverfahren nur dann gestützt werden, wenn das Verfahren Streitigkeiten nach § 2 a I Nr. 4 über die Tariffähigkeit und Tarifzuständigkeit einer Vereinigung betrifft. Damit ist nicht gemeint, daß sich die grundsätzliche Bedeutung gerade aus der Frage der Tariffähigkeit oder -zuständigkeit ergeben muß; es genügt, wenn sich irgendeine Rechtsfrage von grundsätzlicher Bedeutung in einer Streitigkeit nach §§ 2 a Abs. 1 Nr. 4, 97 stellt (*Germelmann/Matthes/Prütting* Rn. 3; GK-ArbGG/*Ascheid* Rn. 9). Andererseits liegt nicht schon dann eine Rechtsfrage von grundsätzlicher Bedeutung vor, wenn sich die Frage nach der Tariffähigkeit oder -zuständigkeit in einem Verfahren nur als Vorfrage stellt (BAG 23. 10. 1991 AP ArbGG 1979 § 92 a – Grundsatz – Nr. 1).

2   Für das **Verfahren** verweist Satz 2 auf die Regelungen im Urteilsverfahren in § 72 a II bis V. Die Nichtzulassungsbeschwerde kann von jedem Beteiligten eingelegt werden, der bei Zulassung der Rechtsbeschwerde rechtsmittelbefugt wäre (*Germelmann/Matthes/Prütting* Rn. 9; GK-ArbGG/*Ascheid* Rn. 16). Die Verweisung läßt offen, ob für die Einlegung und Begründung der Nichtzulassungsbeschwerde Anwaltszwang besteht. Wegen des durchgehend angeordneten Vertretungszwangs bei der Einlegung und Begründung von Rechtsmitteln im Beschlußverfahren muß dies auch für die Nichtzulassungsbeschwerde gelten (*Germelmann/Matthes/Prütting* Rn. 10; GK-ArbGG/*Ascheid* Rn. 17). Das Landesarbeitsgericht darf seine Zulassungsentscheidung nach § 72 a V 1 nicht abändern.

§ 93 Rechtsbeschwerdegründe

(1) **Die Rechtsbeschwerde kann nur darauf gestützt werden, daß der Beschluß des Landesarbeitsgerichts auf der Nichtanwendung oder der unrichtigen Anwendung einer Rechtsnorm beruht.**

(2) **§ 65 findet entsprechende Anwendung.**

1   Die Vorschrift regelt, in welchem Umfang das Bundesarbeitsgericht den Beschluß eines Landesarbeitsgerichts überprüfen darf. Sie entspricht der Regelung für das Urteilsverfahren in § 73 (s. dort Rn. 5 ff.). Da die Rechtsbeschwerde nur auf die Verletzung von Rechtsnormen gestützt werden kann, bleibt das Bundesarbeitsgericht auch im Beschlußverfahren Rechtsinstanz, nicht Tatsacheninstanz. Es ist an die tatsächlichen Feststellungen des Landesarbeitsgerichts gebunden (BAG 27. 1. 1977 AP BetrVG 1972 § 103 Nr. 7). Nach Abs. 1 ist eine Rechtsnorm auch verletzt, wenn das Landesarbeitsgericht einen Verfahrensfehler begangen hat (*Germelmann/Matthes/Prütting* Rn. 5; GK-ArbGG/ *Ascheid* Rn. 5). Zu den denkbaren Verfahrensfehlern gehören insbesondere Verstöße gegen den Amtsermittlungsgrundsatz sowie eine fehlerhafte Beteiligung oder Nichtbeteiligung. Verfahrensfehler werden auch im Beschlußverfahren nur auf Rüge hin überprüft (BAG 1. 3. 1963 AP BetrVG § 37 Nr. 8). Eine Rechtsverletzung ist nur erheblich, wenn die Entscheidung auf ihr beruht. Dies wird bei den in § 551 ZPO aufgelisteten Revisionsgründen, die auch für das Beschlußverfahren Anwendung finden (*Germelmann/Matthes/Prütting* Rn. 6; GK-ArbGG/*Ascheid* Rn. 6), unwiderleglich vermutet. Im übrigen beruhen Entscheidungen dann auf der unrichtigen Anwendung einer Verfahrensnorm, wenn die Möglichkeit einer anderen Entscheidung besteht (BAG 19. 3. 1974 AP BetrVG 1972 § 26 Nr. 1). Nach Abs. 3 iVm. § 65 kann die Rechtsbeschwerde nicht darauf gestützt werden, daß Rechtsfehler bei der Bejahung des Rechtsweges, der Verfahrensart, der Zuständigkeit oder der Berufung der ehrenamtlichen Richter gemacht wurden. Eine Rechtsbeschwerde, die ausschließlich auf in Abs. 2

ausgeschlossene Gründe gestützt wird, ist unbegründet (*Germelmann/Matthes/Prütting* Rn. 7; s. im übrigen § 88 Rn. 1).

§ 94 Einlegung

(1) Die Rechtsbeschwerdeschrift und die Rechtsbeschwerdebegründung müssen von einem Rechtsanwalt unterzeichnet sein.

(2) ¹Die Rechtsbeschwerdeschrift muß den Beschluß bezeichnen, gegen den die Rechtsbeschwerde gerichtet ist, und die Erklärung enthalten, daß gegen diesen Beschluß die Rechtsbeschwerde eingelegt werde. ²Die Rechtsbeschwerdebegründung muß angeben, inwieweit die Abänderung des angefochtenen Beschlusses beantragt wird, welche Bestimmungen verletzt sein sollen und worin die Verletzung bestehen soll. ³ § 74 Abs. 2 ist entsprechend anzuwenden.

(3) ¹Die Rechtsbeschwerde kann jederzeit in der für ihre Einlegung vorgeschriebenen Form zurückgenommen werden. ²Im Falle der Zurücknahme stellt der Vorsitzende das Verfahren ein. ³Er gibt hiervon den Beteiligten Kenntnis, soweit ihnen die Rechtsbeschwerde zugestellt worden ist.

Die Vorschrift bestimmt in den Absätzen 1 und 2 Form und Inhalt der Rechtsbeschwerde und ihrer 1 Begründung, in Abs. 3 ihre Rücknahme. Sie wird über die Verweisung in § 92 II 1 durch die Regelungen in § 74 I und V iVm. §§ 552 bis 554 ZPO ergänzt. Die Rechtsbeschwerde ist **statthaft,** soweit sie sich gegen verfahrensbeendende Beschlüsse des Landesarbeitsgerichts richtet und von diesem oder dem Bundesarbeitsgericht zugelassen worden ist. **Rechtsbeschwerdebefugt** ist jeder Beteiligte (s. § 89 Rn. 2). Die **Rechtsbeschwerdefrist** ist eine Notfrist. Wiedereinsetzung in den vorigen Stand ist unter den Voraussetzungen der §§ 233 ff. ZPO möglich (*Germelmann/Matthes/Prütting* Rn. 4; GK-ArbGG/*Ascheid* Rn. 11). Nach Zulassung durch das Bundesarbeitsgericht beginnt die Frist nach § 92 a S. 2 iVm. § 72 a V 7 erst mit der Zustellung dieses Beschlusses. Die Rechtsbeschwerde muß nach § 553 I ZPO beim Bundesarbeitsgericht eingelegt werden.

Die Frist für die **Beschwerdebegründung** beträgt nach § 74 I 1 einen Monat. Sie kann einmal bis zu 2 einem Monat verlängert werden. Eine Wiedereinsetzung in den vorigen Stand ist möglich (*Germelmann/Matthes/Prütting* Rn. 11). Ein ausdrücklicher Antrag ist nicht erforderlich, wenn nur aus der Begründung ersichtlich ist, wie weit die Rechtsbeschwerde reicht (BAG 22. 10. 1985 AP BetrVG 1972 § 99 Nr. 24). Eine Änderung des Sachantrags ist grundsätzlich nicht mehr zulässig (BAG 10. 4. 1984 AP ArbGG 1979 § 81 Nr. 3); anders nur, wenn der geänderte Sachantrag sich auf den vom Beschwerdegericht festgestellten Sachverhalt stützt (BAG 5. 11. 1985 AP BetrVG 1972 § 98 Nr. 2). Zur Begründung gelten die Sonderregelungen in **Abs. 2 Satz 2.** Danach muß der Beschwerdebegründung zu entnehmen sein, was der Beschwerdeführer aus den Gründen der angefochtenen Entscheidung zu beanstanden hat und warum die Begründung des Landesarbeitsgerichts fehlerhaft sein soll. Deshalb ist eine Rechtsbeschwerdebegründung unzureichend, wenn nur eine Rechtsnorm bezeichnet und ausgeführt wird, das Beschwerdegericht habe den darin enthaltenen Rechtsbegriff verkannt (BAG 10. 4. 1984 AP ArbGG 1979 § 94 Nr. 1). Bei Verfahrensrügen sind nach § 554 Abs. 3 Nr. 3 b ZPO diejenigen Tatsachen darzutun, aus denen die Verletzung einer Verfahrensvorschrift folgt. Verfahrensfehler werden auch in Beschlußverfahren nicht von Amtswegen geprüft und festgestellt (BAG 24. 5. 1957 AP ArbGG 1953 § 92 Nr. 7). Soweit Fehler des Landesarbeitsgerichts bei der Sachaufklärung gerügt werden, muß die Beschwerdebegründung dartun, welche Ermittlungen das Landesarbeitsgericht fehlerhaft unterlassen hat und warum sich dem Landesarbeitsgericht weitere Ermittlungen hätten aufdrängen müssen (BAG 7. 11. 1975 AP BetrVG 1972 § 99 Nr. 3; GK-ArbGG/*Ascheid* Rn. 21; aA *Germelmann/Matthes/Prütting* § 94 Rn. 16). Soweit eine fehlerhafte Beteiligung gerügt wird, bedarf es keiner Begründung, daß die Entscheidung bei fehlerfreier Beteiligung anders ausgefallen wäre (BAG 10. 2. 1986 AP BetrVG 1972 § 63 Nr. 1).

Die **Anschlußrechtsbeschwerde** ist zulässig (BAG 11. 7. 1990 AP ZA – Nato – Truppenstatut – 3 Art. 56 Nr. 9). Sie muß binnen einem Monat nach Zustellung der Rechtsbeschwerdebegründung eingelegt und in der Anschlußschrift begründet werden, § 556 I und II 2 ZPO. Eine Verlängerung der Frist ist ausgeschlossen (*Germelmann/Matthes/Prütting* Rn. 19; GK-ArbGG/*Ascheid* Rn. 24).

Die **Entscheidung über die Zulässigkeit** einer Rechtsbeschwerde richtet sich nach Abs. 2 Satz 3 4 iVm. § 74 II 2 und § 554 a II ZPO. Das Bundesarbeitsgericht hat von Amts wegen zu prüfen, ob die Rechtsbeschwerde an sich statthaft und form- und fristgerecht eingelegt und begründet worden ist. Eine unzulässige Rechtsbeschwerde ist nach § 74 II 2 und 3 zu verwerfen. Die Entscheidung kann ohne mündliche Anhörung und in diesem Fall ohne Mitwirkung der ehrenamtlichen Richter ergehen (*Germelmann/Matthes/Prütting* Rn. 23; GK-ArbGG/*Ascheid* Rn. 25). Sie ist den Beschwerdeführern und den übrigen Beteiligten nach § 329 II ZPO formlos mitzuteilen (*Germelmann/Matthes/Prütting* Rn. 24).

Die Rechtsbeschwerde kann nach **Abs. 3** zurückgenommen werden; die Vorschrift entspricht 5 § 89 IV (s. dort Rn. 8). Das Verfahren stellt nach Abs. 4 S. 2 der Vorsitzende allein ein. Der Beschluß ist den Beteiligten nach Abs. 4 S. 3 formlos mitzuteilen.

Eisemann

§ 95 Verfahren

¹ Die Rechtsbeschwerdeschrift und die Rechtsbeschwerdebegründung werden den Beteiligten zur Äußerung zugestellt. ² Die Äußerung erfolgt durch Einreichung eines Schriftsatzes beim Bundesarbeitsgericht oder durch Erklärung zur Niederschrift der Geschäftsstelle des Landesarbeitsgerichts, das den angefochtenen Beschluß erlassen hat. ³ Geht von einem Beteiligten die Äußerung nicht rechtzeitig ein, so steht dies dem Fortgang des Verfahrens nicht entgegen. ⁴ § 83 a ist entsprechend anzuwenden.

1   Die Vorschrift wird ergänzt durch die in § 90 II in Bezug genommenen Vorschriften über das Revisionsverfahren. § 83 wird für das Rechtsbeschwerdeverfahren jedoch nicht für anwendbar erklärt. Die **Zustellung** nach S. 1 muß an die materiell Beteiligten erfolgen, nicht nur an die vom Beschwerdegericht Beteiligten oder die, welche sich dort geäußert haben (BAG 20. 7. 1982 AP BetrVG 1952 § 76 Nr. 26). Statt einer schriftsätzlichen Erklärung können sich die Beteiligten auch zu Protokoll der Geschäftsstelle des Landesarbeitsgericht äußern. Für diese **Äußerung** der Beteiligten besteht kein Vertretungszwang (*Germelmann/Matthes/Prütting* Rn. 7). Da Satz 3 von einem rechtzeitigen Eingang der Äußerung spricht, wird das Bundesarbeitsgericht den Beteiligten regelmäßig eine Frist zur Äußerung setzen. Satz 3 sieht ausdrücklich vor, daß über die Rechtsbeschwerde zu entscheiden ist, auch wenn innerhalb der gesetzten Frist keine Äußerung erfolgt. Eine Fristverlängerung ist nicht ausdrücklich vorgesehen; sie hat jedoch zu erfolgen, wenn trotz des Beschleunigungsgebots der Grundsatz des rechtlichen Gehörs gebietet (*Germelmann/Matthes/Prütting* Rn. 5). Eine mündliche Anhörung ist möglich (*Germelmann/Matthes/Prütting* Rn. 9; GK-ArbGG/*Ascheid* Rn. 9). **Satz 4** stellt klar, daß auch in der Rechtsbeschwerdeinstanz das Verfahren durch Vergleich oder Erledigungserklärung beendet werden kann, soweit dies nach § 83 a zulässig ist.

§ 96 Entscheidung

(1) ¹ Über die Rechtsbeschwerde entscheidet das Bundesarbeitsgericht durch Beschluß. ² Die §§ 564 und 565 der Zivilprozeßordnung gelten entsprechend.

(2) Der Beschluß nebst Gründen ist von sämtlichen Mitgliedern des Senats zu unterschreiben und den Beteiligten zuzustellen.

1   Die Vorschrift bestimmt die Einzelheiten einer abschließenden Sachentscheidung über die Rechtsbeschwerde. Die Verweisung im Abs. 1 S. 2 auf §§ 564, 565 ZPO ist nicht abschließend; es gelten notwendigerweise auch die §§ 563, 559 bis 561 und 565 a ZPO. Das Bundesarbeitsgericht ist nach §§ 92 II 1, 72 V iVm. § 559 I ZPO auch dann an die gestellten **Anträge** gebunden, wenn das Landesarbeitsgericht den Antrag enger verstanden hat, als er gemeint war (BAG 14. 1. 1986 AP BetrVG 1972 § 87 Nr. 21). An die Beschwerdegründe ist es nicht gebunden (*Germelmann/Matthes/Prütting* Rn. 6; GK-ArbGG/*Ascheid* Rn. 4). **Verfahrensmängel** werden grundsätzlich nur auf Rüge hin geprüft. Etwas anderes gilt für die von Amts wegen zu beachtenden Verfahrensmängel (*Germelmann/Matthes/Prütting* Rn. 8; GK-ArbGG/*Ascheid* Rn. 5), wie die Zulässigkeit der Beschwerde (BAG 2. 9. 1980 AP ArbGG 1979 § 89 Nr. 1) oder das Bestehen eines Rechtschutzinteresses (BAG 29. 7. 1982 AP ArbGG 1979 § 83 Nr. 5). Die Verfahrensart wird nach § 93 II iVm. § 65 nicht mehr geprüft. Beteiligungsmängel müssen grundsätzlich gerügt werden (*Germelmann/Matthes/Prütting* Rn. 10; GK-ArbGG/*Ascheid* Rn. 6). Dies gilt auch dann, wenn dies bisher nicht hinzugezogene Beteiligten tun (BAG 2. 12. 1986 AP BetrVG 1972 § 63 Nr. 1). Unabhängig davon besteht auch für das Rechtsbeschwerdegericht die Verpflichtung, alle materiell Beteiligten von Amts wegen zu beteiligen (*Germelmann/Matthes/Prütting* Rn. 10). Die Rüge mangelhafter Sachaufklärung hat nur Erfolg, wenn das Beschwerdegericht hätte weiter aufklären müssen und nicht auszuschließen ist, daß die ermittelten Tatsachen zu einer anderen Entscheidung geführt hätten (*Germelmann/Matthes/Prütting* Rn. 11; GK-ArbGG/*Ascheid* Rn. 6). Die tatsächlichen **Entscheidungsgrundlagen** liefern die Feststellungen des Beschwerdegerichts an die das Rechtsbeschwerdegericht nach § 561 ZPO gebunden ist. Neues tatsächliches Vorbringen kann grundsätzlich nicht mehr berücksichtigt werden (*Germelmann/Matthes/Prütting* Rn. 13; GK-ArbGG/*Ascheid* Rn. 8). Hiervon gibt es zahlreiche Ausnahmen. Dies gilt einmal für Tatsachen zu Sachurteilsvoraussetzungen wie zum Rechtsschutzinteresse (BAG 23. 1. 1986 AP BetrVG 1972 § 5 Nr. 31) und für offenkundige und unstreitige neue Tatsachen (BAG 8. 10. 1985 AP BetrVG 1972 § 99 Nr. 22).

2   Der **Beschluß** des Bundesarbeitsgerichts ist schriftlich abzufassen und nach Abs. 2 von allen Mitgliedern des Senats zu unterschreiben. Er ist nur nach mündlicher Anhörung zu verkünden (*Germelmann/Matthes/Prütting* Rn. 24; GK-ArbGG/*Ascheid* Rn. 10). Die Rechtsbeschwerde wird zurückgewiesen, wenn sie unbegründet ist. Dies ist nach § 563 ZPO auch der Fall, wenn die Beschwerdeentscheidung sich aus anderen Gründen als richtig erweist. Bei begründeter Rechtsbeschwerde ist die Beschwerdeentscheidung nach § 564 I ZPO aufzuheben. Besteht die Rechtsverletzung in einem Verfahrensverstoß, auf dem die Entscheidung beruht, muß nach § 564 II ZPO zugleich das Verfahren

insoweit aufgehoben werden, als es durch den Verstoß betroffen wird. Sind nicht alle Beteiligten hinzugezogen worden, ist regelmäßig das ganze Verfahren betroffen (BAG 29. 3. 1974 AP ArbGG 1953 § 83 Nr. 5). Wird die Entscheidung des Landesarbeitsgerichtes aufgehoben, ist nach § 565 I 1 ZPO idR dorthin zurückzuverweisen. Unter den Voraussetzungen des § 565 III ZPO muß das Rechtsbeschwerdegericht selbst entscheiden. Danach kann u. a. nicht zurückverwiesen werden, wenn kein Verfahrensfehler aber eine materielle Gesetzesverletzung vorliegt und die Sache entscheidungsreif ist. Dazu muß man davon ausgehen können, daß die Beteiligten auch unter den vom Rechtsbeschwerdegericht der Entscheidung zugrundegelegten rechtlichen Gesichtspunkten keine neuen Tatsachen mehr vorbringen werden oder ihr Vorbringen, weil es unstreitig ist, auch dort berücksichtigt werden kann. Ansonsten muß zurückverwiesen werden, damit die tatsächlichen Entscheidungsgrundlagen in der Beschwerdeinstanz geschaffen werden (BAG 9. 12. 1975 AP BetrVG 1972 § 118 Nr. 7).

§ 96 a Sprungrechtsbeschwerde

(1) ¹Gegen den das Verfahren beendenden Beschluß eines Arbeitsgerichts kann unter Übergehung der Beschwerdeinstanz unmittelbar Rechtsbeschwerde eingelegt werden (Sprungrechtsbeschwerde), wenn die übrigen Beteiligten schriftlich zustimmen und wenn sie vom Arbeitsgericht wegen grundsätzlicher Bedeutung der Rechtssache auf Antrag in dem verfahrensbeendenden Beschluß oder nachträglich durch gesonderten Beschluß zugelassen wird. ²Der Antrag ist innerhalb einer Notfrist von einem Monat nach Zustellung des in vollständiger Form abgefaßten Beschlusses schriftlich zu stellen. ³Die Zustimmung der übrigen Beteiligten ist, wenn die Sprungrechtsbeschwerde in dem verfahrensbeendenden Beschluß zugelassen ist, der Rechtsbeschwerdeschrift, andernfalls dem Antrag beizufügen.

(2) § 76 Abs. 2 Satz 2, 3, Abs. 3 bis 6 ist entsprechend anzuwenden.

Anders als im Urteilsverfahren kann die Sprungrechtsbeschwerde nach **Abs. 1** in allen Fällen der 1 grundsätzlichen Bedeutung einer Rechtssache vom Arbeitsgericht zugelassen werden; die Einschränkungen des § 76 II 1 gelten nicht. Sie ist m. a. W. in allen Rechtsstreiten zulässig, die im Beschlußverfahren nach § 2 a entschieden werden. Voraussetzung für die Zulassung ist ein **Antrag**. Antragsberechtigt sind der Antragsteller sowie alle weiteren materiell Beteiligten, selbst wenn sie vom Arbeitsgericht nicht hinzugezogen wurden (*Germelmann/Matthes/Prütting* Rn. 4; GK-ArbGG/*Ascheid* Rn. 5). Die Einlegung erfordert die Zustimmung aller übrigen Beteiligten. Wird die Zulassung schon im instanzbeendenden Beschluß des Arbeitsgerichts ausgesprochen, so ist die Zustimmung der Rechtsbeschwerde schriftlich beizufügen. Wird die Zulassung der Sprungrechtsbeschwerde nachträglich beantragt, muß die Zustimmung der übrigen Beteiligten dem Antrag beiliegen. Es ist grundsätzlich die Zustimmung aller vom Arbeitsgericht zu Recht am Verfahren beteiligten Personen und Stellen erforderlich. Stellt das Bundesarbeitsgericht fest, daß das Arbeitsgericht einen materiell zu Beteiligenden tatsächlich nicht beteiligt hat, so kann die Zulässigkeit der Sprungrechtsbeschwerde nicht mit der Begründung verneint werden, die Zustimmungserklärungen der rechtsfehlerhaft nicht beteiligten Personen und Stellen lägen nicht vor (*Germelmann/Matthes/Prütting* Rn. 8 ff.; GK-ArbGG/*Ascheid* Rn. 13). Es fällt nicht in die Risikosphäre des Rechtsbeschwerdeführers, die vom Arbeitsgericht fehlerhaft nicht beteiligten Personen und Stellen selbst zu ermitteln und deren Zustimmung zur Sprungrechtsbeschwerde einzuholen.

Das weitere **Verfahren** unterscheidet sich wegen der Bezugnahme in Abs. 2 auf § 76 II 2,3 III bis 2 VI nicht von dem der Sprungrevision (s. § 76 Rn. 6 ff.). Hebt das Bundesarbeitsgericht den Beschluß des Arbeitsgerichts auf, kann es an dies Gericht oder das Landesarbeitsgericht zurückverweisen Selbständige und unselbständige Anschlußrechtsbeschwerden sind zulässig (BAG 12. 6. 1996 AP ArbGG 1979 § 96 a Nr. 2).

Vierter Unterabschnitt. Beschlußverfahren in besonderen Fällen

§ 97 Entscheidung über Tariffähigkeit und Tarifzuständigkeit einer Vereinigung

(1) In den Fällen des § 2 a Abs. 1 Nr. 4 wird das Verfahren auf Antrag einer räumlich und sachlich zuständigen Vereinigung von Arbeitnehmern oder von Arbeitgebern oder der obersten Arbeitsbehörde des Bundes oder der obersten Arbeitsbehörde eines Landes, auf dessen Gebiet sich die Tätigkeit der Vereinigung erstreckt, eingeleitet.

(2) Für das Verfahren sind die §§ 80 bis 84, 87 bis 96 a entsprechend anzuwenden.

(3) Die Vorschrift des § 63 über die Übersendung von Urteilen gilt entsprechend für die rechtskräftigen Beschlüsse von Gerichten für Arbeitssachen im Verfahren nach § 2 a Abs. 1 Nr. 4.

(4) ¹In den Fällen des § 2 a Abs. 1 Nr. 4 findet eine Wiederaufnahme des Verfahrens auch dann statt, wenn die Entscheidung über die Tariffähigkeit und Tarifzuständigkeit darauf beruht, daß

ein Beteiligter absichtlich unrichtige Angaben oder Aussagen gemacht hat. ² § 581 der Zivilprozeßordnung findet keine Anwendung.

(5) ¹ Hängt die Entscheidung eines Rechtsstreits davon ab, ob eine Vereinigung tariffähig oder ob die Tarifzuständigkeit der Vereinigung gegeben ist, so hat das Gericht das Verfahren bis zur Erledigung des Beschlußverfahrens nach § 2 a Abs. 1 Nr. 4 auszusetzen. ² Im Falle des Satzes 1 sind die Parteien des Rechtsstreits auch im Beschlußverfahren nach § 2 a Abs. 1 Nr. 4 antragsberechtigt.

I. Allgemeines

1   Streitigkeiten über die Tarifzuständigkeit und Tariffähigkeit sind nach § 2 a I Nr. 4 ausschließlich den Gerichten für Arbeitssachen zugewiesen. Die Entscheidungen ergehen nach § 2 a II im Beschlußverfahren. § 97 regelt verfahrensrechtliche Besonderheiten dieser Streitigkeiten, ohne eine eigene Verfahrensordnung zu schaffen. Neben den Maßgaben in § 97 sind auch die Sonderregelungen zur Beteiligtenfähigkeit in § 10 zu beachten.

2   Wer mit normativer Wirkung für sich selbst oder seine Mitglieder Tarifverträge abschließen kann, ist **tariffähig** (BVerfG 19. 10. 1966 AP TVG § 2 Nr. 24). Das sind nach § 2 I TVG neben Gewerkschaften und Arbeitgebervereinigungen einzelne Arbeitgeber sowie nach § 2 II und III TV Zusammenschlüsse von Gewerkschaften und Arbeitgebervereinigungen, die hierzu bevollmächtigt oder satzungsgemäß befugt sind. Gegenstand eines Verfahrens nach § 2 a I Nr. 4 iVm. § 97 kann nicht nur der Streit um die Normsetzungsbefugnis einer Vereinigung, sondern auch ein Streit um die Gewerkschaftseigenschaft einer Vereinigung schlechthin sein (BAG 25. 11. 1986 AP TVG § 2 Nr. 36; aA GK-ArbGG/*Leinemann* Rn. 60). Eine Vereinigung ist nur Gewerkschaft, wenn sie auch tariffähig ist. Die Reduzierung des Verfahrens auf die Normsetzungsbefugnis von Gewerkschaften geht am Kern vorbei. **Tarifzuständigkeit** ist die Befugnis eines tariffähigen Verbandes, Tarifverträge mit einem bestimmten räumlichen, betrieblichen und persönlichen Geltungsbereich abzuschließen (BAG 22. 11. 1988 AP TVG § 5 Tarifzuständigkeit Nr. 2). Den Umfang der Tarifzuständigkeit bestimmen die Tarifvertragsparteien in ihrer Satzung in freier Selbstbestimmung. Ein Streit über die Tarifzuständigkeit einer Koalition liegt daher auch dann vor, wenn ein Arbeitgeber einen gerichtlich geltend gemachten tariflichen Anspruch eines Arbeitnehmers allein mit der Begründung leugnet, er sei als Mitglied ohne Verbandstarifbindung („OT-Mitglied") nicht tarifgebunden (BAG 23. 10. 1996 AP TVG § 3 Verbandszugehörigkeit).

II. Verfahren

3   Nach Abs. 2 gelten für das Verfahren die allgemeinen Vorschriften. **Örtlich zuständig** ist das Arbeitsgericht, in dessen Bezirk die Vereinigung, derern Tariffähigkeit oder Tarifzuständigkeit festgestellt werden soll, ihre Verwaltung tatsächlich führt oder ihren Sitz hat. Eine **einstweilige Verfügung** ist ausgeschlossen. § 85 ist nicht in Bezug genommen. Für den Antragsteller muß auch im Verfahren nach § 97 ein **Rechtsschutzinteresse** bestehen. Es fehlt im Streit zweier DGB-Gewerkschaften über ihre Tarifzuständigkeit, weil §§ 15, 16 der Satzung des DGB für diesen Fall ein verbindliches Schiedsverfahren vorsieht (BAG 25. 9. 1996 – 1 ABR 4/96). Die **Entscheidung** ergeht durch die Kammer unter Mitwirkung der ehrenamtlichen Richter. Die **Rechtskraft** eines Beschlusses zur Tariffähigkeit einer Vereinigung besteht gegenüber jedermann (BAG 25. 11. 1986 AP TVG § 2 Nr. 36; *Germelmann/Matthes/Prütting* Rn. 28; aA GK-ArbGG/*Leinemann* Rn. 69). Dies läuft weder auf ein gerichtliches Konzessionierungsverfahren für Tarifvertragsparteien hinaus, noch wird die Freiheit der Koalitionsbildung nach Art. 9 III GG berührt. Die Tariffähigkeit wird im Verfahren nach § 97 nicht begründet, sondern festgestellt. Der Beschluß über die Tarifzuständigkeit wirkt nur für Verfahren über das Bestehen oder Nichtbestehen von Tarifverträgen und über Ansprüche aus Tarifverträgen, die von der Vereinigung abgeschlossen worden sind (*Germelmann/Matthes/Prütting* Rn. 29). Die **Vollstreckung** der Entscheidung scheidet von vornherein aus, weil mit einem Antrag nach § 97 nur ein Feststellungsbeschluß erreicht werden kann. Abs. 4 erleichtert die **Wiederaufnahme des Verfahrens**. Anders als § 580 Nr. 1 ZPO, der eine vorsätzliche oder fahrlässige eidliche Falschaussage verlangt, genügen hier absichtliche unrichtige Angaben oder Aussagen eines Beteiligten. Eine rechtskräftige strafrechtlichen Verurteilung ist nach Abs. 4 S. 2 nicht erforderlich. Aus dieser Vorschrift folgt, daß die Voraussetzungen des § 580 Nr. 1 bis 5 bzw. des § 97 IV 1 das Gericht im Wiederaufnahmeverfahren selbst zu prüfen und festzustellen hat.

4   **1. Antragsbefugnis.** Zu den nach **Abs. 1** möglichen Antragstellern zählen auch die **Spitzenorganisationen,** sofern die Voraussetzungen des § 2 II oder III TVG vorliegen (BAG 15. 11. 1963 AP TVG § 14 Nr. 2). Die antragstellende Vereinigung ist räumlich und sachlich zuständig, wenn sich ihr aus der Satzung zu ermittelnder räumlicher und sachlicher Zuständigkeitsbereich wenigstens teilweise mit den Zuständigkeitsbereichen der Vereinigung deckt, deren Tariffähigkeit oder Zuständigkeit bestritten wird (BAG 10. 9. 1985 AP TVG § 2 Nr. 34). Der Streit über die Tariffähigkeit oder Zuständigkeit kann zwischen konkurrierenden Vereinigungen derselben Seite (Gewerkschaften oder Arbeitgeberverbände untereinander) geführt werden als auch zwischen den sozialen Gegenspielern (*Germelmann/ Matthes/Prütting* Rn. 15). Soweit der Antragsteller die Tariffähigkeit oder Zuständigkeit einer anderen

Vereinigung bestreitet, muß er selbst tariffähig sein (*Germelmann/Matthes/Prütting* Rn. 16; GK-ArbGG/*Leinemann* Rn. 16). Dagegen ist die Vereinigung, deren Tariffähigkeit bzw. Zuständigkeit bestritten wird, immer antragsbefugt (BAG 25. 11. 1986 AP TVG § 2 Nr. 36); in diesem Fall ist die Tariffähigkeit der antragstellenden Vereinigung eine Frage der Begründetheit. Der einzelne **Arbeitgeber** ist antragsbefugt, wenn er nicht Mitglied in einem Arbeitgeberverband ist (BAG 10. 5. 1989 AP TVG § 6 Tarifzuständigkeit Nr. 2) und sich eine Gewerkschaft der Fähigkeit und Zuständigkeit zum Abschluß eines Firmentarifvertrages berühmt (BAG 17. 2. 1970 AP TVG § 2 Tarifzuständigkeit Nr. 2). Antragsberechtigt ist nach Abs. 1 die **oberste Arbeitsbehörde** des Bundes bereits dann, wenn sich die Tätigkeit einer Vereinigung auf das Gebiet mehrerer Bundesländer erstreckt. Nach der ausdrücklichen gesetzlichen Regelung in Abs. 5 S. 2 sind auch die Parteien des Rechtsstreits antragsberechtigt, der nach Abs. 5 S. 1 bis zur Erledigung des Beschlußverfahrens nach § 2a Abs. 1 Nr. 4 ausgesetzt wurde.

2. Beteiligung. Da die Vorschrift keine Sonderregelung zur Beteiligung enthält, gelten die allgemeinen Grundsätze für das Beschlußverfahren. Für die Beteiligung ist maßgeblich die unmittelbare Betroffenheit in der Rechtsstellung als Arbeitnehmer – oder Arbeitgebervereinigung. Daher ist stets die **Vereinigung**, deren Tariffähigkeit oder Zuständigkeit umstritten ist, zu beteiligen (BAG 10. 9. 1985 AP TVG § 2 Nr. 34). Zu beteiligen sind weiterhin alle Vereinigungen, deren örtliche und sachliche Zuständigkeit mit der Zuständigkeit der Vereinigung, deren Tariffähigkeit oder Zuständigkeit umstritten ist, wenigstens teilweise übereinstimmt. Da hier von einer Vielzahl von Verbänden betroffen sein können, genügt es, wenn die jeweiligen **Spitzenverbände** – meist DGB und BDA – beteiligt werden, die die Interessen der in ihrer Zuständigkeit betroffenen Vereinigungen wahrnehmen (BAG 25. 11. 1986 AP TVG § 2 Nr. 36; *Germelmann/Matthes/Prütting* Rn. 23; aA GK-ArbGG/*Leinemann* Rn. 39). Neben den Spitzenorganisationen können sich die örtlich und sachlich zuständigen Mitgliedsverbände dadurch beteiligen, daß sie als Antragsteller auftreten (BAG 25. 11. 1986 AP TVG § 2 Nr. 36). Die Deutsche Angestelltengewerkschaft ist zu beteiligen, wenn sich die Zuständigkeit der umstrittenen Vereinigung auch auf Angestellte erstreckt. Dasselbe gilt für den jeweiligen Bundesinnungsverband des Handwerks, in dessen Bereich die umstrittene Vereinigung tätig wird (BAG 1. 2. 1983 AP ZPO § 322 Nr. 14). Die **oberste Arbeitsbehörde** eines Landes ist Beteiligte im Verfahren über die Tariffähigkeit einer Vereinigung, deren Zuständigkeit sich ausschließlich auf das Gebiet eines Landes erstreckt (*Germelmann/Matthes/Prütting* Rn. 23) oder wenn sie Anlaß für das Verfahren gegeben hat (BAG 15. 11. 1963 AP TVG § 2 Nr. 14). Die oberste Arbeitsbehörde des Bundes ist immer dann zu beteiligen, wenn sich die Zuständigkeit der umstrittenen Vereinigung über das Gebiet eines Landes hinaus erstreckt (BAG 25. 11. 1986 AP TVG § 2 Nr. 36; *Germelmann/Matthes/Prütting* Rn. 23; aA GK-ArbGG/*Leinemann* Rn. 39). Schließlich sind die Parteien des nach Abs. 5 S. 1 ausgesetzten Verfahrens zu beteiligen (*Germelmann/Matthis/Prütting* Rn. 24).

III. Aussetzung anderer Verfahren

Für die Aussetzung nach **Abs. 5** ist ein entsprechender Antrag einer Partei nicht erforderlich (BAG 23. 10. 1996 AP TVG § 3 Verbandszugehörigkeit Nr. 15). Sie geschieht von Amts wegen. Es besteht insoweit – anders als im Fall des § 148 ZPO – kein Ermessen des Gerichts; die Verletzung des Aussetzungsgebots stellt einen Verfahrensfehler dar (*Germelmann/Matthes/Prütting* Rn. 13). Die Fragen der Tariffähigkeit oder Tarifzuständigkeit dürfen daher nicht als Vorfragen in einem Rechtsstreit mit entschieden werden. Als Ausgangsverfahren kommt jedes gerichtliche Verfahren – auch in einem anderen Rechtsweg (BAG 25. 9. 1996 AP ArbGG 1979 § 97 Nr. 4) – und in jeder Instanz in Betracht (BAG 23. 10. 1996 AP TVG § 3 Verbandszugehörigkeit Nr. 15; GK-ArbGG/*Leinemann* Rn. 57). Eine Aussetzung ist nicht erforderlich, wenn zwischen den Parteien in diesen Fragen kein Streit besteht und auch von Amts wegen keine Bedenken zu erheben sind (BAG 22. 9. 1993 § 1 TVG – Tarifverträge: Bau Nr. 168; *Germelmann/Matthes/Prütting* Rn. 11; aA GK-ArbGG/*Leinemann* Rn. 53) oder wenn zu diesen Fragen bereits eine rechtskräftige Entscheidung vorliegt (BAG 1. 12. 1983 AP ZPO § 322 Nr. 14). Soweit der Rechtsstreit ausgesetzt wird, ist das Gericht, bei dem das Verfahren über die Tariffähigkeit oder -zuständigkeit anhängig gemacht wird, an den Aussetzungsbeschluß gebunden (*Germelmann/Matthes/Prütting* Rn. 13; GK/ArbGG/*Leinemann* Rn. 55). Das Verfahren nach § 97 wird durch den Aussetzungsbeschluß nicht von Amts wegen eingeleitet (*Germelmann/Matthes/Prütting* Rn. 14; GK-ArbGG/*Leinemann* Rn. 63). Es ist ein Antrag erforderlich. Antragsberechtigt sind nach Abs. 5 S. 2 auch die Parteien des Ausgangsverfahrens. Nach Erledigung des Verfahrens ist das Ausgangsverfahren in der Instanz fortzuführen, die ausgesetzt hat (GK-ArbGG/*Leinemann* Rn. 65).

§ 98 Entscheidung über die Besetzung der Einigungsstelle

(1) ¹In den Fällen des § 76 Abs. 2 Satz 2 und 3 des Betriebsverfassungsgesetzes können wegen fehlender Zuständigkeit der Einigungsstelle die Anträge nur zurückgewiesen werden, wenn die

Einigungsstelle offensichtlich unzuständig ist. ²Für das Verfahren gelten die §§ 80 bis 84 entsprechend. ³Die Einlassungs- und Ladungsfristen können auf 48 Stunden abgekürzt werden. ⁴Ein Richter darf nur dann zum Vorsitzenden der Einigungsstelle bestellt werden, wenn aufgrund der Geschäftsverteilung ausgeschlossen ist, daß er mit der Überprüfung, der Auslegung oder der Anwendung des Spruchs der Einigungsstelle befaßt wird. ⁵Der Beschluß des Gerichts soll den Beteiligten innerhalb von zwei Wochen nach Eingang des Antrags zugestellt werden.

(2) ¹Gegen den Beschluß des Arbeitsgerichts findet die Beschwerde an das Landesarbeitsgericht statt. ²Die Beschwerde ist innerhalb einer Frist von zwei Wochen einzulegen und zu begründen. ³Für das Verfahren gelten § 87 Abs. 2 und 3 und die §§ 88 bis 90 Abs. 1 und 2 sowie § 91 Abs. 1 und 2 entsprechend mit der Maßgabe, daß der Beschluß nebst Gründen vom Vorsitzenden zu unterschreiben ist. ⁴Gegen den Beschluß des Landesarbeitsgerichts findet kein Rechtsmittel statt.

I. Allgemeines

1 Die Vorschrift regelt einige verfahrensrechtliche Besonderheiten für die nach § 76 I 1 BetrVG zu bildende **Einigungsstelle**. Gegenstand des Verfahrens ist nach Satz 1 in Verbindung mit § 76 II 2 u. 3 BetrVG die Bestellung eines Einigungsstellenvorsitzenden und die Bestimmung der Zahl der Beisitzer, nicht die Ablehnung eines Einigungsstellenvorsitzenden (GK-ArbGG/*Leinemann* Rn. 57). In den Grenzen des Abs. 1 Satz 1 hat das Gericht als Vorfrage auch die Zuständigkeit der Einigungsstelle zu prüfen. Das Einsetzungsverfahren ist in den Fällen anzuwenden, in denen nach § 76 V BetrVG der Spruch der Einigungsstelle die Einigung zwischen Arbeitgeber und Betriebsrat ersetzt. Daneben kann auch für freiwillige Einigungsstellen nach § 76 VI BetrVG die Einsetzung eines Einigungsstellenvorsitzenden oder die Bestimmung der Anzahl der Beisitzer beantragt werden, sofern sich die Betriebsparteien zuvor auf die Errichtung der Einigungsstelle geeinigt haben. Im Fall des § 112 II 1 erste Alternative BetrVG (Interessenausgleich) ist wegen der Sonderregelung in § 112 II 2 BetrVG die Einigungsstelle auf Antrag nur einer Seite zu errichten, obwohl im Interessenausgleichsverfahren die Einigungsstelle nicht die Einigung zwischen Arbeitgeber und Betriebsrat ersetzen kann (*Germelmann/Matthes/Prütting* Rn. 8; GK-ArbGG/*Leinemann* § 98 Rn. 15). Die Vorschrift gilt nicht für das Errichten von Einigungstellen nach den Personalvertretungsgesetzen. Sie gilt für die Errichtung von tariflichen Schlichtungsstellen, wenn dies im Tarifvertrag so vorgesehen ist (*Germelmann/Matthes/Prütting* Rn. 4).

II. Zulässigkeit

2 Auch das Bestellungsverfahren wird nach § 81 I 1 nur auf Antrag eingeleitet. Für die **Antragsbefugnis** sind eine Reihe von Spezialregelungen zu beachten. So ist in den Fällen der §§ 37 VI, 38 II und 95 I BetrVG der Arbeitgeber antragsbefugt, während im Fall § 85 II BetrVG nur der Betriebsrat die Einsetzung der Einigungsstelle betreiben kann. Soweit das BetrVG dem Betriebsrat ein volles Mitbestimmungsrecht gewährt, die Einigungsstelle also die Einigung zwischen Arbeitgeber und Betriebsrat ersetzt, können nach § 76 V BetrVG sowohl der Betriebsrat wie auch der Arbeitgeber den Antrag stellen. Im Fall des § 76 VI BetrVG (freiwillige Einigungsstelle) sind ebenfalls beide Betriebsparteien antragsbefugt; das erforderliche Einverständnis der jeweils anderen Seite ist eine Frage der Begründetheit (*Germelmann/Matthes/Prütting* Rn. 16). **Inhalt des Antrags** kann das Begehren sein, einen Einigungsstellenvorsitzenden zu bestellen und/oder die Zahl der Beisitzer zu bestimmen. Üblicherweise wird in dem Antrag die Person, die nach Auffassung des Antragstellers den Vorsitz der Einigungsstelle übernehmen soll, namentlich benannt und die Zahl der Beisitzer beziffert; erforderlich ist dies jedoch nicht. Entsprechende Angaben im Antrag stellen nur eine Anregung an das Gericht dar, an die es nicht gebunden ist (LAG Hamm 4. 12. 1985 BB 1986, 258; *Germelmann/Matthes/Prütting* Rn. 17; aA LAG Bremen 1. 7. 1988 AiB 88, 315; GK-ArbGG/*Leinemann* Rn. 33). Sonst würde in aller Regel der den Vorsitzenden bestimmen, der zuerst das Arbeitsgericht anruft. Gerade im Streit um den Vorsitzenden darf ein solches „Wettrennen" nicht für die Entscheidung ausschlaggebend sein. Handelt es sich bei dem Vorschlag nur um eine Anregung, ist auch § 308 ZPO nicht verletzt, wenn das Gericht sie nicht aufgreift (s. weiter Rn. 5). Der Antrag muß **hinreichend bestimmt** sein; dh. der Regelungsgegenstand der Einigungsstelle muß so genau bezeichnet sein, daß in einem nachfolgendem Einigungsstellenverfahren und einer evtl. gerichtlichen Überprüfung der Zuständigkeit der Einigungsstelle oder des Spruches der Einigungsstelle klar ist, für welche Regelungsfragen sie eingesetzt wurde. Der Antrag erfordert nach § 253 II 2 ZPO eine **Begründung**. Ihr muß zu entnehmen sein, ob die Einigungsstelle in einem Fall der notwendigen Mitbestimmung nach § 76 V BetrVG oder als freiwillige Einigungsstelle nach § 76 VI BetrVG tätig werden soll. Im ersten Fall muß der konkrete Sachverhalt vorgetragen werden, für den ein Mitbestimmungsrecht bestehen und in dem die Einigungsstelle den Regelungsstreit schlichten soll (LAG Düsseldorf 21. 8. 1987 NZA 1988, 211; GK-ArbGG/*Leinemann* Rn. 12). Der Begründung muß schließlich zu entnehmen sein, daß für den Antrag ein **Rechts-**

schutzinteresse besteht. Dies ist – abgesehen vom Fall des § 113 III BetrVG (s. dort Rn. 8) – nur gegeben, wenn der Antragsteller geltend macht, daß entweder die Gegenseite Verhandlungen verweigert oder aber mit dem ernsten Willen zur Einigung (§ 74 BetrVG) geführte Verhandlungen gescheitert sind (LAG Baden-Württemberg 16. 10. 1991 NZA 92, 186; Hessisches LAG 12. 11. 1991 NZA 92, 853). Signalisiert die andere Seite erst im Einsetzungsverfahren ihre zuvor verweigerte Verhandlungsbereitschaft, entfällt nicht das Rechtsschutzinteresse (LAG Baden-Württemberg 16. 10. 1991 NZA 92, 186).

III. Begründetheit

Das Gericht hat im Bestellungsverfahren nicht die Aufgabe, die Zuständigkeit der Einigungsstelle abschließend zu prüfen und positiv oder negativ festzustellen. Sinn der Regelung in **Abs. 1 S. 1** ist es, in Zweifelsfällen der Einigungsstelle die Prüfung ihrer Zuständigkeit zu überlassen und so eine beschleunigte Durchführung des Einigungsstellenverfahrens zu ermöglichen. **Offensichtlich unzuständig** ist die Einigungstelle, wenn die Tatbestandsvoraussetzungen einer betriebsverfassungsrechtlichen Norm, welche die Konfliktlösung durch Spruch der Einigungsstelle vorsieht, ohne jeden Zweifel nicht gegeben sind (*Germelmann/Matthes/Prütting* Rn. 22; GK-ArbGG/*Leinemann* Rn. 23). Für den häufigsten Fall der erzwingbaren Mitbestimmungsrechte bedeutet dies, daß der Antrag unbegründet ist, wenn offensichtlich das vom Betriebsrat in Anspruch genommene Mitbestimmungsrecht nicht besteht (BAG 6. 12. 1983 AP BetrVG 1972 § 87 – Überwachung – Nr. 7), dh. wenn bei fachkundiger Beurteilung durch das Gericht sofort erkennbar ist, daß ein Mitbestimmungsrecht des Betriebsrats in der streitigen Angelegenheit unter keinem denkbaren rechtlichen Gesichtspunkt in Frage kommt (LAG Berlin 18. 2. 1980 AP ArbGG 1979 § 98 Nr. 1; LAG Düsseldorf 4. 11. 1988 NZA 89, 146). Ein Mitbestimmungsrecht fehlt offensichtlich, wenn in dieser Frage eine ungekündigte und in ihrer Wirksamkeit nicht angezweifelte Betriebsvereinbarung besteht (LAG Düsseldorf 9. 9. 1977 EzA BetrVG 1972 § 76 Nr. 16) oder wenn durch rechtskräftige Entscheidung zwischen den Betriebsparteien geklärt ist, daß dem Betriebsrat in dieser Angelegenheit ein Mitbestimmungsrecht nicht zusteht (LAG Baden-Württemberg 3. 10. 1984 NZA 1985, 163). Der Antrag ist ebenfalls unbegründet, wenn die Amtszeit des Betriebsrats offensichtlich beendet ist (LAG Hamburg 2. 11. 1988 BB 1989, 916) oder ein Sozialplan für einen Betrieb mit weniger als 20 Arbeitnehmern herbeigeführt werden soll (LAG Baden-Württemberg 16. 4. 1982 DB 82, 1628). Offensichtlich unzuständig ist die Einigungsstelle, wenn das ohne Zweifel unzuständige betriebsverfassungsrechtliche Organ ein Mitbestimmungsrecht für sich in Anspruch nimmt (LAG Frankfurt 15. 6. 1984 NZA 85, 33; LAG Hamburg 10. 4. 1991 DB 91, 2185). Gibt es zu einer Rechtsfrage eine gefestigte höchstrichterliche Rechtsprechung, daß dem Betriebsrat kein Mitbestimmungsrecht zusteht, so ist davon auszugehen, daß kein ernsthafter Zweifel an der Unzuständigkeit der Einigungsstelle besteht (LAG München 13. 3. 1986 LAGE ArbGG 1979 § 98 Nr. 10; aA GK-ArbGG/*Leinemann* Rn. 24). **Nicht offensichtlich unzuständig** ist die Einigungsstelle, wenn in Rechtsprechung oder Schrifttum umstritten ist, ob in dem streitigen Regelungsgegenstand ein Mitbestimmungsrecht besteht (LAG Niedersachsen 11. 11. 1993 LAGE ArbGG 1979 § 98 Nr. 27). Hat das Bundesarbeitsgericht zu einer Rechtsfrage nur vereinzelt oder am Rande Stellung genommen und ist an dieser Rechtsauffassung beachtliche Kritik in der Literatur oder in der Instanzrechtsprechung geäußert worden, so kann die Unzuständigkeit der Einigungsstelle nicht als endgültig geklärt angesehen werden (LAG Baden-Württemberg 16. 10. 1991 NZA 92, 186; LAG Köln 11. 2. 1992 NZA 92, 1103). Ob die Einigungsstelle offensichtlich unzuständig ist, wenn Regelungsgegenstand der Ausspruch oder die Entfernung einer Abmahnung aus der Personalakte sein soll, hängt davon ab, wie der Betriebsrat den Einsetzungsantrag begründet. Beruft er sich allein auf den individualrechtlichen Anspruch des Arbeitnehmers auf Entfernung einer rechtswidrigen Abmahnung, so besteht offensichtlich kein Mitbestimmungsrecht des Betriebsrats (LAG Berlin 19. 8. 1988 NZA 1988, 852). Macht der Betriebsrat dagegen ein Mitbestimmungsrecht nach § 87 I Nr. 1 BetrVG unter dem Gesichtspunkt der Abmahnung als Betriebsbuße geltend, so kommt bei entsprechender Begründung die Einsetzung der Einigungsstelle in Betracht (LAG Hamburg 9. 7. 1985 LAGE ArbGG 1979 § 98 Nr. 7). Der Antrag auf Einsetzung eines Vorsitzenden für eine **freiwillige Einigungsstelle** nach § 76 VI BetrVG ist unbegründet, wenn offensichtlich ist, daß die zu bildende Einigungsstelle nicht tätig werden kann, weil das Einverständnis beider Betriebsparteien fehlt (*Germelmann-Matthes-Prütting* Rn. 13; GK-ArbGG/*Leinemann* Rn. 26). Wird in einem Antrag die Einsetzung einer Einigungsstelle für mehrere **trennbare Regelungsgegenstände** beantragt, wäre die Einigungsstelle aber für eine oder mehrere dieser Regelungsfragen offensichtlich unzuständig, so ist im Tenor des Beschlusses zu bestimmen, für welche Fragen die Einigungsstelle eingesetzt wird; im übrigen ist der Antrag zurückzuweisen (*Germelmann/Matthes/Prütting* Rn. 24; GK-ArbGG/*Leinemann* Rn. 30). Sind die Regelungsgegenstände nicht trennbar, ist die Einigungsstelle für alle Regelungsgegenstände einzusetzen, wenn nur für einen Teil festgestellt werden kann, daß sie nicht offensichtlich unzuständig ist (GK-ArbGG/*Leinemann* Rn. 30).

IV. Verfahren

4   Im Einsetzungsverfahren entscheidet stets die Kammer in voller Besetzung. Die Regelung soll die Akzeptanz der Entscheidungen erhöhen und „Einsetzungskartelle" verhindern (BT-Drucks. 13/1042 S. 9). Dies geht zu Lasten der Beschleunigung des Verfahrens. Die fakultative Abkürzung der Einlassungs- und Ladungsfristen nach **Abs. 1 S. 3** und der Appell in **Abs. 1 S. 5** können dies allenfalls für die erste Instanz ausgleichen. **Abs. 1 S. 4** bestätigt die Auffassung der herrschenden Meinung (BVerwG 30. 6. 1983 DRiZ 84, 20; LAG Rheinland-Pfalz 3. 6. 1983 DB 84, 56; LAG Frankfurt 23. 6. 1988 DB 88, 2520; DKK/Berg § 76 Rn. 21), wonach Arbeitsrichter als Vorsitzende von Einigungsstellen nicht allein deshalb ungeeignet sind, weil sie im „eigenen" Bezirk tätig werden. Sie stellt andererseits klar, daß eine Nebentätigkeitsgenehmigung auch außerhalb des Einsetzungsverfahrens in Zukunft versagt werden muß, wenn die Voraussetzungen des Abs. 1 S. 4 nicht vorliegen. Selbst eine insoweit fehlerhafte rechtskräftige Entscheidung im Einsetzungsverfahren ersetzt nicht die Genehmigung, weil für den eingesetzten Richter keine Pflicht zur Übernahme des Vorsitzes der Einigungsstelle besteht. Ansonsten gelten nach Abs. 1 Satz 3 die Vorschriften für das Beschlußverfahren in §§ 80 bis 84. Insbesondere kann der Antrag nach den allgemeinen Vorschriften zurückgenommen, für erledigt erklärt oder geändert werden; die Beteiligten können das Verfahren durch Vergleich beenden. Die Entscheidung ergeht nach § 83 IV 3 nach **mündlicher Anhörung**, es sei denn, die Kammer entscheidet im Einvernehmen mit den Beteiligten im schriftlichen Verfahren. Eine **einstweilige Verfügung** kommt nicht in Betracht, da § 85 nicht für anwendbar erklärt worden ist (*Germelmann/Matthes/Prütting* Rn. 21; GK-ArbGG/*Leinemann* Rn. 7). Sie ist angesichts von Abs. 1 Satz 3 nicht erforderlich. Auch im Einsetzungsverfahren gilt der Amtsermittlungsgrundsatz. Daher hat das Gericht gegebenenfalls von Amts wegen **Beweis** zu erheben, wenn der zugrundeliegende erhebliche Sachverhalt zwischen den Beteiligten streitig ist und anders nicht aufgeklärt werden kann (LAG Düsseldorf 21. 8. 1987 NZA 1988, 211; *Germelmann/Matthes/Prütting* Rn. 21; aA LAG Berlin 27. 1. 1993 AiB 93, 733). Die Offensichtlichkeitsprüfung betrifft allein die Rechtsfrage. Wegen des begrenzten Prüfungsmaßstabs steht mit der Einsetzung weder für die Beteiligten noch für die Einigungsstelle die Zuständigkeit verbindlich fest. Der Betriebsrat kann daher trotz rechtskräftiger Abweisung seines Antrags auf Einsetzen einer Einigungsstelle wegen offensichtlicher Unzuständigkeit im allgemeinen Beschlußverfahren feststellen lassen, ob in der streitigen Frage ein Mitbestimmungsrecht besteht. Wird dies rechtskräftig festgestellt, kann der Betriebsrat erneut die Bestellung eines Einigungsstellenvorsitzenden beantragen (BAG 25. 4. 1989 AP ArbGG 1979 § 98 Nr. 3). Den Beteiligten steht es daneben nach der Rechtsprechung frei, in einem **Vorabentscheidungsverfahren** die Frage des Bestehens oder Nichtbestehens eines Mitbestimmungsrechts und damit der Zuständigkeit der Einigungsstelle gerichtlich klären zu lassen (BAG vom 6. 12. 1983 AP BetrVG 1972 § 87 – Überwachung – Nr. 7). Das Bestellungsverfahren darf im Hinblick auf die Anhängigkeit eines solchen Beschlußverfahrens nicht **ausgesetzt** werden, da es Zweck des Bestellungsverfahrens ist, die Einigungsstelle beschleunigt einzusetzen (BAG 16. 3. 1982 AP BetrVG 1972 § 87 – Vorschlagswesen – Nr. 2).

V. Entscheidung

5   Wird der Antrag nicht wegen offensichtlicher Unzuständigkeit der Einigungsstelle zurückgewiesen, so hat das Gericht eine bestimmte Person zum Vorsitzenden der Einigungsstelle zu bestellen und/oder die Zahl der Beisitzer festzusetzen. Die **Person des Vorsitzenden** sollte über die erforderliche Rechts- und Sachkunde verfügen und muß unparteiisch sein (*Germelmann/Matthes/Prütting* Rn. 23; GK-BetrVG/*Leinemann* Rn. 35, 39). Damit sind nicht nur Richter der Arbeitsgerichtsbarkeit als Einigungsstellenvorsitzender geeignet (LAG Köln 21. 8. 1984 DB 85, 135). Das Gericht ist bei der Auswahl der zu bestellenden Person grundsätzlich frei und an die Vorschläge der Beteiligten nicht gebunden (s. Rn. 2). Das Auswahlermessen des Gerichts ist jedoch eingeschränkt, wenn gegen eine vom Antragsteller vorgeschlagene Person vom anderen Beteiligten keine oder keine beachtlichen Einwände erhoben werden und sich auch dem Gericht keine Bedenken hinsichtlich der Fachkunde und der Unparteilichkeit des Vorgeschlagenen aufdrängen. Eine nur schlagwortartige Ablehnung des vom Antragsteller vorgeschlagenen Einigungsstellenvorsitzenden reicht nicht aus (Hessisches LAG 23. 6. 1988 ArbuR 89, 186). Jedoch dürfen an die Substantiierung der von einem Beteiligten gegen den Vorschlag des anderen vorgebrachten Bedenken keine hohen Anforderungen gestellt werden. Die Funktion des Einigungsstellenvorsitzenden besteht nicht nur darin, die Verhandlungen in der Einigungsstelle sach- und rechtskundig zu leiten. Er ist für die Einigung regelmäßig auf das Vertrauen beider Betriebspartner in seine Unparteilichkeit angewiesen (ähnlich LAG Frankfurt 23. 6. 1988 BB 1988, 2173; *Germelmann/Matthes/Prütting* Rn. 23; aA LAG Bremen 1. 7. 1988 AiB 1988, 315; GK-ArbGG/*Leinemann* Rn. 33). Soweit nicht einer der Betriebspartner offensichtlich Obstruktion betreibt, sollte sich das Problem der Einsetzung gegen den Willen der anderen Seite in der Form regeln lassen, daß der Vorsitz das Amt nicht übernimmt. Die rechtskräftige Entscheidung ersetzt nur die Einigung zwischen den Betriebsparteien hinsichtlich der Person des Vorsitzenden. Sie verpflichtet ihn jedoch nicht zur Übernahme des Amtes (*Germelmann/Matthes/Prütting* Rn. 28; GK-ArbGG/*Leine-*

mann Rn. 40). Lehnt er das Amt ab, ist eine erneutes Einsetzungsverfahrens erforderlich. Um dies zu vermeiden, ist es ratsam, daß sich die Beteiligten oder das Gericht vor einer Entscheidung der Zustimmung der vorgeschlagenen oder vom Gericht in Aussicht genommenen Person versichern.

Auch bei der **Anzahl der Beisitzer** ist das Gericht nicht an die Vorschläge der Beteiligten gebunden. **6** Sie richtet sich nach der Komplexität des Regelungsgegenstandes und den sonstigen Besonderheiten des Einzelfalls. Außer in einfach gelagerten Fällen wird anzunehmen sein, daß mindestens der Betriebsrat die fachkundige Unterstützung durch einen Rechtsanwalt oder einem Gewerkschaftssekretär benötigt. Hieraus folgt, daß im Regelfall zwei Beisitzer für jede Seite erforderlich sind (LAG München 15. 7. 1991 NZA 1992, 185; *Germelmann/Matthes/Prütting* Rn. 26; GK-ArbGG/*Leinemann* Rn. 49). Eine größere Zahl von Beisitzern kommt in Betracht, wenn besonders schwierige oder umfangreiche Regelungsfragen zu entscheiden und deshalb besondere Kenntnisse oder Fertigkeiten für die sachgerechte Behandlung in der Einigungsstelle erforderlich sind (zB umfangreiche Sozialpläne, komplexe EDV- oder Entlohnungsfragen). Das Gericht kann nicht festlegen, ob und wieviele der Beisitzer aus dem Betrieb kommen müssen. Dies steht allein den Betriebspartnern zu (*Germelmann/Matthes/Prütting* Rn. 26; GK-ArbGG/*Leinemann* Rn. 51). Daneben können sich Betriebsrat wie Arbeitgeber in der Einigungsstelle jeweils durch Verfahrensbevollmächtigte vertreten lassen. Die Vertretung des Betriebsrats durch einen Rechtsanwalt ist aber nur dann erforderlich, wenn der Betriebsrat nicht bereits eine rechtskundige Person als Beisitzer benannt hat.

VI. Rechtsmittel

Abs. 2 regelt Besonderheiten der **Beschwerde** gegen arbeitsgerichtliche Entscheidungen im Ein- **7** setzungsverfahren. Das Verfahren wird mit **Abs. 2 S. 2 und 3 ltzt. Halbs.** beschleunigt. Die Beschwerdefrist ist auf zwei Wochen verkürzt; innerhalb dieser Frist ist die Beschwerde auch zu begründen. Beschwerde und ihre Begründung müssen nicht in einem Schriftsatz enthalten sein. Eine Wiedereinsetzung in den vorigen Stand ist möglich (*Germelmann/Matthes/Prütting* Rn. 35). Beschwerdeschrift und Begründung müssen von einem Rechtsanwalt oder Verbandsvertreter iSv. § 11 II 2 unterzeichnet sein (*Germelmann/Matthes/Prütting* Rn. 35). Die Beschwerde kann sich sowohl auf Rechtsfehler des Arbeitsgerichts bei der Prüfung der offensichtlichen Unzuständigkeit als auch darauf stützen, die Bestellung einer bestimmten Person zum Vorsitzenden oder die Festsetzung der Anzahl der Beisitzer sei fehlerhaft. Beschwert ist ein Beteiligter schon dann, wenn er – auch ohne eine bestimmte Person vorgeschlagen zu haben – mit dem eingesetzten Vorsitzenden oder der Anzahl der Beisitzer nicht einverstanden ist (*Germelmann/Matthes/Prütting* Rn. 33). Im Beschwerdeverfahren entscheidet jetzt nach § 89 III auch dann der Vorsitzende zusammen mit den ehrenamtlichen Richtern, wenn die Beschwerde unzulässig ist. Gegen die Entscheidung ist nach Abs. 2 Satz 4 ein weiteres Rechtsmittel nicht gegeben. Im übrigen gelten die Vorschriften über die Beschwerde im Beschlußverfahren (§§ 87 ff.) entsprechend.

§§ 99, 100. *(weggefallen)*

Vierter Teil. Schiedsvertrag in Arbeitsstreitigkeiten

§ 101 Grundsatz

(1) Für bürgerliche Rechtsstreitigkeiten zwischen Tarifvertragsparteien aus Tarifverträgen oder über das Bestehen oder Nichtbestehen von Tarifverträgen können die Parteien des Tarifvertrags die Arbeitsgerichtsbarkeit allgemein oder für den Einzelfall durch die ausdrückliche Vereinbarung ausschließen, daß die Entscheidung durch ein Schiedsgericht erfolgen soll.

(2) ¹Für bürgerliche Rechtsstreitigkeiten aus einem Arbeitsverhältnis, das sich nach einem Tarifvertrag bestimmt, können die Parteien des Tarifvertrags die Arbeitsgerichtsbarkeit im Tarifvertrag durch die ausdrückliche Vereinbarung ausschließen, daß die Entscheidung durch ein Schiedsgericht erfolgen soll, wenn der persönliche Geltungsbereich des Tarifvertrags überwiegend Bühnenkünstler, Filmschaffende, Artisten oder Kapitäne und Besatzungsmitglieder im Sinne der §§ 2 und 3 des Seemannsgesetzes umfaßt. ²Die Vereinbarung gilt nur für tarifgebundene Personen. ³Sie erstreckt sich auf Parteien, deren Verhältnisse sich aus anderen Gründen nach dem Tarifvertrag regeln, wenn die Parteien dies ausdrücklich und schriftlich vereinbart haben; der Mangel der Form wird durch Einlassung auf die schiedsgerichtliche Verhandlung zur Hauptsache geheilt.

(3) Die Vorschriften der Zivilprozeßordnung über das schiedsrichterliche Verfahren finden in Arbeitssachen keine Anwendung.

§ 102 Prozeßhindernde Einrede

(1) Wird das Arbeitsgericht wegen einer Rechtsstreitigkeit angerufen, für die die Parteien des Tarifvertrages einen Schiedsvertrag geschlossen haben, so hat das Gericht die Klage als unzulässig abzuweisen, wenn sich der Beklagte auf den Schiedsvertrag beruft.

(2) Der Beklagte kann sich nicht auf den Schiedsvertrag berufen,
1. wenn in einem Falle, in dem die Streitparteien selbst die Mitglieder des Schiedsgerichts zu ernennen haben, der Kläger dieser Pflicht nachgekommen ist, der Beklagte die Ernennung aber nicht binnen einer Woche nach der Aufforderung des Klägers vorgenommen hat;
2. wenn in einem Falle, in dem nicht die Streitparteien, sondern die Parteien des Schiedsvertrags die Mitglieder des Schiedsgerichts zu ernennen haben, das Schiedsgericht nicht gebildet ist und die den Parteien des Schiedsvertrags von dem Vorsitzenden des Arbeitsgerichts gesetzte Frist zur Bildung des Schiedsgerichts fruchtlos verstrichen ist;
3. wenn das nach dem Schiedsvertrag gebildete Schiedsgericht die Durchführung des Verfahrens verzögert und die ihm von dem Vorsitzenden des Arbeitsgerichts gesetzte Frist zur Durchführung des Verfahrens fruchtlos verstrichen ist;
4. wenn das Schiedsgericht den Parteien des streitigen Rechtsverhältnisses anzeigt, daß die Abgabe eines Schiedsspruchs unmöglich ist.

(3) In den Fällen des Absatzes 2 Nr. 2 und 3 erfolgt die Bestimmung der Frist auf Antrag des Klägers durch den Vorsitzenden des Arbeitsgerichts, das für die Geltendmachung des Anspruchs zuständig wäre.

(4) Kann sich der Beklagte nach Absatz 2 nicht auf den Schiedsvertrag berufen, so ist eine schiedsrichterliche Entscheidung des Rechtsstreits auf Grund des Schiedsvertrags ausgeschlossen.

§ 103 Zusammensetzung des Schiedsgerichts

(1) Das Schiedsgericht muß aus einer gleichen Zahl von Arbeitnehmern und von Arbeitgebern bestehen; außerdem können ihm Unparteiische angehören. Personen, die infolge Richterspruchs die Fähigkeit zur Bekleidung öffentlicher Ämter nicht besitzen, dürfen ihm nicht angehören.

(2) Mitglieder des Schiedsgerichts können unter denselben Voraussetzungen abgelehnt werden, die zur Ablehnung eines Richters berechtigen.

(3) [1] Über die Ablehnung beschließt die Kammer des Arbeitsgerichts, das für die Geltendmachung des Anspruchs zuständig wäre. [2] Vor dem Beschluß sind die Streitparteien und das abgelehnte Mitglied des Schiedsgerichts zu hören. [3] Der Vorsitzende des Arbeitsgerichts entscheidet, ob sie mündlich oder schriftlich zu hören sind. [4] Die mündliche Anhörung erfolgt vor der Kammer. Gegen den Beschluß findet kein Rechtsmittel statt.

§ 104 Verfahren vor dem Schiedsgericht

Das Verfahren vor dem Schiedsgericht regelt sich nach den §§ 105 bis 110 und dem Schiedsvertrag, im übrigen nach dem freien Ermessen des Schiedsgerichts.

§ 105 Anhörung der Parteien

(1) Vor der Fällung des Schiedsspruchs sind die Streitparteien zu hören.

(2) [1] Die Anhörung erfolgt mündlich. [2] Die Parteien haben persönlich zu erscheinen oder sich durch einen mit schriftlicher Vollmacht versehenen Bevollmächtigten vertreten zu lassen. [3] Die Beglaubigung der Vollmachtsurkunde kann nicht verlangt werden. [4] Die Vorschrift des § 11 Abs. 1 gilt entsprechend, soweit der Schiedsvertrag nicht anderes bestimmt.

(3) Bleibt eine Partei in der Verhandlung unentschuldigt aus oder äußert sie sich trotz Aufforderung nicht, so ist der Pflicht zur Anhörung genügt.

§ 106 Beweisaufnahme

(1) [1] Das Schiedsgericht kann Beweise erheben, soweit die Beweismittel ihm zur Verfügung gestellt werden. [2] Zeugen und Sachverständige kann das Schiedsgericht nicht beeidigen, eidesstattliche Versicherungen nicht verlangen oder entgegennehmen.

(2) [1] Hält das Schiedsgericht eine Beweiserhebung für erforderlich, die es nicht vornehmen kann, so ersucht es um die Vornahme den Vorsitzenden desjenigen Arbeitsgerichts oder, falls dies aus Gründen der örtlichen Lage zweckmäßiger ist, dasjenige Amtsgericht, in dessen Bezirk die Beweisaufnahme erfolgen soll. [2] Entsprechend ist zu verfahren, wenn das Schiedsgericht die

Beeidigung eines Zeugen oder Sachverständigen gemäß § 58 Abs. 2 Satz 1 für notwendig oder eine eidliche Parteivernehmung für sachdienlich erachtet. ³ Die durch die Rechtshilfe entstehenden baren Auslagen sind dem Gericht zu ersetzen; die §§ 49 und 54 des Gerichtskostengesetzes finden entsprechende Anwendung.

§ 107 Vergleich

Ein vor dem Schiedsgericht geschlossener Vergleich ist unter Angabe des Tages seines Zustandekommens von den Streitparteien und den Mitgliedern des Schiedsgerichts zu unterschreiben.

§ 108 Schiedsspruch

(1) Der Schiedsspruch ergeht mit einfacher Mehrheit der Stimmen der Mitglieder des Schiedsgerichts, falls der Schiedsvertrag nichts anderes bestimmt.

(2) ¹ Der Schiedsspruch ist unter Angabe des Tages seiner Fällung von den Mitgliedern des Schiedsgerichts zu unterschreiben und muß schriftlich begründet werden, soweit die Parteien nicht auf schriftliche Begründung ausdrücklich verzichten. ² Eine vom Verhandlungsleiter unterschriebene Ausfertigung des Schiedsspruchs ist jeder Streitpartei zuzustellen. ³ Die Zustellung kann durch eingeschriebenen Brief gegen Rückschein erfolgen.

(3) ¹ Eine vom Verhandlungsleiter unterschriebene Ausfertigung des Schiedsspruchs soll bei dem Arbeitsgericht, das für die Geltendmachung des Anspruchs zuständig wäre, niedergelegt werden. ² Die Akten des Schiedsgerichts oder Teile der Akten können ebenfalls dort niedergelegt werden.

(4) Der Schiedsspruch hat unter den Parteien dieselben Wirkungen wie ein rechtskräftiges Urteil des Arbeitsgerichts.

§ 109 Zwangsvollstreckung

(1) ¹ Die Zwangsvollstreckung findet aus dem Schiedsspruch oder aus einem vor dem Schiedsgericht geschlossenen Vergleich nur statt, wenn der Schiedsspruch oder der Vergleich von dem Vorsitzenden des Arbeitsgerichts, das für die Geltendmachung des Anspruchs zuständig wäre, für vollstreckbar erklärt worden ist. ² Der Vorsitzende hat vor der Erklärung den Gegner zu hören. ³ Wird nachgewiesen, daß auf Aufhebung des Schiedsspruchs geklagt ist, so ist die Entscheidung bis zur Erledigung dieses Rechtsstreits auszusetzen.

(2) Die Entscheidung des Vorsitzenden ist endgültig. Sie ist den Parteien zuzustellen.

§ 110 Aufhebungsklage

(1) Auf Aufhebung des Schiedsspruchs kann geklagt werden,
1. wenn das schiedsgerichtliche Verfahren unzulässig war;
2. wenn der Schiedsspruch auf der Verletzung einer Rechtsnorm beruht;
3. wenn die Voraussetzungen vorliegen, unter denen gegen ein gerichtliches Urteil nach § 580 Nr. 1 bis 6 der Zivilprozeßordnung die Restitutionsklage zulässig wäre.

(2) Für die Klage ist das Arbeitsgericht zuständig, das für die Geltendmachung des Anspruchs zuständig wäre.

(3) ¹ Die Klage ist binnen einer Notfrist von zwei Wochen zu erheben. ² Die Frist beginnt in den Fällen des Absatzes 1 Nr. 1 und 2 mit der Zustellung des Schiedsspruchs. ³ Im Falle des Absatzes 1 Nr. 3 beginnt sie mit der Rechtskraft des Urteils, das die Verurteilung wegen der Straftat ausspricht, oder mit dem Tage, an dem der Partei bekannt geworden ist, daß die Einleitung oder die Durchführung des Verfahrens nicht erfolgen kann; nach Ablauf von zehn Jahren, von der Zustellung des Schiedsspruchs an gerechnet, ist die Klage unstatthaft.

(4) Ist der Schiedsspruch für vollstreckbar erklärt, so ist in dem der Klage stattgebenden Urteil auch die Aufhebung der Vollstreckbarkeitserklärung auszusprechen.

Fünfter Teil. Übergangs- und Schlußvorschriften

§ 111 Änderung von Vorschriften

(1) ¹ Soweit nach anderen Rechtsvorschriften andere Gerichte, Behörden oder Stellen zur Entscheidung oder Beilegung von Arbeitssachen zuständig sind, treten an ihre Stelle die Arbeits-

gerichte. ²Dies gilt nicht für Seemannsämter, soweit sie zur vorläufigen Entscheidung von Arbeitssachen zuständig sind.

(2) ¹Zur Beilegung von Streitigkeiten zwischen Ausbildenden und Auszubildenden aus einem bestehenden Berufsausbildungsverhältnis können im Bereich des Handwerks die Handwerksinnungen, im übrigen die zuständigen Stellen im Sinne des Berufsbildungsgesetzes Ausschüsse bilden, denen Arbeitgeber und Arbeitnehmer in gleicher Zahl angehören müssen. ²Der Ausschuß hat die Parteien mündlich zu hören. ³Wird der von ihm gefällte Spruch nicht innerhalb einer Woche von beiden Parteien anerkannt, so kann binnen zwei Wochen nach ergangenem Spruch Klage beim zuständigen Arbeitsgericht erhoben werden. ⁴§ 9 Abs. 5 gilt entsprechend. ⁵Der Klage muß in allen Fällen die Verhandlung vor dem Ausschuß vorangegangen sein. Aus Vergleichen, die vor dem Ausschuß geschlossen sind, und aus Sprüchen des Ausschusses, die von beiden Seiten anerkannt sind, findet die Zwangsvollstreckung statt. ⁶Die §§ 107 und 109 gelten entsprechend.

§§ 112–116. *(weggefallen)*

§ 117 Verfahren bei Meinungsverschiedenheiten der beteiligten Verwaltungen

Soweit in den Fällen der §§ 40 und 41 das Einvernehmen nicht erzielt wird, entscheidet die Bundesregierung.

§§ 118–120. *(weggefallen)*

§ 121 Überleitungsvorschriften aus Anlaß des Gesetzes vom 21. Mai 1979

(1) Für Verfahren in Arbeitssachen, für die durch das neue Recht die Zuständigkeit der Gerichte für Arbeitssachen begründet wird und die vor dem 1. Juli 1979 bei Gerichten anderer Zweige der Gerichtsbarkeit anhängig sind, bleiben diese Gerichte bis zum rechtskräftigen Abschluß der Verfahren zuständig.

(2) Auf Klagen oder Anträge, die vor dem 1. Juli 1979 eingereicht waren, sind die bis dahin geltenden Vorschriften über die Kosten, die Kostentragungspflicht, das Güteverfahren und die Gebühren weiterhin anzuwenden.

(3) ¹Ist die mündliche Verhandlung vor dem 1. Juli 1979 geschlossen worden, so richten sich die Verkündung und der Inhalt der Entscheidung, die Zulässigkeit von Rechtsmitteln, die Rechtsmittelbelehrung, die Fristen zur Einlegung und Begründung eines zulässigen Rechtsmittels, die Begründung und die Beantwortung von Rechtsmitteln nach der bis zu diesem Zeitpunkt geltenden Fassung dieses Gesetzes. ²Für die Zulässigkeit von Rechtsmitteln gilt dies auch dann, wenn die anzufechtende Entscheidung nach dem 30. Juni 1979 verkündet worden ist.

§ 121 a Überleitungsvorschriften aus Anlaß des Gesetzes vom 26. 6. 1990

(1) Für Verfahren in Arbeitssachen, für die durch Artikel 1 Nr. 1 die Zuständigkeit der Gerichte für Arbeitssachen begründet wird und die vor dem Inkrafttreten dieses Gesetzes bei Gerichten anderer Zweige der Gerichtsbarkeit anhängig sind, bleiben diese Gerichte bis zum rechtskräftigen Abschluß des Verfahrens zuständig.

(2) Bis zur Bestimmung der zuständigen obersten Landesbehörde im Sinne des Artikels 1 Nr. 2, 4 bis 14 und 16 bleibt die jeweilige oberste Arbeitsbehörde des Landes zuständig.

§ 122 Geltung im Land Berlin. *(gegenstandslos)*

80. Gesetz über den Schutz des Arbeitsplatzes bei Einberufung zum Wehrdienst (Arbeitsplatzschutzgesetz)

In der Fassung der Bekanntmachung vom 14. April 1980 (BGBl. I S. 425)

Zuletzt geändert durch Gesetz vom 19. Dezember 1998 (BGBl. I S. 3843)

(BGBl. III/FNA 53-2)

Erster Abschnitt. Grundwehrdienst und Wehrübungen

§ 1 Ruhen des Arbeitsverhältnisses

(1) Wird ein Arbeitnehmer zum Grundwehrdienst oder zu einer Wehrübung einberufen, so ruht das Arbeitsverhältnis während des Wehrdienstes.

(2) [1] Einem Arbeitnehmer im öffentlichen Dienst hat der Arbeitgeber während einer Wehrübung Arbeitsentgelt wie bei einem Erholungsurlaub zu zahlen. [2] Zum Arbeitsentgelt gehören nicht besondere Zuwendungen, die mit Rücksicht auf den Erholungsurlaub gewährt werden.

(3) Der Arbeitnehmer hat den Einberufungsbescheid unverzüglich seinem Arbeitgeber vorzulegen.

(4) Ein befristetes Arbeitsverhältnis wird durch Einberufung zum Grundwehrdienst oder zu einer Wehrübung nicht verlängert; das gleiche gilt, wenn ein Arbeitsverhältnis aus anderen Gründen während des Wehrdienstes geendet hätte.

(5) Wird der Grundwehrdienst oder die Wehrübung vorzeitig beendet und muß der Arbeitgeber vorübergehend für zwei Personen am gleichen Arbeitsplatz Lohn oder Gehalt zahlen, so werden ihm die hierdurch ohne sein Verschulden entstandenen Mehraufwendungen vom Bund auf Antrag erstattet.

Schrifttum: *Hahnfeld/Boehm-Tettelbach,* Wehrpflichtgesetz, Loseblattausg.; *Sahmer,* Gesetz über den Schutz des Arbeitsplatzes bei Einberufung zum Wehrdienst (Arbeitsplatzschutzgesetz), 3. Aufl., 1971.

I. Normzweck

Das ArbPlSchG ist ein Nebengesetz zum WPflG und zum SoldG. Es gilt im Bereich der Bundesrepublik Deutschland. Der Wehrdienst findet seine gesetzliche Grundlage im SoldG. Während des Wehrdienstes steht der Soldat in einem öffentlich-rechtlichen Dienstverhältnis als Soldat. Der Umfang des Wehrdienstes wird bestimmt von § 4 WPflG. Das ArbPlSchG regelt in Ausführung von § 31 SoldG die Rechtsfolgen, die sich aus Störungen ergeben, die Folge der Einberufung eines Wehrpflichtigen sind, der **Arbeitnehmer,** ein in **Heimarbeit Beschäftigter, Handelsvertreter, Beamter** oder **Richter** ist, vgl. im übrigen § 15. Das ArbPlSchG soll die Wehrpflichtigen vor Nachteilen schützen und die in der beruflichen Laufbahn erlittenen Zeitverluste soweit wie möglich ausgleichen. Das ArbPlSchG enthält Schutzbestimmungen nur zugunsten von AN, deren Einberufung durch Maßnahmen veranlaßt worden sind, die auf der deutschen Wehrgesetzgebung beruhen (BAG 5. 12. 1969 AP EWG-Vertrag Art. 177 Nr. 1). **AN aus Mitgliedstaaten der EWG sind jedoch gleichzubehandeln** (EuGH 15. 10. 1969 AP EWG-Vertrag Art. 177 Nr. 2; BAG 5. 12. 1969 AP EWG-Vertrag Nr. 3). Personen, die in Deutschland beschäftigt sind und die **nicht Staatsangehörige eines Mitgliedstaats der Europäischen Gemeinschaft** sind und nach außerdeutschem Recht zum Militärdienst in einem ausländischen Staat herangezogen werden, **unterfallen dem ArbPlSchG nicht** (EuGH 15. 10. 1969 AP EWG-Vertrag Art. 177 Nr. 2; BAG 22. 12. 1982 AP BGB § 123 Nr. 23 = NJW 1983, 2782; LAG Frankfurt/M. 2. 3. 1973 NJW 1974, 2198; BAG 30. 7. 1986 AP BUrlG § 13 Nr. 22 = NZA 1987, 13). Solche AN können sich hinsichtlich ihrer Arbeitspflicht auch nicht auf ein Leistungsverweigerungsrecht berufen, wenn sie in ihrem Heimatland ihrer Wehrpflicht nachkommen. Führt der wehrdienstbedingte Arbeitsausfall zu einer erheblichen Beeinträchtigung der betrieblichen Interessen, kann eine personenbedingte Kündigung sozial gerechtfertigt sein (BAG 20. 5. 1988 AP § 1 KSchG 1969 Personenbedingte Kündigung Nr. 9). Die Stellung des Wehrpflichtigen wird ergänzt durch das **Unterhaltssicherungsgesetz** und das **Wehrsoldgesetz.**

II. Geltungsbereich

2 Das ArbPlSchG ist in engem Zusammenhang mit dem WPflG zu sehen. Es berücksichtigt von den im WPflG vorgesehenen Wehrdienstarten: den Grundwehrdienst, die Wehrübung, den Wehrdienst als Soldat mit einer Verpflichtung von insgesamt höchstens zwei Jahren, § 16 a, den Wehrdienst in der Verfügungsbereitschaft sowie im Verteidigungsfall, § 16. Vom ArbPlSchG nicht erfaßt wird die Zeit, die auf die Prüfung eines wehrdienstfähigen Wehrpflichtigen auf eine Eignung für eine bestimmte militärische Verwendung nach § 20a WPflG entfällt und für Übungen zur Auswahl von freiwilligen Soldaten. Insoweit gilt § 17 III Eignungsübungsgesetz. Für Kurzübungen der Territorialreserve vgl. § 11 Rn. 2. Wer sich freiwillig verpflichtet, für begrenzte Zeit bis zu 15 Jahren Wehrdienst zu leisten, wird nach dem SoldG in das Dienstverhältnis eines Soldaten auf Zeit berufen. Ist ein entsprechend Verpflichteter AN, ein in Heimarbeit Beschäftigter, Handelsvertreter oder Beamter, ist das ArbPlSchG für die zunächst auf 6 Monate festgesetzte Dienstzeit mit der Maßgabe anzuwenden, daß die für den Grundwehrdienst geltenden Vorschriften anzuwenden sind, § 16 a. Das **Gesetz gilt nicht nur für Deutsche, sondern auch für Ausländer und Staatenlose,** wenn sie in Deutschland beschäftigt sind und durch allgemeine Rechtsverordnung der Bundesregierung gemäß § 2 WPflG zum Wehrdienst in der Bundeswehr einberufen werden.

3 Das ArbPlSchG gilt nach § 59 des Bundesgrenzschutzgesetzes auch für **Grenzschutzdienstpflichtige,** nach § 78 I Nr. 1 ZDG für anerkannte Kriegsdienstverweigerer, sog. **Zivildienstleistende.** Durch den Zivildienst erfüllt der Wehrpflichtige, der als Kriegsdienstverweigerer anerkannt ist, seine Wehrpflicht, § 3 I WPflG. AN, die nach den Vorschriften des Arbeitssicherstellungsgesetzes zum Zwecke der Verteidigung einschließlich des Schutzes der Zivilbevölkerung in ein Arbeitsverhältnis verpflichtet werden, können ebenfalls Regelungen des ArbPlSchG in Anspruch nehmen, § 15 I Arbeitssicherstellungsgesetz iVm. § 1 IV und V, §§ 2, 3 und 4 I, II bis IV, §§ 6, 12 I, 13, 14 a III, V und VI, 14 b I und V, wobei die §§ 14 a und 14 b mit der Maßgabe gelten, daß der Arbeitgeber erstattungspflichtig ist. Das gilt auch für Frauen vom vollendeten 18. bis zum vollendeten 50. Lebensjahr, § 2 Arbeitssicherstellungsgesetz. Von den Zivildienstleistenden zu unterscheiden sind **diejenigen Dienstpflichtigen, die sowohl den Dienst mit der Waffe als auch den Ersatzdienst aus Gewissensgründen verweigern,** aber freiwillig in einem freien Arbeitsverhältnis zu einer Tätigkeit im Kranken-, Heil- oder Pflegebereich bereit sind, § 15 a ZDG. Für letztere **gelten die Bestimmungen des ArbPlSchG nicht** (kritisch dazu KR/*Weigand* § 2 Rn. 8). Ebenso sind **Entwicklungshelfer** (vgl. § 1 I Ziff. 1 oder 2 EhfG), die anstatt des Wehrdienstes einen mindestens zweijährigen Entwicklungshilfsdienst leisten, **nicht in den Schutzbereich des ArbPlSchG einbezogen.**

4 § 1 I gilt uneingeschränkt nur für AN der privaten Wirtschaft. Hierzu rechnen Arbeiter und Angestellte sowie die zur Berufsausbildung Beschäftigten, § 15 I. Zu Heimarbeitern vgl. § 7, zu Handelsvertretern § 8 und zu den zivilen Beschäftigten bei einer Truppe der drei alliierten Mächte Art. 56 I a ZA-NTS. Die Stellung der AN im öffentlichen Dienst, vgl. dazu § 15 II, wird durch § 1 II modifiziert.

III. Ruhen des Arbeitsverhältnisses

5 Nach § 1 I ruht das Arbeitsverhältnis eines Wehrpflichtigen. Voraussetzung für den Eintritt des Ruhens ist, daß zum Zeitpunkt der Einberufung ein Arbeitsverhältnis besteht. Waren vertragliche Abmachungen bereits in dem Sinn bindend, daß der AN seine Arbeit später aufnehmen sollte und wird er vorher einberufen, tritt das Ruhen mit dem Zeitpunkt ein, zu dem die Arbeit hätte aufgenommen werden sollen. Das **Ruhen erfaßt unbefristete, befristete und faktische Arbeitsverhältnisse.** Durch die Einberufung des AN wird das Arbeitsverhältnis nicht aufgelöst. Der Begriff Arbeitsverhältnis entspricht dem im allgemeinen Arbeitsrecht. **Maßgebend** für den **Eintritt des Ruhens** ist der **Beginn des Wehrdienstes, nicht der des Dienstantritts.** Das Wehrdienstverhältnis eines Wehrpflichtigen beginnt mit dem Zeitpunkt, der für den Dienstantritt festgesetzt ist, § 2 SoldG. Die für den Dienstantritt festgelegte Zeit ist allein maßgebend für den Beginn des Ruhens der Rechte und Pflichten. Unerheblich ist, ob der AN dem Einberufungsbescheid Folge leistet (*Sahmer* E § 1 Nr. 27). Auch wenn der Wehrdienst wegen Krankheit nicht angetreten wird, tritt das Ruhen ein (VerwGH Baden-Württemberg 24. 2. 1987 AP ArbPlatzSchutzG § 11 Nr. 3). Endet ein Arbeitsverhältnis zu einem Zeitpunkt während des Wehrdienstes, ruhen die Rechte und Pflichten nur bis zum Zeitpunkt der Beendigung des Arbeitsverhältnisses. Der Ruhenszeitraum erfaßt auch eine nach § 5 III WPflG nachzudienende Zeit. Das Wehrdienstverhältnis endet mit dem Ablauf des Tages, zu dem der Wehrpflichtige aus der Bundeswehr ausscheidet, § 2 SoldG.

6 Die Rechte und Pflichten aus dem Arbeitsverhältnis ruhen während der gesamten Dauer des Wehrdienstes. Endet ein Arbeitsverhältnis, zB wegen einer Befristung, zu einem Zeitpunkt während des Wehrdienstes, ruhen die Rechte und Pflichten nur bis zum Zeitpunkt der Beendigung des Arbeitsverhältnisses. Das Ruhen iSd. ArbPlSchG bedeutet, daß die gegenseitigen Hauptleistungspflichten aus dem Arbeitsverhältnis entfallen, soweit nicht ausdrücklich etwas anderes vereinbart ist. Abweichende Vereinbarungen sind zugunsten des AN zulässig. Andere Pflichten, wie zB die Verschwiegenheits-

pflicht, Wettbewerbsverbote bleiben bestehen. Bei schwerwiegenden Vertragsverletzungen kommt hier eine außerordentliche Kündigung aus wichtigem Grund in Betracht, vgl. § 2 III 1.

Hauptleistungspflicht ist auf Seiten des AG die Entgeltzahlungspflicht und auf Seiten des AN die Arbeitspflicht. Der AN erhält bei Wegfall des Arbeitsentgelts auf Antrag Leistungen nach dem Unterhaltssicherungsgesetz und Leistungen nach dem Wehrsoldgesetz. Zum Entgelt rechnet nicht nur der Grundlohn, sondern es gehören dazu alle geldwerten Leistungen aus dem Arbeitsverhältnis (*Sahmer* E § 1 Nr. 8). Gratifikationen sind nur zu zahlen, wenn eine entsprechende Rechtsgrundlage besteht (ArbG Hamm 14. 8. 1956 BB 1956, 785). Das gilt auch für Ergebnis- und Gewinnbeteiligungen (BAG 8. 11. 1962 AP ArbPlatzSchutzG § 6 Nr. 1). Auch Leistungen zur Vermögensbildung können unterbrochen werden, wenn der AN keinen Anspruch auf Entgeltfortzahlung hat.

Trotz des Eintritts des **Ruhens des Arbeitsverhältnisses** besteht die **Zugehörigkeit des AN zu seinem Betrieb** oder zu seiner Dienststelle fort. Alle Folgen, die an die Betriebszugehörigkeit anknüpfen, bleiben erhalten. Das Recht des AN, zum Betriebrat zu wählen oder gewählt zu werden, wird nicht berührt (BAG 29. 3. 1974 AP BetrVG 1972 § 19 Nr. 2). Nach § 13 I 2 BPersVG und teilweise nach landesrechtlichen Vorschriften sind Beschäftigte die am Wahltag seit mehr als sechs Monaten unter Wegfall der Bezüge beurlaubt sind, nicht wahlberechtigt. Diese Vorschriften erfassen auch AN, die am Wahltag einen bereits sechs Monate übersteigenden Grundwehrdienst ableisten (BVerwG 20. 11. 1979 ZBR 1980, 322; aA *Sahmer* E § 1 Nr. 22). Gehört ein zum Wehrdienst Einberufener dem Betriebsrat oder dem Personalrat an, erlischt sein Amt mit dem Eintritt des Ruhens nicht. Das gilt auch für leitende Angestellte nach dem SprAuG. Unberührt bleiben die Regelungen, wonach bei Verhinderung des Amtsinhabers ein Ersatzmitglied an seine Stelle tritt. Zu dem Einfluß des Ruhens auf Zahlungsansprüche, die an die tatsächlich geleistete Arbeitsleistung anknüpfen, wie zB Gratifikationen.

IV. Besonderheiten im öffentlichen Dienst

Die AN im öffentlichen Dienst erhalten während einer Wehrübung Arbeitsentgelt wie bei einem Erholungsurlaub, § 1 II 1. Die unterschiedliche Behandlung der AN in der Privatwirtschaft gegenüber denen im öffentlichen Dienst ist gerechtfertigt. Die Verpflichtung des öffentlichen Dienstherrn nach Abs. 2 ist eine andere Art der Unterhaltsgewährung, die Abs. 1 im übrigen unberührt läßt. Es entfallen nur besondere Zuwendungen, die mit Rücksicht auf den Urlaub gewährt werden, wie zB ein tarifliches Urlaubsgeld. § 1 II, wonach der AG einem AN im öffentlichen Dienst während einer Wehrübung Arbeitsentgelt wie bei einem Erholungsurlaub zu zahlen hat, gilt nicht entsprechend für den 16. Zivildienstmonat (BAG 18. 1. 1984 AP ZDG § 78 Nr. 1). Die zu leistenden Zahlungen bleiben im Hinblick auf Steuergesetze und Lohnpfändungsvorschriften Arbeitsentgelt.

V. Beendigung des Ruhens

Das **Ruhen** des Arbeitsverhältnisses **hängt ab von der Dauer des Wehrdienstes.** Das Ruhen endet mit dem Ablauf des Tages, an dem der Soldat aus der Bundeswehr ausscheidet, § 2 SoldG. Hat das Ruhen des Arbeitsverhältnisses geendet, leben die Rechte und Pflichten aus dem Arbeitsverhältnis in vollem Umfang wieder auf (LAG Baden-Württemberg 29. 10. 1958 BB 1959, 739). Meldet der AN sich nicht beim AG zur Arbeitsleistung, verletzt er seine Pflichten mit allen sich daraus ergebenden Folgen. Der AG hat dem AN die ursprüngliche Beschäftigungsmöglichkeit anzubieten. Besteht diese nicht mehr, ist nach § 2 KSchG zu verfahren. Ist ein Betriebsübergang erfolgt, tritt nach § 613a BGB der Betriebserwerber in die Rechte und Pflichten aus dem Arbeitsverhältnis ein. Das Ruhen endet ebenfalls, wenn ein AN während des Grundwehrdienstes oder einer Wehrübung Berufssoldat wird, §§ 40, 41 SoldG. Durch die Ernennung zum Berufssoldaten wird das Wehrdienstverhältnis in ein Berufssoldatenverhältnis umgewandelt. Das Arbeitsverhältnis erlischt nicht. **Erkrankt ein AN** nach Erhalt des Einberufungsbescheids, aber vor Begründung des Wehrdienstverhältnisses, richtet sich die Entgeltfortzahlung bis zum Augenblick der Begründung des Wehrdienstverhältnisses nach den Bestimmungen des EFZG. Das gilt entsprechend, wenn der AN während der Wehrdienstzeit erkrankt und die Erkrankung das Ende des Ruhens der Rechte und Pflichten überdauert. Die Sechswochenfrist beginnt erst mit dem Wiederaufleben des Arbeitsverhältnisses zu laufen (BAG 2. 3. 1971 AP ArbPlatzSchutzG § 1 Nr. 1).

VI. Befristetes Arbeitsverhältnis

§ 1 IV Halbs. 1 bestimmt zum befristeten Arbeitsverhältnis lediglich, daß es durch die Einberufung zum Grundwehrdienst oder zu einer Wehrübung nicht verlängert wird. Eine andere Vereinbarung zwischen AG und AN ist zulässig. Für Probe- und Ausbildungszeiten gilt die speziellere Vorschrift des § 6 III, vgl. dort Rn. 18. § 1 IV Halbs. 2 erfaßt solche unbefristeten Arbeitsverhältnisse, in deren Verlauf eine wirksame Beendigungsvereinbarung getroffen worden ist, der Beendigungszeitpunkt in die Zeit des Wehrdienstes fällt oder die aufgrund einer wirksamen Kündigung in diesem Zeitraum enden.

VII. Ersatzanspruch des Arbeitgebers

12 Durch die Einberufung zum Wehrdienst kann der AG gehalten sein, für den abwesenden AN eine Ersatzkraft einzustellen. Der AG wird sich hierbei hinsichtlich der Dauer der Beschäftigung an dem Ende des Grundwehrdienstes oder der Wehrübung orientieren. Wird der Grundwehrdienst oder die Wehrübung vorzeitig beendet, kann der Fall eintreten, daß vorübergehend neben dem jetzt wieder tätigen zurückgekehrten AN auch die Ersatzkraft zu bezahlen ist. Hier gewährt § 1 V einen öffentlich-rechtlichen Anspruch gegen den Bund (BVerwG 29. 9. 1982 MDR 1983, 696). **Voraussetzung für den Anspruch** ist in jedem Fall eine **vorzeitige,** also eine nicht reguläre **Beendigung des Wehrdienstes,** eine nicht mögliche sofortige Beendigung der Tätigkeit der Ersatzkraft, ein fehlendes Verschulden an den entstandenen Mehraufwendungen. Mehraufwendungen sind nicht verschuldet, wenn der Unternehmer bei der Einstellung der Ersatzkraft die unter Berücksichtigung aller Umstände zu erwartende Sorgfalt beachtet hat (BVerwG 2. 7. 1982 MDR 1983, 163). Ein Anspruch besteht nicht, wenn die Ersatzkraft anderweitig im Betrieb eingesetzt werden kann (*Sahmer* E § 1 Nr. 43).

13 Mehraufwendungen sind die Kosten, die für die Ersatzkraft üblicherweise zu zahlen sind. Es kommt nicht darauf an, in welchem Verhältnis diese Kosten zu dem Lohn des wehrpflichtigen AN stehen. Mehraufwendungen sind die Bruttobezüge zuzüglich aller zu zahlender Nebenkosten. Zahlung kann frühestens von dem Tag an verlangt werden, zu dem dem Einberufenen wieder das Arbeitsentgelt zu zahlen ist. Der Erstattungszeitraum erfaßt Mehraufwendungen für die Zeit zwischen der vorzeitigen Rückkehr des Wehrpflichtigen und der Beendigung des Arbeitsverhältnisses der Ersatzkraft, längstens bis zu dem Tag, an dem der Wehrdienst regulär geendet hätte.

VIII. Mitteilungspflicht des Arbeitnehmers

14 Nach §§ 13 IV MusterungsVO soll der Wehrpflichtige den Einberufungsbescheid 4 Wochen vor Beginn des Wehrdienstes erhalten. Gemäß § 1 III hat der AN den Einberufungsbescheid unverzüglich dem AG vorzulegen. Unverzüglich heißt, ohne schuldhaftes Zögern. Die Verletzung der Pflicht nach Absatz 3 beeinflußt nicht den Beginn des Ruhens des Arbeitsverhältnisses. Die Verletzung der Pflicht kann allenfalls Schadensersatzansprüche des AG nach sich ziehen.

§ 2 Kündigungsschutz für Arbeitnehmer, Weiterbeschäftigung nach der Berufsausbildung

(1) Von der Zustellung des Einberufungsbescheides bis zur Beendigung des Grundwehrdienstes sowie während einer Wehrübung darf der Arbeitgeber das Arbeitsverhältnis nicht kündigen.

(2) ¹Im übrigen darf der Arbeitgeber das Arbeitsverhältnis nicht aus Anlaß des Wehrdienstes kündigen. ²Muß er aus dringenden betrieblichen Erfordernissen (§ 1 Abs. 2 des Kündigungsschutzgesetzes) Arbeitnehmer entlassen, so darf er bei der Auswahl der zu Entlassenden den Wehrdienst eines Arbeitnehmers nicht zu dessen Ungunsten berücksichtigen. ³Ist streitig, ob der Arbeitgeber aus Anlaß des Wehrdienstes gekündigt oder bei der Auswahl der zu Entlassenden den Wehrdienst zuungunsten des Arbeitnehmers berücksichtigt hat, so trifft die Beweislast den Arbeitgeber.

(3) ¹Das Recht zur Kündigung aus wichtigem Grunde bleibt unberührt. ²Die Einberufung des Arbeitnehmers zum Wehrdienst ist kein wichtiger Grund zur Kündigung; dies gilt im Falle des Grundwehrdienstes von mehr als sechs Monaten nicht für unverheiratete Arbeitnehmer in Betrieben mit in der Regel fünf oder weniger Arbeitnehmern ausschließlich der zu ihrer Berufsbildung Beschäftigten, wenn dem Arbeitgeber infolge Einstellung einer Ersatzkraft die Weiterbeschäftigung des Arbeitnehmers nach Entlassung aus dem Wehrdienst nicht zugemutet werden kann. ³Bei der Feststellung der Zahl der beschäftigten Arbeitnehmer nach Satz 2 sind teilzeitbeschäftigte Arbeitnehmer mit einer regelmäßigen wöchentlichen Arbeitszeit von nicht mehr als 20 Stunden mit 0,5 und nicht mehr als 30 Stunden mit 0,75 zu berücksichtigen. ⁴Satz 3 berührt bis zum 30. September 1999 nicht die Rechtsstellung der Arbeitnehmer, die am 30. September 1996 gegenüber ihrem Arbeitgeber Rechte aus der bis zu diesem Zeitpunkt geltenden Fassung der Sätze 3 und 4 hätten herleiten können. ⁵Eine nach Satz 2 zweiter Halbsatz zulässige Kündigung darf jedoch nur unter Einhaltung einer Frist von zwei Monaten für den Zeitpunkt der Entlassung aus dem Wehrdienst ausgesprochen werden.

(4) Geht dem Arbeitnehmer nach der Zustellung des Einberufungsbescheides oder während des Wehrdienstes eine Kündigung zu, so beginnt die Frist des § 4 Satz 1 des Kündigungsschutzgesetzes erst zwei Wochen nach Ende des Wehrdienstes.

(5) ¹Der Ausbildende darf die Übernahme eines Auszubildenden in ein Arbeitsverhältnis auf unbestimmte Zeit nach Beendigung des Berufsausbildungsverhältnisses nicht aus Anlaß des Wehrdienstes ablehnen. ²Absatz 2 Satz 3 gilt entsprechend.

I. Verbot der ordentlichen Kündigung

Nach § 2 I darf der **AG** von der **Zustellung des Einberufungsbescheids bis zur Beendigung des Grundwehrdienstes sowie während einer Wehrübung das Arbeitsverhältnis nicht ordentlich kündigen.** Diese Regelung geht über den allgemeinen Kündigungsschutz hinaus. Sie erfaßt auch solche AN, die vom Kündigungsschutz nicht erfaßt sind. **Eine ordentliche Kündigung ist eine solche, die unter Einhaltung einer gesetzlichen, tarifvertraglichen oder vertraglichen Kündigungsfrist erfolgt.** Maßgebend ist der Zugang der Kündigungserklärung, bei einer schriftlich ausgesprochenen Kündigung der Zugang des Kündigungsschreibens, vgl. im übrigen § 4 KSchG Rn. 25. Die Kündigung eines Einberufenen ist auch unzulässig, wenn sie während der Probezeit ausgesprochen wird (ArbG Verden 22. 3. 1979 ARSt 1980, 27; KR/*Weigand* Rn. 19). Liegen die Voraussetzungen nach Absatz 1 nicht vor und ist eine Kündigung zulässig, sind nach Absatz 2 weitere Erfordernisse zu beachten. Absatz 3 stellt klar, daß eine Kündigung aus wichtigem Grund zulässig ist. Absatz 4 bestimmt den Lauf der Frist des KSchG nach Zustellung des Einberufungsbescheids oder während des Wehrdienstes.

§ 2 enthält **eigenständige Kündigungsverbote.** Die Vorschrift erfaßt sowohl die Arbeitsverhältnisse der privaten Wirtschaft als auch die im öffentlichen Dienst. Soweit die persönlichen, § 1 I KSchG, und die betrieblichen, § 23 KSchG, Voraussetzungen für die Anwendung des KSchG erfüllt sind, findet das KSchG neben dem ArbPlSchG Anwendung. Die Zeit des Ruhens des Arbeitsverhältnisses führt nicht zu einer Unterbrechung des Arbeitsverhältnisses nach § 1 I KSchG. § 2 läßt das Recht des AN, sein Arbeitsverhältnis während des Wehrdienstes oder einer Wehrübung selbst zu kündigen, unberührt (KR/*Weigand* Rn. 41).

Das Kündigungsrecht lebt bei Einberufung zum Wehrdienst mit der Entlassung aus ihm wieder auf. Bei einer Wehrübung gilt das Kündigungsverbot nur für die Zeit von deren Beginn bis zum Ende der Wehrübung. Das Kündigungsverbot gilt auch in den Fällen, in denen das KSchG keine Anwendung findet, also auch in Kleinbetrieben. Erfaßt vom Verbot werden alle Kündigungsgründe: personenbedingte, verhaltensbedingte und betriebsbedingte. Die betriebsbedingte Kündigung ist auch bei einer Betriebsschließung ausgeschlossen (aA *Sahmer* E § 2 Nr. 11).

Soweit eine ordentliche Kündigung zulässig ist, darf der **AG** nach § 2 II 1 das Arbeitsverhältnis **nicht aus Anlaß des Wehrdienstes kündigen.** Aus Anlaß des Wehrdienstes wird gekündigt, wenn der **Wehrdienst mit das bestimmende Motiv für die Kündigung** war. Die Vorschrift gilt zeitlich unbegrenzt. Sie erfaßt auch eine nach Abs. 3 S. 1 an sich zulässige außerordentliche Kündigung aus wichtigem Grund, wenn sie lediglich aus Anlaß des Wehrdienstes ausgesprochen worden ist, so wenn sie unmittelbar nach Beendigung einer Wehrübung erfolgt (LAG Hamm 26. 5. 1967 DB 1967, 1272; KR/*Weigand* Rn. 32).

§ 2 II 2 enthält eine **Sonderregelung für ordentliche betriebsbedingte Kündigungen** solcher Arbeitsverhältnisse, auf das das KSchG Anwendung findet. Sie bezieht sich auf Kündigungen von AN, die demnächst zum Wehrdienst einberufen werden oder die ihren Wehrdienst bereits abgeleistet haben. Ist insoweit eine betriebsbedingte Kündigung zulässig und spielen Auswahlerwägungen, § 1 II Satz 2 und III bis V KSchG eine Rolle, **darf der AG bei der Auswahl der zu Kündigenden den Wehrdienst** eines AN **nicht zu dessen Ungunsten berücksichtigen.** Das gilt für die Dauer der Betriebszugehörigkeit. Das Gesetz spricht hier von Entlassung. Gemeint ist die Kündigung selbst, nicht etwa der Zeitpunkt nach § 15 KSchG.

Im Kündigungsschutzprozeß eines Wehrpflichtigen gelten die üblichen **Beweisregeln.** § 2 II 3 regelt hiervon abweichend die Beweislast ausschließlich für den Fall, daß der AN geltend macht, die Kündigung sei aus Anlaß des Wehrdienstes erfolgt oder bei der Auswahl der zu Kündigenden sei der Wehrdienst zuungunsten des AN berücksichtigt worden und der AG das bestreitet. Der AG hat dann das Gericht davon zu überzeugen, daß andere Gesichtspunkte maßgebend waren. Bleiben Zweifel, ist von der Behauptung des AN auszugehen (KR/*Weigand* Rn. 36; vgl. zur alten Fassung der Vorschrift (Vermutungsregel): LAG Frankfurt 7. 3. 1969 AP ArbPlatzSchutzG § 2 Nr. 1).

§ 2 II 3 gilt entsprechend bei der Ablehnung der Übernahme des Auszubildenden, § 2 V 2.

II. Kündigung aus wichtigem Grund

Nach § 2 III Satz 1 kann das **Arbeitsverhältnis auch während des Wehrdienstes aus wichtigem Grund gekündigt werden.** Der Begriff des wichtigen Grundes ist der jeweils in Frage kommenden Norm zu entnehmen, vgl. zB § 626 BGB, § 64 SeemG, § 15 II BBiG. Es spielt keine Rolle, wann der wichtige Grund gesetzt worden ist. Eine außerordentliche Kündigung ist auch zulässig, wenn die Störung bereits vor Beginn des Wehrdienstes eingetreten ist und die Frist des § 626 II BGB nicht verstrichen ist. Zum wichtigen Grund vgl. § 626 BGB. Eine Betriebsstillegung ist kein Grund zu einer außerordentlichen Kündigung, denn dem Wehrpflichtigen ist es selbst bei einer sozialen Auslauffrist nicht möglich, sich während des Wehrdienstes um einen anderen Arbeitsplatz zu bemühen (KR/ *Weigand* Rn. 23; aA ArbG Bochum 17. 12. 1971 DB 1972, 441).

9 § 2 III 2 Halbs. 1 stellt klar, daß die **Einberufung zum Wehrdienst kein wichtiger Grund zur Kündigung** ist. Eine Ausnahme gilt nach § 2 II 2 Halbs. 2 nur für Inhaber von Kleinbetrieben. Danach kann unverheirateten AN in Betrieben mit in der Regel fünf oder weniger AN ausschließlich der zu ihrer Berufsbildung Beschäftigten im Fall des Grundwehrdienstes von mehr als sechs Monaten aus wichtigem Grund gekündigt werden, wenn dem AG infolge der Einstellung einer Ersatzkraft die Weiterbeschäftigung des AN nach der Entlassung aus dem Wehrdienst nicht zugemutet werden kann.

10 Die Vorschrift ist hinsichtlich der Sätze 3 und 4 geändert worden durch Art. 8 des Arbeitsrechtlichen Gesetzes zur Förderung von Wachstum und Beschäftigung (Arbeitsrechtliches Beschäftigungsförderungsgesetz) vom 25. 9. 1996 (BGBl. I S. 1476).

Die Sätze 3 und 4 lauteten früher:

Bei der Feststellung der Zahl der beschäftigten Arbeitnehmer nach Satz 2 sind nur Arbeitnehmer zu berücksichtigen, deren regelmäßige Arbeitszeit wöchentlich 10 Stunden oder monatlich 45 Stunden übersteigt. Satz 3 berührt nicht die Rechtsstellung der Arbeitnehmer, die am 1. Mai 1985 gegenüber ihrem Arbeitgeber Rechte aus Satz 2 herleiten könnten.

Bei der Feststellung der Zahl der beschäftigten AN nach S. 2 sind bei Kündigungen, die nach dem 1. 10. 1996 ausgesprochen werden, die teilzeitbeschäftigten Arbeitnehmer anteilmäßig zu berücksichtigen. Nach der Neuregelung des S. 4 bleibt der Besitzstand bis 30. 9. 1999 erhalten. Die Altfassung des S. 4 ist ersatzlos entfallen. Wegen der Berechnungsmodalitäten und der neuen Übergangsregelung vgl. § 23 KSchG. Die Ausnahmeregelung gilt nicht für öffentliche Verwaltungen der gleichen Größenordnung (*Hahnfeld/Boehm-Tettelbach*, Anhang 3 Rn. 9 b). **Das Kündigungsverbot gilt uneingeschränkt für verheiratete AN.**

11 Die **Einstellung einer Ersatzkraft** erfordert den Abschluß eines neuen Arbeitsvertrags mit dem Ziel, den konkreten Arbeitsplatz des Einberufenen zu besetzen. Es muß nachweislich ein anderer AN zu diesem Zweck neu eingestellt worden sein. Eine innerbetriebliche Umsetzung eines bereits eingestellten Arbeitnehmers genügt nicht. Die Unzumutbarkeit der Weiterbeschäftigung muß der AG dartun. Eine Unzumutbarkeit liegt nicht vor, wenn der AG sich auf den Zeitpunkt der Rückkehr des Einberufenen hätte einstellen können, zB durch Abschluß eines möglichen befristeten Arbeitsverhältnisses (*Sahmer* E § 2 Nr. 14 e).

12 Eine nach Abs. 3 S. 2 Halbs. 2 zulässige ordentliche Kündigung darf **nur unter Einhaltung einer Frist von zwei Monaten für den Zeitpunkt der Entlassung aus dem Wehrdienst** ausgesprochen werden. Frühester Zeitpunkt der Kündigung ist der der Einstellung der Ersatzkraft. Der späteste liegt zwei Monate vor der Entlassung aus dem Grundwehrdienst. Die Kündigung kann nämlich nur für den Zeitpunkt der Entlassung aus dem Wehrdienst ausgesprochen werden, wobei nach Abs. 3 S. 3 eine Frist von mindestens zwei Monaten einzuhalten ist.

III. Folgen unzulässiger Kündigungen

13 Kündigungen, die entgegen den in § 2 enthaltenen Kündigungsverboten ausgesprochen worden sind, sind unwirksam, § 134 BGB (KR/*Weigand* Rn. 23; LAG Bremen 1. 7. 1964 NJW 1965, 127). Der **Unwirksamkeitsgrund unzulässiger Auswahlerwägungen** im Zusammenhang mit einer betriebsbedingten Kündigung, § 2 II 2, bezieht sich nur auf Arbeitsverhältnisse, die dem KSchG unterfallen und kann **nur im Zusammenhang mit einer rechtzeitig erhobenen Kündigungsschutzklage** geltend gemacht werden.

IV. Frist für Kündigungschutzklage

14 Findet das KSchG Anwendung, soll der vom ArbPlSchG erfaßte AN durch die Regelungen in §§ 4, 7 KSchG nicht in Handlungszwang versetzt werden, der im Zusammenhang mit der Ableistung des Wehrdienstes steht. Dem dient die Regelung in § 2 IV. Geht dem AN nach der Zustellung des Einberufungsbescheids oder während des Wehrdienstes eine Kündigung zu, beginnt die Drei-Wochen-Frist des § 4 S. 1 KSchG erst zwei Wochen nach Ende des Wehrdienstes. Der AN hat damit vom Tag der Entlassung aus dem Wehrdienst an fünf Wochen Zeit, um Klage beim Arbeitsgericht zu erheben. Versäumt er die Fünf-Wochen-Frist, gilt § 6 KSchG.

V. Auszubildende

15 Nach § 2 V darf der Ausbildende die Übernahme eines Auszubildenden nicht aus Anlaß des Wehrdienstes ablehnen. Die Beweislastregel des Abs. 2 S. 3 gilt entsprechend. Die Vorschrift gilt nur für Wehrpflichtige, die Auszubildende iSv. § 3 BBiG sind. Sie findet keine Anwendung auf andere Vertragsverhältnisse der Ausbildung iSv. § 19 BBiG. War die Ausbildung bereits beendet, greift der Schutz des Abs. 5 nicht. Angesprochen ist nur der Ausbildungsbetrieb des Auszubildenden. Die Ablehnung der Übernahme durch den AG eines anderen Betriebs wird nicht erfaßt.

§ 2 V gibt dem Wehrpflichtigen keinen allgemeinen Anspruch auf die Begründung eines Arbeitsverhältnisses. § 2 V ist insoweit kein Schutzgesetz iSv. § 823 II BGB. Wird die Übernahme allein aus Anlaß des Wehrdienstes abgelehnt, macht der AG sich schadensersatzpflichtig (KR/*Weigand* Rn. 38; vgl. zur entspr. Benachteiligung eines Jugendvertreters BAG 12. 2. 1975 AP BetrVG 1972 § 78 Nr. 1). 16

§ 3 Wohnraum und Sachbezüge

(1) Das Ruhen des Arbeitsverhältnisses (§ 1 Abs. 1) läßt eine Verpflichtung zum Überlassen von Wohnraum unberührt.

(2) ¹ Für die Auflösung eines Mietverhältnisses über Wohnraum, der mit Rücksicht auf das Arbeitsverhältnis zur Unterbringung des Arbeitnehmers und seiner Familie überlassen ist, darf die durch den Grundwehrdienst oder eine Wehrübung veranlaßte Abwesenheit des Arbeitnehmers nicht zu seinem Nachteil berücksichtigt werden. ² Dies gilt entsprechend für alleinstehende Arbeitnehmer, die den Wohnraum während ihrer Abwesenheit aus besonderen Gründen benötigen.

(3) ¹ Bildet die Überlassung des Wohnraumes einen Teil des Arbeitsentgelts, so hat der Arbeitnehmer für die Weitergewährung an den Arbeitgeber eine Entschädigung zu zahlen, die diesem Teil des Arbeitsentgelts entspricht. ² Ist kein bestimmter Betrag vereinbart, so hat der Arbeitnehmer eine angemessene Entschädigung zu zahlen.

(4) ¹ Sachbezüge sind während des Grundwehrdienstes oder während einer Wehrübung auf Verlangen weiterzugewähren. ² Absatz 3 gilt sinngemäß.

(5) Die Absätze 3 und 4 finden keine Anwendung, wenn der Arbeitgeber nach diesem Gesetz das Arbeitsentgelt während des Wehrdienstes weiterzuzahlen hat.

I. Allgemeines

Die Regelung in § 3 I und IV ist als Ausnahmebestimmung zu § 1 I zu sehen. Wird Wohnraum nicht als Arbeitsentgelt gewährt, stellt § 3 I nur klar, daß die Verpflichtung zum Überlassen der Räume unberührt bleibt. Fragen des Kündigungsrechts des Vermieters werden hier nicht angesprochen. 1

II. Wohnraum

Wohnraum iSv. § 3 I ist eine **Werkwohnung im weitesten Sinn.** Die Vorschrift bezieht sich auf Wohnungen, die dem AG gehören und die er seinen Betriebsangehörigen mit Rücksicht auf das Bestehen des Arbeitsverhältnisses vermietet hat, sog. **Werkmietwohnungen** nach § 565 b BGB. Ebenso unterfällt eine **Werkdienstwohnung**, § 565 e BGB, der Regelung des Abs. 1. Kennzeichnend für eine Werkdienstwohnung ist, daß die Überlassung des Wohnraums Gegenstand des Arbeitsvertrags ist. Der überlassene Wohnraum ist ohne Rücksicht auf die aus § 1 I sich ergebenden Folgen weiterzugewähren. Der AN hat den Mietzins weiterzuentrichten. Ihm kann nach § 7 a Unterhaltssicherungsgesetz eine Mietbeihilfe gewährt werden. Stellt der Wohnraum einen Teil des Arbeitsentgelts dar, hat der AN nach Abs. 3 für die Weitergewährung an den AG eine Entschädigung zu zahlen, die diesem Teil des Arbeitsentgelts entspricht. Ist kein bestimmter Betrag vereinbart, hat der AN eine angemessene Entschädigung zu zahlen. Die anteilige Zahlungspflicht des AN rechtfertigt sich daraus, daß der der Gebrauchsüberlassung zuzuordnende Anteil der Arbeitsleistung nicht erbracht wird. Die Regelung des Abs. 3 gilt nach § 11 I 2 nicht bei Wehrübungen bis zur Dauer von drei Tagen, nach § 3 V dann nicht, wenn der AG nach dem ArbPlSchG das Arbeitsentgelt weiterzuzahlen hat: § 1 II, §§ 10, 14, 16. Die **Höhe der Entschädigung** entspricht nicht ohne weiteres dem üblichen Mietzins, der auf dem freien Markt für Wohnungen gleicher Art und Güte zu zahlen ist. Er kommt darauf an, ob der AG dem AN den Wohnraum zu günstigeren Konditionen überlassen hat, was vielfach bei Werkdienstwohnungen der Fall ist. 2

III. Kündigungsrecht des Vermieters

Nach § 3 II darf für die Auflösung des Mietverhältnisses über Wohnraum, der mit Rücksicht auf das Arbeitsverhältnis zur Unterbringung des AN **und** seiner Familie überlassen ist, die durch den Grundwehrdienst oder eine Wehrübung veranlaßte Abwesenheit des AN nicht zu seinem Nachteil berücksichtigt werden. Eine Kündigung des Vermieters, die mit der Abwesenheit des AN aus Anlaß des Wehrdienstes begründet wird oder motiviert ist, ist unwirksam (LAG Frankfurt/M. 21. 7. 1966 AP BGB § 565 b Nr. 2). Das Kündigungsverbot greift nur, wenn der Wohnraum neben dem AN auch seiner Familie überlassen ist. Unter Familie sind alle Angehörigen des AN iSv. § 3 Unterhaltssicherungsgesetz zu verstehen (*Sahmer* E § 3 Nr. 9). Ist der **AN alleinstehend,** gilt das Verbot nach Abs. 2 S. 2 nur, wenn er den Wohnraum während seiner Abwesenheit aus besonderen Gründen benötigt. Besondere Gründe sind solche, die es bei verständiger Würdigung der Situation des AN angezeigt erscheinen lassen, ihm das Wohnrecht zu belassen. Überhöhte Anforderungen sind unangebracht. Es 3 genügt zB, daß der AN andernfalls eigene Möbel mit erhöhtem Aufwand unterbringen müßte (*Sahmer* E § 3 Nr. 10).

IV. Sachbezüge

4   Erhält der AN außer oder neben Wohnraum andere Sachbezüge, sind diese nach Abs. 4 während des Grundwehrdienstes oder während der Wehrübung auf Verlangen weiterzugewähren. Hierzu gehören **Brennmaterial, Nahrungsmittel, Kleidung**. Voraussetzung ist die ausdrückliche Forderung des AN auf Weitergewährung. Für eine zurückliegende Zeit kann die Weitergewährung jedenfalls dann nicht geltend gemacht werden, wenn aus dem bisherigen Schweigen des AN ein Verzicht erkennbar wird oder wenn die Sachbezüge dem Zweck entsprechend nicht mehr verwendet werden könnten. Nach Abs. 4 S. 2 gilt Abs. 3 sinngemäß, so daß der AN eine Entschädigung an den AG zu zahlen hat, wenn die Gewährung von Sachbezügen einen Teil des Arbeitsentgelts darstellt.

§ 4 Erholungsurlaub

(1) [1] Der Arbeitgeber kann den Erholungsurlaub, der dem Arbeitnehmer für ein Urlaubsjahr aus dem Arbeitsverhältnis zusteht, für jeden vollen Kalendermonat, den der Arbeitnehmer Wehrdienst leistet, um ein Zwölftel kürzen. [2] Dem Arbeitnehmer ist der ihm zustehende Erholungsurlaub auf Verlangen vor Beginn des Wehrdienstes zu gewähren.

(2) Hat der Arbeitnehmer den ihm zustehenden Urlaub vor seiner Einberufung nicht oder nicht vollständig erhalten, so hat der Arbeitgeber den Resturlaub nach dem Wehrdienst im laufenden oder im nächsten Urlaubsjahr zu gewähren.

(3) Endet das Arbeitsverhältnis während des Wehrdienstes oder setzt der Arbeitnehmer im Anschluß an den Wehrdienst das Arbeitsverhältnis nicht fort, so hat der Arbeitgeber den noch nicht gewährten Urlaub abzugelten.

(4) Hat der Arbeitnehmer vor seiner Einberufung mehr Urlaub erhalten als ihm nach Absatz 1 zustand, so kann der Arbeitgeber den Urlaub, der dem Arbeitnehmer nach seiner Entlassung aus dem Wehrdienst zusteht, um die zuviel gewährten Urlaubstage kürzen.

(5) Für die Zeit des Wehrdienstes richtet sich der Urlaub nach den Urlaubsvorschriften für Soldaten.

I. Normzweck

1   Die Urlaubsbestimmung des ArbPlSchG vom 30. März 1957 (BGBl. I S. 293) findet seit dem Inkrafttreten des Bundesurlaubsgesetzes weiterhin Anwendung (§ 15 I BUrlG). Das ArbPlSchG gilt seit dem 1. 10. 1979 in der Fassung vom 14. 4. 1980 (BGBl. I S. 425). Sein § 4 ist seither einmal überarbeitet worden (BGBl. 1995 I S. 962, 969). Die Vorschrift **ändert und ergänzt die Bestimmungen des Bundesurlaubsgesetzes** im Hinblick auf die Besonderheiten, die sich durch die Ableistung des Wehrdienstes und das vorübergehende Ruhen des Arbeitsverhältnisses ergeben. Die Regelungen **mildern** die Folgen, die der Unternehmer aufgrund des Wehrdienstes seines Mitarbeiters zu tragen hat, und **sichern** dem Arbeitnehmer seine wegen des Wehrdienstes nicht erfüllbaren Urlaubsansprüche. Daneben ist das Gesetz geeignet, die Durchsetzung von **Doppelansprüchen** zu verhindern.

2   Die Vergünstigungen des § 4 können die Arbeitsvertragsparteien nur in Anspruch nehmen, wenn ein Arbeitnehmer **aufgrund deutschen Wehrrechts** und ein Arbeitnehmer eines Mitgliedslandes der **EU** aufgrund seiner nationalen Wehrgesetzgebung einberufen wird (EuGH 15. 10. 1969 AP EWG-Vertrag § 177 Nr. 2 mit Anm. *Boldt* = BB 1969, 1313; BAG 30. 7. 1986 AP BUrlG § 13 Nr. 22 mwN = NZA 1987, 13). Im Arbeitsverhältnis mit einem Ausländer aus einem anderen Staat kann bei der Ableistung des Wehrdienstes nach dem Recht des Heimatstaates auf die Möglichkeiten des § 4 nicht zurückgegriffen werden. Einzelheiten zum Geltungsbereich des ArbPlSchG siehe § 1 Rn. 2 ff.

3   Das Gesetz regelt vier Bereiche des Urlaubsrechts. Es handelt sich um die **Kürzung** des Erholungsurlaubs in § 4 I 1 und § 4 IV, die **Erteilung** des Urlaubs in § 4 I 2, die **Übertragung** in § 4 II und die **Abgeltung** in § 4 III. Betroffen sind dadurch § 3, § 5 III und § 7 I, III und IV BUrlG. Unberührt bleiben durch das ArbPlSchG die anderen Bestimmungen des BUrlG und andere Normen über die Entstehung des Urlaubs (*Dörner* AR-Blattei Urlaub XIII, B III 1).

II. Kürzung des Erholungsurlaubs

4   Wegen der weitgehenden Identität der Regelungen von § 4 Abs. 1 ArbPlSchG und § 17 Abs. 1 BErzGG wird in dieser Auflage hier auf eine nähere Darstellung verzichtet. Es gelten die Ausführungen zu § 17 BErzGG Rn. 3 bis 10 sinngemäß (siehe auch 1. Auflage Rn. 4 bis 12).

III. Gewährung des Urlaubs vor dem Grundwehrdienst

Nach § 7 I BUrlG hat der Arbeitgeber gegenüber den vom Arbeitnehmer geäußerten Urlaubswünschen unter den im Gesetz genannten Voraussetzungen ein **Leistungsverweigerungsrecht** bei der Erteilung des Urlaubs (§ 7 BUrlG Rn. 21 bis 27). Dieses Recht hat der Arbeitgeber dann **nicht**, wenn der Arbeitnehmer seinen **Einberufungsbescheid** nach § 1 I **vorgelegt** hat, der Arbeitgeber dem Arbeitnehmer noch zustehenden Urlaub nach § 4 I **gekürzt** hat und der Arbeitnehmer nunmehr vor Ableistung des Wehrdienstes **Urlaub verlangt**. Der Arbeitgeber **muß** Urlaub in Höhe des verbleibenden Anspruchs in der Zeit zwischen Vorlage des Einberufungsbescheids und der Einberufung **gewähren**; er kann sich auch nicht auf zwingende Gründe oder eine besondere Ausnahmesituation berufen (*Dörner* AR-Blattei Urlaub XIII, B III 2). Verweigert der Arbeitgeber den Urlaub, so hat der Arbeitnehmer **kein Selbstbeurlaubungsrecht** (dazu ausführlich § 7 BUrlG Rn. 12 bis 14). Er kann nur versuchen, seinen Anspruch gerichtlich, ggf. im Wege des einstweiligen Rechtsschutzes durchzusetzen versuchen (*Dörner* AR-Blattei Urlaub XIII, B III 2; *Leinemann/Linck* Rn. 13; Kasseler Handbuch/ *Hauck* 2. 4 Rn. 758).

Der gekürzte Urlaub wird wie jeder Urlaub durch **Freistellung** von der Arbeit erfüllt (§ 7 BUrlG Rn. 5). Der Arbeitnehmer erhält sein **Urlaubsentgelt** nach Maßgabe des § 11 BUrlG und, falls das tariflich oder vertraglich vorgesehen ist, auch das **zusätzliche Urlaubsgeld**, es sei denn, die jeweiligen anspruchsbegründenden Bestimmungen würden die Zahlung in diesem Fall nicht vorsehen (BAG 24. 10. 1989 AP BUrlG § 7 Abgeltung Nr. 52 = NZA 1990, 499; 28. 7. 1992 AP BErzGG § 17 Nr. 3 mit Anm. *Sibben* = NZA 1994, 27). Das gilt auch für den nach § 4 II **übertragenen** Urlaub.

IV. Übertragung des Urlaubs

Wegen der weitgehenden Identität der Regelungen von § 4 Abs. 2 ArbPlSchG und § 17 Abs. 2 BErzGG wird in dieser Auflage hier auf eine nähere Darstellung verzichtet. Es gelten die Ausführungen zu § 17 BErzGG Rn. 11 bis 15 sinngemäß (siehe auch 1. Auflage Rn. 15 bis 18).

V. Abgeltung

Wegen der weitgehenden Identität der Regelungen von § 4 Abs. 3 ArbPlSchG und § 17 Abs. 3 BErzGG wird in dieser Auflage hier auf eine nähere Darstellung verzichtet. Es gelten die Ausführungen zu § 17 BErzGG Rn. 16 bis 18 sinngemäß (siehe auch 1. Auflage Rn. 19 bis 21).

VI. Sonstiger Anwendungsbereich

1. Soldatenverhältnis. Von den Bestimmungen des § 4 I–IV bleibt der Urlaubsanspruch unberührt, den der Soldat nach § 28 Soldatengesetz in der Fassung der Bekanntmachung vom 15. 12. 1995 (BGBl. I S. 1737) iVm. den Bestimmungen der Verordnung über den Urlaub der Soldaten vom 29. 5. 1957 (BGBl. I S. 529) erwirbt. Er tritt neben den gekürzten oder ungekürzten Anspruch aus dem Arbeitsverhältnis, § 4 V.

2. Zivildienstleistende. Die Bestimmungen des Arbeitsplatzschutzgesetzes gelten nach § 78 I Zivildienstgesetz für Zivildienstleistende entsprechend. § 4 ist daher ohne Einschränkung auch auf die Arbeitsverhältnisse anzuwenden, die während der Ableistung des Zivildienstes ruhen.

3. Wehrübungen. Der Anwendungsbereich des § 4 umfaßt den Wehrdienst ableistenden Arbeitnehmer in allen Arten, wie sie in § 4 Wehrpflichtgesetz in der Neufassung vom 14. 7. 1994 (BGBl. I S. 1505) genannt sind. Die bisherige Unterscheidung zwischen Grundwehrdienst und Wehrübungen ist mit der Änderung des § 4 im Gesetz vom 24. 7. 1995 (BGBl. I S. 962) aufgegeben. Deshalb ist der frühere § 4 V gestrichen mit der Folge, daß die Parteien auch bei einer wenigstens einen Monat lang andauernden Wehrübung die Rechte und Pflichten aus § 4 haben.

4. Eignungsübungen. Besonderheiten gelten für Eignungsübungen nach der Eignungsübungsverordnung. Das Eignungsübungsgesetz vom 20. 1. 1956 (BGBl. I S. 13) und die Bestimmungen in seiner Durchführungsverordnung vom 15. 2. 1956 (BGBl. I S. 71) sind in § 15 I BUrlG nicht genannt. Daraus kann aber nicht gefolgert werden, daß die dortigen urlaubsrechtlichen Vorschriften nicht mehr zur Anwendung kommen (so aber *Leinemann/Linck* § 15 BUrlG Rn. 22 ff.). Sie sind nämlich anders als die landesgesetzlichen Vorschriften nicht außer Kraft gesetzt worden. Mit den auf unbestimmte Zeit verlängerten Bestimmungen des zunächst befristet ergangenen Eignungsübungsgesetzes und seiner Verordnung sind diese Bestimmungen als fortgeltend anzusehen (im Ergebnis wie hier die hM: GK-BUrlG/*Berscheid* § 15 Rn. 6, *Dersch/Neumann* § 15 BUrlG Rn. 5, Kasseler Handbuch/*Hauck* 2. 4 Rn. 763 ff. und *Natzel* § 15 BUrlG Rn. 1).

5. Heimarbeiter. Die Bestimmungen des § 4 sind auf Heimarbeitsverhältnisse entsprechend anzuwenden, § 7 I. Das hat zur Folge, daß die Bestimmungen des § 12 BUrlG der **Kürzung, Erteilung, Übertragung und Befristung** nach § 4 nicht entgegenstehen. So erhält der wehrpflichtige Heimarbeiter nicht für 24 Werktage das Urlaubsentgelt nach § 12 Nr. 1 BUrlG, sondern für so viel Zwölftel, wie er in vollen Monaten Aufträge bearbeitet hat. Er kann den gekürzten Urlaub vor der Einberufung oder nach der Rückkehr vom Wehrdienst verlangen, ohne befürchten zu müssen, daß sein Anspruch durch Zeitablauf erloschen ist.

§ 5. *(weggefallen)*

§ 6 Fortsetzung des Arbeitsverhältnisses

(1) Nimmt der Arbeitnehmer im Anschluß an den Grundwehrdienst oder im Anschluß an eine Wehrübung in seinem bisherigen Betrieb die Arbeit wieder auf, so darf ihm aus der Abwesenheit, die durch den Wehrdienst veranlaßt war, in beruflicher und betrieblicher Hinsicht kein Nachteil entstehen.

(2) ¹Die Zeit des Grundwehrdienstes oder einer Wehrübung wird auf die Berufs- und Betriebszugehörigkeit angerechnet; bei Auszubildenden und sonstigen in Berufsausbildung Beschäftigten wird die Wehrdienstzeit auf die Berufszugehörigkeit jedoch erst nach Abschluß der Ausbildung angerechnet. ²Die Zeit des Grundwehrdienstes oder einer Wehrübung gilt als Dienst- und Beschäftigungszeit im Sinne der Tarifordnungen und Tarifverträge des öffentlichen Dienstes.

(3) Auf Probe- und Ausbildungszeiten wird die Zeit des Grundwehrdienstes oder einer Wehrübung nicht angerechnet.

(4) ¹Auf Bewährungszeiten, die für die Einstufung in eine höhere Lohn- oder Vergütungsgruppe vereinbart sind, wird die Zeit des Grundwehrdienstes nicht angerechnet. ²Während der Zeit, um die sich die Einstufung in eine höhere Lohn- oder Vergütungsgruppe hierdurch verzögert, erhält der Arbeitnehmer von seinem Arbeitgeber zum Arbeitsentgelt eine Zulage in Höhe des Unterschiedsbetrages zwischen seinem Arbeitsentgelt und dem Arbeitsentgelt, das ihm bei der Einstufung in die höhere Lohn- oder Vergütungsgruppe zustehen würde.

I. Benachteiligungsverbot

1 § 6 I schützt den AN, der während des Wehrdienstes seiner Arbeitspflicht nicht nachkommen kann, vor **Benachteiligungen in beruflicher und betrieblicher Hinsicht**. Bei der Auslegung von Abs. 1 ist zu beachten, daß die Abs. 2 bis 4 konkrete Ausgestaltungen des Benachteiligungsverbots normieren. § 6 I und § 1 I schließen sich gegenseitig aus. Solange die Rechte und Pflichten ruhen, kann für diese Ruhenszeit § 6 I nicht wirken. Das Gesetz stellt bei der Benachteiligung **auf berufliche und betriebliche Gegebenheiten ab.** Die Norm schreibt nicht vor, daß ein AN vergütungsrechtlich in jedem Fall so zu stellen ist, als wenn er während der Zeit des Grundwehrdienstes gearbeitet hätte. Er nimmt daher nicht an Zuschlägen und Zuwendungen teil, die ihre Grundlage in der tatsächlichen Ausübung des Berufs haben, denn die Rechte und Pflichten aus dem Arbeitsverhältnis ruhen (BAG 27. 1. 1981 AP BAT § 47 Nr. 2; BAG 7. 4. 1987 AP BAT § 47 Nr. 7; BAG 27. 1. 1994 AP ArbPlatzSchutzG § 6 Nr. 5; *Sahmer* E § 6 Nr. 1), vgl. auch Rn. 14. Das gilt auch, wenn tarifliche Sonderzuwendungen für AN, die als Soldat auf Zeit gedient haben, für die Monate der Dienstzeit gekürzt werden, nicht jedoch für AN, die Grundwehrdienst leisten (BAG 24. 1. 1996 AP ArbPlatzSchutzG § 6 Nr. 7 = NZA 1996, 780).

2 Abs. 1 erfaßt **nur die AN,** die im Anschluß an den Wehrdienst **wieder in den bisherigen Betrieb zurückkehren.** Hinsichtlich anderer AN vgl. § 6 I Eignungsübungsgesetz. Es genügt nicht, daß der AN nunmehr in einem anderen Betrieb des AG beschäftigt wird. Bei einer Betriebsveräußerung nach § 613 a BGB tritt der Erwerber in die Rechte und Pflichten aus dem Arbeitsverhältnis ein. Die Position des AN wird also nicht verschlechtert. Das Zurückkehren muß nicht sofort im Anschluß an den Wehrdienst erfolgen. Der AN kann sich kurz erholen und seinen Urlaub nehmen. Hat das Arbeitsverhältnis während des Wehrdienstes geendet und schließt der AN einen neuen Arbeitsvertrag mit seinem früheren AG, ergeben sich für den AN keine Rechte aus Absatz 1.

3 Unter einem **Nachteil iSv. Abs. 1 ist jede Art einer Diskriminierung im Betrieb oder Beruf** zu verstehen. Auch Änderungen tatsächlicher Art erfüllen den Tatbestand, wie zB die Zuweisung eines schlechteren Raumes, die Zuordnung zu einem allseits nicht geschätzten Vorgesetzten (*Sahmer* E § 6 Nr. 4). Es kommt für die Benachteiligung nicht auf die subjektiven Vorstellungen des AG an, vielmehr muß ein objektiver Maßstab angelegt werden (BAG 4. 11. 1970 AP TVG § 1 Auslegung Nr. 119). Die Benachteiligung kann auch in einem Unterlassen bestehen, so wenn der AN nicht höhergruppiert oder von einer Zuwendung ausgeschlossen wird, sofern ihm diese Rechte einzelvertraglich oder tarifvertraglich zustehen. Keine Benachteiligung liegt vor, wenn der AN allgemeine Verschlechterungen hinnehmen muß. Das ist zB der Fall, wenn wegen schlechter Auftragslage mittlerweile die Arbeitszeit verkürzt worden ist. Ebenso liegt keine Diskriminierung vor, wenn der AN einer betrieblich sich ergebenden Versetzung folgen soll, die keinen Bezug zu seinem früheren Fernbleiben hat (*Hahnfeld/*

II. Anrechnung der Wehrdienstzeit § 6 ArbPlSchG 80

Boehm-Tettelbach, Anhang 3 Rn. 3 b). Hingegen ist er zu beteiligen an allgemeinen Verbesserungen, so, wenn mittlerweile bei allen AN die Löhne erhöht worden sind.

Bei **freiwilligen Wehrübungen** und sonstigen Dienstleistungen nach dem SoldG gilt § 10, bei 4 Wehrübungen von nicht mehr als drei Tagen § 11 I, bei Wehrdienst in der Verfügungsbereitschaft § 16, bei Wehrdienst von Soldaten auf Zeit § 16 a.

Verstößt der AG gegen Absatz 1, hat der AN einen **Anspruch auf Unterlassung** der ihn benach- 5 teiligenden Maßnahme. Abs. 1 erfaßt nur Benachteiligungen in der Zeit nach dem Wehrdienst.

II. Anrechnung der Wehrdienstzeit

Abs. 2 setzt voraus, daß der AN in den **alten Betrieb zurückgekehrt** ist. In diesem Fall sind die 6 **Zeiten des Wehrdienstes auf die Betriebs- und Berufszugehörigkeit anzurechnen.** Das gilt nicht für Grundwehrdienstzeiten in der ehemaligen DDR (BAG 27. 1. 2000 EzA ZPO § 554 Nr. 9). Die Regelung in Abs. 2 ist zwingend und kann weder einzelvertraglich noch tarifvertraglich zuungunsten des AN geändert werden. Wird nach dem Wehrdienst erstmals ein Arbeitsverhältnis begründet, gilt § 12 I, hinsichtlich der Anrechnung des Wehrdienstes auf bestimmte Wartezeiten im späteren Berufsleben § 13 I. Die Anrechnung bezieht sich auch nur auf den zu Beginn des Wehrdienstes ausgeübten Beruf. Ebenso wächst die Betriebszugehörigkeit nur in dem Betrieb an, dem der AN zu Beginn seiner Wehrdienstzeit angehörte.

Anrechnung bedeutet, daß die **Zeit des Wehrdienstes automatisch der Berufs- und/oder Be-** 7 **triebszugehörigkeit zuwächst.** Es bedarf nicht etwa einer Vereinbarung der Arbeitsvertragsparteien. Beruf iSd. Vorschrift ist die konkrete Art der Tätigkeit, die der AN ausübt, zB Schreiner, Schlosser, Buchhalter. Berufs- und Betriebszugehörigkeiten können eine Rolle spielen bei Höhergruppierungen. Die Betriebszugehörigkeit ist bedeutsam für die Wahlberechtigung zum Betriebsrat, für Jubiläumszuwendungen und für Gratifikationen. Die automatische Anrechnung der Betriebszugehörigkeit kann, unbeschadet der Regelung in § 1 I, zur Erfüllung der Wartezeit nach § 1 KSchG führen, vgl. auch § 2 Rn. 1. Bei der Anrechnung kommt es auf die Mindestdauer des Grundwehrdienstes oder der Wehrübung nicht an. Bei Auszubildenden und sonstigen in Berufsausbildung Beschäftigten wird die Wehrdienstzeit auf die Berufszugehörigkeit angerechnet. Voraussetzung hierfür ist, daß der Beruf unmittelbar im Anschluß an die Ausbildung ausgeübt wird. Die Anrechung erfolgt hier erst nach Abschluß der Ausbildung. Außerdem gilt die Zeit des Grundwehrdienstes oder einer Wehrübung als Dienst- oder Beschäftigungszeit iSd. Tarifordnungen und Tarifverträge des öffentlichen Dienstes. Soweit Tarifverträge dem AN günstigere Regelungen enthalten, gehen diese vor. Das Bundesarbeitsgericht (BAG 10. 9. 1980 AP TVG § 1 Auslegung Nr. 125) vertritt die Auffassung, wenn sich eine Tariflohnerhöhung gemäß den vorgesehenen Steigerungsstufen nach der Anzahl der **Beschäftigungsjahre** in der entsprechenden Gehaltsstufe richte, seien Wehrdienstzeiten nicht anzurechnen. Anders sei es, wenn es auf die Anzahl der **Dienstjahre** ankommen, vgl. auch Rn. 16.

Nach **Abs. 3** wird die **Zeit des Grundwehrdienstes oder einer Wehrübung, sofern der Wehrdienst** 8 **länger als drei Tage dauert, auf Probe- und Ausbildungszeiten selbst nicht angerechnet**, § 11 I 2. Damit wird zwingend dem Umstand Rechnung getragen, daß die Notwendigkeit einer tatsächlichen Ausbildung nicht durch Zeiten einer Nicht-Ausbildung ersetzt werden kann. Der Nachteil wird ausgeglichen durch die Zulage nach § 6 IV 2. Ausbildung iSd. Vorschrift ist jede planmäßige praktische und schulische Vermittlung von Kenntnissen. Hierzu rechnen insbesondere das Berufsausbildungsverhältnis, §§ 3 ff BBiG, das Anlernverhältnis, das Umschulungsverhältnis, das Volontär- und Praktikantenverhältnis, § 19 BBiG. Die Dauer der Probezeit richtet sich nach der Vereinbarung der Parteien.

Der Regelung in Abs. 3 entspricht die in Abs. 4 im Hinblick auf Bewährungszeiten. Wenn für die 9 Einstufung in eine höhere Lohn- oder Vergütungsgruppe eine **Bewährungszeit** vereinbart ist, wird die Zeit des Grundwehrdienstes nicht angerechnet. Verzögert sich hierdurch die Höherstufung, erhält der AN von seinem AG zum Arbeitsentgelt eine Zulage in Höhe des Unterschiedsbetrags zwischen seinem Arbeitsentgelt und dem Arbeitsentgelt, das ihm bei der Einstufung in die höhere Gruppe zustehen würde. Abs. 4 S. 2 ist auf tarifliche Entgeltzahlungen, die einen Zeitaufstieg vorsehen, entsprechend anzuwenden. § 6 enthält insoweit eine Lücke. Der Fall des Zeitaufstiegs wird nicht behandelt, obwohl er innerhalb des gesetzlichen Regelungsbereichs liegt, der auf der einen Seite durch die Behandlung der Berufs- und Betriebszugehörigkeit und auf der anderen Seite durch die Regelung der Bewährungszeit gebildet wird (BAG 28. 6. 1994 AP ArbPlatzSchutzG § 6 Nr. 6). Die Zahlung der Zulage erfolgt von dem Zeitpunkt an, in dem die Voraussetzung für die höhere Einstufung ohne den Wehrdienst erfüllt worden wäre.

Nach Art. 9 I EWG-VO 38/64 und Art. 7 EWG-VO 1612/68 muß bei einem **Wanderarbeitneh-** 10 **mer**, der Staatsangehöriger eines Mitgliedsstaates der Europäischen Gemeinschaft ist, und der seine Tätigkeit in einem Unternehmen eines anderen Mitgliedsstaates zur Erfüllung der Wehrdienstpflicht gegenüber seinem Heimatland hat unterbrechen müssen, die Wehrdienstzeit auf die Betriebszugehörigkeit angerechnet werden, soweit im Beschäftigungsland zurückgelegte Wehrdienstzeiten den einheimischen AN ebenfalls angerechnet werden (EuGH 15. 10. 1969 BB 1969, 1313; BAG 5. 12. 1969 AP Art. 177 EWG-Vertrag Nr. 3).

III. Verhältnis von Absatz 3 zu § 1 IV

11 Absatz 3 ist die speziellere Vorschrift zu § 1 IV. Befristete Arbeitsverhältnisse auf Probe sowie sonstige Probe- und Bewährungszeiten, deren Ende in die Wehrdienstzeit fallen würde, enden nicht zu dem vorher bestimmten Zeitpunkt.

§ 7 Vorschriften für in Heimarbeit Beschäftigte

(1) Für in Heimarbeit Beschäftigte, die ihren Lebensunterhalt überwiegend aus der Heimarbeit beziehen, gelten die §§ 1 bis 4 sowie § 6 Abs. 2 sinngemäß.

(2) ¹Vor und nach dem Wehrdienst dürfen in Heimarbeit Beschäftigte aus Anlaß des Wehrdienstes bei der Ausgabe von Heimarbeit im Vergleich zu den anderen in Heimarbeit Beschäftigten des gleichen Auftraggebers oder Zwischenmeisters nicht benachteiligt werden; andernfalls haben sie Anspruch auf das dadurch entgangene Entgelt. ²Der Berechnung des entgangenen Entgelts ist das Entgelt zugrunde zu legen, das der in Heimarbeit Beschäftigte im Durchschnitt der letzten zweiundfünfzig Wochen vor der Vorlage des Einberufungsbescheides beim Auftraggeber oder Zwischenmeister erzielt hat.

I. Allgemeines

1 Die Vorschrift ist eine **Sonderregelung für in Heimarbeit Beschäftigte.** Diese sind keine AN. Der Begriff des in Heimarbeit Beschäftigten entspricht dem in § 1 I Buchst. a und b HAG. Anstelle von § 6 I, der von der Anwendung ausgenommen ist, gilt die speziellere Regelung in § 7 II. Unter § 7 fallen nicht die fremden Hilfskräfte, § 2 VI HAG. Auf sie findet das ArbPlSchG unmittelbar Anwendung, denn sie sind AN. Von § 7 ebenfalls nicht erfaßt werden Personen, die wegen ihrer besonderen Schutzwürdigkeit den Heimarbeitern und Hausgewerbetreibenden gleichgestellt sind, § 1 II HAG. Voraussetzung für die Anwendung von § 7 ist, daß die Heimarbeiter oder Hausgewerbetreibenden bis zum Beginn des Wehrdienstes ihren Lebensunterhalt überwiegend aus der Heimarbeit bezogen haben. Das ist der Fall, wenn die Heimarbeit die Existenzgrundlage war (*Sahmer* E § 7 Nr. 4). § 7 findet auch Anwendung, wenn mehrere Heimarbeitsverhältnisse zugleich vorliegen.

II. Ruhen des Beschäftigungsverhältnisses

2 Nach § 7 I iVm. § 1 I bleibt das Beschäftigungsverhältnis eines Heimarbeiters oder eines Hausgewerbetreibenden zu seinem Auftraggeber oder Zwischenmeister bestehen. Für die Dauer des Wehrdienstes ruhen jedoch die Rechte und Pflichten. Liegen mehrere Beschäftigungsverhältnisse in Heimarbeit vor, ruhen alle. Das Ruhen hat zur Folge, daß der Auftraggeber oder Zwischenmeister keine Heimarbeit mehr ausgeben muß und der Heimarbeiter keine Aufträge mehr zu erledigen braucht. Das Ruhen hindert nicht, daß nach Vereinbarung die Heimarbeit während des Wehrdienstes an mitarbeitende Familienmitglieder oder Hilfskräfte vergeben wird.

III. Befristete Beschäftigungsverhältnisse

3 Beschäftigungsverhältnisse in Heimarbeit, die von vornherein befristet waren, werden durch die Einberufung zum Wehrdienst oder zu einer Wehrübung nicht verlängert. Das gilt auch, wenn ein Beschäftigungsverhältnis in Heimarbeit aus anderen Gründen während des Wehrdienstes geendet hätte, § 1 IV. Die Bestimmungen über den Kündigungsschutz nach § 2 finden sinngemäß Anwendung. Der Auftraggeber oder Zwischenmeister darf nach § 2 I das Beschäftigungsverhältnis von der Zustellung des Einberufungsbescheids an bis zur Beendigung des Grundwehrdienstes sowie während einer Wehrübung nicht nach § 29 HAG kündigen. Im übrigen darf es nicht aus Anlaß des Wehrdienstes gekündigt werden, § 2 II 1. Ebenso gilt die besondere Beweislastregel des § 2 II 3, vgl. § 2 Rn. 9. Das Recht zur Kündigung ohne Einhaltung einer Kündigungsfrist gemäß § 7 bleibt unberührt, § 2 III 1.

IV. Benachteiligungsverbot

4 Vor und nach dem Wehrdienst dürfen in Heimarbeit Beschäftigte nach Abs. 2 S. 1 aus Anlaß des Wehrdienstes bei der Ausgabe von Heimarbeit im Vergleich zu anderen in Heimarbeit Beschäftigten des gleichen Auftraggebers oder Zwischenmeisters nicht benachteiligt werden. Für eine Benachteiligung genügt, daß objektiv eine schlechtere Lage wegen des Wehrdienstes geschaffen wird. Das ist insbesondere der Fall, wenn weniger Aufträge vergeben werden. Liegt eine Benachteiligung vor, hat der Betroffene gemäß § 7 II 1 Halbs. 2 Anspruch auf das dadurch entgangene Geld. Nach Abs. 2 S. 2 ist der Berechnung des entgangenen Entgelts das Entgelt zugrunde zu legen, das der in Heimarbeit Beschäftigte im Durchschnitt der letzten zweiundfünfzig Wochen vor der Vorlage des Einberufungsbescheids erzielt hat.

V. Mitteilungspflicht

Auch der in Heimarbeit Beschäftigte ist nach § 1 III verpflichtet, seinem Auftraggeber oder Zwischenmeister die Einberufung zum Wehrdienst in Kenntnis zu bringen. Er hat den Einberufungsbescheid unverzüglich vorzulegen.

§ 8 Vorschriften für Handelsvertreter

(1) Das Vertragsverhältnis zwischen einem Handelsvertreter und einem Unternehmer wird durch Einberufung des Handelsvertreters zum Grundwehrdienst oder zu einer Wehrübung nicht gelöst.

(2) Der Handelsvertreter hat den Einberufungsbescheid unverzüglich den Unternehmern vorzulegen, mit denen er in einem Vertragsverhältnis steht.

(3) Ein befristetes Vertragsverhältnis wird durch Einberufung zum Grundwehrdienst oder zu einer Wehrübung nicht verlängert; das gleiche gilt, wenn ein Vertragsverhältnis aus anderen Gründen während des Wehrdienstes geendet hätte.

(4) Der Unternehmer darf das Vertragsverhältnis aus Anlaß der Einberufung des Handelsvertreters zum Grundwehrdienst oder zu einer Wehrübung nicht kündigen.

(5) ^{1} Ist dem Handelsvertreter ein bestimmter Bezirk oder ein bestimmter Kundenkreis zugewiesen und kann er während des Grundwehrdienstes oder während einer Wehrübung seine Vertragspflichten nicht in dem notwendigen Umfange erfüllen, so kann der Unternehmer aus diesem Grunde erforderliche Aufwendungen von dem Handelsvertreter ersetzt verlangen. ^{2} Zu ersetzen sind nur die Aufwendungen, die dem Unternehmer dadurch entstehen, daß er die dem Handelsvertreter obliegende Tätigkeit selbst ausübt oder durch Angestellte oder durch andere Handelsvertreter ausüben läßt; soweit der Unternehmer selbst die Tätigkeit ausübt, kann er nur die aufgewendeten Reisekosten ersetzt verlangen. ^{3} Die Aufwendungen sind nur bis zur Höhe der Vergütung des Handelsvertreters zu ersetzen; sie können mit ihr verrechnet werden.

(6) Der Unternehmer ist, auch wenn der Handelsvertreter zum Alleinvertreter bestellt ist, während des Grundwehrdienstes oder einer Wehrübung des Handelsvertreters berechtigt, selbst oder durch Angestellte oder durch andere Handelsvertreter sich um die Vermittlung oder den Abschluß von Geschäften zu bemühen.

I. Persönlicher Geltungsbereich

Die Vorschriften des ArbPlSchG, die für AN gelten, sind auf selbständige Handelsvertreter, § 84 I HGB nicht anwendbar. Allein dieser Personenkreis wird von § 8 erfaßt. Wer ohne selbständig zu sein, ständig damit betraut ist, für einen Unternehmer Geschäfte zu vermitteln oder in dessen Namen abzuschließen, gilt als Angestellter, § 84 II HGB. Für diese Personen gelten die Vorschriften des ArbPlSchG für AN. § 8 unterfallen Versicherungsvertreter, § 92 I HGB, und Bausparkassenvertreter, § 92 V HGB. Nicht erfaßt ist der Gelegenheitsagent, da er nicht ständig für einen anderen tätig ist.

II. Fortbestehen des Vertragverhältnisses

Abs. 1 enthält eine § 1 I vergleichbare Regelung. Das Vertragsverhältnis besteht trotz der Einberufung fort. Die Bestimmung gilt für alle Vertragsverhältnisse eines Handelsvertreters. Das Gesetz ordnet, anders als bei § 1, kein Ruhen der gegenseitigen Rechte und Pflichten an. Der Handelsvertreter kann daher während des Wehrdienstes selbst oder durch Untervertreter tätig sein. Der Unternehmer hat seinen Verpflichtungen, insbesondere denen aus § 86a HGB, nachzukommen. Der Handelsvertreter hat weiter Anspruch auf Provision, § 87 I HGB. Ist dem Handelsvertreter ein bestimmter Bezirk oder ein bestimmter Kundenkreis zugewiesen, § 87 II HGB, hat er Anspruch auf Provision für Geschäfte, die ohne seine Mitwirkung mit Personen seines Bezirks oder Kundenkreises während des Wehrdienstes abgeschlossen wurden.

III. Befristetes Vertragverhältnis

Nach Abs. 3 wird ein befristetes Vertragsverhältnis durch die Einberufung zum Grundwehrdienst oder zu einer Wehrübung nicht verlängert. Das gleiche gilt nach Abs. 2, wenn ein Vertragsverhältnis aus anderen Gründen während des Wehrdienstes geendet hätte, vgl. insoweit § 1 Rn. 8.

IV. Ersatzanspruch des Unternehmers

Ist dem Handelsvertreter ein bestimmter Bezirk oder ein bestimmter Kundenkreis zugewiesen, § 87 II HGB, ist damit nach § 86 HGB die Pflicht verbunden, daß der Handelsvertreter sich um die Vermittlung oder den Abschluß von Geschäften bemüht. Abs. 5 regelt den Fall, daß der Handelsvertreter während des Grundwehrdienstes oder während einer Wehrübung seinen Vertragsverpflichtungen nicht in vollem Umfang genügen kann. Liegen diese Voraussetzungen vor, kann der Unternehmer aus diesem Grund erforderliche Aufwendungen von dem Handelsvertreter ersetzt verlangen, § 8 V 1. Die Handelsvertreterpflichten werden nicht in notwendigem Umfang erfüllt, wenn der Umsatz unter einen Wert sinkt, der bei normaler Tätigkeit hätte erreicht werden können. Zu ersetzen sind nur Aufwendungen, die aus der Übernahme der Aufgaben des Einberufenen durch den Unternehmer selbst oder durch einen hierfür eigens Beauftragten entstehen. Wird der Unternehmer selbst tätig, kann er nur die aufgewendeten Reisekosten – Fahrt- und Übernachtungskosten, die tatsächlich angefallen sind – ersetzt verlangen, § 8 V 2 Halbs. 2. Nach Abs. 5 S. 3 sind die Aufwendungen nur bis zur Höhe der Vergütung des Handelsvertreters zu ersetzen; sie können mit ihr verrechnet werden. Der Anspruch auf Aufwendungsersatz nach Abs. 5 besteht auch gegenüber einem Bezirksvertreter, der in einem bestimmten Bezirk Alleinvertreter ist. Abs. 6 läßt es zu, daß der Unternehmer auch im Fall eines Alleinvertreters während dessen Grundwehrdienst oder einer Wehrübung selbst oder durch Angestellte oder durch andere Handelsvertreter tätig wird.

V. Kündigungsschutz

5 Gemäß Abs. 4 darf der Unternehmer das Vertragsverhältnis aus Anlaß der Einberufung des Handelsvertreters zum Grundwehrdienst oder zu einer Wehrübung nicht kündigen. Die Kündigungsmöglichkeiten nach §§ 89, 89 a HGB bleiben hiervon unberührt. Das Kündigungsverbot gleicht dem in § 2 II 1, vgl. insoweit § 2 Rn. 6. Abweichend von § 2 ist in § 8 eine besondere Beweislastregel nicht normiert. Der Handelsvertreter muß daher die Tatsachen beweisen, aus denen zu folgern ist, daß die Kündigung aus Anlaß des Wehrdienstes erfolgt ist.

VI. Mitteilungspflicht

6 Nach Abs. 5 hat der Handelsvertreter den Einberufungsbescheid unverzüglich den Unternehmern vorzulegen, mit denen er in einem Vertragsverhältnis steht, vgl. insoweit § 1 Rn. 18.

§ 9 Vorschriften für Beamte und Richter

(1) Wird ein Beamter zum Grundwehrdienst einberufen, so ist er für die Dauer des Grundwehrdienstes ohne Bezüge beurlaubt.

(2) ¹Wird ein Beamter zu einer Wehrübung einberufen, so ist er für die Dauer der Wehrübung mit Bezügen beurlaubt. ²Der Dienstherr hat ihm während dieser Zeit die Bezüge wie bei einem Erholungsurlaub zu zahlen. ³Zu den Bezügen gehören nicht besondere Zuwendungen, die mit Rücksicht auf den Erholungsurlaub gewährt werden.

(3) Absatz 2 Satz 2 gilt für die bei der Deutschen Post AG, der Deutschen Postbank AG und der Deutschen Telekom AG beschäftigten Beamten mit der Maßgabe, daß der Bund den Aktiengesellschaften die Bezüge der Beamten für die Dauer der Wehrübung zu erstatten hat.

(4) Der Beamte hat den Einberufungsbescheid unverzüglich seinem Dienstvorgesetzten vorzulegen.

(5) Dienstverhältnisse auf Zeit werden durch Einberufung zum Grundwehrdienst oder zu einer Wehrübung nicht verlängert.

(6) Der Beamte darf aus Anlaß der Einberufung zum Grundwehrdienst oder zu einer Wehrübung nicht entlassen werden.

(7) Dem Beamten dürfen aus der Abwesenheit, die durch den Wehrdienst veranlaßt war, keine dienstlichen Nachteile entstehen.

(8) ¹Vorbereitungsdienst und Probezeiten werden um die Zeit des Grundwehrdienstes verlängert. ²Der Vorbereitungsdienst wird um die Zeit der Wehrübungen verlängert, die sechs Wochen im Kalenderjahr überschreitet. ³Die Verzögerungen, die sich daraus für den Beginn des Besoldungsdienstalters ergeben, sind auszugleichen. ⁴Nach Erwerb der Befähigung für die Laufbahn darf die Anstellung nicht über den Zeitpunkt hinausgeschoben werden, zu dem der Beamte ohne Ableisten des Wehrdienstes zur Anstellung herangestanden hätte. ⁵Das Ableisten der vorgeschriebenen Probezeit wird dadurch nicht berührt. ⁶Die Sätze 4 und 5 gelten für Beförderungen sinngemäß, sofern die dienstlichen Leistungen des Beamten eine Beförderung während der Probezeit rechtfertigen.

(9) § 4 Abs. 1, 2, 4 und 5 gilt für Beamte entsprechend.

(10) ¹Die Einstellung als Beamter darf wegen der Einberufung zum Grundwehrdienst oder zu einer Wehrübung nicht verzögert werden. ²Wird ein Soldat während des Grundwehrdienstes oder einer Wehrübung eingestellt, so sind die Absätze 1 bis 8 *[jetzt Abs. 9]* entsprechend anzuwenden.

(11) ¹Die Absätze 1 bis 6, Absatz 7 Satz 1 bis 3 und die Absätze 8 und 9 *[jetzt: Absätze 1 bis 7, Absatz 8 Satz 1 bis 3 – und die Absätze 9 und 10]* gelten für Richter entsprechend. ²Dienstzeiten, die Voraussetzung für eine Beförderung sind, beginnen mit dem Zeitpunkt, in dem der Richter ohne Ableisten des Wehrdienstes zur Ernennung auf Lebenszeit herangestanden hätte.

§ 10 Freiwillige Wehrübungen

Wird der Wehrpflichtige zu einer Wehrübung auf Grund freiwilliger Verpflichtung (§ 4 Abs. 3 Satz 1 und 2 des Wehrpflichtgesetzes) einberufen, so gelten die §§ 1 bis 4, die §§ 6 bis 9 sowie die §§ 14 a und 14 b nur, soweit diese Wehrübung allein oder zusammen mit anderen freiwilligen Wehrübungen im Kalenderjahr nicht länger als sechs Wochen dauert.

§ 10 dehnt das Arbeitsplatzschutzrecht über den Grundwehrdienst und die Pflichtwehrübung aus auf **freiwillige Wehrübungen und andere Wehrdienstarten** nach dem SoldG. § 10 gilt für AN, für in Heimarbeit Beschäftigte, Handelsvertreter, Beamte und Richter. Voraussetzung für den Schutz ist, daß die jeweilige Dienstzeit entweder zusammenhängend in einem Kalenderjahr nicht länger als sechs Wochen dauert oder mehrere gleichartige Veranstaltungen von kürzerer Dauer den Zeitraum von sechs Wochen in einem Kalenderjahr nicht übersteigen. Freiwillige Wehrübungen, die den höchstzulässigen Zeitraum von sechs Wochen im Kalenderjahr überschreiten, sind nicht geschützt. 1

Wird die Höchstdauer überschritten, ist die Übung, die diese Folge auslöst, insgesamt nicht geschützt. Das Arbeitsverhältnis wird nicht etwa anteilig vom Schutz erfaßt. Hinsichtlich des Inhalts des Schutzes und der Mitteilungspflichten wird auf die Kommentierung der in § 10 zitierten Vorschriften verwiesen. 2

§ 11 Wehrübungen von nicht länger als drei Tagen

(1) ¹Wird ein Arbeitnehmer zu einer Wehrübung von nicht länger als drei Tagen einberufen, so ist er während des Wehrdienstes unter Weitergewährung des Arbeitsentgelts von der Arbeitsleistung freigestellt. ²Im übrigen gelten die Vorschriften über Wehrübungen mit Ausnahme des § 1 Abs. 2, § 3 Abs. 3 und 4 und § 6 Abs. 3 entsprechend.

(2) ¹Das nach Absatz 1 gewährte Arbeitsentgelt sowie die hierauf entfallenden Arbeitgeberanteile von Beiträgen zur Sozialversicherung und zur Bundesanstalt für Arbeit werden vom Bund auf Antrag erstattet, wenn die ausfallende Arbeitszeit zwei Stunden am Tag überschreitet. ²Das gilt nicht für Arbeitnehmer im öffentlichen Dienst. ³Ist im arbeitsgerichtlichen Verfahren über einen Anspruch des Arbeitnehmers auf Weitergewährung von Arbeitsentgelt rechtskräftig entschieden, so ist diese Entscheidung für die Erstattung bindend. ⁴Die Bundesregierung wird ermächtigt, durch Rechtsverordnung das Erstattungsverfahren zu regeln.

(3) ¹Wird ein Beamter oder Richter zu einer Wehrübung von nicht länger als drei Tagen einberufen, so ist er während des Wehrdienstes mit Dienstbezügen oder Unterhaltszuschuß beurlaubt. ²Neben den Dienstbezügen oder dem Unterhaltszuschuß werden Zulagen weitergezahlt. ³Im übrigen gelten die Vorschriften über Wehrübungen mit Ausnahme von § 9 Abs. 1, 2 und 7 entsprechend.

Angehörige der sog. **Territorialreserve** können jährlich zu mehreren **Wochenendübungen**, zu Abendübungen und zu einem **Übungslager** von mehreren Tagen Dauer einberufen werden. Diese Ausbildungsabschnitte sind Wehrübungen gemäß § 6 WehrpflG. Nach § 11 I sind wehrpflichtige AN, die zu einer Wehrübung von nicht länger als drei Tagen eingezogen werden, unter Weitergewährung ihres Entgelts von der Arbeit freizustellen (BVerwG 3. 2. 1972 AP ArbPlatzSchutzG § 11 Nr. 2 = NJW 1972, 1153). Das gilt, anders als beim Wehrdienst, auch für Probe- und Ausbildungszeiten. § 11 I und II ist eine Sondervorschrift für AN zu § 1 I und II. § 11 ist zwingendes Recht. Er schließt für Wehrübungen bis zu drei Tagen die Anwendung der anderen Vorschriften des ArbPlSchG aus, soweit sie nicht in Abs. 1 S. 2 ausdrücklich für anwendbar erklärt worden sind. § 11 greift auch in den Fällen, in denen die Wehrübung kürzer als drei Tage ist. Bei längeren Übungen finden die sonstigen Vorschriften des ArbPlSchG über Wehrübungen Anwendung. 1

Im übrigen bleiben die Rechte und Pflichten aus dem Arbeitsverhältnis bestehen. Die Freistellung wirkt unmittelbar kraft Gesetzes, es bedarf keiner Vereinbarung zwischen AG und AN. Das Arbeitsentgelt ist für den gesamten Zeitraum der Freistellung zu zahlen, hierzu gehören auch die Anreise und Abreise des Wehrpflichtigen (LAG Saarland 8. 7. 1970 AP ArbPlatzSchutzG § 11 Nr. 1). Nimmt der AN im Anschluß an eine kurzfristige Wehrübung die Arbeit in seinem bisherigen Betrieb wieder auf, gilt § 6 I entsprechend (*Sahmer* E § 11 Nr. 12 ff). Der AN darf wegen der Wehrübung in betrieblicher und beruflicher Hinsicht nicht benachteiligt werden. 2

Dem privaten **AG**, der das Entgelt weiterzuzahlen hat, gewährt § 11 II insoweit einen **Ersatzanspruch**, wenn die ausfallende Arbeit zwei Stunden am Tag überschreitet. Zum Entgelt gehören die Arbeitgeberanteile zu Beiträgen zur Sozialversicherung und zur Bundesanstalt für Arbeit. Findet die Wehrübung an einem gesetzlichen Feiertag statt, hat der AN ausschließlich einen Entgeltanspruch 3

Ascheid

80 ArbPlSchG §§ 11 a, 12

nach dem ArbPlSchG. Die **Erstattung** erfolgt **nur auf Antrag.** Dieser ist zu stellen an die Wehrbereichsverwaltung. Das Erstattungsverfahren ist in der VO zu § 11 vom 21. 6. 1971 (BGBl. I S. 843) geregelt. Das gilt nicht für AN im öffentlichen Dienst. Zum Arbeitsentgelt gehören die Barbezüge und Sachzuwendungen, soweit sie vom AG in Erfüllung einer vertraglichen Pflicht erbracht worden sind. Kann der AN wegen der Übung nicht mehr sinnvoll eingesetzt werden, ist der volle Ausfall, zB die volle Schicht, zu zahlen. Die Erstattung beschränkt sich nicht auf die Zeit, die tatsächlich bei der Bundeswehr verbracht worden ist (VerwG Hannover 17. 2. 1967 BB 1967, 503; BVerwG 3. 2. 1972 AP ArbPlatzSchutzG § 11 Nr. 2). Der Erstattungsanspruch bezieht sich auch auf den Arbeitslohn für die Vorbereitung auf den Wehrdienst, wie Umkleide- und Anreisezeit (OVG Lüneburg 16. 1. 1968 DB 1968, 806). Hat der AN ein rechtskräftiges Urteil wegen des Anspruchs auf Weitergewährung von Arbeitsentgelt gegen den AG erstritten, wirkt nach Absatz 2 Satz 3 die Rechtskraft dieses Urteils auch im Erstattungsverfahren.

§ 11 a Bevorzugte Einstellung in den öffentlichen Dienst

(1) ¹Bewirbt sich ein Soldat oder entlassener Soldat bis zum Ablauf von sechs Monaten nach Beendigung des Grundwehrdienstes um Einstellung in den öffentlichen Dienst, so hat er Vorrang vor gesetzlich nicht bevorrechtigten Bewerbern gleicher Eignung. ²Das gleiche gilt für Wehrpflichtige, die im Anschluß an den Grundwehrdienst eine für den künftigen Beruf im öffentlichen Dienst vorgeschriebene, über die allgemeinbildende Schulbildung hinausgehende Ausbildung ohne unzulässige Überschreitung der Regelzeit durchlaufen, wenn sie sich innerhalb von sechs Monaten nach Abschluß dieser Ausbildung um Einstellung bewerben.

(2) ¹Haben sich die Anforderungen an die fachliche Eignung für die Einstellung in den öffentlichen Dienst für Wehrpflichtige im Sinne des Absatzes 1 Satz 2 während der wehrdienstbedingten Verzögerung ihrer Bewerbung um Einstellung erhöht, so ist der Grad ihrer fachlichen Eignung nach den Anforderungen zu prüfen, die zu einem Zeitpunkt bestanden haben, zu dem sie sich ohne den Grundwehrdienst hätten bewerben können. ²Führt die Prüfung zu dem Ergebnis, daß ein Wehrpflichtiger ohne diese Verzögerung eingestellt worden wäre, kann er vor Bewerbern ohne Grundwehrdienst eingestellt werden. ³Die Zahl der Stellen, die Wehrpflichtigen in einem Einstellungstermin vorbehalten werden kann, bestimmt sich nach dem zahlenmäßigen Verhältnis der Bewerber mit wehrdienstbedingter Verzögerung zu denjenigen, bei denen eine solche nicht vorliegt; Bruchteile von Stellen sind zugunsten der Wehrpflichtigen aufzurunden.

1 Der **Anspruch auf eine vorrangige Einstellung** besteht **nur im öffentlichen Dienst** iSv. § 15 III. Voraussetzung ist, daß der Wehrpflichtige den Grundwehrdienst leistet oder geleistet hat. Eine Wehrübung reicht nicht aus. Die Einstellungsbewerbung muß frühestens nach dem Beginn des Grundwehrdienstes und spätestens sechs Monate nach seiner Beendigung erfolgen. Ein Anspruch auf vorrangige Einstellung besteht nach Abs. 1 S. 2 auch für Wehrpflichtige, die im Anschluß an den Grundwehrdienst eine für den künftigen Beruf im öffentlichen Dienst vorgeschriebene, über die allgemeinbildende Schulausbildung hinausgehende Ausbildung ohne unzulässige Überschreitung der Regelzeit durchlaufen, wenn sie sich innerhalb von sechs Wochen nach Abschluß dieser Ausbildung um Einstellung bewerben. Anschluß bedeutet nicht, daß ein nahtloser Übergang von Wehrdienst zur Ausbildung vorliegt. Die Einlegung einer Ruhe- oder Erholungspause ist unschädlich. Wird eine begonnene Ausbildung nach dem Wehrdienst fortgesetzt, ist eine frühere Überschreitung der Regelzeit unschädlich.

2 Der **Anspruch** auf vorrangige Einstellung besteht **nur im Verhältnis des Soldaten** oder des entlassenen Soldaten **zu einem anderen Bewerber, der weder nach dem ArbPlSchG noch nach einem anderen Gesetz einstellungsbevorrechtigt** ist. Die Bewerbungsfristen in Abs. 1 S. 1 und 2 sind Ausschlußfristen. Werden sie nicht eingehalten, erlischt das Einstellungsvorrecht. Die Regelung in Abs. 2 S. 1 bezieht sich nur auf Wehrpflichtige iSv. Abs. 1 S. 2, also auf solche Wehrpflichtige, die ihre Ausbildung im Anschluß an den Wehrdienst absolvieren. Die Begünstigung besteht darin, daß sie vor einem nicht gedienten Bewerber eingestellt werden, obwohl der nicht gediente Bewerber nach aktuellem Stand für die offene Stelle besser geeignet ist. Voraussetzung ist jedoch immer, daß sich die Einstellungsvoraussetzungen inzwischen erhöht haben und daß der gediente Bewerber unter Zugrundelegung der früheren Anforderungen ohne Verzögerung eingestellt worden wäre. Bewerben sich mehrere Einstellungsbevorrechtigte, kommt es für die Einstellung auf die besonderen Anforderungen an, die die ausgeschriebene Stelle erfordert (VGH Kassel 18. 2. 1985 NJW 1985, 1103). Bei unterschiedlicher Eignung ist der Bessere einzustellen.

§ 12 Anrechnung der Wehrdienstzeit und der Zeit einer Berufsförderung bei Einstellung entlassener Soldaten

(1) ¹Wird ein entlassener Soldat im Anschluß an den Grundwehrdienst oder an eine Wehrübung als Arbeitnehmer eingestellt, gilt § 6 Abs. 2 bis 4, nachdem er sechs Monate lang dem

Betrieb oder der Verwaltung angehört. ²Das gleiche gilt für Wehrpflichtige, die im Anschluß an den Grundwehrdienst oder eine Wehrübung eine für den künftigen Beruf als Arbeitnehmer förderliche, über die allgemeinbildende Schulbildung hinausgehende Ausbildung ohne unzulässige Überschreitung der Regelzeit durchlaufen und im Anschluß daran als Arbeitnehmer eingestellt werden. ³Ist dem Soldaten infolge einer Wehrdienstbeschädigung nach Entlassung aus der Bundeswehr auf Grund des Soldatenversorgungsgesetzes Berufsumschulung oder Berufsfortbildung gewährt worden, so wird auch die hierfür erforderliche Zeit auf die Berufs- und Betriebszugehörigkeit oder als Dienst- und Beschäftigungszeit angerechnet.

(2) Die Besoldungsgesetze regeln unter Berücksichtigung des § 9 Abs. 6 *[jetzt § 9 Abs. 7 und 11]* und 10 die Anrechnung der Wehrdienstzeit auf das Besoldungsdienstalter für entlassene Soldaten, die nach dem Grundwehrdienst oder nach einer Wehrübung als Beamter oder Richter eingestellt werden.

(3) Bewirbt sich ein Soldat oder entlassener Soldat bis zum Ablauf von sechs Monaten nach Beendigung des Grundwehrdienstes oder einer Wehrübung um Einstellung als Beamter und wird er in den Vorbereitungsdienst eingestellt, so gelten Absatz 2 und § 9 Abs. 7 Satz 4 bis 6 *[jetzt § 9 Nr. 8 Satz 4 bis 6]* entsprechend.

(4) Absatz 3 gilt entsprechend für einen Arbeitnehmer, dessen Ausbildung für ein späteres Beamtenverhältnis durch eine festgesetzte mehrjährige Tätigkeit im Arbeitsverhältnis anstelle des sonst vorgeschriebenen Vorbereitungsdienstes durchgeführt wird.

Abs. 1 S. 1 ist eine Sonderregelung zu § 6 II bis IV, der die Anrechnung von einer Mindestzugehörigkeit zum Betrieb oder zur Verwaltung abhängig macht. § 12 erfaßt einen anderen Personenkreis als § 1. **Geschützt** sind **entlassene Soldaten**, die im Anschluß an den Wehrdienst **erstmals AN werden** oder die ein neues Arbeitsverhältnis bei ihrem früheren oder einem anderen AG begründen. Das kann zB geschehen, weil das ursprüngliche Arbeitsverhältnis infolge einer Befristung geendet hat oder weil inzwischen eine Betriebsstillegung erfolgt ist. Eine Anrechnung kommt aber erst in Betracht, wenn der wehrpflichtige AN dem Betrieb sechs Monate ununterbrochen angehört hat. Hat er vor dem Wehrdienst einen anderen Beruf ausgeübt als er es nach dem Wehrdienst tut, erfolgt die Anrechnung auf den Beruf, den er nach dem Wehrdienst ergriffen hat. Die erfaßten Personen sollen die gleichen Vergünstigungen erlangen wie Wehrpflichtige, deren Arbeitsverhältnis nach § 1 I ruht und die nach dem Wehrdienst ihr bisheriges Arbeitsverhältnis fortsetzen. Entlassener Soldat iSv. Abs. 1 S. 1 ist der Wehrpflichtige, der aus einem der in § 29 WPflG genannten Gründe aus dem Wehrdienst entlassen wird. 1

Im Anschluß an den Wehrdienst bedeutet auch hier nicht, daß ein nahtloser Übergang vom Wehrdienst zum Arbeitsverhältnis gegeben sein muß. Eine kurze Erholungsphase, vorübergehende Arbeitslosigkeit oder Krankheit sind unschädlich. Entscheidend sind immer die Umstände des Einzelfalls. Die Anrechnung erfolgt auf das erste Arbeitsverhältnis nach der Entlassung aus der Bundeswehr, das auf Dauer angelegt ist (BAG 22. 5. 1974 AP SoldG § 8 Nr. 1). Die Anrechnung von Wehrdienstzeiten nach Abs. 1 S. 1 erfolgt in Anwendung von § 6 II bei AN in der privaten Wirtschaft auf die Berufs- und Betriebszugehörigkeit, bei AN im öffentlichen Dienst auf die Dienst- und Beschäftigungszeiten, vgl. § 6 Rn. 2. Ausbildungs- und Probezeiten werden nicht angerechnet, § 6 III. Die Anrechnung vollzieht sich automatisch. Eine Vereinbarung zwischen AG und AN ist nicht notwendig. Voraussetzung für die Anrechnung ist – anders als bei § 6 –, daß der entlassene Soldat ununterbrochen sechs Monate lang dem Betrieb oder der Verwaltung angehört hat, in dem oder in der die Anrechnung erfolgen soll (*Sahmer* E § 12 Nr. 4). Schädlich ist nur eine rechtliche Unterbrechung, keine tatsächliche, vgl dazu § 1 KSchG Rn. 85. Die Anrechnung kann nach Abs. 1 nur in dem Betrieb erfolgen, in dem der Wehrpflichtige zuerst nach seinem Wehrdienst seine Arbeit aufnimmt. Bei einer Fortbildung oder Umschulung aufgrund einer im Wehrdienst erfolgten Beschädigung, vgl. Rn. 7, erfolgt die Anrechnung im Anschluß an die Fortbildung oder Umschulung. Zu dem Kreis der Begünstigten sind nach § 12 I 2 die Personen zu rechnen, die in § 11 a II S. 2 bezeichnet sind. 2

Der **Anspruch** nach § 12 I 3 bezieht sich auf **alle Maßnahmen, die der Erlangung und Wiedergewinnung der beruflichen Leistungsfähigkeit** dienen und die den Beschädigten befähigen, sich am Arbeitsplatz zu behaupten. Gehört zu diesen Maßnahmen eine Berufsfortbildung oder eine Berufsumschulung, wird sie nach Abs. 1 S. 3 erfaßt. Die Erforderlichkeit der Maßnahme muß unter Zugrundelegung des einzelnen Falles beurteilt werden. Wird der Soldat nach seiner Entlassung beruflich fortgebildet oder umgeschult, werden diese Zeiten auf die Berufs- und Betriebszugehörigkeit oder die Dienst- und Beschäftigungszeit angerechnet. Hat der Soldat während des Wehrdienstes eine solche Maßnahme erfahren, greift Abs. 1 S. 3 nicht. 3

Voraussetzung ist eine **Wehrdienstbeschädigung** iSv. § 81 Soldatenversorgungsgesetz. Das ist eine gesundheitliche Schädigung, die durch eine Dienstverrichtung, durch einen während der Ausübung des Wehrdienstes erlittenen Unfall oder durch die dem Wehrdienst eigentümlichen Verhältnisse herbeigeführt worden ist. Als Wehrdienstbeschädigung gelten auch gesundheitliche Schädigungen, die ein Soldat außerhalb seines Dienstes, jedoch in seiner Eigenschaft als Soldat, dadurch erlitten hat, daß er 4 im Hinblick auf sein dienstliches Verhalten oder wegen seiner Zugehörigkeit zur Bundeswehr aus Gründen, die er nicht zu vertreten hat, angegriffen wurde. Die Anrechnung nach Abs. 1 S. 3 erfolgt automatisch. Es bedarf nicht eines besonderen Antrags.

§ 13 Anrechnung des Wehrdienstes im späteren Berufsleben

(1) Die Zeit des Grundwehrdienstes und der Wehrübungen wird auf die bei der Zulassung zu weiterführenden Prüfungen im Beruf nachzuweisende Zeit einer mehrjährigen Tätigkeit nach der Lehrabschlußprüfung angerechnet, soweit eine Zeit von drei Jahren nicht unterschritten wird.

(2) Beginnt ein entlassener Soldat im Anschluß an den Grundwehrdienst oder eine Wehrübung eine für den künftigen Beruf als Beamter oder Richter über die allgemeinbildende Schulbildung hinausgehende vorgeschriebene Ausbildung (Hochschul-, Fachhochschul-, Fachschul- oder andere berufliche Ausbildung) oder wird diese durch den Grundwehrdienst oder durch Wehrübungen unterbrochen, so gelten für Beamte § 9 Abs. 7 Satz 4 bis 6 *[jetzt § 9 Nr. 8 Satz 4 bis 6]* und § 12 Abs. 2, für Richter § 9 Abs. 10 Satz 2 *[jetzt § 9 Abs. 11 Nr. 2]* und § 12 Abs. 2 entsprechend, wenn er sich bis zum Ablauf von sechs Monaten nach Abschluß der Ausbildung um Einstellung als Beamter oder Richter bewirbt und auf Grund dieser Bewerbung eingestellt wird.

(3) Für einen Arbeitnehmer, dessen Ausbildung für ein späteres Beamtenverhältnis durch eine festgesetzte mehrjährige Tätigkeit im Arbeitsverhältnis anstelle des sonst vorgeschriebenen Vorbereitungsdienstes durchgeführt wird und dessen Anstellung durch Heranziehung zum Grundwehrdienst oder zu Wehrübungen verzögert wird, gelten § 9 Abs. 7 Satz 4 bis 6 *[jetzt § 9 Abs. 8 Satz 4 bis 6]* und § 12 Abs. 2 entsprechend.

1   Die Vorschrift will **Nachteile** eines AN, Beamten oder Richters im späteren Berufsleben ausgleichen, die sich dadurch ergeben können, daß **infolge des Wehrdienstes Fehlzeiten der tatsächlichen Berufsausübung** bestehen. § 13 unterscheidet sich von §§ 6, 9 und 12 dadurch, daß kein unmittelbarer zeitlicher Zusammenhang zwischen der Ableistung des Wehrdienstes und der Berufsausübung bestehen muß. Bei AN kann sich eine Verzögerung ihres Werdegangs ergeben, wenn im späteren Berufsleben Prüfungen abzulegen sind, die eine bestimmte Anzahl von Berufsausübungsjahren voraussetzen, zB die Meisterprüfung. Nach Abs. 1 wird die Zeit des Grundwehrdienstes und der Wehrübung auf die bei der Zulassung zu weiterführenden Prüfungen im Beruf nachzuweisende Zeit einer mehrjährigen Tätigkeit nach Lehrabschluß angerechnet, allerdings nur auf die Wartezeit, die drei Jahre übersteigt.

2   Abs. 2 enthält eine **spezielle Regelung für Beamte und Richter** im Hinblick auf eine vorzeitige Anstellung, eine vorzeitige Beförderung und eine Verbesserung des Besoldungsdienstalters. Abs. 2 ergänzt § 12 III. § 13 III schützt den Personenkreis, der schon in § 12 IV erfaßt ist.

Zweiter Abschnitt. Meldung bei den Erfassungsbehörden und Wehrersatzbehörden

§ 14 Weiterzahlung des Arbeitsentgelts

(1) Wird ein Arbeitnehmer auf Grund der Wehrpflicht von der Erfassungsbehörde oder einer Wehrersatzbehörde aufgefordert, sich persönlich zu melden oder vorzustellen, so hat der Arbeitgeber für die ausfallende Arbeitszeit das Arbeitsentgelt weiterzuzahlen.

(2) Der Arbeitnehmer hat die Ladung unverzüglich seinem Arbeitgeber vorzulegen.

(3) Die Absätze 1 und 2 gelten entsprechend für frühere Berufssoldaten oder frühere Soldaten auf Zeit, die zu Dienstleistungen nach § 51 Abs. 1 Nr. 1, § 51a oder § 54 Abs. 5 des Soldatengesetzes herangezogen werden sollen.

1   § 14 trägt dem Umstand Rechnung, daß der Ableistung der Wehrpflicht selbst Vorlaufzeiten vorausgehen wie **Wehrerfassung und Musterung:** § 15 II WPflG (persönliches Erscheinen vor der Erfassungsbehörde), § 17 III WPflG (Vorstellung zur Musterung), Eignungsprüfung vor der Einberufung, § 20a WPflG, § 23 I 4 WPflG (Vorstellung gedienter Wehrpflichtiger vor der Einberufung), § 24 VI Nr. 3 und 4 WPflG (Meldepflicht und Vorlage von Ausrüstungsstücken). § 14 gilt **nur für wehrpflichtige AN iSv. § 15 I,** nicht für die in Heimarbeit Beschäftigten und Handelsvertreter. § 14 ist **zwingendes Recht** und kann weder durch einzelvertragliche noch durch tarifvertragliche Regelungen abbedungen werden.

2   Erstattet wird **nur Arbeitsentgelt.** Soweit dem AN Aufwendungen entstehen, haftet hierfür nicht der AG, sondern der Staat, vgl. § 15 V 1 WPflG. Das Gesetz regelt nicht ausdrücklich, daß der AN während der Melde- und Vorstellungspflicht von der Verpflichtung zur Arbeitsleistung befreit ist. Das ergibt sich zwangsläufig aus der Regelung in Abs. 1. Die Melde- und Vorstellungszeit in Abs. 1 erfaßt auch die für die Hin- und Rückreise notwendige Zeit. Ausfallende Arbeitszeit ist die gesamte Zeit, die

der AN benötigt, um seiner Melde- und Vorstellungspflicht zu genügen, zB auch die der Säuberung und des Umkleidens. Ist die Teilnahme an einer schon begonnenen Schicht praktisch undurchführbar, gehört die ganze Schicht zur ausfallenden Arbeitszeit (LAG Niedersachsen 16. 9. 1968 BB 1969, 1226: Taxifahrer). Die **Höhe des Entgelts** richtet sich nach den Umständen des Einzelfalls. Bei Akkordarbeiten ist das zu ersetzen, was der AN ohne Arbeitsausfall verdient hätte.

Voraussetzung für einen **Ersatzanspruch** ist, daß der **AN aufgefordert worden ist, sich zu** 3 **melden** oder sich vorzustellen. Besuche bei den maßgebenden Behörden aus anderen Gründen werden nicht erfaßt. Der AN muß iSv. Abs. 1 erscheinen, wenn an ihn eine amtliche Aufforderung zum Erscheinen ergangen ist. Ein Entgeltanspruch besteht nur, wenn der **Melde- oder Vorstellungstermin in die Arbeitszeit** fällt. Ein Anspruch besteht nicht, wenn der AN sich zu einem Zeitpunkt melden muß, zu dem er von der Arbeitspflicht befreit ist, zB wegen Urlaubs. Der AN hat den Nachweis für die zu vergütende Zeit zu erbringen. Hierfür reicht die Vorlage einer Bestätigung der Stelle aus, die den Arbeitnehmer zum Erscheinen aufgefordert hat.

Nach § 14 II hat der **AN** die **Ladung unverzüglich seinem AG vorzulegen.** Die Vorschrift dient 4 dem Interesse des AG, sich auf den Arbeitsausfall einstellen zu können. Verletzt der AN die Vorlagepflicht, verliert er nicht den Anspruch nach Abs. 1. Er kann sich jedoch schadensersatzpflichtig machen.

Dritter Abschnitt. Zusätzliche Alters- und Hinterbliebenenversorgung

§ 14 a Alters- und Hinterbliebenenversorgung für Arbeitnehmer

(1) ¹Eine bestehende Versicherung in der zusätzlichen Alters- und Hinterbliebenenversorgung für Arbeitnehmer im öffentlichen Dienst wird durch Einberufung zum Grundwehrdienst oder zu einer Wehrübung nicht berührt. ²Dies gilt auch, wenn die zusätzliche Alters- und Hinterbliebenenversorgung durch Höherversicherung oder auf andere Weise gewährt wird.

(2) ¹Der Arbeitgeber hat während des Wehrdienstes die Beiträge (Arbeitgeber- und Arbeitnehmeranteil) weiterzuentrichten, und zwar in der Höhe, in der sie zu entrichten gewesen wären, wenn das Arbeitsverhältnis aus Anlass der Einberufung des Arbeitnehmers nicht ruhen würde. ²Nach Ende des Wehrdienstes meldet der Arbeitgeber die auf die Zeit des Wehrdienstes entfallenden Beiträge beim Bundesminister der Verteidigung oder der von ihm bestimmten Stelle zur Erstattung an. ³Satz 2 gilt nicht im Falle des § 1 Abs. 2. ⁴Anträge auf Erstattung sind innerhalb eines Jahres nach Beendigung des Wehrdienstes zu stellen. ⁵Veränderungen in der Beitragshöhe, die nach dem Wehrdienst eintreten, bleiben unberücksichtigt.

(3) Für Arbeitnehmer, die einer Pensionskasse angehören oder als Leistungsempfänger einer anderen Einrichtung oder Form der betrieblichen oder überbetrieblichen Alters- und Hinterbliebenenversorgung in Betracht kommen, gelten Absatz 1 und Absatz 2 Satz 1, 2, 4 und 5 sinngemäß.

(4) ¹Einem Arbeitnehmer, der aus seinem Arbeitseinkommen freiwillig Beiträge für eine Höherversicherung in der gesetzlichen Rentenversicherung oder zu einer sonstigen Alters- und Hinterbliebenenversorgung leistet, werden diese auf Antrag für die Zeit des Wehrdienstes in Höhe des Betrages erstattet, der für die letzten zwölf Monate vor Beginn des Wehrdienstes durchschnittlich entrichtet worden ist, wenn die den Aufwendungen zugrundeliegende Versicherung bei Beginn des Wehrdienstes mindestens zwölf Monate besteht und der Arbeitgeber nach den Absätzen 1 bis 3 nicht zur Weiterentrichtung verpflichtet ist; Einkünfte aus geringfügiger Beschäftigung im Sinne des § 8 des Vierten Buches Sozialgesetzbuch bleiben außer Betracht. ²Die Leistungen nach diesem Absatz dürfen, wenn Beiträge des Bundes zur gesetzlichen Rentenversicherung für die Zeit des Wehrdienstes entrichtet werden, 40 vom Hundert des Höchstbetrages, der für die freiwillige Versicherung in der Rentenversicherung der Arbeiter oder Angestellten entrichtet werden kann, ansonsten den Höchstbetrag nicht übersteigen. ³Anträge auf Erstattung sind innerhalb eines Jahres nach Beendigung des Wehrdienstes zu stellen.

(5) Absatz 4 gilt nicht bei Zahlung des Arbeitsentgelts nach § 1 Abs. 2, bei Gewährung von Leistungen nach den §§ 13 bis 13 d des Unterhaltssicherungsgesetzes oder für Zeiten eines Erziehungsurlaubs.

(6) ¹Die Bundesregierung regelt durch Rechtsverordnung das Erstattungsverfahren sowie das Nähere hinsichtlich der betrieblichen oder überbetrieblichen Alters- und Hinterbliebenenversorgung; in ihr kann bestimmt werden, welche Einrichtungen als betriebliche oder überbetriebliche Alters- und Hinterbliebenenversorgung im Sinne des Gesetzes anzusehen sind. ²Der Bundesminister der Verteidigung kann im Einvernehmen mit dem Bundesminister der Finanzen mit den Arbeitgebern eine pauschale Beitragserstattung und die Zahlungsweise vereinbaren.

§ 14 b Alters- und Hinterbliebenenversorgung in besonderen Fällen

(1) ¹Einem Wehrpflichtigen, der am Tage vor Beginn des Wehrdienstverhältnisses (§ 2 des Soldatengesetzes) auf Grund einer durch Gesetz angeordneten oder auf Gesetz beruhenden Verpflichtung Mitglied einer öffentlich-rechtlichen Versicherungs- oder Versorgungseinrichtung seiner Berufsgruppe ist und von der Versicherungspflicht in der gesetzlichen Rentenversicherung befreit ist oder vor der Wehrdienstleistung in einem Zweig der gesetzlichen Rentenversicherung freiwillig versichert war, werden die Beiträge zu dieser Einrichtung auf Antrag in der Höhe erstattet, in der sie nach der Satzung oder den Versicherungsbedingungen für die Zeit des Wehrdienstes zu zahlen sind. ²Die Leistungen dürfen den Betrag nicht übersteigen, den der Bund für die Zeit des Wehrdienstes in der gesetzlichen Rentenversicherung zu entrichten hätte, wenn der Wehrpflichtige nicht von der Versicherungspflicht befreit worden wäre. ³Anträge auf Erstattung sind innerhalb eines Jahres nach Beendigung des Wehrdienstes zu stellen.

(2) ¹Einem Wehrpflichtigen, der nach § 14 a nicht anspruchsberechtigt ist und Beiträge zur gesetzlichen Rentenversicherung oder zu einer sonstigen Alters- und Hinterbliebenenversorgung leistet, werden die Beiträge auf Antrag für die Zeit des Wehrdienstes erstattet. ²Beiträge, die freiwillig zur gesetzlichen Rentenversicherung entrichtet werden, soweit sie die Beiträge des Bundes zur gesetzlichen Rentenversicherung für die Zeit des Wehrdienstes übersteigen, und Beiträge zu einer sonstigen Alters- und Hinterbliebenenversorgung, die freiwillig entrichtet werden, werden nur in Höhe des Betrages erstattet, der für die letzten zwölf Monate vor Beginn des Wehrdienstes durchschnittlich entrichtet worden ist, wenn die den Aufwendungen zugrundeliegende Versicherung bei Beginn des Wehrdienstes mindestens zwölf Monate besteht. ³Diese Beiträge müssen aus eigenen Einkünften aus Land- und Forstwirtschaft, Gewerbebetrieb, selbständiger Arbeit, nichtselbständiger Arbeit oder Lohnersatzleistungen geleistet worden sein; Einkünfte aus geringfügiger Beschäftigung im Sinne des § 8 des Vierten Buches Sozialgesetzbuch bleiben außer Betracht. ⁴Anträge auf Erstattung sind innerhalb eines Jahres nach Beendigung des Wehrdienstes zu stellen. ⁵Sind Zuschüsse dem Beitrag nach § 32 des Gesetzes über die Alterssicherung der Landwirte gewährt worden, sind die mit der für den gleichen Zeitraum gezahlten Zuschüssen gegen den Erstattungsanspruch aufzurechnen.

(3) Die Leistungen nach Absatz 2 dürfen, wenn Beiträge des Bundes zur gesetzlichen Rentenversicherung für die Zeit des Wehrdienstes entrichtet oder Beiträge nach Absatz 1 erstattet werden, 40 vom Hundert des Höchstbetrages, der für die freiwillige Versicherung in der Rentenversicherung der Arbeiter oder Angestellten entrichtet werden kann, ansonsten den Höchstbetrag nicht übersteigen.

(4) Die Vorschriften der Absätze 1 und 2 gelten nicht bei Zahlung des Arbeitsentgelts nach § 1 Abs. 2, der Bezüge nach § 9 Abs. 2, bei Gewährung von Leistungen nach den §§ 13 bis 13 d des Unterhaltssicherungsgesetzes oder für Zeiten eines Erziehungsurlaubs.

(5) Für das Erstattungsverfahren gilt § 14 a Abs. 6 sinngemäß.

1 Die Vorschriften sollen sicherstellen, daß ein **Wehrdienstleistender** durch seinen Wehrdienst keine Nachteile hinsichtlich seiner Alters- und Hinterbliebenenversorgung erleidet. Die Vorschriften sollen dieses Ergebnis für alle in Frage kommenden Alterssicherungssysteme sicherstellen, bei denen sich nicht bereits ausdrücklich der erfaßte Personenkreis auch auf Wehrdienstleistende bezieht (§ 3 S. 1 Nr. 3 SGB VI für die gesetzliche Rentenversicherung). Die Vorschriften beziehen sich deshalb nach ihrem Wortlaut auf *zusätzliche* Alters- und Hinterbliebenenversorgung. Die einzelnen Absätze der beiden Vorschriften tragen den Besonderheiten der einzelnen Formen der Alterssicherung Rechnung. Die Vorschriften gelten gemäß § 78 I Nr. 1 des Zivildienstgesetzes **entsprechend auch für Zivildienstleistende** mit der Maßgabe, daß an die Stelle des Bundesministeriums der Verteidigung und der von diesem bestimmten Stelle das Bundesministerium für Familie, Senioren, Frauen und Jugend und die von diesem bestimmte Stelle treten.

2 Für alle diese Sicherungssysteme ist vorgesehen, daß der AG die **Beiträge** während des Wehr- oder Zivildienstes weiter zu entrichten hat, er sie sich aber nach Ende des Wehrdienstes erstatten lassen kann.

Vierter Abschnitt. Schlußvorschriften

§ 15 Begriffsbestimmungen

(1) Arbeitnehmer im Sinne dieses Gesetzes sind Arbeiter und Angestellte sowie die zu ihrer Berufsausbildung Beschäftigten.

(2) Öffentlicher Dienst im Sinne dieses Gesetzes ist die Tätigkeit im Dienste des Bundes, eines Landes, einer Gemeinde (eines Gemeindeverbandes) oder anderer Körperschaften, Anstalten und

Stiftungen des öffentlichen Rechts oder der Verbände von solchen; ausgenommen ist die Tätigkeit bei öffentlich-rechtlichen Religionsgesellschaften oder ihren Verbänden.

Nach § 15 I erfaßt das ArbPlSchG alle AN und die zu ihrer **Berufsausbildung Beschäftigten**. Es gilt der **allgemeine Arbeitnehmerbegriff**. AN sind auch solche, die aufgrund eines faktischen Arbeitsverhältnisses beschäftigt werden (*Sahmer* E § 15 Nr. 1). Bei den AN werden alle Tätigkeiten erfaßt: gewerbliche, kaufmännische, landwirtschaftliche, geistige und körperliche Arbeit sowie Dienste höherer und minderer Art. Zu den AN rechnen auch die unselbständigen Handelsvertreter, die nach § 84 II HGB als Angestellte gelten. AN sind auch Volontäre und Praktikanten, sofern sie sich nicht ausschließlich zu ihrer informatorischen Unterrichtung ohne jegliche Arbeitsleistung im Betrieb befinden. Keine AN iSv. Abs. 1 sind Beamte und Richter. Es ist unerheblich, ob der AN seine Tätigkeit in der privaten Wirtschaft oder in einem Betrieb oder in einer Verwaltung des Bundes, der Länder, der Gemeinden oder sonstiger Körperschaften oder Anstalten des öffentlichen Rechts erbringt. AN sind auch die Dienstordnungsangestellten bei Versicherungsträgern, deren Arbeitsverhältnisse durch besondere Dienstordnungen mit beamtenrechtlichen Garantien ausgestaltet sind. 1

Zu ihrer Berufsausbildung beschäftigt sind Personen, bei denen der Vertragszweck auf die Ausbildung gerichtet ist: Auszubildende nach § 3 BBiG; Personen, die eingestellt werden, um berufliche Kenntnisse, Fähigkeiten oder Erfahrungen zu erwerben und auf die die Vorschriften der §§ 3 ff BBiG entsprechend anzuwenden sind; Personen, die in einem privatrechtlichen Berufsausbildungsverhältnis ausdrücklich mit dem ausschließlichen Ziel einer späteren Verwendung als Beamte ausgebildet werden, § 83 BBiG; Personen, die im Rahmen des SeemG ausgebildet werden. Nicht der Regelung unterfallen die Personen, die in einem öffentlich-rechtlichen Dienstverhältnis ausgebildet werden, § 2 I Nr. 1 BBiG, vgl. insoweit § 9. 2

Keine **AN** sind solche Personen, die aufrund eines **öffentlich-rechtlichen Gewaltverhältnisses** beschäftigt werden, wie zB Strafgefangene. 3

Für den **öffentlichen Dienst** gilt die Regelung in § 15 II. Ausgenommen vom öffentlichen Dienst ist die Tätigkeit bei öffentlich-rechtlichen Religionsgesellschaften oder ihren Verbänden. Für diese AN gelten die Vorschriften, die für die private Wirtschaft anzuwenden sind. 4

§ 16 Sonstige Geltung des Gesetzes

(1) Dieses Gesetz gilt auch im Falle des unbefristeten Wehrdienstes im Verteidigungsfall mit der Maßgabe, daß die Vorschriften über Wehrübungen anzuwenden sind.

(2) Dieses Gesetz gilt auch im Falle des sich an den Grundwehrdienst anschließenden freiwilligen zusätzlichen Wehrdienstes und des Wehrdienstes in der Verfügungsbereitschaft mit der Maßgabe, daß die Vorschriften über den Grundwehrdienst anzuwenden sind.

(3) ¹Dieses Gesetz gilt auch im Falle des freiwilligen Wehrdienstes in besonderer Auslandsverwendung (§ 6 a des Wehrpflichtgesetzes) mit der Maßgabe, daß die Vorschriften über Wehrübungen entsprechend anzuwenden sind. ² § 10 findet keine Anwendung.

(4) ¹Dieses Gesetz ist ferner anzuwenden auf Arbeits- und Dienstverhältnisse von Personen, die zu Dienstleistungen nach § 51 Abs. 1 Nr. 1, § 51 a und § 54 Abs. 5 des Soldatengesetzes herangezogen werden, mit der Maßgabe, daß die Vorschriften über Wehrübungen entsprechend anzuwenden sind. ²Absatz 3 Satz 2 gilt entsprechend.

§ 16 gilt für AN der privaten Wirtschaft und des öffentlichen Dienstes. Soweit der öffentliche Dienst berührt ist, sind die für diesen Bereich bestehenden besonderen Vorschriften über Wehrübungen auch im Fall des unbefristeten Wehrdienstes im Verteidigungsfall auf die Angehörigen des öffentlichen Dienstes anzuwenden. Zur Verfügungsbereitschaft vgl. § 5 a WPflG. 1

Die Regelung in § 16 gilt für alle AN, für die in Heimarbeit Beschäftigten, für Handelsvertreter, Beamte und Richter. 2

§ 16 a Wehrdienst als Soldat auf Zeit

(1) Dieses Gesetz gilt auch im Falle des Wehrdienstes eines Wehrpflichtigen als Soldat auf Zeit
1. für die zunächst auf sechs Monate festgesetzte Dienstzeit,
2. für die endgültig auf insgesamt nicht mehr als zwei Jahre festgesetzte Dienstzeit mit der Maßgabe, daß die für den Grundwehrdienst geltenden Vorschriften anzuwenden sind, ausgenommen § 9 Abs. 7 *[jetzt Abs. 8]* Satz 3, § 14 und § 14 b.

(2) In den Fällen des Absatzes 1 Nr. 1 und 2 findet § 125 Abs. 1 Satz 1 Beamtenrechtsrahmengesetz keine Anwendung.

(3) *(aufgehoben)*

(4) ¹Wird die Dienstzeit auf insgesamt mehr als zwei Jahre festgesetzt, so ist der Arbeitgeber durch die zuständige Dienststelle der Streitkräfte unverzüglich zu benachrichtigen. ²Das gleiche

80 ArbPlSchG § 17 Inkrafttreten, Anwendung früherer Vorschriften

gilt, wenn ein Wehrpflichtiger während des Grundwehrdienstes zum Soldaten auf Zeit ernannt wird.

(5) Die Absätze 1 bis 4 gelten entsprechend im Falle einer Verlängerung der Dienstzeit nach Absatz 1 aus zwingenden Gründen der Verteidigung (§ 54 Abs. 3 Soldatengesetz).

1   § 16 a erstreckt das ArbPlSchG auf **Soldaten auf Zeit**, soweit die **Dienstzeit nicht mehr als zwei Jahre** beträgt. § 16 a schützt alle wehrpflichtigen AN, in Heimarbeit Beschäftigte, Handelsvertreter und Beamte. Auf Berufssoldaten und Richter findet die Vorschrift keine Anwendung. Richter scheiden aus dem Richterdienst aus, wenn sie zu Soldaten auf Zeit ernannt werden. Für Richter fehlt eine dem Abs. 2 vergleichbare Regelung. § 16 a setzt voraus, daß der Wehrpflichtige aufgrund freiwilliger Verpflichtung in das Wehrdienstverhältnis eines Soldaten auf Zeit berufen worden ist. Der Schutz dauert vorbehaltlich der Regelung in Abs. 4 höchstens zwei Jahre. Er beginnt mit dem Zeitpunkt, der für den Dienstantritt des Soldaten auf Zeit festgesetzt ist und endet mit dem Ablauf des Tages, an dem der Soldat aus der Bundeswehr ausscheidet. Die Regelung in Abs. 1 Nr. 1 trägt dem Umstand Rechnung, daß erst nach Ablauf von sechs Monaten über die endgültige Verwendung in der Bundeswehr entschieden wird. Der Arbeitsplatzschutz besteht unabhängig davon, ob der Arbeitnehmer dann aus der Bundeswehr ausscheidet oder ob er für insgesamt zwei Jahre dienen wird.

2   § 16 a schließt die **übrigen Vorschriften** des ArbPlSchG **nicht aus**. Ein Wehrpflichtiger kann daher zunächst nach §§ 1 ff und zu einem anderen Zeitpunkt, wenn er sich für zwei Jahre als Soldat auf Zeit verpflichtet hat, nach § 16 a geschützt werden.

3   Nach § 125 I 1 BRRG ist ein Beamter, der zum Soldaten auf Zeit ernannt wird, aus dem Beamtenverhältnis zu entlassen. Durch Abs. 2 ist sichergestellt, daß diese Folge in den Fällen des Abs. 1 Nr. 1 und 2 nicht eintritt. Wehrdienstzeiten sind auch für Soldaten auf Zeit von zwei Jahren auf die Steigerung der Vergütung bei Gesellen anzurechnen, wenn ein Tarifvertrag hierbei auf die Anzahl der Gesellenjahre abstellt (BAG 23. 5. 1984 AP ArbPlatzSchutzG § 16 a Nr. 1). Erfolgt die Festsetzung der Dienstzeit eines Soldaten auf Zeit von zunächst sechs Monaten endgültig auf mehr als zwei Jahre, entfällt der durch § 16 a gewährte Schutz. Das Arbeitsverhältnis lebt wieder voll auf. Der AG ist daher nach Abs. 4 bei einer Dienstverpflichtung auf mehr als zwei Jahre durch die zuständige Dienststelle der Streitkräfte unverzüglich zu unterrichten. Das gilt nach S. 2 auch, wenn ein Wehrpflichtiger während des Grundwehrdienstes zum Soldaten auf Zeit ernannt wird. Die für einen Soldaten auf Zeit festgesetzte Dienstzeit kann allgemein durch Rechtsverordnung der Bundesregierung oder in Einzelfällen durch den Bundesminister der Verteidigung um einen Zeitraum bis zu drei Monaten verlängert werden, wenn zwingende Gründe für die Verteidigung dies erfordern, § 54 III SoldG. Das gilt auch für Soldaten auf Zeit, die höchstens für zwei Jahre iSv. § 16 a Abs. 1 Nr. 2 verpflichtet worden sind. Nach Absatz 5 wird der Schutz auch auf diese zwangsweise verlängerten Zeitsoldatenverhältnisse ausgegehnt. Bei einer freiwilligen Weiterverpflichtung als Soldat auf Zeit über die Zwangsverlängerung hinaus entfällt der Schutz.

§ 17 Inkrafttreten, Anwendung früherer Vorschriften

(1) (Inkrafttreten)

(2) Frühere Bestimmungen über den Einfluß des Wehrdienstes auf Arbeitsverhältnisse und Beamtenverhältnisse und die Eingliederung entlassener Soldaten in einen Zivilberuf sind bei Einberufung zur Bundeswehr nicht anzuwenden.

(3) Das Eignungsübungsgesetz bleibt unberührt.

(4) Für den verlängerten Grundwehrdienst, der nach § 2 des Gesetzes über die Dauer des Grundwehrdienstes und die Gesamtdauer der Wehrübungen in der vom 30. Dezember 1956 bis 2. Dezember 1960 geltenden Fassung vom 24. Dezember 1956 (BGBl. I S. 1017) und nach § 5 Abs. 2 des Wehrpflichtgesetzes in der vom 3. Dezember 1960 bis 28. März 1962 geltenden Fassung vom 14. Januar 1961 (BGBl. I S. 29) geleistet wurde sowie für den verkürzten Grundwehrdienst, der nach § 5 Abs. 2 und 3 des Wehrpflichtgesetzes in der vom 29. März 1962 bis 31. Dezember 1972 geltenden Fassung vom 28. September 1969 (BGBl. I S. 1773) geleistet wurde, gelten die Vorschriften dieses Gesetzes über den Grundwehrdienst.

(5) Für Wehrübungen von drei Monaten, die freiwillig im Anschluß an den vollen oder verkürzten Grundwehrdienst nach § 3 Abs. 2 des inzwischen außer Kraft getretenen Gesetzes über die Dauer des Grundwehrdienstes und die Gesamtdauer der Wehrübungen vom 24. Dezember 1956 (BGBl. I S. 1017) geleistet wurden, gelten die §§ 1 bis 3, § 4 Abs. 5 sowie die §§ 6 bis 9, § 13 und § 14 a entsprechend.

(6) [1] Für Wehrpflichtige, die vor dem 1. Januar 1984 einberufen worden sind, bleiben die Vorschriften des § 14 a Abs. 4 und § 14 b Abs. 1 bis 3 in der bis dahin geltenden Fassung maßgebend. [2] Das Antragsrecht für die am 1. Januar 1984 bereits aus dem Wehrdienst entlassenen Wehrpflichtigen erlischt am 31. Mai 1984.

(7) **Für Anspruchsberechtigte, die vor dem 1. Januar 1990 als Soldat eingestellt worden sind, bleiben die Vorschriften des § 14 a Abs. 4, des § 14 b Abs. 1 und 2 sowie des § 16 a Abs. 1 in der bis dahin geltenden Fassung maßgebend.**

Das ArbPlSchG in seiner ersten Fassung trat am 15. 10. 1956 in Kraft. Nach Abs. 3 findet das Gesetz keine Anwendung auf Personen, die aufgrund freiwilliger Verpflichtung zu einer Eignungsübung iSv. § 60 SoldG einberufen werden. Für diese Personen gilt das Eignungsübungsgesetz und die dazu ergangene Verordnung. In den Abs. 4 bis 6 ist die Weitergeltung des Gesetzes auf inzwischen entfallene Tatbestände angeordnet. Abs. 7 ist eine Übergangsvorschrift für die Alters- und Hinterbliebenenversorgung.

110. Arbeitszeitgesetz

Vom 6. Juni 1994 (BGBl. I S. 1170)

Zuletzt geändert durch Gesetz vom 9. Juni 1998 (BGBl. I S. 1242)

(BGBl. III/FNA 8050-21)

Schrifttum: *Baeck/Deutsch,* Arbeitszeitgesetz, 1999; *Buschmann/Ulber,* Arbeitszeitrechtsgesetz, 1994; *Corlett/Queinnec/Paoli,* Die Gestaltung der Schichtarbeit, 1989; *Dobberahn,* Das neue Arbeitszeitgesetz in der Praxis, 2. Aufl. 1996; *Fechner,* Probleme der Arbeitsbereitschaft, 1963; *Hahn,* Nacht- und Schichtarbeit, Bd. I, 3. Aufl., 1987; *Janicki,* Aktuelle arbeitszeitrechtliche Probleme und der Entwurf eines Arbeitszeitgesetzes, 1992; *Linnenkohl,* Arbeitszeitgesetz, 1996; *Loritz,* Möglichkeiten und Grenzen der Sonntagsarbeit, 1989; *Menzel,* Menschliche Tag-Nacht-Rhythmik und Schichtarbeit, 1962; *Neumann/Biebl,* Arbeitszeitgesetz, 12. Aufl. 1995; *Reinders,* Das neue Arbeitszeitrecht, 1994; *Roggendorff,* Arbeitszeitgesetz, 1994; *Rutenfranz,* Ist die Nachtarbeit für Frauen gesundheitsgefährdender als für Männer?, 1969; *Ruthenfranz/Beermann/Löwenthal,* Nachtarbeit für Frauen, 1987; *Ulrich,* Schicht- und Nachtarbeit, 1964; *Salzmann,* Die Arbeitsbereitschaft als Gegenstand rechtlicher Wertung, Diss. Hamburg 1976; *Zmarzlik/Anzinger,* Arbeitszeitgesetz, 1995.

Erster Abschnitt. Allgemeine Vorschriften

§ 1 Zweck des Gesetzes

Zweck des Gesetzes ist es,
1. die Sicherheit und den Gesundheitsschutz der Arbeitnehmer bei der Arbeitszeitgestaltung zu gewährleisten und die Rahmenbedingungen für flexible Arbeitszeiten zu verbessern sowie
2. den Sonntag und die staatlich anerkannten Feiertage als Tage der Arbeitsruhe und der seelischen Erhebung der Arbeitnehmer zu schützen.

I. Entstehungsgeschichte und systematische Stellung des ArbZG

1   Am 1. 7. 1994 ist das Gesetz zur Vereinheitlichung und Flexibilisierung des Arbeitszeitrechts vom 6. 6. 1994 (Arbeitszeitrechtsgesetz – ArbZRG) in Kraft getreten (BGBl. I S. 1170). Dem bis zuletzt umstrittenen Gesetz sind verschiedene Anläufe zur Neuregelung des Arbeitszeitrechts vorausgegangen. Bereits am 23. 8. 1984 hatte die BReg. den Entw. eines Arbeitszeitgesetzes beschlossen (BR-Drucks. 401/84), der am 9. 1. 1985 in den Bundestag eingebracht wurde (BT-Drucks. 10/2706). Die sich an die erste Lesung des Gesetzentwurfs anschließenden Beratungen in den Ausschüssen des Deutschen Bundestages konnten vor Ablauf der 10. Legislaturperiode jedoch nicht mehr abgeschlossen werden, so daß der Entw. nach § 135 der GeschO des Deutschen Bundestages verfiel. Der Entw. der BReg. wurde zu Beginn der 11. Legislaturperiode unverändert in den Deutschen Bundestag eingebracht. Auch dieser Entw. konnte nicht mehr in der laufenden Legislaturperiode abgeschlossen werden. In der 12. Legislaturperiode erarbeitete die BReg. den Entw. eines Gesetzes zur Vereinheitlichung und Flexibilisierung des Arbeitszeitrechts – ArbZRG, der dem Bundestag am 13. 10. 1993 zugeleitet wurde (BT-Drucks. 12/5888). Dieser Entw. wurde am 22. 10. 1993 in erster Lesung im Bundestag beraten und federführend dem Ausschuß für Arbeit und Sozialordnung überwiesen. Am 29. 11. 1993 fand vor dem Ausschuß für Arbeit und Sozialordnung eine öffentliche Anhörung von Sachverständigen statt. Der Ausschuß für Arbeit und Sozialordnung schloß am 2. 3. 1994 seine Beratungen ab und legte seinen Bericht vor (BT-Drucks. 12/6990). Der Bundestag hat den von der BReg. eingebrachten Entw. des ArbZRG am 10. 3. 1994 in 2. und 3. Lesung abgeschlossen und mit insgesamt 32 Änderungen angenommen. Der Bundesrat ließ das Gesetz in seiner 668. Sitzung am 29. 4. 1994 passieren, indem er durch Beschluß darauf verzichtete, einen Antrag zur Einberufung des Vermittlungsausschusses zu stellen. Das vom Deutschen Bundestag angenommene Gesetz ist somit gem. Art. 78 GG am 29. 4. 1994 zustande gekommen (zu den Entwürfen eines neuen Arbeitszeitgesetzes s. ua. *Hartmann* NZA 1993, 734; *Herschel* BB 1986, 348; *Janicki,* Aktuelle arbeitszeitrechtliche Probleme und der Entw. eines Arbeitszeitgesetzes, 1992; *Lörcher* AuR 1994, 49; *Menecke* ZTR 1993, 499; *Sondermann* DB 1993, 1992; *Wlotzke* NZA 1984, 182; *Zmarzlik* DB 1984, 1881; *ders.* DB 1985, 2349; *ders.* NZA Beil. 3/1987, 19).

2   Das als Artikelgesetz ausgestaltete ArbZRG enthält als Kernstück in Art. 1 das neue Arbeitszeitgesetz (ArbZG). Die im Jahre 1938 erlassene und inzwischen überholte Arbeitszeitordnung (AZO) ist durch das neue ArbZG vollständig ersetzt worden.

Mit der Neuordnung des öffentlich-rechtlichen Arbeitszeitschutzes ist der gesamtdeutsche Gesetz- 3
geber dem Auftrag aus Art. 30 des EVertr. nachgekommen, das öffentlich-rechtliche Arbeitszeitrecht
einschließlich der Zulässigkeit von Sonn- und Feiertagsarbeit und den besonderen Frauenarbeitsschutz
neu zu kodifizieren. Zugleich hat der Gesetzgeber den Aufforderungen des BVerfG aus den Entscheidungen vom 13. 11. 1979 (AP HausarbTagsG Nordrh.-Westfalen § 1 Nr. 28) zum Hausarbeitstagsgesetz und vom 28. 1. 1992 (AP AZO § 19 Nr. 2 = NJW 1992, 964) zum Nachtarbeitsverbot für
Arbeiterinnen entsprochen und verfassungskonforme Neuregelungen geschaffen.

Das Gesetzgebungsverfahren zum ArbZRG fiel zeitlich mit der Verabschiedung der RL 93/104/EG 4
des Rates vom 23. 11. 1993 über bestimmte Aspekte der Arbeitszeitgestaltung zusammen (ABl. L 307
S. 13). Die Frist zur Umsetzung der Arbeitszeit-RL 93/104/EG lief bis zum 23. 11. 1996 (zur RL und
ihrer Umsetzung in nationales Recht s. *Balze* EAS B 3100; *Ende* AuR 1997, 137; *Lörcher* AuR 1994,
49; zur Gemeinschaftsrechtskonformität der RL s. EuGH 12. 11. 1996 NZA 1997, 23). Bei der
Auslegung des ArbZG muß im Wege der **europarechtskonformen Auslegung** als Inhaltskontrolle
geprüft werden, ob es mit der Richtlinie in Einklang steht oder ob es, um nicht gegen die RL zu
verstoßen, nur in einem bestimmten Sinne ausgelegt werden kann. Entspricht das ArbZG der RL und
gibt es mehrere Auslegungsmöglichkeiten, so ist im Wege der europarechtskonformen Auslegung als
Inhaltsbestimmung (= europarechtsorientierte Auslegung) diejenige zu wählen, die dem Zweck der
RL am nächsten kommt. Der Geltungsbereich der Richtlinie wurde im Mai 2000 auf den Transportsektor, die Fischerei und die medizinische Ausbildung erweitert.

II. Zweckbestimmung

Während es früher nicht üblich war, die Zweckbestimmung in den Text eines Gesetzes aufzuneh- 5
men, hat sich in neuerer Zeit, vor allem im Bereich des Gesundheits-, Umwelt- und Arbeitsschutzes, eine abweichende Praxis eingebürgert. Die Zweckbestimmung des Gesetzes begründet
keine Rechte oder **Pflichten** für AN oder AG. Ebensowenig kommt sie als eigenständige Rechtsgrundlage für behördliche Entscheidungen in Betracht (*Zmarzlik/Anzinger* Rn. 2). Gleichwohl hat
die Aufnahme der Zweckbestimmung in das Gesetz ihren Sinn. Sie ermöglicht es, im Rahmen der
teleologischen Auslegung bei einzelnen Bestimmungen des Gesetzes auf die Zwecke des Gesetzes
zurückzugreifen. Auch bei Ermessensentscheiden (s. zB § 7 V) müssen die Ziele des Gesetzes
beachtet werden (*Zmarzlik/Anzinger* Rn. 14). Ohne eine derartige Zweckbestimmung besteht die
Gefahr, daß Interpreten, insb. im Rahmen der sog. objektiven Gesetzesauslegung, dem Gesetz
Zwecke unterlegen, die der Gesetzgeber damit nicht verfolgen wollte. Eine derartige Zweckbestimmung enthält § 1. Zu den dort genannten Zwecken des gesamten Gesetzes treten die Zwecke der
einzelnen Bestimmungen hinzu. Im Umkehrschluß zu der Aufzählung in § 1 ergibt sich, daß andere
Zwecke vom Gesetz nicht verfolgt werden. Insb. liegen dem Gesetz keine arbeitsmarktpolitischen
Zwecke zugrunde (*Baeck/Deutsch* Rn. 4; *Balze* EAS 3100 Rn. 19; *Dobberahn* Rn. 26; *Zmarzlik/
Anzinger* Rn. 1).

III. Sicherheit und Gesundheitsschutz

§ 1 Nr. 1 nennt an erster Stelle als Ziel des Gesetzes, die Sicherheit und den Gesundheitsschutz der 6
AN bei der Arbeitszeitgestaltung zu gewährleisten. Diese Zielsetzung entspricht der Pflicht des Staates
aus Art. 2 II 1 GG, durch geeignete Schutzvorschriften die **körperliche Unversehrtheit** der AN bei
der Arbeit sicherzustellen (vgl. 10 GG Art. 2 Rn. 106 ff.; zuletzt BVerfG 28. 1. 1992 AP AZO § 19
Nr. 2 = NJW 1992, 964 zur Verpflichtung des Gesetzgebers, AN vor den schädlichen Folgen von
Nachtarbeit zu bewahren).

Wenn es in § 1 Nr. 1 heißt, daß Sicherheit und Gesundheitsschutz der AN durch das ArbZG 7
„gewährleistet" werden sollen, steht dies **nicht im Widerspruch** zu der auf Art. 118 a EGV gestützten
RL 93/104/EG des Rates v. 23. 11. 1993 über bestimmte Aspekte der Arbeitszeitgestaltung (ABl. L
307 S. 18), wonach Zielsetzung der RL die „Verbesserung" von Sicherheit, Arbeitshygiene und
Gesundheitsschutz der AN bei der Arbeit ist (so aber *Buschmann/Ulber* Rn. 5). Der moderne Gesetzgeber hat sich aus sprachkosmetischen Gründen angewöhnt, bei jeder Gesetzesänderung von „Verbesserung" zu sprechen, obwohl Zweck eines jeden Gesetzes eine Verbesserung sein sollte (*Junker*
ZfA 1998, 105, 107).

IV. Flexible Arbeitszeiten

Weiteres in § 1 Nr. 1 hervorgehobenes Schutzziel des ArbZG ist es, die Rahmenbedingungen für 8
flexible Arbeitszeiten zu verbessern. Dieses in der Vergangenheit sowohl im **Interesse der betrieblichen Produktion** als auch im **Interesse der AN** an der individuellen Gestaltung der täglichen und
wöchentlichen Arbeitszeit immer wieder geforderte Ziel (*Löwisch* RdA 1984, 197, 200; *Sondermann*
DB 1993, 1922; *Wlotzke* NZA 1984, 182; *Zmarzlik* NZA Beil. 3/1987, 23) wird vor allem dadurch
erreicht, daß der bisherige Ausgleichszeitraum zur Einhaltung des Acht-Stunden-Tages von 2 Wochen
(§ 4 I AZO) verlängert wurde (vgl. näher hierzu § 3) und die TVP oder die Betriebspartner die

V. Sonntagsruhe und Feiertagsruhe

9   § 1 Nr. 2 hebt als gleichrangiges Schutzziel die Sonn- und Feiertagsruhe hervor. Die **Sonntagsruhe** war bereits durch Art. 139 WRV verfassungsrechtlich geschützt. Art. 140 GG hat Art. 139 WRV in das GG inkorporiert. Beide Vorschriften zusammen schaffen eine **institutionelle Garantie** des Sonntags (s. *Loritz* S. 15 ff.).

10 Die **Feiertage** sind demgegenüber weder generell noch als einzelne Feiertage verfassungsrechtlich geschützt. Ihre Gewährleistung beruht vielmehr nur auf einfachem Gesetz. Abgesehen vom 3. 10., einem Bundes-Feiertag, sind die Feiertage durch Landesgesetze geregelt. Ihre Zahl und ihre Verteilung sind in den einzelnen Bundesländern unterschiedlich (s. MünchArbR/*Anzinger* § 221 Rn. 7 f.).

11 Für die Auslegung kommt es des weiteren darauf an, aus welchem Grunde Sonn- und Feiertage geschützt sind. Der ursprüngliche Gedanke des religiösen Feiertages wird jedenfalls in diesem Gesetz nicht erwähnt, sondern – profan – die **Arbeitsruhe**. Aufgrund einer Empfehlung des Ausschusses für Arbeit und Sozialordnung (BT-Drucks. 12/6990 S. 8, 42) wurde in § 1 Nr. 2 der Zusatz eingefügt, daß der Sonntag und staatlich anerkannte Feiertage auch als Tage der „seelischen Erhebung der AN" zu schützen sind.

VI. Zweckkollision

12 Die drei Gesetzeszwecke werden in § 1 nebeneinander angeführt. Durch die Formulierung wird verdeckt, daß sich die **Teilzwecke** Gesundheitsschutz und Sonn- und Feiertagsschutz einerseits und Flexibilisierung der Arbeitszeit andererseits häufig widersprechen. So kann die Flexibilisierung eine Arbeit auch in der Nachtzeit und am Sonntag erfordern. Im Einzelfall muß dann doch auf die spezielle Bestimmung zurückgegriffen werden, die diese Zielkollision in einer bestimmten Weise gelöst hat (*Junker* ZfA 1998, 105, 106). Die Reihenfolge der Nennung im Gesetz besagt nichts über einen Vorrang (*Baeck/Deutsch* Rn. 10; aA Kasseler Handbuch/*Schliemann* 2.5 Rn. 38; *Zmarzlik/Anzinger* Rn. 7).

§ 2 Begriffsbestimmungen

(1) ¹Arbeitszeit im Sinne dieses Gesetzes ist die Zeit vom Beginn bis zum Ende der Arbeit ohne die Ruhepausen; Arbeitszeiten bei mehreren Arbeitgebern sind zusammenzurechnen. ²Im Bergbau unter Tage zählen die Ruhepausen zur Arbeitszeit.

(2) Arbeitnehmer im Sinne dieses Gesetzes sind Arbeiter und Angestellte sowie die zu ihrer Berufsbildung Beschäftigten.

(3) Nachtzeit im Sinne dieses Gesetzes ist die Zeit von 23 bis 6 Uhr, in Bäckereien und Konditoreien die Zeit von 22 bis 5 Uhr.

(4) Nachtarbeit im Sinne dieses Gesetzes ist jede Arbeit, die mehr als zwei Stunden der Nachtzeit umfaßt.

(5) Nachtarbeitnehmer im Sinne dieses Gesetzes sind Arbeitnehmer, die
1. auf Grund ihrer Arbeitszeitgestaltung normalerweise Nachtarbeit in Wechselschicht zu leisten haben oder
2. Nachtarbeit an mindestens 48 Tagen im Kalenderjahr leisten.

I. Geltungsbereich

1   Bevor man irgendeine Bestimmung des ArbZG auf einen Fall anwendet, ist zunächst zu klären, ob der Fall vom **Geltungsbereich des Gesetzes** erfaßt wird. Hierbei ist zu unterscheiden zwischen dem persönlichen Geltungsbereich (Für welche Beschäftigten gilt das Gesetz?), dem sachlichen Anwendungsbereich (Für welche Betriebe und für welche Fallgestaltungen gilt das Gesetz?) und dem räumlichen Geltungsbereich (Für welches Gebiet gilt das Gesetz?). Schließlich ist, im Zusammenhang mit den Übergangsvorschriften der §§ 25, 26, der zeitliche Geltungsbereich zu klären.

II. Persönlicher Geltungsbereich

2   Unter den persönlichen Schutzbereich des ArbZG fallen alle **AN**, mit Ausnahme der in § 18 genannten. Diese klare Aussage steht so nicht im Gesetz; sie ergibt sich aber daraus, daß geschützte Personen der einzelnen Vorschriften AN sind, wobei der Begriff durch § 2 II „definiert" wird und § 18 Ausnahmen aufzählt.

III. Arbeitnehmer iSd. ArbZG

§ 2 II enthält die Legaldefinition, daß AN iSd. Gesetzes Arbeiter und Angestellte sowie die zu ihrer 3
Berufsbildung Beschäftigten sind. Der ANBegriff entspricht § 5 I BetrVG. Die in § 5 II BetrVG
enthaltene Einschränkung des ANBegriffs hat der Gesetzgeber nicht übernommen. Daraus folgt, daß
dem ArbZG ein über den ANBegriff des BetrVG hinausgehender **allgemeiner** arbeitsrechtlicher
Begriff des AN zugrunde liegt (*Baeck/Deutsch* Rn. 82; *Zmarzlik/Anzinger* Rn. 22).

1. Die Definition des ANBegriffs in § 2 II entspricht derjenigen, die in neueren arbeitsrechtlichen 4
Gesetzen üblich ist. Es handelt sich um eine **extensionale Definition** (dazu *Wank*, Juristische Begriffsbildung, 1985, S. 37 ff.), dh. es werden nur die Beschäftigtengruppen aufgezählt. Dagegen fehlt – hier
wie in anderen arbeitsrechtlichen Gesetzen – eine intensionale Definition, dh. eine Definition, aus
deren Merkmalen sich im Zweifelsfall ergibt, wann jemand AN ist.

Unergiebig wäre es, anderswo eine Definition des Arbeiters oder des Angestellten zu suchen (vgl. 5
§ 6 BetrVG); denn die eigentlichen Probleme liegen woanders. Dabei handelt es sich nicht um ein
Spezialproblem des ArbZG, sondern um eine allgemeine Problematik aller arbeitsrechtlichen Gesetze.

Zunächst einmal kommt es darauf an, gegen welche **Gegenbegriffe** (dazu *Wank*, Juristische Begriffs- 6
bildung, 1985, S. 39 ff.) der ANBegriff abzugrenzen ist. Hierbei sind mehrere Gegenbegriffe zu
beachten:
– Gesellschafter, Geschäftsführer (str.)
– vorwiegend aus karitativen oder religiösen Motiven Beschäftigte
– vorwiegend aus medizinischen oder erzieherischen Gründen Beschäftigte
– mithelfende Familienangehörige
– Beamte sowie Richter, Soldaten und Zivildienstleistende
– Selbständige
– unter den Selbständigen: die Arbeitnehmerähnlichen.

Bezüglich der obengenannten Gruppen kann auf die allgemeine arbeitsrechtliche Literatur verwie- 7
sen werden (s. zB *Richardi* § 5 BetrVG Rn. 5 ff; *Fitting* § 5 BetrVG Rn. 8 ff.; GK-BetrVG/*Kraft* § 5
Rn. 8 ff.; MünchArbR/*Richardi* § 24; *Zöllner/Loritz* § 4). Hauptstreitpunkt ist die Abgrenzung zwischen abhängig Beschäftigten (AN) und Selbständigen, wobei diese Gruppe nicht nur Dienstnehmer
iSd. § 611 BGB, sondern auch Werkunternehmer iSd. § 631 BGB und andere umfaßt.

Das **BAG** und die hM im **Schrifttum** definieren: AN ist, wer persönlich abhängig ist. Persönlich 8
abhängig ist, wer örtlich, zeitlich und fachlich weisungsgebunden ist und in den Betrieb des Auftraggebers eingegliedert ist (s. zB BAG 28. 2. 1962 AP BGB § 611 Abhängigkeit Nr. 1; 25. 8. 1982 AP
BGB § 611 Abhängigkeit Nr. 32; 13. 1. 1983 AP BGB § 611 Abhängigkeit Nr. 43; 20. 7. 1994 AP
BGB § 611 Abhängigkeit Nr. 73; *Hueck/Nipperdey*, § 9 II; *Nikisch*, § 14 I; *Söllner* § 28 IV 1).

Diese Definition ist methodisch fragwürdig. Zwischen den Merkmalen auf der Tatbestandsseite 9
(Weisungsbindung) und den Rechtsfolgen (wie Lohnfortzahlung oder Kündigungsschutz) besteht
kein Sinnzusammenhang, obwohl das bei teleologischer Begriffsbildung erforderlich wäre (krit.
Berning, Die Abhängigkeit des Franchise-Nehmers, 1993, S. 89; *Bodenbender/Griese*, FS für Wlotzke,
1996, S. 3, 23 f.; *Diller*, Gesellschafter und Gesellschaftsorgane als AN, 1994, S. 101 ff.; *von Einem* BB
1994, 60, 63; *Gittermann*, Arbeitnehmerstatus und Betriebsverfassung in Franchise-Systemen, 1995,
75 ff.; *Lieb* RdA 1977, 210, 215 f.; *Mohr*, Der ANBegriff im Arbeits- und Steuerrecht, 1994, S. 99;
Wank, AN und Selbständige, 1988; *ders.* DB 1992, 90 ff.; *ders.* ZfS 1996, 387 ff.; *ders.* NZA 1999,
226 ff.; *Wiedemann*, Das Arbeitsverhältnis als Austausch- und Gemeinschaftsverhältnis, 1966, 13 ff.).

Die Merkmale müssen stattdessen einen Bezug zu dem Grund für die besondere Schutzgesetz- 10
gebung gerade für AN aufweisen; dieser Grund liegt in der sozialen **Schutzbedürftigkeit** dieser
Gruppe von Beschäftigten.

Teleologisch ist daher eine Definition, die entweder Merkmale der sozialen Schutzbedürftigkeit 11
zugrundelegt oder als Negativdefinition auf die Abgrenzung gegenüber den Selbständigen bezug
nimmt, wie die folgende: „AN ist nicht, wer aufgrund freiwillig übernommenen Betriebsrisikos
selbständig am Markt auftritt" (vgl. § 7 IV SGB IV und dazu *Wank* RdA 1999, 297 ff. mwN)

Das ArbZG gilt auch für die bei den Stationierungsstreitkräften Beschäftigten, Art. 56 I Buchst. a 12
des Zusatzabkommens zum NATO-Truppenstatut vom 3. 8. 1959 (BGBl. II S. 1218).

2. Zu ihrer Berufsbildung Beschäftigte. Zu den AN iSd. ArbZG gehören auch die zu ihrer Berufs- 13
bildung Beschäftigten über 18 Jahre (vgl. § 18 II). Hierzu zählen insb. die Auszubildenden iSv. § 3
BBiG und diejenigen, die in Vertragsverhältnissen nach § 19 BBiG beschäftigt sind, wie zB Volontäre
und Praktikanten.

3. Frauen. Während die AZO noch besondere Beschäftigungsverbote und Beschäftigungsbeschrän- 14
kungen für Frauen enthielt, richtet sich das ArbZG in gleicher Weise an männliche und weibliche AN
(vgl. auch *Baeck/Deutsch* Rn. 98 f.). So wird das früher in § 19 AZO enthaltene und sowohl vom
EuGH für eine entsprechende französische Vorschrift (EuGH 25. 7. 1991 AP EWG-Vertrag Art. 119
Nr. 28) als auch vom BVerfG (28. 1. 1992 AP AZO § 19 Nr. 2 = NJW 1992, 964) für verfassungswidrig

110 ArbZG § 2

erklärte **Nachtarbeitsverbot** für Arbeiterinnen aufgehoben. Nunmehr ist die Nachtarbeit für Männer und Frauen in gleicher Weise geregelt (näher dazu unter § 6). Auch das früher in der AZO enthaltene Beschäftigungsverbot für Frauen im Bauhauptgewerbe wird mit dem ArbZG beseitigt. Die VO über die Beschäftigung von Frauen auf Fahrzeugen vom 2. 12. 1971 (BGBl. I S. 1957) wurde durch Art. 21 S. 2 Nr. 19 ArbZRG aufgehoben.

15   Demgegenüber bleibt es dabei, daß Frauen im **Bergbau unter Tage** grds. nicht beschäftigt werden dürfen. Die entsprechende Regelung in § 16 I AZO ist durch Art. 7 Nr. 1 ArbZRG neu in das BBergG eingefügt worden (§ 64 a BBergG; zur Vereinbarkeit des § 64 a BBergG mit Art. 3 II GG s. *Zmarzlik/Anzinger* Art. 7 ArbZRG Rn. 3; *Schulte/Schwarz*, Beschäftigung von Frauen in Bergwerken, 1982, S. 107 ff.).

16   Die Landesgesetze betr. **Hausarbeitstage** sind bereits seit längerem nichtig. Das BVerfG hatte das Hausarbeitstagsgesetz von Nordrh.-Westfalen in seiner Entscheidung vom 13. 11. 1979 (AP HausarbTagsG Nordrh.-Westfalen § 1 Nr. 28) für verfassungswidrig erklärt; die Aussagen der Entscheidung bezogen sich in gleicher Weise auf die Gesetze der anderen Bundesländer. Art. 19 I ArbZRG hebt nunmehr auch ausdrücklich die Hausarbeitstagsregelungen der einzelnen Bundesländer auf, und zwar rückwirkend ab 29. 1. 1980, dem Datum der Bekanntgabe der o. g. BVerfG-Entscheidung. Nach Art. 19 II 1 ArbZRG findet eine Rückabwicklung in bezug auf von diesem Gesetz betroffene Arbeitsverhältnisse allerdings nicht statt.

17   **4. Ausnahmen.** § 18 zählt diejenigen ANGruppen auf, für die das Gesetz nicht gilt, und zwar
– leitende Angestellte
– Leiter von öffentlichen Dienststellen
– AN in häuslicher Gemeinschaft mit ihnen anvertrauten Personen
– Jugendliche unter 18 Jahren.

18   Wegen der Einzelheiten wird auf die Kommentierung zu § 18 verwiesen.

IV. Räumlicher Geltungsbereich

19   Als Vorschriften des öffentlich-rechtlichen Arbeitsschutzes gelten die Bestimmungen des ArbZG für alle AN, die auf dem Gebiet der BRD beschäftigt sind **(Territorialitätprinzip)**. Dabei kommt es weder auf die Staatsangehörigkeit noch auf den Wohnsitz des AG oder AN an. Umgekehrt gilt das ArbZG nicht für diejenigen deutschen AN, die im Ausland beschäftigt werden (BAG 12. 12. 1989 DB 1990, 865). Für AN, die außerhalb des Gebietes der BRD beschäftigt werden, kann das ArbZG jedoch aufgrund privatrechtlicher Vereinbarung gelten.

V. Sachlicher Geltungsbereich

20   Während § 18 tlw. für die Nichtanwendung des Gesetzes an bestimmte Personengruppen anknüpft, geht es bei dem sachlichen Anwendungsbereich des Gesetzes um die Ausnahmen für bestimmte Beschäftigungsbereiche und Beschäftigungsbetriebe. Hier sind zu nennen
– der liturgische Bereich, § 18 I Nr. 4
– Kauffahrteischiffe, § 18 III
– Luftfahrzeuge, § 20
– Binnenschiffahrt, § 21.

21   Wegen der Einzelheiten wird auf die Kommentierung der §§ 18 bis 21 verwiesen.

VI. Weitere Begriffsbestimmungen

22   Außer der Begriffsbestimmung des AN enthält § 2 weitere Begriffsbestimmungen, und zwar zu Arbeitszeit, Nachtzeit, Nachtarbeit und NachtAN.

23   **1. Arbeitszeit iSd. ArbZG.** Das Gesetz enthält zwar eine Definition der Arbeitszeit in § 2 I 1. Dabei geht es aber nur um die Arbeitszeit iSd. ArbZG. Dieses Gesetz regelt die Arbeitszeit allein unter arbeitsschutzrechtlichen Gesichtspunkten. Daneben ist aber noch der vertragliche Arbeitszeitbegriff zu beachten, wobei wiederum zwischen Individualarbeitsrecht und kollektivem Arbeitsrecht unterschieden werden muß, so daß sich folgende Differenzierungen ergeben:
– arbeitsvertragliche Arbeitszeit
  – aufgrund Individualarbeitsvertrag
  – aufgrund Betriebsvereinbarung
  – aufgrund TV
– arbeitsschutzrechtliche Arbeitszeit.

24   Wenn auch die arbeitsvertragliche Arbeitszeit nicht Regelungsgegenstand dieses Gesetzes ist, muß an dieser Stelle doch zur Verdeutlichung auch darauf eingegangen werden (s. auch zur flexiblen Arbeitszeit den Anhang zu § 7).

VI. Weitere Begriffsbestimmungen

2. Arbeitsvertragliche Arbeitszeit. Wann die Arbeitszeit des einzelnen AN liegt und wie lange er 25 arbeiten muß, ergibt sich aus dem Einzelarbeitsvertrag. Ist darin nichts geregelt, so gilt für beides – für Lage und Dauer der Arbeitszeit – das Betriebsübliche (BAG 21. 12. 1954 AP BGB § 611 Lohnanspruch Nr. 2 = DB 1955, 314). Innerhalb einer gewissen Schwankungsbreite unterliegen Veränderungen dem Direktionsrecht des AG (zB früherer Arbeitsbeginn; Zuteilung zu einer Schicht; Versetzung in eine andere Schicht). Seine Grenze findet das Direktionsrecht, wenn in den Kern der Vertragsbedingungen eingegriffen wird; so wenn der AN – in einem Betrieb, in dem nicht ohnehin immer mit Nachtschichten für diese Art von Arbeit gerechnet werden muß – von der Tagesschicht in die Nachtschicht versetzt wird (zur Mitbestimmung des BR s. unten 3.). Umgekehrt wird man die Versetzung von der Nachtschicht in die Tagesschicht als eine Verbesserung ansehen können, die im Rahmen des Direktionsrechts liegt. Unter bestimmten Voraussetzungen ist der AG verpflichtet, den NachtAN auf einen für ihn geeigneten Tagesarbeitsplatz umzusetzen, wenn der NachtAN dies verlangt (§ 6 IV; näher dazu unter § 6). Änderungen jenseits des Direktionsrechts bedürfen der einverständlichen Vertragsänderung oder lassen sich allenfalls im Wege einer Änderungskündigung (§ 2 KSchG) durchsetzen.

3. Mitbestimmung des BR. Besteht in einem Betrieb ein BR, so kann der AG die generelle Lage der 26 Arbeitszeit allerdings nicht einseitig festlegen, sondern gem. § 87 I Nr. 2 BetrVG nur einvernehmlich mit dem BR. Dieser ist allerdings nur zuständig für die Lage der Arbeitszeit (Beispiel: Beginn 7 Uhr morgens, Ende 14.30 Uhr), nicht dagegen für die Dauer der Arbeitszeit (zB 35 Stunden pro Woche; etwas anderes kann sich nur aufgrund einer Öffnungsklausel in einem TV ergeben). Das Mitbestimmungsrecht des BR aus § 87 I Nr. 2 BetrVG gilt nach dem Normzweck auch für die Festlegung von Beginn und Ende der täglichen Arbeitszeit der im Entleiherbetrieb beschäftigten LeihAN (BAG 15. 12. 1992 AP AÜG § 14 Nr. 7 = NZA 1993, 513). Dieses Mitbestimmungsrecht des BR findet seine Grenze, wenn dadurch in die unternehmerische Entscheidungsfreiheit eingegriffen wird; das ist der Fall, wenn dadurch die Regelung der Öffnungszeiten eines Kaufhauses von der Entscheidung des BR abhängt (aA BAG 13. 10. 1987 AP BetrVG 1972 § 87 Arbeitszeit Nr. 24 = NZA 1988, 251). Der BR ist nur zuständig für die allgemeine Regelung, also nur für einen sog. kollektiven Tatbestand. Wann demgegenüber die Arbeitszeit des einzelnen AN liegt und welcher Schicht er zugeteilt wird, unterliegt dem Direktionsrecht des AG.

Im Hinblick auf Veränderungen beim einzelnen AN ist der BR dann beteiligt, wenn es sich um eine 27 **Versetzung** handelt. Das setzt gem. § 95 III BetrVG nicht notwendig eine örtliche Veränderung, sondern „die Zuweisung eines anderen Arbeitsbereichs" voraus (BAG 26. 5. 1988 AP BetrVG 1972 § 95 Nr. 33 = NZA 1989, 438). Der BR muß vor der Versetzung unterrichtet werden und kann unter den Voraussetzungen des § 99 II BetrVG die Zustimmung verweigern. Keine zustimmungsbedürftige Versetzung ist die Umsetzung eines AN von der Tagesschicht in die Nachtschicht, wenn sich dadurch lediglich die Lage der Arbeitszeit des betroffenen AN ändert (BAG 23. 11. 1993 AP BetrVG 1972 § 95 Nr. 33 = NZA 1994, 718).

Wegen der weiteren Mitbestimmungsrechte des BR wird auf die Kommentierung der jeweiligen 28 Paragraphen verwiesen.

4. Tarifverträge. Zwar nicht die Lage, wohl aber die Dauer der Arbeitszeit pro Woche ist üblicher- 29 weise in einem TV geregelt. Sofern AG und AN tarifgebunden sind (§ 3 TVG), gilt die Regelung zwingend (§ 4 I TVG) auch für das einzelne Arbeitsverhältnis. Nimmt der Arbeitsvertrag auf den TV bezug, ohne daß beide Parteien tarifgebunden sind, so gelten diese Regelungen zwar nicht zwingend, wohl aber kraft Vertrages. Auch tarifgebundene Vertragsparteien können vom TV abweichen, wenn dies für den AN günstiger ist, § 4 III TVG. Das ist der Fall, wenn der AN weniger zu arbeiten braucht (zB 34 statt 37 Stunden). Umstr. ist dagegen, ob die Vereinbarung einer längeren als der im TV vorgesehenen Arbeitszeit für den AN günstiger ist, weil ein höherer Verdienst (allerdings bei mehr Arbeit) für den AN günstiger ist (s. die Nachw. bei *Wank* NJW 1996, 2273, 2277 f. sowie bei *Wiedemann/Wank* § 4 Rn. 479 ff.; gegen die Neuinterpretation des Günstigkeitsprinzips BAG 20. 4. 1999 AP BetrVG 1972 § 23 Nr. 30).

5. Arbeitszeit und Vergütung. Im Hinblick auf Einzelarbeitsvertrag, Betriebsvereinbarung und TV 30 muß immer unterschieden werden zwischen der Regelung der Arbeitszeit und der Regelung der Vergütung. So hält sich der AN in der Pause beispielsweise zwar an seinem Arbeitsplatz auf; aber diese Zeit wird nicht vergütet. Die Arbeitsbereitschaft zählt zwar als gesetzliche Arbeitszeit, kann aber geringer vergütet werden als die Vollarbeitszeit.

6. Das Verhältnis der Arbeitszeit im arbeitsvertraglichen Sinne zur Arbeitszeit im arbeits- 31 **schutzrechtlichen Sinne.** Das – im ArbZG allein geregelte – Arbeitsschutzrecht legt nur fest, wie lange und wann der AN aus der Sicht des Staates höchstens zu arbeiten braucht und höchstens arbeiten darf. Wird – im Einzelarbeitsvertrag oder im TV – demgegenüber eine kürzere Arbeitszeit vereinbart, so ist diese verbindlich. Umgekehrt ist die Regelung im ArbZG insofern zwingend, als alle arbeitsvertraglichen Rechtsgrundlagen sich nicht in Widerspruch zum ArbZG setzen dürfen. Abweichungen sind nur dann gestattet, wenn sie das ArbZG ausdrücklich vorsieht (*Baeck/Deutsch* Rn. 10).

32 **7. Arbeitszeit im arbeitsschutzrechtlichen Sinne.** Für das Arbeitsschutzrecht enthält § 2 I die Aussage, daß die Zeit vom Beginn bis zum Ende der Arbeit Arbeitszeit ist. Damit zählt die Wegezeit, also die Zeit von der Wohnung des AN bis zum Betrieb, nicht als Arbeitszeit (BAG 26. 8. 1960 AP BGB § 611 Wegezeit Nr. 2). Dagegen gehören Wegezeiten zwischen dem Betrieb und den außerhalb des Betriebs gelegenen Arbeitsstellen zur Arbeitszeit iSd. § 2 I (BayObLG 23. 3. 1992 NZA 1992, 811; *Neumann/Biebl* Rn. 14; *Zmarzlik/Anzinger* Rn. 9). Offen ist, wann die Arbeit im Betrieb beginnt. Hierfür reicht es nicht, daß der AN das Betriebsgelände betritt (aA *Buschmann/Ulber* Rn. 3). Die Arbeitszeit beginnt vielmehr erst mit Aufnahme der tatsächlichen Arbeitsleistung des betroffenen AN an dem fraglichen Arbeitsplatz (*Baeck/Deutsch* Rn. 9; *Neumann/Biebl* Rn. 11; *Roggendorff* Rn. 31; *Zmarzlik/Anzinger* § 3 Rn. 11). Der Aufnahme der Arbeitsleistung steht das Bereithalten des AN zur Arbeit gleich (MünchArbR/*Blomeyer* § 48 Rn. 151). Von der gesetzlichen Arbeitszeit erfaßt sind auch Vor- und Nacharbeiten, wie zB die Materialausgabe durch den AG oder das Säubern des Arbeitsplatzes. Wasch- und Umkleidezeiten gehören idR nicht zur gesetzlichen Arbeitszeit (BAG 25. 4. 1962 AP BGB § 611 Mehrarbeitsvergütung Nr. 6). Das Umkleiden zählt allerdings dann zur gesetzlichen Arbeitszeit, wenn es dienstlich angeordnet ist, wie bei Sicherheitskleidung oder bei einheitlicher Dienstkleidung (vgl. LAG Baden-Württemberg 12. 2. 1987 AiB 1987, 246; aA *Baeck/Deutsch* Rn. 9). Für die Frage, ob die Zeit des Umkleidens zur vergütungspflichtigen Arbeitszeit zählt, kommt es auf die Verhältnisse im Einzelfall an, wobei insb. die organisatorischen Gegebenheiten des jeweiligen Betriebes und die konkreten Anforderungen an den AN maßgebend sind (BAG 22. 3. 1995 AP BGB § 611 Arbeitszeit Nr. 8 = DB 1995, 2073; *Busch* BB 1995, 1690). Die gesetzliche Arbeitszeit endet, wenn der AN dem AG zur Arbeitsleistung nicht mehr zu Verfügung steht.

33 **Dienstreisezeiten** zählen grds. nicht zur gesetzlichen Arbeitszeit. Etwas anders gilt dann, wenn der AN durch die Dienstreise selbst seine vertraglichen Verpflichtungen erbringt (zB als Lkw-Fahrer) oder aber während der Dienstreise die Hauptleistung aus seinem Arbeitsverhältnis erfüllt (zB Bearbeitung der mitgeführten Akten; näher zur Dienstreise als Arbeitszeit *Loritz/Koch* BB 1987, 1102 ff.; *Loritz* NZA 1997, 1188).

34 Arbeitsvertraglich oder tarifvertraglich können auch die Zeiten vor der tatsächlichen Aufnahme oder dem Bereithalten der Arbeit zu vergüten sein. So kommt es nach der Protokollnotiz S. 2 zu § 15 VII BAT in der Fassung des 66. ÄnderungsTV zum BAT vom 24. 4. 1991 für den privatrechtlichen Beginn der Arbeitszeit auf die Ankunft an der Arbeitsstelle an. Diese Arbeitszeitdefinitionen des Arbeitsvertragsrechts gelten aber nicht für das ArbZG.

35 Während nach § 1 I 1 die Ruhepausen nicht zur Arbeitszeit gezählt werden, zählen sie im Bergbau nach S. 2 zur Arbeitszeit. Damit wird im Ergebnis eine Verkürzung der gesetzlich zulässigen Höchstarbeitszeit erreicht.

36 **8. Beschäftigung bei mehreren Arbeitgebern.** Da es um den gesundheitlichen Schutz des AN geht, ist es gleichgültig, aus welchen Arbeitsverhältnissen sich die gesamte Arbeitszeit zusammensetzt. Die Beschäftigungszeiten bei mehreren AG müssen daher gem. § 2 I 1 Halbs. 2 zusammengerechnet werden.

37 Der AN ist verpflichtet, den AG darauf aufmerksam zu machen, daß er bereits in einem Arbeitsverhältnis steht und daß deshalb der Spielraum für weitere Arbeitszeit begrenzt ist. Verstößt er gegen seine **Hinweispflicht,** macht er sich dem AG gegenüber aus Verschulden bei Vertragsschluß schadensersatzpflichtig. Allerdings sind die Straf- und Bußgeldvorschriften der §§ 22 f. nur an AG gerichtet.

38 Den AG trifft eine Pflicht, sich nach anderen Arbeitsverhältnissen zu erkundigen, nur dann, wenn dafür Anhaltspunkte bestehen (zB ein junger, ausgebildeter AN sucht eine Teilzeitbeschäftigung bei einer bestimmten Tageszeit; zu weitgehend demgegenüber *Neumann/Biebl* Rn. 19; *Roggendorff* Rn. 49; *Zmarzlik/Anzinger* Rn. 8). Diese Pflicht betrifft nur das Arbeitsschutzrecht, nicht das Vertragsrecht, da insoweit im Hinblick auf Schadensersatzansprüche aus Verschulden bei Vertragsschluß das Eigenverschulden des AN nach § 254 BGB ganz überwiegt. Den AG treffen bei Überschreitung der Höchstarbeitszeit die Sanktionen aus §§ 22 f. Eine analoge Anwendung der Vorschrift auf andere Rechtsverhältnisse, wie Dienst- oder Werkverträge, kommt nicht in Betracht (*Baeck/Deutsch* Rn. 17; aA *Buschmann/Ulber* Rn. 7).

39 **9. Nachtzeit, Nachtarbeit, Nachtarbeitnehmer.** § 2 enthält im Hinblick auf die Nachtarbeit bestimmte **Definitionen;** die materiellrechtlichen Regelungen dazu finden sich in §§ 6 und 7. Für die praktische Anwendung muß man das Gesetz in der Reihenfolge: § 6 – § 2 V – § 2 IV 4 – § 2 III lesen, also: NachtAN ist, wer in bestimmtem Umfang Nachtarbeit leistet, also Arbeit, die in die Nachtzeit fällt.

40 Arbeitsschutzrechtlich definiert das Gesetz in § 2 III die **Nachtzeit** als die Zeit zwischen 23 Uhr und 6 Uhr. In Übereinstimmung mit Art. 2 Nr. 3 der Arbeitszeit-RL 93/104/EG umfaßt die Nachtzeitspanne 7 Stunden. § 7 I Nr. 5 erlaubt es aber den TVParteien, den Beginn des siebenstündigen Nachtzeitraums auf die Zeit zwischen 22 und 24 Uhr zu verschieben. Als Festlegungszeiträume für die Nachtzeit kommen somit die Zeiträume von
– 22 Uhr – 5 Uhr,
– 23 Uhr – 6 Uhr oder
– 24 Uhr – 7 Uhr

VI. Weitere Begriffsbestimmungen § 2 ArbZG 110

in Betracht. Die zweite Satzhälfte des § 2 III, wonach in Bäckereien und Konditoreien Nachtzeit die Zeit von 22 bis 5 Uhr ist, wurde nachträglich durch Art. 2 Nr. 1 des Gesetzes zur Änderung des Gesetzes über den Ladenschluß und zur Neuregelung der Arbeitszeit in Bäckereien und Konditoreien vom 30. 7. 1996 (BGBl. I S. 1186) eingefügt.

Während § 19 I AZO für Arbeiterinnen als Nachtzeit die Zeitspanne zwischen 20 und 6 Uhr 41 festlegte, erfaßt die Regelung der Nachtzeit im ArbZG Männer und Frauen in gleicher Weise (zur Verfassungswidrigkeit des Nachtarbeitsverbotsverbot für Frauen s. oben Rn. 14 ff.).

Nachtarbeit liegt gem. § 2 IV stets dann vor, wenn die Arbeit **mehr** als **zwei Stunden** der Nacht- 42 zeit erfaßt. Demgegenüber spricht die Arbeitszeit-RL 93/104/EG von Nachtarbeit erst bei mindestens dreistündiger Beschäftigung während der Nachtzeit (vgl. Art. 2 Nr. 4 Buchst. a der RL).

Für den Begriff des **NachtAN** liegen zwei alternative Definitionen vor. Nach § 2 V Nr. 1 ist 43 NachtAN zum einen, wer „normalerweise" Nachtarbeit in Wechselschicht leistet. Durch die Verwendung des Wortes „normalerweise" soll sichergestellt werden, daß AN, die nur ausnahmsweise Nachtarbeit in Wechselschicht zu leisten haben, nicht als NachtAN anzusehen sind (vgl. BT-Drucks. 12/6990 S. 43). Voraussetzung für Nr. 1 ist die Ableistung von Nachtarbeit in **Wechselschicht**. Sie liegt vor, wenn sich die AN regelmäßig oder unregelmäßig in der Schichtfolge ablösen; ausreichend ist, daß jede Schicht aus nur einem AN besteht (BAG 23. 9. 1960 AP AZO § 2 Nr. 4).

In der Wortwahl unterscheidet das Gesetz zwischen (Nr. 1) „zu leisten haben" und (Nr. 2) „leisten". 44 Somit kommt es in Nr. 1 auf die rechtliche Verpflichtung an, in Nr. 2 dagegen auf die tatsächliche Leistung von 48 Stunden. Über den Wortlaut hinaus ist aber das Arbeitsschutzrecht für Nachtarbeit auch dann schon im Wege der **Prognose** zu berücksichtigen, wenn mit Sicherheit zu erwarten ist, daß der AN 48 Stunden in Nachtzeit beschäftigt werden wird (*Neumann/Biebl* Rn. 25; *Roggendorff* Rn. 65; aA *Junker* ZfA 1998, 105, 110 f. mwN).

10. Arbeitsbereitschaft, Bereitschaftsdienst und Rufbereitschaft. Außer den in § 2 aufgeführten 45 Begriffsbestimmungen werden im ArbZG weitere grundlegende Begriffe genannt, aber nicht definiert. Hierzu zählen insb. die Begriffe Arbeitsbereitschaft, Bereitschaftsdienst und Rufbereitschaft. Diese Arbeitszeitformen stehen zur Vollarbeit in einem Stufenverhältnis.

a) Arbeitsbereitschaft. Die **Arbeitsbereitschaft** zählt zur **Arbeitszeit iSd. ArbZG**. Dies ergibt sich 46 aus § 7 I Nr. 1 Buchst. a, wonach die Arbeitszeit über 10 Stunden am Tag hinaus verlängert werden kann, wenn in diese Zeit regelmäßig in erheblichem Umfang Arbeitsbereitschaft fällt.

Die Frage, wann Arbeitsbereitschaft im arbeitsschutzrechtlichen Sinne vorliegt, haben Rspr. und 47 Literatur bis zum heutigen Tage nicht befriedigend beantworten können (zu den Problemen einer Definition der Arbeitsbereitschaft s. ua. *Dietz* RdA 1969, S. 327; *Fechner*, Probleme der Arbeitsbereitschaft, 1963; *Herschel* RdA 1964, 401; *Gitter* ZfA 1983, 375; *Salzmann*, Die Arbeitsbereitschaft als Gegenstand rechtlicher Wertung, Diss. Hamburg 1976). Das BAG hat sich mit der Frage der Arbeitszeit weitgehend nur vergütungsrechtlich auseinandergesetzt. In diesem Sinne soll Arbeitsbereitschaft die „Zeit wacher Aufmerksamkeit im Zustand der Entspannung" sein (BAG 28. 1. 1981 AP MTL II § 18 Nr. 1). Diese **Leerformel** hilft nicht weiter (ebenso *Baeck/Deutsch* Rn. 33). Sie berücksichtigt nicht, daß die Übergänge zur Vollarbeit einerseits und zum Bereitschaftsdienst andererseits fließend sind. Am ehesten läßt sich der Begriff der Arbeitsbereitschaft definieren als „Bereithalten zur Arbeitstätigkeit, um ggf. von sich aus tätig zu werden" (*Gitter* ZfA 1983, 375, 406). In Zweifelsfällen muß allerdings für die Entscheidung, welche Arbeitszeitform vorliegt, zusätzlich auf die Intensität der Belastung des AN abgestellt werden (so bereits *Fechner* S. 55 ff.). Zu berücksichtigen sind in diesem Zusammenhang insb. die von *Fechner* (S. 33 ff.) entwickelten Kriterien, und zwar:
– Häufigkeit der Inanspruchnahme während der Arbeitsbereitschaft und ihre Dauer
– Dauer der Arbeitsbereitschaft selbst
– Einfluß auf den Lebensrhythmus
– Regelmäßigkeit und Unregelmäßigkeit von Unterbrechungen
– Verantwortlichkeit im Hinblick auf die Schwere der Folgen bei Versäumen rechtzeitigen Eingreifens
– Vorhandensein von Störfaktoren wie Lärm, Geräusche und Erschütterungen.

Vollarbeit und keine Arbeitsbereitschaft ist danach beispielsweise anzunehmen, wenn die Arbeit 48 eines Telefonisten durch ganz kurze Pausen von ein bis zwei Minuten unterbrochen wird (*Roggendorff* Rn. 39). Braucht der Verkäufer dagegen das Telefon nur ausnahmsweise zu bedienen (zB außerhalb der Betriebszeiten), so verbleiben ihm geeignete Zeiträume zur Entspannung, so daß keine Vollarbeit, sondern lediglich Arbeitsbereitschaft vorliegt.

Arbeitsvertraglich muß Arbeitsbereitschaft **entlohnt** werden; jedoch kann der Lohn angesichts der 49 geringeren Beanspruchung geringer sein (BAG 28. 11. 1973 AP MTB II § 19 Nr. 2). Die Höhe der Vergütung, die für die Arbeitsbereitschaft zu zahlen ist, richtet sich nach dem jeweiligen Arbeitsvertrag in seiner Ausgestaltung durch TV oder Betriebsvereinbarung (BAG 30. 1. 1985 AP BAT § 35 Nr. 2).

b) Bereitschaftsdienst und Rufbereitschaft. Während die Arbeitsbereitschaft zur Arbeitszeit rech- 50 net, gehören der Bereitschaftsdienst sowie die Rufbereitschaft nicht zur Arbeitszeit iSd. ArbZG

(VGH Kassel 22. 4. 1985 NZA 1985, 782; *Baeck/Deutsch* Rn. 42, 48; *Dobberahn* Rn. 47; *Junker* ZfA 1998, 105, 109; *Neumann/Biebl* § 7 Rn. 14; *Roggendorff* Rn. 41; *Zmarzlik/Anzinger* Rn. 13; aA *Buschmann/Ulber* Rn. 2). Der Bereitschaftsdienst und die Rufbereitschaft haben daher keine arbeitsschutzrechtliche, wohl aber vergütungsrechtliche Bedeutung (zur Frage, ob Bereitschaftsdienst oder Rufbereitschaft zur Ruhezeit iSd. des § 5 zählen, s. die Kommentierung zu § 5).

51 Nach der Rspr. des BAG liegt **Bereitschaftsdienst** vor, wenn sich der AN, ohne daß von ihm wache Achtsamkeit gefordert wird, für Zwecke des Betriebs an einer bestimmten Stelle innerhalb oder außerhalb des Betriebs aufzuhalten hat, damit er erforderlichenfalls seine volle Arbeitstätigkeit aufnehmen kann (BAG 10. 6. 1959 AP AZO § 7 Nr. 5). Wird der AN allerdings in dieser Zeit tatsächlich in Anspruch genommen, so zählen diese Zeiten zur gesetzlichen Arbeitszeit (BAG 10. 1. 1991 NZA 1991, 517).

52 Kennzeichnend für den Bereitschaftsdienst ist, daß der AN in der **Verwendung** seiner **Zeit frei** ist. Typischer Bereitschaftsdienst liegt vor bei Ärzten und beim Pflegepersonal in Krankenhäusern, wenn sie in eigenen oder ihnen eigens dafür zur Verfügung gestellten Zimmern tun und lassen können was sie wollen und nur in besonderen Fällen (zB Notoperation) ihre Arbeit aufnehmen müssen (*Neumann/Biebl* Rn. 14; *Roggendorff* Rn. 41).

53 **Rufbereitschaft** liegt vor, wenn der AN verpflichtet ist, sich zu Hause oder an einer frei gewählten Stelle bereitzuhalten, damit er die Arbeit, falls erforderlich, alsbald aufnehmen kann (BAG 10. 6. 1959 AP AZO § 7 Nr. 5; BVerwG 19. 1. 1988 NZA 1988, 881). An der für die Rufbereitschaft typischen Freiheit der Ortswahl fehlt es, wenn der AG zwar nicht den Aufenthaltsort festlegt, aber eine zeitlich kurze Frist setzt, innerhalb derer der AN die Arbeit aufgreifen muß (vgl. BAG 11. 12. 1991 AP BMT-G II § 67 Nr. 1 = NZA 1992, 560 zur Frage, ob vergütungsrechtlich Arbeitszeit vorliegt).

Zweiter Abschnitt. Werktägliche Arbeitszeit und arbeitsfreie Zeiten

§ 3 Arbeitszeit der Arbeitnehmer

¹Die werktägliche Arbeitszeit der Arbeitnehmer darf acht Stunden nicht überschreiten. ²Sie kann auf bis zu zehn Stunden nur verlängert werden, wenn innerhalb von sechs Kalendermonaten oder innerhalb von 24 Wochen im Durchschnitt acht Stunden werktäglich nicht überschritten werden.

I. Grundregel des 8-Stunden-Tages an Werktagen

1 § 3 ist die Kernvorschrift des ArbZG. Nach § 3 S. 1 darf die **werktägliche** Arbeitszeit der AN **8 Stunden** nicht überschreiten. Im Gegensatz zum früheren Recht der AZO (§ 3 AZO) wird der 8-Stunden-Tag jedoch nicht als gesetzliche Regelarbeitszeit festgelegt. Die werktägliche Arbeitszeit darf nach § 3 S. 2 vielmehr auf bis zu **10 Stunden verlängert** werden, wenn diese Verlängerung innerhalb eines **Ausgleichszeitraums** von 6 Monaten oder 24 Wochen auf durchschnittlich 8 Stunden ausgeglichen wird. Anders als nach der AZO (§ 4 AZO) ist die Verlängerung der werktäglichen Arbeitszeit auf 10 Stunden an **keine Voraussetzungen** gebunden. § 3 erweitert damit die Möglichkeiten flexiblerer Arbeitszeitgestaltung. Zugleich ist mit § 3 eine gesetzliche Grundlage für sämtliche Gleitzeitmodelle mit Zeitausgleich geschaffen worden (*Anzinger* BB 1994, 1492, 1493; zu den Rechtsunsicherheiten unter der Geltung der AZO s. MünchArbR/*Anzinger*, 1. Aufl., § 210 Rn. 60; zur flexiblen Arbeitszeit s. § 7 Anhang).

2 **Werktag** ist jeder Tag, der nicht ein Sonn- oder gesetzlicher Feiertag ist. Werktag ist somit auch der Samstag. Kirchliche Feiertage, die nicht zugleich gesetzliche Feiertage sind, werden als Werktage mitgezählt. Der Werktag **unterscheidet sich vom Kalendertag**. Während der Kalendertag um 0 Uhr beginnt und um 24 Uhr endet, wird der Werktag vom Beginn der Arbeitszeit des AN ab gezählt und endet 24 Stunden später. Beginnt die Arbeitszeit des AN um 9 Uhr des einen Kalendertages, endet der Werktag dieses AN 24 Stunden später, also um 9 Uhr des folgenden Kalendertages. Innerhalb dieses Zeitraums verbietet § 3 dem AG, die Arbeitszeitgrenze von 10 Stunden zu überschreiten. Das ArbZG geht damit vom **individuellen Werktag** des jeweiligen AN aus.

3 Durch die Möglichkeit, die werktägliche Arbeitszeit auf bis zu 10 Stunden zu verlängern, ist die Mehrarbeit und damit der gesetzliche Mehrarbeitszuschlag, wie er noch in § 15 II AZO geregelt war, weggefallen. Es ist damit den Tarif-, Betriebs- oder Arbeitsvertragsparteien überlassen, von welcher Stunde an Arbeit als Mehrarbeit oder als Überstunden gelten soll und welcher Ausgleich (Freizeitausgleich oder zusätzliche Vergütung) zu gewähren ist (zur Vergütung von Rufbereitschaft und Bereitschaftsdienst nach dem BAT s. *Jobs/Zimmer* ZTR 1995, 483).

4 Die **Obergrenze** der zulässigen werktäglichen Arbeitszeit von 10 Stunden darf grds. nicht überschritten werden. Dies gilt selbst dann, wenn die Arbeitszeit in erheblichem Umfang aus Arbeitsbereitschaft besteht. Etwas anderes gilt nur dann, wenn die TVParteien oder die Betriebsparteien gem. § 7 I Nr. 1 Buchst. a eine abw. Vereinbarung getroffen haben oder einer der in §§ 7 IV, V, 14, 15 geregelten Fälle vorliegt (s. dazu unten bei den jeweiligen Paragraphen).

Anders als die Arbeitszeit-RL 93/104/EG enthält das ArbZG keine ausdrückliche Regelung über 5
die zulässige **wöchentliche Höchstarbeitszeit.** Sie ergibt sich jedoch mittelbar daraus, daß § 3 S. 1 die
werktägliche Arbeitszeit der AN im Ausgleichszeitraum im Durchschnitt auf 8 Stunden werktäglich
begrenzt. Bei wöchentlich 6 Werktagen ergibt sich somit im Ausgleichszeitraum eine höchstzulässige
wöchentliche Arbeitszeit von 48 Stunden. Insoweit entspricht § 3 ArbZG der Vorgabe des Art. 6
Nr. 2 der Arbeitszeit-RL 93/104/EG, wonach die durchschnittliche Arbeitszeit pro Siebentageszeitraum 48 Stunden nicht überschreiten darf.

II. Ausgleich der verlängerten Arbeitszeiten

Der Ausgleich der über 8 Stunden hinausgehenden Arbeitszeitverlängerungen muß so erfolgen, daß 6
im Durchschnitt 8 Stunden werktäglich innerhalb des für den Betrieb gewählten Ausgleichszeitraums
nicht überschritten werden. Diese Voraussetzung ist erfüllt, wenn die Summe der vom einzelnen AN
geleisteten Arbeitsstunden die Summe der für ihn in diesem Zeitraum zulässigen Stunden nicht überschreitet.

Als Ausgleichszeitraum für die verlängerten Arbeitszeiten steht dem AG nach § 3 S. 2 ein Wahl- 7
recht zu. Nach dem Wortlaut des § 3 S. 2 kann er zwischen einem Ausgleichszeitraum von 6
Kalendermonaten oder 24 Wochen wählen.

Problematisch ist, ob der in § 3 S. 2 festgelegte Ausgleichszeitraum von 6 Kalendermonaten oder 8
24 Wochen im Einklang mit der Arbeitszeit-RL 93/104/EG steht. Nach Art. 6 Nr. 2 der RL beträgt
die durchschnittliche Arbeitszeit pro Siebentageszeitraum 48 Stunden einschließlich der Überstunden.
Wie das ArbZG geht somit auch die RL von einer durchschnittlichen wöchentlichen Höchstarbeitszeit
von 48 Stunden aus. Art. 16 Nr. 2 der Arbeitszeit-RL ermächtigt die Mitgliedstaaten, für die durchschnittliche Arbeitszeit pro Siebentageszeitraum von 48 Stunden einen Bezugszeitraum von bis zu 4
Monaten festzulegen. Lediglich in den in Art. 17 der Arbeitszeit-RL aufgeführten Ausnahmefällen
darf der Bezugszeitraum auf 6 oder 12 Monate verlängert werden (unzutreffend daher *Linnenkohl* § 3
Rn. 18, der den Ausgleichszeitraum von 6 Monaten durch Art. 17 der Arbeitszeit-RL 93/104/EG
abgedeckt sieht). Der in § 3 S. 2 enthaltene Ausgleichszeitraum von 6 Monaten verstößt damit gegen
den eindeutigen Wortlaut des Art. 16 Nr. 2 der Richtlinie. Ein Verstoß gegen die Richtlinie entfällt
auch nicht deswegen, weil sie eine maximale wöchentliche Arbeitszeit von 78 Stunden mit Ausgleichsverpflichtung pro Woche zuläßt, während nach dem ArbZG nur eine durchschnittliche wöchentliche
Arbeitszeit von 48 Stunden im Ausgleichszeitraum zulässig ist (so aber *Anzinger,* FS für Wlotzke,
1996, S. 427, 434 f.). Der Gemeinschaftsgesetzgeber hat in § 16 Nr. 2 der RL eindeutig den Ausgleichszeitraum für den Regelfall auf 4 Monate begrenzt und eine Ausnahme nur in den in Art. 17 aufgeführten Fällen zugelassen. Dadurch, daß das nationale Recht die Mindestgrenzen an anderer Stelle
deutlich überschreitet, kann der eindeutige Verstoß gegen eine Richtlinienbestimmung nicht kompensiert werden (aA *Dobberahn* Rn. 14). Der in § 3 S. 2 enthaltene Ausgleichszeitraum von 6 Monaten
oder 24 Wochen ist, da die Arbeitszeit-RL 93/104/EG bis spätestens zum 23. 11. 1996 in nationales
Recht umzusetzen war, gemeinschaftsrechtswidrig (*Balze* EAS B 3100 Rn. 63; *Buschmann/Ulber*
Rn. 7; *Ende* AuR 1997, 1337).

Der AG ist nicht an den höchstzulässigen Ausgleichszeitraum gebunden, sondern kann sich auch 9
für einen kürzeren Ausgleichszeitraum entscheiden. Der Ausgleichszeitraum ist variabel. Der AG
kann von einem auf einen anderen Ausgleichszeitraum wechseln (*Dobberahn* Rn. 30; *Neumann/Biebl*
Rn. 8; *Roggendorff* Rn. 9; *Zmarzlik/Anzinger* Rn. 20). Der Wechsel zu einem anderen Ausgleichszeitraum setzt nicht voraus, daß der erste Ausgleichszeitraum bereits abgelaufen ist. Erforderlich ist nur,
daß die Verlängerung der Arbeitszeit vor dem Wechsel zu einem anderen Ausgleichszeitraum voll
ausgeglichen wurde (*Zmarzlik/Anzinger* Rn. 20).

Bei der Wahl der Ausgleichszeiträume ist der AG nicht auf das Kalenderjahr oder auf Kalenderwo- 10
chen begrenzt. Als Ausgleichszeitraum kommt somit zB auch der Zeitraum von Oktober bis Januar in
Betracht. Dagegen ist es unzulässig, bei der Wahl der Ausgleichszeiträume Kalendermonate zu
überspringen, also zB als Ausgleichszeitraum die Monate Februar, April und Mai zu wählen. Daß als
Ausgleichszeitraum nur zusammenhängende Kalendermonate in Betracht kommen, ergibt sich bereits
aus dem Wortlaut des § 3 S. 2, der mit der Formulierung „innerhalb" einen zusammenhängenden
Zeitraum als Ausgleichszeitraum voraussetzt (*Zmarzlik/Anzinger* Rn. 21).

Umstr. ist, ob der Ausgleich der längeren Arbeitszeit immer nur im nachhinein erfolgen darf (so 11
Buschmann/Ulber Rn. 7; *Roggendorff* Rn. 12) oder ob ein Ausgleich auch dadurch erfolgen darf, daß
die Tage mit kürzerer Arbeitszeit am Anfang liegen (so *Dobberahn* Rn. 32; *Erasmy* NZA 1994, 1105,
1106; Kasseler Handbuch/*Schliemann* 2.5 Rn. 177; *Zmarzlik* DB 1994, 1082, 1083; *Zmarzlik/Anzinger*
Rn. 23). Für die erstgenannte Auffassung spricht die amtl. Begr. des RegEntw., in der es heißt, daß der
Ausgleich auf die Durchschnittsgrenze von 8 Stunden „innerhalb der **folgenden** 6 Kalendermonte
bzw. 24 Wochen" zu erfolgen hat (BT-Drucks. 12/5888 S. 24). Diese noch im RegEntw. enthaltene
Begr. hat in der Gesetzesfassung jedoch keinen Niederschlag mehr gefunden. Dies deutet darauf hin,
daß der Gesetzgeber bewußt davon abgesehen hat, in § 3 S. 2 irgendwelche Vorgaben für die Wahl des
Ausgleichszeitraums aufzunehmen (vgl. auch *Neumann/Biebl* Rn. 9). Dafür spricht auch, daß mit dem

neuen ArbZG auch die Rahmenbedingungen für flexible Arbeitszeiten verbessert werden sollten. Hiervon ausgehend kann es aber keine Rolle spielen, ob die Tage mit längerer oder kürzerer Arbeitszeit am Anfang, am Ende oder in der Mitte des Ausgleichszeitraums liegen (*Baeck/Deutsch* Rn. 33; *Dobberahn* Rn. 32; *Junker* ZfA 1998, 105, 113 f.; *Zmarzlik/Anzinger* Rn. 23).

12 Streit besteht auch darüber, ob Urlaubstage und Krankheitstage sowie Tage sonstiger Arbeitsbefreiung als Ausgleichstage in Betracht kommen. Für eine Berücksichtigung von Urlaubs- und Krankheitstagen bei der Ausgleichsregelung des § 3 S. 2 ist im Schrifttum geltend gemacht worden, daß die Ausgleichsregelung dazu diene, die höhere Beanspruchung der Arbeitskraft eines AN auszugleichen. Da die Gewährung von Urlaubstagen die Erholung des AN bezwecke, seien Urlaubstage in den Ausgleichszeitraum einzuberechnen. Bei Krankheitstagen könne im Grundsatz nichts anderes gelten. Für eine Berücksichtigung von Urlaubs- und Krankheitstagen als Ausgleichstage spreche zudem, daß das ArbZG bezwecke, die Rahmenbedingungen für flexible Arbeitszeiten zu verbessern (*Dobberahn* Rn. 31). Diese Auffassung ist abzulehnen. Gegen sie spricht schon, daß das ArbZG richtlinienkonform auszulegen ist und daß der Wortlaut des Art. 16 Nr. 2 der Arbeitszeit-RL 93/104/EG einer Berücksichtigung von Urlaubs- und Krankheitstagen als Ausgleichstagen entgegensteht (*Balze* EAS B 3100 Rn. 58; gegen eine Berücksichtigung von Urlaubs- und Krankheitstagen als Ausgleichstage grds. auch *Erasmy* NZA 1994, 1105, 1107; *Junker* ZfA 1998, 105, 112; *Roggendorff* Rn. 11; Kasseler Handbuch/ *Schliemann* 2.5 Rn. 205 ff.; *Zmarzlik/Anzinger* Rn. 47 f.).

III. Sonderregelungen für bestimmte Arbeitnehmergruppen

13 **1. Arbeitszeit von Jugendlichen.** Gem. § 18 II gilt für die Beschäftigung von Personen unter 18 Jahren anstelle des ArbZG das JArbSchG. Für die Arbeitszeiten der Jugendlichen enthalten §§ 7 bis 10 JArbSchG Sonderregelungen. § 8 I JArbSchG begrenzt die zulässige Höchstarbeitszeit für Jugendliche grds. auf 8 Stunden täglich und 40 Stunden wöchentlich. Ferner dürfen Jugendliche grds. nur an den Werktagen von Montag bis Freitag beschäftigt werden (§ 16 JArbSchG). Wird die höchstzulässige werktägliche Arbeitszeit von 8 Stunden an einzelnen Werktagen verkürzt, so darf die Arbeitszeit nach § 8 II Buchst. a an den übrigen Werktagen derselben Woche auf bis zu 8 Stunden verlängert werden (zu weiteren Einzelheiten der Arbeitszeit für Jugendliche s. MünchArbR/*Zmarzlik* § 232 Rn. 4 ff.).

14 **2. Arbeitszeit für werdende und stillende Mütter.** Das ArbZG gilt, von wenigen Ausnahmen abgesehen, für Männer und Frauen im gleichen Maße (s. oben § 2 Rn. 14 ff.) Eine Sonderregelung enthält das MuSchG für werdende und stillende Mütter. Nach § 8 I MuSchG dürfen werdende und stillende Mütter nicht mit Mehrarbeit beschäftigt werden. Was als Mehrarbeit iSd. § 8 I MuSchG gilt, wird in § 8 II bestimmt. Mehrarbeit ist danach jede Arbeit, die von Frauen unter 18 Jahren über 8 Stunden täglich oder 80 Stunden in der Doppelwoche geleistet wird. Bei werdenden und stillenden Frauen über 18 Jahren liegt Mehrarbeit vor, wenn die Arbeitszeit mehr als 8 Stunden täglich oder 90 Stunden in der Doppelwoche beträgt. Für die im Familienhaushalt mit hauswirtschaftlichen Arbeiten oder in der Landwirtschaft beschäftigten Frauen gilt als Mehrarbeit jede Arbeit, die 9 Stunden täglich oder 102 Stunden in der Doppelwoche überschreitet (zu weiteren Einzelheiten des Mehrarbeitsverbots für werdende und stillende Mütter s. *Zmarzlik/Zipperer/Viethen* § 8 Rn. 16 ff.).

15 **3. Arbeitszeit von Kraftfahrern und Beifahrern.** Die Sonderregelungen der Arbeitszeiten für Kraftfahrer und Beifahrer in Nr. 50 und Nr. 53 der Ausführungsverordnung zur AZO (AVAZO) sind durch das ArbRZG aufgehoben worden (Art. 19 Nr. 2 ArbRZG). Das ArbZG findet somit auch auf Kraftfahrer und Beifahrer volle Anwendung. Spezielle Vorschriften betreffend Lenkzeiten, Lenkzeitunterbrechungen und Ruhezeiten enthält die VO (EWG) Nr. 3820/85 des Rates über die Harmonisierung bestimmter Sozialvorschriften im Straßenverkehr vom 20. 12. 1985 (ABl. L 370 S. 1) sowie das Europäische Übereinkommen über die Arbeit des im internationalen Straßenverkehr beschäftigten Personals (AETR). Für Kraftfahrer und Beifahrer, auf die die Regelungen der VO (EWG) Nr. 3820/85 oder des AETR anwendbar sind, gelten diese als speziellere Vorschriften vorrangig neben den Beschränkungen des ArbZG (zur VO EWG Nr. 3820/85 und zum AETR s. *Lindena* DB 1987, 688 ff.; *Neumann/Biebl* Rn. 12 ff.; *Roggendorff* Rn. 21 ff.).

IV. Abweichungsmöglichkeiten

16 Abw. von § 3 können die TVParteien oder auf Grund eines TV die Betriebspartner nach Maßgabe des § 7 I Nr. 1, § 7 II Nr. 2 bis 4 abw. Regelungen vereinbaren (s. dazu unter § 7 I). Abweichungen von § 3 sind ferner in den in § 14 aufgeführten besonderen Fällen zulässig (s. dazu unter § 14). Darüber hinaus kann die Aufsichtsbehörde oder das Bundesministerium für Verteidigung durch Rechtsverordnung abw. längere tägliche Arbeitszeiten bewilligen (s. dazu unter § 15).

V. Mitbestimmung des Betriebsrats

Die Verteilung der zulässigen Regelarbeitszeit von 8 Stunden auf den Tag und auf die Woche 17 unterliegt der Mitbestimmung des BR nach § 87 I Nr. 2 BetrVG. Dies gilt auch für die Wahl und die Änderung des Ausgleichszeitraums iSd. § 3 S. 2. Will der AG die betriebsübliche Arbeitszeit sämtlicher oder einzelner AN vorübergehend verkürzen oder verlängern, so unterliegt diese Maßnahme der Mitbestimmung des BR nach § 87 I Nr. 3 BetrVG. Etwas anders gilt lediglich in den Fällen, in denen es sich bei der Verlängerung oder Verkürzung der Arbeitszeit um rein individuelle Regelungen ohne kollektiven Bezug handelt. Ein kollektiver Bezug ist nach Ansicht des BAG schon dann gegeben, wenn durch die Verlängerung oder Verkürzung der betriebsüblichen Arbeitszeit kollektive Interessen berührt werden (vgl. BAG 10. 6. 1986 AP BetrVG 1972 § 87 Arbeitszeit Nr. 18 = NZA 1986, 840; BAG 27. 11. 1990 AP BetrVG 1987 § 87 Arbeitszeit Nr. 41 = NZA 1991, 382). Richtigerweise ist jedoch darauf abzustellen, ob es sich um eine abstrakt-generelle Maßnahme handelt (dann kollektiver Bezug) oder nicht (*Wank* NJW 1996, 2273, 2281 f.; *ders.*, FS für Wiese, 1998, 617).

§ 4 Ruhepausen

¹Die Arbeit ist durch im voraus feststehende Ruhepausen von mindestens 30 Minuten bei einer Arbeitszeit von mehr als sechs bis zu neun Stunden und 45 Minuten bei einer Arbeitszeit von mehr als neun Stunden insgesamt zu unterbrechen. ²Die Ruhepausen nach Satz 1 können in Zeitabschnitte von jeweils mindestens 15 Minuten aufgeteilt werden. ³Länger als sechs Stunden hintereinander dürfen Arbeitnehmer nicht ohne Ruhepause beschäftigt werden.

I. Begriff der Ruhepause

Die noch in der AZO enthaltene unterschiedliche Pausenregelung für Frauen und Männer (§ 12 II 1 und § 18 AZO) wurde in § 4 aus Gründen der Gleichbehandlung und zur Vermeidung von Schwierigkeiten in der betrieblichen Praxis vereinheitlicht (BT-Drucks. 12/5888 S. 24).

Eine Legaldefinition des Begriffs „Ruhepause" enthält das ArbZG nicht. Nach der Rspr. des BAG 2 zur AZO und der KrAZO sind Ruhepausen im voraus festliegende Unterbrechungen der Arbeitszeit, in denen der AN weder Arbeit zu leisten noch sich dafür bereitzuhalten braucht, sondern frei darüber verfügen kann, wo und wie er diese Ruhezeit verbringen will (BAG 23. 9. 1992 AP AZO Kr. § 3 Nr. 6 = NZA 1993, 752).

Aus dem Zweck der Ruhepause, den AN ua. vor Übermüdung und damit einhergehenden Gesund- 3 heits- und Unfallrisiken zu schützen, folgt, daß Zeiten der Arbeitsbereitschaft keine Ruhepausen iSd. § 4 ArbZG sind (*Linnenkohl* Rn. 4; *Neumann/Biebl* Rn. 2). Da in Zeiten der Rufbereitschaft der AN tun und lassen kann was er will, dürfen Ruhepausen allerdings in die Zeit der Rufbereitschaft gelegt werden; gleiches gilt für Zeiten des Bereitschaftsdienstes, wenn eine ausreichende Möglichkeit zur Erholung gewährleistet ist (*Baeck/Deutsch* Rn. 10; *Roggendorff* Rn. 10; *Zmarzlik/Anzinger* § 3 Rn. 5; aA Kasseler Handbuch/*Schliemann* 2.5 Rn. 248).

II. Dauer und Lage der Ruhepausen

Die **Mindestdauer** der Ruhepausen ist nach der Dauer der Arbeitszeit gestaffelt und beträgt bei 4 einer Arbeitszeit von mehr als 6 bis zu 9 Stunden **30 Minuten** und bei einer Arbeitszeit von mehr als 9 Stunden 45 Minuten, wobei die Ruhepausen nach § 4 S. 2 in Zeitabschnitte von jeweils **mindestens 15 Minuten** aufgeteilt werden können.

Anders als das JArbSchG (§ 11 II JArbSchG) enthält das ArbZG keine genaueren Vorgaben über 5 die zeitliche Lage der Ruhepausen. Aus dem Wortlaut des § 4 S. 1, wonach die Arbeitszeit durch Ruhepausen zu **unterbrechen** ist, folgt jedoch, daß die Arbeit nicht mit einer Pause beginnen oder enden darf (*Junker* ZfA 1998, 105, 116; *Linnenkohl* Rn. 9; *Neumann/Biebl* Rn. 6; *Zmarzlik/Anzinger* Rn. 16). Ferner schreibt § 4 S. 3 vor, daß eine Ruhepause spätestens nach 6 Stunden zu gewähren ist.

Abzulehnen ist die im Schrifttum vertretene Auffassung, daß Ruhepausen innerhalb der ersten 6 Stunde nach Beginn der Arbeitszeit und der letzten Stunde vor Arbeitsende grds. unzulässig sind (so aber *Roggendorff* Rn. 14). Der Gesetzgeber hat nämlich bewußt davon abgesehen, die Regelung des § 11 II 2 JArbSchG, nach der die Ruhepausen Jugendlicher frühestens eine Stunde nach Beginn und spätestens eine Stunde vor Ende der Arbeit gewährt werden müssen, in das ArbZG aufzunehmen.

Die Ruhepause muß nach § 4 S. 1 **im voraus** feststehen. Damit wird sichergestellt, daß der AN sich 7 auf die Pause einrichten und sie damit auch wirklich zur Erholung nutzen kann. Die Festlegung der Ruhepausenzeiten muß jedoch nicht zeitlich exakt fixiert werden (aA *Buschmann/Ulber* Rn. 4). Zulässig ist vielmehr auch, daß für die Ruhepause ein zeitlicher Rahmen festgelegt wird, in dem die Ruhepause einzulegen ist (*Erasmy* NZA 1994, 1105, 1107; *Junker* ZfA 1998, 105, 115; *Neumann/Biebl* Rn. 3). Der AG genügt seiner Pflicht zur Pausengewährung zB auch dann, wenn er für den Antritt der Mittagspause die Zeit zwischen 12.00 bis 14.00 Uhr vorschreibt.

III. Aufenthalt während der Pause

8   Während der Ruhepause darf der AN nicht beschäftigt werden, er ist vielmehr von der Arbeit freigestellt. Die noch in der AZO enthaltene Regelung über das Verbot der Beschäftigung während der Ruhepause (§ 18 III AZO) hat der Gesetzgeber für so selbstverständlich erachtet, daß er eine gesetzliche Regelung für entbehrlich hielt (BT-Drucks. 12/5888 S. 24).

9   Es steht im Ermessen des AN, wie er die ihm zur Verfügung stehende Zeit gestaltet. Nicht zwingend für die Pause ist, daß der AN auch das Betriebsgelände verlassen darf. Ob dem AN das Recht zusteht, das Betriebsgelände während der gesetzlichen Ruhepause zu verlassen, bestimmt sich, sofern tarifvertragliche oder betriebliche Regelungen fehlen, vielmehr nach dem Einzelarbeitsvertrag.

IV. Sonderregelungen für Jugendliche

10 Für die Ruhepausen Jugendlicher enthält § 11 JArbSchG eine Sonderregelung. Nach § 11 I JArbSchG müssen Jugendlichen im voraus feststehende Ruhepausen von angemessener Dauer gewährt werden. Bei einer Arbeitszeit von mehr als viereinhalb bis zu sechs Stunden muß die Ruhepause mindestens 30 Minuten und bei einer Arbeitszeit von mehr als sechs Stunden mindestens 60 Minuten betragen. Die vorgeschriebene Mindestdauer der Ruhepausen kann auf mehrere Pausen verteilt werden, wobei die Mindestdauer 15 Minuten nicht unterschreiten darf (zu weiteren Einzelheiten s. MünchArbR/*Zmarzlik* § 232 Rn. 59 ff.).

V. Abweichungsmöglichkeiten

11 Die TVParteien oder ggf. die Betriebspartner können nach Maßgabe des § 7 I Nr. 2, II Nr. 3 und 4 abw. Regelungen treffen (s. dazu unter § 7 I). Ferner sind unter den in § 14 bestimmten Voraussetzungen Abweichungen von § 4 zulässig (s. dazu unter § 14).

VI. Mitbestimmung des Betriebsrats

12 Nach § 87 I Nr. 2 BetrVG hat der BR bei der Festlegung der gesetzlichen Ruhepausen ein Mitbestimmungsrecht. Ein Mitbestimmungsrecht des BR besteht jedoch nicht, wenn in Einzelfällen die Lage der Pausen mit dem AN individuell vereinbart wird. Bei Fehlen einer tarifvertraglichen Regelung unterliegt die Frage, ob die AN das Betriebsgelände während der Pause verlassen dürfen, der Mitbestimmung des BR (BAG 21. 8. 1990 BetrVG § 87 Ordnung des Betriebes Nr. 17 = NZA 1991, 154).

§ 5 Ruhezeit

(1) **Die Arbeitnehmer müssen nach Beendigung der täglichen Arbeitszeit eine ununterbrochene Ruhezeit von mindestens elf Stunden haben.**

(2) **Die Dauer der Ruhezeit des Absatzes 1 kann in Krankenhäusern und anderen Einrichtungen zur Behandlung, Pflege und Betreuung von Personen, in Gaststätten und anderen Einrichtungen zur Bewirtung und Beherbergung, in Verkehrsbetrieben, beim Rundfunk sowie in der Landwirtschaft und in der Tierhaltung um bis zu eine Stunde verkürzt werden, wenn jede Verkürzung der Ruhezeit innerhalb eines Kalendermonats oder innerhalb von vier Wochen durch Verlängerung einer anderen Ruhezeit auf mindestens zwölf Stunden ausgeglichen wird.**

(3) **Abweichend von Absatz 1 können in Krankenhäusern und anderen Einrichtungen zur Behandlung, Pflege und Betreuung von Personen Kürzungen der Ruhezeit durch Inanspruchnahmen während des Bereitschaftsdienstes oder der Rufbereitschaft, die nicht mehr als die Hälfte der Ruhezeit betragen, zu anderen Zeiten ausgeglichen werden.**

(4) **Soweit Vorschriften der Europäischen Gemeinschaften für Kraftfahrer und Beifahrer geringere Mindestruhezeiten zulassen, gelten abweichend von Absatz 1 diese Vorschriften.**

I. Grundsatz der Mindestruhezeit von 11 Stunden

1   Wie nach der AZO (§ 12 I 1 AZO) müssen AG den AN auch nach dem ArbZG (§ 5 I) eine ununterbrochene Ruhezeit von **mindestens 11 Stunden** gewähren. Eine gesetzliche Definition der Ruhezeit enthält das ArbZG nicht. Im allgemeinen wird Ruhezeit als die Zeit zwischen dem Ende der Arbeitszeit eines Arbeitstages und ihrem Wiederbeginn am nächsten Arbeitstag bezeichnet (BAG 23. 11. 1960 AP AZO § 6 Nr. 12; *Roggendorff* Rn. 10; *Zmarzlik/Anzinger* Rn. 5).

2   Mit dem Zweck der Ruhezeit, nämlich dem AN nach der zeitlich verdichteten Arbeit die Möglichkeit zu gewähren, sich insb. durch Essen und Schlaf von den Belastungen der Arbeit zu erholen, ist es unvereinbar, wenn der AN während der Ruhezeit auch nur kurzfristig zur Vollarbeit oder Arbeitsbereitschaft herangezogen wird (*Dobberahn* Rn. 63; *Roggendorff* Rn. 11; *Linnenkohl* Rn. 7).

Ob Zeiten des Bereitschaftsdienstes oder der Rufbereitschaft in die elfstündige Mindestruhezeit 3
fallen dürfen, ist umstr. Tlw. wird diese Frage für den Fall bejaht, daß der AN zur Arbeitsleistung
nicht herangezogen wird (*Dobberahn* § 6 Rn. 65; *Roggendorff* Rn. 11; *Kasseler Handbuch/Schliemann* 2.5 Rn. 277). – Diese Auffassung ist abzulehnen. Gegen eine Einbeziehung von Zeiten des
Bereitschaftsdienstes und der Rufbereitschaft in die Ruhezeit spricht, daß Bereitschaftsdienst und
Rufbereitschaft mit dem Erholungszweck der Ruhezeit unvereinbar sind (*Buschmann/Ulber* Rn. 2;
Linnenkohl Rn. 7; *Zmarzlik/Anzinger* Rn. 14). AN müssen während der Zeiten des Bereitschaftsdienstes und der Rufbereitschaft nämlich stets mit einem Abruf zur Arbeit rechnen. Dagegen sind
arbeitsfreie Zeiten, wie Urlaubstage oder sonstige Tage der Freistellung von der Arbeit, als Ruhezeit
anzurechnen. Auch Sonn- und Feiertage zählen zur Ruhezeit iSd. § 5 I. Zu beachten ist jedoch, daß
§ 11 IV den AG verpflichtet, die Sonn- und Feiertagsruhe unmittelbar in Verbindung mit der Ruhezeit
des § 5 I zu gewähren.

Die elfstündige Ruhepause muß dem AN **ununterbrochen** nach Beendigung der **täglichen Arbeits-** 4
zeit gewährt werden. Tägliche Arbeitszeit ist nicht die Arbeitszeit eines Kalendertages, sondern die
individuelle tägliche Arbeitszeit des jeweiligen AN (s. oben § 3 Rn. 2). Ununterbrochen wird die
Ruhepause nur dann gewährt, wenn der AG den AN nicht beschäftigt hat, und zwar nicht mit
Bereitschaftsdienst oder Rufbereitschaft. Eine Aufteilung der elfstündigen Ruhezeit in Zeitabschnitte
ist unzulässig. Hat der AG den AN während des Mindestruhezeitraums zur Arbeitsleistung herangezogen, so muß er die volle Ruhezeit im Anschluß an die Unterbrechung neu gewähren (*Neumann/
Biebl* Rn. 4; *Roggendorff* Rn. 14; *Zmarzlik/Anzinger* Rn. 14).

II. Verkürzung der Ruhezeit

§ 5 II gestattet es dem AG, die elfstündige Ruhezeit in den in Abs. 2 genannten Beschäftigungsbe- 5
reichen auf bis zu **10 Stunden zu verkürzen,** wenn jede Verkürzung der Ruhezeit innerhalb eines
Kalendermonats oder innerhalb von 4 Wochen durch Verlängerung einer anderen Ruhezeit auf mindestens 12 Stunden ausgeglichen wird.

Wie sich aus der Formulierung des § 5 II („um bis zu 1 Stunde") ergibt, kann die Verkürzung auch 6
minutenweise erfolgen. Umstr. ist, ob eine Verkürzung von weniger als einer Stunde notwendigerweise
durch eine Verlängerung einer anderen Ruhezeit auf 12 Stunden ausgeglichen werden muß (so
Roggendorff Rn. 19; *Kasseler Handbuch/Schliemann* 2.5 Rn. 287 ff.; *Zmarzlik/Anzinger* Rn. 29),
oder ob eine **Gesamtabrechnung** dergestalt erfolgen darf, daß mehrere Verkürzungen zusammengefaßt und dann durch eine Verlängerung einer anderen Ruhezeit auf mindestens 12 Stunden ausgeglichen werden (so *Neumann/Biebl* Rn. 5). Für die Zulässigkeit einer Gesamtabrechnung spricht, daß
die Ausgleichsregelung des § 5 II darauf abzielt, die Verkürzung der Ruhezeiten innerhalb eines
bestimmten Ausgleichszeitraums zu kompensieren. Müßte auch eine einmalige Verkürzung um nur
wenige Minuten durch eine Verlängerung einer anderen Ruhezeit auf 12 Stunden ausgeglichen werden,
so würde dies zu einer „Überkompensation" führen, die sich weder aus dem Wortlaut des § 5 II noch
aus dessen Zweck herleiten läßt und daher im Widerspruch zu der Zweckbestimmung des § 1 Nr. 1
steht, durch das ArbZG auch die Rahmenbedingungen für flexible Arbeitszeiten zu verbessern (*Dobberahn* Rn. 64; *Linnenkohl* Rn. 15). Zulässig ist es somit, zB drei Verkürzungen der Ruhezeiten um je
20 Minuten durch eine einmalige Verlängerung einer Ruhezeit auf 12 Stunden in einem von dem
Betrieb gewählten Ausgleichszeitraum auszugleichen (aA *Baeck/Deutsch* Rn. 21; *Junker* ZfA 1998,
105, 118).

Als **Ausgleichszeitraum** für die Verkürzung der elfstündigen Mindestruhezeit auf bis zu 10 Stunden 7
kommen wahlweise der Kalendermonat oder 4 Wochen in Betracht. Kalendermonat ist der Monat des
Kalenders, in dem die Ruhezeit verkürzt wurde oder verkürzt wird. Der Ausgleichszeitraum von
4 Wochen umfaßt den Zeitraum von 4 zusammenhängenden Wochen, in dem die Ruhezeit verkürzt
wurde oder verkürzt wird. Unerheblich ist, ob der Ausgleich der Ruhezeitverkürzung am Anfang, in
der Mitte oder am Ende des Ausgleichszeitraums erfolgt (*Zmarzlik/Anzinger* Rn. 30).

III. Gewerbe mit Verkürzungsmöglichkeit

Die Beschäftigungsbereiche, in denen die elfstündige Ruhezeit des § 5 I um bis zu eine Stunde 8
verkürzt werden darf, sind in § 5 II abschließend aufgezählt. Vorrangig gehören hierzu Krankenhäuser
und andere Einrichtungen zur Behandlung, Pflege und Betreuung von Personen. Zu den **Krankenhäusern** zählen die in § 107 I SGB V definierten Einrichtungen sowie die in § 107 II SGB V aufgeführten Vorsorge- und Rehabilitationseinrichtungen. **Andere Einrichtungen** zur Behandlung, Pflege
und Betreuung von Personen sind zB Altenheime, Pflegeheime sowie Kinder- und Jugendheime.

Gaststätten sind Einrichtungen, die jedermann oder Angehörigen bestimmter Personengruppen 9
Getränke oder zubereitete Speisen verabreichen oder Gäste beherbergen, wie zB Hotels, Pensionen,
Gasthöfe, Restaurants und Kantinen. Zu den **andere Einrichtungen zur Bewirtung und Beherbergung** gehört zB die Bewirtung von Personen im Speisewagen der Eisenbahn oder durch einen Party-Service.

10 Unter **Verkehrsbetrieben** sind alle öffentlichen und privaten Betriebe zu verstehen, deren Zweck auf die Beförderung von Personen, Gütern oder Nachrichten gerichtet ist sowie die dazugehörigen selbständigen oder unselbständigen Hilfs- und Nebenbetriebe (Begr., BT-Drucks. 12/5888 S. 25).

11 Zum **Rundfunk** gehören der gesamte öffentlich-rechtliche und private Hörfunk und das öffentlich-rechtliche und private Fernsehen. Die Möglichkeit die Ruhezeit beim Rundfunk zu verkürzen, ist erst auf Beschluß des Deutschen Bundestages im Rahmen der parlamentarischen Beratungen in das Gesetz aufgenommen worden, um der Informationsvermittlungsaufgabe des Rundfunks Rechnung zu tragen (vgl. Begr. BT-Drucks. 12/6990 S. 9, 43).

12 Die Verkürzungsmöglichkeit bei der Ruhezeit nach § 5 II ist schließlich auch in der Landwirtschaft und in der Tierhaltung zulässig. Zur **Landwirtschaft** gehören die Unternehmen, die der landwirtschaftlichen Unfallversicherung unterliegen. Mit Betrieben der **Tierhaltung** sind solche außerhalb der Landwirtschaft gemeint, wie zB Betriebe zur Haltung von Tieren zur Fleisch- und Eierversorgung oder zur Haltung von Tieren zu sportlichen, wissenschaftlichen oder unterhaltenden Zwecken.

IV. Spezielle Ausnahmen für Krankenhäuser und Pflegeeinrichtungen

13 Eine **über § 5 II hinausgehende Kürzung** der Ruhezeit wird durch § 5 III eröffnet. Danach kann in Krankenhäusern und anderen Einrichtungen zur Behandlung, Pflege und Betreuung von Personen die Mindestruhezeit von 11 Stunden durch Inanspruchnahme während des Bereitschaftsdienstes oder der Rufbereitschaft auf bis zu **5 Stunden verkürzt** werden. Damit soll sichergestellt werden, daß in Krankenhäusern beschäftigte Personen, wie zB Ärzte oder Krankenschwestern, trotz Arbeitsleistung während des Bereitschaftsdienstes oder der Rufbereitschaft planmäßig im Anschluß an diese Dienste ihre Tätigkeit aufnehmen können, ohne daß im Anschluß an Arbeitsleistungen während dieser Dienste eine erneute zehnstündige Ruhezeit erforderlich wird (Begr., BT-Drucks. 12/5888 S. 25). Arbeitszeiten während des Bereitschaftsdienstes oder der Rufbereitschaft müssen ausgeglichen werden, allerdings nicht innerhalb eines gesetzlich vorgegebenen Zeitrahmens.

V. Sonderregelungen

14 **1. Für Kraftfahrer und Beifahrer.** Nach der VO (EWG) Nr. 3820/85 des Rates über die Harmonisierung bestimmter Sozialvorschriften im Straßenverkehr vom 20. 12. 1985 (ABl. L 370 S. 1) sind für Kraftfahrer und Beifahrer geringere Mindestruhezeiten zulässig als nach § 5 I.

15 Nach 8 I der VO muß der Fahrer innerhalb jedes Zeitraums von 24 Stunden eine tägliche Ruhezeit von mindestens 11 zusammenhängenden Stunden einlegen. Die Ruhezeit darf jedoch höchstens dreimal pro Woche auf sich weniger als 9 zusammenhängende Stunden verkürzt werden, sofern bis zum Ende der folgenden Woche eine entsprechende Ruhezeit zum Ausgleich gewährt wird. Ferner darf die Ruhezeit an Tagen, an denen sie nicht verkürzt wird, innerhalb von 24 Stunden in zwei oder drei Zeitabschnitten genommen werden, von denen einer mindestens 8 zusammenhängende Stunden betragen muß und keiner weniger als 1 Stunde betragen darf. Als Ausgleich für die Aufteilung muß die Gesamtruhezeit an diesem Tag jedoch von 11 auf 12 Stunden verlängert werden. Nach Art. 11 der VO bleibt es den Mitgliedstaaten zwar freigestellt, strengere Regelungen festzulegen. Um Benachteiligungen deutscher Kraftfahrer und Beifahrer zu vermeiden, wurde von dieser Ermächtigung jedoch kein Gebrauch gemacht. § 5 IV regelt vielmehr ausdrücklich, daß abw. von § 5 I die Vorschriften der VO (EWG) Nr. 3820/85 gelten, soweit sie für Kraftfahrer und Beifahrer geringere Ruhezeiten zulassen.

16 **2. Für Jugendliche.** Für die Ruhezeiten von Jugendlichen enthält § 13 JArbSchG eine Sonderregelung. Danach dürfen Jugendliche nach Beendigung der täglichen Arbeitszeit nicht vor Ablauf einer ununterbrochenen Freizeit von mindestens 12 Stunden beschäftigt werden. Eine Verkürzung der täglichen Freizeit ist nur in Notfällen nach § 21 I JArbSchG zulässig. Zur Absicherung der zwölfstündigen Freizeit für Jugendliche gebietet § 14 I JArbSchG dem AG, Jugendlichen mindestens in der Zeit von 20 Uhr bis 6 Uhr eine absolute Nachtruhe zu gewähren. Dieser Grundsatz darf lediglich in den in § 14 II bis VII JArbSchG aufgeführten Ausnahmefällen durchbrochen werden (zu weiteren Einzelheiten s. MünchArbR/*Zmarzlik* § 232 Rn. 74 ff.).

VI. Abweichungsmöglichkeiten

17 Nach § 7 I Nr. 3 können es die TVParteien zulassen, daß die elfstündige Mindestruhezeit gem. § 5 I auf bis zu 9 Stunden verkürzt wird, wenn die Art der Arbeit dies erfordert und die Kürzung der Ruhezeit ausgeglichen wird. Ferner können die TVParteien oder auf Grund eines TV die Betriebspartner nach § 7 II Nr. 1 die Mindestruhezeit von 11 Stunden bei Vorliegen von Bereitschaftsdienst oder Rufbereitschaft den Besonderheiten dieser Dienste anpassen, wenn der Gesundheitsschutz der AN durch einen entsprechenden Zeitausgleich gewährleistet wird. § 7 II Nr. 2 bis 4 gestattet für bestimmte Bereiche weitere Abweichungen von § 5 I (zu den Einzelheiten s. unter § 7 Rn. 1 ff.). Abw. Regelungen sind ferner in den Fällen des § 14 zulässig (s. unter § 14). Schließlich können die Aufsichtsbehörden nach § 15 I Nr. 3 und 4 Abweichungen von § 5 bewilligen (s. unter § 15).

VII. Mitbestimmung des Betriebsrats

Die tägliche Ruhezeit als solche unterliegt nicht der erzwingbaren Mitbestimmung des BR. Da der 18
BR nach § 87 I Nr. 2 BetrVG aber über Beginn und Ende der täglichen Arbeitszeit sowie über die
Verteilung der Arbeitszeit auf die einzelnen Wochentage zwingend mitzubestimmen hat, kann der BR
mittelbar auch auf die tägliche Ruhezeit der AN Einfluß nehmen.

§ 6 Nacht- und Schichtarbeit

(1) Die Arbeitszeit der Nacht- und Schichtarbeitnehmer ist nach den gesicherten arbeitswissenschaftlichen Erkenntnissen über die menschengerechte Gestaltung der Arbeit festzulegen.

(2) ¹Die werktägliche Arbeitszeit der Nachtarbeitnehmer darf acht Stunden nicht überschreiten. ²Sie kann auf bis zu zehn Stunden nur verlängert werden, wenn abweichend von § 3 innerhalb von einem Kalendermonat oder innerhalb von vier Wochen im Durchschnitt acht Stunden werktäglich nicht überschritten werden. ³Für Zeiträume, in denen Nachtarbeitnehmer im Sinne des § 2 Abs. 5 Nr. 2 nicht zur Nachtarbeit herangezogen werden, findet § 3 Satz 2 Anwendung.

(3) ¹Nachtarbeitnehmer sind berechtigt, sich vor Beginn der Beschäftigung und danach in regelmäßigen Zeitabständen von nicht weniger als drei Jahren arbeitsmedizinisch untersuchen zu lassen. ²Nach Vollendung des 50. Lebensjahres steht Nachtarbeitnehmern dieses Recht in Zeitabständen von einem Jahr zu. ³Die Kosten der Untersuchungen hat der Arbeitgeber zu tragen, sofern er die Untersuchungen den Nachtarbeitnehmern nicht kostenlos durch einen Betriebsarzt oder einen überbetrieblichen Dienst von Betriebsärzten anbietet.

(4) ¹Der Arbeitgeber hat den Nachtarbeitnehmer auf dessen Verlangen auf einen für ihn geeigneten Tagesarbeitsplatz umzusetzen, wenn
 a) nach arbeitsmedizinischer Feststellung die weitere Verrichtung von Nachtarbeit den Arbeitnehmer in seiner Gesundheit gefährdet oder
 b) im Haushalt des Arbeitnehmers ein Kind unter zwölf Jahren lebt, das nicht von einer anderen im Haushalt lebenden Person betreut werden kann, oder
 c) der Arbeitnehmer einen schwerpflegebedürftigen Angehörigen zu versorgen hat, der nicht von einem anderen im Haushalt lebenden Angehörigen versorgt werden kann,
sofern dem nicht dringende betriebliche Erfordernisse entgegenstehen. ²Stehen der Umsetzung des Nachtarbeitnehmers auf einen für ihn geeigneten Tagesarbeitsplatz nach Auffassung des Arbeitgebers dringende betriebliche Erfordernisse entgegen, so ist der Betriebs- oder Personalrat zu hören. ³Der Betriebs- oder Personalrat kann dem Arbeitgeber Vorschläge für eine Umsetzung unterbreiten.

(5) Soweit keine tarifvertraglichen Ausgleichsregelungen bestehen, hat der Arbeitgeber dem Nachtarbeitnehmer für die während der Nachtzeit geleisteten Arbeitsstunden eine angemessene Zahl bezahlter freier Tage oder einen angemessenen Zuschlag auf das ihm hierfür zustehende Bruttoarbeitsentgelt zu gewähren.

(6) Es ist sicherzustellen, daß Nachtarbeitnehmer den gleichen Zugang zur betrieblichen Weiterbildung und zu aufstiegsfördernden Maßnahmen haben wie die übrigen Arbeitnehmer.

I. Menschengerechte Gestaltung der Nacht- und Schichtarbeit

Daß Nacht- und Schichtarbeit zu erheblichen **Störungen im Befinden** des AN führen kann, wird 1
durch vielfältige Untersuchungen belegt (vgl. *Corlett/Queinnec/Paoli*, S. 28 ff.; *Hahn* S. 26; *Menzel*
S. 122 ff.; *Rutenfranz* S. 16, 19 ff.; *Ruthenfranz/Beermann/Löwenthal* S. 28 ff.; *Ulrich* S. 37 ff.). Das
BVerfG hat dem Gesetzgeber in seinem Urteil vom 28. 1. 1992 (AP AZO § 19 Nr. 2 = NJW 1992,
964) zum Nachtarbeitsverbot für Arbeiterinnen des § 19 AZO aufgegeben, geschlechtsneutrale
Schutzvorschriften für alle NachtAN vorzusehen, um dem objektiven Gehalt der Grundrechte, insb.
dem Recht auf körperliche Unversehrtheit gem. Art. 2 II 1 GG, Genüge zu tun (dazu 10 GG Art. 2
Rn. 106 ff.). Diesem Auftrag entsprechend enthält § 6 Vorschriften zum Schutz vor Gefahren, die von
Nacht- und Schichtarbeit ausgehen.

§ 6 I verpflichtet den AG, die Arbeitszeit der NachtAN und der SchichtAN nach den gesicherten 2
arbeitswissenschaftlichen Erkenntnissen über die menschengerechte Gestaltung der Arbeit festzulegen.

Der Begriff des **NachtAN** bestimmt sich nach der Legaldefinition des § 2 V (s. oben § 2 Rn. 39 ff.). 3
Dagegen ist der Begriff der Schichtarbeit gesetzlich nicht definiert. Nach der Rspr. des BAG liegt
Schichtarbeit vor, wenn mindestens zwei AN an einer und derselben Arbeitsaufgabe sich in der Weise nach einem feststehenden und für sie überschaubaren Plan ablösen, so daß der eine AN arbeitet, während der andere arbeitsfreie Zeit hat, ohne daß der jeweils abgelöste Arbeitsplatz identisch sein muß, wenn nur die jeweils betroffenen AN gegenseitig untereinander austauschbar sind (BAG 18. 7. 1990 AP TVB II Berlin Nr. 1 = NZA 1991, 23).

4   Die Verpflichtung des AG zur menschengerechten Gestaltung der Nacht- und Schichtarbeit ist nicht bußgeldbewehrt. Es handelt sich insoweit um eine **lex imperfecta** (*Dobberahn* Rn. 78; zum Streit um die Rechtsnatur der Vorschrift s. *Junker* ZfA 1998, 105, 120 f.). Kommt der AG seiner Verpflichtung aus § 6 I nicht nach, so kann die Aufsichtsbehörde gem. § 17 II die erforderlichen Maßnahmen anordnen.

5   Schicht- und Nachtarbeit müssen **menschengerecht** gestaltet werden. Der Begriff der menschengerechten Gestaltung der Arbeit findet sich in verschiedenen Normen des Arbeitsschutzes wieder (s. zB § 91 BetrVG, § 6 I ASiG; § 19 I 1 ChemG). Die menschengerechte Arbeitsgestaltung bewegt sich im Regelfall unterhalb der Grenze einer unmittelbaren Gefahr für Leben und Gesundheit. Hierbei geht es um die Vermeidung bestimmter psychischer oder physischer Belastungen, die zwar nicht als unmittelbar krankheitsverursachend anzusehen sind, die aber doch das psychische oder physische Wohlbefinden beeinträchtigen können, uU sogar bei lange dauernder Wirkung das Entstehen bestimmter Krankheiten begünstigen (*Fitting* § 90 BetrVG Rn. 50 ff.; MünchArbR/*Wlotzke* § 206 Rn. 14; *Zöllner/Loritz* § 29 IV; *Zöllner* RdA 1973, 212 ff.).

6   Die menschengerechte Gestaltung der Nacht- und Schichtarbeit muß zudem auf gesicherten arbeitswissenschaftlichen Erkenntnissen beruhen. Als **gesichert** sind solche Erkenntnisse anzusehen, wenn sie methodisch und ggf. statistisch abgesichert sind, die Fachleute vorherrschend der Meinung sind, daß die Erkenntnisse den Zielen des Arbeitsschutzes oder der menschengerechten Gestaltung der Arbeit entsprechen und sie auch mit angemessenen Mitteln realisierbar sind (*Fitting* § 90 BetrVG Rn. 57; *Opfermann/Streit* § 3 ArbStättV Rn. 45; MünchArbR/*Wlotzke* § 210 Rn. 14).

II. Höchstzulässige werktägliche Arbeitszeit der Nachtarbeitnehmer

7   Der in § 3 S. 1 enthaltene Grundsatz des Acht-Stundes-Tages gilt nach § 6 II 1 auch für NachtAN. Wie für die übrigen AN darf auch die werktägliche Arbeitszeit der NachtAN auf bis zu 10 Stunden **verlängert** werden (§ 6 II 2). Aus Gründen des Gesundheitsschutzes der NachtAN engt § 6 II 2 Halbs. 1 jedoch den Zeitraum für den Ausgleich auf die Durchschnittsgrenze von 8 Stunden werktäglich auf den Kalendermonat oder die folgenden vier Wochen ein. Eine Art. 8 Ziff. 2 der EG-Arbeitszeitrichtlinie entsprechende Regelung betr. Nachtarbeit mit besonderen Gefahren fehlt noch im deutschen Recht.

8   Der verkürzte **Ausgleichszeitraum** von einem Kalendermonat oder 4 Wochen gilt für die gesamte werktägliche Arbeitszeit des NachtAN, also auch für die Arbeitszeit, die nicht mehr zur Nachtarbeit iSd. § 2 III zählt (*Zmarzlik/Anzinger* Rn. 25). Nicht erforderlich ist, daß der Ausgleich zur Nachtzeit erfolgt (*Neumann/Biebl* Rn. 12).

9   Als Ausgleich für die Verlängerung der werktäglichen Arbeitszeit der NachtAN darf auch ein kürzerer Ausgleichszeitraum als der Kalendermonat oder als vier Wochen gewählt werden. Dagegen ist eine Verlängerung des Ausgleichszeitraums des § 6 II 2 nur durch TV oder Betriebsvereinbarung zulässig (§ 7 I Nr. 4 Buchst. b; s. dazu unten § 7).

10 Der verkürzte Ausgleichszeitraum des § 6 II 1 gilt auch für Zeiträume, in denen NachtAN urlaubs- oder krankheitsbedingt keine Nachtarbeit leisten. Dagegen gilt nicht der verkürzte Ausgleichszeitraum des § 6 II 2, sondern der des § 3 S. 2, wenn NachtAN für längere Zeit nicht zur Nachtarbeit herangezogen werden (§ 6 II 3). Wann ein längerer Zeitraum iSd. S. 3 vorliegt, läßt das Gesetz offen. Ein längerer Zeitraum ohne Nachtarbeit ist jedenfalls dann anzunehmen, wenn der NachtAN für mehrere Monate hintereinander nicht zur Nachtarbeit herangezogen wird. Hat der NachtAN periodisch über das Jahr immer wieder für einen oder mehrere Monate Nachtarbeit zu leisten, so gilt nach dem Zweck des Gesetzes, den Gesundheitsschutz des NachtAN zu gewährleisten, der verkürzte Ausgleichszeitraum des § 6 II 2 (Kasseler Handbuch/*Schliemann* 2.5 Rn. 363; *Roggendorff* Rn. 18; *Zmarzlik/Anzinger* Rn. 26; aA *Baeck/Deutsch* Rn. 38).

III. Anspruch auf arbeitsmedizinische Untersuchung

11 Um einer drohenden Gesundheitsgefährdung durch Nachtarbeit vorzubeugen, räumt § 6 III den NachtAN **vor Aufnahme der Nachtarbeit** die Möglichkeit einer Untersuchung ihres Gesundheitszustands ein. Eine Pflicht zur Gesundheitsuntersuchung besteht allerdings nicht. Der Anspruch auf Untersuchung muß von dem NachtAN vielmehr geltend gemacht werden.

12 Verlangt der AN vor Aufnahme der Nachtarbeit eine arbeitsmedizinische Untersuchung, so kann der AN die Aufnahme der Nachtarbeit bis zu der Bekanntgabe des Untersuchungsergebnisses verweigern. Es besteht jedoch **kein Beschäftigungsverbot** (so aber *Neumann/Biebl* Rn. 14; *Linnenkohl* Rn. 18). Wenn der AN schon auf die vorherige Untersuchung verzichten kann, dann muß es ihm grds. auch überlassen bleiben, er schon vor Bekanntgabe des Untersuchungsergebnisses mit der Aufnahme der Nachtarbeit beginnen will.

13 Nach Ablauf von **drei Jahren** seit der Erstuntersuchung hat der NachtAN das Recht, sich **erneut** arbeitsmedizinisch untersuchen zu lassen. Nach Vollendung des **50. Lebensjahres** kann sich der NachtAN der Wiederholungsuntersuchung **jährlich** unterziehen.

§ 6 III 3 verpflichtet den AG, die **Kosten der arbeitsmedizinischen Untersuchung** zu tragen. Zur 14 Durchführung einer arbeitsmedizinischen Untersuchung sind im Regelfall nur Ärzte mit arbeitsmedizinischer Fachkunde (Arbeitsmediziner) qualifiziert, so daß der AG die Untersuchungskosten durch sonstige Mediziner nicht zu tragen braucht (*Reinders* Rn. 183; *Zmarzlik/Anzinger* Rn. 31). Die Kostentragungspflicht entfällt nach dem eindeutigen Wortlaut des § 6 III 3 auch dann, wenn der AG die Untersuchung für den AN kostenlos durch einen Betriebsarzt oder einen überbetrieblichen Dienst von Betriebsärzten anbietet, der AN die Untersuchung aber gleichwohl durch einen Arzt seiner Wahl durchführen läßt (aA *Buschmann/Ulber* Rn. 11). Aus § 6 III läßt sich nicht die Verpflichtung des AG herleiten, den Lohn für die Dauer der Untersuchung fortzuzahlen, wenn der AN die Untersuchung außerhalb seiner Schichtarbeitszeit vornehmen läßt (*Baeck/Deutsch* Rn. 48; *Junker* ZfA 1998, 105, 122; aA *Buschmann/Ulber* Rn. 10). Ob ein Lohnzahlungsanspruch des AN besteht, bestimmt sich allein nach allgemeinen Bestimmungen, insb. nach tarifvertraglichen Regelungen und § 616 S. 1 BGB (*Baeck/Deutsch* Rn. 49).

IV. Umsetzungsanspruch

Nach Maßgabe des § 6 IV hat der AG den NachtAN auf dessen Verlangen auf einen für ihn 15 geeigneten Tagesarbeitsplatz umzusetzen. Die – nicht straf- oder bußgeldbewehrte – öffentlich-rechtliche Pflicht, den NachtAN bei Vorliegen der gesetzlichen Voraussetzungen auf einen Tagesarbeitsplatz umzusetzen, besteht nur, wenn der AN dies **verlangt**. Der AN muß also seinen Anspruch gegenüber dem AG mündlich oder schriftlich geltend machen.

Eine Legaldefinition des Begriffs **Tagesarbeitsplatz** enthält das ArbZG nicht. Aus einem Umkehr- 16 schluß zu § 2 III ergibt sich jedoch, daß Tagesarbeitsplatz jeder Arbeitsplatz ist, bei dem die Arbeit im Regelfall außerhalb der gesetzlich festgelegten Nachtzeit von 23.00 bis 6.00 Uhr zu erbringen ist (*Linnenkohl* Rn. 21; *Zmarzlik/Anzinger* Rn. 40). Dieser Arbeitsplatz muß bereits vorhanden sein, dh. den AG trifft nicht die Pflicht, einen neuen Tagesarbeitsplatz zu schaffen (*Baeck/Deutsch* Rn. 56; Kasseler Handbuch/*Schliemann* 2.5 Rn. 381; *Junker* ZfA 1998, 105, 123). Darüber hinaus ist der AG nicht verpflichtet, für den NachtAN einen geeigneten Tagesarbeitsplatz im Betrieb freizumachen (aA *Baeck/Deutsch* Rn. 58).

Ob ein Tagesarbeitsplatz für den NachtAN auch **geeignet** ist, beurteilt sich vorrangig nach der 17 vertraglich übernommenen Arbeitspflicht (*Zmarzlik/Anzinger* Rn. 41; *Linnenkohl* Rn. 22; aA *Buschmann/Ulber* Rn. 13, die die Geeignetheit allein nach den individuellen Voraussetzungen des AN bestimmen wollen). Die neue Tätigkeit muß, abgesehen von der Lage der Arbeitszeit, ihrem Gesamtbild nach der bisherigen Tätigkeit entsprechen. Für die Beurteilung, ob die neue Tätigkeit der bisherigen Tätigkeit entspricht, kann auch die tarifvertragliche Eingruppierung nach Lohn- und Gehaltsgruppen mit den dazugehörigen Tätigkeitsmerkmalen herangezogen werden (MünchArbR/*Blomeyer* § 48 Rn. 23; *Zmarzlik/Anzinger* Rn. 41).

§ 6 IV zählt drei Fallgestaltungen auf, die einen Umsetzungsanspruch des AN begründen können. 18 § 6 IV 1 Buchst. a legt dem AG die Pflicht zur Umsetzung auf, wenn nach arbeitsmedizinischer Feststellung die weitere Verrichtung von Nachtarbeit den AN in seiner Gesundheit gefährdet. Erforderlich ist eine **konkrete Gesundheitsgefährdung**; es muß also mit hinreichender Wahrscheinlichkeit eine Beeinträchtigung der Gesundheit bei weiterer Verrichtung von Nachtarbeit eintreten (*Roggendorff* Rn. 28). Damit der AG die Berechtigung des Umsetzungsverlangens beurteilen kann, muß der AN dem AG die arbeitsmedizinische Beurteilung, nicht jedoch den Untersuchungsbefund nachweisen.

Nach § 6 IV 1 Buchst. b kann der NachtAN die Umsetzung auf einen Tagesarbeitsplatz ferner dann 19 verlangen, wenn in seinem Haushalt ein **Kind unter 12 Jahren** lebt, das nicht von einer anderen im Haushalt lebenden Person betreut werden kann. Die zur Betreuung zur Verfügung stehende Person braucht keine Verwandte zu sein. Sie muß aber mit dem NachtAN in einem Haushalt leben und zur Betreuung geeignet sein. Die Altersgrenze von 12 Jahren ist in Anlehnung an § 45 SGB V gewählt worden.

Der NachtAN kann sein Umsetzungsverlangen schließlich auch darauf stützen, daß er einen 20 **schwerpflegebedürftigen Angehörigen** zu versorgen hat, der nicht von einem anderen im Haushalt lebenden Angehörigen versorgt werden kann (§ 6 IV 1 Buchst. c). Der Begriff der Schwerpflegebedürftigkeit ist § 53 SGB V entnommen (vgl. BT-Drucks. 12/5888 S. 26). § 53 I SGB V ist durch § 15 I SGB XI ersetzt worden. Schwerpflegebedürftige sind daher Angehörige des NachtAN, die einer der Pflegestufen I bis III zuzuordnen sind (*Zmarzlik/Anzinger* Rn. 53; aA *Fiedler/Schelter*, Arbeitszeitrechtsgesetz, 1994, S. 86, nach deren Ansicht „schwerpflegebedürftig" nur Personen der Pflegestufen II und III sind).

Ein Umsetzungsanspruch des NachtAN auf einen Tagesarbeitsplatz entfällt, wenn der Umsetzung 21 **dringende betriebliche Erfordernisse** entgegenstehen. Umstr. ist, ob dieses Tatbestandsmerkmal in Anlehnung an die von der Rspr. zu § 1 II KSchG entwickelten Grundsätze auszulegen ist (so *Diller* NJW 1994, 2726, 2727; *Linnenkohl* Rn. 23; *Neumann/Biebl* Rn. 22), oder ob dieses Merkmal eher mit dem Begriff der dringenden betrieblichen Belange iSd. § 7 I BUrlG vergleichbar ist (so *Zmarzlik/*

Anzinger Rn. 43). Für die zuletzt genannte Ansicht spricht, daß es bei § 6 IV nicht, wie bei § 1 II KSchG, um den Verlust des Arbeitsplatzes durch betriebsbedingte Kündigung geht, sondern darum, ob dem AN aus dringenden betrieblichen Gründen weiterhin die Beschäftigung in Nachtarbeit zuzumuten ist (so *Zmarzlik/Anzinger* Rn. 43).

22   Die dem Umsetzungsanspruch entgegenstehenden betrieblichen Gründe sind **dringend**, wenn die Umsetzung des NachtAN auf einen Tagesarbeitsplatz bei Abwägung der beiderseitigen Interessen dem Betrieb nicht zumutbar ist (*Roggendorff* Rn. 36). Der AG kann daher auch verpflichtet sein, einen gesunden AN in die Nachtschicht umzusetzen, um dem Umsetzungsverlangen eines NachtAN nachzukommen, bei dem eine Gesundheitsgefährdung iSd. § 6 IV 1 Buchst. a festgestellt wurde (*Roggendorff* Rn. 36; *Zmarzlik/Anzinger* Rn. 44).

23   Will der AG dem Umsetzungsverlangen wegen entgegenstehender dringender betrieblicher Erfordernisse nicht entsprechen, so ist er nach § 6 IV 2 verpflichtet, den BR oder Personalrat **zu hören**. Die Anhörung ist **Wirksamkeitsvoraussetzung** für die Ablehnung eines Versetzungsverlangens aus dringenden betrieblichen Erfordernissen (*Neumann/Biebl* Rn. 23; *Linnenkohl* Rn. 25). Die Anhörungspflicht des AG umfaßt die Pflicht des AG, dem BR oder Personalrat das Umsetzungsverlangen des NachtAN, die für eine Umsetzung in Betracht kommenden Tagesarbeitsplätze sowie die einer Umsetzung entgegenstehenden Gründe **mitzuteilen**. Der Betriebs- oder Personalrat ist berechtigt, dem AG Vorschläge für eine Umsetzung des NachtAN zu unterbreiten (§ 6 IV 3). Der AG ist jedoch an die Vorschläge des Betriebs- oder Personalrats nicht gebunden.

V. Ausgleichspflicht

24   § 6 V gewährt den NachtAN einen **Ausgleich** für die mit Nachtarbeit verbundenen Beeinträchtigungen, sofern nicht auf Grund tarifvertraglicher Regelungen bereits ein Ausgleich erfolgt. Als Ausgleich für die während der Nachtzeit geleisteten Arbeitsstunden kommen Zuschläge auf das Bruttoarbeitsentgelt für die in Nachtarbeit geleistete Zeit oder bezahlte freie Tage in Betracht. Welche Form des Ausgleichs der AG wählt, liegt in seinem Ermessen. Der Auffassung, daß der AG vorrangig einen Ausgleich in Form freier Tage zu gewähren hat (so *Buschmann/Ulber* Rn. 19; *Linnenkohl* Rn. 34) steht der Wortlaut des § 6 V entgegen, der gerade keine Rangfolge der Ausgleichsmöglichkeiten vorschreibt (BAG 26. 8. 1997 AP § 87 BetrVG 1972 Arbeitszeit Nr. 74 = AuR 1998, 338, 339 m. Anm. *Ulber*).

25   Der Ausgleich muß **angemessen** sein. Ein Ausgleich ist angemessen, wenn zwischen der mit Nachtarbeit verbundenen Erschwernis und dem Ausgleich ein ausgewogenes Verhältnis besteht (*Zmarzlik/Anzinger* Rn. 58). Soweit tarifliche Regelungen einen Ausgleich für Nachtarbeit vorsehen, können sie auch für nicht tarifgebundene AN als Richtschnur herangezogen werden (*Roggendorff* Rn. 43). Wird für die in Nachtarbeit geleisteten Stunden bereits ein erhöhter Lohn gezahlt, so entfällt ein zusätzlicher Ausgleich, wenn die bereits im Lohn enthaltene Erhöhung angemessen ist.

VI. Benachteiligungsverbot

26   § 6 VI konkretisiert den allgemeinen arbeitsrechtlichen Gleichbehandlungsgrundsatz. NachtAN müssen Weiterbildungsmaßnahmen sowie aufstiegsfördernde Maßnahmen in gleichem Maße offenstehen wie allen anderen AN. Kann ein NachtAN an solchen Maßnahmen wegen der Beschäftigung in Nachtarbeit nicht teilnehmen, so hat der AG die Arbeit so umzuorganisieren (zB durch Änderung des Schichtplans oder vorübergehende Umsetzung auf einen Tagesarbeitsplatz), daß auch NachtAN Zugang zu den betrieblichen Förderungsmaßnahmen haben.

VII. Sonderregelungen

27   **Werdende und stillende Mütter** dürfen nach § 8 I 1 MuSchG grds. nicht in der Nacht zwischen 20 und 6 Uhr beschäftigt werden. Ausnahmen gelten in den ersten vier Monaten der Schwangerschaft und für stillende Mütter in bestimmten Wirtschaftszweigen (§ 8 III MuSchG). Ferner kann in begründeten Einzelfällen die Aufsichtsbehörde Ausnahmen von dem Beschäftigungsverbot zwischen 20 und 6 Uhr zulassen.

28   Ebenfalls nicht in der Zeit von 20 Uhr bis 6 Uhr dürfen **Jugendliche** beschäftigt werden (§ 14 I JArbSchG). Ausnahmen sind lediglich in den in § 14 II bis VII JArbSchG aufgeführten Fällen oder durch Rechtsverordnung möglich (§ 21 b Nr. 2 JArbSchG).

VIII. Abweichungsmöglichkeiten

29   Eine Verlängerung der Arbeitszeit der NachtAN über 10 Stunden werktäglich kann in bestimmten Fällen in einem TV oder auf Grund eines TV in einer Betriebsvereinbarung zugelassen werden (§§ 7 I Nr. 4, 7 II Nr. 2, 3 und 4; dazu unter § 7 I). Abw. Regelungen sind ferner in den Fällen des § 14 zulässig (s. unter § 14). Ferner kann die Aufsichtsbehörde nach § 15 I Nr. 1 und 2 Abweichungen von § 6 II zulassen (s. unter § 15).

IX. Mitbestimmung des Betriebsrats

Der Mitbestimmung des BR nach § 87 I Nr. 2 BetrVG unterliegt sowohl die Frage, **ob** im Betrieb 30 überhaupt in mehreren Schichten gearbeitet werden soll (BAG 28. 10. 1986 AP BetrVG 1972 § 87 Arbeitszeit Nr. 19 = NZA 1987, 248) als auch die der **Änderung** der Schichten (BAG 13. 7. 1977 AP BetrVG 1972 § 87 Kurzarbeit Nr. 2 = DB 1977, 2235). Unter das Mitbestimmungsrecht des BR aus § 87 I Nr. 2 BetrVG fällt auch die Frage, wann die einzelnen Schichten **beginnen** und **enden** sollen (BAG 26. 3. 1991 AP BetrVG 1972 § 87 Arbeitszeit Nr. 43 = NZA 1991, 783). Das Mitbestimmungsrecht erstreckt sich auch auf die **Festlegung der allgemeinen Grundsätze** über die Aufstellung eines Schichtplans (BAG 18. 4. 1989 AP BetrVG 1972 § 87 Arbeitszeit Nr. 44 = NZA 1989, 807). Dagegen ist die Zuweisung eines AN von einer Schicht in eine andere nicht nach § 87 I Nr. 2 BetrVG mitbestimmungspflichtig (*Fitting* § 87 BetrVG Rn. 123; *Gaul* NZA 1989, 48; *Meisel* NZA Beil. 3/1988, 3; aA BAG 27. 6. 1989 AP BetrVG 1972 § 87 Arbeitszeit Nr. 35 = NZA 1990, 35); insoweit kommt lediglich ein Mitbestimmungsrecht des BR nach § 99 BetrVG in Betracht. Die Zuweisung zu einer anderen Schicht als solche stellt jedoch noch keine mitbestimmungspflichtige Versetzung iSd. §§ 99, 95 III BetrVG dar. Hinzu kommen muß vielmehr noch eine erhebliche Änderung der Umstände, unter denen die Arbeit zu leisten ist (BAG 23. 11. 1993 AP BetrVG 1972 § 95 Nr. 33 = NZA 1994, 718). Vom Mitbestimmungstatbestand des § 87 I Nr. 2 BetrVG erfaßt wird auch die **Wahl** und **Änderung des Ausgleichszeitraums** nach § 6 II 2. Des weiteren hat der BR nach § 87 I Nr. 7 und Nr. 10 BetrVG darüber mitzubestimmen, ob ein Ausgleich für Nachtarbeit gem. § 6 V durch bezahlte freie Tage oder durch Entgeltzuschlag zu gewähren ist (BAG 26. 8. 1997 AP BetrVG 1972 § 87 Arbeitszeit Nr. 74 = AuR 1998, 338 m. Anm. *Ulber*).

§ 7 Abweichende Regelungen

(1) In einem Tarifvertrag oder auf Grund eines Tarifvertrags in einer Betriebsvereinbarung kann zugelassen werden,
1. abweichend von § 3
    a) die Arbeitszeit über zehn Stunden werktäglich auch ohne Ausgleich zu verlängern, wenn in die Arbeitszeit regelmäßig und in erheblichem Umfang Arbeitsbereitschaft fällt,
    b) einen anderen Ausgleichszeitraum festzulegen,
    c) ohne Ausgleich die Arbeitszeit auf bis zu zehn Stunden werktäglich an höchstens 60 Tagen im Jahr zu verlängern,
2. abweichend von § 4 Satz 2 die Gesamtdauer der Ruhepausen in Schichtbetrieben und Verkehrsbetrieben auf Kurzpausen von angemessener Dauer aufzuteilen,
3. abweichend von § 5 Abs. 1 die Ruhezeit um bis zu zwei Stunden zu kürzen, wenn die Art der Arbeit dies erfordert und die Kürzung der Ruhezeit innerhalb eines festzulegenden Ausgleichszeitraums ausgeglichen wird,
4. abweichend von § 6 Abs. 2
    a) die Arbeitszeit über zehn Stunden werktäglich hinaus auch ohne Ausgleich zu verlängern, wenn in die Arbeitszeit regelmäßig und in erheblichem Umfang Arbeitsbereitschaft fällt,
    b) einen anderen Ausgleichszeitraum festzulegen,
5. den Beginn des siebenstündigen Nachtzeitraums des § 2 Abs. 3 auf die Zeit zwischen 22 und 24 Uhr festzulegen.

(2) Sofern der Gesundheitsschutz der Arbeitnehmer durch einen entsprechenden Zeitausgleich gewährleistet wird, kann in einem Tarifvertrag oder auf Grund eines Tarifvertrags in einer Betriebsvereinbarung ferner zugelassen werden,
1. abweichend von § 5 Abs. 1 die Ruhezeiten bei Bereitschaftsdienst und Rufbereitschaft den Besonderheiten dieser Dienste anzupassen, insbesondere Kürzungen der Ruhezeit infolge von Inanspruchnahmen während dieser Dienste zu anderen Zeiten auszugleichen,
2. die Regelungen der §§ 3, 5 Abs. 1 und § 6 Abs. 2 in der Landwirtschaft der Bestellungs- und Erntezeit sowie den Witterungseinflüssen anzupassen,
3. die Regelungen der §§ 3, 4, 5 Abs. 1 und § 6 Abs. 2 bei der Behandlung, Pflege und Betreuung von Personen der Eigenart dieser Tätigkeit und dem Wohl dieser Personen entsprechend anzupassen,
4. die Regelungen der §§ 3, 4, 5 Abs. 1 und § 6 Abs. 2 bei Verwaltungen und Betrieben des Bundes, der Länder, der Gemeinden und sonstigen Körperschaften, Anstalten und Stiftungen des öffentlichen Rechts sowie bei anderen Arbeitgebern, die der Tarifbindung eines für den öffentlichen Dienst geltenden oder eines im wesentlichen inhaltsgleichen Tarifvertrags unterliegen, der Eigenart der Tätigkeit bei diesen Stellen anzupassen.

(3) ¹Im Geltungsbereich eines Tarifvertrags nach Absatz 1 oder 2 können abweichende tarifvertragliche Regelungen im Betrieb eines nicht tarifgebundenen Arbeitgebers durch Betriebsvereinbarung oder, wenn ein Betriebsrat nicht besteht, durch schriftliche Vereinbarung zwischen

dem Arbeitgeber und dem Arbeitnehmer übernommen werden. ²Können auf Grund eines solchen Tarifvertrags abweichende Regelungen in einer Betriebsvereinbarung getroffen werden, kann auch in Betrieben eines nicht tarifgebundenen Arbeitgebers davon Gebrauch gemacht werden. ³Eine nach Absatz 2 Nr. 4 getroffene abweichende tarifvertragliche Regelung hat zwischen nicht tarifgebundenen Arbeitgebern und Arbeitnehmern Geltung, wenn zwischen ihnen die Anwendung der für den öffentlichen Dienst geltenden tarifvertraglichen Bestimmungen vereinbart ist und die Arbeitgeber die Kosten des Betriebs überwiegend mit Zuwendungen im Sinne des Haushaltsrechts decken.

(4) Die Kirchen und die öffentlich-rechtlichen Religionsgesellschaften können die in Absatz 1 oder 2 genannten Abweichungen in ihren Regelungen vorsehen.

(5) In einem Bereich, in dem Regelungen durch Tarifvertrag üblicherweise nicht getroffen werden, können Ausnahmen im Rahmen des Absatzes 1 oder 2 durch die Aufsichtsbehörde bewilligt werden, wenn dies aus betrieblichen Gründen erforderlich ist und die Gesundheit der Arbeitnehmer nicht gefährdet wird.

(6) Die Bundesregierung kann durch Rechtsverordnung mit Zustimmung des Bundesrates Ausnahmen im Rahmen des Absatzes 1 oder 2 zulassen, sofern dies aus betrieblichen Gründen erforderlich ist und die Gesundheit der Arbeitnehmer nicht gefährdet wird.

I. Abweichende Regelungen durch Tarifvertrag nach § 7 I und II

1   **1. Allgemeines.** § 7 I und II gestattet es den TVParteien, von den Arbeitszeitgrundnormen der §§ 3 bis 6 abw. Regelungen in einem TV zuzulassen. Damit soll eine den konkreten betrieblichen Erfordernissen angepaßte Lösung der Arbeitszeitfrage ermöglicht werden (vgl. Begr. BT-Drucks. 12/ 5888 S. 26). Der Gesetzgeber ist damit der Forderung nach größerer Flexibilität im Arbeitszeitrecht nachgekommen (ähnliche Zulassungsnormen bestehen bereits in anderen Gesetzen, wie etwa § 622 IV BGB, § 4 IV EFZG, § 21 a JArbSchG).

2   Die in § 7 I und II enthaltene gesetzliche Zulassung abw. Regelungen durch die **TVParteien selbst** begegnet grds. keinen verfassungsrechtlichen Bedenken (zur Verfassungsmäßigkeit des § 7 I und II s. *Linnenkohl* Rn. 3; *Zmarzlik/Anzinger* Rn. 5 ff.; allgemein zur Zulässigkeit tarifdispositiven Gesetzesrechts s. *Kempen/Zachert* Grundlagen Einl. Rn. 221 f.; *Löwisch/Rieble* § 1 Rn. 236 ff.; *Wiedemann* in: *Wiedemann* TVG, Einl. Rn. 394 ff.)

3   Die TVParteien brauchen abw. Regelungen jedoch nicht selbst zu treffen. Sie können vielmehr auch vereinbaren, daß Abweichungen nach § 7 I und II von den Betriebspartnern **in einer Betriebsvereinbarung** zugelassen werden können. Sofern den Betriebspartnern durch eine Tariföffnungsklausel nach die Regelung der öffentlich-rechtlich zulässigen Dauer der Arbeitszeit eingeräumt wird, ist dies verfassungswidrig. Die Betriebspartner sind nämlich nicht befugt, Regelungen der wöchentlichen Arbeitszeit mit normativer Wirkung für die nicht organisierten AN (sog. Außenseiter) zu vereinbaren. Die vom BAG (18. 8. 1987 AP BetrVG 1972 § 77 Nr. 23 = NZA 1987, 779) und von Teilen des Schrifttums (*Hensslin* ZfA 1994, 487, 498 f; *Linnenkohl* BB 1988, 1459; *Weyand* AuR 1989, 193, 197; *Zachert* RdA 1996, 140, 146) vertretene gegenteilige Auffassung verkennt, daß die Betriebspartner im Hinblick auf die Tarifaußenseiter nur insoweit handeln können, wenn ihnen dafür eine eigene Ermächtigungsgrundlage zur Verfügung steht. Nach § 87 BetrVG steht dem BR jedoch kein Mitbestimmungsrecht über die Dauer der wöchentlichen Arbeitszeit zu (BAG 13. 10. 1987 AP BetrVG 1972 Nr. 24 = NZA 1988, 509; *Buchner* RdA 1990, 1; *Richardi* § 87 BetrVG Rn. 323.; GK-BetrVG/*Wiese* § 87 Rn. 202). Damit bliebe nur der Rückgriff auf eine allgemeine Allzuständigkeit der Betriebspartner, gestützt auf § 88 BetrVG. Die Ansicht, die eine derartige Allzuständigkeit bejaht, ist jedoch abzulehnen (für eine Allzuständigkeit des BR BAG 18. 8. 1987 AP BetrVG 1972 § 77 Nr. 23 = NZA 1987, 779; BAG (GS) 7. 11. 1989 AP BetrVG 1972 § 77 Nr. 46 = NZA 1990, 816; *Fitting* § 87 BetrVG Rn. 102 ff.; *Galperin/Löwisch* § 88 Rn. 1 ff.; GK-BetrVG/*Wiese* § 88 Rn. 7, 11; *Zöllner* ZfA 1988, 265, 275 f.). Zum einen unterliegt der Eingriff in die Rechte der AN aus Art. 12 I GG dem Gesetzesvorbehalt. § 88 BetrVG läßt aber eine Ermächtigung für eine Allzuständigkeit der Betriebspartner nicht erkennen. Zum anderen können die Tarifparteien den Betriebspartnern keine Regelungsmacht verleihen, die sie selbst nicht haben (keine Tarifautonomie gegenüber Außenseitern) und die die Betriebspartner auch nicht aus eigener Regelungsmacht haben (keine Allzuständigkeit des BR). Die gegenteilige Auffassung versucht, die Legitimationsgrundlage „Selbstbestimmung und Bindung nur der Verbandsmitglieder" auszutauschen gegen eine „Fremdbestimmung mit Erstreckung auf Außenseiter". Dies stellt aber einen unzulässigen Eingriff in die negative Koalitionsfreiheit der nicht tarifgebundenen AN dar (näher dazu *Wank* NJW 1996, 2273, 2280 f. m. zahlr. Nachw.).

4   **2. Abweichungsmöglichkeiten nach § 7 I.** Nach § 7 I Nr. 1 Buchst. a kann die Arbeitszeit tariflich über 10 Stunden werktäglich ohne Ausgleich verlängert werden, wenn in die Arbeitszeit regelmäßig und in erheblichem Umfang **Arbeitsbereitschaft** fällt (zum Begriff s. oben § 2 Rn. 46 ff.). Die Arbeitsbereitschaft muß **regelmäßig** anfallen. Für die Regelmäßigkeit reicht es aus, wenn stets oder doch zumindest an bestimmten Tagen erfahrungsgemäß Zeiten der Vollarbeit mit Zeiten der Arbeitsbereitschaft wechseln (*Neumann/Biebl* Rn. 18).

I. Abweichende Regelungen durch Tarifvertrag nach § 7 I und II   § 7 ArbZG 110

Die Arbeitsbereitschaft muß zudem in **erheblichem Umfang** bestehen. Ob die Arbeitsbereitschaft in 5 erheblichem Umfang anfällt, richtet sich nach dem Verhältnis von Arbeit und Arbeitsbereitschaft. Der Anteil der Arbeitsbereitschaft ist jedenfalls dann erheblich, wenn er den Anteil der Vollarbeit überwiegt (*Zmarzlik/Anzinger* Rn. 20). Problematisch ist, wo die Untergrenze verläuft. Da § 7 I Nr. 1 Buchst. a keine Obergrenze für die Verlängerung zieht, wird man aus Gründen des Gesundheits- und Unfallschutzes verlangen müssen, daß die Arbeitsbereitschaft mindestens 30% der werktäglichen Arbeitszeit ausmacht (*Neumann/Biebl* Rn. 18; anders *Roggendorff* Rn. 36, nach dessen Auffassung der Anteil der Arbeitsbereitschaft mindestens 25 bis 30% betragen muß; differenzierend *Baeck/Deutsch* Rn. 44).

§ 7 I Nr. 1 Buchst. b gestattet den TVParteien, einen von § 3 abw. **Zeitraum als Ausgleich** für die 6 Verlängerung der werktäglichen Arbeitszeit von 8 Stunden auf bis zu 10 Stunden zu vereinbaren. Eine zeitliche Begrenzung der Dauer des Ausgleichszeitraums sieht § 7 I Nr. 1 Buchst. b nicht vor. Dies steht jedoch im eindeutigen **Widerspruch** zu Art. 17 IV der **Arbeitszeit-RL** 93/103/EG, wonach in TV oder Vereinbarungen zwischen Sozialpartnern auf keinen Fall Bezugszeiträume festgelegt werden dürfen, die 12 Monate überschreiten. Diese in der Arbeitszeit-RL normierte Obergrenze gilt bei richtlinienkonformer Auslegung auch für § 7 I Nr. 1 Buchst. b.

Nach § 7 I Nr. 1 Buchst. c können die TVParteien zulassen, daß abw. von § 3 an 60 Tagen im Jahr 7 die werktägliche Arbeitszeit auf **bis zu zehn Stunden auch ohne Ausgleich** verlängert werden darf. Auch diese Regelung **widerspricht** der **Arbeitszeit-RL**, nach der der Grundsatz der durchschnittlichen Arbeitszeit von 48 Stunden pro Siebentageszeitraum (Art. 6 Nr. 2 der Richtlinie) nur durchbrochen werden darf, wenn „die betroffenen AN gleichwertige Ausgleichsruhezeiten oder in Ausnahmefällen, in denen die Gewährung solcher Ausgleichsruhezeiten aus objektiven Gründen nicht möglich ist, einen angemessenen Schutz erhalten" (Art. 17 III der RL). Der Gesetzgeber ist daher verpflichtet, § 7 I Nr. 1 Buchst. c in Einklang mit Art. 17 der Arbeitszeit-RL 93/104/EG zu bringen.

Nach § 7 I Nr. 2 können die TVParteien und ggf. die Betriebspartner für Schichtbetriebe (zum 8 Begriff s. oben § 6 Rn. 3) und Verkehrsbetriebe (zum Begriff s. oben § 5 Rn. 10) abw. von § 4 S. 2 **Kurzpausen** von weniger als 15 Minuten zulassen. Die Kurzpausen müssen jedoch von **angemessener Dauer** sein. Kurzpausen sind dann von angemessener Dauer, wenn sie ihren Zweck, nämlich eine kurzfristige Erholung zu ermöglichen, noch erfüllen können. Im Regelfall werden daher nur Pausen mit einer Mindestdauer von 5 Minuten als angemessen angesehen werden können (*Neumann/Biebl* Rn. 24; *Roggendorff* Rn. 40). § 7 I Nr. 2 läßt nur eine abw. Aufteilung der Pausen, nicht aber eine Kürzung der Gesamtpausenzeit des § 4 zu.

§ 7 I Nr. 3 überträgt die bisher in § 12 I 3 AZO enthaltene Zuständigkeit des Gewerbeaufsichts- 9 amtes zur abw. Regelung der Ruhezeiten auf die **TVParteien** und ggf. auf die Betriebspartner. Die TVParteien können es danach zulassen, daß die elfstündige Mindestruhezeit des § 5 I auf bis zu 9 Stunden gekürzt wird, wenn die Art der Arbeit dies erfordert und die Kürzung der Ruhezeit ausgeglichen wird. **Erforderlich** ist die Kürzung der Ruhezeit auf weniger als 11 Stunden, wenn die Arbeit sonst nicht oder nur unzureichend durchgeführt werden kann (*Zmarzlik/Anzinger* Rn. 32). Bei der Beurteilung der Erforderlichkeit ist den TVParteien ein weiter Beurteilungsspielraum zuzuerkennen (*Neumann/Biebl* Rn. 27).

§ 7 I Nr. 4 Buchst. a und Buchst. b enthalten § 7 Nr. 1 Buchst. a und b entsprechende Ermächti- 10 gungen der TVParteien und ggf. der Betriebspartner für NachtAN. Für die Nachtarbeit gelten damit hinsichtlich einer Verlängerung der Arbeitszeit über 10 Stunden hinaus dieselben Erweiterungsmöglichkeiten wie für die tägliche Arbeitszeit.

In § 7 I Nr. 5 werden die TVParteien und ggf. die Betriebspartner ermächtigt, den Beginn des 11 siebenstündigen Nachtzeitraums (§ 2 III) um bis zu zwei Stunden nach vorne zu verschieben. Frühester **Beginn des Nachtzeitraums** ist damit 22 Uhr. Mit § 7 I Nr. 5 soll den TVParteien die Möglichkeit eröffnet werden, den siebenstündigen Nachtzeitraum den branchenspezifischen Bedürfnissen anzupassen (vgl. Begr. BT-Drucks. 12/5888 S. 27).

3. Abweichungsmöglichkeiten nach § 7 II. § 7 II sieht für die TVParteien und ggf. für die Be- 12 triebspartner unter bestimmten Voraussetzungen weitere Abweichungsmöglichkeiten vor, wenn der Gesundheitsschutz der AN durch einen entsprechenden Zeitausgleich gewährleistet ist. Der **Zeitausgleich** in den in § 7 II aufgeführten Abweichungsmöglichkeiten ist **zwingend** und kann nicht durch andere Leistungen, wie zB Zuschläge, ersetzt werden.

§ 7 II Nr. 1 ermöglicht den TVParteien und ggf. den Betriebspartnern, die in § 5 I vorgeschriebene 13 ununterbrochene Ruhezeit von 11 Stunden bei **Bereitschaftsdienst** und **Rufbereitschaft** den Besonderheiten dieser Dienste **anzupassen**. Die Ruhezeit von 11 Stunden kann somit bei Vorliegen von Bereitschaftsdienst oder Rufbereitschaft (zu den Begriffen s. oben § 2 Rn. 50 ff.) reduziert werden. Die TVParteien und ggf. die Betriebspartner können aber auch zulassen, daß bei Inanspruchnahme während des Bereitschaftsdienstes oder der Rufbereitschaft die unterbrochenen Ruhezeiten zusammengelegt werden, was nach der Grundnorm des § 5 nicht zulässig ist (s. oben § 5 Rn. 1 ff.).

Für die **Landwirtschaft** (zum Begriff s. oben § 5 Rn. 12) ermächtigt § 7 II Nr. 2 die TVParteien 14 und ggf. die Betriebspartner, Abweichungen von den Höchstgrenzen der werktäglichen Arbeitszeit, einschließlich der Nachtarbeitszeit, sowie der Mindestruhezeit zuzulassen. Die Abweichungsbefugnis ist auf die Bestellungszeit und die Erntezeit beschränkt. Zur **Bestellungszeit** gehört die Zeit von der Bereitung des Bodens zur Aussaat bis zur Setzung der Pflanzen (*Zmarzlik/Anzinger* Rn. 46). **Erntezeit** ist die Zeit, in der die Früchte aufgrund ihres Reifegrades planmäßig vom Boden oder der Pflanze getrennt werden (*Zmarzlik/Anzinger* Rn. 47).

15 Nach § 7 II Nr. 3 kann von den arbeitszeitrechtlichen Grundnormen im Bereich der **Pflege** und Betreuung abgewichen werden. Einrichtungen der Pflege und Betreuung sind neben Krankenhäusern ua. Altersheime, Jugendheime und Einrichtungen für Behinderte. Erfaßt wird auch die ambulante häusliche Pflege.

16 § 7 II Nr. 4 ermöglicht den TVParteien Abweichungen von den arbeitszeitrechtlichen Grundnormen, um sie der Eigenart der Tätigkeit bei **Verwaltungen** und Betrieben des Bundes, der Länder, der Gemeinden und sonstigen Körperschaften, Anstalten und Stiftungen des öffentlichen Rechts anzupassen. Diese Stellen müssen der Tarifbindung eines für den öffentlichen Dienst geltenden oder eines im wesentlichen inhaltsgleichen TV unterliegen. Die Abweichungen von den arbeitszeitrechtlichen Grundnormen dürfen nicht beliebig erfolgen, sondern nur, um sie der **Eigenart der Tätigkeit** bei den in § 7 II Nr. 4 genannten Stellen anzupassen. Die besondere Eigenart kann sich zB aus den Besonderheiten der Zusammenarbeit von AN und Beamten ergeben (*Zmarzlik/Anzinger* Rn. 59).

II. Übernahme tarifvertraglicher Abweichungen nach § 7 III

17 **1. Übernahme durch Betriebsvereinbarung.** In § 7 III 1 wird den nicht tarifgebundenen AG im Geltungsbereich eines TV die Möglichkeit eingeräumt, abw. tarifvertragliche Regelungen nach § 7 I und II in einer Betriebsvereinbarung zu **übernehmen**.

18 Diese Regelung bedeutet eine Ausnahme von § 77 III BetrVG. Auch für nichttarifgebundene AG gilt grds., daß sie durch TV geregelte Materien nicht zum Inhalt einer Betriebsvereinbarung machen dürfen. Genau dies wird aber hier vom Gesetz vorausgesetzt.

19 Voraussetzung für die Übernahme abw. tarifvertraglicher Regelungen ist, daß der AG **nicht tarifgebunden** ist. An der Tarifgebundenheit des AG fehlt es, wenn der AG keinem abschließenden Verband angehört und er nicht selbst Partei eines FirmenTV ist (§ 3 I TVG).

20 Die Übernahme durch Betriebsvereinbarung setzt des weiteren voraus, daß der Betrieb des AG vom räumlichen, betrieblichen und fachlichen **Geltungsbereich** des TV erfaßt wird, aus dem die abw. tarifvertraglichen Regelungen übernommen werden sollen. Im Schrifttum wird die Ansicht vertreten, daß die Übernahme abw. Regelungen auch noch dann zulässig sein soll, wenn der TV bereits abgelaufen ist (*Linnenkohl* Rn. 13; *Neumann/Biebl* Rn. 46). Zur Begründung wird auf die Nachwirkung (§ 4 V TVG) des TV verwiesen. Diese Ansicht ist abzulehnen. § 7 III läßt die Übernahme nur im Geltungsbereich eines TV zu. Zu ihm gehört aber auch der **zeitliche Geltungsbereich.** Die Übernahme ist daher nur möglich, wenn der TV noch **in Kraft** ist (*Zmarzlik/Anzinger* Rn. 65).

21 Den Betriebspartnern steht es frei, ob sie von der Übernahmemöglichkeit nach § 7 III 1 Gebrauch machen wollen. Der Abschluß einer Betriebsvereinbarung kann damit **nicht** über die Einigungsstelle **erzwungen** werden (§ 76 V BetrVG). Die Betriebspartner können jedoch ein freiwilliges Einigungsstellenverfahren nach § 76 VI vorsehen.

22 **Gegenstand** einer Übernahmevereinbarung gem. § 7 III 1 ist nicht der gesamte TV, sondern sind nur die jeweils abw. tarifvertraglichen Regelungen nach § 7 I und II. Bei Vorliegen mehrerer Abweichungen können auch einzelne Abweichungen übernommen werden. Die einzelnen Abweichungen als solche dürfen jedoch nicht zu Lasten der AN abgeändert werden (*Roggendorff* Rn. 53; *Zmarzlik/Anzinger* Rn. 71).

23 **2. Übernahme durch Einzelvereinbarung.** Von der Übernahme abw. tarifvertraglicher Regelungen gem. § 7 I und II durch Betriebsvereinbarung ist die in § 7 III 2 enthaltene Möglichkeit der Übernahme durch arbeitsvertragliche Vereinbarung zu unterscheiden. Sie ist nur möglich in betriebsratslosen Betrieben, in denen der AG nicht tarifgebunden ist. Die arbeitsvertragliche Übernahme abw. tarifvertraglicher Regelungen bedarf einer schriftlichen Vereinbarung zwischen AG und AN. Das Schriftformerfordernis hat nicht bloß deklaratorische Bedeutung, sondern ist vielmehr konstitutive Voraussetzung für die Wirksamkeit der arbeitsvertraglichen Übernahmevereinbarung. Wie bei der Übernahme durch Betriebsvereinbarung brauchen nicht alle Abweichungsvereinbarungen übernommen zu werden; werden bei mehreren Abweichungen einzelne übernommen, so dürfen diese nicht zu Lasten des AN abgeändert werden.

III. Abweichungen für Kirchen (§ 7 IV)

24 Gem. § 18 I Nr. 4 wird nur der liturgische, nicht aber der außerliturgische Bereich der Kirchen und öffentlich-rechtlichen Religionsgemeinschaften vom Anwendungsbereich des ArbZG ausgeschlossen. Nach § 7 IV können die Kirchen und die öffentlich-rechtlichen Religionsgesellschaften für den außerliturgischen Bereich in gleicher Weise wie die TVParteien die in § 7 I und II genannten Abweichungen vom gesetzlichen Arbeitszeitschutz in ihren Regelungen vorsehen. Damit wird dem in Art. 140 GG iVm. Art. 137 III WRV verfassungsmäßig garantierten **Selbstbestimmungsrecht** der

IV. Abweichungen durch aufsichtsbehördliche Bewilligungen (§ 7 V)

Die Notwendigkeit für abw. Regelungen von den arbeitsrechtlichen Grundnormen der §§ 3 bis 6 kann sich auch in Bereichen ergeben, in denen **Regelungen durch TV üblicherweise nicht** getroffen werden. § 7 V ermächtigt die Aufsichtsbehörde, die in § 7 I und II genannten Abweichungen für diese Bereiche als Ausnahme zu bewilligen. Zu Bereichen, in denen TV üblicherweise nicht abgeschlossen werden, gehören zB Rechtsanwälte und Notare, Wirtschaftsprüfer, Unternehmens- und Steuerberater, AG- und Unternehmerverbände, Gewerkschaften, Industrie-, Handels- und Handwerkskammern (vgl. BT-Drucks. 12/5888 S. 28). Die Ausnahmebewilligung darf jedoch nur unter der Voraussetzung erteilt werden, daß sie aus **betrieblichen Gründen** erforderlich ist und die **Gesundheit der AN nicht gefährdet** wird. Die Aufsichtsbehörde hat in ihrer Ermessensentscheidung die betrieblichen Interessen mit den Belangen des Gesundheitsschutzes der AN abzuwägen.

V. Abweichungen durch die Bundesregierung (§ 7 VI)

Nach § 7 VI kann die BReg. die in § 7 I und II genannten Abweichungen als Ausnahme durch Rechtsverordnung zulassen, sofern dies aus **betrieblichen Gründen** erforderlich ist und die Gesundheit der AN nicht gefährdet wird. Sofern die BReg. von der Ermächtigung des § 7 VI Gebrauch gemacht hat, geht die von ihr erlassene Verordnung etwaigen tariflichen Regelungen als höherrangiges Recht vor (*Zmarzlik/Anzinger* Rn. 96).

Anhang § 7 – Arbeitszeitmodelle

Einleitung

Der Umfang der Arbeitszeitvolumens und die Lage der Arbeitszeit wird vorbehaltlich vorrangiger gesetzlicher oder kollektivrechtlicher Regelungen in erster Linie durch den Individualarbeitsvertrag bestimmt (§ 611 BGB Rn. 935; *Heinze* NZA 1997, 681, 682; *MünchArbR/Schüren* § 165 Rn. 1). Es unterliegt grds. der Vertragsautonomie der Arbeitsvertragsparteien, ein Vollzeit- oder lediglich ein Teilzeitarbeitsverhältnis oder andere Formen der Arbeitszeitgestaltung zu vereinbaren. Bei der inhaltlichen Ausgestaltung flexibler Arbeitszeitabsprachen sind sowohl allgemeine Rechtsgrundsätze (§§ 134, 138, 315 BGB) als auch spezielle ANSchutzvorschriften zu beachten. Die Dauer der Arbeitszeit kann nicht beliebig festgelegt werden, sondern muß sich vielmehr an den Bestimmungen des öffentlich-rechtlichen Arbeitsschutzrechts (ArbZG) messen lassen, die Rahmen- und Mindestbedingungen vorgeben. Bei der Einführung der neueren Arbeitszeitformen der Teilzeitarbeit (§ 2 BeschFG), der kapazitätsorientierten variablen Arbeitszeit (§ 4 BeschFG) und des sog. Job-Sharings (§ 5 BeschFG) sind die Grenzen des BeschFG zu beachten (zu diesen Modellen vgl. ausführlich § 2 BeschFG Rn. 11 ff., § 4 BeschFG Rn. 8 ff., § 5 BeschFG Rn. 5 ff.).

Von **flexibler Arbeitszeit** spricht man in Fällen ständig veränderbarer, bedarfsorientierter Arbeitszeitgestaltung hinsichtlich des Umfangs des Arbeitszeitvolumens (chronometrischer Faktor) und oder der Verteilung des Arbeitszeitvolumens (chronologischer Faktor), sei es einseitig durch den AG, den AN oder durch beide Vertragsparteien (*Heinze* NZA 1997, 681; *MünchArbR/Anzinger* § 218 Rn. 37). Flexibel hinsichtlich der Dauer der Arbeitszeit sind bspw. die Kurzarbeit, Mehrarbeit, Teilzeitarbeit oder als Unterfall der Teilzeitarbeit die Altersteilzeitarbeit. Beispiele für die Flexibilisierung der Lage der Arbeitszeit sind die Schichtmodelle und die einfache Gleitzeit. Variabel im Hinblick auf Dauer und Lage der Arbeitszeit sind etwa die qualifizierte Gleitzeit, die kapazitätsorientierte variable Arbeitszeit und das Job-Sharing (zur weitergehenden Unterscheidung zwischen permanent veränderbaren und lediglich „beschränkt flexiblen" Arbeitszeitmodellen *Linnenkohl*, Arbeitzeitflexibilisierung, 1996, S. 19 f.; ausführlich zum Thema Arbeitszeitmodelle neben Linnenkohl auch *Kutscher/Weidinger/Hoff*, Flexible Arbeitszeitgestaltung, 1998 sowie Dokumentation Arbeitszeit – Praxisbeispiele, *Jelenski/Waidinger/Pieper/Schlottfeldt*, Forschungsbericht Nr. 281, 1999, hrsg. vom BMA).

Typische Arbeitszeitmodelle

1. Mehrarbeit (Überstunden) und Kurzarbeit. Konventionelle Erscheinungsformen einer vorübergehenden Flexibilisierung des Arbeitszeitvolumens sind die Überstundenarbeit und die Kurzarbeit, mit dem Ziel der Verlängerung oder Verkürzung der Betriebsarbeitszeit, um auf konjunkturelle oder saisonale Schwankungen flexibel reagieren zu können (dazu § 611 BGB Rn. 942 ff., 948 ff.; MünchArbR/*Anzinger* § 218 Rn. 38 f.).

30   Hinsichtlich der Einführung von Kurzarbeit ist allgemein anerkannt, daß ein Eingriff in die Vertragsparität durch einseitige Modifikation des Umfangs der Hauptleistungspflichten kraft des dem AG nach § 315 BGB zustehenden Leistungsbestimmungsrechts unzulässig ist (*Boecken* RdA 2000, 7, 8 mwN). Die Verlagerung des grds. den AG nach § 615 BGB treffenden Betriebs- und Wirtschaftsrisikos auf die AN bei der Einführung von Kurzarbeit bedarf einer speziellen Ermächtigungsgrundlage. Nach zutreffender herrschender Auffassung kommen neben dem Individualarbeitsvertrag, soweit dieser von vornherein die Anordnung von Kurzarbeit zuläßt (ansonsten Vertragsanpassung mittels Änderungskündigung), insb. kollektivrechtliche Regelungen der Tarif- und Betriebspartner als besondere Rechtsgrundlage in Betracht (BAG 15. 12. 1961 AP BGB § 615 Kurzarbeit Nr. 1 m. Anm. *Neumann-Duesberg*; BAG 14. 2. 1991 AP BGB § 615 Kurzarbeit Nr. 4; LAG Rheinland-Pfalz 7. 10. 1996 NZA-RR 1997, 331; § 611 BGB Rn. 943; *Zmarzlik/Anzinger* § 3 Rn. 45; aA *Heinze* RdA 1998, 14, 17 ff.). Eine Änderung der vertraglichen Hauptleistungspflichten hinsichtlich der Arbeitszeit und der Lohnzahlungspflicht für den Zeitraum der Kurzarbeitsperiode kann hingegen nicht auf die §§ 169 ff. SGB III gestützt werden, da die sozialrechtlichen Regelungen die arbeitsrechtliche Norm des § 615 BGB nicht suspendieren können (*Boecken* RdA 2000, 7, 12 ff.; aA *Heinze* RdA 1998, 14, 20 ff.). Vielmehr setzt die Anwendung der sozialrechtlichen Bestimmungen tatbestandlich gerade das Vorliegen einer arbeitsrechtlich wirksamen Verlagerung des nach § 615 BGB grds. den AG treffenden Betriebs- und Wirtschaftsrisikos auf die AN voraus (*Boecken* RdA 2000, 7, 16).

31   **2. Schicht-, Nacht- und Wochenendarbeit.** Die Veränderung der Lage der Arbeitszeit mittels starrer Arbeitszeitmodelle, etwa der Schicht-, Nacht- sowie Wochenendarbeit, dient im Interesse des AG primär der Ausweitung der Betriebsnutzungszeiten (MünchArbR/*Anzinger* § 218 Rn. 48; zum Begriff der Schichtarbeit s. § 6 Rn. 3).

32   **3. Teilzeitarbeit.** Teilzeitbeschäftigt sind die AN, deren regelmäßige wöchentliche Arbeitszeit kürzer ist als die regelmäßige Wochenarbeitszeit vergleichbarer vollzeitbeschäftigter AN des Betriebes (§ 2 II BeschFG; ausf. § 2 BeschFG Rn. 11 ff.). Die Teilzeitarbeit führt idR sowohl im Interesse des AG als auch im Interesse des AN zu einer Reduzierung des Arbeitszeitumfangs (MünchArbR/*Anzinger* § 218 Rn. 41). Für AG ist die Teilzeitbeschäftigung etwa von Vorteil zur Überbrückung von Fehlzeiten, zur Optimierung des betrieblichen Personaleinsatzes und zur Ausdehnung der Betriebsnutzungszeiten. Der Nutzen für die AN liegt vor allem in der Stärkung der Zeitsouveränität, etwa hinsichtlich einer besseren Vereinbarkeit von Berufs- und Familienleben sowie eines gleitenden Übergangs vom Erwerbsleben in den Ruhestand (MünchArbR/*Anzinger* § 218 Rn. 41). Neben der Altersteilzeitarbeit (dazu ausf. ATG) ist die Arbeitsplatzteilung (zum Job-Sharing § 5 BeschFG) eine weitere wichtige Spielart der klassischen Teilzeitarbeit.

33   **4. Gleitzeitsysteme.** Die einfachen Gleitzeitsysteme zeichnen sich dadurch aus, daß eine Anwesenheitspflicht der AN lediglich während bestimmter fester Kernarbeitszeiten besteht, während der AN ansonsten über die außerhalb der Gleitzeitspannen liegenden Zeiträume im wesentlichen frei disponieren kann. Diese Dispositionsmöglichkeit erstreckt sich je nach der konkreten Ausgestaltung entweder auf die Lage der täglichen Arbeitszeit (einfach gleitende Arbeitszeit) oder aber auf die Lage und Dauer der täglichen Arbeitszeit (gleitende Arbeitszeit mit Zeitausgleich, s. auch § 3 S. 2 ArbZG). Eine noch größere Zeitsouveränität erlauben dem AN qualifizierte Gleitzeitmodelle, bei denen er aufgrund fehlender Festlegung einer täglichen Kernarbeitszeit nicht nur über die Lage, sondern zusätzlich über die Dauer der täglichen, wöchentlichen oder gar monatlichen Arbeitszeit innerhalb gewisser Grenzen selbst bestimmen kann (zum Ganzen MünchArbR/*Anzinger* § 218 Rn. 54 ff., 58). Bei der „Vertrauensarbeitszeit" entfallen Kernarbeitszeit und Zeiterfassung (dazu *Hamm* AiB 2000, 152).

34   **5. Abrufarbeit (Kapovaz).** Die permanente Veränderung der Arbeitszeitlage nach Bedarf des AG ist kennzeichnend für die Abrufarbeit (vgl. § 4 I BeschFG). Auf Grund der mit dem hochflexiblen Einsatz von Arbeitskräften verbundenen Konsequenzen für den einzelnen AN ist Arbeit auf Abruf nur dann zulässig, wenn sie ausdrücklich einzelvertraglich vereinbart wurde und wenn sie der die Grenzen des Direktionsrechts bei variabler Arbeitszeit beschränkenden Regelung des § 4 BeschFG genügen (MünchArbR/*Schüren* § 165 Rn. 17). Das Leistungsbestimmungsrecht (§ 315 BGB) des AG beschränkt sich dabei auf die Verteilung eines vorab festgelegten Arbeitszeitdeputats; das Arbeitszeitvolumen hingegen ist nach dem eindeutigen Wortlaut des § 4 I BeschFG nicht disponibel (zum Ganzen § 4 BeschFG; MünchArbR/*Schüren* § 166). Haben die Arbeitsvertragsparteien keine Vereinbarung über die Dauer der Arbeitszeit getroffen, so gilt nach § 4 I Halbs. 2 BeschFG eine wöchentliche Arbeitszeit von zehn Stunden als vereinbart. Wird der AN zu einem Arbeitseinsatz abberufen, so ist er zur Arbeitsleistung nur verpflichtet, wenn der AG ihm die Lage seiner – zumindest dreistündigen (§ 4 III BeschFG) – Arbeitszeit jeweils mindestens vier Tage im voraus mitteilt, § 4 II BeschFG.

35   **6. Arbeitszeitkonten.** Unter dem Oberbegriff Arbeitszeitkonto werden eine Vielzahl unterschiedlicher Modelle zur Flexibilisierung der Arbeitszeit diskutiert, die sich im einzelnen zwei Grundtypen,

den Jahresarbeitszeitmodellen und den Ansparkonten, zuordnen lassen (MünchArbR/*Anzinger* § 218 Rn. 60).

a) **Jahresarbeitszeitmodelle.** Im Rahmen dauerhafter Leistungsbeziehungen kann auf der Basis von 36 Jahresarbeitszeitverträgen ein im Arbeitsvertrag festgelegtes Arbeitszeitvolumen anstatt auf eine wöchentliche oder monatliche auf eine jährliche Planperiode verteilt werden (MünchArbR/*Anzinger* § 218 Rn. 61). Auf diesem Wege ist es möglich, einen langfristig vorhersehbaren, aber diskontinuierlichen Arbeitsbedarf flexibel innerhalb eines Jahreszeitraums zu planen (MünchArbR/*Schüren* § 167 Rn. 1, 5, 11 ff.). Die Arbeitszeit muß dabei nicht gleichmäßig auf das gesamte Jahr verteilt werden, sondern kann auch alternierend oder nur auf bestimmte Monate oder Jahreszeiten (Saisonarbeit) festgelegt werden. Nicht vorhersehbare Bedarfsschwankungen, die kurzfristig notwendig werdende Veränderungen der Arbeitszeitverteilung mit sich bringen, können nur im Einvernehmen mit dem AN abgefangen werden (MünchArbR/*Schüren* § 167 Rn. 5, 16 ff.; *Reichold* NZA 1998, 393, 397). Darin liegt der entscheidende Unterschied zur Abrufarbeit (MünchArbR/*Schüren* § 167 Rn. 5, 18).

b) **Ansparkonten.** Bei Ansparkonten hingegen wird dem AN durch das Ansparen von über die 37 regelmäßige Arbeitszeit hinaus geleisteten Arbeitsstunden die Möglichkeit eröffnet, trotz Fortbestehens des Arbeitsverhältnisses für eine Übergangszeit aus dem Berufsleben „auszusteigen" (zB. Sabbatical, Langzeiturlaub, Weiterbildung) oder aber auch bei gleichbleibendem Einkommen vorzeitig in den Voll- oder Teilruhestand einzutreten (MünchArbR/*Anzinger* § 218 Rn. 62).

III. Arbeitnehmerschutz bei flexibler Arbeitszeit

1. **Arbeitszeit und Vergütung.** Auf den Entgeltanspruch des AN bleibt die flexible Verteilung der 38 Arbeitszeit ohne Auswirkungen (MünchArbR/*Schüren* § 165 Rn. 50 f.). Auch bei flexiblen Arbeitszeitsystemen mit diskontinuierlichem Arbeitsanfall (zB. Jahresarbeitszeitmodelle) wird das Entgelt idR. kontinuierlich, dh. in monatlich gleichbleibender Höhe gezahlt (MünchArbR/*Schüren* § 167 Rn. 27 f.). Von diesem Grundsatz geht ersichtlich auch der Gesetzgeber aus (vgl. § 7 I a SGB IV). Diskontinuierliche Vergütung ist zwar nicht ausgeschlossen, kann im Einzelfall aber zu Abwicklungsproblemen im Rahmen der Meldepflichten gegenüber dem Sozialversicherungsträger und der Berechnung der Urlaubsvergütung führen (MünchArbR/*Schüren* § 167 Rn. 28). Leisten TeilzeitAN über ein fest vereinbartes Deputat hinaus Überstunden, so muß diese Mehrarbeit vergütet werden. Abhängig von der einzel- oder tarifvertraglichen Regelung kann auch ein über den normalen Stundenlohn hinausgehender Anspruch auf Mehrarbeitszuschlag begründet sein (BAG 20. 6. 1995 AP TVG § 1 TV: Nährmittelindustrie Nr. 1 m. Anm. *Schüren*; *Schüren* NZA 1993, 529 ff.).

Im Hinblick auf vom AN angesparte Zeit ist das neue Problem aufgetaucht, wie der AN seine 39 Ansprüche im **Insolvenzfall** sichern kann. Inzwischen hat etwa jeder dritte Beschäftigte ein Arbeitszeitkonto. Dessen Sicherung ist wichtig insb. für Beschäftigte, die in Altersteilzeit gehen wollen. § 7 a SGB IV fordert Vorkehrungen der Vertragsparteien. Sicherungen sind insb. durch TV möglich (s. zB § 16 TV zur Altersteilzeit in der Eisen-, Metall- und Elektroindustrie nw; § 1.44 BRTV für das Baugewerbe). Im einzelnen kommen in Betracht: Fondslösungen, Kautionsversicherung, Bankbürgschaft, Lebensversicherung oder die Verpfändung von Wertpapieren an einen Treuhänder (s. Die Insolvenzsicherung von Arbeitszeitguthaben, hrsg. v. Min. für Arbeit NW, 1999).

2. **Entgeltanspruch an Feiertagen.** Wesentliche Voraussetzung des Vergütungsanspruchs an Feier- 40 tagen nach § 2 I EFZG ist die Kausalität zwischen der aufgrund des Feiertagsrechts bestehenden Arbeitsruhe und dem Ausfall der Arbeit (dazu § 2 EFZG Rn. 11 ff., 21). Gerade dieses Kausalitätserfordernis ist in Zusammenhang mit flexibilisierten Arbeitszeitsystemen problematisch. Für den Bereich der Kurzarbeit hat der Gesetzgeber in § 2 II EFZG eine Sonderregelung geschaffen, die den Grundsatz der ausschließlichen Verursachung außer Kraft setzt (s. § 2 EFZG Rn. 46 ff.).

Im Rahmen sonstiger flexibler Arbeitszeitmodelle darf sich der AG der Pflicht zur Feiertagsvergü- 41 tung nicht dadurch entziehen, daß die Lage der Arbeitszeit im Hinblick auf einen Feiertag gezielt umverteilt wird (BAG 10. 7. 1996 AP FeiertagslohnzahlungsG § 1 Nr. 69; BAG 9. 10. 1996 AP EntgeltFG § 2 Nr. 3; MünchArbR/*Schüren* § 165 Rn. 55 mN zur aA). Zur Gewährleistung eines Anspruchs auf Feiertagsvergütung empfiehlt sich eine Durchschnittsberechnung (MünchArbR/*Schüren* § 165 Rn. 57 f.; zu den Problemen der Entgeltfortzahlung bei diskontinuierlicher Beschäftigung ausführlich MünchArbR/*Schüren* § 162 Rn. 152 ff.): Zunächst wird das Arbeitszeitvolumen pro Planperiode auf alle potentiellen Arbeitstage incl. der Feiertage in dieser Abrechnungseinheit verteilt. Dann werden die Arbeitsstunden, die auf Feiertage fallen, vom Gesamtbudget abgezogen. Die Vergütung bleibt konstant (BAG 3. 5. 1983 AP FeiertagslohnzahlungsG § 1 Nr. 39; BAG 28. 2. 1984 AP FeiertagslohnzahlungsG § 1 Nr. 43; MünchArbR/*Schüren* § 165 Rn. 57 mwN).

3. **Entgeltfortzahlung im Krankheitsfall.** Bei der Entgeltfortzahlung im Krankheitsfall nach § 3 I 42 EFZG treten aufgrund des erforderlichen Kausalzusammenhangs zwischen krankheitsbedingter Arbeitsunfähigkeit und Arbeitsausfall ähnliche Probleme wie im Rahmen des Anspruchs auf Feiertags-

vergütung auf. Auch hier kann es sinnvoll sein, in Fällen, bei denen die Krankheit des AN in Zeiten reicht, für die die Arbeitszeit noch nicht verplant ist, nach dem Durchschnittsprinzip (s. Rn. 41) vorzugehen (ausf., auch zur Berechnung auf der Grundlage der hypothetischen Arbeitszeitlage, MünchArbR/*Schüren* § 165 Rn. 59 ff. mwN).

43 **4. Entgeltfortzahlung bei persönlicher Verhinderung.** Ist ein AN für eine verhältnismäßig nicht erhebliche Zeit durch einen in seiner Person liegenden Grund ohne sein Verschulden an der Dienstleistung verhindert, behält er gem. § 616 Satz 1 BGB seinen Vergütungsanspruch. Der AN hat genauso wie in einem starren Arbeitszeitsystem auch bei flexibler Arbeitszeitgestaltung einen Anspruch auf bezahlte Freistellung von der Arbeit, wenn bereits eine verbindliche Regelung über die Arbeitszeitverteilung getroffen wurde (zur Unterrichtungspflicht gegenüber dem AN s. MünchArbR/*Schüren* § 165 Rn. 67 f.). Teilzeitbeschäftigten ist es aber aufgrund ihrer kürzeren Arbeitszeit regelmäßig zumutbar, gewisse Termine (zB Arzt- oder Behördentermine) in ihre Freizeit zu legen. Insoweit besteht mangels unverschuldeter persönlicher Verhinderung kein Anspruch aus § 616 S. 1 BGB (BAG 16. 12. 1993 AP BAT § 52 Nr. 5; LAG Köln 10. 2. 1993 LAGE BGB § 616 Nr. 7; MünchArbR/*Schüren* § 165 Rn. 68).

44 **5. Urlaubsanspruch.** Jeder AN hat in jedem Kalenderjahr Anspruch auf bezahlten Erholungsurlaub von mindestens 24 Werktagen (§§ 1, 3 I BUrlG). Bei AN in flexiblen Arbeitszeitmodellen ist dabei dem Umstand Rechnung zu tragen, daß diese idR nur zu einem gewissen Anteil der im Jahr potentiell bestehenden Arbeitstage zur Arbeit eingesetzt werden (zum Urlaubsanspruch bei unregelmäßiger Verteilung der Arbeitszeit § 3 BUrlG Rn. 27 ff.).

45 Geringe Schwierigkeiten bereitet die Berechnung der Urlaubsdauer bei Teilzeitkräften, die nicht an allen Werktagen der Woche oder des Monats arbeiten. Ihr Urlaubsanspruch wird im gleichen Verhältnis gekürzt, wie die Anzahl ihrer Arbeitstage im Vergleich zu denen eines VollzeitAN vermindert ist (MünchArbR/*Schüren* § 162 Rn. 183 ff., § 165 Rn. 74). In Fällen eines feststehenden Jahresarbeitszeitdeputats und gleichzeitiger Schwankungen im Hinblick auf die Dauer der täglichen Arbeitszeit sowie die Lage der wöchentlichen Arbeitszeit ist eine fiktive Durchschnittsarbeitszeit für den Urlaubstag zu unterstellen und auf dieser Grundlage die Urlaubsdauer für den AN zu berechnen (ausf. MünchArbR/ *Schüren* § 165 Rn. 75 ff.).

§ 8 Gefährliche Arbeiten

¹ Die Bundesregierung kann durch Rechtsverordnung mit Zustimmung des Bundesrates für einzelne Beschäftigungsbereiche, für bestimmte Arbeiten oder für bestimmte Arbeitnehmergruppen, bei denen besondere Gefahren für die Gesundheit der Arbeitnehmer zu erwarten sind, die Arbeitszeit über § 3 hinaus beschränken, die Ruhepausen und Ruhezeiten über die §§ 4 und 5 hinaus ausdehnen, die Regelungen zum Schutz der Nacht- und Schichtarbeitnehmer in § 6 erweitern und die Abweichungsmöglichkeiten nach § 7 beschränken, soweit dies zum Schutz der Gesundheit der Arbeitnehmer erforderlich ist. ² Satz 1 gilt nicht für Beschäftigungsbereiche und Arbeiten in Betrieben, die der Bergaufsicht unterliegen.

1 Die Ermächtigung zum Erlaß von Arbeitszeitbeschränkungen durch Rechtsverordnung ist aus § 9 II AZO übernommen und auf Ruhepausen und Ruhezeiten ausgedehnt worden. Die bisher aufgrund von § 9 II AZO erlassenen Arbeitszeitvorschriften sind gem. Art. 21 Nr. 4 bis 8 ArbZRG mit zwei Ausnahmen aufgehoben worden.
2 In zwei Bereichen sind die bisherigen Vorschriften aufrechterhalten worden.
3 In Kraft geblieben ist zum einen **§ 21 der Druckluftverordnung** – DruckluftV – v. 4. 12. 1972 (BGBl. I S. 1909; geändert durch Gesetz vom 12. 12. 1975, BGBl. I S. 965). Nach § 21 II DruckluftV muß bei Arbeiten in **Druckluft** zwischen zwei Arbeitsschichten eine arbeitsfreie Zeit von mindestens 12 Stunden liegen. Die Arbeitszeit in Druckluft darf einschließlich der Ein- und Ausschleusungszeiten höchstens 8 Stunden täglich und 40 Stunden wöchentlich betragen (§ 21 III DruckluftV). Abw. von § 4 müssen bei den in Druckluft beschäftigten AN bereits bei einer Einsatzzeit von mehr als 4 Stunden Pausen in der Gesamtdauer von mindestens 30 Minuten gewährt werden (§ 21 IV DruckluftV).
4 Eine weitere Sonderregelung enthält § 15a V GefStoffV idF v. 26. 10. 1993 (BGBl. I S. 1783; geändert durch Art. 1 der Verordnung vom 10. 11. 1993, BGBl. I S. 1870). Danach dürfen AN, wenn die Auslöseschwelle für krebserzeugende Gefahrstoffe überschritten wird, täglich nicht länger als 8 Stunden und wöchentlich nicht länger als 40 Stunden – bei Vierschichtbetrieben 42 Stunden pro Woche im Durchschnitt von vier aufeinanderfolgenden Wochen – beschäftigt werden.
5 Der Erlaß einer auf § 8 S. 1 gestützten Rechtsverordnung setzt voraus, daß die Beschäftigung von AN in dem betreffenden Beschäftigungsbereich oder mit der betreffenden Arbeit mit besonderen Gefahren für die Gesundheit der AN verbunden ist und daß die Beschränkung der Arbeitszeit gem. § 3 oder die Ausdehnung der Ruhepausen oder Ruhezeiten erforderlich ist.
6 Für das Merkmal **besondere Gesundheitsgefahr** ist nicht erforderlich, daß eine konkrete Gesundheitsgefährdung zu erwarten ist; ausreichend ist vielmehr das Vorliegen einer **abstrakten** besonderen

Gesundheitsgefährdung (*Buschmann/Ulber* Rn. 2; *Linnenkohl* Rn. 4.) Für die Beurteilung der **Erforderlichkeit** einer Beschränkung der Arbeitszeit oder der Ausdehnung der Ruhepausen oder Ruhezeiten ist dem Verordnungsgeber ein weiter Wertungs- und Gestaltungsspielraum einzuräumen (vgl. BVerfG 28. 1. 1992 AP AZO § 19 Nr. 2 = NJW 1992, 964).

Von der Verordnungsermächtigung des § 8 ausgenommen sind Beschäftigungsbereiche und Arbeiten 7 in Betrieben, die der **Bergaufsicht** unterliegen. Für diese Bereiche können vergleichbare Regelungen nach § 66 BBergG durch Rechtsverordnung des Bundesministers für Wirtschaft im Einvernehmen mit dem BMA erlassen werden.

Dritter Abschnitt. Sonn- und Feiertagsruhe

§ 9 Sonn- und Feiertagsruhe

(1) Arbeitnehmer dürfen an Sonn- und gesetzlichen Feiertagen von 0 bis 24 Uhr nicht beschäftigt werden.

(2) In mehrschichtigen Betrieben mit regelmäßiger Tag- und Nachtschicht kann Beginn oder Ende der Sonn- und Feiertagsruhe um bis zu sechs Stunden vor- oder zurückverlegt werden, wenn für die auf den Beginn der Ruhezeit folgenden 24 Stunden der Betrieb ruht.

(3) Für Kraftfahrer und Beifahrer kann der Beginn der 24stündigen Sonn- und Feiertagsruhe um bis zu zwei Stunden vorverlegt werden.

I. Grundsatz des Verbots der Beschäftigung an Sonn- und Feiertagen

Nach § 9 I ist die Beschäftigung von AN an Sonn- und gesetzlichen Feiertagen **grds. untersagt** 1 (zum Begriff des gesetzlichen Feiertages s. unter § 1 Rn. 10). Dieses Beschäftigungsverbot, das aus § 105 b GewO übernommen worden ist, entspricht der verfassungsrechtlichen Gewährleistung der Sonntagsruhe und der gesetzlichen Feiertagsruhe in Art. 140 GG iVm. Art. 139 WRV (ausf. *Baeck/Deutsch* vor §§ 9 bis 13 Rn. 8 ff.). § 9 I verbietet die Beschäftigung von AN. Der Begriff der Beschäftigung umfaßt nicht nur die Beschäftigung in Vollarbeit, sondern **jede Art der Beschäftigung**. Verboten ist daher sowohl die Beschäftigung in Arbeitsbereitschaft, Bereitschaftsdienst und Rufbereitschaft als auch die Weiterbildung von AN im Betrieb (vgl. BayObLG 22. 1. 1986 BB 1986, 880). Vom Beschäftigungsverbot des § 9 I erfaßt sind auch Beschäftigungen außerhalb des Betriebs. Da es sich bei § 9 I um eine **nicht dispositive** Vorschrift des öffentlich-rechtlichen Arbeitszeitschutzes handelt, liegt eine unzulässige Beschäftigung auch dann vor, wenn der AN die Beschäftigung am Sonn- oder gesetzlichen Feiertag **freiwillig** verrichtet. Um eine unzulässige Beschäftigung handelt es sich auch dann, wenn der AG sie nur **zuläßt** oder **duldet** (BayObLG 17. 9. 1981 GewA 1981, 386). Individual- oder kollektivrechtliche Vereinbarungen, die gegen das Beschäftigungsverbot des § 9 I verstoßen, sind nach § 134 BGB nichtig.

Da § 9 I seinem ausdrücklichen Wortlaut nach nur die Beschäftigung von AN an Sonn- und Feier- 2 tagen verbietet, gilt das Beschäftigungsverbot **nicht** für die **selbständige Eigentätigkeit** des AG (*Zmarzlik/Anzinger* Rn. 5). Ebenwenig fällt unter das Beschäftigungsverbot des § 9 I das bloße automatische **Laufenlassen von Produktionsmaschinen**, vorausgesetzt, daß es auch keiner kurzzeitigen Beschäftigung von AN bedarf (*Linnenkohl* Rn. 5; *Zmarzlik/Anzinger* Rn. 5).

Die Dauer des Beschäftigungsverbots deckt sich mit dem Kalendersonntag oder dem Kalenderfeier- 3 tag und beträgt für jeden Sonn- und Feiertag 24 Stunden. Bei zwei aufeinanderfolgenden Sonn- und Feiertagen beträgt die Dauer des Beschäftigungsverbots 48 Stunden. Die noch in § 105 I 2 GewO enthaltene Regelung, wonach die den AN zu gewährende Ruhe für zwei aufeinanderfolgende Sonn- und Feiertage im Regelfall nur mindestens 36 Stunden zu dauern braucht, hat der Gesetzgeber nicht übernommen.

Nach § 11 IV ist die Sonn- oder Feiertagsruhe des § 9 den AN grds. unmittelbar in Verbindung mit 4 einer Ruhezeit nach § 5 zu gewähren. Die Ruhezeit eines AN im Zusammenhang mit einem Sonn- oder Feiertag beträgt damit im Regelfall 24 Stunden für den Sonn- oder Feiertag zuzüglich 11 Stunden Mindestruhezeit gem. § 5 I, **insgesamt** also **35 Stunden**.

II. Verschiebung der Sonn- und Feiertagsruhe

Nach § 9 II kann in mehrschichtigen Betrieben mit regelmäßiger Tag- und Nachtschicht der Beginn 5 oder das Ende der Sonn- und Feiertagsruhe um bis zu 6 Stunden vor- oder zurückverlegt werden. Zulässig ist nur die **Verlegung, nicht** aber eine **Verkürzung** der 24stündigen Sonn- oder Feiertagsruhe. Wird zB die Sonntagsruhe um 6 Stunden vorverlegt, so beginnt sie am Sonntag erst um 6 Uhr und dauert bis Montag 6 Uhr. Bei einer Zurückverlegung der Sonntagsruhe um 6 Stunden beginnt die Ruhezeit bereits am Samstag um 18 Uhr und endet am Sonntag um 18 Uhr. Der Zulässigkeit der Verschiebung steht es nicht entgegen, daß die letzte Schicht bereits am Freitag endet, also am Samstag überhaupt nicht gearbeitet wurde (aA *Roggendorff* Rn. 13). Die gegenteilige Auffassung ist abzulehnen. Sie findet zum einen im Wortlaut keine Stütze. Zum anderen spricht gegen sie, daß der Gesetzgeber mit der Regelung des § 9 II lediglich das Ziel verfolgte, wie bisher nach § 105 b I 4 GewO einen flexiblen Schichtwechsel zu ermöglichen (*Baeck/Deutsch* Rn. 22; *Junker* ZfA 1998, 105, 125; *Zmarzlik/Anzinger* Rn. 41).

6   Die Verschiebung ist nur zulässig in Wechselschichtbetrieben mit **regelmäßiger** Tag- und Nachtschicht (zum Begriff der Schichtarbeit s. § 6 Rn. 3). Regelmäßig iSd. § 9 II bedeutet, daß sich Tag- und Nachtschicht nicht nur gelegentlich, sondern stets oder doch zumindest üblicherweise ablösen (*Linnenkohl* Rn. 11; *Zmarzlik/Anzinger* Rn. 40).

7   § 9 II läßt die Verlegung der Sonn- und Feiertagsruhe nur zu, wenn für die auf den Beginn der Ruhezeit folgenden 24 Stunden „der Betrieb ruht". Umstr. ist, ob die Verlegung nach § 9 II eine objektive Betriebsruhe voraussetzt, oder ob es ausreicht, wenn die Ruhezeit von 24 Stunden nur den einzelnen AN gewährt wird (für letzteres *Dobberahn* Rn. 98). Die überwiegende Auffassung im Schrifttum verlangt zu Recht eine **objektive Betriebsruhe** (*Baeck/Deutsch* Rn. 24 f.; *Buschmann/Ulber* Rn. 3; *Erasmy* NZA 1995, 97; *Linnenkohl* Rn. 15; *Neumann/Biebl* Rn. 6; *Roggendorff* § 15 Rn. 15; Kasseler Handbuch/*Schliemann* 2.5 Rn. 514; *Zmarzlik/Anzinger* Rn. 46). Hierfür spricht zum einen der Wortlaut des § 9 II, der auf den Betrieb als Ganzes abstellt (*Junker* ZfA 1998, 105, 125). Gestützt wird diese Auslegung auch dadurch, daß schon für die im Wortlaut identische Vorläufernorm des § 105 b I 4 GewO von der ganz überwiegenden Auffassung die Notwendigkeit einer objektiven Betriebsruhe verlangt wurde. Wenn der Gesetzgeber in Kenntnis dieser Sachlage gleichwohl am Wortlaut des § 105 b I 4 GewO festgehalten hat, so deutet dies darauf hin, daß er gerade keine Rechtsänderung gewollt hat (*Erasmy* NZA 1995, 97).

III. Vorverlegung für Kraftfahrer und Beifahrer

8   Das Beschäftigungsverbot von AN an Sonn- und Feiertagen gilt grds. auch für **Kraftfahrer und Beifahrer**. § 9 III gestattet jedoch die **Vorverlegung** der 24stündigen Sonn- und Feiertagsruhe um **bis zu 2 Stunden**. Damit wird dem „Sonntagsfahrverbot" in § 30 III StVO insoweit Rechnung getragen, als Kraftfahrer und Beifahrer, die vom ArbZG erfaßt werden, an Sonn- und Feiertagen ab 22 Uhr beschäftigt werden dürfen (BT-Drucks. 12/5888 S. 28).

IV. Sonderregelungen

9   Nach § 8 I 1 MuSchG dürfen **werdende und stillende Mütter** an Sonn- und Feiertagen grds. ebenfalls nicht beschäftigt werden. Das Beschäftigungsverbot gilt jedoch nicht für Mütter, die im Familienhaushalt mit hauswirtschaftlichen Arbeiten beschäftigt werden (§ 8 I 2 MuSchG). Ausnahmen von dem grds. Beschäftigungsverbot des § 8 I 1 MuSchG gelten nach § 8 IV MuSchG nur in den dort genannten Bereichen und auch nur dann, wenn ihnen in jeder Woche einmal eine ununterbrochene Ruhezeit von mindestens 24 Stunden im Anschluß an eine Nachtruhe gewährt wird (vgl. im einzelnen *Zmarzlik/Zipperer/Viethen* § 8 MuSchG Rn. 32 ff.). Auf die in §§ 10 und 13 aufgeführten Ausnahmen vom Verbot der Beschäftigung von AN an Sonn- und Feiertagen kann sich der AG gegenüber werdenden und stillenden Müttern dagegen nicht berufen. Außer den in § 8 IV vorgesehenen Ausnahmen können weitere Ausnahmen durch die Aufsichtsbehörde in begründeten Einzelfällen zugelassen werden (§ 8 VI MuSchG).

10   Für **Jugendliche** ergibt sich das Beschäftigungsverbot an Sonn- und Feiertagen aus §§ 17 I, 18 I JArbSchG. Ausnahmen von dem Beschäftigungsverbot sind nur in den in § 17 II aufgeführten Fällen zulässig, wobei jedoch an jedem zweiten Sonntag eine Beschäftigung unterbleiben soll. Mindestens zwei Sonntage im Monat müssen in jedem Fall beschäftigungsfrei bleiben (§ 17 II 2 JArbSchG). Für die Beschäftigung an einem Sonn- oder Feiertag muß dem Jugendlichen ein Ersatzruhetag an einem anderen berufsschulfreien Arbeitstag derselben Woche gewährt werden (§§ 17 III und 18 III JArbSchG).

V. Ausnahmeregelungen

11   Ausnahmen von dem Verbot der Beschäftigung von AN an Sonn- und Feiertagen sind zum einen in den in § 10 aufgeführten Fällen vorgesehen (s. unter § 10). Darüber hinaus können Ausnahmen durch Rechtsverordnung oder aufsichtsbehördliche Bewilligung zugelassen werden (s. unter § 13). Schließlich gestattet § 14 I Ausnahmen von dem Beschäftigungsverbot des § 9 für Notfälle und andere besondere Fälle (s. unter § 14).

VI. Mitbestimmung des Betriebsrats

12   Will der AG von der Möglichkeit des § 9 II Gebrauch machen und die 24stündige Sonn- oder Feiertagsruhe um bis zu 6 Stunden vor- oder zurückverlegen, so wird dadurch die Lage der Arbeitszeit berührt. Der BR hat daher nach **§ 87 I Nr. 2 BetrVG** darüber **mitzubestimmen,** ob überhaupt und

ggf. in welchem Umfang eine Verschiebung der Sonn- oder Feiertagsruhe erfolgt. Dies gilt auch für die in § 9 III eröffnete Möglichkeit, für Kraftfahrer und Beifahrer die Sonn- oder Feiertagsruhe um bis zu 2 Stunden vorzuverlegen.

§ 10 Sonn- und Feiertagsbeschäftigung

(1) Sofern die Arbeiten nicht an Werktagen vorgenommen werden können, dürfen Arbeitnehmer an Sonn- und Feiertagen abweichend von § 9 beschäftigt werden
1. in Not- und Rettungsdiensten sowie bei der Feuerwehr,
2. zur Aufrechterhaltung der öffentlichen Sicherheit und Ordnung sowie der Funktionsfähigkeit von Gerichten und Behörden und für Zwecke der Verteidigung,
3. in Krankenhäusern und anderen Einrichtungen zur Behandlung, Pflege und Betreuung von Personen,
4. in Gaststätten und anderen Einrichtungen zur Bewirtung und Beherbergung sowie im Haushalt,
5. bei Musikaufführungen, Theatervorstellungen, Filmvorführungen, Schaustellungen, Darbietungen und anderen ähnlichen Veranstaltungen,
6. bei nichtgewerblichen Aktionen und Veranstaltungen der Kirchen, Religionsgesellschaften, Verbände, Vereine, Parteien und anderer ähnlicher Vereinigungen,
7. beim Sport und in Freizeit-, Erholungs- und Vergnügungseinrichtungen, beim Fremdenverkehr sowie in Museen und wissenschaftlichen Präsenzbibliotheken,
8. beim Rundfunk, bei der Tages- und Sportpresse, bei Nachrichtenagenturen sowie bei den der Tagesaktualität dienenden Tätigkeiten für andere Presseerzeugnisse einschließlich des Austragens, bei der Herstellung von Satz, Filmen und Druckformen für tagesaktuelle Nachrichten und Bilder, bei tagesaktuellen Aufnahmen auf Ton- und Bildträger sowie beim Transport und Kommissionieren von Presseerzeugnissen, deren Ersterscheinungstag am Montag oder am Tag nach einem Feiertag liegt,
9. bei Messen, Ausstellungen und Märkten im Sinne des Titels IV der Gewerbeordnung sowie bei Volksfesten,
10. in Verkehrsbetrieben sowie beim Transport und Kommissionieren von leichtverderblichen Waren im Sinne des § 30 Abs. 3 Nr. 2 der Straßenverkehrsordnung,
11. in den Energie- und Wasserversorgungsbetrieben sowie in Abfall- und Abwasserentsorgungsbetrieben,
12. in der Landwirtschaft und in der Tierhaltung sowie in Einrichtungen zur Behandlung und Pflege von Tieren,
13. im Bewachungsgewerbe und bei der Bewachung von Betriebsanlagen,
14. bei der Reinigung und Instandhaltung von Betriebseinrichtungen, soweit hierdurch der regelmäßige Fortgang des eigenen oder eines fremden Betriebs bedingt ist, bei der Vorbereitung der Wiederaufnahme des vollen werktägigen Betriebs sowie bei der Aufrechterhaltung der Funktionsfähigkeit von Datennetzen und Rechnersystemen,
15. zur Verhütung des Verderbens von Naturerzeugnissen oder Rohstoffen oder des Mißlingens von Arbeitsergebnissen sowie bei kontinuierlich durchzuführenden Forschungsarbeiten,
16. zur Vermeidung einer Zerstörung oder erheblichen Beschädigung der Produktionseinrichtungen.

(2) Abweichend von § 9 dürfen Arbeitnehmer an Sonn- und Feiertagen mit den Produktionsarbeiten beschäftigt werden, wenn die infolge der Unterbrechung der Produktion nach Absatz 1 Nr. 14 zulässigen Arbeiten den Einsatz von mehr Arbeitnehmern als bei durchgehender Produktion erfordern.

(3) Abweichend von § 9 dürfen Arbeitnehmer an Sonn- und Feiertagen in Bäckereien und Konditoreien für bis zu drei Stunden mit der Herstellung und dem Austragen oder Ausfahren von Konditorwaren und an diesem Tag zum Verkauf kommenden Bäckerwaren beschäftigt werden.

(4) Sofern die Arbeiten nicht an Werktagen vorgenommen werden können, dürfen Arbeitnehmer zur Durchführung des Eil- und Großbetragszahlungsverkehrs und des Geld-, Devisen-, Wertpapier- und Derivatehandels abweichend von § 9 Abs. 1 an den auf einen Werktag fallenden Feiertagen beschäftigt werden, die nicht in allen Mitgliedstaaten der Europäischen Union Feiertage sind.

I. Ausnahmen nach § 10 I

1. Allgemeines. Der Katalog des § 10 I 1 enthält Ausnahmen vom Beschäftigungsverbot an Sonn- 1 und Feiertagen. Bei den in § 10 I aufgelisteten Ausnahmetatbeständen handelt es sich um **Ausnahmen kraft Gesetzes.** Der AG hat somit vor Inanspruchnahme einer der Ausnahmen des § 10 I **selbst zu**

prüfen, ob die Voraussetzungen für die Zulässigkeit der Sonn- oder Feiertagsarbeit vorliegen. Anders als in den Fällen des § 13 III bis V bedarf er somit keiner Ausnahmegenehmigung durch die Aufsichtsbehörde. Der AG trägt für das Vorliegen eines Ausnahmetatbestandes nach § 10 I die ordnungswidrigkeiten- und strafrechtliche Verantwortung (§§ 22 I Nr. 5, 23). Bei Auslegungszweifeln kann er nach § 13 III Nr. 1 durch die Aufsichtsbehörde feststellen lassen, ob eine Beschäftigung nach § 10 I zulässig ist.

2   Die in § 10 I aufgelisteten 16 Ausnahmetatbestände stehen allesamt unter dem **Vorbehalt**, daß die Arbeiten nicht an Werktagen vorgenommen werden können. Der Gesetzgeber hat damit die bisher für einen Teil der früheren Ausnahmen nach § 105 c I Nr. 3 und 4 GewO geltende Einschränkung auf alle Ausnahmetatbestände erstreckt. Da der Gesetzgeber diese Erstreckung in Kenntnis der Auslegung des § 105 c I Nr. 3 und 4 GewO durch die Rspr. und Literatur vorgenommen hat, kann für die Beurteilung, ob Arbeiten nicht auf Werktage verlegt werden können, auf die zu § 105 c Nr. 3 und 4 GewO entwickelten Maßstäbe zurückgegriffen werden (*Dobberahn* Rn. 100; *Erasmy* NZA 1995, 97, 98; *Neumann/Biebl* Rn. 3; *Zmarzlik/Anzinger* Rn. 23). Die Voraussetzung, daß die Arbeiten nicht an Werktagen vorgenommen werden können, ist daher nicht nur dann erfüllt, wenn die Arbeiten aus rein **technischen Gründen** nicht auf Werktage verlagert werden können, sondern auch dann, wenn die Vornahme dieser Arbeiten an Werktagen für den Betrieb **unverhältnismäßige** wirtschaftliche oder soziale **Nachteile** zur Folge hätte (*Dobberahn* Rn. 100; *Erasmy* NZA 1995, 97, 98; *Roggendorff* Rn. 16; Kasseler Handbuch/*Schliemann* 2.5 Rn. 527; *Zmarzlik/Anzinger* Rn. 24; aA *Buschmann/Ulber* Rn. 3, nach deren Auffassung Sonn- und Feiertagsarbeit nur bei technischer Unmöglichkeit der Verlegung der Arbeiten auf einen Werktag zulässig sein soll). **Unzulässig** sind dagegen Arbeiten, die ohne Gefährdung des Betriebszwecks mit zumutbaren Gestaltungsmitteln auf einen Werktag verschoben werden können (*Neumann/Biebl* Rn. 3; *Roggendorff* Rn. 16). Für die Frage, ob zumutbare Gestaltungsmittel zur Vermeidung der Sonn- oder Feiertagsarbeit vorhanden sind, ist auf die Art der Arbeit und die konkreten betrieblichen Verhältnisse abzustellen (*Neumann/Biebl* Rn. 3; *Roggendorff* Rn. 17).

3   Liegt einer der Ausnahmetatbestände des § 10 I Nr. 1 bis 16 vor, so sind nicht nur die in dem Ausnahmetatbestand ausdrücklich genannten Arbeiten zulässig, sondern auch die dazugehörigen **Hilfs- und Nebenarbeiten,** die im unmittelbaren Zusammenhang mit den zugelassenen Arbeiten stehen (*Roggendorff* Rn. 13; *Zmarzlik/Anzinger* Rn. 29). Die Arbeiten sind jedoch dem **Umfang** nach auf die Arbeiten zu beschränken, die nicht an Werktagen vorgenommen werden können (*Zmarzlik/Anzinger* Rn. 26). Auch dürfen nur so viele AN mit den nicht verschiebbaren Arbeiten beschäftigt werden, wie für die Verrichtung der Arbeiten unbedingt erforderlich sind (*Neumann/Biebl* Rn. 4).

4   **2. Ausnahmetatbestände.** Nach § 10 I Nr. 1 ist die Beschäftigung von AN in Not- und Rettungsdiensten sowie bei der **Feuerwehr** vom Beschäftigungsverbot an Sonn- und Feiertagen ausgenommen. Für den Begriff „Not- und Rettungsdienste" kommt es nicht darauf an, ob diese institutionalisiert sind; entscheidend ist vielmehr die **helfende Funktion** der Dienste (*Zmarzlik/Anzinger* Rn. 30). Von dem Ausnahmetatbestand der Nr. 1 werden auch die handwerklichen Notdienste (zB Schlüssel- und Reparaturnotdienste), die Notrufzentralen (zB die Automobilclub-Notrufzentralen) und die zentralen Sperrannahmedienste von Banken und Kreditorganisationen erfaßt (vgl. BT-Drucks. 12/5888 S. 29).

5   § 10 I Nr. 2 gestattet die Beschäftigung von AN an Sonn- und Feiertagen zur Aufrechterhaltung der **öffentlichen Sicherheit und Ordnung** sowie der Funktionsfähigkeit von Gerichten und Behörden und für Zwecke der Verteidigung. Da in den aufgeführten Bereichen idR Beamte, Richter und Soldaten eingesetzt werden, die keine AN iSv. § 2 II sind und daher vom persönlichen Geltungsbereich des ArbZG nicht erfaßt werden, hat der Ausnahmetatbestand der Nr. 2 nur geringe praktische Bedeutung.

6   Nach § 10 I Nr. 3 dürfen AN abw. von § 9 in **Krankenhäusern** und anderen Einrichtungen zur Behandlung, Pflege und Betreuung von Personen an Sonn- und Feiertagen beschäftigt werden (zu den Begriffen Krankenhäuser und andere Einrichtungen zur Behandlung, Pflege und Betreuung von Personen s. § 5 Rn. 8). Von Nr. 3 wird auch die rein pflegerische Versorgung erfaßt, so daß zu den anderen Einrichtungen auch ambulante Pflegedienste gehören (BT-Drucks. 12/5888 S. 29).

7   Gem. § 10 I Nr. 4 dürfen AN abw. von § 9 auch an Sonn- und Feiertagen in **Gaststätten** und anderen Einrichtungen zur Bewirtung und Beherbergung beschäftigt werden. Diese Ausnahme entspricht dem bisherigen § 105 i GewO (zu den Begriffen Gaststätten und andere Einrichtungen zur Bewirtung und Beherbergung s. § 5 Rnr. 9).

8   Die in § 10 I Nr. 5 geregelte Ausnahme vom Beschäftigungsverbot des § 9 entspricht ebenfalls dem bisherigen § 105 i GewO und gilt für Musikaufführungen, **Theatervorstellungen,** Filmvorführungen, Schaustellungen, Darbietungen und ähnliche Veranstaltungen. Zu den anderen ähnlichen Veranstaltungen gehören insb. die Tätigkeiten des Schaustellergewerbes, wie zB die Schau-, Belustigungs-, Fahr-, Schieß- und Spielgeschäfte (*Zmarzlik/Anzinger* Rn. 43). Von Nr. 5 erfaßt wird auch das Aufstellen und Betreiben von Musik- und Unterhaltungsautomaten (zB in Spielhallen) sowie die Beschäftigung von AN zur Beseitigung von Störungen an diesen Automaten (vgl. BVerwG 7. 10. 1965 AP GewO § 105 b Nr. 2).

I. Ausnahmen nach § 10 I   § 10   ArbZG 110

§ 10 I Nr. 6 gestattet Abweichungen von § 9 bei nichtgewerblichen Aktionen und Veranstaltungen 9 der **Kirchen**, Religionsgesellschaften, Verbände, Vereine und anderer ähnlicher Vereinigungen. Die Aktionen und Veranstaltungen müssen **nichtgewerblich** sein, dh. sie dürfen nicht auf Gewinnerzielung gerichtet sein. Wird mit der Aktion oder Veranstaltung ein Reinerlös erzielt, so bleibt sie solange nichtgewerblich, wie ein gemeinnütziger Zweck im Vordergrund steht (*Zmarzlik/Anzinger* Rn. 47; zur geringen praktischen Bedeutung *Baeck/Deutsch* Rn. 47).

§ 10 I Nr. 7 läßt die Beschäftigung von AN an Sonn- und Feiertagen in den aufgeführten Dienstleistungsbereichen zu. Zum **Sport** gehören nicht nur Wettkämpfe, sondern alle sportlichen Veranstaltungen (zB auch Schauturnen). Von dem Ausnahmetatbestand erfaßt werden neben den AN, die den Sport selbst ausüben, auch Helfer, Ordner, Betreuer und sonst mit dem Ablauf des Sportereignisses befaßte AN. Für die Beschäftigung von AN in Bibliotheken gilt grds. das Verbot des § 9. Von dem Beschäftigungsverbot ausgenommen sind lediglich **wissenschaftliche Präsenzbibliotheken**, wie zB Universitätsbibliotheken.

§ 10 I Nr. 8 gestattet Ausnahmen für den Rundfunk und die Presse. Die Ausnahmen für den Presse- 11 und Druckbereich setzen stets den Bezug zur **Tagesaktualität** voraus (zum Begrifff der Tagesaktualität s. *Berger-Delhey* ZTR 1994, 105, 109; *Neumann/Biebl* Rn. 17). Der Begriff der **Tagespresse** in Nr. 8 umfaßt neben den Tageszeitungen auch Sonntagszeitungen, und zwar unabhängig davon, ob sie als reine Sonntagszeitungen nur am Sonntag oder als sog. siebte Ausgabe einer Tageszeitung am Sonntag erscheinen. Die Worte „einschließlich des Austragens" waren im RegEntw. noch nicht enthalten und sind erst auf Beschluß des Deutschen Bundestages eingefügt worden. Damit wird die Beschäftigung von AN mit dem Austragen von Presseerzeugnissen an Sonn- und Feiertagen erlaubt (BT-Drucks. 12/6990 S. 13 und 43). Dagegen bleibt das Verteilen von reinem Werbematerial weiterhin unzulässig.

Nach § 10 I Nr. 9 gilt das Verbot des § 9 ferner nicht für Messen, Ausstellungen, Märkte und 12 Volksfeste. Die Ausnahmeregelung der Nr. 9 trägt der Tatsache Rechnung, daß zu den sog. Marktprivilegien der nach § 69 GewO festgesetzten Messen, Ausstellungen, Märkte und Volksfeste seit jeher die Befreiuung vom Verbot der Beschäftigung von AN an Sonn- und Feiertagen zählt (BT-Drucks. 12/5888). Der Begriff der Messe bestimmt sich nach § 64 I GewO. **Messe** ist danach eine zeitlich begrenzte, im allgemeinen regelmäßig wiederkehrende Veranstaltung, auf der eine Vielzahl von Ausstellern das wesentliche Angebot eines oder mehrerer Wirtschaftsgüter ausstellt und überwiegend nach Muster an gewerbliche Wiederverkäufer, gewerbliche Verbraucher oder Großabnehmer vertreibt. Unter den Messebegriff iSv. Nr. 9 fallen die sog. Haus- und Ordermessen, bei denen eine oder mehrere Firmen aus Anlaß von nach § 69 festgesetzten Messen oder Ausstellungen eine Veranstaltung für gewerbliche Wiederverkäufer durchführen (MünchArbR/*Anzinger* § 221 Rn. 40; *Neumannn/Biebl* Rn. 18; *Roggendorff* Rn. 23).

Volksfeste sind im allgemeinen regelmäßig wiederkehrende, zeitlich begrenzte Veranstaltungen, auf 13 denen eine Vielzahl von Anbietern unterhaltende Tätigkeiten als Schausteller oder nach Schaustellerart ausübt oder Waren feilbietet, die üblicherweise auf Veranstaltungen dieser Art angeboten werden (§ 60 b I GewO).

§ 10 I Nr. 10 enthält eine Ausnahme für Verkehrsbetriebe sowie für den Transport und das Kom- 14 missionieren von leichtverderblichen Waren. Die Ausnahme für **Verkehrsbetriebe** entspricht dem bisherigen § 105 e GewO (zum Begriff des Verkehrsbetriebes s. § 5 Rn. 10). Die Ausnahme für den Transport und das Kommissionieren von leichtverderlichen Waren iSv. § 30 III Nr. 2 StVO geht auf die Beschlußempfehlung des Ausschusses für Arbeit und Sozialordnung zurück (BT-Drucks. 12/6990 S. 43). Nach dem bisherigen § 105 c I Nr. 4 GewO durften im Handelgewerbe an Sonn- und Feiertagen zwar Arbeiten zur Verhütung des Verderbens von Rohstoffen vorgenommen werden, umstr. war jedoch, ob hierzu auch das Kommissionieren von Frischwaren zählte (BVerwG 14. 11. 1989 GewA 1990, 66; OVG Münster 7. 10. 1993 GewA 1994, 170; VGH Baden-Württemberg 17. 11. 1989 GewA 1990, 407). Mit der Ausnahmeregelung für den Transport und das Kommissionieren leicht verderblicher Waren soll auch dem Bedürfnis des Verbrauchers nach Frischwaren schon am Montagmorgen Rechnung getragen werden (BT-Drucks. 12/6990 S. 43).

Zu den **leicht verderblichen Waren** gehören frische Milch und frische Milchzeugnisse, frisches 15 Fleisch und frische Fleischerzeugnisse, frischer Fisch und frische Fischerzeugnisse sowie leichtverderbliches Obst und Gemüse. Zum **Transport und Kommissionieren** gehören das Ausladen, Sortieren, Abpacken und Verladen der Ware, die Beförderung der Ware sowie die Auslieferung der kommissionierten Ware an die Kunden (*Zmarzlik/Anzinger* Rn. 79).

Eine Ausnahmeregelung gilt gem. § 10 I Nr. 11 auch für die Beschäftigung von AN an Sonn- und 16 Feiertagen in den Energieversorgungs-, Wasserversorgungs-, Abfall- und Abwasserentsorgungsbetrieben. Zu den **Energieversorgungsbetrieben** gehören zB Elektrizitäts-, Gas-, Fernheiz- und Kernkraftwerke. Unter die Ausnahmeregelung der Nr. 11 fallen auch Zulieferbetriebe für Energieversorgungsunternehmen, sofern dort Arbeiten zur Aufrechterhaltung der Energieversorgung unerläßlich sind (BT-Drucks. 12/6990 S. 40). **Wasserversorgungsbetriebe** sind alle Betriebe zur Deckung des Wasserbedarfs mit Trinkwasser, wie zB Wasserwerke. **Abfallentsorgungsbetriebe** sind solche, die Abfälle sammeln, abnehmen oder beseitigen. Zu den **Abwasserentsorgungsbetrieben** gehören zB die Klärwerke.

17 § 10 I Nr. 12 enthält eine Ausnahme vom Verbot der Beschäftigung von AN an Sonn- und Feiertagen in der **Landwirtschaft**, in der Tierhaltung sowie in Einrichtungen zur Behandlung und Pflege von Tieren (zu den Begriffen Landwirtschaft und Tierhaltung s. § 5 Rn. 12). Einrichtungen zur Behandlung und Pflege von Tieren sind zB Tierarztpraxen und Tierheime.

18 Nach § 10 I Nr. 13 dürfen AN an Sonn- und Feiertagen im Bewachungsgewerbe und bei der Bewachung von Betriebsanlagen beschäftigt werden. Der Begriff des Bewachungsgewerbes bestimmt sich nach § 34a GewO. **Bewachungsgewerbe** ist danach das gewerbsmäßige Bewachen von Leben oder Eigentum fremder Personen. Zum Bewachungsgewerbe zählt zB die Bewachung von Betriebsanlagen durch AN von Wach- und Schließgesellschaften. Nicht von der Ausnahmeregelung der Nr. 11 erfaßt wird dagegen die über den reinen Objektschutz hinausgehende Kontrolle vollautomatisch laufender Produktionsanlagen (*Neumann/Biebl* Rn. 23; *Roggendorff* Rn. 27).

19 § 10 I Nr. 14 erste Var. gestattet die Beschäftigung von AN mit der Reinigung und Instandhaltung von Betriebseinrichtungen, soweit hiervon der regelmäßige Fortgang des eigenen oder eines fremden Betriebes abhängig ist. Diese Ausnahme entspricht dem bisherigen § 105c I Nr. 3 GewO. Arbeiten zur **Reinigung von Betriebseinrichtungen** sind solche, die darauf abzielen, die Betriebsstätten, die Maschinen, Apparate und sonstigen Betriebsvorrichtungen von Schmutz und Staub, Abfällen und sonstigen Fremdkörpern zu reinigen (*Neumann/Biebl* Rn. 24; *Zmarzlik/Anzinger* Rn. 98). Zu den **Instandhaltungsarbeiten** iSd. ersten Var. der Nr. 14 gehören Arbeiten, durch die die Arbeitsstätte einschließlich der Maschinen, Werkzeuge und Geräte sowie der Fahrzeuge verwendungs- und einsatzbereit gehalten wird (*Neumann/Biebl* Rn. 24). Das Aufstellen neuer Maschinen und Anlagen ist keine Instandhaltung (*Roggendorff* Rn. 28). § 10 I Nr. 14 erste Var. gestattet allerdings nur die Reinigungs- und Instandhaltungsarbeiten, durch die der regelmäßige Fortgang des eigenen oder fremden Betriebs bedingt ist (OVG Hamburg 22. 2. 1963 GewA 1964, 59).

20 Nach § 10 I Nr. 14 zweite Var., der ebenfalls dem bisherigen § 105c I Nr. 3 GewO entspricht, dürfen AN abw. von § 9 auch bei der **Vorbereitung der Wiederaufnahme des vollen werktägigen Betriebs** beschäftigt werden. Zu den **Vorbereitungsarbeiten** gehören zB das Anfeuern der Öfen, die Inbetriebnahme von Förder- und Aufzugsanlagen oder das Ingangsetzen von Maschinen im Leerlauf. Auch das Ingangsetzen von Maschinen zur Produktionsaufnahme wird von der zweiten Var. der Nr. 14 erfaßt, wenn damit technologisch bedingt eine Funktionsprüfung der Maschinen oder eine Prüfung des Produkts verbunden ist (BT-Drucks. 12/6990 S. 40; *Baeck/Deutsch* Rn. 105; *Erasmy* NZA 1995, 97, 99; *Neumann/Biebl* Rn. 26; Kasseler Handbuch/*Schliemann* 2.5 Rn. 568; abw. *Buschmann/Ulber* Rn. 11).

21 Einen neuen Ausnahmetatbestand stellt § 10 I Nr. 14 dritte Var. dar, wonach die Beschäftigung von AN an Sonn- und Feiertagen bei der **Kontrolle der Funktionsfähigkeit von Datennetzen** zulässig ist. Der Grund für diesen neuen Ausnahmetatbestand ist in dem vermehrten bargeldlosen Zahlungsverkehr mit Eurocheque-Karten, Kreditkarten, Tankcards usw. zu sehen, der den ununterbrochenen Betrieb von Großrechnern erfordert (BT-Drucks. 12/5888 S. 29). Die Ausnahme in Nr. 14 dritte Var. ist aber nicht auf den Zahlungsverkehr der Banken und Sparkassen beschränkt, sondern gilt vielmehr für alle Datennetze und Rechnersysteme (*Zmarzlik/Anzinger* Nr. 124). Zu den Datennetzen und Rechnersystemen gehören auch die mit ihnen verbundenen Einzelkomponenten (*Neumann/Biebl* Rn. 28; ausf. *Baeck/Deutsch* Rn. 108). Aus der Formulierung „**bei**" der Aufrechterhaltung der Funktionsfähigkeit folgt, daß von der Ausnahmeregelung alle Arbeiten erfaßt werden, die im Rahmen der Aufrechterhaltung der Funktionsfähigkeit von Datennetzen und Rechnersystemen anfallen (*Zmarzlik/Anzinger* Rn. 125).

22 Die beiden ersten Ausnahmetatbestände in § 10 I Nr. 15 gehen auf § 105c I Nr. 4 GewO zurück. Die **erste Var. der Nr. 15** gestattet die Beschäftigung von AN an Sonn- und Feiertagen mit Arbeiten zur Verhütung des Verderbens von Naturerzeugnissen oder Rohstoffen. Zu den **Rohstoffen** gehören sowohl die aus der Natur gewonnenen mineralischen, pflanzlichen und tierischen Erzeugnisse, wie zB Früchte, Milch und Fische, als auch die daraus hergestellten Zwischenprodukte (*Neumann/Biebl* Rn. 29). **Naturerzeugnisse** sind tierische und pflanzliche Erzeugnisse, die in naturbelassenem Zustand verbraucht oder zu anderen Produkten verarbeitet werden (*Roggendorff* Rn. 35). Die Sonn- und Feiertagsarbeit muß zur Verhütung des Verderbens erforderlich sein. Ein **Verderben** liegt vor, wenn sich die Rohstoffe oder Naturerzeugnisse infolge der Unterbrechung der Arbeit an Sonn- und Feiertagen so verändern, daß sie nicht oder nicht mehr bestimmungsgemäß verwandt werden können (*Roggendorff* Rn. 35). Vor Inanspruchnahme der Ausnahmeregelung der ersten Var. der Nr. 15 muß der AG jedoch alle möglichen und ihm zumutbaren organisatorischen und technischen Maßnahmen ausschöpfen, um ein Verderben auch ohne die Beschäftigung von AN an Sonn- und Feiertagen zu verhindern. Als mögliche Maßnahmen kommen zB Kühlung, Einfrieren, Trocknen, Einsalzen oder eine besondere Verpackung in Betracht (*Neumann/Biebl* Rn. 30; *Roggendorff* Rn. 36).

23 Die **zweite Var. der Nr. 15** läßt abw. von § 9 die Sonn- und Feiertagsarbeit zur Verhütung des Mißlingens von Arbeitsergebnissen zu. Der bisher in § 105c I Nr. 4 enthaltene Begriff „Arbeitserzeugnisse" ist durch den weiteren Begriff „**Arbeitsergebnisse**" ersetzt worden. Dieser erfaßt nicht nur Arbeiten zur Herstellung von End- und Zwischenprodukten, sondern darüber hinaus auch alle sonstigen Arbeiten, wie zB Dienstleistungen. Von einem **Mißlingen von Arbeitsergebnissen** ist aus-

zugehen, wenn die Arbeitsergebnisse wegen der Unterbrechung der Sonn- und Feiertagsarbeit nicht gelingen oder Fehler aufweisen, die ihre Verwendung als bestimmungsgemäßes Arbeitsergebnis ausschließen oder wesentlich beeinträchtigen (*Roggendorff* Rn. 37; *Zmarzlik/Anzinger* Rn. 151).

Nach der Begr. des RegEntw. liegt ein Mißlingen von Arbeitsergebnissen bei kontinuierlicher Sonntagsarbeit des produzierenden Gewerbes idR dann vor, wenn wegen der Unterbrechung am Sonn- oder Feiertag nicht oder fehlerhaft gelungene (mißlungene) Arbeitsergebnisse in Höhe von 5% einer Wochenproduktion an fehlerfreien Arbeitserzeugnissen anfallen. Bezugsmaßstab ist die Wochenproduktion von Montag 0 Uhr bis Samstag 24 Uhr mit 144 Arbeitsstunden (BT-Drucks. 12/5888 S. 29). Damit wird von den Grundsätzen ausgegangen, die von den Arbeitsschutzbehörden der Länder im Interesse der Einheitlichkeit des Verwaltungshandelns aufgestellt und beim Vollzug des § 105 c I Nr. 4 GewO zugrunde gelegt worden sind (*Dobberahn* Rn. 110; *Roggendorff* Rn. 38; abw. *Buschmann/Ulber* Rn. 12, nach deren Auffassung die Ausnahmeregelung der zweiten Var. der Nr. 15 enger auszulegen ist). Ein Mißlingen kann nach der amtl. Begr. des RegEntw. im Einzelfall auch schon bei einer Unterschreitung der 5%-Grenze zu bejahen sein (BT-Drucks. 12/5888 S. 29). Diese Klarstellung in der Begr. des RegEntw. ist zu begrüßen. Eine starre 5%-Grenze würde nämlich den unterschiedlichen Industriezweigen nicht hinreichend Rechnung tragen und wäre daher im Hinblick auf ihre Vereinbarkeit mit dem Gleichheitssatz und dem Verhältnismäßigkeitsgrundsatz verfassungsrechtlich bedenklich (*Erasmy* NZA 1995, 97, 99; *Zmarzlik/Anzinger* Rn. 167).

Ein **neuer Ausnahmetatbestand** ist mit der **dritten Var. der Nr. 15** in das ArbZG aufgenommen 25 worden, nach der AN bei kontinuierlich durchzuführenden Forschungsarbeiten an Sonn- und Feiertagen beschäftigt werden dürfen. **Kontinuierlich durchzuführende Forschungsarbeiten** sind solche Forschungsarbeiten, die bereits an Werktagen begonnen wurden und deren Fortsetzung an Sonn- und Feiertagen erforderlich ist (*Linnenkohl* Rn. 95; *Roggendorff* Rn. 41). Zu den Forschungsarbeiten, die von der dritten Var. der Nr. 15 erfaßt werden können, gehören zB die Durchführung, Auswertung und Beobachtung von wissenschaftlichen Experimenten über längere Zeiträume (*Zmarzlik/Anzinger* Rn. 207).

§ 10 I Nr. 16 ermöglicht die Beschäftigung von AN an Sonn- und Feiertagen, wenn die Produk- 26 tionsunterbrechung zu einer Zerstörung oder erheblichen Beschädigung der Produktionseinrichtungen führen würde. **Produktionseinrichtungen** sind alle Produktionsmittel oder Produktionsanlagen, mit denen Produkte hergestellt werden, wie zB Öfen, Maschinen, Fertigungsstraßen usw. Eine Beschädigung von Produktionseinrichtungen ist **erheblich,** wenn sie dem AG **nicht zumutbar** ist, zB wegen der entstehenden Kosten für die Schadensbeseitigung (*Linnenkohl* Rn. 100; MünchArbR/*Anzinger* § 221 Rn. 54; *Neumann/Biebl* Rn. 36; *Zmarzlik/Anzinger* Rn. 221).

II. Ausnahme nach § 10 II

Nach § 10 II dürfen AN an Sonn- und Feiertagen mit Produktionsarbeiten beschäftigt werden, 27 wenn die infolge der Unterbrechung der Produktion nach § 10 I Nr. 14 zulässige Beschäftigung der AN mit Reinigungs-, Instandhaltungs- und Vorbereitungsarbeiten den Einsatz von mehr AN als bei durchgehender Produktion erfordern würde. Mit der Regelung des § 10 II soll eine Verringerung der Zahl der von Sonntagsarbeit betroffenen AN erreicht werden (BT-Drucks. 12/5888). Es würde nämlich dem Sonn- und Feiertagsschutz zuwiderlaufen, wenn infolge der Unterbrechung der Produktion bei zulässigen Reparatur- und Instandhaltungsarbeiten iSv. § 10 I Nr. 14 mehr AN beschäftigt werden müßten als bei fortlaufender Produktion. Die Ausnahmeregelung des § 10 II ist ihrem eindeutigen Wortlaut nach auf zulässige Arbeiten nach § 10 I Nr. 14 beschränkt, so daß eine Erstreckung auf die anderen Ausnahmefälle des § 10 I unzulässig ist (*Neumann/Biebl* Rn. 37; *Roggendorff* Rn. 44; Kasseler Handbuch/*Schliemann* 2.5 Rn. 592; aA *Baeck/Deutsch* Rn. 148; *Dobberahn* Rn. 112; *Junker* ZfA 1998, 105, 125; krit. auch *Erasmy* NZA 1995, 97, 100).

Bei der Beurteilung der Frage, ob ein Einsatz von mehr „Arbeitnehmern" als bei durchgängiger 28 Produktion erforderlich ist, ist im Einzelfall nicht auf die Anzahl der AN, sondern auf die Gesamtzahl der von den AN in dem einen oder dem anderen Falle zu leistenden Arbeitsstunden abzustellen (*Erasmy* NZA 1995, 97, 100; *Linnenkohl* Rn. 106; *Neumann/Biebl* Rn. 38; *Roggendorff* Rn. 45). § 10 II ist daher zB nicht anwendbar, wenn man mit Reinigungs- und Instandhaltungsarbeiten 8 teilzeitbeschäftigte AN mit jeweils 4 Stunden (32 sog. „Mannstunden") an Sonn- oder Feiertagen beschäftigen könnten, der AG statt dessen aber 6 AN mit jeweils 8 Stunden (48 „Mannstunden") beschäftigen will.

III. Ausnahme nach § 10 III

Nach § 10 III dürfen AN an Sonn- und Feiertagen in Bäckereien und Konditoreien für bis zu drei 29 Stunden mit der Herstellung und dem Austragen oder Ausfahren von Konditorwaren und an diesem Tag zum Verkauf von Bäckereiwaren beschäftigt werden. Mit dieser nachträglich durch das Gesetz zur Änderung des Gesetzes über den Ladenschluß und zur Neuregelung der Arbeitszeit in Bäckereien und Konditoreien vom 30. 7. 1996 (BGBl. I S. 1186) in das ArbZG eingefügten Ausnahme vom

Beschäftigungsverbot des § 9 soll vor allem die Versorgung mit frischem Brot und Brötchen auch an Sonn- und Feiertagen ermöglicht werden.

IV. Ausnahme nach § 10 IV

30   Durch das Gesetz zur Einführung des Euro (Euro-Einführungsgesetz – EuroEG) vom 9. 6. 1998 (BGBl. I S. 1242) wurde mit Wirkung zum 1. 1. 1999 ein neuer § 10 IV eingefügt. Die Ausnahmevorschrift des Abs. 4 dient der Sicherung des Finanzstandorts Deutschlands (BT-Drucks. 13/10334 S. 42; *Baeck/Deutsch* Rn. 157). Die Bestimmung gilt für die Durchführung des Eil- und Großbetragszahlungsverkehrs und des Geld-, Devisen-, Wertpapier- und Derivatehandels (zum Eil- und Großbetragszahlungssystems TARGET s. *Anzinger* NZA 1998, 845, 846; *Baeck/Deutsch* Rn. 160). Damit deutsche Kreditinstitute infolge der zunehmenden Vernetzung der Zahlungssysteme im Zuge der dritten Stufe der EG keine Nachteile im Wettbewerb mit Konkurrenten anderer Mitgliedsstaaten der EU erleiden, gestattet § 10 IV in Ausnahme zu § 9 I das Arbeiten an auf Werktage fallenden nicht EU-einheitlichen Feiertagen (BT-Drucks. 13/10334 S. 42). Praktisch greift die Vorschrift damit an allen Feiertagen, außer dem 1. Weihnachtsfeiertag und dem Neujahrstag, sofern diese nicht auf einen Sonntag fallen (*Anzinger* NZA 1998, 845, 846; *Baeck/Deutsch* Rn. 1623).

§ 11 Ausgleich für Sonn- und Feiertagsbeschäftigung

(1) Mindestens 15 Sonntage im Jahr müssen beschäftigungsfrei bleiben.

(2) Für die Beschäftigung an Sonn- und Feiertagen gelten die §§ 3 bis 8 entsprechend, jedoch dürfen durch die Arbeitszeit an Sonn- und Feiertagen die in den §§ 3, 6 Abs. 2 und § 7 bestimmten Höchstarbeitszeiten und Ausgleichszeiträume nicht überschritten werden.

(3) [1] Werden Arbeitnehmer an einem Sonntag beschäftigt, müssen sie einen Ersatzruhetag haben, der innerhalb eines den Beschäftigungstag einschließenden Zeitraums von zwei Wochen zu gewähren ist. [2] Werden Arbeitnehmer an einem auf einen Werktag fallenden Feiertag beschäftigt, müssen sie einen Ersatzruhetag haben, der innerhalb eines den Beschäftigungstag einschließenden Zeitraums von acht Wochen zu gewähren ist.

(4) Die Sonn- oder Feiertagsruhe des § 9 oder der Ersatzruhetag des Absatzes 3 ist den Arbeitnehmern unmittelbar in Verbindung mit einer Ruhezeit nach § 5 zu gewähren, soweit dem technische oder arbeitsorganisatorische Gründe nicht entgegenstehen.

I. Beschäftigungsfreie Sonntage

1   Durch § 11 I soll sichergestellt werden, daß AN, die zulässigerweise an Sonntagen beschäftigt werden dürfen, wenigstens an 15 Sonntagen im Jahr beschäftigungsfrei bleiben. Die Mindestanzahl von 15 beschäftigungsfreien Sonntagen darf nur in den engen Grenzen des § 12 I Nr. 1 unterschritten werden.

2   **Beschäftigungsfrei** bedeutet, daß der AN mit keinerlei abhängiger Erwerbsarbeit beschäftigt werden darf. Unzulässig ist auch die Heranziehung der AN zum Bereitschaftsdienst oder zur Rufbereitschaft (s. näher zum Begriff Beschäftigung § 9 Rn. 1). § 11 I will nur jedem AN eine Mindestanzahl von beschäftigungsfreien Sonntagen sichern. Die Vorschrift ist deshalb nicht so zu verstehen, daß auch der ganze Betrieb an mindestens 15 Sonntagen ruhen muß (*Baeck/Deutsch* Rn. 8; *Erasmy* NZA 1995, 97, 102; *Junker* ZfA 1998, 105, 126f.; *Neumann/Biebl* Rn. 2; *Roggendorff* § 10 Rn. 5; aA *Buschmann/Ulber* § 10 Rn. 1). Für die Mindestanzahl von 15 beschäftigungsfreien Sonntagen kommt es allein auf die Zahl der **tatsächlich beschäftigungsfreien** Sonntage an, so daß auch beschäftigungsfreie Sonntage im Urlaub oder in Zeiten sonstiger Arbeitsbefreiung anzurechnen sind (*Dobberahn* Rn. 110; *Linnenkohl* Rn. 7; *Neumann/Biebl* Rn. 4; *Roggendorff* Rn. 6).

3   Die Mindestanzahl von 15 beschäftigungsfreien Sonntagen muß **im Jahr** gewährt werden. Der Bezugszeitraum von einem Jahr ist nicht auf das Kalenderjahr festgelegt (*Junker* ZfA 1998, 105, 127; *Neumann/Biebl* Rn. 3; *Roggendorff* Rn. 5; *Zmarzlik/Anzinger* Rn. 15; nunmehr auch *Dobberahn* Rn. 119). Der AG kann den Bezugszeitraum eines Jahres auch in einer anderen üblichen Weise wählen. Wird ein AN erstmals am 15. 3. eines Jahres zur Sonntagsarbeit herangezogen, so genügt der AG den Anforderungen des § 11 I, wenn er ihm bis spätestens zum 14. 3. des Folgejahres 15 beschäftigungsfreie Sonntage gewährt.

II. Arbeitszeitgrenzen für Sonn- und Feiertage

4   Nach § 11 II sind die Vorschriften der §§ 3 bis 8 auf die Beschäftigung von AN an Sonn- und Feiertagen entsprechend anzuwenden. AN dürfen daher an Sonn- und Feiertagen grds. nicht mehr als 8 Stunden beschäftigt werden (vgl. § 3 S. 1). Die Arbeitszeit kann jedoch auch an Sonn- und Feiertagen auf bis zu 10 Stunden verlängert werden, wenn innerhalb des für den Betrieb gewählten Ausgleichszeitraums an einem Werktag entsprechend weniger gearbeitet wird. Ruhepausen und Ruhezei-

ten sind den an Sonn- und Feiertagen beschäftigten AN wie an Werktagen zu gewähren (vgl. §§ 3, 5). Die in § 6 II vorgesehenen Beschränkungen der Nachtarbeit gelten auch für die Beschäftigung von AN in Nachtarbeit an Sonn- und Feiertagen (vgl. § 6 Rn. 7 ff).

III. Ersatzruhetag

§ 11 III 1 bestimmt, daß dem AN für jeden Sonntag, an dem er beschäftigt wird, ein **Ersatzruhetag** 5 an einem Werktag zu gewähren ist. Als Ersatzruhetag kommt **jeder Werktag**, also auch ein arbeitsfreier Samstag, in Betracht (*Baeck/Deutsch* Rn. 18; *Dobberahn* Rn. 122; *Erasmy* NZA 1995, 97, 103; *Junker* ZfA 1998, 105, 127; *Neumann/Biebl* Rn. 7; *Roggendorff* Rn. 12; Kasseler Handbuch/*Schliemann* 2.5 Rn. 612). Die gegenteilige Auffassung, wonach der Ersatzruhetag auf einen Beschäftigungstag fallen muß (so *Buschmann/Ulber* Rn. 3, jedoch ohne Begründung; *Ulber* AiB 1999, 181 f.), findet im Wortlaut des § 11 III keinerlei Stütze. Daß Ersatzruhetag jeder Werktag sein kann, unabhängig davon, ob dieser Werktag für den AN ohnehin frei ist oder nicht, wird auch durch die Begr. des RegEntw. belegt, nach der die Regelung des § 11 III aus Arbeitsschutzgründen lediglich sicherstellen soll, daß AN wenigstens einen arbeitsfreien Tag in der Woche haben (BT-Drucks. 12/5888 S. 30).

Der Ersatzruhetag für Sonntagsarbeit muß dem AN innerhalb des den Beschäftigungstag ein- 6 schließenden Zeitraums von **zwei Wochen** gewährt werden. Der Ersatzruhetag kann im **vorhinein** gegeben werden. Dies folgt aus dem Wortlaut des § 11 III, wonach der Beschäftigungstag nur in den Ausgleichszeitraum eingeschlossen sein muß, ihm aber nicht folgen muß (*Baeck/Deutsch* Rn. 19; *Erasmy* NZA 1995, 97, 103; *Linnenkohl* Rn. 12; *Neuman/Biebl* Rn. 9; Kasseler Handbuch/*Schliemann* 2.5 Rn. 613; *Zmarzlik/Anzinger* Rn. 32; aA *Roggendorff* Rn. 13).

Der Ersatzruhetag steht dem AN zu, die an einem auf einen **Werktag fallenden Feiertag** beschäftigt 7 werden. Anders als der Ausgleich für die Beschäftigung an einem Sonntag, braucht der Ersatzruhetag für die Beschäftigung an einem Werktagsfeiertag nicht innerhalb von zwei Wochen zu erfolgen, sondern als Ausgleichszeitraum stehen dem AG vielmehr **8 Wochen** zur Verfügung (§ 11 III 2).

IV. Mindestruhezeit von 35 Stunden

§ 11 IV verpflichtet den AG, den Ersatzruhetag grds. unmittelbar iVm. einer Ruhezeit nach § 5 zu 8 gewähren. Damit soll sichergestellt werden, daß auch AN, die an Sonn- oder Feiertagen beschäftigt werden, grds. eine **wöchentliche Mindestruhezeit von 35 Stunden** gewährt wird (BT-Drucks. 12/5888 S. 30). Soweit technische oder arbeitsorganisatorische Gründe der Gewährung des Ersatzruhetages mit einer Ruhezeit nach § 5 entgegenstehen, kann die Mindestruhezeit **ausnahmsweise** auf bis zu **24 Stunden** verkürzt werden. Als arbeitsorganisatorischer Grund kommt zB ein Schichtwechsel in Betracht (BT-Drucks. 12/5888 S. 30). Damit bleibt der häufig vorzufindende Schichtwechsel von der Samstags-Spätschicht mit Ende 22.00 Uhr und der darauffolgenden Frühschicht am Montag mit Beginn 6.00 Uhr weiterhin zulässig, obwohl die Ruhezeit nur 32 Stunden beträgt (*Neumann/Biebl* Rn. 11; zur Frage, ob alle technischen und arbeitsorganisatorischen Gründe den Ausnahmetatbestand erfüllen, vgl. *Baeck/Deutsch* Rn. 30 ff.).

§ 12 Abweichende Regelungen

¹ In einem Tarifvertrag oder auf Grund eines Tarifvertrags in einer Betriebsvereinbarung kann zugelassen werden,
1. abweichend von § 11 Abs. 1 die Anzahl der beschäftigungsfreien Sonntage in den Einrichtungen des § 10 Abs. 1 Nr. 2, 3, 4 und 10 auf mindestens zehn Sonntage, im Rundfunk, in Theaterbetrieben, Orchestern sowie bei Schaustellungen auf mindestens acht Sonntage, in Filmtheatern und in der Tierhaltung auf mindestens sechs Sonntage im Jahr zu verringern,
2. abweichend von § 11 Abs. 3 den Wegfall von Ersatzruhetagen für auf Werktage fallende Feiertage zu vereinbaren oder Arbeitnehmer innerhalb eines festzulegenden Ausgleichszeitraums beschäftigungsfrei zu stellen,
3. abweichend von § 11 Abs. 1 bis 3 in der Seeschiffahrt die den Arbeitnehmern nach diesen Vorschriften zustehenden freien Tage zusammenhängend zu geben,
4. abweichend von § 11 Abs. 2 die Arbeitszeit in vollkontinuierlichen Schichtbetrieben an Sonn- und Feiertagen auf bis zu zwölf Stunden zu verlängern, wenn dadurch zusätzliche freie Schichten an Sonn- und Feiertagen erreicht werden.

² § 7 Abs. 3 bis 6 findet Anwendung.

Nach dem Einleitungssatz des § 12 S. 1 können die TVParteien oder aufgrund eines TV die Be- 1 triebspartner nach Maßgabe dieser Vorschrift von § 11 abw. Regelungen treffen.

§ 12 S. 1 Nr. 1 ermöglicht den TVParteien und ggf. den Betriebspartnern, die Mindestanzahl von 2 beschäftigungsfreien Sonntagen im Jahr in den aufgeführten Bereichen auf die jeweils angegebene Mindestanzahl zu reduzieren. Eine weitergehende Verringerung der beschäftigungsfreien Sonntage ist nur in außergewöhnlichen Fällen nach Maßgabe des § 14 II zulässig (s. unter § 14).

3 Nach § 12 S. 1 Nr. 2 können die TVParteien zum einen zulassen, daß Ersatzruhetage für alle oder auch nur für einen Teil der auf einen Werktag fallenden Feiertage wegfallen. Ferner gestattet die Nr. 2, den Ausgleichszeitraum für die Gewährung eines Ersatzruhetages für Sonn- und Feiertagsarbeit abw. von § 11 III festzulegen. Die Abweichungsmöglichkeiten in Nr. 2 sollen dem Umstand Rechnung tragen, daß die in § 11 III bestimmten Ausgleichszeiträume und die Gewährung von Ersatzruhetagen in einigen Bereichen nicht für alle AN eingehalten werden können (BT-Drucks. 12/5888 S. 30).

4 Für die Seeschiffahrt gilt grds. das SeemannsG. Lediglich für die nicht in den Anwendungsbereich des SeemannsG fallenden Seeschiffe gestattet § 12 S. 1 Nr. 3 eine abw. Regelung der Lage der nach § 11 I bis III zu gewährenden Ersatzruhetage. § 12 S. 1 Nr. 3 ermöglicht dagegen nicht die Verringerung der Ersatzruhetage oder die Verlängerung der Höchstarbeitszeiten nach den §§ 3, 6 II und 7. Zu den nicht unter das SeemannsG fallenden Seeschiffen gehören zB Fischereischutzboote und Forschungsschiffe des Bundes.

5 Nach § 12 S. 1 Nr. 4 können die TVParteien und ggf. die Betriebspartner die Arbeitszeit in vollkontinuierlichen Schichtbetrieben an Sonn- und Feiertagen abw. von § 11 II von 8 auf **bis zu 12 Stunden** verlängern, wenn dadurch zusätzliche freie Schichten an Sonn- und Feiertagen erreicht werden. Dies bedeutet, daß AN bei einer Schichtplangestaltung mit 12-Stunden-Schichten an Sonn- und Feiertage mehr Sonn- und Feiertage frei haben müssen, als bei einer Schichtplangestaltung ohne 12-Stunden-Schichten (*Neumann/Biebl* Rn. 7; *Roggendorff* Rn. 14).

6 § 12 S. 2 bestimmt, daß § 7 III bis VI Anwendung findet. Nach § 12 S. 1 S. 2 iVm. § 7 III können danach auch in Betrieben nicht tarifgebundener AG die in einem TV zugelassenen Abweichungen nach § 12 S. 1 übernommen werden (s. im einzelnen unter § 7 Rn. 24). Ferner können gem. § 12 S. 2 iVm. § 7 IV die Kirchen und öffentlich-rechtlichen Religionsgesellschaften die in § 12 S. 1 genannten Abweichungen in ihren Regelungen vorsehen (s. im einzelnen § 7 Rn. 24). Nach § 12 S. 2 iVm. § 7 V und VI können die Aufsichtsbehörden oder die BReg. durch Rechtsverordnung die in § 12 S. 1 vorgesehenen Abweichungen als Ausnahmen aus betrieblichen Gründen zulassen (s. im einzelnen § 7 Rn. 25 f.).

§ 13 Ermächtigung, Anordnung, Bewilligung

(1) **Die Bundesregierung kann durch Rechtsverordnung mit Zustimmung des Bundesrates zur Vermeidung erheblicher Schäden unter Berücksichtigung des Schutzes der Arbeitnehmer und der Sonn- und Feiertagsruhe**
1. die Bereiche mit Sonn- und Feiertagsbeschäftigung nach § 10 sowie die dort zugelassenen Arbeiten näher bestimmen,
2. über die Ausnahmen nach § 10 hinaus weitere Ausnahmen abweichend von § 9
    a) für Betriebe, in denen die Beschäftigung von Arbeitnehmern an Sonn- oder Feiertagen zur Befriedigung täglicher oder an diesen Tagen besonders hervortretender Bedürfnisse der Bevölkerung erforderlich ist,
    b) für Betriebe, in denen Arbeiten vorkommen, deren Unterbrechung oder Aufschub
        aa) nach dem Stand der Technik ihrer Art nach nicht oder nur mit erheblichen Schwierigkeiten möglich ist,
        bb) besondere Gefahren für Leben oder Gesundheit der Arbeitnehmer zur Folge hätte,
        cc) zu erheblichen Belastungen der Umwelt oder der Energie- oder Wasserversorgung führen würde,
    c) aus Gründen des Gemeinwohls, insbesondere auch zur Sicherung der Beschäftigung, zulassen und die zum Schutz der Arbeitnehmer und der Sonn- und Feiertagsruhe notwendigen Bedingungen bestimmen.

(2) ¹Soweit die Bundesregierung von der Ermächtigung des Absatzes 1 Nr. 2 Buchstabe a keinen Gebrauch gemacht hat, können die Landesregierungen durch Rechtsverordnung entsprechende Bestimmungen erlassen. ²Die Landesregierungen können diese Ermächtigung durch Rechtsverordnung auf oberste Landesbehörden übertragen.

(3) Die Aufsichtsbehörde kann
1. feststellen, ob eine Beschäftigung nach § 10 zulässig ist,
2. abweichend von § 9 bewilligen, Arbeitnehmer zu beschäftigen
    a) im Handelsgewerbe an bis zu zehn Sonn- und Feiertagen im Jahr, an denen besondere Verhältnisse einen erweiterten Geschäftsverkehr erforderlich machen,
    b) an bis zu fünf Sonn- und Feiertagen im Jahr, wenn besondere Verhältnisse zur Verhütung eines unverhältnismäßigen Schadens erfordern,
    c) an einem Sonntag im Jahr zur Durchführung einer gesetzlich vorgeschriebenen Inventur, und Anordnungen über die Beschäftigungszeit unter Berücksichtigung der für den öffentlichen Gottesdienst bestimmten Zeit treffen.

(4) Die Aufsichtsbehörde soll abweichend von § 9 bewilligen, daß Arbeitnehmer an Sonn- und Feiertagen mit Arbeiten beschäftigt werden, die aus chemischen, biologischen, technischen oder

physikalischen Gründen einen ununterbrochenen Fortgang auch an Sonn- und Feiertagen erfordern.

(5) Die Aufsichtsbehörde hat abweichend von § 9 die Beschäftigung von Arbeitnehmern an Sonn- und Feiertagen zu bewilligen, wenn bei einer weitgehenden Ausnutzung der gesetzlich zulässigen wöchentlichen Betriebszeiten und bei längeren Betriebszeiten im Ausland die Konkurrenzfähigkeit unzumutbar beeinträchtigt ist und durch die Genehmigung von Sonn- und Feiertagsarbeit die Beschäftigung gesichert werden kann.

I. Erlaß von Rechtsverordnungen

§ 13 I Nr. 1 **ermächtigt** die **BReg.**, durch Rechtsverordnung die Bereiche gesetzlich zulässiger 1 Sonn- und Feiertagsbeschäftigung nach § 10 sowie die dort zugelassenen Arbeiten näher zu bestimmen. Damit soll die BReg. in die Lage versetzt werden, Mißbräuchen bei der Anwendung der Ausnahmen des § 10 I und II zu begegnen und Grundlagen für eine einheitliche und vorhersehbare Verwaltungspraxis zu schaffen (Begr. BT-Drucks. 12/5888 S. 30). Der Erlaß einer Verordnung auf der Grundlage des § 13 I Nr. 1 muß zur **Vermeidung erheblicher Schäden** erforderlich sein, wobei die abstrakte Möglichkeit einer Schädigung genügt. Die Entscheidung, ob die BReg. von der Verordnungsermächtigung Gebrauch macht, steht in ihrem **Ermessen.** Sie hat bei ihrer Ermessensentscheidung den Schutz der AN und der Sonn- und Feiertagsruhe zu berücksichtigen.

§ 13 I Nr. 2 ermächtigt die BReg., durch Rechtsverordnungen über die Ausnahmen nach § 10 2 hinaus in den dort genannten Fällen **weitere Ausnahmen** vom Verbot der Beschäftigung von AN an Sonn- und Feiertagen zuzulassen. Die Verordnungsermächtigungen des § 13 I Nr. 2 sind aus §§ 105 d und 105 e GewO übernommen und den heutigen Erfordernissen entsprechend näher konkretisiert worden (Begr. BT-Drucks. 12/5888 S. 30). Inhaltlich **neu** ist die Anerkennung von **Umweltgesichtspunkten** als Grund für die Zulassung von Sonn- und Feiertagsarbeit (§ 13 I Nr. 2 Buchst. b cc). Bei der Ermächtigung in § 13 I Nr. 2 Buchst. c wird klargestellt, daß Ausnahmen vom Beschäftigungsverbot des § 9 auch aus Gründen des **Gemeinwohls** zugelassen werden können. Gründe des Gemeinwohls umfassen auch gesamtwirtschaftliche Gründe, wie zB die Existenzgefährdung von Betrieben und den damit verbundenen drohenden Verlust von Arbeitsplätzen sowie die angespannte internationale Wettbewerbssituation in der Branche (Begr. BT-Drucks. 12/5888 S. 30; s. auch RdA 1998, 115).

Soweit die BReg. von der Ermächtigung nach § 13 I Nr. 2 Buchst. a keinen Gebrauch macht, 3 können die **Landesregierungen** durch Rechtsverordnungen entsprechende Bestimmungen erlassen. Die Ermächtigung für die Landesregierungen gilt damit nur für die Bedürfnisgewerbe. Eine Rechtsverordnung des Landes kommt nach der amtl. Begr. des RegEntw. insb. dann in Frage, wenn das Regelungsbedürfnis **regionaler Art** ist (BT-Drucks. 12/5888 S. 30; s. auch RdA 1998, 115).

II. Behördliche Feststellung

Durch § 13 III Nr. 1 wird der **Aufsichtsbehörde** die Befugnis eingeräumt, bei Auslegungszweifeln 4 festzustellen, ob eine Beschäftigung an Sonn- und Feiertagen nach § 10 I und II zulässig ist. Die Vorschrift soll eine schnelle Klärung der Rechtslage ermöglichen (Begr. BT-Drucks. 12/5888 S. 30). Die Entscheidung der Aufsichtsbehörde ist ein Verwaltungsakt, der mit den üblichen Rechtsmitteln angefochten werden kann. Im Gegensatz zum bisherigen Recht kann der AG den Erlaß eines feststellenden Verwaltungsakts nunmehr mit einer Verpflichtungsklage durchsetzen (*Neumann/Biebl* Rn. 10; *Roggendorff* Rn. 15).

III. Aufsichtsbehördliche Bewilligung von Sonn- und Feiertagsarbeit nach § 13 III

Nach § 13 III Nr. 2 kann die Aufsichtsbehörde unter den dort genannten Voraussetzungen, die den 5 Ermächtigungen in §§ 105 b II und in 105 f GewO nachgebildet sind, Sonn- und Feiertagsarbeit bewilligen. Bei der Entscheidung der Aufsichtsbehörde handelt es sich um eine **Ermessensentscheidung.** Die Ausnahmebewilligung der Aufsichtsbehörde kann mit Nebenbestimmungen versehen sein.

Eine über § 10 hinausgehende Bewilligung vom Verbot der Beschäftigung von AN an Sonn- und 6 Feiertagen kann nach § 13 III Nr. 2 Buchst. a im **Handelsgewerbe** an bis zu zehn Sonn- und Feiertagen im Jahr erteilt werden, wenn besondere Verhältnisse einen erweiterten Geschäftsbetrieb erforderlich machen. Der Begriff des Handelsgewerbes ist im ArbZG gesetzlich nicht definiert. Da der Gesetzgeber den Begriff der früheren Regelung des § 105 b II 1 GewO entnommen hat, ist der Begriff entsprechend weit auszulegen. Das Handelsgewerbe umfaßt den Umsatz von Waren aller Art und von Geld (BVerwG 14. 11. 1989 GewA 1990, 64; *Neumann/Biebl* Rn. 12). Zum Handelsgewerbe gehören insb. der gesamte Groß- und Einzelhandel, die Geld- und Kreditinstitute, die Buch-, Presse- und Zeitungsverlage sowie die Hilfsgewerbe des Handels, wie etwa Lagerung und Spedition (BVerwG 7. 10. 1965 AP GewO § 105 b Nr. 2; *Baeck/Deutsch* Rn. 36 mwN; *Roggendorff* Rn. 18).

Die Ausnahmegenehmigung darf nur erteilt werden, wenn besondere Verhältnisse einen erweiterten 7 Geschäftsverkehr an dem Sonn- oder Feiertag erforderlich machen. Als **besondere Verhältnisse** kommen nur außerbetriebliche Umstände in Betracht, die zudem so gewichtig sein müssen, daß sie eine Ausnahme von der Sonn- und Feiertagsarbeit rechtfertigen (*Neumann/Biebl* Rn. 13; *Roggendorff* Rn. 19; *Zmarzlik/Anzinger* Rn. 60). Bloße Rentabilitätsbeeinträchtigungen reichen für eine Ausnahmebewilligung nicht aus (VG Düsseldorf 18. 10. 1977 GewA 1978, 93). Besondere Verhältnisse können zB vorliegen, wenn einzelne oder mehrere Betriebe aus Anlaß von Messen, Märkten oder Ausstellungen iSv. § 10 I Nr. 9 hiermit im Zusammenhang stehende Haus- und Ordermessen für gewerbliche Wiederverkäufer durchführen (vgl. VG Düsseldorf 2. 10. 1987 GewA 1988, 300).

8   Nach § 13 III Nr. 2 Buchst. b kann die Aufsichtsbehörde die Beschäftigung von AN an bis zu fünf Sonn- und Feiertagen bewilligen, wenn **besondere Verhältnisse zur Verhütung eines unverhältnismäßigen Schadens** dies erfordern. Diese Ermächtigung ist an die bisherige Ermächtigung in § 105 f GewO angelehnt. Der Begriff „besondere Verhältnisse" ist weiter als der Begriff „nicht vorhersehbares Bedürfnis" iSv. § 105 f GewO (vgl. BT-Drucks. 12/6990 S. 40). Unter den Begriff „besondere Verhältnisse" fallen daher zum einen alle Fälle, die schon nach bisherigem Recht als „nicht vorhersehbares Bedürfnis" anerkannt waren, wie zB die plötzliche Erkrankung eines Teils der AN, die Unterbrechung des Fabrikationsbetriebs durch höhere Gewalt oder das verzögerte Eintreffen eines Transports von Rohmaterialien, die ausgeladen werden müssen (*Neumann/Biebl* Rn. 14; *Roggendorff* Rn. 22). Weitergehend fallen unter den Begriff „besondere Verhältnisse" aber auch sonstige vorübergehende Sondersituationen, die beim AG einen unverhältnismäßigen Schaden verursachen würden, wenn er nicht vom Verbot der Beschäftigung von AN an Sonn- und Feiertagen befreit wird (*Neumann/Biebl* Rn. 14).

9   Voraussetzung für die Ausnahmebewilligung nach § 13 III Nr. 2 Buchst. b ist, daß infolge der besonderen Verhältnisse ein unverhältnismäßiger Schaden eintreten würde. Unter **Schaden** iSd. Ausnahmeregelung ist jede Vermögensminderung und jeder entgangene Gewinn zu verstehen, den der AG infolge der besonderen Verhältnisse erleidet (*Dobberahn* Rn. 130; *Zmarzlik/Anzinger* Rn. 77).

10 **Unverhältnismäßig** ist der Schaden, wenn die wirtschaftlichen Auswirkungen für den Betrieb unter Berücksichtigung des Gewichts des Sonn- und Feiertagsbeschäftigungsverbots nicht zumutbar sind (*Zmarzlik/Anzinger* Rn. 78). An der Unverhältnismäßigkeit fehlt es, wenn der Schaden auch durch andere zumutbare Maßnahmen als die Sonn- und Feiertagsbeschäftigung verhindert oder gemildert werden kann.

11 Nach § 13 III Nr. 2 Buchst. c kann die Aufsichtsbehörde zur Durchführung einer gesetzlich vorgeschriebenen **Inventur** die Beschäftigung von AN an einem Sonntag im Jahr bewilligen. Zu den gesetzlich vorgeschriebenen Inventuren gehören zB die nach § 240 II HGB, § 153 I 1 InsO vorgeschriebenen Inventuren.

IV. Aufsichtsbehördliche Bewilligung von Sonn- und Feiertagsarbeit nach § 13 IV

12 Einen neuen, bisher gesetzlich nicht geregelten Ausnahmetatbestand enthält § 13 IV. Danach soll die Aufsichtsbehörde die Beschäftigung von AN an Sonn- und Feiertagen mit Arbeiten bewilligen, die aus chemischen, biologischen, technischen oder physikalischen Gründen einen ununterbrochenen Fortgang auch an Sonn- und Feiertagen erfordern. Ziel dieser Ausnahmeregelung ist es, Sonn- und Feiertagsarbeit für solche Arbeitsverfahren zu ermöglichen, die aus Gründen, die im Arbeitsverfahren selbst liegen, einen ununterbrochenen Fortgang des Verfahrens erfordern (BT-Drucks. 12/5888 S. 30). Die praktische Bedeutung dieser Ausnahmeregelung ist (noch) gering, da alle bisher gebräuchlichen Produktionstechniken, die aus chemischen, biologischen, technischen oder physikalischen Gründen einen ununterbrochenen Fortgang auch an Sonn- und Feiertagen erfordern, schon von den gesetzlichen Ausnahmeregelungen nach § 10 I Nr. 15 und 16 erfaßt sein dürften (*Neumann/Biebl* Rn. 17). § 13 IV ist daher eher als eine „Option für die Zukunft" zu verstehen, mit der neue Produktionstechniken, die durch § 10 I Nr. 15 und 16 nicht erfaßt sind, ermöglicht werden sollen (vgl. BT-Drucks. 12/6990 S. 41).

13 Auf Empfehlung des Bundestagsausschusses für Arbeit und Sozialordnung ist der noch in dem RegEntw. enthaltene Begriff „kann" durch den strengeren Begriff „soll" ersetzt worden. Der Gesetzgeber hat damit den Spielraum der Aufsichtsbehörde erheblich verringert. Die Aufsichtsbehörde muß daher im Regelfall bei Vorliegen der tatbestandlichen Voraussetzungen die Ausnahmegenehmigung erteilen. Eine Versagung der Ausnahmegenehmigung ist nur noch in atypisch gelagerten Fällen zulässig (*Erasmy* NZA 1995, 97, 100; *Heenen*, FS für Wlotzke, 1996, S. 513, 519; *Roggendorff* Rn. 27).

V. Aufsichtsbehördliche Bewilligung von Sonn- und Feiertagsarbeit zur Sicherung der Beschäftigung, § 13 V

14 Ebenfalls neu ist der Ausnahmetatbestand des § 13 V. Danach hat die Aufsichtsbehörde die Beschäftigung von AN an Sonn- und Feiertagen zu bewilligen, wenn bei einer weitgehenden Ausnutzung der gesetzlich zulässigen wöchentlichen Betriebszeiten und bei längeren Betriebszeiten im Ausland die Konkurrenzfähigkeit unzumutbar beeinträchtigt ist und durch die Genehmigung von Sonn- und Feiertagsarbeit die Beschäftigung gesichert werden kann. Vorrangiger Zweck des § 13 V ist es, den Wettbewerbsvorteil, den ausländische Konkurrenten des Antragstellers durch Sonn- und Feiertagsarbeit haben, auszugleichen (*Zmarzlik/Anzinger* Rn. 101).

Für eine Ausnahmebewilligung nach § 13 V ist zunächst erforderlich, daß der antragstellende **15** Betrieb die gesetzlich zulässigen wöchentlichen Betriebszeiten weitgehend ausgenutzt hat. Eine **weitgehende Ausnutzung** der gesetzlich zulässigen wöchentlichen Betriebszeiten setzt voraus, daß auch samstags gearbeitet wird und deshalb nahezu vollständig die höchstmögliche Stundenzahl von 144 Wochenstunden erreicht wird (*Baeck/Deutsch* Rn. 72; *Heenen,* FS für Wlotzke, 1996, S. 513, 522; *Junker* ZfA 1998, 105, 129; *Neumann/Biebl* Rn. 19; *Roggendorff* Rn. 37). Da die Ausnahmebewilligung nur eine „weitgehende" Ausnutzung der wöchentlichen Betriebszeiten verlangt, können bestimmte Stillstandszeiten, wie zB bei Betriebsurlaub, Umrüstungsarbeiten oder sonstige vom AG nicht zu vertretende Ausfallzeiten, berücksichtigt werden (vgl. BT-Drucks. 12/6990 S. 41; *Neumann/Biebl* Rn. 19; *Roggendorff* Rn. 37). Offengelassen hat der Gesetzgeber in § 13 V, wie lange die gesetzlich zulässige wöchentliche Betriebszeit ausgenutzt sein muß. Aus Gründen der Praktikabilität erscheint es sachgerecht, als Mindestzeitraum den Zeitraum zugrunde zu legen, für den die Ausnahme beantragt ist (*Zmarzlik/Anzinger* Rn. 114).

§ 13 V setzt des weiteren **längere Betriebszeiten im Ausland** voraus. Ob die Betriebszeiten im **16** Ausland länger sind, bestimmt sich vorrangig nach der **gesetzlichen** Regelung der Betriebszeiten im Ausland für den oder die Konkurrenzbetriebe für die betreffende Betriebsart (*Zmarzlik/Anzinger* Rn. 118). Fehlt es im Ausland an speziellen gesetzlichen Arbeitszeitregelungen für die in Frage stehende Betriebsart, sind die Vereinbarungen zwischen den Sozialpartnern oder die statistisch belegten faktischen Verhältnisse als Maßstab zugrunde zu legen (*Dobberahn* Rn. 137; *Neumann/Biebl* Rn. 19).

Weiteres Tatbestandsmerkmal des § 13 V ist die **Beeinträchtigung der Konkurrenzfähigkeit.** Hier- **17** von ist idR auszugehen, wenn die inländischen Fertigungskosten höher sind als die eines ausländischen Konkurrenten (*Erasmy* NZA 1990, 97, 101; *Neumann/Biebl* Rn. 20). Die Beeinträchtigung der Konkurrenzfähigkeit braucht nicht allein durch die längeren Betriebszeiten im Ausland bedingt zu sein. Dies ergibt sich aus dem Wortlaut des § 13 V, in dem es lediglich heißt: „bei" längeren Betriebszeiten im Ausland, nicht aber „durch" (*Baeck/Deutsch* Rn. 82; *Dobberahn* Rn. 138; *Erasmy* NZA 1995, 97, 101; *Heenen,* FS für Wlotzke, 1996, S. 513, 524; Kasseler Handbuch/*Schliemann* 2.5 Rn. 708; *Zmarzlik/Anzinger* Rn. 127). **Unzumutbar** ist die Beeinträchtigung der Konkurrenzfähigkeit jedenfalls dann, wenn der Wettbewerbsvorteil der ausländischen Konkurrenz so groß ist, daß der Antragsteller ohne die Ausnahmebewilligung auf längere Sicht mit dem Verlust entscheidender Marktanteile rechnen muß. Nicht erforderlich ist, daß der Verlust von Marktanteilen auch zu einer Gefährdung des Betriebes führen kann (so aber *Roggendorff* Rn. 41). Müßte der AG abwarten, bis es zu einer Existenzgefährdung kommt, könnte die Ausnahmebewilligung zu spät kommen und damit ihren Zweck, den Wettbewerbsvorteil ausländischer Konkurrenten des Antragstellers auszugleichen sowie Arbeitsplätze zu sichern, nicht mehr erfüllen (*Zmarzlik/Anzinger* Rn. 129; vgl. auch *Baeck/Deutsch* Rn. 83 f. mwN).

Schließlich muß durch die Genehmigung der Sonn- und Feiertagsarbeit die Beschäftigung gesichert **18** werden können. Unter **Sicherung der Beschäftigung** ist sowohl die Erhaltung bestehender Arbeitsplätze als auch die Schaffung neuer Arbeitsplätze durch den Antragsteller zu verstehen (*Neumann/Biebl* Rn. 20; *Roggendorff* Rn. 41). Wie aus der Formulierung „gesichert werden kann" ersichtlich ist, darf vom AG insoweit nicht ein „mathematischer Nachweis" verlangt werden (*Erasmy* NZA 1995, 97, 102).

Die Erteilung der Ausnahmebewilligung nach § 13 V steht nicht im Ermessen der Aufsichtsbe- **19** hörde. Die zuständige Behörde **muß** vielmehr bei Vorliegen der gesetzlichen Voraussetzungen die Ausnahmebewilligung erteilen. Die sog. hohen Feiertage (Weihnachts-, Oster- und Pfingstfest) dürfen nicht generell, sondern nur in Einzelfällen, in denen eine bestimmte Anzahl von Sonn- und Feiertagen ausreichend ist, von der Ausnahmebewilligung ausgenommen werden (VG Arnsberg 11. 12. 1996 DB 1997, 580). Nebenbestimmungen sind insoweit zulässig, wie durch sie sichergestellt werden soll, daß die gesetzlichen Voraussetzungen des Verwaltungsakts erfüllt werden. Die Aufsichtsbehörde ist daher grds. nicht berechtigt, eine Ausnahmebewilligung nach § 13 V mit einer auflösenden Bedingung des Inhalts zu versehen, daß die Bewilligung erlischt, falls es in dem betroffenen Produktionsbereich zu einer betriebsbedingten Kündigung kommt. Sie muß in derartigen Fällen vielmehr prüfen, ob die Ausnahmebewilligung aufrechterhalten werden kann, oder ob nach den Verwaltungsverfahrensgesetzen des jeweiligen Bundeslandes die Voraussetzungen für einen Widerruf der Ausnahmebewilligung vorliegen (VG Arnsberg 11. 12. 1996 DB 1997, 580).

Vierter Abschnitt. Ausnahmen in besonderen Fällen

§ 14 Außergewöhnliche Fälle

(1) Von den §§ 3 bis 5, 6 Abs. 2, §§ 7, 9 bis 11 darf abgewichen werden bei vorübergehenden Arbeiten in Notfällen und in außergewöhnlichen Fällen, die unabhängig vom Willen der Betroffenen eintreten und deren Folgen nicht auf andere Weise zu beseitigen sind, besonders wenn Rohstoffe oder Lebensmittel zu verderben oder Arbeitsergebnisse zu mißlingen drohen.

(2) Von den §§ 3 bis 5, 6 Abs. 2, §§ 7, 11 Abs. 1 bis 3 und § 12 darf ferner abgewichen werden,
1. wenn eine verhältnismäßig geringe Zahl von Arbeitnehmern vorübergehend mit Arbeiten beschäftigt wird, deren Nichterledigung das Ergebnis der Arbeiten gefährden oder einen unverhältnismäßigen Schaden zur Folge haben würden,
2. bei Forschung und Lehre, bei unaufschiebbaren Vor- und Abschlußarbeiten sowie bei unaufschiebbaren Arbeiten zur Behandlung, Pflege und Betreuung von Personen oder zur Behandlung und Pflege von Tieren an einzelnen Tagen, wenn dem Arbeitgeber andere Vorkehrungen nicht zugemutet werden können.

I. Ausnahmen nach § 14 I

1 § 14 I ist aus § 14 AZO übernommen worden, weil sich diese Regelung in der Praxis bewährt hat (BT-Drucks. 12/5888 S. 31). Danach darf der AG von den arbeitszeitrechtlichen Grundnormen der §§ 3 bis 5, 6 II sowie den §§ 7, 9 bis 11 in Notfällen und in außergewöhnlichen Fällen abweichen.

2 **Notfall** iSv. § 14 I ist ein ungewöhnliches, nicht vorhersehbares und vom Willen des Betroffenen unabhängiges Ereignis, das die Gefahr eines unverhältnismäßigen Schadens mit sich bringt (OLG Hamburg 24. 10. 1962 AP Bäckerarbeitsgesetz § 8 Nr. 1). Der Begriff des Notfalls setzt nicht voraus, daß zugleich ein öffentlicher Notstand oder ein öffentliches Interesse an der Durchführung der Arbeiten vorliegen muß (*Neumann/Biebl* Rn. 3; *Roggendorff* Rn. 11). Zu den Notfällen gehören insb. Fälle **höherer Gewalt**, wie zB Erdbeben, Überschwemmungen, Brände oder Stürme. Ein Notfall ist dagegen idR zu verneinen, wenn das Ereignis als Folge fehlerhafter Entscheidungen des AG intritt (BAG 28. 2. 1958 BB 1958, 558; zu weiteren Fällen, in denen die Rspr. einen Notfall verneint hat, s. *Zmarzlik/Anzinger* Rn. 5).

3 **Außergewöhnliche Fälle** iSv. § 14 I sind besondere Situationen vorübergehender Art, die vom Willen des Betroffenen unabhängig sind, und deren Folgen nicht durch andere zumutbare Maßnahmen als durch Abweichung von den in § 14 I aufgeführten Arbeitszeitnormen zu beseitigen sind (*Zmarzlik/Anzinger* Rn. 6). Ein außergewöhnlicher Fall liegt nach einem unveröffentlichten Urteil des BAG zB vor, wenn die Beseitigung von Schnee und Eis durch einen Schulhausmeister zur Abwendung von Gefahren vorübergehender Art notwendig ist (BAG 17. 9. 1986 – 5 AZR 369/85 nv.). Der unerwartete Ausfall von Arbeitskräften durch Streik stellt für sich gesehen noch keinen außergewöhnlichen Fall dar (*Roggendorff* Rn. 15). Etwas anderes gilt dann, wenn die Folgen über die typischen streikbedingten Folgen hinausgehen, wie zB dann anzunehmen ist, wenn der Abbruch einer betriebsvernichtenden Geschäftsbeziehung droht (vgl. OLG Celle 8. 10. 1986 NZA 1987, 284).

4 § 14 I setzt nicht voraus, daß die Folgen des Notfalles den AG treffen; sie können auch bei einem Dritten, etwa einem Kunden, auftreten (BVerwG 23. 6. 1992 GewA 1992, 383). AN dürfen in Notfällen und außergewöhnlichen Fällen jedoch nur mit **vorübergehenden Arbeiten** beschäftigt werden. Hierunter fallen nur die Arbeiten, die nicht allzuviel Zeit in Anspruch nehmen (*Zmarzlik/Anzinger* Rn. 8). Die Arbeiten müssen zudem auf das zur Beseitigung des Notfalles oder des außergewöhnlichen Falles erforderliche Maß beschränkt werden. Hierbei ist im Einzelfall eine **Güterabwägung** vorzunehmen. Die Abweichung von den in § 14 I genannten Arbeitszeitnormen muß gegenüber den durch das schädigende Ereignis bedrohten Rechtsgütern oder rechtlich geschützten Interessen das geringere Übel sein (*Roggendorff* Rn. 16; *Zmarzlik/Anzinger* Rn. 8). Wirtschaftliche Nachteile alleine können ein Abweichen von den in § 14 I genannten Arbeitszeitnormen nur dann rechtfertigen, wenn diese das dem AG zumutbare Maß überschreiten (vgl. BAG 28. 2. 1958 AP AZO § 14 Nr. 1).

II. Ausnahmen nach § 14 II

5 Im Gegensatz zu § 14 I erlauben die in § 14 II geregelten Ausnahmen keine Abweichung vom grds. Verbot der Beschäftigung von AN an Sonn- und Feiertagen des § 9. Anderseits ist für die Ausnahmetatbestände des § 14 II nicht erforderlich, daß die Abweichung von den genannten Arbeitszeitvorschriften unvorhersehbar ist.

6 § 14 II Nr. 1, der im wesentlichen aus § 14 AZO übernommen worden ist, ermöglicht dem AG vorübergehende Abweichungen von den §§ 3 bis 5, 6 II, §§ 7, 11 I bis III und 12, wenn die Unterbrechung der Arbeit das Ergebnis der Arbeiten gefährden oder einen unverhältnismäßigen Schaden zur Folge haben würde. Damit soll vor allem den Interessen kleinerer Handwerksbetriebe Rechnung getragen werden (*Neumann/Biebl* Rn. 6).

7 Der Ausnahmetatbestand des § 14 II Nr. 1 setzt zunächst voraus, daß die **Zahl** der mit Mehrarbeit beschäftigten AN verhältnismäßig **gering** ist. In kleineren Betrieben wird man im Regelfall eine Zahl bis zu 5 AN als noch gering ansehen können. In größeren Betrieben ist, wie aus der Formulierung „verhältnismäßig" deutlich wird, auf das Verhältnis zur gesamten Betriebsbelegschaft abzustellen (*Baeck/Deutsch* Rn. 25; *Zmarzlik/Anzinger* Rn. 13; aA *Roggendorff* Rn. 20, wonach die Zahl der AN objektiv gering sein muß).

8 Die AN dürfen ferner nur **vorübergehend** beschäftigt werden. Die noch im RegEntw. enthaltene Formulierung „an einzelnen Tagen" ist durch das Merkmal „vorübergehend" ersetzt worden (vgl. BT-

Drucks. 12/5888 S. 9; 12/6990 S. 17 und 44). Vorübergehend ist die Beschäftigung, wenn sie auf einzelne Tage beschränkt ist, wobei die Beschäftigung auch an mehreren Tagen hintereinander erfolgen kann (*Neumann/Biebl* Rn. 6; *Roggendorff* Rn. 20).

§ 14 II Nr. 1 setzt des weiteren voraus, daß ohne ein Abweichen von den genannten Arbeitszeitnormen das Ergebnis der Arbeit gefährdet oder ein unverhältnismäßiger Schaden eintreten würde. Eine **Gefährdung des Arbeitsergebnisses** ist insb. dann anzunehmen, wenn die Arbeiten während der betriebsüblichen Arbeiten begonnen wurden, aber noch am selben Tag beendet werden müssen, damit der mit den Arbeiten verfolgte Zweck noch erreicht werden kann (*Zmarzlik/Anzinger* Rn. 15). Unter **Schaden** ist jede Vermögensminderung und jeder entgangene Gewinn zu verstehen, den der AG ohne die Mehrarbeit erleidet. **Unverhältnismäßig** ist ein Schaden, wenn er unter Berücksichtigung der zur Abwendung erforderlichen Mehrarbeit unverhältnismäßig schwer wiegt (*Baeck/Deutsch* Rn. 28; *Roggendorff* Rn. 21).

Schließlich dürfen dem AG **andere Vorkehrungen** nicht zugemutet werden können (§ 14 II aE). Als andere Vorkehrungen kommen sowohl **technische Maßnahmen**, wie zB die Heranziehung von mehr oder leistungsfähigeren Maschinen, als auch organisatorische Maßnahmen, wie zB die Heranziehung von Aushilfskräften, in Betracht (*Neumann/Biebl* Rn. 6; *Roggendorff* Rn. 25).

Nach § 14 II Nr. 2 dürfen AN abw. von den §§ 3 bis 5, 6 II, §§ 7, 11 I bis III und 12 in bestimmten Bereichen oder mit bestimmten Arbeiten beschäftigt werden, wenn dem AG andere Vorkehrungen nicht zugemutet werden können.

Die Ausnahmeregelung des § 14 II Nr. 2 gilt zunächst für die Beschäftigung bei Forschung und Lehre. Die noch im RegEntw. enthaltene Formulierung „bei Forschungsarbeiten" ist im Gesetzgebungsverfahren durch den Begriff „bei Forschung und Lehre" ersetzt worden (vgl. BT-Drucks. 12/5888 S. 9; 12/6990 S. 44). Arbeiten bei **Forschung und Lehre** sind Tätigkeiten, die darauf abzielen, in methodischer, systematischer und nachprüfbarer Weise neue Erkenntnisse zu gewinnen oder zu verwerten (vgl. BVerfG 29. 5. 1973 BVerfGE 35, 79, 113). Die Ausnahme gilt nur für die Forschenden und die Lehrenden, nicht aber für deren Hilfskräfte; für sie kommt nur § 14 II Nr. 1 in Betracht (*Zmarzlik/Anzinger* Rn. 17; aA für technische Hilfskräfte *Baeck/Deutsch* Rn. 33).

Die Ausnahmeregelung des § 14 II Nr. 2 gilt ferner bei unaufschiebbaren **Vor- und Abschlußarbeiten**. Sie entspricht weitgehend § 5 III AZO. Nach der amtl. Begr. des RegEntw. zählen zu den Vor- und Abschlußarbeiten Arbeiten zur Reinigung und Instandhaltung, soweit sich diese Arbeiten während des regelmäßigen Betriebs nicht ohne Unterbrechung oder erhebliche Störung ausführen lassen. Zu den Vor- und Abschlußarbeiten gehören ferner Arbeiten, von denen die Wiederaufnahme oder Aufrechterhaltung des vollen Betriebs arbeitstechnisch abhängt. Das Zuendebedienen der Kundschaft gilt bis zu einer halben Stunde je Tag als Abschlußarbeit (BT-Drucks. 5888 S. 31; gegen eine zeitliche Begrenzung auf bis zu 30 Minuten *Baeck/Deutsch* Rn. 37).

Die Ausnahmeregelung des § 14 II Nr. 2 gilt ferner bei unaufschiebbaren Arbeiten zur **Behandlung, Pflege und Betreuung von Personen**. Diese ergänzende Regelung ist wegen der Ausdehnung des Geltungsbereichs des ArbZG auf Krankenhäuser eingefügt worden (BT-Drucks. 12/5888 S. 31). Dem Tierschutz dient schließlich die Erstreckung der Ausnahmeregelung des § 14 II Nr. 2 auch auf die **Behandlung und Pflege von Tieren**.

§ 14 II Nr. 2 gestattet die Beschäftigung in allen Fällen nur an **einzelnen Tagen**. Zulässig ist die Beschäftigung an mehreren Tagen hintereinander, nicht aber über Wochen oder Monate. Ferner darf im Hinblick auf § 7 I Nr. 1 die Ausnahme des § 7 II Nr. 2 im Regelfall nur an weniger als 60 Tagen im Jahr beanprucht werden (*Zmarzlik/Anzinger* Rn. 21; aA *Baeck/Deutsch* Rn. 43).

Wie die Ausnahmeregelung des § 14 II Nr. 1, setzt auch § 14 II Nr. 2 voraus, daß sich die Abweichungen von den genannten Arbeitszeitnormen nicht durch andere dem AG zumutbare technische oder organisatorische Vorkehrungen vermeiden lassen.

Ob die gesetzlichen Voraussetzungen des § 14 I oder II für ein Abweichen von den genannten Arbeitszeitvorschriften vorliegen, hat der AG in eigener Verantwortung festzustellen. Verletzt der AG seine Sorgfaltspflicht, so handelt er ordnungswidrig und begeht ggf. sogar eine Straftat (s. unter §§ 22, 23).

III. Sonderregelung für Jugendliche

Für Jugendliche gilt die Sonderregelung des § 21 JArbSchG, der eine Überschreitung der Arbeitszeitvorschriften nur mit vorübergehenden und unaufschiebbaren Arbeiten in Notfällen zuläßt und auch nur, soweit erwachsene Beschäftigte nicht zur Verfügung stehen.

§ 15 Bewilligung, Ermächtigung

(1) Die Aufsichtsbehörde kann
1. eine von den §§ 3, 6 Abs. 2 und § 11 Abs. 2 abweichende längere tägliche Arbeitszeit bewilligen
   a) für kontinuierliche Schichtbetriebe zur Erreichung zusätzlicher Freischichten,
   b) für Bau- und Montagestellen,

2. eine von den §§ 3, 6 Abs. 2 und § 11 Abs. 2 abweichende längere tägliche Arbeitszeit für Saison- und Kampagnebetriebe für die Zeit der Saison oder Kampagne bewilligen, wenn die Verlängerung der Arbeitszeit über acht Stunden werktäglich durch eine entsprechende Verkürzung der Arbeitszeit zu anderen Zeiten ausgeglichen wird,
3. eine von den §§ 5 und 11 Abs. 2 abweichende Dauer und Lage der Ruhezeit bei Arbeitsbereitschaft, Bereitschaftsdienst und Rufbereitschaft den Besonderheiten dieser Inanspruchnahmen im öffentlichen Dienst entsprechend bewilligen,
4. eine von den §§ 5 und 11 Abs. 2 abweichende Ruhezeit zur Herbeiführung eines regelmäßigen wöchentlichen Schichtwechsels zweimal innerhalb eines Zeitraums von drei Wochen bewilligen.

(2) Die Aufsichtsbehörde kann über die in diesem Gesetz vorgesehenen Ausnahmen hinaus weitergehende Ausnahmen zulassen, soweit sie im öffentlichen Interesse dringend nötig werden.

(3) Das Bundesministerium der Verteidigung kann in seinem Geschäftsbereich durch Rechtsverordnung mit Zustimmung des Bundesministeriums für Arbeit und Sozialordnung aus zwingenden Gründen der Verteidigung Arbeitnehmer verpflichten, über die in diesem Gesetz und in den auf Grund dieses Gesetzes erlassenen Rechtsverordnungen und Tarifverträgen festgelegten Arbeitszeitgrenzen und -beschränkungen hinaus Arbeit zu leisten.

I. Bewilligung längerer Arbeitszeiten

1 Nach § 15 I Nr. 1 kann die Aufsichtsbehörde für **kontinuierliche Schichtbetriebe** abw. von §§ 3, 6 II und 11 II die tägliche Höchstarbeitszeit von bis zu 10 Stunden auch über 10 Stunden mit oder ohne Ausgleichsverpflichtung verlängern. Die Ausnahmeregelung gilt sowohl für teil- als auch für vollkontinuierliche Schichtbetriebe (*Neumann/Biebl* Rn. 3; *Zmarzlik/Anzinger* Rn. 4). Die Bewilligung setzt jedoch voraus, daß durch die Verlängerung der täglichen Arbeitszeit **zusätzliche Freischichten** erreicht werden. Dies ist dann der Fall, wenn dem AN mehr freie Tage zur Verfügung stehen als ohne die Verlängerung der täglichen Arbeitszeit (*Roggendorff* Rn. 8).

2 Die Aufsichtsbehörde kann die tägliche Höchstarbeitszeit über 10 Stunden hinaus auch für Bau- und Montagestellen bewilligen. **Baustellen** sind Stellen, an denen Arbeiten zur Errichtung, Änderung, Instandhaltung oder zum Abbruch einer baulichen Anlage iSd. Bauordnungsrechts der Bundesländer verrichtet werden (*Roggendorff* Rn. 9). **Montagestellen** sind Arbeitsstellen, auf denen idR vorgefertigte Teile oder Baugruppen zu einem fertigen Endergebnis montiert werden (vgl. § 2 I Bauordnung NRW).

3 Mit der Ausnahmeregelung des § 15 I Nr. 1 Buchst. a wird dem Umstand Rechnung getragen, daß Bau- und Montagestellen häufig weit entfernt vom Betriebssitz des AG liegen und die AN während ihres Aufenthalts an der Bau- oder Montagestelle nicht zu ihrem Wohnort zurückkehren (*Neumann/Biebl* Rn. 4). Die Bewilligung sollte daher im Interesse des ANSchutzes davon abhängig gemacht werden, daß den AN für die verlängerte Arbeitszeit an der Bau- oder Montagestelle ein entsprechender Ausgleich am Wohnort gewährleistet wird (*Zmarzlik/Anzinger* Rn. 10).

4 § 15 I Nr. 2 ermächtigt die Aufsichtsbehörde, die tägliche Arbeitszeit abw. von §§ 3, 6 II, 11 II auch für Saison- und Kampagnebetriebe zu verlängern. **Saisonbetriebe** sind Betriebe, die zwar ganzjährig arbeiten, jedoch zu bestimmten Zeiträumen des Jahres zu einer außergewöhnlich verstärkten Tätigkeit genötigt sind, wie zB Fremdenverkehrsbetriebe, Schokoladen-, Zucker- und Lebkuchenbetriebe. Anders als Saisonbetriebe arbeiten **Kampagnebetriebe** nicht über das ganze Jahr, sondern nur zu bestimmten Jahreszeiten, wie zB Fruchtkonservenfabriken.

5 Die Arbeitszeitverlängerung für Saison- und Kampagnebetriebe ist nur für die Zeit der Saison oder Kampagne und auch nur unter der Voraussetzung zulässig, daß ein **Ausgleich** der Verlängerung der Arbeitszeit durch eine entsprechende Verkürzung der Arbeitszeit zu anderen Zeiten erfolgt.

II. Abweichende Ruhezeiten

6 Nach § 15 I Nr. 3 kann im öffentlichen Dienst eine von den §§ 5 und 11 II abw. **Dauer und Lage der Ruhezeit** bei Arbeitsbereitschaft, Bereitschaftsdienst und Rufbereitschaft bewilligt werden (zu den Begriffen Arbeitsbereitschaft, Bereitschaftsdienst und Rufbereitschaft s. § 2 Rn. 45 ff.). **Öffentlicher Dienst** iSv. § 15 I Nr. 3 sind die Verwaltungen und Betriebe des Bundes, der Länder, der Gemeinden und sonstigen Körperschaften, Anstalten und Stiftungen des öffentlichen Rechts. Mit der Ausnahmeregelung des § 15 I Nr. 3 sollen für den öffentlichen Dienst flexiblere Regelungen hinsichtlich Dauer und Lage der Ruhezeit geschaffen werden, wie sie zB für Winterdienste erforderlich sind (BT-Drucks. 12/5888 S. 31). Mit dieser Vorschrift kann die Aufsichtsbehörde für den öffentlichen Dienst insb. Ausnahmen von dem Grundsatz zulassen, daß AN, die während des Bereitschaftsdienstes oder einer Rufbereitschaft zur Arbeit herangezogen wurden, im Anschluß an die Arbeitsleistung die volle Ruhezeit erneut zu gewähren ist (s. § 5 Rn. 1 ff.).

7 § 15 I Nr. 4 ermöglicht eine von den §§ 5 und 11 II abw. Ruhezeit zur Herbeiführung eines regelmäßigen wöchentlichen Schichtwechsels zweimal innerhalb eines Zeitraums von 3 Wochen. Zulässig

ist nach dieser Ausnahmevorschrift **nur eine Verkürzung**, nicht aber eine Veränderung der Lage der Ruhezeit.

III. Weitergehende Ausnahmen nach § 15 II

Nach § 15 II kann die Aufsichtsbehörde über die in dem ArbZG vorgesehenen Ausnahmen hinaus weitergehende Ausnahmen zulassen, soweit sie im öffentlichen Interesse dringend nötig sind. Diese Regelung entspricht inhaltlich § 28 AZO. Wie sich aus dem Wortlaut des § 15 II ergibt („über die in diesem Gesetz vorgesehenen Ausnahmen hinaus") setzt die Zulassung einer Ausnahme nach § 15 II zunächst voraus, daß für den in Frage stehenden Fall eine Ausnahme oder Abweichungsmöglichkeit entweder im ArbZG nicht vorgesehen ist oder aber die vorgesehenen Ausnahmen nicht ausreichen (*Zmarzlik/Anzinger* Rn. 25). Ferner muß die Ausnahme im **öffentlichen Interesse nötig** sein, was dann der Fall ist, wenn ohne die Ausnahmeregelung der Allgemeinheit oder einem erheblichen Teil der Bevölkerung ein nicht nur geringfügiger Schaden droht (*Roggendorff* Rn. 13). Eine Bewilligung nach § 15 II kommt zB in Betracht bei Arbeiten zur Sicherung der Ernährung, zum Schutze größerer Mengen von Lebensmitteln vor dem Verderb, zur Aufrechterhaltung des Verkehrs sowie zur Versorgung mit Strom, Gas und Wasser (vgl. BAG 22. 3. 1978 AP BAT § 17 Nr. 4). Unter § 15 II fallen nach der amtl. Begr. des RegEntw. auch Arbeiten aus Anlaß von Dienst-, Werk- und Sachleistungen, die im Rahmen notstandsrechtlicher Regelungen zu erbringen sind (BT-Drucks. 12/5888 S. 31).

Die nach § 15 I und II möglichen Ausnahmen **können** von der Aufsichtsbehörde bewilligt werden. Ein Rechtsanspruch auf Erteilung der Ausnahmebewilligung besteht grds. nicht. Die Aufsichtsbehörde hat bei Vorliegen der tatbestandlichen Voraussetzungen nach **pflichtgemäßem Ermessen** zu entscheiden. Bei der Ermessensentscheidung hat die Aufsichtsbehörde darauf zu achten, daß entsprechend dem Zweck des Gesetzes die Gesundheit der AN durch überlange Arbeitszeiten nicht gefährdet wird (*Neumann/Biebl* Rn. 9; *Roggendorff* Rn. 4).

IV. Ausnahmen zur Verteidigung

§ 15 III ermächtigt das Bundesministerium für Verteidigung, aus **zwingenden Gründen der Verteidigung** AN durch Rechtsverordnung zu verpflichten, über die im ArbZG und den aufgrund des ArbZG erlassenen Rechtsverordnungen und in TV festgelegten Arbeitszeitgrenzen und -beschränkungen hinaus Arbeit zu leisten.

Zwingende Gründe der Verteidigung liegen nicht nur im **Verteidigungsfall** (Art. 115 a GG) und im **Spannungsfall** (Art. 80 a I oder III GG) vor, sondern können auch während einer dem Verteidigungs- oder Spannungsfall vorangehenden Spannungszeit bejaht werden (*Baeck/Deutsch* Rn. 41; *Zmarzlik/Anzinger* Rn. 43; differenzierend *Buschmann/Ulber* Rn. 6). Wenn das Bundesministerium der Verteidigung nach § 15 III eine Rechtsverordnung erläßt, so gelten die Rechtsnormen dieser Verordnung nach Art. 56 I Buchst. a des Zusatzabkommens zum NATO-Truppenstatut ohne weiteres auch für die Arbeitsverhältnisse der zivilen Beschäftigten bei den Stationierungskräften in der Bundesrepublik Deutschland.

Fünfter Abschnitt. Durchführung des Gesetzes

§ 16 Aushang und Arbeitszeitnachweise

(1) Der Arbeitgeber ist verpflichtet, einen Abdruck dieses Gesetzes, der auf Grund dieses Gesetzes erlassenen, für den Betrieb geltenden Rechtsverordnungen und der für den Betrieb geltenden Tarifverträge und Betriebsvereinbarungen im Sinne des § 7 Abs. 1 bis 3 und des § 12 an geeigneter Stelle im Betrieb zur Einsichtnahme auszulegen oder auszuhängen.

(2) ¹Der Arbeitgeber ist verpflichtet, die über die werktägliche Arbeitszeit des § 3 Satz 1 hinausgehende Arbeitszeit der Arbeitnehmer aufzuzeichnen. ²Die Aufzeichnungen sind mindestens zwei Jahre aufzubewahren.

I. Aushangpflicht

§ 16 I ist aus § 24 I Nr. 1 AZO übernommen worden, um den AN weiterhin zu ermöglichen, die für sie geltenden Schutzbestimmungen an geeigneter Stelle im Betrieb kennenzulernen.

Der AG ist verpflichtet, einen vollständigen Abdruck des ArbZG, also von Art. 1 ArbZRG, in deutscher Sprache und in der jeweils aktuellen Fassung auszulegen oder auszuhängen. Die Art. 2 bis 21 ArbZRG unterliegen nicht der Auslage- und Aushangpflicht.

Die Aushang- oder Auslageverpflichtung bezieht sich auf den **Betrieb**. Der Betriebsbegriff umfaßt auch Verwaltungen. Für **Nebenbetriebe und Betriebsteile** gilt die Verpflichtung aus § 16 I dann, wenn sie vom Hauptsitz des Unternehmens oder des Betriebs räumlich so weit entfernt sind, daß eine

Einsichtnahme in den Aushang oder die Auslage während der üblichen Arbeitszeit nicht möglich ist (*Zmarzlik/Anzinger* Rn. 5).

4 Neben dem Abdruck des ArbZG muß der AG auch die aufgrund des ArbZG erlassenen und für den Betrieb geltenden Rechtsverordnungen, die für den Betrieb geltenden TV iSd. § 7 I bis III und des § 12 sowie die für den Betrieb geltenden Betriebsvereinbarungen iSd. § 7 I bis III und des § 12 auslegen oder aushängen. Ausgelegt oder ausgehängt werden müssen nur die für den Betrieb **einschlägigen** Rechtsverordnungen (BT-Drucks. 12/5888 S. 31).

5 Der Aushang oder die Auslage hat an einer **geeigneten Stelle** im Betrieb zu erfolgen. Geeignet ist jede Stelle, an der der AN während seiner Anwesenheit im Betrieb ohne Hilfe Dritter den Text einsehen kann. Geeignete Stellen sind zB die Arbeits-, Aufenthalts- und Pausenräume, das Schwarze Brett sowie die Kantine. Nicht geeignet sind dagegen das Zimmer des AG oder des Vorgesetzten, da sich AN dort bei der Einsichtnahme beaufsichtigt fühlen könnten (*Neumann/Biebl* Rn. 2; *Roggendorff* Rn. 4).

6 Ein vorsätzlicher oder fahrlässiger Verstoß des AG gegen die Verpflichtung aus § 16 I stellt gem. § 22 I Nr. 8 eine **Ordnungswidrigkeit** dar. Der Verstoß kann mit einer Geldbuße bis zu 5000 DM geahndet werden. Dagegen können aus einer Verletzung des § 16 I **keine zivilrechtlichen Ansprüche** hergeleitet werden, da diese Vorschrift kein Schutzgesetz iSd. § 823 II BGB ist und ein Anspruch des AN auf Aushang auch nicht aus der allgemeinen Fürsorgepflicht hergeleitet werden kann (*Neumann/Biebl* Rn. 3; *Zmarzlik/Anzinger* Rn. 19).

II. Aufzeichnungspflicht

7 Nach § 16 II 1 ist der AG verpflichtet, die über die werktägliche Arbeitszeit des § 3 S. 1 hinausgehende Arbeitszeit der AN aufzuzeichnen. Die Vorschrift ist § 24 I Nr. 3 AZO nachgebildet. Durch die Aufzeichnungspflicht soll die Aufsichtsbehörde in die Lage versetzt werden, die Einhaltung der Vorschriften des ArbZG in den Betrieben zu kontrollieren. Wegen der Erweiterung des Ausgleichszeitraums zur Erreichung der durchschnittlichen täglichen Höchstarbeitszeit und der umfangreichen Möglichkeiten, durch TV und Betriebsvereinbarung abweichende Regelungen festzulegen, wäre die Überwachung nämlich anderenfalls nicht gewährleistet (Begr. BT-Drucks. 12/5888 S. 31).

8 Der AG muß zum einen die **8 Stunden überschreitende Arbeitszeit** an Werktagen aufzeichnen. Der Aufzeichnungspflicht unterliegt ferner jede Arbeitszeit an Sonn- und Feiertagen (*Baeck/Deutsch* Rn. 23; *Neumann/Biebl* Rn. 4; *Zmarzlik/Anzinger* Rn. 11). Der tlw. vertretenen Auffassung, daß Beschäftigungszeiten an Sonn- oder Feiertagen nicht (so *Dobberahn* Rn. 165) oder nur insoweit, als sie acht Stunden überschreiten (so *Roggendorff* Rn. 7; Kasseler Handbuch/*Schliemann* 2.5 Rn. 776), aufgezeichnet werden müssen, steht der Wortlaut des § 16 I entgegen. Wird ein AN an einem Sonn- oder Feiertag beschäftigt, so handelt es sich nämlich um eine „über die werktägliche Arbeitszeit des § 3 S. 1 hinausgehende Arbeitszeit". Daß auch die Sonn- und Feiertagsarbeit aufzeichnungspflichtig ist, ergibt sich zudem aus dem Zweck des Gesetzes, nämlich der Aufsichtsbehörde zu ermöglichen, die Einhaltung des ArbZG, also auch das grds. Verbot der Sonn- und Feiertagsbeschäftigung (§ 9), zu kontrollieren.

9 Nicht aufzeichnungspflichtig ist dagegen der nach den §§ 3, 6 II und 11 II erforderliche Ausgleich der Mehrarbeit (*Baeck/Deutsch* Rn. 24; *Dobberahn* Rn. 165; *Zmarzlik/Anzinger* Rn. 11; aA *Neumann/Biebl* Rn. 4; *Roggendorff* Rn. 8; Kasseler Handbuch/*Schliemann* 2.5 Rn. 776). Wenn der Gesetzgeber auch insoweit eine Aufzeichnungspflicht gewollt hätte, so hätte er dies durch eine entsprechende Formulierung im Wortlaut des § 16 II zum Ausdruck bringen müssen.

10 Der AG hat für die Erfüllung der Verpflichtung aus § 16 II 1 **keine bestimmte Form** vorgeschrieben. Als Arbeitszeitnachweise kommen daher zB in Betracht Stundenzettel, Stempeluhrkarten, Lohnlisten oder Arbeitszeitkarteien, auf denen die vom AN geleistete Arbeitszeit festgehalten wird. Eigenaufschreibungen der Beschäftigten sowie die Delegation der Aufzeichnungspflicht auf die Beschäftigten sind ebenfalls zulässig. Als Nachweise geeignet sind auch elektronische Datenverarbeitungsanlagen und sonstige Zeiterfassungssysteme, sofern die dort gespeicherten Daten für die Aufsichtsbehörde jederzeit abrufbar sind (*Zmarzlik/Anzinger* Rn. 12). Ebenfalls ausreichend sind Aufzeichnungen der geleisteten Arbeitszeit, die bereits aufgrund anderer Rechtsvorschriften erfolgen, wie zB der Verordnung (EWG) Nr. 3821/85 des Rates vom 20. 12. 1985 über das Kontrollgerät im Straßenverkehr (*Roggendorff* Rn. 10).

11 Aufzeichnungspflichtig ist die über 8 Stunden hinausgehende Arbeitszeit der **einzelnen AN**. Die Vorschrift des § 16 II wurde aus § 24 I Nr. 3 AZO übernommen. Nach dieser Vorschrift war iVm. den Nrn. 30–32 der Ausführungsverordnung zur Arbeitszeitordnung (AVAZO) Beginn und Ende der täglichen Arbeitszeit des einzelnen AN aufzuzeichnen. Die summarische Erfassung der Gesamtarbeitszeit genügte danach nicht. Durch das ArbZG ist insofern keine Änderung eingetreten (aA *Neumann/Biebl* Rn. 4).

12 Der AG muß die Arbeitszeitaufzeichnungen **mindestens zwei Jahre aufbewahren**. Die Aufbewahrungsfrist wurde gegenüber dem RegEntw. auf Beschlußempfehlung des Ausschusses für Arbeit und Sozialordnung von einem auf zwei Jahre verlängert (BT-Drucks. 12/5888 S. 10; 12/6990 S. 40). Die Berechnung der Zweijahresfrist erfolgt nach §§ 187 I, 188 II BGB.

Verstößt der AG vorsätzlich oder fahrlässig gegen die Aufzeichnungs- oder Aufbewahrungspflicht 13
des § 16 II, so begeht er gem. § 22 I Nr. 9 eine **Ordnungswidrigkeit**, die mit einer Geldbuße bis zu
30 000 DM geahndet werden kann.

§ 17 Aufsichtsbehörde

(1) Die Einhaltung dieses Gesetzes und der auf Grund dieses Gesetzes erlassenen Rechtsverordnungen wird von den nach Landesrecht zuständigen Behörden (Aufsichtsbehörden) überwacht.

(2) Die Aufsichtsbehörde kann die erforderlichen Maßnahmen anordnen, die der Arbeitgeber zur Erfüllung der sich aus diesem Gesetz und den auf Grund dieses Gesetzes erlassenen Rechtsverordnungen ergebenden Pflichten zu treffen hat.

(3) Für den öffentlichen Dienst des Bundes sowie für die bundesunmittelbaren Körperschaften, Anstalten und Stiftungen des öffentlichen Rechts werden die Aufgaben und Befugnisse der Aufsichtsbehörde vom zuständigen Bundesministerium oder den von ihm bestimmten Stellen wahrgenommen; das gleiche gilt für die Befugnisse nach § 15 Abs. 1 und 2.

(4) ¹Die Aufsichtsbehörde kann vom Arbeitgeber die für die Durchführung dieses Gesetzes und der auf Grund dieses Gesetzes erlassenen Rechtsverordnungen erforderlichen Auskünfte verlangen. ²Sie kann ferner vom Arbeitgeber verlangen, die Arbeitszeitnachweise und Tarifverträge oder Betriebsvereinbarungen im Sinne des § 7 Abs. 1 bis 3 und des § 12 vorzulegen oder zur Einsicht einzusenden.

(5) ¹Die Beauftragten der Aufsichtsbehörde sind berechtigt, die Arbeitsstätten während der Betriebs- und Arbeitszeit zu betreten und zu besichtigen; außerhalb dieser Zeit oder wenn sich Arbeitsstätten in einer Wohnung befinden, dürfen sie ohne Einverständnis des Inhabers nur zur Verhütung von dringenden Gefahren für die öffentliche Sicherheit und Ordnung betreten und besichtigt werden. ²Der Arbeitgeber hat das Betreten und Besichtigen der Arbeitsstätten zu gestatten. ³Das Grundrecht der Unverletzlichkeit der Wohnung (Artikel 13 des Grundgesetzes) wird insoweit eingeschränkt.

(6) Der zur Auskunft Verpflichtete kann die Auskunft auf solche Fragen verweigern, deren Beantwortung ihn selbst oder einen der in § 383 Abs. 1 Nr. 1 bis 3 der Zivilprozeßordnung bezeichneten Angehörigen der Gefahr strafrechtlicher Verfolgung oder eines Verfahrens nach dem Gesetz über Ordnungswidrigkeiten aussetzen würde.

I. Regelungsinhalt

§ 17 regelt die Überwachungsaufgaben der Aufsichtsbehörden und deren hierzu notwendige Befug- 1
nisse. Die Regelungen sind weitgehend aus § 28 AZO übernommen und der modernen Rechtsentwicklung im Arbeitsschutzrecht angepaßt worden (BT-Drucks. 12/5888 S. 32).

II. Aufsichtsbehörden

Nach § 17 I wird die Einhaltung des ArbZG und der auf Grund dieses Gesetzes erlassenen Rechts- 2
verordnungen von den Aufsichtsbehörden überwacht. Da nach Art. 83 GG die Bundesgesetze von den Ländern als eigene Angelegenheit durchgeführt werden, obliegt es den Ländern, zu bestimmen, welche Behörde als Aufsichtsbehörde sachlich zuständig ist. In der überwiegenden Zahl der Länder sind die staatlichen **Gewerbeaufsichtsämter** oder **Ämter für Arbeitsschutz** die sachlich zuständige Aufsichtsbehörde. Die örtliche Zuständigkeit richtet sich nach den Verwaltungsverfahrensgesetzen der Länder. IdR ist die Behörde örtlich zuständig, in deren Bezirk die Betriebsstätte betrieben wird. Für den öffentlichen Dienst des Bundes sowie für die bundesunmittelbaren Körperschaften, Anstalten und Stiftungen des öffentlichen Rechts ergibt sich die Überwachungszuständigkeit aus § 17 III. Danach werden die Aufgaben und Befugnisse der Aufsichtsbehörde vom zuständigen Bundesministerium oder den von ihm bestimmten Stellen wahrgenommen (ausf. zum Ganzen *Baeck/Deutsch* Rn. 4 ff.).

III. Maßnahmen der Aufsichtsbehörden

Damit die Aufsichtsbehörde die Einhaltung der von ihr zu überwachenden Arbeitszeitvorschriften 3
auch durchsetzen kann, ermächtigt § 17 II die Aufsichtsbehörde, die **erforderlichen Maßnahmen anzuordnen**, die der AG zur Erfüllung der sich aus dem ArbZG und den aufgrund des ArbZG erlassenen Rechtsverordnungen ergebenden Pflichten zu treffen hat. Dabei stehen den Aufsichtsbehörden alle amtl. Befugnisse der Ortspolizeibehörden zu, insb. auch die Befugnis, die notwendigen Maßnahmen zu treffen, um eine im einzelnen Falle bestehende Gefahr für die öffentliche Sicherheit und Ordnung abzuwehren (BVerwG 4. 7. 1989 GewA 1990, 25; *Neumann/Biebl* Rn. 13; *Roggendorff* Rn. 2).

4 Macht die Aufsichtsbehörde von ihrer Anordnungsbefugnis nach § 17 II Gebrauch und ordnet sie im Einzelfall die erforderlichen Maßnahmen an, die der AG zu treffen hat, so handelt es sich hierbei um einen **Verwaltungsakt**, der der verwaltungsgerichtlichen Überprüfung unterliegt. In der Ordnungsverfügung kann die Aufsichtsbehörde zugleich Zwangsmittel androhen. Zur Durchsetzung einer sich aus dem ArbZG ergebenden Pflicht kann die Aufsichtsbehörde auch **gesetzeswiederholende Anordnungen** mit Zwangsgeldandrohung erlassen (VGH München 28. 10. 1993 GewA 1994, 192; *Zmarzlik/Anzinger* Rn. 10).

IV. Auskunfts- und Vorlagepflicht

5 § 17 IV 1 verpflichtet den AG, der Aufsichtsbehörde alle **erforderlichen Auskünfte** mitzuteilen, die die Aufsichtsbehörde zur Erfüllung ihrer Aufgaben benötigt. Die Auskunftspflicht des AG besteht erst dann, wenn die Aufsichtsbehörde dem AG gegenüber ein entsprechendes Verlangen erklärt hat. Dieses muß jedoch **nicht in Form** einer Anordnung an den AG gerichtet werden, sondern kann zB auch mündlich oder fernmündlich erfolgen (BT-Drucks. 12/5888 S. 32; aA *Baeck/Deutsch* Rn. 24, die in dem Auskunftsverlangen einen Verwaltungsakt iSd. § 35 VwVfG sehen). Die Auskunftspflicht setzt auch nicht voraus, daß der Verdacht auf einen Gesetzesverstoß besteht (*Zmarzlik/Anzinger* Rn. 19). Unzulässig ist jedoch die allgemeine, ungezielte Ausforschung des AG, die nur die behördliche Aufsicht erleichtern soll (OVG Berlin 18. 3. 1982 GewA 1982, 279).

6 Nach § 17 IV 2 muß der AG der Aufsichtsbehörde auch vorhandene Unterlagen über die Arbeitszeit sowie die TV und Betriebsvereinbarungen iSd. § 7 I bis III und des § 12 aushändigen oder zur Einsicht zusenden, damit sie ihre Aufgaben erfüllen kann. Die Vorlagepflicht besteht unabhängig von Besichtigungen (BT-Drucks. 12/5888 S. 32). Die Kosten der Übersendung der Unterlagen trägt der AG (*Zmarzlik/Anzinger* Rn. 20).

7 Ein AG, der vorsätzlich oder fahrlässig eine Auskunft nicht, nicht richtig oder nicht vollständig erteilt oder Unterlagen nicht vollständig vorlegt oder nicht einsendet, begeht eine Ordnungswidrigkeit nach § 22 II Nr. 10. Die Zuwiderhandlung gegen das Auskunfts- oder Vorlageverlangen ist jedoch nicht schon mit dem Erlaß der behördlichen Anordnung, sondern erst dann bußgeldbewehrt, wenn die Anordnung für den AG verbindlich ist (OLG Hamm 7. 6. 1994 GewA 1994, 471).

V. Besichtigungsrecht

8 Nach § 17 V 1 ist es den Beauftragten der Aufsichtsbehörde gestattet, die **Arbeitsstätte zu betreten und zu besichtigen**. Um diese Befugnisse wahrzunehmen, braucht die Aufsichtsbehörde die Besichtigung weder vorher anzuordnen noch anzukündigen (vgl. Begr. BT-Drucks. 12/5888 S. 32; KG Berlin 16. 4. 1987 GewA 1987, 305; *Roggendorff* Rn. 23). Eine vorherige Ankündigung ist im Regelfall auch nicht zweckmäßig, weil sich der AG dann auf die Besichtigung einstellen und etwa vorhandene Mißstände ggf. abstellen kann (*Neumann/Biebl* Rn. 5; *Roggendorff* Rn. 23).

9 Den Beauftragten der Aufsichtsbehörde stehen diese Befugnisse während der Betriebs- und Arbeitszeit uneingeschränkt zu. Außerhalb der Betriebs- und Arbeitszeit oder wenn sich die Arbeitsstätte in einer Wohnung befindet, stehen der Aufsichtsbehörde diese Befugnisse nur mit Einverständnis des Inhabers oder zur Verhütung von dringenden Gefahren für die öffentliche Sicherheit oder Ordnung zu. Diese Einschränkung des Besichtigungsrechts entspricht den vom BVerfG in seinem Beschluß vom 13. 10. 1971 im Zusammenhang mit Art. 13 GG aufgestellten Grundsätzen (s. BVerfG 13. 10. 1971 BVerfGE 32, 54, 75 f.; s. auch *Wank*, Telearbeit, 1997, Rn. 436 ff.).

10 § 17 V 2 verpflichtet den AG ausdrücklich, das Betreten und Besichtigen der Arbeitsstätten **zu gestatten**. Sein Hausrecht wird insoweit eingeschränkt. Verweigert der AG den Zutritt, so kann die Aufsichtsbehörde nach § 17 II eine Duldungsverfügung erlassen und im Wege des Verwaltungszwangs durchsetzen. Der AG, der das Betreten und Besichtigen seiner Arbeitsstätte entgegen § 17 V 2 nicht gestattet, handelt ordnungswidrig.

VI. Auskunftsverweigerungsrecht

11 Nach § 17 VI darf der zur Auskunft Verpflichtete die Auskunft auf solche Frage verweigern, deren Beantwortung ihn selbst oder einen nahen Angehörigen gem. § 383 I Nr. 1 bis 3 ZPO der Gefahr strafrechtlicher Verfolgung oder eines Verfahrens nach dem OWiG aussetzen würde. Zu den nahen Angehörigen gehören der Verlobte, der Ehegatte, und zwar auch wenn die Ehe nicht mehr besteht, sowie die Personen, die mit dem Auskunftspflichtigen in gerader Linie verwandt oder verschwägert oder in der Seitenlinie bis zum 3. Grad verwandt oder bis zum 2. Grad verschwägert sind oder waren. Die Aufsichtsbehörde ist nicht verpflichtet, den Auskunftspflichtigen auf sein Auskunftsverweigerungsrecht hinzuweisen (BayObLG 11. 10. 1968 GewA 1969, 41). Nach dem eindeutigen Wortlaut des Abs. 6 kann der zur Auskunft Verpflichtete nur die Auskunft, nicht aber die Einsichtnahme und Herausgabe von Unterlagen verweigern (*Baeck/Deutsch* Rn. 38; *Roggendorff* Rn. 18; aA *Dobberahn* Rn. 167).

Sechster Abschnitt. Sonderregelungen

§ 18 Nichtanwendung des Gesetzes

(1) Dieses Gesetz ist nicht anzuwenden auf
1. leitende Angestellte im Sinne des § 5 Abs. 3 des Betriebsverfassungsgesetzes sowie Chefärzte,
2. Leiter von öffentlichen Dienststellen und deren Vertreter sowie Arbeitnehmer im öffentlichen Dienst, die zu selbständigen Entscheidungen in Personalangelegenheiten befugt sind,
3. Arbeitnehmer, die in häuslicher Gemeinschaft mit den ihnen anvertrauten Personen zusammenleben und sie eigenverantwortlich erziehen, pflegen oder betreuen,
4. den liturgischen Bereich der Kirchen und der Religionsgemeinschaften.

(2) Für die Beschäftigung von Personen unter 18 Jahren gilt anstelle dieses Gesetzes das Jugendarbeitsschutzgesetz.

(3) Für die Beschäftigung von Arbeitnehmern auf Kauffahrteischiffen als Besatzungsmitglieder im Sinne des § 3 des Seemannsgesetzes gilt anstelle dieses Gesetzes das Seemannsgesetz.

(4) *(aufgehoben)*

I. Nichtanwendung auf bestimmte Personengruppen

Um den Besonderheiten bei der Arbeitszeit bestimmter Personengruppen Rechnung zu tragen, 1 nimmt § 18 I die in Nr. 1 bis 4 genannten Personengruppen von der Anwendung des ArbZG aus (vgl. BT-Drucks. 12/5888 S. 32; BR-Drucks. G 27/97, Weißbuch der EG-Kommission). Die Herausnahme dieser ANGruppen vom öffentlich-rechtlichen Arbeitszeitrecht steht im Einklang mit Art. 17 I der Arbeitszeit-Richtlinie 94/194/EG, nach der unter Beachtung der allgemeinen Grundsätze des Schutzes der Sicherheit und der Gesundheit der AN von den Grundsätzen der Richtlinie abgewichen werden darf, wenn die Arbeitszeit wegen der besonderen Merkmale der ausgeübten Tätigkeit nicht gemessen oder nicht im voraus festgelegt werden kann. Als Beispiele für solche Personen nennt die Richtlinie leitende Angestellte oder sonstige Personen mit selbständiger Entscheidungsbefugnis, Arbeitskräfte, die Familienangehörige sind sowie AN, die im liturgischen Bereich von Kirchen oder Religiongemeinschaften beschäftigt sind. Dieser Personenkreis deckt sich weitgehend mit den in § 18 I aufgeführten Personengruppen.

Nach § 18 I Nr. 1 gilt das ArbZG **nicht für leitende Angestellte** iSd. § 5 III BetrVG. Mit der 2 gesetzlichen Verweisung in § 18 I Nr. 1 auf § 5 III BetrVG wird nunmehr im Interesse der Rechtsklarheit für das ArbZG und das BetrVG ein einheitlicher Begriff des leitenden Angestellten zugrunde gelegt. Zu den Auslegungsfragen, ob ein AN leitender Angestellter iSd. § 5 III BetrVG und damit auch iSd. § 18 I Nr. 1 ist, kann daher auf die einschlägige Kommentarliteratur zu § 5 III BetrVG verwiesen werden (s. zB *Fitting* § 5 BetrVG Rn. 114 ff. mwN).

In Anlehnung an § 3 Buchst. i BAT werden auch Chefärzte vom Anwendungsbereich des Gesetzes 3 ausgenommen (vgl. BT-Drucks. 12/5888 S. 32). **Chefarzt** ist, wer als Leiter einer Krankenhausabteilung innerhalb dieser Abteilung die ärztliche Gesamtverantwortung für die Patientenversorgung trägt und Vorgesetzter des ärztlichen und nichtärztlichen Personals seiner Abteilung ist (MünchArbR/ *Richardi* § 204 Rn. 14). Nicht zu den Chefärzten zählen Oberärzte, Assistenzärzte und Ärzte im Praktikum (MünchArbR/*Richardi* § 204 Rn. 15 ff). Auf sie findet das ArbZG Anwendung.

Das ArbZG findet ferner keine Anwendung auf Leiter von öffentlichen Dienststellen, deren Ver- 4 treter sowie Beschäftigte, die zu selbständigen Entscheidungen in Personalangelegenheiten befugt sind (§ 18 I Nr. 2). Der Gesetzgeber hat damit die Personen vom Anwendungsbereich des ArbZG ausgenommen, die nach §§ 7, 14 III BPersVG nicht zu den Personalvertretungen wählbar sind.

Während nach § 1 I AZO noch alle im Haushalt beschäftigten AN vom Anwendungsbereich 5 ausgenommen waren, werden nach § 18 I Nr. 3 nur AN vom öffentlich-rechtlichen Arbeitszeitschutz ausgenommen, die in häuslicher Gemeinschaft mit den ihnen anvertrauten Personen zusammenleben und sie eigenverantwortlich erziehen, pflegen oder betreuen. Mit dieser Ausnahme soll den besonderen Lebens- und Arbeitsbedingungen dieser AN Rechnung getragen werden, die eine durch das öffentlich-rechtliche Arbeitszeitrecht vorgeschriebene Unterscheidung zwischen Freizeit und Arbeitszeit nicht zulassen (vgl. BT-Drucks. 12/6990 S. 44). Zu dem Kreis der **anvertrauten Personen** zählen zB Kinder im Bereich der SOS-Kinderdörfer, Behinderte, Pflegebedürftige, ältere Menschen, Alkohol- oder Drogenabhängige. Entscheidend ist, daß die AN mit den anvertrauten Personen in häuslicher Gemeinschaft **zusammenleben,** idR also mit ihnen gemeinsam wohnen und wirtschaften (*Zmarzlik/ Anzinger* Rn. 21).

Die Herausnahme des **liturgischen Bereichs** der Kirchen und Religionsgemeinschaften (§ 18 I 6 Nr. 4) aus dem öffentlich-rechtlichen Arbeitszeitschutz war wegen Art. 4 II GG erforderlich, der die ungestörte Religionsausübung auch in zeitlicher Hinsicht gebietet (vgl. BT-Drucks. 12/5888 S. 33).

110 ArbZG §§ 19, 20

7 § 18 IV ArbZG ist durch das Gesetz zur Änderung des Gesetzes über den Ladenschluß und zur Neuregelung der Arbeitszeit in Bäckereien und Konditoreien vom 30. 7. 1996 (BGBl. I S. 1186) aufgehoben worden. Die Beschäftigung von AN in Bäckereien und Konditoreien fällt nunmehr unter das ArbZG.

II. Jugendarbeitsschutzgesetz

8 Nach § 18 II gilt für die Beschäftigung von Personen, die noch keine 18 Jahre sind, anstelle dieses Gesetzes das JArbSchG. Für die Arbeitszeiten der Jugendlichen enthalten §§ 7 bis 10 JArbSchG Sonderregelungen. § 8 I JArbSchG begrenzt die zulässige Höchstarbeitszeit für Jugendliche grds. auf **8 Stunden täglich** und **40 Stunden wöchentlich**. Ferner dürfen Jugendliche grds. nur an den Werktagen von Montag bis Freitag beschäftigt werden. Wird die höchstzulässige werktägliche Arbeitszeit von 8 Stunden an einzelnen Werktagen verkürzt, so darf die Arbeitszeit nach § 8 II a JArbSchG an den übrigen Werktagen derselben Woche auf bis zu 8 Stunden verlängert werden. Ebenfalls strenger sind die Vorschriften über Mindestruhepausen sowie die Mindestruhezeit. Für Jugendliche muß die Ruhepause bei einer Arbeitszeit von mehr als viereinhalb bis zu sechs Stunden mindestens 30 Minuten und bei einer Arbeitszeit von mehr als sechs Stunden mindestens 30 Minuten betragen (§ 11 I JArbSchG). Nach § 13 JArbSchG dürfen Jugendliche nach Beendigung der täglichen Arbeitszeit nicht vor Ablauf einer ununterbrochenen Freizeit von mindestens 12 Stunden beschäftigt werden. Sonderregelungen gelten auch für die Nachtarbeit. § 14 I JArbSchG verbietet dem Grundsatz nach die Beschäftigung von Jugendlichen in der Zeit von 20 Uhr bis 6 Uhr. Ausnahmen sind lediglich in den in § 14 II bis VII JArbSchG aufgeführten Fällen oder durch Rechtsverordnung möglich (§ 21 b Nr. 2 JArbSchG).

III. Seemannsgesetz

9 Nach § 18 III findet für die Beschäftigung von AN auf Kauffahrteischiffen in einem Heuerverhältnis (§ 3 SeemannsG) anstelle des ArbZG das SeemannsG Anwendung. Der öffentlich-rechtliche Arbeitszeitschutz der Besatzungsmitglieder wird in §§ 84 bis 92 SeemannsG geregelt. Diese Vorschriften wurden durch Art. 11 ArbZRG an die neue Arbeitszeitkonzeption angepaßt (vgl. BT-Drucks. 12/5888 S. 34).

§ 19 Beschäftigung im öffentlichen Dienst

Bei der Wahrnehmung hoheitlicher Aufgaben im öffentlichen Dienst können, soweit keine tarifvertragliche Regelung besteht, durch die zuständige Dienstbehörde die für Beamte geltenden Bestimmungen über die Arbeitszeit auf die Arbeitnehmer übertragen werden; insoweit finden die §§ 3 bis 13 keine Anwendung.

1 Nach § 19, der inhaltlich § 13 AZO entspricht, kann die zuständige Behörde die für Beamte geltenden Bestimmungen über die Arbeitszeit auf die AN übertragen. Die §§ 3 bis 13 finden dann insoweit keine Anwendung. Mit dieser Vorschrift soll dem Umstand Rechnung getragen werden, daß wegen der Zusammenarbeit von Beamten und AN ein Interesse an einer einheitlichen Arbeitszeit bestehen kann (BT-Drucks. 12/5888 S. 33).

2 Eine besondere Rechtsform ist für die Übertragung nicht vorgeschrieben. Sie kann durch Rechtsverordnung, Erlaß oder eine andere Übertragungserklärung erfolgen; möglich ist auch eine Übertragung durch eine tarifvertragliche Regelung, die zugleich die einseitige Übertragungserklärung enthält (vgl. BAG 14. 4. 1966 AP AZO § 13 Nr. 2).

3 Die Übertragungsmöglichkeit gilt jedoch nur bei der Wahrnehmung **hoheitlicher Aufgaben.** Diese Einschränkung, die auf die Beschlußempfehlung des Ausschusses für Arbeit und Sozialordnung zurückgeht, soll zur Vermeidung von Wettbewerbsverzerrungen verhindern, daß der AG im öffentlichen Dienst besser gestellt ist als ein privater AG (vgl. Begr. BT-Drucks. 12/6990 S. 44). Eine Übertragung ist daher nur in solchen Dienststellen ausgeschlossen, die keine hoheitlichen Aufgaben wahrnehmen und ausschließlich privatrechtlich tätig werden (zB kommunale Verkehrs- und Versorgungsbetriebe, die als „Eigenbetriebe" unmittelbar von der öffentlichen Hand geführt werden).

4 Eine weitere Einschränkung ergibt sich aus dem Tarifvorbehalt des § 19, der eine Übertragung nur zuläßt, soweit keine tarifvertragliche Regelung besteht. Da für die vom BAT erfaßten Angestellten des öffentlichen Dienstes die Arbeitszeit in den §§ 15 bis 17 BAT und für die Arbeiter von Bund, Ländern und Gemeinden die Arbeitszeit in den jeweiligen TV abschließend geregelt ist, ist die praktische Bedeutung des § 19 als gering anzusehen.

§ 20 Beschäftigung in der Luftfahrt

Für die Beschäftigung von Arbeitnehmern als Besatzungsmitglieder von Luftfahrzeugen gelten anstelle der Vorschriften dieses Gesetzes über Arbeits- und Ruhezeiten die Vorschriften über

Bußgeldvorschriften   §§ 21, 22 ArbZG

Flug-, Flugdienst- und Ruhezeiten der Zweiten Durchführungsverordnung zur Betriebsordnung für Luftfahrtgerät in der jeweils geltenden Fassung.

Das ArbZG gilt grds. auch für AN in der Luftfahrt. Lediglich für die Besatzungsmitglieder von Luftfahrzeugen gelten anstelle der Vorschriften des ArbZG über Arbeits- und Ruhezeiten die Vorschriften über Flug-, Flugdienst- und Ruhezeiten der Zweiten Durchführungsverordnung zur Betriebsordnung für Luftfahrtgerät vom 10. 3. 1982, zuletzt geändert durch Art. 17 des Gesetzes vom 6. 6. 1994 (BGBl. I S. 1170). § 20 trägt den Besonderheiten in der Luftfahrt Rechnung. Die aus Gründen der Verkehrssicherheit erlassenen Vorschriften bleiben unberührt und gehen den arbeitsschutzrechtlichen Regelungen vor (BT-Drucks. 12/5888 S. 33). 1

§ 21 Beschäftigung in der Binnenschiffahrt

¹ Die Vorschriften dieses Gesetzes gelten für die Beschäftigung von Fahrpersonal in der Binnenschiffahrt, soweit die Vorschriften über Ruhezeiten der Rheinschiffs-Untersuchungsordnung und der Binnenschiffs-Untersuchungsordnung in der jeweils geltenden Fassung dem nicht entgegenstehen. ² Sie können durch Tarifvertrag der Eigenart der Binnenschiffahrt angepaßt werden.

Das ArbZG gilt grds. auch für AN in der Binnenschiffahrt. Lediglich die Vorschriften über Ruhezeiten der Rheinschiffs-Untersuchungsordnung vom 26. 3. 1976 (BGBl. I S. 773) gehen den arbeitsschutzrechtlichen Regelungen vor. § 21 trägt damit den Besonderheiten in der Binnenschiffahrt Rechnung (BT-Drucks. 12/5888 S. 33). 1

Nach § 21 S. 2 können die Vorschriften des ArbZG durch TV der Eigenart der Binnenschiffahrt angepaßt werden. Dies entspricht den Abweichungsmöglichkeiten, wie sie in § 7 und § 12 vorgesehen sind. 2

Siebter Abschnitt. Straf- und Bußgeldvorschriften

§ 22 Bußgeldvorschriften

(1) Ordnungswidrig handelt, wer als Arbeitgeber vorsätzlich oder fahrlässig
1. entgegen § 3 oder § 6 Abs. 2, jeweils auch in Verbindung mit § 11 Abs. 2, einen Arbeitnehmer über die Grenzen der Arbeitszeit hinaus beschäftigt,
2. entgegen § 4 Ruhepausen nicht, nicht mit der vorgeschriebenen Mindestdauer oder nicht rechtzeitig gewährt,
3. entgegen § 5 Abs. 1 die Mindestruhezeit nicht gewährt oder entgegen § 5 Abs. 2 die Verkürzung der Ruhezeit durch Verlängerung einer anderen Ruhezeit nicht oder nicht rechtzeitig ausgleicht,
4. einer Rechtsverordnung nach § 8 Satz 1, § 13 Abs. 1 oder 2 oder § 24 zuwiderhandelt, soweit sie für einen bestimmten Tatbestand auf diese Bußgeldvorschrift verweist,
5. entgegen § 9 Abs. 1 einen Arbeitnehmer an Sonn- oder Feiertagen beschäftigt,
6. entgegen § 11 Abs. 1 einen Arbeitnehmer an allen Sonntagen beschäftigt oder entgegen § 11 Abs. 3 einen Ersatzruhetag nicht oder nicht rechtzeitig gewährt,
7. einer vollziehbaren Anordnung nach § 13 Abs. 3 Nr. 2 zuwiderhandelt,
8. entgegen § 16 Abs. 1 die dort bezeichnete Auslage oder den dort bezeichneten Aushang nicht vornimmt,
9. entgegen § 16 Abs. 2 Aufzeichnungen nicht oder nicht richtig erstellt oder nicht für die vorgeschriebene Dauer aufbewahrt oder
10. entgegen § 17 Abs. 4 eine Auskunft nicht, nicht richtig oder nicht vollständig erteilt, Unterlagen nicht oder nicht vollständig vorlegt oder nicht einsendet oder entgegen § 17 Abs. 5 Satz 2 eine Maßnahme nicht gestattet.

(2) Die Ordnungswidrigkeit kann in den Fällen des Absatzes 1 Nr. 1 bis 7, 9 und 10 mit einer Geldbuße bis zu 30 000 Deutsche Mark, in den Fällen des Absatzes 1 Nr. 8 mit einer Geldbuße bis zu 5000 Deutsche Mark geahndet werden.

I. Bußgeldrechtliche Verantwortung

Wie sich aus der Formulierung des § 22 I „wer als Arbeitgeber" ergibt, trägt die bußgeldrechtliche Verantwortung für die Einhaltung der Schutzvorschriften des ArbZG allein der **Arbeitgeber**. AG iSd. § 22 ist jeder, der einen AN iSd. § 2 II beschäftigt. AG kann eine natürliche, eine juristische Person oder eine Personenhandelsgesellschaft sein. Ist der AG eine **juristische Person** oder eine **Personenhandelsgesellschaft**, so erstreckt § 9 I OWiG die bußgeldrechtliche Verantwortung auf die gesetzlichen Vertreter, die anstelle des eigentlichen Normadressaten handeln. Dem AG **gleichgestellt** sind 1

Wank   499 nach § 9 II OWiG Personen, die vom Inhaber eines Betriebes oder einem sonst dazu Befugten beauftragt sind, den Betrieb ganz oder zum Teil zu leiten (zB Betriebsleiter, Betriebsabteilungsleiter), oder die ausdrücklich beauftragt sind, in eigener Verantwortung Aufgaben wahrzunehmen, die dem Inhaber des Betriebes obliegen (zB Werkmeister). Der AG muß jedoch durch geeignete Aufsichtsmaßnahmen sicherstellen, daß die Pflichten nach dem ArbZG erfüllt werden, andernfalls handelt er gem. § 130 OWiG selbst ordnungswidrig.

II. Ordnungswidrigkeiten

2 § 22 I enthält eine abschließende enumerative Aufzählung der Vorschriften des ArbZG, deren Verletzung als Ordnungswidrigkeit mit Geldbuße geahndet werden kann. Die Ordnungswidrigkeit setzt ein tatbestandsmäßiges, rechtswidriges und schuldhaftes Tun oder Unterlassen eines Menschen voraus (vgl. § 1 OWiG). § 22 bedroht sowohl vorsätzliche als auch fahrlässige Zuwiderhandlungen gegen die in § 22 I genannten Bestimmungen (zu den Schuldformen s. *Göhler*, Kommentar zum OWiG, 12. Aufl. 1998, vor § 1 Rn. 30 ff.). Die tatbestandsmäßige Verwirklichung der Bußgeldvorschriften des § 22 I ist rechtswidrig, wenn nicht ausnahmsweise ein Rechtfertigungsgrund vorliegt (zB Notwehr oder rechtfertigender Notstand iSd. §§ 15, 16 OWiG).

3 Ordnungswidrigkeiten nach § 22 I können mit einer Geldbuße bis zu 30 000.– DM verfolgt werden. Lediglich in den Fällen des § 22 I Nr. 8 beträgt die höchstzulässige Geldbuße **5000.– DM**. Die Reduzierung der Höhe der Geldbuße bei Verstoß gegen die Aushangverpflichtung des § 16 I wurde unter dem Gesichtspunkt der Verhältnismäßigkeit für geboten angesehen (vgl. BT-Drucks. 12/5888 S. 52).

4 Das Verfahren der Bußgeldfestsetzung richtet sich nach den §§ 35 ff. OWiG. Die **Verjährungsfrist** für die Verfolgung einer Ordnungswidrigkeit nach § 22 I beträgt **2 Jahre** (§ 31 I Nr. 2 OWiG).

§ 23 Strafvorschriften

(1) Wer eine der in § 22 Abs. 1 Nr. 1 bis 3, 5 bis 7 bezeichneten Handlungen
1. vorsätzlich begeht und dadurch Gesundheit oder Arbeitskraft eines Arbeitnehmers gefährdet oder
2. beharrlich wiederholt, wird mit Freiheitsstrafe bis zu einem Jahr oder mit Geldstrafe bestraft.

(2) Wer in den Fällen des Absatzes 1 Nr. 1 die Gefahr fahrlässig verursacht, wird mit Freiheitsstrafe bis zu sechs Monaten oder mit Geldstrafe bis zu 180 Tagessätzen bestraft.

1 § 23 übernimmt die Vorschriften des § 25 IV und V AZO und qualifiziert bestimmte ordnungswidrige Handlungen als **Straftaten,** und zwar als Vergehen iSd. § 12 II StGB.

2 Eine Straftat nach § 23 I Nr. 1 begeht, wer vorsätzlich eine der in §§ 22 I Nr. 1 bis 3, 5 bis 7 bezeichneten Handlungen begeht und dadurch einen AN in seiner Gesundheit oder Arbeitskraft gefährdet. Zwischen der Zuwiderhandlung und der Gefährdung muß ein Kausalzusammenhang im strafrechtlichen Sinne bestehen. Die Gefährdung ist Tatbestandsmerkmal, auf das sich der Vorsatz erstrecken muß.

3 **Gesundheit** iSd. § 23 I Nr. 1 ist der intakte körperliche, geistige und seelische Zustand eines AN (*Roggendorff* Rn. 3). Unter **Arbeitskraft** ist die von Natur aus vorhandene oder durch Ausbildung oder Übung erworbene oder zu erwerbende Fähigkeit eines AN, Arbeit zu leisten, zu verstehen (*Zmarzlik/Anzinger* Rn. 5). Die Gefährdung der Gesundheit oder Arbeitskraft setzt nicht den Eintritt einer Schädigung voraus; ausreichend ist vielmehr eine **konkrete Gefahr** für die Gesundheit oder Arbeitskraft (*Zmarzlik/Anzinger* Rn. 6). Ob eine solche bestanden hat, richtet sich insb. nach dem Grad der Beanspruchung, der übermäßigen Dauer der Arbeitszeit sowie der Nichteinhaltung von Ruhezeiten und Pausen (*Neumann/Biebl* Rn. 2).

4 Eine Straftat nach § 23 I Nr. 2 begeht, wer eine der in §§ 22 I Nr. 1 bis 3, 5 bis 7 bezeichneten Handlungen vorsätzlich begeht und diese Zuwiderhandlung beharrlich wiederholt. Erforderlich sind mindestens zwei Zuwiderhandlungen gegen die in § 22 I aufgeführten Bestimmungen. Eine **beharrliche** Zuwiderhandlung liegt vor, wenn der AG durch die erneute Zuwiderhandlung eine so rechtsfeindliche Einstellung gegen die jeweilige Vorschrift erkennen läßt, daß eine Ahndung mit Mitteln des Strafrechts gerechtfertigt erscheint (*Roggendorff* Rn. 4).

5 Eine Straftat nach § 23 II begeht, wer vorsätzlich einer der in § 23 I genannten Vorschriften zuwiderhandelt und dadurch fahrlässig einen AN in seiner Gesundheit oder Arbeitskraft gefährdet.

6 Straftaten nach § 23 I können mit Freiheitsstrafe bis zu einem Jahr oder mit Geldstrafe von 5 bis zu 360 Tagessätzen bestraft werden. Straftaten nach § 23 II sind mit Freiheitsstrafe bis zu sechs Monaten oder mit Geldstrafe bis zu 180 Tagessätzen bedroht. Die Festsetzung der Höhe des Tagessatzes richtet sich nach den persönlichen und wirtschaftlichen Verhältnissen des Täters. Dabei ist idR von dem Nettoeinkommen auszugehen, das der Täter durchschnittlich an einem Tag hat oder haben könnte. Ein Tagessatz ist auf mindestens 2 DM und höchstens 10 000.– DM festzusetzen (§ 40 II StGB).

Achter Abschnitt. Schlußvorschriften

§ 24 Umsetzung von zwischenstaatlichen Vereinbarungen und Rechtsakten der EG

Die Bundesregierung kann mit Zustimmung des Bundesrates zur Erfüllung von Verpflichtungen aus zwischenstaatlichen Vereinbarungen oder zur Umsetzung von Rechtsakten des Rates oder der Kommission der Europäischen Gemeinschaften, die Sachbereiche dieses Gesetzes betreffen, Rechtsverordnungen nach diesem Gesetz erlassen.

Die Vorschrift soll die ggf. erforderlich werdende Erfüllung von Verpflichtungen aus zwischenstaatlichen Vereinbarungen oder die Umsetzung von Rechtsakten der EG durch Rechtsverordnung nach diesem Gesetz ermöglichen (BT-Drucks. 12/5888 S. 33). Da zwischenstaatliche Vereinbarungen idR nach Art. 59 II GG der Zustimmung oder der Mitwirkung der jeweils für die Bundesgesetzgebung zuständigen Körperschaften in Form von Bundesgesetzen bedürfen, ist insoweit die praktische Bedeutung als gering einzustufen (*Zmarzlik/Anzinger* Rn. 6). 1

§ 25 Übergangsvorschriften für Tarifverträge

¹Enthält ein bei Inkrafttreten dieses Gesetzes bestehender oder nachwirkender Tarifvertrag abweichende Regelungen nach § 7 Abs. 1 oder 2 oder § 12 Satz 1, die den in den genannten Vorschriften festgelegten Höchstrahmen überschreiten, so bleiben diese tarifvertraglichen Regelungen unberührt. ²Tarifverträgen nach Satz 1 stehen durch Tarifvertrag zugelassene Betriebsvereinbarungen gleich. ³Satz 1 gilt entsprechend für tarifvertragliche Regelungen, in denen abweichend von § 11 Abs. 3 für die Beschäftigung an Feiertagen anstelle der Freistellung ein Zuschlag gewährt wird.

Nach § 25 S. 1 gelten am 1. 7. 1994 bestehende oder nachwirkende TV weiter, auch wenn sie abw. Regelungen iSd. § 7 I und II oder des § 12 S. 1 treffen und dabei den in den genannten Vorschriften festgelegten Höchstrahmen überschreiten. Ohne eine derartige Vorschrift verlören solche entgegenstehenden tarifvertraglichen Regelungen mit Inkrafttreten dieses Gesetzes ihre Wirkung. Praktische Bedeutung hat die Übergangsregelung des § 25 S. 1 vor allem in den Fällen, in denen die TVParteien von der Möglichkeit des § 7 I AZO Gebrauch gemacht haben. Danach konnten die TVParteien die regelmäßige Arbeitszeit durch TV von 8 auf 10 Stunden täglich ohne Ausgleichsverpflichtung erhöhen. Nach der Neuregelung des § 7 I Nr. 1 Buchst. c ist dies nunmehr höchstens für 60 Tage im Jahr zulässig. Die Übergangsvorschrift des § 25 S. 1 kommt ferner für tarifvertragliche Regelungen aus den Beschäftigungsbereichen in Betracht, die weder der AZO noch der GewO unterfielen (s. *Roggendorff* Rn. 3). 1

Die Fortgeltung entgegenstehender tarifvertraglicher Regelungen iSd. § 25 S. 1 gilt jedoch nicht zeitlich unbefristet (so aber *Buschmann/Ulber* Rn. 1). Die Übergangszeit gilt, wie die Überschrift der Vorschrift zeigt, nur solange, bis sie durch einen neuen TV abgelöst werden (*Roggendorff* Rn. 4). Bei Abschluß eines neuen TV sind die TVParteien an den gesetzlich vorgeschriebenen Handlungsrahmen des ArbZG gebunden; sie können ihre Fortgeltung der abw. Regelungen nicht durch Verlängerung ihres bisherigen TV hinausschieben (*Zmarzlik/Anzinger* Rn. 7). 2

Nach § 25 S. 2 gilt das zu § 25 S. 1 Gesagte auch für **betriebliche Regelungen,** die auf einem bestehenden TV beruhen. Betriebsvereinbarungen, die die Höchstgrenzen in § 7 I und II oder § 12 S. 1 überschreiten und die nicht auf einer tarifvertraglichen Ermächtigung beruhen, haben mit Inkrafttreten des ArbZG, also zum 1. 7. 1994, ihre Wirksamkeit verloren. Dies gilt auch für einzelvertragliche Regelungen, die über die Grenzen des ArbZG hinausgehen (*Neumann/Biebl* Rn. 2; *Roggendorff* Rn. 5). 3

§ 25 S. 1 gilt entsprechend für tarifvertragliche Regelungen, in denen abw. von § 11 III für die Beschäftigung an Feiertagen anstelle der Freistellung ein Zuschlag gewährt wird (§ 25 S. 3). § 25 S. 3 findet auf die Beschäftigung an Sonntagen keine Anwendung. Für den Ausgleich bei Sonntagsbeschäftigung gelten somit seit dem 1. 7. 1994 § 11 I und III 1 sowie § 12 S. 1 Nr. 1 und Nr. 2 zweiter Halbs. ohne Übergangszeitraum, es sei denn es handelt sich um eine abw. Regelung iSd. § 25 S. 1 oder 2 (*Zmarzlik/Anzinger* Rn. 29). 4

§ 26 Übergangsvorschrift für bestimmte Personengruppen

§ 5 ist für Ärzte und das Pflegepersonal in Krankenhäusern und anderen Einrichtungen zur Behandlung, Pflege und Betreuung von Personen erst ab 1. Januar 1996 anzuwenden.

Durch Art. 21 Nr. 3 ArbZRG wurde die Verordnung über die Arbeitszeit in Krankenpflegeanstalten vom 13. 12. 1994 aufgehoben. Eine § 5 entsprechende Regelung über Ruhezeiten war in dieser 1

Verordnung nicht enthalten. Zur Vermeidung von Umsetzungsschwierigkeiten erschien dem Gesetzgeber eine spätere Inkraftsetzung des § 5 für Ärzte und das Pflegepersonal in Krankenhäusern und anderen Einrichtungen zur Behandlung, Pflege und Betreuung von Personen als angemessen (BT-Drucks. 12/5888 S. 34). Die Übergangsvorschrift des § 26 ist durch Zeitablauf gegenstandslos geworden.

130. Altersteilzeitgesetz

Vom 23. 7. 1996 (BGBl. I S. 1078)

Zuletzt geändert durch Gesetz vom 27. Juni 2000 (BGBl. I S. 910)

(BGBl. III/FNA 810-36)

Schrifttum: *Andresen*, Frühpensionierung und Altersteilzeit, 2. Aufl. 1998; *Glatzel*, Altersteilzeitgesetz, Arbeitsrecht-Blattei SD 50; *Köster*, Frühverrentung, Altersteilzeit, Abfindungsanrechnung – nach neuem Recht, Düsseldorfer Schriftenreihe zum Arbeits- und Sozialrecht, 2. Aufl. 1998; *Rittweger*, Altersteilzeit, Kommentar, 1999.

§ 1 Grundsatz

(1) Durch Altersteilzeitarbeit soll älteren Arbeitnehmern ein gleitender Übergang vom Erwerbsleben in die Altersrente ermöglicht werden.

(2) Die Bundesanstalt für Arbeit (Bundesanstalt) fördert durch Leistungen nach diesem Gesetz die Teilzeitarbeit älterer Arbeitnehmer, die ihre Arbeitszeit ab Vollendung des 55. Lebensjahres spätestens ab 31. Dezember 2009 vermindern und damit die Einstellung eines sonst arbeitslosen Arbeitnehmers ermöglichen.

1. **Zweck des Gesetzes** ist es, AG und AN über das Instrument der Gewährung von Förderungsleistungen durch die BA einen Anreiz zu bieten, die bisherige Frühverrentungspraxis mit der umfänglichen Inanspruchnahme der Sozialversicherung aufzugeben und stattdessen durch eine Reduzierung der Arbeitszeit nach der Vollendung des 55. Lebensjahres den Weg eines kontinuierlichen, „gleitenden" Übergangs vom Erwerbsleben in den Ruhestand zu wählen. Zugleich soll durch die Pflicht zur Einstellung eines Arbeitslosen oder der Übernahme eines Auszubildenden eine Entlastung des Arbeitsmarktes erreicht werden (BT-Drucks. 13/4336, S. 14 ff.; *Bauer* NZA 1997, 401; *Boecken* NJW 1996, 3386). **Frühverrentungsprogramme alter Prägung** (zu ihnen *Albrecht/Müller* DRV 1996, 121, 122) werden dadurch zwar nicht ausgeschlossen, durch den Abschlag bei der Rente, der bis zu 18% betragen kann (§ 77 II Nr. 2 Buchst. a SGB VI), aber unattraktiv gemacht (*Diel* DB 1996, 1518; *Köhler* AuA 1996, 299). 1

2. Die **Grundkonzeption** des ATG gestaltet sich wie folgt: Der AN, der bei Beginn der Altersteilzeit mindestens 55 Jahre alt sein und von den vergangenen fünf Jahren mindestens 1080 Kalendertage in versicherungspflichtiger Beschäftigung gestanden haben muß (§ 2 I), vereinbart mit seinem AG die Reduzierung der Arbeitszeit auf 50% der bisherigen regelmäßigen Wochenarbeitszeit, wobei eine blockweise Erbringung der Arbeit möglich ist (§ 2 II, III). Der AG zahlt zusätzlich zum Arbeitslohn einen Aufstockungsbetrag in Höhe von 20% des Teilzeit(brutto)arbeitsentgelts, mindestens jedoch soviel, daß der AN 70% des früheren *Netto*arbeitsentgelts erhält, sowie zusätzlich Beiträge zur gesetzlichen Rentenversicherung des AN so, als ob der AN 90% des bisherigen Arbeitsentgelts erhielte (§ 3 I Nr. 1). Stellt der AG zusätzlich aus Anlaß des Übergangs des AN in die Altersteilzeitarbeit einen arbeitslos gemeldeten AN oder einen AN nach Abschluß der Ausbildung (in Unternehmen mit nicht mehr als 50 AN wahlweise auch einen Auszubildenden) auf dem freigemachten oder in diesem Zusammenhang durch Umsetzung freigewordenen Arbeitsplatz versicherungspflichtig iS d. SGB III ein, so erstattet die BA dem AG den an den älteren AN gezahlten Aufstockungsbetrag einschließlich der zusätzlichen Beiträge an die gesetzliche Rentenversicherung (§ 4). Diese Regelung ist bis zum 31. 12. 2009 befristet, § 16. 2

Die Vorteile des ATG liegen für den AltersteilzeitAN darin, daß er vor Beginn der Altersrente nicht in die Arbeitslosigkeit entlassen wird und die zusätzlichen Leistungen des AG (Aufstockungsbeträge zum Entgelt und zur Rentenversicherung) anders als bei einer Abfindung steuerfrei und ohne Anrechnung auf Sozialleistungen erhält. Der AG erhält die Möglichkeit zur personellen Umstrukturierung, ohne auf das Erfahrungspotential älterer AN verzichten zu müssen, und hat zugleich die Möglichkeit der flexibleren Gestaltung der Arbeitszeit; die BA schließlich wird dadurch entlastet, daß die Leistungen zur Förderung der Altersteilzeit regelmäßig geringer ausfallen als das Arbeitslosengeld für den älteren AN und überdies Einkommensersatzleistungen an den neu eingestellten Arbeitslosen oder Auszubildenden nicht zu erbringen sind (*Boecken* NJW 1996, 3386, 3387). Das Problem des ATG liegt – wie schon beim VRG 1984 und beim ATZG 1988 – darin, daß dem Gesetz zugrundeliegende Konzept einen zumindest im wesentlichen gleichbleibenden Arbeitskräftebedarf der Unternehmen erfordert. Ein Personalabbau läßt sich mit Hilfe des ATG nur mit zeitlicher Verzögerung verwirkli- 3 chen (*Gagel* Vor § 143 a SGB III Rn. 44; *Rittweger* NZA 1998, 918, 919 f.). Außerdem muß der AN, der nach zwei- oder mehrjähriger Altersteilzeitarbeit vor Beginn des 65. Lebensjahres Altersrente nach Altersteilzeitarbeit (§ 237 SGB VI) beansprucht, mit zum Teil empfindlichen Renteneinbußen rechnen (*Andresen/Neise* Rn. 555; zur Höhe der Abschläge *Rittweger* NZA 1999, 921).

4   3. **Praktische Bedeutung** erlangt das ATG vor allem in den Branchen, in denen durch TV Einzelheiten der Inanspruchnahme von Altersteilzeit geregelt sind (*Bermig* AuA 1997, 216; *Rittweger* NZS 1999, 126; zum TV des öffentlichen Dienstes *Hock/Klapproth* ZTR 2000, 97; *Lassner* PersRat 1998, 235; *Thiel* ZTR 1999, 193). Die gesetzliche Regelung nämlich birgt vor allem den Nachteil, daß sich der Aufstockungsbetrag von 20% auf mindestens 70% des letzten Nettoentgelts als zu gering erweist, um die AN zu einem Wechsel in die Altersteilzeit zu bewegen. Aus diesem Grunde bestimmen fast alle TV zur Altersteilzeit, daß der AG einen höheren Aufstockungsbetrag zu zahlen hat, wobei sich viele Branchen an dem Pilotabschluß in der Chemischen Industrie orientieren, der eine Aufstockung von 40% auf 85% des Nettoentgelts vorsieht. Da dieser über das Gesetz hinausgehende Aufstockungsbetrag nicht von der BA erstattet wird, führen entsprechende Regelungen zu einer echten Kostenbelastung für den AG, die praktisch nur in tariflichen Regelungen erreicht werden kann. Außerdem kann das in der Praxis von über 90% aller Altersteilzeitbeschäftigten bevorzugte sog. Blockmodell, nach dem der AN nach Beginn der Altersteilzeit zunächst (bis zu drei Jahre, frühestens vom Beginn des 55. bis zum Ende des 57. Lebensjahres) weiter vollschichtig arbeitet, um anschließend für dieselbe Zeitdauer seine Vorleistung abzufeiern („Freizeitphase"), nur in TV, durch Öffnungsklauseln zugelassenen Betriebsvereinbarungen und in Betriebs- und Individualvereinbarungen nicht tarifgebundener Arbeitsvertragsparteien im Geltungsbereich eines solchen TV zugelassen werden, § 2 II Nr. 1. Mittlerweile existieren in fast allen Branchen der Wirtschaft einschließlich des öffentlichen Dienstes TV zur Altersteilzeit. Von den mittlerweile über 375 TV werden rund 14 Mio. Beschäftigte erfaßt (*Moderegger* DB 2000, 1225, 1226).

5   4. **Vertragsgestaltung.** Altersteilzeit rechnet sich für den AN idR nur, wenn er höhere als die im Gesetz vorgesehenen Aufstockungsbeträge erhält, für den AG dagegen lediglich, wenn er sicher gehen kann, die Zuschüsse durch die BA auch tatsächlich zu erhalten und so zumindest einen Teil seiner zusätzlichen Aufwendungen ersetzt zu bekommen. Da die Förderung durch die BA an zahlreiche Voraussetzungen geknüpft ist (Einzelheiten § 2 Rn. 1 ff.), ist eine **äußerst sorgfältige Gestaltung der Altersteilzeitverträge** zwingend erforderlich (so zu Recht *Diller* NZA 1996, 847, 853; *Stindt* DB 1996, 2281, 2286 f.). Der Vertrag muß wegen § 7 Ia SGB IV **schriftlich** und in jedem Falle vor Beginn der Altersteilzeitarbeit abgeschlossen werden, die rückwirkende Umwandlung angesparter Wertguthaben in Altersteilzeitarbeit ist unzulässig (Ziff. 2.1 V DA-ATG). Empfehlenswerte Musterverträge stammen von *Andresen/Neise* Rn. 565; *Köster* S. 60 ff. und *Reichling/Wolf* NZA 1997, 422; NZS 1997, 164.

§ 2 Begünstigter Personenkreis

(1) Leistungen werden für Arbeitnehmer gewährt, die
1. das 55. Lebensjahr vollendet haben,
2. nach dem 14. Februar 1996 auf Grund einer Vereinbarung mit ihrem Arbeitgeber, die sich zumindest auf die Zeit erstrecken muß, bis eine Rente wegen Alters beansprucht werden kann, ihre Arbeitszeit auf die Hälfte der bisherigen wöchentlichen Arbeitszeit vermindert haben, und versicherungspflichtig beschäftigt im Sinne des Dritten Buches Sozialgesetzbuch sind (Altersteilzeitarbeit) und
3. innerhalb der letzten fünf Jahre vor Beginn der Altersteilzeitarbeit mindestens 1080 Kalendertage in einer versicherungspflichtigen Beschäftigung nach dem Dritten Buch Sozialgesetzbuch gestanden haben. Zeiten mit Anspruch auf Arbeitslosengeld oder Arbeitslosenhilfe sowie Zeiten, in denen Versicherungspflicht nach § 26 Abs. 2 des Dritten Buches Sozialgesetzbuch bestand, stehen der versicherungspflichtigen Beschäftigung gleich. § 427 Abs. 3 des Dritten Buches Sozialgesetzbuch gilt entsprechend.

(2) [1] Sieht die Vereinbarung über die Altersteilzeitarbeit unterschiedliche wöchentliche Arbeitszeiten oder eine unterschiedliche Verteilung der wöchentlichen Arbeitszeit vor, ist die Voraussetzung nach Absatz 1 Nr. 2 auch erfüllt, wenn
1. die wöchentliche Arbeitszeit im Durchschnitt eines Zeitraumes von bis zu drei Jahren oder bei Regelung in einem Tarifvertrag, auf Grund eines Tarifvertrages, in einer Betriebsvereinbarung oder in einer Regelung der Kirchen und der öffentlich-rechtlichen Religionsgesellschaften im Durchschnitt eines Zeitraums von bis zu sechs Jahren die Hälfte der bisherigen wöchentlichen Arbeitszeit nicht überschreitet und der Arbeitnehmer versicherungspflichtig beschäftigt im Sinne des Dritten Buches Sozialgesetzbuch ist und
2. das Arbeitsentgelt für die Altersteilzeitarbeit sowie der Aufstockungsbetrag nach § 3 Abs. 1 Nr. 1 Buchstabe a fortlaufend gezahlt werden.

² Im Geltungsbereich eines Tarifvertrages nach Satz 1 Nr. 1 kann die tarifvertragliche Regelung im Betrieb eines nicht tarifgebundenen Arbeitgebers durch Betriebsvereinbarung oder, wenn ein Betriebsrat nicht besteht, durch schriftliche Vereinbarung zwischen dem Arbeitgeber und dem Arbeitnehmer übernommen werden. ³ Können auf Grund eines solchen Tarifvertrages abweichende Regelungen in einer Betriebsvereinbarung getroffen werden, kann auch in Betrieben eines nicht tarifgebundenen Arbeitgebers davon Gebrauch gemacht werden. ⁴ Satz 1 Nr. 1, 2. Alternative gilt entsprechend. ⁵ In einem Bereich, in dem tarifvertragliche Regelungen zur Verteilung der Arbeitszeit nicht getroffen sind oder üblicherweise nicht getroffen werden, kann eine Regelung im Sinne des Satzes 1 Nr. 1, 2. Alternative auch durch Betriebsvereinbarung oder, wenn ein Betriebsrat nicht besteht, durch schriftliche Vereinbarung zwischen Arbeitgeber und Arbeitnehmer getroffen werden.

(3) ¹ Sieht die Vereinbarung über die Altersteilzeitarbeit unterschiedliche wöchentliche Arbeitszeiten oder eine unterschiedliche Verteilung der wöchentlichen Arbeitszeit über einen Zeitraum von mehr als sechs Jahren vor, ist die Voraussetzung nach Absatz 1 Nr. 2 auch erfüllt, wenn die wöchentliche Arbeitszeit im Durchschnitt eines Zeitraums von sechs Jahren, der innerhalb des Gesamtzeitraums der vereinbarten Altersteilzeitarbeit liegt, die Hälfte der bisherigen wöchentlichen Arbeitszeit nicht überschreitet, der Arbeitnehmer versicherungspflichtig beschäftigt im Sinne des Dritten Buches Sozialgesetzbuch ist und die weiteren Voraussetzungen des Absatzes 2 vorliegen. ² Die Leistungen nach § 3 Abs. 1 Nr. 1 sind nur in dem in Satz 1 genannten Zeitraum von sechs Jahren zu erbringen.

1. Überblick. Das ATG unterscheidet in seinen §§ 2 und 3 zwischen dem begünstigten Personenkreis und den Anspruchsvoraussetzungen. Zum begünstigten Personenkreis zählen diejenigen AN, deren Übergang von der bisherigen Beschäftigung in die Altersteilzeit durch Leistungen der BA gefördert werden kann (arbeitnehmerbezogene Voraussetzungen), während die in § 3 genannten Anspruchsvoraussetzungen arbeitgeberbezogen sind (*Boecken* NJW 1996, 3386, 3387 f.). Um zum begünstigten Personenkreis zu gehören, müssen sechs Voraussetzungen kumulativ erfüllt sein: (1) Es muß sich um einen AN im Sinne der allgemeinen arbeitsrechtlichen Begriffsbestimmung handeln, dazu § 611 BGB Rn. 44 ff.; (2) der AN muß das 55. Lebensjahr vollendet haben; (3) er muß innerhalb der letzten fünf Jahre mindestens 1080 Kalendertage (3 Jahre) in einer versicherungspflichtigen Beschäftigung im Sinne des SGB III gestanden haben; (4) er muß mit dem AG nach dem 14. 2. 1996 eine individualvertragliche Vereinbarung abgeschlossen haben, aufgrund derer er (5) seine Arbeitszeit auf die Hälfte der bisherigen wöchentlichen Arbeitszeit reduziert hat und (6) er muß auch während der Altersteilzeitarbeit iSd. SGB III versicherungspflichtig beschäftigt werden.

2. Vorbeschäftigungszeit. Der mindestens 55 Jahre alte AN muß innerhalb der letzten 5 Jahre vor Beginn der Altersteilzeitarbeit mindestens 1080 Tage in einer versicherungspflichtigen Beschäftigung iSd. SGB III gestanden haben, § 2 I Nr. 3. Diese Vorbeschäftigungszeit muß nicht unbedingt bei einem AG zurückgelegt worden sein (*Diller* NZA 1996, 847, 848), jedoch darf der Wechsel von der bisherigen in die Altersteilzeitbeschäftigung nicht mit einem Wechsel des AG einhergehen. § 2 I Nr. 2 verlangt nämlich ausdrücklich, daß die begünstigten AN die Herabsetzung der Arbeitszeit mit „ihrem" AG vereinbaren (vgl. BSG 23. 7. 1992 SozR 3 – 4170 § 2 Nr. 1 = NZA 1993, 287).

Da das ATG wegen der Versicherungspflicht in der Vorbeschäftigungszeit auf das SGB III ausdrücklich Bezug nimmt, sind auch die Bestimmungen dieses Gesetzes über das Versicherungsverhältnis zu berücksichtigen. Gem. § 7 III 1 SGB IV führen Unterbrechungen des Arbeitsverhältnisses ohne Anspruch auf Arbeitsentgelt von bis zu einem Monat nicht zur Unterbrechung des Beschäftigungs- und damit des Versicherungsverhältnisses, so daß auch derartige Zeiten zur Erfüllung der 1080 Tage mitzurechnen sind. Da die Versicherungspflicht auch beim Bezug von Krankengeld, Versorgungskrankengeld, Verletztengeld oder Übergangsgeld von einem Träger der medizinischen Rehabilitation fortbesteht (§ 26 II Nr. 1 SGB III), kann auch der Bezug derartiger Entgeltersatzleistungen zur Erfüllung der Vorbeschäftigungszeit dienen.

Bei der Feststellung, ob das Beschäftigungsverhältnis versicherungspflichtig gewesen ist, ist zu berücksichtigen, daß die allgemeine Geringfügigkeitsgrenze in der Sozialversicherung (§ 8 SGB IV) im Recht der Arbeitsförderung nicht uneingeschränkt Anwendung findet. Gem. § 27 V SGB III sind in der Arbeitslosenversicherung neben den geringfügig Beschäftigten iS des § 8 SGB IV auch solche Personen versicherungsfrei, die während der Zeit, in der ein Anspruch auf Arbeitslosengeld oder -hilfe besteht, eine **weniger als 15 Stunden wöchentlich umfassende Beschäftigung** ausüben, wobei gelegentliche Abweichungen von geringer Dauer unberücksichtigt bleiben. Maßgebend ist insofern also lediglich der Umfang der wöchentlichen Beschäftigung, während es auf die 630 DM-Grenze nicht ankommt. Außerdem findet eine Zusammenrechnung von Einkünften aus abhängiger Beschäftigung und solchen aus selbständigen Tätigkeiten (§ 8 III 1 SGB IV) nicht statt (§ 8 III 2 SGB IV; vgl. dort Rn. 23 aE).

3. Vereinbarung nach dem 14. Februar 1996. AG und AN müssen nach dem 14. 2. 1996 eine individualvertragliche Vereinbarung über den Übergang des AN in die Altersteilzeit abgeschlossen haben, die sich zumindest auf die Zeit erstrecken muß, bis eine Rente wegen Alters erstmals beansprucht werden kann, § 2 I Nr. 2. Weder aufgrund des ATG noch der einschlägigen TV findet ein automatischer Wechsel in die Altersteilzeit statt, es bedarf in jedem Falle einer individuellen Abrede zur Änderung des Arbeitsvertrages (*Bauer* NZA 1997, 401, 402; *Rittweger* Rn. 9 ff.; Vertragsmuster bei *Andresen/Neise* Rn. 565; *Köster* S. 60 ff. und *Reichling/Wolf* NZA 1997, 422; NZS 1997, 164). Auf den Abschluß eines solchen Änderungsvertrages hat der AN **keinen gesetzlichen Anspruch**, wohl aber können durch TV oder Betriebsvereinbarung entsprechende Rechtspositionen eingeräumt werden (vgl. BAG 28. 2. 1989 AP VRG § 2 Nr. 7; Muster einer Betriebsvereinbarung bei *Pahde* AiB 1998, 194, 203 f.). Der Altersteilzeitvertrag muß wegen § 7 I a Nr. 1 SGB IV und § 623 BGB schriftlich und vor Beginn der Altersteilzeitarbeit abgeschlossen werden. Die rückwirkende Umwidmung eines in der Vergangenheit liegenden Zeitraums als „1. Block" ist unzulässig (*Gaul/Cepl* BB 2000, 1727).

6   Für Vereinbarungen über die Reduzierung der Arbeitszeit, die **vor dem 14. 2. 1996** abgeschlossen worden sind, gilt das ATG nicht. Der AG erfährt auch bei einer Wiederbesetzung des Arbeitsplatzes keine Förderung durch die BA; allerdings braucht der AN beim vorzeitigen Übergang in den Ruhestand auch nicht die durch das Gesetz zur Förderung des gleitenden Übergangs in den Ruhestand (vom 23. 7. 1996, BGBl. I S. 1078) und das Wachstums- und Beschäftigungsförderungsgesetz (vom 25. 9. 1996, BGBl. I S. 1461) angehobenen Altersgrenzen und die dadurch verursachten Abschläge bei der früheren Inanspruchnahme von Rente aus der gesetzlichen Rentenversicherung gegen sich gelten zu lassen, § 237 IV SGB VI in der ab 1. 1. 2000 geltenden Fassung (Frankfurter Kommentar/*Göhde* § 237 SGB VI Rn. 9).

7   **4. Herabsetzung der Arbeitszeit.** Um zu dem begünstigten Personenkreis zählen zu können, muß der AN durch die Vereinbarung mit dem AG seine individuelle Arbeitszeit auf die Hälfte der bisherigen wöchentlichen Arbeitszeit reduziert haben, § 2 I Nr. 2. Dabei haben die Arbeitsvertragsparteien die bisherige Arbeitszeit sehr sorgfältig zu ermitteln und dabei die Berechnungsvorschrift des § 6 II (dort Rn. 2 f.) zu beachten, weil schon geringfügige Abweichungen, auch wenn sie auf einem Irrtum der Parteien beruhen, dazu führen, daß die Altersteilzeit nicht gefördert wird (*Diller* NZA 1996, 847, 848). Im Gegensatz zu der bis zum 31. 12. 1999 geltenden Fassung des Gesetzes verlangt das ATG heute allerdings nicht mehr, daß der AN vor dem Übergang in die Altersteilzeit vollbeschäftigt gewesen sein muß (*Rittweger* NZS 2000, 240, 241; *Wolf* NZA 2000, 637, 638 f.). Diese zusätzliche Voraussetzung, die von Beginn an im Hinblick auf die mit ihr verbundene mittelbare Diskriminierung von Frauen gemeinschaftsrechtlich mehr als zweifelhaft war (*Preis/Rolfs* SGb 1998, 147, 149), ist durch das Gesetz zur Fortentwicklung der Altersteilzeit mit Wirkung zum 1. 1. 2000 entfallen (dazu *Moderegger* DB 2000, 90). Erforderlich ist aber nach wie vor, daß der Übergang von der Vollzeit- in die Altersteilzeitbeschäftigung ohne Unterbrechung des Arbeitsverhältnisses erfolgt; zum begünstigten Personenkreis gehört nicht, wer für ein Jahr oder länger im Unternehmen beschäftigt war und nach einer Phase der Arbeitslosigkeit als Altersteilzeitbeschäftigter neu eingestellt wird (BSG 23. 7. 1992, SozR 3–4170 § 2 Nr. 1 = NZA 1993, 287; aA *Rittweger* Rn. 19 ff.). Hinsichtlich der Verteilung der Arbeitszeit während der Altersteilzeitarbeit sind zwei Modelle zu unterscheiden, deren grdl. Unterschied in § 2 II 1 Nr. 1 nur unzureichend zum Ausdruck kommt:

8   **a) Kontinuierliche Arbeitsleistung.** Als gesetzlicher Regelfall gedacht und im Entwurf des ATG allein vorgesehen war die (weitgehend) kontinuierliche Verteilung der Arbeitszeit auf die gesamte Dauer der Altersteilzeitarbeit. Im Durchschnitt eines jeden Jahres (nicht notwendig Kalenderjahres) sollte der AltersteilzeitAN die Hälfte der Arbeitszeit erbringen. Damit war zwar neben kontinuierlicher Halbtagsarbeit oder Arbeit an zweieinhalb Tagen in der Woche auch zB ein wöchentlicher, monatlicher oder halbjährlicher Wechsel zwischen Vollzeitarbeit und Ruhephasen möglich, nicht aber ein zeitlich weitergehender Ausgleich. Dieses Modell ist in der Praxis nicht angenommen und vom Gesetzgeber mit dem Flexi-Gesetz praktisch aufgegeben worden. Nach § 2 II 1 Nr. 1 ist jetzt auch in einer selbständigen Individualvereinbarung, die nicht auf einem TV oder einer Betriebsvereinbarung beruht, die Vereinbarung eines Ausgleichszeitraums von bis zu drei Jahren möglich („kleines Blockmodell"). Dies bedeutet, daß der AN auch dann zum begünstigten Personenkreis gehört, wenn – beispielsweise – eine dreijährige Altersteilzeitarbeit in eine Arbeitsphase und eine Freistellungsphase von je eineinhalb Jahren aufgeteilt wird (*Köster* S. 37). Bei besonderem Beschäftigungsbedarf kann die Teilzeitvereinbarung zeitweise ausgesetzt und die Altersteilzeitarbeit unterbrochen werden. Dadurch verschiebt sich die Altersteilzeit um den Aussetzungszeitraum (Ziff. 2.2 XII DA-ATG).

9   **b) Blockmodell.** Bereits bei den Beratungen des ATG in seiner ursprünglichen Fassung 1996 war den TVParteien durch eine entsprechende Ergänzung des § 2 II 1 Nr. 1 die Möglichkeit eingeräumt worden, den Ausgleichszeitraum auf bis zu fünf (heute sechs) Jahre auszudehnen. Dadurch wird das in der Praxis ganz überwiegend (von über 90% aller AltersteilzeitAN) praktizierte sog. Blockmodell (zu ihm ausführlich *Kerschbaumer/Tiefenbacher* AuR 1998, 58) ermöglicht, in dem der Beschäftigte nach Beginn der Altersteilzeitarbeit zunächst im bisherigen Umfang und anschließend genau so lange gar nicht mehr arbeitet. Viele TV überlassen die Entscheidung zwischen dem kontinuierlichen und dem

Blockmodell den Betriebsparteien, die in ihren Betriebsvereinbarungen in aller Regel das Blockmodell präferieren.

Das große, einen Verteilzeitraum bis zu sechs Jahren gestattende Blockmodell kann jedoch nur in TV, durch eine tarifliche Öffnungsklausel zugelassenen Betriebsvereinbarungen oder einer Regelung der Kirchen und der öffentlich-rechtlichen Religionsgemeinschaften vorgesehen werden. Lediglich in Betrieben nicht tarifgebundener AG oder in Bereichen, in denen eine tarifvertragliche Regelung zur Verteilung der Altersteilzeitarbeit nicht getroffen ist oder üblicherweise nicht getroffen wird, kann eine solche Regelung auch in selbständigen Betriebsvereinbarungen oder, wenn ein BR nicht besteht, schriftlichen Vereinbarungen zwischen dem AG und dem AN getroffen wird. Diese Beschränkungen, die aus der ursprünglichen Furcht des Gesetzgebers resultierten, der AN könne in einem selbständigen Individualvertrag eine ausreichende Insolvenzsicherung nicht erreichen, haben angesichts der nunmehr erfolgten einschränkungslosen Zulassung des „kleinen Blockmodells" ihre Bedeutung verloren.

Die in der ursprünglichen Fassung enthaltene Beschränkung des Blockmodells auf tarifvertragliche Vereinbarungen usw. warf zudem das Problem auf, daß **außertarifliche und leitende Angestellte** von den Vorteilen dieser Regelung vielfach ausgeschlossen waren. § 2 II 5 gestattet seit Januar 1998 auch für außertarifliche Angestellte die Einführung des „großen" (sechsjährigen) Blockmodells in Betriebs- oder Individualvereinbarungen, weil für diese Beschäftigten ex definitione tarifvertragliche Regelungen nicht getroffen werden. Ob zu dem hierdurch begünstigten Personenkreis auch leitende Angestellte gehören sollen, ist allerdings angesichts der primären Verweisung auf die Regelungsinstrumentarien des BetrVG, das für leitende Angestellte keine Anwendung findet (§ 5 III BetrVG), weiterhin unklar (bejahend *Diller* NZA 1998, 792, 796; *Wonneberger* DB 1998, 982, 986).

§ 2 III, der durch das Flexi-Gesetz angefügt worden ist, räumt darüber hinaus nunmehr die Möglichkeit ein, das Altersteilzeitarbeitsverhältnis über einen Zeitraum von maximal zehn Jahren abzuschließen. Damit eröffnet das Gesetz die Möglichkeit, den gesamten Zeitraum vom Alter 55 bis zum Alter 65 eines AN mit Altersteilzeitarbeit zu überbrücken. Dabei läßt § 2 III eine zehnjährige Altersteilzeit in unverblockter Form (dh. mit einem Verteilzeitraum von bis zu drei Jahren) zwar auch ohne tarifvertragliche Vorgabe zu, soll jedoch während der zehnjährigen Altersteilzeit eine Verblockung von mehr als drei Jahren vorgenommen werden, ist dies nach Maßgabe des § 2 II Nr. 1 nur auf tarifvertraglicher Basis usw. möglich (*Köster* S. 38). Vorbehaltlich einer weitergehenden Beschränkung in dem einschlägigen TV kann das Altersteilzeitarbeitsverhältnis daher mit einer je fünfjährigen Arbeits- und Freistellungsphase gestaltet werden (bisheriger Beschäftigungsumfang zwischen dem 55. und dem 60. Lebensjahr, völlige Freistellung vom 60. bis zum 65. Lebensjahr). Auch in diesem Falle ist die Förderungshöchstdauer jedoch auf sechs Jahre (im Beispielsfall also auf Jahre vor und nach Vollendung des 60. Lebensjahres des AN) beschränkt (vgl. auch *Rittweger* NZS 2000, 393).

c) Fortlaufende Zahlung von Arbeitsentgelt und Aufstockungsbetrag. Sowohl bei kontinuierlicher Arbeitsleistung als auch im Blockmodell muß das Arbeitsentgelt und der darauf entfallende Aufstockungsbetrag (nicht aber der Aufstockungsbetrag zur Rentenversicherung) fortlaufend, dh. während der gesamten Dauer des Altersteilzeitarbeitsverhältnisses gezahlt werden (§ 3 II 1 Nr. 2), im Blockmodell also auch während der Freizeitphase (*Bauer* NZA 1997, 401, 403). Der AN erbringt während der Arbeitsphase also eine Vorleistung, so daß (tarif-)vertraglich sichergestellt sein muß, daß ihm das erarbeitete Entgelt nicht später rechtlich oder tatsächlich verwehrt werden kann (dazu § 8 Rn. 2 f.).

5. Versicherungspflichtige Beschäftigung. Durch die Herabsetzung der Arbeitszeit auf die Hälfte der bisherigen wöchentlichen Arbeitszeit darf schließlich die Versicherungspflichtgrenze des § 27 SGB III nicht unterschritten werden, damit der AltersteilzeitAN in allen Zweigen der Sozialversicherung versicherungspflichtig bleibt, § 2 I Nr. 2. Während diese Vorschrift bei bisher Vollzeitbeschäftigten idR keine Schwierigkeiten bereitet, da sie gewöhnlich die 15-Stunden-Grenze des § 27 V SGB III und/oder die 630 DM-Grenze des § 8 I SGB IV überschreiten, kann sie bei Teilzeitbeschäftigten, deren bisherige wöchentliche Arbeitszeit und deren bisheriges Arbeitsentgelt nicht das Doppelte dieser Werte beträgt, faktisch zu einem unüberwindbaren Hindernis für den Übergang in die Alterstelzeit werden.

§ 3 Anspruchsvoraussetzungen

(1) Der Anspruch auf die Leistungen nach § 4 setzt voraus, daß
1. der Arbeitgeber auf Grund eines Tarifvertrages, einer Regelung der Kirchen und der öffentlich-rechtlichen Religionsgesellschaften, einer Betriebsvereinbarung oder einer Vereinbarung mit dem Arbeitnehmer
   a) das Arbeitsentgelt für die Altersteilzeitarbeit um mindestens 20 vom Hundert dieses Arbeitsentgelts, jedoch auf mindestens 70 vom Hundert des um die gesetzlichen Abzüge, die bei Arbeitnehmern gewöhnlich anfallen, verminderten bisherigen Arbeitsentgelts im Sinne des § 6 Abs. 1 (Mindestnettobetrag), aufgestockt hat und

b) für den Arbeitnehmer Beiträge zur gesetzlichen Rentenversicherung mindestens in Höhe des Beitrags entrichtet hat, der auf den Unterschiedsbetrag zwischen 90 vom Hundert des bisherigen Arbeitsentgelts im Sinne des § 6 Abs. 1 und dem Arbeitsentgelt für die Altersteilzeitarbeit entfällt, höchstens bis zur Beitragsbemessungsgrenze, sowie

2. der Arbeitgeber aus Anlass des Übergangs des Arbeitnehmers in die Altersteilzeitarbeit
   a) einen beim Arbeitsamt arbeitslos gemeldeten Arbeitnehmer oder einen Arbeitnehmer nach Abschluss der Ausbildung auf dem freigemachten oder auf einem in diesem Zusammenhang durch Umsetzung freigewordenen Arbeitsplatz versicherungspflichtig im Sinne des Dritten Buches Sozialgesetzbuch beschäftigt; bei Arbeitgebern, die in der Regel nicht mehr als 50 Arbeitnehmer beschäftigen, wird unwiderleglich vermutet, dass der Arbeitnehmer auf dem freigemachten oder auf einem in diesem Zusammenhang durch Umsetzung freigewordenen Arbeitsplatz beschäftigt wird, oder
   b) einen Auszubildenden versicherungspflichtig im Sinne des Dritten Buches Sozialgesetzbuch beschäftigt, wenn der Arbeitgeber in der Regel nicht mehr als 50 Arbeitnehmer beschäftigt und

3. die freie Entscheidung des Arbeitgebers bei einer über fünf vom Hundert der Arbeitnehmer des Betriebes hinausgehenden Inanspruchnahme sichergestellt ist oder eine Ausgleichskasse der Arbeitgeber oder eine gemeinsame Einrichtung der Tarifvertragsparteien besteht, wobei beide Voraussetzungen in Tarifverträgen verbunden werden können.

(1 a) ¹ Bei der Ermittlung des Arbeitsentgelts für die Altersteilzeitarbeit nach Absatz 1 Nr. 1 Buchstabe a bleibt einmalig gezahltes Arbeitsentgelt insoweit außer Betracht, als nach Berücksichtigung des laufenden Arbeitsentgelts die monatliche Beitragsbemessungsgrenze überschritten wird. ² Die Voraussetzungen des Absatzes 1 Nr. 1 Buchstabe a sind auch erfüllt, wenn Bestandteile des Arbeitsentgelts, die für den Zeitraum der vereinbarten Altersteilzeitarbeit nicht vermindert worden sind, bei der Aufstockung außer Betracht bleiben.

(2) Für die Zahlung der Beiträge nach Absatz 1 Nr. 1 Buchstabe b gelten die Bestimmungen des Sechsten Buches Sozialgesetzbuch über die Beitragszahlung aus dem Arbeitsentgelt.

(3) Hat der in Altersteilzeitarbeit beschäftigte Arbeitnehmer die Arbeitsleistung oder Teile der Arbeitsleistung im voraus erbracht, so ist die Voraussetzung nach Absatz 1 Nr. 2 bei Arbeitszeiten nach § 2 Abs. 2 und 3 auch erfüllt, wenn die Beschäftigung eines beim Arbeitsamt arbeitslos gemeldeten Arbeitnehmers oder eines Arbeitnehmers nach Abschluß der Ausbildung auf dem freigemachten oder durch Umsetzung freigewordenen Arbeitsplatz erst nach Erbringung der Arbeitsleistung erfolgt.

1 Allein die Erfüllung der persönlichen Voraussetzungen durch den AltersteilzeitAN genügen nicht, um den AG in den Genuß der Förderung durch die BA gelangen zu lassen. Hierfür muß er drei weitere Voraussetzungen erfüllen:

I. Aufstockung des Arbeitsentgelts

2 Der AG muß das Arbeitsentgelt des AltersteilzeitAN um mindestens 20% (vom Altersteilzeitbrutto) auf mindestens 70% vom bisherigen Netto aufstocken und zur gesetzlichen Rentenversicherung Beiträge auf der Basis von insgesamt 90% des bisherigen Bruttoentgelts abführen, wobei die beiden letztgenannten vom-Hundert-Sätze jeweils durch die Beitragsbemessungsgrenze (§§ 159 f. SGB VI, 341 IV SGB III) begrenzt werden. **Höhere Aufstockungspflichten** ergeben sich regelmäßig aus TV oder Betriebsvereinbarungen und können auch einzelvertraglich vereinbart werden, allerdings werden die über die gesetzliche Mindestsumme hinausgehenden Aufstockungsbeträge dem AG von der BA nicht erstattet (dazu auch § 4 Rn. 1).

3 **1. Aufstockung um 20% vom Altersteilzeitbrutto.** Der AG muß dem AN eine Aufstockung seines Altersteilzeit(brutto)arbeitsentgelts um mindestens 20% gewähren, § 3 I Nr. 1 lit. a. Die Höhe des Teilzeitarbeitsentgelts ist im Gesetz nicht festgelegt, sondern unterliegt grds. der freien Vereinbarung der Arbeitsvertragsparteien. Allerdings ist zu beachten, daß § 2 I BeschFG und Art. 141 EGV es verbieten, TeilzeitAN einen geringeren Stundenlohn zu gewähren als Vollzeitbeschäftigten (s. § 2 BeschFG Rn. 23 ff.; Art. 141 EG Rn. 3 ff.). Auch das ATG geht stillschweigend davon aus, daß das Bruttoentgelt des Altersteilzeitbeschäftigten 50% des bisherigen Bruttoentgelts beträgt (*Diller* NZA 1996, 847, 848).

4 Der Aufstockungsbetrag in Höhe von 20% ist auf das gesamte Teilzeitentgelt einschließlich der vermögenswirksamen Leistungen, Anwesenheitsprämien, Leistungs- und Erschwernniszulagen, Zulagen für Sonn- und Feiertags- sowie Nachtarbeit (soweit sie steuer- und beitragspflichtiges Arbeitsentgelt darstellen), einmaligen und wiederkehrenden Zuwendungen wie Weihnachtsgeld, Jubiläumszuwendungen, 13. und 14. Monatsgehalt oder zusätzliches Urlaubsgeld zu gewähren (§ 6 I; vgl. dort Rn. 1). Ausgenommen sind nach § 3 Ia 2 lediglich solche Entgeltbestandteile (wie zB bestimmte Sachbezüge oder Zulagen), die dem AltersteilzeitAN in voller Höhe, also so gewährt werden, als ob er

seiner Tätigkeit im bisherigen Umfang nachginge. Einmalig gezahltes Arbeitsentgelt wird bei der Berechnung des Zuschusses nicht auf einen längeren Zeitraum verteilt, sondern nur im Monat seiner Auszahlung berücksichtigt, was dazu führen kann, daß dem AN in diesem Monat kein zusätzlicher Aufstockungsbetrag zur Erreichung von 70% des bisherigen Nettos gezahlt zu werden braucht. Leistungen an die **Zusatzversorgungskassen des öffentlichen Dienstes**, die nach § 2 I 2 ArEV mit 2,5% (West) bzw. 1% (Ost) des für die Bemessung maßgebenden Arbeitsentgelts und darüber hinaus mit dem restlichen Umlagebetrag dem Arbeitsentgelt zuzurechnen sind, sind ebenfalls in das Teilzeitarbeitsentgelt einzubeziehen und vom AG aufzustocken (Ziff. 3.1.1 VI DA-ATG). Bei der Berechnung des Aufstockungsbetrages **unberücksichtigt bleiben dagegen Mehrarbeitszuschläge**, weil die Mehrarbeit außerhalb der Altersteilzeitarbeit erbracht wird (BAG 20. 6. 1989 AP TVG § 1 Vorruhestand Nr. 1; *Recht* NZS 1996, 552, 554).

Die Aufstockung um 20% wird **nicht durch die Beitragsbemessungsgrenze begrenzt** (Ziff. 3.1.1 II DA-ATG; *Köster* S. 40). Bei sehr hohen Vergütungen kann also durch den Aufstockungsbetrag die Beitragsbemessungsgrenze auch überschritten werden. Würde allerdings diese Grenze deswegen überschritten, weil der AN eine Einmalzahlung (§ 23a SGB IV) erhält oder zu beanspruchen hat, wird der Aufstockungsbetrag gemäß § 3 I a 1 durch die Beitragsbemessungsgrenze begrenzt.

2. Aufstockung auf 70% vom bisherigen Netto. Werden mit der Aufstockung des Teilzeitbruttoentgelts nicht mindestens 70% des um die gesetzlichen Abzüge, die bei AN gewöhnlich anfallen, verminderten bisherigen Arbeitsentgelts erreicht, muß der AG eine weitere Aufstockung des Altersteilzeitarbeitsentgelts gewähren, bis 70% vom bisherigen Netto erreicht werden, § 3 I Nr. 3 lit. a. (**Beispiel** [mit Werten von 2000]: Bisheriges Brutto [Steuerklasse III]: DM 4000; Altersteilzeitbrutto: DM 2000. Das bisherige Nettoeinkommen beträgt DM 2976,19, davon 70% sind DM 2083,33. Bei DM 2000 brutto bleiben aber nur DM 1588,80 netto, so daß die Aufstockung um 20% = DM 400 nicht ausreicht, um 70% des bisherigen Nettos zu erreichen, vielmehr muß der AG um insgesamt DM 494,53 brutto = netto [§ 3 Nr. 28 EStG, s. Rn. 11] aufstocken.) Der sog. Mindestnettobetrag wird nicht aufgrund der individuellen Steuermerkmale des AN, sondern pauschaliert ermittelt und durch jährlich neu durch Rechtsverordnung (s. § 15 Rn. 1) festgesetzt.

Die Aufstockung auf 70% des bisherigen Bruttoentgelts ist jedoch nur insoweit vorzunehmen, als das bisherige Bruttoentgelt die (in der Arbeitslosen- und Rentenversicherung einheitlich geltende) Beitragsbemessungsgrenze nicht übersteigt, § 6 I 1 (*Boecken* NJW 1996, 3386, 3388). Der maximale Mindestnettobetrag entspricht daher 70% des um die gesetzlichen Abzüge, die bei AN gewöhnlich anfallen, verminderten Arbeitsentgelts in Höhe der Beitragsbemessungsgrenze (2000: DM 8600/West bzw. DM 7100/Ost; davon 70% = DM 6020/West bzw. DM 4970/Ost, das entspricht bei Steuerklasse III einem maximalen Mindestnettobetrag von DM 3657,35/West bzw. DM 3119,93/Ost).

3. Aufstockung in der Rentenversicherung. Schließlich muß der AG für den AN Beiträge zur gesetzlichen Rentenversicherung so entrichten, als wenn der Altersteilzeitbeschäftigte 90% seines Vollzeitarbeitsentgelts erhielte, höchstens jedoch bis zur Beitragsbemessungsgrenze, § 3 I Nr. 1 lit. b. Da der AN Anteile zum Gesamtsozialversicherungsbeitrag nur in Höhe seines Altersteilzeitentgelts, also ohne den Aufstockungsbetrag, zu tragen hat, muß der AG hinsichtlich des Aufstockungsbetrages zur gesetzlichen Rentenversicherung auch den ANanteil tragen (*Diller* NZA 1996, 847, 849). Zum – nach § 187a SGB VI möglichen – **Ausgleich von Rentenminderungen** (zu deren Höhe *Rittweger* NZA 1999, 921) für die vorzeitige Inanspruchnahme der Rente wegen Arbeitslosigkeit oder nach Altersteilzeitarbeit (§ 237 SGB VI) ist der AG gesetzlich nicht verpflichtet, anders aber zB der TV über Altersteilzeit bei der Volkswagen AG vom 14. 7. 1997, der einen hälftigen Ausgleich vorsieht (s. auch *Rittweger* NZA 1999, 126, 128 f.).

Wird durch die Gewährung einer Einmalzahlung trotz § 3 I a 1 die **monatliche Beitragsbemessungsgrenze überschritten**, sind vom AG Rentenversicherungsbeiträge auch für den übersteigenden Betrag bis zum Erreichen der anteiligen Jahresbeitragsbemessungsgrenze zu entrichten (§ 23a III SGB IV, vgl. *Recht* NZS 1996, 552, 554). Insoweit gilt hier nichts anderes als bei der Sozialabgabenpflichtigkeit von Einmalzahlungen. Die Verfassungswidrigkeit der Beitragserhebung auf Einmalzahlungen (BVerfG 24. 5. 2000, NJW 2000, 2264 = NZA 2000, 845) erfaßt die gesetzliche Rentenversicherung nicht. Anders als bei vielen kurzfristigen Lohnersatzleistungen, bei denen Einmalzahlungen unberücksichtigt bleiben, erhöht in der Rentenversicherung auch einmalig gezahltes Arbeitsentgelt die Zahl der Entgeltpunkte (§§ 63, 64, 70 I SGB VI) und damit der Rente, so daß die vom BVerfG (BVerfGE 11. 1. 1995 BVerfGE 92, 53 = AP GG Art. 3 Nr. 209) geforderte Äquivalenz von Beitrag und Leistung hier gewahrt ist.

In der **gesetzlichen Kranken-, Pflege- und Arbeitslosenversicherung** ist eine Aufstockung vom AG nicht vorzunehmen, hier wird als Bemessungsgrundlage allein das Altersteilzeitarbeitsentgelt herangezogen und werden Beiträge wie gewöhnlich je zur Hälfte vom AG und vom AN getragen. In der **betrieblichen Altersversorgung** (zu ihr *Andresen/Saunders* Rn. 316 ff.; *Förster/Heger* DB 1998, 141 ff.) ist ein Ausgleich der durch die Altersteilzeit erlittenen Einkommenseinbußen gesetzlich nicht vorgesehen, obwohl sie – je nach Versorgungsmodell – noch erheblicher als in der gesetzlichen Rentenversicherung ausfallen können, insb., wenn als Betriebsrente ein bestimmter Prozentsatz vom letzten Bruttoarbeitsentgelt oder dem durchschnittlichen Arbeitsentgelt des letzten Beschäftigungsjahres gezahlt wird. In den einschlägigen TV, Betriebsvereinbarungen oder Individualarbeitsverträgen sollte daher klargestellt werden, daß als Bemessungsentgelt in der betrieblichen Altersversorgung das auf das frühere Entgelt hochgerechnete Einkommen als Bemessungsgrundlage heranzuziehen ist (fehlt eine solche Regelung, dürfte eine Analogie zu § 10 I 1 zum selben Ergebnis führen; *Diller* NZA 1996, 847, 852) und der AG sich ggf. darüber hinaus verpflichtet, entsprechend der Regelung für die gesetzliche Rentenversicherung auch Minderungen in der betrieblichen Altersversorgung weitgehend auszugleichen (*Kerschbaumer/Tiefenbacher* AuR 1998, 58, 60). Einige TV enthalten bereits derartige Vereinbarungen.

11 **4. Steuerrechtliche Behandlung der Aufstockungsbeträge.** Die Zahlung der Aufstockungsbeträge ist, auch soweit sie über die gesetzliche Mindestgrenze hinaus gewährt werden, gem. § 3 Nr. 28 EStG steuer- und damit gem. § 1 ArEV sozialabgabenfrei, wenn sie an einen zum nach § 2 begünstigten Personenkreis zählenden AN geleistet werden (vgl. *Diller* NZA 1996, 847, 849). Dies gilt unabhängig davon, ob die Altersteilzeit von der BA gefördert oder – zB mangels Wiederbesetzung des Arbeitsplatzes – nicht gefördert wird (BMF bei *Macher* NZA 1998, 1222; *Gagel/Vogt*, Beendigung von Arbeitsverhältnissen, Rn. 377). Um zu verhindern, daß durch einen überzogenen Aufstockungsbetrag eine verdeckte Abfindung gewährt wird (die nur bis zu einer gewissen Grenze, vgl. § 3 Nr. 9 EStG, steuerfrei ist und darüber hinaus nach Maßgabe der §§ 24 Nr. 1, 34 EStG der Besteuerung unterliegt), findet das Privileg des § 3 Nr. 28 EStG nur insoweit Anwendung, als durch den Aufstockungsbetrag das bisherige Nettoentgelt nicht überschritten wird (*Gagel/Vogt*, Beendigung von Arbeitsverhältnissen, Rn. 377; großzügiger *Bauer* NZA 1997, 401, 406). Jenseits dieser Grenze sind Zahlungen des AG zum Ausgleich von Rentenminderungen nach § 187a SGB VI nur zur Hälfte steuerfrei, § 3 Nr. 28 EStG. Zu beachten ist aber, daß die Aufstockungsbeträge gem. § 32b I Nr. 1g EStG dem Progressionsvorbehalt unterliegen, die übrigen steuerpflichtigen Einkünfte (einschließlich der Teilzeitentlohnung) also dem Steuersatz unterworfen werden, der sich bei Steuerpflichtigkeit der Aufstockungsbeträge ergeben würde (*Rittweger* NZS 1999, 126, 129; *ders*. NZS 2000, 240, 242).

II. Neueinstellung eines Arbeitnehmers

12 Zentrale Voraussetzung der Förderungsfähigkeit eines Altersteilzeitvertrages ist, daß der AG aus Anlaß des Übergangs des AN in die Altersteilzeitarbeit einen arbeitslos gemeldeten AN oder einen AN nach Abschluß der Ausbildung auf dem freigemachten oder auf einem in diesem Zusammenhang freigewordenen Arbeitsplatz versicherungspflichtig iSd. SGB III beschäftigt. In Unternehmen mit nicht mehr als fünfzig Beschäftigten kann die Wiederbesetzung auch durch Einstellung eines Auszubildenden erfolgen, § 3 I Nr. 2 lit. b (*Rittweger* NZS 2000, 240f.; *Wolf* NZA 2000, 637, 639). Nur wenn die Unternehmen wirklich Neueinstellungen vornehmen, kann das beschäftigungspolitische Ziel des ATG erreicht werden. Die BA verlangt daher zu Recht einen kausalen Zusammenhang zwischen dem Freiwerden des Arbeitsplatzes und der Neueinstellung (Ziff. 3.1.3 III DA-ATG; *Boecken* NJW 1996, 3388, 3389), und zwar sowohl in sachlicher wie in zeitlicher Hinsicht (so auch *Diel* DB 1996, 1518, 1519). Allerdings sind die Gesprächspartner des Bündnisses für Arbeit, Ausbildung und Wettbewerbsfähigkeit darin übereingekommen, daß der Nachweis einer Umsetzungskette zwischen AltersteilzeitAN und Wiederbesetzer nicht mehr zwingend erforderlich ist, sondern stattdessen eine funktionsgerechte Betrachtungsweise gelten soll. Dieses Ziel ist durch eine bloße Änderung der Verwaltungspraxis der BA ohne Änderung des Gesetzestextes erreicht worden (BT-Drucks. 14/1831, S. 7).

13 **1. Sachlicher Zusammenhang.** Der sachliche Zusammenhang wird in Unternehmen mit nicht mehr als 50 AN, wenn die Neueinstellung oder Übernahme im zeitlichen Zusammenhang mit dem Übergang des älteren AN in die Altersteilzeit erfolgt (dazu Rn. 19 ff.), unwiderleglich und damit auch dann vermutet, wenn der neueingestellte AN an einer völlig anderen Stelle im Unternehmen eingesetzt wird, § 3 I Nr. 2 lit. a (BT-Drucks. 14/1831, S. 8; *Moderegger* DB 2000, 90). Sehr großzügig will die BA diese Vergünstigung nicht nur Kleinunternehmen, sondern auch selbständigen Organisationseinheiten Aufgabenbereiche, mit nicht mehr als 50 AN gewähren, selbst wenn das Unternehmen insgesamt mehr als 50 AN beschäftigt (Ziff. 3.1.3 X DA-ATG). Organisationseinheiten in diesem Sinne sind analog § 171 SGB III abgeschlossene Aufgabenbereiche, die sich nach ihrem Zweck nicht mit anderen Aufgabenbereichen überschneiden. In größeren Organisationseinheiten oder Unternehmen, in denen diese Vermutung nicht Platz greift, ist der sachliche Zusammenhang ohne weiteres jedenfalls dann gegeben, wenn der Wiederbesetzer auf demselben Arbeitsplatz oder mit derselben Arbeit betraut wird wie bislang der Altersteilzeiter. Die Förderungsfähigkeit auf derartige Fälle zu beschränken, wäre jedoch zu eng (*Stindt* DB 1996, 2281, 2283). Deshalb erkennt auch die BA an, daß bei Veränderung arbeitsplatzbezogener Tätigkeitsmerkmale insb. aufgrund der Veränderung in der Funktionalität des Arbeitsplatzes infolge der technischen Entwicklung oder des strukturellen Wandels der Anspruch auf Förderleistungen auch dann besteht, wenn der mit der Tätigkeit verbundene übergeordnete arbeitstechnische Zweck erhalten bleibt und auf dem veränderten Arbeitsplatz im wesentlichen die gleiche Qualifikation verlangt wird (Ziff. 3.1.3 IV DA-ATG). Daher reicht es zur Erfüllung der Förderungsvoraussetzungen aus, wenn sich der Arbeitsplatz bereits im Moment der Wiederbesetzung funktional verändert, wenn der neu geschaffene Arbeitsplatz in einem sachlich-funktionalen Zusammenhang zu

II. Neueinstellung eines Arbeitnehmers § 3 ATG 130

dem aufgrund der Altersteilzeit freigewordenen Arbeitsplatz steht und als Folge einer innerbetrieblichen Funktionsverlagerung entstanden ist, oder wenn Arbeitsplätze im Unternehmen wegfallen, die unter Weiterbeschäftigung der Wiederbesetzer zeitgleich an anderer Stelle des Unternehmens im gleichen funktionalen Zusammenhang neu entstehen (sog. „funktionsbereichsbezogene Betrachtungsweise"; *Gaul/Cepl* BB 2000, 1727, 1730 f.; *Moderegger* DB 2000, 90 f.; *Wolf* NZA 2000, 637, 639 f.).

Zulässig ist es auch, wie § 3 I Nr. 2 lit. a ausdrücklich hervorhebt, den Arbeitsplatz des Wiederbe- 14 setzers erst durch **Umsetzungen** innerhalb des Betriebes, Unternehmens oder Konzerns (*Haupt/Welslau* DStR 1996, 1531, 1532) frei zu machen (*Moderegger* DB 2000, 90, 91). Die Arbeitsaufgabe des Wiederbesetzers braucht dann in keinem Zusammenhang mit derjenigen des Altersteilzeiters mehr zu stehen, es genügt – vor allem bei langen Umsetzungsketten –, daß der AG den kausalen Zusammenhang zwischen dem Übergang des älteren AN in die Altersteilzeitarbeit und der Neueinstellung nachweisen kann (*Haupt/Welslau* DStR 1996, 1531, 1532; *Recht* NZS 1996, 552, 555). Daß durch die Umsetzungen der Arbeitsplatz an einem anderen Arbeitsort frei wird, ist – auch bei größerer räumlicher Distanz – kein Hinderungsgrund (Ziff. 3.1.3 IV DA-ATG).

Nicht ausreichend ist es demgegenüber, daß der AG völlig unabhängig vom Wechsel einzelner oder 15 mehrerer AN in die Altersteilzeit neue Stellen schafft, die er dann mit einem Arbeitslosen oder einem Ausgebildeten besetzt. Wenn der Gesetzgeber ausdrücklich von „Umsetzung" spricht, dann wollte er damit gerade klarstellen, daß das bloße Halten des Gesamt-Personalbestandes durch die Schaffung völlig neuer Arbeitsplätze die Voraussetzungen des § 3 I Nr. 2 lit. a in Unternehmen mit mehr als 50 AN nicht erfüllt (*Diller* NZA 1996, 847, 850; *Reichling/Wolf* NZA 1997, 422, 423; vgl. auch BSG 29. 5. 1990 BSGE 67, 63, 66 = NZA 1990, 947 zum VRG 1984). Eine reine Arbeitszeit-Volumenbetrachtung, die allein darauf abstellt, daß sich trotz Einrichtung von Altersteilzeitarbeitsplätzen das Gesamtvolumen nicht verringert hat, scheidet daher aus (*Diel* DB 1996, 1518, 1519; *Haupt/Welslau* DStR 1996, 1531, 1532; *Recht* NZS 1996, 552, 555). **Keine Förderleistungen** erbringt die BA auch dann, wenn durch die Altersteilzeit lediglich ansonsten anstehende Entlassungen vermieden werden oder ein AN eingestellt wird, der zwar als arbeitssuchend gemeldet und von Arbeitslosigkeit bedroht, aber (noch) nicht arbeitslos ist (BSG 30. 3. 1994 SozR 3-7825 § 2 Nr. 6).

Nicht ausdrücklich entschieden hat der Gesetzgeber die Frage, ob der **Wiederbesetzer in demselben** 16 **Umfang beschäftigt** werden muß, in dem durch den Übergang des/der älteren AN in die Altersteilzeit Arbeitszeitkapazitäten frei geworden sind. Zum VRG 1984 hatte das BSG mehrfach erkannt, daß die Einstellung lediglich einer Teilzeitarbeitskraft den Anspruch auf Gewährung eines Zuschusses nicht auslöst, wenn der ausgeschiedene AN vollzeitbeschäftigt war (BSG 17. 10. 1990 SozR 3–7285 § 2 Nr. 3 = NZA 1991, 408). Das galt nicht nur dann, wenn der freigewordene Vollzeitarbeitsplatz in einen Teilzeitarbeitsplatz umgestaltet wurde, weil z B Teile des Arbeitspensums außerhalb des Betriebes erledigt wurden und nunmehr ein bislang arbeitslos gemeldeter AN auf dem verbleibenden Restarbeitsplatz nur teilzeitbeschäftigt werden konnte. Der Zuschuß war auch dann zu versagen, wenn zwar eine derartige Umgestaltung (Reduzierung) des freigewordenen Arbeitsplatzes selbst nicht stattfand, die betriebsinterne Umsetzung aber deshalb lediglich zur Einstellung einer Teilzeitarbeitskraft für einen ausgeschiedenen Vollzeitbeschäftigten führte, weil ein bereits im Betrieb beschäftigter AN seine bisherige Teilzeittätigkeit zur Vollzeittätigkeit aufgestockt hat und somit nur der mittelbar freigewordene Teilzeitarbeitsplatz wieder besetzt wurde (BSG 23. 7. 1992 SozR 3–7825 § 2 Nr. 5 = NZA 1993, 959). Diese Auffassung vertritt die BA auch zum ATG (Ziff. 3.1.3 VIII DA-ATG). Demgegenüber soll es nach der – im Gesetzestext des ATG allerdings nicht zum Ausdruck gekommen – amtl. Begr. des Gesetzes zur Fortentwicklung der Altersteilzeit (BT-Drucks. 14/1831, dort S. 7) nunmehr ausreichen, daß der Wiederbesetzer im Falle der Inanspruchnahme von Altersteilzeit durch **Teilzeitbeschäftigte** für mindestens 15 Stunden wöchentlich beschäftigt wird, da dies Arbeitslosigkeit nach dem SGB III in jedem Falle ausschließt. Ob eine derart geringfügige Wiederbesetzung auch dann ausreicht, wenn ein bislang Vollzeitbeschäftigter in die Altersteilzeit wechselt, ist aber weiterhin offen (zum Diskussionsstand *Bauer* NZA 1997, 401, 404; *Diller* NZA 1996, 847, 849).

Voraussetzung der Förderungsfähigkeit von Altersteilzeit ist jedoch nicht, daß der Wiederbesetzer 17 vollzeitig beschäftigt wird. Gerade bei kontinuierlicher Arbeitsleistung des Altersteilzeiters während der gesamten Dauer der Altersteilzeitarbeit kann auf dem in dieser Zeit freigewordenen anderen halben Arbeitsplatz auch eine Halbtagskraft beschäftigt werden; ebenso zulässig ist es, daß anstelle eines im Blockmodell ausgeschiedenen Beschäftigten zwei oder mehr Teilzeitkräfte neu eingestellt werden, deren Arbeitszeitvolumen insgesamt die freigewordene wöchentliche Arbeitszeit erreicht. Der oder die Wiederbesetzer müssen jedoch in einem **versicherungspflichtigen Beschäftigungsverhältnis iSd. SGB III** beschäftigt werden, die Neueinstellung eines AN mit weniger als 15 Stunden wöchentlich genügt ebensowenig wie die Begründung eines Arbeitsverhältnisses im Ausland, das nicht der deutschen Sozialversicherung unterliegt, § 3 I Nr. 2 (*Bauer* NZA 1997, 401, 404).

Ein vorübergehendes **Ruhen des Arbeitsverhältnisses** mit dem Wiederbesetzer aufgrund gesetz- 18 licher Vorschriften, beispielsweise während des Wehr- oder Zivildienstes (§ 1 I ArbPlSchG), führt nicht zu einem Verlust der Förderung durch die BA. Durch seine Einberufung zum Wehr- oder Zivildienst aus einem bestehenden Arbeitsverhältnis heraus verliert der Wiederbesetzer seinen Arbeitsplatz nicht, dieser wird ihm vielmehr gesetzlich garantiert, so daß die durch seine Einstellung erfolgte

Entlastung des Arbeitsmarktes fortwirkt (vgl. BSG 29. 11. 1988 SozR 7825 § 5 Nr. 1 = NZA 1989, 532).

19 **2. Zeitlicher Zusammenhang.** Wenn § 3 I Nr. 2 verlangt, daß der Wiederbesetzer „aus Anlaß" des Übergangs des älteren AN in die Altersteilzeitarbeit eingestellt sein muß, so fordert das Gesetz damit auch und gerade für Kleinunternehmen, bei denen der sachliche Zusammenhang unwiderleglich vermutet wird, eine Mittel-Zweck-Verknüpfung zwischen beiden Ereignissen, die auch in einem gewissen zeitlichen Zusammenhang ihren Ausdruck finden muß (aA *Boecken* NJW 1996, 3386, 3389). Insoweit ist zwischen dem kontinuierlichen Modell und dem Blockmodell zu differenzieren:

20 Im **kontinuierlichen Modell** (s. § 2 Rn. 8) wird nicht verlangt, daß Wiederbesetzung und Beginn der Altersteilzeit zeitlich exakt zusammenfallen (BSG 9. 8. 1990 SozR 3–7825 § 2 Nr. 1 = NZA 1991, 325), vielmehr gestattet das Gesetz sowohl eine frühere Einstellung des Wiederbesetzers als auch eine spätere Einstellung, weil dem AG eine gewisse Suchfrist eingeräumt werden muß. Jedoch sind an die Darlegungen des AG bezüglich der Kausalität desto höhere Anforderungen zu stellen, je größer der Abstand zwischen dem Übergang in die Altersteilzeitarbeit und der Wiederbesetzung ist. Die Wiederbesetzung soll nach Auffassung der BA (Ziff. 3.1.3 III DA-ATG) zwar regelmäßig erst ab dem Zeitpunkt erfolgen können, an dem der in Altersteilzeit beschäftigte AN den Arbeitsplatz im Rahmen der Altersteilzeitarbeit ganz oder teilweise freimacht oder dieser durch Umsetzung frei wird. Beim Blockzeitmodell sei dies der Beginn der Freizeitphase bzw. das Ende der Vollarbeitsphase. Erfolge eine degressive bzw. kontinuierliche Verteilung der Arbeitszeit, könne die Wiederbesetzung ab Beginn der Altersteilzeit unabhängig von der individuellen Gestaltung erfolgen. In Übereinstimmung mit der Rspr. des BSG (BSG 9. 8. 1990 SozR 3–7825 § 2 Nr. 1 = NZA 1991, 325) gestattet die BA jedoch die Einstellung eines Arbeitslosen zum Zwecke seiner Einarbeitung auch schon vor Beginn der Altersteilzeitarbeit (Ziff. 3.1.3 XI DA-ATG). Maßgebend sind somit vorrangig die Gesamtumstände des Einzelfalles (BSG 9. 8. 1990 SozR 3–7825 § 2 Nr. 1 = NZA 1991, 325; ähnlich *Bauer* NZA 1997, 401, 404), wobei im Sinne einer Faustregel die Sechs-Monats-Grenze des § 101 I SGB VI herangezogen werden kann (BSG 29. 5. 1990 BSGE 67, 63, 69 = NZA 1990, 947; großzügiger Ziff. 3.1.3 XI DA-ATG: zwölf Monate).

21 Im **Blockmodell** stellt sich die zusätzliche Frage, ob die Wiederbesetzung bereits bei Beginn der Altersteilzeitarbeit vorgenommen werden darf oder muß, obwohl der Altersteilzeiter zunächst weiterhin im bisherigen Umfang arbeitet, oder ob die Neueinstellung erst mit Beginn der Freistellungsphase, also der zweiten Hälfte der Altersteilzeitarbeit, erfolgen kann. Die BA vertritt offenbar die Auffassung, daß die Wiederbesetzung erst im zeitlichen Zusammenhang mit dem Beginn der Freistellungsphase erfolgen dürfe, weil die Wiederbesetzung erst dann erfolgen könne, wenn zumindest ein Teil des Arbeitsplatzes freigemacht worden sei (Ziff. 3.1.3 DA-ATG). Dem Gesetz läßt sich diese Einschränkung nicht entnehmen. In § 3 III heißt es ausdrücklich, daß im Blockmodell die Voraussetzung der Neueinstellung eines Arbeitslosen oder Ausgebildeten „auch erfüllt" ist, wenn sie erst mit Beginn der Freistellungsphase erfolge. Das Wort „auch" macht dabei eindeutig deutlich, daß der AG im Blockmodell ein Wahlrecht hat, ob er die Wiederbesetzung im (sachlichen und zeitlichen) Zusammenhang mit dem Beginn der Altersteilzeitarbeit oder dem Beginn der Freistellungsphase vornehmen will (wie hier *Köhler* AuA 1996, 299, 300).

22 Zu beachten ist in jedem Falle, daß die **Förderung** durch die BA **erst mit der tatsächlichen Wiederbesetzung** des Arbeitsplatzes **beginnt**, § 5 II 1. Einen rückwirkenden Beginn der Zuschußzahlung kennt das ATG nicht (vgl. BSG 29. 11. 1988 SozR 7825 § 2 Nr. 2 = NZA 1989, 573). Die Vorschrift des § 5 II 2 über die Weitergewährung der Förderung für den Fall, daß nach dem Ausscheiden des (ersten) Wiederbesetzers der Arbeitsplatz weniger als drei Monate vakant bleibt, ist auf die „Suchphase" bei der erstmaligen Wiederbesetzung des Arbeitsplatzes nicht entsprechend anzuwenden (aA *Bauer* NZA 1997, 401, 404).

23 **3. Einstellung eines Arbeitslosen oder Ausgebildeten.** Bei dem Wiederbesetzer muß es sich um einen gemeldeten Arbeitslosen (nicht notwendig einen Leistungsbezieher, auch wenn die BA diese vorrangig vermitteln will, vgl. BT-Drucks. 13/4336, S. 15 und 18), um einen AN nach Abschluß der Ausbildung, in Kleinunternehmen mit maximal fünfzig Beschäftigten auch um einen Auszubildenden handeln, § 3 I Nr. 2. In der Praxis denken die Unternehmen, die von den Angeboten des ATG Gebrauch machen, vorwiegend an die Übernahme eigener Auszubildender (*Recht* NZS 1996, 552, 555). Der Arbeitsvertrag mit dem Wiederbesetzer muß nicht auf unbestimmte Zeit, sondern kann nach Maßgabe der §§ 620 BGB, 1 BeschFG oder anderer Sonderbefristungstatbestände auch befristet abgeschlossen werden (**Schriftformerfordernis** nach § 623 BGB beachten!). Allerdings stellt die Tatsache, daß die Förderungsleistungen auch dann über den gesamten Zeitraum der Altersteilzeitarbeit erbracht werden, wenn der Arbeitsplatz mindestens vier Jahre wiederbesetzt gewesen ist (§ 5 II 2), keinen Grund dafür dar, den Vertrag auf vier Jahre zu befristen.

24 Wird ein **Arbeitsloser** neu eingestellt, darf es sich hierbei – um eine nach Art. 39 EGV unzulässige Diskriminierung ausländischer Beschäftigter (EuGH 15. 10. 1969 EAS EG-Vertrag Art. 48 Nr. 4 = AP EWG-Vertrag Art. 177 Nr. 2; EuGH 15. 12. 1995 EAS EG-Vertrag Art. 48 Nr. 78 = AP BGB § 611 Berufssport Nr. 10) zu vermeiden – auch um einen in einem anderen Mitgliedstaat der EU arbeitslos gemeldeten AN handeln, wenn das neu begründete Beschäftigungsverhältnis dem deutschen Sozialver-

sicherungsrecht unterliegt. Nicht förderungsfähig ist die Einstellung eines AN, der (z B nach Zugang der Kündigung während der laufenden Kündigungsfrist) zwar als arbeitssuchend gemeldet und von Arbeitslosigkeit bedroht, aber noch nicht arbeitslos ist (BSG 30. 3. 1994 SozR 3–7825 § 2 Nr. 6). Formal genügt **ein Tag Arbeitslosigkeit**, das BSG hat aber schon zum VRG 1984 deutlich gemacht, daß das Merkmal „beim Arbeitsamt arbeitslos gemeldet" nur von solchen AN erfüllt wird, die ernsthaft bereit sind, die Vermittlungsdienste der BA in Anspruch zu nehmen. Die „Neueinstellung" eines AN, der einen im übrigen ungefährdeten Arbeitsplatz innehatte und vom AG allein zu dem Zweck entlassen und wieder eingestellt worden ist, um anderenfalls nicht gegebene Voraussetzungen für den Anspruch des AG auf Zuschußleistungen zu erfüllen, führt nicht zur Förderungsfähigkeit der Altersteilzeit (BSG 25. 10. 1988 SozR 7825 § 2 Nr. 1 = NZA 1989, 286; *Boecken* NJW 1996, 3386, 3389).

Als **AN nach Abschluß der Ausbildung** können nur Personen anerkannt werden, die vor ihrer 25 Einstellung zur Wiederbesetzung des Arbeitsplatzes eine Erstausbildung (Berufsausbildung nach dem BBiG, der HandwO etc. oder Studium an einer Hochschule oder Fachhochschule), ausnahmsweise ein Volontariat oder eine vergleichbare Ausbildung (Ziff. 3.1.3.2 VI DA-ATG) abgeschlossen haben. Der Abschluß einer Weiterbildungs- oder Umschulungsmaßnahme erfüllt dagegen die Voraussetzungen des § 3 I Nr. 2 nicht (SG Stuttgart 10. 5. 1988 NZA 1989, 159). Die Übernahme des Ausgebildeten muß **im Anschluß** an das Ende der Ausbildung erfolgen, was aber Unterbrechungen bis zur Dauer der üblichen „Suchzeit" (die BA erkennt recht großzügig bis zu ein Jahr an, Ziff. 3.1.3.2 II DA-ATG) selbst dann nicht entgegensteht, wenn während dieser Zeit befristete Zwischenbeschäftigungen ausgeübt worden sind. Längere Unterbrechungen sind unschädlich, wenn sie auf Krankheit, Mutterschaft, Erziehungsurlaub, Wehr- oder Ersatzdienst etc. beruhen. Der AN muß nicht im gleichen Betrieb oder Unternehmen ausgebildet worden sein, Fremdübernahmen sind zulässig (*Bauer* NZA 1997, 401, 404). Der Förderung steht nicht entgegen, daß der AG **zur Übernahme rechtlich verpflichtet war** (§ 78 a BetrVG, tarifvertragliche Übernahmegebote usw.; Ziff. 3.1.3.2 IX DA-ATG und *Reichling/Wolf* NZA 1997, 422, 424).

III. Überforderungsklausel

Um zu verhindern, daß die Unternehmen durch eine übermäßige Inanspruchnahme der Altersteil- 26 zeit überfordert werden, macht § 3 I Nr. 3 die Gewährung von Zuschüssen davon abhängig, daß die kollektivvertragliche Vereinbarung, die den AN einen Anspruch auf Übergang in die Altersteilzeit einräumt, diese Rechtsposition nicht mehr als 5% der Beschäftigten des Betriebes gewährt. In TV kann alternativ oder kumulativ eine Ausgleichskasse der AG oder eine gemeinsame Einrichtung der TVParteien vorgesehen werden (vgl. auch § 9).

Die Überforderungsklausel enthält einen (mittelbaren) **Eingriff in die Tarifautonomie**, indem sie es 27 durch die Vorenthaltung von Fördermitteln verhindert, daß die Tarif- oder Betriebspartner einem höheren Anteil als 5% der Beschäftigten einen Rechtsanspruch auf Altersteilzeit einräumen. Sie ist gesetzestechnisch mißglückt. Es ist, wie *Diller* (NZA 1996, 847, 850) zutreffend bemerkt, nicht einzusehen, warum ein AG, der sich in einem TV verpflichtet, mehr als 5% der AN seiner Betriebe den Anspruch auf Altersteilzeit zu gewähren, die Förderung verlieren soll. Richtigerweise hätte der Gesetzgeber die Überforderungsklausel in einem eigenen Paragraphen als inhaltliche Grenze kollektivvertraglicher Vereinbarungen normieren müssen; ein Verstoß gegen Art. 9 III GG hätte auch hierin nicht gelegen (vgl. BVerfG 24. 4. 1996 BVerfGE 94, 268, 284 ff. = AP HRG § 57 a Nr. 2).

Inhaltlich stellt die Überforderungsklausel auf die AN **eines Betriebes**, nicht eines Unternehmens 28 ab (*Bauer* NZA 1997, 401, 405). Als Berechnungsgrundlage dient die durchschnittliche Beschäftigtenzahl der letzten zwölf Monate, die zukünftige Entwicklung ist dagegen ebensowenig zu berücksichtigen wie die regelmäßige Beschäftigtenzahl (§ 7; BAG 26. 5. 1992 AP VRG § 2 Nr. 13; ArbG Gelsenkirchen 13. 6. 1985 DB 1985, 2002). Schwerbehinderte, diesen Gleichgestellte und Auszubildende werden gemäß § 7 III 1 nicht, Teilzeitbeschäftigte bis zu 20 Wochenstunden zu 0,5, Teilzeitbeschäftigte mit bis zu 30 Wochenstunden zu 0,75 mitgezählt, § 7 III 2. Voll mitzuzählen sind AN, deren sozialversicherungsrechtliches Beschäftigungsverhältnis trotz Ruhen des Arbeitsverhältnisses fortbesteht, zB Erziehungsurlauber (BAG 26. 5. 1992 AP VRG § 2 Nr. 13). In **Betrieben mit weniger als 20 AN** wird durch § 3 I Nr. 3 ein Rechtsanspruch von AN generell ausgeschlossen (*Andresen/Neise* Rn. 564; *Recht* NZS 1996, 552, 553).

Gewährt ein TV oder eine Betriebsvereinbarung den AN, die bestimmte persönliche Voraussetzun- 29 gen erfüllen, einen **Rechtsanspruch** auf Übergang in die Altersteilzeitarbeit, ist der AG verpflichtet, diese Ansprüche solange zu erfüllen, bis die kollektivvertraglich festgesetzte Überforderungsgrenze (die durchaus unter 5% liegen kann und von vielen TV auf 3% festgesetzt worden ist) erreicht ist. Nicht organisierte AN erwerben aus dem TV zwar keinen Anspruch, sind aber, soweit der AG ihrem Antrag freiwillig nachkommt, bei der Erfüllung der Quote mit zu berücksichtigen (BAG 21. 1. 1987 AP GG Art. 9 Nr. 47). Eine Verpflichtung des AG zur vorrangigen Befriedigung von Ansprüchen tarifgebundener AN verstieße gegen die negative Koalitionsfreiheit aus Art. 9 III GG (BAG 21. 1. 1987 AP GG Art. 9 Nr. 47). Die Tarif- oder Betriebsparteien haben in ihren Vereinbarungen andere, weder unmittelbar noch mittelbar nach der Gewerkschaftszugehörigkeit differenzierende Regelungen vorzunehmen, etwa nach Alterspriorität oder nach sozialen Gesichtspunkten analog § 1 III KSchG.

Besteht eine Regelung nicht, sind die Ansprüche vom AG in der Reihenfolge ihres Erwerbs und ihrer Geltendmachung zu befriedigen (BAG 21. 1. 1987 AP GG Art. 9 Nr. 47).

30 Besteht ein **Rechtsanspruch nicht**, kann der AG den Abschluß eines Altersteilzeitarbeitsvertrages verweigern, nach Auffassung des BAG jedoch nur, wenn er dafür einen sachlichen Grund hat. Seine Entscheidung, in Einzelfällen den Übergang in die Altersteilzeit nicht zu ermöglichen, müsse billigem Ermessen entsprechen. § 315 I BGB sei entsprechend anzuwenden (BAG 28. 2. 1989 AP VRG § 2 Nr. 7; *Diller* NZA 1996, 847, 850).

§ 4 Leistungen

(1) Die Bundesanstalt erstattet dem Arbeitgeber für längstens sechs Jahre
1. den Aufstockungsbetrag nach § 3 Abs. 1 Nr. 1 Buchstabe a in Höhe von 20 vom Hundert des für die Altersteilzeitarbeit gezahlten Arbeitsentgelts, jedoch mindestens den Betrag zwischen dem für die Altersteilzeitarbeit gezahlten Arbeitsentgelt und dem Mindestnettobetrag, und
2. den Betrag, der nach § 3 Abs. 1 Nr. 1 Buchstabe b in Höhe des Beitrags geleistet worden ist, der auf den Unterschiedsbetrag zwischen 90 vom Hundert des bisherigen Arbeitsentgelts im Sinne des § 6 Abs. 1 und dem Arbeitsentgelt für die Altersteilzeitarbeit entfällt.

(2) ¹Bei Arbeitnehmern, die nach § 6 Abs. 1 Satz 1 Nr. 1 oder § 231 Abs. 1 und 2 des Sechsten Buches Sozialgesetzbuch von der Versicherungspflicht befreit sind, werden Leistungen nach Absatz 1 auch erbracht, wenn die Voraussetzung des § 3 Abs. 1 Nr. 1 Buchstabe b nicht erfüllt ist. ²Dem Betrag nach Absatz 1 Nr. 2 stehen in diesem Fall vergleichbare Aufwendungen des Arbeitgebers bis zur Höhe des Beitrags gleich, den die Bundesanstalt nach Absatz 1 Nr. 2 zu tragen hätte, wenn der Arbeitnehmer nicht von der Versicherungspflicht befreit wäre.

1 Liegen die Voraussetzungen der §§ 2 und 3 vollständig vor, hat insb. der AG den Arbeitsplatz mit einem Arbeitslosen, Ausgebildeten oder – in Unternehmen mit bis zu 50 Beschäftigten – Auszubildenden wiederbesetzt, erstattet die BA ihm die Aufstockungsbeträge (zum Lohn bzw. Gehalt und zur gesetzlichen Rentenversicherung) in der gesetzlichen Höhe. Leistungen, die über § 3 I Nr. 1 hinausgehen, werden nicht erstattet, und zwar auch dann nicht, wenn der AG zu ihrer Zahlung aufgrund TV verpflichtet ist (*Boecken* NJW 1996, 3386, 3389). Die **Förderung beginnt** in jedem Falle **erst mit der Wiederbesetzung** des Arbeitsplatzes, das gilt auch im Blockmodell, § 12 III 1 (*Diller* NZA 1996, 847, 850; so auch vom VRG 1984 auch BSG 29. 11. 1988 SozR 7825 § 2 Nr. 2 = NZA 1989, 573; LSG NW 26. 8. 1987 NZA 1988, 414, s. auch § 3 Rn. 22). Hier muß der AG also während der Arbeitsphase in Vorlage treten, kann aber gemäß § 12 I 3 eine Vorabentscheidung des AA darüber beantragen, ob der Altersteilzeiter zum begünstigten Personenkreis (§ 2) gehört und damit – von der Wiederbesetzung abgesehen – die entscheidenden Fördervoraussetzungen vorliegen. Mit Beginn der Erstattung erhält der AG dann neben dem Ersatz der laufenden Aufstockungsbeträge in monatlichen Teilbeträgen auch die Förderleistungen für den bereits zurückgelegten Zeitraum, § 12 III 2, 3, so daß der Zuschuß während der Freizeitphase in doppelter Höhe gewährt wird (*Köster* S. 50). Erstattet werden auch Aufstockungsbeträge, die der AG aufgrund einer **rückwirkenden Tariflohnerhöhung** in einer Summe nachzuentrichten hat (BSG 15. 2. 1990 SozR 3–7825 § 3 Nr. 1 = NZA 1990, 948). Die maximale Förderungsdauer beträgt sechs Jahre, § 4 I; das gilt auch in den Fällen des § 2 III.

2 Ist der Altersteilzeiter – insb. als Pflichtmitglied einer berufsständischen Versorgungseinrichtung, das von seinem Befreiungsrecht in der gesetzlichen Rentenversicherung Gebrauch gemacht hat (*Boekken* NJW 1996, 3386, 3390) – in der gesetzlichen Rentenversicherung **nicht versicherungspflichtig** (§§ 6 I 1 Nr. 1, 231 I, II SGB VI), steht der Förderung durch die BA nicht entgegen, daß die Voraussetzungen des § 3 I Nr. 1 lit. b (Aufstockung in der Rentenversicherung) nicht erfüllt sind. Allerdings erstattet die BA etwaige Aufstockungsleistungen des AG zu der Versorgungseinrichtung bis zu der Höhe, die sie zu erbringen hätte, wenn der Beschäftigte nicht von der Versicherungspflicht befreit wäre, § 4 II.

§ 5 Erlöschen und Ruhen des Anspruchs

(1) Der Anspruch auf die Leistungen nach § 4 erlischt
1. mit Ablauf des Kalendermonats, in dem der Arbeitnehmer die Altersteilzeitarbeit beendet oder das 65. Lebensjahr vollendet hat,
2. mit Ablauf des Kalendermonats vor dem Kalendermonat, für den der Arbeitnehmer eine Rente wegen Alters oder, wenn er von der Versicherungspflicht in der gesetzlichen Rentenversicherung befreit ist, eine vergleichbare Leistung einer Versicherungs- oder Versorgungseinrichtung oder eines Versicherungsunternehmens beanspruchen kann; dies gilt nicht für Renten, die vor dem für den Versicherten maßgebenden Rentenalter in Anspruch genommen werden können oder

3. mit Beginn des Kalendermonats, für den der Arbeitnehmer eine Rente wegen Alters, eine Knappschaftsausgleichsleistung, eine ähnliche Leistung öffentlich-rechtlicher Art oder, wenn er von der Versicherungspflicht in der gesetzlichen Rentenversicherung befreit ist, eine vergleichbare Leistung einer Versicherungs- oder Versorgungseinrichtung oder eines Versicherungsunternehmens bezieht.

(2) [1] Der Anspruch auf die Leistungen besteht nicht, solange der Arbeitgeber auf dem freigemachten oder durch Umsetzung freigewordenen Arbeitsplatz keinen Arbeitnehmer mehr beschäftigt, der bei Beginn der Beschäftigung die Voraussetzungen des § 3 Abs. 1 Nr. 2 erfüllt hat. [2] Dies gilt nicht, wenn der Arbeitsplatz mit einem Arbeitnehmer, der diese Voraussetzungen erfüllt, innerhalb von drei Monaten erneut wiederbesetzt wird oder der Arbeitgeber insgesamt für vier Jahre die Leistungen erhalten hat.

(3) [1] Der Anspruch auf die Leistungen ruht während der Zeit, in der der Arbeitnehmer neben seiner Altersteilzeitarbeit Beschäftigungen oder selbständige Tätigkeiten ausübt, die die Geringfügigkeitsgrenze des § 8 des Vierten Buches Sozialgesetzbuch überschreiten oder auf Grund solcher Beschäftigung eine Entgeltersatzleistung erhält. [2] Der Anspruch auf die Leistungen erlischt, wenn er mindestens 150 Kalendertage geruht hat. [3] Mehrere Ruhenszeiträume sind zusammenzurechnen. [4] Beschäftigungen oder selbständige Tätigkeiten bleiben unberücksichtigt, soweit der altersteilzeitarbeitende Arbeitnehmer sie bereits innerhalb der letzten fünf Jahre vor Beginn der Altersteilzeitarbeit ständig ausgeübt hat.

(4) [1] Der Anspruch auf die Leistungen ruht während der Zeit, in der der Arbeitnehmer über die Altersteilzeitarbeit hinaus Mehrarbeit leistet, die den Umfang der Geringfügigkeitsgrenze des § 8 des Vierten Buches Sozialgesetzbuch überschreitet. [2] Absatz 3 Satz 2 und 3 gilt entsprechend.

(5) § 48 Abs. 1 Nr. 3 des Zehnten Buches Sozialgesetzbuch findet keine Anwendung.

1. **Wegfall der Förderung.** Eine Förderung findet nicht statt, solange der AG auf dem freigemachten oder durch Umsetzung freigewordenen Arbeitsplatz keinen AN (mehr) beschäftigt, § 5 II 1 (vgl. auch § 3 Rn. 22). Scheidet der Wiederbesetzer also aus dem Arbeitsverhältnis – gleich aus welchem Grunde – aus, muß der AG alsbald eine Ersatzkraft einstellen. Gelingt ihm dies innerhalb von drei Monaten, werden die Erstattungsbeiträge auch während der Vakanz des Arbeitsplatzes fortgezahlt. Dasselbe gilt, wenn der Wiederbesetzer im kontinuierlichen Modell bereits vier Jahre, im Blockmodell mindestens zwei (Ziff. 5.1 IV DA-ATG; *Wolf* NZA 2000, 637, 642) Jahre beschäftigt gewesen ist, § 5 II 2. Dem liegt der Gedanke zugrunde, daß in diesem Fall die Nichtbesetzung des Arbeitsplatzes nicht mehr im Zusammenhang mit der Altersteilzeit stehen muß, sondern ihre Ursache in Veränderungen der Betriebsstruktur haben kann (BT-Drucks. 13/4336, S. 19). Allerdings wird es dem AG auf diese Weise auch ermöglicht, Personalabbaumaßnahmen mit geförderter Altersteilzeit zu kombinieren (*Rittweger* NZA 1998, 918, 919 f.).

2. **Ruhen der Förderung.** Um den arbeitsmarktpolitisch bezweckten Erfolg des ATG nicht dadurch zu gefährden, daß der Altersteilzeiter neben seiner Altersteilzeitarbeit (insb. im Blockmodell während der Freizeitphase) eine **mehr als nur geringfügige Beschäftigung ausübt**, ruht der Anspruch auf Förderleistungen gem. § 5 III, IV in der Zeit, in der der Altersteilzeiter Beschäftigungen oder selbständige Tätigkeiten ausübt, die die Geringfügigkeitsgrenze des § 8 SGB IV überschreiten oder er über die Altersteilzeitarbeit hinaus Mehrarbeit (Überstunden) in größerem als dem vorgenannten Umfang erbringt. § 5 III ist für den AG nicht unproblematisch, weil er über das tatsächliche Verhalten seiner Beschäftigten insoweit keine Kontrolle hat. Zwar hat der AN die Aufnahme einer mehr als geringfügigen Nebentätigkeit dem AG nach § 11 I 1 unverzüglich mitzuteilen, jedoch ist gesetzlich eine Erstattungspflicht im Verhältnis zum AG nicht, im Verhältnis zur BA nur bei Vorsatz oder grober Fahrlässigkeit vorgesehen, § 11 II. Daher wird vorgeschlagen, ein Nebentätigkeitsverbot vertraglich zu vereinbaren und mit einer Schadensersatzpflicht zu bewehren (*Reichling/Wolf* NZA 1997, 422, 426). Eine solche Vertragsabrede ist jedoch nur in Grenzen zulässig, dazu § 8 Rn. 4 ff.

Zum Schutze von AN, die bereits **vor Beginn der Altersteilzeit einer Nebenbeschäftigung nachgegangen sind,** ordnet § 5 III 4 an, daß Beschäftigungen oder selbständige Tätigkeiten unberücksichtigt bleiben, soweit der AltersteilzeitAN sie bereits innerhalb der letzten fünf Jahre vor Beginn der Altersteilzeitarbeit ständig ausgeübt hat. Hiervon werden insb. Nebenerwerbslandwirte begünstigt (Ziff. 5.2 I DA-ATG).

3. **Erlöschen der Förderung.** Der Anspruch auf Förderung erlischt gem. § 5 I, wenn der AN die Altersteilzeitarbeit beendet, das 65. Lebensjahr vollendet, er eine Rente wegen Alters ohne Abschläge *beanspruchen* kann oder – wenn auch mit Abschlägen – eine Altersrente, Knappschaftsausgleichsleistung oder vergleichbare Leistung öffentlich-rechtlicher Art (zum Ruhegehalt eines wegen Dienstunfähigkeit in den Ruhestand versetzten Beamten BAG 24. 3. 1992 AP TVG § 1 Vorruhestand Nr. 9) *tatsächlich bezieht* sowie gem. § 5 III 3, wenn der Anspruch für mindestens 150 Kalendertage wegen der Aufnahme einer geringfügigen Beschäftigung geruht hat. Eine Beendigung der Altersteil-

zeitarbeit tritt im Blockmodell erst mit dem Ablauf der Freizeitphase ein. Die Förderung erlischt nicht, wenn der AN eine Altersrente nach Altersteilzeitarbeit mit Abschlägen (§ 77 II Nr. 2 Buchst. a SGB VI) zwar beanspruchen kann, aber tatsächlich (noch) nicht erhält (*Bauer* NZA 1997, 401, 405).

5   Leistungen der gesetzlichen Rentenversicherung gleich stehen solche aus einer Versicherungs- oder Versorgungseinrichtung oder eines Versicherungsunternehmens, § 5 I Nr. 2 und 3. Für die Vergleichbarkeit genügt es nicht, daß sie nach ihrem Zweck bei Eintritt eines Versorgungsfalles wie die gesetzliche Rente der Sicherung des Lebensunterhalts dienen und nicht bei vorzeitiger Inanspruchnahme durch versicherungsmathematische Abschläge die geplante Altersversorgung insgesamt gefährdet ist (so noch BAG 11. 10. 1988 AP VRG § 5 Nr. 1; 11. 10. 1988 AP VRG § 5 Nr. 2; 10. 10. 1989 AP TVG § 1 Vorruhestand Nr. 2). Vielmehr müssen die Leistungen insgesamt auch hinsichtlich ihres Umfangs denen der gesetzlichen Rentenversicherung vergleichbar sein. Muß der AN bei der vorzeitigen Inanspruchnahme einer befreienden Lebensversicherung deutlich höhere Abschläge hinnehmen als er bei vergleichbarem Versicherungsverlauf in der gesetzlichen Rentenversicherung zu erwarten hätte, fehlt es daher an der Vergleichbarkeit der privaten Vorsorge (BSG 31. 10. 1991 SozR 3–7825 § 5 Nr. 2 = NZA 1992, 524; BAG 28. 7. 1992 AP VRG § 2 Nr. 14; zur kumulativen Absicherung des Altersrisikos durch die gesetzliche Rentenversicherung und eine befreiende Lebensversicherung BAG 14. 6. 1994 AP TVG § 1 Vorruhestand Nr. 18).

§ 6 Begriffsbestimmungen

(1) ¹Bisheriges Arbeitsentgelt im Sinne dieses Gesetzes ist das Arbeitsentgelt, das der in Altersteilzeit beschäftigte Arbeitnehmer für eine Arbeitsleistung bei bisheriger wöchentlicher Arbeitszeit zu beanspruchen hätte, soweit es die Beitragsbemessungsgrenze des Dritten Buches Sozialgesetzbuch nicht überschreitet. ²§ 134 Abs. 2 Nr. 1 des Dritten Buches Sozialgesetzbuch gilt entsprechend.

(2) ¹Als bisherige wöchentliche Arbeitszeit ist die wöchentliche Arbeitszeit zugrunde zu legen, die mit dem Arbeitnehmer vor dem Übergang in die Altersteilzeitarbeit vereinbart war. ²Zugrunde zu legen ist höchstens die Arbeitszeit, die im Durchschnitt der letzten 24 Monate vor dem Übergang in die Altersteilzeitarbeit vereinbart war. ³Bei der Ermittlung der durchschnittlichen Arbeitszeit nach Satz 2 bleiben Arbeitszeiten, die die tarifliche regelmäßige wöchentliche Arbeitszeit überschritten haben, außer Betracht. ⁴Die ermittelte durchschnittliche Arbeitszeit kann auf die nächste volle Stunde gerundet werden.

(3) Als tarifliche regelmäßige wöchentliche Arbeitszeit ist zugrunde zu legen,
1. wenn ein Tarifvertrag eine wöchentliche Arbeitszeit nicht oder für Teile eines Jahres eine unterschiedliche wöchentliche Arbeitszeit vorsieht, die Arbeitszeit, die sich im Jahresdurchschnitt wöchentlich ergibt; wenn ein Tarifvertrag Ober- und Untergrenzen für die Arbeitszeit vorsieht, die Arbeitszeit, die sich für den Arbeitnehmer im Jahresdurchschnitt wöchentlich ergibt,
2. wenn eine tarifliche Arbeitszeit nicht besteht, die tarifliche Arbeitszeit für gleiche oder ähnliche Beschäftigungen, oder falls eine solche tarifliche Regelung nicht besteht, die für gleiche oder ähnliche Beschäftigungen übliche Arbeitszeit.

1   Abs. 1 definiert den Begriff des „bisherigen Arbeitsentgelts" nur unzureichend. Neben dem laufenden Arbeitsentgelt gehören dazu ua. vermögenswirksame Leistungen, Anwesenheitsprämien, Leistungs- und Erschwerniszulagen, Zuschläge für Sonntags-, Feiertags- und Nachtarbeit, pauschale Vergütungen für Bereitschaftsdienst und Rufbereitschaft, einmalige und wiederkehrende Zuwendungen wie Weihnachts- und Urlaubsgeld sowie Jubiläumszuwendungen, rückwirkende Lohnerhöhungen sowie Sachbezüge und sonstige geldwerte Vorteile wie Jahreswagenrabatte etc. (Ziff. 3.1.1 III DA-ATG). Das so ermittelte bisherige Arbeitsentgelt ist für die Anwendung des Gesetzes allerdings nur insoweit zu berücksichtigen, als es die Beitragsbemessungsgrenze des SGB III (im Jahr 2000 DM 8600,– West, DM 7100,– Ost) nicht überschreitet. Dadurch wird die Pflicht des AG zur Aufstockung des Teilzeitentgelts auf 70% des Vollzeitnettos und zur darüber hinausgehenden Aufstockung in der gesetzlichen Rentenversicherung begrenzt (s. § 3 Rn. 7 f.). Durch den Verweis auf § 134 II Nr. 1 SGB III wird das Arbeitsentgelt von Ehegatten oder Verwandten in gerader Linie höchstens auf den Betrag beschränkt, den familienfremde AN bei gleichartiger Beschäftigung gewöhnlich erhalten (Einzelheiten dazu bei *Gagel* § 134 SGB III Rn. 25 ff.).

2   Abs. 2 bestimmt den für die Anwendung von § 2 zentralen Begriff der „bisherigen wöchentlichen Arbeitszeit", freilich auf recht komplizierte Art und Weise. In erster Linie maßgebend ist nach § 6 II 1 diejenige Arbeitszeit, die unmittelbar vor dem Übergang des AN in die Altersteilzeit regelmäßig wöchentlich geleistet wurde, es sei denn, daß die für die letzten sechs Monate vor diesem Zeitpunkt vereinbarte Arbeitszeit wäre geringer gewesen (§ 6 II 2). Arbeitszeiten, die über die tarifliche regelmäßige Arbeitszeit (§ 6 III) hinausgehen, werden in keinem Falle berücksichtigt (§ 6 II 3).

Der bis zur Änderung des ATG zum 1. 1. 2000 zentrale Begriff der tariflichen regelmäßigen **3** wöchentlichen Arbeitszeit (**Abs. 3**) hat seine Bedeutung durch die Öffnung der Altersteilzeit für Teilzeitbeschäftigte weitgehend verloren. Er ist nur noch als Hilfskriterium für die Festlegung der Obergrenze der „bisherigen wöchentlichen Arbeitszeit" (§ 6 II 3) von Belang. Selbst wenn AG und AN über einen längeren Zeitraum individualvertraglich eine längere als die tarifübliche Arbeitszeit vereinbart hatten, ist zur Berechnung der wöchentlichen Arbeitszeit während der Altersteilzeitarbeit (§ 2 I Nr. 2) die tarifliche regelmäßige wöchentliche Arbeitszeit heranzuziehen. Während der Altersteilzeitarbeit darf der AN mithin höchstens die Hälfte der tarifüblichen Arbeitszeit arbeiten, wenn sich nicht aus § 6 II ein geringerer Umfang ergibt.

§ 7 Berechnungsvorschrift

(1) ¹Ein Arbeitgeber beschäftigt in der Regel nicht mehr als 50 Arbeitnehmer, wenn er in dem Kalenderjahr, das demjenigen, für das die Feststellung zu treffen ist, vorausgegangen ist, für einen Zeitraum von mindestens acht Kalendermonaten nicht mehr als 50 Arbeitnehmer beschäftigt hat. ²Hat das Unternehmen nicht während des ganzen nach Satz 1 maßgebenden Kalenderjahres bestanden, so beschäftigt der Arbeitgeber in der Regel nicht mehr als 50 Arbeitnehmer, wenn er während des Zeitraums des Bestehens des Unternehmens in der überwiegenden Zahl der Kalendermonate nicht mehr als 50 Arbeitnehmer beschäftigt hat. ³Ist das Unternehmen im Laufe des Kalenderjahres errichtet worden, in dem die Feststellung nach Satz 1 zu treffen ist, so beschäftigt der Arbeitgeber in der Regel nicht mehr als 50 Arbeitnehmer, wenn nach der Art des Unternehmens anzunehmen ist, daß die Zahl der beschäftigten Arbeitnehmer während der überwiegenden Kalendermonate dieses Kalenderjahres 50 nicht überschreiten wird.

(2) ¹Für die Berechnung der Zahl der Arbeitnehmer nach § 3 Abs. 1 Nr. 3 ist der Durchschnitt der letzten zwölf Kalendermonate vor dem Beginn der Altersteilzeitarbeit des Arbeitnehmers maßgebend. ²Hat ein Betrieb noch nicht zwölf Monate bestanden, ist der Durchschnitt der Kalendermonate während des Zeitraums des Bestehens des Betriebes maßgebend.

(3) ¹Bei der Feststellung der Zahl der beschäftigten Arbeitnehmer nach Absatz 1 und 2 bleiben Schwerbehinderte und Gleichgestellte im Sinne des Schwerbehindertengesetzes sowie Auszubildende außer Ansatz. ²Teilzeitbeschäftigte Arbeitnehmer mit einer regelmäßigen wöchentlichen Arbeitszeit von nicht mehr als 20 Stunden sind mit 0,5 und mit einer regelmäßigen wöchentlichen Arbeitszeit von nicht mehr als 30 Stunden mit 0,75 zu berücksichtigen.

Die Berechnungsvorschrift steht im Zusammenhang mit den in § 3 I Nr. 2 lit. a und b genannten **1** erleichterten Fördervoraussetzungen für Kleinunternehmen (unwiderlegliche Vermutung des sachlichen Zusammenhangs zwischen dem Übergang des älteren AN in die Altersteilzeit und der Neueinstellung sowie Gewährung der Förderung auch bei Einstellung eines Auszubildenden). Sie bestimmt, auf welche Weise die Beschäftigtenzahl zu errechnen ist.

§ 8 Arbeitsrechtliche Regelungen

(1) Die Möglichkeit eines Arbeitnehmers zur Inanspruchnahme von Altersteilzeitarbeit gilt nicht als eine die Kündigung des Arbeitsverhältnisses durch den Arbeitgeber begründende Tatsache im Sinne des § 1 Abs. 2 Satz 1 des Kündigungsschutzgesetzes; sie kann auch nicht bei der sozialen Auswahl nach § 1 Abs. 3 Satz 1 des Kündigungsschutzgesetzes zum Nachteil des Arbeitnehmers berücksichtigt werden.

(2) ¹Die Verpflichtung des Arbeitgebers zur Zahlung von Leistungen nach § 3 Abs. 1 Nr. 1 kann nicht für den Fall ausgeschlossen werden, daß der Anspruch des Arbeitgebers auf die Leistungen nach § 4 nicht besteht, weil die Voraussetzung des § 3 Abs. 1 Nr. 2 nicht vorliegt. ²Das gleiche gilt für den Fall, daß der Arbeitgeber die Leistungen nur deshalb nicht erhält, weil er den Antrag nach § 12 nicht, nicht richtig, nicht vollständig oder nicht rechtzeitig gestellt hat oder seinen Mitwirkungspflichten nicht nachgekommen ist, ohne daß dafür eine Verletzung der Mitwirkungspflichten des Arbeitnehmers ursächlich war.

(3) Eine Vereinbarung zwischen Arbeitnehmer und Arbeitgeber über die Altersteilzeitarbeit, die die Beendigung des Arbeitsverhältnisses ohne Kündigung zu einem Zeitpunkt vorsieht, in dem der Arbeitnehmer Anspruch auf eine Rente nach Altersteilzeitarbeit hat, ist zulässig.

1. Kündigungsrechtliche Stellung. Die arbeitsrechtliche Stellung des AltersteilzeitAN ist in § 8 nur **1** unvollständig geregelt. § 8 I bestimmt, daß die Möglichkeit eines AN zur Inanspruchnahme von Altersteilzeit keinen Kündigungsgrund darstellen (vgl. BAG 2. 4. 1987 AP BGB § 612a Nr. 1) und bei der sozialen Auswahl nach § 1 III KSchG nicht zu Lasten nicht berücksichtigt werden darf. Damit schließt das Gesetz, das nur ein Angebot, keine Verpflichtung enthält (*Diller* NZA 1996, 847, 851), auch Änderungskündigungen zur Erzwingung der Altersteilzeit aus (*Stindt* DB 1996, 2281; unklar jetzt

Diller NZA 1998, 792, 795) und beugt zugleich der Gefahr vor, daß auf den AN Druck ausgeübt wird, auf eine Altersteilzeitvereinbarung einzugehen (BT-Drucks. 14/1831, S. 9). Nicht geklärt hat der Gesetzgeber, welche Stellung dem AN kündigungsrechtlich zukommt, der bereits in die Altersteilzeit gewechselt ist (dazu *Stück* NZA 2000, 749 ff.). Zur Beurteilung der Frage, ob er mit weiter vollzeitbeschäftigten AN vergleichbar und daher in die soziale Auswahl einzubeziehen ist, muß auf die allgemeinen Grundsätze des § 1 III KSchG zurückgegriffen werden. Danach ist entscheidend, ob der AG eine Organisationsentscheidung des Inhalts getroffen hatte, bestimmte Arbeitsplätze mit Vollzeit- bzw. Teilzeitkräften zu besetzen, oder ob er lediglich in einem bestimmten Bereich die Anzahl der insgesamt zu leistenden Arbeitsstunden reduzieren will (vgl. BAG 3. 12. 1998 AP KSchG 1969 § 1 Soziale Auswahl Nr. 39; 12. 8. 1999 AP KSchG 1969 § 1 Soziale Auswahl Nr. 44 und hier § 1 KSchG Rn. 485).

2   Im **Blockmodell**, in dem der AN während der ersten Hälfte eine Vorleistung erbringt (§ 2 Rn. 9), halten manche eine Kündigung während der Freizeitphase gem. § 242 BGB gänzlich für ausgeschlossen (*Reichling/Wolf* NZA 1997, 422, 427), weil der AN nicht Gefahr laufen dürfe, bereits erdiente Lohnansprüche wieder zu verlieren. Zur Erreichung dieses berechtigten Anliegens ist die Statuierung eines aus Treu und Glauben hergeleiteten Kündigungsverbots jedoch nicht erforderlich. Der AltersteilzeitAN erwirbt im Blockmodell während der Arbeitsphase einen Anspruch auf das volle Entgelt, die Forderung ist allerdings nur zur Hälfte durchsetzbar und wird wegen der zweiten Hälfte auf den entsprechenden Kalendermonat in der Freizeitphase betagt (*Rombach* RdA 1999, 194, 195). Genausowenig, wie die Kündigung eines gewöhnlichen Arbeitsverhältnisses bereits entstandene, aber noch nicht fällige Entgeltansprüche zum Erlöschen bringt, sie vielmehr in ihrer Höhe und Fälligkeit unberührt läßt (vgl. APS/ *Rolfs* § 628 BGB Rn. 8), tangiert eine Kündigung des Altersteilzeitarbeitsverhältnisses in der Freizeitphase nicht die Ansprüche des AN auf die bereits erdienten, aber noch nicht ausgezahlte Entgelthälfte. Eine – ordentliche oder außerordentliche – Kündigung des Arbeitsverhältnisses ist daher auch während der Freizeitphase im Blockmodell möglich, sie kann hier freilich regelmäßig nur auf verhaltensbedingte Gründe gestützt werden, die trotz der Freistellung des AN so schwerwiegend sind, daß sie die Kündigung iS von § 1 KSchG sozial rechtfertigen bzw. einen wichtigen Grund iSd. § 626 I BGB darstellen (Verrat von Betriebs- oder Geschäftsgeheimnissen etc.; zutreffend *Stück* NZA 2000, 749, 751).

3   **2. Sicherung der Lohnansprüche im Blockmodell.** Da der AN im Blockmodell eine Vorleistung erbringt, müssen die Tarif-, Betriebs- oder Vertragspartner sicherstellen, daß seine Lohnansprüche auch im Falle der Insolvenz des AG gesichert sind (*Bermig* AuA 1997, 216, 217). § 7 a SGB IV enthält eine entsprechende, allerdings sanktionslose, Verpflichtung (*Rombach* RdA 1999, 194, 197 f.; *Wonneberger* DB 1998, 982, 984 f.). Sowohl lohnsteuer- als auch insolvenzrechtlich empfiehlt sich insoweit insb. das sog. Verpfändungsmodell, das seit langem bei der Sicherung von Versorgungsansprüchen geschäftsführender Gesellschafter von Kapitalgesellschaften eingesetzt wird. Dabei wird dem Inhaber des Arbeitszeitkontos das Wertpapier- bzw. Investmentdepot oder die Rückdeckungsversicherung verpfändet, in die ein entsprechenden in Geld bemessenes Arbeitszeitguthaben nebst AGAnteil am Gesamtsozialversicherungsbeitrag eingebracht werden (*Hanau/Arteaga* BB 1998, 2054 ff.; weitere Modelle bei *Rittweger* NZS 1999, 126, 128). Der vertraglichen Regelung bedarf auch, wie zu verfahren ist, wenn der AN beispielsweise durch Tod oder Eigenkündigung aus dem Arbeitsverhältnis ausscheidet (Regelungsvorschläge bei *Kerschbaumer/Tiefenbacher* AuR 1998, 58, 59 f.). Kraft Gesetzes ändert sich an der vereinbarten Fälligkeit der Bezüge hierdurch nichts, dh., der AN oder seine Hinterbliebenen erhalten für die gleiche Zeitdauer, die der AN bis zu seinem Ausscheiden oder Tod Altersteilzeit gearbeitet hat, weiterhin kontinuierlich das Entgelt zuzüglich der Aufstockungsbeträge.

4   **3. Koppelung des Aufstockungsbetrages an Bedingungen.** § 8 II verbietet vertragliche Vereinbarungen, nach denen die Zahlung des Aufstockungsbetrages davon abhängig gemacht wird, daß deren Erstattung wegen Scheiterns der Wiederbesetzung nicht erfolgt. Das Risiko, einen geeigneten AN als Wiederbesetzer zu finden und mit ihm förderungskonforme Vereinbarungen abzuschließen, soll nicht vom AG auf den Altersteilzeitbeschäftigten verlagert werden können. Das gleiche gilt für das Risiko der nicht rechtzeitigen oder ordnungsgemäßen Antragstellung oder sonstiger Mitwirkungshandlungen des AG im Verhältnis zur BA. Im **Umkehrschluß** wird aus dieser Regelung gefolgert, daß alle anderen Risiken vertraglich auf den Altersteilzeiter abgewälzt werden können (*Diller* NZA 1996, 847, 851). Die Erstattung der bereits gezahlten Aufstockungsbeiträge kann daher – was besonders im kontinuierlichen Modell von Bedeutung ist – beispielsweise für den Fall vereinbart werden, daß der AltersteilzeitAN das Arbeitsverhältnis selbst kündigt oder ihm rechtswirksam gekündigt wird (*Bauer* NZA 1997, 401, 405), nicht dagegen dann, wenn das Arbeitsverhältnis mit der Ersatzkraft endet (aA *Glatzel* AR-Blattei SD 50 „Altersteilzeit" Rn. 11).

5   Eine Koppelung im vorbezeichneten Umfang ist jedoch dann unzulässig, wenn ein TV oder eine Betriebsvereinbarung dem AN einen **unbedingten Anspruch auf Wechsel in die Altersteilzeit** einräumt. Stellte der AG dann individualvertraglich die Zahlung der Aufstockungsbeträge unter gesetzlich zwar zulässige, in der Kollektivvereinbarung aber nicht vorgesehene Bedingungen, wären diese Vertragsklauseln wegen Verstoßes gegen die unmittelbare und zwingende Wirkung des TV (§ 4 I TVG) bzw. der Betriebsvereinbarung (§ 77 IV 1 BetrVG) unwirksam (*Diller* NZA 1996, 847, 851). Aus demselben Grunde kann auch die Zahlung höherer als im Gesetz vorgesehener Aufstockungsbe-

träge regelmäßig nicht an die Wiederbesetzung des Arbeitsplatzes geknüpft werden. § 8 II verbietet eine derartige Koppelung nur, soweit die Aufstockung in der gesetzlichen Höhe (§ 3 I Nr. 1) gewährt wird. Hat der AN aber kollektivvertraglich einen unbedingten Rechtsanspruch auf einen höheren Aufstockungsbetrag, kann dieser einzelvertraglich unter die Bedingung der tatsächlichen Förderung der Altersteilzeit durch die BA gestellt werden.

Problematisch sind auch Vereinbarungen, nach denen der AN zur Erstattung der Aufstockungsbe- 6 träge verpflichtet sein soll, wenn er eine **mehr als nur geringfügige Nebenbeschäftigung aufnimmt**, die gem. § 5 III 1, 3 zum Ruhen und nach 150 Tagen sogar zum Erlöschen des Erstattungsanspruchs führt. Eine solche Regelung wird vor allem im Blockmodell für erforderlich gehalten (*Reichling/Wolf* NZA 1997, 422, 426), wenn der AG die Wiederbesetzung erst mit Beginn der Freizeitphase vorgenommen hat. Hier greift nämlich die in § 11 II vorgesehene Sanktion, daß der AN, der nicht unverzügliche Mitteilung einer Änderung der ihn betreffenden Verhältnisse die unrechtmäßige Gewährung von Zuschüssen veranlaßt hat, zu deren Erstattung verpflichtet ist, nicht, weil der AG mangels Wiederbesetzung des Arbeitsplatzes noch gar keine Förderung erfahren hat. Zwar verstößt eine solche Vertragsklausel nicht gegen § 8 II (*Boecken* NJW 1996, 3386, 3391), ob sie allerdings mit der Berufsausübungsfreiheit des Art. 12 I GG ohne weiteres in Einklang steht, darf bezweifelt werden. Das BAG hat im Urteil vom 18. 11. 1988 (AP BGB § 611 Doppelarbeitsverhältnis Nr. 3) eine Vertragsklausel, nach der einer geringfügig Beschäftigten die Aufnahme einer weiteren geringfügigen Beschäftigung untersagt werden sollte, wegen Verstoßes gegen Art. 12 I GG verworfen. Allerdings hat der 8. Senat auch erkannt, daß dem AG unabhängig von einer ausdrücklichen Vertragsabrede ein Schadensersatzanspruch zusteht, wenn der AN eine Nebentätigkeit aufnimmt, ohne dies dem AG anzuzeigen, und dadurch für den AG nachteilige sozialversicherungsrechtliche Konsequenzen entstehen. Die Schadensersatzpflicht umfasse jedoch nicht die Erstattung der AGAnteile zur Sozialversicherung, weil § 32 SGB I die Verlagerung von Beitragslasten auf den AN untersage (BAG 18. 11. 1988 AP BGB § 611 Doppelarbeitsverhältnis Nr. 3). Daraus folgt, daß der AG Schadensersatz in Höhe des Aufstockungsbetrages zum Teilzeitarbeitsentgelt, des darauf entfallenden ANanteils zur Sozialversicherung und des weiteren Aufstockungsbetrages zur gesetzlichen Rentenversicherung (weil zur Tragung dieser Beiträge mangels zugrundeliegender Entgeltzahlung nur eine vertragliche, aber keine gesetzliche Verpflichtung besteht) beanspruchen kann. Die auf den Aufstockungsbetrag entfallenden AGAnteile sind demgegenüber nicht ersatzfähig. Eine Verletzung von Art. 12 I GG zu Lasten des AG liegt darin nicht (BSG 10. 9. 1987 NZA 1988, 629; 23. 2. 1988 SozR 2100 § 8 Nr. 5 = DB 1988, 716).

4. Befristung des Arbeitsverhältnisses. Da das Gesetz den gleitenden Übergang vom Erwerbsleben 7 in die Altersrente ermöglichen will, läßt § 8 III Vereinbarungen zu, nach denen der Altersteilzeitvertrag auf den Tag **befristet** wird, an dem der AN die Voraussetzungen für den Bezug von Altersrente nach Altersteilarbeitszeit (§ 237 SGB VI) – wenn auch mit Abschlägen (*Boecken* NJW 1996, 3386, 3391) – erfüllt. Wie bei anderen Regelungen, die auf das Erreichen einer bestimmten Altersgrenze abstellen, handelt es sich auch hier nicht um eine auflösende Bedingung, sondern um eine Befristung (aA *Bauer* NZA 1997, 401, 402). Wegen der relativ komplexen rentenrechtlichen Voraussetzungen für den Bezug der Altersrente nach Altersteilzeitarbeit, die idR, aber durchaus nicht stets mit Vollendung des 60. Lebensjahres erfüllt sind, empfiehlt es sich, pauschal auf das Erfüllen dieser Anspruchsvoraussetzungen abzustellen, ohne sie im – wegen § 623 BGB und § 7 Ia SGB IV schriftlich abzuschließenden – Arbeitsvertrag selbst näher zu konkretisieren. Außerdem kann der Altersteilzeitvertrag unter die auflösende Bedingung des Erlöschens der Förderleistungen nach § 5 gestellt werden (*Reichling/Wolf* NZA 1997, 422, 426).

Das **Verhältnis** von § 8 III **zu anderen Befristungsregelungen** gestaltet sich wie folgt: Gegenüber 8 der rentenrechtlichen Bestimmung des § 41 SGB VI genießt § 8 III als speziellere Regelung den Vorrang (BT-Drucks. 13/4877, S. 34; *Küttner/Kreitner* Altersteilzeit Rn. 6). Mit anderen gesetzlichen oder als sachliche Gründe iSv. § 620 BGB anerkannten Befristungstatbeständen kann die Befristung des § 8 III kombiniert werden. So empfiehlt es sich, neben der Befristung auf die Erfüllung der Anspruchsvoraussetzungen auf Rente nach Altersteilzeit zugleich eine Befristung auf das Erreichen des 65. Lebensjahres zu vereinbaren, damit das Arbeitsverhältnis spätestens endet, wenn der AN die Regelaltersrente beanspruchen kann, falls der Rentenversicherungsträger – aus welchen Gründen auch immer – die Gewährung von Altersrente nach Altersteilzeitarbeit ablehnt. Eine Kombination der Befristung des § 8 III mit der des **§ 1 BeschFG** scheidet dagegen regelmäßig aus. Befristungen nach dem BeschFG setzen nämlich stets voraus, daß zu einem vorhergehenden unbefristeten Arbeitsvertrag kein enger sachlicher Zusammenhang besteht. Da die Förderung von Altersteilzeitarbeit durch die BA umgekehrt nur erfolgt, wenn die Arbeitszeit um 50% reduziert wird, kommt eine Doppelbefristung nur dann in Betracht, wenn die bisherige Beschäftigung in einem aus sachlichem Grund iSd. Rechtsprechung zu § 620 BGB befristeten Arbeitsverhältnis erfolgt war.

5. Mitbestimmung des BR. Zweifelhaft ist, ob dem BR aus § 87 I Nr. 2 BetrVG ein Mitbestim- 9 mungsrecht bei der Lage und Verteilung der Arbeitszeit des Altersteilzeitbeschäftigten zusteht. *Bauer* (NZA 1997, 401, 403) und *Stindt* (DB 1996, 2281, 2286) vertreten die Ansicht, daß es sich bei § 2 II um eine gesetzliche Regelung handele, die die Arbeitszeitvereinbarung in die privatautonome Regelungsmacht der Arbeitsvertragsparteien überantworte. Dem kann nicht gefolgt werden. Gesetzliche oder tarifliche Regelungen gehen dem Mitbestimmungsrecht des BR nur insoweit vor, als sie selbst eine abschließende Regelung beinhalten (BAG 3. 12. 1991 AP BetrVG 1972 § 87 Lohngestaltung Nr. 51 und 52; 14. 12. 1993 AP BetrVG 1972 § 87 Lohngestaltung Nr. 65; *Fitting* § 87 Rn. 31). Wenn und soweit das Gesetz eine Sachentscheidung und damit eine „Regelung" nicht selbst trifft, verbleibt es beim Mitbestimmungsrecht des BR (BAG 21. 9. 1993 AP BetrVG 1972 § 87 Arbeitszeit Nr. 62; *Rombach* RdA 1999, 194, 196). Voraussetzung ist natürlich stets, daß die Regelung einen kollektiven Tatbestand betrifft (vgl. § 87 BetrVG Rn. 6), Einzelfallentscheidungen bleiben mitbestimmungsfrei (*Glatzel* AR-Blattei SD 50 „Altersteilzeit" Rn. 18).

§ 9 Ausgleichskassen, gemeinsame Einrichtungen

(1) Werden die Leistungen nach § 3 Abs. 1 Nr. 1 auf Grund eines Tarifvertrages von einer Ausgleichskasse der Arbeitgeber erbracht oder dem Arbeitgeber erstattet, gewährt die Bundesanstalt auf Antrag der Tarifvertragsparteien die Leistungen nach § 4 der Ausgleichskasse.

(2) Für gemeinsame Einrichtungen der Tarifvertragsparteien gilt Absatz 1 entsprechend.

1 § 9 ist bislang ohne praktische Bedeutung, weil vor allem die AG die Errichtung von Ausgleichskassen und Gemeinsamen Einrichtungen aufgrund des damit einhergehenden Verwaltungsaufwandes scheuen (*Rittweger* Rn. 4).

§ 10 Soziale Sicherung des Arbeitnehmers

(1) ¹Beansprucht ein Arbeitnehmer, der Altersteilzeitarbeit (§ 2) geleistet hat und für den der Arbeitgeber Leistungen nach § 3 Abs. 1 Nr. 1 erbracht hat, Arbeitslosengeld, Arbeitslosenhilfe oder Unterhaltsgeld, erhöht sich das Bemessungsentgelt, das sich nach den Vorschriften des Dritten Buches Sozialgesetzbuch ergibt, bis zu dem Betrag, der als Bemessungsentgelt zugrunde zu legen wäre, wenn der Arbeitnehmer seine Arbeitszeit nicht im Rahmen der Altersteilzeit vermindert hätte. ²Kann der Arbeitnehmer eine Rente wegen Alters in Anspruch nehmen, ist von dem Tage an, an dem die Rente erstmals beansprucht werden kann, das Bemessungsentgelt maßgebend, das ohne die Erhöhung nach Satz 1 zugrunde zu legen gewesen wäre. ³Änderungsbescheide werden mit dem Tag wirksam, an dem die Altersrente erstmals beansprucht werden konnte.

(2) ¹Bezieht ein Arbeitnehmer, für den die Bundesanstalt Leistungen nach § 4 erbracht hat, Krankengeld, Versorgungskrankengeld, Verletztengeld oder Übergangsgeld und liegt der Bemessung dieser Leistungen ausschließlich die Altersteilzeit zugrunde oder bezieht der Arbeitnehmer Krankentagegeld von einem privaten Krankenversicherungsunternehmen erbringt die Bundesanstalt anstelle des Arbeitgebers die Leistungen nach § 3 Abs. 1 Nr. 1 in Höhe der Erstattungsleistungen nach § 4. ²Durch die Leistungen darf der Höchstförderzeitraum nach § 4 Abs. 1 nicht überschritten werden. ³§ 5 Abs. 1 gilt entsprechend.

(3) Absatz 2 gilt entsprechend für Arbeitnehmer, die nur wegen Inanspruchnahme der Altersteilzeit nach § 2 Abs. 1 Nr. 1 und 2 des Zweiten Gesetzes über die Krankenversicherung der Landwirte versicherungspflichtig in der Krankenversicherung der Landwirte sind, soweit und solange ihnen Krankengeld gezahlt worden wäre, falls sie nicht Mitglied einer landwirtschaftlichen Krankenkasse geworden wären.

(4) Bezieht der Arbeitnehmer Kurzarbeitergeld oder Winterausfallgeld, gilt für die Berechnung der Leistungen des § 3 Abs. 1 Nr. 1 und des § 4 das Entgelt für die vereinbarte Arbeitszeit als Arbeitsentgelt für die Altersteilzeitarbeit.

(5) Sind für den Arbeitnehmer Aufstockungsbeträge zum Arbeitsentgelt und Beiträge zur gesetzlichen Rentenversicherung für den Unterschiedsbetrag zwischen dem Arbeitsentgelt für die Altersteilzeitarbeit und mindestens 90 vom Hundert des bisherigen Arbeitsentgelts nach § 3 Abs. 1 gezahlt worden, gilt in den Fällen des § 23 b Abs. 2 Satz 1 Nr. 2 des Vierten Buches Sozialgesetzbuch in der gesetzlichen Rentenversicherung der Unterschiedsbetrag zwischen 90 vom Hundert und 100 vom Hundert des bis zu dem Zeitpunkt der nicht zweckentsprechenden Verwendung erzielten bisherigen Arbeitsentgelts als einmalig gezahltes Arbeitsentgelt im Sinne des § 23 a des Vierten Buches Sozialgesetzbuch; für die Beiträge zur Kranken- und Pflegeversicherung oder nach dem Recht der Arbeitsförderung gilt § 23 b Abs. 2 des Vierten Buches Sozialgesetzbuch.

1 Die soziale Sicherung des Altersteilzeitbeschäftigten ist in § 10 nur tlw. geregelt. Entscheidend ist zunächst, daß während der gesamten Dauer der Altersteilzeitarbeit, also im Blockmodell auch in der Freizeitphase, ein **sozialversicherungspflichtiges Beschäftigungsverhältnis** besteht, wie § 7 I a

SGB IV ausdrücklich klarstellt. Der AltersteilzeitAN genießt folglich ununterbrochenen Sozialversicherungsschutz, wenn – wie regelmäßig – an die Freizeitphase die Rente nach Altersteilzeitarbeit unmittelbar anschließt. Eine wichtige Ergänzung des sozialen Schutzes beinhaltet § 23 b SGB IV, der das an den AN gezahlte Entgelt sowohl in der Freistellungsphase (§ 23 b I SGB IV) auch in sog. „Störfällen" (§ 23 b II SGB IV, zB Insolvenz des AG, vorzeitige Beendigung des Arbeitsverhältnisses) als beitragspflichtige Einnahme bestimmt und damit zu einer Verstetigung des Sozialversicherungsschutzes bei diskontinuierlicher Arbeitsleistung führt (Einzelheiten dazu bei *Hauck* § 23 b SGB IV Rn. 1 ff.; *Rombach* RdA 1999, 194, 198 ff.). In der **Arbeitslosenversicherung** wird die Stellung des Altersteilzeiters nochmals dadurch verbessert, daß im Falle der Arbeitslosigkeit das Arbeitslosengeld (und ggf. die Arbeitslosenhilfe) auf der Basis des bisherigen Arbeitsentgelts berechnet wird, § 10 I. Dieses Privileg wird seit der Neufassung des Abs. 1 durch das Flexi-Gesetz nicht nur bei geförderter Altersteilzeit, sondern immer schon dann gewährt, wenn der AG Leistungen nach § 3 I Nr. 1 erbracht hat; freilich nur solange, wie der Beschäftigte noch keine Rente aus der gesetzlichen Rentenversicherung beanspruchen kann, und zwar auch dann, wenn diese Rente nur mit Abschlägen beansprucht werden kann. Danach ist die Höhe des Arbeitslosengeldes usw. auf der Basis des tatsächlich erzielten Arbeitsentgelts neu festzusetzen (§ 10 I 2), wodurch erreicht werden soll, daß der Rentenantrag gestellt wird und die finanziellen Lasten von der Arbeitslosen- auf die Rentenversicherung übergehen. Liegt der Übergang in die Altersteilzeit noch keine drei Jahre zurück, ist allerdings § 131 II Nr. 2 SGB III zu beachten, der auch bei Lohnersatzleistungen des Arbeitsförderungsrechts in *nicht* geförderter Altersteilzeit Geltung beansprucht (*Köhler* AuA 1996, 299, 301).

Bei **krankheitsbedingter Arbeitsunfähigkeit** erhält der AN nach Maßgabe des EFZG oder weitergehender (tarif-)vertraglicher Bestimmungen zunächst für die Dauer von (mindestens) bis zu sechs Wochen Entgeltfortzahlung im Krankheitsfall. Nach Ablauf dieser Frist wird **außerhalb des Blockmodells** das Krankengeld (§ 47 SGB V) auf der Grundlage (nur) des Teilzeitarbeitsentgelts gewährt, die Aufstockungsbeträge werden von der BA übernommen, aber nur unter der zusätzlichen Voraussetzung, daß die Altersteilzeitarbeit nach der Wiederbesetzung des Arbeitsplatzes von ihr gefördert wird, § 10 II (*Rittweger* Rn. 6). Allerdings ist insoweit nicht erforderlich, daß die Fördervoraussetzungen dauernd vorliegen, es genügt, daß die BA einmal Leistungen erbracht hat (*Reichling/Wolf* NZA 1997, 422, 425). Zur Verwaltungsvereinfachung kann zwischen dem AG und dem Altersteilzeiter vertraglich vereinbart werden, daß der AG sich den Anspruch des AN gegen die BA abtreten läßt (zulässig gem. § 53 II Nr. 1 SGB I) und die Zahlung der Aufstockungsbeträge selbst übernimmt (vgl. den Mustervertrag bei *Reichling/Wolf* NZA 1997, 422, 425). Das Wiederbesetzungsrisiko bleibt aber auch hier beim Altersteilzeiter, weil die Abtretung eines nicht existierenden Anspruchs in Leere geht. **Im Blockmodell** wird während der Arbeitsphase das Krankengeld nicht auf der Basis des „erzielten", sondern nur des tatsächlich zugeflossenen (unaufgestockten halben) Arbeitsentgelts berechnet, § 47 II 4, 5 SGB V, die Aufstockung übernimmt nach § 10 II die BA, allerdings nur bei geförderter Altersteilzeit (*Rittweger* NZS 1999, 126, 127). In der Freistellungsphase ruht der Anspruch auf Krankengeld gem. § 49 I Nr. 6 SGB V, weil der AN in dieser Zeit auch bei Arbeitsunfähigkeit seinen Lohnanspruch gegen den AG verliert (KassKomm/*Höfler* § 49 SGB V Rn. 21 a). Durch die zum 1. 1. 1996 rückwirkende (Art. 3 II des Gesetzes zur Fortentwicklung der Altersteilzeit vom 20. 12. 1999, BGBl. I S. 2494) Gleichstellung von AN, die bei Arbeitsunfähigkeit Krankentagegeld von einem privaten Krankenversicherungsunternehmen erhalten, mit den in der gesetzlichen Krankenversicherung Versicherten (§ 10 II 1), wird gewährleistet, daß die BA die Aufstockungsleistungen nach § 10 II anstelle des AG auch für diese AN übernimmt (BT-Drucks. 14/1831, S. 9). Zugleich werden privat krankenversicherte AN insoweit auch im Recht der gesetzlichen Rentenversicherung den gesetzlich Krankenversicherten gleichgestellt (§ 163 V 3 SGB VI; dazu BT-Drucks. 14/1831, S. 9; *Wolf* NZA 2000, 637, 640 f.). Bei einer **vertraglichen Übernahme der Zahlung der Aufstockungsbeträge durch den AG** trägt dieser das Risiko der Wiederbesetzung des Arbeitsplatzes. Hat er nämlich – wenn auch wegen der ins Leere gehenden Abtretung rechtsgrundlos – diese Beträge erst einmal ausgezahlt, scheitert ein Rückforderungsanspruch an § 8 II 1 (zweifelnd *Reichling/Wolf* NZA 1997, 422, 425).

Nach mindestens 24monatiger Altersteilzeitarbeit kann ein AN, der das 60. Lebensjahr vollendet und die übrigen rentenrechtlichen Voraussetzungen erfüllt hat, **Altersrente nach Altersteilzeitarbeit** beanspruchen, § 237 SGB VI. Nicht erforderlich ist, daß diese Altersteilzeitarbeit von der BA gefördert worden ist, der Rentenanspruch ist von der Wiederbesetzung des Arbeitsplatzes nicht abhängig (*Bauer* NZA 1997, 401, 407; *Stindt* DB 1996, 2281, 2283). Bei Inanspruchnahme der Rente schon mit Beginn des 60. Lebensjahres muß der Rentner freilich erhebliche Rentenabschläge von bis zu 18% hinnehmen (§ 77 II Nr. 2 Buchst. a SGB VI; Tabellen über die konkrete Abschlagshöhe ua. bei *Köster* S. 18 f.), wenn nicht – wie beispielsweise nach dem AltersteilzeitTV für die Beschäftigten der Volkswagen AG – der AG auch diesen Nachteil ganz oder tlw. ausgleicht. Diese Abschläge stellen neben der Wiederbesetzungsproblematik das wohl größte Hindernis bei der praktischen Umsetzung des ATG dar (*Bauer* NZA 1997, 401), zumal seit dem 1. 4. 1998 nicht mehr die Möglichkeit zur freiwilligen Zahlung von Beiträgen zur Höherversicherung besteht, weil das RRG 1999 die einschlägige Bestimmung des § 234 SGB VI ersatzlos gestrichen hat (*Grintsch* DRV 1998, 88, 93 f.).

4 Durch den Übergang in die Altersteilzeitarbeit kann das Arbeitsentgelt eines bislang in der gesetzlichen Krankenversicherung nicht versicherungspflichtigen Beschäftigten unter die **Beitragsbemessungsgrenze absinken**. Dadurch wird der Altersteilzeiter aber regelmäßig nicht versicherungspflichtig, weil Beschäftigte, die erst nach Vollendung des 55. Lebensjahres in die Versicherungspflicht „hineinwachsen", unter den weiteren Voraussetzungen des § 6 IIIa SGB V (idF des GKV-Gesundheitsreformgesetzes 2000 vom 22. 12. 1999, BGBl. I. S. 2626) versicherungsfrei bleiben (*Figge* DB 2000, 213).

§ 11 Mitwirkungspflichten des Arbeitnehmers

(1) ¹Der Arbeitnehmer hat Änderungen der ihn betreffenden Verhältnisse, die für die Leistungen nach § 4 erheblich sind, dem Arbeitgeber unverzüglich mitzuteilen. ²Werden im Fall des § 9 die Leistungen von der Ausgleichskasse der Arbeitgeber oder der gemeinsamen Einrichtung der Tarifvertragsparteien erbracht, hat der Arbeitnehmer Änderungen nach Satz 1 diesen gegenüber unverzüglich mitzuteilen.

(2) ¹Der Arbeitnehmer hat der Bundesanstalt die dem Arbeitgeber zu Unrecht gezahlten Leistungen zu erstatten, wenn der Arbeitnehmer die unrechtmäßige Zahlung dadurch bewirkt hat, daß er vorsätzlich oder grob fahrlässig
1. Angaben gemacht hat, die unrichtig oder unvollständig sind, oder
2. der Mitteilungspflicht nach Absatz 1 nicht nachgekommen ist.
²Die zu erstattende Leistung ist durch schriftlichen Verwaltungsakt festzusetzen. ³Eine Erstattung durch den Arbeitgeber kommt insoweit nicht in Betracht.

1 Da die Förderung durch die BA ua. auch davon abhängig ist, daß der AltersteilzeitAN neben der Altersteilzeit und im Blockmodell auch in der Freizeitphase keine versicherungspflichtige Beschäftigung aufnimmt (§ 5 III), verpflichtet das Gesetz ihn, dies und andere ihn betreffende, förderungserhebliche Umstände dem AG unverzüglich mitzuteilen. Freilich genügt weder die gesetzliche Mitwirkungspflicht des § 11 I noch der Erstattungsanspruch aus § 11 II, um den berechtigten Interessen des AG vollständig gerecht zu werden. Im Rahmen des arbeitsrechtlich Zulässigen sollten daher einzelvertraglich weitere diesbezügliche Vereinbarungen getroffen werden, insb. im Blockmodell (s. § 8 Rn. 4 ff. und § 5 Rn. 2).

§ 12 Verfahren

(1) ¹Das Arbeitsamt entscheidet auf schriftlichen Antrag des Arbeitgebers, ob die Voraussetzungen für die Erbringung von Leistungen nach § 4 vorliegen. ²Der Antrag wirkt vom Zeitpunkt des Vorliegens der Anspruchsvoraussetzungen, wenn er innerhalb von drei Monaten nach deren Vorliegen gestellt wird, andernfalls wirkt er vom Beginn des Monats der Antragstellung. ³In den Fällen des § 3 Abs. 3 kann das Arbeitsamt auch vorab entscheiden, ob die Voraussetzungen des § 2 vorliegen. ⁴Mit dem Antrag sind die Namen, Anschriften und Versicherungsnummern der Arbeitnehmer mitzuteilen, für die Leistungen beantragt werden. ⁵Zuständig ist das Arbeitsamt, in dessen Bezirk der Betrieb liegt, in dem der Arbeitnehmer beschäftigt ist. ⁶Die Bundesanstalt erklärt ein anderes Arbeitsamt für zuständig, wenn der Arbeitgeber dafür ein berechtigtes Interesse glaubhaft macht.

(2) ¹Leistungen nach § 4 werden nachträglich jeweils für den Kalendermonat ausgezahlt, in dem die Anspruchsvoraussetzungen vorgelegen haben, wenn sie innerhalb von sechs Monaten nach Ablauf dieses Kalendermonats beantragt werden. ²Leistungen nach § 10 Abs. 2 werden auf Antrag des Arbeitnehmers monatlich nachträglich ausgezahlt.

(3) ¹In den Fällen des § 3 Abs. 3 werden dem Arbeitgeber die Leistungen nach Absatz 1 erst von dem Zeitpunkt an ausgezahlt, in dem der Arbeitgeber auf dem freigemachten oder durch Umsetzung freigewordenen Arbeitsplatz einen Arbeitnehmer beschäftigt, der bei Beginn der Beschäftigung die Voraussetzungen des § 3 Abs. 1 Nr. 2 erfüllt hat. ²Endet die Altersteilzeitarbeit in den Fällen des § 3 Abs. 3 vorzeitig, erbringt das Arbeitsamt dem Arbeitgeber die Leistungen für zurückliegende Zeiträume nach Satz 3, solange die Voraussetzungen des § 3 Abs. 1 Nr. 2 erfüllt sind und soweit dem Arbeitgeber entsprechende Aufwendungen für Aufstockungsleistungen nach § 3 Abs. 1 Nr. 1 und § 4 Abs. 2 verblieben sind. ³Die Leistungen für zurückliegende Zeiten werden zusammen mit den laufenden Leistungen jeweils in monatlichen Teilbeträgen ausgezahlt. ⁴Die Höhe der Leistungen für zurückliegende Zeiten bestimmt sich nach der Höhe der laufenden Leistungen.

(4) ¹Über die Erbringung von Leistungen kann das Arbeitsamt vorläufig entscheiden, wenn die Voraussetzungen für den Anspruch mit hinreichender Wahrscheinlichkeit vorliegen und zu ihrer Feststellung voraussichtlich längere Zeit erforderlich ist. ²Aufgrund der vorläufigen Entscheidung erbrachte Leistungen sind auf die zustehende Leistung anzurechnen. ³Sie sind zu erstatten,

soweit mit der abschließenden Entscheidung ein Anspruch nicht oder nur in geringerer Höhe zuerkannt wird.

Die Förderleistungen werden von dem AA, in dessen Bezirk der Betrieb liegt, auf schriftlichen **1** Antrag gewährt, **Abs. 1**. Auf Antrag des AG wird ein anderes AA für zuständig erklärt, wenn der AG dafür ein berechtigtes Interesse glaubhaft macht, zB ein überregional tätiges Unternehmen seine Anträge zentral bei einem AA bearbeiten und entscheiden lassen will (BT-Drucks. 14/1831, S. 9). Wird der Antrag innerhalb von drei Monaten nach Vorliegen aller Förderungsvoraussetzungen gestellt, wirkt er auf diesen Zeitpunkt zurück, sonst tritt seine Wirksamkeit erst mit dem Beginn des Monats der Antragstellung ein. Die Zahlung erfolgt monatlich postnumerando, **Abs. 2**. Dem AG ist es freigestellt, ob er die Leistungen jeden Monat neu beantragt oder blockweise in Abrechnungszeiträumen von maximal sechs Monaten zusammenfaßt, § 12 II. Die Neufassung des **Abs. 3** durch das Gesetz zur Fortentwicklung der Altersteilzeit stellt klar, daß es sich bei dem in diesem Abs. genannten Anspruch nicht um Altersteilzeitförderung im eigentlichen Sinne, sondern um einen Anspruch auf Aufwendungsersatz handelt. Dieser Anspruch besteht nur, wenn dem AG trotz des „Störfalles" entsprechende Aufwendungen verbleiben, also gezahlte Aufstockungsbeträge nicht mit fälligen Entgeltansprüchen des AN verrechnet worden sind (BT-Drucks. 14/1831, S. 9; *Wolf* NZA 2000, 637, 641).

Abs. 4 ermöglicht im Interesse des AG die vorläufige Bewilligung (nicht: Ablehnung) von Leistun- **2** gen. Gebrauch gemacht werden kann von dieser Möglichkeit insb., wenn zum Nachweis der Wiederbesetzung des Arbeitsplatzes lange Umsetzungsketten, uU in verschiedenen Betrieben des Unternehmens, dargelegt werden müssen, eine abschließende Prüfung durch die Arbeitsverwaltung längere Zeit beanspruchen wird. Die Regelung ähnelt § 42 SGB I, so daß die dortigen Regelungen über die Erstattungspflicht, ihre Verjährung, Stundung, Niederschlagung und ihren Erlaß entsprechend herangezogen werden können (dazu KassKomm/*Seewald* § 42 SGB I Rn. 15 ff.). Dagegen ist § 43 SGB I unanwendbar, weil die „vorläufige Leistung" nach § 12 IV gewährt wird, bevor endgültig feststeht, daß dem Berechtigten der Anspruch überhaupt zukommt.

§ 13 Auskünfte und Prüfung

§ 304 Abs. 1, §§ 305, 306, 315 und 319 des Dritten Buches und das Zweite Kapitel des Zehnten Buches Sozialgesetzbuch gelten entsprechend.

§ 14 Bußgeldvorschriften

(1) Ordnungswidrig handelt, wer vorsätzlich oder fahrlässig
1. entgegen § 11 Abs. 1 oder als Arbeitgeber entgegen § 60 Abs. 1 Nr. 2 des Ersten Buches Sozialgesetzbuch eine Mitteilung nicht, nicht richtig, nicht vollständig oder nicht rechtzeitig macht,
2. entgegen § 13 in Verbindung mit § 319 des Dritten Buches Sozialgesetzbuch Einsicht nicht oder nicht rechtzeitig gewährt,
3. entgegen § 13 in Verbindung mit § 315 des Dritten Buches Sozialgesetzbuch eine Auskunft nicht, nicht richtig, nicht vollständig oder nicht rechtzeitig erteilt,
4. entgegen § 13 in Verbindung mit § 306 Abs. 1 Satz 1 oder 2 des Dritten Buches Sozialgesetzbuch eine Prüfung oder das Betreten eines Grundstücks oder eines Geschäftsraumes nicht duldet oder bei der Ermittlung von Tatsachen nicht mitwirkt,
5. entgegen § 13 in Verbindung mit § 306 Abs. 2 Satz 1 des Dritten Buches Sozialgesetzbuch Daten nicht, nicht richtig, nicht vollständig, nicht in der vorgeschriebenen Weise oder nicht rechtzeitig zur Verfügung stellt.

(2) Die Ordnungswidrigkeit nach Absatz 1 Nr. 1 bis 4 kann mit einer Geldbuße bis zu tausend Deutsche Mark, die Ordnungswidrigkeit nach Absatz 1 Nr. 5 mit einer Geldbuße bis zu fünfzigtausend Deutsche Mark geahndet werden.

(3) Verwaltungsbehörden im Sinne des § 36 Abs. 1 Nr. 1 des Gesetzes über Ordnungswidrigkeiten sind die Arbeitsämter.

(4) [1] Die Geldbußen fließen in die Kasse der Bundesanstalt. [2] § 66 des Zehnten Buches Sozialgesetzbuch gilt entsprechend.

(5) Die notwendigen Auslagen trägt abweichend von § 105 Abs. 2 des Gesetzes über Ordnungswidrigkeiten die Bundesanstalt; diese ist auch ersatzpflichtig im Sinne des § 110 Abs. 4 des Gesetzes über Ordnungswidrigkeiten.

§ 15 Verordnungsermächtigung

¹Das Bundesministerium für Arbeit und Sozialordnung kann durch Rechtsverordnung jeweils für ein Kalenderjahr
1. die Mindestnettobeträge nach § 3 Abs. 1 Nr. 1 Buchstabe a,
2. Nettobeträge des Arbeitsentgelts für die Altersteilzeitarbeit bestimmen.
² § 132 Abs. 3 und § 136 des Dritten Buches Sozialgesetzbuch gelten entsprechend. ³ Der Kalendermonat ist mit 30 Tagen anzusetzen.

1   Zur Erleichterung der praktischen Anwendung des Gesetzes legt das Bundesministerium für Arbeit und Sozialordnung jährlich neu die Mindestnettobeträge gemäß § 3 I Nr. 1 lit. a fest (Verordnung über die Mindestnettobeträge nach dem Altersteilzeitgesetz für das Jahr 2000 vom 23. 12. 1999, BGBl. I S. 2510). Seit dem 1. Juli 2000 kann das Ministerium im Interesse der Verwaltungsvereinfachung für AG und BA (BT-Drucks. 14/3158, S. 6; *Rittweger* NZS 2000, 393) auch die pauschalierten Nettobeträge des Altersteilzeitentgelts durch Rechtsverordnung festsetzen.

§ 15 a Übergangsregelung nach dem Gesetz zur Reform der Arbeitsförderung

Haben die Voraussetzungen für die Erbringung von Leistungen nach § 4 vor dem 1. April 1997 vorgelegen, erbringt die Bundesanstalt die Leistungen nach § 4 auch dann, wenn die Voraussetzungen des § 2 Abs. 1 Nr. 2 und Abs. 2 Nr. 1 in der bis zum 31. März 1997 geltenden Fassung vorliegen.

§ 15 b Übergangsregelung nach dem Gesetz zur Reform der gesetzlichen Rentenversicherung

Abweichend von § 5 Abs. 1 Nr. 2 erlischt der Anspruch auf die Leistungen nach § 4 nicht, wenn mit der Altersteilzeit vor dem 1. Juli 1998 begonnen worden ist und Anspruch auf eine ungeminderte Rente wegen Alters besteht, weil 45 Jahre mit Pflichtbeiträgen für eine versicherte Beschäftigung oder Tätigkeit vorliegen.

1   Die Rentenreform 1999 eröffnet mit Wirkung vom 1. 1. 2000 an Versicherten, die vor dem 1. 1. 1942 geboren sind und 45 Jahre Pflichtbeitragszeiten zurückgelegt haben, die Möglichkeit, eine Altersrente für langjährig Versicherte (§ 36 SGB VI), für Schwerbehinderte (§ 37 SGB VI), nach Arbeitslosigkeit und wegen Altersteilzeit (§ 237 SGB VI) sowie für Frauen (§ 237 a SGB VI) ohne Minderung zu beanspruchen. § 15 b stellt sicher, daß der Anspruch auf Altersteilzeitförderung bei bis zum 1. 7. 1998 umgesetzten Altersteilzeitvereinbarungen nicht wegen dieser neuen Rentenzugangsmöglichkeit erlischt. Ohne diese Sonderregelung würde auch in diesen Fällen der Föderanspruch zu dem Zeitpunkt erlöschen, zu dem die Rente beansprucht werden könnte. Der AG würde den Anspruch verlieren, obwohl er arbeitsrechtlich verpflichtet ist, dem AN die Aufstockungsleistung nach dem ATG zukommen zu lassen.

§ 15 c Übergangsregelung nach dem Gesetz zur Fortentwicklung der Altersteilzeit

Ist eine Vereinbarung über Altersteilzeitarbeit vor dem 1. Januar 2000 abgeschlossen worden, erbringt die Bundesanstalt Leistungen nach § 4 auch dann, wenn die Voraussetzungen des § 2 Abs. 1 Nr. 2 und 3 in der bis zum 1. Januar 2000 geltenden Fassung vorliegen.

1   Die Regelung stellt sicher, daß Vereinbarungen über Altersteilzeit, die zum Zeitpunkt des Inkrafttretens des Gesetzes zur Fortentwicklung der Altersteilzeit am 1. 1. 2000 bereits abgeschlossen waren, nicht infolge derjenigen Gesetzesänderungen, die durch die Einbeziehung von Teilzeitbeschäftigten in den durch § 2 begünstigten Personenkreis erfolgt sind, geändert werden müssen (BT-Drucks. 14/1831, S. 9).

§ 15 d Übergangsregelung zum Zweiten Gesetz zur Fortentwicklung der Altersteilzeit

Ist eine Vereinbarung über Altersteilzeitarbeit vor dem 1. Juli 2000 abgeschlossen worden, gelten § 5 Abs. 2 Satz 2 und § 6 Abs. 2 Satz 2 in der bis zum 1. Juli 2000 geltenden Fassung. Sollen bei einer Vereinbarung nach Satz 1 Leistungen nach § 4 für einen Zeitraum von länger als fünf Jahren beansprucht werden, gilt § 5 Abs. 2 Satz 2 in der ab 1. Juli 2000 geltenden Fassung.

§ 16 Befristung der Förderungsfähigkeit

Für die Zeit ab dem 1. Januar 2010 sind Leistungen nach § 4 nur noch zu erbringen, wenn die Voraussetzungen der §§ 2 und 3 Abs. 1 Nr. 2 erstmals vor diesem Zeitpunkt vorgelegen haben.

Die Förderungsfähigkeit von Altersteilzeitverträgen ist jetzt **bis zum 31. 12. 2009 befristet.** Danach werden Leistungen nur noch erbracht, wenn die Wiederbesetzung des Arbeitsplatzes spätestens an diesem Tage erfolgt ist. Dafür genügt es nicht, daß der Arbeitsvertrag rechtzeitig abgeschlossen worden ist, der Wiederbesetzer muß vielmehr spätestens am 31. 12. 2009 erstmals im Sinne von § 7 SGB IV tatsächlich beschäftigt worden sein (vgl. BSG 18. 4. 1991 SozR 3–7825 § 14 Nr. 1). 1

140. Gesetz zur Regelung der gewerbsmäßigen Arbeitnehmerüberlassung (Arbeitnehmerüberlassungsgesetz – AÜG) und zur Änderung anderer Gesetze

In der Fassung der Bekanntmachung vom 3. 2. 1995 (BGBl. I S. 158)

Zuletzt geändert durch Gesetz vom 29. Juni 1998 (BGBl. I S. 1694)

(BGBl. III/FNA 810-31)

Artikel 1. Gesetz zur Regelung der gewerbsmäßigen Arbeitnehmerüberlassung (Arbeitnehmerüberlassungsgesetz – AÜG)

Schrifttum: *Boemke,* Schuldvertrag und Arbeitsverhältnis, 1999; *Engelbrecht,* Die Abgrenzung der Arbeitnehmerüberlassung von der Arbeitsvermittlung, Diss. Hamburg 1979; *Erdlenbruch,* Die betriebsverfassungsrechtliche Stellung gewerbsmäßig überlassener Arbeitnehmer, Frankfurt aM usw. 1992; *Franßen/Haesen,* Arbeitnehmerüberlassungsgesetz, Kommentar, Loseblatt, 1974; *Gick,* Gewerbsmäßige Arbeitnehmerüberlassung zwischen Verbot und Neugestaltung, 1984; *Hamann,* Erkennungsmerkmale der illegalen Arbeitnehmerüberlassung in Form von Scheindienst- und Scheinwerkverträgen, 1994; *Krüger,* Verbot der Leiharbeit – Gewerkschaftsforderung und Grundgesetz, 1986; *Leitner,* Arbeitnehmerüberlassung in der Grauzone zwischen Legalität und Illegalität, 1990; *Pieroth,* Arbeitnehmerüberlassung unter dem Grundgesetz, 1982; *Rosenstein,* Die Abgrenzung der Arbeitnehmerüberlassung vom Fremdfirmeneinsatz aufgrund Dienst- oder Werkvertrags, Konstanz 1997; *Schubel/Engelbrecht,* Kommentar zum Gesetz über die gewerbsmäßige Arbeitnehmerüberlassung, 1973; *Ulber,* AÜG, Arbeitnehmerüberlassungsgesetz und Arbeitnehmerentsendegesetz, 1998; *Vögele/Stein,* Fremdfirmen im Unternehmen, 1996; *Walle,* Der Einsatz von Fremdpersonal auf Werkvertragsbasis, 1998; *Worpenberg,* Die konzerninterne Arbeitnehmerüberlassung, 1993.

Einleitung

Die Zahl der Unternehmen, die gewerbsmäßige ANÜberlassungen betreiben und entsprechend die Anzahl der in Leiharbeit Beschäftigten sind seit dem Inkrafttreten des AÜG im Jahre 1972 stetig angestiegen (Stand 1973: 19 417, 1994: 301 329, 1998: 575 275 LeihAN, vgl. KND Nr. 58 vom 11. 8. 1999; DIE ZEIT vom 15. 7. 1999, S. 31). Nicht nur für die Entleiherunternehmen, denen die Substitution eigener AN durch LeihAN die Senkung von Personalkosten, einen flexibleren Einsatz von Arbeitskräften und die Erprobung von AN ohne arbeitsvertragliche Bindung ermöglicht, sondern insb. für Arbeitslose bietet Zeitarbeit eine Perspektive und zuweilen auch ein Sprungbrett für eine dauerhafte Beschäftigung im Entleiherbetrieb (*Hamann* WiVerw 1996, 213). Diese Entwicklung hat der Gesetzgeber dadurch unterstützt, daß er Beschränkungen der ANÜberlassung mehrfach gelockert hat.

A. Rechtsgrundlagen

1 Die Rechtsgrundlagen für die rein inländische ANÜberlassung können sich ergeben aus dem Recht der EG, aus dem GG und aus einfachem Recht, insb. aus dem AÜG.

I. Gemeinschaftsrecht

2 Innerhalb des EG-Rechts ist zu unterscheiden zwischen dem Primärrecht, also den Vorschriften des EGV selbst, und dem Sekundärrecht, also den aufgrund des EGV ergangenen Rechtsakten, insb. Richtlinien.

3 Der **EGV** enthält zum einen Bestimmungen im Hinblick auf AN im allgemeinen und damit auch auf LeihAN in den Art. 39 ff. EGV (früher Art. 48 ff. EGV) betr. Freizügigkeit der AN. Für Unternehmer und damit auch Leiharbeitunternehmer und Entleiher zum anderen sind einschlägig die Vorschriften über die Niederlassungsfreiheit, Art. 43 ff. EGV (früher 52 ff. EGV) und über die Dienstleistungsfreiheit, Art. 49 ff. EGV (früher Art. 59 ff. EGV).

4 Auf der Ebene des Sekundärrechts sind vor allem zwei sozialversicherungsrechtliche **Verordnungen** zu nennen, nämlich:
– die Verordnung Nr. 1612/68 des Rates vom 15. 10. 1968 über die Freizügigkeit der AN innerhalb der Gemeinschaft (ABl. Nr. L 257 v. 19. 10. 1968, S. 2 ff.) und

A. Rechtsgrundlagen

– die Verordnung Nr. 1408/71 des Rates vom 14. 6. 1971 über die Anwendung der Systeme der sozialen Sicherheit auf AN und Selbständige sowie deren Familienangehörige, die innerhalb der Gemeinschaft zu- und abwandern (ABl. Nr. L 149 v. 5. 7. 1971, S. 2 ff.).

In arbeitsrechtlicher Hinsicht ist von **drei Richtlinienentwürfen** zur Leiharbeit einer verabschiedet **5** worden; zwei Richtlinienentwürfe sind vorerst vom Rat zurückgestellt worden. Dem war folgendes vorangegangen: Am 7. 5. 1982 hatte die Kommission den Vorschlag für eine Richtlinie des Rates zur Regelung der Zeitarbeit vorgelegt (ABl. Nr. C 128 v. 19. 5. 1982, S. 2 ff.) und am 6. 4. 1984 eine geänderte Fassung (ABl. Nr. C 133 v. 21. 5. 1984, S. 1 ff.). Nachdem dieser Vorschlag vom Rat nicht weiter verfolgt worden war, hat die Kommission am 29. 6. 1990 *drei* Richtlinienvorschläge zu atypischen Arbeitsverhältnissen vorgelegt. Dabei handelt es sich um:
– Vorschlag für eine Richtlinie über bestimmte Arbeitsverhältnisse hinsichtlich der Arbeitsbedingungen,
– Vorschlag für eine Richtlinie über bestimmte Arbeitsbedingungen im Hinblick auf Wettbewerbsverzerrungen und
– Vorschlag für eine Richtlinie zur Ergänzung von Maßnahmen zur Verbesserung der Sicherheit und des Gesundheitsschutzes von Zeitarbeitnehmern.

Da die beiden erstgenannten Richtlinienvorschläge derzeit vom Rat nicht weiterbehandelt werden, **6** bleiben sie im folgenden unberücksichtigt. Die als dritte genannte Richtlinie ist inzwischen verabschiedet worden, und zwar am 25. 6. 1991 als **Richtlinie 91/383/EWG**, ABl. L 206 v. 29. 7. 1991, S. 19 ff. = RdA 1992, 143 ff. Diese Richtlinie ist durch Art. 2 und 5 des Gesetzes zur Umsetzung der EG-Rahmenrichtlinie Arbeitsschutz und weiterer Arbeitsschutz-Richtlinien v. 7. 8. 1996 (BGBl. I S. 1246) in deutsches Recht umgesetzt worden (s. dazu *Wank*, Kommentar zum technischen Arbeitsschutz, 1999, § 1 ArbSchG Rn. 1; sowie zum Ganzen *Michael Schmidt*, Die Richtlinienentwürfe der Kommission der Europäischen Gemeinschaft zu den atypischen Arbeitsverhältnissen, 1992, S. 146 ff.; *Wank* RdA 1992, 103, 113; *Schüren* AÜG Einl. Rn. 498 ff.; zum Richtlinienvorschlag des Rates über befristete Arbeitsverträge s. *Wank/Börgmann* RdA 1999, 383).

Ob ein nationales Verbot der ANÜberlassung gegen Art. 39, 43 und 49 EGV (früher Art. 48, 52, 59 **7** aF EGV) verstößt, hat der EuGH bei einem Sachverhalt offengelassen, dessen Merkmale sämtlich nicht über die **Grenzen des Mitgliedstaats** hinausgingen (EuGH 16. 1. 1997 EuZW 1997, 403).

II. Verfassungsrechtliche Grundlagen

Die heutige Form der ANÜberlassung geht auf eine Entscheidung des BVerfG v. 4. 4. 1962 zurück **8** (BVerfGE 21, 62 ff. = AP AVAVG § 37 Nr. 7). Bis dahin galt ANÜberlassung als verbotene Arbeitsvermittlung. Das BVerfG unterschied auf der Grundlage des Art. 12 GG zwischen der gewerblichen ANÜberlassung einerseits und der auf der Grundlage eines staatlichen Monopols ausgeübten Arbeitsvermittlung andererseits.

III. Rechtsgrundlagen im einfachen Recht

Rechtsgrundlage ist das AÜG v. 7. 8. 1972 (BGBl. I S. 1393). Es wurde inzwischen wie folgt **9** geändert (s. auch *Sandmann/Marschall* AÜG Einl. Rn. 33 ff.):
– Einführungsgesetz zum Strafgesetzbuch v. 2. 3. 1974 (BGBl. I S. 469). Es brachte eine Änderung von Strafvorschriften.
– Gesetz zur Änderung des AFG und des AÜG v. 25. 6. 1975 (BGBl. I S. 1542). Die Strafen und Geldbußen wurden heraufgesetzt.
– Einführungsgesetz zur Abgabenordnung v. 14. 12. 1976 (BGBl. I S. 3341). § 8 wurde bezüglich der Geheimhaltung statistischer Einzelangaben geändert.
– Gesetz zur Bekämpfung der illegalen Beschäftigung v. 15. 12. 1981 (BillBG), BGBl. I S. 1390. Dieses Gesetz regelte insb. die betriebsverfassungsrechtliche Stellung der LeihAN gem. § 14.
– Gesetz zur Konsolidierung der Arbeitsförderung v. 22. 12. 1981, BGBl. I S. 1497. Es brachte das Verbot der gewerbsmäßigen ANÜberlassung in Betrieben des Baugewerbes, § 12 a AFG (s. jetzt § 1 b AÜG).
– Beschäftigungsförderungsgesetz 1985 (BeschFG 1985) v. 26. 4. 1985, verlängert durch BeschFG 1990 v. 29. 12. 1989 (BGBl. I S. 61). Es verlängerte die längstmögliche Überlassungsdauer von drei auf sechs Monate (BeschFG 1985). Die ANÜberlassung im Konzern wurde in § 1 III Nr. 2 AÜG geregelt.
– Siebtes Gesetz zur Änderung des AFG v. 20. 12. 1985 (BGBl. I S. 2484). Durch Einfügung des § 1 I 2 wurde die Abordnung in Arbeitsgemeinschaften in das AÜG aufgenommen.
– Zweites Gesetz zur Bekämpfung der Wirtschaftskriminalität v. 15. 5. 1986 (BGBl. I S. 721). Der neu eingefügte § 10 III brachte eine gesamtschuldnerische Haftung von Entleiher und Verleiher gegenüber dem LeihAN.

- Gesetz zur Einordnung der Vorschriften über die Meldepflichten des Arbeitgebers v. 20. 12. 1988 (BGBl. I S. 2330); § 10 III wurde tlw. gegenstandslos, da die Beitragspflicht von Verleiher und Entleiher von § 28 e II SGB IV erfaßt wird.
- Beschäftigungsförderungsgesetz 1990 v. 22. 12. 1989 (BGBl. I S. 2406). Es verlängerte die zulässige Überlassungsdauer auf sechs Monate und änderte § 1 a.
- Gesetz zur Neuregelung des Ausländerrechts v. 9. 7. 1990 (BGBl. I S. 1354). § 18 I Nr. 2 und II wurden geändert (Hinweis auf die Ausländerbehörden in § 63 AuslG).
- Einigungsvertrag v. 24. 9. 1990 (BGBl. II S. 885). Er dehnte den Anwendungsbereich des AÜG auf die neuen Bundesländer aus und enthielt in § 20 eine Übergangsregelung (bis zur Geltung des SGB IV).
- Gesetz zur Ausführung des Abkommens über den EWR v. 27. 4. 1993 (BGBl. I S. 512). Der Anwendungsbereich von § 3 II und IV wurde angepaßt.
- 1. SKWPG v. 21. 12. 1993 (BGBl. I S. 2353). Es schränkte das Vermittlungsmonopol der BA ein. Die zulässige Überlassungsdauer wurde auf 9 Monate erhöht. Durch Einfügung des neuen § 3 V wurde die Erteilung von Überlassungserlaubnissen an Nicht-EWR-Angehörige ermöglicht.
- Beschäftigungsförderungsgesetz 1994 v. 26. 7. 1994 (BGBl. I S. 1786); Änderung der §§ 3 I Nr. 5, 11 IV 1.
- Gesetz zur Anpassung arbeitsrechtlicher Bestimmungen an das EG-Recht v. 20. 7. 1995 (BGBl. I S. 946); Änderung des § 11 I im Hinblick auf die EG-Nachweis-Richtlinie.
- Gesetz zur Umsetzung der EG-Richtlinie Arbeitsschutz v. 7. 8. 1996 (BGBl. I S. 1246); Änderung des § 11 I, II.
- Arbeitsförderungs-Reformgesetz (AFRG) v. 24. 3. 1997 (BGBl. I S. 594); die Änderungen werden in der Kommentierung dargestellt.
- Gesetz zur Änderung des Bürgerlichen Gesetzbuches und des Arbeitsgerichtsgesetzes v. 29. 6. 1998 (BGBl. I S. 1694); Änderung des § 11 I 2 Nr. 3.

10 Eine wichtige neuere Änderung des AÜG ist im Artikelgesetz AFRG in Art. 64 enthalten. **Ziel** der Änderung ist es nach der Gesetzesbegründung (BT-Drucks. 13/4941 S. 247), „beschäftigungshemmende Vorschriften abzubauen und Hindernisse zu beseitigen, die einer Nutzung der gewerbsmäßigen ANÜberlassung zur Schaffung zusätzlicher Arbeitsplätze entgegenstehen." – Geändert wurde durch das AFRG auch die **Zitierweise.** Das AÜG wurde zu einem selbständigen Gesetz, so daß seine Vorschriften nunmehr ohne zusätzliche Angabe des Artikels des AÜG-Mantelgesetzes zitiert werden können (s. Begründung zum AFRG, BT-Drucks. 13/4941 S. 247).

B. Begriffsbestimmungen

11 Während der Arbeitsvertrag üblicherweise in einer zweigliedrigen Beziehung AG – AN besteht, ist die ANÜberlassung durch ein **Dreiecksverhältnis** aus Verleiher – Entleiher – AN gekennzeichnet. Die Besonderheit ergibt sich daraus, daß der AN vom Verleiher eingestellt wird, aber seine Arbeitsleistung beim Entleiher erbringt. Zweck der ANÜberlassung ist es auf seiten des Entleihers, einen vorübergehenden Personalengpaß zu überbrücken.

12 Die ANÜberlassung ist von der **Arbeitsvermittlung** abzugrenzen. Während der Arbeitsvermittler in keiner Rechtsbeziehung zu den von ihm vermittelten AN steht, ist der Verleiher AG des Beschäftigten. Eigentlich schließen somit ANÜberlassung und Arbeitsvermittlung einander aus. Allerdings wird nach § 1 II unter bestimmten Voraussetzungen vermutet, daß eine ANÜberlassung Arbeitsvermittlung ist (s. § 1 Rn. 58 ff.).

13 Abzugrenzen ist die ANÜberlassung auch vom **eigenen Personaleinsatz** eines Unternehmers sowie von anderen Formen drittbezogenen Personaleinsatzes (s. § 1 Rn. 14 ff).

14 Innerhalb der ANÜberlassung wird verbreitet zwischen der **echten ANÜberlassung** (der nichtgewerbsmäßigen ANÜberlassung) und der unechten ANÜberlassung (der gewerbsmäßigen ANÜberlassung iSd. AÜG) unterschieden. Dieser Sprachgebrauch ist irreführend (vgl. *Sandmann/Marschall* AÜG Einl. Rn. 8) und wird hier vermieden. Zu unterscheiden ist vielmehr zwischen der gewerbsmäßigen ANÜberlassung, die Gegenstand des AÜG ist, und der nichtgewerbsmäßigen (ebenso *Boemke* S. 552).
Die gewerbsmäßige ANÜberlassung wiederum kann **genehmigt** oder ungenehmigt sein.

C. Dreiecksverhältnis zwischen Verleiher – Entleiher – Arbeitnehmer

I. Rechtsverhältnis zwischen Verleiher und Entleiher (Überlassungsverhältnis)

15 **1. Allgemeines.** Der Vertrag, durch den sich der Verleiher gegenüber dem Entleiher verpflichtet, ihm AN zur Verfügung zu stellen (ANÜberlassungsvertrag), ist ein Vertrag eigener Art als Unterfall des Dienstverschaffungsvertrages (s. § 1 Rn. 39). Er bedarf gem. § 12 I 1 der Schriftform. Im übrigen normiert § 12 Hinweispflichten (Hinweise zu den kaufmännischen und betriebswirtschaft-

lichen Erfordernissen bei Zeitarbeit bei *Schneider* in *Sandmann/Marschall*, Handbuch Zeitarbeit, 1999).

a) Nach § 1 I **schuldet der Verleiher** die entgeltliche **Überlassung von Arbeitskräften**. Er schuldet 16 somit nicht die Erbringung einer eigenen Arbeitsleistung. Nach einer engen Auffassung ist der Verleiher nur verpflichtet, einen oder mehrere AN auszuwählen und zur Verfügung zu stellen (BAG 5. 5. 1992 AP BetrVG 1972 § 99 Nr. 97, obiter dictum). Weitergehend wird tlw. die Haftung des Verleihers auch noch auf die Arbeitsaufnahme durch den AN bezogen (*Becker/Wulfgramm* § 12 AÜG Rn. 22; *Konzen* ZfA 1982, 259, 280 ff.). Das wird jedoch der Tatsache nicht gerecht, daß der Verleiher AG des Beschäftigten bleibt. Deshalb trifft ihn gegenüber dem Entleiher die Pflicht, den AN auch nach dem Arbeitsantritt zur Verfügung zu halten (*Schüren* AÜG Einl. Rn. 278 f.).

Schickt der Verleiher keinen geeigneten AN, so kommt er mit seiner Leistung gegenüber dem 17 Entleiher in **Verzug**. Steht ihm kein geeigneter AN zur Überlassung zur Verfügung, ist die Leistung unmöglich; der Verleiher haftet nach §§ 325 ff. BGB. Erweist sich der AN bei der Durchführung des ANÜberlassungsvertrages als ungeeignet, so ist der Verleiher verpflichtet, einen Ersatz zu stellen. Der Verleiher trägt das Beschaffungsrisiko und haftet gem. § 279 BGB auch ohne eigenes Verschulden.

b) Der **Entleiher ist verpflichtet**, die vereinbarte **Vergütung** für die ANÜberlassung zu zahlen. In 18 der Insolvenz des Entleihers kann der Insolvenzverwalter entweder gem. §§ 103, 80 I InsO Erfüllung des Überlassungsvertrages verlangen oder aber die Erfüllung des Vertrages ablehnen; in beiden Fällen ist die Vergütung Masseverbindlichkeit nach § 55 I Nr. 2 InsO. Die in den §§ 59, 61 KO vorgesehenen Konkursvorrechte sind in die Insolvenzordnung nicht übernommen worden, so daß der Verleiher seine Vergütung nur nach den §§ 174 ff. InsO fordern kann (zur früheren Rechtslage s. *Becker/Wulfgramm* § 12 AÜG Rn. 25; *Schüren* AÜG Einl. Rn. 318).

Kann der Entleiher den AN nicht beschäftigen, so trägt er das Verwendungsrisiko. Von seiner 19 Pflicht zur Zahlung der Vergütung wird er nicht befreit.

Eine Nebenpflicht des Entleihers aus dem ANÜberlassungsvertrag besteht in der Einhaltung der 20 Arbeitsschutzvorschriften auch gegenüber dem Verleiher. Verletzt der AN seine Pflichten aus dem Arbeitsverhältnis, muß der Entleiher dies dem Verleiher mitteilen.

c) Regelmäßig ist das ANÜberlassungsverhältnis befristet und endet dann mit Ablauf der vertrag- 21 lich vorgesehenen **Frist** (s. § 12 Rn. 11 ff.).

Eine ordentliche **Kündigung** des Vertrages scheidet angesichts der Befristungsregelung typischer- 22 weise aus. Die Möglichkeit dazu kann allerdings vereinbart werden.

Eine außerordentliche Kündigung ist nach § 326 BGB möglich oder wegen pVV. Ist die zu leistende 23 Arbeit nachholbar, kann der Entleiher dem Verleiher eine Frist setzen, verbunden mit einer Ablehnungsandrohung, und nach erfolglosem Fristablauf zurücktreten oder Schadensersatz wegen Nichterfüllung verlangen.

Verstößt der Verleiher erheblich gegen seine Vertragspflichten und ist dem Entleiher eine weitere 24 Zusammenarbeit mit dem Verleiher nicht mehr zuzumuten, kann er den Vertrag wegen pVV kündigen oder Schadensersatz verlangen.

Ist die Leistung des AN nicht nachholbar, so kann der Entleiher zunächst gem. § 325 BGB entweder 25 vom Vertrag zurücktreten oder Schadensersatz wegen Nichterfüllung verlangen.

2. Leistungsstörungen. a) Leistungsstörungen auf seiten des Verleihers. aa) Unmöglichkeit. 26 Verletzt der Verleiher seine Pflicht zur Überlassung der geschuldeten AN, so haftet er, wenn die Leistung nicht nachholbar ist, nach § 325 BGB. Hierbei ist zu unterscheiden: Kann der Vertrag zwar als ganzer aufrechterhalten bleiben und liegt im Rahmen des Dauerschuldverhältnisses tlw. Unmöglichkeit vor, so verliert der Verleiher für diese Zeit seinen Entgeltanspruch. Ist dagegen der Vertrag als ganzes nicht mehr durchführbar, so kommt eine Kündigung aus wichtigem Grund in Betracht. Grund kann einmal sein, daß wegen der Unmöglichkeit der Leistung das Interesse an der Durchführung des Vertrages entfallen ist (§ 325 BGB) oder daß wegen einer Pflichtverletzung das Vertrauensverhältnis zerstört ist (§ 326 BGB).

bb) Verzug. Ist die Leistung des Verleihers nachholbar, so haftet der Verleiher nach den §§ 284 ff. 27 BGB.

cc) Schlechtleistung. Da der Verleiher nur die sachgerechte Auswahl schuldet, haftet er wegen 28 Schlechterfüllung nur insoweit, als er einen ungeeigneten AN ausgewählt hat. Insoweit haftet er aus pVV und damit nur bei Verschulden. Im übrigen ist der AN bei der Leistung nicht sein Erfüllungsgehilfe (*Walker* AcP 194 (1994), 295, 298). Auch eine Haftung aus § 831 BGB besteht nicht. Hat der Verleiher keine Erlaubnis, so haftet er in dem Entleiher für den Schaden, den dieser erlitten hat, weil er auf das Bestehen der Erlaubnis vertraut hat.

b) Leistungsstörungen auf seiten des Entleihers. Hauptpflicht des Entleihers ist die Zahlung der 29 Vergütung. Mit dieser Pflicht kann er in Verzug kommen. Nebenpflichten kann er verletzen, indem er dem LeihAN einen Personen- oder Sachschaden zufügt. Hinsichtlich des **Personenschadens** kommt eine Haftungsbeschränkung nach § 104 SGB VII zwar gegenüber dem LeihAN, nicht aber gegenüber dem Verleiher in Betracht, da diese Vorschrift nur die Betriebsgemeinschaft zwischen dem Entleiher

140 AÜG Einl. C. Dreiecksverhältnis zwischen Verleiher – Entleiher – Arbeitnehmer

und den bei ihm beschäftigten AN betrifft. Diese Vorschrift ist auch nicht analog anwendbar (*Schüren* AÜG Einl. Rn. 372): Der Entleiher haftet daher zum einen dem verletzten AN selbst aus unerlaubter Handlung und zum anderen dem Verleiher aus pVV des ANÜberlassungsvertrages. Im Falle der Lohnfortzahlung kann der Verleiher die Ansprüche des LeihAN gegen den Entleiher aus unerlaubter Handlung aus übergegangenem Recht nach § 6 EFZG geltend machen, sofern solche Ansprüche im Hinblick auf § 104 SGB VII überhaupt entstehen.

30 Im Hinblick auf eine Nebenpflichtverletzung durch **Abwerbung** sind zwei Fallgestaltungen zu unterscheiden. Wenn der Entleiher dem LeihAN anbietet, er könne nach Beendigung des Arbeitsverhältnisses mit dem Entleiher bei ihm einen Arbeitsplatz bekommen, so verletzt er damit nicht seine Pflichten aus dem Rechtsverhältnis zum Verleiher; das ergibt sich mittelbar aus § 9 Nr. 4 und 5 AÜG, nach denen der Verleiher weder den Entleiher noch den LeihAN an einer derartigen Vereinbarung hindern kann. Dagegen bedeutet eine Abwerbung unter Bruch der Kündigungsfrist eine positive Vertragsverletzung des Entleihers gegenüber dem Verleiher (*Becker/Wulfgramm* § 9 AÜG Rn. 30 c; *Schüren* AÜG Einl. Rn. 364; umfassend zur Haftung im Verhältnis Verleiher-Entleiher *Brors* WiVerw 1996, 229 ff.).

II. Rechtsverhältnis zwischen Verleiher und Leiharbeitnehmer (Leiharbeitsverhältnis)

31 **1. Allgemeines.** Ein Arbeitsverhältnis besteht nur zwischen dem Verleiher und dem LeihAN. Zum Entleiher besteht kein Arbeitsverhältnis; jedoch nimmt der Entleiher tlw. AGFunktionen wahr. Nur im Falle des unwirksamen Arbeitsverhältnisses nach § 9 Nr. 1 wird gem. § 10 ein Arbeitsverhältnis zwischen AN und Entleiher fingiert.

32 a) Der **AN schuldet** die Leistung von abhängiger Arbeit. Da er diese Leistung gegenüber Dritten erbringen soll, bedarf es dazu gem. § 613 S. 2 BGB seiner Zustimmung (vgl. BAG 17. 1. 1979 AP BGB § 613 Nr. 2 m. Anm. *v. Hoyningen-Huene*). Als Nebenpflichten treffen den AN ua. Verschwiegenheitspflicht und Wettbewerbsverbot (*Becker/Wulfgramm* § 11 AÜG Rn. 36).

33 b) Der **Verleiher schuldet** die Zahlung der **Vergütung.** Da er der AG ist, trägt er das Beschäftigungsrisiko. Die Vergütung ist also gem. §§ 611, 615 BGB auch dann zu zahlen, wenn der Verleiher den AN nicht einsetzen kann (*Schüren* AÜG Einl. Rn. 167).

34 Nach der bis Ende 1998 geltenden KO konnte der AN im Konkurs des Verleihers Lohnrückstände während der letzten sechs Monate als Masseschulden nach § 59 I Nr. 3 KO geltend machen. Die seit dem 1. 1. 1999 geltende InsO sieht in § 55 keine derartigen Vorrechte mehr vor. Für Lohnrückstände während der letzten drei Monate hat der AN nach § 183 SGB III einen Anspruch auf **Insolvenzgeld.**

35 Den Verleiher treffen die üblichen AGPflichten. Dazu gehört die **Entgeltfortzahlung** aus den verschiedensten Gesetzesgrundlagen. Im Falle der Krankheit des AN ist der Verleiher nach § 3 EFZG zur Lohnfortzahlung verpflichtet, an gesetzlichen Feiertagen nach § 2 EFZG. Im Falle der persönlichen Verhinderung hat der AN einen Lohnfortzahlungsanspruch nach § 616 BGB.

36 Der Verleiher ist als AG zur Gewährung von **Urlaub** verpflichtet. Die Bestimmungen des **Mutterschutzes,** insb. die Beschäftigungsverbote nach §§ 4, 8 MuSchG, muß neben dem Entleiher auch der Verleiher beachten.

37 Im übrigen trifft den Verleiher die allgemeine arbeitsrechtliche **Fürsorgepflicht.**

38 Um den Bestandsschutz des Arbeitsverhältnisses als Dauerschuldverhältnis zu sichern, hat das Gesetz ein **Synchronisationsverbot,** § 3 Nr. 3 und 5, § 9 Nr. 2, und eine rückwirkende Unwirksamkeit von Kündigungen, § 9 Nr. 3, normiert.

39 Im einzelnen ergibt sich daraus, daß eine **Befristung** des Arbeitsvertrages erheblichen Beschränkungen unterliegt. Unwirksam ist eine Befristung, die entsprechend der Dauer der ersten Überlassung gestaltet ist, § 3 I Nr. 5. Im übrigen bedarf die Befristung eines „sachlichen Grundes aus der Person des LeihAN", § 3 I Nr. 3, während sonst für Befristungen nach der Rspr. ein „sachlicher Grund" ausreicht (s. Nachw. in MünchArbR/*Wank* § 116 Rn. 48 ff.).

40 Eine § 3 I Nr. 3 widersprechende wiederholte Befristungsabrede ist nach § 9 Nr. 2 unwirksam; der Vertrag ist auf unbefristete Zeit geschlossen. Unwirksam ist eine Befristung zur Erprobung. Eine Befristung nach § 1 BeschFG ist nach zutr. hM durch das AÜG als Spezialgesetz ausgeschlossen (*Becker/Wulfgramm* § 3 AÜG Rn. 36 a; *Friedhofen/Weber* NZA 1985, 337, 338; aA *Schubel* BB 1985, 1606).

41 Eine Kündigung ist als außerordentliche nach § 626 BGB oder als ordentliche Kündigung möglich. Für die **ordentliche Kündigung** ergeben sich die Fristen aus § 622 BGB. § 622 V Nr. 1 BGB gilt für ANÜberlassungen nicht, § 11 IV.

42 Soweit das KSchG nicht eingreift (gegenüber AN, die weniger als sechs Monate im Betrieb beschäftigt sind, § 1 I KSchG, sowie in Kleinbetrieben iSv. § 23 KSchG) bedarf die Kündigung keines Grundes, doch findet auch insoweit eine Mißbrauchskontrolle statt (MünchArbR/*Wank* § 122 Rn. 33 ff.).

43 Liegen die persönlichen und sachlichen Voraussetzungen für die Anwendung des KSchG vor, so bedarf die Kündigung eines personen-, verhaltens- oder betriebsbedingten Grundes, § 1 II KSchG.

C. III. Rechtsverhältnis zwischen Entleiher und Arbeitnehmer Einl. **AÜG 140**

Eine verhaltensbedingte Kündigung kann auf Pflichtverletzungen gegenüber dem Verleiher, aber auch auf solche gegenüber dem Entleiher gestützt werden. Eine betriebsbedingte Kündigung kommt in Betracht, wenn der Verleiher den AN mangels Überlassungsaufträgen nicht beschäftigen kann. Den AG trifft für eine vorübergehende Zeitspanne die Pflicht, AN weiter unter Vertrag zu halten, auch wenn sie derzeit nicht beschäftigt werden können (LAG Köln 10. 12. 1998 AiB 2000, 55, 56 m. Anm. *Mayer*; *Gentges*, Prognoseprobleme im Kündigungsschutzrecht, 1994, S. 263 ff.). Für die Bestimmung der zumutbaren Abwartefrist des AG kann auf § 9 Nr. 3 zurückgegriffen werden (*Becker* ArbRGeg. 21 (1984), 34, 35; *Mayer* AiB 2000, 56, 57; *Schüren* AÜG Einl. Rn. 234): Ergibt eine Prognose, daß innerhalb der nächsten drei Monate keine Aufträge hereinkommen, ist eine betriebsbedingte Kündigung zulässig.

2. Leistungsstörungen. a) Ansprüche des LeihAN gegen den Verleiher. Hauptpflicht des Verleihers ist die Zahlung der **Vergütung**. Im Falle des Verzugs kann der LeihAN seine Arbeitsleistung nach § 320 BGB zurückhalten (tlw. wird auf § 273 BGB zurückgegriffen). Ferner kann er, nach Mahnung, Schadensersatz nach § 286 I BGB verlangen. **44**

Nebenpflichten des Verleihers im Hinblick auf **Information** über eine Vermittlungserlaubnis ergeben sich aus § 11 III. **45**

Der LeihAN kann im übrigen beim Verleiher oder beim Entleiher einen Körper- oder einen Sachschaden erleiden. Für den **Körperschaden** haftet der Verleiher grds. nicht, § 104 SGB VII (früher § 636 I RVO). Der Entleiher haftet nach § 104 SGB VII (früher § 636 II RVO) ebenfalls nicht (s. zu § 104 SGB VII *Rolfs* AR-Blattei SD Kennz. 860.2 Haftung des Arbeitgebers II). **46**

Für einen *bei ihm* erlittenen **Sachschaden** des LeihAN haftet der Verleiher ihm nach § 670 BGB analog. Nach überwiegender Meinung haftet der Verleiher dem LeihAN auch für einen beim Entleiher erlittenen Sachschaden nach § 670 BGB analog iVm. § 278 BGB (RG 17. 12. 1942 Z 170, 216, 218). Hierbei wird der Entleiher zu Unrecht als Erfüllungsgehilfe des Verleihers angesehen (*Schüren* AÜG Einl. Rn. 392 ff.). **47**

b) Ansprüche des Verleihers gegen den LeihAN. Ansprüche des Verleihers gegen den LeihAN können sich aus § 325 BGB, aus pVV oder aus unerlaubter Handlung (§§ 823 ff. BGB) ergeben (ausführlich dazu *Schüren* AÜG Einl. Rn. 410 ff.). Die Haftung des LeihAN ist aber, wie allgemein die ANHaftung, nach den Grundsätzen des innerbetrieblichen Schadensausgleichs eingeschränkt. Das bedeutet: Wenn einer der obengenannten Tatbestände erfüllt ist, so tritt auf der Rechtsfolgenseite eine Haftungsbeschränkung ein. Nach der neuesten Rspr. (BAG GS 27. 9. 1994 AP BGB § 611 Haftung des AN Nr. 103 = NZA 1994, 1083) ist wie folgt zu unterscheiden: **48**
– Für Vorsatz haftet der AN voll.
– Für grobe Fahrlässigkeit haftet der AN idR ebenfalls voll.
– Bei leichter Fahrlässigkeit ist die Haftung zwischen AG und AN zu teilen. Dabei kommt es auf das Merkmal „gefahrgeneigte Tätigkeit" nicht mehr an, es reicht eine betriebliche in Abgrenzung zur privaten Tätigkeit.

c) Ansprüche Dritter gegen den LeihAN. Die oben genannten Grundsätze gelten für den Fall, daß der LeihAN dem Verleiher einen Schaden zufügt. Da der LeihAN jedoch seine Arbeitsleistung beim Entleiher erbringt, wird ein Schaden in aller Regel entweder beim Entleiher (zur Haftung LeihAN – Entleiher s. u. Rn. 50 ff.) oder bei einem Dritten auftreten, für den der Entleiher arbeitet. Der Dritte hat in diesem Fall einen Anspruch aus unerlaubter Handlung gegen den AN. Nach allgemeinem Arbeitsrecht hat dann der AN einen Freistellungsanspruch gegen seinen AG in der Höhe, in der er bei Schädigung gegenüber dem AG diesem nicht zu haften brauchte, § 670 BGB analog. Insoweit ist AG des LeihAN der Entleiher, ihm gegenüber besteht der Freistellungsanspruch (*Schüren* AÜG Einl. Rn. 398). **49**

III. Rechtsverhältnis zwischen Entleiher und Arbeitnehmer (Beschäftigungsverhältnis)

1. Allgemeines. a) Lösungsansätze. Ein Arbeitsverhältnis besteht nur zwischen dem Verleiher und dem LeihAN. Andererseits hat der Entleiher gegenüber dem AN gewisse AGRechte und -pflichten, wie auch der LeihAN gewisse ANRechte und -pflichten gegenüber dem Entleiher hat. Wie angesichts dessen die Rechtsbeziehung zwischen Entleiher und AN rechtsdogmatisch zu erfassen ist, ist umstritten. Folgende Lösungsansätze werden vertreten: **50**
(1) Doppelarbeitsverhältnis Verleiher – AN, Entleiher – AN
(2) Arbeitsverhältnis Verleiher – AN; Schutz des AN durch Vertrag mit Schutzwirkung für Dritte; für den Entleiher Drittschadensliquidation
(3) Arbeitsverhältnis Verleiher – AN; zugunsten des Entleihers echter Vertrag zugunsten Dritter.

Die These vom Doppelarbeitsverhältnis (oben (1); dazu *Mayer-Maly* ZfA 1972, 1 ff.; s. auch *Ramm* ZfA 1973, 263, 275 ff.) steht nicht im Einklang mit der gesetzlichen Regelung (s. auch *Walker* AcP 194 (1994), 295, 306 f.). **52**

Überwiegend wird die Ansicht vertreten, zwischen dem Entleiher und dem AN bestehe ein **Schuldverhältnis ohne primäre Leistungspflichten** (oben (2)). Zwar sei der AN dem Verleiher gegenüber **53** verpflichtet, beim Entleiher zu arbeiten. Diesem stehe jedoch kein eigener Anspruch auf die Arbeitsleistung des AN zu, es bestehe also nur ein unechter Vertrag zugunsten Dritter (*Becker/Wulfgramm* § 11 AÜG Rn. 59; *Gick* S. 105 ff.; *Hempel*, Spannungsverhältnis, S. 161 ff.; *Schaub* § 120 IV 1; *Windbichler*, Arbeitsrecht im Konzern, 1989, S. 87 f.). Nach dieser Ansicht hat der Entleiher keinen eigenen Anspruch auf die Arbeitsleistung. Stellt der Verleiher ihm allerdings den AN zur Verfügung, so ist er ermächtigt, das Direktionsrecht des Verleihers an dessen Stelle auszuüben. – Auch beim unechten Vertrag zugunsten Dritter bestehen zwischen Entleiher und AN Schutz- und Fürsorgepflichten. Probleme ergeben sich aber, wenn der AN dem Entleiher einen Vermögensschaden zufügt, der nicht auf einer Schutzpflichtverletzung beruht. Auch können die Grundsätze über die Haftungsbeschränkung bei gefahrgeneigter Arbeit nicht eingreifen, wenn zwischen den Parteien keine Pflichten zur Arbeitsleistung bestehen.

54 Eine Drittschadensliquidation (dafür *Gick* S. 117; *Konzen* ZfA 1982, 259, 281) kommt nicht in Betracht (*Schüren* AÜG Einl. Rn. 104 ff.; *Walker* AcP 194 (1994), 295, 300 ff.).

55 **b) Vertrag zugunsten Dritter.** Vorzuziehen ist deshalb die Ansicht, daß zwischen Verleiher und Entleiher ein **echter Vertrag zugunsten Dritter** abgeschlossen wird (oben (3); *Hamann* WiVerw 1996, 212, 214; *Schüren* AÜG Einl. Rn. 138 ff.; *Walker* AcP 194 (1994) 295, 309 ff.). Auf diese Weise kann man auch am besten begründen, warum der Entleiher auf die Arbeitskraft des LeihAN zurückgreifen darf.

56 Tlw. wird das (von den anderen Ansätzen aus) damit begründet, der Verleiher habe dem Entleiher seinen Anspruch auf die Arbeitsleistung abgetreten (*Worpenberg* S. 168 ff.; aA *Schüren* AÜG Einl. Rn. 132 f.). Andere bejahen eine Ermächtigung zur Ausübung des Direktionsrechts (BAG 8. 8. 1958 AP BGB § 611 Mittelbares Arbeitsverhältnis Nr. 3; *Gick* S. 96 f.; *Konzen* ZfA 1982, 259, 282; *Windbichler*, Arbeitsrecht im Konzern, S. 84 f.). Demgegenüber erhält der Entleiher bei Annahme eines echten Vertrages zugunsten Dritter ein eigenes Recht auf die Arbeitsleistung gegen den AN. Die Auswechselung des Versprechensempfängers entspricht § 332 BGB (*Schüren* AÜG Einl. Rn. 141; aA *Becker/Wulfgramm* AÜG Einl. Rn. 13; *Worpenberg* S. 171 f.).

57 **2. Leistungsstörungen. a) Ansprüche des Entleihers gegen den LeihAN.** Im Falle der Nichterfüllung haftet der LeihAN dem Entleiher nach § 325 BGB. Ist die Leistung nachholbar, kommt eine Haftung aus § 286 I BGB in Betracht.

58 Bei Schlechtleistung hat der Entleiher Ansprüche aus pVV und evtl. aus unerlaubter Handlung. In diesem Rechtsverhältnis gelten aber die Grundsätze über die Haftungsbeschränkung bei gefahrgeneigter Arbeit (s. o. Rn. 48).

59 Folgt man dem hier vertretenen Ansatz (Arbeitsvertrag zwischen AN und Verleiher als echter Vertrag zugunsten Dritter) nicht, so hat der Entleiher jedenfalls Ansprüche aus einem Vertrag mit Schutzwirkung für Dritte (*Walker* AcP 194 (1994), 295, 314 ff.).

60 **b) Ansprüche des LeihAN gegen den Entleiher.** Der Entleiher ist dem AN gegenüber zur Einhaltung der Arbeitsschutzvorschriften verpflichtet. Erleidet der AN einen **Körperschaden**, so sind Ansprüche gegen den Entleiher oder gegen die AN des Entleihers nach §§ 104 f. SGB VII beschränkt.

61 Erleidet der AN einen **Sachschaden** an seinen eigenen Sachen, so ist zu unterscheiden. Liegt ein Verschulden des Entleihers oder von dessen AN als Erfüllungsgehilfen vor, so haftet der Entleiher wegen Verletzung der Fürsorgepflicht. Ohne Verschulden kann sich eine Haftung für eingebrachte Sachen oder für Schäden bei Ausübung der Arbeit aus § 670 BGB analog ergeben.

D. Arbeitnehmerüberlassung und Sozialversicherung

62 Im Hinblick auf die sozialversicherungsrechtliche Regelung der ANÜberlassung sind vier Fälle zu unterscheiden,
– die legale ANÜberlassung,
– die illegale ANÜberlassung,
– die legale Arbeitsvermittlung und
– die illegale Arbeitsvermittlung.

I. Legale Arbeitnehmerüberlassung

63 Die **Krankenversicherung** richtet sich gem. § 5 I Nr. 1 SGB V nach dem Arbeitsverhältnis (sozialversicherungsrechtliches „Beschäftigungsverhältnis"). Der LeihAN ist also beim Verleiher krankenversichert, dieser führt den Gesamtsozialversicherungsbeitrag ab.

64 Bei der erlaubten gewerbsmäßigen ANÜberlassung **haftet der Entleiher** neben dem Verleiher nach § 28 e II SGB IV wie ein selbstschuldnerischer Bürge für rückständige Gesamtsozialversicherungsbeiträge.

65 Die **Pflegeversicherung** folgt der Krankenversicherung, § 20 I Nr. 1 SGB XI.

Auch in der **Rentenversicherung,** und zwar sowohl der der Arbeiter als auch der der Angestellten, 66
wird an das Arbeitsverhältnis angeknüpft, § 1 I SGB VI.

Bei der Beitragspflicht in der **Arbeitslosenversicherung** ergeben sich ebenfalls keine Besonder- 67
heiten. Anders steht es hinsichtlich der Versicherungsleistungen. Auch wenn der Verleiher den AN
vorübergehend nicht anderswo beschäftigen kann, steht er weiterhin dem Verleiher zur Verfügung.
Damit kommt kein Anspruch auf Arbeitslosengeld in Betracht, §§ 117 ff., 118 I Nr. 1 SGB III.

Kurzarbeitergeld erhalten LeihAN nicht, da der Arbeitsausfall bei ihnen branchenüblich nach 68
§ 170 IV Nr. 1 SGB III ist.

Bei Zahlungsunfähigkeit des Verleihers sind Ansprüche auf **Insolvenzgeld** gegen die Bundesanstalt 69
für Arbeit nach § 183 SGB III für die letzten drei Monate des Leiharbeitsverhältnisses vor Eröffnung
des Insolvenzverfahrens möglich.

Auch bei der **Unfallversicherung** wird an das Arbeitsverhältnis angeknüpft, §§ 7 f., 2 I Nr. 1 70
SGB VII (früher § 539 I Nr. 1 RVO). Der Verleiher ist Mitglied der Berufsgenossenschaft, und zwar
der Verwaltungsberufsgenossenschaft; bei Mischbetrieben Mitglied derjenigen Berufsgenossenschaft,
die für den Schwerpunkt der Tätigkeit des Unternehmers zuständig ist.

II. Illegale gewerbsmäßige Arbeitnehmerüberlassung

Eine illegale ANÜberlassung kommt häufig in der Form vor, daß der Vertrag zwischen Verleiher 71
und Entleiher als Werkvertrag bezeichnet wird, während in Wahrheit die AN des Verleihers ganz in
die Organisationsgewalt des Entleihers einbezogen sind („Scheinwerkvertrag"; s. § 1 Rn. 20 ff.). In
diesem Fall kommen zwei Arbeitsverhältnisse in Betracht und damit zwei sozialversicherungsrechtliche „Beschäftigungsverhältnisse".

Nach § 9 Nr. 1 ist der Arbeitsvertrag zwischen Verleiher und LeihAN unwirksam, wenn dem 72
Verleiher die erforderliche Erlaubnis fehlt. Die Folge ist ein fingiertes Arbeitsverhältnis zum Entleiher
nach § 10. Nach allgemeinem Schuldrecht wäre die Folge, daß die zwischen Verleiher und AN
erbrachten Leistungen nach Bereicherungsrecht rückabzuwickeln wären. Im Arbeitsrecht gilt jedoch
für das aufgrund unwirksamen Arbeitsvertrages bestehende Rechtsverhältnis („**fehlerhaftes Arbeitsverhältnis**") etwas Abweichendes: für die Vergangenheit wird es wie ein wirksames Arbeitsverhältnis
betrachtet, aber die Parteien können das Arbeitsverhältnis jederzeit beenden. Das Sozialversicherungsrecht knüpft an das Arbeitsverhältnis an, gleichgültig ob es wirksam ist oder nicht, §§ 7 I, 14 I
SGB IV. Das wird dahingehend formuliert, daß es auf die tatsächliche Verfügungsgewalt ankomme (s.
Wank, AN und Selbständige, 1988, S. 336 ff.). – Damit bestehen für die Zeiten, in denen der AN illegal
überlassen wurde, nebeneinander ein fehlerhaftes Arbeitsverhältnis (und damit ein sozialversicherungsrechtliches Beschäftigungsverhältnis) zum Verleiher und ein fingiertes Arbeitsverhältnis (und
damit ein Beschäftigungsverhältnis) zum Entleiher.

Für die **Krankenversicherung** gilt das fehlerhafte Beschäftigungsverhältnis als maßgeblich. Ob der 73
Verleiher Arbeitsentgelt zahlt oder nicht, ist insofern gleichgültig, als der AN einen Entgeltanspruch
hat (ebenso *Schüren* AÜG Einl. Rn. 707; aA KassKomm/*Peters* § 5 SGB V Rn. 25). Dasselbe gilt für
Rentenversicherung, Unfallversicherung und Arbeitslosenversicherung. Auf die Ausführungen zur
legalen ANÜberlassung wird verwiesen.

Neben dem Arbeitsverhältnis zwischen Verleiher und AN wird nach § 10 I ein **Arbeitsverhältnis** 74
zum Entleiher fingiert. Damit würden zwei Arbeitsverhältnisse und zwei sozialversicherungsrechtliche Beschäftigungsverhältnisse nebeneinander bestehen; Verleiher und Entleiher müßten Sozialversicherungsbeiträge zahlen. Dieses Konkurrenzverhältnis ist in der Weise aufzulösen, daß danach zu
unterscheiden ist, ob der Verleiher das Arbeitsentgelt zahlt oder nicht.

Zahlt der Verleiher das Arbeitsentgelt, so ist der Entleiher nicht zur Zahlung verpflichtet, § 422 I 75
BGB. Damit besteht auch kein sozialversicherungspflichtiges Beschäftigungsverhältnis in der Beziehung zwischen LeihAN und Entleiher (*Schüren* Einl. Rn. 727).

Zahlt der Verleiher kein Arbeitsentgelt, besteht arbeitsrechtlich ein Anspruch des AN gegen den 76
Entleiher. Damit lebt auch ein sozialversicherungsrechtliches Beschäftigungsverhältnis auf. Der Entleiher muß daher Beiträge zur Krankenversicherung, Pflegeversicherung, Rentenversicherung und
Arbeitslosenversicherung des LeihAN zahlen sowie die Beiträge zur Unfallversicherung (*Schüren*
Einl. Rn. 730 f.).

III. Legale Arbeitsvermittlung

Bei legaler Arbeitsvermittlung besteht zwischen dem Vermittler und dem AN kein Arbeitsverhält- 77
nis, sondern nur zwischen dem AG, an den der AN vermittelt wurde, und dem AN. Die sozialversicherungsrechtlichen Beziehungen zwischen dem vermittelten AN und dem AG unterscheiden sich
nicht von denjenigen in anderen Arbeitsverhältnissen.

IV. Illegale Arbeitsvermittlung

78 Bei der illegalen Arbeitsvermittlung sind zwei Fälle zu unterscheiden, die echte illegale und die vermutete illegale Arbeitsvermittlung. Bei der echten illegalen Arbeitsvermittlung bestehen Rechtsbeziehungen nur zwischen dem AG, zu dem vermittelt wurde, und dem AN.

79 Daneben gibt es Fälle, in denen tatsächlich eine ANÜberlassung vorliegt, das Gesetz aber eine Arbeitsvermittlung vermutet, § 1 II iVm. § 3 I Nr. 1 bis 6 (vgl. zu den Lösungsmöglichkeiten § 13 Rn. 3).

E. Grenzüberschreitende Arbeitnehmerüberlassung

80 Haben Verleiher und Entleiher ihren Sitz in verschiedenen Staaten, so treten kollisionsrechtliche Probleme auf den Gebieten des Arbeitsrechts, des Sozialversicherungsrechts und des Gewerberechts einschließlich des ANÜberlassungsrechts auf (s. zur Anwendbarkeit des AÜG auf in Deutschland tätige internationale Organisationen *Henrichs* RdA 1995, 158).

I. Internationales Arbeitsrecht

81 Wie bei der inländischen ANÜberlassung muß auf dem Gebiet des Arbeitsrechts auch hier das Dreiecksverhältnis Verleiher – Entleiher – LeihAN beachtet werden.

82 **1. Der ANÜberlassungsvertrag.** Der Vertrag zwischen Verleiher und Entleiher (s. o. Rn. 15 ff.) richtet sich nach dem Kollisionsrecht für Schuldverträge. Die Parteien haben ein Wahlrecht, ob sie das Recht des Staates anwenden wollen, in dem der Verleiher, oder das des Staates, in dem der Entleiher seinen Sitz hat, Art. 27 EGBGB. Haben sie die Frage nicht entschieden, so gilt gem. Art. 28 I 1 EGBGB das Recht des Staates, zu dem der Vertrag seine engste Verbindung aufweist. Das ist idR das Recht des Staates, in dem der Verleiher seinen Sitz hat.

83 Obwohl auf diese Weise grds. eine ausländische Rechtsordnung zum Zuge kommt, wenn ein ausländischer Verleiher seine Arbeitskräfte nach Deutschland verleiht, gelten doch zwingende Bestimmungen des deutschen Privatrechts, Art. 34 EGBGB, sowie kraft des Territorialitätsprinzips die inländischen öffentlich-rechtlichen Vorschriften. Damit gelten auch gegenüber ausländischen Verleihern die **zwingenden Vorschriften des AÜG** über den Inhalt von ANÜberlassungsverträgen.

84 **2. Der Arbeitsvertrag zwischen Verleiher und LeihAN.** Auch der Verleiher und der LeihAN (s. o. Rn. 31 ff.) können nach deutschem Internationalen Arbeitsrecht das zwischen ihnen geltende Recht frei wählen, Art. 27 EGBGB. Anders als nach allgemeinem Schuldrecht gilt aber hier ein kollisionsrechtliches Günstigkeitsprinzip zugunsten des AN, **Art. 30 I EGBGB.** Er genießt – wenn beispielsweise die Anwendbarkeit ausländischen Rechts vereinbart wurde – denselben Schutz, als wenn objektiv angeknüpft worden wäre. Schließt also beispielsweise ein portugiesischer Verleiher mit einem deutschen AN in Deutschland zum Einsatz in Deutschland einen Arbeitsvertrag nach portugiesischem Arbeitsrecht, so gelten für diesen Vertrag trotzdem die ANSchutzvorschriften des deutschen Rechts.

85 Haben die Parteien das Vertragsstatut nicht geregelt, so greift eine objektive Anknüpfung ein. Anzuknüpfen ist an das Recht des **gewöhnlichen Arbeitsortes**, Art. 30 II Nr. 1 EGBGB, oder an das Recht der einstellenden Niederlassung, Art. 30 II Nr. 2 EGBGB. Allerdings geht eine sich aus sonstigen Umständen ergebende engere Verbindung zu einer anderen Rechtsordnung vor, Art. 30 II aE EGBGB.

86 Unabhängig davon, welches Recht aufgrund subjektiver Anknüpfung (also aufgrund einer Wahl durch die Parteien) oder aufgrund objektiver Anknüpfung gilt: Die im öffentlichen Interesse zwingenden Normen des deutschen Arbeitsrechts (**Eingriffsnormen**, Art. 34 EGBGB) gelten unabhängig davon; insb. die Vorschriften des AÜG über den zwingenden Inhalt des Rechtsverhältnisses zwischen Verleiher und LeihAN (*Däubler* EuZW 1993, 373; *Deinert* RdA 1996, 343; MünchArbR/*Birk* § 20 Rn. 138). Darüber hinaus gelten aufgrund des Territorialitätsprinzips die in Deutschland geltenden öffentlich-rechtlichen Vorschriften auch dann, wenn im übrigen eine ausländische Rechtsordnung gilt.

87 **3. Das Rechtsverhältnis zwischen Entleiher und LeihAN.** Wenn auch zwischen dem Entleiher und dem LeihAN kein Arbeitsverhältnis besteht (s. o. Rn. 50 ff.), so bestehen doch eine Reihe arbeitsrechtlicher Rechte und Pflichten zwischen diesen beiden Parteien. Man kann insoweit von einem Quasi-Arbeitsverhältnis sprechen, auf das Art. 30 EGBGB anwendbar ist.

II. Arbeitnehmerüberlassung durch Ausländer, aus dem Ausland und in das Ausland

88 **1. Allgemeines.** Im Hinblick auf ANÜberlassung mit Auslandsbezug sind mehrere Fallgestaltungen zu unterscheiden: Ist der Verleiher Inländer oder Ausländer, geschieht die Überlassung vom Ausland ins Inland oder vom Inland ins Ausland (zur Beschäftigung von ausländischen AN s. u. § 15).

Eine Erlaubnis zur ANÜberlassung ist, wenn kein Versagungsgrund gem. § 3 I vorliegt, an Deutsche grds. zu erteilen. Dagegen kann die Erlaubnis gegenüber Antragstellern, die nicht Deutsche sind, versagt werden, § 3 III. EG-Ausländer und Staatsangehörige eines Mitgliedstaats des EWR erhalten die Erlaubnis unter bestimmten Voraussetzungen wie Deutsche, § 3 IV. Das gleiche gilt für bestimmte Ausländer aufgrund internationaler Abkommen gem. § 3 V. 89

Werden AN vom Ausland nach Deutschland zur Arbeitsleistung geschickt, so ist – ebenso wie bei einem rein deutschen Sachverhalt – zwischen ANÜberlassung und drittbezogenem Personaleinsatz zu unterscheiden. Für die ANÜberlassung von einem ausländischen Betrieb aus gibt es gem. § 1 II keine Erlaubnis. Für den drittbezogenen Personaleinsatz trifft das AEntG eine Sonderregelung, ebenso gilt eine Sonderregelung für die Beschäftigung von AN aus Drittstaaten durch EG-Unternehmen. 90

2. AEntG. Durch Art. 10 des Gesetzes zu Korrekturen in der Sozialversicherung und zur Sicherung der Arbeitnehmerrechte vom 19. 12. 1998 (BGBl. I S. 3843) wurde die Geltungsdauer des AEntG durch Aufhebung der bisher in § 8 AEntG enthaltene Befristung zum 1. 9. 1999 auf unbestimmte Zeit verlängert (zum Ganzen *Blanke* AuR 1999, 417; *Böhm* NZA 1999, 128). Das Gesetz, das nach Ansicht einiger Autoren sowohl gemeinschaftsrechtlichen (*Deinert* RdA 1996, 339; *Junker/Wichmann* NZA 1996, 505; *Selmayr* ZfA 1996, 615) als auch verfassungsrechtlichen Bedenken (*v. Danwitz* RdA 1999, 322, 324 ff.; *Strohmeier* RdA 1998, 339) begegnet, sieht eine Beschränkung der kollisionsrechtlichen Wahlfreiheit vor. Es bezieht sich auf den Fall, daß der AG seinen Sitz im Ausland hat und AN in Deutschland beschäftigt, sofern der Betrieb überwiegend Bauleistungen erbringt (s. die Kommentare zum AEntG von *Kretz* und von *Koberski/Sahl/Hold*). Ist der TV für allgemeinverbindlich erklärt worden (§ 5 TVG), enthält er eine Bestimmung über ein bestimmtes Mindestentgelt und gilt er entsprechend auch für deutsche AG, so ist der für allgemeinverbindlich erklärte TV auch auf diese ANÜberlassung anwendbar. Der AG muß in einem solchen Falle vor Beginn der Betätigung die Beschäftigung beim zuständigen Landesarbeitsamt anmelden, § 2 AEntG. 91

3. Beschäftigung ausländischer AN aus Drittstaaten durch EU-Unternehmen. Nach der Rspr. des EuGH (9. 8. 1994 Slg. I 94, 3803 [Vander Elst]) können EU-Unternehmen AN aus Drittstaaten im Rahmen von Dienst- oder Werkverträgen innerhalb der EU entsenden, sofern diese AN ordnungsgemäß und dauerhaft in dem entsendenden Unternehmen beschäftigt sind. Nach dem Dienstblatt-Runderlaß 72/95 v. 8. 8. 1995 der Bundesanstalt für Arbeit erhalten die AN beschränkte Arbeitserlaubnisse, wenn es sich um eine vorübergehende Dienstleistung handelt, der AN des Drittstaats dauerhaft und ordnungsgemäß, dh. seit mindestens 12 Monaten bei dem EU-Unternehmen legal beschäftigt ist, und der AN eine Aufenthalts- und ggf. eine Arbeitserlaubnis für das Land besitzt, in dem das entsendende Unternehmen seinen Sitz hat (s. auch *Marschner* NZA 1996, 186). 92

4. Arbeitnehmerüberlassung in das Ausland. Nach § 1 III Nr. 3 gilt das AÜG nicht, wenn ein LeihAN in das Ausland überlassen wird; Voraussetzung ist, daß ein entsprechender völkerrechtlicher Vertrag vorliegt, daß der Verleih an ein deutsch-ausländisches Gemeinschaftsunternehmen erfolgt und daß der Verleiher an diesem Gemeinschaftsunternehmen beteiligt ist. 93

§ 1 Erlaubnispflicht

(1) ¹Arbeitgeber, die als Verleiher Dritten (Entleihern) Arbeitnehmer (Leiharbeitnehmer) gewerbsmäßig zur Arbeitsleistung überlassen wollen, bedürfen der Erlaubnis. ²Die Abordnung von Arbeitnehmern zu einer zur Herstellung eines Werkes gebildeten Arbeitsgemeinschaft ist keine Arbeitnehmerüberlassung, wenn der Arbeitgeber Mitglied der Arbeitsgemeinschaft ist, für alle Mitglieder der Arbeitsgemeinschaft Tarifverträge desselben Wirtschaftszweiges gelten und alle Mitglieder auf Grund des Arbeitsgemeinschaftsvertrages zur selbständigen Erbringung von Vertragsleistungen verpflichtet sind.

(2) Werden Arbeitnehmer Dritten zur Arbeitsleistung überlassen und übernimmt der Überlassende nicht die üblichen Arbeitgeberpflichten oder das Arbeitgeberrisiko (§ 3 Abs. 1 Nr. 1 bis 5) oder übersteigt die Dauer der Überlassung im Einzelfall zwölf Monate (§ 3 Abs. 1 Nr. 6), so wird vermutet, daß der Überlassende Arbeitsvermittlung betreibt.

(3) Dieses Gesetz ist mit Ausnahme des § 1b Satz 1, des § 16 Abs. 1 Nr. 1b und Abs. 2 bis 5 sowie der §§ 17 und 18 nicht anzuwenden auf die Arbeitnehmerüberlassung
1. zwischen Arbeitgebern desselben Wirtschaftszweiges zur Vermeidung von Kurzarbeit oder Entlassungen, wenn ein für den Entleiher und Verleiher geltender Tarifvertrag dies vorsieht,
2. zwischen Konzernunternehmen im Sinne des § 18 des Aktiengesetzes, wenn der Arbeitnehmer seine Arbeit vorübergehend nicht bei seinem Arbeitgeber leistet, oder
3. in das Ausland, wenn der Leiharbeitnehmer in ein auf der Grundlage zwischenstaatlicher Vereinbarungen begründetes deutsch-ausländisches Gemeinschaftsunternehmen verliehen wird, an dem der Verleiher beteiligt ist.

I. Gesetzeszweck

1 Zweck des Gesetzes ist zum einen die Regelung der legalen ANÜberlassung und zum anderen die Bekämpfung der illegalen ANÜberlassung.

II. Aufbau des Gesetzes

2 Leiharbeit betrifft
 – Schuldrecht (Rechtverhältnis zwischen Verleiher und Entleiher)
 – Arbeitsrecht, und zwar Individualarbeitsrecht und Betriebsverfassungsrecht
 – Sozialversicherungsrecht
 – Gewerberecht.

3 Das AÜG regelt eingehend das Gewerberecht. Das Schuldrecht und das Arbeitsrecht sind dagegen nur auszugsweise und unsystematisch mitgeregelt. So gelten für das **Verhältnis Verleiher-Entleiher:**
 § 1 I 1 – ANÜberlassungsvertrag
 § 9 Nr. 1 und 4 – Unwirksamkeitsgründe
 § 11 VI – Arbeitsschutzrecht
 § 11 VII – ANErfindungsrecht
 § 12 – Rechtsbeziehungen Verleiher/Entleiher

4 Für das Verhältnis **Verleiher – AN:**
 – individualarbeitsrechtlich
 § 1 I Nr. 1 – Arbeitsvertrag
 § 9 Nr. 2, 3 und 5 – Unwirksamkeitsgründe
 § 11 I 2 – Formvorschriften
 § 11 III – Unterrichtungspflicht
 § 11 IV – Befristung
 § 11 V – Arbeitskampfrecht
 – betriebsverfassungsrechtlich § 14

5 Für das Verhältnis **Entleiher – AN** gelten
 – individualarbeitsrechtlich § 10
 – betriebsverfassungsrechtlich § 14

6 Wichtige Einzelfragen des Individualarbeitsrechts sind im Gesetz überhaupt nicht enthalten, ebensowenig das Sozialversicherungsrecht (dazu Einl. Rn. 62 ff.). Die Abgrenzung zwischen ANÜberlassung und anderen Formen drittbezogenen Personaleinsatzes findet sich nicht im Gesetz. Da das Gesetz vor dem Hintergrund einer Reihe von anderen Gesetzen nur einige Einzelfragen regelt, ist es tlw. nur schwer verständlich.

III. Geltungsbereich des AÜG (Überblick)

7 **1. Räumlicher Geltungsbereich.** Aufgrund des Territorialitätsprinzips gilt das AÜG auf dem Gebiet der Bundesrepublik Deutschland. Es gilt gem. dem EVertr. auch in den neuen Bundesländern, Anl. I Kap. VIII Sachgebiet E Abschnitt II Nr. 2, BGBl. II S. 889, 1038.

8 Das AÜG gilt
 – für inländische Sachverhalte
 – für ausländische Sachverhalte
  – wenn ein deutscher Verleiher ins Ausland verleiht (s. aber auch § 1 III 3)
  – wenn ein ausländischer Verleiher in das Gebiet der Bundesrepublik Deutschland verleiht
  (s. zur grenzüberschreitenden ANÜberlassung Einl. Rn. 80 ff.).

9 **2. Persönlicher Geltungsbereich.** Das AÜG gilt für eine Rechtsbeziehung, an der ein AG als Verleiher, ein AN dieses Verleihers und ein Entleiher beteiligt sind. Welche Personen davon im einzelnen erfaßt werden, wird im folgenden (Rn. 10 ff.) dargelegt.

10 **3. Sachlicher Geltungsbereich.** Das AÜG betrifft nur die ANÜberlassung und nicht **sonstige Formen** von drittbezogenem Personaleinsatz. Einige Abgrenzungsfragen sind allerdings im Gesetz speziell geregelt:
 – Abgrenzung zur Arbeitsvermittlung, § 1 II
 – Abordnung im Rahmen einer Arbeitsgemeinschaft, § 1 I 2
 – Überlassung zur Vermeidung von Kurzarbeit und Entlassungen, § 1 III Nr. 1
 – ANÜberlassung im Konzern, § 1 III Nr. 2
 – ANÜberlassung in das Ausland, § 1 III Nr. 3.

Einige gesetzliche Sonderregelungen zum drittbezogenen Personaleinsatz gehen dem AÜG vor; so die betr. Jugendhilfe nach dem SGB VIII (BAG 11. 6. 1997 AP SGB VIII § 2 Nr. 1) und die Personalgestellung nach dem AsylVfG (BAG 5. 3. 1997 AP AÜG § 1 Nr. 23).

Andere Abgrenzungen ergeben sich nicht unmittelbar aus dem Gesetz, so die zu Verträgen über **drittbezogenen Personaleinsatz** mit Erfüllungsgehilfen (wie Werkvertrag, Dienstvertrag, Geschäftsbesorgungsvertrag). 11

Das Gesetz verwendet zur Bestimmung des Geltungsbereichs jeweils unterschiedliche gesetzgebungstechnische Mittel. Im einzelnen ergibt sich: 12
- Regeltatbestand, § 1 I 1 (AÜG gilt)
- Ausnahmen, im Gesetz geregelt (AÜG gilt nicht):
  - Arbeitsgemeinschaft, § 1 I 2; Gesetzestechnik: „ist nicht ANÜberlassung" = Fiktion; gemeint ist: gilt nicht als ANÜberlassung
  - Arbeitsvermittlung, § 1 I 1 („ohne damit Arbeitsvermittlung zu betreiben"); gesetzestechnisch: negative Tatbestandsvoraussetzung
  - ANÜberlassung, von der kraft Gesetzes vermutet wird, daß sie Arbeitsvermittlung ist, § 1 II, gesetzestechnisch: widerlegbare Vermutung
  - Überlassung zur Vermeidung von Kurzarbeit und Entlassungen, § 1 III Nr. 1, „ist nicht anzuwenden"; gesetzestechnisch: Bestimmung des Geltungsbereichs
  - Überlassung im Konzern, § 1 III Nr. 2; gesetzestechnisch: Bestimmung des Geltungsbereichs
  - ANÜberlassung ins Ausland, § 1 III 3 Nr. 3; gesetzestechnisch: Bestimmung des Geltungsbereichs
- Gegenbegriff, im Gesetz nicht geregelt: keine ANÜberlassung, sondern drittbezogener Personaleinsatz mit Erfüllungsgehilfen.

4. Zeitlicher Geltungsbereich. Durch Art. 83 I AFRG wurden Abs. 1 S. 1, Abs. 2 und Abs. 3 teils mit Wirkung ab 1. 4. 1997, teils mit Wirkung ab 1. 1. 1998, geändert. 13

IV. Arbeitnehmerüberlassung in Abgrenzung zu anderen Rechtsverhältnissen

Die ANÜberlassung ist *eine* Form des drittbezogenen Personaleinsatzes. (Erfüllt der AN nur Pflichten, die seinem AG gegenüber einem fremden Auftraggeber obliegen, fehlt es an der Drittbeziehung, BAG 22. 6. 1994 NZA 1995, 462). Kennzeichnend für alle diese Formen ist ein Dreiecksverhältnis: Ein AN wird aufgrund einer (untechnisch gesprochen) Anweisung eines AG bei einem anderen beschäftigt. 14

Sonstige Formen drittbezogenen Personaleinsatzes sind die Arbeit aufgrund 15
- eines Werkvertrages
- eines Dienstvertrages
- eines Geschäftsbesorgungsvertrages
- eines Dienstverschaffungsvertrages oder
- aufgrund einer Arbeitsvermittlung

(s. *Becker/Wulfgramm* Rn. 38 ff.; *Rosenstein* S. 86 ff.; *Schüren* Rn. 100 ff.; *Walle* S. 36 ff.; ferner *Hamann* S. 71 ff.; dort auch zu Gesamthafenbetrieb, Gestellungsvertrag, mittelbares Arbeitsverhältnis; des weiteren BAG 5. 3. 1997 NZA 1997, 1165 zur Personalgestellung nach dem AsylVfG; BAG 1. 6. 1994 NZA 1995, 465 betr. Zivildienstschule).

1. Die Bedeutung der Abgrenzung und Abgrenzungskriterien. a) Allgemeines. Welche von den unterschiedlichen zivilrechtlichen Gestaltungsformen im Einzelfall vorliegt, könnte angesichts der Privatautonomie gleichgültig sein, solange nur der ANSchutz gewährleistet ist und ein AG seine arbeitsvertraglichen Pflichten erfüllt. Auch soweit bei der legalen ANÜberlassung der AG seine Pflichten erfüllt, hat die Qualifizierung im Hinblick auf den ANSchutz geringe Bedeutung. 16

Wichtig ist die Abgrenzung im Hinblick auf die **illegale** ANÜberlassung (zur Auftragsweitergabe an illegal handelnde Subunternehmer, § 2 SchwArbG, s. *Grünberger* NJW 1995, 14, 15). Vor allem um sie zu verhindern, ist die legale ANÜberlassung stark reglementiert. Der Verleiher als AG braucht eine Erlaubnis, und der Inhalt des Vertrages zwischen Verleiher und LeihAN sowie der zwischen Verleiher und Entleiher unterliegen bestimmten Beschränkungen. 17

Es besteht die Gefahr, daß durch die Wahl eines anderen Vertragstyps die beteiligten Rechtsverhältnisse dem ANÜberlassungsrecht und damit der Kontrolle entzogen werden. Dieser Gedanke – **Umgehungen** durch die Wahl anderer Rechtsformen zu verhindern – ist für die gesamten nachfolgenden Erörterungen maßgeblich. 18

Arbeitsrechtlich spielt die Qualifizierung insofern eine Rolle, als bei illegaler ANÜberlassung ein Arbeitsverhältnis nach § 10 AÜG zum Entleiher besteht. Der AN kann die Gerichte über die Abgrenzung im Rahmen von Feststellungsklagen oder von Vergütungsklagen entscheiden lassen. 19

Sozialversicherungsrechtlich hat bei der legalen ANÜberlassung der Verleiher den Gesamtsozialversicherungsbeitrag zu entrichten. Bei illegaler ANÜberlassung kommt eine Haftung des Entleihers in Betracht (s. Einl. Rn. 71 ff.).

Steuerrechtlich spielt die Abgrenzung für den Vorsteuerabzug nach § 15 I Nr. 1 UStG und bei der Umsatzsteuerpflicht nach §§ 1, 3 UStG eine Rolle.

Gewerberechtlich bedarf die ANÜberlassung – anders als die anderen Vertragsformen – der Erlaubnis.

Im *Straf-* und *Ordnungswidrigkeitenrecht* geht es um die Anwendbarkeit der §§ 15 ff. AÜG.

20 **b) Abgrenzung zum Werkvertrag.** Theoretisch läßt sich die Abgrenzung zwischen beiden Gestaltungsformen einfach vollziehen. Beim Werkvertrag verpflichtet sich der Unternehmer, ein sog. Werk herzustellen, dh. einen bestimmten Erfolg herbeizuführen, § 631 BGB. Dabei kann er sich der Mithilfe anderer Personen als seiner Erfüllungsgehilfen bedienen, § 278 BGB. Er übt ihnen gegenüber das arbeitsrechtliche Weisungsrecht aus.

Beim ANÜberlassungsvertrag stellt der AG (= Verleiher) einem Dritten (= Entleiher) seine AN zur Verfügung. (Das AÜG gilt nicht, wenn nicht AN, sondern Selbständige überlassen werden, s. BAG 9. 11. 1994 AP AÜG § 1 Nr. 18). Er haftet also nicht für einen Erfolg, sondern nur für die richtige Auswahl und Bereitstellung von Arbeitskräften. Im übrigen üben diese die Arbeit nach Weisungen des Entleihers aus.

Diese scheinbar klare Abgrenzung wird durch atypische Gestaltungsformen, wie sie in der Praxis verbreitet sind, erschwert.
- So kann der Werkunternehmer mit dem Dritten statt eines einzelnen konkreten Werks eine Reihe von Einzelwerken aufgrund eines *Rahmenvertrages* anbieten.
- Die an den Werkunternehmer zu leistende *Vergütung* des Bestellers kann nach *Zeitabschnitten* statt nach einem Erfolg bemessen sein.
- Die entsandten AN können voll in die *Organisation* des Dritten *einbezogen* sein.

21 **aa) Rechtsprechung.** Die Rspr. geht aus von der Definition des Werkvertrages in § 631 BGB und von der Definition der ANÜberlassung in § 1 AÜG. Insofern ist dann entscheidend, ob der AN
- in den Betrieb des Dritten **eingegliedert** ist und
- den **Weisungen** des Dritten unterliegt

(BAG 10. 2. 1977 AP BetrVG 1972 § 103 Nr. 9). Auszugehen ist danach vom objektiven Geschäftsinhalt. Dabei sei eine umfassende Würdigung der Begleitumstände vorzunehmen, wie: Aufsicht über die FremdfirmenAN, Gestellung von Werkzeug und Material durch den Einsatzbetrieb, die sonstige Geschäftstätigkeit des Auftragnehmers sowie ob er nach seiner materiellen Ausstattung in der Lage ist, auch einen anderen Geschäftszweck als die ANÜberlassung zu verfolgen (BAG 15. 6. 1983 AP AÜG § 10 Nr. 5). In weiteren Entscheidungen hat das BAG diesen Ansatz konkretisiert (BAG 30. 1. 1991 AP AÜG § 10 Nr. 8; 5. 3. 1991 AP BetrVG 1972 § 99 Nr. 90; 9. 7. 1991 AP BetrVG 1972 § 99 Nr. 94).

22 Das BAG unterscheidet zwischen vertraglichen Weisungen, die gegenständlich begrenzt seien und sich auf die Werkgegenstände bezögen, und arbeitsvertraglichen Weisungen. Im Hinblick auf die Eingliederung ist danach weder die Verweildauer noch die räumliche und sachliche Nähe der FremdAN zum Betriebszweck des Auftraggebers noch die enge Einbindung in den betrieblichen Arbeitsprozeß von Bedeutung.

23 (1) *Eingliederung.* Indizien für eine Eingliederung in den Beschäftigungsbetrieb sind die Zusammenarbeit mit AN des Dritten, die Übernahme von Tätigkeiten, die früher AN des Dritten ausgeführt haben, die Stellung von Material sowie von Arbeitskleidung durch den Dritten.

24 (2) *Weisungsrecht.* Im Hinblick auf die Ausübung des Weisungsrechts unterscheidet das BAG. Soweit die Weisungen werkbezogen sind iSv. § 645 I 1 BGB, ist ein Weisungsrecht des Dritten kein Indiz für eine ANÜberlassung. Hierbei geht es beispielsweise um Stückzahl und Qualität der herzustellenden Ware.

Indizcharakter im Hinblick auf die Annahme einer ANÜberlassung hat es demgegenüber, wenn der Dritte arbeitsrechtliche Weisungen gegenüber den AN ausübt. Das sei nämlich typisch für ANÜberlassungsverträge und nicht für Werkverträge.

Insofern hat es indiziellen Charakter, wenn die AN durch Personal des Dritten beaufsichtigt werden. Das kann auch in der Weise geschehen, daß eigene AN des Dritten und die eingesetzten AN in derselben Arbeitsgruppe beschäftigt sind. Die Organisationsgewalt des Dritten ist ein weiteres Indiz für ANÜberlassung. Hierzu zählt es, wenn der Dritte die Zahl der AN, deren Arbeitszeit und deren Urlaubszeit bestimmen kann.

25 Gegen die Rspr. läßt sich der Einwand erheben, daß sie nicht klarstellt, auf welchen Grundgedanken die von ihr vorgenommene Abgrenzung beruht. Eine Vielzahl von Hilfsfaktoren hilft nicht weiter, solange nicht deutlich ist, unter welchem Leitgedanken sie zu sehen sind. Diese unteleologische Betrachtungsweise führt zu Rechtsunsicherheit.

26 **bb) Literatur.** Die Literatur (Darstellung bei *Hamann* S. 92 ff.; *Rosenstein* S. 36 ff., 139 ff.) folgt teils dem BAG (*Becker* DB 1988, 2561, 2565 f.; *v. Hoyningen-Huene* BB 1985, 1669, 1672 f.; *Marschall* NZA 1984, 150 f.; *Marschner* NZA 1995, 668 ff.; *Schaub* NZA 1985, Beil. 3, S. 1, 4 f.), teils legt sie eigene Lösungsansätze zugrunde.

27 *Goebel* (BlStSozArbR 1973, 324) geht vom gesetzlichen Leitbild des Werkvertrages aus. – Entscheidend muß jedoch das Leitbild des ANÜberlassungsvertrages sein. *Ulber* (AuR 1982, 54) hält ANÜberlassungsverträge nur für zulässig, wenn die Arbeit aus dem Beschäftigungsgrundstück ausgeglie-

IV. Arbeitnehmerüberlassung in Abgrenzung zu anderen Rechtsverhältnissen § 1 AÜG 140

dert ist oder es um einen eigenen Vertragsgegenstand geht. – Das zielt, ohne Anbindung im Gesetz, darauf ab, diese gesetzlich zulässige Gestaltungsform möglichst zu unterbinden. *Leitner* (NZA 1991, 293) will mit seiner Unterscheidung zwischen Verletzungstatbestand und Umgehungstatbestand den Anwendungsbereich des AÜG unangemessen stark zurückdrängen.

Mehrere Autoren sehen als maßgeblich an, ob die **Personalhoheit** auf den AG des Beschäftigungs- 28 betriebes übergeht. Der Gedanke findet sich bei *Eckardt* (JA 1989, 393, 396 ff.), *Dauner-Lieb* (Anm. zu BAG 30. 1. 1993 SAE 1992, 217 ff. und NZA 1992, 817 ff.) sowie bei *Schüren* (§ 1 AÜG Rn. 150 ff., wobei Schüren innerhalb dieses Ansatzes den Anwendungsbereich des AÜG gegenüber *Dauner-Lieb* weiter steckt), *Düwell* (Kasseler Handbuch 4.5. Rn. 149 ff.) und *Walle* (S. 114 ff.).

cc) Stellungnahme. Sowohl gegen die Rspr. als auch gegen die unterschiedlichen Meinungen in der 29 Literatur läßt sich einwenden, daß der teleologische Ansatz nicht genügend deutlich wird. Wenn es darum geht, eine juristische Definition aufzustellen, gibt es zwei Möglichkeiten: Die eine ist die beschreibende Methode (auch **phänomenologische** oder **ontologische Methode**). Dabei wird beschrieben, was der Autor für die typischen Merkmale eines Gegenstandes hält. Für die vorliegende Problematik wird also gefragt: Was ist typisch für einen Werkvertrag, was ist typisch für eine AN-Überlassung? Da sich diese Vorgehensweise am typischen Fall orientiert, führt sie – für den typischen Fall – auch zu richtigen Ergebnissen. Die Brauchbarkeit einer Definition erweist sich jedoch am kritischen Fall, am Grenzfall (Definition, von *finis* = Grenze). Dabei zeigen sich die methodischen Schwächen des nur beschreibenden Vorgehens. Es läßt sich nicht nachvollziehen, warum der eine Autor dieses und der andere Autor jenes Merkmal für typisch und damit im Zweifelsfall für ausschlaggebend hält. Das ist deshalb verständlich, weil man von typisch oder wesentlich immer nur sprechen kann im Hinblick auf eine bestimmte Fragehinsicht. Die einzig zulässige Fragehinsicht für die Auslegung von Gesetzesbegriffen ist aber die nach dem Zweck dieses Gesetzes.

Aus methodischer (und auch aus praktischer) Sicht ist von daher allein ein **teleologisches Vorgehen** 30 zulässig (s. *Wank*, Die juristische Begriffsbildung, 1985). Zwischen den Merkmalen auf der Tatbestandsseite einer Norm und der Rechtsfolgenseite der Norm muß ein Sinnzusammenhang bestehen. Für das AÜG bedeutet das: Welche Tatsachen als Grundlage der Tatbestandsseite haben den Gesetzgeber veranlaßt, gerade die im AÜG angeordneten Rechtsfolgen aufzustellen? Anders gefragt, warum braucht man überhaupt ein AÜG und beläßt es nicht, wie im übrigen Schuldrecht, bei der Vertragsfreiheit (im Ansatz ebenso [aber mit anderen Folgerungen] Kasseler Handbuch/*Düwell* 4.5. Rn. 149)? Der Grund dafür liegt darin, daß die Beschäftigung bei einem Verleiher für AN mit mehr Gefahren verbunden ist als die Beschäftigung bei einem anderen AG. Wer selbst mit von ihm produzierten Waren oder mit einer von ihm erbrachten Geldleistungen an den Markt tritt, benötigt und bekommt Kapital und Kredit. Er muß seine Vertragspflichten gegenüber seinen Auftraggebern und gegenüber seinen AN korrekt erfüllen, um am Markt bestehen zu können.

Demgegenüber braucht derjenige, der als Verleiher tätig wird, kein Kapital, keinen Produktions- 31 betrieb und so gut wie kein Büro. Das bringt die **Gefahr** mit sich, daß sich auf diesem Markt **unseriöse Verleiher** tummeln. § 3 I Nr. 1 und 2 AÜG lassen erkennen, welche AG nicht zugelassen sein sollen, nämlich unzuverlässige und solche ohne die erforderliche Betriebsorganisation. Damit wird auch klar, worum es bei der ANÜberlassung im Gegensatz zu den anderen Formen drittbezogenen Personaleinsatzes geht, nämlich um die Seriosität des AG und um die Gewährleistung bestimmter Vertragsinhalte, gesichert durch das Erlaubnisverfahren (s. zum Ganzen *Wank* Anm. zu BAG 15. 6. 1983 SAE 1985, 74 ff.; ferner *Rosenstein* S. 203 ff.).

Wenn damit der **Sinnzusammenhang zwischen Tatbestand** (ANÜberlassung) **und Rechtsfolge** 32 (Erlaubniszwang, Kontrolle des Vertragsinhalts) aufgezeigt ist, so muß dieser Sinnzusammenhang auch bei der Abgrenzung zwischen Werkverträgen und ANÜberlassungsverträgen durchschlagen. In einem Zweifelsfall zwischen Werkvertrag und ANÜberlassungsvertrag ist dann ein ANÜberlassungsvertrag zu bejahen, wenn die Ziele des Gesetzes umgangen werden; dagegen kann ein Werkvertrag bejaht werden, wenn die Gefahren nicht bestehen, vor denen das AÜG schützen will. Wer also eine eigene Betriebsorganisation hat, bei dem werden die Gefahren nicht vermutet (vgl. auch BAG 9. 11. 1994 AP AÜG § 1 Nr. 18). Demgegenüber ist die Weisungshoheit während des einzelnen Personaleinsatzes ein schwaches Indiz. Eher geht es darum, ob jemand AN zur Verfügung hat und bei verschiedenen Dritten einsetzt oder ob zwischen der Beschäftigung von AN und dem Einsatz bei Dritten eine zeitliche Übereinstimmung besteht (also die Synchronisation, die das AÜG verhindern will).

Von daher treffen die beiden von der Rspr. verwandten Leitgedanken – eigene **Betriebsorganisation** 33 und eigene **Personalhoheit** – der Sache nach das Richtige, während die Ansätze in der Literatur, die allein auf die Personalhoheit abstellen, einen wesentlichen Teil des Sinnzusammenhangs von Tatbestand und Rechtsfolge ausblenden.

c) Abgrenzung zum Dienstvertrag. In ihrer reinen Form lassen sich Dienstvertrag mit Erfüllungs- 34 gehilfen und ANÜberlassungsvertrag klar unterscheiden. Beim Dienstvertrag schuldet der Dienstnehmer eine bestimmte Dienstleistung, die er, wenn ihm das nach dem Vertrag entgegen § 613 S. 1 BGB erlaubt ist, auch durch Erfüllungsgehilfen erbringen kann. Die Erfüllungsgehilfen arbeiten dabei nach Weisung des Dienstnehmers. Demgegenüber stellt bei einem ANÜberlassungsvertrag der Verleiher die AN für bestimmte (Werk- oder) Dienstleistungen zur Verfügung, die sie nach Weisung des Entleihers verrichten. Dabei steht der Dienstvertrag mit Erfüllungsgehilfen dem ANÜberlassungsvertrag noch näher als der Werkvertrag.

35 Die **Rspr.** legt im wesentlichen dieselben Abgrenzungskriterien zugrunde wie im Verhältnis Werkvertrag zu ANÜberlassungsvertrag (betr. Eingliederung und Weisungsrecht s. BAG 8. 11. 1978 AP AÜG § 1 Nr. 2; 28. 11. 1989 AP AÜG § 14 Nr. 5). Allerdings können die Kriterien Erfolg, Gewährleistung und Vergütungsgefahr hier nicht herangezogen werden.

36 Die **Literatur** stimmt wiederum teils dem BAG zu, teils legt sie abw. Kriterien zugrunde (*Becker* ZfA 1978, 131, 143 f.; *ders.* DB 1988, 2561, 2566; *Becker/Wulfgramm* § 12 AÜG Rn. 37 ff.; *Hamann* S. 129 ff.; *Sandmann/Marschall* Rn. 21 ff.; *Schüren* Rn. 225 ff.).

37 Auch hier kommt es wieder auf den Sinnzusammenhang zwischen Tatbestand und Rechtsfolge an. Mit der Rspr. ist daher auch hier auf die eigene Betriebsorganisation und die eigene Weisungshoheit als Indizien für den Dienstvertrag abzustellen.

38 **d) Abgrenzung zum Geschäftsbesorgungsvertrag.** Der Geschäftsbesorgungsvertrag nach §§ 611, 631, 675 BGB ist ein Dienstvertrag oder Werkvertrag, der eine Geschäftsbesorgung zum Inhalt hat. Unter einer Geschäftsbesorgung ist dabei eine selbständige Tätigkeit wirtschaftlicher Art zu verstehen. Im Hinblick auf die Abgrenzung gegenüber dem ANÜberlassungsvertrag kann auf die Ausführungen zum Werkvertrag und zum Dienstvertrag verwiesen werden.

39 **e) Abgrenzung zum Dienstverschaffungsvertrag.** Der Dienstverschaffungsvertrag ist im BGB nicht geregelt, aber eine in Rspr. und Literatur anerkannte besondere Vertragsform. Die eine Partei verpflichtet sich dabei, der anderen Vertragspartei die Dienste eines Dritten zu verschaffen. Dabei können diese Dienste entweder von Selbständigen oder von abhängig Beschäftigten geleistet werden. Der ANÜberlassungsvertrag ist ein Unterfall des Dienstverschaffungsvertrages, und zwar in der Form der Verschaffung der Dienste abhängig Beschäftigter (ebenso Palandt/*Putzo* Einf. vor § 611 BGB Rn. 38; *Schüren* Rn. 254; aA *Becker* ZfA 1978, 131, 145).

40 **f) Mischbetriebe und Mischverträge.** Wenn ein Unternehmer in der Hauptsache andere Tätigkeiten verrichtet (z B Produktionsbetrieb) und nur nebenbei auch AN ausleiht (**Mischbetrieb**), stellt sich die Frage, ob für die Anwendung des AÜG auf den hauptsächlichen Betriebszweck abzustellen ist oder auf die einzelne Überlassung. Während früher überwiegend die zuerst genannte Ansicht vertreten wurde, besteht heute Übereinstimmung darüber, daß es auf die einzelne Überlassung ankommt (BAG 8. 11. 1978 AP AÜG § 1 Nr. 2; *Sandmann/Marschall* Rn. 30 ff.; *Schüren* Rn. 282). Andernfalls könnte der übrige Betrieb zur Umgehung des AÜG eingesetzt werden.

41 Um einen **Mischvertrag** handelt es sich, wenn die ANÜberlassung mit einem anderen Vertrag gekoppelt ist. Beispiel: Der Vertragspartner überläßt vorübergehend eine Maschine (Mietvertrag) und stellt dafür Bedienungspersonal zur Verfügung. Statt eines Mietvertrages kommt auch ein Leasingvertrag oder ein Kaufvertrag in Betracht. Die Rspr. stellt darauf ab, ob die Überlassung des Geräts oder die Überlassung des Personals den Inhalt des Vertrages prägt (BAG 17. 2. 1993 AP AÜG § 10 Nr. 9; BAG 31. 1. 1996 AP KSchG § 10 Nr. 17; OLG München 1. 8. 1997 BB 1997, 1918). Ähnlich wird im Schrifttum angenommen, daß das AÜG dann nicht anzuwenden ist, wenn der Schwerpunkt des Vertrages in der Verschaffung des Gerätes liegt (*Kania* NZA 1994, 871, 872 f.; *Schaub* NZA 1985, Beil. 3, S. 1, 3).

42 Zum Teil wird darauf abgestellt, ob der **wirtschaftliche Wert** der Überlassung von AN eindeutig hinter den Wert des Geräts zurücktritt (*Becker/Wulfgramm* AÜG Einl. Rn. 26; MünchArbR/*Marschall* § 174 Rn. 86).

43 Demgegenüber beurteilt *Schüren* (Rn. 218; ebenso *Gick* S. 169) die ANÜberlassung unabhängig von der Gestellung der Maschinen und stellt – wie auch im übrigen – darauf ab, von wem das Personal die **Weisungen** erhält.

44 Es kann nicht darauf ankommen, ob Umfang, Größe und Wert der Maschine im Verhältnis zum Wert der Arbeitsleistung erheblich sind. Insoweit ist *Schürens* Ansatz zu eng. Bei teleologischer Sicht kommt es darauf an, ob der **Vertrag (auch) auf eine ANÜberlassung ausgerichtet** ist oder nicht. Danach liegt insb. keine ANÜberlassung vor, wenn das Personal nur in der Anfangsphase der Maschinennutzung und nur zur Einweisung zur Verfügung gestellt wird, dagegen ANÜberlassung unabhängig vom Wert der Ware dann, wenn das Personal zeitlich über eine erforderliche Einweisung hinaus im Drittbetrieb beschäftigt wird, sofern auch die allgemeinen Abgrenzungskriterien vorliegen, nämlich Eingliederung in die Organisation des Dritten und dessen Personalhoheit.

45 Wird das Vorliegen eines ANÜberlassungsvertrages abgelehnt, so greift auch **§ 613 a BGB** nicht ein. Zum einen liegt in der Überlassung einer einzelnen Maschine regelmäßig kein Teilbetriebsübergang. Des weiteren erhält der Mieter auf diese Weise nicht die Möglichkeit, die arbeitstechnische Zielsetzung des Vermieters fortzuführen (*Kania* NZA 1994, 871, 874).

46 **g) Durchführungsanordnung des Präsidenten der Bundesanstalt für Arbeit.** Da zur Kontrolle des AÜG die BA zuständig ist (§ 17 AÜG), ist für die Praxis von erheblicher Bedeutung, welche Abgrenzungskriterien die BA für die Unterscheidung zwischen ANÜberlassungsverträgen und anderen Formen drittbezogenen Personaleinsatzes zugrundelegt. Der Präsident der BA hat dies in einem

Runderlaß bestimmt. Seiner Rechtsnatur nach ist dieser Runderlaß nur eine behördeninterne Weisung. Er bindet also nur die Mitarbeiter der Arbeitsämter. Dagegen sind weder die Gerichte noch außerhalb der Arbeitsämter Stehende, also Verleiher, Entleiher und AN, daran gebunden. Andererseits gilt diese Durchführungsanweisung aber mittelbar auch für Dritte. Wenn nämlich beispielsweise nach dieser Dienstanweisung keine ANÜberlassung anzunehmen ist, kann der AG sicher sein, daß jedenfalls die Arbeitsämter keine Sanktion wegen illegaler ANÜberlassung verhängen werden. Zur Zeit gilt die DA zum AÜG des Präsidenten der Bundesanstalt für Arbeit Dienstblatt-Runderlaß 72/86 vom 5. 5. 1988 idF des Dienstblatt-Runderlasses 13/95 vom 31. 1. 1995. – Die BA gibt einen „Leitfaden für AG und Betriebsvertretungen" heraus.

V. Gewerbsmäßigkeit

§ 1 I 1 enthält das Merkmal „gewerbsmäßig" als Voraussetzung für die Anwendung des Gesetzes. Der Begriff ist im AÜG nicht definiert; er kommt in den verschiedensten Rechtsgebieten vor. Da aber das AÜG eine erlaubnispflichtige Tätigkeit beschreiben will und es damit um gewerberechtliche Fragen geht, kommt es auf einen **gewerberechtlichen Begriff** der Gewerbsmäßigkeit an (hM, aA *Franßen/Haesen* Rn. 64; *Schubel/Engelbrecht* Rn. 18, die auf den strafrechtlichen Begriff der Gewerbsmäßigkeit abstellen; dagegen zutr. *Schüren* Rn. 278). Offen bleibt allerdings noch, ob es der Zweck des AÜG erfordert, innerhalb des allgemeinen gewerberechtlichen Gewerbsmäßigkeitsbegriffs einen speziellen (gewerberechtlichen) Gewerbsmäßigkeitsbegriff für das AÜG zu schaffen. Wenn man den allgemeinen gewerberechtlichen Gewerbsmäßigkeitsbegriff jedoch teleologisch iSd. AÜG versteht, ist er auch hier geeignet. 47

Gewerbsmäßigkeit wird danach **definiert** als jede nicht nur gelegentliche, sondern auf eine gewisse Dauer angelegte und auf die Erzielung unmittelbarer oder mittelbarer wirtschaftlicher Vorteile gerichtete selbständige Tätigkeit. Daraus ergeben sich die Kriterien 48
– selbständig
– auf Dauer
– mit Gewinnerzielungsabsicht.

1. Selbständigkeit. Im Gewerberecht wird die Selbständigkeit durch folgende Merkmale umschrieben (s. *Tettinger/Wank*, GewO, 6. Aufl. 1999, § 1 Rn. 25 f.): 49
– Tätigkeit im eigenen Namen
– für eigene Rechnung
– unter Tragung des Unternehmerrisikos.

Sowohl bei den Hauptmerkmalen als auch bei den Untermerkmalen ist zu fragen, welchen Sinn sie erfüllen und was die Gegenbegriffe sind. Prüft man das nicht, so besteht die Gefahr, daß die Unterbegriffe ein Eigenleben entwickeln (*Wank*, Juristische Begriffsbildung, 1985, S. 135 ff.). 50

Im Gewerberecht kommt es auf das Merkmal Selbständigkeit vor allem im Hinblick auf die Erteilung von **Erlaubnissen** an. Es soll gewährleistet werden, daß nur derjenige die Erlaubnis erhält, der das Unternehmen tatsächlich führt und nicht eine vorgeschobene Person; Gegenbegriff ist insoweit der Strohmann. 51

Wenn im Arbeitsrecht ebenfalls der Begriff des Selbständigen verwandt wird, so geht es dort um die andere Problematik der Abgrenzung zwischen selbständiger und abhängiger Arbeit, wie sie besonders im Falle der **Scheinselbständigkeit** problematisch wird (*Wank* DB 1992, S. 90). Allerdings zeigt es sich, daß auch im Arbeitsrecht bei richtiger, teleologischer Sicht ein Begriff des Selbständigen zugrundezulegen ist, der dem des Selbständigen im gewerberechtlichen Sinn entspricht (s. auch *Schüren* Rn. 289 ff.): Es kommt auf die Übernahme eines Unternehmerrisikos und dem Risiko entsprechende unternehmerische Chancen an (s. § 7 IV SGB IV und dazu *Wank* NZA 1999, 225 ff.; *ders.* RdA 1999, 297 ff. mwN). 52

2. Auf Dauer angelegt (vgl. *Tettinger/Wank* GewO § 1 Rn. 8 ff.). Zweck dieses Merkmals ist es, Bagatellfälle auszuklammern. Dieser Gesetzeszweck kommt auch in § 1 III Nr. 1 zum Ausdruck. Gegenbegriff ist demnach die nur gelegentliche ANÜberlassung. Aus dem Anwendungsbereich des Gesetzes fällt damit die **einmalige** Überlassung heraus. Damit ist die Form gemeint, die verbreitet – mißverständlich – als „echte ANÜberlassung" bezeichnet wird. Auch eine einmalige Ausleihe erfolgt allerdings schon gewerbsmäßig, wenn sie mit einer **Wiederholungsabsicht** verbunden ist. Wer also ein Verleihunternehmen ohne Erlaubnis führt, verstößt schon mit der ersten Verleihaktion gegen das Gesetz. Die weiteren rechtfertigt sich die Ausnahme vom Gesetz nur bei einer einmaligen und **kurzfristigen** Überlassung. 53

3. Gewinnerzielungsabsicht (zur Problematik s. *Tettinger/Wank* GewO § 1 Rn. 12 ff.). Auch dieses Untermerkmal wird erst klar, wenn man sich den Gegenbegriff verdeutlicht: eine ANÜberlassung, die unmittelbar **gemeinnützigen**, karitativen oder sonstigen ideellen **Zwecken** dient. Auch insoweit ist eine Ausnahme vom Gesetz nur solange gerechtfertigt, wie evtl. dabei erzielte Einnahmen die Aufwendungen nicht überschreiten. 54

55 Ausgenommen vom AÜG sind deshalb zB **Gestellungsverträge der Kirchen,** die Schulen Geistliche zur Verfügung stellen (BVerwG 3. 9. 1990 AP BPersVG § 4 Nr. 2) oder von Schwesternorganisationen, die Pflegepersonal bereitstellen (BAG 4. 7. 1979 AP BGB § 611 Rotes Kreuz Nr. 10) oder von Selbsthilfeorganisationen der Landwirtschaft (BT-Drucks. VI/2303 S. 10).

56 Umgekehrt bedeutet das, daß in anderen Fällen das Merkmal weit zu verstehen ist. Entscheidend ist die Gewinnerzielungs**absicht;** darauf, ob tatsächlich Gewinne erzielt werden, kommt es nicht an. Auch ist „Gewinn" nicht wörtlich zu nehmen; ein unmittelbarer oder mittelbarer wirtschaftlicher Vorteil genügt. Deshalb liegt Gewinnerzielungsabsicht auch dann vor, wenn der Unternehmer bei ihm zur Zeit nicht einsetzbare eigene AN verleiht, um seine Fixkosten zu decken (ebenso *Schüren* Rn. 314; aA *Becker/Wulfgramm* Rn. 29; *Landmann/Rohmer/Kahl* GewO Einl. Rn. 54).

57 **4. Gemeinnützige ANÜberlassung.** Bei der gemeinnützigen ANÜberlassung fehlt es an der Gewinnerzielungsabsicht, so daß das AÜG nicht anwendbar ist (MünchArbR/*Marschall* § 174 Rn. 45). – Nach holländischem Vorbild wurde in NRW die nichtkommerzielle Zeitarbeitsfirma START gegründet (vgl. dazu *Bastong* Arbeitgeber 1998, 284). Arbeitslose, insb. Schwervermittelbare, erhalten einen Arbeitsvertrag und werden in andere Betriebe verliehen mit dem Ziel, sie in feste Arbeitsstellen zu vermitteln. Die Differenz aus Verleihgebühr und tatsächlichen Personalkosten wird durch Sondermittel von Bund oder Land finanziert (s. Kasseler Handbuch/*Düwell* 4.5 Rn. 17 f.).

VI. Arbeitnehmerüberlassung und Arbeitsvermittlung, § 1 II

58 **1. Abgrenzung.** ANÜberlassung und Arbeitsvermittlung lassen sich grds. klar voneinander abgrenzen. Bei der ANÜberlassung stellt der Schuldner bei ihm beschäftigte AN einem anderen zur Arbeitsleistung zur Verfügung, wobei er deren AG bleibt (vgl. § 1 I 1). Die **Arbeitsvermittlung** wird in § 35 I 2 SGB III dahingehend legaldefiniert, das sie alle Tätigkeiten umfaßt, „die darauf gerichtet sind, Ausbildungsuchende mit AG zur Begründung eines Ausbildungsverhältnisses und Arbeitsuchende mit AG zur Begründung eines Beschäftigungsverhältnisses zusammenzuführen". Von daher kann eine ANÜberlassung zwar legal oder illegal sein; aber eine illegale ANÜberlassung wird dadurch nicht zur Arbeitsvermittlung. Dementsprechend ist durch das AFRG auch die Abgrenzung zur Arbeitsvermittlung in § 1 AÜG weggefallen (s. Begründung zum AFRG, BT-Drucks. 13/4941 S. 247). Dennoch stellt § 1 II (weiterhin) die (widerlegbare) Vermutung auf, daß eine den gesetzlichen Anforderungen nicht genügende ANÜberlassung Arbeitsvermittlung sei.

59 Diese Regelung des § 1 II ist **historisch** erklärbar, wenn sie auch weder früher sinnvoll war noch heute sinnvoll ist (krit. auch *Schüren* Rn. 332, 518 mwN). Zu der Zeit, als es einerseits das AÜG noch nicht gab und andererseits das BVerfG festgestellt hatte, daß es eine erlaubte Form der ANÜberlassung geben müsse (BVerfG 4. 4. 1967 E 21, 261 ff.), unterstellte das BSG Fälle unzulässiger ANÜberlassung den Vorschriften über die Arbeitsvermittlung (BSG 29. 7. 1990 AP AVAVG § 36 Nr. 9). Obwohl dieser Systembruch seit der Schaffung des AÜG überholt ist, hat § 1 II ihn festgeschrieben.

60 Noch aus einem anderen Grund ist die Vorschrift überholt. Bis zum 1. 1. 1994 bestand ein **Arbeitsvermittlungsmonopol** der BA nach § 4 AFG, mit einer eng begrenzten Ausnahme in § 23 AFG. Wenn also Arbeitsvermittlung vermutet wurde, so war die Rechtsfolge Unzulässigkeit dieser Betätigung. Inzwischen wurde jedoch durch das Erste Gesetz zur Umsetzung des Spar-, Konsolidierungs- und Wachstumsprogramms (1. SKWPG) v. 21. 12. 1993 (BGBl. I S. 2353) das Arbeitsvermittlungsmonopol der BA eingeschränkt. Seitdem können auch Private sowohl nichtgewerbsmäßige als auch gewerbsmäßige Arbeitsvermittlung betreiben (§§ 291 ff. SGB III). – Der Gesetzgeber hat aber jedenfalls an der Unterscheidung zwischen ANÜberlassung und Arbeitsvermittlung festgehalten, weil zum einen unterschiedliche Zulassungsvoraussetzungen bestehen (Verleiherlaubnis oder Erlaubnis zur Arbeitsvermittlung) und weil die Rechtsfolgen unterschiedlich sind (AGStellung des Verleihers, aber nicht des Vermittlers; s. Begr. zum AFRG, BT-Drucks. 13/4941 S. 249).

61 § 1 II war bis zum AFRG vom 24. 3. 1997 in Zusammenhang mit **§ 13** zu sehen, der einen Teil der Rechtsfolgen betraf. Die Vorschrift wurde aber durch das AFRG aufgehoben.

62 **2. Vermutung.** § 1 II enthält eine **widerlegbare Vermutung** (*Becker/Wulfgramm* Rn. 48; *Sandmann/Marschall* Rn. 61; *Schüren* Rn. 520). Wenn die BA dem AG einen der in Abs. 2 genannten Verstöße nachweist, so gilt seine Tätigkeit als Arbeitsvermittlung. Das betrifft sowohl die gewerbsmäßige als auch die nichtgewerbsmäßige ANÜberlassung (BAG 21. 3. 1990 AP AÜG § 1 Nr. 15 = NZA 1991, 269; *Becker/Wulfgramm* Rn. 46 a; *Sandmann/Marschall* Rn. 53; *Schüren* Rn. 525).

63 Der AG kann die **Vermutung widerlegen.** So kann er nachweisen, daß der Verstoß einmalig war oder von geringem Gewicht. Ist die Vermutung widerlegt, so handelt es sich nicht um Arbeitsvermittlung, sondern um ANÜberlassung. Ihre Zulässigkeit ist nach dem AÜG zu beurteilen (s. zur illegalen ANÜberlassung Einl. Rn. 71 ff.).

64 Wurde die Vermutung **nicht widerlegt,** so liegt kraft Gesetzes eine Arbeitsvermittlung vor. Hatte der AG nur eine Erlaubnis zur ANÜberlassung, aber keine zur Arbeitsvermittlung (§ 291 SGB III), so kann ihm die Erlaubnis nach § 5 I Nr. 3 entzogen werden. Hatte der AG keine Erlaubnis zur ANÜberlassung, so entsteht kraft Gesetzes ein Arbeitsverhältnis zum Entleiher, wie bei der illegalen

ANÜberlassung (so – noch vor der Abschaffung des § 13 und unter Berufung auf diese Vorschrift – BAG 10. 2. 1977 AP BetrVG § 103 Nr. 9; 23. 11. 1988 AP AÜG § 1 Nr. 14 m. Anm. *van Venrooy*; 21. 3. 1990 AP AÜG § 1 Nr. 15; *Becker/Wulfgramm* Rn. 51 e; *Sandmann/Marschall* Rn. 67; *Schüren* Rn. 595; für die Begründung eines Doppelarbeitsverhältnisses *Engelbrecht* S. 116 ff.; *Schüren* § 13 Rn. 53 ff.; *ders.* WiVerw 1996, 245, 255 f.; wohl auch BAG 15. 4. 1999 AP AÜG § 13 Nr. 1 m. Anm. *Urban* = NZA 2000, 102, 103).

VII. Abordnung zu einer Arbeitsgemeinschaft, § 1 I 2

Unter bestimmten Voraussetzungen sind Fälle der Abordnung von AN zu einer Arbeitsgemeinschaft des Baugewerbes von der Geltung des AÜG ausgenommen. **Zweck des Gesetzes** ist es, diese wirtschaftlich sinnvolle Form der Zusammenarbeit zu erleichtern (BT-Drucks. 10/4211 S. 32 f.). So, wie die Voraussetzungen gefaßt sind, ist gewährleistet, daß nur AG betroffen sind, die im übrigen einen eigenen Betrieb unterhalten, so daß reine Verleihfirmen nicht von der Ausnahmevorschrift profitieren können. Im übrigen wird der Sozialschutz der freigestellten AN durch die Bestimmungen des einschlägigen TV (BRTV-Bau) gewährleistet. 65

1. Voraussetzungen. § 1 I 2 AÜG stellt für die Herausnahme aus dem Gesetz folgende Voraussetzungen auf: 66
– Arbeitsgemeinschaft
– zum Zwecke der Herstellung eines Werks
– Mitgliedschaft des AG in der Arbeitsgemeinschaft
– Geltung eines TV für alle Mitglieder der Arbeitsgemeinschaft
– Verpflichtung aller Mitglieder zur selbständigen Erbringung von Vertragsleistungen
– Abordnung.

a) **Arbeitsgemeinschaft.** Das Gesetz sieht für die Arbeitsgemeinschaft (zur Arbeitsgemeinschaft s. *Schwab* AR-Bl. SD 370.6) keine bestimmte Verpflichtungsform vor. Insofern wäre auch eine Arbeitsgemeinschaft in Form einer GmbH möglich. In der Praxis sind Arbeitsgemeinschaften in aller Regel GbR iSv. §§ 705 ff. BGB. Welche Rechtsform die Mitglieder haben, ist gleichgültig (vgl. *Sandmann/ Marschall* Rn. 52 f.; *Ulber* Rn. 181). 67

b) **Herstellung eines Werks.** Voraussetzung für die GbR ist nach § 705 BGB, daß ein gemeinsamer Zweck verfolgt wird. Insoweit ist allerdings wegen § 1 I 2 zwischen Geschäftsbereich und Zweck zu unterscheiden. Der Geschäftsbereich der Arbeitsgemeinschaft kann in jeder beliebigen Branche liegen. So kann die Arbeitsgemeinschaft im Hinblick auf Großanlagen oder Montagen, aber auch im Hinblick auf Forschungsvorhaben gegründet worden sein. Die Privilegierung nach dem AÜG setzt jedoch voraus, daß der *Zweck in der Herstellung eines Werkes* liegt. Dabei ist der Ausdruck „Werk" iSv. § 631 BGB zu verstehen (ebenso *Sandmann/Marschall* Rn. 52 h; *Schüren* Rn. 461). Damit sind Arbeitsgemeinschaften ausgeschlossen, deren Zweck auf die Erfüllung einer Dienstleistung gerichtet ist. 68

c) **Mitglied der Arbeitsgemeinschaft.** Der AG muß Mitglied der Arbeitsgemeinschaft sein. Es genügt also nicht, wenn er aufgrund eines Werkvertrages oder eines Dienstvertrages für die Arbeitsgemeinschaft tätig wird. 69

d) **Geltung für alle Mitglieder.** TV desselben Wirtschaftszweiges müssen für alle Mitglieder der Arbeitsgemeinschaft gelten. Im TVRecht sind allerdings andere Geltungsbegriffe üblich, insb. der Begriff „fachliche Geltung" (s. *Wiedemann/Wank* § 4 Rn. 96 ff., 137, 174 ff.). Demgegenüber ist der Begriff „Tarifverträge desselben Wirtschaftszweiges" ein spezifisches Merkmal des AÜG. Bei teleologischer Auslegung erscheint es als angemessen, hierbei auf die Untergliederung des DGB zurückzugreifen (ebenso *Becker/Wulfgramm* Rn. 105; *Sandmann/Marschall* Rn. 52 k; *Schüren* Rn. 468 ff.). 70

Diese **TV müssen für alle Mitglieder der Arbeitsgemeinschaft gelten.** Diese Geltung kann einmal dadurch eintreten, daß der AG Mitglied des vertragsschließenden AGVerbandes ist, § 3 TVG, oder daß der TV für allgemeinverbindlich erklärt worden ist, § 5 TVG. Zweifelhaft ist, ob der Ausdruck „gelten" nur diese Formen erfaßt, oder ob auch eine Geltung kraft Vereinbarung ausreicht (abl. *Schüren* Rn. 472, 488). Praktisch ist eine derartige Geltungsvereinbarung allerdings schon dann nicht möglich, wenn der AG und ein AN bereits einem bestimmten anderen TV unterfallen. Möglich ist jedoch, daß ein nicht tarifgebundener AG die Geltung eines TV für das Arbeitsverhältnis mit einem zu einer Arbeitsgemeinschaft abgeordneten AN vereinbart, da der Wortlaut dies zuläßt und der Sozialschutz des AN erreicht würde. 71

e) **Selbständige Erledigung von Vertragsleistungen.** Die Mitglieder der Arbeitsgemeinschaft müssen zur selbständigen Erledigung von Vertragsleistungen verpflichtet sein. Damit ist die Rechtsbeziehung zwischen dem Vertragspartner der Arbeitsgemeinschaft und dem Mitglied der Arbeitsgemeinschaft gemeint. Gegenüber der Arbeitsgemeinschaft ist das Mitglied aufgrund des Gesellschaftsvertrages zur Erbringung von Leistungen verpflichtet. 72

f) **Abordnung.** Voraussetzung ist des weiteren die Abordnung des AN an eine derartige Arbeitsgemeinschaft. Der Ausdruck Abordnung wird im AÜG nicht definiert; er stammt aus dem Beamten- 73

recht. Auf das AÜG übertragen bedeutet er, daß das Arbeitsverhältnis zum Mitglied der Arbeitsgemeinschaft fortbesteht und der AN vorübergehend bei der Arbeitsgemeinschaft eingesetzt wird. Diese Abordnung ist gegen zwei andere Fälle abzugrenzen:
- § 1 I 2 geht davon aus, daß eigentlich eine ANÜberlassung iSv. S. 1 vorliegt. Gesetzestechnisch liegt eine Fiktion vor; die Formulierung „ist keine ANÜberlassung" ist daher irreführend; gemeint ist „gilt nicht als ANÜberlassung". An einer ANÜberlassung iSv. S. 1 fehlt es aber, wenn der AG selbst das Direktionsrecht weiterhin bei der Arbeitsleistung im Rahmen der Arbeitsgemeinschaft ausübt. Es fehlt dann schon an den Voraussetzungen des § 1 I 1 (ebenso *Schüren* Rn. 499).
- Möglich ist auch eine *Freistellung* nach den TV des Baugewerbes. Während bei der ANÜberlassung der Überlassende weiterhin AG bleibt, wird nach diesen TV vorübergehend ein Arbeitsverhältnis zwischen der Arbeitsgemeinschaft und dem überlassenen AN begründet. Auch dann greift § 1 I 2 AÜG nicht ein.

74 **2. Rechtsfolgen.** Sind alle Voraussetzungen *erfüllt*, greift das gesamte AÜG nicht ein. *Fehlt* auch nur eine dieser *Voraussetzungen*, ist die ANÜberlassung – sofern sie ohne Erlaubnis erfolgt – illegal, ggf. nach § 1 b.

VIII. Arbeitnehmerüberlassung zur Vermeidung von Kurzarbeit und Entlassungen, § 1 III Nr. 1

75 Abs. 3 nimmt drei Fallgestaltungen vom Geltungsbereich des AÜG aus, die arbeitsplatzsichernde ANÜberlassung in Nr. 1, die konzerninterne ANÜberlassung in Nr. 2 und die Überlassung ins Ausland in Nr. 3. Zweck der Regelung in Nr. 1 ist es, eine in der Praxis bewährte Form von „Nachbarschaftshilfe" zu legalisieren (Prot. Nr. 45 des 11. BT-Ausschusses v. 16./17. 1. 1985, S. 307ff., zit. bei *Sandmann/Marschall* Rn. 69).

76 **1. Voraussetzungen.** Die Vorschrift hat folgende Struktur: Wenn
- ein Tarifvertrag,
- der für Verleiher und Entleiher gilt,
- für AG desselben Wirtschaftszweiges
- zur Vermeidung von Kurzarbeit oder Entlassungen
- vorsieht, daß das AÜG nicht gelten soll,
dann gilt das AÜG nicht.

77 **a) Tarifvertrag.** Das Gesetz begnügt sich nicht damit, bestimmte materielle Voraussetzungen für die Zulässigkeit dieser Form von Nachbarschaftshilfe aufzustellen, sondern bindet sie zusätzlich an das Bestehen eines entsprechenden TV. § 1 III Nr. 1 enthält insoweit eine Ermächtigungsgrundlage für TVParteien. Dabei sind die übrigen Tatbestandsvoraussetzungen der Regelungsmacht der Tarifvertragsparteien entzogen. Sie können nur – für den Fall, daß die übrigen Tatbestandsvoraussetzungen vorliegen – regeln, daß das AÜG nicht gelten soll. Demgegenüber meint *Schüren* (Rn. 679ff.), bezüglich des Merkmals „zur Vermeidung von Kurzarbeit oder Entlassungen" hätten die TVParteien einen Regelungsspielraum, hinsichtlich der anderen Merkmale dagegen nicht. – Diese Differenzierung steht mit dem Gesetz nicht in Einklang.

78 **b) Geltung für Verleiher und Entleiher.** Der TV muß zwischen Verleiher und Entleiher gelten. Insoweit ist streitig, ob es sich um **denselben TV** für Verleiher und Entleiher handeln muß oder ob für Verleiher und Entleiher verschiedene TV gelten können, die je für sich eine Ausnahme vom AÜG vorsehen. Nach *Schüren* (Rn. 695ff.) braucht nicht derselbe TV zu gelten. Dem Schutzzweck des Gesetzes sei auch genügt, wenn der TV sowohl des Verleihers als auch der des Entleihers die Nichtgeltung vorsähen. – Dem kann nicht zugestimmt werden (aA auch *Becker/Wulfgramm* Rn. 111). Der TV trifft seine Abgrenzung nicht abstrakt, sondern für Ausleihverträge zwischen den ihm angehörenden Verbandsmitgliedern. Auch könnten, würde man der Gegenansicht folgen, die Tatbestandsvoraussetzungen in den beiden TV unterschiedlich geregelt sein. – Zuzugeben ist der Gegenansicht, daß die Beschränkung auf AG desselben Wirtschaftszweiges wenig Sinn ergibt, wenn ohnehin derselbe TV gilt.

79 Der TV muß (zwischen Verleiher und Entleiher) **gelten**. Das ist unstreitig dann der Fall, wenn der Verleiher entweder selbst Tarifpartei oder Mitglied des tarifschließenden Verbandes ist (§ 3 TVG) oder wenn der TV für allgemeinverbindlich erklärt worden ist (§ 5 TVG). Umstritten ist, ob ein nicht auf diese Weise tarifgebundener AG die Geltung des einschlägigen TV individualrechtlich vereinbaren kann. Das ist zu bejahen (ebenso *Schüren* Rn. 709ff.; aA *Becker/Wulfgramm* Rn. 111). Diese Auslegung entspricht der Regelung in § 622 III 2 BGB, § 6 II 1 BeschFG, § 17 III 2 BetrAVG, § 13 I 2 BUrlG, § 4 IV EFZG.

80 **c) AG desselben Wirtschaftszweiges.** Das Merkmal desselben Wirtschaftszweiges ist weit auszulegen (MünchArbR/*Marschall* § 174 Rn. 66).

81 **d) Zur Vermeidung von Kurzarbeit oder Entlassungen.** Ausgenommen sind nur ANÜberlassungen zur Vermeidung von Kurzarbeit oder Entlassungen. Nach *Schüren* ist dieses Merkmal insoweit

tarifdispositiv, als der TV selbst regeln könne, was Kurzarbeit oder Entlassung iS dieser Bestimmung sei (*Schüren* Rn. 679). Diese Auffassung ist abzulehnen. Vielmehr sind die Begriffe „Kurzarbeit" und „Entlassung" vom AÜG vorgegeben. Allerdings werden diese Begriffe im AÜG selbst nicht definiert. Hinsichtlich des Merkmals **Kurzarbeit** kann jedoch davon ausgegangen werden, daß damit die Kurzarbeit iSv. §§ 169 ff. SGB III gemeint ist. Da es um die Vermeidung und nicht um die Durchführung von Kurzarbeit geht, kann auch nur auf die materiell-rechtlichen Voraussetzungen nach dem SGB III abgestellt werden (§ 169 Nr. 1–3 SGB III) und nicht auf die verfahrensrechtlichen Voraussetzungen, wie die Anzeige (§ 169 Nr. 4).

Auch der Begriff „**Entlassungen**" ist im AÜG nicht definiert. Nach dem Gesetzeszweck muß es sich um eine drohende Maßnahme aus betrieblichen Gründen handeln. Aus Gründen der Einheit der Rechtsordnung liegt eine Anknüpfung an § 17 KSchG und § 112a BetrVG nahe (ebenso *Becker/Wulfgramm* Rn. 107; *Schüren* Rn. 663). 82

Die ANÜberlassung muß **zur Vermeidung** von Kurzarbeit oder Entlassungen erfolgen. Insoweit findet eine zweifache Prüfung statt. Um Umgehungen zu verhindern, genügt nicht die subjektive Absicht des Verleihers, sondern die ANÜberlassung muß objektiv geeignet sein, Kurzarbeit oder Entlassungen zu verhindern (*Schüren* Rn. 668). Für Kurzarbeit bestimmt das SGB III bereits, daß nur vorübergehende, nicht branchentypische Arbeitsausfälle gemeint sind, § 170 SGB III. Derselbe Gedanke gilt auch im Hinblick auf Entlassungen: Nur wenn ein vorübergehender Arbeitsausfall vorliegt und durch die ANÜberlassung die Arbeitsplätze gerettet werden können, greift die Ausnahmevorschrift ein, nicht dagegen, wenn die Arbeitsplätze voraussichtlich ohnehin auf Dauer entfallen (*Schüren* Rn. 672 ff.). 83

2. Rechtsfolgen. Wenn die genannten tatbestandlichen Voraussetzungen vorliegen, ist das AÜG nicht anwendbar. Nach Ansicht der Literatur gilt das auch für die anderen Artikel des AÜG als Artikelgesetz (*Becker/Wulfgramm* Rn. 103; *Sandmann/Marschall* Rn. 71; *Schüren* Rn. 775). Nach der Gesetzesänderung von März 1996 ist aber zwischen dem Artikelgesetz und dem AÜG selbst zu unterscheiden, so daß jedenfalls das Wortlautargument („dieses Gesetz") nicht mehr trägt; vom Sinn der Regelung her bleibt es aber dabei, daß zB die Anwendung des § 28a IV SGB IV ausgeschlossen ist. 84

Durch die Neuregelung durch das AFRG wurde in der Einleitung zu Abs. 3 eingefügt „mit Ausnahme des § 1b". Die heute in § 1b enthaltene Bestimmung befand sich vorher in § 12a AFG und damit außerhalb des AÜG; da insoweit an der Rechtsfolge (Abs. 3 nicht als Ausnahme zu § 12a AFG) nichts geändert werden sollte, mußte § 1b ausdrücklich ausgenommen werden (Begründung zum AFRG, BT-Drucks. 13/4941 S. 248). 85

IX. Konzerninterne Arbeitnehmerüberlassung, § 1 III Nr. 2

Zweck der Ausnahmevorschrift ist es, bürokratische Förmlichkeiten in einem Fall zu vermeiden, in dem der Schutzzweck des Gesetzes auch ohne Erlaubnis gewährleistet ist. Die Vorschrift ist wie folgt strukturiert: Wenn 86
– Verleiher und Entleiher demselben Konzern angehören
– und die ANÜberlassung vorübergehend erfolgt,
dann ist das Gesetz nicht anzuwenden.

1. Konzern. Hinsichtlich des **Konzernbegriffs** verweist das Gesetz selbst auf § 18 AktG. Auf die Rechtsform der Unternehmen kommt es nicht an; es braucht sich nicht um Aktiengesellschaften oder KGaA zu handeln (allgemeine Ansicht). 87

Der Konzernbegriff setzt sich aus zwei **Untermerkmalen** zusammen, 88
– mindestens zwei rechtlich selbständige Unternehmen
– unter einheitlicher Leitung.

Auf die Art des Konzerns kommt es dabei nicht an, also darauf, ob ein Unterordnungskonzern vorliegt (§§ 17, 18 I AktG) oder ein Gleichordnungskonzern (§ 18 II AktG), ob ein Vertragskonzern oder ein sog. faktischer Konzern. Die Konzernunternehmen müssen **rechtlich selbständig** sein. Ein Konzern liegt auch dann vor, wenn mehrere Unternehmen gemeinschaftlich ein anderes, rechtlich selbständiges Unternehmen haben (Gemeinschaftsunternehmen). Dagegen liegt beim gemeinsamen Betrieb mehrerer Unternehmen kein Konzern vor (*Schüren* Rn. 737).

Die rechtlich selbständigen Unternehmen müssen **unter einheitlicher Leitung** stehen. In Betracht kommt 89
– ein Unterordnungskonzern.
  Beim *vertraglichen* Unterordnungskonzern beruht die Leitung auf einem Beherrschungsvertrag, § 291 AktG, oder auf einer Eingliederung, § 319 AktG. Beim faktischen Unterordnungskonzern fehlt es an einem Vertrag. Wenn aber bestimmte Indizien vorliegen, wird nach § 18 I 3 AktG das Vorliegen eines Konzerns vermutet.
– ein Gleichordnungskonzern, § 18 II AktG.
  Hier kann sich die einheitliche Leitung aus dem Gleichordnungsvertrag ergeben.

140 AÜG § 1a

90 Der Arbeitseinsatz muß **zwischen den Konzernunternehmen** erfolgen. Dabei ist es unerheblich, ob vom beherrschenden an das abhängige Unternehmen ausgeliehen wird oder umgekehrt. Beim Gemeinschaftsunternehmen liegt jeweils ein Konzern mit einer der Mütter vor. Soweit in dieser Beziehung AN verliehen werden, greift § 1 III Nr. 2 ein. Dagegen gilt die Ausnahmebestimmung nicht, soweit die Mütter untereinander AN ausleihen, da zwischen ihnen kein Konzern besteht (*Schüren* Rn. 746).

91 § 1 III S. 1 sagt ausdrücklich, daß es sich um einen Fall der ANÜberlassung handelt. Individualrechtlich ist Voraussetzung, daß der AG zur Versetzung, insb. aufgrund eines konzernrechtlichen **Versetzungsvorbehalts,** berechtigt ist (*Wank/Jansen,* Lean Management und Business Reengineering aus arbeitsrechtlicher Sicht, 1995, S. 93 ff.).

92 **2. Vorübergehende Überlassung.** Die ANÜberlassung darf nur vorübergehend erfolgen. Zur Konkretisierung dieses Merkmals kann nicht auf eine bestimmte Zeitangabe zurückgegriffen werden. Entscheidend ist, ob nach der zugrundeliegenden Regelung der AN in sein ursprüngliches Unternehmen zurückkehren soll oder ob er endgültig aus diesem Unternehmen ausscheidet (vgl. *B. Gaul* BB 1996, 1224; *Martens* DB 1985, 2144, 2149; *Rüthers/Bakker* ZfA 1990, 245, 298 f.; *Schüren* Rn. 752; *Wank/Jansen,* Lean Management, S. 108 f.; *Wiedemann* Anm. zu BAG 5. 5. 1988 AP AÜG § 1 Nr. 8).

93 **3. Rechtsfolgen.** Wegen der Rechtsfolgen wird auf Rn. 84 verwiesen. Wenn auch § 14 nicht gilt, so wird nach dem Zweck der Regelung die Anwendbarkeit des § 99 BetrVG im Entleiherbetrieb nicht ausgeschlossen (*Schüren* Rn. 773; aA *Becker/Wulfgramm* Rn. 104; *Sandmann/Marschall* Rn. 71). Bezüglich § 1 b wird auf Rn. 85 verwiesen.

X. Überlassung ins Ausland, § 1 III Nr. 3

94 Durch das AFRG ist der Katalog der Ausnahmen durch Nr. 3 erweitert worden. Die Vorschrift betrifft die Übersendung eines oder mehrerer AN durch ein Unternehmen mit Geschäftssitz in Deutschland in das Ausland. Ein Verleih vom Ausland nach Deutschland wird von dieser Vorschrift nicht betroffen.

95 Voraussetzung für die Ausnahme vom AÜG ist, daß der Verleih an ein deutsch-ausländisches **Gemeinschaftsunternehmen** erfolgt, das auf der Grundlage zwischenstaatlicher Vereinbarungen gegründet worden ist, und daß der deutsche Verleiher daran einen Anteil hält. Als Beispiel kann der deutsch-chinesische Vertrag über die Förderung und den gegenseitigen Schutz von Kapitalanlagen vom 7. 10. 1983 (BGBl. 1985 II S. 30) genannt werden. Ob der entsandte AN Deutscher oder Ausländer ist, ist gleichgültig. Auch kommt es weder auf die Dauer der Überlassung noch auf die Größe des Anteils an, den der deutsche Verleiher am Gemeinschaftsunternehmen hält (vgl. Begründung zum AFRG, BT-Drucks. 13/4941 S. 248).

§ 1 a Anzeige der Überlassung

(1) Keiner Erlaubnis bedarf ein Arbeitgeber mit weniger als 50 Beschäftigten, der zur Vermeidung von Kurzarbeit oder Entlassungen an einen Arbeitgeber einen Arbeitnehmer bis zur Dauer von zwölf Monaten überläßt, wenn er die Überlassung vorher schriftlich dem für seinen Geschäftssitz zuständigen Landesarbeitsamt angezeigt hat.

(2) In der Anzeige sind anzugeben
1. Vor- und Familiennamen, Wohnort und Wohnung, Tag und Ort der Geburt des Leiharbeitnehmers,
2. Art der vom Leiharbeitnehmer zu leistenden Tätigkeit und etwaige Pflicht zur auswärtigen Leistung,
3. Beginn und Dauer der Überlassung,
4. Firma und Anschrift des Entleihers.

I. Gesetzeszweck

1 Ebenso wie § 1 I 2, § 1 III Nr. 1 und Nr. 2 enthält § 1 a eine Ausnahme von dem allgemeinen Erlaubniserfordernis. Wie § 1 III Nr. 1 betrifft die Vorschrift die „Kollegenhilfe". Anders als in § 1 III Nr. 1 kommt es nicht darauf an, daß ein TV die Überlassungsmöglichkeit vorsieht. Das einschränkende Merkmal „AG desselben Wirtschaftszweiges" ist jetzt nur noch in § 1 III Nr. 1 enthalten, während dieser Passus in § 1 a nunmehr entfallen ist.

II. Geltungsbereich

2 **1. Persönlicher Geltungsbereich.** Die Vorschrift gilt seit der Änderung durch Gesetz v. 24. 3. 1997 für AG mit weniger als fünfzig Beschäftigten (vorher: weniger als zwanzig). Sie gilt nicht für diejenigen AG, die eine Überlassungserlaubnis haben (BT-Drucks. 19/4952 S. 12). Das ist deshalb

IV. Rechtsfolgen § 1a AÜG 140

wichtig, weil diese AG anderenfalls, wenn sie die Erlaubnis nur unter Bedingungen oder Auflagen erhalten haben, auf § 1 a ausweichen könnten. „Weniger als fünfzig" bedeutet **neunundvierzig** Beschäftigte. Der Gesetzgeber verfährt in der Terminologie der zahlenmäßigen Begrenzungen abwechslungsreich und irreführend (vgl. § 23 I S. 2 KSchG: „fünf oder weniger").

Wie der Kreis der „**Beschäftigten**" abzugrenzen ist, ist deshalb zweifelhaft, weil die arbeitsrechtli- 3 chen Gesetze in der Regel von „AN" und nicht von „Beschäftigten" sprechen (s. jedoch § 2 II ArbSchG). § 1 a I spricht beim Schwellenwert vom Beschäftigten, beim Überlassenen vom „AN" (Abs. 2 Nr. 1 und 2: „LeihAN"). Insoweit könnte „Beschäftigter" der weitere Begriff sein.

Sowohl zu den Beschäftigten als auch zu den AN gehören die **Arbeiter und Angestellten**. Auch 4 geringfügig Beschäftigte gehören dazu. Auszubildende sind beim Schwellenwert (als Beschäftigte) zu berücksichtigen; dagegen sind sie nicht AN, die überlassen werden dürfen. Auch hier kann darauf verwiesen werden, daß die arbeitsrechtlichen Gesetze, wenn Auszubildende vom ANBegriff ausgenommen werden sollen, dies auch bestimmen (vgl. § 23 I 2 KSchG einerseits, § 1 II EFZG andererseits). Arbeitnehmerähnliche sind Selbständige und sind daher weder beim Schwellenwert zu berücksichtigen noch können sie verliehen werden.

Die Beschäftigtenzahl von bis zu neunundvierzig muß im **Zeitpunkt** der Überlassung gegeben sein. 5 § 1 a stellt – anders als andere Gesetze (wie § 23 I 2 KSchG, § 10 I EFZG) – nicht auf die „in der Regel" beschäftigten AN ab.

2. Sachlicher Geltungsbereich. Da die nicht gewerbsmäßige ANÜberlassung ohnehin nicht er- 6 laubnispflichtig ist, erfaßt § 1 a nur die gewerbsmäßige ANÜberlassung.

3. Zeitlicher Geltungsbereich. Die Geltung der Vorschrift war zum 1. 1. 2001 befristet, Art. 6 § 3 a 7 I des AÜG als Artikelgesetz; durch das AFRG wurde die Befristung aufgehoben.

III. Tatbestand

1. Zweck der Überlassung. Ebenso wie in § 1 III Nr. 1 sind ANüberlassungen „zur Vermeidung 8 von Kurzarbeit oder Entlassungen" privilegiert. Trotz des übereinstimmenden Wortlauts ergeben sich nach dem Zweck des Gesetzes tlw. Unterschiede. Da das Gesetz selbst keine Legaldefinition enthält, kann hier – wie zu § 1 III Nr. 1 – bezüglich der **Kurzarbeit** auf die Regelungen in §§ 169 ff. SGB III verwiesen werden.

Im Hinblick auf „**Entlassungen**" konnte früher nicht auf die Mindestzahlen in § 17 KSchG, § 112 a 9 BetrVG zurückgegriffen werden. Das ergab sich daraus, daß § 1 a bis höchstens neunzehn Beschäftigte voraussetzte, während die Zahlenstaffeln der genannten Gesetze bei „mehr als 20 AN" beginnen. Nach der Gesetzesänderung von 1996 ist eine Anknüpfung an die genannten Vorschriften möglich.

Während bis zum 31. 12. 1993 auf seiten des *Entleihers* Voraussetzung war, daß es sich um einen 10 AG „**desselben Wirtschaftszweigs** im selben oder unmittelbar angrenzenden Handwerkskammerbezirk" handelte, ist diese Voraussetzung inzwischen entfallen (durch Art. 2 Nr. 1 Buchst. b Gesetz zur Umsetzung des Spar-, Konsolidierungs- und Wachstumsprogramms im Bereich der Arbeitsförderungsgesetzes und anderer Gesetze – 1. SKWPG – vom 21. 12. 1993, BGBl. I S. 2353). Damit bestehen weder von der Art noch von der Größe des Entleiherbetriebes her besondere Voraussetzungen.

2. Dauer der Überlassung. Während allgemein nach § 3 I Nr. 6 eine Überlassung bis zu 12 11 Monaten erfolgen darf, ließ § 1 a bis zur Änderung durch das AFRG nur eine Ausleihe bis zu 3 Monaten zu. Nunmehr wurde die Dauer angeglichen (s. Begr. zum AFRG, BT-Drucks. 13/4941 S. 248).

3. Anzeige. Von dem umständlichen Verfahren der Genehmigung sind die genannten Unternehmen 12 befreit. Allerdings müssen sie vor der Überlassung dem zuständigen Landesarbeitsamt eine Anzeige erstatten. Die Anzeige muß schriftlich erfolgen. Die in § 1 a II genannten Erfordernisse sind abschließend (*Schüren* Rn. 42).

IV. Rechtsfolgen

1. Der Tatbestand ist erfüllt. Wenn alle Voraussetzungen erfüllt sind, bedarf der Verleiher keiner 13 Erlaubnis und betreibt legale ANÜberlassung. Zu beachten ist jedoch § 1 b (anders als in § 1 III Einleitungssatz ist dies in § 1 a nicht normiert): Auch im Rahmen der Kollegenhilfe ist eine Überlassung in Betriebe des Baugewerbes zu Arbeiten, die üblicherweise von Arbeitern verrichtet werden, unzulässig (*Sandmann/Marschall* Rn. 2; *Schüren* Rn. 54). Im Entleihbetrieb ist der BR nach § 14 III zu beteiligen.

2. Der Tatbestand ist nicht erfüllt. Die Anzeige kann ganz unterbleiben, verspätet oder unrichtig 14 eingehen. Unterbleibt die vorherige Anzeige, so ist die ANÜberlassung illegal (s. zu den Konsequenzen Einl. Rn. 71 ff.). Für diesen Fall soll gem. § 10 I 1 ein Arbeitsverhältnis zum Entleiher fingiert werden (BT-Drucks. 11/4952 S. 9; *Schüren* § 1 a AÜG Rn. 65, 68); ob diese Lösung sachgerecht ist, ist zweifelhaft. Anders als in den sonstigen Fällen illegaler ANÜberlassung ist nämlich hier ein Betrieb

Wank 547

mit eigenständigem Betriebszweig vorhanden und nicht ein bloßer Verleihbetrieb. Auch greifen die §§ 15 ff. ein.

15 Wird die Anzeige nach der Überlassung *nachgereicht*, so wirkt die Anzeige nicht zurück. Aber auch eine Heilung für die Zukunft tritt nach dem Zweck der Regelung nicht ein (*Schüren* Rn. 63 ff.).

16 Ist die Anzeige *unvollständig oder unrichtig*, so ist sie richtig zu vervollständigen. Der Behörde steht § 16 I Nr. 2 a als Sanktionsnorm zur Verfügung.

§ 1 b Einschränkungen im Baugewerbe

¹Gewerbsmäßige Arbeitnehmerüberlassung in Betriebe des Baugewerbes für Arbeiten, die üblicherweise von Arbeitern verrichtet werden, ist unzulässig. ²Sie ist zwischen Betrieben des Baugewerbes gestattet, wenn diese Betriebe von denselben Rahmen- und Sozialkassentarifverträgen oder von deren Allgemeinverbindlichkeit erfaßt werden.

1 Die Vorschrift war bisher – systematisch falsch (s. auch Begr. zum AFRG, BT-Drucks. 13/4941 S. 247) – als § 12 a im AFG enthalten und ist seit dem 1. 1. 1998 Teil des AÜG.

2 Für einen Teilbereich des Arbeitsmarktes wird die ANÜberlassung ausgeschlossen, S. 1. Vom Anwendungsbereich des § 1 b werden nur **Baubetriebe** erfaßt (der Begriff wird in § 1 Baubetriebe-Verordnung definiert; s. BAG 17. 2. 2000 NJW 2000, 1559). Dies entspricht dem Geltungsbereich der §§ 209 ff. SGB III (Wintergeld und Winterausfallgeld; s. auch *Düwell* BB 1995, 1082, 1083). Betriebe des Baugewerbes sind solche, die gewerblich überwiegend Bauleistungen auf dem Baumarkt erbringen. Bauleistungen sind alle Leistungen, die der Herstellung, Instandhaltung, Änderung oder Beseitigung von Bauwerken dienen (§ 211 I 2 SGB III). Sog. Mischbetriebe (s. § 1 Rn. 40) werden von § 1 b erfaßt, wenn sie überwiegend Bauleistungen erbringen. Bei den überlassenen Personen muß es sich um AN handeln.

3 Eine Überlassung kann vorliegen, wenn **Bedienungspersonal** im Zusammenhang mit der Leihe oder Miete einer Maschine oder sonstigem technischen Geräts erfolgt (vgl. zur Abgrenzung § 1 Rn. 41).

4 Erfaßt werden schließlich nur die Tätigkeiten in Betrieben des Baugewerbes, die bei einem Einsatz von Arbeitskräften des Entleihers üblicherweise von **Arbeitern** verrichtet werden.

5 § 1 b bezieht sich nur auf die **gewerbsmäßige** Überlassung. Die Legaldefinition der gewerbsmäßigen ANÜberlassung findet sich in § 1 I (vgl. zur Gewerbsmäßigkeit § 1 Rn. 47 ff.).

6 Durch S. 2 werden die Fälle der sog. „**Kollegenhilfe**" von dem Verbot des S. 1 ausgenommen. Nach der zu § 12 a AFG gegebenen Gesetzesbegründung wird damit einem anerkannten Interesse von AG und AN entsprochen. Mit der Regelung sollte die Wettbewerbsfähigkeit und Flexibilität der Betriebe im Baugewerbe erhöht und es sollten Entlassungen und Kurzarbeit verhindert werden (BT-Drucks. 12/7/564 S. 3). Voraussetzung ist allerdings, daß sowohl der verleihende als auch der entleihende Betrieb von demselben RahmenTV und von demselben SozialkassenTV erfaßt werden. Damit wollte der Gesetzgeber die Finanzierung der im Baubereich bestehenden vier Sozialkassen (Gärten- und Landschaftsbau, Gerüstbau, Dachdeckerhandwerk und Bauhauptgewerbe) sichern und Wettbewerbsverzerrungen zwischen den Betrieben der verschiedenen Tarifbereiche verhindern (KMW § 12 a Rn. 10). Die Tarifbindung kann auch durch eine Allgemeinverbindlicherklärung (§ 5 IV TVG) herbeigeführt worden sein.

7 Auch im Falle des S. 2 braucht der Verleiher eine **Verleiherlaubnis**. Eine Ausnahme besteht in den Fällen des § 1 III sowie des § 1 a.

8 Eine entgegen dem Verbot des § 1 b erfolgende Verleihung von Arbeitskräften macht den zwischen Verleiher und Entleiher geschlossenen Überlassungsvertrag gem. § 134 BGB **nichtig** (zu den weiteren Folgen im Verhältnis AN – Verleiher und AN – Entleiher vgl. die Kommentierung zu § 10 und BAG 8. 7. 1998 NZA 1999, 493 ff.). Ob, wenn zwar eine allgemeine Erlaubnis, aber keine Erlaubnis zur Überlassung im Baugewerbe vorliegt, § 10 analog gilt, läßt BAG 17. 2. 2000 NJW 2000, 1557, 1558 offen.

§ 2 Erteilung und Erlöschen der Erlaubnis

(1) Die Erlaubnis wird auf schriftlichen Antrag erteilt.

(2) ¹Die Erlaubnis kann unter Bedingungen erteilt und mit Auflagen verbunden werden, um sicherzustellen, daß keine Tatsachen eintreten, die nach § 3 die Versagung der Erlaubnis rechtfertigen. ²Die Aufnahme, Änderung oder Ergänzung von Auflagen sind auch nach Erteilung der Erlaubnis zulässig.

(3) Die Erlaubnis kann unter dem Vorbehalt des Widerrufs erteilt werden, wenn eine abschließende Beurteilung des Antrags noch nicht möglich ist.

(4) ¹Die Erlaubnis ist auf ein Jahr zu befristen. ²Der Antrag auf Verlängerung der Erlaubnis ist spätestens drei Monate vor Ablauf des Jahres zu stellen. ³Die Erlaubnis verlängert sich um ein

weiteres Jahr, wenn die Erlaubnisbehörde die Verlängerung nicht vor Ablauf des Jahres ablehnt. ⁴ Im Falle der Ablehnung gilt die Erlaubnis für die Abwicklung der nach § 1 erlaubt abgeschlossenen Verträge als fortbestehend, jedoch nicht länger als zwölf Monate.

(5) ¹ Die Erlaubnis kann unbefristet erteilt werden, wenn der Verleiher drei aufeinanderfolgende Jahre lang nach § 1 erlaubt tätig war. ² Sie erlischt, wenn der Verleiher von der Erlaubnis drei Jahre lang keinen Gebrauch gemacht hat.

Zweck der Vorschrift ist es, die Überwachung von Verleihbetrieben zu ermöglichen. 1

I. Antragsteller

Antragsteller können sowohl natürliche Personen sein als auch Personengesamtheiten und Personengesellschaften sowie juristische Personen des privaten und des öffentlichen Rechts (§ 7 I 2). 2

Die Erlaubnis wird dem jeweiligen Antragsteller persönlich erteilt. Bei einer OHG oder KG kann Antragsteller die Gesellschaft selbst sein. Allerdings ist bei der Prüfung der Zuverlässigkeit auf die Person der persönlich haftenden Gesellschafter abzustellen.

II. Antragsgegner

Antragsgegner ist die BA, § 17. Nach der internen Zuständigkeitsregelung der BA (amtliche Bekanntmachung v. 16. 8. 1972, BAnz 1972 Nr. 196 S. 5) ist das nach dem Geschäftssitz des Antragstellers zuständige Landesarbeitsamt zuständig. Für ausländische Antragsteller gilt eine besondere Regelung. – Eingereicht werden kann der Antrag bei jedem Arbeitsamt. 3

III. Verfahren

Der Antrag muß **schriftlich** gestellt werden; weitere Voraussetzungen stellt das Gesetz nicht auf. Allerdings besteht für den Antragsteller bei diesem mitwirkungsbedürftigen VA die Obliegenheit, dem Antragsgegner die erforderlichen Auskünfte zu erteilen. 4

Für das Verfahren gilt weder das VwVfG (s. § 2 II Nr. 4 VwVfG) noch das SGB IV oder das SGB X (s. die Aufzählung in Art. 2 § 1 SGB I). Auch eine analoge Anwendung scheidet aus, so daß auf die **allgemeinen Grundsätze** des Verwaltungsverfahrens zurückgegriffen werden muß (*Becker/Wulfgramm* Rn. 2 ff.; *Sandmann/Marschall* Rn. 7; *Schüren* Rn. 8 ff.). 5

Für die **Erteilung** der Erlaubnis sieht das Gesetz keine Schriftform vor, sondern dieses Erfordernis ist nur in einer Dienstanweisung der BA enthalten. Sie führt nicht dazu, daß die Einhaltung der Schriftform Wirksamkeitsvoraussetzung ist (*Schüren* Rn. 19; aA *Becker/Wulfgramm* Rn. 7; *Franßen/Haesen* Rn). Die Erlaubnis wird mit dem Zugang wirksam. 6

Die BA kann die beantragte Erlaubnis entweder gem. § 2 erteilen oder gem. § 3 ablehnen. Im Falle der Erteilung sind folgende Nebenbestimmungen möglich (s. zu Nebenbestimmungen *Maurer*, Allgemeines Verwaltungsrecht, 11. Aufl. 1997, § 12; ferner *Brenner* JuS 1996, 281 ff.; *Pietzcker* NJW 1995, 15 ff.; *Störmer* DVBl. 1996, 81 ff.): 7
– Bedingung
– Auflage
– Widerrufsvorbehalt
– Befristung.

1. Bedingung. Eine Bedingung liegt vor, wenn die Erlaubnis von einem zukünftigen, ungewissen Ereignis abhängig gemacht wird. In Betracht kommt eine aufschiebende Bedingung, wenn einige Voraussetzungen für die Erlaubnis noch nicht erfüllt sind. Dagegen scheidet eine auflösende Bedingung als sachgemäßes Mittel bei der ANÜberlassung aus. Da die Bedingung unselbständiger Teil der Erlaubnis ist, kann der Antragsteller nur die Erlaubnis einschließlich der Bedingung angreifen, nicht aber allein die Bedingung. 8

2. Auflage. Durch eine Auflage wird der Antragsteller zu einem bestimmten Tun, Dulden oder Unterlassen verpflichtet. Die Auflage ist unselbständiger Teil der Erlaubnis. Das bedeutet einerseits, daß die Erlaubnis auch dann wirksam erteilt bleibt, wenn die Auflage nicht erfüllt wird; und zum anderen, daß sie selbständig angreifbar ist. 9

Anders als die drei anderen obengenannten Nebenbestimmungen kann die Auflage sowohl im Zeitpunkt der Erteilung der Erlaubnis als auch später vorgenommen werden, Abs. 2 S. 2. Erfüllt der Antragsteller eine Auflage nicht, so kann die Behörde sie im Wege des Verwaltungszwanges durchsetzen (BSG 19. 3. 1992 NZA 1993, 95, 96). Sie kann aber auch die Erlaubnis widerrufen, § 5 I Nr. 2, oder eine Buße verhängen, § 16 I Nr. 3. 10

3. Widerrufsvorbehalt. Mit einem Widerrufsvorbehalt darf eine Erlaubnis nur unter der Voraussetzung versehen werden, daß der Antrag zur Zeit noch nicht abschließend beurteilt werden kann, Abs. 3. 11

12   **4. Befristung.** Grds. ist die Erlaubnis mit einer Befristung zu versehen, Abs. 4 S. 1, und zwar von einem Jahr. Der Antragsteller kann eine Verlängerung beantragen; dies muß jedoch spätestens drei Monate vor Ablauf des in der Erlaubnis genannten Jahreszeitraums geschehen, Abs. 4 S. 2. Geht der Antrag später ein, so *kann* die BA den Antrag noch bis zum Ablauf des Jahres genehmigen; jedoch muß das ausdrücklich erfolgen, Abs. 4 S. 3 greift nicht ein.

13   **5. Nachwirkung bei Ablehnung.** Die Behörde kann den Verlängerungsantrag ablehnen; insofern muß sie die gleichen Prüfungen anstellen wie bei der Erteilung der Erlaubnis.

14   Im Falle der Ablehnung tritt eine **Nachwirkung** ein. Die ANÜberlassungsverträge mit Entleihern und die Arbeitsverträge mit LeihAN bleiben insofern bestehen, als für eine Zeit von bis zu zwölf Monaten die Erlaubnis als fortbestehend fingiert wird, Abs. 4 S. 4.

15   Der Verleiher darf im Nachwirkungszeitraum **keine neuen Arbeitsverträge** mehr schließen, die bestehenden muß er auslaufen lassen. Soweit sie über zwölf Monate hinaus dauern würden, muß er sie kündigen; insb. auch unbefristete Arbeitsverträge. Eine außerordentliche Kündigung kommt nicht in Betracht, wohl aber eine ordentliche Kündigung aus betriebsbedingten Gründen nach § 1 II KSchG (bei Anwendbarkeit des Gesetzes nach §§ 1 I, 23 KSchG). Zur Kündigung von nach § 9 MuSchG geschützten AN muß der Verleiher nach § 9 III MuSchG eine besondere Kündigungserlaubnis beantragen.

16   Verträge zwischen **Verleiher und Entleihern** muß der Verleiher entweder innerhalb der Zwölf-Monats-Frist auslaufen lassen oder aber ordentlich oder außerordentlich kündigen.

17   Lehnt die Behörde den rechtzeitig gestellten Verlängerungsantrag nicht bis zum Ablauf der Jahresfrist ab, so hat das **Schweigen** die Wirkung einer Erteilung der Verlängerungserlaubnis, Abs. 4 S. 3.

18   Frühestens nach drei Jahren kann einem Verleiher eine **unbefristete Erlaubnis** erteilt werden, Abs. 5 S. 1. Liegen gegen den Verleiher keine oder nur geringfügige Ablehnungsgründe vor, so muß die BA eine unbefristete Erlaubnis erteilen. Im anderen Fall kann weiterhin eine befristete Erlaubnis erteilt (oder die Verlängerung abgelehnt) werden.

19   Macht der Verleiher von der unbefristeten Erlaubnis drei Jahre lang **keinen Gebrauch,** indem er keine AN an Entleiher überläßt, so erlischt die Erlaubnis kraft Gesetzes, Abs. 5 S. 2. Die Frist betrug vor der Änderung durch das AFRG ein Jahr.

20   **6. Sonstige Gründe für das Erlöschen der Erlaubnis.** Eine Reihe anderer Fälle des Erlöschens der Erlaubnis ist im Gesetz nicht geregelt. *Stirbt der Verleiher,* soll nach einer Meinung die Erlaubnis erlöschen (*Sandmann/Marschall* Rn. 23). Das ist wegen des Schutzes der LeihAN abzulehnen. Andererseits kann aber auch nicht der Ansicht zugestimmt werden, daß die Erben gem. § 46 GewO die Verleiherlaubnis unbeschränkt fortsetzen könnten (*Becker/Wulfgramm* Rn. 41). Vielmehr geht die Erlaubnis auf die Erben nur zur Abwicklung über; wollen sie das Unternehmen fortführen, müssen sie eine neue Erlaubnis beantragen (*Schüren* Rn. 81).

IV. Verwaltungsverfahren und gerichtliches Verfahren

21   Gegen die Versagung der Erlaubnis oder der Verlängerung der Erlaubnis oder gegen eine Erteilung unter Auflagen oder Bedingungen kann der Antragsteller beim Landesarbeitsamt **Widerspruch** einlegen. Für dieses Verfahren gelten die §§ 78 ff. SGG (*Becker/Wulfgramm* § 3 AÜG Rn. 96; *Sandmann/Marschall* Art. 2 Rn. 11; *Schüren* Rn. 101).

22   Eine **Klage** gegen einen dem Antragsteller ungünstigen VA ist beim SG zu erheben. Wurde die beantragte Erlaubnis oder die Verlängerung der Erlaubnis abgelehnt, so muß der Antragsteller auf Erteilung der Erlaubnis oder auf ermessensfehlerfreie Entscheidung klagen, § 54 SGG.

23   Will sich der Antragsteller gegen eine **Auflage** wehren, so kommt dafür im Normalfall die Verpflichtungsklage in Betracht; wenn er also eine Erteilung der Erlaubnis ohne Auflagen oder mit Auflagen anderen Inhalts erreichen will. Gegenüber nur ergänzenden Auflagen und gegenüber nachträglich erteilten Auflagen ist die Anfechtungsklage die richtige Klageart (BSG 19. 3. 1992 NZA 1993, 95).

24   Richtige Klageart gegen einen **Widerrufsvorbehalt** ist die Verpflichtungsklage auf Erteilung einer Erlaubnis ohne Widerrufsvorbehalt. Entsprechendes gilt für das Vorgehen gegen eine nur bedingte Erlaubnis.

§ 2 a Kosten

(1) **Für die Bearbeitung von Anträgen auf Erteilung und Verlängerung der Erlaubnis werden vom Antragsteller Kosten (Gebühren und Auslagen) erhoben.**

(2) [1] **Die Vorschriften des Verwaltungskostengesetzes sind anzuwenden.** [2] **Die Bundesregierung wird ermächtigt, durch Rechtsverordnung die gebührenpflichtigen Tatbestände näher zu bestimmen und dabei feste Sätze und Rahmensätze vorzusehen.** [3] **Die Gebühr darf im Einzelfall 5000 Deutsche Mark nicht überschreiten.**

§ 2 a soll die Kosten und die Arbeitsbelastung der BA verringern. Durch das 1. SKWPG (mit Wirkung v. 1. 1. 1994) ist der Gebührenrahmen auf 5000 DM erhöht worden. Die Kostenpflicht soll Antragsteller davon abhalten, Erlaubnisse auf Vorrat zu beantragen (*Schüren* Rn. 2).

Der Antragsteller hat die der BA entstehenden Kosten unabhängig von seinem Geschäftssitz und einer möglicherweise dort bereits bestehenden Erlaubnis zu tragen (**Verursacherprinzip**). Kann die BA jedoch die für ein Genehmigungsverfahren in einem anderen EG-Staat oder EWR-Staat eingereichten Unterlagen verwenden, so kann dies zu einer Kostenminderung aus Billigkeitsgründen führen (EuGH 17. 12. 1981 AP EWG-Vertrag Art. 177 Nr. 9).

Nur juristische Personen des öffentlichen Rechts können gem. § 2 a II 1 iVm. § 8 VwKostG von der Gebührenpflicht **befreit** werden. Die anfallenden Kosten werden dem Antragsteller unabhängig vom Ausgang der Entscheidung auferlegt; d h. gleichgültig ob der Antrag genehmigt oder abgelehnt wird, hat er die Kosten zu tragen.

Von der Kostenpflicht wird allein die Bearbeitung von Anträgen hinsichtlich einer Erteilung oder Verlängerung einer Erlaubnis umfaßt. Die Kosten bestehen aus **Gebühren** oder Auslagen, für die die Begriffsbestimmungen des VwKostG gelten (§ 2 a II 1).

Die Bundesregierung hat von der nach § 2 a II 2 bestehenden Ermächtigung Gebrauch gemacht und die Verordnung über die Kosten der Erlaubnis zur gewerbsmäßigen ANÜberlassung (**AÜKostV**) erlassen. In ihr werden gebührenpflichtige Tatbestände mit festen Sätzen festgelegt. Durch den Verweis auf das VwKostG war die Bundesregierung dabei an dessen Rahmen gebunden. Insb. ist danach gem. § 3 VwKostG bei der Festlegung der Gebührensätze der entstehende Verwaltungsaufwand und wirtschaftliche Wert der Erlaubnis zu beachten.

Die **Kostenschuld** entsteht mit Antragseingang bei der zuständigen Behörde, die Pflicht zur Erstattung von Auslagen mit der Aufwendung des entsprechenden Betrages (§ 11 VwKostG). Mit der Bekanntgabe wird die Kostenschuld fällig (§ 17 VwKostG).

Die **Kostenentscheidung** kann gem. § 22 VwKostG zusammen mit der Sachentscheidung oder selbständig angefochten werden. Wird nur die Sachentscheidung angefochten, so erstreckt sich der Rechtsbehelf auch auf die Kostenentscheidung.

§ 3 Versagung

(1) Die Erlaubnis oder ihre Verlängerung ist zu versagen, wenn Tatsachen die Annahme rechtfertigen, daß der Antragsteller
1. die für die Ausübung der Tätigkeit nach § 1 erforderliche Zuverlässigkeit nicht besitzt, insbesondere weil er die Vorschriften des Sozialversicherungsrechts, über die Einbehaltung und Abführung der Lohnsteuer, über die Arbeitsvermittlung, über die Anwerbung im Ausland oder über die Ausländerbeschäftigung, die Vorschriften des Arbeitsschutzrechts oder die arbeitsrechtlichen Pflichten nicht einhält;
2. nach der Gestaltung seiner Betriebsorganisation nicht in der Lage ist, die üblichen Arbeitgeberpflichten ordnungsgemäß zu erfüllen;
3. mit dem Leiharbeitnehmer wiederholt einen befristeten Arbeitsvertrag abschließt, es sei denn, daß sich für die Befristung aus der Person des Leiharbeitnehmers ein sachlicher Grund ergibt, oder die Befristung ist für einen Arbeitsvertrag vorgesehen, der unmittelbar an einen mit demselben Verleiher geschlossenen Arbeitsvertrag anschließt;
4. mit dem Leiharbeitnehmer jeweils unbefristete Arbeitsverträge abschließt, diese Verträge jedoch durch Kündigung beendet und den Leiharbeitnehmer wiederholt innerhalb von drei Monaten nach Beendigung des Arbeitsverhältnisses erneut einstellt;
5. die Dauer des Arbeitsverhältnisses mit dem Leiharbeitnehmer wiederholt auf die Zeit der erstmaligen Überlassung an einen Entleiher beschränkt, es sei denn, der Leiharbeitnehmer tritt unmittelbar nach der Überlassung in ein Arbeitsverhältnis zu dem Entleiher ein und war dem Verleiher von der Bundesanstalt für Arbeit als schwervermittelbar vermittelt worden, oder
6. einem Entleiher denselben Leiharbeitnehmer länger als zwölf aufeinanderfolgende Monate überläßt; der Zeitraum einer unmittelbar vorangehenden Überlassung durch einen anderen Verleiher an denselben Entleiher ist anzurechnen.

(2) Die Erlaubnis oder ihre Verlängerung ist ferner zu versagen, wenn für die Ausübung der Tätigkeit nach § 1 Betriebe, Betriebsteile oder Nebenbetriebe vorgesehen sind, die nicht in einem Mitgliedstaat der Europäischen Wirtschaftsgemeinschaft oder einem anderen Vertragsstaat des Abkommens über den Europäischen Wirtschaftsraum liegen.

(3) Die Erlaubnis kann versagt werden, wenn der Antragsteller nicht Deutscher im Sinne des Artikels 116 des Grundgesetzes ist oder wenn eine Gesellschaft oder juristische Person den Antrag stellt, die entweder nicht nach deutschem Recht gegründet ist oder die weder ihren satzungsmäßigen Sitz noch ihre Hauptverwaltung noch ihre Hauptniederlassung im Geltungsbereich dieses Gesetzes hat.

(4) ¹ Staatsangehörige der Mitgliedstaaten der Europäischen Wirtschaftsgemeinschaft oder eines anderen Vertragsstaates des Abkommens über den Europäischen Wirtschaftsraum erhalten die Erlaubnis unter den gleichen Voraussetzungen wie deutsche Staatsangehörige. ² Den Staatsangehörigen dieser Staaten stehen gleich Gesellschaften und juristische Personen, die nach den Rechtsvorschriften dieser Staaten gegründet sind und ihren satzungsgemäßen Sitz, ihre Hauptverwaltung oder ihre Hauptniederlassung innerhalb dieser Staaten haben. ³ Soweit diese Gesellschaften oder juristische Personen zwar ihren satzungsmäßigen Sitz, jedoch weder ihre Hauptverwaltung noch ihre Hauptniederlassung innerhalb dieser Staaten haben, gilt Satz 2 nur, wenn ihre Tätigkeit in tatsächlicher und dauerhafter Verbindung mit der Wirtschaft eines Mitgliedstaates oder eines Vertragsstaates des Abkommens über den Europäischen Wirtschaftsraum steht.

(5) ¹ Staatsangehörige anderer als der in Absatz 4 genannten Staaten, die sich aufgrund eines internationalen Abkommens im Geltungsbereich dieses Gesetzes niederlassen und hierbei sowie bei ihrer Geschäftstätigkeit nicht weniger günstig behandelt werden dürfen als deutsche Staatsangehörige, erhalten die Erlaubnis unter den gleichen Voraussetzungen wie deutsche Staatsangehörige. ² Den Staatsangehörigen nach Satz 1 stehen gleich Gesellschaften, die nach den Rechtsvorschriften des anderen Staates gegründet sind.

I. Die einzelnen Versagungsgründe

1 1. **Unzuverlässigkeit, Nr. 1. a) Grundsätze.** Die Regelung in Nr. 1 zählt zunächst eine Anzahl von Gründen auf, bei deren Vorliegen von der Unzuverlässigkeit des Antragstellers auszugehen ist. Durch die Verwendung des Wortes „insb." wird deutlich gemacht, daß diese Regelung nicht abschließend ist, sondern nur eine **beispielhafte** Aufzählung enthält.

2 Bei dem Begriff der „Zuverlässigkeit" handelt es sich um einen **unbestimmten Rechtsbegriff ohne Beurteilungsspielraum** (OVG Lüneburg 28. 10. 1960 GewArch 1961, 31). Die Frage der Zuverlässigkeit ist als Rechts- und Tatfrage gerichtlich voll überprüfbar (BSG 6. 2. 1992 NZA 1992, 1006, 1007; BayLSG 14. 3. 1985 NZA 1986, 109, 110; *Becker/Wulfgramm* Rn. 15). Trotz ihrer zentralen Bedeutung im Gewerberecht fehlt es aufgrund der Vielfalt der Gewerbearten an einer allgemeingültigen Definition der Zuverlässigkeit (BVerwG 27. 6. 1961 DVBl. 1961, 731). Der Begriff ist jeweils vor dem Hintergrund der an die betroffene Gewerbeausübung zu stellenden persönlichen Anforderungen zu definieren. Entsprechend dem Schutzzweck des AÜG kommt es im Rahmen der Nr. 1 darauf an, ob die Eigenschaften und Merkmale des Verleihers eine Gefährdung des sozialen Schutzes des AN befürchten lassen. Ausschlaggebend ist dabei, ob sich aus bestimmten Verhaltensweisen oder Eigenschaften des Antragstellers ersehen läßt, daß er die gewerbsmäßige Überlassung von AN nicht im Einklang mit den bestehenden Vorschriften ausüben will, sondern vielmehr versuchen wird, die allgemeinen AGPflichten und die Risiken der ANÜberlassung nicht tragen zu müssen (BSG 6. 2. 1992 NZA 1992, 1006, 1007; *Becker/Wulfgramm* Rn. 16). Die Behörde muß im Wege einer **Prognose** (*Schüren* Rn. 67) überprüfen, ob die ihr zur Beurteilung vorliegenden Tatsachen die Annahme begründen, daß der Antragsteller bei seiner künftigen Verleihtätigkeit die rechtlichen Vorschriften beachten wird (BSG 2. 6. 1992 NZA 1992, 1006, 1007; *Schaeffer* WiVerw 1982, 100, 102). Unklarheiten gehen zu Lasten der Erlaubnisbehörde (BSG 2. 6. 1992 NZA 1992, 1006, 1007).

3 Im Rahmen der Prüfung kommt es bei der natürlichen Person auf deren **persönliche Zuverlässigkeit**, bei der BGB-Gesellschaft auf die aller Gesellschafter und bei der juristischen Person (z B GmbH oder AG) auf die der **vertretungsberechtigten Organe** (z B Geschäftsführer oder Vorstand) an (*Becker/Wulfgramm* Rn. 17; *Schüren* Rn. 76). Da bei einer Personengesellschaft sämtliche Gesellschafter Gewerbetreibende sind (BVerwG 5. 8. 1965 E 22, 16), kommt es darauf an, daß kein Gesellschafter unzuverlässig ist. Möglich ist es aber auch, nur den zuverlässigen Gesellschaftern die Erlaubnis zu erteilen, wenn sicher ist, daß sich die Unzuverlässigkeit des einen Gesellschafters nicht auf die anderen auswirkt (*Sandmann/Marschall* Rn. 8).

4 Nach einer Entscheidung des OVG Münster (5. 7. 1961 GewArch 1962, 84) soll die Zuverlässigkeitsprüfung – unabhängig von der Berechtigung zur Geschäftsführung – alle Gesellschafter erfassen. Das ist dem Gesetzeszweck nach jedoch nicht erforderlich; da es den kraft Gesetzes (§§ 164, 170 HGB) oder Vertrages **nicht vertretungsberechtigten Gesellschaftern** an der Möglichkeit einer Einflußnahme auf die Geschäftsführung fehlt, kommt es auf deren Zuverlässigkeit nicht an (so auch *Becker/Wulfgramm* Rn. 17). Anders sind nur die Fälle zu behandeln, in denen es zwar gesetzlich oder vertraglich an der Möglichkeit der Einflußnahme fehlt, tatsächlich aber maßgeblicher Einfluß auf die Geschäftsführung genommen wird (*Schüren* Rn. 77).

5 Der Wechsel eines gesetzlichen Vertreters oder Gesellschafters ist jeweils anzuzeigen (§ 7 I) und führt zu einer neuen Prüfung bezüglich des eintretenden Gesellschafters oder Vertreters. Hierbei wirkt sich der **Verhältnismäßigkeitsgrundsatz** aus: Statt der Gesellschaft generell die Erlaubnis zu versagen, kann die Behörde die Erteilung von einem Ausscheiden unzuverlässiger Gesellschafter oder Gesamthänder abhängig machen (*Sandmann/Marschall* Rn. 8).

I. Die einzelnen Versagungsgründe § 3 AÜG 140

b) Einzelfragen. Die Erfüllung eines der nachfolgenden Regelbeispiele hat **nicht automatisch eine** 6 **Versagung** der Genehmigung zur Folge. Vielmehr kommt es bei einer **Einzelfallprüfung** unter Beachtung der obengenannten Grundsätze darauf an, ob der jeweilige Verstoß seiner Intensität nach zu einer Unzuverlässigkeit führt (BSG 6. 2. 1992 NZA 1992, 1006, 1007; BayLSG 14. 3. 1985 NZA 1986, 109, 110).

aa) Nr. 1 nennt zunächst einen Verstoß gegen **Vorschriften des Sozialversicherungsrechts.** Hier- 7 von werden die im SGB und in den entsprechenden Nebengesetzen und Verordnungen enthaltenen Pflichten, wie etwa die Abführung von Versicherungsbeiträgen, Auskunfts- und Meldepflichten sowie die Pflicht zur Ausstellung von Entgeltbescheinigungen erfaßt (*Becker/Wulfgramm* Rn. 19; MünchArbR/*Marschall* § 174 Rn. 111; *Schüren* Rn. 82; ausführlich *Sandmann/Marschall* Rn. 13). Als schwerwiegender Verstoß dürfte beispielsweise der Fall anzusehen sein, daß LeihAN nicht angemeldet oder Beiträge nicht geleistet werden (*Becker/Wulfgramm* Rn. 19).

bb) Vorschriften über die Einbehaltung und Abführung der Lohnsteuer. Gemeint sind die 8 Regelungen der §§ 38 III, 41a I Nr. 2 EStG und die entsprechenden Regelungen der Lohnsteuer-DVO. Daneben kann auch die Verletzung anderer steuerrechtlicher Pflichten – etwa die Hinterziehung von Einkommen- oder Körperschaftsteuer (*Schüren* Rn. 83) – bei einem entsprechenden Schweregrad zur Feststellung der Unzuverlässigkeit führen (*Becker/Wulfgramm* Rn. 20; MünchArbR/*Marschall* § 174 Rn. 112).

cc) Vorschriften über Arbeitsvermittlung und Anwerbung im Ausland und Ausländerbeschäf- 9 **tigung.** Ein Verstoß gegen die Erlaubnispflicht bezüglich der Arbeitsvermittlung (§ 291 SGB III) begründet die Unzuverlässigkeit. Eine Anwerbung im Ausland außerhalb der EG oder des EWR fällt in das Vermittlungsmonopol der BA, das nur aufgrund einer besonderen Erlaubnis (§ 292 II SGB III) durchbrochen werden kann.

Grds. bedürfen Ausländer einer von der BA zu erteilenden Arbeitserlaubnis (§ 284 I SGB III), ohne 10 die sie nicht beschäftigt werden dürfen. Von der Erlaubnispflicht sind EG-Angehörige und EWR-Angehörige (§ 282 I Nr. 1 SGB III), heimatlose Ausländer (§ 17 I HAuslG) sowie die in § 9 AEVO genannten ANGruppen ausgenommen.

dd) Vorschriften des Arbeitsschutzrechts. Der Verleiher ist gem. § 11 VI neben dem Entleiher 11 dazu verpflichtet, dafür Sorge zu tragen, daß die entliehenen AN auch in dem Betrieb des Entleihers an dem Schutz der Vorschriften des Arbeitsschutzrechtes teilhaben. Eine Unzuverlässigkeit ist insb. anzunehmen, wenn öffentlich-rechtliche Arbeitsschutzvorschriften mißachtet werden (*Schüren* Rn. 87). Neben den Regelungen in § 120b GewO, der nach § 120e GewO erlassenen Vorschriften und den Vorschriften des Arbeitszeitschutzes (ArbZG, LadenschlußG) werden davon auch die speziellen Regelungen (zB MuSchG, SchwbG) zum Schutz bestimmter ANGruppen (MünchArbR/*Marschall* § 174 Rn. 114; *Sandmann/Marschall* Rn. 17; ausführlich *Becker/Wulfgramm* Rn. 24) sowie insb. die Vorschriften des Arbeitsschutzgesetzes und des Arbeitssicherheitsgesetzes erfaßt.

ee) Verletzung arbeitsrechtlicher Pflichten. Damit sind alle nicht bereits von den anderen Regel- 12 beispielen erfaßten, sich aus dem Arbeitsvertrag, einer Kollektivvereinbarung oder dem Gesetz ergebenden AGPflichten gemeint (vgl. etwa BayLSG 14. 3. 1985 NZA 1986, 109, 110 zum LFZG). Nach allgemeiner Auffassung kann es sich auch um Pflichten aus dem AÜG selbst (§§ 9–11) handeln (*Schüren* Rn. 90 mwN). Allerdings kann nicht jeder Verstoß eine Unzuverlässigkeit begründen. Grds. sollte darauf abgestellt werden, ob gegen zwingende arbeitsrechtliche Pflichten verstoßen wurde (zutreffend *Sandmann/Marschall* Rn. 18).

c) Sonstige für eine Unzuverlässigkeit sprechende Gründe. Außerhalb der dargestellten Regel- 13 beispiele kann eine fehlende Zuverlässigkeit angenommen werden, wenn wegen des Vorliegens bestimmter Tatsachen in der Person des Antragstellers zu besorgen ist, daß er die gewerbsmäßige Überlassung nicht im Einklang mit den bestehenden gesetzlichen Regelungen durchführen wird (BSG 6. 2. 1992 NZA 1992, 1006, 1007; *Sandmann/Marschall* Rn. 5). Ausschlaggebend ist, ob der soziale Schutz der LeihAN dadurch gefährdet wird. Aufgrund dieser Prämisse haben Rspr. und Literatur eine Reihe von Fallgruppen entwickelt, aufgrund derer eine solche Gefährdung bestehen kann.

aa) Ungeordnete Vermögensverhältnisse, wegen derer die Gefahr besteht, daß ein Verleiher in 14 Zeiten, in denen er die LeihAN nicht einsetzen kann, nicht in der Lage ist, den Lohn zu zahlen, sprechen gegen eine Zuverlässigkeit. Deshalb muß der LeihAG für diese Fälle eine Finanzreserve vorhalten (*Franßen/Haesen* Rn. 10). Ungeordnete Vermögensverhältnisse bestehen auch, wenn der Antragsteller die eidesstattliche Versicherung nach § 807 ZPO abgegeben hat, über sein Vermögen das Insolvenzverfahren eröffnet worden ist oder er in das vom Insolvenz- oder Vollstreckungsgericht zu führende Verzeichnis (§ 26 II InsO, § 915 ZPO) eingetragen wurde (*Becker/Wulfgramm* Rn. 26; *Sandmann/Marschall* Rn. 12; *Schüren* Rn. 93).

bb) Die Begehung von Straf- oder Ordnungswidrigkeiten spricht dann für eine Unzuverlässigkeit, 15 wenn es sich um Vorschriften mit Bezug zur Verleihtätigkeit handelt (SG Speyer 16. 9. 1981 – S 3 Ar 84/81 – nv.; *Becker/Wulfgramm* Rn. 27; *Sandmann/Marschall* Rn. 10) und wenn sie einen entsprechenden Schweregrad aufweisen. So sind etwa bloß mit einem Verwarnungsgeld zu ahndende Bagatellverstöße (§ 56 OWiG) nicht berücksichtigungsfähig (*Schaeffer* WiVerw. 1982, 100, 111). Darüber hinaus kommt es auch darauf an, wie lange der Gesetzesverstoß zurückliegt. Mit dem größer werdenden zeitlichen Abstand sinkt seine Bedeutung für die Prognose (LSG Baden-Württemberg 15. 3. 1988 – L 5 AR 2015/87 – nv.). Entgegen dem allgemeinen Verwertungsverbot nach § 51 I BZRG können gem. § 52 I Nr. 4 BZRG bei der Gewerbezulassung Verurteilungen berücksichtigt werden, wenn damit sonst eine erhebliche Gefährdung der Allgemeinheit einherginge (*Schaeffer* WiVerw. 1982, 100, 110 f.).

16 cc) **Beschäftigung unzuverlässiger Personen.** Beschäftigt der Antragsteller unzuverlässiges Stammpersonal mit Führungsaufgaben, so begründet das eine dem Verleiher selbst anzulastende Unzuverlässigkeit (*Becker/Wulfgramm* Rn. 28; *Sandmann/Marschall* Rn. 6; vgl. auch BAG 24. 4. 1980 EzAÜG Nr. 66 betr. Franchise-Nehmer des Verleihers; ausführlich zur Verantwortlichkeit des Gewerbetreibenden für die Unzuverlässigkeit Dritter *Landmann/Rohmer/Marcks* § 35 GewO Rn. 69 f.).

17 dd) **Sittenwidrige Abwerbung von AN.** Wenn der Verleiher Arbeitskräfte verleiht, die er unter Verleitung zum Vertragsbruch abgeworben hat, oder wenn er einen Arbeitskräftemangel durch Abwerbung herbeigeführt hat, um seine Arbeitskräfte verleihen zu können, so ist er aufgrund dieses sittenwidrigen Verhaltens unzuverlässig (*Becker/Wulfgramm* Rn. 29; *Schüren* Rn. 100).

18 ee) **Fehlende Kenntnisse im Arbeits- und Sozialrecht.** Der Antragsteller braucht zwar nicht über einschlägige Fachkunde oder Berufserfahrung zu verfügen (*Sandmann/Marschall* Rn. 12; aA *Franßen/Haesen* Rn. 12), wohl aber über elementare Grundkenntnisse auf dem Gebiet des Arbeits- und Sozialrechts, da ansonsten nicht erwartet werden kann, daß er seine AGPflichten erfüllt (BSG 6. 2. 1992 NZA 1992, 1006, 1007; SG Berlin 29. 11. 1989 DB 1990, 691; *Schüren* Rn. 97 ff.).

19 ff) **Weitere Unzuverlässigkeitsgründe.** Als sonstige Unzuverlässigkeitsgründe kommen etwa Geisteskrankheit, Geistesschwäche, Drogenabhängigkeit, fehlender Wohn- oder Betriebssitz und schwerwiegende Charaktermängel in Betracht (*Becker/Wulfgramm* Rn. 31).

20 **2. Unzureichende Gestaltung der Betriebsorganisation, Nr. 2.** Nach Nr. 2 muß der Verleiher seinen Betrieb so organisieren, daß er die üblichen AGPflichten ordnungsgemäß erfüllen kann. Die in Nr. 2 genannten „üblichen AGPflichten" sind genauso zu verstehen wie in § 1 I Nr. 1. Erfaßt werden die arbeits-, sozial- und steuerrechtlichen und die besonderen, die sich aus der Eigenart des Leiharbeitsverhältnisses ergebenden Pflichten. Deren ordnungsgemäße Erfüllung muß gesichert werden (*Becker/Wulfgramm* Rn. 33). Das ist nicht möglich, wenn der Verleiher „vom Sofa aus" (BT-Drucks. VI/2303 S. 11), also ohne **feste Betriebsstätte** und ohne **entsprechende Ausstattung**, seinen Geschäften nachgeht und sich damit faktisch der Kontrolle von Behörde, Gericht und Sozialversicherungsträger entzieht (*Schüren* Rn. 103). Die Betriebsstätte muß von gewisser Dauer und die Zustellbarkeit der üblichen Post sichergestellt sein (*Sandmann/Marschall* Rn. 20). Eine Baubude, ein Campingwagen oder ein Hotelzimmer sind daher nicht ausreichend (*Schüren* Rn. 104).

21 Das Maß der Betriebsorganisation ist letztlich größenabhängig. Es bestimmt sich immer im Hinblick auf das zu erreichende Ziel, die ordnungsgemäße und sachgerechte Erfüllung der AGPflichten. Die Abführung von Sozialversicherungsbeiträgen und Lohnsteuern, die rechtzeitige Auszahlung von Löhnen und Vorschüssen, von Aufwendungsersatz und Spesen sowie die damit verbundenen Melde-, Anzeige- und Auskunftspflichten müssen gesichert werden (*Becker/Wulfgramm* Rn. 33). Unter Umständen bedarf es einer umfangreichen Personalverwaltung mit ausreichend vorgebildeten Fachkräften und darüber hinaus eventuell eines besonderen Aufsichtspersonals (*Sandmann/Marschall* Rn. 20). Der Verleiher kann sich zur Erfüllung seiner Pflichten Dritter bedienen (*Becker/Wulfgramm* Rn. 33). Neben eigenem Personal können dies auch Betriebsfremde sein. Geht es um fremde Rechts- oder Steuerangelegenheiten, müssen diese Personen allerdings dafür zugelassen sein (*Sandmann/Marschall* Rn. 20; *Schüren* Rn. 109).

22 Kann der Verleiher die Aufsicht in einer **Zweigstelle** nicht selbst wahrnehmen, kann er ebenfalls geeignetes Aufsichtspersonal einsetzen; dadurch wird er allerdings nicht von seiner Aufsichtspflicht entbunden (*Sandmann/Marschall* Rn. 20). Soweit eine Betriebsvertretung vorhanden ist, hat der Verleiher dafür zu sorgen, daß die organisatorischen Voraussetzungen für die Durchführung des BetrVG bestehen (*Becker/Wulfgramm* Rn. 33).

23 Nach der Neufassung der §§ 1 II und 2 HGB durch das HRefG vom 22. 6. 1998 ist die gewerbsmäßige ANÜberlassung Gegenstand eines Handelsgewerbes nach § 1 II HGB, wenn das Unternehmen einen in kaufmännischer Weise eingerichteten Geschäftsbetrieb erfordert. Ist der Gewerbebetrieb eines Unternehmens nicht bereits nach § 1 II HGB ein Handelsgewerbe, so gilt er dennoch als Handelsgewerbe, wenn die Firma des Unternehmens in das Handelsregister eingetragen ist (§ 2 HGB).

24 **3. Unzulässige Befristung, Nr. 3. a) Sachlicher Grund.** Ohne das Bestehen eines sachlichen Grundes darf das Arbeitsverhältnis zwischen Verleiher und AN nicht befristet werden. Ausreichend ist nur ein sachlicher Grund in der Person des AN. Der LeihAG trägt das Beschäftigungsrisiko; er ist auch in der zwischen den Arbeitseinsätzen liegenden Zeit dazu verpflichtet, die Leiharbeiter zu bezahlen. Durch Nr. 3 soll ausgeschlossen werden, daß der AG dieses Risiko zwar äußerlich übernimmt, aber

durch den Abschluß von befristeten Arbeitsverträgen mit den LeihAN wieder ausschließt (sog. Synchronisation; *Schüren* Rn. 113). Ausprägungen des Synchronisationsverbotes bilden auch die Versagungsgründe der Nr. 4 und 5 sowie die Nr. 2 und 3 des § 9, die es dem Verleiher unmöglich machen, sich in den Zeiten fehlender Einsetzbarkeit seiner Mitarbeiter zu entlasten (*Schüren* Rn. 114). Das AÜG geht als Spezialgesetz den allgemeinen Bestimmungen der Art. 1 § 1 BeschFG vor (BSG 29. 7. 1992 NJW 1993, 1248; *Becker/Wulfgramm* Rn. 36 a; *Friedhofen/Weber* NZA 1985, 337, 338; *Schüren* Rn. 121 mwN; aA *Schubel* BB 1985, 1606).

Bis zur Neuregelung durch das AFRG genügte ein einzelner befristeter Arbeitsvertrag als Versagungsgrund; seit der Neuregelung (mit Wirkung vom 1. 4. 1997) schadet nur der wiederholte Abschluß eines befristeten Arbeitsvertrages. In der amtlichen Begründung (BT-Drucks. 13/4941 S. 249) wird insoweit darauf hingewiesen, daß sich das allgemeine Verbot befristeter Verträge als zu weitgehend erwiesen habe. Eine einmalige Befristung, zB zur Erprobung, müsse möglich sein. 25

Seit der Neuregelung enthält Nr. 3 eine Ausnahme vom Befristungsverbot. Besteht bereits ein (unbefristeter) Arbeitsvertrag mit dem Verleiher, darf anschließend eine Befristung erfolgen. Die amtliche Begründung führt dazu aus, daß dann keine Belastung der Versichertengemeinschaft eintrete. 26

b) Auflösende Bedingung. Eine auflösende Bedingung ist als funktionsgleiches rechtliches Gestaltungsmittel (*Schüren* Rn. 116 und 122) der Befristung gleichzustellen (*Franßen/Haesen* Rn. 32 und 34). Ein auflösende Bedingung ist also nur dann zulässig, wenn dafür ein sachlicher Grund in der Person des LeihAN vorliegt (*Becker/Wulfgramm* Rn. 37). Ebenso verhält es sich mit der nachträglichen Befristung, mit Abreden über unbezahlten Urlaub und mit Aufhebungsverträgen (*Schüren* Rn. 122 mwN). Bei Vereinbarung von Abrufarbeit findet hingegen eine Verlagerung des Beschäftigungsrisikos von dem AG auf den AN statt (BAG 12. 3. 1992 AP BeschFG § 4 Nr. 1; aA BSG 29. 7. 1992 DB 1993, 1477 f.). Danach muß ein festes Arbeitsdeputat mit einer nach Bedarf bestimmten Verteilung der Arbeitszeit bestehen (BAG 12. 3. 1992 AP BeschFG § 4 Nr. 1). Den Teil des Deputats, den der Verleiher nicht abruft, hat er nach § 615 S. 1 BGB iVm. § 11 IV 2 AÜG dennoch zu vergüten (*Schubel* BB 1985, 1606). 27

c) Grund in der Person des AN. Eine Befristung ist nur dann möglich, wenn in der Person des LeihAN ein sachlicher Grund besteht. Dieser Grund ist nach § 11 I 2 Nr. 4 in die vom Verleiher aufzustellende Urkunde über das Leiharbeitsverhältnis aufzunehmen. Damit soll einerseits den Bedürfnissen des AN und andererseits denen des Arbeitsmarktes nach der Mobilisierung von Arbeitskräften Rechnung getragen werden (*Sandmann/Marschall* Rn. 25). Der LeihAN muß ein eigenes Interesse an der Befristung haben. Als typische Gründe aus der Person des AN werden etwa genannt: familiäre Verpflichtungen, die baldige Aufnahme eines Studiums, das Kennenlernen eines bestimmten Arbeitsbereiches, berufliche Weiterbildung oder die Überbrückung der Zeit bis zum Antritt einer neuen Stelle (MünchArbR/*Marschall* § 174 Rn. 124 f.; *Sandmann/Marschall* Rn. 25; *Schüren* Rn. 117). Auch der bloße Wunsch des AN nach einer Befristung soll als ein in der Person des AN liegender Grund eine Befristung ermöglichen (*Schüren* Rn. 120 mwN). Allerdings stellt die Rspr. mit Recht sehr strenge Anforderungen an den Nachweis des von seiten des AN geäußerten „bloßen Befristungswunsches" (BAG 26. 4. 1985 AP BGB § 620 Befristeter Arbeitsvertrag Nr. 91; LAG Hamm 8. 8. 1991 LAGE AÜG § 9 Nr. 4). 28

d) Interesse des AG. Nach dem gesetzgeberischen Willen ist das Interesse des AG an einer zeitlichen Begrenzung kein zulässiger Befristungsgrund (*Franßen/Haesen* Rn. 39). Selbst die sonst zulässige Befristung des Arbeitsvertrages zwecks Erprobung des AN ist dem Verleiher verwehrt (LAG Hamm 8. 8. 1991 LAGE AÜG § 9 Nr. 4; *Schüren* Rn. 119). Eine Befristung aus einem anderen als einem in der Person des AN liegenden Grund ist gleichzeitig nach § 9 Nr. 2 unwirksam und führt dazu, daß ein unbefristetes Arbeitsverhältnis vorliegt. Unklar ist, ob es sich bei der anstehenden Einberufung zum Wehrdienst oder Ersatzdienst oder einer Wehrübung um einen in der Person des AN liegenden Befristungsgrund handelt (so das LAG Hamm 8. 8. 1991 LAGE AÜG § 9 Nr. 4 und *Becker/Wulfgramm* Rn. 39). Der bejahenden Auffassung ist entgegenzuhalten, daß die Dienstpflichten nicht in der Person des AN wurzeln und aufgrund der gesetzlichen Verpflichtung nicht steuerbar sind. Überdies läßt sich diese Auffassung auch nicht mit dem kündigungsrechtlichen Sonderschutz der Dienstverpflichteten (§ 2 ArbPlSchG, § 78 I Nr. 1 ZDG, § 2 I, II EignÜG) in Einklang bringen (zutreffend *Schüren* Rn. 118). 29

e) Einzelne Verstöße. Nach den Gesetzesmaterialien soll bereits ein vereinzelter Verstoß gegen das Verbot nach Nr. 3 zu einer Versagung der Erlaubnis führen können (MünchArbR/*Marschall* § 174 Rn. 128; *Sandmann/Marschall* Rn. 22). Seit der Neuregelung durch das AFRG kommt es demgegenüber auf den wiederholten Abschluß eines befristeten Arbeitsvertrages an. 30

4. Unzulässige Wiedereinstellung des AN, Nr. 4. a) Kündigung. Wenn der AG zwar unbefristete Arbeitsverträge abschließt, sie jedoch durch Kündigung beendet und den AN innerhalb von drei Monaten erneut einstellt, liegt ein Versagungsgrund für die Erlaubniserteilung vor. Die Regelung der Nr. 4 greift nur, wenn eine Kündigung des AG vorliegt; eine von seiten des AN erfolgende Kündigung oder eine sonst wirksame Beendigung des Arbeitsverhältnisses wird nicht erfaßt (*Franßen/Haesen* 31

Rn. 45). Dem Schutzzweck der Regelung nach werden auch Beendigungstatbestände, die einer AG-Kündigung gleichkommen, in analoger Anwendung der Nr. 4 erfaßt (*Franßen/Haesen* Rn. 46; *Schüren* Rn. 130). So fällt auch die **vom AG veranlaßte Eigenkündigung** des LeihAN unter Nr. 3 (*Franßen/Haesen* Rn. 46; *Schüren* Rn. 130). Auf verdeckte Aufhebungsverträge, also auf solche, bei denen die Eigenkündigung des AN tatsächlich die Annahme eines vom AG angebotenen Aufhebungsvertrages bedeutet, ist die Regelung der Nr. 3 ebenfalls analog anzuwenden (*Franßen/Haesen* Rn. 46).

32 Der Wortlaut der Nr. 4 sieht hinsichtlich der **Art der Kündigung** keinerlei Einschränkungen vor. Dennoch wird tlw. vertreten, daß sich der Anwendungsbereich auf betriebsbedingte oder auf ordentliche Kündigungen beschränke (so etwa *Becker/Wulfgramm* Rn. 43). Anhaltspunkte für ein Bedürfnis nach einer teleologischer Reduktion sind jedoch nicht ersichtlich (so auch die überwiegende Auffassung, vgl. nur *Schüren* Rn. 132 mwN). Insb. wird dem Interessen des AG dadurch Rechnung getragen, daß die Wiedereinstellung freiwillig erfolgen muß, so daß die erneute Einstellung und Weiterbeschäftigung des aus wichtigem Grund gekündigten AN innerhalb der Frist dem AG offensichtlich zumutbar ist (BSG 23. 7. 1992 SozR 3–7815 Art. 1 § 3 AÜG Nr. 4; *Sandmann/Marschall* Rn. 30).

33 **b) Sperrfrist.** Die **Sperrfrist beginnt** mit dem rechtlichen, nicht mit dem tatsächlichen Ende (so aber *Becker/Wulfgramm* Rn. 44 und *Sandmann/Marschall* § 9 AÜG Rn. 24) des Arbeitsverhältnisses. Ausschlaggebend ist also bei einer ordentlichen Kündigung der Ablauf der Kündigungsfrist und bei einer außerordentlichen fristlosen Kündigung der Zugang der Kündigungserklärung. Dies ergibt sich bereits aus dem rechtstechnisch zu verstehenden Wortlaut der Regelung, wird das weiteren durch die Überlegung gestützt, daß die Regelung des § 3 Nr. 4 auf das rechtliche Band zwischen Verleiher und AN ausgerichtet ist, und ergibt sich ferner aus Praktikabilitätsgründen (wie hier *Schüren* Rn. 133 und § 9 Rn. 119). Für die **erneute Einstellung** ist der Tag ausschlaggebend, an dem der AN erstmals dem Verleiher zur Verfügung stehen muß (*Becker/Wulfgramm* § 9 AÜG Rn. 27; nach Ansicht des BAG gilt dies selbst bei Begründung eines fehlerhaften Arbeitsverhältnisses, BAG 9. 4. 1987 AP AÜG § 9 Nr. 1 m. Anm. *Reuter*).

34 **c) Wiedereinstellung.** Die Wiedereinstellung muß durch denselben AG erfolgen. Um eine Umgehung zu verhindern, werden auch die Fälle erfaßt, in denen formal selbständige Verleiher beispielsweise in der Form zusammenwirken, daß der LeihAN zwar zwischen ihnen wechselt, aber beständig, wenn auch mit kurzen Unterbrechungen, für denselben Entleiher arbeitet (*Schüren* Rn. 137). Eine Umgehung liegt weiterhin vor, wenn vereinbart wird, daß der AN nach der Kündigung zu einem anderen Entleiher wechselt und nach Beendigung der dortigen Tätigkeit wieder zu seinem ursprünglichen Verleiher; durch diese Vorgehensweise lassen sich die Lohnkosten zwischen den Fremdfirmeneinsätzen sparen (*Sandmann/Marschall* Rn. 29).

35 Eine **Identität des AG** besteht nicht, wenn das kündigende Unternehmen zu demselben Konzern gehört wie das verleihende Unternehmen, da hier nur die einzelne Konzerngesellschaft und nicht der Konzern AG ist (BAG 9. 4. 1987 AP AÜG § 9 Nr. 1; *Sandmann/Marschall* Rn. 29).

36 In Ergänzung der Neuregelung der Nr. 3 wird auch in Nr. 5 seit dem 1. 4. 1997 auf die **wiederholte** Neueinstellung abgestellt.

37 Die während der Sperrfrist erfolgende Wiedereinstellung hat überdies gem. § 9 Nr. 3 die Wirkung, daß die Beendigungswirkung der Kündigung rückwirkend entfällt und der AN im Rahmen des § 10 IV 1 eine Vergütung für die Zeit der Nichtbeschäftigung verlangen kann.

38 **5. Beschränkung des Arbeitsverhältnisses auf die erstmalige Überlassung, Nr. 5.** Als Ausfluß des Synchronisationsverbotes (vgl. oben Einl. Rn. 38) soll durch Nr. 5 vermieden werden, daß der Verleiher das **Beschäftigungsrisiko auf den AN** überwälzt, indem er die Dauer des Leiharbeitsverhältnisses auf die der erstmaligen Überlassung an den Entleiher beschränkt. Mit dieser Regelung wird ein wichtiges Abgrenzungskriterium für die legale ANÜberlassung von der illegalen Arbeitsvermittlung fixiert (*Schüren* Rn. 141). Das Leiharbeitsverhältnis soll regelmäßig den Arbeitseinsatz beim Entleiher überdauern, da sich ansonsten die Tätigkeit des Verleihers auf den Nachweis einer Arbeitsgelegenheit und auf die Übernahme der Lohnzahlungen beschränken würde (BSG 16. 12. 1976 E 43, 100, 102; 22. 3. 1979 E 48, 115, 118; 21. 7. 1988 NZA 1989, 74, 75).

39 Seit der Neuregelung durch das AFRG vom 24. 3. 1997 ist Voraussetzung für Nr. 5, daß der **AG wiederholt** in der entsprechenden Weise verfährt.

40 Die übereinstimmende Dauer von Leiharbeitsvertrag und erstmaliger Überlassung an den Entleiher kann durch eine Befristung oder durch **funktionsgleiche Gestaltungsmittel** herbeigeführt werden, da es entscheidend darauf ankommt zu verhindern, daß der Verleiher allein oder im Zusammenwirken mit dem LeihAN Deckungsgleichheit herbeiführt (BSG 31. 7. 1988 NZA 1989, 74; *Schüren* Rn. 146). Erfaßt werden also auch nachträgliche Befristungen, Kündigungen durch den Verleiher und durch ihn herbeigeführte Eigenkündigungen, Aufhebungsverträge und auflösend bedingte Arbeitsverträge (*Sandmann/Marschall* Rn. 32a). Keinen Verstoß bilden die Fälle, in denen der AN freiwillig kündigt (*Sandmann/Marschall* Rn. 33; *Becker/Wulfgramm* Rn. 46) oder in denen der AG aus wichtigem Grund gem. § 626 BGB kündigt (*Becker/Wulfgramm* Rn. 46; *MünchArbR/Marschall* § 174 Rn. 136). Der AG ist nicht gezwungen, ein Arbeitsverhältnis fortzuführen, das er nach allgemeinen Kriterien

I. Die einzelnen Versagungsgründe § 3 AÜG 140

nicht aufrecht zu erhalten braucht (*Schüren* Rn. 156). Für das Vorliegen eines dieser Ausnahmetatbestände ist der Verleiher beweispflichtig (*Sandmann/Marschall* Rn. 34).

Die **Zeit**, die das Arbeitsverhältnis **über den ersten Einsatz hinaus** fortdauert, muß in einem 41 angemessenen Verhältnis zur Dauer des ersten Einsatzes stehen. Die BA als zuständige Erlaubnisbehörde geht in ihrer Praxis, die von der Rspr. gebilligt wird (LSG NW 11. 1. 1979 – L 9(16) Ar 76/77 – nv.), davon aus, daß die Zeit des Fortdauerns mindestens 25% des ersten Überlassens ausmachen muß (Erlaß v. 28. 3. 1996 – I a 21–5161.55; kritisch dazu *Sandmann/Marschall* Rn. 36; das BAG (23. 11. 1988 AP AÜG § 1 Nr. 14) steht einer schematisierenden Betrachtungsweise jedenfalls im Rahmen des § 3 I Nr. 6 abl. gegenüber). Soweit die Überlassung nicht mehr als fünf Tage andauert, reicht ein weiterer Arbeitstag. Bei einer geringeren als der üblichen Tagesarbeitszeit kommt es auf die durchschnittliche tägliche Arbeitszeit an; anhand derer ist der Zeitraum des notwendigen Überdauerns zu errechnen (*Becker/Wulfgramm* Rn. 49; *Sandmann/Marschall* Rn. 36). Innerhalb dieses Zeitraums braucht der AN nicht weiterbeschäftigt zu werden; es reicht aus, wenn der AN weiterhin seinen Lohn oder Erholungsurlaub erhält (*Becker/Wulfgramm* Rn. 50).

Wird die Einstellung für einen bestimmten Fremdfirmeneinsatz befristet, so ist sie regelmäßig 42 unwirksam. Anders ist diese deckungsgleiche Befristung jedoch zu beurteilen, wenn der **AN** selbst die vereinbarte **Befristung gewollt** hatte. In einem solchen Fall darf ihm nicht entgegen seinem Willen über eine Anwendung des § 3 I Nr. 5 ein unbefristetes Arbeitsverhältnis aufgedrängt werden (so auch *Becker/Wulfgramm* Rn. 46; anders LSG Rheinland-Pfalz 10. 6. 1988 – 6 AR 117/87 – nv.; *Sandmann/Marschall* Rn. 32 und *Schüren* Rn. 148 mwN; vgl. jedoch auch zur anders zu gewichtenden gewerberechtlichen Bedeutung eines solchen Vorgehens *Schüren* Rn. 144).

Das BeschFG 1994 hat eine ausdrückliche **Ausnahme** vom Verbot der Deckungsgleichheit einge- 43 führt. Es gilt dann nicht, wenn der LeihAN unmittelbar nach der Überlassung an den Entleiher in ein Arbeitsverhältnis bei diesem eintritt und der betreffende AN dem Verleiher zuvor von der BA als schwer vermittelbar vermittelt wurde (*Sandmann/Marschall* Rn. 34 a; zur Definition der Schwervermittelbarkeit s. § 20 der Anordnung des Verwaltungsrats der BA über die Gewährung von Leistungen zur Förderung der Arbeitsaufnahme = FdA-A). Für die „Überlassung" kommt es nicht auf die vertraglich vorgesehene, sondern auf die effektive Dauer des Arbeitseinsatzes beim ersten Entleiher an (*Becker/Wulfgramm* Rn. 47). Das Synchronisationsverbot erfaßt nur den ersten Arbeitseinsatz, spätere Einsätze werden von Nr. 5 nicht erfaßt.

6. Überschreitung der Überlassungsfrist, Nr. 6. Die Regelung der Nr. 6 beschränkt die Dauer der 44 Überlassung an denselben Entleiher auf maximal **zwölf Monate.** Das vom BVerfG aufgestellte Unterscheidungsmerkmal (BVerfG 4. 4. 1967 EzAÜG Nr. 1), nach dem bei einer Zuweisung „für längere Zeit" die Gefahr einer Umgehung des staatlichen Arbeitsvermittlungsmonopols besteht, ist seit der Aufhebung des Arbeitsvermittlungsmonopols hinfällig. Die Überlassungsfrist, für die die §§ 187, 188 BGB gelten, beginnt mit dem Zeitpunkt der tatsächlichen Überlassung; sie kann nicht gehemmt werden und ist genau einzuhalten (LSG Niedersachsen 9. 2. 1982 – L 7 Ar 192/81 – nv.; *Sandmann/Marschall* Rn. 39). Ein im ANÜberlassungsvertrag festgelegter Überlassungszeitpunkt ist daher nur dann ausschlaggebend, wenn er mit dem tatsächlichen Überlassungsbeginn übereinstimmt (*Becker/Wulfgramm* Rn. 55).

Die Überlassung muß **an denselben Entleiher** erfolgen. Ob der Entleiher identisch ist, entscheidet 45 sich nach tatsächlichen Gesichtspunkten (*Becker/Wulfgramm* Rn. 58; *Sandmann/Marschall* Rn. 39). Angelehnt an § 4 BetrVG sind Nebenbetriebe und Betriebsteile, die entweder räumlich weit entfernt oder durch ihren Aufgaben- und Organisationsbereich als eigenständig angesehen werden können, als selbständige Entleiherbetriebe einzuordnen (*Becker/Wulfgramm* Rn. 58; MünchArbR/*Marschall* § 174 Rn. 142; *Schubel* BB 1990, 2118; so auch die Praxis der BA lt. Runderlaß v. 10. 9. 1987 (abgedr. bei *Bauer* BB 1990, 1265); aA *Bauer* BB 1990, 1265, 1266 f. und *Schüren* Rn. 169 ff.; vgl. noch zur konzerninternen Überlassung Kasseler Handbuch/*Düwell* 4.5 Rn. 198 ff.).

Die Frist bezieht sich grds. auf eine ununterbrochene Überlassung. Die **Art der Unterbrechung** ist 46 unerheblich; neben einem Einsatz bei einem anderen Entleiher können auch Krankheit oder Urlaub als Unterbrechung angesehen werden (*Becker/Wulfgramm* Rn. 57; *Sandmann/Marschall* Rn. 39). Eine Unterbrechung ist unbeachtlich, wenn zwischen den aufeinander folgenden, nur kurz unterbrochenen Einsätzen des LeihAN bei demselben Entleiher eine **enge sachliche Verbindung** besteht (*Sandmann/Marschall* Rn. 39). Den Umständen des Einzelfalls nach kann selbst eine einmonatige Unterbrechung unbeachtlich sein, je nach dem Anlaß und der Dauer der Unterbrechung sowie der Art der Weiterbeschäftigung (BAG 23. 11. 1988 AP AÜG § 1 Nr. 14). Das BAG verweist in diesem Zusammenhang auf die ähnliche Problematik bei der Berechnung der Wartezeit des § 1 I KSchG (BAG 23. 11. 1988 AP AÜG § 1 Nr. 14; vgl. zum KSchG BAG 6. 12. 1976 AP KSchG 1969 § 1 Wartezeit Nr. 2).

Auch hier **legt die BA** wieder einen **Zeitraum zugrunde,** der etwa 25% der vorangegangenen 47 Überlassungszeit ausmacht. War der AN also 60 Tage bei demselben Entleiher, so kann er nach einer Unterbrechung von 15 Tagen wieder bei ihm arbeiten (aA *Becker/Wulfgramm* Rn. 56, die dem Gesetzeswortlaut entnehmen wollen, daß die Unterbrechung einen Monat dauern muß; vgl. dagegen BAG 23. 11. 1988 AP AÜG § 1 Nr. 14 und *Sandmann/Marschall* Rn. 39). Die nach der Unterbrechung bei demselben Entleiher wieder aufgenommene Tätigkeit darf nicht geplant sein, sie muß vielmehr zufällig erfolgen. Die von der BA aufgestellte Formel greift daher nicht, wenn Nr. 6 durch die Unterbrechung nur formal Genüge getan wird, da von vornherein eine die gesetzliche Überlassung überschreitende Tätigkeit vorgesehen war (BAG 10. 5. 1989 AP KSchG 1969 § 1 Wartezeit Nr. 7 = AuR 1990, 233 m. Anm. *Schüren*; 28. 9. 1988 AP BetrVG 1972 § 99 Nr. 60 = BB 1989, 910, 911).

48 Die Überlassung **unterschiedlicher AN** kann ohne Verstoß gegen § 3 I Nr. 6 erfolgen; eine Anrechnung findet also nicht statt, wenn der Verleiher dem Entleiher nach dem Ablauf der zwölf Monate einen anderen AN überläßt (*Becker/Wulfgramm* Rn. 54; *Schüren* Rn. 165; aA *Ulber* AuR 1982, 54, 56).

49 Um eine Umgehung des Gesetzes durch sog. „**Schiebungsverträge**" zu vermeiden, werden unmittelbar hintereinander erfolgende Überlassungen desselben LeihAN durch unterschiedliche Verleiher an denselben Entleiher zusammengerechnet. Damit soll verhindert werden, daß die höchstzulässige Überlassung durch einen ständigen Austausch von AN unter den Verleihern umgangen wird. Die Zusammenrechnung ist nicht davon abhängig, daß die Verleiher die Regelung der Nr. 6 umgehen wollten (*Sandmann/Marschall* Rn. 39). Sie ist auch unabhängig von einer etwaigen Umgehungsabsicht oder von einem Verschulden auf seiten des Entleihers oder Verleihers vorzunehmen (*Sandmann/Marschall* Rn. 39). Beruht die erneute Überlassung auf seiten des neuen Verleihers jedoch auf einer vom Entleiher absichtlich herbeigeführten Unkenntnis von der bereits erfolgten Überlassung, so kann dieser Verstoß nicht zu einer Versagung der Erlaubnis führen (ebenso *Becker/Wulfgramm* Rn. 61; einschränkend *Sandmann/Marschall* Rn. 39: nur Auswirkung auf das Rechtsfolgeermessen; ähnlich *Schüren* Rn. 178).

50 Die Überschreitung der zulässigen Höchstdauer der Überlassung führt gem. §§ 1 II, III und 3 I Nr. 6 dazu, daß eine illegale **Arbeitsvermittlung** vermutet wird.

51 Ein Verstoß gegen die Überlassungsbegrenzung ist zugleich eine **Ordnungswidrigkeit** (§ 16 I Nr. 9), die mit einer Geldbuße geahndet werden kann (§ 16 II).

II. Grenzüberschreitende gewerbsmäßige Arbeitnehmerüberlassung als Versagungsgrund (Abs. 2 bis 5)

52 1. **Vorbemerkung.** Die Erlaubnis ist nach **Abs. 2** zwingend zu versagen, wenn die Betriebsstätte des Verleihers weder im **Inland** noch in einem anderen EG- oder EWR-Staat liegt. Ohne diese Regelung wäre einem durch die BA kaum kontrollierbaren Mißbrauch Tür und Tor geöffnet (Kasseler Handbuch/*Düwell* 4.5 Rn. 185).

53 Die Versagungsmöglichkeit nach Abs. 3 aufgrund des Fehlens der **deutschen Staatsangehörigkeit** oder bezüglich einer juristischen Person, die nicht nach deutschem Recht gegründet wurde oder weder ihren satzungsmäßigen Sitz noch ihre Hauptverwaltung oder Hauptniederlassung in Deutschland hat, beruht nach den Erwägungen des Gesetzgebers darauf, daß ein Anspruch auf die Verleiherlaubnis nach Art. 12 GG nur deutschen natürlichen und juristischen Personen zusteht (BT-Drucks. VI/2303 S. 12, 21).

54 Zur Umsetzung der auch für Angehörige der EWR-Staaten geltenden Bestimmungen des EGV über die Dienstleistungs- und Niederlassungsfreiheit, Art. 43 ff., 49 ff. (früher Art. 52 ff., 59 ff. EGV) werden natürliche und juristische Personen aus dem Bereich der **EG** und der **EWR-Staaten** – juristische Personen nur unter bestimmten Voraussetzungen – durch die Gleichstellungsklausel des **Abs. 4** den deutschen Verleihern gleichgestellt.

55 Ebenso enthält **Abs. 5** eine Gleichbehandlungsklausel für die Staatsangehörigen von Drittstaaten, die sich aufgrund eines internationalen **Abkommens** im Geltungsbereich des AÜG niedergelassen haben. Diese Regelung ist im Hinblick auf Europa-Abkommen zur Gründung einer Assoziation mit Drittstaaten eingefügt worden (*Schüren* Rn. 188; BT-Drucks. XII/5502 S. 43).

56 2. **Fehlende Betriebsstätte im EG- oder EWR-Raum gem. Abs. 2.** Um LeihAN vor Mißbräuchen durch ausländische Verleiher zu schützen, ist nach **§ 3 II** die Verleiherlaubnis zwingend zu versagen, wenn die Betriebsstätte des Verleihers weder im Inland noch in einem EG-Mitgliedstaat noch im Bereich des EWR-Abkommens liegt (zur verfassungsrechtlichen Rechtfertigung dieser Berufsausübungsregelung *Becker/Wulfgramm* Rn. 68; *Schüren* Rn. 190). Ohne eine solche Regelung wäre eine Kontrolle der Verleihung von Arbeitskräften aus Drittstaaten außerhalb der genannten Bereiche kaum möglich. Den Anknüpfungspunkt für die Regelung des Abs. 2 bildet – unabhängig von der Staatsangehörigkeit oder dem Recht, nach dem die verleihende Gesellschaft oder juristische Person gegründet wurde (*Becker/Wulfgramm* Rn. 67) – einzig der Ort, an dem die Verleihertätigkeit ausgeübt wird (*Schüren* Rn. 193).

57 Der **räumliche Geltungsbereich** bestimmt sich nach Art. 299 (früher Art. 227 EGV). Nicht zum EG-Bereich gehören die britische Hoheitszone auf Zypern, die Insel Man und die Kanalinseln (Art. 299 VI Buchst. b, c EGV). Ein Verleiher mit Geschäftssitz auf diesen Gebieten kann keine Verleiherlaubnis erhalten; § 3 II ist hingegen nicht anwendbar, wenn der Geschäftssitz auf den Färöern

II. Grenzüberschreitende gewerbsmäßige Arbeitnehmerüberl. als Versagungsgrund § 3 AÜG 140

liegt (Art. 299 VI Buchst. a EGV; Nachw. zu weiteren Ausnahmen bei *Sandmann/Marschall* Rn. 40 f.).

Es kommt nur darauf an, daß die AN von einer Betriebsstätte innerhalb des EG- oder EWR- 58 Raumes nach Deutschland verliehen werden. Am **Einsatzort des AN** braucht der Verleiher keine Betriebsstätte zu haben. Eine derartige Bedingung würde auch gegen die europarechtlichen Vorgaben im Bereich der Niederlassungsfreiheit und der Dienstleistungsfreiheit verstoßen (Nachw. bei *Schüren* Rn. 192).

Mangels einer eigenständigen **Definition des Betriebs** durch das AÜG ist nach allgemeiner Auffas- 59 sung auf die betriebsverfassungsrechtlichen Bestimmungen der §§ 1 und 4 BetrVG zurückzugreifen (*Becker/Wulfgramm* Rn. 69; *Sandmann/Marschall* Rn. 43). Nach der von Rspr. und Rechtslehre entwickelten Definition ist der Betrieb eine „organisatorische Einheit, innerhalb derer ein AG mit Hilfe von technischen und immateriellen Mitteln bestimmte arbeitstechnische Zwecke fortgesetzt verfolgt, die sich nicht in der Befriedigung von Eigenbedarf erschöpfen" (BAG 23. 2. 1972 AP BetrVG 1972 § 4 Nr. 1; 14. 9. 1988 AP BetrVG 1972 § 1 Nr. 9).

Ein **Betriebsteil** bildet zwar eine räumlich und organisatorisch unterscheidbare Abteilung eines 60 Betriebes, er ist aber organisatorisch unselbständig und kann wegen seiner Eingliederung in den Hauptbetrieb nicht allein bestehen. Als selbständig im betriebsverfassungsrechtlichen Sinne ist der Betriebsteil dann anzusehen, wenn er gem. § 1 BetrVG betriebsratsfähig und entweder räumlich weit vom Hauptbetrieb entfernt ist oder durch seinen Aufgabenbereich und seine Organisation eigenständig ist (§ 4 I Nr. 1, 2 BetrVG; ausführlich zum Ganzen *Richardi* § 4 BetrVG mit umfangreichen Nachw. aus der Rspr.).

Ein **Nebenbetrieb** ist ein selbständiger Betrieb, der in seiner Aufgabenstellung eine Hilfsfunktion 61 gegenüber dem Hauptbetrieb wahrnimmt und den dort verfolgten Betriebszweck unterstützt (BAG 24. 2. 1976 AP BetrVG § 4 Nr. 2; 29. 1. 1992 AP BetrVG 1972 § 7 Nr. 1).

Für ein Eingreifen des Versagungsgrundes gem. Abs. 2 müssen die Betriebe, Betriebsteile oder 62 Nebenbetriebe außerhalb der EU oder des EWR-Raumes **für eine Verleihtätigkeit** iSv. § 1 **vorgesehen** sein. Das kann beispielsweise in der Weise der Fall sein, daß die Arbeitsverträge oder Geschäftsunterlagen in diesen Betrieben geführt werden (*Sandmann/Marschall* Rn. 44). Die bloße Belegenheit einer Betriebsstätte des Verleihers, die nichts mit der ANÜberlassung zu tun hat, rechtfertigt keine Versagung nach Abs. 2 (*Franßen/Haesen* Rn. 58; *Schüren* Rn. 198).

3. Versagung der Tätigkeit von Nicht-EG- oder EWR-Angehörigen und vergleichbaren juristi- 63 **schen Personen gem. Abs. 3 und 4. a) Allgemeines.** Der fakultative Versagungsgrund des Abs. 3 und die Gleichstellungsklausel des Abs. 4 müssen im Zusammenhang gesehen werden (*Schüren* Rn. 186). Der natürlichen Person kann die Verleiherlaubnis versagt werden, wenn sie weder Deutscher noch Angehöriger eines EG- oder EWR-Staates ist (§ 3 III 1. Fall, IV 1), Gesellschaften oder juristischen Personen, wenn es ihnen an dem geforderten engen Bezug zu einem der obengenannten Staaten fehlt. Die Erteilung der Erlaubnis gem. Abs. 3 steht im Ermessen der Behörde. Es handelt sich mithin nicht um eine gebundene, sondern um eine sog. freie Erlaubnis (ausführlich *Friauf* JuS 1962, 422, 424 ff.). Hinsichtlich der Ausübung des durch die Abs. 3 und 4 eingeräumten Ermessens hat die Behörde die allgemeinen und besonderen verfassungs- und verwaltungsrechtlichen Schranken der Ermessensausübung zu beachten (*Schüren* Rn. 201). In Betracht kommen als typische Ermessensfehler eine Unterschreitung oder ein Fehlgebrauch des Ermessens. Eine **Ermessensunterschreitung** liegt dann vor, wenn die Behörde – aus welchen Gründen auch immer (*Erichsen* Allgemeines Verwaltungsrecht, 1998, § 10 Rn. 16; *Kopp* VwVfG, 1999, § 40 Rn. 30 m. umfangr. Nachw. aus der Rspr.) – ihr Ermessen nicht ausübt; so zB wenn die BA annimmt, Abs. 3 enthalte eine allgemeine Ermächtigung, nach welcher Nicht-EG-Ausländern grds. ohne Ermessensausübung die Verleiherlaubnis versagt werden könne (BSG 12. 12. 1990 DBIR Nr. 3798; *Sandmann/Marschall* Rn. 48).

Ein **Ermessensfehlgebrauch** ist gegeben, wenn die Behörde von dem ihr eingeräumten Ermessen 64 nicht entsprechend den Zwecksetzungen und Zweckvorgaben des Gesetzes Gebrauch macht (*Kopp* VwVfG § 40 Rn. 27). Beispielsweise werden entscheidungsrelevante Tatsachen außer acht gelassen oder falsche oder in Wahrheit nicht bestehende Tatsachen berücksichtigt (*Kopp* VwVfG § 40 Rn. 31). Weitere wesentliche Grenzen der Ermessensentscheidung ergeben sich aus dem Gleichbehandlungsgrundsatz und aus dem Verhältnismäßigkeitsprinzip (dazu *Kopp* VwVfG § 40 Rn. 95 und 100).

Die **Ermessensausübung** kann **beschränkt** oder gar auf Null reduziert, dh. gänzlich ausgeschlossen 65 werden, wenn Niederlassungsabkommen mit anderen Vertragsstaaten bestehen. Je nach deren Ausgestaltung kann eine Verpflichtung zur innerstaatlichen Umsetzung oder ein zu einer Ermessensreduzierung auf Null führender unmittelbarer Anspruch auf eine Gleichbehandlung mit Inländern vorliegen (*Schüren* Rn. 216; vgl. auch zu einer Ermessensreduzierung auf Null *Kopp* VwVfG, 1999, § 40 Rn. 6). Ohne zwingende Versagungsgründe besteht ein unmittelbarer Anspruch auf eine Erlaubniserteilung (*Becker/Wulfgramm* Rn. 86). Neben dem Europäischen Niederlassungsabkommen v. 13. 12. 1955 (in der Bundesrepublik seit dem 23. 2. 1965 in Kraft, BGBl. II S. 1099), gibt es noch eine Vielzahl bilateraler Abkommen, die in unterschiedlichem Umfang für die Ermessensausübung bezüglich einer Erteilung einer Erlaubnis relevant sind (zB § 14 II 2 AuslG und § 2 AEVO; vgl. dazu *Sandmann/*

Marschall Rn. 49 und *Schüren* Rn. 210). Aus § 6 I 2 der Verordnung über die Arbeitserlaubnis für nichtdeutsche AN kann sich ebenfalls eine Reduzierung des Ermessens ergeben (*Sandmann/Marschall* Rn. 48). Nach dieser Regelung ist die Arbeitserlaubnis für den ausländischen AN zu versagen, wenn er als LeihAN tätig werden will.

66 Der Versagungsgrund des Abs. 3 bezieht sich nur auf eine Erteilung, **nicht** auf die **Verlängerung** der Verleiherlaubnis, so daß die Verlängerung der einem Nicht-EG- oder Nicht-EWR-Ausländer erteilten Erlaubnis nur nach Abs. 1 und 2 versagt werden kann (*Sandmann/Marschall* Rn. 52; *Schüren* Rn. 213 f.; deshalb schlagen *Franßen/Haesen* Rn. 65, vor, sich eine flexiblere Handhabung durch die Beifügung eines Widerrufsvorbehalts zu sichern).

67 Infolge der Änderungen des Staatsangehörigkeitsrechts durch das Erste Gesetz zur Reform des Staatsangehörigkeitsrechts (StARG) werden von Art. 116 GG mit Wirkung zum 1. Januar 2000 alle deutschen Staatsangehörigen nach dem Staatsangehörigkeitsgesetz (StAG) erfaßt, ferner Flüchtlinge oder Vertriebene deutscher Volkszugehörigkeit oder deren Ehegatten oder Abkömmlinge, sofern sie im Gebiet des Deutschen Reichs nach dem Stand vom 31. 12. 1937 Aufnahme gefunden haben und zwischen dem 30. 1. 1933 und dem 8. 5. 1945 Ausgebürgerte, soweit sie nach dem 8. 5. 1945 ihren Wohnsitz in Deutschland genommen und keinen entgegengesetzten Willen geäußert haben (zur alten Rechtslage ausführlich *Maunz/Dürig* Art. 116 GG Rn. 4 ff: zu den Änderungen und der Umbenennung des RuStAG in StAG und insb. zu der Möglichkeit des Staatsangehörigkeitserwerbs durch Geburt im Inland s. *Renner* ZAR 1999, 154, 156 ff.; ferner *Huber/Butzke* NJW 1999, 2769).

68 In Ausprägung der Niederlassungs- und Dienstleistungsfreiheit (Art. 43 ff., 49 ff. EGV; Art. 31 ff., 36 ff. EWR-Abkommen) werden **EG- und EWR-Staatsangehörige** den Deutschen gleichgestellt (Abs. 4 S. 1). Soweit sie bereits in ihrem Heimatland Nachweise oder Sicherheiten für eine angestrebte Verleihtätigkeit erbracht haben, sind sie von der Erlaubnisbehörde des Antragslandes zu berücksichtigen (EuGH 17. 12. 1981 AP EWG-Vertrag Art. 177 Nr. 9).

69 **b) Gesellschaften und juristische Personen.** Beantragen **Gesellschaften oder juristische Personen** eine Erlaubnis, so besteht nach der Systematik der Abs. 3 und 4 lediglich ein Anspruch auf eine Ermessensentscheidung, wenn
 – diese weder nach deutschem Recht noch nach dem eines EG- oder EWR-Staates gegründet wurden (Abs. 3 2. Fall, 1. Unterfall, Abs. 4 S. 2);
 – die Gesellschaft oder die juristische Person zwar nach dem Recht eines der vorgenannten Länder gegründet wurde, sie aber weder ihren satzungsmäßigen Sitz noch ihre Hauptverwaltung noch ihre Hauptniederlassung auf deren Staatsgebiet hat (Abs. 3 2. Fall, 2. Unterfall, Abs. 4 S. 2);
 – die Gesellschaft zwar nach dem Recht der vorgenannten Länder gegründet wurde und sie auch ihren satzungsgemäßen Sitz auf deren Staatsgebiet hat, aber die von ihr ausgeübte Tätigkeit nicht in tatsächlicher und dauerhafter Verbindung zu der Wirtschaft eines EG- oder EWR-Staates steht (Abs. 4 S. 3).

70 Von dem Begriff der Gesellschaft werden nur diejenigen ohne eine eigene Rechtspersönlichkeit erfaßt (GbR, OHG, KG; insoweit weicht die Begriffsbestimmung des AÜG von der des Art. 58 II EGV ab, die rechtsfähige und nichtrechtsfähige Gesellschaften umfaßt); unter den Begriff der **juristischen Person** fallen die mit einer eigenen Rechtspersönlichkeit ausgestatteten Gesellschaften (AG, GmbH, Genossenschaft).

71 Für die Feststellung, ob eine Gesellschaft oder juristische Person wirksam gegründet wurde, ist auf die jeweiligen Vorschriften des Staates zurückzugreifen, nach dessen Recht die **Gründung** erfolgte (*Becker/Wulfgramm* Rn. 81; anders *Sandmann/Marschall* Rn. 53, nach deren Auffassung die Gesellschaft oder juristische Person der Rechtsordnung eines Mitgliedstaates der EG unterstehen muß; vgl. dagegen zutreffend *Schüren* Rn. 225).

72 Der **satzungsmäßige Sitz** ist der in der Gesellschaftssatzung genannte (*Schüren* Rn. 228). Darüber hinaus wird auch der in einem Gesellschaftsvertrag der juristischen Person genannte Sitz als satzungsmäßiger Sitz iSd. Regelung angesehen (*Becker/Wulfgramm* Rn. 82; *Sandmann/Marschall* Rn. 54). Der Unterschied zwischen der vom Gesetz genannten Hauptverwaltung und der Hauptniederlassung besteht darin, daß sich die Hauptverwaltung an dem Ort befindet, an dem die Organe der juristischen Person oder der Gesellschaft die Leitung tatsächlich ausüben (*Becker/Wulfgramm* Rn. 83). Von der Hauptniederlassung, die mit der Hauptverwaltung organisatorisch und räumlich vereinigt sein kann, wird der gewerbliche Mittelpunkt der Geschäftstätigkeit gebildet (*Becker/Wulfgramm* Rn. 83).

73 Für eine Gleichstellung der nach dem Recht eines EG- oder EWR-Staates gegründeten Gesellschaft oder juristischen Person ist es gem. § 3 IV 3 nicht ausreichend, daß sie nur ihren satzungsmäßigen Sitz, aber nicht die Hauptverwaltung oder Hauptniederlassung im Gründungstaat oder in einem anderen EG- oder EWR-Staat hat. Um die Existenz von „Briefkastenfirmen" zu verhindern, muß die ausgeübte Tätigkeit in **tatsächlicher und dauerhafter Verbindung** mit der Wirtschaft eines der vorgenannten Staaten stehen. Das ist dann anzunehmen, wenn die Gesellschaft oder juristische Person neben ihrem satzungsgemäßen Sitz dort auch eine Zweigniederlassung oder eine Betriebsstätte hat (*Becker/Wulfgramm* Rn. 91; *Schüren* Rn. 233). Die Zweigniederlassung bildet eine von der Hauptniederlassung abgezweigte Stelle, die mit einer gewissen Selbständigkeit ausgestattet ist und nicht nur

gelegentlich Geschäfte in größerem Umfang tätigt (*Schüren* Rn. 233). Auch das Bestehen einer Betriebsstätte im Bereich der EG oder des EWR kann ausreichen (*Becker/Wulfgramm* Rn. 93 f.). Die Anforderungen an den Begriff der „Dauerhaftigkeit" dürfen nicht zu hoch gestellt werden, damit nicht bereits die Aufnahme einer Tätigkeit verhindert wird.

Auf die Staatsangehörigkeit der **Gesellschafter** oder der Organe der juristischen Person oder der 74 Gesellschaft kommt es nicht an (*Sandmann/Marschall* Rn. 55).

4. Gleichbehandlung aufgrund internationaler Abkommen gem. Abs. 5. Aufgrund internationa- 75 ler Abkommen in der Form bi- oder multilateraler Verträge können auch die Staatsangehörigen von nicht zur EG oder zum EWR-Raum zählenden Staaten gleichgestellt werden. Die Gleichbehandlung betrifft einmal die Staatsangehörigen der vertragschließenden Staaten; darüber hinaus haben auch Gesellschaften, die nach den Vorschriften des Drittlandes gegründet wurden, einen Anspruch auf die Erteilung der Verleiherlaubnis.

III. Verfahren und Rechtsbehelfe

Das gesamte Verfahren der Erlaubniserteilung richtet sich weder nach den Regelungen des VwVfG 76 noch nach denen des SGB (ausführlich *Schüren* Rn. 236 ff.). Anzuwenden sind nur die wenigen im AÜG selbst enthaltenen Verfahrensvorschriften und die allgemeinen Grundsätze des Verwaltungsverfahrensrechts. Danach ist der Bescheid im Falle der Versagung schriftlich zu begründen (*Schüren* Rn. 238).

Gegen einen ablehnenden Bescheid des Landesarbeitsamtes kann **Widerspruch** eingelegt werden 77 (§ 84 SGG). Das Widerspruchsverfahren richtet sich dann nach den speziellen Bestimmungen des SGG (ausführlich zum Verfahren *Becker/Wulfgramm* Rn. 96 ff.). Im Rahmen der Prüfung des Widerspruchs durch das Landesarbeitsamt werden die Rechtmäßigkeit und die Zweckmäßigkeit des Bescheides kontrolliert (§ 78 SGG). Der Widerspruch hat keine aufschiebende Wirkung.

Hat das Widerspruchsverfahren keinen Erfolg, kann eine auf die Erteilung der Erlaubnis gerichtete 78 **Vornahmeklage** (§ 54 I 1 SGG) oder eine auf die Erteilung einer ermessensfehlerfreien Entscheidung gerichtete Klage (Bescheidungsklage gem. § 54 II 2 SGG) erhoben werden (ausführlich zum Klageverfahren *Becker/Wulfgramm* Rn. 100 ff.).

§ 4 Rücknahme

(1) ¹Eine rechtswidrige Erlaubnis kann mit Wirkung für die Zukunft zurückgenommen werden. ² § 2 Abs. 4 Satz 4 gilt entsprechend.

(2) ¹Die Erlaubnisbehörde hat dem Verleiher auf Antrag den Vermögensnachteil auszugleichen, den dieser dadurch erleidet, daß er auf den Bestand der Erlaubnis vertraut hat, soweit sein Vertrauen unter Abwägung mit dem öffentlichen Interesse schutzwürdig ist. ² Auf Vertrauen kann sich der Verleiher nicht berufen, wenn er
1. die Erlaubnis durch arglistige Täuschung, Drohung oder eine strafbare Handlung erwirkt hat;
2. die Erlaubnis durch Angaben erwirkt hat, die in wesentlicher Beziehung unrichtig oder unvollständig waren, oder
3. die Rechtswidrigkeit der Erlaubnis kannte oder infolge grober Fahrlässigkeit nicht kannte.
³ Der Vermögensnachteil ist jedoch nicht über den Betrag des Interesses hinaus zu ersetzen, das der Verleiher an dem Bestand der Erlaubnis hat. ⁴ Der auszugleichende Vermögensnachteil wird durch die Erlaubnisbehörde festgesetzt. ⁵ Der Anspruch kann nur innerhalb eines Jahres geltend gemacht werden; die Frist beginnt, sobald die Erlaubnisbehörde den Verleiher auf sie hingewiesen hat.

(3) Die Rücknahme ist nur innerhalb eines Jahres seit dem Zeitpunkt zulässig, in dem die Erlaubnisbehörde von den Tatsachen Kenntnis erhalten hat, die die Rücknahme der Erlaubnis rechtfertigen.

I. Allgemeines

Nach § 4 kann eine **rechtswidrige Erlaubnis** unter bestimmten Voraussetzungen zurückgenommen 1 werden (ausführlich zu Entstehungsgeschichte und Regelungszweck *Becker/Wulfgramm* § 3 AÜG Rn. 1 ff.). § 5 hingegen regelt den Widerruf einer **rechtmäßigen Erlaubnis** (insoweit entspricht die Terminologie des AÜG der des SGB X und des VwVfG, §§ 44 ff. SGB X und §§ 48 f. VwVfG; *Becker/Wulfgramm* § 3 AÜG Rn. 7). Rücknahme und Widerruf werden unter dem Begriff der „Aufhebung" zusammengefaßt. Die für eine Aufhebung entwickelten Regeln beruhen auf den Grundsätzen der Gesetzmäßigkeit, Effektivität und Flexibilität, die mit den Grundsätzen der Rechtssicherheit und des Vertrauensschutzes in Einklang zu bringen sind (BVerwG 24. 8. 1964 E 19, 188, 189 mwN).

Die bloß rechtswidrige Erlaubnis ist von der nichtigen zu unterscheiden (§ 44 VwVfG, § 40 2 SGB X). Eine **nichtige Erlaubnis** ist von Anfang an unwirksam und für alle Beteiligten unbeachtlich.

Eine dennoch erfolgende Aufhebung hätte lediglich eine klarstellende Bedeutung (*Becker/Wulfgramm* § 3 AÜG Rn. 16 mwN; *Schüren* § 3 AÜG Rn. 9) und wäre keine „echte", Ausgleichsansprüche nach § 4 II auslösende Rücknahme. Insb. liegt eine nichtige Erlaubniserteilung vor, wenn diese unter einem „besonders schwerwiegenden Fehler" leidet, der unter Würdigung aller Umstände offenkundig ist (*Becker/Wulfgramm* § 3 AÜG Rn. 17: „Evidenztheorie"). Das ist zB der Fall, wenn eine völlig unzuständige Behörde gehandelt hat, eine Auflage tatsächlich oder rechtlich unausführbar ist oder die Erlaubnis die handelnde Behörde nicht erkennen läßt. Erfaßt die Nichtigkeit nur einen Teil einer Erlaubnis, so wirkt sie sich auf den gesamten VA aus, wenn dieser Teil für den gesamten VA so wichtig ist, daß er ohne den nichtigen Teil nicht erlassen worden wäre; vgl. § 44 IV VwVfG und § 40 IV SGB X.

II. Freie Rücknehmbarkeit nach Abs. 1

3 **1. Grundsatz.** Nach § 4 I kann eine rechtswidrig erteilte Erlaubnis zurückgenommen werden. Mit dieser Entscheidung für die grds. freie Rücknehmbarkeit der Erlaubnis hat sich der Gesetzgeber gegen einen Bestandsschutz entschieden (*Sandmann/Marschall* Rn. 3). Ein Vertrauensschutz auf Aufrechterhaltung der Erlaubnis besteht nicht; die für den Verleiher aus der Rücknahme erwachsenden Nachteile sollen durch eine Entschädigung nach Abs. 2 ausgeglichen werden (*Sandmann/Marschall* Rn. 7).

4 **2. Rechtswidrigkeit.** Das AÜG enthält keine Definition der Rechtswidrigkeit; sie beurteilt sich nach allgemeinen Grundsätzen (*Becker/Wulfgramm* § 3 AÜG Rn. 9). Sie kann sich aus einer unrichtigen Anwendung des gesamten im Erlaßzeitpunkt geltenden Rechts ergeben (*Becker/Wulfgramm* § 3 AÜG Rn. 23). Eine fehlerhafte Erteilung macht die Erlaubnis nicht notwendig rechtswidrig. Insb. in der Person des Verleihers vorliegende Versagungsgründe nach § 3 führen aber zu einer Rechtswidrigkeit.

5 Auf welchen Gründen die Rechtswidrigkeit beruht und ob diese der BA bekannt waren, ist unerheblich. Es kommt auf die objektiv bestehende Rechtswidrigkeit der Erlaubnis an; und zwar auf die **bei Erlaß der Entscheidung bestehende,** zur Rechtswidrigkeit führende **Sachlage.** Spätere Änderungen, die im Falle einer Neuerteilung zu einer Rechtswidrigkeit führen würden, können nur durch einen Widerruf berücksichtigt werden (§ 5 I Nr. 3). So kommt es beispielsweise bei einer strafrechtlichen Verurteilung nicht auf deren Zeitpunkt, sondern auf den Zeitpunkt der Begehung der für die spätere Verurteilung maßgeblichen Tatsachen an (LSG Niedersachsen 22. 7. 1977 – L 7 S (Ar) 31/77 – nv.).

6 Die bloße Unrichtigkeit von Angaben ist unbeachtlich, wenn trotz ihrer Unrichtigkeit ein Anspruch auf eine Erlaubniserteilung bestand. Verfahrens- oder Formfehler sind ebenfalls unbeachtlich, wenn sie geheilt wurden (zB durch eine nachträgliche Antragstellung oder Begründung), wenn die Erlaubnis trotz des Fehlers zu Recht erteilt wurde, weil es bloß an der örtlichen Zuständigkeit fehlte, wenn ohnedies keine andere Entscheidung in der Sache hätte getroffen werden können oder wenn es sich um bloße **Bagatellfehler** handelt. Dabei kann es sich beispielsweise um eine offenbare Schreib- oder Rechenfehler, um die Benutzung eines rechtlich unzutreffenden Ausdrucks oder um eine falsche Personen- oder Unternehmensbezeichnung handeln (*Becker/Wulfgramm* § 3 AÜG Rn. 10).

7 Der Verstoß muß eine Rücknahme auch noch **im Zeitpunkt der Rücknahme** selbst rechtfertigen können. Dies ergibt sich aus dem Rechtsgedanken aus § 5 III, nach dem ein Widerruf dann unzulässig ist, „wenn eine Erlaubnis gleichen Inhalts neu erteilt werden müßte" (*Sandmann/Marschall* Rn. 6; vgl. auch *Becker/Wulfgramm* Rn. 13, die auf den allgemeinen Rechtsgrundsatz der „dolo-agit-Einrede" verweisen).

8 Die Rücknahme liegt im **Ermessen** der BA, d.h. die BA kann entscheiden, ob sie die Erlaubnis zurücknimmt oder trotzdem bestehen läßt. Allerdings muß die BA bei der Wahl ihrer Maßnahme das Verhältnismäßigkeitsprinzip beachten (*Becker/Wulfgramm* Rn. 29 f.; *Sandmann/Marschall* Rn. 7). Die Behörde muß im Rahmen der Sanktionsmöglichkeiten auch auf mildere Mittel als eine Rücknahme – zB auf eine nachträgliche Auflage – zurückgreifen.

9 Im Gegensatz zur Regelung in § 48 VwVfG kann die Rücknahme **nur für die Zukunft,** nicht auch für die Vergangenheit erfolgen (ex-nunc-Wirkung).

10 Für Verträge, die der Verleiher vor der Rücknahme geschlossen hat, besteht eine **Schonfrist** von sechs Monaten (§ 4 I 2 iVm. § 2 IV 4). Bis zum Ablauf dieser Abwicklungsfrist bleiben die Verträge voll wirksam.

11 **3. Rücknahmefrist.** Die Rücknahme ist gem. § 4 III nur binnen eines Jahres möglich, nachdem die Behörde von den konkreten eine Rücknahme ermöglichenden Tatsachen amtlich positiv Kenntnis erhalten hat. Ein Kennenmüssen reicht nicht aus. Nach dem Grundgedanken des § 166 BGB hat sich die Behörde die (dienstliche) Kenntnis ihres gesamten Personals zurechnen zu lassen (LSG Niedersachsen 25. 11. 1993 – L 10 Ar 219/92 – nv.; *Becker/Wulfgramm* Rn. 36; aA LG Hannover 29. 2. 1996 –19 O 145/95 – nv.). Anders als bei § 48 IV 2 VwVfG gilt die Ausschlußfrist nach dem AÜG auch in den Fällen, in denen der VA durch arglistige Täuschung, Drohung oder Bestechung erwirkt wurde. Die Beweislast für die Rechtswidrigkeit der Erlaubnis liegt bei der Behörde (*Sandmann/Marschall*

Rn. 8). Anders sind nur die Fälle zu behandeln, in denen die Erlaubnis mit arglistigen Mitteln herbeigeführt wurde oder in denen die Aufklärung schuldhaft erschwert wird (*Becker/Wulfgramm* § 3 AÜG Rn. 32).

III. Ausgleichsanspruch nach Abs. 2

Unter bestimmten Voraussetzungen erhält der Verleiher nach der – bislang wenig praxisrelevanten – 12 Regelung des Abs. 2 (*Sandmann/Marschall* Rn. 9) im Falle der Rücknahme einen Ausgleich.

Der Ausgleichsanspruch setzt in materiellrechtlicher Hinsicht voraus (zu den Formalien der Gel- 13 tendmachung *Becker/Wulfgramm* Rn. 40; *Sandmann/Marschall* Rn. 11), daß der Verleiher auf den Fortbestand der Erlaubnis vertraute und dieses **Vertrauen** auch **schutzwürdig** war. In dieser Verlagerung der Vertrauensschutzfrage von einer Voraussetzung der Rücknahme zu einer Voraussetzung des Ausgleichsanspruchs nach der Rücknahme liegt die entscheidende Abkehr von den bislang in der Rspr. entwickelten Grundsätzen zur Rücknahme (*Becker/Wulfgramm* Rn. 41). Durch die freie Rücknehmbarkeit (allerdings verbunden mit dem sekundären Ausgleichsanspruch) wird die Stellung des einzelnen gegenüber der Verwaltung geschwächt (*Becker/Wulfgramm* Rn. 41). Dies ist aber im Hinblick auf den Schutzzweck des AÜG gerechtfertigt.

Das Verhalten der Behörde muß auf seiten des Betroffenen Vertrauen in die Beständigkeit des VA 14 geweckt haben. Ein Vertrauen ist regelmäßig dann nicht gegeben, wenn einer der dem Verantwortungsbereich des Begünstigten zuzurechnenden **Ausschlußtatbestände** des Abs. 2 Nr. 1–3 vorliegt:
1. Erwirken der rechtswidrigen Erlaubnis durch eine arglistige Täuschung, Drohung oder strafbare Handlung des Verleihers;
2. Erwirken der rechtswidrigen Erlaubnis durch unrichtige oder unvollständige Angaben, auch ohne ein entsprechendes Verschulden;
3. Kenntnis des Verleihers von der Rechtswidrigkeit der Erlaubnis (der Kenntnis steht das Nichtkennen infolge grober Fahrlässigkeit gleich).

Darüber hinaus kann ein Vertrauen **aus ähnlichen Gründen** in der Person des Verleihers und bei 15 einer Vertretung unter analoger Anwendung von § 166 BGB ausgeschlossen sein, denn die Aufzählung ist nicht abschließend (*Becker/Wulfgramm* Rn. 43). Bei juristischen Personen kommt es für die Erfüllung der Merkmale auf deren Organe an (*Sandmann/Marschall* Rn. 11).

Besteht ein Ausgleichsanspruch, so ist dem Verleiher das **negative Interesse** zu ersetzen. Das ist der 16 Vermögensnachteil, den der Verleiher dadurch erleidet, daß er auf den Bestand der Erlaubnis vertraut hat (beispielsweise indem er Aufwendungen zur Errichtung, Unterhaltung und Erweiterung des Verleihbetriebs getätigt oder eine andere gewerbliche Tätigkeit unterlassen hat; *Sandmann/Marschall* Rn. 10). Ersetzt werden also nur tatsächliche Aufwendungen, nicht jedoch erwartete Gewinne (sog. Erfüllungsinteresse; *Becker/Wulfgramm* Rn. 50).

Für den **Rechtsweg** gilt die Regelung des § 51 I SGG; beruft sich der ehemalige Erlaubnisinhaber 17 darauf, daß die Rücknahme ihm gegenüber eine Enteignung darstelle, so kann er neben den SG auch die ordentlichen Gerichte anrufen (*Johlen* NJW 1976, 2155; *Becker/Wulfgramm* Rn. 51 a f.; s. auch Rn. 55 zum Klageverfahren).

§ 5 Widerruf

(1) **Die Erlaubnis kann mit Wirkung für die Zukunft widerrufen werden, wenn**
1. **der Widerruf bei ihrer Erteilung nach § 2 Abs. 3 vorbehalten worden ist;**
2. **der Verleiher eine Auflage nach § 2 nicht innerhalb einer ihm gesetzten Frist erfüllt hat;**
3. **die Erlaubnisbehörde auf Grund nachträglich eingetretener Tatsachen berechtigt wäre, die Erlaubnis zu versagen, oder**
4. **die Erlaubsbehörde auf Grund einer geänderten Rechtslage berechtigt wäre, die Erlaubnis zu versagen; § 4 Abs. 2 gilt entsprechend.**

(2) ¹**Die Erlaubnis wird mit dem Wirksamwerden des Widerrufs unwirksam.** ² **§ 2 Abs. 4 Satz 4 gilt entsprechend.**

(3) **Der Widerruf ist unzulässig, wenn eine Erlaubnis gleichen Inhalts erneut erteilt werden müßte.**

(4) **Der Widerruf ist nur innerhalb eines Jahres seit dem Zeitpunkt zulässig, in dem die Erlaubnisbehörde von den Tatsachen Kenntnis erhalten hat, die den Widerruf der Erlaubnis rechtfertigen.**

I. Allgemeines

Der Anwendungsbereich des § 5 umfaßt, der verwaltungsrechtlichen Terminologie entsprechend 1 (*Becker/Wulfgramm* Rn. 7; ausführlich *Kopp* VwVfG, 1996, § 48 Rn. 6 ff.), nur die Fälle, in denen die Verleiherlaubnis anfänglich rechtmäßig erteilt wurde (zur rechtswidrig erteilten Erlaubnis s. § 4).

2   Als begünstigender VA kann eine rechtmäßig erteilte Erlaubnis nur widerrufen werden, wenn ein **besonderer Grund** vorliegt. Solche dem Bestands- und Vertrauensschutzinteresse einerseits und dem öffentlichen Interesse an der Aufhebung andererseits Rechnung tragenden Gründe finden sich in der abschließenden Regelung des § 5 I Nr. 1–4 (*Franßen/Haesen* Rn. 1). Sie lassen sich (mit *Becker/Wulfgramm* Rn. 5 f.) in zwei Hauptgruppen unterteilen:

3   In der ersten Gruppe – Nr. 1 und 2 – sind die Fälle geregelt, in denen der Verleiher **kein schutzwürdiges Vertrauen** genießt, weil die Erlaubnis mit einem Widerrufsvorbehalt (Nr. 1) versehen war oder weil der Verleiher eine Auflage nicht erfüllt hat (Nr. 2).

4   In den Nr. 3 und 4 sind hingegen die Fälle **nachträglicher Rechtswidrigkeit** aufgrund des Eintritts zwingender Versagungsgründe nach § 3 I Nr. 1–6 oder aufgrund einer nachträglichen Änderung der Rechtslage (Nr. 4) erfaßt.

II. Widerrufsgründe im einzelnen

5   **1. Vorbehalt des Widerrufs.** Eine Erlaubnis kann nach **Nr. 1** widerrufen werden, wenn sich die Behörde den Widerruf gem. § 2 III bei der Erteilung vorbehalten hat. Danach muß der Widerruf rechtmäßig vorbehalten worden sein, und die abschließende Prüfung der Verleiherlaubnis muß ergeben haben, daß der Erteilung ein Versagungsgrund nach § 3 entgegensteht.

6   Ein Widerruf ist gem. § 2 III bereits dann möglich, wenn sich im Rahmen einer **vorläufig erteilten Erlaubnis** herausstellt, daß die mit ihrer Erteilung verbunden Risiken nicht länger tragbar sind (*Schüren* Rn. 16).

7   Die Fälle, in denen die Behörde aufgrund eines pflichtgemäß ausgeübten Ermessens nach § 3 III eine Erlaubnis mit einem Widerrufsvorbehalt erteilt, werden nach dem eindeutigen Wortlaut der Nr. 1 nicht erfaßt (*Sandmann/Marschall* Rn. 3; *Schüren* Rn. 13; aA *Franßen/Haesen* Rn. 3). § 2 III und § 5 I Nr. 1 gehen insoweit als Spezialvorschriften vor.

8   Für die Rechtmäßigkeit eines Widerrufs kommt es darauf an, daß der **Widerrufsvorbehalt** selbst gem. § 2 III **rechtmäßig** ist (VGH Kassel 26. 4. 1988 NVwZ 1989, 165, 166; *Becker/Wulfgramm* Rn. 9; *Schüren* Rn. 14 mwN).

9   Nach § 2 III kann die Erlaubniserteilung unter Widerrufsvorbehalt nur in den Fällen erfolgen, in denen es aus nicht aus der Sphäre des Antragstellers herrührenden und nicht seine Zuverlässigkeit betreffenden Gründen an der Beurteilungsreife fehlt. Weiterhin muß bei der abschließenden Beurteilung ein nicht ausräumbarer Versagungsgrund nach § 3 vorliegen (*Becker/Wulfgramm* Rn. 9; *Sandmann/Marschall* Rn. 2; *Schüren* Rn. 16).

10 **2. Nichterfüllung einer Auflage.** Von **Nr. 2** werden die Fälle erfaßt, in denen der Verleiher eine ihm nach § 2 II erteilte Auflage nicht innerhalb der gesetzten (angemessenen) Frist erfüllt hat. Die Widerrufsmöglichkeit beschränkt sich auf die nach § 2 II möglichen Auflagen. Das sind nur solche, in denen dem Verleiher ein positives Tun (Gebot) und nicht ein Unterlassen (Verbot) auferlegt wird (*Sandmann/Marschall* Rn. 4; *Schüren* Rn. 18). Die Ausübung des Widerrufs ist nicht von einem Verschulden des Verleihers abhängig. Ein fehlendes Verschulden wirkt sich aber auf das Ermessen aus und kann zur Unverhältnismäßigkeit des Widerrufs führen (*Schubel/Engelbrecht* Rn. 9; *Schüren* Rn. 19). Der Widerruf setzt keine Unanfechtbarkeit der Auflage voraus; ausreichend ist die Vollziehbarkeit (§ 6 I VwVG). Stellt sich die Rechtswidrigkeit der Auflage während des Widerspruchsverfahrens heraus, kommt ein Widerruf nicht in Betracht (*Franßen/Haesen* Rn. 6).

11 Bei der Ausübung dieses Widerrufsgrundes muß der **Verhältnismäßigkeitsgrundsatz** beachtet werden. Daher führt die Nichteinhaltung geringfügiger Auflagen nicht schon zu einer Widerruflichkeit; vor einem Widerruf muß die Behörde zunächst versuchen, die Auflage im Wege der Verwaltungsvollstreckung durchzusetzen (*Becker/Wulfgramm* Rn. 11; *Schüren* Rn. 21).

12 Im übrigen sieht das AÜG für den Fall, daß der Verleiher einer Auflage nicht nachkommt, die Möglichkeit eines **Bußgeldes** vor (§ 16 I Nr. 3).

13 **3. Nachträglicher Eintritt von Versagungsgründen.** Der nachträgliche Eintritt eines Versagungsgrundes nach **Nr. 3** bezieht sich auf sämtliche Versagungsgründe des § 3. Anfänglich nach der Regelung des § 3 bestehende Versagungsgründe können nur zu einer Rücknahme nach § 4 führen (LSG Celle 22. 7. 1977 EzAÜG Nr. 34; *Franßen/Haesen* Rn. 10). Im Interesse der freien Widerruflichkeit wird auch hier wieder auf eine Abwägung zwischen öffentlichen und privaten Interessen im Einzelfall verzichtet (*Becker/Wulfgramm* Rn. 13).

14 Typische Anwendungsfälle sind diejenigen, in denen sich die Unzuverlässigkeit des Verleihers hinsichtlich seiner AGPflichten herausstellt im nachhinein herausstellt oder es nach der Aufnahme der Verleihtätigkeit zu der Eröffnung eines Insolvenzverfahrens kommt (*Sandmann/Marschall* Rn. 5).

15 Abweichend von der Regelung des § 49 V 1 und 2 VwVfG erhält der Verleiher bei einem Widerruf nach Nr. 3 keinen Ausgleichsanspruch.

4. Änderung der Rechtslage. Ein nach **Nr. 4** möglicher Widerruf wegen einer Änderung der 16 Rechtslage führt, anders als in den Fällen der Nr. 1–3, analog § 4 II zu einem **Ausgleichsanspruch** (*Becker/Wulfgramm* Rn. 25).

Einigkeit besteht bei diesem Tatbestand jedenfalls dahingehend, daß im Falle einer Änderung einer 17 Gesetzesvorschrift Nr. 4 erfüllt ist (*Becker/Wulfgramm* Rn. 15; *Schüren* Rn. 26). Umstritten ist jedoch, ob auch die **Änderung der** höchstrichterlichen **Rspr.** von Nr. 4 erfaßt wird. Entgegen der Ansicht, daß dadurch lediglich eine bislang falsche Rechtsauslegung offengelegt wurde (*Becker/Wulfgramm*, Rn. 15; *Franßen/Haesen* Rn. 11), ist dieser Fall der Gesetzesänderung gleichzustellen (Nachw. bei *Schüren* Rn. 26).

Der **Widerruf wirkt ex nunc**, und zwar ab der Bekanntgabe des Widerrufs (*Becker/Wulfgramm* 18 Rn. 23). Für die Abwicklung laufender Verträge gilt gem. § 5 II 2 § 2 IV 4, also die sechsmonatige Abwicklungsfrist, entsprechend.

III. Unzulässigkeit des Widerrufs

Der Widerruf ist gem. Abs. 3 unzulässig, wenn eine Erlaubnis gleichen Inhalts erneut erteilt werden 19 müßte. Diese Regelung dient nicht nur der Verfahrensvereinfachung, sie stellt auch klar, daß ein Anspruch auf Erlaubniserteilung vor einem nach Ermessen zulässigen Widerruf Vorrang hat und ist damit Ausdruck des Grundsatzes der Gesetzmäßigkeit der Verwaltung (*Becker/Wulfgramm* Rn. 17). Der Widerruf soll nicht zur Bestrafung des Verleihers, sondern nur zur Erreichung des gesetzmäßigen Zustandes dienen (*Schüren* Rn. 28).

Wie auch die Rücknahme, so ist der Widerruf gem. Abs. 4 nur innerhalb eines Jahres nach der 20 Erlangung der Kenntnis zulässig. Auch wegen der weiteren Einzelheiten stimmt die Regelung mit der gleichlautenden Regelung des § 4 überein.

§ 6 Verwaltungszwang

Werden Leiharbeitnehmer von einem Verleiher ohne die erforderliche Erlaubnis überlassen, so hat die Erlaubnisbehörde dem Verleiher dies zu untersagen und das weitere Überlassen nach den Vorschriften des Verwaltungsvollstreckungsgesetzes zu verhindern.

I. Allgemeines

Mit der Regelung des § 6 wird die BA verpflichtet und ermächtigt, nach den Vorschriften des 1 VwVG Bund gegen die illegale Überlassung von AN vorzugehen. § 6 ist nur im Rahmen des AÜG auf eine entgegen § 1 erlaubnislos ausgeübte Verleihertätigkeit anzuwenden. Die Anwendung des VwVG Bund ergibt sich daraus, daß die BA nach § 17 mit der Durchführung dieses Gesetzes betraut ist. Die Befugnisse der BA reichen dabei von der Möglichkeit, eine einfache Untersagungsverfügung zu erlassen, bis hin zu ihrer Durchsetzung. Die Untersagungsverfügung bildet den Vollstreckungstitel für weitere Maßnahmen des Verwaltungszwangs, § 6 I VwVG.

II. Untersagungsverfügung

Eine nach § 6 erfolgende Untersagung stellt einen VA iSv. § 35 VwVfG dar. Sie ist die Konkretisie- 2 rung des durch den Erlaubniszwang in § 1 I enthaltenen präventiven Verbots mit Erlaubnisvorbehalt (*Becker/Wulfgramm* Rn. 5). Dem Verleiher wird untersagt, die Überlassung von AN an Dritte ohne eine gültige Verleiherlaubnis fortzuführen. Die Untersagung ist an die für alle VA geltenden Grundsätze und Anforderungen gebunden, insb. an die Einhaltung der Schriftform. Der VA muß hinreichend bestimmt sein und eine Begründung enthalten sowie mit einer Rechtsbehelfsbelehrung versehen sein (ausführlich *Schüren* Rn. 15).

1. Erlaß und Adressat. Der Erlaß der Untersagungsverfügung steht nicht im Ermessen der Be- 3 hörde; sie ist vielmehr zu einem **Einschreiten verpflichtet**, denn nur so lassen sich weitere Ordnungswidrigkeiten nach § 16 I Nr. 1 verhindern (*Noack* BB 1973, 1313, 1314; anders *Sandmann/Marschall* Rn. 3).

Richtiger **Adressat** der Verfügung ist der **Verleiher;** bei einer juristischen Person sind es deren 4 Organe (LSG Niedersachsen 24. 2. 1981 – L 7 Ar 78/79 – nv.; SG Frankfurt 22. 8. 1986 NZA 1987, 40). Bei einem Strohmannverhältnis ist sowohl der Strohmann als auch der Hintermann richtiger Adressat der Verfügung (BVerwG 2. 2. 1982 DÖV 1982, 902; *Sandmann/Marschall* Rn. 5). Gegen den Entleiher kann die BA nur nach dem OWiG vorgehen.

§ 6 gilt nur für die nach § 1 I 1 erlaubnispflichtige gewerbsmäßige ANÜberlassung. Soweit eine 5 solche Überlassung tatsächlich erfolgt ist, steht die Möglichkeit zum Erlaß einer Untersagungsverfügung außer Streit. Dies ist nach allgemeiner Auffassung bereits der Fall, wenn ein **ANÜberlassungsvertrag abgeschlossen** wird (vgl. nur *Becker/Wulfgramm* Rn. 8; *Schüren* Rn. 7). Diese Auslegung des Merkmals „Überlassen" ergibt sich aus dem Normzweck des Erlaubnisvorbehalts in § 1 I 1, der einen effektiven Sozialschutz der LeihAN bezweckt. Eine Eingriffsmöglichkeit besteht darüber hinaus, wenn der Verstoß unmittelbar bevorsteht; ein weiteres Zuwarten würde den Schutzzweck des § 1 verfehlen (ebenso *Sandmann/Marschall* Rn. 2 und *Schüren* Rn. 8; abl. *Becker/Wulfgramm* Rn. 8). Deshalb reicht es für die Anwendung des § 6 bereits aus, wenn ein Verleiher werbend am Markt auftritt, da es bereits aufgrund dieser Werbung unmittelbar zum Abschluß von Arbeitsverträgen kommen kann (*Schüren* Rn. 8).

6   2. **Vollstreckungsverfahren.** Die Untersagungsverfügung muß als Vollstreckungstitel einen **vollstreckungsfähigen Inhalt** haben. Das verbotene Verhalten muß exakt umschrieben werden. Eine bloße Feststellung, daß das Verhalten des Verleihers verboten ist, reicht nicht aus (*Schüren* Rn. 16).

7   Die Untersagungsverfügung sollte zweckmäßigerweise bereits mit der **Androhung** eines bestimmten **Zwangsmittels** versehen werden, § 13 II 1, III VwVG; denn eine Androhung muß ohnehin vor dem Einsatz weiterer Zwangsmittel erfolgen, wenn diese nicht nach § 13 I 1 VwVG ausnahmsweise ohne vorhergehenden VA angewendet werden können. Die Androhung des Zwangsmittels ist schriftlich zuzustellen (§§ 13 I 1, VII 1 VwVG) und mit einer Rechtsmittelbelehrung zu versehen (§ 66 SGG).

8   3. **Durchsetzbarkeit.** Die Untersagungsverfügung ist grds. nur durchsetzbar, wenn der die Grundlage für die Anwendung des Zwangsmittels bildende Untersagungsbescheid unanfechtbar oder sofort vollziehbar ist (§ 6 I VwVG). **Sofortige Vollziehbarkeit** besteht, wenn sie angeordnet ist oder wenn einem Rechtsmittel kraft Gesetzes die aufschiebende Wirkung fehlt. Ohne Untersagungsverfügung ist der unmittelbare Zwang nach § 6 II VwVG zulässig, wenn ein sofortiger Vollzug zur Verhinderung eines rechtswidrigen Straf- oder Bußgeldtatbestandes oder zur Abwendung einer drohenden Gefahr notwendig ist (*Engelhardt/App* VwVG, 1996, § 6 Anm. IV).

9   Eine Untersagungsverfügung nach § 6 ist sofort vollziehbar, weil ein Widerspruch oder eine Klage dagegen keine aufschiebende Wirkung haben (*Sandmann/Marschall* Rn. 10; *Schüren* Rn. 28: „arg. e §§ 86, 97 SGG"). Auch sind die Voraussetzungen der §§ 86 III und IV, 97 II SGG, nach denen im Rahmen des Widerspruchs- oder Klageverfahrens die aufschiebende Wirkung angeordnet werden kann, nicht gegeben (*Franßen/Haesen* Rn. 7).

10 4. **Zwangsmittel.** Soweit nicht bereits die Untersagungsverfügung mit der Androhung eines Zwangsmittels verbunden wurde (§ 13 II 1 VwVG), bedarf es vor der Anwendung des Zwangsmittels einer gesonderten Androhung nach § 13 I 1 VwVG. In der kan gem. § 9 VwVG ein Zwangsgeld oder unmittelbarer Zwang gegen den Verleiher angeordnet werden (§§ 11, 12 VwVG). Das Zwangsmittel muß genau bezeichnet werden; speziell für die **Höhe des Zwangsgeldes** muß ein genauer Betrag angegeben werden, der zwischen 3,– und 2000,– DM liegen kann. Dessen Höhe bemißt sich nach pflichtgemäßem Ermessen. Insb. sind dabei die Vermögensverhältnisse des Verleihers sowie die mit der illegalen Überlassung verbundenen Gefahren und deren Umfang zu berücksichtigen (*Sandmann/Marschall* Rn. 14). Jede einzelne Zuwiderhandlung, also Überlassung, führt dann verschuldensunabhängig zu einer Verwirkung der Geldstrafe. Darüber hinaus ist ein Zwangsgeld festzusetzen (§ 14 VwVG), sofern kein Fall sofortigen Vollzugs vorliegt, § 6 II VwVG.

11 Die Anwendung **unmittelbaren Zwanges** kommt nach dem Verhältnismäßigkeitsgrundsatz nur als letztes Mittel in Betracht. Die Zwangsmittel dürfen bis zur endgültigen Befolgung der Verpflichtung in unterschiedlicher Form und Höhe angewendet werden. Die erneute Androhung setzt jedoch voraus, daß das jeweils zuvor angedrohte Zwangsmittel erfolglos war.

12 Ist der Vollzugszweck erreicht, so ist der Vollzug **einzustellen**, § 15 III VwVG. Darüber hinaus ist er einzustellen, wenn sich die tatsächlichen oder rechtlichen Voraussetzungen der Verfügung geändert haben oder wenn sie aufgehoben wurde (*Becker/Wulfgramm* Rn. 25).

13 5. **Rechtsmittel.** Gegen die Untersagungsverfügung kann sich der Verleiher mit dem Widerspruch (§§ 78 ff. SGG) und mit der Anfechtungsklage (§ 54 I 1 1. Fall SGG) zur Wehr setzen. Gegen die Androhung und die Festsetzung sind jeweils die gleichen Rechtsbehelfe möglich. Bereits durch die Untersagungsverfügung herbeigeführte Rechtsverletzungen können damit nicht angegriffen werden (§ 18 I 2, 3 VwVG; *Becker/Wulfgramm* Rn. 27; zu den Rechtsmitteln gegen die Anwendung der Zwangsmittel s. *Schüren* Rn. 45 f.).

§ 7 Anzeigen und Auskünfte

(1) ¹Der Verleiher hat der Erlaubnisbehörde nach Erteilung der Erlaubnis unaufgefordert die Verlegung, Schließung und Errichtung von Betrieben, Betriebsteilen oder Nebenbetrieben vorher anzuzeigen, soweit diese die Ausübung der Arbeitnehmerüberlassung zum Gegenstand haben. ²Wenn die Erlaubnis Personengesamtheiten, Personengesellschaften oder juristischen Personen erteilt ist und nach ihrer Erteilung eine andere Person zur Geschäftsführung oder Vertretung nach Gesetz, Satzung oder Gesellschaftsvertrag berufen wird, ist auch dies unaufgefordert anzuzeigen.

(2) ¹ Der Verleiher hat der Erlaubnisbehörde auf Verlangen die Auskünfte zu erteilen, die zur Durchführung des Gesetzes erforderlich sind. ² Die Auskünfte sind wahrheitsgemäß, vollständig, fristgemäß und unentgeltlich zu erteilen. ³ Auf Verlangen der Erlaubnisbehörde hat der Verleiher die geschäftlichen Unterlagen vorzulegen, aus denen sich die Richtigkeit seiner Angaben ergibt, oder seine Angaben auf sonstige Weise glaubhaft zu machen. ⁴ Der Verleiher hat seine Geschäftsunterlagen drei Jahre lang aufzubewahren.

(3) ¹ In begründeten Einzelfällen sind die von der Erlaubnisbehörde beauftragten Personen befugt, Grundstücke und Geschäftsräume des Verleihers zu betreten und dort Prüfungen vorzunehmen. ² Der Verleiher hat die Maßnahmen nach Satz 1 zu dulden. ³ Das Grundrecht der Unverletzlichkeit der Wohnung (Artikel 13 des Grundgesetzes) wird insoweit eingeschränkt.

(4) ¹ Durchsuchungen können nur auf Anordnung des Richters bei dem Amtsgericht, in dessen Bezirk die Durchsuchung erfolgen soll, vorgenommen werden. ² Auf die Anfechtung dieser Anordnung finden die §§ 304 bis 310 der Strafprozeßordnung entsprechende Anwendung. ³ Bei Gefahr im Verzuge können die von der Erlaubnisbehörde beauftragten Personen während der Geschäftszeit die erforderlichen Durchsuchungen ohne richterliche Anordnung vornehmen. ⁴ An Ort und Stelle ist eine Niederschrift über die Durchsuchung und ihr wesentliches Ergebnis aufzunehmen, aus der sich, falls keine richterliche Anordnung ergangen ist, auch die Tatsachen ergeben, die zur Annahme einer Gefahr im Verzuge geführt haben.

(5) Der Verleiher kann die Auskunft auf solche Fragen verweigern, deren Beantwortung ihn selbst oder einen der in § 383 Abs. 1 Nr. 1 bis 3 der Zivilprozeßordnung bezeichneten Angehörigen der Gefahr strafgerichtlicher Verfolgung oder eines Verfahrens nach dem Gesetz über Ordnungswidrigkeiten aussetzen würde.

I. Allgemeines

Mit der Regelung des § 7 soll es der Behörde ermöglicht werden, die zur Sicherstellung des sozialen Schutzes der LeihAN erforderlichen Kontrollen der Verleiher durchzuführen (*Becker/Wulfgramm* Rn. 2). Durch § 7 wird der **legale Verleiher** (s. *Sandmann/Marschall* Rn. 2; *Schüren* Rn. 5; aA *Franßen/Haesen* Rn. 27, nach deren Ansicht auch illegale Verleiher erfaßt werden) verpflichtet, bestimmte nach der Erlaubniserteilung eintretende betriebliche und personale Veränderungen und sonstige sich auf die Ausübung der ANÜberlassung beziehende Auskünfte gegenüber der BA abzugeben. Gegen **illegale Verleiher** kann die BA nach § 6 vorgehen. Da § 7 nur auf die ordnungsgemäße Durchführung der ANÜberlassung durch erlaubte Verleiher zugeschnitten ist, die Vorschriften des OWiG dagegen die illegale ANÜberlassung bekämpfen wollen, passen die Regelungen des § 7 nicht auf den illegalen Verleih. So würde etwa die Anwendung von Abs. 2 dazu führen, daß der illegale Verleiher zu einer unserem Rechtssystem fremden Selbstanzeige oder Selbstbeschuldigung gezwungen wäre (*Schüren* Rn. 5 mwN). Im übrigen soll die BA den illegalen Verleih verhindern und nicht „verwalten" (*Sandmann/Marschall* Rn. 3).

Die Auskunftspflichten des Verleihers werden durch ein **Auskunftsverweigerungsrecht** nach Abs. 5 begrenzt. Kommt der Verleiher seinen Pflichten nicht ordnungsgemäß nach, kann die Behörde von ihren Betretungs- und Prüfungsrechten (Abs. 5) sowie von einem Durchsuchungsrecht Gebrauch machen (Abs. 4).

II. Verfahren

Ein Auskunftsverlangen der BA nach Abs. 1 und 2 sowie deren Maßnahmen nach den Abs. 3 und 4 sind **VA**, die mit Widerspruch und Anfechtungsklage angegriffen werden können.

Ob der BA ein Recht zu einer Prüfung zusteht, kann durch eine Klage nach § 55 I Nr. 1 SGG auf Feststellung des Bestehens oder Nichtbestehens eines Rechtsverhältnisses überprüft werden (LSG NW 11. 4. 1979 – L 12 Ar 236/77 – nv.). Die nach Abs. 1, 2 und 3 S. 2 bestehenden Pflichten kann die BA im Wege des Verwaltungszwanges nach dem VwVG durchsetzen (BSG 12. 7. 1989 NZA 1990, 157, 158; 29. 7. 1992 NZA 1993, 525, 526).

Die Verletzung der Auskunftspflicht stellt eine gem. § 16 I Nr. 4–6 mit Bußgeld bedrohte **Ordnungswidrigkeit** dar.

Kommt der Verleiher seinen Pflichten mehr als nur geringfügig nicht nach, kann dies die Annahme einer Unzuverlässigkeit gem. § 3 I Nr. 1 begründen und zu einem **Widerruf** der Erlaubnis nach § 5 I Nr. 3 führen.

Der Verleiher hat von sich aus die nach der Erteilung der Erlaubnis eintretenden **Änderungen** **anzuzeigen**. Sämtliche vor der Erteilung der Erlaubnis eintretenden Änderungen muß der Verleiher noch im Rahmen des Antragsverfahrens nach § 1 angeben (*Schüren* Rn. 8). Liegen Anhaltspunkte für eine Veränderung vor, kann die Erlaubnisbehörde den Verleiher zu einer entsprechenden Anzeige auffordern (MünchArbR/*Marschall* § 174 Rn. 150; *Schüren* Rn. 10). Für die Entgegennahme der Auskünfte ist das Landesarbeitsamt zuständig, in dessen Bezirk der Verleiher seinen Geschäftssitz hat; bei mehreren Niederlassungen ist der Hauptsitz ausschlaggebend. Für Verleiher aus Nicht-EG-Staaten ist das Landesarbeitsamt Hessen zuständig.

III. Auskunftspflichten

8   1. **Anzeigepflicht nach Abs. 1 S. 1.** Abs. 1 S. 1 statuiert eine Anzeigepflicht für eine beabsichtigte Verlegung, Schließung und Errichtung von Betrieben, Betriebsteilen oder Nebenbetrieben (zu den Begriffen Betrieb, Betriebsteil oder Nebenbetrieb vgl. oben, § 3 Rn. 59 ff.), also für bestimmte betriebliche Veränderungen.

9   Unter einer **Verlegung** ist jede örtliche Veränderung der Betriebsstätte unter Beibehaltung ihrer Identität zu verstehen (*Franßen/Haesen* Rn. 5) – unabhängig davon, ob sich damit der Landesarbeitsamtsbezirk ändert (*Sandmann/Marschall* Rn. 8).

10 Von dem Begriff der **Schließung** wird sowohl die endgültige Einstellung als auch die Veräußerung und Verpachtung des Betriebes erfaßt. Mit der **Errichtung** ist die Eröffnung eines Betriebes, Betriebsteils oder Nebenbetriebs gemeint (*Schüren* Rn. 13).

11 Durch die Anzeigepflicht soll sichergestellt werden, daß der Erlaubnis trotz der auf seiten des Verleihers anstehenden Veränderungen keine Hinderungsgründe nach § 3 I Nr. 2 entgegenstehen. Die Anzeigepflicht dient gleichzeitig auch den Interessen des Verleihers, denn die BA hat ihre Dienststellen angewiesen, dem Verleiher von einer sich auf die Erlaubnis auswirkenden Veränderung – auch bei einer solchen nach Abs. 1 S. 2 – innerhalb einer angemessenen Frist Kenntnis zu geben (*Sandmann/Marschall* Rn. 9).

12 Erst die Durchführung der angezeigten Veränderung, nicht schon deren Anzeige, setzt die **Jahresfrist** des § 5 IV für den Widerruf in Lauf (*Franßen/Haesen* Rn. 5).

13 2. **Anzeigepflicht bei personellen Veränderungen.** Abs. 1 S. 2 soll die Zuverlässigkeit eines Verleihers, der keine natürliche Person ist, sichern. Die Regelung erfaßt also bestimmte personelle Veränderungen. Bei einer Personengesamtheit (nichtrechtsfähiger Verein, Erbengemeinschaft), einer Personengesellschaft oder bei einer juristischen Person sind aufgrund einer Berufung nach Gesetz, Satzung oder Gesellschaftsvertrag erfolgende Änderungen in der Geschäftsführung oder Vertretung anzuzeigen (Beispiele bei *Becker/Wulfgramm* Rn. 5). Im Falle einer Insolvenz muß der allein vertretungsberechtigte Insolvenzverwalter (§ 80 I InsO) die Anzeige über die personelle Veränderung abgeben (*Becker/Wulfgramm* Rn. 5).

14 Eine rechtsgeschäftlich erfolgende Änderung einer **Vollmacht** (z B Prokura, Handlungsvollmacht) fällt nicht unter die Anzeigepflicht (*Sandmann/Marschall* Rn. 10). Führt der Wechsel der Mitglieder einer Gesamthand oder einer Gesellschaft zu einer neuen Gesamthand oder Gesellschaft, so ist eine neue Erlaubnis nötig.

15 3. **Auskünfte betr. Durchführung des AÜG.** Die Auskunftspflicht nach **Abs. 2** erfaßt alle für die Durchführung des AÜG durch die BA erforderlichen Auskünfte. Die Auskunftspflicht trifft den Verleiher; sofern dieser keine natürliche Person ist, trifft sie die in Abs. 1 S. 2 genannten Personen. Der Verleiher kann sich zur Erfüllung der Auskunftspflicht Dritter bedienen.

16 Insb. ist der Verleiher bei einem entsprechenden Verlangen der Behörde verpflichtet, darüber Auskunft zu erteilen, ob die Überlassung im Einklang mit den in § 3 geregelten Versagungsgründen erfolgt oder ob Auflagen nach § 2 ordnungsgemäß eingehalten werden. Der Verleiher muß dem Auskunftsbegehren innerhalb einer angemessen gesetzten Frist nachkommen. Die Auskünfte müssen nach S. 2 „wahrheitsgemäß, vollständig, fristgemäß und unentgeltlich" erteilt werden. Auf Verlangen der Behörde sind die Auskünfte durch eine Vorlage der **Geschäftsunterlagen** zu beweisen oder glaubhaft zu machen. Geschäftliche Unterlagen sind alle schriftlichen Unterlagen, die mit der ANÜberlassung in irgendeiner Form zusammenhängen können (*Becker/Wulfgramm* Rn. 9). Grds. fallen unter diesen weit zu verstehenden Begriff Arbeitsverträge mit den LeihAN und Verleihverträge mit den Entleihern, die Buchhaltung und Unterlagen über die Abführung von Sozialversicherungsbeiträgen und Lohnsteuern sowie der Schriftwechsel mit anderen Behörden und Verleihern (*Franßen/Haesen* Rn. 11; *Sandmann/Marschall* Rn. 15). Bei gemischten Unternehmen fallen die in dem nicht mit der ANÜberlassung befaßten Unternehmensteil entstandenen und geführten Unterlagen nicht unter den Begriff der geschäftlichen Unterlagen iSv. Abs. 2 (*Becker/Wulfgramm* Rn. 9). Den fehlenden Zusammenhang zwischen der Verleihtätigkeit und den anderen Geschäftsbereichen hat der Unternehmer glaubhaft zu machen. Die Art und Weise, wie die Auskünfte eingeholt werden, steht im Ermessen der BA; sie ist dabei an die Beachtung des Verhältnismäßigkeitsgrundsatzes und des Gleichheitssatzes gebunden (*Sandmann/Marschall* Rn. 13; *Schüren* Rn. 21). Einer besonderen Begründung bedarf das Auskunftsbegehren nicht (*MünchArbR/Marschall* § 174 Rn. 153).

17 Um eine wirksame Überprüfung durch die Erlaubnisbehörde sicherzustellen, hat der Verleiher seine Geschäftsunterlagen drei Jahre lang **aufzubewahren, Abs. 2 S. 4**. Damit sind nicht nur die unmittelbar Geschäftszwecken dienenden Unterlagen gemeint (so aber *Sandmann/Marschall* Rn. 17), sondern vielmehr alle oben bereits im Rahmen der Vorlagepflicht genannten Dokumente, Datenträger oder

Tonbandaufzeichnungen. Für eine andere Auslegung lassen sich weder aus dem Gesetzestext noch aus den Materialien Anhaltspunkte entnehmen (*Schüren* Rn. 35).

IV. Betretungsrecht

Abs. 3 gibt den von der Erlaubnisbehörde beauftragten Personen in begründeten Ausnahmefällen 18 das Recht, Grundstücke und Geschäftsräume des Verleihers zu betreten und Einsicht in die Geschäftsunterlagen zu nehmen. Es handelt sich hierbei um eine von der Durchsuchung nach Abs. 4 zu unterscheidende behördliche Nachschau (*Sandmann/Marschall* Rn. 19), die sich auf die Besichtigung des Betriebes und seiner Organisation sowie auf die Einsichtnahme in Unterlagen beschränkt. Für die Ausübung dieser Nachschau bedarf es keines vorhergehenden gestaltenden VA oder einer Ankündigung der BA (BSG 29. 7. 1992 NZA 1993, 524; *Franßen/Haesen* Rn. 30).

Anders als bei einem Auskunftsbegehren nach Abs. 2 kann eine Überprüfung nur dann erfolgen, 19 wenn **konkrete Anhaltspunkte** für ein gesetzwidriges Verhalten des Verleihers vorliegen (BSG 29. 7. 1992 NZA 1993, 524, 525; *Sandmann/Marschall* Rn. 20; *Schüren* Rn. 40). Das ist beispielsweise dann der Fall, wenn Beschwerden von LeihAN gegenüber der Erlaubnisbehörde vorliegen, ein Verleiher eine Auskunft nur unvollständig erteilt oder unter Berufung auf sein Auskunftsrecht nach Abs. 5 verweigert (*Becker/Wulfgramm* Rn. 12; *Schüren* Rn. 40).

Auch hier ist der Grundsatz der **Verhältnismäßigkeit** zu beachten. Dies führt zwar nicht dazu, daß 20 die Behörde zunächst versuchen muß, Auskünfte bei dem Verleiher einzuholen, die diesem nicht, nicht glaubhaft oder unvollständig beantwortet wurden, um ein Vorgehen nach Abs. 3 zu rechtfertigen (BSG 29. 7. 1992 NZA 1993, 524, 525; *Franßen/Haesen* Rn. 30; *Schüren* Rn. 41; aA SG Duisburg 12. 10. 1988 EzAÜG Nr. 300; *Becker/Wulfgramm* Rn. 12), denn dies kann im Einzelfall den Zweck der Nachschau vereiteln. Es kommt darauf an, ob das Auskunftsbegehren nach Abs. 2 ungeeignet ist und den Erfolg der Nachschau vereiteln kann (so auch *Schüren* Rn. 41). Ist dies nicht der Fall, so muß die Behörde zunächst nach Abs. 2 vorgehen.

Da auch **Geschäftsräume** in den Schutzbereich des Art. 13 I GG einbezogen sind (BVerfG 13. 10. 21 1971 NJW 1971, 2299 ff.), ist ein Betreten der Geschäftsräume und die Durchführung der Prüfung nur zu den Zeiten gestattet, in denen die Räumlichkeiten üblicherweise zur geschäftlichen oder betrieblichen Nutzung dienen (BVerfG 13. 10. 1971 NJW 1971, 2299, 2301; BSG 29. 7. 1992 NZA 1993, 524, 526; *Schüren* Rn. 46 mwN; aA *Franßen/Haesen* Rn. 34). Aufgrund einer verfassungskonformen Auslegung des Art. 13 I GG dürfen Wohnräume nach Abs. 3 selbst dann nicht betreten werden, wenn sie gleichzeitig als Geschäftsräume genutzt werden (BVerfG 13. 10. 1971 NJW 1971, 2299, 2300 f.; aA *Franßen/Haesen* Rn. 31). Durch diese nach den Vorgaben des BVerfG erfolgende verfassungskonforme Auslegung wird zwar das Vorgehen nach Abs. 3 erschwert; aber die Durchsuchung von Geschäftsräumen außerhalb der normalen Öffnungs- und Betriebszeiten und die Durchsuchung von Wohnräumen ist nach Abs. 4 sowie im Rahmen eines Ordnungswidrigkeitsverfahrens möglich (*Schüren* Rn. 47 mwN).

Bei den von der Erlaubnisbehörde beauftragten Personen handelt es sich zum einen um Angehörige 22 der BA selbst; zum anderen können aber auch Angehörige anderer Behörden oder Sachverständige beauftragt werden (*Sandmann/Marschall* Rn. 21), die dann gegenüber dem Verleiher ihre Berechtigung zur Prüfung nachzuweisen haben (*Becker/Wulfgramm* Rn. 14). Die nach Abs. 2 S. 3 bestehende Duldungspflicht erfaßt auch ein Mindestmaß an **Tätigwerden des Verleihers,** um den von der Erlaubnisbehörde ermächtigten Personen die Ausführung ihrer Besichtigungs- und Prüfungsrechte zu ermöglichen (*Becker/Wulfgramm* Rn. 14 a; *Schüren* Rn. 49). Er muß beispielsweise verschlossene Räume öffnen und Auskunft über den Aufbewahrungsort von Unterlagen geben (*Sandmann/Marschall* Rn. 25). Die Pflicht beschränkt sich auf ein passives Gewährenlassen, wenn der Verleiher sich auf sein Auskunftsverweigerungsrecht nach Abs. 5 beruft; denn er ist nicht dazu verpflichtet, zu seiner eigenen Überführung beizutragen (*Sandmann/Marschall* Rn. 21). Darüber hinaus umfaßt die Prüfungsbefugnis auch das Recht, Geschäftsunterlagen vorübergehend zu einer eingehenden Prüfung gegen Quittungserteilung mitzunehmen (zutreffend *Sandmann/Marschall* Rn. 25 unter Verweis auf die ohnehin bestehende Vorlagepflicht nach Abs. 2).

Das Recht der Behörde nach Abs. 3 kann durch **Verwaltungszwang** durchgesetzt werden (BSG 23 29. 7. 1992 NZA 1993, 524, 526; 2. 7. 1989 NZA 1990, 157 f.; *Franßen/Haesen* Rn. 40). Als Zwangsmittel kommt allerdings im Rahmen der Duldungspflicht nach allgemeiner Auffassung nur ein Zwangsgeld in Betracht, da die Anwendung unmittelbaren Zwangs nicht zu einer Umgehung der von Abs. 4 für eine Durchsuchung aufgestellten besonderen Voraussetzungen führen darf (*Becker/Wulfgramm* Rn. 14 b; *Schüren* Rn. 51).

V. Durchsuchungsrecht

1. Allgemeines. Nach **Abs. 4** besteht für die BA ein Durchsuchungsrecht, das ebenso wie das 24 Auskunfts- und Nachschaurecht der Durchführung des AÜG dient. Unter einer Durchsuchung ist die zwangsweise Suche ohne die Zustimmung oder gegen den Willen des Verleihers auf Grundstücken und in Räumen zur Sicherstellung von Unterlagen, die sich auf die Verleihtätigkeit beziehen, zu verstehen (*Sandmann/Marschall* Rn. 26; *Schüren* Rn. 53). Aus Abs. 2 S. 3 ergibt sich, daß diese Unterlagen auch sichergestellt werden können (*Sandmann/Marschall* Rn. 26; *Schüren* Rn. 53).

25 Die Durchsuchung setzt als besonders belastender Eingriff idR voraus, daß die BA zunächst mit **weniger einschneidenden Maßnahmen** versucht hat, ihre Kontrollbefugnisse auszuüben. Das heißt allerdings nicht, daß die BA in jedem Fall vor einer Durchsuchung eine Auskunft begehren und sodann eine Nachschau durchführen müßte, denn die Möglichkeiten der BA sind nicht im Sinne einer zwingenden Stufenfolge aufgebaut (BSG 29. 7. 1992 NZA 1993, 524, 525; *Franßen/Haesen* Rn. 43; *Sandmann/Marschall* Rn. 27; *Schüren* Rn. 54; aA *Becker/Wulfgramm* Rn. 15). Insb. kann eine sofortige Durchsuchung geboten sein, wenn bei der Behörde ein Verdacht auf grobe Verstöße gegen das AÜG vorliegt, so daß die Behörde die Erlaubnis wahrscheinlich zurücknehmen oder widerrufen muß, und darüber hinaus zu erwarten ist, daß der Entleiher seinen Pflichten nach § 7 II und III nicht nachkommen wird (*Sandmann/Marschall* Rn. 27; *Schüren* Rn. 54).

26 **2. Richterliche Anordnung.** Eine Durchsuchung bedarf der richterlichen Anordnung. Für deren Erlaß ist auf den Antrag der BA hin der Richter des Amtsgerichts zuständig, in dessen Bezirk die Durchsuchung vorgenommen werden soll. Anders als im Falle der Nachschau kann eine Durchsuchung auch **zur Nachtzeit** erfolgen, denn im Gegensatz zu Abs. 4 S. 3, der eine ohne richterliche Anordnung mögliche Durchsuchung bei Gefahr im Verzuge auf die Geschäftszeiten beschränkt, trifft Abs. 4 S. 1 keine solche Einschränkung (*Becker/Wulfgramm* Rn. 16; *Sandmann/Marschall* Rn. 28). Allerdings sind hier besonders hohe Anforderungen an die Wahrung des Verhältnismäßigkeitsgrundsatzes zu stellen, so daß eine nächtliche Durchsuchung die Ausnahme bilden wird (Beispiel bei *Sandmann/Marschall* Rn. 28; *Schüren* Rn. 57).

27 Nach Abs. 4 S. 2 kann der Betroffene die Durchsuchungsanordnung mittels **Beschwerde** nach §§ 304 ff. StPO anfechten. In geeigneten Fällen kann die BA in entsprechender Anwendung des § 309 StPO angehört werden.

28 Eine **weitere Beschwerde** nach § 310 StPO ist nicht möglich, da diese nur in ganz bestimmten, nicht analogiefähigen Ausnahmefällen (Verhaftung, einstweilige Unterbringung) in Betracht kommt (*Kleinknecht/Meyer-Großner*, StPO, 43. Aufl., 1997, § 310 Rn. 4 mwN; *Becker/Wulfgramm* Rn. 16a; *Franßen/Haesen* Rn. 48; *Schüren* Rn. 59; aA *Sandmann/Marschall* Rn. 29).

29 Ist die Durchsuchung bereits erfolgt, so kann die prozessual überholte Durchsuchungsanordnung nicht mehr angefochten werden; eine nachträgliche Feststellung der Rechtswidrigkeit kommt nur bei erheblichen Folgen eines Eingriffs oder bei einer konkreten Wiederholungsgefahr in Betracht (BGH 3. 6. 1978 NJW 1978, 1815).

30 **3. Gefahr im Verzuge.** Bei Gefahr im Verzuge sind Durchsuchungen gem. § 7 IV 3 auch **ohne richterliche Anordnung** während der Geschäftszeit möglich. Dies ist dann der Fall, wenn die vorherige Einholung der richterlichen Anordnung den Durchsuchungszweck gefährden würde (BVerwG 12. 12. 1967 DVBl. 1968, 752); beispielsweise weil konkrete Anhaltspunkte dafür vorliegen, daß der Verleiher bis zur Anordnung der Durchsuchung Unterlagen beseitigen, verfälschen oder wegschaffen wird. Ein rechtlicher oder tatsächlicher Irrtum der Behörde über das Vorliegen der Gefahr macht die Anordnung nicht unwirksam (*Becker/Wulfgramm* Rn. 17). Eine Gefahr im Verzuge ist auch bei Verleihern anzunehmen, die ihre Tätigkeit nach dem Verlust ihrer Betriebsräume oder ihrer Organisation nunmehr ohne festen Geschäftssitz fortführen (MünchArbR/*Marschall* § 174 Rn. 164; *Sandmann/Marschall* Rn. 31; *Schüren* Rn. 60).

31 Mit der Geschäftszeit in S. 3 ist die allgemein übliche, nicht die des konkreten Verleihers gemeint (*Sandmann/Marschall* Rn. 30; *Schüren* Rn. 61).

32 Die Rechtswidrigkeit einer nach Abs. 4 S. 3 erfolgten Durchsuchung kann unter Darlegung eines entsprechenden Feststellungsinteresses durch eine **Feststellungsklage** nach § 51 I Nr. 1 SGG festgestellt werden (LSG NW 11. 4. 1979 EzAÜG Nr. 73). Soweit die Durchsuchung und ihre Anordnung einen VA darstellen (BSG 12. 7. 1989 NZA 1990, 157, 158), kann eine Fortsetzungsfeststellungsklage erhoben werden (§ 131 I 3 SGG analog; *Schüren* Rn. 62).

33 **4. Niederschrift.** Über jede Durchsuchung ist gem. **§ 7 IV 4** eine Niederschrift an Ort und Stelle durch einen Beauftragten der BA anzufertigen und zu unterschreiben. Eine nachträgliche Anfertigung ist nicht ausreichend (*Sandmann/Marschall* Rn. 34). In ihr müssen Ort und Zeit der Durchsuchung, sämtliche Anwesenden, Gegenstand und Grund der Durchsuchung (soweit sich dies nicht bereits aus der richterlichen Anordnung ergibt) sowie deren wesentliche Ergebnisse festgehalten werden (*Schüren* Rn. 63 mwN). Auch die Tatsachen, die zur Annahme einer Gefahr im Verzuge führten, müssen aufgenommen werden (§ 7 IV 4 letzter HS.). Ein Verstoß gegen diese Formvorschrift macht die Durchsuchung nach Art. 13 II GG rechtswidrig.

34 Nach einer Anweisung der BA ist dem Verleiher auf Wunsch eine Abschrift auszuhändigen (*Sandmann/Marschall* Rn. 34).

VI. Auskunftsverweigerungsrecht

Eine Auskunft kann auf solche Fragen verweigert werden, deren Beantwortung den Verleiher selbst, 35
seinen Verlobten, seinen jetzigen oder früheren Ehegatten, Verwandte oder Verschwägerte in gerader Linie, Verwandte in der Seitenlinie bis zum dritten Grad oder Verschwägerte in der Seitenlinie bis zum zweiten Grad (Angehörige gem. § 383 I Nr. 1–3 ZPO) der Gefahr der Verfolgung einer Straftat oder Ordnungswidrigkeit aussetzen würde (insb. wegen der Straf- und Ordnungswidrigkeitstatbestände der §§ 15 ff.).

Ein Auskunftsverweigerungsrecht nach § 7 V steht regelmäßig dem Verleiher, bei Personenmehr- 36
heiten, Personengesellschaften und juristischen Personen dem Geschäftsführer oder dem gesetzlichen Vertreter zu. Eventuell sind auch mehrere Auskunftspflichtige vorhanden, wobei dann für jeden gesondert ein Verweigerungsrecht zu prüfen ist (*Sandmann/Marschall* Rn. 35). Auf das Auskunftsverweigerungsrecht muß sich der Verleiher ausdrücklich **berufen**. Tut er dies nicht, droht ihm ein Verfahren nach § 16 I Nr. 5. Einer wenigstens andeutungsweisen Begründung für die Verweigerung bedarf es nur, wenn ansonsten eine Straftat oder Ordnungswidrigkeit nicht einmal entfernt ersichtlich ist (*Franßen/Haesen* Rn. 56; *Sandmann/Marschall* Rn. 36).

Aus der bloßen Ausübung des Auskunftsverweigerungsrechts dürfen dem Betroffenen **keine Nach-** 37
teile erwachsen. Dadurch ist die Aufsichtsbehörde vielmehr dazu veranlaßt, sich die von ihr benötigten Informationen auf eine andere Weise zu beschaffen (z B Nachschau). Reichen die dadurch erlangten Informationen allerdings nicht aus, die an der Zuverlässigkeit bestehenden Zweifel zu beseitigen, so kann die Ausübung des Rechts indirekt zu einer dem Verleiher nachteiligen Entscheidung führen (*Schüren* Rn. 28).

§ 8 Statistische Meldungen

(1) ¹Der Verleiher hat der Erlaubnisbehörde halbjährlich statistische Meldungen über
1. die Zahl der überlassenen Leiharbeitnehmer getrennt nach Geschlecht, nach der Staatsangehörigkeit, nach Berufsgruppen und nach der Art der vor der Begründung des Vertragsverhältnisses zum Verleiher ausgeübten Beschäftigung,
2. die Zahl der Überlassungsfälle, gegliedert nach Wirtschaftsgruppen,
3. die Zahl der Entleiher, denen er Leiharbeitnehmer überlassen hat, gegliedert nach Wirtschaftsgruppen,
4. die Zahl und die Dauer der Arbeitsverhältnisse, die er mit jedem überlassenen Leiharbeitnehmer eingegangen ist,
5. die Zahl der Beschäftigungstage jedes überlassenen Leiharbeitnehmers, gegliedert nach Überlassungsfällen,

zu erstatten. ²Die Erlaubnisbehörde kann die Meldepflicht nach Satz 1 einschränken.

(2) Die Meldungen sind für das erste Kalenderhalbjahr bis zum 1. September des laufenden Jahres, für das zweite Kalenderhalbjahr bis zum 1. März des folgenden Jahres zu erstatten.

(3) ¹Die Erlaubnisbehörde gibt zur Durchführung des Absatzes 1 Erhebungsvordrucke aus. ²Die Meldungen sind auf diesen Vordrucken zu erstatten. ³Die Richtigkeit der Angaben ist durch Unterschrift zu bestätigen.

(4) ¹Einzelangaben nach Absatz 1 sind von der Erlaubnisbehörde geheimzuhalten. ²Die §§ 93, 97, 105 Abs. 1, § 111 Abs. 5 in Verbindung mit § 105 Abs. 1 sowie § 116 Abs. 1 der Abgabenordnung gelten nicht. ³Dies gilt nicht, soweit die Finanzbehörden die Kenntnisse für die Durchführung eines Verfahrens wegen einer Steuerstraftat sowie eines damit zusammenhängenden Besteuerungsverfahrens benötigen, an deren Verfolgung ein zwingendes öffentliches Interesse besteht, oder soweit es sich um vorsätzlich falsche Angaben des Auskunftspflichtigen oder der für ihn tätigen Personen handelt. ⁴Veröffentlichungen von Ergebnissen auf Grund von Meldungen nach Absatz 1 dürfen keine Einzelangaben enthalten. ⁵Eine Zusammenfassung von Angaben mehrerer Auskunftspflichtiger ist keine Einzelangabe im Sinne dieses Absatzes.

I. Allgemeines

Durch § 8 sollen speziell die durch eine gewerbsmäßige ANÜberlassung herbeigeführten Änderun- 1
gen auf dem Arbeitsmarkt statistisch erfaßt werden, um zu zuverlässigen Marktanalysen zu gelangen (*Becker/Wulfgramm* Rn. 2). Aus dem aufgrund von § 8 ermittelten Zahlenmaterial werden regelmäßig in vierjährigem Turnus Erfahrungsberichte der Bundesregierung erstellt (s. Berichte der Bundesregierung über Erfahrungen bei der Anwendung des AÜG, BT-Drucks. 7/2365, 7/5631, 8/2025, 8/4479, 10/1934, 11/2639, 12/3180, 13/5498). Weiterhin wird dadurch mittelbar eine Überwachung der Verleiher beispielsweise hinsichtlich einer Einhaltung des Synchronisationsverbotes nach § 3 I Nr. 5 oder des befristeten Einsatzes nach § 3 I Nr. 6 ermöglicht (*Schüren* Rn. 4).

II. Durchführung

2 Der Verleiher hat der Erlaubnisbehörde die statistischen Meldungen unaufgefordert und unentgeltlich zu erstatten. Die Behörde kann auch von sich aus zur Abgabe einer Meldung auffordern; die Aufforderung kann im Wege des Verwaltungszwangs durchgesetzt werden (*Becker/Wulfgramm* Rn. 4). Die Meldungen sind für das erste Kalenderhalbjahr gem. **Abs. 2** bis zum 1. 9. des laufenden Jahres und für das zweite Halbjahr bis zum 1. 3. des Folgejahres abzugeben.

3 **Zuständig** ist das jeweilige Landesarbeitsamt, in dessen Bezirk der Verleiher seinen Geschäftssitz hat. Bei mehreren Niederlassungen kommt es auf den Hauptsitz an. Für Entleiher aus Nicht-EG-Staaten ist das Landesarbeitsamt Hessen zuständig.

4 Der **Inhalt der Meldung** ist in § 8 I 1 Nr. 1 bis 5 genau geregelt (ausführlich *Sandmann/Marschall* Rn. 3 ff.). Deren Umfang kann gem. Abs. 1 S. 2 durch die Erlaubnisbehörde eingeschränkt werden, was diese auch bereits tlw. getan hat. Für einen Teil der Angaben werden nur Stichtagserhebungen durchgeführt; auf eine Unterteilung nach Berufs- und Wirtschaftsgruppen hat die BA verzichtet; für die grenzüberschreitende ANÜberlassung ins Ausland werden lediglich formlose Meldungen verlangt (*Becker/Wulfgramm* Rn. 4a; *MünchArbR/Marschall* § 174 Rn. 167).

5 Die Angaben sind auf einem von der BA herausgegebenen **Formblatt** zu machen. Ausreichend ist aber auch eine Angabe der nachgefragten Daten ohne eine Benutzung der Vordrucke (*Becker/Wulfgramm* Rn. 6; aA *Schüren* Rn. 11). Mit seiner abschließenden Unterschrift übernimmt der Verleiher jeweils die Verantwortung für die Vollständigkeit und Richtigkeit der von ihm abgelieferten Daten (*Schüren* Rn. 11).

6 Der Verleiher macht sich einer **Ordnungswidrigkeit** gem. § 16 I Nr. 7 schuldig, wenn er die statistische Meldung gar nicht, unrichtig, unvollständig oder nicht fristgemäß abgibt. Dies kann einerseits regelmäßig zu einer Geldbuße nach § 16 II und bei mehrmaligen oder schwerwiegenden Verstößen zu einem Widerruf wegen einer nachträglich aufgetretenen Unzuverlässigkeit (§ 5 I Nr. 3) führen (*Becker/Wulfgramm* Rn. 8; *Schüren* Rn. 27).

III. Geheimhaltungspflicht

7 Nach § 8 IV 1 besteht eine Geheimhaltungspflicht der Erlaubnisbehörde bezüglich der nach Abs. 1 erstatteten Einzelangaben. Damit sind Angaben über einzelne bestimmte Personen gemeint, wie etwa über die individuellen Verhältnisse des Verleihers (Art und Umfang des Betriebes oder Gewinnspannen; *Becker/Wulfgramm* Rn. 9). Eine Zusammenfassung mehrerer Auskunftspflichtiger führt dazu, daß keine geheimhaltungspflichtigen Einzelangaben mehr vorliegen (Abs. 4 S. 5). Die Zusammenfassung von bloß zwei Auskunftspflichtigen ist nicht ausreichend, da mit den Verhältnissen vertraute Dritte daraus möglicherweise Rückschlüsse auf den Auskunftspflichtigen ziehen können (*Schüren* Rn. 14 mwN).

8 Abweichend von den allgemeinen Regeln der AO ist die Erlaubnisbehörde gem. Abs. 4 S. 2 auch gegenüber den **Finanzbehörden** zur Verschwiegenheit verpflichtet. Dies gilt allerdings gem. S. 3 nicht, wenn die Finanzbehörden die Angaben „für die Durchführung eines Verfahrens wegen einer Steuerstraftat oder eines damit zusammenhängenden Besteuerungsverfahrens" benötigen. Orientiert am Schutzzweck der Regelung setzt der Auskunftsanspruch der Finanzbehörde jedoch voraus, daß der Verdacht einer Steuerstraftat bereits durch andere Feststellungen begründet ist, in gleichem Maße erfolgreiche Maßnahmen nicht greifbar sind (*Schüren* Rn. 17). Darüber hinaus muß ein zwingendes öffentliches Interesse vorliegen, oder der Verleiher oder die für ihn tätige Person muß vorsätzlich falsche Angaben gemacht haben. Ein zwingendes öffentliches Interesse kann nur bei besonders schwerwiegenden Fällen bejaht werden (*Becker/Wulfgramm* Rn. 11; *Sandmann/Marschall* Rn. 20).

9 Eine Geheimhaltungspflicht über die nach § 8 I gewonnenen Daten besteht nur **gegenüber Dritten**. Innerhalb der mit der Durchführung des AÜG befaßten Dienststellen und zwischen den Dienststellen der BA sowie im Verhältnis zu den gem. § 17 S. 1 die Fachaufsicht führenden BMA besteht keine Geheimhaltungspflicht (*Sandmann/Marschall* Rn. 22; *Schüren* Rn. 18; aA *Franßen/Haesen* Rn. 10; zu den weiteren datenschutzrechtlichen Pflichten der BA s. *Schüren* Rn. 19 ff.).

§ 9 Unwirksamkeit

Unwirksam sind:
1. Verträge zwischen Verleihern und Entleihern sowie zwischen Verleihern und Leiharbeitnehmern, wenn der Verleiher nicht die nach § 1 erforderliche Erlaubnis hat,
2. wiederholte Befristungen des Arbeitsverhältnisses zwischen Verleiher und Leiharbeitnehmer, es sei denn, daß sich für die Befristung aus der Person des Leiharbeitnehmers ein sachlicher Grund ergibt, oder die Befristung ist für einen Arbeitsvertrag vorgesehen, der unmittelbar an einen mit demselben Verleiher geschlossenen Arbeitsvertrag anschließt,

3. Kündigungen des Arbeitsverhältnisses zwischen Verleiher und Leiharbeitnehmer durch den Verleiher, wenn der Verleiher den Leiharbeitnehmer wiederholt innerhalb von drei Monaten nach Beendigung des Arbeitsverhältnisses erneut einstellt,
4. Vereinbarungen, die dem Entleiher untersagen, den Leiharbeitnehmer zu einem Zeitpunkt einzustellen, in dem dessen Arbeitsverhältnis zum Verleiher nicht mehr besteht,
5. Vereinbarungen, die dem Leiharbeitnehmer untersagen, mit dem Entleiher zu einem Zeitpunkt, in dem das Arbeitsverhältnis zwischen Verleiher und Leiharbeitnehmer nicht mehr besteht, ein Arbeitsverhältnis einzugehen.

I. Allgemeines

§ 9 hat zwei unterschiedliche „Wirkrichtungen" (*Schüren* Rn. 1). Zum einen wird durch die Regelung der Nr. 1 die in § 10 geregelte Fiktion eines Arbeitsverhältnisses zwischen dem Entleiher und dem von einem illegal tätigen Verleiher überlassenen AN vorbereitet. Zum anderen werden die zwischen Verleiher und LeihAN unerwünschten Vertragsgestaltungen und die daraus resultierenden Rechtsfolgen benannt (*Schüren* Rn. 1).

Die unter der Anwendung des § 9 eintretende Rechtsfolge ist die **Unwirksamkeit** des Leiharbeitsverhältnisses (ausführlich zur rechtsdogmatischen Einordnung der Unwirksamkeit *Becker/Wulfgramm* Rn. 7 ff.). Zwar unterscheidet sich § 9 von den Nichtigkeitsfällen des BGB dadurch, daß er auch die Fälle späterer Unwirksamkeit erfaßt; dennoch gelten die Vorschriften des BGB über nichtige Rechtsgeschäfte (*Sandmann/Marschall* Rn. 18). Auf die bei den einzelnen Nichtigkeitsgründen bestehenden Besonderheiten gegenüber den BGB-Vorschriften wird im folgenden bei den einzelnen Vorschriften eingegangen.

Darüber hinaus kann ein Verstoß gegen § 9 Nr. 2 und 3 zum Widerruf der Erlaubnis nach § 5 I Nr. 3 iVm. § 3 Nr. 3, 4 führen.

Nr. 2 und Nr. 3 sind mit Wirkung vom 1. 4. 1997 durch das AFRG geändert worden.

II. Unwirksamkeitsgründe im einzelnen

1. Fehlende Erlaubnis. Nach **Nr. 1** sind Überlassungs- und Leihverträge unwirksam, wenn dem Verleiher die nach § 1 erforderliche Erlaubnis fehlt. Dies gilt unabhängig davon, ob sie von Anfang an fehlte oder ob sie erst später wegfiel (zB durch Rücknahme, Widerruf, Eintritt einer auflösenden Bedingung, Ablehnung der Verlängerung; *Becker/Wulfgramm* Rn. 11 und 16). Die Unwirksamkeit tritt auch unabhängig davon ein, ob dem Vertragspartner des Verleihers das Fehlen oder der spätere Wegfall der Erlaubnis bekannt ist (*Sandmann/Marschall* Rn. 19). Allerdings ist der Verleiher gem. §§ 11 I Nr. 1, 12 I dazu verpflichtet, LeihAN und Entleiher über das Bestehen einer Erlaubnis und gem. §§ 11 III, 12 II über deren Wegfall zu unterrichten.

Ein Sonderfall besteht bei einer Rücknahme, einem Widerruf und einer Nichtverlängerung einer Erlaubnis. Hier werden die Verträge, die innerhalb der Abwicklungsfrist des § 2 IV 4 abgewickelt werden, nicht unwirksam (vgl. auch § 3).

Die Unwirksamkeit tritt mit dem Wegfall der Erlaubnis und **nicht rückwirkend** ein. Daher genügt es auch nicht, daß die Voraussetzungen für einen Widerruf nach § 3 gegeben sind; vielmehr greift Nr. 1 nur ein, wenn die Erlaubnis tatsächlich nicht (mehr) besteht (*Sandmann/Marschall* Rn. 28; *Schüren* Rn. 13).

Das Unwerturteil wegen der illegalen Überlassung richtet sich gegen Verleiher und Entleiher. Dagegen soll der Schutz des LeihAN nicht gemindert werden. Das Leiharbeitsverhältnis wandelt sich deshalb mit dem Wegfall der Erlaubnis, soweit es vollzogen wird, in ein sog. **fehlerhaftes Arbeitsverhältnis** um (BAG 26. 7. 1984 EzAÜG Nr. 170; BGH 31. 3. 1982 AP AÜG § 10 Nr. 4; *Becker/Wulfgramm* Rn. 18; *Schüren* Rn. 15 und 18; aA *Sandmann/Marschall* § 10 Rn. 7 ff.).

Die **Abwicklung** des unwirksamen Vertragsverhältnisses zwischen Verleiher und Entleiher vollzieht sich nach Bereicherungsrecht, da es aufgrund fehlender Erlaubnis an einem Rechtsgrund für die ausgetauschten Leistungen fehlt (in diesem Zusammenhang ist § 817 S. 2 BGB zu beachten; BAG 17. 2. 2000 NJW 2000, 1557, 1558). Mangels Schutzbedürftigkeit des Entleihers wird ein faktischer ANÜberlassungsvertrag allgemein abgelehnt (BAG 8. 11. 1979 AP AÜG § 10 Nr. 2; *Schüren* Rn. 26 mwN sowie zum Gesamtschuldnerregreß Rn. 32 ff., 40 ff.).

Durch die **nachträgliche Erteilung** der Erlaubnis werden laufende Überlassungsverträge nicht rückwirkend geheilt. Umstritten ist, ob durch die Erlaubniserteilung eine Heilung für die Zukunft eintritt (so *Schüren* Rn. 29) oder ob es eines Neuabschlusses bedarf (so *Becker/Wulfgramm* Rn. 11). Hier auf § 139 BGB abzustellen und nach dem mutmaßlichen Willen der Parteien zu fragen ist nicht möglich (so aber *Schüren* Rn. 29). Die fehlende Erlaubnis führt nicht zu einer Teilunwirksamkeit, sondern zu einer gänzlichen Unwirksamkeit des Überlassungsvertrages. Allerdings ist regelmäßig in der Fortführung des Überlassungsvertrages ein konkludenter Neuabschluß zu sehen.

2. Unwirksame Befristung. Nr. 2 erklärt eine Befristung des Leiharbeitsverhältnisses für unwirksam, soweit dafür kein sachlicher Grund in der Person des LeihAN besteht (vgl. zum sachlichen

Grund bereits ausführlich oben § 3 Rn. 24 ff. und *Schüren* Rn. 54 ff.). Entscheidend ist, daß der sachliche Grund im Zeitpunkt der Befristung vorliegt (st. Rspr., vgl. nur BAG 31. 10. 1974 AP BGB § 620 Befristeter Arbeitsvertrag Nr. 39). Fällt er später weg, erfüllt das nicht die Voraussetzung der Nr. 2. Auch eine analoge Anwendung kommt nach zutreffender Ansicht nicht in Betracht, denn es ist dem Verleiher nicht zumutbar, die in der persönlichen Sphäre des LeihAN liegenden Risiken bis zum Eintritt der Befristung zu tragen (*Sandmann/Marschall* Rn. 21). Unter Umständen kann die Berufung des Verleihers auf die Befristung rechtsmißbräuchlich sein (Nachw. bei *Becker/Wulfgramm* Rn. 20).

12 Die Unwirksamkeit erfaßt nur die Befristung. Zwischen Verleiher und LeihAN kommt also ein unbefristetes Arbeitsverhältnis zustande. Neben der Befristung werden aufgrund des Schutzzwecks der Regelung auch **funktionsgleiche** rechtliche **Gestaltungsmittel** (beispielsweise nachträgliche Befristungen, Aufhebungsverträge und unbezahlter Urlaub) erfaßt (*Schüren* Rn. 53). Auf die auf die Feststellung der Unwirksamkeit gerichtete Klage ist § 4 KSchG nicht direkt anwendbar; jedoch erfaßt § 1 V BeschFG analog auch diesen Fall (vgl. MünchArbR/*Wank* § 116 Rn. 153).

13 Durch Gesetz vom 24. 3. 1997 wurden die in Nr. 2 und 3 enthaltenen Unwirksamkeitsgründe geändert. Der Unwirksamkeitsgrund der Nr. 2 wurde an die Neuregelung des § 3 III Nr. 3 angepaßt. Damit unterfallen die erste sowie die ihr folgenden Anschlußbefristungen keiner gerichtlichen Befristungskontrolle mehr. Vielmehr kommt es auf eine **wiederholte Befristung** an.

14 Während die Rspr. bei einem gewöhnlichen Arbeitsverhältnis davon ausgeht, daß es dem AN obliegt, zu beweisen, daß die Befristung nicht sachlich begründet ist (BAG 12. 10. 1960 AP BGB § 620 Befristeter Arbeitsvertrag Nr. 16; 26. 4. 1979 AP BGB § 620 Befristeter Arbeitsvertrag Nr. 16 und 47; *Becker/Wulfgramm* Rn. 20 c), ist die **Beweislastverteilung** bei einem Leiharbeitsvertrag, bei dem das unbefristete Arbeitsverhältnis den Regelfall bildet, umgekehrt. Der ein unbefristetes Arbeitsverhältnis behauptende AN braucht nur den Vertragsschluß zu beweisen; hingegen muß der AG beweisen, daß das Arbeitsverhältnis wirksam befristet wurde (ausführlich zur Beweislast *Schüren* Rn. 99).

15 **3. Kündigung und erneute Einstellung.** Eine Unwirksamkeit besteht nach **Nr. 3**, wenn das Leiharbeitsverhältnis durch Kündigung seitens des Verleihers beendet wird und der LeihAN innerhalb von drei Monaten nach der Kündigung erneut eingestellt wird. Nach der Neuregelung durch das AFRG vom 24. 3. 1997 kommt es auf die wiederholte Kündigung und Neueinstellung an. Die ordnungsgemäße und wirksame Beendigungskündigung wird nach dieser Regelung rückwirkend unwirksam (*Schüren* Rn. 105). Ausschlaggebend ist allein eine **Kündigung durch den Verleiher**. Dabei kommt es nicht darauf an, ob es sich um eine ordentliche oder um eine verhaltensbedingte außerordentliche Kündigung handelt (BSG 23. 7. 1992 NZA 1993, 48; *Schüren* Rn. 109; aA *Becker/Wulfgramm* Rn. 25, die nur die betriebsbedingte Kündigung von Nr. 3 erfaßt ansehen). Die Kündigung durch den LeihAN oder eine einverständliche Aufhebung des Arbeitsvertrages wird von Nr. 3 nicht erfaßt, wohl aber die **veranlaßte Eigenkündigung** (Kasseler Handbuch/*Düwell* 4.5 Rn. 380). Sie liegt vor, wenn der AN vor die Alternative gestellt wird, selbst zu kündigen oder gekündigt zu werden, oder wenn eine spätere Wiedereinstellung von der Eigenkündigung abhängig gemacht wird (*Schüren* Rn. 117).

16 Umstritten ist, ob für die Frage der Beendigung auf die tatsächliche (so *Becker/Wulfgramm* Rn. 26; *Sandmann/Marschall* Rn. 24) oder auf die rechtliche Beendigung mit Ablauf der Kündigungsfrist abzustellen ist (so *Schüren* Rn. 119 f.). Für ein Abstellen auf den Zeitpunkt der **tatsächlichen Beendigung** spricht der Wortlaut der Nr. 3, der im Gegensatz zur Regelung in den Nr. 4 und 5 von einer Beendigung des Arbeitsverhältnisses spricht, wogegen Nr. 4 und 5 das „nicht mehr bestehende Arbeitsverhältnis" anführen. Im übrigen wird dadurch die von seiten der BA erfolgende Überwachung erleichtert, da sie von den Entleihern Mitteilung über die Dauer der Arbeitseinsätze erhält.

17 Eine **erneute Einstellung** setzt nicht voraus, daß der erneut eingestellte AN innerhalb der drei Monate an einen Entleiher überlassen wird. Ausreichend ist bereits ein innerhalb des Zeitraums abgeschlossener und auf eine Überlassung gerichteter Vertrag zwischen Verleiher und LeihAN (*Becker/Wulfgramm* Rn. 27; *Sandmann/Marschall* Rn. 25). Selbst die Begründung eines fehlerhaften Arbeitsverhältnisses ist ausreichend (BAG 9. 4. 1987 AP AÜG § 9 Nr. 1 mit Anm. *Reuter*).

18 Für eine erneute Einstellung iSv. Nr. 3 kommt es nicht darauf an, daß der ehemalige Verleiher im Zeitpunkt der Einstellung eine Verleiherlaubnis nach § 1 hat (*Sandmann/Marschall* Rn. 24).

19 Der kündigende und der neu einstellende **AG** müssen **identisch** sein (BAG 9. 4. 1987 AP AÜG § 9 Nr. 1 = AuR 1988, 156 m. Anm. *Ulber*). Daß der frühere und der jetzige AG demselben Konzern angehören, ist nicht ausreichend. Nur die einzelne, selbst rechtsfähige Gesellschaft kann AG sein, nicht der Konzern (BAG 9. 4. 1987 AP AÜG § 9 Nr. 1). Eine förmliche Verschiedenheit kann die Anwendung von Nr. 3 nicht verhindern. Eine Umgehung liegt etwa vor, wenn dem AN jeweils nach dem Arbeitseinsatz gekündigt wird, er absprachegemäß zu einem anderen Verleiher wechselt und nach dem dortigen Einsatz wieder, wie vorgesehen, zum alten Verleiher zurückgeht. Ein starkes Indiz für einen solchen Fall ist der gemeinsame Abschluß von ANÜberlassungsverträgen mit Entleihern durch zwei Verleiher, die diese Verträge gemeinsam bedienen (BAG 27. 3. 1981 AP BGB § 611 Arbeitgebergruppe Nr. 1 mit Anm. *Wiedemann*; vgl. auch noch zu dem Fall organisatorisch voneinander abhängiger Verleiher und der Möglichkeit eines Durchgriffs BAG 9. 4. 1987 AP AÜG § 9 Nr. 1).

II. Unwirksamkeitsgründe im einzelnen § 9 AÜG 140

Durch das AFRG vom 24. 3. 1997 wurde der Kündigungsschutz nach Nr. 3 eingeschränkt. Eine 20
Kündigung ist in den Fällen der erneuten Einstellung innerhalb von 3 Monaten nach der Beendigung
des Arbeitsverhältnisses nur noch dann unwirksam, wenn Kündigung und Neueinstellung **wiederholt**
erfolgen.

Nach § 10 IV geht die **Rechtsfolge** der Unwirksamkeit nach Nr. 3 dahin, daß der LeihAN – in 21
Abweichung von §§ 611, 615 BGB unabhängig davon, ob er seine Arbeitskraft angeboten hat oder
nicht – das Arbeitsentgelt für die Zeit zwischen der Beendigung des Leiharbeitsverhältnisses und der
Neueinstellung beanspruchen kann. Der sich auf die nachträgliche, rückwirkende Unwirksamkeit
einer Kündigung berufende AN hat die Unwirksamkeitsvoraussetzungen darzulegen und zu beweisen
(*Schüren* Rn. 135 f.).

4. Verbot der Eingehung eines Arbeitsverhältnisses gegenüber dem Entleiher. Oftmals bedeutet 22
die Überlassung für den LeihAN das „Sprungbrett" zu einem dauerhaften Arbeitsplatz beim Entleiher
(*Schüren* Rn. 137). Ein solcher Wechsel kann zwar mit erheblichen wirtschaftlichen Nachteilen für
den Verleiher verbunden sein; gleichwohl hat der Gesetzgeber der verfassungsrechtlich geschützten
Berufsfreiheit des LeihAN den Vorrang gegeben (*Becker/Wulfgramm* Rn. 30). Unwirksam ist deshalb
nach **Nr. 4** eine Vereinbarung, nach der es dem Entleiher untersagt ist, mit dem LeihAN in dem
Zeitpunkt ein Arbeitsverhältnis einzugehen, in dem das Arbeitsverhältnis zwischen Verleiher und
LeihAN nicht mehr besteht.

Vom Schutzzweck der Nr. 4 her werden auch solche Abreden zwischen Entleiher und Verleiher 23
erfaßt, nach denen es dem Entleiher verboten ist, dem LeihAN eine Tätigkeit als AN im Entleiherbetrieb anzubieten (*Sandmann/Marschall* Rn. 29; *Schüren* Rn. 140). Eine solche Vereinbarung schränkt
wie das ausdrückliche Einstellungsverbot das Überwechseln des LeihAN aus einem Leiharbeitsverhältnis in ein Stammarbeitsverhältnis ein.

Davon abzugrenzen ist die unlautere **ANAbwerbung.** Eine Aufforderung des Entleihers an den 24
LeihAN, ohne Einhaltung der Kündigungsfrist vom Verleiher zu ihm zu wechseln, stellt eine Verleitung zum Vertragsbruch dar. Damit verletzt der Entleiher zum einen seine Vertragspflichten aus dem
Überlassungsvertrag (*Schüren* Rn. 141), und zum anderen verstößt er gegen § 1 UWG (*Becker/
Wulfgramm* Rn. 30 c).

Eine gegen Nr. 4 verstoßende Vertragsvereinbarung ist unwirksam; diese Unwirksamkeit läßt dem 25
Schutzzweck der Nr. 4 entsprechend den Rest des Vertrages unberührt. Erfaßt werden außer dieser
Vereinbarung nur noch vertragliche Abreden, die das Einstellungsverbot absichern sollen (*Becker/
Wulfgramm* Rn. 30 a; *Schüren* Rn. 142: „Vertragsstrafen"). **§ 139 BGB** ist also **nicht anzuwenden.**

Ist der Verleihunternehmer im Besitz einer Erlaubnis zur Arbeitsvermittlung nach §§ 291 ff. 26
SGB III (ausführlich zur privaten Arbeitsvermittlung *Scheurer* HwB AR Nr. 1445), so verstößt eine
Vereinbarung zwischen Verleiher und Entleiher darüber, daß dem Verleiher bei einem nach dem Ende
des Verleihs erfolgenden Verbleib des LeihAN im Betrieb des Entleihers eine Vermittlungsgebühr zu
zahlen ist, nicht gegen Nr. 4. Der gesetzgeberische Zweck der Nr. 4, die freie Wahl des Arbeitsplatzes
durch den LeihAN zu schützen, wird durch die Vereinbarung einer Vergütung nicht berührt (zutreffend *Sandmann/Marschall* Rn. 29). Dies gilt allerdings nur solange, als sich die Vermittlungsgebühr im
Rahmen des Üblichen hält und aufgrund ihrer Höhe in ihrer wirtschaftlichen Wirkung nicht einer
Untersagung gleichkommt.

5. Verbot der Eingehung eines Arbeitsverhältnisses gegenüber dem LeihAN. Den gleichen 27
Zweck wie Nr. 4 verfolgt die Regelung der **Nr. 5**, nach der eine zwischen Verleiher und LeihAN
getroffene Abrede, die es dem LeihAN verbietet, nach Beendigung des Leiharbeitsverhältnisses bei
einem Entleiher als AN tätig zu werden, unwirksam ist. Damit soll dem LeihAN die Chance gesichert
werden, seine nur kurzfristig angelegte Tätigkeit im Entleiherbetrieb in ein Dauerbeschäftigungsverhältnis umzuwandeln (LAG Köln 22. 8. 1984 DB 1984, 445).

Selbst wenn sich der Verleiher verpflichtet hat, dem LeihAN für den Zeitraum der Verbotsabrede 28
eine Entschädigung zu zahlen, ist die Abrede nach § 9 Nr. 5 unwirksam. Nach überwiegender Auffassung geht die Regelung der Nr. 5 den Wettbewerbsbestimmungen des HGB (**§§ 74 ff. HGB**) vor (vgl.
nur LAG Köln 17. 5. 1984 EzAÜG Nr. 152 b; *Becker/Wulfgramm* Rn. 33; *Franßen/Haesen* Rn. 36;
Kasseler Handbuch/*Düwell* 4.5 Rn. 362; aA *Schubel/Engelbrecht* Rn. 12; zum nachvertraglichen
Wettbewerbsverbot bezüglich der Gründung eines eigenen Verleihunternehmens *Schüren* Rn. 148).

Während der Dauer des Arbeitsverhältnisses kann dem LeihAN nur nach den allgemeinen Regeln 29
eine **Nebentätigkeit** verboten werden. Eine Nebentätigkeit kann nach der Rspr. des BAG dem
LeihAN nur untersagt werden, wenn sie die Erfüllung seiner Arbeitspflicht erheblich beeinträchtigen
würde (BAG 26. 8. 1976 AP BGB § 626 Nr. 68 m. Anm. *Löwisch*; s. auch *Wank*, Nebentätigkeit,
1995, Rn. 83 ff.). Während der Dauer des Leiharbeitsverhältnisses besteht gem. § 60 HGB analog ein
Wettbewerbsverbot für den LeihAN (LAG Berlin 9. 2. 1981 DB 1981, 1095), das jede Form von
Konkurrenztätigkeit – ausgenommen deren Vorbereitung für die Zeit nach dem Ausscheiden aus dem
Arbeitsverhältnis (BAG 16. 1. 1975 AP HGB § 60 Nr. 8; *Becker/Wulfgramm* Rn. 33 a; s. auch *Wank*
Nebentätigkeit Rn. 24) – erfaßt (*Schüren* Rn. 150).

30 Die Unwirksamkeit führt zu einer **Teilnichtigkeit** des zwischen LeihAN und Verleiher bestehenden Leiharbeitsvertrages und erfaßt auch, wie im Falle der Nr. 4, absichernde oder ergänzende Bestimmungen (zB eine Vertragsstrafe); das gesamte Leiharbeitsverhältnis wird davon nicht berührt. Eine vom Verleiher gezahlte „Karenzentschädigung" kann gem. § 817 BGB selbst dann nicht zurückgefordert werden, wenn der AN sich an die so abgesicherte Verpflichtung nicht hält (LAG Köln 22. 8. 1984 DB 1985, 445).

§ 10 Rechtsfolgen bei Unwirksamkeit

(1) ¹Ist der Vertrag zwischen einem Verleiher und einem Leiharbeitnehmer nach § 9 Nr. 1 unwirksam, so gilt ein Arbeitsverhältnis zwischen Entleiher und Leiharbeitnehmer zu dem zwischen dem Entleiher und dem Verleiher für den Beginn der Tätigkeit vorgesehenen Zeitpunkt als zustande gekommen; tritt die Unwirksamkeit erst nach Aufnahme der Tätigkeit beim Entleiher ein, so gilt das Arbeitsverhältnis zwischen Entleiher und Leiharbeitnehmer mit dem Eintritt der Unwirksamkeit als zustande gekommen. ²Das Arbeitsverhältnis nach Satz 1 gilt als befristet, wenn die Tätigkeit des Leiharbeitnehmers bei dem Entleiher nur befristet vorgesehen war und ein die Befristung des Arbeitsverhältnisses sachlich rechtfertigender Grund vorliegt. ³Für das Arbeitsverhältnis nach Satz 1 gilt die zwischen dem Verleiher und dem Entleiher vorgesehene Arbeitszeit als vereinbart. ⁴Im übrigen bestimmen sich Inhalt und Dauer dieses Arbeitsverhältnisses nach den für den Betrieb des Entleihers geltenden Vorschriften und sonstigen Regelungen; sind solche nicht vorhanden, gelten diejenigen vergleichbarer Betriebe. ⁵Der Leiharbeitnehmer hat gegen den Entleiher mindestens Anspruch auf das mit dem Verleiher vereinbarte Arbeitsentgelt.

(2) ¹Der Leiharbeitnehmer kann im Falle der Unwirksamkeit seines Vertrages mit dem Verleiher von diesem Ersatz des Schadens verlangen, den er dadurch erleidet, daß er auf die Gültigkeit des Vertrages vertraut. ²Die Ersatzpflicht tritt nicht ein, wenn der Leiharbeitnehmer den Grund der Unwirksamkeit kannte.

(3) ¹Zahlt der Verleiher das vereinbarte Arbeitsentgelt oder Teile des Arbeitsentgelts an den Leiharbeitnehmer, obwohl der Vertrag nach § 9 Nr. 1 unwirksam ist, so hat er auch sonstige Teile des Arbeitsentgelts, die bei einem wirksamen Arbeitsvertrag für den Leiharbeitnehmer an einen anderen zu zahlen wären, an den anderen zu zahlen. ²Hinsichtlich dieser Zahlungspflicht gilt der Verleiher neben dem Entleiher als Arbeitgeber; beide haften insoweit als Gesamtschuldner.

(4) ¹In den Fällen des § 9 Nr. 3 ist der Anspruch des Leiharbeitnehmers auf Arbeitsentgelt nicht von seinem Angebot zur Arbeitsleistung abhängig; § 11 des Kündigungsschutzgesetzes gilt entsprechend. ²Entsprechendes gilt für die Zeit nach Ablauf der Frist, wenn eine Befristung nach § 9 Nr. 2 unwirksam ist.

I. Allgemeines

1 Durch § 10 werden die Folgen der Unwirksamkeit eines Arbeitsvertrages nach § 9 Nr. 1 (Abs. 1 und 2) und die einer unwirksamen Kündigung und Befristung (§ 9 Nr. 3 und 2) geregelt (Abs. 3). Von § 10 werden auch die Fälle illegaler ANÜberlassung in der Form von **Scheindienst- und Scheinwerkverträgen** erfaßt (*Schüren* Rn. 1).

2 Diese in erster Linie dem Schutz des LeihAN dienende Vorschrift erfüllt zugleich eine mittelbare Kontrollfunktion: Allein schon wegen der damit für ihn begründeten Gefahr, einen AN übernehmen zu müssen, wird der Entleiher jeweils sorgfältig das Bestehen einer Erlaubnis prüfen (*Becker/Wulfgramm* Rn. 3).

II. Rechtsfolgen der Unwirksamkeit im einzelnen

3 **1. Arbeitsverhältnis zum Entleiher.** Nach der Regelung des **Abs. 1** wird zum Schutze des LeihAN durch eine Fiktion ein Arbeitsverhältnis zum Entleiher begründet (zum rechtsdogmatischen Hintergrund *Becker/Wulfgramm* Rn. 8 f.). Die Regelung ist nicht abdingbar und kann auch nicht vom AN durch einen Widerspruch verhindert werden (str., Nachw. bei Kasseler Handbuch/*Düwell* 4. 5. Rn. 269; *Schüren* Rn. 35). Ihre Wirkung besteht darin, daß ohne eine vertragliche Einigung zwischen Entleiher und LeihAN die Rechtswirkungen eines Arbeitsverhältnisses eintreten, wenn der gewerbsmäßig handelnde Verleiher nicht die nach § 1 erforderliche Erlaubnis hat. Für das Eingreifen der Fiktion kommt es nur darauf an, daß die Erlaubnis fehlt. Ist der Leiharbeitsvertrag aus anderen Gründen unwirksam (Geschäftsunfähigkeit, mangelnde Vertretungsbefugnis), so greift die Fiktion nicht ein (*Sandmann/Marschall* Rn. 22). Verstößt eine illegale Überlassung auch gegen §§ 15 ff., so steht die Fiktion eines Arbeitsverhältnisses nicht entgegen (*Sandmann/Marschall* Rn. 22; *Schüren* Rn. 28; aA *Franßen/Haesen* § 15 AÜG Rn. 10). Für den Fall, daß die Erlaubnis später wegfällt, endet das Leiharbeitsverhältnis, und es entsteht ein Arbeitsverhältnis zwischen Entleiher und LeihAN.

II. Rechtsfolgen der Unwirksamkeit im einzelnen

Das **fingierte Arbeitsverhältnis beginnt in dem Zeitpunkt**, in dem der LeihAN nach dem Überlassungsvertrag die Tätigkeit beim Entleiher aufnehmen soll. Dafür ist auf den im Überlassungsvertrag genannten Zeitpunkt abzustellen (*Sandmann/Marschall* Rn. 4; *Becker/Wulfgramm* Rn. 12; aA *Schüren* Rn. 40f. und *Ulber* Rn. 21; *ders.*, AuR 1982, 54, 63). Fehlt es an der Vereinbarung eines festen Zeitpunktes oder läßt er sich im nachhinein nicht mehr genau ermitteln, ist auf den Zeitpunkt der tatsächlichen Arbeitsaufnahme abzustellen (BAG 10. 2. 1977 AP BetrVG 1972 § 103 Nr. 9).

Voraussetzung für die Fiktion ist, daß die Beteiligten in dem vorgesehenen Zeitpunkt die ANÜberlassung noch tatsächlich durchführen wollen. Da nach § 9 Nr. 1 Überlassungsvertrag und Leiharbeitsvertrag unwirksam sind, werden die Beteiligten durch beide **nicht für die Zukunft** gebunden (*Schüren* Rn. 29). Die Fiktion kann nur in der tatsächlich entsandten Person eintreten (*Schüren* Rn. 29).

Fehlt die Erlaubnis bereits im Zeitpunkt des Arbeitsvertragsschlusses, so ist der Arbeitsvertrag gem. § 9 Nr. 1 nichtig. Auch die später erfolgende Genehmigung kann den einmal nichtigen Arbeitsvertrag nicht heilen; es kommt nur ein Neuabschluß in Betracht.

Unabhängig davon, ob der LeihAN die Arbeit beim Entleiher aufnimmt, entsteht zu ihm das fingierte Arbeitsverhältnis im Zeitpunkt der zwischen Verleiher und Entleiher vereinbarten Arbeitsaufnahme (*Becker/Wulfgramm* Rn. 12).

Die Fiktionswirkung tritt **unabhängig vom Willen** oder von der Kenntnis der Beteiligten ein (BGH 8. 11. 1979 NJW 1980, 452). Selbst wenn der Verleiher das Bestehen einer Erlaubnis vorspiegelt oder deren späteren Wegfall nicht anzeigt, §§ 11 III, 12 II, oder wenn die Beteiligten der Auffassung sind, es handele sich um einen Werk- oder Dienstvertrag und nicht um unerlaubte gewerbsmäßige ANÜberlassung, greift die Fiktion ein (BGH 8. 11. 1979 EzAÜG Nr. 61; *Becker/Wulfgramm* Rn. 13; *Sandmann/Marschall* Rn. 5).

Für den Zeitraum zwischen dem Abschluß des Arbeitsvertrages und dem Zeitpunkt der vorgesehenen Aufnahme der Tätigkeit beim Entleiher besteht wegen der nach § 9 Nr. 1 eintretenden Nichtigkeit ein fehlerhaftes Arbeitsverhältnis zwischen Verleiher und LeihAN (*Becker/Wulfgramm* Rn. 14). Entfällt die Erlaubnis nach Abschluß des Arbeitsvertrages, aber vor dem für die Überlassung vorgesehenen Zeitpunkt, so besteht bis zu diesem Zeitpunkt ein wirksames und danach ein fehlerhaftes Leiharbeitsverhältnis (*Becker/Wulfgramm* Rn. 15).

Ist der AN in einem sog. **gemischten Unternehmen** beschäftigt, tritt die Unwirksamkeit nach § 9 Nr. 1 erst zum Zeitpunkt der erstmals unerlaubt erfolgenden Überlassung ein (*Sandmann/Marschall* Rn. 4).

Fällt die Erlaubnis **nach Beginn der Arbeitsaufnahme** weg (Abs. 1 S. 1 2. Halbs.), so entsteht das fingierte Arbeitsverhältnis zwischen LeihAN und Entleiher im Zeitpunkt des Erlöschens (zu den Folgen des Todes eines erlaubt tätigen Verleihers *Schüren* Rn. 47f.). Die Leiharbeits- und ANÜberlassungsverträge bleiben in den Fällen der Nichtverlängerung (§ 2 IV 3), der Rücknahme (§ 4) oder des Widerrufs (§ 5) bis zum Ablauf der sechsmonatigen Abwicklungsfrist wirksam (§ 2 IV 4). Auch hier spielt eine Kenntnis der Beteiligten vom Erlöschen für die objektive Rechtsfolge jeweils keine Rolle.

2. Inhalt des Arbeitsverhältnisses. a) Allgemeines. Die in § 10 I 2 bis 5 getroffene Regelung über den Inhalt des fingierten Arbeitsverhältnisses ist nicht abschließend (S. 3 und 5). Darüber hinaus wird in S. 4 nur auf die im Betrieb geltenden Vorschriften und sonstigen Regelungen verwiesen. Fehlen sie im Entleiherbetrieb, so sind die in vergleichbaren Betrieben geltenden anzuwenden. Auch die üblichen AGPflichten im Bereich des Arbeits-, Steuer- und Sozialversicherungsrechts gelten, soweit das AÜG keine Sonderregelungen enthält.

Von besonderer Bedeutung wird hier für den LeihAN der **Gleichbehandlungsgrundsatz.** Davon werden vor allem alle betrieblichen Sozialleistungen mit und ohne Entgeltcharakter erfaßt. Kommt es in diesem Zusammenhang auf die Dauer der Betriebszugehörigkeit an, dann sind nur die Zeiten des fingierten Arbeitsverhältnisses – sogar bis zu einer vierwöchigen Unterbrechung (BAG 10. 5. 1989 AP KSchG 1969 § 1 Wartezeit Nr. 7) – zu zählen. Vor dem Eintritt der Fiktion des § 10 I abgeleistete Arbeitszeiten werden nicht eingerechnet (ArbG Bochum 14. 1. 1982 DB 1982, 1623, 1624).

Beenden Entleiher und LeihAN das fiktive Arbeitsverhältnis durch den **Abschluß eines Arbeitsvertrages**, so sind sie an die für das fiktive Arbeitsverhältnis geltenden Regelungen nicht mehr gebunden (BAG 19. 12. 1979 EzAÜG Nr. 64).

b) Arbeitszeit. Durch die **Fiktion des Abs. 1 S. 3** gilt die zwischen Verleiher und Entleiher vorgesehene Arbeitszeit auch für das Arbeitsverhältnis nach Abs. 1 S. 1. Dadurch soll der AN, der sich auf eine bestimmte Arbeitszeit eingestellt hat, vor unvorhersehbaren Änderungen geschützt werden (*Becker/Wulfgramm* Rn. 19). Darüber hinaus wird nach zutreffender Ansicht neben der Dauer auch die Lage des Arbeitsverhältnisses übertragen. Der Schutz wäre unvollständig, wenn der Schutz sich nicht auch auf die zwischen Verleiher und Entleiher vereinbarte Tageszeit, auf die sich der AN auch einstellt, erstrecken würde (*Becker/Wulfgramm* Rn. 19).

Die Bindung des Entleihers an die Arbeitszeitregelung des Überlassungsvertrages kann nicht weiter reichen, als die des Verleihers im Rahmen des Leiharbeitsverhältnisses gereicht hätte (*Schüren* Rn. 83). Der Verleiher kann aber die **Arbeitszeit** nach billigem Ermessen (§ 315 BGB), ggf. innerhalb der tariflichen oder der durch Betriebsvereinbarung gezogenen Grenzen (§ 87 I Nr. 2 BetrVG) **bestimmen.** Dieses Recht kommt mit dem Eintritt der Fiktion dem Entleiher zu (*Schüren* Rn. 83). Eine Beschränkung dieses Rechts kommt nicht bereits dadurch zustande, daß der illegale Verleiher seine betriebsübliche Arbeitszeitregelung in den Leiharbeitsvertrag aufnimmt (BAG 23. 6. 1992 AP BGB § 611 Arbeitszeit Nr. 1), vielmehr muß sie ausdrücklich zum Inhalt des Arbeitsvertrages gemacht werden (*Schüren* Rn. 84).

17 Fehlen entsprechende vertragliche Vereinbarungen, so sind gem. **Abs. 1 S. 4** subsidiär die im Entleiherbetrieb geltenden Regelungen und sonstigen Vorschriften anzuwenden (kollektivvertragliche Regelungen aus TV oder Betriebsvereinbarung, ansonsten gilt die betriebsübliche Arbeitszeit). Gibt es keine entsprechenden Regelungen, muß auf die betriebsübliche Arbeitszeit vergleichbarer Betriebe zurückgegriffen werden.

18 Von den dadurch festgelegten Zeiten können zwar weder Entleiher noch AN einseitig Abstand nehmen, jedoch ist eine gemeinschaftliche Vereinbarung über eine Abweichung von der nach der Bestimmung des Abs. 1 S. 3 geltenden Arbeitszeit jederzeit möglich (*Becker/Wulfgramm* Rn. 23).

19 Der Entleiher hat auch im fingierten Arbeitsverhältnis die Vorschriften des **Arbeitszeitschutzes** zu berücksichtigen (insb. ArbZG, JArbSchG und LadSchlG).

20 c) **Arbeitsentgelt.** Für das Arbeitsentgelt kommt es gem. Abs. 1 S. 4 grds. auf die im Entleiherbetrieb geltenden Regelungen und Vorschriften an. Allerdings soll der LeihAN gem. Abs. 1 S. 5 mindestens das mit dem Verleiher vereinbarte Entgelt erhalten. Dieser **Mindestentgeltanspruch** gilt auch als Berechnungsgrundlage für die Beträge, die nach einem allgemeinverbindlichen TV an Gemeinsame Einrichtungen der Tarifparteien abzuführen sind (Hess. LAG 7. 6. 1993 EzAÜG § 10 Fiktion Nr. 77).

21 Der Begriff „**Arbeitsentgelt**" ist weit zu verstehen. Darunter fallen Gehalt, Lohn, Kindergeld, Familienzulage, Trennungszulage, Urlaubsgeld, Provision und Auslösung sowie Sachleistungen (*Becker/Wulfgramm* Rn. 25; *Schüren* Rn. 89).

22 Sind LeihAN und Entleiher tarifgebunden, so sind die für den Entleiherbetrieb geltenden tariflichen Entgeltregelungen anzuwenden, § 4 I 1 TVG. Werden übertarifliche Löhne an StammAN gezahlt, hat der LeihAN nach dem arbeitsrechtlichen Gleichbehandlungsgrundsatz einen Anspruch auf den gleichen Lohn.

23 Ohne eine kollektivvertragliche Regelung bemißt sich das Gehalt nach dem, was ein StammAN mit vergleichbarer Tätigkeit in dem Betrieb erhält; ansonsten nach dem Arbeitsentgelt von StammAN in vergleichbaren Betrieben (BAG 21. 7. 1993 EzAÜG § 10 Fiktion Nr. 78).

24 In jedem Fall hat der LeihAN zumindest den Lohn zu bekommen, der mit dem Verleiher vereinbart ist (Abs. 1 S. 5). Grds. werden davon alle arbeitsvertraglichen Abreden erfaßt. Fraglich ist jedoch, ob das auch für die nicht in bezug genommenen, sondern tarifrechtlich für das Leiharbeitsverhältnis geltenden Vorschriften gilt (bei Tarifbindung von Verleiher und LeihAN, § 4 I 1 TVG). Dies ist zu bejahen, denn der Schutzzweck der Regelung geht dahin, dem Leiharbeiter sein bisheriges Einkommen als Mindesteinkommen zu garantieren. Eine andere Auslegung würde die AN, bei denen die Tarifbindung aufgrund der Zugehörigkeit zur Gewerkschaft eintritt, gegenüber den nicht tarifgebundenen AN, bei denen der TV einzelvertraglich in bezug genommen wird, ungerechtfertigt schlechter stellen (*Becker/Wulfgramm* Rn. 28).

25 Eine Abweichung ist durch eine vertragliche Regelung insoweit möglich, als dabei die gesetzlichen Mindestarbeitsbedingungen und die Untergrenze des Abs. 1 S. 5 eingehalten werden.

26 d) **Sonstige Arbeitsbedingungen.** Gem. **Abs. 1 S. 4** sind hinsichtlich der sonstigen Arbeitsbedingungen auf das fingierte Arbeitsverhältnis die im Entleiherbetrieb geltenden Vorschriften und sonstigen Regelungen anzuwenden. Soweit sie nicht bestehen, ist auf die Regelungen vergleichbarer Betriebe zurückzugreifen.

27 Erfaßt werden von dem Begriff der „**sonstigen Arbeitsbedingungen**" die jeweils einschlägigen arbeitsrechtlichen Gesetze und Verordnungen, Betriebsvereinbarungen (§ 77 IV 1 BetrVG) und die betriebliche Übung im Entleiherbetrieb (vgl. dazu BAG 1. 6. 1994 AR-Blattei ES 1840 Nr. 26 m. Anm. *Echterhölter*). Fortlaufende Sozialleistungen kann der LeihAN unter dem Gesichtspunkt der Gleichbehandlung verlangen. Soweit nur der Entleiher tarifgebunden ist, gelten gem. § 3 II TVG nur die Rechtsnormen über betriebliche und betriebsverfassungsrechtliche Fragen auch für den LeihAN; die übrigen Bestimmungen des TV gelten nur, wenn sowohl Entleiher als auch LeihAN tarifgebunden sind, § 3 I TVG.

28 Als voll gültiges Arbeitsverhältnis entspricht das fiktive Arbeitsverhältnis insgesamt dem Verhältnis AG – AN bei einem **normalen Arbeitsvertrag.** Damit bestehen für den Entleiher die üblichen AGPflichten (zB Fürsorgepflicht, Pflicht zur Lohnfortzahlung und zur Urlaubsgewährung) und auch die üblichen AGRechte (zB Recht auf sorgfältige Arbeitsleistung). Ebenso unterscheiden sich auch die bei dem fiktiven Arbeitsverhältnis bestehenden Rechte und Pflichten des AN nicht von den bei einem üblichen Arbeitsvertrag bestehenden (*Becker/Wulfgramm* Rn. 32).

29 Verständigen sich Entleiher und LeihAN über den Abschluß eines **neuen Arbeitsvertrages,** so wird das fingierte Arbeitsverhältnis in ein normales umgewandelt (BAG 19. 12. 1979 EzAÜG Nr. 64).

II. Rechtsfolgen der Unwirksamkeit im einzelnen § 10 AÜG 140

3. Dauer des Arbeitsverhältnisses. Die Dauer des Arbeitsverhältnisses bestimmt sich grds. nach 30 den für den Entleiherbetrieb geltenden Vorschriften und sonstigen Regelungen. Eine Ausnahme davon bildet die Fiktion des **Abs. 1 S. 2,** nach der das fingierte Arbeitsverhältnis als **befristet** gilt, wenn die Tätigkeit bei dem Entleiher nur befristet vorgesehen war und für das Arbeitsverhältnis ein die Befristung sachlich rechtfertigender Grund vorliegt. Auf die Regelung des § 9 Nr. 2 kommt es hierbei nicht an, denn ausschlaggebend ist die zwischen Entleiher und Verleiher bestehende Befristungsabrede. Der befristete oder dem Zweck nach begrenzte ANÜberlassungsvertrag ist also darauf zu prüfen, ob er für den begrenzten Einsatz eine sachliche Rechtfertigung enthält.

Allerdings bedarf **nicht jede Befristung eines sachlichen Grundes;** vielmehr ist der Anwendungs- 31 bereich dieser Regelung auf die Fälle zu reduzieren, in denen ansonsten dem AN durch die Befristung der durch zwingende Kündigungsbestimmungen bezweckte Bestandsschutz entzogen würde. Ein von der bisherigen Rspr. abweichender, weitergehender Bestandsschutz ließe sich vor dem Hintergrund des damit eintretenden schweren Eingriffs in die Privatautonomie nicht rechtfertigen (*Schüren* Rn. 52). Demgemäß bedarf es keines sachlichen Grundes für diejenigen Befristungsfälle, in denen der AN nicht in den Schutzbereich des Kündigungsschutzgesetzes fällt (§§ 1, 23 KSchG; vgl. MünchArbR/*Wank* § 122 Rn. 37).

Ein die Befristung rechtfertigender Grund kann im Rahmen des § 10 – anders als bei § 9 – auch **auf** 32 **seiten des AG** bestehen (vgl. zu den Befristungsgründen auf seiten des AN bereits oben § 9 Rn. 11 ff.). Als Befristungsgrund auf AGSeite kommt insb. in Betracht, daß die Erlaubnis für die AG für die Arbeitskraft zeitlich begrenzt ist. Fällt der Befristungsgrund während des Arbeitsverhältnisses fort, so führt dies nicht zu einem unbefristeten fingierten Arbeitsverhältnis (MünchArbR/*Wank* § 116 Rn. 57 f.).

Wenn ein sachlicher Befristungsgrund nach Abs. 1 S. 2 vorliegt, endet das Arbeitsverhältnis – 33 vorbehaltlich einer gemeinschaftlichen Aufhebung oder einer außerordentlichen Kündigung – mit dem Ablauf des zwischen Verleiher und Entleiher geschlossenen Überlassungsvertrages.

Die bloße **Mitteilung** darüber, daß das Arbeitsverhältnis mit dem Ablauf des Überlassungszeit- 34 raums endet, stellt keine Kündigung dar (BAG 26. 4. 1976 AP BGB § 620 Befristeter Arbeitsvertrag Nr. 47). Zu einer solchen Mitteilung soll der Verleiher nach tlw. vertretener Auffassung aufgrund seiner Fürsorgepflicht verpflichtet sein; ist dies bei einem zu kurzfristigen Bestehen des Arbeitsverhältnisses nicht mehr möglich, so soll der Entleiher dazu gehalten sein, dem LeihAN uU eine Schonfrist zu gewähren (*Becker/Wulfgramm* Rn. 36).

Wird ein nach Abs. 1 S. 2 wirksam befristetes Arbeitsverhältnis mit Wissen des AG (Entleihers) 35 **fortgeführt**, dann gilt es als unbefristetes, soweit nicht der AG unverzüglich widerspricht (§ 625 BGB). Fehlt es jedoch an den für die Befristungsfiktion notwendigen Voraussetzungen, so besteht ein unbefristetes Arbeitsverhältnis, das nach den allgemeinen Grundsätzen – Aufhebungsvertrag, ordentliche oder außerordentliche Kündigung – beendbar ist (*Schüren* Rn. 97). Aufgrund des Schutzzwecks der Regelung beginnt die Kündigungsbefugnis aber erst mit dem Ende der vorgesehenen Überlassungsdauer (*Schüren* Rn. 99).

In die **Wartezeit** von sechs Monaten nach § 1 I KSchG sind die Zeiten vor dem Beginn der Fiktion 36 nach § 10 I nicht einzurechnen (ArbG Bochum 14. 1. 1982 DB 1983, 1623; BAG 8. 12. 1988 EzAÜG § 10 Fiktion Nr. 60; *Schüren* Rn. 100; aA KDZ § 10 AÜG Rn. 25; *Ulber* Rn. 39). Wenn Zeiten illegaler Überlassung nur geringfügig unterbrochen werden (weniger als vier Wochen), so sind sie auf die Erfüllung der Wartezeiten nach § 1 KSchG anzurechnen. Eine Anfechtung ist nicht möglich, da das fingierte Vertragsverhältnis nicht durch die Abgabe von Willenserklärungen zustande gekommen ist (*Becker/Wulfgramm* Rn. 37; aA *Franßen/Haesen* Rn. 46).

Der Nichtbesitz der Erlaubnis oder ihr späterer Wegfall werden tlw. als für den AN **wichtiger** 37 **Grund** iSd. § 626 BGB angesehen (*Becker/Wulfgramm* Rn. 38; *Sandmann/Marschall* Rn. 19; aA *Franßen/Haesen* Rn. 59). Dies sei ein Korrelat zu der unabhängig vom Willen des LeihAN eingreifenden Fiktion. – Dem AN ist jedoch zuzumuten, ordentlich zu kündigen (*Schüren* Rn. 105).

4. Schadensersatz, Abs. 2. Gem. Abs. 2 S. 1 hat der LeihAN gegen den Verleiher einen Anspruch 38 auf Ersatz der Schäden, die er dadurch erlitten hat, daß er auf die Gültigkeit seines Arbeitsvertrages vertraute. Die Unwirksamkeit muß auf der Regelung des § 9 Nr. 1 beruhen (*Becker/Wulfgramm* Rn. 41; *Franßen/Haesen* Rn. 61; *Sandmann/Marschall* Rn. 24; *Schüren* Rn. 174). Ob die Erlaubnis schon bei Abschluß des Arbeitsverhältnisses nicht bestand oder ob sie später weggefallen ist, ist nur insoweit wichtig, als der Anspruch auf einen Ersatz des Vertrauensschadens erst in dem Zeitpunkt entsteht, von dem an keine Erlaubnis (mehr) vorliegt.

Die Ersatzpflicht ist jedoch gem. **§ 10 II 2** ausgeschlossen, wenn der LeihAN den Unwirksamkeits- 39 grund kannte. Dabei muß der LeihAN positive **Kenntnis von der Unwirksamkeit** haben, denn die Versagungsgründe des § 3 treten unabhängig von einem Verschulden des Verleihers ein (*Becker/Wulfgramm* Rn. 42; *Schüren* Rn. 210). Der LeihAN muß also wissen, daß es zu seiner Überlassung einer Erlaubnis bedarf und daß dem Verleiher die nach § 1 erforderliche Erlaubnis fehlt, oder es muß ihm während seiner Tätigkeit bekannt werden, daß die Erlaubnis erloschen ist. Allgemeine Vermutungen oder grob fahrlässige Unkenntnis lassen die Haftung des Verleihers nicht entfallen (*Schüren* Rn. 214).

40 Mit der Regelung des Abs. 2 wollte der Gesetzgeber dem Umstand Rechnung tragen, daß nicht das in Aussicht genommene, sondern statt dessen ein völlig neues Arbeitsverhältnis mit tlw. stark abweichenden Bedingungen entsteht (*Becker/Wulfgramm* Rn. 44). Deshalb wird der Umfang des Schadensersatzes **nicht**, wie bei den §§ 122, 179 und 306 BGB, **auf das negative Interesse begrenzt** (*Becker/ Wulfgramm* Rn. 44; so auch die amtl. Begründung, BT-Drucks. VI/2303 S. 14; aA *Schüren* Rn. 178 mwN). Erfaßt werden die Schäden, die der LeihAN dadurch erleidet, daß der Entleiher seinen nach Abs. 1 bestehenden Verpflichtungen nicht nachkommt (*Becker/Wulfgramm* Rn. 45 mwN). Darüber hinaus sind all die Schäden zu ersetzen, die aufgrund der kraft Gesetzes eintretenden Beendigung des Leiharbeitsverhältnisses entstehen. Der Verleiher haftet auch auf Schadensersatz, wenn es der LeihAN in Unkenntnis der von Abs. 1 begründeten Fiktion unterläßt, gegenüber dem Entleiher innerhalb der Ausschlußfrist Ansprüche geltend zu machen (*Becker/Wulfgramm* Rn. 45 a; *Sandmann/Marschall* Rn. 26).

41 Ebenso haftet der Verleiher im Falle der **Insolvenz** des Entleihers, wenn es der LeihAN in Unkenntnis der Fiktion des Abs. 1 unterlassen hat, Ansprüche auf Insolvenzgeld (§§ 183 ff. SGB III) rechtzeitig geltend zu machen (*Sandmann/Marschall* Rn. 26). Wird der Verleiher insolvent, so hat der LeihAN einen Anspruch nach § 183 SGB III, sofern das Arbeitsverhältnis durchgeführt wurde; denn in diesem Fall bestand aufgrund eines fehlerhaften Arbeitsverhältnisses ein Vergütungsanspruch gegen den Verleiher, der als Anspruch auf Arbeitsentgelt iSd. § 183 I SGB III anzusehen ist (s. zu § 141a ff. AFG BSG 20. 3. 1984 E 56, 211 ff.; *Becker/Wulfgramm* Rn. 45a; aA *Sandmann/Marschall* Rn. 25). Insgesamt dürfte die Regelung des Abs. 2 allerdings wenig praxisrelevant sein, da wegen der Vergütung aus dem fehlerhaften Leiharbeitsverhältnis nur selten Vermögenseinbußen bestehen können (zutr. *Schüren* Rn. 135 und 171).

42 **5. Umfang der Leistungspflicht, Abs. 3.** Abs. 3 wurde aufgrund des 2. WiKG 1986 v. 15. 5. 1986 (BGBl. I S. 721, 727) eingefügt. Der frühere Abs. 3 wurde zu Abs. 4. Mit dessen Einfügung wollte der Gesetzgeber den Schutz des LeihAN erweitern. Gem. § 9 Nr. 1 iVm. § 10 I war in dem Fall, daß wegen des in Nr. 1 genannten Grundes der Arbeitsvertrag zwischen Verleiher und LeihAN unwirksam war, nur der Entleiher als AG des LeihAN anzusehen. Er allein haftete dann aufgrund seiner AGPosition für Lohn, Sozialversicherungsbeiträge und Lohnsteuer. Der Verleiher hat dem LeihAN die zur Geltendmachung von Schadensersatzansprüchen und zur Durchsetzung seiner Rechte gegenüber dem Entleiher nötigen Auskünfte zu erteilen (Kasseler Handbuch/*Düwell* 4.5 Rn. 267). Hatte der Verleiher den Lohn gezahlt, so behandelte das BSG das zwischen Verleiher und LeihAN bestehende Rechtsverhältnis als fehlerhaftes Arbeitsverhältnis und verpflichtete ihn, auch die obengenannten Beiträge abzuführen (BSG 22. 5. 1984 E 56, 287). – Durch die Gesetzesänderung wird die Zahlungspflicht nunmehr unabhängig von dem fehlerhaften Arbeitsverhältnis festgeschrieben. Zahlt der Verleiher die Vergütung, so sind Verleiher und Entleiher wegen des Gesamtsozialversicherungsbeitrags gem. § 28 e II 4 SGB IV Gesamtschuldner. Die Neuregelung begründet nur eine zusätzliche Haftung des Entleihers für die Beitragsschulden des Verleihers.

43 Der Anspruch setzt voraus, daß der LeihAN vom Verleiher trotz Unwirksamkeit des Leiharbeitsvertrages gem. § 9 Nr. 1 die Vergütung ganz oder tlw. erhält (weitergehend *Schüren* Rn. 236 f., der eine Zahlungspflicht bereits dann annimmt, wenn ein unwirksames Arbeitsverhältnis vollzogen wurde; auf die Zahlung selbst komme es dabei nicht an).

44 Abs. 3 S. 2 ordnet eine gesamtschuldnerische Haftung von Entleiher und illegalem Verleiher an (ausführlich *Schüren* Rn. 240 ff. und 275).

45 **6. Annahmeverzug, Abs. 4.** Eine nach § 9 Nr. 2 oder 3 unwirksame Kündigung führt dazu, daß der LeihAN nach § 10 IV auch ohne Annahmeverzug des AG (§§ 611, 615 BGB) einen Anspruch auf Nachzahlung des Arbeitslohnes für den Zeitraum zwischen der unwirksamen Kündigung und der Wiedereinstellung hat. Unabhängig davon, ob er seine Arbeitskraft nach der Kündigung angeboten hat, hat er einen Anspruch auf das Arbeitsentgelt (*Becker/Wulfgramm* Rn. 52; *Schüren* Rn. 247; aA *Sandmann/Marschall* Rn. 31 für den Fall, daß der LeihAN die Unwirksamkeit der Befristung nach Nr. 2 kennt).

46 Die anderen Voraussetzungen des Annahmeverzuges müssen jedoch gegeben sein. Der **AN** muß **leistungsbereit** und leistungsfähig sein, also tatsächlich und rechtlich in der Lage sein, die Leistung zu erbringen (ausführlich MünchArbR/*Boewer* § 78 Rn. 1 ff.; zu den Fallgruppen und den Folgen fehlender Leistungsfähigkeit *Schüren* Rn. 250 ff.). Beim leistungsfähigen AN kann es an der Leistungsbereitschaft fehlen; so beispielsweise, wenn der LeihAN angibt, für den Verleiher überhaupt nicht mehr arbeiten zu wollen. Will er nur bestimmte, konkret vorgegebene Einsätze bei Fremdfirmen nicht wahrnehmen, so wird die fehlende Leistungsbereitschaft jedenfalls für den Zeitraum als bestehend anzusehen sein, für den der Fremdfirmeneinsatz vorgesehen war (*Schüren* Rn. 255). Fehlende Leistungsbereitschaft besteht nicht schon, weil der AN ein neues Arbeitsverhältnis eingegangen ist; denn für dessen Eingehung besteht sogar aufgrund der Regelungen der § 615 S. 2 BGB, § 11 Nr. 2 KSchG eine entsprechende Obliegenheit auf seiten des LeihAN (zutr. *Schüren* Rn. 256).

47 Der Verleiher hat dem LeihAN nach dem Lohnausfallprinzip das zu zahlen, was er ohne die Kündigung mutmaßlich verdient hätte (*Becker/Wulfgramm* Rn. 49). Neben der Grundvergütung

II. Rechtsfolgen der Unwirksamkeit im einzelnen § 10 AÜG 140

werden von der Nachzahlungspflicht auch **sonstige Leistungen mit Entgeltcharakter** erfaßt (also auch Zulagen mit Entgeltcharakter, *Becker/Wulfgramm* Rn. 49). Unabhängig vom tatsächlichen Aufwand gezahltes Wegegeld (BAG 11. 2. 1976 DB 1976, 875) und Gratifikationen (BAG 18. 1. 1963 AP BGB § 615 Nr. 22) sowie Sachbezüge sind ebenfalls nachzuzahlen. Überstunden sind nachzuzahlen, sofern sie auch vom gekündigten AN zu leisten gewesen wären (*Becker/Wulfgramm* Rn. 49). Ein im Zwischenzeitraum entstandener tariflicher Anspruch auf Erhöhung der Vergütung ist nachzuzahlen.

War der AN im Zwischenzeitraum erkrankt, so hat er nachträglich einen Anspruch auf **Lohn-** 48 **fortzahlung**; wegen einer gem. Abs. 4 S. 1 2. Halbs. erfolgenden entsprechenden Anwendung von § 11 KSchG hat er sich jedoch Leistungen der Krankenkasse anrechnen zu lassen.

Darüber hinaus muß er sich anrechnen lassen:
1. was er durch anderweitige Arbeit verdient hat,
2. was er hätte verdienen können, wenn er es nicht böswillig unterlassen hätte, eine ihm zumutbare Arbeit anzunehmen,
3. was ihm an öffentlich-rechtlichen Leistungen infolge Arbeitslosigkeit aus der Arbeitslosenversicherung oder der Sozialhilfe für die Zwischenzeit gezahlt worden ist. Diese Beträge hat der Verleiher der Stelle zu erstatten, die sie geleistet hat.

Unter einer **anderweitigen Arbeit** ist – unabhängig von der Art der Arbeit – jedes andere Dienst- 49 oder Arbeitsverhältnis und auch eine selbständige Beschäftigung zu verstehen (*Becker/Wulfgramm* Rn. 50 a). Nebenbeschäftigungen und Gefälligkeitsarbeiten sind nur anrechenbar, wenn sie im Falle der Weiterbeschäftigung nicht hätten erbracht werden können.

Vom anrechenbaren Verdienst werden alle Leistungen mit Entgeltcharakter erfaßt (Gehalt, Akkord-, 50 Stundenlohn, Prämien, Leistungszulagen und Provisionen; LAG Düsseldorf 5. 3. 1970 DB 1970, 1277). Nicht dazu gehören vom AG unentgeltlich erbrachte Leistungen (*Schüren* Rn. 260) und solche mit Aufwendungscharakter (Fahrtkosten, Essensgeld).

Das nach diesen Grundsätzen **anrechenbare Einkommen** wird auf die Gesamtdauer des Annah- 51 meverzuges verteilt; nach hA ist es nicht den einzelnen Zeitabschnitten zuzuordnen (MünchArbR/ *Boewer* § 78 Rn. 60 mwN in Fn. 249). Selbst die Zeiten, in denen das anzurechnende Einkommen dasjenige aus dem Leiharbeitsverhältnis übersteigt, sind, wenn sie auf die gesamte Zeit des Annahmeverzuges verteilbar sind, in voller Höhe anrechenbar (kritisch *Schüren* Rn. 265).0

Der Verleiher hat in entsprechender Anwendung des § 74 c II HGB bezüglich der Höhe des 52 anderweitigen Verdienstes einen **Auskunftsanspruch** gegen den LeihAN (BAG 27. 3. 1974 AP BGB § 242 Auskunftspflicht Nr. 15). Für den Nachweis der Einkünfte aus selbständiger Tätigkeit genügt die Vorlage des Einkommensteuerbescheids (BAG 25. 2. 1975 DB 1975, 936).

Der Verleiher kann eine in Unkenntnis eines anderweitigen Verdienstes geleistete Nachzahlung 53 gem. § 812 BGB zurückfordern (*Schaub* AR-Blattei Annahmeverzug I unter D III 5.).

Eine **Anrechnung hypothetischer Einkünfte** entsprechend § 11 Nr. 2 KSchG kommt nur dann in 54 Betracht, wenn es der LeihAN im Anrechnungszeitraum böswillig unterlassen hat, sich um einen anderen Arbeitsplatz zu bemühen. Ein böswilliges Unterlassen liegt dann vor, wenn der LeihAN bewußt untätig geblieben ist, obwohl ein zumutbarer Arbeitsplatz vorhanden war (*Becker/Wulfgramm* Rn. 50 b). Allerdings darf es sich bei diesem vorhandenen Arbeitsplatz nicht nur um eine Erwerbschance gehandelt haben, vielmehr muß ein verbindliches Angebot bestanden haben (*Becker/ Wulfgramm* Rn. 50 b).

Die Frage der **Zumutbarkeit** ist einzelfallbezogen unter Beachtung des Grundrechts des LeihAN 55 aus Art. 12 GG und den Grundsätzen von Treu und Glauben zu beantworten (BAG 18. 10. 1958 AP BGB § 651 Böswilligkeit Nr. 1). Dabei sind etwa Arbeitszeit und Arbeitsort, die Vergütung, die Art der Arbeit sowie auch Sozialleistungen zu berücksichtigen (*Becker/Wulfgramm* Rn. 50 b). Unzumutbar ist beispielsweise die Annahme einer Erwerbsarbeit, die auf seiten des LeihAN zu einer nicht unerheblichen Verschlechterung seines Status führen würde (MünchArbR/*Boewer* § 78 Rn. 67).

Die oben unter 3. (§ 11 I Nr. 3 KSchG) genannten **öffentlich-rechtlichen Leistungen** sind ebenfalls 56 anzurechnen. Insb. kommt hier die Zahlung von Krankengeld in Betracht. Arbeitslosengeld und Arbeitslosenhilfe sowie Sozialhilfe sind ebenfalls anzurechnen; allerdings muß der AG der BA oder dem Träger der Sozialhilfe die von ihnen erbrachten Leistungen erstatten (§§ 143 III, 203 SGB III; § 90 BSHG). Wegen des gesetzlichen Forderungsübergangs hat die Regelung keine praktische Bedeutung.

Der Verleiher muß für den Nachzahlungszeitraum auch nachträglich die Sozialversicherungsbei- 57 träge anteilig entrichten (*Becker/Wulfgramm* Rn. 50 d).

Im Falle einer **unwirksamen Befristung** nach § 9 Nr. 2 ist nach **§ 10 IV 2** nach denselben Grund- 58 sätzen zu verfahren. Auch hier ist dem LeihAN nach dem Ablauf der Frist das Arbeitsengelt zu bezahlen, selbst wenn er kein Angebot zur Arbeitsleistung gemacht hat. Für den LeihAN besteht keine Pflicht zur Nachleistung (§§ 611, 615 BGB). Erst mit der rechtlichen Beendigung des Leiharbeitsverhältnisses durch Aufhebungsvertrag oder Kündigung endet die Verpflichtung zur Weiterzahlung. Eine erneute Beschäftigung durch den Verleiher beendet den Annahmeverzug.

Der LeihAN kann das Bestehen eines Arbeitsverhältnisses im Wege einer **Feststellungsklage** vor 59 dem Arbeitsgericht (§ 2 I Nr. 3 Buchst. b ArbGG) geltend machen. Zwar gilt die Klagefrist des § 4 S. 1 KSchG nicht, aber das Recht, sich auf das Bestehen eines fingierten Arbeitsverhältnisses zu berufen, kann nach allgemeinen Grundsätzen verwirkt sein (LAG Köln 28. 11. 1986 BB 1986, 335, 336; BAG 3. 7. 1980 AP BGB § 620 Befristeter Arbeitsvertrag Nr. 54). Das setzt allerdings neben dem Zeitmoment voraus, daß noch weitere Umstände vorliegen, aufgrund derer der AG annehmen darf, daß keine Klage mehr erhoben wird (*Schüren* Rn. 127 ff.).

60 Den LeihAN trifft die **Darlegungs- und Beweislast** für das Vorliegen des Annahmeverzuges; der Verleiher muß die Voraussetzungen der Anrechnungspflicht darlegen und beweisen (BAG 26. 10. 1971 AP GG Art. 9 Arbeitskampf Nr. 44; 14. 8. 1974 AP KSchG 1969 § 13 Nr. 3).

§ 11 Sonstige Vorschriften über das Leiharbeitsverhältnis

(1) ¹Der Verleiher ist verpflichtet, den wesentlichen Inhalt des Arbeitsverhältnisses in eine von ihm zu unterzeichnende Urkunde aufzunehmen. ²In der Urkunde sind anzugeben:
1. Firma und Anschrift des Verleihers, die Erlaubnisbehörde sowie Ort und Datum der Erteilung der Erlaubnis nach § 1,
2. Vor- und Familiennamen, Wohnort und Wohnung, Tag und Ort der Geburt des Leiharbeitnehmers,
3. eine kurze Charakterisierung oder Beschreibung der von dem Leiharbeitnehmer zu leistenden Tätigkeit, dafür erforderliche Qualifikationen, ein Hinweis darauf, daß der Arbeitnehmer an verschiedenen Orten beschäftigt wird, und etwaige Pflicht zur auswärtigen Leistung,
4. Beginn und Dauer des Arbeitsverhältnisses, Gründe für eine Befristung,
5. Fristen für die Kündigung des Arbeitsverhältnisses,
6. die Zusammensetzung und Höhe des Arbeitsentgelts einschließlich der Zuschläge, Zulagen, Prämien und Sonderzahlungen sowie anderer Bestandteile des Arbeitsentgelts und deren Fälligkeit,
7. Leistungen bei Krankheit, Urlaub und vorübergehender Nichtbeschäftigung,
8. Zeitpunkt und Ort der Begründung des Arbeitsverhältnisses,
9. die Dauer des jährlichen Erholungsurlaubs,
10. die vereinbarte Arbeitszeit,
11. der in allgemeiner Form gehaltene Hinweis auf die Tarifverträge und Betriebsvereinbarungen, die auf das Leiharbeitsverhältnis anzuwenden sind,
12. die Angaben nach § 2 Abs. 2 des Nachweisgesetzes, wenn der Leiharbeitnehmer länger als einen Monat seine Arbeitsleistung außerhalb der Bundesrepublik Deutschland zu erbringen hat.

³Weitere Abreden können in die Urkunde aufgenommen werden. ⁴Die Verpflichtung zur Ausstellung der Urkunde nach Satz 1 entfällt, wenn das Arbeitsverhältnis durch eine schriftliche Vereinbarung begründet wird, welche die in Satz 2 geforderten Angaben enthält. ⁵Der Verleiher hat dem Leiharbeitnehmer die Urkunde nach Satz 1 oder nach Satz 4 vor Beginn der Beschäftigung, bei einer Auslandstätigkeit des Leiharbeitnehmers spätestens vor der Abreise auszuhändigen und eine Durchschrift drei Jahre lang aufzubewahren. ⁶Der Verleiher hat jede Änderung der Angaben nach Satz 2 in eine von ihm zu unterzeichnende Urkunde oder eine schriftliche Vereinbarung aufzunehmen, sie unverzüglich dem Leiharbeitnehmer mitzuteilen und eine Durchschrift ebenfalls drei Jahre lang aufzubewahren.

(2) ¹Der Verleiher ist ferner verpflichtet, dem Leiharbeitnehmer bei Vertragsschluß ein Merkblatt der Erlaubnisbehörde über den wesentlichen Inhalt dieses Gesetzes auszuhändigen. ²Nichtdeutsche Leiharbeitnehmer erhalten das Merkblatt und die Urkunde nach Absatz 1 in ihrer Muttersprache. ³Die Kosten des Merkblatts trägt der Verleiher.

(3) ¹Der Verleiher hat den Leiharbeitnehmer unverzüglich über den Zeitpunkt des Wegfalls der Erlaubnis zu unterrichten. ²In den Fällen der Nichtverlängerung (§ 2 Abs. 4 Satz 3), der Rücknahme (§ 4) oder des Widerrufs (§ 5) hat er ihn ferner auf das voraussichtliche Ende der Abwicklung (§ 2 Abs. 4 Satz 4) und die gesetzliche Abwicklungsfrist (§ 2 Abs. 4 Satz 4 letzter Halbsatz) hinzuweisen.

(4) ¹§ 622 Abs. 5 Nr. 1 des Bürgerlichen Gesetzbuchs ist nicht auf Arbeitsverhältnisse zwischen Verleihern und Leiharbeitnehmern anzuwenden. ²Das Recht des Leiharbeitnehmers auf Vergütung bei Annahmeverzug des Verleihers (§ 615 Satz 1 des Bürgerlichen Gesetzbuchs) kann nicht durch Vertrag aufgehoben oder beschränkt werden; § 615 Satz 2 des Bürgerlichen Gesetzbuchs bleibt unberührt.

(5) ¹Der Leiharbeitnehmer ist nicht verpflichtet, bei einem Entleiher tätig zu sein, soweit dieser durch einen Arbeitskampf unmittelbar betroffen ist. ²In den Fällen eines Arbeitskampfes nach Satz 1 hat der Verleiher den Leiharbeitnehmer auf das Recht, die Arbeitsleistung zu verweigern, hinzuweisen.

(6) ¹Die Tätigkeit des Leiharbeitnehmers bei dem Entleiher unterliegt den für den Betrieb des Entleihers geltenden öffentlich-rechtlichen Vorschriften des Arbeitsschutzrechts; die hieraus sich

ergebenden Pflichten für den Arbeitgeber obliegen dem Entleiher unbeschadet der Pflichten des Verleihers. ²Insbesondere hat der Entleiher den Leiharbeitnehmer vor Beginn der Beschäftigung und bei Veränderungen in seinem Arbeitsbereich über Gefahren für Sicherheit und Gesundheit, denen er bei der Arbeit ausgesetzt sein kann, sowie über die Maßnahmen und Einrichtungen zur Abwendung dieser Gefahren zu unterrichten. ³Der Entleiher hat den Leiharbeitnehmer zusätzlich über die Notwendigkeit besonderer Qualifikationen oder beruflicher Fähigkeiten oder einer besonderen ärztlichen Überwachung sowie über erhöhte besondere Gefahren des Arbeitsplatzes zu unterrichten.

(7) Hat der Leiharbeitnehmer während der Dauer der Tätigkeit bei dem Entleiher eine Erfindung oder einen technischen Verbesserungsvorschlag gemacht, so gilt der Entleiher als Arbeitgeber im Sinne des Gesetzes über Arbeitnehmererfindungen.

I. Allgemeines

Die Regelungen des § 11 sind nur auf die **gewerbsmäßige ANÜberlassung** anwendbar; dies ergibt sich bereits aus der im Gesetz verwandten Terminologie, die der Kennzeichnung der gewerbsmäßigen ANÜberlassung in § 1 I entspricht (*Sandmann/Marschall* Rn. 3; *Schüren* Rn. 18; aA *Becker/Wulfgramm* Rn. 5, die § 11 V bis VII auf andere Leiharbeitsverhältnisse analog anwenden wollen). Die Regelungen des § 11 gehen dem NachweisG vor (*Birk* NZA 1996, 281, 288; *Sandmann/Marschall* Rn. 3). 1

Abs. 1 S. 1 verpflichtet den Verleiher, den wesentlichen Inhalt des Leiharbeitsverhältnisses in eine von ihm zu unterzeichnende **Urkunde** aufzunehmen. Damit soll der LeihAN über seine Rechtsstellung gegenüber dem Verleiher informiert werden. Mittelbar dient die Fixierung des Inhalts des Leiharbeitsverhältnisses der Kontrolle durch die BA, und auch der Entleiher ist im Falle der Unwirksamkeit des Vertrages über den wesentlichen Vertragsinhalt informiert (*Becker/Wulfgramm* Rn. 6). Wird das Arbeitsverhältnis durch einen schriftlichen Arbeitsvertrag begründet, so bedarf es keiner Ausstellung und Aushändigung einer Urkunde, soweit der Vertrag den für die Urkunde vorgesehenen Mindestinhalt umfaßt. 2

Eine besondere **Form** ist für den Abschluß des Leiharbeitsvertrages nicht vorgesehen, vielmehr kann er auch mündlich geschlossen werden (*Franßen/Haesen* Rn. 5; *Sandmann/Marschall* Rn. 3; MünchArbR/*Marschall* § 175 Rn. 7). 3

Wird **keine Urkunde** über den wesentlichen Vertragsinhalt erstellt, so führt dies nicht gem. § 125 BGB zu einer Nichtigkeit des Vertrages. Der Verleiher begeht eine mit einer Geldstrafe von bis zu 1000,– DM zu ahndende Ordnungswidrigkeit iSd. § 16 I Nr. 8 (ArbG Stuttgart-Ludwigsburg 18. 3. 1976 – Ca 10–895/75 – nv.; Kasseler Handbuch/*Düwell* 4.5 Rn. 329). 4

Zwar scheint es nach der Gesetzesfassung so, als ob es neben den in Nr. 1 bis 12 genannten Angaben noch weitere gäbe, die den „wesentlichen Inhalt des Arbeitsvertrages" ausmachen. Doch würde ein solches Verständnis die Enumeration entwerten und zu unerträglicher Rechtsunsicherheit führen. Wenn sich der Gesetzgeber schon zu einer ausführlichen Enumeration entschließt, darf er nicht daneben auf schwammige Begriffe zurückgreifen (vgl. *Wank* RdA 1996, 21, 23 [betr. NachwG]; aA Kasseler Handbuch/*Düwell* 4.5 Rn. 330; *Schüren* Rn. 18). 5

II. Die im einzelnen zu machenden Angaben

Die nach **Nr. 1** anzugebende **Erlaubnisbehörde** muß nicht die wirklich zuständige sein. Anzugeben ist diejenige, die tatsächlich die Erlaubnis erteilt hat (*Franßen/Haesen* Rn. 7). Neben der Firma und der Anschrift müssen Ort und Datum der Erteilung der Erlaubnis enthalten sein. Durch diese Angabe soll der LeihAN vor den Folgen der fehlenden Verleiherlaubnis geschützt werden (§§ 9 Nr. 1, 10 I). 6

Die nach **Nr. 2** anzugebenden **persönlichen Daten des LeihAN** dienen zu seiner Individualisierung. Es ist empfehlenswert, zusätzlich (§ 11 I 3) auch die Staatsangehörigkeit des AN wegen der besonderen Voraussetzungen für die Beschäftigung nichtdeutscher LeihAN (§ 15) aufzunehmen (vgl. auch § 11 II 2). 7

Die vom LeihAN zu verrichtende **Tätigkeit** muß in die Urkunde aufgenommen werden, **Nr. 3**. Dies kann in der Form einer konkreten oder bloß fachlichen Umschreibung geschehen, je nachdem auch zu leistende Nebenarbeiten aufzunehmen sind. Ausreichend ist die Angabe eines charakteristischen Berufsbildes (*Richter/Mitsch* AuR 1996, 7, 10). Im einzelnen wird die Tätigkeit durch das Direktionsrecht des Ver- oder Entleihers konkretisiert (*Schüren* Rn. 22). Andere Arbeiten können nur zugewiesen werden, wenn dies entsprechend vereinbart wurde. Soll der LeihAN nicht nur bei Entleihern, sondern auch im Betrieb des Verleihers selbst eingesetzt werden, so muß dies ebenfalls in die Urkunde aufgenommen werden (*Becker/Wulfgramm* Rn. 13). 8

Wenn die Leistung **auswärtiger Arbeit** nicht typischerweise Inhalt des Arbeitsverhältnisses ist (zB beim Montagearbeiter), so muß auch eine schriftliche Fixierung erfolgen. Darin sind das räumliche Einsatzgebiet (evtl. der Einsatzstaat) und die damit im Zusammenhang stehenden Sonderregelungen (Fahrtkosten, Wegezeitvergütung uä., evtl. auch eine Rechtswahl; *Becker/Wulfgramm* Rn. 13; *Schüren* 9

Rn. 25) aufzunehmen. Unter auswärtiger Arbeit ist nicht nur die Leistung im Ausland zu verstehen, sondern auch ein Leistungsort, der sich außerhalb des eigentlichen Arbeitsortes befindet (*Sandmann/Marschall* Rn. 9).

10 **Nr. 4** legt fest, daß in die Urkunde **Beginn und Dauer** des Arbeitsverhältnisses aufzunehmen sind. Damit wird in erster Linie eine Aussage darüber getroffen, ob das Arbeitsverhältnis befristet oder unbefristet ist. Daneben sind die Gründe für eine Befristung anzugeben. Eine Befristung ist aufgrund des Synchronisationsverbotes nur in den Grenzen des § 3 I Nr. 3 möglich. Aus der Person des AN muß sich ein sachlicher Grund für die Befristung ergeben (dazu bereits ausführlich oben § 3 Rn. 24). Ausschlaggebend ist der Tag der vereinbarten, nicht der tatsächlichen Arbeitsaufnahme (*Grünberger* NJW 1995, 2898, 2810).

11 Die **Fristen für eine Kündigung** des Arbeitsverhältnisses sind ausdrücklich aufzunehmen, **Nr. 5**. Wenn die gesetzlichen oder die tarifvertraglichen Kündigungsfristen gelten, bedarf es keiner expliziten Aufnahme, vielmehr reicht ein Verweis (MünchArbR/*Marschall* § 175 Rn. 20; *Franßen/Haesen* Rn. 7; aA *Sandmann/Marschall* Rn. 4). Die Verleihunternehmen unterfallen allerdings selbst dann nicht dem fachlichen Geltungsbereich der für die Entleiher geltenden TV, wenn sie ihre LeihAN immer an Unternehmen verleihen, für die stets derselbe TV gilt (LAG Frankfurt aM 19. 12. 1972 DB 1973, 624); denn der reine Verleihbetrieb ist immer dem Dienstleistungsgewerbe, nicht dem Gewerbe des Entleiherbetriebes zuzuordnen (ArbG Lübeck 17. 1. 1978 EzAÜG Nr. 71; MünchArbR/*Marschall* § 174 Rn. 34). Seit neuestem bestehen wieder eigene TV für Zeitarbeit (RdA 2000, 183). Für die LeihAN können tarifliche Regelungen ferner unmittelbar gelten, wenn sie einem Mischbetrieb angehören, also einem Betrieb, der die Arbeitskräfte sowohl im eigenen Unternehmen einsetzt als auch sie verleiht. Hier ist nach den allgemeinen Regeln über eine Tarifgeltung zu entscheiden (*Schüren* Rn. 43). Wird die Geltung tariflicher Fristen für Nichttarifgebundene einzelvertraglich vereinbart, so muß nach der Rspr. der in bezug genommene TV jedenfalls in der Urkunde bestimmt oder doch nach ihr bestimmbar sein (LSG Bremen 15. 3. 1983 – L 5 BR 11/82 – nv.; aA *Schüren* Rn. 36).

12 Bezüglich der **Vergütung des AN** verlangt § 11 I **Nr. 6** eine genaue Angabe; dazu muß zunächst die Grundvergütung genau angegeben werden (Monatslohn oder Stundenlohn). Des weiteren bedarf es einer genauen Angabe der Bemessungsfaktoren, evtl. Zuschläge (Prämie, Provision) und der Lohnnebenleistungen mit Entgeltcharakter (Auslösung, Weihnachtsgeld, betriebliche Altersversorgung; s. dazu Kasseler Handbuch/*Düwell* 4.5 Rn. 336; *Schüren* Rn. 45). Die Angaben über die Zahlungsweise müssen Auskunft über Zahlungszeitraum und Zahlungstermin sowie über die Art der Zahlung geben. Auch Ansprüche auf Vorschußzahlung sind in die Urkunde aufzunehmen (*Franßen/Haesen* Rn. 7 und 10 c).

13 Die bei einer **Krankheit** des AN vom AG zu erbringenden Leistungen sind gem. **Nr. 7** anzugeben. Sie bestimmen sich in erster Linie nach dem EFZG.

14 Die nach Nr. 7 zu machenden Angaben über den **Urlaub** umfassen zum einen Angaben über den Urlaubsanspruch selbst (*Franßen/Haesen* Rn. 7) und zum anderen über das Urlaubsgeld. Zu letzterem muß angeführt werden, ob nur das gesetzliche Urlaubsgeld (§ 11 BUrlG) oder auch zusätzliches Urlaubsgeld geleistet wird (*Schüren* Rn. 48). Die Angaben über die bei einer vorübergehenden Nichtbeschäftigung zu erbringenden Leistungen haben nur eine „Kontroll- und Klarstellungsfunktion" (*Schüren* Rn. 49), denn die Regelung der §§ 611, 615 S. 1 BGB, wonach der AG im Annahmeverzug dem AN gegenüber zur Fortzahlung des Lohns verpflichtet ist, ist nicht abdingbar. Die Leistungen des Verleihers bei persönlicher Verhinderung, an Feiertagen, bei Mutterschutz und Erziehungsurlaub haben wohl deshalb keine Aufnahme in Nr. 7 gefunden, weil sie sich direkt aus dem Gesetz ergeben (*Schüren* Rn. 50).

15 Nach **Nr. 8** sind in die Urkunde **Ort und Zeitpunkt der Begründung** des Arbeitsverhältnisses aufzunehmen. Dabei ist auf den Zeitpunkt des Vertragsabschlusses abzustellen (Nr. 4 betrifft den Zeitpunkt der Arbeitsaufnahme).

16 Im Zusammenhang mit dem NachwG stellt **Nr. 9** klar, daß der LeihAN durch den Verleiher auch über die **Dauer des Erholungsurlaubs** aufzuklären ist. Diese Neuregelung des AÜG entspricht § 2 I Nr. 8 NachwG.

17 Nach **Nr. 10** muß die **vereinbarte Arbeitszeit** angegeben werden. Durch die Angabe wird verhindert, daß das Verbot der Aufhebung oder Beschränkung der §§ 611, 615 S. 1 BGB (§ 11 IV 2) unterlaufen wird (Kasseler Handbuch/*Düwell* 4.5 Rn. 340). Diese Angabe ist auch nötig, um die Entgeltfortzahlungsansprüche errechnen zu können. Die BA hat die Vereinbarung zwischen Verleiher und LeihAN über einen Arbeitseinsatz auf Abruf für unzulässig (Kasseler Handbuch/*Düwell* 4.5 Rn. 341). Das BSG lehnt eine Flexibilisierung der Arbeitszeit durch die Festlegung eines Jahresfixums (50 Tage), innerhalb dessen der Verleiher die Einsätze bedarfsgerecht festlegen kann, ab (BSG 29. 7. 1992 EzAÜG BeschFG Nr. 5).

18 **Nr. 11** schreibt vor, daß in den Vertrag die auf das Arbeitsverhältnis anzuwendenden **TV und Betriebsvereinbarungen** aufzunehmen sind (§ 2 I Nr. 10 NachwG). Für reine Zeitarbeitsunternehmen bestehen nur vereinzelt TV; im übrigen gelten TV für Mischbetriebe (s. Rn. 11). Wegen des Umfangs und des möglicherweise sich ständig ändernden Inhalts der Betriebsvereinbarungen dürfte es ausreichen, daß der Vertrag einen Hinweis auf das Bestehen von Betriebsvereinbarungen zu bestimm-

ten Regelungskomplexen enthält und daß die Betriebsvereinbarungen beim BR einsehbar sind (Kasseler Handbuch/*Düwell* 4.5 Rn. 344).

Schließlich müssen in dem Vertrag gem. **Nr. 12** bestimmte Angaben gemacht werden, wenn der 19 LeihAN länger als einen Monat seine **Arbeitsleistung außerhalb der Bundesrepublik** zu erbringen hat. Anzugeben sind dann:
– die Dauer der Auslandstätigkeit,
– die Währung, in der das Arbeitsentgelt geleistet wird,
– an den Auslandsaufenthalt gekoppelte zusätzliche Geld- und Sachleistungen,
– vertragliche Rückkehrbedingungen.

§ 11 I 3 ermöglicht es, andere Angaben, die für dieses Arbeitsverhältnis wesentlich sind, sowie auch 20 **Nebenabreden** in die Urkunde aufzunehmen. Insb. ist danach die Aufnahme von Vertragsstrafeklauseln möglich. Zu seinem Schutz kann der Verleiher eine Klausel aufnehmen, nach der der LeihAN eine Vertragsstrafe verwirkt, wenn er die Arbeit nicht aufnimmt oder sie ohne ordnungsgemäße Kündigung beendet (BAG 20. 4. 1989 EzAÜG Nr. 331).

Nach der Übergangsvorschrift in Art. 6 des AÜG-Artikelgesetzes idF der Bekanntmachung vom 21 3. 2. 1995 gilt für Leiharbeitsverhältnisse, die bereits am 28. 7. 1995 bestanden haben, daß dem LeihAN auf sein Verlangen eine Urkunde oder eine schriftliche Vereinbarung iSd. § 11 I unverzüglich auszuhändigen ist (wenn nicht bereits eine frühere Urkunde oder Vereinbarung die erforderlichen Angaben enthält).

Die nach den genannten Bestimmungen angefertigte Urkunde ist dem LeihAN gem. **§ 11 I 5** 22 auszuhändigen; eine Durchschrift muß drei Jahre lang aufbewahrt werden. Die Urkunde ist dem LeihAN, ebenso wie dies für das Merkblatt der BA in Abs. 2 S. 1 ausdrücklich festgehalten ist, **bei Vertragsschluß auszuhändigen.** Unmittelbar nach der Fixierung der Vertragsbedingungen ist die Vertragsurkunde vom Verleiher aufzusetzen, zu unterschreiben und dem LeihAN auszuhändigen (*Franßen/Haesen* Rn. 11). Wenn im Laufe des Bestehens des Leiharbeitsverhältnisses Änderungen auftreten, so muß der Verleiher sie entweder als Nachtrag in die schriftliche Vereinbarung oder in eine gesondert zu errichtende Urkunde aufnehmen (§ 11 I 6). Die Aufbewahrungsfrist beginnt nach dem eindeutigen Wortlaut mit dem Abschluß des Leiharbeitsvertrages (*Becker/Wulfgramm* Rn. 14; *Schüren* Rn. 62; aA *Franßen/Haesen* Rn. 13: „mit dem Ende des Leiharbeitsvertrages"). Dauert das Leiharbeitsverhältnis länger als drei Jahre, so ergibt sich eine weitergehende Aufbewahrungspflicht aus § 7 II. Für wesentliche nachträgliche Änderungen, die schriftlich zu bestätigen sind, beginnt die Aufbewahrungspflicht analog § 11 I 5 mit dem Abschluß der Änderungsvereinbarung.

III. Merkblatt

§ 11 II 1 verpflichtet den Verleiher, dem LeihAN bei Vertragsschluß ein Merkblatt mit dem wesent- 23 lichen Inhalt des AÜG zu übergeben. Den Text hat die BA festgelegt, die auch die Merkblätter in fast allen europäischen Sprachen vorhält (Dänisch, Deutsch, Englisch, Französisch, Griechisch, Italienisch, Niederländisch, Norwegisch, Portugiesisch, Schwedisch, Serbo-Kroatisch, Spanisch und Türkisch). Die Ausländer erhalten dieses Merkblatt – unabhängig von ihren deutschen Sprachkenntnissen (LSG Bremen 15. 3. 1983 L 5 BR 11/82 – nv.) – in der von der BA vorgehaltenen Muttersprache. Die Kosten dieses Merkblatts hat der Verleiher zu tragen (II 3). Soweit die BA kein Merkblatt in der Muttersprache des ausländischen AN vorhält, muß ihm der Verleiher ein Merkblatt auf eigene Kosten übersetzen lassen.

IV. Benachrichtigungspflicht

Wenn die **Verleiherlaubnis** nach dem Abschluß des Verleihvertrages **wegfällt,** hat der Verleiher den 24 LeihAN über diesen Umstand unverzüglich zu unterrichten (§ 11 III 1). Darüber hinaus hat er den Leiharbeiter auch über den Zeitpunkt des Wegfalls der Erlaubnis oder – sofern Zweifel bestehen – über den voraussichtlichen Zeitpunkt des Wegfalls zu unterrichten (*Franßen/Haesen* Rn. 17). Diese Unterrichtung ist an keine Form gebunden (*Becker/Wulfgramm* Rn. 16; aA *Schüren* Rn. 73). Fällt die Verleiherlaubnis weg, weil sie nicht verlängert (§ 2 IV 2), zurückgenommen (§ 4) oder widerrufen (§ 5) wird, so muß der Verleiher den LeihAN zusätzlich auf das voraussichtliche Ende der Abwicklung (§ 2 IV 4) und die gesetzliche Abwicklungsfrist von maximal sechs Monaten hinweisen (§ 2 IV 4 2. Halbs.). Die Dauer der Abwicklungsfrist ist deshalb von Bedeutung, weil während dieser Zeit das Leiharbeitsverhältnis als fortbestehend fingiert wird; in diesem Zeitraum kann es nicht zu einem fingierten Arbeitsverhältnis mit dem Entleiher gem. § 10 I 1 kommen.

V. Unabdingbarkeit gem. Abs. 4

§ 11 IV ergänzt die Regelungen der §§ 3, 9 und 10. Auch durch diese Bestimmung soll sichergestellt 25 werden, daß der Verleiher das von ihm zu tragende Beschäftigungsrisiko nicht auf den LeihAN abwälzt. Aus diesem Grunde werden bestimmte Vorschriften für zwingend erklärt.

Nach Abs. 4 S. 1 ist es dem Verleiher versagt, von der nach § 622 V BGB bestehenden Möglichkeit, 26 für Aushilfskräfte individualvertraglich kürzere als die in § 622 V Nr. 1 BGB genannten **Kündigungs-**

fristen zu vereinbaren, Gebrauch zu machen. Eine tarifvertragliche Kürzung der Kündigungsfrist ist hingegen auch bei Leiharbeitsverhältnissen im Geltungsbereich eines TV möglich (*Becker/Wulfgramm* Rn. 28; *Sandmann/Marschall* Rn. 24; auf die im Entleiherbetrieb geltenden tariflichen Kündigungsfristen kann nicht verwiesen werden; aA *Franßen/Haesen* Rn. 25). Der nach allgemeinen Regeln abdingbare Anspruch der §§ 611, 615 S. 1 BGB, wonach der AN die Vergütung trotz Nichtleistung der Arbeit verlangen kann, wenn der AG mit der Annahme der Arbeitsleistung in Verzug kommt, kann nach § 11 IV 2 nicht ausgeschlossen oder beschränkt werden.

27 Im Falle des Annahmeverzuges ist der AN nach dem **Lohnausfallprinzip** so zu stellen, als wenn er gearbeitet hätte. Dafür erhält er die Vergütung einschließlich aller Nebenleistungen mit Entgeltcharakter (*Becker/Wulfgramm* Rn. 29 a). Die Anrechnungsbestimmung des § 615 S. 2 BGB, die festlegt, daß der AN sich all das anrechnen lassen muß, was er infolge des Unterbleibens der Arbeitsleistung erspart oder durch anderweitige Verwendung seiner Arbeitskraft erwirbt oder zu erwerben böswillig unterläßt (dazu § 10 Rn. 49 ff.), ist – anders als § 615 S. 1 BGB – abdingbar.

28 § 615 BGB enthält keine dem § 11 Nr. 3 KSchG vergleichbare Regelung, nach der sich der AN auch das anrechnen lassen muß, was er aufgrund **öffentlich-rechtlicher Leistungen** erhalten hat. Tlw. wird vertreten, der AN müsse sich auch diese Leistungen anrechnen lassen; der Verleiher sei dann gegenüber der Stelle erstattungspflichtig, die die Leistung erbracht habe (Nachw. bei *Schüren* Rn. 87). Dabei wird jedoch übersehen, daß dies zu Lasten der BA geht. Wenn gem. § 143 III SGB III Arbeitslosengeld gewährt wird, geht der Anspruch des AN gegen den AG in Höhe des geleisteten Arbeitslosengeldes gem. § 115 SGB X auf die BA über. Auch bei der Leistung von Arbeitslosen- und Sozialhilfe geht der Anspruch gem. § 115 SGB X über. Würden die jeweiligen Leistungen auf den Vergütungsanspruch angerechnet werden, so wäre dies zum Nachteil des Leistenden und mit den gesetzlichen Regeln des Forderungsübergangs nicht vereinbar (ebenso *Schüren* Rn. 88 f.).

VI. Leistungsverweigerungsrecht im Arbeitskampf

29 Nach allgemeinen Regeln kann der LeihAN nur bei einem Arbeitskampf im Verleihbetrieb gegen den Verleiher streiken, denn im Entleiherbetrieb kann er keine Tarifregelung erreichen, die seiner Besserstellung dient. Bei einem Arbeitskampf im Betrieb des Entleihers gibt § 11 V 1 dem LeihAN ein Leistungsverweigerungsrecht. Der LeihAN soll nicht gegen seinen Willen als Streikbrecher im Entleiherbetrieb eingesetzt werden. Seine Leistungspflicht gegenüber dem Verleiher wird in dieser Hinsicht eingeschränkt. Kann der Verleiher daraufhin den LeihAN nicht einsetzen, so bleibt er nach §§ 611, 615 S. 1 BGB iVm. § 11 IV 2 AÜG und den Grundsätzen über die Verteilung des arbeitskampfbedingten Lohnrisikos zur Zahlung der Vergütung verpflichtet (*Schüren* Rn. 93 und 94 mit umfangr. Nachw.). Beruft der LeihAN sich nicht auf sein Leistungsverweigerungsrecht, so ist er im Entleiherbetrieb zur Arbeitsleistung verpflichtet. Beteiligt er sich dennoch an Arbeitskampfmaßnahmen, so macht er sich wegen Verletzung der Treuepflicht gegenüber dem Verleiher und wegen Verletzung der Leistungspflicht gegenüber dem Entleiher schadensersatzpflichtig (*Schüren* Rn. 95). Seiner Hinweispflicht bezüglich des Leistungsverweigerungsrechts gem. § 11 V 2 genügt der Verleiher nicht schon dadurch, daß er den LeihAN bei Abschluß des Leiharbeitsvertrages auf dieses Recht hinweist. Vielmehr ist der LeihAN nach allgemeiner Auffassung jeweils vor dem geplanten Arbeitseinsatz zu informieren, wenn der Entleiherbetrieb bereits von einem Arbeitskampf betroffen ist. Beginnt der Arbeitskampf erst nach der Überlassung, muß der Entleiher den LeihAN über sein Recht unverzüglich informieren (*Becker/Wulfgramm* Rn. 18).

VII. Verantwortlichkeit für die Einhaltung der öffentlich-rechtlichen Vorschriften des Arbeitsschutzrechts

30 Abs. 6 nimmt Verleiher und Entleiher gleichermaßen hinsichtlich der Einhaltung der öffentlich-rechtlichen Vorschriften des Arbeitsschutzrechtes gegenüber dem LeihAN in die Verantwortung. In erster Linie obliegt dem Entleiher die praktische Durchführung der Arbeitsschutzmaßnahmen; der Verleiher ist schon aus praktischen Gründen auf eine Kontrolle beschränkt (*Franßen/Haesen* Rn. 45; vgl. auch RL 91/383/EWG vom 25. 6. 1991, Abdruck RdA 1992, 143 ff.). In Umsetzung der RL 91/383/EWG treffen den Entleiher gegenüber dem LeihAN nach Abs. 6 S. 2 und 3 bestimmte Unterrichtungspflichten.

VIII. Arbeitnehmererfindung

31 Für eine interessengerechte Zuordnung der Verwertungsrechte bei einer ANErfindung fingiert § 11 VII den **Entleiher als AG** iSd. ArbnErfG. Die Verwertungsrechte für technische Erfindungen und Verbesserungsvorschläge, die der LeihAN beim Entleiher macht, fallen dem Entleiher zu; dafür erhält der LeihAN entsprechende Vergütungsansprüche gegen den Entleiher. Nach dem Wortlaut des Abs. 7 kommt es nur darauf an, daß die Erfindung „während der Tätigkeit bei dem Entleiher" gemacht wurde. Nach allgemeiner Auffassung ist dieser Wortlaut allerdings zu weit; er ist vielmehr dahingehend teleologisch zu reduzieren, daß es sich um Erfindungen und Verbesserungsvorschläge handeln

muß, die auf den Betrieb des Entleihers bezogen sind (*Franßen/Haesen* Rn. 52; MünchArbR/*Marschall* § 175 Rn. 84), die also im Entleiherbetrieb entstanden sind oder maßgeblich auf der Tätigkeit in ihm und auf der dort gewonnenen Erfahrung beruhen (*Schüren* Rn. 106).

Nach § 2 ArbnErfG sind **Erfindungen** nur solche, die patent- oder gebrauchsmusterfähig sind. 32 Unter diesen ist zwischen sog. gebundenen und freien Erfindungen zu unterscheiden (§§ 4 ff. ArbnErfG). Von den technischen Verbesserungsvorschlägen werden „qualifizierte technische Verbesserungsvorschläge" für sonstige technische Neuerungen erfaßt, die nicht patent- oder gebrauchsmusterfähig sind (§§ 3, 20 I ArbnErfG).

Die Verletzung der **Hinweis- und Informationspflichten** nach § 11 I bis III und V 2 ist in mehr- 33 facher Hinsicht von Bedeutung. Einmal kann sich der Verleiher bei schuldhafter Pflichtverletzung gegenüber dem LeihAN aus pVV schadensersatzpflichtig machen (*Becker/Wulfgramm* Rn. 19; *Sandmann/Marschall* Rn. 4). Darüber hinaus ist die BA bei einer entsprechend schweren Verletzung berechtigt, die Erlaubnis nicht zu verlängern oder sie zu widerrufen (*Schüren* Rn. 110 mwN.). Eine fahrlässige oder vorsätzliche Verletzung der Pflichten nach § 11 I oder II kann als Ordnungswidrigkeit nach § 16 I Nr. 8, ein Verstoß gegen die Aufbewahrungspflicht nach Abs. 1 S. 5 als Ordnungswidrigkeit nach § 16 I Nr. 6 mit einer Geldbuße belegt werden.

§ 12 Rechtsbeziehungen zwischen Verleiher und Entleiher

(1) ¹Der Vertrag zwischen dem Verleiher und dem Entleiher bedarf der Schriftform. ²In der Urkunde hat der Verleiher zu erklären, ob er die Erlaubnis nach § 1 besitzt. ³Der Entleiher hat in der Urkunde zu erklären, welche besonderen Merkmale die für den Leiharbeitnehmer vorgesehene Tätigkeit hat und welche berufliche Qualifikation dafür erforderlich ist.

(2) ¹Der Verleiher hat den Entleiher unverzüglich über den Zeitpunkt des Wegfalls der Erlaubnis zu unterrichten. ²In den Fällen der Nichtverlängerung (§ 2 Abs. 4 Satz 3), der Rücknahme (§ 4) oder des Widerrufs (§ 5) hat er ihn ferner auf das voraussichtliche Ende der Abwicklung (§ 2 Abs. 4 Satz 4) und die gesetzliche Abwicklungsfrist (§ 2 Abs. 4 Satz 4 letzter Halbsatz) hinzuweisen.

(3) Der Verleiher hat dem Entleiher die für die Meldung nach § 28 a Viertes Buch Sozialgesetzbuch erforderlichen Angaben zu machen.

I. Allgemeines

§ 12 regelt nur unvollkommen und nicht abschließend den Inhalt des ANÜberlassungsvertrages 1 (*Schüren* Rn. 1 f.). In erster Linie dienen die Bestimmungen des § 12 I und II dem Schutz des Entleihers.

Von besonderer Bedeutung ist die Pflicht des Verleihers, zu erklären, ob er die nach § 1 notwendige 2 Verleiherlaubnis hat, denn zwischen dem Entleiher und dem LeihAN wird im Falle der Unwirksamkeit des ANÜberlassungsvertrages nach § 9 Nr. 1 gem. § 10 I ein Arbeitsverhältnis fingiert. Daneben wird die Überwachung durch die Erlaubnisbehörde erleichtert und eine Nachprüfung gem. § 7 II möglich gemacht.

II. Inhalt der Urkunde

Für die Einhaltung der nach Abs. 1 S. 1 vorgeschriebenen Schriftform muß die Vertragsurkunde 3 entweder von beiden Parteien **eigenhändig** durch Namensunterschrift oder durch notariell beglaubigtes Handzeichen **unterzeichnet** sein, § 126 BGB. Für die „Eigenhändigkeit" ist es ausreichend, wenn die Unterschrift von einer – bei juristischen Personen kraft Gesellschaftsvertrag oder Satzung – vertretungsberechtigten Person geleistet wird. In diese Urkunde sind sämtliche Vertragspunkte einschließlich eventuell einbezogener AGB aufzunehmen (*Franßen/Haesen* Rn. 13). Aufgrund der Warnfunktion des Schriftformerfordernisses sind auch Vorverträge schriftlich abzufassen (MünchArbR/*Marschall* § 175 Rn. 56). Ein Formmangel führt nach § 125 BGB zu einer (Teil-) Nichtigkeit, die nach § 139 BGB im Zweifel eine Gesamtnichtigkeit des Vertrages bewirkt. Da das AÜG keine Heilungsmöglichkeit für Formmangel vorsieht (wie zB §§ 313 S. 2, 518 II BGB), kann der Formmangel nur unter ganz engen Voraussetzungen unbeachtlich sein (§ 242 BGB).

Wird der **formnichtige Überlassungsvertrag** gleichwohl durchgeführt, so wird die Ansicht vertre- 4 ten, daß die von der Rspr. zu den fehlerhaften Gesellschafts- und Arbeitsverträgen aufgestellten Grundsätze entsprechend gelten (*Becker/Wulfgramm* Rn. 16 a). – Dem steht jedoch entgegen, daß es im Verhältnis Verleiher-Entleiher an einer entsprechenden Interessenlage der Beteiligten fehlt. Weder der Verleiher noch der Entleiher sind in ihrer Position einem AN vergleichbar, so daß ein erhöhtes Schutzbedürfnis besteht (*Schüren* Rn. 16). Darüber hinaus ist auch kein Grund ersichtlich, warum der Fall der Formnichtigkeit anders zu behandeln sein soll als der der fehlenden Erlaubnis, der nach allgemeiner Auffassung nicht nach den Grundsätzen des fehlerhaften Arbeitsverhältnisses behandelt wird (BAG 8. 11. 1979 AP AÜG § 10 Nr. 2; *Becker/Wulfgramm* § 9 AÜG Rn. 18).

5   Sind im Rahmen des formnichtigen Überlassungsvertrages bereits Leistungen erbracht worden, so erfolgt die **Rückabwicklung** nach Bereicherungsrecht (BGH 17. 1. 1984 DB 1984, 1194). Der Bereicherungsumfang bestimmt sich nach der erhaltenen Arbeitsleistung. Der BGH hat den Verkehrswert der ANÜberlassung einschließlich des Verleihgewinns als Bereicherung angesehen. Stehen sich die erbrachte Arbeitsleistung und die gezahlte Überlassungsvergütung gegenüber, sind die Ansprüche zu saldieren.

III. Inhalt des Überlassungsvertrages

6   Der Inhalt des zwischen Verleiher und Entleiher geschlossenen Überlassungsvertrages wird von § 12 nicht vorgegeben (s. zum Überlassungsverhältnis Einl. Rn. 15 ff.). Die **Hauptleistungspflichten des Verleihers** ergeben sich vielmehr aus § 1 I, wonach der Verleiher die Überlassung von Arbeitskräften schuldet. Der Überlassungsvertrag entspricht keinem der im BGB geregelten besonderen Schuldverhältnisse; es handelt sich bei ihm vielmehr um einen Unterfall des Dienstverschaffungsvertrages, auf den die Regeln des allgemeinen Schuldrechts anzuwenden sind (s. auch *Sandmann/Marschall* Rn. 3).

7   Die Überlassung der AN stellt eine Gattungsschuld dar; ohne abweichende Vereinbarung muß der Verleiher **für die vorgesehene Arbeit geeignete AN** stellen (BGH 13. 5. 1975 AP AÜG § 12 Nr. 1; *Becker/Wulfgramm* Rn. 21). Entgegen *Becker/Wulfgramm* (Rn. 21) tritt mit der Überlassung eines bestimmten AN überläßt, eine Konkretisierung ein. Denn seine Leistungspflicht besteht darin, für die gesamte Überlassungsdauer einen geeigneten AN bereitzustellen (*Schüren* Rn. 24). Bei der konzerninternen Abordnung und bei der echten Leiharbeit wird hingegen ein bestimmter AN überlassen, der die Arbeitsleistung erbringen soll. Hier liegt demgemäß keine Gattungsschuld vor. Die Haftungsansprüche gegen den Verleiher im Falle einer Nichtleistung durch den AN bestimmen sich nach den §§ 323 ff. BGB (s. o. Einl. Rn. 26 ff.).

8   Eine ausdrückliche **Nebenpflicht** des Verleihers findet sich in Abs. 2 in der Form der Hinweis- und Informationspflicht. Nach Abs. 3 hat der Verleiher dem Entleiher die für eine Meldung nach § 28a SGB IV notwendigen Angaben zu machen. Darüber hinaus treffen den Verleiher die bei jedem Vertragsverhältnis üblichen Schutz- und Sorgfaltspflichten.

9   Die **Hauptleistungspflicht des Entleihers** besteht darin, die vereinbarte Überlassungsvergütung zu zahlen (s. o. Einl. Rn. 18 ff.) Grds. ist der Verleiher vorleistungspflichtig; die Vorleistungspflicht kann jedoch im Überlassungsvertrag abbedungen oder modifiziert werden (*Schüren* Rn. 31). Die Annahme der Arbeitsleistung stellt keine Hauptleistungspflicht des Entleihers dar, denn die Pflicht zur Zahlung der Überlassungsvergütung besteht unabhängig davon, ob der Entleiher den ordnungsgemäß angebotenen AN einsetzt oder nicht (bloße Obliegenheit). Den Entleiher treffen vielfältige Nebenpflichten. In erster Linie muß er für die Sicherheit des vom LeihAN wahrgenommenen Arbeitsplatzes sorgen und die Fürsorgepflichten wahrnehmen. Da der Verleiher auch während der Überlassung der AG des LeihAN bleibt, hat er gegen den Entleiher einen Anspruch auf Information über das Leistungsverhalten des überlassenen AN (*Schüren* Rn. 35).

10 Regelmäßig enthalten die Überlassungsverträge **Allgemeine Geschäftsbedingungen** (zu deren typischer Ausgestaltung *Becker/Wulfgramm* Rn. 28). Sie unterliegen der Inhaltskontrolle nach dem AGBG, da der Überlassungsvertrag keinen Vertrag auf dem Gebiet des Arbeitsrechts iSv. § 23 I AGBG darstellt und damit nicht von einer Kontrolle ausgenommen ist. Allerdings wird sich die Kontrolle auf die Generalklausel des § 9 AGBG beschränken, soweit die Entleiher Kaufleute nach §§ 1 ff. HGB sind, für die der Maßstab der Inhaltskontrolle gem. § 24 S. 1 Nr. 1 AGBG reduziert ist (zum HRefG s. § 3 Rn. 23).

IV. Beendigung des Überlassungsverhältnisses

11 Das Überlassungsverhältnis endet bei einer Befristung mit Zeitablauf und im Falle einer auflösenden Bedingung mit deren Eintritt (ausführlich *Becker/Wulfgramm* Rn. 54 ff.). Eine ordnungsgemäße **Kündigung** ist hier nur bei einer entsprechenden Vereinbarung möglich; eine außerordentliche Kündigung ist hingegen, sofern ein wichtiger Grund in der Form einer erheblichen Pflichtverletzung vorliegt, sowohl von seiten des Verleihers als auch von seiten des Entleihers jederzeit möglich. Darüber hinaus können die Parteien das Vertragsverhältnis auch durch einen Aufhebungsvertrag beenden.

12 Der Tod des LeihAN beendet das Überlassungsverhältnis nicht, da sich die Leistungspflicht des Verleihers nicht auf die Überlassung dieses AN konkretisiert hat (vgl. oben Rn. 7; aA *Becker/Wulfgramm* Rn. 62). In den Fällen des nachträglichen **Wegfalls der Verleiherlaubnis** wird nicht automatisch auch das Überlassungsverhältnis beendet, da nach § 2 IV S. 4 AÜG eine maximal sechsmonatige Abwicklungsfrist besteht. Beim Tode des Verleihers können dessen Erben in entsprechender Anwendung von § 46 GewO iVm. § 2 IV 4 AÜG das Verleihgeschäft ebenfalls zur Abwicklung noch maximal sechs Monate führen (*Schüren* Rn. 43; s. § 2 Rn. 20).

V. Unterrichtungspflichten

Nach **Abs. 2 S. 1** hat der Verleiher den Entleiher über den Zeitpunkt des **Wegfalls der Erlaubnis** 13 unverzüglich zu unterrichten. Wenn der Wegfall der Erlaubnis sicher zu erwarten ist, hat der Verleiher über den möglichen Zeitpunkt zu unterrichten. Damit soll dem Entleiher die Möglichkeit gegeben werden, sich auf das Ende der Überlassungszeit einzustellen. Eine besondere Form ist für die Benachrichtigung nicht vorgesehen (so auch *Wulfgramm/Becker* Rn. 7; aA *Schüren* Rn. 48).

Auch wenn die Erlaubnis wegen einer **Nichtverlängerung** (§ 2 IV 3), wegen einer Rücknahme 14 (§ 4) oder wegen eines Widerrufs erlischt, muß der Entleiher unverzüglich unterrichtet werden. Daneben besteht wegen der nach § 2 IV 4 letzter Halbs. bestehenden sechsmonatigen Abwicklungsfrist eine besondere Hinweispflicht hinsichtlich des voraussichtlichen Endes der Geschäftsabwicklung sowie hinsichtlich des Ablaufs der Erlaubnisfiktion. Auch insoweit besteht keine Formvorschrift (*Becker/Wulfgramm* Rn. 9).

Um den **sozialversicherungsrechtlichen Schutz** des AN sicherzustellen, besteht für den Verleiher 15 gem. **Abs. 3** die Pflicht, dem Entleiher die für die Meldung nach § 28 a SGB IV erforderlichen Angaben zu machen; denn der Entleiher ist bei einer entgeltlichen Überlassung nach § 28 a SGB IV verpflichtet, dem zuständigen Krankenversicherungsträger den AN innerhalb von zwei Wochen nach dem Anfang des Arbeitseinsatzes zu melden. Von dieser Meldung erhält auch das für den Betriebssitz des Verleihers zuständige AA eine Durchschrift.

§ 13 Kein Ausschluß des Entgelts *(aufgehoben)*

Durch das AFRG vom 24. 3. 1997 wurde mit Wirkung zum 1. 4. 1997 § 13 aufgehoben. 1

§ 13 diente der Ergänzung der Regelung des § 10 (BAG 26. 10. 1995 AP AÜG § 1 Nr. 19). Während 2 im Falle gewerbsmäßiger ANÜberlassung ohne Erlaubnis nach § 9 Nr. 1 die Verträge zwischen Verleihern und Entleihern sowie Verleihern und LeihAN unwirksam sind und gem. § 10 I ein Arbeitsverhältnis zum Entleiher fingiert wird, wurde der Schutz des AN im Falle illegaler Arbeitsvermittlung durch die Fiktion eines Arbeitsverhältnisses zum Entleiher gewährleistet (§ 13). Da die ANÜberlassung kein Arbeitsverhältnis zum Entleiher begründet, kann der Tatbestand der Arbeitsvermittlung nur unter den Voraussetzungen des § 1 II erfüllt sein. In den Fällen des Verstoßes gegen das Synchronisationsverbot (§ 3 I Nr. 1 bis 5) und der Überschreitung der Überlassungshöchstdauer (§ 3 I Nr. 6) wird sowohl bei gewerbsmäßiger als auch bei nichtgewerbsmäßiger ANÜberlassung widerlegbar vermutet, daß der Überlassende Arbeitsvermittlung betreibt. Die Rechtsfolge der echten illegalen sowie der nach § 1 II iVm. § 3 I nur vermuteten illegalen Arbeitsvermittlung regelte § 13. Infolge der Fiktionswirkung des § 13 iVm. § 1 II wurde zwischen dem LeihAN und dem Entleiher ein Arbeitsverhältnis begründet (BAG 10. 2. 1977 AP BetrVG 1972 § 103 Nr. 9 m. Anm. *Moritz*; BAG 23. 11. 1988 AP AÜG § 1 Nr. 14 m. Anm. *van Venrooy*; BAG 21. 3. 1990 AP AÜG § 1 Nr. 15; BAG 1. 6. 1994 AP AÜG § 10 Nr. 11; BAG 26. 4. 1995 AP AÜG § 1 Nr. 19; *Becker/Wulfgramm* Art. 1 § 13 Rn. 3; *Schüren* § 13 Rn. 3, 33 ff.). Zugleich sollte nach herrschender Ansicht das Leiharbeitsverhältnis zum unerlaubt „Vermittelnden" enden (BAG 10. 2. 1977 AP BetrVG 1972 § 103 Nr. 9 m. Anm. *Moritz*; MünchArbR/*Marschall* § 176 Rn. 16; aA *Engelbrecht* S. 122; *Schüren* § 13 Rn. 53 ff. sowie jetzt auch *Boemke* S. 605, die ein – kaum praktikables – Doppelarbeitsverhältnis befürworten).

Angesichts der ersatzlosen Streichung des § 13 und der damit einhergehenden Beseitigung der 3 arbeitsvertraglichen Fiktionswirkung des § 1 II iVm. § 13 wird kritisiert, der Gesetzgeber habe eine „Lücke in den Sozialschutz" (*Feuerborn/Hamann* BB 1997, 2530, 2534) der AN gerissen. Dieser Kritik kann nicht gefolgt werden. Zwar trifft es zu, daß gegen den Willen des Entleihers arbeitsvertragliche Beziehungen zwischen AN und Entleiher nicht mehr kraft Gesetzes entstehen können (aA KDZ/*Zwanziger* § 3 AÜG Rn. 5). Denn für eine analoge Anwendung des § 10 I 1 (*Feuerborn/Hamann* BB 1997, 2530, 2534; Kasseler Handbuch/*Düwell*, 1997, 4.5 Rn. 314) fehlt es unter methodischen Aspekten bereits an der Planwidrigkeit der Regelungslücke (so auch LAG Baden-Württemberg 15. 10. 1998 LAGE AÜG § 10 Nr. 2; *Groeger* DB 1998, 470, 471; iE auch *Rolfs* ZfA 1999, 403, 469). Auch aufgrund einer analogen Anwendung des § 1 II kann ein Arbeitsverhältnis zum Entleiher nicht fingiert werden, da nicht § 1 II, sondern erst § 13 die erforderliche Fiktionswirkung herbeigeführt hatte (*Groeger* DB 1998, 470, 471; aA *Sandmann/Marschall* § 1 Rn. 67, § 13 Rn. 2). Der arbeits- und sozialrechtliche Schutz der AN wird – auch nach Ansicht des für Rechtsfragen der ANÜberlassung nunmehr allein zuständigen Siebten Senats (BAG 15. 4. 1999 AP AÜG § 13 Nr. 1 m. Anm. *Urban* = NZA 2000, 102, 103) – dadurch gewährleistet, daß das Arbeitsverhältnis zum Verleiher im Falle vermuteter Arbeitsvermittlung fortbesteht (s. ferner LAG Baden-Württemberg 15. 10. 1998 LAGE AÜG § 10 Nr. 2; *Groeger* DB 1998, 470, 471; zum Ganzen auch *Gaul/Gaul*, Aktuelles Arbeitsrecht, Bd. 2, 1999, S. 297 ff.). Schon aus § 13 selbst ließ sich die Beendigung des Arbeitsverhältnisses zum Verleiher nicht herleiten, da diese Vorschrift für die Rechtsbeziehung zwischen AN und Verleiher keine Anordnung traf (BAG 15. 4. 1999 AP AÜG § 13 Nr. 1 m. Anm. *Urban* = NZA 2000, 102, 103; LAG Hamburg 18. 1. 1991 LAGE AÜG § 9 Nr. 3). Die Wirksamkeit des Leiharbeitsvertrages kann auch nicht wegen Verstoßes gegen § 291 I SGB III, § 134 BGB abgelehnt werden (aA *Becker/ Wulfgramm* Art. 1 § 1 Rn. 51 e; MünchArbR/*Marschall* § 176 Rn. 16; *Sandmann/Marschall* Art. 1 § 1 Rn. 64). Die Nichtigkeit des Leiharbeitsverhältnisses aufgrund illegaler Arbeitsvermittlung entspricht weder der Intention des SGB III noch ist eine derartige Konsequenz mit dem Schutzzweck des AÜG in Einklang zu bringen (*Ulber* § 13 Rn. 9). Das AÜG ist ein Gesetz zum Schutze von AN, die Tätigkeiten im Betrieb eines Dritten erbringen und dient dazu, den arbeits- und sozialrechtlichen Status der LeihAN zu erhalten (ArbG Köln 9. 2. 1996 BB 1996, 800 m. Anm. *Liebscher*). Dagegen soll das Gesetz nicht dem AG die Lösungsmöglichkeiten aus dem Arbeitsverhältnis erleichtern. Gerade nach der Streichung des § 13 wird sichtbar, welche Auswirkungen die Nichtigkeit des Leiharbeitsvertrages hätte: Mangels gesetzlicher Fiktion eines Arbeitsverhältnisses zum Entleiher bliebe der AN ohne echten AG; Ansprüche ließen sich letztlich nur aus einer fehlerhaften Vertragsbeziehung zum illegal Vermittelnden herleiten. Daher ist es gerechtfertigt, nicht den LeihAN, sondern die Parteien des ANÜberlassungsvertrages, die Verstöße gegen das Synchronisationsverbot regelmäßig verhindern und die Einhaltung der Überlassungshöchstdauer überwachen können, mit einer Sanktion zu belegen. Bußgelder einerseits (§ 16 I Nr. 9 und II, § 404 Abs. 2 Nr. 9 SGB III) und die Nichtigkeit des Überlassungsvertrages andererseits tragen diesem Sanktionserfordernis hinreichend Rechnung (LAG Hamburg 18. 1. 1991 LAGE AÜG § 9 Nr. 3). Der AN kann aber weiterhin Ansprüche aus dem wirksamen Arbeitsverhältnis zum Entleiher herleiten.

§ 14 Mitwirkungs- und Mitbestimmungsrechte des Betriebs- und Personalrates

(1) Leiharbeitnehmer bleiben auch während der Zeit ihrer Arbeitsleistung bei einem Entleiher Angehörige des entsendenden Betriebs des Verleihers.

(2) [1] Leiharbeitnehmer sind bei der Wahl der betriebsverfassungsrechtlichen Arbeitnehmervertretungen im Entleiherbetrieb weder wahlberechtigt noch wählbar. [2] Sie sind berechtigt, die Sprechstunden dieser Arbeitnehmervertretungen aufzusuchen und an den Betriebs- und Jugendversammlungen im Entleiherbetrieb teilzunehmen. [3] Die §§ 81, 82 Abs. 1 und §§ 84 bis 86 des Betriebsverfassungsgesetzes gelten im Entleiherbetrieb auch in bezug auf die dort tätigen Leiharbeitnehmer.

(3) [1] Vor der Übernahme eines Leiharbeitnehmers zur Arbeitsleistung ist der Betriebsrat des Entleiherbetriebs nach § 99 des Betriebsverfassungsgesetzes zu beteiligen. [2] Dabei hat der Entleiher dem Betriebsrat auch die schriftliche Erklärung des Verleihers nach § 12 Abs. 1 Satz 2 vorzulegen. [3] Er ist ferner verpflichtet, Mitteilungen des Verleihers nach § 12 Abs. 2 unverzüglich dem Betriebsrat bekanntzugeben.

(4) Die Absätze 1 und 2 Sätze 1 und 2 sowie Absatz 3 gelten für die Anwendung des Bundespersonalvertretungsgesetzes sinngemäß.

I. Allgemeines

1   Ursprünglich enthielt das AÜG keine Bestimmung über die betriebsverfassungsrechtliche Stellung der LeihAN. Der jetzige § 14 wurde im Zusammenhang mit dem Gesetz zur Bekämpfung illegaler Beschäftigung vom 15. 12. 1981 in das AÜG aufgenommen. Die Regelung des § 14 bringt die bisherigen Ergebnisse der Rspr. zur betriebsverfassungsrechtlichen Stellung der LeihAN in Gesetzesform (Nachw. bei *Sandmann/Marschall* Rn. 2; *Schüren* Rn. 4). Grds. wird der LeihAN dem Betrieb des Verleihers zugeordnet. Die Mitwirkungsrechte des LeihAN und des BR im Entleiherbetrieb werden im Gesetz genau festgelegt. Diese Festlegung ist jedoch nicht abschließend, sondern nach dem Willen des Gesetzgebers sollte der Rspr. ein Spielraum zur Ausgestaltung der Mitwirkungs- und Mitbestimmungsrechte verbleiben (BAG 15. 12. 1992 BB 1993, 648).

II. Betriebsverfassungsrechtliche Zuordnung des Leiharbeitnehmers

2   **Abs. 1** stellt ausdrücklich klar, daß die LeihAN auch während ihres Aufenthalts im Entleiherbetrieb betriebsverfassungsrechtlich Angehörige des Verleiherbetriebes bleiben. Eine doppelte betriebsverfassungsrechtliche Zugehörigkeit zum Entleiher- und zum Verleiherbetrieb ist nicht möglich (BAG 18. 1. 1989 AP BetrVG 1972 § 9 Nr. 1; *Sandmann/Marschall* Rn. 4 mwN; *Walle* S. 200 ff.; aA *Schüren* Rn. 30 ff.: „doppelte Betriebszugehörigkeit"). Den LeihAN stehen im Verleiherbetrieb sämtliche betriebsverfassungsrechtlichen Rechte zu.

3   Demnach haben **Abs. 2 S. 2 und 3 und Abs. 3** konstitutive Bedeutung, da sie dem LeihAN Rechte geben, die ihm ohne diese Vorschrift mangels Betriebszugehörigkeit nicht zustünden. Daß Abs. 2 dem LeihAN gegenüber dem Entleiher bestimmte betriebsverfassungsrechtliche Rechte gibt, ist ohne Einfluß auf dessen Rechte im Verleiherbetrieb (*Sandmann/Marschall* Rn. 5; *Schüren* Rn. 56). Diese Rechte können im Entleiher- und im Verleiherbetrieb wahrgenommen werden, denn der Gesetzgeber wollte mit dieser Regelung gerade der Sondersituation der LeihAN Rechnung tragen. Dem BR des

Verleiherbetriebes stehen hinsichtlich des LeihAN ebenfalls sämtliche Rechte nach dem BetrVG zu (anders bezüglich des Mitbestimmungsrechts des Verleiherbetriebsrats bei der Anordnung von Überstunden im Entleiherbetrieb zutr. LAG Köln 21. 10. 1994 MDR 1995, 393).

Wird der LeihAN ohne Verleiherlaubnis überlassen, greift die **Fiktion** des § 9 Nr. 1 iVm. **§ 10 I** ein; 4 wird die Frist von 12 Monaten überschritten, greift die widerlegbare Vermutung des § 1 II ein. Der LeihAN wird AN des Entleihers. Damit geht auch eine betriebsverfassungsrechtliche Einordnung des LeihAN beim Entleiherbetrieb einher. Der LeihAN wird so behandelt wie ein AN, der im Entleiherbetrieb eingestellt wird. Demgemäß hat der Entleiher den BR zu unterrichten und dessen Zustimmung einzuholen.

Die vor der Gesetzesänderung stark umstrittene Frage, ob der LeihAN im Entleiherbetrieb aktiv 5 und passiv wahlberechtigt ist (Nachw. zum Streitstand bei *Dietz/Richardi* § 5 Rn. 79 und HSG/*Hess* § 5 Rn. 10), hat der Gesetzgeber durch **Abs. 2 S. 1** eindeutig geklärt. Bereits das BAG hatte sowohl ein aktives als auch ein passives Wahlrecht des LeihAN im Entleiherbetrieb abgelehnt (BAG 14. 5. 1974 AP BetrVG 1972 § 99 Nr. 2 = NJW 1974, 1966). Demgemäß bleiben die LeihAN auch bei der Berechnung der Zahl der im Entleiherbetrieb zu stellenden BRmitglieder außer Betracht. Diese Regelung ist schon lange rechtspolitisch umstritten (Nachw. bei *Schüren* Rn. 47) und seit der nunmehr erfolgten Verlängerung der möglichen Überlassungsdauer auf 12 Monate fragwürdiger geworden (so auch Kasseler Handbuch/*Düwell* 4.5 Rn. 464); denn der maßgebliche Gesichtspunkt für den Ausschluß des Wahlrechts war nach der Auffassung des Gesetzgebers der Umstand, daß eine jeweils so kurze Betriebszugehörigkeit ein Wahlrecht nicht zu rechtfertigen vermag (BT-Drucks. 9/847 S. 9; zur Frage, ob auch die nicht gewerbsmäßig überlassenen AN vom Wahlrecht im Entleiherbetrieb ausgeschlossen sind, s. *Boemke* S. 587).

III. Rechte des Arbeitnehmers im Entleiherbetrieb

Die Sätze **2 und 3 des Abs. 2** gewähren dem LeihAN auch im Entleiherbetrieb gewisse betriebs- 6 verfassungsrechtliche Rechte, die sich unmittelbar auf die Arbeitsleistung beziehen und deren Geltendmachung gegenüber dem Verleiher selbst umständlich, wenn nicht gar tlw. zwecklos wäre (*Sandmann/Marschall* Rn. 10).

1. Wahrnehmung von Sprechstunden. Der LeihAN ist auch im Entleiherbetrieb dazu berechtigt, 7 die Sprechstunden der ANvertretung (BR, Betriebsausschuß und betriebliche Jugendvertretung) wahrzunehmen (**§§ 39, 69 BetrVG**). Das Recht steht dem LeihAN in beiden Betrieben zu. Sofern also ein sachlicher Grund dafür besteht, kann der LeihAN vom Entleiher eine Arbeitsfreistellung für einen Besuch bei dem BR des Verleihers verlangen (*Schüren* Rn. 61). Während der Wahrnehmung dieser Rechte steht ihm gegenüber dem Verleiher der vereinbarte Lohn zu, wenn der Besuch erforderlich ist (dazu *Fitting* § 39 Rn. 22). Wer diese Kosten im Verhältnis zwischen Verleiher und Entleiher zu tragen hat, richtet sich nach dem Überlassungsvertrag. Fehlt darin eine Vereinbarung, hat der Entleiher auch für die Freistellungszeiten ein Überlassungsentgelt zu leisten (Kasseler Handbuch/*Düwell* 4.5 Rn. 469).

Darüber hinaus stehen dem LeihAN die Rechte nach den **§§ 81, 82 I, 84 bis 86 BetrVG** zu. § 81 8 BetrVG verpflichtet den Entleiher, den LeihAN über die von ihm in seinem Betrieb einzuhaltenden Pflichten zu unterrichten. Darüber hinaus muß der Entleiher über Sicherheit und Gesundheitsschutz bei der Arbeit unterrichten, § 12 I, II ArbSchG (s. *Wank,* Kommentar zum technischen Arbeitsschutz, 1999, § 12 ArbSchG Rn. 8).

Nach § 82 I BetrVG kommen dem LeihAN bei ihn im Entleiherbetrieb betreffenden betrieblichen 9 Angelegenheiten **Anhörungs- und Vorschlagsrechte** zu. Der LeihAN kann also dann initiativ werden, wenn er Fragen zum konkreten Arbeitseinsatz beim Entleiher hat. Gegenstand dieses auch im Verleiherbetrieb geltenden Fragerechts werden in erster Linie solche Fragen sein, die die Fremdfirmeneinsätze und sonstige betriebliche Einsätze betreffen (*Schüren* Rn. 80 und 115). Darüber hinaus hat er das Recht, zu den im Verleiher- oder Entleiherbetrieb getroffenen, ihn betreffenden Maßnahmen Stellungnahmen abzugeben. Dagegen hat der LeihAN die nach § 82 II BetrVG bestehenden Auskunfts- und Erörterungsrechte nur gegenüber dem Verleiher, da sie von der Verweisung in § 14 II 3 ausgenommen sind. § 83 BetrVG – Einsichtsrecht in Personalakten – betrifft ebenfalls nur das Verhältnis zwischen LeihAN und Verleiher.

2. Beschwerderechte. Die **§§ 84 bis 86 BetrVG** geben dem LeihAN auch im Entleiherbetrieb ein 10 Beschwerderecht, „wenn er sich vom AG oder von AN des Betriebes benachteiligt oder ungerecht behandelt oder in sonstiger Weise beeinträchtigt fühlt" (§ 84 I). Der Kreis dieser beschwerdefähigen Angelegenheiten ist sehr weitreichend; es muß nur um ein Betroffensein der individuellen Stellung als AN gehen (*Schüren* Rn. 88).

Das Beschwerderecht steht dem LeihAN gegenüber den zuständigen betrieblichen Stellen (§ 84 I 1 11 BetrVG) oder **beim BR** (§ 85 I BetrVG) zu. Dabei bleibt es dem LeihAN überlassen, ob er sich wegen einer Beeinträchtigung im Entleiherbetrieb an dessen BR oder an den des Verleihunternehmens wendet (ausführlich *Erdlenbruch* S. 110 f.).

12 Das Verfahren richtet sich sowohl im Verleiher- als auch im Entleiherbetrieb nach §§ 85 II und III BetrVG. Nach § 86 gelten für den LeihAN auch die im Entleiherbetrieb geltenden Betriebsvereinbarungen, soweit es um die Regelung von Angelegenheiten geht, die ihn betreffen.

13 **3. Weitere betriebsverfassungsrechtliche Rechte.** Über die ausdrücklich genannten Bestimmungen hinaus können für den LeihAN im Entleiherbetrieb noch weitere betriebsverfassungsrechtliche Bestimmungen gelten. Der Gesetzgeber hat selbst darauf hingewiesen, daß die Aufzählung nicht abschließend ist. Es liegt bei der Rspr., sowohl für den LeihAN als auch für den BR diesen betreffende betriebsverfassungsrechtliche Rechte zu bestimmen (BAG 15. 12. 1992 AP AÜG § 14 Nr. 7 = DB 1993, 888). Insb. gilt § 75 BetrVG, nach dem alle im Betrieb tätigen Personen nach den Grundsätzen von Recht und Billigkeit zu behandeln sind (*Schüren* Rn. 95). Speziell muß jede unterschiedliche Behandlung aufgrund von Abstammung, Religion, Geschlecht, Herkunft, Nationalität oder gewerkschaftlicher Betätigung oder Einstellung unterbleiben.

IV. Rechte des Betriebsrats des Entleiherbetriebes

14 **Abs. 3** gibt dem BR des Entleiherbetriebes hinsichtlich der Übernahme eines LeihAN ausdrücklich ein Anhörungsrecht nach § 99 BetrVG. S. 2 und 3 erweitern die Unterrichtungspflicht des Entleihers. Damit hat der Gesetzgeber die bisherige Rspr. des BAG zu dieser Frage übernommen (BAG 14. 5. 1974 AP BetrVG 1972 § 99 Nr. 2; BAG 6. 6. 1978 AP BetrVG 1972 § 99 Nr. 6). Nach dem Willen des Gesetzgebers soll über die Regelung des Abs. 3 hinaus die Feststellung **weiterer Beteiligungsrechte** des BR durch die Rspr. möglich sein (BT-Drucks. 9/847 S. 8 f.). Insb. kommen hier die allgemeinen Aufgaben des BR nach §§ 75, 80 BetrVG, die Mitbestimmungsrechte nach § 87 BetrVG sowie Unterrichtungs- und Beratungsrechte, die sich auf die Gestaltung der Arbeitsplätze nach §§ 90 f. BetrVG beziehen, in Betracht (ausführlich *Schüren* Rn. 191 ff.). Darüber hinaus kann § 104 BetrVG angewandt werden, wenn der LeihAN die in § 75 BetrVG enthaltenen Grundsätze des Betriebsfriedens wiederholt und ernsthaft stört (*Becker/Wulfgramm* Rn. 120).

15 § 14 III erfaßt ausdrücklich nur die erlaubte gewerbsmäßige ANÜberlassung und diese auch nur tlw. (*Becker/Wulfgramm* Rn. 95). Den mit der Aufspaltung der AGBefugnisse verbundenen Besonderheiten kann aber auch bei **anderen Formen drittbezogenen Personaleinsatzes** Rechnung zu tragen sein. Nach hA findet § 14 III auf die Formen echter Leiharbeit entsprechende Anwendung (BAG 18. 1. 1989 AP AÜG § 14 Nr. 2; *Becker/Wulfgramm* Rn. 2; *Sandmann/Marschall* Rn. 2; im einzelnen str., vgl. die Nachw. bei *Schüren* Rn. 329 ff.; vgl. auch Rn. 428 ff., ausführlich zu den Fällen illegaler Arbeitsvermittlung). Bei einer Abordnung zu einer Arbeitsgemeinschaft gem. § 1 I 2 und im Falle illegaler ANÜberlassung findet § 14 ebenfalls entsprechende Anwendung (BAG 6. 6. 1978 AP BetrVG 1972 § 99 Nr. 6; BAG 31. 1. 1989 AP BetrVG 1972 § 80 Nr. 33; abl. *Schüren* Rn. 364, 399 und *Sandmann/Marschall* Rn. 7).

16 Bei einem Einsatz von AN von Fremdfirmen auf der Grundlage **echter Dienst- oder Werkverträge** ist § 14 nicht anzuwenden. Auch für eine Anwendung des § 99 BetrVG ist in diesen Fällen kein Raum, da es an der für die Eingliederung der AN in den Fremdbetrieb typischen „Personalhoheit", dem arbeitsbezogenen Direktionsrecht des Inhabers des Einsatzbetriebes, fehlt (BAG 5. 3. 1991 AP BetrVG 1972 § 99 Nr. 90; BAG 9. 7. 1991 AP BetrVG 1972 § 99 Nr. 94; BAG 5. 5. 1992 AP BetrVG 1972 § 99 Nr. 97; *Dauner-Lieb* NZA 1992, 817, 819). Die Rspr. zu der Frage, in bezug auf welche Beschäftigungsverhältnisse ein Mitbestimmungsrecht des BR nach § 99 BetrVG besteht, ist allerdings schwankend. Zunächst hat das BAG ausgeführt, das Mitbestimmungsrecht beschränke sich nicht auf den Einsatz von AN (BAG 5. 5. 1992 AP BetrVG 1972 § 99 Nr. 97; 1. 12. 1992 EzA BetrVG § 99 Nr. 110). In späteren Entscheidungen hat das BAG dann zutreffend eine übereinstimmende Abgrenzung im Hinblick auf AN und Selbständige einerseits und im Hinblick auf dem Mitbestimmungsrecht unterliegende und ihm nicht unterliegende Beschäftigungsverhältnisse andererseits vorgenommen. Allerdings hat es den inneren Zusammenhang zwischen beiden Problemkreisen nicht erwähnt, sondern für § 99 BetrVG scheinbar eigene Abgrenzungskriterien entwickelt, wobei es maßgeblich auf die „Eingliederung" abgestellt hat (BAG 18. 10. 1994 AP BetrVG 1972 § 99 Einstellung Nr. 5; BAG 15. 12. 1998 AP BetrVG 1972 § 80 Nr. 6 m. Anm. *Wank*).

17 Eine übereinstimmende Abgrenzung ist deshalb geboten, weil sich das **Mitbestimmungsrecht nach § 99 BetrVG nur auf Arbeitsverhältnisse bezieht** (*Dauner-Lieb* Anm. zu BAG 13. 5. 1992 EzA AÜG § 10 Nr. 4; *Rosenstein* S. 242 ff.; *Waas* Anm. SAE 1996, 160, 165; *Walle* S. 263; *Wank*, ZfA 1996, 535, 541 f.; *ders.* Anm. zu BAG AP BetrVG 1972 § 80 Nr. 56; vgl. BVerwG 6. 9. 1995 AP LPVG Hessen § 77 Nr. 2 = DÖV 1996, 467; aA *Dütz/Dörrwächter* Anm. zu BAG 31. 1. 1995 EzA BetrVG 1972 § 99 Nr. 126). Wie das BAG in den Entscheidungen vom 5. 3. 1991 (AP BetrVG 1972 § 99 Nr. 90) und vom 9. 7. 1991 (AP BetrVG 1972 § 99 Nr. 94) zutreffend ausgeführt hat, gehört die Entscheidung des AG, Arbeiten aufgrund von Werkverträgen vornehmen zu lassen, nicht zum Bereich des § 99 BetrVG, sondern zu dem des § 111 BetrVG. In der Entscheidung vom 18. 10. 1994 (AP BetrVG 1972 § 99 Einstellung Nr. 5 = SAE 1996, 157 m. Anm. *Waas*) stellt das BAG zutreffend fest, daß § 99 BetrVG nicht die Organisation des Betriebs zum Gegenstand hat.

IV. Rechte des Betriebsrats des Entleiherbetriebes

In neuerer Zeit neigt das BAG allerdings wieder zu einer Ausweitung des Mitbestimmungsrechts 18 nach § 99 BetrVG (BAG 22. 4. 1997 AP BetrVG 1972 § 99 Einstellung Nr. 18 m. Anm. *Börgmann*). Für das ANÜberlassungsrecht ist demgegenüber darauf hinzuweisen, daß § 14 III eine konstitutive Sonderregelung enthält und daß es für die Erstreckung auf Nicht-AN kein Mitbestimmungsrecht des BR gibt.

Bei der Verweisung des Abs. 3 auf § 99 BetrVG handelt es sich um eine sogenannte **Rechtsfolgen-** 19 **verweisung** und nicht um eine Rechtsgrundverweisung (*Becker* AuR 1982, 369, 379; *Becker/Wulfgramm* Rn. 96; MünchArbR/*Marschall* § 175 Rn. 107; *Sandmann/Marschall* Rn. 16; aA *Schüren* Rn. 129); dh. das Beteiligungsrecht besteht auch dann, wenn im Entleiherbetrieb nur 20 oder weniger wahlberechtigte AN beschäftigt sind.

Dem BR des Entleiherbetriebes steht auch bezüglich des Beginns und des Endes der **täglichen** 20 **Arbeitszeit** des LeihAN im Entleiherbetrieb das Mitspracherecht nach § 87 I Nr. 2 BetrVG zu (BAG 15. 12. 1992 NZA 1993, 513).

Streitigkeiten über das nach § 99 BetrVG bestehende Mitbestimmungsrecht sind im Wege eines 21 arbeitsgerichtlichen **Beschlußverfahrens** durch einen Antrag an das zuständige Arbeitsgericht zu klären. Die Zuständigkeit bestimmt sich nach dem Bezirk, in dem der Betrieb liegt, dessen BR das Mitbestimmungsrecht beansprucht (*Sandmann/Marschall* Rn. 17). Der BR kann bei einer fehlenden oder unvollständigen Unterrichtung ein Verfahren nach § 101 BetrVG einleiten.

Das Mitbestimmungsrecht wird durch **jegliche Übernahme** ausgelöst. Es besteht also auch, wenn 22 der AN in den Betrieb des Entleihers durch die tatsächliche Arbeitsaufnahme eingegliedert wird (MünchArbR/*Marschall* § 175 Rn. 103). Einer längeren Übernahme oder einer Auswirkung der Tätigkeit des LeihAN auf die Produktion bedarf es nicht (*Sandmann/Marschall* Rn. 18). Die Verlängerung der Tätigkeit des LeihAN und dessen Austausch, nicht jedoch die Umsetzung innerhalb des Entleiherbetriebes stehen der Übernahme betriebsverfassungsrechtlich gleich (MünchArbR/*Marschall* § 175 Rn. 104 f.; *Schüren* Rn. 134). Soll der zunächst nur als LeihAN tätige AN schließlich in ein Arbeitsverhältnis übernommen werden, so ist § 99 BetrVG nicht über § 14 III, sondern direkt anzuwenden (*Schüren* Rn. 136). Die Übernahme des LeihAN kann auch als vorläufige personelle Maßnahme nach § 100 BetrVG erfolgen (LAG Frankfurt 7. 4. 1987 BB 1987, 2093).

Der Entleiher muß dem EntleiherBR alle **Informationen** geben, die für eine Zustimmungsverweige- 23 rung nach § 99 II BetrVG relevant sein können. Aus der Natur der ANÜberlassung ergeben sich jedoch im Rahmen der Unterrichtspflicht zu § 14 III gewisse Modifikationen (hA, vgl. *Schüren* Rn. 140 mit umfangr. Nachw.). Um dem BR die Möglichkeit zu geben, sich genau darüber zu informieren, ob sich sein Beteiligungsrecht aus § 14 ergibt oder ob eine unerlaubte Überlassung vorliegt, die kraft der Fiktion des § 10 I zu einem Arbeitsverhältnis führt, kann der BR verlangen, daß ihm, soweit objektiv ernsthafte Zweifel bestehen, alle Verträge mit Fremdfirmen über die Beschäftigung von AN von Fremdfirmen zur Einsichtnahme vorgelegt werden (*Wank* Anm. zu BAG AP BetrVG 1972 § 80 Nr. 56; aA (Erstreckung auf *alle* Verträge) BAG aaO sowie BAG 31. 1. 1989 BB 1989, 1693 f. m. Anm. *Hunold* BB 1989, 1693 f.; MünchArbR/*Marschall* § 175 Rn. 112; *Schüren* Rn. 150). Darüber hinaus kann der BR verlangen, daß er Einsicht in die Erklärung des Verleihers über das Bestehen einer Verleiherlaubnis nach § 1 erhält. Der Entleiher muß den BR sofort unterrichten, wenn ihm der Verleiher den Wegfall der Erlaubnis mitgeteilt hat, § 14 III 3. Der BR kann zur Wahrnehmung seiner Beteiligungsrechte bei der Personalplanung nach § 92 II BetrVG die Einsichtnahme in Listen verlangen, aus denen sich genaue Daten über die Einsatzzeiten der LeihAN, deren Qualifikation, persönliche Daten und über deren vorgesehene Tätigkeit im Entleiherbetrieb ergeben (ArbG Verden 1. 8. 1989 AiB 1989, 318); dagegen beziehen sich die Rechte aus § 92 II BetrVG nicht auf andere Fälle des drittbezogenen Personaleinsatzes (vgl. *Wank* Anm. zu BAG AP BetrVG 1972 § 80 Nr. 56).

Eine Unterrichtung über die **Eingruppierung** des LeihAN und dessen Lohnhöhe ist regelmäßig 24 nicht möglich, da diese nur aus dem Vertrag zwischen LeihAN und Verleiher ersichtlich sind. Eine rechtliche Verpflichtung des Verleihers gegenüber dem Entleiher oder dessen BR zu einer Offenlegung besteht nicht (BAG 6. 6. 1978 AP BetrVG 1972 § 99 Nr. 6; *Schüren* Rn. 147). Ebensowenig kann der BR verlangen, daß ihm die Bewerbungsunterlagen des LeihAN vorgelegt werden, auch wenn die Übernahme erfolgt durch eine Zuweisung des Verleihers (BAG 18. 12. 1990 AP BetrVG 1972 § 99 Nr. 85).

Liegen die Voraussetzungen des **§ 99 II BetrVG** vor, kann der BR im Entleiherbetrieb die Zustim- 25 mung zur Übernahme des LeihAN verweigern. Die Nr. 1–6 enthalten auch für den Fall der Übernahme von LeihAN eine abschließende Aufzählung über die Gründe einer Verweigerung der Zustimmung (MünchArbR/*Marschall* § 175 Rn. 116 f.; *Schüren* Rn. 160). Die allgemein gegenüber den anderen AN des Entleiherbetriebes bestehenden Nachteile des LeihAN ergeben sich aus der rechtlichen Ausgestaltung des AÜG. Deshalb kann aus dieser gesetzlich grds. zulässigen Benachteiligung dem LeihAN kein Recht des BR erwachsen, die Zustimmung zu versagen (*Becker/Wulfgramm* Rn. 102; *Sandmann/Marschall* Rn. 21).

Die Verweigerung der Zustimmung ist jedoch möglich, wenn die **Benachteiligung nicht aus der** 26 **Leiharbeit** herrührt. Unter anderem kann der BR geltend machen, daß der LeihAN im Entleiherbetrieb als betroffener AN für Arbeiten eingesetzt werden soll, die wegen ihrer Unbequemlichkeit und

Schwere von Stammarbeitern nicht gemacht werden (*Sandmann/Marschall* Rn. 22; *Schüren* Rn. 179). Die Ein- oder Umgruppierung ist allerdings nicht Sache des EntleiherBR, vielmehr ist der VerleiherBR zuständig, da sich die Entlohnung aus dem Arbeitsvertrag mit dem Verleiher ergibt (*Becker* AuR 1982, 369, 375; *Schüren* Rn. 192).

27 Nach einer Entscheidung des BAG kann der BR auch die Zustimmung bei **Verstößen gegen das AÜG** verweigern, wenn dadurch die Kollektivinteressen der Belegschaft des Entleiherbetriebes betroffen werden, denn das AÜG ist ein Gesetz iSv. Nr. 1 des § 99 II BetrVG (BAG 28. 9. 1988 AP BetrVG 1972 § 99 Nr. 60 = BB 1989, 910: Beschäftigung für einen längeren Zeitraum als den in § 3 I Nr. 6 vorgesehenen Zeitraum; ausführlich *Schüren* Rn. 163 ff.).

28 Die Beendigung der Tätigkeit des LeihAN im Entleiherbetrieb bedarf hingegen keiner Zustimmung durch den BR im Entleiherbetrieb (*Sandmann/Marschall* Rn. 23).

V. Unterrichtung des Wirtschaftsausschusses

29 Der Wirtschaftsausschuß ist in Unternehmen einzusetzen, die ständig mehr als 100 AN haben (§ 106 BetrVG); LeihAN sind dabei nicht mitzuzählen (weitergehend bezüglich der innerbetrieblich dauerhaft mit (wechselnden) LeihAN besetzten Arbeitsplätze *Schüren* Rn. 263). Dessen Aufgabe besteht darin, wirtschaftliche Angelegenheiten mit dem Unternehmen zu beraten und den BR zu unterrichten. Zwar ist das Tätigwerden von LeihAN nicht in der Aufzählung des § 106 III BetrVG genannt, dessen Aufzählung ist jedoch nicht abschließend. Der längerfristige Einsatz von LeihAN hat Einfluß auf die Personalplanung des Unternehmens und berührt auch die Interessen der AN des Unternehmens im wesentlichen Maße (§ 106 II und III BetrVG). In einem solchen Fall ist der Wirtschaftsausschuß stets zu unterrichten (*Sandmann/Marschall* Rn. 18 a; aA *Schüren* Rn. 264, der die Interessen durch die Beteiligung des BR im Rahmen der Personalplanung nach §§ 92 ff. BetrVG hinreichend gewahrt sieht).

VI. Anwendung von Abs. 1 bis 3 im Rahmen des Personalvertretungsrechts

30 § 14 IV trifft für den Bereich des Personalvertretungsrechts eine den betriebsverfassungsrechtlichen Regelungen entsprechende Bestimmung. Gem. § 14 IV gelten Abs. 1, 2 S. 1 und 2 sowie Abs. 3 sinngemäß. Diese sinngemäße Anwendung betrifft mangels einer weitergehenden Gesetzgebungskompetenz des Bundes nur den Bereich des Bundespersonalvertretungsrechts. Für den Bereich der **Landesgesetze** zum Personalvertretungsrecht ist es daher Sache der Länder, die Frage der Mitbestimmung und Mitwirkung der Personalräte zu regeln (BT-Drucks. 9/847 S. 9). Aus § 14 IV läßt sich in diesem Bereich kein Mitbestimmungsrecht ableiten (BVerwG 6. 9. 1995 NVwZ 1997, 82). Soweit das jeweilige Landespersonalvertretungsgesetz keine ausdrückliche Regelung über die Anwendung des § 14 enthält (soweit ersichtlich ist dies nur in Niedersachsen mit § 107 c des Landespersonalvertretungsgesetzes geschehen), erfüllt die Aufnahme eines LeihAN zur Arbeitsleistung in einer Dienststelle den landespersonalvertretungsrechtlichen Mitbestimmungstatbestand der Einstellung (BVerwG 20. 5. 1992 DVBl. 1993, 402).

31 Die entliehenen AN bleiben auch während ihrer Arbeitsleistung bei der entleihenden Dienststelle **AN des Verleihers;** sie behalten auch das aktive und passive Wahlrecht bei dem verleihenden Betrieb und dürfen es im Entleiherbetrieb nicht ausüben (*Becker/Wulfgramm* Rn. 137; *Schüren* Rn. 489). In der entleihenden Dienststelle können die Sprechstunden der Personalvertretung (§ 43 BPersVG) oder der Jugendvertretung (§ 62 BPersVG) sowie das Recht zur Teilnahme an den Personal- oder Jugendversammlungen wahrgenommen werden. Im BPersVG finden sich keine den §§ 81 ff. BetrVG entsprechenden Bestimmungen über die Mitbestimmungs- und Beschwerderechte der Beschäftigten. Aufgrund der nicht abschließenden Aufzählung in § 14 II kommen jedoch weitere personalvertretungsrechtliche Befugnisse in der Einsatzdienststelle in Betracht. Insb. sind die in § 67 BPersVG aufgezählten Grundsätze über die Behandlung der Beschäftigten auch auf die LeihAN anzuwenden (*Schüren* Rn. 499).

32 Bei sinngemäßer Anwendung des § 14 III ist im Bereich des Personalvertretungsrechts nicht § 99 BetrVG, sondern **§ 75 BPersVG** anzuwenden. Danach umfaßt das Mitbestimmungsrecht des Personalrates in Angelegenheiten der Angestellten und Arbeiter die Einstellungen und Versetzungen zu anderen Dienststellen und die Umsetzungen innerhalb der Dienststellen, wenn damit ein Wechsel des Dienstortes verbunden ist. Die Personalvertretung kann die Zustimmung nur in den Fällen verweigern, in denen dafür ein Grund nach § 77 II Nr. 1–3 BPersVG vorliegt. Insb. kann danach ein Verstoß gegen das AÜG einen Zustimmungsverweigerungsgrund nach Nr. 1 bilden (*Becker/Wulfgramm* Rn. 140). Aufgrund der Tatsache, daß § 14 nicht abschließend ist, können sich weitere Befugnisse der Personalvertretung ergeben, die die tatsächliche Eingliederung der LeihAN in die Dienststelle oder ihr Verhalten in der Dienststelle betreffen (insb. kommen dabei die Fälle des § 75 III BPersVG in Betracht, vgl. dazu *Schüren* Rn. 502).

§ 15 Ausländische Leiharbeitnehmer ohne Genehmigung

(1) Wer als Verleiher einen Ausländer, der eine erforderliche Genehmigung nach § 284 Abs. 1 Satz 1 des Dritten Buches Sozialgesetzbuch nicht besitzt, entgegen § 1 einem Dritten ohne Erlaubnis überläßt, wird mit Freiheitsstrafe bis zu drei Jahren oder mit Geldstrafe bestraft.

(2) ¹ In besonders schweren Fällen ist die Strafe Freiheitsstrafe von sechs Monaten bis zu fünf Jahren. ² Ein besonders schwerer Fall liegt in der Regel vor, wenn der Täter gewerbsmäßig oder aus grobem Eigennutz handelt.

I. Allgemeines

§ 15 bildet den Anfang der Straf- und Ordnungswidrigkeitenbestimmungen des AÜG. Mit §§ 15 **1** und 15 a soll der illegale Entleih und Verleih von ausländischen LeihAN ohne Arbeitserlaubnis strafrechtlich sanktioniert werden (so auch die parallelen Straftatbestände der §§ 406, 407 SGB III), da diese ohne die nach § 284 I 1 SGB III erforderliche Arbeitserlaubnis in erhöhtem Maße Gefahr laufen, von den Verleihern ausgebeutet zu werden (*Schüren* Rn. 6). Die Bedeutung dieser Strafvorschriften kommt besonders dadurch zum Ausdruck, daß sie in die Richtlinien über das Straf- und Bußgeldverfahren sowie in die Anordnung über die Mitteilung von Strafverfahren aufgenommen worden sind (RiStBV und MiStra, vgl. zu ersterer ausführlich *Sandmann/Marschall* Rn. 2 ff.). Gem. § 12 II StGB handelt es sich bei den Straftaten nach dem AÜG um **Vergehen**. Somit ist eine versuchte Straftat (§ 23 I StGB) mangels entsprechender Regelung nach den §§ 15, 15 a nicht unter Strafe gestellt. Die Straftaten nach §§ 15, 15 a sind nach den allgemeinen strafrechtlichen Regeln (§§ 25 ff. StGB) teilnahmefähig. Für eine mittäterschaftliche Begehung bedarf es eines arbeitsteiligen, auf einem gemeinsamen Tatentschluß beruhenden Zusammenwirkens (§ 25 II StGB). Personen, die dem Verleiher bei seiner Tätigkeit behilflich sind, etwa als Dolmetscher oder der die Lohngelder verteilende Mitarbeiter, können als Gehilfen (§ 27 StGB) des Verleihers strafbar sein (*Sandmann/Marschall* Rn. 6; *Schüren* Rn. 13). Hingegen sind die verliehenen AN und die Entleiher selbst als sogenannte notwendige Teilnehmer nicht nach § 15, wohl aber nach § 15 a oder § 16 I Nr. 2 und § 404 SGB III verfolgbar.

Die Gründung oder das Betreiben einer Einzel-, Personen- oder **Kapitalgesellschaft** zum Zweck **2** der illegalen ANÜberlassung ist nicht nach § 129 StGB verfolgbar, da eine solche Form der Beteiligung am Wirtschaftsleben noch keine Bildung einer kriminellen Vereinigung darstellt (BGH 13. 1. 1983 AP AÜG § 1 Nr. 6). Es kommt vielmehr darauf an, daß aus einer fest organisierten Vereinigung heraus Straftaten geplant und ausgeführt werden.

II. Verleih von Ausländern ohne Genehmigung, Abs. 1

Der Tatbestand des § 15 I ist verwirklicht, wenn ein gewerbsmäßiger Verleiher ohne Verleiherlaub- **3** nis einem Dritten einen Ausländer ohne die Genehmigung nach § 284 I 1 SGB III überläßt. Eine Bestrafung nach § 15 I setzt zunächst voraus, daß der Täter Verleiher iSv. § 1 ohne erforderliche Genehmigung oder der Erlaubnisfiktion des § 3 ist. Ist der Verleiher eine Personengemeinschaft oder eine juristische Person, richtet sich die Strafbarkeit nach § 14 StGB (*Becker/Wulfgramm* Rn. 3 b). Fehlt es dem Verleiher an der AGEigenschaft, kommt eine Strafbarkeit nach § 406 SGB III wegen einer unerlaubten Arbeitsvermittlung in Betracht. Zwischen den Straftatbeständen des § 15 und des § 406 SGB III ist eine Wahlfeststellung möglich (*Becker/Wulfgramm* Rn. 3 c; *Sandmann/Marschall* Rn. 8; *Schüren* Rn. 49).

Ob der **AN Deutscher** ist oder eine vergleichbare Rechtsstellung hat, richtet sich nach Art. 116 I **4** GG (vgl. zur Reform des Staatsangehörigkeitsrechts *Renner* ZAR 1999, 154 ff.; ferner *Huber/Butzke* NJW 1999, 2769; s. auch § 3 Rn. 67). Das Bestehen einer Genehmigung bestimmt sich nach § 284 I 1 SGB III und der dazu bestehenden Arbeitserlaubnisverordnung (AErlV idF der Bekanntmachung v. 12. 9. 1980, BGBl. I S. 1755, ber. 1981 S. 1245) sowie nach der Anwerbestoppausnahme-Verordnung v. 21. 12. 1990, BGBl. I S. 3012 ff.). Demgemäß sind ohne entsprechende zwischenstaatliche Übereinkommen alle ausländischen und im Inland tätigen AN genehmigungspflichtig (Angehörige der EG-Mitgliedstaaten und der Vertragsstaaten des Europäischen Wirtschaftsraumes bedürfen keiner Arbeitserlaubnis, EWG/VO Nr. 1612/68 und Art. 28 des Abkommens über den Europäischen Wirtschaftsraum; ausführlich *Marschner* NZA 1996, 186 f. und *Schüren* Rn. 16; vgl. auch noch die Ausnahmen nach § 17 I HAuslG und § 9 AErlV, nach denen bestimmte Personen ebenfalls keiner Genehmigung bedürfen).

Eine Genehmigung nach § 1 AErlV kann für eine Tätigkeit als LeihAN nicht erteilt werden (§ 6 I 2 **5** AErlV). Ausnahmsweise können Ausländer mit einer Arbeitserlaubnis nach **§ 2 AErlV** als LeihAN tätig werden. Dabei handelt es sich um eine ausländische AN, die vor sechs Jahre vor Beginn der Geltungsdauer der Arbeitserlaubnis ununterbrochen und rechtmäßig im Bundesgebiet aufgehalten haben (§ 2 Nr. 6 AErlV); um Ausländer mit gültiger Aufenthaltserlaubnis, die mit einem Deutschen in familiärer Lebensgemeinschaft leben (§ 2 I Nr. 1 AErlV), sowie um anerkannte Asylberechtigte und Ausländer, die im Besitz eines von einer deutschen Behörde ausgestellten Reisepasses sind (§ 2 I

Nr. 2, 3 AErlV). Für die Erteilung der Arbeitserlaubnis ist das AA des Beschäftigungsortes zuständig (§ 11 I AErlV).

6 Für eine Strafbarkeit nach § 15 muß der illegale Verleiher hinsichtlich aller objektiver Tatbestandsmerkmale des § 15 **vorsätzlich** gehandelt haben. Ihm muß bekannt gewesen sein, daß er ohne Verleiherlaubnis ausländische AN ohne Arbeitserlaubnis überließ. Die bloß fahrlässige Unkenntnis ist nicht strafbar. Die allgemeinen strafrechtlichen Irrtumsregeln (§§ 16, 17 StGB) gelten. Die irrtümliche Annahme, daß ein Verleihen ohne Erlaubnis möglich ist oder daß der ausländische AN keine Arbeitserlaubnis benötigt, führt nur dann gem. § 17 StGB zur Straflosigkeit, wenn der Irrtum – beispielsweise durch eine Erkundigung bei einem AA oder Rechtsanwalt – nicht vermeidbar war (weitergehend OLG Düsseldorf 4. 9. 1979 EzAÜG Nr. 59: sogar unabhängig davon, ob ihm eine richtige Auskunft erteilt worden wäre; ausführlich zu den Irrtumsfällen *Schüren* Rn. 37 ff.).

7 Der illegale Verleiher kann mit einer **Freiheitsstrafe** von bis zu drei Jahren oder mit einer Geldstrafe bestraft werden. Die mögliche Freiheitsstrafe beträgt im Mindestmaß einen Monat (§ 38 II StGB) und ist in vollen Wochen und Monaten zu bemessen. Freiheitsstrafen von über einem Jahr sind nach Monaten und Jahren zu bestimmen (§ 39 StGB). Eine Geldstrafe wird nach Tagessätzen zwischen 5 und 360 vollen Tagessätzen festgelegt (§ 40 StGB). Für deren Höhe, die mindestens 2 und höchstens 10 000 DM beträgt, kommt es auf die persönlichen und wirtschaftlichen Verhältnisse des Straftäters an (§ 40 II und III StGB). Hat sich der Täter an der Tat bereichert oder es versucht, kommt eine Geldstrafe neben einer Freiheitsstrafe in Betracht (§ 41 StGB). Bei der Strafzumessung hat das Gericht die allgemeinen Grundsätze des § 46 StGB zu beachten.

III. Besonders schwerer Fall, Abs. 2

8 Besonders schwere Fälle werden mit der Strafschärfung nach § 15 II verfolgt. Ein **besonders schwerer Fall** ist anzunehmen, wenn die objektiven und subjektiven Tatumstände die üblicherweise vorkommenden an Strafwürdigkeit so übertreffen, daß der Strafrahmen für die üblicherweise zu ahndenden Fälle nicht ausreicht (BGH 24. 6. 1987 Wistra 1988, 27), weil der Verleiher beispielsweise einen besonders großen Vorteil über einen langen Zeitraum hinaus erstrebt oder weil die Zwangslage der AN zu besonders gefährlichen Arbeiten ausgenutzt wird (*Schüren* Rn. 33). In Abs. 2 S. 2 finden sich zwei Regelbeispiele, die das Vorliegen eines besonders schweren Falles widerlegbar indizieren. Die Aufzählung ist nicht abschließend. Demgemäß kann ein besonders schwerer Fall auch dann vorliegen, wenn kein Regelbeispiel verwirklicht wurde (BGH 24. 6. 1987 Wistra 1988, 27; *Becker/Wulfgramm* Rn. 13; *Sandmann/Marschall* Rn. 15).

9 Da bereits der Grundtatbestand nur durch einen gem. § 1 I 1 gewerbsmäßig handelnden Verleiher verwirklicht werden kann, ist die **Gewerbsmäßigkeit iSv. Abs. 2 S. 2** anders zu definieren (*Becker/Wulfgramm* Rn. 14; *MünchArbR/Marschall* § 176 Rn. 44). Davon wird der Verleiher erfaßt, der sich gerade durch die wiederholte Überlassung ausländischer AN eine Einnahmequelle von nicht nur vorübergehender Dauer verschaffen will (*Sandmann/Marschall* Rn. 18). Hinzu kommen muß allerdings, daß sich sein Gesamtverhalten als besonders strafwürdig darstellt; etwa dadurch, daß er diese ausländischen AN auch noch ausbeutet oder sonst erheblich benachteiligt (BGH 4. 4. 1981 NJW 1982, 394). Die Feststellung eines besonders schweren Falles erfordert mithin immer eine Gesamtwürdigung unter Abwägung aller Zumessungstatsachen (*Becker/Wulfgramm* Rn. 13 f.). Ein grober Eigennutz ist dann gegeben, wenn der Täter einen wirtschaftlichen Vorteil in besonders anstößigem Maße, also beispielsweise durch eine rücksichtslose Ausbeutung der Zwangslage ausländischer AN (*Becker/Wulfgramm* Rn. 16), erstrebt.

10 Ein besonders schwerer Fall ist mit einer **Freiheitsstrafe** von mindestens sechs Monaten zu ahnden. Über die Freiheitsstrafe hinaus kommt eine Geldstrafe in Betracht, wenn sich der Täter durch die Tat bereichert hat oder zu bereichern suchte (§ 41 StGB).

§ 15 a Entleih von Ausländern ohne Genehmigung

(1) ¹ Wer als Entleiher einen ihm überlassenen Ausländer, der eine erforderliche Genehmigung nach § 284 Abs. 1 Satz 1 des Dritten Buches Sozialgesetzbuch nicht besitzt, zu Arbeitsbedingungen des Leiharbeitsverhältnisses tätig werden läßt, die in einem auffälligen Mißverhältnis zu den Arbeitsbedingungen deutscher Leiharbeitnehmer stehen, die die gleiche oder vergleichbare Tätigkeit ausüben, wird mit Freiheitsstrafe bis zu drei Jahren oder mit Geldstrafe bestraft. ² In besonders schweren Fällen ist die Strafe Freiheitsstrafe von sechs Monaten bis zu fünf Jahren; ein besonders schwerer Fall liegt in der Regel vor, wenn der Täter gewerbsmäßig oder aus grobem Eigennutz handelt.

(2) ¹ Wer als Entleiher
1. gleichzeitig mehr als fünf Ausländer, die eine erforderliche Genehmigung nach § 284 Abs. 1 Satz 1 des Dritten Buches Sozialgesetzbuch nicht besitzen, mindestens dreißig Kalendertage tätig werden läßt oder

2. eine in § 16 Abs. 1 Nr. 2 bezeichnete vorsätzliche Zuwiderhandlung beharrlich wiederholt, wird mit Freiheitsstrafe bis zu einem Jahr oder mit Geldstrafe bestraft.
² Handelt der Täter aus grobem Eigennutz, ist die Strafe Freiheitsstrafe bis zu drei Jahren oder Geldstrafe.

I. Allgemeines

Während § 15 die Strafbarkeit von Verleihern betrifft, werden nach § 15 a Entleiher bestraft. Da ein 1 Verleih ohne Erlaubnis zugleich die Fiktion des § 10 bewirkt, liegt zugleich auch eine Ordnungswidrigkeit nach § 404 II Nr. 2 SGB III vor (s. zu § 229 I Nr. 2 AFG OLG Hamm 14. 11. 1980 BB 1981, 122 f.). §§ 406 f. SGB III sehen für bestimmte Fälle eine Freiheitsstrafe vor.

II. Täter des § 15 a

Allein tauglicher Täter der Straftatbestände des § 15 a ist der Entleiher im Rahmen einer mit einer 2 Überlassungserlaubnis gem. § 1 1 betriebenen gewerbsmäßigen ANÜberlassung. Ein Tätigwerdenlassen liegt nicht bereits bei dem Abschluß des Überlassungsvertrages, sondern erst mit der tatsächlichen Arbeitsaufnahme beim Entleiher vor (MünchArbR/*Marschall* § 176 Rn. 36). Bei den beim Entleiher tätigen ausländischen AN muß es sich um solche handeln, die ohne eine nach § 284 SGB III nötige Genehmigung ihre Arbeit aufgenommen haben.

III. Auffälliges Mißverhältnis, Abs. 1

Für die Feststellung eines auffälligen Mißverhältnisses bei dem ersten Straftatbestand des § 15 a 3 kommt es auf das zwischen Verleiher und ausländischem AN bestehende Arbeitsverhältnis an. Wenn der Verleiher keine vergleichbaren deutschen AN beschäftigt, ist auf die deutschen LeihAN eines vergleichbaren Verleihers abzustellen (*Schüren* Rn. 16). Eine **Tätigkeit ist gleich**, wenn ihre wesentliche Ausgestaltung der des ausländischen LeihAN entspricht (*Becker/Wulfgramm* Rn. 6; *Sandmann/Marschall* Rn. 3). Die Vergleichbarkeit ist aber auch schon dann gegeben, wenn zwar in wesentlichen Punkten eine Abweichung besteht, die Tätigkeit aber noch zum überwiegenden Teil mit der zu vergleichenden Tätigkeit eine Übereinstimmung aufweist (*Sandmann/Marschall* Rn. 3).

Von dem Tatbestandsmerkmal **Arbeitsbedingungen** wird die tatsächliche Ausgestaltung des Ar- 4 beitsverhältnisses erfaßt. Insoweit wird tlw. auf die wesentlichen Arbeitsbedingungen abgestellt, während andere auch Nebenleistungen einbeziehen wollen (vgl. zum Meinungsstand *Schüren* Rn. 18). Die Abweichung muß in einem auffälligen Mißverhältnis bestehen. Das wird bei der Lohnhöhe als Vergleichsmaßstab erst dann bejaht, wenn der Lohnunterschied ein Fünftel und darüber beträgt. Regelmäßig ist ein Mißverhältnis zu bejahen, wenn der Arbeitsvertrag zwischen Verleiher und LeihAN sittenwidrig ist (*Becker/Wulfgramm* Rn. 8; *Schüren* Rn. 19).

IV. Der Tatbestand des Abs. 2

1. Beschäftigung von mehr als fünf Ausländern, Nr. 1. Der Entleiher macht sich nach § 15 II 1 5 Nr. 1 strafbar, wenn er gleichzeitig mehr als fünf ausländische AN ohne Arbeitserlaubnis mindestens dreißig Kalendertage beschäftigt. Es kommt weder darauf an, daß dieselben AN beschäftigt werden, noch kommt es darauf an, daß es sich um AN desselben Verleihers handelt (*Schüren* Rn. 21). Da die Regelung auf Kalendertage abstellt, sind in die Berechnung der dreißig Tage auch Wochenenden und Feiertage einzubeziehen. Mehrere Arbeitseinsätze sind trotz Unterbrechungen dann zusammenzurechnen, wenn bei einer Gesamtwürdigung aller Umstände, vor allem unter Beachtung von Grund und Dauer der Unterbrechungen, ein einheitlicher, zusammenhängender Einsatz anzunehmen ist (*Schüren* Rn. 22).

2. Beschäftigung entliehener Ausländer ohne Genehmigung, Nr. 2. § 15 II 1 Nr. 2 will den 6 Entleiher bestrafen, der beharrlich ausländische LeihAN ohne die erforderliche Arbeitserlaubnis von einem Verleiher mit Erlaubnis entleiht. Das setzt eine zumindest zweimalige vorsätzliche Verletzung des Verbotes voraus. Der Entleiher handelt dann **beharrlich,** wenn er deutlich auf die Ordnungswidrigkeit seines Handelns, etwa durch Ahndung, Abmahnung oder Verwarnung hingewiesen wurde (*Sandmann/Marschall* Rn. 9; *Schüren* Rn. 24). Für den besonders schweren Fall nach § 15 a I 2, II 2 gelten die Anmerkungen zu § 15 II entsprechend. Für einen Verstoß gegen die beiden Tatbestände des § 15 a II ist im Höchstmaß eine einjährige **Freiheitsstrafe** vorgesehen; der Täter, der aus grobem Eigennutz, also unter Streben nach wirtschaftlichem Vorteil in besonders grober Weise, handelt (*Sandmann/Marschall* Rn. 10), kann nach Abs. 2 S. 2 mit bis zu drei Jahren Freiheitsstrafe bestraft werden.

§ 16 Ordnungswidrigkeiten

(1) Ordnungswidrig handelt, wer vorsätzlich oder fahrlässig
1. entgegen § 1 einen Leiharbeitnehmer einem Dritten ohne Erlaubnis überläßt,

1 a. einen ihm von einem Verleiher ohne Erlaubnis überlassenen Leiharbeitnehmer tätig werden läßt,
1 b. entgegen § 1 b Satz 1 gewerbsmäßig Arbeitnehmer überläßt oder tätig werden läßt,
2. einen ihm überlassenen ausländischen Leiharbeitnehmer, der eine erforderliche Genehmigung nach § 284 Abs. 1 Satz 1 des Dritten Buches Sozialgesetzbuch nicht besitzt, tätig werden läßt,
2 a. eine Anzeige nach § 1 a nicht richtig, nicht vollständig oder nicht rechtzeitig erstattet,
3. einer Auflage nach § 2 Abs. 2 nicht, nicht vollständig oder nicht rechtzeitig nachkommt,
4. eine Anzeige nach § 7 Abs. 1 nicht, nicht richtig, nicht vollständig oder nicht rechtzeitig erstattet,
5. eine Auskunft nach § 7 Abs. 2 Satz 1 nicht, nicht richtig, nicht vollständig oder nicht rechtzeitig erteilt,
6. seiner Aufbewahrungspflicht nach § 7 Abs. 2 Satz 4 oder nach § 11 Abs. 1 Satz 5 nicht nachkommt,
7. eine statistische Meldung nach § 8 Abs. 1 nicht, nicht richtig, nicht vollständig oder nicht rechtzeitig erteilt,
8. einer Pflicht nach § 11 Abs. 1 Satz 1, 2, 5 oder 6 oder Absatz 2 nicht nachkommt,
9. einen Leiharbeitnehmer länger als zwölf aufeinanderfolgende Monate bei einem Dritten tätig werden läßt.

(2) Die Ordnungswidrigkeit nach Absatz 1 Nr. 1 bis 1 b kann mit einer Geldbuße bis zu fünfzigtausend Deutsche Mark, die Ordnungswidrigkeit nach Absatz 1 Nr. 2 mit einer Geldbuße bis zu fünfhunderttausend Deutsche Mark, die Ordnungswidrigkeit nach Absatz 1 Nr. 2 a, 3 und 9 mit einer Geldbuße bis zu fünftausend Deutsche Mark, die Ordnungswidrigkeit nach Absatz 1 Nr. 4 bis 8 mit einer Geldbuße bis zu tausend Deutsche Mark geahndet werden.

(3) Verwaltungsbehörden im Sinne des § 36 Abs. 1 Nr. 1 des Gesetzes über Ordnungswidrigkeiten sind die Hauptstelle der Bundesanstalt für Arbeit, die Landesarbeitsämter und die Arbeitsämter jeweils für ihren Geschäftsbereich.

(4) § 66 des Zehnten Buches Sozialgesetzbuch gilt entsprechend.

(5) ¹Die Geldbußen fließen in die Kasse der zuständigen Verwaltungsbehörde. ²Sie trägt abweichend von § 105 Abs. 2 des Gesetzes über Ordnungswidrigkeiten die notwendigen Auslagen und ist auch ersatzpflichtig im Sinne des § 110 Abs. 4 des Gesetzes über Ordnungswidrigkeiten.

I. Allgemeines

1 Die Tatbestände des § 16 sind im Gegensatz zu denen der §§ 15 und 15 a als bloße Ordnungswidrigkeiten ausgestaltet. Bei ihnen handelt es sich um Verwaltungsunrecht (*Sandmann/Marschall* Rn. 1). § 16 gibt der BA die Möglichkeit, bei einem Verstoß auf die Verhängung eines **Bußgeldes** zurückzugreifen. Unter Beachtung des Grundsatzes der Verhältnismäßigkeit muß die BA bemüht sein, geringfügige Verstöße zunächst mit dem milderen Mittel des Bußgelds zu sanktionieren, bevor sie Verwaltungszwang anwendet (§ 6) oder die Verleiherlaubnis widerruft (§ 5).

II. Anwendung des OWiG

2 Da es sich bei den Tatbeständen des § 16 um Ordnungswidrigkeiten handelt, gilt das OWiG. Ist der **Täter** der Ordnungswidrigkeit keine natürliche Person, so sind die §§ 9 und 29 OWiG anzuwenden, dh. das Bußgeldverfahren richtet sich gegen die zur Geschäftsführung oder Vertretung berufene Person. Als Nebenfolge kann aber auch nach § 30 OWiG gegen die juristische Person oder die Personenhandelsgesellschaft eine Geldbuße festgesetzt werden, wenn Pflichten des Unternehmens verletzt wurden oder das Unternehmen bereichert wurde oder bereichert werden sollte (OLG Düsseldorf 16. 11. 1995 BB 1996, 79 f.). Ein Unternehmer, der vorsätzlich oder fahrlässig Aufsichtsmaßnahmen unterlassen hat, wodurch einer betriebsbezogenen Bußgeld- oder Strafvorschrift zuwidergehandelt wurde, kann nach § 130 OWiG verfolgt werden (ausführlich *Sandmann/Marschall* Rn. 3 a). Bei einer Beteiligung mehrerer an einer Ordnungswidrigkeit unterscheidet das OWiG nicht, wie das StGB, nach den unterschiedlichen Beteiligungsformen; vielmehr werden alle Beteiligten gleichermaßen verfolgt („Einheitstäterbegriff" des § 14 I OWiG). Ein notwendig Beteiligter kann nicht nach §§ 16 I, 14 OWiG verfolgt werden, soweit sein Handeln nicht über eine bloße Mitwirkung an der Tatbestandsverwirklichung hinausgeht (*Schüren* Rn. 17). Deshalb können die überlassenen LeihAN keine Ordnungswidrigkeit nach § 16 I Nr. 1, 1 a oder Nr. 2 begehen (*Becker/Wulfgramm* Rn. 9, 19).

3 Eine Ordnungswidrigkeit nach § 16 wird sowohl bei vorsätzlichem als auch bei fahrlässigem Verhalten verfolgt. **Fahrlässiges Handeln** kann allerdings nur mit der Hälfte des nach § 16 II zulässigen Höchstbetrages der Geldbuße geahndet werden (§ 17 II OWiG). Fahrlässig handelt beispielsweise, wer die statistische Meldung nach § 8 I deshalb falsch abgibt, weil er die Daten unsorgfältig geführt hat (*Becker/Wulfgramm* Rn. 22).

III. Tatbestände des § 16 im einzelnen

Aufgrund der bloßen **Vermutung** des § 1 II kann kein Verschulden von Entleiher oder Verleiher 4 angenommen werden (*Sandmann/Marschall* Rn. 6).

Wer über das Vorhandensein von Tatumständen irrt, kann zwar nicht wegen einer vorsätzlichen 5 Tatbegehung verfolgt werden (§ 11 I OWiG), ist aber wegen eines fahrlässigen Handelns verfolgbar, wenn ihm seine **Unkenntnis** vorwerfbar ist (§ 11 I 2 OWiG). Kannte der Täter bei Begehung der Tat die Vorschrift des AÜG nicht, gegen die er verstieß, so handelte er dann nicht vorwerfbar, wenn sein Irrtum nicht vermeidbar war (§ 11 II). Jedoch muß sich jeder Verleiher beim AA über die Rechtslage erkundigen, so daß ihm regelmäßig ein vermeidbarer Verbotsirrtum vorzuwerfen ist (OLG Düsseldorf 4. 9. 1979 EzAÜG Nr. 59; *Sandmann/Marschall* Rn. 6).

Der **Versuch** einer Ordnungswidrigkeit nach § 16 ist mangels ausdrücklicher Bestimmung im AÜG 6 nicht verfolgbar (§ 13 II OWiG).

III. Tatbestände des § 16 im einzelnen

1. Gewerbsmäßige ANÜberlassung ohne Erlaubnis. Von Nr. 1 wird der Verleiher erfaßt, der 7 ohne Erlaubnis nach § 1 I die gewerbsmäßige ANÜberlassung betreibt. Jede einzelne Überlassung bedeutet die Begehung einer einzelnen Ordnungswidrigkeit, selbst wenn in diesem Zusammenhang mehrere LeihAN überlassen wurden. Die Überlassung ist selbst dann ordnungswidrig, wenn der Verleiher seine AGPflichten erfüllt, da es unabhängig von konkreten Benachteiligungen auf die Sicherung der Ordnung des Arbeitsmarktes ankommt (*Becker/Wulfgramm* Rn. 9).

Bei der Verfolgung eines Verleihers wegen einer fortgesetzten Überlassung werden von der Verur- 8 teilung nicht die im Zeitpunkt der Verurteilung unbekannt gebliebenen Überlassungen erfaßt (OLG Düsseldorf 16. 11. 1978 JMBl. 1979, 64: „Verbrauch der Strafklage"). Wenn der Verleiher aufgrund mehrerer einzelner Vereinbarungen oder Handlungen LeihAN an unterschiedliche Entleiher überlassen hat, liegt nach § 20 OWiG zwischen den einzelnen Ordnungswidrigkeiten Tatmehrheit vor. Jede Geldbuße wird gesondert festgesetzt. Treffen eine Straftat nach § 15 und eine Ordnungswidrigkeit nach § 16 zusammen, so ist nur nach § 15 (§ 21 I OWiG) zu bestrafen; tritt keine Strafverfolgung ein, kann die Handlung als Ordnungswidrigkeit verfolgt werden.

2. Entleihen ohne Verleiherlaubnis. Nr. 1a erfaßt den Entleiher, der AN vom Verleiher ohne 9 Verleiherlaubnis entleiht. Bis zu der Einführung der Nr. 1a war nur der Entleih ausländischer AN ohne Arbeitserlaubnis für den Entleiher ordnungswidrig. Nr. 1a trägt nunmehr dem Gedanken Rechnung, daß derjenige, der AN von einem illegalen Verleiher zum eigenen wirtschaftlichen Vorteil entleiht, die Hauptursache des illegalen Verleih setzt (*Franzheim* JR 1980, 90; zu konkurrenzrechtlichen Aspekten des Einsatzes mehrerer AN am selben Tag in einem Betrieb s. BayObLG 29. 6. 1999 DB 1999, 2220). Ohne entgegenstehende konkrete Anhaltspunkte kann der Entleiher allerdings aufgrund der Erklärung nach § 12 I 2 darauf vertrauen, daß der Verleiher die erforderliche Erlaubnis hat. Er braucht sich also nicht die Verleiherlaubnis vorlegen zu lassen (Kasseler Handbuch/*Düwell* 4.5 Rn. 290; aA *Becker/Wulfgramm* Rn. 9a).

3. ANÜberlassung im Baugewerbe. Durch die Übernahme des früheren § 12a AFG in das AÜG 10 (in § 1b) durch Gesetz vom 24. 3. 1997 wurde es erforderlich, auch den entsprechenden Ordnungswidrigkeitentatbestand in das AÜG aufzunehmen.

4. Beschäftigung ohne Genehmigung. Eine Ordnungswidrigkeit nach **Nr. 2** begeht der Entleiher, 11 der einen ihm überlassenen ausländischen AN ohne die nach § 284 I SGB III erforderliche **Arbeitserlaubnis** beschäftigt. In diesem Fall muß sich der Entleiher die Arbeitserlaubnis vom ausländischen AN zeigen lassen, denn im Rahmen der Nr. 2 schadet ihm bereits eine fahrlässige Unkenntnis (*Becker/Wulfgramm* Rn. 10; *Schüren* Rn. 23). Nr. 2 entspricht damit § 404 II Nr. 2 SGB III, nach dem dem AG, der nichtdeutsche AN beschäftigt, eine Geldbuße droht, wenn die erforderliche Arbeitserlaubnis fehlt. Für eine Verfolgung nach Nr. 2 muß es sich um eine legale Überlassung handeln; denn wenn der Verleiher ohne Erlaubnis tätig geworden ist, begeht der Entleiher nur eine Ordnungswidrigkeit nach § 404 II Nr. 2 SGB III, weil die Fiktion des § 10 I greift (OLG Hamm 14. 11. 1980 AP AFG § 19 Nr. 7; *Sandmann/Marschall* Rn. 29; vgl. dagegen *Bückle* BB 1981, 1529 ff., der darin einen Verstoß gegen Art. 103 II GG sieht). Da sich diese Ordnungswidrigkeit nach dem SGB III und die des § 16 I Nr. 2 nur dadurch unterscheiden, daß zum einen der AG und zum anderen der Entleiher der Täter ist, kommt beim Vorliegen der weiteren Voraussetzungen auch eine wahlweise Verurteilung in Betracht (*Marschall* RdA 1983, 18, 28; *Schüren* Rn. 25).

5. Anzeige für erlaubnisfreie Überlassung. Der Verleiher, der eine Anzeige für eine **erlaubnisfreie** 12 **Überlassung** nach § 1a nicht richtig, unvollständig oder falsch erstattet, handelt nach **Nr. 2a** ordnungswidrig. Die unrichtige Ausfüllung der von der BA zur Verfügung gestellten Vordrucke führt aber dann nicht zu einer Ordnungswidrigkeit, wenn sich die falsch beantwortete Frage nicht auf die in § 1a vorgeschriebenen Angaben bezieht.

13   **6. Nichterfüllung von Auflagen.** Erfüllt der aufgrund der Verleiherlaubnis tätig gewordene Verleiher die ihm von der BA nach § 2 II gemachten rechtmäßigen **Auflagen** nicht richtig, nicht rechtzeitig oder unvollständig, begeht er eine Ordnungswidrigkeit nach § 16 I **Nr. 3**, sofern die Auflage noch nicht unanfechtbar geworden ist. Im Falle einer Anfechtung der Auflage (zur Anfechtbarkeit von Auflagen vgl. *Pietzcker* NVwZ 1995, 15 ff.) wird die Behörde den Abschluß des Verfahrens im Rahmen des Opportunitätsprinzips abwarten, da der Verleiher einen Bußgeldbescheid ebenfalls anfechten würde (*Becker/Wulfgramm* Rn. 11).

14   **7. Sonstige Verstöße gegen Anzeige-, Auskunfts- und Aufbewahrungspflichten.** Nach **Nr. 4–6** werden Verstöße gegen die **Anzeige-, Auskunfts- und Aufbewahrungspflichten** geahndet. Nr. 4 und 5 geben der BA die Möglichkeit, Verstöße gegen § 7 I und II 1 zu ahnden. Werden auf Aufforderung der BA geschäftliche Unterlagen nicht vorgelegt oder erfolgt keine anderweitige Glaubhaftmachung, so stellt dies keine Ordnungswidrigkeit dar, da dies in Nr. 4–6 nicht genannt wird. Hier kann die BA im Wege des Verwaltungszwanges vorgehen oder bei einem schweren Verstoß die Verleiherlaubnis entziehen. Eine Ordnungswidrigkeit nach **Nr. 6** liegt vor, wenn gegen die Pflicht zur **Aufbewahrung** der Geschäftunterlagen und der Durchschrift der Urkunde über den Vertrag zwischen Verleiher und LeihAN verstoßen wird. **Nr. 7** ahndet Verstöße gegen die nach § 8 I bestehende Pflicht zur Abgabe **statistischer Meldungen**. Der Umfang der Meldepflicht kann nach § 8 I 2 eingeschränkt worden sein.

15   **8. Verstoß gegen Beurkundungspflicht.** § 11 I 1 verpflichtet den Verleiher, den wesentlichen Inhalt des Leiharbeitsverhältnisses in eine von ihm zu unterzeichnende Urkunde oder in den schriftlichen Leiharbeitsvertrag (§ 11 I 4) aufzunehmen. Der Mindestinhalt der Urkunde ergibt sich aus § 11 I 2 Nr. 1–12. Der Verleiher muß dem LeihAN nach § 11 II ein Merkblatt über den wesentlichen Inhalt des AÜG übergeben (nichtdeutschen AN in ihrer Muttersprache). Bei einem Verstoß gegen diese Pflichten liegt eine Ordnungswidrigkeit nach **Nr. 8** vor. Da die Pflicht zur Aushändigung einer Urkunde über den wesentlichen Inhalt des Leiharbeitsverhältnisses (§ 11 I 5) nicht in Nr. 8 erwähnt ist, kann die Nichtbefolgung auch nicht als Ordnungswidrigkeit geahndet werden (*Sandmann/Marschall* Rn. 35; *Schüren* Rn. 35; aA *Becker/Wulfgramm* Rn. 15 a und *Franßen/Haesen* Rn. 12).

16   **9. Verstoß gegen die Überlassungshöchstdauer.** Nr. 9 bedroht den Verstoß gegen die nach § 3 I Nr. 6 höchstzulässige Überlassungsdauer von zwölf Monaten mit einer Sanktion. Die Vorschrift ermöglicht der BA abgestufte Sanktionen gegen den Verleiher. Neben einer Geldbuße kann die BA die Erlaubnis versagen oder widerrufen. Entgegen der früheren Regelung ist für die Verhängung einer Geldbuße nicht mehr eine vorherige Beanstandung nötig; ausreichend ist die Überschreitung der Überlassungshöchstdauer.

IV. Höhe der Geldbuße

17   § 16 II regelt die Höhe der für die Ordnungswidrigkeit zu leistenden Geldbuße. Sie richtet sich nach dem Unrechtsgehalt der jeweiligen Ordnungswidrigkeit; dabei können der Grad der Gefährdung der geschützten Rechtsgüter, die Häufigkeit der Verstöße sowie der erstrebte Abschreckungsgrad berücksichtigt werden (AG Gießen 13. 4. 1987 EzAÜG Nr. 278; *Schüren* Rn. 48). Auch die wirtschaftlichen Verhältnisse des ordnungswidrig Handelnden können berücksichtigt werden (§ 17 III 2 OWiG). Daneben ist auch der wirtschaftliche Vorteil, den Verleiher oder Entleiher aus der Tat gezogen haben, zu berücksichtigen (vgl. dazu BGH 13. 1. 1983 AP AÜG § 1 Nr. 6; OLG Düsseldorf 4. 9. 1979 EzAÜG Nr. 59). Der jeweils zulässige Höchstbetrag der Geldbuße richtet sich nach der verwirklichten Ordnungswidrigkeit. Die Höhe der Geldbuße bemißt sich im Einzelfall nach der Bedeutung der Ordnungswidrigkeit und dem den Täter treffenden Tatvorwurf (§ 17 II 1 OWiG). Das Minimum einer Geldbuße beträgt nach § 17 I zehn DM; bei fahrlässigem Handeln ist der zulässige Höchstbetrag zu halbieren (§ 17 II OWiG).

18   Die **Verfolgungsverjährung** richtet sich gem. § 31 OWiG abgestuft nach dem Höchstmaß der jeweiligen Geldbuße.

V. Verfolgung der Ordnungswidrigkeit

19   Abs. 3–5 regeln die Verfolgung der Ordnungswidrigkeit. Nach **Abs. 3** sind die Hauptstelle der BA, das Landesarbeitsamt und das jeweilige AA in seinem Geschäftsbereich für die Verfolgung der Ordnungswidrigkeit sachlich zuständig (vgl. im einzelnen *Schüren* Rn. 88 f.). Gem. § 37 OWiG ist die Behörde, in deren Bezirk die Ordnungswidrigkeit begangen oder entdeckt wurde, örtlich zuständig. Hilfsweise bestimmt sich die örtliche Zuständigkeit nach dem gewöhnlichen Aufenthaltsort. Sind für die Verfolgung einer Ordnungswidrigkeit mehrere Behörden zuständig, so bleiben zwar alle zuständig (§ 38 OWiG), aber den Vorzug hat die Behörde des ersten Zugriffs (§ 39 I OWiG). Der BA steht es im Gegensatz zur Staatsanwaltschaft – die grds. verpflichtet ist, wegen aller verfolgbaren Straftaten einzuschreiten (Legalitätsprinzip) – frei, ob sie wegen Verstoßes gegen das AÜG ein Bußgeldverfahren einleitet. Darüber entscheidet die BA nach pflichtgemäßem Ermessen (Opportunitätsprinzip).

Die Geldbuße wird nach §§ 89 ff. OWiG beigetrieben. In Abweichung von § 92 OWiG obliegt die 20
Vollstreckung der Geldbuße auf Ersuchen der BA der nach § 66 SGB X zuständigen Behörde
(Abs. 4).

Abs. 5 stellt klar, daß die beigetriebenen Geldbußen der Kasse **der BA** zufließen. Die BA hat aber 21
auch abw. von § 105 II OWiG die notwendigen Auslagen zu tragen, die sonst der Bundes- oder
Landeskasse auferlegt werden. Darüber hinaus hat sie in Abweichung von § 110 IV OWiG die
Vermögensschäden zu ersetzen, die durch eine Verfolgung im Bußgeldverfahren unrechtmäßigerweise
verursacht wurden.

§ 17 Bundesanstalt für Arbeit

¹ Die Bundesanstalt für Arbeit führt dieses Gesetz nach fachlichen Weisungen des Bundesministers für Arbeit und Sozialordnung durch. ² Verwaltungskosten werden nicht erstattet.

Die Durchführung des AÜG ist als **Auftragsangelegenheit** der BA übertragen („nach fachlichen 1
Weisungen des BMA"). Damit geht das Weisungsrecht des BMA über die nach § 401 SGB III gegenüber der BA sonst bestehende allgemeine Aufsicht hinaus. Sie beschränkt sich also nicht auf die
Überprüfung der Beachtung von Gesetz und Satzung, sondern auch auf die Anwendung des AÜG
durch die BA sowie auf die Zweckmäßigkeit der Durchführung. Es können also konkrete Weisungen
zur Durchführung des AÜG erteilt werden.

Mangels spezieller Regelung durch das AÜG ergibt sich die Organisation der Verwaltungsaufgaben 2
aus der **Satzung** der BA. Demgemäß bestimmt der Verwaltungsrat der BA (§§ 374, 376 SGB III), von
welchem Organ oder von welcher Dienststelle die Aufgaben wahrzunehmen sind. Die nach dem
AÜG wahrzunehmenden Aufgaben sind von dem Verwaltungsrat den Landesarbeitsämtern und einzelnen Stützpunkt-Arbeitsämtern zugewiesen (abgedruckt bei *Sandmann/Marschall* Rn. 3 und § 19
Rn. 6).

Die bei der Durchführung des AÜG entstehenden sachlichen und persönlichen Verwaltungskosten 3
hat die BA selbst zu tragen. Diese **Kosten** werden tlw. durch die Gebühren und Auslagen nach § 2 a
und durch die der BA nach § 16 V zufließenden Geldbußen gedeckt.

§ 18 Zusammenarbeit mit anderen Behörden

(1) Zur Verfolgung und Ahndung der Ordnungswidrigkeiten nach § 16 arbeitet die Bundesanstalt für Arbeit insbesondere mit folgenden Behörden zusammen:
1. den Trägern der Krankenversicherung als Einzugsstellen für die Sozialversicherungsbeiträge,
2. den in § 63 des Ausländergesetzes genannten Behörden,
3. den Finanzbehörden,
4. den nach Landesrecht für die Verfolgung und Ahndung von Ordnungswidrigkeiten nach dem Gesetz zur Bekämpfung der Schwarzarbeit zuständigen Behörden,
5. den Trägern der Unfallversicherung,
6. den für den Arbeitsschutz zuständigen Landesbehörden,
7. den Hauptzollämtern,
8. den Rentenversicherungsträgern,
9. den Trägern der Sozialhilfe.

(2) Ergeben sich für die Bundesanstalt für Arbeit bei der Durchführung dieses Gesetzes im Einzelfall konkrete Anhaltspunkte für
1. Verstöße gegen das Gesetz zur Bekämpfung der Schwarzarbeit,
2. eine Beschäftigung oder Tätigkeit von Ausländern ohne erforderliche Genehmigung nach § 284 Abs. 1 Satz 1 des Dritten Buches Sozialgesetzbuch,
3. Verstöße gegen die Mitwirkungspflicht nach § 60 Abs. 1 Satz 1 Nr. 2 des Ersten Buches Sozialgesetzbuch gegenüber einer Dienststelle der Bundesanstalt für Arbeit, einem Träger der gesetzlichen Kranken-, Pflege-, Unfall- oder Rentenversicherung oder einem Träger der Sozialhilfe oder gegen die Meldepflicht nach § 8 a des Asylbewerberleistungsgesetzes,
4. Verstöße gegen die Vorschriften des Vierten und Siebten Buches Sozialgesetzbuch über die Verpflichtung zur Zahlung von Sozialversicherungsbeiträgen, soweit sie im Zusammenhang mit den in den Nummern 1 bis 3 genannten Verstößen sowie mit Arbeitnehmerüberlassung entgegen § 1 stehen,
5. Verstöße gegen die Steuergesetze,
6. Verstöße gegen das Ausländergesetz,
unterrichtet sie die für die Verfolgung und Ahndung zuständigen Behörden, die Träger der Sozialhilfe sowie die Behörden nach § 63 des Ausländergesetzes.

(3) ¹ In Strafsachen, die Straftaten nach den §§ 15 und 15 a zum Gegenstand haben, sind der Bundesanstalt für Arbeit zur Verfolgung von Ordnungswidrigkeiten

1. bei Einleitung des Strafverfahrens die Personendaten des Beschuldigten, der Straftatbestand, die Tatzeit und der Tatort,
2. im Falle der Erhebung der öffentlichen Klage die das Verfahren abschließende Entscheidung mit Begründung

zu übermitteln. ²Ist mit der in Nummer 2 genannten Entscheidung ein Rechtsmittel verworfen worden oder wird darin auf die angefochtene Entscheidung Bezug genommen, so ist auch die angefochtene Entscheidung zu übermitteln. ³Die Übermittlung veranlaßt die Strafvollstreckungs- oder die Strafverfolgungsbehörde. ⁴Eine Verwendung
1. der Daten der Arbeitnehmer für Maßnahmen zu ihren Gunsten,
2. der Daten des Arbeitgebers zur Besetzung seiner offenen Arbeitsplätze, die im Zusammenhang mit dem Strafverfahren bekanntgeworden sind,
3. der in den Nummern 1 und 2 genannten Daten für Entscheidungen über die Einstellung oder Rückforderung von Leistungen der Bundesanstalt für Arbeit

ist zulässig.

(4) ¹Gerichte, Strafverfolgungs- oder Strafvollstreckungsbehörden sollen der Bundesanstalt für Arbeit Erkenntnisse aus sonstigen Verfahren, die aus ihrer Sicht zur Verfolgung von Ordnungswidrigkeiten nach § 16 Abs. 1 Nr. 1 bis 2 erforderlich sind, übermitteln, soweit nicht für die übermittelnde Stelle erkennbar ist, daß schutzwürdige Interessen des Betroffenen oder anderer Verfahrensbeteiligter an dem Ausschluß der Übermittlung überwiegen. ²Dabei ist zu berücksichtigen, wie gesichert die zu übermittelnden Erkenntnisse sind.

I. Allgemeines

1 § 18 verbessert das Instrumentarium zur Bekämpfung der illegalen Beschäftigung, indem zu einer effektiven Verfolgung und Ahndung von Verstößen die Zusammenarbeit der zuständigen Behörden koordiniert und verstärkt wird. Die – nicht abschließende – Regelung des Abs. 1 normiert das Gebot einer Zusammenarbeit mit den wichtigsten Behörden (*Schüren* Rn. 3).

2 Nach Abs. 1 besteht für die BA eine **Rechtspflicht zur Zusammenarbeit** mit den in Nr. 1–9 genannten Behörden bei der Verfolgung und Ahndung der Ordnungswidrigkeiten nach § 16 (*Sandmann/Marschall* Rn. 5). Sobald konkrete Anhaltspunkte für eine solche Ordnungswidrigkeit vorliegen, müssen die BA sowie die anderen aufgeführten Behörden und Einrichtungen – soweit die für sie jeweils einschlägigen Gesetze keine eigene Verpflichtung enthalten – dieser Pflicht nachkommen (*Becker/Wulfgramm* Rn. 3).

3 Die Pflicht zur Zusammenarbeit ist nicht auf die Fälle illegaler Überlassung im engeren Sinne beschränkt; vielmehr erstreckt sie sich auf **alle Ordnungswidrigkeitstatbestände** des § 16. Das erklärt sich daraus, daß die in Nr. 3–9 aufgeführten Ordnungswidrigkeiten oftmals mit der illegalen Überlassung einhergehen und erste Anhaltspunkte zu liefern vermögen (*Schüren* Rn. 11). Zwar erstreckt sich nach dem Wortlaut der Vorschrift eine Zusammenarbeit nicht auf die Verfolgung von **Straftaten** nach §§ 15 und 15a, aber auch bei diesen besteht eine Pflicht zur Zusammenarbeit (*Becker/Wulfgramm* Rn. 5; *Sandmann/Marschall* Rn. 7; *Schüren* Rn. 12). Dem Gesetzeszweck nach müssen zur effektiven Bekämpfung illegaler ANÜberlassung gerade die Begehungsformen mit besonders sozialschädlichem Verhalten von der Pflicht umfaßt sein (*Schüren* Rn. 12). Überdies bauen die Straftatbestände der §§ 15 und 15a auf den Ordnungswidrigkeitstatbeständen der Nr. 1 und 1a des § 16 auf (*Sandmann/Marschall* Rn. 7).

II. Adressaten der Regelung

4 Wie sich aus dem Wortlaut des § 18 I („insbesondere") ergibt, ist die Aufzählung der zur Zusammenarbeit verpflichteten Behörden nicht abschließend. Bei den **Trägern der Krankenversicherung** als Einzugsstellen für die Sozialversicherungsbeiträge handelt es sich nach den im Sechsten Kapitel des SGB V aufgezählten Trägern um die
 – Ortskrankenkassen (§§ 143 ff. SGB V),
 – Betriebskrankenkassen (§ 147 ff. SGB V),
 – Innungskrankenkassen (§ 157 ff. SGB V),
 – Seekassen als See-Krankenkassen (§ 165 SGB V),
 – Landwirtschaftlichen Krankenkassen (§ 166 SGB V),
 – Bundesknappschaft (§ 167 SGB V),
 – Ersatzkassen (§§ 168 ff. SGB V).

5 Eine Zusammenarbeit besteht des weiteren mit den in § 63 **AuslG** genannten Behörden.

6 Mit den **Finanzbehörden** sind nicht nur die Finanzämter, die Oberfinanzdirektion und das Bundesamt für Finanzen, sondern auch die Zollbehörden, insb. die Zollämter und auch die Landesminister und Senatoren für Finanzen und der BMF gemeint (*Sandmann/Marschall* Rn. 14; *Schüren* Rn. 22).

IV. Unterrichtungspflicht § 18 AÜG 140

Welche Behörden zur Verfolgung von Verstößen gegen das **SchwArbG** nach §§ 1, 2 SchwArbG 7
zuständig sind, ist in dem jeweiligen Landesgesetz geregelt (ausführliche Übersicht bei *Sandmann/ Marschall* Rn. 15).
Die Träger der **Unfallversicherung** sind in erster Linie die in Anlagen 1 und 2 zu § 114 SGB VII 8
aufgelisteten Berufsgenossenschaften. Daneben sind aber auch ua. der Bund, die Länder und die Gemeinden als Träger der Unfallversicherung (§§ 115 bis 117 SGB VII; s. auch die weitere Auflistung in § 114 I SGB VII) erfaßt.
Bei den für den **Arbeitsschutz** zuständigen Landesbehörden (s. auch § 21 I ArbSchG) handelt es 9
sich idR um die staatlichen Gewerbeaufsichtsämter (eingehend *Sandmann/Marschall* Rn. 17). Für bestimmte Bereiche bestehen Sonderbehörden (zB Bergaufsicht durch die Bergämter).
Zur effektiven Bekämpfung der illegalen ANÜberlassung kommt des weiteren eine Zusammenar- 10
beit mit den folgenden, **nicht in § 18 I genannten Behörden** in Betracht:
– den Polizeidienststellen der Länder,
– dem BKA und dem BGS,
– der Bundesbaudirektion,
– den Industrie- und Handelskammern und den Handwerkskammern, sowie
– der Staatsanwaltschaft und den Amts- und Arbeitsgerichten (vgl. im einzelnen den 5. Erfahrungsbericht, BT-Drucks. 10/1934 S. 31 ff., den 6. Erfahrungsbericht, BT-Drucks. 11/2639 S. 20 und den 7. Erfahrungsbericht, BT-Drucks. 12/3180 S. 34 ff.; *Schüren* Rn. 26).

III. Inhalt der Pflicht zur Zusammenarbeit

Die Zusammenarbeit nach § 18 geht über die allgemeine Pflicht der Amtshilfe nach Art. 35 I GG 11
hinaus. Zwar trifft die Zusammenarbeitspflicht ausdrücklich nur die BA, aber allein schon aus dem Begriff „Zusammenarbeit" folgt, daß die Behörden sich **wechselseitig** zu unterstützen haben; die Pflicht zur Zusammenarbeit trifft also auch die anderen Behörden (*Sandmann/Marschall* Rn. 6; vgl. auch *Schüren* Rn. 28 mit Nachw. zu den sich überdies für die anderen in Abs. 1 genannten Behörden noch ergebenden Zusammenarbeitspflichten aus anderen Gesetzen).
Eine Zusammenarbeit ist auf vielfältige Art und Weise möglich. Neben der ausdrücklich in Abs. 2 12
genannten **Unterrichtspflicht**, die Anhaltspunkte für bestimmte Gesetzesverstöße zu liefern vermag, besteht die Möglichkeit, gemeinsame Ausbildungs- und Schulungsveranstaltungen abzuhalten sowie Arbeitsgruppen und Gesprächskreise zu bilden (*Sandmann/Marschall* Rn. 25; *Schüren* Rn. 30). Die Überprüfung von AN an ihrer Arbeitsstätte kann gemeinschaftlich durchgeführt, Gerätschaften und Räumlichkeiten können gemeinschaftlich genutzt und gegenseitig überlassen werden. Bei einem Austausch von Daten sind aber – eingeschränkt durch die in Abs. 2 aufgezählten Unterrichtungspflichten – die Vorschriften des Datenschutzes zu beachten und ist das Sozialgeheimnis zu wahren (*Sandmann/Marschall* Rn. 26).

IV. Unterrichtungspflicht

Eine besonders effektive Form der Bekämpfung illegaler ANÜberlassung bildet die Unterrichtungs- 13
pflicht gem. § 18 II. Bestehen konkrete Anhaltspunkte für einen Verstoß der in Abs. 2 Nr. 1–6 bezeichneten Art, trifft die BA die Rechtspflicht, die bezeichneten Behörden zu unterrichten. Für einen konkreten Anhaltspunkt bedarf es keines Beweises oder eines hinreichenden Tatverdachtes iSd. StPO oder des OWiG; ausreichend, aber auch notwendig ist das Vorliegen von Tatsachen, aufgrund derer das Vorliegen eines Verstoßes gegen Nr. 1–7 anzunehmen ist. Welcher Form der Unterrichtung sich die BA bedient – fernmündlich, mündlich oder schriftlich –, liegt in ihrem Ermessen (*Schüren* Rn. 68).
Bei den Unterrichtungspflichten nach Abs. 2 handelt es sich, anders als bei den in Abs. 1 genannten 14
Fällen, nicht um Beispielsfälle; diese sind vielmehr **abschließend** (*Schüren* Rn. 39 mwN.). Die Unterrichtspflicht ist nicht auf die Ordnungswidrigkeiten nach § 16 beschränkt, sondern bezieht sich auf alle Handlungen der BA, die die Durchführung des AÜG betreffen und bei denen gezielt oder auch nur zufällig Erkenntnisse gewonnen werden (*Sandmann/Marschall* Rn. 28). Gewinnt die BA ihre Erkenntnisse also nicht im Rahmen des AÜG, sondern bei der Arbeitsvermittlung, bei der Berufsberatung oder im Zusammenhang mit der Bearbeitung von Arbeitslosengeldanträgen, so besteht keine Pflicht zur Unterrichtung (*Schüren* Rn. 33).
Die bei der Durchführung des AÜG durch die statistischen Meldungen der Verleiher nach § 8 I 15
gewonnenen Erkenntnisse dürfen allerdings aufgrund der **Geheimhaltungspflicht** nach § 8 IV nicht weitergegeben werden.
Auch § 35 SGB I (**Sozialgeheimnis**) und § 30 AO (**Steuergeheimnis**) sind zu beachten (tlw. durch- 16
brochen durch § 69 I Nr. 1 SGB X und § 31 a AO). Nur wenn es um konkrete Tatsachen geht, die sich auf die Abs. 2 aufgezählten Tatbestände und Gesetze beziehen, geht § 18 II diesen Bestimmungen vor (*Sandmann/Marschall* Rn. 43; *Schüren* Rn. 34).
Adressat der Unterrichtungspflicht des Abs. 2 ist allein die BA. Inwieweit diese andere als die in 17
Abs. 2 genannten Stellen (beispielsweise Kammern, Staatsanwaltschaft und Verbände) unterrichten

darf, wird durch § 18 nicht geregelt. Die Möglichkeit, andere Stellen zu unterrichten, besteht daher nach den allgemeinen Grundsätzen (zutr. *Schüren* § Rn. 40; abl. *Sandmann/Marschall* Rn. 39). Eine Unterrichtspflicht besteht bei folgenden Verstößen:

18 Nach **Abs. 2 Nr. 1** besteht eine Unterrichtungspflicht, wenn konkrete Anhaltspunkte für einen Verstoß gegen das Gesetz zur Bekämpfung der **Schwarzarbeit** vorliegen.

19 Bei einer Beschäftigung oder einer Tätigkeit von **ausländischen AN** ohne die erforderliche Genehmigung nach § 284 I SGB III besteht wegen eines Verstoßes gegen § 404 II Nr. 2 SGB III und gegen § 16 I Nr. 2 AÜG eine Unterrichtungspflicht nach **Abs. 2 Nr. 2**. Davon werden Straf- und Ordnungswidrigkeiten der §§ 404 ff. SGB III erfaßt. Staatsangehörige der Mitgliedstaaten der EG fallen nicht darunter.

20 Ein Verstoß gegen die **Meldepflicht** nach § 60 I Nr. 2 SGB I setzt voraus, daß derjenige, der Sozialleistungen beantragt hat oder erhält, unverzüglich Änderungen in den Verhältnissen, die für die Leistung erheblich sind oder über die im Zusammenhang mit der Leistung Erklärungen abgegeben worden sind, nicht mitteilt. Das sind beispielsweise die Fälle, in denen die Voraussetzungen für den Bezug von Arbeitslosengeld (§§ 117 ff. SGB III) oder von Arbeitslosenhilfe (§§ 190 ff. SGB III) weggefallen sind. Ein Verstoß gegen § 60 I Nr. 1 besteht nach dem eindeutigen Wortlaut des **Abs. 2 Nr. 3** nicht, wenn von vornherein falsche oder unvollständige Angaben gemacht wurden (*Schüren* Rn. 51).

21 Die Pflicht zur Unterrichtung über Verstöße gegen Bestimmungen des SGB IV und des SGB VII nach **Abs. 2 Nr. 4** beschränkt sich auf die im Zusammenhang mit den Nr. 1 bis 3 begangenen Verstößen, um einen unbegrenzten Datenaustausch zu verhindern (zu den praktischen Auswirkungen *Schüren* Rn. 54 f.). Bei den genannten Vorschriften handelt es sich um die §§ 28 d ff. SGB IV (Gesamtsozialversicherungsbeiträge) und um die §§ 150 ff. SGB VII (Beiträge zur Unfallversicherung).

22 **Abs. 2 Nr. 5** statuiert eine Unterrichtungspflicht bei Verstößen gegen die **Steuergesetze**. Es werden einschränkungslos alle bundes- und landesrechtlich geregelten Steuern umfaßt (*Sandmann/Marschall* Rn. 37).

23 Die Unterrichtungspflicht nach **Nr. 6** betrifft alle Verstöße gegen das AuslG, und zwar nicht nur Fälle illegaler Beschäftigung, Straftaten oder Ordnungswidrigkeiten, sondern jeden Verstoß gegen das AuslG (*Sandmann/Marschall* Rn. 38).

24 Auch **andere Behörden** trifft eine Unterrichtungspflicht aufgrund von durch das BillBG in anderen Gesetzen eingefügten Unterrichtungsregelungen. Die Finanzbehörden sind nach § 31 a AO berechtigt, der BA Tatsachen mitzuteilen, die zur Versagung, Rücknahme oder zum Widerruf einer Erlaubnis nach dem AÜG führen können. Eine Unterrichtspflicht besteht für die Ausländerbehörden (§ 79 I Nr. 3 AuslG), die Träger der Unfallversicherung (§ 211 SGB VII), die nach dem SchwArbG zuständigen Behörden (§ 2 a II Nr. 1 SchwArbG) und die für die Gewerbeaufsicht zuständigen Behörden (§ 139 b VII Nr. 4 GewO).

§ 19 Organisation der Verfolgung und Ahndung. *(aufgehoben)*

1 § 19 schrieb der BA vor, die Verfolgung und Ahndung von Ordnungswidrigkeiten ortsnah durchzuführen. Zur effektiveren Bekämpfung der illegalen ANÜberlassung hatte die BA bei 40 sogenannten **Stützpunkt-Arbeitsämtern** „Bearbeitungsstellen zur Bekämpfung illegaler Beschäftigung" geschaffen (Übersicht bei *Sandmann/Marschall* Rn. 6). Die BA hat die ortsnahe Bekämpfung durch die Stützpunkt-Arbeitsämter im wesentlichen auf die Ordnungswidrigkeiten nach § 16 I Nr. 1, 1 a und 2 beschränkt (zu den Ausnahmen *Sandmann/Marschall* Rn. 8). Die Landesarbeitsämter können jedoch eine Vorrangzuständigkeit für sich begründen, wenn sie die Ermittlung gegen illegale Entleiher oder Verleiher als erste führen. Für die Verstöße gegen Nr. 2 sind die Stützpunkt-Arbeitsämter nur zuständig, wenn sie mit einer unerlaubten ANÜberlassung zusammentreffen.

2 Für Verstöße gegen Nr. 3 bis 9 sind die Stützpunkt-Arbeitsämter nur zuständig, solange sie die Sache nicht an das Landesarbeitsamt abgegeben haben. Die Stützpunkt-Arbeitsämter ermitteln und verfolgen auch Straftaten; die Landesarbeitsämter sind darüber nur zu unterrichten.

3 Mit der Änderung durch Gesetz vom 24. 3. 1997 wurde § 19 und damit das darin verankerte Prinzip der sog. „ortsnahen Verfolgung" aufgehoben. Der Gesetzgeber geht davon aus, daß die BA nach der durch das AFRG erreichten Organisationsreform effektiver handeln kann (BT-Drucks. 13/4941 S. 251).

§ 20. *(weggefallen)*

Artikel 2–5 *(Änderung anderer Vorschriften)*

Artikel 6. Schlußvorschriften

§§ 1–3. *(gegenstandslos)*

§ 3 a. *(aufgehoben)*

§ 3 b Übergangsvorschrift zum Gesetz über den Nachweis der für ein Arbeitsverhältnis geltenden wesentlichen Bedingungen (Nachweisgesetz)

Hat das Leiharbeitsverhältnis bereits am 28. Juli 1995 bestanden, ist dem Leiharbeitnehmer auf sein Verlangen eine Urkunde oder eine schriftliche Vereinbarung im Sinne des Artikels 1 § 11 Abs. 1 unverzüglich auszuhändigen, es sei denn, eine früher ausgestellte Urkunde oder eine schriftliche Vereinbarung enthält alle nach Artikel 1 § 11 Abs. 1 erforderlichen Angaben.

§ 4. *(Inkrafttreten)*

150. Berufsbildungsgesetz (BBiG)

Vom 14. August 1969 (BGBl. I S. 1112)

Zuletzt geändert durch Gesetz vom 25. März 1998 (BGBl. I S. 596)

(BGBl. III/FNA 806-21)

– Auszug –

Erster Teil. Allgemeine Vorschriften

§ 1 Berufsbildung

(1) Berufsbildung im Sinne dieses Gesetzes sind die Berufsausbildung, die berufliche Fortbildung und die berufliche Umschulung.

(2) ¹Die Berufsausbildung hat eine breit angelegte berufliche Grundbildung und die für die Ausübung einer qualifizierten beruflichen Tätigkeit notwendigen fachlichen Fertigkeiten und Kenntnisse in einem geordneten Ausbildungsgang zu vermitteln. ²Sie hat ferner den Erwerb der erforderlichen Berufserfahrungen zu ermöglichen.

(3) Die berufliche Fortbildung soll es ermöglichen, die beruflichen Kenntnisse und Fertigkeiten zu erhalten, zu erweitern, der technischen Entwicklung anzupassen oder beruflich aufzusteigen.

(4) Die berufliche Umschulung soll zu einer anderen beruflichen Tätigkeit befähigen.

(5) Berufsbildung wird durchgeführt in Betrieben der Wirtschaft, in vergleichbaren Einrichtungen außerhalb der Wirtschaft, insbesondere des öffentlichen Dienstes, der Angehörigen freier Berufe und in Haushalten (betriebliche Berufsbildung) sowie in berufsbildenden Schulen und sonstigen Berufsbildungseinrichtungen außerhalb der schulischen und betrieblichen Berufsbildung.

1   1. **Berufsbildung (Abs. 1 bis 4).** Der Begriff des Berufs entspricht dem des Art. 12 GG. **Berufsbildung** umfaßt die Berufsausbildung, die berufliche Fortbildung und die berufliche Umschulung.

2   Zur **betrieblichen Berufsbildung** zählen alle Maßnahmen, die dem AN gezielt Kenntnisse und Erfahrungen vermitteln, die er beruflich benötigt, einschließlich Verträgen mit dem Inhalt des § 19 (BAG 4. 12. 1990 EzA BetrVG 1972 § 98 Nr. 6). Betriebliche Berufsbildung liegt auch dann noch vor, wenn überbetriebliche Ausbildungsstätten die berufspraktische Ausbildung vermitteln (BAG 26. 1. 1994 NZA 1995, 120; 24. 2. 1999 NZA 1999, 557). Der in § 98 BetrVG verwandte Berufsbildungsbegriff ist somit weiter als der des § 1 BBiG (*Oetker*, Die Mitbestimmung der Betriebs- und Personalräte bei der Durchführung von Berufsbildungsmaßnahmen, 1986, S. 80 ff.; *Herkert* Rn. 3); das gleiche gilt für § 5 I 1 ArbGG (BAG 21. 5. 1997 AP ArbGG 1979 § 5 Nr. 32).

3   Die **Berufsausbildung** wird vom Gesetz grds. als Erstausbildung im Anschluß an die Vollzeitschulpflicht verstanden (*Knopp/Kraegeloh* Rn. 5; *Herkert* Rn. 5), sie kann aber auch einer ersten Berufsausbildung nachfolgen (BAG 3. 6. 1987 NZA 1988, 66). In der **beruflichen Grundbildung** sind Grundkenntnisse, Grundfertigkeiten und Verhaltensweisen zu vermitteln, die für möglichst viele Tätigkeiten notwendig sind. Die für eine qualifizierte berufliche Tätigkeit notwendigen fachlichen Fertigkeiten und Kenntnisse bauen auf der Grundbildung auf. Die Berufsausbildung hat, der Ausbildungsordnung entsprechend, in einem **geordneten Ausbildungsgang** (§ 25) zu erfolgen. Entspricht eine Berufsausbildung den Anforderungen des Abs. 2, so darf auch in einem nicht anerkannten Ausbildungsgang ausgebildet werden, für Jugendliche unter 18 Jahren gilt jedoch § 28 II. Der **Erwerb der erforderlichen Berufserfahrung** nach § 1 II 2 setzt voraus, daß eine praktische Einführung in den Arbeitsprozeß ermöglicht wird.

4   Die **berufliche Fortbildung** (§ 46 Rn. 4) dient der Anpassung vorhandener beruflicher Kenntnisse an den technischen Wandel und andere Veränderungen der Arbeitsumwelt; Eingliederungsverhältnisse zählen dazu nicht. Die **berufliche Umschulung** soll Voraussetzungen für den Übergang in eine andere berufliche Tätigkeit schaffen (§ 47 Rn. 1): dabei ist nicht notwendigerweise eine vorherige Ausbildung des Umzuschulenden vorausgesetzt, eine vorherige Berufstätigkeit genügt.

5   2. **Berufsbildungsstätten (Abs. 5).** Die **betriebliche Berufsbildung** findet vorrangig in Betrieben der Wirtschaft statt. Vergleichbar ist die Ausbildung im öffentlichen Dienst (Behörden, Körperschaften, Anstalten und Stiftungen des öffentlichen Rechts etc.), in freien Berufen (Rechtsanwälte, Ärzte,

Architekten, Steuerberater, Wirtschaftsprüfer etc.) und Haushalten; die Aufzählung ist nicht abschließend.

Eine Definition der **berufsbildenden Schulen** findet sich nach § 2 I in den Schulgesetzen der Länder. Zu ihren Aufgaben zählt auch die Durchführung des Berufsgrundbildungsjahres iSd. § 29. **Sonstige Berufsbildungseinrichtungen** sind zB Behinderten- und Umschulungswerkstätten, Berufsförderungswerke und Rehabilitationszentren, aber auch reine Ausbildungsbetriebe (BAG 24. 2. 1999 NZA 1999, 557); für Klagen gegen diese Einrichtungen ist ebenfalls das ArbG zuständig. Auch in Strafvollzugsanstalten ist eine Berufsausbildung möglich. Das Ausbildungsverhältnis zum Träger der Vollzugsanstalt ist jedoch ein öffentlichrechtliches, so daß die ArbG für Streitigkeiten daraus nicht zuständig sind (BAG 31. 10. 1984 AP ArbGG 1979 § 2 Nr. 5).

§ 2 Geltungsbereich

(1) Dieses Gesetz gilt für die Berufsbildung, soweit sie nicht in berufsbildenden Schulen durchgeführt wird, die den Schulgesetzen der Länder unterstehen.
(2) Dieses Gesetz gilt nicht für
1. die Berufsbildung in einem öffentlich-rechtlichen Dienstverhältnis,
2. die Berufsbildung auf Kauffahrteischiffen, die nach dem Flaggenrechtsgesetz vom 8. Februar 1951 (Bundesgesetzbl. I S. 79) die Bundesflagge führen, soweit es sich nicht um Schiffe der kleinen Hochseefischerei oder der Küstenfischerei handelt.

1. Berufsbildung außerhalb berufsbildender Schulen (Abs. 1). Nach Abs. 1 gilt das Gesetz für die Berufsbildung iSd. § 1, mit Ausnahme der in berufsbildenden Schulen betriebenen, sofern sie den Schulgesetzen der Länder unterstehen. Darunter fallen vor allem schulische Ausbildungen, die aus dem betrieblichen Geschehen vollkommen ausgegliedert sind (*Herkert* Rn. 2; *Gedon/Spiertz* Rn. 10), wie zB die Berufsschulen und Fachschulen.
Die **Abschlußprüfung** nach § 35 darf sich auch auf den in der Berufsschule vermittelten Stoff beziehen (BVerwG 28. 1. 1974 EzB GG Art. 74 Nr. 1).

2. Sonstige Ausnahmen (Abs. 2). Das Gesetz gilt nach Abs. 2 Nr. 1 nicht für die Berufsbildung in einem **öffentlich-rechtlichen Dienstverhältnis** (Beamte, Richter und Soldaten, Dienstanfänger in einem öffentlich-rechtlichen Ausbildungsverhältnis, Angehörige des Zivilschutzcorps, vgl. *Knopp/Kraegeloh* Rn. 4) sowie Personen, die nach § 83 in einem privatrechtlichen Berufsausbildungsverhältnis ausdrücklich mit dem ausschließlichen Ziel einer späteren Verwendung als Beamte ausgebildet werden. Maßgeblich ist der staatsrechtliche Beamtenbegriff; privatrechtliche Berufsausbildungsverhältnisse des öffentlichen Dienstes unterfallen dem BBiG. Nach § 2 II 2 gilt für die Ausbildung auf Kauffahrteischiffen nicht das BBiG, sondern das Seemannsrecht (*Knopp/Kraegeloh* Rn. 5).
Für **Heil- und Heilhilfsberufe** gilt das BBiG nach § 107 nur, soweit die Ausbildungen nicht durch Bundesrecht nach Art. 74 Nr. 19 GG oder durch Landesrecht geregelt sind, wie zB in § 26 KrPflG für die Ausbildung in einer Krankenpflegeschule, im HebG (4. 6. 1985 BGBl. I S. 902) für die Ausbildung zur Hebamme oder eines Entbindungspflegers. Abgrenzungskriterium ist hier, ob die Ausbildung vorwiegend schulisch oder vorwiegend betrieblich geprägt ist; das BBiG findet nur letzterenfalls Anwendung, GmS-OBG 27. 1. 1983 NJW 1983, 2070. (Zum Ausbildungsverhältnis der Fürsorgeerziehung: BSG 30. 1. 1963 AP RVO § 165 a Nr. 1; praktisches Jahr eines Medizinstudenten: LAG Berlin 31. 1. 1978 EzB BBiG § 2 Nr. 14; *Herkert* Rn. 13). Zur Berufsbildung im **Handwerk:** § 73 BBiG.
Für die Berufsbildung in den neuen Bundesländern gilt grds. seit dem 3. 10. 1990 das BBiG. § 108 a sieht die Gleichstellung von in der DDR erworbenen Prüfungszeugnissen mit denjenigen des § 34 II vor.

Zweiter Teil. Berufsausbildungsverhältnis

Erster Abschnitt.
Begründung des Berufsausbildungsverhältnisses

§ 3 Vertrag

(1) **Wer einen anderen zur Berufsausbildung einstellt (Ausbildender), hat mit dem Auszubildenden einen Berufsausbildungsvertrag zu schließen.**
(2) **Auf den Berufsausbildungsvertrag sind, soweit sich aus seinem Wesen und Zweck und aus diesem Gesetz nichts anderes ergibt, die für den Arbeitsvertrag geltenden Rechtsvorschriften und Rechtsgrundsätze anzuwenden.**

(3) Schließen Eltern mit ihrem Kind einen Berufsausbildungsvertrag, so sind sie von dem Verbot des § 181 des Bürgerlichen Gesetzbuches befreit.

(4) Ein Mangel in der Berechtigung, Auszubildende einzustellen oder auszubilden, berührt die Wirksamkeit des Berufsausbildungsvertrages nicht.

1 1. **Vertragsparteien (Abs. 1).** Der Ausbildende hat mit dem Auszubildenden einen Berufsausbildungsvertrag abzuschließen, muß aber selbst nicht zugleich Ausbilder sein; die Ausbildungspflichten können auch ganz oder teilweise auf andere Personen oder Einrichtungen übertragen werden (BAG 11. 10. 1995 NZA 1996, 698), zB auch auf einen Ausbildungsverbund. **Ausbildender** ist der Betriebsinhaber bzw. die juristische Person, bei BGB-Gesellschaften, OHG oder KG die vertretungsberechtigten Gesellschafter. Eine Ansicht (*Knopp/Kraegeloh* Rn. 1 b; *Peterek* Rn. 24; *Weber* Anm. 1; *Natzel* S. 142) hält wegen der gesetzlichen Anforderungen an die persönliche und fachliche Qualifikation des Ausbildenden auch bei juristischen Personen die Handelnden für die Ausbilder; anders dagegen *Wohlgemuth* Rn. 2; *Herkert* Rn. 7; *Götz* Rn. 36. Mehrere natürliche und juristische Personen können sich als Ausbildende zu einem Ausbildungsverbund zusammenschließen; überbetriebliche Ausbildungsstätten, auch Schulen, die nicht unter § 2 I fallen, können Ausbildende sein (*Fredebeul* BB 1982, 1493). Zu weiteren Voraussetzungen der Person des Ausbildenden vgl. § 20. Zur Person des Ausbilders vgl. § 6.

2 Der **Auszubildende** ist diejenige Person, die nach der konkreten Ausgestaltung des zugrundeliegenden privatrechtlichen Rechtsverhältnisses (BAG 13. 5. 1992 AuR 1993, 340) in einer Berufsausbildungseinrichtung eingestellt wird, um ihr im Rahmen einer geregelten Berufsausbildung die Fertigkeiten und Kenntnisse zu vermitteln, die zur Erreichung des Ausbildungszieles erforderlich sind. Der Begriff ist mit dem in §§ 5 I BetrVG und 4 I BPersVG enthaltenen („zu ihrer Berufsausbildung Beschäftigte") nicht identisch, sondern wird jeweils eigenständig ausgelegt (GmS-OGB 12. 3. 1987 NZA 1987, 663). Zu **Praktikanten, Volontären und Werkstudenten** vgl. § 19.

3 2. **Ausbildungsvertrag (Abs. 2, 3).** Das Ausbildungsverhältnis untersteht grds. den für das Arbeitsverhältnis geltenden Vorschriften, damit der Auszubildende gleich einem AN geschützt wird, auch wenn keine ausdrückliche Einbeziehung angeordnet ist. Der **Berufsausbildungsvertrag** begründet die Verpflichtung des Ausbildenden zur Ausbildung, die des Auszubildenden zum Lernen des Ausbildungsberufes; er ist nicht formgebunden (ArbG Celle 19. 4. 1979 EzB BBiG § 3 I Nr. 7). Erfolgt die nach § 4 II notwendige Niederschrift nicht vor Beginn der Berufsausbildung, bleibt der Vertrag wirksam, doch liegt eine Ordnungswidrigkeit nach § 99 I Nr. 1 vor. Ob das Ausbildungsverhältnis als Arbeits- oder „Erziehungs"-verhältnis einzuordnen ist, ist strittig (BAG 13. 12. 1972 EzA TVG § 4 Gaststättengewerbe Nr. 4; 25. 10. 1989 AP BGB § 611 Nr. 26; MünchArbR/*Natzel* § 170 Rn. 176). In jedem Falle gelten sinngemäß die für Arbeitsverhältnisse entwickelten Grundsätze, Abs. 2. Aus dieser Verweisung folgt für die Berechnung der verlängerten Kündigungsfristen des § 622 II BGB, daß auch ein Ausbildungsverhältnis in diese Wartezeit mit eingerechnet wird, wenn sich nahtlos ein Arbeitsverhältnis angeschlossen hat und die Ausbildung ausnahmsweise nach dem 25. Lebensjahr des Auszubildenden stattfand (BAG 2. 12. 1999 – 2 AZR 139/99 –).

4 Soll der Ausbildungsvertrag mit einem Minderjährigen geschlossen werden, muß der gesetzliche Vertreter in den Ausbildungsvertrag einwilligen, § 107 BGB, oder ihn genehmigen, § 108 BGB. Die Ausnahme des § 113 BGB gilt nach hM nicht für den Abschluß von Berufsausbildungsverhältnissen, da diese gem. § 6 I Nr. 5 Erziehungselemente enthalten und daher keine reinen Dienst- oder Arbeitsverhältnisse iSd. § 113 BGB sind (*Schaub* § 174 II 1; *Knopp/Kraegeloh* Rn. 3; aA *Wohlgemuth* Rn. 8). Damit wird begründet, daß auch der Gewerkschaftsbeitritt des Minderjährigen der elterlichen Zustimmung bedarf (AG Stuttgart 2. 10. 1985 – 14 C 9512/85 – soweit ersichtlich unveröff.; aA *Wohlgemuth* Rn. 28); ein Recht zur selbständigen Entscheidung sollte aber dem minderjährigen Auszubildenden aus Art. 9 III GG zustehen.

5 Einigen sich die Eltern über die Ausbildung nicht, so kann das **Vormundschaftsgericht** angerufen werden. Der Vormund bedarf nach § 1822 Nr. 6 BGB zum Abschluß eines länger als ein Jahr dauernden Ausbildungsvertrages seines Mündels der Genehmigung des Vormundschaftsgerichts. Die Eltern können nach Abs. 3 mit ihrem minderjährigen Kind einen Berufsausbildungsvertrag abschließen, wenn sie es selbst ausbilden wollen. § 181 BGB gilt dann nicht.

6 Soweit die zu ihrer Berufsausbildung Beschäftigten nach **§ 5 I BetrVG** AN sind, weil die Ausbildung in einem reinen Ausbildungsbetrieb stattfindet (BAG 21. 7. 1993 EzA BetrVG 1972 § 5 Nr. 56), hat nach **§§ 98, 99 BetrVG** der BR ein Mitbestimmungsrecht bei der Durchführung von Maßnahmen der betrieblichen Berufsbildung und bei der Einstellung von Auszubildenden; im öffentlichen Dienst: §§ 4 III, IV; 75 III Nr. 6; 75 I Nr. 1 BPersVG. Auszubildende in **überbetrieblichen Ausbildungsstätten** sind keine Arbeiter bzw. Angestellten iSd. BPersVG (GmS-OGB 12. 3. 1987 NZA 1987, 663).

7 **Ausländer** können nur einen Berufsausbildungsvertrag (= Arbeitsverhältnis, Rn. 3) abschließen, wenn sie über eine Erlaubnis der Bundesanstalt für Arbeit nach § 284 SGB III (früher: § 19 I 1 AFG) verfügen (BayObLG 29. 7. 1977 BB 1977, 1402). Fehlt die Erlaubnis, ist die Beschäftigung verboten;

der dennoch durchgeführte Berufsausbildungsvertrag ist gem. § 134 BGB nichtig (BAG 13. 1. 1977 AP AFG § 19 Nr. 2). Sind die Parteien von der rechtzeitigen Erteilung der Erlaubnis ausgegangen, richtet sich die Wirksamkeit des Vertrages nach §§ 309, 308 BGB (BAG 22. 2. 1972 AP BBiG § 15 Nr. 1).

Für die **Lohnfortzahlung im Krankheitsfall** ist § 12 I Nr. 2 BBiG lex specialis zu den Regelungen 8 des EFZG. Der Auszubildende ist in der gesetzlichen **Unfall-, Renten- und Krankenversicherung** pflichtversichert, § 2 II Nr. 1 SGB IV.

Auszubildende dürfen nach hM auch **streiken** (BAG 12. 9. 1984 AP GG Art. 9 Arbeitskampf 9 Nr. 81; 21. 6. 1988 AP GG Art. 9 Arbeitskampf Nr. 108; *Wohlgemuth* Rn. 23; aA ArbG Düsseldorf 21. 8. 1972 DB 1973, 674, *Natzel* S. 133); zum Verlust des Vergütungsanspruchs BAG 30. 8. 1994 NJW 1995, 613 f. Den Umfang des Streikrechts hat das BAG offengelassen (12. 9. 1984 BAGE 46, 322). Sie an kurzfristigen Warnstreiks zu beteiligen, ist zulässig, wenn in Tarifverhandlungen Forderungen der Gewerkschaften nach verbesserten Arbeitsbedingungen für Auszubildende behandelt werden. Ob ihnen gegenüber eine suspendierende Aussperrung zulässig ist, ist strittig, wird von BVerfG und BAG bejaht (BVerfG 26. 6. 1991 EzA GG Art. 9 Nr. 97; BAG 11. 8. 1992 EzA GG Art. 9 Arbeitskampf Nr. 105; aA *Wohlgemuth* Rn. 24; *Wolter* in *Däubler* Arbeitskampfrecht Anm. 842); eine lösende Aussperrung wäre mit dem Ausbildungszweck unvereinbar.

Die Regelungen über **Kurzarbeit** sind entweder überhaupt nicht auf das Berufsausbildungsverhält- 10 nis anwendbar (*Natzel* S. 137) oder nur in besonderen Ausnahmefällen (*Götz* Berufsbildungsrecht, 1992, Rn. 32; HzA *Peterek* Rn. 38); statt dessen soll die betriebliche Ausbildung möglichst fortgesetzt werden, da der Ausbildungszweck von der Auftragslage nicht beeinträchtigt werden darf.

3. Fehlende Berechtigung (Abs. 4). Die fehlende Berechtigung zur Einstellung oder Ausbildung 11 von Auszubildenden berührt nicht die Wirksamkeit des Berufsausbildungsvertrages. Fehlt die Berechtigung schon bei Vertragsschluß, kann der Auszubildende anfechten oder fristlos kündigen, wenn der Ausbildende nicht unverzüglich einen geeigneten Ausbilder einstellt; eine Anfechtung durch den Ausbildenden kommt nur ausnahmsweise in Betracht, führt aber zu Ersatzansprüchen gem. § 122 BGB. Verliert der Ausbildende seine Ausbildungsbefugnis nach Vertragsschluß, können beide Vertragsparteien kündigen. Der Ausbildende ist nach § 16 BBiG zum Ersatz des Schadens verpflichtet, der dem Auszubildenden aus der vorzeitigen Beendigung des Ausbildungsverhältnisses entsteht.

Nach § 99 I Nr. 5 und 7 begeht eine **Ordnungswidrigkeit,** wer einen Auszubildenden ohne die 12 persönliche Eignung nach § 20 II oder ohne die fachliche Eignung nach § 20 III einstellt; zur Einstellung eines nicht geeigneten Ausbilders vgl. § 99 I Nr. 6. Zu **Streitigkeiten** zwischen Ausbildendem und Auszubildendem aus einem bestehenden Berufsausbildungsverhältnis siehe § 111 II ArbGG.

§ 4 Vertragsniederschrift

(1) ¹Der Ausbildende hat unverzüglich nach Abschluß des Berufsausbildungsvertrages, spätestens vor Beginn der Berufsausbildung, den wesentlichen Inhalt des Vertrages schriftlich niederzulegen. ² In die Niederschrift sind mindestens aufzunehmen
1. Art, sachliche und zeitliche Gliederung sowie Ziel der Berufsausbildung, insbesondere die Berufstätigkeit, für die ausgebildet werden soll,
2. Beginn und Dauer der Berufsausbildung,
3. Ausbildungsmaßnahmen außerhalb der Ausbildungsstätte,
4. Dauer der regelmäßigen täglichen Ausbildungszeit,
5. Dauer der Probezeit,
6. Zahlung und Höhe der Vergütung,
7. Dauer des Urlaubs,
8. Voraussetzungen, unter denen der Berufsausbildungsvertrag gekündigt werden kann,
9. ein in allgemeiner Form gehaltener Hinweis auf die Tarifverträge, Betriebs- oder Dienstvereinbarungen, die auf das Berufsausbildungsverhältnis anzuwenden sind.

(2) Die Niederschrift ist von dem Ausbildenden, dem Auszubildenden und dessen gesetzlichem Vertreter zu unterzeichnen.

(3) Der Ausbildende hat dem Auszubildenden und dessen gesetzlichem Vertreter eine Ausfertigung der unterzeichneten Niederschrift unverzüglich auszuhändigen.

(4) Bei Änderungen des Berufsausbildungsvertrages gelten die Absätze 1 bis 3 entsprechend.

1. Inhalt der Vertragsniederschrift (Abs. 1). Der Vertrag ist ohne Niederschrift wirksam (BAG 1 22. 2. 1972 EzB BBiG § 15 III Nr. 1; 21. 8. 1997 AP BBiG § 4 Nr. 1 = NZA 1998, 37), ihr Fehlen ist aber Ordnungswidrigkeit iSd. § 99 I Nr. 1. Die Niederschrift erleichtert nicht nur die Information der Parteien über ihre Abmachungen, sondern auch die Überwachung der Berufsausbildung durch die zuständigen Stellen. Die Ausbildung darf ohne die Niederschrift nicht begonnen werden. Sie kann sich am Mustervertrag des Bundesausschusses für Berufsbildung (BArbBl. 1971, 637) orientieren. Die zur

Eintragung in das Verzeichnis der Ausbildungsverhältnisse zuständige Stelle kann die Benutzung des von ihr herausgegebenen Vertragsformulars für die Niederschrift nicht als zusätzliches Eintragungserfordernis vorschreiben (OVG Rheinland-Pfalz 10. 4. 1974 BB 1974, 788; VG Hannover 21. 6. 1974 EzB BBiG § 4 Nr. 5).

2   Abs. 1 S. 1 erfordert die Niederschrift des **wesentlichen** Inhalts des Vertrages (vgl. § 2 NachwG Rn. 7ff.); **Abs. 1 S. 2 Nr. 1** bis 8 enthält keine abschließende Konkretisierung, sondern nur den Mindestinhalt der Vertragsniederschrift. Was der wesentliche Inhalt des Vertrages ist, richtet sich nach dem jeweiligen Einzelfall. **Art und Ziel der Berufsausbildung** (§ 4 I 2 Nr. 1) ergeben sich aus der Ausbildungsordnung, § 25 BBiG und § 25 HandwO. Soweit eine Ausbildungsordnung noch nicht erlassen wurde, sind gemäß § 108 die vor Inkrafttreten des BBiG anerkannten Lehr- und Anlernberufe oder vergleichbar geregelte Ausbildungsberufe zugrunde zu legen. Die **sachliche und zeitliche Gliederung** der Berufsausbildung sind in der Vertragsniederschrift anzugeben. Der Ausbildende soll einen betrieblichen Ausbildungsplan auf der Grundlage des jeweiligen Ausbildungsrahmenplans (§ 25 II 1 Nr. 4) der Ausbildungsordnung (§ 25 I) erstellen. Die Angaben müssen erkennen lassen, ob der Ausbildungsinhalt dem Rahmenplan des § 25 II Nr. 4 entspricht.

3   Der nach **Nr. 2** festzulegende **Beginn** der Berufsausbildung ist durch einen bestimmten Kalendertag zu kennzeichnen. Die **Dauer** der Berufsausbildung ergibt sich aus der Ausbildungsordnung. Eine Kürzung oder Verlängerung ist nur gem. § 29 möglich; eine noch längere Dauer kann auch nicht vereinbart werden (BVerwG 8. 6. 1962 AP HandwO § 30 Nr. 1).

4   Die nach **Nr. 3** festzulegenden Ausbildungsmaßnahmen außerhalb der Ausbildungsstätte ergeben sich gem. § 27 aus der Ausbildungsordnung. Beispiele sind überbetriebliche Ausbildungsstätten oder Auslandspraktika, die schon zu Beginn der Ausbildung feststehen (*Eule* BB 1992, 986, 991). Die **tägliche Arbeitszeit (Nr. 4)** beträgt grds. 8 Stunden; für Jugendliche unter 18 gilt § 8 I JArbSchG, bei Volljährigen § 3 ArbZG. Die **Dauer der Probezeit (Nr. 5)** beträgt gem. § 13 mindestens einen, höchstens drei Monate. Die **Zahlung der Vergütung (Nr. 6)** meint die Modalitäten der Zahlung, wie Zeit und Art unter Beachtung des § 11; die **Höhe** der Vergütung richtet sich nach § 10.

5   Die **Dauer des Urlaubs (Nr. 7)** ergibt sich aus dem BUrlG, JArbSchG, ArbPlSchG und dem SchwbG. Seine Dauer ist für jedes Jahr der Berufsausbildung gesondert anzugeben. Freistellungsansprüche oder **Bildungsurlaub** sind nicht mit in die Niederschrift aufzunehmen (*Schaub* § 102 XII).

6   Die **Voraussetzungen einer Kündigung (Nr. 8)** ergeben sich aus § 15. In der Vertragsniederschrift auf das BBiG oder einen TV hinzuweisen, ist dennoch nicht ausreichend (VG Kassel 30. 8. 1973 EzB BBiG § 4 Nr. 2); über § 15 hinausgehende Gründe dürfen nicht vereinbart werden (*Wohlgemuth* Rn. 39; *Herkert* Rn. 28; aA *Knopp/Kraegeloh* Rn. 11).

7   **2. Unterzeichnung, Aushändigung, Änderung des Vertrages (Abs. 2 bis 4).** Nach **Abs. 2** ist die Niederschrift vom Ausbildenden, dem Auszubildenden und dessen gesetzlichem Vertreter zu unterzeichnen. Je eine unterzeichnete Niederschrift ist dem Auszubildenden und dessen gesetzlichem Vertreter nach **Abs. 3** unverzüglich auszuhändigen. Sind beide Eltern die gesetzlichen Vertreter, so genügt eine Durchschrift an beide zusammen (*Wohlgemuth* Rn. 42), sofern sie nicht getrennt leben. Für **Änderungen** des Berufsausbildungsvertrages gelten die Abs. 1 bis 3 entsprechend, Abs. 4; im übrigen gilt § 2 NachwG.

8   **3. Verstöße.** Verstöße gegen die Vorschrift des § 4 können nach § 99 I Nr. 1 bzw. 2 als Ordnungswidrigkeit geahndet werden. Der Ausbildende haftet dem Auszubildenden für einen aus dem Fehlen der Niederschrift entstandenen Schaden (LAG Berlin 4. 1. 1966 BB 1966, 538).

§ 5 Nichtige Vereinbarungen

(1) ¹Eine Vereinbarung, die den Auszubildenden für die Zeit nach Beendigung des Berufsausbildungsverhältnisses in der Ausübung seiner beruflichen Tätigkeit beschränkt, ist nichtig. ²Dies gilt nicht, wenn sich der Auszubildende innerhalb der letzten sechs Monate des Berufsausbildungsverhältnisses dazu verpflichtet, nach dessen Beendigung mit dem Ausbildenden ein Arbeitsverhältnis einzugehen.

(2) Nichtig ist eine Vereinbarung über
1. die Verpflichtung des Auszubildenden, für die Berufsausbildung eine Entschädigung zu zahlen,
2. Vertragsstrafen,
3. den Ausschluß oder die Beschränkung von Schadensersatzansprüchen,
4. die Festsetzung der Höhe eines Schadensersatzes in Pauschbeträgen.

1   **1. Normzweck.** § 5 ist Ausprägung des Art. 12 GG (BVerfG 7. 2. 1990 EzA HGB § 90 a Nr. 1), um die Entschlußfreiheit des Auszubildenden zu schützen. Er soll nach Abschluß der Ausbildung seine berufliche Weiterbildung frei gestalten können; Eintritt der Volljährigkeit beendet die Schutzbedürftigkeit nicht. Die Neuregelung des § 5 I 2 hat jedoch eine Vereinbarung über Eingehung eines Arbeits-

verhältnisses noch während der letzten 6 Monate der Berufsausbildung ermöglicht; gem. § 1 I BeschFG können auch befristete Arbeitsverhältnisse vereinbart werden. Eine frühzeitige Verpflichtung als Soldat auf Zeit erlaubt § 85. Abs. 2 will einer Einschränkung der Entschlußfreiheit durch finanzielle Belastungen vorbeugen. Eine nach § 5 nichtige Vereinbarung hindert entgegen § 139 BGB nicht die Wirksamkeit des ganzen Vertrages.

2. Nichtige Vertragsbindungsklauseln (Abs. 1). Nichtig sind nach Abs. 1 Regelungen, die die 2 Berufstätigkeit des Auszubildenden einschränken:
– Weiterarbeitsklauseln für die Zeit nach der Berufsausbildung oder Vereinbarungen, nach denen der 3 Auszubildende vor Beendigung des Berufsausbildungsverhältnisses anzeigen muß, daß er mit dem Ausbildenden nach dem Ende der Ausbildung kein Arbeitsverhältnis eingehen will (BAG 31. 1. 1974 AP BBiG § 5 Nr. 1).
– Kündigungsausschlußklauseln (ArbG Nienburg 15. 3. 1971 EzB BBiG § 5 Nr. 1), ebenso wie Wett- 4 bewerbsabreden, wonach der Auszubildende nach dem Abschluß der Ausbildung seinen erlernten Beruf nicht am Ort des Ausbildenden ausüben darf.
– Übernahme der Kosten für den Erwerb der Fahrerlaubnis nur für den Fall, daß im Anschluß an die 5 Ausbildung das Arbeitsverhältnis mindestens noch ein Jahr bestehen bleibt (LAG Köln 7. 3. 1988 EzB BBiG § 5 Nr. 24; ArbG Nienburg 15. 3. 1971 EzB BBiG § 5 Nr. 1).
– Verpflichtung zur Rückzahlung des Weihnachtsgeldes, falls der Auszubildende vor einem bestimm- 6 ten, nach dem Ende des Ausbildungsverhältnisses liegenden Termin kündigt (LAG Düsseldorf 5. 8. 1975 EzB BGB § 242 Gratifikation Nr. 3).
– Für Verpflichtungen von Zeitsoldaten gilt § 85. 7

Nach § 5 I 2 sind jedoch innerhalb der letzten sechs Monate des Ausbildungsverhältnisses Vereinba- 8 rungen über den Fortbestand des Arbeitsverhältnisses nach Ablauf der Ausbildungszeit zulässig. Die Weiterbeschäftigung kann weiter im Falle des § 78a II BetrVG (dazu BAG 15. 1. 1980 AP BetrVG 1972 § 78a Nr. 8; 4. 11. 1981 AP ZPO 1977 § 543 Nr. 3; 31. 1. 1974 AP BBiG § 5 Nr. 1; 13. 3. 1975 AP BBiG § 5 Nr. 1) somit innerhalb der Frist verlangt werden. Die in der alten Gesetzesfassung vorgesehenen Wirksamkeitsvoraussetzungen für Befristungsvereinbarungen sind entfallen, insoweit gilt nunmehr § 1 I BeschFG (vgl. dort Rn. 25ff.).

3. Nichtige Zahlungsvereinbarungen (Abs. 2). Nr. 1 verbietet eine Vereinbarung über die Ver- 9 pflichtung des Auszubildenden, für die *Berufsausbildung* eine Entschädigung zu zahlen. Unzulässig sind danach:
– Die Verpflichtung zur Zahlung einer Entschädigung (BAG 28. 7. 1982 AP BBiG § 5 Nr. 3) oder zur 10 Aufnahme eines Darlehens für den Besuch einer anerkannten Fachschule (LG Hannover 1. 2. 1989 EzB BBiG § 5 Nr. 26).
– Die Entschädigung für Ausbildungsmaßnahmen außerhalb der Ausbildungsstätte, soweit diese in 11 den Ausbildungsgang einbezogen sind (BAG 29. 6. 1988 EzB BBiG § 5 Nr. 25).
– Die Verpflichtung, die Kosten für die Unterkunft und Verpflegung bei auswärtiger Ort der betrieb- 12 lichen Ausbildung zurückzuzahlen, falls es nicht zum Abschluß eines Anstellungsvertrages kommt oder dieser vor Ablauf von drei Jahren gelöst wird (BAG 21. 9. 1995, BB 1996, 168).
– Die Verrechnung der Vergütung mit dem Entgelt für einen entsprechenden betrieblichen oder 13 außerbetrieblichen Lehrgang (*Wohlgemuth* Rn. 21).
– Der „Kauf" eines Ausbildungsplatzes seitens der Eltern (LAG Düsseldorf 25. 11. 1980 BB 1981, 14 495; LG Gießen 27. 1. 1986 EzB BBiG § 5 Nr. 20). Der Kaufvertrag über einen Omnibus ist nichtig, wenn er damit verknüpft ist, daß der Sohn des Käufers im Betrieb des Verkäufers eine Lehrstelle erhält (OLG Hamm 16. 12. 1982 EzB BBiG § 15 Nr. 14).
– Die Vereinbarung der Kostenübernahme zur Erlangung der Fahrerlaubnis der Klasse 2 bei einer 15 Ausbildung zum Berufskraftfahrer (BAG 25. 4. 1984 EzA BBiG § 5 Nr. 6).

Bei Klauseln über die Rückzahlung von **Weiterbildungskosten** ist eine richterliche Inhaltskon- 16 trolle nach § 242 BGB geboten; der AG muß beweisen, daß der AN durch die Weiterbildung einen beruflichen Vorteil erlangt hat und kann nur den Betrag zurückverlangen, den er tatsächlich aufgewandt hat, höchstens den vereinbarten Betrag (BAG 16. 3. 1994 AP BGB § 611 Ausbildungsbeihilfe Nr. 18).

Nr. 2 verbietet die Vereinbarung von Vertragsstrafen (§ 339 BGB). Da sich die Vorschrift nur auf 17 das Berufsausbildungsverhältnis bezieht, kann in den letzten drei Monaten des Ausbildungsverhältnisses eine Vertragsstrafe für den Fall vereinbart werden, daß der Auszubildende ein nachfolgendes Arbeitsverhältnis nicht antritt (BAG 23. 6. 1982 EzB BGB § 339 Nr. 1). **Nr. 3** sichert die Geltendmachung von Schadensersatzansprüchen des Auszubildenden in voller Höhe; Schadensersatzansprüche des Ausbildenden gegen den Auszubildenden können dagegen ausgeschlossen werden. Die Vereinbarung pauschaler Entschädigungssätze ist nach **Nr. 4** nichtig.

Zweiter Abschnitt.
Inhalt des Berufsausbildungsverhältnisses

Erster Unterabschnitt. Pflichten des Ausbildenden

§ 6 Berufsausbildung

(1) Der Ausbildende hat
1. dafür zu sorgen, daß dem Auszubildenden die Fertigkeiten und Kenntnisse vermittelt werden, die zum Erreichen des Ausbildungszieles erforderlich sind, und die Berufsausbildung in einer durch ihren Zweck gebotenen Form planmäßig, zeitlich und sachlich gegliedert so durchzuführen, daß das Ausbildungsziel in der vorgesehenen Ausbildungszeit erreicht werden kann,
2. selbst auszubilden oder einen Ausbilder ausdrücklich damit zu beauftragen,
3. dem Auszubildenden kostenlos die Ausbildungsmittel, insbesondere Werkzeuge und Werkstoffe zur Verfügung zu stellen, die zur Berufsausbildung und zum Ablegen von Zwischen- und Abschlußprüfungen, auch soweit solche nach Beendigung des Berufsausbildungsverhältnisses stattfinden, erforderlich sind,
4. den Auszubildenden zum Besuch der Berufsschule sowie zum Führen von Berichtsheften anzuhalten, soweit solche im Rahmen der Berufsausbildung verlangt werden, und diese durchzusehen,
5. dafür zu sorgen, daß der Auszubildende charakterlich gefördert sowie sittlich und körperlich nicht gefährdet wird.

(2) Dem Auszubildenden dürfen nur Verrichtungen übertragen werden, die dem Ausbildungszweck dienen und seinen körperlichen Kräften angemessen sind.

1 **1. Normzweck.** Die Vorschriften enthalten die wichtigsten privatrechtlichen Pflichten des Ausbildenden, die unmittelbar kraft Gesetzes Vertragsinhalt werden. Tlw. wiederholen sie sinngemäß Vorschriften des JArbSchG, die damit auch auf erwachsene Auszubildende erstreckt werden.

2 **2. Berufsausbildung.** Inhalt und Umfang der nach **Abs. 1 Nr. 1** zu vermittelnden Fertigkeiten und Kenntnisse ergeben sich aus der Ausbildungsordnung und dem Ausbildungsrahmenplan, §§ 25 BBiG, 25 HandwO. Die in der Ausbildungsordnung vorgesehene Flexibilitätsklausel erlaubt unter bestimmten Voraussetzungen jedoch ein Abweichen vom Ausbildungsrahmenplan. In Betracht kommt aber nur eine andere sachliche und zeitliche Reihenfolge der Ausbildungsabschnitte, sofern Besonderheiten des Betriebes es erfordern (*Wohlgemuth* Rn. 3; *Weber* § 25 Anm. 10; aA *Herkert* Rn. 3) oder der Jugendliche zuvor ein Berufsgrundbildungsjahr absolviert hat. Anderenfalls drohen Schadensersatzansprüche, falls durch das Abweichen von der Gliederung des Ausbildungsrahmenplans ein Ausbildungsabschnitt entfällt (BAG 10. 6. 1975 EzB BGB § 611 Nr. 6). Ein Abweichen vom Ausbildungsinhalt ist stets unzulässig.

3 Der Ausbildende soll den Auszubildenden mit den **täglichen Betriebsabläufen** vertraut machen (BVerwG 25. 2. 1982 EzB BBiG § 32 Nr. 15). Der **Anspruch des Auszubildenden** auf tatsächliche Ausbildung kann nach § 888 I ZPO vollstreckt werden (LAG Berlin 19. 1. 1978 AP ZPO § 888 Nr. 9). Verletzt der Ausbildende seine Ausbildungspflicht, so ist er dem Auszubildenden zum **Ersatz des Schadens** verpflichtet, falls dieser deshalb die Abschlußprüfung nicht besteht (ArbG Stade 24. 4. 1978 EzB BGB § 611 Haftung des AG Nr. 10). Der Ausbildende muß sich ein etwaiges mitwirkendes Verschulden anrechnen lassen, wenn er sich nicht bemüht hat, das Ausbildungsziel zu erreichen (BAG 10. 6. 1976 AP BBiG § 6 Nr. 2; 11. 12. 1964 AP BGB § 611 Lehrverhältnis Nr. 22).

4 Der Ausbildende muß die persönliche und fachliche Eignung nach §§ 20, 21, 76, 80, 88, 90, 92, 94 besitzen. Erfüllt er diese Voraussetzungen nicht, so hat er einen qualifizierten Ausbilder zu beauftragen, **Abs. 1 Nr. 2.** Der Ausbilder ist als AN des Ausbildenden dessen Erfüllungsgehilfe, § 278 BGB; vertragliche Beziehungen zum Auszubildenden bestehen nicht, so daß er diesem nur nach §§ 823 ff. BGB bzw. bei Ordnungswidrigkeiten nach § 99 haftet. Daneben haftet der Ausbildende aus dem Ausbildungsvertrag auf Schadensersatz bei einer fehlerhaften Ausbildung (BAG 17. 12. 1968 EzA BGB § 324 Nr. 1; BAG 11. 12. 1964 AP BGB § 611 Lehrverhältnis Nr. 22). Die Beauftragung des Ausbilders muß ausdrücklich (nicht notwendig schriftlich) erfolgen, eine stillschweigende Duldung ist nicht ausreichend.

5 Der Ausbildende hat nach **Abs. 1 Nr. 3** die notwendigen Ausbildungsmittel zur Verfügung zu stellen. Eine Kostenbeteiligung kann vom Auszubildenden oder dessen Eltern nicht verlangt werden. Ausbildungsmittel, die der Auszubildende zum Besuch der Berufsschule braucht, fallen nicht unter Nr. 3, soweit sie nicht auch der innerbetrieblichen Ausbildung dienen (BAG 16. 12. 1976 AP BGB § 611 Ausbildungsverhältnis Nr. 3). Ausbildungsmittel für Prüfungen sind bereitzustellen, auch wenn das Ausbildungsverhältnis vorher endet. Werkstücke, die der Auszubildende im Rahmen seiner Ausbildung anfertigt, stehen im Eigentum des Ausbildenden, der insoweit Hersteller gem. § 950 BGB ist.

Freistellung § 7 **BBiG 150**

Prüfungsstücke stehen grds. im Eigentum des Auszubildenden (BAG 3. 3. 1960 EzA HandwO § 23 Nr. 1; *Wohlgemuth* Rn. 25; aA *Knopp/Kraegeloh* Rn. 6). Im Einzelfall kann aber auch der Ausbildende oder ein Dritter Eigentümer sein (BAG 3. 3. 1960 AP HandwO § 23 Nr. 2), so zB, wenn der Wert des Materials den Bearbeitungswert weit übersteigt. Die Ausbildungsmittel sind dagegen nur leihweise bereitzustellen, also vom Auszubildenden sorgfältig zu behandeln und zurückzugeben. Für deren unsachgemäße Behandlung haftet der Auszubildende nach den Grundsätzen der ANHaftung (§ 611 BGB Rn. 1035 ff.).

Erfüllt der Ausbildende die Pflicht aus Nr. 3 nicht, so kann der Auszubildende die Ausbildungs- 6 mittel selbst anschaffen und die Auslagen gegen Übereignung ersetzt verlangen (BAG 16. 12. 1976 AP BGB § 611 Ausbildungsverhältnis Nr. 3). Fahrtkosten zur Berufsschule oder zur Ausbildungsstätte fallen nicht unter Nr. 3 (BAG 11. 1. 1973 DB 1973, 832).

Der Ausbildende hat den Auszubildenden zum Besuch der Berufsschule und zum Führen von 7 Berichtsheften anzuhalten, **Abs. 1 Nr. 4**. Die Berufsschulpflicht ergibt sich aus den Schulgesetzen der Länder oder aufgrund Ausbildungsvertrages. Der Ausbildende hat den Auszubildenden unter Fortzahlung der Vergütung für die Teilnahme am Unterricht von der Arbeit freizustellen, §§ 7, 12 I Nr. 1; § 9 I 1 JArbSchG. Eine Verpflichtung des Ausbildenden zur Übernahme der Fahrtkosten für den Schulbesuch besteht nicht (BAG 11. 1. 1973 AP BBiG § 6 Nr. 1). Kommt der Auszubildende seiner Schulpflicht nur unregelmäßig nach, muß der Ausbildende dagegen einschreiten (OLG Hamburg 31. 8. 1959 BB 1959, 1209), zB durch Ermahnung des Auszubildenden, durch schriftliche Abmahnung oder durch ein Gespräch mit den Eltern oder der Schule.

Der Auszubildende hat nicht stets Anspruch darauf, die **Berichtshefte** während der Arbeitszeit 8 führen zu dürfen (BAG 11. 1. 1973 AP BBiG § 6 Nr. 1). Nur wenn die Ausbildungsordnung das Führen eines Berichtsheftes vorschreibt, hat der Auszubildende dieser Pflicht mit der nach § 9 Nr. 1 vorgeschriebenen Sorgfalt nachzukommen, und der Ausbildende die Ausführung während der Ausbildungszeit zu überwachen (*Knopp/Kraegeloh* Rn. 8; *Wohlgemuth* Rn. 32). Seit 1974 ergangene Ausbildungsordnungen verpflichten den Ausbildenden, dem Auszubildenden während der Arbeitszeit Gelegenheit zum Anfertigen der Berichtshefte zu geben.

Im betrieblichen Bereich besteht eine Pflicht des Ausbildenden zur **charakterlichen Förderung** des 9 Auszubildenden (**Abs. 1 Nr. 5**), soweit das Ausbildungsverhältnis auch ein Erziehungsverhältnis ist. Das Erziehungsrecht der Eltern aus Art. 6 GG darf dadurch nicht eingeschränkt werden (BVerwG 9. 11. 1962 AP GG Art. 4 Nr. 1). Zur Verpflichtung des Ausbilders, gegen Verbreitung ausländerfeindlichen Gedankenguts unter den Auszubildenden einzuschreiten: BAG 1. 7. 1999 NZA 1999, 1270. Der Ausbildende soll die geistig-seelische Entwicklung des Auszubildenden positiv beeinflussen, um ihn zu einem selbständigen, ernsten und sozial-orientierten Menschen zu erziehen; begrenzt wird dies durch die rein fachliche Zielsetzung der Berufsausbildung (*Natzel* RdA 1981, 162).

Die Pflicht zum Schutz vor **sittlichen und körperlichen Gefahren** entspricht weitestgehend § 22 10 JArbSchG. Darüber hinaus sind die Unfallverhütungsvorschriften der Berufsgenossenschaften, die ArbStättV und das MaschinenschutzG zu beachten. Körperlich gefährdend kann auch die Arbeit an Bildschirmarbeitsplätzen sein (BAG 6. 12. 1983 EzA BetrVG 1972 § 87 Nr. 1). Zum Schutz vor körperlicher Züchtigung und Mißhandlung vgl. § 31 JArbSchG.

Verrichtungen, die nicht dem Ausbildungszweck dienen, dürfen dem Auszubildenden nicht über- 11 tragen werden, **Abs. 2**. Was der Ausbildung dient, bestimmt sich nach dem Einzelfall, nach dem jeweiligen Berufsbild und seiner pädagogischen Zielsetzung (*Knopp/Kraegeloh* Rn. 11). Geldbotengänge mit höheren Beträgen gehören im ersten Ausbildungsjahr nicht zu den vertraglichen Aufgaben des Auszubildenden (LAG Düsseldorf 23. 2. 1973 EzB BBiG § 6 II Nr. 1). Grobe Reinigungsarbeiten, insb. außerhalb der Verkaufs- und Lagerräume gehören nicht zur Ausbildung zum Einzelhandelskaufmann (LAG Schleswig-Holstein 5. 8. 1969 DB 1969, 2188); dagegen ist das gelegentliche Reinigen des Fußbodens zulässig, soweit es in angemessenem Verhältnis zu den berufsspezifischen Tätigkeiten steht (OLG Frankfurt 30. 3. 1981 EzB BBiG § 99 Nr. 1); ausbildungsfremde Botengänge sind unzulässig. Die körperlichen Kräfte des Auszubildenden sind nach seiner aktuellen Verfassung zu beurteilen.

Überträgt der Ausbildende dem Auszubildenden entgegen Abs. 2 eine Verrichtung, die nicht dem 12 Ausbildungszweck dient, so liegt eine Ordnungswidrigkeit nach § 99 I Nr. 3 vor. Der Auszubildende braucht die Weisung nicht zu befolgen, ohne Verlust des Anspruchs auf die Vergütung.

§ 7 Freistellung

¹ Der Ausbildende hat den Auszubildenden für die Teilnahme am Berufsschulunterricht und an Prüfungen freizustellen. ² Das gleiche gilt, wenn Ausbildungsmaßnahmen außerhalb der Ausbildungsstätte durchzuführen sind.

Der Ausbildende hat jeden Auszubildenden zur Erfüllung der gesetzlichen Berufsschulpflicht von 1 der Ausbildung freizustellen. Der Begriff des Berufsschulunterrichts ist jedoch weiter als der der Berufsschulpflicht, denn er umfaßt auch die freiwillige Teilnahme, zB an Nachhilfestunden, Vorbereitungslehrgängen auf die Abschlußprüfung. Die Freistellungspflicht besteht auch gegenüber nicht mehr berufsschulpflichtigen Auszubildenden, wenn sie sich gegenüber dem Ausbildenden zum Berufsschulbesuch verpflichtet haben (ArbG Bielefeld 8. 3. 1979 EzB BBiG § 6 I Nr. 4). Dem Auszubildenden darf durch Freistellung kein Entgeltausfall entstehen, § 12 I Nr. 1. Der **Umfang** der Freistellung richtet sich nach § 9 JArbSchG, für die Freistellung zur Teilnahme an Prüfungen und außerbetrieblichen Ausbildungsmaßnahmen gilt § 10 JArbSchG. Dementsprechend umfaßt die Pflicht zur Anrechnung auf die Arbeitszeit neben den Unterrichtsstunden auch die Pausen, nicht aber die aufgewendete Zeit für den Weg zur Berufsschule bzw. zurück zum Arbeitsplatz (LAG Köln 18. 9. 1998 AuR 1999, 76). Prüfungen im Sinne der §§ 7 BBiG und 10 JArbSchG sind Zwischenprüfungen nach § 42, Abschlußprüfungen nach § 34 und Wiederholungsprüfungen nach § 34 I 2 (*Zmarzlik* DB 1987, 2410). Aus der Freistellungspflicht des AG läßt sich keine Pflicht auf Ersatz der Fahrtkosten zur Berufsschule ableiten (BAG 11. 1. 1973 DB 1973, 832). Ausbildungsmaßnahmen außerhalb der Ausbildungsstätte sind Maßnahmen nach §§ 27, 22 II, 4 I Nr. 3.

§ 8 Zeugnis

(1) ¹Der Ausbildende hat dem Auszubildenden bei Beendigung des Berufsausbildungsverhältnisses ein Zeugnis auszustellen. ²Hat der Ausbildende die Berufsausbildung nicht selbst durchgeführt, so soll auch der Ausbilder das Zeugnis unterschreiben.

(2) ¹Das Zeugnis muß Angaben enthalten über Art, Dauer und Ziel der Berufsausbildung sowie über die erworbenen Fertigkeiten und Kenntnisse des Auszubildenden. ²Auf Verlangen des Auszubildenden sind auch Angaben über Führung, Leistung und besondere fachliche Fähigkeiten aufzunehmen.

1 Anders als in § 630 BGB, § 73 HGB und § 113 GewO ist der Ausbildende bei Beendigung des Ausbildungsverhältnisses zur Erstellung eines Zeugnisses auch ohne ausdrückliches Verlangen des Auszubildenden verpflichtet. Der Anspruch darauf kann nicht vertraglich ausgeschlossen werden (BAG 16. 9. 1974 EzA BGB § 630 Nr. 5) und besteht auch, wenn der Auszubildende nach Beendigung der Ausbildung weiter im Betrieb beschäftigt wird oder wenn das Ausbildungsverhältnis vorzeitig beendet wird. Das Zeugnis bedarf der Schriftform und ist äußerlich ordnungsgemäß zu erstellen (BAG 3. 3. 1993 AP BGB § 630 Nr. 20). Der Ausbilder übernimmt in den Fällen des § 8 I 2 eine Mitverantwortung für die Richtigkeit des Zeugnisses. Ausbildender und Auszubildender können vom Ausbilder idR die Mitunterzeichnung verlangen, es sei denn, daß dieser den Inhalt des Zeugnisses nicht mitverantworten kann. Fehlt seine Unterschrift, ist das Zeugnis nicht unwirksam, Abs. 1 S. 2 ist nur Sollvorschrift. Bei mehreren Ausbildern hat der Ausbildungsleiter das Zeugnis mit zu unterschreiben, wenn sich nicht aus der Betriebsordnung etwas anderes ergibt.

2 Das Zeugnis muß objektiv richtig sein und einer verkehrsüblichen Bewertung entsprechen (BAG 29. 7. 1971 AP BGB § 630 Nr. 6). Es sind alle wesentlichen Umstände (§ 8 II 1) aufzuführen, auch wenn sie für den Auszubildenden nachteilig sind (wiederholtes Versagen bei der Gesellenprüfung, ArbG Darmstadt 6. 4. 1974 BB 1967, 541). Unzulässig sind aber Angaben über den bloßen Verdacht einer Straftat (OLG Hamburg 14. 12. 1954 DB 1955, 172). Der Auszubildende kann bei unwahren Angaben Richtigstellung verlangen (BAG 23. 6. 1960 AP HGB § 73 Nr. 1); dabei handelt es sich um einen Erfüllungsanspruch auf Ausstellung des richtigen Zeugnisses (zur Verwirkung BAG 7. 10. 1972 AP BGB § 630 Nr. 8; 17. 2. 1988 AP BGB § 630 Nr. 17; LAG Düsseldorf 11. 11. 1994 DB 1995, 1135).

3 Auf Verlangen des Auszubildenden hat der Ausbilder ein qualifiziertes Zeugnis auszustellen, Abs. 2 S. 2, in das Angaben über Führung, Leistung und besondere fachliche Fähigkeiten aufzunehmen sind. Dazu zählen zB Auffassungsgabe, Lernwilligkeit, Fleiß, Arbeitsverhalten, Arbeitsausführung, Initiative, Ordnung, Pünktlichkeit, soziales Verhalten, Führen des Berichtshefts, besondere Eignung, Einsatzbereitschaft. Verlangt der Auszubildende ein qualifiziertes Zeugnis, so trägt er selbst das Risiko eines für ihn ungünstigen Zeugnisses. Zu den Zeugnisgrundsätzen, Haftung des AG für fehlerhafte Zeugnisse und Schadensersatzansprüchen wegen fehlender oder fehlerhaften Zeugnissen vgl. § 630 BGB; *Schaub* § 146.

Zweiter Unterabschnitt. Pflichten des Auszubildenden

§ 9 Verhalten während der Berufsausbildung

¹Der Auszubildende hat sich zu bemühen, die Fertigkeiten und Kenntnisse zu erwerben, die erforderlich sind, um das Ausbildungsziel zu erreichen. ²Er ist insbesondere verpflichtet,
1. die ihm im Rahmen seiner Berufsausbildung aufgetragenen Verrichtungen sorgfältig auszuführen,
2. an Ausbildungsmaßnahmen teilzunehmen, für die er nach § 7 freigestellt wird,

3. den Weisungen zu folgen, die ihm im Rahmen der Berufsausbildung vom Ausbildenden, vom Ausbilder oder von anderen weisungsberechtigten Personen erteilt werden,
4. die für die Ausbildungsstätte geltende Ordnung zu beachten,
5. Werkzeug, Maschinen und sonstige Einrichtungen pfleglich zu behandeln,
6. über Betriebs- und Geschäftsgeheimnisse Stillschweigen zu wahren.

§ 9 dient der Konkretisierung der Mitwirkungspflichten des Auszubildenden, die der Ausbildungs- 1 pflicht des Ausbildenden nach § 6 korrespondieren. Die für die Ausbildung notwendigen Fertigkeiten und Kenntnisse ergeben sich aus der jeweiligen Ausbildungsordnung (§ 25). Der Auszubildende hat aktiv und interessiert auf das Ausbildungsziel hinzuarbeiten (*Herkert* Rn. 3) und ein gewisses Maß an geistigen Bemühungen auch außerhalb der Ausbildungszeit aufzubringen (BAG 11. 1. 1973 AP BBiG § 6 Nr. 1; aA *Wohlgemuth* Rn. 4). Bei grober Verletzung der Mitwirkungspflicht ist der Ausbildende zur fristlosen Kündigung nach § 15 II berechtigt.

Nach **S. 2 Nr. 1** trifft den Auszubildenden im Rahmen seiner Berufsausbildung eine Sorgfaltspflicht. 2 **Ausbildungsfremde** Tätigkeiten muß der Auszubildende nicht ausführen. Der AG kann aber auch das Ausführen von mit der Ausbildung zusammenhängenden Nebentätigkeiten verlangen, die aufgrund der für die Ausbildungsstätte geltenden Ordnung ausgeführt werden müssen (zB das Reinigen des Arbeitsplatzes und der Werkzeuge). Die Pflicht zum Führen der Berichtshefte ergibt sich in der Regel aus der jeweiligen Ausbildungsordnung (§ 6 Rn. 8). Die von dem Auszubildenden anzuwendende **Sorgfalt** bemißt sich nach der Einsichtsfähigkeit und den Kenntnissen, die je nach Ausbildungsstand erwartet werden können (LAG Düsseldorf DB 1973, 974). Hat der Ausbildende seine Einweisungs- und Aufsichtspflicht mißachtet, kann das Verschulden des Auszubildenden geringer bewertet werden (BAG 7. 7. 1970 AP BGB § 611 Haftung des AN Nr. 59).

Unter die Ausbildungsmaßnahmen nach **S. 2 Nr. 2** fällt die Teilnahme am Berufsschulunterricht 3 und an den vereinbarten oder von der Ausbildungsordnung vorgesehenen außerbetrieblichen Ausbildungsmaßnahmen. Eine Teilnahmepflicht an der Abschlußprüfung wird zT gänzlich verneint (LAG Bremen 19. 4. 1960 BB 1960, 1022; *Knopp/Kraegeloh* Rn. 5; *Natzel* S. 213) zT wird sie bejaht, wenn sich der Auszubildende zur Prüfung angemeldet hat und der Ausbildende ihn nach § 7 freigestellt hat (*Wohlgemuth* Rn. 9). Nimmt der Auszubildende trotz Freistellung an Ausbildungsmaßnahmen nicht teil, kann die Vergütung entsprechend gekürzt werden; bei mehrfacher Nichtteilnahme und ggf. erfolgloser Abmahnung kommt eine fristlose Kündigung nach § 15 in Betracht.

Der Auszubildende hat den im Rahmen der Berufsausbildung erfolgenden Weisungen zu folgen, 4 **S. 2 Nr. 3**. **Weisungsberechtigt** sind außer dem Ausbildenden und dem Ausbilder zB der jeweils zuständige Meister, Vorarbeiter, Lagerverwalter, Personalleiter, Sicherheitsingenieur etc. Die **Weisungsgebundenheit des Auszubildenden** besteht, soweit die Weisungen der Erreichung des Ausbildungszieles dienen und den geistigen und körperlichen Kräften angemessen sind, § 6 II. Ausbildungsfremden Tätigkeiten müssen nicht befolgt werden, oben Rn. 2. Die Weisungen müssen der Billigkeit entsprechen (BAG 14. 12. 1961 AP BGB § 611 Direktionsrecht Nr. 17; 27. 3. 1980 AP BGB § 611 Direktionsrecht Nr. 26). Weisungen bezüglich **Kleidung** oder **Haartracht** sind grds. nur zulässig, soweit der Geschäftsbetrieb (ArbG Bayreuth 7. 12. 1971 BB 1972, 175) oder die Sicherheit des Betriebes es erfordern. Ein **Rauchverbot** ist zu befolgen, wenn die Sicherheit des Betriebes das erfordert oder wenn TV, Betriebsvereinbarung oder Arbeitsvertrag ein solches vorsehen. Die Aufforderung, sich von den Zielen und Absichten einer **Partei zu distanzieren**, ist unzulässig, auch wenn diese Partei nach Ansicht des Ausbildenden verfassungsfeindlich ist (LAG Rheinland-Pfalz 29. 5. 1978 EzB BBiG § 15 II Nr. 1 Nr. 24). Zum Mitbestimmungsrecht des BR bei der Versetzung eines Auszubildenden in eine andere Ausbildungsstätte außerhalb der vorgesehenen turnusmäßigen Neuzuweisung BAG 3. 12. 1985 AP BetrVG 1972 § 95 Nr. 8.

Die nach **S. 2 Nr. 4** einzuhaltende Ordnung der Ausbildungsstätte ergibt sich aus der ArbStättV, 5 dem JArbSchG, Betriebsvereinbarungen, den Unfallverhütungsvorschriften sowie aus der kraft Direktionsrechts festgelegten Betriebsordnung.

Unter die Werkzeuge, Maschinen und sonstigen Einrichtungen iSd. **S. 2 Nr. 5** fallen alle Gegen- 6 stände, die dem Auszubildenden im Rahmen seiner Ausbildung zugänglich gemacht sind, einschließlich der Werkstoffe. Pflegliche Behandlung setzt die Beachtung allgemeiner Sorgfaltspflichten voraus. Die Pflicht, über Betriebs- und Geschäftsgeheimnisse das Stillschweigen zu bewahren (**S. 2 Nr. 6**) ergibt sich bereits aus der nach § 3 II bestehenden Treuepflicht. Eine **Anrufung externer betrieblicher Stellen** verstößt nach hM sogar dann gegen diese Pflicht, wenn der AG strafbare Handlungen begeht (LAG Baden-Württemberg 20. 10. 1976 EzA KSchG § 1 Verhaltensbedingte Kündigung Nr. 8; LAG Baden-Württemberg 3. 2. 1987 AiB 1987, 260; *Schaub* § 53 II 4); etwas anderes hat jedenfalls dann zu gelten, wenn sich die Handlung gegen den Auszubildenden selbst richtet. Nr. 6 gewährt kein Aussageverweigerungsrecht des Auszubildenden vor Gericht.

Der Auszubildende **haftet** gemäß § 3 II nach den allgemeinen Rechtsgrundsätzen (BAG 7. 7. 1970 7 AP BGB § 611 Haftung des AN Nr. 59). Ob der Auszubildende sorgfaltswidrig handelt, ist anders als bei einem erwachsenen AN von dem Umstand beeinflußt, daß den Ausbildenden eine Einweisungs- und Aufsichtspflicht trifft (BAG 7. 7. 1970 AP Haftung des AN Nr. 59; LAG Bremen BB 1956, 1107;

Schlachter

LAG Düsseldorf DB 1973, 975). Ein **Mitverschulden** des Ausbildenden nach § 254 BGB kommt in Betracht, wenn der Ausbildende seine Aufsichtspflicht nicht erfüllt (BAG 29. 6. 1964 DB 1964, 1741; 7. 7. 1970 DB 1970, 1886; ArbG Jena 31. 5. 1999 – 4 Ca 76/99 – nv.) oder den Auszubildenden überfordert hat (ArbG Ulm 23. 7. 1959 BB 1959, 884). Bei bekannter Unerfahrenheit oder Unzuverlässigkeit des Auszubildenden erhöht sich die Pflicht des Ausbildenden, Maßnahmen zur Schadensverhinderung zu ergreifen, entsprechend (LAG Düsseldorf 23. 2. 1973 DB 1973, 974). Der Auszubildende haftet nur für Vorsatz und grobe Fahrlässigkeit, wenn er beim Verrichten einer **ausbildungsfremden** Tätigkeit einen Schaden verursacht hat (ArbG Kiel 24. 4. 1963 AP BGB § 611 Lehrverhältnis Nr. 21).

Dritter Unterabschnitt. Vergütung

§ 10 Vergütungsanspruch

(1) ¹ Der Ausbildende hat dem Auszubildenden eine angemessene Vergütung zu gewähren. ² Sie ist nach dem Lebensalter des Auszubildenden so zu bemessen, daß sie mit fortschreitender Berufsausbildung, mindestens jährlich, ansteigt.

(2) Sachleistungen können in Höhe der nach *§ 160 Abs. 2 der Reichsversicherungsordnung* festgesetzten Sachbezugswerte angerechnet werden, jedoch nicht über fünfundsiebzig vom Hundert der Bruttovergütung hinaus.

(3) Eine über die vereinbarte regelmäßige tägliche Ausbildungszeit hinausgehende Beschäftigung ist besonders zu vergüten oder durch entsprechende Freizeit auszugleichen.

1   Die Vorschrift regelt die Rahmenbedingungen des wegen § 18 unabdingbaren Vergütungsanspruchs des Auszubildenden (BT-Drucks. V/4260 S. 9); die Vergütungspflicht ist dennoch im Ausbildungsverhältnis lediglich Nebenpflicht des Ausbilders (BAG 10. 2. 1981 AP BetrVG 1972 § 5 Nr. 26; *Natzel* DB 1992, 1521, 1524). Auf die Berufsausbildung in Heil- und Heilhilfsberufen (§ 26 KrPflG, § 26 HebG) ist § 10 ausnahmsweise anzuwenden, wenn die praktische Ausbildung überwiegt (BAG 18. 6. 1980 AP BGB § 611 Ausbildungsverhältnis Nr. 4; 7. 3. 1990 EzB BBiG § 10 I Nr. 53). Auf einen Vertrag zwischen einer Ausbildungs-GmbH und einem Auszubildenden ist § 10 anzuwenden, wenn der Vertrag nach §§ 3 und 4 als Berufsbildungsvertrag vereinbart wurde (LAG Hamm 12. 12. 1985 EzB BBiG § 10 I Nr. 47); Schulen und sonstige Bildungseinrichtungen sind nicht „Ausbildende" iSd. Abs. 1.

2   Die Ausbildungsvergütung (Abs. 1 S. 1) ist **Unterhaltsbeitrag** zur Finanzierung der Berufsausbildung, aber auch **Entgelt** für geleistete Arbeit (BAG 13. 12. 1972 AP BGB § 611 Lehrverhältnis Nr. 26; 8. 12. 1982 AP BBiG § 29 Nr. 1; 20. 10. 1983 EzB BAT § 47 Nr. 1). Die Vergütung ist dennoch gem. § 850 a Nr. 6 ZPO **unpfändbar** (*Natzel* DB 1970, 2267; *Wohlgemuth* Rn. 3; *Stein/Jonas/Brehm* § 850 a Rn. 32), kann nach § 1274 II BGB nicht verpfändet werden und ist daher auch nicht abtretbar nach § 400 BGB.

3   Die **Höhe** der Vergütung kann durch TV oder einzelvertraglich bestimmt werden und ist gem. § 4 Nr. 6 vertraglich festzulegen; fehlt eine tarifliche Regelung, sind die Empfehlungen von Kammern/Innungen zu berücksichtigen (BAG 30. 9. 1998 AP BBiG § 10 Nr. 8 = NZA 1999, 265; *Opolony* BB 2000, 510 ff.). Die Vergütung ist **angemessen**, wenn sie einen verhältnismäßigen Ausgleich zwischen den Aufwendungen beider Parteien für die Durchführung des Ausbildungsverhältnisses herstellt. Nach Ansicht der Rspr. muß auch die Lebenshaltungskosten zu bestreiten helfen und zugleich eine Mindestentlohnung für die Leistungen des Auszubildenden darstellen (BAG 10. 4. 1991 AP BBiG § 10 Nr. 3; 30. 9. 1998 NZA 1999, 265); daran fehlt es idR, wenn sie die tarifliche Vergütung um mehr als 20% unterschreitet. Es handelt sich hierbei jedoch lediglich um ein Indiz, dessen Wirkungen dadurch aufgehoben werden können, daß der Ausbildende Umstände darlegt, die die Angemessenheit einer geringeren Vergütung begründen. Tarifliche Ausbildungsvergütung ist stets auch für die nicht tariflich gebundenen Auszubildenden als angemessen anzusehen (BAG 18. 6. 1980 AP BGB § 611 Ausbildungsverhältnis Nr. 4; 24. 10. 1984 EzB BBiG § 10 I Nr. 37). Wird die Ausbildung allerdings zu 100% von der öffentlichen Hand finanziert, können auch Vergütungen, die erheblich unter den tariflichen Ausbildungsvergütungen liegen, noch angemessen sein (BAG 11. 10. 1995 NZA 1996, 698; aA *Herkert* Rn. 6).

4   Die Vergütung muß mindestens jährlich ansteigen, weil die Bedürfnisse des Auszubildenden, aber auch die Qualität seiner Arbeitsleistung steigt. Maßgeblich ist das Ausbildungsjahr, nicht das Kalenderjahr. Für ein **viertes Ausbildungsjahr** ist eine tarifliche Ausbildungsvergütung nur vorgesehen, wenn der Ausbildungsberuf eine längere Ausbildungszeit als drei Jahre vorsieht (BAG 8. 2. 1978 AP BBiG § 10 Nr. 1); nicht dagegen: für die Zeit bis zur Wiederholungsprüfung. Wird auf die Berufsbildungszeit ein **Berufsgrundschuljahr** oder der Besuch einer **Berufsfachschule** nach § 29 I angerechnet, so ist die anzurechnende Zeit bei der Berechnung der Vergütung als zurückgelegte Ausbildungszeit zu werten (BAG 22. 9. 1982 AP BGB § 611 Ausbildungsverhältnis Nr. 5; 8. 12. 1982 AP

Fortzahlung der Vergütung §§ 11, 12 BBiG 150

BBiG § 29 Ausbildungsvertrag Nr. 1). Eine **Verkürzung** nach § 29 II führt nicht zu einer Vorverlegung des Ausbildungsbeginns mit der Folge, daß der Anspruch auf Erhöhung der Ausbildungsvergütung schon früher entsteht (BAG 8. 12. 1982 AP BBiG § 29 Nr. 1).

Sachwerte, wie Wohnung, Heizung, Beleuchtung etc. können nach **Abs. 2** bis zu 75% auf die 5 Vergütung angerechnet werden. Ob eine Anrechnung stattfindet und in welcher Höhe, richtet sich nach TV oder nach dem Einzelarbeitsvertrag (LAG Niedersachsen 31. 10. 1973 EzB BBiG § 10 II Nr. 1). Die Höhe der anzurechnenden Sachwerte ergibt sich seit dem 1. 7. 1977 aus § 17 I Nr. 3 SGB IV iVm. der jährlich geänderten SachBezV.

Mehrarbeit iSd. **Abs. 3** liegt vor, wenn die nach § 4 I Nr. 4 vereinbarte Dauer der regelmäßigen 6 täglichen Arbeitszeit überschritten wird. Zur zulässigen täglichen Arbeitszeit von Jugendlichen §§ 8, 21 I JArbSchG; vergütungspflichtig ist auch verbotswidrig geleistete Mehrarbeit (*Leisten* BB 1981, 1100). Für die nach Abs. 3 zusätzlich zu zahlende Vergütung gilt ebenfalls der in Abs. 1 festgelegte Grundsatz der Angemessenheit. Ein Ausgleich der Mehrarbeit durch Kürzung der Ausbildungszeit an anderen Tagen ist nunmehr ausdrücklich vorgesehen, am Ausbildungszweck gemessen allerdings zweifelhaft.

§ 11 Bemessung und Fälligkeit der Vergütung

(1) ¹Die Vergütung bemißt sich nach Monaten. ²Bei Berechnung der Vergütung für einzelne Tage wird der Monat zu dreißig Tagen gerechnet.

(2) Die Vergütung für den laufenden Kalendermonat ist spätestens am letzten Arbeitstag des Monats zu zahlen.

§ 11 dient der einheitlichen zeitlichen Bemessung der Vergütung und bestimmt ihre Fälligkeit 1 (Abs. 1). Eine Bemessung nach einem kürzeren Zeitraum als dem Kalendermonat verstößt gegen die Berechnungsvorschrift des § 11 I 2 und gegen § 18 (*Wohlgemuth* Rn. 2; *Knopp/Kraegeloh* Rn. 1; aA *Herkert* Rn. 2). Für die Berechnung der Vergütung einzelner Tage wird nach § 11 I 2 jeder Monat zu 30 Tagen gerechnet; das gilt auch für den Februar.

Abs. 2 regelt die Fälligkeit der Vergütung, die jedoch auf einen früheren Zeitpunkt verlegt werden 2 kann. **Abschlagszahlungen und Vorschüsse** sind zulässig. Der Auszubildende muß spätestens am letzten Arbeitstag des Monats über die Vergütung verfügen können.

Erfüllungsort ist mangels abw. Vereinbarung der Ausbildungsort. Die Zahlung kann bar oder durch 3 Überweisung erfolgen; letzterenfalls liegen Kosten und Risiko beim Ausbildenden, § 270 I BGB.

§ 12 Fortzahlung der Vergütung

(1) ¹Dem Auszubildenden ist die Vergütung auch zu zahlen
1. für die Zeit der Freistellung (§ 7),
2. bis zur Dauer von sechs Wochen, wenn er
   a) sich für die Berufsausbildung bereithält, diese aber ausfällt, oder
   b) aus einem sonstigen, in seiner Person liegenden Grund unverschuldet verhindert ist, seine Pflichten aus dem Berufsausbildungsverhältnis zu erfüllen.

²Wenn der Auszubildende infolge einer unverschuldeten Krankheit, einer Maßnahme der medizinischen Vorsorge oder Rehabilitation, einer Sterilisation oder eines Abbruchs der Schwangerschaft durch einen Arzt an der Berufsausbildung nicht teilnehmen kann, findet das Entgeltfortzahlungsgesetz Anwendung.

(2) Kann der Auszubildende während der Zeit, für welche die Vergütung fortzuzahlen ist, aus berechtigtem Grund Sachleistungen nicht abnehmen, so sind diese nach den Sachbezugswerten (§ 10 Abs. 2) abzugelten.

1. Normzweck. § 12 dient der Sicherung der Vergütung des Auszubildenden, wenn dieser auf- 1 grund Freistellung nach § 7 oder unverschuldet nicht an der Berufsausbildung teilnimmt oder seine Pflichten aus dem Berufsausbildungsverhältnis nicht erfüllen kann. Die Bestimmung ist lex specialis im Ausbildungsrecht, wird aber gem. § 3 II durch arbeitsrechtliche Schutzvorschriften ergänzt (§ 14 ArbPlSchG, §§ 9 III, 10 II S. 2, 43 JArbSchG; §§ 11, 16 MuSchG, § 2 EFZG). Sie gilt nicht nur für Berufsausbildungen gem. § 1 II, sondern gem. § 19 auch für andere Vertragsverhältnisse. Für den Anspruch aus § 12 I 2 folgt dies auch schon aus dem Verweis auf das EFZG (§ 1 II EFZG).

2. Vergütungsfortzahlung während der Freistellung, § 12 I 1 Nr. 1. § 12 I 1 Nr. 1 schreibt die 2 Vergütungsfortzahlung für die Zeit der **Freistellung** nach § 7 vor. Das gilt auch für die Zeit eines notwendigen, aber vertraglich außerhalb des Beschäftigungsbetriebes zu absolvierenden Praktikums (ArbG Kiel 23. 12. 1997 NZA-RR 1998, 344). Der Anspruch besteht auch für nicht mehr berufsschulpflichtige Auszubildende (ArbG Münster 20. 12. 1979 EzB BBiG § 12 Abs. 1 Nr. 4). Auf den

Anspruch kann erst nach Abschluß des Ausbildungsverhältnisses wirksam verzichtet werden (BAG 20. 8. 1980 AP LFZG § 6 Nr. 12; ArbG Kiel 23. 12. 1997 NZA-RR 1998, 344).

3   Zu **Dauer und Umfang der Freistellung:** §§ 9, 10 JArbSchG. Bleibt der Auszubildende der Ausbildungsstätte fern, obwohl der Berufsschulunterricht ausgefallen ist, kann seine Vergütung entsprechend gekürzt werden. Eine Verrechnung von unentschuldigten Fehltagen mit Urlaubstagen hatte das BAG (5. 2. 1970 EzA BUrlG § 7 Nr. 11) jedoch nicht zugelassen. Auch wenn die Freistellung gem. § 7 länger als die vereinbarte regelmäßige Arbeitszeit dauert oder an einem ausbildungsfreien Tag stattfindet, ist nur die vereinbarte Vergütung für die regelmäßige tägliche Arbeitszeit zu zahlen (BAG 3. 9. 1960 AP JArbSchG § 13 Nr. 1; 17. 11. 1972 AP JArbSchG § 13 Nr. 3; aA *Wohlgemuth* § 7 Rn. 27 f.).

4   Der Auszubildende hat grds. keinen Anspruch auf Ersatz der **Fahrtkosten,** die im Zusammenhang mit der Freistellung entstehen; etwas anderes gilt im Falle betrieblicher Übung (BAG 11. 1. 1973 BB 1973, 566), oder wenn auf Veranlassung des Ausbildenden eine andere als die zuständige Schule besucht wird, und dadurch Mehrkosten entstehen. Ein Anspruch auf Übernahme der Kosten anläßlich der Teilnahme des Auszubildenden an der **Abschlußprüfung an einem auswärtigen Prüfungsort** besteht grds. nicht, kann aber vertraglich vorgesehen werden oder sich aus der Verkehrssitte ergeben (BAG 4. 12. 1983 AP BBiG § 34 Nr. 1; LAG Frankfurt 28. 4. 1981 DB 1982, 860). Kosten für **Ausbildungsmaßnahmen außerhalb der Ausbildungsstätte** hat der Auszubildende zu tragen, wenn erst dadurch die Erfüllung der Ausbildungspflicht gewährleistet wird (BAG 29. 6. 1988 EzB BBiG § 5 Nr. 25).

5   **3. Zeitlich begrenzte Fortzahlung der Vergütung, § 12 I 1 Nr. 2 a und b. § 12 I 1 Nr. 2 a** erhält den vertraglichen Anspruch auf Vergütung uneingeschränkt aufrecht, wenn die Betriebsausbildung aus einem nicht vom Auszubildenden zu vertretenden Grunde entfällt und er sich während dieser Zeit für die Berufsausbildung bereithält; das betrifft insb. Gründe aus der Risikosphäre des Ausbildenden (Betriebsstörung, Maschinenschaden, Auftragsmangel) oder die Wahrnehmung öffentlicher Pflichten. **Bereithalten** setzt grds. ein ordnungsgemäßes Angebot zur Erfüllung der Pflichten voraus; nachfolgend muß der Auszubildende auf telefonische oder schriftliche Nachfrage fähig sein, die Ausbildung wieder aufzunehmen. § 12 enthält eine abschließende Regelung für Fälle der Vergütungspflicht ohne Ausbildung; die Anwendung von § 615 BGB ist daneben ausgeschlossen.

6   Die Vergütung ist zu zahlen, wenn der Auszubildende aus einem sonstigen, in seiner Person liegenden Grund unverschuldet verhindert ist, seine Pflichten aus dem Berufsausbildungsverhältnis zu erfüllen, **§ 12 I 1 Nr. 2 b.** Die Vorschrift entspricht § 616 S. 1 BGB, ist jedoch unabdingbar und zeitlich auf bis zu 6 Wochen ausgedehnt. Subjektive Verhinderungsgründe sind Heirat, Geburt, schwerwiegende Erkrankung naher Angehöriger, Umzug, medizinisch notwendige Arztbesuche, sofern sie nicht bereits Ausdruck einer Ausbildungsunfähigkeit sind (vgl. Abs. 1 S. 2 sind; Gerichtstermine etc. (*Wohlgemuth* Rn. 27 m. w. Bsp.; *Schaub* § 97 II 1 mwN). Bei objektiven, nicht in der Person des Auszubildenden liegenden Hindernissen (Glatteis, Überschwemmungen, Verkehrshindernisse) besteht kein Anspruch auf die Fortzahlung der Vergütung (BAG 24. 3. 1982 DB 1982, 1883; 8. 12. 1982 AP BGB § 616 Nr. 58). Der subjektive Grund muß den Auszubildenden hindern, seine Pflichten aus dem Ausbildungsverhältnis zu erfüllen. Der Begriff des **Verschuldens** entspricht dem des § 3 EFZG (vgl. dort Rn. 46 ff.).

7   Bei **Verschulden eines Dritten** ist der Auszubildende verpflichtet, seine Ansprüche gegen den Schädiger in Höhe der Vergütungsfortzahlung an den Ausbildenden abzutreten (LG Hannover 20. 11. 1973 BB 1974, 40).

8   Die Vergütung wird in den Fällen des § 12 I Nr. 2 a und b bis zur Dauer von höchstens **6 Wochen** weitergezahlt. Zur Fristberechnung §§ 187, 188 BGB. Bei Pflege erkrankter Angehöriger ergibt sich daraus nicht regelmäßig eine von § 616 S. 1 BGB abw. Privilegierung auszubildender Pflegepersonen: In der Person der Auszubildenden liegt die Verhinderung nämlich nur solange, wie eine anderweitige Betreuung nicht zumutbar organisiert werden kann; das dürfte sich den zu § 616 BGB entwickelten zeitlichen Grenzen annähern (*Schmitt* EFZG § 12 BBiG Rn. 97; *Staudinger/Oetker* § 616 BGB Rn. 93). Eine direkte Übertragung der zu § 616 BGB entwickelten zeitlichen Grenzen kommt demgegenüber nicht in Betracht, da dies dem bewußt abweichenden Wortlaut des § 12 widerspräche.

9   **4. Anwendbarkeit des EntgeltfortzahlungsG, § 12 I 2.** § 12 I 2 verweist auf das **EFZG,** wenn der Auszubildende in den genannten Fällen an der Berufsausbildung nicht teilnehmen kann. Dadurch wird der in § 3 EFZG begründete, eigenständige Anspruch auf Entgeltfortzahlung für die Fälle der Ausbildungsunfähigkeit übernommen. Der Verhinderungsfall muß die Teilnahme an der Ausbildung verhindern und muß alleinige Ursache für die Unmöglichkeit der Teilnahme sein (§ 3 EFZG Rn. 28). Das **Verschulden** entspricht dem in § 3 EFZG, § 616 BGB, wobei auch das jugendliche Alter der Betroffenen zu berücksichtigen ist. Die **Beweislast** für ein etwaiges Verschulden des Auszubildenden trägt grds. der Ausbildende (BAG 4. 12. 1985 AP HGB § 63 Nr. 42; *Natzel* S. 257). Die unverschuldete Erkrankung muß kausal dafür geworden sein, daß der Auszubildende an der Ausbildung nicht teilnehmen kann, also zur „Ausbildungsunfähigkeit" geführt haben (BAG AP HGB § 63 Nr. 23; *Schmitt* EFZG § 12 BBiG Rn. 32; *Staudinger/Oetker* § 616 BGB Rn. 210). Rechtsfolge ist der in § 3 I

EFZG begründete Anspruch auf Entgeltfortzahlung, dessen Höhe und Dauer sich ebenso wie die Anzeige- und Nachweispflichten und der Forderungsübergang bei Drittthaftung aus dem EFZG ergeben; Unterschiede zur Rechtslage „normaler" AN bestehen jedoch insoweit, als bei der Anwendung des EFZG auf Auszubildende stets die Besonderheiten des Ausbildungszwecks zu berücksichtigen sind.

Mit Abs. 2 wird auf die SachBezV verwiesen, die auf Grundlage von § 17 I 1 Nr. 3 SGB IV erlassen worden ist, weil eine Abgeltung solcher Sachleistungen stattfinden muß, die der Auszubildende wegen der Verhinderung nicht abnehmen kann, zB Unterbringung/Verpflegung.

Dritter Abschnitt.
Beginn und Beendigung des Berufsausbildungsverhältnisses

§ 13 Probezeit

¹ Das Berufsausbildungsverhältnis beginnt mit der Probezeit. ² Sie muß mindestens einen Monat und darf höchstens drei Monate betragen.

1. Normzweck. Die Probezeit ermöglicht den Vertragsparteien die Prüfung, ob der Auszubildende 1 für den betreffenden Beruf geeignet ist. Der Auszubildende kann zudem den Ausbildenden und die Ausbildungsstätte prüfen.

2. Probezeit. Die Probezeit (S. 1) beginnt mit der Berufsausbildung; maßgeblich ist der vertraglich 2 vereinbarte Beginn, unabhängig vom Ausfall wegen Erkrankung oder Feiertagen. Eine dem Ausbildungsverhältnis vorgeschaltete Probezeit ist unzulässig; ihre generelle Verlängerung über drei Monate hinaus ist wegen § 18 unwirksam (*Wohlgemuth* Rn. 2; diff. *Knopp/Kraegeloh* Rn. 1 b). Bei einem Ausfall der Ausbildung kann die Verlängerung der Probezeit jedoch vertraglich vereinbart werden (BAG 15. 1. 1981 AP BBiG § 13 Nr. 1). Die Berufung des Ausbildenden auf eine solche Vereinbarung setzt aber voraus, daß er den Ausfall nicht selbst vertragswidrig herbeigeführt hat.

Eine Beschäftigung als **Praktikant** unmittelbar vor Beginn der Ausbildungszeit gilt als Ausbildungs- 3 zeit und wird auch auf die Probezeit angerechnet (ArbG Wetzlar 24. 10. 1989 EzA BBiG § 15 Nr. 12; KR/*Weigand* §§ 14, 15 Rn. 43; aA MünchArbR/*Natzel* § 171 Rn. 49); dasselbe gilt für ein vorgeschaltetes Arbeitsverhältnis (ArbG Wiesbaden 17. 1. 1996 NZA-RR 1997, 6). Bei einer **Stufenausbildung** gilt der Anfang der Ausbildung in der ersten Ausbildungsstufe als Beginn des Berufsausbildungsverhältnisses. Die Probezeit ist durch die in dieser ersten Stufe absolvierte Probezeit erfüllt (BAG 27. 11. 1991 EzB BBiG § 13 Nr. 23). Während der Probezeit kann das Ausbildungsverhältnis jederzeit nach § 15 BBiG fristlos **gekündigt** werden.

§ 14 Beendigung

(1) Das Berufsausbildungsverhältnis endet mit dem Ablauf der Ausbildungszeit.

(2) Besteht der Auszubildende vor Ablauf der Ausbildungszeit die Abschlußprüfung, so endet das Berufsausbildungsverhältnis mit Bestehen der Abschlußprüfung.

(3) Besteht der Auszubildende die Abschlußprüfung nicht, so verlängert sich das Berufsausbildungsverhältnis auf sein Verlangen bis zur nächstmöglichen Wiederholungsprüfung, höchstens um ein Jahr.

1. Ende des Ausbildungsverhältnisses (Abs. 1). § 14 regelt die Beendigung des Berufsausbildungs- 1 verhältnisses nicht abschließend, denn es kann auch in beiderseitigem Einverständnis aufgehoben werden, ohne Beachtung einer Form (BAG 10. 11. 1988 AP LohnFG § 10 Nr. 1; LAG München 2. 11. 1977 EzB BGB § 305 Nr. 3); zur Kündigung § 15.

Die Dauer der Ausbildung ergibt sich aus der jeweiligen Ausbildungsordnung, § 25. Dabei sind 2 Verlängerungen, Verkürzungen, Unterbrechungen nach §§ 14 III, 29; § 6 III ArbPlSchG, § 20 I 2 BErzGG möglich und für den Fristablauf maßgeblich. Das Ausbildungsverhältnis endet auch dann mit Zeitablauf, wenn der Auszubildende zur Abschlußprüfung nicht zugelassen wird oder sich ihr nicht stellt; ein Zwang dazu besteht nicht (LAG Bremen 19. 4. 1960 DB 1960, 1131). Den Ausbildenden kann dann aber die (Neben-)Pflicht treffen, eine Nachausbildung zu vereinbaren (ArbG Hamm 20. 6. 1968 DB 1968, 1762). Findet die Abschlußprüfung kurze Zeit nach Ablauf der Vertragsfrist statt und wird die Ausbildung im Hinblick auf die Prüfung tatsächlich fortgesetzt, ist von einer stillschweigenden Verlängerung des Ausbildungsverhältnisses auszugehen (*Natzel* S. 1363; *Grünberger* AuA 1996, 155), vgl. auch § 17.

2. Vorzeitige Abschlußprüfung. Nach **Abs. 2** endet das Berufsausbildungsverhältnis vor Ablauf 3 der vereinbarten Ausbildungszeit, wenn der Auszubildende die Abschlußprüfung vorher besteht. Die Abschlußprüfung ist **erst dann bestanden**, wenn das Prüfungsverfahren abgeschlossen und das Ergebnis der Prüfung mitgeteilt worden ist (BAG 7. 10. 1971 AP BBiG § 14 Nr. 1; 31. 10. 1985 AP BetrVG 1972 § 78 a Nr. 15; 16. 2. 1994 NZA 1994, 855). Etwas anderes kann sich aus der nach § 41 erlassenen Prüfungsordnung ergeben (BAG 5. 4. 1989 EzB BBiG § 14 Abs. 2 Nr. 18). § 41 ermächtigt die zuständige Stelle aber nicht, den Zeitpunkt des Bestehens der Prüfung auf einen Tag vor Feststellung des **Gesamtergebnisses** der Prüfung festzulegen (BAG 16. 2. 1994 NZA 1994, 855).

4   Das Ausbildungsverhältnis in der **Krankenpflege** dauert nach § 5 Abs. 1 KrPflG zwar grds. drei Jahre (BAG 12. 9. 1979 AP BBiG § 14 Nr. 2); Abs. 2 ist demgegenüber aber vorrangig (GmS-OGB 27. 1. 1983 AP BBiG § 14 Nr. 4), so daß auch dieses Ausbildungsverhältnis mit Bestehen der Abschlußprüfung vorzeitig beendet wird.

5   **3. Wiederholungsprüfung.** Besteht ein Auszubildender die Abschlußprüfung nicht, kann er die Verlängerung des Berufsausbildungsverhältnisses bis zur nächstmöglichen Wiederholungsprüfung verlangen, **Abs. 3**, höchstens um ein Ausbildungsjahr (BAG 7. 10. 1971 DB 1071, 1969). Wird auch die Wiederholungsprüfung nicht bestanden, kann der Auszubildende eine weitere Verlängerung verlangen (LAG Köln 7. 6. 1996 – 12 Sa 220/96 – nv; (ohne Stellungnahme insoweit) aufgehoben von BAG 3. 9. 1997 – 5 AZR 534/96 – nv.; bejahend *Knopp/Kraegeloh* Rn. 3; *Wohlgemuth* Rn. 14; *Schaub* § 174 VII 2; aA zweimalige Verlängerung möglich, aber nur in einem Gesamtzeitraum von einem Jahr *Natzel* S. 271; abl. ArbG Duisburg 20. 11. 1984 EzB BBiG § 14 III Nr. 8; LAG Düsseldorf 9. 6. 1998 LAGE BBiG § 14 Nr. 3; *Herkert* Rn. 7, 13; *Opolony* BB 1999, 1709). Eine großzügige Zulassung der Wiederholungsmöglichkeiten ist nach dem Normzweck geboten und mit dem Wortlaut vereinbar: Der Begriff der „Abschlußprüfung" ist nicht notwendig auf den ersten Versuch festgelegt. Mehr als zwei Wiederholungsprüfungen können nicht verlangt werden, § 34 I 2, auch nicht zur Wiederholung der bereits bestandenen Prüfung zwecks Notenverbesserung. Abs. 3 gilt zumindest entsprechend bei **entschuldigtem Fehlen bei der Abschlußprüfung** (BAG 30. 9. 1998 DB 1999, 440; LAG Rheinland-Pfalz 5. 3. 1985 EzB BBiG § 14 III Nr. 10; *Sarge* DB 1993, 1034; aA ArbG Berlin 5. 12. 1985 EzB BBiG § 29 III Nr. 3: nur Verlängerung nach § 29 III möglich), insb. wenn krankheitsbedingte Arbeitsunfähigkeit ursächlich für das Fehlen war. Die Fortsetzung der Ausbildung muß alsbald nach dem Nichtbestehen der Prüfung verlangt werden; läßt sich der Auszubildende ohne ausreichenden Grund mehrere Wochen Zeit, kann die Fortsetzung als unzumutbar zurückgewiesen werden.

6   Findet die Abschlußprüfung erst nach der Beendigung der vereinbarten Vertragsdauer statt, so setzt sich das Ausbildungsverhältnis von dem Zeitpunkt des Verlangens an (für höchstens ein Jahr, Rn. 5) fort. Wird die Fortsetzung noch während der Laufzeit des Berufsausbildungsverhältnisses verlangt, schließt sie sich unmittelbar an (*Gaul* BB 1988, 1385; *Wohlgemuth* Rn. 15). Die **Vergütung** richtet sich bei einer Verlängerung nach dem letzten regulären Ausbildungsjahr, nicht nach einem 4. Ausbildungsjahr, soweit sich aus einem Tarifvertrag nichts anderes ergibt (BAG 8. 2. 1978 EzB BBiG § 10 I Nr. 22; LAG Hamm 14. 7. 1976 DB 1977, 126).

§ 15 Kündigung

(1) Während der Probezeit kann das Berufsausbildungsverhältnis jederzeit ohne Einhalten einer Kündigungsfrist gekündigt werden.

(2) Nach der Probezeit kann das Berufsausbildungsverhältnis nur gekündigt werden
1. aus einem wichtigen Grund ohne Einhalten einer Kündigungsfrist,
2. vom Auszubildenden mit einer Kündigungsfrist von vier Wochen, wenn er die Berufsausbildung aufgeben oder sich für eine andere Berufstätigkeit ausbilden lassen will.

(3) Die Kündigung muß schriftlich und in den Fällen des Absatzes 2 unter Angabe der Kündigungsgründe erfolgen.

(4) [1] Eine Kündigung aus einem wichtigen Grund ist unwirksam, wenn die ihr zugrunde liegenden Tatsachen dem zur Kündigung Berechtigten länger als zwei Wochen bekannt sind. [2] Ist ein vorgesehenes Güteverfahren vor einer außergerichtlichen Stelle eingeleitet, so wird bis zu dessen Beendigung der Lauf dieser Frist gehemmt.

1   **1. Normzweck, Allgemeines.** Die Vorschrift gestattet die Beendigung des Berufsausbildungsverhältnisses durch Kündigung. Abgesehen von der Regelung in Abs. 1 kann das (befristete, § 14 I) Berufsausbildungsverhältnis nicht ordentlich gekündigt werden. Dieser Grundsatz des Abs. 2 gilt für alle Berufsausbildungsverhältnisse (LAG Düsseldorf 22. 1. 1976 DB 1976, 1112) und ist vertraglich nicht abänderbar; § 18 schließt eine weitergehende Zulassung der ordentlichen Kündigung aus (BT-Drucks. V/4260 zu § 15 II). Der Auszubildende soll ohne diese Sorge seine Ausbildung absolvieren können, für den Ausbildenden wird im Zuge der Ausbildung die praktische Arbeit des Auszubildenden wertvoller (KR/*Weigand* §§ 14, 15 Rn. 39). Vor einer Kündigung des Berufsausbildungsverhältnisses ist der Betriebs-/Personalrat zu hören, da BetrVG und die PersVG grds. auch für Ausbildungsverhältnisse gelten. Die Kündigung einer schwerbehinderten Jugendlichen ist nur mit Zustimmung der Hauptfürsorgestelle möglich (BAG 10. 12. 1987 NZA 1988, 428).

Vor Antritt der Probezeit kann das Ausbildungsverhältnis ordentlich gekündigt werden, wenn sich 2 aus einer Vereinbarung oder aus den Umständen nichts anderes ergibt (BAG 17. 9. 1987 AP BBiG § 15 Nr. 7). In der Insolvenz des Ausbildenden kann der Verwalter das Ausbildungsverhältnis gem. § 113 InsO auch nach Ablauf der Probezeit fristgemäß kündigen (BAG 27. 5. 1993 EzA KO § 22 Nr. 5, vgl. § 113 InsO Rn. 6).

2. Kündigung während der Probezeit (Abs. 1). Während der Probezeit kann das Ausbildungsverhältnis jederzeit fristlos gekündigt werden. Die Kündigung nach Abs. 1 ist dennoch eine **ordentliche** Kündigung (BAG 17. 9. 1987 DB 1988, 1454; BAG 10. 11. 1988 DB 1989, 584; *Kreutzfeldt/Kramer* DB 1995, 975). Die Vorschrift trägt dem Umstand Rechnung, daß sich die Vertragsparteien während der Probezeit gegenseitig prüfen sollen (§ 13 Rn. 1; BT-Drucks. V/4260 zu § 15 Abs. 1). Der Angabe eines Kündigungsgrundes bedarf es daher nicht (BAG 8. 3. 1977 DB 1977, 1322; *Große* BB 1993, 2082); die Schriftform des Abs. 3 ist zu beachten. Die Kündigung ist an §§ 138, 242 BGB zu messen (LAG Hamm 22. 8. 1985 AP BBiG § 15 Nr. 8). Das Verbinden mit einer **Auslauffrist** ist möglich, wenn sie nicht unangemessen lang ist (BAG 10. 11. 1988 AP BBiG § 15 Nr. 8).

3. Kündigung nach Ablauf der Probezeit (Abs. 2). Nach **Abs. 2 Nr. 1** kann nach Ablauf der 4 Probezeit beiderseits aus einem **wichtigen Grund** ohne Einhalten einer Kündigungsfrist gekündigt werden. Eine Auslauffrist ist auch hier möglich (BAG 16. 7. 1959 AP BGB § 626 Nr. 31). Einhaltung der Schriftform und Angabe des Kündigungsgrundes (BAG 10. 2. 1999 BB 1999, 1710) sind Wirksamkeitsvoraussetzung (Abs. 3). Ein **wichtiger Grund** setzt in Anlehnung an § 626 BGB voraus, daß das Ausbildungsziel erheblich gefährdet ist. Dabei ist das jugendliche Alter des Auszubildenden (ArbG Gelsenkirchen 20. 3. 1980 BB 1980, 679; ArbG Solingen 5. 9. 1990 EzB BBiG § 15 II Nr. 1 Nr. 74) und der Ausbildungszweck des Vertragsverhältnisses zu berücksichtigen (LAG Baden-Württemberg 21. 3. 1966 DB 1966, 747). Pflichtverstöße sind daher nur unter erschwerteren Bedingungen als im Rahmen eines Arbeitsverhältnisses als unzumutbar für den Ausbildenden zu bewerten (ArbG Gelsenkirchen 20. 3. 1980 BB 1980, 679). Eine fristlose Kündigung kurz vor Abschluß der Ausbildung ist kaum noch möglich (BAG 10. 5. 1973 EzA BBiG § 15 Nr. 2; LAG Baden-Württemberg 31. 10. 1996 NZA-RR 1997, 288; LAG Köln 26. 6. 1987 LAGE BBiG § 15 Nr. 4; LAG Düsseldorf 15. 4. 1993 EzB BBiG § 15 II Nr. 1 Nr. 76). In jedem Fall ist die Kündigung nur als **ultima ratio** nach Ausschöpfung aller möglichen pädagogischen Mittel und der Einschaltung des gesetzlichen Vertreters zulässig (LAG Mannheim 18. 8. 1953 WA 1954, 35). Einer vorherigen **Abmahnung** bedarf es nur ausnahmsweise nicht, wenn der Auszubildende, obwohl ihm die Gefährdung des Ausbildungsverhältnisses klargemacht wird, jede Einsicht in die Tragweite seines Verhaltens vermissen läßt (LAG Köln 11. 8. 1995 NZA 1996, 128) oder wenn eine Hinnahme des Verhaltens durch den Ausbildenden offensichtlich ausgeschlossen ist (BAG 1. 7. 1999 NZA 1999, 1270; LAG Berlin 22. 10. 1997 NZA-RR 1998, 442). **Verdachtskündigungen** sind nur dann zulässig, wenn der besondere Charakter des Ausbildungverhältnisses eine vertiefte Vertrauensbasis erfordert (KR/*Weigand* §§ 14, 15 Rn. 48; *Wohlgemuth* Rn. 11).

Tatsachen, die von der **Rspr.** als wichtiger Grund für eine Kündigung seitens des **Ausbildenden** 5 anerkannt worden sind: Eine **Folge von Pflichtwidrigkeiten,** die Sinn und Zweck der Ausbildung und das Erreichen des Ausbildungszieles in Frage stellen (BAG 22. 6. 1972 EzA BGB § 611 Nr. 1; ArbG Aachen 28. 6. 1974 BB 1976, 744) wie zB häufiges Zuspätkommen, unentschuldigtes Fernbleiben, Nichteinhalten der Zeitkontrolle, wiederholtes Erschleichen oder Übertreten des Urlaubs (LAG Hamm 7. 11. 1978 DB 1979, 606; ArbG Hamburg 16. 6. 1958 BB 1959, 669), verspätetes Abliefern der Berichtshefte trotz Abmahnung (Hessisches LAG 3. 11. 1997 BB 1998, 2268; ArbG Wesel 14. 11. 1996 NZA-RR 1997, 291), Nichteinhaltung von Ausbildungszeiten und mehrfaches unentschuldigtes Versäumen des Berufsschulunterrichts (LAG München 14. 3. 1978 EzB BBiG § 15 II Nr. 34; LAG Düsseldorf 15. 4. 1993 EzB BBiG § 15 II Nr. 1 Nr. 76) bzw. Weigerung, die Berufsschularbeiten zu erledigen (LAG Düsseldorf 13. 1. 1959 BB 1959, 490) (nicht aber: mangelhafte Berufsschulleistungen); das Nehmen einer größeren Anzahl von **Fahrstunden** während einer krankheitsbedingten Arbeitsunfähigkeit (ArbG Stade 16. 10. 1970 EzB BBiG § 15 II Nr. 1 Nr. 25), die Weigerung, zulässigerweise angeordnete **Mehrarbeit** zu leisten (LAG Düsseldorf 27. 1. 1955 DB 1955, 222), **unbefugtes Fahren** eines Kfz auf dem Betriebsgelände durch einen Auszubildenden im Kfz-Handwerk (ArbG Passau 10. 2. 1966 ARSt 1966, 84 Nr. 139), **grobe Beleidigung** des Ausbildenden (ArbG Emden 5. 6. 1968 ARSt 1969, 14 Nr. 1010; ArbG Göttingen 13. 4. 1976 GewArch 1977, 153), **Diebstahl** (LAG Düsseldorf 6. 11. 1973 EzB BBiG § 15 II Nr. 1 Nr. 17; ArbG Duisburg 1. 6. 1971 EzB BBiG § 15 II Nr. 1 Nr. 16; aA ArbG Reutlingen 20. 5. 1977 AP BBiG § 15 Nr. 5 wegen Vorrangs der betrieblichen Resozialisierung; KR/*Weigand* §§ 14, 15 Rn. 67), **Straftat gegen das BetäubungsmittelG,** sofern sie im Betrieb begangen wurde (ArbG Wilhelmshaven 16. 4. 1982 EzB BBiG § 15 II Nr. 1, III Nr. 47), gewerkschaftliche oder **parteipolitische Betätigung** allenfalls, wenn sie das Vertragsverhältnis konkret beeinträchtigt und den Betriebsfrieden ernsthaft stört (BAG 15. 7. 1971 AP KSchG § 1 Nr. 83; ArbG Kiel 12. 12. 1974 GewArch 1980, 14), **Tragen einer Politikplakette** (BAG 9. 12. 1982 EzA BGB § 626 Nr. 86 nF; aA ArbG Hamburg 6. 6. 1979 BB 1980, 104; ArbG Köln 28. 3. 1984 BB 1985, 663), **Verbreiten neonazistischen Gedankenguts** während der Arbeitszeit und mit Hilfe der dem Auszubildenden zur Verfügung gestellten Mittel, auch bei einem zeitlich weit fortgeschrittenen Berufsausbildungsverhältnis (LAG Köln 11. 8. 1995 NZA 1996, 128), rassistisches Verhalten (BAG 1. 7. 1999 NZA 1999, 1270; LAG Berlin 22. 10. 1997 NZA-RR 1998, 442), **Stillegung oder wesentliche betriebliche Einschränkung der Ausbildungsstätte** (ArbG Köln 6. 5. 1965 BB 1965, 1110). In der Insolvenz ist die Kündigung zwar möglich, doch ist § 622 BGB analog anzuwenden (BAG 27. 5. 1993 NZA 1993, 845).

6   Wichtige Gründe, die den **Auszubildenden** zu einer Kündigung berechtigen: Weigerung des Ausbildenden, den Auszubildenden zu einem von der Innung vorgeschriebenen **Fortbildungskurs** zu schicken (ArbG Stade 29. 8. 1969 ARSt 1970, 31, Nr. 1029), **Fehlen oder Verlieren der Berechtigung zum Einstellen oder Ausbilden,** Untersagung der Ausbildung durch die Behörde gem. § 24, auch wenn die Entscheidung später wieder aufgehoben wird (ArbG Celle 15. 12. 1971 EzB BBiG § 15 II Nr. 1 Nr. 39), schwerer Verstoß gegen die Bestimmungen des JArbSchG (18. 10. 1971 EzA BGB § 626 Nr. 9 nF), oder andere Arbeitsschutzvorschriften (KR/*Weigand* §§ 14, 15 Rn. 78); dauernde Beschäftigung mit ausbildungsfremden Tätigkeiten (LAG Schleswig-Holstein 5. 8. 1969 DB 1969, 2188); **Tätlichkeiten oder grobe Ehrverletzungen** gegen den Auszubildenden, systematisch schlechte Behandlung durch die Mitarbeiter (ArbG Marburg 27. 11. 1962 AP BGB § 611 Nr. 20; ArbG Verden 24. 1. 1969 ARSt 1969 Nr. 142).

7   Die Parteien können wichtige Gründe iSd. Abs. 2 Nr. 1 **einzelvertraglich** konkretisieren, wenn diese unter Berücksichtigung der Eigenart des Ausbildungsverhältnisses besonders wichtig erscheinen (BAG 22. 11. 1973 EzA BGB § 626 Nr. 33 nF). Die Vereinbarung von wichtigen Gründen über das gesetzliche Maß hinaus ist aber unzulässig (KR/*Weigand* §§ 14, 15 Rn. 83).

8   Der Auszubildende kann außerdem nach **Abs. 2 Nr. 2** mit einer Kündigungsfrist von vier Wochen kündigen, wenn er die **Berufsausbildung aufgeben** oder sich für eine andere Berufstätigkeit ausbilden lassen will. Die Ernsthaftigkeit der Erklärung läßt sich kaum nachprüfen. Die Gefahr des Mißbrauchs der Kündigung ist um der zutreffenden Berufsfindung willen und wegen des Rechts aus Art. 12 GG in Kauf zu nehmen. Bei einer Kündigung zur Fortsetzung derselben Ausbildung in einem Konkurrenzunternehmen macht sich der Auszubildende **schadensersatzpflichtig** (BAG 28. 2. 1966 ARSt 1967, 127 Nr. 1192). Die Kündigungserklärung eines **Minderjährigen** erfordert die Mitwirkung der Erziehungsberechtigten (ArbG Stade 19. 11. 1965 ARSt 1966 Nr. 35), wenn sie nicht zuvor ihre Zustimmung erteilt haben, § 111 S. 1 BGB. Kündigt der Ausbildende einem Minderjährigen, muß er die Erklärung gegenüber den gesetzlichen Vertretern abgeben, weil § 113 BGB nach hM für Berufsausbildungsverhältnisse nicht gilt (BAG 25. 11. 1976 AP BBiG § 15 Nr. 4; LAG Schleswig-Holstein 22. 12. 1982 EzB BBG § 113 Nr. 2; LAG Nürnberg 21. 6. 1994 LAGE BBiG § 15 III Nr. 8).

9   **4. Schriftform, Unwirksamkeit der Kündigung (Abs. 3 und 4).** Die Kündigung muß **schriftlich** und in den Fällen des Abs. 2 unter **Angabe der Kündigungsgründe** erfolgen, **Abs. 3**; ein Verstoß dagegen führt zur Nichtigkeit gem. § 125 BGB (BAG 25. 8. 1977 EzA BGB § 125 Nr. 3). Eine nachträgliche Mitteilung der Kündigungsgründe heilt den Mangel nicht (BAG 22. 2. 1972 AP BBiG § 15 Nr. 1; LAG Baden-Württemberg 5. 1. 1990 DB 1990, 588); auch das Nachschieben von Gründen im Prozeß ist idR unzulässig (LAG Hamburg 30. 9. 1994 LAGE BBiG § 15 Nr. 9; LAG Berlin 22. 8. 1977 DB 1978, 259). Die die Kündigung begründenden Tatsachen müssen so eindeutig beschrieben werden, daß die Erfolgsaussichten einer Klage erkennbar sind (BAG 22. 2. 1972 AP BBiG § 15 Nr. 1). Die Angabe der subjektiv maßgeblichen Gründe genügt, der AG darf sich im Rechtsstreit dann aber auf Gründe nicht stützen, die er im Kündigungsschreiben nicht genannt hat (LAG Hamburg 29. 8. 1997 LAGE BBiG § 15 Nr. 11).

10   Eine Kündigung nach II Nr. 1 muß **innerhalb von zwei Wochen** nach Kenntnis des wichtigen Grundes erklärt werden, **§ 15 IV 1**. Zu den Einzelheiten vgl. § 626 II BGB. Ist ein Güteverfahren (§ 111 II ArbGG) eingeleitet, so wird bis zu dessen Beendigung diese Frist ebenfalls gehemmt, **§ 15 IV 2**. Die Anrufung eines nach § 111 II ArbGG gebildeten Schlichtungsausschusses (zB bei der zuständigen Innung oder IHK) ist unverzichtbare Prozeßvoraussetzung für die Klage (BAG 25. 11. 1976 AP BBiG § 15 Nr. 4; BAG 13. 4. 1989 DB 1990, 586), kann aber ggf. noch bis zur streitigen Verhandlung nachgeholt werden (BAG 25. 11. 1976 AP BBiG § 15 Nr. 4). Die Anrufung des Gremiums ist regelmäßig innerhalb von 3 Wochen, bei Verhinderung aber bis zur Grenze der Verwirkung unbefristet möglich (BAG 13. 4. 1989 DB 1990, 586; aA *Sarge* DB 1989, 880; *Kreutzfeldt/Kramer* DB 1995, 975 mwN Fn. 9).

11   **5. Anwendbarkeit des KSchG.** Eine soziale Rechtfertigung einer Kündigung gem. § 1 KSchG kommt im Ausbildungsverhältnis nicht in Betracht, da nach Ablauf der Probezeit gem. Abs. 2 nur noch fristlos gekündigt werden kann. Anwendbar ist nach Ansicht der Rspr. aber §§ 13 I 2, 4 S. 1 KSchG (BAG 5. 7. 1990 NZA 1991, 671), wenn das KSchG im übrigen anwendbar wäre; zu den Voraussetzungen vgl. § 13 KSchR. Ausgenommen davon, dh. Klagemöglichkeit ohne Fristeinhaltung, sind solche Fälle, in denen gem. § 111 II ArbGG kein Schlichtungsausschuß gebildet werden muß (BAG 13. 4. 1989 AP § 4 KSchG 1969 Nr. 21; 5. 7. 1990 AP § 4 KSchG 1969 Nr. 23; 26. 1. 1999 NZA 1999, 934). Nach aA (ArbG Koblenz 24. 10. 1984 DB 1985, 1952; LAG Hamm 19. 6. 1986 LAGE KSchG § 5 Nr. 24; vgl. auch KSchG § 4 Rn. 7; KR/*Weigand* §§ 14, 15 Rn. 123; *Stahlhacke/Preis/*

Vossen Rn. 1051 b) widerspricht das Erfordernis der Fristwahrung dem Zweck des BBiG, das einen erhöhten Bestandsschutz zur Verwirklichung des Ausbildungsziels voraussetzt. Die Kritik ist berechtigt, denn die Differenzierung zwischen Bezirken mit und ohne Schlichtungsausschuß ist sachwidrig. Daß Auszubildende in Kleinbetrieben, § 23 I KSchG, längere Fristen genießen sollten als andere, ist sachlich nicht gerechtfertigt. Ebenso zwingen die persönlichen Anwendbarkeitsvoraussetzungen gem. § 1 I KSchG zu der Differenzierung zwischen Auszubildenden, die nach Ende der Probezeit für weitere drei Monate die Frist nicht zu beachten brauchen und solchen, für die mit der Anwendbarkeit des KSchG eine Verschärfung eintritt.

§ 16 Schadensersatz bei vorzeitiger Beendigung

(1) ¹ Wird das Berufsausbildungsverhältnis nach der Probezeit vorzeitig gelöst, so kann der Ausbildende oder der Auszubildende Ersatz des Schadens verlangen, wenn der andere den Grund für die Auflösung zu vertreten hat. ² Dies gilt nicht im Falle des § 15 Abs. 2 Nr. 2.

(2) Der Anspruch erlischt, wenn er nicht innerhalb von drei Monaten nach Beendigung des Berufsausbildungsverhältnisses geltend gemacht wird.

Die Vorschrift gewährt der vertragstreuen Partei einen **Schadensersatzanspruch** bei jeglicher 1 vorzeitiger Beendigung, also unvollständigen Durchführung (BAG 17. 7. 1997 AP BBiG § 16 Nr. 2) des Berufsausbildungsverhältnisses. Weitere Ersatzansprüche können sich aus den allgemeinen arbeitsrechtlichen Vorschriften ergeben, § 3 II.

Voraussetzung des Anspruchs nach Abs. 1 ist die tatsächliche Beendigung des Berufsausbildungsver- 2 hältnisses nach der Probezeit; auf die rechtliche Zulässigkeit der Beendigung kommt es nicht an (LAG Frankfurt 8. 11. 1985 AuR 1986, 377). Der Anspruch besteht nicht, wenn die Ausbildung gar nicht erst angetreten (ArbG Celle 23. 3. 1982 EzA BBiG § 16 Nr. 8) oder vor Ablauf der Probezeit beendet wird. Bei einvernehmlicher Aufhebung des Ausbildungsverhältnisses ist gegenseitiger Verzicht auf Schadensersatz anzunehmen. Die vorzeitige Beendigung des Ausbildungsverhältnisses muß von der vertragsuntreuen Partei zu vertreten sein, §§ 276, 278 BGB (BAG 22. 6. 1972 EzA BGB § 611 Ausbildungsverhältnis Nr. 1). Die Ersatzpflicht wird auch begründet, wenn der Kündigende den wichtigen Grund für die Kündigung selbst schafft, zB weil kein geeigneter Ausbilder (§ 20) mehr zu Verfügung steht (KR/*Weigand* §§ 14, 15 Rn. 131).

Rechtsfolge ist der Ersatz des Schadens, der durch die vorzeitige Beendigung des Ausbildungsver- 3 hältnisses entstanden ist, §§ 249 ff., 254 BGB, nicht aber einen durch unzureichende Ausbildung verursachten Schaden (LAG Köln 30. 10. 1998 NZA 1999, 317). Ersatzfähig sind zB die Aufwendungen für die Begründung eines neuen Berufsausbildungsverhältnisses und die Mehrkosten, die durch die Ausbildung an einem anderen Ort verursacht werden (BAG 11. 8. 1987 AP BBiG § 16 Nr. 9). Dagegen kann der Ausbildende von dem vertragsbrüchigen Auszubildenden nicht Ersatz für die Übernahme der Tätigkeit durch einen – teureren – AN verlangen: das Ausbildungsverhältnis schützt nicht die Produktionsinteressen des Betriebes (LAG Frankfurt 16. 12. 1967 ARSt 1969, 191 Nr. 1286). Der Auszubildende kann Vertrauensschaden wegen Verletzung vorvertraglicher Pflichten nicht aus § 16 ersetzt verlangen (BAG 17. 7. 1997 AP BBiG § 16 Nr. 2), wohl aber aus Verschulden bei Vertragsschluß. Eine **Ausnahme** von der Schadensersatzpflicht besteht nach Abs. 1 S. 2 im Falle des Ausbildungswechsels, § 15 II Nr. 2.

Der Anspruch muß (Ausschlußfrist) innerhalb von drei Monaten nach Beendigung des Berufsaus- 4 bildungsverhältnisses zumindest dem Grunde nach geltend gemacht werden, **Abs. 2**. Der Ausschuß für Streitigkeiten aus dem Ausbildungsverhältnis (§ 111 II ArbGG) muß vorprozessual nicht angerufen werden, da es sich insoweit nicht um eine Streitigkeit aus einem bestehenden Berufsausbildungsverhältnis handelt (LAG Düsseldorf 26. 6. 1984 EzB BBiG § 16 Nr. 9).

Vierter Abschnitt. Sonstige Vorschriften

§ 17 Weiterarbeit

Wird der Auszubildende im Anschluß an das Berufsausbildungsverhältnis beschäftigt, ohne daß hierüber ausdrücklich etwas vereinbart worden ist, so gilt ein Arbeitsverhältnis auf unbestimmte Zeit als begründet.

Entsprechend § 625 BGB dient die Vorschrift der Klarstellung der Rechtslage, wenn der Aus- 1 zubildende nach Ende des Ausbildungsverhältnisses ohne Unterbrechung und ohne entsprechende Vereinbarung weiterbeschäftigt wird (BT-Drucks. V/4260). Eine Verpflichtung zur Begründung eines Arbeitsverhältnisses besteht im übrigen nicht (BAG 11. 4. 1984 EzA BBiG § 17 Nr. 12), vgl. jedoch § 78 a BetrVG, § 9 BPersVG. Soll der Auszubildende weiterbeschäftigt werden, ist diese Entscheidung ggf. jedoch an § 75 BetrVG zu messen (BAG 5. 4. 1984 AP BBiG § 1 Nr. 2); auf eine

Meinungsäußerung des Auszubildenden darf die Ablehnung nicht gestützt werden (BVerfG 19. 5. 1992 NJW 1992, 2409).

2 Eine **Weiterbeschäftigung** iSd. § 17 liegt vor, wenn der Auszubildende an dem der rechtlichen Beendigung des Berufsausbildungsverhältnisses folgenden Arbeitstag erscheint und auf Weisung oder mit Wissen und Willen des Ausbildenden oder eines Vertreters tätig wird (LAG Hamm 14. 7. 1976 DB 1977, 126). Darüber darf keine **ausdrückliche Vereinbarung** getroffen worden sein; liegt eine solche vor, ist sie an § 5 I zu messen. Hat der Ausbildende ausdrücklich erklärt, daß er den Auszubildenden nach Beendigung des Berufsausbildungsverhältnisses nicht weiter beschäftigen wolle oder könne, greift § 17 nicht (LAG Frankfurt 14. 6. 1982 EzB BBiG § 17 Nr. 8; ArbG Emden 10. 1. 1977 EzB BBiG § 17 Nr. 6). **Rechtsfolge** des § 17 ist das Zustandekommen eines Arbeitsverhältnisses auf unbestimmte Zeit. Eine stillschweigende Verlängerung des Ausbildungsverhältnisses ist anzunehmen, wenn die Abschlußprüfung nach dem Ende des Ausbildungsvertrages liegt und die Ausbildung einvernehmlich fortgesetzt wird (§ 14 Rn. 2). Wird der Auszubildende dann mit Facharbeiten beschäftigt, wandelt sich das Ausbildungs- in ein Arbeitsverhältnis mit den entsprechenden Entgeltansprüchen um (ArbG Kiel 7. 10. 1970 AP BBiG § 17 Nr. 1).

§ 18 Unabdingbarkeit

Eine Vereinbarung, die zuungunsten des Auszubildenden von den Vorschriften dieses Teils des Gesetzes abweicht, ist nichtig.

1 §§ 3 bis 19 BBiG sind zum **Schutz des Auszubildenden** unabdingbar; auch von den allgemeinen Rechtsvorschriften iSd. § 3 II darf nicht zuungunsten des Auszubildenden abgewichen werden. Ob die Abweichung zuungunsten des Auszubildenden wirkt, ist objektiv zu bestimmen. § 18 gilt auch für Betriebs- und Dienstvereinbarungen und TV. § 139 BGB gilt nicht. Die nichtigen Vereinbarungen werden durch die gesetzlichen Regelungen ersetzt (BAG 13. 3. 1975 AP BBiG § 5 Nr. 2).

§ 19 Andere Vertragsverhältnisse

Soweit nicht ein Arbeitsverhältnis vereinbart ist, gelten für Personen, die eingestellt werden, um berufliche Kenntnisse, Fertigkeiten oder Erfahrungen zu erwerben, ohne daß es sich um eine Berufsausbildung im Sinne dieses Gesetzes handelt, die §§ 3 bis 18 mit der Maßgabe, daß die gesetzliche Probezeit abgekürzt, auf die Vertragsniederschrift verzichtet und bei vorzeitiger Lösung des Vertragsverhältnisses nach Ablauf der Probezeit abweichend von § 16 Abs. 1 Satz 1 Schadensersatz nicht verlangt werden kann.

1 Die Vorschrift regelt die Anwendung bestimmter Vorschriften des BBiG auf andere als Berufsausbildungs- oder Arbeitsverhältnisse. Als andere Ausbildung gilt insb. die Ausbildung von Praktikanten und Volontären (BAG 19. 6. 1974 AP BAT § 3 Nr. 3).

2 Ein **Volontär** ist in Anlehnung an § 82a HGB eine Person, die sich gegenüber dem AG als Ausbildenden zur Leistung von Diensten und dieser sich zur Ausbildung der Person verpflichtet, ohne daß mit der Ausbildung eine vollständig abgeschlossene Fachausbildung in einem anerkannten Ausbildungsberuf beabsichtigt wäre. Ob die gem. § 82a HGB vorgesehene Unentgeltlichkeit der Tätigkeit durch §§ 19, 10 ausgeschlossen wird, ist strittig (*Wohlgemuth* Rn. 4), aber zu bejahen, da § 19 vorrangig gilt.

3 **Praktikanten** sind Personen, die sich, ohne eine systematische Berufsausbildung zu absolvieren, einer bestimmten betrieblichen Tätigkeit und Ausbildung im Rahmen einer Gesamtausbildung unterziehen. Studenten, bei denen das Praktikum in die Ausbildung integriert ist, sind keine Praktikanten (BAG 19. 6. 1974 AP BAT § 3 Nr. 3; kritisch *Wohlgemuth* Rn. 5; *Fangmann* AuR 1977, 205; *Scherer* NZA 1986, 280). Medizinstudenten im „Praktischen Jahr" haben keinen Anspruch auf Vergütung (BAG 25. 3. 1981 AP BBiG § 19 Nr. 1), da die Tätigkeit Bestandteil des Studiums ist und nicht „Praktikum".

4 **Werkstudenten** und **Schüler** werden idR als AN eingestellt, § 19 findet dann keine Anwendung. Auf Schüler im Betriebspraktikum sind arbeitsrechtliche Bestimmungen dagegen nicht anwendbar. Für Personen, die sich fortbilden (§ 46 BBiG) oder umschulen (§ 47) lassen, gilt § 19 ebenfalls nicht (BAG 15. 3. 1991 AP BBiG § 47 Nr. 2).

5 Der **Anlernling**, der in einem engeren Fachgebiet eine planmäßige Spezialausbildung erhält, fällt unter § 19 (vgl. BAG 19. 6. 1974 AP BAT § 3 Nr. 3). In Abgrenzung zum Auszubildenden ist die Ausbildung des Anlernlings kürzer, seine persönliche Bindung an den Ausbildenden geringer (*Schaub* § 16 I 2).

6 **Rechtsfolge** des § 19 ist die Anwendung der §§ 3 bis 18 BBiG, abgesehen von den in § 19 vorgesehenen Ausnahmen.

Dritter Teil. Ordnung der Berufsbildung

Erster Abschnitt. Berechtigung zum Einstellen und Ausbilden

§ 20 Persönliche und fachliche Eignung

(1) ¹Auszubildende darf nur einstellen, wer persönlich geeignet ist. ²Auszubildende darf nur ausbilden, wer persönlich und fachlich geeignet ist.

(2) Persönlich nicht geeignet ist insbesondere, wer
1. Kinder und Jugendliche nicht beschäftigen darf oder
2. wiederholt oder schwer gegen dieses Gesetz oder die auf Grund dieses Gesetzes erlassenen Vorschriften und Bestimmungen verstoßen hat.

(3) Fachlich nicht geeignet ist, wer
1. die erforderlichen beruflichen Fertigkeiten und Kenntnisse oder
2. die erforderlichen berufs- und arbeitspädagogischen Kenntnisse nicht besitzt.

(4) Wer fachlich nicht geeignet ist oder wer nicht selbst ausbildet, darf Auszubildende nur dann einstellen, wenn er einen Ausbilder bestellt, der persönlich und fachlich für die Berufsausbildung geeignet ist.

Die Bestimmungen über die Eignung zur Ausbildung sind öffentliches Berufsordnungsrecht. Zum 1
Schutz des Auszubildenden ist dessen Einstellung von der persönlichen Eignung des Ausbildenden und von der persönlichen und fachlichen Eignung des Ausbilders abhängig. Die Vorschrift erlaubt die Einstellung von Auszubildenden auch dem, der mangels fachlicher Eignung nicht selbst ausbilden darf, wenn ein geeigneter Ausbilder vorhanden ist. Bei juristischen Personen ist die persönliche Eignung der diese vertretenden natürlichen Person maßgeblich (VGH Baden-Württemberg 22. 12. 1988 EzB BBiG §§ 20, 21 Nr. 22).

Abs. 2 nennt nicht abschließend Gründe, die die persönliche Eignung ausschließen: Nach Nr. 1 ist 2
persönlich nicht geeignet, wer **Kinder und Jugendliche nicht beschäftigen** darf, vgl. § 25 JArbSchG. Bei den im Abs. 2 Nr. 2 genannten **wiederholten** Verstößen sind mindestens zwei Verstöße vorausgesetzt, unabhängig von deren Schwere (*Wohlgemuth* Rn. 6; aA *Herkert* Rn. 13). Ob ein **schwerer** Verstoß vorliegt, bestimmt sich danach, ob für den Auszubildenden ein schwerer Schaden entstanden ist. Zu den **Bestimmungen** iSd. Abs. 2 Nr. 2 zählen neben dem BBiG selbst die von der zuständigen Stelle erlassenen Regelungen (§ 44) und die Vorschriften der HandwO (§ 100). Als weitere Gründe für eine Nichteignung wurden anerkannt: Nichtabführung der Sozialversicherungsbeiträge (OVG Saarland 10. 6. 1976 GewArch 1976, 299), allgemeine Unzuverlässigkeit (BVerwG 12. 3. 1965 AP HandwO § 20 Nr. 20), religiöse Intoleranz (BVerwG 9. 11. 1962 AP GG Art. 4 Nr. 1).

Die Anforderungen an die **fachliche** Eignung sind für bestimmte Bereiche in den §§ 76 ff. besonders 3
geregelt, für das Handwerk ist grds. die Meisterprüfung vorausgesetzt, §§ 21, 22 HandwO. Nach **Abs. 3 Nr. 1** ist fachlich **nicht** geeignet, wer die erforderlichen beruflichen Fertigkeiten und Kenntnisse nicht besitzt; dem stehen nur beschränkte Kenntnisse in Teilgebieten gleich (BVerwG 3. 3. 1981 EzB BBiG §§ 20, 21 Nr. 18). Die nach **Abs. 3 Nr. 2** erforderlichen berufs- und arbeitspädagogischen Kenntnisse werden aufgrund der § 21 erlassenen AEVO nachgewiesen.

Wer fachlich nicht geeignet ist oder nicht selbst ausbildet, darf Auszubildende nur dann ein- 4
stellen, wenn er zuvor einen Ausbilder bestellt, der geeignet ist, **Abs. 4**. Der Ausbildende muß vor der Einstellung des Auszubildenden bestellt werden.

Zum Mitbestimmungsrecht des BR und des Personalrats bei der Bestellung der mit der Durch- 5
führung der Berufsausbildung beauftragten Personen gem. § 98 II BetrVG: *Ehrich* RdA 1993, 220; OLG Hamm AuR 1992, 326. Verstöße gegen Vorschriften über die persönliche und fachliche Eignung sind gem. § 99 I Nr. 5 bis 7 Ordnungswidrigkeiten.

§ 21 Erweiterte Eignung

(1) ¹Das Bundesministerium für Bildung, Wissenschaft, Forschung und Technologie kann nach Anhören des Ständigen Ausschusses des Bundesinstituts für Berufsbildung durch Rechtsverordnung, die nicht der Zustimmung des Bundesrates bedarf, über die in den §§ 20, 76 bis 96 vorgeschriebene fachliche Eignung hinaus bestimmen, daß der Erwerb berufs- und arbeitspädagogischer Kenntnisse nachzuweisen ist. ²Dabei können Inhalt, Umfang und Abschluß der Maßnahmen für den Erwerb dieser Kenntnisse geregelt werden.

(2) ¹Das Bundesministerium für Wirtschaft oder das sonst zuständige Fachministerium kann im Einvernehmen mit dem Bundesministerium für Bildung, Wissenschaft, Forschung und Technologie nach Anhören des Ständigen Ausschusses des Bundesinstituts für Berufsbildung durch Rechtsverordnung, die nicht der Zustimmung des Bundesrates bedarf, über die in den §§ 20, 76

150 BBiG § 22 Eignung der Ausbildungsstätte

bis 96 vorgeschriebene fachliche Eignung hinaus bestimmen, daß der Erwerb zusätzlicher fachlicher Kenntnisse nachzuweisen ist. ² Absatz 1 Satz 2 gilt entsprechend.

1 Durch § 21 können zum Zweck einer höheren Qualifizierung der Auszubildenden die Anforderungen an die fachliche Eignung zur Ausbildung erhöht werden.

2 Abs. 1 ermächtigt den **Bundesminister für Bildung und Wissenschaft** durch Rechtsverordnung über die §§ 20, 76 bis 96 hinaus, den Nachweis von berufs- und arbeitspädagogischen Kenntnissen zu bestimmen. Es entspricht einer vernünftigen Erwägung des Gemeinwohls, über die fachliche Eignung hinaus den Besitz berufs- und arbeitspädagogischer Kenntnisse zu fordern (BayVGH 10. 8. 1976 EzB BBiG §§ 20, 21 Nr. 2). Die AEVO begegnen keinen verfassungsrechtlichen Bedenken (BayVGH 10. 8. 1976 EzB BBiG §§ 20, 21 Nr. 2; OVG Lüneburg 25. 2. 1976 EzB AEVO §§ 6, 7 Gewerbliche Wirtschaft Nr. 5). Der Bundesminister hat zuvor den Ständigen Ausschuß des Bundesinstituts für Berufsbildung **anzuhören** und dem Ausschuß Gelegenheit zur Stellungnahme zu geben. Nach **Abs. 2** können zusätzliche fachliche Kenntnisse verlangt werden; wegen der großen Zahl von Ausbildungsrichtungen ist die Bestimmung nicht praktisch geworden.

3 Aufgrund von Abs. 1 sind für die **gewerbliche Wirtschaft**, für die **Landwirtschaft**, für den **öffentlichen Dienst**, für den Bereich der **Hauswirtschaft** RechtsVO erlassen worden: Diese AEVO werden durch einen als Empfehlung vom Hauptausschuß des BIBB beschlossenen Rahmenstoffplan vom 6. 8. 1992 für die Ausbildung der Ausbilder ergänzt (abgedr. bei *Wohlgemuth* Rn. 12 c).

4 Zur Überwachung der persönlichen und fachlichen Eignung durch die nach § 23 zuständige Stelle vgl. § 24, für das Handwerk § 21 HandwO.

§ 22 Eignung der Ausbildungsstätte

(1) Auszubildende dürfen nur eingestellt werden, wenn
1. die Ausbildungsstätte nach Art und Einrichtung für die Berufsausbildung geeignet ist,
2. die Zahl der Auszubildenden in einem angemessenen Verhältnis zur Zahl der Ausbildungsplätze oder zur Zahl der beschäftigten Fachkräfte steht, es sei denn, daß andernfalls die Berufsausbildung nicht gefährdet wird.

(2) Eine Ausbildungsstätte, in der die erforderlichen Kenntnisse und Fertigkeiten nicht in vollem Umfang vermittelt werden können, gilt als geeignet, wenn dieser Mangel durch Ausbildungsmaßnahmen außerhalb der Ausbildungsstätte behoben wird.

1 Der Begriff der Ausbildungsstätte ist **weit** auszulegen; er umfaßt Arbeitsräume in Gebäuden, auf dem Betriebsgelände im Freien, Baustellen etc., § 2 I ArbStättV. Die geforderte Eignung ist gem. § 28 JArbSchG, der **ArbStättV** und den Unfallverhütungsvorschriften der Berufsgenossenschaften zu bestimmen, bzw. ist unmittelbar dem Ausbildungsberufsbild und dem Ausbildungsrahmenplan zu entnehmen (VG Arnsberg 20. 5. 1976 EzB BBiG § 22 Nr. 2). Die Ausbildungsstätte ist nach ihrer **Art** und **Einrichtung** für die Berufsausbildung geeignet, **Abs. 1 Nr. 1**, wenn sie alle diejenigen Tätigkeiten ermöglicht und Räume, Maschinen und Vorrichtungen aufweist, die eine geordnete Ausbildung nach Maßgabe des Ausbildungsberufs und des Ausbildungsrahmenplans ermöglichen (VG Arnsberg 20. 5. 1976 EzB BBiG § 22 Nr. 2; VG Oldenburg 18. 7. 1989 EzB BBiG § 22 Nr. 13).

2 Abs. 1 Nr. 2 erfordert ein **angemessenes Verhältnis** zwischen der Zahl der Auszubildenden und der Zahl der Ausbildungsplätze **oder** (alternativ) der Zahl der beschäftigten Fachkräfte. Von dem Erfordernis kann ganz abgesehen werden, wenn dadurch die Ausbildung nicht gefährdet wird. **Ausbildungsplatz** ist der Ort innerhalb der Ausbildungsstätte, an dem ein Auszubildender kraft Ausstattung und personeller Besetzung in einem bestimmten Ausbildungsberuf praxisnah ausgebildet werden kann. Fachkräfte sind AN, die in dem Ausbildungsberuf eine Abschlußprüfung abgelegt haben, und solche, die eine dementsprechende Tätigkeit für mindestens die doppelte Zeit, die als Ausbildungszeit vorgeschrieben ist, tatsächlich verrichtet haben.

3 Der frühere Bundesausschuß für Berufsbildung hatte eine Empfehlung über die Eignung von Ausbildungsstätten beschlossen (BArbBl. 1972, 344), die zur Bestimmung des angemessenen Verhältnis zwischen der Zahl der Auszubildenden und der Zahl der Fachkräfte berücksichtigt werden kann: Danach können bei 1 bis 2 Fachkräften ein Auszubildender, bei 3 bis 5 Fachkräften zwei Auszubildende, bei 6 bis 8 Fachkräften drei Auszubildende, bei jeweils drei weiteren Fachkräften ein weiterer Auszubildender eingestellt werden. Maßgeblich ist jedoch der Einzelfall und daß die Ausbildung durch eine ausreichende Zahl von Ausbildern sichergestellt ist (LAG Berlin 26. 10. 1978 EzB BBiG § 22 Nr. 4; OVG Münster 3. 3. 1982 EzB BBiG § 22 Nr. 6; VG Freiburg 26. 8. 1976 EzB BBiG § 22 Nr. 5; VG Kassel 16. 2. 1984 EzB BBiG § 22 Nr. 11). Durch **Ausbildungsmaßnahmen außerhalb der Ausbildungsstätte** kann nach **Abs. 2** eine an sich ungeeignete Ausbildungsstätte als geeignet angesehen werden.

4 Die Einhaltung der Vorschrift wird von der zuständigen Stelle nach §§ 23 und 45 überwacht. Bei Verstößen kann das Ausbilden und Einstellen nach § 24 untersagt werden. Für das **Handwerk** gilt

Untersagung des Einstellens und Ausbildens §§ 23, 24 BBiG 150

§ 23 HandwO. **Sondervorschriften** gelten auch für den Bereich der Land- und Forstwirtschaft (§ 82 I), der Hauswirtschaft (§ 96 I) und den Weinbau (§ 82 I iVm. VO 7. 9. 1976 BGBl. I S. 2719).

§ 23 Eignungsfeststellung

(1) Die zuständige Stelle hat darüber zu wachen, daß die persönliche und fachliche Eignung sowie die Eignung der Ausbildungsstätte vorliegen.

(2) ¹Werden Mängel der Eignung festgestellt, so hat die zuständige Stelle, falls der Mangel zu beheben und eine Gefährdung des Auszubildenden nicht zu erwarten ist, den Ausbildenden aufzufordern, innerhalb einer von ihr gesetzten Frist den Mangel zu beseitigen. ²Ist der Mangel der Eignung nicht zu beheben oder ist eine Gefährdung des Auszubildenden zu erwarten oder wird der Mangel nicht innerhalb der gesetzten Frist beseitigt, so hat die zuständige Stelle dies der nach Landesrecht zuständigen Behörde mitzuteilen.

Die zuständige Stelle wird nach Abs. 1 verpflichtet, über das Vorliegen der persönlichen und fach- 1
lichen Eignung sowie die Eignung der Ausbildungsstätte zu wachen. Andere für die Ausbildung bedeutsame Vorschriften werden nicht von den „zuständigen Stellen" und im Verfahren gem. BBiG überwacht, sondern zB von Gewerbeaufsichtsämtern oder Berufsgenossenschaften; die Verletzung solcher Vorschriften durch den Ausbilder kann jedoch ein Indiz gegen die persönliche Eignung gem. § 20 sein. **Zuständige Stellen** sind für den Bereich des Handwerks nach § 75 BBiG, §§ 23 a und 41 a HandwO die Handwerkskammern, für den Bereich der sonstigen Gewerbebetriebe die IHK (§ 75), für den Bereich der Landwirtschaft die Landwirtschaftskammern (§ 79). Sondervorschriften gelten für den öffentlichen Dienst (§ 84), den kirchlichen Bereich (§ 84 a), die rechtsberatenden Berufe (§ 87), die wirtschafts- und steuerberatenden Berufe (§ 89), die ärztlichen Berufe (§ 91) und die Hauswirtschaft (§ 93).

Werden Mängel festgestellt, so hat der Ausbildende, falls eine Gefährdung des Auszubildenden 2
nicht zu erwarten ist, lediglich innerhalb einer gesetzten Frist den **Mangel zu beseitigen**, § 23 II 1. Ein Mangel in der persönlichen Eignung ist kaum behebbar, wohl aber ein Mangel der fachlichen Eignung, zB durch eine Prüfung nach § 76 I Nr. 1; eine Zuerkennung nach § 76 III kann nicht verlangt werden, da sie nicht in der Hand des Ausbildenden liegt (VG Aachen 20. 2. 1974 EzB BBiG § 76 Nr. 2). Die Aufforderung zur Mangelbeseitigung ist VA (*Knopp/Kraegeloh* Rn. 3; aA *Eyermann/Fröhler/Honig* § 23 a HandwO Rn. 4). Ist der Mangel der Eignung nicht zu beheben oder ist eine Gefährdung des Auszubildenden zu erwarten oder wird der Mangel nicht innerhalb der gesetzten Frist beseitigt, erfolgt die Mitteilung an die zuständige Behörde, § 23 II 2, damit das Untersagungsverfahren gem. § 24 angeschlossen werden kann. Gelingt die Mängelbeseitigung nicht, ist die Eintragung in das Berufsausbildungsverzeichnis abzulehnen bzw. zu löschen. Für das **Handwerk** gilt § 23 a HandwO.

§ 24 Untersagung des Einstellens und Ausbildens

(1) Die nach Landesrecht zuständige Behörde hat das Einstellen und Ausbilden zu untersagen, wenn die persönliche oder fachliche Eignung nicht oder nicht mehr vorliegt.

(2) Die nach Landesrecht zuständige Behörde kann ferner für eine bestimmte Ausbildungsstätte das Einstellen und Ausbilden untersagen, wenn die Voraussetzungen nach § 22 nicht oder nicht mehr vorliegen.

(3) ¹Vor der Untersagung sind die Beteiligten und die zuständige Stelle zu hören. ²Dies gilt nicht im Falle des § 20 Abs. 2 Nr. 1.

Die Vorschrift regelt die **Zuständigkeit für das Untersagungsverfahren**. Die Behörde muß beim 1
Fehlen der persönlichen oder fachlichen Eignung, Abs. 1, tätig werden; sie hat keinen Ermessensspielraum. Das Fehlen nur der fachlichen Eignung kann gem. § 20 IV behoben werden. Bei einem Mangel nach Abs. 1 muß die zuständige Behörde erst tätig werden, wenn die zuständige Stelle, § 23 II, den Mangel nicht hat beseitigen können.

Die **nach Landesrecht zuständige Behörde** ist in der Regel die höhere Verwaltungsbehörde 2
(Bezirksregierung oder das Regierungspräsidium), sofern nicht nach §§ 73 ff. besondere Vorschriften für einzelne Wirtschafts- und Berufszweige bestehen. Das Einstellen und Ausbilden kann auch untersagt werden, wenn die **Ausbildungsstätte** nicht oder nicht mehr den Voraussetzungen des § 22 entspricht.

Das **Unterlassen** der nach Abs. 3 erforderlichen **Anhörung** der Beteiligten macht die Unter- 3
sagungsverfügung nicht nichtig, aber anfechtbar. Der Mangel kann im Widerspruchsverfahren geheilt werden. **Beteiligte** sind der Ausbildende, der Ausbilder und der Auszubildende. In den Fällen des § 20 II Nr. 1 ist die Anhörung entbehrlich (Abs. 3 S. 2), weil bereits eine bestandskräftige Untersagungsverfügung vorliegt.

4   Die Untersagung nach Abs. 1 und 2 kann im Verwaltungsrechtsweg angegriffen werden, §§ 40 ff. VwGO. Ausbildender und Auszubildender können nach einer Untersagung das Ausbildungsverhältnis gem. § 15 II Nr. 1 kündigen. Der Auszubildende kann nach § 16 Schadensersatz verlangen. Bestehende **Ausbildungsverträge** sind nach § 32 II aus dem Verzeichnis der Berufsausbildungsverhältnisse zu löschen. Eine Zuwiderhandlung gegen die Untersagung ist Ordnungswidrigkeit nach § 99 I Nr. 7; für das **Handwerk** § 24 HandwO.

Zweiter Abschnitt.
Anerkennung von Ausbildungsberufen, Änderung der Ausbildungszeit

§ 25 Ausbildungsordnung

(1) Als Grundlage für eine geordnete und einheitliche Berufsausbildung sowie zu ihrer Anpassung an die technischen, wirtschaftlichen und gesellschaftlichen Erfordernisse und deren Entwicklung kann das Bundesministerium für Wirtschaft oder das sonst zuständige Fachministerium im Einvernehmen mit dem Bundesministerium für Bildung, Wissenschaft, Forschung und Technologie durch Rechtsverordnung, die nicht der Zustimmung des Bundesrates bedarf, Ausbildungsberufe staatlich anerkennen, die Anerkennung aufheben und für die Ausbildungsberufe Ausbildungsordnungen erlassen.

(2) [1] Die Ausbildungsordnung hat mindestens festzulegen
1. die Bezeichnung des Ausbildungsberufes,
2. die Ausbildungsdauer; sie soll nicht mehr als drei und nicht weniger als zwei Jahre betragen,
3. die Fertigkeiten und Kenntnisse, die Gegenstand der Berufsausbildung sind (Ausbildungsberufsbild),
4. eine Anleitung zur sachlichen und zeitlichen Gliederung der Fertigkeiten und Kenntnisse (Ausbildungsrahmenplan),
5. die Prüfungsanforderungen.
[2] In der Ausbildungsordnung kann vorgesehen werden, daß berufliche Bildung durch Fernunterricht vermittelt wird. [3] Dabei kann bestimmt werden, daß nur solche Fernlehrgänge verwendet werden dürfen, die nach § 12 Abs. 1 des Fernunterrichtsschutzgesetzes vom 24. August 1976 (Bundesgesetzbl. I S. 2525) zugelassen oder nach § 15 Abs. 1 des Fernunterrichtsschutzgesetzes als geeignet anerkannt worden sind.

(3) Wird die Anerkennung eines Ausbildungsberufes aufgehoben und das Berufsausbildungsverhältnis nicht gekündigt (§ 15 Abs. 2 Nr. 2), so gelten für die weitere Berufsausbildung die bisherigen Vorschriften.

1   § 25 ist Rechtsgrundlage für die staatliche Anerkennung und Aufhebung der Anerkennung von Ausbildungsberufen und für den Erlaß von Ausbildungsordnungen. Das **BIBB** hat an der Vorbereitung von Ausbildungsordnungen mitzuwirken.

2   Abs. 2 legt den **Mindestinhalt** einer Ausbildungsordnung fest. Darüber hinausgehende Regelungen sind im Rahmen des Art. 80 I GG möglich, wenn sie mit den Ausbildungsordnungen im Zusammenhang stehen. Für jeden Ausbildungsberuf ist eine besondere **Bezeichnung** festzulegen, **Abs. 2 Nr. 1**. Bei Stufenausbildungen ist jede Stufe zu bezeichnen. Eine Berufsbezeichnung ist aber nicht schon allein deshalb geschützt, weil der Ausbildungsberuf staatlich anerkannt ist (VG Freiburg 31. 5. 1983 EzB GG Art. 14 Nr. 2).

3   Bei der Festlegung der **Ausbildungsdauer** nach **Abs. 2 Nr. 2** ist entscheidend, in welchem Zeitraum ein durchschnittlich begabter und hauptschulisch vorgebildeter Auszubildender in einem durchschnittlich geeigneten Betrieb bei Vollzeitausbildung das Ausbildungsziel normalerweise erreicht. In Einzelfällen kann die zuständige Stelle die Ausbildungszeit nach § 27 a II bis IV HandwO und § 29 II bis IV verkürzen oder verlängern. Zur Anrechnung einer schulischen Ausbildung, vor allem des Berufsgrundbildungsjahrs und der Berufsfachschule, vgl. § 29.

4   Nach **Abs. 2 Nr. 3** sind alle fachlichen Fertigkeiten und Kenntnisse, die Gegenstand der Berufsausbildung sind (Ausbildungsberufsbild), präzise, übersichtlich und vollständig aufzuführen.

5   Der **Ausbildungsrahmenplan (Abs. 2 Nr. 4)** soll über die sachliche und zeitliche Gestaltung der Ausbildung Auskunft geben. Die Gliederung soll nach Ausbildungsjahren mit Zeitrahmen oder mit Zeitrichtwerten erfolgen. Dem folgt der betriebliche Ausbildungsplan, den der Ausbildende aufzustellen hat (§ 4 I Nr. 1). Die nach **Abs. 2 Nr. 5** festzulegenden **Prüfungsanforderungen** dürfen nur grds. Art sein, um der gem. § 41 zu erlassenden Prüfungsordnung nicht vorzugreifen.

6   Nach § 25 II 2 kann die Ausbildungsordnung die Vermittlung beruflicher Bildung durch **Fernunterricht** vorsehen. Es dürfen grds. nur die gem. §§ 12, 13 FernUSG zugelassenen oder als geeignet anerkannten Fernlehrgänge verwendet werden.

7   Bei **Aufhebung** der Anerkennung eines Ausbildungsberufes, Abs. 3 (VO über die Aufhebung der Anerkennung von Ausbildungsberufen 10. 8. 1972, BGBl. I S. 1459), gelten die bisherigen Vorschrif-

ten fort, wenn das Ausbildungsverhältnis nicht nach § 15 II Nr. 2 gekündigt wird; die Aufhebung selbst ist kein Kündigungsgrund. Die nach § 108 bei Inkrafttreten des BBIB anerkannten Ausbildungsberufe, Anlernberufe oder vergleichbar geregelten Ausbildungsberufe gelten für eine Übergangszeit als staatlich anerkannte Ausbildungsberufe. Gem. **EVertr.** vom 31. 8. 1990 (BGBl. II S. 889/1135) waren in den neuen Bundesländern bis zum 31. 12. 1995 **Ausnahmen** von den Ausbildungsverordnungen nach § 25 möglich. Zum **Handwerk** § 25 HandwO.

§ 26 Stufenausbildung

(1) [1] Die Ausbildungsordnung kann sachlich und zeitlich besonders geordnete, aufeinander aufbauende Stufen der Berufsausbildung festlegen. [2] Nach den einzelnen Stufen soll sowohl ein Ausbildungsabschluß, der zu einer Berufstätigkeit befähigt, die dem erreichten Ausbildungsstand entspricht, als auch die Fortsetzung der Berufsausbildung in weiteren Stufen möglich sein.

(2) In einer ersten Stufe beruflicher Grundbildung sollen als breite Grundlage für die weiterführende berufliche Fachbildung und als Vorbereitung auf eine vielseitige berufliche Tätigkeit Grundfertigkeiten und Grundkenntnisse vermittelt sowie Verhaltensweisen geweckt werden, die einem möglichst großen Bereich von Tätigkeiten gemeinsam sind.

(3) [1] In einer darauf aufbauenden Stufe allgemeiner beruflicher Fachbildung soll die Berufsausbildung für möglichst mehrere Fachrichtungen gemeinsam fortgeführt werden. [2] Dabei ist besonders das fachliche Verständnis zu vertiefen und die Fähigkeit des Auszubildenden zu fördern, sich schnell in neue Aufgaben und Tätigkeiten einzuarbeiten.

(4) In weiteren Stufen der besonderen beruflichen Fachbildung sollen die zur Ausübung einer qualifizierten Berufstätigkeit erforderlichen praktischen und theoretischen Kenntnisse und Fertigkeiten vermittelt werden.

(5) Die Ausbildungsordnung kann bestimmen, daß bei Prüfungen, die vor Abschluß einzelner Stufen abgenommen werden, die Vorschriften über die Abschlußprüfung entsprechend gelten.

(6) In den Fällen des Absatzes 1 kann die Ausbildungsdauer (§ 25 Abs. 2 Nr. 2) unterschritten werden.

Die Möglichkeit einer Stufenausbildung soll einer besseren Grundausbildung dienen und der beruf- 1 lichen Anpassungsfähigkeit und Mobilität, den Begabungen der Auszubildenden sowie dem Bedarf der Wirtschaft an qualifizierten Fachkräften besser gerecht werden. Krit. zum Erfolg: *Hoffmann* BB 1972, 138.

Die Ausbildungsordnung kann sachlich und zeitlich besonders geordnete, aufeinander aufbauende 2 Stufen der Berufsausbildung festlegen. Nach den einzelnen Stufen soll ein Ausbildungsabschluß, aber auch die Fortsetzung der Berufsausbildung möglich sein, § 26 I 2. Nur die über alle Stufen erfolgte Berufsausbildung ist als solche des Ausbildungsberufes anzusehen. In der Literatur herrscht Uneinigkeit über die Qualität der Ausbildungsabschlüsse nach den einzelnen Stufen. In Betracht kommt eine Qualifizierung als Zwischen- oder als Abschlußprüfung (*Wohlgemuth* Rn. 4).

Weiterhin ist die vertragliche Gestaltung der Stufenausbildung strittig. Möglich ist der Abschluß 3 sog. **Kurzverträge,** bei denen über jede Ausbildungsstufe ein neuer Vertrag geschlossen wird, und die sog. Langverträge, in denen von vornherein mehrere oder sämtliche Stufen zusammengefaßt sind. Nach noch hM sind beide Vertragsarten zulässig (*Herkert* Rn. 12; *Hoffmann* BB 1972, 138; *Mailer* BB 1975, 288; aA *Wohlgemuth* Rn. 5; *Knopp/Kraegeloh* Rn. 2). Vorzuziehen sind indessen die Langverträge, um dem Auszubildenden das Erreichen des Ausbildungszieles, Abschluß auf der letzten Stufe, nicht entgegen § 18 zu erschweren. Werden nur Kurzverträge abgeschlossen, so läuft eine Probezeit mit dem Kündigungsrecht des § 15 nur zu Beginn der ersten Stufe (BAG 27. 11. 1991 AP BBiG § 13 Nr. 2).

Die Abs. 2 bis 4 legen die **Ziele** einer jeden Stufe der Ausbildung nach § 26 fest. Für das **Handwerk** 4 § 26 HandwO.

§ 27 Berufsausbildung außerhalb der Ausbildungsstätte

Die Ausbildungsordnung kann festlegen, daß die Berufsausbildung in geeigneten Einrichtungen außerhalb der Ausbildungsstätte durchgeführt wird, wenn und soweit es die Berufsausbildung erfordert.

Die Vorschrift ermöglicht es, die Berufsausbildung tlw. außerhalb der Ausbildungsstätte in geeigne- 1 ten Einrichtungen vorzunehmen. Die Ausbildung in einer außerbetrieblichen Einrichtung ist vertraglich (§ 4 I 2 Nr. 3) festzulegen, der Auszubildende muß für die Teilnahme freigestellt werden (§ 7) und ihm ist während dieser Zeit die Vergütung weiterzuzahlen (§ 12 I Nr. 1).

Die außerbetriebliche Ausbildung dient der Ergänzung der betrieblichen Ausbildung. Dem 2 Auszubildenden sollen Inhalte vermittelt werden, die im Betrieb nur schwer oder gar nicht erlernbar sind, zB aufgrund mangelnder technischer Einrichtungen oder wegen besonderer Spezialisierung.

3 Auch die Ausbildung in überbetrieblichen Ausbildungsstätten wird erfaßt (*Knopp/Kraegeloh* Rn. 1; aA *Wohlgemuth* Rn. 3). Deren Träger sind idR die zuständigen Stellen gem. § 44, ggf. Gewerkschaften, AGVerbände, Berufsverbände oder Gemeinden. Auf die Ausbildung in einem Ausbildungsverbund soll § 27 dagegen nicht anwendbar sein (*Wohlgemuth* Rn. 4). Darunter versteht man das Zusammenwirken mehrerer Betriebe und Verwaltungen zur gemeinsamen Ausbildung in anerkannten Ausbildungsberufen. Im Verbund kann die Ausbildung in anderen Betrieben überwiegen, solange der Ausbildende maßgebenden Einfluß auf die Durchführung der Ausbildung hat. Für das **Handwerk** § 26 a HandwO.

§ 28 Ausschließlichkeitsgrundsatz

(1) Für einen anerkannten Ausbildungsberuf darf nur nach der Ausbildungsordnung ausgebildet werden.

(2) In anderen als anerkannten Ausbildungsberufen dürfen Jugendliche unter achtzehn Jahren nicht ausgebildet werden, soweit die Berufsausbildung nicht auf den Besuch weiterführender Bildungsgänge vorbereitet.

(3) Zur Entwicklung und Erprobung neuer Ausbildungsformen und Ausbildungsberufe kann das Bundesministerium für Wirtschaft oder das sonst zuständige Fachministerium im Einvernehmen mit dem Bundesministerium für Bildung, Wissenschaft, Forschung und Technologie nach Anhören des Ständigen Ausschusses des Bundesinstituts für Berufsbildung durch Rechtsverordnung, die nicht der Zustimmung des Bundesrates bedarf, Ausnahmen zulassen, die auch auf eine bestimmte Art und Zahl von Ausbildungsstätten beschränkt werden können.

1 Die Vorschrift will jugendlichen Auszubildenden insb. unter bildungspolitischen, wirtschaftlichen und sozialen Gesichtspunkten gewährleisten, daß die Berufsausbildung den Erfordernissen beruflicher Anpassungfähigkeit und Mobilität genügt (BT-Drucks. V/4260). Ein anerkannter Ausbildungsberuf gem. Abs. 1 muß die Voraussetzungen der §§ 25, 108 erfüllen. Anerkannt sind nur die Ausbildungsberufe, die im Verzeichnis nach § 6 II Nr. 5 BerBiFG aufgeführt sind.

2 In nicht anerkannten Ausbildungsberufen dürfen Personen erst nach Vollendung des 18. Lebensjahres ausgebildet werden (LAG Düsseldorf 21. 4. 1988 EzB BBiG § 28 Nr. 10; OLG Karlsruhe 26. 6. 1974 BB 1975, 927), es sei denn, die Berufsausbildung bereitet auf den Besuch weiterführender Bildungsgänge vor, **Abs. 2**. Beispiel: Praktika vor dem Besuch einer Hochschule. **Ausnahmen** von dem Ausschließlichkeitsgrundsatz des Abs. 1 sind nach Abs. 3 durch Rechtsverordnung möglich. Der Ständige Ausschuß des BBIB ist vorher anzuhören, einer Zustimmung des Bundesrates bedarf es nicht.

3 Ein Verstoß gegen § 28 ist Ordnungswidrigkeit gem. § 99 I Nr. 9. Berufsbildungsverträge, die Abs. 2 widersprechen, sind nach § 134 BGB nichtig. Für das **Handwerk** § 27 HandwO. Für **Behinderte** §§ 48, 49 BBiG.

§ 29 Abkürzung und Verlängerung der Ausbildungszeit

(1) Das Bundesministerium für Wirtschaft oder das sonst zuständige Fachministerium kann im Einvernehmen mit dem Bundesministerium für Bildung, Wissenschaft, Forschung und Technologie nach Anhören des Ständigen Ausschusses des Bundesinstituts für Berufsbildung durch Rechtsverordnung bestimmen, daß der Besuch einer berufsbildenden Schule oder die Berufsausbildung in einer sonstigen Einrichtung ganz oder teilweise auf die Ausbildungszeit anzurechnen ist.

(2) Die zuständige Stelle hat auf Antrag die Ausbildungszeit zu kürzen, wenn zu erwarten ist, daß der Auszubildende das Ausbildungsziel in der gekürzten Zeit erreicht.

(3) In Ausnahmefällen kann die zuständige Stelle auf Antrag des Auszubildenden die Ausbildungszeit verlängern, wenn die Verlängerung erforderlich ist, um das Ausbildungsziel zu erreichen.

(4) Vor der Entscheidung nach den Absätzen 2 und 3 sind die Beteiligten zu hören.

1 Die Vorschrift gestattet die Verkürzung oder Verlängerung der regelmäßigen Ausbildungsdauer, die sich aus der jeweiligen Ausbildungsordnung ergibt. In beiden Fällen sind zuvor die Beteiligten zu **hören**, dh. insb. der Auszubildende, der Ausbilder, der Schulleiter einer zuvor besuchten berufsbildenden Schule (*Knopp/Kraegeloh* Rn. 4).

2 Durch RechtsVO kann bestimmt werden, daß der Besuch einer berufsbildenden Schule oder Berufsausbildung in einer sonstigen Einrichtung ganz oder tlw. auf die Ausbildungszeit anzurechnen ist, Abs. 1. Der Ständige Ausschuß des BIBB ist zuvor anzuhören. Die VO bedarf der Zustimmung des Bundesrats, da im wesentlichen berufsbildende Schulen betroffen werden, die den Schulgesetzen

der Länder unterstehen, vorrangig das Berufsgrundbildungsjahr und die Berufsfachschule. Die anzurechnende Zeit ist für die Berechnung der Ausbildungszeit und **vergütungsmäßig** als verbrachte Ausbildungszeit zu werten (BAG 22. 9. 1982 AP BGB § 611 Ausbildungsverhältnis Nr. 5; 8. 12. 1982 AP BBiG § 10 Nr. 2).

Die Ausbildungszeit ist außerdem zu **kürzen**, wenn zu erwarten ist, daß der Auszubildende in der 3 gekürzten Zeit das Ausbildungsziel erreicht, **Abs. 2**. Die Verkürzung kann von beiden Parteien bei der zuständigen Stelle beantragt werden. Die Verkürzung führt nicht zu einer Vorverlegung des Ausbildungsbeginns mit der Folge eines früheren Anspruchs auf eine für spätere Abschnitte vorgesehene höhere Ausbildungsvergütung (BAG 8. 12. 1982 AP BBiG § 29 Nr. 1). Dem Antrag ist stattzugeben, wenn die Erreichung des Ausbildungsziels in der gekürzten Zeit zu erwarten ist, wobei die Leistungen, die allgemeine oder berufliche Vorbildung, Erfahrungen aus beruflicher Tätigkeit, Ergebnisse aus Zwischenprüfungen etc. zu berücksichtigen sind (zu Auslandspraktika *Eule* BB 1992, 987). Die Verkürzung kann schon bei Vertragsabschluß oder im Laufe des Ausbildungsverhältnisses vereinbart und beantragt werden.

Nach **Abs. 3** kann die zuständige Stelle auf Antrag des Auszubildenden die Ausbildungszeit (§ 14 I) 4 **verlängern**, wenn dies erforderlich ist, um das Ausbildungsziel zu erreichen. Die Vorschrift enthält eine echte Ausnahmeregel, Verlängerungsgründe sind daher nur außergewöhnliche, nicht alltägliche Fallgestaltungen, die die Ausbildung planwidrig erschwert haben (BAG 30. 9. 1998 DB 1999, 440). Die Entscheidung über die Verlängerung ist unabhängig davon, ob der Auszubildende oder der Ausbildende die Verzögerung zu vertreten haben. Hat der Ausbildende die Verzögerung zu vertreten, ist er dem Auszubildenden **schadensersatzpflichtig**. Zu ersetzen ist die Differenz zwischen der Ausbildungsvergütung und dem entgangenen Arbeitsentgelt, das der Auszubildende bei rechtzeitiger Beendigung der Ausbildung verdient hätte (BAG 10. 6. 1976 DB 1976, 2216). Ein etwaiges Mitverschulden des Auszubildenden ist nach § 254 BGB zu beachten, wenn dieser seinen Pflichten aus § 9 nicht nachgekommen ist. Wird die Ausbildungszeit verlängert, kann eine weitere Steigerung der Ausbildungsvergütung nach § 10 I 2 nicht verlangt werden (*Natzel* DB 1979, 1363).

Dritter Abschnitt. Verzeichnis der Berufsausbildungsverhältnisse

§ 30. *(aufgehoben)*

§ 31 Einrichten, Führen

¹ Die zuständige Stelle hat für anerkannte Ausbildungsberufe ein Verzeichnis der Berufsausbildungsverhältnisse einzurichten und zu führen, in das der wesentliche Inhalt des Berufsausbildungsvertrages einzutragen ist. ² Die Eintragung ist für den Auszubildenden gebührenfrei.

Durch die Pflicht der zuständigen Stelle (§ 74 ff.), ein Verzeichnis der Berufsausbildungsverhältnisse 1 zu führen, wird die Beratung und Überwachung erleichtert; zur Abschlußprüfung können nur Kandidaten zugelassen werden, deren Ausbildungsverhältnis eingetragen ist, § 39 I Nr. 3.

Das Verzeichnis enthält nur anerkannte Ausbildungsberufe, § 25 BBiG. Verträge iSd. § 19 BBiG 2 sind nicht einzutragen (*Wohlgemuth* Rn. 4, *Knopp/Kraegeloh* Rn. 2; aA *Haase/Richard/Wagner* § 31 zu 1, die eine Verzeichnispflicht auch für Umschüler bejahen, da § 47 auch für diese eine Überwachungspflicht übertrage). Der in das Verzeichnis aufzunehmende wesentliche Inhalt des Berufsausbildungsvertrages ist entsprechend § 4 zu bestimmen.

Die Eintragung in das Verzeichnis ist für den Auszubildenden gebührenfrei. Ist die zuständige Stelle 3 eine Kammer, kann nach Maßgabe zulässigen Satzungsrechts eine Gebühr vom Ausbildenden erhoben werden. **Auskünfte** aus dem Verzeichnis dürfen nur unter Beachtung des DSG erteilt werden (BVerfG 15. 12. 1983 NJW 1984, 419). Für das **Handwerk** § 28 HandwO.

§ 32 Eintragen, Ändern, Löschen

(1) Ein Berufsausbildungsvertrag und Änderungen seines wesentlichen Inhalts sind in das Verzeichnis einzutragen, wenn
1. der Berufsausbildungsvertrag diesem Gesetz und der Ausbildungsordnung entspricht,
2. die persönliche und fachliche Eignung sowie die Eignung der Ausbildungsstätte für das Einstellen und Ausbilden vorliegen und
3. für Auszubildende unter 18 Jahren die ärztliche Bescheinigung über die Erstuntersuchung nach § 32 Abs. 1 des Jugendarbeitsschutzgesetzes zur Einsicht vorgelegt wird.

(2) ¹ Die Eintragung ist abzulehnen oder zu löschen, wenn die Eintragungsvoraussetzungen nicht vorliegen und der Mangel nicht nach § 23 Abs. 2 behoben wird. ² Die Eintragung ist ferner zu löschen, wenn die ärztliche Bescheinigung über die erste Nachuntersuchung nach § 33 Abs. 1 des Jugendarbeitsschutzgesetzes nicht spätestens am Tage der Anmeldung des Auszubildenden

zur Zwischenprüfung zur Einsicht vorgelegt und der Mangel nicht nach § 23 Abs. 2 behoben wird.

1   Die Vorschrift nennt die Voraussetzungen, bei deren Vorliegen ein Berufsausbildungsverhältnis in das Verzeichnis gem. § 31 einzutragen oder zu löschen ist. Die Eintragung in das Verzeichnis ist ein VA (BVerwG 20. 3. 1959 BB 1959, 536); dasselbe gilt für Ablehnung und Löschung der Eintragung. Die Eintragung ist jedoch nicht Wirksamkeitsvoraussetzung des Ausbildungsverhältnisses (BAG BB 1972, 922).

2   Abs. 1 legt die Eintragungsvoraussetzungen fest. Die zuständige Stelle darf nicht durch Satzung als zusätzliche formelle Voraussetzung für die Eintragung die Benutzung eines von ihr herausgegebenen Vertragsformulars verlangen (OVG Rheinland-Pfalz 26. 4. 1976 EzA BBiG § 32 Nr. 1; VG Hannover 21. 6. 1974 EzB BBiG § 4 Nr. 4). Ausbildender und Auszubildender haben einen Anspruch auf Eintragung bei Vorliegen der Voraussetzungen (BayVGH 5. 3. 1982 EzB BBiG § 32 Nr. 15; VG Kassel 31. 1. 1980 EzB BBiG § 32 Nr. 13). Die vorläufige Eintragung kann im Wege der einstweiligen Anordnung durchgesetzt werden (VG Stuttgart 1. 10. 1974 EzB BBiG § 32 Nr. 9).

3   Nach **Abs. 1 Nr. 1** muß der Berufsausbildungsvertrag diesem Gesetz und der Ausbildungsordnung entsprechen. Vereinbarungen, die insb. gegen §§ 5, 18 verstoßen, verhindern die Eintragung. Daher kann die Eintragung einer vereinbarten Vergütung allenfalls dann verweigert werden, wenn sie die unterste Grenze der Angemessenheit nicht mehr einhält (BVerwG 26. 3. 1981 NJW 1981, 2209; VG Würzburg 2. 7. 1974 DB 1974, 1583). Ist in einem Berufsausbildungsvertrag der erfolgreiche Besuch eines schulischen Berufsgrundbildungsjahres entgegen § 29 I nicht angerechnet worden, entspricht der Vertrag nicht dem BBiG; die Parteien können auf eine Anrechnung nicht verzichten (BVerwG 12. 4. 1984 E 69, 163). Gem. § 28 I muß der Ausbildungsvertrag der Ausbildungsordnung entsprechen, so daß der individuelle Ausbildungsplan mit dem Ausbildungsrahmenplan in Einklang stehen muß. Abweichungen im Rahmen der sog. Flexibilitätsklausel (§ 6 Rn. 2) sind zulässig.

4   Zu der nach **Abs. 1 Nr. 2** erforderlichen **persönlichen und fachlichen Eignung** des Ausbildenden bzw. des Ausbilders §§ 20, 21, 76, 80, 88, 90, 92, 94; zur Eignung der **Ausbildungsstätte** §§ 22, 82, 96. Die zuständige Stelle kann für einen bestimmten Ausbildungsberuf nicht generell die Höchstzahl der gleichzeitig Auszubildenden festlegen (OVG Koblenz 17. 3. 1975 EzA BBiG § 32 Nr. 2). **Abs. 1 Nr. 3** verlangt für Auszubildende unter 18 Jahren die Vorlage einer **Bescheinigung über die Erstuntersuchung** nach § 32 JArbSchG (vgl. dort).

5   Die zuständige Stelle hat die Eintragung **abzulehnen** oder zu **löschen**, wenn die Eintragungsvoraussetzungen nicht vorliegen und der Mangel nicht nach § 23 II behoben wird, **§ 32 II 1**. Die Eintragung ist nach **§ 32 II 2** ferner zu löschen, wenn die ärztliche Bescheinigung über die erste Nachuntersuchung nach § 33 I JArbSchG nicht spätestens am Tage der Anmeldung des Auszubildenden zur Zwischenprüfung zur Einsicht vorliegt, und der Mangel nicht nach § 23 II behoben wird.

6   Die zuständige Stelle hat bei der Eintragung ein eigenes Recht zur Nachprüfung der Eignung und kann die Eintragung auch dann ablehnen, wenn die nach Landesrecht zuständige Behörde den Ausbildenden für geeignet hält (VG Hannover 16. 10. 1973 EzB BBiG § 32 Nr. 3). Der Auszubildende kann im Falle der Nichteintragung fristlos kündigen, auch wenn die Ansicht der zuständigen Stelle nicht zutrifft; ggf. ist der Ausbildende **schadensersatzpflichtig** (LAG Stuttgart 28. 2. 1955 AP HGB § 77 Nr. 1; LAG Berlin 4. 1. 1966 BB 1966, 538). Für das **Handwerk** § 29 HandwO.

§ 33 Antrag

(1) ¹Der Ausbildende hat unverzüglich nach Abschluß des Berufsausbildungsvertrages die Eintragung in das Verzeichnis zu beantragen. ²Eine Ausfertigung der Vertragsniederschrift ist beizufügen. ³Entsprechendes gilt bei Änderungen des wesentlichen Vertragsinhalts.

(2) Der Ausbildende hat anzuzeigen
1. eine vorausgegangene allgemeine und berufliche Ausbildung des Auszubildenden,
2. die Bestellung von Ausbildern.

1   Die Vorschrift verpflichtet den Ausbildenden zur Beantragung der Eintragung, Abs. 1. Zudem muß er eine vorausgegangene allgemeine und berufliche Ausbildung des Auszubildenden und die Bestellung von Ausbildern anzeigen, Abs. 2. Dadurch wird der zuständigen Stelle die Prüfung erleichtert, ob die Anrechnung einer zuvor erfolgten Ausbildung möglich ist, § 29, und ob § 20 BBiG genügt ist.

2   Der Ausbildende ist unverzüglich (§ 121 BGB) antragspflichtig; dem Antrag ist eine Ausfertigung der Vertragsniederschrift beizufügen. Fallen der Vertragsabschluß und die Vertragsniederschrift zeitlich nicht zusammen, ist zunächst unverzüglich der wesentliche Inhalt des Vertrages schriftlich niederzulegen, sodann ist unverzüglich der Antrag nach Abs. 1 zu stellen. Beides soll vor Beginn der Berufsausbildung geschehen, damit die zuständige Stelle das Vorliegen der Voraussetzungen des § 32 I prüfen kann und damit etwaige Eignungsmängel nach § 23 II noch behoben werden können. Auch bei **Änderungen** des wesentlichen Vertragsinhalts ist eine Eintragung zu beantragen, **§ 33 I 3**.

Verstöße gegen Abs. 1 sind Ordnungswidrigkeiten gem. § 99 I Nr. 8. Für das **Handwerk** § 30 3 HandwO.

Vierter Abschnitt. Prüfungswesen

§ 34 Abschlußprüfung

(1) ¹ In den anerkannten Ausbildungsberufen sind Abschlußprüfungen durchzuführen. ² Die Abschlußprüfung kann zweimal wiederholt werden.

(2) Dem Prüfling ist ein Zeugnis auszustellen.

(3) Die Abschlußprüfung ist für den Auszubildenden gebührenfrei.

1. **Normzweck.** Die Vorschriften regeln die Zulassung zu Prüfungen, deren Durchführung, den 1 Gegenstand und den Abschluß. Sie gelten grds. auch für Zwischenprüfungen (§ 42), die berufliche Fortbildung (§ 46 I) und die Umschulung (§ 47 II).

2. **Abschlußprüfung.** Die Abschlußprüfung dient dem Nachweis der erreichten beruflichen Quali- 2 fikation für einen anerkannten Ausbildungsberuf (§ 25). Die zuständige Stelle ist zur Durchführung der Abschlußprüfung verpflichtet. Der Auszubildende kann sie notfalls im Verwaltungsrechtsweg erzwingen, ist aber selbst nicht zur Ablegung der Abschlußprüfung verpflichtet. Abschlußprüfungen werden nur für die nach § 25 anerkannten und für die nach § 108 gleichgestellten Ausbildungsberufe durchgeführt.

Bei der in **Abs. 1 S. 2** bestehenden zweimaligen **Wiederholungsmöglichkeit** der Prüfung war nach 3 der Gesetzesbegründung (BT-Drucks. V/4260) nur an die Wiederholung einer nicht bestandenen Prüfung gedacht. § 24 I der Musterprüfungsordnung schließt den Fall der Wiederholungsprüfung zur bloßen Notenverbesserung ausdrücklich aus. Da aus Abs. 1 S. 2 eine solche Beschränkung nicht ersichtlich ist, wird man eine Prüfung zur Notenverbesserung doch für zulässig erachten müssen (*Wohlgemuth* Rn. 4; VG München 7. 4. 1976 EzB PO-AP Nr. 6; aA *Natzel* S. 427). Ein Anspruch auf eine dritte Wiederholungsprüfung besteht auch dann nicht, wenn die Ausbildungszeit erneut absolviert worden ist (VG Hamburg 21. 11. 1980 EzB BBiG § 34 Nr. 5; aA *Wohlgemuth* Rn. 7).

Nach **Abs. 2** hat der Prüfling einen Anspruch auf Ausstellung eines **Zeugnisses** über die bestandene 4 Prüfung. Die Abschlußprüfung ist nach **Abs. 3** für den Auszubildenden **gebührenfrei**. Das gilt auch für Wiederholungsprüfungen, nicht aber für Personen, die nach § 40 II, III zur Abschlußprüfung zugelassen werden. Andere im Zusammenhang mit der Prüfung anfallende Kosten (zB Fahrt- und Übernachtungskosten) sind von dem Auszubildenden selbst zu tragen (BAG 14. 12. 1983 AP BBiG § 34 Nr. 1). Für das **Handwerk** § 31 HandwO.

§ 35 Prüfungsgegenstand

¹ Durch die Abschlußprüfung ist festzustellen, ob der Prüfling die erforderlichen Fertigkeiten beherrscht, die notwendigen praktischen und theoretischen Kenntnisse besitzt und mit dem ihm im Berufsschulunterricht vermittelten, für die Berufsausbildung wesentlichen Lehrstoff vertraut ist. ² Die Ausbildungsordnung ist zugrunde zu legen.

Die **erforderlichen Fertigkeiten** und die **notwendigen praktischen und theoretischen Kenntnisse** 1 werden durch das Ausbildungsberufsbild und den Ausbildungsrahmenplan bestimmt. Der im Berufsschulunterricht vermittelte Lehrstoff ergibt sich aus dem Lehrplan. Prüfungsgegenstand ist der Lehrstoff, der für die Berufsausbildung wesentlich ist. Auch der in den allgemeinbildenden und berufsfeldübergreifenden Fächern vermittelte Stoff kann prüfungsrelevant sein (BVerwG 28. 1. 1974 EzB GG Art. 74 Nr. 1). Schulzeugnisse oder Berichtshefte werden in der Prüfung nicht bewertet, sondern allein die während der Prüfung gezeigten Leistungen, sog. **Einheitsprüfung.** Durch Verweis auf die Ausbildungsordnung in S. 2 wird die Einheitlichkeit des Prüfungsgegenstandes gewährleistet. § 35 gilt entsprechend für **Zwischenprüfungen** nach § 42. Für das **Handwerk** § 32 HandwO.

§ 36 Prüfungsausschüsse

¹ Für die Abnahme der Abschlußprüfung errichtet die zuständige Stelle Prüfungsausschüsse. ² Mehrere zuständige Stellen können bei einer von ihnen gemeinsame Prüfungsausschüsse errichten.

Der Prüfungsausschuß ist nicht selbständige Behörde (BVerwG 20. 7. 1984 DVBl. 1984, 57), son- 1 dern **Organ** der zuständigen Stelle mit weitgehender interner Selbständigkeit. Die Mitglieder des Prüfungsausschusses entscheiden innerhalb ihres Zuständigkeitsbereichs im Rahmen der Prüfungsvorschriften. Für jeden Ausbildungsberuf sind so viele Prüfungsausschüsse zu errichten, daß alle dem sachlichen und räumlichen Zuständigkeitsbereich der zuständigen Stelle unterliegenden Prüfungsbewerber geprüft werden können. Die Zuständigkeit des Prüfungsausschusses für den einzelnen Prüfling muß im voraus feststehen. Die Zusammenlegung gem. S. 2 will vermeiden, daß bei schwacher Besetzung eines Ausbildungsberufes in jedem Bezirk ein Prüfungsausschuß errichtet werden muß. Das Verfahren zur Errichtung der Ausschüsse und zur Bestimmung ihrer Kompetenzen kann der Berufsbildungsausschuß durch Rechtsvorschrift bestimmen (BVerfG 14. 5. 1986 EzB BBiG § 56 Nr. 4).

2   Die **Abnahme der Abschlußprüfung** umfaßt nicht nur das Durchführen der mündlichen Prüfung und das Ermitteln und Bewerten der Leistung, sondern auch das Erstellen und die Auswahl von Prüfungsaufgaben für die schriftliche und praktische Prüfung (anders: *Knopp/Kraegeloh* Rn. 3; VG Düsseldorf 29. 1. 1982 EzB BBiG § 36 Nr. 5; VG München 2. 6. 1976 EzB PO-AP Nr. 4 mit der Begründung, daß § 34 lediglich der Kompetenzverteilung dienen soll), weil auch die vorbereitende Tätigkeit vom Begriff „Abnahme" umfaßt wird (ebenso *Wohlgemuth* Rn. 12; OVG Hamburg 22. 12. 1977 EzB PO-AP Nr. 5): Durch § 34 wird das gesamte Prüfungswesen der zuständigen Stelle übertragen und § 36 sieht als einzige Institution für das Prüfungswesen den Prüfungsausschuß vor. Eine weitere Auffassung geht davon aus, daß das BBiG keine abschließende Regelung hinsichtlich einer Zuständigkeitsverteilung bei Prüfungen getroffen habe (VG Münster 24. 9. 1986 EzB PO-AP Nr. 12; OVG Nordrhein-Westfalen 1. 9. 1989 EzB PO-AP Nr. 15; BVerwG 13. 3. 1990 EzB PO-AP Nr. 16). Für das **Handwerk** § 33 HandwO.

§ 37 Zusammensetzung, Berufung

(1) ¹Der Prüfungsausschuß besteht aus mindestens drei Mitgliedern. ²Die Mitglieder müssen für die Prüfungsgebiete sachkundig und für die Mitwirkung im Prüfungswesen geeignet sein.

(2) ¹Dem Prüfungsausschuß müssen als Mitglieder Beauftragte der Arbeitgeber und der Arbeitnehmer in gleicher Zahl sowie mindestens ein Lehrer einer berufsbildenden Schule angehören. ²Mindestens zwei Drittel der Gesamtzahl der Mitglieder müssen Beauftragte der Arbeitgeber und der Arbeitnehmer sein. ³Die Mitglieder haben Stellvertreter.

(3) ¹Die Mitglieder werden von der zuständigen Stelle längstens für fünf Jahre berufen. ²Die Arbeitnehmermitglieder werden auf Vorschlag der im Bezirk der zuständigen Stelle bestehenden Gewerkschaften und selbständigen Vereinigungen von Arbeitnehmern mit sozial- oder berufspolitischer Zwecksetzung berufen. ³Der Lehrer einer berufsbildenden Schule wird im Einvernehmen mit der Schulaufsichtsbehörde oder der von ihr bestimmten Stelle berufen. ⁴Werden Mitglieder nicht oder nicht in ausreichender Zahl innerhalb einer von der zuständigen Stelle gesetzten angemessenen Frist vorgeschlagen, so beruft die zuständige Stelle insoweit nach pflichtgemäßem Ermessen. ⁵Die Mitglieder der Prüfungsausschüsse können nach Anhören der an ihrer Berufung Beteiligten aus wichtigem Grund abberufen werden. ⁶Die Sätze 1 bis 5 gelten für die stellvertretenden Mitglieder entsprechend.

(4) ¹Die Tätigkeit im Prüfungsausschuß ist ehrenamtlich. ²Für bare Auslagen und für Zeitversäumnis ist, soweit eine Entschädigung nicht von anderer Seite gewährt wird, eine angemessene Entschädigung zu zahlen, deren Höhe von der zuständigen Stelle mit Genehmigung der obersten Landesbehörde festgesetzt wird.

(5) Von Absatz 2 darf nur abgewichen werden, wenn anderenfalls die erforderliche Zahl von Mitgliedern des Prüfungsausschusses nicht berufen werden kann.

1   § 37 regelt die Zusammensetzung und Berufung der Prüfungsausschüsse. Der Gesetzgeber hat dabei zu erkennen gegeben, daß er die paritätische Besetzung der Prüfungsausschüsse mit AG- und ANVertretern als ein wesentliches Merkmal für eine ausgewogene Leistungsbeurteilung ansieht (BVerwG 20. 7. 1984 DVBl. 1984, 59).

2   **Abs. 1 S. 1** legt mit Rücksicht auf Abs. 2 eine **Mindestmitgliederzahl** fest. Der Prüfungsausschuß kann größer sein, auch wenn die Funktionsfähigkeit mit zunehmender Größe abnimmt. Die von Abs. 1 S. 2 geforderte **Sachkunde** und **Eignung** erfordert die Fähigkeit des Prüfers, sich auf die Ausnahmesituation des Prüflings einzustellen, sowie Kenntnisse der Ausbildungsordnung und des Prüfungswesens. Eine Person, der die persönliche Eignung nach § 20 II fehlt, ist grds. ungeeignet. Eine gewisse Berufserfahrung ist idR Voraussetzung für eine Mitwirkung im Prüfungswesen. Es kommt nicht darauf an, daß der Prüfer die für einen Ausbilder vorgesehenen Prüfungen abgelegt hat (VG Stuttgart 15. 12. 1989 EzB BBiG § 37 Nr. 26). Der Prüfer muß nicht den konkreten Ausbildungsgang absolviert haben, in dessen Rahmen der Prüfungsausschuß tätig wird.

3   Ein Verstoß gegen die von Abs. 2 zwingend vorgeschriebene Zusammensetzung führt zur Rechtswidrigkeit der durch diesen Ausschuß getroffenen Prüfungsentscheidung (OVG Lüneburg 1. 12. 1976 EzB BBiG § 37 Nr. 3; VG Darmstadt 23. 1. 1981 EzB BBiG § 37 Nr. 14). Unter den Voraussetzungen des Abs. 5 kann von der Zusammensetzung ausnahmsweise abgewichen werden, weil nicht immer sichergestellt werden kann, daß genügend Prüfer zur Verfügung stehen. Der Lehrer, der Mitglied des Prüfungsausschusses ist, kann auch der Lehrer der Prüflinge sein. Die zuständige Stelle kann aber

durch Satzung ein Mitwirkungsverbot des eigenen Lehrers an der Abschlußprüfung vorschreiben (OVG Koblenz 14. 7. 1976 BB 1976, 1274). Auf die Berufung der **Stellvertreter** ist nach Abs. 3 S. 6 das in Abs. 3 S. 1 bis 5 niedergelegte Verfahren anzuwenden. Eine Stellvertretung innerhalb der Gruppe ist ausreichend. Ein Stellvertreter darf nur im Fall der Verhinderung des ordentlichen Mitglieds tätig werden (VG Frankfurt 4. 4. 1979 EzB BBiG § 37 Nr. 9).

Abs. 3 regelt die **Berufung** der Prüfungsausschußmitglieder. Hinsichtlich der ANMitglieder ist die 4 zuständige Stelle an die Vorschläge der in ihrem Bezirk bestehenden Gewerkschaften und Vereinigungen mit sozial- oder berufspolitischer Zwecksetzung gebunden, Abs. 3 S. 2; letztere müssen freiwillige Zusammenschlüsse sein. Die ANKammern im Saarland und in Bremen sind mangels Freiwilligkeit keine Vereinigungen in diesem Sinne (BVerwG 26. 10. 1973 AP BBiG § 54 Nr. 1). Gehen mehr Vorschläge ein als Mitglieder benötigt werden, so entscheidet die zuständige Stelle nach pflichtgemäßem Ermessen, hat dabei aber Gewerkschaften und Vereinigungen gleichmäßig nach ihrer Mitgliederzahl zu berücksichtigen. Eine Gewerkschaft kann bei nicht ausreichender Berücksichtigung ihrer Vorschläge den Verwaltungsrechtsweg beschreiten (VG Stuttgart 5. 12. 1989 EzB BBiG § 37 Nr. 26; *Wohlgemuth* Rn. 30; aA VG Düsseldorf 29. 1. 1982 EzB BBiG § 36 Nr. 5). Werden innerhalb einer von der zuständigen Stelle gesetzten angemessenen Frist keine Vorschläge erbracht, so beruft die zuständige Stelle nach pflichtgemäßem Ermessen, Abs. 3 S. 4 und 6.

Der **Lehrer** der berufsbildenden Schule wird im Einvernehmen mit der Schulaufsichtsbehörde oder 5 der von ihr bestimmten Stelle berufen, Abs. 3 S. 3. Gegen den Willen der Schulaufsichtsbehörde kann kein Lehrer berufen werden. Die **AGMitglieder** werden unmittelbar von der zuständigen Stelle berufen. Eine **Abberufung** der Mitglieder ist nur aus wichtigem Grund nach Anhörung der an ihrer Berufung Beteiligten möglich, Abs. 3 S. 5. Ein wichtiger Grund liegt beim Wegfall der persönlichen Eignung nach § 20 II vor. Gegen eine ungerechtfertigte Abberufung kann im Verwaltungsrechtsweg vorgegangen werden.

Die Tätigkeit im Prüfungsausschuß ist ehrenamtlich, Abs. 4 S. 1, doch ist eine angemessene Ent- 6 schädigung zu zahlen, deren Höhe von der zuständigen Stelle mit Genehmigung der obersten Landesbehörde festgesetzt wird. Wird von anderer Seite Entschädigung gewährt, zB durch Lohn- oder Gehaltsfortzahlung, kommt eine Entschädigung insoweit nicht in Betracht. Ein Ausschußmitglied ist für die Prüfertätigkeit von seinem AG unter Fortzahlung der Bezüge freizustellen (BAG 7. 11. 1991 AP MTL § 33 II Nr. 3; ArbG Köln 18. 10. 1983 EzB BBiG § 37 Nr. 19; aA *Herkert* Rn. 80). Etwas anderes kann sich aus TV ergeben (BAG 4. 9. 1985 EzA BGB § 616 Nr. 33). Der Freistellungsanspruch kann vertraglich nicht ausgeschlossen werden, da die Tätigkeit im öffentlichen Interesse liegt, und somit eine Pflichtenkollision begründet, die die Nichtleistung von Arbeit grds. unverschuldet (§ 323 BGB) werden läßt. Für das **Handwerk** § 34 HandwO mit einigen abw. Regelungen.

§ 38 Vorsitz, Beschlußfähigkeit, Abstimmung

(1) ¹Der Prüfungsausschuß wählt aus seiner Mitte einen Vorsitzenden und dessen Stellvertreter. ²Der Vorsitzende und sein Stellvertreter sollen nicht derselben Mitgliedergruppe angehören.

(2) ¹Der Prüfungsausschuß ist beschlußfähig, wenn zwei Drittel der Mitglieder, mindestens drei, mitwirken. ²Er beschließt mit der Mehrheit der abgegebenen Stimmen. ³Bei Stimmengleichheit gibt die Stimme des Vorsitzenden den Ausschlag.

Die Vorschrift enthält Regelungen über die Arbeitsweise des Ausschusses. Alle Mitglieder des 1 Prüfungsausschusses wählen einen **Vorsitzenden** und dessen **Stellvertreter**, § 38 I 1. Wird ein ordentliches Prüfungsausschußmitglied durch einen Stellvertreter vertreten, so hat der Stellvertreter für diese Sitzung die selben Rechte wie das ordentliche Mitglied. Von der Sollvorschrift des § 38 I 2 kann nur aus zwingenden Gründen und mit Zustimmung aller Mitgliedergruppen abgewichen werden.

Der Ausschuß ist **beschlußfähig**, wenn zwei Drittel der Mitglieder, mindestens aber drei, mit- 2 wirken, § 38 II 1. Ist der Prüfungsausschuß nur mit drei Mitgliedern besetzt, ist zu seiner Beschlußfähigkeit die Anwesenheit aller notwendig. Beschlüsse werden mit der **Mehrheit** der abgegebenen Stimmen gefaßt, § 38 II 2. Stimmenthaltungen sind möglich und werden bei der Berechnung der Mehrheit nicht berücksichtigt. Bei Stimmengleichheit entscheidet die Stimme des Vorsitzenden, § 38 II 3. Die Vorschriften des Abs. 2 gelten für alle Entscheidungen des Prüfungsausschusses. Für das **Handwerk** § 35 HandwO.

§ 39 Zulassung zur Abschlußprüfung

(1) Zur Abschlußprüfung ist zuzulassen,
1. wer die Ausbildungszeit zurückgelegt hat oder wessen Ausbildungszeit nicht später als zwei Monate nach dem Prüfungstermin endet,

Schlachter

2. wer an vorgeschriebenen Zwischenprüfungen teilgenommen sowie vorgeschriebene Berichtshefte geführt hat und
3. wessen Berufsausbildungsverhältnis in das Verzeichnis der Berufsausbildungsverhältnisse eingetragen oder aus einem Grund nicht eingetragen ist, den weder der Auszubildende noch dessen gesetzlicher Vertreter zu vertreten hat.

(2) ¹ Über die Zulassung zur Abschlußprüfung entscheidet die zuständige Stelle. ² Hält sie die Zulassungsvoraussetzungen nicht für gegeben, so entscheidet der Prüfungsausschuß. ³ Auszubildenden, die Erziehungsurlaub in Anspruch genommen haben, darf hieraus kein Nachteil erwachsen, sofern die übrigen Voraussetzungen gemäß Absatz 1 Nr. 1 bis 3 dieser Vorschrift erfüllt sind.

1   Liegen die in Abs. 1 genannten Voraussetzungen **kumulativ** vor, ist der Auszubildende zur Prüfung zuzulassen; Sonderfälle: §§ 40, 48. Weitere formelle Voraussetzungen kann die Prüfungsordnung gem. § 41 vorsehen. Der Auszubildende hat dann einen Anspruch auf Zulassung. Nach **Abs. 1 Nr. 1** muß die individuelle (§ 29) Ausbildungszeit abgelaufen sein, deren Dauer sich aus dem Ausbildungsvertrag ergibt. Ob die Ausbildung tatsächlich betrieben wurde, ist unerheblich (VG Stuttgart 14. 11. 1994 DB 1994, 2553). Damit dem Auszubildenden der nahtlose Übergang vom Ausbildungsverhältnis in ein Arbeitsverhältnis ermöglicht wird, ist er auch schon zuzulassen, wenn die Ausbildungszeit nicht später als zwei Monate nach dem Prüfungstermin endet; um eine Ausnahme gem. § 40 I handelt es sich dabei nicht. Als Prüfungstermin ist die gesamte Dauer der Prüfung von ihrem ersten Teil bis zum tatsächlichen Abschluß zu verstehen.

2   Der Auszubildende muß an den vorgeschriebenen **Zwischenprüfungen** teilgenommen und die vorgeschriebenen **Berichtshefte** geführt haben, Abs. 1 Nr. 2. IdR ist eine Zwischenprüfung Pflicht, § 42; die Ausbildungsordnung kann aber weitere Zwischenprüfungen vorschreiben. Es genügt die „Teilnahme" an den Prüfungen, dh. die Beteiligung im Sinne eines ernsthaften Versuchs. Eine Pflicht zum Führen von Berichtsheften ergibt sich ggf. aus der Ausbildungsordnung.

3   Das **Berufsausbildungsverhältnis muß in das Verzeichnis der Berufsausbildungsverhältnisse eingetragen** oder aus einem Grund nicht eingetragen sein, den weder der Auszubildende noch dessen gesetzlicher Vertreter zu vertreten hat, Abs. 1 Nr. 3. Nach § 39 II 1 hat zunächst die zuständige Stelle über die Zulassung zu entscheiden; im Ablehnungsfall entscheidet der Prüfungsausschuß abschließend, § 39 II 2. Gegen die Versagung der Zulassung kann der Auszubildende den Verwaltungsrechtsweg beschreiten. Für das **Handwerk** § 36 HandwO, wobei hier das Vorliegen der Zulassungsvoraussetzungen zunächst durch den Prüfungsausschußvorsitzenden geprüft wird.

§ 40 Zulassung in besonderen Fällen

(1) Der Auszubildende kann nach Anhören des Ausbildenden und der Berufsschule vor Ablauf seiner Ausbildungszeit zur Abschlußprüfung zugelassen werden, wenn seine Leistungen dies rechtfertigen.

(2) ¹ Zur Abschlußprüfung ist auch zuzulassen, wer nachweist, daß er mindestens das Zweifache der Zeit, die als Ausbildungszeit vorgeschrieben ist, in dem Beruf tätig gewesen ist, in dem er die Prüfung ablegen will. ² Hiervon kann abgesehen werden, wenn durch Vorlage von Zeugnissen oder auf andere Weise glaubhaft dargetan wird, daß der Bewerber Kenntnisse und Fertigkeiten erworben hat, die die Zulassung zur Prüfung rechtfertigen.

(3) ¹ Zur Abschlußprüfung ist ferner zuzulassen, wer in einer berufsbildenden Schule oder einer sonstigen Einrichtung ausgebildet worden ist, wenn diese Ausbildung der Berufsausbildung in einem anerkannten Ausbildungsberuf entspricht. ² Das Bundesministerium für Wirtschaft oder das sonst zuständige Fachministerium kann im Einvernehmen mit dem Bundesministerium für Bildung, Wissenschaft, Forschung und Technologie nach Anhören des Ständigen Ausschusses des Bundesinstituts für Berufsbildung durch Rechtsverordnung bestimmen, welche Schulen oder Einrichtungen die Voraussetzungen des Satzes 1 erfüllen.

1   **Abs. 1** ermöglicht die Zulassung eines Auszubildenden zur Abschlußprüfung, auch wenn § 39 I Nr. 1 noch nicht erfüllt ist; § 39 I Nr. 2, 3 bleiben unberührt. Voraussetzung der Zulassung ist, daß der Auszubildende aufgrund seiner Leistungen das vorgeschriebene Ausbildungsziel vorzeitig erreicht (VG Köln 13. 4. 1993 EzB BBiG § 40 I Nr. 32). Zur Zeit der Abschlußprüfung müssen alle vorgesehenen Ausbildungsabschnitte durchlaufen und alle Fertigkeiten und Kenntnisse vermittelt worden sein. Der Auszubildende muß durch überdurchschnittliche Leistungen in der Berufsschule und im Betrieb unter Beweis gestellt haben, daß er den Lernstoff beherrscht (VG Düsseldorf 15. 11. 1990 EzB BBiG § 40 I Nr. 30). Das in Abs. 1 vorgeschriebene Anhörungsverfahren soll der zuständigen Stelle ein umfassendes Bild über den Leistungsstand des Auszubildenden verschaffen. Eine Bindung an die Stellungnahmen ist zu verneinen (VG Ansbach 5. 5. 1981 EzB BBiG § 40 I Nr. 18). Ohne Anhörung ist die Entscheidung über die Zulassung nicht nichtig, sondern fehlerhaft und aufhebbar (VG Ansbach 21. 7. 1977 EzB BBiG § 40 Nr. 5). Die Entscheidung über die Zulassung ist

eine Ermessensentscheidung und gerichtlich voll nachprüfbar (VG Berlin 27. 12. 1982 EzB HandwO § 37 I Nr. 12).

Abs. 2 will **Außenseitern,** die kein Berufsausbildungsverhältnis durchlaufen haben, die Möglichkeit eines Qualifikationsnachweises eröffnen (VGH Baden-Württemberg 30. 5. 1979 EzB BBiG § 40 III Nr. 3; VG Kassel 20. 4. 1978 EzB BBiG § 40 II Nr. 4). Dabei müssen grds. alle in der Ausbildungsordnung vorgesehenen Tätigkeiten ausgeübt, und hinreichende Fertigkeiten und Kenntnisse iSd. gesamten Berufsbildes erworben sein (*Herkert* Rn. 15 f.; VG Kassel 20. 4. 1978 EzB BBiG § 40 II Nr. 4; aA *Eule* BB 1990, 1337). Da die Vorschrift eine Berufstätigkeit für das Zweifache der vorgeschriebenen Ausbildungszeit fordert, ist eine individuelle Kürzungsmöglichkeit nach § 29 II BBiG, § 27 a II HandwO nicht möglich, wohl aber eine Kürzung nach § 29 I (*Eule* BB 1990, 1337; *Herkert* Rn. 18); hat der Bewerber also ein Jahr Berufsgrundbildung absolviert, verringert sich die „vorgeschriebene Ausbildungszeit" um ein Jahr.

Liegen die Voraussetzungen des § 40 II 1 vor, besteht ein Anspruch auf Zulassung zur Abschluß- 3 prüfung (VGH Hessen 13. 2. 1973 EzB BBiG § 40 II Nr. 1). Der erforderliche Nachweis kann durch Auskünfte jeder Art, durch eine Arbeitsbescheinigung, durch die Anhörung von Beteiligten, durch die Beiziehung von Urkunden erbracht werden. Von dem Nachweis der **Dauer** der Berufstätigkeit kann nach § 40 II 2 abgesehen werden, wenn durch Vorlage von Zeugnissen oder auf andere Weise glaubhaft dargetan wird, daß der Bewerber Kenntnisse und Fertigkeiten erworben hat, die die Zulassung zur Prüfung rechtfertigen (VGH Hessen 13. 2. 1973 EzB BBiG § 40 II Nr. 1; VG Oldenburg 24. 8. 1983 EzB HandwO § 37 II Nr. 3; *Eule* BB 1990, 1337; VG Karlsruhe 30. 9. 1980 EzB BBiG § 40 II Nr. 5). Die Entscheidung nach § 40 II 2 ist eine Ermessensentscheidung (VG Karlsruhe 30. 9. 1980 EzB BBiG § 40 II Nr. 5; VG Düsseldorf 15. 11. 1990 EzB BBiG § 40 I Nr. 30; aA VG Kassel 20. 4. 1978 EzB BBiG § 40 II Nr. 4; *Eule* BB 1990, 1337). Für Soldaten auf Zeit und ehemalige Soldaten abweichend § 86 I.

Wer in einer berufsbildenden Schule oder einer sonstigen Einrichtung ausgebildet worden ist, hat 4 einen Anspruch auf Zulassung zur Abschlußprüfung, wenn diese Ausbildung der Berufsausbildung in einem anerkannten Ausbildungsberuf entspricht, **§ 40 III 1**. Der Antragsteller muß eine systematische Ausbildung absolviert haben (VG Ansbach 25. 4. 1986 EzB BBiG § 40 III Nr. 6; *Eule* BB 1990, 1337). Die Ausbildung muß hinsichtlich Inhalt, Umfang und Schwierigkeitsgrad der Berufsausbildung gleichwertig sein (VG Ansbach 25. 4. 1986 EzB BBiG § 40 III Nr. 6), praktische Berufserfahrung ist nicht notwendig (VGH Baden-Württemberg 30. 5. 1979 EzB BBiG § 40 III Nr. 3; VG Ansbach 25. 4. 1986 EzB BBiG § 40 III BBiG Nr. 6; *Eule* BB 1990, 1337 mwN; VG Ansbach 25. 4. 1986 EzB BBiG § 40 III Nr. 6). Durch Rechtsverordnung kann bestimmt werden, welche Schulen oder Einrichtungen die Voraussetzungen des § 40 III 1 erfüllen, § 40 III 2. In Betracht kommt jede Einrichtung, die von ihrer Ausstattung her eine entsprechende Ausbildung vermitteln kann, wie zB überbetriebliche Ausbildungsstätten, Strafvollzugsanstalten, Rehabilitationszentren, Einrichtungen der Bundeswehr. Eine Rechtsverordnung iSd. § 40 III 2 ist bisher nicht ergangen. Für das **Handwerk** § 37 HandwO.

§ 41 Prüfungsordnung

¹Die zuständige Stelle hat eine Prüfungsordnung für die Abschlußprüfung zu erlassen. ²Die Prüfungsordnung muß die Zulassung, die Gliederung der Prüfung, die Bewertungsmaßstäbe, die Erteilung der Prüfungszeugnisse, die Folgen von Verstößen gegen die Prüfungsordnung und die Wiederholungsprüfung regeln. ³Dem Ausbildenden werden auf dessen Verlangen die Ergebnisse der Zwischen- und Abschlußprüfung des Auszubildenden übermittelt. ⁴Der Hauptausschuß des Bundesinstituts für Berufsbildung erläßt für die Prüfungsordnung Richtlinien. ⁵Die Prüfungsordnung bedarf der Genehmigung der zuständigen obersten Landesbehörde.

Die Prüfungsordnungen gem. S. 1 enthalten die formellen Regeln für die Abschlußprüfungen; S. 2 1 legt den Mindestinhalt der Prüfungsordnung fest. Ist die „zuständige Stelle" eine Kammer, wird die Prüfungsordnung als Satzung erlassen. Als Satzungsrecht ist die Prüfungsordnung dem Gesetz nachgeordnet; sie muß mindestens den Inhalt von §§ 41, 42 haben und darf auch sonst nicht von §§ 34 ff. abweichen. Sieht die Prüfungsordnung vor, daß die Prüfungsleistung von den berufenen Mitgliedern des Prüfungsausschusses zu bewerten ist, darf während der Prüfung kein Wechsel in der Zusammensetzung des Prüfungsausschusses stattfinden (BayVGH 7. 6. 1974 GewArch 1974, 348). Die Mitteilung der Prüfungsergebnisse auch an den Ausbildenden (S. 3) ist erst durch die Neuregelung vom 31. 3. 1998 eingefügt. Damit wird dem Ausbildenden eine Kontrolle des Ausbildungserfolges erleichtert.

Der Hauptausschuß des BIBB erläßt nach S. 4 **Richtlinien** für die Prüfungsordnungen. Sie sind 2 weder Satzung noch Verwaltungsverordnung und entfalten keine Bindungswirkung; sie sollen nur Orientierungshilfe geben, um die Prüfungsordnungen zu vereinheitlichen. Verbindlichkeit erlangt die Prüfungsordnung, wenn sie vom Berufsbildungsausschuß der zuständigen Stelle beschlossen, von der zuständigen Stelle erlassen, verkündet und von der zuständigen obersten Landesbehörde genehmigt wird (*Knopp/Kraegeloh* Rn. 5). Für das **Handwerk** § 38 HandwO.

§ 42 Zwischenprüfungen

¹ Während der Berufsausbildung ist zur Ermittlung des Ausbildungsstandes mindestens eine Zwischenprüfung entsprechend der Ausbildungsordnung durchzuführen, bei der Stufenausbildung für jede Stufe. ² Die §§ 34 bis 36 gelten entsprechend.

1   Durch die Zwischenprüfung soll der Ausbildungsstand des Auszubildenden ermittelt werden, damit ggf. korrigierend auf den weiteren Verlauf der Ausbildung Einfluß genommen werden kann. Einer Anfechtungsklage gegen die Zwischenprüfung fehlt daher das Rechtsschutzbedürfnis (VG Düsseldorf 29. 3. 1985 EzB BBiG § 42 Nr. 2). Die Teilnahme an der Zwischenprüfung ist Voraussetzung für die Zulassung zur Abschlußprüfung nach § 39 I Nr. 2.

2   Gegenstand der Zwischenprüfung sind die in der Ausbildungsordnung vorgesehenen, bis zu diesem Zeitpunkt vermittelten Fertigkeiten und Kenntnisse sowie der im Berufsschulunterricht zu vermittelnde, für die Berufsausbildung wesentliche Lehrstoff (§ 42 S. 2 iVm. § 35). Die Ausbildungsordnung kann statt einer auch mehrere Zwischenprüfungen vorschreiben. Bei der **Stufenausbildung** ist für jede Stufe eine Zwischenprüfung abzulegen. Nach § 26 V kann die Ausbildungsordnung bestimmen, daß bei Prüfungen, die vor Abschluß einzelner Stufen abgenommen werden, die Vorschriften über die Abschlußprüfung entsprechend gelten. Für das **Handwerk** § 39 HandwO.

§ 43 Gleichstellung von Prüfungszeugnissen

(1) **Das Bundesministerium für Wirtschaft** oder das sonst zuständige Fachministerium kann im Einvernehmen mit dem Bundesministerium für Bildung, Wissenschaft, Forschung und Technologie nach Anhören des Ständigen Ausschusses des Bundesinstituts für Berufsbildung durch Rechtsverordnung Prüfungszeugnisse von Ausbildungsstätten oder Prüfungsbehörden den Zeugnissen über das Bestehen der Abschlußprüfung gleichstellen, wenn die Berufsausbildung und die in der Prüfung nachzuweisenden Fertigkeiten und Kenntnisse gleichwertig sind.

(2) **Das Bundesministerium für Wirtschaft** oder das sonst zuständige Fachministerium kann im Einvernehmen mit dem Bundesministerium für Bildung, Wissenschaft, Forschung und Technologie nach Anhören des Ständigen Ausschusses des Bundesinstituts für Berufsbildung durch Rechtsverordnung außerhalb des Geltungsbereichs dieses Gesetzes erworbene Prüfungszeugnisse den entsprechenden Zeugnissen über das Bestehen der Abschlußprüfung gleichstellen, wenn in den Prüfungen der Abschlußprüfung gleichwertige Anforderungen gestellt werden.

1   Abs. 1 regelt die Gleichstellung **inländischer** Prüfungszeugnisse, soweit sie nicht dem BBiG unterfallen. Prüfungszeugnisse von Ausbildungsstätten, wie zB Umschulungs- oder Rehabilitationseinrichtungen, und von Prüfungsbehörden (Berufsfachschulen) können gleichgestellt werden, wenn die Ausbildung der betrieblichen gleichwertig ist. Entsprechende Gleichstellungen erfolgen durch Verordnungen, vgl. die Einzelnachweise bei *Knopp/Kraegeloh* Rn. 1; *Natzel* S. 433.

2   Abs. 2 betrifft in erster Linie die Gleichstellung ausländischer Prüfungszeugnisse. Sie setzt gleichwertige Anforderungen in den Abschlußprüfungen voraus, die durch Vergleich der Prüfungsordnungen festzustellen ist. Eine Gleichstellung ist zB erfolgt durch die VO zur Gleichstellung französischer Prüfungszeugnisse mit Zeugnissen über das Bestehen der Abschlußprüfung in anerkannten Ausbildungsberufen v. 16. 6. 1977 (BGBl. I S. 857). Mit der Gleichstellung kann der Zeugnis-Inhaber ua. die fachliche Eignung (§ 76 I Nr. 1) nachweisen. Zur Anerkennung von Prüfungen von Aus- und Übersiedlern § 92 II, III BVFG. Für das **Handwerk** § 40 HandwO. Für Abschlüsse aus der DDR § 108 a.

Fünfter Abschnitt. Regelung und Überwachung der Berufsausbildung

§ 44 Regelungsbefugnis

Soweit Vorschriften nicht bestehen, regelt die zuständige Stelle die Durchführung der Berufsausbildung im Rahmen dieses Gesetzes.

1   Wer als zuständige Stelle zur Regelung befugt ist, ergibt sich aus den besonderen Vorschriften für einzelne Wirtschafts- und Berufszweige, §§ 73 ff. Diese Stelle hat eine umfassende Befugnis zur Durchführung des Gesetzes, soweit nicht ausdrücklich eine andere Zuständigkeit angeordnet ist, zB §§ 24 I, 25. Eine **Regelung** durch die zuständige Stelle kann abstrakt-generell, aber auch im Einzelfall durch VA erfolgen (*Wohlgemuth* Rn. 11, 14; *Knopp/Kraegeloh* Rn. 3; aA *Herkert* Rn. 2; *Kübler/ Aberle/Schubert* Rn. 42). Die Rechtsnorm wird als Satzungsrecht nach § 58 II 1 von dem Berufsbildungsausschuß der zuständigen Stelle erlassen und bedarf der Verkündung und, soweit vorgeschrieben, der Genehmigung der zuständigen obersten Landesbehörde (BVerfG 14. 5. 1986 EzB BBiG § 56 Nr. 4). Für das **Handwerk** § 41 HandwO.

§ 45 Überwachung, Ausbildungsberater

(1) ¹Die zuständige Stelle überwacht die Durchführung der Berufsausbildung und fördert sie durch Beratung der Ausbildenden und der Auszubildenden. ²Sie hat zu diesem Zweck Ausbildungsberater zu bestellen. ³Die Ausbildenden sind verpflichtet, die für die Überwachung notwendigen Auskünfte zu erteilen und Unterlagen vorzulegen sowie die Besichtigung der Ausbildungsstätten zu gestatten.

(2) Der Auskunftspflichtige kann die Auskunft auf solche Fragen verweigern, deren Beantwortung ihn selbst oder einen der in § 52 Abs. 1 Nr. 1 bis 3 der Strafprozeßordnung bezeichneten Angehörigen der Gefahr strafgerichtlicher Verfolgung oder eines Verfahrens nach dem Gesetz über Ordnungswidrigkeiten aussetzen würde.

(3) Die zuständige Stelle teilt der Aufsichtsbehörde nach dem Jugendarbeitsschutzgesetz Wahrnehmungen mit, die für die Durchführung des Jugendarbeitsschutzgesetzes von Bedeutung sein können.

Die **Überwachungspflicht** der zuständigen Stelle ergänzt § 23. Überwacht werden soll etwa die Art 1 und Einrichtung der Ausbildungsstätte, die persönliche und fachliche Eignung von Ausbilder und Ausbildenden, die Anwendung von Schutzbestimmungen. Zur Erfüllung ihrer **Beratungspflicht** hat die zuständige Stelle **Ausbildungsberater** zu bestellen. Regelungen über Status und Bestellungsverfahren kann der Berufsbildungsausschuß gem. § 58 II 1 erlassen. IdR werden hauptamtliche Ausbildungsberater bestellt, um die gebotene fachliche und persönliche Eignung sicherzustellen. Unterstützend sind die Ausbildenden verpflichtet, die für die Überwachung notwendigen Auskünfte zu erteilen und Unterlagen vorzulegen sowie die Besichtigung der Ausbildungsstätten zu gestatten, Abs. 1 S. 3. Befindet sich die Ausbildungsstätte in einer Wohnung, ist Art. 13 GG zu beachten (BVerfG 13. 10. 1971 E 32, 54). Bzgl. der Auskunftspflicht trägt **Abs. 2** dem Gedanken Rechnung, daß sich niemand selbst in straf- bzw. ordnungsrechtlicher Hinsicht belasten muß. **Verstöße** gegen § 45 I 3 werden nach § 99 I Nr. 9 als Ordnungswidrigkeit geahndet. Die **Mitteilungspflicht** nach **Abs.** 3 soll der nach dem JArbSchG zuständigen Behörde die Überwachung von Jugendarbeitsschutzvorschriften erleichtern. Für das **Handwerk** § 41 a HandwO iVm. § 111 HandwO.

Sechster Abschnitt. Berufliche Fortbildung, berufliche Umschulung

§ 46 Berufliche Fortbildung

(1) ¹Zum Nachweis von Kenntnissen, Fertigkeiten und Erfahrungen, die durch berufliche Fortbildung erworben worden sind, kann die zuständige Stelle Prüfungen durchführen; sie müssen den besonderen Erfordernissen beruflicher Erwachsenenbildung entsprechen. ²Die zuständige Stelle regelt den Inhalt, das Ziel, die Anforderungen, das Verfahren dieser Prüfungen, die Zulassungsvoraussetzungen und errichtet Prüfungsausschüsse; § 34 Abs. 2, §§ 37, 38, 41 und 43 gelten entsprechend.

(2) ¹Als Grundlage für eine geordnete und einheitliche berufliche Fortbildung sowie zu ihrer Anpassung an die technischen, wirtschaftlichen und gesellschaftlichen Erfordernisse und deren Entwicklung kann das Bundesministerium für Bildung, Wissenschaft, Forschung und Technologie im Einvernehmen mit dem Bundesministerium für Wirtschaft oder dem sonst zuständigen Fachministerium nach Anhören des Ständigen Ausschusses des Bundesinstituts für Berufsbildung durch Rechtsverordnung, die nicht der Zustimmung des Bundesrates bedarf, den Inhalt, das Ziel, die Prüfungsanforderungen, das Prüfungsverfahren sowie die Zulassungsvoraussetzungen und die Bezeichnung des Abschlusses bestimmen. ²In der Rechtsverordnung kann ferner vorgesehen werden, daß die berufliche Fortbildung durch Fernunterricht vermittelt wird. ³Dabei kann bestimmt werden, daß nur solche Fernlehrgänge verwendet werden dürfen, die nach § 12 Abs. 1 des Fernunterrichtsschutzgesetzes zugelassen oder nach § 15 Abs. 1 des Fernunterrichtsschutzgesetzes als geeignet anerkannt worden sind.

Die berufliche Fortbildung dient dem Erhalt und der Erweiterung der beruflichen Kenntnisse und 1 Fertigkeiten, der Anpassung an die technische Entwicklung und dem beruflichen Aufstieg. Sie wird nicht vom 2. Teil des BBiG geregelt, sondern grds. von den allgemeinen Bestimmungen des Arbeitsrechts, soweit sie im Rahmen eines Arbeitsverhältnisses stattfindet. Die zuständigen Stellen können zwecks Nachweis solcher Kenntnisse nach Abs. 1 **Prüfungen** durchführen, Inhalt, Ziel, Anforderungen und Verfahren dieser Prüfungen sowie die Zulassungsvoraussetzungen zu diesen bestimmen und Prüfungsausschüsse errichten. Die Befugnis besteht nur, soweit nicht nach Abs. 2 einschlägige Rechtsverordnungen erlassen sind. Den besonderen Erfordernissen beruflicher Erwachsenenbildung wird entsprochen, wenn Prüfungen die Mentalität und Leistungsfähigkeit Erwachsener berücksichtigen. Die nach Abs. 1 S. 2 Halbs. 2 iVm. § 41 zu erlassende Prüfungsordnung hat Satzungscharakter

150 BBiG §§ 47, 48

(§ 41 Rn. 24). Sie ist gem. §§ 41, 44, 58 II vom Berufsbildungsausschuß der zuständigen Stelle zu erlassen.

2 Im Interesse einer einheitlichen Fortbildung können Inhalt, Ziel, Prüfungsanforderungen, Prüfungsverfahren, Zulassungsvoraussetzungen und die Bezeichnung des Abschlusses durch **Rechtsverordnung** bestimmt werden, Abs. 2. **Zuständig** ist der Bundesminister für Bildung und Wissenschaft im Einvernehmen mit dem Bundesminister für Wirtschaft oder dem sonst zuständigen Fachminister; der Ständige Ausschuß des BIBB ist vorher anzuhören. Von der Regelungsbefugnis kann erst dann Gebrauch gemacht werden, wenn ein Bedürfnis für eine einheitliche Regelung besteht. Zu den besonderen Verhältnissen **Behinderter** § 49. Zur beruflichen Weiterbildungsmaßnahme durch die Bundesanstalt für Arbeit §§ 77 ff. SGB III. Für das **Handwerk** § 42 HandwO.

§ 47 Berufliche Umschulung

(1) Maßnahmen der beruflichen Umschulung müssen nach Inhalt, Art, Ziel und Dauer den besonderen Erfordernissen der beruflichen Erwachsenenbildung entsprechen.

(2) [1] Zum Nachweis von Kenntnissen, Fertigkeiten und Erfahrungen, die durch berufliche Umschulung erworben worden sind, kann die zuständige Stelle Prüfungen durchführen; sie müssen den besonderen Erfordernissen beruflicher Erwachsenenbildung entsprechen. [2] Die zuständige Stelle regelt den Inhalt, das Ziel, die Anforderungen, das Verfahren dieser Prüfungen, die Zulassungsvoraussetzungen und errichtet Prüfungsausschüsse; § 34 Abs. 2, §§ 37, 38, 41, 43 und 46 Abs. 2 gelten entsprechend.

(3) [1] Bei der Umschulung für einen anerkannten Ausbildungsberuf sind das Ausbildungsberufsbild (§ 25 Abs. 2 Nr. 3), der Ausbildungsrahmenplan (§ 25 Abs. 2 Nr. 4) und die Prüfungsanforderungen (§ 25 Abs. 2 Nr. 5) unter Berücksichtigung der besonderen Erfordernisse der beruflichen Erwachsenenbildung zugrunde zu legen. [2] Das Bundesministerium für Bildung, Wissenschaft, Forschung und Technologie kann im Einvernehmen mit dem Bundesministerium für Wirtschaft oder dem sonst zuständigen Fachministerium nach Anhören des Ständigen Ausschusses des Bundesinstituts für Berufsbildung durch Rechtsverordnung, die nicht der Zustimmung des Bundesrates bedarf, Inhalt, Art, Ziel und Dauer der beruflichen Umschulung bestimmen.

(4) [1] Die zuständige Stelle hat die Durchführung der Umschulung zu überwachen. [2] Die §§ 23, 24 und 45 gelten entsprechend.

1 Die berufliche Umschulung soll zu einer anderen als der zuvor erlernten beruflichen Tätigkeit befähigen. Im Gegensatz zu der Erstausbildung ist die Umschulung auf eine schnelle Wiedereingliederung des Umschülers in den Arbeitsprozeß auszurichten. Die Vorschrift regelt neben der Durchführung von Prüfungen auch die einzelnen Umschulungsmaßnahmen und deren Überwachung.

2 Nach Abs. 1 müssen die Umschulungsmaßnahmen nach Inhalt, Art und Dauer den besonderen Erfordernissen an den Alters- und Bildungsstand Erwachsener entsprechen. Ein **Umschulungsvertrag** unterliegt denselben Beschränkungen wie ein Berufsausbildungsvertrag (BAG 15. 3. 1991 EzB BBiG § 47 Nr. 19). Der Umschüler ist AN des Betriebes iSd. § 5 BetrVG und des ArbGG (BAG 10. 2. 1981 EzB BetrVG 1972 § 5 Nr. 1), soweit er in den Betrieb eingegliedert ist (BAG 21. 7. 1993 EzA BetrVG 1972 § 5 Nr. 56). Das gilt auch dann, wenn die Umschulung im Auftrag der Bundesanstalt für Arbeit durchgeführt wird (BAG 12. 2. 1982 NJW 1982, 350). **Abs. 2** entspricht inhaltlich § 46 I, verweist aber auch auf § 46 II, so daß auch bei der beruflichen Umschulung die inhaltliche Ordnung und das Prüfungswesen durch Rechtsverordnung vereinheitlicht werden können.

3 Bei der Umschulung für einen anerkannten Ausbildungsberuf sind die jeweiligen für diesen Beruf bestehenden Anforderungen (§ 25) zu beachten, **Abs. 3**. Nach Abs. 4 ist auch die berufliche **Umschulung** von der zuständigen Stelle zu **überwachen**, §§ 23, 24. Umschüler sind auch durch die Bereitstellung von Ausbildungs- bzw. Umschulungsberatern zu fördern, § 45. Zu den besonderen Verhältnissen **Behinderter** § 49 BBiG. Zur Förderung beruflicher Umschulungsmaßnahmen als Maßnahmen der Weiterbildung durch die Bundesanstalt für Arbeit §§ 77 ff. SGB III. Für das **Handwerk** § 42 a HandwO.

Siebenter Abschnitt. Berufliche Bildung Behinderter

§ 48 Berufsausbildung

(1) Für die Berufsausbildung körperlich, geistig oder seelisch Behinderter gilt, soweit es Art und Schwere der Behinderung erfordern, § 28 nicht.

(2) Regelungen nach § 44 sollen die besonderen Verhältnisse der Behinderten berücksichtigen.

(3) In den Fällen der Absätze 1 und 2 ist

1. der Berufsausbildungsvertrag mit einem Behinderten in das Verzeichnis der Berufsausbildungsverhältnisse (§ 31) einzutragen,
2. der Behinderte zur Abschlußprüfung auch zuzulassen, wenn die Voraussetzungen des § 39 Abs. 1 nicht vorliegen.

§ 49 Berufliche Fortbildung, berufliche Umschulung

Für die berufliche Fortbildung (§ 46) und die berufliche Umschulung (§ 47) körperlich, geistig oder seelisch Behinderter gilt § 48 entsprechend, soweit es Art und Schwere der Behinderung erfordern.

Die Vorschriften dienen der Eingliederung Behinderter in die Berufswelt und in die Gesellschaft; 1 dazu erleichtern sie die Aus- und Fortbildung sowie die Umschulung körperlich, geistig und seelisch Behinderter. Eine Begriffsdefinition erfolgt im BBiG nicht. Als behindert kann aber immer nur angesehen werden, wer im medizinischen Sinne wesentlich und nicht nur vorübergehend beeinträchtigt ist (*Herkert* § 48 Rn. 5).

Körperlich behindert ist, wer durch physische Schädigungen in seiner Arbeitsfähigkeit oder in 2 seiner Fähigkeit beeinträchtigt ist, sich in der normalen Umwelt (zB in einem Betrieb) zu bewegen. **Geistig** behindert ist, wessen Intelligenzniveau erheblich unter dem Durchschnitt liegt oder dem normalen Lern- und Entwicklungsfortschritt so entgegensteht, daß die Berufsausbildung nur unter besonders erschwerten Bedingungen möglich ist. **Seelische** Behinderungen sind neurotische Erkrankungen, die die Kontaktfähigkeit stark einschränken und deshalb eine Berufsausbildung erschweren.

Soweit **Art und Schwere** der Behinderung es erfordern, gilt § 28 nicht, Abs. 1; das Abweichen von 3 der Ausbildungsordnung ist damit möglich. Art und Schwere der Behinderung sind von der zuständigen Stelle festzustellen, die dabei möglichst nach objektiven Maßstäben vorzugehen hat und Ärzte, Psychiater oder Psychologen zuziehen soll. Nach **Abs. 2** müssen Regelungen nach § 44 die besonderen Verhältnisse der Behinderten berücksichtigen. Nach **Abs. 3 Nr. 1** ist der Berufsausbildungsvertrag mit einem Behinderten auch dann in das Verzeichnis der Berufsausbildungsverhältnisse nach § 31 einzutragen, wenn die Ausbildung aufgrund des Abs. 1 und 2 nicht in vollem Umfang der Ausbildungsordnung und den sonstigen Vorschriften entspricht. Der Behinderte ist in diesem Fall auch dann zur Abschlußprüfung zuzulassen, wenn die Voraussetzungen des § 39 I nicht vorliegen. Zu berufsfördernden Maßnahmen der **Bundesanstalt für Arbeit** §§ 97 ff. SGB III. Für das **Handwerk** § 42 b HandwO.

§ 49 erstreckt den in § 48 normierten Schutz für Behinderte auch auf Maßnahmen der beruflichen 4 **Fortbildung** und der beruflichen **Umschulung,** soweit Art und Schwere der Behinderung das erfordern. Für das **Handwerk** § 42 c HandwO.

Vierter Teil–Neunter Teil

§§ 50–113. *(nicht abgedruckt; Vgl. den Abdruck bei Nipperdey I – Arbeitsrecht Nr. 415)*

160. Bundesdatenschutzgesetz (BDSG)

vom 20. Dezember 1990 (BGBl. I S. 2954)

Zuletzt geändert durch Gesetz vom 17. Dezember 1997 (BGBl. I S. 3108)

(BGBl. III/FNA 204-3)

– Auszug –

Schrifttum: *Auernhammer*, BDSG, 3. Auflage 1993; *Bergmann/Möhrle/Herb*, Datenschutzrecht, Handkommentar zum BDSG, Loseblattausgabe; *Däubler*, Gläserne Belegschaften?, 3. Auflage 1993; *Däubler/Klebe/Wedde*, Bundesdatenschutzgesetz, Basiskommentar mit der neuen EG-Datenschutzrichtlinie, Köln; *Dörr/Schmidt*, Neues BDSG, 2. Auflage 1992; *Gola/Wronka*, Handbuch zum Arbeitnehmerdatenschutz, 2. Auflage 1994; *Gola/Schomerus*, BDSG, 6. Auflage 1997; *Wohlgemuth*, Datenschutz für AN, 2. Auflage 1988.

Einleitung

I. Überblick

1   Mit den zunehmenden technischen Möglichkeiten der Datenverarbeitung wachsen Fähigkeit und Interesse der Unternehmen, personenbezogene Daten der AN mittels elektronischer Datenverarbeitungssysteme leichter und effektiver zu verwalten. Gleichzeitig werden ANDaten über die traditionellen Bereiche der Personalverwaltung hinaus für Zwecke der Personalplanung, Personalkontrolle usw. verwandt. Für den AN bedeutet diese Entwicklung eine gesteigerte Gefahr, in seinem Persönlichkeitsrecht verletzt zu werden. Eine gesetzliche Grundlage, die speziell auf die arbeitsrechtliche Problematik und den Ausgleich der Interessen im Arbeitsverhältnis zugeschnitten ist, existiert nicht. Die Rechtslage wird vielmehr durch die allgemeinen Regelungen zum Datenschutz bestimmt. Die Datenschutzgesetze finden jeweils in Ausschnitten Anwendung: in der Privatwirtschaft Teile des BDSG, im öffentlichen Dienst je nach Anwendungsbereich das BDSG oder die Datenschutzgesetze der Länder.

2   **1. Datenschutz aus Sicht des Arbeitgebers.** Sowohl für den öffentlichen als auch für den privaten AG gelten in Abweichung von der allgemeinen Systematik des BDSG einheitlich die Regelungen für den Bereich der nicht-öffentlichen Stellen (§§ 1 bis 11, 12 IV, 27 ff.). Das BDSG differenziert zwischen verschiedenen Phasen des Umgangs mit Daten: a) der Erhebung von Daten, b) der Datenverarbeitung, die das Speichern, Verändern, Übermitteln, Sperren und Löschen personenbezogener Daten umfaßt, c) der Datennutzung, wobei die rechtliche Unterscheidung nicht mit den tatsächlichen Vorgängen übereinstimmen muß. Die Zulässigkeit ist für jede Datenverarbeitungsphase gesondert festzustellen, § 4 I enthält ein unter Erlaubnisvorbehalt stehendes Verbot der Datenverarbeitung und -nutzung. Die maßgeblichen Zulässigkeitstatbestände finden sich in § 28. Das Recht des AN auf informationelle Selbstbestimmung tritt dann zurück, wenn das Informationsinteresse des AG nach Maßgabe des Verhältnismäßigkeitsgrundsatzes überwiegt: Der Eingriff in das Persönlichkeitsrecht muß durch die Zweckbestimmung des Arbeitsverhältnisses gerechtfertigt und der Umgang mit den Daten zur Erfüllung gesetzlicher, kollektivvertraglicher oder einzelarbeitsvertraglicher Pflichten oder zur Wahrnehmung von Rechten aus dem Vertragsverhältnis geeignet und erforderlich sein.

3   Adressat des BDSG ist der AG als speichernde Stelle. Er bleibt nach der gesetzlichen Konstruktion der Auftragsdatenverwaltung (§ 11) auch dann datenschutzverpflichtet, wenn er ANDaten nicht selbst verwaltet, sondern durch andere verwalten läßt. Lediglich dann, wenn neben der Datenverarbeitung auch die zugrundeliegende Aufgabe auf den Dritten übertragen wird, gehen die Datenschutzverpflichtungen mit auf diesen über.

4   Der AG ist zur Einhaltung zahlreicher technischer und organisatorischer Datenschutzmaßnahmen (§ 9 iVm. der Anlage zu § 9 S. 1) sowie unter bestimmten Voraussetzungen zur Einsetzung eines betrieblichen Datenschutzbeauftragten verpflichtet (§§ 36, 37). Bei zahlreichen Maßnahmen hat der AG die Mitarbeitervertretung entsprechend den Regelungen des BetrVG oder des BPersVG zu beteiligen. Übergeht der AG Mitbestimmungsrechte, kann dies die Unzulässigkeit der Datenverwendung zur Folge haben.

5   **2. Datenschutz aus Sicht des AN.** Hinsichtlich des Schutzes der ANDaten gelten die Ausführungen unter Rn. 2 über die verschiedenen Phasen des Umgangs mit Daten aus Sicht des AG entsprechend.

II. Rechtsgrundlagen des Arbeitnehmerdatenschutzes Einl. BDSG 160

Das BDSG gewährt dem betroffenen AN Benachrichtigungs- und Auskunftsansprüche (§§ 33 bis 6 34). Bei unzulässiger Datenverarbeitung kann der AN Berichtigung, Löschung oder Sperrung von Daten verlangen (§ 35). Seine Rechte hat er grds., und zwar auch im Fall des sog. outsourcing, gegenüber dem AG geltend zu machen, der nach der gesetzlichen Konstruktion der Auftragsdatenverwaltung (§ 11) allein datenschutzverpflichtet bleibt. In vielen Fällen ist dem AN zu empfehlen, sich an den jeweiligen Datenschutzbeauftragten oder den Betriebs- oder Personalrat zu wenden. Beide verfügen über zahlreiche, jeweils anders gelagerte Kontrollmöglichkeiten und sind häufig in der Lage, betrieblichen Datenschutz im Interesse des betroffenen AN mitzugestalten und auf seine Einhaltung hinzuwirken.

3. Datenschutz aus Sicht der Mitarbeitervertretung. Die Mitarbeitervertretung ist datenschutz- 7 rechtlich Teil der speichernden Stelle, also dem AG zugeordnet. Ihre betriebsverfassungsrechtliche oder personalvertretungsrechtliche Stellung wird durch das BDSG nicht berührt. Sofern sie selbst Daten erhebt, verwaltet oder vom AG übermittelt bekommt, kommt es wesentlich auf die bereichsspezifischen Regelungen des BetrVG oder der PersVG an. Soweit sie den Umgang mit Daten verbieten oder beschränken, zB indem sie nur Einsichtsrechte gewähren, ist die Verwendung datenschutzrechtlich unzulässig. Stehen sie nicht entgegen, ist die Zulässigkeit der jeweiligen Datenverarbeitungsphase unter Heranziehung des § 28 zu prüfen. Da die Mitarbeitervertretung in die arbeitsvertragliche Beziehung zwischen AG und AN unmittelbar eingebunden ist, entspricht die Datenverarbeitung dann der Zweckbestimmung des Arbeitsvertrages, wenn der Umgang mit ANDaten zur Erfüllung betriebsverfassungsrechtlicher oder personalvertretungsrechtlicher Aufgaben erforderlich ist.

Das BetrVG sowie die PersVG enthalten ferner zahlreiche datenschutzrelevante Mitwirkungs- und 8 Mitbestimmungstatbestände, über die die Mitarbeitervertretungen den betrieblichen Datenschutz beeinflussen und mitgestalten können.

II. Rechtsgrundlagen des Arbeitnehmerdatenschutzes

1. Verfassungsrecht. a) Das GG kennt kein selbständiges Grundrecht auf Datenschutz, wohl aber 9 enthält das verfassungsrechtlich geschützte allgemeine Persönlichkeitsrecht (Art. 2 I iVm. Art. 1 I GG) nach der Rspr. des BVerfG **ein Recht des Bürgers auf informationelle Selbstbestimmung.** Es dient als Grundlage für einen breit angelegten Datenschutz und umfaßt die aus dem Gedanken der Selbstbestimmung folgende Befugnis des einzelnen, grds. selbst zu entscheiden, wann und innerhalb welcher Grenzen persönliche Lebenssachverhalte offenbart werden (BVerfG 15. 12. 1983 BVerfGE 65, 1, 43; BVerfG (Kammer) 10. 2. 1988 CR 1989, 416; 20. 2. 1990 NJW 1990, 2761). Die Herrschaft des einzelnen über seine Daten besteht jedoch nicht absolut und schrankenlos. Da mit dem Persönlichkeitsrecht des AN die Grundrechte des AG auf wirtschaftliche Handlungs- und Betätigungsfreiheit (Art. 2 I GG) sowie seine Berufsfreiheit (Art. 12 I GG) kollidieren, sind Einschränkungen hinzunehmen, die sich aus überwiegenden betrieblichen Interessen ergeben (vgl. auch 10 GG Art. 2 Rn. 45).

b) Das Recht auf informationelle Selbstbestimmung als datenschutzbezogene Ausprägung des all- 10 gemeinen Persönlichkeitsrechts ist den allgemeinen Grundsätzen der unmittelbaren Drittwirkung auch für das Privatrecht zu beachten. Das BAG befürwortet eine unmittelbare Drittwirkung sowohl für TV (BAG 15. 1. 1955 AP GG Art. 3 Nr. 4; BAG 13. 11. 85 AP GG Art. 3 Nr. 136; BAG 2. 6. 1961 BAGE 11, 135, 138; BAG 29. 11. 1967 BAGE 20, 175, 218, 224 f.; ebenso *Däubler*, Gläserne Belegschaften, Rn. 76 ff.; aA GG Einl. Rn. 20 ff., 46 ff. *(Dieterich)*; differenzierend *Wiedemann* TVG, Einl. Rn. 208 ff.), als auch für Betriebs- und Dienstvereinbarungen (BAG 28. 3. 1958 AP GG Art. 3 Nr. 28; hM für stärkere Betonung des privatrechtlichen Charakters der Betriebsvereinbarung: BVerfG 23. 4. 1986 AP GG Art. 2 Nr. 28; MünchArbR/*Blomeyer* § 99 Rn. 5; *Däubler*, Gläserne Belegschaften, Rn. 82 ff.; *Sachs/Höfling* GG Art. 1 Rn. 88 jeweils mwN; vgl. auch GG Einl. Rn. 24, 59 ff.). Im Rahmen von Individualarbeitsverträgen kommt dagegen nur eine mittelbare Drittwirkung in Betracht.

2. Gesetzliche Grundlagen des Arbeitnehmerdatenschutzes. a) Als Grundlage für den Schutz 11 personenbezogener Daten im Arbeitsverhältnis dienen die allgemeinen Datenschutzgesetze (s. *Däubler* RDV 1999, 243). Von besonderer und eigenständiger Bedeutung ist mangels einer spezifischen arbeitsrechtlichen Regelung trotz seiner grundsätzlichen Subsidiarität (§ 4 I) das BDSG. Seine Vorschriften über den Datenschutz in nicht-öffentlichen Stellen sind im gesamten privatwirtschaftlichen Bereich maßgebend (§ 1 II Nr. 3, § 27 I 1 Nr. 1). Ist die datenverarbeitende Stelle eine Behörde, Körperschaft, Anstalt oder Stiftung des öffentlichen Rechts, ist das BDSG ebenfalls anwendbar, sofern es sich um eine öffentliche Stelle des Bundes handelt (§ 2 I und III 1). Geht es um Datenverarbeitung in öffentlichen Stellen der Länder, gilt das BDSG gemäß § 1 II Nr. 2 nur hilfsweise, soweit der Datenschutz nicht durch Landesgesetz geregelt ist.

b) Die Länder haben von ihren Gesetzgebungsrechten umfassend durch Erlaß ihrer **Landesdaten-** 12 **schutzgesetze** Gebrauch gemacht. Um den Besonderheiten des Arbeitnehmerdatenschutzes Rechnung

160 BDSG Einl.

zu tragen, enthalten zahlreiche LDSG Sonderbestimmungen für den Datenschutz im Zusammenhang mit Dienst- und Arbeitsverhältnissen (§ 29 BbgDSG; § 22 BrDSG; § 28 HmbDSG; § 34 HessDSG; § 29 DSG NW; § 31 DSG-MV; § 24 NDSG; § 29 SDSG; § 31 SächsDSG; § 28 DSG-LSA; § 30 LDSG-SH). Andere nehmen Bezug auf die Regelungen des BDSG zum Datenschutz in nicht-öffentlichen Stellen (§ 2 II LDSG-BW; § 34 II BlnDSG; § 2 III LDSG-RPf).

13   c) Datenschutzrelevante Vorschriften finden sich ferner im **BetrVG** und im **PersVG**. Neben dem individualrechtlichen Einsichtsrecht des AN in die Personalakte (§ 83 BetrVG) werden vor allem mitbestimmungsrechtliche Aspekte des Datenschutzes erfaßt. Das BetrVG gewährt eine Vielzahl von Informations-, Mitwirkungs- und Mitbestimmungsrechten, die vom BR in datenschutzrechtlichen Fragen in Anspruch genommen werden können (§§ 75 II, 80, 85, 87, § 87 I Nr. 6, 90, 92, 93, 94 I und II, 95, 99, 102 BetrVG; §§ 67 I, 68, 75 III Nr. 8, Nr. 9, Nr. 15, 76 II Nr. 2, Nr. 3, Nr. 8 BPersVG). Die Stellung und Aufgabenerfüllung der Betriebsräte wird durch das BDSG rechtlich nicht verändert. Deshalb dürfen dem BR weder unter Hinweis auf datenschutzrechtliche Bestimmungen Informationen verweigert werden, die zur Erfüllung seiner betriebsverfassungsrechtlichen Aufgaben notwendig sind, noch darf der AG Daten übermitteln, die das Betriebsverfassungs- oder Personalvertretungsrecht nicht vorsieht (*Gola/Wronka* 4. Kap. 12.3).

14   d) Auf der Ebene des **supranationalen** Rechts ist, neben einigen – unverbindlichen – Empfehlungen die am 28. 1. 1981 vom Europarat beschlossene Datenschutzkonvention zu berücksichtigen (Konvention 108, abgedr. in: *Dammann/Simitis*, BDSG mit Landesdatenschutzgesetzen und Internationalen Vorschriften, 6. Aufl. 1993; *Ellger* CR 1994, 558, 559 f.; *Bürger/Oehmann/Matthes*, Handwörterbuch des Arbeitsrechts, Datenschutz, 740/5 Rn. 17, 77. EL, Juni 1996; MünchArbR/*Blomeyer* § 99 Rn. 9 mwN). Von besonderer und aktueller Bedeutung ist die am 24. 6. 1995 vom Rat beschlossenen **EG-Richtlinie** zum Schutz natürlicher Personen bei der Verarbeitung personenbezogener Daten und zum freien Datenverkehr (RL 95/46/EG; abgedr. in EuZW 1996, 557 sowie bei *Gola/Schomerus* Anhang). Sie knüpft ua. an in Deutschland bestehende, bereits in der oben genannten Datenschutzkonvention enthaltene Regelungsprinzipien an. Gravierende Umwälzungen des Datenschutzrechts sind daher bei der Umsetzung ins nationale Recht nicht zu erwarten. Zu den wichtigsten Veränderungen gehören die Aufgabe der Trennung zwischen öffentlichem und nicht-öffentlichem Bereich, die Ausweitung des Verarbeitungsbegriffes, die Lösung vom Dateibegriff, die Einführung einer Zweckbindung sowie die Unterscheidung zwischen sensitiven und nicht-sensitiven Daten (vgl. *Ehmann/Helfrich*, Kommentar zur EG-Datenschutzrichtlinie, 1999; *Ehmann/Sutschet* RDV 1997, 3 ff.; *Geis* CR 1995, 171; *Gola/Schomerus* innerhalb der Kommentierung des BDSG; *Krimphove* NZA 1996, 1121, *Ch. Müller*, FS Söllner, 2000, S. 809 ff.; *Schild* EuZW 1996, 549; *Simitis* NJW 1997, 281 ff.; *Weber* CR 1995, 2907). Die dreijährige Frist zur Umsetzung der RL ist am 24. 10. 1998 abgelaufen. Seit diesem Zeitpunkt ist im Rahmen des Möglichen eine richtlinienkonforme Interpretation des nationalen Datenschutzrechts anzustreben (Kasseler Handbuch/*Striegan* 2.10 Rn. 19 f.; MünchArbR/*Blomeyer* § 99 Rn. 9; *Gola* NJW 1998, 3750; *Simitis* NJW 1998, 2473 ff.).

15   e) In Betracht kommen schließlich Regelungen in TV, Betriebs- und Dienstvereinbarungen.

III. Das Bundesdatenschutzgesetz

16   **1. Aufbau und Systematik des BDSG.** Das BDSG gliedert sich in fünf Abschnitte. Der erste (§§ 1 bis 11) enthält **allgemeine Bestimmungen,** in denen ua. der Anwendungsbereich des Gesetzes (§ 1 II-V), die Zulässigkeit der Datenverarbeitung und -nutzung (§ 4), das Datengeheimnis (§ 5), Schadensersatz infolge unzulässiger Datenverarbeitung (§§ 7, 8), erforderliche Datenschutzmaßnahmen (§ 9) sowie die Einrichtung automatisierter Abrufverfahren (§ 10) geregelt sind. Außerdem finden sich in den §§ 2, 3 zahlreiche Begriffsbestimmungen, deren Kenntnis für das Arbeiten mit dem Gesetz unumgänglich ist.

17   Das BDSG differenziert nach den Subjekten der Datenerfasser. So widmet sich der zweite Abschnitt des Gesetzes (§§ 12 bis 26) ausschließlich der Datenverarbeitung durch **öffentliche Stellen,** während der dritte (§§ 27 bis 38) den Schutz personenbezogener Daten in **nicht-öffentlichen Stellen** und **öffentlich-rechtlichen Wettbewerbsunternehmen** betrifft. Beide Abschnitte sind in drei Unterabschnitte geteilt, die sich jeweils mit den Rechtsgrundlagen der Datenverarbeitung, den Rechten des Betroffenen und dem jeweiligen Datenschutzbeauftragten beschäftigen. Der vierte Abschnitt enthält *Sondervorschriften* für den Umgang mit personenbezogenen Daten, die einem Berufs- oder besonderen Amtsgeheimnis unterliegen (§ 39), für die Datenverarbeitung und Nutzung durch Forschungseinrichtungen und die Medien (§§ 40, 41) und den Datenschutzbeauftragten der Bundesanstalten des Bundesrechts (§ 42). Im fünften und letzten Abschnitt finden sich **Straf- und Bußgeldtatbestände** (§§ 43, 44).

18   **2. Arbeitsrechtlich relevante Normen des BDSG.** Beim BDSG handelt es sich nicht um ein spezifisch arbeitsrechtliches Gesetz. Welche Normen einschlägig sind, richtet sich entsprechend der Systematik des BDSG nach dem Datenerfasser, also dem AG. Ist die datenverarbeitende Stelle **nicht-öffentlich** iSd. § 2 IV oder stellt sie ein öffentliches Wettbewerbsunternehmen dar, sind außer den Vorschriften des allgemeinen Teils (§§ 1 bis 11) die §§ 27 bis 38 anwendbar (§ 27 I).

Ist die datenverarbeitende Stelle eine **öffentliche Stelle des Bundes** iSv. § 2 I, III 1, sind neben den 19
§§ 1 bis 11 grds. die §§ 12 bis 26 einschlägig (§ 12 I). Werden jedoch personenbezogene Daten für
frühere, bestehende oder künftige dienst- oder arbeitsrechtliche Rechtsverhältnisse verarbeitet oder
genutzt, verweist § 12 IV auf das Recht der nicht-öffentlichen Stellen. Es gelten damit sowohl § 28 I,
II Nr. 1 hinsichtlich der Rechtsgrundlagen als auch §§ 33 bis 35 bezüglich der Rechte der Betroffenen.
In den zwei wesentlichen Punkten des Datenschutzes herrschen damit im arbeitsrechtlichen Bereich
einheitliche Grundsätze. Normen des 2. Abschnitts, die weiterhin anwendbar bleiben, sind die Normen zur Datenerhebung (§ 13) und zur Durchführung des Datenschutzes in der Bundesverwaltung
(§ 18) sowie die Regelungen über den Bundesbeauftragten für Datenschutz (§§ 21, 22 bis 26). Arbeitsrechtlich relevant sind damit die §§ 1 bis 11, 12, 13, 18, 27 bis 38, uU auch die in den §§ 39 bis
42 enthaltenen Sondervorschriften.

Erster Abschnitt. Allgemeine Bestimmungen

§ 1 Zweck und Anwendungsbereich des Gesetzes

(1) Zweck dieses Gesetzes ist es, den einzelnen davor zu schützen, daß er durch den Umgang
mit seinen personenbezogenen Daten in seinem Persönlichkeitsrecht beeinträchtigt wird.

(2) Dieses Gesetz gilt für die Erhebung, Verarbeitung und Nutzung personenbezogener Daten
durch
1. öffentliche Stellen des Bundes
2. öffentliche Stellen der Länder, soweit der Datenschutz nicht durch Landesgesetz geregelt ist
   und soweit sie
   a) Bundesrecht ausführen oder
   b) als Organe der Rechtspflege tätig werden und es sich nicht um Verwaltungsangelegenheiten
      handelt
3. nicht-öffentliche Stellen, soweit sie die Daten in oder aus Dateien geschäftsmäßig oder für
   berufliche oder gewerbliche Zwecke verarbeiten oder nutzen.

(3) Bei der Anwendung dieses Gesetzes gelten folgende Einschränkungen:
1. Für automatisierte Dateien, die ausschließlich aus verarbeitungstechnischen Gründen vorübergehend erstellt und nach ihrer verarbeitungstechnischen Nutzung automatisch gelöscht werden, gelten nur die §§ 5 und 9.
2. Für nicht-automatisierte Dateien, deren personenbezogene Daten nicht zur Übermittlung an
   Dritte bestimmt sind, gelten nur die §§ 5, 9, 39 und 40. Außerdem gelten für Dateien öffentlicher Stellen die Regelungen über dies Verarbeitung und Nutzung personenbezogener Daten
   in Akten. Werden im Einzelfall personenbezogene Daten übermittelt, gelten für diesen Einzelfall die Vorschriften dieses Gesetzes uneingeschränkt.

(4) [1] Soweit andere Rechtsvorschriften des Bundes auf personenbezogene Daten einschließlich
deren Veröffentlichung anzuwenden sind, gehen sie den Vorschriften dieses Gesetzes vor. [2] Die
Verpflichtung zur Wahrung gesetzlicher Geheimhaltungspflichten oder von Berufs- oder besonderen Amtsgeheimnissen, die nicht auf gesetzlichen Vorschriften beruhen, bleibt unberührt.

(5) Die Vorschriften dieses Gesetzes gehen denen des Verwaltungsverfahrengesetzes vor, soweit
bei der Ermittlung des Sachverhalts personenbezogene Daten verarbeitet werden.

1. Zweck des BDSG (§ 1 I). Ziel des BDSG ist, wie der Programmsatz des § 1 I verdeutlicht, ein 1
umfassender Schutz des einzelnen davor, daß er durch den Umgang mit seinen personenbezogenen
Daten in seinem Persönlichkeitsrecht beeinträchtigt wird. Die Konzeption des Gesetzes ist in erster
Linie präventiv (*Gola/Schomerus* Anm. 3.1). Das Kernanliegen des BDSG läßt sich daher wie folgt
zusammenfassen: Vorbeugender Schutz des einzelnen vor einem zweckwidrigen und mißbräuchlichen
Umgang mit seinen personenbezogenen Daten. Erstellt etwa ein AG aus den ihm zum Zwecke der
Lohn- und Gehaltsabrechnung vorliegenden Geburtstagsdaten seiner Mitarbeiter eine Geburtstagsliste
ohne Einwilligung der Betroffenen, so ist die Datenverarbeitung unzulässig, da sie nicht als Mittel für
die Erfüllung eigener Geschäftszwecke dient (vgl. §§ 4 I, 28 I).

Das BDSG ist Schutzgesetz iSv. § 823 II BGB sowie der §§ 68 I Nr. 2 BPersVG, 80 I Nr. 1 BetrVG 2
(*Gola/Schomerus* Anm. 2.3). Sofern es Eingriffe in das Persönlichkeitsrecht durch den Staat oder
private datenverarbeitende Stellen legitimiert, stellt es gleichzeitig ein Eingriffsgesetz dar (*Gola/
Schomerus* Anm. 4.1).

2. Adressat der gesetzlichen Regelung. Adressat des BDSG ist der AG als datenspeichernde Stelle, 3
wenn er personenbezogene Daten für sich selbst speichert oder durch andere im Auftrag speichern
läßt (§ 3 VIII). An der unmittelbaren Verantwortlichkeit des AG als speichender Stelle ändert sich
auch im Falle der Telearbeit nichts, da insoweit kein besonderes Datenschutzrecht gilt (*Peter* DB 1998,

576; *Wank,* Telearbeit, 1997, S. 79 ff.; *Wedde,* FS für Däubler, 1999, S. 703, 705, 712). Die Datenauftragsverwaltung ist gesondert in § 11 geregelt.

4   § 1 II differenziert gesetzessystematisch – anders als die Datenschutzrichtlinie, der diese Unterscheidung fremd ist – zwischen öffentlichen Stellen des Bundes, öffentlichen Stellen der Länder und nicht-öffentlichen Stellen. Der Begriff der **öffentlichen Stelle** wird durch die in § 2 I, II enthaltenen Begriffsbestimmungen konkretisiert, der die **nicht-öffentlichen Stelle** in § 2 IV BDSG. Die Zuweisung des AG zum öffentlichen oder nicht-öffentlichen Bereich ist trotz der weitgehenden Angleichung der Regelungen im Bereich des ANDatenschutzes (vgl. § 12 IV) nicht zuletzt wegen der verbleibenden datenschutzrechtlichen Konsequenzen erforderlich.

5   Nicht-öffentliche Stellen sind gem. §§ 1 II Nr. 3, 27 I nur insoweit Normadressaten, als sie Daten in oder aus Dateien **geschäftsmäßig** oder für **berufliche** oder **gewerbliche Zwecke** verarbeiten oder nutzen. Geschäftsmäßig ist eine Datenverarbeitung, sofern sie kommerziellen Zwecken, dh. in der Regel der Gewinnerzielung, dient, ohne daß die Datenverarbeitung selbst das „Geschäft" darstellen muß. Dem Geltungsbereich des BDSG unterfallen somit auf Erwerb gerichtete Unternehmen. Normadressaten sind aber auch AG, die in gemeinnützigen, karitativen oder persönlich-privaten Bereichen Mitarbeiter beschäftigen, da die Datenverarbeitung in jedem Fall beruflichen Zwecken dient *(Fitting* § 83 Rn. 19; *Gola/Schomerus* § 27 Anm. 3.3).

§ 2 Öffentliche und nicht-öffentliche Stellen

(1) [1] Öffentliche Stellen des Bundes sind die Behörden, die Organe der Rechtspflege und andere öffentlich-rechtlich organisierte Einrichtungen des Bundes, der bundesunmittelbaren Körperschaften, Anstalten und Stiftungen des öffentlichen Rechts sowie deren Vereinigungen ungeachtet ihrer Rechtsform. [2] Als öffentliche Stellen gelten die aus dem Sondervermögen Deutsche Bundespost durch Gesetz hervorgegangenen Unternehmen, solange ihnen ein ausschließliches Recht nach dem Postgesetz oder dem Gesetz über Fernmeldeanlagen zusteht.

(2) Öffentliche Stellen der Länder sind die Behörden, die Organe der Rechtspflege und andere öffentlich-rechtlich organisierte Einrichtungen eines Landes, einer Gemeinde, eines Gemeindeverbandes und sonstiger der Aufsicht des Landes unterstehender juristischer Personen des öffentliches Rechts sowie deren Vereinigungen ungeachtet ihrer Rechtsform.

(3) [1] Vereinigungen des privaten Rechts von öffentlichen Stellen des Bundes und der Länder, die Aufgaben der öffentlichen Verwaltung wahrnehmen, gelten ungeachtet der Beteiligung nicht-öffentlicher Stellen als öffentliche Stellen des Bundes, wenn
1. sie über den Bereich eines Landes hinaus tätig werden oder
2. dem Bund die absolute Mehrheit der Anteile gehört oder die absolute Mehrheit der Stimmen zusteht.
[2] Andernfalls gelten sie als öffentliche Stellen der Länder.

(4) [1] Nicht-öffentliche Stellen sind natürliche und juristische Personen, Gesellschaften und andere Personenvereinigungen des privaten Rechts, soweit sie nicht unter die Absätze 1 bis 3 fallen. [2] Nimmt eine nicht-öffentliche Stelle hoheitliche Aufgaben der öffentlichen Verwaltung wahr, ist sie insoweit öffentliche Stelle im Sinne des Gesetzes.

1   **1. Der Arbeitgeber als öffentliche Stelle.** Der Behördenbegriff in § 2 I, II ist mangels eigener Definition des BDSG in Anlehnung an die Verwaltungsverfahrensgesetze funktional zu verstehen (vgl. § 1 IV VwVfG). Es kommt nicht auf die Organisationseinheit an, die die Daten tatsächlich speichert. Auch die Mitarbeitervertretung, der Personalrat, ist Teil der speichernden Stelle *(Gola/Schomerus* Anm. 15.1; *Gola* Personalrat 1990, 33). Vom Sammelbegriff der **anderen öffentlich-rechtlich organisierten Einrichtungen** werden alle sonstigen öffentlichen Stellen, die weder Behörden noch Organe der Rechtspflege sind, umfaßt, zB juristische Personen des öffentlichen Rechts (Körperschaften, Anstalten und Stiftungen), und zT auch rechtlich unselbständige Einheiten, wie Eigenbetriebe der öffentlichen Hand *(Gola/Schomerus* Anm. 4). Öffentlich-rechtliche Religionsgemeinschaften kommen dagegen nicht als speichernde Stellen in Betracht *(Auernhammer* Rn. 3; *Wohlgemuth,* Datenschutz für AN, Rn. 51 f.; differenzierend *Däubler/Klebe/Wedde* Rn. 15).

2   **2. Private Arbeitgeber.** Maßgebend für die Zuordnung einer datenverarbeitenden Stelle zum **nicht-öffentlichen Bereich** ist in erster Linie die privatrechtliche Organisationsform. Eine **natürliche Person** wird unabhängig davon erfaßt, ob sie als Privatperson oder im Rahmen einer selbständigen Tätigkeit (Einzelkaufmann, freier Beruf) auftritt. Neben **juristischen Personen** des Privatrechts können datenspeichernde Stellen auch **nicht rechtsfähige Gesellschaften** (GbR, nicht-rechtsfähiger Verein) sein. Die Personalabteilung eines Unternehmens, der Betriebsarzt *(Gola/Wronka* 3. Kap. 3.1.2), aber auch der (Gesamt-)BR (BAG 11. 11. 1997 AP BDSG § 36 Nr. 1; *Auernhammer* Rn. 54; *Gola/Schomerus* Anm. 15.1, 16.3; § 27 Anm. 2.1; *Gola/Wronka* 3. Kap. 12.2; aA *Richardi* BetrVG § 80 Rn. 53) sind jeweils nur unselbständige Teile der speichernden Stelle. Handelt es sich um eine im Ausland tätige rechtlich unselbständige Zweigniederlassung, so ist diese mangels Anwendbar-

keit des BDSG kein Teil der speichernden Stelle (*Auernhammer* § 3 Rn. 52). Umgekehrt kann ein rechtlich unselbständiger Betriebsteil dann als Personenvereinigung des privaten Rechts iSd. § 2 IV BDSG angesehen werden, wenn er von einem im Ausland gelegenen Unternehmen betrieben wird (*Auernhammer* Rn. 19; *Gola/Schomerus* § 27 Anm. 2.1; zu den Problemen des grenzüberschreitenden Datenschutzes s. Art. 4, 25, 26 RL DatSch sowie *Däubler* AiB 1997, 258 ff.). **Konzerne** sind keine Normadressaten des BDSG, sondern nur die in ihnen zusammengeschlossenen juristischen Personen und Gesellschaften (BAG 22. 10. 1986 AP BDSG § 23 Nr. 2 = DB 1987, 1048; *Auernhammer* Rn. 21; *Gola/Schomerus* § 27 Anm. 2.2). Sofern eine Form von echter Leiharbeit oder eine nach dem AÜG zulässige **Arbeitnehmerüberlassung** vorliegt, ist die datenverarbeitende Stelle das Verleihunternehmen (*Däubler*, Gläserne Belegschaften, Rn. 232). Dieses bleibt auch dann datenschutzverpflichtet, wenn gem. § 10 AÜG ein Arbeitsverhältnis zwischen dem AN und dem ausleihenden Unternehmen fingiert wird. Nimmt eine datenspeichernde Stelle trotz ihrer privatrechtlichen Organisationsform ausnahmsweise hoheitliche Aufgaben der öffentlichen Verwaltung wahr, ist sie insoweit gem. § 2 IV 2 als öffentliche Stelle anzusehen.

§ 3 Weitere Begriffsbestimmungen

(1) Personenbezogene Daten sind Einzelangaben über persönliche und sachliche Verhältnisse einer bestimmten oder bestimmbaren natürlichen Person (Betroffener).

(2) [1] Eine Datei ist
1. eine Sammlung personenbezogener Daten, die durch automatisierte Verfahren nach bestimmten Merkmalen ausgewertet werden kann (automatisierte Datei), oder
2. jede sonstige Sammlung personenbezogener Daten, die gleichartig aufgebaut ist und nach bestimmten Merkmalen geordnet, umgeordnet und ausgewertet werden kann (nicht-automatisierte Datei).

[2] Nicht hierzu gehören Akten und Aktensammlungen, es sei denn, daß sie durch automatisierte Verfahren umgeordnet und ausgewertet werden können.

(3) [1] Eine Akte ist jede sonstige amtlichen oder dienstlichen Zwecken dienende Unterlage; dazu zählen auch Bild- und Tonträger. [2] Nicht hierunter fallen Vorentwürfe und Notizen, die nicht Bestandteil eines Vorgangs werden sollen.

(4) Erheben ist das Beschaffen von Daten über Betroffene.

(5) [1] Verarbeiten ist das Speichern, Verändern, Übermitteln, Sperren und Löschen personenbezogener Daten. [2] Im einzelnen ist, ungeachtet der dabei angewendeten Verfahren:
1. Speichern das Erfassen, Aufnehmen oder Aufbewahren personenbezogener Daten auf einem Datenträger zum Zwecke ihrer weiteren Verarbeitung oder Nutzung,
2. Verändern das inhaltliche Umgestalten gespeicherter personenbezogener Daten,
3. Übermitteln das Bekanntgeben gespeicherter oder durch Datenverarbeitung gewonnener personenbezogener Daten an einen Dritten (Empfänger) in der Weise, daß
 a) die Daten durch die speichernde Stelle an den Empfänger weitergegeben werden oder
 b) der Empfänger von der speichernden Stelle zur Einsicht oder zum Abruf bereitgehaltene Dateien einsieht oder abruft,
4. Sperren das Kennzeichnen gespeicherter personenbezogenerDaten, um ihre weitere Verarbeitung oder Nutzung einzuschränken,
5. Löschen das Unkenntlichmachen gespeicherter personenbezogener Daten.

(6) Nutzen ist jede Verwendung personenbezogener Daten, soweit es sich nicht um Verarbeitung handelt.

(7) Anonymisieren ist das Verändern personenbezogener Daten derart, daß die Einzelangaben über persönliche oder sachliche Verhältnisse nicht mehr oder nur mit einem unverhältnismäßig großem Aufwand an Zeit, Kosten und Arbeitskraft einer bestimmten oder bestimmbaren naürlichen Person zugeordnet werden können.

(8) Speichernde Stelle ist jede Person oder Stelle, die personenbezogene Daten für sich selbst speichert oder durch andere im Auftrag speichern läßt.

(9) [1] Dritter ist jede Person oder Stelle außerhalb der speichernden Stelle. [2] Dritte sind nicht der Betroffene sowie diejenigen Personen und Stellen, die im Geltungsbereich dieses Gesetzes personenbezogene Daten im Auftrag verarbeiten oder nutzen.

§ 3 enthält wesentliche Begriffsbestimmungen, die für den Umgang mit dem Gesetz unumgänglich 1 sind. Zum Begriff des personenbezogenen Datums sowie zum Datei- und Aktenbegriff vgl. § 27. Die verschiedenen Formen des Umgangs mit Daten sind im Rahmen der Kommentierung zu § 28 erläutert, wobei der Tatbestand des Anonymisierens als Form der Datenveränderung betrachtet wird. Zur Abgrenzung, wer speichernde Stelle, Auftragnehmer und wer Dritter iS des Gesetzes ist, s. §§ 1, 11; vgl. den erweiterten Begriff des Empfängers in Art. 2 g RL DatSch.

2 Die EG-Datenschutzrichtlinie sieht in Art. 2 b einen extensiven Begriff der Verarbeitung vor, der die Erhebung und Benutzung von Daten mitumfaßt (MünchArbR/*Blomeyer* § 99 Rn. 26; *Gola/ Schomerus* Anm. 1. 2). Der Ausschluß der Erhebung aus den Verarbeitungsphasen (§ 3 V) läßt sich nicht aufrechterhalten. Die in der Datenschutzrichtlinie aufgestellten Anforderungen an die Rechtmäßigkeit der Datenverarbeitung sind damit auch in der Erhebungsphase zu beachten. Der in § 28 I 2 normierte Vorbehalt für die Erhebung personenbezogener Daten im privatrechtlichen Sektor genügt den Maßstäben der Datenschutzrichtlinie nicht (*Schierbaum* AuR 1998, 350, 351; *Simitis* NJW 1998, 2473, 2476; *Wohlgemuth* BB 1996, 690, 692).

§ 4 Zulässigkeit der Datenverarbeitung und -nutzung

(1) **Die Verarbeitung personenbezogener Daten und deren Nutzung sind nur zulässig, wenn dieses Gesetz oder eine andere Rechtsvorschrift sie erlaubt oder anordnet oder soweit der Betroffene eingewilligt hat.**

(2) ¹ Wird die Einwilligung von dem Betroffenen eingeholt, ist er auf den Zweck der Speicherung und einer vorgesehenen Übermittlung sowie auf Verlangen auf die Folgen der Verweigerung der Einwilligung hinzuweisen. ² Die Einwilligung bedarf der Schriftform, soweit nicht wegen besonderer Umstände eine andere Form angemessen ist. ³ Soll die Einwilligung zusammen mit anderen Erklärungen schriftlich erteilt werden, ist die Einwilligungserklärung im äußeren Erscheinungsbild der Erklärung hervorzuheben.

(3) ¹ Im Bereich der wissenschaftlichen Forschung liegt ein besonderer Umstand im Sinne von Absatz 2 Satz 2 auch dann vor, wenn durch die Schriftform der bestimmte Forschungszweck erheblich beeinträchtigt würde. ² In diesem Fall sind auch der Hinweis nach Absatz 2 Satz 1 und die Gründe, aus denen sich die erhebliche Beeinträchtigung des bestimmten Forschungszwecks ergibt, schriftlich festzuhalten.

I. Verbot mit Erlaubnisvorbehalt (§ 4 I)

1 Dem präventiven Schutzzweck des BDSG entsprechend stellt § 4 I ein **grds. Verbot der Verarbeitung und Nutzung personenbezogener Daten** auf. Die Datenverarbeitung ist nur zulässig, wenn das BDSG selbst (§ 28) oder eine andere Rechtsvorschrift sie erlaubt oder anordnet oder soweit der Betroffene eingewilligt hat. Die Zulässigkeit ist bezogen auf jedes personenbezogene Datum und jede Phase der Datenverarbeitung und -nutzung festzustellen (*Dörr/Schmidt* Rn. 2; *Gola/Schomerus* Anm. 1.3). Die **Erhebung** von ANDaten wird von § 4 I nicht erfaßt. Ihre Zulässigkeit richtet sich allein nach den §§ 13, 28 I 2 (*Gola/Schomerus* Anm. 1.1). Infolge der umfassenden Definition des Verarbeitungsbegriffes in Art. 2 b RL DatSch wird auch die Erhebung von ANDaten von § 4 I erfaßt. Die Reglungen des § 28 I 2 wird den Anforderungen der Datenschutzrichtlinie nicht gerecht und bedarf entsprechender Anpassung (s. oben § 3 Rn. 2).

II. Arbeitsrechtlich relevante Zulässigkeits- und Verbotsnormen außerhalb des BDSG

2 **1. Andere Rechtsvorschriften.** Abw. Rechtsvorschriften des Bundes haben gegenüber dem BDSG bereits wegen der in § 1 IV 1 festgelegten Subsidiarität des BDSG Vorrang. Dem Hinweis des § 4 I auf andere Rechtsvorschriften kommt so nur bei sonstigen Normen, wie zB Landesvorschriften, eine eigenständige Bedeutung zu. Unter die anderen Rechtsvorschriften iSd. § 4 I fallen auch normative Bestimmungen von TV, Betriebs- und Dienstvereinbarungen (BAG 27. 5. 1986 AP BetrVG 1972 § 87 Überwachung Nr. 15 = NJW 1987, 674; *Gola/Schomerus* § 1 Anm. 7.1, § 4 Anm. 2.1; *Auernhammer* § 1 Rn. 25; *Wohlgemuth* Arbeitnehmerdatenschutz Rn. 96).

3 **2. Erlaubnisnorm.** § 4 I verlangt eine Erlaubnisnorm, die die Verarbeitung oder Nutzung von ANDaten eindeutig, dh. unter Nennung zumindest der Arten der Daten und des Zwecks der Datenverarbeitung, für zulässig erklärt. Es reicht nicht aus, wenn die Norm Rechte und Pflichten der Arbeitsvertragsparteien umschreibt, auch wenn die Erfüllung der Aufgabe Datenkenntnis zwingend voraussetzt; sie dient dann höchstens der Ausfüllung der Erlaubnistatbestände des BDSG. Am Beispiel Sozialauswahl ergibt sich: § 1 III KSchG verpflichtet den AG zur Sozialauswahl, enthält aber keine Erlaubnis iSd. BDSG. Soweit Kenntnis der „Sozialdaten" erforderlich ist, besteht zwar ein entsprechendes Informationsinteresse des AG. Die Zulässigkeit der Datenverarbeitung und Nutzung ergibt sich jedoch allein aus § 28 I Nr. 1 und der im Rahmen der Zweckbestimmung vorzunehmenden Interessenabwägung (BAG 22. 10. 1986 AP BDSG § 23 Nr. 2 = DB 1987, 1048; *Gola/Schomerus* Anm. 2.4; aA wohl *Gola/Wronka* 6. Kap. 5.1). Die Worte „oder anordnet" stellen klar, daß eine zwingende gesetzliche Regelung zugleich eine Erlaubnis enthält (*Dörr/Schmidt* Rn. 4). Ob die Erlaubnisnorm hinter dem **Schutzniveau** des BDSG zurückbleibt, ist datenschutzrechtlich unerheblich. Dies gilt auch für abw. Regelungen in TV, Dienst- und Betriebsvereinbarungen (BAG 27. 5. 1986 AP BetrVG 1972 § 87 Überwachung Nr. 15 = NJW 1987, 674; krit. *Gola/Wronka* 2. Kap. 5.5.2). Im Hinblick auf einen durch § 75 II BetrVG gewährleisteten Mindestschutz ist jedoch die Gestattung einer nach dem BDSG unzulässigen Datenverarbeitung oder Nutzung zB durch Betriebsvereinbarung kaum denkbar (*Gola/Schomerus* Anm. 2.5; *Heither* BB 1988, 1053).

3. Datenverarbeitungsverbote. Vorrangige Vorschriften iSd. § 4 I können auch Datenverarbeitungsverbote enthalten. Schweige- und Geheimhaltungsgebote, die gleichzeitig von § 1 IV 1 erfaßt werden, sind § 39b EStG; § 79 BetrVG; §§ 26 VII, 52 SchwbG; § 8 I 2 ASiG; § 203 I 1 StGB; § 17 UWG. Von § 4 I werden ua. Geheimhaltungsverbote aus TV, Dienst- und Betriebsvereinbarungen erfaßt. In diesen Zusammenhang reiht sich systematisch die Regelung des § 1 IV 2, nach der die Pflichten zur Wahrung von Berufs- oder Amtsgeheimnissen durch das BDSG auch dann unberührt bleiben, wenn sie nicht auf Rechtsnormen, sondern zB auf von der Rspr. oder dem Standesrecht entwickelten Grundsätzen beruhen (*Gola/Schomerus* Anm. 3.2; vgl. auch § 39). 4

III. Einwilligung des Betroffenen (§ 4 II, III)

1. Einwilligung. Einwilligung bedeutet in Übereinstimmung mit der Terminologie des BGB (§ 183 BGB) die **vorherige Zustimmung** des Betroffenen. Die Erteilung einer solchen Einverständniserklärung setzt Einwilligungsfähigkeit des Betroffenen voraus. Da sich die Zustimmung nur auf eine tatsächliche Handlung, den Eingriff in das Persönlichkeitsrecht, bezieht, reicht es, wenn der Betroffene die Tragweite seiner Entscheidung zu erkennen vermag. Es kommt nicht auf seine Geschäftsfähigkeit an. Gemäß § 4 II 1 besteht eine Hinweispflicht des Datenverarbeiters, sofern er Daten „einholt": Der Betroffene ist auf sämtliche Daten, auf die sich seine Einwilligung bezieht, den Zweck der Datenverarbeitung sowie ggf. auf Zweck und Empfänger einer vorgesehenen Datenübermittlung hinzuweisen. Unklarheiten gehen zu Lasten der speichernden Stelle (*Gola/Schomerus* Anm. 5.6; s. auch die Definition der Einwilligung in Art. 2h RL DatSch). 5

2. Willensmängel. Die Einwilligung darf nicht an wesentlichen Willensmängeln leiden. Werden Einverständniserklärungen im Zusammenhang mit Formulararbeitsverträgen vom AN unterschrieben, kann sich ihre Unwirksamkeit aufgrund einer Billigkeitskontrolle (§ 315 BGB) ergeben. Um von vornherein zu verhindern, daß der AN im Zusammenhang mit allgemeinen Arbeitsbedingungen eine gefährliche Datenschutzklausel unterschreibt, ohne dies zu bemerken, sieht § 4 II 3 vor, daß die Einwilligung, sofern sie zusammen mit anderen Erklärungen erteilt wird, im äußeren Erscheinungsbild besonders hervorzuheben ist. Der bloße Hinweis des AG auf allgemeine Arbeitsbedingungen genügt nicht, selbst wenn der maßgebliche Textbestandteil fett gedruckt sein sollte. Erforderlich ist vielmehr, daß die Einwilligungsklausel an deutlich sichtbarer Stelle, drucktechnisch vom anderen Text abgesetzt, dargestellt wird (vgl. *Gola/Schomerus* Anm. 6.2). 6

Die Einwilligung ist ferner als Grundlage einer Erlaubnis unbrauchbar, wenn ihre Einholung gegen zwingende Schutznormen oder Schutzprinzipien verstößt. Informationen, die dem AG nach den für das Arbeitsrecht geltenden Grundsätzen des Fragerechts unzugänglich sind, dürfen nicht über die Einwilligung verarbeitet werden (*Gola/Schomerus* Anm. 5.2). 7

3. Schriftform. Die Einwilligung ist gemäß § 4 II 2 formbedürftig. Sie ist schriftlich zu verfassen und zu unterschreiben. Ein Verstoß gegen die Schriftformklausel hat in entsprechender Anwendung der §§ 125, 126 BGB die Unwirksamkeit der Einwilligung und damit die Unzulässigkeit der Datenverarbeitung zur Folge. Nur in Ausnahmefällen, wie bei Bestehen einer besonderen Eilbedürftigkeit, kann der Ausnahmetatbestand des § 4 II 2 erfüllt sein. Ist ein Einverständnis einmal erteilt, kann bei unveränderter Sachlage davon ausgegangen werden, daß die Einwilligung fortdauernde Wirkung hat. Umgekehrt kann der Betroffene eine einmal erteilte Einwilligung grds. wieder zurückziehen. Ein Widerruf gegen weitere Verarbeitungen ist also vom AG zu berücksichtigen. 8

§ 5 Datengeheimnis

[1] Den bei der Datenverarbeitung beschäftigten Personen ist untersagt, personenbezogene Daten unbefugt zu verarbeiten oder zu nutzen (Datengeheimnis). [2] Diese Personen sind, soweit sie bei nicht-öffentlichen Stellen beschäftigt werden, bei der Aufnahme ihrer Tätigkeit auf das Datengeheimnis zu verpflichten. [3] Das Datengeheimnis besteht auch nach Beendigung ihrer Tätigkeit fort.

§ 5 enthält Verpflichtungen für die in der Datenverarbeitung tätigen Personen. Betroffen sind in erster Linie Beschäftigte mit Verarbeitungsbefugnissen; im Einzelfall kann jedoch ausreichen, daß Mitarbeiter ohne Datenverarbeitungsbefugnis, wie Schreibkräfte oder Wartungspersonal, im Rahmen ihrer Tätigkeit Datenkenntnis erlangen (*Gola/Schomerus* Anm. 2.4.) Auf das Datengeheimnis verpflichtet sind auch Mitglieder des Betriebs- oder Personalrats, wenn sie im Rahmen ihrer Funktionsausübung ANDaten verarbeiten. Unbefugt handeln Mitarbeiter bereits dann, wenn zwar die Verarbeitung aus Sicht der speichernden Stelle zulässig ist, sie aber die ihnen intern zugewiesenen Zugriffsberechtigungen überschreiten (*Gola/Schomerus* Anm. 2.3). 1

2   Die für die Mitarbeiter des BR geltenden Geheimhaltungspflichten der §§ 79, 82 II 3, 83 I 3, 99 I 3, 102 II 5 BetrVG sowie das generelle Gebot des Stillschweigens in § 10 BPerVG verdrängen § 5 nicht, solange dieser Norm noch ein eigener Regelungsgehalt zukommt (*Gola/Schomerus* Anm. 2.5; vgl. *Gola/Wronka* 6. Kap. 5.3).

§ 6 Unabdingbare Rechte des Betroffenen

(1) Die Rechte des Betroffenen auf Auskunft (§§ 19, 34) und auf Berichtigung, Löschung oder Sperrung (§§ 20, 35) können nicht durch Rechtsgeschäft ausgeschlossen oder beschränkt werden.

(2) ¹ Sind die Daten des Betroffenen in einer Datei gespeichert, bei der mehrere Stellen speicherungsberechtigt sind, und ist der Betroffene nicht in der Lage, die speichernde Stelle festzustellen, so kann er sich an jede dieser Stellen wenden. ² Diese ist verpflichtet, das Vorbringen des Betroffenen an die speichernde Stelle weiterzuleiten. ³ Der Betroffene ist über die Weiterleitung und die speichernde Stelle zu unterrichten. ⁴ Die in § 19 Abs. 3 genannten Stellen, die Behörden der Staatsanwaltschaft und der Polizei sowie öffentliche Stellen der Finanzverwaltung, soweit sie personenbezogene Daten in Erfüllung ihrer gesetzlichen Aufgaben im Anwendungsbereich der Abgabenordnung zur Überwachung und Prüfung speichern, können statt des Betroffenen den Bundesbeauftragten für den Datenschutz unterrichten. ⁵ In diesem Fall richtet sich das weitere Verfahren nach § 19 Abs. 6.

1   § 6 I regelt die Unabdingbarkeit der Betroffenenrechte. Die Vorschrift ist über ihren Wortlaut hinaus auf andere Betroffenenrechte wie zB das Recht auf Benachrichtigung (§ 33) auszudehnen (vgl. *Gola/Schomerus* Anm. 1.2 mwN).

2   Die in § 6 II enthaltene Weiterleitungs- und Unterrichtungspflicht soll sicherstellen, daß der Betroffene seine Rechte gegenüber der speichernden Stelle auch dann wirksam gelten machen kann, wenn für ihn zB aufgrund von Systemvernetzungen nicht ohne weiteres erkennbar ist, wer für die Datenverarbeitung verantwortlich ist. Die „falsche" Stelle muß in einem solchen Fall entweder die „datenspeichernde Stelle" benennen oder das Begehren des Betroffenen weiterleiten. Eine Erweiterung des Adressatenkreises war vom Gesetzgeber dagegen nicht beabsichtigt.

§ 7 Schadensersatz durch öffentliche Stellen

(1) Fügt eine öffentliche Stelle dem Betroffenen durch eine nach den Vorschriften dieses Gesetzes oder nach anderen Vorschriften über den Datenschutz unzulässige oder unrichtige automatisierte Verarbeitung seiner personenbezogenen Daten einen Schaden zu, ist sie dem Betroffenen unabhängig von einem Verschulden zum Ersatz des daraus entstandenen Schadens verpflichtet.

(2) Bei einer schweren Verletzung des Persönlichkeitsrechts ist dem Betroffenen der Schaden, der nicht Vermögensschaden ist, angemessen in Geld zu ersetzen.

(3) ¹ Die Ansprüche nach den Absätzen 1 und 2 sind insgesamt bis zu einem Betrag in Höhe von zweihundertfünfzigtausend Deutsche Mark begrenzt. ² Ist aufgrund desselben Ereignisses an mehrere Personen Schadensersatz zu leisten, der insgesamt den Höchstbetrag von zweihundertfünfzigtausend Deutsche Mark übersteigt, so verringern sich die einzelnen Schadensersatzleistungen in dem Verhältnis, in dem ihr Gesamtbetrag zu dem Höchstbetrag steht.

(4) Sind bei einer Datei mehrere Stellen speicherungsberechtigt und ist der Geschädigte nicht in der Lage, die speichernde Stelle festzustellen, so haftet jede dieser Stellen.

(5) Mehrere Ersatzpflichtige haften als Gesamtschuldner.

(6) Auf das Mitverschulden des Betroffenen und die Verjährung sind die §§ 254 und 852 der Bürgerlichen Gesetzbuches entsprechend anzuwenden.

(7) Vorschriften, nach denen ein Ersatzpflichtiger in weiterem Umfang als nach dieser Vorschrift haftet oder nach denen ein anderer für den Schaden verantwortlich ist, bleiben unberührt.

(8) Der Rechtsweg vor den ordentlichen Gerichten steht offen.

1   Werden die Grenzen einer zulässigen Personaldatenverarbeitung durch einen öffentlichen AG überschritten, so kommt neben den allgemeinen zivilrechtlichen Vorschriften (pVV, cic., §§ 823 ff. BGB; das BDSG ist Schutzgesetz iSd. § 823 II BGB) als weitere Grundlage eines Schadensersatzanspruchs der Gefährdungshaftungstatbestand des § 7 I in Betracht (vgl. § 7 VIII), der an den Einsatz einer zwar erlaubten, aber gefährlichen Technik anknüpft.

§ 8 Schadensersatz durch nicht-öffentliche Stellen

Macht ein Betroffener gegenüber einer nicht-öffentlichen Stelle einen Anspruch auf Schadensersatz wegen einer nach diesem Gesetz oder anderen Vorschriften über den Datenschutz unzulässigen oder unrichtigen automatisierten Datenverarbeitung geltend und ist streitig, ob der Schaden die Folge eines von der speichernden Stelle zu vertretenden Umstandes ist, so trifft die Beweislast die speichernde Stelle.

§ 8 bestimmt für den Bereich der **nicht-öffentlichen** Stellen eine **Umkehr der Beweislast**. Die 1 Überschrift ist insofern irreführend. Die Formulierung des Gesetzes „ob der Schaden die Folge eines von der speichernden Stelle zu vertretenen Umstands ist", wird nicht einheitlich interpretiert. Viele lassen bereits genügen, wenn der Betroffene nachweist, daß es zu einer gesetzwidrigen Verarbeitung oder Nutzung von ANDaten gekommen ist (*Bergmann/Möhrle/Herb* Rn. 27; *Gola/Schomerus* Anm. 4.; *Auernhammer* Rn. 3, 7). Nach anderer Auffassung ist außer dem Schadenseintritt auch der ursächliche Zusammenhang zwischen der fehlerhaften Handlung und dem Schaden vom Betroffenen uneingeschränkt nachzuweisen (*Wind* RDV 1991, 23).

§ 9 Technische und organisatorische Maßnahmen

¹ Öffentliche und nicht-öffentliche Stellen, die selbst oder im Auftrag personenbezogene Daten verarbeiten, haben die technischen und organisatorischen Maßnahmen zu treffen, die erforderlich sind, um die Ausführung der Vorschriften dieses Gesetzes, insbesondere die in der Anlage zu diesem Gesetz genannten Anforderungen, zu gewährleisten. ² Erforderlich sind Maßnahmen nur, wenn ihr Aufwand in einem angemessenen Verhältnis zu dem angestrebten Schutzzweck steht.

Anlage zu § 9 Satz 1: Werden personenbezogene Daten automatisiert verarbeitet, sind Maßnahmen zu treffen, die je nach Art der zu schützenden personenbezogenen Daten geeignet sind,
1. Unbefugten den Zugang zu Datenverarbeitungsanlagen, mit denen personenbezogene Daten verarbeitet werden, zu verwehren (Zugangskontrolle),
2. zu verhindern, daß Datenträger unbefugt gelesen, kopiert, verändert oder entfernt werden können (Datenträgerkontrolle),
3. die unbefugte Eingabe in den Speicher sowie die unbefugte Kenntnisnahme, Veränderung oder Löschung gespeicherter personenbezogener Daten zu verhindern (Speicherkontrolle),
4. zu verhindern, daß Datenverarbeitungssysteme mit Hilfe von Einrichtungen zur Datenübertragung von Unbefugten genutzt werden können (Benutzerkontrolle),
5. zu gewährleisten, daß die zur Benutzung eines Datenverarbeitungssystems Berechtigten ausschließlich auf die ihrer Zugriffsberechtigung unterliegenden Daten zugreifen können (Zugriffskontrolle),
6. zu gewährleisten, daß überprüft und festgestellt werden kann, an welche Stellen personenbezogene Daten durch Einrichtungen zur Datenübertragung übermittelt werden können (Übermittlungskontrolle),
7. zu gewährleisten, daß nachträglich überprüft und festgestellt werden kann, welche personenbezogenen Daten zu welcher Zeit von wem in Datenverarbeitungssysteme eingegeben worden sind (Eingabekontrolle),
8. zu gewährleisten, daß personenbezogene Daten, die im Auftrag verarbeitet werden, nur entsprechend den Weisungen des Auftraggebers verarbeitet werden können (Auftragskontrolle),
9. zu verhindern, daß bei der Übertragung personenbezogener Daten sowie beim Transport von Datenträgern die Daten unbefugt gelesen, kopiert, verändert oder gelöscht werden können (Transportkontrolle),
10. die innerbehördliche oder innerbetriebliche Organisation so zu gestalten, daß sie den besonderen Anforderungen des Datenschutzes gerecht wird (Organisationskontrolle).

Welche Maßnahmen der AG oder eine in seinem Auftrag datenverarbeitende Stelle zu treffen hat, 1 um den Schutz personenbezogener ANDaten zu gewährleisten, ergibt sich ua. aus § 9. Nach dieser Vorschrift sind sämtliche technischen und organisatorischen Maßnahmen zu treffen, die erforderlich sind, um die Ausführung der Vorschriften des BDSG und einen Schutz des Betroffenen vor Beeinträchtigungen des Persönlichkeitsrechts zu gewährleisten. Die Erforderlichkeit der Maßnahme wird in S. 2 näher konkretisiert: Sie muß nicht nur geeignet sein, sondern auch in einem angemessenen Verhältnis zum angestrebten Schutzzweck stehen. Das Gesetz fordert damit eine Abwägung zwischen Schutzzweck und Aufwand nach dem **Verhältnismäßigkeitsprinzip**.

Ist die Datenverarbeitung automatisiert, so ergeben sich konkrete Anforderungen aus der **Anlage 2 zu § 9 S. 1**. Der Anlagenkatalog differenziert zwischen zehn verschiedenen Kontrollformen, wobei sich die erforderlichen Datensicherungsmaßnahmen zumeist mehreren Kontrollaufgaben zuordnen lassen (ausführlich *Gola/Schomerus* Anm. 4; *Gola/Wronka* 2. Kap. 6.).

I. Zugangsberechtigung

3   Es ist festzulegen, wer in welchem Umfang für welche Aufgaben zugangsberechtigt sein soll (Nr. 1, 3, 4, 5, 6, 10). Notwendig ist eine klare, möglichst schriftlich fixierte Aufgaben- und Funktionstrennung. Das Vier-Augen-Prinzip sollte gewährleistet sein. Die Zugangsberechtigten müssen identifizierbar sein. Sie sind besonders zu legitimieren. Darüberhinaus sind Regelungen für Firmenfremde und Firmenangehörige (Wartungspersonal, Handwerker, Reinigungspersonal, Programmierer, Vorgesetzte) zu treffen. Auch ist zu klären, an welche Stellen Daten übermittelt werden dürfen oder wer zum Transport von Datenträgern befugt ist (Nr. 6, 9, 10).

II. Kontrolle der Datenverarbeitungs- und Datenübermittlungsvorgänge

4   Erforderlich ist eine Kontrolle der Datenverarbeitungs- und Datenübermittlungsvorgänge. Dem dient die Erstellung und Auswertung von Datenverarbeitungs- oder Datenübermittlungsprotokollen, in denen festgehalten wird, welche Daten von wem, wann, in welchem Umfang verarbeitet oder an wen übermittelt worden sind (Nr. 1, 3, 4, 5, 6, 7, 10). Sofern eine solche Kontrolle nicht automatisch stattfindet, sind die Verarbeitungsvorgänge manuell festzuhalten. Notwendig ist außerdem die Kennzeichnung und Inventarisierung des Datenträgerbestands sowie die Registrierung, wer wann welche Datenträger entnommen hat (Nr. 2, 9, 10).

III. Schutz vor Zugriffen durch Nichtberechtigte

5   Zu gewährleisten ist ein umfassender Schutz der ANDaten vor Zugriffen durch Nicht-Berechtigte. In räumlicher Hinsicht sind Sicherheitsbereiche zu schaffen, die nur von Berechtigten betreten werden dürfen und die sowohl nach innen durch Beschränkung der Zugänge, Zugangskontrollsysteme, als auch durch Maßnahmen der Außensicherung (Abschließen der Räume nach Ende der Arbeitszeit, Alarmanlage usw.) geschützt sind. Eine besondere Absicherung ist auch für Datenträger sowie für Eingabelisten und Ausdrucke erforderlich, die ebenfalls an entsprechend gesicherten Orten aufzubewahren sind (Nr. 1, 2, 3, 4, 5, 7, 10). Ein unbefugter Zugriff auf ANDaten läßt sich des weiteren durch Verwendung von Paß- und Codewörtern sowie durch besondere Funktionsberechtigungsschlüssel verhindern (Nr. 1, 3, 4, 5, 7, 9, 10).

IV. Auftragskontrolle

6   Hat der AG eine andere Stelle mit der Datenverarbeitung beauftragt, so muß gewährleistet sein, daß die Daten entsprechend den Weisungen des Auftraggebers verarbeitet werden (Auftragskontrolle, Nr. 8). Der AG muß diese Stelle sorgfältig ausgewählt haben (§ 11 II). Kompetenzen und Pflichten zwischen dem AG und der beauftragten Stelle sind deutlich abzugrenzen und durch Regelungen über Datensicherungsmaßnahmen, Transportregelungen, Aufbewahrungsvorschriften, Kontrollregelungen ua. zu konkretisieren.

§ 10 Einrichtung automatisierter Abrufverfahren

(1) ¹Die Einrichtung eines automatisierten Verfahrens, das die Übermittlung personenbezogener Daten durch Abruf ermöglicht, ist zulässig, soweit dieses Verfahren unter Berücksichtigung der schutzwürdigen Interessen der Betroffenen und der Aufgaben oder Geschäftszwecke der beteiligten Stellen angemessen ist. ²Die Vorschriften über die Zulässigkeit des einzelnen Abrufs bleiben unberührt.

(2) ¹Die beteiligten Stellen haben zu gewährleisten, daß die Zulässigkeit des Abrufverfahrens kontrolliert werden kann. ²Hierzu haben sie schriftlich festzulegen:
1. Anlaß und Zweck des Abrufverfahrens
2. Datenempfänger
3. Art der zu übermittelnden Daten
4. nach § 9 erforderliche technische und organisatorische Maßnahmen.
³Im öffentlichen Bereich können die erforderlichen Festlegungen auch durch die Fachaufsichtsbehörden getroffen werden.

(3) ¹Über die Einrichtung von Abrufverfahren ist in Fällen, in denen die in § 12 Abs. 1 genannten Stellen beteiligt sind, der Bundesbeauftragte für den Datenschutz unter Mitteilung der Festlegungen nach Absatz 2 zu unterrichten. ²Die Einrichtung von Abrufverfahren, bei denen die in § 6 Abs. 2 und in § 19 Abs. 3 genannten Stellen beteiligt sind, ist nur zulässig, wenn der für die speichernde und die abrufende Stelle jeweils zuständige Bundes- oder Landesminister oder deren Vertreter zugestimmt haben.

(4) ¹Die Verantwortung für die Zulässigkeit des einzelnen Abrufs trägt der Empfänger. ²Die speichernde Stelle prüft die Zulässigkeit der Abrufe nur, wenn dazu Anlaß besteht. ³Die spei-

chernde Stelle hat zu gewährleisten, daß die Übermittlung personenbezogener Daten zumindest durch geeignete Stichprobenverfahren festgestellt und überprüft werden kann. ⁴ Wird ein Gesamtbestand personenbezogener Daten abgerufen oder übermittelt (Stapelverarbeitung), so bezieht sich die Gewährleistung der Feststellung und Überprüfung nur auf die Zulässigkeit des Abrufes oder der Übermittlung des Gesamtbestandes.

(5) Die Absätze 1 bis 4 gelten nicht für den Abruf aus Datenbeständen, die jedermann, sei es ohne oder nach besonderer Zulassung, zur Benutzung offenstehen.

Bei sog. Abrufverfahren handelt es sich um Verfahren, bei denen Dritte Daten von der speichernden 1
Stelle zum Zwecke eines Abrufs bereitgestellt bekommen (zB automatische Übermittlungen innerhalb von Konzernunternehmen, sofern diese im Rahmen einer Funktionsübertragung Aufgaben der Personaldatenverarbeitung erledigen). Unternehmensinterne Abrufverfahren (zB der AG eröffnet dem BR die Möglichkeit, bestimmte Daten der Personaldatei zu lesen oder abzurufen) fallen nicht unter § 10 (*Gola/Schomerus* Anm. 1.3).

Die Zulässigkeit der Verfahrenseinrichtung nach § 10 ist zu unterscheiden von der nach §§ 4, 28 zu 2
beurteilenden Zulässigkeit der Datenübermittlung. Bei der Feststellung der Angemessenheit sind die durch das Abrufverfahren ggf. für das Persönlichkeitsrecht des betroffenen AN entstehenden besonderen Gefährdungen mit dem Bedarf für ein derartiges Verfahren abzuwägen. In Anbetracht der besonderen Sensibilität von ANDaten und der häufig nicht zu begründenden Notwendigkeit für die Einrichtung automatisierter Verfahren hat die Norm im Bereich des ANDatenschutzes zu Recht keine entscheidende Bedeutung.

§ 11 Verarbeitung oder Nutzung personenbezogener Daten im Auftrag

(1) ¹ Werden personenbezogene Daten im Auftrag durch andere Stellen verarbeitet oder genutzt, ist der Auftraggeber für die Einhaltung der Vorschriften dieses Gesetzes und anderer Vorschriften über den Datenschutz verantwortlich. ² Die in den §§ 6 bis 8 genannten Rechte sind ihm gegenüber geltend zu machen.

(2) ¹ Der Auftragnehmer ist unter besonderer Berücksichtigung der Eignung der von ihm getroffenen technischen und organisatorischen Maßnahmen sorgfältig auszuwählen. ² Der Auftrag ist schriftlich zu erteilen, wobei die Datenverarbeitung oder -nutzung, die technischen und organisatorischen Maßnahmen und etwaige Unterauftragsverhältnisse festzulegen sind. ³ Er kann bei öffentlichen Stellen auch durch die Fachaufsichtsbehörde erteilt werden.

(3) ¹ Der Auftragnehmer darf die Daten nur im Rahmen der Weisungen des Auftraggebers verarbeiten oder nutzen. ² Ist er der Ansicht, daß eine Weisung des Auftraggebers gegen dieses Gesetz oder andere Vorschriften über den Datenschutz verstößt, hat er den Auftraggeber unverzüglich darauf hinzuweisen.

(4) Für den Auftragnehmer gelten neben den §§ 5, 9, 43 Abs. 1, Abs. 3 und 4 sowie §§ 44 Abs. 1 Nr. 2, 5, 6 und 7 und Abs. 2 nur die Vorschriften über die Datenschutzkontrolle oder die Aufsicht, und zwar für
1. a) öffentliche Stellen,
   b) nicht-öffentliche Stellen, bei denen der öffentlichen Hand die Mehrheit der Stimmen zusteht und der Auftraggeber eine öffentliche Stelle ist,
   die §§ 18, 24 bis 26 oder die entsprechenden Vorschriften der Datenschutzgesetze der Länder,
2. die übrigen nicht-öffentlichen Stellen, soweit sie personenbezogene Daten im Auftrag als Dienstleistungsunternehmen geschäftsmäßig verarbeiten oder nutzen, die §§ 32, 36 bis 38.

Der AG entgeht seinen datenschutzrechtlichen Pflichten nicht dadurch, daß er sich bei der Verwal- 1
tung von ANDaten eines in seinem Auftrag stehenden Hilfsorgans bedient. Dies ist die Kernaussage der in § 11 zum Ausdruck kommenden gesetzlichen Konstruktion der Auftragsdatenverarbeitung. Die speichernde Stelle behält als „**Herrin der Daten**" die volle Verfügungsgewalt und bestimmt durch ihre die Art und den Umfang der Datenverarbeitung betreffenden Vorgaben die Tätigkeit des Auftragnehmers. Die Rechte der betroffenen AN bestehen ihr gegenüber (*Gola/Schomerus* Anm. 1.2, *Wächter* CR 1991, 333). Das Auftragsunternehmen ist rechtlich als Einheit mit der speichernden Stelle anzusehen (§ 3 IX 2).

Der **Begriff des Auftrags** ist nicht ausschließlich iSv. § 662 BGB zu verstehen. Umfaßt sind 2
zahlreiche Varianten von der Beauftragung eines externen Entsorgungsunternehmens mit dem Vernichten von Akten bis zur Übernahme der Datenverarbeitung durch ein externes Service-Rechenzentrum oder ein als solches tätig werdendes anderes Konzernunternehmen (*Gola/Schomerus* Anm. 2.1; 2.2; § 27 Anm. 2.2). Entscheidend ist, daß der Auftrag allein auf die Verarbeitung und Nutzung von Daten gerichtet ist. Wird neben der Datenverarbeitung auch die zugrundeliegende Aufgabe übertragen, gehen alle datenschutzrechtlichen Pflichten, insb. die Ansprüche des Betroffenen, mit über (*Auernhammer* Rn. 2, 26). Eine solche Funktionsübertragung liegt zB vor, wenn die Perso-

nalverwaltung der Töchterunternehmen umfassend von der Konzernmutter erledigt wird und die Datenverarbeitung nur Folge dieser Funktionsübernahme ist. Die Konzernmutter ist in einem solchen Fall sowohl selbst Normadressat, als auch Dritter in Beziehung zu den Konzerntöchtern (*Däubler* Anm. zu BAG 22. 10. 1986 AP BDSG 77 § 23 Nr. 2; *Gola/Schomerus* Anm. 2.4; § 27 Amn. 2.2).

Zweiter Abschnitt. Datenverarbeitung der öffentlichen Stellen

Erster Unterabschnitt. Rechtsgrundlagen der Datenverarbeitung

§ 12 Anwendungsbereich

(1) Die Vorschriften dieses Abschnitts gelten für öffentliche Stellen des Bundes, soweit sie nicht als öffentlich-rechtliche Unternehmen am Wettbewerb teilnehmen.

(2) Soweit der Datenschutz nicht durch Landesgesetz geregelt ist, gelten die §§ 12 bis 17, 19 und 20 auch für die öffentlichen Stellen der Länder, soweit sie
1. Bundesrecht ausführen und nicht als öffentlich-rechtliche Unternehmen am Wettbewerb teilnehmen oder
2. als Organe der Rechtspflege tätig werden und es sich nicht um Verwaltungsangelegenheiten handelt.

(3) Für Landesbeauftragte für Datenschutz gilt § 23 Abs. 4 entsprechend.

(4) Werden personenbezogene Daten für frühere, bestehende oder zukünftige dienst- oder arbeitsrechtliche Rechtsverhältnisse verarbeitet oder genutzt, gelten anstelle der §§ 14 bis 17, 19 und 20 der § 28 Abs. 1 und 2 Nr. 1 sowie die §§ 33 bis 35.

1   Mit den in § 12 IV enthaltenen Verweisungen hat der Gesetzgeber die ansonsten strikte gesetzessystematische Trennung von öffentlichen und nicht-öffentlichen datenspeichernden Stellen für den Bereich des öffentlichen Dienstes durchbrochen. Ziel war es, für alle im öffentlichen Dienst Tätigen, seien es Beamte, Richter, Soldaten, Arbeiter oder Angestellte, ein einheitliches Datenschutzrecht zu schaffen (vgl. zu den Schwierigkeiten der Verweisung §§ 13, 27). Erforderlich ist, daß sich die Datenverarbeitung oder -nutzung auf die Ausgestaltung (Begründung, Durchführung, Beendigung) eines bestehenden oder zukünftigen dienst- oder arbeitsrechtlichen Rechtsverhältnisses bezieht. Außerdem gehören Dateien über den Personalbestand, Beihilfen und Versorgung hierher (*Gola/Schomerus* Anm. 5.2).

§ 13 Datenerhebung

(1) Das Erheben personenbezogener Daten ist zulässig, wenn ihre Kenntnis zur Erfüllung der Aufgaben der erhebenden Stellen erforderlich ist.

(2) [1]Personenbezogene Daten sind beim Betroffenen zu erheben. [2]Ohne seine Mitwirkung dürfen sie nur erhoben werden, wenn
1. eine Rechtsvorschrift dies vorsieht oder zwingend voraussetzt oder
2. a) die zu erfüllende Verwaltungsaufgabe ihrer Art nach eine Erhebung bei anderen Personen oder Stellen erforderlich macht oder
   b) die Erhebung beim Betroffenen einen unverhältnismäßigen Aufwand erfordern würde
   und keine Anhaltspunkte dafür bestehen, daß überwiegende schutzwürdige Interessen des Betroffenen beeinträchtigt werden.

(3) [1]Werden personenbezogene Daten beim Betroffenen mit seiner Kenntnis erhoben, so ist der Erhebungszweck ihm gegenüber anzugeben. [2]Werden sie beim Betroffenen aufgrund einer Rechtsvorschrift erhoben, die zur Auskunft verpflichtet, oder ist die Erteilung der Auskunft Voraussetzung für die Gewährung von Rechtsvorteilen, so ist der Betroffene hierauf, sonst auf die Freiwilligkeit seiner Angaben hinzuweisen. [3]Auf Verlangen ist er über die Rechtsvorschrift und über die Folgen der Verweigerung von Angaben aufzuklären.

(4) Werden personenbezogene Daten statt beim Betroffenen bei einer nicht-öffentlichen Stelle erhoben, so ist die Stelle auf die Rechtsvorschrift, die zur Auskunft verpflichtet, sonst auf die Freiwilligkeit ihrer Angaben hinzuweisen.

1   Gemäß § 12 IV findet auf die Datenverarbeitung und -nutzung im Bereich des öffentlichen Dienstrechts sowohl § 28 I 2 als auch § 13 entsprechende Anwendung. Es liegt die Vermutung nahe, daß es sich um ein Redaktionsversehen handelt (*Auernhammer* § 12 Rn. 16, § 13 Rn. 9; *Dörr/Schmidt* § 28 Rn. 39). Beiden Vorschriften kann Rechnung getragen werden, indem man die Generalklausel des § 28 I 2 durch die detaillierte Regelung des § 13 konkretisiert.

§§ 14 bis 26. *(nicht abgedruckt)*

Dritter Abschnitt. Datenverarbeitung nicht-öffentlicher Stellen und öffentlich-rechtlicher Wettbewerbsunternehmen

Erster Unterabschnitt: Rechtsgrundlagen der Datenverarbeitung

§ 27 Anwendungsbereich

(1) ¹Die Vorschriften dieses Abschnittes finden Anwendung, soweit personenbezogene Daten in oder aus Dateien geschäftsmäßig oder für berufliche oder gewerbliche Zwecke verarbeitet oder genutzt werden durch
1. nicht-öffentliche Stellen,
2. a) öffentliche Stellen des Bundes, soweit sie als öffentlich-rechtliche Unternehmen am Wettbewerb teilnehmen,
b) öffentliche Stellen der Länder, soweit sie als öffentlich-rechtliche Unternehmen am Wettbewerb teilnehmen, Bundesrecht ausführen und der Datenschutz nicht durch Landesgesetz geregelt ist.
² In den Fällen der Nummer 2 Buchstabe a gelten anstelle des § 38 die §§ 18, 21 und 24 bis 26.

(2) Die Vorschriften dieses Abschnitts gelten nicht für die Verarbeitung und Nutzung personenbezogener Daten in Akten, soweit es sich nicht um personenbezogene Daten handelt, die offensichtlich aus einer Datei entnommen worden sind.

I. Personenbezogenes Datum (§§ 27 I, 3 I)

Personenbezogene Daten sind gemäß § 3 I Einzelangaben über persönliche oder sachliche Verhältnisse einer bestimmten oder bestimmbaren Person. Zu den Einzelangaben über **persönliche Verhältnisse** gehören solche, die der Identifizierung und Beschreibung des Betroffenen dienen, zB Name, Anschrift, Familienstand, Geburtsdatum, Staatsangehörigkeit, Konfession, Beruf, Ausbildungsstand, Erscheinungsbild, Leistungen, Arbeitsverhalten, Gesundheitszustand oder Überzeugungen. „Sachliche Verhältnisse" sind Angaben über einen auf den Betroffenen beziehbaren Sachverhalt, so zB die Bezeichnung der Datei, in der die Daten des Betroffenen gespeichert sind oder das Führen eines Telefongesprächs mit Dritten (BAG 27. 5. 1986 AP BetrVG 1972 § 87 Überwachung Nr. 15 = NJW 1987, 674; BAG 13. 1. 1987 AP BDSG § 23 Nr. 3 = NZA 1987, 515).

Die Zuordnung der entsprechenden Informationen zu einer natürlichen Person kann über den 2 Namen erfolgen, aber auch über Nummern, sofern diese eine Identifizierung ermöglichen (Ausweis-, Personal-, Telefon-Nr.; zur Nummer der betrieblichen Nebenstelle als personenbezogenes Datum des anrufenden AN s. BAG 27. 5. 1986 AP BetrVG 1972 § 87 Überwachung Nr. 15 = NJW 1987, 674). Wird eine Einzelperson als Mitglied einer Personengruppe gekennzeichnet, so gelten die zur Gruppe aufgenommenen Daten dann als personenbezogen, wenn sie auf die Einzelpersonen „durchschlagen" (BAG 18. 2. 1986 AP BetrVG 1972 § 87 Überwachung Nr. 13 = NZA 1986, 488; BAG 26. 7. 1994 AP BetrVG 1972 § 87 Überwachung Nr. 26 = NZA 1995, 185; Gola/Schomerus § 3 Anm. 2.2). Ob im Einzelfall mit einem personenbezogenen Datum umgegangen wird, läßt sich zuweilen mit Hilfe einer simplen Kontrollfrage ergründen. Werden zB im Rahmen einer größeren Zusammenkunft, etwa im BR, die in der EDV-Abteilung bearbeiteten Daten vorgestellt und erkennt einer der Anwesenden aufgrund des Vortrags anhand dieser Daten einen bestimmten AN des Unternehmens, so sind diese Daten personenbezogen und dürfen nur unter den Voraussetzungen des § 4 I verarbeitet und genutzt werden (*Konrad-Klein* CF 1999, 6).

II. Dateibezug (§§ 27 I, 1 II Nr. 3)

Erforderlich ist gem. §§ 27 I, 1 II Nr. 3 die Verarbeitung oder Nutzung von Daten in oder aus 3 Dateien. Eine **Datei** ist nach der in § 3 II enthaltenen Begriffsbestimmung eine Sammlung personenbezogener Daten, die entweder durch automatisierte Verfahren nach bestimmten Merkmalen ausgewertet werden kann (Nr. 1) oder gleichartig aufgebaut ist und nach bestimmten Merkmalen geordnet, umgeordnet und ausgewertet werden kann (Nr. 2). Hinsichtlich des erweiterten Begriffs der Datei in Art. 2 c RL DatSch ist der Dateibegriff des BDSG durch Streichung des Kriteriums des gleichartigen Aufbaus an die Datenschutzrichtlinie anzupassen (MünchArbR/*Blomeyer* § 99 Rn. 19; *Schierbaum* AuR 1998, 350, 351; *Wohlgemuth* BB 1996, 690, 693).

Eine **Datensammlung** ist jede Zusammenstellung von Daten unabhängig von der Art des Speicher- 4 mediums (Papier, Plastik, Mikrofilm, elektromagnetischer Datenträger) und der Anzahl der gesammelten Daten. Die Sammlung kann sich auf eine oder mehrere Personen beziehen. **Automatisierte**

Verfahren nach § 3 II Nr. 1 sind solche unter Einsatz von Datenverarbeitungsanlagen, auch von PCs und Kleincomputern, Bürokommunikations- und Textverarbeitungssystemen. Eine Strukturierung der Datensammlung ist nicht erforderlich. Es genügt, wenn technisch eine Auswertungsmöglichkeit besteht. **Nicht-automatisierte** Dateien (Nr. 2) – herkömmlich Karteien genannt – müssen gleichartig aufgebaut sein. Es genügt, wenn bestimmte Suchmerkmale, wie Name, Adresse, Kontonummer usw., fest formatiert sind und eine systematische Erfassung ermöglichen. Nicht erforderlich ist, daß die Informationen exakt an den gleichen Positionen stehen (*Auernhammer* § 3 Anm. 12). Die Datensammlung muß nach bestimmten Merkmalen geordnet und umgeordnet werden können. Das ist dann der Fall, wenn sich die Daten nach einem Ordnungsmerkmal (zB dem Namen des AN) physisch in eine lineare Reihenfolge bringen lassen, man sie aber auch anhand eines anderen Ordnungsmerkmals (Anschrift, Alter des Betroffenen) anderweitig sortieren und für eine Datenverarbeitung, -übermittlung usw. auswerten kann. Diese Voraussetzungen sind idR bei alphabetisch geordneten Karteikarten, nicht aber bei herkömmlich manuell geführten Personalakten oder Listen mit fortlaufend aufgeführten Daten erfüllt (*Auernhammer* § 3 Anm. 13; MünchArbR/*Blomeyer* § 99 Rn. 15).

III. Zweckbestimmung der Verarbeitung (§ 27 I, 1 II Nr. 3)

5   § 27 I verlangt in Übereinstimmung mit § 1 II Nr. 3, daß die Verwendung von Daten geschäftsmäßig erfolgt oder beruflichen oder gewerblichen Zwecken dient. Da die Verwendung von ANDaten selbst bei nicht auf Erwerb gerichteten Unternehmen beruflichen Zwecken dient, ist die Zweckbestimmung stets erfüllt (vgl. § 1 Rn. 5).

IV. Verarbeitung in Akten (§ 27 II)

6   § 27 II enthält eine Sondervorschrift hinsichtlich der Verarbeitung von Daten in Akten, wobei der Aktenbegriff des BDSG vom materiellen Personalaktenbegriff des Arbeitsrechts abweicht (*Gola/Wronka* 2. Kap. 4.; zum Unterschied zwischen Akten und Datei s. MünchArbR/*Blomeyer* § 98 Rn. 15, § 99 Rn. 17; vgl. § 34 Rn. 3). Eine Akte ist nach § 3 III 1 jede sonstige (dh. nicht dateigebundene) amtlichen oder dienstlichen Zwecken dienende Unterlage. § 27 II bestätigt einerseits den in § 27 I angelegten Grundsatz des Dateibezugs, indem er nicht dateigebundene Verfahren ausklammert. Andererseits ergänzt er den ersten Absatz insofern, als er den Anwendungsbereich des BDSG auf solche Datensammlungen ausdehnt, die zwar nicht selbst dem Dateibegriff unterfallen, aber Daten umfaßt, die offensichtlich aus einer Datei entnommen worden sind. Das Merkmal der Offensichtlichkeit läßt sich aus praktischen Erwägungen sinnvoll durch das Kriterium der Unmittelbarkeit konkretisieren (*Dörr/Schmidt* Anm. 21; *Gola/Schomerus* Anm. 4.2).

7   Zweck der Regelung ist, eine Umgehung des BDSG zu verhindern, indem man Daten auf der Grundlage von Dateiauszügen verarbeitet. Im Hinblick auf diesen Zweck werden immer wieder weitere Einschränkungen des Anwendungsbereichs gefordert: Da bei einer aktenmäßigen Speicherung von Daten, die durch Dritte übermittelt worden seien, eine Umgehungsabsicht der speichernden Stelle nicht bestehen könne, seien nur aus eigenen Dateien entnommene Daten betroffen (*Drews* DuD 1982, 566). Eine derartig restriktive Auslegung des § 27 II würde aber bedeuten, daß zB ein Tochterunternehmen, das lediglich über Dateiauszüge des die gesamten Personalverwaltungsaufgaben ausübenden Konzernunternehmens verfügt, nicht an die Beschränkungen des BDSG gebunden wäre. Ein solches Ergebnis läßt sich weder durch den Wortlaut noch durch den Sinn der Regelung rechtfertigen. Da eine Umgehungsmöglichkeit bereits dann existiert, wenn die datenspeichernde Stelle die Herkunft der Daten kennt, sind datenschutzrechtliche Verpflichtungen auch dann zu begründen, wenn die Daten **Dateien Dritter** entnommen sind (*Auernhammer* Anm. 9; *Gola/Schomerus* Anm. 4.2; *Gola/Wronka* RDV 1991, 165, 169).

8   Sind die Regelungen des **BDSG nicht anwendbar,** bedeutet dies weder, daß der AN völlig schutzlos ist, noch die grenzenlose Zulässigkeit der Informationsbeschaffung durch den AG. Aufgrund der kollidierenden Grundrechtspositionen der Arbeitsvertragsparteien ergeben sich vergleichbare Schranken wie im Anwendungsbereich des BDSG (*Däubler* CR 1994, 101, 103).

V. Besonderheiten des öffentlichen Dienstrechts

9   Das Recht der öffentlichen Stellen kennt selbst keine § 27 II vergleichbaren Einschränkungen, insb. keinen Dateibezug. Hier findet § 27 auch nicht indirekt über § 12 IV Anwendung (so aber *Dörr/Schmidt* § 12 Rn. 12). § 12 IV bezweckt nicht die absolute Gleichstellung des öffentlichen Dienstrechts, sondern Angleichung in einigen Punkten, in denen man das Recht der nicht-öffentlichen Stellen für geeigneter hielt. Auch kann dem Gesetzgeber nicht ohne weiteres die Absicht unterstellt werden, daß personenbezogene Daten der eigenen AN einem geringeren Schutz unterliegen sollen als die Daten der übrigen Bürger. Wäre die Anwendung des § 27 Absicht des Gesetzgebers gewesen, hätte er dies leicht durch eine weitere Verweisung zum Ausdruck bringen können (*Gola/Wronka* 2. Kap. 5.2; *Gola/Wronka* RDV 1991, 165; *Gola/Schomerus* § 12 Anm. 5.4).

§ 28 Datenspeicherung, -übermittlung und -nutzung für eigene Zwecke

(1) ¹Das Speichern, Verändern oder Übermitteln personenbezogener Daten oder ihre Nutzung als Mittel für die Erfüllung eigener Geschäftszwecke ist zulässig
1. im Rahmen der Zweckbestimmung eines Vertragsverhältnisses oder vertragsähnlichen Vertrauensverhältnisses mit dem Betroffenen
2. soweit es zur Wahrung berechtigter Interessen der speichernden Stelle erforderlich ist und kein Grund zu der Annahme besteht, daß das schutzwürdige Interesse des Betroffenen an dem Ausschluß der Verarbeitung oder Nutzung überwiegt,
3. wenn die Daten aus allgemein zugänglichen Quellen entnommen werden können oder die speichernde Stelle sie veröffentlichen dürfte, es sei denn, daß das schutzwürdige Interesse des Betroffenen an dem Ausschluß der Verarbeitung oder Nutzung offensichtlich überwiegt,
4. wenn es im Interesse der speichernden Stelle zur Durchführung wissenschaftlicher Forschung erforderlich ist, das wissenschaftliche Interesse an der Durchführung des Forschungsvorhabens das Interesse des Betroffenen an dem Ausschluß der Zweckänderung erheblich überwiegt und der Zweck der Forschung auf andere Weise nicht oder oder nur mit unverhältnismäßigem Aufwand erreicht werden kann.

²Die Daten müssen nach Treu und Glauben und auf rechtmäßige Weise erhoben werden.

(2) Die Übermittlung oder Nutzung ist auch zulässig
1. a) soweit es zur Wahrung berechtigter Interessen eines Dritten oder öffentlicher Interessen erforderlich ist oder
   b) wenn es sich um listenmäßig oder sonst zusammengefaßte Daten über Angehörige einer Personengruppe handelt, die sich auf
   – eine Angabe über die Zugehörigkeit des Betroffenen zu dieser Personengruppe,
   – Berufs-, Branchen- oder Geschäftsbezeichnung,
   – Namen,
   – Titel,
   – akademische Grade,
   – Anschrift,
   – Geburtsjahr
   beschränken und

kein Grund zu der Annahme besteht, daß der Betroffene ein schutzwürdiges Interesse an dem Ausschluß der Übermittlung hat. In den Fällen des Buchstabens b kann im allgemeinen davon ausgegangen werden, daß dieses Interesse besteht, wenn im Rahmen der Zweckbestimmung eines Vertragsverhältnisses oder vertragsähnlichen Vertrauensverhältnisses gespeicherte Daten übermittelt werden sollen, die sich
– auf gesundheitliche Verhältnisse,
– auf strafbare Handlungen,
– auf Ordnungswidrigkeiten,
– auf religiöse oder politische Anschauungen sowie
– bei Übermittlung durch den Arbeitgeber auf arbeitsrechtliche Rechtsverhältnisse
beziehen, oder
2. wenn es im Interesse einer Forschungseinrichtung zur Durchführung wissenschaftlicher Forschung erforderlich ist, das wissenschaftliche Interesse an der Durchführung des Forschungsvorhabens das Interesse des Betroffenen an dem Ausschluß der Zweckänderung erheblich überwiegt und der Zweck der Forschung auf andere Weise nicht oder nur mit unverhältnismäßigem Aufwand erreicht werden kann.

(3) ¹Widerspricht der Betroffene bei der speichernden Stelle der Nutzung oder Übermittlung seiner Daten für Zwecke der Werbung oder der Markt- oder Meinungsforschung, ist eine Nutzung oder Übermittlung für diese Zwecke unzulässig. ²Widerspricht der Betroffene beim Empfänger der nach Absatz 2 übermittelten Daten der Verarbeitung oder Nutzung für Zwecke der Werbung oder der Markt- oder Meinungsforschung, hat dieser die Daten für diese Zwecke zu sperren.

(4) ¹Der Empfänger darf die übermittelten Daten für den Zweck verarbeiten oder nutzen, zu dessen Erfüllung sie ihm übermittelt werden. ²Eine Verarbeitung oder Nutzung für andere Zwecke ist nur unter den Voraussetzungen der Absätze 1 und 2 zulässig. ³Die übermittelnde Stelle hat den Empfänger darauf hinzuweisen.

Das Gesetz differenziert zwischen folgenden Formen des Umgangs mit Daten: der Datenerhebung 1 (§ 3 IV), der Datenverarbeitung, die das Speichern, Verändern, Übermitteln, Sperren und Löschen personenbezogener Daten umfaßt (§ 3 V, vgl. aber § 3 Rn. 2), und der Datennutzung (§ 3 VI). Nach dem in § 4 I enthaltenen Verbot mit Erlaubnisvorbehalt bedarf jede Verarbeitung und Nutzung personenbezogener Daten einer Rechtsgrundlage. Für den Bereich des Arbeitsrechts enthält § 28 die maßgeblichen Zulässigkeitstatbestände. Diese Vorschrift ist im Gegensatz zu den §§ 29, 30 einschlägig, da sie die Verwendung von Daten als Mittel für die Erfüllung eigener Geschäftszwecke, dh. den internen Bereich des Unternehmens, betrifft und der Umgang mit Daten nicht selbst das geschäftliche Interesse ausmacht.

I. Erhebung von Daten

2   **1. Begriff.** Datenerhebung ist gem. § 3 IV das Beschaffen von Daten über den Betroffenen. Sie kann mündlich oder schriftlich erfolgen. Häufig wird eine Mitwirkung des Betroffenen oder Dritter erforderlich sein, die Beschaffung kann aber auch Ergebnis einer systematischen Auswertung und Verknüpfung vorhandener Datenbestände sein (MünchArbR/*Blomeyer* § 99 Rn. 26; *Gola/Schomerus* § 3 Anm. 6.2). Werden lediglich Daten aus vorliegenden Unterlagen zusammengestellt, ist keine Datenerhebung gegeben (*Gola/Schomerus* § 3 Anm. 6.2). Erforderlich ist zielgerichtetes Handeln: Zufällige Beobachtungen oder unaufgefordert zugeleitete Daten werden nicht erfaßt.

3   **2. Zulässigkeit.** Das in § 4 I enthaltene Verbot mit Erlaubnisvorbehalt erstreckt sich nicht auf die Phase der Datenerhebung (zum Anpassungsbedarf aufgrund Art. 2 b RL DatSch s. § 3 Rn. 2, § 4 Rn. 1). § 28 I 2 enthält aber eine Generalklausel, nach der Daten nach Treu und Glauben und auf rechtmäßige Weise erhoben werden müssen. Eine unter dem Gesichtspunkt von **Treu und Glauben unzulässige Datenerhebung** liegt ua. vor, wenn die Angaben durch Drohung, Täuschung, unter Anwendung von Zwang und nicht sozialadäquat erlangt sind (*Dörr/Schmidt* Rn. 38). Im Einzelfall kann es zulässig und geboten sein, die Grundgedanken des § 13 zur Auslegung des § 28 I 2 heranzuziehen. Zu einer „lauteren" Vorgehensweise kann so gehören, die Daten soweit möglich direkt beim Betroffenen zu erheben, keinen „heimlichen" Informationsaustausch mit Dritten zu betreiben und auf einen nicht offensichtlichen Erhebungszweck hinzuweisen. § 13 stellt aber wegen der unterschiedlichen gesetzlichen Ausgestaltung des öffentlichen und des nicht-öffentlichen Bereichs keine allgemeingültige Konkretisierung des Grundsatzes von Treu und Glauben dar (*Gola/Wronka* 3. Kap. 1.2.2; *Däubler* CR 1994, 101, 102 f., 105 f.).

4   Über die Voraussetzung der **Rechtmäßigkeit** lassen sich allgemeine arbeitsrechtliche Grundsätze, wie zB zum Fragerecht, berücksichtigen. Überschreitet der AG die Grenzen des Fragerechts, hat der AN nicht nur ein Recht „zu lügen"; die so gewonnenen Daten unterliegen auch einem Verwertungsverbot (BAG 11. 3. 1986 AP BetrVG 1972 § 87 Überwachung Nr. 14 = DB 1986, 1496; HwB AR-*Rose* 740 Datenschutz Rn. 27, 113. EL Februar 2000). Der Verstoß gegen ein Diskriminierungsverbot kann die Unzulässigkeit der Datenerhebung zur Folge haben. Beschränkungen der Zulässigkeit ergeben sich ferner aus dem Grundsatz der *Verhältnismäßigkeit:* Das Informationsinteresse des AG muß gegenüber dem Recht des AN auf informationelle Selbstbestimmung überwiegen, um dessen Einschränkung zu rechtfertigen. Läßt sich kein unmittelbarer Bezug der Daten zum konkreten (bestehenden oder künftigen) Arbeitsverhältnis herstellen, ist die Datenerhebung von vornherein unzulässig (MünchArbR/*Blomeyer* § 99 Rn. 26).

5   Häufig fällt die Phase der Datenerhebung mit der der Datenspeicherung zusammen. Hier muß sich die Zulässigkeit der Maßnahme auch an den strengeren Voraussetzungen des § 28 I 1 messen lassen.

6   **3. Mitbestimmung.** Das individuelle Datenschutzrecht wird ergänzt durch die Informations- und Kontrollbefugnisse des **kollektiven Arbeitsrechts.** In Betracht kommt vor allem die Mitbestimmung bei technischen Leistungs- und Verhaltenskontrollen durch automatisierte Personaldatenverarbeitung (§ 87 I Nr. 6 BetrVG; § 75 III Nr. 15 BPersVG), die Mitbestimmung bei formalisierter Personaldatenerhebung unter Verwendung von Personalfragebögen (§§ 94 I BetrVG; §§ 75 III Nr. 8 und 76 II Nr. 2 BPersVG) sowie bei der Anwendung von Beurteilungsgrundsätzen und Auswahlrichtlinien (§ 94 II, 95 BetrVG; §§ 75 III Nr. 9 und 76 II Nr. 3, 8 BPersVG). Die Beachtung von Beteiligungsrechten durch den AG ist Wirksamkeits- und Rechtmäßigkeitsvoraussetzung der einzelnen Datenerhebungs- und Datenverarbeitungsmaßnahme. Übergeht der AG Mitbestimmungsrechte des Betriebs- oder Personalrats, können sowohl die Erhebung wie alle weiteren Phasen der Datenverarbeitung gegenüber dem einzelnen AN unzulässig sein. Die Unzulässigkeit der Datenverwendung löst eine Erhebungs- und Verarbeitungssperre sowie die dem betroffenen AN zustehenden Korrekturrechte aus (BAG 22. 10. 1986 AP BDSG § 23 Nr. 2 = DB 1987, 1048; BAG 12. 1. 1988 NZA 1988, 621; *Gola/Wronka* 2. Kap. 7.1; *Däubler* CR 1994, 101, 102; *Schierbaum* AiB 1998, 494, 498 ff.; umfassend MünchArbR/*Matthes* § 338).

7   **4. Beispiele (un)zulässiger Datenerhebung. a) Anbahnungsverhältnis** (*Gola/Wronka* 3. Kap.; zur Zulässigkeit von Personalauswahlverfahren vgl. *Grunewald* NZA 1996, 15): Wegen eines übermäßigen Eingriffs in die Persönlichkeitssphäre des AN sind allgemeine Intelligenztests, die Erstellung von Persönlichkeitsprofilen, Streßinterviews sowie Genomanalysen generell unzulässig. Psychologische Tests müssen sich von vornherein auf solche Eigenschaften beschränken, die für die in Aussicht genommene Tätigkeit von Bedeutung sind. Zur Einholung graphologischer Gutachten bedarf es einer ausdrücklichen Einwilligung des Betroffenen. Im Zusammenhang mit Personalfragebögen ist das

Mitbestimmungsrecht aus § 94 I BetrVG zu beachten, und zwar auch dann, wenn Bewerber aus einer formularmäßigen Zusammenstellung von Fragen über persönlich, diese nacheinander mündlich stellt und die Antworten selbst vermerkt (BAG 21. 9. 1993 ι. 1972 § 94 Nr. 4 = NZA 1994, 375).

Wegen des in Art. 9 III GG und in § 75 I BetrVG enthaltenen Benachteiligungsverbots ist es AG jedenfalls vor Abschluß des Arbeitsvertrags untersagt, nach der **Gewerkschaftszugehörigkeit** d. Bewerbers zu fragen. Sofern die Gewerkschaftszugehörigkeit zwecks Erfüllung tarifvertraglicher Pflichten für den AG von Bedeutung ist, genügt es, wenn die Datenerhebung nach der vertraglichen Einigung erfolgt. Die Frage nach der **Schwangerschaft** darf seit der einschlägigen Entscheidung des EuGH (8. 11. 1990 AP EWG-Vertrag Nr. 23 = NZA 1991, 171) nun nach Ansicht des BAG (15. 10. 1992 AP BGB § 611a Nr. 8 = NZA 1993, 257) unabhängig vom Geschlecht der übrigen Bewerber nicht mehr gestellt werden. Die Ausnahme für den Fall, daß Mutter und Kind auf dem vorgesehenen Arbeitsplatz objektiv gefährdet wären (BAG 1. 7. 1993 AP BGB § 123 Nr. 36 = NZA 1993, 933), kann nach EuGH 3. 2. 2000 NZA 2000, 255 jedenfalls für unbefristete Stellen nicht mehr aufrechterhalten worden. Dagegen gilt weiterhin eine Ausnahme, wenn sich die Zeit der Schwangerschaft mit der Dauer eines befristeten Arbeitsverhältnisses deckt.

Politische oder religiöse Aktivitäten des Bewerbers fallen grds. in seinen privaten Bereich; Ausnahmen gelten für Tendenzunternehmen. Die Berechtigung, sich nach der politischen Vorbelastung des Bewerbers hinsichtlich einer MfS-Tätigkeit zu erkundigen, ergibt sich für den Bereich des öffentlichen Dienstes daraus, daß Verfassungstreue Einstellungsvoraussetzung iSd. Art. 33 II GG ist. Für den privaten AG besteht gemäß § 20 I StUG die Möglichkeit, sich über die Stasi-Aktivitäten von leitenden Beschäftigten und BRMitgliedern zu unterrichten. Ob die Datenerhebung darüber hinaus zulässig ist, hängt davon ab, ob sich eine möglicherweise gegebene Stasi-Tätigkeit im Hinblick auf den konkret zu besetzenden Arbeitsplatz nachteilig auf die Repräsentation des Unternehmens auswirken oder das Vertrauen zwischen den Arbeitsvertragsparteien derart zerstören würde, daß die Eignung des Bewerbers in Frage gestellt wäre (str., vgl. BAG 4. 12. 1997 AP KSchG 1969 § 1 Verhaltensbedingte Kündigung Nr. 37 = NZA 1998, 474; *Gola/Wronka* 3. Kap. 3.8 mwN; *Wank* in: von Maydell u. a., Die Umwandlung der Arbeits- und Sozialordnung, 1996, S. 28f.). Die Überschuldung des Bewerbers erlangt höchstens Bedeutung, wenn sie über das übliche Maß einer Kreditaufnahme (zB Bau eines Hauses) hinausgeht. Vorstrafen sind vom Bewerber nur anzugeben, wenn sie in unmittelbarem Bezug zu dem in Aussicht genommenen Arbeitsverhältnis stehen und der Verurteilte sich nicht gemäß § 53 BZRG als unbestraft bezeichnen darf.

Berechtigt ist das Interesse des AG an Informationen über die engere familiäre Situation des Bewerbers, den **beruflichen Werdegang** des Bewerbers. Er darf sich nach Nebentätigkeiten oder noch bestehenden Beschäftigungsverhältnissen erkundigen (vgl. §§ 7 SGB V, 5 II SGB VI bei geringfügig Beschäftigten). Das bisherige Einkommen des Bewerbers ist für den AG nur von Bedeutung, wenn das Gehalt erkennbar zum Verhandlungsgegenstand gemacht wird oder auf die Qualifikation des Bewerbers hinweist (BAG 19. 5. 1983 AP BGB § 123 Nr. 25 = DB 1984, 298).

Fragen nach dem **Gesundheitszustand** sowie einer eventuellen Körperbehinderung sind nur insoweit zulässig, als gezielt Beeinträchtigungen der Verwendung auf dem vorgesehenen Arbeitsplatz ermittelt werden sollen (zB Ansteckungsgefahr für Kollegen und Kunden, Arbeitsunfähigkeit zum vorgesehenen Dienstantritt oder in absehbarer Zeit danach) oder der AG absehen können muß, ob auf ihn Verpflichtungen nach dem SchwbG zukommen (BAG 1. 8. 1985 AP BGB § 123 Nr. 30 = NZA 1986, 635; 3. 12. 1998 NZA 1999, 584). Unterzieht sich der Bewerber/AN einer betriebsärztlichen Untersuchung, so unterliegen die Untersuchungsergebnisse wie auch die Befunddaten der ärztlichen Schweigepflicht gemäß § 203 StGB; § 8 I ASiG. Geht es um eine vom AN gewünschte Überprüfung der gesundheitlichen Eignung, läßt sich eine konkludent erteilte Einwilligung des Betroffenen zur Weitergabe der erhobenen Gesundheitsdaten an den AG regelmäßig nur auf die Bekanntgabe des Ergebnisses beziehen (*Gola/Wronka* 3. Kap. 3.1.2; *Däubler* CR 1994, 101, 104; vgl. *Gola* NJW 1995, 3287 mwN).

b) Im Rahmen der **Durchführung des Arbeitsverhältnisses** ist das Leistungsverhalten des AN ein wichtiger und häufiger Erhebungsgegenstand. Eine permanente Überwachung ist wegen des damit verbundenen unverhältnismäßigen Eingriffs in das Persönlichkeitsrecht unzulässig (zur Überwachung des AN beim konkreten, nicht anders aufklärbaren Verdacht einer Straftat BAG 26. 3. 1991 NZA 1991, 729; BAG 15. 5. 1991 RDV 1992, 178 = CR 1993, 230; LAG Berlin 15. 2. 1988 RDV 1989, 248 f.). Sind Betriebsräume aufgrund berechtigter Sicherheitsinteressen des Unternehmens mit einer Videoüberwachungstechnik ausgerüstet (zB Schalterräume von Banken und Warenhäusern), so dürfen die Aufnahmen nicht zur ANÜberwachung verwendet werden; sie sind innerhalb kürzester Zeit zu löschen. Betriebsdaten dürfen erhoben werden, sofern der Personenbezug unverzüglich aufgehoben wird (*Däubler* CR 1994, 101, 108). Das Konsumverhalten des AN kann allenfalls Gegenstand einer „verbrauchsbezogenen" Datenerfassung zu Abrechnungszwecken sein (*Däubler* CR 1994, 101, 107).

c) Im Bereich des **öffentlichen Dienstes** läßt sich die Generalklausel des § 28 I 2 durch die detaillierte Regelung des § 13 konkretisieren.

II. Datenspeicherung

14 **1. Begriff.** Daten werden gem. § 3 IV Nr. 1 gespeichert, wenn personenbezogene Daten auf einem Datenträger zum Zwecke ihrer weiteren Verarbeitung oder Nutzung erfaßt, aufgenommen oder aufbewahrt werden. Als Datenträger kommt jedes Medium in Betracht, auf dem Informationen für eine spätere Wahrnehmung festgehalten werden können. Die Daten können schriftlich (Datenerfassung) oder mit Hilfe besonderer Aufnahmetechniken, dh. per Tonband, Film, Video (Aufnehmen von Daten) fixiert oder anderweitig aufbewahrt worden sein. Das Vorrätighalten der Daten muß für Zwecke der weiteren Verarbeitung oder Nutzung geschehen.

15 **2. Zulässigkeit.** a) § 28 I 1 enthält vier Zulässigkeitsalternativen. Gem. § 28 I Nr. 1 ist die Speicherung personenbezogener Daten im Rahmen der **Zweckbestimmung** eines Vertragsverhältnisses oder vertragsähnlichen Vertrauensverhältnisses mit dem Betroffenen zulässig. Die Datenspeicherung muß zur Erfüllung gesetzlicher, kollektivvertraglicher oder einzelarbeitsvertraglicher Pflichten oder zur Wahrnehmung von Rechten aus dem Vertragsverhältnis geeignet und **erforderlich** sein (BAG 22. 10. 1986 AP BDSG § 23 Nr. 2 = DB 1987, 1048; *Gola/Schomerus* Anm. 5.1). Es findet folglich eine Interessenabwägung nach Maßgabe des Verhältnismäßigkeitsprinzips statt. Das BAG läßt unter Hinweis auf die Wirtschaftlichkeit des EDV-Einsatzes die generelle Möglichkeit genügen, daß die Daten im Verlauf des Arbeitsverhältnisses erforderlich werden können (BAG 22. 10. 1986 AP BDSG § 23 Nr. 2 = DB 1987, 1048).

16 Werden Bewerberdaten gespeichert, ist die Zweckbestimmung des Anbahnungsverhältnisses ausschlaggebend. Daten, die für die Einstellung unerheblich sind, dürfen nicht gespeichert werden, selbst wenn sie Bedeutung für das künftige Arbeitsverhältnis haben. Umgekehrt kann die Speicherung eines Datums nach Abschluß des Arbeitsvertrags unzulässig sein, wenn die Kenntnis der Daten für die Wahrnehmung arbeitsvertraglicher Rechte und Pflichten nicht erforderlich ist (*Gola/Schomerus* Anm. 6.3).

17 b) Dem Erlaubnistatbestand des § 28 I 1 Nr. 1 kommt eine besondere Bedeutung insofern zu, als er nicht nur eine Möglichkeit aufzeigt, wann Datenverarbeitung und -nutzung zulässig sind, sondern gleichzeitig die äußeren Grenzen der Rechtmäßigkeit festgelegt. Ermächtigen § 28 I Nr. 2 und 3 den AG zur Datenspeicherung, soweit eine solche zur **Wahrung berechtigter Interessen** der speichernden Stelle erforderlich ist oder die Daten aus **allgemein zugänglichen Quellen** entnommen werden dürfen, so ist die arbeitsvertragliche Zweckbestimmung als Rahmen weiterhin zu berücksichtigen. Die „Erlaubnisalternativen" des § 28 können dem AG nicht mehr gestatten, als die vertragliche Beziehung zuläßt: In die Privatsphäre des AN darf nicht tiefer eingedrungen werden, als es der Zweck des Arbeitsverhältnisses unbedingt erfordert (BAG 22. 10. 1986 AP BDSG § 23 Nr. 2 = DB 1987, 1048; *Gola/Schomerus*, Anm. 2.2; aA *Auernhammer* § 23 Rn. 2).

18 **3. Mitbestimmung.** Die Speicherung arbeitnehmerbezogener Daten ist ferner unzulässig, wenn der AG Mitbestimmungsrechte des Betriebs- und Personalrats aus § 87 I Nr. 6 BetrVG, § 75 III Nr. 15 BPersVG oder §§ 94, 95 BetrVG, §§ 75 III Nr. 9, 76 II Nr. 3 und 8 BPersVG übergeht. Das BAG hat vor allem das Mitbestimmungsrecht des § 87 I Nr. 6 BetrVG in zahlreichen Entscheidungen interpretativ erweitert und auf praktisch alle Formen der ANDatenverarbeitung erstreckt. Die bloße Möglichkeit, daß die Programme allein oder in Verbindung mit weiteren Daten und Umständen zur Überwachung des Arbeits- und Leistungsverhaltens genutzt werden können, genügt (BAG 6. 12. 1983 AP BetrVG 1972 § 87 Überwachung Nr. 7 = DB 1984, 775 – „Bildschirmarbeitsplatzscheidung"; BAG 14. 9. 1984 DB 1984, 2513; BAG 23. 4. 1985 DB 1985, 1898; BAG 23. 4. 1985 AP BetrVG 1972 § 87 Überwachung Nr. 11 = DB 1985, 1897 – „TÜV-Prüfbelegentscheidung"; BAG 18. 2. 1986 AP BetrVG 1972 § 87 Überwachung Nr. 13 = NZA 1986, 488; BAG 11. 3. 1986 AP BetrVG 1972 § 87 Überwachung Nr. 14 = DB 1986, 1496 – „PAISY"; BAG 27. 5. 1986 AP BetrVG 1972 § 87 Überwachung Nr. 15 = DB 1986, 2086 – „Telefondatenerfassung"; vgl. auch zur Abschaffung einer Kontrolleinrichtung BAG 28. 11. 1989 AP BetrVG § 87 Initiativrecht Nr. 4 = NZA 1990, 406; zu den Grenzen der Mitbestimmung *Ehmann* NZA 1996, 241, 244; *Gebhardt/Umnuß* NZA 1995, 103).

19 **4. Beispiele (un)zulässiger Datenspeicherung.** Bezüglich einer automatisierten Speicherung von **Stammdaten** hat das BAG entschieden, daß jedenfalls die Speicherung von Angaben über Geschlecht, Familienstand, Schule, Ausbildung in Lehr- und anderen Berufen, Fachschulausbildung, Fachrichtung, Abschluß, Sprachkenntnisse unter Beachtung der im Rahmen der Zweckbestimmung vorzunehmenden Interessenabwägung und des Verhältnismäßigkeitsgrundsatzes zulässig ist (BAG 22. 10. 1986 AP BDSG § 23 Nr. 2 = DB 1987, 1048). Gewisse Grunddaten, wie Name, Arbeitsplatz, Besoldungs- und Vergütungsgruppen und Beginn des Beschäftigungsverhältnisses, können auch im PC der Mitarbeitervertretung zur Verfügung stehen (*Gola/Wronka* 4. Kap. 12.4). Über den Zweck des Arbeitsverhältnisses und die Erfüllung betriebsverfassungsrechtlicher Aufgaben hinaus geht die automatische Speicherung jedoch dort, wo das BetrVG nur Einsichtsrechte gewährt und bereits das Abschreiben oder Kopieren von Daten nicht gestattet (*Gola/Wronka* 4. Kap. 12.3).

III. Datenveränderung　　　　　　　　　　　　　　　　　　　§ 28　BDSG　160

Krankheits- und Fehlzeitendaten sind nicht nur zum Zwecke der Lohn- und Gehaltsabrechnung 20
speicherbar. Der AG hat auch ein berechtigtes Interesse daran festzustellen, inwiefern das arbeitsvertragliche Austauschverhältnis durch Krankheits- und Fehlzeiten gestört ist. Werden solche Daten in einem Personalinformationssystem erarbeitet, besteht ein Mitbestimmungsrecht des BR gemäß § 87 I Nr. 6 BetrVG (BAG 11. 3. 1986 AP BetrVG 1972 § 87 Überwachung Nr. 14 = DB 1986, 1496).

Der AG ist grds. zur Erfassung von **Telefondaten** berechtigt (BAG 27. 5. 1986 AP BetrVG 1972 21
§ 87 Überwachung Nr. 15 = DB 1986, 2086; BAG 13. 1. 1987 AP BDSG § 23 Nr. 3 = NZA 1987, 515; BAG 1. 8. 1990 PersR 1991, 35; BVerwG 16. 6. 1989 ZTR 1989, 366; BVerwG 28. 7. 1989 NJW 1990, 529; vgl. *Gola/Wronka* 4. Kap. 7.; *Däubler* CR 1992, 754 auch zu aktuellen, noch ungelösten Problemen der ISDN-Technik). Die automatische Erfassung äußerer Gesprächsdaten, wie Tag, Uhrzeit, Beginn und Ende des Gesprächs oder Anzahl der vertelefonierten Einheiten rechtfertigt sich bei Dienstgesprächen bereits aus dem legitimen Interesse des AG, die Kosten im Hinblick auf einen wirtschaftlichen Einsatz des Telefons zu kontrollieren und Mißbrauch, zB durch Führen unerlaubter Privatgespräche als „Dienstgespräche", zu vermeiden. Dies gilt grds. auch für die Registrierung von Telefondaten der Mitarbeitervertretung (BVerwG 28. 7. 1989 NJW 1990, 529; BAG 1. 8. 1990 PersR 1991, 35). Umstritten und von der Rspr. noch nicht eindeutig geklärt ist die Frage, ob die Speicherung der Zielnummer des externen Gesprächspartners datenschutzrechtlich zulässig ist (abl. im Hinblick auf die Schweigepflicht eines Psychologen: BAG 13. 1. 1987 AP BDSG § 23 Nr. 3 = NZA 1987, 515). Es empfiehlt sich deshalb, nur die Vorwahl und einen Teil der Rufnummer zu speichern. Die Erfassung äußerer Gesprächsdaten ist auch bei Privatgesprächen des AN zulässig, egal ob sie aus dienstlichem Anlaß geführt werden oder weil der AG das Telefonieren gegen Kostenerstattung gestattet. Die Speicherung zu Abrechnungszwecken ist bis zum Ende des jeweiligen Berechnungszeitraums gerechtfertigt. Zugriffe auf den Gesprächsinhalt, zB durch nicht vorher mitgeteiltes Mithören oder das Aufzeichnen von Gesprächen, verletzen sowohl bei Dienst- als auch bei Privatgesprächen das sich aus dem Persönlichkeitsrecht des AN ergebende „Recht am eigenen Wort" (BVerfG 19. 12. 1991 NJW 1992, 815; *Däubler* CR 1992, 754, 756). – Die für Telefongespräche entwickelten Grundsätze lassen sich auch auf andere Kommunikationsmittel, zB e-mails übertragen (*Balke/Müller* DB 1997, 326 ff.; *Müller* RdV 1998, 205; *Roggler/Hellich* NZA 1997, 862 ff.).

Der Einsatz neuer Medien im Arbeitsleben wirft zahlreiche Fragen auf. Erlaubt der AG seinen 22
Mitarbeitern die private Nutzung (anders bei dienstlicher Nutzung, s. *Post-Ortmann* RDV 1999, 103) betrieblicher Kommunikationsmittel, etwa Telefon oder Internet, so ist er nach überwiegender Auffassung als Anbieter einer Telekommunikationsdienstleistung dem Fernsprechgeheimnis des § 85 TKG unterworfen (*Gola* NJW 1999, 3753, 3755 f. mwN). Inwieweit der AG auch dann einer Kontrolle unterliegt, etwa nach den bereichsspezifischen, an die Bestimmungen des BDSG anknüpfenden Sonderregelungen des Teledienstdatenschutzgesetzes (TDDSG) oder des Mediendienste-Staatsvertrages (MD-StV), wenn er seinen Mitarbeitern zum Zwecke privater (Internet)Nutzung zu Hause kostenlos einen Computer zur Verfügung stellt (zB bei der Ford AG), ist ein aktuelles, noch ungelöstes Problem (zur Problematik allgemein *Bäumler* DuD 1999, 258; *Engel-Flechsig* RdV 1997, 59; *Garstka* MDR 1998, 449; *Geis* NJW 1997, 288).

Die Eignung, Befähigung und fachliche Leistung des AN kann vom AG bewertet werden, die 23
Beurteilung kann in der Personalakte festgehalten werden. Die Datenspeicherung ist zulässig, soweit die Angaben für die Personalplanung, den sachgemäßen Einsatz der Mitarbeiter und den beruflichen Werdegang Bedeutung haben, und zwar auch im Hinblick auf eventuelle zukünftige Tätigkeiten und im Vergleich der Leistungen einzelner AN untereinander (BAG 21. 2. 1979 AP BPersVG § 75 Nr. 3 = DB 1979, 1703). Der AG muß aber dafür Sorge tragen, daß die Personalakte des AN ein richtiges Bild des AN in dienstlichen und persönlichen Beziehungen vermittelt und daß keine sachverhaltsfremden Angaben mit in die Beurteilung einfließen (so bereits BAG 25. 2. 1959 AP BGB § 611 Fürsorgepflicht Nr. 6; BAG 21. 2. 1979 AP BPersVG § 75 Nr. 3 = DB 1979, 1703; zur besonderen Problematik der automatischen Speicherung von Beurteilungsdaten vgl. *Gola/Wronka* 4. Kap. 8.).

Eine vom AG erteilte **Abmahnung** dient sowohl der Beseitigung einer durch das mißbilligte 24
Verhalten des Beschäftigten eingetretenen Störung als auch der Vorbereitung einer verhaltensbedingten Kündigung. Sofern sie auf zutreffenden Tatsachen beruht und einen objektiven Verstoß gegen arbeitsvertragliche Pflichten mißbilligt, darf sie schriftlich fixiert und in der Personalakte des AN dokumentiert werden. Die Klagemöglichkeit des AN gegen die Speicherung der Abmahnung entfällt nicht deshalb, weil der AN die Berechtigung der Abmahnung auch in einem nachfolgenden Kündigungsprozeß nachprüfen lassen kann (BAG 5. 8. 1992 AP BGB § 611 Abmahnung Nr. 8 = NZA 1993, 838; zum datenschutzrechtlichen Umgang mit Abmahnungen s. ferner *Becker-Schaffner* ZTR 1999, 105; *Gola* RdV 1999, 97; *Hoß* MDR 1999, 333).

III. Datenveränderung

Datenveränderung ist nach § 3 IV Nr. 2 das inhaltliche Umgestalten gespeicherter personenbezogener Daten. Sie liegt vor, wenn die einzelne Information einen anderen Inhalt bekommt. Ausreichend 25
hierfür kann eine Kontextveränderung oder eine starke Textverkürzung sein, nicht aber die bloße

Veränderung der äußeren Form. Werden Daten berichtigt, so können die Tatbestände des Veränderns, Löschens und Speicherns gleichzeitig erfüllt sein (*Gola/Schomerus* § 3 Anm. 9.1. mwN auch zur Subsidiarität des Veränderns gegenüber dem Tatbestand des Löschens). Auch das Anonymisieren von Daten, dh. die Löschung des Personenbezugs mit der Folge, daß ein solcher nicht mehr herstellbar ist, ist nach dem Wortlaut des § 3 VII Datenveränderung.

26   Für die Datenveränderung gelten die gleichen Rechtmäßigkeitsvoraussetzungen wie für die Speicherung von ANDaten (§ 28 I 1 Nr. 1 bis 4).

IV. Datenübermittlung

27   Eine Datenübermittlung liegt vor, wenn die speichernde Stelle gespeicherte oder durch Datenverarbeitung gewonnene personenbezogene Daten an einen Dritten, den sog. Empfänger, bekanntgibt. Dritter ist gemäß § 3 IX 1 jede Person oder Stelle außerhalb der speichernden Stelle. Abw. von dieser Definition ist der Begriff des Empfängers in Art. 2 g RL DatSch weiter, da dieser auch den Auftragsverarbeiter selbst miteinbezieht. Empfänger iSd. Datenschutzrichtlinie sind damit auch die verschiedenen Organisationseinheiten innerhalb einer speichernden Stelle. Der Empfängerbegriff des BDSG bedarf insofern einer Anpassung. Eine solche Bekanntgabe kann durch Weitergabe erfolgen oder entsprechend der Regelung zur Einrichtung automatisierter Abrufverfahren (§ 10) dadurch, daß der Empfänger in zur Einsicht oder zum Abruf bereitgehaltene Daten einsieht oder diese abruft. Die Datenübermittlung ist gem. § 3 IX 2 von der Weitergabe von Daten im Rahmen einer Auftragsdatenverwaltung (§ 11) abzugrenzen.

28   Gem. § 4 I ist die Übermittlung von Daten zulässig, wenn sie durch spezielle Übermittlungsgebote (vgl. § 4) oder einen der in § 28 enthaltenen Erlaubnistatbestände gerechtfertigt ist. Hinsichtlich der Zulässigkeitsalternativen des § 28 I Nr. 1 bis 4 ist auf die Datenspeicherung zu verweisen. § 28 II 1 Nr. 1 enthält darüberhinaus zwei zusätzliche Erlaubnistatbestände: Während § 28 II Nr. 1 a die Übermittlung zur Wahrung berechtigter Interessen Dritter oder der Öffentlichkeit rechtfertigt, geht es in § 28 II 1 Nr. 1 b um die Übermittlung bestimmter listenmäßig oder sonst zusammengefaßter Grunddaten über die Angehörigen einer Personengruppe. Die letzte Variante wird jedoch für den Fall der Weitergabe von Arbeitsvertragsdaten durch den AG durch die Vermutung nach § 28 II 2 eingeschränkt, daß der AN ein schutzwürdiges Interesse am Ausschluß der Übermittlung hat.

29   **Beispiele:** Zulässig im Rahmen der arbeitsvertraglichen Zweckbestimmung ist die Datenweitergabe an die kontoführende Bank zum Zwecke der unbaren Gehaltszahlung oder an eine zugunsten des AN abgeschlossene Versicherung oder die Datenübermittlung zum Zwecke der gerichtlichen Verfolgung arbeitsvertraglicher Ansprüche. Nach § 1 III 1, 2. Halbs. KSchG ist der AG vorprozessual verpflichtet, einem gekündigten AN auf Verlangen die „Sozialdaten" aller aus Sicht des klagenden AN vergleichbaren Mitarbeiter bekanntzugeben, um diesem zu ermöglichen, die soziale Berechtigung der Kündigung zu überprüfen (zur Problematik der Beweislast s. BAG 24. 3. 1983 DB 1983, 1822; aA LAG München 23. 9. 1982 DB 1982, 2302). Die Weitergabe von ANDaten an Gewerkschaften ist den Mitarbeitervertretungen nur mit Einwilligung des betroffenen AN gestattet (*Gola/Wronka* 6. Kap. 5.3; vgl. § 5; zur Zulässigkeit grenzüberschreitender ANDatenübermittlung vgl. *Däubler* AiB 1997, 258, 259 ff.).

V. Löschen von Daten

30   Datenlöschung ist jede Form der Unkenntlichmachung von der physischen Vernichtung des Datenträgers bis hin zur Unlesbarmachung durch Überschreiben, Durchstreichen, Übermalen. Ein Unterstreichen oder Überkleben der betreffenden Passagen reicht nicht. Führt die Löschung der Daten zu einer Neuaussage, kann dies eine Veränderung sein, die ihrerseits den Anforderungen des § 28 zu genügen hat (*Gola/Schomerus* § 3 Anm. 12 sowie Anm. 9.2).

31   Das Löschen von Daten ist nach § 35 II 1 mit Ausnahme der in § 35 III geregelten Fälle jederzeit zulässig. Existiert eine gesetzliche, satzungsmäßige oder vertragliche Pflicht zur Aufbewahrung (§ 35 III Nr. 1) oder besteht Grund zu der Annahme, daß die Löschung schutzwürdige Belange des Betroffenen beeinträchtigt (§ 35 III Nr. 2), zB weil das in der „Personalakte" wiedergegebene Bild des Betroffenen unvollständig und damit unrichtig werden würde, dürfen die entsprechenden Daten nicht unkenntlich gemacht werden.

VI. Sperren von Daten

32   Datensperrung ist gem. § 3 IV Nr. 4 das Kennzeichnen gespeicherter personenbezogener Daten, um ihre weitere Verarbeitung oder Nutzung einzuschränken. Im Gegensatz zur Löschung nach § 3 IV Nr. 5 werden die personenbezogenen Daten nicht unkenntlich gemacht, sondern bleiben gespeichert (*Gola/Schomerus* § 3 Anm. 8.2). Das BDSG behandelt Sperrverpflichtungen in den §§ 20 III bis VI, 35 III, IV, VII.

VII. Datennutzung

Datennutzung ist gem. § 3 VI jede Verwendung personenbezogener Daten, soweit es sich nicht um 33
Verarbeitung handelt. Unter den Auffangtatbestand der „Datennutzung" fällt ua. der gesamte betriebs- und behördeninterne Datenfluß, insb. der Informationsaustausch mit der Mitarbeitervertretung (*Gola/Wronka* 5. Kap. 1 3.1; 5.).

Für die Datennutzung gelten die gleichen Rechtmäßigkeitsvoraussetzungen wie für die Speicherung 34
von ANDaten (§ 28 I 1) und ihre Übermittlung an Dritte (§ 28 II). Ergibt die arbeitsvertragliche Zweckbestimmung die Zulässigkeit der Erhebung oder Speicherung, so ist gleichfalls die Nutzung des Datums zu diesem Zweck gerechtfertigt. Sind Nutzungs- und Speicherungszweck nicht identisch, so ist das Interesse des AG an der Datennutzung mit der konkreten Zweckbestimmung und dem Anspruch des Beschäftigten auf Wahrung ihres Persönlichkeitsrechts erneut abzuwägen. Bestehen spezielle Zweckbindungsgebote, wie in § 31, § 39 b I 4 EStG oder in Betriebs- und Dienstvereinbarungen, so ist die Nutzung von ANDaten nur im Rahmen der festgelegten Nutzungsziele gestattet.

Beispiele: Unzulässig ist die Kundgabe eines Diebstahlsvorwurfs (BAG 21. 2. 1979 AP BGB 35
§ 847 Nr. 3 = DB 1979, 1513) oder von Gehalts- und Lohnhöhe einzelner Beschäftigter am schwarzen Brett (LAG Berlin 26. 6. 1986 LAGE BetrVG 1972 § 99 Nr. 19) oder die Weiterleitung von Bewerberdaten, sofern nicht bereits in der Ausschreibung deutlich gemacht wird, daß die Bewerbung für mehrere Stellen in Betracht kommt (*Gola/Wronka* 5. Kap. 4.). Zur Veröffentlichung privater Telefonnummern im betrieblichen Telefonverzeichnis oder zur Erstellung von Geburtstagslisten ist der AG nur mit Zustimmung des betroffenen AN berechtigt (*Gola/Wronka* 5. Kap. 3.1; 3.3). Werden ANDaten in Betriebs- oder Werkszeitungen veröffentlicht, kann uU das sog. Medienprivileg des § 41 greifen, sofern die Erstellung von autonomen Organisationseinheiten des Unternehmens gelenkt wird und gewisse Minimalanforderungen an Auflagenhöhe und Verbreitungsgrad erfüllt sind.

Anders als § 28 III sieht die Datenschutzrichtlinie ein weitergehendes Widerspruchsrecht vor, das 36
jedoch durch entgegenstehende einzelstaatliche Bestimmungen ausgeschlossen werden kann (vgl. Art. 14 a RL DatSch).

§§ 29, 30. *(nicht abgedruckt)*

§ 31 Besondere Zweckbindung

Personenbezogene Daten, die ausschließlich zu Zwecken der Datenschutzkontrolle, der Datensicherung oder zur Sicherstellung eines ordnungsgemäßen Betriebes einer Datenverarbeitungsanlage gespeichert werden, dürfen nur für diese Zwecke verwendet werden.

§ 31 bezieht sich auf Daten, die nur noch gespeichert werden, um die Zulässigkeit der erfolgten 1
Verarbeitung und Zugriffe überprüfen zu können (*Gola/Schomerus* Anm. 2.1). Diese Norm wird arbeitsrechtlich insofern relevant, als es sich bei den in § 31 angesprochenen Daten um sog. Benutzerdaten handelt, also auch um Daten von AN, die bei der Datenverarbeitung tätig sind.

Ist bei der Auswertung dieser Daten eine Kontrolle des Leistungs- und Arbeitsverhaltens möglich, 2
greifen die Mitbestimmungsrechte aus § 87 I Nr. 6 BetrVG oder § 75 III Nr. 17 BPersVG (BAG 6. 12. 1983 AP BetrVG 1972 § 87 Überwachung Nr. 7 = NJW 1984, 1476).

Zweiter Unterabschnitt. Rechte des Betroffenen

§ 32. *(nicht abgedruckt)*

§ 33 Benachrichtigung des Betroffenen

(1) ¹ Werden erstmals personenbezogene Daten für eigene Zwecke gespeichert, ist der Betroffene von der Speicherung und der Art der Daten zu benachrichtigen. ² Werden personenbezogene Daten geschäftsmäßig zum Zwecke der Übermittlung gespeichert, ist der Betroffene von der erstmaligen Übermittlung und der Art der übermittelten Daten zu benachrichtigen.

(2) Eine Pflicht zur Benachrichtigung besteht nicht, wenn
1. der Betroffene auf andere Weise Kenntnis von der Speicherung oder der Übermittlung erlangt hat,
2. die Daten nur deshalb gespeichert sind, weil sie aufgrund gesetzlicher, satzungsmäßiger oder vertraglicher Aufbewahrungsvorschriften nicht gelöscht werden dürfen oder ausschließlich der Datensicherung oder der Datenschutzkontrolle dienen,
3. die Daten nach einer Rechtsvorschrift oder ihrem Wesen nach namentlich wegen des überwiegenden rechtlichen Interesses eines Dritten geheimgehalten werden müssen,

160 BDSG § 34

    4. die zuständige öffentliche Stelle gegenüber der speichernden Stelle festgestellt hat, daß das Bekanntwerden der Daten die öffentliche Sicherheit oder Ordnung gefährden oder sonst dem Wohle des Bundes oder eines Landes Nachteile bereiten würde,
    5. die Daten in einer Datei gespeichert werden, die nur vorübergehend vorgehalten und innerhalb von drei Monaten nach ihrer Erstellung gelöscht wird,
    6. die Daten für eigene Zwecke gespeichert sind und
        a) aus allgemein zugänglichen Quellen entnommen sind oder
        b) die Benachrichtigung die Geschäftszwecke der speichernden Stelle erheblich gefährden würde, es sei denn, daß das Interesse an der Benachrichtigung der Gefährdung überwiegt,
    oder
    7. die Daten geschäftsmäßig zum Zwecke der Übermittlung gespeichert sind und
        a) aus allgemein zugänglichen Quellen entnommen sind, soweit sie sich auf diejenigen Personen beziehen, die diese Daten veröffentlicht haben, oder
        b) es sich um listenmäßig oder sonst zusammengefaßte Daten handelt (§ 29 Abs. 2 Nr. 1 Buchstabe b).

1 Der AG hat den AN gem. § 33 I 1 von der erstmaligen Speicherung oder der erstmaligen Übermittlung seiner personenbezogenen Daten zu benachrichtigen. Dieses Informationsrecht soll dem AN die gezielte Wahrnehmung des Auskunftsrechts (§ 34) sowie der in § 35 vorgesehenen Korrekturrechte ermöglichen und ihn insgesamt in die Lage versetzen, die Einhaltung des gesetzlichen Datenschutzes durch den AG zu kontrollieren und sicherzustellen. Es steht mangels Deckungsgleichheit neben den Rechten des AN aus § 83 BetrVG (GK-BetrVG/*Wiese* § 83 Rn. 39; *Fitting* § 83 Rn. 32; *Wohlgemuth* Rn. 546, 552 ff.).

2 Außer der Tatsache, daß Daten gespeichert sind, sind Informationen über die Art der gespeicherten Daten zu erteilen, zB Vor- und Familienname, Geburtsdatum, Angaben zur Beschäftigung. Detaillierte Angaben sind nicht erforderlich. Eine allgemeine, formularmäßige Abwicklung genügt, solange erkennbar bleibt, aus welchem Lebensbereich die gespeicherten Daten stammen. Aus Beweisgründen sollte aber in aller Regel eine schriftliche Benachrichtigung erfolgen. Verletzt der AG seine Benachrichtigungspflicht, so wird die Speicherung dadurch noch nicht unzulässig (BAG 22. 10. 1986 AP BDSG § 23 Nr. 2 = DB 1987, 1048).

3 In den Fällen des § 33 II Nr. 1 bis 7 besteht keine Benachrichtigungspflicht. Geht es um üblicherweise gespeicherte Grunddaten wie Name, Geburtstag, Adresse und Beruf, sind gesonderte Benachrichtigungen nach § 33 II Nr. 1 entbehrlich, da davon ausgegangen werden kann, daß AN von der Personaldatenverarbeitung des AG Kenntnis haben (*Gola/Schomerus* Anm. 6.2; MünchArbR/*Blomeyer* § 99 Rn. 53).

§ 34 Auskunft an den Betroffenen

    (1) ¹Der Betroffene kann Auskunft verlangen über
1. die zu seiner Person gespeicherten Daten, auch soweit sie sich auf Herkunft und Empfänger beziehen,
2. den Zweck der Speicherung und
3. Personen und Stellen, an die seine Daten regelmäßig übermittelt werden, wenn seine Daten automatisiert verarbeitet werden.

²Er soll die Art der personenbezogenen Daten, über die Auskunft erteilt werden soll, näher bezeichnen. ³Werden die personenbezogenen Daten geschäftsmäßig zum Zwecke der Übermittlung gespeichert, kann der Betroffene über Herkunft und Empfänger nur Auskunft verlangen, wenn er begründete Zweifel an der Richtigkeit der Daten geltend macht. ⁴In diesem Falle ist Auskunft über Herkunft und Empfänger auch dann zu erteilen, wenn diese Angaben nicht gespeichert sind.

    (2) ¹Der Betroffene kann von Stellen, die geschäftsmäßig personenbezogene Daten zum Zwecke der Auskunftserteilung speichern, Auskunft über seine personenbezogenen Daten verlangen, auch wenn sie nicht in einer Datei gespeichert sind. ²Auskunft über Herkunft und Empfänger kann der Betroffene nur verlangen, wenn er begründete Zweifel an der Richtigkeit der Daten geltend macht. ³§ 38 Abs. 1 ist mit der Maßgabe anzuwenden, daß die Aufsichtsbehörde im Einzelfall die Einhaltung von Satz 1 überprüft, wenn der Betroffene begründet darlegt, daß die Auskunft nicht oder nicht richtig erteilt worden ist.

    (3) Die Auskunft wird schriftlich erteilt, soweit nicht wegen der besonderen Umstände eine andere Form der Auskunftserteilung angemessen ist.

    (4) Eine Pflicht zur Auskunftserteilung besteht nicht, wenn der Betroffene nach § 33 Abs. 2 Nr. 2 bis 6 nicht zu benachrichtigen ist.

    (5) ¹Die Auskunft ist unentgeltlich. ²Werden die personenbezogenen Daten geschäftsmäßig zum Zwecke der Übermittlung gespeichert, kann jedoch ein Entgelt verlangt werden, wenn der

Betroffene die Auskunft gegenüber Dritten zu wirtschaftlichen Zwecken nutzen kann. ³ Das Entgelt darf über die durch die Auskunftserteilung entstandenen direkt zurechenbaren Kosten nicht hinausgehen. Ein Entgelt kann in den Fällen nicht verlangt werden, in denen besondere Umstände die Annahme rechtfertigen, daß Daten unrichtig oder unzulässig gespeichert werden, oder in denen die Auskunft ergibt, daß die Daten zu berichtigen oder unter der Voraussetzung des § 35 Abs. 2 Satz 2 Nr. 1 zu löschen sind.

(6) ¹ Ist die Auskunftserteilung nicht unentgeltlich, ist dem Betroffenen die Möglichkeit zu geben, sich im Rahmen seines Auskunftsanspruchs persönlich Kenntnis über die ihn betreffenden Daten und Angaben zu verschaffen. ² Er ist hierauf in geeigneter Weise hinzuweisen.

Gem. § 34 ist der AG auf ein entsprechendes Ersuchen des betroffenen AN hin verpflichtet, kosten- 1 los (§ 34 V 1), grds. schriftlich (§ 34 III) und unverzüglich (*Gola/Schomerus* Anm. 3.3: im Normalfall innerhalb von zwei Wochen; aA *Dörr/Schmidt* Rn. 16: innerhalb von drei Wochen) mitzuteilen, welche personenbezogenen Daten gespeichert sind, zu welchem Zweck die Speicherung erfolgt und an welche Personen und Stellen seine Daten regelmäßig im Wege der automatisierten Datenverarbeitung übermittelt werden. Auch gesperrte Daten unterliegen der Auskunftspflicht. Werden Angaben über Herkunft und Empfänger der Daten gespeichert – wozu der AG nicht verpflichtet ist –, sind diese im Hinblick auf externe Stellen oder Personen ebenfalls mitzuteilen (*Gola/Schomerus* Anm. 2.3).

Das Auskunftsrecht gehört zu den **unabdingbaren** Rechten des Betroffenen (§ 6 I). Adressat des 2 Auskunftsverlangens ist der AG, wobei die praktische Ausführung zumeist der Personalabteilung oder dem betrieblichen Datenschutzbeauftragten obliegen wird. Kommt der AG seiner Auskunftspflicht nicht nach, so wird die Speicherung dadurch nicht unzulässig. In den Fällen des **§ 33 Nr. 2 bis 6** besteht für ihn gem. **§ 34 IV** ein **Aussageverweigerungsrecht**. Die Ablehnung der Auskunft ist zu begründen und zwar so detailliert, daß der betroffene AN die Verweigerung überprüfen und ggfs. um Rechtsschutz nachsuchen kann.

Problematisch ist das Konkurrenzverhältnis zwischen dem datenschutzrechtlichen Auskunftsan- 3 spruch des § 34 und dem Personalakteneinsichtsrecht des **§ 83 I BetrVG**. § 83 I BetrVG geht vom **materiellen Personalaktenbegriff** aus. Damit werden alle Daten über einen bestimmten Beschäftigten mit direktem Bezug auf seine Person oder den Inhalt und Verlauf des Beschäftigungsverhältnisses erfaßt und zwar unabhängig davon, auf welchen Datenträgern sie gespeichert sind (*Gola/Wronka*, 2. Kap. 4.). Damit unterliegt auch die elektronische Datenverarbeitung dem Personalaktenrecht. Es sind zahlreiche Übereinstimmungen mit dem Auskunftsanspruch des § 34 denkbar. Soweit das Einsichtsrecht reicht, hat es wegen § 1 I 4 Vorrang (*Fitting* § 83 Rn. 31; GK-BetrVG/*Wiese* § 83 Rn. 40; *Gola/Schomerus* Anm. 1.4). § 34 und § 83 I BetrVG sind aber nicht deckungsgleich. Das personalaktenrechtliche Einsichtsrecht ist, anders als § 34, nicht mit einem umfangreichen Ausnahmekatalog versehen. Umgekehrt geht § 34 insofern weiter, als er auch solche Daten erfaßt, die sich nicht aus der „Personalakte" ergeben: zB bei regelmäßigen Datenübermittlungen sind Angaben über die Herkunft oder den Empfänger der Daten häufig nicht in der „Personalakte" vermerkt; hier kann der Betroffene über § 34 eine entsprechende Mitteilung verlangen (*Däubler* CR 1991, 475, 478 f.; GK-BetrVG/*Wiese* § 83 Rn. 40; *Gola/Wronka* 9. Kap., 3.1; 3.2.2; *Wohlgemuth* Rn. 546).

§ 35 Berichtigung, Löschung und Sperrung von Daten

(1) Personenbezogene Daten sind zu berichtigen, wenn sie unrichtig sind.

(2) ¹ Personenbezogene Daten können außer in den Fällen des Absatzes 3 Nr. 1 und 2 jederzeit gelöscht werden. ² Personenbezogene Daten sind zu löschen, wenn
1. ihre Speicherung unzulässig ist,
2. es sich um Daten über gesundheitliche Verhältnisse, strafbare Handlungen, Ordnungswidrigkeiten sowie religiöse oder politische Anschauungen handelt und ihre Richtigkeit von der speichernden Stelle nicht bewiesen werden kann,
3. sie für eigene Zwecke verarbeitet werden, sobald ihre Kenntnis für die Erfüllung des Zweckes der Speicherung nicht mehr erforderlich ist, oder
4. sie geschäftsmäßig zum Zwecke der Übermittlung verarbeitet werden und eine Prüfung am Ende des fünften Kalenderjahres nach ihrer erstmaligen Speicherung ergibt, daß eine längerwährende Speicherung nicht erforderlich ist.

(3) An die Stelle einer Löschung tritt eine Sperrung, soweit
1. im Falle des Absatzes 2 Nr. 3 oder 4 einer Löschung gesetzliche, satzungsmäßige oder vertragliche Aufbewahrungsfristen entgegenstehen,
2. Grund zu der Annahme besteht, daß durch eine Löschung schutzwürdige Interessen des Betroffenen beeinträchtigt würden, oder
3. eine Löschung wegen der besonderen Art der Speicherung nicht oder nur mit verhältnismäßig hohem Aufwand möglich ist.

(4) Personenbezogene Daten sind ferner zu sperren, soweit ihre Richtigkeit vom Betroffenen bestritten wird und sich weder die Richtigkeit noch die Unrichtigkeit feststellen läßt.

(5) ¹ Personenbezogene Daten, die unrichtig sind oder deren Richtigkeit bestritten wird, müssen bei der geschäftsmäßigen Datenspeicherung zum Zwecke der Übermittlung außer in den Fällen des Absatzes 2 Nr. 2 nicht berichtigt, gesperrt oder gelöscht werden, wenn sie aus allgemein zugänglichen Quellen entnommen und zu Dokumentationszwecken gespeichert sind. ² Auf Verlangen des Betroffenen ist diesen Daten für die Dauer der Speicherung seine Gegendarstellung beizufügen. ³ Die Daten dürfen nicht ohne Gegendarstellung übermittelt werden.

(6) Von der Berichtigung unrichtiger Daten, der Sperrung bestrittener Daten sowie der Löschung oder Sperrung wegen Unzulässigkeit der Speicherung sind die Stellen zu verständigen, denen im Rahmen einer regelmäßigen Datenübermittlung diese Daten zur Speicherung weitergegeben werden, wenn dies zur Wahrung der schutzwürdigen Interessen des Betroffenen erforderlich ist.

(7) Gesperrte Daten dürfen ohne Einwilligung des Betroffenen nur übermittelt oder genutzt werden, wenn
1. es zu wissenschaftlichen Zwecken, zur Behebung einer bestehenden Beweisnot oder aus sonstigen im überwiegenden Interesse der speichernden Stelle oder eines Dritten liegenden Gründen unerläßlich ist und
2. die Daten hierfür übermittelt oder genutzt werden dürften, wenn sie nicht gesperrt wären.

I. Berichtigungsanspruch (§ 35 I)

1 **1. Unrichtigkeit.** Unrichtig gespeicherte Daten sind vom AG gemäß § 35 I zu berichtigen, ohne daß der AN selbst initiativ zu werden braucht. Dies gilt bereits für nur geringfügige, den Persönlichkeitsbereich nicht tangierende Unrichtigkeiten, zB wenn ein Straßenname in der Anschrift falsch geschrieben wurde (*Gola/Wronka* 9. Kap. 5.2.1; *Gola/Schomerus* Anm. 2.1). Die Daten brauchen nicht von vornherein unzutreffend zu sein; es genügt, wenn sie erst später unrichtig werden (*Gola/Schomerus* Anm. 2.1). Hierfür genügt es, wenn Daten aus ihrem Kontext gelöst werden und der Kontextverlust derart gravierend ist, daß Fehlinterpretationen naheliegen (*Gola/Wronka* 9. Kap. 5.2.1). Der Berichtigungspflicht muß der AG rechtzeitig, dh. ggf. unverzüglich nachkommen, damit eine weitere Verarbeitung oder Nutzung nicht mehr stattfinden kann.

2 Bestreitet der Beschäftigte die Richtigkeit und läßt sich weder die Richtigkeit noch die Unrichtigkeit feststellen, so sind die betreffenden Daten gemäß § 35 IV zu sperren. Daten über gesundheitliche Verhältnisse, strafbare Handlungen, Ordnungswidrigkeiten oder religiöse und politische Anschauungen sind wegen ihrer besonderen Sensibilität nach § 35 II 2 Nr. 2 sogar zu löschen, wenn es der speichernden Stelle nicht gelingt, ihre Richtigkeit zu beweisen.

3 **2. Gegendarstellung.** Streitig ist, ob § 35 durch den arbeitsrechtlichen Gegendarstellungsanspruch des § 83 II BetrVG verdrängt wird. Nach der st. Rspr. des BAG ist § 83 II BetrVG nicht als abschließende Korrekturregelung gegenüber unrichtiger Personaldatenverarbeitung zu verstehen (BAG 27. 11. 1985 AP BGB § 611 Fürsorgepflicht Nr. 93 = NZA 1986, 227; BAG 13. 4. 1988 AP BGB § 611 Fürsorgepflicht Nr. 100 = NZA 1988, 654). Bei objektiv rechtswidrigen Eingriffen in sein Persönlichkeitsrecht kann der AN vielmehr in entsprechender Anwendung von §§ 242 (Fürsorgepflicht), 1004 BGB Widerruf oder Beseitigung der Beeinträchtigung verlangen. Außerdem kann er sich im Geltungsbereich des BDSG grds. auf § 35 stützen (*Fitting* § 83 Rn. 32; *Gola/Schomerus* Anm. 6; GK-BetrVG/*Wiese* § 83 Rn. 54).

II. Löschungsanspruch (§ 35 II 2)

4 Zur Löschung personenbezogener ANDaten ist der AG in den Fällen des § 35 II 2 Nr. 1 bis 4 verpflichtet.

5 **1. Unzulässige Speicherung.** Ist die Speicherung personenbezogener ANDaten unzulässig, so kann der AN gem. § 35 II 2 Nr. 1 Löschung verlangen. Maßgebend für die Feststellung der Unzulässigkeit ist der Zeitpunkt „ex nunc", dh. eine zunächst gerechtfertigte Speicherung kann unzulässig geworden sein und umgekehrt (*Gola/Schomerus* Anm. 3.2; *Gola/Wronka* 9. Kap. 5.2.2; *Dörr/Schmidt* Rn. 6). War zB die Speicherung zunächst wegen mangelnder Zustimmung der Mitarbeitervertretung unzulässig, und ist diese nunmehr erteilt, entfällt die bis dahin bestehende Löschungsverpflichtung. Bei Unrichtigkeit der Daten besteht in erster Linie ein Korrekturrecht nach § 35 I. Ist jedoch keine Berichtigung möglich, sind die Angaben wegen unzulässiger Speicherung zu löschen.

6 **2. Wegfall der Zweckbestimmung.** Nach § 35 II 2 Nr. 3 kann Löschung verlangt werden, wenn zur Erreichung des Speicherungszwecks keine Datenkenntnis mehr erforderlich ist und auch keine weitere die Speicherung legitimierende Zweckbestimmung vorliegt. Dies ist zB der Fall, wenn sich eine berechtigt ausgesprochene Abmahnung durch Zeitablauf erledigt (nach BAG AP 18. 11. 1985

NZA 1987, 418 ist die Dauer einer zulässigen Speicherung von den Umständen des Einzelfalles abhängig; s. auch LAG Hamm 14. 5. 1986 NZA 1987, 26 für einen Zwei-Jahres-Zeitraum. Zur Entfernung eines für die weitere Beurteilung überflüssigen Schreibens aus der Personalakte wegen drohender Beeinträchtigung der beruflicher Entwicklungsmöglichkeiten s. BAG 13. 4. 1988 AP BGB § 611 Fürsorgepflicht Nr. 100 = NZA 1988, 654). Ein abgelehnter Bewerber kann Vernichtung eines zwecks Bewerbung ausgefüllten Personalfragebogens sowie Löschung sämtlicher gespeicherter Bewerberdaten verlangen (so bereits BAG 6. 6. 1984 AP BGB § 611 Fürsorgepflicht Nr. 7 = NJW 1984, 2910 = DB 1984, 2626).

3. Entfernungs- und Löschungsansprüche. Der Löschungsanspruch des § 35 II 2 konkurriert mit 7 personalaktenrechtlich gewährleisteten Entfernungs- und Löschungsansprüchen, die die Rspr. aufgrund von Fürsorgepflichtverletzungen oder rechtswidrigen Eingriffen in das Persönlichkeitsrecht des AN nach §§ 242, 1004 BGB analog gewährt (BAG 8. 2. 1984 AP BGB § 611 Persönlichkeitsrecht Nr. 5 = DB 1984, 1783; BAG 6. 6. 1984 AP BGB § 611 Persönlichkeitsrecht Nr. 7 = DB 1984, 2626; BAG 27. 11. 1985 AP BGB § 611 Fürsorgepflicht Nr. 93 = NZA 1986, 227). Bei einer auf unzutreffende Angaben gestützten Abmahnung darf der AN nicht einfach auf sein Gegendarstellungsrecht nach § 83 II BetrVG verwiesen werden. Der durch eine nicht gerechtfertigte Personalaktenführung vorgenommene persönlichkeitsrechtliche Eingriff ist vielmehr durch eine entsprechende Korrektur abzustellen, die unzulässig ausgesprochene Abmahnung „zurückzunehmen", was idR Vernichtung des Schriftstücks bedeutet (BAG 5. 8. 1992 AP BGB § 611 Abmahnung Nr. 8 = NZA 1993, 838). Ist eine Abmahnung, mit der mehrere Verstöße gerügt werden, nur tlw. unberechtigt, bleibt es dem AG unbenommen, den AN gestützt auf die zutreffenden Pflichtverletzungen erneut abzumahnen (*Gola/Wronka* 9. Kap. 5.1.1).

III. Sperrung von Daten (§ 35 III Nr. 1 bis 3, IV)

An die Stelle einer ansonsten nach § 35 II 2 Nr. 1 bis 4 vorzunehmenden Löschung tritt in den 8 Fällen des **§ 35 III Nr. 1 bis 3** die Datensperrung. Während die Nr. 1 und 2 zwischen einer an sich bestehenden Löschungsverpflichtung einerseits und dem Interesse an der Bewahrung der Daten andererseits vermitteln, dient Nr. 3 allein der Arbeitserleichterung der speichernden Stelle.

Gem. § 35 III Nr. 1 dürfen an sich nicht mehr benötigte Daten (§ 35 II Nr. 3 und 4) nicht gelöscht 9 werden, wenn gesetzliche, satzungsmäßige oder vertragliche Aufbewahrungspflichten des AG bestehen. Im beendeten Arbeitsverhältnis sind zB die 6- oder 10jährigen Aufbewahrungsfristen der im Rahmen der Lohn- und Gehaltsabrechnung entstandenen handels- und steuerrechtlichen Unterlagen zu beachten (*Gola/Wronka* 9. Kap. 5.2.2). § 35 III Nr. 2 betrifft den Fall, daß die Löschung schutzwürdige Belange des Betroffenen beeinträchtigen würde. Eine solche Beeinträchtigung droht zB, wenn der betroffene AN die Daten zum Beweis für von ihm geltend gemachte Ansprüche benötigt.

§ 35 IV ordnet die Sperrung ferner für den sog. „non-liquet"- Fall an, in dem der Betroffene und 10 die speichernde Stelle die Richtigkeit der Daten unterschiedlich beurteilen.

Gem. § 35 VII hat eine Datensperrung ein **umfassendes Verarbeitungs- und Nutzungsverbot** zur 11 Folge, das nur in den vom Gesetz genannten Fällen durchbrochen werden kann. Der verwendete Begriff der „Unerläßlichkeit" geht über die ansonsten für eine Verarbeitung notwendige Erforderlichkeit deutlich hinaus: Sie ist nur dann gegeben, wenn der Zweck der Entsperrung überhaupt nicht mehr erreicht werden kann (*Gola/Schomerus* Anm. 4.5; *Dörr/Schmidt* Anm. zu Abs. 7).

Neben dem Recht des AN auf Sperrung von Daten steht das **Gegendarstellungsrecht** des 12 § 83 II BetrVG. Beide Rechte ergänzen sich insofern, als § 35 die weitere Verarbeitung oder Nutzung der Daten einschränkt, § 83 BetrVG dem AN darüberhinaus die Möglichkeit verschafft, zu einem umstrittenen Punkt in der Personalakte sachlich Stellung zu nehmen und die Darstellung seines Persönlichkeitsbildes unmittelbar zu beeinflussen. Mangels Deckungsgleichheit ist § 83 II BetrVG nicht gegenüber § 1 IV vorrangig (zust. GK-BetrVG/*Wiese* § 83 Rn. 57; aA *Fitting* § 83 Rn. 33; MünchArbR/*Blomeyer* § 99 Rn. 68; *Wohlgemuth* Rn. 575).

Dritter Unterabschnitt. Beauftragter für Datenschutz, Aufsichtsbehörde

§ 36 Bestellung eines Beauftragten für Datenschutz

(1) ¹Die nicht-öffentlichen Stellen, die personenbezogene Daten automatisiert verarbeiten und damit in der Regel mindestens fünf Arbeitnehmer ständig beschäftigen, haben spätestens innerhalb eines Monats nach Aufnahme ihrer Tätigkeit einen Beauftragten für den Datenschutz schriftlich zu bestellen. ²Das gleiche gilt, wenn personenbezogene Daten auf anderer Weise verarbeitet werden und damit in der Regel mindestens zwanzig Arbeitnehmer ständig beschäftigt sind.

(2) Zum Beauftragten für den Datenschutz darf nur bestellt werden, wer die zur Erfüllung seiner Aufgaben erforderliche Fachkunde und Zuverlässigkeit besitzt.

160 BDSG § 36 Bestellung eines Beauftragten für Datenschutz

(3) ¹ Der Beauftragte für den Datenschutz ist dem Inhaber, dem Vorstand, dem Geschäftsführer oder dem sonstigen gesetzlichen oder nach der Verfassung des Unternehmens berufenen Leiter unmittelbar zu unterstellen. ² Er ist bei Anwendung seiner Sachkunde auf dem Gebiet des Datenschutzes weisungsfrei. ³ Er darf wegen der Erfüllung seiner Aufgaben nicht benachteiligt werden. ⁴ Die Bestellung zum Beauftragten für den Datenschutz kann nur auf Verlangen der Aufsichtsbehörde oder in entsprechender Anwendung von § 626 des Bürgerlichen Gesetzbuchs widerrufen werden.

(4) Der Beauftragte für den Datenschutz ist zur Verschwiegenheit über die Identität des Betroffenen sowie über Umstände, die Rückschlüsse auf den Betroffenen zulassen, verpflichtet, soweit er nicht davon durch den Betroffenen befreit wird.

(5) **Die nicht-öffentliche Stelle hat den Beauftragten für den Datenschutz bei der Erfüllung seiner Aufgaben zu unterstützen** und ihm insbesondere, soweit dies zur Erfüllung seiner Aufgaben erforderlich ist, Hilfspersonal sowie Räume, Einrichtungen, Geräte und Mittel zur Verfügung zu stellen.

1 Der Datenschutzbeauftragte ist Teil des Systems zur Datenschutzkontrolle. Für den öffentlichen Bereich ist der Bundesdatenschutzbeauftragte zuständig; einschlägig sind insoweit die §§ 21, 22 bis 26. Für den nicht-öffentlichen Bereich gelten die Vorschriften über den betrieblichen Datenschutzbeauftragten, §§ 36 bis 38.

2 Gem. § 36 I 1 sind private AG zur **Bestellung eines betrieblichen Datenschutzbeauftragten** verpflichtet, wenn idR mindestens fünf AN ständig mit der automatisierten Verarbeitung personenbezogener (nicht arbeitnehmerbezogener) Daten beschäftigt sind. Bei der nicht-automatisierten, herkömmlichen Datenverarbeitung kommt es darauf an, ob mindestens zwanzig AN für die Aufgaben der Datenverarbeitung benötigt werden (S. 2). „Damit" beschäftigt iSd. § 36 I können auch AN sein, die nur mit Vor- oder Nacharbeiten wie dem Lochen und Versenden von Ausdrucken betraut sind (*Gola/Schomerus* Anm. 2.4). Die von § 36 I verwendeten Begriffe „in der Regel" und „ständig beschäftigt" sind nicht definiert, finden sich aber auch in den §§ 1, 113 BetrVG, so daß die dort von der Rspr. und Literatur entwickelten Kriterien übertragbar sind (MünchArbR/*Blomeyer* § 99 Rn. 77; *Gola/Schomerus* Anm. 2.2, 2.3). Der Beauftragte ist binnen eines Monats nach Eintritt der Voraussetzungen schriftlich zu bestellen.

3 Beauftragt werden kann sowohl ein AN des Unternehmens, sog. „interner" Datenschutzbeauftragter, als auch ein in Beratungsfunktion tätiger „externer" Mitarbeiter. Erforderlich ist gem. § 36 II allein, daß der zur Erfüllung seiner Aufgaben erforderliche **Fachkunde** und Zuverlässigkeit aufweist. Fachkunde setzt außer einem allgemeinen Grundwissen im Bereich des Datenschutzrechts Verständnis für betriebswirtschaftliche Zusammenhänge sowie Grundkenntnisse über Verfahren und Techniken der automatisierten Datenverarbeitung voraus. Erforderlich sind außerdem betriebsspezifische Kenntnisse. Drohen Interessenkonflikte, zB weil der Datenschutzbeauftragte für mehrere speichernde Stellen gleichzeitig tätig wird, in der Mitarbeitervertretung aktiv ist oder neben seiner Tätigkeit als Datenschutzbeauftragter andere berufliche Aufgaben wahrnimmt, kann seine **Zuverlässigkeit** in Frage stehen (BAG 22. 3. 1994 AP BetrVG 1972 § 99 Versetzung Nr. 4 = NZA 1994, 1049; *Gola/Schomerus* Anm. 5.4; *Wohlgemuth* Anm. 3 ff.).

4 Die Bestellung des betrieblichen Datenschutzbeauftragten nach § 36 ist vom **zugrundeliegenden Beschäftigungsverhältnis** zu trennen. Wählt der AG einen Mitarbeiter aus, der die nach § 36 II erforderliche Zuverlässigkeit nicht besitzt, zB weil er die Tätigkeit nur „widerwillig" ausübt, werden datenschutzrechtliche Pflichten nicht erfüllt, selbst wenn eine arbeitsvertragliche Grundlage für eine einseitige Bestimmung der Leistungspflicht besteht. Die Bestellung nach § 36 unterliegt solche nicht der **Mitbestimmung** des BR. § 36 II kommt jedoch als gesetzliche Vorschrift iSd. § 99 II Nr. 1 BetrVG in Betracht, so daß der BR die Zustimmung mit der Begründung verweigern kann, dem Datenschutzbeauftragten fehle die erforderliche Eignung (BAG 22. 3. 1994 AP BetrVG 1972 § 99 Versetzung Nr. 4 = NZA 1994, 1049; aA *Sauerbier* Anm. zu BAG 22. 3. 1994 AR-Blattei ES Nr. 13 Datenschutz).

5 Die Bestellung zum Datenschutzbeauftragten kann unter den Voraussetzungen des § 36 III 4 **widerrufen** werden. Erforderlich ist ein entsprechendes Verlangen der Aufsichtsbehörde oder das Vorliegen eines wichtigen Grundes iSd. § 626 BGB, wobei sich dieser nur auf die Amtsführung, nicht auf die arbeitsvertraglichen Pflichten des Beauftragten bezieht. Die datenschutzrechtliche Beschränkung des Widerrufs läuft trotz der grds. Trennung der datenschutzrechtlichen Bestellung von der arbeitsrechtlichen Einstellung auf einen besonderen Kündigungsschutz für den Beauftragten hinaus: Nicht zuletzt um eine Umgehung des § 36 III 4 zu verhindern, reicht die Beendigung des zugrundeliegenden Beschäftigungsverhältnisses durch ordnungsgemäße Änderungs- oder Beendigungskündigung nicht aus, um die Bestellung rückgängig zu machen. Bei „hauptamtlich" oder überwiegend in der Position des Datenschutzbeauftragten tätigen Personen ist die Verknüpfung zwischen Kündigung und Widerruf sogar so eng, daß eine Kündigung nicht ohne datenschutzrechtlichen Widerruf zulässig ist (*Gola/Schomerus* Anm. 8.2 und 8.3; differenzierend *Ehrich* NZA 1993, 248 ff.).

§ 37 Aufgaben des Beauftragten für Datenschutz

(1) ¹Der Beauftragte für den Datenschutz hat die Ausführung dieses Gesetzes sowie anderer Vorschriften über den Datenschutz sicherzustellen. ²Zu diesem Zweck kann er sich in Zweifelsfällen an die Aufsichtsbehörde wenden. ³Er hat insbesondere
1. die ordnungsgemäße Anwendung der Datenverarbeitungsprogramme, mit deren Hilfe personenbezogene Daten verarbeitet werden sollen, zu überwachen; zu diesem Zweck ist er über Vorhaben der automatisierten Verarbeitung personenbezogener Daten rechtzeitig zu unterrichten.
2. die bei der Verarbeitung personenbezogener Daten tätigen Personen durch geeignete Maßnahmen mit den Vorschriften dieses Gesetzes sowie anderen Vorschriften über den Datenschutz, bezogen auf die besonderen Verhältnisse in diesem Geschäftsbereich und die sich daraus ergebenden Erfordernisse für den Datenschutz, vertraut zu machen,
3. bei der Auswahl der bei der Verarbeitung personenbezogener Daten tätigen Personen beratend mitzuwirken.

(2) Dem Beauftragten ist von der nicht-öffentlichen Stelle eine Übersicht zur Verfügung zu stellen über
1. eingesetzte Datenverarbeitungsanlagen,
2. Bezeichnung und Art der Dateien,
3. Art der gespeicherten Daten,
4. Geschäftszwecke, zu deren Erfüllung die Kenntnis dieser Daten erforderlich ist,
5. deren regelmäßige Empfänger,
6. zugriffsberechtigte Personengruppen oder Personen, die allein zugriffsberechtigt sind.

(3) Absatz 2 Nr. 2 bis 6 gilt nicht für Dateien, die nur vorübergehend vorgehalten und innerhalb von drei Monaten nach ihrer Erstellung gelöscht werden.

1 Dem betrieblichen Datenschutzbeauftragten steht keine eigene Entscheidungskompetenz, wohl aber eine umfassende Kontrollkompetenz zu. Nach § 37 I 1 hat er die Ausführung des BDSG sowie anderer Datenschutzvorschriften sicherzustellen. Betriebs- und Personalvereinbarungen zählen zu den „anderen Vorschriften" nur, soweit sie nicht über den gesetzlichen Datenschutz hinausreichen, denn das öffentliche Amt des Datenschutzbeauftragten läßt sich nicht durch privatautonome Gestaltung erweitern (MünchArbR/*Blomeyer* § 99 Rn. 83).

2 Die Generalklausel in § 37 I 1 wird durch den Katalog des § 37 I 3 Nr. 1 bis 3 näher bestimmt: Der Datenschutzbeauftragte hat Datenverarbeitungsprogramme zu überwachen, Schulungstätigkeiten durchzuführen und bei der Personalauswahl mitzuwirken. Die Aufzählung in § 37 I 3 ist nicht abschließend (vgl. *Gola/Schomerus* Anm. 1.3). Eine wichtige Funktion des Datenschutzbeauftragten liegt darin, datenschutzrelevante Normen im Hinblick auf die besonderen betrieblichen Verhältnisse durch Festlegung von Zulässigkeitsgrenzen ua. zu konkretisieren.

3 Der Datenschutzbeauftragte ist bei der Wahrnehmung seiner Überwachungsaufgaben zu unterstützen: Gem. § 37 I 3 Nr. 1, 2. Halbs. ist er vom AG über Vorhaben der automatisierten Datenverarbeitung rechtzeitig zu unterrichten, dh. so frühzeitig, daß ihm die Möglichkeit zur Stellungnahme und Beeinflussung des Planungsergebnisses verbleibt. Außerdem sind dem Datenschutzbeauftragten gemäß § 37 II, III Datenübersichten zur Verfügung zu stellen.

4 Streitig ist, ob auch der (Gesamt-)BR, der datenschutzrechtlich Teil der speichernden Stelle „Arbeitgeber" ist, den Datenschutzbeauftragten unterstützen muß, wenn er im Rahmen seiner betriebsverfassungsrechtlichen Aufgaben personenbezogene Daten speichert. Nach einer Auffassung unterliegen BR wegen ihrer vom BetrVG geforderten Unabhängigkeit nicht der Überwachung durch den Datenschutzbeauftragten (BAG 11. 11. 1997 BAGE 87, 64 = AP BDSG § 36 Nr. 1; *Däubler*, Gläserne Belegschaften, Rn. 381; *Richardi* § 80 Rn. 53; *Schäfer* Anm. zu LAGE Berlin 19. 12. 1996 AiB 1997, 734 ff.; *Simitis* NJW 1998, 2395 ff.; *Wohlgemuth*, Datenschutz für AN, Rn. 810). Andere plädieren für eine umfassende Kontrollbefugnis des Datenschutzbeauftragten (*Auernhammer* § 36 Rn. 34; § 37 Rn. 2; *Dörr/Schmidt* Rn. 13; *Gola/Schomerus* § 36 Anm. 5.5; Kasseler Handbuch/*Blechmann* 2.10 Rn. 586; *Kort* Anm. zu BAG 11. 11. 1997 SAE 1998, 200 ff.). Dieser Ansicht ist zuzugeben, daß andernfalls ein weitgehend kontrollfreier Raum im Betrieb geschaffen wird. Auf der anderen Seite stellt das BAG aber mit Recht fest, daß der Datenschutzbeauftragte kein unabhängiges Kontrollorgan ist; vielmehr wird er vom AG ausgewählt, er untersteht der Geschäftsleitung und ist im wesentlichen beratend und ohne eigene Entscheidungskompetenz tätig. Die Kontrolle des BR findet, wie in Betrieben ohne Datenschutzbeauftragten, durch die Aufsichtsbehörde nach § 38 statt (zu diesem Problemkreis auch Gaul/*Boewer*, Aktuelles Arbeitsrecht, Bd. 2, 1999, S. 361 ff.).

5 Zur Vermeidung kontrollfreier Sphären und in Übereinstimmung mit den Anforderungen der EG-Datenschutzrichtlinie sind Unabhängigkeit und Kompetenzen des Beauftragten im Zuge der Novellierung des nationalen Rechts angemessen zu gestalten (*Tinnefeld* ZRP 1999, 197, 200; *Simitis* NJW 1998, 2473, 2476). Auch ist § 37 entsprechend der Pflicht zur Führung eines Verzeichnisses durch den Beauftragten mit den in Art. 21 II RL DatSch vorgesehenen Informationen zu ergänzen.

§ 38 Aufsichtsbehörde

(1) Die Aufsichtsbehörde überprüft im Einzelfall die Ausführung dieses Gesetzes sowie anderer Vorschriften über den Datenschutz, soweit diese die Verarbeitung oder Nutzung personenbezogener Daten in oder aus Dateien regeln, wenn ihr hinreichende Anhaltspunkte dafür vorliegen, daß eine dieser Vorschriften durch nicht-öffentliche Stellen verletzt ist, insbesondere wenn es der Betroffene selbst begründet darlegt.

(2) [1] Werden personenbezogene Daten geschäftsmäßig
1. zum Zwecke der Übermittlung gespeichert,
2. zum Zwecke der anonymisierten Übermittlung gespeichert oder
3. im Auftrag durch Dienstleistungsunternehmen verarbeitet,

überwacht die Aufsichtsbehörde die Ausführung dieses Gesetzes oder anderer Vorschriften über den Datenschutz, soweit diese die Verarbeitung oder Nutzung personenbezogener Daten in oder aus Dateien regeln. [2] Die Aufsichtsbehörde führt das Register nach § 32 Abs. 2. [3] Das Register kann von jedem eingesehen werden.

(3) [1] Die der Prüfung unterliegenden Stellen sowie die mit deren Leitung beauftragten Personen haben der Aufsichtsbehörde auf Verlangen die für die Erfüllung ihrer Aufgaben erforderlichen Auskünfte unverzüglich zu erteilen. [2] Der Auskunftspflichtige kann die Auskunft auf solche Fragen verweigern, deren Beantwortung ihn selbst oder einen der in § 383 Abs. 1 Nr. 1 bis 3 der Zivilprozeßordnung bezeichneten Angehörigen der Gefahr strafgerichtlicher Verfolgung oder eines Verfahrens nach dem Gesetz über Ordnungswidrigkeiten aussetzen würde. [3] Der Auskunftspflichtige ist darauf hinzuweisen.

(4) [1] Die von der Aufsichtsbehörde mit der Überprüfung oder Überwachung beauftragten Personen sind befugt, soweit es zur Erfüllung der der Aufsichtsbehörde übertragenen Aufgaben erforderlich ist, während der Betriebs- und Geschäftszeiten Grundstücke und Geschäftsräume der Stelle zu betreten und dort Prüfungen und Besichtigungen vorzunehmen. [2] Sie können geschäftliche Unterlagen, insbesondere die Übersicht nach § 37 Abs. 2 sowie die gespeicherten personenbezogenen Daten und die Datenverarbeitungsprogramme, einsehen. [3] § 24 Abs. 6 gilt entsprechend. [4] Der Auskunftspflichtige hat diese Maßnahmen zu dulden.

(5) [1] Zur Gewährleistung des Datenschutzes nach diesem Gesetz und anderen Vorschriften über den Datenschutz, soweit diese die Verarbeitung oder Nutzung personenbezogener Daten in oder aus Dateien regeln, kann die Aufsichtsbehörde anordnen, daß im Rahmen der Anforderungen nach § 9 Maßnahmen zur Beseitigung festgestellter technischer oder organisatorischer Mängel getroffen werden. [2] Bei schwerwiegenden Mängeln dieser Art, insbesondere wenn sie mit besonderer Gefährdung des Persönlichkeitsrechts verbunden sind, kann sie den Einsatz einzelner Verfahren untersagen, wenn die Mängel entgegen der Anordnung nach Satz 1 und trotz der Verhängung eines Zwangsgeldes nicht in angemessener Zeit beseitigt werden. [3] Sie kann die Abberufung des Beauftragten für den Datenschutz verlangen, wenn er die zur Erfüllung seiner Aufgaben erfoderliche Fachkunde und Zuverlässigkeit nicht besitzt.

(6) Die Landesregierungen oder die von ihnen ermächtigten Stellen bestimmen die für die Überwachung der Durchführung des Datenschutzes im Anwendungsbereich dieses Abschnitts zuständigen Aufsichtsbehörden.

(7) Die Anwendung der Gewerbeordnung auf die den Vorschriften dieses Abschnitts unterliegenden Gewerbebetriebe bleibt unberührt.

Vierter Abschnitt. Sondervorschriften

§ 39 Zweckbindung bei personenbezogenen Daten, die einem Berufs- oder besonderen Amtsgeheimnis unterliegen

(1) [1] Personenbezogene Daten, die einem Berufs- oder besonderen Amtsgeheimnis unterliegen und die von der zur Verschwiegenheit verpflichteten Stelle in Ausübung ihrer Berufs- oder Amtspflicht zur Verfügung gestellt worden sind, dürfen von der speichernden Stelle nur für den Zweck verarbeitet oder genutzt werden, für den sie sie erhalten hat. [2] In die Übermittlung an eine nichtöffentliche Stelle muß die zur Verschwiegenheit verpflichtete Stelle einwilligen.

(2) Für einen anderen Zweck dürfen die Daten nur verarbeitet oder genutzt werden, wenn die Änderung des Zwecks durch besonderes Gesetz zugelassen ist.

1 § 39 I enthält ein **Zweckentfremdungsverbot** für denjenigen, der von einer einem besonderen Berufs- oder Amtsgeheimnis unterliegenden Stelle Daten mitgeteilt bekommt. Die Norm gilt auch für den Datenfluß innerhalb der speichernden Stelle, zB bei Angaben, die der Betriebsarzt dem AG über

das Ergebnis der Einstellungsuntersuchung zur Verfügung stellt. Ob die Übermittlung selbst zulässig war, ist nach den speziellen Regelungen des „Geheimnisses" festzustellen.

Die Zweckbindung kann durch Gesetz nach § 39 II oder durch Einwilligung des Betroffenen durchbrochen werden, da das Recht des Betroffenen auf informationelle Selbstbestimmung durch § 39 nicht ausgeschaltet werden soll (*Dörr/Schmidt* Rn. 5). 2

§ 40 Verarbeitung und Nutzung personenbezogener Daten durch Forschungseinrichtungen

(1) Für Zwecke der wissenschaftlichen Forschung erhobene oder gespeicherte personenbezogene Daten dürfen nur für Zwecke der wissenschaftlichen Forschung verarbeitet oder genutzt werden.

(2) Die Übermittlung personenbezogener Daten an andere als öffentliche Stellen für Zwecke der wissenschaftlichen Forschung ist nur zulässig, wenn diese sich verpflichten, die übermittelten Daten nicht für andere Zwecke zu verarbeiten oder zu nutzen und die Vorschrift des Absatzes 3 einzuhalten.

(3) ¹Die personenbezogenen Daten sind zu anonymisieren, sobald dies nach dem Forschungszweck möglich ist. ²Bis dahin sind die Merkmale gesondert zu speichern, mit denen Einzelangaben über persönliche oder sachliche Verhältnisse einer bestimmten oder bestimmbaren Person zugeordnet werden können. ³Sie dürfen mit den Einzelangaben nur zusammengeführt werden, soweit der Forschungszweck dies erfordert.

(4) Die wissenschaftliche Forschung betreibenden Stellen dürfen personenbezogene Daten nur veröffentlichen, wenn
1. der Betroffene eingewilligt hat oder
2. dies für die Darstellung von Forschungsergebnissen über Ereignisse der Zeitgeschichte unerläßlich ist.

§ 41 Verarbeitung und Nutzung personenbezogener Daten durch die Medien

(1) ¹Soweit personenbezogene Daten von Unternehmen oder Hilfsunternehmen der Presse oder des Films oder von Hilfsunternehmen des Rundfunks ausschließlich zu eigenen journalistisch-redaktionellen Zwecken verarbeitet oder genutzt werden, gelten von den Vorschriften dieses Gesetzes nur die §§ 5 und 9. ²Soweit Verlage personenbezogene Daten zur Herausgabe von Adressen-, Telefon-, Branchen- oder vergleichbaren Verzeichnissen verarbeiten oder nutzen, gilt Satz 1 nur, wenn mit der Herausgabe zugleich eine journalistisch-redaktionelle Tätigkeit verbunden ist.

(2) Führt die jounalistsich-redaktionelle Verarbeitung oder Nutzung personenbezogener Daten durch die Rundfunkanstalten des Bundesrechts zur Veröffentlichung von Gegendarstellungen des Betroffenen, so sind diese Gegendarstellungen zu den gespeicherten Daten zu nehmen und für dieselbe Zeitdauer aufzubewahren wie die Dateien selbst.

(3) ¹Wird jemand durch eine Berichterstattung der Deutschen Welle in seinem Persönlichkeitsrecht beeinträchtigt, so kann er Auskunft über die der Berichterstattung zugrundeliegenden, zu seiner Person gespeicherten Daten verlangen. ²Die Auskunft kann verweigert werden, soweit aus den Daten auf die Person des Verfassers, Einsenders oder Gewährsmannes von Beiträgen, Unterlagen und Mitteilungen für den redaktionellen Teil geschlossen werden kann. ³Der Betroffene kann die Berichtigung unrichtiger Daten verlangen.

(4) ¹Im übrigen gelten für die Deutsche Welle von den Vorschriften dieses Gesetzes die §§ 5 und 9. ²Anstelle der §§ 24 bis 26 gilt § 42, auch soweit es sich um Verwaltungsangelegenheiten handelt.

Tauglicher Adressat des in § 41 I enthaltenen Medienprivilegs sind nicht nur solche Unternehmen, die in ihrer gesamten Funktion im Bereich der Presse tätig sind, sondern auch organisatorisch in sich geschlossene, gegenüber den sonstigen betrieblichen Stellen abgeschottete, mit der Herausgabe von Werkszeitschriften betraute Organisationseinheit eines Unternehmens. Sie werden trotz der „Einheitlichkeit" des Betriebs selbst zur datenspeichernden Stelle. Unternehmensinterne Datenzuleitungen zB durch die Personalabteilung stellen sich folglich als Übermittlung dar (*Gola/Wronka* 5. Kap. 6.1.; *Gola/Schomerus* Anm. 1.4 ff.; *Däubler*, Gläserne Belegschaften, Rn. 181). 1

Die Abs. 3 und 4 enthalten Sondervorschriften für die Datenverarbeitung durch Rundfunkanstalten des Bundesrechts. 2

§ 42. *(nicht abgedruckt)*

Fünfter Abschnitt. Schlußvorschriften

§§ 43 bis 44. *(nicht abgedruckt)*

170. Gesetz über die Gewährung von Erziehungsgeld und Erziehungsurlaub (Bundeserziehungsgeldgesetz – BErzGG)

In der Fassung der Bekanntmachung vom 31. Januar 1994 (BGBl. I S. 180)

Zuletzt geändert durch Gesetz vom 21. September 1997 (BGBl. I S. 2390)

(BGBl. III/FNA 85-3)

Erster Abschnitt. Erziehungsgeld

§ 1 Berechtigte

(1) Anspruch auf Erziehungsgeld hat, wer
1. einen Wohnsitz oder seinen gewöhnlichen Aufenthalt im Geltungsbereich dieses Gesetzes hat,
2. mit einem Kind, für das ihm die Personensorge zusteht, in einem Haushalt lebt,
3. dieses Kind selbst betreut und erzieht und
4. keine oder keine volle Erwerbstätigkeit ausübt.

(1 a) ¹Für den Anspruch eines Ausländers ist Voraussetzung, daß er im Besitz einer Aufenthaltsberechtigung oder Aufenthaltserlaubnis ist. ²Auch bei Besitz einer Aufenthaltserlaubnis haben ein Arbeitnehmer, der von seinem im Ausland ansässigen Arbeitgeber zur vorübergehenden Dienstleistung nach Deutschland entsandt ist und sein Ehepartner keinen Anspruch auf Erziehungsgeld.

(2) ¹Anspruch auf Erziehungsgeld hat auch, wer, ohne eine der Voraussetzungen des Absatzes 1 Nr. 1 zu erfüllen,
1. von seinem im Geltungsbereich dieses Gesetzes ansässigen Arbeitgeber oder Dienstherrn zur vorübergehenden Dienstleistung in ein Gebiet außerhalb dieses Geltungsbereiches entsandt, abgeordnet, versetzt oder kommandiert ist,
2. *(weggefallen)*
3. Versorgungsbezüge nach beamten- oder soldatenrechtlichen Vorschriften oder Grundsätzen oder eine Versorgungsrente von einer Zusatzversorgungsanstalt für Arbeitnehmer des öffentlichen Dienstes erhält, oder
4. Entwicklungshelfer im Sinne des § 1 des Entwicklungshelfer-Gesetzes ist.

²Dies gilt auch für den Ehegatten einer hiernach berechtigten Person, wenn die Ehegatten in einem Haushalt leben.

(3) Einem in Absatz 1 Nr. 2 genannten Kind steht gleich
1. ein Kind, das mit dem Ziel der Annahme als Kind in die Obhut des Annehmenden aufgenommen ist,
2. ein Kind des Ehepartners, das der Antragsteller in seinen Haushalt aufgenommen hat,
3. ein nach dem 31. Dezember 1991 geborenes leibliches Kind des nicht sorgeberechtigten Antragstellers, mit dem dieser in einem Haushalt lebt.

(4) Anspruch auf Erziehungsgeld hat auch, wer als
1. Angehöriger eines Mitgliedstaates der Europäischen Gemeinschaften oder
2. Grenzgänger aus an die Bundesrepublik Deutschland unmittelbar angrenzenden Staaten, die nicht Mitglied der Europäischen Gemeinschaft sind,

ein Arbeitsverhältnis im Geltungsbereich dieses Gesetzes hat, bei dem die wöchentliche Arbeitszeit die Grenze für geringfügige Beschäftigungen gemäß § 8 des Vierten Buches Sozialgesetzbuch übersteigt, und die Voraussetzungen des Absatzes 1 Nr. 2 bis 4 erfüllt.

(5) Der Anspruch auf Erziehungsgeld bleibt unberührt, wenn der Antragsteller aus einem wichtigen Grund die Betreuung und Erziehung des Kindes nicht sofort aufnehmen kann oder sie unterbrechen muß.

(6) Anspruch auf Erziehungsgeld für nach dem 30. Juni 1990 geborene Kinder hat unter den Voraussetzungen des Absatzes 1 auch der Ehegatte eines Mitglieds der Truppe oder des zivilen Gefolges eines NATO-Mitgliedstaates, der
1. Deutscher im Sinne des Artikels 116 des Grundgesetzes ist oder die Staatsangehörigkeit eines Mitgliedstaates der Europäischen Gemeinschaft besitzt; dies gilt nicht, wenn er als dessen Ehegatte in den Geltungsbereich dieses Gesetzes eingereist ist, es sei denn, daß er in den letzten

zwei Jahren vor der Einreise einen Wohnsitz oder seinen gewöhnlichen Aufenthalt im Geltungsbereich dieses Gesetzes hatte; oder

2. in einer versicherungspflichtigen Beschäftigung nach dem Dritten Buch Sozialgesetzbuch oder in einem öffentlich-rechtlichen Dienst- oder Amtsverhältnis steht oder bis zur Geburt des Kindes Arbeitslosengeld, Mutterschaftsgeld, Unterhaltsgeld, Übergangsgeld, Eingliederungsgeld oder Arbeitslosenhilfe bezogen hat.

(7) ¹In Fällen besonderer Härte, insbesondere durch den Tod eines Elternteils, kann von den Voraussetzungen des Absatzes 1 Nr. 3 und 4 abgesehen werden. ²Wird der Härtefall durch Tod, schwere Krankheit oder schwere Behinderung eines Elternteils verursacht, kann vom Erfordernis der Personensorge abgesehen werden, wenn die sonstigen Voraussetzungen des Absatzes 1 erfüllt sind, das Kind mit einem Verwandten zweiten oder dritten Grades oder dessen Ehegatten in einem Haushalt lebt und kein Erziehungsgeld für dasselbe Kind von einem Personensorgeberechtigten in Anspruch genommen wird.

I. Normzweck

1   Durch das BErzGG wurde ein für Mütter und Väter geltender Anspruch auf Erziehungsurlaub geschaffen, verbunden mit der Zahlung eines Erziehungsgeldes, das nicht von einer vorherigen Erwerbstätigkeit abhängig ist. Im Gegensatz zu dem nach altem Recht gewährten Mutterschaftsurlaub bezweckt das Gesetz nicht mehr nur Gesundheitsschutz für die abhängig arbeitende Mutter, sondern will familienpolitisch die Erziehungsleistung (BT-Drucks. 10/3792 S. 13) fördern und anerkennen. Die Wahlfreiheit zwischen Berufs- und Familienarbeit soll verbessert und zugleich die vertretungsweise Einstellung von Arbeitslosen gefördert werden. Zudem soll Schwangeren, die sich aus wirtschaftlichen Gründen in Konfliktsituationen befinden, die Entscheidung gegen eine Abtreibung erleichtert werden (BT-Drucks. 10/3792 S. 13). Das Gesetz zur *Änderung des BErzGG* (BT-Drucks. 10/3118) sieht mit Wirkung ab dem 1. 1. 2001 eine Erhöhung der Einkommensgrenzen für Anspruchsberechtigte, die Möglichkeit der Budgetierung des Regelbetrages, die Begründung eines Anspruchs auf gleichzeitigen Erziehungsurlaub beider Eltern sowie die Übertragbarkeit eines Anteils des Erziehungsurlaubs (von bis zu 12 Monaten) auf die Zeit bis zum 8. Geburtstag des Kindes vor. Der erziehungsgeldunschädliche Umfang der Teilzeitarbeit wird von bislang 19 auf 30 Stunden/Woche erhöht. Dabei wird erstmals ein Rechtsanspruch auf Teilzeitarbeit geschaffen, abhängig von einer betrieblichen Mindestgröße.

II. Erziehungsgeld

2   Erziehungsgeld wird vom Tag der Geburt längstens bis zur Vollendung des 24. Lebensmonats des Kindes (§ 4 I) gezahlt. Die Höhe beträgt, abhängig vom Elterneinkommen, max. 600,– DM monatlich (§ 5). Ihr Gesamtumfang wird auch durch die **Gesetzesänderung zum 1. 1. 2001** nicht erweitert; doch besteht dann die Möglichkeit, den Gesamtbetrag teilweise auf das erste Lebensjahr des Kindes vorzuziehen und damit für einen verkürzten Zeitraum höhere Leistungen in Anspruch zu nehmen („Budgetierung"). In diesem Fall beträgt das Erziehungsgeld monatlich DM 900,–. Abhängig von einer gleichzeitigen Inanspruchnahme von Erziehungsurlaub ist die Zahlung nicht. Für jedes Kind wird nur einer Betreuungsperson Erziehungsgeld gezahlt, die Eltern können aber wählen, wer von ihnen die Betreuung übernimmt und damit den Anspruch erwirbt; auch eine zeitliche Aufteilung des Berechtigungszeitraums zwischen den Eltern ist zulässig. Das Erziehungsgeld ist Sozialleistung, wird aber auf die Berechnung anderer, einkommensabhängiger Sozialleistungen nicht angerechnet (§ 8); es unterliegt nicht der Einkommensteuer (§ 3 Nr. 67 EStG) und bleibt zur Krankenversicherung beitragsfrei, § 224 I 1 SGB V.

III. Anspruchsinhaber

3   Anspruch auf Erziehungsgeld hat jede Person, die mit einem Kind, für das ihr die Personensorge zusteht, in einem Haushalt in der Bundesrepublik wohnt oder dort ihren gewöhnlichen Aufenthalt hat, sofern sie nicht mehr als 19 Std/Woche berufstätig ist und das Kind selbst betreut und erzieht.

4   **1. Wohnsitz oder gewöhnlicher Aufenthalt (Abs. 1 Nr. 1).** Sozialleistungsansprüche unterliegen grds. dem Territorialitätsprinzip, setzen also Wohnsitz oder gewöhnlichen Aufenthalt in der Bundesrepublik voraus (Ausnahmen in Abs. 2, 4). Ein Wohnsitz besteht gem. § 30 III SGB I dort, wo eine Wohnung unter Umständen besteht, die darauf schließen lassen, daß sie beibehalten und benutzt wird. Ausschlaggebend sind die tatsächlichen, wirtschaftlichen Umstände, nicht zB die polizeiliche Meldung. Ein gewöhnlicher Aufenthalt besteht, wenn bestimmte Umstände darauf schließen lassen, daß die Person an dem Ort nicht nur vorübergehend verweilt; hier kommt es also nicht auf das Vorhandensein einer Wohnung, sondern auf die körperliche Anwesenheit an. Entscheidend ist der nicht nur vorübergehende, rechtlich gesicherte Aufenthalt während des Zeitraums des Leistungsbezuges. Wer seinen Aufenthalt unter Beibehaltung des inländischen Wohnsitzes ins Ausland verlagert, bleibt

III. Anspruchsinhaber § 1 BErzGG 170

anspruchsberechtigt, wenn der Auslandsaufenthalt voraussichtlich zwei Jahre nicht überschreitet (BSG 26. 7. 1979 *Breithaupt* 1980, 328); wer den Wohnsitz im Inland aufgibt, gibt idR nach Ablauf eines halben Jahres auch den gewöhnlichen Aufenthalt im Inland auf. Auf die Staatsangehörigkeit von Eltern oder Kind kommt es nicht an.

2. Ausländer (Abs. 1 a) haben trotz Wohnsitzes/gewöhnlichen Aufenthalts in der Bundesrepublik 5 nur Anspruch auf Erziehungsgeld, wenn sie eine Aufenthaltsgenehmigung (§ 5 AuslG) in Form der **Aufenthaltsberechtigung** oder **Aufenthaltserlaubnis** besitzen; ausgenommen sind jedoch EU-Angehörige und Grenzgänger gem. Abs. 4. Die bloße Aufenthaltsgestattung genügt nicht (BSG 25. 6. 1987 DVBl. 1987, 1123). Der EuGH hat dem gegenüber entschieden (12. 5. 1998 EuZW 1998, 372), daß von Angehörigen eines anderen Mitgliedstaates die Vorlage eines von der eigenen Verwaltung mit konstitutiver Wirkung ausgestellten Dokumentes (= Aufenthaltserlaubnis) nicht verlangt werden darf, da es sich um eine nach Art. 6 EGV verbotene Diskriminierung handelt. Der Anspruch anerkannter asylberechtigter Ausländer entsteht trotz § 68 I AsylVfG erst bei Erteilung der Aufenthaltsberechtigung (BSG 24. 3. 1992 E 70, 197, 201); bloß geduldeter oder vorübergehend erlaubter Aufenthalt (Asylbewerber) begründet keinen Anspruch (*Buchner/Becker* Rn. 38). In die Bundesrepublik entsandte ausländische AN haben trotz Aufenthaltserlaubnis keinen Anspruch auf Erziehungsgeld, wenn sie von einem im Ausland ansässigen AG nur vorübergehend in die Bundesrepublik entsandt sind. Die Dienstleistung ist vorübergehend, wenn sie infolge ihrer Eigenart oder vertraglich im voraus zeitlich begrenzt erbracht wird. Ausländische Stipendiaten, Studenten, Gastwissenschaftler haben keinen Anspruch; ebenso Angehörige diplomatischer Vertretungen und internationaler Organisationen, da sie von der Anwendung der deutschen Vorschriften über die soziale Sicherheit ausgenommen sind (*Gröninger/Thomas* Rn. 9; *Zmarzlik/Zipperer/Viethen* Rn. 19; *Meisel/Sowka* Rn. 4). Anspruchsvoraussetzungen für den Bezug von weitergehendem Landeserziehungsgeld dürfen enger gefaßt sein als im BErzGG (zum Ausschluß türkischer Staatsangehöriger BVerwG 18. 12. 1992 NVwZ 1993, 778).

3. Dienstleistung im Ausland (Abs. 2). Ausnahmen vom Territorialitätsprinzip gelten zugunsten 6 bestimmter Personen, die weder Wohnsitz noch gewöhnlichen Aufenthalt im Inland haben, sofern die sonstigen Voraussetzungen von Abs. 1 Nr. 2 bis 4 gegeben sind. Auch der Ehegatte einer solchen Person ist anspruchsberechtigt, wenn die Ehepartner im selben Haushalt leben (Abs. 2 S. 2). Von Abs. 2 Nr. 1 werden Beschäftigte erfaßt, die aufgrund eines Beschäftigungsverhältnisses zu einem inländischen AG oder Dienstherren vorübergehend im Ausland tätig sind; ob eine solche „Entsendung" vorliegt, ist nach Sozialversicherungsrecht zu bestimmen (*Louven/Louven* NZA 1992, 13). Die Einstellung im Ausland für eine Beschäftigung im Ausland genügt nicht, ebensowenig die Einstellung im Inland mit dem Ziel des dauerhaften Auslandseinsatzes. Bei Beamten, Soldaten und anderen Angehörigen des öffentlichen Dienstes gilt die Abordnung ins Ausland stets nur als vorübergehend. Sonstige AN sind dagegen nur zur vorübergehenden Dienstleistung in das Ausland entsandt, wenn die Beschäftigung im Ausland ihrer Eigenart gemäß oder vertraglich im voraus zeitlich begrenzt ist (BSG 22. 6. 1989 SozR 7833 § 1 BErzGG Nr. 6: bis zu zwei Jahren wird anerkannt). Im Ausland lebende Empfänger von Versorgungsbezügen des öffentlichen Dienstes (einschließlich Witwen und Waisen) müssen keinen inländischen Wohnsitz haben (Abs. 2 Nr. 3); dasselbe gilt für Entwicklungshelfer (Abs. 2 Nr. 4).

4. Angehörige der EU und Grenzgänger aus anderen Nachbarstaaten (Abs. 4) haben – bei 7 Erfüllung der Voraussetzungen im übrigen – Anspruch auf Erziehungsgeld, auch wenn sie nicht im Bundesgebiet wohnen, aber dort beschäftigt sind; der Beschäftigungsumfang muß vor Beginn des Erziehungsgeldbezuges die Geringfügigkeitsgrenze gem. § 8 SGB IV überschritten, dh. wöchentlich mindestens 15 Stunden betragen, haben. Grenzgänger sind AN, die in der Bundesrepublik ein deutschem Recht unterliegendes Arbeitsverhältnis haben, aber in Polen, Tschechien oder der Schweiz wohnen und mindestens wöchentlich an ihren Wohnort zurückkehren (*Buchner/Becker* Rn. 26). Anspruchsberechtigt ist jeweils nur der Staatsangehörige bzw. Grenzgänger selbst, nicht auch die Familienangehörigen. Der EuGH (10. 10. 1996 *Hoever* NZA 1996, 1195) legt indessen Art. 73 I VO (EWG) Nr. 1408/71 dahingehend aus, daß eine originäre Leistungspflicht des Beschäftigungsstaates eines AN für Ansprüche von Ehegatten begründet wird, die in einem anderen Mitgliedstaat wohnen. Diese Auslegung ist fragwürdig, da für eigenständige Ansprüche des Ehegatten (wie beim Erziehungsgeld) die Kollisionsregel des Art. 13 VO Nr. 1408/71 anzuwenden ist, demzufolge der Staat des Beschäftigungsortes/Wohnortes leistungspflichtig ist (*Eichenhofer* EuZW 1996, 716 ff.). Die **Gesetzesänderung** (vgl. Rn. 1) begründet einen **eigenständigen Rechtsanspruch** eines im Ausland lebenden Ehegatten des im Inland beschäftigten AN auf Erziehungsgeld, um den Anforderungen des EuGH zu genügen. Ehegatten vom Nicht-EU/EWR-Grenzgängern sind nicht mit einbezogen.

5. Personensorge für ein Kind (Abs. 1 Nr. 2). Mit Ausnahme der Sonderfälle in Abs. 3, 7 hat nur 8 Anspruch auf Erziehungsgeld, wem die Personensorge für ein im selben Haushalt lebendes Kind zusteht.

Schlachter

9   **a) Personensorgeberechtigt** ist, wem allein oder mit anderen gemäß den Vorschriften des BGB (§ 1626 I; § 1678 I; § 1705 BGB) die Personensorge zusteht (aA SG Reutlingen 16. 6. 1992 FamRZ 1993, 244, wesentliche Beteiligung an den Pflichten soll genügen) oder wem sie durch Gerichtsentscheid zugesprochen wurde (zB Adoptiv- oder Pflegeeltern, Großeltern).

10 **b)** Der Anspruchsteller muß mit dem Kind im selben Haushalt leben.

11 **6. Betreuung und Erziehung des Kindes (Abs. 1 Nr. 3, Abs. 5).** Der Anspruchsteller muß das Kind idR selbst betreuen und erziehen (Ausnahme Abs. 7). Unschädlich ist, daß das Kind während kurzer Abwesenheitsdauer (Kur, Urlaub, Fortbildungsveranstaltung) von anderen versorgt wird. Aus Abs. 5 folgt nicht, daß nur eine Unterbrechung aus wichtigem Grund unschädlich ist (so aber *Gröninger/Thomas* § 15 Rn. 14); besondere Anforderungen werden lediglich an den Sonderfall der längerfristigen Unterbrechung gestellt, Abs. 5. Das Vorliegen eines „wichtigen Grundes" ist objektiv zu bestimmen (BT-Drucks. 10/3926 S. 1), der Grund muß unmittelbar die Möglichkeit zur Betreuung des Kindes verhindern, zB längerer Krankenhausaufenthalt der Betreuungsperson oder des Kindes. Die Unterbrechung darf zu Beginn oder während der Betreuungszeit liegen, ihr Ende muß aber absehbar sein; als „vorübergehend" wird eine Zeit von bis zu 3 Monaten angenommen (*Meisel/Sowka* Rn. 17; *Zmarzlik/Zipperer/Viethen* Rn. 43; anders (nur bis 1 Monat) *Buchner/Becker* Rn. 55).

12 **7. Keine volle Erwerbstätigkeit (Abs. 1 Nr. 4).** Da das BErzGG der Kinderbetreuung Vorrang vor der Erwerbstätigkeit einräumt, besteht Anspruch auf Erziehungsgeld nur, wenn zumindest keine volle Erwerbstätigkeit ausgeübt wird. Erwerbstätigkeit ist jede auf Erzielung von Gewinn/Einkommen gerichtete Tätigkeit, dh. abhängige Arbeit und selbständige Tätigkeit, auch Ehegattenmitarbeit, nicht aber die Berufsausbildung (§ 2 I Nr. 3), karitative Tätigkeit oder das Führen des eigenen Haushalts; der anspruchsunschädliche Tätigkeitsumfang bestimmt sich gem. § 2.

13 **8. Kinderbetreuung ohne Sorgerecht (Abs. 3).** Erziehungsgeld kann auch beanspruchen, wer sich, ohne das Sorgerecht zu haben, um Kinder kümmert, die in Adoptionspflege (BSG 9. 9. 1992 NJW 1993, 1156) gegeben wurden (Nr. 1), um Stiefkinder (Nr. 2) oder um eigene eheliche oder nicht eheliche Kinder, für die das Sorgerecht allein dem anderen Elternteil zusteht (Nr. 3). In diesen Fällen ist der Erziehungsgeldanspruch aber von der Zustimmung des Sorgeberechtigten abhängig, § 3 III. Der Anspruch nach Nr. 2 setzt eine „Aufnahme" in den Haushalt voraus, dh. eine auf Dauer angelegte familienähnliche Beziehung. Der Anspruch nach Nr. 3 verlangt nur das Zusammenleben, das auch zeitlich auf den Betreuungszeitraum beschränkt sein kann, um die nicht verheirateten, geschiedenen oder getrenntlebenden Elternteile in die Betreuung mit einbeziehen zu können.

14 **9. Ehegatten von NATO-Angehörigen (Abs. 6).** Mitglieder der NATO-Streitkräfte oder des zivilen Gefolges haben selbst keinen Anspruch, da sie nicht unter den Geltungsbereich der deutschen Rechtsvorschriften über soziale Sicherheit fallen. Anspruchsberechtigt können aber ihre Ehegatten sein, wenn diese nicht berufstätig und Deutsche oder EU-Staatsangehörige sind (Nr. 1). Anspruchsberechtigt – unabhängig von der Staatsangehörigkeit – sind auch die Ehegatten, die die Voraussetzungen nach Nr. 2 erfüllen.

15 **10. Härtefall (Abs. 7).** Von den Erfordernissen der Abs. 3, 4 kann in besonderen Härtefällen abgesehen werden (*Mauer/Schmidt* BB 1991, 1779), so daß der Personensorgeberechtigte auch dann Erziehungsgeld erhalten kann, wenn er eine volle Erwerbstätigkeit ausüben muß oder das Kind anderen Betreuungspersonen anvertraut (S. 1). Härtefälle liegen weiterhin vor, wenn die Personensorgeberechtigten wirtschaftlich nicht in der Lage sind, die Betreuung und Erziehung des Kindes selbst zu übernehmen oder auf eine volle Berufstätigkeit zu verzichten (*Zmarzlik/Zipperer/Viethen* Rn. 46). Dies kann insb. bei Alleinstehenden der Fall sein (*Zmarzlik/Zipperer/Viethen* Rn. 46; ähnlich *Meisel/Sowka* Rn. 19). Demgegenüber verzichtet S. 2 auf die Voraussetzung der Personensorge (zB Großeltern als Betreuungspersonen). Wird der Härtefall durch Tod, schwere Krankheit oder Behinderung eines Elternteils verursacht, ermöglicht S. 2 den Anspruch von Verwandten zweiten oder dritten Grades, wenn diese die Voraussetzungen von Abs. 1 ansonsten erfüllen, und der Personensorgeberechtigte das Erziehungsgeld nicht selbst in Anspruch nimmt.

§ 2 Nicht volle Erwerbstätigkeit

(1) Der Antragsteller übt keine volle Erwerbstätigkeit aus, wenn
1. die wöchentliche Arbeitszeit 19 Stunden nicht übersteigt,
2. bei einer Beschäftigung, die nicht die Versicherungspflicht nach dem Dritten Buch Sozialgesetzbuch begründet, die durch Gesetz oder auf Grund eines Gesetzes festgelegte Mindestdauer einer Teilzeitbeschäftigung nicht überschritten wird, oder
3. eine Beschäftigung zur Berufsbildung ausgeübt wird.

(2) Einer vollen Erwerbstätigkeit stehen gleich:
1. der Bezug von Arbeitslosengeld, Arbeitslosenbeihilfe und Eingliederungsgeld,

III. Bezug von Einkommensersatzleistungen (Abs. 2 und 3) § 2 BErzGG 170

2. der Bezug von Krankengeld, Verletztengeld, Versorgungskrankengeld, Übergangsgeld und Unterhaltsgeld, wenn der Bemessung dieser Leistung ein Arbeitsentgelt für eine Beschäftigung mit einer wöchentlichen Arbeitszeit von mehr als 19 Stunden oder ein entsprechendes Arbeitseinkommen zugrunde liegt; diese Regelung gilt nicht für die zu ihrer Berufsbildung Beschäftigten.

(3) Während des Bezugs von Arbeitslosengeld wird Erziehungsgeld gewährt, wenn dem Arbeitnehmer nach der Geburt eines Kindes aus einem Grund gekündigt worden ist, den er nicht zu vertreten hat, die Kündigung nach § 9 des Mutterschutzgesetzes oder § 18 zulässig war und der Wegfall des Erziehungsgeldes für ihn eine unbillige Härte bedeuten würde.

(4) *(aufgehoben)*

I. Normzweck

Erziehungsgeld kann grds. nur beanspruchen, wer neben der Erziehungstätigkeit auf eine volle Erwerbstätigkeit verzichtet. Eine vollständige Aufgabe der Erwerbstätigkeit wie in § 6 I MuSchG ist nicht erforderlich, da die Förderung der Kindesentwicklung eine vollständige Entfremdung von der Arbeitswelt gerade nicht voraussetzt (BT-Drucks. 10/3792 S. 15). Die Zulassung zeitweiliger Berufstätigkeit sollte zudem die Bereitschaft fördern, sich zeitweilig verstärkt der Kinderbetreuung zu widmen. 1

II. Teilzeitbeschäftigung (Abs. 1)

1. Bis zu 19 Stunden (Abs. 1 Nr. 1). Die Erwerbstätigkeit ist dann unschädlich für den Anspruch auf Erziehungsgeld, wenn sie nicht vollzeitig ausgeführt wird, § 1 I Nr. 4. Keine volle Erwerbstätigkeit ist bei einer wöchentlichen Arbeitszeit bis zu 19 Stunden gegeben; mehrere Beschäftigungen sind zusammenzurechnen. Erwerbstätigkeit umfaßt auch die Arbeit Selbständiger und mithelfender Familienangehöriger sowie Auszubildender (vgl. aber Abs. 1 Nr. 3) bzw. von Praktikanten, Umschülern usw., nicht aber Schüler, Studenten oder ehrenamtlich Arbeitende. Es kommt auf die vertraglich vereinbarte Dauer an, geringfügige tatsächliche Überschreitungen der 19-Stunden-Grenze schaden nicht. Wird regelmäßig Vor- oder Nacharbeit erforderlich, ist die Grenze überschritten, wenn dies nicht mit eingerechnet worden ist. Bei höherer zeitlicher Beanspruchung entfällt der Anspruch auf Erziehungsgeld. Mit der **Änderung zum 1. 1. 2001** wird der anspruchsunschädliche Umfang der Teilzeitarbeit von 19 **auf 30 Stunden erweitert**. Einen gesetzlichen Anspruch gegen den AG auf Vereinbarung einer Tätigkeit im anspruchsunschädlichen Umfang haben Beschäftigte bis 31. 12. 2000 noch nicht; entsprechende Vertragsänderungen können nur einvernehmlich vorgenommen werden. Die Novelle zum 1. 1. 2001 führt den Rechtsanspruch unter bestimmten Voraussetzungen erstmals ein. Das Mitbestimmungsrecht des BR aus § 99 BetrVG ist zu beachten (BAG 28. 4. 1998 NZA 1998, 1352). 2

2. Bei Beamten, Richtern und Soldaten (Abs. 1 Nr. 2). Für Beschäftigte, die nicht gem. SGB III beitragspflichtig sind (§ 27 I Nr. 1 SGB III), ist eine Teilzeitbeschäftigung solange anspruchsunschädlich, wie sie die gesetzlich festgelegte Mindestdauer nicht überschreitet. Diese Bestimmung gestattet es Beamten usw., neben der Kinderbetreuung teilzeiterwerbstätig zu sein, obwohl ihre Arbeitszeit gem. § 72 A IV Nr. 1 BBG nur bis zur Hälfte der regelmäßigen Arbeitszeit ermäßigt werden darf. Soweit nach der Dienstrechtsreform eine Teilzeitbeschäftigung von weniger als der Hälfte der regelmäßigen Arbeitszeit zugelassen wird, sollte für Beamte und AN eine einheitliche (vgl. Art. 3 I GG) Grenze festgelegt werden. 3

3. Berufsbildung (Abs. 1 Nr. 3). Tätigkeiten zum Zwecke der Berufsbildung gelten trotz Überschreitung der Zeitgrenzen nicht als volle Erwerbstätigkeit, damit die Ausbildung anspruchsunschädlich fortgesetzt werden kann. Zur Berufsbildung zählt neben der Ausbildung auch die Fortbildung, Umschulung, Volontariat, Praktikum (auch Ärzte im Praktikum), Anlernverhältnisse. Auf Wunsch kann die Berufsbildung jedoch auch für die Zeit des Erziehungsurlaubs unterbrochen werden. 4

III. Bezug von Einkommensersatzleistungen (Abs. 2 und 3)

Empfänger von bestimmten Ersatzleistungen erhalten Erziehungsgeld nicht, obwohl sie nicht erwerbstätig sind. Der Anspruch entfällt, wenn die Leistung gem. Abs. 2 Nr. 1, 2 tatsächlich gezahlt wird; eine lediglich dem Grunde nach bestehende, tatsächlich aber ruhende Leistung genügt nicht. Es soll nur verhindert werden, daß Leistungsempfänger gegenüber Vollerwerbstätigen benachteiligt werden, denen kein Erziehungsgeld zusteht. 5

1. Anspruchsausschließende Leistungen. Nach Nr. 1 schließen Arbeitslosengeld, Arbeitslosenbeihilfe und Eingliederungsgeld den Erziehungsgeldanspruch aus, nicht aber der Bezug von Arbeitslosenhilfe (BSG 30. 9. 1992 FamRZ 1993, 1196); Arbeitslosenhilfeempfänger sollten hier nicht schlechter gestellt werden als Empfänger anderer unter Bedürftigkeitsvorbehalt stehender Leistungen. Anspruch 6 auf Arbeitslosengeld setzt gem. §§ 118 bis 121 SGB III ua. grds. eine Verfügbarkeit für die Arbeitsvermittlung voraus; daran kann es wegen der Kinderbetreuung fehlen. Wird aber Arbeitslosengeld gezahlt, ist Erziehungsgeld grds. ausgeschlossen, Abs. 2 Nr. 1. Beruht die Arbeitslosigkeit jedoch auf einer Kündigung, die nach der Geburt ausgesprochen wurde, nicht gegen §§ 9 MuSchG, 18 verstößt und vom Arbeitslosengeldbezieher nicht zu vertreten ist, so behält dieser gem. Abs. 3 den Anspruch auf Erziehungsgeld, wenn der Wegfall dieses Anspruches eine unbillige Härte für ihn darstellen würde. Ein Härtefall ist insb. gegeben, wenn ohne das Erziehungsgeld der Unterhalt von Kind und Betreuungsperson nicht sichergestellt wäre (BT-Drucks. 11/4687 S. 7). Nach der **Änderung des BErzGG zum 1. 1. 2001** schließen Arbeitslosengeld usw. den Erziehungsgeldanspruch nur noch aus, wenn es aufgrund einer Beschäftigung von mehr als 30 Stunden gezahlt wird.

7   2. Nach Abs. 2 Nr. 2 wird der Erziehungsgeldanspruch durch **Lohnersatzleistungen** ausgeschlossen, die aufgrund einer Beschäftigung mit mehr als 19 Wochenstunden erbracht werden. Ausnahmen gelten auch hier wieder für die zur Berufsbildung Beschäftigten. Nicht unter Nr. 2 fallen Renten, Stipendien, BAföG und private Versicherungsleistungen. Auch Mutterschaftsgeld ist dem Grunde nach unschädlich, wird aber gem. § 7 auf das Erziehungsgeld angerechnet; der AGZuschuß gem. § 14 MuSchG hindert den Anspruch auf Erziehungsgeld nicht.

8   3. Nach Abs. 4 (aufgehoben mit Wirkung ab dem 1. 1. 1998) konnten ausdrücklich Erziehungsgeld und Arbeitslosenhilfe parallel beansprucht werden. Die eingeschränkte Verfügbarkeit für die Arbeitsvermittlung, die gem. § 198 S. 2 SGB III dem Hilfeanspruch entgegensteht, wurde ausdrücklich für unbeachtlich erklärt, wenn sie auf Betreuungs- oder Erziehungsleistung für ein Kind iSd. § 1 I beruht. Da Abs. 2 unverändert geblieben ist, der die Ausschlußgründe abschließend aufzählt, bleibt es trotz Wegfalls des Abs. 4 aber dabei, daß Bezug von Alhi der Erwerbstätigkeit nicht gleichsteht: Erziehungsgeld kann neben Alhi beansprucht werden.

§ 3 Zusammentreffen von Ansprüchen

(1) ¹Für die Betreuung und Erziehung eines Kindes wird nur einer Person Erziehungsgeld gewährt. ²Werden in einem Haushalt mehrere Kinder betreut und erzogen, wird für jedes Kind Erziehungsgeld gewährt.

(2) ¹Erfüllen beide Ehegatten die Anspruchsvoraussetzungen, so wird das Erziehungsgeld demjenigen gewährt, den sie zum Berechtigten bestimmen. ²Wird die Bestimmung nicht im Antrag auf Erziehungsgeld getroffen, ist die Ehefrau die Berechtigte. ³Die Bestimmung kann nur geändert werden, wenn die Betreuung und Erziehung des Kindes nicht mehr sichergestellt werden kann.

(3) Einem nicht sorgeberechtigten Elternteil kann Erziehungsgeld nur mit Zustimmung des sorgeberechtigten Elternteils gewährt werden.

(4) Ein Wechsel in der Anspruchsberechtigung wird mit Beginn des folgenden Lebensmonats des Kindes wirksam.

I. Leistungen an nur eine Person (Abs. 1)

1   Die Vorschrift soll Doppelleistungen ausschließen und Rechtsstreitigkeiten über die Anspruchsberechtigung vermeiden. Wird ein Kind von beiden Eltern betreut, kann nur eine Person Erziehungsgeld beanspruchen; wer von beiden berechtigt sein soll, bestimmt sich nach Abs. 2. Werden dagegen im selben Haushalt zugleich mehrere Kinder betreut (Mehrlinge, weitere Geburt während des Erziehungsurlaubs, Aufnahme von Stiefkindern), wird für jedes Kind Erziehungsgeld gezahlt. Die Berechnung des Anspruchsumfangs erfolgt für jedes Kind gesondert.

II. Bestimmungsrecht der Ehegatten (Abs. 2)

2   Erfüllen beide Ehegatten die Anspruchsvoraussetzungen, erhält derjenige Erziehungsgeld, den beide dazu bestimmen. Ehegatten sind außer den leiblichen Eltern die Stief-, Adoptiv- oder Pflegeeltern bzw. die Großeltern, wenn ihnen die Personensorge zusteht. Die Bestimmung des Anspruchsberechtigten muß im Antrag an die Erziehungsgeldbehörde getroffen werden, anderenfalls gilt gem. Abs. 2 S. 2 die Ehefrau als berechtigt. Die Ehegatten können bestimmen, daß jeder für einen Teil des Bezugszeitraums Anspruchsberechtigter sein soll. Von der einmal getroffenen Bestimmung können sie nachträglich nur abweichen, wenn die Betreuung des Kindes nicht mehr sichergestellt werden kann; ein „wichtiger Grund" wird dafür nicht vorausgesetzt. Ist die Änderung zulässig, wirkt sie erst ab Beginn des folgenden Lebensmonats des Kindes, Abs. 4.

III. Nichtsorgeberechtigter Elternteil (Abs. 3)

Auch ein nichtsorgeberechtigter Elternteil kann gem. § 1 III Nr. 3 Anspruch auf Erziehungsgeld 3 haben. Die Konkurrenz zum Anspruch des Sorgeberechtigten löst Abs. 3 zu dessen Gunsten, seine Zustimmung zur Auszahlung an den Nichtsorgeberechtigten ist erforderlich. Praktisch erfolgt sie durch Mitunterzeichnung des Antrags zugunsten des Nichtsorgeberechtigten. Die Zustimmung kann jederzeit widerrufen werden.

IV. Wechsel der Anspruchsberechtigung (Abs. 4)

Wenn der Anspruchsberechtigte wechselt (Fälle des Abs. 2 S. 3 und der von vornherein getroffenen 4 Vereinbarung in Abs. 2 S. 1), soll das Erziehungsgeld aus Gründen der Verwaltungsvereinfachung in ganzen Monatsbeträgen ausbezahlt werden können.

§ 4 Beginn und Ende des Anspruchs

(1) ¹Erziehungsgeld wird vom Tag der Geburt bis zur Vollendung des achtzehnten Lebensmonats gewährt. ²Für Kinder, die nach dem 31. Dezember 1992 geboren werden, wird Erziehungsgeld bis zur Vollendung des vierundzwanzigsten Lebensmonats gewährt. ³Für angenommene und Kinder im Sinne des § 1 Abs. 3 Nr. 1 wird Erziehungsgeld von der Inobhutnahme an für die jeweils geltende Bezugsdauer, längstens bis zur Vollendung des dritten Lebensjahres gewährt, wenn das Kind nach dem 30. Juni 1989 geboren ist, und längstens bis zur Vollendung des siebten Lebensjahres, wenn das Kind nach dem 31. Dezember 1991 geboren ist.

(2) ¹Erziehungsgeld ist schriftlich für jeweils ein Lebensjahr zu beantragen. ²Der Antrag für das zweite Lebensjahr kann frühestens ab dem neunten Lebensmonat des Kindes gestellt werden. ³Rückwirkend wird Erziehungsgeld höchstens für sechs Monate vor der Antragstellung bewilligt. ⁴Für die ersten sechs Lebensmonate kann Erziehungsgeld unter dem Vorbehalt der Rückforderung bewilligt werden, wenn das Einkommen nach den Angaben des Antragstellers unterhalb der Einkommensgrenze nach § 5 Abs. 2 Satz 1 und 3 liegt, und die voraussichtlichen Einkünfte im Kalenderjahr der Geburt nicht ohne weitere Prüfung abschließend ermittelt werden können.

(3) ¹Vor Erreichen der Altersgrenze (Absatz 1) endet der Anspruch mit dem Ablauf des Lebensmonats, in dem eine der Anspruchsvoraussetzungen entfallen ist. ²In den Fällen des § 16 Abs. 4 wird das Erziehungsgeld bis zur Beendigung des Erziehungsurlaubs weitergewährt.

I. Bezugszeitraum (Abs. 1)

1. Anspruchsdauer. Die Vorschrift begrenzt den maximalen Zeitraum, in dem bei Erfüllung der 1 Voraussetzungen der §§ 1 bis 3 Erziehungsgeld beansprucht werden kann. Dieser Zeitraum ist mehrfach verlängert worden und umfaßt für Kinder, die nach dem 31. 12. 1992 geboren wurden, die Zeit bis zur Vollendung des 24. Lebensmonats des Kindes. Ob Erziehungsgeld in diesem Rahmen beansprucht werden kann, hängt vom Einkommen ab, §§ 5, 6. Der Bezugszeitraum ist unabhängig von der Inanspruchnahme oder der Dauer des Erziehungsurlaubs. Für angenommene oder adoptierte Kinder gilt dieselbe Bezugsdauer, nur der Bezugsrahmen des Erziehungsgeldes verlängert sich auf die Vollendung des 3. Lebensjahres (nach 30. 6. 1989 geborene Kinder) oder des 7. Lebensjahres (nach 31. 12. 1991 geborene Kinder). Damit werden auch solche Betreuungspersonen anspruchsberechtigt, die bereit sind, schon ältere Kinder anzunehmen (BT-Drucks. 11/4776 S. 3). Das Erziehungsgeld wird erst ab der Aufnahme des Kindes in die häusliche Gemeinschaft gezahlt.

2. Fristberechnung. Gem. § 10 II iVm. § 26 I SGB X bestimmen sich die Fristen gem. §§ 187 ff. 2 BGB. Die Anspruchsdauer kann sich durch Anrechnungsvorschriften verkürzen: Erhält eine Frau Mutterschaftsgeld, wird darauf gem. § 7 das Erziehungsgeld angerechnet, dessen Bezugszeitraum sich dadurch verkürzt.

II. Antrag (Abs. 2)

Der Antrag auf Erziehungsgeld kann (schriftlich) jeweils für ein Lebensjahr des Kindes gestellt 3 werden. Damit soll der zuständigen Behörde ermöglicht werden, die gem. §§ 5, 6 erforderliche Prüfung der Einkommen der Antragsteller für jedes Lebensjahr gesondert vorzunehmen. Der erste Antrag kann am Tag der Geburt oder später gestellt werden, wirkt aber nur für höchstens 6 Monate zurück (Ausschlußfrist); eine Wiedereinsetzung in den vorigen Stand ist bei Fristversäumnis nicht vorgesehen. Für Minderjährige als Anspruchsberechtigte gelten §§ 104 ff. BGB, ab Vollendung des

15. Lebensjahres kann Erziehungsgeld auch ohne Einwilligung des gesetzlichen Vertreters beansprucht werden, § 36 I SGB I. Abs. 2 S. 4 sieht eine Leistungsgewährung unter Rückforderungsvorbehalt vor, weil das Erziehungsgeld nur einkommensabhängig gewährt wird.

III. Wegfall der Voraussetzungen (Abs. 3)

4 Der Anspruch endet bei Wegfall der Voraussetzungen der §§ 1 f. mit dem Ablauf des Lebensmonats (nicht: Kalendermonats), in den das Ereignis fällt; ansonsten endet er mit Ablauf der Altersgrenze gem. Abs. 1. Steigt das Einkommen während des Bezugszeitraums über die Einkommensgrenze des § 5, ändert sich nichts, vgl. § 5 Rn. 2. Falls das Kind während des Erziehungsurlaubs stirbt (§ 16 IV), besteht der Erziehungsgeldanspruch weiter bis zum Ablauf des Erziehungsurlaubs, dh. spätestens drei Wochen nach dem Tod des Kindes. Stirbt das Kind, ohne daß die Betreuerin Erziehungsurlaub hatte, gilt die Grundregel des Abs. 3 S. 1.

§ 5 Höhe des Erziehungsgeldes; Einkommensgrenze

(1) **Das Erziehungsgeld beträgt 600 Deutsche Mark monatlich.**

(2) ¹In den ersten sechs Lebensmonaten des Kindes entfällt das Erziehungsgeld, wenn das Einkommen nach § 6 bei Verheirateten, die von ihrem Ehepartner nicht dauernd getrennt leben, 100 000 Deutsche Mark und bei anderen Berechtigten 75 000 Deutsche Mark übersteigt. ²Vom Beginn des siebten Lebensmonats an wird das Erziehungsgeld gemindert, wenn das Einkommen nach § 6 bei Verheirateten, die von ihrem Ehegatten nicht dauernd getrennt leben, 29 400 Deutsche Mark und bei anderen Berechtigten 23 700 Deutsche Mark übersteigt. ³Die Beträge der Einkommensgrenzen in Satz 1 und Satz 2 erhöhen sich um 4200 Deutsche Mark für jedes weitere Kind des Berechtigten oder seines nicht dauernd von ihm getrennt lebenden Ehegatten, für das ihm oder seinem Ehegatten Kindergeld gewährt wird oder ohne die Anwendung des § 65 Abs. 1 des Einkommensteuergesetzes oder des § 4 Abs. 1 des Bundeskindergeldgesetzes gewährt würde. ⁴Maßgeblich sind die Verhältnisse zum Zeitpunkt der Antragstellung. ⁵Leben die Eltern in einer eheähnlichen Gemeinschaft, gilt die Einkommensgrenze für Verheiratete, die nicht dauernd getrennt leben.

(3) Übersteigt das Einkommen die Grenze nach Absatz 2 Satz 2, mindert sich das Erziehungsgeld um den zwölften Teil von 40 vom Hundert des die Grenze übersteigenden Einkommens (§ 6).

(4) ¹Das Erziehungsgeld wird im Laufe des Lebensmonats gezahlt, für den es bestimmt ist. ²Soweit Erziehungsgeld für Teile von Monaten zu leisten ist, beträgt es für einen Kalendertag ein Dreißigstel von 600 Deutsche Mark. ³Ein Betrag von monatlich weniger als 40 Deutsche Mark wird ab dem siebten Lebensmonat des Kindes nicht gewährt. ⁴Auszuzahlende Beträge sind auf Deutsche Mark zu runden, und zwar unter 50 Deutsche Pfennige nach unten, sonst nach oben.

I. Erziehungsgeld für die ersten sechs Monate

1 Grds. beträgt das Erziehungsgeld (seit 1986 unverändert) für jeden Monat 600,– DM für jedes betreute Kind. Für ab dem 1. 1. 1994 geborene Kinder (§ 39 II 3) entfällt der Anspruch jedoch in den ersten sechs Lebensmonaten des Kindes, wenn die gesetzlichen Einkommensgrenzen überschritten werden (Abs. 2 S. 1). Die Freibeträge von 100 000,– DM (für Verheiratete oder in eheähnlicher Gemeinschaft Lebende, Abs. 2 S. 5) oder 75 000,– DM (für Unverheiratete oder dauernd getrennt Lebende) erhöhen sich nach Abs. 2 S. 3 für jedes weitere Kind um 4200,– DM, wenn für dieses Kind Kindergeld oder zumindest teilweise Erziehungsgeld gezahlt wird. Ein Freibetrag für das zu betreuende Kind selbst ist nicht vorgesehen. Familienstand und Kinderzahl werden für den gesamten Leistungszeitraum durch die Tatsachen bei Eingang des Antrages bestimmt, Abs. 2 S. 4. Zur **Budgetierung, die ab dem 1. 1. 2001** möglich ist, vgl. § 1 Rn. 2.

II. Erziehungsgeld ab dem siebten Lebensmonat

2 Vom 7. Lebensmonat bzw. 7. Monat der Inobhutnahme (der Fall ist nicht gesondert geregelt) des Kindes an wird das Erziehungsgeld von 600,– DM bei Überschreiten von Einkommensgrenzen gemindert. Maßgeblich ist das voraussichtliche Einkommen im laufenden Kalenderjahr, § 6 II. Die Grenzen liegen hier bei 29 400,– DM für Verheiratete/in eheähnlicher Gemeinschaft lebende (BVerfG 17. 11. 1992 NJW 1993, 643: enge, über eine reine Wirtschaftsgemeinschaft hinausgehende Bindung, die ein gegenseitiges Einstehen in Notfällen erwarten läßt) und bei 23 700,– DM für Alleinstehende/dauernd getrennt lebende. Für jedes weitere Kind erhöht sich der Freibetrag um 4200,– DM, wenn für das Kind Kindergeld oder vergleichbare Leistungen in Anspruch genommen werden oder nur wegen der „Subsidiaritätsklausel" des § 65 I EStG nicht gezahlt werden können. Übersteigt das maßgebliche Einkommen des Anspruchstellers (und ggf. des Ehepartners) die Summe der Freibeträge, wird der

Einkommen § 6 BErzGG 170

Erziehungsgeldanspruch gemindert. Dazu werden (Abs. 3) 40% des die Freibeträge übersteigenden Einkommens durch 12 geteilt; somit ist ein Dreißigstel des gesamten, die Freibeträge übersteigenden Einkommens pro Monat vom Erziehungsgeldhöchstbetrag abzuziehen. Bleibt danach ein Anspruch auf weniger als 40,- DM Erziehungsgeld, wird dieser nicht ausbezahlt, Abs. 4 S. 3.

Berechnungsbeispiel: Ein Ehepaar hat 2 Kinder, für das Jüngste wird Erziehungsgeld beantragt; ihr Einkommen gem. § 6 betrug 35 000,- DM. Das Erziehungsgeld wird in den ersten 6 Monaten voll gezahlt, ab dem 7. Lebensmonat des Kindes errechnet es sich wie folgt: Allgemeine Einkommensgrenze (29 400,- DM) plus Erhöhungsbetrag für das erste Kind (4200,- DM) ergeben eine konkrete Einkommensgrenze von 33 600,- DM; diese wird um 1400,- DM überschritten. Davon 40% sind 560,- DM, davon 1/12 sind 46,66 DM. Um diesen Betrag ist das Erziehungsgeld (600,- DM) monatlich zu kürzen auf 553,34; ausbezahlt werden 553,- DM. 3

III. Auszahlung

Das Erziehungsgeld wird in dem Lebensmonat des Kindes bezahlt, für den es bestimmt ist, spätestens am letzten Tag, Abs. 4 S. 1 iVm. § 41 SGB I. Besteht der Anspruch nur für Teilmonate (zB wegen Tod des Kindes), ist für jeden Kalendertag ein Dreißigstel des dem Berechtigten zustehenden Monatsbetrages zu gewähren. Weniger als 40,- DM sind nicht auszuzahlen, bei nicht vollen DM-Beträgen ist auf- oder abzurunden. 4

§ 6 Einkommen

(1) Als Einkommen gilt die nicht um Verluste in einzelnen Einkommensarten zu vermindernde Summe der positiven Einkünfte im Sinne des § 2 Abs. 1 und 2 des Einkommensteuergesetzes abzüglich folgender Beträge:
1. 27 vom Hundert der Einkünfte, bei Personen im Sinne des § 10c Abs. 3 des Einkommensteuergesetzes 22 vom Hundert der Einkünfte;
2. Unterhaltsleistungen an Kinder, für die die Einkommensgrenze nicht nach § 5 Abs. 2 Satz 3 erhöht worden ist, bis zu dem durch Unterhaltstitel oder durch Vereinbarung festgelegten Betrag und an sonstige Personen, soweit die Leistungen nach § 10 Abs. 1 Nr. 1 oder § 33a Abs. 1 des Einkommensteuergesetzes berücksichtigt werden;
3. ein Betrag entsprechend § 33b Abs. 1 bis 3 des Einkommensteuergesetzes für ein Kind, das nach § 5 Abs. 2 zu berücksichtigen ist.

(2) [1] Für die Minderung im ersten bis zwölften Lebensmonat des Kindes ist das voraussichtliche Einkommen im Kalenderjahr der Geburt des Kindes maßgebend, für die Minderung im dreizehnten bis vierundzwanzigsten Lebensmonat des Kindes das voraussichtliche Einkommen des folgenden Jahres. [2] Bei angenommenen Kindern ist das voraussichtliche Einkommen im Kalenderjahr der Inobhutnahme sowie im folgenden Kalenderjahr maßgeblich.

(3) [1] Zu berücksichtigen ist das Einkommen des Berechtigten und seines Ehepartners, soweit sie nicht dauernd getrennt leben. [2] Leben die Eltern in einer eheähnlichen Gemeinschaft, ist auch das Einkommen des Partners zu berücksichtigen.

(4) [1] Soweit ein ausreichender Nachweis der voraussichtlichen Einkünfte in dem maßgebenden Kalenderjahr nicht möglich ist, werden der Ermittlung die Einkünfte in dem Kalenderjahr davor zugrunde gelegt. [2] Dabei können die Einkünfte des vorletzten Jahres berücksichtigt werden.

(5) [1] Bei Einkünften aus nichtselbständiger Arbeit, die allein nach ausländischem Steuerrecht zu versteuern sind oder keiner staatlichen Besteuerung unterliegen, ist von dem um 2000 Deutsche Mark verminderten Bruttobetrag auszugehen. [2] Andere Einkünfte, die allein nach ausländischem Steuerrecht zu versteuern sind oder keiner staatlichen Besteuerung unterliegen, sind entsprechend § 2 Abs. 1 und 2 des Einkommensteuergesetzes zu ermitteln. [3] Beträge in ausländischer Währung werden in Deutsche Mark umgerechnet.

(6) [1] Ist der Berechtigte in der Zeit des Erziehungsgeldbezugs nicht erwerbstätig, werden seine vorher erzielten Einkünfte aus Erwerbstätigkeit nicht berücksichtigt. [2] Bei Aufnahme einer Teilzeittätigkeit werden die Einkünfte, soweit sie im Bescheid noch nicht berücksichtigt sind, neu ermittelt.

(7) Sind die voraussichtlichen Einkünfte auf Grund eines Härtefalles geringer als in der Bewilligung zugrunde gelegt, werden sie auf Antrag berücksichtigt.

Die Neuregelung der Vorschrift (23. 6. 1993 BGBl. I S. 944, 946) dient der Vereinfachung der Berechnung des Einkommens, das über den Anspruch auf Zahlung von Erziehungsgeld entscheidet. Als Einkommen gilt die Summe der positiven Einkünfte gem. § 2 I, II EStG (Gewinne oder Überschüsse in den Einkunftsarten), vermindert um die in S. 2 benannten Abzüge. Die Einkünfte eines nicht dauernd getrennt lebenden Ehegatten/Partners in einer eheähnlichen Gemeinschaft sind einzurechnen, Abs. 3. Statt Einzelposten von Einkommen- und Kirchensteuer sowie anerkannten Vorsor- 1

170 BErzGG §§ 7, 8

geaufwendungen werden Pauschalbeträge (Abs. 1 Nr. 1) und besondere Unterhaltsaufwendungen (Abs. 1 Nr. 2, 3) abgezogen.

2 Das für die Minderung des Erziehungsgeldanspruches maßgebliche Einkommen ist gem. Abs. 2 das voraussichtliche Einkommen im Kalenderjahr des anspruchsauslösenden Ereignisses (Geburt/Folgejahr/Inobhutnahme). Die erforderlichen Angaben sind vom Antragsteller zu erbringen. Ist ein ausreichender Nachweis nicht möglich, sind die im vorangegangenen Kalenderjahr ermittelten Einkünfte maßgeblich, Abs. 4, die ggf. durch den Steuerbescheid nachgewiesen werden. Erweist sich die Ermittlung des voraussichtlichen Einkommens nachträglich als fehlerhaft, besteht grds. keine Korrekturmöglichkeit; § 48 SGB X gilt insoweit nicht. Im Falle der Begründung einer Teilzeitbeschäftigung sieht Abs. 6 S. 2 eine Neufestsetzung vor; dasselbe gilt bei Vorliegen eines Härtefalles (Abs. 7), zB Scheidung, Trennung, Arbeitslosigkeit. Ist der Anspruchsteller während des Erziehungsgeldbezuges dagegen nicht erwerbstätig, werden auch die vorher erzielten Erwerbseinkünfte zur Ermittlung des maßgeblichen Einkommens nicht eingerechnet (Abs. 6 S. 1). Zur Berechnung im Falle von nicht oder nur im Ausland zu versteuernden Einkünften aus nicht selbständiger Arbeit vgl. Abs. 5.

§ 7 Anrechnung von Mutterschaftsgeld und entsprechenden Bezügen

(1) [1] Für die Zeit nach der Geburt laufend zu zahlendes Mutterschaftsgeld, das der Mutter nach der Reichsversicherungsordnung, dem Gesetz über die Krankenversicherung der Landwirte oder dem Mutterschutzgesetz gewährt wird, wird mit Ausnahme des Mutterschaftsgeldes nach § 13 Abs. 2 des Mutterschutzgesetzes auf das Erziehungsgeld angerechnet. [2] Das gleiche gilt für die Dienstbezüge, Anwärterbezüge und Zuschüsse, die nach beamten- oder soldatenrechtlichen Vorschriften für die Zeit der Beschäftigungsverbote gezahlt werden.

(2) [1] Die Anrechnung ist auf 20 Deutsche Mark kalendertäglich begrenzt. [2] Nicht anzurechnen ist laufend zu zahlendes Mutterschaftsgeld, das die Mutter auf Grund einer Teilzeitarbeit oder anstelle von Arbeitslosenhilfe während des Bezugs von Erziehungsgeld erhält.

1 Die Vorschrift legt fest, daß Mutterschaftsgeld während der nachgeburtlichen Schutzfrist dem Erziehungsgeld gegenüber vorrangig ist: Da in der Schutzfrist ohnehin ein Beschäftigungsverbot besteht, das die Betreuung des Kindes sicherstellt, bedarf es der besonderen „Anreizwirkung" des Erziehungsgeldes nicht mehr. Erziehungsgeld kann somit nur dann zusätzlich zum Mutterschaftsgeld bezogen werden, wenn es höher als das Mutterschaftsgeld ist; übersteigt das Mutterschaftsgeld monatlich 600,– DM, wird Erziehungsgeld nicht gezahlt. Die Anrechnung ist auf 600,– DM monatlich begrenzt (Abs. 2 S. 1); bei Mehrlingsgeburten entfällt daher maximal der Erziehungsgeldanspruch für ein Kind.

2 Anrechnungsfähiges Mutterschaftsgeld sind die Leistungen gem. § 200 RVO, §§ 27 ff. KVLG sowie die Dienst- oder Anwärterbezüge iSd. §§ 1, 59 BBesG (Abs. 1). Von der Anrechnung ausgenommen ist das Mutterschaftsgeld gem. § 13 II MuSchG für nicht gesetzlich krankenversicherte Frauen (§ 13 MuSchG Rn. 4 ff.), das einmalige Entbindungsgeld gem. § 200 b RVO/§ 31 KVLG sowie der Zuschuß des AG zum Mutterschaftsgeld gem. § 14 I MuSchG oder der Zuschuß zu Lasten des Bundes gem. § 14 II, III MuSchG (Für die Anrechenbarkeit: BT-Drucks. 10/3926 S. 3; 10/4039 S. 2, doch ist eine solche Bestimmung nicht Gesetz geworden).

3 Nicht anzurechnen ist Mutterschaftsgeld, sofern es für Teilzeitarbeit während des Bezuges von Erziehungsgeld gezahlt wird, Abs. 2 S. 2. Erziehungsgeld wird daher trotz Mutterschaftsgeld ausbezahlt, wenn letzteres auf gem. §§ 1 I Nr. 4, 2 I Nr. 1 anspruchsunschädlicher Teilzeitarbeit von höchstens 19 Wochenstunden beruht, und die Anspruchsberechtigte im Anspruchszeitraum ein weiteres Kind bekommt. Nicht angerechnet wird weiter das Mutterschaftsgeld, das die Anspruchsberechtigte im Anspruchszeitraum statt Arbeitslosenhilfe bezieht. Da Erziehungsgeld und Arbeitslosenhilfe parallel bezogen werden können, muß dasselbe auch für das ersatzweise gezahlte Mutterschaftsgeld gelten (BT-Drucks. 12/1495 S. 14). Anrechnungsfrei ist das statt Arbeitslosenhilfe gezahlte Mutterschaftsgeld allerdings nur, wenn es der Mutter während des laufenden Bezugs von Erziehungsgeld (für ein anderes Kind) gewährt wird (BSG 15. 10. 1996 NZA-RR 1997, 357). Nur in diesem Falle bestünde ohne das Anrechnungsverbot die Gefahr einer effektiven Einkommenskürzung bei Umwandlung der (anrechnungsfreien) Arbeitslosenhilfe in (anrechnungspflichtiges gem. Abs. 1 S. 1) Mutterschaftsgeld.

4 Nicht anzurechnen ist das Mutterschaftsgeld auf Erziehungsgeld, das die leibliche Mutter nicht selbst in Anspruch nimmt, sondern zB der Vater, Adoptiveltern, Stiefeltern usw.; das ergibt sich aus der Streichung der gegenteiligen Bestimmung im aufgehobenen Abs. 3.

§ 8 Andere Sozialleistungen

(1) [1] Das Erziehungsgeld und vergleichbare Leistungen der Länder sowie das Mutterschaftsgeld nach § 7 Abs. 1 Satz 1 und vergleichbare Leistungen nach § 7 Abs. 1 Satz 2, soweit sie auf das Erziehungsgeld angerechnet worden sind, bleiben als Einkommen bei Sozialleistungen, deren

Gewährung von anderen Einkommen abhängig ist, unberücksichtigt. ²Bei gleichzeitiger Gewährung von Erziehungsgeld und vergleichbaren Leistungen der Länder sowie von Sozialhilfe findet § 15 b des Bundessozialhilfegesetzes keine Anwendung.

(2) Auf Rechtsvorschriften beruhende Leistungen anderer, auf die kein Anspruch besteht, dürfen nicht deshalb versagt werden, weil in diesem Gesetz Leistungen vorgesehen sind.

(3) Leistungen, die außerhalb des Geltungsbereiches dieses Gesetzes in Anspruch genommen werden und dem Erziehungsgeld oder dem Mutterschaftsgeld vergleichbar sind, schließen Erziehungsgeld aus.

Die Vorschrift gewährleistet, daß Erziehungsgeld und entsprechende Leistungen nach Landesrecht 1 nicht zu einer Minderung einkommensabhängiger Sozialleistungen führen. Auch der Zweck des Mutterschaftsgeldes (§ 7 I 1) und der Anwärterbezüge (§ 7 I 2) würde bei einer solchen Anrechnung verfehlt, die die geplante Begünstigung der Betreuungsarbeit gerade bei Einkommensschwachen wieder aufhebt (BVerwG 4. 9. 1997 DÖV 1998, 36). Einkommensabhängige Sozialleistungen (§ 11 SGB I) sind etwa Sozialhilfe (§ 2 BSHG), Wohngeld (§ 2 WoGG), BAföG-Leistungen (§ 11 BAföG), Arbeitslosenhilfe (§§ 190 I, 193 SGB III) (*Buchner/Becker* Rn. 7 ff.). Auf diese Leistungen dürfen Erziehungsgeld und die vergleichbaren Leistungen gem. Abs. 1 nicht angerechnet werden, so daß beide Leistungen nebeneinander beansprucht werden können.

Gem. Abs. 1 S. 2 dürfen die laufenden Leistungen zum Lebensunterhalt (Sozialhilfeleistung) bei 2 gleichzeitigem Bezug von Sozialhilfe und Erziehungsgeld nicht in Form eines rückzahlbaren Darlehens gewährt werden, wie dies sonst gem. § 15 b BSHG bei nur kurzzeitig zu gewährenden Leistungen zulässig wäre. Die Bestimmung setzt eine Kumulation von Sozialhilfe, Erziehungsgeld und landesrechtlichen Leistungen voraus, die als Indiz für besondere Bedürftigkeit der Anspruchsberechtigten dient; bestehen vergleichbare landesrechtliche Regelungen überhaupt nicht, sollte § 15 b BSHG aber ebenfalls nicht angewendet werden, da die Bedürftigkeit der Anspruchsberechtigten dadurch nicht beeinflußt wird.

Abs. 2 sieht vor, daß gesetzliche Soll- oder Kannleistungen von Sozialversicherungsträgern, aber 3 auch freiwillige Leistungen nicht mit der Begründung versagt werden dürfen, daß Anspruch auf Erziehungsgeld besteht. Nach Abs. 3 wird ein Erziehungsgeldanspruch dadurch ausgeschlossen, daß – wegen Wohnsitz oder Arbeitsplatz im Ausland – dort Leistungen bezogen werden, die dem Erziehungsgeld vergleichbar sind.

§ 9 Unterhaltspflichten

¹Unterhaltsverpflichtungen werden durch die Gewährung des Erziehungsgeldes und anderer vergleichbarer Leistungen der Länder nicht berührt. ²Dies gilt nicht in den Fällen des § 1361 Abs. 3, der §§ 1579, 1603 Abs. 2 und des § 1611 Abs. 1 des Bürgerlichen Gesetzbuchs.

Das Erziehungsgeld soll dem Anspruchsberechtigten vollständig zugute kommen, auch wenn zu- 1 gleich ein Unterhaltsanspruch besteht. Daher wird Erziehungsgeld nicht als Einkommen gerechnet, damit es auf bestehende Unterhaltsrechte und -pflichten keinen Einfluß hat, § 9 S. 1. Ausnahmen gelten gem. S. 2 in Fällen, die in besonderem Maße Billigkeitsgesichtspunkte berühren (BT-Drucks. 10/3792 S. 18); die Nichtanrechnung des Erziehungsgeldes würde hier grobe Ungerechtigkeiten fördern. Eine Anwendung des S. 2 über die im Gesetz genannten Fälle hinaus wäre aber normzweckwidrig.

§ 10 Zuständigkeit, Verfahren bei der Ausführung

(1) ¹Die Landesregierungen oder die von ihnen bestimmten Stellen bestimmen die für die Ausführung dieses Gesetzes zuständigen Behörden. ²Diesen Behörden obliegt auch die Beratung zum Erziehungsurlaub.

(2) Soweit dieses Gesetz keine ausdrückliche Regelung trifft, ist bei der Ausführung des Ersten Abschnitts das Erste Kapitel des Zehnten Buches Sozialgesetzbuch anzuwenden.

Zuständig für die Durchführung des Gesetzes sind gem. Art. 83 GG iVm. § 10 I die Länder, die die 1 ausführenden Behörden festlegen. Aufgabe der zuständigen Behörde ist die Beratung der Erziehungsgeldberechtigten, die Entgegennahme und Bescheidung der Anträge sowie die Auszahlung des Erziehungsgeldes. Gem. Abs. 1 S. 2 gehört aber nunmehr auch die Beratung zu Fragen des Erziehungsurlaubs zum Aufgabenkreis der Behörden, dh. eine Rechtsberatung in Arbeitsrechtsfragen. Sowohl die Anspruchsberechtigten wie die AG können sich beraten lassen. Abs. 2 weist noch einmal ausdrücklich auf die ergänzende Anwendbarkeit des Ersten Kapitels des SGB X bei der Ausführung der Bestimmungen zum Erziehungsgeld hin.

§ 11 Kostentragung

Der Bund trägt die Ausgaben für das Erziehungsgeld.

1 Der Bund erstattet den Ländern die Ausgaben, die die Behörden gem. § 10 I für das Erziehungsgeld aufwenden. Die Verwaltungskosten für die Durchführung des Gesetzes sind davon nicht umfaßt.

§ 12 Einkommens- und Arbeitszeitnachweis; Auskunftspflicht des Arbeitgebers

(1) § 60 Abs. 1 des Ersten Buches Sozialgesetzbuch gilt auch für den Ehepartner des Antragstellers und für den Partner der eheähnlichen Gemeinschaft.

(2) Soweit es zum Nachweis des Einkommens oder der wöchentlichen Arbeitszeit erforderlich ist, hat der Arbeitgeber dem Arbeitnehmer dessen Arbeitslohn, die einbehaltenen Steuern und Sozialabgaben und die Arbeitszeit zu bescheinigen.

(3) [1] Arbeitnehmer im Erziehungsurlaub haben im sechzehnten Lebensmonat des Kindes eine Bescheinigung des Arbeitgebers darüber vorzulegen, ob der Erziehungsurlaub andauert und ob eine Teilzeitarbeit nach § 2 Abs. 1 Nr. 1 ausgeübt wird. [2] Der Arbeitgeber hat eine Bescheinigung hierüber auszustellen. [3] Die Erziehungsgeldstelle kann bei hinreichendem Anlaß auch zu anderen Zeitpunkten die Vorlage einer Bescheinigung des Arbeitgebers verlangen. [4] Selbständige haben im sechzehnten Lebensmonat des Kindes eine Erklärung darüber abzugeben, ob die Unterbrechung der Erwerbstätigkeit andauert oder ob eine Teilzeittätigkeit nach § 2 Abs. 1 Nr. 1 ausgeübt wird.

1 In Abs. 1 wird klargestellt, daß die den Antragsteller gem. § 60 I SGB I treffenden Mitwirkungspflichten (Angabe der für den Erziehungsgeldanspruch erheblichen Tatsachen, Zustimmung zur Auskunftserteilung durch Dritte, Mitteilung über Änderung der anspruchserheblichen Verhältnisse, Bezeichnung von Beweismitteln, ggf. Vorlage von Beweisurkunden) auch vom Ehegatten/Lebenspartner zu erfüllen sind. Die Verletzung der Mitwirkungspflichten ist eine gem. § 14 I Nr. 1, 2 bußgeldbewehrte Ordnungswidrigkeit. Kann die Mitwirkung gem. § 65 I 1 SGB I ausnahmsweise nicht verlangt werden, muß die Behörde die erforderlichen Daten selbst ermitteln (BSG 10. 3. 1993 SozR 3–7833 § 6 Nr. 2; *Buchner/Becker* Rn. 2 bis 4).

2 In Abs. 2 wird eine Mitwirkungspflicht des AG begründet, soweit das für die Ermittlung des maßgeblichen Einkommens (§§ 5 II, III; 6) oder der wöchentlichen Arbeitszeit des Antragstellers (§ 2 I) erforderlich ist. Diese Verpflichtung besteht gegenüber der zuständigen Behörde, ist also öffentlich-rechtlicher Natur; ihre Verletzung ist Ordnungswidrigkeit iSd. § 14 I Nr. 3.

3 In Abs. 3 werden weitergehende Pflichten zum Nachweis der andauernden Unterbrechung der Erwerbstätigkeit bzw. der Ausübung einer Teilzeittätigkeit begründet, die im 16. Lebensmonat des Kindes zu erfüllen sind. S. 1 begründet diese Pflicht für AN, S. 2 verpflichtet den AG zur Erstellung des geforderten Nachweises, S. 4 verpflichtet Selbständige zur Abgabe der Erklärung. Hat die Behörde hinreichenden Anlaß, kann sie den Nachweis gem. S. 1, 2 auch zu anderen Zeitpunkten verlangen, Abs. 3 S. 3. Liegt die Bescheinigung des AG/Erklärung des Selbständigen nicht bis zum Ende des 16. Lebensmonats des Kindes vor, kann das Erziehungsgeld eingestellt werden, § 66 SGB I, bis die Mitwirkung nachgeholt wurde, § 67 SGB I.

§ 13 Rechtsweg

[1] Über öffentlich-rechtliche Streitigkeiten in Angelegenheiten der §§ 1 bis 12 entscheiden die Gerichte der Sozialgerichtsbarkeit. [2] Die für Rechtsstreitigkeiten in Angelegenheiten der Rentenversicherung anzuwendenden Vorschriften gelten entsprechend. [3] § 85 Abs. 2 Nr. 2 des Sozialgerichtsgesetzes gilt mit der Maßgabe, daß die zuständige Stelle nach § 10 Abs. 1 Satz 1 bestimmt wird. [4] Entscheidungen, die abweichend von den Regelungen in den Sätzen 2 und 3 vor dem 31. Dezember 1986 ergangen sind, können deswegen nicht angefochten werden.

1 Die öffentlich-rechtlichen Streitigkeiten in Angelegenheiten der §§ 1 bis 12 (betreffend: die Zahlung des Erziehungsgeldes) sind der Sozialgerichtsbarkeit zugewiesen. Dagegen bleiben für Streitigkeiten gem. § 14 die ordentlichen Gerichte, für Streitigkeiten gem. §§ 15 ff. die Arbeitsgerichte, für Streitigkeiten über die Entscheidung der Behörde gem. § 18 I 2 die Verwaltungsgerichte zuständig.

§ 14 Bußgeldvorschrift

(1) Ordnungswidrig handelt, wer vorsätzlich oder fahrlässig entgegen
1. § 60 Abs. 1 Nr. 1 oder 3 des Ersten Buches Sozialgesetzbuch in Verbindung mit § 12 Abs. 1 auf Verlangen die leistungserheblichen Tatsachen nicht angibt oder Beweisurkunden nicht vorlegt,

2. § 60 Abs. 1 Nr. 2 des Ersten Buches Sozialgesetzbuch eine Änderung in den Verhältnissen, die für den Anspruch auf Erziehungsgeld erheblich ist, der nach § 10 zuständigen Behörde nicht, nicht richtig, nicht vollständig oder nicht rechtzeitig mitteilt oder
3. § 12 Abs. 2 oder 3 Satz 2 auf Verlangen eine Bescheinigung nicht, nicht richtig oder nicht vollständig ausfüllt.
(2) Die Ordnungswidrigkeit kann mit einer Geldbuße geahndet werden.
(3) Verwaltungsbehörden im Sinne des § 36 Abs. 1 Nr. 1 des Gesetzes über Ordnungswidrigkeiten sind die nach § 10 zuständigen Behörden.

Die Ordnungswidrigkeitstatbestände sind in Abs. 1 abschließend bestimmt, ihre Erweiterung im Wege der Analogie wäre unzulässig, Art. 103 II GG, § 3 OWiG. Eine Sanktion wegen Verletzung der arbeitsrechtlichen Vorschriften der §§ 15 bis 21 ist nicht vorgesehen. Die Geldbuße ist in Abs. 2 angedroht, ihre Höhe ergibt sich aus den Rahmenbestimmungen des § 17 OWiG. Zur Verfolgung und Ahndung der Ordnungswidrigkeiten (§ 36 I OWiG) sind gem. Abs. 3 die in § 10 bestimmten Behörden zuständig. 1

Zweiter Abschnitt. Erziehungsurlaub für Arbeitnehmer

§ 15 Anspruch auf Erziehungsurlaub

(1) ¹Arbeitnehmer haben Anspruch auf Erziehungsurlaub bis zur Vollendung des dritten Lebensjahres eines Kindes, das nach dem 31. Dezember 1991 geboren ist, wenn sie
1. mit einem Kind, für das ihnen die Personensorge zusteht, einem Kind des Ehepartners, einem Kind, das sie mit dem Ziel der Annahme als Kind in ihre Obhut aufgenommen haben, einem Kind, für das sie ohne Personensorgerecht in einem Härtefall Erziehungsgeld gemäß § 1 Abs. 7 Satz 2 beziehen können, oder als Nichtsorgeberechtigte mit ihrem leiblichen Kind in einem Haushalt leben und
2. dieses Kind selbst betreuen und erziehen.
²Bei einem angenommenen Kind und bei einem Kind in Adoptionspflege kann Erziehungsurlaub von insgesamt drei Jahren ab der Inobhutnahme, längstens bis zur Vollendung des siebten Lebensjahres des Kindes genommen werden. ³Bei einem leiblichen Kind eines nicht sorgeberechtigten Elternteils ist die Zustimmung des sorgeberechtigten Elternteils erforderlich.
(2) ¹Ein Anspruch auf Erziehungsurlaub besteht nicht, solange
1. die Mutter als Wöchnerin bis zum Ablauf von acht Wochen, bei Früh- und Mehrlingsgeburten von zwölf Wochen, oder durch Gesetz oder aufgrund eines Gesetzes länger nicht beschäftigt werden darf,
2. der mit dem Arbeitnehmer in einem Haushalt lebende andere Elternteil nicht erwerbstätig ist, es sei denn, dieser ist arbeitslos oder befindet sich in Ausbildung, oder
3. der andere Elternteil Erziehungsurlaub in Anspruch nimmt,
es sei denn, die Betreuung und Erziehung des Kindes kann nicht sichergestellt werden. ²Satz 1 Nr. 1 gilt nicht, wenn ein Kind in Adoptionspflege genommen ist oder wegen eines anderen Kindes Erziehungsurlaub in Anspruch genommen wird.
(3) Der Anspruch kann nicht durch Vertrag ausgeschlossen oder beschränkt werden.
(4) ¹Während des Erziehungsurlaubs ist Erwerbstätigkeit zulässig, wenn die wöchentliche Arbeitszeit 19 Stunden nicht übersteigt. ²Teilerwerbstätigkeit bei einem anderen Arbeitgeber oder als Selbständiger bedarf der Zustimmung des Arbeitgebers. ³Die Ablehnung seiner Zustimmung kann der Arbeitgeber nur mit entgegenstehenden betrieblichen Interessen innerhalb einer Frist von vier Wochen schriftlich begründen.

I. Normgeschichte und Normzweck

1. **Normgeschichte.** Die seit dem 1. 1. 1994 geltende Fassung der Vorschrift beruht auf der **um-** 1 **fassenden Novellierung** des BErzGG vom **31. 1. 1994** (BGBl. I S. 180, geändert durch G vom 20. 12. 1996, BGBl. I S. 2110). Sie enthält nunmehr insgesamt die Anspruchsvoraussetzungen für den ErzUrl, die von der Berechtigung zum Bezug des Erziehungsgelds abgekoppelt worden sind (vgl. zum früheren Rechtszustand § 15 des G in der bis zum 31. 12. 1991 geltenden Fassung). Die Fraktionen der SPD und der Bündnis grünen haben am 5. 4. 2000 einen Entwurf für eine umfassende Änderung des BErzGG zum 1. 1. 2001 eingebracht (BT-Drucks. 14/3118), der am 7. 7. 2000 vom Bundestag in 2. und 3. Lesung mit Änderungen angenommen wurde (s. auch Rn. 9, 12, 13, 16 und § 16 Rn. 1).

2. **Normzweck.** Die Vorschriften über den ErzUrl sollen ebenso wie die Bestimmungen über den 2 Bezug von Erziehungsgeld die **Betreuung und Erziehung eines Kindes** in den ersten Lebensjahren durch ein Elternteil **fördern**. Mit den §§ 15 ff. wird der rechtliche Rahmen geschaffen, wonach der

Berechtigte ohne Verlust seines Arbeitsplatzes eine Arbeitspause einlegen oder die Arbeitsmenge reduzieren kann. Das Erziehungsgeld nach §§ 1 ff. sichert die wirtschaftliche Existenz während der vorübergehenden Aufgabe von Einkommen durch Einsatz der (vollen) Arbeitskraft.

3   Zur Erreichung des Normzwecks erhalten AN **einen privatrechtlichen Anspruch** gegen ihren AG auf ErzUrl, der in Form unbezahlter Freistellung von der Arbeit realisiert wird (*Zmarzlik/Zipperer/ Viethen* Rn. 4). Anders als nach dem BUrlG bedarf es zur Wirksamkeit des Antritts von ErzUrl **keiner Freistellung** durch den AG. Auch eine **Vereinbarung** mit dem AG ist keine Voraussetzung für die Suspendierung der Arbeitspflicht (st. Rspr. seit BAG 22. 6. 1988 AP BErzGG § 15 Nr. 1 mit Anm. *Sowka* = NZA 1989, 13; 28. 4. 1998 AP BetrVG 1972 § 99 Einstellung Nr. 22 = NZA 1998, 1352). Vielmehr tritt mit der Anmeldung des ErzUrl der Befreiungstatbestand ein, sofern die gesetzlichen Voraussetzungen gegeben sind (Rn. 4 bis 8 und § 16 Rn. 3 bis 8). Deshalb ist es nicht gerechtfertigt, Regeln aus dem BUrlG oder zum vereinbarten Sonderurlaub zu übernehmen (*Meisel/Sowka* § 16 Rn. 3; mißverständlich *Schaub*, § 102 B I 3).

II. Anspruchsvoraussetzungen und Anspruchsausschluß

4   **1. Arbeitsverhältnis.** ErzUrl nach diesem G können die **AN** in einem bestehenden und bei Beginn des ErzUrl andauernden Arbeitsverhältnis verlangen. Der Anspruch auf ErzUrl ist nicht auf das Arbeitsverhältnis beschränkt, das zur Zeit der Geburt des Kindes bestanden hat. Er besteht auch in einem nachfolgenden Arbeitsverhältnis (BAG 11. 3. 1999 AP BErzGG § 18 Nr. 4 = NZA 1999, 1047). AN iS des G ist nicht nur der AN iS des allgemeinen Arbeitsrechts (§ 611 BGB Rn. 44 ff.), sondern auch die zu ihrer **Berufsbildung** Beschäftigten, § 20 I. Anspruch auf ErzUrl haben auch die **Heimarbeiter** und die ihnen Gleichgestellten unter den Voraussetzungen des § 20 II. Auf Art und Inhalt des Arbeitsverhältnisses kommt es nicht an; deshalb können AN in einem **befristeten Arbeitsverhältnis** ebenso ErzUrl verlangen wie **Teilzeitbeschäftigte** (*Meisel/Sowka* Rn. 12; *Zmarzlik/Zipperer/Viethen* Rn. 11). Auch **Studenten** in einer Nebenbeschäftigung können AN iS des G sein und ErzUrl beantragen (*Leinemann/Linck* Teil II E Rn. 10).

5   **2. Betreuung und Erziehung eines Kindes.** Im Haushalt des AN muß ein Kind zu betreuen und zu erziehen sein, das **nach dem 31. Dezember 1991 geboren** ist und das **dritte Lebensjahr** noch nicht vollendet hat, § 15 I 1. Der AN muß die Erziehung und Betreuung selbst unternehmen und kann sie nicht einem anderen überlassen; allerdings ist die Mithilfe Dritter wie Mitarbeitern im Au-pair-Dienst oder von Familienangehörigen nicht anspruchsausschließend.

6   Es muß sich bei dem zu betreuenden Kind **nicht** um das **leibliche Kind** handeln. Im einzelnen kann es sich um folgende Kinder handeln: Ein Kind, für das dem AN die Personensorge zusteht, oder ein Kind des Ehepartners (Stiefkind) oder ein Kind, das mit dem Ziel der Annahme in den Haushalt aufgenommen worden ist, oder ein Kind, das nach einem in § 1 VII genannten Härtefall von einer der dort genannten Personen aufgenommen worden ist, ohne daß ihr die Personensorge zusteht, oder ein leibliches Kind, für das dem AN die Personensorge nicht zusteht.

7   **3. Besonderheiten.** a) **Adoptivkinder** und solche, die mit dem Ziel der Annahme aufgenommen werden, kommen nicht immer als Babys zu den Anspruchsberechtigten, sondern mitunter nach einigen Jahren. In diesen Fällen kann der AN von seinem AG ErzUrl auch nach Vollendung des 3. Lebensjahrs des Kindes verlangen, längstens bis zur Vollendung des 7. Lebensjahrs. Die volle Zeitspanne von drei Jahren kann in diesen Fällen nur ausgeschöpft werden, wenn der ErzUrl mit der Vollendung des 4. Lebensjahrs des adoptierten Kindes beginnt, § 15 I 2.

8   b) Im Regelfall muß der AN nicht die **Zustimmung** eines anderen, insbesondere des ebenfalls **personensorgeberechtigten Elternteils** haben, um ErzUrl in Anspruch zu nehmen. Beantragt allerdings der nicht personensorgeberechtigte Elternteil eines leiblichen Kindes ErzUrl, so bleibt der AN nur berechtigt der Arbeit fern, wenn er die Zustimmung des personensorgeberechtigten Elternteils hat, § 15 I 3. Die Bestimmung schützt den AG vor unberechtigt in Anspruch genommenen ErzUrl.

9   **4. Anspruchsausschluß.** Liegen die in § 15 I genannten Voraussetzungen für den Bezug von ErzUrl vor, so entsteht der Anspruch doch nicht, wenn einer der Tatbestände des § 15 II (dieser Absatz gilt nur noch bis zum 31. 12. 2000) vorliegt, es sei denn, es liegt der Ausnahmetatbestand des § 15 II 1, 1. Halbsatz vor. Das sind:

10   a) **Beschäftigungsverbot des § 6 I MuSchG.** Die Mutter eines leiblichen Kindes kann ihre Arbeitspflicht nicht durch Inanspruchnahme von ErzUrl beseitigen, solange sie ohnehin keine Arbeitspflicht hat. Das ist der Fall innerhalb der Frist des **Beschäftigungsverbots des § 6 I MuSchG**. Entsprechend bestimmt § 15 II 1 Nr. 1, daß ein Anspruch auf ErzUrl in dieser Zeit nicht entstehen kann.

11   b) Leben **beide Eltern** des zu betreuenden Kindes **gemeinsam mit ihm in einem Haushalt** und ist der eine Teil nicht erwerbstätig, so kann der andere keinen ErzUrl beanspruchen. Es ist im Regelfall davon auszugehen, daß der nicht Erwerbstätige die Betreuung und Erziehung des Kindes übernehmen kann. In diesem Fall soll der AG des Berufstätigen nicht mit einer langjährigen Freistellung belastet werden. Nur in den Fällen, in denen die **Betreuung nicht gewährleistet** ist (zB gesundheitliche oder

soziale Probleme auf Seiten des nicht Erwerbstätigen), kann ErzUrl in Betracht kommen. Neben der Generalklausel des § 15 II 1, 2. Satzhälfte sind ausdrücklich Arbeitslosigkeit und Ausbildung des anderen Elternteils als Rückausnahmen genannt. Der Gesetzgeber geht davon aus, daß sich der Arbeitslose wegen der permanenten Arbeitssuche und wegen der Bereitschaft für den Arbeitsmarkt ebensowenig um das Kind kümmern kann wie ein Auszubildender oder ein Student.

c) Ausgeschlossen ist nach geltendem Recht auch die Inanspruchnahme des ErzUrl durch **beide** **erwerbstätige Elternteile.** Auch eine zeitliche Überschneidung ist nicht möglich (*Leinemann/Linck* Rn. 16; *Meisel/Sowka* Rn. 23). Die Reform des BErzGG (Rn. 1) sieht die Möglichkeit einer vollständigen gemeinsamen Nutzung des Erziehungsurlaubs durch beide Elternteile vor. 12

III. Dauer

Der ErzUrl beträgt **maximal 3 Jahre,** § 15 I. Die genaue Dauer hängt vom Beginn und der konkreten Beendigung ab. Das ist weitgehend in § 16 geregelt, so daß auf die Erläuterungen zu dieser Norm verwiesen wird. 13

IV. Unabdingbarkeit

Die gesetzlichen Regeln über den Anspruch auf ErzUrl sind einseitig **zwingendes Recht.** Sie können nicht zu Ungunsten der AN abgeändert werden, § 15 III. Das Unabdingbarkeitsgebot gilt nicht nur für **Einzelverträge,** wie der Wortlaut des G vermuten läßt. Auch **Betriebspartner** und **Tarifvertragsparteien** haben es zu beachten. Entgegenstehende Normen sind nach § 134 BGB unwirksam (allgM, *Gröninger/Thomas* Rn. 31; *Leinemann/Linck* Rn. 30). **Günstigere Vereinbarungen** zB über die Länge des ErzUrl trotz Vorliegens eines Ausschlußtatbestands sind möglich (*Meisel/Sowka* § Rn. 25), betreffen aber nur die Befreiung von der Arbeitspflicht, nicht aber die Zahlung des Erziehungsgeldes und die daran anknüpfenden Rechtsfolgen. 14

V. Erwerbstätigkeit

Die Inanspruchnahme des ErzUrl führt zur Befreiung des AN von der Arbeitspflicht (Einzelheiten in Rn. 2). Der AN ist jedoch nicht gehalten, seine Zeit nur für die Betreuung und Erziehung des in seinem Haushalt lebenden Kindes zu verwenden. Es ist auch **möglich,** daß er einer Erwerbstätigkeit bis zu einem **bestimmten Umfang** nachgeht. Nach dem seit dem 1. 1. 1994 geltenden Recht kann die Erwerbstätigkeit in Form von **abhängiger Arbeit** (Rn. 16), aber auch als **Dienstnehmer oder als Selbständiger** (Rn. 25) ausgeübt werden. Es sind ferner **Tätigkeiten bei einem Dritten** (Rn. 17 bis 24) erlaubt. Hierzu treten zum 1. 1. 2001 umfangreiche Änderungen in Kraft (BT-Drucks. 14/3118 S. 7, 19, 20). 15

1. Arbeit beim alten AG. Regelmäßig wird eine Teilzeitbeschäftigung beim alten AG in Betracht kommen. Dazu bedarf es einer entsprechenden **Vereinbarung** zwischen Erziehungsurlauber und AG, in der die Dauer der wöchentlichen Verpflichtung festgelegt werden muß, die 19 Stunden nicht überschreiten darf (nach neuem Recht 30). Wird eine höhere Stundenzahl festgelegt, so ist die Vereinbarung arbeitsrechtlich wirksam, beseitigt aber den Anspruch auf Erziehungsgeld, § 1 Nr. 4, § 2 I 1 BErzGG (Einzelheiten bei § 3 Rn. 2–4). Der AN hat **keinen Anspruch** auf Abschluß einer Teilzeitvereinbarung während des ErzUrl gegen seinen AG (BAG 28. 4. 1998 AP BetrVG 1972 § 99 Einstellung Nr. 22 = NZA 1998, 1352; *Meisel/Sowka* Rn. 17; *Zmarzlik/Zipperer/Viethen* Rn. 37). Dieser kann ohne Angabe von Gründen ablehnen (Zum Mitbestimmungsrecht des BR nach § 99 BetrVG bei einer nachträglichen Vereinbarung von Teilzeitbeschäftigung siehe BAG 28. 4. 1998 aaO). 16

2. Arbeit bei einem anderen AG. Will der AN bei einem anderen AG während des ErzUrl einer Teilzeitbeschäftigung nachgehen, so bedarf es der **Zustimmung des AG.** Diese muß der **AN beantragen** und dabei **konkret beschreiben,** welche Tätigkeit mit welchem Inhalt er nachgehen will. Der AG muß prüfen, ob der Tätigkeit bei einem anderen AG betriebliche Interessen entgegenstehen. Wenn das nicht der Fall ist, muß er die Zustimmung erteilen, wobei er die gesamte Überlegungsfrist des § 15 IV 3 ausschöpfen darf. Kann er betriebliche Interessen, regelmäßig Geheimhaltungs- und Wettbewerbsinteressen, geltend machen, muß er sie innerhalb der **Frist von 4 Wochen** – gerechnet vom Eingang des Arbeitnehmerantrags an – **formgerecht** darlegen. Das bedeutet, daß die schriftliche Ablehnung auch die Gründe enthalten muß. Eine formgerechte Ablehnung liegt auch dann vor, wenn der AG rügt, daß die Informationen des AN über die auszuübende Tätigkeit unvollständig sind und er deshalb nicht beurteilen kann, ob betriebliche Interessen entgegenstehen oder nicht. 17

3. Rechtsfolgen. Keine Regelung enthält das G über die **Rechtsfolgen,** wenn der AN die Einholung der Zustimmung fahrlässig oder vorsätzlich versäumt oder wenn der AG die Zustimmung zu Recht oder zu Unrecht verweigert oder sich verschweigt. 18

a) Geht der AN einer Teilzeitbeschäftigung nach, **ohne die Zustimmung des AG eingeholt zu haben,** so hat das keinen Einfluß auf seinen Anspruch gegenüber der Erziehungsgeldstelle und auf seinen Arbeitsentgeltanspruch nach den Vereinbarungen mit den anderen AG. Denn der Vertrag mit 19 diesem ist nicht nichtig (*Schaub,* § 102 B IV 2). Auch wenn angenommen würde, das G enthalte ein Beschäftigungsverbot und das Arbeitsverhältnis mit dem neuen AG sei nichtig, so bliebe der Erziehungsurlauber im Genuß des verdienten Entgelts sowohl nach den Grundsätzen des faktischen Arbeitsverhältnisses als nach Bereicherungsrecht (dazu vgl. BAG 30. 4. 1997 AP BGB § 812 Nr. 20). Er verletzt aber seine **Pflichten aus dem Arbeitsverhältnis** mit seinem Erstarbeitgeber und kann dafür zur Rechenschaft gezogen werden. Regelmäßig bringt er damit seinen Arbeitsplatz in Gefahr, kann sich aber auch wettbewerbsrechtlichen Ansprüchen ausgesetzt sehen. Der AG kann auch auf Unterlassung klagen (*Leinemann/Linck* Rn. 36).

20   b) Dasselbe gilt, wenn der AG die beantragte Zustimmung **zu Recht verweigert** hat. In diesem Fall kann sogar eine außerordentliche Kündigung während des ErzUrl nach § 18 BErzGG in Betracht kommen (§ 18 BErzGG Rn. 11).

21   c) Besondere Probleme entstehen, wenn der AG die Zustimmung **zu Unrecht verweigert** hat oder auch die **gesetzlich vorgeschriebene Form oder Frist nicht eingehalten** hat oder sich überhaupt auf den Antrag des AN verschweigt. Auch dann fehlt die vom G vorgeschriebene Zustimmung; eine Erteilungsfiktion hat das G in keiner Variante vorgesehen.

22   Die Auslegung des G ergibt jedoch, daß das Erfordernis der Zustimmung nur insoweit besteht, als **schutzwerte Interessen des AG** bestehen. Davon ist nicht mehr auszugehen, wenn der AG die ihm **zugebilligte gesetzliche Frist** untätig **verstreichen** läßt. Das Zustimmungserfordernis entfällt (BAG 26. 6. 1997 AP BErzGG § 15 Nr. 22 = NZA 1997, 1156; *Zmarzlik/Zipperer/Viethen* Rn. 44). In diesem Fall kann der AN einer Teiltätigkeit bei einem anderen AG nachgehen, ohne daß ihn die fehlende Zustimmung hindert. Eine **Klage** auf Abgabe der fehlenden Erklärung, ggf. im Wege des einstweiligen Rechtsschutzes ist nicht nötig (unklar *Meisel/Sowka* Rn. 27), auch rechtlich nicht mehr möglich, weil **der AG nur befristet zustimmen oder verweigern kann**. Nicht anderes gilt, wenn der AG zwar innerhalb der Frist ablehnt, aber die **Begründungsform nicht beachtet**. Der AN muß zwar abwarten, ob der AG noch innerhalb der ihm zur Verfügung stehenden Frist eine formgerechte Zustimmungsverweigerung zukommen läßt. Nach Ablauf der Frist kann er eine Tätigkeit aufnehmen, weil eine nicht formgerechte Zustimmung eine Teiltätigkeit nicht sperrt. Auch insoweit ist der AN nicht auf den Klageweg angewiesen.

23   Lehnt der AG form- und fristgerecht ab, bestehen aber die genannten Gründe nicht oder sind sie nicht als entgegenstehende betriebliche Interessen zu bewerten, kann der AN eine Tätigkeit aufnehmen, allerdings ebenfalls erst nach Ablauf der Frist, denn der AG kann „nachbessern". Etwas anderes gilt nur dann, wenn der AG zu erkennen gibt, daß seine Verweigerung endgültig ist und nicht weiter begründet werden soll. Dann darf der AN eine anderweite Tätigkeit aufnehmen, in beiden Fällen mit dem Risiko, daß im Nachhinein die Zustimmungsverweigerung als berechtigt und seine Arbeitsaufnahme als unberechtigt bewertet wird.

24   d) **Schadensersatz** wegen Verdienstausfalls im möglichen Teilzeitarbeitsverhältnis kann der Erziehungsurlauber nur im Ausnahmefall geltend machen. Bis zum Ablauf der gesetzlichen Frist ist der Anspruch des AN nicht fällig; ist die Zustimmung nicht formgerecht oder überhaupt nicht innerhalb der Frist erteilt, so kann der AN einer Tätigkeit nach Ablauf der Frist nachgehen. Unterläßt er das, so beruht sein Schaden auf einer Fehleinschätzung seinerseits, nicht aber auf einer schuldhaft rechtswidrigen Handlung des AG (BAG 26. 6. 1997 AP BErzGG § 15 Nr. 22 = NZA 1997, 1156). Lediglich dann, wenn der AG **inhaltlich zu Unrecht** die Zustimmung verweigert hat und der AN die Unrechtmäßigkeit der Zustimmungsverweigerung seinerzeit nicht erkennen konnte, besteht ein Anspruch aus positiver Vertragsverletzung. Den AG trifft die Nebenpflicht, Erwerbschancen des Erziehungsurlaubers nur im Ausnahmefall zu sperren. Sie verletzt er, wenn er Verweigerungsgründe vorschiebt.

25   4. Dieselben Grundsätze gelten bei **Aufnahme einer selbständigen Tätigkeit** während des ErzUrl.

VI. Arbeitsrechtliche Rechtsfolgen des Erziehungsurlaubs

26   1. **Bestand des Arbeitsverhältnisses.** Mit der Inanspruchnahme von ErzUrl wird das Arbeitsverhältnis in seinem Bestand nicht berührt. Es entfallen lediglich die wechselseitigen Hauptpflichten wie die Arbeitspflicht und die Entgeltpflicht. **Das Arbeitsverhältnis ruht** (BAG 10. 5. 1989 AP BErzGG § 15 Nr. 2 mit Anm. *Sowka* = NZA 1989, 759; 10. 2. 1993 AP BErzGG § 15 Nr. 7 mit Anm. *Sowka* = NZA 1993, 801; *Meisel/Sowka* Rn. 32). Mit der Beendigung des ErzUrl leben die Hauptpflichten wieder auf, ohne daß es einer diesbezüglichen Erklärung bedarf (*Leinemann/Linck* Rn. 39). Das gilt auch bei einem Arbeitgeberwechsel nach Betriebsübergang (dazu BAG 2. 12. 1999 – AP BGB § 613 a Nr. 188 = NZA 2000, 369). Über den Einsatz des zurückgekehrten Erziehungsurlaubers auf seinem alten Arbeitsplatz oder an anderer Stelle befinden die vertraglichen, betrieblichen und tarifvertraglichen Vereinbarungen und Normen.

27   Vereinbaren die Parteien des Arbeitsverhältnisses eine Teilzeitbeschäftigung des Erziehungsurlaubers, so handelt es sich dabei nicht um ein anderes, neues Arbeitsverhältnis, sondern um das eine einheitliche Arbeitsverhältnis mit einer neuen, vorübergehend geltenden anderen Arbeitsbedingung (BAG 23. 4. 1996 AP BErzGG § 17 Nr. 7 = NZA 1997, 160) mit der Folge, daß ein von der Ein-

VI. Arbeitsrechtliche Rechtsfolgen des Erziehungsurlaubs § 15 BErzGG 170

heitlichkeit des Arbeitsverhältnisses abhängiger Anspruch gegeben ist (BAG 23. 4. 1996 aaO zu einer tariflichen Zuwendung).

2. Arbeitsunfähigkeit wegen Krankheit. Wird der Erziehungsurlauber während des ErzUrl arbeitsunfähig krank, so hat er **keinen Anspruch auf Entgeltfortzahlung** nach dem EFZG. Die Krankheit ist für die Nichtleistung nicht ursächlich. Vielmehr ruht die Arbeitspflicht bereits aus anderem Grund (BAG 22. 6. 1988 AP § 15 BErzGG Nr. 1 mit Anm. *Sowka* = NZA 1989, 13; *Leinemann/ Linck* Rn. 46; vgl. auch § 3 EFZG Rn. 43). Die Krankheit verlängert den ErzUrl auch nicht; eine dem § 9 BUrlG vergleichbare Vorschrift fehlt im BErzGG. 28

Erkrankt der AN **vor Beginn** des ErzUrl, so hat das auf dessen Lauf keinen Einfluß, es sei denn, der AN erklärt, daß er seinen ErzUrl erst nach seiner Genesung beginnen will. Das ist unter Beachtung der Formalien des § 16 rechtlich möglich und führt zu einem Entgeltfortzahlungsanspruch nach den gesetzlichen oder tariflichen Bestimmungen (BAG 17. 10. 1990 AP BErzGG § 15 Nr. 4 = NZA 1991, 320). 29

Endet der ErzUrl und ist der AN zu diesem Zeitpunkt arbeitsunfähig krank, so hat er einen Anspruch auf Entgeltfortzahlung. Denn die wiederaufgelebte Arbeitspflicht ist sogleich wegen der Arbeitsunfähigkeit infolge Krankheit suspendiert und damit alleinige Ursache für den Arbeitsausfall. 30

3. Urlaub. Während des ErzUrl kann kein Urlaub gewährt werden, weil von der Arbeitspflicht nicht noch einmal befreit werden kann. Entfällt die Möglichkeit der Urlaubsgewährung und ist diese Voraussetzung für den Anspruch auf zusätzliches Urlaubsgeld, so entfällt auch insoweit ein Anspruch (BAG 14. 8. 1996 BErzGG § 15 Nr. 19 = NZA 1996, 1204). Näheres ergibt sich aus der Kommentierung zu § 17 Rn. 15. Dort sind die Auswirkungen des ErzUrl auf den Erholungsurlaub beschrieben. Dasselbe gilt für die Freistellung des AN zur Teilnahme an einer Bildungsveranstaltung nach den **Bildungsurlaubsgesetzen** der Länder (zur Unmöglichkeit doppelter Freistellung bei Bildungsurlaub BAG 15. 6. 1993 AP Bildungsurlaubsgesetz NRW § 1 Nr. 3 = NZA 1994, 689). Auch eine Sonderurlaubsvereinbarung wird von der erst später eintretenden Möglichkeit, ErzUrl zu beantragen, nicht berührt (BAG 16. 7. 1997 AP BErzGG § 15 Nr. 23). 31

4. Sonderzuwendungen. Ob und unter welchen Voraussetzungen Sonderzahlungen wie **Gratifikationen, Weihnachtsgelder, 13. Monatsgehalt und Leistungen mit ähnlichen Bezeichnungen** während der Fehlzeiten von AN gekürzt werden können, bestimmen die außergesetzlichen Rechtsgrundlagen über diese Leistungen (§ 611 BGB Rn. 786 ff.). Sie enthalten selten ausdrückliche Bestimmungen darüber, ob und unter welchen Voraussetzungen ihr Bezug von der tatsächlichen Arbeitsleistung während des Bezugszeitraums abhängt. Das gilt auch den Tatbestand des ErzUrl. Regelmäßig bedarf es insoweit einer Auslegung der Norm oder Vereinbarung, wobei die Zweckbestimmung einer Sonderzahlung maßgebend ist). Lautet das Auslegungsergebnis, die Leistung werde unabhängig von der Gegenleistung Arbeit geschuldet), gilt das regelmäßig auch für die Zeiten des ErzUrl. Enthält die Rechtsgrundlage dagegen Hinweise, daß die Sonderzuwendung nur entsprechend der tatsächlichen Arbeitsleistung im Bezugszeitraum zu geben ist, entfällt sie auch anteilig für die Zeiten eines Jahres, in denen der AN ErzUrl nimmt. Sehen Tarifverträge vor, daß der Bezug einer Sonderzahlung ausfällt, wenn ein Arbeitsverhältnis **kraft G ruht**, so gilt das auch für den ErzUrl (BAG 10. 2. 1993 AP BErzGG § 15 Nr. 1 mit Anm. *Sowka* = NZA 1993, 801 unter Aufgabe der früheren Rspr. vom 10. 5. 1989 und 7. 12. 1989 AP BErzGG § 15 Nr. 2 und 3 mit Anm. *Sowka* = NZA 1989, 759 und 1990, 494). Damit ist keine mittelbare Diskriminierung iS von Art. 138 EGV verbunden (BAG 10. 2. 1993 aaO; vgl aber auch die differenzierende Aussage des EuGH 21. 10. 1999 NZA 1999, 1325). Ähnliches gilt für vermögenswirksame Leistungen. Ihre Fortzahlung hängt vom Inhalt der Rechtsgrundlage ab (*Leinemann/Linck* Rn. 51). 32

5. Sachbezüge, die nur an den Bestand des Arbeitsverhältnisses anknüpfen wie **Logis**, bleiben auch beim Ruhen des Arbeitsverhältnisses bestehen. Andere wie **Kost**, die aus Anlaß der Arbeit gewährt werden, entfallen im ErzUrl. 33

6. In der **betrieblichen Altersversorgung** sind Zeiten des ErzUrl bei der Berechnung der Wartezeiten und der Unverfallbarkeitsfristen zu berücksichtigen (*Blomeyer/Otto*, BetrAVG, § 1 Rn. 141). Denn das Arbeitsverhältnis besteht fort; es ruht lediglich. Der Arbeitgeber ist jedoch nicht gehindert, Zeiten des Erziehungsurlaubs von Steigerungen einer Anwartschaft auf Leistungen der betrieblichen Altersversorgung auszunehmen (BAG 15. 2. 1994 AP BetrAVG § 1 Gleichberechtigung Nr. 12 = NZA 1994, 794 zu den Bestimmungen der Unterstützungskasse des DGB). 34

7. Betriebsverfassung. Der im ErzUrl befindliche Betriebsangehörige hat das Recht, an einer **Betriebsversammlung** teilzunehmen. Er hat dafür Anspruch auf Zahlung der Vergütung nach § 44 I 2 BetrVG (BAG 31. 5. 1989 AP BetrVG § 44 Nr. 9 = NZA 1990, 449 mwN). Er darf auch sein Betriebsratsamt wahrnehmen. Allerdings muß er sich wegen der Feststellung eines Verhinderungsfalls dazu deutlich erklären. Eine bezahlte Freistellung des AN zum **Besuch von Schulungsveranstaltungen** nach § 37 VI und VII BetrVG nach entsprechendem Betriebsratsbeschluß ist rechtlich nicht möglich, weil der AN bereits wegen des ErzUrl von der Arbeitspflicht befreit ist (*Leinemann/Linck* Rn. 54). 35

§ 16 Inanspruchnahme des Erziehungsurlaubs

(1) ¹Der Arbeitnehmer muß den Erziehungsurlaub spätestens vier Wochen vor dem Zeitpunkt, von dem ab er ihn in Anspruch nehmen will, vom Arbeitgeber verlangen und gleichzeitig erklären, für welchen Zeitraum oder für welche Zeiträume er Erziehungsurlaub in Anspruch nehmen will. ²Eine Inanspruchnahme von Erziehungsurlaub oder ein Wechsel unter den Berechtigten ist dreimal zulässig. ³Bei Zweifeln hat die Erziehungsgeldstelle auf Antrag des Arbeitgebers mit Zustimmung des Arbeitnehmers zu der Frage Stellung zu nehmen, ob die Voraussetzungen für den Erziehungsurlaub vorliegen. ⁴Dazu kann sie von den Beteiligten die Abgabe von Erklärungen und die Vorlage von Bescheinigungen verlangen.

(2) Kann der Arbeitnehmer aus einem von ihm nicht zu vertretenden Grund einen sich unmittelbar an das Beschäftigungsverbot des § 6 Abs. 1 des Mutterschutzgesetzes anschließenden Erziehungsurlaub nicht rechtzeitig verlangen, kann er dies innerhalb einer Woche nach Wegfall des Grundes nachholen.

(3) ¹Der Erziehungsurlaub kann vorzeitig beendet oder im Rahmen des § 15 Abs. 1 verlängert werden, wenn der Arbeitgeber zustimmt. ²Eine Verlängerung kann verlangt werden, wenn ein vorgesehener Wechsel in der Anspruchsberechtigung aus einem wichtigen Grund nicht erfolgen kann.

(4) Stirbt das Kind während des Erziehungsurlaubs, endet dieser spätestens 3 Wochen nach dem Tod des Kindes.

(5) Eine Änderung in der Anspruchsberechtigung hat der Arbeitnehmer dem Arbeitgeber unverzüglich mitzuteilen.

I. Normzweck

1   Die Vorschrift enthält die **Verfahrensbestimmungen** bei der Inanspruchnahme des ErzUrl in seinen verschieden Varianten, insbesondere beim Wechsel in der Person der Anspruchsberechtigten. Die **Fristenregelungen** dienen dem **Dispositionsinteresse** der mit Erziehungsurlaubswünschen der AN konfrontierten AG. Überflüssig erscheint die aus dem alten Recht beibehaltene Einbeziehung der jeweils zuständigen Erziehungsgeldstelle gemäß § 16 I 3 in das Verfahren über die arbeitsrechtliche Freistellung nach diesem G (Rn. 28). Der Gesetzentwurf vom 5. 4. 2000 (§ 15 Rn. 1) sieht eine vollständige Neufassung der Vorschrift vor. Sie soll die an die geplante Änderung des § 15 gebotene Angleichung erhalten.

2   Hier und in § 15 I finden sich ferner die Bestimmungen über die mögliche Dauer des ErzUrl durch Regelungen über **Beginn und Ende des ErzUrl** für den Regelfall und für bestimmte Ausnahmen.

II. Beginn des Erziehungsurlaubs

3   **1. Erklärung des AN.** a) ErzUrl kann nur angetreten werden, wenn der **berechtigte AN** ihn von seinem AG **verlangt** (BAG 17. 2. 1994 AP BGB § 626 Nr. 11 = NZA 1994, 656). Der AG hat nicht die Möglichkeit, von sich aus ErzUrl zu gewähren oder anzuordnen; auch gibt es keinen ErzUrl „von Amts wegen" im Zusammenhang mit der Beantragung von Erziehungsgeld. Die Erklärung des AN führt die Rechtsfolge, daß das Arbeitsverhältnis ab dem vom AN angezeigten Zeitpunkt ruht, **ohne Mitwirkung des AG** herbei (§ 15 Rn. 26).

4   Die Erklärung ist an **keine Form** gebunden. Eine mündliche Erklärung gegenüber dem AG oder seinem Vertreter genügt. Der AN kann sich auch vertreten lassen (*Meisel/Sowka* Rn. 3; *Leinemann/Linck* Rn. 2). Ungenügend ist eine Erklärung gegenüber der Erziehungsgeldstelle (*Zmarzlik/Zipperer/Viethen* Rn. 1).

5   **Inhaltlich** muß die Äußerung auch die Angabe zum **Zeitraum** enthalten, in dem der Berechtigte seinen Freistellungsanspruch realisieren will, § 16 I 1. Dabei kann er ihn auf **drei verschiedene Zeiträume** aufteilen, § 16 I 2. Er muß den gesamten Zeitraum von drei Jahren auch nicht ausschöpfen (BAG 17. 10. 1990 AP BErzGG § 15 Nr. 4 = NZA 1991, 320). Hilfreich ist auch die Angabe zu einem geplanten Wechsel unter den Berechtigten. Eine Verpflichtung zur Angleichung besteht nicht. Der AN geht allerdings das Risiko ein, bei einer vorzeitigen Beendigung oder einer Verlängerung des ursprünglich anders geplanten Erziehungsurlaubs keine Zustimmung des Arbeitgebers zu bekommen. Die Bestimmung der Zeiträume unterliegt keinerlei Kontrolle durch den AG, sondern allenfalls der gerichtlichen Rechtsmißbrauchskontrolle (ähnlich *Meisel/Sowka* Rn. 1 und *Gröninger/Thomas* Rn. 11; LAG Saarland 17. 5. 1995, ZTR 1996, 325 zur Erziehungsurlaubsanmeldung einer Lehrerin, die die Schulferien vom ErzUrl ausklammern wollte).

II. Beginn des Erziehungsurlaubs

Die Vorschriften verdienen strenge Beachtung. Denn werden sie **nicht eingehalten** und ergibt sich 6 auch aus den sonstigen Umständen keine hinreichend deutliche und inhaltlich erkennbare Erklärung (*Zmarzlik/Zipperer/Viethen* Rn. 1), so ist der **ErzUrl nicht wirksam geltend** gemacht. Der AN bleibt dann unberechtigt der Arbeit fern und genießt bis zu einer ordnungsgemäßen Nachholung auch nicht den besonderen Kündigungsschutz (BAG 17. 2. 1994 AP BGB § 626 Nr. 11 = NZA 1994, 656; Einzelheiten § 18 Rn. 4).

b) Frist nach § 16 I. Die Abgabe der Erklärung ist in der Weise **fristgebunden,** daß der AN einen 7 Zeitraum benennen kann, der frühestens 4 Wochen nach dem Zugang der Erklärung **beginnt.** Der Berechtigte kann den ErzUrl **vorzeitig,** zB unmittelbar nach der Geburt oder sogar vor der Geburt, anmelden (*Gröninger/Thomas* Rn. 3; zum Beginn des besonderen Kündigungsschutzes vgl. § 18 Rn. 5). Eine **Rechtsfolge** bei **Fristversäumung,** zB bei Abgabe der Erklärung erst zwei Wochen vor dem gewünschten Termin, nennt das G nicht. Teilweise wird vertreten, daß es sich bei der Frist des § 16 I 1 um eine **Ausschlußfrist** handelt, bei deren Versäumung der Anspruch auf Freistellung zur Kindererziehung ersatzlos untergeht (*Leinemann/Linck* Rn. 3 bis 5). Dabei wird übersehen, daß es nach neuem Recht keinen notwendigen Beginn des ErzUrl gibt, insbesondere keine Verbindung zum Bezug von Erziehungsgeld mehr besteht. Es gibt daher keinen Zeitpunkt, von dem an eine Ausschlußfrist laufen kann. Maßgebend ist allein die Entscheidung des AN, von welchem Zeitpunkt an er ErzUrl nehmen will. Deshalb hat eine **Fristversäumung** in der Weise, daß der AN zB erst zwei Wochen vor dem von ihm in Aussicht genommenen Beginn des ErzUrl seine Erklärung abgibt, **lediglich zur Folge,** daß der **Beginn** des ErzUrl um zwei Wochen **verschoben** wird (BAG 17. 2. 1994 AP BGB § 626 Nr. 11 = NZA 1994, 656; hM im Schrifttum: *Meisel/Sowka* Rn. 6; *Schaub,* § 102 B II 3 c; *Zmarzlik/Zipperer/Viethen* Rn. 4; *Gröninger/Thomas* Rn. 10 wollen erst durch Auslegung ermitteln, ob der AN eine Erklärung diesen Inhalts abgeben wollte). Die Frist erweist sich damit allein als Schutzfrist für den AG, der ausreichend Zeit haben soll, hinsichtlich des frei werdenden Arbeitsplatzes zu disponieren (BAG 17. 10. 1990 AP BErzGG § 15 Nr. 4 = NZA 1991, 320).

c) Frist nach § 16 II. Etwas anderes folgt auch nicht aus § 16 II, der Vorschrift über eine Ausnahme 8 zur Fristenregelung. Sie stützt die These von der rechtsvernichtenden Ausschlußfrist nicht (aA *Leinemann/Linck* Rn. 5). Damit wird lediglich das **Interesse der Mutter** (ggf. auch des Vaters, Rn. 9) die während der Dauer des Beschäftigungsverbots nach § 6 I MuSchG an der rechtzeitigen Abgabe der Erklärung gehindert ist, höher bewertet als das Dispositionsinteresse des AG, der sich ggf. kurzfristig auf das bevorstehende Ruhen des Arbeitsverhältnisses wegen ErzUrl einstellen muß.

Der in § 16 II genannte **Hinderungsgrund** bezieht sich nämlich nicht darauf, daß ErzUrl nicht im 9 unmittelbaren Anschluß an das Beschäftigungsverbot des § 6 I MuSchG angetreten werden kann, sondern darauf, daß die **Erklärung für den Antritt zu diesem Zeitpunkt nicht rechtzeitig abgegeben werden kann** (BAG 17. 10. 1990 AP BErzGG § 15 Nr. 4 = NZA 1991, 320). In Betracht kommen dafür nur Ereignisse, die eine Artikulierung des Berechtigten überhaupt nicht ermöglichen oder eine Äußerung noch nicht zumutbar erscheinen lassen. Höhere Gewalt wird allerdings nicht verlangt (*Meisel/Sowka* Rn. 13). Den Hinderungsgrund darf der AN weder vorsätzlich noch fahrlässig zu vertreten haben. Kommt die Erklärung noch innerhalb der Woche nach Wegfall des Grundes, kann der ErzUrl auch kurzfristig nach Beendigung des Beschäftigungsverbots angetreten werden. Eine **analoge Anwendung** der Vorschrift auf andere Sachverhalte, in denen der Berechtigte gehindert ist, den ErzUrl rechtzeitig anzumelden, zB bei einer kurzfristig angesetzten Adoptionspflege, kommt durchaus in Betracht (offen gelassen, eher Ablehnung andeutend BAG 17. 2. 1994 AP BGB § 626 Nr. 11 = NZA 1994, 656; wie hier *Gröninger/Thomas* Rn. 4, *Meisel/Sowka* Rn. 13, 16 und *Zmarzlik/Zipperer/Viethen* Rn. 9, die die Vorschrift auf alle Erziehungsberechtigten anwenden wollen). Denn der Gesetzgeber, der lediglich die Vorschrift des § 8 a III MuSchG kopiert hat, dürfte übersehen haben, daß es auch in anderen Fällen als nach § 6 I MuSchG Bedarf für eine kurzfristige Nachmeldung gibt. Das G ist also unbewußt lückenhaft und deshalb der Analogie zugänglich.

Allerdings handelt es sich bei der Frist des § 16 II um eine materiell-rechtliche **Ausschlußfrist,** 10 deren Versäumung dazu führt, daß der Berechtigte seinen ErzUrl nicht zum von ihm in Aussicht genommenen Termin, sondern erst vier Wochen nach Zugang seiner Erklärung antreten kann (*Meisel/Sowka* Rn. 13).

Hält der AN die **Fristen nicht** ein und **bleibt** er dennoch vom erstmöglichen Tag seiner **Arbeit** 11 **fern,** so verletzt er ebenso seine Pflichten aus dem Arbeitsverhältnis wie bei einem Fernbleiben nach unvollständiger Anmeldung des ErzUrl (Rn. 6), was ggf. mit einer Kündigung geahndet werden kann (§ 18 Rn. 11). Zur Bedeutung der rechtzeitigen Inanspruchnahme des ErzUrl für den Kündigungsschutz nach § 18 vgl. BAG 17. 2. 1994 AP BGB § 626 Nr. 11 = NZA 1994, 656 und die Erläuterungen dazu in Rn. 9 f.

2. Zeitpunkt. ErzUrl kann frühestens mit dem **Tag der Geburt des eigenen zu erziehenden Kindes** 12 verlangt werden. Für die leibliche Mutter besteht aber im Regelfall der Ausschlußtatbestand des § 15 II 1, so daß für sie der ErzUrl erst mit dem Ende des Beschäftigungsverbots beginnen kann (zur Ausnahme nach § 15 II 2 siehe dort Rn. 10). Eine Verpflichtung, den ErzUrl zum frühesten möglichen Termin oder unmittelbar nach Ablauf des Beschäftigungsverbots in Anspruch nehmen zu müssen, besteht nicht. Der Berechtigte kann den Anspruch jederzeit mit der vierwöchigen Frist des § 16 I 1 anmelden (Rn. 4).

13 Bei **angenommenen und zur Adoptionspflege aufgenommenen Kindern** kann ErzUrl frühestens mit dem Tag der Inobhutnahme beginnen. Auch in diesen Fällen ist grundsätzlich die Anmeldefrist des § 16 I 1 zu beachten, was bei kurzfristigem Verwaltungshandeln der zuständigen Behörden zu Unzulänglichkeiten führen kann. Deshalb kann § 16 II analog herangezogen werden (Rn. 9).

III. Ende des Erziehungsurlaubs

14 **1. Regelfall.** Der ErzUrl beträgt **maximal 3 Jahre,** gerechnet von der Geburt des Kindes. Er endet aufgrund entsprechender Erklärung des Berechtigten nach § 16 I daher spätestens mit **Ablauf des Tages, der dem 3. Geburtstag des Kindes vorangeht.** Da der Anspruchsberechtigte die Höchstdauer nicht ausschöpfen muß, kann er davon abweichen einen **beliebigen Endzeitpunkt** festsetzen. Allerdings muß er auch diesen Termin mit dem Verlangen nach § 16 I 1 bestimmen; diese Erklärung bindet ihn, so daß eine **einseitige Abänderung des Endzeitpunkts** nicht möglich ist (ausführlich zur Bindung *Meisel/Sowka* Rn. 4 ff.; auch *Gröninger/Thomas* § 16 Rn. 16 ff.; *Schaub,* § 102 B II 2 b; *Zmarzlik/Zipperer/Viethen* Rn. 3). Das gilt grundsätzlich auch dann, wenn der ErzUrl auf zwei oder drei Zeiträume aufgeteilt werden soll. Lediglich im Einvernehmen kann davon abgewichen werden.

15 Eine rechtliche **Ausnahme** gilt für **angenommene und in Adoptionspflege genommene Kinder.** Der ErzUrl für die Erziehung und Betreuung dieser Kinder endet spätestens mit Ablauf des siebten Lebensjahres, § 15 I 2; da die Dauer des ErzUrl aber auch in diesen Fällen lediglich drei Jahre beträgt, kann dieser Zeitpunkt nur erreicht werden, wenn der ErzUrl mit dem vierten Geburtstag des Kindes beginnt.

16 Die gesetzliche Höchstbegrenzung bezieht sich auf **ein Kind.** Bekommen oder nehmen die Berechtigten in der Folgezeit **mehr Kinder** auf, so kann für jedes weitere Kind der ErzUrl beansprucht werden. Faktisch kann sich dadurch das Ruhen des Arbeitsverhältnisses über wesentlich mehr Jahre als drei hinwegziehen. Die Berechtigung, für ein weiteres Kind ErzUrl beanspruchen zu können, hat keinen Einfluß auf den laufenden ErzUrl (*Meisel/Sowka* Rn. 5 a). Zur Übertragung des Erholungsurlaubs in diesem Fall siehe § 17 Rn. 14.

17 **2. Verlängerung. a) Wichtiger Grund.** Ein ursprünglich vorgesehener begrenzter Zeitraum kann jederzeit einvernehmlich verlängert werden. Der Berechtigte hat **einen Anspruch auf Verlängerung,** wenn der vorgesehene Wechsel unter den Berechtigten aus wichtigem Grund nicht erfolgen kann, § 16 III 2. Bei dem unbestimmten Rechtsbegriff des wichtigen Grund handelt es sich nicht um eine Beschreibung der Unzumutbarkeit wie in § 626 BGB (*Meisel/Sowka* Rn. 18), sondern um eine Abgrenzung zum einfachen Grund, der den AG nicht zwingen soll, seine Dispositionen zu ändern. Es soll verhindert werden, daß die betroffenen AG den beliebigen Überlegungen der Berechtigten ausgesetzt wird, wer von beiden denn in der nächsten Zeit die Erziehung und Betreuung durchführen wird. Unter dieser Prämisse kann einer weiten Auslegung des Gesetzesbegriffs zugestimmt werden, so daß zB die Arbeitslosigkeit des anderen Berechtigten, dessen die Betreuung ausschließende Erkrankung oder der Tod des Unterhaltsverpflichteten als wichtiger Grund angesehen werden können. Auf die Versorgungssituation des Kindes kommt es vorrangig nicht an. Deshalb kann der AG nicht einwenden, für die Verlängerung läge kein wichtiger Grund vor, weil das Kind in einem Hort oder bei den Großeltern versorgt werden könne.

18 **b) Ankündigungsfrist.** Die Ankündigungsfrist des § 16 I 1 muß bei der Verlängerung **nicht eingehalten** werden. Das folgt nicht nur aus dem Wortlaut des G, sondern aus dem Zweck der Regelung. Der Tatbestand des wichtigen Grunds duldet keine Aufschiebung der Entscheidung (*Meisel/Sowka* Rn. 19). Auch des Rückgriffs auf eine analoge Anwendung des § 16 V bedarf es nicht. Vielmehr ist davon auszugehen, daß der Tatbestand des wichtigen Grunds nicht gegeben ist, wenn die Erziehungsurlaubsberechtigten den Sachverhalt schon länger kennen, aber keine Entscheidung über die Verlängerung des ErzUrl zu Gunsten des bisher Erziehenden getroffen haben.

19 **c) Rechtsfolgen.** Die Verlängerung des ErzUrl bedarf wie die ursprüngliche Gewährung **nicht der Zustimmung** durch den AG. Vielmehr genügt die Verlängerungsanzeige und die Schilderung des Sachverhalts, der den wichtigen Grund ausmacht. Ist der Tatbestand des wichtigen Grunds objektiv nicht gegeben, so trägt der AN wie bei der inhaltlich unvollständigen oder verfristeten Erstanzeige nach § 16 I das Risiko der unrichtigen rechtlichen Bewertung (Rn. 6 und 11). Das gilt insbesondere für das Kündigungsrisiko; denn nach einer Verlängerungsanzeige, für die die rechtlichen Voraussetzungen nicht gegeben sind, befindet sich der AN nicht mehr in ErzUrl. Folglich genießt er auch nicht mehr den besonderen Kündigungsschutz des § 18 (§ 18 Rn. 4 f.).

20 **3. Vorzeitige Beendigung. a) Grundsatz.** Die **Bindung des AN an seine Erklärung** über die Dauer und die Anzahl des Wechsels bei der Erziehung und Betreuung wird auch sinnfällig dadurch, daß der AN bei seinem Wunsch auf Verkürzung des ErzUrl an das Einverständnis des AG gebunden ist. Die Norm dient insoweit dem Schutz des AG hinsichtlich seiner durchgeführten Dispositionen, wozu auch

die Entscheidung gehört, den Arbeitsplatz des Erziehungsurlaubers eine bestimmte Zeit unbesetzt zu lassen. Auch ein **wichtiger Grund** auf Seiten des AN rechtfertigt **nicht die einseitige Verkürzung**.

b) **Wegfall der Anspruchsvoraussetzungen.** Von dieser Fallgestaltung ist der Sachverhalt zu unterscheiden, daß die Voraussetzungen für den ErzUrl **zwischenzeitlich weggefallen** sind, zB weil der AN die Personensorge für das Kind verliert. In diesem Fall ist der durch den Antritt des ErzUrl eingetretene Ruhenstatbestand beendet. Es besteht Arbeitspflicht des AN und Beschäftigungspflicht des AG. Der AG kann die Aufnahme der Beschäftigung, der AN kann Beschäftigung auf seinem Arbeitsplatz verlangen (aA die hM: *Gröninger/Thomas* Rn. 16; *Meisel/Sowka* Rn. 20 bis 22 und *Zmarzlik/Zipperer/Viethen* Rn. 13 ff., die lediglich dem AG ein Aufforderungsrecht zugestehen, im übrigen aber die Dispositionsfreiheit des AG höher bewerten als das Beschäftigungsinteresse des AN). Weigert sich eine Partei, so kommt sie in Verzug. Gegen dieses Ergebnis läßt sich nicht der Wortlaut des § 16 III 1 anführen (das erkennen auch *Meisel/Sowka* aaO). Das dort genannte Zustimmungserfordernis betrifft nur den Fall, daß die Voraussetzungen für den ErzUrl noch gegeben sind, der AN nur lieber arbeiten möchte. Der Fall, daß die Voraussetzungen weggefallen sind, wird von der Norm nicht erfaßt. Es läßt sich auch nicht einwenden, der Gesetzgeber habe mit der Bestimmung in § 16 IV eine abschließende Sonderregelung getroffen. § 16 IV regelt nur die besonderen Modalitäten des menschlich problematischsten Sachverhalts eines Wegfalls der Erziehungsurlaubsvoraussetzungen (Rn. 22 bis 24). Im übrigen hat der Gesetzgeber nicht alle Fälle der Beendigung des ErzUrl geregelt. So endet der ErzUrl stets auch ohne besondere gesetzliche Erwähnung, wenn das **Arbeitsverhältnis** während seiner Dauer zB wegen Fristablaufs **endet**. Das befristete Arbeitsverhältnis wird nicht etwa um die Zeit des ErzUrl verlängert. Der AN hat keinen Anspruch auf Verlängerung des befristeten Arbeitsverhältnisses, sofern nicht ein Fall des § 57c Abs. 6 HRG vorliegt. Das gilt auch ohne besondere gesetzliche Anordnung wie in § 1 IV ArbPlSchG.

c) **Tod des Kindes.** Der **ErzUrl endet** entgegen dem sonstigen Wortlaut der Norm stets in dem Moment, wenn das zu betreuende Kind stirbt. Die wesentliche Anspruchsvoraussetzung ist weggefallen. Allerdings ist die damit grundsätzlich auflebende Arbeitspflicht des AN (Rn. 21) weiterhin bis höchstens zur Dauer von drei Wochen suspendiert. Das besagt § 16 IV mit der vordergründig etwas anderes aussagenden Formulierung, die wörtlich genommen mit der Konzeption des G nicht übereinstimmt.

Der **AN** kann von der **Suspendierung** vorzeitig **Abstand nehmen** und Beschäftigung zu einem früheren Zeitpunkt verlangen. Der AG ist verpflichtet, einem solchen Verlangen nachzukommen. Das verbirgt sich hinter der Zeitbestimmung „spätestens". Wird das G wörtlich genommen, so würde eine einseitige Erklärung des Berechtigten den ErzUrl beenden.

Stirbt das Kind **vor Antritt des ErzUrl,** aber nach der Ankündigung durch den berechtigten AN nach § 16 I, so kommt § 16 IV nicht zur Anwendung (iE ebenso *Meisel/Sowka* Rn. 24). Die Wirkung der Ankündigung nach § 16 I, die Suspendierung der Arbeitspflicht im ruhenden Arbeitsverhältnis, tritt wegen vorzeitigen Wegfalls der wesentlichen Anspruchsvoraussetzung überhaupt nicht ein. Der AN hat **Arbeitspflicht,** es sei denn, es liegt ein anderer Befreiungstatbestand vor, wenigstens für kurze Zeit nach § 616 BGB, regelmäßig aber auf Grund besonderer Vereinbarung mit dem AG außerhalb des BErzGG.

IV. Änderung der Anspruchsberechtigung

§ 16 V betrifft zunächst Änderungen bei dem Tatbestandsmerkmalen des § 15 I. Er findet aber auch beim Wechsel des Berechtigten statt. Regelmäßig sind mehrere Personen berechtigt, für die Erziehung und Betreuung eines Kindes ErzUrl in Anspruch zu nehmen. Das kann in der Weise realisiert werden, daß sich die Berechtigten von **vornherein** über die jeweiligen Zeiträume abstimmen und ihre betroffenen AG über den Wechsel, die Abfolge der Aufteilung und die Zeiträume informieren. Hierbei ist die Verfahrensvorschrift des § 16 I 1 jedenfalls hinsichtlich der Zeiträume zu beachten. Die Entscheidung über einen Wechsel kann aber auch **während des ErzUrl** eines Berechtigten getroffen werden. Dann ist der bisher betroffene AG darüber unverzüglich zu unterrichten, § 16 V, während sich der künftig betroffene AG auf die Schutzvorschrift des § 16 I 1 berufen und die vierwöchige Schutzfrist in Anspruch nehmen kann. Der bisherige Arbeitgeber muß unter den Voraussetzungen des § 16 III allerdings seine Zustimmung erteilen.

Aufteilung und Wechsel können insgesamt nur dreimal vorgenommen werden, § 16 I 2. Weitere Abweichungen vom gesetzlichen Grundmodell sind nur im Einvernehmen mit dem AG möglich.

Der **Vollzug des Wechsels** hat zur Folge, daß der ErzUrl des bisher Berechtigten beendet wird. Der AN hat Arbeitspflicht, aber auch einen Beschäftigungsanspruch (Rn. 21).

V. Beteiligung der Erziehungsgeldstelle

Überflüssig erscheinen die Bestimmungen des § 16 I 3 und 4 über die Möglichkeit, die Erziehungsgeldstelle als **Schlichter oder Gutachter** in Anspruch zu nehmen (*Meisel/Sowka* Rn. 11 bezeichnen die Bestimmung trotz einer Verbesserung gegenüber der alten Fassung als nicht besonders gelungen).

Da deren Entscheidung oder Vorschlag **keine Rechtsfolgen** auslöst, auch **nicht die Beweislast** anderweitig verschiebt (*Leinemann/Linck* Rn. 9), verzögert ihre Beteiligung nur die Erledigung eines Streits über die Erziehungsurlaubsberechtigung. Mit bindender Wirkung können darüber nur die Gerichte für Arbeitssachen entscheiden, die daher wenigstens zur gleichen Zeit wie die Erziehungsgeldstelle in Anspruch genommen werden sollten, wenn Streit über die Berechtigung besteht.

§ 17 Erholungsurlaub

(1) ¹Der Arbeitgeber kann den Erholungsurlaub, der dem Arbeitnehmer für das Urlaubsjahr aus dem Arbeitsverhältnis zusteht, für jeden vollen Kalendermonat, für den der Arbeitnehmer Erziehungsurlaub nimmt, um ein Zwölftel kürzen. ²Satz 1 gilt nicht, wenn der Arbeitnehmer während des Erziehungsurlaubs bei seinem Arbeitgeber Teilzeitarbeit leistet.

(2) Hat der Arbeitnehmer den ihm zustehenden Urlaub vor dem Beginn des Erziehungsurlaubs nicht oder nicht vollständig erhalten, so hat der Arbeitgeber den Resturlaub nach dem Erziehungsurlaub im laufenden oder nächsten Urlaubsjahr zu gewähren.

(3) Endet das Arbeitsverhältnis während des Erziehungsurlaubs oder setzt der Arbeitnehmer im Anschluß an den Erziehungsurlaub das Arbeitsverhältnis nicht fort, so hat der Arbeitgeber den noch nicht gewährten Urlaub abzugelten.

(4) Hat der Arbeitnehmer vor dem Beginn des Erziehungsurlaubs mehr Urlaub erhalten, als ihm nach Absatz 1 zusteht, so kann der Arbeitgeber den Urlaub, der dem Arbeitnehmer nach dem Ende des Erziehungsurlaubs zusteht, um die zuviel gewährten Urlaubstage kürzen.

A. Gesetzeszweck

1 Die seit der Normierung des G unverändert gebliebenen, auf einen Entwurf der Bundesregierung (BT-Drucks. 10/3792) und einer Änderung des federführenden Ausschusses für Jugend, Familie und Gesundheit (BT-Drucks. 10/4148) beruhenden Vorschriften des § 17 **ändern und ergänzen** die gesetzlichen Bestimmungen des **BUrlG** im Hinblick auf die Besonderheiten, die durch das inzwischen mehrjährig mögliche Ruhen eines Arbeitsverhältnisses auftreten können. Dabei hat der Gesetzgeber teilweise auf Vorbilder in § 4 **ArbPlSchG** und in § 8 d **MuSchG** zurückgegriffen (Regierungsentwurf BT-Drucks. 10/3792; *Schaub*, § 102 B IV 5), ungeachtet dessen, daß diese Bestimmungen in einer verfassungsrechtlichen Diskussion standen (BAG 15. 2. 1984 AP MuSchG § 8 d Nr. 1 mit Anm. *Scheuring* = NZA 1984, 27).

2 Das G regelt drei Fallgestaltungen. Es handelt sich um die **Kürzung** des Erholungsurlaubs in § 17 I und IV, die **Übertragung** in § 17 II und die **Abgeltung** in § 17 III. Betroffen sind dadurch § 3, § 5 III und § 7 III und IV BUrlG.

B. Kürzung des Erholungsurlaubs

I. Kürzung vor Urlaubserteilung

3 **1. Grundsatz.** Nach der ständigen Rspr. des BAG entsteht der Urlaubsanspruch unabhängig von der Arbeitsleistung des AN im bestehenden Arbeitsverhältnis (§ 1 BUrlG Rn. 20). Das gälte auch bei einem mehrmonatigem oder sogar mehrjährigem ErzUrl, weil das Arbeitsverhältnis während des ErzUrl nicht beendet wird, sondern ruht (§ 15 Rn. 26). Diese Rechtsfolge des BUrlG hindert § 17, indem die **Dauer des Erholungsurlaubs** an die Zeit des aktualisierten Arbeitsverhältnisses **angepaßt** werden kann. Die Kürzungsmöglichkeit betrifft **jeden Erholungsurlaub** unabhängig von der Rechtsgrundlage. Soll tariflicher, betrieblicher oder einzelvertraglicher Urlaub von der Inanspruchnahme eines ErzUrl unberührt bleiben, müssen die entsprechenden Normen oder Vereinbarungen das Kürzungsrecht des AG ausschließen (zu § 8 d MuSchG BAG 15. 2. 1984 AP MuSchG § 8 d Nr. 1 mit Anm. *Scheuring* = NZA 1984, 27).

4 **2. Kürzungsvoraussetzungen.** Der AN muß wenigstens **einen vollen Kalendermonat** im ErzUrl sein, damit ein Kürzungsrecht entsteht, § 17 I 1. Beginnt oder endet der ErzUrl im Laufe eines Monats, so kommen diese Monate für die Kürzung nicht in Betracht (*Meisel/Sowka* § 17 BErzGG Rn. 4; *Schaub*, § 102 B IV 5 a). Das gilt auch dann, wenn die ersten Kalendertage eines Monats arbeitsfrei sind (hM; aA *Meisel/Sowka* § 17 BErzGG Rn. 5). Es darf **keine Teilzeitbeschäftigung** des Erziehungsurlaubers nach § 15 IV beim ErzUrl gewährenden AG vereinbart sein, § 17 I 2. Denn in diesem Fall kann der Erziehungsurlauber von der reduzierten Arbeitsverpflichtung freigestellt werden, also Urlaub erhalten (*Zmarzlik/Zipperer/Viethen* § 17 Rn. 7), ggf. in einem der verminderten Arbeitspflichten angepaßten Umfang (dazu ausführlich § 3 BUrlG Rn. 23 bis 26). **Erlaubte Tätigkeiten** nach § 15 IV **außerhalb des suspendierten Arbeitsverhältnisses** berühren das Kürzungsrecht nicht (*Leine-

mann/Linck Rn. 5). Im Teilzeitarbeitsverhältnis bei einem anderen AG hat der Erziehungsurlauber die sich aus dem BUrlG ergebenden Ansprüche (*Zmarzlik/Zipperer/Viethen* § 17 Rn. 7 f.).

Die Kürzung des Urlaubs erfolgt nicht kraft Gesetzes, sondern durch **empfangsbedürftige Willenserklärung** des AG. Der AG muß von dem ihm gesetzlich gewährten Gestaltungsrecht keinen Gebrauch machen (BAG 28. 7. 1992 AP BErzGG § 17 Nr. 3 mit Anm. *Sibben* = NZA 1994, 27). Er kann es bei der Dauer des Anspruchs, wie sie bei Beginn des ErzUrl besteht, belassen. Allerdings muß er bei der Ausübung seines Rechts den Gleichbehandlungsgrundsatz beachten (*Schaub*, § 102 B IV 5; *Zmarzlik/Zipperer/Viethen* § 17 Rn. 5). Die Kürzungserklärung kann nach Maßgabe der Bestimmungen des BGB über die Willenserklärung erfolgen, §§ 116 ff. BGB (*Zmarzlik/Zipperer/Viethen* § 17 Rn. 4). So muß die Kürzung nicht mit den Worten des Gesetzes erklärt werden; sie kann sich auch aus schlüssigem Verhalten des AG und aus seinen Handlungen ergeben (BAG 28. 7. 1992 aaO). 5

3. Zeitpunkt. Der AG muß die Kürzung nicht zu einem bestimmten Zeitpunkt aussprechen. Er kann die Erklärung **vor Beginn des ErzUrl**, nicht aber vor der Erklärung des Berechtigten, ErzUrl in Anspruch nehmen zu wollen (*Zmarzlik/Zipperer/Viethen* § 17 Rn. 6; aA *Meisel/Sowka* § 17 BErzGG Rn. 19), **während und nach dem ErzUrl** abgeben, auch wenn das Arbeitsverhältnis nach dem ErzUrl nicht fortgesetzt werden soll. Die Kürzung betrifft dann im Ergebnis nur noch die Abgeltung nach § 17 III (BAG 28. 7. 1992 Rn. 5). Gegebenenfalls kann eine Erklärung in einer Erwiderung zu einer Klage auf Abgeltung ausreichen (BAG 23. 4. 1996 AP BErzGG § 17 Nr. 6 = NZA 1997, 44). Der AG ist auch nicht verpflichtet, dem AN anzukündigen, daß er sich die Kürzung vorbehalte oder später kürzen werde (BAG 28. 7. 1992 aaO). 6

4. Rechtsfolge. Mit dem Zugang der Kürzungserklärung **erlischt** der Teil des Urlaubsanspruchs, der nach §§ 3 und 4 oder nach § 5 I BUrlG und entsprechender Bestimmungen entstanden war. Dieser Teil des Urlaubs muß nicht mehr gewährt werden; er kann nicht übertragen und nicht abgegolten werden. Soweit sich durch die Kürzung von Vollurlaub nach § 3 BUrlG **Bruchteile** von Urlaubstagen ergeben, kommt weder eine Aufrundung nach § 5 II BUrlG noch eine Abrundung in Betracht (aA *Schaub*, § 102 B IV 5 a und b, *Meisel/Sowka* § 17 BErzGG Rn. 9 und 30 sowie *Zmarzlik/Zipperer/Viethen* § 17 Rn. 24, die § 5 II BUrlG analog anwenden wollen). Vielmehr ist der verbleibende Bruchteil eines Urlaubstages zu gewähren oder abzugelten (§ 5 BUrlG Rn. 37). § 5 II BUrlG findet nur Anwendung, wenn ein Teilurlaub nach § 5 I a BUrlG gekürzt wird (dazu ausführlich § 5 BUrlG Rn. 35 bis 37). 7

II. Kürzung nach Urlaubsgewährung

Hat der AN vor Antritt seines ErzUrl mehr Urlaub erhalten, als er bei Ausübung des Kürzungsrechts durch den AG nach § 17 I zu beanspruchen gehabt hätte, so kann der **realisierte Urlaub nicht mehr gekürzt** werden. Der AG kann nur die zukünftig entstehenden Urlaubsansprüche kürzen. Hat eine AN den Jahresurlaub 1999 im Januar insgesamt erhalten und ab September 1999 ErzUrl, so standen ihr nur 8/12 ihres Urlaubs aus 1999 zu. Die zu viel erhaltenen 4/12 kann der AG zur Kürzung des Urlaubs verwenden, den die AN nach Rückkehr aus dem ErzUrl im Jahr 2000 oder 2001 erwirbt. Der Sache nach handelt es sich um eine Verrechnung des zu viel erhaltenen Urlaubs mit dem künftig entstehenden Urlaub (BT-Drucks. 10/3792). 8

Die Kürzungserklärung nach § 17 IV kann der AG **sogleich** aussprechen. Er kann aber auch bis zur **Rückkehr** des Erziehungsurlaubers warten. Das **Kürzungsrecht erlischt,** wenn der AG nach Wiederaufnahme der Arbeit erstmals Urlaub in dem Umfang erteilt, um den er den neuen Urlaub hätte kürzen können. Das folgt einerseits aus der Tatsache, daß der AG von seinem Recht keinen Gebrauch machen muß, und andererseits aus der gesetzlichen Formulierung „nach dem Ende des ErzUrl". Diese Zeitbestimmung schließt aus, daß der AG erst im nächsten oder übernächsten Jahr nach Rückkehr sein Kürzungsrecht geltend macht. 9

Beendet der AN während des ErzUrl oder mit dem Ende des ErzUrl sein Arbeitsverhältnis, bleibt für eine nachträgliche Kürzung des zu viel gewährten Urlaubs kein Raum. Sofern noch ein Teil des vor dem ErzUrl bestehenden Anspruchs sich in einen Abgeltungsanspruch gewandelt hat, kann dieser nach § 17 I gekürzt werden. Entgegen einer im Schrifttum vertretenen Auffassung (*Leinemann/Linck* Rn. 14 mwN) kommt eine **Rückforderung** aus Bereicherungsrecht nicht in Betracht. Der AN hat den Urlaub vor dem ErzUrl mit Rechtsgrund erhalten. Er war in dieser Höhe entstanden und fällig. Der Rechtsgrund ist auch nicht nachträglich weggefallen. Denn das G gestattet dem AG keine nachträgliche Kürzung des bereits gewährten Urlaubs, sondern nur eine Verrechnung mit künftigem Urlaub. 10

C. Übertragung des Urlaubs

1. Grundsatz. Im Regelfall hat der AN zu Beginn seines ErzUrl noch nicht den (gesamten) Erholungsurlaub des laufenden Jahres erhalten. Da er wegen der Suspendierung der Arbeitspflicht während des ErzUrl nicht genommen werden kann, würde er ohne besondere gesetzliche Anordnung 11 am Jahresende oder am Ende des Übertragungszeitraums verfallen, § 7 III BUrlG (siehe § 7 Rn. 60 und 63). Das verhindert § 17 II. Die Vorschrift soll **sicherstellen,** daß die Inanspruchnahme von **ErzUrl nicht zum Verfall des Urlaubsanspruchs** führt. Sie geht als gesetzliche **Sonderregelung** der Befristungsvorschrift des § 7 III BUrlG und entsprechender tarifvertraglicher Bestimmungen vor (BAG 24. 10. 1989 AP BUrlG § 7 Abgeltung Nr. 52 = NZA 1990, 499; BAG 28. 7. 1992 AP BErzGG § 17 Nr. 3 mit Anm. *Sibben* = NZA 1994, 27; BAG 25. 1. 1994 AP BUrlG § 7 Nr. 16 = NZA 1994, 652; 23. 4. 1996 AP BErzGG § 17 Nr. 6 = NZA 1997, 44). Bei einer Teilzeitbeschäftigung scheidet die Anwendung der Übertragungsvorschrift aus. Es ist § 7 III BUrlG anzuwenden (*Sowka,* NZA 1998, 347).

12   Die Übertragung bedarf **keiner Handlung** der Arbeitsvertragsparteien. Sie vollzieht sich ebenso wie die Übertragung nach § 7 III BUrlG kraft Gesetzes (BAG 25. 1. 1994 Rn. 11).

13   2. **Übertragungsgegenstand.** Es wird der Urlaub auf einen weitergehenden Zeitraum übertragen, **der zu Beginn des ErzUrl noch besteht** (BAG 9. 8. 1994 AP BUrlG § 7 Nr. 19 = NZA 1995, 174) und bis zum Ende der für ihn bestehenden Befristung hätte genommen werden können, nicht der nach dem ErzUrl neu entstehende Urlaub. Dieser bleibt auf das laufende Urlaubsjahr befristet (*Meisel/ Sowka* Rn. 27; *Schaub,* § 102 B IV 5 b, der die Unterscheidung aber nicht für sinnvoll hält; aA *Zmarzlik/Zipperer/Viethen* Rn. 20). Ist der Jahresurlaub bereits weitgehend **erfüllt** oder aus anderen Gründen **erloschen** (BAG 9. 8. 1994 aaO) oder beginnt der ErzUrl wenige Tage vor dem Jahresende oder vor dem Ende des Übertragungszeitraums, so wird nur der Teil nach erziehungsgesetzlichen Regeln übertragen, der noch hätte verwirklicht werden können (anschaulich BAG 1. 10. 1991 AP BErzGG § 17 Nr. 2 m. Anm. *Sowka* = NZA 1992, 419). Das gilt selbst dann, wenn der noch bestehende Urlaub nur deswegen (teilweise) nicht erfüllbar geworden ist, weil eine Erziehungsurlauberin zuletzt den Beschäftigungsverboten des MuSchG unterlegen war (BAG 9. 8. 1994 und 1. 10. 1991 aaO).

14   3. **Übertragungszeitraum.** Der Zeitraum, in den der Urlaub übertragen wird, hängt von der Dauer und dem Ende des ErzUrl ab. Mit der Bezeichnung **des laufenden Urlaubsjahrs und des nächsten Urlaubsjahrs** hat der Gesetzgeber einen Zeitraum von wenigstens 1 Jahr und einem Tag (Ende des ErzUrl mit Ablauf des 30. 12.) und längstens 1 Jahr und 364 Tagen (Ende des ErzUrl mit Ablauf des 1. 1.) normiert. Mit Ablauf des nächsten Urlaubsjahrs verfällt der Anspruch ersatzlos, auch wenn die oder der AN wegen andauernder Erkrankung, Beschäftigungsverboten und/oder erneuter ErzUrl bis zum Ende des Übertragungszeitraums nicht mehr von der Arbeit freigestellt werden kann (BAG 23. 4. 1996 AP BErzGG § 17 Nr. 6 = NZA 1997, 44; *Sowka,* NZA 1998, 347). Der wegen eines ersten ErzUrl übertragene Erholungsurlaub wird bei ErzUrl aus Anlaß der Geburt eines weiteren Kindes nicht auf weitere Zeiträume übertragen (BAG 21. 10. 1997 AP BUrlG § 7 Abgeltung Nr. 75 = NZA 1998, 648).

15   4. **Erfüllung.** Der übertragene Urlaub wird wie Urlaub des betreffenden Jahres erfüllt, nämlich durch **Freistellung** von der Arbeit (§ 7 BUrlG Rn. 5 ff.). Der AN erhält dann sein **Urlaubsentgelt** nach Maßgabe des § 11 BUrlG und, falls das tariflich oder vertraglich vorgesehen ist, auch das **zusätzliche Urlaubsgeld,** es sei denn, die jeweiligen anspruchsbegründenden Bestimmungen würden die Zahlung in diesem Fall nicht vorsehen (BAG 24. 10. 1989 AP BUrlG § 7 Abgeltung Nr. 52 = NZA 1990, 499; 28. 7. 1992 AP BErzGG § 17 Nr. 3 mit Anm. *Sibben* = NZA 1994, 27; vgl. auch BAG 14. 8. 1996 AP BErzGG § 15 Nr. 19 = NZA 1996, 1204).

D. Abgeltung

16   Wird das Arbeitsverhältnis im Anschluß an den ErzUrl nicht fortgesetzt, sondern zum Ende des ErzUrl beendet, oder endet das Arbeitsverhältnis während des ErzUrl (§§ 18, 19 BErzGG), so entsteht **mit dem Zeitpunkt der Beendigung** in Höhe des übertragenen und ungekürzten oder gekürzten Urlaubsanspruchs ein **Abgeltungsanspruch.** Dieser ist Surrogat des Urlaubsanspruchs, sofern nichts anderes bestimmt oder vereinbart ist. Das bedeutet, daß er nur im laufenden Jahr nach Beendigung des ErzUrl oder im nächsten Urlaubsjahr **erfüllt** werden kann (§ 7 BUrlG Rn. 97 bis 101). Ist der AN in diesem langen Zeitraum zu keiner Zeit in der Lage, seinen Arbeitspflichten nachzukommen, wäre das Arbeitsverhältnis nicht beendet worden, so ist auch der Abgeltungsanspruch nicht erfüllbar (§ 7 BUrlG Rn. 102 bis 105). Insoweit gilt nach § 17 III nichts anderes als nach § 7 IV BUrlG (zutreffend *Meisel/Sowka* § 17 BErzGG Rn. 31 und *Sowka* Anm. zu AP Nr. 2; aA *Dersch/Neumann* Rn. 9).

17   Hat der AG den Urlaub aus dem Jahr, in dem der ErzUrl begann, nicht gekürzt, darf er die **Abgeltung** entsprechend um die 12tel **kürzen,** in denen der AN volle Monate im ErzUrl war (BAG 28. 7. 1992 AP BErzGG § 17 Nr. 3 mit Anm. *Sibben* = NZA 1994, 27; BAG 23. 4. 1996 AP BErzGG § 17 Nr. 6 = NZA 1997, 44).

Der Anspruch des ausgeschiedenen AN unterliegt **tariflichen Ausschlußfristen** nur hinsichtlich 18
eines Anspruchs, der über den gesetzlichen Mindesturlaub hinausgeht. Die Abgeltung für den gesetzlichen Mindesturlaub kann während des vom G geschaffenen Befristungszeitraums uneingeschränkt geltend gemacht werden. Den TVParteien fehlt die Befugnis, den Anspruch des AN zu verkürzen, weil das Surrogat Abgeltung ebenso wie der Anspruch nach § 1 BUrlG gemäß § 13 I 1 BUrlG geschützt ist (siehe § 7 BUrlG Rn. 112).

§ 18 Kündigungsschutz

(1) ¹Der Arbeitgeber darf das Arbeitsverhältnis ab dem Zeitpunkt, von dem an Erziehungsurlaub verlangt worden ist, höchstens jedoch sechs Wochen vor Beginn des Erziehungsurlaubs, und während des Erziehungsurlaubs nicht kündigen. ²In besonderen Fällen kann ausnahmsweise eine Kündigung für zulässig erklärt werden. ³Die Zulässigkeitserklärung erfolgt durch die für den Arbeitsschutz zuständige oberste Landesbehörde oder die von ihr bestimmten Stelle. ⁴Das Bundesministerium für Familie, Senioren, Frauen und Jugend wird ermächtigt, mit Zustimmung des Bundesrates allgemeine Verwaltungsvorschriften zur Durchführung des Satzes 2 zu erlassen.

(2) Absatz 1 gilt entsprechend, wenn der Arbeitnehmer
1. während des Erziehungsurlaubs bei seinem Arbeitgeber Teilzeitarbeit leistet oder
2. ohne Erziehungsurlaub in Anspruch zu nehmen, bei seinem Arbeitgeber Teilzeitarbeit leistet und Anspruch auf Erziehungsgeld hat oder nur deshalb nicht hat, weil das Einkommen (§ 6) die Einkommensgrenzen (§ 5 Abs. 2) übersteigt. Der Kündigungsschutz nach Nummer 2 besteht nicht, solange kein Anspruch auf Erziehungsurlaub nach § 15 besteht.

I. Normzweck

Um das Gesetzesziel zu erreichen, eine Betreuung des Kindes während der ersten Entwicklungs- 1
phase zu erleichtern, ist während dieser Zeit auch das Arbeitsverhältnis der Betreuungsperson gegen AGKündigungen gesichert (BT-Drucks. 10/3792 S. 20). Die Bestimmung enthält parallel zu § 9 MuSchG ein Kündigungsverbot mit Erlaubnisvorbehalt (Rn. 9). Verboten sind ordentliche, außerordentliche und arbeitskampfbedingte Beendigungs- oder Änderungskündigungen; das Vorliegen eines Kündigungsgrundes ist unerheblich. In der Zeit unmittelbar vor Inanspruchnahme des Erziehungsurlaubs besteht für Mütter bereits der Kündigungsschutz gem. § 9 MuSchG, an den sich das Verbot gem. § 18 nahtlos anschließen kann. Beide Kündigungsverbote können auch nebeneinander bestehen; bei Erziehungsurlaub der Mutter während laufender Schutzfristen hätte der AG somit eine Kündigung von der Behörde nach beiden Vorschriften genehmigen zu lassen (BAG 31. 3. 1993 NZA 1993, 646). Für Väter vor und im Erziehungsurlaub kann dagegen nur aufgrund von Abs. 1 S. 1 die besondere Arbeitsplatzsicherung erreicht werden. Das Kündigungsverbot des Abs. 1 tritt neben den allgemeinen Kündigungsschutz bzw. weitere gesetzliche Sonderbestimmungen. Es betrifft alle Arten der Kündigung, nicht aber andere Vertragsbeendigungen wie Befristung oder Aufhebungsvertrag (*Meisel/Sowka* Rn. 9).

Nach Ende des Erziehungsurlaubs wird das ruhende Arbeitsverhältnis wieder aktiviert; es gelten die 2
ursprünglichen Vertragsbedingungen, wenn sie nicht einvernehmlich geändert werden (für einen Rechtsanspruch der AN auf Änderung der Arbeitszeit: ArbG Bielefeld 12. 10. 1988 BB 1989, 558). Einen Anspruch auf Beschäftigung am selben Arbeitsplatz wie vor dem Erziehungsurlaub steht der Rückkehrerin nur bei einzel- oder kollektivvertraglicher Vereinbarung zu (*Buchner/Becker* Rn. 18; *Zmarzlik/Zipperer/Viethen* Rn. 15).

II. Kündigungsverbot

1. Geltungsbereich. Geschützt sind alle AN, zur Berufsbildung oder in Heimarbeit Beschäftigte 3
und die ihnen Gleichgestellten (§ 20), die Anspruch auf Erziehungsurlaub haben (§ 15), wenn sie diesen bereits wirksam verlangt oder angetreten haben. Die in § 9 MuSchG vorgesehenen Einschränkungen für Heimarbeiterinnen gelten nicht.

2. Während des Erziehungsurlaubs (Abs. 1). Während der Dauer des Erziehungsurlaubs und 4
unmittelbar vor dessen Einsetzen darf der AG eine Kündigung nicht erklären. Die Betreuungsperson muß den Erziehungsurlaub gem. § 16 wirksam (BAG 17. 2. 1994 AP BGB § 626 Nr. 116) geltend gemacht oder schon tatsächlich angetreten haben (§ 16 Rn. 3 ff., 6). Das bloße Geltendmachen des Anspruchs löst den Kündigungsschutz frühestens sechs Wochen vor Ablauf der Schutzfrist (§ 15 II Nr. 1) aus, ein späteres Geltendmachen des Erziehungsurlaubes ist möglich. Wird der Erziehungsurlaub in mehreren Zeitabschnitten genommen, ist die Vorverlegung des Kündigungsschutzes um sechs Wochen vor Urlaubsantritt nur einmal möglich; für die Zwischenzeit ist § 612a BGB zu beachten. Das Verbot endet mit dem (auch vorzeitigen) Ende des Erziehungsurlaubs.

170 BErzGG § 18

5   Das Kündigungsverbot greift nur ein, wenn die Betreuungsperson Anspruch auf Erziehungsurlaub gem. § 15 hat; andere Freistellungen, zB unbezahlter Sonderurlaub, genügen nicht. Das ergibt sich mittelbar aus Abs. 2 S. 2. Die Anspruchsvoraussetzungen müssen bei Zugang der Kündigung noch erfüllt sein; nachträglicher Wegfall der Voraussetzungen schadet nicht (*Zmarzlik/Zipperer/Viethen* Rn. 8). Geht eine berechtigte Kündigung der Betreuungsperson vor Geltendmachung des Erziehungsurlaubs (Abs. 1 S. 1) zu, wird sie wirksam, auch wenn zu diesem Zeitpunkt der Erziehungsurlaub bereits angetreten war.

6   **3. Während zulässiger Teilzeitarbeit (Abs. 2).** Das Kündigungsverbot gilt auch, wenn die Betreuungsperson in zulässigem Umfang (KR/*Pfeiffer* Rn. 16) Teilzeitarbeit leistet. Durch die Vereinbarung der Teilzeitbeschäftigung wird entweder das ursprüngliche (vertragliche) Arbeitsverhältnis, das durch die Inanspruchnahme des Erziehungsurlaubs zum Ruhen gebracht wurde, tlw. wieder aufgenommen, oder die vorherige Teilzeitbeschäftigung wird ohne Inanspruchnahme von Erziehungsurlaub fortgesetzt. Das BAG hat offengelassen (28. 6. 1995 AP BErzGG § 15 Nr. 18 = NZA 1996, 151; für ein einheitliches Arbeitsverhältnis dagegen BAG 23. 4. 1996 NZA 1997, 160), ob die Teilzeitarbeit statt dessen in einem rechtlich selbständigen Arbeitsverhältnis zum selben AG vereinbart werden kann, das dann vom Kündigungsschutz nicht erfaßt wäre. Abs. 2 Nr. 1 schützt Personen, deren vertragliche Arbeitszeit im Erziehungsurlaub auf einen zustimmungsfreien Umfang reduziert wird; Abs. 2 Nr. 2 schützt Personen, deren vereinbarte Arbeitszeit ohnehin nie mehr als 19 Wochenstunden betrug und fortgesetzt wird, weil Erziehungsurlaub nicht in Anspruch genommen wurde.

7   a) Teilzeitarbeit gem. Nr. 1 darf nicht mehr als 19 Wochenstunden beanspruchen, § 15 IV 1. Leistet die Betreuungsperson die Teilzeitarbeit zulässigerweise bei einem anderen AG, § 15 IV 2, genießt sie den Sonderkündigungsschutz nur (gem. Abs. 1) in dem ruhenden Arbeitsverhältnis, in dem sie Erziehungsurlaub hat; auch eine nicht gem. § 15 IV zulässige Tätigkeit bei einem anderen AG hebt den Kündigungsschutz des Abs. 1 nicht auf (*Zmarzlik/Zipperer/Viethen* Rn. 8; *Meisel/Sowka* Rn. 17), kann aber eine Ausnahme gem. Abs. 1 S. 2 begründen (§ 15 Rn. 20). Der Kündigungsschutz des Abs. 1 umfaßt das Arbeitsverhältnis in seinem ursprünglich vereinbarten Inhalt. Wird das Arbeitsverhältnis tlw. wieder aufgenommen (Regelfall), oder tritt neben das ruhende Arbeitsverhältnis beim selben AG ein selbständiges zweites (offengelassen: BAG 28. 6. 1995 NZA 1996, 151), wird von Abs. 2 Nr. 1 auch die erziehungsurlaubsbedingte, auf das Ende des Erziehungsurlaubs befristete Teilzeitvereinbarung vor Kündigungen durch den AG geschützt (*Zmarzlik/Zipperer/Viethen* Rn. 9; *Buchner/Becker* Rn. 35; *Betz* NZA 2000, 248, 250 f.; aA *Ramrath* DB 1987, 1785, 1787; *Köster/Schiefer/Überacker* DB 1994, 2341 f.). Das gilt auch, wenn zusätzlich der Inhalt der Arbeitsleistung für die Dauer des Erziehungsurlaubs einvernehmlich verändert wurde (*Zmarzlik/Zipperer/Viethen* Rn. 10; aA *Meisel/Sowka* Rn. 16; *D. Kaiser*, Erziehungs- und Elternurlaub in Verbundsystemen, 1993, S. 136). Soll die Teilzeitbeschäftigung während des Laufs der Vereinbarung einseitig verändert werden können, muß ein Änderungsvorbehalt vereinbart werden (zu den Voraussetzungen vgl. BAG AP BGB § 620 Teilkündigung Nr. 5).

8   b) Abs. 2 Nr. 2 dehnt den Kündigungsschutz auf Teilzeitbeschäftigte ohne Erziehungsurlaub aus, sofern Erziehungsgeld bezogen wird oder nur wegen Überschreitens der Einkommensgrenzen gem. § 6 nicht bezogen werden kann. Diese Betreuungspersonen, die bereits vorher nur 19 Stunden oder weniger (§ 2 I) beschäftigt waren, sollen nicht schlechter gestellt werden als Beschäftigte, die ihre Arbeitszeit reduziert oder aufgegeben haben; ebensowenig kommt eine Besserstellung in Betracht, so daß § 15 II (kein Anspruch bei bestehendem Beschäftigungsverbot) oder § 6 I MuSchG oder bei nicht erwerbstätigem Ehegatten) gegenüber den in Abs. 2 Nr. 2 genannten Teilzeitbeschäftigten den Anspruch auf Erziehungsurlaub und damit auch den Kündigungsschutz ausschließt. Kennt der AG die Tatsachen nicht, die den Schutzanspruch nach Nr. 2 begründen, hat sich die Betreuungsperson im Falle einer Kündigung in analoger Anwendung der Frist des § 9 I 1 MuSchG darauf zu berufen (*Meisel/Sowka* Rn. 19; KR/*Pfeiffer* Rn. 20. Für eine unverzügliche Mitteilung: *Gröninger/Thomas* Rn. 10; *Schaub* § 102 V 1 b).

9   **4. Kündigungsverbot.** Soweit objektiv ein Anspruch auf Erziehungsurlaub gem. § 15 besteht, darf das Arbeitsverhältnis vom AG nicht gekündigt werden; maßgeblich ist der Zeitpunkt des Zugangs der Kündigungserklärung, § 130 BGB. Das Verbot ist zwingend und kann vertraglich weder ausgeschlossen noch im voraus beschränkt werden. Ein nachträglicher Verzicht auf den Schutz durch § 18 ist jedoch zulässig (KR/*Pfeiffer* Rn. 10). Eine verbotswidrig erklärte Kündigung ist nichtig, § 134 BGB (BAG 17. 2. 1994 NZA 1994, 656; 11. 3. 1999 NZA 1999, 1047). Der Gekündigte kann sich ohne Beachtung von Klagefristen – bis zur Grenze der Verwirkung – auf die Nichtigkeit berufen. Wird die Kündigung vor Geltendmachung des Erziehungsurlaubs ausgesprochen, ist sie nicht gem. Abs. 1 S. 1 verboten; § 612a BGB ist zu beachten (BAG 17. 2. 1994 NZA 1994, 656).

10   Der Kündigungsschutz aus Abs. 1 beginnt mit dem Tag, an dem der Erziehungsurlaub wirksam verlangt wurde, sofern dieser Termin nicht mehr als 6 Wochen vor dem Beginn des Erziehungsurlaubs liegt, (Abs. 1 S. 1) bzw. an dem er frühestens hätte angetreten werden können (Abs. 2 Nr. 2). Er dauert während des Erziehungsurlaubs an, auch im Falle von Arbeitskämpfen (vgl. § 9 MuSchG Rn. 13).

Wird der Erziehungsurlaub nur verkürzt beansprucht oder vorzeitig beendet, § 16 III 1, IV, endet auch der Kündigungsschutz. Nachwirkender Kündigungsschutz besteht nicht, doch verstößt eine wegen der Inanspruchnahme von Erziehungsurlaub erklärte Kündigung gegen § 612a BGB. Solange der Erziehungsurlaubsanspruch nicht vollständig (§ 15) erfüllt worden ist, hat die AN auch in einem Folgearbeitsverhältnis zu einem anderen AG Anspruch auf Erziehungsurlaub; macht sie dies geltend, ist auch das Kündigungsverbot anwendbar (BAG 11. 3. 1999 NZA 1999, 1047). Wird eine AN während des Erziehungsurlaubs erneut schwanger, besteht unabhängig von einer weiteren Tätigkeit jedoch wegen der Schwangerschaft der Kündigungsschutz des § 9 MuSchG.

III. Befreiung vom Kündigungsverbot (Abs. 1 S. 2, 3)

Vom Kündigungsverbot können Ausnahmen zugelassen werden, deren Voraussetzungen in den 11 Allgemeinen Verwaltungsvorschriften zum Kündigungsschutz bei Erziehungsurlaub (vom 2. 1. 1986 BAnz. 1986 Nr. 1, S. 4) erläutert worden sind. Da diese Vorschriften eine gleichmäßige Anwendung des Gesetzes durch die zuständigen Landesbehörden sicherstellen sollen, ist die der Sache nach gebotene Auslegungsparallele zu § 9 III MuSchG nicht stets zu verwirklichen. Die Verwaltungsvorschrift nennt nicht abschließend als besonderen Fall iSd. Abs. 1 S. 2: Betriebsstillegung, jeweils ohne Möglichkeit der Weiterbeschäftigung Stillegung einer Betriebsabteilung; Verlagerung von Betrieb oder Betriebsabteilung; Ablehnung der Weiterbeschäftigungsangebotes in den vorgenannten Fällen durch den AN; Existenzgefährdung für Betrieb oder AG; durch besonders schwere Vertragspflichtverletzung/vorsätzliche strafbare Handlung bedingte Unzumutbarkeit der Aufrechterhaltung des Arbeitsverhältnisses; unbillige Erschwerung, die in die Nähe der Existenzgefährdung für den AG kommt. Die Heirat einer katholischen Kindergärtnerin mit einem geschiedenen Mann begründet eine Kündigung durch die katholische Gemeinde nicht (OLG Düsseldorf 17. 10. 1991 NVwZ 1992, 96). Liegt ein besonderer Fall vor, hat die Behörde nach pflichtgemäßem Ermessen zu entscheiden, ob die Kündigung für zulässig erklärt werden soll. Zuständige Behörden sind: überwiegend die örtlichen Gewerbeaufsichtsämter, in Berlin, Brandenburg, Hamburg und Thüringen die Ämter für Arbeitsschutz, in Hessen und Nordrhein-Westfalen die Regierungspräsidenten (*Zmarzlik/Zipperer/Viethen* Rn. 25). Die Zulässigerklärung muß bei Ausspruch der Kündigung vorliegen.

§ 19 Kündigung zum Ende des Erziehungsurlaubs

Der Arbeitnehmer kann das Arbeitsverhältnis zum Ende des Erziehungsurlaubs nur unter Einhaltung einer Kündigungsfrist von drei Monaten kündigen.

Die Vorschrift gewährt dem erziehungsurlaubsberechtigten AN ein **Sonderkündigungsrecht** (BAG 1 16. 10. 1991 AP BErzGG § 19 Nr. 1 zu II 2c d. Gr.). Es handelt sich nicht etwa – nur – um eine Kündigungsfristenregelung. Die Norm ist Ausfluß des Gedankens, es einem Elternteil zu ermöglichen, in der ersten Lebensphase des Kindes sich dessen Betreuung und Erziehung widmen zu können (BT-Drucks. 10/3792 S. 20). Der AN braucht eine längere gesetzliche, tarifvertragliche oder einzelvertragliche Frist nicht einzuhalten. Der AG wird insofern geschützt, als der kündigende Elternteil die in § 19 normierte Kündigungsfrist einhalten muß, wenn während des Erziehungsurlaubs zu dessen Ende gekündigt wird (*Gröninger/Thomas* Rn. 5) vgl. Rn. 3.

Die **Regelung** ist **zwingend** (KR/*Pfeiffer* Rn. 12). Das Kündigungsrecht steht dem anspruchsbe- 2 rechtigten, nicht etwa nur dem (Erziehungs-)beurlaubten AN zu (KR/*Pfeiffer* Rn. 5). Die Vorschrift erfaßt **Vollzeit- und Teilzeitkräfte** (*Gröninger/Thomas* Rn. 4; KR/*Pfeiffer* Rn. 6). Für eine zum Ende des Erziehungsurlaubs ausgesprochene Kündigung dürfen zum Nachteil des Erziehungsurlaubsanspruchsberechtigten weder einzel- noch tarifvertraglich abweichende Regelungen getroffen werden (KR/*Pfeiffer* Rn. 4, 12). Dem AN steht es allerdings frei, das Arbeitsverhältnis während der Zeit des Bestehens des Sonderkündigungsrechts unter Einhaltung der jeweils maßgeblichen Kündigungsfrist zu einem von § 19 abweichenden Zeitpunkt oder außerordentlich, vgl. Rn. 5, zu kundigen (*Gröninger/Thomas* Rn. 2; KR/*Pfeiffer* Rn. 20).

Wird zum Ende des Erziehungsurlaubs gekündigt, ist die **Frist von drei Monaten für den AN** 3 **einseitig zwingend**. Das folgt aus der Weglassung der früheren Formulierung des § 19 („soweit nicht eine kürzere gesetzliche oder vereinbarte Kündigungsfrist gilt,") und dem heute statt dessen eingefügten Wort „nur" (KR/*Pfeiffer* Rn. 3). Hält der AN die Kündigungsfrist nicht ein, wird die Kündigung nicht zum Ende des Erziehungsurlaubs wirksam, sondern sie wirkt für den danach liegenden Termin, für den die allgemeinen gesetzlichen oder vertraglichen Fristen zu beachten sind. Wird der Erziehungsurlaub in mehreren Abschnitten genommen oder in einem Wechsel zwischen den Berechtigten, gilt die Frist des § 19 nur für den letzten Abschnitt (*Gröninger/Thomas* Rn. 6).

Für die Kündigung gelten **keine besonderen Formvorschriften**. Sie kann frei, auch 4 mündlich erklärt werden (KR/*Pfeiffer* Rn. 18). Für die Berechnung der Frist gelten die §§ 187, 188 BGB. Der früheste mögliche Zeitpunkt zu dem die Kündigung zum Ende des Erziehungsurlaubs ausgesprochen werden kann, ist der, der für die Ausübung des Sonderkündigungsrechts in Betracht kommt. Hat der AN zB Erziehungsurlaub in vollem Umfang in Anspruch genommen, ist das Ende der Zeitpunkt, zu dem das Kind drei Jahre alt wird (*Gröninger/Thomas* Rn. 6; KR/*Pfeiffer* Rn. 10). Wird der Erziehungsurlaub durch andere Umstände vorzeitig beendet, zB Tod des Kindes, und hatte der AN bereits fristgemäß zum normalen Ende des Erziehungsurlaubs gekündigt, ist unter Berücksichtigung aller Umstände zu ermitteln, ob die Kündigung dennoch zu diesem Zeitpunkt gewollt ist (*Gröninger/Thomas* Rn. 7).

5   Die Regelung in § 19 schließt nicht aus, daß das Arbeitsverhältnis durch **Aufhebungsvertrag** ohne Beachtung irgendwelcher Fristen beendet wird. Kündigt der AN mit einer kürzeren als der in § 19 vorgeschriebenen Frist und erhebt der AG hiergegen keine Einwendungen, ist das Arbeitsverhältnis als wirksam beendet anzusehen. Nicht ausgeschlossen ist ebenso eine **außerordentliche Kündigung** nach § 626 BGB (KR/*Pfeiffer* Rn. 10).

§ 20 Zur Berufsbildung Beschäftigte; in Heimarbeit Beschäftigte

(1) ¹Die zu ihrer Berufsbildung Beschäftigten gelten als Arbeitnehmer im Sinne dieses Gesetzes. ²Die Zeit des Erziehungsurlaubs wird auf Berufsbildungszeiten nicht angerechnet.

(2) ¹Anspruch auf Erziehungsurlaub haben auch die in Heimarbeit Beschäftigten und die ihnen Gleichgestellten (§ 1 Abs. 1 und 2 des Heimarbeitsgesetzes), soweit sie am Stück mitarbeiten. ² Für sie tritt an die Stelle des Arbeitgebers der Auftraggeber oder Zwischenmeister und an die Stelle des Arbeitsverhältnisses das Beschäftigungsverhältnis.

I. Zur Berufsbildung Beschäftigte (Abs. 1)

1   Da die in §§ 15 ff. begründeten Rechte nur AN zustehen (§ 15 Rn. 4), werden in Abs. 1 die zur Berufsbildung Beschäftigten als AN eingeordnet. Davon betroffen sind: Berufsausbildung, Fortbildung und Umschulung, Anlernlinge, Volontäre und Praktikanten. Praktika, die als Bestandteil eines Fach- oder Hochschulstudiums vorgeschrieben sind, unterfallen Abs. 1 nicht, wenn sie vom Studium organisatorisch und inhaltlich nicht getrennt sind (BAG 19. 6. 1974 AP BAT § 3 Nr. 3). Gilt der Beschäftigte gem. S. 1 als AN, werden Zeiten des Erziehungsurlaubs auf die Berufsbildungszeiten nicht angerechnet. Diese verlängern sich also entsprechend, – unabhängig davon, ob während des Urlaubs Teilzeitarbeit geleistet wurde oder nicht. Entsprechende Regelungen gelten gem. § 57 c VI Nr. 1 HRG für befristet beschäftigte wissenschaftliche Mitarbeiter an Hochschulen und für befristete Arbeitsverträge mit Ärzten in der Weiterbildung. Abs. 1 S. 2 schließt Verkürzungsmöglichkeiten gem. § 29 II BBiG auf Antrag des Auszubildenden nicht aus, wenn dieser das Ausbildungsziel ohne Verlängerung erreichen kann (BT-Drucks. 10/4212 S. 6). Eine Teilzeitausbildung wäre ebenso wie eine Teilzeitarbeit (§ 18 II) zulässig; ein Anspruch darauf besteht aber nicht, insb. existieren noch keine derartigen Ausbildungspläne. Will der Auszubildende die Berufsbildung vollzeitig fortsetzen, geht der Anspruch auf Erziehungsgeld dadurch nicht verloren (§§ 1 I Nr. 4, 2 I Nr. 3).

II. In Heimarbeit Beschäftigte (Abs. 2)

2   Die Heimarbeiter und ihnen Gleichgestellte haben ebenfalls Anspruch auf Erziehungsurlaub (§ 15 Rn. 4). Kündigungsschutz genießen sie gem. § 9 MuSchG und § 18; der Anwendungsbereich von § 18 ist weiter, da nicht nur diejenigen Gleichgestellten erfaßt werden, deren Gleichstellung sich auf den Kündigungsschutz aus § 29 HAG bezieht.

§ 21 Befristete Arbeitsverträge

(1) Ein sachlicher Grund, der die Befristung eines Arbeitsverhältnisses rechtfertigt, liegt vor, wenn ein Arbeitnehmer zur Vertretung eines anderen Arbeitnehmers für Zeiten eines Beschäftigungsverbotes nach dem Mutterschutzgesetz, eines Erziehungsurlaubs, einer auf Tarifvertrag, Betriebsvereinbarung oder einzelvertraglicher Vereinbarung beruhenden Arbeitsfreistellung zur Betreuung eines Kindes oder für diese Zeiten zusammen oder für Teile davon eingestellt wird.

(2) Über die Dauer der Vertretung nach Absatz 1 hinaus ist die Befristung für notwendige Zeiten einer Einarbeitung zulässig.

(3) Die Dauer der Befristung des Arbeitsvertrages muß kalendermäßig bestimmt oder bestimmbar oder den in den Absätzen 1 und 2 genannten Zwecken zu entnehmen sein.

(4) Das befristete Arbeitsverhältnis kann unter Einhaltung einer Frist von drei Wochen gekündigt werden, wenn der Erziehungsurlaub ohne Zustimmung des Arbeitgebers vorzeitig beendet werden kann und der Arbeitnehmer dem Arbeitgeber die vorzeitige Beendigung seines Erziehungsurlaubs mitgeteilt hat; die Kündigung ist frühestens zu dem Zeitpunkt zulässig, zu dem der Erziehungsurlaub endet.

(5) Das Kündigungsschutzgesetz ist im Falle des Absatzes 4 nicht anzuwenden.

III. Rechtsfolgen der Befristung (Abs. 4 bis 7) § 21 BErzGG 170

(6) Absatz 4 gilt nicht, soweit seine Anwendung vertraglich ausgeschlossen ist.

(7) ¹Wird im Rahmen arbeitsrechtlicher Gesetze oder Verordnungen auf die Zahl der beschäftigten Arbeitnehmer abgestellt, so sind bei der Ermittlung dieser Zahl Arbeitnehmer, die sich im Erziehungsurlaub befinden oder zur Betreuung eines Kindes freigestellt sind, nicht mitzuzählen, solange für sie auf Grund von Absatz 1 ein Vertreter eingestellt ist. ²Dies gilt nicht, wenn der Vertreter nicht mitzuzählen ist. ³Die Sätze 1 und 2 gelten entsprechend, wenn im Rahmen arbeitsrechtlicher Gesetze oder Verordnungen auf die Zahl der Arbeitsplätze abgestellt wird.

I. Normzweck

Die Vorschrift läßt den Abschluß befristeter Arbeitsverhältnisse mit Ersatzkräften für Zeiten der 1
Arbeitsfreistellung zum Zweck der Kinderbetreuung zu. Die Freistellung der Betreuungsperson kann auf dem MuSchG, dem BErzGG bzw. auf kollektiv- oder einzelvertraglich begründetem Elternurlaub beruhen. Da solche Befristungen idR zugleich als Sachgrund im Sinne der Rspr. zur Befristungskontrolle anerkannt worden wären (BAG 3. 10. 1984 AP BGB § 620 Befristeter Arbeitsvertrag Nr. 87), soll § 21 nur Rechtssicherheit durch Herstellung einer klaren Rechtsgrundlage schaffen. Zudem wurden von der befristeten Einstellung von Ersatzkräften positive Wirkungen auf den Arbeitsmarkt erwartet (BT-Drucks. 10/3792 S. 21): Da viele AN nach dem Erziehungsurlaub nicht an ihren Arbeitsplatz zurückkehren, könnte die Ersatzkraft dann unbefristet beschäftigt werden.

II. Befristung (Abs. 1 bis 3)

1. Befristungsgründe. Abs. 1 konkretisiert die Grundsätze der Rspr. zur Befristungskontrolle 2
(BAG 12. 10. 1960 AP BGB § 620 Befristeter Arbeitsvertrag Nr. 16), die einen sachlichen Grund zur Rechtfertigung der Befristung voraussetzen (§ 620 BGB Rn. 39 ff.). Als Sachgrund werden festgelegt: Beschäftigungsverbote nach dem MuSchG, rechtmäßig verlangter Erziehungsurlaub, Arbeitsfreistellung zur Kinderbetreuung auf anderer Rechtsgrundlage. Liegt ein solcher Vertretungsfall vor, ist eine Befristung – auch mehrfach – zulässig. Die Ersatzkraft braucht nicht auf dem Arbeitsplatz der Vertretenen eingesetzt zu werden (BAG 8. 5. 1985 NZA 1986, 569; 21. 3. 1990 NZA 1990, 744 f.; LAG Köln 13. 9. 1995 NZA 1996, 125); es genügt, wenn der zur Einstellung führende Personalbedarf gerade durch den Ausfall der Betreuungsperson verursacht worden ist (BAG 6. 5. 1982 AP BGB § 620 Befristeter Arbeitsvertrag Nr. 67; 8. 5. 1985 AP BGB § 620 Befristeter Arbeitsvertrag Nr. 97). Das Vorhandensein eines Grundes gem. Abs. 1 hat der AG zu beweisen. Die Vorschrift schränkt auf anderer Grundlage bestehende Befristungsmöglichkeiten nicht ein (Rn. 5).

2. Befristungsdauer. Die vereinbarte Befristungsdauer muß zeitlich nicht mit der Dauer des Vertre- 3
tungsfalles kongruent sein (BAG 9. 7. 1997 EzA § 21 BErzGG Nr. 2). Wie lange ein auf die Vertretung gestützter Arbeitsvertrag befristet werden darf, ergibt sich aus Abs. 1 bis 3: höchstens für die Zeit der Freistellung wegen Kinderbetreuung (Abs. 1) plus der erforderlichen Einarbeitungszeit (Abs. 2). Eine in absoluten Zahlen festgelegte Höchstdauer ist bewußt nicht angegeben worden (BT-Drucks. 10/3792 S. 8). Die Aufteilung dieser Zeit auf mehrere Befristungen derselben oder verschiedener Vertretungskräfte ist zulässig. Um den Betroffenen die Laufzeit des Vertrages hinreichend zu verdeutlichen, hatte Abs. 3 aF verlangt, daß die Befristung kalendermäßig bestimmt oder bestimmbar ist. Eine Zweckbefristung, die von der Rspr. ursprünglich anerkannt worden war (BAG 17. 2. 1983 AP KSchG 1969 § 15 Nr. 14), ist damit ausgeschlossen worden (BAG 9. 11. 1994 NZA 1995, 575). Mit Wirkung vom 1. 10. 1996 ist diese Rspr. dahingehend korrigiert worden, daß neben den kalendermäßig bestimmten auch auf den Wegfall des Betreuungszwecks befristete Vertretungsverträge zulässig sind: Dadurch soll der Unsicherheit begegnet werden, daß bei Beginn der Schutzfristen nach dem MuSchG noch unklar ist, ob und wie lange Arbeitsbefreiung vereinbart werden wird. Die Zweckerreichung ist grds. der Vertretung anzukündigen; war sie nicht gem. § 16 I, II vorhersehbar, ist der Vertretung eine Auslauffrist zu gewähren (LAG Berlin 12. 6. 1987 DB 1990, 1828).

III. Rechtsfolgen der Befristung (Abs. 4 bis 7)

1. Allgemeines. a) Im Falle einer wirksamen Befristung endet das Arbeitsverhältnis mit Fristablauf, 4
ohne daß es einer Kündigung bedarf. Das gilt auch, wenn eine Ersatzkraft dann besonderem Kündigungsschutz unterliegt. Während der Laufzeit der Befristung ist das Arbeitsverhältnis zwar noch aus wichtigem Grund kündbar (BAG 19. 6. 1980 AP BGB § 620 Befristeter Arbeitsvertrag Nr. 55), ohne besondere Vereinbarung dagegen grds. nicht mehr ordentlich; vgl. dazu aber die Sonderregel in Abs. 4.

b) Grds. ist § 1 BeschFG neben § 21 anwendbar, ebenso die allgemeinen Rechtsprechungsgrund- 5
sätze (*Sowka* NZA 1994, 105) zur Befristung und §§ 57a ff. HRG bzw. das Gesetz über befristete Arbeitsverträge mit Ärzten in der Weiterbildung (*Meisel/Sowka* Rn. 12 bis 14; *Zmarzlik/Zipperer/Viethen* Rn. 4 ff.). Lediglich ein gem. § 21 befristetes Arbeitsverhältnis mit einem LeihAN wird durch

Art. 1 § 9 Nr. 2 AÜG ausgeschlossen. Auch durch TV können für den AN günstigere Regelungen vereinbart werden, die die Befristungsmöglichkeit gem. § 21 beschränken, zB durch Festlegung kürzerer Höchstbefristungszeiten.

6 c) Eine nach diesen Grundsätzen unwirksame Befristung entfällt, das Arbeitsverhältnis wird als unbefristetes fortgesetzt. Die Unwirksamkeit einer Befristung ist nach § 1 Abs 5 BeschFG innerhalb einer Klagefrist von drei Wochen nach dem vereinbarten Ende des befristeten Arbeitsvertrages beim Arbeitsgericht geltend zu machen.

7 2. Sonderkündigungsrecht (Abs. 4 bis 6). Der AG kann ausnahmsweise eine befristet eingestellte Ersatzkraft ordentlich kündigen, sofern die Erziehungsurlauberin den Urlaub vorzeitig beendet; dasselbe gilt im Falle von § 16 IV, wenn der Erziehungsurlaub wegen des Todes des Kindes automatisch endet. Dasselbe gilt gem. Abs. 4 S. 2 auch in dem Fall, in dem der Erziehungsurlauber wegen der Geburt eines weiteren Kindes oder eines besonderen Härtefalles nach § 1 Abs. 5 die vorzeitige Beendigung des Erziehungsurlaubs beantragt hat und der Arbeitgeber dies nicht wegen Vorliegens dringender betrieblicher Gründe ablehnen konnte (vgl. § 16 Abs. 3 S. 2). Damit entfällt das Risiko, Vertreter und Vertretenen parallel beschäftigen und entlohnen zu müssen, wenn der Erziehungsurlaub ohne Zustimmung des AG vorzeitig beendet werden kann. Fallen lediglich die Voraussetzungen für die Inanspruchnahme des Erziehungsurlaubs nachträglich weg, so daß der AG die Rückkehr der Erziehungsurlauberin an den Arbeitsplatz verlangen könnte, ist Abs. 4 nicht entsprechend anwendbar; der AG ist hier auch ohne diese Norm in der Lage, seine Doppelverpflichtung zu vermeiden. Wird eine Ersatzkraft wirksam nach Abs. 4 gekündigt, wird diese Kündigung auch nicht am KSchG gemessen (Abs. 5); außer im Falle von Sonderkündigungsschutz ist diese Kündigung also nach Ablauf der Drei-Wochen-Frist des Abs. 4 wirksam. Stützt sich der AG dagegen auf ein vertraglich mit der Ersatzkraft vereinbartes Recht zur ordentlichen Kündigung, ist Abs. 5 nicht entsprechend anwendbar. Das Sonderkündigungsrecht aus Abs. 4 kann insgesamt einzel- oder tarifvertraglich ausgeschlossen werden, Abs. 6.

IV. Berechnung der Betriebsgröße (Abs. 7)

8 Die Vorschrift will vermeiden, daß bei der Berechnung der Betriebsgröße sowohl die zur Kinderbetreuung freigestellte Person wie die Ersatzkraft mitgezählt werden. Der AG soll nicht durch Beschäftigung einer Ersatzkraft in den Anwendungsbereich arbeitsrechtlicher Gesetze geraten, die wegen geringer Betriebsgröße bisher nicht anwendbar waren. Von der Zahl der Beschäftigten abhängig ist zB die Anwendung von § 17 KSchG, § 23 I 2 KSchG; § 1 II BeschFG; §§ 1, 9, 95, 99, 106, 110, 111 ff. BetrVG. Von der Zahl der Arbeitsplätze hängt ab die Anwendbarkeit von §§ 4 I, 8 VI SchwbG.

Dritter Abschnitt. (Änderung von Gesetzen)

§§ 22 bis 38. *(nicht abgedruckt)*

Vierter Abschnitt. Übergangs- und Schlußvorschriften

§ 39 Übergangsvorschrift

(1) Auf Berechtigte, die Anspruch auf Erziehungsgeld oder Erziehungsurlaub für ein vor dem 1. Januar 1992 geborenes Kind haben, sind die Vorschriften dieses Gesetzes in der bis zum 31. Dezember 1991 geltenden Fassung weiter anzuwenden.

(2) ¹Für die vor dem 1. Juli 1993 geborenen Kinder sind die Vorschriften des § 4 Abs. 2, § 5 Abs. 2, § 6 und § 12 Abs. 1 in der bis zum 26. Juni 1993 geltenden Fassung weiter anzuwenden; bei Adoptivkindern ist der Zeitpunkt der Inobhutnahme maßgebend. ²Für die vor dem 1. Januar 1994 geborenen Kinder sind die Vorschriften des § 7 in der bis 26. Juni 1993 geltenden Fassung weiter anzuwenden. ³Für die vor dem 1. Januar 1994 geborenen Kinder ist § 5 Abs. 2 Satz 1 nicht anzuwenden.

§ 40. (Inkrafttreten)

180. Gesetz über arbeitsrechtliche Vorschriften zur Beschäftigungsförderung

Vom 26. April 1985 (BGBl. I S. 710)

Zuletzt geändert durch Gesetz vom 25. September 1996 (BGBl. I S. 1476)

(BGBl. III/FNA 800-23)

Erster Abschnitt. Befristete Arbeitsverträge

§ 1 [Zulässigkeit der Befristung]

(1) [1] Die Befristung eines Arbeitsvertrages ist bis zur Dauer von zwei Jahren zulässig. [2] Bis zur Gesamtdauer von zwei Jahren ist auch die höchstens dreimalige Verlängerung eines befristeten Arbeitsvertrages zulässig.

(2) Die Befristung des Arbeitsvertrages ist ohne die in Absatz 1 genannten Einschränkungen zulässig, wenn der Arbeitnehmer bei Beginn des befristeten Arbeitsverhältnisses das 60. Lebensjahr vollendet hat.

(3) [1] Die Befristung nach den Absätzen 1 und 2 ist nicht zulässig, wenn zu einem vorhergehenden unbefristeten Arbeitsvertrag oder zu einem vorhergehenden befristeten Arbeitsvertrag nach Absatz 1 mit demselben Arbeitgeber ein enger sachlicher Zusammenhang besteht. [2] Ein solcher enger sachlicher Zusammenhang ist insbesondere anzunehmen, wenn zwischen den Arbeitsverträgen ein Zeitraum von weniger als vier Monaten liegt.

(4) Die Zulässigkeit der Befristung des Arbeitsvertrages aus anderen Gründen bleibt unberührt.

(5) [1] Will der Arbeitnehmer geltend machen, daß die Befristung eines Arbeitsvertrages rechtsunwirksam ist, so muß er innerhalb von drei Wochen nach dem vereinbarten Ende des befristeten Arbeitsvertrages Klage beim Arbeitsgericht auf Feststellung erheben, daß das Arbeitsverhältnis auf Grund der Befristung nicht beendet ist. [2] Die §§ 5 bis 7 des Kündigungsschutzgesetzes gelten entsprechend.

(6) Die Absätze 1 bis 4 gelten bis zum 31. Dezember 2000.

I. Normzweck

Ziel des BeschFG ist es, zusätzliche Beschäftigungsmöglichkeiten zu schaffen (*Löwisch* NZA 1985, 478). Vor dem Hintergrund anhaltender Massenarbeitslosigkeit soll den AG durch eine Reihe von Änderungen des Arbeits- und Sozialrechts ein Anreiz zur **Einstellung von mehr AN** gegeben werden (Begründung des Gesetzentwurfs BeschFG 1985, BR-Drucks. 393/84 S. 15; Begründung des Gesetzentwurfs BeschFG 1990, BT-Drucks. 11/4952 S. 7; Begründung des Gesetzentwurfs BeschFG 1994, BT-Drucks. 12/6719 S. 11; *Lorenz/Schwedes* DB 1985, 1077; krit. *Schwerdtner* NZA 1985, 577, 585). Die anhaltenden Arbeitsmarktprobleme haben den Gesetzgeber veranlaßt, die ursprünglich bis zum 1. 1. 1990 befristete Regelung zweimal um jeweils weitere fünf Jahre zu verlängern (Gesetz v. 22. 12. 1989 BGBl. I S. 2406; Gesetz v. 26. 7. 1994 BGBl. I S. 1786). Durch das Arbeitsrechtliche Beschäftigungsförderungsgesetz vom 25. 9. 1996 (im folgenden: BeschFG 1996) ist die Zulässigkeit der Befristung von Arbeitsverhältnissen in § 1 neu geregelt worden.

Der Gesetzgeber will im Interesse der Arbeitsuchenden die AG veranlassen, bei einer Verbesserung 2 ihrer Auftragslage statt über längere Zeiträume Überstunden oder Sonderschichten zu vereinbaren, weitere AN zumindest aufgrund befristeter Arbeitsverträge einzustellen. Nach § 1 I ist es zulässig, einen Arbeitsvertrag ohne weiteres bis zur **Dauer von zwei Jahren** zu befristen. Bis zur Gesamtdauer von zwei Jahren ist auch die höchstens dreimalige Verlängerung eines befristeten Arbeitsvertrages zulässig. Der Gesetzgeber erwartet, daß die befristeten Arbeitsverträge in vielen Fällen **in unbefristete Arbeitsverhältnisse münden** (BR-Drucks. 393/84 S. 15; BT-Drucks. 12/6719 S. 11). Dabei ist und soll das unbefristete Arbeitsverhältnis die Regel bleiben. Die Geltung der Abs. 1 bis 4 des neu gefaßten § 1 ist bis zum 31. 12. 2000 befristet. Da die Umsetzung der Richtlinie über befristete Arbeitsverhältnisse vom 28. 6. 1999 (1999/70/EG – ABlEG Nr. L 175 vom 10. 7. 1999 S. 43 – Umsetzungsfrist 10. 7. 2001) nationale Regelungen erfordert, wie sie in dem Abs. 1 bis 4 enthalten sind, ist mit einer modifizierten Regelung und deren unbefristeten Geltung zu rechnen (vgl. *Wank/Börgmann* RdA

1999, 383, 385 f.; *Thannheiser* AiB 2000, 341, 349; *Schmalenberg* NZA 2000, 582; *Löwisch* NZA 2000, 756; *Bauer* NZA 2000, 756).

3   Nach den der gesetzgeberischen Entscheidung zugrunde gelegten Erhebungen hat sich die erleichterte Befristungsmöglichkeit nach § 1 BeschFG 1985 durchaus **bewährt** (*Büchtemann/Höland*, Befristete Arbeitsverträge, 1989, S. 316, 358; *Bielenski/Kohler/Schreiber-Kittl*, Befristete Beschäftigung und Arbeitsmarkt, 1994, S. 111 f.; *Volmar*, Das neue Beschäftigungsförderungsgesetz, 1996, S. 100 f.; aA *Buschmann/Schwegler* BB 1986, 1355, 1357). 1992 erfolgte jede dritte Neueinstellung auf der Grundlage des BeschFG.

4   Der weitere Gesetzeszweck des § 1 BeschFG 1985, dem **Abbau der Jugendarbeitslosigkeit** zu dienen, indem befristete Arbeitsverträge im Anschluß an eine Berufsausbildung erleichtert zugelassen wurden, ist infolge der mit dem BeschFG 1996 verbundenen Änderungen mit Ablauf des 30. 9. 1996 entfallen.

5   Gleichfalls zum 30. 9. 1996 sind die erleichterten Befristungen in **neu gegründeten Unternehmen** mit höchstens 20 AN entfallen. § 1 II BeschFG 1985 hatte in den alten Bundesländern keine große praktische Bedeutung erlangt, weil die verlängerte Befristungsmöglichkeit nur in den ersten sechs Monaten nach Aufnahme der Erwerbstätigkeit bestand (vgl. bereits den Hinweis von *Hanau* NZA 1984, 345, 346). In den neuen Bundesländern kam es verstärkt zu Neugründungen bei Unternehmensaufspaltungen nach dem Gesetz über die Spaltung der von der Treuhandanstalt verwalteten Unternehmen vom 5. 4. 1991 (BGBl. I S. 854).

II. Geltungsbereich

6   1. **Persönlich.** § 1 gilt für **alle AN**, soweit nicht für die Befristung von Arbeitsverträgen mit bestimmten ANGruppen Sondervorschriften zur Anwendung kommen. Der Gesetzgeber hat bewußt (vgl. BT-Drucks. 10/2102 S. 24) die kündigungsrechtlich besonders geschützten ANGruppen in den Geltungsbereich des § 1 einbezogen (BAG 16. 3. 1989 AP BeschFG 1985 § 1 Nr. 8 = NZA 1989, 719; *Halbach*, Beschäftigungsförderungsgesetz, 1985, S. 24 f.; *BBDW/Bader* § 620 BGB Rn. 212; *Hueck/v. Hoyningen-Huene* § 1 Rn. 606; *Mager/Winterfeld/Göbel/Seelmann* BeschFG 1985, Rn. 86; *Bruschke*, Befristete Arbeitsverträge, 1991, S. 109). Er hat dies damit begründet, daß dann, wenn ein sachlicher Grund iSd. Rspr. für die Befristung von Arbeitsverträgen mit den kündigungsrechtlich besonders geschützten ANGruppen erforderlich wäre, ihnen die Chance auf einen befristeten Arbeitsvertrag weitgehend genommen würde. Insb. mit Schwerbehinderten, Schwangeren sowie Wehrdienst- und Zivildienstpflichtigen kann unter den Voraussetzungen des § 1 ein befristeter Arbeitsvertrag geschlossen werden, ohne daß hierfür ein sachlicher Grund iSd. Rspr. vorliegen müßte.

7   Für die in einem Ausbildungsverhältnis stehenden Mitglieder einer Jugend- und Auszubildendenvertretung gilt nach wie vor **§ 78 a BetrVG**, der einen Anspruch auf Übernahme in ein unbefristetes Arbeitsverhältnis gibt (vgl. BAG 24. 7. 1991 AP BetrVG 1972 § 78 a Nr. 23 = NZA 1992, 174).

8   2. **Zeitlich.** Da das Gesetz auf den **Abschluß des Arbeitsvertrages** abstellt, kann letztmals am 31. 12. 2000 eine Befristung nach § 1 vereinbart werden. Dementsprechend enden die vor dem 1. 1. 2001 vereinbarten Befristungen nach § 1 I spätestens am 31. 12. 2002. Der Zeitpunkt des Vertragsabschlusses und des Beginns des Arbeitsverhältnisses müssen sich aber nicht decken. Deshalb ist es unbedenklich, wenn die Parteien am 31. 12. 2000 einen Arbeitsvertrag schließen, der die Arbeitsaufnahme erst für den 1. 4. 2001 vorsieht. In jedem Fall muß das Arbeitsverhältnis, sofern kein Fall des Abs. 2 vorliegt, spätestens am 31. 12. 2002 enden (entsprechend zum BeschFG 1985: *Friedhofen/Weber* NZA 1985, 337, 339; *Düttmann/Hinrichs/Kehrmann/Oberhofer* AiB 1985, 67, 68).

9   3. **Betrieblich.** § 1 gilt für alle Betriebe, Verwaltungen und Haushalte unabhängig von der Rechtsform ihres Trägers und unabhängig von der Betriebsgröße also auch für Kleinbetriebe iSv. § 23 KSchG mit weniger als 5,5 AN. Für diese **Kleinbetriebe** ist die Bedeutung des BeschFG jedoch gering, weil, abgesehen vom Fall der möglichen Umgehung besonderen Kündigungsschutzes, befristete Arbeitsverträge auch ohne Vorliegen eines sachlichen Grundes geschlossen werden können.

10   Wie sich aus Abs. 3 ergibt, ist § 1 arbeitgeber- und nicht betriebsbezogen. Entscheidend ist der enge sachliche Zusammenhang zu einem früheren Arbeitsverhältnis zum selben AG. Im Konzernverbund ist allerdings die für den erneuten Abschluß befristeter Arbeitsverträge hemmende AGIdentität nicht gegeben (vgl. *Oetker/Kiel* DB 1989, 576, 578 f.).

III. Verhältnis zu § 620 BGB

11   § 620 BGB erlaubt den Abschluß befristeter Arbeitsverträge gleichberechtigt neben unbefristeten. Durch den zeitlich später eingeführten Kündigungsschutz für unbefristete Arbeitsverhältnisse, ist das Bedürfnis nach gleichwertigem Schutz für befristete Arbeitsverhältnisse AN erwachsen (vgl. die Begründung zum KSchG: BT-Drucks. 1951 S. 2090; RdA 1951, 12 ff.). Dem hat die Rspr. mit dem Beschluß des Großen Senates des BAG vom 12. 10. 1960 (AP BGB § 620 Befristeter Arbeitsvertrag Nr. 16) und der

späteren Anwendung und Verfeinerung der in dieser Entscheidung gefundenen Grundsätze entsprochen (vgl. § 620 BGB Rn. 32 ff.). Danach ist eine rechtliche Gestaltung unwirksam, wenn durch sie der Zweck einer zwingenden Rechtsnorm vereitelt wird und ihre Verwendung objektiv als mißbräuchlich zu bewerten ist. Auf eine Umgehungsabsicht oder eine bewußte Mißachtung des zwingenden Rechtssatzes kommt es nicht an. Ist eine **Umgehung des Kündigungsschutzes** möglich, muß die Befristung eines Arbeitsvertrages einen verständigen, sachlich gerechtfertigten Grund haben. Demzufolge dürfen erstmalige Zeitarbeitsverträge bis zur Dauer von sechs Monaten ohne sachlichen Grund abgeschlossen werden, weil es nicht zur objektiven Umgehung des KSchG kommen kann (vgl. § 1 I KSchG; BAG 17. 2. 1983 AP BGB § 620 Befristeter Arbeitsvertrag Nr. 74 = NJW 1983, 1752). Aus dem gleichen Grund können in **Kleinbetrieben** (§ 23 I 2 KSchG) Arbeitsverträge ohne einen sachlichen Grund befristet werden.

Der somit richterrechtlich entwickelte Grundsatz, daß für die Befristung eines Arbeitsvertrages 12 mit mehr als sechsmonatiger Laufzeit ein sachlicher Grund gegeben sein muß, ist durch das BeschFG wesentlich modifiziert worden. Die gesetzestechnische Lösung des § 1 ist jedoch ungewöhnlich. § 1 befreit nicht von den gesetzlichen Voraussetzungen für befristete Arbeitsverträge, die erst hätten geschaffen werden müssen, sondern unmittelbar von der Beachtung der zur Befristungskontrolle entwickelten Rechtsprechungsgrundsätze. Es wäre angebrachter gewesen, das vorrangige Erfordernis des sachlichen Grundes und die hiervon abw. Bestimmungen des § 1 in § 620 BGB niederzulegen. Statt dessen setzt das BeschFG die von der Rspr. entwickelte **teleologische Reduktion des § 620 BGB** (vgl. hierzu *Kraft* in Anm. zu BAG 29. 8. 1979 AP BGB § 620 Befristeter Arbeitsvertrag Nr. 50; MünchArbR/*Wank* § 113 Rn. 11 f.; *Hueck/v. Hoyningen-Huene* § 1 Rn. 560 f.) voraus und schafft hiervon gesetzliche Ausnahmen (*Hanau* NZA 1984, 345, 346). Damit hebt das BeschFG den von der Rspr. geprägten Rechtszustand nicht auf, sondern ergänzt ihn. Wenn die Tatbestandsvoraussetzungen des § 1 vorliegen, bedarf es keines sachlichen Grundes für eine länger als sechs Monate während Befristung. § 1 regelt somit keinen eigenständigen sachlichen Befristungsgrund „Beschäftigungsförderung", sondern schließt unter bestimmten Voraussetzungen die Befristungskontrolle aus (BAG 25. 9. 1987 AP BeschFG 1985 § 1 Nr. 1 = NZA 1988, 358; BAG 8. 12. 1988 AP BeschFG 1985 § 1 Nr. 6 = NZA 1989, 459; *Heinze* DB 1986, 2327, 2329; *Hanau* RdA 1987, 25, 27; RGRK/*Dörner* § 620 BGB Rn. 188; *Staudinger/Preis* § 620 BGB Rn. 192; *Falkenberg* ZTR 1987, 19, 21).

Verfassungsrechtlich ist die Freistellung vom Erfordernis des sachlichen Grundes vertretbar (BAG 13 8. 12. 1988 AP BeschFG 1985 § 1 Nr. 6 = NZA 1989, 459; *Friauf* NZA 1985, 513, 517; *Löwisch* NZA 1985, 478, 480; vgl. aber *Herschel* AuR 1985, 265; *Schanze* RdA 1986, 30, 33; aA *Kempen* AuR 1985, 374, 386). Insb. gewährleisten weder Art. 12 GG noch das Sozialstaatsprinzip die Beschäftigung in unbefristeten Arbeitsverhältnissen (*Hufen* SAE 1997, 137, 138; aA *Mückenberger* NZA 1985, 518, 526; *Peiseler* NZA 1985, 238, 243; ders. PersR 1985, 82, 87).

IV. Verhältnis zu anderen gesetzlichen Regelungen (§ 1 IV)

Wenn es in § 1 IV heißt, die Befristung des Arbeitsvertrages „**aus anderen Gründen** bleibt unbe- 14 rührt", ist dies zumindest mißverständlich, denn die Abs. 1 bis 3 des § 1 enthalten keinen Befristungsgrund iSd. unter III. wiedergegebenen teleologischen Reduktion des § 620 BGB. Gemeint ist vielmehr, daß es im übrigen bei der richterrechtlich geschaffenen Befristungskontrolle und den in besonderen Gesetzen zugelassenen Befristungen verbleibt.

Zu diesen **besonderen gesetzlichen Regelungen** gehört das HFVG v. 14. 6. 1985 (BGBl. I S. 1065), 15 durch das die §§ 57 a ff. in das HRG eingefügt wurden. Eine weitere Sondervorschrift über Befristungen enthält Art. 1 § 9 Nr. 2 AÜG vom 7. 8. 1972 idF v. 7. 8. 1996 (BGBl. I S. 1246). § 21 BErzGG v. 6. 12. 1985 idF v. 25. 9. 1996 (BGBl. I S. 1476) regelt die Befristung von Arbeitsverträgen wegen Vertretung anderer AN für die Dauer der Beschäftigungsverbote nach dem MuSchG, die Dauer des Erziehungsurlaubs sowie Zeiten einer Arbeitsfreistellung zur Betreuung des Kindes. Nach dem ÄArbVtrG v. 15. 5. 1986 (BGBl. I S. 742 idF v. 16. 12. 1997 – BGBl. I S. 2994) sind die arbeitsrechtlichen Vorschriften und damit auch § 1 nur anzuwenden, soweit sie den Vorschriften dieses Gesetzes nicht widersprechen. Da das ÄArbVtrG in § 1 III 5 und 6 Mindestbefristungszeiten vorschreibt, darf bei Einstellung eines Arztes zur Weiterbildung keine Befristung nach dem BeschFG vereinbart werden (*Dreher* DB 1999, 1396, 1397; KR/*Lipke* ÄArbVtrG Rn. 8; aA *Kuhla/Schleusener* MedR 1999, 24, 27). – Für den Geltungsbereich der ANÜberlassung regelt § 9 Nr. 2 AÜG den Abschluß befristeter Arbeitsverträge zwischen LeihAN und Verleihunternehmen eigenständig. § 9 Nr. 2 AÜG weicht von § 1 ab, indem Anschlußbefristungen unabhängig von ihrer Zahl und Dauer zugelassen werden (*Düwell* BB 1997, 46, 48; *Postler* NZA 1999, 179, 180; aA *Sandmann/Marschall* Art. 1 § 3 Rn. 28 a).

Die vier Sondergesetze sind anders als § 1 auf Dauer angelegt. Sie fügen sich dadurch in das 16 bisherige System der Befristungskontrolle ein, daß sie bestimmte Tatbestände **als sachlichen Grund** iSd. Rspr. des BAG behandeln (*Hanau* RdA 1987, 27).

V. Verhältnis zu tarifvertraglichen Regelungen

17 **1. Einseitig zwingendes Recht.** Obgleich § 1 Arbeitsverträge von der durch Richterrecht geschaffenen, ansonsten zwingenden Befristungskontrolle freistellt, wird diese Norm zu den arbeitsrechtlichen Schutzvorschriften gerechnet (BAG 25. 9. 1987 AP BeschFG 1985 § 1 Nr. 1 = NZA 1988, 358; krit. *Winterfeld* ZfA 1986, 157, 169 f.; aA *Bruschke*, Befristete Arbeitsverträge, 1991, S. 166 f.). § 1 ist ein einseitig zwingendes Gesetz, von dem durch TV nur **zugunsten der AN** abgewichen werden darf (BAG 25. 9. 1987 AP BeschFG 1985 § 1 Nr. 1 = NZA 1988, 358; *Löwisch* BB 1985, 1200, 1201 f.; *ders.* NZA 1985, 478, 481; *Kohte* BB 1986, 397, 408; *Lörcher* PersR 1986, 32, 36; RGRK/*Dörner* § 620 BGB Rn. 190; aA [zweiseitig zwingend] *Andritzky* NZA 1986, 385, 388; *Winterfeld* ZfA 1986, 157, 169; *Gaul* ZTR 1987, 164, 169; *Häfele*, Zulassung befristeter Arbeitsverhältnisse, 1988, S. 175). § 1 läßt anders als § 6 keine tarifrechtliche Abweichung zuungunsten der AN zu. Erklärt der Gesetzgeber in demselben Gesetz eine Vorschrift für tarifdispositiv, die anderen dagegen nicht, ist eindeutig, daß die übrigen Regelungen auch keinen tarifpositiven Charakter haben sollen. Dies wird zudem durch die Gesetzesgeschichte belegt, denn noch der Referentenentwurf vom 17. 7. 1984 hatte in Art. 1 § 2 die Tarifdispositivität vorgesehen.

18 **2. Günstigere Regelung.** § 1 enthält kein Verbot einer günstigeren Regelung durch TV oder die Verdrängung bestehender günstigerer TV (*Falkenberg* ZTR 1987, 19, 22). Dies ist kein Redaktionsversehen, denn Art. 1 § 10 des Referentenentwurfs v. 23. 3. 1984 hatte vorgesehen, daß von der Regelung des § 11, der für eine Übergangszeit die Zulässigkeit befristeter Arbeitsverträge ohne sachlichen Grund erlaubte, nur durch TV abgewichen werden durfte, die nach Inkrafttreten des Gesetzes abgeschlossen werden würden. Damit sollten die entgegenstehenden TV außer Kraft gesetzt werden. Nach Erörterung im Gesetzgebungsverfahren nahm der Gesetzgeber bewußt von dieser Regelung Abstand. Das Gewicht dieses Arguments wird verstärkt durch die Regelung des gleichzeitig beratenen und verabschiedeten HFVG v. 14. 6. 1985 (BGBl. I S. 1065). Dieses Gesetz läßt arbeitsrechtliche Vorschriften und Grundsätze über befristete Arbeitsverträge nur noch zu „als sie den Vorschriften dieses Gesetzes nicht widersprechen" (§ 57 a II HRG). Mit dieser Vorschrift wird in bestehende TV eingegriffen und der Vorrang des Gesetzes gegenüber bestehenden und künftigen TV begründet. Auch § 1 V ÄArbVtrG enthält ein ausdrückliches Verbot abw. arbeitsrechtlicher Vorschriften.

19 Demzufolge bestehen die § 1 entgegenstehenden **TV** fort, sofern sie dem AN günstigere Regelungen enthalten (BAG 25. 9. 1987 AP BeschFG 1985 § 1 Nr. 1 = NZA 1988, 358; BAG 15. 3. 1989 AP BeschFG 1985 § 1 Nr. 7 = NZA 1989, 690; BAG 28. 2. 1990 AP BeschFG 1985 § 1 Nr. 14 = NZA 1990, 746; *v. Hoyningen-Huene* NJW 1985, 1801, 1802; *Hanau* RdA 1987, 25, 27; aA *Heinze* DB 1986, 2327, 2334 „Derogation vor dem 1. 5. 1985 bestehender tariflicher Regelungen").

20 **3. Konstitutive tarifvertragliche Regelung.** Ob ein TV die Befristung nach § 1 ausschließt, ist eine Frage der **Auslegung** des TV (BAG 25. 9. 1987 AP BeschFG 1985 § 1 Nr. 1; BAG 10. 6. 1988 AP BeschFG 1985 § 1 Nr. 5; *Friedhofen/Weber* NZA 1990, 713, 715). TV, die nur einzelne Befristungsfälle regeln, zB Probe- und Aushilfsarbeitsverhältnisse, lassen die Befristungsmöglichkeit nach § 1 unberührt, weil sie keine **umfassende und abschließende Regelung** für den Abschluß befristeter Arbeitsverträge enthalten (BAG 10. 6. 1988 AP BeschFG 1985 § 1 Nr. 5 = NZA 1989, 21; *Halbach* BeschFG 1985, S. 33; *Winterfeld* ZfA 1986, 157, 160 f.). Ebenso stehen § 1 solche TV nicht entgegen, die keine eigene Regelung enthalten, sondern nur deklaratorisch die bisherige Rspr. wiedergeben. Dagegen schließt ein TV, der nach der Rspr. bestehenden Befristungsmöglichkeiten weiter einschränkt, Befristungen nach § 1 aus. Die vorrangig zu nennende SR 2 y zum BAT ist für die Zeit vom 1. 2. 1996 bis zum 31. 12. 2000 dahingehend geändert worden, daß sie Befristungen nach dem BeschFG (in seiner jeweiligen Fassung; BAG 27. 9. 2000 – 7 AZR 390/99 – zVb.; LAG Düsseldorf 18. 11. 1999 BB 2000, 570) nicht mehr ausschließt. Durch die Protokollnotiz Nr. 6 zur Nr. 1 der SR 2 y des BAT sind Maßgaben zur Mindestvertragsdauer, einer Probezeit und einem Weiterbeschäftigungsanspruch vereinbart worden (dazu *Fieberg* ZTR 1996, 343, 344; *Hamm* PersR 1997, 157, 159). Im Geltungsbereich des BAT-O gilt die SR 2 y ohnehin nicht.

21 **4. Tarifbindung der Arbeitsvertragsparteien.** Ein abw. TV enthält nur für die beiderseits tarifgebundenen Arbeitsvertragsparteien eine Begrenzung der Befristungsmöglichkeit, denn eine tarifvertragliche Befristungsregelung gehört nicht zu den betrieblichen Normen iSv. § 3 II TVG (BAG 27. 4. 1988 AP BeschFG 1985 § 1 Nr. 4 = NZA 1988, 771).

22 Ob eine **Abschluß- oder Beendigungsnorm** vorliegt, ist durch Auslegung zu ermitteln (BAG 11. 11. 1988 RzK I 9f Nr. 17). Um eine Abschlußnorm handelt es sich, wenn die Zulässigkeit befristeter Arbeitsverträge von dem Vorliegen bestimmter Voraussetzungen bei Vertragsabschluß (zB sachlicher Grund, Abschlußverbot, konstitutives Schriftformerfordernis, Höchstdauer der Befristung, Einschränkung einer wiederholten Befristung) abhängig gemacht wird. Die in der früheren Fassung der Protokollnotiz Nr. 1 der SR 2 y des BAT enthaltene Regelung, nach der Zeitangestellte nur eingestellt werden durften, wenn hierfür sachliche oder in der Person des Angestellten liegende Gründe vorlagen, gehörte zu den tariflichen Abschlußnormen (BAG 27. 4. 1988 AP BeschFG 1985

§ 1 Nr. 4 = NZA 1988, 771; BAG 14. 2. 1990 AP BeschFG 1985 § 1 Nr. 12 = NZA 1990, 737). Tarifvertragliche Befristungsregelungen stellen dagegen Beendigungsnormen dar, wenn für das Ende eines befristeten Arbeitsverhältnisses Umstände maßgeblich sein sollen, die nach Abschluß der Befristungsvereinbarung eintreten (zB form- und fristgebundene Nichtverlängerungsanzeige).

Im Falle einer **Abschlußnorm** muß die Tarifgebundenheit **bei Abschluß** des befristeten Arbeitsvertrages, nicht aber zum Zeitpunkt des vorgesehenen Fristablaufs vorliegen, denn die Zulässigkeit eines befristeten Arbeitsvertrages nach Grund und Dauer wird stets nach den Verhältnissen zum Zeitpunkt des Vertragsabschlusses beurteilt (BAG 27. 4. 1988 AP BeschFG 1985 § 1 Nr. 4 = NZA 1988, 771). Bei einer **Beendigungsnorm** genügt es, wenn die Tarifbindung vor Eintritt der für die Beendigung des Arbeitsverhältnisses maßgebenden Umstände eintritt (BAG 14. 2. 1990 AP BeschFG 1985 § 1 Nr. 12 = NZA 1990, 737). 23

Sind die Arbeitsvertragsparteien trotz beiderseitiger Tarifbindung beim Abschluß eines befristeten Arbeitsvertrages **rechtsirrtümlich** davon ausgegangen, die Protokollnotiz Nr. 1 zur SR 2 a zum MTV für die Angestellten der Bundesanstalt für Arbeit (MTA), die einen sachlichen Grund für die Befristung verlangt, könne einzelvertraglich wirksam ausgeschlossen werden, so liegt beim Fehlen der nach Nr. 2 I SR 2 a MTA erforderlichen Einigung über die tarifvertragliche Grundform des befristeten Arbeitsverhältnisses eine Vertragslücke vor, die im Wege der ergänzenden Vertragsauslegung (§§ 133, 157 BGB) zu schließen ist (BAG 28. 2. 1990 AP BeschFG 1985 § 1 Nr. 14 = NZA 1990, 746). 24

VI. Materielle Regelung

1. Grundfall (§ 1 I 1). a) Dauer der Befristung. Nach § 1 I 1 ist die Befristung eines Arbeitsvertrages bis zur Dauer von **zwei Jahren** zulässig. Damit ist die ursprünglich nach dem BeschFG 1985 geltende Befristungshöchstdauer von 18 Monaten um sechs Monate verlängert worden. Weitere Voraussetzungen sieht das Gesetz nicht vor. Insb. bedarf es keines sachlichen Grundes. Vielmehr liegt gerade der Normzweck in der Freistellung von dieser richterrechtlich begründeten Einschränkung des § 620 BGB (vgl. oben Rn. 12). Der Rahmen von zwei Jahren braucht nicht ausgeschöpft zu werden. Es ist also auch der Abschluß von **Zeitverträgen mit kürzerer Laufzeit** rechtswirksam möglich. 25

War dem Arbeitsverhältnis ein **Eingliederungsvertrag gem. §§ 229 bis 234 SGB III** (bis 31. 12. 1997: §§ 54 a bis c AFG) vorgeschaltet, rechnet dieser Zeitraum bei der Ermittlung der Höchstfrist nicht mit, weil während dieser Zeit, jedenfalls nach dem Willen des Gesetzgebers (BT-Drucks. 13/4941 S. 194), (noch) kein Arbeitsverhältnis der Arbeitsvertragsparteien bestanden hat (§ 7 SGB IV Rn. 3; LAG Hamm 22. 10. 1999 AP SGB III § 231 Nr. 1; *Hanau* DB 1997, 1278, 1280; aA *Bader* AuR 1997, 381, 389 f.). 26

b) Art der Befristung. § 1 I verlangt eine **kalendermäßige Bestimmtheit** oder Bestimmbarkeit des Befristungszeitraumes. Somit können Zweckbefristungen oder auflösende Bedingungen nicht im Rahmen des § 1 I vereinbart werden (*Sowka* BB 1997, 677, 678). Einzelne Arbeitsbedingungen können nicht im Rahmen von § 1 befristet werden (*Sowka* BB 1997, 677, 678). 27

Wird die Befristung als Höchstdauer ausgestaltet (Vorbehalt der ordentlichen Kündigung auch während des befristeten Arbeitsverhältnisses), kann der AN während des laufenden Befristungszeitraumes **Kündigungsschutz erlangen,** wenn das Arbeitsverhältnis im Anwendungsbereich des KSchG (§ 23 KSchG) ohne Unterbrechung länger als sechs Monate besteht. 28

Mit der Befristung nach dem BeschFG kann eine **Probezeit** verbunden werden. Das Arbeitsverhältnis kann auf die Dauer der Probezeit befristet werden. Wird das Arbeitsverhältnis über den Ablauf der Probezeit hinaus fortgesetzt, liegt hierin eine Verlängerung iSv. § 1 I 2. Die Verbindung der Befristung mit einer Probezeit wird regelmäßig dazu dienen, die Kündigungsfrist während der Probezeit abzukürzen (§ 622 III BGB). 29

c) Form. Die Wirksamkeit einer Befristung nach § 1 ist von keiner entsprechenden Einigung über die Anwendung dieses Gesetzes oder einen entsprechenden Hinweis abhängig (BAG 16. 3. 1989 AP BeschFG 1985 § 1 Nr. 8 = NZA 1989, 719). Ein solches Erfordernis ergibt sich weder aus dem Gesetz noch aus den ansonsten üblichen Befristungsgrundsätzen (BAG 8. 12. 1988 AP BeschFG 1985 § 1 Nr. 6 = NZA 1989, 459; *Hanau* RdA 1987, 25). Gem. § 623 BGB bedarf die Befristung der Schriftform. 30

d) Neueinstellung. Das BeschFG 1996 verzichtet auf das bisherige Erfordernis, daß es sich bei dem befristet Beschäftigten um einen **neu eingestellten AN** handeln muß. An die Stelle des Erfordernisses der Neueinstellung trat bei Auszubildenden bislang nach § 1 I 1 Nr. 2 BeschFG 1985 das Erfordernis, daß der AN im unmittelbaren Anschluß an die Berufsausbildung nur vorübergehend weiterbeschäftigt werden kann, weil kein Arbeitsplatz für einen unbefristet einzustellenden AN zur Verfügung steht. Nunmehr gelten für die Übernahme von Auszubildenden keine Besonderheiten mehr. Sie können ohne weitere Voraussetzung für die Dauer von bis zu zwei Jahren im Anschluß an ihre Ausbildung befristet beschäftigt werden (vgl. unten Rn. 56). 31

§ 1 erfordert nicht die **Schaffung eines neuen Arbeitsplatzes** für den befristet eingestellten AN (BAG 27. 4. 1988 AP BeschFG 1985 § 1 Nr. 4 = NZA 1988, 771). 32

33 **2. Verlängerung des befristeten Arbeitsvertrages (§ 1 I 2).** Im Unterschied zu der bis zum 30. 9. 1996 geltenden Rechtslage (§ 1 BeschFG 1985) ist nicht nur die einmalige Befristung ohne sachlichen Grund zulässig. Gem. § 1 I 2 dürfen bis zur Gesamtdauer von zwei Jahren bis zu dreimal Verlängerungen eines befristeten Arbeitsvertrages vereinbart werden. Dadurch wird den AG die Möglichkeit eröffnet, einen zunächst nicht vorhandenen aber später eintretenden Arbeitskräftebedarf mit erneuten Befristungen abzudecken (vgl. BT-Drucks. 13/4612). ZB kann nach einer Ausgangsbefristung von sechs Monaten die dreimalige Verlängerung um jeweils ein halbes Jahr vereinbart werden.

34 Die Verlängerungsmöglichkeit besteht auch dann, wenn der zu verlängernde Arbeitsvertrag nach dem bis zum 30. 9. 1996 geltenden § 1 I BeschFG 1985 geschlossen wurde (vgl. *Rolfs* NZA 1996, 1134, 1140; *Schwedes* BB-Beil. 17/1996, 2, 5; *Kania* DStR 1997, 373, 376; *Hunold* NZA 1997, 741, 743; *Sowka* BB 1997, 677, 678). Allerdings darf die Gesamtdauer zwei Jahre nicht überschreiten.

35 Unter einer **Verlängerung** iSv. Abs. 1 ist die einvernehmliche Abänderung des Endtermins zu verstehen. Das ursprüngliche (befristete) Arbeitsverhältnis wird über den zunächst vereinbarten Endtermin bis zu dem neu vereinbarten Endtermin hinaus fortgesetzt. Gemeint ist die Verlängerung eines nach dem BeschFG befristeten Vertrags (BAG 28. 6. 2000 – 7 AZR 920/98 – zVb.). Diese allein die Befristungsdauer regelnde Vereinbarung läßt den sonstigen Vertragsinhalt grds. unberührt (BAG 26. 7. 2000 – 7 AZR 51/99 – zVb.; *Wisskirchen* DB 1998, 722, 724; *Schwedes* BB-Beil. 17/1996, 2, 5; *Künzl* ZTR 1999, 3, 4). Bleibt der Vertragsinhalt ansonsten unverändert, kann der AG dem AN im Verlängerungszeitraum einen anderen vertragsgemäßen Arbeitsplatz zuweisen. Nach anderer Ansicht soll eine „Verlängerung" über den Wortsinn hinaus auch dann gegeben sein, wenn ein neues befristetes Arbeitsverhältnis (zu ggf. geänderten Arbeitsbedingungen) vereinbart wird (*Sowka* BB 1997, 677, 678; *Schiefer/Worzalla*, Das Arbeitsrechtliche Beschäftigungsförderungsgesetz, 1996, Rn. 375).

36 Da § 1 I 2 die „**Verlängerung** eines befristeten Arbeitsvertrages" voraussetzt und eine rückwirkende „Verlängerung" eine inhaltlich neue Abrede über die Hauptleistungspflichten im Zeitraum zwischen dem ursprünglichen Endtermin und dem tatsächlichen Wiederaufleben des Arbeitsverhältnisses erfordert, ist auch diese Form der nachträglichen Vereinbarung eines nahtlosen Überganges keine Verlängerung iSv. § 1 I 2 (aA LAG Köln 27. 4. 1999 LAGE BeschFG § 1 Nr. 24; *Kania* DStR 1997, 373, 375; *Wohlleben* RdA 1998, 277, 279, sofern das weitere Arbeitsverhältnis unmittelbar anschließt). Im Ergebnis muß die Einigung der Arbeitsvertragsparteien über die Vertragsverlängerung noch während der ursprünglichen Vertragsdauer zustande kommen (BAG 26. 7. 2000 – 7 AZR 51/99 – zVb.; *Hunold* NZA 1997, 741, 742; aA *Heise/Lessenich/Merten*, Das neue Arbeitsrecht, 1997, S. 174 ff. Rn. 343 unter Hinweis auf § 190 BGB und § 224 III ZPO; *Schiefer* ArbRGeg. 34 (1997), 95, 108; *Wisskirchen* DB 1998, 722, 724). Die Zweijahresfrist kann nicht in der Weise genutzt werden, daß in dieser Zeit mehrere, in einem engen sachlichen Zusammenhang stehende befristete Arbeitsverhältnisse geschlossen werden, die jeweils durch mehr oder minder lange Zwischenräume unterbrochen werden. Die Wiederaufnahme zwischenzeitlich unterbrochener Arbeitsverhältnisse ist keine Verlängerung. Als Unterbrechungszeitraum genügen einzelne Tage wie zB gesetzliche Feiertage (*Preis* NJW 1996, 3369, 3373; *MünchKommBGB/Schwerdtner* § 620 Rn. 183 b; *Rolfs* NZA 1996, 1134, 1135; *v. Hoyningen-Huene/Linck* DB 1997, 41, 46; *Heise/Lessenich/Merten*, Das neue Arbeitsrecht, 1997, S. 175 Rn. 343 [rückwirkende Verlängerung]; aA *Schiefer/Worzalla*, Das Arbeitsrechtliche Beschäftigungsförderungsgesetz, 1996, Rn. 376; *Sowka* BB 1997, 677, 678).

37 Wird das befristete Arbeitsverhältnis nicht iSv. § 1 I 2 verlängert, sondern ein **neues befristetes Arbeitsverhältnis** begründet, findet § 1 III Anwendung. Danach ist eine Befristung unzulässig, wenn zu einem vorhergehenden unbefristeten Arbeitsvertrag oder zu einem vorhergehenden befristeten Arbeitsvertrag nach Abs. 1 mit demselben AG ein enger sachlicher Zusammenhang besteht. Ein solcher ist insb. dann anzunehmen, wenn zwischen den Arbeitsverträgen ein kürzerer Zeitraum als vier Monate liegt. Entscheidend ist, ob bereits ein Arbeitsverhältnis zu derselben natürlichen oder juristischen Person bestand.

38 **3. Sonderregelung für ältere Arbeitnehmer (§ 1 II).** Nach § 1 II ist die Befristung eines Arbeitsvertrages ohne Einschränkung zulässig, wenn der AN bei Beginn des befristeten Arbeitsverhältnisses das 60. Lebensjahr vollendet hat. Damit sollen die Einstellungschancen älterer Arbeitsuchender erhöht werden. Gleichwohl sind die Ausschlußtatbestände des § 1 III anwendbar (vgl. dazu Rn. 42 ff.). Dies begegnet Bedenken (*Rolfs* NZA 1996, 1134, 1138), denn so wird der Abschluß eines nach § 1 II befristeten Arbeitsvertrages ausgeschlossen, wenn der AN zuvor aufgrund eines nach § 1 I befristeten Arbeitsvertrages beschäftigt worden ist. – Die Regelung gilt selbstverständlich auch für **Teilzeittätigkeiten**, so daß der gleitende Übergang älterer AN in den Ruhestand gefördert wird.

39 Für die Altersgrenze Vollendung des 60. Lebensjahres ist der Zeitpunkt des Vertragsbeginns und nicht des -abschlusses maßgebend (*Heise/Lessenich/Merten*, Das neue Arbeitsrecht, 1997, S. 180 Rn. 355; *Schiefer/Worzalla*, Das Arbeitsrechtliche Beschäftigungsförderungsgesetz, 1996, Rn. 381).

40 Arbeitsverhältnisse dieses Personenkreises können auch für eine längere Dauer als ein Jahr und/oder mit mehr als dreimaliger Verlängerung befristet werden. Insb. für ältere arbeitslose AN ist dies vorteilhafter, als arbeitslos zu sein oder eine Rente mit Abschlag zu beziehen. Wegen der aus § 41 IV 2 SGB VI folgenden Risiken eines auf eine Laufzeit von mehr als drei Jahren abgeschlossenen Arbeits-

vertrages vgl. § 41 SGB VI Rn. 23 ff. Insofern enthält § 1 II keine § 41 IV 2 SGB VI ausschließende lex specialis (*Löwisch* NZA 1996, 1009, 1012; aA *Sowka* BB 1997, 677, 679).

Im Ergebnis hebt § 1 II nicht nur die Einschränkungen des Abs. 1 auf, sondern stellt für einen Teil **41** der AN **§ 620 BGB** in der seinem Wortlaut entsprechenden Fassung wieder her, indem für diesen Personenkreis das Erfordernis eines sachlichen Grundes gänzlich entfällt.

4. Anschlußarbeitsverhältnis (§ 1 III). a) Identität der Arbeitsvertragsparteien. Eine Befristung **42** nach den Abs. 1 und 2 ist ausgeschlossen, wenn zu einem vorhergehenden unbefristeten Arbeitsvertrag oder zu einem vorhergehenden aufgrund § 1 I befristeten Arbeitsvertrag ein enger sachlicher Zusammenhang besteht. Ein Arbeitsvertrag geht auch dann vorher, wenn zwischenzeitlich ein anderer Arbeitsvertrag bestand, aber die Voraussetzungen des engen sachlichen Zusammenhangs (vgl. Rn. 48 ff.) vorliegen (BAG 28. 6. 2000 – 7 AZR 920/98 – zVb.). Es muß auf beiden Seiten Identität der Arbeitsvertragsparteien bestehen. Entscheidend sind Arbeitsverträge zu **demselben AG**, nicht in demselben Betrieb. Es ist auf den rechtlichen AGBegriff abzustellen (BAG 8. 12. 1988 AP BeschFG 1985 § 1 Nr. 6). Somit muß ein Arbeitsvertrag zu derselben natürlichen oder juristischen Person bestanden haben, auf AGSeite genügt Gesamtrechtsnachfolge. Im Falle des nach dem Ausscheiden des AN vollzogenen Betriebsübergangs gem. § 613 a BGB, findet § 1 III auf eine spätere Einstellung durch den Betriebserwerber keine Anwendung.

§ 1 III hebt ausdrücklich auf den Arbeitsvertrag ab, so daß **faktische Arbeitsverhältnisse** dem **43** Gesetz nicht genügen und eine Befristung nach § 1 nicht ausschließen. Ein nach § 625 BGB begründetes Arbeitsverhältnis kann das Anschlußverbot auslösen (BAG 26. 7. 2000 – 7 AZR 256/99 – zVb.).

Die Voraussetzungen des § 1 III liegen nicht vor, wenn ein Arbeitsvertrag erstmalig mit einem AN **44** abgeschlossen wird, der unmittelbar zuvor als **LeihAN** in demselben Betrieb tätig war (BAG 8. 12. 1988 AP BeschFG 1985 § 1 Nr. 6; RGRK/*Dörner* § 620 BGB Rn. 197). Bei solch einer Beschäftigung besteht kein Arbeitsverhältnis zum Entleiher, wie sich durch Umkehrschluß aus § 9 AÜG ergibt. Unschädlich ist auch die vorangegangene Beschäftigung im Rahmen eines freiwilligen sozialen Jahres oder als selbständiger Mitarbeiter aufgrund eines Werkvertrages. Ein **Eingliederungsvertrag gem. §§ 229 bis 234 SGB III** (bis 31. 12. 1997: §§ 54 a bis c AFG) erfüllt die Voraussetzungen des § 1 III bereits deshalb nicht, weil es sich um keinen nach § 1 befristeten Arbeitsvertrag handelt (§ 7 SGB IV Rn. 3; LAG Hamm 22. 10. 1999 AP SGB III § 231 Nr. 5).

b) Befristung des früheren Arbeitsverhältnisses. War der frühere Arbeitsvertrag aus einem sach- **45** lichen Grund iSd. Rspr. befristet, kann auch im unmittelbaren Zusammenhang ein nach § 1 befristeter Arbeitsvertrag geschlossen werden, denn § 1 III stellt ausschließlich auf eine Befristung nach dem BeschFG ab und erwähnt aus sachlichem Grund befristete Verträge nicht. Für den Fall eines befristeten Probearbeitsverhältnisses bedeutet dies, daß im Anschluß an dieses aus sachlichem Grund befristete Arbeitsverhältnis ein nach § 1 I 1 oder II befristetes Arbeitsverhältnis geschlossen werden kann, ohne daß § 1 III eingreift (*Wohlleben* RdA 1998, 277, 281; aA *Hoß/Lohr* MDR 1998, 313, 320). Bedurfte der vorangehende Arbeitsvertrag nach der Rspr. keines die Befristung rechtfertigenden Grundes, findet § 1 III gleichfalls keine Anwendung. Dabei kommt es nicht darauf an, aus welchem Grunde er keines sachlichen Grundes bedurfte. Insb. hat § 1 III befristete Arbeitsverträge mit einer Laufzeit bis zu sechs Monaten nicht in den Ausschlußtatbestand aufgenommen (*Hunold* NZA 1997, 741, 743 f.; *Kania* DStR 1997, 373, 375, der jedoch eine Anrechnung auf die zweijährige Höchstbefristungsdauer vornehmen will; aA *Löwisch* NZA 1996, 1009, 1012; *Wohlleben* RdA 1998, 277, 280 f.). Ein vorhergehender Vertrag war dann nach § 1 I befristet, wenn die Parteien die Befristung hierauf stützen wollten (BAG 28. 6. 2000 – 7 AZR 920/98 – zVb.). Dieser Parteiwille kann sich aus den Umständen ergeben (BAG 22. 3. 2000 AP BeschFG 1996 § 1 Nr. 1).

Die praktische Bedeutung des § 1 III wird erheblich durch die materiellrechtlichen Wirkungen der **46** Klagefrist nach § 1 V eingeschränkt. Ein unwirksam befristeter Arbeitsvertrag ist ein vorhergehender unbefristeter Vertrag iSv. Abs. 3 (BAG 22. 3. 2000 AP BeschFG 1996 § 1 Nr. 1; aA *Sowka* DB 2000, 1916 f.). Hat der AN die Befristung aber nicht innerhalb der Klagefrist nach Abs. 5 (vgl. Rn. 65 ff.) angegriffen, gilt die Befristung als wirksam und löst nicht das Anschlußverbot des Abs. 3 aus, wenn die Befristung nicht auf Abs. 1 gestützt war (BAG 28. 6. 2000 – 7 AZR 920/98 – zVb). Ein Vertrag ist auf Abs. 1 gestützt, wenn dies die Parteien wollten. Dieser Parteiwille kann sich aus den Umständen ergeben (BAG 28. 6. 2000 – 7 AZR 920/98 – zVb.). Haben zB die Arbeitsvertragsparteien versucht, einen auf zwei Jahre befristeten Vertrag auf einen Sachgrund iSd. Rspr. zu stützen, lag dieser aber objektiv nicht vor, gilt diese Befristung als von Anfang an wirksam, wenn der AN nicht innerhalb von drei Wochen Klage erhoben hat. Der demzufolge als wirksam befristet geltende Arbeitsvertrag ist kein nach § 1 I befristeter Vertrag (BAG 22. 3. 2000 AP BeschFG 1996 § 1 Nr. 1).

Deshalb kommt es entgegen ersten Erwartungen (ua. *Preis* NJW 1996, 3369, 3373; *Lakies* NJ 1997, **47** 290, 293; *Hoß/Lohr* MDR 1998, 313, 319) nicht dazu, daß in einem wegen der Wirksamkeit der Befristung geführten Rechtsstreit nicht nur der letzte Arbeitsvertrag, sondern auch die Befristung des vorletzten Arbeitsvertrages überprüft werden muß, wenn sich der AG hinsichtlich des letzten Vertrages auf § 1 I beruft, aber die Voraussetzungen des § 1 III vorliegen könnten.

48 c) **Enger sachlicher Zusammenhang.** Mit dem engen sachlichen Zusammenhang iSv. § 1 III 2 wird (BT-Drucks. 10/3206 S. 30) an die Rspr. des BAG zur rechtlichen Unterbrechung der Wartezeit des § 1 I KSchG angeknüpft. Das BAG hat in st. Rspr. angenommen, auf die Wartezeit nach § 1 I KSchG seien Zeiten eines früheren Arbeitsverhältnisses mit demselben AG anzurechnen, wenn das neue Arbeitsverhältnis in einem engen sachlichen Zusammenhang mit dem früheren Arbeitsverhältnis steht (vgl. zuletzt BAG 20. 8. 1998 AP KSchG 1969 § 1 Wartezeit Nr. 9 und zu den Unterschieden beider Normen BAG 16. 3. 2000 – 2 AZR 828/98 – zVb.).

49 Bei der Prüfung eines **engen sachlichen Zusammenhangs** kommt es auf die Würdigung aller Umstände an (BAG 28. 6. 2000 – 7 AZR 920/98 – zVb.). Maßgebend sind vor allem die Dauer der Unterbrechung, der Anlaß der Beendigung des ersten Arbeitsverhältnisses und wer das Arbeitsverhältnis beendet hat (BAG 6. 12. 1989 AP BeschFG 1985 § 1 Nr. 13 = NZA 1990, 741). Es kommt aber auch darauf an, ob der AN die frühere Tätigkeit wieder ausüben soll und welche Beweggründe zur Begründung des neuen Arbeitsverhältnisses geführt haben. Der vorhergehende nach § 1 I befristete Arbeitsvertrag muß nicht der letzte unmittelbar vorhergehende Vertrag sein. Der enge sachliche Zusammenhang kann auch bestehen, wenn in der Zwischenzeit ein oder mehrere Arbeitsverträge mit Sachgrund befristet wurden (BAG 28. 6. 2000 – 7 AZR 920/98 – zVb.).

50 Nach § 1 III ist ein enger sachlicher Zusammenhang anzunehmen, wenn zwischen zwei Arbeitsverhältnissen ein Zeitraum von weniger als **vier Monaten** liegt. Dabei ist nicht auf das Datum des Vertragsschlusses, sondern auf das tatsächliche Ende des alten Arbeitsverhältnisses und den tatsächlichen Beginn des neuen Arbeitsverhältnisses abzustellen (LAG Hamm 11. 8. 1988 DB 1988, 2364; *Mager/Winterfeld/Göbel/Seelmann* BeschFG, 1985, Rn. 99; *Oetker/Kiel* DB 1989, 576, 580; aA *Düttmann/Hinrichs/Kehrmann/Oberhofer* AiB 1985, 67, 68). Es handelt sich um eine gesetzliche **Fiktion des Zusammenhangs** (*Otto* NJW 1985, 1807, 1808; KR/*Lipke* Rn. 113; *Schiefer/Worzalla*, Das Arbeitsrechtliche Beschäftigungsförderungsgesetz, 1996, Rn. 386; *Sowka* BB 1994, 1001, 1008). Aus der Gesetzesgeschichte und dem Wortlaut der Norm ergibt sich, daß Einzelumstände der Annahme des engen sachlichen Zusammenhangs nicht entgegenstehen können und sollen (*Bruschke*, Befristete Arbeitsverträge, 1991, S. 123). Dieses Ergebnis würde nicht erreicht, wenn § 1 III als Rechtsvermutung interpretiert würde (so aber *Oetker/Kiel* DB 1989, 576, 580; *Hueck/v. Hoyningen-Huene* § 1 Rn. 607; *Kania* DStR 1997, 373, 375; *Preis* NJW 1996, 3369, 3373; RGRK/*Dörner* § 620 BGB Rn. 198; *Rolfs* NZA 1996, 1134, 1137; *Rosenfelder*, Das neue Beschäftigungsförderungsgesetz, 1985, S. 43), denn der für die Annahme einer „unwiderleglichen" Vermutung notwendige gesetzliche Ausschluß des Beweises des Gegenteiles (§ 292 S. 1 letzter Satzteil ZPO) fehlt.

51 Andererseits ist die zeitliche Unterbrechung von weniger als vier Monaten nur ein Fall eines engen sachlichen Zusammenhangs, wie sich aus der Verwendung des Wortes „insbesondere" ergibt. Auch im Falle einer vier Monate oder länger währenden Unterbrechung kann aufgrund der vorzunehmenden Gesamtbewertung ein enger sachlicher Zusammenhang anzunehmen sein (BAG 28. 6. 2000 – 7 AZR 920/98 – zVb.).

52 d) **Verhältnis § 1 III zu § 1 I 2.** Zwischen der dreimaligen Verlängerungsmöglichkeit nach § 1 I 2 und dem Anschlußverbot des § 1 III besteht lediglich ein scheinbares Spannungsverhältnis. Zum einen sind die durch § 1 I 2 geschaffenen Verlängerungsmöglichkeiten vorrangig. Das befristete Arbeitsverhältnis darf im Rahmen der Höchstdauer von zwei Jahren bis zu dreimal verlängert werden, obgleich eine Befristung nach § 1 III unzulässig ist, wenn zu einem vorangegangenen befristeten Arbeitsvertrag nach § 1 I ein enger sachlicher Zusammenhang besteht, bei einer Unterbrechung von bis zu vier Monaten überdies gesetzlich fingiert wird. Zum anderen bleibt ein Arbeitsverhältnis im Falle der Verlängerung nach § 1 I 2 dasselbe Vertragsverhältnis, während § 1 III mehrere befristete Arbeitsverhältnisse derselben Vertragsparteien meint (*Heise/Lessenich/Merten*, Das neue Arbeitsrecht, 1997, S. 182 Rn. 359).

53 e) **Befristungsketten.** Nach der Regelung des § 1 BeschFG 1985 war es zwar zulässig, einen Arbeitsvertrag zunächst nach § 1 BeschFG zu befristen und im Anschluß daran einen weiteren befristeten Arbeitsvertrag aus sachlichem Grund iSd Rspr. des BAG zu schließen, nicht aber umgekehrt. Indem die Neuregelung auf das Erfordernis der Neueinstellung verzichtet, zugleich aber Befristungen im Anschluß an ein unbefristetes (oder nur) nach § 1 befristetes Arbeitsverhältnis verbietet (§ 1 III), hebt sie diesen Widerspruch auf. Da es keiner **Neueinstellung** bedarf, ist es heute möglich, mit einem AN, der bislang aus sachlichem Grund befristet beschäftigt war, eine Anschlußbefristung ohne sachlichen Grund zu vereinbaren (*Rolfs* NZA 1996, 1134, 1135; *Schiefer* ArbRGeg. 34 (1997), 95, 107). § 1 III steht dem nicht entgegen, denn der Erstvertrag ist kein befristeter Vertrag nach § 1 I gewesen.

54 Daraus folgt, daß die gesetzliche Neuregelung zur **Begründung von Befristungsketten** genutzt werden kann (BVerfG 18. 2. 2000 NZA 2000, 653). Da die Zulässigkeit der Befristung aus anderen Gründen unberührt bleibt (§ 1 IV) und das Verbot des § 1 III nur für befristete Arbeitsverträge nach § 1 I gilt, ergeben sich verschiedene rechtlich zulässige Kombinationsmöglichkeiten. Wurden zunächst mehrere befristete Arbeitsverträge jeweils aus sachlichem Grund geschlossen, kann für den zuletzt geschlossenen Vertrag § 1 I in Anspruch genommen werden. Andererseits kann zunächst ein befriste-

tes Arbeitsverhältnis nach § 1 I begründet werden, danach eines – mit mindestens viermonatiger Dauer – mit sachlichem Grund, um danach erneut die Befristung auf § 1 I zu stützen (*Preis* NJW 1996, 3369, 3373; aA *Kania* DStR 1997, 373, 375 nur bei tatsächlicher Unterbrechung und Neubegründung des Arbeitsverhältnisses). Anstelle befristeter Arbeitsverträge aus sachlichem Grund kommen auch Befristungen nach § 21 BErzGG als Unterbrechungszeitraum iSv. § 1 III 2 in Betracht.

5. Weiterbeschäftigung nach Berufsausbildungsverhältnis. Nach § 17 BBiG gilt ein Arbeitsverhältnis auf unbestimmte Zeit als begründet, wenn der Auszubildende im Anschluß an das Berufsausbildungsverhältnis beschäftigt wird, ohne daß hierüber ausdrücklich etwas vereinbart worden ist. Die Befristung des Arbeitsvertrages war nach § 1 I Nr. 2 BeschFG 1985 zulässig, wenn der AN im unmittelbaren Anschluß an die Berufsausbildung nur vorübergehend weiterbeschäftigt werden konnte, weil kein Arbeitsplatz für einen unbefristet einzustellenden AN zur Verfügung stand. Dabei umfaßte die Berufsausbildung iSd. BeschFG 1985 auch andere betriebliche Berufsbildungsmaßnahmen als die Berufsausbildung iSd. BBiG (BAG 28. 8. 1996 AP BeschFG 1985 § 1 Nr. 20 = NZA 1997, 154). Diese Sonderregelung für den Bereich der Berufsausbildung war erforderlich, um einen Streit darüber auszuschließen, ob es sich bei der Weiterbeschäftigung im Anschluß an die Berufsausbildung um eine Neueinstellung handelte oder nicht (*Mager/Winterfeld/Göbel/Seelmann* BeschFG 1985, Rn. 103). 55

Durch den Verzicht auf die Voraussetzung „Neueinstellung" in § 1 I und die Ausnahme für aus anderen Gründen befristeter Arbeitsverhältnisse in § 1 III ist die Sonderregelung für die Weiterbeschäftigung von Auszubildenden entbehrlich geworden. Die Befristungsmöglichkeiten nach § 1 I sind **uneingeschränkt gegeben,** wenn ein Auszubildender im Anschluß an die Ausbildungszeit befristet angestellt werden soll. 56

Das befristete Arbeitsverhältnis muß spätestens am Tage nach Beendigung des Ausbildungsverhältnisses begründet werden. Wird der Ausgebildete auch nur einen Tag im Anschluß an das Ausbildungsverhältnis ohne Befristungsabrede weiterbeschäftigt, greift die Fiktion des **§ 17 BBiG** ein; es gilt dann ein Arbeitsverhältnis auf unbestimmte Zeit als begründet. 57

Seit der Änderung von **§ 5 BBiG** ist geklärt, daß die Nichtigkeitsanordnung des S. 1 nicht gilt, wenn sich der Auszubildende innerhalb der letzten sechs Monate des Berufsausbildungsverhältnisses dazu verpflichtet, nach dessen Beendigung mit dem Ausbildenden ein Arbeitsverhältnis einzugehen (gleichgültig, ob dieses befristet oder unbefristet ist). 58

6. Für neugegründete Unternehmen bestehen seit dem 1. 10. 1996 keine Sonderregelungen mehr. Zur Altregelung vgl. RGRK/*Dörner* § 620 BGB Rn. 209; *Staudinger/Preis* § 620 BGB Rn. 205. 59

VII. Abdingbarkeit

Als einseitig zwingende gesetzliche Vorschrift steht § 1 einer individualrechtlichen, für den AN günstigeren Vereinbarung nicht entgegen. Dies hat das BAG in einem Fall entschieden, in dem der AG ausdrücklich darauf verzichtet hatte, sich auf § 1 zu berufen (BAG 24. 2. 1988 AP BeschFG 1985 § 1 Nr. 3 = NZA 1988, 545). Die Wirksamkeit der arbeitsvertraglichen Befristung bedarf dann eines sachlichen Grundes. Hierfür ist es unzureichend, wenn die Parteien im Arbeitsvertrag lediglich einen Sachgrund angegeben haben, obgleich die Befristung ohne einen solchen nach § 1 I oder II möglich wäre, vielmehr muß die Wirksamkeit der Befristung von dem Vorliegen des sachlichen Grundes abhängig gemacht sein (*Staudinger/Preis* § 620 BGB Rn. 197). 60

Haben die Arbeitsvertragsparteien eine befristete Beschäftigung vereinbart, ohne klarzustellen, ob die Befristung eines sachlichen Grundes bedarf oder auf das BeschFG gestützt wird, liegen die Voraussetzungen dieses Gesetzes aber nicht vor, kann der AG Sachgründe für die Befristung anführen. Das Vorliegen eines sachlichen Grundes ist bei einer Befristung außerhalb des Anwendungsbereiches des BeschFG keine formale, sondern eine objektive Wirksamkeitsvoraussetzung (BAG 8. 12. 1988 AP BeschFG 1985 § 1 Nr. 6 = NZA 1989, 459). 61

§ 1 kann bei fehlender Tarifbindung beider oder nur einer Arbeitsvertragspartei durch die Bezugnahme auf einen TV, der den Abschluß befristeter Arbeitsverhältnisse regelt und insb. einen sachlichen Grund fordert, abbedungen werden. Den Arbeitsvertragsparteien bleibt es aber unbenommen, bei Übernahme von Tarifvorschriften die Befristungsregelungen auszunehmen (BAG 6. 12. 1989 AP BeschFG 1985 § 1 Nr. 13 = NZA 1990, 741). Hierzu reicht es aus, die Befristungsregelung des Arbeitsvertrages mit dem Hinweis auf das BeschFG zu versehen (LAG Bremen 9. 6. 1989 LAGE BeschFG 1985 § 1 Nr. 11). 62

VIII. Übergangsvorschrift

Nach Artikel 4 des Arbeitsrechtlichen Beschäftigungsförderungsgesetzes ist das **BeschFG 1985 lediglich neu gefaßt,** nicht aber durch das BeschFG 1996 ersetzt worden. Das Inkrafttreten des BeschFG 1996 hat die vereinbarungsgemäße Abwicklung der nach den Bestimmungen des BeschFG 1985 wirksam befristeten Arbeitsverhältnisse unberührt gelassen. Umgekehrt hat das BeschFG 1996 63 vor dem 1. 10. 1996 vereinbarte Befristungen, die nach den Grundsätzen des § 1 BeschFG 1985 unwirksam waren, nicht geheilt.

64 Für Vereinbarungen, die seit dem 1. 10. 1996 getroffen werden, gilt **allein das neue Recht,** weil das BeschFG 1996 keine abw. Übergangsregelung getroffen hat. Deshalb kann ein vor dem 1. 10. 1996 geschlossener befristeter Arbeitsvertrag gem. § 1 I 2 bis zur Gesamtdauer von zwei Jahren höchstens dreimal verlängert werden (*Heise/Lessenich/Merten,* Das neue Arbeitsrecht, 1997, S. 180 Rn. 352; *v. Hoyningen-Huene/Linck* DB 1997, 41, 46; *Rolfs* NZA 1996, 1134, 1140; *Schiefer/Worzalla,* Das Arbeitsrechtliche Beschäftigungsförderungsgesetz, 1996, Rn. 379 und 387; *Sowka* BB 1997, 677, 678). Aus dem gleichen Grund erfaßt das Anschlußverbot des § 1 III auch Arbeitsverträge, die nach § 1 I BeschFG 1985 befristet wurden (*Schwedes* BB-Beil. 17/1996, 2, 5).

IX. Klagefrist

65 Nach der bisherigen Rechtslage gab es für die Klage auf Feststellung des Fortbestehens eines befristeten Arbeitsverhältnisses keine Frist. Das Klagerecht konnte lediglich verwirkt werden (BAG 7. 3. 1980 AP BGB § 620 Befristeter Arbeitsvertrag Nr. 54; BAG 11. 11. 1982 AP BGB § 620 Befristeter Arbeitsvertrag Nr. 71 = NJW 1983, 1443). Seit der Einfügung des § 1 V hat der AN ähnlich § 4 KSchG **Klage auf Feststellung** zu erheben, daß das Arbeitsverhältnis nicht aufgrund der Befristung beendet ist.

66 Die Unwirksamkeit der Befristung eines Arbeitsvertrages muß gem. § 1 V mit einer innerhalb von drei Wochen nach dem vereinbarten Ende des befristeten Arbeitsvertrages beim ArbG erhobenen Klage geltend gemacht werden. Der Klageantrag muß nach der ausdrücklichen gesetzlichen Vorgabe auf die Feststellung gerichtet sein, daß das Arbeitsverhältnis aufgrund der Befristung nicht beendet sei. Es muß sich ergeben, gegen welche konkrete Befristungsvereinbarung sich die Klage richtet (BAG 3. 11. 1999 – 7 AZR 683/98 – nv.). Jede einzelne Befristung ist gesondert anzugreifen (*Vossen* NZA 2000, 704, 706). Die §§ 1, 23 KSchG sind nicht entsprechend anwendbar. Somit findet die Klagefrist unabhängig von der individuellen Beschäftigungsdauer des AN und unabhängig von der **Größe des Beschäftigungsbetriebes** Anwendung. Allein durch diese besondere Klage kann der AN verhindern, daß das Arbeitsverhältnis als aufgrund wirksamer Befristung als beendet gilt (entsprechend § 7 KSchG; BAG 1. 12. 1999 AP HRG § 57b Nr. 21). Deshalb kommt der Frist materiellrechtliche Wirkung zu (*Rolfs* NZA 1996, 1134, 1139). Diese Wirkung tritt auch ein, wenn die Vertragsparteien ein weiteres befristetes Arbeitsverhältnis vereinbaren (BAG 22. 3. 2000 AP BeschFG 1996 § 1 Nr. 1; LAG Köln 23. 4. 1999 – 11 Sa 1428/98 – zVb.). Damit findet die Rspr., die im Rahmen der Befristungskontrolle stets auf den letzten befristeten Arbeitsvertrag vor Klageerhebung abstellt eine weitere materiellrechtliche Stütze (vgl. § 620 BGB Rn. 64). Haben die Parteien einen Vorbehalt hinsichtlich der Wirksamkeit des vorletzten Arbeitsvertrages vereinbart und hat der AN nicht rechtzeitig Klage erhoben, kann ihm allein ein Antrag nach § 5 KSchG nicht aber § 242 BGB helfen (aA *Vossen* NZA 2000, 704, 709). Da § 1 V keine Einschränkungen enthält, sind mit der Klage **alle denkbaren Unwirksamkeitsgründe** geltend zu machen (BAG 9. 2. 2000 AP BeschFG 1985 § 1 Nr. 22; *Kania* DStR 1997, 373, 376; aA *Schmitt* SAE 2000, 23, 27), auch ein Formmangel iSv. § 623 BGB (vgl. dort Rn. 33).

67 Die §§ 5 bis 7 KSchG gelten entsprechend. Dh. die Regelung über die nachträgliche Zulassung der Klage, die verlängerte Anrufungsfrist und die Fiktion der von Anfang an wirksamen Auflösung des Arbeitsverhältnisses sind analog anzuwenden. Im Falle einer etwaigen Klagrücknahme tritt die entsprechende Rechtsfolge rückwirkend ein. Mit der Versäumung der Klagefrist werden alle Voraussetzungen einer rechtswirksamen Befristung fingiert (BAG 9. 2. 2000 AP BeschFG 1985 § 1 Nr. 22); die Befristung gilt als von Anfang an rechtswirksam (BAG 22. 3. 2000 AP BeschFG 1996 § 1 Nr. 1).

68 Die Regelung des § 1 V findet nach dem Wortlaut der Norm auf eine vom AG erhobene Klage keine Anwendung. Sie schließt es auch nicht aus, daß ein Rechtsstreit **bereits vor dem vereinbarten Ende** des Arbeitsverhältnisses anhängig gemacht wird (LAG Düsseldorf 18. 11. 1999 NZA-RR 2000, 291, 292; *Kania* DStR 1997, 373, 377).

69 Die Klagefrist gilt für **alle befristeten Arbeitsverträge** nach § 620 BGB, §§ 57a ff. HRG, § 21 BErzGG, nicht nur für Befristungen nach § 1 I und II (BAG 20. 1. 1999 AP BeschFG 1985 § 1 Nr. 21). Das folgt nicht nur aus der Begründung des Gesetzentwurfs, sondern auch aus der unterschiedlichen Geltungsdauer: Während auf die Abs. 1 bis 4 des § 1 (zunächst) bis zum 31. 12. 2000 gelten (§ 1 VI), ist die Klagefrist als gesetzliche Dauerlösung in Kraft gesetzt worden. Der vorbehaltlose Abschluß eines Folgevertrags bedeutet regelmäßig keinen Verzicht des AN, sich auf die Unwirksamkeit der Befristung des vorhergehenden Vertrags berufen zu können (BAG 26. 7. 2000 – 7 AZR 43/99 – zVb.). Die Klagefrist gilt sowohl für Zeit- als auch Zweckbefristungen, nicht aber für auflösende Bedingungen (BAG 23. 2. 2000 AP BeschFG 1985 § 1 Nr. 25; HessLAG 9. 7. 1999 DB 1999, 2656). § 1 V ist auch auf Vereinbarungen iSv. § 41 IV 2 SGB VI anzuwenden, denn die Rechtsfolge der Fiktion der Beendigung mit Vollendung des 65. Lebensjahres beinhaltet zugleich die Unwirksamkeit der vertraglich vereinbarten Beendigung des Arbeitsverhältnisses zu dem früher liegenden Zeitpunkt mit Anspruch auf Rente wegen Alters (vgl. § 41 IV 2 SGB VI Rn. 23). Die Befristung einzelner Arbeitsbedingungen kann nicht zur Beendigung des Arbeitsverhältnisses führen und fällt nicht unter

den Anwendungsbereich des Abs. 5 (*Vossen* NZA 2000, 704, 705). Die Fristberechnung bestimmt sich nach § 222 ZPO, §§ 187 ff. BGB. Die Frist beginnt mit dem vereinbarten Ende des befristeten Arbeitsvertrages. Bei Zeitbefristungen also am Tage nach dem Endtermin, wenn dieser am Ende eines Kalendertages lag, bei Zweckbefristungen im Zeitpunkt der (objektiven) Zweckerreichung (zT aA *Vossen* NZA 2000, 704, 708).

Da Art. 13 des Gesetzes keine abw. Übergangsvorschrift vorgesehen hat, findet § 1 V seit dem 1. 10. 1996 auch auf **Altverträge** Anwendung (BAG 20. 1. 1999 AP BeschFG 1985 § 1 Nr. 21; *Rolfs* NZA 1996, 1134, 1141; *Sowka* BB 1997, 677, 679; *Stahlhacke/Preis* WiB 1996, 1025, 1028; wohl aA *Schiefer/Worzalla*, Das Arbeitsrechtliche Beschäftigungsförderungsgesetz, 1996, Rn. 402; *v. Hoyningen-Huene/Linck* DB 1997, 41, 46; *Lakies* NJ 1997, 290. 294, sofern Arbeitsverhältnis am 1. 10. 1996 noch bestand). Allerdings begann die Frist erst mit Beginn des 1. 10. 1996 zu laufen, so daß die Fiktionswirkung in Altfällen mit Ablauf des 21. 10. 1996 eintrat (§§ 187 II, 188 II BGB; BAG 20. 1. 1999 AP BeschFG 1985 § 1 Nr. 21). Die Anwendbarkeit der Klagefrist auch auf befristete Arbeitsverhältnisse, die vereinbarungsgemäß vor dem 1. 10. 1996 enden sollten, rechtfertigt sich aus dem materiellen Begehren der klagenden Partei, denn sie macht geltend, das (unwirksam) befristete Arbeitsverhältnis entfalte nach wie vor Rechtswirkungen. Eine vor dem 1. 10. 1996 erhobene und danach fortgeführte, auf die Feststellung des Fortbestandes des Arbeitsverhältnisses über das Fristende hinaus gerichtete Klage wahrte die Frist des § 1 V (BAG 1. 12. 1999 AP HRG § 57 b Nr. 21).

70

X. Darlegungs- und Beweislast

§ 1 steht im Kontext mit § 620 BGB. Daraus ergibt sich die Verteilung der Darlegungs- und Beweislast hinsichtlich der Abs. 1 und 2 des § 1. Ist der Abschluß des befristeten Arbeitsvertrages nach allgemeinen Grundsätzen ohne Vorliegen eines sachlichen Grundes wirksam möglich, hat derjenige, der sich auf die Beendigung des Arbeitsverhältnisses kraft **Befristung** beruft, die Vereinbarung derselben darzulegen und zu beweisen.

71

Bedarf die wirksame Vereinbarung nach allgemeinen Grundsätzen zudem einer sachlichen Rechtfertigung, umfaßt die Darlegungs- und Beweislast auch deren tatsächliche Grundlagen. Demzufolge ist durchweg der **AG darlegungs- und beweisbelastet** (*Bauschke* AR-Blattei SD 380 Rn. 115; *Ritter* NZA-Beil. 2/1985, 13, 15; *Kania* DStR 1997, 373, 377). Macht er geltend, die Befristung bedürfe wegen § 1 keiner sachlichen Rechtfertigung, hat er die Anwendungsvoraussetzungen dieser Vorschrift darzulegen und ggf. zu beweisen (BAG 6. 12. 1989 AP BeschFG 1985 § 1 Nr. 13 = NZA 1990, 741).

72

Hingegen trifft den **AN** die Darlegungs- und Beweislast hinsichtlich der Voraussetzungen der in § 1 III normierten Ausnahmen, also des Anschlusses an einen vorhergehenden unbefristeten Arbeitsvertrag oder einen nach § 1 I befristeten Arbeitsvertrag sowie des engen sachlichen Zusammenhangs der Arbeitsverträge (BAG 28. 6. 2000 – 7 AZR 920/98 – zVb.; RGRK/*Dörner* § 620 BGB Rn. 199; aA KR/*Lipke* Rn. 163 ff.). Die abw. Ansicht des BAG (6. 12. 1989 AP BeschFG 1985 § 1 Nr. 13 = NZA 1990, 741; ebenso *Hueck/v. Hoyningen-Huene* § 1 Rn. 618) zu § 1 I Nr. 2 BeschFG 1985 ist auf die Neufassung nicht übertragbar, denn die „Neueinstellung" ist kein Tatbestandsmerkmal mehr, das vom AG darzulegen ist. Dies entspricht auch der Verteilung der Darlegungs- und Beweislast zur Beschäftigungsdauer iSv. § 1 I KSchG (vgl. § 1 KSchG Rn. 104).

73

Zweiter Abschnitt. Teilzeitarbeit

§ 2 Verbot der unterschiedlichen Behandlung

(1) Der Arbeitgeber darf einen teilzeitbeschäftigten Arbeitnehmer nicht wegen der Teilzeitarbeit gegenüber vollzeitbeschäftigten Arbeitnehmern unterschiedlich behandeln, es sei denn, daß sachliche Gründe eine unterschiedliche Behandlung rechtfertigen.

(2) ¹Teilzeitbeschäftigt sind die Arbeitnehmer, deren regelmäßige Wochenarbeitszeit kürzer ist als die regelmäßige Wochenarbeitszeit vergleichbarer vollzeitbeschäftigter Arbeitnehmer des Betriebes. ²Ist eine regelmäßige Wochenarbeitszeit nicht vereinbart, so ist die regelmäßige Arbeitszeit maßgeblich, die im Jahresdurchschnitt auf eine Woche entfällt.

Schrifttum: *Becker*, Arbeitsrechtliche Probleme der Teilzeitbeschäftigung, 1970; *Buschmann/Dieball/Stevens-Bartol*, Das Recht der Teilzeitarbeit, 1997; *Lipke*, Individualrechtliche Grundprobleme der Teilzeitarbeit, AuR 1991, 76; *Mager* (Hrsg.), Beschäftigungsförderungsgesetz 1985 – Kurzkommentar für die betriebliche Praxis, Köln 1985; *Schmidt*, Teilzeitarbeit in Europa, 1995; *Sowka/Köster*, Teilzeitarbeit und geringfügige Beschäftigung, München 1993.

I. Normzweck

§ 2 dient wie die übrigen Regelungen des 2. Abschnittes des BeschFG zur Teilzeitarbeit der **arbeitsrechtlichen Absicherung** der bis zu ihrer Schaffung nur in Randbereichen gesetzlich geregelten Teil-

1

zeitarbeit (MünchArbR/*Schüren* § 157 Rn. 39 ff.). Durch die **Verbesserung des arbeitsrechtlichen Schutzes der Teilzeitarbeit** sollte die Schaffung weiterer Teilzeitarbeitsplätze in den Bereichen gefördert werden, für welche sich in der Praxis ein besonderes Schutzbedürfnis offenbart hatte. Umfassendere gesetzliche Regelungen wurden für nicht erforderlich gehalten.

2 § 2 I beschränkt sich auf ein generalklauselartiges Verbot der sachlich nicht gerechtfertigten Ungleichbehandlung von TeilzeitAN gegenüber VollzeitAN wegen der Teilzeitarbeit. Die Norm stellt einen **Ausschnitt aus dem allgemeinen arbeitsrechtlichen Gleichbehandlungsgrundsatz** dar (§ 611 Rn. 834) und konkretisiert diesen – geleitet von Art. 3 GG – für die besonders praxisrelevante Frage der Teilzeitarbeit (BAG 29. 8. 1989 AP BeschFG 1985 § 2 Nr. 6; BAG 25. 10. 1994 AP BeschFG 1985 § 2 Nr. 40; Rn. 22). Dogmatisch ist § 2 I als Spezialnorm gegenüber dem allgemeinen Gleichbehandlungsgrundsatz einzuordnen, der eine sachwidrige Gruppenbildung zwischen Vollzeit- und Teilzeitbeschäftigten verhindern will. Insoweit enthält § 2 I ein **typisiertes Beispiel sachwidriger Gruppenbildung.** Eine Ungleichbehandlung allein wegen des **unterschiedlichen Arbeitszeitvolumens** ist ausgeschlossen (BAG 25. 1. 1989 AP BeschFG 1985 § 2 Nr. 2; BAG 24. 10. 1989 AP BUrlG § 11 Nr. 29; siehe schon zum allgemeinen Gleichbehandlungsgrundsatz BAG 6. 4. 1982 AP BetrAVG § 1 Gleichbehandlung Nr. 1). Im Hinblick auf die wenig einsichtige Spezialregelung, deren Abgrenzung insbesondere bei Differenzierung zwischen den Teilzeitbeschäftigten problematisch ist (zur Frage, ob § 2 I auch innerhalb der Gruppe der Teilzeitbeschäftigten Anwendung findet vgl. Rn. 9), ist eine Konkordanz in der Anwendung des allgemeinen Gleichbehandlungsgrundsatzes und des § 2 I BeschFG anzustreben.

3 § 2 I ist – wie der allgemeine Gleichbehandlungsgrundsatz – **zwingendes Recht,** der entgegen dem Wortlaut des § 6 I auch die Tarifvertragsparteien bindet (BAG 29. 8. 1989 AP BeschFG 1985 § 2 Nr. 6; vgl. hier § 6 Rn. 7 ff.). Er ist ein Verbotsgesetz iSd. § 134 BGB (*Richardi* NZA 1992, 625, 626). Das BAG stuft § 2 I darüber hinaus als **Schutzgesetz iS des § 823 II BGB** ein (BAG 12. 6. 1996 NZA 1997, 191; unter Berufung auf GK-TzA/*Lipke* § 2 Rn. 95; dagegen *Adomeit* NJW 1997, 2295). Das ist abzulehnen, weil auch der Gleichbehandlungsgrundsatz und damit auch § 2 I lediglich eine Konkretisierung arbeitgeberseitiger vertraglicher Nebenpflichten ist und allenfalls vertragliche Schadensersatzansprüche begründen kann (ebenso jetzt LAG Niedersachsen 11. 5. 1999 LAGE BeschFG § 2 Nr. 32). Nicht jeder zwingende Grundsatz des Arbeitsrechts kann als Schutzgesetz iSd. § 823 II begriffen werden (hierzu näher Rn. 69). In das haftpflichtrechtliche Gesamtsystem des Zivil- und Arbeitsrechts paßt der generelle Schutzgesetzcharakter des § 823 II BGB nicht. Zum einen ist es nicht geboten, Ausschlußfristen zu unterlaufen. Es ist auch nicht Zweck des § 2, Vermögensnachteile durch nicht rechtzeitige Geltendmachung von Gleichbehandlungsansprüchen auszugleichen. Ein deliktsrechtlicher Schutz über § 823 I BGB kann ausnahmsweise bejaht werden, wenn mit der Ungleichbehandlung ein Eingriff in das Persönlichkeitsrecht verbunden ist (hierzu § 611 Rn. 1115 f.; BAG 14. 3. 1989 AP BGB § 611 a Nr. 5, ob § 611 a BGB ein Schutzgesetz iSd. § 823 II BGB darstellt, ließ das BAG offen).

II. Anwendungsbereich

4 **1. Sachlicher Geltungsbereich.** Das Gleichbehandlungsgebot des § 2 I erstreckt sich auf einseitige Maßnahmen des AG (BAG 15. 11. 1994 AP BGB § 242 Gleichbehandlung Nr. 121) und auf vertragliche Regelungen. Erfaßt wird das **gesamte rechtserhebliche Handeln des AG** gegenüber seinen AN (BAG 25. 1. 1989 AP BeschFG 1985 § 2 Nr. 2; HzA/*Linck* Gruppe 1 Rn. 815). So kann auch die Ausübung des arbeitgeberseitigen Weisungsrechts an § 2 I BeschFG gemessen werden (BAG 1. 12. 1994 AP BeschFG 1985 § 2 Nr. 41). Insoweit gelten die gleichen Erwägungen wie beim allgemeinen Gleichbehandlungsgrundsatz (§ 611 Rn. 838).

5 Das Gebot gilt für **arbeitsvertragliche** Vereinbarungen und für **tarifvertragliche Regelungen.** Auch den Tarifvertragsparteien erlaubt § 6 nicht, Regelungen zu treffen, nach denen Teilzeitbeschäftigte und Vollzeitbeschäftigte ohne sachlichen Grund wegen der Teilzeitarbeit unterschiedlich behandelt werden. Dabei ist es unerheblich, mit welchen rechtstechnischen Mitteln die Ungleichbehandlung der Teilzeitbeschäftigten herbeigeführt wird (BAG 29. 8. 1989 AP BeschFG 1985 § 2 Nr. 6; vgl. § 6 Rn. 10).

6 **2. Persönlicher Geltungsbereich.** § 2 II bestimmt den Begriff des teilzeitbeschäftigten AN. Die Legaldefinition umfaßt alle teilzeitbeschäftigten AN mit Ausnahme befristeter Vollzeitarbeitsverhältnisse von weniger als einem Jahr, bei denen eine Umrechnung der Arbeitszeit auf den Jahresdurchschnitt ebenfalls eine unter der regelmäßigen Wochenarbeitszeit vergleichbarer vollzeitbeschäftigter AN des Betriebs liegende Arbeitszeit ergeben würde.

7 Voraussetzung für das Vorliegen von Teilzeitarbeit ist, daß die Arbeit von einem **AN** und nicht von einem Dienstnehmer erbracht wird. Der **Arbeitnehmerbegriff** bestimmt sich auch für Teilzeitbeschäftigte nach dem Grad der persönlichen Abhängigkeit als herkömmlichem Unterscheidungskriterium (§ 611 BGB Rn. 44 ff.). Er wird **nicht durch die Länge der Arbeitszeit beeinflußt** (MünchArbR/ *Schüren* § 157 Rn. 30, 37; *Schmidt,* Teilzeitarbeit in Europa, S. 33 f.). Die gegenteilige Ansicht, die die Arbeitnehmereigenschaft nur mit wenigen Stunden Teilzeitbeschäftigter verneine (*Lieb* RdA 1974,

257, 260; *Beuthien/Wehler* RdA 1978, 2, 6f.) bzw. weitere Abgrenzungsmerkmale forderte (*Wank* RdA 1985 1, 3 ff. m. zahlr. Nachw.), weil Teilzeitbeschäftigte infolge ihrer verkürzten Arbeitszeit eine größere Dispositionsfreiheit über ihre Arbeitskraft besäßen und weniger sozial schutzbedürftig seien, konnte sich nicht durchsetzen (GK-TzA/*Lipke* § 2 Rn. 43). Allerdings ist bei Teilzeitarbeit ein geringeres Schutzbedürfnis unverkennbar, wenn es sich lediglich um eine **nebenberufliche Beschäftigung** handelt. Das Vorliegen eines Arbeitsverhältnisses kann aber auch in diesem Fall nicht verneint werden, wenn die Parteien ausdrücklich ein Arbeitsverhältnis vereinbart haben (BAG 1. 11. 1995 AP BeschFG 1985 § 2 Nr. 45; BAG 1. 11. 1995 AP BeschFG 1985 § 2 Nr. 46). Anderseits kann bei einer bloß nebenberuflichen geringfügigen Teilzeitarbeit, auf die der Vertragspartner nicht angewiesen ist, eine Rechtsformwahl zwischen Arbeitsvertrag und freiem Dienstvertrag bei nicht paritätsgestörtem, frei gebildetem Vertragswillen anzunehmen sein (vgl. *Preis* Vertragsgestaltung S. 315; *Richardi* NZA 1992, 625, 628).

3. Gleichbehandlung innerhalb der Gruppe der Teilzeitbeschäftigten. Nach der Rspr. des BAG verbietet § 2 I nicht nur die Ungleichbehandlung von Teilzeit- im Vergleich mit Vollzeitbeschäftigten, sondern auch von Teilzeitbeschäftigten mit unterschiedlicher Arbeitszeit oder -dauer untereinander (BAG 29. 8. 1989 AP BeschFG 1985 § 2 Nr. 6). Auch bei der Fallgruppe der Ungleichbehandlung nebenberuflich Beschäftigter mit „hauptberuflich" Teilzeitbeschäftigten hält das BAG § 2 I für anwendbar (BAG 1. 11. 1995 AP BeschFG 1985 § 2 Nr. 45; BAG 1. 11. 1995 AP BeschFG 1985 § 2 Nr. 46), weil es bei dem Gruppenvergleich die Vollzeitbeschäftigten zugrundelegt, obwohl im Kern eine sachwidrige Differenzierung zwischen Teilzeitbeschäftigten (uU bei gleicher Stundenzahl) vorliegt. Nach dem Wortlaut der Norm ist dies allerdings unrichtig, weil § 2 I sich expressis verbis nur auf die Gruppenbildung Vollzeit – Teilzeit bezieht. 8

Erfolgt eine **unterschiedliche Gruppenbildung innerhalb der Teilzeitbeschäftigten**, ist der **allgemeine arbeitsrechtliche Gleichbehandlungsgrundsatz** anwendbar. Dies ist auch der richtige Ansatzpunkt, wenn Teilzeitbeschäftigte mit einem bestimmten Stundendeputat gegenüber Vollzeitbeschäftigten zulässigerweise unterschiedlich behandelt werden, dieser Rechtfertigungsgrund innerhalb der Gruppe der Teilzeitbeschäftigten mit anderem Stundendeputat aber nicht durchgreift. Diese Frage stellt sich insbesondere bei der differenzierten Behandlung Teilzeitbeschäftigter mit **gleichem Stundenvolumen** (ähnlich HzA/*Linck* Gruppe 1 Rn. 819). In der Sache ist damit jedoch kein wesentlicher materieller Unterschied verbunden, weil die Maßstäbe des § 2 I und des allgemeinen Gleichbehandlungsgrundsatzes gleich sind (MünchArbR/*Schüren* § 157 Rn. 77; ebenso HzA/*Linck* Gruppe 1 Rn. 819; für einen Anspruch auf Gleichbehandlung kumulativ aus § 2 I iVm. dem allgemeinen arbeitsrechtlichen Gleichbehandlungsgrundsatz: BAG 12. 1. 1994 AP BGB § 242 Gleichbehandlung Nr. 112). Da § 2 I Ausdruck des schon zuvor anerkannten Grundsatzes ist, daß allein der unterschiedliche Umfang der Arbeitsleistung kein für sich genommen sachliches Differenzierungskriterium hinsichtlich der materiellen Arbeitsbedingungen sein darf (BAG 6. 4. 1982 AP BetrAVG § 1 Gleichbehandlung Nr. 1), kann man in erweiternder Auslegung § 2 I auch als allgemeine Konkretisierung dieses Grundgedankens ansehen und damit dessen Anwendung auch innerhalb der Gruppe der Teilzeitbeschäftigten rechtfertigen. Im Ergebnis bedarf es sowohl nach der einen wie der anderen dogmatischen Grundlage sachlicher Gründe, wenn die eine Gruppe der teilzeitbeschäftigten AN wie vollzeitbeschäftigte AN behandelt, die andere Gruppe der teilzeitbeschäftigten AN jedoch von Leistungen ausgeschlossen würde (BAG 29. 8. 1989 AP BeschFG 1985 § 2 Nr. 6; so auch als Hilfserwägung BAG 15. 11. 1990 AP BeschFG 1985 § 2 Nr. 11). 9

4. Stichtagsregelung. § 2 ist seit dem **1. 5. 1985** geltendes Recht. Die Norm ist auf alle Beschäftigungsverhältnisse nach ihrem Inkrafttreten und ab diesem Stichtag auch auf solche Arbeitsverhältnisse anwendbar, die am 1. 5. 1985 bereits bestanden haben (BAG 25. 1. 1989 AP BeschFG 1985 § 2 Nr. 2). Für davor liegende Zeiten ist eine Berufung auf die Norm nicht möglich, allerdings kann sich in betroffener AN gegebenenfalls auf andere Gleichbehandlungsnormen wie Art. 141 EG (früher Art. 119 EGV), Art. 3 GG, §§ 611a, 611b, 612 III BGB oder den allgemeinen arbeitsrechtlichen Gleichbehandlungsgrundsatz berufen (MünchArbR/ *Schüren* § 157 Rn. 59, 89 ff.; HzA/*Linck* Gruppe 1 Rn. 814). 10

III. Begriffsbestimmung

Legaldefinition § 2 II: Als Teilzeitbeschäftigung gelten Arbeitsverhältnisse, deren regelmäßige Wochenarbeitszeit kürzer ist als die regelmäßige Wochenarbeitszeit vergleichbarer vollzeitbeschäftigter AN des Betriebes. Ist eine regelmäßige Wochenarbeitszeit nicht vereinbart, so ist die regelmäßige Arbeitszeit maßgeblich, die im Jahresdurchschnitt auf die Woche entfällt. Die Definition des § 2 II erfaßt alle AN, deren **Arbeitszeit dauerhaft verkürzt** ist (GK-TzA/*Lipke* § 2 Rn. 18ff.). Unbeachtlich ist, ob die Arbeitszeit nach Tagen, Wochen oder längeren Zeiträumen bestimmt ist, und ob es sich um bestimmte Sonderformen der Teilzeitbeschäftigung wie die Anpassung der Arbeitszeit an den Arbeitsanfall, die Arbeitsplatzteilung oder die Turnusarbeit handelt. Bei Kurzarbeit oder vorüber- 11

180 BeschFG § 2   Verbot der unterschiedlichen Behandlung

gehender Arbeitsfreistellung liegt kein Teilzeitarbeitsverhältnis vor, weil hier die Verkürzung der Arbeitszeit nicht auf Dauer angelegt ist.

12   Vergleichsmaßstab zur Bestimmung des Vorliegens von Teilzeitarbeit ist die **regelmäßige Wochenarbeitszeit** vergleichbarer AN **im Betrieb**. Die Woche wurde als Bezugszeitraum gewählt, weil die Wochenarbeitszeit die gebräuchlichste Form der Arbeitszeitbestimmung sowohl in Tarifverträgen als auch in Einzelarbeitsverträgen darstellt (BT-Drucks. 10/2102, S. 25). Zugleich sollte auch den neuen Entwicklungen im Rahmen der Arbeitszeitflexibilisierung Rechnung getragen werden (*Mager/Winterfeld/Göbel/Seelmann*, BeschFG 1985, Rn. 138). Haben die Arbeitsvertragsparteien eine von der Wochenarbeitszeit abweichende oder keine Arbeitszeitvereinbarung getroffen, so ist die regelmäßige Wochenarbeitszeit auf der Basis einer Jahresdurchschnittsberechnung zu bestimmen (*Mager/Winterfeld/Göbel/Seelmann*, BeschFG 1985, Rn. 141). Gleiches gilt für Arbeitsverhältnisse mit variabler Arbeitszeit.

13   Unter **betriebsüblicher Arbeitszeit** ist die im Betrieb zur tatsächlichen Regel gewordene Arbeitszeit zu verstehen. Sofern es im Betrieb keine vergleichbaren vollzeitbeschäftigten AN gibt, versagt der vom Gesetz vorgegebene Vergleichsmaßstab (GK-TzA/*Lipke* § 2 Rn. 13). Betroffen sind insbesondere AN in Kleinbetrieben und Wirtschaftszweigen, in denen typischerweise Teilzeitarbeitnehmer beschäftigt werden (zB Reinigungsgewerbe). Es widerspräche der Gesetzesintention, diese AN aus dem Schutzbereich der Teilzeitregelungen des BeschFG auszuschließen. Daher ist für diesen Fall auf die **allgemein übliche Wochenarbeitszeit** abzustellen (*Schmidt*, Teilzeitarbeit in Europa, S. 34). Diese kann, muß sich aber nicht mit der tarifvertraglich einschlägigen Regelarbeitszeit decken. Auf die tarifvertragliche Arbeitszeit kann nicht generell abgehoben werden (aA *Buschmann ua.* § 2 BeschFG 1985 Rn. 3), da es auch Beschäftigungsbereiche gibt, in denen keine einschlägigen Tarifverträge existieren.

IV. Erscheinungsformen von Teilzeitarbeit

14   Jede dauerhaft, freiwillig gegenüber der regelmäßigen betrieblichen Wochenarbeitszeit verkürzte Arbeit ist Teilzeitarbeit. Unbeachtlich ist, ob der AN in einem unbefristeten oder befristeten Arbeitsverhältnis, etwa in einem Aushilfsarbeitsverhältnis, steht (GK-TzA/*Lipke* Einl. Rn. 4; *Becker*, Arbeitsrechtliche Probleme der Teilzeitbeschäftigung, S. 59 ff.). Auch der in einem **geringfügigen Beschäftigungsverhältnis** stehende AN ist TeilzeitAN (MünchArbR/*Schüren* § 157 Rn. 29). Die Arbeitszeit kann gleichmäßig oder ungleichmäßig, regelmäßig oder unregelmäßig verkürzt sein.

15   Gemeinhin unterscheidet man starre, herkömmliche Formen der Teilzeitarbeit und flexible (MünchArbR/ *Schüren* § 157 Rn. 4 ff.). Bei der **herkömmlichen Teilzeitarbeit** erbringt der TeilzeitAN seine Arbeit entweder jeden Tag verkürzt (Halbtagsarbeit, Schichtarbeit) oder er verrichtet seine Tätigkeit ganztägig nur an einigen Arbeitstagen der Woche oder des Monats. Bei den **flexiblen, neueren Teilzeitarbeitsmodellen** werden dem AG (Abrufarbeit, kapazitätsorientierte variable Arbeitszeit; § 4 Rn. 8 ff.) bzw. dem AN (gleitende Arbeitszeit, Arbeitsplatzteilung; § 5 Rn. 12) gewisse Gestaltungsspielräume hinsichtlich der konkreten Arbeitszeit zugebilligt.

V. Abgrenzung zu anderen Gleichbehandlungsgeboten

16   **1. Art. 141 EG (früher Art. 119 EGV).** Im Falle einer **ungleichen Entlohnung** Teilzeitbeschäftigter liegt häufig auch ein Verstoß gegen Art. 141 EG (früher Art. 119 EGV) in Form einer mittelbaren Geschlechtsdiskriminierung vor, da Teilzeitbeschäftigte hauptsächlich Frauen sind (MünchArbR/*Schüren* § 157 Rn. 90 ff.). **Art. 141 EG (früher Art. 119 EGV)** verbietet die unmittelbare und die mittelbare Diskriminierung beim Entgelt wegen des Geschlechts (Art. 141 Rn. 13 ff.).

17   Regelungen, die Teilzeitbeschäftigte gegenüber Vollzeitbeschäftigten ungleich behandeln, sind regelmäßig **geschlechtsneutral formuliert, aber nicht anders als mit dem Geschlecht des AN zu begründen** (MünchArbR/*Schüren* § 157 Rn. 90 ff.). Vor Inkrafttreten des BeschFG 1985 stützten die nationalen Gerichte ihre Gleichbehandlungsrechtsprechung vorrangig auf Art. 141 EG (früher Art. 119 EGV), seit 1985 rekrutieren sie jedoch immer stärker § 2 I. Abweichend vom Wortlaut der Norm legen sie dabei einen gleich strengen Maßstab zur Rechtfertigung einer Ungleichbehandlung an, wie er auch für Art. 141 EG (früher Art. 119 EGV) gilt.

18   Eine **Austauschbarkeit** der beiden Normen ist dennoch nicht gegeben. Während Art. 141 EG (früher Art. 119 EGV) nur im Falle einer Geschlechtsdiskriminierung greift und über die Gleichheit des Arbeitsentgelts hinaus nicht auch die Gleichheit der sonstigen Arbeitsbedingungen gebietet (EuGH 15. 6. 1978 EAS Art. 119 EGV Nr. 2; näher Art. 141 EG (früher Art. 119 EGV) Rn. 3 ff.), untersagt § 2 I **jede unterschiedliche Behandlung wegen der Teilzeitarbeit.** Diese geschlechtsneutrale Formulierung führt dazu, daß es im Rahmen des § 2 I ausschließlich auf die Ungleichbehandlung Teilzeitbeschäftigter gegenüber Vollzeitbeschäftigten ankommt und nicht zusätzlich die wesentlich stärkere Betroffenheit eines Geschlechts nachgewiesen werden muß (MünchArbR/*Schüren* § 157 Rn. 100; *Wank* SAE 1994, 195, 196). Aus Praktikabilitätsgründen meint jedoch das BAG, daß es nicht sinnvoll sei, hinsichtlich der Frage, ob verschiedene AN gleich oder ungleich behandelt werden,

zwischen Art. 119 EGV und § 2 I BeschFG zu differenzieren (BAG 21. 4. 1999 AP BeschFG 1985 § 2 Nr. 72).

2. Art. 3 GG. Ein Rückgriff auf das Grundrecht des Art. 3 GG ist im Rahmen der Schutzgebots- 19 funktion der Grundrechte möglich (Art. 3 GG Rn. 11; zur „neuen Formel" vgl. Art. 3 GG Rn. 32ff.). Als **allgemeiner Grundsatz** tritt Art. 3 I GG allerdings hinter das speziell konkretisierte Benachteiligungsverbot des § 2 I zurück.

Da vom Anwendungsbereich des Art. 3 II GG auch mittelbare Diskriminierungen erfaßt werden, 20 überschneiden sich die Normen für den Fall, daß mit einer Ungleichbehandlung Teilzeitbeschäftigter eine Diskriminierung wegen des Geschlechts einhergeht. Ob der Tatsache, daß der Rechtfertigungsmaßstab des § 2 I an die Rspr. des EuGH zu Art. 141 EG (früher Art. 119 EGV) angelehnt wird (Rn. 17), haben sich bislang noch keine Fälle aufgetan, für welche es auf die Herausarbeitung einer möglichen Unterscheidung angekommen wäre. Das BAG stützt seine Rspr. nebeneinander auf Art. 3 II GG und § 2 I – oder auch auf Art. 141 EG (früher Art. 119 EGV) (*Hunold* DB 1991, 1670). Zur Frage des **Rückwirkungsverbots** wird Art 3 II GG zu der Frage relevant, ob AG eine Übergangsfrist zur Anpassung ihrer betrieblichen – zwischen Voll- und TeilzeitAN ungerechtfertigterweise differenzierenden – Versorgungsordnungen zusteht. Der Umstand, daß die Frage der mittelbaren Diskriminierung erst später in Rspr. und Literatur aufgegriffen worden ist, kann auch nicht zu einer nur zeitweiligen Aufrechterhaltung mit Art. 3 II GG unvereinbarer diskriminierender Regelungen angeführt werden (BAG 20. 11. 1990 AP BetrAVG § 1 Gleichberechtigung Nr. 8). Das BVerfG nahm eine Verfassungsbeschwerde gegen ein Urteil des BAG aus dem Jahre 1986 (BAG 14. 10. 1986 AP EWGV Art. 119 Nr. 11) nicht zur Entscheidung an (BVerfG 28. 9. 1992 AP GG Art. 20 Nr. 6).

3. §§ 611a, 611b, 612 III BGB. Als **spezialgesetzliche Regelung** ist § 2 I insoweit vorrangig zu 21 prüfen, als die spezifische Ungleichbehandlung von Teilzeitbeschäftigten in Rede steht. § 611a BGB geht jedoch insoweit über § 2 I hinaus, als dort auch die Diskriminierung bei der Einstellung eines AN untersagt wird. Ansprüche auf Gleichbehandlung bei der Einstellung können aus § 2 I nicht hergeleitet werden.

4. Allgemeiner arbeitsrechtlicher Gleichbehandlungsgrundsatz. Der allgemeine arbeitsrechtliche 22 Gleichbehandlungsgrundsatz verbietet es dem AG, einzelne AN oder Gruppen von AN ohne sachlichen Grund von allgemein begünstigenden Regelungen des Arbeitsverhältnisses auszunehmen und schlechterzustellen als andere AN in vergleichbarer Lage (*Schaub* § 112 I 5 und II; § 611 Rn. 836). **§ 2 I konkretisiert diesen Grundsatz.** § 2 I fordert einen spezifischen Gruppenvergleich zwischen Voll- und Teilzeitkräften (*Wildschütz*, NZA 1991, 925) und beschränkt sich nicht auf ein bloßes Willkürverbot (MünchArbR/*Schüren* § 157 Rn. 59). Fraglich ist, ob § 2 I über den allgemeinen arbeitsrechtlichen Gleichbehandlungsgrundsatz hinausgeht, soweit vertreten wird, daß dem Grundsatz der Vertragsfreiheit Vorrang vor dem Gleichbehandlungsgrundsatz zukomme, was bei § 2 I nicht der Fall sei (*Richardi* NZA 1992, 625, 626; HzA/*Linck* Gruppe 1 Rn. 815). Dies ist zu verneinen, weil auch nach § 2 I ebenso wie beim allgemeinen Gleichbehandlungsgrundsatz eine individuelle Besserstellung nicht ausgeschlossen ist (vgl. auch BAG 24. 10. 1989 AP BUrlG § 11 Nr. 29). Bei Anwendung eines generalisierenden Prinzips (Vollzeit – Teilzeit) setzen beide Gleichbehandlungsgrundsätze zwingende Schranken.

VI. Anspruchsvoraussetzungen

1. Ungleichbehandlung. § 2 I verbietet jede unterschiedliche Behandlung von teilzeitbeschäftigten 23 AN gegenüber vollzeitbeschäftigten AN wegen der Teilzeitarbeit, es sei denn, daß sie durch sachliche Gründe gerechtfertigt ist. Eine Ungleichbehandlung wegen der Teilzeitarbeit ist immer dann zu bejahen, wenn Anknüpfungspunkt für eine **Differenzierung die Dauer der Arbeitszeit** ist (BAG 29. 1. 1992 AP BeschFG 1985 § 2 Nr. 18; BAG 12. 6. 1996 AP BGB § 611 Werkstudent Nr. 4). Dies ist immer dann der Fall, wenn allein die Unterschreitung einer bestimmten Arbeitszeitdauer zum Ausschluß von einer bestimmten Regelung führt.

Auch bei der Prüfung des § 2 I kommt es zunächst zur Feststellung der Ungleichbehandlung auf 24 eine **korrekte Vergleichsgruppenbildung** an. § 2 I verbietet als Konkretisierungsnorm (AR-Blattei/ *Mosler* SD 1560 Rn. 25) des allgemeinen arbeitsrechtlichen Gleichbehandlungsgrundsatzes die Ungleichbehandlung im wesentlichen vergleichbarer Tatbestände. Verlangt ein teilzeitbeschäftigter AN die Gleichbehandlung mit einem vollzeitbeschäftigten AN, so setzt das voraus, daß die AN vergleichbar sind (BAG 9. 2. 1989 AP BeschFG 1985 § 2 Nr. 4; *Lipke* AuR 1991, 76, 77). Dabei ist für eine Vergleichbarkeit nicht erforderlich, daß die Identität der gesamten Arbeitsbedingungen vorliegt. Es reicht aus, wenn ein **gemeinsamer Bezugspunkt der betrieblichen Ordnung** oder ein **vom AG aufgestelltes System** beide ANgruppen erfaßt. Das kann beispielsweise eine gleiche bzw. gleichwertige Arbeitsleistung oder eine gleichlange Betriebstreue sein (GK-TzA/*Lipke* § 2 Rn. 73).

Aus § 2 II ergibt sich, daß der **Bezugsrahmen** für die Vergleichsgruppenbildung **der Betrieb** ist, da 25 nach der gesetzlichen Legaldefinition ein Teilzeitarbeitsverhältnis vorliegt, wenn die individuelle

180 BeschFG § 2 Verbot der unterschiedlichen Behandlung

Arbeitszeit kürzer ist als die betriebsübliche Arbeitszeit eines vergleichbaren vollzeitbeschäftigten AN (AR-Blattei/*Mosler* SD 1560 Rn. 35). Etwas anderes gilt nur dann, wenn ein AG für seine Betriebe eine **überbetriebliche Regelung aufstellt** und anwendet (näher § 611 Rn. 842 ff.). In diesem Fall können sich AN auch dann auf das Gleichbehandlungsgebot des § 2 I iVm. dem allgemeinen arbeitsrechtlichen Gleichbehandlungsgrundsatz berufen, wenn es begünstigte AN mit vergleichbarer Tätigkeit überhaupt nicht oder aber in demselben Betrieb nicht gibt (BAG 12. 1. 1994 AP BGB § 242 Gleichbehandlung Nr. 112).

26 Gelegentlich treten jedoch Schwierigkeiten auf, das Vorliegen einer Ungleichbehandlung von der Frage der sachlichen Rechtfertigung zu trennen. Das BAG hat eine wegen der Arbeitszeit differenzierende Ungleichbehandlung verneint, wenn Arbeitsschutznormen ein bestimmtes **zeitliches Höchstmaß für bestimmte (gesundheitsschädliche) Arbeiten** vorschreiben, die zu einem unterschiedlichen prozentualen Anteil der gesundheitsgefährdenden Tätigkeit bezogen auf die vertraglich geschuldete Arbeitsleistung führen. Darf aus arbeitsschutzrechtlichen Erwägungen eine bestimmte Tätigkeit nicht mehr als 4 Stunden täglich ausgeübt werden, so liegt **keine unzulässige Differenzierung wegen der Teilzeitarbeit** vor, wenn der Vollzeitbeschäftigte idR nur zu 50% seiner vertraglich geschuldeten Leistung mit dieser Tätigkeit betraut wird, der Teilzeitbeschäftigte jedoch uU auch 100% leisten muß, wenn nur die arbeitstägliche Höchstarbeitszeit nicht überschritten wird (vgl. zur Bildschirmarbeit BAG 9. 2. 1989 AP BeschFG 1985 § 2 Nr. 4).

27 Nach Ansicht des BAG liegt keine Ungleichbehandlung vor, wenn Teilzeitkräfte aufgrund eines Schichtplanes im Krankenhaus ebenso häufig wie Vollzeitkräfte zu Wochenenddiensten eingeteilt werden, da die **Einteilung zum Wochenenddienst** ausschließlich die Lage der Arbeitszeit beträfe, nicht jedoch deren Dauer. Eine Ungleichbehandlung bejaht das BAG demgegenüber, wenn sich durch die Schichtplanregelung die Arbeitszeit teilzeit- und vollzeitbeschäftigter AN in einem ungleichen Verhältnis auf den Wochenenddienst und den Dienst an anderen Wochentagen verteilt (BAG 24. 4. 1997 AP KSchG 1969 § 2 Nr. 42; noch offen gelassen in BAG 1. 12. 1994 AP BeschFG 1985 § 2 Nr. 41). Keine Ungleichbehandlung liegt vor, wenn der AG von einem teilzeitbeschäftigten Lehrer in einem Umfang Tätigkeiten außerhalb der Unterrichtserteilung verlangt, die in einer angemessenen Relation zur vertraglich geschuldeten Zahl der Unterrichtsstunden steht und billigem Ermessen entspricht (BAG 20. 11. 1996 AP BGB § 611 Lehrer, Dozenten Nr. 127: Teilnahme an Klassenfahrt).

28 Streitig ist auch, ob die Nichtleistung von **Überstundenzuschlägen** an Teilzeitbeschäftigte bei Überschreiten ihrer individuellen, nicht aber der betriebsüblichen Arbeitszeit eines vollzeitbeschäftigten AN eine Ungleichbehandlung darstellt (BAG 20. 6. 1995 AP TVG § 1 Tarifverträge: Nährmittelindustrie Nr. 1 m. Anm. *Schüren*; ArbG Hamburg 21. 10. 1991 DB 1992, 482; LAG Hamm 22. 10. 1992 DB 1993, 232; *Hanau/Gilberg* BB 1995, 1238 ff.; *Stückmann* DB 1995, 826 ff.; *Goergens* PersR 1993, 117 f.). Die gleiche Frage stellt sich, wenn **Zuschläge für Bereitschaftsdienst** gezahlt werden, soweit dieser die individuelle bzw. die regelmäßige betriebliche oder tarifliche Arbeitszeit überschreitet (BAG 21. 11. 1991 AP BAT § 34 Nr. 2; *Peifer* ArbRGeg Bd. 30, 1993, 139, 150).

29 Es sind **zwei Ansatzpunkte** zu unterscheiden: Man kann entweder auf die Vergütung für die gleiche Arbeit bei **gleicher Arbeitszeit** abstellen, mithin der Entlohnung des Teilzeitbeschäftigten für die erste über seine individuelle Arbeitszeit hinausgehende Arbeitsstunde derjenigen des Vollzeitbeschäftigten für diese Arbeitsstunde gegenüberstellen. Diesen Ansatzpunkt wählte der EuGH in seinem Urteil vom 15. 12. 1994 (EAS Art. 119 EGV Nr. 35 = AP BGB § 611 Teilzeit Nr. 7). Er verneinte daher eine Ungleichbehandlung. Man kann jedoch auch auf die Vergütung beider Gruppen bei einer gleich langen Überschreitung ihrer **jeweiligen Arbeitszeit** abstellen. Der Teilzeitbeschäftigte erhält dann eine geringere Vergütung und wird dementsprechend ungleich behandelt. Wählt man diesen Ansatzpunkt, auf den das BAG abstellt (20. 6. 1995 AP TVG § 1 Tarifverträge: Nährmittelindustrie Nr. 1 m. Anm. *Schüren*), so ist allerdings auch umgekehrt bei Zahlung einer Überstundenzulage an Teilzeitbeschäftigte bei Überschreiten ihrer individuellen Arbeitszeit eine Ungleichbehandlung der Vollzeitbeschäftigten anzunehmen, da diese dann für die gleiche Anzahl geleisteter Arbeitsstunden absolut betrachtet geringer entlohnt werden (*Stückmann* DB 1995, 826, 828; aA *Hanau/Gilberg* BB 1995, 1238).

30 Die besseren Gründe sprechen dafür, auf die **Vergütung der jeweiligen Arbeitsstunde bei gleich langer Überschreitung der individuellen Arbeitszeit** abzustellen und eine **Ungleichbehandlung zu bejahen**. Andernfalls müßten Entlohnungssysteme bereits als nicht diskriminierend eingestuft werden, bei welchen der AG längere wöchentliche Arbeitszeiten höher entlohnt als kürzere, zB den Arbeitslohn dergestalt staffelt, daß er die 1. bis 15. Stunde mit 15 DM, die 15. bis 28. Stunde mit 20 DM und die 29. bis 38,5. Stunde mit 24 DM entlohnt. Durch eine derartige Vertragsgestaltung, die nach dem Ansatz des EuGH zulässig wäre, würde § 2 I umgangen. Eine davon zu unterscheidende Frage ist, ob die Verweigerung von Überstundenzuschlägen vor Überschreiten der regelmäßigen Arbeitszeit eines Vollzeitbeschäftigten gerechtfertigt ist (Rn. 42).

31 **2. Kausalität.** § 2 I untersagt ausschließlich die nicht gerechtfertigte Ungleichbehandlung, wenn sie auf die Teilzeitarbeit an sich zurückzuführen ist (*Wildschütz* NZA 1991, 925, 926). Ist die Ungleichbehandlung demgegenüber anders als mit der Dauer der Arbeitszeit zu begründen, so liegt keine Un-

VI. Anspruchsvoraussetzungen　　　　　　　　　　　§ 2　BeschFG 180

gleichbehandlung **wegen der Teilzeitarbeit** vor. § 2 I stellt daher kein absolutes, sondern ein relatives Differenzierungsverbot dar (*Oetker* EzA BeschFG 1985 § 2 Nr. 7).

　Eine Ungleichbehandlung erfolgt schon dann wegen der Teilzeitarbeit, wenn die **Dauer der** 32 **Arbeitszeit** Anknüpfungspunkt für die Ungleichbehandlung ist, nicht jedoch dann, wenn andere Umstände, die keinen Bezug zu der Arbeitszeit haben, ausschlaggebend sind (HzA/*Linck* Gruppe 1 Rn. 821). Die Arbeitszeit ist maßgebliches Kriterium, wenn eine Vereinbarung oder Maßnahme ausdrücklich nur für Vollzeitbeschäftigte gilt oder wenn AN erst ab einer bestimmten Arbeitszeit von einer Arbeitsbedingung erfaßt werden (HzA/ *Linck* Gruppe 1 Rn. 821; *Peifer* ArbRGeg Bd. 30, 1993, S. 139, 143).

　Nicht verwechselt werden darf die Zulässigkeit einer auf andere Gründe als wegen der Teilzeit- 33 arbeit gestützten Ungleichbehandlung **mit der Möglichkeit der Rechtfertigung** einer Ungleichbehandlung wegen der Teilzeitarbeit. Das BAG hilft sich gelegentlich mit dem Hinweis darauf, daß die Grenzen zwischen beiden Tatbestandsmerkmalen im Einzelfall fließend sein könnten (BAG 9. 2. 1989 AP BeschFG 1985 § 2 Nr. 4; BAG 12. 6. 1996 AP BGB § 611 Werkstudent Nr. 4).

　Es ist also eine **zweistufige Prüfung** erforderlich (*Oetker* EzA BeschFG 1985 § 2 Nr. 7). Zunächst 34 ist zu hinterfragen, ob die Ungleichbehandlung kausal wegen der Teilzeitarbeit erfolgt. Erst wenn diese Frage positiv beantwortet wird, stellt sich im Rahmen des § 2 I die Frage der Rechtfertigung der Ungleichbehandlung. Kann die Kausalität nicht bejaht werden, so ist freilich immer noch zu hinterfragen, ob die Diskriminierung gegen den allgemeinen arbeitsrechtlichen Gleichbehandlungsgrundsatz bzw. andere Gleichbehandlungsgebote, zB wegen des Geschlechts, verstößt.

3. Diskriminierungsabsicht. Für die Anwendbarkeit des § 2 I kommt es allein auf das Vorliegen 35 einer objektiven Ungleichbehandlung wegen der Teilzeitarbeit an. Anders als etwa bei § 613 a IV BGB kommt es nicht auf die subjektive Absicht einer Diskriminierung an (abw. *Oetker* EzA BeschFG 1985 § 2 Nr. 7). Das hätte wegen erheblicher Beweisschwierigkeiten nicht nur zur Folge, daß an sich unzulässige Diskriminierungen geduldet werden müßten, sondern liefe insbesondere auch dem **Schutzzweck der Norm zuwider.** Denn § 2 I gewährt im Gegensatz zu § 613 a IV BGB nicht einen besonderen Kündigungsschutz, sondern konkretisiert den allgemeinen Gleichheitssatz des Art. 3 I GG. Ebenso wie bei einem Verstoß gegen Art. 3 I GG kommt es daher auf ein Verschulden des AG nicht an, sondern nur auf die objektiv diskriminierenden Auswirkungen einer Vereinbarung oder Maßnahme (BAG 28. 7. 1992 AP BetrAVG § 1 Gleichbehandlung Nr. 18; GK-TzA/*Lipke* § 2 Rn. 68).

4. Rechtfertigungsgründe. Knüpft eine Ungleichbehandlung an die Dauer der Arbeitszeit an und 36 erfolgt sie daher wegen der Teilzeitarbeit, so kann sie dennoch zulässig sein, wenn hierfür ein Rechtfertigungsgrund angeführt werden kann. Nach dem **Wortlaut** der Norm ist jede unterschiedliche Behandlung gerechtfertigt, die auf **sachliche Gründe** gestützt werden kann. Welche sachlichen Gründe in Betracht kommen, wird im Gesetz nicht näher ausgeführt. Nach der Gesetzesbegründung ist entweder ein Aufgabenbezug gefordert oder zumindest eine Arbeitgeberleistung, deren Rechtfertigung sich aus einem bestimmten Mindestumfang der Arbeitsleistung ergibt (BT-Drucks. 10/2102, S. 24).

　Die Rspr. legt einen besonders **strengen Rechtfertigungsmaßstab** an. Das ist auch darauf zurück- 37 zuführen, daß in der Ungleichbehandlung Teilzeitbeschäftigter regelmäßig zugleich eine Diskriminierung aufgrund des Geschlechts liegt (*Hanau/Gilberg* BB 1995, 1238, 1239) und damit zugleich eine Überprüfung am Gleichbehandlungsgebot des Art. 141 EG (früher Art. 119 EGV) bzw. der §§ 611 a, 612 III BGB erforderlich wäre. Die Rspr. erspart sich jedoch mittels des einheitlichen Prüfungsmaßstabs die ggf. erforderliche doppelte Prüfung.

　Allein das unterschiedliche Arbeitspensum der Teil- und Vollzeitbeschäftigten rechtfertigt eine 38 unterschiedliche Behandlung nicht (BAG 6. 12. 1990 AP BeschFG 1985 § 2 Nr. 12). Die Sachgründe müssen anderer Art sein, sie können etwa auf **Arbeitsleistung, Qualifikation, Berufserfahrung oder unterschiedlicher Arbeitsplatzanforderung** beruhen (BAG 25. 10. 1994 AP BeschFG 1985 § 2 Nr. 40). Differenziert ein Tarifvertrag allerdings bei der Eingruppierung eines AN nicht hinsichtlich der Qualifikation, so kann eine unterschiedliche Qualifikation im Nachhinein nicht als Rechtfertigung für eine Ungleichbehandlung angeführt werden (BAG 16. 6. 1993 AP BeschFG 1985 § 2 Nr. 26).

　In Anlehnung an die Rspr. des EuGH (siehe hierzu ausführlich HzA/*Linck* Gruppe 1 Rn. 825) zu 39 Art. 141 EG (früher Art. 119 EGV) ist eine Ungleichbehandlung iSd. § 2 I sachlich gerechtfertigt, wenn hierfür **objektive Gründe gegeben sind, die einem wirklichen Bedürfnis des Unternehmens dienen und für die Erreichung dieses Ziels geeignet und erforderlich sind** (EuGH 13. 5. 1986 EAS Art. 119 EGV Nr. 13 = AP EWG-Vertrag Art. 119 Nr. 10; BAG 14. 10. 1986 AP EWG-Vertrag Art. 119 Nr. 11). Die Ungleichbehandlung kann auch aufgrund **sozialpolitischer Zielsetzungen** objektiv gerechtfertigt sein, wenn sie zur Zielerreichung geeignet und erforderlich ist (EuGH 13. 7. 1989 EAS Art. 119 EGV Nr. 16 = AP EWG-Vertrag Art. 119 Nr. 16; EuGH 14. 12. 1995 EAS RL 79/7/ EWG Nr. 18 und 19 = AP EWG-Richtlinie Nr. 79/7 Nr. 1). **Geeignet** ist eine Maßnahme, wenn mit ihr das angestrebte Ziel erreicht werden kann; sie ist **erforderlich,** wenn sie das mildeste Mittel zur Zielerreichung darstellt, also kein anderes, gleich wirksames Mittel zur Verfügung steht, das gar nicht oder weniger nachteilig für die benachteiligte ANGruppe wäre.

Preis

40 Zu beachten ist ferner, daß wie beim allgemeinen Gleichbehandlungsgrundsatz (hierzu § 611 Rn. 854) die **getroffene Unterscheidung auch vom Zweck der jeweiligen Leistung getragen** sein muß (BAG 25. 10. 1994 AP BeschFG 1985 § 2 Nr. 40). Hierbei ist wesentlich, daß der Aspekt der Betriebsbindung und der Betriebstreue bei Teilzeit- wie bei Vollzeitbeschäftigten gleichermaßen greifen und eine Differenzierung regelmäßig nicht rechtfertigen (BAG 27. 7. 1994 AP BeschFG 1985 § 2 Nr. 37; BAG 25. 10. 1994 AP BeschFG 1985 § 2 Nr. 40).

41 a) **Leistungszweck.** Die Rechtfertigung einer Ungleichbehandlung kann sich aus dem jeweiligen Zweck einer Leistung ergeben (BAG 25. 10. 1994 AP BeschFG 1985 § 2 Nr. 40). Hierbei kann zur Begründung auch auf Erkenntnisse der Arbeitsmedizin zurückgegriffen werden (HzA/*Linck* Gruppe 1 Rn. 824; *Mosler* SD 1560 Rn. 42). Der Zweck kann den völligen Wegfall der Leistung rechtfertigen oder aber nur die anteilige Leistungskürzung.

42 Stehen **tarifvertragliche Leistungen** zur Überprüfung, so kommt es nicht auf alle denkbaren Zwecke an, die mit der betreffenden Leistung verfolgt werden können, sondern auf diejenigen, um die es den Tarifvertragsparteien nach ihrem im Tarifvertrag selbst zum Ausdruck gekommenen, durch die Tarifautonomie geschützten Willen geht (BAG 20. 6. 1995 AP TVG § 1 Tarifverträge: Nährmittelindustrie Nr. 1 mit Anm. *Schüren*; BAG 19. 2. 1998 AP BeschFG 1985 § 2 Nr. 68; BAG 14. 10. 1998 AP BetrAVG § 1 Zusatzversorgungskassen Nr. 46). Auf einfachgesetzlicher Ebene erlaubt § 6 I eine die Willkürgrenze des § 2 I berücksichtigende autonome Regelungskompetenz (*Hanau/Gilberg* BB 1995, 1238, 1240 „im Rahmen des Vertretbaren"). So ist die Zahlung eines **Überstundenzuschlags** erst ab Überschreiten der regelmäßigen wöchentlichen Arbeitszeit als Ausgleich für besondere körperliche Belastungen und um den AG vor übermäßiger Inanspruchnahme des AN abzuhalten als legitimer, sachlicher Grund hinzunehmen, auch wenn für andere Zweckuberlegungen ebensolche gewichtigen Argumente sprechen können (BAG 25. 7. 1996 EzA § 611 BGB Mehrarbeit Nr. 6; aA *Schüren* AP TVG § 1 Tarifverträge: Nährmittelindustrie Nr. 1). **Individualvertragliche Vereinbarungen** sind stets an ihrer objektiven Zweckbestimmung zu überprüfen, den Arbeitsvertragsparteien steht keine Richtigkeitsvermutung zur Seite, wie sie für Tarifvertragsparteien unterstellt wird.

43 Regelmäßig rechtfertigt der Leistungszweck nicht den völligen Wegfall der Leistung für Teilzeitbeschäftigte. Erfüllen TeilzeitAN ebenso wie VollzeitAN die (tariflichen) Voraussetzungen für eine **Schicht- oder Wechselschichtzulage,** so ist eine anteilige Kürzung unzulässig (BAG 23. 6. 1993 AP BAT § 34 Nr. 1). Das Gleiche gilt für **Spätarbeits- und Nachtarbeitszuschläge** (BAG 15. 12. 1998 AP BeschFG 1985 § 2 Nr. 71). Ebenso ist eine **Erschwerniszulage,** die für die mit der Fernmeldeaufklärung verbundenen Sicherheitsbestimmungen im Bereich der Bundesmarine gezahlt wird, auch an Teilzeitbeschäftigte ungekürzt zu zahlen (LAG Schleswig Holstein 17. 11. 1992 LAGE EWG Art. 119 Nr. 2). Gleiches gilt für eine **Schmutzzulage.** Nur dann, wenn die Teilzeitbeschäftigten der Belastung, zu deren Ausgleich die besondere Erschwerniszulage geleistet wird, auch nicht nur anteilig ausgesetzt sind, kann ihnen die Leistung ganz verwehrt werden (BAG 29. 1. 1992 AP BeschFG 1985 § 2 Nr. 18). Eine unterschiedliche Vergütung einer nach Art, Umfang und Zeitpunkt gleichen Arbeit kann nicht allein mit dem Hinweis auf den größeren Umfang der Freizeit gerechtfertigt werden (BAG 15. 12. 1998 AP BeschFG 1985 § 2 Nr. 71).

44 Wird eine Leistung als Anerkennung einer besonderen **Betriebstreue** (Jubiläumszuwendungen uä.) der AN erbracht oder soll sie zur **Versorgung** der AN **im Alter** beitragen, ist sie Voll- wie Teilzeitkräften gleichermaßen zu gewähren (BAG 25. 10. 1994 AP BeschFG 1985 § 2 Nr. 40). Werden Vollzeitbeschäftigten Sonderkonditionen für **Darlehen** zum Erwerb von Immobilien eingeräumt, um sie an das Unternehmen zu binden, spricht kein sachlicher Grund dafür, diese Konditionen nicht auch TeilzeitAN einzuräumen (BAG 27. 7. 1994 AP BeschFG 1985 § 2 Nr. 37). Mit dem Zweck eines **Übergangsgeldes,** das dem ausscheidenden AN als Überbrückungs- und Umstellungshilfe dient und die Aufrechterhaltung des bisherigen sozialen Status für einen bestimmten Zeitraum sicherstellt, ist eine Nichtgewährung an Teilzeitbeschäftigte nicht zu begründen (BAG 10. 11. 1994 AP BAT § 63 Nr. 11).

45 Die **Zulässigkeit einer anteiligen Kürzung** der Leistung hängt davon ab, ob der Entgeltcharakter der Leistung im Vordergrund steht oder ein anderer an die Dauer der Arbeitszeit anknüpfender, mit der Leistung verbundener Zweck (BAG 11. 12. 1996 AP BAT Zulagen §§ 22, 23 Nr. 19; *Schüren/Beduhn* AP BeschFG 1985 § 2 Nr. 35). Deshalb ist eine **Jubiläumszuwendung** ebensowenig anteilig zu kürzen (jetzt BAG 22. 5. 1996 AP BAT § 39 Nr. 1; aA noch BAG 25. 10. 1994 AP BeschFG 1985 § 2 Nr. 40) wie die **Erschwerniszulage** für mit der Fernmeldeaufklärung verbundene Sicherheitsbestimmungen (LAG Schleswig Holstein 17. 11. 1992 LAGE EWG Art. 119 Nr. 2, bestätigt durch BAG 8. 12. 1993 – 10 AZR 17/93 – nv.). Hat eine „**Sicherheitszulage**" jedoch unter Abwägung der jeweiligen Anspruchsvoraussetzungen, Ausschließungs- und Kürzungsregelungen primär Entgeltcharakter, so kommt es auf ihre Bezeichnung und die Motivation ihrer Gewährung nicht an. Für den Entgeltcharakter können die Abhängigkeit der Zulage von der Besoldungseinstufung und ihre Nichtgewährung in Zeiten, in denen dem AN keine Ansprüche auf Vergütung, Urlaubsvergütung oder Krankenbezüge zustehen, sprechen (BAG 11. 12. 1996 AP BAT Zulagen §§ 22, 23 Nr. 19). Kürzungsfähig ist auch eine **Funktionszulage,** die ein Arbeitsentgelt für die Verrichtung von Arbeit in einer

VI. Anspruchsvoraussetzungen § 2 BeschFG 180

bestimmten Funktion darstellt (BAG 17. 4. 1996 AP BAT §§ 22, 23 Zulagen Nr. 18). Eine an der Grundvergütung orientierte anteilige Kürzung von **Weihnachtsgratifikation, Urlaubsentgelt** nach § 11 BUrlG und einem eventuell gewährten zusätzlichem **Urlaubsgeld** ist zulässig (BAG 24. 10. 1989 AP BUrlG § 11 Nr. 29; BAG 15. 11. 1989 AP BeschFG 1985 § 2 Nr. 11; BAG 6. 12. 1990 AP BeschFG 1985 § 2 Nr. 12). Zwar werden diese Leistungen (auch) zum Ausgleich erhöhter Ausgaben anläßlich des Weihnachtsfestes bzw. Urlaubs gezahlt, die für Teilzeitbeschäftigte wie Vollzeitbeschäftigte gleichermaßen anfallen. Dennoch überwiegt hier der Entgeltcharakter der Leistung wesentlich.

Sozialplanabfindungen orientieren sich gemeinhin an der Dauer des Arbeitsverhältnisses. Ihr Ziel 46 ist der Ausgleich und die Milderung wirtschaftlicher Nachteile und damit die Sicherung des persönlichen Besitzstandes, für den die Arbeitszeit, nach welchem sich das Arbeitsentgelt richtet, wesentlich ist. Sie können daher entsprechend der Vergütung bei Teilzeitbeschäftigten geringer berechnet werden als bei Vollzeitbeschäftigten (BAG 28. 10. 1992 AP BetrVG § 112 Nr. 66; BAG 28. 4. 1993 AP BetrVG § 112 Nr. 67). Für eine **Sozialzulage**, die sich allein am Familienstand und an der Kinderzahl orientiert, muß sich ein Kürzungswille aus dem Tarifvertrag erschließen (BAG 7. 10. 1992 AP TVG § 1 Tarifverträge: Einzelhandel Nr. 34). Versorgungssatzungen, die Teilzeitbeschäftigten entsprechend ihrer geringeren Arbeitszeit eine niedrigere **Gesamtversorgung** als Vollzeitkräften gewähren, verstößt nicht gegen § 2 I. Die Anrechnung der vollen Sozialversicherungsrente entspricht dem Versorgungsziel und der Ergänzungsfunktion der Zusatzversorgung (BAG 14. 10. 1998 AP BetrAVG § 1 Zusatzversorgungskassen Nr. 46).

Führt die Gewährung einer Vergünstigung auch an Teilzeitbeschäftigte zu einer **Veränderung des** 47 **Leistungszwecks**, dh. der Art der Leistung, dann rechtfertigt dies eine Ungleichbehandlung. Daher haben TeilzeitAN keinen Anspruch auf bezahlte Freistellung an Tagen, an denen der AG ab 12 Uhr Arbeitsbefreiung unter Fortzahlung der Vergütung gewährt (Heiligabend und Silvester). Denn es handelt sich bei den fraglichen Freistellungen um **streng anlaß- und zeitbezogene Freistellungen**, die mit der Einräumung von Urlaub oder bezahlter Freistellung zu anderen Zeiten nicht zu vergleichen sind. Die bezahlte Freistellung **knüpft an die Lage** und nicht an die Dauer **der Arbeitszeit an** (HzA/ *Linck* Gruppe 1 Rn. 880 f.; *Wank* SAE 1994, 195, 196 f.) Der AG berücksichtigt insoweit nationale Besonderheiten und – regional bei Freistellung an Karneval – örtliches Brauchtum (BAG 26. 5. 1993 AP EWG-Vertrag Art. 119 Nr. 42). Fällt die individuelle Arbeitszeit jedoch auf einen Feiertag, hat ein teilzeitbeschäftigter AN, der nach seinem Arbeitsvertrag regelmäßig am „langen Samstag" (§ 3 I Nr. 3 LadSchlG) zu arbeiten hat, auch dann einen Anspruch auf Feiertagslohn für den gesetzlichen Feiertag, wenn der AN an dem darauf folgenden langen Samstag arbeiten muß (BAG 10. 7. 1996 AP FeiertagslohnzahlungsG § 1 Nr. 69).

Erhält eine teilzeitbeschäftigte Lehrkraft zwar eine anteilige Vergütung wie Vollzeitkräfte, berechnet 48 sich die Vergütung jedoch für sie auf einer 30 Stunden-Basis, für die Vollzeitkräfte aber auf einer 28 Stunden-Basis, da sie noch zu einem Zeitpunkt in das Arbeitsverhältnis eingestellt worden sind, als das Unterrichtssoll nach der für sie geltenden Musikschullehrer-Richtlinie noch zwei Unterrichtsstunden weniger vorsah, dann liegt nach der Ansicht des BAG und auch der Literatur in der **Wahrung sozialer Besitzstände** ein sachlicher Grund für eine unterschiedliche Behandlung (BAG 26. 5. 1993 AP BeschFG 1985 § 2 Nr. 29; AR-Blattei/*Mosler* SD 1560 Rn. 43).

b) Motivation und Arbeitsmarktlage. Die überwiegend behauptete, in der Sache aber nicht be- 49 wiesene geringere Motivation oder Eingliederungsbereitschaft Teilzeitbeschäftigter hat das BAG mangels Nachweislichkeit zu Recht als Sachgrund unberücksichtigt gelassen. Im Gegenteil könne die geringere Arbeitszeit sogar zu qualitativ und quantitativ besseren Arbeitsleistungen führen (BAG 25. 10. 1994 AP BeschFG 1985 § 2 Nr. 40; vgl. auch MünchArbR/*Schüren* § 157 Rn. 84). An einem substantiierten Vortrag fehlte es der Rspr. bislang auch, soweit AG vortrugen, Teilzeitbeschäftigte stünden am Arbeitsmarkt beliebig zur Verfügung, Vollzeitkräfte hingegen seien schwer zu gewinnen (BAG 27. 7. 1994 AP BeschFG 1985 § 2 Nr. 37).

c) Unternehmerische Entscheidungen im Kündigungsrecht. Wirken sich **betriebsbedingte Kün-** 50 **digungen** primär bei Teilzeitbeschäftigten aus, kann § 2 I verletzt sein. Es ist allerdings der Entscheidung des AG überlassen, ob ein Arbeitskräfteüberhang durch eine geringere Zahl von Beendigungskündigungen oder durch eine höhere Zahl von Änderungskündigungen zur Reduzierung der Arbeitszeit abgebaut werden soll (BAG 19. 5. 1993 AP KSchG 1969 § 2 Nr. 31). Nicht gerechtfertigt ist es, ein Arbeitsverhältnis im Rahmen der **Sozialauswahl** nach § 1 III KSchG allein deshalb als sozial weniger schutzbedürftig einzustufen, weil das Arbeitsverhältnis lediglich Teilzeitbeschäftigung bzw. eine Nebentätigkeit darstellt. Das BAG macht die Notwendigkeit einer Sozialauswahl zwischen Vollzeit- und TeilzeitAN vom Inhalt der kündigungsbegründenden Unternehmerentscheidung abhängig (BAG 3. 12. 1998 EzA KSchG § 1 Soziale Auswahl Nr. 37 mit Anm. *Preis/Bütefisch*; ähnl. *Hueck/v. Hoyningen-Huene* KSchG § 1 Rn. 443; AR-Blattei/*Linck*, SD 1020.1.2 Rn. 58 f.; *Oetker*, FS für Wiese, 1998, S. 333, 349). Dieser Auffassung kann nur gefolgt werden, wenn die unternehmerische Entscheidung entsprechend der allgemeinen Grundsätze (Rn. 36 ff.) auf ihre Dringlichkeit hin überprüft wird. Das Erfordernis einer strengen Prüfung ergibt sich nicht nur aus den Wertungen des § 1 III 2 KSchG, sondern insbesondere auch aus dem Diskriminierungsverbot des § 2 I BeschFG (so

Preis

180 BeschFG § 2 Verbot der unterschiedlichen Behandlung

auch in BAG 24. 4. 1997 AP KSchG 1969 § 2 Nr. 42; vgl. näher hierzu APS/*Preis* § 2 BeschFG Rn. 22 ff.).

51   d) **Wirtschaftlichkeitsüberlegungen.** Die Beschäftigung von Teilzeitkräften kann in einigen Branchen mit erheblichen Mehrkosten verbunden sein (*Bertelsmann/Rust* RdA 1985, 146 ff.). Hieraus kann ein Bedürfnis resultieren, ausschließlich Vollzeitkräfte zu beschäftigen, das eine Ungleichbehandlung Teilzeit- und Vollzeitbeschäftigter rechtfertigt (EuGH 13. 5. 1986 EAS EGV Art. 119 Nr. 13 = AP EWG-Vertrag Art. 119 Nr. 10; BAG 14. 10. 1986 AP EWGV Art. 119 Nr. 11). Voraussetzung ist aber, daß das Unternehmen sich deutlich für die Vollzeitbeschäftigung engagiert und nicht nur die Mehrkosten der Teilzeitbeschäftigung auf diese ANgruppe abwälzt. Bislang konnte die Ungleichbehandlung in keinem Fall in einen plausiblen Zusammenhang mit dem Unternehmensziel gebracht werden (BAG 27. 7. 1994 AP BeschFG 1985 § 2 Nr. 37).

52   e) **Beschäftigungsdauer und Erfahrungswissen.** Vielfach hängen ANAnsprüche von der individuellen Beschäftigungszeit ab, die für Teilzeitbeschäftigte länger bemessen wird als für Vollzeitkräfte (HzA/*Linck* Gruppe 1 Rn. 888 f.). Längere Betriebszugehörigkeit als Voraussetzung für die Erlangung eines besonderen tariflichen Kündigungsschutzes für Teilzeitbeschäftigte gegenüber Vollzeitbeschäftigten erachtet das BAG für nicht gerechtfertigt (BAG 13. 3. 1997 AP BeschFG 1985 § 2 Nr. 54). Eine längere Bewährungszeit Teilzeitbeschäftigter ist nur dann gerechtfertigt, wenn zwischen der Art der ausgeübten Tätigkeit und der Erfahrung, die die Ausübung dieser Tätigkeit nach einer bestimmten Anzahl geleisteter Arbeitsstunden verschafft, eine Beziehung besteht (EuGH 7. 2. 1991 EAS EGV Art. 119 Nr. 20 = AP BAT § 23 a Nr. 25). Zu berücksichtigen sind stets die Umstände des Einzelfalls. Das **Erfahrungswissen** des Vollzeitbeschäftigten darf nach Ablauf der regelmäßigen Bewährungszeit **nicht nur unwesentlich größer** sein als dasjenige des Teilzeitbeschäftigten (BAG 2. 12. 1992 AP BAT § 23 a Nr. 30; hierzu *Däubler*, FS für Gnade, 1992, S. 95, 109).

53   f) **Soziale Lage.** Das BAG lehnt die soziale Lage eines AN als Rechtfertigungsgrund ab, weil als solche nur Gründe aus dem Bereich der Arbeitsleistung in Betracht kommen (BAG 1. 11. 1995 AP BeschFG 1985 § 2 Nr. 45; unter Aufgabe von BAG 22. 8. 1990 AP BeschFG 1985 § 2 Nr. 8; BAG 11. 3. 1992 AP BeschFG 1985 § 1 Nr. 19). Der AG schuldet dem AN keinen „Soziallohn" oder dessen Alimentation nach beamtenrechtlichen Grundsätzen. Soweit der Lohnfindung soziale Gesichtspunkte Berücksichtigung finden sollen, müssen sie gleichermaßen auf Vollzeit- wie Teilzeitkräfte angewendet werden (BAG 1. 11. 1995 AP BeschFG 1985 § 2 Nr. 45; bestätigt durch BAG 9. 10. 1996 AP BeschFG 1985 § 2 Nr. 50). Zu einem entsprechenden Ergebnis kommt das BAG auch für den Fall, daß ein teilzeitbeschäftigter AN eine geringere Vergütung mit Hinweis auf seine **familienrechtlichen Unterhaltsansprüche und die Versicherungsfreiheit von Studenten in der Sozialversicherung** erhält (BAG 28. 3. 1996 AP BeschFG 1985 § 2 Nr. 49; BAG 12. 6. 1996 AP BGB § 611 Werkstudent Nr. 4). Die Eigenschaft eines AN als Student steht in keinem Zusammenhang mit dem Arbeitsverhältnis und verändert nicht den Wert der Arbeitsleistung. Die Gegenleistung für die Arbeit besteht unabhängig von Steuerklasse, Freibeträgen und Sozialversicherungsbeiträgen und damit von den privaten Lebensumständen in der Zahlung von Bruttobeträgen durch den AG. Die Lebensumstände bedingen zwar die Höhe der steuerlichen Abzüge, dürfen aber nicht die Höhe des Arbeitsentgelts beeinflussen (BAG 12. 6. 1996 AP BGB § 611 Werkstudent Nr. 4).

54   g) **Strukturprinzipien der Sozialpolitik; geringfügig Beschäftigte.** Im Zusammenhang mit der Frage nach der Zulässigkeit des Ausschlusses geringfügig teilzeitbeschäftigter AN aus der Sozialversicherung hat der EuGH die für den Ausschluß vorgetragenen sozial- und beschäftigungspolitischen Ziele objektiv nicht mit einer Diskriminierung aufgrund des Geschlechts in Verbindung stehend eingestuft (EuGH 14. 12. 1995 EAS RL 79/7/EWG Nr. 18 und 19 = AP EWG-Richtlinie Nr. 79/7 Nr. 1). Das BAG hat daraufhin für den Fall des Ausschlusses geringfügig Teilzeitbeschäftigter von der als Gesamtversorgungssystem ausgestalteten **Zusatzversorgung im öffentlichen Dienst** sachliche Gründe in der Anknüpfung an das Sozialversicherungsrecht gesehen. (BAG 27. 2. 1996 AP BetrAVG § 1 Gleichbehandlung Nr. 28; BAG 12. 3. 1996 AP TV Arb Bundespost § 24 Nr. 1).

55   Im übrigen sind **geringfügig Beschäftigte** als TeilzeitAN jedoch wie diese mit den Vollzeitbeschäftigten gleich zu behandeln. Dies hat auch der EuGH unter dem Gesichtspunkt der Entgeltgleichheit (Art. 141 EG) in ausdrücklicher Abgrenzung zu der unter Rn. 54 wiedergegebenen Entscheidung anerkannt (EuGH 9. 9. 1999 EAS EG-Vertrag Art. 119 Nr. 51). Sie haben Anspruch auf Zahlung des anteiligen (Tarif-)lohnes (BAG 25. 1. 1989 AP BeschFG 1985 § 2 Nr. 2), auf Samstags- und Sonntagszuschläge, auf vermögenswirksame Leistungen, Weihnachts- und Urlaubsgeld und auf Abgeltung von Tarifurlaub (BAG 19. 6. 1991 – 5 AZR 310/90 – nv.; LAG München 1. 10. 1998 – 4 Sa 1366/97). Das gilt auch, wenn der Tarifvertrag in seinem Geltungsbereich geringfügig Beschäftigte ausdrücklich ausklammert. Ferner haben sie Anspruch auf Zeitzuschläge für Feiertags- und Nachtarbeit (ArbG Marburg 2. 9. 1994 BB 1995, 1853), auf Gratifikationen wie Weihnachts- und Jubiläumsgeld (LAG Hessen 14. 3. 1995 NZA 1995, 1162). Geringfügig Beschäftigte sind hinsichtlich der Dauer des Erholungsurlaubs, einer Arbeitsbefreiung und Schichtzulage gleich zu behandeln (BAG 28. 3. 1996 AP BeschFG 1985 § 2 Nr. 49). Bei ihrer Eingruppierung hat der AG – auch bei Vereinbarung eines Nettolohnes – den BR nach § 99 BetrVG zu beteiligen (BAG 18. 6. 1991 AP BetrVG 1972 § 99

VII. Übersicht zu Einzelfragen § 2 BeschFG 180

Nr. 92). Ihr Anspruch auf Entgeltfortzahlung im Krankheitsfall ist nach den einschlägigen Urteilen des EuGH (13. 7. 1989 AP EWG-Vertrag Art. 119 Nr. 16) und des BAG (9. 10. 1991 AP LohnFG § 1 Nr. 95) nunmehr gesetzlich fixiert (§ 3 I EFZG). Soweit in Gesamtversorgungssystemen Teilzeitkräfte, die nur geringfügig beschäftigt werden und deshalb nicht der gesetzlichen Rentenversicherungspflicht unterliegen, von der Zusatzversorgung ausgenommen werden, gibt es dafür einleuchtende Gründe. Dieser Ausschluß trägt insbesondere der Ergänzungsfunktion der Zusatzversorgung Rechnung. Die Verzahnung mit dem Rentenversicherungsrecht entspricht dem Sinn und Zweck des Gesamtversorgungssystems (BAG 27. 2. 1996 AP BetrAVG § 1 Gleichbehandlung Nr. 28). Im Hinblick auf die geänderte sozialrechtliche Behandlung der geringfügig Beschäftigten (hierzu § 8 SGB IV Rn. 7 ff.) kann dies jedoch nur bis zum 31. 3. 1999 angenommen werden (BAG 22. 2. 2000 AP BetrAVG § 1 Gleichbehandlung Nr. 44 = NZA 2000, 659; s. a. *Ackermann* NZA 2000, 465; *Fodor* DB 1999, 800). Die Ungleichbehandlung war schon nach der früheren Rechtslage nicht gerechtfertigt, sofern auch geringfügige Beschäftigungsverhältnisse kraft Zusammenrechnung (vgl. hierzu § 8 SGB IV) der Sozialversicherungspflicht unterliegen (BAG 27. 2. 1996 AP BetrAVG § 1 Gleichbehandlung Nr. 28).

h) Beamtenrechtliche Bestimmungen. Die Angleichung des Beihilferechts für Beamte und Angestellte des öffentlichen Dienstes rechtfertigt keine Ungleichbehandlung von Vollzeit- und (unterhälftig) Teilzeitbeschäftigten. Gewährt ein AG des öffentlichen Dienstes seinen Angestellten **Beihilfen in Krankheits-, Geburts- und Todesfällen**, so muß er diese auch dann an unterhälftig teilzeitbeschäftigte Angestellte erbringen, wenn er sie unterhälftig teilzeitbeschäftigten Beamten verwehrt (BAG 17. 6. 1993 AP BeschFG 1985 § 2 Nr. 32 m. Anm. *Schüren/Beduhn*; BAG 25. 9. 1997 AP BeschFG 1985 § 2 Nr. 63). Arbeits- und Beamtenverhältnisse unterscheiden sich so wesentlich, daß sie nicht miteinander verglichen werden können (BAG 17. 12. 1992 AP BGB § 242 Gleichbehandlung Nr. 105; § 611 Rn. 864). Während der Dienstherr dem Beamten gegenüber verfassungsrechtlich zu Beihilfeleistungen verpflichtet ist, besteht diese Verpflichtung gegenüber Angestellten des öffentlichen Dienstes nicht. Wird den Angestellten dennoch eine Beihilfe gewährt, so muß der Dienstherr das Diskriminierungsverbot des § 2 I beachten. Die Zulässigkeit der **anteiligen Kürzung** der Beihilfe ist Auslegungsfrage (BAG 17. 6. 1993 AP BeschFG 1985 § 2 Nr. 32 mit Anm. *Schüren/Beduhn*). Die Auslegung hat den inneren Zusammenhang zwischen Arbeitszeitdauer und Leistungszweck zu beachten. Dient die Beihilfe nicht der Deckung des vollen Bedarfs der Anspruchsberechtigten, sondern stellt sie nur noch einen **anlaßbezogenen Zuschuß zur laufenden Vergütung** dar, ist die anteilige Kürzung in einer Tarifnorm entsprechend der geringeren Arbeitszeit gerechtfertigt (zu § 40 MTA und § 40 BAT vgl. BAG 19. 2. 1998 AP BeschFG 1985 § 2 Nr. 68 und BAG 19. 2. 1998 AP BAT § 40 Nr. 12). 56

i) Tarifvertragliche und kirchliche Regelungen. § 6 I erlaubt, daß in TV von den Regelungen des Zweiten Abschnittes des BeschFG und damit seinem Wortlaut nach auch von dem Verbot der Ungleichbehandlung aus § 2 I zuungunsten der AN abgewichen werden kann. Das BAG schränkt § 6 I allerdings zutreffend verfassungskonform dahingehend ein, daß die Norm den TVParteien nur sachlich gerechtfertigte Ungleichbehandlungen gestattet (BAG 25. 1. 1989 AP BeschFG 1985 § 2 Nr. 2 mit Anm. *Berger-Delhey*; § 6 Rn. 7 ff.). Entsprechendes gilt für die in § 6 III erlaubte Abweichung durch **kirchliche Arbeitsvertragsrichtlinien** (BAG 6. 12. 1990 AP BeschFG 1985 § 2 Nr. 12). 57

VII. Übersicht zu Einzelfragen

Ein Anspruch auf Gleichbehandlung Teilzeitbeschäftigter wurde von der Rspr. bei folgenden Maßnahmen und Vereinbarungen prinzipiell bejaht, sofern nicht ein sachlicher Differenzierungsgrund (Rn. 36 ff.) gegeben ist: **Altersbedingte Arbeitszeitverkürzung** (BAG 3. 3. 1993 BGB § 611 Lehrer, Dozenten Nr. 97; BAG 29. 1. 1992 AP BeschFG 1985 § 2 Nr. 18; BAG 30. 9. 1998 AP BeschFG 1985 § 2 Nr. 70); **Beihilfen** (BAG 17. 6. 1993 AP BeschFG 1985 § 2 Nr. 32 m. Anm. *Schüren/Beduhn*; BAG 25. 9. 1997 AP BeschFG 1985 § 2 Nr. 63); **Betriebliche Altersversorgung** (st. Rspr. seit BAG 6. 4. 1982 AP BetrAVG § 1 Gleichbehandlung Nr. 1; BAG 28. 7. 1992 AP BetrAVG § 1 Gleichbehandlung Nr. 18; BAG 25. 10. 1994 AP BeschFG 1985 § 2 Nr. 40; BAG 7. 3. 1995 AP BetrAVG § 1 Gleichbehandlung Nr. 26; BAG 16. 1. 1996 AP GG Art. 3 Nr. 222; BAG 27. 2. 1996 AP BetrAVG § 1 Gleichbehandlung Nr. 28; BAG 12. 3. 1996 AP TV Arb Bundespost § 24 Nr. 1; BAG 9. 10. 1996 AP BeschFG 1985 § 2 Nr. 50); Anrechnung von **Betriebszugehörigkeits- und Dienstzeiten** (BAG 5. 11. 1992 TV Arb Bundespost § 10 Nr. 5; BAG 16. 3. 1993 EzA BeschFG § 2 Nr. 35; BAG 15. 5. 1997 AP BAT § 3 Nr. 9); **Bewährungsaufstieg** (BAG 25. 9. 1991 AP BeschFG 1985 § 2 Nr. 13; BAG 25. 9. 1991 AP BeschFG 1985 § 2 Nr. 14; BAG 9. 3. 1994 AP BAT § 23 a Nr. 31); **Darlehen** (BAG 27. 7. 1994 AP BeschFG 1985 § 2 Nr. 37); unterschiedliche Vergütung bei Teilzeitarbeit während des **Erziehungsurlaubs** (BAG 23. 4. 1996 AP BErzGG § 17 Nr. 7); **Entgelt** (BAG 16. 6. 1993 AP BeschFG 1985 § 2 Nr. 26; BAG 15. 11. 1994 AP BeschFG 1985 § 2 Nr. 39; BAG 1. 11. 1995 AP BeschFG 1985 § 2 Nr. 45; BAG 1. 11. 1995 AP BeschFG 1985 § 2 Nr. 46); **Entgelterhöhung** (BAG 29. 1. 1992 AP BeschFG 1985 § 2 Nr. 16 zum Ausgleich tariflicher Arbeitszeitverkürzung; BAG 5. 11. 1992 TV Arb Bundespost § 10 Nr. 5 – Tarifanpassung); **Feiertagslohn** (BAG 10. 7. 1996 AP Feiertagslohnzah- 58 lungsG § 1 Nr. 69); **Geringfügig Beschäftigte** (hierzu Rn. 55); Tariflicher **Kündigungsschutz** (BAG 13. 3. 1997 AP BeschFG 1985 § 2 Nr. 54; LAG Köln 3. 7. 1996 LAGE BeschFG 1985 § 2 Nr. 32); **Jubiläumszuwendungen** (BAG 22. 5. 1996 AP BAT § 39 Nr. 1); **Sozialplanregelungen** (BAG 28. 10. 1992 AP BetrVG § 112 Nr. 66; BAG 28. 4. 1993 AP BetrVG § 112 Nr. 67); **Übergangsgeld** (BAG 7. 11. 1991 AP BAT § 62 Nr. 14; BAG 10. 11. 1994 AP BAT § 63 Nr. 11); anteilige tarifgerechte **Überstundenvergütung** bei Mehrarbeit (BAG 21. 4. 1999 AP BeschFG 1985 § 2 Nr. 72; **Überstundenzuschläge** (hierzu Rn. 42); **Urlaubsentgelt und Urlaubsgeld** (BAG 24. 10. 1989 AP BUrlG § 11 Nr. 29; BAG 15. 11. 1989 AP BeschFG 1985 § 2 Nr. 11; BAG 23. 4. 1996 AP BErzGG § 17 Nr. 7); **Weihnachtsgratifikationen und andere Sondervergütungen** (BAG 6. 12. 1990 AP BeschFG 1985 § 2 Nr. 12; abw. und problematisch BAG 19. 4. 1995 AP BGB § 242 Gleichbehandlung Nr. 124); **Zulagen** (Erschwerniszulage: LAG Schleswig Holstein 17. 11. 1992 LAGE Art. 119 EWG Nr. 2; Funktionszulagen: BAG 17. 4. 1996 AP BAT §§ 22, 23 Zulagen Nr. 18; LAG Hamm 24. 9. 1998 ZTR 1999, 32; Schmutzzulage: BAG 29. 1. 1992 AP BeschFG 1985 § 2 Nr. 18; Spätarbeit- und Nachtarbeitszulage BAG 15. 12. 1998 AP BeschFG 1985 § 2 Nr. 71; Sozialzulage: BAG 7. 10. 1992 AP TVG § 1 Tarifverträge: Einzelhandel Nr. 34; Wechselschichtzulage: BAG 23. 6. 1993 AP BAT § 34 Nr. 1).

59 Prinzipiell verneint dagegen: **Arbeitsfreistellung** ab 12.00 Uhr am 24. 12. und 31. 12. (BAG 26. 5. 1993 AP EWG-Vertrag Art. 119 Nr. 42); Zuschläge für **Bereitschaftsdienst** (BAG 21. 11. 1991 AP BAT § 34 Nr. 2 = SAE 1993, 34 mit abl. Anm. *Coester*); Gruppenbildung nach dem Umfang der Arbeitszeit bei **Direktversicherung** (BAG 5. 10. 1993 AP BetrAVG § 1 Lebensversicherung Nr. 20; bei relativ gleicher Einteilung zum **Wochenenddienst** (BAG 1. 12. 1994 AP BeschFG 1985 § 2 Nr. 41; aber nicht bei überproportionaler Einteilung BAG 24. 4. 1997 AP KSchG 1969 § 2 Nr. 42).

VIII. Beweislast

60 Es gelten die **allgemeinen Beweislastregeln,** nach denen jede Partei die Voraussetzungen der für sie günstigen Normen darzulegen und erforderlichenfalls zu beweisen hat (GK-TzA/*Lipke* § 2 Rn. 99). Die Beweiserleichterung des **§ 611 a I 3 BGB greift nicht** (AR-Blattei/*Mosler* SD 1560 Rn. 55; GK-TzA/*Lipke* § 2 Rn. 100).

61 Der teilzeitbeschäftigte **AN** hat die unterschiedliche Behandlung wegen der Teilzeitarbeit darzulegen und zu beweisen. Er hat auch auszuführen, warum der AG an einen bestimmten Behandlungsmaßstab gebunden ist (GK-TzA/*Lipke* § 2 Rn. 100). Kann der AN seiner Beweispflicht nicht nachkommen, weil er Tatsachen aus der Sphäre des AG darlegen muß, die für ihn unzugänglich sind, so ist nach den Grundsätzen der abgestuften Darlegungs- und Beweislast zu verfahren (für einen **Auskunftsanspruch** GK-TzA/*Lipke* § 2 Rn. 100). Darüber hinaus können Beweislasterleichterungen bei undurchschaubaren Vergütungssystemen greifen (EuGH 17. 10. 1989 EAS RL 75/117/EWG Art. 1 Nr. 12 = NZA 1990, 772; Stücklohnsystem: EuGH 31. 5. 1995 EAS Art. 119 EGV Nr. 36 = AP EWG-Vertrag Art. 119 Nr. 68). Der AG hat, wenn er AN mit ähnlicher Tätigkeit nach unterschiedlichen Vergütungssystemen entlohnt, darzulegen, wie groß der begünstigte Personenkreis ist, wie er sich zusammensetzt, wie er abgegrenzt ist und warum der klagende AN nicht dazugehört (BAG 19. 8. 1992 AP BGB § 242 Gleichbehandlung Nr. 102).

62 Der **AG** muß darlegen und beweisen, daß die Ungleichbehandlung auf einem sachlichen Grund gemäß § 2 I beruht (*v. Hoyningen-Huene* NJW 1985, 1801, 1802; *Lorenz* NZA 1985, 473, 474; *Schwerdtner* NZA 1985, 577, 581). Das kann unmittelbar der sprachlichen Fassung des § 2 entnommen werden, der nach einem Regel-Ausnahme-Schema aufgebaut ist (BAG 29. 1. 1992 AP BeschFG 1985 § 2 Nr. 18).

IX. Rechtsfolgen

63 Ein Verstoß gegen § 2 I führt nach § 134 BGB zur Nichtigkeit der diskriminierenden Vereinbarung oder Maßnahme. § 2 I ist ein Diskriminierungsverbot, das zur Unwirksamkeit des diskriminierenden Anspruchsausschlusses und zur uneingeschränkten Anwendung der der begünstigenden Regelung führt (BAG 15. 12. 1998 AP BeschFG 1985 § 2 Nr. 19). Ein Arbeits- oder Tarifvertrag ist hinsichtlich der diskriminierenden Regelung teilnichtig (BAG 25. 1. 1989 AP BeschFG 1985 § 2 Nr. 2 mit Anm. *Berger-Delhey*; AR-Blattei/*Mosler* SD 1560 Rn. 48). Als Folge der Nichtigkeit einer Vergütungsabrede hat der AN einen Anspruch auf die übliche Vergütung gemäß **§ 612 II BGB** (BAG 26. 9. 1990 AP BeschFG 1985 § 2 Nr. 9). Diese kann sich aus einem auf das Arbeitsverhältnis anwendbaren Tarifvertrag oder Entlohnungssystem ergeben (BAG 15. 11. 1994 AP BeschFG 1985 § 2 Nr. 39). Im öffentlichen Dienst ist dies generell die tarifliche Vergütung, weil dort tarifliche Regelungen unabhängig von der Tarifgebundenheit angewandt werden (BAG 25. 1. 1989 AP BeschFG 1985 § 2 Nr. 2; BAG 26. 9. 1990 AP BeschFG 1985 § 2 Nr. 9). Werden die VollzeitAN jedoch **übertariflich entlohnt** und die Teilzeitbeschäftigten tariflich und liegt die Diskriminierung gerade darin, daß für diese übertarifliche Entlohnung kein rechtfertigender Grund vorliegt, so ist der übertarifliche Lohn der nach § 612 II BGB als üblich anzusehende (BAG 26. 5. 1993 AP BGB § 612 Diskriminierung Nr. 2). Ohne Rücksicht auf den Grund einer Vergütungserhöhung sind Teilzeitbeschäftigte aber auch an faktischen

Entgelterhöhungen durch **Absenkung eines Pflichtstundendeputats** zu beteiligen (BAG 3. 3. 1993 AP BGB § 611 Lehrer, Dozenten Nr. 97).

Für die Vergangenheit kann dem **Gleichheitsverstoß nur durch** Gleichbehandlung mit den 64 bevorzugten Vollzeitarbeitnehmern abgeholfen werden (vgl. § 611 Rn. 873; vgl. auch BAG 28. 7. 1992 AP BetrAVG § 1 Gleichbehandlung Nr. 18). Werden infolge einer Entgeltanpassung sozialversicherungsrechtliche Grenzen überschritten, die zu einer **ungewollten Versicherungspflicht** führen, so können die Arbeitsvertragsparteien dieser Folge nur für die Zukunft durch eine Absenkung der Arbeitsstundenverpflichtung begegnen (MünchArbR/*Schüren* § 157 Rn. 88; aA *Hunold* DB 1991, 1670, 1671 f.).

Infolge des Gleichbehandlungsanspruchs werden die Teilzeitkräfte auf **das Niveau der Vollzeit-** 65 **kräfte angehoben**. Andere Möglichkeiten, eine Gleichbehandlung herbeizuführen – etwa durch Rückforderung der den begünstigten Arbeitnehmern gewährten Leistung – werden aus Bestandsschutzgesichtspunkten, jedenfalls aber faktisch nicht in Betracht kommen (für den allgemeinen arbeitsrechtlichen Gleichbehandlungsgrundsatz vgl. BAG 13. 11. 1985 AP GG Art. 3 Nr. 136).

Es ist damit jedoch nicht vorbestimmt, daß die günstigere Regelung **für die Zukunft** festge- 66 schrieben ist (vgl. EuGH 28. 9. 1994 EAS Art. 119 EGV Nr. 28 = AP EWG-Vertrag Art. 119 Nr. 57). Im Rahmen der rechtlichen Grenzen (zB Änderungskündigung) steht es dem AG frei, neue (Entgelt-)regelungen zu finden, die das Diskriminierungsverbot des § 2 I beachten.

Bei zeitabhängigen Leistungen (zB Entgelt) haben die Teilzeitbeschäftigten nur einen Anspruch auf 67 **die anteilige Leistung**. Es ist gerade Ausdruck der Gleichbehandlung, daß Teilzeitarbeit nach dem zeitlichen Anteil der Arbeitsleistung im Vergleich zur Vollzeitarbeit vergütet wird (BAG 25. 10. 1994 AP BeschFG 1985 § 2 Nr. 40). So wird zB zulässigerweise das Arbeitsentgelt, das Urlaubsgeld/-entgelt oder – bei entsprechender Zweckbestimmung – eine freiwillige Sozialleistung (zB Betriebsrente) oder Sonderzuwendung (BAG 25. 10. 1994 AP BeschFG 1985 § 2 Nr. 40) anteilig gekürzt. Die mit der Teilzeitarbeit begründete Zahlung einer **geringeren Vergütung** stellt jedoch eine Diskriminierung dar (zB Stundenvergütung anstelle von Monatsvergütung, vgl. nur BAG 25. 1. 1989 AP BeschFG 1985 § 2 Nr. 2).

Abgelehnt hat das BAG einen auf § 286 BGB gestützten **Verzugsschaden** gegen einen AG, der 68 trotz einer gegen ihn ergangenen zweitinstanzlichen Entscheidung noch das Urteil des BAG abwartete, bevor er der berechtigten Forderung der teilzeitbeschäftigten Klägerin auf gleiche Entlohnung mit den Vollzeitkräften nachkam. Aufgrund der unklaren Regelung des § 6 I hinsichtlich der Reichweite des Tarifvorranges befand sich der AG wegen eines **entschuldbaren Rechtsirrtums** nicht in Verzug. Er durfte zunächst eine höchstrichterliche Entscheidung abwarten, da er sich für seine Rechtsauffassung auf eine abweichende höchstrichterliche Entscheidung berufen und geltend machen konnte, daß die Auffassung auch im Gesetzgebungsverfahren vertreten worden war (BAG 12. 11. 1992 AP BGB § 285 Nr. 1). **Für die Zukunft** werden sich AG jedoch nicht mehr erfolgreich auf einen entschuldbaren Rechtsirrtum berufen können, da es derweil unumstritten ist, daß auch die Tarifvertragsparteien an das Diskriminierungsverbot des § 2 I gebunden sind (BAG 12. 6. 1996 AP BGB § 611 Werkstudent Nr. 4). Auch bei Änderung der Rspr. hat das BAG ein Verschulden des AG verneint (BAG 9. 10. 1996 AP BeschFG 1985 § 2 Nr. 50).

Geltung von Ausschlußfristen: Das BAG wendet tarifliche Ausschlußfristen auf Gleichbehand- 69 lungsansprüche (geringfügig) Teilzeitbeschäftigter, die vom Anwendungsbereich eines Tarifvertrages unter Verstoß gegen § 2 I ausgeschlossen worden sind, nicht an. Für dieses Ergebnis werden unterschiedliche Begründungen herangezogen. Rechtsfolge des Verstoßes gegen § 2 I ist die Nichtigkeit nach § 134 BGB. An die Stelle der entfallenen Vergütungsregelung tritt § 612 II BGB, der lediglich die Höhe der Vergütung in Anlehnung an die tarifliche Vergütung regelt. Tarifvertragliche Ausschlußfristen müssen – sofern sie nicht kraft Tarifgebundenheit gelten – **zu ihrer Wirksamkeit einzelvertraglich vereinbart** werden (BAG 26. 9. 1990 AP BeschFG 1985 § 2 Nr. 9; 19. 6. 1991 – 5 AZR 310/90 – nv.). Der Gleichbehandlungsanspruch hinsichtlich des Tariflohns führt daher nicht zu einer Gleichbehandlung hinsichtlich der nachteiligen Bestimmungen eines Tarifvertrages. Unklar ist die Rechtslage, wenn die Ausschlußfrist einzelvertraglich oder kraft Tarifbindung gilt. In der Entscheidung vom 9. 10. 1996 (AP BeschFG 1985 § 2 Nr. 50) hat der 5. Senat die vereinbarte Ausschlußfrist angewandt. In der Entscheidung vom 12. 6. 1996 (AP BGB § 611 Werkstudent Nr. 4) hat der gleiche Senat die Anwendung der allgemeinverbindlichen Ausschlußfrist in § 22 IV MTV Einzelhandel NRW mit der Begründung verneint, der Verstoß gegen § 2 I BeschFG sei zugleich eine unerlaubte Handlung wegen Verletzung eines Schutzgesetzes nach § 823 II BGB. Diese Annahme des BAG ist zweifelhaft (vgl. hierzu Rn. 3).

§ 3 Veränderung von Dauer oder Lage der Arbeitszeit

¹ Der Arbeitgeber hat einen Arbeitnehmer, der ihm gegenüber den Wunsch nach einer Veränderung von Dauer oder Lage seiner Arbeitszeit angezeigt hat, über entsprechende Arbeitsplätze zu unterrichten, die in dem Betrieb besetzt werden sollen. ² Die Unterrichtung kann durch Aushang erfolgen.

Preis

I. Normzweck

1 Die Regelung soll ebenfalls der Förderung von Teilzeitbeschäftigung dienen; sie kann als eine besondere Ausprägung der **Fürsorgepflicht** des AG bezeichnet werden (GK-TzA/*Mikosch* § 3 Rn. 2). Dem AN soll durch die Möglichkeit frühzeitiger Kenntniserlangung von entsprechenden Arbeitsplätzen ein Wechsel zwischen Voll- und Teilzeitarbeit erleichtert werden. Dabei ist es nicht nur Ziel, ihn über Teilzeitarbeitsplätze zu unterrichten, vielmehr soll auch durch die rechtzeitige Information über Vollzeitarbeitsplätze die **Hemmschwelle zur zeitweiligen Teilzeitarbeit abgesenkt** werden. Diejenigen Personen, die nur vorübergehend von Voll- zu Teilzeitarbeit wechseln und später wieder Vollzeitarbeit aufnehmen wollen, sind daher besonders angesprochen (BT-Drucks. 10/2102, S. 25).

2 Unberührt bleibt eine Verpflichtung zur Ausschreibung entsprechender Arbeitsplätze nach dem **Betriebsverfassungs- und Personalvertretungsrecht.** § 3 ergänzt diese Regelungen für den Fall, daß in dem Betrieb keine ANvertretung besteht bzw. diese eine Ausschreibung nicht verlangt hat (*Mager/ Winterfeld/Göbel/ Seelmann*, BeschFG 1985, Rn. 278). Gleichgesetzt werden kann § 3 mit der betriebs- und personalvertretungsrechtlichen Verpflichtung zur Ausschreibung allerdings nicht (GK-TzA/*Mikosch* § 3 Rn. 28).

3 Die Regelung baut auf einer gegenseitigen Verständigungsbereitschaft zwischen AG und Arbeitnehmern auf. Ihre Nichtbeachtung ist für den AG sanktionslos (Rn. 12), für den AN kann die Offenbarung seines Veränderungswunsches indirekte Nachteile haben, wenn der AG die gewonnene Information diskriminierend ausnutzt. Eine strengere Nachfolgeregelung zu § 3 kann in **§ 10 II und III** des Gesetzes zur Förderung von Frauen und der Vereinbarkeit von Familie und Beruf in der Bundesverwaltung und den Gerichten des Bundes – Art. 1 des 2. GleiBG – gesehen werden. Hiernach ist Anträgen von Beamten mit Familienpflichten auf Teilzeitbeschäftigung im Rahmen des § 79 a BBG zu entsprechen; Ablehnungen sind im einzelnen zu begründen. Nach § 10 III sind Teilzeitbeschäftigte mit Familienpflichten, die eine Vollzeitbeschäftigung anstreben, bei der Besetzung von Vollzeitstellen vorrangig zu berücksichtigen.

II. Geltungsbereich

4 § 3 gibt einen **individualrechtlichen Anspruch auf Unterrichtung** (GK-TzA/*Mikosch* § 3 Rn. 32; *Mager/Winterfeld/Göbel/Seelmann*, BeschFG 1985, Rn. 278) über betriebliche Teil- und Vollzeitarbeitsplätze. Die Regelung setzt keine Mindestgröße des Betriebes voraus. Ferner verlangt sie nicht, daß in dem Betrieb bereits Teilzeitarbeitsplätze bestehen. Sie zielt sowohl auf **frei werdende** wie auch auf **neugestaltete** oder **umgestaltete Arbeitsplätze**; zur Disposition kann auch der konkrete Arbeitsplatz des die Veränderung wünschenden AN stehen. Erfaßt werden **alle Arbeitsverhältnisse**, also auch solche, die qualifizierte Anforderungen an den AN stellen. Grundsätzlich soll über Arbeitsplätze in dem **Beschäftigungsbetrieb** informiert werden, bei konkreter Nachfrage kann sich die Unterrichtungspflicht aber auch auf einen Arbeitsplatz in einem anderen Betrieb des AG erstrecken (GK-TzA/ *Mikosch* § 3 Rn. 4).

5 Von der Regelung werden insbesondere Arbeitszeitveränderungen von Voll- zu Teilzeitarbeit und umgekehrt erfaßt. Nach der Gesetzesformulierung wird aber nicht nur dieser klassische Veränderungswunsch einbezogen, sondern pauschal **jede Verkürzung oder Verlängerung der Arbeitszeit** (Verringerung der bisher schon nachgegangenen Teilzeitarbeit oder bloß stundenmäßige Erhöhung einer Teilzeitarbeit) sowie die bloße **Verlagerung der Arbeitszeit** zB von den Nachmittagsstunden in die Morgenstunden. Die weite Formulierung erstreckt sich ferner auf Veränderungswünsche hinsichtlich verschiedener **Teilzeitarbeitsmodelle** wie zB zwischen variabler und fester Arbeitszeit oder auf Gleitzeitarbeitsmöglichkeiten (GK-TzA/*Mikosch* § 3 Rn. 9f.).

III. Anzeige des Veränderungswunsches

6 Der AN kann dem AG **jederzeit und formlos** seinen Veränderungswunsch mitteilen. Er kann sich auch dann an den AG wenden, wenn durch Aushang – zB aufgrund einer nach § 93 BetrVG bestehenden Verpflichtung – im Betrieb über Arbeitsplatzangebote informiert wird.

7 Bei der Anzeige des Veränderungswunsches handelt es sich nur um eine **Willensmitteilung**, nicht um eine verbindliche Willenserklärung, an welche der AN später festgehalten werden könnte (GK-TzA/*Mikosch* § 3 Rn. 6). Es genügt, daß der AN seinen Veränderungswunsch umreißt und er ihn erst nach einer konkreten Unterrichtung über zur Disposition stehende Arbeitsplätze konkretisiert.

8 Der AN muß **keine dauerhafte Veränderung** seiner Arbeitszeit wünschen. Es ist gerade der Sinn der Regelung, AN zur vorübergehenden Reduzierung ihrer Arbeitszeit zB zum Zwecke der Betreuung von Kindern oder Familienangehörigen zu motivieren. Der Veränderungswunsch muß aber für eine **gewisse Mindestdauer** bestehen, die gesetzlich nicht konkretisiert ist. Ausreichend wird eine Zeit für die Dauer des Erziehungsurlaubs sein, nicht aber bloß für den Zeitraum einer absehbar kurzfristigen Erkrankung eines Familienangehörigen (GK-TzA/*Mikosch* § 3 Rn. 8).

Preis

IV. Unterrichtungspflicht des Arbeitgebers

Der AG hat den bei ihm anfragenden AN **individuell zu unterrichten**. Er kann ihn nur dann auf 9 einen Aushang verweisen, wenn dieser vollständige Auskunft über alle zur Verfügung stehenden Arbeitsplätze gibt. Sind keine entsprechenden Arbeitsplätze zu besetzen, muß der AG dem AN eine diesbezüglich negative Antwort geben. Hat der AG den AN unterrichtet, muß er ihn bei einer **Änderung der Arbeitsplatzsituation** nicht erneut informieren, wenn er sich an den Wunsch nicht mehr erinnert oder der AN nicht erneut an ihn herangetreten ist. Etwas anderes kann sich aus der allgemeinen Fürsorgepflicht nur dann ergeben, wenn dem AG der Veränderungswunsch noch bewußt ist (GK-TzA/*Mikosch* § 3 Rn. 17).

Die Unterrichtung kann grundsätzlich **formlos**, muß aber **unverzüglich** erfolgen und einen aktu- 10 ellen Überblick über das Arbeitsplatzangebot geben (*Mager/Winterfeld/Göbel/Seelmann*, BeschFG 1985, Rn. 280). Sie erstreckt sich auf solche Arbeitsplätze, die zum Zeitpunkt der Anzeige oder in naher Zukunft **vakant sind** und die nach der bisherigen Tätigkeit des AN sowie dem von ihm geäußerten Veränderungswunsch für ihn **in Betracht kommen**. Es ist nicht erforderlich, daß es sich um eine gleichartige Tätigkeit handelt. Es genügt, wenn der AG den Arbeitsplatz mit seinen Besonderheiten in bezug auf Dauer und Lage der Arbeitszeit benennt. Der AG ist nicht verpflichtet, den AN über solche Arbeitsplätze zu unterrichten, für welche er aufgrund objektiver Kriterien ungeeignet ist (GK-TzA/*Mikosch* § 3 Rn. 14).

Der AG soll den AN persönlich unterrichten. Nach § 3 Satz 2 kann er seiner Unterrichtungspflicht 11 aber auch mittels eines **Aushangs** nachkommen.

V. Rechtsfolgen

Der AG, der seiner Unterrichtungspflicht nicht nachkommt, verletzt eine arbeitsvertragliche **Ne-** 12 **benpflicht** (GK-TzA/*Mikosch* § 3 Rn. 26). Hieran sind allerdings **keine Sanktionen** geknüpft. § 3 stellt kein Schutzgesetz im Sinne des § 823 II BGB dar (GK-TzA/*Mikosch* § 3 Rn. 27). Auch bei positiver Unterrichtung über seinem Veränderungswunsch entsprechende freie Stellen hat der AN **keinen Anspruch** darauf, daß seinem Begehren nachgekommen wird (GK-TzA/*Mikosch* § 3 Rn. 3).

§ 4 Anpassung der Arbeitszeit an den Arbeitsanfall

(1) Vereinbaren Arbeitgeber und Arbeitnehmer, daß der Arbeitnehmer seine Arbeitsleistung entsprechend dem Arbeitsanfall zu erbringen hat, so muß zugleich eine bestimmte Dauer der Arbeitszeit festgelegt werden; ist eine bestimmte Dauer der Arbeitszeit nicht festgelegt worden, so gilt eine wöchentliche Arbeitszeit von zehn Stunden als vereinbart.

(2) Der Arbeitnehmer ist zur Arbeitsleistung nur verpflichtet, wenn der Arbeitgeber ihm die Lage seiner Arbeitszeit jeweils mindestens vier Tage im voraus mitteilt.

(3) Ist in der Vereinbarung die tägliche Dauer der Arbeitszeit nicht festgelegt, so ist der Arbeitgeber verpflichtet, den Arbeitnehmer jeweils für mindestens drei aufeinanderfolgende Stunden zur Arbeitsleistung in Anspruch zu nehmen.

Schrifttum: *Hanau*, Bedarfs- und Abrufarbeit (§ 4 BeschFG), in: Hromadka, Möglichkeiten und Grenzen flexibler Vertragsgestaltung, 1991, S. 119; *Meyer*, Kapazitätsorientierte variable Arbeitszeit, 1989.

I. Normzweck

Ein Abrufarbeitsverhältnis im Sinne des § 4 liegt vor, wenn **Lage und/oder Dauer der Arbeitszeit** 1 **nicht im Arbeitsvertrag festgelegt** sind, sondern von der **Konkretisierung des AG** durch Abruf der Arbeitsleistung **abhängen**. Die freie Gestaltung solcher Arbeitsverträge, die zumeist dem Bedürfnis der Arbeitgeberseite nach einer Flexibilisierung des Arbeitsverhältnisses entgegenkommen (*Hanau/ Preis* II A 100 Rn. 1; *Plander* AuR 1987, 281), wird durch § 4 zum Schutz des AN und sozialverträgliche Arbeitsbedingungen zu sichern, eingeschränkt. Anderseits legalisiert die Norm die Arbeit auf Abruf und entzieht derartige Vertragsregelungen einer übergesetzlichen Billigkeitskontrolle (*Erman/Hanau* § 611 Rn. 302; *Hanau* S. 120; differenzierend GK-TzA/*Mikosch* § 4 Rn. 82 ff.). Für den Fall, daß sich Lage und/oder Dauer der Arbeitszeit bei Ausfall eines AN ändern sollen, der denselben Arbeitsplatz innehat, enthält § 5 eine Sonderregelung (siehe § 5 Rn. 2, 13 f.), die § 4 vorgeht (*Erman/ Hanau* § 611 Rn. 303).

Durch das Gebot des **§ 4 I**, die **Dauer der Arbeitszeit** festzulegen, wird die Vertragsfreiheit einge- 2 schränkt, weil sonst die variable, dem **einseitigen Leistungsbestimmungsrecht** des AG (hierzu § 611 BGB Rn. 940) unterfallende Bestimmung des Arbeitsumfangs zu einer Aushöhlung der für die Änderungskündigung bestehenden Schutzvorschriften (§ 2 KSchG) führen würde (BAG 12. 12. 1984 AP KSchG 1969 § 2 Nr. 6). Stünde dem AG auch die **Bestimmung des Arbeitsumfangs** zu, so würde die

Dauer der Arbeitszeit und damit auch die Höhe des Arbeitsentgelts in der einseitigen Disposition des AG liegen (*Hanau/Preis* II A 100 Rn. 8). Damit ist aber der Kernbereich des Arbeitsverhältnisses betroffen, der dem Direktionsrecht des AG entzogen ist (hierzu § 611 Rn. 524 ff.). Die Regelung der beiderseitigen Hauptpflichten ist nur durch Gesetz, Kollektiv- oder Einzelvertrag gestaltbar (BAG 12. 12. 1984 AP KSchG 1969 § 2 Nr. 6; LAG Brandenburg 24. 10. 1996 AuA 1997, 241, 243).

3 Des weiteren wird durch § 4 II und III das Direktionsrecht des AG hinsichtlich der Bestimmung der **Lage der Arbeitszeit** eingeschränkt, um einen **Mindestschutz** für Abrufarbeitsverhältnisse zu schaffen (*Danne* BlStSozArbR 1985, 353, 355). Die Bestimmung der Lage der Arbeitszeit obliegt dem AG weitestgehend zwar auch in den sog. „Normalarbeitsverhältnissen"; hier kann der AN sich jedoch im Gegensatz zum Abrufarbeitsverhältnis nach der einmaligen Konkretisierung durch den AG für einen zumindest längeren Zeitraum auf die Arbeitszeitlage einstellen. Mit der Verpflichtung des AG zur Einhaltung einer mindestens **viertägigen Ankündigungsfrist** gem. § 4 II soll dem AN die Planung seines Arbeitseinsatzes erleichtert werden. Die Einhaltung einer mindestens dreistündigen **Arbeitsfrist** gem. § 4 III soll die Belastung nur kurzer täglicher oder kurzer, nicht zusammenhängender Arbeitseinsätze mindern.

4 § 4 garantiert allerdings **keine Mindestarbeitszeit**. Daher kann die Dauer der Arbeitszeit vertraglich mit weniger als zehn Stunden wöchentlich vereinbart werden. Nur wenn keine Dauer bestimmt ist, greift subsidiär § 4 I 2. Halbs. ein und fingiert eine Arbeitsdauer von zehn Wochenstunden als vereinbart (*v. Hoyningen-Huene* NJW 1985, 1801, 1804). Die Norm stellt auch klar, daß die Lage der Arbeitszeit grundsätzlich in zulässigem gesetzlichen Rahmen dem einseitigen Leistungsbestimmungsrecht des AG unterliegt (*Erman/Hanau* § 611 Rn. 306).

5 Eine **einheitliche Terminologie** für die Arbeit auf Abruf hat sich noch nicht durchgesetzt. Man spricht auch von kapazitätsorientierten variablen Arbeitsverhältnissen („KAPOVAZ") oder von bedarfsabhängiger variabler Arbeitszeit („BAVAZ"; vgl. *Schaub* § 44 VII 1 a). Mit dem Begriff der Abrufarbeit wird allerdings am besten herausgestellt, daß die Variabilität der Arbeitszeit auf einer Bestimmung des AG beruht und nicht auf anderen rechtlichen Gestaltungsmöglichkeiten (*Hanau* S. 120).

II. Geltungsbereich

6 1. **Persönlicher Geltungsbereich.** Die Norm erfaßt Teilzeit- und Vollzeitarbeitsverhältnisse. Der Gesetzgeber hat zwar mit der Regelung **Teilzeitarbeitsverhältnisse** erfassen wollen, aber verkannt, daß sich die dort stellenden Probleme auch in **Vollzeitarbeitsverhältnissen** stellen können (*Erman/Hanau* § 611 Rn. 303). Auch hier besteht bei Vereinbarung einer variablen Lage und/oder Dauer der Arbeitszeit ein Schutzbedürfnis des AN und ist eine Einschränkung des einseitigen Leistungsbestimmungsrechts des AG erforderlich. Daher kann nicht entscheidend sein, daß die Regelung in den zweiten Abschnitt des BeschFG der Teilzeitarbeit eingegliedert ist. Schon der Wortlaut der Norm läßt eine Beschränkung auf Teilzeitarbeitsverhältnisse nicht notwendig erscheinen. Es ist nicht anzunehmen, daß der Gesetzgeber bei gleichgelagerter Interessenlage die Vollzeitarbeitsverhältnisse vom Anwendungsbereich der Norm ausschließen wollte (*Hanau* S. 122; *ders.* RdA 1987, 25, 28; *Hanau/Preis* II A 100 Rn. 10; *Kleveman* DB 1987, 2096, 2099; AR-Blattei/ *Mosler* SD 1560 Rn. 246; *Löwisch* BB 1985, 1200, 1204; *Plander* AuR 1987, 281). Zudem zeigen die verschiedenen Modelle von Abrufarbeit in der Praxis, daß eine genaue Differenzierung von Voll- und Teilzeitarbeit häufig nicht möglich ist.

7 2. **Zeitlicher Geltungsbereich.** Für **Neu**verträge trat die Regelung zum 1. 5. 1985 in Kraft. Für **Alt**verträge sah Art. 16 II des BeschFG eine Anpassungsfrist bis zum 1. 1. 1986 vor; maßgeblich war nicht der Abschluß des Arbeitsvertrages, sondern der Beginn des Beschäftigungsverhältnisses (GK-TzA/*Mikosch* § 4 Rn. 4).

III. Erscheinungsformen variabler Arbeitszeitvereinbarungen

8 In der Praxis finden sich die **unterschiedlichsten Modelle** variabler Arbeitszeitvereinbarungen, bei denen Lage und/oder Dauer der Arbeitszeit durch den Abruf des AG festgelegt werden. § 4 erfaßt jedoch nur einen bestimmten Ausschnitt variabler Arbeitszeitmodelle (*Erman/Hanau* § 611 Rn. 300).

9 Die Vereinbarung einer variablen Arbeitszeitdauer, bei der **keine Bestimmung über den Umfang** der Hauptleistungspflicht getroffen ist (*Hanau/Preis* II A 100 5 ff.), unterfallen dem Anwendungsbereich des § 4 ebenso wie die sog. **Bandbreitenregelungen** (*Hanau/Preis* II A 100 Rn. 23 ff.). Diese Vertragsgestaltung zeichnet sich dadurch aus, daß für die Dauer der Arbeitszeit ein bestimmter Rahmen vereinbart wird, innerhalb dessen der AG die Arbeitszeit variieren kann. In Betracht kommt die Vereinbarung einer Mindestarbeitszeit, einer Höchstarbeitszeit, eine Kombination aus beidem oder eine ungefähre Arbeitszeitdauer (*Hanau/Preis* II A 100 Rn. 23). Ferner finden sich Regelungen, die es zulassen, etwaige **Zeitguthaben oder -defizite** des AN am Ende eines Bezugszeitraumes auf den folgenden Bezugszeitraum zu **übertragen** (vgl. Rn. 14).

III. Erscheinungsformen variabler Arbeitszeitvereinbarungen

Die typische sog. „KAPOVAZ-Abrede" ist die Vereinbarung einer **variablen Lage der Arbeitszeit** **im Rahmen eines vorbestimmten Bezugszeitraumes** (Rn. 25) **bei festgeschriebenem Arbeitsumfang.** Während die Dauer der Arbeitszeit hier für den Bezugszeitraum feststeht, steht die Verteilung unter dem Direktionsrecht des AG. Arbeitsbeginn und -ende werden also nicht bereits vertraglich festgelegt, sondern hängen von dem Abruf des AG ab. Es kann dabei nicht nur die Lage der Arbeitszeit variieren (zB Arbeitsleistung an verschiedenen Wochentagen), sondern auch die Dauer des täglichen Arbeitseinsatzes, wenn nur in dem vorbestimmten Bezugszeitraum ein Ausgleich der Arbeitszeitdauer erreicht wird (zB wöchentlich 15 Stunden). 10

Abrufarbeitsverhältnisse, die dem Anwendungsbereich des § 4 unterfallen, sind auch solche Vereinbarungen, bei welchen **ein Teil der Arbeitszeit nach Lage und Dauer** genau bestimmt ist, während ein **weiterer Teil nur der Dauer nach bestimmt** ist (*Hanau/Preis* II A 100 Rn. 94). Sie zeichnen sich durch eine **Mischform fester und variabler Arbeitszeiten** aus. § 4 ist auch anwendbar auf Abreden, bei welchen Arbeitszeit und Dauer grundsätzlich fest im voraus bestimmt sind, für bestimmte Zeitperioden **befristet** (zB Saison) jedoch zusätzlich eine Variabilität des Abrufs offen gehalten wird (*Hanau/Preis* II A 100 Rn. 81). 11

Zu unterscheiden sind die befristeten Abrufvereinbarungen von einem bereits an sich befristeten Abrufarbeitsverhältnis. Von § 4 I werden nicht solche Abrufvereinbarungen in **kurzzeitig befristeten Arbeitsverhältnissen** erfaßt, die ad hoc für einen bestimmten Anlaß abgeschlossen werden (*Hanau/Preis* II A 100 Rn. 82; *Mager/Winterfeld/Göbel/Seelmann*, BeschFG 1985, Rn. 285). Die in einer Rahmenvereinbarung vorgesehene Vertragskonstruktion, nur befristete einsatzbezogene Tagesarbeitsverhältnisse und kein Abrufarbeitsverhältnis iSd. § 4 zu begründen, kann im Wege der Befristungskontrolle zu einem unbefristeten Bedarfsarbeitsverhältnis führen mit der weiteren Rechtsfolge des § 4 I 2. Halbs. (LAG Berlin 12. 1. 1999 ZTR 1999, 327, s. a. *Buschmann ua.* BeschFG § 4 Rn. 14). Zu **Arbeitsvertragsketten** (*Hanau* S. 123 ff.); zu **Aushilfsarbeitsverhältnissen** (§ 620 BGB Rn. 89; *Meyer* S. 34). 12

Ebenfalls nicht vom Anwendungsbereich des § 4 erfaßt werden **ungleichmäßige Vollzeitarbeit** (zB Wechselschicht; zum Direktionsrecht bei diesen Gestaltungen § 611 BGB Rn. 939) und **ungleichmäßige Teilzeitarbeit** (feste, aber ungleichmäßige Lage der Arbeitszeit). Die freie Gestaltungsmöglichkeit der Arbeitsbedingungen im freien Dienst- oder Mitarbeiterverhältnis (*Meyer* S. 32) sowie diese häufig auch für gehobene **Führungskräfte** bestehende **Zeitsouveränität** führt zur Nichtanwendbarkeit des § 4 (*Hanau/Preis* II A 100 Rn. 110). 13

Gleitzeitvereinbarungen mit oder ohne feste Kernzeiten fallen regelmäßig nicht unter den Anwendungsbereich des § 4. Hier ist zwar die Lage der täglichen Arbeitszeit und unter Umständen auch die Dauer der täglichen oder wöchentlichen Arbeitszeit unbestimmt oder bewegt sich zumindest innerhalb einer bestimmten Bandbreite. Der AN kann die Arbeitszeit jedoch innerhalb bestimmter Grenzen selbst bestimmen, so daß gerade die Abhängigkeit vom Arbeitsanfall und der darauf gestützte Abruf vom AG fehlen (*Hanau/Preis* II A 100 Rn. 111; GK-TzA/*Mikosch* § 4 Rn. 44). Ferner sind Gleitzeitkonten innerhalb bestimmter Zeitspannen auszugleichen. Denkbar sind aber auch **Mischformen** zwischen Gleitzeit und variabler Arbeitszeit mit der Folge der Anwendbarkeit des § 4. 14

§ 4 ist weder auf die **Arbeitsbereitschaft** (§ 611 BGB Rn. 954) noch auf die **Rufbereitschaft** (§ 611 BGB Rn. 956) oder den **Bereitschaftsdienst** (§ 611 BGB Rn. 955) anwendbar. Arbeitsbereitschaft, Rufbereitschaft und Bereitschaftsdienst bilden nur ein Annex zu einer im übrigen nach Lage und Dauer fest bestimmten Arbeitszeit (*Meyer* S. 36). Sie werden als eigenständige Arbeitsleistung gesondert vergütet, wohingegen § 4 den Abruf aus unbezahlter Freizeit erfaßt. Bei Abgrenzungsschwierigkeiten gilt diese Prämisse auch als Abgrenzungskriterium (*Hanau/Preis* II A 100 Rn. 55). Entscheidend ist nicht die Bezeichnung im Arbeitsvertrag, sondern die tatsächliche Ausgestaltung der Arbeitsbeziehung. 15

Auf die Anordnung von **Überstunden** findet § 4 nach hM ebenfalls keine Anwendung (*Hanau/Preis* II A 100 Rn. 45; *Hanau* S. 128; *ders.* RdA 1987, 25, 28; *Klevemann* AiB 1986, 108 f.; *Erman/Hanau* § 611 Rn. 303; GK-TzA/*Mikosch* § 4 Rn. 55; differenzierend *Schüren* NZA 1997, 1306 f., der eine Umgehung des § 4 I und des § 2 KSchG befürchtet). Auch dieses Gestaltungsmittel ist eine Form variabler Arbeitszeitgestaltung durch Arbeitgeberabruf (*Hanau* S. 128). Es gibt jedoch keine Anhaltspunkte dafür, daß der Gesetzgeber mit § 4 Überstundenregelungen erfassen wollte. Insbesondere wird durch die Überstundenanordnung nach der Anschauung des Arbeitslebens auch die regelmäßige Dauer der Arbeitszeit nicht verlängert (GK-TzA/ *Mikosch* § 4 Rn. 55). 16

Schwierig kann sich allerdings die **Abgrenzung partieller Abrufarbeit** im Sinne von § 4 (Rn. 11) **von Überstunden** (und auch Rufbereitschaft) gestalten. Man wird Überstunden stets anzunehmen haben, wenn als Mindestarbeitszeit oder als regelmäßige Arbeitszeit eine der Vollzeitarbeitszeit entsprechende Stundenzahl vertraglich vereinbart ist. Für eine entsprechende Anwendung des § 4 ist dann weder Raum noch Bedarf, da die gesetzlichen und tariflichen Schutzvorschriften für Überstundenarbeit eingreifen (*Hanau/Preis* II A 100 Rn. 47). Bei Teilzeitarbeitsverhältnissen muß die Abgrenzung durch einen Vergleich mit den Regeln für Vollzeitarbeitsverhältnisse erfolgen. Sind die TeilzeitAN verpflichtet, an den Überstunden der VollzeitAN teilzunehmen und handelt es sich um vorübergehende, unregelmäßige Mehrarbeit aufgrund dringender betrieblicher Erfordernisse, so ist § 4 nicht anzuwenden. Besteht dagegen für den Teilzeitbeschäftigten eine selbständige, nicht auf die 17

Kriterien der Unregelmäßigkeit und Dringlichkeit beschränkte Verpflichtung zu überplanmäßiger nach Dauer und/oder Lage nicht fixierter Arbeit, liegt in Wirklichkeit eine Abrufabrede vor, für die § 4 eingreift (*Hanau/Preis* II A 100 Rn. 47; *Hanau* S. 128).

18 Auf die Anordnung von **Kurzarbeit** ist § 4 nicht anwendbar (GK-TzA/*Mikosch* § 4 Rn. 55).

IV. Einschränkung des Direktionsrechts

19 Für das Abrufarbeitsverhältnis sind insbesondere die **Ankündigungsfrist** des § 4 II (Rn. 30 ff.) und die **Mindestarbeitszeit** des § 4 III (Rn. 38 ff.) zu beachten. Es bedarf allerdings weder für die Vereinbarung eines Abrufarbeitsverhältnisses an sich, noch für den konkreten Abruf des AN eines sachlichen Grundes (*Hanau/Preis* II A 100 Rn. 73; GK-TzA/*Mikosch* § 4 Rn. 32). Zu beachten sind die gesetzlichen Arbeitsverbote zu bestimmten Zeiten (§§ 14, 16 I JArbSchG, 5, 6, 9 ArbZG), tarifvertragliche Regelungen (tarifvertragliche Arbeitszeitverbote, Bestimmungen nach denen nur mit 20 vH der AN Abrufarbeit vereinbart werden darf uä.), die Grundsätze billigen Ermessens (§ 611 Rn. 293, 939) oder die Konkretisierung des Direktionsrechts nach längerer Übung (*Hanau/Preis* II A 100 Rn. 79) sowie die Beziehung der täglichen Arbeitszeit zum sachlichen Tätigkeitsbereich (*Hanau/Preis* II A 100 Rn. 73). Zum **Mitbestimmungsrecht des BR**, das bei Regelungen der Arbeitszeit von TeilzeitAN in demselben Umfang wie bei VollzeitAN besteht (BAG 13. 10. 1987 AP BetrVG 1972 § 87 Nr. 24; BAG 28. 9. 1988 AP BetrVG 1972 § 87 Nr. 29; aA für Abrufarbeitsverhältnisse *Schwerdtner* DB 1983, 2763, 2767), siehe § 87 I BetrVG Rn. 4. Es bezieht sich nach der Rspr. des BAG sowohl auf die grundsätzliche Einführung bzw. Abschaffung von Abrufarbeit als auch auf ihre Ausgestaltung im einzelnen (BAG 13. 10. 1987 AP BetrVG 1972 § 87 Nr. 24; BAG 28. 9. 1988 AP BetrVG 1972 § 87 Nr. 29; ablehnend *Hanau/Preis* II A 100 Rn. 78; *Hanau* S. 121 mwN).

20 Das Direktionsrecht zum Abruf der Arbeitsleistung kann der AG nach dem Gesetz frei ausüben, nur beschränkt durch die allgemeinen Regeln. Insbesondere hat er die Grundsätze des **billigen Ermessens gemäß § 315 BGB** bei der Ausübung seines Direktionsrechts zu wahren (*Hanau/Preis* II A 100 Rn. 80; § 315 BGB; § 611 BGB Rn. 293). Er muß also vor dem Abruf die wesentlichen Umstände des Einzelfalls abwägen und die beiderseitigen Interessen angemessen berücksichtigen. Die Interessen des AN können insbesondere durch familiäre oder weitere berufliche Verpflichtungen, durch Freizeitinteressen, aber auch durch die Abhängigkeit von öffentlichen Verkehrsmitteln oder der verkehrs(un)günstigen Lage des Arbeitsortes betroffen sein.

21 Die Erwähnung des Begriffs des **Arbeitsanfalls** in der Überschrift des § 4 bedeutet nicht, daß es dem alleinigen unternehmerischen Ermessen des AG entzogen ist, wann er den AN (im Rahmen der Vertragsvereinbarung und der übrigen gesetzlichen, insbesondere in § 4 II und III aufgestellten Schranken) abrufen will (*Hermann* AnwBl. 1990, 537, 538; aA *Frey* S. 63 f.). Das Vorliegen eines Arbeitsbedarfs ist objektiv kaum nachprüfbar (*Hanau/Preis* II A 100 Rn. 6). Er hängt nicht nur von dem variablen Anfall der Arbeitsmenge ab, sondern auch von der dem AG zur Verfügung stehenden ANzahl. § 4 erfaßt auch die Abrufarbeit zum Zwecke der Vertretung aus irgendwelchen Gründen ausgefallener oder fehlender AN (*Hanau* S. 127). Ferner muß es dem AG überlassen bleiben, ob er die Arbeitsleistung nicht zu einem späteren, aus seiner Sicht dringenderen Bedarf abrufen will.

22 Vertraglich kann das Direktionsrecht weiter eingeschränkt werden. Möglich sind Vertragsvereinbarungen, nach denen der AN nur nachmittags oder nur an bestimmten Wochentagen oder zu bestimmten Zeiten abgerufen werden kann. Formulierungen, daß der Abruf nur bei einer **betrieblichen Notwendigkeit** oder Erforderlichkeit erfolgt, sind freilich wenig aussagekräftig, wenn keine genaue Bestimmung des Begriffs erfolgt.

V. Gesetzlicher Mindestarbeitszeitumfang (Abs. 1)

23 Der **Umfang der Arbeitszeit** muß für Abrufarbeitsverhältnisse in Bezug **auf einen bestimmten Bezugszeitraum** (Rn. 24 f.) im Arbeitsvertrag **bestimmt** sein. Das gilt sowohl für Vereinbarungen, die keinerlei Bestimmung der Arbeitsdauer vornehmen (hierzu sogleich) als auch für Vereinbarungen, nach denen nur ein bestimmter Arbeitszeitrahmen festgelegt ist (sog. Bandbreitenregelungen: hierzu Rn. 9, 28). Die Vereinbarung einer **zehn Stunden unterschreitenden** Wochenarbeitszeit wird durch § 4 I jedoch nicht ausgeschlossen, die Dauer der Arbeitszeit ist insoweit privatautonom gestaltbar (AR-Blattei/*Mosler* SD 1560 Rn. 239). Könnte der AG den Arbeitszeitumfang einseitig festlegen, so würde er unmittelbar Einfluß auf die beiderseitigen Hauptleistungspflichten nehmen, da der Arbeitszeitumfang die Arbeitsvergütung beeinflußt. Dieser Kernbereich des Arbeitsverhältnisses ist aber dem Direktionsrecht des AG entzogen. Zudem läge in der Zulassung der einseitigen Bestimmung des Arbeitsumfanges durch den AG eine Umgehung des gesetzlichen Schutzes vor Änderungskündigungen (BAG 12. 12. 1984 AP KSchG 1969 § 2 Nr. 6; *v. Hoyningen-Huene* NJW 1985, 1801, 1804).

24 Einen **Bezugszeitraum**, innerhalb dessen der vorbestimmte Arbeitsumfang abgerufen werden muß, schreibt § 4 nicht vor. Unbedenklich sind Vereinbarungen mit täglichen, wöchentlichen oder monatlichen Bezugszeiträumen (für einen höchstens wöchentlichen Bezugszeitraum allerdings: *Plander* AuR

V. Gesetzlicher Mindestarbeitszeitumfang (Abs. 1) § 4 BeschFG

1987, 281, 282). Demgegenüber werden Vereinbarungen mit jährlichem Bezugszeitraum kritisch gesehen.

Je weiter der Bezugszeitraum gefaßt ist, desto besser kann der AG über den AN verfügen und auf einen Arbeitskräftebedarf reagieren. Diese Flexibilisierung geht mit der großen Unsicherheit des Arbeitsabrufes für den AN einher. In diesem Zusammenhang wird die Zulässigkeit der Vereinbarung von **Jahresarbeitszeitverträgen** diskutiert (GK-TzA/*Mikosch* § 4 Rn. 49 ff.; *Hanau* S. 120; *Meyer* S. 77; *v. Hoyningen-Huene* NJW 1985, 1801, 1804; *Löwisch* BB 1985, 1200, 1204). Hierunter können Vereinbarungen fallen, nach denen der AG die Arbeitsleistung im Block abrufen kann (zB im Saisonbetrieb 48 Wochenarbeitsstunden, ansonsten 24 Wochenarbeitsstunden; GK-TzA/*Mikosch* § 5 Rn. 61) oder auch solche, für die zwar ein wöchentlicher monatlicher Bezugszeitraum gewährt wird, daneben aber die Möglichkeit eröffnet wird, den **Ausgleichszeitraum** durch Übertragung von Zeitguthaben oder Zeitsoll auf ein Jahr zu erweitern (*Hanau/Preis* II A 100 Rn. 41). Ohne näher auf die Fragestellung einzugehen, hat das BAG einen entsprechenden Arbeitsvertrag im Gaststättengewerbe anerkannt (BAG 20. 6. 1995 AP TVG § 1 Tarifverträge: Nährmittelindustrie Nr. 1 m. Anm. *Schüren*). Für die Zulässigkeit dieser Vertragsgestaltung wird neben der Flexibilisierung (*Heinze* NZA 1997, 681, 685, 687; *Andritzky* NZA 1997, 643, 644) die Möglichkeit der Verhinderung befristeter Arbeitsverträge angeführt. Bei einem garantierten Stundenvolumen erfolgt kein Eingriff in das Äquivalenzverhältnis. Die Vereinbarung einer an der durchschnittlichen monatlichen Stundenvergütung orientierten kontinuierlichen Entgeltzahlung sichert die Kalkulierbarkeit des zur Verfügung stehenden Einkommens (*Erman/Hanau* § 611 Rn. 310 verlangt daher zumindest angemessene monatliche Vorschüsse) sowie den sozialversicherungsrechtlichen Schutz (GK-TzA/*Mikosch* § 5 Rn. 61). Wird die Arbeitszeit bis zu zehn Stunden täglich verlängert, muß § 3 Satz 2 ArbZG beachtet werden, wonach innerhalb von sechs Kalendermonaten oder innerhalb von 24 Wochen ein Ausgleich zu erfolgen hat.

Vor Inkrafttreten des BeschFG fingierte das BAG für den Fall der Nichtfestlegung eines bestimmten Arbeitszeitumfanges eine am Einzelfall ausgerichtete Arbeitszeit als Vertragsarbeitszeit, die es anhand der tatsächlich praktizierten Durchführung des Arbeitsvertrages berechnete (BAG 12. 12. 1984 AP KSchG 1969 § 2 Nr. 6).

Aus § 4 I 2. Halbs. ergibt sich jedoch, daß in § 4 I kein gesetzliches Verbot im Sinne des § 134 BGB liegt, so daß der einen unbestimmten Arbeitszeitumfang enthaltende Arbeitsvertrag nicht unwirksam ist. Vielmehr gilt nach der **Auffangregelung** des § 4 I 2. Halbs. eine wöchentliche Arbeitszeit von 10 Stunden als vereinbart. Hat der AN mehr als zehn Stunden pro Woche gearbeitet, so kann er für die in der Vergangenheit geleistete, über zehn Stunden hinausgehende Arbeitszeit nach den Grundsätzen des faktischen Arbeitsverhältnisses, jedenfalls aber nach § 612 BGB die Bezahlung für die erbrachte tatsächliche Arbeitszeit verlangen (GK-TzA/*Mikosch* § 4 Rn. 58; *Hermann* AnwBl. 1990, 537, 541). Ob der Vertrag für die Zukunft jederzeit durch die einvernehmliche Festlegung eines geringeren oder höheren Arbeitsumfanges konkludent durch Erbringung der tatsächlichen Arbeitsleistung geändert werden und der Arbeitsumfang damit alleine aus der tatsächlichen Vertragsdurchführung gefolgert werden kann, erscheint vor dem Hintergrund der hohen, an die Konkretisierung des Direktionsrechts gestellten Anforderungen fraglich (*Hanau/Preis* II A 100 Rn. 18 ff.). Das BAG hat in einer Entscheidung vom 12. 6. 1996 die konkludente Vereinbarung einer bestimmten Arbeitszeitdauer bei einer über zehn Jahre regelmäßig erbrachten Arbeitsleistung angenommen (AP BGB § 611 Werkstudent Nr. 4).

Auch eine Vereinbarung, nach der es dem AG vorbehalten ist, innerhalb eines Zeitrahmens den Arbeitsumfang zu bestimmen (Arbeitsverpflichtung bis zu sechs Stunden wöchentlich oder zwischen 40 und 80 Stunden monatlich; sog. **Bandbreitenregelung**) räumt ihm ein einseitiges Leistungsbestimmungsrecht hinsichtlich des Umfangs der Arbeitszeit und damit der im Kernbereich des Arbeitsverhältnisses betreffenden beiderseitigen Hauptleistungspflichten ein. Bandbreitenregelungen zwischen Null und einem Höchstarbeitszeitumfang gestatten dem AG faktisch eine Suspendierung des Arbeitsverhältnisses; Bandbreitenregelungen ohne Mindestarbeitszeitumfang umgehen zwingende Kündigungsschutzregelungen (BAG 12. 12. 1984 AP KSchG 1969 § 2 Nr. 6). Bandbreitenregelungen sind daher idR unzulässig. Das gilt auch für eine Regelung, die den Arbeitszeitumfang durch die Vereinbarung einer Bandbreitenregelung – nach der AN zB zwischen 5 und 10 Stunden wöchentlich zu arbeiten hat – nur geringfügig in die Disposition des AG stellt. (BAG 12. 12. 1984 AP KSchG 1969 § 2 Nr. 6; *Hanau* RdA 1987, 25, 28; *Malzahn* AuR 1985, 386, 387). Die bloße Übertragung der zehnstündigen Fiktion des § 4 I 2. Halbs. auf diesen Vertragstyp ließe den Willen der Vertragsparteien unberücksichtigt (*Hanau/Preis* II A 100 Rn. 31). Die Zugrundelegung der tatsächlich durchschnittlich erbrachten Arbeitsleistungen ist von Zufälligkeiten abhängig, die von dem zu wählenden Bezugszeitraum abhängen. Die sachgerechteste Lösung ist es daher, vorrangig den Arbeitsvertrag auszulegen sowie unter Anwendung der Grundsätze der Teilnichtigkeit von Arbeitsverträgen nur den Teil der Vereinbarung die Wirksamkeit zu versagen, der die Unbestimmtheit einer ansonsten zulässigen Festlegung bewirkt (*Hanau/Preis* II A 100 Rn. 32; GK-TzA/*Mikosch* § 4 Rn. 59; *Malzahn* AuR 1985, 386, 388). Ob einzelvertragliche Regelungen zulässig sind, die unter bestimmten Voraussetzungen in angemessener Berücksichtigung der Interessen beider Vertragsteile sog. Arbeitszeitkorridore regeln, muß hier offen bleiben.

29 Im Gegensatz zur Rechtslage bei Individualarbeitsverträgen läßt das BAG entsprechende **tarifvertragliche Regelungen,** die die Bestimmung des Arbeitszeitumfanges in das einseitige Leistungsbestimmungsrecht des AG stellen, zu (BAG 26. 6. 1985 AP TV AL II § 9 Nr. 4 m. Anm. *Herschel;* BAG 12. 3. 1992 AP BeschFG § 4 Nr. 1; BAG 8. 9. 1994 AP BGB § 611 Fleischbeschauer-Dienstverhältnis Nr. 18). Bestimmt ein Tarifvertrag, daß sich die Arbeitszeit nach dem Arbeitsanfall richtet, ohne zugleich eine bestimmte Dauer der Arbeitszeit festzulegen, so findet § 4 I 2. Halbs. keine Anwendung. Insoweit greife der Tarifvorrang nach § 6 I durch (BAG 8. 9. 1994 AP BGB § 611 Fleischbeschauer-Dienstverhältnis Nr. 18; kritisch *Hanau/Preis* II A 100 Rn. 62 ff.). Die Spielräume, die die Rspr. den Tarifvertragsparteien gibt, sind damit außerordentlich groß, für die Parteien des Arbeitsvertrages sehr eng. Die dogmatischen Grundlagen der Umgehungsrechtsprechung des BAG bedürfen insoweit der kritischen Überprüfung.

VI. Viertägige Ankündigungsfrist (Abs. 2)

30 Ist ein Abrufarbeitsverhältnis vereinbart, bei welchem die Lage des Arbeitseinsatzes dem Direktionsrecht des AG unterliegt, so hat der AG bei der Bestimmung des Arbeitseinsatzes neben den allgemeinen Regeln für die Ausübung des Direktionsrechts § 4 II zu beachten. Hiernach ist der AG verpflichtet, dem AN die Lage seiner Arbeitszeit jeweils **mindestens** vier Tage **im voraus** anzukündigen, um ihm die Planung seines Arbeitseinsatzes zu ermöglichen. Eine zu kurze Ankündigungsfrist ist nicht in eine zulässige Frist umzudeuten (*Erman/Hanau* § 611 Rn. 308).

31 Die **Bekanntmachung** des Arbeitsabrufs kann unmittelbar gegenüber dem AN erfolgen (zB durch telefonische Benachrichtigung) oder durch einen Aushang (zB am schwarzen Brett des Betriebes), wenn im letzteren Fall der rechtzeitige Zugang der Bekanntmachung gesichert ist, der AN also aufgrund seiner Anwesenheit im Betrieb die Möglichkeit der Kenntnisnahme hat (*Hanau/Preis* II A 100 Rn. 103). Auch aufgrund des Eintritts einer im vorhinein festgelegten Bedingung kann der Abruf wirksam erfolgen, wenn nur die viertägige Ankündigungsfrist eingehalten wird (*Hanau/Preis* II A 100 Rn. 96).

32 Welchen konkreten **Inhalt** die Bekanntmachung haben muß, ergibt sich aus der arbeitsvertraglichen Ausgestaltung des Abrufarbeitsverhältnisses. Dem AN müssen jedoch wenigstens die Komponenten des Beginns und Endes des Arbeitseinsatzes bekannt sein (*Erman/Hanau* § 611 Rn. 307).

33 Die **Viertagesfrist** des § 4 II berechnet sich nach den allgemeinen zivilrechtlichen Regelungen der §§ 186 ff. BGB. Entscheidend ist nicht die Kenntnisnahme oder Abgabe, sondern der Zugang der Mitteilung (*Hanau/Preis* II A 100 Rn. 101; GK-TzA/*Mikosch* § 4 Rn. 66, 74). Eine einzelvertragliche Vereinbarung über den Zugang darf nicht zu einer Verkürzung der Viertagesfrist führen. Der Tag des Zugangs zählt ebensowenig bei der Berechnung der Frist mit (§ 187 I BGB), wie der Tag der Arbeitsleistung (vier Tage „im voraus"; *Hanau/Preis* II A 100 Rn. 101). Fällt der letzte Tag der Ankündigungsfrist auf einen Samstag, Sonntag oder gesetzlichen Feiertag, so hat die Ankündigung an dem vorausgehenden Werktag zu erfolgen (§ 193 BGB; *Schaub* § 44 VII 1 c) unter Hinweis auf BAG 5. 3. 1970 AP BGB § 193 Nr. 1).

34 Eine arbeitsvertragliche Vereinbarung, nach der der AN im vorhinein auf die Einhaltung der viertägigen Ankündigungsfrist **verzichtet** oder nach welcher eine **kürzere Ankündigungsfrist vereinbart** ist, ist gemäß § 4 II iVm. § 134 BGB unwirksam (*Hanau/Preis* II A 100 Rn. 97).

35 Der **Widerruf** oder die **Änderung** des einmal ausgeübten Bestimmungsrechts ist ohne ausdrücklichen Vorbehalt im Arbeitsvertrag grundsätzlich möglich (*Hanau/Preis* II A 100 Rn. 105; GK-TzA/ *Mikosch* § 4 Rn. 67), wenn das nicht zu einer Umgehung der in § 4 II bestimmten Ankündigungsfrist führt. Dies gilt sowohl für eine Erweiterung der Arbeitspflicht als auch für eine Reduzierung (*Hanau/ Preis* II A 100 Rn. 106).

36 Nur wenn der AG die viertägige Ankündigungsfrist des § 4 II eingehalten hat, ist der AN zur Arbeitsleistung verpflichtet. Im übrigen hat er die Wahl. Der AN kann dem Arbeitsabruf freiwillig nachkommen. In diesem Fall ist er nicht schutzwürdig (BT-Drucks. 10/2102, S. 25; GK-TzA/*Mikosch* § 4 Rn. 73; AR-Blattei/*Mosler* SD 1560 Rn. 242; kritisch *Malzahn* AuR 1985, 386, 388 f.). Ihm steht jedoch – ohne Darlegung des Grundes – ein **Leistungsverweigerungsrecht** zu. Dabei ist er im Regelfall auch nicht verpflichtet, die nicht fristgerechte Mitteilung zurückzuweisen. Abweichendes kann sich nur bei Annahme einer gegenteiligen betrieblichen Übung ergeben, wenn der AN in früheren Fällen der kurzfristigen Festlegung gefolgt war (*Hanau* RdA 1987, 25, 28; aA GK-TzA/*Mikosch* § 4 Rn. 90 mit Hinweis auf den zwingenden Charakter des § 4 II). Erkennt der AN, daß der AG die Versäumung der Ankündigungsfrist nicht bemerkt hat (zB Verzögerung des Postlaufs), dann ist er ausnahmsweise aus Treuegesichtspunkten zur Zurückweisung der Arbeitsaufforderung verpflichtet, weil der AG in diesem Fall mit der Arbeitsaufnahme rechnen durfte (GK-TzA/*Mikosch* § 4 Rn. 90).

37 Macht der AN von seinem Leistungsverweigerungsrecht keinen Gebrauch, so ist die tatsächlich erbrachte Arbeitsleistung zu **vergüten** und auf das Arbeitszeitdeputat **anzurechnen.** Verweigert der AN die Arbeitsleistung, so ist zu unterscheiden: Kann der AG die Arbeitsleistung wegen Überschreitens des Bezugszeitraumes (Rn. 24 f.) nicht mehr unter Einhaltung der Ankündigungsfrist abrufen, dann hat der AN einen Anspruch aus Annahmeverzug gem. § 615 BGB (GK-TzA/*Mikosch* § 4 Rn. 89). Kann er hingegen die Arbeitsleistung noch ordnungsgemäß abrufen, so hat der AN keinen

IX. Arbeits- und Entgeltbedingungen § 4 BeschFG 180

zusätzlichen Vergütungsanspruch. Die Zeit ist auch nicht auf das Arbeitsdeputat anzurechnen (GK-TzA/*Mikosch* § 4 Rn. 89; *Danne* BlStSozArbR 1985, 353, 355).

VII. Mindestbeschäftigungszeit (Abs. 3)

Das Recht des AG im Rahmen des Abrufarbeitsverhältnisses die Dauer des Arbeitseinsatzes frei zu 38 bestimmen, wird nach § 4 III eingeschränkt. Haben die Arbeitsvertragsparteien die tägliche Dauer der Arbeitszeit **nicht** festgelegt, so ist der AG verpflichtet, den AN jeweils für **mindestens drei aufeinanderfolgende Stunden** zur Arbeitsleistung in Anspruch zu nehmen. Mit dieser Regelung soll vermieden werden, daß der AN entgegen seinen Erwartungen nur kurzzeitig zur Arbeitsleistung in Anspruch genommen wird. Denn eine kurze tägliche Gesamtarbeitszeit oder die Zerstückelung der täglichen Arbeitszeit in mehrere kurze, durch Untätigkeit unterbrochene Arbeitseinsätze kann zu unangemessenen Belastungen des AN, zB durch unverhältnismäßig lange Anfahrtswege oder die Stükkelung der verbleibenden Arbeitszeit, führen (BT-Drucks. 10/ 2102, S. 25).

Die Regelung des § 4 III ist **nicht zwingend**. Einzelvertraglich kann eine kürzere tägliche Arbeits- 39 zeit als drei Stunden oder die Stückelung derselben in kürzere als dreistündige Arbeitsperioden vereinbart werden (*Malzahn* AuR 1985, 386, 389). Bei der im vorhinein arbeitsvertraglich festgelegten kürzeren als dreistündigen Arbeitszeitdauer bedarf der AN keines Schutzes, weil er sich auf die vereinbarte Arbeitszeit einstellen kann. Vertragsgestaltungen, die dem AG das globale Recht einräumen, den AN auch zu kürzeren Arbeitseinheiten als drei Stunden täglich abzurufen, sind jedoch unzulässig (GK-TzA/*Mikosch* § 4 Rn. 81; *Hanau/Preis* II A 100 Rn. 86).

Bei der vertraglichen Festlegung einer bestimmten täglichen Arbeitsdauer ist regelmäßig von einer 40 zusammenhängenden Arbeitszeit auszugehen, wenn nicht ausdrücklich etwas anderes vereinbart ist. Bei der Vereinbarung einer täglichen Höchstdauer wird es dem AG vorbehalten, auch eine geringere Arbeitsleistung in Anspruch zu nehmen, mit der Folge, daß keine bestimmte tägliche Dauer der Arbeitszeit festgelegt ist und § 4 III zur Anwendung kommt. Die vereinbarte Höchstdauer beschränkt allerdings das Direktionsrecht des AG wirksam nach oben (GK-TzA/*Mikosch* § 4 Rn. 80). Eine tägliche Arbeitszeit im Sinne des § 4 III liegt auch vor, wenn die Arbeit im Nachtschichtbetrieb über Mitternacht hinausgeht (GK-TzA/*Mikosch* § 4 Rn. 79; *Hanau/Preis* II A 100 Rn. 84). Die Vereinbarung einer Mindestdauer von drei Stunden wird regelmäßig unwirksam sein, da sie die Arbeitszeit nicht abschließend festlegt. Bei Vereinbarung einer „täglichen Höchstarbeitszeit von zwei Stunden" kann die ergänzende Vertragsauslegung unter Berücksichtigung von § 4 III eine bestimmte Einsatzdauer von zwei Stunden ergeben.

Ruft der AG den AN zu einem kürzeren als dreistündigem Einsatz ab, so hat er wiederum das 41 **Wahlrecht,** ob er die Arbeitsleistung erbringen will, ob er sie nur unter Bezahlung und Anrechnung von drei Stunden erbringen oder gänzlich ablehnen will. Erbringt er die Arbeitsleistung ohne Einschränkung auf die Arbeitsfrist, so sind nur die tatsächlich geleisteten Stunden zu vergüten und auf das Arbeitszeitdeputat anzurechnen. Darüber hinausgehende Ansprüche hat der AN nicht (GK-TzA/*Mikosch* § 4 Rn. 91 f.; *Hanau/Preis* II A 100 Rn. 85). Erklärt er sich nur unter Beachtung der Arbeitsfrist einverstanden, so hat der AG ohne Berücksichtigung der tatsächlichen Arbeitsleistung drei Stunden zu vergüten und auf das Arbeitszeitdeputat anzurechnen. Verweigert der AN den kürzeren Arbeitseinsatz, so kann der AG gänzlich auf die Leistung verzichten oder den Einsatzzeitraum verlängern, wobei er dann jedoch wieder die Ankündigungsfrist gemäß § 4 II zu beachten hat. Kann er die Arbeitsleistung unter Einhaltung der Ankündigungsfrist wegen Überschreiten des Bezugszeitraums (Rn. 24 f.) nicht mehr einfordern, so hat er die Zeit wiederum gem. § 615 BGB zu vergüten (Rn. 37).

VIII. Abweichende tarifvertragliche Regelungen

§ 4 ist nach Ansicht der Rspr. **tarifdispositiv** (BAG 12. 3. 1992 AP BeschFG 1985 § 4 Nr. 1; BAG 42 8. 9. 1994 AP BGB § 611 Fleischbeschauer-Dienstverhältnis Nr. 18; AR-Blattei/*Mosler* SD 1560 Rn. 238; *Hromadka*, FS für Kissel, 1994 S. 417 ff.). Das gilt sowohl für die Bestimmung des Arbeitszeitumfangs, der Ankündigungs- und der Arbeitsfrist. Der für einzelvertragliche Regelungen geforderte ANschutz werde im TV durch autonome Regelungen der sachkundigen TVParteien ersetzt. Gegenüber dem sonst durch das Kündigungsschutzrecht gewährleisteten Schutz des AN sei § 6 die speziellere Regelung. Der normative Gestaltungsspielraum der TVParteien finde bezüglich der Variabilität der Arbeitszeit lediglich in zwingendem Gesetzesrecht, dem Grundgesetz, den guten Sitten oder den tragenden Grundsätzen des Arbeitsrechts seine Grenzen (BAG 12. 3. 1992 AP BeschFG 1985 § 4 Nr. 1; BAG 8. 9. 1994 AP BGB § 611 Fleischbeschauer-Dienstverhältnis Nr. 18; zweifelnd *Hanau/Preis* II A 100 Rn. 67).

IX. Arbeits- und Entgeltbedingungen

Sowohl für die Arbeits- als auch die Entgeltbedingungen (hierzu § 3 EFZG Rn. 3) gelten für das 43 Abrufarbeitsverhältnis die allgemeinen Grundsätze, die auch für das klassische Teilzeitarbeitsverhältnis zur Anwendung kommen (§ 2 Rn. 11 ff.). Im Rahmen eines Entgeltfortzahlungsanspruchs können jedoch Probleme tatsächlicher Art auftreten, wenn eine **Feiertagsvergütung** in Rede steht oder der AN aufgrund **Krankheit** an der Arbeitsleistung verhindert ist. In beiden Fällen kann nämlich der AG den Anspruch auf Entgeltfortzahlung dadurch umgehen, daß er den AN nicht zur Arbeit einteilt. Das gilt im besonderen für die Feiertagsvergütung, da die Feiertage kalendarisch festgelegt sind, aber auch für den Fall, daß keine plötzliche Kurzerkrankung des AN vorliegt und der AG den AN noch nicht abgerufen hat. Denn der AN ist verpflichtet, seine Arbeitsverhinderung schon mit ihrem Eintritt und nicht erst bei Abruf dem AG mitzuteilen (AR-Blattei/*Mosler* SD 1560 Rn. 251; *Schaub* § 44 VII 3). Es wird diskutiert, eine Berechnung nach der **hypothetischen Arbeitszeitlage** (§ 3 EFZG Rn. 41 f.; angedeutet bei BAG 12. 6. 1996 AP BGB § 611 Werkstudent Nr. 4) bzw. eine **Durchschnittsberechnung** entsprechend § 11 II EFZG vorzunehmen (AR-Blattei/*Mosler* SD 1560 Rn. 248 ff.; differenzierend für den Fall der Entgeltfortzahlung im Krankheitsfall und den Anspruch auf Feiertagslohn: GK-TzA/*Mikosch* § 4 Rn. 102 ff., 108 und *Erman/Hanau* § 611 Rn. 311).

§ 5 Arbeitsplatzteilung

(1) ¹ Vereinbart der Arbeitgeber mit zwei oder mehr Arbeitnehmern, daß diese sich die Arbeitszeit an einem Arbeitsplatz teilen (Arbeitsplatzteilung), so sind bei Ausfall eines Arbeitnehmers die anderen in die Arbeitsplatzteilung einbezogenen Arbeitnehmer zu seiner Vertretung nur auf Grund einer für den einzelnen Vertretungsfall geschlossenen Vereinbarung verpflichtet. ² Abweichend von Satz 1 kann die Pflicht zur Vertretung auch vorab für den Fall eines dringenden betrieblichen Erfordernisses vereinbart werden; der Arbeitnehmer ist zur Vertretung nur verpflichtet, soweit sie ihm im Einzelfall zumutbar ist.

(2) ¹ Im Falle einer Arbeitsplatzteilung ist die Kündigung des Arbeitsverhältnisses eines Arbeitnehmers durch den Arbeitgeber wegen des Ausscheidens eines anderen Arbeitnehmers aus der Arbeitsplatzteilung unwirksam. ² Das Recht zur Änderungskündigung wegen des Ausscheidens eines anderen Arbeitnehmers aus der Arbeitsplatzteilung und zur Kündigung des Arbeitsverhältnisses aus anderen Gründen bleibt unberührt.

(3) Die Absätze 1 und 2 sind entsprechend anzuwenden, wenn sich Gruppen von Arbeitnehmern auf bestimmten Arbeitsplätzen in festgelegten Zeitabschnitten abwechseln, ohne daß eine Arbeitsplatzteilung im Sinne des Absatzes 1 vorliegt.

I. Normzweck

1   Bei der Arbeitsplatzteilung (auch „Job-Sharing"; zum Begriff *Danne* BlStSozArbR 1985, 353, 355) verpflichtet sich ein AN, den ihm zugewiesenen **Arbeitsplatz** in Abstimmung mit (einem) anderen am gleichen Arbeitsplatz Beschäftigten (Partner/n) im Rahmen eines unter ihnen aufgestellten Arbeitszeitplanes **alternierend zu besetzen** (*Erman/Hanau* § 611 Rn. 312). Dabei kann die nähere Ausgestaltung des Arbeitsverhältnisses bewirken, daß der höchstpersönliche Charakter der Arbeitsleistung in den Hintergrund tritt (§ 613 Rn. 4) und das Arbeitsergebnis im Mittelpunkt steht.

2   Mit dem BeschFG hat der Gesetzgeber die Arbeitsplatzteilung als zulässiges Arbeitsvertragsmodell anerkannt, ihr aber zugleich **rechtliche Grenzen** gesetzt (zur Kritik an diesem Modell *Schaub* § 44 V 1; *Eich* DB 1982, Beilage 9, S. 1; *Löwisch/Schüren* BB 1984, 925, 928). Der eine Partner ist bei Ausfall des anderen nicht zu dessen Vertretung verpflichtet. Eine **Vertretungspflicht** kann nur für den einzelnen Vertretungsfall aufgrund einer gesonderten Vereinbarung getroffen werden (§ 5 I 1; Rn. 13). Ein einseitiges Leistungsbestimmungsrecht steht dem AG nicht zu (LAG München 15. 9. 1993 LAGE BeschFG 1985 § 5 Nr. 1). Eine generelle Vorausverpflichtung zur gegenseitigen Vertretung ist nur zulässig, wenn das Vorliegen eines dringenden betrieblichen Erfordernisses Grundlage der Vertretungsverpflichtung ist und dem Partner die Vertretung zumutbar ist (§ 5 I 2). Scheidet ein Partner aus dem Arbeitsverhältnis aus, so ist die **Kündigung** des anderen aus diesem Grunde unzulässig (§ 5 II; Rn. 15).

II. Geltungsbereich

3   **1. Persönlicher Geltungsbereich.** Partner eines Job-Sharing-Arbeitsverhältnisses oder eines Turnusarbeitsverhältnisses sind **TeilzeitAN** (AR-Blattei/*Mosler* SD 1560 Rn. 262; differenzierend GK-TzA/*Danne* § 5 Rn. 53 ff.). Bestrebungen, Job-Sharer aufgrund ihrer freieren Arbeitszeitgestaltung gegenüber sog. „Normalarbeitnehmern" nicht als AN zu klassifizieren (*Lieb* RdA 1974, 257, 260; *Wank* RdA 1985 I, 3), haben sich nicht durchgesetzt (*Schaub* § 44 V 2).

4   **2. Zeitlicher Geltungsbereich.** Für bestehende Arbeitsverträge ist die Regelung des § 5 erst zum 1. 1. 1986 in Kraft getreten; da der Gesetzgeber für diese Arbeitsverhältnisse eine Anpassungsfrist vorgesehen hatte (GK-TzA/*Lipke* Einl. Rn. 128). Im übrigen gilt die Regelung seit dem 1. 5. 1985.

III. Begriffsbestimmung

Nach der gesetzlichen Definition des § 5 I 1 ist unter „**Arbeitsplatzteilung**" eine Vereinbarung 5 zwischen AG und zwei oder mehr Arbeitnehmern zu verstehen, nach der diese sich die Arbeitszeit an einem Arbeitsplatz teilen. Zumindest die erstmalige Zusammensetzung der Job-Sharing-Partner bestimmt der AG allein unter Berücksichtigung der für die Betriebsgruppe entwickelten Kriterien (hierzu § 611 Rn. 195); zur Rücksichtnahme auf die Leistungsstärke der Partner (GK-TzA/*Danne* § 5 Rn. 77 ff.). Kennzeichnend für ein Job-Sharing-Arbeitsverhältnis ist die **Dauer der Arbeitszeit**, die unter der betriebsüblichen bleiben muß (*Schaub* § 44 V 1 a) sowie die **eigenverantwortliche Festlegung** der Arbeitszeit durch die Partner (*Heinze* NZA 1997, 681, 686; hier liegt der Unterschied zur **Betriebsgruppe**, vgl. § 611 BGB Rn. 195). Im Unterschied zur **Eigengruppe** (§ 611 BGB Rn. 199 f.; *Heinze* NZA 1997, 681, 686) bestehen zwischen den Partnern keine vertraglichen Beziehungen. Sie bieten sich dem AG gemeinhin nicht als Partner eines Job-Sharing-Arbeitsverhältnisses an, sondern werden von diesem zu einer Gruppe zusammengefaßt.

Es ist nicht erforderlich, daß der **zu teilende Arbeitsplatz** einem Vollzeitarbeitsplatz entspricht, 6 teilbar sind auch solche Arbeitsplätze, bei denen eine kürzere oder längere als die betriebsübliche Arbeitszeit geleistet wird. Deshalb können mehrere Arbeitsplätze auf eine größere Anzahl von Job-Sharern aufgeteilt werden oder auch Teilzeitarbeitsplätze mit mehreren Arbeitnehmern besetzt werden (AR-Blattei/*Mosler* SD 1560 Rn. 257). Die **Aufteilung** der Arbeitszeit kann den **unterschiedlichsten Modellen** folgen. Die Job-Sharer können sich beispielsweise die Arbeit an einem Tag untereinander aufteilen, indem der eine vormittags, der andere nachmittags arbeitet; sie können an einigen Tagen vollschichtig und an anderen gar nicht arbeiten; sie können sich auch wöchentlich oder monatlich abwechseln (*Eich* DB 1982, Beilage 9, S. 1). **Mindestbeschäftigungszeiten** sind nicht vorgesehen. Die Arbeitszeitplanung ist dem AG rechtzeitig bekanntzugeben.

Für ein Job-Sharing-Arbeitsverhältnis ist weiter kennzeichnend, daß eine **rechtliche und organisa-** 7 **torische Bindung** der Partner **zum gemeinsam besetzten Arbeitsplatz** besteht. Dagegen ist es unerheblich, ob die AN gemeinsam die Verantwortung für die Erledigung der ihnen übertragenen Aufgaben übernehmen, oder ob sie die anfallenden Arbeiten in ihrem Zeitabschnitt nach eigener Verantwortung erledigen (vergleichbar der Besetzung eines Arbeitsplatzes mit zwei Teilzeitarbeitnehmern). Ferner kann die **Qualität der Arbeit der Partner unterschiedlich** sein: Ein Job-Sharing-Arbeitsverhältnis liegt auch vor, wenn einer der Partner Leitungsaufgaben übernimmt und die anderen nur ausführende Arbeiten verrichten (*Schaub* § 44 V 1 a; AR-Blattei/*Mosler* SD 1560 Rn. 259).

Ob auch das **Job-Pairing-** und das **Job-Splitting**-Arbeitsverhältnis unter den Begriff des Job- 8 Sharing und damit den Anwendungsbereich des § 5 zu fassen sind, ist nicht abschließend zu beantworten. In der Literatur werden diese Begriffe mangels einheitlicher Definition unterschiedlich verwandt. *Schaub* subsumiert beide Begriffe unter das Job-Sharing-Arbeitsverhältnis und unterscheidet ausschließlich danach, ob die Aufgabenerledigung in gemeinsamer (dann Job-Pairing) oder eigener Verantwortung (dann Job-Splitting) übernommen wird (*Schaub* § 44 V 1 a). *Danne* und *Hanau* (GK-TzA/*Danne* § 5 Rn. 151; *Erman/Hanau* § 611 Rn. 313) schließen sowohl das Job-Pairing als auch das Job-Splitting vom Anwendungsbereich des § 5 aus, weil keine rechtliche und organisatorische Bindung zum Arbeitsplatz bestehe (Job-Splitting) bzw. die AN in einer Vertragsbeziehung zueinander stünden und ihre Arbeitsleistung zusammen anböten (Job-Pairing). *Heinze* (NZA 1997, 681, 686) wiederum unterscheidet nur das Job-Sharing- vom Job-Pairing-Arbeitsverhältnis und bejaht letzteres bei dem Vorliegen einer Eigengruppe. Er will § 5 auch auf das Job-Pairing anwenden, wenn die Eigengruppe und/oder ausschließlich die AN derselben in einer vertraglichen Beziehung zum AG stehen.

IV. Gesetzliche Ausgestaltung (Abs. 1)

1. Vertragsverhältnis zum Arbeitgeber. Jeder Job-Sharer schließt einen **eigenen Arbeitsvertrag** 9 mit dem AG. Er verpflichtet sich, den ihm zugewiesenen Arbeitsplatz in Abstimmung mit dem/den anderen Partner(n) während der betriebsüblichen Arbeitszeit alternierend zu besetzen. Der AG kann verschiedene Teilzeitarbeitsverhältnisse nicht im Wege des **Direktionsrechts** in ein Job-Sharing-Arbeitsverhältnis umwandeln (GK-TzA/*Danne* § 5 Rn. 75; *Schaub* § 44 V 3 a).

Die Partner stehen nicht in einem eigenen Rechtsverhältnis zueinander. Das Job-Sharing-Arbeits- 10 verhältnis begründet **kein Gesamtschuldverhältnis** nach § 421 BGB. Jeder Partner schuldet nur seine Teilleistung und die Besetzung des Arbeitsplatzes während der von ihm zu erbringenden Arbeitszeit (GK-TzA/*Danne* § 5 Rn. 100). Vertritt ein Partner ausnahmsweise den anderen, ohne daß dies auf einer vorherigen Absprache der Partner beruht, so besteht ein unmittelbarer Anspruch gegen den AG, nicht jedoch ein Ausgleichsanspruch nach § 426 BGB gegen den Partner. Der verhinderte Partner ist auch nicht zur Nachleistung seiner Arbeit verpflichtet.

Erledigen die Partner die ihnen übertragene Aufgabe eigenverantwortlich, so hat jeder für die 11 während seiner Arbeitszeit erbrachte Leistung selbst einzustehen, erledigen sie die Aufgabe jedoch in gemeinsamer Verantwortung, so sind für den Fall der **Leistungsstörung** die von der Rspr. zur Be-

Preis

triebsgruppe entwickelten Grundsätze entsprechend anwendbar (hierzu § 611 BGB Rn. 195 ff.), wenn nicht die Leistung einem konkreten Partner zurechenbar oder ein Partner als Leitungsverantwortlicher heranziehbar ist (*Schaub* § 44 V 5).

12 **2. Individuelle Arbeitszeitfestlegung.** Die Arbeitszeit legen die Job-Sharer untereinander selbständig fest. Ihnen kommt insoweit eine begrenzte Zeitsouveränität zu (AR-Blattei/*Mosler* SD 1560 Rn. 258). Den von ihnen aufgestellten **Arbeitszeitplan** haben sie dem AG rechtzeitig bekanntzugeben. Nur wenn sich die Partner nicht auf einen Arbeitszeitplan einigen können, ist dieser durch den AG im Rahmen seines Direktionsrechts festzulegen.

13 **3. Vertretungsverpflichtung.** Fällt ein Partner aus (zB wegen Krankheit; nach Ansicht des LAG München nicht jedoch wegen Arbeitsverweigerung: LAG München 15. 9. 1993 LAGE BeschFG 1985 § 5 Nr. 1), so sind nach § 5 I 1 die anderen in die Arbeitsplatzteilung einbezogenen AN zu dessen Vertretung nur aufgrund einer **für den einzelnen Vertretungsfall** geschlossenen Vereinbarung verpflichtet (*Heinze* NZA 1997, 681, 686). Im Rahmen dieser Vereinbarung können die übrigen Partner eine wechselseitige Vertretungsvereinbarung treffen. Die Vertretungspflicht kann nicht im Wege der Änderungskündigung eingeführt werden (ArbG Berlin 28. 10. 1983 AP BeschFG 1985 § 5 Nr. 1). Eine **generelle Vorabvereinbarung** zur gegenseitigen Vertretungspflicht ist nach § 134 BGB nichtig. Damit wird gewährleistet, daß das Risiko einer anerkannten Arbeitsverhinderung beim AG verbleibt und nicht auf die AN übergeleitet werden kann.

14 Ausnahmsweise sind **Vorabvereinbarungen** zulässig, wenn sie die Pflicht zur gegenseitigen Vertretung für den Fall eines dringenden betrieblichen Erfordernisses regeln (§ 5 I 2 BeschFG; LAG München 15. 9. 1993 LAGE BeschFG 1985 § 5 Nr. 1). Zusätzlich muß die Vertretung dem AN im konkreten Einzelfall zumutbar sein. Hier ist eine Interessenabwägung erforderlich, die sich an Billigkeitsgesichtspunkten zu orientieren hat (GK-TzA/*Danne* § 5 Rn. 94). Ein **dringendes betriebliches Erfordernis** im Sinne des § 5 I 2 ist zu bejahen, wenn Arbeiten zu erledigen sind, die so dringlich sind, daß bei unterlassener Erledigung erhebliche Nachteile für den Betriebsablauf oder die Außenbeziehungen des Unternehmens entstehen und die nicht auch durch andere AN des Betriebes erledigt werden können (*Löwisch* BB 1985, 1200, 1204; *Lorenz* NZA 1985, 473, 475). Die Beweislast für das Vorliegen eines dringenden betrieblichen Erfordernisses trifft den AG (*Schaub* § 44 V 3 d).

V. Kündigungsschutz (Abs. 2)

15 Das Arbeitsverhältnis eines Job-Sharers wird von dem **Ausscheiden** eines anderen AN, mit welchem er sich einen Arbeitsplatz teilt, grundsätzlich **nicht berührt** (*Danne* BlStSozArbR 1985, 353, 355). Es ist dem AG gemäß § 5 II 1 untersagt, im Falle des Ausscheidens dem verbleibenden AN eine Kündigung auszusprechen, sie wäre gemäß § 134 BGB nichtig. Auch eine Vereinbarung, nach der das Job-Sharing-Arbeitsverhältnis unter der **auflösenden Bedingung** (hierzu § 620 Rn. 23 ff.) des Bestandes des Arbeitsverhältnisses mit dem Partner eingegangen wird, ist unzulässig (GK-TzA/*Danne* § 5 Rn. 138). Damit hat der **Bestandsschutz** des Arbeitsverhältnisses zunächst Vorrang gegenüber dem AGInteresse. Dem AG bleibt aber das Recht zur **Änderungskündigung** (§ 5 II 2), wenn hierfür ein betriebsbedingter Grund vorliegt.

16 Der AG ist nach § 5 II 2 zur Kündigung des Arbeitsverhältnisses mit Job-Sharern **aus anderen Gründen** berechtigt. Hiermit stellt der Gesetzgeber klar, daß insoweit die allgemeinen Regelungen gelten und der AG außerordentlich oder ordentlich aus personen-, verhaltens- oder betriebsbedingten Gründen kündigen kann (AR-Blattei/*Mosler* SD 1560 Rn. 273).

VI. Turnusarbeitsverhältnis (Abs. 3)

17 Die Regelungen der Absätze 1 und 2 des § 5 gelten entsprechend für das Turnusarbeitsverhältnis. Ein **Turnusarbeitsverhältnis** liegt vor, wenn sich Gruppen von AN auf bestimmten Arbeitsplätzen in festgelegten Zeitabschnitten abwechseln, ohne daß der AG mit ihnen eine Arbeitsplatzteilung iSd. § 5 I vereinbart hat (AR-Blattei/*Mosler* SD 1560 Rn. 260). Entscheidend für das Vorliegen eines Turnusarbeitsverhältnisses ist der Wechsel in **festgelegten Zeitabschnitten** (LAG München 15. 9. 1993 LAGE BeschFG 1985 § 5 Nr. 1). Es ist nicht erforderlich, daß jeweils zwei oder mehr AN gleichzeitig arbeiten (GK-TzA/*Danne* § 5 Rn. 149).

VII. Abweichende tarifvertragliche Regelungen

18 § 5 stellt nach § 6 tarifdispositives Recht dar. Von § 5 abweichende Regelungen sind auch zuungunsten des AN durch TV zulässig (§ 6).

§ 6 Vorrang des Tarifvertrages

(1) Von den Vorschriften dieses Abschnitts kann auch zuungunsten des Arbeitnehmers durch Tarifvertrag abgewichen werden.

(2) ¹Im Geltungsbereich eines Tarifvertrages nach Absatz 1 gelten die abweichenden tarifvertraglichen Bestimmungen zwischen nicht tarifgebundenen Arbeitgebern und Arbeitnehmern, wenn die Anwendung der für teilzeitbeschäftigte Arbeitnehmer geltenden Bestimmungen des Tarifvertrages zwischen ihnen vereinbart ist. ²Enthält ein Tarifvertrag für den öffentlichen Dienst abweichende Bestimmungen nach Absatz 1, so gelten diese Bestimmungen auch zwischen nicht tarifgebundenen Arbeitgebern und Arbeitnehmern außerhalb des öffentlichen Dienstes, wenn die Anwendung der für den öffentlichen Dienst geltenden tarifvertraglichen Bestimmungen zwischen ihnen vereinbart ist und die Arbeitgeber die Kosten des Betriebes überwiegend mit Zuwendungen im Sinne des Haushaltsrechts decken.

(3) Die Kirchen und die öffentlich-rechtlichen Religionsgesellschaften können in ihren Regelungen von den Vorschriften dieses Abschnitts abweichen.

I. Normzweck

§ 6 I stellt den TVParteien die Regelungen des 2. Abschnitts des BeschFG betreffend die Teilzeitarbeit zur **Disposition**. Die TVParteien werden aufgrund ihrer **unterstellten Sachkompetenz** ermächtigt, auch **zuungunsten** der AN von den gesetzlichen Vorschriften zur Teilzeitarbeit abzuweichen. Nach Wortlaut und Gesetzesbegründung werden hiervon die §§ 2–5 erfaßt (BT-Drucks. 10/2102, S. 26; BR-Drucks. 393/84, S. 27; *Hagemeier* AuR 1985, 144, 146). 1

Der Gesetzgeber ging davon aus, daß die TVParteien sachlich gerechtfertigte Ausnahmebestimmungen zu den gesetzlichen Regelungen **besser als der Gesetzgeber** treffen könnten. Er unterstellte dabei die Annahme, die Gewerkschaften seien die geborenen Sachwalter aller AN und die TVPartner würden deshalb auch für Teilzeitkräfte angemessene Regelungen aushandeln (MünchArbR/*Schüren* § 157 Rn. 67). Er hat dabei bereits rein tatsächlich übersehen, daß der **Organisationsgrad Teilzeitbeschäftigter** weit unterdurchschnittlich (*Schupp* Sozialer Fortschritt 1989, 245, 250) und damit die Repräsentation mangels Mitgliedschaft gering ist (*Schüren* AP BeschFG 1985 § 2 Nr. 6; *ders.* RdA 1988, 138). 2

Die Regelung trägt der **hohen Stellung der Tarifautonomie** Rechnung (kritisch *Hagemeier* AuR 1985, 144, 146 f.) sowie der Gesetzesintention, nicht den gesamten Teilzeitarbeitsbereich gesetzlich zu normieren, sondern nur **Mindestbedingungen** in den Bereichen zu schaffen, in welchen sich ein Schutzbedürfnis besonders gezeigt hatte (GK-TzA/*Mikosch* § 6 Rn. 5; § 2 Rn. 1). 3

II. Geltungsbereich

Der in § 6 niedergelegte TVVorrang gilt sowohl für bei Inkrafttreten des Gesetzes **am 1. 5. 1985** bereits bestehende TV als auch für später abgeschlossene (GK-TzA/*Mikosch* § 6 Rn. 11). 4

§ 6 gilt ausschließlich für verschlechternde **TVRegelungen**. Die TVParteien sind nicht ermächtigt, abweichende Regelungen durch Betriebs- oder Dienstvereinbarungen mittels tariflicher **Öffnungsklauseln** zuzulassen (*Mager/Winterfeld/Göbel/Seelmann*, BeschFG 1985, Rn. 338; GK-TzA/*Mikosch* § 6 Rn. 49). 5

III. Vorrang tarifvertraglicher Regelungen (Abs. 1)

1. § 6 I erlaubt eine **Abweichung von den gesetzlichen Regelungen der §§ 3–5** auch zuungunsten der AN durch die TVParteien (GK-TzA/*Mikosch* § 6 Rn. 16 ff.; *Mager/Winterfeld/Göbel/Seelmann*, BeschFG 1985, Rn. 138; *Heinze* NZA 1997, 681, 682). Für § 4 hat das BAG entschieden, daß eine tarifvertragliche Regelung zulässig ist, nach der sich die Arbeitszeit teilzeitbeschäftigter AN nach dem Arbeitsanfall richtet, **ohne** daß zugleich eine bestimmte Dauer der Arbeitszeit festgelegt ist (BAG 12. 3. 1992 AP BeschFG 1985 § 4 Nr. 1; aA bereits vor Veröffentlichung der Entscheidung GK-TzA/*Mikosch* § 6 Rn. 17). Hinsichtlich tariflicher Regelungen einer Arbeitsplatzteilung gem. § 5 könnte an eine generelle Vertretungsverpflichtung der Partner gedacht werden (GK-TzA/*Mikosch* § 6 Rn. 18). 6

2. Abweichung von § 2 I. Zum Nachteil der AN abweichende tarifvertragliche Regelungen vom Diskriminierungsverbot des § 2 I sind **an Art. 3 I GG zu messen** (BAG 28. 7. 1992 AP BetrAVG § 1 Gleichbehandlung Nr. 18; *Hanau* NZA 1985, 345, 346; AR-Blattei/*Mosler* SD 1560 Rn. 74). § 6 ist daher **verfassungskonform** dahingehend **einzuschränken** (HzA/*Linck* Gruppe 1 Rn. 827), daß selbst die TVParteien nicht ohne sachlichen Grund Teilzeit- und VollzeitAN unterschiedlich behandeln dürfen (*Hanau/Preis* ZfA 1988, 177, 179; *Richardi* NZA 1992, 625, 630 f.). Die TVParteien sind als Träger kollektiver Ordnung, die materielle Gesetze schaffen, ebenso wie Gesetzgebung, vollziehende Gewalt und Rspr. nach **Art. 1 III GG** unmittelbar an die Grundrechte gebunden (BAG 2. 12. 1992 AP BAT § 23 a Nr. 30); hier insbesondere an Art. 3 I GG, den § 2 I konkretisiert (§ 2 Rn. 2). 7

180 BeschFG § 6

8 Den TVParteien steht infolgedessen nur ein durch das Willkürverbot **begrenzter Gestaltungsspielraum** zu, dem ob der großen Bedeutung des Gleichbehandlungsgebots und der zusätzlich durch die Regelungen zur Geschlechterdiskriminierung gezogenen Grenzen (§ 2 Rn. 16 ff.) nur geringfügige Bedeutung zukommt.

9 Dieses Ergebnis wird von der **Rspr. des BAG** mitgetragen. In den ersten Urteilen zum Verhältnis von § 6 I zu § 2 I verneinte das Gericht den Tarifvorrang noch mit einem **Redaktionsversehen** des Gesetzgebers und nahm eine unmittelbare Geltung des § 2 I auch für die TVParteien an (BAG 29. 8. 1989 AP BeschFG 1985 § 2 Nr. 6). Mit Urteil vom 28. 7. 1992 (AP BetrAVG § 1 Gleichbehandlung Nr. 18) führte es dann aus, daß *Hanau* zutreffend darauf hingewiesen habe, daß auch das Beschäftigungsförderungsgesetz den TVParteien nicht das Recht eröffne, unsachlich benachteiligende Regelungen zu beschließen, da auch diese an **Art. 3 I GG** gebunden seien. Mit Urteil vom 7. 3. 1995 (AP BetrAVG § 1 Gleichbehandlung Nr. 26) stellte es fest, daß § 6 I die Anwendbarkeit des Art. 3 I GG auf tarifvertragliche Teilzeitregelungen nicht ausschließe, da dem Gesetzgeber nicht unterstellt werden könne, daß er eine gesetzliche Bestimmung habe schaffen wollen, die verfassungswidrig wäre. Ließe § 6 I gegen § 2 I verstoßende tarifvertragliche Regelungen zu, so wäre die Norm verfassungswidrig, da sie sich über die zentrale Wertvorgabe des Art. 3 I GG hinwegsetzen würde (bestätigt durch BAG 28. 3. 1996 AP BeschFG 1985 § 2 Nr. 49; BAG 15. 12. 1998 AP BeschFG 1985 § 2 Nr. 71).

10 Häufig beruht die Ungleichbehandlung Teilzeitbeschäftigter darauf, daß sie **vom persönlichen Geltungsbereich des TV ausgenommen** sind. Offenbleiben kann, ob in der Herausnahme Teilzeitbeschäftigter vom Anwendungsbereich des TV eine abweichende Regelung iSd. § 6 I gesehen werden kann. Das BAG hat das teilweise mit dem Hinweis darauf verneint, daß es an einer Rechtsnorm fehle, die den Inhalt, Abschluß und die Beendigung von Arbeitsverhältnissen iS von § 1 I TVG regelt (BAG 25. 1. 1989 AP BeschFG 1985 § 2 Nr. 2; BAG 6. 12. 1990 AP BeschFG 1985 § 2 Nr. 12). Unabhängig hiervon kann es aber bereits keinen Unterschied machen, ob die Teilzeitbeschäftigten aufgrund einer ausdrücklichen Regelung ungleich behandelt werden oder durch Einschränkung des persönlichen Geltungsbereichs. Die TVParteien können zwar nicht dazu gezwungen werden, für alle AN einer Branche oder beim Firmentarifvertrag für alle AN des Unternehmens Tarifnormen zu vereinbaren. Wenn sie aber Ansprüche auf betriebliche Leistungen vereinbaren, so müssen sie dabei das Diskriminierungsverbot des § 2 I beachten. Auf die **rechtstechnische Konstruktion,** durch welche de facto die Ungleichbehandlung erreicht wird, kommt es nämlich nicht an (BAG 29. 8. 1989 AP BeschFG 1985 § 2 Nr. 6; BAG 28. 7. 1992 AP BetrAVG § 1 Gleichbehandlung Nr. 18; *Richardi* NZA 1992, 625, 630).

IV. Einzelvertragliche Übernahme tarifvertraglicher Regelungen (Abs. 2)

11 Um insbesondere eine betriebseinheitliche Gestaltung der Arbeitsbedingungen **trotz der nur tarifdispositiven Teilzeitregelungen** zu ermöglichen, erlaubt § 6 II nicht tarifgebundenen Arbeitsvertragsparteien, abweichende tarifliche Regelungen zu übernehmen (GK-TzA/*Mikosch* § 6 Rn. 24; kritisch *Hagemeier* AuR 1985, 144, 147 f.). **Voraussetzung** ist, daß auf einen branchenspezifischen TV verwiesen wird und **alle** die Teilzeitarbeit betreffenden **Regelungen übernommen** werden (*Mager/Winterfeld/Göbel/Seelmann*, BeschFG 1985, Rn. 339 f.), um zu verhindern, daß nur die (negativ) von den gesetzlichen Vorschriften abweichenden Regelungen vereinbart werden. Etwas anderes gilt nur dann, wenn es sich bei den einzelnen in bezug genommenen Regelungen ausnahmslos um günstigere Regelungen handelt oder einzelne verschlechternde Regelungen ausgenommen werden (GK-TzA/*Mikosch* § 6 Rn. 28).

12 Die Übernahmevereinbarung bedarf keiner bestimmten **Form**, regelmäßig wird sie an der Form des Arbeitsvertrags teilnehmen (GK-TzA/*Mikosch* § 6 Rn. 25).

13 Um der Tatsache Rechnung zu tragen, daß mit der Vergabe öffentlicher Mittel häufig die Auflage verbunden ist, die für den öffentlichen Dienst geltenden TV anzuwenden, regelt **§ 6 II 2** als Ausnahme von dem Grundsatz, daß die Übernahmevereinbarung nur im Geltungsbereich des einschlägigen TV vereinbart werden darf. Auf TV des öffentlichen Dienstes kann daher zwischen nicht tarifgebundenen Arbeitsvertragsparteien außerhalb des öffentlichen Dienstes bezug genommen werden, wenn die Betriebskosten überwiegend mit Zuwendungen der öffentlichen Hand gedeckt werden (BR-Drucks. 393/84, S. 27; GK-TzA/*Mikosch* § 6 Rn. 39).

V. Entsprechungsklausel für Kirchen und öffentlich-rechtliche Religionsgemeinschaften (Abs. 3)

14 Die Bestimmung **stellt** Kirchen und öffentlich-rechtliche Religionsgemeinschaften **den TVParteien gleich.** Sie nimmt auf die gem. Art. 140 GG iVm. Art. 137 III WRV geschützte Kirchenautonomie Rücksicht (GK-TzA/*Mikosch* § 6 Rn. 54). Unter Regelung im Sinne der Vorschrift sind die von den Kirchen und Religionsgemeinschaften erlassenen Arbeitsvertrags- und Dienstordnungen, arbeitsvertragliche Einheitsregelungen sowie auf der Grundlage von Mitarbeitervertretungsgesetzen und -ord-

nungen abgeschlossene Vereinbarungen zwischen Kirchen und ihren AN zu fassen (GK-TzA/*Mikosch* § 6 Rn. 61).

Das BAG hat die Rspr. zum Verhältnis von § 6 I zu § 2 I auf § 6 III übertragen. Danach sind Kirchen und öffentlich-rechtliche Religionsgemeinschaften in ihren paritätisch zustandegekommenen Arbeitsvertragsrichtlinien **ebenso an das Diskriminierungsverbot des § 2 I gebunden** wie TVParteien in TV. Dem steht auch das Selbstordnungs- und Selbstverwaltungsrecht der Kirchen nach Art. 140 GG iVm. Art. 137 III WRV nicht entgegen. Es ist jedenfalls solange verfassungsrechtlich nicht geboten, den Kirchen eine weitergehende Abweichungsbefugnis zu gewähren als den TVParteien, als besondere Loyalitätspflichten aus dem kirchlichen Arbeitsverhältnis nicht berührt sind (BAG 6. 12. 1990 AP BeschFG 1985 § 2 Nr. 12).

VI. Rechtsfolge einer unzulässigen Berufung auf § 6 BeschFG

Die tarifvertragliche oder kirchliche Regelung, die gegen § 2 I verstößt, ist **gem. § 134 BGB nichtig.** Die Teilzeitbeschäftigten haben einen Anspruch auf Gleichbehandlung mit den Vollzeitarbeitnehmern (§ 2 Rn. 63 ff.). Der verfassungsrechtlich verankerte Schutz der Tarifautonomie verlangt nicht, daß die Beseitigung der diskriminierenden Norm zunächst durch TVVerhandlungen oder auf anderem Wege zu beantragen oder abzuwarten ist (EuGH 7. 2. 1991 EAS Art. 119 Nr. 20 = AP BAT § 23 a Nr. 25; AR-Blattei/*Mosler* SD 1560 Rn. 81).

190. Gesetz zum Schutz der Beschäftigten vor sexueller Belästigung am Arbeitsplatz (Beschäftigtenschutzgesetz)

Vom 24. Juni 1994 (BGBl. I S. 1406)

(BGBl. III/FNA 8054-1)

§ 1 Ziel, Anwendungsbereich

(1) Ziel des Gesetzes ist die Wahrung der Würde von Frauen und Männern durch den Schutz vor sexueller Belästigung am Arbeitsplatz.

(2) Beschäftigte im Sinne dieses Gesetzes sind
1. die Arbeitnehmerinnen und Arbeitnehmer in Betrieben und Verwaltungen des privaten oder öffentlichen Rechts (Arbeiterinnen und Arbeiter, Angestellte, zu ihrer Berufsbildung Beschäftigte), ferner Personen, die wegen ihrer wirtschaftlichen Unselbständigkeit als arbeitnehmerähnliche Personen anzusehen sind. Zu diesen gehören auch die in Heimarbeit Beschäftigten und die ihnen Gleichgestellten; für sie tritt an die Stelle des Arbeitgebers der Auftraggeber oder Zwischenmeister;
2. die Beamtinnen und Beamten des Bundes, der Länder, der Gemeinden, der Gemeindeverbände sowie der sonstigen der Aufsicht des Bundes oder eines Landes unterstehenden Körperschaften, Anstalten und Stiftungen des öffentlichen Rechts;
3. die Richterinnen und Richter des Bundes und der Länder;
4. weibliche und männliche Soldaten (§ 6).

I. Anwendungsbereich

1   Das BeschSG ist als Art. 10 des 2. GleiBG vom 24. 6. 1994 erlassen worden und gilt für AN im öffentlichen Dienst und der Privatwirtschaft gleichermaßen; auch arbeitnehmerähnliche Personen und zur Berufsausbildung Beschäftigte sind umfaßt. Nicht geschützt sind ggf. freie Mitarbeiter, obwohl sie (bei Arbeitsleistung im Betrieb) eher gefährdet zu sein scheinen als etwa die ausdrücklich einbezogenen Heimarbeiter. Weiter nennt das Gesetz ausdrücklich die Beamten, Richter und Soldaten (BVerwG 18. 7. 1995 NJW 1996, 536, 537); bezweckt war daher ein möglichst umfassender Schutz. Stellenbewerber sind jedoch nicht einbezogen. Das Gesetz entstand infolge der Empfehlung der EG-Kommission „zum Schutz der Würde von Frauen und Männern am Arbeitsplatz" (v. 27. 11. 1991 AB1EG C 27/1992 S. 4; RdA 1993, 43), die den Mitgliedstaaten dem Grundgedanken der Gleichbehandlungsrichtlinie 76/207 EWG entsprechende Schutzmaßnahmen nahegelegt hatte. Geschützt werden ausdrücklich Angehörige beider Geschlechter; dadurch wird auch die sexuelle Belästigung Homosexueller in den Regelungsbereich des Gesetzes einbezogen.

2   Die Regelung wurde auf die Rahmengesetzgebungskompetenz des Bundes aus Art. 75 Nr. 1, Art. 72 II Nr. 3 GG gestützt, und läßt trotz ihres detaillierten Regelungsumfanges den Ländergesetzgebern noch Raum für ausfüllende Regelungen, etwa bei der Einführung vorbeugender Maßnahmen (Gesetzentwurf der Bundesregierung v. 21. 7. 1993 BT-Drucks. 12/5468 S. 76); auch zur Verdeutlichung der im BeschSG verwendeten Definitionen kann auf die zuvor bestehenden Länderregelungen zurückgegriffen werden.

II. Normzweck

3   Daß § 1 I ausdrücklich die Wahrung der Würde durch den Schutz vor sexueller Belästigung als Regelungsziel benennt, deutet auf eine enge Anlehnung an die Empfehlung der EG-Kommission (Rn. 1) hin. Die Studie des Bundesministeriums für Jugend, Familie, Frauen und Gesundheit (*Holzbecher* ua., 1991) hatte gezeigt, daß erwerbstätige Frauen vielfältige Erfahrungen mit Belästigungen am Arbeitsplatz machen. Auch vor Erlaß des Gesetzes gab es bereits Handlungsmöglichkeiten gegen Belästigungen, doch waren sie in vielen Rechtsgrundlagen verstreut und oft auch weniger bekannt. Zudem fehlte es an einer gesetzlichen Definition der **sexuellen Belästigung**. Beide Mängel sollten durch das BeschSG behoben und zugleich die Bedeutung des Problems verstärkt sichtbar gemacht werden.

§ 2 Schutz vor sexueller Belästigung

(1) ¹Arbeitgeber und Dienstvorgesetzte haben die Beschäftigten vor sexueller Belästigung am Arbeitsplatz zu schützen. ²Dieser Schutz umfaßt auch vorbeugende Maßnahmen.

(2) ¹Sexuelle Belästigung am Arbeitsplatz ist jedes vorsätzliche, sexuell bestimmte Verhalten, das die Würde von Beschäftigten am Arbeitsplatz verletzt. ²Dazu gehören
1. sexuelle Handlungen und Verhaltensweisen, die nach den strafgesetzlichen Vorschriften unter Strafe gestellt sind, sowie
2. sonstige sexuelle Handlungen und Aufforderungen zu diesen, sexuell bestimmte körperliche Berührungen, Bemerkungen sexuellen Inhalts sowie Zeigen und sichtbares Anbringen von pornographischen Darstellungen, die von den Betroffenen erkennbar abgelehnt werden.

(3) Sexuelle Belästigung am Arbeitsplatz ist eine Verletzung der arbeitsvertraglichen Pflichten oder ein Dienstvergehen.

I. Schutzmaßnahmen (Abs. 1)

§ 2 gestaltet das Gesetz als Arbeitsschutzgesetz aus, so daß eine Verpflichtung des AG zur Gewährleistung eines effektiven Schutzes begründet wird (BT-Drucks. 12/5468 S. 46), unabhängig von einer betrieblichen Veranlassung der Belästigung; die Schutzpflicht erfaßt auch Belästigungen durch betriebsfremde Dritte (BT-Drucks. 12/5468 S. 46) bzw. durch den AG selbst. Arbeitgeber und Dienstvorgesetzte werden parallel aufgeführt, um privatrechtliche und beamtenrechtlich begründete Beschäftigungsverhältnisse gleich zu erfassen. Dienstvorgesetzter ist gem. § 3 II BBG, wer für beamtenrechtliche Entscheidungen über die persönlichen Angelegenheiten der ihm nachgeordneten Beamten zuständig ist; ein „Vorgesetzter" im privatrechtlichen Arbeitsverhältnis ist von diesem Begriff nicht erfaßt. Die Verpflichtung begründet eine Verantwortlichkeit des AG für das Erreichen des erforderlichen Schutzes, bei Pflichtverletzung auch eine dementsprechende Haftung. Neben den Schutz von Leben und Gesundheit ist durch den ausdrücklichen Hinweis auf die **Würde** der Schutz der psychischen Integrität getreten. Damit ist die Verpflichtung verbunden, die Entstehung bzw. Fortdauer eines feindlichen Arbeitsumfeldes zu verhindern, das Persönlichkeitsrechte der Betroffenen ebenso beeinträchtigen kann wie der – eindeutigere – Fall des Mißbrauchs betrieblicher (BGH 1. 7. 1964 BGHSt. 19, 355) bzw. dienstlicher Machtpositionen (BVerwG 18. 7. 1995 NJW 1996, 536 f.; 12. 11. 1997 NJW 1998, 1656; 10. 11. 1998 NVwZ 1999, 659 f.). Der Schutz darf sich daher nicht nur gegenständlich auf den **Arbeitsplatz** beziehen, sondern auf alle betrieblich veranlaßten Veranstaltungen, zB auf Betriebsausflügen, Dienstreisen, Seminaren oder Lehrgängen (*U. Herzog* Sexuelle Belästigung am Arbeitsplatz, 1997, S. 193 ff.). Grenzfälle sind Belästigungen, die sich erst im Privatbereich auswirken: einerseits ist eine Erstreckung von Zudringlichkeit in das Privatleben ein besonders gewichtiger Eingriff (BVerwG 10. 11. 1998 NVwZ 1999, 659, 661); andererseits wirkt die Voraussetzung der Belästigung „am Arbeitsplatz" schon aus tatsächlichen Gründen tatbestandseinschränkend: dem AG müssen die in Abs. 1 geforderten Schutzmaßnahmen effektiv möglich sein, dh. die Privatsphäre des AN wird nicht ohne weiteres erfaßt werden. Außerdienstliches Verhalten von AN rechtfertigt arbeitsrechtliche Maßnahmen jedoch, wenn durch dieses Verhalten das Arbeitsverhältnis konkret berührt wird, zB wegen Minderung der Leistungsfähigkeit der Belästigten oder wegen Störung der betrieblichen Verbundenheit der Mitarbeiter (LAG Hamm 10. 3. 1999 NZA-RR 1999, 623) oder das außerdienstliche Verhalten sich am Arbeitsplatz fortsetzt, etwa durch ein feindliches Arbeitsumfeld.

Durch Erweiterung der Schutzpflicht auf vorbeugende Maßnahmen werden die Verantwortung und das Haftungsrisiko entsprechend ausgedehnt. Angesichts der hohen Zahl der bisher ermittelten Belästigungen (Nach der Untersuchung von *Holzbecher* ua., 1991, S. 231: 72% der Befragten) dürften vorbeugende Maßnahmen wie Fortbildungsveranstaltungen, Stellungnahmen gegen eine Bagatellisierung einschlägiger Vorfälle, sowie die Einführung von betrieblichen Verhaltensmaßregeln überwiegend erforderlich sein. Der Prävention dient auch eine zweckentsprechende Ausgestaltung der Arbeitsumgebung, zB Vermeiden von „Engpässen" bei Durchgängen; Beleuchtung von Parkplätzen und Wegen; Sichtblenden an Arbeitstischen und freischwebenden Treppen zum Schutz von Rockträgerinnen. Darüber hinaus müssen AG/Dienstvorgesetzte auf Beschwerden von Personen tätig werden, die eine Ablehnung von belästigenden Verhaltensweisen lieber dem AG als dem Belästigenden gegenüber „erkennbar" (Abs. 2 S. 2 Nr. 2) erklären.

II. Sexuelle Belästigung (Abs. 2)

Abs. 2 definiert den Begriff der sexuellen Belästigung durch eine allgemeine Umschreibung und zwei erläuternde (nicht abschließende) Beispiele. Die allgemeine Umschreibung verweist auf vorsätzliches Verhalten, das „sexuell bestimmt" ist. Nach der systematischen Konzeption der Norm ist die **Belästigung** generell als sexuell bestimmtes Verhalten definiert, das beispielhaft in S. 2 Nr. 1 in Form

190 BeschäftigtenschutzG § 2   Schutz vor sexueller Belästigung

von strafrechtlich relevanten Handlungen/Verhaltensweisen angeführt ist; Verhaltensweisen gem. S. 2 Nr. 2 müssen „erkennbar" abgelehnt werden.

4   Der Begriff des **Verhaltens** ist derart weit, daß jede bewußte Lebensäußerung darunter zu fassen ist: Berührungen, Ansprechen, sonstige Äußerungen, Gesten, Blicke, Zeigen usw. Eingegrenzt wird dies durch das Erfordernis des sexuell bestimmten, vorsätzlichen Verhaltens. Wann Handlungen **sexuell bestimmt** sind, hängt von den Umständen des Einzelfalles ab; doch wird auf abstrakter Ebene der Eindruck von objektiven Beobachtern (männlich/weiblich) ein akzeptabler Maßstab sein (BAG 9. 1. 1986 AP BGB § 626 Ausschlußfristen Nr. 20; *Hohmann*, ZRP 1995, 167 ff.). **Vorsätzliches** Verhalten setzt bewußte und gewollte Belästigung voraus; der Belästigende muß also zumindest billigend in Kauf genommen haben, daß sein Verhalten für die Betroffenen eine Belästigung iSd. Abs. 2 darstellt. Fehlendes Unrechtsbewußtsein schließt den Vorsatz nicht aus. Doch muß die Wirkung des Verhaltens als belästigend vorhersehbar gewesen sein: Der Studie von *Holzbecher* ua. (1991) zufolge besteht eine vergleichsweise hohe Übereinstimmung zwischen Männern und Frauen darüber, daß als sexuelle Belästigung (vgl. BVerwG 18. 7. 1995 NJW 1996, 536 f.; 15. 11. 1995 NJW 1997, 958 ff.; 12. 11. 1997 NJW 1998, 1656) verstanden werden: Erzwingen sexueller Handlungen und tätliche Bedrohung; Zurschaustellung des Genitales; aufgedrängte Küsse; Aufforderung zu sexuellem Verkehr; Versprechen beruflicher Vorteile für sexuelle Gefälligkeiten; Androhung beruflicher Nachteile bei Verweigerung derartiger Gefälligkeiten; Berührung der Brust/Genitalien; Gespräche/Briefe mit sexuellen Anspielungen; Kneifen oder Klapsen des Gesäßes; Einladungen mit eindeutiger Absicht; anzügliche Bemerkungen über die Figur oder das sexuelle Verhalten im Privatleben; pornographische Bilder am Arbeitsplatz.

5   **1. Strafbare Handlungen und Verhaltensweisen, Abs. 2 S. 2 Nr. 1.** Daß ein strafbares Verhalten im Arbeitsverhältnis eine Pflichtverletzung (Abs. 3) darstellt, ist als solches eine Selbstverständlichkeit. In Betracht kommen insb.: Sexueller Mißbrauch von Schutzbefohlenen oder Abhängigen, § 174 StGB (BGH 1. 7. 1964 BGHSt. 19, 355); sexuelle Nötigung und Vergewaltigung, § 177 StGB; exhibitionistische Handlungen, § 183 StGB; Verbreitung pornographischer Schriften, § 184 I Nr. 1, 2, 5, III StGB sowie ggf. Beleidigung, § 185 StGB (BGH 12. 8. 1992 NStZ 1993, 182; 18. 9. 1986 MDR 1987, 93). Der Begriff der sexuellen Handlungen iSd. § 184 c Nr. 1 StGB setzt zudem voraus, daß die Handlungen „von einiger Erheblichkeit" sind; durch dieses Merkmal werden also Taktlosigkeiten und Geschmacklosigkeiten auch dann ausgeschlossen, wenn sie eine feindselige und damit würdeverletzende Atmosphäre am Arbeitsplatz erzeugen. Um den Schutzbereich der Nr. 1 nicht weiter einzuschränken, genügt zur Feststellung einer sexuellen Belästigung jedenfalls die Tatbestandsmäßigkeit der Verletzung von Normen des Sexualstrafrechts; auf ein Fehlen von Rechtfertigungs- oder Schuldausschließungsgründe (etwa: wegen Irrtum, Alkoholisierung) im strafrechtlichen Sinne kommt es nicht an.

6   Der gerade aus dem Sexualstrafrecht bekannte Konflikt zwischen den Anforderungen der Unschuldsvermutung und denen des Opferschutzes wird durch die Anknüpfung in S. 2 Nr. 1 in die betrieblichen Auseinandersetzungen übertragen. Belästigendes Verhalten, das nicht eindeutig strafrechtliche Relevanz besitzt, wird jedoch von S. 2 Nr. 2 erfaßt, dessen Voraussetzungen weiter sind.

7   **2. Sonstige Handlungen, Abs. 2 S. 2 Nr. 2.** „Sonstige" sexuell bestimmte Verhaltensweisen sind alle nicht strafrechtlich relevanten Handlungen mit sexuellem Bezug (Rn. 4); sie enthalten eine Belästigung, sofern sie von den Betroffenen erkennbar abgelehnt werden.

8   **Sexuelle Handlungen/Berührungen** (Rn. 4) sind unabhängig von einer besonderen Schwere als Belästigung anzusehen (LAG Hamm 13. 2. 1997 NZA-RR 1997, 250, 255); vor einer Überbewertung von zufälligem Verhalten oder Bagatellen sichert die Voraussetzung, daß die Verhaltensweise „erkennbar abgelehnt" worden sein muß.

9   **Bemerkungen sexuellen Inhalts** sind Äußerungen über sexuelles Verhalten, Partnerwahl, sexuelle Neigungen oder die Ausstrahlung und das Erscheinungsbild An- oder Abwesender. Sie müssen nicht unbedingt an die Belästigten gerichtet sein, sofern tatsächlich ein Klima der Belästigung erzeugt wird.

10 **Zeigen und sichtbares Anbringen pornographischer Darstellungen** betrifft bei Verwendung der strafrechtlichen Definition die Darbietung vergröbernder, verzerrender Darstellung der Sexualität ohne Sinnzusammenhang mit anderen Lebensäußerungen (OLG Düsseldorf 28. 3. 1974 NJW 1974, 1474 f.). Greift man auf diesen strafrechtlichen Pornographiebegriff zurück, ist die verbreitete Kalender mit Pinupbildern davon nicht erfaßt; ob dieser – wegen der Sanktionsdrohung des Strafrechts dort angemessene – Pornographiebegriff für die Gestaltung von Arbeitsplätzen maßgeblich sein kann, ist fraglich. Sind nämlich sogar die Voraussetzungen von § 184 StGB erfüllt, liegt bereits ein Anwendungsfall von § 2 II 2 Nr. 1 vor, so daß eine eigenständige Regelung in Nr. 2 kaum noch erforderlich wäre, zumal es dann auf das zusätzliche Merkmal der „erkennbaren Ablehnung" iSd. Nr. 2 nicht mehr ankommt. Daher ist eine eigenständige Auslegung geboten, die dem abgestuften Verhältnis der Anforderungen an die Beispiele nach Nr. 1 und Nr. 2 besser entspricht: Zeigen und sichtbares Anbringen von Darstellungen mit sexuellem Inhalt (§ 119 III OWiG) genügen zur Verwirklichung von S. 2 Nr. 2.

Erkennbare Ablehnung durch die Betroffenen. Sexuelle Belästigung liegt vor, wenn jemandem ein 11 unerwünschtes Verhalten mit sexuellem Hintergrund aufgedrängt wird. Da es sich dabei gem. Abs. 3 um eine Vertragspflichtverletzung/Dienstvergehen handelt, muß die Tatbestandsverwirklichung für die Handelnden vermeidbar, dh. zumindest auch erkennbar sein. Handlungen, deren Einbeziehung in die Tatbestände nach Nr. 2 subjektiv unterschiedlich beurteilt werden kann, müssen von den davon Betroffenen deutlich abgelehnt worden sein, um sie als Pflichtverletzung einzuordnen (LAG Hamm 14. 2. 1996 NZA 1997, 769). Bei hinreichend schweren Fällen ist die Ablehnung durch Betroffene auch ohne ausdrücklich vorangegangene Erklärung für jeden erkennbar. Von der willkommenen persönlichen Beziehung am Arbeitsplatz läßt sich dies unterscheiden nach der Ein- oder Zweiseitigkeit der Handlungen: Ein lediglich „unverkrampfter Umgangston" am Arbeitsplatz zeichnet sich dadurch aus, daß alle an der Interaktion beteiligten Parteien ihn verwenden.

Um die einseitig aufgedrängten Verhaltensweisen erkennbar abzulehnen, muß die Erkennbarkeit 12 einem objektiven Maßstab (BT-Drucks. 12/5468 S. 46 f.) genügen; ein lediglich (subjektiv) **unerwünschtes** Verhalten genügt nicht. Wem gegenüber die Ablehnung erfolgen muß, gibt das Gesetz nicht vor; somit muß auch eine dem AG gegenüber geäußerte Ablehnung dazu genügen, dessen Schutzpflichten aus § 2 I auszulösen. Eine einmal erkennbar erklärte Ablehnung erstreckt sich auf alle gleichartigen Vorfälle gegenüber der fraglichen Person. Auf ein unterdurchschnittlich entwickeltes Erkennungsvermögen können sich die Handelnden nicht berufen, da dies dem geforderten „objektiven" Maßstab gerade nicht entspricht. Der Maßstab stimmt allerdings mit den Empfehlungen der EG-Kommission nicht überein: Art. 1 der Empfehlung läßt es genügen, daß „ein solches Verhalten für die Betroffene unerwünscht, unangebracht und anstößig ist", stellt also auf die subjektiven Vorstellungen der Betroffenen ab.

III. Pflichtverletzung/Dienstvergehen (Abs. 3)

Abs. 3 enthält gerade nicht selbst ein Verbot der sexuellen Belästigung, sondern stellt lediglich fest, 13 daß diese eine Vertragspflichtverletzung/Dienstvergehen ist. Damit sind die üblichen arbeitsrechtlichen Sanktionen für derartiges Fehlverhalten zulässig (LAG Hamm 14. 2. 1996 NZA 1997, 769), soweit die Belästigung von Personen ausgeht, die in einem Arbeitsverhältnis stehen zu der Belästigten (dh. AG) oder zu demselben AG (dh. Mitarbeiter/Vorgesetzte). Konkretisiert werden diese Sanktionen durch die in § 4 I genannten Maßnahmen; den belästigten Personen steht daneben das Leistungsverweigerungsrecht zu. § 2 ist zudem Schutzgesetz iSd. § 823 II BGB, so daß materielle Schäden (Behandlungs- und Rechtsverfolgungskosten, Verdienstausfall, Bewerbungskosten usw.) sowie gegebenenfalls Schmerzensgeld zu ersetzen sind. Inwieweit eine sexuelle Belästigung zudem als ersatzpflichtbegründende Benachteiligung wegen des Geschlechts anzusehen ist, § 611 a BGB, ist noch offen (*Degen* PersR 1988, 174 f.; *Baer* 1995, 116; KR/*Pfeiffer* § 611 a BGB Rn. 12).

§ 3 Beschwerderecht der Beschäftigten

(1) ¹Die betroffenen Beschäftigten haben das Recht, sich bei den zuständigen Stellen des Betriebes oder der Dienststelle zu beschweren, wenn sie sich vom Arbeitgeber, von Vorgesetzten, von anderen Beschäftigten oder von Dritten am Arbeitsplatz sexuell belästigt im Sinne des § 2 Abs. 2 fühlen. ²Die Vorschriften der §§ 84, 85 des Betriebsverfassungsgesetzes bleiben unberührt.

(2) Der Arbeitgeber oder Dienstvorgesetzte hat die Beschwerde zu prüfen und geeignete Maßnahmen zu treffen, um die Fortsetzung einer festgestellten Belästigung zu unterbinden.

I. Beschwerde bei den zuständigen Stellen (Abs. 1 S. 1)

Wer sich iSd. § 2 II belästigt fühlt, darf sich bei den „zuständigen Stellen" beschweren; ob der 1 Vorfall auch objektiv eine sexuelle Belästigung darstellt, ist unerheblich. Die übrigen Rechtsbegriffe sind aus § 84 I BetrVG übernommen worden, so daß sie auch entsprechend ausgelegt werden können: Zuständig ist danach bei Fehlen ausdrücklicher Bestimmung der unmittelbare Vorgesetzte; falls sich die Beschwerde gegen diesen richtet, der nächst höhere gemeinsame Vorgesetzte. Die mögliche Zuständigkeit des BR ergibt sich jedenfalls aus Abs. 1 S. 2 iVm. § 85 BetrVG; im öffentlichen Dienst kommt zudem die Frauenbeauftragte in Betracht (BT-Drucks. 12/5468 S. 47). Die Wirksamkeit einer Beschwerde wird allerdings durch Einreichen an „falscher Stelle" nicht beeinträchtigt; eine Beschwerde gegenüber dem Vorgesetzten genügt also stets. Zur Verwirklichung des Gesetzeszwecks ist jedoch ausdrücklich bekannt zu machen, wer im Betrieb/Dienststelle die „zuständige Stelle" ist. Zu berücksichtigen ist auch die Empfehlung der EG-Kommission (RdA 1993, 43, 45 f. „Beschwerdeverfahren"), wonach die Beschäftigten auf Wunsch „ihre Beschwerde in erster Instanz einer Person des eigenen Geschlechts vorbringen können" sollten.

II. Beschwerde gem. §§ 84, 85 BetrVG (Abs. 1 S. 2)

2   In § 84 I 1 BetrVG ist das betriebliche Beschwerderecht der Beschäftigten allgemein festgelegt; aus Abs. 2 ergibt sich ein Rechtsanspruch des Beschwerdeführers auf Abhilfe, soweit der AG die Beschwerde für berechtigt hält; Nachteile dürfen dem Beschwerdeführer nicht entstehen, § 84 III. Dennoch ist dieser Weg in der Vergangenheit für Beschwerden gegen sexuelle Belästigungen kaum genutzt worden (*Holzbecher* ua., S. 75 ff.), so daß auch für Verfahren nach § 3 keine häufigere Inanspruchnahme erwartet werden dürfte. Möglicherweise haben die Betroffenen dem BR gegenüber geringere Hemmungen, so daß dem Verfahren nach § 85 BetrVG größere Bedeutung zukommen könnte. Insb. wenn der BR sexuell belästigten Personen Ansprechpartner des eigenen Geschlechts anbietet, könnten dadurch Defizite in Abs. 1 S. 1 ausgeglichen werden. Wegen der besonderen Persönlichkeitsnähe des Beschwerdegegenstandes ist deshalb bei Beschwerden wegen allgemein belästigenden Handlungen (Pornographie, öffentliches Vorgehen des Belästigenden) vom sonst im Rahmen des § 85 BetrVG anerkannten Erfordernis abzusehen, den Namen des Beschwerdeführer zu nennen.

III. Prüfungspflicht und Gegenmaßnahmen (Abs. 2)

3   Der AG/Dienstvorgesetzte (§ 1 Rn 1) darf die Beschwerde nicht unbearbeitet lassen, sondern ist zur Prüfung im Rahmen eines „fairen und ausgewogenen Beschwerdeverfahrens" (BT-Drucks. 12/5468 S. 47) verpflichtet. Dadurch wird der AG auch zur Aufklärung des Sachverhalts verpflichtet, soweit dies mit verfügbaren Mitteln möglich ist. Da die persönliche Integrität und Würde der belästigten Person auch im persönlichen Beschwerdeverfahren gewahrt werden soll (BT-Drucks. 12/5468 S. 46), muß der AG gewährleisten, daß das Belästigungsopfer vor Repressalien wegen der Beschwerde effektiv geschützt wird. Weiter muß ein Nachweis über die Einleitung der Beschwerdeprozedur erteilt werden, um die Rechtsansprüche der Betroffenen im Falle einer möglichen späteren Eigenkündigung nicht zu beinträchtigen: Die Durchführungsanweisungen der BA betreffend Arbeitslosengeld/-hilfe (v. 24. 4. 1995, DA 1.56 (2) Abs. 3 zu § 119 AFG) sehen mittlerweile vor, daß eine Sperrzeit beim Leistungsbezug wegen Eigenkündigung aufgrund sexueller Belästigung wegen Unzumutbarkeit der Fortsetzung des Arbeitsverhältnisses entfällt; dies setzt aber voraus, daß ein Versuch zur Beseitigung des geltend gemachten Kündigungsgrundes erfolglos unternommen wurde.

4   Ist die Belästigung „festgestellt", ist der AG verpflichtet, deren Fortsetzung zu unterbinden. Die Einschätzung, welche Maßnahmen zur Erreichung dieses Zieles „geeignet" sind, obliegt dem AG, ist aber im Streitfall gerichtlich nachprüfbar. Maßnahmeziel muß sein, ein zumutbares Betriebsklima (wieder)herzustellen. Die erforderlichen Maßnahmen können grds. im Wege des Weisungsrechts durchgesetzt werden, dh. durch Hinweise, Ermahnungen, Zuweisung anderer Tätigkeiten an den Belästigenden, räumliche Trennung der Konfliktparteien, Verbesserung der Arbeitsumgebung der Belästigten; darüber hinausgehende Maßnahmen wie Abmahnung, Versetzung, Freistellung, Gehaltskürzung (BVerwG 15. 11. 1996 NJW 1997, 958; LAG Hamm 13. 2. 1997 NZA-RR 1997, 250, 255), Herabsetzung des Dienstgrades (BVerwG 12. 11. 1997 NJW 1998, 1656; 10. 11. 1998 NVwZ 1999, 659), Hausverbot oder Kündigung (LAG Hamm 10. 3. 1999 NZA-RR 1999, 623; BAG 16. 9. 1999 NZA 2000, 158) des Belästigenden setzen voraus, daß ein Fehlverhalten nachgewiesen werden kann und eine nach Art und Schwere des Vorfalles angemessene Maßnahme ergriffen wird.

§ 4 Maßnahmen des Arbeitgebers oder Dienstvorgesetzten, Leistungsverweigerungsrecht

(1) Bei sexueller Belästigung hat
1. der Arbeitgeber die im Einzelfall angemessenen arbeitsrechtlichen Maßnahmen wie Abmahnung, Umsetzung, Versetzung oder Kündigung zu ergreifen. Die Rechte des Betriebsrates nach § 87 Abs. 1 Nr. 1, §§ 99 und 102 des Betriebsverfassungsgesetzes und des Personalrates nach § 75 Abs. 1 Nr. 2 bis 4 a und Abs. 3 Nr. 15, § 77 Abs. 2 und § 79 des Bundespersonalvertretungsgesetzes sowie nach den entsprechenden Vorschriften der Personalvertretungsgesetze der Länder bleiben unberührt;
2. der Dienstvorgesetzte die erforderlichen dienstrechtlichen und personalwirtschaftlichen Maßnahmen zu treffen. Die Rechte des Personalrates in Personalangelegenheiten der Beamten nach den §§ 76, 77 und 78 des Bundespersonalvertretungsgesetzes sowie nach den entsprechenden Vorschriften der Personalvertretungsgesetze der Länder bleiben unberührt.

(2) Ergreift der Arbeitgeber oder Dienstvorgesetzte keine oder offensichtlich ungeeignete Maßnahmen zur Unterbindung der sexuellen Belästigung, sind die belästigten Beschäftigten berechtigt, ihre Tätigkeit am betreffenden Arbeitsplatz ohne Verlust des Arbeitsentgelts und der Bezüge einzustellen, soweit dies zu ihrem Schutz erforderlich ist.

III. Benachteiligungsverbot (Abs. 3)

(3) Der Arbeitgeber oder Dienstvorgesetzte darf die belästigten Beschäftigten nicht benachteiligen, weil diese sich gegen eine sexuelle Belästigung gewehrt und in zulässiger Weise ihre Rechte ausgeübt haben.

I. Maßnahmen des Arbeitgebers/Dienstvorgesetzten (Abs. 1)

Der AG/Dienstvorgesetzte (§ 1 Rn. 1) hat angemessene Maßnahmen gegen die festgestellte sexuelle 1
Belästigung zu ergreifen. Eine Abwägung mit dem entgegenstehenden Interesse, einen besonders qualifizierten Mitarbeiter nicht umsetzen oder demotivieren zu wollen, kommt nicht in Betracht. Welches der im Gesetz (nicht abschließend) genannten Sanktionsmittel im konkreten Falle angemessen ist, ist eine Frage der Verhältnismäßigkeit, hängt also von der Schwere des Vorfalls sowie dem Umstand ab, ob es sich um eine erstmalige oder eine wiederholte Verfehlung handelt (*Schaub* § 166 V 3 b). Alle oben (§ 3 Rn. 4) genannten Maßnahmen kommen in Betracht. Da die Abmahnung als eigenständiges Sanktionsmittel gesondert genannt ist, ist sie nicht erforderlich, wenn sie als „angemessene" Maßnahme nicht genügt: bei wiederholtem Fehlverhalten von einigem Gewicht wird eine Kündigung auch ohne Abmahnung anerkannt (LAG Hamm 22. 10. 1996 NZA 1997, 769; zur Abgrenzung: LAG Hamm 13. 2. 1997 NZA-RR 1997, 250, 255). Die Kündigung wurde als angemessene Sanktion sexueller Belästigung anerkannt zB bei intimen Berührungen einer Auszubildenden durch den Ausbilder (BAG 9. 1. 1986 AP BGB § 626 Ausschlußfrist Nr. 20); Saunabesuch mit Arbeitsplatzbewerberinnen (LAG Berlin 15. 8. 1989 LAGE § 1 KSchG Verhaltensbedingte Kündigung Nr. 24); intime Berührungen einer Patientin durch den Therapeuten (LAG Frankfurt 10. 1. 1984 AuR 1984, 346; LAG Hamm 15. 4. 1991 – 17 Sa 956/90 –, vgl. *Degen* PersR 1995, 145, 148); Berührung einer Kollegin an der Brust nach vorangegangenen verbalen Belästigungen (LAG Hamm 22. 10. 1996 BB 1997, 99 f.); Gewaltandrohung bei Ablehnung sexueller Kontakte (LAG Hamm 10. 3. 1999 NZA-RR 1999, 623).

Gegen eine Maßnahme des AG/Dienstvorgesetzten kann sowohl der davon Betroffene gerichtlich 2
vorgehen als auch die belästigte Person; letztere in dem Fall, daß die Maßnahme den Anforderungen des § 2 I nicht genügt. § 4 schließt die Anwendbarkeit anderweitiger Rechtsgrundlagen nicht aus, auch ein Vorgehen gem. § 823 I BGB (Persönlichkeitsrecht) bzw. § 823 II BGB iVm. § 2 kommt in Betracht.

II. Leistungsverweigerungsrecht (Abs. 2)

Ergreift der AG/Dienstvorgesetzte (§ 1 Rn. 1) keine oder nur offensichtlich ungeeignete Maßnah- 3
men, haben die Belästigten ein Leistungsverweigerungsrecht ohne Verlust des Anspruchs auf die Gegenleistung. Eine festgestellte Belästigung darf also weder ignoriert noch mit Maßnahmen beantwortet werden, die eine Wiederholung nicht ausschließen können. Die Vorschrift stellt ausdrücklich ein Zurückbehaltungsrecht fest, das allerdings bei unzumutbaren, persönlichkeitsverletzenden Arbeitsbedingungen auch zuvor schon begründet gewesen ist. Voraussetzung von Abs. 2 ist weiter, daß die Einstellung der Tätigkeit zum Schutz der Belästigten **erforderlich** ist. Daß es sich dabei um eine erhebliche Einschränkung des Anwendungsbereichs handeln soll, ergibt sich aus der Gesetzesbegründung (BT-Drucks. 12/5468 S. 47 f.): Die „Erforderlichkeit" des Leistungsverweigerungsrechtes soll danach vor der Verhältnismäßigkeit zwischen der Belästigung und der Reaktion bestimmt werden, so daß das Vorhandensein geeigneter milderer Mittel das Zurückbehaltungsrecht auch dann ausschließen müßte, wenn es von den Belästigten nicht erkannt oder nicht als geeignet eingeschätzt worden ist. Weiter soll das Recht bei der Erfüllung vordringlicher öffentlicher oder auch privater Aufgaben ausgeschlossen sein (BT-Drucks. 12/5468 S. 48), so daß Beschäftigte in bestimmten Tätigkeitsfeldern (Polizei, Feuerwehr, Krankenhaus usw.) ausgenommen sein dürften, sofern sie konkret für die Erfüllung der genannten Aufgaben unverzichtbar sind. Das Recht auf Arbeitseinstellung betrifft nur den konkreten Arbeitsplatz, idR nicht den gesamten Betrieb; ersatzweise angebotene Arbeitsplätze müssen also akzeptiert werden. Beschäftigte in kleineren Einheiten werden sich somit dem Kontakt mit dem Belästigenden nicht ohne weiteres entziehen können. Alle Beschäftigten tragen zudem das Risiko, bei Fehleinschätzung der Tatbestandsvoraussetzungen wegen Arbeitsverweigerung abgemahnt und ggf. entlassen zu werden. Erfolgreicher als die Wahrnehmung des Rechts aus Abs. 2 dürfte somit der Weg über § 85 BetrVG sein, da sich der BR effizienter für Abhilfe einsetzen kann.

III. Benachteiligungsverbot (Abs. 3)

Die Vorschrift konkretisiert das allgemeine Maßregelungsverbot des § 612 a BGB für die Rechte aus 4
dem BeschSG. Das Verbot richtet sich jedoch nur gegen den AG/Dienstvorgesetzten (§ 1 Rn. 1), nicht gegen den Belästigenden selbst; geschützt wird auch nur die beschwerdeführende Person, nicht zB betriebsangehörige Zeugen. Sodann müssen die Rechte **in zulässiger Weise ausgeübt** worden sein; eine vom Gericht später nicht bestätigte Einschätzung, daß es sich um eine sexuelle Belästigung gehandelt habe, birgt somit das Risiko von Sanktionen wie Entgeltkürzung, Abmahnung oder Kündigung (§ 612 a BGB Rn. 5 f.).

Schlachter

§ 5 Fortbildung für Beschäftigte im öffentlichen Dienst

¹ Im Rahmen der beruflichen Aus- und Fortbildung von Beschäftigten im öffentlichen Dienst sollen die Problematik der sexuellen Belästigung am Arbeitsplatz, der Rechtsschutz für die Betroffenen und die Handlungsverpflichtungen des Dienstvorgesetzten berücksichtigt werden. ² Dies gilt insbesondere bei der Fortbildung von Beschäftigten der Personalverwaltung, Personen mit Vorgesetzten- und Leitungsaufgaben, Ausbildern sowie Mitgliedern des Personalrates und Frauenbeauftragten.

§ 6 Sonderregelungen für Soldaten

Für weibliche und männliche Soldaten bleiben die Vorschriften des Soldatengesetzes, der Wehrdisziplinarordnung und der Wehrbeschwerdeordnung unberührt.

§ 7 Bekanntgabe des Gesetzes

In Betrieben und Dienststellen ist dieses Gesetz an geeigneter Stelle zur Einsicht auszulegen oder auszuhängen.

1   Die Problematik der sexuellen Belästigung am Arbeitsplatz soll im öffentlichen Dienst durch Maßnahmen der Aus- und Fortbildung verdeutlicht werden, § 5. Da weitgehend Unklarheit über die tatsächlichen Umstände und Folgen von Belästigungen sowie über geeignete Mittel zur Problembewältigung zu herrschen scheint, sind Fortbildungsveranstaltungen ein geeignetes Präventionsmittel. In privaten Arbeitsverhältnissen könnten sie allerdings nur auf freiwilliger Grundlage eingeführt werden.

2   Die in § 7 geregelte Pflicht zur Bekanntgabe soll den Betroffenen bestehende Rechte nahebringen. Angesichts der im Gesetz häufigen unbestimmten Rechtsbegriffe ist die Verwirklichung größerer Rechtssicherheit aber fraglich.

200. Gesetz zur Verbesserung der betrieblichen Altersversorgung

Vom 19. Dezember 1974 (BGBl. I S. 3610)

Zuletzt geändert durch Gesetz vom 22. Dezember 1999 (BGBl. I S. 2601)

(BGBl. III/FNA 800-22)

Schrifttum: *Arteaga,* Insolvenzschutz der betrieblichen Altersversorgung mitarbeitender Gesellschafter, 1995; *Griebeling,* Betriebliche Altersversorgung, 1996; *Hanau/Arteaga,* Gehaltsumwandlung zur betrieblichen Altersversorgung, 1999; *Heither,* Ergänzende Altersvorsorge durch Direktversicherung nach Gehaltsumwandlung, 1998; *Kemper,* Die Unverfallbarkeit betrieblicher Versorgungsanwartschaften von Arbeitnehmern, 1977; *Steinmeyer,* Betriebliche Altersversorgung und Arbeitsverhältnis, 1991.

Vorbemerkung

I. Die Lückenhaftigkeit des Gesetzes zur Verbesserung der betrieblichen Altersversorgung

Das Gesetz zur Verbesserung der betrieblichen Altersversorgung hat **keine vollständige Regelung** 1 **aller Fragen des Betriebsrentenrechts** gebracht. Es war in seiner Konzeption auch nicht so angelegt (BT-Drucks. 7/1281 S. 19 ff.; *Fenge* BetrAV 1973, 117). Dieses findet nicht zuletzt seinen Niederschlag in der Bezeichnung des Gesetzes.

Im BetrAVG blieb weitgehend **ungeregelt** etwa die **Frage der Widerruflichkeit von erteilten** 2 **Versorgungszusagen;** der Gesetzgeber hat eine normative Festschreibung zulässiger Widerrufsgründe unterlassen, da er nicht beabsichtigte, „die zeitgemäße Weiterentwicklung der Rspr. in dieser Frage zu hemmen" (BT-Drucks. 7/1281 S. 24).

Eine Regelung hat im BetrAVG die **Anpassung laufender Ruhegeldleistungen** erfahren (§ 16). 3 Diese **Vorschrift** ist jedoch so **unbestimmt** gefaßt, daß sich die Rspr. erneut veranlaßt sieht, Rechtsfortbildung zu betreiben; in diesem Fall geschieht dies zu dem Zweck, § 16 inhaltlich auszufüllen (s. im einzelnen Kommentierungen zu § 16). Durch das RG 1999 wurde die Regelung neu gefaßt; das aber wird die Probleme nur zum Teil beheben.

Nur **unvollständig** geregelt ist auch die Frage der **Berücksichtigung anderer Versorgungsleistun-** 4 **gen,** wie sich insb. bei der Frage der Anrechenbarkeit von Renten aus der gesetzlichen Unfallversicherung gezeigt hat (s. dazu § 5 Rn. 36 ff.).

Eine dogmatisch nur schwer zu beantwortende Frage hat der Gesetzgeber Rspr. und Schrifttum 5 dadurch aufgegeben, daß er **die Versorgung durch Unterstützungskassen** im arbeitsrechtlichen Teil des BetrAVG einer Regelung zugeführt hat, die diese Versorgungsform den anderen im Ergebnis weitgehend gleichsetzt, obwohl es sich bei der Unterstützungskasse um eine rechtsfähige Versorgungseinrichtung handelt, die auf ihre Leistungen keinen Rechtsanspruch gewährt (§ 1 IV). Hier gilt es, diesen Widerspruch dogmatisch befriedigend aufzulösen (vgl. näher § 1 Rn. 65 ff.).

Weiterhin hat die seit Inkrafttreten des BetrAVG grundlegend **veränderte wirtschaftliche Situation** 6 **neue Rechtsfragen** mit sich gebracht, für deren Beantwortung das Gesetz keine ausdrückliche Regelung enthält. Die veränderten wirtschaftlichen Rahmenbedingungen haben viele Unternehmen veranlaßt, ihre Aufwendungen für die betriebliche Altersversorgung zu reduzieren. Soll dies durch Kürzung der zugesagten Versorgungsleistungen geschehen, so sind die Grenzen der Abänderbarkeit zu bestimmen; hierbei spielt insb. eine Rolle, in welchem Ausmaß Inhaber von Versorgungsanwartschaften Schutz genießen.

Weitere im Gesetz nicht geregelte Rechtsfragen ergeben sich aus der **internationalen Verflechtung** 7 sowie der europäischen Integration (s. dazu etwa *Steinmeyer* EuZW 1999, 645 ff.).

Daneben ergeben sich Querverbindungen zu nahezu allen anderen Teilbereichen des Arbeitsrechts. 8 Insoweit wird grds. auf die dortigen Kommentierungen verwiesen, sofern nicht die Besonderheiten der betrieblichen Altersversorgung ein gesondertes Eingehen erforderlich machen.

II. Das RRG 1999

Zum 1. 1. 1999 sind durch das RRG zahlreiche Änderungen des BetrAVG in Kraft getreten. Der 9 Gesetzgeber hat auf die rückläufige Entwicklung der betrieblichen Altersversorgung in den vergangenen zehn Jahren reagiert (detaillierte Zahlen bei *Wirth/Paul* DAngVers 1998, 230 ff.) und beabsichtigte mit den Neuregelungen vor allem, die finanziellen Risiken, die aufgrund der bisherigen Gesetzeslage und der hierzu ergangenen Rspr. mit der Erteilung von Versorgungszusagen zusammenhingen, abzumildern, und den Unternehmen einen verstärkten Anreiz zur Erteilung von Versorgungszusagen zu gewähren (BT-Drucks. 13/8011 S. 52). Diesbezüglich ist vor allem die Entschärfung der Anpassungspflicht, § 16, zu nennen. Weitere bedeutsame Änderungen sind die erleichterten Abfindungsvoraussetzungen (§ 3) und die Abmilderung des Übertragungsverbotes von Versorgungsverpflichtungen (§ 4). Auch die Vorschriften über den Insolvenzschutz, §§ 7 ff., sind wesentlich verändert worden. Zu Einzelheiten vgl. die einzelnen Kommentierungen.

III. Der Bestandsschutz von Ruhegeldansprüchen und -anwartschaften

10 **1. Fragestellung. Betriebliche Ruhegeldverpflichtungen** werden vom AG **im Rahmen eines Arbeitsverhältnisses** übernommen, wobei der Verpflichtungsgrund in einer individualrechtlichen Vereinbarung, einer betrieblichen Übung, dem Gleichbehandlungsgrundsatz oder einer Kollektivvereinbarung bestehen kann. Derartige Ruhegeldverpflichtungen müssen grds. ebenso wie die sonstigen Arbeitsbedingungen einer Änderung zugänglich sein. Bei der Durchführung solcher Änderungen ergibt sich die Frage nach den Grenzen des Eingriffs in bestehende Versorgungsanrechte; es geht also um die Wahrung und Respektierung erworbener Besitzstände. Zum anderen resultiert aus der Vielgestaltigkeit der möglichen Verpflichtungsgründe eine je nach Gestaltungsform unterschiedliche rechtliche Konstruktion der Abänderung.

11 Versteht man zutreffend das **Ruhegeld als Gegenleistung für die Gesamtheit der erbrachten Arbeitsleistung im arbeitsvertraglichen Austauschverhältnis** (s. näher *Steinmeyer* S. 87; ähnlich *Lieb* ZfA 1996, 323 ff.; s. auch *Franzen* SAE 1999, 34), so kann dem AN diese Gegenleistung nach erbrachter Arbeitsleistung grds. nicht mehr entzogen werden. Der AN hat durch die Erbringung seiner Arbeitsleistung seinen Anspruch grds. erworben. Aber auch bei einem Verständnis des Ruhegeldes als **Entgelt für geleistete Betriebstreue** (BAG 22. 11. 1994 NZA 1995, 734) ergibt sich diese Fragestellung in der gleichen Weise.

12 Die Frage des Bestandsschutzes erworbener Rechtspositionen stößt im Betriebsrentenrecht auf besondere Schwierigkeiten deshalb, weil es hier um den **Erwerb eines bedingten Anspruchs in einem Dauerschuldverhältnis** geht, der bis zum Eintritt der Bedingung nur als Anwartschaft auf Erwerb eines Vollrechts anzusehen ist. Bei Eingriffen während dieses Schwebezustandes stellt sich deshalb die Frage nach der Reichweite des Bestandsschutzes. Das BAG unterscheidet bei den Anwartschaften zwischen solchen, die bereits durch die bisher erbrachte Betriebstreue „erdient" sind und solchen, die durch künftig zu erbringende Betriebstreue noch zu erdienen sind. Erstere sind wie bereits erworbene Ansprüche der Entziehung gegen den Willen des AN grds. entzogen; noch zu erdienende Anwartschaften sind hingegen weniger geschützt (vgl. grundlegend BAG 8. 12. 1981 AP BetrAVG § 1 Ablösung Nr. 1).

13 Eine Frage der Reichweite des Bestandsschutzes ist es auch, inwieweit ohne **ausdrücklichen Widerrufsvorbehalt** bei Vorliegen besonderer Gründe erworbene Anwartschaften durch Widerruf entzogen werden können. Beim hier vertretenen Verständnis vom Ruhegeld erscheint eine Widerruflichkeit überaus fraglich.

14 **2. Grenzen des Eingriffs in die Rechtsposition des AN bei Abänderung. a) Die Rechtsposition des AN.** Mit Erteilung der Versorgungszusage übernimmt der AG die Verpflichtung, dem AN bei Erfüllung der in der Zusage näher bezeichneten Voraussetzungen ein Ruhegeld zu gewähren. Der **AG ist dadurch gebunden und kann die vertragliche Regelung grds. nicht einseitig aufheben.**

15 **aa) Die Versorgungsansprüche.** Sind also die in der Versorgungszusage bezeichneten Voraussetzungen für den Erwerb eines Anspruchs auf Ruhegeld für den AN bzw. seine Hinterbliebenen erfüllt, so ist dieser **Ruhegeldanspruch einseitigen Eingriffen grds. entzogen.**

16 **bb) Die Versorgungsanwartschaften.** Solange die Leistungsvoraussetzungen noch nicht erfüllt sind, hat der AN lediglich einen **bedingten Anspruch auf Gewährung einer Altersversorgung.** Der AG verpflichtet sich jedoch, bei Erfüllung dieser Bedingungen das Ruhegeld zu gewähren. An diese Verpflichtung ist er grds. gebunden.

17 Allerdings handelt es sich bei dieser Verpflichtung um eine solche im Rahmen eines Dauerschuldverhältnisses. Bei diesem besteht grds. die Möglichkeit einer **Auflösung** (Beendigungskündigung) oder **Änderung** (Änderungskündigung) **mit Wirkung für die Zukunft.** Der Vertrag bleibt dann hinsichtlich bereits erbrachter Leistungen und bereits entstandener Pflichten bestehen; lediglich die Verpflichtungen für die Zukunft entfallen. Für die Vergangenheit sind die beiderseitigen Leistungen bereits ausgetauscht oder zumindest ist eine Leistung bereits erbracht, während die Gegenleistung noch aussteht; sie bleiben bei Ausübung dieses Gestaltungsrechts bestehen. Das bedeutet für das Problem der Grenzen des Eingriffs in die Rechtsposition des AN bei Abänderung, daß **bereits ausgetauschte Leistungen einer nachträglichen Veränderung ohne Mitwirkung des AN nicht zugänglich** sind und daß auch die Gegenleistung für eine bereits erbrachte Leistung nicht nachträglich zum Nachteil des AN verändert werden darf. Insoweit genießen auch Versorgungsanwartschaften (zum Begriff der Anwartschaft vgl. § 1 Rn. 17 ff.) grds. Bestandsschutz.

III. Der Bestandsschutz von Ruhegeldansprüchen und -anwartschaften

Die Schwierigkeit besteht aber darin, **den zum Zeitpunkt der Änderung bereits erworbenen Anwartschaftsteil zu bestimmen.** Das Ruhegeld ist Entgelt für die Gesamtheit der erbrachten Arbeitsleistungen, steht also nicht in einem kurzzeitperiodischen Austauschverhältnis zu der in einem bestimmten Zeitpunkt erbrachten Arbeitsleistung. Daraus folgt, daß sich der zu einem bestimmten Zeitpunkt erworbene Anwartschaftsteil nicht ohne weiteres bestimmen läßt. Wenn das Ruhegeld die Gesamtheit der Arbeitsleistungen – oder die Gesamtheit der Betriebstreue – entgelten soll, so ergeben sich daraus unmittelbar noch keine Anhaltspunkte zur Bestimmung dessen, was erworben ist, wenn bisher nur ein Teil der Leistung erbracht wird. 18

Es ist deshalb daran zu denken, **aus der jeweiligen Versorgungszusage Anhaltspunkte** zu entnehmen. Gegenstand der Parteivereinbarung ist aber zumeist nur das Vollrecht. Hinsichtlich des Vollrechts treffen die Parteien nähere Bestimmungen, regelmäßig aber nicht hinsichtlich der Vorstufe zum Vollrecht, dem Anwartschaftsrecht. Berechnungskriterien für die Ermittlung des erworbenen Vollrechts können auch bei einer periodischen Zuordnung von Leistungsteilen zu bestimmten Zeiträumen nicht dahin verstanden werden, daß diese Leistungsteile nun die Gegenleistung für die während dieses Zeitraums erbrachte Arbeitsleistung sind. Der Verwendung der verschiedenen Berechnungssysteme liegen regelmäßig Motivationen zugrunde, die die Abgeltung der Gesamtheit der Arbeitsleistung zum Gegenstand haben (s. näher *Steinmeyer* S. 101 ff.). 19

Für diese Bestimmung ist vielmehr, sofern nicht die Zusage eine ausdrücklich Abrede auch für die hier interessierende Situation enthält, der **Rechtsgedanke des § 2 heranzuziehen**. Mit § 2 ist eine Vorschrift geschaffen worden, die dem Umstand Rechnung trägt, daß das Ruhegeld eine Entgeltleistung ist, die für die Gesamtheit der während des Arbeitslebens erbrachten Arbeitsleistungen gewährt wird. Die Vorschrift geht vom Entgeltcharakter des Ruhegeldes aus und regelt das in den Parteivereinbarungen regelmäßig nicht behandelte Problem der Bewertung von Teilleistungen. Eine solche Norm fehlt für die hier interessierende Frage. Wie bei der Feststellung des Wertes der aufrechtzuerhaltenden Anwartschaft geht es auch hier darum, daß die Leistung, für die in der Versorgungsregelung ein Ruhegeld in bestimmter oder bestimmbarer Höhe vorgesehen ist, nicht vollständig erbracht ist. Hier wie dort geht es um die Feststellung eines Anwartschaftswertes, der in einem angemessenen Verhältnis zu der vom AN bisher erbrachten Arbeitsleistung steht. § 2 trifft auch eine Regelung hinsichtlich der Frage, ob bei der Berechnung an den Beginn der Betriebszugehörigkeit oder an den Zeitpunkt der Erteilung der Versorgungszusage anzuknüpfen ist. Die Entscheidung für die Maßgeblichkeit des Beginns der Betriebszugehörigkeit wird damit gerechtfertigt, daß die betriebliche Altersversorgung für die gesamte im Betrieb geleistete Arbeit gewährt werde. Dabei werde nicht unterschieden zwischen der Arbeitsleistung vor oder nach Erteilung der Versorgungszusage (BT-Drucks. 7/1281 S. 24 – zu § 2). Dies ist eine gesetzgeberische Feststellung, die in gleicher Weise für die hier anstehende Frage gilt. Das Problem einer Feststellung des bis zu einem bestimmten Zeitpunkt Erworbenen stellt sich auch bei der Bewertung von Anrechten auf Leistungen der betrieblichen Altersversorgung im Rahmen des Versorgungsausgleichs. Die Regelung des § 1587a II Nr. 3 BGB lehnt sich an § 2 an. Es erscheint sachgerecht, in Anknüpfung an diese Vorschriften (Gesetzesanalogie) auch für die hier interessierenden Fälle von einer ratierlichen Betrachtungsweise auszugehen (iE ähnlich, aber ohne dogmatische Begründung BAG 8. 12. 1981 AP BetrAVG § 1 Ablösung Nr. 1). § 2 V ist allerdings als auf die besondere Situation beim vorzeitigen Ausscheiden zugeschnittene Regelung hier nicht heranzuziehen. 20

cc) Das Sonderproblem der erdienten Dynamik. Die Frage der Heranziehung von § 2 stellt sich in einer besonderen Weise bei sog. **dynamisierten Anwartschaften**. Wenn Ausgangspunkt für die Bestimmung des erworbenen Anwartschaftsteils der Anspruch auf die volle Versorgungsleistung ist, wie sie dem AN in der Versorgungsvereinbarung zugesagt worden ist, dann wäre danach grds. auch sowohl die **dienstzeitabhängige Steigerungsrate** als auch die **gehaltsabhängige Dynamik** zu berücksichtigen. Dies wird für die dienstzeitabhängigen Steigerungsraten durch den analog anzuwendenden § 2 I bestätigt. Bei einer gehaltsabhängigen Dynamik würde § 2 V entgegenstehen, der aber für die hier interessierende Problematik nach den bisherigen Überlegungen nicht herangezogen werden sollte. 21

Aus der Nichtanwendung des § 2 V folgt aber noch nicht, daß deshalb die **gehaltsabhängige Dynamik** nicht mehr korrigiert werden kann (anders BAG 18. 4. 1989 NZA 1989, 846). Für seine Auffassung bringt das BAG vor, bei dieser Art von Dynamik solle der Wertzuwachs der Anwartschaft ohne Bindung an die Dienstzeit der Entwicklung eines Berechnungsfaktors folgen, der seinerseits variabel sei. Andererseits kann aber bei einem noch aktiven AN die arbeitsvertragliche Ausrichtung seines Einkommens an einem bestimmten anderen Einkommen mit Wirkung für die Zukunft geändert werden. Bemessungsgrundlagen für die Entlohnung sind – vorbehaltlich des kollektivrechtlichen und individualrechtlichen Änderungsschutzes zugunsten der AN – grds. einer Abänderung mit Wirkung ex nunc zugänglich. Dann kann aber grds. nichts anderes gelten, wenn es um die Änderung der gehaltsabhängigen Dynamik geht (ähnlich *Blomeyer* SAE 1986, 98; differenzierend *Hanau/Preis* RdA 1988, 79, denen aber vom Standpunkt der hier vertretenen Grundthese nicht gefolgt werden kann). 22

dd) Der zukünftig zu erwerbende Anwartschaftsteil. Hinsichtlich zukünftig zu erwerbender Anwartschaftsteile ist die **Gegenleistung noch nicht erbracht**. Die Versorgungsordnungen können 23 deshalb insoweit – also mit Wirkung für die Zukunft – abgeändert werden. Ihre Grenzen findet diese Abänderbarkeit mit Wirkung für die Zukunft beim **Vertrauensschutz**, dh. bei der Frage, inwieweit der AN auf den unveränderten Fortbestand der Versorgungsvereinbarung vertrauen kann und darf. Dies schützt ihn grds. davor, daß die Versorgungsordnung ohne hinreichenden Grund abgeändert wird. Der AN darf sich darauf verlassen, daß die ihn betreffende Versorgungsregelung nur insoweit abgeändert wird, wie es im Interesse des Betriebes erforderlich und zweckmäßig ist.

24 **b) Die Gestaltungsformen des Eingriffs und die ihnen immanenten Grenzen.** Die Änderung kann **individualrechtlich oder kollektivrechtlich** erfolgen. Maßgebend dafür ist grds., ob die Versorgungszusage auf einer individualrechtlichen oder einer kollektivrechtlichen Rechtsgrundlage beruht. Kollektivrechtliche und individualrechtliche Gestaltungsmittel unterliegen je besonderen Voraussetzungen und Grenzen. So erfaßt nach st. Rspr. des BAG eine Betriebsvereinbarung nicht die bereits ausgeschiedenen AN (BAG GS 16. 3. 1956 AP BetrVG 1952 § 57 Nr. 1; BAG 25. 10. 1998 NZA 1989, 522; aA *Waltermann* NZA 1998, 505).

25 Als **individualrechtliches Instrument** für eine Änderung der Versorgungsverpflichtung bietet sich die **Änderungskündigung** an. Das bedeutet, daß hinsichtlich der in Zukunft zu erwerbenden Versorgungsanwartschaften die Regelungen des arbeitsrechtlichen Kündigungsschutzes Anwendung finden. Sofern die sonstigen Voraussetzungen für die Anwendbarkeit des Kündigungsschutzgesetzes erfüllt sind, bestimmen sich die Grenzen der Abänderbarkeit der Versorgungsverpflichtung hinsichtlich zukünftig zu erdienender Anwartschaftsteile nach § 2 KSchG. Das bedeutet, daß die Sozialwidrigkeit dieser Änderungskündigung zu prüfen ist.

26 Bei den **kollektivrechtlichen Gestaltungsmitteln** stellt sich insb. die Frage nach dem Verhältnis von individuellen Vereinbarungen zu kollektivrechtlichen Regelungen; hier ist grds. das **Günstigkeitsprinzip** maßgebend. Die Frage nach dem Verhältnis individualrechtlicher Vereinbarungen zu kollektivrechtlichen Regelungen wird aber dann problematisch, wenn vertragliche Einheitsregelungen (Gesamtzusagen, Allgemeine Arbeitsbedingungen) durch kollektivrechtliche Regelungen, also insb. Betriebsvereinbarungen zum Nachteil des AN abgeändert werden sollen. Mit dem Großen Senat des BAG ist davon auszugehen, daß es dem Schutzzweck des Günstigkeitsprinzips entspricht, wenn bei der Ablösung vertraglicher Einheitsregelungen durch Betriebsvereinbarungen nur ein kollektiver Günstigkeitsvergleich angestellt werden kann (BAG – GS – 16. 9. 1986 NZA 1987, 168).

27 **c) Der abgestufte Besitzstand nach der Rspr. des Bundesarbeitsgerichts.** In nunmehr st. Rspr. arbeitet das BAG (17. 4. 1985 NZA 1986, 57; 18. 4. 1989 NZA 1989, 846; 17. 11. 1992 NZA 1993, 839; 27. 8. 1996 NZA 1997, 540; s. auch *Griebeling* Rn. 840) mit folgender **Abstufung des Besitzstandes** (häufig als Drei-Stufen-Modell bezeichnet):

aa) Am stärksten geschützt ist der **Teilbetrag einer Versorgungsanwartschaft,** der sich zur Zeit der Änderung nach den Berechnungsgrundsätzen des § 2 ergibt. Diese Teilanwartschaft ist nach Erreichen der Fristen des § 3 I 1 unverfallbar und insolvenzgeschützt. Sie kann nur noch in seltenen Ausnahmefällen gekürzt werden. Diese liegen vor allem bei einem Wegfall der Geschäftsgrundlage wegen wirtschaftlicher Notlage des Unternehmens oder wegen wesentlicher Störungen des Zwecks der Altersversorgung, etwa bei planwidriger Überversorgung durch veränderte Rahmenbedingungen vor.

bb) Die **Zuwachsraten** sind unterschiedlich stark geschützt je nachdem, ob der AN bereits seine Gegenleistung für diese erbracht hat: Soll die Anwartschaft der **Gehaltsentwicklung folgen,** so erdient der AN mit seiner Betriebstreue nicht nur den zeitanteilig errechneten Festbetrag, sondern auch die darauf entfallende Dynamik. Diese Dynamik kann nur aus „triftigen Gründen" eingeschränkt werden. Triftige Gründe setzen eine langfristige Substanzgefährdung des Unternehmens oder ein dringendes betriebliches Bedürfnis ohne Schmälerung des Gesamtaufwandes voraus. Hingegen sind Eingriffe in die **dienstzeitunabhängigen Steigerungsraten,** die der AN zum Zeitpunkt der Änderung noch nicht erdient hat, aus weniger gewichtigen sachlichen Gründen zulässig.

28 **3. Widerruf von Ruhegeldverpflichtungen.** Verpflichtet sich der AG vorbehaltlos zur Gewährung eines Ruhegeldes bei Erfüllung der Leistungsvoraussetzungen, so ist der AG daran **gebunden und kann sich davon außer durch Kündigung oder die dargestellten kollektivrechtlichen Gestaltungsmittel nicht lösen.** Das ist eine Konsequenz daraus, daß es sich beim betrieblichen Ruhegeld um die Gegenleistung für erbrachte Arbeitsleistung handelt und dem AN nach erbrachter Arbeitsleistung die Gegenleistung nicht mehr entzogen werden darf. Die rechtliche Situation stellt sich aber in gleicher Weise, wenn man das Ruhegeld als Entgelt für geleistete Betriebstreue ansieht. Hiervon werden in Rspr. und Schrifttum Ausnahmen für den Fall des Widerrufs wegen Treuepflichtverletzung, des Widerrufs wegen wirtschaftlicher Notlage sowie des Widerrufs wegen „Überversorgung" und wegen Reduktion der Leistungen der gesetzlichen Rentenversicherung gemacht.

29 **a) Widerruf wegen Treupflichtverletzung.** Die Rspr. räumt dem AG bei **schweren Verfehlungen des AN** das Recht ein, die Gewährung des Ruhegeldes zu verweigern bzw. die Ruhegeldzusage zu widerrufen (vgl. nur BAG 18. 10. 1979 AP BetrAVG § 1 Treuebruch Nr. 1; 19. 6. 1980 AP BetrAVG § 1 Treuebruch Nr. 2; 3. 4. 1990 NZA 1990, 808). Dies bedeutet, daß dann dem AG die Möglichkeit gegeben wird, zur Sanktionierung einer Pflichtverletzung dem AN die Gegenleistung für die von ihm erbrachte Arbeitsleistung vorzuenthalten. Das kann angesichts der Entgeltlichkeit des Ruhegeldes nur unter sehr engen und eingeschränkten Voraussetzungen zulässig sein, da auch sonst bereits durch Gegenleistung verdientes Arbeitsentgelt nicht nachträglich wieder entzogen werden kann (s. zur Kritik der Rspr. *Steinmeyer* S. 119 ff.)

Das BAG unterscheidet hier **zwei Fälle**, den der **nachträglich entdeckten Verfehlungen während** 30 **des Arbeitsverhältnisses** und den der **Verfehlungen nach Beendigung des Arbeitsverhältnisses**. In beiden Fällen wird vom BAG der Widerruf auf den **Einwand des Rechtsmißbrauchs** gestützt (s. nur BAG 18. 10. 1979 AP BetrAVG § 1 Treuebruch Nr. 1; 11. 5. 1982 AP BetrAVG § 1 Treuebruch Nr. 4; 8. 2. 1983 AP BetrAVG § 1 Treuebruch Nr. 7; BGH 25. 11. 1996 BetrAV 1998, 24). Dies ist problematisch, da der Rechtsmißbrauch grds. nur dazu führt, daß ein an sich bestehender Anspruch nicht geltend gemacht werden kann, die Ausübung des Rechts also unzulässig ist. Hiervon weicht das BAG ab, wenn es in solchen Fällen ein Widerrufsrecht einräumt.

Bei **nachträglich entdeckten Verfehlungen während des Arbeitsverhältnisses** sieht das BAG den 31 Einwand des Rechtsmißbrauchs dann als gerechtfertigt an, wenn die vergütete Betriebstreue rückwirkend wertlos erscheine, weil zum Beispiel ein AN seine Stellung jahrelang dazu mißbraucht habe, seinen AG zu schädigen. Das gelte insb. dann, **wenn eine rechtzeitige Entdeckung der Machenschaften zur fristlosen Kündigung geführt hätte**, bevor die Versorgungsanwartschaft unverfallbar werden konnte (BAG 18. 10. 1979 AP BetrAVG § 1 Treuebruch Nr. 1; BGH 22. 6. 1981 AP BetrAVG § 1 Treuebruch Nr. 3). Diese Argumentation ist problematisch, da sie der Sicht des Ruhegeldes als Entgelt für geleistete Betriebstreue einen zusätzlichen Bedeutungsinhalt unterlegt. Wenn sonst darauf abgestellt wird, es werde kommerzialisiert und in ein Austauschverhältnis gesetzt, daß der eine Teil (der AN) an seinem Platz bleibe, obwohl er ihn verlassen könnte und der AG ihn dazu unter Umständen zwingen könnte (BAG 22. 2. 1975 AP BGB § 242 Ruhegehalt-Unterstützungskassen Nr. 8) wird hier aus der Betriebstreue eine zusätzliche Pflicht und Erwartung der redlichen und gewissenhaften Leistung der geschuldeten Dienste während der gesamten Betriebszugehörigkeit hergeleitet.

Bei **Verfehlungen nach Beendigung des Arbeitsverhältnisses** sieht die Rspr. den Einwand des 32 Rechtsmißbrauchs etwa dann als gerechtfertigt an, wenn der Versorgungsberechtigte durch ruinösen Wettbewerb die wirtschaftliche Grundlage seines Schuldners gefährdet (BAG 18. 10. 1979 AP BetrAVG § 1 Nr. 1; BGH 7. 1. 1971 AP BGB § 242 Ruhegehalt Nr. 151). Diese Fallkonstellation begegnet erheblichen Zweifeln, da es meist wegen der nur begrenzt nach Beendigung des Arbeitsverhältnisses fortwirkenden Pflichten an einer Pflichtverletzung fehlt.

Ein Widerruf wegen Treupflichtverletzungen kann nur in seltenen Fällen zugelassen werden. Ein 33 **Grund für eine fristlose Kündigung reicht als Rechtfertigung für einen Widerruf regelmäßig nicht aus.** Der AG ist auch grds. auf die Geltendmachung von Schadensersatzansprüchen zu verweisen (s. auch *Blomeyer/Otto* Einl. Rn. 573 ff.). Daß er bei der Durchsetzung dann an die geltenden Pfändungsfreigrenzen gebunden ist, rechtfertigt keine andere Betrachtung, sondern bestätigt vielmehr die hier vertretene enge Auffassung, da bei einem Widerruf derartige Schutzvorschriften nicht gelten würden.

b) Widerruf wegen wirtschaftlicher Notlage. Ein Widerruf wegen wirtschaftlicher Notlage löste 34 nach § 7 I 3 Nr. 5 aF einen Sicherungsfall und damit die Eintrittspflicht des PSV aus. Insbesondere wegen dieser gesetzlichen Regelung hielt das BAG in st. Rspr. einen Widerruf wegen wirtschaftlicher Notlage für zulässig (zur Kritik an dieser Rspr. s. Vorauflage § 7 Rn. 36 ff. und *Steinmeyer* S. 127 ff.). Mit dem RRG 1999 ist der Sicherungsfall des Widerrufs wegen wirtschaftlicher Notlage aus dem Bereich des Insolvenzschutzes entfallen. Ungeachtet der grds. Problematik, daß mangelndes wirtschaftliches Leistungsvermögen den Schuldner von seiner Leistungspflicht befreien soll, ist mit dem Verlust des Insolvenzschutzes nun klargestellt, daß eine wirtschaftliche Notlage den AG nicht mehr zum einseitigen Widerruf berechtigt (BT-Drucks. 12/3803 S. 110 f.; *Berenz* BetrAV 1999, 154). Auch einen Wegfall der Geschäftsgrundlage kann die wirtschaftliche Notlage des AG nicht begründen; dies ergibt sich aus § 279 BGB.

c) Der Widerruf wegen „Überversorgung" und wegen Reduktion der Leistungen der gesetz- 35 **lichen Rentenversicherung.** In den Fällen der sog. „Überversorgung" und der durch Reduktion der Leistungen der gesetzlichen Rentenversicherung je nach Ausgestaltung der Versorgungszusage bewirkten Aufwandserhöhung für den Auftraggeber ist ein Widerruf nach den Grundsätzen über den Wegfall der Geschäftsgrundlage dann gerechtfertigt, wenn eine wesentliche Abweichung vom ursprünglichen Vertragsplan gegeben ist und nicht nach der **vertragstypischen Risikoverteilung der AG** dieses Veränderungsrisiko tragen muß (so auch BAG 9. 7. 1985 NZA 1986, 517; vgl. auch *Blomeyer/Otto* Einl. Rn. 549 ff.; *Dieterich*, FS für Hilger/Stumpf, S. 77 ff.; *Steinmeyer* S. 135 ff.; *Wiedemann*, FS für Stimpel, S. 955 ff.). Ob eine planwidrige Überversorgung vorliegt, hängt von dem Versorgungsgrad ab, der in der jeweiligen Versorgungsordnung angestrebt ist. Das Widerrufsrecht bedeutet in diesen Fällen ein Anpassungsrecht des AG, welches auch gegenüber einer unverfallbaren Versorgungsanwartschaft ausgeschiedenen AN besteht (BAG 28. 7. 1998 NZA 1999, 444). Da es sich bei der Überversorgung um einen Fall der Zweckverfehlung handelt, spielt für den Umfang der Anpassung ausschließlich das Maß der Überversorgung, nicht jedoch die wirtschaftliche Situation des AG eine Rolle.

36 **d) Vorbehaltener Widerruf.** In der Praxis sind sog. **steuerunschädliche Widerrufsvorbehalte** üblich, die nach Abschn. 41 Abs. 3 EStR steuerlich anerkannt sind, also einer Bildung von Pensionsrückstellungen nicht entgegenstehen. In Anknüpfung an die Entgeltlichkeit des Ruhegeldes hat die Rspr. diese Vorbehalte zutreffend so interpretiert, daß sie nur eine Widerrufsmöglichkeit in dem Rahmen geben, der sich nach den oben erörterten Voraussetzungen auch für den Widerruf vorbehaltloser Versorgungszusagen ergibt (BAG 26. 4. 1988 NZA 1989, 305; *Blomeyer/Otto* Einl. Rn. 546; *Griebeling* Rn. 834 f.).

IV. Der Grundsatz der Entgeltgleichheit von Männern und Frauen in seiner Bedeutung für das betriebliche Ruhegeld

37 Der Grundsatz der Entgeltgleichheit von Männern und Frauen, der seinen Eingang in die deutsche Rechtspraxis und rechtswissenschaftliche Diskussion über Art. 119 EG-Vertrag fand, wird heute unter mehreren Rechtsgrundlagen diskutiert. Insoweit wird auf die einschlägigen Kommentierungen zu **Art. 3 GG, Art. 141 EG-Vertrag (Art. 119 aF), § 2 I BeschFG** und den **arbeitsrechtlichen Gleichbehandlungsgrundsatz** verwiesen.

38 Für die Anwendung dieser Vorschriften und Rechtsgrundsätze steht inzwischen außer Frage, daß **betriebliches Ruhegeld** insoweit als Entgelt anzusehen ist (vgl. etwa EuGH 13. 5. 1986 AP EWG-Vertrag Art. 119 Nr. 10; BAG 14. 10. 1986 AP EWG-Vertrag Art. 119 Nr. 11). Bedeutung haben Art. 3 II GG und Art. 141 EG-Vertrag (Art. 119 aF) erlangt für die Frage des Ruhegeldes für Teilzeitbeschäftigte und die unterschiedlichen Altersgrenzen für Männer und Frauen in der betrieblichen Altersversorgung.

39 Seit der Entscheidung des EuGH in der Rechtssache Bilka (13. 5. 1986 Slg. 1986, 1607; zu dieser Entscheidung und den Folgeentscheidungen des BAG vgl. auch *Steinmeyer* EzA BetrAVG § 1 Gleichberechtigung Nr. 4 und 6) dürfte es außer Frage stehen, daß der **Ausschluß von Teilzeitbeschäftigten von der betrieblichen Altersversorgung** wegen Verstoßes gegen Art. 141 EG-Vertrag (Art. 119 aF) unter dem Gesichtspunkt der mittelbaren Diskriminierung nicht mehr haltbar ist. Wegen Verstoßes gegen Art. 3 GG hat das BAG die Regelung eines Versorgungstarifvertrages für unwirksam erklärt, der alle unterhälftig beschäftigten Teilzeitkräfte von Leistungen der betrieblichen Altersversorgung ausschloß (BAG 7. 3. 1995 NZA 1996, 48).

40 Seit der Entscheidung des EuGH in der Rechtssache Barber (17. 5. 1990 Slg. 1990, I-1889) sind außerdem **unterschiedliche Altersgrenzen für Männer und Frauen in Betriebsrentensystemen** als **unzulässig** anzusehen (vgl. hierzu und zum folgenden *Blomeyer* NZA 1995, 49; *Griebeling* NZA 1996, 449). An diese Grundsatzentscheidung haben sich mehrere Folgeentscheidungen angeschlossen, die sich mit den Konsequenzen aus dieser Entscheidung insb. hinsichtlich der Rückwirkung befassen (s. dazu etwa *Höfer* BB 1994, Beil. 15; *ders.* BetrAV 1995, 119).

41 Hinsichtlich der **Rückwirkung** gilt nun, daß sich die Rspr. des EuGH nur auf Ansprüche bezieht, soweit sie auf nach dem 17. 5. 1990 zurückgelegten Beschäftigungszeiten beruhen. Dies gilt aber nur, soweit es die Höhe von Leistungen anbetrifft, nicht aber soweit es den Anschluß an ein Betriebsrentensystem betrifft. Hier soll maßgebliches Datum der 8. 4. 1976 sein (s. etwa EuGH 28. 9. 1994 – Fisscher NZA 1994, 1123), das Datum der Entscheidung Defrenne II (EuGH 8. 4. 1976 NJW 1976, 2068), in der erstmals AN eine unmittelbare Berufung auf Art. 119 EG-Vertrag mit Wirkung auf künftige Beschäftigungszeiten zugestanden wurde (s. auch EuGH 11. 12. 1997 NZA 1998, 361). Allerdings hat sich das BAG bei der Frage des Ausschlusses von unterhälftig beschäftigten Teilzeitkräften (7. 3. 1995, NZA 1996, 48) hinsichtlich der Rückwirkung nicht auf eines dieser Daten bezogen, sondern sie für unmaßgeblich erklärt, da es den Verstoß auf Art. 3 I GG stützte. Daraus ergab sich die europarechtliche Frage, ob hier europäisches Recht, das für den AG günstiger ist, vorgeht oder ob es sich um zwei in diesem Fall voneinander zu trennende Problemkreise handelt, so daß Einwände aus dem europäischen Recht nicht greifen (so inzwischen EuGH v. 10. 2. 2000 NZA 2000, 313). Das BVerfG hat die Rspr. des BAG als verfassungsgemäß angesehen (BVerfG 5. 8. 1998 NZA 1998, 1245; BVerfG 19. 5. 1999 NZA 1999, 815). Die Rspr. des BAG ist hier noch im Fluß, wie sich an den Entscheidungen vom 18. 3. 1997 (NZA 1997, 824) und vom 23. 3. 1999 (BB 1999, 1334) zeigt, nach denen Versorgungszusagen mit unterschiedlichem Rentenzugangsalter für Männer und Frauen für eine Übergangszeit nicht gegen Art. 3 II GG verstoßen. Es findet sich hier auch ein ausdrücklicher Hinweis auf das Datum der Barber-Entscheidung. Diese Regelungen verstoßen aber gegen Art. 141 EG-Vertrag (BAG 3. 6. 1997 NZA 1997, 1043). Durch den infolge des Rentenreformgesetzes 1999 in das BetrAVG eingefügten § 30 a haben nunmehr männliche AN die Möglichkeit, unter den gleichen Voraussetzungen wie weibliche AN Leistungen der betrieblichen Altersversorgung mit Vollendung des 60. Lebensjahres zu erhalten (siehe die Kommentierung dort).

42 Der EuGH hat in den Entscheidungen nach Barber auch den **Begriff des Entgelts iSd. Art. 141 EG-Vertrag** (Art. 119 aF) näher konkretisiert, indem er in der Rechtssache Coloroll (28. 9. 1994 NZA 1994, 1073) für versicherungsförmige Leistungen nicht auf die dafür aufgebrachten Finanzierungsleistungen, sondern auf die ausgezahlten Versorgungsleistungen abstellt.

Der EuGH hat sich auch zu der Frage der **Adressaten des Diskriminierungsverbots** geäußert und 43
sich dabei für eine eher weite Interpretation ausgesprochen (EuGH 28. 9. 1994 – Fisscher – NZA
1994, 1123; 28. 9. 1994 – Coloroll – NZA 1994, 1073). Es werden danach neben dem AG auch Dritte
dem Diskriminierungsverbot unterstellt, soweit sie als „Treuhänder" anzusehen sind. Dies ist für das
deutsche Recht problematisch im Falle von Pensionskassen und Direktversicherungen; hier ist der AG
der arbeitsrechtliche Verpflichtete und deshalb an sich Adressat des Diskriminierungsverbots (so auch
Blomeyer/Otto Einl. Rn. 202). Das BAG hat deshalb den EuGH nach Art. 234 EG-Vertrag angerufen
(BAG 23. 3. 1999 NZA 2000, 90).

V. Das internationale Arbeitsrecht der betrieblichen Altersversorgung

Im internationalen Arbeitsrecht gilt wie im internationalen Privatrecht grds. die **Rechtswahlfreiheit** 44
(Art. 27 EGBGB), allerdings eingeschränkt durch den Mindestschutz des Art. 30 EGBGB, der sicherstellt, daß dem AN nicht der Schutz entzogen wird, der ihm durch die zwingenden Bestimmungen des
Rechts gewährt wird, das ohne ausdrückliche Rechtswahl anzuwenden wäre. Ist keine ausdrückliche
Rechtswahl getroffen, so ist maßgeblich die Rechtsordnung, zu der das Arbeitsverhältnis die engste
Verbindung aufweist. Es gilt deshalb grds. das Recht des Arbeitsorts (**Lex loci laboris**). Im Falle
vorübergehender Auslandstätigkeit bleibt das Recht des regelmäßigen Arbeitsorts weiterhin anwendbar (Ausstrahlung).

Alle Versorgungszusagen finden ihre Grundlage im Arbeitsvertrag, so daß in jedem Fall eine **Anknüp-** 45
fung am Arbeitsstatut zu erfolgen hat (vgl. *Blomeyer/Otto* Einl. Rn. 1012; *Steinmeyer*, FS für Ahrend,
S. 488; anders *Eichenhofer* IPrax 1992, 76). § 17 III BetrAVG erklärt die Regelungen des BetrAVG für
zwingend. Das bedeutet, daß unabhängig von der Rechtswahl deutsches Betriebsrentenrecht gilt, wenn
das Arbeitsverhältnis seinen Schwerpunkt im Inland hat. Daraus folgt aber auch, daß im Ausland
zurückgelegte Zeiten grds. nicht für die Unverfallbarkeit berücksichtigt werden, es sei denn, es handelt
sich um einen Fall der Ausstrahlung, oder eine deutsche Konzernobergesellschaft hält bei Auslandstätigkeit innerhalb des Konzerns trotz mit dem ausländischen Tochterunternehmen geschlossenem Arbeitsvertrag die Versorgungsanwartschaft im Inland aufrecht (BAG 25. 10. 1988 NZA 1989, 177).

Für die **Insolvenzsicherung nach den §§ 7 ff. BetrAVG** gilt, daß durch Wahl des deutschen Be- 46
triebsrentenrechts ein ausländischer Betriebsrentenanspruch nicht insolvenzgesichert werden kann
(s. MünchArbR/*Ahrend/Förster* § 110 Rn. 31). Vielmehr ergibt sich aus der Ausgestaltung des deutschen Insolvenzschutzes, daß dieser nur gewährt wird für Sicherungsfälle, die im Geltungsbereich des
BetrAVG eingetreten sind. Es muß also deutsches Konkurs- bzw. Insolvenzrecht anwendbar sein
(BAG 12. 2. 1991 NZA 1991, 723). Wird allerdings ein AN von einer deutschen Konzern-Muttergesellschaft mit einer Versorgungszusage zu einer ausländischen Verkaufsgesellschaft entsandt, die zwar
ihrerseits einen Arbeitsvertrag schließt, aber nicht in die Versorgungsverpflichtung eintritt, und fällt
die Konzern-Muttergesellschaft später in Konkurs, so muß der PSV die Versorgungsanwartschaft
übernehmen (BAG 6. 8. 1985 NZA 1986, 194).

Erster Teil. Arbeitsrechtliche Vorschriften

Erster Abschnitt. Unverfallbarkeit

§ 1 Unverfallbarkeitsvoraussetzungen

(1) [Unmittelbare Versorgung] ¹Ein Arbeitnehmer, dem Leistungen der Alters-, Invaliditäts-
oder Hinterbliebenenversorgung aus Anlaß seines Arbeitsverhältnisses (betriebliche Altersversorgung) zugesagt worden sind, behält seine Anwartschaft, wenn sein Arbeitsverhältnis vor Eintritt
des Versorgungsfalles endet, sofern in diesem Zeitpunkt der Arbeitnehmer mindestens das 35. Lebensjahr vollendet hat und
– entweder die Versorgungszusage für ihn mindestens 10 Jahre bestanden hat
– oder der Beginn der Betriebszugehörigkeit mindestens 12 Jahre zurückliegt und die Versorgungszusage für ihn mindestens 3 Jahre bestanden hat. ²Ein Arbeitnehmer behält seine Anwartschaft auch dann, wenn er auf Grund einer Vorruhestandsregelung ausscheidet und ohne
das vorherige Ausscheiden die Wartezeit und die sonstigen Voraussetzungen für den Bezug
von Leistungen der betrieblichen Altersversorgung hätte erfüllen können. ³Eine Änderung der
Versorgungszusage oder ihre Übernahme durch eine andere Person unterbricht nicht den
Ablauf der Fristen nach Satz 1. ⁴Der Verpflichtung aus einer Versorgungszusage stehen
Versorgungsverpflichtungen gleich, die auf betrieblicher Übung oder dem Grundsatz der
Gleichbehandlung beruhen. ⁵Der Ablauf einer vorgesehenen Wartezeit wird durch die Beendigung des Arbeitsverhältnisses nach Erfüllung der Voraussetzungen der Sätze 1 und 2 nicht
berührt.

(2) [Direktversicherung] ¹Ist für die betriebliche Altersversorgung eine Lebensversicherung auf das Leben des Arbeitnehmers durch den Arbeitgeber abgeschlossen und sind der Arbeitnehmer oder seine Hinterbliebenen hinsichtlich der Leistungen des Versicherers ganz oder teilweise bezugsberechtigt (Direktversicherung), so ist der Arbeitgeber verpflichtet, wegen Beendigung des Arbeitsverhältnisses nach Erfüllung der in Absatz 1 Satz 1 und 2 genannten Voraussetzungen das Bezugsrecht nicht mehr zu widerrufen. ²Eine Vereinbarung, nach der das Bezugsrecht durch die Beendigung des Arbeitsverhältnisses nach Erfüllung der in Absatz 1 Satz 1 und 2 genannten Voraussetzungen auflösend bedingt ist, ist unwirksam. ³Hat der Arbeitgeber die Ansprüche aus dem Versicherungsvertrag abgetreten oder beliehen, so ist er verpflichtet, den Arbeitnehmer, dessen Arbeitsverhältnis nach Erfüllung der in Absatz 1 Satz 1 und 2 genannten Voraussetzungen geendet hat, bei Eintritt des Versicherungsfalles so zu stellen, als ob die Abtretung oder Beleihung nicht erfolgt wäre. ⁴Als Zeitpunkt der Erteilung der Versorgungszusage im Sinne des Absatzes 1 gilt der Versicherungsbeginn, frühestens jedoch der Beginn der Betriebszugehörigkeit.

(3) [Pensionskasse] ¹Wird die betriebliche Altersversorgung von einer rechtsfähigen Versorgungseinrichtung durchgeführt, die dem Arbeitnehmer oder seinen Hinterbliebenen auf ihre Leistungen einen Rechtsanspruch gewährt (Pensionskasse), so gilt Absatz 1 entsprechend. ²Als Zeitpunkt der Erteilung der Versorgungszusage im Sinne des Absatzes 1 gilt der Versicherungsbeginn, frühestens jedoch der Beginn der Betriebszugehörigkeit.

(4) [Unterstützungskasse] ¹Wird die betriebliche Altersversorgung von einer rechtsfähigen Versorgungseinrichtung durchgeführt, die auf ihre Leistungen keinen Rechtsanspruch gewährt (Unterstützungskasse), so sind die nach Erfüllung der in Absatz 1 Satz 1 und 2 genannten Voraussetzungen und vor Eintritt des Versorgungsfalles aus dem Unternehmen ausgeschiedenen Arbeitnehmer und ihre Hinterbliebenen den bis zum Eintritt des Versorgungsfalles dem Unternehmen angehörenden Arbeitnehmern und deren Hinterbliebenen gleichgestellt. ²Die Versorgungszusage gilt in dem Zeitpunkt als erteilt im Sinne des Absatzes 1, von dem an der Arbeitnehmer zum Kreis der Begünstigten der Unterstützungskasse gehört.

(5) [Entgeltumwandlung] Betriebliche Altersversorgung liegt auch vor, wenn künftige Entgeltansprüche in eine wertgleiche Anwartschaft auf Versorgungsleistungen umgewandelt werden (Entgeltumwandlung).

(6) [Beitragsorientierte Leistungszusage] Eine Leistung der betrieblichen Altersversorgung liegt auch vor, wenn der Arbeitgeber sich verpflichtet, bestimmte Beiträge in eine Anwartschaft auf Alters-, Invaliditäts- oder Hinterbliebenenversorgung umzuwandeln (beitragsorientierte Leistungszusage).

I. Normzweck

1   Die Vorschrift **begrenzt die Möglichkeit**, in Versorgungszusagen **Verfallklauseln vorzusehen**, die bei vorzeitigem Ausscheiden des AN zu einem Verlust erworbener Anwartschaften führen. Es wird so dem Umstand Rechnung getragen, daß betriebliches Ruhegeld Entgelt für erbrachte Arbeitsleistung (*Steinmeyer* S. 87) und Betriebstreue (BAG 22. 11. 1994 NZA 1995, 734; s. dazu auch *Wackerbarth*, Entgelt für Betriebstreue, 1996) ist. Ein Verlust würde den betroffenen AN unbillig hart treffen. Die Vorschrift schließt die Verfallbarkeit nicht völlig aus, was auch nicht zwingend aus dem **Entgeltcharakter** herzuleiten wäre. Es handelt sich vielmehr um eine Vorschrift der Inhaltskontrolle, die Mindestnormen setzt (vgl. § 17 III 2) und damit die Vereinbarung von Verfallklauseln beschränkt. Sie regelt die Unverfallbarkeit aber nur dem Grunde nach und nicht auch hinsichtlich der Höhe der aufrechterhaltenen Anwartschaft (s. dazu § 2). Ausgangspunkt der Regelung ist die unmittelbare Versorgungszusage (Abs. 1). Für die anderen Durchführungswege wird dieser Grundsatz in den Abs. 2 bis 4 modifiziert.

2   Soweit also der AN seine Gegenleistung bereits erbracht hat, erwirbt er eine **Anwartschaft** auf Gewährung eines betrieblichen Ruhegeldes, die einen **schützenswerten Vermögenswert** besitzt. § 1 gewährt deshalb Bestandsschutz ungeachtet entgegenstehender Verfallklauseln, sofern bestimmte zeitliche Voraussetzungen erfüllt sind. Enthält eine Versorgungszusage keine Verfallklausel, so ist im Zweifel anzunehmen, daß die erworbenen Anwartschaften sofort unverfallbar sind.

3   Die Vorschrift ist auch Definitionsnorm, indem im Wege einer **Klammerdefinition** festgelegt wird, was unter **betrieblicher Altersversorgung** zu verstehen ist. Sie bestimmt zugleich auch für das gesamte Betriebsrentengesetz den **Begriff der** „**gesetzlichen Unverfallbarkeit**". In den Abs. 2 bis 4 finden sich Legaldefinitionen der einzelnen Durchführungswege.

II. Begriff der betrieblichen Altersversorgung

4   Die **Legaldefinition** nennt die für die Annahme einer betriebliche Altersversorgung maßgeblichen Kriterien. Es muß sich also um eine **Leistung** handeln, die einen **Versorgungszweck** erfüllt, indem sie

II. Begriff der betrieblichen Altersversorgung

der Alters-, Invaliditäts- oder Hinterbliebenensicherung dient. Diese Leistung muß dem **AN aus Anlaß des Arbeitsverhältnisses vom AG zugesagt** worden sein. Der Versorgungszweck unterscheidet diese Leistung von anderen Leistungen des AG. Die Zusage aus Anlaß eines Arbeitsverhältnisses grenzt die betriebliche Altersversorgung von anderen Formen der Alterssicherung ab. Maßgeblich ist allein, ob die Versorgungszusage den Voraussetzungen des § 1 I 1 entspricht; wie der AG die in Aussicht gestellte Leistung bezeichnet, ist irrelevant (BAG 3. 11. 1998 NZA 1999, 595).

1. Leistung. Die Vorschrift bezieht sich auf **Leistungen des AG**, die dieser dem AN verspricht. Der AG muß diese Leistung nicht selbst erbringen (**unmittelbare Versorgungszusage**), sondern kann sich auch eines Dritten bedienen, also etwa eines Lebensversicherers bei Direktversicherung, einer Pensions- oder einer Unterstützungskasse (**mittelbare Versorgungszusage**). In diesem Fall verspricht der AG, die Leistung unter Einschaltung dieser Versorgungseinrichtung zu erbringen. Es kann sich um **laufende Leistungen**, aber auch um einmalige Leistungen – **Kapitalleistungen** – handeln. Eine Leistung iSv. § 1 I 1 liegt auch vor, wenn der AG zusagt, die Krankenversicherungsbeiträge seiner Pensionäre zu tragen, wenn es sich insoweit um eine geldwerte Leistung handelt, der Versorgung im Alter dient und der Anspruch auf diese Leistung erst ab Eintritt in den Ruhestand besteht (Hess. LAG 22. 4. 1998 BB 1999, 591). Hinsichtlich der AN- und AG-Eigenschaft ist auf die für das Arbeitsrecht maßgebliche Begriffsbestimmung zu verweisen. Seit 1. 1. 1999 ist durch § 1 VI klargestellt, daß auch eine beitragsorientierte Leistungszusage als betriebliche Altersversorgung anzusehen ist (vgl. dazu unten Rn. 71 ff.). 5

2. Versorgungszweck. Der Versorgungszweck der Leistung bedeutet, daß sie **für die Absicherung im Fall des Alters, der Invalidität oder des Todes zu dienen bestimmt** ist. Dieser Versorgungszweck ist zu unterscheiden vom Rechtscharakter der betrieblichen Altersversorgung, die zutreffend als Entgelt für während des Arbeitslebens erbrachte Arbeitsleistung anzusehen ist. Im einen Fall geht es um der Zweck einer Leistung, im anderen Fall um ihre Einordnung in das arbeitsvertragliche Austauschverhältnis. Die Zusage **muß nicht eine Absicherung aller drei Risiken enthalten, um als betriebliche Altersversorgung qualifiziert werden zu können.** Es reicht die Absicherung eines der Risiken, typischerweise des Alters. Wegen des fehlenden Versorgungszwecks nicht Leistungen der betrieblichen Altersversorgung sind etwa Abfindungen, Gewinnbeteiligungen, Tantiemen, aber auch Leibrenten, Schenkungen etc. (vgl. dazu näher *Blomeyer/Otto* Einl. Rn. 47 ff.). Dasselbe gilt für Überbrückungshilfen, deren Leistungen den Übergang in einen anderen Beruf oder in den Ruhestand erleichtern sollen (BAG 3. 11. 1998 NZA 1999, 595). Eine Risikoabsicherung fehlt auch bei Pensions-Sondervermögen in Gestalt von Sparplänen (so zutr. *Hanau/Arteaga* BB 1997 Beil. 17, S. 3). Ebenfalls nicht Leistungen der betrieblichen Altersversorgung sind Leistungen des AG bei Krankheit, auch wenn sie während des Ruhestandes gewährt werden (aA *Seegmüller* NZA 1998, 287, der das Gesamtsystem des BetrAVG nicht ausreichend berücksichtigt). Eine Ausnahme gilt, wenn dies als integraler Teil der Altersversorgung angesehen werden kann. 6

Die Leistung dient der **Altersversorgung,** wenn der **Leistungsanspruch vom Erreichen eines bestimmten Lebensalters abhängig** ist. Eine bestimmte Altersgrenze ist insoweit nicht vorgesehen. Auch eine Mindestgrenze läßt sich aus dem Gesetz nicht entnehmen. Es muß nur die Einkommensersatzfunktion für den Fall des Alters sichergestellt sein. Deshalb ist nicht jeder Stichtag, von dem an eine Rentenleistung fällig sein soll, als Altersgrenze anzusehen. Eine darüber hinausgehende Festlegung einer Altersgrenze in dem Sinne, daß in zweifelhaften Fällen von einer typischen – an die gesetzliche Rentenversicherung angelehnten – grds. auszugehen ist, kann nicht angenommen werden (so auch BAG 24. 6. 1986 AP BetrAVG § 7 Nr. 33; *Griebeling* Rn. 43). 7

Eine Leistung dient der **Invaliditätsversorgung,** wenn sie dazu bestimmt ist, den **Einkommensausfall** zumindest zum Teil **auszugleichen,** der sich daraus ergibt, daß ein AN **infolge gesundheitlich bedingter Minderung seiner Erwerbsfähigkeit auf nicht absehbare Zeit nicht mehr oder in reduziertem Umfang zu einer Erwerbstätigkeit in der Lage** ist. Einen bestimmten Begriff der Invalidität schreibt das Gesetz nicht vor; es besteht insoweit also Gestaltungsfreiheit; die Begriffsbestimmung der gesetzlichen Rentenversicherung (Berufsunfähigkeit, Erwerbsunfähigkeit, verminderte Erwerbsfähigkeit – §§ 43 ff. SGB VI) kann aber in Zweifelsfällen Auslegungshilfe geben (BAG 24. 6. 1998 NZA 1999, 318). Die in der Zusage verwendeten Begriffe mögen unterschiedlich sein; so kann etwa von Dienstunfähigkeit die Rede sein, was ein Hinweis auf eine Anlehnung an die beamtenrechtliche Begriffsbestimmung sein könnte, aber nicht muß (s. näher *Griebeling* Rn. 45 ff.). **Hiervon abzugrenzen** ist der **Begriff der Arbeitsunfähigkeit.** Regelmäßig wird unter Arbeitsunfähigkeit nur eine vorübergehende Verhinderung zu verstehen sein, wie sich aus dem Recht der gesetzlichen Krankenversicherung (§§ 44 und 46 SGB V) sowie dem Entgeltfortzahlungsgesetz ergibt. Die Auslegung kann im Einzelfall aber auch ergeben, daß in einer Versorgungszusage dieser Begriff iSv. Invalidität zu verstehen ist. 8

Für den Begriff der **Hinterbliebenenversorgung** ist auf das Recht der gesetzlichen Rentenversicherung Bezug zu nehmen, dh. erfaßt wird die Versorgung von Witwen, Witwern und Waisen sowie früherer Ehegatten. Letzteres hat wegen des Versorgungsausgleichs (§§ 1587 ff. BGB) aber nur noch Bedeutung für Ehen, die vor dem 1. 7. 1977 geschieden worden sind. Die Versorgungszusage kann 9 auch Leistungen an hinterbliebene Lebensgefährten vorsehen (*Griebeling* Rn. 51). Es ist auch möglich, daß sie für die Ehe eine bestimmte Mindestdauer verlangt (**Mindestdauerklausel;** s. dazu BAG 11. 8. 1987 NZA 1988, 158) oder eine Versorgung ausschließt, wenn die Ehe erst nach Vollendung eines bestimmten Lebensalters des AN (**Spätehenklausel**) geschlossen wird oder eine bestimmte Altersdifferenz überschritten wird (BAG 9. 11. 1978 DB 1979, 410). Auch sog. **Wiederverheiratungsklauseln,** die sich im übrigen entsprechend auch für die gesetzliche Rentenversicherung in § 46 SGB VI finden, sind nicht zu beanstanden; dies gilt auch, wenn abweichend von § 46 III SGB VI kein Wiederaufleben nach Scheidung der Zweitehe vorgesehen ist (BAG 16. 4. 1997 DB 1997, 1575). Ebenso ist es zulässig, an den Versorgungsbedarf des Hinterbliebenen anzuknüpfen, indem die Hinterbliebenenversorgung davon abhängig gemacht wird, daß der Verstorbene Haupternährer der Familie gewesen ist (**Haupternährerklausel;** so auch LAG Hamm 8. 12. 1998 BB 1999, 907). Eine mittelbare Diskriminierung von Frauen ist hiermit nicht verbunden (zweifelnd dagegen BAG 7. 7. 1992 DB 1992, 1484).

10   3. **Leistung aus Anlaß des Arbeitsverhältnisses.** Daß die Zusage aus Anlaß des Arbeitsverhältnisses erfolgt sein muß, bedeutet, daß ein **Kausalzusammenhang zwischen Zusage und Arbeitsverhältnis** bestehen muß. Zum anderen wird dadurch deutlich gemacht, daß die **Versorgungszusage nicht notwendig während des Arbeitsverhältnisses oder gar anläßlich der Begründung des Arbeitsverhältnisses** erfolgt sein muß; sie kann auch vorher oder nachher erteilt werden. Durch dieses Begriffsmerkmal sollen Leistungen der betrieblichen Altersversorgung von solchen der Eigenvorsorge abgegrenzt werden, für die ein Schutz durch das Gesetz zur Verbesserung der betrieblichen Altersversorgung nicht gerechtfertigt erscheint. Ebenfalls wird so klargestellt, daß solche Versorgungszusagen nicht erfaßt werden, die aus anderen etwa familiären Gründen erfolgen. Treten familiäre Motive aber lediglich hinzu, ohne dominant zu werden, so liegt eine Versorgungszusage iSv. § 1 BetrAVG vor (LAG Köln 15. 1. 1999 EWiR 1999, 541 mit Anm. von *Blomeyer*). Aus der Formulierung „aus Anlaß" ergibt sich zugleich aber auch, daß eine Zusage auch noch während des laufenden Arbeitsverhältnisses erfolgen kann.

11   4. **Versorgungszusage.** Mit dem Begriff der Zusage sind **alle Versorgungsvereinbarungen** gemeint, die **zwischen AG und AN, AG und BR oder zwischen den TVParteien** zustande kommen. Er erfaßt also sowohl kollektivrechtliche als auch individualrechtliche Vereinbarungen. Versorgungsverpflichtungen, die auf betrieblicher Übung oder dem Gleichbehandlungsgrundsatz beruhen, sind ihnen nach § 1 I 4 gleichgestellt. Gleichgültig ist, ob sich der AG in der Zusage verpflichtet, die Versorgungsleistungen selbst zu erbringen (sog. Direktzusage oder unmittelbare Versorgungszusage) oder sie durch einen selbständigen Versorgungsträger erbringen zu lassen (sog. mittelbare Versorgungszusage – Direktversicherung, Pensionskassen-Versorgung, Unterstützungskassen-Versorgung).

12   Aus dem Vorhergehenden ergibt sich zugleich, daß als **Zusagender** grds. nur der **AG** in Betracht kommen kann. Auf den im allgemeinen Arbeitsrecht gebräuchlichen AGBegriff ist zu verweisen. Auch bei einer mittelbaren Versorgungszusage verbleibt die Grundverpflichtung beim AG.

13   5. **Ergänzungen durch Abs. 5 und 6.** Mit Einfügung der Abs. 5 und 6 durch das RG 1999 hat der Gesetzgeber nun auch die **Entgeltumwandlung** sowie die **beitragsorientierte Leistungszusage** als **Formen der betrieblichen Altersversorgung** ausdrücklich anerkannt. Näheres vgl. Rn. 71 ff.

III. Unverfallbarkeit von Anwartschaften aus unmittelbaren Versorgungszusagen nach Abs. 1

14   Nach § 1 I **behält** ein AN, dem eine Leistung der betrieblichen Altersversorgung zugesagt worden ist, seine **Anwartschaft bei Erfüllung bestimmter Voraussetzungen.** Wenn dabei einerseits auf ein bestimmtes Mindestalter, andererseits auf den Bestand der Versorgungszusage über eine bestimmte Frist sowie unter bestimmten Voraussetzungen auf die Betriebszugehörigkeit abgestellt wird, so sind das Werte, die das Ergebnis einer gesetzgeberischen Abwägung sind.

15   Mit dem Kriterium „**Bestand der Versorgungszusage**" wird der Tatsache Rechnung getragen, daß das Ruhegeld Entgelt für Arbeitsleistung ist; mit der Erteilung der Zusage ist des Bestandteil der Gegenleistung für die erbrachte Arbeitsleistung geworden; dann aber soll nach Ablauf einer bestimmten Frist die Verbleibebedingung nicht mehr greifen können. Mit dem alternativen Erfordernis der mindestens zwölfjährigen Betriebszugehörigkeit wird der Tatsache Rechnung getragen, daß der AG häufig erst nach einer längeren Betriebszugehörigkeit die Altersversorgung verspricht, um damit die Gesamtheit der Arbeitsleistung zu entgelten; anderenfalls könnte der AG die Bindung an den Betrieb durch ein Hinausschieben der Erteilung der Versorgungszusage verlängern.

16   Für die Festsetzung des **Mindestalters auf die Vollendung des 35. Lebensjahres** spricht aus der Sicht des Gesetzgebers, daß die bis zu diesem Zeitpunkt erworbenen Anwartschaften noch keinen ins Gewicht fallenden Versorgungswert haben; außerdem wird dadurch der Tatsache Rechnung getragen, daß nach § 6a EStG für den Pensionsberechtigten erst ab Vollendung des 30. Lebensjahres Pensionsrückstellungen gebildet werden dürfen.

III. Unverfallbark. v. Anwartsch. aus unmittelb. Versorgungszus. nach Abs. 1 § 1 BetrAVG 200

1. Begriff der Anwartschaft. Das BetrAVG verwendet zur Bezeichnung der Rechtsposition des 17 AN vor Eintritt des Versicherungsfalles den **Begriff der Anwartschaft** (§§ 1 I 1, 2 I 1, 3 I 1, 7 II 1, 9 I, II und III, 11 III 2, 18 I Nr. 5 und 6) oder der Versorgungsanwartschaft (§§ 2 III 2 Nr. 1, V 3, 7 II 1, 8 II, 10 II). Das Gesetz nimmt damit Bezug auf den **allgemeinen juristischen Sprachgebrauch,** wonach Anwartschaften Vorstufen subjektiver Rechte sind.

Das BAG hat den vom BGH (18. 12. 1967 BGHZ 49, 197, 201) vornehmlich für den Bereich des 18 **Sachenrechts** geprägten Begriff der Anwartschaft als **Vorstufe auf Erwerb des Vollrechts** übernommen (BAG 10. 3. 1972 AP BGB § 242 Ruhegehalt Nr. 156). Auf die vom BGH entwickelte Definition des Anwartschafts*rechts* hat es nicht Bezug genommen. Auch das Betriebsrentengesetz gebraucht diesen Begriff nicht. Wenn das Gesetz sonach mit dem Begriff der Anwartschaft arbeitet, so ist damit zunächst nur die Position des bedingt Berechtigten gekennzeichnet; Aussagen über den Inhalt der Rechtsposition und der mit ihr möglicherweise verbundenen Befugnisse und Schutzrechte lassen sich daraus noch nicht unmittelbar gewinnen. Mit dem Begriff allein wird also noch nicht die Sachfrage beantwortet, ob die Position des bedingt berechtigten AN schon beständig ist. Es wird lediglich zum **Ausdruck gebracht, daß der Erwerb des Anspruchs nur noch vom Bedingungseintritt abhängig ist.**

§ 1 verschafft dem Inhaber einer Anwartschaft insoweit eine gesicherte Rechtsposition, als es dem 19 AG als dem bedingt Verpflichteten nach Eintritt der Unverfallbarkeit nicht mehr möglich ist, durch Kündigung des Arbeitsverhältnisses den Eintritt der Verbleibebedingung, also der Bedingung einer bestimmten Mindestbetriebszugehörigkeit zu vereiteln. Eine **Verbleibebedingung,** die von den in § 1 genannten Voraussetzungen **zuungunsten des AN** abweicht, ist, da diese Vorschrift eine Mindestnorm darstellt (§ 17 III), **ohne rechtliche Relevanz.** Durch § 1 wird nur die gesetzliche Unverfallbarkeit geregelt. Die Parteien können die Fristen des § 1 jederzeit und unbeschränkt vertraglich verkürzen. Da es sich um eine Abweichung zugunsten des AN handelt, steht § 17 III einer solchen Abrede nicht entgegen. Mit Ablauf der vereinbarten Frist wird die Anwartschaft des AN ebenso unverfallbar wie dies ansonsten mit Ablauf der gesetzlichen Frist der Fall gewesen wäre. Bedeutung behält die gesetzliche Unverfallbarkeit jedoch für den Insolvenzschutz: § 7 knüpft an die Unverfallbarkeit nach § 1 an, so daß insoweit grds. nur die gesetzlichen Unverfallbarkeitsfristen maßgebend sind (vgl. auch § 7 Rn. 40).

2. Bestand der Versorgungszusage. a) Fristbeginn. Die Frist beginnt grds. mit Erteilung der 20 Versorgungszusage. Darunter sind alle Versorgungsvereinbarungen zwischen AG und AN einschließlich kollektivrechtlicher Verpflichtungstatbestände gemeint, so daß es für den Fristbeginn grds. auf den rechtsgeschäftlichen Abschluß der individuellen Versorgungsvereinbarung ankommt.

Bei **einzelvertraglichen** Abreden ergibt sich damit der Zusagezeitpunkt aus **den §§ 145 ff. BGB.** 21 Dies gilt **entsprechend auch für Gesamtzusagen und vertragliche Einheitsregelungen,** da sie sich auf eine individualrechtliche Versorgungsvereinbarung zurückführen lassen. Bei Versorgungsverpflichtungen aufgrund betrieblicher Übung oder beruhend auf dem arbeitsrechtlichen Gleichbehandlungsgrundsatz (§ 1 I 4) ist den Besonderheiten dieser Verpflichtungstatbestände Rechnung zu tragen, indem bei erstmaliger Entstehung einer betrieblichen Übung der Fristbeginn mit der Entstehung der Übung identisch ist und bei bestehender betrieblicher Übung die Erfüllung der Voraussetzungen maßgeblicher Zeitpunkt ist. Bei Versorgungsverpflichtungen, die auf dem arbeitsrechtlichen Gleichbehandlungsgrundsatz beruhen, ergibt sich der Fristbeginn daraus, daß dieser Grundsatz anspruchsbegründende Wirkung hat. Hat deshalb ein AN aufgrund dieses Grundsatzes einen Anspruch auf Erteilung der Zusage, so ist der Zeitpunkt entscheidend, zu dem die Zusage an den anderen AN erteilt worden ist.

Bei **kollektivvertraglichen** Verpflichtungstatbeständen kommt es grds. auf deren **Inkrafttreten** 22 an. Beruht die Versorgungszusage auf TV oder Betriebsvereinbarung, so ist bei bestehendem Arbeitsverhältnis dieser Zeitpunkt der maßgebliche Zusagezeitpunkt, sofern die normative Wirkung das betreffende Arbeitsverhältnis erfaßt. Dies ist bei Betriebsvereinbarungen unproblematisch. Bei TV ist häufig von einer Allgemeinverbindlichkeit auszugehen; anderenfalls gelten bei Bezugnahmeklauseln die oben zu den individualrechtlichen Zusagen entwickelten Grundsätze.

Vordienstzeiten, dh. Beschäftigungszeiten aus vorhergehenden Arbeitsverhältnissen, können grds. 23 den Eintritt der **gesetzlichen Unverfallbarkeit** nach § 1 nicht beeinflussen. Davon zu unterscheiden ist, daß ein AG vertraglich Vordienstzeiten anrechnet und so dem AN eine frühere Unverfallbarkeit einräumt. Dies ist nach § 17 III 3 unproblematisch, da es sich bei § 1 nur um die Regelung einer Mindestbedingung handelt.

Von diesen Vordienstzeiten sind **Vorschaltzeiten** zu unterscheiden, dh. Zeiten, die der AN zurück- 24 gelegt haben muß, bevor die Zusage erteilt wird oder erteilt gelten soll. Nach Auffassung des BAG (7. 7. 1977 AP BetrAVG § 1 Wartezeit Nr. 3) gilt als Zusage iSd. § 1 jede Form der Begründung einer Versorgungsanwartschaft, wenn das Erstarken zum Vollrecht nur noch eine Frage der Zeit ist, also allein vom Umfang der geleisteten Betriebstreue abhängt. Das BAG sieht deshalb zeitbezogene Wirksamkeitsvoraussetzungen dieser Art als bedeutungslos an; die Frist beginnt also bereits mit Erteilung der „Zusage einer Zusage" zu laufen. Diese Auffassung ist in der Literatur nicht unwidersprochen geblieben (*Blomeyer* DB 1979, 835; *Blomeyer/Otto* Rn. 68 f.; *Gitter* DB 1978, 791; *v. Maydell* SAE 1980, 79). Man wird hier unterscheiden müssen zwischen solchen Fallkonstellationen, in denen der AG die spätere Erteilung einer Zusage bereits fest zusagt und solchen, in denen ihm noch ein Entscheidungsspielraum verbleibt. Anderenfalls würde die gesetzlich angeordnete Unverfallbarkeit zur Disposition der Vertragsparteien stehen.

25   b) **Berechnung und Fristablauf.** Berechnung und Fristablauf bestimmen sich nach den §§ 186 ff. BGB. Eine – wenn auch kurze – **Unterbrechung** der Betriebszugehörigkeit führt zu einem **Neubeginn des Fristablaufs.** Anders als etwa im Kündigungsschutzrecht praktiziert, kann hier **keine Zusammenrechnung von Zeiten** erfolgen, **die in einem inneren Zusammenhang zueinander stehen.** Unter Zurückstellung der Zweifel an der Richtigkeit der herrschenden Meinung zur entsprechenden Problematik im Kündigungsschutzrecht (BAG 10. 5. 1989 NZA 1990, 221; KR/*Etzel* KSchG § 1 Rn. 115 ff.; kritisch *Stahlhacke/Preis* Rn. 609) muß für das Betriebsrentenrecht festgestellt werden, daß hier eine Bindung an den Betrieb – auch als Betriebstreue bezeichnet – verlangt wird, die von dieser Zweckrichtung her ununterbrochen sein muß. Hinzu kommt, daß für den AG eine Verläßlichkeit bei der Durchführung der betrieblichen Altersversorgung bestehen muß, der eine Berücksichtigung verschiedener Teilzeiten zuwiderlaufen würde (ähnlich BAG 14. 8. 1980 AP BetrAVG § 1 Wartezeit Nr. 6). Vor dem Hintergrund dieses Grundgedankens wird man aber unmittelbar aneinander anschließende Beschäftigungszeiten zusammenrechnen dürfen.

26   c) **Betriebszugehörigkeit.** Wenn das Gesetz von Betriebszugehörigkeit spricht, so bedeutet das **nicht notwendig,** daß der AN die **Zeit in ein und demselben Betrieb als organisatorischer Einheit** zurückgelegt hat; maßgeblich ist vielmehr die **dauerhafte arbeitsvertragliche Bindung zum AG.** Daß hier von Betriebszugehörigkeit gesprochen wird, läßt sich zurückführen auf den Gedanken, daß der AG durch die Erteilung einer Versorgungszusage verbunden mit einer Verfallklausel Betriebstreue erreichen will.

27   Mit dem **Wechsel innerhalb eines Konzerns** kann je nach Ausgestaltung ein Wechsel des AG im arbeitsvertraglichen Sinne verbunden sein. Gleichwohl wird man bei fortbestehender Konzernzugehörigkeit von einer durchgehenden Betriebszugehörigkeit auszugehen haben, da zwar die arbeitsvertraglichen Unterschiede zwischen einem Wechsel innerhalb eines Unternehmens und dem innerhalb eines Konzerns nicht zu verkennen sind, maßgeblich muß hier jedoch der Gedanke der Betriebstreue sein, die angesichts der tatsächlichen Verhältnisse von ANTätigkeiten innerhalb eines Konzerns in verschiedenen Konzernunternehmen erbracht werden kann. Es ist zwar einzuräumen, daß sich der AN bei einem Wechsel des AG im Konzern im Wortsinne nicht „betriebstreu" verhält; es ist jedoch den praktischen Realitäten innerhalb eines Konzerns Rechnung zu tragen, die für die hier vertretene Auffassung sprechen (wie hier *Hanau* ZFA 1976, 488; *Henssler,* Der Arbeitsvertrag im Konzern, S. 154, 156; *Höfer* Rn. 1528 ff.; aA *Blomeyer/Otto* Rn. 120 mwN).

28   Um Nachteile für AN zu vermeiden, sehen verschiedene Regelungen außerhalb des BetrAVG eine **Anrechnung anderer** – insb. im Dienst an der Öffentlichkeit erbrachter – **Zeiten** vor. Nach § 6 II 1 ArbPlSchG wird die Zeit des Grundwehrdienstes oder einer Wehrübung auf die Betriebszugehörigkeit angerechnet; dies gilt auch für Soldaten auf Zeit, deren festgesetzte Dienstzeit zwei Jahre nicht überschreitet. Diese Vorschriften gelten nach § 78 ZDG für anerkannte Kriegsdienstverweigerer entsprechend. Zwar sind die Vorschriften des Wehrpflichtrechts auf den Dienst in der Bundeswehr ausgerichtet, sie müssen aber für den in der NVA der DDR abgeleisteten Wehrdienst entsprechend gelten (aA *Blomeyer/Otto* Rn. 97; MünchArbR/*Boewer* § 78 Rn. 49); anderenfalls würden Personen aus den neuen Bundesländern, die sich in der gleichen Situation wie Wehrpflichtige im Westen befanden, unangemessen benachteiligt.

29   Nach der Rspr. des EuGH (15. 10. 1969 AP EWG-Vertrag Art. 177 Nr. 2) hat ein **WanderAN, der Staatsangehöriger eines Mitgliedstaates** ist und seine Tätigkeit in einem Unternehmen eines anderen Mitgliedstaates zur Erfüllung der Wehrpflicht gegenüber seinem Heimatland hat unterbrechen müssen, Anspruch auf Anrechnung der Wehrdienstzeit auf die Betriebszugehörigkeit, soweit im Beschäftigungsland zurückgelegte Wehrdienstzeiten den einheimischen AN gleichfalls angerechnet werden. Diese Rspr. ist nicht ohne Widerspruch geblieben (*Blomeyer/Otto* Rn. 108; *Boldt* Anm. zu AP EWG-Vertrag Art. 177 Nr. 2), da es nicht Sache des Beschäftigungsstaats sein könne, die Erfüllung staatsbürgerlicher Pflichten in den Mitgliedstaaten zu finanzieren. Mit dem EuGH ist dem jedoch entgegenzuhalten, daß es sich hier um Beschäftigungs- und Arbeitsbedingungen iSd. Art. 7 der Verordnung (EWG) Nr. 1612/68 handelt und dem Gedanken der Freizügigkeit nur dann ausreichend Rechnung getragen ist, wenn auch die Ableistung des Wehrdienstes in einem anderen Mitgliedstaat der EU mit berücksichtigt wird.

30   Weiterhin ist nach § 4 des Gesetzes über die Rechtsverhältnisse der **Mitglieder des Deutschen Bundestages** die Zeit einer Mitgliedschaft im Deutschen Bundestag auf die Betriebszugehörigkeit anzurechnen. Eine Sonderregelung findet sich schließlich noch im Bergrecht, wenn für Bergleute mit **Bergmannsversorgungsschein** in jedem außerbergbaulichen Beschäftigungsbetrieb dem Inhaber dieses Bergmannsversorgungsscheins die im Bergbau unter Tage verbrachten Beschäftigungszeiten als

gleichwertige Zeiten der Betriebszugehörigkeit anzurechnen sind (so etwa § 9 III Bergmannversorgungsscheingesetz NRW).

Maßgeblich für die **Beginn der Betriebszugehörigkeit** ist **der Tag der nach dem Arbeitsvertrag** 31 **vorgesehenen Arbeitsaufnahme.** Das bloße Bestehen eines Arbeitsvertrages reicht nicht aus, da darin nicht die Verbundenheit mit dem Betrieb – die Betriebstreue – zum Ausdruck kommt. Aus dieser Erwägung ergibt sich auch, daß es auf die Wirksamkeit des zugrundeliegenden Arbeitsvertrages nicht entscheidend ankommen kann.

Für das **Ende der Betriebszugehörigkeit** ist maßgeblich der Ablauf des Arbeitsverhältnisses mit der 32 Maßgabe, daß eine frühere Beendigung der tatsächlichen Beschäftigung – etwa infolge Urlaubs – unerheblich ist und bei Vorliegen eines „faktischen Arbeitsverhältnisses" auch über den Ablaufzeitpunkt hinaus andauern kann.

Der **Ablauf der Zwölf-Jahres-Frist** bestimmt sich nach den bürgerlich-rechtlichen Vorschriften 33 über Fristen und Termine (§§ 186 ff. BGB).

d) **Das Mindestalter von 35 Lebensjahren.** Die gesetzliche Unverfallbarkeit tritt nur ein, sofern 34 der AN im **Zeitpunkt des Ausscheidens das 35. Lebensjahr** vollendet hat. Der Gesetzgeber ging davon aus, daß die bis zu diesem Zeitpunkt erworbenen Anwartschaften noch keinen ins Gewicht fallenden Versorgungswert haben – eine Aussage, deren Berechtigung bezweifelt werden darf – und wollte außerdem der Tatsache Rechnung tragen, daß nach § 6a EStG für den Pensionsberechtigten erst ab Vollendung des 30. Lebensjahres Pensionsrückstellungen gebildet werden dürfen (BT-Drucks. 7/1281 S. 22 f.).

Das Kriterium ist **aus europarechtlichen Gründen nicht unproblematisch,** da nicht auszuschlie- 35 ßen ist, daß es mittelbar diskriminierend zu Lasten von Frauen ist, wenn statistisch bewiesen werden kann, daß sie wegen der typischen Rollenverteilung in Ehe und Familie zwischen dem 30. und dem 35. Lebensjahr häufiger als Männer aus dem Erwerbsleben ausscheiden. Das LAG Hamm (15. 12. 1989 DB 1990, 590) hat einen Verstoß gegen Art. 119 EG-Vertrag (nunmehr Art. 141 EG-Vertrag) wegen eines fehlenden statistischen Nachweises verneint; das muß aber nicht das letzte Wort sein.

e) **Beendigung des Arbeitsverhältnisses vor Eintritt des Versorgungsfalles.** Endet das Arbeits- 36 verhältnis mit Eintritt des Versorgungsfalles, so ist typischerweise die nach der Versorgungszusage vorausssetzende Bedingung erfüllt. Die der inhaltlichen Ausgestaltung von Versorgungszusagen Grenzen setzende Vorschrift des § 1 bestimmt den **Erhalt der Anwartschaft auch bei Ausscheiden vor Eintritt des Versorgungsfalls.** Abweichend von der Rspr. des BAG aus der Zeit vor Inkrafttreten des BetrAVG (BAG 10. 3. 1972 AP BGB § 242 Ruhegehalt Nr. 156) ist **unerheblich, aus welchem Grund das Arbeitsverhältnis** insofern **vorzeitig endet.** Auch eine Kündigung aus wichtigem Grund hebt eine unverfallbare Anwartschaft nicht auf. Eine Ausnahme ist nur für den Fall zu machen, daß der AG die Beendigung des Arbeitsverhältnisses treuwidrig herbeiführt, um den Eintritt der Unverfallbarkeit zu verhindern bzw. zu vereiteln; sie kann auch für den seltenen Fall in Betracht kommen, daß der AG zum Widerruf der Versorgungszusage wegen schwerwiegender Verfehlungen des AN berechtigt ist (vgl. Vorb. Rn. 29 ff.; s. auch *Höfer* Rn. 1547 ff.).

3. Rechtsfolge. Bei Erfüllung der Voraussetzungen ist die **Rechtsposition des bedingt berechtigten** 37 **AN** gesichert. Der mit einer unverfallbaren Anwartschaft **ausgeschiedene AN** erhält bei Eintritt des Versorgungsfalles einen seiner tatsächlichen Betriebszugehörigkeit entsprechenden Teil der zugesagten Betriebsrente (§ 2). Insofern wird nicht nur die Aufrechterhaltung einer Rechtsposition als solcher sichergestellt, sondern auch eine Bestimmung über den Umfang des Erworbenen getroffen (vgl. näher zu § 2). Dabei bezieht sich die Unverfallbarkeit auf alle Leistungen für den Fall des Alters, der Invalidität und des Todes (BAG 24. 6. 1998 NZA 1999, 318 – Invaliditätsrente; BAG 15. 12. 1999 NZA 1999, 488 Hinterbliebenenversorgung).

Die Rechtsposition des im **Betrieb verbliebenen AN** wird durch die Unverfallbarkeitsregelung nur 38 mittelbar beeinflußt; dessen Rechtsposition ist nur für den Fall des Ausscheidens sicherer geworden. Allerdings kann die Regelung des § 2 Einfluß auf die Grenzen des Eingriffs in Anwartschaften haben (s. näher zu § 2).

Mit welchem **Inhalt** die Anwartschaft aufrechterhalten bleibt und welche Leistungsfälle sie abdeckt, 39 bestimmt sich nach dem **Inhalt der Versorgungszusage.** Ist also nur eine Altersleistung vorgesehen, so folgt aus § 1, daß der betreffende AN im **Alter** auch nur unter den Voraussetzungen der Versorgungszusage aufgrund der aufrechterhaltenen Anwartschaft eine Leistung beanspruchen kann. Sieht die Versorgungszusage eine **Hinterbliebenenversorgung** vor, so entsteht grds. ein Anspruch auch im Falle einer erst nach Ausscheiden geschlossenen Ehe oder von nach dem Ausscheiden geborenen Kindern (BAG 20. 4. 1982 AP BetrAVG § 1 Wartezeit Nr. 12).

4. Besonderheiten bei Vorruhestand. S. 2 der Vorschrift soll **verhindern,** daß der **AN Nachteile** 40 hinsichtlich seiner Betriebsrente dadurch erleidet, daß er **auf Grund einer Vorruhestandsregelung nach dem VRG** ausscheidet. Der AN wird hier so behandelt, als wäre er nicht vorzeitig ausgeschieden. Erforderlich ist deshalb aber eine Kausalität zwischen Ausscheiden und Vorruhestandsregelung. Die Regelung ist von abnehmender Bedeutung, da das VRG für die Zeit nach dem 1. 1. 1989 gemäß

§ 14 VRG nur noch anzuwenden ist, wenn die Voraussetzungen für diesen Anspruch erstmals vor diesem Zeitpunkt vorgelegen haben. Da das Gesetz nicht ausdrücklich auf das VRG Bezug nimmt, kann die Vorschrift auf andere Vorruhestandsregelungen ebenfalls angewandt werden (anders *Blomeyer/Otto* Rn. 188; *Höfer* Rn. 1309.1).

41   **5. Änderung und Übernahme der Versorgungszusage. Unschädlich sind auch Änderungen der Versorgungszusage oder deren Übernahme durch einen Dritten.** In beiden Fällen beginnt der Lauf der Fristen nicht von neuem. Eine Unterbrechung iSv. § 217 BGB tritt nicht ein. Allerdings betrifft die Vorschrift nach ihrem Wortlaut nur den Ablauf der 10-Jahres-Frist; sie wird jedoch auf die 3-Jahres-Frist der 2. Alt. des S. 1 entsprechend angewandt, was sich daraus rechtfertigt, daß im Gesetzgebungsverfahren die spät eingeführte 3-Jahres-Frist im damaligen S. 2 und jetzigen S. 3 wohl versehentlich nicht berücksichtigt wurde und außerdem ein Grund für eine unterschiedliche Behandlung nicht ersichtlich ist (so allgA s. nur *Griebeling* Rn. 392; MünchArbR/*Ahrend/Förster* § 104 Rn. 19; BAG 12. 2. 1981 AP BetrAVG § 1 Nr. 5). Dieser Fehler ist nunmehr seit 1. 1. 1999 beseitigt; die bisherige Praxis wird damit durch den Gesetzgeber bestätigt.

42   Problematisch ist hier die **Abgrenzung zwischen Änderung der Versorgungszusage in Gestalt einer Erhöhung der Zusage und einer zusätzlichen Zusage.** Es kann hier dahingestellt bleiben, ob aus dieser Vorschrift ein Prinzip der „Einheit der Versorgungszusage" hergeleitet werden kann (BAG 12. 2. 1981 AP BetrAVG § 1 Nr. 5; *Höhne* in *Heubeck/Höhne/Paulsdorff/Rau/Weinert* Rn. 214ff.; kritisch *Blomeyer/Otto* Rn. 192ff.). Jedenfalls muß S. 3 dahin verstanden werden, daß eine zusätzliche Zusage, die in einem unmittelbaren Zusammenhang mit der ursprünglichen Zusage steht, nicht zu einem erneuten Beginn des Fristablaufs führt. Wann dieser Zusammenhang gegeben ist, kann nur auf der Basis des jeweiligen Einzelfalles entschieden werden; nur so kann vermieden werden, daß durch Separierung der Erhöhung das gesetzgeberische Ziel des S. 3 unterlaufen wird.

43   Eine Änderung der Versorgungszusage liegt auch vor, wenn **die Zusage auf eine andere Rechtsgrundlage gestellt** wird, also etwa eine individuelle Zusage durch eine auf TV oder Betriebsvereinbarung beruhende abgelöst wird (MünchArbR/*Ahrend/Förster* § 104 Rn. 19). Gleiches gilt bei einem Wechsel des Durchführungsweges, also etwa von einer Direktzusage zu einer Direktversicherung.

44   Unter der **Übernahme** der Versorgungszusage durch eine andere Person sind die **Fälle der Schuld- und Vertragsübernahme, nicht aber der Wechsel des Versorgungsträgers** zu verstehen. Gesamtrechtsnachfolge und Betriebsübergang nach § 613 a BGB sind nicht erfaßt, da das Arbeitsverhältnis in beiden Fällen nicht unterbrochen ist und bereits aus dem Gesetz abgeleitet werden kann, daß in diesen Fällen der Fristablauf nicht unterbrochen wird.

45   **6. Gleichbehandlungsgrundsatz und betriebliche Übung.** Rechtsgrundlage für eine Versorgungszusage können nicht nur Einzelarbeitsvertrag, Betriebsvereinbarung und TV sein. Versorgungsverpflichtungen können vielmehr auch auf dem **Gleichbehandlungsgrundsatz** oder einer **betrieblichen Übung** beruhen. S. 4 stellt klar, daß für derartige Zusagen nichts anderes gilt als für solche, die auf den anderen Rechtsgrundlagen beruhen. Die Vorschrift hat **deklaratorische Bedeutung**, da sich das Ergebnis auch bereits aus dem allgemeinen Arbeitsrecht zwingend ergibt.

46   Die Vorschrift greift sowohl dann, wenn die betriebliche Übung auf die **Gewährung von Ruhegeldern** als auch dann, wenn sie auf **Erteilung einer Versorgungszusage** gerichtet ist. In beiden Fällen ist der AG nicht mehr frei zu entscheiden, ob er ein Ruhegeld zahlen will (so zutr. BAG 19. 6. 1980 AP BetrAVG § 1 Wartezeit Nr. 8; krit. *Blomeyer/Otto* Rn. 214, der sich auf den Wortlaut beruft, der so eindeutig nicht ist). Im Falle des Gleichbehandlungsgrundsatzes hat praktische Bedeutung nur der Gleichbehandlungsanspruch auf Abgabe einer Versorgungszusage.

47   **7. Wartezeiten.** Der Zweck der Unverfallbarkeitsregelung würde nicht vollständig erreicht, wenn der AG diese durch die Festsetzung von Wartezeiten **unterlaufen** könnte. Wenn der AN im Vertrauen und in der Erwartung, das Ruhegeld im versprochenen Umfang erwerben zu können, sich an den Betrieb gebunden hält und auch gebunden werden sollte, verdient sein Vertrauen Schutz, wenn das Arbeitsverhältnis vorzeitig endet. Von einer Wartezeit spricht man dann, wenn der AG eine zusätzliche Voraussetzung für den Anspruchserwerb aufstellt, indem er etwa eine Mindestbetriebszugehörigkeit verlangt. Das Gesetz erreicht sein Ziel dadurch, daß es anordnet, der **Ablauf der Wartezeit werde durch Beendigung des Arbeitsverhältnisses nach Eintritt der Unverfallbarkeit nicht berührt.** Von den Wartezeiten sind die **Vorschaltzeiten zu unterscheiden,** durch die die Erteilung der Versorgungszusage hinausgeschoben werden soll (s. dazu oben Rn. 24).

48   § 1 I 5 berührt nicht die **Zulässigkeit solcher Wartezeiten,** mit denen der **begünstigte Personenkreis abgegrenzt** werden soll (BAG 7. 7. 1977 AP BetrAVG § 1 Wartezeit Nr. 2); in derartigen Fällen ist ein schützenswertes Vertrauen nicht gegeben, da der AN hier weiß, daß er mit seiner zukünftigen Betriebszugehörigkeit keine betriebliche Altersversorgung mehr erwerben kann. Erfaßt werden deshalb zB nicht solche Wartezeiten, nach denen ein AN ein Ruhegeld nur erhält, wenn er bei Vollendung des 65. Lebensjahres mindestens 15 Jahre dem Betrieb angehören muß. Hiermit wird faktisch ein Höchsteintrittsalter festgelegt und der ältere AN, der bei Eintritt dieses Alter überschreitet, weiß von vornherein, daß er die Anspruchsvoraussetzungen nicht erfüllen kann. Hätte er die Wartezeit aber

IV. Unverfallbarkeit v. Anwartschaften auf Leistungen einer Direktvers. § 1 BetrAVG 200

noch erfüllen können und erfüllt er sie nur wegen vorzeitigen Ausscheidens nicht, so greift gleichwohl S. 5 (s. auch *Blomeyer/Otto* Rn. 223).

IV. Unverfallbarkeit von Anwartschaften auf Leistungen einer Direktversicherung nach Abs. 2

1. Einführung. Die Regelungen des BetrAVG gehen aus vom Bild der **unmittelbaren Versor-** 49 **gungszusage** als dem **Prototyp der betrieblichen Altersversorgung.** Davon abweichenden Versorgungsformen, also Direktversicherungen, Pensionskassen und Unterstützungskassen, wird – sofern vom Gesetzgeber als geboten angesehen – durch Regelungen Rechnung getragen, die die Besonderheiten dieser Gestaltungsformen berücksichtigen. Es müssen insoweit die sich bei diesen Versorgungsformen aus ihrer Gestaltung und den Eigenarten des **Privatversicherungsrechts** ergebenden Besonderheiten bei der Einfügung in ein an der unmittelbaren Versorgungszusage entwickeltes arbeitsrechtliches Regelungskonzept berücksichtigt werden. Der AG schaltet bei den **mittelbaren Versorgungszusagen** eine **rechtlich selbständige Einrichtung** ein. Es kommen deshalb zur Rechtsbeziehung zwischen AG und AN solche des AG aber auch des AN zur Versorgungseinrichtung. Diese Vervielfältigung der Rechtsbeziehungen zusammen mit den privatversicherungsrechtlichen Besonderheiten hat zur Folge, daß für die Sicherung der Versorgungsanwartschaft bei vorzeitigem Ausscheiden (Unverfallbarkeit) andere Anknüpfungspunkte gewählt werden mußten.

Die **Direktversicherung** (s. näher *Griebeling* H-BetrAV 30; *Blomeyer* AR-Blattei SD 460.4) ist 50 dadurch gekennzeichnet, daß der AG eine Lebensversicherung auf das Leben des AN abschließt und diesem oder seinen Hinterbliebenen ein Bezugsrecht ganz oder teilweise eingeräumt wird (Legaldefinition in § 1 II 1). Das Gesetz erwähnt also ausdrücklich das Versicherungsverhältnis zwischen AG und Versicherungsunternehmen, das als Vertrag zugunsten Dritter (§ 328 I BGB) anzusehen ist. Der Versicherungsvertrag stellt damit das Außen- oder Deckungsverhältnis dar. Die Versorgungszusage des AG, eine Altersversorgung durch Direktversicherung zu gewähren, ist dann das Valuta- oder Innenverhältnis, das nach der Legaldefinition der Direktversicherung nicht vorliegen muß aber regelmäßig vorliegen wird.

Bei der Altersversorgung durch Direktversicherung ist der **AG Vertragspartner sowohl der** 51 **arbeitsvertraglichen Versorgungsverpflichtung als auch des Versicherungsverhältnisses.** Er ist im Versicherungsverhältnis Versicherungsnehmer und als solcher nach § 166 VVG im Zweifel berechtigt, das Bezugsrecht des AN zu widerrufen. Dieses versicherungsrechtliche Widerrufsrecht bleibt durch das BetrAVG im Grundsatz unangetastet. Bis zum Eintritt des Versicherungsfalles hat deshalb der AN eine versicherungsrechtliche Anwartschaft, die ihm allerdings nur eine schwache Rechtsposition gibt, sofern nicht der Widerruf der Bezugsberechtigung ausgeschlossen ist. Darüber hinaus ist der AG versicherungsrechtlich berechtigt, den Anspruch aus dem Versicherungsvertrag abzutreten oder zu beleihen. Sofern der AN unwiderruflich bezugsberechtigt ist, steht ihm schon vor Eintritt des Versicherungsfalles das Verfügungsrecht über den Anspruch zu; eine Abtretung oder Beleihung durch den AG ist dann nicht mehr möglich. Bei der Direktversicherung hat das Versicherungsverhältnis unmittelbar Auswirkungen auf die Rechtsstellung des AN.

2. Ausschluß des Widerrufs des Bezugsrechts. Der Gesetzgeber hat bei der Direktversicherung 52 den versicherungsrechtlichen Besonderheiten durch eine **Einschränkung** des **Rechts des AG zum Widerruf der Bezugsberechtigung** Rechnung getragen. Dabei bleiben die versicherungsrechtlichen Befugnisse des AG unangetastet, ihm wird jedoch im arbeitsrechtlichen Versorgungsverhältnis zum AN die Verpflichtung auferlegt, das Bezugsrecht nach Eintritt der Unverfallbarkeitsvoraussetzungen nicht mehr zu widerrufen. Dem AG wird also **schuldrechtlich** auferlegt, keine Gestaltungserklärung vorzunehmen, durch die das Bezugsrecht des AN beeinträchtigt wird.

Widerruft der AG die Bezugsberechtigung dennoch, so verstößt er nicht gegen seine Verpflichtun- 53 gen aus dem Versicherungsvertrag, wohl aber gegen die aus dem arbeitsrechtlichen Versorgungsverhältnis. Er macht sich in diesem Fall gegenüber dem AN **schadensersatzpflichtig** wegen pVV des Versorgungsversprechens (BAG 28. 7. 1987 AP BetrAVG § 1 Lebensversicherung Nr. 4); dies führt im Wege der Naturalrestitution dazu, daß der AG den AN so zu stellen hat, als wäre der Widerruf nicht erfolgt. Da es sich auch bei der betrieblichen Altersversorgung durch Direktversicherung um Entgelt für erbrachte Arbeitsleistung bzw. geleistete Betriebstreue handelt, wird man einen **Teilwiderruf** als zulässig ansehen müssen, der sich auf den noch nicht erdienten Teil der Anwartschaft beschränkt (ähnlich *Blomeyer/Otto* Rn. 292 ff.; *Höfer* Rn. 1590; ein dahingehender Gedanke auch herleitbar aus BAG 29. 7. 1986 AP BetrAVG § 1 Lebensversicherung Nr. 3).

3. Unwirksamkeit der Vereinbarung einer auflösenden Bedingung. Die Vereinbarung einer 54 auflösenden Bedingung für das Bezugsrecht ist nach S. 2 insoweit **unwirksam, als die Unverfallbarkeitsvoraussetzungen erfüllt** sind, da sonst die Unverfallbarkeitsregelung im Ergebnis unterlaufen werden könnte. Das Gesetz sagt jedoch nicht, ob sich die Unwirksamkeit auf den Versorgungs- oder auf den Versicherungsvertrag bezieht. Es ist aber anzunehmen, daß sich die Unwirksamkeit auf den Versicherungsvertrag bezieht, da eine Vereinbarung über die auflösende Bedingung des Bezugsrechts nur im Versicherungsvertrag sinnvoll ist (so auch *Blomeyer/Otto* Rn. 305; *Höfer* Rn. 1595).

55 **4. Abtretungen und Beleihungen.** Da der AG versicherungsrechtlich berechtigt ist, **die Ansprüche aus dem Versicherungsvertrag abzutreten oder zu beleihen,** kann auch hierdurch der AN der Versorgungsanwartschaft verlustig gehen. Auch insoweit läßt der Gesetzgeber die versicherungsrechtlichen Rechtsbefugnisse unangetastet und konkretisiert die arbeitsrechtlichen Verpflichtungen des AG, indem er bestimmt, daß dieser verpflichtet ist, den AN, dessen Arbeitsverhältnis nach Erfüllung der Unverfallbarkeitsvoraussetzungen geendet hat, so zu stellen, als sei eine Abtretung oder Beleihung nicht erfolgt.

56 Unter Abtretung wird dabei eine **Abtretung der Versicherungsansprüche nach § 398 BGB** verstanden und unter **Beleihung** eine **Vorauszahlung auf die spätere Versicherungsleistung.** Neben Abtretung und Beleihung ist auch eine Verpfändung möglich (*Blomeyer/Otto* Rn. 309; MünchArbR/ *Ahrend/Förster* § 104 Rn. 41).

57 **5. Zeitpunkt der Erteilung der Versorgungszusage.** Den versicherungsrechtlichen Besonderheiten muß auch Rechnung getragen werden beim **Fristbeginn für die Unverfallbarkeitsvoraussetzungen.** Der Gesetzgeber weicht hier von Abs. 1 insoweit ab, als er an die Stelle der Erteilung der Versorgungszusage im Wege einer Fiktion den Versicherungsbeginn bzw. den Beginn der Betriebszugehörigkeit setzt. Damit wird der Tatsache Rechnung getragen, daß der AG bei Gewährung von betrieblicher Altersversorgung durch Direktversicherung das Leistungsrisiko gerade nicht selbst übernehmen, sondern einem Versicherungsunternehmen übertragen will.

58 Unter **Versicherungsbeginn** ist der **technische Versicherungsbeginn** zu verstehen (*Blomeyer/Otto* Rn. 318 mwN). Problematisch sind aber Fälle, in denen der AG den Abschluß einer Lebensversicherung nach einer bestimmten Mindestbetriebszugehörigkeit verspricht. Es handelt sich hier um eine Vorschaltzeitenproblematik, die aber hier eine andere Dimension dadurch erhält, daß § 1 II 4 eine versicherungsrechtliche Lösung vorsieht, die Vereinbarung einer Vorschaltzeit aber eine arbeitsrechtliche Gestaltung ist. Grds. muß der AG einer derartigen Ankündigung auch nachkommen und macht sich anderenfalls schadensersatzpflichtig. Da aber die Regelungen zur Unverfallbarkeit bei mittelbaren Versorgungszusagen lediglich die Grundregel des Abs. 1 den Besonderheiten dieser Versorgungsformen anpassen, nicht aber der Regelungsgehalt modifizieren sollen, kann der AG durch diese Gestaltungsform den Beginn des Laufes der Unverfallbarkeitsfrist nicht hinausschieben. Die zu den Vorschaltzeiten entwickelten Grundsätze müssen deshalb auch hier gelten (aA *Blomeyer* DB 1992, 2499; *Blomeyer/Otto* Rn. 325 ff.; wie hier *Ahrend/Förster/Rößler* 1. Teil, Rn. 345; *Höfer* Rn. 1609.1 ff.; in der Tendenz so wohl auch BAG 7. 7. 1977 AP BetrAVG § 1 Wartezeit Nr. 3).

59 Wenn sich auch in Abs. 2 kein ausdrücklicher Hinweis auf Abs. 1 S. 3 findet, kann aber auch hier nichts anderes gelten und **unterbrechen nachträgliche Änderungen der Direktversicherung und ihre Übernahme durch eine andere Person nicht den Fristablauf** (BAG 12. 2. 1981 AP BetrAVG § 1 Nr. 5; *Blomeyer/Otto* Rn. 336). Diese Sonderregelung wird durch Abs. 2 S. 4 nicht abgelöst, da dieser nur eine Fiktion für den Regelfall vorsieht. Zur Frage, wann eine Änderung vorliegt, s. oben Rn. 41 ff. Da es hier um die Sicherstellung der arbeitsrechtlichen Unverfallbarkeit geht, kommt es auf die Übernahme des Versorgungs- und nicht des Versicherungsverhältnisses an.

V. Unverfallbarkeit von Anwartschaften auf Leistungen einer Pensionskasse nach Abs. 3

60 **1. Einführung.** Auch hier ist zu unterscheiden zwischen dem arbeitsrechtlichen Versorgungsverhältnis mit AN und AG als Beteiligten und den Rechtsbeziehungen zur Versorgungseinrichtung. Üblicherweise werden **Pensionskassen** in der Rechtsform von **Versicherungsvereinen auf Gegenseitigkeit** betrieben. So haben zur Zeit alle Pensionskassen diese Rechtsform (*Bode ua.*, Pensionskassen, H-BetrAV 50 Rn. 30). Sie können aber auch als Aktiengesellschaft gegründet werden. Die Legaldefinition in § 1 III 1 besagt nur, daß es sich um eine **rechtsfähige Versorgungseinrichtung** handeln muß, **die dem AN oder seinen Hinterbliebenen auf ihre Leistungen einen Rechtsanspruch gewährt.** Wird die Pensionskasse als VVaG betrieben, so bedeutet das, daß die begünstigten AN grds. diesem Verein als Mitglieder angehören (§ 15 VAG). **Zwischen AN und Pensionskasse** besteht zugleich ein **Versicherungsverhältnis** (§ 20 S. 2 VAG), aufgrund dessen sich auch eine Beitragspflicht des AN ergeben kann. Neben dem AN kann auch der AG Mitglied und Versicherungsnehmer sein. Er bringt zumeist die Beiträge auf und verpflichtet sich häufig zu besonderen Zuwendungen an die Pensionskasse. Der AG überträgt das Versorgungsrisiko auf eine rechtlich selbständige Einrichtung; er bedient sich also zur Erbringung seiner Gegenleistung für erbrachte Arbeitsleistung bzw. geleistete Betriebstreue dieser Versorgungseinrichtung.

61 Aus dem **arbeitsrechtlichen Versorgungsverhältnis** ist der AG als Gegenleistung für die ihm während des Arbeitslebens erbrachte Arbeitsleistung bzw. Betriebstreue verpflichtet, **alles seinerseits Erforderliche zu tun, um die Versorgung des AN durch die Pensionskasse sicherzustellen.** Verpflichtet sich etwa der AG gegenüber der Pensionskasse zu Zuwendungen und verspricht er den AN eine so durchgeführte Pensionskassen-Versorgung, so korrespondiert mit der Zuwendungsverpflich-

tung gegenüber der Pensionskasse eine vertragliche Verpflichtung im arbeitsrechtlichen Versorgungsverhältnis, diese Zuwendungen der Altersversorgung der AN auch zu leisten. Verletzt der AG diese Pflichten, macht er sich **schadensersatzpflichtig**. Die arbeitsrechtlichen Probleme bei der Pensionskassen-Versorgung decken sich im wesentlichen mit denen bei der Direktversicherung. Aus der Tatsache, daß der AN im Regelfall Versicherungsnehmer ist, ergibt sich allerdings, daß ihm grds. auch die volle Verfügungsmacht über Versicherungsansprüche und -anwartschaften zusteht.

2. Voraussetzungen für die Unverfallbarkeit. Anders als bei der Direktversicherung hat der Ge- 62
setzgeber bei der Pensionskassen-Versorgung darauf verzichtet, eine genaue Regelung darüber zu treffen, **wie die Unverfallbarkeit sicherzustellen** ist. Er hat vielmehr in § 1 III den § 1 I für entsprechend anwendbar erklärt. Damit wird der Komplexität der sich bei der Pensionskassen-Versorgung ergebenden rechtlichen Gestaltungen Rechnung getragen.

Die entsprechende Anwendung des Abs. 1 bedeutet zunächst lediglich, daß der AN seine **Rechts-** 63
position im Falle des vorzeitigen Ausscheidens nicht verliert. Über die rechtliche Konstruktion wird aber nichts gesagt. Das bedeutet, daß alle rechtlichen Gestaltungen, die den Verlust dieser Rechtsposition bewirken, von dieser Vorschrift erfaßt werden. Da sich bei den Pensionskassen der Verfall der Rechtsposition bei vorzeitigem Ausscheiden regelmäßig aus der Satzung der Kasse ergibt, gestaltet § 1 III diese Satzung. Anders als bei der Direktversicherung kann der AG bei der Pensionskassen-Versorgung die Versicherungsansprüche **weder durch Abtretung oder Beleihung wirtschaftlich nutzen noch das Bezugsrecht ändern**, da hier sowohl AG als auch AN Versicherungsnehmer sind. Deshalb bedarf es insoweit keiner das arbeitsrechtliche Versorgungsverhältnis betreffenden Regelung, durch die – wie bei der Direktversicherung – die Ausübung versicherungsrechtlich zulässiger Maßnahmen eine arbeitsrechtliche Restitutionsverpflichtung auslöst. Es ist hier nicht erforderlich, dem AG die Verpflichtung aufzuerlegen, keine Gestaltungserklärung vorzunehmen, durch die die Anwartschaft beeinträchtigt werden könnte. Der Verlust der Anwartschaft bei vorzeitigem Ausscheiden kann vielmehr nur aufgrund einer entsprechenden Satzungsbestimmung der Pensionskasse erfolgen, weshalb dann eine derartige Satzungsbestimmung aufgrund des § 1 III unwirksam ist.

3. Zeitpunkt der Erteilung der Versorgungszusage. Zum Zeitpunkt der Erteilung der Versor- 64
gungszusage findet sich in Abs. 3 eine **mit der Regelung zur Direktversicherung gleichlautende Bestimmung**. Auch hier ist unter Versicherungsbeginn der technische Versicherungsbeginn zu verstehen. Zur Frage der **Vorschaltzeiten** ist auf die Anmerkungen zur Direktversicherung zu verweisen (oben Rn. 58). Für die Frage von Beginn und Berücksichtigung der Betriebszugehörigkeit gilt das zur unmittelbaren Versorgungszusage ausgeführte (vgl. oben Rn. 26 ff.) Bei den sog. Konzern- oder Gruppenpensionskassen ist zu unterscheiden. Bei Konzernpensionskassen wird man einen Wechsel innerhalb des Konzerns als unschädlich anzusehen haben (vgl. dazu oben Rn. 27), während ein Wechsel des AG anzunehmen ist, wenn beide lediglich ihre betriebliche Altersversorgung über die gleiche Gruppenpensionskasse betreiben (anders und insofern nicht differenzierend *Blomeyer/Otto* Rn. 361).

VI. Unverfallbarkeit von Anwartschaften auf Leistungen einer Unterstützungskasse nach Abs. 4

1. Einführung. Unter den mittelbaren Versorgungszusagen hat in Rspr. und Literatur die betrieb- 65
liche Altersversorgung durch Unterstützungskassen die meiste Aufmerksamkeit erfahren (BAG 23. 10. 1962 AP BGB § 242 Ruhegehalt Nr. 86; BAG 17. 11. 1992 NZA 1993, 938; BVerfG 14. 1. 1987 NZA 1987, 347; *Blomeyer/Otto* Einl. Rn. 899 ff.; *Griebeling* DB 1991, 2336; Kasseler Handbuch/ *Griebeling* 2.9 Rn. 273 ff.; MünchArbR/*Ahrend/Förster* § 102 Rn. 45 ff.; *Schwarzbauer/Unterhuber* H-BetrAV 60; *Steinmeyer* S. 187 ff.). Dies beruht insb. darauf, daß die Unterstützungskasse laut Legaldefinition auf ihre Leistungen keinen Rechtsanspruch gewährt (§ 1 IV 1), gleichwohl aber eine Unverfallbarkeitsregelung getroffen wird (§ 1 IV 1 iVm. § 1 I S. 1) und der Gesetzgeber die Versorgung durch Unterstützungskassen in die Insolvenzsicherung einbezogen und damit für den Insolvenzfall einen Anspruch des begünstigten AN auf Leistungen des Trägers der Insolvenzsicherung geschaffen hat.

Auch der Unterstützungskassen-Versorgung liegt grds. eine **arbeitsrechtliche Versorgungsverein-** 66
barung zugrunde. Darin verpflichtet sich der AG, dem AN eine Altersversorgung durch Einschaltung einer Unterstützungskasse zu gewähren. **Der AG erfüllt hier seine Verpflichtung zur Erbringung der Gegenleistung** für erbrachte Arbeitsleistung bzw. geleistete Betriebstreue, **indem er dafür sorgt, daß die Unterstützungskasse im Versorgungsfall die nach der Satzung oder Richtlinien der Kasse oder der Zusage des AG vorgesehenen Leistungen erbringt.** Das Problem der AGLeistung besteht aber darin, daß laut Legaldefinition ein Rechtsanspruch nicht bestehen darf. Der AN wird hinsichtlich des Entgelts für erbrachte Arbeitsleistung verwiesen auf die Leistungen einer Einrichtung, die ihm keinen Anspruch auf ihre Leistungen einräumt.

§ 1 IV bemüht sich angesichts der Legaldefinition der Unterstützungskasse darum, durch die 67
Formulierung die Anerkennung eines Rechtsanspruchs zu vermeiden. Dies wird durch die **Anord-**

nung erreicht, **die vorzeitig ausgeschiedenen AN den bis zum Versorgungsfall im Betrieb Verbliebenen gleich zu behandeln.** Aus dieser Vorschrift ergibt sich weiter, daß die Unverfallbarkeitsregelung beim Verhältnis zwischen AN und Unterstützungskasse ansetzt. Das Gesetz hält allerdings diese Vermeidung der Anerkennung eines Rechtsanspruchs nicht durch, wie sich aus § 2 IV (s. näher § 2 Rn. 62 f.) und dem Umstand ergibt, daß § 7 die Leistungen der Unterstützungskasse für den Insolvenzschutz den anderen Leistungen gleichstellt (s. näher § 7 Rn. 23).

68 Diese zwar in sich verständliche aber gleichwohl widersprüchliche gesetzgeberische Konzeption und die damit verbundenen „Kunstgriffe" sind überholt, seit Rspr. und Literatur sich bemühen, die **Rechtsposition des AN gegenüber der Unterstützungskasse derjenigen eines mit unmittelbarer Versorgungszusage bedachten AN anzugleichen.** Da die betriebliche Altersversorgung in jeder ihrer Formen Gegenleistung für die erbrachte Betriebstreue sei, nach § 1 der erdiente Teilwert bei jeder Art der betrieblichen Altersversorgung aufrechterhalten bleibe und sowohl Leistungen wie unverfallbare künftige Leistungen der Unterstützungskassen insolvenzgeschützt seien, könne der Ausschluß des Rechtsanspruchs nur bedeuten, daß er zu einem Widerruf berechtige, der an sachliche Gründe gebunden sei (BAG 5. 7. 1979 AP BGB § 242 Ruhegehalt – Unterstützungskassen Nr. 9). Der AG verspricht die Unterstützungskassen-Versorgung als Gegenleistung für erbrachte Betriebstreue bzw. erbrachte Arbeitsleistung. Es wäre widersprüchlich und verstieße gegen Treu und Glauben, wenn der AG die Arbeitsleistung des AN erhält und wirtschaftlich verwerten kann, der AN dann aber im Versorgungsfall von der Unterstützungskasse auf den Ausschluß des Rechtsanspruchs verwiesen wird. Die Arbeitsleistung des AN bliebe dann insoweit ohne Gegenleistung. Da der AN über lange Jahre hinweg seine Arbeitsleistung im Vertrauen auf den Erhalt der Gegenleistung erbracht hat, ist sein **Vertrauen** auch schutzwürdig. Die Unterstützungskasse muß deshalb trotz des Ausschlusses des Rechtsanspruchs im Versorgungsfall die Versorgungsleistung gewähren. Der AN hat einen **Rechtsanspruch** auf Gewährung des Ruhegeldes durch die Unterstützungskasse (*Steinmeyer* S. 192 f.; *Blomeyer/Otto* Einl. Rn. 901 ff.; jeweils mwN).

69 **2. Unverfallbarkeit.** Das Gesetz vermeidet angesichts des oben dargestellten Hintergrundes **den Begriff der Anwartschaft,** ordnet durch die Gleichstellung mit den im Betrieb Verbliebenen und angesichts der inzwischen erfolgten Anerkennung eines Rechtsanspruchs aber gleichwohl die Aufrechterhaltung der bis zum Zeitpunkt des Ausscheidens erworbenen Anwartschaft an, sofern die zeitlichen Voraussetzungen für die Unverfallbarkeit nach Abs. 1 erfüllt sind. Abs. 4 S. 1 bezieht sich dabei auf die S. 1 und 2 des Abs. 1, erfaßt also ausdrücklich auch das vorzeitige Ausscheiden aufgrund einer Vorruhestandsregelung (s. oben Rn. 40). Wenn Abs. 4 nur auf die S. 1 und 2 des Abs. 1 Bezug nimmt, so bedeutet dies nicht, daß die übrigen Sätze nicht heranzuziehen sind; vielmehr unterscheidet das Gesetz hier zwischen den Voraussetzungen für die Unverfallbarkeit, zu denen es die in den S. 1 und 2 des Abs. 1 geregelte zählt und den Regelungen, die Folgerungen für besondere Konstellationen ziehen. Auf eine Änderung der von der Unterstützungskasse übernommenen Versorgungsverpflichtung findet Abs. 1 S. 3 entsprechende Anwendung (s. oben Rn. 41 ff.). Die entsprechende Anwendung von Abs. 1 S. 4 hat Bedeutung für Verpflichtungen auf der Grundlage des Gleichbehandlungsgrundsatzes (s. oben Rn. 45 f.) und auch die Wartezeitproblematik (S. 5) kann sich hier in gleicher Weise und demzufolge mit gleicher Rechtsfolge stellen (s. oben Rn. 47 f.).

70 Beim **Zeitpunkt der Erteilung der Versorgungszusage** wird vor dem Umstand Rechnung getragen, daß das bei den mittelbaren Versorgungszusagen sonst (Abs. 2 und 3) übliche Abstellen auf das Verhältnis zwischen AN und Versorgungseinrichtung hier bei Beachtung der Legaldefinition für die Unterstützungskasse nicht erfolgen kann. Das Gesetz behilft sich mit der Zugehörigkeit zum „Kreis der Begünstigten", was bedeutet, daß maßgeblich die vom AG bzw. der Unterstützungskasse aufgestellten Zugehörigkeitsvoraussetzungen sind. Das BAG wendet folgerichtig seine **Vorschaltzeiten-Rspr.** (s. oben Rn. 24) **auch im Falle einer Unterstützungskassen-Versorgung** an (BAG 21. 8. 1980 AP BetrAVG § 1 Wartezeiten Nr. 7). Zum Kreis der Begünstigten gehöre auch derjenige, der ein aufschiebend bedingtes oder vorvertragliches Recht auf Aufnahme habe. Bei der Anwendung des S. 2 können sich Auslegungsprobleme ergeben, wenn nur die Anspruchsvoraussetzungen genannt sind. In einen solchen Fall wird man annehmen müssen, daß jeder betriebsangehörige AN zum Kreis der Begünstigten gehört (so auch *Blomeyer/Otto* Rn. 383).

VII. Entgeltumwandlung und beitragsorientierte Leistungszusage
(Abs. 5 und 6 neuer Fassung)

71 Durch die Abs. 5 und 6 – eingefügt durch das RRG 1999 mit Wirkung vom 1. 1. 1999 – wird klargestellt, daß auch die **Entgeltumwandlung** (s. oben Rn. 13) **und die beitragsorientierte Leistungszusage als betriebliche Altersversorgung anzusehen** sind.

72 **1. Die Entgeltumwandlung.** Bereits bisher war es hM, daß die Entgelt- oder auch Gehaltsumwandlung eine Form der betrieblichen Altersversorgung darstellt (so BAG 26. 6. 1990 NZA 1991, 144; *Blomeyer/Otto* Einl. Rn. 45; *Bode* DB 1977, 1769; *Höfer* Rn. 47 ff.; *Steinmeyer* BB 1992, 1553; anders *Simmich* DB 1992, 991; *Walther* SAE 1992, 268). Daher kommt der Neuregelung vor allem eine

VII. Entgeltumwandlung und beitragsorientierte Leistungszusage § 1 BetrAVG 200

klarstellende Funktion zu. Die bestehende Praxis wird sanktioniert und der Gesetzgeber vollzieht nach, was von der Rspr. bereits anerkannt ist (so auch *Hanau/Arteaga* Gehaltsumwandlung B Rn. 66). Eine neue Rechtslage ergibt sich aber aus § 7 III 3 nF, wo auf § 1 V verwiesen und für den Fall der Entgeltumwandlung der Insolvenzschutz begrenzt wird. Bisher wurde unter Entgeltumwandlung der Verzicht des AN auf einen Teil seiner Vergütung gegen die Gewährung einer Versorgungszusage verstanden. Die gesetzliche Definition enthält nun einige Merkmale, die auslegungsbedürftig sind und daher Zweifel aufwerfen.

Entgelt iSd. Abs. 5 ist in einem weiten Sinn zu verstehen, da es für die Anwendung des BetrAVG 73 keine Rolle spielen kann, aus welcher Entgeltform umgewandelt wurde. Daher ist von dem Begriff des „Entgeltanspruches" jeder **geldwerte Anspruch** umfaßt. Er erstreckt sich etwa auch auf Gewinnanteile oder Tantiemen (*Blomeyer* BetrAV 2000, 43).

„Künftige" Entgeltansprüche können nur solche sein, die zwar begründet, aber noch nicht fällig 74 sind (so auch *Doetsch/Förster/Rühmann* DB 1998, 258). Eine Rechtsgrundlage für den betroffenen Entgeltanspruch muß bereits bestehen (BAG 8. 6. 1999 NZA 1999, 1105). Bereits entstandene Ansprüche sind von § 1 V nicht erfaßt. Auf sie findet deshalb das BetrAVG keine Anwendung; sie sind also nicht insolvenzgesichert. Mit dieser Einschränkung wollte der Gesetzgeber insb. verhindern, daß es letztlich zum Insolvenzschutz für Arbeitsentgelt durch den PSV kommt (so auch *Blomeyer* BetrAV 2000, 43). Wird dem AN anstelle einer noch nicht vereinbarten Gehaltserhöhung eine Versorgungszusage erteilt, so liegt keine Entgeltumwandlung, sondern eine klassische Form der betrieblichen Altersversorgung vor und die Versorgungsanwartschaft ist **voll insolvenzgesichert**.

Es muß sich um Leistungen der betrieblichen Altersversorgung iSd. § 1 I handeln, also eines der 75 dort genannten Risiken abdecken. Vereinbaren die Parteien die Vererbbarkeit des Versorgungsanspruchs, so steht diese der Annahme einer betrieblichen Altersversorgung entgegen, da dies dem Gedanken der Ruhegeldverpflichtung als Risikogeschäft (dazu näher *Steinmeyer* S. 62 ff.) widersprechen würde (so auch *Blomeyer* BetrAV 2000, 44; aA *Hanau/Arteaga* Gehaltsumwandlung D Rn. 540).

Weiterhin verlangt das Gesetz bei der **Entgeltumwandlung** (vgl. dazu auch oben Rn. 13) für die 76 Annahme einer betrieblichen Altersversorgung die Umwandlung in eine *wertgleiche* Anwartschaft, während sich eine entsprechende Einschränkung für Abs. 6 nicht findet. Der Unterschied rechtfertigt sich daraus, daß sich bei der beitragsorientierten Leistungszusage die Höhe der Anwartschaft in Relation zum Beitrag ergibt, während Abs. 5 so sicherstellen will, daß die Entgeltansprüche entsprechend ihrem Wert für die Altersversorgung umgewandelt werden. Die Aufnahme dieses Erfordernisses in die Begriffsbestimmung bedeutet an sich, daß das BetrAVG auf Entgeltumwandlung nur anwendbar ist, wenn die Wertgleichheit gegeben ist; dieses Ergebnis ist jedoch befremdlich, da der AN auch dann schutzbedürftig ist, wenn die Voraussetzung – insb. zu seinem Nachteil – nicht erfüllt ist. Daher kann der Begriff der Wertgleichheit nur so ausgelegt werden, daß hiermit nur das Austauschverhältnis zwischen dem zuvor bestehenden Entgelt- und dem neu begründeten Versorgungsanspruch gemeint ist (so auch *Blumenstein/ Krekeler* BetrAV 1999, 53). Man wird daher trotz des Wortlauts eine betriebliche Altersversorgung auch bei fehlender Wertgleichheit annehmen müssen (so auch *Bepler* BetrAV 2000, 25); fehlende Wertgleichheit wäre eine arbeitsvertragliche Pflichtverletzung des AG. Allerdings reicht ein Schadensersatzanspruch in Höhe der Differenz zu einer wertgleichen Zusage entgegen *Hanau/Arteaga* (Gehaltsumwandlung C Rn. 61) nicht aus, da dieser nicht entgeltgeschützt wäre (wie hier *Bepler* BetrAV 2000, 25).

Die Neuregelung enthält keine Einschränkung dahingehend, daß Entgeltansprüche nur in Anwart- 77 schaften aus Direktversicherung umgewandelt werden können, geht also vom Wortlaut her über das zumeist Praktizierte hinaus. Vielmehr **können alle Durchführungswege der betrieblichen Altersversorgung** in Betracht kommen.

Hinsichtlich der Unverfallbarkeit dem Grunde nach hat der Gesetzgeber keine Regelung getroffen, 78 so daß insoweit je nach Durchführungsweg die Abs. 1 bis 4 gelten. Bedenklich ist hieran, daß der AN an der Finanzierung der betrieblichen Altersversorgung durch den Entgeltverzicht beteiligt ist und bei einer Beendigung des Arbeitsverhältnisses vor Eintritt der Unverfallbarkeit unangemessen benachteiligt wäre. Häufig werden daher Unverfallbarkeitsfristen bei der Entgeltumwandlung vertraglich verkürzt oder ganz aufgehoben. Geschieht dies nicht, so ist dennoch von einer sofortigen Unverfallbarkeit auszugehen (BGH 8. 6. 1993 AP BetrAVG § 1 Unverfallbarkeit Nr. 3). Im Hinblick auf die Unverfallbarkeit der Höhe nach gilt § 2.

Da der Neuregelung keine konstitutive Wirkung zukommt, sind auch vor dem 1. 1. 1999 erteilte 79 Versorgungszusagen, die auf Entgeltumwandlung beruhen, vom BetrAVG erfaßt. Dies ergibt sich mittelbar auch aus § 30 b. Bedeutung hat der Zeitpunkt der Erteilung der Versorgungszusage aber wegen §§ 7 III 3, 30 b für die Höhe des Insolvenzschutzes.

2. Die beitragsorientierte Leistungszusage. Mit Abs. 6 wird klargestellt, daß abw. von der nach 80 dem Gesetz typischen leistungsorientierten Versorgung auch eine **beitragsorientierte Zusage** dann betriebliche Altersversorgung ist, wenn der AG sich zur Umwandlung der Beiträge in eine Anwartschaft auf betriebliche Altersversorgung verpflichtet. Dies ist dahin zu verstehen, daß der AG zusagt, Beiträge zu einer Versorgungseinrichtung zu leisten. Dies kann auch bei einer Direktzusage geschehen, wenn der AG zusagt, die Berechnung der Leistung nach – fiktiven – Prämien vorzunehmen. Im

Versorgungsfall steht dann als Leistung die Summe der Beiträge zuzüglich erzielter Erträge zur Verfügung. Der AG muß bei einer beitragsorientierten Leistungszusage festlegen, welcher Beitrag für den einzelnen Mitarbeiter aufgewendet wird und welche Leistungen bei Anwendung festgelegter Umrechnungsmodalitäten im Versorgungsfall zu erbringen sind. Wie die Entgeltumwandlung war auch die beitragsorientierte Leistungszusage als Form der betrieblichen Altersicherung bisher schon weithin anerkannt, so daß die gesetzliche Neuregelung ebenfalls nur **deklaratorische Wirkung** hat (*Kisters-Kölkes* in: *Höfer*, Neue Chancen für Betriebsrenten, S. 47). Sie kann allerdings verstanden werden als ersten Schritt des Gesetzgebers hin zur Anerkennung der „echten" Beitragszusage, bei der die Verpflichtung des AG auf die Beitragszahlung beschränkt ist.

81 Da der Gesetzgeber auch für die beitragsorientierte Leistungszusage keine Sonderregelungen getroffen hat, bleibt es hinsichtlich der Aufrechterhaltung von Anwartschaften und deren Berechnung bei den allgemeinen Regeln der §§ 1 und 2. Im Hinblick auf die Regelung des § 2 ist dies problematisch, da sie auf Leistungszusagen zugeschnitten ist (zu an sich erforderlichen Konsequenzen *Blomeyer* BetrAV 1998, 76).

§ 2 Höhe der unverfallbaren Anwartschaft

(1) [Unmittelbare Versorgung] [1] Bei Eintritt des Versorgungsfalles wegen Erreichens der Altersgrenze, wegen Invalidität oder Tod haben ein vorher ausgeschiedener Arbeitnehmer, dessen Anwartschaft nach § 1 fortbesteht, und seine Hinterbliebenen einen Anspruch mindestens in Höhe des Teiles der ohne das vorherige Ausscheiden zustehenden Leistung, der dem Verhältnis der Dauer der Betriebszugehörigkeit zu der Zeit vom Beginn der Betriebszugehörigkeit bis zur Vollendung des 65. Lebensjahres entspricht; an die Stelle des 65. Lebensjahres tritt ein früherer Zeitpunkt, wenn dieser in der Versorgungsregelung als feste Altersgrenze vorgesehen ist. [2] Der Mindestanspruch auf Leistungen wegen Invalidität oder Tod vor Erreichen der Altersgrenze ist jedoch nicht höher als der Betrag, den der Arbeitnehmer oder seine Hinterbliebenen erhalten hätten, wenn im Zeitpunkt des Ausscheidens der Versorgungsfall eingetreten wäre und die sonstigen Leistungsvoraussetzungen erfüllt gewesen wären.

(2) [Direktversicherung] [1] Ist bei einer Direktversicherung der Arbeitnehmer nach Erfüllung der Voraussetzungen des § 1 Abs. 1 vor Eintritt des Versorgungsfalles ausgeschieden, so gilt Absatz 1 mit der Maßgabe, daß sich der vom Arbeitgeber zu finanzierende Teilanspruch nach Absatz 1, soweit er über die von dem Versicherer nach dem Versicherungsvertrag auf Grund der Beiträge des Arbeitgebers zu erbringende Versicherungsleistung hinausgeht, gegen den Arbeitgeber richtet. [2] An die Stelle der Ansprüche nach Satz 1 tritt auf Verlangen des Arbeitgebers die von dem Versicherer auf Grund des Versicherungsvertrages zu erbringende Versicherungsleistung, wenn
1. spätestens nach 3 Monaten seit dem Ausscheiden des Arbeitnehmers dessen Bezugsrecht unwiderruflich ist und eine Abtretung oder Beleihung des Rechts aus dem Versicherungsvertrag durch den Arbeitgeber und Beitragsrückstände nicht vorhanden sind,
2. vom Beginn der Versicherung, frühestens jedoch vom Beginn der Betriebszugehörigkeit an, nach dem Versicherungsvertrag die Überschußanteile nur zur Verbesserung der Versicherungsleistung zu verwenden sind und
3. der ausgeschiedene Arbeitnehmer nach dem Versicherungsvertrag das Recht zur Fortsetzung der Versicherung mit eigenen Beiträgen hat.

[3] Der Arbeitgeber kann sein Verlangen nach Satz 2 nur innerhalb von 3 Monaten seit dem Ausscheiden des Arbeitnehmers diesem und dem Versicherer mitteilen. [4] Der ausgeschiedene Arbeitnehmer darf die Ansprüche aus dem Versicherungsvertrag in Höhe des durch Beitragszahlungen des Arbeitgebers gebildeten geschäftsplanmäßigen Deckungskapitals oder, soweit die Berechnung des Deckungskapitals nicht zum Geschäftsplan gehört, das nach § 176 Abs. 3 des Gesetzes über den Versicherungsvertrag berechneten Zeitwerts weder abtreten noch beleihen. [5] In dieser Höhe darf der Rückkaufswert auf Grund einer Kündigung des Versicherungsvertrages nicht in Anspruch genommen werden; im Falle einer Kündigung wird die Versicherung in eine prämienfreie Versicherung umgewandelt. [6] § 176 Abs. 1 des Gesetzes über den Versicherungsvertrag findet insoweit keine Anwendung.

(3) [Pensionskassen] [1] Für Pensionskassen gilt Absatz 1 mit der Maßgabe, daß sich der vom Arbeitgeber zu finanzierende Teilanspruch nach Absatz 1, soweit er über die von der Pensionskasse nach dem aufsichtsbehördlich genehmigten Geschäftsplan oder, soweit eine aufsichtsbehördliche Genehmigung nicht vorgeschrieben ist, nach den allgemeinen Versicherungsbedingungen und den fachlichen Geschäftsunterlagen im Sinne des § 5 Abs. 3 Nr. 2 Halbsatz 2 des Versicherungsaufsichtsgesetzes (Geschäftsunterlagen) auf Grund der Beiträge des Arbeitgebers zu erbringende Leistung hinausgeht, gegen den Arbeitgeber richtet. [2] An die Stelle der Ansprüche nach Satz 1 tritt auf Verlangen des Arbeitgebers die von der Pensionskasse auf Grund des Geschäftsplanes oder der Geschäftsunterlagen zu erbringende Leistung, wenn nach dem aufsichtsbehördlich genehmigten Geschäftsplan oder den Geschäftsunterlagen

1. vom Beginn der Versicherung, frühestens jedoch vom Beginn der Betriebszugehörigkeit an, Überschußanteile, die auf Grund des Finanzierungsverfahrens regelmäßig entstehen, nur zur Verbesserung der Versicherungsleistung zu verwenden sind oder die Steigerung der Versorgungsanwartschaften des Arbeitnehmers der Entwicklung seines Arbeitsentgeltes, soweit es unter den jeweiligen Beitragsbemessungsgrenzen der gesetzlichen Rentenversicherungen liegt, entspricht und
2. der ausgeschiedene Arbeitnehmer das Recht zur Fortsetzung der Versicherung mit eigenen Beiträgen hat.
³ Der Absatz 2 Satz 3 bis 6 gilt entsprechend.

(4) [Unterstützungskassen] Eine Unterstützungskasse hat bei Eintritt des Versorgungsfalles einem vorzeitig ausgeschiedenen Arbeitnehmer, der nach § 1 Abs. 4 gleichgestellt ist, und seinen Hinterbliebenen mindestens den nach Absatz 1 berechneten Teil der Versorgung zu gewähren.

(5) [Berücksichtigung künftiger Entwicklung] ¹ Bei der Berechnung des Teilanspruchs nach Absatz 1 bleiben Veränderungen der Versorgungsregelung und der Bemessungsgrundlagen für die Leistung der betrieblichen Altersversorgung, soweit sie nach dem Ausscheiden des Arbeitnehmers eintreten, außer Betracht; dies gilt auch für die Bemessungsgrundlagen anderer Versorgungsbezüge, die bei der Berechnung der Leistung der betrieblichen Altersversorgung zu berücksichtigen sind. ² Ist eine Rente der gesetzlichen Rentenversicherung zu berücksichtigen, so kann das bei der Berechnung von Pensionsrückstellungen allgemein zulässige Verfahren zugrunde gelegt werden, wenn nicht der ausgeschiedene Arbeitnehmer die Anzahl der im Zeitpunkt des Ausscheidens erreichten Entgeltpunkte nachweist; bei Pensionskassen sind der aufsichtsbehördlich genehmigte Geschäftsplan oder die Geschäftsunterlagen maßgebend. ³ Versorgungsanwartschaften, die der Arbeitnehmer nach seinem Ausscheiden erwirbt, dürfen zu keiner Kürzung des Teilanspruchs nach Absatz 1 führen.

(6) [Auskunftspflichten] Der Arbeitgeber oder der sonstige Versorgungsträger hat dem ausgeschiedenen Arbeitnehmer Auskunft darüber zu erteilen, ob für ihn die Voraussetzungen einer unverfallbaren betrieblichen Altersversorgung erfüllt sind und in welcher Höhe er Versorgungsleistungen bei Erreichen der in der Versorgungsregelung vorgesehenen Altersgrenze beanspruchen kann.

I. Normzweck

Diese Vorschrift legt die **Mindesthöhe der unverfallbaren Anwartschaft** fest. Ein AN, der vor Eintritt des Versorgungsfalles aus dem Unternehmen ausscheidet, hat gemäß dem Entgeltgedanken (s. dazu *Steinmeyer* S. 54 ff.) seine Leistung für den Erwerb des Vollrechts noch nicht vollständig erbracht. Es ist deshalb aus der Sicht des Gesetzgebers gerechtfertigt, ihm beim Eintritt des Versorgungsfalles nur einen Teil der zugesagten Versorgungsleistungen zu gewähren. Die Höhe dieser betrieblichen Teilleistungen soll in einem **angemessenen Verhältnis zu der vom AN erbrachten Arbeitsleistung** stehen. § 2 trägt damit dem Umstand Rechnung, daß das Ruhegeld eine Entgeltleistung ist, die für die Gesamtheit der während des Arbeitslebens erbrachten Arbeitsleistungen gewährt wird. Die Vorschrift geht vom Entgeltcharakter des Ruhegeldes aus und regelt das in den Parteivereinbarungen regelmäßig nicht behandelte Problem der Bewertung von Teilleistungen. Sie trifft auch eine Regelung hinsichtlich die Frage, ob bei der Berechnung an den Beginn der Betriebszugehörigkeit oder an den Zeitpunkt der Erteilung der Versorgungszusage anzuknüpfen ist. Die Entscheidung für die **Maßgeblichkeit des Beginns der Betriebszugehörigkeit** wird damit gerechtfertigt, daß die betriebliche Altersversorgung für die gesamte im Betrieb geleistete Arbeit gewährt werde. Dabei wird nicht unterschieden zwischen der Arbeitsleistung vor oder nach Erteilung der Versorgungszusage. Der Gesetzgeber hat sich bei der Berechnung für die **ratierliche Betrachtungsweise** entschieden. 1

Der Normaufbau des § 2 entspricht dem des § 1, indem hier wie dort in **Abs. 1 die unmittelbare Versorgungszusage**, in **Abs. 2 die Direktversicherung**, in **Abs. 3 die Pensionskassen-Versorgung** und **in Abs. 4 die Unterstützungskassen-Versorgung** angesprochen wird. § 2 muß allerdings dem Umstand Rechnung tragen, daß Versorgungszusagen nicht notwendig statisch sind, sondern auch variable Berechnungsgrundlagen verbreitet sind. Abs. 5 enthält deshalb eine Regelung über die Berücksichtigung künftiger Entwicklungen und Abs. 6 legt eine Auskunftspflicht des AG gegenüber dem AN über die erworbenen Anwartschaften fest. 2

II. Berechnung bei unmittelbarer Versorgungszusage

1. Anspruch des Arbeitnehmers gegen den Arbeitgeber. Die Vorschrift bringt zunächst zum Ausdruck, daß bei Eintritt des Versorgungsfalles aus der unverfallbaren Anwartschaft ein Anspruch auf Leistung eines Teils der zugesagten Versorgung wird. **Anspruchsgegner ist der AG.** Der **Versorgungsberechtigte** kann den **Anspruch** geltend machen. 3

4 **2. Eintritt des Versorgungsfalles.** Als Versorgungsfälle erkennt die Vorschrift **Alter, Invalidität und Tod** an. Während in § 1 hinsichtlich der abgedeckten Risiken nur auf den **Versorgungszweck** abgestellt wurde, wird hier konkret auf den **Versorgungsfall** Bezug genommen.

5 Zum Versorgungsfall Alter sieht das Gesetz **keine bestimmte Altersgrenze** vor. Daß in S. 1 vom 65. Lebensjahr als Bestandteil der Berechnung des unverfallbaren Teils die Rede ist und im 2. Halbs. zum Ausdruck gebracht wird, daß an die Stelle des 65. Lebensjahres ein früherer Zeitpunkt trete, wenn dieser in der Versorgungsregelung als feste Altersgrenze vorgesehen sei, bedeutet nicht, daß die Altersgrenze bei der Vollendung des 65. Lebensjahres fixiert ist. Es geht dort vielmehr nur um feste Bezugsgrößen, die für eine sachgerechte Berechnung erforderlich sind. Vielmehr kann im Versorgungsversprechen eine Altersgrenze frei festgesetzt werden. Daran ändert auch § 6 nichts, der lediglich eine Verknüpfung zur gesetzlichen Rentenversicherung herstellt und es dem AN ermöglicht, trotz möglicherweise anderslautender Versorgungsregelung die Betriebsrente gleichzeitig mit vorzeitigen Altersleistungen aus der gesetzlichen Rentenversicherung in Anspruch zu nehmen.

6 Auch die Bestimmung des **Leistungsfalles der Invalidität** bleibt dem Versorgungsversprechen vorbehalten. Häufig wird an die Versicherungsfälle wegen verminderter Erwerbsfähigkeit in der gesetzlichen Rentenversicherung angeknüpft und zum Teil sogar von einer Rentenbewilligung des Sozialversicherungsträgers abhängig gemacht. Die Rspr. zieht bei Fehlen einer genauen Begriffsbestimmung oder bei Unklarheiten die Begriffsbestimmungen des Rechts der gesetzlichen Rentenversicherung unmittelbar oder als Auslegungshilfe heran (BAG 5. 6. 1984 AP BetrAVG § 1 Unterstützungskassen Nr. 3). Zum Kennzeichen der Invalidität gehört auch das invaliditätsbedingte Ausscheiden aus dem Betrieb.

7 Beim **Versorgungsfall Tod** besteht die Möglichkeit einer näheren Bestimmung des begünstigten Personenkreises sowie der Aufnahme von Leistungsausschlußklauseln. Welche Hinterbliebenen bedacht werden sollen, **kann in der Versorgungsregelung bestimmt werden.** Wird pauschal auf die Hinterbliebenen verwiesen, so wird man im Zweifel anzunehmen haben, daß der begünstigte Personenkreis der gesetzlichen Rentenversicherung gemeint ist (§§ 46 und 47 SGB VI – Witwen, Witwer und Waisen). Angesichts der Regelungen des Versorgungsausgleichs (§§ 1587 ff. BGB) wird eine geschiedene frühere Ehefrau nur dann zu den Hinterbliebenen in diesem Sinne zählen, wenn die Ehe vor Inkrafttreten des 1. EheRG (1. 7. 1977) geschieden worden ist. Es kann ein Leistungsausschluß bei Selbstmord des primär Berechtigten vorgesehen werden. Bedenklich ist ein Ausschluß von einer Hinterbliebenenversorgung wegen einer eigenen betrieblichen Altersversorgung des Hinterbliebenen. *Blomeyer* (*Blomeyer/Otto* Einl. Rn. 318) sieht dies unter Bezug auf die nicht ganz einschlägige Entscheidung des BAG (10. 1. 1989 AP BetrAVG § 1 Hinterbliebenenversorgung Nr. 5) als einen Verstoß gegen den Gleichbehandlungsgrundsatz an. Angesichts der Regelungen über die Anrechnung anderer Leistungen auf die Hinterbliebenenrenten in der gesetzlichen Rentenversicherung (§ 97 SGB VI) wird man einen derartigen Gleichbehandlungsverstoß aber schwerlich annehmen können. Die Versorgungsregelung kann auch eine gewisse Mindestdauer des Bestehens der Ehe vorsehen (BAG 11. 8. 1987 AP BetrAVG § 1 Hinterbliebenenversorgung Nr. 4); sie kann weiterhin vorsehen, daß eine Hinterbliebenenversorgung nicht erfolgt bei Heirat nach Vollendung eines bestimmten Lebensalters des AN oder nach Eintritt des Versorgungsfalles des Alters oder der Invalidität. Denkbar ist auch eine Klausel, die bei Getrennt-Leben der Ehegatten zur Zeit des Todes des AN den Ausschluß der Hinterbliebenenleistung vorsieht. Wie im Recht der gesetzlichen Rentenversicherung sind auch hier Wiederverheiratungsklauseln möglich, die ein Erlöschen des Anspruchs auf Hinterbliebenenrente bei erneuter Heirat vorsehen. Die Versorgungszusage kann auch Leistungen an hinterbliebene Lebensgefährten vorsehen.

8 **3. Unverfallbare Anwartschaft.** Indem auf eine nach § 1 fortbestehende Anwartschaft verwiesen wird, macht das Gesetz deutlich, daß die in der Vorschrift näher geregelte **Berechnungsweise nur für unverfallbare Anwartschaften** gilt. Für andere Fragestellungen – etwa für die Problematik der Bestimmung des zu einem bestimmten Zeitpunkt erworbenen Anwartschaftsteils zur Klärung der Grenzen des Eingriffs in erworbene Anrechte – kann die Vorschrift nur entsprechend herangezogen werden (s. näher *Steinmeyer* S. 104 ff.).

9 Die Vorschrift greift auch nur bei **vorzeitigem Ausscheiden des AN** und besagt nichts über die Berechnung von Ansprüchen bei vorzeitigem Ausscheiden wegen Erwerbsunfähigkeit oder Ende des Arbeitsverhältnisses durch Tod des AN – hier im Hinblick auf die Hinterbliebenenleistungen.

10 **4. Bestimmung der Höhe des Anspruchs.** Der Gesetzgeber stand vor dem Problem, bei einer auf die Gesamtheit der Arbeitsleistung bezogenen Gegenleistung **den zu einem bestimmten Zeitpunkt bereits erworbenen Anwartschaftsteil feststellen** zu müssen. Er hat sich bei seiner Lösung orientiert am Vorbild des Schuldrechts und dem Gedanken, daß in Fällen, in denen die vertragliche Leistung nicht voll erbracht wurde, die Teilleistung ihrem Wert entsprechend zu entgelten ist (§ 323 I Halbs. 2 iVm. §§ 472, 473, § 325 I 2, §§ 462, 472, 634 I und IV sowie § 628 I 1; s. dazu BAG 10. 3. 1972 AP BGB § 242 Ruhegehalt Nr. 156). Der Anspruch auf die erdiente Anwartschaft richtet sich grds. darauf, den Teil der für das 65. Lebensjahr versprochenen Vergütung zu erhalten, der nach dem Verhältnis der tatsächlichen Betriebszugehörigkeit zu der für den Erwerb des Vollrechts erforderlichen Betriebszuge-

II. Berechnung bei unmittelbarer Versorgungszusage

hörigkeit erdient worden ist. Das Gesetz arbeitet also mit einer an der Regelaltersgrenze orientierten möglichen Betriebszugehörigkeit und der tatsächlichen Betriebszugehörigkeit, die ins Verhältnis zueinander gesetzt werden. Daraus bestimmt sich dann der Teil der Versorgungsleistung, der im Falle vorzeitigen Ausscheidens aufrechterhalten bleibt. Die Berechnung ist ausgerichtet an leistungsorientierten Versorgungszusagen. Für beitragsorientierte Zusagen ist keine Sonderregelung vorgesehen, so daß es auch hier bei der Berechnung nach § 2 bleiben muß.

a) **Tatsächliche Betriebszugehörigkeit.** Es kommt auf die **tatsächlich zurückgelegte Zeit der** 11 **Betriebszugehörigkeit** an. Wenn Gesetze die Anrechnung anderer Zeiten als solcher der Betriebszugehörigkeit vorsehen, was insb. bei im Dienst an der Öffentlichkeit erbrachten Zeiten der Fall ist, dann werden diese Zeiten nicht nur bei den Voraussetzungen für die Unverfallbarkeit (§ 1; s. dazu § 1 Rn. 28 ff.) sondern auch bei der Berechnung des aufrechterhaltenen Anspruchs berücksichtigt. Eine vertragliche Anrechnung von Vordienstzeiten ist ebenfalls bei der Berechnung zu berücksichtigen; allerdings bedarf es hier der Prüfung, ob eine Anrechnung nach der Versorgungsvereinbarung nur auf § 1 bezogen sein soll, also auf die Erfüllung der Unverfallbarkeitsvoraussetzungen, oder ob die Vordienstzeiten auch bei der Berechnung berücksichtigt werden sollen. Dies ist im Wege der Auslegung zu ermitteln (MünchArbR/*Ahrend/Förster* § 104 Rn. 54).

Für die Berechnung der Dauer der Betriebszugehörigkeit und die Frage der Unterbrechungen ist 12 auf die Kommentierung zu § 1 (Rn. 25 ff.) zu verweisen.

b) **Mögliche Betriebszugehörigkeit.** Grds. ist als **mögliche Betriebszugehörigkeit die Zeit vom** 13 **Beginn der Betriebszugehörigkeit bis zur Vollendung des 65. Lebensjahres** anzunehmen. Die **Versorgungsregelung kann jedoch einen früheren Zeitpunkt als feste Altersgrenze vorsehen**. Eine vorgezogene feste Altersgrenze ist nur dann anzunehmen, wenn die AN zu einem bestimmten Zeitpunkt vor Vollendung des 65. Lebensjahres in den Ruhestand treten sollen und dann ihre ungekürzte Betriebsrente erdient haben. Versorgungszusagen, die für den Fall des vorzeitigen Ruhestandes Rentenkürzungen vorsehen, können deshalb nicht dahin verstanden werden, daß sie die regelmäßige Altersgrenze vorverlegen (BAG 22. 2. 1983 AP BetrAVG § 7 Nr. 15).

Kann ein AN die **geforderte Wartezeit erst nach Vollendung des 65. Lebensjahres** erreichen und 14 ist nicht anzunehmen, daß diese Wartezeit bis zur Vollendung des 65. Lebensjahres erreicht sein muß, so ist in **entsprechender Anwendung des § 1 I 5** als Endzeitpunkt der möglichen Betriebszugehörigkeit ausnahmsweise der Ablauf der vorgesehenen Wartezeit anzunehmen (BAG 7. 7. 1977 AP BetrAVG § 1 Wartezeit Nr. 1; BAG 3. 5. 1983 AP HGB § 128 Nr. 4).

c) **Versorgungsleistung.** Die **Versorgungsleistung,** auf die danach entsprechend dem Verhältnis 15 zwischen tatsächlicher und möglicher Betriebszugehörigkeit ein Anspruch besteht, bestimmt sich **nach der jeweiligen Versorgungsregelung.** Maßgebend ist die im Zeitpunkt des Ausscheidens bestehende Bemessungsgrundlage, die dann auf den Versorgungsfall hochzurechnen ist (BAG 12. 3. 1991 AP BetrAVG § 7 Nr. 68). Nach dem Zeitpunkt des Ausscheidens sich verändernde Berechnungsfaktoren bleiben gemäß § 2 V grds. unberücksichtigt (s. näher Rn. 64 ff.).

Diese **Berechnung** kann **je nach Leistungsformel schwierig** sein. Nur bei einer Altersrente nach 16 einem bestimmten Festbetrag ergeben sich keine Probleme, da hier unschwer die anteilig erworbene Versorgung bestimmt werden kann.

Arbeitet die Leistungsformel hingegen mit einem **festen Grundbetrag** und darauf aufbauenden 17 Steigerungsbeträgen, so sind die bis zum Erreichen der Altersgrenze sich ergebenden Steigerungsbeträge zu berücksichtigen; hier steht Abs. 5 nicht entgegen, da diese Beträge feststehen und nicht erst aus nachträglichen Änderungen ergeben.

Anders ist dies bei einer **gehaltsabhängigen Dynamik,** da sich hier der Bemessungsfaktor je nach 18 Ausgestaltung der Zusage erst später, zumeist erst bei Eintritt des Versorgungsfalles feststellen läßt, wie dies etwa der Fall ist, wenn auf das letzte Gehalt abgestellt wird. Hier kann nur die Gehaltsentwicklung zum Zeitpunkt des Ausscheidens maßgeblich sein. Werden allerdings für die Berücksichtigung der gehaltsabhängigen Dynamik bestimmte prozentuale Steigerungssätze vorgesehen, so werden diese für die Berechnung bis zum Zeitpunkt des Erreichens der Altersgrenze in Ansatz gebracht, während für die Bestimmung des Gehalts der Zeitpunkt des Ausscheidens maßgeblich ist.

Arbeitet die Versorgungsregelung mit dem **Gehaltsdurchschnitt mehrerer Jahre** vor Erreichen der 19 Altersgrenze, so ist umstritten, ob bei vorzeitigem Ausscheiden generell mit dem Durchschnitt mehrerer Jahre, wie in der Versorgungszusage vorgesehen, zu arbeiten ist (so *Höfer* Rn. 1916; *Höhne* in *Heubeck/Höhne/Paulsdorff/Rau/Weinert* Rn. 68) oder dies eine Frage der Auslegung ist und ggf. nur das letzte Gehalt vor Ausscheiden (so *Blomeyer/Otto* Rn. 75) heranzuziehen ist. Die Besonderheit der Berechnung nach § 2 besteht gerade darin, daß sie nicht auf den Zeitpunkt des Eintritts des Versorgungsfalles abstellt, sondern auf den des vorzeitigen Ausscheidens, so daß die für den Versorgungsfall geltenden Berechnungen nur teilweise herangezogen werden können. Wenn aber die Regelung des § 2 durch Abstellen auf den Zeitpunkt des Ausscheidens eine Konstante bis zum Eintritt des Versorgungsfalles herstellen soll, so spricht dies dafür, im Zweifel das letzte Gehalt und nicht den Durchschnitt maßgeblich sein zu lassen.

Steinmeyer

20 Schwierigkeiten bereitet die Berechnung bei **Gesamtversorgungssystemen,** dh. solchen, bei denen die Betriebsrente die Differenz zwischen einem definierten Sicherungsziel und zB einer Rente aus der gesetzlichen Rentenversicherung abdeckt. Entsprechendes gilt auch bei kombinierten Versorgungsregelungen, die sowohl einen festen Leistungsbestandteil als auch einen an die Höhe der Sozialleistung geknüpften vorsehen. In diesen Fällen ist es zur Ermittlung der Höhe der Versorgungsleistung erforderlich, die Bemessungsgrundlagen der Rente aus der gesetzlichen Rentenversicherung auf den Zeitpunkt des Eintritts des Versorgungsfalles hochzurechnen, so daß bestimmt werden kann, wie hoch die Rente aus der gesetzlichen Rentenversicherung wäre (BAG 12. 11. 1991 DB 1992, 638). Dabei ist grds. die Vollendung des 65. Lebensjahres als Maßstab heranzuziehen. Ist dagegen ein früherer Zeitpunkt als feste Altersgrenze iSv. § 2 I 2. HS vereinbart, so ist für die Berechnung der Rente aus der gesetzlichen Rentenversicherung auf diesen früheren Zeitpunkt abzustellen (LAG Köln 24. 7. 1998 4 Sa 150/98 n. v.). Für die konkrete Berechnung gewährt Abs. 5 eine Erleichterung, wenn dort in S. 2 auf das zu steuerlichen Zwecken entwickelte sogenannte Näherungsverfahren verwiesen wird (s. näher unten Rn. 71 ff.). Enthält die Versorgungszusage eine Regelung, nach der die Betriebsrente eine bestimmte Höhe nicht überschreiten darf **(Gesamtobergrenze),** so ist diese Obergrenze bereits bei der Berechnung des Teilanspruchs nach § 2 I und nicht erst bei der zeitanteilig ermittelten Rente zu berücksichtigen (BAG 28. 7. 1998 NZA 1999, 444). Andernfalls würde ein vorzeitig ausgeschiedener AN uU dieselbe Pension erhalten wie ein bis zum Eintritt des Versorgungsfalls bei seinem AG verbliebenen AN. Dies wäre mit dem Grundgedanken des § 2 I nicht zu vereinbaren.

21 d) **Sonderproblem der Invaliditäts- und Hinterbliebenenleistungen. Keine ausdrückliche Bestimmung** trifft das Gesetz für die Berechnung von Invaliditäts- oder Hinterbliebenenleistungen. Hier besteht das Problem darin, daß die einschlägigen Leistungsformeln zum Teil Berechnungsfaktoren enthalten, die zum Zeitpunkt des vorzeitigen Ausscheidens des AN noch nicht feststehen. Hier wird man nur anhand der zum Zeitpunkt des Ausscheidens feststehenden Faktoren in Anlehnung an das zu den Altersleistungen Gesagten eine Berechnung vornehmen können.

22 Das Gesetz enthält allerdings eine Regelung, die eine **Obergrenze für Invaliditäts- und Hinterbliebenenleistungen** festsetzt (S. 2). Die Invaliditäts- und Hinterbliebenenleistungen im Falle eines ausgeschiedenen AN dürfen nicht höher sein als die eines im Betrieb verbliebenen. Dies erscheint als eine Selbstverständlichkeit, bedurfte aber einer ausdrücklichen Regelung, da Leistungsformeln in Einzelfällen zu derartigen Ergebnissen führen können. Das kann etwa der Fall sein, wenn die Leistungsformel Steigerungsbeträge vorsieht, die sich auch nach dem Ausscheiden noch erhöhen können. Hier würde wegen der nach S. 1 erforderlichen Vergleichsberechnung der vorzeitig Ausgeschiedene von den auch noch später anwachsenden Steigerungsbeträgen profitieren, während für den im Betrieb Verbliebenen allein der Zeitpunkt des Eintritts des Versorgungsfalles maßgeblich ist.

23 Das Gesetz verlangt deshalb eine **Vergleichsrechnung** dahingehend, daß fiktiv der Betrag ermittelt wird, der sich für den AN oder seine Hinterbliebenen ergeben hätte, wenn im Zeitpunkt des Ausscheidens der Versorgungsfall eingetreten wäre und die sonstigen Leistungsvoraussetzungen erfüllt gewesen wären. Es wird also unterstellt, daß im Zeitpunkt des Ausscheidens der Versorgungsfall eintritt. Das kann zu erheblich geringeren Versorgungsleistungen gegenüber solchen AN führen, die bis zum Eintritt des Versorgungsfalles im Betrieb verblieben sind (MünchArbR/*Ahrend/Förster* § 104 Rn. 67).

III. Berechnung bei Direktversicherung

24 1. **Besonderheiten der Direktversicherung.** Wie bei § 1 ist auch hier die **unmittelbare Versorgungszusage der gesetzgeberische Ausgangspunkt.** Für die mittelbaren Versorgungszusagen werden Sonderregelungen getroffen, die unter Berücksichtigung der Besonderheiten der Durchführungswege im Ergebnis eine Gleichbehandlung mit der unmittelbaren Versorgungszusage erreichen sollen.

25 Bei der Direktversicherung bedeutet das, daß sich **Diskrepanzen zwischen dem sich nach Abs. 1 an sich ergebenden Teilanspruch und der Versicherungsleistung aufgrund des Versicherungsvertrages zum Zeitpunkt des Ausscheidens** ergeben können. Um dieses Problem zu lösen, hat der Gesetzgeber in Abs. 2 zwei Modelle zur Auswahl gestellt, die sog. **versicherungsrechtliche Lösung** und die sog. **arbeitsrechtliche Lösung.** Nach der arbeitsrechtlichen Lösung hat der AG als Zusagender die Differenz zwischen der vom Versicherer auf Grund der Beiträge des AG zu finanzierenden Teilleistung und dem sich nach Abs. 1 erfolgenden Berechnung ergebenden Teilanspruch zu tragen. Er kann jedoch (versicherungsrechtliche Lösung) den AN auch auf die Leistung des Versicherers verweisen, wenn bestimmte zusätzliche Voraussetzungen erfüllt sind.

26 2. **Arbeitsrechtliche Lösung.** Auch wenn die arbeitsrechtliche Lösung **rechtstatsächlich nicht der Regelfall** sein mag (MünchArbR/*Ahrend/Förster* § 104 Rn. 74), da sie eine fortbestehende Verpflichtung des AG bedeutet und die Direktversicherung gerade wegen der Möglichkeit, dieses zu vermeiden, gewählt wird, so stellt sie doch den **dogmatischen Prototyp** dar, da das Gesetz im Grundsatz arbeitsrechtlich anknüpft. Entsprechend dem oben erarbeiteten Grundsatz muß zu der in Abs. 1 erläuterten und auch hier anwendbaren Vergleichsbewertung eine weitere hinzukommen, die die Versicherungsleistung ins Verhältnis setzt zu dem in Anwendung des Abs. 1 Erworbenen.

III. Berechnung bei Direktversicherung § 2 BetrAVG 200

a) Versorgungsleistung. Für die **Bestimmung des nach Abs. 1 Erworbenen** ist auf die dortigen 27 Erläuterungen zu verweisen (Rn. 3 ff.). Für die Bestimmung der **festen Altersgrenze** ist hier erforderlichenfalls auch auf den **Versicherungsvertrag** Bezug zu nehmen. Allerdings ist der genaue Umfang dieser Versorgungsleistung anders bestimmt, indem zumeist auf den Versicherungsvertrag verwiesen wird. Es geht hier also um die Bestimmung des Leistungsumfanges im Rahmen des Versorgungsverhältnisses.

Für die Bestimmung der Versorgungsleistung ist deshalb grds. auszugehen von der **im Versiche-** 28 **rungsvertrag angegebenen Leistungssumme.** Schwierigkeiten bereiten aber gewisse Besonderheiten der Direktversicherung.

Eigenbeitragsanteile der AN sind grds. nicht zu berücksichtigen, da das Gesetz auf die Beiträge des 29 AG abstellt. Die **Gehaltsumwandlungsversicherung** hingegen unterfällt dieser Regelung (vgl. näher § 1 Rn. 13 u. 72 ff.; *Steinmeyer* BB 1992, 1553), da es sich hier nicht um eigenfinanzierte Beitragsanteile handelt.

Bei **Überschußbeteiligungen** bedarf es der Feststellung, ob die Überschußanteile dem AN oder 30 dem AG zustehen sollen. **Versicherungsrechtlich** gebühren die Überschußanteile dem **AG als Versicherungsnehmer,** der allerdings bestimmen kann, daß sie dem AN zustehen sollen. Ist das geschehen, so fragt sich, inwieweit die Überschußanteile bei der Berechnung unverfallbarer Anwartschaften zu berücksichtigen sind. Das BAG sieht insoweit eine Regelungslücke, die es dahin füllt, daß versprochene Überschußanteile dem AN zustehen, soweit sie auf die Zeit bis zur vorzeitigen Vertragsbeendigung entfallen; später erwirtschaftete Überschußanteile könne der AG anderweitig verwenden (BAG 29. 7. 1986 AP BetrAVG § 1 Lebensversicherung Nr. 3). Diese Entscheidung erging zu einer besonderen Fallkonstellation und ist in der Literatur (*Blomeyer/Otto* Rn. 133 f.; *Höhne* in *Heubeck/Höhne/Paulsdorff/Rau/Weinert* Rn. 176; *Kessel* BetrAV 1975, 99) heftig kritisiert worden. Richtigerweise wird man annehmen müssen, daß insb. wegen § 2 V nur die vereinbarte Versicherungssumme zuzüglich der beim Ausscheiden des AN bereits angefallenen Überschußanteile maßgeblich sein kann.

Bei **Gesamtversorgungszusagen,** die allerdings hier eher selten vorkommen dürften, und bei 31 **dynamisierten Zusagen** entstehen die gleichen Probleme wie bei den Direktzusagen, so daß auf die Ausführungen zu Abs. 1 zu verweisen ist (oben Rn. 18 ff.).

b) Versicherungsleistung. Im **Versicherungsverhältnis** wird der **AG** grds. bei Ausscheiden den 32 **Versicherungsvertrag kündigen und Beitragsfreistellung beantragen.** Daraus ergibt sich dann eine reduzierte Leistungsverpflichtung des Versicherers, die der versprochenen Versorgungsleistung gegenüber zu stellen und **versicherungsmathematisch** zu berechnen ist. Es erfolgt eine **Umrechnung in einen Einmalbetrag,** den die Versicherung hätte haben müssen, um zum Zeitpunkt des vorzeitigen Ausscheidens des AN die ursprünglich vorgesehene Versicherungsleistung finanzieren zu können; dabei können ggf. auch Überschußanteile berücksichtigt werden. Daneben muß die **Deckungsreserve** ermittelt werden, die sich durch die erfolgten Beitragszahlungen ergeben hat. Setzt man beides zueinander ins Verhältnis, so ergibt sich die vom Versicherer zu erbringende Versicherungsleistung.

c) Vergleichsbewertung. Aus der **Gegenüberstellung beider Beträge** ergibt sich sodann, ob und 33 inwieweit der AG bei der arbeitsrechtlichen Lösung selbst einstehen muß. Ist die Versorgungsleistung höher als die Versicherungsleistung, so trifft ihn die Einstands- oder Ergänzungspflicht.

d) Ergänzungsanspruch. Der so entstehende Ergänzungsanspruch ist ein **arbeitsrechtlicher An-** 34 **spruch des AN gegen den AG,** der wie eine unmittelbare Versorgungszusage behandelt wird und demzufolge auch der Insolvenzsicherung unterliegt. Nach § 4 I kann der AG den Ergänzungsanspruch auch auf ein Versicherungsunternehmen übertragen (vgl. näher Kommentierungen zu § 4 Rn. 9). Übersteigt ausnahmsweise die Versicherungsleistung die Versorgungsleistung, so ist im Wege der Auslegung zu ermitteln, ob der AN eine solcherart **überdotierte Anwartschaft** erhalten soll oder sich ein Anspruch des AG gegen den AN auf Ausgleich ergibt. In Zweifel wird man annehmen müssen, daß der AN eine solche überdotierte Anwartschaft auch erhalten soll.

3. Versicherungsrechtliche Lösung. Um die Belastung des AG, die nach der arbeitsrechtlichen 35 Lösung erheblich sein kann, in Grenzen zu halten, sieht das Gesetz als **Wahlmöglichkeit** eine Lösung vor, bei der der AN vollständig in den Versicherungsvertrag eintritt und ihn mit eigenen Mitteln fortsetzen kann. Da die Entscheidung für die arbeitsrechtliche oder die versicherungsrechtliche Lösung beim AG liegt, ist S. 2 so ausgestaltet, daß der **AN durch diese Wahlmöglichkeit des AG möglichst keine zusätzlichen Nachteile** erleidet. Das Gesetz arbeitet dafür mit drei Voraussetzungen – enthalten in S. 2 Nr. 1 bis 3 und Verfügungsbeschränkungen (S. 4 bis 6) des AN.

a) Erste Voraussetzung. S. 2 Ziff. 1 stellt sicher, daß der **AN den Vermögenswert erhält und er** 36 **dem Zugriff des AG entzogen** ist. Deshalb muß das Bezugsrecht unwiderruflich gestellt werden. Ist ein unwiderrufliches Bezugsrecht durch Vorbehalte eingeschränkt (**eingeschränktes unwiderrufliches Bezugsrecht** – vgl. etwa BAG 26. 6. 1990 AP BetrAVG § 1 Lebensversicherung Nr. 10), so sind auch diese Einschränkungen aufzuheben. Folgerichtig darf das Recht aus dem Versicherungsvertrag auch nicht abgetreten oder beliehen sein und es dürfen auch keine Beitragsrückstände bestehen. Der AG muß also die bis zum Zeitpunkt des Ausscheidens des AN zu entrichtenden Beiträge entrichtet haben.

Demgemäß ist es bei Jahresprämien ausreichend, wenn der Zeitraum bis zum Ausscheiden abgedeckt ist.

37 Dem AG wird hierfür eine **Frist von drei Monaten** eingeräumt, die mit dem Zeitpunkt des Ausscheidens des AN beginnt. Innerhalb dieser Frist müssen die betreffenden Maßnahmen wirksam und nicht nur eingeleitet sein.

38 b) **Zweite Voraussetzung.** Die Überschußanteile dürfen **nur zur Verbesserung der Versicherungsleistung** verwendet werden. Das Gesetz verlangt, daß dies von Beginn der Versicherung, frühestens jedoch vom Beginn der Betriebszugehörigkeit an geschieht. Dadurch ist sichergestellt, daß der AN eine dem Versicherungsnehmer weitgehend angenäherte Stellung erhält. So wird auch aus der Sicht des AN die Differenz zwischen der arbeitsrechtlichen und der versicherungsrechtlichen Lösung möglichst gering gehalten. Unter Versicherungsbeginn ist der technische Versicherungsbeginn zu verstehen.

39 Eine **Verbesserung der Versicherungsleistung** kann auf unterschiedliche Art und Weise geschehen. Die Bestimmung bedeutet, daß die Überschüsse beim Versicherer verbleiben, der sie dementsprechend zu verwenden hat. Das kann etwa geschehen durch Erhöhung der Versicherungssumme oder durch Einführung weiterer Versicherungsleistungen. Die Überschußanteile müssen vollständig zu einer derartigen Verbesserung verwendet werden.

40 c) **Dritte Voraussetzung.** Der ausgeschiedene AN muß schließlich **die Möglichkeit einer Fortsetzung der Versicherung mit eigenen Beiträgen** haben. Auf diese Weise wird ein Anreiz zur Eigenvorsorge in Anknüpfung an die betriebliche Altersversorgung gegeben. Der AG kann dafür die Eigenschaft als Versicherungsnehmer auf den ausgeschiedenen AN übertragen oder ihm ein Fortsetzungsrecht einräumen, falls der AG die Versicherung kündigen sollte.

41 Die Fortsetzung bedeutet allerdings **nicht,** daß der ausgeschiedene AN die Versicherung **zu den gleichen Bedingungen wie der AG** fortführen kann. Der AG wird bei einer Gruppenversicherung regelmäßig günstigere Konditionen erhalten und das Gesetz verlangt nur die Fortsetzungsmöglichkeit, legt aber nicht fest, zu welchen Bedingungen dies zu geschehen hat.

42 Um die dritte Voraussetzung zu erfüllen, muß dem AN nur die Möglichkeit der Fortsetzung mit eigenen Beiträgen eingeräumt werden; **er muß nicht von der Möglichkeit Gebrauch** machen.

43 d) **Mitteilung des Arbeitgebers.** Der AG hat die **Wahl der versicherungsrechtlichen Lösung innerhalb von drei Monaten** nach Ausscheiden des AN diesem mitzuteilen. Daß das Gesetz hier von „kann" spricht, bedeutet nicht, daß der AG in seiner Entscheidung über die Mitteilung frei ist, sondern nur, daß er es ihm zu einem beliebigen Zeitpunkt innerhalb des Drei-Monats-Zeitraums mitteilen kann und er in der Entscheidung frei ist, sich für eine arbeitsrechtliche oder eine versicherungsrechtliche Lösung zu entscheiden. Es handelt sich um eine **Ausschlussfrist** („nur").

44 e) **Verfügungsbeschränkungen.** Um sicherzustellen, daß der ausgeschiedene AN die ihm überlassene Direktversicherung auch **ihrem Versorgungszweck gemäß** verwendet und ihm der Wert der aufrechterhaltenen Anwartschaft bleibt, sind ihm **Verfügungsbeschränkungen** auferlegt. Diese Vorschrift kann mit § 3 (Abfindung) kollidieren. Insoweit wird man jedoch davon ausgehen können, daß § 3, wenn er Abfindungen erlaubt, als lex specialis § 2 II 4 bis 6 vorgeht (so noch zur alten Fassung des § 3: *Höfer* Rn. 1844; *Gradel* VersR 1998, 288).

45 Dem AN ist deshalb nach S. 4 eine **Abtretung oder Beleihung** in Höhe des durch die Beitragszahlungen des AG gebildeten Deckungskapitals bzw. des nach § 176 III VVG berechneten Zeitwerts **untersagt.** Hierzu sind auch die bis zum Ausscheiden angefallenen Überschußanteile zu rechnen. Es handelt sich hier um ein Verbotsgesetz iSv. § 134 BGB, wobei angesichts des Schutzzwecks das Kausalgeschäft als auch das Vollzugsgeschäft nichtig sind (*Blomeyer/Otto* § 2 Rn. 274).

46 Im Falle einer **Kündigung des Versicherungsvertrages** darf **der Rückkaufswert in dieser Höhe nicht in Anspruch** genommen werden (S. 5). Die Vorschrift schließt damit in dieser Höhe die Inanspruchnahme eines Rechts aus § 176 I VVG aus. Mit dem Begriff der Inanspruchnahme ist klargestellt, daß durch S. 5 nicht nur die Erstattung iSv § 176 I VVG ausgeschlossen ist, sondern jegliche Art von Verwertung, grds. also auch die Verwendung für einen neu abzuschließenden Vertrag, es sei denn durch den neuen Vertrag wird dem Versorgungszweck voll Rechnung getragen (*Blomeyer/Otto* Rn. 285). S. 6 macht deutlich, daß das Betriebsrentengesetz dem VVG insoweit vorgeht.

47 Auch im Fall des S. 5 handelt es sich um ein Verbotsgesetz iSv. § 134 BGB. Leistet der Versicherer gleichwohl, so erbringt er eine **nicht geschuldete Leistung** (condictio indebiti), die er nach § 812 I 1 1. Alt. BGB zurückfordern kann. Da sich das Verbot nicht an den Versicherer richtet, steht dem nicht § 817 S. 2 BGB entgegen (*Blomeyer/Otto* Rn. 293).

IV. Berechnung bei Pensionskassen

48 Da die Pensionskassen-Versorgung Parallelen zur Direktversicherung aufweist und Pensionskassen Lebensversicherung betreiben, folgt auch die **Berechnung der unverfallbaren Anwartschaft in vielem dem für die Direktversicherung entwickelten Modell.** Abs. 3 trägt den gleichwohl bestehenden **Besonderheiten** der Pensionskassen-Versorgung Rechnung. Auf die erste Voraussetzung (Verbot

IV. Berechnung bei Pensionskassen § 2 BetrAVG 200

der Abtretung oder Beleihung etc.) konnte verzichtet werden, da hier das Bezugsrecht des AN der Verfügungsmacht des AG nicht unterliegt. Die zweite Voraussetzung mußte modifiziert werden, da neben der Überschußbeteiligung hier eine Dynamisierung von Anwartschaften bedeutsam ist (Abs. 3 Ziff. 1). Ziff. 2 des Abs. 3 entspricht Abs. 2 Ziff. 3. Wie Abs. 2 für die Direktversicherung sieht auch Abs. 3 für die Pensionskasse wahlweise eine arbeitsrechtliche und eine versicherungsrechtliche Lösung vor.

1. Arbeitsrechtliche Lösung. Die arbeitsrechtliche Lösung setzt wie in Abs. 2 bei der Grundsatzregelung des Abs. 1 an und stellt den **vom AG zu finanzierenden Teilanspruch** (Versorgungsverhältnis) der **von der Pensionskasse tatsächlich zu erbringenden Leistung** gegenüber (Versicherungsverhältnis). 49

a) **Versorgungsverhältnis.** Im Versorgungsverhältnis sind die tatsächliche Betriebszugehörigkeit, die mögliche Betriebszugehörigkeit und die zugesagte Versorgungsleistung **Berechnungsfaktoren.** Insofern ist grds. auf die Kommentierungen zu Abs. 1 und Abs. 2 zu verweisen (oben Rn. 10 ff. und 26 ff.). 50

Für die **Ermittlung der zugesagten Versorgungsleistung** sieht Abs. 3 Sonderregelungen vor, die den Besonderheiten von Pensionskassen Rechnung tragen. Zum einen ist hier bedeutsam, daß bei Pensionskassen die eigene Beitragsleistung des AN eher typisch ist als bei der Direktversicherung. Zum anderen ergibt sich hier die Höhe des Anspruchs nicht aus dem Versicherungsvertrag sondern aus dem Geschäftsplan. 51

Wie bei der Direktversicherung bleiben auch hier die **Eigenbeitragsanteile** der AN **unberücksichtigt.** Es ist in der Praxis hier allerdings schwieriger, die Versorgungsleistung rechnerisch nach AN- und AGAnteilen aufzuteilen. Allerdings besteht bei Pensionskassen die Möglichkeit, die Aufteilung in einem nach §§ 5 und 13 VAG genehmigten Geschäftsplan vorzusehen (*Blomeyer/Otto* Rn. 311). Für Überschußanteile gilt hier das Gleiche wie bei der Direktversicherung und bei beitragsorientierten Systemen bedarf es einer Hochrechnung bis zum Erreichen der Altersgrenze. 52

Basis für die Berechnung ist hier der **Geschäftsplan der Kasse,** der einer aufsichtsbehördlichen Genehmigung unterliegt. Durch das 3. Durchführungsgesetz zum VAG vom 21. 7. 1994 sind Erleichterungen eingeführt worden (vgl. §§ 39 und 41 VAG), die nunmehr auch den Fall zulassen, daß eine aufsichtsbehördliche Genehmigung nicht vorliegt. Dann sind die allgemeinen Versicherungsbedingungen und die fachlichen Geschäftsunterlagen nach § 5 III Nr. 2 Halbs. 2 VAG maßgeblich. 53

b) **Versicherungsverhältnis.** Dem aus dem Versorgungsverhältnis sich ergebenden Betrag ist der Betrag gegenüber zu stellen, der sich als **Leistung der Pensionskasse** ergibt. Hier ist grds. auf die Ausführungen zur Direktversicherung zu verweisen, da hier im wesentlichen das Gleiche gilt. Die Pensionskassen können die Ermittlung der maßgeblichen Beträge in den zu genehmigenden Geschäftsplan bzw. die allgemeinen Versicherungsbedingungen und die fachlichen Geschäftsunterlagen aufnehmen. 54

c) **Vergleichsbewertung.** Für die Vergleichsbewertung ergeben sich keine Unterschiede zur Direktversicherung (s. oben Rn. 33). 55

d) **Ergänzungsanspruch.** Ein Ergänzungsanspruch entsteht, wenn der **Teilanspruch aus dem Versorgungsverhältnis den Anspruch aus dem Versicherungsverhältnis übersteigt.** Nach § 4 I kann der AG den Ergänzungsanspruch auf die Pensionskasse übertragen; er muß dann allerdings den Ergänzungsanspruch in geeigneter Weise versicherungsrechtlich abdecken, sei es durch weitere Zuwendungen an die Pensionskasse oder durch einen neuen Versicherungsvertrag. 56

2. Versicherungsrechtliche Lösung. Auch bei der Pensionskassen-Versorgung hat der Gesetzgeber ein **Wahlrecht** des AG vorgesehen. Die Regelung ist an die zur Direktversicherung angelehnt und berücksichtigt die Besonderheiten der Pensionskassen. 57

a) **Erste Voraussetzung.** Die erste Voraussetzung stellt sicher, daß die **Überschußanteile nur im Interesse der AN** verwendet werden. Wie bei der Direktversicherung ist auch hier bestimmt, daß die Überschußanteile nur zur Verbesserung der Versicherungsleistung verwendet werden dürfen. Anders als dort kann hier diese Voraussetzung auch durch eine sog. **dynamisierte Anwartschaft** erfüllt werden. Das Gesetz nennt dafür mehrere, im Einzelnen nicht immer ganz klare weitere Voraussetzungen. Zum einen muß die Steigerung der Anwartschaften der Entwicklung des Arbeitsentgelts folgen; das bedeutet eine Orientierung am zuletzt bezogenen Arbeitsentgelt, wobei der Versorgungsregelung überlassen bleibt, inwieweit auch Gehaltsbestandteile iwS wie Zulagen einbezogen werden. Zum anderen betrifft diese Dynamisierungsverpflichtung nur den Teil des Arbeitsentgelts, der unter der jeweiligen **Beitragsbemessungsgrenze in der gesetzlichen Rentenversicherung** liegt (vgl. zur Beitragsbemessungsgrenze §§ 159 und 275 a SGB VI sowie die Anlagen 2 und 2 a SGB VI). Maßgeblich Beurteilungszeitpunkt ist der des Ausscheidens des AN. Eine halbdynamische Versorgungszusage, bei der AN bei Eintritt des Versorgungsfalles ein bestimmter Prozentsatz des zuletzt vor Eintritt in den Ruhestand bezogenen ruhegeldfähigen Einkommens versprochen wird, ist als insoweit ausreichend anzusehen (so auch MünchArbR/*Ahrend/Förster* § 104 Rn. 88). 58

59 **b) Zweite Voraussetzung.** Auch hier hat der ausgeschiedene AN das **Recht auf Fortsetzung**, das allerdings angesichts der Besonderheiten der Pensionskassen anders ausgestaltet ist. Anders als bei der Direktversicherung ist der AN bei der Pensionskasse Versicherungsnehmer und auch Mitglied. Es bleiben damit auch ausgeschiedene AN in diesem Fall Mitglieder der Pensionskasse; will die Pensionskasse bzw. der AG das verhindern, so bleibt nur die arbeitsrechtliche Lösung.

60 **c) Mitteilung des Arbeitgebers.** Hier verweist § 2 III auf die **Regelung zur Direktversicherung**, so daß insofern keine Unterschiede bestehen (Rn. 43).

61 **d) Verfügungsbeschränkungen.** Für die Verfügungsbeschränkungen ist ebenfalls auf **die Regelung zur Direktversicherung** zu verweisen (Rn. 44 ff.).

V. Berechnung bei Unterstützungskassen

62 Wie bei den Vorschriften zu den Unverfallbarkeitsvoraussetzungen (§ 1) muß auch bei der Berechnung der aufrecht erhaltenen Anwartschaft dem Umstand Rechnung getragen werden, daß **die Unterstützungskasse nach der Legaldefinition keinen Anspruch auf ihre Leistungen** gewährt. Während aber bei § 1 IV mit einer pauschalen Anordnung einer Gleichstellung gearbeitet wurde, trifft hier der Gesetzgeber eine deutliche Entscheidung dahingehend, daß die versicherungsrechtliche Lösung ausscheidet und nur die arbeitsrechtliche Lösung in Betracht kommt. Durch die Verweisung auf Abs. 1 wird der dort geregelte Berechnungsmodus übernommen.

63 Der ausgeschiedene AN erhält **Leistungen auf der Basis des Zeitpunkts seines vorzeitigen Ausscheidens.** Die Vorschrift gilt auch bei einer rückgedeckten Unterstützungskasse, auch wenn bei ihr die Nähe zur Pensionskasse und zur Direktversicherung unübersehbar ist. Insoweit ist aber die Regelung des § 2 IV eindeutig. AG und AN sind auf die Möglichkeiten des § 4 II zu verweisen.

VI. Berücksichtigung künftiger Entwicklung

64 Wenn § 2 V bestimmt, daß **Veränderungen der Versorgungsregelung und der Bemessungsgrundlagen für die Leistung der betrieblichen Altersversorgung, soweit sie nach dem Ausscheiden des AN eintreten, außer Betracht** bleiben, so soll diese Regelung ausweislich der amtlichen Begründung (BT-Drucks. 7/1281 S. 27) der **Rechtsklarheit** dienen. Die Verpflichtung aus der trotz Ausscheidens des AN fortbestehenden Anwartschaft kann unter bestimmten Voraussetzungen mit einem Kapitalbetrag abgefunden werden (§ 3) oder von einem neuen AG oder einem anderen Versorgungsträger übernommen werden (§ 4). In beiden Fällen muß die Höhe der Anwartschaft bereits kurz nach dem Ausscheiden des AN aus dem Unternehmen ermittelt werden können. Ungewisse Umstände, die erst in Zukunft eintreten können, sollen daher keine Berücksichtigung finden.

65 Durch diese Regelung werden **vorzeitig ausgeschiedene AN schlechter gestellt als bis zum Ruhestand im Betrieb verbliebene.** Dies ist aber gerechtfertigt, da der betriebstreue AN an der weiteren Entwicklung des Betriebes teilnimmt und ggf. in positiver Weise mitwirkt; außerdem ist das Ziel der Rechtsklarheit anerkennenswert. Allerdings kann dies nicht bedeuten, daß bei einer volldynamischen Zusage diese bei vorzeitigem Ausscheiden diese in Anwendung des § 2 V „eingefroren" wird.

66 **1. Berechnung des Teilanspruchs nach Abs. 1.** Die **Veränderungssperre des Abs. 5** betrifft – wie der Verweis auf die Berechnung des Teilanspruchs nach Abs. 1 deutlich macht – nur die **Berechnung der aufrechterhaltenen Anwartschaft bei einer unmittelbaren Versorgungszusage sowie die arbeitsrechtlichen Lösungen bei der Direktversicherung (Abs. 2) und der Pensionskasse (Abs. 3).** Da bei der Unterstützungskasse nur die arbeitsrechtliche Lösung möglich ist, findet auch hier Abs. 5 Anwendung. Für die versicherungsrechtliche Lösung bedarf es einer solchen Regelung nicht, da die versicherungsrechtliche Berechnung nach anderen Kriterien erfolgt und dem AN eine Fortsetzung der Versicherung ermöglicht wird.

67 **a) Veränderung der Versorgungsregelung.** Unter Versorgungsregelung ist hier die **Rechtsgrundlage für die betriebliche Altersversorgung** zu verstehen, die im **Einzelarbeitsvertrag, in der Betriebsvereinbarung, dem TV, der betrieblichen Übung und dem Gleichbehandlungsgrundsatz** sowie auch einer Regelung nach dem SprAuG bestehen kann. Derartige Veränderungen sind nach Ausscheiden des AN mangels Regelungskompetenz kaum denkbar, so daß die Vorschrift wohl vorwiegend auf vorbehaltene Änderungen des AG Anwendung findet (§ 315 I BGB). Dies gilt sowohl für Verbesserungen als auch für Verschlechterungen. Eine Anpassung der Versorgungszusage wegen Überversorgung bedeutet lediglich die Wiederherstellung einer vertragsgemäßen Versorgungsordnung. Sie stellt somit keine Veränderung der Versorgungsregelung iSv. § 2 V dar, so daß sie auch ausgeschiedene AN erfaßt (BAG 28. 7. 1998 NZA 1999, 446).

68 **b) Veränderung der Bemessungsgrundlagen.** Der eigentliche Anwendungsbereich des Abs. 5 ist die Veränderung der Bemessungsgrundlage. Solche sich in Zukunft verändernden Bemessungsgrundlagen finden sich bei **dynamischen Versorgungszusagen,** die in ihrer Einzelausgestaltung höchst unterschiedlich sein können, so daß sich eine Typisierung verbietet. Die Dynamik kann die Anwartschaften während der Erwerbsphase betreffen aber auch eine Anpassung laufender Leistungen, die

VI. Berücksichtigung künftiger Entwicklung § 2 BetrAVG

von § 16 unabhängig ist und über sie hinausgeht (s. dazu etwa BAG 22. 11. 1994 AP BetrAVG § 7 Nr. 83).

Aus der Anordnung des § 2 V folgt, daß **alle nach dem Ausscheiden des AN aus dem Betrieb sich ergebenden Veränderungen außer Betracht** bleiben. Davon erfaßt sind auch Veränderungen nach Eintritt in den Ruhestand des vorzeitig ausgeschiedenen AN, so daß für ihn etwa eine Dynamisierung laufender Leistungen dann nicht greift (BAG 22. 11. 1994 AP BetrAVG § 7 Nr. 83). Der Anspruch ist so zu berechnen, als hätten die zu diesem Zeitpunkt für die Höhe des Versorgungsanspruchs maßgeblichen Bezugsgrößen bis zum Versorgungsfall unverändert fortbestanden. Davon ist allerdings für volldynamische Zusagen eine Ausnahme zu machen (so auch Kasseler Handbuch/*Griebeling* 2.9 Rn. 761).

c) **Berücksichtigung betriebsfremder Versorgungsbezüge.** Für **Gesamtversorgungssysteme** bedarf es einer **Sonderregelung**, soweit es die Veränderungen bei anderen betriebsfremden Versorgungsbezügen anbetrifft; es geht hier insb. um Leistungen anderer Versorgungsträger, etwa anderer AG, aber auch der gesetzlichen Rentenversicherung und berufsständischer Versorgungswerke. Der 2. Halbs. von Abs. 5 S. 1 ordnet deshalb eine Veränderungssperre auch für diese anderen Versorgungsbezüge an, läßt aber eine Berechnung zu, die davon ausgeht, als hätten die zu diesem Zeitpunkt für die Höhe des Versorgungsanspruchs maßgeblichen Bezugsgrößen bis zum Versorgungsfall unverändert fortbestanden.

2. Berücksichtigung von Renten der gesetzlichen Rentenversicherung. a) Näherungsverfahren. Für die Berücksichtigung von Renten aus der gesetzlichen Rentenversicherung sieht Abs. 5 S. 2 ein **vereinfachtes Verfahren** vor. Das Gesetz verweist insofern – erst auf den zweiten Blick erkennbar – auf ein Näherungsverfahren der Sozialversicherungsrenten bei der Berechnung der steuerlichen Pensionsrückstellungen. ZZ ist maßgeblich ein Verfahren, das der Bundesminister der Finanzen mit Schreiben vom 30. 12. 1997 (IV B 2 – S 2176–176/97 – BStBl. 1997 I S. 1024) als ein Verfahren benannt hat, gegen dessen Anwendung keine Bedenken bestehen. Dieses Näherungsverfahren trägt dem Umstand Rechnung, daß sich bei der geltenden Rentenformel die künftig zu erwartende Rente aus der gesetzlichen Rentenversicherung eines noch aktiven AN nur schwer errechnen läßt (s. näher auch MünchArbR/*Ahrend/Förster* § 104 Rn. 60 ff.).

Die dort verwendete Formel **arbeitet mit den für die Beitragsbemessung in der Sozialversicherung maßgeblichen Bruttobezügen, Versicherungsjahren und einem bestimmten Steigerungssatz der maßgebenden Bezüge.** Die Formel ist deshalb für diesen Verwendungszweck der Rentenformel in der gesetzlichen Rentenversicherung nachgebildet und erlaubt eine Aussage über die künftig zu erwartende Rente aus der gesetzlichen Rentenversicherung bei Fortbestand der bei vorzeitigem Ausscheiden bestehenden Bezugsgrößen.

Nach dem Wortlaut der Vorschrift „**kann**" der **AG diese Berechnungsweise in Anspruch** nehmen, was dahin zu verstehen ist, daß er auch eine andere Berechnungsmethode wählen kann, sofern diese das Ziel genauer erreicht. So kann er stattdessen eine individuelle Berechnung vornehmen (BAG 9. 12. 1997 NZA 1998, 1171) Das og. Näherungsverfahren ist insofern nur ein erleichtertes Verfahren.

b) **Nachweis von Entgeltpunkten.** Da die seit dem **RRG 1992** geltende **neue Rentenformel** mit Entgeltpunkten (vgl. dazu näher *Ruland* in: Sozialrechtshandbuch C. 16 Rn. 226 ff.) arbeitet, ist mit diesem Berechnungselement ein Faktor verfügbar, der die bis zu einem bestimmten Zeitpunkt erworbenen Rentenanwartschaften fixieren kann. Kann der AN die von ihm bisher erworbenen Entgeltpunkte nachweisen, so ist eine exaktere Hochrechnung möglich. Der AN kann dies über eine Rentenauskunft nach § 109 SGB VI verwirklichen, die von Amts wegen an Versicherte erteilt wird, die das 55. Lebensjahr vollendet haben, aber auch von jüngeren Versicherten eingeholt werden kann. Dieses **exaktere Verfahren** kann vom AN geltend gemacht werden, aber auch vom AG verlangt werden. Der AN ist nicht gezwungen, sich auf das weniger exakte und für ihn möglicherweise nachteilige Näherungsverfahren einzulassen, wenn der Nachweis von Entgeltpunkten möglich ist (LAG Hamm 14. 3. 1995 DB 1995, 935).

c) **Besonderheiten bei Pensionskassen-Versorgung.** Bei Pensionskassen erfolgt die Hochrechnung von Renten aus der Sozialversicherung nicht nach dem Näherungsverfahren, sondern **nach dem aufsichtsbehördlich genehmigten Geschäftsplan der Pensionskasse oder ihren Geschäftsunterlagen.** Dies schließt sowohl das Näherungsverfahren als auch die individuelle Berechnung über den Nachweis von Entgeltpunkten aus.

3. Nachträglich erworbene Versorgungsanwartschaften. Um sicherzustellen, daß dem AN der bei Ausscheiden erworbene Anwartschaftswert verbleibt, sieht S. 3 vor, daß **Kürzungen aufgrund später erworbener Anwartschaften nicht möglich** sind. Dies trifft sich mit dem Rechtsgedanken des Abs. 5 S. 1, der den Einfluß später eintretender ungewisser Veränderungen ausschließt. S. 3 gilt nicht für den Fall der Kürzung eines später erworbenen Versorgungsanspruchs um den aufrechterhaltenen Versorgungsanspruch gegen den ersten AG (BAG 20. 11. 1990 AP BetrAVG § 5 Nr. 36). Auf die versicherungsrechtliche Lösung findet die Vorschrift keine Anwendung.

VII. Auskunftspflichten

78 Gesetzessystematisch nicht ganz zutreffend, da § 1 ebenso wie § 2 betreffend, verpflichtet Abs. 6 den AG oder sonstigen Versorgungsträger zur Auskunft sowohl darüber, ob die Voraussetzungen des § 1 für den Erwerb einer unverfallbaren Anwartschaft erfüllt sind als auch, in welcher Höhe er Versorgungsleistungen bei Erreichen der in der Versorgungsregelung vorgesehenen Altersgrenze beanspruchen kann. Die Vorschrift trägt „dem berechtigten Interesse des ausgeschiedenen AN Rechnung, schon vor dem Erreichen der Altersgrenze zu erfahren, ob er eine unverfallbare Anwartschaft erworben hat und wie hoch die Leistungen auf Grund dieser Anwartschaft sein werden" (BT-Drucks. 7/2843 S. 7). Es handelt sich um eine **gesetzliche Nebenpflicht**.

79 **1. Adressaten. Anspruchsinhaber** ist der **ausgeschiedene AN**; hierbei ist **nicht erforderlich, daß er die Unverfallbarkeitsvoraussetzungen erfüllt**. Auch der mit einer verfallbaren und damit verfallenen Anwartschaft ausgeschiedene AN soll insofern Auskunft erhalten können. Im Betrieb verbliebene AN haben diesen Anspruch nicht.

80 **Anspruchsgegner** sind **neben dem AG die sonstigen Versorgungsträger**, womit Lebensversicherer, Pensionskassen und Unterstützungskassen sowie andere Personen und Einrichtungen gemeint sind, die für den AG die Altersversorgung der AN durchführen. Der Umfang der Auskunftspflicht kann für die sonstigen Versorgungsträger nicht der gleiche sein, da sie auf Grund ihrer Tätigkeit nicht über alle Informationen verfügen. Die Vorschrift ist deshalb dahin zu verstehen, daß bei anderen als vom AG direkt erbrachten Versorgungsleistungen die Auskunftspflicht komplementär von AG und sonstigem Versorgungsträger zu erfüllen ist.

81 **2. Inhalt und Umfang der Auskunftspflicht.** Die Auskunftspflicht **entsteht mit dem Ausscheiden des AN aus dem Betrieb.** Die Erfüllung der Auskunftspflicht ist an keine Form gebunden. Die Erteilung der Auskunft kann also auch mündlich erfolgen.

82 Hinsichtlich der Auskunft über die Erfüllung der Voraussetzungen einer unverfallbaren Anwartschaft genügt es, wenn festgestellt wird, daß für den betreffenden AN eine **unverfallbare Anwartschaft besteht oder** – bei Nichterfüllen der Voraussetzungen – **nicht besteht.**

83 Zur **Höhe der Versorgungsleistungen,** die der ausgeschiedene AN bei Erreichen der Altersgrenze beanspruchen kann, ist im Zeitpunkt des Ausscheidens sehr viel schwieriger eine Auskunft zu erteilen, da es dafür je nach Leistungsformel einer Projektion bedarf. Maßgeblich ist zunächst die in der Versorgungsregelung vorgesehene Altersgrenze. Die Auskunft erstreckt sich nur auf die Leistungen wegen Alters, nicht auf etwaige Invaliditäts- oder Hinterbliebenenleistungen. Die Auskunft muß das Ergebnis der Berechnungen nach § 2 I bis V wiedergeben; sie kann deshalb unterschiedlich ausfallen, je nachdem, ob sich der AG jeweils für die arbeitsrechtliche oder die versicherungsrechtliche Lösung entschieden hat. Es empfiehlt sich für den Auskunftsverpflichteten, in seiner Auskunft neben der Anspruchshöhe auch die maßgeblichen Berechnungsfaktoren zu benennen (*Höhne* in *Heubeck/Höhne/Paulsdorff/Rau/Weinert* Rn. 448). Die Bemessungsgrundlagen und der Rechenweg sind dabei so präzise zu bezeichnen, daß der AN die Berechnung nachvollziehen kann (BAG 9. 12. 1997 NZA 1998, 1171).

84 **3. Sanktionen.** Der AN kann **Rechte aus § 260 BGB** geltend machen, wenn der AG oder ein sonstiger Versorgungsträger keine oder keine hinreichenden Auskünfte erteilt (BAG 8. 11. 1983 AP BetrAVG § 2 Nr. 3).

85 Erteilt der AG oder ein sonstiger Versorgungsträger eine unrichtige Auskunft über die Höhe der Versorgungsanwartschaft oder eine Auskunft über eine nicht bestehende Anwartschaft, so ist er hieran nicht gebunden, da es sich um eine reine Wissenserklärung und nicht etwa ein abstraktes oder deklaratorisches Schuldanerkenntnis handelt (BAG 9. 12. 1997 NZA 1998, 1171). Richtet sich der AN im Vertrauen auf die Richtigkeit der Auskunft bei seiner Alterssicherung ein, so können dem AN jedoch **Schadensersatzansprüche** erwachsen (BAG 8. 11. 1983 AP BetrAVG § 2 Nr. 3).

§ 3 Abfindung

(1) [Grundsatz] ¹Eine nach § 1 Abs. 1 bis 3 unverfallbare Anwartschaft kann im Falle der Beendigung des Arbeitsverhältnisses nur nach den Sätzen 2 bis 6 abgefunden werden. ²Die Anwartschaft ist auf Verlangen des Arbeitgebers oder des Arbeitnehmers abzufinden, wenn der bei Erreichen der vorgesehenen Altersgrenze maßgebliche Monatsbetrag der laufenden Versorgungsleistung eins vom Hundert der monatlichen Bezugsgröße (§ 18 Viertes Buch Sozialgesetzbuch), bei Kapitalleistungen zwölf Zehntel der monatlichen Bezugsgröße nicht übersteigt. ³Die Anwartschaft kann nur mit Zustimmung des Arbeitnehmers abgefunden werden, wenn
1. ihr monatlicher Wert zwei vom Hundert der monatlichen Bezugsgröße, bei Kapitalleistungen vierundzwanzig Zehntel der monatlichen Bezugsgröße nicht übersteigt,
2. ihr monatlicher Wert vier vom Hundert der monatlichen Bezugsgröße, bei Kapitalleistungen achtundvierzig Zehntel der monatlichen Bezugsgröße nicht übersteigt und der Abfindungsbe-

II. Abfindung dem Grunde nach (Absatz 1) § 3 BetrAVG 200

trag vom Arbeitgeber unmittelbar zur Zahlung von Beiträgen zur gesetzlichen Rentenversicherung oder zum Aufbau einer Versorgungsleistung bei einer Direktversicherung oder Pensionskasse verwendet wird oder
3. die Beiträge zur gesetzlichen Rentenversicherung erstattet worden sind.
⁴ Der Teil einer Anwartschaft, der während eines Insolvenzverfahrens erdient worden ist, kann ohne Zustimmung des Arbeitnehmers abgefunden werden, wenn die Betriebstätigkeit vollständig eingestellt und das Unternehmen liquidiert wird. ⁵ Die Abfindung ist gesondert auszuweisen und einmalig zu zahlen. ⁶ Für Versorgungsleistungen, die gemäß § 2 Abs. 4 von einer Unterstützungskasse zu erbringen sind, gelten die Sätze 1 bis 5 entsprechend.

(2) [Höhe] ¹ Die Abfindung wird nach dem Barwert der nach § 2 bemessenen künftigen Versorgungsleistungen im Zeitpunkt der Beendigung des Arbeitsverhältnisses berechnet. ² Soweit sich der Anspruch auf die künftigen Versorgungsleistungen gegen ein Unternehmen der Lebensversicherung oder eine Pensionskasse richtet, berechnet sich die Abfindung nach dem geschäftsplanmäßigen Deckungskapital im Zeitpunkt der Beendigung des Arbeitsverhältnisses oder, soweit die Berechnung des Deckungskapitals nicht zum Geschäftsplan gehört, nach dem Zeitwert gemäß § 176 Abs. 3 des Gesetzes über den Versicherungsvertrag. ³ Hierbei sind der bei der jeweiligen Form der betrieblichen Altersversorgung vorgeschriebene Rechnungszinsfuß und die Rechnungsgrundlagen sowie die anerkannten Regeln der Versicherungsmathematik, bei Direktversicherungen und Pensionskassen deren Geschäftsplan oder Geschäftsunterlagen, maßgebend.

I. Normzweck

Die Vorschrift **grenzt die Möglichkeiten einer Abfindung hinsichtlich der erworbenen Anwartschaften bei vorzeitigem Ausscheiden ein.** Die Vorschrift ist zum 1. 1. 1999 neu gefaßt worden und sieht nun gegenüber der früheren Rechtslage erleichterte Abfindungsmöglichkeiten vor. Der Gesetzgeber hat die Voraussetzung aufgegeben, daß nur Anwartschaften abgefunden werden dürfen, die auf einer Versorgungszusage beruhen, die weniger als zehn Jahre vor dem Ausscheiden aus dem Unternehmen erteilt wurde. Es können also grds. alle unverfallbaren Anwartschaften abgefunden werden, sofern die besonderen Voraussetzungen der S. 2 bis 6 erfüllt sind. Dafür hat der Gesetzgeber nunmehr die Höhe der Anwartschaft bei der Bestimmung der Voraussetzungen in Bezug gesetzt. 1

Die Vorschrift will sicherstellen, daß unverfallbare Anwartschaften nur **dem Versorgungszweck der betrieblichen Altersversorgung gemäß** verwendet werden (s. auch MünchArbR/*Ahrend/Förster* § 105 Rn. 1). Sie enthält deshalb kein Abfindungsverbot sondern begrenzt die Abfindbarkeit auf bestimmte Anwartschaften. Im Umkehrschluß ergibt sich daraus ein Abfindungsverbot für die übrigen Fälle. Durch die Neuregelung seit dem 1. 1. 1999 sollte verhindert werden, daß die Beschränkung von Abfindungsmöglichkeiten zur Hemmnis bei Übertragungen und Reorganisation von Unternehmen wird, außerdem sollte so eine Verwaltungsvereinfachung erzielt werden (*Kisters-Kölkes*, Neue Chancen für Betriebsrenten, 52). 2

Die Bestimmung der Höhe der Abfindung in Abs. 2 bedeutet nicht, daß nicht auch eine **darüber hinausgehende Abfindung** gewährt werden kann. Es handelt sich nur um eine **Mindestregelung**. 3

II. Abfindung dem Grunde nach (Absatz 1)

1. Begriff der Abfindung. Unter Abfindung ist eine **Entschädigung für die Aufgabe einer Anwartschaft** zu verstehen. Diese Abfindung ist rechtlich **ein Vertrag, der die bestehende Versorgungsverpflichtung des AG abändert.** Er bedarf deshalb also zweier übereinstimmender Willenserklärungen. Insofern bringt das Gesetz eine Selbstverständlichkeit zum Ausdruck, wenn es die Gewährung der Abfindung von der Zustimmung des AN abhängig macht. Die Vorschrift ist grds. auch auf Abfindungen im Rahmen von gerichtlichen oder außergerichtlichen Vergleichen anzuwenden; ist allerdings unter den Parteien streitig, ob der AG überhaupt eine Versorgungszusage erteilt hat oder stehen sonstige tatsächlichen Voraussetzungen des Versorgungsanspruchs in Zweifel, so steht § 3 einem Vergleich nicht entgegen; durch den Vergleich soll hier der Streit ausgeräumt werden, von dem das Vorhandensein gesetzlich geschützter Rechte abhängt (BAG 18. 12. 1984 AP BetrAVG § 17 Nr. 8). 4

§ 3 erfaßt nach der Rspr. des BAG auch den **entschädigungslosen Verzicht auf die Anwartschaft**, also einen Erlaß. Zwar sei nach dem Wortlaut der Vorschrift nur der Verzicht erfaßt. Allerdings könne für einen entschädigungslosen Verzicht nichts anderes gelten als für einen Verzicht gegen Entgelt. Wenn eine Versorgungsanwartschaft nicht einmal gegen Zahlung einer Abfindung aufgehoben werden könne, dann könne sie auch nicht entschädigungslos aufgehoben werden (BAG 22. 9. 1987 AP BetrAVG § 17 Nr. 13). Daran ist so viel richtig, daß Abfindung oder vollständiger Verzicht auf die Anwartschaft in unmittelbarem Zusammenhang mit der Beendigung des Arbeitsverhältnisses sich wesentlich gleichen. Im einen Fall entscheidet sich der AN für eine „Teilleistung", im anderen verzichtet er auch auf diese. Allerdings geht der Gesetzeszweck dahin, zu verhindern, daß der AN gern in eine Abfindung einwilligt, weil er die Summe für andere Zwecke als seine Alterssicherung 5 verwenden will (*Blomeyer/Otto* Rn. 13; BR-Drucks. 590/73 zu § 3, S. 27; *Steinmeyer* SAE 1996, 47 f.). Dieser Schutzzweck greift bei einem entschädigungslosen Verzicht nicht.

6   **2. Anwendungsbereich.** Die in Abs. 1 ausgesprochene Einschränkung der Abfindungsmöglichkeit gilt **nur für den AG, nicht aber für Lebensversicherung und Pensionskassen,** für die in Abs. 2 S. 5 und 6 und Abs. 3 eine strengere Regelung vorgesehen ist sowie für sonstige Dritte.

7   Die Einschränkung der Abfindung gilt auch für die Fälle der **Liquidation,** der **Betriebsstillegung** sowie des **Betriebsübergangs.** Dies mag wirtschaftlich problematisch sein; das Gesetz läßt insoweit aber eine teleologische Reduktion nicht zu (*Blomeyer/Otto* Rn. 25; *Höfer* Rn. 2129; s. zur Liquidation *Kemper* DB 1995, 374, 375; anders *Höhne* in *Heubeck/Höhne/Paulsdorff/Rau/Weinert* Rn. 24.). Für die Fälle der Liquidation und der Betriebseinstellung ist dies nach dem neuen ab 1. 1. 1999 geltenden § 3 I BetrAVG erleichtert worden. So können Teile von Anwartschaften, die während des Insolvenzverfahrens erdient worden sind, bei Betriebseinstellung oder Liquidation abgefunden werden. Die Vorschrift führt also keine generelle Abfindungsmöglichkeit für Betriebseinstellung und Liquidation ein. Es soll so im Rahmen des neuen Insolvenzverfahrens die Unternehmensliquidation erleichtert werden.

8   Erfaßt werden nur Abfindungen, die der AN nach § 1 I bis IV behält, so daß also § 3 bei **Abfindungsvereinbarungen** zu beachten ist, die **im Zusammenhang mit dem Ausscheiden des AN aus dem Betrieb** abgeschlossen werden. **Nicht erfaßt** sind deshalb auch **Vereinbarungen nach Eintritt des Versorgungsfalles,** wobei etwa an die Umstellung von einer laufenden Leistung auf einen einmaligen Kapitalbetrag zu denken ist. Nicht erfaßt sind schließlich Vereinbarungen **vor Eintritt der Unverfallbarkeit** sowie solche **mit aktiven AN über unverfallbare Anwartschaften,** wenn kein Zusammenhang mit einem vorzeitigen Ausscheiden gegeben ist. § 3 steht Vereinbarungen, die während des bestehenden Arbeitsverhältnisses und ohne Rücksicht auf seine Beendigung getroffen werden, grds. nicht entgegen (BAG 14. 8. 1990 AP BetrAVG § 3 Nr. 4). Dagegen betrifft § 3 jede Vereinbarung zwischen AG und AN, durch die eine unverfallbare Versorgungsanwartschaft mit oder ohne Zahlung einer Abfindung eingeschränkt oder aufgehoben wird. Das gilt auch für die Verrechnung der späteren Altersrente mit Forderungen des AG auf Rückzahlung einer Abfindung nach §§ 9, 10 KSchG (BAG 24. 3. 1998 NZA 1998, 1280). Etwas anderes würde dem Ziel des § 3, zur Vermeidung der Gefährdung des Versorgungszwecks bei Ausscheiden des AN Abfindungen nur unter eng begrenzten Voraussetzungen zuzulassen, nicht entsprechen (wie hier *Blomeyer/Otto* Rn. 36; *Griebeling* Rn. 427; *Höfer* Rn. 2081; *Schoden* Rn. 11; aA *Ahrend/Förster/Rößler* 1. Teil Rn. 465).

9   **3. Voraussetzungen für eine zulässige Abfindung.** Der Gesetzgeber hat durch Aufgabe der Voraussetzung der Zehn-Jahres-Frist erleichterte Abfindungsmöglichkeiten geschaffen. Grds. können nun alle unverfallbaren Anwartschaften unter den besonderen Voraussetzungen der S. 2 bis 6 abgefunden werden. Für **bes. kleine Anwartschaften** sieht das Gesetz in § 3 I 2 eine Abfindungsmöglichkeit **auf Verlangen des AG oder des AN** vor. Jede der Arbeitsvertragsparteien hat damit unabhängig von einer Zustimmung des anderen einen Rechtsanspruch auf diese Abfindungsmöglichkeit. Diese Regelung bezweckt eine Minimierung des Verwaltungsaufwandes. Eine bestimmte Verwendung des Abfindungsbetrages ist nicht vorgeschrieben (vgl. aber Rn. 11). Die bei Erreichen der vorgesehenen Altersgrenze maßgebliche monatliche Versorgungsleistung darf 1% der Bezugsgröße nach § 18 SGB IV, bei Kapitalleistungen zwölf Zehntel der monatlichen Bezugsgröße nicht überschreiten. 1% der monatlichen Bezugsgröße für Monatsrenten beträgt in Werten für 2000 in den alten Bundesländern 44,80 DM (36,40 DM in den neuen Bundesländern), so daß also eine Monatsrente, die diesen Betrag nicht übersteigt, und eine Kapitalleistung von nicht mehr als zwölf Zehntel (120%) der monatlichen Bezugsgröße (5376 DM in den alten und 4368 DM in den neuen Bundesländern) nach S. 2 abgefunden werden können. Maßgeblicher Zeitpunkt für die Bestimmung der Obergrenze ist der Tag des Ausscheidens (wie hier *Blomeyer/Otto*, Ergänzungsheft zu Rn. 66; aA *Doetsch/Förster/Rühmann* DB 1998, 260).

10 Ohne Anforderungen an den Verwendungszweck, aber **nur mit Zustimmung des AN** können nach S. 3 Nr. 1 **Versorgungsleistungen** abgefunden werden, wenn der maßgebliche Wert **2% der Bezugsgröße bei Monatsbeträgen** (89,60 DM in den alten und 72,80 DM in den neuen Bundesländern) **und vierundzwanzig Zehntel bei Kapitalleistungen** (10 752 DM in den alten und 8736 DM in den neuen Bundesländern) nicht übersteigt. Es handelt sich hier bereits um einen Betrag, der eine Höhe erreicht, bei der der AN die Möglichkeit erhalten soll, zu entscheiden, ob er dies als Leistung der betrieblichen Altersversorgung bei Eintritt des Versorgungsfalles beziehen will. Er hat hier also die Möglichkeit der Entscheidung über die Zusammensetzung seiner Altersbezüge; der Versorgungsplanung des AN wird so Rechnung getragen.

11 **Übersteigt der monatliche Wert nicht 4% der monatlichen Bezugsgröße** (179,20 DM für die alten und 145,60 DM für die neuen Bundesländer) **oder achtundvierzig Zehntel** dieser Bezugsgröße **bei Kapitalleistungen** (21 504 DM für die alten und 17 472 DM für die neuen Bundesländer), so ist eine Abfindung nach S. 3 Nr. 2 ebenfalls möglich. Hier verlangt das Gesetz aber, daß der Abfindungsbetrag zum Aufbau einer anderweitigen Alterssicherung verwendet wird und beschränkt dies auf die

II. Abfindung dem Grunde nach (Absatz 1)

gesetzliche Rentenversicherung, die Direktversicherung und die Pensionskasse, deren besondere Regelungen Anwendung finden.

Übersteigt der Betrag allerdings **auch diese Werte**, so ist eine Abfindung nicht möglich. 12

S. 3 Nr. 3 sieht, wie schon das bisherige Recht, eine Abfindung vor, **wenn Beiträge zur gesetz-** 13 **lichen Rentenversicherung erstattet** worden sind. Neu geregelt hat der Gesetzgeber in S. 4 den Fall des **Teilerwerbs einer Anwartschaft während eines Insolvenzverfahrens**. Hier hat der AG ein einseitiges Abfindungsrecht (s. näher unten Rn. 16).

Die Abfindung ist nach S. 5 **gesondert auszuweisen**, um sie von anderen Abfindungen anlässlich 14 der Beendigung des Arbeitsverhältnisses unterscheiden zu können (BT-Drucks. 13/8011 S. 70 f.). Der Abfindungsbetrag ist nunmehr **einmalig auszuzahlen**. Dies kann für den AG vor dem Hintergrund des § 34 II Nr. 2 iVm. § 24 Nr. 1 a) EStG steuerlich vorteilhaft sein.

a) **Versorgungsanwartschaft.** Von S. 1 erfaßt sind Anwartschaften auf **unmittelbare Versorgung** 15 sowie auf Leistungen der **Direktversicherung** und der **Pensionskasse**; bei letzteren allerdings nur, soweit der AG die arbeitsrechtliche Lösung gewählt hat. Die Anwartschaft muß nach § 1 I bis III **unverfallbar** sein.

Die Zustimmung des AN ist als **Willenserklärung zum Abschluß eines Abfindungsvertrages** zu 16 verstehen. Eine Erklärung des AN bei Abschluß der Versorgungsverpflichtung, im Falle seines Ausscheidens mit einer Abfindung einverstanden zu sein, wird man nicht als Zustimmung iSd. Abs. 1 ansehen können, da der AN in dieser Situation nicht die Freiheit hat, die er nach Ausscheiden aus dem Arbeitsverhältnis hat (wie hier *Höhne* in *Heubeck/Höhne/Paulsdorff/Rau/Weinert* Rn. 19; anders *Blomeyer/Otto* Rn. 75 und *Höfer* Rn. 2103). Für den Sonderfall der Insolvenz sieht § 2 I 4 eine Abfindung des während eines Insolvenzverfahrens erdienten Anwartschaftsteils auch ohne Zustimmung des AN vor, sofern die Betriebstätigkeit völlig eingestellt und das Unternehmen liquidiert wird. Dadurch soll die Liquidation eines Unternehmens im Insolvenzverfahren erleichtert werden (BT-Drucks. 12/3802, 110).

b) **Sonderregelung für Unterstützungskassen.** S. 6 erklärt auch nach neuem Recht für eine **Unter-** 17 **stützungskassen-Versorgung** die vorhergehenden Regelungen des Abs. 1 für entsprechend anwendbar. Auch insoweit gelten die erleichterten Abfindungsmöglichkeiten. Die Regelung des S. 6 erklärt sich daraus, daß der Gesetzgeber der Tatsache Rechnung tragen wollte, daß nach der **Legaldefinition der Unterstützungskasse ein Rechtsanspruch gegen diese nicht gegeben** ist. Ein inhaltlicher Unterschied ist damit nicht verbunden. Da bei der Unterstützungskassen-Versorgung nach § 2 IV nur die arbeitsrechtliche Lösung in Betracht kommt (s. dazu § 2 Rn. 62), bestehen gegen eine Abfindung durch die Unterstützungskasse keine Bedenken (so auch *Blomeyer/Otto* Rn. 47).

c) **Sonderregelung bei erstatteten Rentenversicherungsbeiträgen.** Die Regelung des Abs. 1 S. 3 18 Nr. 3 ist ursprünglich eingeführt worden durch das **Gesetz zur Förderung der Rückkehrbereitschaft von Ausländern** vom 28. 11. 1983 (BGBl. I S. 1377). Diesem Personenkreis sollen finanzielle Anreize zur Rückkehr in das Heimatland gegeben werden, die ihm im Heimatland ausgezahlt werden und dort den Aufbau einer Existenz ermöglichen bzw. fördern sollen. Zu diesem Startkapital sollen auch unverfallbare Anwartschaften aus der betrieblichen Altersversorgung gehören.

Da das Gesetz aber die **Rückerstattung** der Beiträge zur gesetzlichen Rentenversicherung nach 19 diesem Gesetz **zeitlich befristet** hat (Ausreise zwischen dem 30. 10. 1983 und dem 30. 9. 1984), für die Einräumung der erleichterten Abfindungsmöglichkeiten im BetrAVG aber keine Frist gesetzt hat, liegt die Überlegung nahe, diese erleichterte Abfindungsmöglichkeit generell auf AN anzuwenden, die die Möglichkeit einer Beitragserstattung in der gesetzlichen Rentenversicherung haben. Insofern ist auf den in § 210 SGB VI genannten Personenkreis zu verweisen, der sich aber mit dem vom Gesetz zur Förderung der Rückkehrbereitschaft erfaßten Personenkreis praktisch deckt, da nur Nicht-Deutsche mit Wohnsitz im Ausland kein Recht zur freiwilligen Versicherung haben (anders *Blomeyer/Otto* Rn. 61 ff., der aber § 7 SGB VI übersieht und unzutreffend § 30 SGB I anwendet). Für diesen Personenkreis besteht die Abfindungsmöglichkeit allerdings auch noch nach dem 30. 9. 1984.

4. Rechtsfolge. Durch die unter diesen Voraussetzungen zulässige Abfindung wird die bestehende 20 Verpflichtung, aus der aufrechterhaltenen Anwartschaft im Versorgungsfall eine Leistung zu gewähren, abgelöst und das **Versorgungsverhältnis damit beendet**. Überwiegend wird bzw. wurde auch eine Teilabfindung für zulässig gehalten, bei der die Versorgungsverpflichtung zum Teil bestehen bleibt (*Blomeyer/Otto* Rn. 83; *Höhne* in *Heubeck/Höhne/Paulsdorff/Rau/Weinert* Rn. 22; *Höfer* Rn. 2113.1; aA *Kemper* Unverfallbarkeit S. 132). Zum Zeitpunkt der Abfindung macht das Gesetz ebenso wenig Vorgaben wie zum Zeitpunkt und zum Modus der Auszahlung. Es ist aber von einer Auszahlung der Abfindung in Kapitalform auszugehen.

Da das Gesetz in § 3 I grds. ausspricht, daß der AG dem AN eine Abfindung gewähren *kann*, wird 21 **kein durchsetzbarer Rechtsanspruch auf Zustimmung des AN zur Abfindungszahlung** begründet (LAG Düsseldorf 13. 6. 1989 BetrAV 1990, 197 f.); der AN kann die Abfindungslösung also nicht erzwingen. Anders ausdrücklich („ist … abzufinden") für die in § 3 I 2 geregelten sog. Bagatell-

Anwartschaften; hier hat jede Arbeitsvertragspartein unabhängig von der Zustimmung der anderen einen Rechtsanspruch auf die Abfindung.

22 **5. Verstoß gegen die Abfindungsbeschränkung.** Die Abfindungsbeschränkung des Abs. 1 ist für die Fälle, in denen die besonderen Voraussetzungen für die Abfindung nicht erfüllt sind, als **gesetzliches Verbot** iSv. § 134 BGB zu verstehen, so daß eine gegen Abs. 1 verstoßende Abfindungsvereinbarung nichtig ist (BAG 22. 3. 1983 AP BetrAVG § 3 Nr. 1). Umgehungsgeschäfte sind ebenfalls nichtig.

23 Die Nichtigkeit erfaßt dem Normzweck gemäß **nicht nur das Grundgeschäft, sondern auch das Erfüllungsgeschäft.** Eine Rückforderung durch den AG aus ungerechtfertigter Bereicherung ist wegen § 817 S. 2 BGB ausgeschlossen (*Blomeyer/Otto* Rn. 94; *Braun* NJW 1983, 1591; *MünchArbR/ Ahrend/Förster* § 105 Rn. 14).

III. Gegenstand des § 3 I vor dem 1. 1. 1999

24 Bisher durfte eine Anwartschaft nur dann abgefunden werden, wenn die Versorgungszusage weniger als 10 Jahre vor Ausscheiden des AN erteilt wurde. Mit diesem Erfordernis und dem der Unverfallbarkeit nach § 1 bestand ein enger Anwendungsbereich. Praktisch wurden damit nur die Fallkonstellationen erfaßt, die unter § 1 I 1 2. Spiegelstrich fielen, in denen also der Beginn der Betriebszugehörigkeit mindestens 12 Jahre zurücklag und die Versorgungszusage für den AN mindestens 3 Jahre bestand. Für die Zehn-Jahres-Frist kam es einerseits auf das Datum der Beendigung des Arbeitsverhältnisses und andererseits auf den Zeitpunkt der Zusageerteilung an. Die vertragliche Anrechnung von Verdienstzeiten sowie Rückdatierungen waren hier zu berücksichtigen, da nur so der Schutz des AN erhöht wurde. Die dadurch erfolgende Beschränkung der Abfindungsmöglichkeit konnte vertraglich ausgeschlossen werden, wenn die og. Anrechnung keinen Einfluß auf den Eintritt der gesetzlichen Unverfallbarkeit hatte (ähnlich *Blomeyer/Otto* Rn. 55). Darüber hinaus mußte der AN der einmaligen Abfindung zugestimmt haben. Bei Versagung der Zustimmung war der AG gezwungen, auch eine Anwartschaft von nur geringem Umfang, sog. Bagatell-Anwartschaft aufrechtzuerhalten, was Verwaltungsaufwand bedeutete. Das Gesetz sah weiterhin eine Sonderregelung für Unterstützungskassen vor, die auf das gleiche Ergebnis hinauslief, da nur der zehnjährige Bestand der Versorgungszusage durch die zehnjährige Zugehörigkeit zum Kreis der Begünstigten der Unterstützungskasse ersetzt wurde, und eine besondere Abfindungsmöglichkeit dann, wenn dem AN die Beiträge zur gesetzlichen Rentenversicherung erstattet worden waren.

IV. Höhe der Abfindung (Absatz 2)

25 Das Gesetz bemüht sich, für die Berechnung der Höhe der Abfindungssumme einen **möglichst zutreffenden Wert** zu ermitteln. Es legt deshalb den Wert fest, den die Anwartschaft für den ausgeschiedenen AN hat und legt für die Ermittlung dieses Wertes den Zeitpunkt des Ausscheidens des AN fest.

26 Maßgeblich ist grds. der **Barwert der künftigen Versorgungsleistungen bezogen auf den Zeitpunkt der Beendigung des Arbeitsverhältnisses.** Barwert bedeutet dabei der „auf den Bewertungszeitpunkt unter Berücksichtigung des Zinses und der Wahrscheinlichkeit der ersten Fälligkeit der Pension sowie ihrer voraussichtlichen ferneren Zahlungsdauer berechneten Wert der vertraglich vorgesehenen Pensionsleistung" (*Braun* NJW 1983, 1592). Bei der Ermittlung ist nach Abs. 2 S. 3 der jeweils vorgeschriebene Rechnungszinsfuß und die Rechnungsgrundlagen sowie die anerkannten Regeln der Versicherungsmathematik maßgebend. Das bedeutet, daß mit Durchschnittswerten zu arbeiten ist. Der Rechnungszinsfuß beträgt nach § 6 a III 3 EStG zur Zeit 6%.

27 Für die **Direktversicherung** sieht Abs. 2 eine **Sonderregelung** vor. Diese gilt für den Fall, daß der AG die betriebliche Altersversorgung als Direktversicherung geführt hat und sich für die arbeitsrechtliche Lösung entschieden hat. Bei der versicherungsrechtlichen Lösung greift § 3 ohnehin nicht. Hier kommt es für die Berechnung auf das Deckungskapital an, das nach dem durch die Aufsichtsbehörde genehmigten Geschäftsplan zum Zeitpunkt der Beendigung des Arbeitsverhältnisses vorhanden ist. Soweit die Berechnung des Deckungskapitals nicht zum Geschäftsplan gehört, ist der Zeitwert nach § 176 III VVG maßgeblich.

28 Für **Pensionskassen** gelten die für die Direktversicherung aufgestellten Regeln.

§ 4 Übernahme

(1) ¹Die Verpflichtung, bei Eintritt des Versorgungsfalles Versorgungsleistungen nach § 2 Abs. 1 bis 3 zu gewähren, kann von jedem Unternehmen, bei dem der ausgeschiedene Arbeitnehmer beschäftigt wird, von einer Pensionskasse, von einem Unternehmen der Lebensversicherung oder einem öffentlich-rechtlichen Versorgungsträger mit Zustimmung des Arbeitnehmers übernommen werden. ²Eine vertragliche Schuldübernahme durch andere Versorgungsträger ist dem Arbeitnehmer gegenüber unwirksam. ³Bei einer Schuldübernahme durch ein Unternehmen der Lebensversicherung gilt § 2 Abs. 2 Satz 4 bis 6 entsprechend.

(2) Hat eine Unterstützungskasse einem vorzeitig ausgeschiedenen Arbeitnehmer Versorgungsleistungen nach § 2 Abs. 4 zu gewähren, kann diese Verpflichtung mit Zustimmung des Arbeitnehmers von den in Absatz 1 genannten Trägern oder von einer anderen Unterstützungskasse übernommen werden.

(3) ¹ Wird die Betriebstätigkeit eingestellt und das Unternehmen liquidiert, kann eine Versorgungsleistung aufgrund einer Zusage oder einer unverfallbaren Anwartschaft nach § 1 Abs. 1 oder eine Versorgungsleistung, die gemäß § 1 Abs. 4 von einer Unterstützungskasse erbracht wird oder zu erbringen ist, von einer Pensionskasse oder von einem Unternehmen der Lebensversicherung ohne Zustimmung des Versorgungsempfängers oder Arbeitnehmers übernommen werden, wenn sichergestellt ist, daß die Überschußanteile ab Rentenbeginn entsprechend § 16 Abs. 3 Nr. 2 verwendet werden. ² § 2 Abs. 2 Satz 4 bis 6 gilt entsprechend.

(4) *(aufgehoben)*

I. Normzweck

Die Vorschrift stellt eine **Ausnahmeregelung von § 1** dar, wonach Schuldner der aufrechtzuerhaltenden Anwartschaften grds. der AG bleibt. Sie knüpft an die Regelungen des BGB zur **Schuldübernahme** an (§§ 414 ff. BGB). § 4 gilt sowohl für die aufrechtzuerhaltenden Anwartschaften als auch für bereits fällige Versorgungsleistungen (s. unten Rn. 7). Allerdings schränkt § 4 die nach allgemeinen Vertragsrecht möglichen Gestaltungen ein. Dies geschieht mit der Motivation, den AN vor sich selbst zu schützen. Darüber hinaus dient die Vorschrift dem Träger der Insolvenzsicherung zum Schutz vor unerwünschten Haftungsrisiken und die Haftungsmasse soll für den Versorgungsberechtigten möglichst erhalten bleiben (BAG 17. 3. 1987 AP BetrAVG § 4 Nr. 4). 1

Die Vorschrift **schränkt** deshalb die **Möglichkeit einer Übertragung** dahin **ein**, daß neben einem späteren AG die Versorgungsverpflichtung von solchen Versorgungsträgern übernommen werden kann, bei denen die Sicherheit über die Aufsicht durch das Bundesaufsichtsamt für das Versicherungswesen oder die generell anzunehmende Solidität öffentlich-rechtlicher Versorgungsträger gewährleistet ist. Eine Sonderregelung gilt für die Unterstützungskassen in Abs. 2. 2

Aus der Vorschrift folgt, daß nur in den dort ausdrücklich genannten Fällen die Übertragung zulässig ist. Für alle anderen Fälle stellt § 4 ein **gesetzliches Verbot iSv. § 134 BGB** dar, so daß gegen die Vorschrift verstoßende Übernahmeverträge nichtig sind. 3

II. Zulässige Übertragungen

Für eine zulässige Übertragung ist **Voraussetzung**, daß es sich beim übernehmenden Träger um einen nach § 4 zugelassenen handelt, daß der Schuldübernahmevertrag wirksam ist und der AN zugestimmt hat. Kein Fall einer Übernahme iSv. § 4 liegt vor, wenn ein **Arbeitsverhältnis kraft gesetzlicher Regelung** (§ 613a BGB) oder im Wege der **Universalsukzession** übergeht. Auch die Fälle der Spaltung, Vermögensübertragung und Verschmelzung iSd. UmwG werden nicht erfaßt (*Ahrend/Förster* Anm. 1; s. auch BAG 11. 11. 1986 AP BGB § 613a Nr. 61). 4

1. Erfaßte Anwartschaften. Dem Übertragungsverbot nach dieser Vorschrift unterliegen **alle unverfallbaren Anwartschaften.** Durch den Verweis auf § 2 I bis III wird deutlich gemacht, daß nur der Teil der Anwartschaft vom Übertragungsverbot nach § 4 erfaßt wird, der sich aus diesen Regelungen ergibt. Haben aber etwa die Arbeitsvertragsparteien für den Fall des vorzeitigen Ausscheidens eine insoweit günstigere Regelung getroffen, wird der überschießende Teil von § 4 nicht erfaßt. 5

Nach der Rspr. des BAG (4. 8. 1981 DB 1981, 2544) gilt § 4 I nicht für die **Übertragung nicht insolvenzgeschützter Versorgungsansprüche** (s. auch *Ahrend/Förster* Anm. 2). Damit wird aber der Gedanke des Schutzes der Insolvenzsicherung einseitig überbetont, zumal fraglich ist, ob der Träger der Insolvenzsicherung eines derart umfassenden Schutzes bedarf (kritisch auch *Blomeyer/Otto* Rn. 7). Dieser Einschränkung durch die Rspr. kann deshalb nicht gefolgt werden. 6

2. Fällige Versorgungsleistungen. Auf die **Übertragung laufender Versorgungsverpflichtungen** bezieht sich § 4 nicht ausdrücklich. Hier ist aber eine ausdehnende Auslegung über den Gesetzeswortlaut nach dem Gesetzeszweck geboten. Versorgungsanwartschaften sind nicht schutzwürdiger als fällige Ansprüche. Das BAG geht hier davon aus, daß der Gesetzgeber, der eine Veränderung der Haftungsmasse ausschließen wollte, im Zweifel alle Versorgungsrechte gemeint und sich nur fehlerhaft ausgedrückt habe (BAG 17. 3. 1987 AP BetrAVG § 4 Nr. 4). Letztlich wird damit ein Schutz des PSVaG erreicht, der das Insolvenzrisiko trägt. 7

3. Für die Übernahme zugelassene Versorgungsträger. a) Arbeitgeber. Wenn das Gesetz als zugelassenen Versorgungsträger **jedes Unternehmen bezeichnet, bei dem der ausgeschiedene AN beschäftigt wird,** so sind damit arbeitsrechtlich **spätere AG** gemeint. Dabei kommt es nicht darauf an, daß es der nach dem Ausscheiden nächste AG ist, es ist nur erforderlich, daß die Übertragung während eines laufenden Arbeitsverhältnisses mit einem späteren AG geschieht. Auf diese Weise wird der AN 8 in die Lage versetzt, aus bei mehreren AG erworbenen Versorgungsanwartschaften eine einheitliche betriebliche Altersversorgung zu machen.

9 Der AG kann **nicht eine durch Pensionskasse oder Direktversicherung gewährte betriebliche Altersversorgung** übernehmen. Dies ergibt sich zwar nicht ausdrücklich aus dem Gesetz, folgt aber aus dem Umstand, daß es sich hier um die Übernahme eines Versicherungsgeschäfts handeln würde, wofür dem AG die Voraussetzungen fehlen (*Blomeyer/Otto* Rn. 80). Die Übernahme einer Unterstützungskassen-Versorgung durch einen späteren AG ist nach § 4 II bei Erfüllung der sonstigen Voraussetzungen unproblematisch.

10 b) **Direktversicherung oder Pensionskasse.** Unternehmen der Lebensversicherung (Direktversicherung) oder **Pensionskassen** können **Versorgungsverbindlichkeiten** des AG **übernehmen.** Dem Versorgungsberechtigten wird dann die Position des Versicherungsnehmers eingeräumt. In einem solchen Fall ist allerdings Abs. 1 S. 3 zu beachten, der durch den Verweis auf § 2 II 4 bis 6 die Abtretung oder Beleihung sowie die Inanspruchnahme des Rückkaufwerts ausschließt. S. 3 verweist zwar nur auf die Unternehmen der Lebensversicherung und macht so im Gesamtzusammenhang der Vorschrift einen Unterschied zur Pensionskasse; die Beschränkungen des § 2 II 4 bis 6 müssen aber analog auch für die Pensionskassen gelten (so auch *Blomeyer/Otto* Rn. 71). Lebensversicherungen und Pensionskassen können auch Leistungsverpflichtungen von anderen Versicherern übernehmen.

11 c) **Öffentlich-rechtliche Versorgungsträger.** Unter öffentlich-rechtlichen Versorgungsträgern sind die in § 18 I Nr. 1 und 2 genannten **Zusatzversorgungseinrichtungen** zu verstehen. Diese Übertragungsmöglichkeit hat deshalb Bedeutung beim Wechsel eines AN von der Privatwirtschaft in den öffentlichen Dienst. Allerdings ist fraglich, inwieweit diese Übertragungsmöglichkeit in der Praxis angesichts der Satzungslage realisiert werden kann.

12 d) **Unterstützungskassen.** Unterstützungskassen dürfen Versorgungsverpflichtungen, auf die nach der Legaldefinition ein Rechtsanspruch nicht besteht, **nur von anderen Unterstützungskassen** übernehmen. Dies ergibt sich aus Abs. 2 und hat den Sinn, zu verhindern, daß sich die Situation des Begünstigten durch die Schuldübernahme verschlechtert. Dies muß aber dahin verstanden werden, daß übernahmeberechtigt **nur die Unterstützungskasse eines späteren AG** und nicht eine beliebige ist (so auch *Blomeyer/Otto* Rn. 87).

13 e) **Sonstige Versorgungsträger mit Zustimmung des Trägers der Insolvenzsicherung.** Nach der Rspr. des BAG ist es im Wege der teleologischen Reduktion möglich, daß andere Versorgungsträger die Versorgungsverbindlichkeiten übernehmen (BAG 26. 6. 1980 AP BetrAVG § 4 Nr. 1). Der PSV ist allerdings **nicht zur Genehmigung** einer solchen Schuldübernahme **verpflichtet,** sie steht vielmehr in seinem Ermessen (BAG 17. 3. 1987 AP BetrAVG § 4 Nr. 4). Der PSV kann so etwa das Insolvenzrisiko vermindern, wenn ein leistungsfähiger Schuldner zur Übernahme bereit ist.

14 **4. Schuldübernahmevertrag.** Der Schuldübernahmevertrag ist denkbar zwischen dem **Versorgungsberechtigten** und dem **übernehmenden Versorgungsträger** (§ 414 BGB) und zwischen dem **bisherigen und dem übernehmenden Versorgungsträger** (§ 415 BGB); der Regelfall wird der des Vertrages zwischen den Versorgungsträgern mit Zustimmung des Berechtigten sein. Ein Anspruch des Versorgungsberechtigten gegen den bisherigen Versorgungsschuldner, die Versorgungsverpflichtung auf den anderen Versorgungsschuldner zu übertragen, besteht nicht (BAG 21. 1. 1992 DB 1992, 2094 f.).

15 **5. Zustimmung des AN.** Wenn auch die **ausdrückliche Erwähnung** der Zustimmung des AN wegen der Erfordernisse der §§ 414 und 415 BGB **an sich überflüssig** ist, so wird doch durch seine Erwähnung deutlich gemacht, „daß dem Gläubiger nicht ohne seinen Willen ein anderer Schuldner aufgezwungen werden darf, der mitunter nicht die gleiche Gewähr für die Erfüllung der Schuld bietet wie der bisherige" (BT-Drucks. 7/1281 S. 26). Daneben ist ausnahmsweise eine Übertragung ohne Zustimmung des AN nach näherer Maßgabe der Abs. 3 und 4 bei Einstellung der Betriebstätigkeit mit Liquidation des Unternehmens möglich (vgl. dazu Rn. 17 ff.).

16 Die Zustimmung ist eine **empfangsbedürftige Willenserklärung,** die an keine bestimmte Form gebunden ist und die sowohl gegenüber dem bisherigen als auch gegenüber dem neuen Schuldner erklärt werden kann. Eine vorherige Zustimmung, dh. vor Abschluß des Übernahmevertrages erteilte, ist grds. möglich, da der AN diese gemäß § 183 S. 1 BGB bis zur Vornahme des Rechtsgeschäfts widerrufen kann (wie hier *Blomeyer/Otto* Rn. 102; einschränkend *Ahrend/Förster/Rühmann* 1. Teil Rn. 496; *Höfer* Rn. 2227).

17 Bei unmittelbaren Versorgungszusagen sowie bei der Unterstützungskassen-Versorgung hat sich in der Vergangenheit jeweils das Problem ergeben, daß Unternehmen nur deshalb aufrechterhalten werden mußten, weil unverfallbare Ansprüche auf Leistungen der betrieblichen Altersversorgung mangels Zustimmung der betroffenen AN oder Versorgungsempfänger nicht auf Dritte übertragen werden konnten (sog. Rentnerfirmen). Deshalb sieht Abs. 3 vor, daß bei Betriebseinstellung mit Liquidation des Unternehmens unverfallbare **Anwartschaften** bzw. **Leistungsansprüche** bei diesen beiden Versorgungsformen auch **ohne Zustimmung des AN** oder Versorgungsempfängers mit befreiender Wirkung übertragen werden können. Bei Direktversicherungen und Pensionskassen taucht diese

Problematik nicht auf, weil sie bei Liquidation in der Regel bestehen bleiben. Jedoch ist die Mitwirkung des AN erforderlich, da dieser aufgrund des § 159 II 1 VVG, der auch auf einer Gruppenversicherung zugrunde liegende Versicherungsverträge anwendbar ist (BGH 7. 5. 1997 VersR 1997, 1213), dem Abschluß einer Rückdeckungsversicherung zustimmen muß (*Blumenstein/Krekeler* DB 1998, 2602).

Allerdings grenzt das Gesetz die Übertragungsmöglichkeit insoweit ein, als sie nur von einer **18** Pensionskasse oder von einem Unternehmen der Lebensversicherung übernommen werden kann.

Auf diese Weise wird erstmals faktisch eine Form der betrieblichen Altersversorgung vom AG **19** abgekoppelt (s. auch *Blomeyer* NZA 1997, 964). Der Ausgleich wird hier dadurch geschaffen, daß für die Anpassung laufender Leistungen eine Sonderregelung durch den Verweis auf § 16 III Nr. 2 geschaffen worden ist und mit dem Verweis auf Pensionskassen und Unternehmen der Lebensversicherung der Schutz der Anwartschaftsinhaber und Versorgungsberechtigten gewährleistet ist. Diese Sicherheiten sind formal Wirksamkeitsvoraussetzung für die Übertragung. Materiell wird eine Versorgungsform geschaffen, die vom weiteren Schicksal des bisherigen Arbeitgebers unabhängig ist und wegen der Übernahme durch eine Pensionskasse oder eine Lebensversicherung einer sonst vom Arbeitgeber zu finanzierenden Insolvenzsicherung nicht bedarf. Auch hier gilt § 2 II Satz 4 bis 6 entsprechend (vgl. dazu oben Rn. 10).

Die jetzige Fassung des Absatzes 3 gilt in dieser Form seit dem 1. 1. 2000. Durch das RRG 1999 **20** war eine Regelung eingeführt worden, die eine Übernahme durch eine durch ein Unternehmen der Lebensversicherung oder eine Pensionskasse kongruent rückgedeckte Unterstützungskasse vorsah (s. dazu die Voraufl.). Durch die jetzige Regelung sollte die Übertragung weiter erleichtert werden (BT-Drucks. 14/1514 zu Artikel 15).

6. Rechtsfolge einer zulässigen Übertragung. Die zulässige Übertragung führt zu einer vollständi- **21** gen **Auswechselung des Schuldners.** Allerdings kann nach § 417 I 1 BGB der übernehmende Versorgungsträger dem AN alle Einwendungen entgegensetzen, die sich aus dem Rechtsverhältnis zwischen dem AN und dem bisherigen Versorgungsträger ergeben. Die Aufrechnung mit einer dem bisherigen Schuldner zustehenden Forderung bleibt aber nach § 417 I 2 BGB ausgeschlossen.

Die Übernahme kann zu einer **Inhaltsänderung** führen, wenn der neue Versorgungsträger die **22** Versorgungsverpflichtung nur so in sein Leistungssystem integrieren kann. Dieses Problem dürfte bei der Übernahme einer unmittelbaren Versorgungszusage durch einen anderen AG sowie der Übernahme einer Direktversicherung durch ein anderes Versicherungsunternehmen seltener auftauchen, wird aber insb. bei der Übernahme von Verpflichtungen durch Pensionskassen relevant. Wenn aber § 4 sicherstellen will, daß dem Versorgungsberechtigten die Anwartschaft auch im Falle einer Übertragung erhalten bleibt, so bestehen keine Bedenken an § 4 gegen eine Inhaltsänderung, sofern nur der Wert der Anwartschaft erhalten bleibt (so auch *Blomeyer/Otto* Rn. 107 ff.). Gleiches gilt für die Übertragung von fälligen Versorgungsleistungen. Für die eine Vertragsänderung darstellende Inhaltsänderung ist allerdings die Zustimmung des Versorgungsberechtigten erforderlich.

III. Unzulässige Übertragungen

Alle Übertragungen, die die unter II genannten **Voraussetzungen nicht erfüllen,** sind **unzulässig.** **23** **Unzulässig** ist ebenso die **Übertragung laufender Versorgungsverpflichtungen,** auch wenn sich § 4 nicht ausdrücklich auf sie bezieht. Hier ist eine ausdehnende Auslegung über den Gesetzeswortlaut nach dem Gesetzeszweck geboten. Versorgungsanwartschaften sind nicht schutzwürdiger als fällige Ansprüche. Das BAG geht hier davon aus, daß der Gesetzgeber, der eine Veränderung der Haftungsmasse ausschließen wollte, im Zweifel alle Versorgungsrechte gemeint und sich nur fehlerhaft ausgedrückt habe (BAG 17. 3. 1987 AP BetrAVG § 4 Nr. 4).

IV. Gegenstand des § 4 vor dem 1. 1. 1999

Durch die Neuregelung sind die Abs. 3 und bis 31. 12. 1999 auch 4 hinzugefügt worden, so daß für **24** die alte Rechtslage die oben stehenden Ausführungen zu den unveränderten Abs. 1 und 2 gelten. Bei unmittelbaren Versorgungszusagen sowie bei der Unterstützungskassen-Versorgung stellte sich insb. das Problem, das Unternehmen nur deshalb aufrechterhalten werden mußten, weil unverfallbare Ansprüche auf Leistungen der betrieblichen Altersversorgung mangels Zustimmung der betroffenen AN oder Versorgungsempfänger nicht auf Dritte übertragen werden konnten (sog. Rentnerfirmen).

Zweiter Abschnitt. Auszehrungsverbot

§ 5 Auszehrung und Anrechnung

(1) Die bei Eintritt des Versorgungsfalles festgesetzten Leistungen der betrieblichen Altersversorgung dürfen nicht mehr dadurch gemindert oder entzogen werden, daß Beträge, um die sich

andere Versorgungsbezüge nach diesem Zeitpunkt durch Anpassung an die wirtschaftliche Entwicklung erhöhen, angerechnet oder bei der Begrenzung der Gesamtversorgung auf einen Höchstbetrag berücksichtigt werden.

(2) ¹Leistungen der betrieblichen Altersversorgung dürfen durch Anrechnung oder Berücksichtigung anderer Versorgungsbezüge, soweit sie auf eigenen Beiträgen des Versorgungsempfängers beruhen, nicht gekürzt werden. ²Dies gilt nicht für Renten aus den gesetzlichen Rentenversicherungen, soweit sie auf Pflichtbeiträgen beruhen, sowie für sonstige Versorgungsbezüge, die mindestens zur Hälfte auf Beiträgen oder Zuschüssen des Arbeitgebers beruhen.

I. Normzweck

1   Die **betriebliche Altersversorgung** ist eingebunden in das **Gesamtsystem der Alterssicherung**. Typischerweise ergänzt sie die durch die **gesetzliche Rentenversicherung** gewährleistete Basissicherung und stellt die zweite Säule oder zweite Schicht der Alterssicherung dar. Hinzu tritt als dritte Säule oder dritte Schicht die **Eigenvorsorge**. Diese Sicherungssysteme stehen nicht isoliert nebeneinander; vielmehr werden der ergänzenden Funktion der betrieblichen Altersversorgung gemäß in der Versorgungszusage oft anderweitige Ruhestandseinkünfte berücksichtigt. Darüber hinaus kommen zu diesen Leistungssystemen noch andere Leistungssysteme hinzu, die entweder die Funktion der ersten als auch der zweiten Säule erfüllen (insb. Beamtenversorgung) oder besondere Leistungszwecke verfolgen. Auch insoweit finden sich in der Versorgungszusage oft Bestimmungen, die die Verknüpfung dieser Leistungen mit der betrieblichen Altersversorgung regeln. Die dabei in Betracht kommenden Gestaltungsformen sind – nicht zuletzt wegen der Komplexität unseres Sozialleistungssystems – außerordentlich vielfältig.

2   Diese Problematik bedurfte einer **Regelung für bereits laufende Versorgungsleistungen**, die nicht mehr dadurch gekürzt werden dürfen, daß andere Versorgungsleistungen durch **Anpassung an die wirtschaftliche Entwicklung** erhöht werden. Dies ist Regelungsgegenstand des Abs. 1, während Abs. 2 insb. die erstmalige Festsetzung von Versorgungsleistungen betrifft und die Möglichkeit des AG begrenzt, andere Leistungen anzurechnen.

3   Die Anrechnung setzt sowohl bei Abs. 1 als auch bei Abs. 2 **eine ausdrückliche Anrechnungsklausel** voraus. Diese muß die Anrechnungstatbestände für den Vertragspartner erkennbar und eindeutig beschreiben (BAG 5. 9. 1989 AP BetrAVG § 5 Nr. 32).

II. Auszehrungsverbot

4   Das Auszehrungsverbot des Abs. 1 geht zurück auf die Rspr. von BAG (28. 1. 1964 AP BGB § 242 Ruhegehalt Nr. 92) und BGH (6. 6. 1968 AP BGB § 242 Ruhegehalt Nr. 131), die in der Zeit vor Inkrafttreten des BetrAVG nach anfänglichem Zögern eine Reduzierung der Ruhegeldleistungen durch die periodische Anhebung von Sozialversicherungsrenten für unzulässig erklärten. Dieses Problem konnte sich nur bei **Gesamtversorgungssystemen** ergeben. Derartige Kürzungen sind jedenfalls dann nicht zu rechtfertigen, wenn sie dazu führen, daß die Dynamisierung sozialer Leistungen entgegen ihrem Sinn und Zweck nicht dem Empfänger zugute kommt, sondern den AG entlastet; für den AN sei – so die amtliche Begründung (BT-Drucks. 7/1281 S. 29 – zu § 5 III) – nicht mehr vorhersehbar, ob und in welchem Umfang ihm eine betriebliche Versorgung während seines Ruhestandes tatsächlich erhalten bleibe. Der **Nominalbetrag der Betriebsrente** darf also nicht durch Anhebungen der Sozialversicherungsrente beeinträchtigt werden und die Vertragsfreiheit des AG wird insoweit begrenzt.

5   **1. Betriebliche Versorgungsleistungen.** Das Auszehrungsverbot bezieht sich auf **nur auf laufende Versorgungsleistungen** und **nicht auf Anwartschaften**, auch wenn letztere durch Kaufkraftverlust im Verlauf der Jahre ausgezehrt werden (*Griebeling* Rn. 507). Es erfaßt sämtliche Versorgungsformen, wenn es auch bei der Direktversicherung kaum praktisch werden dürfte. Maßgeblich ist die Leistungshöhe, wie sie anläßlich des Eintritts des Versorgungsfalles festgesetzt ist.

6   Dieses Verbot ist strikt zu beachten und gilt auch dann, wenn sich die **Gesamtversorgung** selbst erhöht, also **dynamisiert** ist. Dabei kann sich ergeben, daß der nach der maßgeblichen Versorgungsregelung vorgesehene Höchstbetrag der Gesamtversorgung überschritten wird, da die betriebliche Versorgungsleistung ihren Ausgangsbetrag nicht unterschreiten darf (BAG 13. 7. 1978 AP BetrAVG § 5 Nr. 2). Ein solcher Fall kann eintreten, wenn die Erhöhung der Betriebsrente und die Erhöhung der anzurechnenden Rente zeitlich auseinanderfallen und deshalb vorübergehend die vorgesehene Versorgungsgrenze überschritten wird.

7   **2. Erhöhung anderer Versorgungsbezüge.** Mit dem pauschalen Verweis auf „andere Versorgungsbezüge" sind **sämtliche Altersvorsorgeleistungen** gemeint, seien sie nun **gesetzlicher Natur** wie Leistungen aus der gesetzlichen Rentenversicherung oder seien sie **vertraglicher Natur**. An gesetzlichen sind weiterhin etwa zu nennen Leistungen der Kriegsopferversorgung, der Beamtenversorgung und der berufsständischen Versorgungssysteme. Bei den vertraglichen ist etwa zu denken an Leistun-

III. Anrechnungsverbot   § 5 BetrAVG 200

gen der betrieblichen Altersversorgung anderer (früherer) AG. Nicht erfaßt sind Leistungen des
gleichen AG; hier sind die verschiedenen Leistungsteile als Gesamtheit zu sehen (*Blomeyer/Otto*
Rn. 41). Das bedeutet, daß auch Leistungen anderer Versorgungsträger für den gleichen AG (mittelbare Versorgungszusagen) als Leistungen des gleichen AG anzusehen sind.

Andere Versorgungsbezüge auf vertraglicher Grundlage sind auch Leistungen aus **Eigenvorsorge** 8
des AN. Auch hier greift das Auszehrungsverbot.

Eine **Erhöhung** dieser anderen Versorgungsbezüge muß nach dem Wortlaut der Vorschrift **durch** 9
Anpassung an die wirtschaftliche Entwicklung erfolgen. Mit dieser pauschalen Formulierung sind
alle Anpassungen gemeint, die sich aus der Veränderung der wirtschaftlichen Rahmenbedingungen
ergeben, also Preissteigerungen, Entwicklung der Löhne etc. Der Gesetzgeber hat insb. gedacht an die
Anpassung der Renten aus der gesetzlichen Rentenversicherung, die inzwischen in § 65 SGB VI
geregelt ist. Gemeint sind aber auch alle anderen Anpassungsmechanismen und -maßnahmen wie die
Dynamik bei der Beamtenversorgung und dynamisierte betriebliche Versorgungssysteme.

Nicht erfaßt sind in Konsequenz deshalb **Erhöhungen, die auf zusätzlichen Leistungen oder** 10
zusätzlichen nachträglich entrichteten Beiträgen beruhen. Für sie greift Abs. 1 nicht, es ist aber zu
prüfen, ob dies nicht möglicherweise gegen das Anrechnungsverbot des Abs. 2 verstößt.

3. Rechtsfolge. Verstößt der AG gegen das Auszehrungsverbot des Abs. 1, so bedeutet dies, daß der 11
Versorgungsberechtigte sein **Recht auf ungeschmälerten Bezug der Versorgungsleistung behält**,
so daß er im Prozeß den Unterschiedsbetrag zwischen der gekürzten und der ungekürzten Versorgungsleistung geltend machen kann.

III. Anrechnungsverbot

1. Überblick. Das ausdrückliche Anrechnungsverbot des § 5 II 1 betrifft **Leistungen der Eigenvor-** 12
sorge und verbietet für diese die Anrechnung. Vergleicht man die Situation des AN ohne Eigenvorsorge mit der desjenigen, der für den Versorgungsfall Maßnahmen der Altersvorsorge getroffen hat, so
ergibt sich, daß der AN benachteiligt würde, der sich während des Arbeitslebens – möglicherweise
unter Konsumverzicht – eine eigene Altersversorgung verschafft hat und derjenige begünstigt würde,
der irgendwelche Maßnahmen der Eigenvorsorge für den Fall des Alters, der Invalidität oder des
Todes nicht vorgenommen hat (s. dazu auch BAG 10. 5. 1955 AP BGB § 242 Ruhegehalt Nr. 2; BAG
26. 10. 1973 AP BGB § 242 Ruhegehalt Nr. 161). Bei Anrechnung dieser Maßnahmen der Eigenvorsorge würde seine Gegenleistung für erbrachte Arbeitsleistung geschmälert. Ausgehend von der
Entgeltlichkeit des Ruhegeldes ist kein Grund ersichtlich, den Eigenvorsorge betreibenden AN zu
benachteiligen. Auf eine Leistung, die Entgelt für erbrachte Arbeitsleistung ist, darf also eine Leistung
der Eigenvorsorge nicht angerechnet werden (s. näher *Steinmeyer* S. 197 f.).

Eine Ausnahme von diesem Grundsatz macht Abs. 2 S. 2 für **Renten der gesetzlichen Rentenver-** 13
sicherung, soweit sie auf Pflichtbeiträgen beruhen sowie für **sonstige Versorgungsbezüge, die**
mindestens zur Hälfte auf Beiträgen oder Zuschüssen des AG beruhen. Leistungen der betrieblichen Altersversorgung dürfen deshalb durch die Anrechnung derartiger Versorgungsbezüge grds.
gekürzt werden. Damit werden auch Leistungen angerechnet, zu denen der AN Beiträge entrichtet
hat, die also insofern zumindest zum Teil Leistungen der Eigenvorsorge sind. Hier rechtfertigt jedoch
die Tatsache, daß es sich um eine zur Hälfte vom AG finanzierte Alterssicherung mit Versicherungspflicht handelt, eine abweichende Bewertung. Die Versicherungspflicht trifft alle AN; diese Alterssicherung beruht nicht auf seiner eigenen Initiative.

2. Leistungen der betrieblichen Altersversorgung. Geschützt sind Leistungen der betrieblichen 14
Altersversorgung. Insofern ist auf die **Legaldefinition in §** 1 zu verweisen. Vom Anrechnungsverbot
insofern erfaßt sind sämtliche Versorgungsformen und wie bei Abs. 1 nur fällige Ansprüche. Das
Anrechnungsverbot bezieht sich auf die **erstmalige Festsetzung von Versorgungsleistungen** (Münch-
ArbR/*Ahrend/Förster* § 106 Rn. 3).

3. Anrechnungsklausel. Für alle Anrechnungsfälle gilt, daß eine Anrechnung überhaupt nur dann 15
in Betracht kommen kann, wenn eine **ausdrückliche und konkrete Anrechnungsklausel** gegeben ist.
Die Anrechnungsklausel muß die Anrechnung dem Grunde sowie der Höhe nach genau darlegen.
Eine Anrechnungsklausel kann auch nachträglich in eine Versorgungsregelung für noch aktive im
Anwartschaftsstadium befindliche AN eingefügt werden (BAG 25. 2. 1986 AP BetrAVG § 1 Zusatzversorgungskassen Nr. 1). Nach Eintritt des Versorgungsfalles ist wegen des entstandenen Anspruchs
eine Anrechnung nachträglich nicht mehr möglich; der AG kann sich auch nicht mehr auf das
Anrechnungsrecht berufen, wenn er auf dieses Recht über einen längeren Zeitraum erkennbar verzichtet hat (BAG 10. 8. 1982 DB 1983, 289).

Eine Anrechnungsklausel kann sich auch aus der Leistungsordnung eines Richtlinienverbandes wie 16
des Bochumer oder Essener Verbandes ergeben, auf die dann im Versorgungsverhältnis zwischen AN
und AG durch eine sog. „Jeweiligkeitsklausel" Bezug genommen wird, was bedeutet, daß in der
Versorgungszusage zum Ausdruck gebracht wird, daß die Leistungsordnung des Richtlinienverbandes

nur in der jeweils geltenden Fassung Anwendung findet (BAG 8. 10. 1991 AP BetrAVG § 5 Nr. 38 = SAE 1993, 82 m. Anm. *Steinmeyer*). Diese Jeweiligkeitsklausel unterliegt der Ermessenskontrolle nach § 315 I BGB.

17 **4. Andere Versorgungsbezüge.** Indem das Gesetz von „anderen Versorgungsbezügen" spricht, grenzt es den Bereich der in die Betrachtung einzubeziehenden Leistungen ein, bei denen das Anrechnungsverbot greift. Es kann nur um die **Bezüge** gehen, die ebenfalls den in **§ 1 I bei der Legaldefinition der betrieblichen Altersversorgung genannten Versorgungszwecken** (Alter, Invalidität und Tod) dienen. Es muß sich also um Einnahmen des AN handeln, die Versorgungsfunktion haben und durch Leistungen der betrieblichen Altersversorgung ergänzt werden können.

18 **Nicht** dazu gehören deshalb etwa **Leistungen der Krankenversicherungsträger**, da sie das Arbeitseinkommen des AN ersetzen (BAG 25. 10. 1983 AP BetrAVG § 3 Nr. 14 – zu Leistungen einer Krankentagegeldversicherung).

19 Ebenfalls **nicht** dazu gehören **Leistungen des Familienlastenausgleichs** wie das Kindergeld aber auch der inzwischen nur noch für Altfälle relevante Kinderzuschuß zur Rente aus der gesetzlichen Rentenversicherung (§ 270 SGB VI). Der Kinderzuschuß war dazu bestimmt, die Aufwendungen teilweise auszugleichen, die durch die Betreuung und den Unterhalt von Kindern entstehen. Er erfüllte damit die gleiche Funktion wie das Kindergeld nach dem BKGG, was auch darin zum Ausdruck kommt, daß nach § 4 I Nr. 1 BKGG Kindergeld für solche Kinder nicht gewährt wird, für die Kinderzuschüsse aus der gesetzlichen Rentenversicherung zu zahlen sind (BAG 21. 8. 1980 AP BetrAVG § 5 Nr. 5; *Steinmeyer* S. 201; vgl. aber auch unten Rn. 35).

20 Problematisch ist die Einordnung als Versorgungsleistung **bei Renten aus der gesetzlichen Unfallversicherung** nach dem SGB VII, da dieser Rente neben der Lohnersatz- und Versorgungsfunktion auch die Funktion eines immateriellen Schadensausgleichs zukommt (s. näher *Steinmeyer* S. 203 sowie unten Rn. 36 ff.).

21 Die anderen Versorgungsbezüge müssen auf **eigenen Beiträgen des Versorgungsberechtigten** beruhen (BAG 20. 11. 1990 AP BetrAVG § 5 Nr. 36). Deshalb dürfen auch **beamtenrechtliche Versorgungsbezüge** bei der Bemessung betrieblicher Versorgungsleistungen berücksichtigt werden, denn sie werden (noch?) in vollem Umfang vom früheren Dienstherrn aufgebracht (BAG 27. 4. 1978 AP BetrAVG § 5 Nr. 1). Der Dienstherr hat sie aufgrund der ihm gegenüber dem Beamten und seinen unterhaltsberechtigten Angehörigen obliegenden Alimentationspflicht zu erbringen (BAG 10. 8. 1982 AP BetrAVG § 5 Nr. 6). Versorgungsleistungen, die auf Nachversicherung nach § 8 II SGB VI beruhen, können aus dem gleichen Grunde angerechnet werden (*Höfer* Rn. 2336).

22 Diese Abgrenzung zwischen eigenfinanzierten Versorgungsleistungen und anderen stößt auf praktische Schwierigkeiten bei **teilweise selbstfinanzierten Versorgungsbezügen.** Zwar findet sich in S. 2 insoweit für bestimmte Versorgungsbezüge eine Sonderregelung, damit sind aber nicht alle Zweifelsfragen und Zweifelsfälle geklärt. Hier ist grds. – ggf. unter Zuhilfenahme versicherungsmathematischer Verfahren – eine Zuordnung von Versorgungsbezügen zu korrespondierenden Beitragszahlungen vorzunehmen (*Höfer* Rn. 2445 ff.).

23 **5. Ausnahmeregelung für Renten aus den gesetzlichen Rentenversicherungen.** Mit dem Begriff der Renten aus den gesetzlichen Rentenversicherungen nimmt der Gesetzgeber Bezug auf die **Leistungen der Rentenversicherung für Arbeiter und für Angestellte sowie der Knappschaftsversicherung** (BAG 19. 7. 1983 AP BetrAVG § 5 Nr. 8). Das Gesetz knüpft an die Begriffsbildung der Sozialversicherung an, so daß Renten aus der gesetzlichen Unfallversicherung nicht erfaßt sind. Erfaßt werden auch **nicht Leistungen der Alterssicherung der Landwirte** (BAG 5. 9. 1989 AP BetrAVG § 5 Nr. 32), was auch daraus deutlich wird, daß sie vom SGB VI – Gesetzliche Rentenversicherung – nicht erfaßt sind.

24 Vom Begriff der Renten aus den gesetzlichen Rentenversicherungen **sind alle Leistungsbestandteile dieser Renten erfaßt,** also auch die Kindererziehungszeiten (BAG 5. 12. 1995 DB 1996, 1143). Anders als bei den Kinderzuschüssen handelt es sich hier nicht um Leistungen des Familienlastenausgleichs, sondern um eine Leistung des Sozialversicherungsträgers an den Rentenempfänger für eine Leistung willen, die der Rentenempfänger im Interesse der Allgemeinheit erbracht hat. Im Zweifel ist, wenn eine Anrechnungsklausel die Berücksichtigung der Sozialversicherungsrente vorsieht, der Bruttobetrag der Rente gemeint, also unter Einschluß der Beiträge der Rentner zur Krankenversicherung (BAG 10. 3. 1992 NZA 1992, 935; *Griebeling* Rn. 519).

25 Das BAG zählt zu den Renten aus den gesetzlichen Rentenversicherungen iSv. Abs. 2 S. 2 auch **Leistungen ausländischer Rentenversicherungen.** So hat es für französische Leistungen ausgesprochen, daß der französische Anteil der Rente durch den deutschen Rententräger gezahlt werde und einen nach deutschem Sozialversicherungsrecht erwerbbaren Anspruch ersetze (BAG 27. 11. 1984 AP BetrAVG § 5 Nr. 19). Das BAG verweist damit auch auf die Koordinierungsvorschriften der VO (EWG) Nr. 1408/71 über die Anwendung der Systeme der sozialen Sicherheit auf AN und Selbständige sowie deren Familienangehörige, die innerhalb der Gemeinschaft zu- und abwandern (v. 14. 6. 1971 ABl EG Nr. L 149/2; s. auch *Steinmeyer* AuA 1992, 210). Zur Anrechnung einer österreichischen Rente hat das BAG vor Beitritt Österreichs zur Europäischen Gemeinschaft ausgeführt, daß es sich

dabei um eine Rente aus einer Pflichtversicherung handele, die dienstzeit- und beitragsabhängig sei und bestimmte Prozentsätze der Rentenbemessungsgrundlage als Versicherungsleistungen im Alter und bei Invalidität sicherstelle. Die Beiträge seien vom AG und versicherungspflichtigen AN je zur Hälfte zu zahlen. Nach Sinn und Zweck der Regelung müßten auch diese Leistungen erfaßt werden (BAG 24. 4. 1990 AP BetrAVG § 5 Nr. 35). Man wird daraus **nicht eine allgemeine Anrechenbarkeit ausländischer Rentenleistungen** herleiten können, da diese nicht immer in dieser Weise auf der Grenzlinie zur Eigenvorsorge liegen. So gibt es staatliche Alterssicherungssysteme, die auf der Idee des Zwangssparens beruhen und deshalb als staatliche Systeme im hier interessierenden Zusammenhang wohl mehr der Eigenvorsorge zuzurechnen sind (s. näher *Steinmeyer* DRV 1997, 474).

Renten aus der gesetzlichen Rentenversicherung sind aber nur anrechenbar, soweit sie auf **Pflicht-** 26 **beiträgen** beruhen. Damit wird dem Umstand Rechnung getragen, daß eine Rente aus der gesetzlichen Rentenversicherung auch durch freiwillige Beiträge aufgebaut werden kann. Dabei ist eine auf Pflichtbeiträgen beruhende Rente auch dann anzurechnen, wenn erst durch freiwillige Beiträge die Wartezeit erfüllt wurde (BAG 19. 2. 1976 AP BGB § 242 Ruhegehalt Nr. 171; BAG 24. 4. 1990 AP BetrAVG § 5 Nr. 35). Das ändert nichts daran, daß die Rente zumindest zum Teil auf Pflichtbeiträgen beruht; die auf den freiwilligen Beiträgen des AN beruhenden Rententeile sind ohnehin von der Anrechnung ausgenommen. Dabei ist unerheblich, welcher AG die Rentenbeiträge mitfinanziert hat. Aus § 5 II 2 wird deutlich, daß die Betriebstreue und die Arbeitsleistungen, die in einem früheren Arbeitsverhältnis erbracht wurden, nicht als Eigenbeiträge anzusehen sind (BAG 14. 10. 1998 NZA 1999, 874).

Eine Anrechnung der gesetzlichen Rente ist auch bei **Teilzeitkräften** möglich. Auf diese auf der 27 geringeren Arbeitszeit beruhende Gesamtversorgung ist die Sozialversicherungsrente auch insoweit anzurechnen, wie sie auf früheren Vollzeitbeschäftigungen beruht. Dies entspricht dem Sinn und Zweck einer Gesamtversorgung und der Ergänzungsfunktion der Zusatzversorgung (BAG 14. 10. 1998 NZA 1999, 874).

Eine nicht zu unterschätzende **Schwierigkeit** besteht aber darin, die auf freiwilligen Beiträgen 28 beruhenden Rententeile und die auf Pflichtbeiträgen beruhenden **sauber voneinander zu unterscheiden und zu trennen.** Dies kann nach der seit Inkrafttreten des SGB VI geltenden neuen Rentenformel in Entgeltpunkten ausgedrückt werden. Die Rentenformel erlaubt es, zwischen freiwilligen Beiträgen und Pflichtbeiträgen zu unterscheiden (vgl. näher § 70 SGB VI). Nach altem Recht konnten ebenfalls die freiwilligen Beiträge und die Pflichtbeiträge bei der Rentenberechnung, dh. der Ermittlung der für den Versicherten maßgebenden Rentenbemessungsgrundlage, auseinander gehalten werden, so daß auch hier ein Verhältnisrechnung möglich war (BAG 16. 8. 1988 AP BetrAVG § 5 Nr. 29). Beitragsfreie Zeiten wie etwa Anrechnungszeiten wird man den Pflichtbeiträgen zuordnen müssen, was sich daraus rechtfertigt, daß mit diesen auf Kosten und ggf. im Interesse der gesamten Versichertengemeinschaft ein Ausgleich für nicht geleistete Beiträge geschaffen werden soll.

6. Ausnahmeregelung für sonstige Versorgungsbezüge, die mindestens zur Hälfte auf Beiträgen 29 **oder Zuschüssen des AG beruhen.** Mit diesen sonstigen Versorgungsbezügen sind **alle Versorgungsleistungen angesprochen, die von AN und AG gemeinsam finanziert werden.** So kann der AG sich an der Finanzierung einer vom AN abgeschlossenen Lebensversicherung beteiligen. Daneben ist von Bedeutung insb. die sog. **befreiende Lebensversicherung;** bis 1968 konnten sich Angestellte anläßlich der Erhöhungen bzw. der Aufhebung der für die Versicherungspflicht in der Angestelltenversicherung geltenden Jahresarbeitsverdienstgrenzen von der Rentenversicherungspflicht befreien lassen, wenn sie etwa eine Lebensversicherung abgeschlossen hatten. Leistet der AG hierzu Zuschüsse, so können je nach Höhe des Zuschusses die Voraussetzungen der Ausnahmeregelung erfüllt sein (s. näher *Höfer* Rn. 2346 ff.). Entsprechendes ist auch anzunehmen für Leistungen der berufsständischen Versorgungssysteme, wenn der AG im Fall von dort versicherten Angestellten Beitragszuschüsse gewährt.

Derartige Versorgungsbezüge sind **anrechenbar, wenn sie zu mindestens 50% vom AG finanziert** 30 **worden sind.** Es handelt sich um eine feste und starre Größe, bei deren Überschreiten voll und deren Unterschreiten (AGAnteil unter 50%) gar nicht angerechnet werden kann. Dieses Verfahren mag zu wenig flexibel erscheinen, muß aber de lege lata hingenommen werden. Spielraum für flexiblere Lösungen läßt der eindeutige Gesetzeswortlaut nicht zu (ebenso *Blomeyer/Otto* Rn. 119).

IV. Außergesetzliche Anrechnungsverbote

Der Gesetzgeber war sich bei der Schaffung des BetrAVG darüber im klaren, daß die Frage der 31 Anrechenbarkeit **anderweitiger Versorgungsbezüge** auf Leistungen der betrieblichen Altersversorgung einer **abschließenden Regelung nicht zugänglich** ist (BT-Drucks. 7/2843 S. 8). Die Vielzahl unterschiedlicher Sozialleistungen bzw. Leistungsbestandteile und sonstiger Bezüge, die für die Anrechnung in Betracht kommen, und die Vielgestaltigkeit möglicher Anrechnungsregelungen lasse eine erschöpfende Aufzählung und Umschreibung verbotener Anrechnungsfälle nicht zu. Die Regelung hat sich deshalb auf die wesentlichen Anrechnungsfälle beschränkt.

1. Maßgebliche Prüfungskriterien. Als Prüfungskriterien für die im Gesetz nicht ausdrücklich 32 geregelten Fälle sind insb. der **Gleichbehandlungsgrundsatz,** das **Willkürverbot** und ggf. der **Entgelt-**

gedanke heranzuziehen. Von vorrangiger Bedeutung ist der Gleichbehandlungsgrundsatz und weniger der Entgeltcharakter. Das BAG hat in seiner Rspr. – entwickelt an der Anrechenbarkeit von Renten aus der gesetzlichen Unfallversicherung (BAG 17. 1. 1980 AP BetrAVG § 5 Nr. 3) – zunächst darauf abgestellt, daß die Leistungen der betrieblichen Altersversorgung die Gegenleistung für die vom AN erwartete und erbrachte Betriebstreue darstellten. Es verletze den Gleichbehandlungsgrundsatz, wenn diejenigen AN, die eine Unfallrente beziehen, sich diese Leistung auf die betrieblichen Versorgungsleistungen anrechnen lassen sollten. Für die betriebliche Altersversorgung habe der unfallgeschädigte AN die gleiche Leistung erbracht wie ein nichtgeschädigter AN, bei dem sonst die gleichen Voraussetzungen, insb. die gleiche Dauer der Betriebszugehörigkeit, vorlägen. Es sei sachfremd und willkürlich, wenn der geschädigte AN sich die Gegenleistung um die Unfallrente kürzen lassen müsse, obgleich sie seinen erlittenen Schaden wiedergutmachen sollte. Damit hat das BAG die Entgeltlichkeit des Ruhegeldes in den Vordergrund gestellt.

33 Dem kann in dieser Allgemeinheit nicht gefolgt werden. Ob eine **sachwidrige Ungleichbehandlung** vorliegt, ist zunächst anhand der **konkreten Ausgestaltung der Zusage** zu ermitteln. Sieht eine Versorgungszusage die Anrechnung von Leistungen vor, die einem besonderen Zweck – etwa dem des Familienlastenausgleichs – dienen, so bestehen gegen diese Anrechnung unter dem Aspekt des arbeitsrechtlichen Gleichbehandlungsgrundsatzes keine Bedenken, wenn die Versorgungszusage Leistungen vorsieht, die dem gleichen Zweck dienen. Bei der Ausgestaltung des Austauschverhältnisses von Arbeitsleistung und Ruhegeld kann bei der Bestimmung der Gegenleistung des AG für erbrachte Arbeitsleistung auch besonderen Versorgungsgesichtspunkten Rechnung getragen werden (*Steinmeyer* S. 75 ff.). Das betriebliche Ruhegeld bleibt Entgelt für erbrachte Arbeitsleistung und dient der Versorgung im Alter, bei Invalidität oder Tod sowohl dann, wenn eine letzten Einkommen ausgerichtete Betriebsrente zugesagt wird, auf die dann Leistungen wie etwa Sozialrenten angerechnet werden, als auch dann, wenn die Betriebsrente die Versorgungslücke zwischen dem anderweitigen Ruhestandseinkommen und dem Versorgungseinkommen abdeckt, das sich sehr häufig am Erwerbseinkommen des AN orientiert. In beiden Fällen ist das Ruhegeld Gegenleistung für erbrachte Arbeitsleistung und dient der Versorgung des AN im Alter, bei Invalidität oder Tod. Der **Entgeltcharakter** wird deshalb **als Maßstab überstrapaziert** (s. näher *Steinmeyer* S. 199 ff.; wie hier *Blomeyer/Otto* Rn. 125).

34 Maßgeblich ist vielmehr, daß die Ruhegeldzusage je nach Ausgestaltung **unterschiedlichen Versorgungszielen** Rechnung tragen kann. Bei einer Ausrichtung des zugesagten Ruhegeldes an der besonderen Bedürftigkeit einer Person stellt sich die Frage der Anrechenbarkeit anderer Ruhestandseinkünfte unter dem Aspekt der Verletzung des Gleichbehandlungsgrundsatzes anders als etwa bei der Ausrichtung des Ruhegeldes am letzten Einkommen. Während im ersteren Fall eine Anrechnung von Leistungen, die nicht Lohnersatzleistungen sind, gerechtfertigt ist, würde eine solche Anrechnungsklausel im anderen Fall gegen den Gleichbehandlungsgrundsatz verstoßen. Maßgeblich ist also nicht die Entgeltlichkeit des Ruhegeldes als solche, sondern die inhaltliche Ausgestaltung dieser Entgeltleistung. **Je nach Ausgestaltung der Ruhegeldzusage** ist deshalb eine **differenzierte Betrachtung** geboten (ebenso *Blomeyer/Otto* Rn. 128 ff.).

35 **2. Anrechenbarkeit einzelner Versorgungsbezüge. a) Leistungen des Familienlastenausgleichs.** Aus den vorstehenden Überlegungen folgt etwa, daß die inzwischen nur noch bei Altfällen relevanten **Kinderzuschüsse** in der gesetzlichen Rentenversicherung (§ 270 SGB VI) **grds. nicht anrechenbar** sind, da sie nicht der Versorgung des AN im Alter, bei Invalidität oder Tod dienen. Dieses aus dem arbeitsrechtlichen Gleichbehandlungsgrundsatz herzuleitende Anrechnungsverbot gilt aber dann nicht, wenn in der **betrieblichen Versorgungsleistung eine zusätzliche Kinderzulage** enthalten ist (BAG 16. 8. 1988 NZA 1989, 314; *Höfer* Rn. 2340). In einem solchen Fall fehlt es am Tatbestand der Ungleichbehandlung; das Versorgungsziel ist anders gefaßt. Durch die Leistung der betrieblichen Altersversorgung soll dann auch ein Ausgleich für die durch Betreuung und Unterhalt von Kindern entstehenden Aufwendungen geleistet werden (s. auch BAG 16. 8. 1988 AP BetrAVG § 5 Nr. 28). Gleiches gilt für das Kindergeld nach dem BKGG.

36 **b) Renten aus der gesetzlichen Unfallversicherung.** Für die Frage der Anrechenbarkeit von Renten aus der gesetzlichen Unfallversicherung ergibt sich aus den vorstehenden Überlegungen, daß aus der Entgeltlichkeit des Ruhegeldes iVm. dem Gleichbehandlungsgrundsatz ein Anrechnungsverbot nicht hergeleitet werden kann. **Maßgebend** ist danach vielmehr das **Versorgungsziel der Unfallrente einerseits und des Ruhegeldes andererseits.**

37 Renten aus der gesetzlichen Unfallversicherung haben **Lohnersatzfunktion** und sollen den Ausfall an Arbeitseinkommen ausgleichen, der durch die unfallbedingte Minderung der Erwerbsfähigkeit eintritt. Gemäß § 93 SGB VI wird bei **Zusammentreffen von Unfallrente und Rente aus der gesetzlichen Rentenversicherung** letztere insoweit nicht geleistet, als die Summe der Rentenbeträge vor Einkommensanrechnung einen bestimmten Grenzbetrag übersteigt. Dieser liegt grds. bei 70% des Monatsbetrags des Jahresarbeitsverdienstes in der gesetzlichen Unfallversicherung. Die Gesamtversorgung aus Rentenleistungen der Sozialversicherung soll auf einen vom Gesetzgeber als angemessen angesehenen Höchstbetrag begrenzt werden. Dabei hat sich der Gesetzgeber daran orientiert, daß das aus beiden Leistungen zusammengesetzte Renteneinkommen das bisherige Nettoarbeitseinkommen eines

IV. Außergesetzliche Anrechnungsverbote

Versicherten nicht übersteigen soll. Das Sozialversicherungsrecht sieht damit die Unfallrente ebenso wie die Rente aus der gesetzlichen Rentenversicherung als eine Leistung an, die den durch den jeweiligen Versicherungsfall bedingten Ausfall des Erwerbseinkommens ausgleichen soll. Mit dieser Funktion wäre es aber nicht zu vereinbaren, wenn der Versicherte beide Renten ungekürzt erhielte, da er nicht mehr erhalten darf, als er an Erwerbseinkommen eingebüßt hat. Wenn beide Leistungen aber gleichermaßen Lohnersatzfunktion haben, ist nicht einzusehen, warum sie hinsichtlich ihrer Anrechenbarkeit auf Leistungen der betrieblichen Altersversorgung unterschiedlich behandelt werden sollen (so auch *Gitter* Anm. zu BAG AP BetrAVG § 5 Nr. 8).

Wenn sich das BAG gleichwohl gegen eine Anrechnung von Unfallrenten ausspricht, so beruft es sich darauf, daß den Unfallrenten neben dieser Lohnersatzfunktion faktisch auch die **Funktion eines immateriellen Schadensausgleichs** zukomme (BAG 17. 1. 1980 AP BetrAVG § 5 Nr. 3; BAG 19. 7. 1983 AP BetrAVG § 5 Nr. 8). Bei Minderungen der Erwerbsfähigkeit von weniger als 30%, nicht selten aber auch bei Minderungen der Erwerbsfähigkeit von 30 bis 50% treten häufig keine oder nur geringfügige Einkommensminderungen auf (*Gitter*, FS für Sieg, 1976, S. 139 ff.), so daß die Unfallrente insoweit in Wandlung ihrer ursprünglichen Funktion den immateriellen Schaden ausgleiche und insoweit faktisch die Funktion eines Schmerzensgeldes erfülle. 38

Erkennt man diesen **Funktionswandel der Unfallrente** an, so läßt sich gegen die Anrechnungsregelungen des Rentenversicherungsrechts einwenden, daß der Gesetzgeber insoweit geänderte Verhältnisse nicht ausreichend berücksichtigt hat. Das BAG versucht dem aber gleichwohl Rechnung zu tragen, indem es in Anlehnung an den Aufteilungsmaßstab der Kriegsopferversorgung, die zwischen Grund- und Ausgleichsrente (§§ 30ff. BVG) unterscheidet, denjenigen Teil der Verletztenrente als nicht anrechenbar erklärt, der der Grundrente eines Versorgungsberechtigten nach dem BVG bei vergleichbarer Minderung der Erwerbsfähigkeit entspricht. Das BAG begründet dies damit, daß die Grundrente dem Beschädigten einen Ausgleich für Mehraufwendungen gewähren und einen wirtschaftlichen Schaden ausgleichen solle, der sich regelmäßig nicht konkret feststellen lasse sowie einen Ausgleich für körperliche Beeinträchtigung bieten solle. Die Grundrente entspreche damit dem Teil der Verletztenrente, der im Zusammenhang mit der betrieblichen Altersversorgung nicht berücksichtigt werden dürfe (BAG 19. 7. 1983 AP BetrAVG § 5 Nr. 8; BAG 13. 9. 1983 AP BetrAVG § 5 Nr. 11; BAG 8. 11. 1983 AP BetrAVG § 5 Nr. 12; BAG 6. 6. 1989 AP BetrAVG § 5 Nr. 30). Dann aber wird vom AG die Beachtung eines Unterscheidungskriteriums verlangt, das vom Gesetzgeber sonst gerade nicht als wesentlich angesehen wird (so auch *Blomeyer/Otto* Rn. 149). 39

Dem BAG ist aber darin zuzustimmen, daß eine Aufteilung zwischen dem anrechnungsfreien und dem anrechnungsfähigen Teil der Unfallrente in der Versorgungszusage geregelt werden sollte. Wenn sich der AG an die **gesetzgeberische Wertung des § 93 SGB VI** hält, also die Unfallrente ebenso wie die nach § 5 II 2 grds. anrechenbaren Leistungen aus der gesetzlichen Rentenversicherung behandelt, kann ihm **der Vorwurf einer willkürlichen Ungleichbehandlung nicht gemacht werden.** Dies gilt hier unabhängig von der inhaltlichen Ausgestaltung der jeweiligen Ruhegeldzusage, also ihrem konkreten Versorgungsziel, da nach § 5 II 2 Renten aus der gesetzlichen Rentenversicherung unabhängig von der Ausgestaltung der Zusage anrechenbar sind und nach den obigen Überlegungen für Unfallrenten nichts anderes gelten kann. 40

Wenn allerdings in der Versorgungsregelung eine derartige Aufteilung nicht erfolgt ist oder der AG hinter den Maßstäben des § 93 SGB VI zurückgeblieben ist, so muß eine richterliche Bewertung an die Stelle treten. Hier ist es ebenfalls sinnvoll, an § 93 SGB VI anzuknüpfen, da dort ein Maßstab für die Anrechnung von Renten aus der gesetzlichen Unfallversicherung auf Leistungen der Alterssicherung entwickelt worden ist. Dieser Maßstab ist zwar für das Verhältnis von zwei staatlichen Sozialversicherungsleistungen entwickelt worden, so daß darin durchaus eine diskretionäre Entscheidung des Verhältnisses der Leistungen zweier Sozialversicherungszweige zueinander gesehen werden kann. Andererseits macht die Vorschrift aber deutlich, wie nach der Vorstellung des Gesetzgebers die besondere Funktion der Unfallrente im Verhältnis zu einer anderen Sozialleistung zu bewerten ist. Von daher ist dieser Maßstab näher an der Sache als der vom BAG verwendete. Im Sinne einer verläßlichen Kalkulations- und Gestaltungsgrundlage sollte deshalb der **Maßstab des § 93 SGB VI herangezogen** werden, wenn eine ausdrückliche Regelung in der Versorgungszusage nicht erfolgt ist. 41

c) **Leistungen der Alterssicherung für Landwirte.** Eine Anrechnung von Leistungen der Alterssicherung für Landwirte scheidet regelmäßig bereits deshalb aus, weil es sich hier um ein **Alterssicherungssystem für Selbständige** handelt und sich deshalb etwa bei Nebenerwerbslandwirten nicht auf die ANTätigkeit, sondern auf die Tätigkeit als Selbständiger bezieht (ähnlich BAG 5. 9. 1989 AP BetrAVG § 5 Nr. 32). 42

d) **Leistungen nach dem BVG.** Leistungen nach dem BVG dürfen nach der **ausdrücklichen Regelung des § 83 S. 2 BVG** nicht angerechnet werden. 43

e) **Arbeitseinkünfte.** Arbeitseinkünfte **dürfen grds. angerechnet werden.** Aus dem Entgeltcharakter der betrieblichen Altersversorgung können hieraus keine Bedenken hergeleitet werden; der Grundsatz der Vertragsfreiheit erlaubt es, hier eine Anrechnung vorzusehen (BAG 9. 7. 1991 AP BetrAVG § 5 Nr. 37). 44

45 Arbeitseinkünfte dürfen **auch bei der Hinterbliebenenversorgung angerechnet** werden. Auf eine Hinterbliebenenrente darf also auch eigenes Erwerbseinkommen des Hinterbliebenen angerechnet werden. Dies ergibt sich zum einen aus der Unterhaltsersatzfunktion von Hinterbliebenenleistungen und zum anderen aus dem Umstand, daß das Recht der gesetzlichen Rentenversicherung für die Hinterbliebenenrenten in diesem System eine solche Anrechnung vorsieht (§ 97 SGB VI). Das BAG ist mit dem Gleichbehandlungsgrundsatz zum gleichen Ergebnis gekommen (23. 4. 1985 AP BetrAVG § 1 Zusatzversorgungskassen Nr. 9).

46 f) **Leistungen der betrieblichen Altersversorgung.** Die Anrechnung von **Leistungen aus dem gleichen Versorgungsverhältnis** ist unproblematisch, da es sich hier um eine **gewollte Versorgungseinheit** handelt. Werden Leistungen der betrieblichen Altersversorgung aus einem vorherigen Arbeitsverhältnis angerechnet, so stößt dies deshalb nicht auf Bedenken, weil es sich um Versorgungsbezüge iSv. § 5 II handelt und diese nicht auf eigenen Beiträgen des AN beruhen. Eine Anrechnung von später erworbenen Anwartschaften würde gegen § 2 V 3 verstoßen (ebenso *Blomeyer/Otto* Rn. 173).

Dritter Abschnitt. Altersgrenze

§ 6 Vorzeitige Altersleistung

^{1} Einem Arbeitnehmer, der die Altersrente aus der gesetzlichen Rentenversicherung vor Vollendung des 65. Lebensjahres als Vollrente in Anspruch nimmt, sind auf sein Verlangen nach Erfüllung der Wartezeit und sonstiger Leistungsvoraussetzungen Leistungen der betrieblichen Altersversorgung zu gewähren. ^{2} Fällt die Altersrente aus der gesetzlichen Rentenversicherung wieder weg oder wird sie auf einen Teilbetrag beschränkt, so können auch die Leistungen der betrieblichen Altersversorgung eingestellt werden. ^{3} Der ausgeschiedene Arbeitnehmer ist verpflichtet, die Aufnahme oder Ausübung einer Beschäftigung oder Erwerbstätigkeit, die zu einem Wegfall oder zu einer Beschränkung der Altersrente aus der gesetzlichen Rentenversicherung führt, dem Arbeitgeber oder sonstigen Versorgungsträger unverzüglich anzuzeigen.

I. Normzweck

1 Die Vorschrift ist ausweislich der amtlichen Begründung eine **Konsequenz aus dem RRG vom 16. 10. 1972** (BGBl. I S. 1965), durch das die sog. **flexible Altersgrenze** eingeführt wurde (BT-Drucks. 7/1281 S. 29). Ohne eine solche Regelung wäre nicht sichergestellt gewesen, daß ein AN, der von der Möglichkeit eines vorzeitigen Eintritts in den Ruhestand Gebrauch macht, zum Zeitpunkt des Bezugs der Rente aus der gesetzlichen Rentenversicherung auch das Ruhegeld aus der betrieblichen Altersversorgung erhält. Um der sozialpolitischen Zielsetzung des RRG 1972 Rechnung zu tragen, mußte deshalb diese Vorschrift vorgesehen werden.

2 S. 1 verpflichtet deshalb den Versorgungsträger, unter den dort formulierten Voraussetzungen auch einem noch **nicht 65 Jahre alten Versorgungsanwärter** Leistungen der betrieblichen Altersversorgung zu gewähren, **sofern er die Altersrente aus der gesetzlichen Rentenversicherung bezieht.** Im Vergleich zur alten Fassung enthält S. 1 seit dem 1. 1. 1999 auch eine sprachliche Klarstellung, indem die Umschreibung „in voller Höhe" in den Begriff der Vollrente geändert wurde. S. 2 soll sicherstellen, daß die Verpflichtung zur vorzeitigen Gewährung betrieblicher Altersversorgung begrenzt bleibt auf den Zeitraum, für den die Altersrente aus der gesetzlichen Rentenversicherung gewährt wird. Dies wird unterstützt durch eine dahingehende Anzeigepflicht des AN.

II. Vorzeitige Inanspruchnahme des betrieblichen Ruhegeldes

3 Die Vorschrift setzt voraus, daß die **Anwartschaft auf das Ruhegeld aus der betrieblichen Altersversorgung bei Beendigung des Arbeitsverhältnisses aufrechterhalten geblieben** ist. Aus verfallenen Anwartschaften stehen auch bei vorzeitigem Rentenbezug dem AN keine Ruhegeldansprüche aus der betrieblichen Altersversorgung zu. Vorgezogene Rentenleistungen aus der gesetzlichen Rentenversicherung ändern nichts an der Rechtsstellung für Leistungen der betrieblichen Altersversorgung (BAG 21. 6. 1979 AP BetrAVG § 6 Nr. 2).

4 § 6 spricht ungenau von „Leistungen der betrieblichen Altersversorgung", obwohl nur **Leistungen wegen Alters** gemeint sein können, da nur bei diesen das Erfordernis der Verknüpfung auftreten kann. Daraus folgt aber auch, daß ein möglicher Versorgungsberechtigter **nicht unter Berufung auf § 6 vorzeitig Invaliditäts- oder Hinterbliebenenleistungen in Anspruch nehmen kann.** Andererseits folgt aus dieser neutralen Bezugnahme auf „Leistungen der betrieblichen Altersversorgung", daß Versorgungsform und Leistungsart unerheblich sind. Es kommt also weder auf die Art des Durchführungsweges noch darauf an, ob die Leistung als laufende Leistung oder als Kapitalleistung gewährt werden soll.

II. Vorzeitige Inanspruchnahme des betrieblichen Ruhegeldes § 6 BetrAVG 200

1. Vorzeitige Altersrente aus der gesetzlichen Rentenversicherung. Mit der Bezugnahme auf die 5
gesetzliche Rentenversicherung wird auf **Leistungen nach dem SGB VI** verwiesen. Es werden also
erfaßt die Systeme der Rentenversicherung der Arbeiter und der Angestellten sowie die knappschaftliche Rentenversicherung. Die Regelung ist zugeschnitten auf die **deutsche gesetzliche Rentenversicherung** und kann nicht ohne weiteres auch bei Leistungen ausländischer staatlicher Alterssicherungssysteme angewendet werden. Nach ihrem Wortlaut bezieht sie sich deutlich auf das deutsche
System (s. auch *Blomeyer/Otto* Rn. 25; *Höfer* Rn. 2508); es erscheint aber zweifelhaft, ob diese
Beschränkung für den Fall von EG-Ausländer auf Dauer zu halten ist, da hier die Freizügigkeit
beeinträchtigt sein könnte und eine mittelbare Diskriminierung von EG-Ausländern vorliegen könnte.

Nach dem Wortlaut der Vorschrift sind auch **nicht erfaßt die Systeme der berufsständischen** 6
Versorgung (s. auch *Blomeyer/Otto* Rn. 28 und *Höfer* Rn. 2538.1) sowie die **Altershilfe für Landwirte** und schließlich auch nicht die sog. „**befreiende Lebensversicherung**" (LAG Rheinland-Pfalz
24. 7. 1990 BetrAV 1991, 44 f.). Dafür spricht auch, daß die Vorschrift des § 6 konzipiert ist als
flankierende Regelung für eine sozialpolitisch motivierte Maßnahme der gesetzlichen Rentenversicherung.

Leistungen aus der gesetzlichen Rentenversicherung für den Fall des Alters, die vor Vollendung des 7
65. Lebensjahrs in Anspruch genommen werden können, sind durchaus zahlreich und von hoher
praktischer Bedeutung, da nur eine Minderheit der AN bis zur Vollendung des 65. Lebensjahrs
erwerbstätig bleibt. Es geht nach dem SGB VI um die **Altersrente für langjährig Versicherte** nach
§ 36 SGB VI (ab 1. 1. 2000 beachte auch § 236 SGB VI), um die **Altersrente für Schwerbehinderte,
Berufsunfähige oder Erwerbsunfähige** nach § 37 SGB VI (ab 1. 1. 2001 beachte auch § 236 a
SGB VI), um **Altersrente wegen Arbeitslosigkeit oder nach Altersteilzeit** nach § 38 SGB VI (ab
1. 1. 2000 vgl. auch § 237 SGB VI), um **Altersrente für Frauen** nach § 39 SGB VI (vgl. auch § 237 a
SGB VI) sowie um **Altersrente für langjährig unter Tage beschäftigte Bergleute** nach § 40 SGB VI
(ab 1. 1. 2001 vgl. auch § 239 a SGB VI). Hinsichtlich der Anspruchsvoraussetzungen ist auf die
maßgeblichen Regelungen des SGB VI zu verweisen.

Indem § 6 festlegt, daß der AN die vorzeitige Rente aus der gesetzlichen Rentenversicherung als 8
Vollrente in Anspruch nimmt, wird deutlich gemacht, daß die **Inanspruchnahme der Teilrente nach
§ 42 SGB VI hier nicht erfaßt** ist. Dies mag zwar die Inanspruchnahme dieser Möglichkeit des
gleitenden Übergangs in den Ruhestand weiter behindern; das Betriebsrentengesetz ist jedoch insoweit
eindeutig. Nunmehr wird durch den Begriff „Vollrente" auf die Terminologie des SGB VI (§ 42 I)
ausdrücklich Bezug genommen.

Mit der **vorzeitigen Altersrente für Frauen** (§ 39 SGB VI; ab 1. 1. 2000 § 237 a SGB VI) ist eine 9
Leistung in den Anwendungsbereich des § 6 einbezogen, die sowohl **verfassungsrechtlich als auch
europarechtlich nicht unproblematisch** ist, da sie zu einer Ungleichbehandlung beim Rentenalter für
Männer und Frauen führt. Mit nachvollziehbaren Argumenten haben sowohl das BVerfG (28. 1. 1987
BVerfGE 74, 163, 173 ff. = AP AVG § 25 Nr. 3) als auch der EuGH (16. 2. 1982 Slg. 1982, 555; 7. 7.
1992 Slg. 1992, I-4297) die Regelung noch für eine Übergangszeit akzeptiert. Im Zuge der Anhebung
des Rentenalters in der gesetzlichen Rentenversicherung wird diese Ungleichbehandlung von Männern und
Frauen ohnehin beseitigt (§ 41 SGB VI – ab 1. 1. 1999 vgl. § 237 a SGB VI). Während aber die
unterschiedlichen Altersgrenzen für Männer und Frauen in der gesetzlichen Rentenversicherung
europarechtlich durch Art. 7 I Buchst. a der Richtlinie des Rates zur schrittweisen Verwirklichung des
Grundsatzes der Gleichbehandlung von Männern und Frauen im Bereich der sozialen Sicherheit (79/
7/EWG v. 19. 12. 1978 ABl. EG Nr. L 6 v. 10. 1. 1979) gedeckt sind, greift bei der europarechtlichen
Bewertung von § 6 die Vorschrift des Art. 141 EG-Vertrag (Art. 119 aF), da betriebliches Ruhegeld als
Entgelt für Arbeit iSd. Art. 141 EG-Vertrag anzusehen ist. § 6 führt zu einer Ungleichbehandlung von
Männern und Frauen hinsichtlich der Betriebsrente, da Frauen sie damit früher in Anspruch nehmen
können. Dies ist deshalb mit Art. 141 EG-Vertrag kaum zu vereinbaren (s. auch *Blomeyer/Otto*
Rn. 40), woraus der durch das RRG 1999 eingeführte § 30 a (mit Wirkung vom 17. 5. 1990) die
Konsequenz zieht und männlichen AN unter den gleichen Voraussetzungen wie weiblichen die
Möglichkeit eines vorzeitigen Bezuges des betrieblichen Ruhegeldes mit Vollendung des 60. Lebensjahres einräumt (s. näher bei § 30 a).

Nicht ausdrücklich geregelt ist in § 6, ob ein AN eine Altersleistung aus der betrieblichen Alters- 10
versorgung **auch dann vorzeitig beziehen** kann, **wenn er keine Ansprüche aus der gesetzlichen
Rentenversicherung hat**. Bei den mittelbaren Versorgungszusagen ist dieses Problem rein praktisch
dadurch gelöst, daß das Bundesaufsichtsamt für das Versicherungswesen für die Pensionskassen und
die Direktversicherung den Versorgungsträger angewiesen bzw. ihnen empfohlen hat, einem solchen
Wunsch nach vorzeitigem Bezug auch dann Rechnung zu tragen, wenn keine Ansprüche auf Altersrente aus der gesetzlichen Rentenversicherung bestehen (vgl. RdSchr. 1/75 v. 7. 1. 1975 VerBAV 1975,
5 für Pensionskassen und Geschäftsbericht BAV 1972, 45 für Lebensversicherungen). Bei unmittelbaren Versorgungszusagen ist es zweifelhaft, ob dem AG eine derartige Pflicht auferlegt werden kann,
da die Regelung gerade als flankierend zu Maßnahmen aus der gesetzlichen Rentenversicherung
gemeint ist. Im Ergebnis wird man eine dahingehende Verpflichtung des AG ablehnen müssen (unklar
Blomeyer/Otto Rn. 45).

11   **2. Inanspruchnahme der gesetzlichen Altersrente.** Der AN muß die vorgezogene Altersrente aus der gesetzlichen Rentenversicherung **als Vollrente in Anspruch** nehmen. Ein nur teilweiser Bezug – gleich nach welcher rechtlichen Konstruktion – reicht nicht aus.

12   Inanspruchnahme bedeutet, daß der **AN die gesetzlichen Voraussetzungen für den Bezug einer solchen Altersrente erfüllt** hat. Diese Anspruchsberechtigung löst erst dann das Recht des AN aus § 6 aus, wenn der Träger der gesetzlichen Rentenversicherung dies per Rentenbescheid festgestellt hat (vgl. §§ 115 ff. SGB VI). Es reicht aus, wenn der Rentenversicherungsträger den positiven Rentenbescheid erlassen hat. Seine Rechtskraft ist nicht Voraussetzung; anderenfalls müßte etwa bei Streitigkeiten über die Rentenhöhe der Versorgungsberechtigte ungebührlich lange auf seine betriebliche Versorgungsleistung warten (anders *Blomeyer/Otto* Rn. 54; *Höhne* in *Heubeck/Höhne/Paulsdorff/Rau/Weinert* Rn. 20; unklar *Höfer* Rn. 2502).

13   Ruht die Rente aus der gesetzlichen Rentenversicherung wegen **Zusammentreffens mit anderen Leistungen (§§ 89 ff. SGB VI),** so ändert dies nichts an einem dem Grunde nach bestehenden Anspruch auf eine Altersrente aus der gesetzlichen Rentenversicherung, so daß auch in einem solchen Fall die Voraussetzungen für den Anspruch aus § 6 gegeben sind (zu Ausnahmen vgl. aber unten Rn. 34 ff.).

14   **3. Anspruch auf Leistungen der betrieblichen Altersversorgung.** Die Vorschrift hebt hier die Erfüllung der Wartezeiten besonders hervor, wenn sie zum Ausdruck bringt, daß dem AN **erst nach Erfüllung der Wartezeit und der sonstigen Leistungsvoraussetzungen** vorzeitige Altersleistungen aus der betrieblichen Altersversorgung gewährt werden. Damit wird die Vertragsfreiheit der Parteien des Versorgungsverhältnisses respektiert, aber zugleich auch an die generelle Behandlung der Wartezeiten durch das Betriebsrentengesetz angeknüpft. Das bedeutet, daß der Versorgungsberechtigte diese Wartezeit, aber auch die sonstigen Leistungsvoraussetzungen auch noch nach seinem Ausscheiden erfüllen kann (BAG 28. 3. 1989 AP BetrAVG § 6 Nr. 16). Der **AG wird also nicht veranlaßt, eine Leistung zu erbringen, die er sonst nicht erbringen müßte.** Ihm wird bei Erfüllung aller anderen Voraussetzungen lediglich auferlegt, den Rentenbeginn auf den Zeitpunkt des vorzeitigen Bezuges der Rente aus der gesetzlichen Rentenversicherung vorzuverlegen. Gleichzeitig bringt die Vorschrift zum Ausdruck, daß die Einräumung der Möglichkeit der vorzeitigen Inanspruchnahme von Altersrenten ihren Zweck verfehlen würde, wenn der AN in diesem Fall seine Anwartschaften in der betrieblichen Altersversorgung verlieren und die weiteren Anspruchsvoraussetzungen nach seinem Ausscheiden nicht mehr erfüllen könnte.

15   Das bedeutet, daß der AN, bei dem eine Wartezeit, die bis zur Regelaltersgrenze noch zurückgelegt werden kann, bei vorzeitigem Ausscheiden nicht erfüllt ist, die Leistung der betrieblichen Altersversorgung **erst nach Ablauf der Wartezeit** erhalten kann (BAG 21. 6. 1979 AP BetrAVG § 6 Nr. 2).

16   Im übrigen bedeutet die Regelung, daß bis auf Erfüllung der Altersvoraussetzung **alle Merkmale erfüllt sein müssen, die Voraussetzung für den Erwerb eines Leistungsanspruchs sind.** Der Versorgungsberechtigte muß allerdings im Augenblick des Eintritts des Versorgungsfalles noch nicht die Unverfallbarkeitsvoraussetzungen erfüllt haben. § 1 ordnet die Anwendung der Unverfallbarkeitsvorschriften für die Fälle an, daß der AN *vor* Eintritt des Versorgungsfalles aus dem Betrieb ausscheidet; hier hingegen scheidet aufgrund der besonderen Regelung des § 6 der AN *mit* Eintritt des Versorgungsfalles aus (BAG 28. 2. 1989 AP BetrAVG § 6 Nr. 16). Dies gilt allerdings nur, soweit der AN bis zum Eintritt *dieses* Versorgungsfalles dem Betrieb angehört hat. Scheidet jemand vorher mit einer verfallbaren Anwartschaft aus, so „heilt" § 6 diese Leistungsvoraussetzung nicht. Mit Beginn der vorzeitigen Altersrente entstehen nicht aus erloschenen Anwartschaften Ansprüche (BAG 21. 6. 1979 AP BetrAVG § 6 Nr. 2).

17   Aus der Entstehungsgeschichte ergibt sich, daß die **Beendigung des Arbeitsverhältnisses nicht zu den Voraussetzungen** für den Bezug der vorzeitigen Altersleistung aus der betrieblichen Altersversorgung gehört (*Blomeyer/Otto* Rn. 67; *Höhne* in *Heubeck/Höhne/Paulsdorff/Rau/Weinert*, Rn. 38; *Höfer* Rn. 2552). Dem AG steht es aber frei, die Leistung an eine sog. Ausscheidensklausel zu knüpfen (*Blomeyer/Otto* Rn. 68).

18   **4. Verlangen des AN.** Der AN muß den Anspruch auf vorzeitige Rentengewährung durch eine **rechtsgestaltende Willenserklärung** geltend machen. Adressat dieser Erklärung ist jeweils derjenige, der auch bei der normalem Geltendmachung des Anspruchs der Adressat wäre. Dies kann bei Insolvenz des AG auch der PSV sein (BGH 9. 6. 1980 AP BetrAVG § 17 Nr. 2).

III. Anspruch auf vorzeitige Altersleistung aus der betrieblichen Altersversorgung als Rechtsfolge

19   Bei Erfüllung der og. Voraussetzungen erwirbt der AN – ggf. unter Abweichung von der vorgesehenen Versorgungsregelung – einen Anspruch auf vorzeitige Altersleistung aus der betrieblichen Altersversorgung. Allerdings begründet § 6 nur einen **Anspruch im arbeitsrechtlichen Versorgungsverhältnis**, nicht aber im Versicherungsverhältnis zwischen AN und Versorgungsträger bei einer **mittelbaren Versorgungszusage** (s. auch *Blomeyer* AR-Blattei SD 460.4 Rn. 183).

IV. Anspruchsumfang

Nach der Rspr. des BAG (28. 3. 1995 AP BetrAVG § 1 Lebensversicherung Nr. 22) begründet das 20
auf § 6 gestützte Verlangen zwar einen Versorgungsfall, nicht aber kraft Gesetzes einen Versicherungsfall. Es läßt sich dem Wortlaut auch nicht entnehmen, daß ein weiterer Versicherungsfall eingeführt werden sollte. Der Ausdruck „Leistungen der betrieblichen Altersversorgung" beziehe sich nur auf das arbeitsrechtliche Versorgungsverhältnis. Das BAG leitet aus § 6 lediglich die **Verpflichtung des Versicherers** her, die Versicherungsbedingungen so auszugestalten, daß der AG den versorgungsberechtigten AN bei Inanspruchnahme der vorzeitigen Altersrente aus der gesetzlichen Rentenversicherung das Deckungskapital ohne Stornoabzug verschaffen kann (s. näher MünchArbR/*Ahrend/Förster* § 107 Rn. 18 ff.).

Bei einer **Unterstützungskassen-Versorgung** muß der AG dafür sorgen, daß die Unterstützungs- 21
kasse den Anforderungen des § 6 Rechnung trägt (so auch *Schaub* § 81 IV 7 a).

IV. Anspruchsumfang

1. Allgemeines. Die Vorschrift enthält keine Aussage über den Anspruchsumfang, regelt also nicht 22
die Frage, ob der AG oder sonstige Versorgungsverpflichtete die **Leistungen unter Berufung auf den vorzeitigen und damit typischerweise längeren Rentenbezug kürzen** darf. Die Rspr. des BAG geht zutreffend davon aus, daß der Gesetzgeber das Problem zwar gesehen hat, es aber **nicht regeln wollte**. Daß ein vorzeitiger Rentenbezug zu Kürzungen der betrieblichen Ruhegeldleistung führen darf, um den Gesamtaufwand nicht zu erhöhen, dürfte der Gesetzgeber als Konsequenz akzeptiert haben, zumal die vorzeitige Altersrente in der gesetzlichen Rentenversicherung ebenfalls zu einer niedrigeren Rente führt (BAG 1. 6. 1978 AP BetrAVG § 6 Nr. 1); dies gilt nicht nur für die vorzeitige Rentenbezug nach dem RG 1992, wo mit versicherungsmathematisch kalkulierten Abschlägen gearbeitet wird, die die längere Rentenbezugsdauer in Rechnung stellen, sondern auch schon nach altem Recht, wo sich der geringere Rentenbetrag aus der geringeren Anzahl von Beitragsjahren ergibt.

Die entscheidende Frage hier ist, welchen **Gestaltungsspielraum** der AG oder sonstige Versor- 23
gungsverpflichtete hat. Es ist unproblematisch, die Leistungshöhe unverändert zu lassen. Dies mag ein AG insb. dann praktizieren, wenn er AN vorzeitiges Ausscheiden attraktiv machen will. Insb. für Altzusagen taucht aber das Problem auf, ob und wie Ruhegeldleistungen zu kürzen sind, wenn sich eine dahingehende Abrede in der Versorgungsvereinbarung nicht findet.

Die Rspr. zieht als Maßstab sowohl für **die Kontrolle einschlägiger Regelungen als auch als** 24
Auslegungsmaßstab § 2 in analoger Anwendung heran (BAG 1. 6. 1978 AP BetrAVG § 6 Nr. 1; BGH 9. 6. 1980 AP BetrAVG § 17 Nr. 2). Dem Zweck des § 6 widerspräche es, wenn die Betriebsrenten unangemessen beschnitten würden. Es dürfte jedoch unbedenklich sein, die im Verhältnis zum Erwerb des vollen Altersruhegeldes kürzere Betriebszugehörigkeit zu berücksichtigen; das lasse sich aus einer analogen Anwendung des in § 2 niedergelegten **Teilwertgedankens** herleiten. Darüber hinaus sieht das BAG als sachgerechtes Kriterium auch die wegen des früheren Renteneintritts voraussichtlich längere Rentenbezugszeit an.

2. Vereinbarungen der Vertragsparteien. Das BAG verneint allerdings eine **Rechtspflicht, die** 25
Betriebsrente bei vorzeitiger Inanspruchnahme entsprechend § 2 ratierlich zu berechnen (BAG 28. 3. 1995 AP BetrAVG § 6 Nr. 21). Der Gestaltungsspielraum des AG bzw. sonstigen Versorgungsverpflichteten geht vielmehr darüber hinaus. Die Rspr. prüft derartige Kürzungsmaßnahmen oder -klauseln nach dem Maßstab des § 315 III BGB. Der AG hat außerdem den arbeitsrechtlichen Gleichbehandlungsgrundsatz zu beachten und etwa bestehenden betrieblichen Übungen Rechnung zu tragen.

Insgesamt erscheint es als **problematisch, genaue Vorgaben zu machen** und bestimmte Berech- 26
nungsmethoden zu favorisieren. Es liegt aber nahe, sich an den versicherungsmathematischen Abschlägen zu orientieren, die bei vorzeitiger Inanspruchnahme in der gesetzlichen Rentenversicherung ab 2001 vorgesehen sind. Das bedeutet eine Minderung der Rente für jedes Jahr des Vorziehens um 3,6%. Höhere Abschläge können gleichwohl noch akzeptabel sein, wenn sie sich versicherungsmathematisch rechtfertigen lassen. So sieht das BAG in einem Fall, in dem der PSV Versorgungsträger ist, einen Kürzungssatz von 0,5% pro Monat = 6% pro Jahr nicht als unbillig an (BAG 20. 4. 1982 AP BetrAVG § 6 Nr. 4). Es handele sich dabei um eine stark vereinfachende Pauschale, die in den Versorgungsordnungen der Betriebspraxis verbreitet sei und sich in der Mitte einer denkbaren Skala versicherungsmathematischer Abschläge bewege. Ein solches Pauschalverfahren sei aus der Sicht des Trägers der Insolvenzsicherung wegen der Massenhaftigkeit der abzuwickelnden Rechtsbeziehungen sachgerecht. Die Praxis sieht auch einen Kürzungssatz von 0,7% pro Monat (= 8,4% pro Jahr) noch als gerechtfertigt an (*Heubeck* in Heubeck/Höhne/Paulsdorff/Rau/Weinert Rn. 138). Im Rahmen seiner Inhaltskontrolle hält das BAG etwa eine Versorgungsregelung nicht für unbillig, die für die Berechnung der vorzeitigen Altersrente auf die tatsächlich Im Zeitpunkt des Ausscheidens erdiente Rente abstellt und auf versicherungsmathematische Abschläge ebenso verzichtet wie auf eine zeitratierliche Kürzung (BAG 29. 7. 1997 NZA 1998, 543).

27 Wird die betriebliche Altersversorgung als **einmalige Kapitalleistung** gewährt, so kann eine längere Rentenbezugszeit keine Rolle spielen. Relevant kann deshalb hier nur die kürzere Betriebszugehörigkeit und ggf. der negative Zinseffekt sein.

28 Genau umgekehrt ist die Situation bei AN, die mit **unverfallbaren Anwartschaften vorzeitig ausgeschieden** sind. Hier ist der Maßstab „verkürzte Betriebszugehörigkeit" irrelevant. Es kann vielmehr nur gehen um den negativen Zinseffekt und die längere Rentenbezugsdauer.

29 **3. Ergänzende Vertragsauslegung.** Ist keine ausdrückliche Abrede für eine Rentenkürzung in der Versorgungsvereinbarung festzustellen, so bedarf es der **ergänzenden Vertragsauslegung** (BAG 13. 3. 1990 AP BetrAVG § 6 Nr. 17). Stammt die Versorgungsordnung aus der Zeit vor Inkrafttreten des BetrAVG, so bedarf es einer Auslegung zur Beantwortung der Frage, ob die Parteien eine Kürzung vereinbart hätten und welchen Maßstab sie angewandt haben würden. Bei jüngeren Versorgungszusagen kann aus der Nichterwähnung einer Kürzungsmöglichkeit je nach Lage des Einzelfalles geschlossen werden, daß eine Kürzung bei vorzeitigem Rentenbezug nicht beabsichtigt ist.

30 Das BAG **beschränkt die Kürzungsmöglichkeit auf den Maßstab des § 2,** wenn die Versorgungsordnung in Kenntnis von Gesetzgebung und Rspr. nicht geändert worden ist (BAG 11. 9. 1980 AP BetrAVG § 6 Nr. 3; s. auch BAG 29. 7. 1997 NZA 1998, 545). Diese Auslegungsregel gilt nur dann nicht, wenn sich aus der Versorgungszusage Anhaltspunkte dafür ergeben, daß die Parteien die ungeregelt gebliebene Frage anders geregelt haben würden, wenn sie sie bedacht hätten. Ein versicherungsmathematischer Abschlag kann in einem solchen Fall nicht vorgenommen werden (BAG 24. 6. 1986 AP BetrAVG § 6 Nr. 12). Wenn ein bereits vorher mit einer unverfallbaren Anwartschaft ausgeschiedener AN die Altersrente vorzeitig in Anspruch nimmt, so kann bei fehlender Kürzungsabrede ebenfalls kein versicherungsmathematischer Abschlag vorgenommen werden. Die dem AN bei vorzeitiger Inanspruchnahme zustehende Rente darf dann allerdings noch einmal zeitanteilig um den Unverfallbarkeitsfaktor (§ 2 I) gekürzt werden (BAG 13. 3. 1990 AP BetrAVG § 6 Nr. 17). Wird aber etwa in einer Versorgungsordnung den Mitarbeitern ein betriebliches Altersruhegeld gewährt, wenn sie die „Altersgrenze zum Bezug von Altersrenten nach den derzeit geltenden Sozialversicherungsgesetzen ..." erreichen, und enthält die Versorgungsordnung keine ausdrückliche Kürzungsregelung, so geht das BAG davon aus, daß hier auf die unterschiedlichen Altersrenten der gesetzlichen Rentenversicherung verwiesen wird und eine Kürzung ausgeschlossen ist (BAG 21. 8. 1990 AP BetrAVG § 6 Nr. 19).

31 Die Heranziehung von § 2 durch das BAG mag einen **für die Praxis handhabbaren Maßstab** liefern, krankt jedoch daran, daß § 2 die Höhe einer noch nicht fälligen Leistung bestimmt, die erst mit Eintritt des Versorgungsfalles zu einer fälligen wird, während es sich hier um die Höhe einer fälligen Leistung handelt (*Ahrend/Förster/Rößler* Anm. zu AP BetrAVG § 6 Nr. 1).

32 Diese vom BAG vorgeschlagenen Maßstäbe ergänzender Vertragsauslegung **funktionieren nicht ohne weiteres bei mittelbaren Versorgungszusagen,** da im Versicherungsverhältnis der Versicherer nur zur Erbringung von Leistungen verpflichtet werden kann, die sich unmittelbar aus dem Versicherungsverhältnis ergeben. Im Versorgungsverhältnis bewirkt dann § 6 eine Leistungsverschaffungspflicht des AG. Bei ergänzender Vertragsauslegung ist aber im Zweifel anzunehmen, daß die Parteien keinen über die Leistungspflicht des Versicherers hinausgehenden Verpflichtungsumfang vereinbart haben würden (so auch *Blomeyer/Otto* Rn. 169).

33 Sieht eine Versorgungsordnung eine **Höchstbegrenzungsklausel** vor, so ist diese bei der Berechnung vorgezogener Altersleistungen aus der betrieblichen Altersversorgung im Zweifel außer Betracht zu lassen. Die Obergrenze dient der Vermeidung einer Überversorgung; Renten sind deshalb erst bei Überschreiten der Höchstgrenzen zu kürzen (BAG 8. 5. 1990 AP BetrAVG § 6 Nr. 18). Allerdings ist diese Auslegungsregel nicht ohne weiteres auf Fallgestaltungen übertragbar, in denen es um die Berechnung einer Teilrente aufgrund einer unverfallbaren Versorgungsanwartschaft geht, die dann später mit Eintritt in den vorzeitigen Ruhestand der gesetzlichen Rentenversicherung geltend gemacht wird (BAG 28. 3. 1995 AP BetrAVG § 6 Nr. 21). Das BAG will grds. auf den **Sinn und Zweck einer Höchstbegrenzungsklausel** abstellen (BAG 10. 1. 1984 AP BetrAVG § 2 Nr. 4), was als solches sicher zutreffend ist; wenn aber das BAG dann differenziert zwischen Gesamtversorgungsgrenzen, die nur zur Vermeidung von Überversorgung dienen sollen und solchen, die als Berechnungsfaktor unabhängig davon dienen, ob der AN eine hohe oder eine niedrige Betriebsrente erhält, so wird eine Differenzierung eingeführt, die offenbar in der Praxis so nicht durchführbar ist (*Höfer* Rn. 2671). Es wird deshalb vorgeschlagen, eine fiktive Betriebsrente auf den Zeitpunkt des Erreichens der Altersrente zu berechnen (*Höfer* Rn. 2671; *Blomeyer/Otto* Rn. 179).

V. Wegfall der Altersrente aus der gesetzlichen Rentenversicherung

34 Wenn das Gesetz eine Verknüpfung zwischen gesetzlicher Rentenversicherung und betrieblicher Altersversorgung bei der Inanspruchnahme vorzeitiger Altersrente vornimmt, muß es konsequenterweise auch sicherstellen, daß bei **späterem Fortfall der Rente aus der gesetzlichen Rentenversicherung** auch die Zahlung der betrieblichen Altersleistung wieder eingestellt werden kann. Ein solcher

Fall kann eintreten, wenn die **Hinzuverdienstgrenze** überschritten wird (§ 34 II und III SGB VI) oder – weniger typisch – wenn von einer Vollrente zu einer Teilrente (§ 42 SGB VI) übergegangen wird.

Vorzeitige Renten aus der gesetzlichen Rentenversicherung fallen nach § 34 II SGB VI voll- 35 ständig weg; dies muß allerdings nicht zu einem vollständigen Verlust des Rentenanspruchs führen, da statt der Vollrente uU eine Teilrente in Anspruch genommen werden kann; insofern gelten höhere Hinzuverdienstgrenzen (§ 34 III Nr. 2 SGB VI). Der Rentenanspruch aus der gesetzlichen Rentenversicherung entfällt nur dann vollständig, wenn auch diese Hinzuverdienstgrenzen überschritten sind (s. auch *Wannagat/Schmitt* § 34 SGB VI Rn. 7).

Der AG kann in diesen Fällen die **Leistungen der betrieblichen Altersversorgung einstellen.** Dies 36 gilt nicht nur bei vollständigem Wegfall der Rente aus der gesetzlichen Rentenversicherung, sondern auch bei Reduzierung auf einen Teilbetrag. Der AG kann die betriebliche Versorgungsleistung auch weiterzahlen, hat also insoweit ein Wahlrecht. Bei der Gewährung einmaliger Kapitalleistungen ist S. 2 von seinem Sinn und Zweck her nicht anwendbar (*Höfer* Rn. 2580; *Blomeyer/Otto* Rn. 193).

S. 2 betrifft nur das **arbeitsrechtliche Versorgungsverhältnis.** Der AG ist daraus berechtigt, die 37 Einstellung der Versorgungsleistungen zu veranlassen. Der Vollzug der Einstellung im Versicherungsverhältnis kann allerdings wegen der existierenden Vereinbarungen im Versicherungsverhältnis problematisch sein.

Fällt später die **rentenschädliche Beschäftigung wieder weg,** so entsteht wiederum der Anspruch 38 auf vorgezogene Altersrente aus der gesetzlichen Rentenversicherung und damit auch wieder ein Anspruch auf vorgezogene Altersleistungen aus der betrieblichen Altersversorgung. Insofern bedarf es dann einer erneuten Berechnung einer möglichen Kürzung, wofür auf die obigen Überlegungen verwiesen wird. Regelmäßig dürfte für diesen Fall die Versorgungszusage keine ausdrückliche Regelung enthalten. Es ist deshalb – falls vorhanden – auf die allgemeine Abrede zur Kürzung wegen vorzeitigen Rentenbezuges abzustellen oder auf die Grundsätze der ergänzenden Vertragsauslegung zurückzugreifen.

Bei **Vollendung des 65. Lebensjahres** erfüllt der AN die Leistungsvoraussetzungen für die reguläre 39 Altersleistung aus der betrieblichen Altersversorgung. Diese Leistung muß ihm angesichts des vorzeitigen Rentenbezugs in ihrer ursprünglich vorgesehenen Höhe nicht ungeschmälert zustehen. Es liegt nahe, bei vorzeitigem Altersrentenbezug für die gesamte Laufzeit der Rente eine niedrigere Leistung vorzusehen, so daß es bei Vollendung des 65. Lebensjahres nicht zu einer erneuten Berechnung kommen muß. Dies entspricht der Praxis der gesetzlichen Rentenversicherung.

Der AG oder sonstige Versorgungsträger sind beim Wegfall der Rente aus der gesetzlichen Rentenver- 40 sicherung angewiesen auf **die Information durch den AN.** Deshalb legt S. 3 diesem die Verpflichtung auf, die Aufnahme oder Ausübung einer Beschäftigung, die zu einem Wegfall oder zu einer Beschränkung der Altersrente aus der gesetzlichen Rentenversicherung führt, dem AG oder sonstigen Versorgungsträger unverzüglich mitzuteilen. Leistungsunschädliche Hinzuverdienste hat der AN also nicht mitzuteilen. Adressaten der Mitteilung sind AG und sonstiger Versorgungsträger je nach Funktion im Rahmen der Gewährung vorzeitiger Altersleistungen aus der betrieblichen Altersversorgung. Eine Verletzung der Mitteilungspflicht führt zu einer rechtsgrundlosen Leistung der betrieblichen Altersversorgung mit der Konsequenz eines Rückforderungsanspruchs nach § 812 I 1 BGB sowie zu Schadensersatzansprüchen aus Verletzung einer Nebenpflicht des Arbeitsvertrages. Denkbar ist auch ein Schadensersatzanspruch nach § 823 II BGB, da § 6 S. 3 ein Schutzgesetz im Sinne dieser Vorschrift darstellt, denn es schützt die Vermögensinteressen der Versorgungsträger (*Blomeyer/Otto* Rn. 227; *Höfer* Rn. 2597).

Vierter Abschnitt. Insolvenzsicherung

§ 7 Umfang des Versicherungsschutzes

(1) [Versorgungsansprüche] ¹ Versorgungsempfänger, deren Ansprüche aus einer unmittelbaren Versorgungszusage des Arbeitgebers nicht erfüllt werden, weil über das Vermögen des Arbeitgebers oder über seinen Nachlaß das Insolvenzverfahren eröffnet worden ist, und ihre Hinterbliebenen haben gegen den Träger der Insolvenzsicherung einen Anspruch in Höhe der Leistung, die der Arbeitgeber aufgrund der Versorgungszusage zu erbringen hätte, wenn das Insolvenzverfahren nicht eröffnet worden wäre. ² Satz 1 gilt entsprechend, wenn Leistungen aus einer Direktversicherung aufgrund der in § 1 Abs. 2 Satz 3 genannten Tatbestände nicht gezahlt werden und der Arbeitgeber seiner Verpflichtung nach § 1 Abs. 2 Satz 3 wegen der Eröffnung des Insolvenzverfahrens nicht nachkommt oder wenn eine Unterstützungskasse die nach ihrer Versorgungsregelung vorgesehene Versorgung nicht erbringt, weil über das Vermögen oder den Nachlaß eines Arbeitgebers, der der Unterstützungskasse Zuwendungen leistet (Trägerunternehmen), das Insolvenzverfahren eröffnet worden ist. ³ § 11 des Versicherungsvertragsgesetzes findet entsprechende

Anwendung. ⁴ Der Eröffnung des Insolvenzverfahrens stehen bei der Anwendung der Sätze 1 bis 3 gleich
1. die Abweisung des Antrags auf Eröffnung des Insolvenzverfahrens mangels Masse,
2. der außergerichtliche Vergleich (Stundungs-, Quoten- oder Liquidationsvergleich) des Arbeitgebers mit seinen Gläubigern zur Abwendung eines Insolvenzverfahrens, wenn ihm der Träger der Insolvenzsicherung zustimmt,
3. die vollständige Beendigung der Betriebstätigkeit im Geltungsbereich dieses Gesetzes, wenn ein Antrag auf Eröffnung des Insolvenzverfahrens nicht gestellt worden ist und ein Insolvenzverfahren offensichtlich mangels Masse nicht in Betracht kommt.

(1 a) [Anspruchszeitraum] ¹ Der Anspruch gegen den Träger der Insolvenzsicherung entsteht mit dem Beginn des Kalendermonats, der auf den Eintritt des Sicherungsfalles folgt. ² Der Anspruch endet mit Ablauf des Sterbemonats des Begünstigten, soweit in der Versorgungszusage des Arbeitgebers nicht etwas anderes bestimmt ist. ³ In den Fällen des Absatzes 1 Satz 1 und 4 Nr. 1 und 3 umfaßt der Anspruch auch rückständige Versorgungsleistungen, soweit diese bis zu sechs Monaten vor Entstehen der Leistungspflicht des Trägers der Insolvenzsicherung entstanden sind.

(2) [Versorgungsanwartschaften] ¹ Personen, die bei Eröffnung des Insolvenzverfahrens oder bei Eintritt der nach Absatz 1 Satz 4 gleichstehenden Voraussetzungen (Sicherungsfall) eine nach § 1 unverfallbare Versorgungsanwartschaft haben, und ihre Hinterbliebenen haben bei Eintritt des Versorgungsfalls einen Anspruch gegen den Träger der Insolvenzsicherung, wenn die Anwartschaft beruht
1. auf einer unmittelbaren Versorgungszusage des Arbeitgebers oder
2. auf einer Direktversicherung und der Arbeitnehmer hinsichtlich der Leistungen des Versicherers widerruflich bezugsberechtigt ist oder die Leistungen aufgrund der in § 1 Abs. 2 Satz 3 genannten Tatbestände nicht gezahlt werden und der Arbeitgeber seiner Verpflichtung aus § 1 Abs. 2 Satz 3 wegen der Eröffnung des Insolvenzverfahrens nicht nachkommt.
² Satz 1 gilt entsprechend für Personen, die zum Kreis der Begünstigten einer Unterstützungskasse gehören, wenn der Sicherungsfall bei einem Trägerunternehmen eingetreten ist. ³ Die Höhe des Anspruchs richtet sich nach der Höhe der Leistungen gemäß § 2 Abs. 1 und 2 Satz 2, bei Unterstützungskassen nach dem Teil der nach der Versorgungsregelung vorgesehenen Versorgung, der im Verhältnis der Dauer der Betriebszugehörigkeit zu der Zeit vom Beginn der Betriebszugehörigkeit bis zum Erreichen der in der Versorgungsregelung vorgesehenen festen Altersgrenze entspricht; § 2 Abs. 5 ist entsprechend anzuwenden. ⁴ Für die Berechnung der Höhe des Anspruchs nach Satz 3 wird die Betriebszugehörigkeit bis zum Eintritt des Sicherungsfalles berücksichtigt.

(3) [Höchstgrenze] ¹ Ein Anspruch auf laufende Leistungen gegen den Träger der Insolvenzsicherung beträgt im Monat höchstens das Dreifache der im Zeitpunkt der ersten Fälligkeit maßgebenden monatlichen Bezugsgröße gemäß § 18 des Vierten Buches Sozialgesetzbuch. ² Satz 1 gilt entsprechend bei einem Anspruch auf Kapitalleistungen mit der Maßgabe, daß zehn vom Hundert der Leistung als Jahresbetrag einer laufenden Leistung anzusetzen sind. ³ Im Falle einer Entgeltumwandlung (§ 1 Abs. 5) treten anstelle der Höchstgrenzen drei Zehntel der monatlichen Bezugsgröße gemäß § 18 des Vierten Buches Sozialgesetzbuch, wenn nicht eine nach Barwert oder Deckungskapital mindestens gleichwertige, vom Arbeitgeber finanzierte betriebliche Altersversorgung besteht.

(4) [Anzurechnende Leistungen] ¹ Ein Anspruch auf Leistungen gegen den Träger der Insolvenzsicherung vermindert sich in dem Umfang, in dem der Arbeitgeber oder sonstige Träger der Versorgung die Leistungen der betrieblichen Altersversorgung erbringt. ² Wird im Insolvenzverfahren ein Insolvenzplan bestätigt, vermindert sich der Anspruch auf Leistungen gegen den Träger der Insolvenzsicherung insoweit, als nach dem Insolvenzplan der Arbeitgeber oder sonstige Träger der Versorgung einen Teil der Leistungen selbst zu erbringen hat. ³ Sieht der Insolvenzplan vor, daß der Arbeitgeber oder sonstige Träger der Versorgung die Leistungen der betrieblichen Altersversorgung von einem bestimmten Zeitpunkt an selbst zu erbringen hat, entfällt der Anspruch auf Leistungen gegen den Träger der Insolvenzsicherung von diesem Zeitpunkt an. ⁴ Die Sätze 2 und 3 sind für den außergerichtlichen Vergleich nach Absatz 1 Satz 4 Nr. 2 entsprechend anzuwenden. ⁵ Im Insolvenzplan soll vorgesehen werden, daß bei einer nachhaltigen Besserung der wirtschaftlichen Lage des Arbeitgebers die vom Träger der Insolvenzsicherung zu erbringenden Leistungen ganz oder zum Teil vom Arbeitgeber oder sonstigen Träger der Versorgung wieder übernommen werden.

(5) [Versicherungsmißbrauch] ¹ Ein Anspruch gegen den Träger der Insolvenzsicherung besteht nicht, soweit nach den Umständen des Falles die Annahme gerechtfertigt ist, daß es der alleinige oder überwiegende Zweck der Versorgungszusage oder ihre Verbesserung oder der für die Direktversicherung in § 1 Abs. 2 Satz 3 genannten Tatbestände gewesen ist, den Träger der Insolvenzsicherung in Anspruch zu nehmen. ² Diese Annahme ist insbesondere dann gerecht-

fertigt, wenn bei Erteilung oder Verbesserung der Versorgungszusage wegen der wirtschaftlichen Lage des Arbeitgebers zu erwarten war, daß die Zusage nicht erfüllt werde. ³ Verbesserungen der Versorgungszusagen werden bei der Bemessung der Leistungen des Trägers der Insolvenzsicherung nicht berücksichtigt, soweit sie in den beiden letzten Jahren vor dem Eintritt des Sicherungsfalls vereinbart worden sind.

(6) [Katastrophenfall] Ist der Sicherungsfall durch kriegerische Ereignisse, innere Unruhen, Naturkatastrophen oder Kernenergie verursacht worden, kann der Träger der Insolvenzsicherung mit Zustimmung des Bundesaufsichtsamtes für das Versicherungswesen die Leistungen nach billigem Ermessen abweichend von den Absätzen 1 bis 5 festsetzen.

I. Normzweck

Diese Vorschrift ist die **zentrale Norm für den Insolvenzschutz** in der betrieblichen Altersversorgung. Die §§ 7 bis 15 schaffen ein System, durch das der AN und Ruheständler vor der Zahlungsunfähigkeit des AG geschützt werden soll (s. näher *Windel/Hoppenrath* H-BetrAV 100). Im Mittelpunkt dieses Systems steht der **PSV**, der zwar ein privatrechtlicher Versicherungsverein auf Gegenseitigkeit ist, dem aber aufgrund dieses Gesetzes auch hoheitliche Befugnisse eingeräumt sind. Erfaßt werden die **Durchführungswege bzw. die Ausgestaltungen von Durchführungswegen, bei denen die Insolvenz des AG zu einer Gefährdung der Ansprüche und Anwartschaften führt und eine anderweitige Sicherung nicht gegeben ist.** Da Lebensversicherungs-Unternehmen als Träger der Direktversicherung und Pensionskassen der Aufsicht durch das Bundesaufsichtsamt für das Versicherungswesen unterliegen, besteht insoweit grds. kein Bedürfnis nach einer speziellen betriebsrentenrechtlichen Insolvenzsicherung, da durch das VAG in ausreichender Weise der Schutz von Anwartschaften und Ansprüchen sichergestellt ist. Deshalb wird eine Versorgung durch Pensionskassen nicht durch die Insolvenzsicherung nach den §§ 7 ff. erfaßt und eine betriebliche Altersversorgung durch Direktversicherung nur dann, wenn der AN hinsichtlich der Leistungen des Versicherers nur widerruflich bezugsberechtigt ist oder die Ansprüche aus dem Versicherungsvertrag durch den AG beliehen oder an Dritte abgetreten sind. In diesen Fällen kann bei bestehender Direktversicherung die Insolvenz des AG die Ansprüche und Anwartschaften der AN und Ruheständler gefährden. 1

§ 7 schafft deshalb einen **versicherungsrechtlichen Anspruch gegen den Träger der Insolvenzsicherung für die Inhaber von Versorgungsansprüchen und Versorgungsanwartschaften**, nennt die Voraussetzungen und die in Frage kommenden Fallgruppen und bestimmt den Umfang des Insolvenzschutzes. § 7 ergänzt § 1 insofern, als Anwartschaften nach Erfüllung der Unverfallbarkeitsvoraussetzungen somit nicht nur bei vorzeitigem Ausscheiden, sondern auch bei Insolvenz des AG geschützt sind. Der Träger der Insolvenzsicherung steht nur in dem Umfang ein, in dem auch der AG zur Leistung verpflichtet war und nur so weit, wie der AG zur Leistung nicht in der Lage ist. Daher besteht keine Leistungspflicht des PSV, wenn in einem früheren Prozeß rechtskräftig entschieden wurde, daß dem AN keinerlei Versorgungsansprüche gegen den AG zustehen (BAG 23. 3. 1999 NZA 1999, 652). In diesem Fall fehlt es auch an § 7 I, II erforderlichen Ursächlichkeit. 2

Seit dem **1. 1. 1999** gilt § 7 in einer durch das EGInsO und später noch einmal das RRG 1999 geänderten Fassung. Die Vorschrift wurde dem Sprachgebrauch der InsO angepaßt (Insolvenzverfahren statt Konkursverfahren); der Leistungsfall der wirtschaftlichen Notlage (Abs. 1 Nr. 5) ist ebenso entfallen wie die Unterscheidung zwischen Konkurs- und Vergleichsverfahren (Abs. 1 Nr. 1 und 2). In Abs. 1 wird § 11 VVG für entsprechend anwendbar erklärt, womit sich die bisher erforderliche Analogie erübrigt. Die Höchstgrenze des Anspruchs gegen den Träger der Insolvenzsicherung (Abs. 3) wurde gesenkt, indem vom Dreifachen der Beitragsbemessungsgrenze in der gesetzlichen Rentenversicherung zum Dreifachen der Bezugsgröße nach § 18 SGB IV (Durchschnittsentgelt der gesetzlichen Rentenversicherung) übergegangen wurde. Zusätzlich eingefügt ist ein neuer Abs. 4. Schließlich wird durch den durch das RRG 1999 eingefügten Abs. 1a zur Verwaltungsvereinfachung bestimmt, daß für Beginn und Ende der Leistungspflicht des Trägers der Insolvenzsicherung auf ganze Monate abgestellt wird. Zur Behandlung von Sicherungsfällen, die vor dem 1. 1. 1999 eingetreten sind vgl. § 31. 3

In § 7 I ist der **Insolvenzschutz von Versorgungsansprüchen** geregelt. Abs. 2 enthält die korrespondierende Regelung für **Anwartschaften**. In Abs. 3 wird der **Anspruch gegen den Träger der Insolvenzsicherung der Höhe nach begrenzt**, während Abs. 4 den **Grundsatz der Ausfallhaftung des Trägers der Insolvenzsicherung** betont, wenn er auf anzurechnende Leistungen der betrieblichen Altersversorgung verweist. Die Abs. 5 und 6 betreffen entsprechend allgemeinen versicherungsrechtlichen Grundsätzen den Fall des Versicherungsmißbrauchs und den Katastrophenfall. 4

Durch den Insolvenzschutz werden AN und Betriebsrentner gegen das **Risiko der Insolvenz des AG** abgesichert. Zusammen mit dem Insolvenzgeld nach §§ 183 ff. SGB III (früher Konkursausfallgeld nach §§ 141 a ff. AFG) stellt sie einen fundierten Schutz der Ansprüche des AN bei Insolvenz des AG dar. Dieser Gedanke hat inzwischen auch im europäischen Recht seinen Niederschlag gefunden; die Richtlinie des Rates zur Angleichung der Rechtsvorschriften der Mitgliedstaaten über den Schutz von AN bei Zahlungsunfähigkeit des Arbeitgebers (80/987/EWG v. 20. 10. 1980 ABl. EG Nr. L 283, 5

S. 23) verlangt die Schaffung eines Systems zum Schutz von AN und Versorgungsberechtigten gegen das Risiko der Zahlungsunfähigkeit bei Zusatzversorgungssystemen (§ 8 der Richtlinie).

6 Gegen das Risiko der Insolvenz **gesichert sind nur Versorgungsansprüche sowie unverfallbare Versorgungsanwartschaften.** Die §§ 7 bis 15 sichern deshalb Leistungen der betrieblichen Altersversorgung grds. in dem Umfang ab, in dem die §§ 1 bis 6 und 16 Anwartschaften und Leistungen der betrieblichen Altersversorgung arbeitsrechtlich sichern. Es kommt nicht auf den Fortbestand des Arbeitsverhältnisses bis zum Versorgungsfall an (so noch einmal ausdrücklich BAG 8. 6. 1999 NZA 1999, 1215). Das Gesetz unterscheidet zwischen Versorgungsempfängern und Personen mit nach § 1 unverfallbaren Anwartschaften. Der Insolvenzschutz erstreckt sich nicht auf Versorgungsanwartschaften, die beim Eintritt der Insolvenz noch verfallbar waren, auf vertraglich unverfallbare Versorgungsanwartschaften und auf Versorgungsansprüche, deren Höhe die Grenzen des § 7 III übersteigt. Um in diesen Fällen dem Versorgungsberechtigten Insolvenzschutz zu gewähren, müssen die Parteien den Versorgungsanspruch insolvenzsicher ausgestalten. In Betracht kommen neben der Versorgung durch eine Pensionskasse oder eine Direktversicherung mit unwiderruflichem Bezugsrecht auch zivilrechtliche Gestaltungsmöglichkeiten wie zB die Verpfändung einer Rückdeckungsversicherung (hierzu *Blomeyer* BetrAV 1999, 17 f.).

II. Insolvenzschutz bei Versorgungsansprüchen

7 § 7 I ist formuliert als **Anspruch des Versorgungsempfängers** gegen die Versicherung in Gestalt des **PSV.** Damit sind gesichert Ansprüche eines Empfängers von Leistungen aus der betrieblichen Altersversorgung. S. 1 benennt als Sicherungsgegenstand Ansprüche aus einer unmittelbaren Versorgungszusage des AG. Als **versichertes Risiko** wird bezeichnet der **Forderungsausfall infolge der Eröffnung des Insolvenzverfahrens über das Vermögen des AG oder seines Nachlasses.** Diese Grundregelung wird dann in den weiteren Sätzen des Abs. 1 modifiziert und erweitert. Zum einen wird in S. 2 der Schutz ausgedehnt auf mittelbare Versorgungszusagen insofern, als S. 1 auch gilt, wenn Leistungen aus einer Direktversicherung nicht gezahlt werden, weil der AG die Ansprüche aus dem Versicherungsvertrag abgetreten oder beliehen hat oder eine von ihm eingeschaltete Unterstützungskasse die Leistungen nicht erbringt, sofern der Leistungsausfall auf die Eröffnung des Insolvenzverfahrens über das Vermögen oder den Nachlaß des AG zurückzuführen ist. Zum anderen wird in den S. 3 und 4 der Insolvenzfall Eröffnung des Insolvenzverfahrens über das Vermögen oder den Nachlaß des AG um weitere Fälle erweitert.

8 **1. Versorgungsanspruch.** Wenn das Gesetz Ansprüche des Versorgungsempfängers sichert, so bedeutet dies, daß es sich hier um **Leistungen der betrieblichen Altersversorgung** iSd. BetrAVG handeln muß. Versorgungsleistungen, die jemand nach seinem vorzeitigen Ausscheiden aus dem Betrieb erhält, sind dann im Falle des Alters nicht als Leistung der betrieblichen Altersversorgung anzusehen, wenn die Voraussetzungen des § 6 nicht erfüllt sind (ähnlich BGH 2. 7. 1984 DB 1984, 2558).

9 Mit dem Begriff des **Versorgungsanspruchs** grenzt das Gesetz den Anwendungsbereich des Abs. 1 gegenüber den **Anwartschaften** ab. Ein Anspruch ist danach gegeben, wenn aus der bedingten Berechtigung (Anwartschaft) nach Erfüllung der vereinbarten Bedingung das Vollrecht geworden ist. Auf die Fälligkeit des Anspruchs kommt es nicht an, denn auch ein Anspruch auf künftige Leistungen kann ein Anspruch sein, der nicht erfüllt wird, weil über das Vermögen des AG oder seinen Nachlaß das Insolvenzverfahren eröffnet wird (BGH 14. 7. 1980 AP BetrAVG § 7 Nr. 5). Maßgebend ist die Versorgungsberechtigung und nicht der tatsächliche Zahlungsbeginn.

10 Das bedeutet zugleich, daß der **Eintritt des Versorgungsfalles vor Insolvenzeröffnung nicht Voraussetzung für § 7 I ist** (BGH 16. 6. 1980 AP BetrAVG § 7 Nr. 7). Nur so kann auch eine sinnvolle Abstimmung mit § 7 II hergestellt werden; es können solche Personen nicht lediglich Anwartschaftsinhabern gleichgestellt werden, die von ihrer zum Vollrecht erstarkten Versorgungsberechtigung bis zum Sicherungsfall lediglich tatsächlich noch keinen Gebrauch gemacht haben. Anders ist dies nur, wenn die Beendigung des Arbeitsverhältnisses nach der Versorgungsvereinbarung Anspruchsvoraussetzung ist (*Blomeyer/Otto* Rn. 24; *Höfer* Rn. 2721). Einen **Grenzfall** stellt **die Situation des § 6** dar, wenn der AN bis auf die von ihm selbst vorzunehmende Geltendmachung des Anspruchs nach § 6 S. 1 alle Voraussetzungen erfüllt hat. Hier wird man es als ausreichend ansehen müssen, wenn der Berechtigte unter Nachweis des gesetzlichen Rentenanspruchs auf irgendeine Weise zu erkennen gibt, nunmehr vorzeitige Altersleistungen aus der betrieblichen Altersversorgung beziehen zu wollen (BGH 9. 6. 1980 AP BetrAVG § 17 Nr. 2).

11 Das Erfordernis eines Versorgungsanspruchs bedeutet aber auch, daß ein **Hinterbliebener so lange nur eine Anwartschaft hat, auf die Abs. 2 anzuwenden ist, wie der Versorgungsfall „Tod des Berechtigten"** nicht eingetreten ist. Wenn der Hinterbliebene hingegen bereits Hinterbliebenenleistungen erhält, ist er insoweit Inhaber eines Versorgungsanspruchs. Erhält der unmittelbar Versorgungsberechtigte bereits Leistungen und tritt der die Hinterbliebenenrente auslösende Versorgungsfall erst später ein, so geht das Gesetz davon aus, daß die Hinterbliebenenleistungen bereits vor Eintritt

II. Insolvenzschutz bei Versorgungsansprüchen

dieses Versorgungsfalles als unter Abs. 1 fallende Ansprüche zu behandeln sind. Dies wird auch damit begründet, daß der Versorgungsanspruch der Hinterbliebenen stets auf dem Rentenstammrecht des AN beruht und deshalb das Schicksal der Hauptrente teilt (BAG 12. 6. 1990 AP BetrAVG § 1 Hinterbliebenenversorgung Nr. 10; *Blomeyer/Otto* Rn. 28; *Paulsdorff* Rn. 45).

2. Versorgungsempfänger. Anspruchsberechtigte nach Abs. 1 S. 1 sind Versorgungsempfänger 12 und ihre Hinterbliebenen, sofern Ansprüche aus einer unmittelbaren Versorgungszusage des AG aufgrund der Insolvenz nicht erfüllt werden können. Versorgungsempfänger ist, wer einen Anspruch auf Versorgungsleistung hat; erforderlich ist daher nicht, daß der Betreffende bereits eine Ruhegeldzahlung erhalten hat, wie dies der Wortlaut nahezulegen scheint (BAG 26. 1. 1999 NZA 1999, 711). Zu den Anspruchsberechtigten sind **auch die sog. technischen Rentner** zu zählen, dh. diejenigen AN, die zwar nach der Versorgungsvereinbarung alle Voraussetzungen für den Leistungsbezug erfüllen, aber noch weiterarbeiten (BGH 9. 6. 1980 AP BetrAVG § 17 Nr. 2). Zu den technischen Rentnern sind auch diejenigen zu zählen, die nach der Versorgungsordnung Invaliditätsleistungen in Anlehnung an die gesetzliche Rentenversicherung beanspruchen können, soweit sie vor oder auch nach Eintritt des Insolvenzfalles einen Antrag auf Erwerbsminderungsrente beim zuständigen Träger der gesetzlichen Rentenversicherung gestellt haben (so *Paulsdorff* Rn. 47).

3. Versorgungsleistungen. Gesicherte Versorgungsleistungen sind solche aus einer **unmittelbaren** 13 **Versorgungszusage, Leistungen einer Unterstützungskasse** sowie solche der **Direktversicherung.** Letztere sind gesichert allerdings **nur, sofern der AG** durch Abtretung oder Beleihung des Bezugsrechts ein **Schutzbedürfnis des AN erst geschaffen hat.** Im übrigen vertraut der Gesetzgeber auf das Funktionieren der Versicherungsaufsicht, das den Eintritt eines solchen Insolvenzfalles sonst bei der Direktversicherung und allgemein bei den Pensionskassen ausschließt.

a) Unmittelbare Versorgungszusage. Mit der unmittelbaren Versorgungszusage ist das **Verspre-** 14 **chen des AG** gemeint, auf individualrechtlicher oder kollektivrechtlicher Rechtsgrundlage die **versprochene Versorgungsleistung aus eigenen Mitteln zu erbringen.** Der AG hat hierfür Rückstellungen zu bilden. Das erforderliche Kapital ist nicht aus dem Betrieb ausgesondert, so daß nachvollziehbar ist, daß die unmittelbare Versorgungszusage besonders insolvenzgefährdet ist.

Um für sich selbst das Risiko zu verringern, schließen AG nicht selten **Rückdeckungsversicherun-** 15 **gen** ab. In diesen Fällen bleibt die Zusage aber gleichwohl eine unmittelbare Versorgungszusage, so daß nach seinem eindeutigen Wortlaut § 7 I auch auf diese Zusagen anwendbar bleibt, wenn auch das Insolvenzrisiko kleiner wird; allerdings fängt die Rückdeckung ohnehin nur die für den AG aus der Versorgungszusage entstehenden Risiken auf, stellt also keine Sicherung für den AN dar (*Höfer* Rn. 2822).

b) Direktversicherung. Die Direktversicherung ist dadurch gekennzeichnet, daß der AG eine 16 Lebensversicherung auf das Leben des AN abschließt und diesem oder seinen Hinterbliebenen ein Bezugsrecht ganz oder teilweise eingeräumt wird (§ 1 II 1). Im Regelfall taucht hier das Insolvenzrisiko nicht auf, da die Versicherungsaufsicht die jederzeitige Liquidität der Versicherungsunternehmen sicherstellt. Das **Insolvenzrisiko** besteht hingegen bei Abtretung oder Beleihung des Bezugsrechts. Gleiches muß gelten für den Fall des **Bezugsrechtswiderrufs** sowie der **Bezugsrechtsverpfändung** durch den AG (*Blomeyer/Otto* Rn. 58 und 63).

In diesen Fällen **übt der AG seine ihm versicherungsrechtlich zustehenden Rechte aus, handelt** 17 **aber entgegen den Verpflichtungen aus dem Versorgungsverhältnis zwischen ihm und seinem AN.** Er ist dann verpflichtet, den AN so zu stellen, als sei eine Abtretung oder Beleihung oder eine vergleichbare Maßnahme nicht erfolgt. Der Insolvenzschutz greift, wenn es ihm infolge des Insolvenzfalles nicht möglich ist, seiner Wiederherstellungspflicht nachzukommen.

Fraglich ist, ob die Insolvenzsicherung auch in den Fällen greifen kann, in denen der AN der 18 Abtretung oder Beleihung durch den AG zugestimmt hat, wie das in einem vom BAG (26. 6. 1990 AP BetrAVG § 1 Lebensversicherung Nr. 11) entschiedenen Sachverhalt der Fall war. Hier könnte geltend gemacht werden, daß dann der AN nicht schutzbedürftig sei. Das verkennt aber die besondere Struktur der Insolvenzsicherung bei der Direktversicherung. Die Direktversicherung ist denkbar mit einem widerruflichen und einem unwiderruflichen Bezugsrecht des AN. Darüber hinaus ist der AG versicherungsrechtlich berechtigt, den Anspruch aus dem Versicherungsvertrag abzutreten oder zu beleihen. Sofern der AN unwiderruflich bezugsberechtigt ist, steht ihm schon vor Eintritt des Versicherungsfalles das Verfügungsrecht über den Anspruch zu; eine Abtretung oder Beleihung durch den AG ist dann ohne Zustimmung des AN nicht mehr möglich. Das Gesetz billigt es aber grds., daß der AG die Direktversicherung durch Abtretung oder Beleihung wirtschaftlich nutzt. Es kann aber für die Insolvenzsicherung keinen Unterschied machen, ob der AG von vornherein die Möglichkeit der Abtretung oder Beleihung hat oder sie sich später durch Einholung der Zustimmung des AN verschafft.

Der Insolvenzschutz erfaßt auch die Fälle der sog. **Gehaltsumwandlungsversicherung** (vgl. näher 19 *Steinmeyer* BB 1992, 1553 ff. = BetrAV 1992, 192 ff.). Dies ist durch § 1 V nF klargestellt, wodurch die Entgeltumwandlung als Form der betrieblichen Altersversorgung anerkannt wird. Dies gilt auch für die vor dem 1. 1. 1999 erteilten Versorgungszusagen, die auf Entgeltumwandlung beruhen (s. zu allem näher § 1 Rn. 72 ff.).

20 **Nicht insolvenzgesichert** sind **Schadensersatzansprüche des AN gegen den AG**, auch wenn sie sich aus der Verletzung von Pflichten im arbeitsrechtlichen Versorgungsverhältnis bei der Zusage einer betrieblichen Altersversorgung durch Direktversicherung ergeben (so auch *Paulsdorff* Rn. 66). Das BAG begründet dies zutreffend damit, daß der gesetzlichen Insolvenzschutz den Versorgungsberechtigten nicht vor den Folgen jeder Pflichtverletzung schütze, die ein AG im Zusammenhang mit den bestehenden Versorgungsverbindlichkeiten begehe, sondern nur vor den Risiken, die in dem abschließenden Katalog der Sicherungsfälle in § 7 aufgeführt seien (BAG 17. 9. 1991 AP BetrAVG § 7 Widerruf Nr. 16).

21 Davon abweichend vertritt das BVerwG die Auffassung, daß bei Widerruf der Bezugsberechtigung grds. ein der Insolvenzsicherung unterliegender Schadensersatzanspruch begründet werde (BVerwG 28. 6. 1994 SAE 1996, 41 ff. m. Anm. *Steinmeyer*). Die Unterwerfung des Schadensersatzanspruchs unter die Insolvenzsicherung wird offenbar getragen von der Überlegung, daß dies das ist, was dem AN verbleibt, wenn der AG das Bezugsrecht widerrufen hat. Dies ist insofern zutreffend, als der Widerruf versicherungsrechtlich wirksam ist, der Anspruch des AN gegen die Versicherung also tatsächlich nicht mehr besteht. Allerdings ändert die versicherungsrechtliche Wirksamkeit des Widerrufs nichts an der fortbestehenden arbeitsrechtlichen Verpflichtung. Ein solcher Widerruf läßt also die arbeitsrechtliche Verpflichtung und die in ihr steckende Einstandspflicht des AG unberührt. Dabei wird aber übersehen, daß der Widerruf der Bezugsberechtigung durch den AG an seiner arbeitsrechtlichen Verpflichtung nichts ändert; eine derartige „Surrogation" ist also gar nicht erforderlich. Darüber hinaus weisen die arbeitsrechtliche Verpflichtung des AG und der Schadensersatzanspruch gegen den AG in die gleiche Richtung – auf die Grundverpflichtung des AG aus seiner Versorgungszusage. Auf dem gleichen Gedanken beruhen auch § 7 I 2 und § 7 II 1 ebenso wie § 2 II 1. In allen Fällen geht es darum, daß die arbeitsrechtliche Grundverpflichtung über das hinausgeht, was versicherungsrechtlich zu leisten ist. Da auch der Schadensersatzanspruch aus der arbeitsrechtlichen Grundverpflichtung folgt, ist nicht einzusehen, warum der Schadensersatzanspruch bemüht werden muß, um einen insolvenzgesicherten Anspruch herleiten zu können.

22 c) **Pensionskassen.** Bei Pensionskassen kann sich ein **Sicherungsfall nicht ergeben,** da hier der AN selbst Versicherungsnehmer ist. Abtretung, Beleihung oder Widerruf des Bezugsrechts durch den AG sind damit ausgeschlossen.

23 d) **Unterstützungskassen.** Das gesamte BetrAVG wird durchzogen von dem Widerspruch zwischen dem **Ausschluß des Rechtsanspruchs** gegen eine Unterstützungskasse einerseits und dem Versuch des Gesetzgebers andererseits, die Folgen des Ausschlusses des Rechtsanspruchs möglichst gering zu halten und AN, denen eine Unterstützungskassen-Versorgung zugesagt ist, möglichst den gleichen Schutz angedeihen zu lassen, wie ihn AN haben, denen die betriebliche Altersversorgung im Rahmen eines anderen Durchführungsweges gewährt wird. Nur so läßt sich auch erklären, daß nach Abs. 1 S. 2 auch die Unterstützungskassen-Versorgung vom Insolvenzschutz erfaßt ist. Das Gesetz erreicht dieses Ergebnis rechtstechnisch dadurch, daß es auf die **Insolvenz des AG** abstellt, durch die die Unterstützungskasse die in der Versorgungsordnung vorgesehenen Zahlungen nicht erbringt.

24 **4. Sicherungsfälle.** Das Gesetz sieht insgesamt **vier Sicherungsfälle** vor. Dies geschieht rechtstechnisch dadurch, daß die Eröffnung des Insolvenzverfahrens in S. 1 als Grundfall genannt wird und in S. 4 drei weitere Sicherungsfälle dem gleichgestellt werden.

25 a) **Eröffnung des Insolvenzverfahrens über das Vermögen des Arbeitgebers oder dessen Nachlaß.** Der **Grundtatbestand der Insolvenz des AG.** Hier wird rein formal auf den Eröffnungsbeschluß nach § 27 InsO verwiesen. Durch diesen Verweis wird auch auf die sonstigen materiellen und formellen Voraussetzungen des Insolvenzrechts Bezug genommen.

26 b) **Abweisung des Antrags auf Eröffnung des Insolvenzverfahrens mangels Masse.** Der Sicherungsfall tritt hier ein mit der Verkündung des Beschlusses nach § 26 InsO. Ein solcher Beschluß ergeht, wenn nach dem Ermessen des Gerichts eine die Kosten des Verfahrens deckende Insolvenzmasse nicht vorhanden ist. Wenn nicht einmal die Verfahrenskosten nach § 54 InsO abgedeckt werden können, ist nichts vorhanden, um die Ansprüche der AN und Versorgungsberechtigten sowie der anderen Insolvenzgläubiger auch nur zu einem kleinen Teil zu befriedigen.

27 c) **Außergerichtlicher Vergleich.** Mit dem außergerichtlichen Vergleich verfolgt der Schuldner/AG das Ziel, sich durch eine Vielzahl von Verträgen mit seinen Gläubigern zu vergleichen, um so das Insolvenzverfahren abzuwenden. Vom Gesetz ausdrücklich genannt werden hier **Stundungs-, Quoten- und Liquidationsvergleich.**

28 Das Gesetz fordert, daß der Vergleich **zur Abwendung des Insolvenzverfahrens** erfolgen muß. Hieraus wird deutlich, daß nur Vergleiche den Sicherungsfall begründen, die bei drohender oder schon eingetretener Insolvenz geschlossen werden. Anders als bei den bisher behandelten Sicherungsfällen muß aber hier der **PSV zustimmen.** Grund für dieses Zustimmungserfordernis ist, daß anderenfalls außergerichtliche Vergleiche zu Lasten der Insolvenzsicherung erfolgen könnten, da der Versorgungs-

II. Insolvenzschutz bei Versorgungsansprüchen

berechtigte einem Vergleich mit einer geringen Quote zustimmen mag, wenn er sich gewiß ist, daß die Insolvenzsicherung für die Differenz eintreten wird. Bei seiner Entscheidung über die Zustimmung ist der PSV nicht völlig frei; er muß vielmehr eine sachgerechte Abwägung vornehmen, bei der er zu berücksichtigen hat, ob durch den außergerichtlichen Vergleich das Unternehmen gerettet werden kann und damit auch ein Beitrag zur Sicherung der Versorgungsansprüche und -anwartschaften geleistet wird. Andererseits ist abzuschätzen, ob durch diesen Vergleich ein Insolvenzverfahren mit noch höheren Belastungen für die Insolvenzsicherung vermieden werden kann. Von zentraler Bedeutung ist dabei, daß der PSV nicht als Sanierungsfonds der Wirtschaft fungieren kann, also nicht den Schuldner entlasten soll, um zusätzliche Mittel für die Befriedigung der sonstigen Gläubiger zu haben (BAG 11. 9. 1980 AP BetrAVG § 7 Nr. 9; s. auch *Blomeyer/Otto* Rn. 106 f.; *Höfer* Rn. 2770 ff.).

Maßgeblicher Zeitpunkt für den Eintritt des Sicherungsfalles ist der Zeitpunkt, **in dem der AG** 29 **seine Zahlungsunfähigkeit sämtlichen Gläubiger bekannt gibt.** Die Einstellung der Zahlungen allein reicht nach der Rspr. des BAG nicht aus. Das BAG räumt im Interesse der Rechtssicherheit AG und PSV die Möglichkeit ein, im Wege einer Absprache den Zeitpunkt zu bestimmen (BAG 14. 12. 1993 DB 1994, 686 f.).

d) Vollständige Beendigung der Betriebstätigkeit. Bei diesem Sicherungsfall handelt es sich um 30 einen **Auffangtatbestand** für alle die Fälle, wo der Schuldner/AG wegen Überschuldung davon absieht, ein förmliches Verfahren einzuleiten. Auf diese Weise soll verhindert werden, daß der Versorgungsberechtigte Nachteile dadurch erleidet, daß es zu einem förmlichen Insolvenzverfahren nicht kommt. Bedingung ist die vollständige Einstellung der Betriebstätigkeit und eine offensichtlich unzureichende Insolvenzmasse.

Eine vollständige Beendigung der Betriebstätigkeit ist gegeben, wenn der AG **jede unternehmeri-** 31 **sche Tätigkeit einstellt.** Sie bedeutet die Einstellung des mit dem Betrieb verfolgten arbeitstechnischen Zwecks unter Auflösung der organisatorischen Einheit des Unternehmens (BAG 20. 11. 1984 AP BetrAVG § 7 Nr. 22). Eine Änderung des Unternehmenszwecks reicht nicht aus (*Blomeyer/Otto* Rn. 115; *Höfer* Rn. 2780 f.).

Darüber hinaus darf die Eröffnung eines Insolvenzverfahrens offensichtlich mangels Masse nicht in 32 Betracht kommen. Bei der Feststellung der **offensichtlichen Masselosigkeit** ist das BAG eher großzügig, wenn es ausführt, dieser Sicherungsfall setze nicht voraus, daß bereits bei der Betriebseinstellung offensichtlich keine die Kosten eines Insolvenzverfahrens deckende Masse vorhanden gewesen sei; vielmehr genüge es, wenn die Zahlungsunfähigkeit und die offensichtliche Masselosigkeit erst später eintreten und offensichtlich werden (BAG 28. 1. 1986 AP BetrAVG § 7 Nr. 30). Bei der Offensichtlichkeit kommt es auf die objektiven Verhältnisse an (BAG 9. 12. 1997 NZA 1998, 941).

Eine Schwierigkeit bei der Anwendung dieses Sicherungsfalles besteht darin, daß der **PSV einerseits** 33 **die Fortzahlung der Ruhegelder gewährleisten muß und andererseits in die Lage zu versetzen ist, eine schnelle und sachgerechte Klärung der tatsächlichen Verhältnisse herbeizuführen,** so daß ggf. ein Rückgriff auf vorhandenes Vermögen des AG möglich bleibt. Zugleich muß verhindert werden, daß die Voraussetzungen für diesen Auffangtatbestand zu formalistisch ausgelegt werden, da dann zur Vermeidung von Unsicherheiten im Zweifel doch ein Insolvenzantrag gestellt wird. Deshalb reicht es aus, daß sich der AG oder ein Versorgungsberechtigter an den PSV wendet und das Vorliegen dieses Ausnahmetatbestandes geltend macht; dann kann der PSV entscheiden, ob auch er die Voraussetzungen für diesen Sicherungsfall als gegeben ansieht (BAG 11. 9. 1980 AP BetrAVG § 7 Nr. 9).

Der **Sicherungsfall ist eingetreten,** wenn alle im Tatbestand genannten Voraussetzungen erfüllt 34 sind. Er wird also erst ausgelöst, wenn objektiv eine Masselosigkeit vorliegt (BAG 9. 12. 1997 NZA 1998, 941). Dabei ist entscheidend der Zeitpunkt, zu dem die Versorgungsleistungen unter Hinweis auf die Vermögenslosigkeit eingestellt sind und der Träger der Insolvenzsicherung von den gesamten Umständen unterrichtet wird (BAG 11. 9. 1980 AP BetrAVG § 7 Nr. 9).

5. Die Sicherungsfälle nach altem Recht (bis 31. 12. 1998). Die bis zum 31. 12. 1998 geltende 35 Rechtslage hat noch insofern Bedeutung, als gem. § 31 die vor dem 1. 1. 1999 eingetretenen Sicherungsfälle nach altem Recht zu beurteilen sind. Hinsichtlich der Sicherungsfälle Eröffnung des Konkursverfahrens, Abweisung des Antrags auf Eröffnung des Konkursverfahrens, außergerichtlicher Vergleich und vollständige Beendigung der Betriebstätigkeit im Inland sind eine sprachliche Anpassung an das neue Insolvenzrecht, jedoch keine wesentlichen inhaltlichen Änderungen erfolgt. Daher kann insoweit auf die Rn. 24 bis 35 verwiesen werden. Bedeutender ist dagegen der Wegfall der beiden Sicherungsfälle Eröffnung des gerichtlichen Vergleichsverfahrens und Widerruf wegen wirtschaftlicher Notlage.

a) Eröffnung des gerichtlichen Vergleichsverfahrens zur Abwendung des Konkurses. Da das 36 neue Insolvenzrecht ein gerichtliches Vergleichsverfahren nicht mehr vorsieht, ist dieser Sicherungsfall entfallen. Mit diesem Sicherungsfall wurden die Situationen erfaßt, in denen der Schuldner (AG) die Abwendung des Konkurses durch Beantragung eines **Vergleichsverfahrens** anstrebte. Auch hier reichte die Antragstellung alleine nicht aus; vielmehr war **Voraussetzung die Verfahrenseröffnung** (BAG 14. 7. 1981 AP BGB § 613 a Nr. 27).

Steinmeyer

37 **b) Widerruf wegen wirtschaftlicher Notlage.** Der Sicherungsfall des Widerrufs wegen wirtschaftlicher Notlage war **dogmatisch umstritten und** zugleich auch **praktisch nur noch von begrenzter Bedeutung,** wenn auch in Unternehmenskrisen gerade auf ihn Bezug genommen wurde. Gegen diesen Widerruf wurde vorgebracht, daß ein Schuldner sich der Erbringung der von ihm versprochenen Gegenleistung nicht mit der Begründung entziehen könne, er sei dazu wirtschaftlich nicht in der Lage (*Blomeyer* NZA 1985, 1 ff.). Gleichwohl bejahte das BAG in st. Rspr. die Möglichkeit eines Widerrufs wegen wirtschaftlicher Notlage. Es stützte sich vor allem darauf, daß durch § 7 I 3 Nr. 5 der Widerruf wegen wirtschaftlicher Notlage ausdrücklich anerkannt worden sei (BAG 18. 5. 1977 AP BGB § 242 Ruhegehalt Nr. 175; BAG 24. 11. 1977 AP BGB § 242 Ruhegehalt Nr. 177; zur Kritik an dieser Rspr. *Steinmeyer* S. 127 ff.; Vorauf. § 7 Rn. 36 ff.). Grund für die Streichung dieses Sicherungsfalles war, daß das BAG derart hohe Voraussetzungen an die Zulässigkeit eines Widerrufs wegen wirtschaftlicher Notlage gestellt hatte, daß dieser Fall einem außergerichtlichem Vergleich gleichkam und damit entbehrlich wurde (BT-Drucks. 12/3803 S. 110 f.).

38 **6. Nichterfüllung von Versorgungsansprüchen.** Die Leistungspflicht des Trägers der Insolvenzsicherung tritt ein, wenn infolge eines der sechs alten oder der vier neuen Sicherungsfälle die **Verpflichtung zur Gewährung des betrieblichen Ruhegeldes nicht erfüllt** wird. Dies wird regelmäßig eine Unmöglichkeit iSd. allgemeinen Schuldrechts des BGB sein. Theoretisch ist auch an Nichterfüllung durch Schuldnerverzug zu denken, sie dürfte aber kaum praktische Bedeutung entfalten. Es ist ein ursächlicher Zusammenhang zwischen der Versorgungseinbuße und der Insolvenz zu verlangen, der nicht gegeben ist, wenn durch rechtskräftiges Urteil im Versorgungsprozeß festgestellt ist, daß ein Anspruch nicht besteht (BAG 23. 3. 1999 NZA 1999, 652).

39 **7. Versorgungsansprüche bei Betriebsveräußerung in der Insolvenz.** § 613 a BGB wird für den Fall der Insolvenz von der Rspr. des BAG insoweit **teleologisch reduziert,** als für bereits entstandene Ansprüche die Verteilungsgrundsätze des Insolvenzverfahrens Vorrang haben (BAG 17. 1. 1980 AP BGB § 613 a Nr. 18). Die Versorgungsansprüche sind durch die Insolvenzsicherung der betrieblichen Altersversorgung hinreichend gesichert; würde die bei Veräußerung eines Betriebes übernommene Belegschaft einen neuen zahlungskräftigen Haftungsschuldner für bereits entstandene Ansprüche erhalten, so wäre sie im Vergleich zu anderen Gläubigern und vor allem gegenüber den ausgeschiedenen AN unangemessen bevorzugt. § 613 a BGB beansprucht deshalb bei einer Veräußerung in der Insolvenz insoweit keine Geltung, als bei Insolvenzeröffnung bereits entstandene Ansprüche abzuwickeln sind.

III. Insolvenzschutz bei Versorgungsanwartschaften

40 **1. Versorgungsanwartschaft.** Abs. 2 erstreckt die Insolvenzsicherung auf Versorgungsanwartschaften, wobei deutlich gemacht wird, daß die so gesicherten **Anwartschaften** nach § 1 **unverfallbar** sein müssen. Nur dann ist der Schutz durch die Insolvenzsicherung gerechtfertigt. Indem das Gesetz auf § 1 verweist, ist klargestellt, daß es sich nur um gesetzlich unverfallbare Anwartschaften handeln kann, nicht aber um solche, wo die Unverfallbarkeit nur auf einer vertraglichen Vereinbarung beruht. Deshalb kann auch eine vertragliche Anrechnung von Vordienstzeiten nicht zur Begründung des gesetzlichen Insolvenzschutzes führen (BAG 19. 7. 1983 DB 1983, 2255). Eine Ausnahme wird von der Rspr. jedoch dann gemacht, wenn die Anrechnungszeiten dem letzten Arbeitsverhältnis unmittelbar vorangegangen sind und sie von einer Versorgungszusage begleitet waren (BAG 24. 6. 1998 AP BetrAVG § 7 Nr. 84). Dies ist jedoch zum einen mit dem Wortlaut des § 1 unvereinbar. Hinzu kommt, daß die vom BAG genannten Kriterien keinen zwingenden Grund darstellen, den Grundsatz der scharfen Trennung von gesetzlicher und vertraglicher Unverfallbarkeit zu durchbrechen. Im Ergebnis sollte also keinerlei vertragliche Anrechnung von Vordienstzeiten die gesetzliche Unverfallbarkeit und damit den Insolvenzschutz beeinflussen können. Andererseits sind gesetzlich angeordnete Anrechnungen zu berücksichtigen (BAG 15. 5. 1984 AP BergmannsVersorgScheinG NRW § 9 Nr. 24). Inhaber derartiger unverfallbarer Anwartschaften haben bei Eintritt des Versorgungsfalles einen Anspruch gegen den PSV.

41 **2. Versorgungsempfänger und Versorgungsleistungen.** Hinsichtlich der Versorgungsempfänger ergeben sich hier keine Besonderheiten, wenn man einmal davon absieht, daß es sich um **Personen handelt, die noch keinen Versorgungsanspruch, sondern nur eine unverfallbare Versorgungsanwartschaft** haben. Gleiches gilt hinsichtlich der Versorgungsleistungen.

42 **3. Sicherungsfälle.** Hinsichtlich der Sicherungsfälle wird ausdrücklich auf **die Sicherungsfälle des Abs. 1 verwiesen,** so daß auf die dortigen Erörterungen Bezug genommen werden kann.

43 **4. Versorgungsanwartschaften bei Betriebsveräußerung im Insolvenzverfahren.** Während für Versorgungsansprüche § 613 a BGB unanwendbar ist (s. oben Rn. 39), ist **für Versorgungsanwartschaften eine differenzierende Lösung** vorzunehmen. Grds. tritt nach § 613 a BGB der Erwerber in die Versorgungsanwartschaften der AN ein. Gegen das Risiko der Insolvenz geschützt sind durch

§ 7 II die zum Zeitpunkt des Sicherungsfalles erworbenen und unverfallbaren Anwartschaften. Nach der Rspr. des BAG haftet für die beim Veräußerer bis zum Insolvenzfall erdienten unverfallbaren Anwartschaften der PSV (st. Rspr. seit BAG 17. 1. 1980 AP BGB § 613 a Nr. 18). Der Erwerber schuldet im Versorgungsfall nur die bei ihm erdiente Versorgungsleistung.

Umstritten ist, **wer für die bei Eintritt des Sicherungsfalles noch verfallbaren Anwartschaften eines im Betrieb weiter beschäftigten AN einzustehen** hat. Hier entsteht für den Träger der Insolvenzsicherung kein Leistungsfall, da keine unverfallbare Anwartschaft gegeben ist. Andererseits ist für die Haftungsgrundsätze im Konkurs nach der Rspr. des BAG die Unterscheidung zwischen verfallbaren und unverfallbaren Anwartschaften nicht erheblich (BAG 29. 10. 1985 AP BetrAVG § 1 Betriebsveräußerung Nr. 4). Die bis zur Konkurseröffnung entstandenen Ansprüche seien nach der Konkursordnung unter Beachtung des Grundsatzes der gleichmäßigen Gläubigerbefriedigung zu erfüllen. Deshalb bedürfe § 613 a BGB auch der teleologischen Reduktion, soweit er die Haftung für Versorgungsrechte betreffe, die schon im Zeitpunkt der Konkurseröffnung entstanden waren. Der Grundsatz der gleichmäßigen Gläubigerbefriedigung zwingt deshalb dazu, auch die im Zeitpunkt der Insolvenzeröffnung noch verfallbaren Anwartschaften hinsichtlich ihres bereits erdienten Wertes der Insolvenz des Veräußerers und nicht der Haftung des Betriebserwerbers zuzuordnen (ähnlich *Blomeyer/Otto* Rn. 204; wie hier auch *Paulsdorff* Rn. 374 f; aA *Höfer* Rn. 924). An diesen Grundsätzen hat sich auch durch die seit 1. 1. 1999 geltende Insolvenzordnung nichts geändert.

IV. Der Versicherungsanspruch gegen den Träger der Insolvenzsicherung

Mit Eintritt des Sicherungsfalles erhält **der Versorgungsempfänger einen Anspruch gegen den Träger der Insolvenzsicherung** und der **Versorgungsanwärter einen bedingten Anspruch,** der im Versorgungsfall zum Leistungsanspruch gegen den PSV wird. Mit Wirkung vom 1. 1. 1999 wurde dies durch den neu eingefügten Abs. 1 a weiter dahin konkretisiert, daß dieser Anspruch entsteht mit Beginn des Kalendermonats, der auf den Eintritt des Versicherungsfalles folgt; analog dazu bestimmt Abs. 1 a auch, daß der Anspruch mit Ablauf des Sterbemonats des Begünstigten endet, sofern in der Versorgungszusage nichts anderes bestimmt ist. Damit wird für Verwaltungsvereinfachung gesorgt und dem Umstand Rechnung getragen, daß es sich bei einer Betriebsrente typischerweise um eine Monatsleistung handelt.

Für die **Fälligkeit** dieses Anspruchs ist gem. § 7 I nF **§ 11 VVG** heranzuziehen. Dies ist geboten, da der PSV wie ein Versicherer Ermittlungen zur Feststellung der Leistungen anstellen muß (*Blomeyer/Otto* Rn. 215).

1. Umfang der Leistungen des Trägers der Insolvenzsicherung. Der PSV tritt entsprechend der Aufgabe der Insolvenzsicherung **grds. in dem Umfang ein, wie es die Versorgungszusage des AG vorsieht.** Auf diese Weise wird der mit einem verfestigten Anrecht von der Insolvenz des AG betroffene AN so gestellt, wie er stehen würde, wenn die Insolvenz nicht eingetreten wäre.

a) Versorgungsansprüche. Nach § 7 I hat der Träger der Insolvenzsicherung die Leistungen in der Höhe zu erbringen, die der AG auf Grund seiner Versorgungszusage zu erbringen gehabt hätte. Es wird also ohne Einschränkung **an den Versorgungsanspruch** angeknüpft, wie er sich aus der **Versorgungsvereinbarung** ergibt (s. auch BAG 22. 11. 1994 AP BetrAVG § 7 Nr. 83).

Eine **Anpassung laufender Leistungen** an die wirtschaftliche **Entwicklung findet grds. nicht statt,** da sich § 16 nur an den AG, nicht aber an den Träger der Insolvenzsicherung richtet. Dieses Ergebnis wird bestätigt durch die Überlegung, daß ein AG, dessen wirtschaftliche Situation zu einem Sicherungsfall iSd. § 7 führt, ohnehin nach § 16 die Anpassung verweigern könnte; es ist dann aber nicht einzusehen, warum der AN besserstehen soll, wenn die Versorgung durch den Träger der Insolvenzsicherung übernommen wird. Als Maßstab für die wirtschaftliche Lage iSd. § 16 könnte dann auch nicht die Lage des PSV in Betracht kommen, sondern allenfalls die wirtschaftliche Situation der gesamten Wirtschaft. Für ein solches Anpassungskriterium fehlt jedoch jeder Anhalt (BAG 22. 3. 1983 AP BetrAVG § 16 Nr. 14).

Eine Pflicht zur Anpassung laufender Leistungen kann sich nur insoweit ergeben, als die **Versorgungszusage eine Leistungsdynamisierung** vorsieht (BAG 3. 8. 1978 AP BetrAVG § 7 Nr. 1). Sind Leistungen vertraglich dynamisiert, hat auch der PSV die laufenden Leistungen entsprechend den Vorgaben der Versorgungsordnung anzupassen (BAG 8. 6. 1999 NZA 1999, 1215; *Blomeyer/Otto* Rn. 225 f.; *Höfer* Rn. 2860; *Paulsdorff* Rn. 80 ff.). Eine Pflicht zur Anpassung laufender Leistungen kann auch auf betrieblicher Übung beruhen. Dafür reicht es aber nicht aus, daß der AG bei der Anpassung nach § 16 eine gewisse Regelhaftigkeit zum Ausdruck gebracht hat. Vielmehr muß der AG deutlich die regelhafte Praktizierung einer bestimmten Anpassungshöhe zum Ausdruck gebracht haben (BAG 3. 2. 1987 AP BetrAVG § 16 Nr. 20).

Vom BetrAVG bisher nicht ausdrücklich geklärt war die Frage, ob und ggf. in welchem Ausmaß der Träger der Insolvenzsicherung auch für solche **Versorgungsansprüche einzustehen hat, die schon vor der Eröffnung des Konkursverfahrens entstanden** sind. Seit 1. 1. 1999 ist mit dem neu eingefügten § 7 I a 3 nun ausdrücklich geregelt, daß in allen Sicherungsfällen außer dem des außergerichtlichen Vergleichs auch die Versorgungsansprüche von der Insolvenzsicherung umfaßt sind, die bis zu sechs Monate vor Eintritt der Leistungspflicht entstanden sind. Grund für diese Regelung ist, daß der Schutzzweck des § 7 darauf gerichtet ist, den Versorgungsberechtigten gegen Rentenausfälle infolge wirtschaftlicher Schwäche des AG zu schützen. Mit dem Eintritt eines Sicherungsfalles wird aber nur der Zeitpunkt bezeichnet, an dem mit Sicherheit das Unvermögen des AG, seinen Versorgungsverpflichtungen nachzukommen, festgestellt ist. Da sich aber die Zahlungsschwierigkeiten regelmäßig bereits vorher anbahnen, ist es gerechtfertigt, in begrenztem Maße auch rückständige Leistungen in den Insolvenzschutz einzubeziehen. Beim außergerichtlichen Vergleich wird der Beginn der Leistungspflicht dagegen in der Zustimmungserklärung des PSV festgelegt. Die Neuregelung entspricht der Rspr. des BGH zur bisherigen Gesetzeslage (BGH 14. 7. 1980 AP BetrAVG § 7 Nr. 5).

52   Der Träger der Insolvenzsicherung kann dem Versorgungsempfänger, da er nicht in die arbeitsrechtliche Rolle des AG eintritt, nur die **sich aus dem Versicherungsrecht ergebenden Einwendungen** entgegenhalten (so auch *Höfer* Rn. 2861). Deshalb geht auch ein vom AG nicht ausgeübtes Widerrufsrecht nicht etwa auf den PSV über (so auch *Blomeyer/Otto* Rn. 238).

53   b) **Versorgungsanwartschaften.** § 7 II 3 enthält eine ausdrückliche Regelung zur **Höhe des Anspruchs** gegen den Träger der Insolvenzsicherung. Dabei bezieht sich die Vorschrift auf § 2 und modifiziert dies insofern, als bei der Berechnung der Höhe des Anspruchs die Betriebszugehörigkeit bis zum Eintritt des Sicherungsfalles berücksichtigt wird. Allerdings ist hier zu beachten, daß es einmal um die AN geht, die vor dem Sicherungsfall mit einer unverfallbaren Anwartschaft ausgeschieden sind und zum anderen um solche, die bis zum Sicherungsfall im Betrieb verblieben sind, aber die Voraussetzungen des § 1 erfüllen. Schwierigkeiten bereitet hier die Frage der Übernahme der vertraglich zugesagten Dynamik durch den PSV; dies wird vom BAG unter Hinweis auf § 2 V abgelehnt (BAG 22. 11. 1994 AP BetrAVG § 7 Nr. 83; so auch *Blomeyer/Otto* Rn. 225, 243; *Höfer* Rn. 1942.1). Da aber für die Insolvenzsicherung grds. der Zusageinhalt maßgeblich ist, kann dem für echte volldynamische Zusagen nicht gefolgt werden (wie hier Kasseler Handbuch/*Griebeling* 2.9 Rn. 761).

54   Bei **unmittelbaren Versorgungszusagen** bedeutet dies, daß die Anwartschaft des AN, der vor dem Insolvenzfall ausgeschieden ist, in der Höhe insolvenzgesichert ist, die sich durch § 2 I und V ergibt. Eine günstigere vertragliche Bemessung der unverfallbaren Anwartschaft ist irrelevant (BAG 22. 9. 1987 AP BetrAVG § 1 Besitzstand Nr. 5). Dasselbe muß für einen Verzicht des AG auf sein Recht zur Kürzung der Altersrente gelten. Bei AN, die bei Eintritt des Sicherungsfalles noch im Betrieb oder Unternehmen beschäftigt sind, gilt im wesentlichen das gleiche; hier muß lediglich die Berechnung modifiziert werden. Dies geschieht dadurch, daß hier zur Basis der Berechnung die Betriebszugehörigkeit bis zum Eintritt des Sicherungsfalls gemacht wird. Bleibt der AN nach Eintritt des Sicherungsfalles weiter im Unternehmen, so bleibt gleichwohl diese Berechnungsmethode anwendbar, da die Leistung des PSV nur auf der Basis der bis zum Sicherungsfall zurückgelegten Zeiten der Betriebszugehörigkeit bemessen wird.

55   Für die Berechnung bei **Leistungen der Direktversicherung** wird in § 7 II verwiesen auf § 2 II 2, also auf die **versicherungsrechtliche Lösung.** Dabei geht das Gesetz davon aus, daß durch Abtretung, Beleihung oder andere Inanspruchnahme durch den AG die Leistung aus der Direktversicherung vollständig ausfällt. Ist dies nicht der Fall, so beschränkt sich die Leistungspflicht des PSV auf die Differenz zwischen Soll- und Ist-Versorgung (zu den technischen Einzelheiten vgl. *Blomeyer/Otto* Rn. 248 ff.).

56   Für den Fall der **Unterstützungskassen-Versorgung** sieht das Gesetz eine **ausdrückliche Berechnungsvorschrift** vor, nach der sich die Höhe des Anspruchs richtet nach dem Teil der nach der Versorgungsregelung vorgesehenen Versorgung, der dem Verhältnis der Dauer der Betriebszugehörigkeit zu der Zeit vom Beginn der Betriebszugehörigkeit bis zum Erreichen der in der Versorgungsregelung vorgesehenen festen Altersgrenze entspricht. Auch diese Regelung erklärt sich wieder aus dem Umstand, daß nach der Legaldefinition der Unterstützungskasse ein Rechtsanspruch auf ihre Leistungen nicht besteht und deshalb ein Verweis auf § 2 I nicht ausreiche. Ein Unterschied zu § 2 IV besteht darin, daß in § 7 II 3 nur von vereinbarter fester Altersgrenze die Rede ist, während in § 2 IV grds. auf das 65. Lebensjahr Bezug genommen wird. Ein unterschiedliches Ergebnis gegenüber § 2 IV mit Auswirkung auf den AN kann aber nur in dem nicht eben typischen Fall eintreten, daß die vereinbarte Altersgrenze jenseits des 65. Lebensjahres liegt (zu den Einzelheiten *Blomeyer/Otto* Rn. 263).

57   **2. Die Höchstgrenze des Abs. 3.** Die Leistungen des Trägers der Insolvenzsicherung sind nach Abs. 3 in ihrer Höhe begrenzt. Diese **Begrenzung rechtfertigt sich aus dem Gedanken, daß hier zu Lasten der Beitragszahler hohe Aufwendungen** für einen Personenkreis erbracht werden müßten, der hinsichtlich die Grenze des Abs. 3 überschießenden Betrages auch nicht schutzwürdig wäre. Derart hohe Leistungen kommen auch selten vor, so daß der Gesetzgeber insgesamt von einer Absicherung des die Höchstgrenze übersteigenden Betrages absehen konnte.

58   Die Höchstgrenze ist **festzustellen im Zeitpunkt der ersten Fälligkeit**; sinnvollerweise kann es sich hier nur um den Zeitpunkt der Fälligkeit der Versicherungsleistung des PSV handeln. Durch das RRG 1999 wurde die Berechnung umgestellt auf das **Dreifache der im Zeitpunkt der ersten Fälligkeit maßgebenden monatlichen Bezugsgröße nach § 18 SGB IV.** Bisher verwies Abs. 3 S. 1 auf die

IV. Der Versicherungsanspruch gegen den Träger der Insolvenzsicherung § 7 BetrAVG

geltenden Beitragsbemessungsgrenze für Monatsbezüge in der gesetzlichen Rentenversicherung für Arbeiter und Angestellte, so daß sich die Werte aus den §§ 159 und 275 a SGB VI ergaben. Diese Gesetzesänderung bedeutet eine **Absenkung der Höchstgrenze:** Nach alter Rechtslage wäre 2000 die Leistung des PSV auf monatlich 25 800 DM (alte Bundesländer) bzw. 21 300 DM (alte Bundesländer) begrenzt gewesen. Aufgrund der nun geltenden Bezugnahme auf **§ 18 SGB IV** beträgt 2000 die Höchstgrenze tatsächlich 13 440 DM (alte Bundesländer) bzw. 10 920 DM (neue Bundesländer). Bei Ansprüchen auf Kapitalleistungen war bisher vom Jahresbetrag der Beitragsbemessungsgrenze der gesetzlichen Rentenversicherung auszugehen und dieser hochzurechnen auf eine fiktiv festgesetzte Laufzeit von 10 Jahren. Der insolvenzgeschützte Kapitalbetrag betrug daher das Hundertzwanzigfache des Dreifachen der Beitragsbemessungsgrenze. Diese Berechnung ist beibehalten worden, hinsichtlich der Beitragsbemessungsgrenze ist nun jedoch auf § 18 SGB IV abzustellen. Dies bedeutet, daß nach alter Rechtslage 2000 die Höchstgrenze bei 3 096 000 DM (alte Bundesländer) bzw. 2 556 000 DM (neue Bundesländer) gelegen hätte. Durch die neue Rechtslage liegt 2000 die Höchstgrenze nur noch bei 1 612 800 DM (alte Bundesländer) bzw. 1 310 400 DM (neue Bundesländer).

Für den Fall der Entgeltumwandlung ist in § 7 III 3 eine Sonderregelung getroffen worden, die den **59** Höchstbetrag auf 30% der monatlichen Bezugsgröße gem. § 18 SGB IV (2000: 1344 DM für die alten und 1092 DM für die neuen Bundesländer) begrenzt. Diese Begrenzung gilt gem. § 30 b aber nur für Versorgungszusagen, die nach dem 31. 12. 1998 erteilt wurden. Zuvor erteilte Versorgungszusagen genießen daher in den Grenzen des Abs. 3 S. 1 und 2 vollen Insolvenzschutz. Durch die niedrige Obergrenze soll die Einstandspflicht des PSV in den Fällen reduziert werden, in denen die **Entgeltumwandlung** die einzige betriebliche Altersversorgung oder doch die dominierende ist. Diese Höchstgrenze gilt deshalb nur, sofern nicht eine nach Barwert oder Deckungskapital mindestens gleichwertige vom AG finanzierte betriebliche Altersversorgung besteht. Hierdurch soll ausweislich der amtlichen Begründung einem Mißbrauch bei Entgeltumwandlung vorgebeugt werden (BT-Drucks. 13/8011, S. 72). Es ist allerdings zu fragen, ob der Gesetzgeber mit dieser Regelung nicht überreagiert hat (kritisch auch *Blomeyer* NZA 98, 915 f.).

Hat der Versorgungsberechtigte **mehrfache Ansprüche** auf laufende Leistungen gegen den PSV, so **60** sind diese für die Bemessung der Höchstgrenze **zu addieren,** da kein Grund ersichtlich ist, warum er bei mehreren Ansprüchen eine bessere Absicherung im Sicherungsfall sollte.

Nicht ausdrücklich geregelt ist die Frage der **Behandlung von dynamischen Rentenzusagen.** Hier **61** besteht das Problem darin, daß das Gesetz auf die bei der *ersten* Fälligkeit geltende Beitragsbemessungsgrenze abstellt, sich bei dynamischen Versorgungszusagen der Leistungsbetrag aber später noch verändern kann. Der BGH (21. 3. 1983 AP BetrAVG § 7 Nr. 16) dynamisiert im Ergebnis diese Beitragsbemessungsgrenze, wenn er ausführt, daß der nach § 7 III ermittelte Betrag für den Fall, daß die Pensionszusage eine Anpassungsklausel enthält, Ausgangspunkt einer bei Eingreifen dieser Klausel geschuldeten erhöhten Rente sei. Sei er höher als die dreifache Bemessungsgrenze im Zeitpunkt der ersten Fälligkeit und deshalb der Anspruch gegen den PSV um den Mehrbetrag zu kürzen, so sei der so ermittelte Ausgangsbetrag bei späterer (vertraglicher) Anpassung in demselben Verhältnis zu erhöhen, in dem die vertraglich versprochene Rente anzupassen sei, wobei die im Zeitpunkt der Anpassung geltende dreifache Beitragsbemessungsgrenze die Obergrenze bilde. Dieser Rspr. kann nicht gefolgt werden, da sie den Gedanken der Anerkennung der vertraglichen Dynamisierung für den Leistungsumfang des Trägers der Insolvenzsicherung überträgt auf die gesetzlich fixierte Höchstgrenze, deren Wortlaut eindeutig ist (wie hier *Paulsdorff* Rn. 408 ff.; wie der BGH *Blomeyer/Otto* Rn. 275; *Höfer* Rn. 2911).

3. Anzurechnende Leistungen. Abs. 4 bringt zum Ausdruck, daß den **Träger der Insolvenzsiche- 62 rung** nur eine **Ausfallhaftung** trifft. Leistungen der betrieblichen Altersversorgung, die der AG oder sonstige Träger der Versorgung erbringt, sind daher auf die Leistungspflicht des PSV anzurechnen. Als Leistungen sonstiger Träger kommen Zahlungen der Direktversicherung sowie der Pensions- und Unterstützungskassen in Betracht. Zu berücksichtigen sind auch Leistungen aus einer freigegebenen Rückdeckungsversicherung (BGH 28. 9. 1981 AP BetrAVG § 7 Nr. 12).

Mit Wirkung vom 1. 1. 1999 wurde Abs. 4 modifiziert. Die neue Insolvenzordnung bemüht sich **63** verstärkt, eine **Sanierung der betroffenen Unternehmen zu erreichen.** Im Insolvenzplan (§§ 217 ff. InsO) werden deshalb die Sanierungskonzeption und die Sanierungsmaßnahmen festgehalten. Deshalb kann dort auch festgehalten werden, daß der AG oder sonstige Träger der betrieblichen Altersversorgung von einem bestimmten Zeitpunkt einen Teil der Leistungen selbst erbringen soll. Das Gesetz verpflichtet darüber hinaus dazu, im Plan vorzusehen, daß bei einer nachhaltigen Besserung der wirtschaftlichen Lage des AG die Leistungen wieder ganz oder zum Teil von ihm oder sonstigen Träger der betrieblichen Altersversorgung übernommen werden. Damit erhält der PSV die Möglichkeit, bei Besserung der wirtschaftlichen Verhältnisse die Leistungen einzustellen. Der Insolvenzplan muß ein Erlöschen oder eine Modifikation der Beistandspflicht des Trägers der Insolvenzsicherung vorsehen für den Fall der nachhaltigen Besserung der wirtschaftlichen Situation; anderenfalls muß das Insolvenzgericht den Plan von Amts wegen zurückweisen (§ 231 I Nr. 1 InsO) Der AG oder sonstige Versorgungsträger muß dann wieder selbst die Leistungen erbringen. Dies gilt nach S. 4 auch für den

Steinmeyer

außergerichtlichen Vergleich nach § 7 I 4 Nr. 2; das entsprechende Ergebnis wird hier dadurch gewährleistet, daß der PSV dem außergerichtlichen Vergleich zustimmen muß.

V. Versicherungsmißbrauch

64 Durch Abs. 5 soll der **Träger der Insolvenzsicherung vor mißbräuchlicher Inanspruchnahme geschützt** werden. Das Gesetz arbeitet mit einem allgemeinen Mißbrauchstatbestand in S. 1 und zur Erleichterung für den PSV mit einer Mißbrauchsvermutung in S. 2. S. 3 schließlich soll Manipulationen verhindern. In diesen Fällen besteht kein Anspruch gegen den Träger der Insolvenzsicherung.

65 **1. Allgemeiner Mißbrauchstatbestand nach S. 1.** Da es sich bei der Leistung des Trägers der Insolvenzsicherung um eine solche handelt, die den AN begünstigt und er derjenige ist, der vom Wegfall des Anspruchs betroffen ist, muß der **AN den mißbilligten Zweck der Maßnahme zumindest erkennen können** (BAG 17. 10. 1995 AP BetrAVG § 7 Lebensversicherung Nr. 2).

66 Es muß eine **Maßnahme vorgenommen werden, die geeignet ist, eine Inanspruchnahme des PSV auszulösen.** Hierbei kann es sich handeln um die Erteilung einer Versorgungszusage und um ihre Verbesserung, aber auch um die Beeinträchtigung einer Direktversicherung zum Nachteil des AN. So ist etwa an die Erteilung einer Zusage an Familienmitglieder zu denken, wenn kein ernsthaft gemeinter Arbeitsvertrag gegeben ist. Als Verbesserung kann etwa in Betracht kommen die Vereinbarung eines sofortigen Ruhestandsbeginns trotz noch verfallbarer Anwartschaft (LG Köln 24. 5. 1978 BB 1978, 1118). Eine Anpassung nach § 16 verbessert zwar die Leistung an den Versorgungsberechtigten; hält sich der AG aber im Rahmen des ihm nach § 16 zustehenden Beurteilungsspielraums, so liegt zwar eine Verbesserung iSd. S. 1 vor, diese dürfte aber in der Regel nicht von der Absicht der Herbeiführung der Leistungen des PSV getragen sein (BAG 29. 11. 1988 AP BetrAVG § 16 Nr. 21). Ähnliches dürfte gelten für Steigerungen der Bemessungsgrundlage (BAG 20. 7. 1993 DB 1994, 151 f.).

67 **Alleiniger oder überwiegender Zweck dieser Maßnahme muß es sein, den Träger der Insolvenzsicherung in Anspruch zu nehmen.** Die Beweislast trägt insoweit der PSV (allg. Meinung vgl. nur BAG 26. 6. 1990 AP BetrAVG § 1 Lebensversicherung Nr. 11; *Blomeyer/Otto* Rn. 299).

68 **2. Vermutung des Mißbrauchs (S. 2).** Gegenüber S. 1 ist der **Anwendungsbereich** insoweit **reduziert,** als hier nur Erteilungen und Verbesserungen von Versorgungszusagen benannt sind, nicht aber Beeinträchtigungen der Direktversicherung durch Abtretung oder Beleihung (BAG 17. 10. 1995 AP BetrAVG § 7 Lebensversicherung Nr. 2). Die Vermutung des S. 2 ist widerlegbar. Zwar hatte das BAG das zunächst in Abrede gestellt und war von einer unwiderlegbaren Vermutung ausgegangen (BAG 2. 6. 1987 AP BetrAVG § 7 Nr. 42). Es hat jedoch später erkannt, daß das gesetzgeberische Ziel sich auch mit einer widerlegbaren Vermutung erreichen läßt (BAG 29. 11. 1988 AP BetrAVG § 16 Nr. 21). Zur Annahme dieses Mißbrauchstatbestandes ist erforderlich eine objektive Beurteilung der wirtschaftlichen Lage. Der PSV muß zur Erschütterung dieser Vermutung nur nachweisen, daß angesichts der wirtschaftlichen Lage des AG im Zeitpunkt der Maßnahme eine Erfüllung der Zusage oder eine Verbesserung der wirtschaftlichen Lage nicht zu erwarten war. Es handelt sich insoweit um eine Beweiserleichterung für den PSV (*Blomeyer/Otto* Rn. 303; *Griebeling* Rn. 791). Aus dem Wortlaut kann eine Beweislastumkehr nicht entnommen werden (so aber *Paulsdorff* Rn. 431).

69 **3. Verbesserungen im letzten Jahr vor dem Sicherungsfall (S. 3).** S. 3 unterstellt gemäß dem Rechtsgedanken der §§ 133 und 134 InsO (bis zum 31. 12. 1998: §§ 31 und 32 KO) eine **Mißbrauchsabsicht** und will die Fälle erfassen, in denen der finanziell bereits bedrängte AG dem AN noch eine Verbesserung zusagt mit der Perspektive, daß nicht er, sondern der Träger der Insolvenzsicherung dafür aufkommen muß. Der AN würde sonst von der Großzügigkeit des AG auf Kosten anderer profitieren.

70 Dieser **Leistungsausschluß ist zwingend** (BAG 24. 6. 1986 AP BetrAVG § 7 Nr. 33) und kann nicht durch den Nachweis fehlender Mißbrauchsabsicht aufgehoben werden (BAG 24. 11. 1998 NZA 1999, 650; *Blomeyer/Otto* Rn. 395). Unter Verbesserungen wird man alle Änderungen verstehen müssen, die den Betroffenen im Vergleich zur bis dahin geltenden Ausgestaltung der Zusage mit Wirkung für den Insolvenzschutz besser stellen wollen (BAG 26. 4. 1994 AP BetrAVG § 16 Nr. 30). Treten Verbesserungen ohnehin nach der Ausgestaltung des Leistungsplans ein, werden sie von dieser Beschränkung des Insolvenzschutzes nicht erfaßt. Maßgeblich für die Fristberechnung ist der Zeitpunkt der Zusage (BAG 2. 6. 1987 AP BetrAVG § 7 Nr. 42). S. 3 erfaßt, ebenso wie die S. 1 und 2, entgegen seinem Wortlaut nicht nur Verbesserungen, sondern auch die Erteilung einer neuen Versorgungszusage. Denn wenn schon die Verbesserungen bestehender Versorgungszusagen einen Versicherungsmißbrauch vermuten lassen, dann muß dies erst recht für die Erteilung einer neuen Zusage gelten (so auch BAG 24. 11. 1998 NZA 1999, 650 = SAE 1999, 322 m. Anm. *Kreßel*; *Höfer/Küpper* DB 1991, 1569).

71 Der **zwingende Leistungsausschluß nach Abs. 5 S. 3** umfaßt seit dem 1. 1. 1999 alle **Verbesserungen, die in den beiden letzten Jahren vor Eintritt des Sicherungsfalles gewährt werden.** Nach alter Rechtslage waren nur Verbesserungen erfaßt, die innerhalb des letzten Jahres vor Eintritt des Siche-

rungsfalles vereinbart wurden und größer waren als im Jahr zuvor. Die Änderung war erforderlich, weil sich die bisherige Frist in der Praxis als zu kurz erwiesen hatte (*Schmidt-Räntsch* Insolvenzordnung Art. 91 Rn. 12).

4. Katastrophenfall (Abs. 6). Außergewöhnliche Risiken, die jenseits des klassischen unternehmerischen Risikos liegen, sind vom Träger der Insolvenzsicherung **grds. nicht abzudecken.** Allerdings wird dem PSV ein Spielraum eingeräumt, in dem ihm die Möglichkeit gegeben wird, in diesen Fällen Leistungen mit Zustimmung des Bundesaufsichtsamts für das Versicherungswesen nach billigem Ermessen abweichend von den Abs. 1 bis 5 festzusetzen. 72

§ 8 Übertragung der Leistungspflicht und Abfindung

(1) Ein Anspruch gegen den Träger der Insolvenzsicherung auf Leistungen nach § 7 besteht nicht, wenn eine Pensionskasse oder ein Unternehmen der Lebensversicherung sich dem Träger der Insolvenzsicherung gegenüber verpflichtet, diese Leistungen zu erbringen, und die nach § 7 Berechtigten ein unmittelbares Recht erwerben, die Leistungen zu fordern.

(2) ¹Eine Abfindung von Anwartschaften ist ohne Zustimmung des Arbeitnehmers möglich, wenn die Voraussetzungen nach § 3 Abs. 1 Satz 2 oder 3 erfüllt sind. ²Die Abfindung ist über die nach § 3 Abs. 1 bestimmten Beträge hinaus möglich, wenn sie an ein Unternehmen der Lebensversicherungswirtschaft oder Pensionskassen gezahlt wird, bei dem der Versorgungsberechtigte im Rahmen eines Versicherungsvertrages nach § 1 Abs. 2 oder 3 versichert ist. ³§ 2 Abs. 2 Satz 4 bis 6 und § 3 Abs. 2 gelten entsprechend.

I. Normzweck

Die Vorschrift des § 8 I ist ein **besonderer Bestandteil des Gesamtkonzepts der Insolvenzsicherung in der betrieblichen Altersversorgung.** Damit soll dem Träger der Insolvenzsicherung die Möglichkeit eingeräumt werden, Pensionskassen oder andere Unternehmen der Lebensversicherung bei der Durchführung des Insolvenzschutzes zu beteiligen, um ihm so die Erfüllung der ihm übertragenen Aufgabe zu erleichtern (BT-Drucks. 7/2843 S. 9). Dieses Modell wird auch praktiziert, indem ein aus fast allen in der Bundesrepublik Deutschland tätigen Lebensversicherungsunternehmen zusammengesetztes Konsortium die vom PSV übernommenen Betriebsrenten versichert und an die Berechtigten auszahlt (*Laskowski* in: 10 Jahre Insolvenzsicherung, 1985, S. 126). § 8 II enthält ein § 3 angelehnt die Möglichkeit einer Kapitalabfindung. 1

II. Die Abwicklung über Pensionskassen oder Unternehmen der Lebensversicherung

Die Möglichkeit der **Abwicklung über Pensionskassen** sieht das Gesetz zwar vor; sie wird aber **nicht praktiziert,** da einschlägige Rahmenverträge nur mit Unternehmen der Lebensversicherung bestehen. 2

Bei dem von den Unternehmen der Lebensversicherung gebildeten **Konsortium** handelt es sich um eine **Gesellschaft bürgerlichen Rechts,** so daß die Übernahme rechtlich nicht durch dieses Konsortium sondern durch die einzelnen am Konsortium beteiligten Lebensversicherungen erfolgt. Der PSV hat sich in § 2 II seiner Satzung zur Versicherung übernommener Rentenansprüche bei diesem Konsortium verpflichtet. 3

Die in § 8 I vorgesehene **befreiende Wirkung** tritt aber nur ein, sofern sich die Lebensversicherer gegenüber dem Träger der Insolvenzsicherung verpflichten, diese Leistung zu erbringen, was zivilrechtlich als Schuldübernahme zu qualifizieren ist. Eine Genehmigung des Gläubigers nach § 415 I BGB ist hier nicht erforderlich, da § 8 I insofern eine Spezialregelung darstellt, die das Genehmigungserfordernis für diesen Fall ausschließt. 4

§ 8 I setzt weiterhin voraus, daß die nach § 7 **Anspruchsberechtigten ein unmittelbares Recht gegen den Versicherer erwerben,** die Leistungen zu fordern. Versicherungsrechtlich erhalten sie ein unwiderrufliches Bezugsrecht, das sich in der Praxis aus der vertraglichen Vereinbarung zwischen dem Konsortium und dem PSV ergibt und als echter Vertrag zugunsten Dritter (§ 328 I BGB) zu qualifizieren ist. 5

Sind diese Voraussetzungen erfüllt, richtet sich der **Anspruch des Versorgungsberechtigten gegen den Versicherer.** Die schuldbefreiende Wirkung reicht aber nur soweit, wie der Verpflichtungswille des Trägers der Insolvenzsicherung geht. Der PSV hat hier eine inhaltliche Gestaltungsmöglichkeit. 6

III. Abfindung

Bei Abs. 2 handelt es sich um eine Vorschrift, die den **gesetzgeberischen Gedanken des § 3 auf die Insolvenzsicherung überträgt.** Sie will deshalb wie § 3 die Abfindung geringfügiger Anwartschaften ermöglichen, enthält gegenüber § 3 hierfür jedoch erleichterte Voraussetzungen. Durch das RRG 1999 ist Abs. 2 geändert worden. Eine Änderung wurde bereits dadurch erforderlich, daß die Vorschrift auf 7 die modifizierten Abfindungsvoraussetzungen des § 3 I abgestimmt werden mußte. Eine echte Neuerung enthält S. 2.

8   Der neugefaßte Abs. 2 trägt seit dem 1. 1. 1999 den in § 3 I vorgesehenen **erweiterten Abfindungsmöglichkeiten** Rechnung. Dementsprechend sollen auch dem PSV derartige Abfindungsmöglichkeiten eingeräumt werden. Die Besonderheiten gegenüber dieser Vorschrift bestehen aber darin, daß der **PSV in allen Fällen des § 3 I 2 und 3 ohne Zustimmung des AN** abfinden kann. Dies gilt sowohl für Anwartschaften von bis zu 4% der monatlichen Bezugsgröße (§ 3 I 3 Nr. 2) als auch für den Fall, daß die Beiträge zur gesetzlichen Rentenversicherung erstattet worden sind (§ 3 I 3 Nr. 3), was zu einer erheblichen Entlastung des Trägers der Insolvenzsicherung führt.

9   Darüber hinaus fällt sogar die in § 3 I 2 Nr. 2 genannte Höchstgrenze von 4% der Bezugsgröße als obere Grenze für eine Abfindung weg, wenn **die Beträge an ein Unternehmen der Lebensversicherungswirtschaft oder Pensionskassen gezahlt werden**, bei dem der Versorgungsberechtigte im Rahmen einer Direktversicherung bzw. einer Pensionskassen-Versorgung versichert ist. Auf diese Weise wird dem PSV die Möglichkeit eingeräumt, unverfallbare Anwartschaften aus Gruppenversicherungsverträgen abzufinden, was insb. dann für den Träger der Insolvenzsicherung interessant ist, wenn eine Direktversicherung nur teilweise durch Abtretungen oder Beleihungen beschädigt ist. Allerdings ist diese Möglichkeit nicht auf derartige Fälle beschränkt, wie der Verweis auf die Pensionskassen zeigt, bei denen ein solcher Sicherungsfall nicht eintreten kann. Vielmehr kann der PSV ohne wertmäßige Grenzen immer dann eine derartige Abfindung vornehmen, wenn für den Versorgungsberechtigten eine Pensionskassen-Versicherung oder eine Direktversicherung besteht.

10 In S. 3 des neuen Abs. 2 werden § 2 II 4 bis 6 und § 3 II für entsprechend anwendbar erklärt. Das bedeutet, daß den AN Verfügungsbeschränkungen treffen (vgl. § 2 Rn. 44 ff.). Der Verweis auf § 3 II dient der Berechnung der Abfindung.

§ 9 Mitteilungspflicht; Forderungs- und Vermögensübergang

(1) [Mitteilungspflichten] ¹ Der Träger der Insolvenzsicherung teilt dem Berechtigten die ihm nach § 7 oder § 8 zustehenden Ansprüche oder Anwartschaften schriftlich mit. ² Unterbleibt die Mitteilung, so ist der Anspruch oder die Anwartschaft spätestens ein Jahr nach dem Sicherungsfall bei dem Träger der Insolvenzsicherung anzumelden; erfolgt die Anmeldung später, so beginnen die Leistungen frühestens mit dem Ersten des Monats der Anmeldung, es sei denn, daß der Berechtigte an der rechtzeitigen Anmeldung ohne sein Verschulden verhindert war.

(2) [Forderungsübergang] ¹ Ansprüche oder Anwartschaften des Berechtigten gegen den Arbeitgeber auf Leistungen der betrieblichen Altersversorgung, die den Anspruch gegen den Träger der Insolvenzsicherung begründen, gehen im Falle eines Insolvenzverfahrens mit dessen Eröffnung, in den übrigen Sicherungsfällen dann auf den Träger der Insolvenzsicherung über, wenn dieser nach Absatz 1 Satz 1 dem Berechtigten die ihm zustehenden Ansprüche oder Anwartschaften mitteilt. ² Der Übergang kann nicht zum Nachteil des Berechtigten geltend gemacht werden. Die mit der Eröffnung des Insolvenzverfahrens übergegangenen Anwartschaften werden im Insolvenzverfahren als unbedingte Forderungen nach § 45 der Insolvenzordnung geltend gemacht.

(3) [Vermögensübergang] ¹ Ist der Träger der Insolvenzsicherung zu Leistungen verpflichtet, die ohne den Eintritt des Sicherungsfalles eine Unterstützungskasse erbringen würde, geht deren Vermögen einschließlich der Verbindlichkeiten auf ihn über; die Haftung für die Verbindlichkeiten beschränkt sich auf das übergegangene Vermögen. ² Wenn die übergegangenen Vermögenswerte den Barwert der Ansprüche und Anwartschaften gegen den Träger der Insolvenzsicherung übersteigen, hat dieser den übersteigenden Teil entsprechend der Satzung der Unterstützungskasse zu verwenden. ³ Bei einer Unterstützungskasse mit mehreren Trägerunternehmen hat der Träger der Insolvenzsicherung einen Anspruch gegen die Unterstützungskasse auf einen Betrag, der dem Teil des Vermögens der Kasse entspricht, der auf das Unternehmen entfällt, bei dem der Sicherungsfall eingetreten ist. ⁴ Die Sätze 1 bis 3 gelten nicht, wenn der Sicherungsfall auf den in § 7 Abs. 1 Satz 4 Nr. 2 genannten Gründen beruht, es sei denn, daß das Trägerunternehmen seine Betriebstätigkeit nach Eintritt des Sicherungsfalls nicht fortsetzt und aufgelöst wird (Liquidationsvergleich).

(4) [Insolvenzplan] ¹ In einem Insolvenzplan, der die Fortführung des Unternehmens oder eines Betriebes vorsieht, kann für den Träger der Insolvenzsicherung eine besondere Gruppe gebildet werden. ² Sofern im Insolvenzplan nichts anderes vorgesehen ist, kann der Träger der Insolvenzsicherung, wenn innerhalb von drei Jahren nach der Aufhebung des Insolvenzverfahrens ein Antrag auf Eröffnung eines neuen Insolvenzverfahrens über das Vermögen des Arbeitgebers gestellt wird, in diesem Verfahren als Insolvenzgläubiger Erstattung der von ihm erbrachten Leistungen verlangen.

(5) [Beschwerderecht] Dem Träger der Insolvenzsicherung steht gegen den Beschluß, durch den das Insolvenzverfahren eröffnet wird, die sofortige Beschwerde zu.

I. Normzweck

Die Vorschrift zerfällt in zwei Teile, die nur insofern durch einen gemeinsamen Gedanken verbunden sind, als hier **Konsequenzen aus der Einstandspflicht des Trägers der Insolvenzsicherung** gezogen werden. Abs. 1 enthält eine **allgemeine Mitteilungspflicht des PSV gegenüber den Versorgungsberechtigten,** die der Feststellung von Ansprüchen und Anwartschaften dient. Deshalb ist neben der Mitteilungspflicht des Trägers der Insolvenzsicherung auch eine Anmeldepflicht des Versorgungsberechtigten vorgesehen. Die Abs. 2 und 3 sollen sicherstellen, daß der zur Leistung verpflichtete Träger der Insolvenzsicherung die Möglichkeit einer **Kompensation seiner Aufwendungen** erhält, wobei Abs. 3 den Besonderheiten der Unterstützungskassen Rechnung trägt. Hinter den Abs. 2 und 3 steht die Überlegung, daß auch nach einem Sicherungsfall noch nennenswerte Vermögensmassen vorhanden sein können, auf die dem Träger der Insolvenzsicherung so der Rückgriff eingeräumt wird. 1

II. Mitteilungspflichten

Der PSV ist von sich aus zur Mitteilung verpflichtet. Hinter dieser Mitteilungspflicht steht das **Interesse des Versorgungsempfängers,** der in die Lage versetzt werden muß, die ordnungsgemäße Erfassung seiner Rechte durch den Träger der Insolvenzsicherung zu überprüfen. Insbesondere bei vorzeitig mit unverfallbaren Anwartschaften ausgeschiedenen AN kann auch die Situation eintreten, daß er vom Sicherungsfall gar keine Kenntnis hat. 2

1. Inhalt und Wirkung der Mitteilung. Aus diesem Grundgedanken ergibt sich auch, daß der Anspruch **nicht nur dem Grunde, sondern auch der Höhe nach durch den PSV mitzuteilen** ist. Die Mitteilungspflichten erfassen dabei nicht nur die nach § 7 bestehenden Ansprüche gegen den Träger der Insolvenzsicherung, sondern durch den Verweis auf § 8 wird der PSV auch verpflichtet, darüber zu informieren, daß die Versorgungsverpflichtung von einem Versicherungsunternehmen übernommen ist und muß dies bezeichnen. Er muß den Berechtigten auch über die Gewährung der Abfindung nach § 8 II informieren. Einen solchen Anspruch auf Mitteilung haben nur Versorgungsempfänger und Inhaber einer unverfallbaren Versorgungsanwartschaft. Hinterbliebene haben einen solchen Anspruch erst dann, wenn insoweit der Versorgungsfall eingetreten ist. 3

Die **Mitteilung nach § 9 I hat nur deklaratorische Funktion.** Allerdings begründet diese Mitteilung einen Vertrauenstatbestand. Wenn also etwa der PSV seine Einstandspflicht entgegen der wahren Rechtslage bejaht hat, so hat er die Nachteile auszugleichen, die dem Versorgungsempfänger im Vertrauen auf die Richtigkeit der Mitteilung entstanden sind und noch entstehen (BGH 3. 2. 1986 AP BetrAVG § 9 Nr. 4). 4

2. Unterbliebene Mitteilung. S. 2 ist etwas **undeutlich formuliert** und kann deshalb zu **Fehldeutungen** Anlaß geben. Richtig verstanden geht es hier um eine Ergänzung der Mitteilungspflicht des PSV, da beide die Funktion der Sachverhaltsklärung im Interesse des Versorgungsempfängers haben. Die Vorschrift ist nicht zu verstehen als Ersatz für schuldhaftes Unterlassung der Mitteilung durch den PSV; sie wäre so auch nicht verständlich. Vielmehr kann die nötige Klärung nur in beiderseitigen Zusammenwirken erfolgen; die Anmeldepflicht nach S. 2 hat deshalb den Charakter einer Mitwirkungspflicht bzw. einer **versicherungsrechtlichen Obliegenheit.** 5

Die Anmeldung hat innerhalb einer **Ausschlußfrist von einem Jahr** zu erfolgen. Das Gesetz knüpft an die Versäumung der Anmeldung die Sanktion des späteren Leistungsbeginns; dies gilt allerdings nur dann, wenn den Berechtigten an der Fristversäumung ein Verschulden (§ 276 BGB) trifft. Durch die Art der Formulierung („es sei denn...") macht das Gesetz deutlich, daß der Berechtigte nachweisen muß, daß ihn kein Verschulden trifft (so auch BAG 9. 12. 1997 NZA 1998, 941). Indem die Vorschrift sich auf „Leistungen" bezieht, könnte zweifelhaft sein, ob sie auch einmalige Kapitalleistungen erfaßt. Da aber kein Grund ersichtlich ist, warum nicht auch Kapitalleistungen von dieser Vorschrift erfaßt sein sollen, wird man sie analog auch darauf anzuwenden haben (*Blomeyer/Otto* Rn. 28). 6

III. Forderungsübergang

Durch den Forderungsübergang nach Abs. 2 gehen die **Forderungen des Berechtigten auf Leistungen der betrieblichen Altersversorgung bzw. die entsprechenden Anwartschaften auf den PSV über.** Auf diese Weise wird der Träger der Insolvenzsicherung Gläubiger etwa in der Insolvenz über das Vermögen des Versorgungsschuldners (BAG 7. 11. 1989 NZA 1990, 524). Der PSV macht keine anderen Forderungen geltend als die Versorgungsberechtigten, wenn es den gesetzlichen Forderungsübergang aufgrund des Insolvenzschutzes nicht gäbe (BGH 23. 1. 1992 NZA 1992, 653, 654). 7

1. Umfang. Betroffen vom Forderungsübergang sind die insolvenzgeschützten **Ansprüche auf Leistungen der betrieblichen Altersversorgung gegen den AG.** Das bedeutet nicht, daß nur Ansprüche gegen den AG aus unmittelbarer Versorgungszusage erfaßt sind; vielmehr werden die anderen Sicherungsfälle herbeigeführt durch eine vom AG verursachte Beeinträchtigung des Bezugsrechts, was einen unmittelbaren Anspruch gegen den AG auslöst. Dies gilt nicht nur für den Fall der Abtretung oder 8

Beleihung einer Direktversicherung, sondern auch im Falle von Unterstützungskassen (BAG 6. 10. 1992 DB 1993, 987, 988; s. aber auch Kommentierung zu Abs. 3 unten Rn. 16 ff.). Mit dem Übergang des Anspruchs oder der Anwartschaft auf die Leistung der betrieblichen Altersversorgung gehen auch **die zur Sicherung der Betriebsrente eingeräumten Rechte** auf den Träger der Insolvenzsicherung über (§ 9 II 1. Alt. iVm. § 401 I BGB analog, § 412 BGB; BAG 12. 12. 1989 DB 1990, 895, 896). Ein solches akzessorisches Sicherungsrecht kann auch eine Bürgschaft sein (BGH 13. 5. 1993 NZA 1994, 365).

9   Anders als eine Reihe sonstiger gesetzlicher Vorschriften zum Forderungsübergang sieht § 9 II **keine umfangmäßige Beschränkung** dahin vor, daß die Ansprüche oder Anwartschaften nur übergehen, „soweit" der Träger der Insolvenzsicherung Leistungen zu gewähren hat (vgl. etwa § 67 VVG, § 116 SGB X). Hierdurch soll es dem PSV ermöglicht werden, seine vom Pensionär abgeleiteten Ansprüche gemäß §§ 174 ff. InsO (bis zum 31. 12. 1998: §§ 138 KO, 67 VglO) fristgerecht anzumelden; deshalb wird der Forderungsübergang früh angesetzt. Hinge die Anspruchsberechtigung jeweils davon ab, ob der Träger der Insolvenzsicherung noch gewillt oder im Hinblick auf § 9 I 2 noch verpflichtet ist, an den Versorgungsempfänger zu leisten, so bliebe die Inhaberschaft des Anspruchs gegen den Versorgungsschuldner (zu) lange in der Schwebe (BGH 8. 3. 1982 NJW 1983, 120). Allerdings müssen die Anwartschaften und Ansprüche des Versorgungsberechtigten gegen den AG auf Leistungen der betrieblichen Altersversorgung dem Grunde nach geeignet sein, einen Anspruch gegen den Träger der Insolvenzsicherung zu begründen (ähnlich *Blomeyer/Otto* Rn. 50; *Höfer* Rn. 3053 f.).

10 Dem Gedanken der Anwartschaft als Vorstufe zum Vollrecht Rechnung tragend, verwandelt sich nach der Rspr. des BAG eine **Versorgungsanwartschaft im Insolvenzfall in einen Zahlungsanspruch.** Dieser wird gem. § 9 II 3 nach § 45 InsO als unbedingte Forderung geltend gemacht. Diese Neuregelung bestätigt die zur alten Rechtslage ergangene Rspr. (BAG 8. 12. 1977 AP KO § 61 Nr. 10).

11 **2. Zeitpunkt.** Der Anspruch geht im Fall der Insolvenz über zum **Zeitpunkt der Eröffnung des Insolvenzverfahrens.** In den anderen Sicherungsfällen fehlt es an einem auch für den Berechtigten offensichtlichen Ereignis, an das der Anspruchsübergang geknüpft werden könnte. Deshalb wird hier der Zeitpunkt (des Zugangs) der Mitteilung nach Abs. 1 S. 1 für maßgeblich erklärt. Das wird den PSV auch veranlassen, diese Mitteilung möglichst frühzeitig zu machen.

12 **3. Wirkung.** Die übergegangenen Forderungen sind **durch den Träger der Insolvenzsicherung geltend zu machen** (BAG 12. 4. 1983 AP BetrAVG § 9 Nr. 2). Er hat dann die gleiche Position wie andere Insolvenzgläubiger. Beim Träger der Insolvenzsicherung handelt es sich somit um einen Insolvenzgläubiger nach § 38 InsO.

13 Der **Versorgungsberechtigte** kann nach **Forderungsübergang seine Rechte nur noch gegenüber dem PSV** geltend machen. Allerdings sieht Abs. 2 S. 2 vor, daß der Übergang nicht zum Nachteil des Berechtigten geltend gemacht werden darf. Das wird bedeutsam bei der Existenz **akzessorischer Sicherungsrechte,** die von ihrem Sicherungsumfang über das vom Träger der Insolvenzsicherung Benötigte hinausgehen; hier darf der Träger der Insolvenzsicherung die Sicherungsrechte nur insoweit verwerten, wie er es für den von ihm gesicherten Teil erforderlich ist (s. etwa *Höfer* Rn. 3070).

14 Der AG kann seinem neuen Gläubiger in Gestalt des Trägers der Insolvenzsicherung die vor dem Forderungsübergang begründeten **Einwendungen** entgegenhalten (§§ 404, 412 BGB). Es finden in diesem Verhältnis auch die sonstigen einschlägigen Vorschriften des Abtretungsrechts (etwa § 407 BGB) Anwendung.

15 **4. Rückübertragung. Soweit** der PSV **keinen Insolvenzschutz** gewährt, ist er verpflichtet, die auf ihn übergegangene Ansprüche auf den Versorgungsberechtigten **rückzuübertragen** oder ihm eine Ermächtigung zur Geltendmachung der Forderung in eigenem Namen zu erteilen (BAG AP BetrAVG § 9 Nr. 2). Auf diese Weise wird der Versorgungsberechtigte in die Lage versetzt, seine Forderungen selbst geltend zu machen. Unter Berufung auf § 812 I 1 2. Fall BGB (Eingriffskondiktion) kann der Versorgungsberechtigte die Rückabtretung verlangen (s. auch *Blomeyer/Otto* Rn. 73 f.).

IV. Vermögensübergang bei Unterstützungskassen

16 Die Vorschrift des Abs. 3 erklärt sich aus **den Besonderheiten der Unterstützungskassen-Versorgung.** Da laut Legaldefinition ein Rechtsanspruch auf Leistungen der Unterstützungskasse nicht besteht, konnte ein Forderungsübergang wie in Abs. 2 nicht angeordnet werden. Da die Unterstützungskasse bei Zahlungsunfähigkeit des Trägerunternehmens ihre wirtschaftliche Basis verliert, kann nur noch auf das etwa vorhandene Vermögen zurückgegriffen werden.

17 **1. Umfang.** Nach dem Wortlaut dürfte an sich ein Vermögensübergang nicht stattfinden, wenn zum Zeitpunkt des Eintritts des Versicherungsfalles nur Inhaber insolvenzgesicherter Anwartschaften, nicht aber Versorgungsempfänger vorhanden sind, da die Vorschrift den Übergang daran knüpft, daß der PSV zu *Leistungen* verpflichtet ist. Es besteht aber Einigkeit darüber, daß die **Vorschrift ausdehnend auszulegen ist und auch Anwartschaften umfaßt,** da das Interesse des PSV hier das Gleiche ist (*Blomeyer/Otto* Rn. 82, *Höfer* Rn. 3082).

Da § 7 I 2 den Insolvenzschutz an die **Eröffnung des Insolvenzverfahrens über das Vermögen** 18
des AG (Trägerunternehmen) knüpft, nimmt das BAG einen Vermögensübergang auf den PSV auch
dann an, wenn die **Unterstützungskasse noch über hinreichende finanzielle Mittel** verfügt, um die
bestehenden Versorgungsverbindlichkeiten zu erfüllen (BAG 12. 2. 1991 AP BetrAVG § 9 Nr. 13;
kritisch *Blomeyer/Otto* Rn. 85). Diese Entscheidung ist dogmatisch problematisch, da sie hinsichtlich
des Sicherungsfalls unscharf argumentiert; sie läßt sich aber aus pragmatischen Gründen rechtfertigen,
da so verhindert wird, daß der Insolvenzverwalter die in der Unterstützungskasse noch vorhandenen
Mittel im Interesse der anderen Gläubiger zur Insolvenzmasse zieht und ansonsten auch bei überdotierten Unterstützungskassen ein Vermögensübergang stattfindet (§ 9 III 2).

Der Vermögensübergang erfaßt **alle vermögenswerten Güter der Unterstützungskasse**. Dabei 19
kann es sich etwa um Darlehensforderungen handeln (BAG 6. 1. 1993 AP BetrAVG § 9 Nr. 16).
Es erfolgt ein vollständiger Vermögensübergang, da das Gesetz keine Einschränkung auf die Höhe der
erbrachten oder zu erbringenden Leistungen vorsieht. Der Zeitpunkt des Vermögensübergangs ist
entsprechend der Regelung des Abs. 2 zum Forderungsübergang zu bestimmen. Der 2. Halbs. des S. 1
macht deutlich, daß mit dem Vermögensübergang gleichzeitig auch die Verbindlichkeiten auf den PSV
übergehen. Verbindlichkeiten der Unterstützungskasse sind allerdings wegen des fehlenden Rechtsanspruchs nicht deren „Ansprüche" auf Versorgung. Die Vorschrift sieht eine Haftungsbeschränkung
entsprechend § 419 II 1 BGB vor.

2. Ausnahmen. Für **Gruppen-Unterstützungskassen** macht das Gesetz in Abs. 3 S. 3 eine Aus- 20
nahme, da ein Vermögensübergang hier dazu führen würde, daß die Insolvenz eines der Unternehmen
die anderen Unternehmen und ihre Versorgungsberechtigten beeinträchtigen würde. Das Gesetz
behilft sich für diesen Fall mit einem betragsmäßig bestimmten Anspruch des Trägers der Insolvenzsicherung gegen die Unterstützungskasse, der dem Teil des Vermögens der Kasse entspricht, der auf
das Unternehmen entfällt. Anhaltspunkte für die Bestimmung dieses Betrages lassen sich aus der
Satzung der Kasse, dem Gesellschaftsvertrag oder sonstigen Vereinbarungen entnehmen (BAG 22. 10.
1991 AP BetrAVG § 9 Nr. 14). Helfen diese Maßstäbe nicht weiter, so ist Anhaltspunkte die bisher
übliche Praxis der jeweiligen Unterstützungskasse.

Beim **außergerichtlichen Vergleich** findet nach S. 4 ein **Vermögensübergang nicht statt**. Dies 21
rechtfertigt sich daraus, daß hier der AG weiterhin für die Leistungen haftet. S. 4 Halbs. 2 bestimmt
jedoch, daß der Ausschluß des Vermögensübergangs im Falle des Liquidationsvergleichs nicht gilt.
Hier verliert die Unterstützungskasse mit dem Wegfall des Trägerunternehmens ihre Existenzberechtigung, so daß deshalb das Vermögen der Kasse auch nicht in die Vergleichsmasse fallen soll; vielmehr
soll es dem PSV zur Befriedigung der Ansprüche der Betriebsrentner bzw. Anwartschaftsinhaber zur
Verfügung stehen. Die gesetzliche Neuregelung knüpft damit an die hM zur alten Rechtslage an,
wonach S. 4 bei einer Beendigung der Betriebstätigkeit nicht anzuwenden war (*Blomeyer/Otto*
Rn. 81; *MünchArbR/Ahrend/Förster* § 108 Rn. 73).

V. Verbesserung der Stellung des Pensions-Sicherungs-Vereins im Insolvenzverfahren

Die Anfügung eines Abs. 4 **verbessert die Stellung des PSV im Insolvenzverfahren** gegenüber der 22
bisherigen Situation. Die Insolvenzordnung arbeitet mit der Aufstellung eines Insolvenzplans
(§§ 217 ff. InsO) und bildet dabei Gruppen für die am Insolvenzplan Beteiligten (§ 222 InsO). Die
Abstimmung über den Insolvenzplan erfolgt innerhalb der Gruppen (§ 243 InsO). Wird die Fortführung des Unternehmens oder eines Betriebes vorgesehen, so kann nach S. 1 für den PSV eine eigene
Gruppe gebildet werden mit der Folge, daß der Insolvenzplan nicht gegen seine Stimme verabschiedet
werden kann. Die Wiederauflebensklausel des § 255 InsO ist nicht zugeschnitten auf die langfristige
Aufteilung der Verpflichtungen aus der betrieblichen Altersversorgung zwischen PSV und dem in der
Sanierung befindlichen Unternehmen. Sie wird deshalb durch die Regelung im neuen Abs. 4 S. 2
ersetzt. Die Drei-Jahres-Frist ist an die Regelung über die Aufhebung der Planüberwachung in § 268
Abs. 1 Nr. 2 InsO angelehnt und bedeutet zugleich, daß ein Insolvenzfall nach Ablauf dieser drei
Jahre wie der übliche (neue) Insolvenzfall behandelt wird (s. auch *Schmidt-Ränsch* Insolvenzordnung
Art. 91 Rn. 18).

Das neu eingeräumte **eigene Beschwerderecht des Trägers der Insolvenzsicherung** trägt dem 23
Umstand Rechnung, daß die Eröffnung des Insolvenzverfahrens für ihn erhebliche wirtschaftliche
Tragweite hat, da der Eröffnungsbeschluß bei Vorliegen der anderen Voraussetzungen die Leistungspflicht auslöst. Es ist deshalb gerechtfertigt, dem PSV das Recht zur sofortigen Beschwerde
gegen den Eröffnungsbeschluß einzuräumen (s. auch *Schmidt-Ränsch* Insolvenzordnung Art. 91
Rn. 19).

§ 10 Beitragspflicht und Beitragsbemessung

(1) [Beitragspflicht] Die Mittel für die Durchführung der Insolvenzsicherung werden auf
Grund öffentlich-rechtlicher Verpflichtung durch Beiträge aller Arbeitgeber aufgebracht, die

200 BetrAVG § 10   Beitragspflicht und Beitragsbemessung

Leistungen der betrieblichen Altersversorgung unmittelbar zugesagt haben oder eine betriebliche Altersversorgung über eine Unterstützungskasse oder eine Direktversicherung der in § 7 Abs. 1 Satz 2 und Absatz 2 Satz 1 Nr. 2 bezeichneten Art durchführen.

(2) [Gesamtbeitragsaufkommen] [1] Die Beiträge müssen den Barwert der im laufenden Kalenderjahr entstehenden Ansprüche auf Leistungen der Insolvenzsicherung, die im gleichen Zeitraum entstehenden Verwaltungskosten und sonstigen Kosten, die mit der Gewährung der Leistungen zusammenhängen, und die Zuführung zu einem vom Bundesaufsichtsamt für das Versicherungswesen festgesetzten Ausgleichsfonds decken; § 37 des Gesetzes über die Beaufsichtigung der privaten Versicherungsunternehmen bleibt unberührt. [2] Der Rechnungszinsfuß bei der Berechnung des Barwertes bestimmt sich nach § 65 des Versicherungsaufsichtsgesetzes. [3] Auf die am Ende des Kalenderjahres fälligen Beiträge können Vorschüsse erhoben werden; reichen die Vorschüsse zur Deckung der Aufwendungen nach Satz 1 nicht aus, so kann der Ausgleichsfonds in einem vom Bundesaufsichtsamt für das Versicherungswesen zu genehmigenden Umfang zur Ermäßigung der Beiträge herangezogen werden.

(3) [Beitragsbemessungsgrundlage] Die nach Absatz 2 erforderlichen Beiträge werden auf die Arbeitgeber nach Maßgabe der nachfolgenden Beträge umgelegt, soweit sie sich auf die laufenden Versorgungsleistungen und die nach § 1 unverfallbaren Versorgungsanwartschaften beziehen (Beitragsbemessungsgrundlage); diese Beträge sind festzustellen auf den Schluß des Wirtschaftsjahres des Arbeitgebers, das im abgelaufenen Kalenderjahr geendet hat:
1. Bei Arbeitgebern, die Leistungen der betrieblichen Altersversorgung unmittelbar zugesagt haben, ist Beitragsbemessungsgrundlage der Teilwert der Pensionsverpflichtung (§ 6 a Abs. 3 des Einkommensteuergesetzes).
2. Bei Arbeitgebern, die eine betriebliche Altersversorgung über eine Direktversicherung mit widerruflichem Bezugsrecht durchführen, ist Beitragsbemessungsgrundlage das geschäftsplanmäßige Deckungskapital oder, soweit die Berechnung des Deckungskapitals nicht zum Geschäftsplan gehört, die Deckungsrückstellung. Für Versicherungen, bei denen der Versicherungsfall bereits eingetreten ist, und für Versicherungsanwartschaften, für die ein unwiderrufliches Bezugsrecht eingeräumt ist, ist das Deckungskapital oder die Deckungsrückstellung nur insoweit zu berücksichtigen, als die Versicherungen abgetreten oder beliehen sind.
3. Bei Arbeitgebern, die eine betriebliche Altersversorgung über eine Unterstützungskasse durchführen, ist Beitragsbemessungsgrundlage das Deckungskapital für die laufenden Leistungen (§ 4 d Abs. 1 Nr. 1 Buchstabe a des Einkommensteuergesetzes) zuzüglich des Zwanzigfachen der nach § 4 d Abs. 1 Nr. 1 Buchstabe b Satz 1 des Einkommensteuergesetzes errechneten jährlichen Zuwendungen für Leistungsanwärter im Sinne von § 4 d Abs. 1 Nr. 1 Buchstabe b Satz 2 des Einkommensteuergesetzes.

(4) [Zwangsvollstreckung] [1] Aus den Beitragsbescheiden des Trägers der Insolvenzsicherung findet die Zwangsvollstreckung in entsprechender Anwendung der Vorschriften der Zivilprozeßordnung statt. [2] Die vollstreckbare Ausfertigung erteilt der Träger der Insolvenzsicherung.

I. Normzweck

1   § 10 ist die **zentrale Vorschrift zur Finanzierung der Insolvenzsicherung** in der betrieblichen Altersversorgung. Sie bringt zum Ausdruck, daß alle AG, die eine nach § 7 insolvenzgesicherte betriebliche Altersversorgung durchführen, beitragspflichtig sind. Sie stellt auch sicher, daß die aus den Insolvenzen resultierenden Lasten auf alle beitragspflichtigen AG gleichmäßig verteilt werden. Der Beitrag ist nicht nach der Art des Risikos differenziert; dies war nicht unumstritten, ist aber im Interesse einer allgemein akzeptablen, kostenmäßig tragbaren und praktikablen Lösung gerechtfertigt (*Heubeck* BB 1987, 399 ff.; s. auch BVerwG 10. 12. 1981 NJW 1983, 59 ff.).

2   Die Vorschrift regelt in Abs. 1 die **Beitragspflicht dem Grunde nach** und bestimmt den **Kreis der beitragspflichtigen AG**. Die Abs. 2 und 3 betreffen die **Beitragsbemessung** und Abs. 4 die **Zwangsvollstreckung wegen Beitragsforderungen**. Aus diesen Regelungen wird bereits deutlich, daß dem PSV eine quasi öffentlich-rechtliche Stellung in mehrerlei Beziehung eingeräumt wird.

3   Die Vorschrift ist **verfassungskonform**. Zweifel unter dem Aspekt von Art. 3 und Art. 12 GG hat das BVerwG überzeugend ausgeräumt (23. 5. 1995 E 98, 280).

II. Beitragspflicht

4   **1. Öffentlich-rechtliche Verpflichtung.** Abs. 1 macht deutlich, daß es sich um eine öffentlich-rechtliche Beitragsverpflichtung handelt. Hintergrund dafür ist, daß nur so ein Anschlußzwang und damit eine flächendeckende Sicherung erreicht werden kann. Der **PSV** bleibt damit zwar als Versicherungsverein auf Gegenseitigkeit eine juristische Person des Privatrechts, ist jedoch **im Hinblick auf die Beitragspflicht beliehenes Unternehmen** und übt hoheitliche Gewalt aus.

Steinmeyer

II. Beitragspflicht

Von dieser **öffentlich-rechtlichen Natur des Beitragsverhältnisses** zu unterscheiden ist die **privatrechtliche Natur des Rechtsverhältnisses zwischen PSV und AN** bzw. Versorgungsberechtigten. Dieses Verhältnis ist ein versicherungsrechtliches Verhältnis. Privatrechtlich sind auch alle sonstigen Rechtsbeziehungen zwischen AG und PSV. 5

2. Beitragspflichtiger. Eine Beitragspflicht besteht grds. für **alle AG, die Leistungen der betrieblichen Altersversorgung zugesagt haben.** Es sind allerdings die Ergänzungen und Ausnahmen des § 17 zu beachten. So gilt die Beitragspflicht auch für Unternehmen, die Nicht-AN iSv. § 17 I 2 beschäftigen (s. Kommentierung zu § 17 Rn. 4 ff.). Die Beitragspflicht ist nicht anwendbar auf den öffentlichen Dienst, für den gemäß § 17 II die §§ 7 bis 15 nicht gelten. Der Hintergrund für diese Ausnahme ist, daß bei diesen öffentlich-rechtlichen Körperschaften ein Insolvenzverfahren nicht zulässig ist (zum neuen Recht vgl. § 12 InsO). 6

Der AG muß eine **betriebliche Altersversorgung durchführen;** es müssen also die Voraussetzungen der Klammerdefinition des § 1 erfüllt sein. Die Tatsache alleine, daß der PSV Beiträge festsetzt und der AG diese bezahlt, löst daher keine Einstandspflicht des PSV aus (*Blomeyer/Otto* Rn. 29). Da § 10 III 1 bei der Festsetzung der Beitragsbemessungsgrundlage nur die nach § 1 unverfallbaren Anwartschaften berücksichtigt, unterliegen auch der Beitragspflicht nur diese unverfallbaren Anwartschaften. Die **§§ 7 und 10 sind hinsichtlich Einstandspflicht einerseits und Beitragspflicht andererseits nicht völlig deckungsgleich.** Das findet seinen Grund darin, daß bei der Beitragspflicht nicht das jeweilige individuelle Risiko eines einzelnen AG berücksichtigt werden kann. 7

3. Besonderheiten der einzelnen Durchführungswege. Hinsichtlich der **Beitragspflicht bei den einzelnen Durchführungswegen** ergeben sich Folgerungen aus deren Besonderheiten. Deshalb besteht eine **Beitragspflicht bei der unmittelbaren Versorgungszusage,** da der AG diese Versorgungsleistung aus seinem Vermögen erbringt. Aus dem gleichen Grund sind auch **beitragspflichtig die unmittelbaren Leistungsverpflichtungen,** die für den AG entstehen, **wenn er nach § 2 II 2 die arbeitsrechtliche Lösung** wählt. **Nicht beitragspflichtig ist ein Schadensersatzanspruch, der sich aus dem Widerruf einer Direktversicherung** nach Eintritt der Unverfallbarkeit ergibt (so die Schlußfolgerung aus BAG 17. 9. 1991 AP BetrAVG § 7 Nr. 16; anders wenn man der unzutreffenden Auffassung des BVerwG 28. 6. 1994 SAE 1996, 41 ff. m. abl. Anm. *Steinmeyer* folgt, siehe näher § 7 Rn. 21). 8

Bei einer **Direktversicherung** kann ein Sicherungsfall nur eintreten, wenn der AG das Bezugsrecht des AN wirtschaftlich nutzt. Deshalb sieht Abs. 1 durch Verweis auf § 7 I 2 und II 2 1 Nr. 2 vor, daß **der Beitragspflicht unterfällt eine Direktversicherung, wenn der AG die Ansprüche aus dem Versicherungsvertrag abgetreten oder beliehen** hat; für den Fall von Anwartschaften bedeutet die Verweisung, daß dies auch gilt für den Fall einer widerruflichen Bezugsberechtigung. Die angewendete Verweisungstechnik ist etwas undeutlich und meint mit der Formulierung „Direktversicherung der in ... bezeichneten Art" wohl, daß Beitragspflicht besteht bei widerruflicher Bezugsberechtigung allgemein und bei unwiderruflicher Bezugsberechtigung, wenn eine Abtretung oder Beleihung des Bezugsrechts erfolgt ist. 9

Bei der **Unterstützungskasse** trägt das Gesetz wiederum dem laut Legaldefinition fehlenden Rechtsanspruch Rechnung und zieht für die Beitragspflicht die Konsequenzen aus den vorhergehenden Regelungen des Betriebsrentengesetzes. Deshalb ist auch **nicht die Unterstützungskasse sondern der AG beitragspflichtig.** Die Regelung ist eindeutig und gilt auch bei ausreichend oder sogar überdotierten Unterstützungskassen ebenso wie dann, wenn der AG in der Satzung seinen Zugriff auf das Vermögen der Kasse ausdrücklich ausgeschlossen hat (*Blomeyer/Otto* Rn. 25). 10

Für **Pensionskassen** entsteht eine Beitragspflicht nicht. 11

4. Durchsetzung und Fälligkeit der Beiträge. Die **Beitragsfestsetzung und Beitragserhebung** erfolgt, da der PSV ein beliehener Unternehmer ist, **durch VA** (s. BVerwG 22. 11. 1994 NZA 1995, 374). Demzufolge ist für Streitigkeiten aus der Beitragspflicht zum PSV auch der Rechtsweg zu den Verwaltungsgerichten gegeben (BayVGH 5. 2. 1982 E-BetrAV 140.1 Nr. 7). Wird ein Bescheid nach § 10 erfolgreich angefochten, so steht dem AG ein öffentlich-rechtlicher Erstattungsanspruch auf Rückzahlung zu, der entsprechend § 818 I BGB auch die gezogenen Nutzungen mitumfaßt (BVerwG 27. 10. 1998 ZIP 1999, 202). Nicht als Verwaltungsakt qualifiziert hat das BVerwG die vom PSV üblicherweise verwendete „Beitragsrechnung und -abrechnung", da diese nach ihrem äußeren Erscheinungsbild eher Beitragsanforderungen von Versicherungsunternehmen entspricht (BVerwG 17. 8. 1995 NJW 1996, 1073). Der PSV kann einen Beitragsgrundlagenbescheid erlassen, in dem er die Pflicht zur Zahlung von Beiträgen nur dem Grunde nach feststellt (BVerwG 28. 6. 1994 AP BetrAVG § 10 Nr. 3 = SAE 1996, 41 ff. m. Anm. *Steinmeyer*). 12

Die Beiträge sind grds. **fällig am Ende des Kalenderjahres** (Abs. 2 S. 3). Die Verjährungsfrist für nicht durch Beitragsbescheid festgesetzte Beitragsansprüche des PSV beträgt in analoger Anwendung des § 169 AO vier Jahre (vgl. § 169 II Nr. 2 AO; BVerwG 17. 8. 1995 NJW 1996, 1073 f.). Wird die Verjährung durch VA unterbrochen, so ergibt sich eine Frist von dann 30 Jahren (§ 53 VwVfG iVm. § 218 BGB). 13

III. Gesamtbeitragsaufkommen

14   **1. Finanzierungsverfahren.** Bei der Wahl des Finanzierungssystems stand der Gesetzgeber vor den beiden Extrempositionen des reinen Ausgaben-Umlageverfahrens und des Anwartschaftsdeckungsverfahrens mit Einmalprämie. Er hat sich vor diesem Hintergrund entschieden für das sog. **Rentenwert-Umlage-Verfahren,** das sich (*Paulsdorff* Rn. 72) wie folgt charakterisieren läßt: „Durch die in einem Jahr erhobenen Beiträge sind jeweils die im gleichen Jahr neu einsetzenden Leistungen – sei es für die Umwandlungsrenten (zu Leistungsansprüchen gewandelte Anwartschaften, d. Verf.) oder aus vertragsmäßigen Erhöhungen bereits laufender Pensionen – durch ein Kapital so zu decken, daß daraus die vertraglichen Leistungen einschließlich etwaiger Folgerenten für Hinterbliebene unter Berücksichtigung des aus diesem Kapital zu erzielenden (und deshalb einkalkulierten) Zinses nach versicherungsmathematischen Grundsätzen jeweils bis zum Ende der Rentenzahlungsdauer erbracht werden können. Zusätzlich zu diesem Kapital sind die Verwaltungskosten aufzubringen; ferner ist ein gesetzlicher Ausgleichsfonds gegen Schwankungen und unvorhergesehene Belastungen zu bilden." Dies kommt in Abs. 2 zum Ausdruck, der die berücksichtigungsfähigen Kosten benennt.

15   **2. Berücksichtigungsfähige Aufwendungen.** Es handelt sich zum einen um die **Ansprüche auf Leistungen der betrieblichen Altersversorgung, die im laufenden Kalenderjahr entstehen.** Das bedeutet, daß Anwartschaften dabei nicht berücksichtigt werden; sie werden erst dann in die Berechnung einbezogen, wenn aus ihnen Leistungsansprüche geworden sind (sog. Umwandlungsrenten). Dies muß in gleicher Weise **auch für Anwartschaften** auf Hinterbliebenenversorgung gelten; aus der von der Gegenmeinung (*Höfer* Rn. 3114) bemühten Entscheidung des BAG (12. 6. 1990 AP BetrAVG § 1 Hinterbliebenenversorgung Nr. 10) läßt sich nichts Gegenteiliges herleiten, da es dort nur um die Bindung der gerichtlichen Entscheidung über das Rentenstammrecht für Hinterbliebene ging (wie hier auch *Blomeyer/Otto* Rn. 69; wohl auch *Paulsdorff* Rn. 75). Zur Berechnung des Barwertes gibt Abs. 2 S. 2 die Berechnungskriterien vor. Danach ist bei dieser Berechnung der Rechnungszinsfuß nach § 65 VAG zu bestimmen. Abs. 2 aF (bis 31. 12. 1998) hatte bestimmt, daß ein Rechnungszinsfuß von 3% anzuwenden sei. Die Gesetzesänderung bedeutet damit zwar eine Anhebung des Rechnungszinsfußes; zugleich wird er aber der zwischenzeitlichen Verfahrensweise in der deutschen Lebensversicherung angepaßt.

16   Unter **Verwaltungskosten** sind **alle Sach- und Personalkosten des PSV** zu verstehen. Unter den **sonstigen Kosten** dürften insb. solche zu verstehen sein, die dem Träger der Insolvenzsicherung durch **die Einschaltung der Lebensversicherungsunternehmen** und die Begleichung der von diesen in Rechnung gestellten Kosten entstehen (*Blomeyer/Otto* Rn. 74). Es sind weiterhin Zuführungen zu einem **Ausgleichsfonds** vorgesehen, der vom Bundesaufsichtsamt für das Versicherungswesen festgelegt wird; damit soll der schwankenden Insolvenzhäufigkeit Rechnung getragen werden. Der Ausgleichsfonds ist zu bilden in Höhe eines Jahresschadensaufwands aus dem Durchschnitt der letzten fünf Geschäftsjahre (*Blomeyer/Otto* Rn. 76). Der im 2. Halbs. herangezogene § 37 VAG bedeutet, daß die Satzung zur Deckung eines außergewöhnlichen Verlustes eine Verlustrücklage zu bilden hat. Dies ist in § 5 I der Satzung des PSV erfolgt. Danach sind der Rücklage bis zur Höhe von 100 Mio. DM, beginnend mit dem Geschäftsjahr 1995, jährlich mindestens 20 Mio. DM zuzuführen. Danach werden ihr jährlich 2% der Verlustrücklage, mindestens 2 Mio. DM zugeführt.

IV. Beitragsbemessungsgrundlagen

17   **1. Allgemeines.** Abs. 3 regelt, wie der nach Abs. 2 ermittelte **Finanzbedarf von den AG im Einzelnen aufzubringen** ist. In S. 1 wird der Verteilungsmaßstab im Grundsatz festgestellt; es ist dies der Wert der vom Träger der Insolvenzsicherung zu schützenden laufenden Versorgungsleistungen und der nach § 1 unverfallbaren Versorgungsanwartschaften. Die Vorschrift differenziert dann die Beitragsbemessungsgrundlagen im Einzelnen in Abhängigkeit vom Durchführungsweg. Dieses System mag nicht in allen Fällen dem versicherten Risiko Rechnung tragen; es wird insoweit in der Literatur die mangelnde Beitragsgerechtigkeit beklagt (*Höfer* Rn. 3134). Die vorgenommene Verteilung rechtfertigt sich aber aus dem Gedanken einer sowohl im Interesse der AG als auch im Interesse des Trägers der Insolvenzsicherung liegenden Vereinfachung des Maßstabs.

18   **Maßgeblicher Feststellungszeitpunkt ist das Ende des Wirtschaftsjahres des AG.** Das bedeutet etwa, daß nur die Anwartschaften derjenigen AN in die Berechnung der jeweiligen Beitragsbemessungsgrundlage eingehen, die bis zum Schluß des Wirtschaftsjahres die Unverfallbarkeitsvoraussetzungen des § 1 erfüllen. Bei etwa erforderlich werdenden nachträglichen Berichtigungen der Beitragsbemessungsgrundlage ist der PSV an die Vorgaben des VwVfG, insb. die §§ 48 ff. VwVfG gebunden.

19   **2. Unmittelbare Versorgungszusage.** Für unmittelbare Versorgungszusagen nennt Abs. 3 Nr. 1 als **Beitragsbemessungsgrundlage** den **Teilwert der Pensionsverpflichtung** und verweist dafür auf § 6 a

III EStG. Dabei ist ein Rechnungszinsfuß von 3% vorgeschrieben. Die Entscheidung des AG im Rahmen des nach § 6a III EStG bestehenden Wahlrechts bei der Steuerpflicht bindet ihn auch hinsichtlich der Bemessungsgrundlage für die Insolvenzsicherung (überzeugend *Everhardt* BetrAV 1986, 39, 41; wie hier *Paulsdorff* Rn. 87; aA *Blomeyer/Otto* Rn. 110; *Höfer* Rn. 3180). Zwar kann für das Arbeitsrecht eine steuerrechtliche Bewertung grds. nicht bindend sein; andererseits ist aber bei einer eindeutigen Bezugnahme auf steuerrechtliche Vorschriften deren Vorgaben Rechnung zu tragen. Bei der Bestimmung der Beitragsbemessungsgrundlage sind im Falle einer Umwandlung auch die Teilwerte einzubeziehen, die auf im Umwandlungszeitpunkt bereits gezahlte Betriebsrenten oder unverfallbare Anwartschaften entfallen, sofern nach dem UmwG diese Versorgungsverpflichtungen übergegangen sind; eine fortdauernde Mithaftung einer öffentlich-rechtlichen Körperschaft ändert daran nichts (BVerwG 13. 7. 1999 NZA 1999, 1217).

3. Direktversicherung. Bei Direktversicherungen wird die **Beitragsbemessungsgrundlage bestimmt nach der Summe dessen, was unter Insolvenzrisiko steht,** wenn das Gesetz unterscheidet zwischen Direktversicherungen mit widerruflichem Bezugsrecht auf der einen Seite und andererseits Direktversicherungen, bei denen der Versicherungsfall bereits eingetreten ist sowie Versicherungsanwartschaften, für die ein unwiderrufliches Bezugsrecht eingeräumt ist, soweit die Versicherungen abgetreten oder beliehen sind. 20

Das bedeutet, daß gemäß Abs. 3 Nr. 2 S. 2 bei laufenden Leistungen eine Beitragspflicht besteht und demgemäß die Beitragsbemessungsgrundlage zu bestimmen ist, wenn der AG ausnahmsweise über das Deckungskapital verfügt hat, indem er die Versicherungen abgetreten, beliehen oder verpfändet hat. Hier ist **Beitragsbemessungsgrundlage das geschäftsplanmäßige Deckungskapital des Versicherers oder die Deckungsrückstellung;** allerdings wird dies nur berücksichtigt, soweit der AG verfügt hat. 21

Bei Versicherungsanwartschaften mit **unwiderruflichem Bezugsrecht** (Abs. 3 Nr. 2 S. 2) sind nur die unverfallbaren Anwartschaften zu berücksichtigen. Auch hier ist die Beitragsbemessungsgrundlage beschränkt auf die Versicherungsanwartschaften, die in der oben genannten Weise wirtschaftlich genutzt werden. 22

Bei **widerruflicher Bezugsberechtigung** (Abs. 3 Nr. 2 S. 1) besteht grds. das Insolvenzrisiko, so daß hier **ohne die in S. 2 vorgenommenen Begrenzungen das geschäftsplanmäßige Deckungskapital bzw. die Deckungsrückstellungen Beitragsbemessungsgrundlage** sind. 23

4. Unterstützungskassen. Abs. 3 Nr. 3 unterstellt für die Bestimmung der Beitragsbemessungsgrundlage bei einer Unterstützungskassen-Versorgung das Fehlen eines Rechtsanspruchs. Um dem Rechnung zu tragen, hat er sich entschieden für eine **Verweisung auf das Berechnungsverfahren nach § 4d EStG.** 24

5. Arbeitgeberbeiträge bei unterparitätischer Versorgung. Durch das RRG 1999 sind die Höchstgrenzen für die Sicherungspflicht des PSV deutlich gesenkt worden (s. § 7 Rn. 57 ff.). Daher stellt sich die Frage, ob die Beitragspflicht entsprechend gesenkt wird oder ob auch der nicht mehr insolvenzgeschützte Teil einer Versorgungszusage in die Beitragsbemessungsgrundlage einzubeziehen ist. Nach alter Rechtslage stellte sich die Problematik praktisch nicht, weil die Obergrenzen derart hoch angesetzt waren, daß kaum eine Versorgungszusage diese Grenzen überstieg. War dies ausnahmsweise einmal der Fall, so wurde angenommen, daß die Beitragsbemessungsgrundlage auf die gesamte Versorgungszusage anzuwenden war (*Blomeyer/Otto* Rn. 95; *Höfer* Rn. 3138). Da mit der Absenkung der Höchstgrenzen und insb. mit der Einführung einer besonders niedrigen Obergrenze bei Entgeltumwandlung (s. § 7 Rn. 58 f.) diese Fälle häufiger werden, verschärft sich die Problematik. Insb. bei der Entgeltumwandlung kann es zu einer enormen Diskrepanz zwischen der Beitragspflicht des AG und der Eintrittpflicht des PSV kommen. Der Gesetzgeber hat diese Frage nicht geregelt. Das Interesse an Beitragsgerechtigkeit und Verwaltungsvereinfachung stehen sich gegenüber. Eine gerechte Lösung wäre, daß der PSV den Unternehmen die Wahl läßt, ob sie den vollen oder den entsprechend verringerten Betrag zahlen (so auch *Wohlleben* in: Höfer, Neue Chancen für Betriebsrenten, S. 140; *Blomeyer* NZA 1998, 916). 25

V. Zwangsvollstreckung aus Beitragsbescheiden

Daß der **PSV selbst die vollstreckbare Ausfertigung des Beitragsbescheides erteilen** kann, ist eine Konsequenz der ihm eingeräumten öffentlich-rechtlichen Stellung. Seine Befugnis beschränkt sich aber darauf; im übrigen wird auf die Zwangsvollstreckung nach der ZPO verwiesen. Der Beitragsschuldner hat deshalb die üblichen Rechtsbehelfe im Rahmen der Zwangsvollstreckung. Soweit es um Rechtsbehelfe gegen Maßnahmen des PSV im Rahmen der Zwangsvollstreckung geht, dh. bei Rechtsbehelfen gegen die Vollstreckungsklausel und bei der Vollstreckungsabwehrklage (§ 767 ZPO) ist das Verwaltungsgericht zuständig (BayVGH 5. 2. 1982 E-BetrAV 140.1 Nr. 7), ansonsten die ordentliche Gerichtsbarkeit – etwa im Falle der Vollstreckungserinnerung (§ 766 ZPO). 26

§ 10 a Säumniszuschläge; Zinsen; Verjährung

(1) Für Beiträge, die wegen Verstoßes des Arbeitgebers gegen die Meldepflicht erst nach Fälligkeit erhoben werden, kann der Träger der Insolvenzsicherung für jeden angefangenen Monat vom Zeitpunkt der Fälligkeit an einen Säumniszuschlag in Höhe von bis zu eins vom Hundert der nacherhobenen Beiträge erheben.

(2) [1] Für festgesetzte Beiträge und Vorschüsse, die der Arbeitgeber nach Fälligkeit zahlt, erhebt der Träger der Insolvenzsicherung für jeden Monat Verzugszinsen in Höhe von 0,5 vom Hundert der rückständigen Beiträge. [2] Angefangene Monate bleiben außer Ansatz.

(3) [1] Vom Träger der Insolvenzsicherung zu erstattende Beiträge werden vom Tage der Fälligkeit oder bei Feststellung des Erstattungsanspruchs durch gerichtliche Entscheidung vom Tage der Rechtshängigkeit an für jeden Monat mit 0,5 vom Hundert verzinst. [2] Angefangene Monate bleiben außer Ansatz.

(4) [1] Ansprüche auf Zahlung der Beiträge zur Insolvenzsicherung gemäß § 10 sowie Erstattungsansprüche nach Zahlung nicht geschuldeter Beiträge zur Insolvenzsicherung verjähren in sechs Jahren. [2] Die Verjährungsfrist beginnt mit Ablauf des Kalenderjahres, in dem die Beitragspflicht entstanden oder der Erstattungsanspruch fällig geworden ist. [3] Auf die Verjährung sind die Vorschriften des Bürgerlichen Gesetzbuchs anzuwenden.

1 Die durch das RRG mit Wirkung ab 1. 1. 1999 eingeführte Vorschrift schafft durch die Regelung von Säumniszuschlägen und Verzugszinsen sowie über die Verjährung Klarheit und ein handhabbares Instrumentarium für den Träger der Insolvenzsicherung. Abs. 1 befaßt sich dabei mit der Zahlung von Säumniszuschlägen für den Fall, daß Beiträge wegen Verstoßes des AG gegen die Meldepflicht erst nach Fälligkeit erhoben werden. Abs. 2 setzt Verzugszinsen für die verspätete Zahlung von Beiträgen und Vorschüssen fest und Abs. 3 erlegt es dem Träger der Insolvenzsicherung auf, zu erstattende Beiträge unter bestimmten Voraussetzungen zu verzinsen. Abs. 4 schließlich enthält eine Vorschrift über die Verjährung von Beitragsansprüchen des Trägers der Insolvenzsicherung.

2 Der gegenüber den übrigen Beträgen erhöhte Säumniszuschlag nach Abs. 1 rechtfertigt sich daraus, daß die Meldepflicht ausschließlich in der Sphäre des AG liegt. Allerdings wird durch einen Vergleich zwischen dem Wortlaut des Abs. 1 und dem des Abs. 2 deutlich, daß dem Träger der Insolvenzsicherung bei der Festsetzung des Säumniszuschlages ein Ermessen eingeräumt ist, die Verzugszinsen hingegen in ihrer Höhe fixiert sind. Dabei richtet sich im letzteren Fall die Höhe der Zinsen nach den üblicherweise zu erwirtschaftenden Zinserträgen.

3 Die Regelung über die Verjährung betrifft Ansprüche auf Zahlung der Beiträge zur Insolvenzsicherung gemäß § 10 sowie Erstattungsansprüche nach Zahlung nicht geschuldeter Beiträge. Die Vorschrift knüpft aus Gründen der praktischen Vereinfachung an den Ablauf des Kalenderjahres an, in dem die Beitragspflicht entstanden oder der Erstattungsanspruch fällig geworden ist. Durch den Verweis auf die Vorschriften des BGB über die Verjährung wird deutlich gemacht, daß die Verjährung nicht von Amts wegen zu beachten ist, sondern der Anspruchsgegner die Einrede der Verjährung geltend machen muß. Beruft sich ein AG, der wegen unterlassener Meldung nach § 11 nicht zu Beiträgen herangezogen wurde, auf die Verjährung, so wird ihm der PSV unzulässige Rechtsausübung entgegenhalten können.

§ 11 Melde-, Auskunfts- und Mitteilungspflichten

(1) [Erstmalige Mitteilung über Zusagen] [1] Der Arbeitgeber hat dem Träger der Insolvenzsicherung eine betriebliche Altersversorgung nach § 1 Abs. 1, 2 und 4 für seine Arbeitnehmer innerhalb von 3 Monaten nach Erteilung der unmittelbaren Versorgungszusage, dem Abschluß einer Direktversicherung oder der Errichtung einer Unterstützungskasse mitzuteilen. [2] Der Arbeitgeber, der sonstige Träger der Versorgung, der Insolvenzverwalter und die nach § 7 Berechtigten sind verpflichtet, dem Träger der Insolvenzsicherung alle Auskünfte zu erteilen, die zur Durchführung der Vorschriften dieses Abschnittes erforderlich sind, sowie Unterlagen vorzulegen, aus denen die erforderlichen Angaben ersichtlich sind.

(2) [Periodische Mitteilungen] [1] Ein beitragspflichtiger Arbeitgeber hat dem Träger der Insolvenzsicherung spätestens bis zum 30. September eines jeden Kalenderjahres die Höhe des nach § 10 Abs. 3 für die Bemessung des Beitrages maßgebenden Betrages bei unmittelbaren Versorgungszusagen auf Grund eines versicherungsmathematischen Gutachtens, bei Direktversicherungen auf Grund einer Bescheinigung des Versicherers und bei Unterstützungskassen auf Grund einer nachprüfbaren Berechnung mitzuteilen. [2] Der Arbeitgeber hat die in Satz 1 bezeichneten Unterlagen mindestens sechs Jahre aufzubewahren.

(3) [Mitteilungen im Insolvenzfall] [1] Der Insolvenzverwalter hat dem Träger der Insolvenzsicherung die Eröffnung des Insolvenzverfahrens Namen und Anschriften der Versorgungsempfänger und die Höhe ihrer Versorgung nach § 7 unverzüglich mitzuteilen. [2] Er hat zugleich

Namen und Anschriften der Personen, die bei Eröffnung des Insolvenzverfahrens eine nach § 1 unverfallbare Versorgungsanwartschaft haben, sowie die Höhe ihrer Anwartschaft nach § 7 mitzuteilen.

(4) Der Arbeitgeber, der sonstige Träger der Versorgung und die nach § 7 Berechtigten sind verpflichtet, dem Insolvenzverwalter Auskünfte über alle Tatsachen zu erteilen, auf die sich die Mitteilungspflicht nach Absatz 3 bezieht.

(5) In den Fällen, in denen ein Insolvenzverfahren nicht eröffnet wird (§ 7 Abs. 1 Satz 4) oder nach § 207 der Insolvenzordnung eingestellt worden ist, sind die Pflichten des Insolvenzverwalters nach Absatz 3 vom Arbeitgeber oder dem sonstigen Träger der Versorgung zu erfüllen.

(6) [Amtshilfe] Kammern und andere Zusammenschlüsse von Unternehmern oder anderen selbständigen Berufstätigen, die als Körperschaften des öffentlichen Rechts errichtet sind, ferner Verbände und andere Zusammenschlüsse, denen Unternehmer oder andere selbständige Berufstätige kraft Gesetzes angehören oder anzugehören haben, haben den Träger der Insolvenzsicherung bei der Ermittlung der nach § 10 beitragspflichtigen Arbeitgeber zu unterstützen.

(7) [Vordrucke] Die nach den Absätzen 1 bis 3 und 5 zu Mitteilungen und Auskünften und die nach Absatz 6 zur Unterstützung Verpflichteten haben die vom Träger der Insolvenzsicherung vorgesehenen Vordrucke zu verwenden.

(8) [Angaben der Finanzämter] ¹Zur Sicherung der vollständigen Erfassung der nach § 10 beitragspflichtigen Arbeitgeber können die Finanzämter dem Träger der Insolvenzsicherung mitteilen, welche Arbeitgeber für die Beitragspflicht in Betracht kommen. ²Die Bundesregierung wird ermächtigt, durch Rechtsverordnung mit Zustimmung des Bundesrates das Nähere zu bestimmen und Einzelheiten des Verfahrens zu regeln.

I. Normzweck

Die Vorschrift ergänzt die vorherigen Regelungen zur Insolvenzsicherung und enthält die Melde-, Mitteilungs- und Auskunftspflichten, die **zur Information des PSV und zur Erfüllung seiner Aufgaben** erforderlich sind. Die Pflichten sind sämtlich Schutzpflichten im Interesse des Trägers der Insolvenzsicherung und haben deshalb Schutzgesetzcharakter iSd. § 823 II BGB (AG Stuttgart 29. 4. 1986 DB 1987, 692; *Blomeyer/Otto* Rn. 3; *Höfer* Rn. 3318; *Paulsdorff* Rn. 31). 1

In den Abs. 1 und 2 wird eine **allgemeine Mitteilungspflicht bei Versorgungszusagen** festgelegt. Die Abs. 3 bis 5 betreffen **Mitteilungspflichten im Insolvenzfall**. Die **Amtshilfevorschriften** der Abs. 6 und 8 haben **unterstützende Funktion hinsichtlich der Beitragspflichtigkeit** von AG nach § 10 und die Pflicht zur Verwendung von **Vordrucken** in Abs. 7 dient der **Erleichterung des Verfahrens** für den PSV. 2

Bei Mitteilungs- und Auskunftspflichten im Rahmen der Insolvenzsicherung in der betrieblichen Altersversorgung ist zu beachten, daß das **Verhältnis zum Versorgungsempfänger dem Privatrecht** unterliegt und beim **Verhältnis zwischen AG und PSV** danach zu unterscheiden ist, ob es sich um **die Leistungsseite** – dann Privatrecht – **oder um die Beitragspflicht** – dann öffentliches Recht – handelt. 3

II. Allgemeine Mitteilungspflicht bei Versorgungszusagen nach den Absätzen 1 und 2

1. Erstmalige Mitteilung über Zusagen. Durch die erstmalige Mitteilung nach Abs. 1 S. 1 soll der Träger der Insolvenzsicherung in die Lage versetzt werden, die **erforderlichen Grundinformationen** zu erhalten. Es unterliegt deshalb jede individuelle Versorgungsmaßnahme der Mitteilungspflicht, sofern sie die Voraussetzungen für eine betriebliche Altersversorgung erfüllt. Adressat der Mitteilungspflicht ist der AG. 4

Von den **Durchführungswegen** sind von der Mitteilungspflicht nach Abs. 1 nur erfaßt **diejenigen,** bei denen sich ein **vom PSV zu schützendes Insolvenzrisiko** ergeben kann. Deshalb ist nur die Erteilung einer unmittelbaren Versorgungszusage, der Abschluß einer Direktversicherung und die Errichtung einer Unterstützungskasse mitzuteilen. Die Vorschrift enthält keine Angaben darüber, ob die Mitteilungspflicht sich beschränkt auf unverfallbare Anwartschaften oder ob in jedem Fall mitgeteilt werden muß. Aus der Formulierung des Gesetzes ist zu schließen, daß es auf die Unverfallbarkeit nicht ankommt. Es ist allerdings zuzugeben, daß so dem PSV Mitteilungen gemacht werden müssen, die über das hinausgehen, was dieser für die Erfüllung seiner Funktionen benötigt, denn der Insolvenzsicherung unterliegen nur unverfallbare Anwartschaften. **Der PSV fordert die Mitteilung erst bei Eintritt der Unverfallbarkeit bzw. im Leistungsfall** (Nr. 1 Abs. 1 des Merkblatts 210/M 21 a/1.99) und beruft sich auf ein Redaktionsversehen des Gesetzgebers (so auch *Paulsdorff* Rn. 6). Angesichts des so **eindeutigen Wortlauts kann dem nicht gefolgt werden** (wie hier *Blomeyer/Otto* Rn. 13; *Höfer* Rn. 3272); dem AG kann aber kein Vorwurf gemacht werden, wenn er den Vorgaben des Trägers der Insolvenzsicherung folgt. Auch bei der Direktversicherung verlangt der PSV weniger als die gesetzlichen Vorgaben erlauben, wenn er bei Direktversicherungen mit unwiderruflichem 5

Bezugsrecht nur eine Mitteilung bei Abtretung, Beleihung oder Verpfändung verlangt (Nr. 1 Abs. 1 des Merkblattes 210/M 21 a/1.99).

6   **2. Auskunftspflicht und Pflicht zur Vorlage von Unterlagen.** Bei S. 2 geht es pauschal um **alle Aufgaben des Trägers der Insolvenzsicherung** nach dem Vierten Abschnitt. Auf der Basis dieser Rechtsgrundlage kann er sämtliche Informationen erheben, die er zur Durchführung seiner Aufgaben benötigt. Es umfaßt Leistungsverpflichtungen und Beitragsansprüche; diese Pflicht kann vom PSV bei Bedarf geltend gemacht werden.

7   Der **Kreis der verpflichteten Personen** ist hier insoweit anders bestimmt, als neben dem AG auch „sonstige Träger der Versorgung" bezeichnet sind. Damit sind **Lebensversicherungsunternehmen im Falle von Direktversicherungen sowie Unterstützungskassen gemeint.** Wer Insolvenzverwalter ist, bestimmt sich nach § 56 InsO. Die „**nach § 7 Berechtigten**" sind die **Versorgungsempfänger sowie die insolvenzgesicherten Anwartschaftsberechtigten.**

8   **3. Periodische Mitteilungen.** Durch die Pflicht zu periodischen Mitteilungen nach Abs. 2 wird der PSV in die Lage versetzt, die **Beitragsbemessungsgrundlage zu bestimmen.** Da es sich hier um eine **Verpflichtung** im Rahmen der Beitragspflicht handelt, ist sie **öffentlich-rechtlicher Natur.** Die Verpflichtung nach Abs. 2 ist unaufgefordert zu erfüllen, kann aber auch durch den PSV im Wege des VA konkretisiert werden (BVerwG 22. 11. 1994 NZA 1995, 374 ff.).

9   **Mitzuteilen** ist die nach § 10 III berechnete **Beitragsbemessungsgrundlage.** Der AG muß die Beitragsbemessungsgrundlage selbst ermitteln, allerdings dem Träger der Insolvenzsicherung zwecks Überprüfung auch bestimmte in Abs. 3 näher bezeichnete Unterlagen vorlegen. Die Vorlage der Unterlagen und die etwaige Erstellung von Gutachten erfolgt auf Kosten des AG (*Höfer* Rn. 3285). S. 3 legt für den AG eine sechsjährige Aufbewahrungspflicht fest.

III. Mitteilungen im Insolvenzfall

10   Für den Insolvenzfall sind dem **Insolvenzverwalter, dem AG und dem sonstigen Träger der Versorgung** nach Abs. 3 **besondere Mitteilungspflichten** auferlegt, die es dem Träger der Insolvenzsicherung ermöglichen sollen, seinen Aufgaben im Sicherungsfall nachzukommen. Die Vorschrift geht von der Eröffnung des Insolvenzverfahrens als Grundfall aus und legt in den übrigen Insolvenzfällen die Verpflichtungen allein dem AG oder dem sonstigen Versorgungsträger auf.

11   Der **Insolvenzverwalter** muß alle für den Träger der Insolvenzsicherung im Sicherungsfall erforderlichen Informationen übermitteln. Da hier regelmäßig schnelles Handeln angezeigt ist, hat die Mitteilung unverzüglich zu erfolgen.

12   Gleiches gilt nach Abs. 4 für den **AG**, der darüber hinaus gemäß Abs. 5 in den übrigen Sicherungsfällen die Pflichten wahrzunehmen hat, die im Insolvenzfall den Insolvenzverwalter treffen. Die Mitteilungspflicht des AG im Insolvenzfall (Abs. 4) hat ergänzende Funktion und obliegt gegenüber dem Insolvenzverwalter, der so in die Lage versetzt wird, seinen Mitteilungspflichten gegenüber dem PSV nachzukommen. In den übrigen Fällen tritt der AG an die Stelle des Insolvenzverwalters; hier obliegt ihm die Mitteilungspflicht gegenüber dem Träger der Insolvenzsicherung. Seine Mitteilungspflicht ist dann den Besonderheiten dieser Sicherungsfälle gemäß modifiziert. So muß er bei Abweisung des Antrags auf Insolvenzeröffnung den Abweisungsbeschluß mitteilen. Bei vollständiger Einstellung der Betriebstätigkeit muß er diese glaubhaft machen und im Falle der wirtschaftlichen Notlage das einschlägige Urteil des Gerichts oder den Klageantrag mitteilen (vgl. auch *Blomeyer/Otto* Rn. 65). Die **Neufassung des Abs. 5 ab 1. 1. 1999** nimmt auf den geänderten Katalog der Sicherungsfälle Bezug.

13   Für die **sonstigen Träger der Versorgung** gilt das gleiche wie für den AG. Zum einen ergibt sich eine ergänzende Mitteilungspflicht gegenüber Insolvenzverwalter nach Abs. 4 und darüber hinaus eine eigene in den übrigen Sicherungsfällen nach Abs. 5.

14   Die „**nach § 7 Berechtigten**" haben wie der AG und der sonstige Träger der Versorgung ergänzende Mitteilungspflichten gegenüber Insolvenzverwalter. Es ist sinnvoll, diesen Personenkreis mit einzubeziehen, da er mit am besten über die eigenen Ansprüche und Anwartschaften Auskunft erteilen kann.

IV. Amtshilfe

15   **Berufsständische Einrichtungen** (Abs. 6) und **Finanzämter** (Abs. 8) verfügen über Informationen, die der PSV zur Ermittlung der beitragspflichtigen AG benötigt. Bei den berufsständischen Einrichtungen nach Abs. 6 werden sowohl einschlägige Körperschaften des öffentlichen Rechts als auch privatrechtliche Vereinigungen erfaßt. Während die berufsständischen Einrichtungen nach Abs. 6 zur Amtshilfe verpflichtet sind, enthält Abs. 8 für die Finanzämter nur eine Ermächtigung. Die Amtshilfe nach Abs. 8 ist bedeutsam bei solchen AG, die keiner berufsständischen Einrichtung angehören. Die in Abs. 8 S. 2 vorgesehene Rechtsverordnung ist bis heute nicht erlassen worden.

§ 12 Ordnungswidrigkeiten

(1) Ordnungswidrig handelt, wer vorsätzlich oder fahrlässig
1. entgegen § 11 Abs. 1 Satz 1, Abs. 2 Satz 1, Abs. 3 oder Abs. 5 eine Mitteilung nicht, nicht richtig, nicht vollständig oder nicht rechtzeitig vornimmt,
2. entgegen § 11 Abs. 1 Satz 2 oder Abs. 4 eine Auskunft nicht, nicht richtig, nicht vollständig oder nicht rechtzeitig erteilt oder
3. entgegen § 11 Abs. 1 Satz 2 Unterlagen nicht, nicht richtig, nicht vollständig oder nicht rechtzeitig vorlegt oder entgegen § 11 Abs. 2 Satz 2 Unterlagen nicht aufbewahrt.

(2) Die Ordnungswidrigkeit kann mit einer Geldbuße bis zu 5000 Deutsche Mark geahndet werden.

(3) Verwaltungsbehörde im Sinne des § 36 Abs. 1 Nr. 1 des Gesetzes über Ordnungswidrigkeiten ist das Bundesaufsichtsamt für das Versicherungswesen.

Die Vorschrift sichert nebenstrafrechtlich die Einhaltung der Mitteilungs- und Auskunftspflichten des § 11 ab. Sie erfaßt sämtliche derartigen Pflichten aus § 11 I bis V. Als Täter kommen alle in diesen Vorschriften genannten Personen in Betracht, dh. der AG, Insolvenzverwalter, die „nach § 7 Berechtigten" sowie die sonstigen Versorgungsträger. Die sanktionierten Pflichten sind dem PSV gegenüber zu erfüllen. 1

§ 13. *(aufgehoben)*

§ 14 Träger der Insolvenzsicherung

(1) [Pensions-Sicherungs-Verein] ¹ Träger der Insolvenzsicherung ist der Pensions-Sicherungs-Verein Versicherungsverein auf Gegenseitigkeit; er unterliegt der Aufsicht durch das Bundesaufsichtsamt für das Versicherungswesen. ² Die Vorschriften des Versicherungsaufsichtsgesetzes gelten, soweit dieses Gesetz nichts anderes bestimmt.

(2) [Deutsche Ausgleichsbank] ¹ Der Bundesminister für Arbeit und Sozialordnung weist durch Rechtsverordnung mit Zustimmung des Bundesrates die Stellung des Trägers der Insolvenzsicherung der Deutschen Ausgleichsbank zu, bei der ein Fonds zur Insolvenzsicherung der betrieblichen Altersversorgung gebildet wird, wenn
1. bis zum 31. Dezember 1974 nicht nachgewiesen worden ist, daß der in Absatz 1 genannte Träger die Erlaubnis der Aufsichtsbehörde zum Geschäftsbetrieb erhalten hat,
2. der in Absatz 1 genannte Träger aufgelöst worden ist oder
3. die Aufsichtsbehörde den Geschäftsbetrieb des in Absatz 1 genannten Trägers untersagt oder die Erlaubnis zum Geschäftsbetrieb widerruft.
² In den Fällen der Nummern 2 und 3 geht das Vermögen des in Absatz 1 genannten Trägers einschließlich der Verbindlichkeiten auf die Deutsche Ausgleichsbank über, die es dem Fonds zur Insolvenzsicherung der betrieblichen Altersversorgung zuweist.

(3) ¹ Wird die Insolvenzsicherung von der Deutschen Ausgleichsbank durchgeführt, gelten die Vorschriften dieses Abschnittes mit folgenden Abweichungen:
1. In § 7 Abs. 6 entfällt die Zustimmung des Bundesaufsichtsamtes für das Versicherungswesen.
2. § 10 Abs. 2 findet keine Anwendung. Die von der Deutschen Ausgleichsbank zu erhebenden Beiträge müssen den Bedarf für die laufenden Leistungen der Insolvenzsicherung im laufenden Kalenderjahr und die im gleichen Zeitraum entstehenden Verwaltungskosten und sonstigen Kosten, die mit der Gewährung der Leistungen zusammenhängen, decken. Bei einer Zuweisung nach Absatz 2 Nr. 1 beträgt der Beitrag für die ersten 3 Jahre mindestens 0,1 vom Hundert der Beitragsbemessungsgrundlage gemäß § 10 Abs. 3; der nicht benötigte Teil dieses Beitragsaufkommens wird einer Betriebsmittelreserve zugeführt. Bei einer Zuweisung nach Absatz 2 Nr. 2 oder 3 wird in den ersten 3 Jahren zu dem Beitrag nach Nummer 2 Satz 2 ein Zuschlag von 0,08 vom Hundert der Beitragsbemessungsgrundlage gemäß § 10 Abs. 3 zur Bildung einer Betriebsmittelreserve erhoben. Auf die Beiträge können Vorschüsse erhoben werden.
3. In § 12 Abs. 3 tritt an die Stelle des Bundesaufsichtsamtes für das Versicherungswesen die Deutsche Ausgleichsbank.
² Die Deutsche Ausgleichsbank verwaltet den Fonds im eigenen Namen. ³ Für Verbindlichkeiten des Fonds haftet sie nur mit dem Vermögen des Fonds. ⁴ Dieser haftet nicht für die sonstigen Verbindlichkeiten der Bank. ⁵ § 14 Abs. 1 Satz 1 des Gesetzes über die Lastenausgleichsbank vom 28. Oktober 1954 (Bundesgesetzbl. I S. 293), geändert durch das Einundzwanzigste Gesetz zur Änderung des Lastenausgleichsgesetzes vom 18. August 1969 (Bundesgesetzbl. I S. 1232), gilt auch für den Fonds.

Steinmeyer

I. Allgemeines

1 Am 7. 10. 1974 ist von der Bundesvereinigung der Deutschen Arbeitgeberverbände zusammen mit dem Bundesverband der Deutschen Industrie und dem Verband der Lebensversicherungsunternehmen der **PSV auf Gegenseitigkeit mit Sitz in Köln gegründet** worden. Die in den Abs. 2 und 3 ausgestaltete **Ersatzlösung** über einen bei der **Deutschen Ausgleichsbank** zu bildenden und von ihr zu verwaltenden Fonds zur Insolvenzsicherung der betrieblichen Altersversorgung ist damit praktisch gegenstandslos geworden, wenn man einmal von den nicht eben wahrscheinlichen Fällen des Abs. 2 S. 1 Nr. 2 und 3 absieht.

II. Der Pensions-Sicherungs-Verein auf Gegenseitigkeit

2 Der PSV als Träger der Insolvenzsicherung ist **vor der Ausfertigung des Gesetzes zur Verbesserung der betrieblichen Altersversorgung gegründet worden**, so daß der Gesetzgeber ihn bereits als existent behandeln und benennen konnte und lediglich noch für den Fall Sorge tragen mußte, daß der PSV die Erlaubnis der Aufsichtsbehörde zum Geschäftsbetrieb nicht erhielt (Abs. 2 S. 1 Nr. 1).

3 Der PSV ist ein **Versicherungsverein auf Gegenseitigkeit** und als solcher eine **privatrechtliche juristische Person**. Für den Beitragseinzug ist er aber zugleich beliehenes Unternehmen (BT-Drucks. 7/2843, S. 10; BayVGH 5. 2. 1982 E-BetrAV 140.1 Nr. 7). Mitglied des PSV können alle AG werden, die eine betriebliche Altersversorgung zugesagt haben, die der Insolvenzsicherung unterliegt. Versicherungsverhältnis und Mitgliedschaftsverhältnis sind nicht identisch, und eine Versicherung ist auch ohne Mitgliedschaft denkbar. Dies geschieht satzungsrechtlich dadurch, daß grds. die Mitgliedschaft mit Abschluß der Versicherung beginnt; eine Versicherung ist abgeschlossen, wenn der PSV die Meldung einer sicherungspflichtigen betrieblichen Altersversorgung durch den AG schriftlich bestätigt hat (§ 3 I der Satzung des PSV idF v. 29. 6. 1995). Die Mitgliedschaft endet, wenn keine sicherungspflichtige betriebliche Altersversorgung mehr durchgeführt wird, wenn ein Sicherungsfall eingetreten ist, es sei denn der AG oder sonstige Versorgungsträger ist auch nach Eintritt des Sicherungsfalles noch weiter zu Leistungen verpflichtet, sowie schließlich, wenn die Voraussetzungen der Ausnahmevorschrift des § 17 II eingetreten sind (§ 3 II der Satzung). § 3 III der Satzung bestimmt dann, daß Versicherungsverträge ausnahmsweise auch mit der Bestimmung abgeschlossen werden können, daß die Versicherungsnehmer nicht Mitglieder sind.

4 Der PSV verfügt nach seiner Satzung über eine **Mitgliederversammlung** (§§ 15 ff.), einen **Aufsichtsrat** (§§ 10 ff.), einen **Vorstand** (§ 9) sowie **fakultativ** über einen **Beirat** (§§ 20 f.).

III. Die Deutsche Ausgleichsbank als Ersatzlösung

5 Durch die erfolgreiche Gründung und Aufnahme des Geschäftsbetriebs ist der Fonds zur Insolvenzsicherung der betrieblichen Altersversorgung, der bei der Deutschen Ausgleichsbank gebildet werden sollte, eine **theoretische Ersatzlösung** geblieben. Er kann nur noch bei Auflösung des PSV sowie bei Untersagung des Geschäftsbetriebes oder Widerruf der Erlaubnis zum Geschäftsbetrieb in Frage kommen; es handelt sich aber angesichts der fünfundzwanzigjährigen erfolgreichen Tätigkeit des PSV um eine eher theoretische Möglichkeit.

§ 15 Verschwiegenheitspflicht

[1] Personen, die bei dem Träger der Insolvenzsicherung beschäftigt oder für ihn tätig sind, dürfen fremde Geheimnisse, insbesondere Betriebs- oder Geschäftsgeheimnisse, nicht unbefugt offenbaren oder verwerten. [2] Sie sind nach dem Gesetz über die förmliche Verpflichtung nichtbeamteter Personen vom 2. März 1974 (Bundesgesetzbl. I S. 469, 547) vom Bundesaufsichtsamt für das Versicherungswesen auf die gewissenhafte Erfüllung ihrer Obliegenheiten zu verpflichten.

1 Die Tätigkeit des PSV bringt es mit sich, daß die dort tätigen Mitarbeiter, aber auch die dort freiberuflich tätigen Berater über besonders **sensible Informationen** verfügen, indem sie in die wirtschaftliche Situation von Unternehmen eingeweiht werden müssen, die sich in einer wirtschaftlichen Krisensituation befinden. Aber auch die mit dem Beitragseinzug befaßten Mitarbeiter haben Zugang zu sensiblen Informationen.

2 Deshalb sieht die Vorschrift eine **Geheimhaltungspflicht** vor, deren Verletzung nach §§ 203 ff. StGB strafbar ist. S. 1 ist auch Schutzgesetz iSd. § 823 II BGB zugunsten aller derjenigen, deren Geheimnisse dem PSV im Rahmen seiner Tätigkeit bekannt werden. Unter den Geheimnissen (Tatsachen, die nur einem begrenzten Personenkreis bekannt und nicht offenkundig sind, im Rahmen eines berechtigten Interesses aber geheimgehalten werden sollen) weist die Vorschrift insb. auf die Betriebsgeheimnisse und Geschäftsgeheimnisse hin. Die ersteren beziehen sich auf den technischen Betriebsablauf, insb. Herstellung und Herstellungsverfahren, während Geschäftsgeheimnisse den allgemeinen Geschäftsverkehr des Unternehmens betreffen (*Steinmeyer/Waltermann*, Casebook Arbeitsrecht, S. 44).

Die **förmliche Verpflichtung** nach S. 2 bewirkt, daß es sich bei den betreffenden Personen dann um **für den öffentlichen Dienst besonders Verpflichtete** handelt, was sie bei der Verletzung des Geheimnisses auf die gleiche Stufe stellt etwa mit Ärzten und Rechtsanwälten (vgl. § 203 II 1 Nr. 2 StGB). 3

Fünfter Abschnitt. Anpassung

§ 16 Anpassungsprüfungspflicht

[Grundsatz] Der Arbeitgeber hat alle drei Jahre eine Anpassung der laufenden Leistungen der betrieblichen Altersversorgung zu prüfen und hierüber nach billigem Ermessen zu entscheiden; dabei sind insbesondere die Belange des Versorgungsempfängers und die wirtschaftliche Lage des Arbeitgebers zu berücksichtigen.

(2) [Obergrenzen] Die Verpflichtung nach Absatz 1 gilt als erfüllt, wenn die Anpassung nicht geringer ist als der Anstieg
1. des Preisindexes für die Lebenshaltung von 4-Personen-Haushalten von Arbeitern und Angestellten mit mittlerem Einkommen oder
2. der Nettolöhne vergleichbarer Arbeitnehmergruppen des Unternehmens im Prüfungszeitraum.

(3) [Ausnahmen] Die Verpflichtung nach Absatz 1 entfällt, wenn
1. sich der Arbeitgeber verpflichtet, die laufenden Leistungen jährlich um wenigstens eins vom Hundert anzupassen oder
2. die betriebliche Altersversorgung über eine Direktversicherung im Sinne des § 1 Abs. 2 oder über eine Pensionskasse im Sinne des § 1 Abs. 3 durchgeführt wird, ab Rentenbeginn sämtliche auf den Rentenbestand entfallende Überschußanteile zur Erhöhung der laufenden Leistungen verwendet werden und zur Berechnung der garantierten Leistung der nach § 65 Abs. 1 Nr. 1 Buchstabe a des Versicherungsaufsichtsgesetzes festgesetzte Höchstzinssatz zur Berechnung der Deckungsrückstellung nicht überschritten wird.

(4) [Nachholende Anpassung] ¹ Sind laufende Leistungen nach Absatz 1 nicht oder nicht in vollem Umfang anzupassen (zu Recht unterbliebene Anpassung), ist der Arbeitgeber nicht verpflichtet, die Anpassung zu einem späteren Zeitpunkt nachzuholen. ² Eine Anpassung gilt als zu Recht unterblieben, wenn der Arbeitgeber dem Versorgungsempfänger die wirtschaftliche Lage des Unternehmens schriftlich dargelegt, der Versorgungsempfänger nicht binnen drei Kalendermonaten nach Zugang der Mitteilung schriftlich widersprochen hat und er auf die Rechtsfolgen eines nicht fristgemäßen Widerspruchs hingewiesen wurde.

I. Normzweck

Mit der amtlichen Begründung, die betriebliche Altersversorgung erhalten und ihre Verbreitung fördern zu wollen, ist **§ 16 mit Wirkung vom 1. 1. 1999 umfangreich geändert** worden (BT-Drucks. 13/8011 S. 73 f.). Indem der bisherige § 16 der Abs. 1 des neuen § 16 wird, ist zunächst klargestellt, daß die grds. Aussage der Vorschrift bestehen bleibt. Mit den weiteren Absätzen wird lediglich versucht, die Maßstäbe näher zu konkretisieren. Dabei werden nicht alle Zweifelsfragen einer gesetzgeberischen Entscheidung zugeführt und etwa der Maßstab im Einzelnen bestimmt. Dieser Herausforderung sah sich der Gesetzgeber – wohl zu Recht – nicht gewachsen. Die Konzeption der Neuregelung besteht deshalb darin, einige Zweifelsfragen zu klären und gewisse Maßstäbe zu setzen, dabei aber auch festzulegen, daß die Anpassungsverpflichtung als erfüllt gilt, wenn bestimmte Mindestanforderungen erfüllt sind. Ob dieser Ansatz endgültig Ruhe in die Diskussion um § 16 bringt, darf bezweifelt werden, da die Maßstäbe bei einer veränderten wirtschaftlichen Lage möglicherweise nicht flexibel genug sind. 1

Nach Abs. 1 hat der AG in bestimmten Abständen die Anpassung zu prüfen und darüber zu entscheiden. Diese Verpflichtung bezieht sich nur auf laufende Leistungen, also nicht auf Einmalzahlungen und nicht auf Anwartschaften. Über den Anpassungsmaßstab läßt sich dem Wortlaut des Abs. 1 praktisch nichts entnehmen; es wird lediglich eine Abwägung zwischen den Belangen des Versorgungsempfängers und der wirtschaftlichen Lage des AG verlangt. Haben sich die **Lebenshaltungskosten** innerhalb der vergangenen drei Jahre verändert, so hat der AG nach billigem Ermessen über eine Anpassung zu entscheiden. Daß der Anpassungsmaßstab die Veränderung der Lebenshaltungskosten ist, ergibt sich aus der Entgeltlichkeit des Ruhegeldes. Dieser Anpassungsmaßstab wird durch Abs. 2 konkretisiert, indem in Übernahme der bisherigen Rspr. der Maßstab des Preisindexes für die Lebenshaltung von 4-Personen-Haushalten von Arbeitern und Angestellten mit mittlerem Einkommen gesetzlich fixiert wird (s. unten Rn. 31); das gleiche gilt für die Nr. 2 des neuen Abs. 2, die eine Orientierung an der Nettolohn- und Gehaltsentwicklung festschreibt (vgl. dazu unten Rn. 32 f.). Abs. 3 sieht in Nr. 1 für Neuzusagen eine Begrenzungsmöglichkeit durch den AG vor, die zum Fortfall der Anpassungsprüfungspflicht führt. Nr. 2 des neuen Abs. 3 läßt im Falle von betrieb- 2 licher Altersversorgung durch Direktversicherung und durch Pensionskassen unter bestimmten Voraussetzungen eine Anpassungsprüfungspflicht ebenfalls entfallen.

3 Grund für die ursprüngliche Fassung des Gesetzeswortlauts war, daß sich zum Zeitpunkt der Schaffung des Gesetzes noch kein endgültiger Maßstab herausgebildet hatte und der Gesetzgeber die weitere Entwicklung der Rspr. möglichst wenig beeinflussen wollte. Für weitere richterliche Rechtsfortbildung blieb deshalb Raum. Eine nähere Konkretisierung der Vorschrift kann nur durch eine dogmatische Erklärung der Norm erfolgen. Ausgangspunkt für die Beantwortung der Frage, inwieweit der AG zur Anpassung seiner Geldleistung verpflichtet ist, ist der **Äquivalenzgedanke**, dh. die Frage der Äquivalenz von Leistung und Gegenleistung im Schuldverhältnis. Maßgebend ist grds. nicht, ob die Leistungen in einem gegenseitigen Vertrag an einem objektiven Maßstab gemessen gleichwertig sind; es reicht vielmehr grds. aus, daß beide Parteien jeweils in der Leistung des anderen ein ausreichendes Entgelt für die eigene Leistung sehen. Die Lösung von **Äquivalenzverschiebungen** ist deshalb grds. Sache der Vertragsparteien, die bei **Dauerschuldverhältnissen** entweder bereits bei Vertragsschluß eine Abrede treffen oder aber sich der Instrumentarien zur Anpassung solcher Schuldverhältnisse (zB Änderungskündigung) bedienen. Dieser Mechanismus scheidet bei der Anpassung von Ruhestandsleistungen praktisch aus. Ist der AN ausgeschieden, so vermag ihm das Instrument der Änderungskündigung nicht weiterzuhelfen, denn auch dieses Gestaltungsrecht beendet das bisherige Rechtsverhältnis lediglich mit Wirkung für die Zukunft. Die bisher bereits erworbenen Ansprüche sind noch zu erbringen, bereits erbrachte Leistungen (Arbeitsleistungen) können nicht zurückgegeben werden. Eine vom AN im Ruhestand ausgesprochene Änderungskündigung würde deshalb an seinem Anspruch auf Ruhegeldleistungen nichts ändern, aber auch hinsichtlich der Gegenleistung nichts bewirken. Der Betriebsrentner hat nach Eintritt in den Ruhestand nichts mehr einzusetzen, um die Altersversorgung vor dem Kaufkraftverlust zu bewahren. Da somit die Änderungskündigung als Gestaltungsmittel ausscheidet, bedarf es **anderer Wege, um dem Anpassungsinteresse Rechnung zu tragen.**

4 Der Gesetzgeber hat deshalb versucht, mit § 16 ein Instrumentarium zu schaffen, das dieses Defizit ausgleicht. **Die Ausklammerung der Anpassung von Anwartschaften** ist dann konsequent, soweit es die Anwartschaften noch im Unternehmen tätiger AN anbetrifft. Sie können zumindest theoretisch durch Änderungskündigung eine Verbesserung ihrer Altersversorgung erreichen. Dies ist anders bei mit unverfallbaren Anwartschaften ausgeschiedenen AN. Insofern ist das Gesetz nicht konsequent, allerdings ist die Begründung, ein solcher AN könne sich noch anderweitig eine Alterssicherung verschaffen (BAG 15. 9. 1977 AP BetrAVG § 16 Nr. 5), zwar dogmatisch unbefriedigend, aber sozialpolitisch hinnehmbar. Es ist von diesem Ausgangspunkt auch konsequent, daß die Anpassungsverpflichtung einmalige Kapitalleistungen nicht erfaßt (Steinmeyer S. 143).

5 *Blomeyer* schlägt eine andere dogmatische Begründung vor (*Blomeyer/Otto* Rn. 11 f.), die davon ausgeht, daß die vertragliche Rentenzahlungsverpflichtung den AG ebenso **wie einen Versicherer zur Ansammlung eines Deckungskapitals** zwingt. Der AG erziele dann einen gewissen Inflationsschutz dadurch, daß er infolge günstiger Anlage des Deckungskapitals Überschüsse erziele. Wenn das Gesetz einen Kaufkraftschutz bezwecke, so sei das dadurch gerechtfertigt, daß der AG den nach Eintritt des Versorgungsfalles überschießenden Zinseffekt nach Vertrag nicht herauszugeben brauche, obwohl er mit einem **Quasi-Fremdkapital** erzielt werde. Die Vorschrift behandele die Pensionsrückstellungen offenbar als Eigenkapital, da sie die wirtschaftliche Lage des AG zum Maßstab gewählt habe. Konsequenterweise müßten daher nicht die eingesparten Zinsen, sondern die für das Eigenkapital erwirtschafteten Überzinsen maßgeblich sein, die je nach Wirtschaftslage des Unternehmens unterschiedlich ausfallen könnten.

6 Der *Blomeyer*sche Ansatz und der hier vertretene schließen sich nicht notwendig aus. *Blomeyer* bietet so einen interessanten Ansatz für die juristische Bestimmung der wirtschaftlichen Lage des AG. Er kann aber damit dogmatisch nicht überzeugend die unterschiedliche Behandlung von Ansprüchen und Anwartschaften erklären und **verengt die Sichtweise zu sehr auf die wirtschaftliche Lage des AG**, der dann die Belange des Versorgungsempfängers nur noch korrigierend nicht aber gleichberechtigt gegenüber stehen.

II. Gegenstand der Anpassungsverpflichtung

7 Nach dem oben beschriebenen Normzweck ist es konsequent, nur bei **laufenden Leistungen** eine Anpassungsverpflichtung vorzusehen. Dabei kann es sich nur um **Geldleistungen** handeln. Um solche dann der Anpassungspflicht unterliegende Leistungen handelt es sich allerdings auch dann, wenn eine Sachleistung in eine Geldleistung umgewandelt worden ist, sofern sie auch einen Versorgungszweck hat (Kohlebezugsrecht – BAG 11. 8. 1981 AP BetrAVG § 16 Nr. 11 = SAE 1983, 29 m. Anm. v. *Maydell*). Ausgeschlossen ist auch die Anpassung von Anwartschaften.

8 Laufende Leistungen sind **regelmäßig wiederkehrende Leistungen;** dabei ist die Zahlungsperiode (Monat, Quartal, Jahr etc.) für die Begrifflichkeit ebenso ohne Belang wie die Zeitdauer der Leistung, sofern sie nur dem Versorgungszweck dient. Diese laufenden Leistungen sind **abzugrenzen gegenüber einmaligen Kapitalleistungen.** Hat der Versorgungsberechtigte die Kapitalleistung erhalten, so

ist es ihm selber möglich und überlassen, sie so anzulegen, daß er daraus zusammen mit den anderen Versorgungseinkünften seinen Lebensunterhalt sichern kann. Da die Leistung in sein Vermögen übergegangen ist, liegt es nun an ihm, sich gegen das Inflationsrisiko abzusichern. Dies ist anders, wenn der AN das betriebliche Ruhegeld als Rentenleistung erhält. Insofern ist er nicht in der Lage, selber gegen das Geldentwertungsrisiko vorzusorgen. Da die Ruhegeldleistung der Versorgung dient, ist es dann gerechtfertigt, insoweit eine Anpassung vorzusehen. Daraus folgt, daß die Vorschrift des § 16 nicht nur auf regelmäßig wiederkehrende Leistungen Anwendung findet, sondern auch dann, wenn ein **vereinbarter Gesamtbetrag in Raten ausgezahlt** werden soll, sofern die Ratenzahldauer die Dreijahres-Frist des Abs. 1 überschreitet (*Steinmeyer* S. 144).

§ 16 verpflichtet den AG ohne Rücksicht darauf, ob er eine **unmittelbare oder eine mittelbare** 9 **Versorgungszusage** gemacht hat, zur regelmäßigen Anpassungsprüfung und -entscheidung. Diese Pflicht trifft ihn unmittelbar als Pflicht im Rahmen des arbeitsrechtlichen Versorgungsverhältnisses (so auch *Höfer* Rn. 3405 ff.). Der Gesetzgeber erweitert hier die Verpflichtungen des AG aus der Versorgungszusage, um das Defizit auszugleichen, das darin besteht, daß der Versorgungsberechtigte bei Empfang einer laufenden Leistung nicht selbst gegen das Geldentwertungsrisiko vorsorgen und dies auch nicht durch eine Änderungskündigung erreichen kann. Zur Gegenleistung für erbrachte Arbeitsleistung gehört damit auch bei einer mittelbaren Versorgungszusage die Anpassung der laufenden Ruhegeldleistungen.

III. Berechtigter und Verpflichteter

Anspruchsinhaber ist grds. der **Versorgungsempfänger.** Es handelt sich hier um ein **höchstper-** 10 **sönliches Recht,** so daß bei Abtretung der Versorgungsansprüche an einen Dritten – etwa im Rahmen eines Scheidungsverfahrens – die Anpassungsverpflichtung nach § 16 nicht mit übergeht (*Blomeyer/Otto* Rn. 72).

Verpflichteter ist, da es sich um eine Verpflichtung aus dem arbeitsrechtlichen Versorgungsverhält- 11 nis handelt, **grds. der AG.** Maßgeblich ist hier diejenige natürliche oder juristische Person, mit der der Arbeitsvertrag geschlossen worden ist. Bei Betriebsübergang trifft den Erwerber die Anpassungspflicht im Leistungsfall dann, wenn das Arbeitsverhältnis auf ihn übergegangen ist; deshalb besteht keine Anpassungspflicht des Erwerbers bei solchen Personen, die bei Betriebsübergang bereits Ruhegeldempfänger sind und bei vorher ausgeschiedenen AN (MünchArbR/*Ahrend/Förster* § 103 Rn. 46).

Im Rahmen von **mittelbaren Versorgungszusagen** ist nur der AG Verpflichteter, nicht aber die 12 Versorgungseinrichtungen (Lebensversicherer, Pensionskasse, Unterstützungskasse) selbst. Ebenfalls nicht verpflichtet zur Anpassung nach § 16 ist der **PSV;** er tritt nur im Sicherungsfall ein, tritt aber nicht arbeitsrechtlich an die Stelle des AG (s. auch § 7 Rn. 49 ff.).

IV. Prüfungszeitpunkt

Wenn § 16 anordnet, daß der AG alle drei Jahre eine Anpassung der laufenden Leistungen zu prüfen 13 hat, so bedeutet das, daß **dieser Zeitraum mit dem Tage zu laufen beginnt,** an dem die laufenden Leistungen für den jeweiligen Versorgungsempfänger eingesetzt haben. Dabei ist maßgeblich nicht der tatsächliche Zahlungszeitpunkt, sondern der Zeitpunkt, von dem an der Versorgungsberechtigte die **Leistung beanspruchen kann.** Dies gilt dementsprechend auch bei vorgezogenen Altersleistungen nach § 6 (vgl. zu allem näher *Blomeyer/Otto* Rn. 75 ff.).

Aus Gründen der Praktikabilität ist der **AG nicht gehalten, sich an starre, individuelle Prüfungs-** 14 **termine zu halten.** Der AG kann sich vielmehr dafür entscheiden, die in einem Jahr fälligen Anpassungsprüfungen der Betriebsrenten zusammenzufassen und zu einem bestimmten Zeitpunkt innerhalb oder am Ende des Jahres vorzunehmen. Dies führt lediglich zu einer Verzögerung der ersten, nicht aber späterer Anpassungsprüfungen (BAG 28. 4. 1992 AP BetrAVG § 16 Nr. 24).

V. Verfahren

Die Vorschrift macht nur wenige Vorgaben für das Verfahren. Aus ihr wird lediglich deutlich, daß 15 der **AG zweistufig vorzugehen** hat, indem er zunächst prüft, ob ein Anpassungsbedarf besteht und dann den Anpassungssatz bestimmt. Nach dem Wortlaut haben sowohl Anpassungsprüfung als auch Anpassungsentscheidung **individuell** zu erfolgen. Dies dürfte aber angesichts der **Massenhaftigkeit** von Anpassungsentscheidungen insb. in größeren Unternehmen praktisch kaum zu bewältigen sein. Diese Formulierung des Abs. 1 ist jedoch im Regelungszusammenhang des BetrAVG konsequent, da das Gesetz trotz der Massenhaftigkeit der Ruhegeldversprechen und der Ruhegeldgewährung auch sonst von der individualrechtlichen Beziehung zwischen AN bzw. Versorgungsempfänger und AG ausgeht. Wenn deshalb die Entscheidungskriterien standardisiert werden, so ist das eine Konzession an die Praktikabilität und damit an die Bedürfnisse der Praxis (*Steinmeyer* S. 151). Vor diesem Hintergrund sieht Abs. 3 insofern Möglichkeiten für eine vereinheitlichte und pauschale Anpassung vor.

16 1. Beurteilungszeitpunkt. Maßgeblicher Beurteilungszeitpunkt ist der Zeitpunkt, an dem der **Anspruch** des Versorgungsempfängers aus § 16 auf Anpassungsprüfung und -entscheidung **fällig** wird (so indirekt auch BAG 1. 7. 1976 AP BetrAVG § 16 Nr. 1 und BAG 1. 7. 1976 AP BetrAVG § 16 Nr. 2; BAG 17. 10. 1995 AP BetrAVG § 16 Nr. 34).

17 2. Prüfungszeitraum. Aus der Vorschrift geht nicht deutlich hervor, welchen Zeitraum der AG bei seiner Anpassungsprüfung zugrunde zu legen hat. Aus dem Wortlaut ließe sich („alle drei Jahre") allenfalls schließen, daß maßgeblicher Zeitraum die letzten drei Jahre sind, aus dieser Formulierung läßt sich aber ebenso gut schließen, daß damit nur der Prüfungszeitpunkt gemeint ist (s. auch *Blomeyer/Otto* Rn. 99). Angesichts dieser Unsicherheit kann der maßgebliche Prüfungszeitraum nur aus dem **Normzweck** hergeleitet werden.

18 Aus dem Normzweck ergibt sich, daß **der Anwartschaftszeitraum nicht einzubeziehen** ist (s. oben Rn. 4; st. Rspr. seit BAG 1. 7. 1976 AP BetrAVG § 16 Nr. 2). Während der Anwartschaftsphase ist der AN nach der Konzeption des Gesetzgebers noch zum Ausgleich des Geldentwertungsrisikos in der Lage. Es kann also nur die Zeit des Bezuges der laufenden Leistung in Betracht kommen.

19 Fraglich ist aber, ob es lediglich auf den **Anpassungsbedarf in den letzten drei Jahren** ankommt oder ob der **gesamte Zeitraum seit Rentenbeginn** maßgeblich ist. Diese Frage wird interessant, wenn der AG nicht immer eine volle Anpassung vorgenommen hat. Zu dieser Frage läßt sich aus dem Wortlaut des Abs. 1 praktisch nichts entnehmen. Das **BAG** (28. 4. 1992 AP BetrAVG § 16 Nr. 24; s. dazu auch *Matthießen/Rößler/Rühmann* DB Beil. 5/93; *Steinmeyer* in Beratungs-GmbH für Altersversorgung, Bewährungsprobe der Alterssicherungssysteme in Zeiten wirtschaftlicher Rezession, 1993, S. 52) bezieht sich deshalb folgerichtig auf den Sinn und Zweck der Vorschrift. Dieser bestehe darin, die Gleichwertigkeit zwischen versprochener und tatsächlicher Leistung zu erhalten. Daraus folge, daß beim Anpassungsbedarf stets **die volle Teuerung seit Rentenbeginn zu berücksichtigen** sei, sofern diese nicht bereits durch vorhergehende Anpassungen ausgeglichen werde. Das BAG hat sich deshalb für die Berücksichtigung des Gesamtzeitraums und nicht nur der letzten drei Jahre entschieden. Dem BAG ist darin zu folgen, daß es nicht nur auf die letzten drei Jahre ankommen kann. Der Anpassungsbedarf kann nur anhand des gesamten Zeitraums festgestellt werden und eine vorübergehend schlechtere wirtschaftliche Lage des AG kann nicht für alle Zeiten ein niedrigeres Niveau festschreiben. Im Grundsatz ist hinsichtlich des Prüfungszeitraums dem BAG Recht zu geben. Kritischer zu bewerten sind einzelne Folgerungen für den Anpassungsmaßstab (s. dazu unten Rn. 59 ff.). Der Begriff des Prüfungszeitraums findet in der ab 1. 1. 1999 geltenden Fassung erstmals Eingang in das Gesetz. Aber auch daraus wird nicht deutlich, nach welchem Zeitraum der Anpassungsbedarf zu bestimmen ist, so daß die genannte Streitfrage auch nach dem 1. 1. 1999 bestehen geblieben ist.

VI. Inhalt der Anpassungsverpflichtung

20 Indem das Gesetz dem AG aufgibt, über die Anpassung nach billigem Ermessen zu entscheiden und dabei insb. die Belange des Versorgungsempfängers und die wirtschaftliche Lage des AG zu berücksichtigen, gewährt es die Möglichkeit eines **Interessenausgleichs zwischen AG und Versorgungsempfänger.** Auch insofern versucht der Gesetzgeber, das nicht einsetzbare Instrument der Änderungskündigung zu ersetzen, indem der AG bei seiner Prüfung und Entscheidung die Interessen beider Seiten zu berücksichtigen hat.

21 1. Der Anpassungsmaßstab als Kriterium der Anpassungsprüfung. a) Anknüpfung an die vorgesetzliche Rspr. Der Gesetzgeber hat es aber in Abs. 1 unterlassen, den Maßstab zu konkretisieren, mit dessen Hilfe der AG die Anpassungsprüfung vornehmen kann. Deshalb wird vertreten, daß die Rspr. zu § 16 (nunmehr Abs. 1 des neuen § 16) nicht Gesetzesvollzug, „sondern im wesentlichen eigene, vom Gesetzgeber lediglich wohlwollend betrachtete und ermunterte Rechtsfortbildung in den dafür weiterhin maßgeblich, unveränderten Grenzen" sei (*Lieb/Westhoff* DB 1976, 1958, 1959). Das bedeutet dann, daß die von der **Rspr. vor Inkrafttreten des BetrAVG entwickelten Grundsätze** weiterhin Geltung haben und aus dieser der Anpassungsmaßstab zu gewinnen ist. Das würde bedeuten, daß geprüft werden müßte, ob der Wert der Versorgungsleistung bei Beendigung des Arbeitsverhältnisses als versprochenes Äquivalent für die Betriebstreue in ein ausgleichsbedürftiges Mißverhältnis geraten ist. Es wurde vom BAG insoweit der Entgeltgedanke bemüht, der unterstützt wird durch den Hinweis darauf, daß das Ruhegeld Versorgungszweck hat und eine Anpassung in Betracht gezogen werden müsse, wenn die zugesagten Beträge überhaupt nicht mehr als eine der Versorgung **dienende Unterstützung** gelten könnten (BAG 30. 3. 1973 AP BGB § 242 Ruhegehalt-Geldentwertung Nr. 4). Grundlage für die Anpassungsverpflichtung wäre auch weiterhin, daß bei einer nachträglichen Äquivalenzstörung erheblichen Ausmaßes ein Wegfall der Geschäftsgrundlage anzunehmen ist. Das würde bedeuten, daß weiterhin mit einer Art Opfergrenze gearbeitet werden müßte, wonach ein Ruheständler zumindest dann einen Anspruch auf Anpassung hat, wenn eine bestimmte Grenze überschritten ist. Diese wurde in der vorgesetzlichen Rspr. bei 40% angesetzt; in ihrer Weiterentwicklung wird dann eine Senkung auf 20% vorgeschlagen (etwa *Hetzel* BB 1977, 652 ff.). Das würde

VI. Inhalt der Anpassungsverpflichtung § 16 BetrAVG 200

bedeuten, daß die in § 16 vorgesehene Überprüfung im Drei-Jahres-Turnus lediglich dahin zu verstehen ist, daß der AG zu überprüfen hat, ob inzwischen diese Opfergrenze überschritten ist.

Gegen diese Sichtweise spricht aber, daß eine Überprüfung in einem Drei-Jahres-Rhythmus nicht 22 bedeuten kann, daß der AG nur gehalten ist, festzustellen, ob in diesem Zeitraum die **Opfergrenze** von 20% überschritten ist; das würde eine Entwicklung des Geldwertes beinhalten, die selbst in den siebziger Jahren nicht der volkswirtschaftlichen Realität entsprach.

§ 16 kann deshalb nur dahin verstanden werden, daß er dem AG aufgibt, alle drei Jahre über einen 23 angemessenen Ausgleich zu befinden (so auch BAG 16. 12. 1976 AP BetrAVG § 16 Nr. 4 und ständig). § 16 bringt also zum Ausdruck, daß er nicht allein als allgemeiner Appell an die Rspr. verstanden werden kann, ihre bisherige Judikatur fortzuentwickeln; vielmehr wird damit **der bisher von der Rspr. verwendete Maßstab durch eine davon abweichende Anordnung ersetzt.**

b) **Folgerungen aus dem Rechtscharakter der betrieblichen Altersversorgung.** An die Stelle einer 24 Rspr., die die Anpassungsverpflichtung auf eine schwerwiegende Äquivalenzstörung von Leistung und Gegenleistung stützte und dafür auf die Entgeltlichkeit und den Versorgungszweck des Ruhegeldes Bezug nahm, ist eine gesetzgeberische Anordnung getreten, die dem AG eine darüber hinausgehende Anpassungsverpflichtung auferlegt. Dem AG ist durch § 16 die Verpflichtung aufgegeben, **dem Ruheständler**, soweit er eine laufende Rentenleistung erhält, **das Inflationsrisiko abzunehmen**. Dem Ruheständler soll das **Entgelt für erbrachte Arbeitsleistung** erhalten bleiben.

Fraglich ist, ob aus dem **Entgeltcharakter** des betrieblichen Ruhegeldes ein **allgemeiner Anpas-** 25 **sungsmaßstab** entnommen werden kann. Dagegen ließe sich einwenden, der Entgeltgedanke bedeute allein, daß es sich beim betrieblichen Ruhegeld um ein Entgelt für erbrachte Arbeitsleistung handele. Für die Frage der Anpassung lasse sich daraus nur dann etwas herleiten, wenn hier eine Störung des Äquivalenzverhältnisses von Leistung und Gegenleistung exakt meßbar wäre. Dies ist aber nicht möglich, da das gewährte Ruhegeld nicht in einer bestimmten objektiv meßbaren Wertrelation zur während des Arbeitslebens erbrachten Arbeitsleistung steht (*v. Maydell* Geldschuld und Geldwert, 1974, S. 194). Der Entgeltcharakter besagt dann nur, daß es Gegenleistung für Arbeitsleistung ist; er besagt also nichts darüber, in welchem Wertverhältnis Arbeitsleistung und Ruhegeld zueinander stehen.

Allerdings soll § 16 das Defizit ausgleichen, das dadurch entsteht, daß der AN nach Eintritt in den 26 Ruhestand seine Leistung bereits voll erbracht hat, eine Änderungskündigung als Gestaltungsmittel also ausscheidet. Eine **Wiederherstellung** subjektiver **Äquivalenz** ist also nicht möglich. Es geht also um einen **objektiven Maßstab**, der dieses Defizit ausgleicht. Aufgabe dieses Maßstabes muß es nach dem Sinn des § 16 sein, dem AN das Risiko der Geldentwertung seiner Entgeltleistung zu nehmen. Dieses Entgelt bleibt in seinem objektiven Wert erhalten, wenn sich der Anpassungsmaßstab an der Veränderung der Lebenshaltungskosten, also am veränderten Geldwert ausrichtet. Würde man hingegen den Anpassungsmaßstab am Versorgungs- oder Fürsorgegesichtspunkt ausrichten, so würde der Anpassungsmaßstab auch von Elementen des Bedarfs bestimmt. Die Parteien können in Anpassungsklauseln durchaus diesen besonderen Versorgungsbedarf konkretisieren und etwa eine an der Rentenanpassung in der gesetzlichen Rentenversicherung ausgerichtete Anpassung vorsehen; in Ermangelung einer solchen Klausel kann aber nur der Geldwert des gewährten Entgelts maßgeblich sein. Insofern führt hier die Entgeltlichkeit des Ruhegeldes zu einer an der Veränderung der Lebenshaltungskosten ausgerichteten Anpassung.

Als Ergebnis ist damit festzuhalten, daß **Anpassungsmaßstab** als Kriterium für die Anpassungsent- 27 scheidung die **Veränderung der Lebenshaltungskosten** ist. Haben sich die Lebenshaltungskosten innerhalb der vergangenen drei Jahre verändert, so hat der AG nach billigem Ermessen über eine Anpassung zu entscheiden. Daß der Anpassungsmaßstab die Veränderung der Lebenshaltungskosten ist, ergibt sich aus der Entgeltlichkeit des Ruhegeldes.

Mit Wirkung vom **1. 1. 1999** wird dieser Anpassungsmaßstab durch Abs. 2 konkretisiert. Dies 28 geschieht durch eine Formulierung, die die Annahme einer Fiktion nahe legt; da es hier aber nicht um die gewollte Gleichsetzung eines als ungleich Gewußten (*Larenz* Methodenlehre S. 251) geht, wird man die Formulierung als unwiderlegliche Vermutung verstehen müssen. Mit dem neuen Begriff des „**Prüfungszeitraums**" wird keine Vorentscheidung darüber getroffen, welcher Zeitraum für die Prüfung generell maßgebend ist; der Zeitraum bestimmt sich vielmehr jeweils auf der Basis der jeweiligen Anpassungsprüfung (anders *Höfer* Rn. 3665.16, der generell auf die Zeitspanne vom Rentenbeginn bis zum jeweiligen Prüfstichtag abstellt).

2. **Die Anpassungsentscheidung.** Ergibt die Prüfung einen Anpassungsbedarf, so hat der **AG über** 29 **die Anpassung nach billigem Ermessen zu entscheiden.** Dem AG ist – insoweit die fehlende Möglichkeit der Änderungskündigung ersetzend – aufgegeben, einen gerechten Interessenausgleich vorzunehmen.

a) **Die Belange des Versorgungsempfängers.** Das **Interesse des Versorgungsempfängers** geht 30 grds. dahin, einen **Teuerungsausgleich seiner Geldrente** zu erhalten; dies ergibt sich auch aus den Gesetzesmaterialien (BT-Drucks. 7/2843 S. 12 zu § 6 k); eine Anknüpfung an die Lohn- und Gehaltsentwicklung hätte einer ausdrücklichen Anordnung bedurft (so auch *Blomeyer/Otto* Rn. 132; *Höfer*

Rn. 3455; *Höhne* in *Heubeck/Höhne/Paulsdorff/Rau/Weinert* Rn. 100). Die Berücksichtigung der Belange des Versorgungsempfängers im Rahmen der Ermessensentscheidung **bedeutet nicht, daß individuelle Belange des einzelnen Versorgungsempfängers zu beachten sind**. Dagegen spricht nicht nur die oben (Rn. 15) erwähnte Massenhaftigkeit der regelmäßig anfallenden Anpassungsentscheidungen, sondern auch, daß eine solche Prüfung individueller Belange eine Bedürftigkeitsprüfung darstellen würde, die darauf abzustellen hätte, ob der Versorgungsempfänger angesichts seines persönlichen Lebenszuschnitts eines Teuerungsausgleichs bedarf. Eine derartige Bedürftigkeitsprüfung würde aber dem auf Ausgleich der Geldentwertung gerichteten Grundgedanken des § 16 zuwiderlaufen, denn es müßte in Konsequenz auch berücksichtigt werden, daß die Bezieher kleinerer Einkommen vom Kaufkraftverlust härter getroffen werden als die Bezieher höherer Einkommen. Die Bedürftigkeit des Gläubigers kann für den Ausgleich einer Äquivalenzstörung keine Bedeutung haben. Eine solche Bedürftigkeitsprüfung wäre mit dem Entgeltgedanken unvereinbar.

31 Damit ist unter den **Belangen des Versorgungsempfängers** der **Teuerungsausgleich der Geldrente** zu verstehen (hM vgl. nur *Blomeyer/Otto* Rn. 128; MünchArbR/*Ahrend/Förster* § 109 Rn. 37; st. Rspr. seit BAG 1. 7. 1976 AP BetrAVG § 16 Nr. 1 und 2). Aus Gründen der Rechtssicherheit und Voraussehbarkeit ist vom BAG hier als Maßstab der amtliche Lebenshaltungsindex des Statistischen Bundesamtes zugrundegelegt worden. Das BAG geht aus vom **Preisindex für die Lebenshaltung von 4-Personen-AN-Haushalten mit mittlerem Einkommen** (st. Rspr. seit BAG 16. 12. 1976 AP BetrAVG § 16 Nr. 4). Dies ist mit Wirkung vom 1. 1. 1999 durch die Regelung des Abs. 2 Nr. 1 gesetzgeberisch bestätigt worden. Die Neufassung bedeutet, da als unwiderlegliche Vermutung formuliert, daß der AG ohne Rücksicht auf individuelle Belange eine Anpassung nach diesem Maßstab vornehmen kann. Eine Änderung gegenüber dem bisherigen Rechtszustand ergibt sich dadurch allerdings nicht.

32 aa) **Nettolohnbezogene Obergrenze.** Das bedeutet **nicht**, daß die „Belange des Versorgungsempfängers" **in jedem Fall mit dem Teuerungsausgleich gleichzusetzen** sind. Dies kann nur für den Regelfall gelten, daß die allgemeine Einkommensentwicklung über den Teuerungsausgleich hinausgeht. Bleibt sie hingegen dahinter zurück, so bedeutet eine Anpassung der Betriebsrenten ausgerichtet am Teuerungsausgleich eine Besserstellung der Empfänger betrieblicher Ruhegelder. Auch dann wird zwar das Interesse des einzelnen Betriebsrentners auf Teuerungsausgleich gehen; indem aber das Gesetz von „Belangen des Versorgungsempfängers" spricht, macht es deutlich, daß insoweit eine verständige Würdigung dieser Interessen erfolgen soll, die auch die sonstige Einkommensentwicklung berücksichtigt. Den Belangen des Versorgungsempfängers ist deshalb auch Rechnung getragen, wenn der AG sich bei seiner Anpassungsentscheidung an der **Nettolohn- oder -gehaltsentwicklung** orientiert, falls diese unterhalb des Teuerungsausgleichs liegt. Durch Abs. 2 Nr. 2 wird insofern eine Modifikation vorgesehen, als nicht länger auf die Nettolohn- und Gehaltsentwicklung des *Betriebes* (bis 31. 12. 1998), sondern ausdrücklich auf den **Anstieg der Nettolöhne vergleichbarer AN-Gruppen des** *Unternehmens* abgestellt wird. Die Verwendung des Begriffs „Nettolöhne" bedeutet allerdings nicht, daß nur auf die Arbeiter abzustellen ist; vielmehr geht es hier um die Entwicklung der **Nettolöhne und Nettogehälter** (so auch *Höfer* Rn. 3665.12). Dadurch wird der Maßstab, der in der bisherigen Rspr. eher ungenau herausgearbeitet worden war, konkretisiert. Die wirtschaftliche Lage des *Betriebes* ist damit nicht länger maßgeblich und es kommt auch nicht auf den Durchschnittsverdienst innerhalb eines Unternehmens an, sondern auf die Nettolöhne vergleichbarer AN-Gruppen. Damit wird einerseits die Vergleichsbasis erweitert, andererseits aber durch den Verweis auf AN-Gruppen verengt. Im Ergebnis wird damit der Maßstab einer gewissen Solidarität mit der Belegschaft verlassen und der Pensionär auf das Schicksal seiner AN-Gruppe im Gesamtunternehmen verwiesen. Der AG kann also entsprechend dieser Gruppen die Anpassungssätze unterschiedlich festlegen, wenn sie sich für die aktive Belegschaft unterschiedlich entwickeln. Steigen also die Nettolöhne der unteren Lohngruppen stärker, so ist daraus ein entsprechend höherer Anpassungssatz herzuleiten; negative Veränderungen der Lohn- und Gehaltsentwicklung bestimmter AN-Gruppen der aktiven Belegschaft haben dann den umgekehrten Effekt. Was unter „AN-Gruppen" im Einzelnen zu verstehen ist, hat der Gesetzgeber nicht näher bestimmt. Es läßt sich an die tarifliche Eingruppierung ebenso denken wie an eine Einteilung nach Funktionsebenen, also leitende Angestellte, gehobenes Management etc. Aus Gründen der Praktikabilität sollte man aber grds. an die tarifliche Eingruppierung oder in Ermangelung einer solchen an die im Unternehmen verwendeten Lohn- und Gehaltsgruppen anknüpfen.

33 Bis zum Inkrafttreten der neuen Rechtslage ab 1. 1. 1999 mußte sich der AG bei seiner Anpassungsentscheidung maßgeblich nach der **Lohn- und Gehaltsentwicklung des Betriebes** richten (ähnlich BAG 11. 8. 1981 AP BetrAVG § 16 Nr. 11; *Blomeyer/Otto* Rn. 149 ff.; *Griebeling* Rn. 561; *Höfer* Rn. 3476; MünchArbR/*Ahrend/Förster* § 109 Rn. 25). Das rechtfertigte sich daraus, daß der Versorgungsempfänger Mitglied dieser Belegschaft gewesen war und seinen Belangen dann Rechnung getragen wurde, wenn sich die Anpassung an der Lohn- und Einkommensentwicklung orientierte. Seinem Interesse am Ausgleich der Störung der Äquivalenz von Leistung und Gegenleistung war Genüge getan, wenn er wie die im Betrieb verbliebenen AN behandelt wurde. Aufschlüsse über die Lage des Unternehmens ließen sich nach Auffassung des BAG den Durchschnittsverdiensten innerhalb eines

VI. Inhalt der Anpassungsverpflichtung § 16 BetrAVG 200

Unternehmens oder eines typischen Teils der Belegschaft entnehmen (BAG 11. 8. 1981 AP BetrAVG § 16 Nr. 11).

bb) Berücksichtigung von Leistungen der Sozialversicherung. Angesichts des Zusammenwirkens und Ineinandergreifens von betrieblicher Altersversorgung und gesetzlicher Rentenversicherung haben die unterschiedlichen Anpassungsmaßstäbe beider Sicherungssysteme in der Vergangenheit zu Problemen geführt. So wurde die Auffassung vertreten, daß der AG bei der nach § 16 I zu treffenden Ermessensentscheidung die Erhöhung der Sozialrenten berücksichtigen darf (*Ahrend/Förster/Rößler* DB 1976, 341). Darüber hinaus kann ein Zusammenwirken verschiedener Ruhestandseinkünfte zu einer **Überversorgung** des Versorgungsempfängers führen, so daß sich die Frage nach der Berücksichtigung dieses Aspektes im Rahmen der Billigkeitsentscheidung nach § 16 I stellte. In der Neufassung des § 16 hat sich der Gesetzgeber dafür entschieden, die Maßstäbe sämtlich ohne Bezugnahme auf Leistungen der Sozialversicherung festzulegen. Damit hat er sich im Ergebnis für die sog. **Abkoppelungstheorie** entschieden, die schon vom BAG bisher herangezogen wurde (st. Rspr. seit BAG 15. 9. 1977 AP BetrAVG § 16 Nr. 5). Nach dieser bleiben Rentenleistungen aus der Sozialversicherung bei der Bestimmung der Höhe der Betriebsrente unbeachtet, so daß sich die Höhe dieser **nicht** aus dem noch verbleibendem Versorgungsbedarf ergibt. 34

Für die **alte Rechtslage bis zum 31. 12. 1998** stellt sich das Problem weiterhin, ob der AG bei der nach § 16 aF zu treffenden Ermessensentscheidung die Erhöhung der Sozialrenten berücksichtigen darf (*Ahrend/Förster/Rößler* DB 1976, 341), wenn auch in einem entschärfteren Maße, da durch die Neufassung der Gesetzgeber den Weg schon vorgezeichnet hat. **Der Abkoppelungstheorie ist zu folgen.** Sinn der Dynamisierung der Sozialrenten ist es, die Rentner an der allgemeinen Entwicklung des Lebensstandards teilhaben zu lassen, weshalb die Rentenanpassung in der gesetzlichen Rentenversicherung an der Entwicklung der Löhne und Gehälter ausgerichtet ist. Bei einer Gesamtversorgungsbetrachtung würde dieser gesetzgeberische Zweck im wirtschaftlichen Ergebnis unterlaufen, wenn Löhne und Gehälter stärker steigen als die Lebenshaltungskosten, da dann die aus Sozialrente und Betriebsrente bestehende Gesamtversorgung an der Lohn- und Gehaltsentwicklung nicht mehr teilnimmt. Die Erhöhung der Rente aus der gesetzlichen Rentenversicherung wirkt sich dann als Entlastung des AG aus und kommt nicht mehr dem Versorgungsempfänger zugute (s. auch *Blomeyer* SAE 1982, 102). Auf der anderen Seite wird sich dann, wenn die Lohn- und Gehaltsentwicklung hinter der Preissteigerungsrate zurückbleibt, bei der Annahme einer Gesamtversorgungsbetrachtung die Frage ergeben, ob nun bei der Betriebsrentenanpassung auch ein Inflationsverlust, der nicht durch eine Erhöhung der Renten aus der gesetzlichen Rentenversicherung ausgeglichen wird, durch eine entsprechende Anpassung der Betriebsrente ausgeglichen werden müßte. Dies dürfte kaum ernsthaft vertreten werden, zeigt aber zugleich, daß eine **Gesamtversorgungsbetrachtung nicht sinnvoll** sein kann (vgl. zum Diskussionsstand und zu weiteren Argumenten *Steinmeyer* S. 155 ff.; *Blomeyer/Otto* Rn. 148; MünchArbR/*Ahrend/Förster* § 109 Rn. 22). 35

Die seit **1. 1. 1999** geltenden Maßstäbe lassen nur die sog. Abkoppelungstheorie zu, da in der Neufassung die Maßstäbe sämtlich ohne Bezugnahme auf Leistungen der Sozialversicherung festgelegt sind. 36

cc) Sonstige Begrenzungen der Anpassung. Aus der Neufassung des § 16 läßt sich keine **absolute Obergrenze** dergestalt entnehmen, daß die Gesamtversorgung eines Rentners einen bestimmten Höchstbetrag, etwa das Nettoeinkommen eines Aktiven oder einen bestimmten Prozentsatz davon, nicht überschreiten darf. Dies ergibt sich auch daraus, daß die Neufassung der Abkoppelungstheorie folgt (zum alten Recht gegen eine absolute Obergrenze BAG 11. 8. 1981 AP BetrAVG § 16 Nr. 11; s. auch *Blomeyer/Otto* Rn. 156). 37

Aber auch die sog. **relative Obergrenze** ist abzulehnen. Für die Berechnung der relativen Obergrenze kommt es nach den dazu vertretenen Modellen darauf an, wie sich die Summe aus der Sozialversicherungsrente und der Betriebsrente in den letzten Bezügen eines AN verhält. Der entsprechende Prozentsatz wird dann als individueller Gesamtversorgungsgrad festgeschrieben und soll sich im Laufe des Ruhestandes – bezogen auf das Nettoeinkommen der vergleichbaren aktiven AN – nicht erhöhen. Eine Anpassung soll danach erst in Betracht kommen, wenn das betriebliche Ruhegeld so stark entwertet ist, daß die Gesamtversorgung trotz der Rentendynamik nicht den bisherigen Gesamtversorgungsgrad aufrechterhalten kann (*K. Heubeck* DB 1978, 345). Auch diese Obergrenze begegnet den gleichen Bedenken wie die absolute Obergrenze und läßt sich mit der Abkoppelungstheorie und der Neufassung des § 16 nicht vereinbaren (wie hier zum alten Recht auch *Blomeyer/Otto* Rn. 158 f.). 38

b) Wirtschaftliche Lage des Arbeitgebers. aa) Allgemeines. Neben den Belangen des Versorgungsempfängers ist nach Abs. 1 bei der Anpassungsentscheidung die wirtschaftliche Lage des AG zu berücksichtigen. Es besteht offenbar Einigkeit darüber, daß mit wirtschaftlicher Lage die Ertragslage des Unternehmens (*Blomeyer/Otto* Rn. 170 ff.; *Steinmeyer* S. 161) bzw. die Fähigkeit der Unternehmung, ihre Aufgaben in der Zukunft zu erfüllen (*Sieben/Becker* RdA 1986, 87) gemeint ist. Nach der Rspr. des BAG bedeutet die Frage nach der wirtschaftlichen Lage des AG, daß die durch den Teuerungsausgleich verursachten Belastungen ermittelt und in ihren Auswirkungen für die weitere 39

Entwicklung des Unternehmens abgeschätzt werden müssen (BAG 23. 4. 1985 AP BetrAVG § 16 Nr. 17). Bei der wirtschaftlichen Lage muß als entscheidend angesehen werden, daß vorrangig der Betrieb und seine Arbeitsplätze erhalten bleiben (BAG 15. 9. 1977 AP BetrAVG § 16 Nr. 5).

40   bb) **Maßgebliche Faktoren zur Bestimmung der wirtschaftlichen Lage.** Nach der inzwischen verfestigten Rspr. des BAG (seit BAG 23. 3. 1985 AP BetrAVG § 16 Nr. 16 und 17) rechtfertigt die **wirtschaftliche Lage des AG nicht erst dann die Ablehnung einer Anpassung, wenn die Mehrbelastung einen Zusammenbruch des Unternehmens verursachen könnte.** Andererseits genüge zur Begründung des Anpassungsbegehrens auch nicht die Feststellung, das Unternehmen werde die zu erwartenden Mehrkosten irgendwie aus der betrieblichen Substanz decken können. Das versorgungspflichtige Unternehmen solle vielmehr langfristig nicht so geschwächt werden, daß es ausgezehrt werde oder durch die Anpassungsbelastung Arbeitsplätze in Gefahr gerieten. Eine gesunde wirtschaftliche Entwicklung dürfe nicht verhindert werden. Die Kosten einer Anpassung müßten daher aus den Erträgen eines Unternehmens und dessen Wertzuwachs finanzierbar sein.

41   In dieser Rspr. wird aber zugleich eingeräumt, daß es **nur schwer möglich ist, Kriterien zu entwickeln, die in allen theoretisch denkbaren Fällen bei unterschiedlichen wirtschaftlichen Lagen maßgebend sein können.** Deshalb arbeitet das BAG (23. 3. 1985 AP BetrAVG § 16 Nr. 17; BAG 17. 4. 1996 DB 1996, 2496) mit Prüfungsschritten:
   1. Entscheidend sei zunächst im Sinne einer **Prognoseentscheidung**, ob das Unternehmen in der auf den Anpassungsstichtag folgenden Zeit **ohne übermäßige Belastung in der Lage war und sein wird, den Anpassungsbedarf aufzubringen.** Beurteilungsgrundlage für die erforderliche Prognose ist dann die wirtschaftliche Entwicklung des Unternehmens in der Zeit vor dem Anpassungsstichtag, soweit daraus Schlüsse für die weitere Entwicklung gezogen werden können. Dabei bleiben nicht voraussehbare, neue Rahmenbedingungen und sonstige unerwartete, spätere Veränderungen der wirtschaftlichen Verhältnisse des Unternehmens unberücksichtigt (vgl. auch BAG 17. 10. 1995 AP BetrAVG § 16 Nr. 34).
   2. Für eine einigermaßen zuverlässige Prognose müsse **die bisherige Entwicklung über einen längeren, repräsentativen Zeitraum** von in der Regel mindestens drei Jahren ausgewertet werden.
   3. Der am Anpassungsstichtag absehbare **Investitionsbedarf**, auch für Rationalisierung und die Erneuerung von Betriebsmitteln, sei zu berücksichtigen.
   4. **Scheingewinne** blieben **unberücksichtigt**.
   5. Die **Betriebssteuern verringern die verwendungsfähigen Mittel.** Bei den Steuern vom Einkommen sei zu beachten, daß nach einer Anpassungsentscheidung die Rentenerhöhungen den steuerpflichtigen Gewinn verringerten.
   6. Eine **angemessene Eigenkapitalverzinsung** sei in der Regel nötig. Dabei könne grds. auf die bei festverzinslichen Wertpapieren langfristig erzielbare Verzinsung abgestellt und ein Risikozuschlag eingeräumt werden.
   7. Soweit **Gesellschafter einer GmbH als Geschäftsführer** tätig seien, könne dafür eine angemessene Vergütung angesetzt werden. Der Unternehmerlohn dürfe das bei Fremdgeschäftsführern Übliche nicht überschreiten.

42   *Blomeyer* stellt dem ein anderes Modell gegenüber, wonach auszugehen ist von der **Ertragslage des Unternehmens** (*Blomeyer/Otto* Rn. 196 ff.). Der Interessenausgleich zwischen AG und Versorgungsempfänger sei primär auf den Ausgleich der Vorteile des Unternehmers zu beziehen, die dieser dadurch erzielt, daß er das für die Versorgung erforderliche Kapital nicht sogleich im Versorgungsfall, sondern erst allmählich, dh. kontinuierlich ausbezahle. Werde das Deckungskapital dem Eigenkapital gleichgestellt, könne die Anhebung der Rente zB dann unterbleiben, wenn das Eigenkapital des Unternehmens im Prognosezeitpunkt keine Rendite abwerfe, eine Eigenkapitalverzinsung also nicht erfolge. Das könne freilich nicht bedeuten, daß ein etwa anfallender Eigenkapitalzins in vollem Umfang für die Anhebung der Renten zu verwenden sei. Das Deckungskapital für die laufenden Renten bilde in der Konzeption der Norm nur einen Teil des Eigenkapitals; deshalb müsse neben dem Anhebungsgesamtbetrag auch noch eine angemessene Eigenkapitalverzinsung für den Unternehmer gewährleistet sein. Diese Angemessenheit soll durch den Vergleich mit der Rendite festverzinslicher Werte ermittelt werden. Dieser Ansatz ist ein dogmatischer, interessanter und fundierter Erklärungsversuch für das Kriterium der wirtschaftlichen Lage des AG (s. schon oben Rn. 5 f.). Allerdings vermag auch dieser Ansatz keine Patentlösung zu liefern, da er die Prüfung nur schematisiert und in Zweifelsfällen auf die vom BAG genannten Kriterien zurückgreifen muß.

43   cc) **Anpassung im Konzern.** Bei der Beurteilung der wirtschaftlichen Lage stellt sich ein Sonderproblem dann, wenn das Unternehmen in einem Konzernverbund steht: hier geht es immer wieder um die **Frage**, inwieweit im Rahmen der Anpassungsentscheidung auf die **wirtschaftliche Lage des Konzerns anstelle der einzelnen Konzerngesellschaft abzustellen** ist. Diese Frage stellt sich naturgemäß immer dann, wenn die Konzerngesellschaft aufgrund ihrer „wirtschaftlichen Lage" eine Anpassung der Rente ablehnt, obwohl die wirtschaftliche Leistungsfähigkeit des Konzerns unzweifelhaft gegeben ist (vgl. hierzu und zum folgenden *Steinmeyer*, FS für Stahlhacke, S. 556 ff.).

VI. Inhalt der Anpassungsverpflichtung § 16 BetrAVG 200

AG ist jedoch regelmäßig nur das Unternehmen, mit dem der AN einen Arbeitsvertrag geschlossen hat. Der Konzern selbst dagegen hat keine eigene Rechtspersönlichkeit (§ 15 AktG) und kann damit nicht AG sein (*Junker*, FS für Kissel, 1994, S. 451 ff.). Demnach kann nicht allgemein auf den **Konzern**, sondern allenfalls auf die **Konzernmutter**, also das beherrschende Unternehmen abgestellt werden. **44**

In der Literatur ist bereits mehrfach der Versuch unternommen worden, die **Möglichkeit des Rückgriffs auf die „Konzernmutter" dogmatisch zu erklären** (so ausführlich *Junker*, FS für Kissel, S. 451 ff.; *Reiners* DB 1994, 678 ff.). Das BAG hat in seinen neuesten Entscheidungen die bisherige Rspr. ausdrücklich bestätigt (BAG 14. 12. 1993 AP BetrAVG § 16 Nr. 29; BAG 4. 10. 1994 AP BetrAVG § 16 Nr. 32; BAG 23. 10. 1996 DB 1997, 1287). In der Entscheidung vom 4. 10. 1994 hat das BAG dabei die Gelegenheit wahrgenommen, grds. zum Begriff des „Berechnungsdurchgriffs" Stellung zu nehmen. Es hat ausdrücklich festgestellt, daß das im Konzernrecht geltende **Trennungsprinzip für juristische Personen auch im Betriebsrentenrecht Beachtung** findet. Folglich ist ein Abstellen auf die wirtschaftliche Situation einer anderen juristischen Person ohne weiteres nicht möglich. Vielmehr ist erforderlich, daß weitere Faktoren gegeben sind, die einen Berechnungsdurchgriff auf die Konzernmutter und damit regelmäßig eine andere juristische Person als den Versorgungsschuldner erlauben. Wie das BAG bereits in seiner Entscheidung vom 28. 4. 1992 (AP BetrAVG § 16 Nr. 25) dargelegt hat, kann die wirtschaftliche Verflechtung von Konzerngesellschaften dazu führen, daß bei der Anpassungsprüfung nach § 16 nicht die wirtschaftliche Lage des Einzelunternehmens, sondern die des Konzerns maßgeblich ist. Voraussetzung hierfür ist jedoch eine solch enge wirtschaftliche Verknüpfung der Unternehmen, daß das Tochterunternehmen wirtschaftlich von dem Mutterunternehmen abhängig ist. Insoweit wendet das BAG im Rahmen der Anpassungsprüfung nach § 16 die Grundsätze, die der BGH zur Haftung des herrschenden Unternehmens für Verbindlichkeiten des beherrschten Unternehmens aufgestellt hat, entsprechend an (vgl. etwa BGH 16. 9. 1985 BGHZ 95, 346). Zwischen der konzernmäßigen Durchgriffshaftung und der Beurteilung der Leistungsfähigkeit des AG bei der Anpassung von Betriebsrenten nach § 16 bestehe insoweit ein Zusammenhang, als bei qualifiziert faktischen Konzern die Konzernobergesellschaft für Anpassungsschulden der Konzerntochter haften muß; dann sei aber auch schon bei der Anpassungsprüfung beim qualifiziert faktischen Konzern auf die Leistungsfähigkeit der Konzernobergesellschaft abzustellen (s. hierzu auch *Blomeyer/Otto* Rn. 207 ff.). **45**

Eine nach den obigen Grundsätzen enge **wirtschaftliche Verknüpfung** ist regelmäßig dann gegeben, wenn zwischen den Unternehmen ein **Beherrschungs- oder ein Gewinnabführungsvertrag** besteht (BAG 14. 12. 1993 AP BetrAVG § 16 Nr. 29; BAG 28. 4. 1992 AP BetrAVG § 16 Nr. 25), sie liegt jedoch auch dann vor, wenn ein **qualifiziert faktischer Konzern** angenommen werden kann. Ein solcher ist anzunehmen, wenn das herrschende Unternehmen die Geschäfte des beherrschten Unternehmens dauernd und umfassend geführt hat (BAG 14. 12. 1993 AP BetrAVG § 16 Nr. 29 unter Verweis auf BGH 16. 9. 1985 BGHZ 95, 346; BGH 23. 9. 1991 Z 97, 15). **46**

Jedoch reicht eine **enge wirtschaftliche Verknüpfung alleine nicht aus, um auf die Leistungsfähigkeit der Konzernmutter abstellen zu können**. Das BAG verlangt weiterhin, daß das herrschende Unternehmen die **Konzernleitungsmacht** in einer Weise ausübt, die keine angemessene Rücksicht auf die Belange der abhängigen Gesellschaft nimmt, ohne daß sich der dieser Gesellschaft insgesamt zugefügte Nachteil durch Einzelmaßnahmen kompensieren ließe (BAG 14. 12. 1983 AP BetrAVG § 16 Nr. 29). In dieser Entscheidung ist bereits die neue BGH-Rspr. zur Haftung im qualifiziert faktischen Konzern berücksichtigt, wonach der Gläubiger, der Ansprüche gegen das herrschende Unternehmen geltend machen will, die Umstände darzulegen und zu beweisen hat, die eine solche Annahme nahe legen (BGH 29. 3. 1993 NJW 1993, 1203). **47**

In der Entscheidung des BAG vom 4. 10. 1994 (AP BetrAVG § 16 Nr. 32) wird nunmehr nochmals klargestellt, daß allein die Tatsache, daß ein **Beherrschungs- oder Gewinnabführungsvertrag** vereinbart worden ist, **noch nicht ausreicht**, um nur auf die wirtschaftliche Lage der beherrschenden Gesellschaft abzustellen. Vielmehr sei ein Durchgriff lediglich dann berechtigt, wenn die Leitungsmacht vom herrschenden Unternehmen in einer Weise ausgeübt worden sei, die keine angemessene Rücksicht auf die Belange der abhängigen Gesellschaft genommen, sondern statt dessen Interessen anderer dem Konzern angehörender Unternehmen oder der Konzernobergesellschaft in den Vordergrund gestellt habe. **48**

dd) **„Privatisierender" Arbeitgeber.** Legt ein AG sein Unternehmen still oder veräußert er es, so haftet er grds. weiter für die Versorgungsverbindlichkeiten. Ihn trifft grds. auch die Anpassungspflicht nach § 16. Da bzw. wenn ein Unternehmen nicht mehr vorhanden ist, kann es nicht mehr auf die Ertragslage ankommen. Man wird hier wohl auf die Vermögenslage des privatisierenden AG abstellen müssen. Überträgt man die entwickelten Maßstäbe auf diesen Fall, so wird man anstelle der Ertragslage die Zinserträge aus der Veräußerung des Unternehmens zu setzen haben (so auch *Blomeyer/Otto* Rn. 215). In einer neueren Entscheidung (23. 10. 1996 AP BetrAVG § 16 Nr. 36) hat das BAG es offengelassen, inwieweit auch ein angemessener Eingriff in die Vermögenssubstanz geboten ist; man wird dies grds. zu verneinen haben, da Basis für § 16 das werbende und aktiv tätige **49**

Unternehmen ist, dem nach den Kriterien des § 16 I ein Eingriff in die Vermögenssubstanz ebenfalls nicht zugemutet wird (ähnlich *Kemper* Anm. zu BAG AP BetrAVG § 16 Nr. 36). Der AG kann allerdings auch von der Möglichkeit des Abs. 3 Nr. 2, 1. Alt. Gebrauch machen, indem er die betriebliche Altersvorsorge über eine Direktversicherung vornimmt, mit der Konsequenz, daß seine Anpassungspflicht entfällt.

50 **c) Die Entscheidung nach billigem Ermessen.** § 16 I gibt dem AG auf, insb. unter Berücksichtigung der Belange des Versorgungsempfängers und der wirtschaftlichen Lage des AG nach billigem Ermessen zu entscheiden, also im Rahmen des Ausgleichs der Äquivalenzstörung eine **Abwägungsentscheidung** zu treffen. Dafür stehen ihm anhand der näher konkretisierten Tatbestandsmerkmale relativ exakte Maßstäbe zur Verfügung.

51 Das darf dann aber **nicht** dazu führen, daß die Anpassungsentscheidung auf eine **rechnerische Gegenüberstellung beider Maßstäbe** reduziert wird. So enthält dann die Feststellung, der AG habe einen völligen Teuerungsausgleich immer dann zu gewähren, wenn seine Ertragslage dies zulasse, wenn das Unternehmen also langfristig nicht so geschwächt werde, daß es ausgezehrt werde oder durch die Anpassungsbelastung Arbeitsplätze in Gefahr gerieten (vgl. etwa BAG 23. 4. 1985 AP BetrAVG § 16 Nr. 17), eine Bewertung der beiderseitigen Interessen, die den Vorwurf stützt, es erfolge entgegen den Vorstellungen des Gesetzgebers eine Indexierung der betrieblichen Ruhegelder (vgl. dazu *v. Maydell* SAE 1983, 34 f.). Aus dem Kriterium „wirtschaftliche Lage" läßt sich eine derartige Bewertung nicht ableiten.

52 Hier geht es vielmehr um die Abwägung der **beiderseitigen Interessen,** die das Gesetz durch die Anordnung einer Entscheidung nach billigem Ermessen gerade vorschreibt. Bei der Entscheidung nach billigem Ermessen muß eine umfassende Analyse stattfinden, bei der die gedeihliche Fortentwicklung des Unternehmens ebenso zu berücksichtigen ist wie das Interesse des Versorgungsempfängers am Teuerungsausgleich (so auch *Blomeyer/Otto* Rn. 124). Die Rspr. war zunächst eher schwankend und hob die Belange des Versorgungsempfängers hervor (BAG 15. 9. 1977 AP BetrAVG § 16 Nr. 5; 17. 1. 1980 AP BetrAVG § 16 Nr. 7). Inzwischen betont auch sie die Abwägung der beiderseitigen Interessen (BAG 23. 4. 1985 NZA 1985, 496; BAG 14. 2. 1989 NZA 1989, 675).

53 Wenn das Gesetz ausdrücklich zwischen Anpassungsprüfung und Anpassungsentscheidung unterscheidet, so bedeutet dies, daß sich das **Ermessen nur auf die Anpassungsentscheidung** beziehen kann, da die Prüfung sich nur auf die zu erhebenden Fakten beziehen kann und dabei ein Ermessen nicht recht vorstellbar ist (wie hier *Blomeyer/Otto* Rn. 118; anders *Höfer* Rn. 3606). Hier wird man dem AG allerdings einen gewissen Beurteilungsspielraum einräumen müssen (so auch BAG 29. 11. 1988 AP BetrAVG § 16 Nr. 21). Das Ermessen bei der Anpassungsentscheidung ist nicht als freies Ermessen zu verstehen, sondern als gebundenes, das auf seine Billigkeit hin gerichtlich überprüft werden kann (so auch *Blomeyer/Otto* Rn. 225).

54 Bei seiner Entscheidung ist der AG darüber hinaus an den **Gleichbehandlungsgrundsatz** gebunden. Dieser ist etwa dann verletzt, wenn die Renten bei einzelnen Gruppen von Rentnern angepaßt werden, bei anderen hingegen nicht, ohne das dafür sachliche Gründe erkennbar wären (BAG 23. 4. 1985 AP BetrAVG § 16 Nr. 17). Es dürfte kaum sachliche Gründe für eine Differenzierung geben. So ist etwa eine höhere Anpassung von sog. Kleinrenten abzulehnen, da nach der hier vertretenen Auffassung eine individuelle Bedürftigkeitsprüfung nicht in Betracht kommt und es auch der hier vertretenen und von der Gesetzgebung inzwischen bestätigten Abkoppelungstheorie widersprechen würde (wie hier *Blomeyer/Otto* Rn. 245 ff.; wohl auch *Höfer* Rn. 3593 ff.).

55 Bei der Anpassungsentscheidung sind schließlich die **Grundsätze der betrieblichen Übung** zu beachten. Es kann auch eine Anpassungsübung entstehen, wenn die sonstigen Voraussetzungen für eine betriebliche Übung gegeben sind. Geht es um die betriebliche Übung, laufende Renten anzupassen, so muß nach der Rspr. des BAG (3. 2. 1987 AP BetrAVG § 16 Nr. 20) unterschieden werden zwischen der Übung einer bloßen Anpassungsprüfung im Rahmen der Billigkeit und der sehr viel weitergehenden Übung ganz bestimmter Rentenerhöhungen. Ist der AG nur verpflichtet, nach billigem Ermessen zu prüfen, ob die betrieblichen Ruhegelder an die Entwicklung der Kaufkraft angepaßt werden können, so kommt diese Bindung im Ergebnis der Regelung des § 16 gleich: hier bleibt es bei dem Entscheidungsspielraum, der eine Abwägung der beiderseitigen Interessen erfordert und es besteht keine Anpassungsautomatik. Ist aber der AG aufgrund der betrieblichen Übung verpflichtet, unter näher konkretisierten Voraussetzungen die Rente an ganz bestimmte Bezugsgrößen anzupassen, so entspricht die Bindung einer Spannenklausel, die für Abwägungen keinen Raum läßt, sondern das Ergebnis unmittelbar vorschreibt.

56 **3. Besonderheiten der Anpassung bei mittelbaren Versorgungszusagen.** § 16 I verpflichtet den **AG ohne Rücksicht darauf, ob er eine mittelbare oder eine unmittelbare Versorgungszusage erteilt hat,** zur regelmäßigen Anpassungsprüfung und -entscheidung. Diese Pflicht trifft ihn unmittelbar als Pflicht im Rahmen des arbeitsrechtlichen Versorgungsverhältnisses. § 16 erweitert die Verpflichtung des AG aus der Versorgungszusage, um das Defizit auszugleichen, das darin besteht, daß der Versorgungsberechtigte bei Empfang einer laufenden Leistung nicht selbst gegen das Geldentwertungsrisiko vorsorgen kann. Zur Gegenleistung für erbrachte Arbeitsleistung gehört damit ebenso bei

VI. Inhalt der Anpassungsverpflichtung   § 16   BetrAVG 200

Einschaltung einer Direktversicherung oder einer Pensionskasse aber auch bei einer Unterstützungskassen-Versorgung die Anpassung der laufenden Ruhegeldleistungen.

Der **Prüfungsmaßstab** bestimmt sich grds. auch hier in gleicher Weise **wie bei der unmittelbaren** 57 **Versorgungszusage**. Die **Verpflichtung** zur Anpassungsprüfung und -entscheidung **nach Abs. 1 entfällt**, wenn die betriebliche Altersversorgung über eine **Direktversicherung** oder eine **Pensionskasse** durchgeführt wird und bestimmte zusätzliche Voraussetzungen erfüllt sind (vgl. Abs. 3 Nr. 2). Dies bedeutet zunächst einmal, daß bei Nichterfüllung der Voraussetzungen weiterhin die Anpassungspflicht des AG nach Abs. 1 besteht. Bei dieser Sicherungsform müssen ab Rentenbeginn alle auf den Rentenbestand, dh. das individuelle Einzelversicherungsverhältnis entfallenden Überschußanteile zur Erhöhung der laufenden Leistungen verwendet werden und darf bei Berechnung der Deckungsrückstellung ein sich aus § 65 I Nr. 1 Buchst. a VAG ergebender Höchstzinssatz nicht überschritten werden. Somit ist sichergestellt, daß sämtliche Überschußanteile uneingeschränkt und unabdingbar den Rentnern zur Erhöhung ihrer Renten zur Verfügung gestellt werden. Diese Regelung findet Anwendung auf alle Neuzusagen, die diesen Voraussetzungen Genüge tun, aber auch auf laufende Renten, sofern *ab Rentenbeginn* in dieser Weise verfahren worden ist. Sind diese Voraussetzungen nicht erfüllt, so besteht weiterhin die Pflicht des AG zur Anpassungsprüfung und -entscheidung nach Abs. 1.

Nach alter bis zum 31. 12. 1998 geltender Rechtslage wurde die Auffassung vertreten, daß eine 58 Anpassungspflicht des AG nicht bestehe, wenn der AN voll in die Rechte des Versicherungsnehmers eingesetzt werde, ihm also die Überschußbeteiligung aufgrund des Versorgungs- und Versicherungsverhältnisses ohnehin zustehe (*Blomeyer/Otto* Rn. 228; *Kessel* DB 1981, 526; dagegen *Steinmeyer* S. 171 f).

4. Das Sonderproblem der nachholenden und der nachträglichen Anpassung. Bei der Problema- 59 tik der sog. nachholenden Anpassung geht es um die Frage, ob es bei einer Anpassungsentscheidung lediglich auf den **Anpassungsbedarf in den letzten drei Jahren ankommt oder ob der gesamte Zeitraum seit Rentenbeginn maßgeblich** ist (s. dazu die grundl. Entscheidungen des BAG 28. 4. 1992 AP BetrAVG § 16 Nr. 24 und 25; vgl. auch *Steinmeyer,* FS für Stahlhacke, S. 558 ff.; *Matthießen/Rößler/Rühmann* DB Beil. 5/93, S. 1 ff.). Diese Frage wird interessant, wenn der AG nicht immer eine volle Anpassung angenommen hat. Von der nachholenden Anpassung unterscheidet das BAG die nachträgliche Anpassung. Durch eine nachträgliche Anpassung solle die Betriebsrente bezogen auf einen früheren Anpassungsstichtag unter Berücksichtigung der damaligen wirtschaftlichen Lage des Unternehmens erhöht werden (BAG 17. 4. 1996 DB 1996, 2496).

a) **Nachholende Anpassung.** Für die **nachholende Anpassung** gilt, daß bei der Anpassungsprü- 60 fung nicht nur die Teuerung in den letzten drei Jahren, sondern der **Kaufkraftverlust seit Rentenbeginn** zu berücksichtigen ist (so auch BAG 17. 4. 1996 DB 1996, 2496; vgl. näher oben Rn. 18). Der Anpassungsbedarf kann nur anhand des gesamten Zeitraums festgestellt werden und eine vorübergehend schlechtere wirtschaftliche Lage des AG kann nicht für alle Zeiten ein niedrigeres Niveau festschreiben.

Es ist nicht von der Hand zu weisen, daß das **Interesse des Ruheständlers** dahin geht, einen **vollen** 61 **Inflationsausgleich** zu erhalten. Andererseits kann es die wirtschaftliche Lage des AG durchaus zulassen, daß nach einer zwischendurch einmal geringeren Anpassung nunmehr die unterbliebene Anpassung entsprechend der Inflationsrate nachgeholt wird. Es bleibt dann über den gesamten Zeitraum gesehen bei der schematischen Anpassung ausgerichtet an der Inflationsrate. Fraglich ist aber, ob so wirklich das Verhältnis von Leistung und Gegenleistung wiederhergestellt wird. Es läßt sich nicht übersehen, daß die Anpassung insoweit etwas Fiktives hat. So kann sie zB nicht berücksichtigen, daß die aktiven AN während der Krise des Unternehmens oder des Wirtschaftszweiges Einbußen hingenommen haben oder Zuwächse geringer ausgefallen sind. Es ist etwa daran zu denken, daß ein AG in der Krise die übertarifliche Bezahlung abbaut oder in einem krisengeschüttelten Wirtschaftsbereich sich die Tarifentwicklung anders als in der übrigen Wirtschaft darstellt. Diese Fälle vermag das BAG nicht ausreichend zu erfassen, wenn es die Belange des Versorgungsempfängers grds. mit dem Ausgleich des Kaufkraftverlustes gleichsetzt. Er vermag auch nicht die Fälle zu erfassen, in denen die Versorgungszusagen aktiver AN in Krisensituationen eingeschränkt werden. Insoweit haben Kritiker Recht, die dem BAG vorwerfen, es löse den Verteilungskonflikt zwischen AN und Betriebsrentnern einseitig zugunsten der Betriebsrentner (*Matthießen/Rößler/Rühmann* DB Beil. 5/93, S. 14).

Aus diesem Grund bietet es sich an, daß man hier die Kriterien „Belange des Versorgungsemp- 62 fängers" und „wirtschaftliche Lage" für eine **differenzierte Entscheidung** fruchtbar machen, also zu einer weniger schematischen Entscheidung kommen sollte. Hier liegt jedoch bereits der Pferdefuß der Argumentation, daß nämlich so die Rspr. zu § 16 noch schwerer voraussehbar wird. Es stehen hier Einzelfallgerechtigkeit und Praktikabilität in einem Spannungsverhältnis. Dem 3. Senat ist jedoch beizupflichten, daß man die Anpassungsprüfung nicht nur auf den Drei-Jahres-Zeitraum beschränken kann. Sieht man den Gesamtzeitraum seit Beginn der laufenden Leistung als maßgeblich an, so bleibt nur die Entscheidung zwischen der schematischen Lösung des BAG und einer mehr einzelfallorientierten Lösung.

Steinmeyer

63 Das BAG trägt den geäußerten Bedenken gegen seine Rspr. dadurch Rechnung, indem es anerkennt, daß bei einem AG, der in der Vergangenheit keinen vollen Geldwertausgleich gewährt hat, der zwischenzeitlich eingetretene **Anpassungsstau den AG überfordern kann** (BAG 17. 4. 1996 DB 1996, 2496). Im Rahmen einer nachholenden Anpassung sei deshalb die wirtschaftliche Leistungsfähigkeit des AG besonders sorgfältig zu prüfen und ggf. nur eine Teilanpassung vorzunehmen. Im Zweifel sei zunächst der in den letzten drei Jahren entstandene Anpassungsbedarf abzudecken. Der dann noch zur Verfügung stehende Betrag sei für eine anteilsmäßig nachholende Anpassung zu verwenden.

64 Auch bei der nachholenden Anpassung stellt sich wieder die **Konzernproblematik,** wenn es um die Frage der nachholenden Anpassung im Konzern geht (BAG 28. 4. 1992 AP BetrAVG § 16 Nr. 25). Hier befindet sich das BAG im Einklang mit seiner bisherigen Rspr., wenn es bei Vorliegen eines Beherrschungs- und Gewinnabführungsvertrages auf die wirtschaftliche Lage der Konzernobergesellschaft abstellt.

65 In seiner Rspr. zur nachholenden Anpassung hat das BAG nicht ausdrücklich danach unterschieden, ob die Anpassung in der Vergangenheit zu Recht oder zu Unrecht erfolgte. Vielmehr mußte es ihm angesichts der dogmatischen Ableitung gerade um die Fälle der **zu Recht unterbliebenen Anpassung** gehen. Es stellt deshalb eine erhebliche Änderung dar, wenn der seit 1. 1. 1999 geltende neue Abs. 4 bestimmt, daß bei einer zu Recht unterbliebenen Anpassung eine Verpflichtung zur nachholenden Anpassung nicht besteht. Dies wird auf zweierlei Weise erreicht. Zum einen stellt Abs. 4 S. 1 fest, daß bei einer erfolgten Anpassungsprüfung und -entscheidung, die den Erfordernissen des Abs. 1 genügt, eine Verpflichtung zur Nachholung entfällt. Dem AG wird aber eine zusätzliche Möglichkeit eingeräumt, um das gleiche Ziel zu erreichen, indem er auch in einem erleichterten Verfahren nach S. 2 seiner Pflicht aus Abs. 1 genügen kann. S. 2 des Abs. 4 bedeutet nicht, daß der AG auf diese Weise sich allgemein der Anpassungsprüfung nach Abs. 1 entledigen kann. Abs. 4 findet deshalb auch keine Anwendung im Fall des Abs. 3. Vielmehr hat S. 2 **nur Bedeutung für die nachholende Anpassung.** Der AG entgeht also einer nachholenden Anpassung entweder dadurch, daß er die Rechtmäßigkeit der Minderanpassung nach Abs. 1 zu beweisen vermag oder dadurch, daß er sich des Verfahrens nach S. 2 bedient (so auch *Küpper,* Neue Chancen für Betriebsrenten, S. 90).

66 Das **vereinfachte Verfahren** des Abs. 4 S. 2 verpflichtet den AG lediglich, seine wirtschaftliche Lage schriftlich darzulegen; dieser Pflicht genügt der AG nur, wenn der Rentner allein mit dieser Darlegung die Entscheidung des AG nachvollziehen kann (*Doetsch/Förster/Rühmann* DB 1998, 263). Hier wird die Rspr. noch zu konkretisieren haben, wie substantiiert die Darlegung zur wirtschaftlichen Lage sein muß. Man wird davon ausgehen müssen, daß der Rentner alle Informationen erhalten muß, die er benötigt, um selbst die Beurteilung der wirtschaftlichen Lage, wie sie Abs. 1 vorsieht, vornehmen zu können, da er anderenfalls keine Basis für die Entscheidung über einen Widerspruch hat. Daß Abs. 4 von wirtschaftlicher Lage des Unternehmens statt wie in Abs. 1 von wirtschaftlicher Lage des AG spricht, führt nicht zu unterschiedlichen Maßstäben; es handelt sich vielmehr um eine sprachliche Ungenauigkeit des Gesetzgebers (wie hier *Höfer* Rn. 3665.77; *Küpper,* Neue Chancen für Betriebsrenten, S. 76 f.) Es obliegt nach erfolgter Darlegung dann dem Ruheständler, initiativ zu werden. Im sich daran anschließenden möglichen Prozeß unterliegen dann allerdings die Angaben des AG über die wirtschaftliche Lage der Überprüfung. Die Regelung des Abs. 4 findet Anwendung in allen Fällen, in denen eine Verpflichtung zur Anpassungsprüfung und -entscheidung besteht.

67 Erfüllt der AG die Voraussetzungen des Abs. 4 – inklusive der Hinweispflicht auf die Rechtsfolgen – **nicht,** so kann der Ruheständler eine **nachholende Anpassung im Sinne der bisherigen Rspr.** des BAG geltend machen. Beim Hinweis auf die Rechtsfolgen reicht eine Verweisung auf die Vorschrift des § 16 IV nicht aus; vielmehr muß der Hinweis aus sich heraus verständlich sein und dem Ruheständler muß deutlich gemacht werden, daß er binnen der Frist von drei Kalendermonaten der Anpassungsentscheidung des AG widersprechen kann und er dann, wenn er die Frist verstreichen läßt, nicht geltend machen kann, daß der AG zu Unrecht die laufende Leistung nicht in vollem Umfang angepaßt habe. Hält der AG dieses Verfahren nicht ein, so muß er im üblichen Verfahren nachweisen, daß die Anpassung zu Recht unterblieben ist. Um Manipulationen zu verhindern, wird man in Analogie zu § 187 I BGB annehmen müssen, daß der Kalendermonat, in dem die Mitteilung dem Rentner zugeht, für die Berechnung der Frist nicht mitzuberücksichtigen ist (so auch *Bepler,* BetrAV 2000, 26; *Höfer* Rn. 3665.85).

68 Für **Anpassungen vor dem 1. 1. 1999** trifft § 30 c eine Übergangsregelung. Danach gilt § 16 IV nicht für vor diesem Zeitpunkt zu Recht unterbliebene Anpassungen. Dies kann nur bedeuten, daß insoweit die Rspr. zur nachholenden Anpassung weiter gelten soll, denn wenn die Vorschrift aussagt, daß Abs. 4 insoweit nicht gilt, so kann das nur dahin verstanden werden, daß dann der AG verpflichtet ist, die Anpassung zu einem späteren Zeitpunkt nachzuholen, wenn sich die wirtschaftliche Situation verändert hat. Etwas anderes kann auch nicht aus der Beschränkung auf zu Recht unterbliebene Anpassungen geschlossen werden, da dies nur eine Bezugnahme auf die Neuregelung des Abs. 4 darstellt und eine Auslegung, die darauf gerichtet wäre, aus der Formulierung „zu Recht unterbliebene Anpassungen" schließen zu wollen, daß eine berechtigterweise unterbliebene Anpassung auch in den Altfällen keinen Anspruch auf nachholende Anpassung mehr auslöst und der Gesetzgeber lediglich

der Tatsache Rechnung tragen wollte, daß das Verfahren des Abs. 4 S. 2 in Altfällen nicht mehr nachholbar ist.

b) Nachträgliche Anpassung. Für die nachträgliche Anpassung macht das BAG (17. 4. 1996 DB 1996, 2496) deutlich, daß der **Anspruch auf Prüfung und Entscheidung in der Regel nach Ablauf der Frist, für die die Anpassung verlangt werden könne,** also nach drei Jahren ab Anpassungsstichtag, **erlösche.** Die nach § 16 I alle drei Jahre zu treffende Anpassungsentscheidung habe eine **Befriedungsfunktion** und einen **streitbeendenden** Charakter. Wenn der Versorgungsempfänger die Entscheidung des AG für unrichtig halte, müsse er dies vor dem nächsten Anpassungsstichtag dem AG gegenüber geltend machen. Damit wird verhindert, daß die wirtschaftliche Lage des AG im nachhinein aus der Sicht weit zurückliegender Anpassungsstichtage zu beurteilen ist.

5. Die Anpassung durch ein Konditionenkartell. In der jüngsten Vergangenheit macht eine andere Besonderheit im Rahmen der Anpassungsproblematik erneut von sich reden, nämlich die Anpassung der laufenden Leistungen der betrieblichen Altersversorgung iSv. § 16 durch sogenannte Konditionenkartelle oder Richtlinienverbände. Als solche bekannt sind der „**Essener Verband**" für außertarifliche Angestellte im Bereich der Eisen und Stahl erzeugenden oder verarbeitenden Industrie sowie der „**Bochumer Verband**" für außertarifliche Angestellte von Bergwerksbetrieben (vgl. Schoden Teil I Rn. 44; BAG 2. 2. 1988 AP BetrAVG § 5 Nr. 25). Die betroffenen AG schließen sich zu einem Verband zusammen zum Zwecke der Koordinierung der Bedingungen der betrieblichen Altersversorgung. Diese Konditionenkartelle verfolgen regelmäßig den Zweck, für ihre Mitglieder einheitliche Versorgungsrichtlinien aufzustellen, um dadurch einheitliche Versorgungsregelungen für den Kreis der AT-Angestellten sicherzustellen. Den betroffenen Beschäftigten werden dann regelmäßig Zusagen hinsichtlich der betrieblichen Altersversorgung entsprechend der jeweiligen Leistungsordnung des Verbandes erteilt. Die Mitglieder der Verbände, also der dem Verband angehörigen AG, verpflichten sich durch ihren Beitritt, die Satzung, die Leistungsordnung und die Beschlüsse der Organe des Verbandes einzuhalten. Jedoch setzt die Verpflichtung der Mitglieder voraus, daß sich die wirtschaftliche Lage des betreffenden Mitglieds nicht nachhaltig so wesentlich verschlechtert hat, daß ihm eine Aufrechterhaltung der Leistungen nicht mehr zugemutet werden kann.

Im Rahmen der Anpassung der laufenden Leistungen an die Pensionäre gemäß § 16 stellt sich dann die Frage, wie bzw. bis wann die **einzelnen Mitglieder des Verbandes von der Verbandsentscheidung abweichen** können mit der Begründung, daß sich ihre wirtschaftliche Lage nachhaltig so wesentlich verschlechtert habe. Legt der Verband für seine Mitglieder eine Anpassung der Leistungen um einen bestimmten Prozentsatz fest, so entfaltet dieser Vorstandsbeschluß gemäß der Satzung zunächst Bindungswirkung gegenüber allen Mitgliedern.

Theoretisch besteht nun die Möglichkeit, daß **einzelne Mitgliedsunternehmen sich auf eine nachhaltige Verschlechterung der wirtschaftlichen Lage berufen.** Berufen sich nunmehr das einzelne Mitglied nur gegenüber dem Verband auf die Verschlechterung der wirtschaftlichen Lage, denn Rechtsgrundlage hierfür ist eben die Satzung zwischen Verband und Mitglied. Diese Art von Bindung an getroffene Anpassungsentscheidungen führt im praktischen Ergebnis dazu, daß die **Anpassung im Rahmen derartiger Konditionenkartelle neu überdacht** werden muß. § 16 I verlangt grds. eine individuelle Betrachtungsweise des einzelnen AG, der für seinen Bereich die Prüfung nach dieser Vorschrift vorzunehmen hat. Es kommt also auf seine wirtschaftliche Lage an. Da § 16 I zwingend ist, kann von dieser Vorschrift nicht zuungunsten des Versorgungsempfängers abgewichen werden. Das bedeutet im Rahmen eines Konditionenkartells, daß eine einheitliche Geltung der Anpassungsentscheidung nur dann durchsetzbar ist, wenn sie sich nur an der Geldentwertungsrate und nicht auch noch an der wirtschaftlichen Lage des AG orientiert. Soll wegen der wirtschaftlichen Lage eine Anpassung unterhalb der Geldentwertungsrate vorgenommen werden, so kann Maßstab nur der AG sein, dessen wirtschaftliche Situation unter den Mitgliedern am besten ist. Dies mag in einer Zeit ausgeglichener wirtschaftlicher Situationen der Mitgliedsunternehmen kein Problem gewesen sein, bringt aber nunmehr Schwierigkeiten mit sich. Orientiert sich der Anpassungsmaßstab am Durchschnitt der wirtschaftlichen Situation der Mitgliedsunternehmen oder gar an den schwächsten Mitgliedern, so können Versorgungsempfänger des Unternehmens, dessen wirtschaftliche Situation sich positiv von der der anderen Unternehmen unterscheidet, eine über den vom Verband beschlossenen Anpassungsmaßstab hinausgehende Anpassung verlangen. Schwächere Unternehmen hingegen können – wie oben gezeigt – von einer einmal vom Verband getroffenen Anpassungsentscheidung nicht mehr unter Berufung auf ihre wirtschaftliche Lage abweichen.

VII. Vereinbarungen über die Anpassung

§ 16 ist eine **Mindestnorm,** die es dem AG freistellt, bei der Anpassung über den in dieser Vorschrift enthaltenen Maßstab hinauszugehen und einen großzügigeren Maßstab für die Anpassung laufender Leistungen vorzusehen. Wird eine solche Zusage mit Rentendynamik durch Betriebsvereinbarung abgelöst (zur ablösenden Betriebsvereinbarung vgl. Vorbem. Rn. 26) und durch einen Verweis auf den Maßstab des § 16 ersetzt, so sollen nach der Rspr. des BAG nicht die konkretisierenden Grundsätze anwendbar sein, die für den Eingriff in Versorgungsanwartschaften entwickelt worden sind. Der Eingriff sei regelmäßig bereits dann gerechtfertigt, wenn es für ihn sachlich nachvollziehbare und Willkür ausschließende Gründe gebe (BAG 16. 7. 1996 DB 1997, 631). Das BAG übersieht dabei, daß auch eine **Dynamisierung laufender Leistungen** erdient sein kann und deshalb den üblichen Grenzen für eine nachteilige Veränderung unterliegt (zu den Maßstäben vgl. Vorbem. Rn. 27). Sieht man das Ruhegeld als Entgelt für erbrachte Arbeitsleistung an, so erwirbt der AN während seines Erwerbslebens die Anwartschaft in der ihm vom AG versprochenen Höhe und im versprochenen Umfang. Sieht die Versorgungszusage eine Dynamisierung vor, so ist diese mit erworben und kann nur unter den Voraussetzungen, die für alle erdienten Anwartschaften gelten, dem AN oder Ruheständler nachträglich entzogen oder reduziert werden.

VIII. Entfallen der Anpassungspflicht nach Abs. 3

74 Nach Abs. 3 entfällt die Anpassungspflicht des AG bei Vorliegen der weiteren Voraussetzungen. So bietet Abs. 3 Nr. 1 dem AG die Möglichkeit, durch eine **pauschale jährliche Anpassung der betrieblichen Altersversorgung von 1%** den Aufwand einer individuellen Prüfung zu vermeiden und zugleich seine Verpflichtungen leichter kalkulieren zu können. Die Mindestanpassung nach Abs. 3 Nr. 1 setzt eine Vereinbarung zwischen AN und AG voraus.

75 **1. Zusage einer Mindestanpassung.** Diese Neuregelung gilt für **alle Durchführungswege.** Im vorgegebenen Rahmen kann der AG den Anpassungszeitpunkt frei festlegen. Der Anpassungssatz von 1% ist nur als **Mindestwert** zu verstehen und hindert den AG nicht daran, einen höheren Prozentsatz zuzusagen. Dieser Satz muß auch Bestand haben, wenn die Inflationsrate deutlich ansteigt und kann allenfalls in Grenzfällen wegen Wegfalls der Geschäftsgrundlage korrigiert werden müssen (ähnlich *Höfer* Rn. 3665.25); dies gilt auch deshalb, weil bei dieser pauschalen Anpassungsverpflichtung der AG diese jährliche Anpassung nicht wegen unzureichender wirtschaftlicher Lage aussetzen darf und sich auch nicht auf eine ausgebliebene Geldentwertung berufen darf.

76 Allerdings greift diese Regelung **nicht bei bestehenden Versorgungszusagen**; der AG kann dann, da es sich um eine Vertragsänderung handelt, die 1%-Verpflichtung nur mit Zustimmung des AN eingehen; eine solche Vereinbarung würde nicht gegen § 17 verstoßen, da das Gesetz in seiner nF diese Option einräumt (so auch *Küpper*, Neue Chancen für Betriebsrenten, S. 82). Fraglich ist allerdings, ob eine spätere Verbesserung einer vor dem 1. 1. 1999 erteilten Versorgungszusage aus ihr eine Neuzusage iSv. Abs. 3 Nr. 1 macht. Dies ist zu verneinen, da sonst zum einen der klare Wille des Gesetzgebers unterlaufen würde, nur Neuzusagen zu erfassen und zum anderen – ungeachtet einer etwa bestehenden Prinzips der „Einheit der Versorgungszusage" (dazu § 1 Rn. 42) – das BetrAVG grds. Rechtsfolgen gerade hinsichtlich Fristen und Stichtage an die ursprüngliche Versorgungszusage und nicht stattdessen an deren Verbesserung anknüpft (s. auch *Küpper*, Neue Chancen für Betriebsrenten, S. 84). Etwas anderes kann nur gelten, wenn die alte und die neue Zusage als eigenständige und nebeneinander bestehende betrachtet werden können (so auch *Höfer* Rn. 3665.39). Aus dem Zweck des § 16 folgt, daß von dieser Möglichkeit auch Gebrauch gemacht werden kann, wenn eine Kapitalzusage ab 1999 in eine Zusage laufender Leistungen umgewandelt wird (wie hier *Höfer* Rn. 3665.40).

77 **2. Überschußverwendung zugunsten des Rentners bei Pensionskasse und Direktversicherung.** Nach **Abs. 3 Nr. 2** kann der AG seiner **Verpflichtung aus Abs. 1** entgehen, indem er die betriebliche Altersversorgung **über eine Direktversicherung oder über eine Pensionskasse durchführt**, ab Rentenbeginn sämtliche auf den Rentenbestand entfallenden Überschußanteile zur Erhöhung der laufenden Leistungen verwendet und eine bestimmte Berechnung vornimmt. Aus dem Begriff der Verwendung ergibt sich, daß eine Vereinbarung über die Verwendung der Überschußanteile nicht vorliegen muß; es reicht die tatsächliche Verwendung. Diese Sicht ist auch deshalb gerechtfertigt, weil der AG der Anpassungspflicht nach Abs. 1 nur entgeht, wenn er den Anforderungen des Abs. 3 Nr. 2 tatsächlich Rechnung trägt.

78 Unter **Rentenbestand** wird man die in der Person des individuellen AN gebündelten Leistungsarten zu verstehen haben (*Höfer* Rn. 3665.56) Unter dem Begriff der sämtlichen **Überschußanteile** sind alle Gewinne zu verstehen, die sich aus dem Rentenbestand ergeben haben. Dazu zählen nicht nur Überrenditen, die zB im Rahmen einer Lebensversicherung vom Versicherer ausgeschüttet werden, sondern auch durch eine Kostensenkung im Bereich des Verwaltungsaufwands erzielte Guthaben. Des weiteren sind verschiedene Modelle der Gewinnbeteiligung denkbar. So können sog. Zusatzrenten, wachsende und konstante Gewinnrenten sowie Barauszahlungen gewährt werden (s. dazu näher *Blumenstein/ Krekeler* DB 1998, 2605). Entscheidend bei diesen Systemen ist aber, daß dadurch eine Erhöhung der laufenden Leistung bewirkt wird. Es ist nicht mehr Voraussetzung für ein Entfallen der Anpassungsprüfungspflicht, daß die so vorgenommenen Anpassungen den Teuerungsausgleich oder die Nettolohnanhebung zumindest ausgleichen.

79 Die Überschußverwendung muß ab **Rentenbeginn** erfolgen; erfolgt sie erst später, ist Abs. 3 Nr. 2 nicht erfüllt. Die Überschußanteile müssen zur **Erhöhung** der laufenden Leistungen verwendet werden. Sinkt das Überschußniveau oder bleibt ein Überschuß ganz aus, so ändert dies bei Befolgung

der anderen Voraussetzungen nichts daran, daß die Verpflichtung nach Abs. 1 entfällt, da der Gesetzgeber die Möglichkeit des Abs. 3 Nr. 2 als gleichwertige Alternative zu Abs. 1 ausgestaltet hat (ähnlich *Höfer* Rn. 3665.65).

Sechster Abschnitt. Geltungsbereich

§ 17 Persönlicher Geltungsbereich und Tariföffnungsklausel

(1) [Arbeitnehmer] ¹ Arbeitnehmer im Sinne der §§ 1 bis 16 sind Arbeiter und Angestellte einschließlich der zu ihrer Berufsausbildung Beschäftigten; ein Berufsausbildungsverhältnis steht einem Arbeitsverhältnis gleich. ² Die §§ 1 bis 16 gelten entsprechend für Personen, die nicht Arbeitnehmer sind, wenn ihnen Leistungen der Alters-, Invaliditäts- oder Hinterbliebenenversorgung aus Anlaß ihrer Tätigkeit für ein Unternehmen zugesagt worden sind.

(2) [Öffentlicher Dienst] Die §§ 7 bis 15 gelten nicht für den Bund, die Länder, die Gemeinden sowie die Körperschaften, Stiftungen und Anstalten des öffentlichen Rechts, bei denen das Insolvenzverfahren nicht zulässig ist, und solche juristische Personen des öffentlichen Rechts, bei denen der Bund, ein Land oder eine Gemeinde kraft Gesetzes die Zahlungsfähigkeit sichert.

(3) [Unabdingbarkeit] ¹ Von den §§ 2 bis 5, 16, 27 und 28 kann in Tarifverträgen abgewichen werden. ² Die abweichenden Bestimmungen haben zwischen nichttarifgebundenen Arbeitgebern und Arbeitnehmern Geltung, wenn zwischen diesen die Anwendung der einschlägigen tariflichen Regelung vereinbart ist. ³ Im übrigen kann von den Bestimmungen dieses Gesetzes nicht zuungunsten des Arbeitnehmers abgewichen werden.

(4) [Gesetzesvorrang] Gesetzliche Regelungen über Leistungen der betrieblichen Altersversorgung werden unbeschadet des § 18 durch die §§ 1 bis 16 und 26 bis 30 nicht berührt.

I. Normzweck

Wenn auch der 6. Abschn. mit Geltungsbereich überschrieben ist und diese Vorschrift zusammen mit § 18 den Geltungsbereich des Betriebsrentengesetzes abgrenzen soll, enthält sie doch neben der **Eingrenzung des geschützten Personenkreises** (Abs. 1) und der Frage der **Geltung im öffentlichen Dienst** (Abs. 2) auch eine Vorschrift über die **Unabdingbarkeit der Regelungen des Gesetzes** (Abs. 3) sowie über den **Gesetzesvorrang** (Abs. 4). 1

II. Persönlicher Geltungsbereich

1. Allgemeines. Das Gesetz will nicht alle denkbaren Formen privater Altersvorsorge erfassen, sondern nur solche, für die ein **Schutz erforderlich ist, wie er durch die §§ 1 bis 16 aufgebaut wurde**. Es muß also etwa eine Einbeziehung in die **Insolvenzsicherung** und eine dem **AG obliegende Pflicht zur Anpassungsprüfung und -entscheidung** sachgerecht und geboten sein. Deshalb ist der persönliche Geltungsbereich nach Abs. 1 S. 1 grds. begrenzt auf AN – im Gesetz umschrieben mit „Arbeitern" und „Angestellten", wobei die Unterscheidung dieser beiden Beschäftigtengruppen im Betriebsrentengesetz nicht von praktischer Relevanz ist. Personen, die zu ihrer Berufsausbildung beschäftigt sind, befinden sich in der gleichen Situation und werden deshalb ebenso behandelt. Sehr unbestimmt formuliert und zu Schwierigkeiten bei der Eingrenzung führend ist S. 2 mit der Erweiterung auf Personen, denen eine Leistung aus Anlaß ihrer Tätigkeit für ein Unternehmen zugesagt worden ist. Die Abgrenzung des persönlichen Geltungsbereichs erfolgt in dieser Vorschrift einheitlich für das gesamte Betriebsrentengesetz. Maßgebend für die Anwendbarkeit des Gesetzes ist allein der Status des Zusageempfängers. 2

2. Arbeitnehmer und zu ihrer Berufsausbildung Beschäftigte. Zum AN-Begriff ist hier von der **allgemeinen arbeitsrechtlichen Begriffsbestimmung** auszugehen. Zum **Berufsausbildungsverhältnis** ist auf § 3 BBiG zu verweisen (siehe Kommentierung dort). Es entspricht dem Grundgedanken des § 3 II BBiG, die für den Arbeitsvertrag geltenden Vorschriften soweit als möglich anzuwenden; insoweit hat die Vorschrift des § 17 verdeutlichende Funktion; der Gesetzgeber wollte so sicherstellen, daß auch eine Beschäftigung zur Berufsausbildung für die Frage der betrieblichen Altersversorgung wie eine sonstige Beschäftigung zu behandeln ist, sofern dem zu seiner Berufsausbildung Beschäftigten eine Versorgungszusage erteilt worden ist (BT-Drucks. 7/1281 S. 30 – zu § 7). 3

3. Nicht-Arbeitnehmer nach Abs. 1 S. 2. a) Versuch einer Eingrenzung. Nicht-AN sollten nach den bisherigen Ausführungen nur dann vom Betriebsrentengesetz erfaßt werden, wenn sie in einer Situation sind, die der der AN hinsichtlich der **Schutzbedürftigkeit vergleichbar** ist. Aus diesem Grund ist S. 2 einschränkend auszulegen. Irgendeine Tätigkeit für ein Unternehmen, die mit einer Versorgungszusage verbunden ist, kann nicht ausreichen. Aus dem Wortlaut der Vorschrift ergibt sich zur Eingrenzung des Personenkreises allerdings nur, daß es sich um Personen handeln muß, die keine 4

AN sind, denen „Leistungen der betrieblichen Altersversorgung" zugesagt sind, dh. Leistungen der Alters-, Invaliditäts- und Hinterbliebenenversorgung, daß die Leistungen auf einer Versorgungszusage beruhen müssen und daß die Altersversorgung aus Anlaß einer Tätigkeit für ein Unternehmen zugesagt worden ist. Daraus läßt sich zusätzlich entnehmen, daß **Zusagender und Leistungsempfänger nicht identisch sein dürfen.** Also kann schon aus dieser Erwägung ein Einzelkaufmann nicht sich selbst eine Versorgungszusage erteilen, die dann vom Schutz des BetrAVG erfaßt wird. Eine Tätigkeit *für* ein Unternehmen wird man auch nur annehmen können, wenn es nicht das eigene ist (BGH 28. 4. 1980 AP BetrAVG § 17 Nr. 1; BGH 9. 6. 1980 AP BetrAVG § 17 Nr. 2; BGH 9. 6. 1980 AP BetrAVG § 17 Nr. 4), wobei die Schwierigkeit einer Abgrenzung zwischen eigenem und fremdem Unternehmen insb. bei Beteiligungen nicht verkannt werden soll. Eine Zusage aus Anlaß der **Tätigkeit *für* ein Unternehmen** ist angesichts des Schutzzwecks des Gesetzes und der Entgeltlichkeit des Ruhegeldes auch nur gegeben, wenn es sich um die Gegenleistung für eine dem Unternehmen dienende Tätigkeit handelt. Über die Rechtsgrundlage sagt das Gesetz nichts aus, man wird aber von einer schuldrechtlichen Vertragsbeziehung in Abgrenzung zu gesetzlichen Verpflichtungen ausgehen können (so auch *Blomeyer/Otto* Rn. 78 f.).

5   Daraus läßt sich entnehmen, daß sicherlich sog. **arbeitnehmerähnliche Personen** vom persönlichen Geltungsbereich erfaßt werden, also Personen, die wirtschaftlich abhängig und einem AN vergleichbar sozial schutzbedürftig sind. Hierzu rechnen Heimarbeiter, Hausgewerbetreibende und Zwischenmeister (§ 1 HAG), freie Mitarbeiter der Presse sowie alle Personen im Grenzbereich zwischen AN-Eigenschaft und Selbständigkeit, die man heute als **„Scheinselbständige"** oder **„neue Selbständige"** bezeichnet (s. dazu *Steinmeyer* ZSR 1996, 348 ff.; s. auch § 7 IV SGB IV). Es handelt sich dabei um Erwerbstätige, die formal zu Recht oder zu Unrecht als Selbständige behandelt werden, deren Tätigkeit aber der eines AN so nahe steht, daß sie arbeitsrechtlich wie AN behandelt werden sollten. Verspricht also der Auftraggeber eines solchen Scheinselbständigen diesem eine Altersversorgung, so ist das Betriebsrentengesetz anwendbar; dies ergibt sich auch daraus, daß er letztlich als AN zu qualifizieren ist.

6   Neben diesem Personenkreis können **Unternehmer, Gesellschafter sowie Mitglieder gesellschaftsrechtlicher Organe** in Betracht kommen. Die teleologische Reduktion der Vorschrift aufgrund der Überlegungen oben Rn. 4 ergibt, daß Einzelkaufleute ebenso von Abs. 1 S. 2 nicht erfaßt werden wie Mehrheitsgesellschafter. Nach der Rspr. des BGH „sind vom Schutz des Betriebsrentengesetzes Personen ausgenommen, die ein Unternehmen leiten, das sie aufgrund ihrer vermögensmäßigen Beteiligung und ihres Einflusses als ihr eigenes betrachten können." (BGH 28. 1. 1991 DB 1991, 1231). **Maßgebliche Kriterien sind also Kapitalanteil und Leitungsmacht.** Der BGH (28. 4. 1980 AP BetrAVG § 17 Nr. 1) konzediert unter Bezugnahme auf die Gesetzgebungsmaterialien, daß § 17 I 2 wesentlich auf das Leitbild eines wirtschaftlich abhängigen und deshalb besonders schutzbedürftigen AN ausgerichtet ist. Allerdings lehnt er es ab, die Anwendung der Bestimmungen des BetrAVG demzufolge stets von der Schutzbedürfnis des Versorgungsberechtigten abhängig zu machen, da sich der Gesetzgeber auf eine generelle Regelung beschränkt und nicht ausdrücklich auf die Schutzbedürftigkeit abgestellt habe. Das Gericht lehnt es auch ab, für die Anwendung des Gesetzes die sog. Vertragsparität maßgebend sein zu lassen, da auch dies nicht ausreichend Niederschlag in der Formulierung des Gesetzes gefunden habe.

7   In der arbeitsrechtlichen Literatur ist diese Sichtweise mit einer gewissen Skepsis aufgenommen worden (vgl. *Blomeyer/Otto* Rn. 52); es wird aber allgemein eingeräumt, daß angesichts des unbestimmten Wortlauts eine sichere Abgrenzung nur schwer möglich ist. Es besteht aber wohl Einigkeit darin, daß das BetrAVG nur zur Anwendung kommen soll, wenn der Zusagende und der Zusageempfänger weder rechtlich noch wirtschaftlich identisch sind und der Zusageempfänger keine besondere Möglichkeit hat, auf die Versorgungsbedingungen Einfluß zu nehmen (so *Blomeyer/Otto* Rn. 58; *Höfer* Rn. 3708). *Arteaga* (Insolvenzschutz 1995) geht noch einen Schritt weiter und will jede Versorgungszusage in den Schutzbereich des BetrAVG einbeziehen, unabhängig davon, wem sie gegeben ist. Dem ist zu widersprechen, da der Schutzzweck des BetrAVG darin besteht, solche Personen zu schützen, die vergleichbar einem AN schutzbedürftig sind; nur daraus werden die §§ 1 bis 6 und § 16 verständlich. § 17 kann aber nicht nur unter dem Gesichtspunkt des Insolvenzschutzes konkretisiert werden.

8   b) **Einzelne Personengruppen. aa) Arbeitnehmerähnliche Personen.** Zu dieser unter § 17 I 2 fallenden Personengruppe zählen die **unter § 12 a I Nr. 1 TVG zu subsumierenden Personen ebenso wie die in Heimarbeit Beschäftigten und ihnen Gleichgestellten.** Damit sind insb. Heimarbeiter und Hausgewerbetreibende gemeint. Hierunter und damit unter den Geltungsbereich des BetrAVG sind auch die sog. Scheinselbständigen zu fassen (s. näher *Steinmeyer* ZSR 1996, 348 ff.). Zur näheren Begriffsbestimmung ist für die arbeitnehmerähnlichen Personen auf die einschlägigen Kommentierungen zu verweisen (s. etwa § 12 a TVG).

9   bb) **Selbständige.** Die klassischen Selbständigen sind vom BetrAVG grds. **nicht erfaßt,** da sie in dem hier interessierenden Sinne nicht „für einen anderen" tätig sind. Sollte dies aber der Fall sei, was insb. bei Handelsvertretern und Versicherungsvertretern relevant sein dürfte, so sind sie vom BetrAVG

erfaßt, wenn sie keine besondere Möglichkeit haben, auf die Vertragsbedingungen Einfluß zu nehmen (so auch *Blomeyer/Otto* Rn. 94 ff.).

cc) **Mitglieder gesellschaftsrechtlicher Organe.** Mitglieder gesellschaftsrechtlicher Organe erfüllen 10 nach hM **nicht die Voraussetzungen für die Annahme einer AN-Eigenschaft** (vgl. Nachweise und Kritik bei *Schaub* § 14 I 2). Die insoweit im Schrifttum geführte Diskussion kann hier dahingestellt bleiben, da sie für ein Unternehmen tätig sind und der Einfluß auf die Ausgestaltung der Vertragsbedingungen eingeschränkt ist (wie hier *Blomeyer/Otto* Rn. 97; *Höfer* Rn. 3733).

dd) **Personen mit gesellschaftsrechtlicher Beteiligung.** Wenn unter der Tätigkeit „für ein Unter- 11 nehmen" bei Anwendung des § 17 I 2 die Tätigkeit für ein *fremdes* Unternehmen verstanden werden muß, so ergeben sich Schwierigkeiten der Abgrenzung, wenn die **betreffende Person an dem Unternehmen selbst beteiligt ist.**

Recht klar ist noch, daß der **Alleingesellschafter einer Kapitalgesellschaft** aus dem Anwendungs- 12 bereich des BetrAVG **herausfällt.** Zwar ist die Gesellschaft ihm gegenüber selbständig, so daß formal er „für ein Unternehmen" tätig sein kann, es fehlt bei dieser Kapitalbeteiligung jedoch an der Fremdheit (BGH 28. 4. 1980 AP BetrAVG § 17 Nr. 1; s. auch *Blomeyer/Otto* Rn. 108). Die gleichen Grundsätze müssen für Mehrheitsgesellschafter gelten, die im übrigen auch entscheidenden Einfluß auf die Ausgestaltung der Vertragsbedingungen ausüben können. Einen Mehrheitsgesellschafter nimmt man an, wenn jemand über mindestens 50% der Anteile verfügt (BGH 28. 4. 1980 AP BetrAVG § 17 Nr. 1). Umstritten ist, ob dies auch bei einer Beteiligung von exakt 50% anzunehmen ist (zweifelnd *Blomeyer/Otto* Rn. 112). Ein Gesellschafter, der über 50% der Anteile verfügt, hat aber entscheidenden Einfluß auf die Ausgestaltung der Vertragsbedingungen (so auch BGH 1. 2. 1999 NZA 1999, 380).

Ein **Minderheitsgesellschafter,** der für das Unternehmen tätig ist, fällt damit grds. unter den 13 Anwendungsbereich des BetrAVG (BGH 28. 4. 1980 AP BetrAVG § 17 Nr. 1; *Blomeyer/Otto* Rn. 114; *Höfer* Rn. 3746). Eine Ausnahme wird vom BGH jedoch dann gemacht, wenn Personen zwar nicht die Mehrheit an einem Unternehmen besitzen, diese aber **zusammen mit anderen zur Geschäftsführung berufenen Gesellschaftern erreichen** (9. 6. 1980 AP BetrAVG § 17 Nr. 2). Diese Haltung trägt der unternehmerischen Wirklichkeit Rechnung, führt aber zu einer im Einzelfall schwierigen die Rechtssicherheit beeinträchtigenden Abgrenzung (s. dazu *Blomeyer/Otto* Rn. 116; *Hanau/Kemper* ZGR 1982, 133). Bei der Frage der nicht unerheblichen Minderheitsbeteiligung hat die Rspr. noch keine exakte Grenze festgelegt (8% nicht erheblich lt. BGH 14. 7. 1980 AP BetrAVG § 17 Nr. 3; 11,86% erheblich lt. BGH 9. 6. 1980 AP BetrAVG § 17 Nr. 4). Unter Bezugnahme auf die §§ 142 I, 147 I 1 AktG, die ab einer Beteiligung von 10% Minderheitenrechte einräumen, wird man eine zehnprozentige Minderheitsbeteiligung als eine nicht unerhebliche im Sinne der Rspr. ansehen können (so auch *Blomeyer/Otto* Rn. 117; *Höfer* Rn. 3749; *Wiedemann/Moll* RdA 1977, 24). Bei dem so eingegrenzten Personenkreis geht die Rspr. davon aus, daß die Gesellschafter-Geschäftsführer gemeinsam in der Lage sind, Entscheidungen unter Ausschluß anderer Gesellschafter zu treffen. Im einzelnen führt diese Auffassung **zu erheblichen Abgrenzungsschwierigkeiten.** So ist etwa umstritten, ob die Stellung eines Gesellschafters als Prokurist dessen Stellung in der Weise verstärkt, daß dies bei der Bewertung zu berücksichtigen ist (so BGH 9. 6. 1980 AP BetrAVG § 17 Nr. 4). Dies wird in der Literatur zu Recht bezweifelt (*Blomeyer/Otto* Rn. 123; *Höfer* Rn. 3757). Anteile von Familienangehörigen werden dem fraglichen Minderheitsgesellschafter nicht zugerechnet, da der BGH zutreffend davon ausgeht, daß es keinen Erfahrungssatz gibt, daß Familienangehörige stets gleichgerichtete Interessen verfolgen (BGH 28. 4. 1980 AP BetrAVG § 17 Nr. 1). Ein Minderheitsgesellschafter hat auch dann beherrschenden Einfluß, wenn im Gesellschaftsvertrag für ihn eine Stimmenmehrheit festgelegt ist (BAG 16. 4. 1997 NZA 1998, 101).

Bei einer **GmbH & Co KG** gelten die **gleichen Grundsätze, sofern die GmbH keinen eigenen** 14 **Betrieb unterhält.** Dann handelt es sich um eine wirtschaftliche Einheit, bei der sich die Fragen der Leitungsmacht in gleicher Weise stellen (so auch *Blomeyer/Otto* Rn. 129). Anders ist die Situation bei persönlich haftenden Gesellschaftern. Sie haben unabhängig von der Höhe ihrer vermögensmäßigen Beteiligung einen so starken Einfluß im Unternehmen und haften mit ihrem gesamten Vermögen, daß es nicht gerechtfertigt ist, sie in den Schutzbereich des BetrAVG einzubeziehen (BGH 9. 6. 1980 AP BetrAVG § 17 Nr. 2). Der BGH will aber eine Ausnahme für den sog. „angestellten Komplementär" machen, der lediglich im Außenverhältnis als Gesellschafter auftritt, im Innenverhältnis aber wie ein Angestellter gegenüber den die Gesellschaft beherrschenden Kommanditisten gebunden ist.

Die Einbeziehung solcher persönlich haftender Gesellschafter, die durch Gesellschaftsvertrag von 15 der Geschäftsführung und der Vertretung ausgeschlossen sind, in den Schutzbereich des Gesetzes (so *Höfer* Rn. 3737) kann nur dann in Betracht kommen, wenn **gleichwohl eine Tätigkeit für das Unternehmen stattfindet,** was dann häufig in einem ohnehin dem BetrAVG unterfallenden Arbeitsverhältnis stattfinden wird (ähnlich *Blomeyer/Otto* Rn. 135). Kommanditisten sind grds. nicht als Unternehmer anzusehen, da sie von der Führung der Geschäfte der Gesellschaft ausgeschlossen sind (§ 164 S. 1 Halbs. 1 HGB); eine Ausnahme gilt nur, wenn sie aufgrund besonderer Umstände die Leitungsmacht haben (*Blomeyer/Otto* Rn. 136); bei hälftiger Beteiligung des Komplementärs und des Kommanditisten, wobei letzterer im Innenverhältnis die Stellung eines maßgeblichen Geschäftsführers mit

Prokura innehat, scheint der BGH zutreffend von einer Unanwendbarkeit des BetrAVG auszugehen (BGH 1. 2. 1999 NZA 1999, 380).

III. Sonderregelung für den öffentlichen Dienst

16 Nach Abs. 2 finden die **Vorschriften über die Insolvenzsicherung** (§§ 7 bis 15) **keine Anwendung auf den öffentlichen Dienst.** Hintergrund dieser Regelung ist, daß bei öffentlich-rechtlichen Körperschaften ein Insolvenzverfahren nicht zulässig ist (vgl. § 12 InsO).

17 Aus der Formulierung des Gesetzes wird deutlich, daß **nur die enumerativ aufgezählten Institutionen nicht der Insolvenzsicherung unterliegen** (so auch BVerwG 27. 9. 1990 E 85, 242). Ausdrücklich genannt sind zunächst Bund, Länder und Gemeinden, so daß bei ihnen in Anwendung der Vorschrift nicht ausdrücklich die Unzulässigkeit der Insolvenz geprüft werden muß.

18 Daneben nennt die Vorschrift Körperschaften, Stiftungen und Anstalten des öffentlichen Rechts, bei denen **die Insolvenz nicht zulässig ist.** § 12 InsO sieht vor, daß unzulässig ist das Insolvenzverfahren über das Vermögen einer juristischen Person des öffentlichen Rechts, die der Aufsicht eines Landes untersteht, wenn das Landesrecht dies bestimmt. Für den Fall juristischer Personen des öffentlichen Rechts, die der Aufsicht des Bundes unterliegen, wird man das Gesetz korrigierend dahin auslegen dürfen, daß auch dieser Fall erfaßt ist (wie hier *Höfer* Rn. 3792.3).

19 Schließlich werden ausgenommen solche juristischen Personen des öffentlichen Rechts, bei denen der **Bund, ein Land oder eine Gemeinde kraft Gesetzes die Zahlungsfähigkeit sichert.** Hierunter fallen etwa die kommunalen Sparkassen, für die nach den Sparkassengesetzen der Länder eine solche Sicherung vorgesehen ist. Hinzuweisen ist auch auf Vorschriften des Sozialversicherungsrechts, die eine Gewährträgerschaft des Bundes oder der Länder vorsehen; für die Träger der gesetzlichen Rentenversicherung ergibt sich das aus § 214 SGB VI und für die Berufsgenossenschaften aus § 120 SGB VII. Bei den anderen Sozialversicherungsträgern wird man dafür ein Einstehen des Bundes oder eines Landes verlangen müssen; das kann bei den Krankenkassen nicht angenommen werden, da für die Verbindlichkeiten im Zweifelsfall deren Verbände haften (§ 171 SGB V für Ersatzkassen, § 164 SGB V für die Innungskrankenkassen, § 155 IV SGB V für die Betriebskrankenkassen und § 146a SGB V für die Ortskrankenkassen). Entsprechendes gilt für die Pflegekassen (§ 46 V SGB XI). Die Ausführungen *Blomeyers* (*Blomeyer/Otto* Rn. 157) sind deshalb insoweit unzutreffend.

20 Das **Einstehenmüssen** muß auf **gesetzlicher Basis** erfolgen. Die Rspr. des BVerwG verlangt insoweit ein Gesetz im formellen oder materiellen Sinne (BVerwG 10. 12. 1981 BB 1982, 372; BVerfG 4. 3. 1985 nv.). Deshalb findet § 17 II keine Anwendung etwa auf Rechtsanwaltskammern (BVerwG 10. 12. 1981 BB 1982, 372) und Industrie- und Handelskammern (BVerfG 5. 10. 1993 NJW 1994, 1465). Eine Ausnahme hiervon hat das BVerfG gemacht, soweit es die öffentlich-rechtlichen Rundfunkanstalten betrifft (BVerfG 18. 4. 1994 NJW 1994, 2348). Das geltende Konkursrecht enthalte keine hinreichenden Vorkehrungen zum Schutz der Rundfunkfreiheit und die Länder träfe eine finanzielle Gewährleistungspflicht für ihre Rundfunkanstalten; diese gebiete es dem Land, für Verbindlichkeiten der Rundfunkanstalten einzutreten.

21 Im Falle einer **Änderung des Rechtsstatus** als Folge einer **Privatisierung öffentlicher Dienstleistungen** entsteht mit dem Wirksamwerden dieser Änderung der Insolvenzschutz und damit auch die Beitragspflicht zur Insolvenzsicherung, sofern die betriebliche Altersversorgung dieser Einrichtung in ein System überführt wird, das der Insolvenzsicherung unterliegt (BVerwG 13. 7. 1999 NZA 1999, 1217). In der Praxis wird aber einem nach allgemeinen Voraussetzungen an sich nicht mehr beteiligungsfähigen AG die Möglichkeit eingeräumt, die Beteiligung an der Zusatzversorgung des öffentlichen Dienstes mit dem vorhandenen Versichertenbestand und Neueinstellungen fortzusetzen (s. *Boehringer* BetrAV 1996, 224). Vor dem Hintergrund des § 17 II ist in einem solchen Fall eine unwiderrufliche Verpflichtungserklärung einer juristischen Person des öffentlichen Rechts erforderlich, über die das Insolvenzverfahren nicht eröffnet werden kann. Ist die Beteiligung an der Zusatzversorgung für den öffentlichen Dienst auf den vorhandenen Versichertenbestand beschränkt und gilt sie nicht für Neueinstellungen, so gilt das Gesagte nur für den Versichertenbestand. Wird die Zusatzaltersversorgung völlig ausgegliedert, so greift § 17 II nicht und die Vorschriften über die Insolvenzsicherung sind anwendbar.

IV. Unabdingbarkeit

22 Abs. 3 legt zunächst fest, daß von einer Reihe von Vorschriften **durch TV abgewichen werden kann** und macht mit ihrer ausdrücklichen Bezeichnung zugleich deutlich, daß im übrigen auch durch TV nicht vom den Regelungen des BetrAVG abgewichen werden kann (vgl. allgemein zur Abweichung durch TV – Kommentierungen zum TVG). Durch S. 2 dieses Abs. wird die Wirkung dieser Abweichung über den Kreis der unmittelbar Tarifgebundenen hinaus erstreckt. S. 3 schließlich schreibt fest, daß ansonsten nur zugunsten des AN von den Vorschriften des BetrAVG abgewichen werden kann.

23 **1. Abweichungen durch Tarifverträge.** Indem § 17 III den § 1 nicht tarifdispositiv macht, wird deutlich, daß die Voraussetzungen für die Unverfallbarkeit in jedem Falle zwingend und **nur** einer **Abweichung zugunsten des AN** zugänglich sind (dazu unten Rn. 30 f.). Daraus folgt aber zugleich, daß **Modifikationen** des tarifdispositiven § 2 **nicht zu einer Aushöhlung der Unverfallbarkeitsregelung** führen dürfen. Das bedeutet, daß die aufrechtzuerhaltenden Anwartschaften auch in ihrer Höhe grds. unangetastet bleiben müssen. Die durch Abs. 3 erlaubten Modifikationen müssen sich beschränken auf die Modalitäten der Berechnung (so auch *Blomeyer/Otto* Rn. 172). Das Ergebnis einer solchen abweichenden Berechnung darf zum Nachteil des AN von der Berechnung nach § 2 abweichen, da sonst die Tarifdispositivität des § 2 nur wenig Sinn machen würde; der Wert muß aber im wesentlichen erhalten werden (ähnlich *Höfer* Rn. 3799). Dies ist zugegebenermaßen ein etwas unbestimmter Maßstab, der sich aber aus dem Zusammenhang der §§ 1 und 2 einerseits und § 17 III andererseits ergibt. Allerdings geht es zu weit, wenn *Höfer* (Rn. 3800) lediglich verlangt, daß mindestens die Hälfte des nach § 2 berechneten Wertes erhalten bleiben muß. Vielmehr muß hier darauf abgestellt werden, ob Anwartschaften individualrechtlich noch entziehbar sind (vgl. Vorbem. Rn. 14 ff.). Das bedeutet, daß erworbene Anwartschaften bei erbrachter Gegenleistung (Arbeitsleistung bzw. Betriebstreue) unentziehbar sind und deshalb nicht zur Disposition der TVParteien stehen. Daraus folgt, daß sich die aus § 17 III ergebenden Möglichkeiten beschränken auf Modifikationen zukünftig zu erwerbender Anwartschaften (s. näher *Steinmeyer* FS für Schaub, S. 732 f.).

Ähnliche Grenzen ergeben sich auch bei einer **Abweichung von § 3**; auch hier darf die Unverfall- 24 barkeitsregelung des § 1 nicht entwertet werden.

Eine **größere Freiheit** haben die Tarifparteien **bei Abweichungen von den §§ 4 und 5 sowie 16**. Bei 25 letzterer Vorschrift können die Tarifparteien die Anpassung auch völlig ausschließen; die prinzipielle Gleichgewichtigkeit der Tarifparteien stellt die Angemessenheit der Lösung sicher.

Zwar ist **§ 6 nicht tarifdispositiv**, so daß die Regelung dem Grunde nach nicht zur Disposition der 26 Tarifparteien steht. Sie enthält allerdings keine ausdrücklichen Berechnungsvorschriften. Dies kann deshalb durch TV geregelt werden (ähnlich *Blomeyer/Otto* Rn. 174), wobei die Tarifparteien anders als der AG dann nicht an § 315 III BGB gebunden sind (vgl. § 6 Rn. 22 ff.; *Steinmeyer/Waltermann*, Casebook Arbeitsrecht, S. 221).

Ausgeschlossen von der Tarifdispositivität sind neben § 1 und 6 auch die **Vorschriften über die** 27 **Insolvenzsicherung**, was sich aus der besonderen Natur dieses Teilgebietes rechtfertigt.

Ebenfalls **zwingend** ist **§ 17**, also insb. die Regelung zum Geltungsbereich sowie **§ 18**, der eine 28 detaillierte Sonderregelung für den öffentlichen Dienst enthält. Sofern bei den Übergangsvorschriften einzelne tarifdispositiv sind und andere nicht, erklärt sich das jeweils aus der Verknüpfung zu den Vorschriften der vorhergehenden Abschn. des Gesetzes.

2. Einzelvertragliche Bezugnahme. Durch S. 2 wird ermöglicht, daß tarifvertragliche Regelungen 29 nach S. 1 **betriebs- oder unternehmenseinheitlich gelten können**. Es kann so auch vermieden werden, daß die ungünstigeren tariflichen Regelungen nur für die Tarifgebundenen gelten. Die Bezugnahme geschieht grds. durch den Einzelarbeitsvertrag, kann aber auch durch eine betriebliche Übung sowie unter bestimmten Voraussetzungen sogar durch eine Betriebsvereinbarung geschehen (vgl. zu den Einzelheiten der einzelvertraglichen Bezugnahme auf TV bzw. tarifvertragliche Regelungen die Kommentierungen zum TVG).

3. Abweichung zugunsten des AN. Wenn S. 3 festlegt, daß im übrigen nicht von den Bestim- 30 mungen des BetrAVG zuungunsten des AN abgewichen werden kann, so bedeutet dies, daß das **Gesetz im übrigen insgesamt zwingend** ist und nur Abweichungen zugunsten der AN zuläßt. Unter **AN** sind **auch die in § 17 I zusätzlich benannten Personenkreise** zu verstehen; dies ergibt sich aus der gesetzgebungstechnischen Ausgestaltung des Gesetzes. Eine Abweichung zugunsten des AN ist vom Normzweck nicht möglich bei der Insolvenzsicherung, da es sonst die Arbeits-, Betriebs- oder Tarifparteien in der Hand hätten, Regelungen zu Lasten des Trägers der Insolvenzsicherung zu treffen (*Blomeyer/Otto* Rn. 198; *Höfer* Rn. 3815). Hinsichtlich der Einzelheiten bei der Anwendung des so statuierten Günstigkeitsprinzips ist auf die Kommentierungen zu § 4 TVG zu verweisen.

Eine andere Frage ist die nach den **Grenzen dieses Abweichungsverbots**. Ein gerichtlicher Ver- 31 gleich über tatsächliche Voraussetzungen eines Versorgungsanspruchs verstößt nicht gegen zwingende Grundsätze des Betriebsrentenrechts, so daß nach der Rspr. des BAG auch eine Einigung, nach der keine Versorgungsrechte bestehen, weder durch § 17 III 3 noch durch § 3 verboten wird (BAG 18. 12. 1984 AP BetrAVG § 17 Nr. 8). Nichts anderes muß auch für den Erlaßvertrag gelten (vgl. auch *Blomeyer/Otto* Rn. 204 ff.).

V. Gesetzesvorrang

Abs. 4 stellt klar, daß besondere gesetzliche Regelungen zur betrieblichen Altersversorgung unbe- 32 rührt bleiben und war aufgrund der lex posterior – Regel zur **Klarstellung** erforderlich. Damit sind angesprochen das Gesetz zur Hüttenknappschaftlichen Pensionsversicherung im Saarland vom 22. 12. 1971 (BGBl. I S. 2104) sowie das Gesetz zur Errichtung einer Zusatzversorgungskasse für AN in der Land- und Forstwirtschaft vom 31. 7. 1974 (BGBl. I S. 1660).

§ 18 Sonderregelungen für die Zusatzversorgung des öffentlichen Dienstes

(1) [Persönlicher Geltungsbereich] Für Personen, die
1. bei der Versorgungsanstalt des Bundes und der Länder (VBL) oder bei einer kommunalen oder kirchlichen Zusatzversorgungseinrichtung pflichtversichert sind, oder
2. bei einer anderen Zusatzversorgungseinrichtung pflichtversichert sind, die mit einer der Zusatzversorgungseinrichtungen nach Nummer 1 ein Überleitungsabkommen abgeschlossen hat oder aufgrund satzungsrechtlicher Vorschriften der Zusatzversorgungseinrichtungen nach Nummer 1 ein solches Abkommen abschließen kann, oder
3. unter das Gesetz über die zusätzliche Alters- und Hinterbliebenenversorgung für Angestellte und Arbeiter der Freien und Hansestadt Hamburg (Erstes Ruhegeldgesetz – 1. RGG), das Gesetz zur Neuregelung der zusätzlichen Alters- und Hinterbliebenenversorgung für Angestellte und Arbeiter der Freien und Hansestadt Hamburg (Zweites Ruhegeldgesetz – 2. RGG) oder unter das Bremische Zusatzversorgungsneuregelungsgesetz in ihren jeweiligen Fassungen fallen oder auf die diese Gesetze sonst Anwendung finden,

gelten die §§ 2 bis 5, 16, 27 und 28 nicht.

(2) [Anspruch auf Zusatzrente] Bei Eintritt des Versorgungsfalles erhalten die in Absatz 1 Satz 1 Nr. 1 und 2 bezeichneten Personen von der Zusatzversorgungseinrichtung eine Zusatzrente nach folgenden Maßgaben:
1. Der monatliche Betrag der Zusatzrente beträgt für jedes volle Jahr der Pflichtversicherung bei einer Zusatzversorgungseinrichtung 0,4 vom Hundert des Arbeitsentgelts, das nach der Satzung der Zusatzversorgungseinrichtung für die Leistungsbemessung maßgebend wäre, wenn im Zeitpunkt des Ausscheidens der Versicherungsfall im Sinne der Satzung eingetreten wäre. Die Regelungen der Satzung der Zusatzversorgungseinrichtung über die Bemessung der Versorgungsleistungen bei Teilzeitbeschäftigung, Beurlaubung und vorzeitiger Inanspruchnahme einer Rente gelten für die Zusatzrente entsprechend. § 6 Satz 2 gilt auch in den Fällen entsprechend, in denen eine Erwerbsminderungsrente wegfällt oder auf einen Teilbetrag beschränkt wird. Die Leistung für eine Witwe oder einen Witwer beträgt 60 vom Hundert, für eine Halbwaise 12 vom Hundert und für eine Vollwaise 20 vom Hundert der Zusatzrente. Im übrigen kann durch Satzungsänderung die Höhe der Zusatzrente und der Leistungen für Hinterbliebene nicht geändert werden. Teilzeitbeschäftigte erhalten den Teil der Zusatzrente, der dem Verhältnis der mit ihnen während des maßgebenden Arbeitsverhältnisses vereinbarten Arbeitszeit zur Arbeitszeit eines entsprechenden Vollbeschäftigten entspricht.
2. Versorgungsfall ist der Versicherungsfall im Sinne der Satzung der Zusatzversorgungseinrichtung. Die Vorschriften der Satzung über den Höchstbetrag von Versicherungsrenten bei mehreren Anspruchsberechtigten sowie über die Zahlung von Versicherungsrenten sind entsprechend anzuwenden. Gegen Entscheidungen der Zusatzversorgungseinrichtung über Ansprüche nach diesem Gesetz ist der Rechtsweg gegeben, der für Versicherte der Einrichtung gilt.
3. Soweit Personen der Versorgungsanstalt der deutschen Kulturorchester oder der Versorgungsanstalt der deutschen Bühnen von Absatz 1 Satz 1 Nr. 2 und Satz 2 erfaßt werden, treten bei Eintritt des Versorgungsfalles an die Stelle der Zusatzrente die satzungsgemäß vorgesehenen Leistungen. Durch Satzungsänderung kann die Höhe der Leistungen für den Berechtigten und seine Hinterbliebenen nicht geändert werden.
4. Der Anspruch auf die Zusatzrente oder die in Nummer 3 bezeichneten Leistungen entsteht nicht oder erlischt, wenn der Berechtigte durch die Entscheidung eines deutschen Gerichts im Geltungsbereich dieses Gesetzes wegen einer vorsätzlichen Tat zu einer Freiheitsstrafe von mindestens 2 Jahren oder wegen einer vorsätzlichen Tat, die nach den Vorschriften über Friedensverrat, Hochverrat, Gefährdung des demokratischen Rechtsstaates oder Landesverrat und Gefährdung der äußeren Sicherheit strafbar ist, zu einer Freiheitsstrafe von mindestens sechs Monaten rechtskräftig verurteilt worden ist.

(3) [Ruhegeldgesetze Hamburg und Bremen] Personen, auf die bis zur Beendigung ihres Arbeitsverhältnisses die Regelungen des Ersten Ruhegeldgesetzes, des Zweiten Ruhegeldgesetzes oder des Bremischen Zusatzversorgungsneuregelungsgesetzes in ihren jeweiligen Fassungen Anwendung gefunden haben, haben Anspruch auf Leistungen in sinngemäßer Anwendung des Absatzes 2 Nr. 1, 2 und 4.

(4) [Anrechnung] ¹Zeiten, für die Beiträge von einer Zusatzversorgungseinrichtung erstattet worden sind oder die in die Berechnung einer Versorgungsrente oder einer Leistung der Versorgungsanstalt der deutschen Kulturorchester oder der Versorgungsanstalt der deutschen Bühnen oder einer Leistung nach Absatz 3 einbezogen werden, werden nicht berücksichtigt. ²Auf die Zusatzrente oder die in Absatz 2 Nr. 3 oder die in Absatz 3 bezeichneten Leistungen werden für denselben Zeitraum zustehende Versicherungsrenten der in Absatz 1 Satz 1 Nr. 1 und 2 bezeichneten Zusatzversorgungseinrichtungen oder entsprechende Versorgungsleistungen der Versor-

II. Geltungsbereich

gungsanstalt der deutschen Kulturorchester oder der Versorgungsanstalt der deutschen Bühnen oder nach den Regelungen der in Absatz 1 Satz 1 Nr. 3 genannten Gesetze angerechnet; das gilt nicht, soweit Versicherungsrenten oder entsprechende Versorgungsleistungen nur auf Beiträgen des Berechtigten beruhen.

(5) [Mehrere Pflichtversicherungszeiten] ¹ Liegen der zu gewährenden Zusatzrente oder den in Absatz 2 Nr. 3 bezeichneten Leistungen mehrere Beschäftigungszeiten zugrunde und war der Berechtigte während dieser Zeiten bei verschiedenen Zusatzversorgungseinrichtungen nach Absatz 1 Satz 1 Nr. 1 und 2 pflichtversichert, so haben die früher zuständigen Zusatzversorgungseinrichtungen der nach diesem Gesetz zuständigen Zusatzversorgungseinrichtung auf deren Anforderung sämtliche für den Berechtigten entrichteten Pflichtbeiträge und Umlagen ohne Zinsen zu überweisen, es sei denn, daß die Zusatzversorgungseinrichtungen eine andere Regelung vereinbaren. ² Eine Anwartschaft auf Zusatzrente nach Absatz 2 oder auf Leistungen nach Absatz 3 kann bei Übertritt der anwartschaftsberechtigten Person in ein Versorgungssystem einer überstaatlichen Einrichtung in das Versorgungssystem dieser Einrichtung übertragen werden, wenn ein entsprechendes Abkommen mit der überstaatlichen Einrichtung besteht.

(6)–(8) *(aufgehoben)*

I. Normzweck

Die Vorschrift nimmt den Bereich des **öffentlichen Dienstes** in nicht unbeträchtlichem Umfang **vom Geltungsbereich des Gesetzes aus.** Bis auf § 1 gelten die Vorschriften über die Unverfallbarkeit nicht; es findet auch das Auszehrungs- und Anrechnungsverbot des § 5 keine Anwendung und ebenso nicht die Anpassungsverpflichtung nach § 16. Die Vorschriften zur Insolvenzsicherung sind bereits durch § 17 für diesen Bereich weitgehend ausgenommen. Soweit erforderlich, setzt § 18 an die Stelle der nicht anwendbaren Vorschriften Sonderregelungen. 1

Die Zusatzversorgung des öffentlichen Dienstes (s. näher *Bauer* H-BetrAV 80) beruht auf **TV.** Aufgrund **einzelvertraglicher Bezugnahme** auf die Bestimmungen des Kollektivvertrages sind die Bestimmungen auch für nicht tarifgebundene AN des öffentlichen Dienstes anwendbar. Das Ziel dieser Zusatzversorgung besteht darin, ein ergänzendes System bereitzustellen, das auf der gesetzlichen Rentensicherung aufbaut und für die AN ein ähnliches Rentenniveau schaffen soll wie für Beamte. Die Zusatzversorgung des öffentlichen Dienstes gewährt Zusatzleistungen zu allen Leistungen, die in der gesetzlichen Rentenversicherung vorgesehen sind, dh. im Falle von Alter, Invalidität und Tod. Diesen und weiteren Besonderheiten gegenüber der allgemeinen betrieblichen Altersversorgung trägt diese Vorschrift Rechnung. 2

Das BVerfG hat 1998 die **für den öffentlichen Dienst geltenden Sonderregelungen** unter Berufung auf Art. 3 I GG weitgehend für **verfassungswidrig** erklärt (BVerfG 15. 7. 1998 NZA 1999, 194 = EzA BetrAVG § 18 Nr. 10 m. Anm. *Marschner*). Dies bezieht sich sowohl auf die Unverfallbarkeit als auch auf die Leistungsberechnung. Insb. hat das BVerfG geltend gemacht, daß die ursprüngliche Absicht des Gesetzgebers, die Versorgung ausscheidender Beamter einheitlich für den gesamten öffentlichen Dienst unter Einbeziehung der Beamten, Richter und Soldaten zu regeln, nicht verwirklicht worden ist. Aus dieser Absicht könne deshalb keine Rechtfertigung der Ungleichbehandlung hergeleitet werden. Das Gericht arbeitet sehr deutlich die Unterschiede zwischen der arbeitsvertraglichen Rechtsbeziehung der Arbeiter und Angestellten im öffentlichen Dienst und den besonderen öffentlich-rechtlichen Dienstverhältnissen heraus und erklärt § 18 für insgesamt mit dem Grundgesetz unvereinbar. Dem Gesetzgeber ist für die Überarbeitung der Vorschrift eine **Frist bis zum 31. 12. 2000** gesetzt worden; **bis zur Neuregelung darf angesichts der Komplexität des Systems § 18 in seiner vorliegenden Fassung weiter angewendet** werden. 3

II. Geltungsbereich

Abs. 1 erklärt (Umkehrschluß) **allein die §§ 1, 6, 7 bis 15 und 17 für anwendbar.** Da nach § 17 der öffentliche Dienst in beträchtlichem Umfang aus der Insolvenzsicherung ausgenommen ist, reduziert sich der Anwendungsbereich neben § 17 auf die Regelung zur **Unverfallbarkeit** und zum **vorzeitigen Rentenbezug.** Dies rechtfertigt sich daraus, daß die einschlägigen Versorgungssysteme insoweit ohnehin entsprechende Regelungen vorsehen. 4

Die Anwendung des § 2 ist im Bereich des öffentlichen Dienstes deshalb ausgeschlossen, weil die Zusatzversorgungssysteme des öffentlichen Dienstes, indem sie eine Annäherung an die Beamtenversorgung zu erreichen versuchen, **besonderen Berechnungsgrundsätzen** folgen (BAG 29. 8. 1989 AP BetrAVG § 18 Nr. 22). So nimmt der Ausscheidende nicht die erdiente Versorgungsanwartschaft mit, sondern erhält eine nicht dynamisierte Versicherungsrente (s. näher *Bauer* H-BetrAV 80 Rn. 118). Dies allerdings führt insb. bei Beschäftigten des öffentlichen Dienstes mit höherem Einkommen zu erheblichen Einschnitten in Anwartschaften, die aus der Sicht des BVerfG durch die Vorteile des Systems des öffentlichen Dienstes nicht ausgeglichen werden. Nach dieser Entscheidung des BVerfG wird man auch für den von § 18 erfaßten Personenkreis im Falle vorzeitigen Ausscheidens § 2 anzuwenden haben. 5

Steinmeyer

6 **Besondere Regelungen in den Systemen** erforderten eine Unanwendbarkeit der §§ 3, 4 sowie 5 II, und § 5 I ist angesichts der Dynamisierung der Versorgungsrente im öffentlichen Dienst überflüssig; entsprechendes gilt auch für § 16. In § 18 IV findet sich eine ausdrückliche Anrechnungsvorschrift für die Systeme des öffentlichen Dienstes. Diese Vorschriften sind vom BVerfG in der og. Entscheidung nicht konkret angesprochen worden.

7 Der Katalog des Abs. 1 versucht, den Besonderheiten des öffentlichen Dienstes Rechnung zu tragen. Mit Wirkung **vom 1. 1. 1999** wurde **Abs. 1 neugefaßt,** womit ua. zwischenzeitlichen Veränderungen Rechnung getragen wurde. Die Neufassung der Nr. 1 und 2 wurde erforderlich, da das Gesetz zur Sicherstellung der Leistungen der Zusatzversorgungsanstalten des öffentlichen Dienstes vom 21. 12. 1971 (BGBl. I S. 2077) mit Ablauf des 31. 12. 1992 außer Kraft getreten war. Materielle Änderungen sind damit nicht verbunden. Durch die Neufassung der Nr. 3 wird das Gesetz an die veränderte Gesetzeslage in der Freien und Hansestadt Hamburg angepaßt. Nr. 4 bis 6 und als Konsequenz daraus auch die Abs. 6 bis 8 sind ab 1. 1. 1999 mit der Begründung weggefallen, daß für diesen Personenkreis künftig keine Sonderregelungen mehr gelten. Das bedeutet aber zugleich, daß eine **gesetzliche Pflicht zur Nachversicherung** dieses Personenkreises in der Zusatzversorgung des öffentlichen **Dienstes nicht mehr besteht.** Die Möglichkeit der Nachversicherung kann sich deshalb in Zukunft nur noch aus der Satzung der Zusatzversorgungseinrichtung ergeben.

III. Anspruch auf Zusatzrente

8 Abs. 2 enthält eingehende Regelungen zur **Berechnung der Zusatzrente bei Eintritt des Versorgungsfalles.** Diese sind vom BVerfG für verfassungswidrig erklärt worden; das Gericht hat auch zum Ausdruck gebracht, daß die in § 2 geregelte Berechnungsmethode sich auch für die Systeme des öffentlichen Dienstes anbietet.

IV. Mehrere Pflichtversicherungszeiten

9 Abs. 5 befaßt sich mit den Fällen, daß ein AN während seines Arbeitslebens im öffentlichen Dienst **mehreren Zusatzversorgungseinrichtungen** angehört hat und sieht vorbehaltlich besonderer Vereinbarungen eine Überweisung der für den Berechtigten entrichteten Pflichtbeiträge und Umlagen an die leistungszuständige Zusatzversorgungseinrichtung vor. Eingeführt durch das RRG 1999, aber gemäß Art. 33 XI des Gesetzes bereits in Kraft seit 1. 1. 1998, ist die Möglichkeit eröffnet worden, den Barwert von Anwartschaften bei Übertritt in ein Versorgungssystem einer **überstaatlichen Einrichtung** in dieses System zu übertragen.

Zweiter Teil. Steuerrechtliche Vorschriften

§§ 19–25

(enthalten Änderungen des Einkommensteuergesetzes, des Körperschaftsgesetzes, des Gewerbesteuergesetzes, des Vermögensteuergesetzes, des Versicherungsteuergesetzes, des Umsatzsteuergesetzes, des Zuwendungsgesetzes.)

Dritter Teil. Übergangs- und Schlußvorschriften

§ 26 [Ausschluß der Rückwirkung]

Die §§ 1 bis 4 und 18 gelten nicht, wenn das Arbeitsverhältnis oder Dienstverhältnis vor dem Inkrafttreten des Gesetzes beendet worden ist.

1 Durch diese Vorschrift wird deutlich gemacht, daß das BetrAVG **keine echte Rückwirkung** will und nur auf Fälle Anwendung findet, in denen alle Voraussetzungen für die Anwendung dieser Vorschriften vor Inkrafttreten dieses Gesetzes eingetreten sind. Die Auswahl der nicht geltenden Vorschriften bedeutet aber auch, daß etwa die Insolvenzsicherung sowie die Anpassung laufender Leistungen gleichwohl greift.

§ 27 [Direktversicherung und Pensionskassen]

§ 2 Abs. 2 Satz 2 Nr. 2 und 3 und Abs. 3 Satz 2 Nr. 1 und 2 gelten in Fällen, in denen vor dem Inkrafttreten des Gesetzes die Direktversicherung abgeschlossen worden ist oder die Versicherung des Arbeitnehmers bei einer Pensionskasse begonnen hat, mit der Maßgabe, daß die in diesen Vorschriften genannten Voraussetzungen spätestens für die Zeit nach Ablauf eines Jahres seit dem Inkrafttreten des Gesetzes erfüllt sein müssen.

Die Regelung trägt dem Umstand Rechnung, daß im Falle der versicherungsrechtlichen Lösung bei 1
der Direktversicherung und der Pensionskasse (s. näher die Erl. zu § 2 II und III) von den Versicherern zur Einräumung dieser Möglichkeiten eine gewisse **Übergangsfrist** eingeräumt werden mußte.

Von **Bedeutung** ist diese Übergangsregelung heute nur noch insofern, als sie Versicherungsverhält- 2
nisse erfaßt, „in denen vor dem Inkrafttreten des Gesetzes die Direktversicherung abgeschlossen worden ist oder die Versicherung des AN bei einer Pensionskasse begonnen hat". In diesen Fällen konnten die besonderen Voraussetzungen auch noch bis zum 31. 12. 1975 erfüllt werden.

§ 28 [Auszehrungs- und Anrechnungsverbot]

§ 5 gilt für Fälle, in denen der Versorgungsfall vor dem Inkrafttreten des Gesetzes eingetreten ist, mit der Maßgabe, daß diese Vorschrift bei der Berechnung der nach dem Inkrafttreten des Gesetzes fällig werdenden Versorgungsleistungen anzuwenden ist.

Die Vorschrift ist vor dem Hintergrund zu verstehen, daß das BetrAVG bei seinem Inkrafttreten 1
auch in **bereits bestehende Versorgungsverhältnisse** eingreifen sollte. Sie begrenzt deshalb die Rückwirkung hinsichtlich des § 5 so, daß sie mit der Rspr. des BVerfG zum Verbot der echten Rückwirkung von Gesetzen in Einklang steht (BVerfG 13. 5. 1986 BVerfG 72, 175, 196; vgl. auch *Jarass/Pieroth*, GG, 5. Aufl., 2000, Art. 20 Rn. 70 ff.).

§ 29 [Vorzeitige Altersleistungen]

§ 6 gilt für die Fälle, in denen das Altersruhegeld der gesetzlichen Rentenversicherung bereits vor dem Inkrafttreten des Gesetzes in Anspruch genommen worden ist, mit der Maßgabe, daß die Leistungen der betrieblichen Altersversorgung vom Inkrafttreten des Gesetzes an zu gewähren sind.

Die Vorschrift ist vor dem Hintergrund zu verstehen, daß das BetrAVG bei seinem Inkrafttreten 1
auch in **bereits bestehende Versorgungsverhältnisse** eingreifen sollte. Sie soll deshalb die Rückwirkung hinsichtlich des § 6 so begrenzen, daß sie mit der Rspr. des BVerfG zum Verbot der echten Rückwirkung von Gesetzen in Einklang steht (BVerfG 13. 5. 1986 BVerfGE 72, 175, 196; vgl. auch *Jarass/Pieroth*, GG, 5. Aufl., 2000, Art. 20 Rn. 70 ff.).

Der **Wortlaut** ist allerdings **mißverständlich** geraten, da er auch Fälle erfassen würde, in denen ein 2
AN vor Inkrafttreten des Gesetzes mit damals noch verfallbaren Anwartschaften ausgeschieden ist, so daß die Regelung zum Wiederaufleben erloschener Ansprüche führen und damit gegen das Verbot echter Rückwirkung verstoßen würde. Die Vorschrift muß deshalb **teleologisch** dahin **reduziert** werden, daß sie nur solche Konstellationen in ihren Anwendungsbereich einbezieht, in denen ein AN vor Inkrafttreten des Gesetzes eine unverfallbare Rechtsposition erhalten hat (so auch *Blomeyer/Otto* Rn. 3).

§ 30 [Erstmalige Beitrags- und Leistungspflicht bei Insolvenzsicherung]

[1] Ein Anspruch gegen den Träger der Insolvenzsicherung nach § 7 besteht nur, wenn der Sicherungsfall nach dem Inkrafttreten der §§ 7 bis 15 eingetreten ist; er kann erstmals nach dem Ablauf von sechs Monaten nach diesem Zeitpunkt geltend gemacht werden. [2] Die Beitragspflicht des Arbeitgebers beginnt mit dem Inkrafttreten der §§ 7 bis 15.

Die Vorschrift macht deutlich, daß sie sich nur auf **Sicherungsfälle** bezieht, die **nach dem Inkraft-** 1
treten der Insolvenzsicherung eingetreten sind; demzufolge beginnt auch die Beitragspflicht erst mit diesem Zeitpunkt. Da der PSV außerdem eine gewisse Zeit der Vorbereitung brauchte, sieht die Vorschrift außerdem vor, daß die Leistungen der Insolvenzsicherung erst mit dem 1. 7. 1975 fällig wurden.

§ 30 a [Leistungen der betrieblichen Altersversorgung]

(1) [1] Männlichen Arbeitnehmern,
1. die vor dem 1. Januar 1952 geboren sind,
2. die das 60. Lebensjahr vollendet haben,
3. die nach Vollendung des 40. Lebensjahres mehr als 10 Jahre Pflichtbeiträge für eine in der gesetzlichen Rentenversicherung versicherte Beschäftigung oder Tätigkeit nach den Vorschriften des Sechsten Buches Sozialgesetzbuch haben,
4. die die Wartezeit von 15 Jahren in der gesetzlichen Rentenversicherung erfüllt haben und

200 BetrAVG § 30 a

5. deren Arbeitsentgelt oder Arbeitseinkommen die Hinzuverdienstgrenze nach § 34 Abs. 3 Nr. 1 des Sechsten Buches Sozialgesetzbuch nicht überschreitet,
sind auf deren Verlangen nach Erfüllung der Wartezeit und sonstiger Leistungsvoraussetzungen der Versorgungsregelung für nach dem 17. Mai 1990 zurückgelegte Beschäftigungszeiten Leistungen der betrieblichen Altersversorgung zu gewähren.² § 6 Satz 3 gilt entsprechend.

(2) [Beschäftigungszeiten vor dem 17. 5. 1990] Haben der Arbeitnehmer oder seine anspruchsberechtigten Angehörigen vor dem 17. Mai 1990 gegen die Versagung der Leistungen der betrieblichen Altersversorgung Rechtsmittel eingelegt, ist Absatz 1 für Beschäftigungszeiten nach dem 8. April 1976 anzuwenden.

(3) [Verjährung] Die Vorschriften des Bürgerlichen Gesetzbuchs über die Verjährung von Ansprüchen aus dem Arbeitsverhältnis bleiben unberührt.

I. Normzweck

1   Die Vorschrift zieht die Konsequenz aus der **Rspr.** des EuGH und des BAG zur Rückwirkung ihrer Entscheidungen zur Frage der **Entgeltgleichheit von Männern und Frauen und zu den unterschiedlichen Altersgrenzen für Männer und Frauen** (s. näher auch *Steinmeyer* in *Höfer*, Neue Chancen für Betriebsrenten, S. 115). Mit Entscheidung vom 17. 5. 1990 hatte der EuGH in der Rechtssache Barber entschieden, daß es gegen Art. 119 EG-Vertrag (nunmehr Art. 141 EG-Vertrag) verstoße, wenn aufgrund einer je nach Geschlecht unterschiedlichen Regelung des Rentenalters, die der Regelung im Rahmen des nationalen gesetzlichen Altersrentensystems entspricht, ein aus betrieblichen Gründen entlassener Mann nur eine Anwartschaft auf eine bei Erreichung des gewöhnlichen Rentenalters zu zahlende Rente hat, während eine Frau in der gleichen Lage sofort Anspruch auf Rente hat. Der Grundsatz des gleichen Entgelts müsse für jeden einzelnen Bestandteil des Entgelts und nicht nur nach Maßgabe einer Gesamtbewertung der den AN gezahlten Vergütung gewährleistet sein (EuGH 17. 5. 1990 AP EWG-Vertrag Art. 119 Nr. 20).

2   Die Frage der **Rückwirkung** ist in dieser Entscheidung nur eher undeutlich angesprochen worden, so daß in mehreren Folgeentscheidungen diese Frage geklärt werden mußte. In seiner Entscheidung zur Rechtssache Moroni entschied der EuGH, daß die unmittelbare Wirkung von Art. 119 EG-Vertrag (nunmehr Art. 141 EG-Vertrag) zur Stützung der Forderung nach Gleichbehandlung auf dem Gebiet der betrieblichen Renten nur für Leistungen geltend gemacht werden kann, die für Beschäftigungszeiten nach dem 17. 5. 1990 geschuldet werden, vorbehaltlich der Ausnahme, die für AN oder deren anspruchsberechtigte Angehörige vorgesehen ist, die vor diesem Zeitpunkt nach dem anwendbaren innerstaatlichen Recht Klage erhoben oder einen entsprechenden Rechtsbehelf eingelegt haben (EuGH 14. 12. 1993 AP BetrAVG § 1 Gleichbehandlung Nr. 16).

3   § 30 a zieht aus dieser Rspr. Konsequenzen insofern, als er **männlichen AN** unter bestimmten näher umschriebenen Voraussetzungen die Möglichkeit einräumt, **bereits mit 60 Jahren Leistungen der betrieblichen Altersversorgung in Anspruch zu nehmen.** Die bisherige Rechtslage verstieß gegen das europarechtliche Gebot der Entgeltgleichheit nach Art. 141 EG-Vertrag (Art. 119 aF), da sie nur Frauen aber nicht Männern die Möglichkeit einräumte, aufgrund von § 39 SGB VI eine Rente aus der gesetzlichen Rentenversicherung bereits mit Vollendung des 60. Lebensjahres zu beanspruchen (*Blomeyer/Otto* § 6 Rn. 40). Diese Rechtsfolge hat zwar der EuGH bisher nicht ausgesprochen; es war aber die Gefahr nicht von der Hand zu weisen, daß er einen solchen Verstoß in einer Entscheidung aussprechen würde (s. auch *Hanau/Preis* DB 1991, 1279). Das BAG hat in einer Entscheidung vom 18. 3. 1997 (NZA 1997, 824) ausgesprochen, daß Versorgungszusagen mit unterschiedlichem Rentenzugangsalter für Männer und Frauen für eine Übergangszeit nicht gegen Art. 3 II verstoßen. Es findet sich in dieser Entscheidung auch ein ausdrücklicher Hinweis auf das Datum der Barber-Entscheidung. Unmittelbar kommt aber der Gesetzgeber so den Vorgaben der Richtlinie 96/97/EG nach.

II. Gleichstellung von männlichen und weiblichen Arbeitnehmern nach Absatz 1

4   § 30 a übernimmt in seinem Abs. 1 die **Leistungsvoraussetzungen,** die das **SGB VI** in § 39 in seiner bis zum 31. 12. 1999 geltenden Fassung für die Altersrente für Frauen aufstellt und ergänzt sie um Formulierungen aus dem den § 39 SGB VI seit 1. 1. 2000 ersetzenden § 237 a SGB VI. Wie dort wird hier die Vollendung des 60. Lebensjahres verlangt; so daß § 30 a I 1 Nr. 2 § 39 1 Nr. 1 SGB VI (seit 1. 1. 2000 § 237 a I Nr. 2 SGB VI) entspricht. Nr. 3 in § 30 a stimmt mit § 39 1 Nr. 2 SGB VI (seit 1. 1. 2000 § 237 a I Nr. 3 SGB VI) überein; es wird in der Formulierung lediglich dem Umstand Rechnung getragen, daß in einem arbeitsrechtlichen Gesetz wie dem BetrAVG auf die Vorschriften des SGB VI ausdrücklich Bezug genommen werden muß. Die Regelung zur Wartezeit entspricht § 39 1 Nr. 3 SGB VI (ab 1. 1. 2000 § 237 a I Nr. 4 SGB VI) mit einer leicht abweichenden Formulierung, die ebenfalls und aus dem gleichen Grunde nur klarstellende Funktion hat. § 30 a I 1 Nr. 5 nennt die Hinzuverdienstgrenze für die Altersrente für Frauen, die sich im SGB VI aus § 34 III ergibt. Die Begrenzung auf AN, die vor dem 1. 1. 1952 geboren sind, erklärt sich daraus, daß nach dem RRG 1999 ab 1. 1. 2012 Altersrenten für Frauen nicht mehr geleistet werden, diese Rentenart also

dann gegenstandslos wird. § 237a SGB VI in der Fassung an 1. 1. 2000 begrenzt deshalb den anspruchsberechtigten Personenkreis auf Frauen, die vor dem 1. 1. 1952 geboren sind; daraus zieht § 30a die Konsequenz auch für die männlichen AN.

Abs. 1 des § 30a räumt nach seinem Wortlaut einem männlichen AN bei Erfüllung dieser Voraussetzungen das Recht ein, Leistungen der betrieblichen Altersversorgung auch für **Beschäftigungszeiten** in Anspruch zu nehmen, **die nach dem 17. 5. 1990 zurückgelegt worden sind,** sofern er die sonstigen Anspruchsvoraussetzungen der Versorgungsregelung erfüllt. Es ist zu bemerken, daß die Formulierung des Gesetzes so aus sich heraus nicht verständlich wird, da bei einer Versorgungsregelung, die auf zurückgelegte Beschäftigungszeiten Bezug nimmt, der 17. 5. 1990 grds. kein Datum für die Anrechnung oder Nichtanrechnung von Beschäftigungszeiten ist. Dies wird auch nicht verständlicher durch S. 2 des § 30 I, der auf § 6 S. 3 verweist und damit zum Ausdruck bringt, daß die Aufnahme oder Ausübung einer Beschäftigung oder Erwerbstätigkeit, die zu einem Wegfall oder zu einer Beschränkung der Altersrente aus der gesetzlichen Rentenversicherung führt, dem AG oder sonstigen Versorgungsträger unverzüglich anzuzeigen ist; damit wird nur dem Umstand Rechnung getragen, daß hier in § 30a I die Anspruchsvoraussetzungen unmittelbar mit denen der gesetzlichen Rentenversicherung verknüpft sind. Die Vorschrift wird nur verständlich, wenn man sie vor dem Hintergrund der einschlägigen europarechtlichen Rspr. sieht, nach der männliche AN hinsichtlich der Altersgrenze weiblichen AN gleichzustellen sind. § 30a will also erreichen, daß Männer unter den gleichen Voraussetzungen wie Frauen vorzeitige Altersleistungen in Anspruch nehmen können und ergänzt somit § 6.

Die Beschränkung auf Beschäftigungszeiten nach dem 17. 5. 1990 erklärt sich daraus, daß 6 unter Berufung auf den in der Rechtssache Barber gerügten und festgestellten Verstoß gegen Art. 141 EG-Vertrag (Art. 119 aF) grds. die Gleichbehandlung männlicher AN mit weiblichen nicht für Fälle geltend gemacht werden kann, in denen die Anspruchsvoraussetzungen für die vorzeitige Inanspruchnahme der Altersleistung vor dem 17. 5. 1990 entstanden sind. Der EuGH hat in seinen Entscheidungen zur betrieblichen Altersversorgung festgestellt, daß **Betriebsrenten unter den Begriff des Entgelts iSd. Art. 141 EG-Vertrag** (Art. 119 aF) fallen. Wenn aber in diesem Sinne das Betriebsrente Entgelt für erbrachte Arbeitsleistung ist, so basiert sie auf in der Vergangenheit durch Arbeitsleistung erdienten Anwartschaften. Durch die einschlägigen Entscheidungen des EuGH ist nun an sich festgestellt, daß als Ergebnis einer Rechtserkenntnis das betriebliche Ruhegeld europarechtlich schon immer Entgelt für Arbeitsleistung gewesen ist; andererseits verlangt der Vertrauensschutz eine Einschränkung der Rückwirkung. Insofern trifft das dem Art. 141 EG-Vertrag (Art. 119 aF) durch den Vertrag von Maastricht beigefügte Protokoll zu Art. 119 des Vertrages zur Gründung der EG (nunmehr Art. 141 EG-Vertrag) den Punkt, wenn es im Wege einer Fiktion ausspricht, daß Leistungen aufgrund eines betrieblichen Systems der sozialen Sicherheit nicht als Entgelt *gelten,* sofern und soweit sie auf Beschäftigungszeiten vor dem 17. 5. 1990 zurückgeführt werden können.

Hat ein AN Beschäftigungszeiten sowohl vor als auch nach dem 17. 5. 1990 zurückgelegt, so ist 7 bezogen auf die jeweilige Leistungsformel zu ermitteln, **welche Anwartschaften** vor und welche nach diesem Datum **erdient** worden sind. Hierfür ist § 2 I analog heranzuziehen, da diese Vorschrift insoweit einen Maßstab bereithält.

Die Kernaussage des § 30a besteht damit darin, daß ein männlicher AN, der die in Abs. 1 näher 8 bezeichneten Voraussetzungen erfüllt, wie eine AN vorzeitige Leistungen in Anspruch nehmen kann. Dies betrifft nach dem Wortlaut der Vorschrift nicht nur Versorgungsregelungen, die für Männer und Frauen unterschiedliche Altersgrenzen vorsehen sondern räumt dem männlichen AN in jedem Fall die Möglichkeit des vorzeitigen Ruhegeldbezuges mit Vollendung des 60. Lebensjahres ein, sofern er zu den Altersjahrgängen gehört, für die im Falle der Zugehörigkeit zum weiblichen Geschlecht das Recht der gesetzlichen Rentenversicherung die Möglichkeit des Rentenbezuges mit Vollendung des 60. Lebensjahres einräumt. Dieser **männliche AN wird dann im Rahmen der betrieblichen Altersversorgung ebenso behandelt wie eine Frau,** die Ruhegeld mit Vollendung des 60. Lebensjahres bezieht und für die § 6 anwendbar ist. Es ist allerdings schon hier zu bemerken, daß die gesetzliche Rentenversicherung für die männlichen AN keine entsprechenden Rentenleistungen mit Vollendung des 60. Lebensjahres vorsieht und für eine Übergangszeit auch nicht vorsehen muß. Macht er aber von den Möglichkeiten des vorzeitigen Rentenbezuges mit Vollendung des 60. Lebensjahres nach §§ 37 und 39 SGB VI (Altersrente für Schwerbehinderte, Berufsunfähige oder Erwerbsunfähige bzw. Altersrente wegen Arbeitslosigkeit oder nach Altersteilzeitarbeit) Gebrauch, so ist § 6 ohnehin anwendbar und ein Gleichbehandlungsproblem ergibt sich nicht.

Ebenso kann bei Anwendung des § 6 darf auch der **vorzeitige Ruhegeldbezug zu Kürzungen der** 9 **betrieblichen Ruhegeldleistung** führen (s. näher § 6 Rn. 22 ff.). Dies kann durch Vereinbarungen der Parteien geschehen, wobei diese sich dann grds. an versicherungsmathematischen Abschlägen zu orientieren haben (s. näher § 6 Rn. 26). Ist eine besondere Vereinbarung nicht erfolgt, so kann man daraus nicht schließen, daß eine Kürzung bei vorzeitigem Rentenbezug nicht erfolgen soll. Wird aber ein vorzeitiges Altersruhegeld aus der betrieblichen Altersversorgung an AN ohne Kürzung gewährt, so kann nichts anderes für den männlichen AN gelten, der die ihm durch § 30a eingeräumte Möglichkeit in Anspruch nimmt. Es ist zwar einzuräumen, daß es in diesem Fall zu einer nicht unbedingt vorhergesehenen finanziellen Belastung des AG kommt; auf dieser Basis aber für den männlichen AN eine Kürzung vorzusehen, für die AN hingegen nicht, würde dem in § 30 a zum Ausdruck gekommenen gesetzgeberischen Willen widersprechen, der dahin geht, männliche AN mit weiblichen gleich zu behandeln. Auch eine ausdrückliche Vereinbarung darf insoweit keine Unterschiede machen.

10   Während § 6 voraussetzt, daß der **AN die Rentenleistung aus der gesetzlichen Rentenversicherung tatsächlich in Anspruch nimmt**, findet sich **in § 30 a keine ausdrückliche Formulierung, die dies für den männlichen AN ebenfalls deutlich macht**. Es erscheint jedoch auf den ersten Blick befremdlich, daß dieser von der Möglichkeit einer vorgezogenen Betriebsrente Gebrauch machen kann, ohne daß er eine Rente aus der gesetzlichen Rentenversicherung tatsächlich in Anspruch nimmt, während dies für die AN Voraussetzung ist. § 30 a I macht nur deutlich, daß die Anspruchsvoraussetzungen für eine Altersrente für Frauen nach § 237 a SGB VI idF ab 1. 1. 2000 (für die Rechtslage bis 31. 12. 1999 vgl. § 39 SGB VI) gegeben sein müssen und der Hinzuverdienst eine bestimmte Grenze nicht überschreiten darf. Dadurch wird zwar deutlich gemacht, daß die vorzeitige Betriebsrente nicht neben weiterlaufender Erwerbstätigkeit in Anspruch genommen werden kann, der Rentenbezug aus der gesetzlichen Rentenversicherung ist aber nicht ausdrückliche Voraussetzung. Ausgehend davon, daß § 30 a die durch § 6 in Verbindung mit den einschlägigen Vorschriften des Rentenversicherungsrechts eingeräumte Möglichkeit des vorzeitigen Rentenbezuges auch auf eine bestimmte Gruppe männlicher AN ausdehnen wollte, müßte auch hier der Anspruch an die tatsächliche Inanspruchnahme der Leistung aus der gesetzlichen Rentenversicherung geknüpft werden, was aber wegen der Nichterfüllung der rentenversicherungsrechtlichen Voraussetzungen durch männliche AN gar nicht der Fall sein kann.

11   Das führt zu einem recht **bescheidenen praktischen Anwendungsbereich des § 30 a**, da angesichts der Hinzuverdienstgrenzen eine Fortsetzung der bisherigen Beschäftigung neben dem Ruhegeldbezug unwahrscheinlich ist und sich der AN kaum allein mit dem betrieblichen Ruhegeld begnügen wird, also die Folgerung ziehen dürfte, daß es vorzuziehen ist, trotz der durch § 30 a eingeräumten Möglichkeit bis zur Erfüllung der Voraussetzungen für eine Rente aus der gesetzlichen Rentenversicherung zu warten.

III. Erweiterung der Rückwirkung in den Fällen des Absatzes 2

12   Wenn Abs. 2 eine darüber hinausgehende Rückwirkung für den Fall vorsieht, daß vor dem 17. 5. 1990 Rechtsmittel gegen die Versagung von Leistungen der betrieblichen Altersversorgung eingelegt sind, so wird damit dem Umstand Rechnung getragen, daß es sich dann um einen am 17. 5. 1990 rechtlich nicht abgeschlossenen Sachverhalt handelt, so daß ein die Rückwirkungsbegrenzung rechtfertigendes Vertrauen nicht in schutzwürdiger Weise gegeben ist. Auch wenn der Wortlaut der Vorschrift an dieser Stelle nicht ganz deutlich ist, kann damit aber nur gemeint sein, daß nur solche Fälle erfaßt sind, in denen der AN oder seine anspruchsberechtigten Angehörigen wegen einer Ungleichbehandlung der Geschlechter bei der betrieblichen Altersversorgung **Rechtsmittel** eingelegt haben.

13   Sind solche Rechtsmittel eingelegt, so wird eine Rückwirkung auf Beschäftigungszeiten nach dem 8. 4. 1976 begrenzt. Es handelt sich dabei um das Datum der Entscheidung des EuGH in der Rechtssache **Defrenne II** (8. 4. 1976 Slg. 1976, 455), in der der Gerichtshof die **horizontale unmittelbare Wirkung des Art. 119 EG-Vertrag** (nunmehr Art. 141 EG-Vertrag) ausgesprochen hat, also den AG unmittelbar zur Beachtung des Grundsatzes des gleichen Entgelts für Männer und Frauen verpflichtet hat. Es ist dies der Zeitpunkt, an dem deshalb grds. für die Verletzung des Grundsatzes des gleichen Entgelts für Männer und Frauen die Rückwirkung ihre Grenze finden muß.

14   Daß das **BAG in seiner Rspr. zur Diskriminierung teilzeitbeschäftigter Frauen** bei der Berechnung ihrer betrieblichen Altersversorgung angesichts des seit 1949 geltenden Art. 3 I GG keines dieser beiden Daten für die Begrenzung der Rückwirkung heranzieht (7. 3. 1995 NZA 1996, 48), mag insoweit befremden; für § 30 a ergeben sich daraus jedoch keine besonderen Folgerungen, da es hier nur um Fälle geht, in denen die Ungleichbehandlung erst bei Anwendung von Art. 141 EG-Vertrag (Art. 119 aF) erkannt wurde. Sollte aber das BAG auch diese Fallkonstellation auf deutsches Verfassungsrecht stützen wollen, so würden durch § 30 a der Rückwirkung Grenzen gesetzt (s. dazu aber BAG 18. 3. 1997 NZA 1997, 824, wo auf den 17. 5. 1990 Bezug genommen wird; s. auch näher Vorbem. Rn. 41 ff.).

IV. Verjährung

15   Nach § 196 I Nr. 8 BGB verjähren die **einzelnen Rentenforderungen,** also die monatlichen Zahlungen des Ruhegeldes grds. in zwei Jahren. Dies gilt nicht für das **Rentenstammrecht,** das nach 30 Jahren verjährt (BAG 27. 2. 1990 AP BetrAVG § 1 Vordienstzeiten Nr. 13). Wenn deshalb nach § 30 a III die Vorschriften des Bürgerlichen Rechts über die Verjährung unberührt bleiben, so bedeutet das, daß hinsichtlich der Geltendmachung des durch § 30 a eingeräumten Anspruchs mit Wirkung für die Zukunft sich aus den Vorschriften über die Verjährung keine Grenzen ergeben. Der AG kann aber dem betreffenden AN bei Geltendmachung rückständiger Leistungen auch bei Erfüllung der Voraussetzungen des § 30 a I – inklusive tatsächlichen Bezug einer Rente aus der gesetzlichen Rentenver-

sicherung – die Einrede der Verjährung für solche Zeiträume entgegenhalten, die mehr als zwei Jahre zurückliegen.

V. Inkrafttreten

Gemäß Art. 33 III RRG 1999 tritt § 30a mit Wirkung vom 17. 5. 1990 in Kraft. Damit wird die 16 Konsequenz daraus gezogen, daß die Rückwirkungsvorschrift nur dann wirklich greifen kann, wenn sie mit dieser Rückwirkung in Kraft tritt. Verfassungsrechtliche Bedenken aus dem **Rückwirkungsverbot** ergeben sich hier schon deshalb nicht, weil seit dem 17. 5. 1990 die Problematik bekannt war und deshalb ein **schutzwürdiges Vertrauen** nach diesem Zeitpunkt nicht mehr gerechtfertigt war.

§ 30b [Übergangsregelung für Insolvenzschutz bei Entgeltumwandlung]

§ 7 Abs. 3 Satz 3 gilt nur für Leistungen gegen den Träger der Insolvenzsicherung, die auf Zusagen beruhen, die nach dem 31. Dezember 1998 erteilt werden.

Diese Vorschrift ist eine Konsequenz aus der ausdrücklichen Einbeziehung der **Entgeltumwand-** 1 **lung** in die Insolvenzsicherung. Die dort bezeichnete **Höchstgrenze** soll nur für **Neuzusagen** gelten. Für Altfälle, dh. Zusagen, die vor dem 1. 1. 1999 erteilt worden sind, wird keine besondere Bestimmung getroffen, so daß fraglich ist, ob für sie die S. 1 und 2 des neuen Abs. 3 oder der alte Abs. 3 gilt.

Da der Gesetzgeber bei der Insolvenzsicherung der Entgeltumwandlung die **Höchstgrenze** gegen- 2 über den sonstigen Fällen weiter reduzieren wollte (vgl. § 7 Rn. 59) und der alte Abs. 3 deutlich großzügiger ist, für die sonstigen Fälle aber nicht auf Alt- oder Neuzusagen abgestellt wird, kann für die **Entgeltumwandlung bei Altzusagen** nur die Höchstbegrenzung der S. 1 und 2 des neuen Abs. 3 gelten.

Aus § 30b kann deshalb zugleich geschlossen werden, daß in den Fällen des neuen **§ 7 III 1 bis 3** die 3 reduzierte **Höchstgrenze** auch für **Altzusagen** gilt.

§ 30c [Übergangsregelung für Ausnahmen von der Anpassungsprüfungspflicht]

(1) § 16 Abs. 3 Nr. 1 gilt nur für laufende Leistungen, die auf Zusagen beruhen, die nach dem 31. Dezember 1998 erteilt werden.

(2) § 16 Abs. 4 gilt nicht für vor dem 1. Januar 1999 zu Recht unterbliebene Anpassungen.

Der neue § 16 III Nr. 1 sieht eine **Begrenzungsmöglichkeit durch den AG** vor, die zum Fortfall 1 der Anpassungsprüfungspflicht führt. Es erscheint sinnvoll, diese Möglichkeit durch § 30c I auf solche Fälle zu begrenzen, in denen der AG in Kenntnis der Neuregelung von dieser Option Gebrauch gemacht hat. Maßgebend ist dabei nicht der Zeitpunkt der Erteilung der Zusage in einem etwa bereits im Jahre 1998 abgeschlossenen Arbeitsvertrag, sondern der Beginn des Arbeitsverhältnisses. Wurde also in 1998 ein Arbeitsvertrag geschlossen, in dem die Ruhegeldabrede von § 16 III Nr. 1 Gebrauch machte, so greift die Neuregelung, wenn das Arbeitsverhältnis erst in 1999 begonnen wurde (so auch *Höfer* Rn. 3665.37).

Der neue § 16 IV gilt nach § 30c II nicht für vor dem 1. 1. 1999 zu Recht unterbliebene Anpas- 2 sungen. Dies kann nur bedeuten, daß insoweit die **Rspr. zur nachholenden Anpassung** weiter gelten soll, denn wenn die Vorschrift aussagt, daß Abs. 4 insoweit nicht gilt, so kann das nur dahin verstanden werden, daß dann der AG verpflichtet ist, die Anpassung zu einem späteren Zeitpunkt nachzuholen, wenn sich die wirtschaftliche Situation verändert. Etwas anderes kann nicht aus der Beschränkung auf zu Recht unterbliebene Anpassung geschlossen werden, da dies nur eine Bezugnahme auf die Neuregelung des Abs. 4 darstellt und eine Auslegung zu weit gehen würde, aus der Formulierung „zu Recht unterbliebene Anpassungen" schließen zu wollen, daß eine berechtigterweise unterbliebene Anpassung auch in den Altfällen keinen Anspruch auf nachholende Anpassung mehr auslöst und der Gesetzgeber lediglich der Tatsache Rechnung tragen wollte, daß das Verfahren des Abs. 4 S. 2 in Altfällen nicht mehr nachholbar ist.

Da § 16 IV die Rspr. des BAG zur nachholenden Anpassung praktisch beseitigen wollte, bedeutet 3 die Regelung des § 30c II, daß ein am 31. 12. 1998 „mitgebrachter" Anpassungsbedarf bei der ersten Anpassung unter neuem Recht bei der wirtschaftlichen Leistungsfähigkeit des AG berücksichtigt werden darf; fehlt dem AG zu diesem Stichtag die Anpassungsfähigkeit, so hat er die Anpassung insgesamt zu Recht unterlassen und muß bei einer später Anpassung nach diesem Stichtag bei wirtschaftlicher Leistungsfähigkeit diese Anpassung nicht mehr nachholen (*Bepler* BetrAV 2000, 25).

§ 30d [Übergangsregelung für die Zusatzversorgung]

§ 18 Abs. 6, 7 und 8 gilt für die Arbeitnehmer weiter, für die bis zum 31. Dezember 1998 ein Anspruch auf Nachversicherung nach § 18 Abs. 6 entstanden ist.

1   In der Neufassung des § 18 ist die nach Abs. 6 bestehende Nachversicherung gestrichen worden. § 30 d stellt klar, daß die Konsequenzen dieser Neuregelung nicht gelten für Ansprüche auf Nachversicherung, die bis zum 31. 12. 1998 entstanden sind. Für diese gilt die bisherige Regelung des § 18 IV bis VIII weiter.

§ 31 [Übergangsvorschrift]

Auf Sicherungsfälle, die vor dem 1. Januar 1999 eingetreten sind, ist dieses Gesetz in der bis zu diesem Zeitpunkt geltenden Fassung anzuwenden.

1   Durch Art. 91 iVm. Art. 110 **EGInsO** vom 5. 10. 1994 (BGBl. I S. 2911) wird mit Wirkung vom 1. 1. 1999 die inzwischen gegenstandslos gewordene Berlin-Klausel durch eine Übergangsvorschrift für die Insolvenzsicherung ersetzt.
2   Die Vorschrift stellt klar, daß die Veränderungen, die im BetrAVG durch die neue **Insolvenzordnung** bewirkt worden sind, erst für **Sicherungsfälle** gelten, die **nach dem 1. 1. 1999 eingetreten** sind. Zum Zeitpunkt des Inkrafttretens der InsO laufende Leistungen des PSV – auch aufgrund ab 1. 1. 1999 wegfallender Sicherungsfälle – werden selbstverständlich weitergeführt.

§ 32 [Inkrafttreten]

[1] **Dieses Gesetz tritt vorbehaltlich des Satzes 2 am Tage nach seiner Verkündung in Kraft.** [2] **Die §§ 7 bis 15 treten am 1. Januar 1975 in Kraft.**

1   Das Gesetz ist am 21. 12. 1974 verkündet worden.

210. Betriebsverfassungsgesetz

in der Fassung der Bekanntmachung vom 23. Dezember 1988 (BGBl. 1989 I S. 1, ber. S. 902)

Zuletzt geändert durch Gesetz vom 19. Dezember 1998 (BGBl. I S. 3843)

(BGBl. III/FNA 801-7)

Erster Teil. Allgemeine Vorschriften

§ 1 Errichtung von Betriebsräten

In Betrieben mit in der Regel mindestens fünf ständigen wahlberechtigten Arbeitnehmern, von denen drei wählbar sind, werden Betriebsräte gewählt.

I. Vorbemerkung

Mitbestimmung hilft, eine Abhängigkeit auszugleichen oder zumindest abzumildern, in die sich jeder begibt, der Arbeit innerhalb einer fremdbestimmten Organisation leistet. Von den ersten Versuchen einer gesetzlichen Regelung der Beteiligung von Arbeitnehmervertretern am Betriebsgeschehen durch die Nationalversammlung 1848/49 über die Arbeiterausschüsse der Arbeiterschutzgesetze im ausgehenden 19. Jahrhundert, das Betriebsrätegesetz von 1920 bis hin zum Betriebsverfassungsgesetz 1972 zieht sich der Gedanke, durch Beteiligung der Arbeitnehmerschaft ihre strukturelle Ungleichheit innerhalb eines ursprünglich allein der Disposition des Arbeitgebers unterliegenden Arbeits- und Lebensbereichs zu überwinden. Unsere Verfassung stellt die freie menschliche Persönlichkeit und ihre Würde in den Mittelpunkt (BVerfGE 12, 45, 53). Es geht bei der Mitbestimmung um nicht weniger als die „Grundsätze der Selbstbestimmung, die Achtung vor der Würde des Menschen und den Ausgleich oder den Abbau einseitiger Machtstellungen durch Kooperation der Beteiligten und die Mitwirkung an Entscheidungen durch die von der Entscheidung Betroffenen" (Bericht der Mitbestimmungskommission BT-Drucks. VI/334, S. 65). Materielle Gleichberechtigung soll vor dem Hintergrund unserer Eigentums- und Wirtschaftsordnung das Prinzip der nur formalen Gleichheit ergänzen. So könnten sich Arbeitnehmer bei der Gestaltung betrieblicher Beziehungen vom schutzbedürftigen Objekt ein Stück hin zum mitwirkenden Subjekt wandeln. In Rahmen der geltenden Betriebsverfassung sollte dieser Gedanke einer gleichberechtigten Teilhabe zumindest bei der Durchführung des Gesetzes Leitprinzip sein. Dabei kann es innerhalb einer durch arbeitsteilige Organisation geprägten kollektiven Ordnung nicht darum gehen, vorrangig Individualinteressen des Einzelnen zu verfolgen. Es kommt darauf an, einen Ausgleich divergierender Interessen der Arbeitnehmer untereinander zu finden und sie gegenüber dem Arbeitgeber geltend zu machen. Diese Aufgabe kann nur von einer kollektiven Interessenvertretung wahrgenommen werden.

Das Betriebsverfassungsgesetz stellt den Arbeitnehmervertretungen hierfür ein differenziertes System von Informations-, Anhörungs-, Beratungs-, Veto- und Initiativrechten zur Verfügung. Hierbei handelt es sich nicht (mehr) um die unterste Stufe einer verfassungsrechtlich vorgegebenen öffentlichrechtlichen Räteverfassung. Betriebsverfassungsrecht ermöglicht, die privatrechtlichen Beziehungen der Arbeitnehmerschaft zum Arbeitgeber mitzugestalten. Es beruht damit auf dem Grundsatz der Gleichordnung, nicht dem der Überordnung eines Gemeinwesens im Verhältnis zum Einzelnen (DKK/*Däubler* Einl. Rn. 60; *Fitting* Rn. 230; GK-BetrVG/*Kraft* Rn. 10). Arbeitgeber und Betriebsrat üben keine öffentlich-rechtlichen Funktionen aus, sondern ein privates Amt auf der Ebene des Betriebes. Das im Gesetz angelegte Strukturprinzip der Repräsentation stellt nur die einheitliche Interessenvertretung und damit das Funktionieren der Betriebsverfassung sicher. Normativ auf die Arbeitsverhältnisse einwirkende Regelungen beruhen auf privatrechtlichen Vereinbarungen. Zwangsschlichtungen nehmen diesen Vereinbarungen nicht ihren privatrechtlichen Charakter. Betriebsverfassungsrecht enthält öffentlich-rechtliche Strukturelemente. Es gehört aber – abgesehen von den §§ 119 bis 121 – zum Privatrecht.

II. Struktur

In der Bundesrepublik existieren zwei Grundformen der Mitbestimmung: Die betriebliche und die im Unternehmen. Die Betriebsverfassung beteiligt die Arbeitnehmer über unterschiedlich abgestufte Beteiligungsrechte an Willensbildung und Entscheidungen des Arbeitgebers im Betrieb. Nach § 2 I bindet sie dort als arbeitsrechtliche Grundordnung „soziale Macht" durch Mitbestimmung und Mitwirkung zum Wohle des Betriebes und seiner Belegschaft. Die Unternehmensverfassung beteiligt die Arbeitnehmerschaft an der Planung, Organisation und Leitung eines Unternehmens. Dies geschieht – abgesehen von der Installation des Arbeitsdirektors – nicht durch Mitwirkung an der eigentlichen Führung des Unternehmens, sondern durch die Beteiligung von Arbeitnehmervertretern an der Kontrolle der Unternehmensführung in den Aufsichtsräten. Sie ist für Kapitalgesellschaften mit mehr als 2000 Arbeitnehmern im MitbestG, für die Unternehmen des Bergbaus und der Eisen und Stahl erzeugenden Industrie im Montan-MitbestG, für herrschende Konzerngesellschaften im Montan-Bereich im MitbestErgG und in den §§ 76 ff. BetrVG 1952 für Kapitalgesellschaften geregelt, die nicht von den übrigen Mitbestimmungssystemen erfaßt werden. Eine paritätische Mitbestimmung ist bisher nicht Gesetz geworden. In der Betriebsverfassung ist sie durch die Ausbildung der einzelnen Beteiligungsrechte eingeschränkt, in der Unternehmensverfassung wird sie durch die Unterrepräsentation der Arbeitnehmervertreter im Aufsichtsrat, durch das Verfahren bei der Bestimmung des neutralen Vorsitzenden und die Letztentscheidungsregeln bei paritätischer Besetzung begrenzt. In der Regel berührt die Mitbestimmung im Betrieb nicht Entscheidungen auf Unternehmensebene. Im Unternehmen werden die strategischen Entscheidungen geplant. Im Betrieb werden sie umgesetzt. Faktisch gibt es eine Reihe von Berührungspunkten, zB bei der Mitbestimmung in wirtschaftlichen Angelegenheiten.

III. Geltungsbereich

4   **1. Persönlicher Geltungsbereich.** Das Gesetz gilt nach § 5 I für alle Arbeiter und Angestellten einschließlich der zu ihrer Berufsausbildung Beschäftigten. Dazu kommen nach § 6 I 2 und II 2 die in Heimarbeit Beschäftigten, soweit sie in der Hauptsache für den Betrieb tätig sind. Einige Bestimmungen des Gesetzes gelten nach § 14 II und III AÜG für Leiharbeitnehmer. Unter bestimmten Voraussetzungen ist § 99 BetrVG auch auf Arbeitnehmer von Fremdfirmen anzuwenden (s. § 99 Rn. 4). **Auslandstätigkeiten** von Arbeitnehmern inländischer Betriebe stellt die Frage nach dem persönlichen Anwendungsbereich des Gesetzes. Das Betriebsverfassungsgesetz erfaßt ausländische Arbeitnehmer in inländischen Betrieben. Umgekehrt gilt es für deutsche Arbeitnehmer in ausländischen Betrieben selbst dann nicht, wenn auf das Vertragsverhältnis deutsches Recht anzuwenden ist (BAG 30. 4. 1987 AP SchwbG § 12 Nr. 15). Deutsches Betriebsverfassungsrecht ist jedoch auf im Ausland tätige Mitarbeiter anzuwenden, soweit sich deren Auslandstätigkeit als „**Ausstrahlung**" des Inlandsbetriebes darstellt (BAG 22. 3. 2000 – 7 ABR 34/98). Entscheidend ist der Einzelfall. Die Frage, ob ein AN trotz seiner Auslandstätigkeit dem Inlandsbetrieb zugehört, ist grundsätzlich nach den allgemeinen Kriterien der Betriebszugehörigkeit zu entscheiden (BAG 22. 3. 2000 – 7 ABR 34/98). Besteht trotz Auslandseinsatz eine hinreichend konkrete materielle Beziehung zum Inlandsbetrieb, gilt das Betriebsverfassungsgesetz auch für dieses Arbeitnehmer (BAG 7. 12. 1989 AP Internationales Privatrecht, Arbeitsrecht Nr. 27). Dabei spielen auch Umfang und Inhalt der Weisungsbefugnis des inländischen Arbeitgebers gegenüber dem im Ausland eingesetzten Mitarbeiter (vgl. BAG 7. 12. 1989 AP Internationales Privatrecht, Arbeitsrecht Nr. 27; *Fitting* Rn. 19), seine Zugehörigkeit zur inländischen betrieblichen Arbeitsorganisation (DKK/*Trümner* § 5 Rn. 52) eine Rolle. Vorübergehend im Ausland eingesetzte Arbeitnehmer inländischer Betriebe fallen damit unter den persönlichen Geltungsbereich des Gesetzes, soweit sie dort – zB als Montagearbeiter, LKW-Fahrer oder Fliegendes Personal – außerhalb einer betrieblichen Organisation beschäftigt werden (BAG 25. 4. 1978 AP Internationales Privatrecht, Arbeitsrecht Nr. 16; *Richardi* Einl. Rn. 69; *Fitting* Rn. 17; GK-BetrVG/*Kraft* Rn. 25). Ist der Einsatz zeitlich beschränkt – zB bei einer Vertretung oder der Erledigung eines zeitlich befristeten Auftrages, der Vereinbarung eines Rückrufrechts – kann das Betriebsverfassungsgesetz auch auf Arbeitnehmer des inländischen Betriebes anzuwenden sein, die im Ausland in eine betriebliche Organisation eingegliedert tätig sind (BAG 25. 4. 1978 und 7. 12. 1989 AP Internationales Privatrecht, Arbeitsrecht Nr. 16, 27; *Fitting* Rn. 18; GK-BetrVG/*Kraft* Rn. 25; HSG/*Hess* vor § 1 Rn. 6). Es ist über § 14 AÜG auch anwendbar, wenn ein in Deutschland ansässiger Vertragsarbeitgeber AN an den Inhaber eines im Ausland liegenden Betriebs verleiht (BAG 22. 3. 2000 – 7 ABR 34/98). Die erforderliche materielle Beziehung zum Inlandsbetrieb fehlt, wenn Arbeitnehmer nur für einen Auslandseinsatz von einem inländischen Betrieb eingestellt werden (BAG 21. 10. 1980 AP Internationales Privatrecht, Arbeitsrecht Nr. 17; *Fitting* Rn. 20; aA GK-BetrVG/*Kraft* Rn. 25), selbst wenn man sie dort kurzzeitig auf den Auslandseinsatz vorbereitet (*Fitting* Rn. 19). Das gleiche gilt, wenn sie dem inländischen Betrieb noch nicht angehört haben und für einen einmaligen Auslandseinsatz befristet eingestellt werden (BAG 21. 10. 1980 AP Internat. Privatrecht, Arbeitsrecht Nr. 17). Soweit Arbeitnehmer trotz Auslandseinsatz unter den persönlichen Geltungsbereich des Gesetzes fallen, steht ihnen das aktive und passive Wahlrecht nach den §§ 7 und 8 zu (BAG 27. 5. 1981 AP BetrVG 1972 § 42 Nr. 3). Sie können an Betriebsversammlungen teilnehmen (s § 42 Rn. 3) und zählen mit, wenn es um die Betriebsgröße geht – §§ 1, 9, 19, 38, 99, 106, 110, 111. Der Betriebsrat kann Mitbestimmungsrechte in personellen Angelegenheiten und in den sozialen Angelegenheiten wahrnehmen, welche sich auf diese Arbeitnehmer auswirken – zB bei Kündigung (BAG 7. 12. 1989 AP Internationales Privatrecht, Arbeitsrecht Nr. 16) oder Versetzung (BAG 18. 2. 1986 AP BetrVG 1972 § 99 Nr. 33). Betriebsvereinbarungen – zB Sozialpläne – für diese Arbeitnehmer sind möglich (*Fitting* Rn. 23; *Richardi* Einl. Rn. 76).

2. **Räumlicher Geltungsbereich.** Das Gesetz gilt für die innerhalb der Grenzen der Bundesrepublik **5** Deutschland gelegenen Betriebe – sog. **Territorialitätsprinzip** (BAG 7. 12. 1989 AP Internat. Privatrecht Nr. 27; BAG 22. 3. 2000 – 7 ABR 34/98). Dabei kommt es weder auf die Staatsangehörigkeit des Arbeitgebers noch auf die der Arbeitnehmer an (BAG 9. 11. 1977 und 7. 12. 1989 AP Internationales Privatrecht, Arbeitsrecht Nr. 13, 27; BAG 22. 3. 2000 – 7 ABR 34/98); ebensowenig auf das Vertragsstatut der Beschäftigten (BAG 9. 11. 1977 und 25. 4. 1978 AP Internat. Privatrecht, Arbeitsrecht Nr. 13, 16; BAG 22. 3. 2000 – 7 ABR 34/98). Das Gesetz gilt für inländische Betriebe ausländischer Unternehmen, nicht für ausländische Betriebe, Nebenbetriebe oder Betriebsteile inländischer Unternehmen (BAG 10. 9. 1985 AP BetrVG 1972 § 117 Nr. 3; BAG 22. 3. 2000 – 7 ABR 34/98; *Fitting* Rn. 10; GK-BetrVG/*Kraft* Rn. 20; HSG/*Hess* vor § 1 Rn. 2, 3). Für inländische Betriebe eines ausländischen Unternehmens können Gesamtbetriebsräte und ein Wirtschaftsausschüsse gebildet werden (s. § 47 Rn. 6; § 106 Rn. 2; BAG 1. 10. 1974 und 31. 10. 1975 AP BetrVG 1972 § 106 Nr. 1, 2; HSG/*Hess* vor § 1 Rn. 2; *Fitting* Rn. 13); die §§ 110, 111 ff. sind auf die Arbeitnehmer ihrer inländischen Betriebe anzuwenden (*Fitting* Rn. 13; GK-BetrVG/*Kraft* Rn. 19). Konzernbetriebsräte können nur für Konzerne gebildet werden, die ihren Sitz im Inland haben oder bei denen ein im Inland gelegenes Unternehmen als inländische Zentrale den anderen im Leitungswege übergeordnet ist (s § 54 Rn. 7; *Fitting* Rn. 14)

3. **Gegenständlicher Geltungsbereich.** Das Gesetz gilt grundsätzlich für alle Betriebe der Privat- **6** wirtschaft. Ist der Inhaber eine juristische Person des öffentlichen Rechts, sind nach § 130 die PersVGe anzuwenden. Für die Religionsgemeinschaften, ihre karitativen und erzieherischen Einrichtungen gelten statt dieses Gesetzes eigene Vertretungsordnungen und -gesetze. In den „Tendenzbetrieben" gilt das Gesetz nach § 118 II eingeschränkt (s § 118 Rn. 17 ff.). Für die bei Luftfahrtunternehmen im Flugbetrieb Beschäftigten können nach § 117 II nur durch Tarifverträge besondere Vertretungen gebildet werden. Für die Seeschiffahrt bestehen in den §§ 114–116 Sonderrregelungen. Aus Anlaß der Umwandlung der Bundesbahn in die Deutsche Bahn AG wurde gesetzliche Übergangsmandate der Personalräte geschaffen. Auf die umgewandelten Teile der Deutschen Bundespost – Deutsche Post AG, Deutsche Postbank AG, Deutsche Telekom AG – ist das BetrVG anzuwenden, soweit das PostPersRG nichts anderes bestimmt. Die dort beschäftigten Beamten haben einen betriebsverfassungsrechtlichen Sonderstatus. Er wirkt sich bei der Wahl des Betriebsrates, bei der Ausübung der Beteiligungsrechte und bei der Zusammensetzung von Gesamt- und Konzernbetriebsrat aus.

IV. Einheiten

Das Gesetz definiert nicht den **Betrieb.** Die für andere Rechtsgebiete gefundenen Begriffsbestim- **7** mungen können nicht ohne weiteres herangezogen werden (DKK/*Trümner* Rn. 31; *Fitting* Rn. 54; GK-BetrVG/*Kraft* § 4 Rn. 3). Der betriebsverfassungsrechtliche Betriebsbegriff kann nicht in jedem Fall dorthin übernommen werden. So gilt die Betriebsfiktion des § 4 (bisher) nicht im KSchG (BAG 21. 6. 1995 – 2 AZR 693/94 – nv). Im Anwendungsbereich von § 613 a BGB hat das BAG die Rechtsprechung des EuGH zur EG-Richtlinie 77/187 übernommen (BAG 22. 1. 1998 AP BGB § 613 a Nr. 173 und 174). Entscheidend ist danach eine auf Dauer angelegte wirtschaftliche Einheit, eine organisatorische Gesamtheit von Personen und Sachen zur Ausübung einer wirtschaftlichen Tätigkeit mit eigener Zielsetzung, die nicht auf die Ausführung eines bestimmten Vorhabens beschränkt ist (EuGH 19. 9. 1995 AP BGB § 613 a Nr. 133). Zur Massentlassungsrichtlinie 75/129 definiert der EuGH den Betrieb als Einheit, der die von der Entlassung betroffenen Arbeitnehmer zur Erfüllung ihrer Aufgaben angehören (EuGH 7. 12. 1995 NZA 96, 471). Tarifverträgen können für ihren Geltungsbereich den Betriebsbegriff selbst festlegen (BAG 11. 9. 1991 AP TVG § 1 Tarifverträge: Bau Nr. 145). Für das BetrVG gilt folgende **Grunddefinition:** Betrieb ist die organisatorische Einheit, innerhalb derer ein Arbeitgeber allein oder zusammen mit den von ihm beschäftigten Arbeitnehmern bestimmte arbeitstechnische Zwecke fortgesetzt verfolgt, die sich nicht in der Befriedigung des Eigenbedarfs erschöpfen. Dazu müssen die in einer Betriebsstätte vorhandenen materiellen und immateriellen Betriebsmittel für den oder die verfolgten arbeitstechnischen Zwecke zusammengefaßt, geordnet, gezielt eingesetzt und die menschliche Arbeitskraft von einem einheitlichen Leitungsapparat gesteuert werden (BAG 14. 5. 1997 AP BetrVG 1972 § 8 Nr. 6; BAG 18. 3. 1997 AP BetrAVG § 1 Betriebsveräußerung Nr. 16; s. weiter § 4 Rn. 2 ff.). Das BetrVG definiert ebensowenig das **Unternehmen.** Es setzt den Begriff voraus und versteht darunter die organisatorische Einheit, mit der Unternehmer ihre wirtschaftlichen oder ideellen Zwecke verfolgen (BAG 7. 8. 1986 AP BetrVG 1972 § 1 Nr. 5). Die Einheit des Rechtsträgers steht dabei im Mittelpunkt (s. hierzu § 47 Rn. 3 ff.). Für den **Konzern** verweist das BetrVG grundsätzlich auf § 18 I AktG (s. § 54 Rn. 2 ff.). § 18 a Abs. 3 meint auch den Gleichordnungskonzern (*Fitting* § 18 a Rn. 35; GK-BetrVG/*Kreutz* § 18 a Rn. 58).

V. Beteiligte

Die wichtigsten Normadressaten sind Betriebsrat und Arbeitgeber, nicht die **Belegschaft.** Sie wird als **8** Gemeinschaft vom Betriebsrat repräsentiert. Die Arbeitnehmer besitzen – von wenigen Ausnahmen abgesehen – keine Befugnisse im Rahmen der Betriebsverfassung, welche sie selbst ausüben können. Sie wählen den Betriebsrat, nehmen nach den §§ 42 I, 71 an den im Gesetz vorgesehenen Versammlungen teil und müssen vom Unternehmen nach § 110 informiert werden. Der **Arbeitgeber** braucht die ihm zustehenden Rechte und Pflichten nicht in Person auszuüben und zu erfüllen. Als juristische Person wird er auch in der Betriebsverfassung von seinen Organen bzw. den vertretungsberechtigten Gesellschaftern vertreten. Diese können sich rechtsgeschäftlich durch einen an der Betriebsleitung beteiligten verantwortlichen Arbeitnehmer vertreten lassen. Er muß bei wichtigen Verhandlungen entscheidungsbefugt sein (BAG 21. 12. 1991 AP BetrVG 1972 § 90 Nr. 2). In der Insolvenz nehmen die Verwalter die betriebsverfassungsrechtlichen Rechte und Pflichten des Gemeinschuldners wahr (DKK/*Schneider* Einl. Rn. 139; GK-BetrVG/*Kraft* Rn. 47). Beim **Betriebsrat** handelt es sich nicht um ein Vertretungsorgan der Gewerkschaften im Betrieb (HSG/*Hess* § 2 Rn. 26). Aktives und passives Wahlrecht zum Betriebsrat sind nicht von einer Verbandsmitgliedschaft abhängig. Jedes Betriebsratsmitglied repräsentiert alle Beschäftigten, auch soweit sie nicht oder in anderen Gewerkschaften organisiert sind (BVerfG 27. 3. 1979 AP Art. 9 GG Nr. 31). Der Betriebsrat besitzt als wichtigster Träger der Beteiligungsrechte keine eigene Rechtspersönlichkeit. Er ist weder rechtsfähig, noch vermögensfähig (BAG 24. 4. 1986 AP BetrVG 1972 § 87 Sozialeinrichtungen Nr. 7). In der Betriebsverfassung wird er im eigenen Namen kraft Amtes tätig. Seine Rechte kann er gerichtlich durchsetzen. Im Beschlußverfahren ist er nach § 10 ArbGG beteiligungsfähig (parteifähig). Er darf grundsätzlich nicht die Interessen eines einzelnen Arbeitnehmers verfolgen. Seine Aufgabe ist der Schutz der Belegschaft (BAG 17. 10. 1989 AP BetrVG 1972 § 112 Nr. 53). In wenigen Fällen kann er nach den §§ 82 ff. vom einzelnen Arbeitnehmer ausdrücklich ermächtigt werden oder sich deren Interessen zu eigen machen. Im übrigen kann er individuelle Ansprüche der Arbeitnehmer weder außergerichtlich noch gerichtlich geltend machen (BAG 24. 2. 1987 AP BetrVG 1972 § 80 Nr. 28). Soweit er mit der Wahrnehmung der Belegschaftsinteressen auch die einzelner Arbeitnehmer verfolgt, entstehen daraus keine Ansprüche gegen den Betriebsrat. Er ist de jure nicht von der Zustimmung der Arbeitnehmerschaft abhängig. Ihr Mißtrauensvotum ist rechtlich ohne Bedeutung. Es gibt kein imperatives Mandat (BAG 27. 9. 1989 AP BetrVG 1972 § 42 Nr. 5). Er vertritt die Rechte von Angestellten und gewerblichen Arbeitnehmern. Die jeweilige Minderheit wird besonders geschützt. Die einzelnen Mitglieder dürfen sich jedoch nicht in erster Linie als Vertreter ihrer Gruppen verstehen. Datenschutzrechtlich ist der Betriebsrat als Organ der Betriebsverfassung nach § 3 VIII BDSG Teil der speichernden Stelle. Imformationen des Arbeitgebers an den Betriebsrat stellen keine Übermittlung nach § 3 V Nr. 3 BDSG dar. Ebensowenig wird der Informationsfluß zwischen dem Betriebsrat und seinen Ausschüssen oder der Jugend- und Auszubildendenvertretung vom BDSG erfaßt (*Fitting* Rn. 180 ff.). Kraft Gesetz tritt der Betriebsrat auch in Beziehung zu Dritten außerhalb des Betriebes – zB nach den §§ 17 KSchG oder 8, 72 AFG. Solche Außenbeziehungen können daneben zu Sachverständigen, Rechtsanwälten, Gewerkschaftsbeauftragen, zu den Betriebsräten anderer Betriebe, zu Gerichten oder den Behörden der Arbeitsverwaltung entstehen. Grundsätzlich ist das Recht des Betriebsrates, Interessen der Arbeitnehmer wahrzunehmen durch keine Norm beschränkt. Es muß sich nur um die Wahrnehmung von Aufgaben handeln, die dem Betriebsrat übertragen sind (BAG 18. 9. 1991 AP BetrVG 1972 § 40 Nr. 40). Dabei ist er in der Wahl seiner Mittel grundsätzlich frei. Grenzen ergeben sich aus den allgemeinen Bestimmungen wie zB den §§ 2, 74 II, 77 I S. 2 und 79. Die **Betriebsratsmitglieder** dürfen nach § 78 S. 1 in der Ausübung ihrer Tätigkeit weder gestört noch behindert werden. Dies Verbot richtet sich nicht nur gegen den Arbeitgeber, sondern gegen jedermann. Sie dürfen nach § 78 S. 2 wegen ihrer Betriebsratstätigkeit weder benachteiligt, noch begünstigt werden. Sie üben nach § 37 I ihr Amt unentgeltlich aus. Für die Dauer der Betriebsratstätigkeit und des Besuchs von Schulungsveranstaltungen besteht nach § 37 ein Anspruch auf Fortzahlung ihrer Vergütung. Sie sind nach § 37 IV und V wirtschaftlich und und in ihrer beruflichen Entwicklung abgesichert. Die §§ 103 und 15 KSchG schützen sie – auch für ein Jahr nach Beendigung ihres Amtes – besonders gegen Kündigungen.

VI. Beteiligungsrechte

9   Als **Formen der Beteiligung** kennt das Gesetz Unterrichtungsrechte als allgemeinen Informationsanspruch (§ 80 II 1) oder zugeordnet zu Beteiligungsrechten (zB §§ 99, 102, 111), Anhörungs- und Vorschlagsrechte (zB § 92 II, 102), Beratungsrechte (zB §§ 90 II, 111) und Mitbestimmungsrechte in der Form von Zustimmungsverweigerungs(Veto-)rechten (§ 99) oder der Zustimmungserfordernis bzw. Initiativrechten (§§ 87 I, 103). Bei der Ausübung von Mitbestimmungsrechten entscheiden Rechtsfragen – wie ist die Rechtslage? (zB § 99 IV) – im Streitfall meist die Arbeitsgerichte Regelungsfragen – was soll in Zukunft für die Beteiligten gelten und rechtens sein? (zB § 87 II) – werden weit überwiegend von Einigungsstellen entschieden. Die Beteiligungsrechte insgesamt werden über individualrechtliche, kollektivrechtliche und strafrechtliche Sanktionen abgesichert. Sie sind ausdrücklich im Gesetz enthalten – zB §§ 102 I 2, 113, 23 III, 121 – oder wurden durch die Rechtsprechung – Theorie der Wirksamkeitsvoraussetzung (BAG 14. 1. 1986 AP BetrVG 1972 § 87 Ordnung des Betriebes Nr. 10), allgemeiner Unterlassungsanspruch (BAG 3. 5. 1994 AP BetrVG 1972 § 23 Nr. 23) – entwickelt (s. § 23 Rn. 34; Einl. § 74 Rn. 28 ff.).

10   Die **Abänderung von Beteiligungsrechten** ist nur in Grenzen möglich. Die Vorschriften zu Wahl und Organisation des Betriebsrates sind zwingend, soweit nicht das Gesetz selbst – wie in den §§ 3,

VII. Haftung   § 1   BetrVG   210

38 I, 47 IV–VI, 55 IV, 72 IV–VI, 117 II – Ausnahmen zuläßt (*Fitting* Rn. 213; *Richardi* Einl. Rn. 139). Die in den §§ 81 ff. enthaltenen Individualrechte der Arbeitnehmer können durch Betriebsvereinbarung und Tarifvertrag erweitert werden (*Fitting* Rn. 226). Auf die gesetzlichen Beteiligungsrechte kann nicht wirksam verzichtet werden (BAG 14. 2. 1967 AP BetrVG § 56 Wohlfahrtseinrichtungen Nr. 9). Sie lassen sich ebensowenig abstrakt durch Kollektivvereinbarung einschränken (*Richardi* Einl. Rn. 140; *Fitting* Rn. 215; GK-BetrVG/*Kraft* Rn. 58). Sie können jedenfalls in den Grenzen der funktionalen Zuständigkeit des Betriebsrates weitgehend durch freiwillige **Betriebsvereinbarungen** erweitert werden. Dies gilt sowohl für die sozialen Angelegenheiten (BAG AP BetrVG § 57 Nr. 3; DKK/*Däubler* Einl. Rn. 85; *Fitting* Rn. 219; GK-BetrVG/*Wiese* § 87 Rn. 10), als auch für die allgemeinen personellen Angelegenheiten (DKK/*Däubler* Einl. Rn. 85; *Fitting* Rn. 221; GK-BetrVG/*Kraft* vor § 92 Rn. 25; aA *Richardi* Einl. Rn. 135). Die Mitbestimmung bei den personellen Einzelmaßnahmen läßt sich durch Betriebsvereinbarung erweitern, soweit dies nicht zu Lasten der einzelnen Arbeitnehmer geht (GK-BetrVG/*Kraft* vor § 92 Rn. 24; ähnlich *Fitting* Rn. 222; weitergehend DKK/*Däubler* Einl. Rn. 85; aA *Richardi* Einl. Rn. 135). Für den Bereich der wirtschaftlichen Angelegenheiten wird eine Erweiterung der Beteiligungsrechte durch Betriebsvereinbarung zum Teil für möglich gehalten (DKK/*Däubler* Einl. Rn. 85; *Fitting* Rn. 224), im übrigen jedenfalls für weite Teile abgelehnt (*Richardi* Einl. Rn. 135; GK-BetrVG/*Fabricius* vor § 106 Rn. 86). Die Ausweitung der Mitbestimmung durch **Tarifvertrag** hat keine größere praktische Bedeutung. Arbeitgeber werden sie nicht in Angriff nehmen, Arbeitnehmer werden sie idR nicht erstreiken wollen. Durch Tarifvertrag kann grundsätzlich die Mitbestimmung in sozialen Angelegenheiten (BAG 16. 7. 1985 AP BetrVG 1972 § 87 Lohngestaltung Nr. 17; DKK/*Däubler* Einl. Rn. 81; *Fitting* Rn. 216; GK-BetrVG/*Wiese* § 87 Rn. 11; aA *Richardi* Einl. Rn. 137 ff.; s Einl. § 74 Rn. 4 ff.) und in personellen Angelegenheiten erweitert werden (BAG 31. 1. 1995 AP BetrVG 1972 § 118 Nr. 56; DKK/*Däubler* Einl. Rn. 81; *Fitting* Rn. 216; eingeschränkt GK-BetrVG/*Kraft* vor § 92 Rn. 27; aA *Richardi* Einl. Rn. 137 ff.; s. Einl. § 74 Rn. 4 ff.). Die Ausweitung der Beteiligungsrechte in wirtschaftlichen Angelegenheiten durch Tarifvertrag wird von den einen rundweg abgelehnt (*Richardi* Einl. Rn. 137 ff.), andere halten sie jedenfalls für Teilbereiche der wirschaftlichen Mitbestimmung mit unterschiedlichen Abstufungen für möglich (DKK/*Däubler* Einl. Rn. 81; *Fitting* Rn. 224; GK-BetrVG/*Fabricius* vor § 106 Rn. 87; s. Einl. vor § 74 Rn. 7 ff.). Mitbestimmung begrenzt die unternehmerische Entscheidungsfreiheit. Ihre Ausweitung durch Tarifvertrag verlangt eine praktische Konkordanz von Art 9 III GG und Art. 12 GG. Diese kann gerade bei der Beteiligung in wirtschaftlichen Angelegenheiten nicht generell, sondern nur für den Einzelfall gefunden werden.

VII. Haftung

Der **Betriebsrat** ist im allgemeinen Rechtsverkehr nicht rechtsfähig. Er ist grundsätzlich auch nicht 11
vermögensfähig (BAG 24. 4. 1986 AP BetrVG 1972 § 87 Sozialeinrichtungen Nr. 7; DKK/*Schneider* Einl. Rn. 122; *Richardi* Einl. Rn. 111; *Fitting* Rn. 185; GK-BetrVG/*Kraft* Rn. 74). Er besitzt nur eine betriebsverfassungsrechtliche Teilrechtsfähigkeit. Dies gilt ua. für den Informationsanspruch nach § 80 II und seine Beteiligungsfähigkeit nach § 10 ArbGG. Im Rahmen der Betriebsverfassung kann er auch Träger vermögensrechtlicher Ansprüche und Rechtspositionen sein, wie § 40 zeigt (DKK/*Schneider* Einl. Rn. 123; GK-BetrVG/*Kraft* Rn. 75). Beim Abschluß von Verträgen mit Dritten wird der Betriebsrat nicht Schuldner. Der Arbeitgeber wird nur verpflichtet, wenn er dem Betriebsrat Vollmacht erteilt hat, eine Vertretungsmacht kraft Gesetz besteht nicht (DKK/*Schneider* Einl. Rn. 126; *Fitting* Rn. 187; GK-BetrVG/*Kraft* Rn. 76). Darf der Betriebsrat Sachverständige oder Anwälte beiziehen, muß der Arbeitgeber daher die Verträge abschließen (*Fitting* Rn. 188). Vom Betriebsrat benannte Beisitzer in Einigungsstellen erwerben kraft Gesetz nach § 76 a III einen Honoraranspruch gegen den Arbeitgeber. Der Betriebsrat haftet als Organ nicht aus unerlaubter Handlung (DKK/*Schneider* Einl. Rn. 130; *Richardi* vor § 26 Rn. 8; HSG/*Hess* vor § 1 Rn. 27; *Fitting* Rn. 190; GK-BetrVG/*Kraft* Rn. 78). Dies gilt nach § 85 II ArbGG auch für Ansprüche aus § 945 ZPO. Für seine unerlaubten Handlungen haften ebensowenig die Arbeitnehmer oder der Arbeitgeber (*Fitting* Rn. 191; GK-BetrVG/*Kraft* Rn. 86 f.).

Die einzelnen **Betriebsratsmitglieder** haften nach den allgemeinen Regeln. Handeln sie „im Namen 12
des Betriebsrates" außerhalb der im BetrVG geregelten Bereiche, haften sie persönlich (BAG 24. 4. 1986 AP BetrVG 1972 § 87 Sozialeinrichtungen Nr. 7; *Fitting* Rn. 193; GK-BetrVG/*Kraft* Rn. 79). Schließen sie im eigenen Namen Verträge ab, haften sie ebenso nach den schuldrechtlichen Bestimmungen. Soweit die Kostentragungspflicht des Arbeitgebers reicht, haben sie aber einen Freistellungs- oder Erstattungsanspruch (BAG 27. 3. 1979 AP ArbGG 1953 § 80 Nr. 7). Betriebsratsmitglieder haften grundsätzlich wie andere Arbeitnehmer aus unerlaubter Handlung und sittenwidriger Schädigung. Eine „amtsbedingte" Ausweitung der Haftung findet nicht statt. In der Inanspruchnahme von Mitbestimmungsrechten liegt keine Pflichtverletzung. Das Betriebsverfassungsrecht schafft kein deliktisches Sonderrecht für Amtspflichtverletzungen von betriebsverfassungsrechtlichen Amtsträgern (*Fitting* Rn. 194, 195; HSG/*Hess* vor § 1 Rn. 31; GK-BetrVG/*Kraft* Rn. 83). Ebensowenig gibt es eine „amtsbedingte" Privilegierung, etwa eine Beschränkung der Haftung auf Vorsatz (HSG/*Hess* vor § 1 Rn. 32; GK-BetrVG/*Kraft* Rn. 81, 83; aA DKK/*Schneider* Einl. Rn. 131). Handeln mehrere Betriebs-

ratsmitglieder gemeinschaftlich, gelten die §§ 830, 840 BGB. Beruht die unerlaubte Handlung auf einem Beschluß des Betriebsrates, haften nur die Betriebsratsmitglieder, die dem Beschluß zugestimmt haben (*Richardi* vor § 26 Rn. 16; *Fitting* Rn. 201; GK-BetrVG/*Kraft* Rn. 85). Auch eine Haftung gegenüber den Arbeitnehmern kommt in Betracht (*Fitting* Rn. 199; GK-BetrVG/*Kraft* Rn. 83; aA DKK/*Schneider* Einl. Rn. 131). Sie ist jedenfalls nicht schon ausgeschlossen, weil es sich beim Betriebsratsamt um eine Ehrenamt handelt.

VIII. Betriebsratsfähigkeit

13 Die Mindestzahl von 5 Arbeitnehmern ist nicht nur Voraussetzung für die Errichtung, sondern auch für den Fortbestand eines Betriebsrates. Sinkt die Zahl der ständig beschäftigten wahlberechtigten Arbeitnehmer nicht nur vorübergehend unter diese Zahl, endet das Amt des Betriebsrates (DKK/*Trümner* Rn. 135; *Fitting* Rn. 235; GK-BetrVG/*Kraft* Rn. 70). Wer Arbeitnehmer ist, bestimmt § 5 (s. dort Rn. 2 ff.). Leitende Angestellte nach § 5 III zählen nicht mit. Auf sie ist das Gesetz insoweit nicht anzuwenden (*Richardi* Rn. 98; *Fitting* Rn. 236; GK-BetrVG/*Kraft* Rn. 68). Das Gesetz berücksichtigt nur **ständig Beschäftigte.** Damit meint es nicht die Arbeitszeit. Auch Teilzeitbeschäftigte sind ständig beschäftigt (*Richardi* Rn. 102; *Fitting* Rn. 238; GK-BetrVG/*Kraft* Rn. 63). Es kommt auf den Arbeitsplatz, die Arbeitsaufgabe, nicht auf den Arbeitnehmer an. Neueingestellte sind ständig beschäftigt, wenn sie nicht von vornherein nur für eine begrenzte Zeit beschäftigt werden sollen (*Fitting* Rn. 242; GK-BetrVG/*Kraft* Rn. 62). Dies gilt auch für die Vereinbarung einer Probezeit im Rahmen eines unbefristeten oder langfristigen Arbeitsverhältnisses (*Richardi* Rn. 101; *Fitting* Rn. 242; GK-BetrVG/*Kraft* Rn. 62). Wer – wie Aushilfen oder Saisonarbeiter – von vornherein im Hinblick auf eine begrenzte Arbeitsaufgabe nur vorübergehend beschäftigt werden soll, gehört nicht zu den ständig Beschäftigten (HSG/*Hess* Rn. 27; GK-BetrVG/*Kraft* Rn. 67). Unechte Leiharbeitnehmer zählen im Entleiherbetrieb schon nach § 14 II AÜG nicht mit, weil sie weder wahlberechtigt, noch wählbar sind (GK-BetrVG/*Kraft* Rn. 64). Bei der nichtgewerbsmäßigen Arbeitnehmerüberlassung zählen die Leiharbeitnehmer jedenfalls dann nicht mit, wenn im Einzelfall die Wertungsvoraussetzungen des § 14 AÜG nicht vorliegen, weil zwischen Verleiher und Arbeitnehmer keine betriebliche Bindung mehr besteht und sie dauerhaft in den Betrieb des Entleihers eingegliedert sind (*Fitting* § 5 Rn. 72; GK-BetrVG/*Kraft* Rn. 64; aA BAG 18. 1. 1989 AP BetrVG 1972 § 9 Nr. 1). Die unterschiedslose analoge Anwendung von § 14 II AÜG blendet für diese Fälle die fehlende Vergleichbarkeit der betriebsverfassungsrechtlichen Interessenlage aus.

14 Soweit Gesetz auf die Zahl der „**in der Regel**" Beschäftigten abstellt – zB in den §§ 9 I, 14 VI, 99 I, 106 I, 110 I, 111 S. 1, 115 I u. II, 116 II – kommt es nicht darauf an, wieviele Arbeitnehmer an einem Stichtag - zB bei Einleitung der Wahl (BAG 12. 10. 1976 AP BetrVG 1972 § 8 Nr. 1) – beschäftigt sind. Maßgebend ist die Zahl der regelmäßig mit ständigen Arbeitnehmern besetzten Positionen. Ausschlaggebend ist nicht die Durchschnittszahl der Beschäftigten als mathematisches Mittel, sondern der Normalzustand (*Fitting* Rn. 237; *Richardi* Rn. 104; GK-BetrVG/*Kraft* Rn. 64; HSG/*Hess* Rn. 28). Dazu muß in die Vergangenheit geblickt und die zukünftige Entwicklung eingeschätzt werden (BAG 22. 2. 1983 AP BetrVG 1972 § 113 Nr. 7). Zeiten außergewöhnlich gesteigerter Tätigkeit – Inventur, Weihnachtsgeschäft – bleiben ebenso unberücksichtigt, wie Zeiten vorübergehenden Arbeitsrückgangs – Urlaubszeiten oder Nachsaison im Hotelgewerbe. Teilzeitbeschäftigte rechnen nach Köpfen. Aushilfskräfte sind mitzuzählen, soweit eine bestimmte Anzahl regelmäßig beschäftigt wird (DKK/*Trümner* Rn. 132; *Fitting* Rn. 238). Beurlaubte, Kranke, wegen Wehr- oder Zivildienst bzw. Erziehungsurlaub Abwesende, Arbeitnehmerinnen im Mutterschutz (BAG 19. 7. 1983 AP BetrVG 1972 § 113 Nr. 23) zählen ebenfalls mit, nicht ihre Vertreter, sonst würde doppelt gezählt. Zur Berufsausbildung Beschäftigte, Volontäre, Umschüler, Praktikanten müssen angerechnet, Helfer im freiwilligen sozialen Jahr dürfen nicht berücksichtigt werden (BAG 12. 2. 1992 AP BetrVG 1972 § 5 Nr. 52). Im Saisonbetrieb gehören die „Saisonarbeiter" nicht zu den regelmäßig Beschäftigten, es sei denn, die Saison dauert den überwiegenden Teil eines Jahres an (*Fitting* Rn. 240; GK-BetrVG/*Kraft* Rn. 67). Im Kampagnebetrieb – d. h. einem Betrieb, der nur für eine bestimmte Dauer im Jahr besteht oder nur während dieser Zeit tätig ist – kommt es auf die Normalbelegschaft während der Kampagne an (*Fitting* Rn. 240; GK-BetrVG/*Kraft* Rn. 67; HSG/*Hess* Rn. 28; *Richardi* Rn. 107). Die Arbeitnehmer in nicht betriebsratsfähigen Nebenbetrieben und Betriebsteilen werden mitgerechnet (*Fitting* Rn. 243; *Richardi* Rn. 96). Wer **wahlberechtigt** und wer **wählbar** ist, folgt aus den §§ 7 und 8.

§ 2 Stellung der Gewerkschaften und Vereinigungen der Arbeitgeber

(1) Arbeitgeber und Betriebsrat arbeiten unter Beachtung der geltenden Tarifverträge vertrauensvoll und im Zusammenwirken mit den im Betrieb vertretenen Gewerkschaften und Arbeitgebervereinigungen zum Wohl der Arbeitnehmer und des Betriebs zusammen.

(2) Zur Wahrnehmung der in diesem Gesetz genannten Aufgaben und Befugnisse der im Betrieb vertretenen Gewerkschaften ist deren Beauftragten nach Unterrichtung des Arbeitgebers

oder seines Vertreters Zugang zum Betrieb zu gewähren, soweit dem nicht unumgängliche Notwendigkeiten des Betriebsablaufs, zwingende Sicherheitsvorschriften oder der Schutz von Betriebsgeheimnissen entgegenstehen.

(3) Die Aufgaben der Gewerkschaften und der Vereinigungen der Arbeitgeber, insbesondere die Wahrnehmung der Interessen ihrer Mitglieder, werden durch dieses Gesetz nicht berührt.

I. Vertrauensvolle Zusammenarbeit

Bei **Abs.** 1 handelt es sich nicht um eine generalklauselartige Kompetenznorm. Die Vorschrift 1 begründet weder Mitbestimmungsrechte noch schränkt sie diese Rechte ein (*Fitting* Rn. 10; GK-BetrVG/*Kraft* Rn. 7, 13; *Richardi* Rn. 21). Sie regelt als unmittelbar verpflichtende Rechtsnorm verbindlich das Verhalten der Betriebspartner (*Fitting* Rn. 10; *Richardi* Rn. 6; GK-BetrVG/*Kraft* Rn. 7) und konkretisiert für die Betriebsverfassung das Gebot von Treu und Glauben (BAG 21. 4. 1983 AP BetrVG 1972 § 40 Nr. 20; GK-BetrVG/*Kraft* Rn. 13; *Richardi* Rn. 7). Kooperation tritt an die Stelle von Konfrontation. Die bestehenden Interessengegensätze werden damit nicht geleugnet. Vertrauensvolle Zusammenarbeit schließt die Wahrnehmung gegensätzlicher Interessen nicht aus. Dies soll jedoch nach dem Prinzip der Legalität, in gegenseitiger Rücksichtsnahme, „Ehrlichkeit und Offenheit" geschehen (BAG 22. 5. 1959 AP BetrVG § 23 Nr. 5; *Fitting* Rn. 9; GK-BetrVG/*Kraft* Rn. 15). Abs. 1 ist bei der Auslegung des Gesetzes zu beachten und wirkt so direkt auf den Inhalt aller Einzelrechte und -pflichten der Betriebspartner ein (BAG 21. 2. 1978 AP BetrVG 1972 § 74 Nr. 1; *Fitting* Rn. 10; GK-BetrVG/*Kraft* Rn. 15; *Richardi* Rn. 18). **Adressat** des Gebotes sind in erster Linie die Betriebspartner. Es regelt weder die Zusammenarbeit im Betriebsrat (BAG 5. 9. 1967 AP BetrVG § 23 Nr. 8; *Fitting* Rn. 11; GK-BetrVG/*Kraft* Rn. 10), noch das Verhältnis von Arbeitgeber zu den einzelnen Arbeitnehmern oder der Arbeitnehmer untereinander (BAG 13. 7. 1962 AP BGB § 242 Nr. 1; GK-BetrVG/*Kraft* Rn. 10; *Richardi* Rn. 8). Die Vorschrift erfaßt alle betriebsverfassungsrechtlichen Gremien. Sie richtet sich neben dem Arbeitgeber und Betriebsrat an den Gesamtbetriebsrat, Konzernbetriebsrat, die Jugend- und Auszubildendenvertretungen, die Schwerbehindertenvertretung und die Sondervertretungen nach § 3 (GK-BetrVG/*Kraft* Rn. 9; *Richardi* Rn. 11). Sie betrifft die Ausschüsse des Betriebsrates, soweit ihnen Aufgaben zur selbständigen Erledigung übertragen wurden (*Richardi* Rn. 6). Zur vertrauensvollen Zusammenarbeit sind ebenso die einzelnen Arbeitnehmer als Mitglieder dieser Institutionen, die im Betrieb vertretenen Gewerkschaften und Arbeitgebervereinigungen verpflichtet, soweit sie betriebsverfassungsrechtliche Aufgaben wahrnehmen (BAG 21. 2. 1978 AP BetrVG 1972 § 74 Nr. 1; BAG 14. 2. 1967 AP BetrVG § 45 Nr. 2; GK-BetrVG/*Kraft* Rn. 9; HSG/*Hess* Rn. 23; *Richardi* Rn. 10, 11).

Ausgangspunkt für das **Zusammenwirken** ist die grundsätzliche Trennung von Betriebsrat/Arbeit- 2 geber einerseits und Gewerkschaft/Arbeitgebervereinigungen andererseits. Hier die „wirtschaftsfriedliche" Interessenvertretung durch den Betriebsrat als Repräsentant aller Arbeitnehmer des Betriebes. Dort die Gewerkschaft, welche ihre Ziele im Interesse ihrer Mitglieder auch durch Kampfmaßnahmen verfolgt. Beide sollen als selbständige Interessenvertretungen zusammenarbeiten. Diese Verpflichtung besteht nicht allein in den Fällen, für die den Koalitionen ausdrücklich Befugnisse eingeräumt werden – zB In den §§ 14 V, 17 II, 46, 53 III, 76 VIII. Sie erstreckt sich auf den gesamten Bereich, in dem Arbeitgeber und Betriebsrat zur vertrauensvollen Zusammenarbeit verpflichtet sind (*Fitting* Rn. 32; GK-BetrVG/*Kraft* Rn. 26; DKK/*Berg* Rn. 24). Dabei entscheiden Arbeitgeber und Betriebsrat nach pflichtgemäßem Ermessen, ob sie die Verbände einschalten (*Fitting* Rn. 32; GK-BetrVG/*Kraft* Rn. 24). Ziehen sie die Verbände heran, müssen sie mit diesen so vertrauensvoll zusammenarbeiten wie miteinander (*Fitting* Rn. 31; GK-BetrVG/*Kraft* Rn. 12). Der Betriebsrat bleibt jedoch nach § 79 zur Geheimhaltung verpflichtet. Er darf daher zB keine Lohngruppenlisten an die Gewerkschaft weitergeben, um ihr die Überprüfung der Beitragsehrlichkeit ihrer Mitglieder zu ermöglichen (BAG 22. 5. 1959 AP BetrVG § 23 Nr. 3; *Fitting* Rn. 29). Ziel der Zusammenarbeit ist das **Wohl der Arbeitnehmer und des Betriebes.** Die Betriebspartner dürfen nicht ausschließlich egoistische Eigeninteressen verfolgen (BAG AP BetrVG § 23 Nr. 1; *Fitting* Rn. 34). Jeder ist verpflichtet, auch die Interessen seines Gegenüber zu berücksichtigen. Grundtendenz des Gesetzes ist es, Konflikte zu vermeiden und enstanden Konflikt gemeinsam zu lösen. Für den Arbeitgeber bedeutet dies, Wünsche des Betriebsrates unverzüglich und ernsthaft zu prüfen; für den Betriebsrat, das Wohl des Betriebes eher als vordergründige kurzfristige Interessen der Belegschaft zu fördern. Dauernde Obstruktion kann für beide Betriebspartner zu Maßnahmen nach § 23 oder zur Bestrafung nach den §§ 119 ff. führen. Eine im BetrVG 1952 noch enthaltene Verpflichtung auf das Gemeinwohl fehlt. Die Gesetzesmaterialien weisen darauf hin, daß die Betriebspartner schon über die Prinzipien des Sozialstaates an sozialpflichtiges Handeln gebunden sind (BT-Drucks. VI/1786, S. 35). Jedenfalls bedeutet die Streichung der entsprechenden Passage keine Aufforderung zu Betriebsegoismus und gesamtwirtschaftlichem Fehlverhalten (*Richardi* Rn. 15; GK-BetrVG/*Kraft* Rn. 46). In Betrieben, die der Allgemeinheit dienen – Krankenhäuser, Verkehrs- und Versorgungsbetriebe –, darf der Betriebsrat daher deren besondere Verpflichtung nicht schlicht beiseiteschieben (*Fitting* Rn. 35). Auf der anderen Seite kann der Betriebsrat zB im Rahmen des § 87 die Zustimmung zu ständigen erheblichen Überstunden verweigern und die Einstellung von Arbeitslosen anregen (*Fitting* Rn. 36). Soweit die Grenzen des ArbZG nicht eingehalten werden, folgt dies schon aus § 80 I Nr. 1.

3 Zusammenarbeit **unter Beachtung der geltenden Tarifverträge** bedeutet nicht nur, daß der Betriebsrat nach § 80 I Nr. 1 über ihre Durchführung im Betrieb zu wachen hat. Die Betriebspartner müssen vor allem die Grenzen beachten, welche Tarifverträge der Mitbestimmung nach dem BetrVG setzen. Betriebsräte sollen den Gewerkschaften keine Konkurrenz machen (HSG/*Hess* Rn. 35). Tarifverträge bestimmen selbst ihren räumlichen, fachlichen, zeitlichen und persönlichen Geltungsbereich. Mit den §§ 77 III und 87 I wird nicht nur das Günstigkeitsprinzip des § 4 III TVG durchbrochen. Es wird zugleich sichergestellt, daß Tarifverträge nicht auf einem anderen kollektiven Weg als durch eine Allgemeinverbindlichkeitserklärung auf die nicht organisierten Arbeitnehmer des Betriebes erstreckt werden. Ihre Geltung für den Betrieb richtet sich auch bei Tarifkonkurrenz und Tarifpluralität nach dem TVG bzw. allgemeinen Grundsätzen des Tarifrechts (s. § 4 TVG Rn. 98; GK-BetrVG/*Kraft* Rn. 18 f.). Dabei setzen Inhalts-, Abschluß und Beendigungsnormen nach den §§ 3 I, 4 I TVG die Tarifgebundenheit beider Seites eines Arbeitsverhältnisses voraus. Für die Geltung betriebsverfassungsrechtlicher und betrieblicher Regelungen reicht nach § 3 II TVG die Tarifgebundenheit des Arbeitgebers (s. § 3 TVG Rn. 24 ff.). Neben den Tarifverträgen müssen Arbeitgeber und Betriebsrat bindende Festsetzungen nach § 19 HAG und Mindestarbeitsbedingungen nach § 8 MindArbBedG beachten (*Fitting* Rn. 15; *Richardi* Rn. 28).

4 Soweit die Vorschrift das Zusammenwirken mit den **im Betrieb vertretenen Gewerkschaften und Arbeitgebervereinigungen** vorsieht, begründet dies kein eigenständiges Recht der Koalitionen, in das betriebliche Geschehen einzugreifen (GK-BetrVG/*Kraft* Rn. 23; *Richardi* Rn. 34). Sie sind ebensowenig zur Zusammenarbeit mit den Betriebspartnern verpflichtet (BAG AP BetrVG 1972 § 76 Nr. 12; *Fitting* Rn. 33; GK-BetrVG/*Kraft* Rn. 25; DKK/*Berg* Rn. 24). Eine Gewerkschaft kann daher bei Ausübung ihrer Koalitionstätigkeit über § 2 weder in die Friedenspflicht genommen, noch verpflichtet werden, die Interessen von Nichtorganisierten wahrzunehmen (*Fitting* Rn. 33; DKK/*Berg* Rn. 24) oder dem Betriebsrat Rechtsschutz zu gewähren (BAG 3. 10. 1978 AP BetrVG 1972 § 40 Nr. 14). Das Gesetz setzt den **Begriff der Gewerkschaft** und der Arbeitgebervereinigung voraus. Sie haben grundsätzlich dieselbe Bedeutung wie im TVG (s. § 2 TVG Rn. 3 ff.; GK-BetrVG/*Kraft* Rn. 34; *Fitting* Rn. 16; *Richardi* Rn. 38). „Tariffähige Gewerkschaften und Arbeitgeberverbände müssen freigebildet, gegnerfrei, auf überbetrieblicher Grundlage organisiert und unabhängig sein, sowie das geltende Tarifrecht für sich verbindlich anerkennen; ferner müssen sie in der Lage sein, durch Ausüben von Druck auf den Tarifpartner zu einem Tarifabschluß zu kommen" (Leitsatzprotokoll A. III. 2 zum Vertrag über die Schaffung einer Währungs-, Wirtschafts- und Sozialunion vom 18. 5. 1990 – BGBl. II S. 537) Eine nur aus leitenden Angestellten bestehende Gewerkschaft kann jedoch keine betriebsverfassungsrechtlichen Befugnisse haben, weil der Betriebsrat diese Arbeitnehmer nach § 5 III nicht repräsentiert (GK-BetrVG/*Kraft* Rn. 35; *Richardi* Rn. 59; *Fitting* Rn. 27). In jedem Fall muß sichergestellt werden, daß leitende Angestellte als Mitglieder einer Gewerkschaft keinen Einfluß auf deren betriebsverfassungsrechtliche Aufgaben nehmen (BAG AP GG Art. 9 Nr. 24; GK-BetrVG/*Kraft* Rn. 35; *Richardi* Rn. 38). Zu den Gewerkschaften gehören auch ihre Spitzenverbände nach § 2 II TVG sowie die Bezirks- und Ortsverwaltungen einer Gewerkschaft, wenn sie kooperativ verfaßt sind, eigenes Vermögen und die Befugnis zum Abschluß von Tarifverträgen haben (BAG 25. 9. 1990 AP TVG § 9 Nr. 8; BAG 19. 1. 1985 AP TVG § 2 Tarifzuständigkeit Nr. 4). **Arbeitgebervereinigungen** müssen nicht sozial mächtig sein, weil schon der einzelne Arbeitgeber nach § 2 I tariffähig ist (BAG 20. 11. 1990 AP TVG § 2 Nr. 40). Berufs- und Industrieverbände gehören nicht zu diesen Vereinigungen (*Fitting* Rn. 24). Innungen und Innungsverbände können tariffähig sein (BVerfG 19. 10. 1966 AP TVG § 2 Nr. 24). Eine Gewerkschaft ist **im Betrieb vertreten**, wenn mindestens ein Mitglied Arbeitnehmer des Betriebes ist und nicht zu den leitenden Angestellten zählt (BAG 25. 3. 1992 AP BetrVG 1972 § 2 Nr. 4; DKK/*Berg* Rn. 29; *Fitting* Rn. 26; GK-BetrVG/*Kraft* Rn. 26; *Richardi* Rn. 67). Der Nachweis kann von der beweispflichtigen Gewerkschaft durch Zeugenvernehmung oder notarielle Erklärung ohne Namensnennung geführt werden (BVerfG 21. 3. 1994 AP BetrVG 1972 § 2 Nr. 4 a; BAG 25. 3. 1992 AP BetrVG 1972 § 2 Nr. 4; *Richardi* Rn. 69; *Fitting* Rn. 26; DKK/*Berg* Rn. 30; aA GK-BetrVG/*Kraft* Rn. 29 ff.). Er unterliegt als mittelbares Beweismittel der freien Beweiswürdigung des Gerichts. Arbeitgebervereinigungen sind im Betrieb vertreten, wenn der Arbeitgeber dort Mitglied ist (GK-BetrVG/*Kraft* Rn. 27).

II. Zugangsrechte

5 Das Zutrittsrecht wird den Gewerkschaften in **Abs. 2** zur Wahrnehmung ihrer betriebsverfassungsrechtlichen Aufgaben und Befugnisse gewährt. Weder diese Vorschrift noch Abs. 1 enthalten ein allgemeines, an keine weiteren Voraussetzungen geknüpftes Zutrittsrecht der Gewerkschaften zum Betrieb (BAG 26. 6. 1973 AP BetrVG 1972 § 2 Nr. 2). Es ist damit Hilfsrecht bei der Realisierung ihrer im Gesetz genannten Berechtigungen und Pflichten. Es soll ihre Einflußmöglichkeiten nicht über das Gesetz hinaus ausdehnen (GK-BetrVG/*Kraft* Rn. 51). Es begrenzt das Hausrecht des Betriebsinhabers, ist aber mit dem GG vereinbar (BVerfG 14. 10. 1976 AP BetrVG 1972 § 2 Nr. 3). Zur

II. Zugangsrechte § 2 BetrVG 210

Wahrnehmung ihrer koalitionspolitischen Aufgaben können sich die Gewerkschaften daher nicht auf das Zugangsrecht aus Abs. 2 berufen (BAG 26. 6. 1973 AP BetrVG 1972 § 2 Nr. 2). Ob es sich aus Art. 9 III GG herleiten läßt, ist umstritten (s. Rn. 8). Die im Betrieb vertretene Gewerkschaft nimmt betriebsverfassungsrechtliche Initiativrechte, Teilnahme- und Beratungsrechte sowie Kontrollrechte wahr. Sie korrespondieren mit einem – teilweise originären, zum Teil nur nur mittelbaren – Zugangsrecht. Dabei handelt es sich ua. um folgende Vorschriften: § 2 I Zusammenarbeit auf Anforderung des Betriebsrates (s. Rn. 2); § 12 I Vorabstimmung über anderweitige Verteilung der Betriebsratssitze (s. § 12 Rn. 3); § 14 II Vorabstimmung über eine Gemeinschaftswahl (s. § 14 Rn. 8); § 14 V, VIII Wahlvorschläge; § 16 I Entsendungsrecht in den Wahlvorstand (s. § 16 Rn. 6); § 16 II Bestellung zu Mitgliedern des Wahlvorstandes (s. § 16 Rn. 9); § 17 II Einladung zur Betriebsversammlung zur Wahl eines Wahlvorstandes (s. § 17 Rn. 2); § 17 III Antrag auf Bestellung eines Wahlvorstandes (s. § 17 Rn. 8); § 18 I Teilnahme an Sitzungen des Wahlvorstandes (s. § 18 Rn. 1), Ersetzung des Wahlvorstandes (s. § 18 Rn. 4); § 18 II Entscheidung über die Selbständigkeit von Nebenbetrieben und Betriebsteilen (s. § 18 Rn. 6); § 19 II Wahlanfechtung (s. § 19 Rn. 13); § 23 I Antrag auf Ausschluß eines Betriebsratsmitglieds oder Auflösung des Betriebsrates (s. § 23 Rn. 12); § 23 III Handlungs- bzw. Unterlassungsantrag gegen den Arbeitgeber (s. § 23 Rn. 27); § 31 (§§ 51 I, 59 I, 65 I, 73 II) Teilnahme an Sitzungen (s. § 31 Rn. 1 ff.); § 35 Verständigung nach dem Aussetzen von Beschlüssen (s. § 35 Rn. 2); § 43 IV Einberufen einer Betriebsversammlung (s. § 43 Rn. 2); § 46 Teilnahme an Betriebs- und Abteilungsversammlungen (s. § 46 Rn. 2 ff.); § 53 III Teilnahme an Betriebsräteversammlungen (s. § 53 Rn. 2); § 76 II Teilnahme an Einigungsstellenverfahren (s. § 76 Rn. 9); § 76 VIII Teilnahme an Schlichtungsverfahren (s. § 76 Rn. 33); § 108 I Teilnahme an Sitzungen des Wirtschaftsausschusses (s. § 108 Rn. 9); § 119 II Antragsrecht wegen Straftaten gegen Betriebsverfassungsorgane (s. § 119 Rn. 5). Daneben kann ein Zugangsrecht für die Gewerkschaften bei der Wahrnehmung von Aufgaben bestehen, die mit dem BetrVG in einem inneren Zusammenhang stehen (BAG 26. 6. 1973 AP BetrVG 1972 § 2 Nr. 2; DKK/*Berg* Rn. 28, 33; *Fitting* Rn. 44, 53; aA GK-BetrVG/*Kraft* Rn. 55). Seine Grenzen sind bisher nicht geklärt. Zugangsrechte ergeben sich endlich aus der Möglichkeit der Tarifvertragsparteien, Regelungen des Gesetzes – zB nach den §§ 3, 38 I 3, 47 IV, 55 IV, 72 IV, 76 VIII, 86, 117 II – abzuändern oder zu ergänzen (*Fitting* Rn. 54; *Richardi* Rn. 134). Da es sich hierbei um betriebsverfassungsrechtliche Fragen handelt, ist nach § 3 II TVG nur eine Tarifbindung des Arbeitgebers erforderlich.

Die Gewerkschaft bestimmt, welche **Person** sie als Beauftragten in den Betrieb schickt. Dabei kann 6 es sich um einen hauptamtlichen Mitarbeiter der Gewerkschaft oder um einen Arbeitnehmer eines anderen Betriebs handeln (BAG 14. 2. 1978 AP GG Art. 9 Nr. 26; *Fitting* Rn. 42; *Richardi* Rn. 115; DKK/*Berg* Rn. 36). Soweit sie dies für erforderlich hält, kann sie mehrere Beauftragte entsenden (DKK/*Berg* Rn. 36; *Richardi* Rn. 117). In Ausnahmefällen kann der Arbeitgeber den Zutritt eines bestimmten Beauftragten aus Gründen in seiner Person verweigern, etwa, wenn er wiederholt seine Befugnisse eindeutig überschritten, den Betriebsfrieden nachhaltig gestört oder den Arbeitgeber, seinen Vertreter oder Arbeitnehmer des Betriebes grob beleidigt hat und dies erneut zu befürchten ist (BAG 18. 3. 1964 und 14. 2. 1967 AP BetrVG 1972 § 45 Nr. 1und 2; *Fitting* Rn. 50; GK-BetrVG/ *Kraft* Rn. 74; *Richardi* Rn. 116). Das Zutrittsrecht als solches geht nicht verloren. Es kann ein anderer Beauftragter entsandt werden. **Zeitpunkt und Dauer** des Zugangsrecht bestimmt die Gewerkschaft, soweit sie nicht allein auf Ersuchen des Betriebsrates tätig wird oder der Arbeitgeber im Einzelfall ihr Zugangsrecht beschränken darf (s. unten Rn. 7). Es besteht grundsätzlich während der Arbeitszeit (*Fitting* Rn. 45). Die Gewerkschaft darf den Betrieb auch unmittelbar vor und während eines Arbeitskampfes betreten, solange sich der Beauftragte auf konkrete betriebsverfassungsrechtliche Aufgaben beschränkt (*Fitting* Rn. 51; DKK/*Berg* Rn. 38 a; *Richardi* Rn. 119; aA GK-BetrVG/*Kraft* Rn. 72; HSG/*Hess* Rn. 114). Wer ausschließlich diese Aufgaben wahrnimmt, verletzt nicht die Friedenspflicht aus § 74 II. Beweisschwierigkeiten dürfen nur prozessual gelöst werden. Ist der Betrieb in den Arbeitskampf einbezogen, werden für die Gewerkschaft nur selten betriebsverfassungsrechtliche Aufgaben zu erledigen sein. Der Beauftragte ist nicht darauf beschränkt, das Betriebsratsbüro aufzusuchen. Er darf im Betrieb den **Ort** aufsuchen, der sich aus den betrieblichen Gegebenheiten und der konkreten betriebsverfassungsrechtlichen Aufgabe ergibt, die von der Gewerkschaft wahrgenommen wird (GK-BetrVG/*Kraft* Rn. 63; DKK/*Berg* Rn. 31; *Richardi* Rn. 120). Unter diesen Voraussetzungen können auch Arbeitnehmer an ihren Arbeitsplätzen aufgesucht werden (BAG 17. 1. 1989 AP LPVG NW § 2 Nr. 1; DKK/*Berg* Rn. 31; *Fitting* Rn. 43; GK-BetrVG/*Kraft* Rn. 63; *Richardi* Rn. 121).

Die im Gesetz enthaltenen **Schranken** des Zugangsrechts beschränken den Anspruch, schließen ihn 7 aber nicht aus. Der Arbeitgeber darf den Zugang nur insoweit verweigern, als einer dieser Gründe entgegensteht (*Fitting* Rn. 47; *Richardi* Rn. 125; DKK/*Berg* Rn. 39). Das Zugangsrecht darf daher grundsätzlich nur für bestimmte Zeiten und bestimmte Betriebsteile versagt werden. Dabei dürfen die Zugangsrechte für Gewerkschaftsvertreter idR. nicht stärker eingeschränkt werden als für die Arbeitnehmer des Betriebes (DKK/*Berg* Rn. 40; *Fitting* Rn. 49; *Richardi* Rn. 127). Bei nur geringfügigen Störungen oder Verzögerungen des Arbeitsablaufs kann der Arbeitgeber das Zugangsrecht nicht mit dem Hinweis auf die unumgänglichen Notwendigkeiten des Betriebsablaufs verweigern. Die Störung muß für ihn unzumutbar sein (GK-BetrVG/*Kraft* Rn. 72; *Richardi* Rn. 126). Dies kann für Betriebsteile der Fall sein, in denen besondere nach außen abzuschirmende Prozesse laufen oder Arbeitnehmer taktgebunden mit notwendig hoher Konzentration arbeiten. Zu den zwingenden Sicherheitsvorschriften gehören neben den öffentlich-rechtlichen Sicherheitsvorschriften auch Betriebsvereinbarungen nach § 87 I Nr. 7 (*Fitting* Rn. 47; *Richardi* Rn. 127). Hier kann zB der Zugang zu Strahlenschutzbereichen oder elektrischen Hochspannungseinrichtungen verweigert werden. Betriebsgeheimnisse sind grundsätzlich vor Gewerkschaftsbeauftragten schon nach § 79 II und 120 geschützt. Das Zugangsrecht kann daher nur auf den konkreten Verdacht gestützt werden, die Pflicht zur Geheimhaltung werde verletzt (GK-BetrVG/*Kraft* Rn. 73; *Fitting* Rn. 49; aA *Richardi* Rn. 128). „Lebensnotwendige" Betriebsgeheimnisse werden im übrigen kaum jemals dort anzutreffen sein, wo der Gewerkschaftsbeauftragte betriebsverfassungsrechtliche Aufgaben notwendig wahrnehmen muß.

III. Koalitionen

8   Mit **Abs. 3** werden die typischen Aufgaben der Koalitionen – wie der Abschluß und die Überwachung der Einhaltung von Tarifverträgen, Arbeitskampf, Mitgliederwerbung -beratung und Prozeßvertretung – weder geregelt noch beeinträchtigt (BAG 14. 2. 1978 AP GG Art. 9 Nr. 26). Gewerkschaften dürfen ihre Interessen im Betrieb vertreten. Sie dürfen ua im Betrieb Plakatwerbung betreiben (BVerfG 17. 2. 1981 AP GG Art. 140 Nr. 9) oder durch betriebsangehörige Gewerkschaftsmitglieder außerhalb (BAG 14. 2. 1967 AP GG Art. 9 Nr. 10; s. § 74 Rn. 36) und grundsätzlich auch innerhalb der Arbeitszeit (BVerfG 14. 11. 1995 AP GG Art. 140 Nr. 9; s. Art. 9 GG Rn. 28) Werbematerial im Betrieb verteilen lassen. Das **Zugangsrecht** außerbetrieblicher Gewerkschaftsbeauftragter zum Betrieb ist umstritten. Soweit es um eine koalitionsmäßige Betätigung geht, läßt es sich weder aus Abs. 1 noch aus Abs. 2 herleiten (BAG 26. 6. 1973 AP BetrVG 1972 § 2 Nr. 2; *Fitting* Rn. 55). Es folgt ebensowenig aus dem Übereinkommen Nr. 135 der IAO vom 23. 6. 1971 – BGBl. 1973 II S. 953 (BAG 19. 1. 1982 AP GG Art. 140 Nr. 10; *Richardi* Rn. 151). Es soll für die Mitgliederwerbung jedenfalls dann nicht aus Art. 9 III GG folgen, wenn es betriebsangehörige Gewerkschaftsmitglieder gibt, weil in diesem Fall der Kernbereich kolationsmäßiger Betätigung durch eine Verweigerung des Zugangs nicht berührt wird (BVerfG 17. 2. 1981 AP GG Art. 140 Nr. 9; BAG 19. 1. 1982 AP GG Art. 140 Nr. 10; weitergehend GK-BetrVG/*Kraft* Rn. 91 ff.; *Richardi* Rn. 150; aA *Fitting* Rn. 57 a). Mit dieser Begründung kann außerbetrieblichen Gewerkschaftsbeauftragten der Zugang zum Betrieb nicht mehr verwehrt werden. Die Kernbereichslehre ist aufgegeben (BVerfG 14. 11. 1995 AP GG Art. 9 Nr. 80; s. Art. 9 GG Rn. 23). Soweit gesetzliche Regelungen fehlen, läßt sich die Koalitionsfreiheit nur mit den Grundrechten Dritter und anderen mit Verfassungsrang ausgestatteten Rechten einschränken (BVerfG 26. 6. 1991 AP GG Art. 9 Arbeitskampf Nr. 117). Die Zugangsregelung in Abs. 2 schließt weitere Zugangsrechte außerhalb betriebsverfassungsrechtlicher Betätigung der Koalitionen nicht aus (vgl. BVerfG 17. 2. 1981 AP GG Art. 140 Nr. 9). Die weitere Entwicklung wird zeigen, in welchem Umfang Eigentumsrechte die Betätigungsgarantie des Art. 9 III GG und damit die Zugangsrechte von Gewerkschaften einschränken (s. Art. 9 GG Rn. 34 f.). Angesichts eingeschränkter Zugangsrechte der Gewerkschaften gewinnt die Tätigkeit gewerkschaftlicher **Vertrauensleute** im Betrieb an Bedeutung. Ihre Aufgaben sind organisationspolitisch definiert. Sie haben keine betriebsverfassungsrechtliche Funktion (GK-BetrVG/*Kraft* Rn. 97, 99). Ihre Tätigkeit ist verfassungsrechtlich gesichert (BAG 8. 12. 1978 AP GG Art. 9 Nr. 28). Gegen Diskriminierung ist sie nach § 75 I geschützt. Der betriebsverfassungsrechtliche Bestandsschutz erfaßt sie nicht (DKK/*Berg* Rn. 53; GK-BetrVG/*Kraft* Rn. 97). Sie sollen nicht im Betrieb gewählt werden dürfen, weil ihre Wahl nicht von der Kernbereichsgarantie des Art. 9 III erfaßt wird (BAG 8. 12. 1978 AP GG Art. 9 Nr. 28; aA *Richardi* Rn. 170; DKK/*Berg* Rn. 51; *Fitting* Rn. 60). Auch hier fehlt die Feststellung, welche Rechte des Arbeitgebers verletzt seien könnten. Seine Rechtssphäre ist jedenfalls nicht nennenswert berührt, wennn die Wahlen außerhalb der Arbeitszeit stattfinden (*Fitting* Rn. 60). Eine andere Frage ist freilich, ob der Arbeitgeber für die Wahl besondere Räume zur Verfügung stellen muß (*Richardi* Rn. 170). Ob sich die Rechtsstellung von Vertrauensleuten durch Tarifvertrag regeln läßt, ist umstritten (offen gelassen in BAG 8. 10. 1997 AP TVG § 4 Nachwirkung Nr. 29; DKK/*Berg* Rn. 54; *Fitting* Rn. 62 einerseits und GK-BetrVG/*Kraft* Rn. 100; *Richardi* Rn. 172 andererseits). Je nach ihrem Inhalt können sie gegen § 75 oder gegen Art. 3 I GG verstoßen.

IV. Streitigkeiten

9   Über den Inhalt von Abs. 1 und die Zugangsrechte nach Abs. 2 wird im arbeitsgerichtlichen Beschlußverfahren nach den §§ 2 a, 80 ff. ArbGG entschieden. Die Gewerkschaften können ihr Zugangsrecht nach § 85 II ArbGG über eine einstweilige Verfügung durchsetzen (DKK/*Berg* Rn. 58; *Fitting* Rn. 65; *Richardi* Rn. 174). Über die Zugangsrechte nach Abs. 3 und andere Fragen der Koalitionsfreiheit wird nach § 2 I Nr. 2 ArbGG im Urteilsverfahren entschieden (*Fitting* Rn. 67; *Richardi* Rn. 175).

§ 3 Zustimmungsbedürftige Tarifverträge

(1) Durch Tarifvertrag können bestimmt werden:
1. zusätzliche betriebsverfassungsrechtliche Vertretungen der Arbeitnehmer bestimmter Beschäftigungsarten oder Arbeitsbereiche (Arbeitsgruppen), wenn dies nach den Verhältnissen der vom Tarifvertrag erfaßten Betriebe der zweckmäßigeren Gestaltung der Zusammenarbeit des Betriebsrats mit den Arbeitnehmern dient;
2. die Errichtung einer anderen Vertretung der Arbeitnehmer für Betriebe, in denen wegen ihrer Eigenart der Errichtung von Betriebsräten besondere Schwierigkeiten entgegenstehen;
3. von § 4 abweichende Regelungen über die Zuordnung von Betriebsteilen und Nebenbetrieben, soweit dadurch die Bildung von Vertretungen der Arbeitnehmer erleichtert wird.

(2) [1] Tarifverträge nach Absatz 1 bedürfen insoweit der Zustimmung der obersten Arbeitsbehörde des Landes, bei Tarifverträgen, deren Geltungsbereich mehrere Länder berührt, der Zustimmung des Bundesministers für Arbeit und Sozialordnung. [2] Vor der Entscheidung über die Zustimmung ist Arbeitgebern und Arbeitnehmern, die von dem Tarifvertrag betroffen werden, den an der Entscheidung über die Zustimmung interessierten Gewerkschaften und Vereinigungen der Arbeitgeber sowie den obersten Arbeitsbehörden der Länder, auf deren Bereich sich der Tarifvertrag erstreckt, Gelegenheit zur schriftlichen Stellungnahme sowie zur Äußerung in einer mündlichen und öffentlichen Verhandlung zu geben.

(3) Mit dem Inkrafttreten eines Tarifvertrags nach Absatz 1 Nr. 2 endet die Amtszeit der Betriebsräte, die in den vom Tarifvertrag erfaßten Betrieben bestehen; eine solche durch Tarifvertrag errichtete Vertretung der Arbeitnehmer hat die Befugnisse und Pflichten eines Betriebsrats.

I. Vorbemerkung

Beteiligungsrechte könne (in Grenzen) erweitert werden (s. § 1 Rn. 10). Die **Organisationsbestim-** 1 **mungen** zur Betriebsverfassung sind dagegen zwingend, soweit das Gesetz nicht ausdrücklich Abweichungen zuläßt (*Fitting* Rn. 1; GK-BetrVG/*Kraft* Rn. 8; *Richardi* Rn. 1), wie zB in den §§ 12, 14 II, 38 I, 47 IV–VI, 55 IV, 72 IV–VI, 78 VIII, 76 a V, 86, 117 II. Die Vorschrift betrifft allein abweichende Organisationsformen auf Betriebsebene. Sie gilt weder für den Gesamt- oder Konzernbetriebsrat, noch für die Gesamtjugend- und Auszubildendenvertretung. Sie gilt ebensowenig für den Wirtschafts- oder den Sprecherausschuß (*Fitting* Rn. 6, 7). Abweichende Regelungen lassen sich nach dieser Bestimmung ausschließlich durch **Tarifvertrag** (DKK/*Trümner* Rn. 3; *Fitting* Rn. 9) und nur für die in Abs. 1 geregelten Sachverhalte vereinbaren (*Fitting* Rn. 9; GK-BetrVG/*Kraft* Rn. 8; *Richardi* Rn. 5; aA DKK/*Trümner* Rn. 7 ff.). Diese Regelungen können erstreikt werden (DKK/*Trümner* Rn. 5; *Fitting* Rn. 11), bedürfen aber auch dann zu ihrer Wirksamkeit der behördlichen Zustimmung nach Abs. 2 (*Fitting* Rn. 11). Da sie betriebsverfassungsrechtliche Fragen regeln, binden sie nach § 3 II TVG auch die nicht tarifgebundenen Arbeitnehmer; für ihre Geltung reicht die Tarifbindung des Arbeitgebers aus (DKK/*Trümner* Rn. 5; *Fitting* Rn. 12; GK-BetrVG/*Kraft* Rn. 31). Konkurrierende Tarifverträge dürfte es nicht geben, weil ja im Zustimmungsverfahren nach Abs. 2 auch die interessierten Gewerkschaften und Arbeitgebervereinigungen zu hören sind. Im übrigen gelten die allgemeinen Grundsätze zur Tarifkonkurrenz (*Fitting* Rn. 13; GK-BetrVG/*Kraft* Rn. 31; s. § 4 TVG Rn. 98). Mit Beendigung des Tarifvertrages verliert die bis dahin geltende Regelung ihre Rechtsgrundlage. Der Tarifvertrag wirkt nicht gem. § 4 V TVG nach. Es gilt von diesem Zeitpunkt an allein das BetrVG (*Fitting* Rn. 40; GK-BetrVG/*Kraft* Rn. 37; *Richardi* Rn. 37). Arbeitnehmervertretungen können nach § 1 I TVG durch Tarifvertrag auch für nicht betriebsratsfähige **Kleinbetriebe** eingerichtet werden (DKK/*Trümner* Rn. 15; *Fitting* § 1 Rn. 253 ff.; GK-BetrVG/*Kraft* Rn. 14; *Richardi* Rn. 5). Ihre Rechte und Pflichten richten sich nicht nach dem BetrVG, sondern ausschließlich nach dem Tarifvertrag (*Fitting* § 1 Rn. 253; GK-BetrVG/*Kraft* Rn. 14; *Richardi* Rn. 5). Diese Tarifverträge bedürfen nicht der Zustimmung nach Abs. 2 (DKK/*Trümner* Rn. 14; *Richardi* Rn. 5).

II. Zusätzliche Vertretung

Ihre Einrichtung ist nach **Ziff. 1** nur dort zulässig, wo ein ausreichender Kontakt zwischen Betriebs- 2 rat und Belegschaft fehlt und daher die sachgerechte Repräsentation der Arbeitnehmer nicht gewährleistet ist. Dies kann zB der Fall sein, wenn anders die verschiedenen Abteilungen und Beschäftigungsarten nach § 15 nicht ordnungsgemäß vertreten werden können (*Fitting* Rn. 15; GK-BetrVG/*Kraft* Rn. 13) oder dort, wo nach Abs. 3 (zB in Einzelhandelsketten) regionale oder bundesweite Betriebsräte gebildet wurden und deshalb wegen der Größe des Betriebes zusätzliche Vertreter für die Nebenbetriebe oder Betriebsteile benötigt werden, die nicht im Betriebsrat vertreten sind (*Fitting* Rn. 15). Sie können nur gebildet werden, wo ein **Betriebsrat** existiert (DKK/*Trümner* Rn. 21; *Fitting* Rn. 23; GK-BetrVG/*Kraft* Rn. 14; *Richardi* Rn. 10). Die Einrichtung anderer nicht betriebsverfassungsrechtlicher Vertretungen – zB die Wahl betrieblicher oder gewerkschaftlicher Vertrauensleute – läßt sich nicht auf Abs. 1 stützen (DKK/*Trümner* Rn. 19; *Fitting* Rn. 18, 19; GK-BetrVG/*Kraft* Rn. 17; HSG/

Hess Rn. 2; *Richardi* Rn. 12). Unter bestimmten **Beschäftigungsarten** und **Arbeitsbereichen** versteht man Gemeinsamkeiten in funktionaler Hinsicht – Aushilfskräfte, Akkordarbeiter – und ihre Zusammenarbeit in betrieblichen Organisationseinheiten – Außendienst, Filialsysteme (DKK/*Trümner* Rn. 22; *Fitting* Rn. 16; GK-BetrVG/*Kraft* Rn. 12). Nach anderen Merkmalen gebildete Vertretungen für Arbeitnehmergruppen – zB Geschlecht, Staatsangehörigkeit, nicht ständige Beschäftigung – sind nicht zulässig (*Fitting* Rn. 17; GK-BetrVG/*Kraft* Rn. 12). In Saisonbetrieben können jedoch für die nicht ständig Beschäftigten Vertretungen errichtet werden, wenn ihnen bestimmter Arbeitsbereiche ausschließlich zugewiesen sind (*Fitting* Rn. 16). Zusätzliche Vertretungen müssen ohne Rücksicht auf Gewerkschaftszugehörigkeit von den Angehörigen der betreffenden Arbeitnehmergruppe gewählt werden (*Fitting* Rn. 20; GK-BetrVG/*Kraft* Rn. 17; *Richardi* Rn. 16). Ihre **Amtszeit** ist nicht an die des Betriebsrates gekoppelt. Sie richtet sich allein nach den tarifvertraglichen Regelungen. Endet das Amt des Betriebsrates jedoch endgültig, endet auch das Amt der zusätzlichen Vertretung (DKK/*Trümner* Rn. 27; *Fitting* Rn. 23; GK-BetrVG/*Kraft* Rn. 15). Zusätzliche Vertretungen übernehmen keine **Zuständigkeiten** des Betriebsrats. Sie haben keine Vertretungsbefugnis gegenüber dem Arbeitgeber (HSG/*Hess* Rn. 3). Sie stellen nur ein Bindeglied zwischen den Arbeitnehmern ihrer Arbeitsgruppe und dem Betriebsrat dar (DKK/*Trümner* Rn. 23; *Fitting* Rn. 21; GK-BetrVG/*Kraft* Rn. 16). Sie können zu Beratung des Betriebsrates mit dem Arbeitgeber oder bei seinen Sitzungen hinzugezogen werde, wenn Angelegenheiten ihrer Arbeitsgruppe verhandelt werden, haben dort aber kein Stimmrecht (*Fitting* Rn. 21; GK-ArbGG/*Kraft* Rn. 16). Ihre **Stellung** entspricht grundsätzlich nicht der des Betriebsrates. Für sie gelten zwar die allgemeinen Grundsätze der Betriebsverfassung aus den §§ 2 I; 74 II und 75 (*Fitting* Rn. 25; GK-BetrVG/*Kraft* Rn. 18). Im übrigen sind die für den Betriebsrat und seine Mitglieder geltenden Vorschriften auf die Mitglieder zusätzlicher Vertretungen jedoch größtenteils nicht anwendbar, insbesondere nicht die §§ 37, 38, 103 und § 15 KSchG (*Fitting* Rn. 24; GK-BetrVG/*Kraft* Rn. 18; HSG/*Hess* Rn. 3; *Richardi* Rn. 19). Über § 78 besteht freilich ein relativer Kündigungsschutz. Eine Kündigung, die allein wegen der Wahrnehmung ihres Amtes erfolgt, ist unwirksam (*Fitting* Rn. 24; *Richardi* Rn. 20). Der Arbeitgeber trägt entsprechend § 40 die Kosten der zusätzlichen Vertretungen (DKK/*Trümner* Rn. 25; *Fitting* Rn. 24; GK-BetrVG/*Kraft* Rn. 18). Sie nehmen ihre Aufgaben während der Arbeitszeit wahr. Der Arbeitgeber ist nach § 78 zur Vergütungsfortzahlung verpflichtet (DKK/*Trümner* Rn. 25; *Fitting* Rn. 24; GK-BetrVG/*Kraft* Rn. 18; *Richardi* Rn. 19). Mitglieder zusätzlicher Vertretungen unterliegen der Geheimhaltungspflicht nach § 79 (*Fitting* Rn. 25; GK-BetrVG/*Kraft* Rn. 18). Weitere Regelungen können sich aus dem Tarifvertrag ergeben.

III. Andere Vertretungen

3   Die gesetzliche Organisation der Betriebsverfassung kann für eine bestimmte Art von Betrieben zu besonderen Schwierigkeiten führen. Hier können nach **Ziff. 2** an die Stelle von Betriebsräten durch Tarifvertrag andere Arten der Vertretung gesetzt werden. Es muß sich stets um **betriebsratsfähige Betriebe** handeln (DKK-*Trümner* Rn. 32; *Fitting* Rn. 28; GK-BetrVG/*Kraft* Rn. 19; *Richardi* Rn. 27). Im Geltungsbereich eines solchen Tarifvertrages haben die Beteiligten nicht die Wahl zwischen der tariflichen und der gesetzlichen Regelung der Betriebsverfassung. Diese Vertretungen ersetzen den Betriebsrat (*Fitting* Rn. 33). Die **besonderen Schwierigkeiten** dürfen nicht nur einzelne Betriebe betreffen. Sie müssen bei allen Betrieben mit gleicher arbeitstechnischer Zielsetzung auftreten; sie müssen branchenspezifisch sein (*Fitting* Rn. 29; GK-BetrVG/*Kraft* Rn. 21; HSG/*Hess* Rn. 4; *Richardi* Rn. 23; aA DKK/*Trümner* Rn. 30). Dies kann zB im Baugewerbe mit seinem häufigen Wechsel der Betriebsstätten und der Streulage von Baustellen der Fall sein. Auch im Bergbau, im Verkehrsgewerbe und in Forstbetrieben hat es entsprechende Tarifverträge gegeben oder gibt es sie noch. Für die andere Vertretung können Wahl, Zusammensetzung, **Organisation** und Geschäftsführung weitgehend frei geregelt werden. Dabei sind die tragenden Grundsätze der Betriebsverfassung – zB eine allgemeine, gleiche und geheime Wahl – zu beachten (*Fitting* Rn. 32; GK-BetrVG/*Kraft* Rn. 35; *Richardi* Rn. 30). Soweit Tarifverträge die Voraussetzungen verschärfen, unter denen eine Vertretung gebildet werden kann, bleibt die gesetzliche Regelung für alle Betriebe maßgeblich, in denen die tariflichen Voraussetzungen nicht erfüllt werden (*Fitting* Rn. 33; GK-BetrVG/*Kraft* Rn. 31; *Richardi* Rn. 29). Die Vertretung muß auf einen **Betrieb** abgestellt sein (BAG 24. 9. 1968 AP BetrVG § 3 Nr. 9). Nur die Zuordnung von Nebenbetrieben und Betriebsteilen läßt sich abweichend vom Gesetz regeln (*Richardi* Rn. 31). Sieht der Tarifvertrag innerhalb eines Betriebes mehrstufige Vertretungen vor, kann er auch die Zuständigkeiten unter ihnen aufteilen (*Fitting* Rn. 34; *Richardi* Rn. 31). Betriebsübergreifende Arbeitnehmervertretungen sind möglich (DKK/*Trümner* Rn. 31; *Richardi* Rn. 32). Die Vorschrift gilt auch für den Gemeinschaftsbetrieb (DKK/*Trümner* Rn. 31; *Richardi* Rn. 32). Aufgaben, **Befugnisse** und Pflichten der anderen Vertretung entsprechen nach Abs. 3 denen des Betriebsrates. Sie können nur dort abweichend vom Gesetz geregelt werden, wo dies auch für den Betriebsrat möglich ist (*Fitting* Rn. 35; GK-BetrVG/*Kraft* Rn. 36; *Richardi* Rn. 33). Die persönliche **Rechtsstellung** der Mitglieder einer anderen Vertretung entspricht der von Betriebsratsmitgliedern; vor allem gilt der Kündigungsschutz nach den §§ 15 KSchG und 103 (DKK/*Trümner* Rn. 34; *Fitting* Rn. 36; GK-

V. Behördliche Zustimmung   § 3 BetrVG 210

BetrVG/*Kraft* Rn. 23; *Richardi* Rn. 34). Es gelten die §§ 37 und 38, soweit der Tarifvertrag nicht etwas anderes vorsieht (*Fitting* Rn. 36; *Richardi* Rn. 34). Die Anwendung der §§ 78, 79, 119 und 120 sind im Gesetz ausdrücklich vorgesehen. Nach **Abs.** 3 endet die Amtszeit des nach Gesetz errichteten Betriebsrates mit Inkrafttreten eines Tarifvertrages nach Ziff. 2. Sie endet ebenso, wenn ein Betrieb von seinem Geltungsbereich erstmals erfaßt wird (*Fitting* Rn. 38). Der alte Betriebsrat führt entsprechend § 22 die Geschäfte weiter und muß vor allem den Wahlvorstand zur Wahl der neuen Arbeitnehmervertretung bestellen (DKK/*Trümner* Rn. 59; *Fitting* Rn. 38; *Richardi* Rn. 35). Der Tarifvertrag nach Ziff. 2 wirkt nicht nach (*Fitting* Rn. 40; GK-BetrVG/*Kraft* Rn. 37; *Richardi* Rn. 37; differenzierend DKK/*Trümner* Rn. 55 einerseits und Rn. 67 f. andererseits). Tritt er außer Kraft, gilt wieder das Gesetz. Die Amtszeit der tariflichen Arbeitnehmervertretung endet, sie führt die Geschäfte nach § 22 weiter und muß entsprechend § 16 den Wahlvorstand bestellen (*Fitting* Rn. 40, 41; *Richardi* Rn. 37).

IV. Andere Zuordnung

Die gesetzliche Regelung der Zuordnung von Nebenbetrieben und Betriebsteilen in § 4 kann etwa 4 bei Unternehmen mit zahlreichen, weit verstreuten Filialen zu Schwierigkeiten führen. Deshalb enthält **Ziff.** 3 eine Öffnungsklausel. Ihr **Zweck** ist es, über die andere Zuordnung Organisationseinheiten zu schaffen, die eine optimale Wahrnehmung der Beteiligungsrechte und eine bestmögliche Betreuung der Arbeitnehmer ermöglichen. Schon eine zweckmäßigere Gestaltung der Zuordnung reicht aus (GK-BetrVG/*Kraft* Rn. 26; HSG/*Hess* Rn. 5; *Richardi* Rn. 43). Dabei darf der Sinn der gesetzlichen Regelung nicht aus dem Auge verloren werden. Sie dient nicht der Erleichterung von Betriebsratsarbeit, die auch ohne eine neue Zuordnung ordnungs- und sachgemäß durchgeführt werden kann (*Fitting* Rn. 49; GK-BetrVG/*Kraft* Rn. 26). Eine andere Zuordnung kann damit rechtfertigt werden, daß zumindest in größeren Teilen der betroffenen Betriebseinheiten bisher keine Betriebsräte gebildet worden sind oder damit, daß es aus tatsächlichen Gründen Zweifel an der Betriebratsfähigkeit von Nebenbetrieben oder Betriebsteilen bestehen (GK-BetrVG/*Kraft* Rn. 26; *Richardi* Rn. 43). Sie läßt sich auch darauf stützen, daß die Wahrnehmung der Mitbestimmungsrechte erschwert ist, weil die Entscheidungen, welche Arbeitnehmer dieser Betriebsteile und Nebenbetriebe betreffen, weitgehend nicht von deren Leitern, sondern auf anderer Ebene getroffen werden (*Fitting* Rn. 49). Zu den **Voraussetzungen** für eine andere Zuordnung gehört, daß nur Nebenbetriebe und Betriebsteile neu zugeordnet werden können. Selbständige Betriebe können weder in Betriebsteile zerlegt (*Fitting* Rn. 45; GK-BetrVG/*Kraft* Rn. 25; *Richardi* Rn. 42), noch zu neuen Einheiten zusammengefaßt werden; wohl auch dann nicht, wenn es sich um mehrere Kleinbetriebe eines Unternehmens handelt (GK-BetrVG/ *Kraft* Rn. 25; aA *Fitting* Rn. 44; DKK/*Trümner* Rn. 40; *Richardi* Rn. 41). Dies folgt schon aus dem Verweis auf § 4. Ebenso sind unternehmensübergreifende Regelungen grundsätzlich unzulässig (*Fitting* Rn. 46; GK-BetrVG/*Kraft* Rn. 25; *Richardi* Rn. 41). Das kann anders sein, wenn sämtliche von dem Tarifvertrag erfaßten Betriebsteile und Nebenbetriebe als gemeinsam geführte Organisationseinheit aller beteiligten Unternehmen anzusehen sind – ein gemeinsamer Betrieb nach Abs. 3 (*Fitting* Rn. 46). Die andere Zuordnung nach Ziff. 3 kann mit der anderen Vertretung nach Ziff. 2 (*Fitting* Rn. 48; GK-BetrVG/*Kraft* Rn. 28; *Richardi* Rn. 44) oder mit der Bildung zusätzlicher Arbeitnehmervertretungen nach Ziff. 1 (*Fitting* Rn. 51) verbunden werden.

Die andere Zuordnung hat für bestehende Betriebsräte unterschiedliche **Folgen**. Werden Betriebs- 5 teile oder Nebenbetriebe durch einen Tarifvertrag nach Ziff. 3 betriebsratsfähig, ist dort nach § 13 I Nr. 6 ein Betriebsrat zu wählen. Verliert ein Nebenbetrieb oder Betriebsteil seine Selbständigkeit, weil ein Tarifvertrag nach Ziff. 3 in Kraft tritt, endet das Amt des dort gebildeten Betriebsrates, wenn in dem aufnehmenden Betrieb ein Betriebsrat besteht. Besteht dort kein Betriebsrat, ist der Betriebsrat des abgebenden Betriebs nach den Regeln des Übergangsmandats bis zur Neuwahl eines Betriebsrates im aufnehmenden Betrieb im Amt (DKK/*Trümner* Rn. 63 ff.; *Fitting* Rn. 53; *Richardi* Rn. 46 s. § 21 Rn. 7 ff.; aA GK-ArbGG/*Kraft* Rn. 45). Die Amtszeit des Betriebsrates in einem aufnehmenden Betrieb wird durch das Inkrafttreten des Tarifvertrages nicht berührt. Ob eine Neuwahl durchgeführt werden muß, richtet sich nach § 13 II Nr. 1 (*Fitting* Rn. 52; GK-BetrVG/*Kraft* Rn. 45; *Richardi* Rn. 47). Endet der Tarifvertrag nach Ziff. 3, gilt wieder das BetrVG (s. Rn. 3). In den wieder ausgegliederten Teilen ist unter den Voraussetzungen des § 13 I Nr. 1 ein Betriebsrat zu wählen. Bis dahin bleibt der Betriebsrat des Hauptbetriebes für ausgegliederte betriebsratsfähige Einheiten zuständig (DKK/*Trümner* Rn. 68; *Fitting* Rn. 55; aA GK-BetrVG/*Kraft* Rn. 46). Im Einzelnen ist noch vieles umstritten (s. DKK/*Trümner* Rn. 62 ff.). Klarstellende Vorschriften in den jeweiligen Tarifverträgen sind deshalb hilfreich.

V. Behördliche Zustimmung

Die Regelung zur Zustimmung in **Abs.** 2 soll sicherstellen, daß von der Betriebsverfassung nach 6 Abs. 1 abweichende Regelungen nicht dem Grundgedanken des Gesetzes widersprechen (BT-Drucks. VI/1786, S. 36). Die Behörde muß prüfen, ob die materiellen Voraussetzungen für eine abweichende Regelung vorliegen, ob die zwingenden Grundsätze des Gesetzes eingehalten sind und die Regelung zum Ereichen der Ziele des Gesetzes zweckmäßig und sinnvoll ist (*Fitting* Rn. 56; GK-BetrVG/*Kraft* Rn. 39). Ihre Zustimmung ist **Wirksamkeitsvoraussetzung** für den Tarifvertrag. Vorher tritt er nicht in Kraft (DKK/*Trümner* Rn. 69; *Fitting* Rn. 69; GK-BetrVG/*Kraft* Rn. 43; *Richardi* Rn. 59). Das **Verfahren** setzt einen Antrag voraus. Besondere Formvorschriften müssen nicht eingehalten werden. Es reicht der Antrag einer Tarifpartei (*Fitting* Rn. 58; *Richardi* Rn. 51). Das Einreichen des Tarifvertrages zur Eintragung in das Tarifregister enthält nicht den Antrag nach Abs. 2 (*Fitting* Rn. 59; *Richardi* Rn. 51). Oberste Behörden sind die Landesarbeitsminister, in den Stadtstaaten die Senatoren für Arbeit. Das in S. 2 vorgesehene Verfahren zur schriftlichen Stellungnahme und mündlichen öffentlichen Verhandlung muß bei allen Tarifverträgen nach Abs. 3 eingehalten werden (DKK/*Trümner* Rn. 77; *Fitting* Rn. 60; GK-BetrVG/*Kraft* Rn. 41; *Richardi* Rn. 52). Interessierte Gewerkschaften sind alle, die für den betroffenen Betrieb zuständig sind (DKK/*Trümner* Rn. 81; *Fitting* Rn. 62; *Richardi* Rn. 53). Soweit ein Betriebsrat besteht, ist er im Verfahren zu beteiligen (DKK/*Trümner* Rn. 79; *Fitting* Rn. 61; GK-BetrVG/*Kraft* Rn. 41; *Richardi* Rn. 53). Fehlt ein Betriebsrat, kann sich die Behörde unmittelbar an die einzelnen Arbeitnehmer wenden oder den Arbeitgeber veranlassen, ihre Stellungnahme in einer Belegschaftsversammlung herbeizuführen (DKK/*Trümner* Rn. 80; GK-BetrVG/*Kraft* Rn. 41; *Richardi* Rn. 53). Vom Tarifvertrag betroffenen Arbeitgebern und Arbeitnehmern muß nur Gelegenheit zur Stellungnahme gegeben werden; sie müssen nicht tatsächlich gehört werden (*Fitting* Rn. 61; *Richardi* Rn. 55). Die Zustimmung macht einen aus anderen Gründen unwirksamen Tarifvertrag nicht wirksam (*Fitting* Rn. 67; *Richardi* Rn. 58). Der Zustimmungsbehörde steht ein Ermessensspielraum zu (*Fitting* Rn. 65; *Richardi* Rn. 56). Für das Verfahren dort gelten die Regeln der VwVerfG (DKK/*Trümner* Rn. 86).

VI. Streitigkeiten

7   Über die Wirksamkeit eines vom Gesetz abweichenden Tarifvertrages wird im arbeitsgrichtlichen Beschlußverfahren nach den §§ 2 a, 80 ff. ArbGG entschieden. Solange der Tarifvertrag noch nicht die staatliche Zustimmung gefunden hat, fehlt das Rechtsschutzinteresse (BAG 4. 11. 1960 AP BetrVG § 20 Nr. 1; *Fitting* Rn. 71; GK-BetrVG/*Kraft* Rn. 52; *Richardi* Rn. 65). Im Beschlußverfahren werden auch Streitigkeiten über die Zusammensetzung, Wahl, Organisation, Rechte und Pflichten einer zusätzlichen oder anderen Vertretung der Arbeitnehmer entschieden (*Fitting* Rn. 70; *Richardi* Rn. 66). Für Streitigkeiten über die Zustimmung nach Abs. 2 ist nicht der Verwaltungsrechtsweg gegeben. Auch hierüber entscheiden die Arbeitsgerichte nach § 2 a I Nr. 1, 2 ArbGG im Beschlußverfahren (DKK/*Trümner* Rn. 89; *Fitting* Rn. 72; *Germelmann/Matthes/Prütting* § 2 a Rn. 52; GK-BetrVG/ *Kraft* Rn. 42; aA *Richardi* Rn. 67; HSG/*Hess* Rn. 17). § 2 a begründet ohne Unterscheidung zwischen öffentlich-rechtlichen und privatrechtlichen Streitigkeiten – abgesehen von den §§ 119 bis 121 – eine generelle Zuständigkeit der sachnäheren Arbeitsgerichtsbarkeit (vgl. BAG 30. 8. 1989 AP BetrVG 1972 § 37 Nr. 73; BVerwG 3. 12. 1976 BB 77, 889). Antrags- und anfechtungsberechtigt sind die am Zustimmungsverfahren Beteiligten nur, wenn sie dort nicht angehört wurden (DKK/*Trümner* Rn. 91; *Fitting* Rn. 73). Rechtsschutz bietet ihnen im übrigen das Beschlußverfahren nach § 18 II (*Fitting* Rn. 73).

§ 4 Nebenbetriebe und Betriebsteile

¹ Betriebsteile gelten als selbständige Betriebe, wenn sie die Voraussetzungen des § 1 erfüllen und
1. räumlich weit vom Hauptbetrieb entfernt oder
2. durch Aufgabenbereich und Organisation eigenständig sind.
² Soweit Nebenbetriebe die Voraussetzungen des § 1 nicht erfüllen, sind sie dem Hauptbetrieb zuzuordnen.

I. Vorbemerkung

1   Die Vorschrift befaßt sich nicht unmittelbar mit dem Begriff und der Abgrenzung von Betrieben. Sie baut darauf auf und legt zusammen mit § 1 die betriebsratsfähigen Einheiten innerhalb eines Unternehmens und damit einen Teil seiner betriebsverfassungsrechtlichen Organisation fest. Bei der Anwendung der Vorschrift ist Ausgangslage, daß keine Organisationseinheit ohne Betriebsrat bleiben soll (BAG 1. 2. 1963 AP BetrVG § 3 Nr. 5; DKK/*Trümner* Rn. 2; *Fitting* Rn. 2). Anderseits darf ihre Anwendung nicht zu einem unfruchtbaren Nebeneinander von Betriebsräten führen, weil man Einheiten aufgespalten hat, die organisatorisch und wirtschaftlich als ein Betrieb angesehen werden können. Das Gesetz soll zu einer vernünftigen Ordnung der Betriebsverfassung führen. Grundsatz ist die Einheit des Betriebes. Sie hat den Vorrang, solange sie sich noch sinnvoll aufrechterhalten läßt (*Fitting* Rn. 2; GK-BetrVG/*Kraft* Rn. 13). Dabei darf nicht aus den Augen verloren werden, daß oft – wie in den §§ 95 II, 99 I, 106 I, 111 I – die Anzahl der Arbeitnehmer für den Umfang der Mitbestimmung von Bedeutung ist (BAG 24. 2. 1976 AP BetrVG 1972 § 4 Nr. 2; *Fitting* Rn. 2). Nach § 3 I

Nr. 3 können die Tarifvertragsparteien Nebenbetriebe und Betriebsteile anders zuordnen, als es die Vorschrift vorsieht.

II. Betrieb

Für die Betriebsverfassung bildet der Betrieb die Einheit, in der die Arbeitnehmer sinnvoll ihre 2 Beteiligungsrechte wahrnehmen können. Der Betriebsbegriff sichert im Betriebsverfassungsgesetz das Prinzip der einheitlichen und sachgerechten Arbeitnehmerrepräsentation. So wird einerseits die Vertretung der Arbeitnehmer nach Abteilungen, Arbeitsbereichen oder Beschäftigungsarten ausgeschlossen, andererseits sorgt man für eine arbeitnehmernahe Mitbestimmungsform und verhindert zugleich rivalisierende Vertretungsorgane und ein unfruchtbares Nebeneinander (BAG 24. 2. 1976 AP BetrVG 1972 § 4 Nr. 2; *Fitting* § 1 Rn. 59; GK-BetrVG/*Kraft* Rn. 13). Die für andere Rechtsgebiete gefundenen Begriffsbestimmungen des Betriebes lassen sich nicht in die Betriebsverfassung übernehmen, der betriebsverfassungsrechtliche Begriff läßt sich nicht in andere Rechtsgebiete übertragen (s. § 1 Rn. 7). Eine gesetzliche **Definition** fehlt. Unter Betrieb versteht man im Betriebsverfassungsrecht die organisatorische Einheit, innerhalb derer ein Arbeitgeber allein oder zusammen mit den von ihm beschäftigten Arbeitnehmern bestimmte arbeitstechnische Zwecke fortgesetzt verfolgt, die sich nicht in der Befriedigung des Eigenbedarfs erschöpfen. Dazu müssen die in einer Betriebsstätte vorhandenen materiellen und immateriellen Betriebsmittel für den oder die verfolgten arbeitstechnischen Zwecke zusammengefaßt, geordnet, gezielt eingesetzt und die menschliche Arbeitskraft von einem einheitlichen Leitungsapparat gesteuert werden (BAG 18. 3. 1997 AP BetrAVG § 1 Betriebsveräußerung Nr. 16; BAG 14. 5. 1997 AP BetrVG 1972 § 8 Nr. 6; *Fitting* § 1 Rn. 55; GK-BetrVG/*Kraft* Rn. 5; *Richardi* § 1 Rn. 17). Der Betriebsbegriff ist zwingend. Weder die Betriebspartner noch die Tarifvertragsparteien können über ihn disponieren (*Fitting* § 1 Rn. 138; GK-BetrVG/*Kraft* Rn. 22; *Richardi* § 1 Rn. 29).

Der **arbeitstechnische Zweck** grenzt den Betrieb vom Unternehmen ab, das idR wirtschaftliche 3 Zwecke verfolgt (BAG 24. 2. 1976 AP BetrVG 1972 § 4 Nr. 2; *Richardi* § 1 Rn. 18). Die wirtschaftlich-unternehmerische Zielsetzung ist daher für die Betriebsabgrenzung bedeutungslos (BAG 17. 2. 1971 AP TVG § 1 Tarifverträge: Bau Nr. 9; *Fitting* § 1 Rn. 58; *Richardi* § 1 Rn. 22). Auch auf die Art des verfolgten arbeitstechnischen Zwecks kommt es nicht an – Produktion, Verwaltung, Dienstleistung, Vertrieb (BAG 23. 9. 1982 AP BetrVG 1972 § 4 Nr. 3; *Fitting* § 1 Rn. 57; GK-BetrVG/*Kraft* Rn. 5). Es kann sich daher bei Büros, Bühnen oder fremdgenützten Wohnanlagen (BAG 5. 8. 1965 AP KSchG § 21 Nr. 2) um Betriebe handeln. Unerheblich ist, worin der arbeitstechnische Zweck besteht und warum er verfolgt wird (*Richardi* § 1 Rn. 22). Er darf sich jedoch nicht in der Befriedigung des Eigenbedarfs erschöpfen (BAG 17. 2. 1981 AP BetrVG 1972 § 111 Nr. 9); Familienhaushalte sind keine Betriebe (*Fitting* § 1 Rn. 58; GK-BetrVG/*Kraft* Rn. 5; *Richardi* § 1 Rn. 50). In einem Betrieb können mehrere arbeitstechnische Zwecke verfolgt werden (BAG 14. 9. 1988 AP BetrVG 1972 § 1 Nr. 9; *Fitting* § 1 Rn. 61; GK-BetrVG/*Kraft* Rn. 15; *Richardi* § 1 Rn. 23). Sie müssen sich nicht „berühren" (BAG 23. 9. 1982 AP BetrVG 1972 § 4 Nr. 3; *Fitting* § 1 Rn. 61; GK-BetrVG/*Kraft* Rn. 15; *Richardi* § 1 Rn. 23). Es reicht aus, wenn dies innerhalb einer einheitlichen, auf einen arbeitstechnischen Gesamtzweck gerichteten Organisation geschieht – zB Produktion und Verkauf oder Verwaltung und Produktion. Arbeitstechnische Zwecke müssen **fortgesetzt** verfolgt werden. Die nur vorübergehende Einrichtung von Arbeitsstätten führt nicht zur Lösung aus dem Betrieb (*Richardi* § 1 Rn. 39). Die Organisation muß auf gewisse Dauer eingerichtet sein, wenn auch nicht für längere oder unbestimmte Zeit. Daher können Saison- oder Kampagnebetriebe betriebsverfassungsrechtlich Betriebe sein (*Fitting* § 1 Rn. 68; GK-BetrVG/*Kraft* Rn. 19; *Richardi* § 1 Rn. 40).

Entscheidend für den Betrieb als betriebsverfassungsrechtliche Einheit ist der **einheitliche Lei-** 4 **tungsapparat**, die Einheit der Entscheidung in mitbestimmungspflichtigen Angelegenheiten (BAG 25. 9. 1986 AP BetrVG 1972 § 1 Nr. 7; *Fitting* § 1 Rn. 63; GK-BetrVG/*Kraft* Rn. 20). Damit ist nicht die technische Leitung angesprochen. Werden in einer organisatorischen Einheit mehrere arbeitstechnische Zwecke verfolgt, ist eine einheitliche technische Leitung nicht immer angebracht. Als Kriterium für die Bestimmung des Betriebsbegriffs scheidet sie damit aus (*Fitting* § 1 Rn. 64; GK-BetrVG/*Kraft* Rn. 16). Ebensowenig kommt es entscheidend darauf an, wo die wirtschaftlich-kaufmännischen Entscheidungen getroffen werden, weil sie der Mitbestimmung weitgehend entzogen sind (BAG 23. 9. 1982 AP BetrVG 1972 § 4 Nr. 3). Über den Betriebsbegriff wird die Einheit bestimmt, innerhalb derer eine sinnvolle Ordnung der Betriebsverfassung und damit eine sachgerechte Betreuung der Arbeitnehmer durch ihre Repräsentanten möglich ist (*Fitting* § 1 Rn. 59; GK-BetrVG/*Kraft* Rn. 20). Fehlt ein eigener Leitungsapparat, der für die Organisationseinheit die maßgeblichen mitbestimmungsrelevanten Entscheidungen einheitlich trifft, kann die Arbeitsstätte daher nur Teil eines Betriebes, nicht selbst Betrieb sein (GK-BetrVG/*Kraft* Rn. 21; *Richardi* § 1 Rn. 26). Trifft die Unternehmensleitung selbst die mitbestimmungsrelevanten Entscheidungen für eine oder mehrere Produktionsstätten, handelt es sich um nur einen Betrieb. Werden diese Aufgaben in getrennten selbständigen Leitungsapparaten erfüllt, kann man regelmäßig auch von mehreren Betrieben ausgehen (BAG 23. 9. 1982 AP BetrVG 1972 § 4 Nr. 3; *Richardi* § 1 Rn. 27). So hängt es von der (betriebsverfassungsbezogenen)

Leitungsstruktur eines Unternehmens ab, ob die Hauptverwaltung mit einer oder mehreren Produktionsstätten zusammen einen Betrieb oder jede dieser Produktionsstätten neben der Hauptverwaltung jeweils eigene Betriebe bilden (BAG 29. 3. 1982 AP BetrVG 1972 § 4 Nr. 3; *Richardi* § 1 Rn. 45). Die **Einheit der Entscheidungen** in mitbestimmungspflichtigen Angelegenheiten erfordert nicht, daß bei der Betriebsleitung alle Kompetenzen für die Beziehungen zu den Arbeitnehmern angesiedelt sind. Es kommt vor allem auf die Selbständigkeit der Entscheidung in personellen und sozialen, weniger in den wirtschaftlichen Angelegenheiten an. Die Rechtsprechung weist darauf hin, daß die Betriebsverfassung als Ansprechpartner des Betriebsrats in den §§ 111 ff. den „Unternehmer", im übrigen den „Arbeitgeber" nennt (BAG 23. 9. 1982 AP BetrVG 1972 § 4 Nr. 3). Eine organisatorische Einheit scheidet daher als Betrieb aus, wenn dort die Arbeitgeberfunktionen im Bereich der personellen und sozialen Mitbestimmung nicht zumindest im Kern – sei es auch nach Richtlinien einer Zentrale – ausgeübt werden (BAG 23. 9. 1982 AP BetrVG 1972 § 4 Nr. 3; *Fitting* § 1 Rn. 63; GK-BetrVG/*Kraft* Rn. 20; *Richardi* § 1 Rn. 27 ff.).

5 Auf die **einheitliche Betriebsgemeinschaft** bzw. die Einheit der Belegschaft kommt es für die Bestimmung des Betriebes nicht an (*Fitting* Rn. 67; GK-BetrVG/*Kraft* Rn. 18). Die **räumliche Einheit** von Arbeitsstätten kann nur für einen Betrieb sprechen, sie muß es nicht, wie S. 1 zeigt (BAG 23. 9. 1982 AP BetrVG 1972 § 4 Nr. 3; *Fitting* § 1 Rn. 65; GK-BetrVG/*Kraft* Rn. 17; *Richardi* § 1 Rn. 31, 33). Das Kriterium ist weitgehend ohne Aussagekraft. Bei nicht standortgebundenen Tätigkeiten kann es nicht entscheidend sein (*Richardi* § 1 Rn. 35). Arbeitnehmer im Außendienst gehören zu dem Betrieb, für den sie tätig werden (*Fitting* § 1 Rn. 66). Auswärtige Arbeitsstätten können sich selbst zu einem Betrieb entwickeln (*Fitting* § 1 Rn. 66), auswärts tätige Mitarbeiter können eine verselbstständigte Organisation bilden, die einen Betrieb darstellt (*Richardi* § 1 Rn. 36). Ausschlaggebend ist stets, ob für sie ein einheitlicher Leitungsapparat besteht. Eine auf fremdem Werksgelände über Jahre hinweg unterhaltene „Baustelle" bildet daher keinen selbständigen Betrieb, wenn ihr ein betriebsverfassungsrechtlicher Leitungsapparat fehlt (LAG Düsseldorf 20. 5. 1997 – 8 Sa 1591/96). Verfolgt der Arbeitgeber den gleichen arbeitstechnischen Zweck in mehreren selbständigen Betrieben, von denen nur einer die Voraussetzungen des § 1 erfüllt, bilden die nichtbetriebsratsfähigen **Kleinbetriebe** mit dem betriebsratsfähigen Betrieb einen einzigen Betrieb (BAG 3. 12. 1985 AP BetrVG 1972 § 99 Nr. 28; *Fitting* § 1 Rn. 73; *Richardi* Rn. 43; § 1 Rn. 58 f.; aA GK-BetrVG/*Kraft* Rn. 52 f.). So sichert man die Vertretung der dort Beschäftigten, wie das S. 2 für die Nebenbetriebe anordnet. Es gibt keinen Grund, Arbeitnehmer innerhalb eines Unternehmens allein deshalb ohne Vertretung zu lassen, weil die Organisationseinheit, in der sie tätig sind, den einheitlichen Betriebszweck selbständig verfolgt und nicht nur den Hauptbetrieb hierin unterstützt. Bei einer Mischlage werden die Kleinbetriebe dem jeweils räumlich am nächsten gelegenen Betrieb zugeordnet (DKK/*Trümner* Rn. 66; *Richardi* Rn. 43). Besteht ein Unternehmen nur aus Kleinbetrieben, sind sie zu einem oder mehreren Betrieben zusammenzufassen, um die Mitbestimmung zu sichern (BAG 3. 12. 1985 AP BetrVG 1972 § 99 Nr. 28; DKK/*Trümner* Rn. 66; *Fitting* Rn. 9; *Richardi* § 1 Rn. 58; aA GK-BetrVG/*Kraft* Rn. 54). Ein Kleinbetrieb bleibt so nur ohne betriebsverfassungsrechtliche Vertretung, wenn er allein schon das Unternehmen ausmacht, weil es keine weitere Arbeitsstätte im Unternehmen gibt (DKK/*Trümner* Rn. 67; *Richardi* § 1 Rn. 59).

III. Veränderungen

6 Ein Wechsel oder die Ergänzung des arbeitstechnischen Zwecks berührt nicht den Bestand des Betriebes, wenn die Organisationseinheit erhalten bleibt (BAG 23. 9. 1982 AP BetrVG 1972 § 4 Nr. 3; DKK/*Trümner* § 1 Rn. 121; GK-BetrVG/*Kraft* Rn. 29; *Richardi* § 1 Rn. 25). Der Betrieb besteht auch nach seiner **Verlegung** weiter, solange nur die Belegschaft im wesentlichen dieselbe bleibt (DKK/*Trümner* § 1 Rn. 120; *Fitting* § 1 Rn. 69; GK-BetrVG/*Kraft* Rn. 29; *Richardi* § 1 Rn. 37). Er endet – selbst bei Beibehaltung des arbeitstechnischen Zwecks (BAG 6. 11. 1959 AP KSchG § 13 Nr. 15) – wenn mit einer Verlegung die alte Betriebs- und Produktionsgemeinschaft aufgelöst und am neuen Standort eine neue Belegschaft eingestellt wird (BAG 12. 2. 1987 AP BGB § 613 a Nr. 67; DKK/*Trümner* § 1 Rn. 120; *Fitting* § 1 Rn. 69). Verfügt ein Unternehmer zweier bisher selbständiger Betriebe ihren **Zusammenschluß** durch den Umzug des einen Betriebes in die Räumlichkeiten des anderen, enden beide Betriebe, wenn dadurch ein neuer Betrieb entsteht (BAG 25. 9. 1986 AP BetrVG 1972 § 1 Nr. 7; *Fitting* § 1 Rn. 71). Bei der schlichten **Eingliederung** endet der „aufgesogene" Betrieb; der aufnehmende bleibt erhalten, wie § 321 I 1 UmwG zeigt (DKK/*Trümner* § 1 Rn. 119; GK-BetrVG/*Kraft* Rn. 40). Die tatsächlichen Feststellungen für die Abgrenzung beider Formen der Integration sind oft nur schwierig zu treffen. Mit der **Aufspaltung** eines Betriebes können neue betriebsratsfähige Einheiten entstehen. Werden durch die aufgezählten Veränderungen derartige Einheiten geschaffen, können die alten Betriebsräte Übergangsmandate ausüben (s. § 21 Rn. 7 ff.) Der Betrieb endet mit seiner **Stillegung**. Die wirtschaftliche Betätigung muß mit der Absicht aufgegeben werden, den bisherigen Betriebszweck dauernd oder für eine ihrer Dauer nach unbestimmte, wirtschaftlich nicht unerhebliche Zeitspanne nicht zu verfolgen (BAG 28. 4. 1988 AP BGB § 613 a Nr. 74; *Fitting* § 1 Rn. 70; GK-BetrVG/*Kraft* Rn. 45; *Richardi* § 1 Rn. 76). Hier kommen für den Betriebsrat

Restmandate in Frage (s. § 21 Rn. 6). Bei einem **Betriebsübergang** bleibt oft der Betrieb erhalten. Der neue Arbeitgeber tritt in die betriebsverfassungsrechtliche Stellung des alten ein. Der Betriebsrat bleibt im Amt. Betriebsvereinbarungen gelten normativ weiter (BAG 27. 7. 1994 AP BGB § 613a Nr. 118; *Fitting* § 1 Rn. 105). § 613a I 2 soll als Auffangtatbestand betriebsverfassungsrechtliche Lücken schließen, nicht die Rechte des Betriebsrates einschränken. Führt der Betriebsübergang zu einem Zusammenschluß bzw. einer Eingliederung oder entsteht bei der Übertragung von Betriebsteilen ein neuer selbständiger Betrieb, wird die Kontinuität der Betriebsratsarbeit durch Rest- und Übergangsmandate gesichert (s. § 21 Rn. 6 ff.). Für Betriebsvereinbarungen und Tarifverträge gilt § 613a I 2–4 BGB. Betriebsverfassungsrechtliche Folgen einer **Umwandlung** nach dem UmwG sind zT dort geregelt (s. §§ 321 und 322 UmwG).

IV. Gemeinsamer Betrieb

Mehrere rechtlich selbständige Unternehmen können gemeinsam einen Betrieb betriebsverfassungsrechtlich leiten, wie § 322 UmwG zeigt. Einen solchen Gemeinschaftsbetrieb können das gemeinsame Büro verschiedener Buchverlage (vgl. BAG 14. 11. 1975 AP BetrVG 1972 § 118 Nr. 5), die von Baugesellschaften für gemeinsame Bauprojekte gebildeten Arbeitsgemeinschaften (ARGE) sowie die Hauptverwaltungen und Filialdirektionen von Versicherungsgesellschaften darstellen, welche nach dem Versicherungsaufsichtsrecht verpflichtet sind, die verschiedenen Sparten des Versicherungsgeschäfts getrennt zu betreiben (BAG 14. 9. 1988 AP BetrVG 1972 § 1 Nr. 9). An einem gemeinschaftlichen Betrieb kann neben einer juristischen Person des Privatrechts eine Körperschaft des öffentlichen Rechts beteiligt sein (BAG 24. 1. 1996 AP BetrVG 1972 § 1 Gemeinsamer Betrieb Nr. 8). Voraussetzung für den Gemeinschaftsbetrieb ist – wie sonst auch – ein **einheitlicher Leitungsapparat** (BAG 14. 2. 1994 AP BetrVG 1972 § 5 Rotes Kreuz Nr. 3; *Fitting* § 1 Rn. 76; GK-BetrVG/*Kraft* Rn. 25; *Richardi* § 1 Rn. 68), der die der Beteiligung des Betriebsrates unterliegenden wesentlichen Entscheidungen in personellen und sozialen Bereich trifft (BAG 29. 1. 1987 AP BetrVG 1972 § 1 Nr. 6; BAG 31. 5. 2000 – 7 ABR 78/98; *Fitting* § 1 Rn. 76; GK-BetrVG/*Kraft* Rn. 26; *Richardi* § 1 Rn. 65). Eine rein unternehmerische Zusammenarbeit etwa auf der Grundlage von Organ- oder Beherrschungsverträgen (BAG 14. 9. 1988 AP BetrVG 1972 § 1 Nr. 9) – reicht nicht aus (BAG 18. 1. 1990 AP KSchG 1969 § 23 Nr. 9); ebensowenig die Fremdsteuerung des Arbeitsprozesses wie bei der Just-in-time-Produktion (DKK/*Trümner* § 1 Rn. 123 ff.; *Richardi* § 1 Rn. 65) oder die einfache Anordnung einer Konzernholding an die Tochter-AG, für sie bestimmten Arbeiten zu erledigen (BAG 29. 4. 1999 – 2 AZR 352/98). In diesen Fällen fehlt der Ansprechpartner für den Betriebsrat. Der einheitliche Leitungsapparat soll eine **rechtliche Verbindung** der beteiligten Unternehmen erfordern (BAG 14. 2. 1994 AP BetrVG 1972 § 5 Rotes Kreuz Nr 3; GK-BetrVG/*Kraft* Rn. 26; *Richardi* § 1 Rn. 66), ihre tatsächliche Zusammenarbeit soll nicht ausreichen (aA *Fitting* § 1 Rn. 80; ähnlich DKK/*Trümner* § 1 Rn. 74 b). Auf die Rechtsform der Zusammenarbeit kommt es dabei nicht an (BAG 7. 8. 1986 AP BetrVG 1972 § 1 Nr. 5; GK-BetrVG/*Kraft* Rn. 25). Eine stillschweigende Vereinbarung genügt (BAG 14. 9. 1988 AP BetrVG 1972 § 1 Nr. 9; BAG 31. 5. 2000 – 7 ABR 78/98). Werden die Arbeitgeberfunktionen im personellen und sozialen Bereich im wesentlichen einheitlich ausgeübt, kann regelmäßig auf eine solche konkludente Führungsvereinbarung geschlossen werden (BAG 14. 2. 1994 AP BetrVG 1972 § 5 Rotes Kreuz Nr. 3). Ob eine einheitliche Leitung vorliegt, beurteilt sich dabei nach der innerbetrieblichen Entscheidungsfindung und ihrer Umsetzung. Die nur formale Ausübung von Arbeitgeberbefugnissen durch den jeweiligen Vertragsarbeitgeber steht dem nicht entgegen (BAG 24. 1. 1996 AP BetrVG 1972 § 1 Gemeinsamer Betrieb Nr. 8). Hält man die Anforderungen an diese besondere Verbindung niedrig und setzt sie für die Darlegungslast nicht zu hoch an, erübrigt sich die Frage, ob die tatsächliche Zusammenarbeit der Unternehmen genügt. Das prozeßrechtliche Problem der Darlegung und des Nachweises einer rechtlichen Verbindung „braucht" nicht materiellrechtlich gelöst werden. Die einheitliche Leitung eines Gemeinschaftsbetriebes ergibt sich nicht zufällig. Sie erfordert stets einen Abstimmungsprozeß der beteiligten Unternehmen. Dies ist die erforderliche „rechtliche Verbindung". Sie kann sich auch aus einer personellen Verflechtung (BAG 14. 9. 1988 AP BetrVG 1972 § 1 Nr. 9) oder schon aus gleichlautenden Weisungen der Konzernspitze ergeben.

Wird ein Betrieb mit einer **Unternehmensspaltung** mehreren Unternehmen zugeordnet, bleibt er bestehen. Ändert eine Spaltung nach dem UmwG nichts an der Organisation des gespalteten Betriebes, wird nach § 322 I UmwG für die Anwendung des BetrVG vermutet, daß der Betrieb von den an der Spaltung beteiligten Rechtsträgern gemeinsam geführt wird (s. § 322 UmwG Rn. 1 f.). Der „klassische Fall" ist die Aufspaltung in eine Eigentums-(Vermögens-)gesellschaft und eine vermögenslose Produktionsgesellschaft. Der Betriebsrat des Gemeinschaftsbetriebes ist an den **Gesamtbetriebsräten** bei den Trägerunternehmen zu beteiligen (*Fitting* § 1 Rn. 86; *Richardi* § 1 Rn. 72; aA GK-BetrVG/ *Kreutz* § 47 Rn. 16). Allein über sie ist er am **Konzernbetriebsrat** beteiligt. Eine eigene Beteiligung am Konzernbetriebsrat entfällt (*Richardi* § 1 Rn. 73). Beschäftigen die beteiligten Unternehmen zusammen mehr als 100 Arbeitnehmer, ist ein **Wirtschaftsausschuß** zu bilden (BAG 1. 8. 1990 AP BetrVG 1972 § 106 Nr. 8). Dabei werden die Arbeitnehmer des Gemeinschaftsbetriebes mitgezählt (*Fitting* § 1 Rn. 88). Ist für das Bestehen eines Mitbestimmungsrechts die Zahl der im Betrieb Beschäftigten ausschlaggebend, ist auf die Gesamtzahl aller im gemeinsamen Betrieb beschäftigten Arbeitnehmer abzustellen (BAG 12. 11. 1997 – 1 ABR 6/97). Der Gemeinschaftsbetrieb endet wie jeder Betrieb (*Richardi* § 1 Rn. 80).

V. Betriebsteile

9   Hierbei handelt es sich um räumlich und organisatorisch abgrenzbare relativ verselbständigte Betriebsbereiche, die wegen ihrer Eingliederung in die Organisation des Betriebs nicht allein bestehen können (BAG 25. 9. 1986 AP BetrVG 1972 § 1 Nr. 7; BAG 14. 5. 1997 AP BetrVG 1972 § 8 Nr. 6). Sie üben eine Teilfunktion beim Erreichen des arbeitstechnischen Zwecks des Betriebes aus (GK-BetrVG/*Kraft* Rn. 50). Sie erfüllen Aufgaben, die sich von denen der anderen Abteilungen idR erkennbar unterscheiden, aber in ihrer Zielsetzung dem arbeitstechnischen Zweck des Betriebes dienen – zB die Lackiererei in der Autoproduktion, die Reparaturwerkstatt eines Spediteurs, Auslieferungslager (DKK/*Trümner* Rn. 28; *Fitting* Rn. 5). Sie verfügen über eine gewisse Selbständigkeit, weil sie räumlich oder funktional vom Betrieb abgegrenzt sind (GK-BetrVG/*Kraft* Rn. 50) und den Einsatz der Arbeitnehmer bestimmende Leitung eingerichtet ist, die in Teilen das Weisungsrecht des Arbeitgebers ausübt (BAG 20. 6. 1995 AP BetrVG 1972 § 4 Nr. 8; BAG 14. 5. 1997 AP BetrVG 1972 § 8 Nr. 6; DKK/*Trümner* Rn. 30; *Fitting* Rn. 5). Es fehlt aber ein eigener (betriebsverfassungsrechtlicher) Leitungsapparat, der die wesentlichen beteiligungspflichtigen Entscheidungen im personellen und sozialen Bereich selbständig trifft (BAG 17. 2. 1983 AP BetrVG 1972 § 4 Nr. 4; BAG 20. 6. 1995 AP BetrVG 1972 § 4 Nr. 8; DKK/*Trümner* Rn. 23; GK-BetrVG/*Kraft* Rn. 50). Liegen die übrigen Voraussetzungen vor, haben wir es ebenso mit Betriebsteilen zu tun, wenn die dort erfüllten Aufgaben parallelen arbeitstechnischen Zwecken dienen, die sich nicht voneinander unterscheiden. Daher kann es sich auch bei Filialen im Einzelhandel oder dem Bankgewerbe um Betriebsteile, nicht um selbständige Betriebe handeln (BAG 24. 2. 1976 AP BetrVG 1972 § 4 Nr. 2; *Fitting* Rn. 6). Die Arbeitnehmer in Betriebsteilen nehmen an der Betriebsratswahl des Betriebes teil, zu dem der Betriebsteil gehört und werden von dessen Betriebsrat vertreten. Betrieb ist die Stelle, in der die Leitungsaufgaben auch für den Betriebsteil wahrgenommen werden, d. h. die wesentlichen beteiligungspflichtigen Entscheidungen in personellen und sozialen Angelegenheiten getroffen werden (BAG 25. 9. 1986 AP BetrVG 1972 § 1 Nr. 7; DKK/*Trümner* Rn. 26; *Fitting* Rn. 10; *Richardi* Rn. 22). Dies gilt auch, wenn ein anderer Betrieb des Unternehmens räumlich näher liegt (*Fitting* Rn. 10; aA DKK/*Trümner* Rn. 26). Die Zuordnung zu einem Betrieb ohne Zuständigkeit in den wesentlichen betriebsverfassungsrechtlichen Entscheidungen würde den Arbeitnehmern des Betriebsteils den Ansprechpartner nehmen.

10   **Abs. 1 Satz 1** fingiert unter den dort genannten Voraussetzungen einen Betrieb, der nach der allgemeinen Begriffsbestimmung nicht Betrieb sein könnte. Voraussetzung ist stets, daß der Betriebsteil nach der Zahl seiner Arbeitnehmer betriebsratsfähig ist (s. § 1 Rn. 13 ff.). Betriebsteile sind nach **Ziff. 1** vom „Hauptbetrieb" **räumlich weit entfernt,** wenn wegen dieser Entfernung eine sachgerechte Vertretung der Arbeitnehmer des Betriebsteils durch den Betriebsrat des Betriebes nicht erwartet werden kann (BAG 24. 2. 1976 AP BetrVG 1972 § 4 Nr. 2; DKK/*Trümner* Rn. 34; *Fitting* Rn. 12; GK-BetrVG/*Kraft* Rn. 58). Es kommt dabei nicht allein auf die objektive Entfernung an (BAG 24. 2. 1976 AP BetrVG 1972 § 4 Nr. 2; *Fitting* Rn. 13; GK-BetrVG/*Kraft* Rn. 59; *Richardi* Rn. 21). Ebensowenig spielt eine Rolle, ob die Betriebsteile und Betrieb innerhalb derselben politischen Gemeinde liegen; entscheidend sind die Verkehrsverbindungen (BAG 24. 2. 1976 AP BetrVG 1972 § 4 Nr. 2; *Fitting* Rn. 12; GK-BetrVG/*Kraft* Rn. 59; *Richardi* Rn. 23). Betriebsratsmitglieder müssen in der Lage sein, kurzfristig zu einer Sitzung zusammenzukommen; Arbeitnehmer müssen Betriebsratsmitglieder leicht erreichen können (*Fitting* Rn. 12; GK-BetrVG/*Kraft* Rn. 60; *Richardi* Rn. 21). Betriebsratsmitgliedern müssen die Verhältnisse „vor Ort" aus unmittelbarer und ständiger eigener Anschauung bekannt sein (DKK/*Trümner* Rn. 34). Ob zwischen dem Betriebsteil und dem Betrieb eine lebendige Betriebsgemeinschaft besteht, tritt dagegen als Kriterium zurück (BAG 23. 9. 1982 AP BetrVG 1972 § 4 Nr. 3; aA *Richardi* Rn. 21). Die Belegschaftsstärke im Betriebsteil spielt in der Rechtsprechung des BAG keine entscheidende Rolle (BAG 29. 3. 1977 AuR 77, 254 einerseits BAG 5. 4. 1964 AP BetrVG § 3 Nr. 7 andererseits). Dieser Gesichtspunkt kann im Einzelfall durchaus zu einer sachgerechten Lösung beitragen (vgl. LAG Köln 28. 6. 1989 LAGE BetrVG 1972 § 4 Nr. 4; DKK/*Trümner* Rn. 32; *Richardi* Rn. 26; aA GK-BetrVG/*Kraft* Rn. 55). Bei einer Entfernung von 45 km kann ein Betrieb vorliegen (BAG 29. 3. 1977 AuR 77, 254); selbst bei 70 km Entfernung soll das noch der Fall sein, wenn die Arbeitnehmer im Betriebsteil von freigestellten Betriebsratsmitgliedern betreut werden (BAG 24. 9. 1968 AP BetrVG § 3 Nr. 9). Andererseits können bei schlechten Verkehrsverbindungen Betriebsteile räumlich weit entfernt sein, die nur 28 km vom Betrieb liegen (BAG 23. 9. 1960 AP BetrVG § 3 Nr. 4). Vom Hauptbetrieb weit entfernte, organisatorisch voneinander abgegrenzte Betriebsteile, die jeweils die Voraussetzungen des § 1 erfüllen, gelten nach S. 1 auch dann jeder für sich als selbständiger Betrieb und nicht als einheitlicher Betrieb, wenn sie nahe beieinanderliegen (BAG 29. 5. 1991 AP BetrVG 1972 § 4 Nr. 4).

11   Liegen – kumulativ (DKK/*Trümner* Rn. 39; GK-BetrVG/*Kraft* Rn. 63; *Richardi* Rn. 30) – beide Voraussetzungen der **Ziff. 2** vor, fingiert S. 1 ohne Rücksicht auf die örtliche Lage des Betriebsteiles

(BAG 25. 11. 1980 AP BetrVG 1972 § 18 Nr. 3) einen Betrieb. Die Vorschrift läßt sich in der Praxis kaum handhaben. Der Betriebsteil ist gerade dadurch gekennzeichnet, daß er keinen eigenen betriebsverfassungsrechtlich bedeutsamen Leitungsapparat hat und keinen eigenen Aufgabenbereich, sondern Teilfunktionen des Hauptbetriebs erfüllt. Ist dies anders, wird es sich meist schon um einen eigenen Betrieb handeln. Für die Unterscheidung des Betriebes von dem durch Aufgabenbereich und Organisation eigenständigen Betriebsteil lassen sich jedenfalls verläßliche Kriterien kaum finden (BAG 3. 12. 1985 AP BetrVG 1972 § 99 Nr. 28). Man hilft sich mit Begriffen wie der „relativen Selbständigkeit" (*Fitting* Rn. 14) bzw. einer „relativen Eigenständigkeit" (GK-BetrVG/*Kraft* Rn. 63) oder einer „gewissen Eigenständigkeit" (BAG 29. 1. 1992 AP BetrVG 1972 § 7 Nr. 1) von Leitungsapparat und Aufgabenbereich. Wenn man dann die Eigenständigkeit der Organisation darin findet, daß in diesem Betriebsteil „der wesentliche Kern der der betrieblichen Mitbestimmung unterliegenden Arbeitgeberfunktion auszuüben ist" (BAG 29. 1. 1992 AP BetrVG 1972 § 7 Nr. 1) wird deutlich, daß die Vorschrift für viele Fälle einen Betrieb nicht fingiert, sondern nur noch festgehalten wird, was von Gesetzes wegen schon gilt. So besehen erschöpft sich Ziff. 2 in der Feststellung, daß es je nach Organsiation des Betriebes für die Belegschaft sinnvoll sein kann, trotz räumlicher Nähe von Betriebsstätten zwei Betriebsvertetungen zu wählen. Rechtsprechung und hM unterscheiden den eigenständigen Betriebsteil vom selbständigen Betrieb nach folgenden Kriterien: Die **eigenständige Organisation** soll eine eigene Leitung auf der Ebene des verselbständigten Teils des Betriebes voraussetzen, insbesondere in beteiligungspflichtigen personellen und sozialen Angelegenheiten (BAG 29. 1. 1992 AP BetrVG 1972 § 7 Nr. 1; *Fitting* Rn. 14; *Richardi* Rn. 32). Die einheitliche kaufmännische Leitung steht dabei der Annahme eines selbständigen Betriebes nicht entgegen (BAG 1. 2. 1963 AP BetrVG § 3 Nr. 5; *Fitting* Rn. 14). Der **Aufgabenbereich** soll relativ eigenständig sein, wenn im Betriebsteil fachfremde Hilfsfunktionen für den Gesamtbetrieb erfüllt werden (*Fitting* Rn. 15; *Richardi* Rn. 31). Auch fachnahe Funktionen sollen aber ausreichen (BAG 5. 6. 1964 AP BetrVG § 3 Nr. 7; *Richardi* Rn. 31). Die Geltung eines anderen Tarifvertrages im Betriebsteil soll ein Indiz für die Eigenständigkeit des Aufgabenbereichs sein (GK-BetrVG/*Kraft* Rn. 66). Tarifliche und betriebsverfassungsrechtliche Selbständigkeit sind aber nicht deckungsgleich (*Richardi* Rn. 31).

VI. Nebenbetriebe

Sie sind von ihrer Organisation her selbständige Betriebe. Sie verfügen über einen eigenen (betriebsverfassungsrechtlichen) Leitungsapparat und verfolgen eigene Betriebszwecke. Vom Betrieb unterscheidet sie ihre Aufgabenstellung, mit der sie eine reine Hilfsfunktion ausüben und so dem arbeitstechnischen Zweck eines Hauptbetriebes dienen (BAG 3. 12. 1985 AP BetrVG 1972 § 99 Nr. 28; BAG 25. 9. 1986 AP BetrVG 1972 § 7 Nr. 1; *Fitting* Rn. 16; GK-BetrVG/*Kraft* Rn. 46; HSG/*Hess* Rn. 12; *Richardi* Rn. 7 f.). Wird keine Hilfsfunktion für einen anderen Betrieb ausgeübt, haben wir es mit zwei selbständigen Betrieben zu tun. Als selbständiger Betrieb organisierte Hauptverwaltungen sind daher niemals Nebenbetriebe gegenüber den Produktionsbetrieben desselben Unternehmens, die Produktionsbetriebe niemals Nebenbetriebe einer solchen Hauptverwaltung (*Richardi* Rn. 9; aA DKK/*Trümner* Rn. 27). Keiner von beiden unterstützt den arbeitstechnischen Zweck des anderen. Arbeitnehmer in Nebenbetrieben wählen nach S. 2 einen eigenen Betriebsrat und sind nur dann dem Hauptbetrieb zuzuordnen, wenn der Nebenbetrieb nach der Zahl der Arbeitnehmer nicht betriebsratsfähig ist (*Fitting* Rn. 17; GK-BetrVG/*Kraft* Rn. 55; HSG/*Hess* Rn. 13). Haupt- und Nebenbetrieb müssen denselben Inhaber haben und zum selben Unternehmen gehören (BAG 5. 12. 1975 AP BetrVG 1972 § 47 Nr. 1; *Fitting* Rn. 16; GK-BetrVG/*Kraft* Rn. 49). Hauptbetrieb ist der Betrieb, dessen Zweck der Nebenbetrieb unterstützt (GK-BetrVG/*Kraft* Rn. 51; aA DKK/*Trümner* Rn. 27; *Richardi* Rn. 41). Eine Zuordnung zum räumlich nächsten Betrieb klammert aus, daß der Nebenbetrieb sich von seiner Hilfsfunktion her, nicht von der Nähe zu einem anderen Betrieb definiert.

VII. Streitigkeiten

Darüber, ob ein Betrieb, Nebenbetrieb oder Betriebsteil selbständig oder einem anderen Betrieb oder Betriebsteil zuzuordnen ist, wird im arbeitsgerichtlichen Beschlußverfahren nach den §§ 2 a, 80 ff. ArbGG entschieden (BAG 17. 1. 1978 AP BetrVG 1972 § 1 Nr. 1). Die Antragberechtigung richtet sich nach § 18 II (s. § 18 Rn. 6). Über diese Fragen kann auch als Vorfrage in anderen Verfahren entschieden werden (BAG 28. 12. 1956 AP KSchK § 22 Nr. 1; BAG 3. 12. 1985 AP BetrVG 1972 § 99 Nr. 28).

§ 5 Arbeitnehmer

(1) Arbeitnehmer im Sinne dieses Gesetzes sind Arbeiter und Angestellte einschließlich der zu ihrer Berufsausbildung Beschäftigten.

(2) Als Arbeitnehmer im Sinne dieses Gesetzes gelten nicht

1. in Betrieben einer juristischen Person die Mitglieder des Organs, das zur gesetzlichen Vertretung der juristischen Person berufen ist;
2. die Gesellschafter einer offenen Handelsgesellschaft oder die Mitglieder einer anderen Personengesamtheit, soweit sie durch Gesetz, Satzung oder Gesellschaftsvertrag zur Vertretung der Personengesamtheit oder zur Geschäftsführung berufen sind, in deren Betrieben;
3. Personen, deren Beschäftigung nicht in erster Linie ihrem Erwerb dient, sondern vorwiegend durch Beweggründe karitativer oder religiöser Art bestimmt ist;
4. Personen, deren Beschäftigung nicht in erster Linie ihrem Erwerb dient und die vorwiegend zu ihrer Heilung, Wiedereingewöhnung, sittlichen Besserung oder Erziehung beschäftigt werden;
5. der Ehegatte, Verwandte und Verschwägerte ersten Grades, die in häuslicher Gemeinschaft mit dem Arbeitgeber leben.

(3) ¹Dieses Gesetz findet, soweit in ihm nicht ausdrücklich etwas anderes bestimmt ist, keine Anwendung auf leitende Angestellte. ²Leitender Angestellter ist, wer nach Arbeitsvertrag und Stellung im Unternehmen oder im Betrieb
1. zur selbständigen Einstellung und Entlassung von im Betrieb oder in der Betriebsabteilung beschäftigten Arbeitnehmern berechtigt ist oder
2. Generalvollmacht oder Prokura hat und die Prokura auch im Verhältnis zum Arbeitgeber nicht unbedeutend ist oder
3. regelmäßig sonstige Aufgaben wahrnimmt, die für den Bestand und die Entwicklung des Unternehmens oder eines Betriebs von Bedeutung sind und deren Erfüllung besondere Erfahrungen und Kenntnisse voraussetzt, wenn er dabei entweder die Entscheidungen im wesentlichen frei von Weisungen trifft oder sie maßgeblich beeinflußt; dies kann auch bei Vorgaben insbesondere auf Grund von Rechtsvorschriften, Plänen oder Richtlinien sowie bei Zusammenarbeit mit anderen leitenden Angestellten gegeben sein.

(4) Leitender Angestellter nach Absatz 3 Nr. 3 ist im Zweifel, wer
1. aus Anlaß der letzten Wahl des Betriebsrats, des Sprecherausschusses oder von Aufsichtsratsmitgliedern der Arbeitnehmer oder durch rechtskräftige gerichtliche Entscheidung den leitenden Angestellten zugeordnet worden ist oder
2. einer Leitungsebene angehört, auf der in dem Unternehmen überwiegend leitende Angestellte vertreten sind, oder
3. ein regelmäßiges Jahresarbeitsentgelt erhält, das für leitende Angestellte in dem Unternehmen üblich ist, oder,
4. falls auch bei der Anwendung der Nummer 3 noch Zweifel bleiben, ein regelmäßiges Jahresarbeitsentgelt erhält, das das Dreifache der Bezugsgröße nach § 18 des Vierten Buches Sozialgesetzbuch überschreitet.

I. Vorbemerkung

1   Die Vorschrift beschreibt den Personenkreis, der vom Betriebsrat repräsentiert wird. Sie wird ergänzt durch § 6 I 2, der die in Heimbarbeit Beschäftigten unter den dort genannten Voraussetzungen einbezieht. Personen, die nach §§ 5, 6 nicht Arbeitnehmer sind oder nicht als Arbeitnehmer gelten, haben kein aktives oder passives Wahlrecht zum Betriebsrat. Mitbestimmungs- oder Beteiligungsrechte erfassen sie nicht. Betriebsvereinbarungen gelten für sie nicht unmittelbar und zwingend (BAG 21. 1. 1979 AP BetrVG 1972 § 112 Nr. 8; 21. 1. 1992 NZA 1992, 659). Sie zählen nicht mit, wo das Gesetz für Beteiligungsrechte eine Mindestzahl von Arbeitnehmern voraussetzt (zB §§ 99, 106, 110, 111, 112 a). Auf leitende Angestellte ist das Betriebsverfassungsgesetz nur anzuwenden, soweit dies ausdrücklich bestimmt ist (zB §§ 105, 107 I, 108 II). Der Begriff des Arbeitnehmers nach dem Betriebsverfassungsgesetz ist zwingend. Er kann – wie der des leitenden Angestellten – weder durch Tarifvertrag, noch durch Betriebsvereinbarung oder individualrechtlich verändert werden (*Fitting* Rn. 6; GK-BetrVG/*Kraft* Rn. 4).

II. Arbeitnehmer

2   Der Arbeitnehmerbegriff des Betriebsverfassungsgesetzes geht vom allgemeinen arbeitsrechtlichen Arbeitnehmerbegriff aus (BAG 12. 2. 1992 AP BetrVG 1972 § 5 Nr. 52). Er ist aber nicht deckungsgleich, sondern einerseits enger – so sind zB enge Familienangehörige des Arbeitgebers ganz und leitende Angestellte weitgehend ausgenommen –, andererseits weiter – Heimarbeiter sind in den Kreis einbezogen. Arbeitnehmer ist, wer aufgrund eines privatrechtlichen Vertrages im Dienste eines anderen in persönlicher Abhängigkeit zur Leistung fremdbestimmter Arbeit verpflichtet ist (BAG 27. 3. 1991, 13. 1. 1991 AP BGB § 611 Abhängigkeit Nr. 53, 60; 25. 3. 1992 AP BetrVG 1972 § 5 Nr. 48; *Fitting* Rn. 9; *Galperin/Löwisch* Rn. 9; GK-BetrVG/*Kraft* Rn. 8; *Richardi* Rn. 6; kritisch DKK/*Trümner* Rn. 12; *Wank*, Arbeitnehmer und Selbständige, 23 ff. und DB 1992, 90). Für die Feststellung der Arbeitnehmereigenschaft kommt es auf den wirklichen Geschäftsinhalt des Vertrages an, der sich sowohl aus den schriftlichen Vereinbarungen als auch aus der praktischen Durchführung des Vertrages

II. Arbeitnehmer § 5 BetrVG 210

ergeben kann (BAG 24. 6. 1992 AP BGB § 611 Abhängigkeit Nr. 42; 29. 1. 1992 AP BetrVG 1972 § 5 Nr. 47). Wo sich schriftliche Vereinbarung und tatsächiche Handhabung widersprechen, ist letztere entscheidend (BAG 13. 11. 1991, 20. 7. 1994 AP BGB § 611 Abhängigkeit Nr. 60, 73).

1. Vertrag. Das Arbeitsverhältnis kommt durch ausdrücklich oder stillschweigend abgeschlossenen 3 privatrechtlichen Vertrag zustande. Dem steht das kraft Gesetzes begründete Arbeitsverhältnis (§ 78 a II, § 625 BGB, § 10 I AÜG) gleich. Ob die Beschäftigung entgeltlich erfolgt, ist ebenso unbeachtlich (*Richardi* Rn. 35) wie die Dauer und Lage der Arbeitszeit – Teilzeitarbeit, flexible Arbeitszeit (BAG 29. 1. 1992 AP BetrVG 1972 § 7 Nr. 1; DKK/*Trümner* Rn. 31; *Fitting* Rn. 41 ff., 45 ff.), eine Befristung oder der Umstand, ob die Tätigkeit im Neben- bzw. im Hauptberuf ausgeübt wird (BAG 24. 1. 1964 AP BGB § 611 Fleichbeschauer-Dienstverhältnis Nr. 4; 20. 7. 1994 AP BGB § 611 Abhängigkeit Nr. 73). Wer aufgrund eines nichtigen oder anfechtbaren Arbeitsvertrages beschäftigt wird, ist bis zur Geltendmachung der Nichtigkeit bzw. wirksamen Anfechtung Arbeitnehmer (BAG 15. 11. 1957 AP BGB § 125 Nr. 2; 5. 12. 1957 AP BGB § 123 Nr. 2; DKK/*Trümner* Rn. 9; *Fitting* Rn. 12; GK-BetrVG/*Kraft* Rn. 10; *Richardi* Rn. 6, 73). Wer gegen oder ohne den Willen des Betriebsinhabers für diesen tätig ist, ist genausowenig Arbeitnehmer des Betriebes (GK-BetrVG/*Kraft* Rn. 10) wie derjenige, der nur faktisch in den Betrieb eingegliedert ist, ohne daß vertragliche Beziehungen zum Betriebsinhaber begründet werden sollen (vgl. BAG AP BetrVG 1972 § 99 Nr. 35, 65; GK-BetrVG/*Kraft* Rn. 10; aA DKK/*Trümner* Rn. 12 ff., 24 ff.). Arbeitnehmer ist auch nicht, wessen Beschäftigung auf einem öffentlich-rechtlichen Rechtsverhältnis oder öffentlich-rechtlichen Zwang beruht oder einen gesetzlichen Sonderstatus hat. Keine Arbeitnehmer sind danach **Beamte** und **Soldaten** (*Fitting* Rn. 13, 100; GK-BetrVG/*Kraft* Rn. 10) und im Rahmen des **freiwilligen sozialen Jahres** Tätige (BAG 12. 2. 1992 AP BetrVG 1972 § 5 Nr. 52). **Strafgefangene** sind keine Arbeitnehmer, wenn sie im Rahmen einer Maßnahme der Vollzugslockerung nach § 11 StVollzG als Freigänger außerhalb der Strafvollzugsanstalt in einem Betrieb beschäftigt werden (BAG 3. 10. 1978 AP BetrVG 1972 § 5 Nr. 18; *Fitting* Rn. 13, 100; GK-BetrVG/*Kraft* Rn. 10; aA DKK/*Trümner* Rn. 162). Sie sind Arbeitnehmer, wenn sie nach § 39 StVollzG ein freies Beschäftigungsverhältnis eingehen (LAG Baden-Württemberg 15. 9. 1988 NZA 1989, 886; DKK/*Trümner* Rn. 162; *Fitting* Rn. 110; GK-BetrVG/*Kraft* Rn. 61; offengelassen von BAG 3. 10. 1978 AP BetrVG 1972 § 5 Nr. 18). **Zivildienstleistende** (§ 25 WPflG iVm. §§ 1 ff. ZDG) sind keine Arbeitnehmer des Einsatzbetriebes, es sei denn, sie stehen in einem freien Beschäftigungsverhältnis iSd. § 15 a ZDG (DKK/*Trümner* Rn. 112; *Fitting* Rn. 100; *Richardi* Rn. 110). Nach § 19 BSHG zu gemeinnütziger und zusätzlicher Arbeit herangezogene **Sozialhilfeempfänger** sind keine Arbeitnehmer, wenn sie lediglich Hilfe zum Lebensunterhalt und eine angemessene Entschädigung für Mehraufwendungen erhalten. Erfolgt die Beschäftigung gegen ein übliches Arbeitsentgelt, sind sie Arbeitnehmer (BAG 7. 7. 1999 – 7 AZR 661/97; *Richardi* Rn. 108). **Entwicklungshelfer** haben einen Sonderstatus und sind keine Arbeitnehmer des Trägers der Entwicklungshilfe (BAG 27. 4. 1977 AP § 611 BGB Entwicklungshelfer Nr. 1; DKK/*Trümner* Rn. 115; GK-BetrVG/*Kraft* Rn. 49; *Richardi* Rn. 111; *Fitting* Rn. 100). Wegen des Territorialitätsprinzips unterfallen sie auch dann nicht dem Betriebsverfassungsgesetz, wenn sie in einem Arbeitsverhältnis mit dem ausländischen Projektträger stehen (*Fitting* Rn. 100; *Richardi* Rn. 111).

2. Persönliche Abhängigkeit. Sie zeigt sich in der Weisungsgebundenheit des Arbeitnehmrs hin- 4 sichtlich Zeit, Ort, Dauer, Durchführung und Inhalt der Arbeitsleistung (BAG 27. 3. 1991, 13. 11. 1991 AP BGB § 611 Abhängigkeit Nr. 53, 60; BAG 19. 1. 2000 – 5 AZR 644/98). Der Arbeitnehmer kann im Gegensatz zum freien Handelsvertreter seine Tätigkeit nicht im wesentlichen selbst gestalten und seine Arbeitszeit frei bestimmen. Er leistet fremdbestimmte Arbeit. § 84 I 2, II HGB enthält insoweit eine über seinen unmittelbaren Anwendungsbereich hinausgehende gesetzliche Wertung (BAG 19. 1. 2000 – 5 AZR 644/98). Als Kriterium ist die persönliche Abhängigkeit jedoch nur relativ: Sie hängt auch von der Eigenart der jeweiligen Tätigkeit ab. Abstrakte, für alle Arbeitsverhältnisse geltende Merkmale lassen sich nicht aufstellen (BAG 19. 1. 2000 – 5 AZR 644/98). Die Arbeitnehmereigenschaft kann gegeben sein, obwohl die Bindung an fachliche Weisungen fehlt – Ärzte, Rechtsanwälte (BAG 27. 7. 1961 AP BGB § 611 Ärzte, Gehaltsansprüche Nr. 28; GK-BetrVG/*Kraft* Rn. 28; *Richardi* Rn. 14). Selbst bei weitgehender Selbstbestimmung im Fachlichen, bei Zeit und Ort der Arbeitsleistung kann die Arbeitnehmereigenschaft vorliegen; so bei künstlerischen und geistigen Mitarbeitern von Rundfunk und Fernsehen, die auf den Apparat der Anstalt und das Mitarbeiterteam angewiesen sind (BAG 15. 3. 1978 AP BGB § 611 Abhängigkeit Nr. 26; *Richardi* Rn. 17). Grundsätzlich läßt sich nicht vereinbaren, ob ein Arbeitsverhältnis oder ein freies Dienstverhältnis u. ä. gegeben sein soll (*Richardi* Rn. 28 f.). Läßt sich ein Vertrag aber objektiv sowohl als Arbeitsvertrag als auch als Dienstvertrag qualifizieren, haben es die Vertragsparteien in der Hand, durch vertragliche Festlegung zu bestimmen, ob ein Arbeitsverhältnis oder ein Dienstvertrag gegeben sein soll (BAG 29. 5. 1991 AP BetrVG 1972 § 9 Nr. 2; 24. 6. 1992, 27. 3. 1992 AP BGB § 611 Abhängigkeit Nr. 61, 53).

Arbeitnehmerähnlich sind Personen, die aufgrund eines Dienst- oder Werkvertrages für einen 5 anderen tätig sind, ohne persönlich abhängig zu sein, aber wirtschaftlich abhängig und einem Arbeitnehmer vergleichbar sozial schutzwürdig sind (§ 12 a TVG). Sie sind – mit Ausnahme der Heimarbeiter nach § 6 I 2 und II 2 – keine Arbeitnehmer (BAG 26. 1. 1977 AP BGB § 611 Lehrer, Dozenten Nr. 13; DKK/*Trümner* Rn. 96; *Fitting* Rn. 22; GK-BetrVG/*Kraft* Rn. 46).

6 **Arbeitnehmerüberlassung.** Wird der Arbeitnehmer von vornherein eingestellt, um an Dritte zur Arbeitsleistung verliehen zu werden (**unechtes Leiharbeitsverhältnis**), bleibt der Leiharbeitnehmer nach Art. 1 § 14 I AÜG betriebsverfassungsrechtlich auch während seines Einsatzes im Entleiher-Betrieb dem Verleiher-Betrieb weitgehend zugeordnet (*Fitting* Rn. 78; GK-BetrVG/*Kraft* Rn. 14). Er ist nach Art. 1 § 14 II 1 AÜG zur Betriebsratswahl im Entleiherbetrieb weder wahlberechtigt noch wählbar (DKK/*Trümner* Rn. 27; *Fitting* Rn. 78). Da er aber in die Arbeitsorganisation des Entleiherbetriebes eingegliedert ist, besteht eine teilweise Zuständigkeit des Betriebsrates des Entleiherbetriebes auch für ihn. So hat der Leiharbeitnehmer das Recht, die Sprechstunden des Betriebsrates aufzusuchen und an den Betriebs- und Jugendversammlungen im Entleiherbetrieb teilzunehmen. Die §§ 81, 82 I und 84 bis 86 gelten im Entleiherbetrieb nach Art. 1 § 14 II 2, 3 AÜG auch für ihn. Vor der Übernahme eines Leiharbeitnehmers soll der Betriebsrat des Entleiherbetriebes nach Art. 1 § 14 Abs. 3 AÜG auch in Betrieben mit weniger als 20 wahlberechtigten Arbeitnehmern zu beteiligen sein (*Becker/Wulfgramm* AÜG § 14 Rn. 96; *Sandmann/Marschall* AÜG Art. 1 § 14 Rn. 17). Art. 1 § 14 AÜG regelt die Zuständigkeit des Betriebsrates des Entleiherbetriebes nicht abschließend (BAG 28. 7. 1992 AP BetrVG 1972 § 87 Werkmietwohnungen Nr. 7; 15. 12. 1992 AP AÜG § 14 Nr. 7; DKK/*Trümner* Rn. 27, 77 ff.; *Fitting* Rn. 78). Der Betriebsrat des Entleiherbetriebes ist stets für die Leiharbeitnehmer zuständig, wenn der Entleiher aufgrund seines Direktionsrechts beteiligungspflichtige Maßnahmen anordnet (BAG 15. 12. 1992 AP AÜG § 14 Nr. 7; *Fitting* Rn. 78; GK-BetrVG/*Kraft* Rn. 20 ff.). Bei der **unerlaubten gewerbsmäßigen Arbeitnehmerüberlassung** und bei Überschreiten der in Art. 1 § 3 Nr. 6 AÜG genannten Entleihhöchstfrist kommt zwischen dem Entleiher und dem Arbeitnehmer ein Arbeitsverhältnis zustande, falls nicht die gesetzliche Vermutung des Art. 1 § 1 Abs. 2 AÜG widerlegt werden kann. Der Arbeitnehmer gehört zur Belegschaft des Entleiherbetriebes (DKK/*Trümner* Rn. 79 f.; GK-BetrVG/*Kreutz* § 7 Rn. 41; *Richardi* Rn. 85 f.; aA *Becker/Wulfgramm* AÜG § 14 Rn. 23 f.). Eine analoge Anwendung von Art. 1 § 14 AÜG scheitert daran, daß zwischen dem Verleiher und dem Arbeitnehmer kein Arbeitsverhältnis (mehr) besteht. Wird der Arbeitnehmer grundsätzlich im Betrieb des Arbeitgebers und nur ausnahmsweise und nichtgewerbsmäßig in einem Drittbetrieb eingesetzt (**echtes Leiharbeitsverhältnis**) wendet die Bundesarbeitsgericht § 14 AÜG entsprechend an, so daß in keinem Fall eine betriebsverfassungsrechtliche Zuordnung zum Entleiherbetrieb erfolgt (BAG 18. 1. 1989 AP AÜG § 14 Nr. 2; BAG 22. 3. 2000 – 7 ABR 34/98). Für die langfristige Arbeitnehmerüberlassung ist das nicht einzusehen (*Fitting* Rn. 72; GK-BetrVG/*Kreutz* § 7 Rn. 42 ff.; *Richardi* Rn. 88; weitergehend DKK/*Trümmer* Rn. 85 f.). Die für die unechte gewerbsmäßige Arbeitnehmerüberlassung in Art. 1 § 3 Nr. 6 AÜG vorgesehene zeitliche Grenze muß auch in den übrigen Fällen der Arbeitnehmerüberlassung beachtet werden. Wird sie überschritten, kann man idR davon ausgehen, daß zwischen Verleiher und Arbeitnehmer keine betriebliche Bindung mehr besteht und sie dauerhaft in den Betrieb des Entleihers eingegliedert sind.

7 **Arbeitslose.** Wer vom Arbeitsamt nach §§ 260 ff. oder 272 ff. SGB III im Rahmen einer Arbeitsbeschaffungs- oder Strukturanpassungsmaßnahme dem Träger der Maßnahme zugewiesen wurde, ist Arbeitnehmer (DKK/*Trümner* Rn. 109 e; *Fitting* Rn. 38, 101). Denn nach § 260 I Ziff. 2 und § 272 Ziff. 3 SGB III setzt die Förderung voraus, daß die Träger Arbeitsverhältnisse mit den Zugewiesenen abschließen. Auch förderungsbedürftige Arbeitslose, die aufgrund eines Eingliederungsvertrages nach §§ 229 ff. SGB III beschäftigt werden, gelten als Arbeitnehmer (*Fitting* Rn. 39 a, 101). Auf den Eingliederungsvertrag sind nach § 231 II bis IV SGB III die Vorschriften und Grundsätze des Arbeitsrechts anzuwenden, soweit sich aus §§ 231 II, IV, 232 SGB III nichts anderes ergibt. Für die Feststellung der Betriebsratsfähigkeit und der Zahl der zu wählenden Betriebsratsmitglieder zählen sie jedoch nach § 231 II 2 SGB III nicht mit (*Richardi* Rn. 109).

8 **Ausländer.** Auf ausländische Arbeitnehmer ist das Betriebsverfassungsgesetz in seinem räumlichen Geltungsbereich selbst dann anzuwenden, wenn eine nach § 19 AFG erforderliche Arbeitserlaubnis fehlt (BAG 16. 12. 1976 AP AFG § 19 Nr. 4). Arbeitnehmer mit ausländischem Arbeitsvertragsstatut, die dem inländischen Betrieb zuzuordnen sind, sind Arbeitnehmer im Sinne der Betriebsverfassung (vgl. BAG 9. 11. 1977, 7. 12. 1989 AP Internationales Privatrecht Arbeitsrecht Nr. 13, 27; *Richardi* Rn. 69).

9 **Beamte** sind zunächst immer dann Arbeitnehmer, wenn sie – etwa im Rahmen einer Nebentätigkeit oder im Falle der Beurlaubung – aufgrund eines Arbeitsvertrages in einem privaten Unternehmen tätig sind (BAG 25. 2. 1998 AP BetrVG 1972 § 8 Nr. 8; *Fitting* Rn. 101 a). Ist ein Beamter von seinem Dienstherrn nur zur Arbeitsleistung einem privaten Unternehmen abgeordnet zugewiesen worden, so gilt er nicht als Arbeitnehmer im Sinne der Betriebsverfassung (BAG 25. 2. 1998 AP BetrVG 1972 § 8 Nr. 8; aA *Fitting* Rn. 101 a; DKK/*Trümner* Rn. 111; *Richardi* Rn. 100). Die den privatisierten Unternehmen der Post und Deutschen BahnAG zugewiesenen Beamten von Bundesbahn und Bundespost gelten für die Anwendbarkeit des Betriebsverfassungsgesetzes nach § 19 I DBGrG, § 24 II PostPerG als Arbeitnehmer.

10 **Berufsausbildungsverhältnis.** Kraft ausdrücklicher gesetzlicher Bestimmung sind alle zu ihrer Berufsausbildung Beschäftigten Arbeitnehmer im Sinne des Betriebsverfassungsgesetzes unabhängig

II. Arbeitnehmer § 5 BetrVG 210

davon, ob das der Beschäftigung zugrundeliegende Ausbildungsverhältnis als Arbeitsverhältnis zu qualifizieren ist (BAG 21. 7. 1993 AP BetrVG 1972 § 5 Ausbildung Nr. 8; DKK/*Trümner* Rn. 99; *Fitting* Rn. 85; GK-BetrVG/*Kraft* Rn. 39; *Richardi* Rn. 52). Ob ein Entgelt gezahlt wird, ist unerheblich. Die Zahlung eines Entgelts kann aber Indiz für das Vorliegen eines Ausbildungsverhältnisses sein (BAG 10. 2. 1981, 25. 10. 1989 AP BetrVG 1972 § 5 Nr. 26, 40). Erfaßt werden nicht nur Berufsausbildungsverhältnisse nach § 3 BBiG (BAG 20. 2. 1981, 24. 9. 1981, 25. 10. 1989 AP BetrVG 1972 § 5 Nr. 25, 26, 40; DKK/*Trümner* Rn. 100; *Fitting* Rn. 87; GK-BetrVG/*Kraft* Rn. 40; *Richardi* Rn. 53). Unter die Vorschrift fallen alle Personen, denen aufgrund privatrechtlichen Vertrages, der auch durch schlüssiges Verhalten zustande kommen kann (BAG 20. 2. 1981 AP BetrVG 1972 § 5 Nr. 25), berufliche Kenntnisse, Fähigkeiten und Erfahrungen vermittelt werden sollen. Dazu zählen zB Umschüler und Teilnehmer an berufsvorbereitenden Ausbildungsmaßnahmen (BAG 26. 11. 1987 AP BetrVG 1972 § 5 Nr. 36), Volontäre, Praktikanten, Anlernlinge uä. (BAG 25. 10. 1989 AP BetrVG 1972 § 5 Nr. 40; DKK/*Trümner* Rn. 100; *Fitting* Rn. 88; *Richardi* Rn. 53, 57 f.), Teilnehmer an einer Ausbildung in einer unternehmenseigenen Schule, wenn sie im Rahmen der Ausbildung im Betrieb praktisch unterwiesen werden (BAG 10. 2. 1981, 24. 9. 1981 AP BetrVG 1972 § 5 Nr. 25, 26). Eine rein schulische Ausbildung reicht nicht (BAG 28. 7. 1992 AP BetrVG 1972 § 87 Werkmietwohnungen Nr. 7). Es ist aber unerheblich, ob die betriebliche Ausbildung nur Teil eines aus betrieblich-praktischen und schulisch-theoretischen Teilen bestehenden Ausbildungsganges ist (BAG 10. 2. 1981, 24. 9. 1981 AP BetrVG 1972 § 5 Nr. 25, 26; 8. 5. 1990 AP BetrVG 1972 § 99 Nr. 80). Darauf, ob der Auszubildende zum Erreichen des Betriebszweckes beiträgt, also im weiteren Sinne produktiv ist, kommt es nicht an (BAG 21. 7. 1993 AP BetrVG 1972 § 5 Ausbildung Nr. 8; 26. 1. 1994 AP BetrVG 1972 § 5 Nr. 54). Auszubildende in von mehreren Unternehmen bzw. Betrieben errichteten überbetrieblichen Ausbildungsstätten, zB Ausbildungszentren, Lehrwerkstätten, sind Arbeitnehmer im Sinne des Betriebsverfassungsgesetzes (BAG 26. 1. 1994 AP BetrVG 1972 § 5 Nr. 54). Auszubildende in verselbständigten Einrichtungen, die zu Ausbildungszwecken einen Produktions- oder Dienstleistungsbetrieb nachahmen (Berufsbildungswerke, Berufsförderwerke, Rehabilitationszentren), sind keine Arbeitnehmer des Ausbildungsbetriebes, es sei denn, sie werden zum Einsatz im Rahmen des arbeitstechnischen Zweckes der Einrichtung ausgebildet, etwa zum Betreuer oder Ausbilder (BAG 26. 1. 1994 AP BtrVG 1972 § 5 Nr. 54; GK-BetrVG/*Kraft* Rn. 43; *Richardi* Rn. 56; DKK/*Trümner* Rn. 102).

Beschäftigungsgesellschaften. Mitarbeiter in sog. Beschäftigungsgesellschaften (von der Bundesanstalt für Arbeit, Bund und/oder Ländern und den Altarbeitgebern finanzierte Unternehmen, die der Qualifizierung und Beschäftigung von im Zuge von Massenentlassungen entlassenen Arbeitnehmern dienen), sind Arbeitnehmer (DKK/*Trümner* Rn. 109 e; *Fitting* Rn. 15 b; LAG Brandenburg 24. 2. 1994 DB 1994, 1245). 11

Familienangehörige. Erfolgt ihre Mitarbeit im Betrieb allein aufgrund familienrechtlicher Verpflichtung – für Kinder des Betriebsinhabers folgt sie aus § 1619 BGB, für Ehegatten aus der Pflicht zur ehelichen Lebensgemeinschaft –, so sind sie nach allgemeinen Grundsätzen schon keine Arbeitnehmer (*Richardi* Rn. 114). Besteht ein Arbeitsverhältnis, sind sie Arbeitnehmer im Sinne der Betriebsverfassung, es sei denn, sie sind nach Abs. 2 Nr. 5 ausgenommen (s. Rn. 29). 12

Franchising. Der Franchisenehmer ist regelmäßig selbständiger Unternehmer, der sich zur Errichtung und Führung eines Betriebes nach den Richtlinien und Anweisungen des Franchisegebers verpflichtet hat (BAG 30. 5. 1978 AP HGB § 60 Nr. 9; 24. 4. 1980 AP HGB § 84 Nr. 1; 21. 2. 1990 BB 1990, 1064). Der Franchise-Vertrag begründet das Recht des Franchisenehmers, Waren und/oder Dienstleistungen des Franchisegebers unter Verwendung von Namen, Warenzeichen etc. (Art. 1 Nr. 3 lit. a) der EG-Verordnung 4087/88 vom 30. 11. 1988 ABlEG L 359, S. 46), der technischen und gewerblichen Erfahrungen des Franchisegebers sowie unter Beachtung seiner Organisation zu vertreiben, wobei dem Franchisegeber gegenüber dem Franchisenehmer Rat, Beistand und Schulungspflichten obliegen und eine Kontrolle über den Geschäftsbetrieb eingeräumt wird (DKK/*Trümner* Rn. 66; *Fitting* Rn. 15; *Richardi* Rn. 124). Der Franchisenehmer schuldet ein Entgelt, üblicherweise einen bestimmten Prozentsatz seines Erlöses (*Fitting* Rn. 15). Im Einzelfall kann der Franchisenehmer wegen seiner persönlichen Abhängigkeit Arbeitnehmer sein, wenn er in besonderem Maß – etwa hinsichtlich der Bestimmung von Arbeitszeit und Arbeitsort – den Weisungen und Vorgaben des Franchisegebers unterworfen ist (BAG 16. 7. 1997 AP BetrVG 1972 § 5 Nr. 37; DKK/*Trümner* Rn. 68 f.; *Fitting* Rn. 15 a; aA *Richardi* Rn. 125). 13

Freier Mitarbeiter. Er leistet seines Dienste aufgrund eines Dienstvertrages (§ 611 BGB). Er ist nicht Arbeitnehmer. Bei ihm fehlt es an der für das Arbeitsverhältnis charakteristischen persönlichen Abhängigkeit, die sich gerade in der Weisungsgebundenheit in Bezug auf Zeit, Ort und Inhalt der Arbeitsleistung zeigt (DKK/*Trümner* Rn. 57; *Fitting* Rn. 16; *Richardi* Rn. 26 ff., 121). 14

Fremdfirmeneinsatz. Arbeitnehmer, die lediglich aufgrund eines Werk- oder Dienstvertrages mit einem Dritten als dessen Erfüllungsgehilfen in einem Betrieb eingesetzt werden, sind nicht Arbeitnehmer dieses Betriebes (DKK/*Trümner* Rn. 90; *Fitting* Rn. 81; GK-BetrVG/*Kreutz* § 7 Rn. 53). Liegt in Wirklichkeit Arbeitnehmerüberlassung vor und hat der Verleiher keine Erlaubnis im Sinne des Art. 1 § 1 Abs. 1 AÜG, so besteht ein Arbeitsverhältnis mit dem Betriebsinhaber (DKK/*Trümner* 15

Eisemann

Rn. 79; GK-BetrVG/*Kreutz* § 7 Rn. 41; *Galperin/Löwisch* § 7 Rn. 12; aA *Becker/Wulfgramm* AÜG § 14 Rn. 23 f.).

16 **Geringverdiener.** Für die Arbeitnehmereigenschaft kommt es nicht darauf an, ob die Tätigkeit sozialversicherungspflichtig ist. Liegt nach allgemeinen Grundsätzen ein Arbeitsverhältnis vor, ist auch der nach § 8 SGB IV nicht Sozialversicherungspflichtige Arbeitnehmer (DKK/*Trümner* Rn. 31; *Fitting* Rn. 25; GK-BetrVG/*Kraft* Rn. 36; *Richardi* Rn. 45).

17 **Gesellschafter.** Gesellschafter von Kapital- und Personengesellschaften, die allein aufgrund einer sich aus dem Gesellschaftsvertrag ergebenden Verpflichtung in dem von der Gesellschaft geleiteten Betrieb tätig sind, sind keine Arbeitnehmer (GK-BetrVG/*Kraft* Rn. 50; *Richardi* Rn. 115). Je nach der Ausgestaltung im Einzelfall kann ein Arbeitsverhältnis vorliegen. Das setzt jedoch persönliche Abhängigkeit voraus. Daran fehlt es, wenn der Gesellschafter maßgeblichen Einfluß auf die Geschäftsführung hat, indem er über eine Sperrminorität verfügt oder in einer Personengesellschaft nach dem Gesellschaftsvertrag die wesentlichen Entscheidungen der Geschäftsführung nur einstimmig getroffen werden dürfen (BAG 28. 11. 1990 AP TVG § 1 Tarifverträge: Bau Nr. 137; BAG 10. 4. 1991 AP BGB § 611 Abhängigkeit Nr. 54; GK-BetrVG/*Kraft* Rn. 50). Auch wenn ein Arbeitsverhältnis vorliegt, sind die Gesellschafter, die unter Abs. 2 Nr. 1 oder 4 fallen, keine Arbeitnehmer im Sinne der Betriebsverfassung (s. Rn. 25 f.).

18 **Haushaltshilfe.** Arbeitnehmer, die ausschließlich im Haushalt des Betriebsinhabers beschäftigt sind, sind keine Arbeitnehmer des Betriebes. Erfolgt ihre Beschäftigung sowohl im Haushalt als auch im Betrieb, zählen sie zur Belegschaft des Betriebes auch dann, wenn sie in häuslicher Gemeinschaft mit dem Betriebsinhaber leben.

19 **Heimarbeiter.** Nach § 6 I 2 und II 2 gelten auch die in Heimarbeit Beschäftigten als Arbeitnehmer, wenn sie in der Hauptsache für den Betrieb arbeiten. Den Kreis der Betroffenen bestimmt § 2 I und II HAG (BAG 25. 3. 1992 AP BetrVG 1972 § 5 Nr. 49). Neben den Heimarbeitern sind das die Hausgewerbetreibenden, nicht die ihnen nach § 1 II HAG gleichgestellten Personen (*Fitting* Rn. 99; GK-BetrVG/*Kraft* § 6 Rn. 12; *Richardi* § 6 Rn. 38). Unerheblich ist der zeitliche Umfang ihrer Tätigkeit, die Höhe des Verdienstes und ob sie den Lebensunterhalt überwiegend mit Heimarbeit verdienen (BAG 27. 4. 1974 AP BetrVG 1972 § 6 Nr. 1; *Fitting* Rn. 98). Ihre Beschäftigung für den Betrieb muß gegenüber der Leistung von Heimarbeit für andere Auftraggeber überwiegen. So werden sie betriebsverfassungsrechtlich nur einem Betrieb zugeordnet (BAG 25. 3. 1992 AP BetrVG 1972 § 5 Nr. 48; *Fitting* Rn. 97). Familienangehörige und fremde Hilfskräfte gehören nicht zur Belegschaft des Betriebes, dem der Heimarbeiter bzw. Hausgewerbetreibende zugeordnet wird (*Fitting* Rn. 99; *Richardi* Rn. 37).

20 **Konzern.** Ist ein Arbeitnehmer in mehreren Betrieben des Konzerns (zum Konzernbegriff § 54 Rn. 2 ff.) tätig, so zählt er zur Belegschaft all dieser Betriebe (*Fitting* Rn. 62). Besteht in einem Konzernunternehmen ein (Stamm-)Arbeitsverhältnis und wird für die Dauer der Tätigkeit in einem anderen Unternehmen des Konzerns ein zweites Arbeitsverhältnis begründet, so ruht das Stammarbeitsverhältnis bis zur Rückkehr des Arbeitsnehmers in den Stammbetrieb. Für die Dauer der vorübergehenden Unterbrechung der tatsächlichen Beschäftigung beim Stammbetrieb zählt der Arbeitnehmer zur Belegschaft beider Betriebe (*Fitting* Rn. 63). Bei der sog. Konzernleihe wird der Arbeitnehmer von seinem Arbeitgeber zur Erbringung der Arbeitsleistung an ein anderes Konzernunternehmen, dem bestimmte Arbeitgeberrechte eingeräumt werden, abgeordnet (DKK/*Trümner* Rn. 88; *Fitting* Rn. 64, 64 a). Es handelt sich um ein gespaltenes Arbeitsverhältnis, das dem echten Leiharbeitsverhältnis entspricht (BAG 8. 7. 1971 AP BGB § 611 Leiharbeitsverhältnis Nr. 2, 28. 7. 1992 AP BetrVG 1972 § 87 Werkmietwohnung Nr. 7; DKK/*Trümner* Rn. 88 f.; *Fitting* Rn. 64 f.). Die Rechtsprechung wendet auf die echte Arbeitnehmerüberlassung Art. 1 § 14 Abs. 1 AÜG an, so daß die Arbeitnehmer dem verleihenden Betrieb zugeordnet bleiben (BAG 18. 1. 1989 AP AÜG § 14 Nr. 2). Eine Zuordnung zum Entleiherbetrieb erfolgt, wenn die Überlassung länger als die Frist des § 3 I Nr. 6 AÜG dauert (s. Rn. 6).

21 **Mittelbares Arbeitsverhältnis.** Hier wird der Arbeitnehmer von einer Zwischenperson eingestellt. Die Arbeitgeberfunktionen sind zwischen ihr und dem Betriebsinhaber aufgespalten (BAG 9. 4. 1957, 8. 8. 1958 AP BGB § 611 Mittelbares Arbeitsverhältnis Nr. 2, 3; 23. 2. 1961 AP BGB § 611 Akkordkolonne Nr. 2). Der Arbeitnehmer gehört zur Belegschaft des Betriebes, in dem er eingesetzt ist (DKK/*Trümner* Rn. 92; *Fitting* Rn. 67; GK-BetrVG/*Kreutz* § 7 Rn. 57).

22 **Studenten,** die im Rahmen ihres Studiums ein Praktikum in einem Betrieb absolvieren, zählen dann zu den Arbeitnehmern, wenn sie einen Ausbildungsvertrag mit dem Betriebsinhaber geschlossen haben (BAG 30. 10. 1991 AP BetrVG 1972 § 5 Ausbildung Nr. 2). Wird das Praktikum als Bestandteil einer Fachschul- oder Hochschulausbildung absolviert, soll es an der Arbeitnehmereigenschaft fehlen (BAG 10. 2. 1981 BetrVG 1972 § 5 Nr. 26; 19. 6. 1974 AP BAT § 3 Nr. 3; aA DKK/*Trümner* Rn. 106; *Fitting* Rn. 93 a). Entscheidend ist, ob vertragliche Beziehungen ausschließlich zwischen Hochschulde und Betriebsinhaber bestehen, dann liegt lediglich eine Übertragung des Weisungsrechts vom eigentlichen Ausbildungsträger auf den Betriebsinhaber vor, der Studentenstatus bleibt erhalten, der Praktikant ist nicht Arbeitnehmer. Bestehen unmittelbare vertragliche Beziehungen, aufgrund derer der Praktikant dem Betriebsinhaber zur Arbeitsleistung verpflichtet ist, ist die Arbeitnehmereigenschaft

zu bejahen (GK-BetrVG/*Kraft* Rn. 42; *Richardi* Rn. 57). Wer als **Schüler** ein Praktikum absolviert, ist nicht Arbeitnehmer (BAG 8. 5. 1990 AP BetrVG 1972 § 99 Nr. 80). Keine Auszubildenden, sondern Arbeitnehmer sind Werkstudenten und Schüler, die während der Ferien auf der Grundlage eines Arbeitsvertrages tätig sind (DKK/*Trümner* Rn. 107; *Richardi* Rn. 107).

Telearbeit. Bei der Telearbeit befindet sich der EDV-Arbeitsplatz nicht im Betrieb, sondern in der Wohnung des Arbeitnehmers, einem Regionalbüro oder ähnlichem. Die für das Arbeitsverhältnis typische persönliche Abhängigkeit liegt jedenfalls dann vor, wenn der Arbeitsplatz on-line mit dem Zentralrechner im Betrieb verbunden ist und der Arbeitnehmer zeitliche eingebunden ist (DKK/ *Trümner* Rn. 37; *Fitting* Rn. 56 a; GK-BetrVG/*Kraft* Rn. 31). Beim Off-line-Betrieb kommt es darauf an, ob der Arbeitgeber letztlich innerhalb eines bestimmten zeitlichen Rahmens über die Arbeitszeit des Beschäftigten verfügen kann, wofür kurze Erledigungsfristen, Bereitschaftsdienst, feste Zeiten für Überspielen der Arbeitsergebnisse auf Disketten u. ä. sprechen (DKK/*Trümner* Rn. 38; *Fitting* Rn. 56 b; GK-BetrVG/*Kraft* Rn. 31). Ist die persönliche Abhängigkeit nicht gegeben, so kann der Telearbeiter nach § 2 I HAG Heimarbeiter (GK-BetrVG/*Kraft* Rn. 32) und damit nach § 6 I 2 Arbeitnehmer im Sinne des Betriebsverfassungsgesetzes sein.

III. Einschränkung des Arbeitnehmerbegriffs

Der Katalog in **Abs. 2** ist nicht aussagekräftig: Zum einen sind manche der aufgeführten Gruppen schon nach allgemeinen Grundsätzen keine Arbeitnehmer, zum anderen enthält die Aufzählung nicht alle Personengruppen, die nicht Arbeitnehmer sind.

Ziff. 1 meint ausschließlich Mitglieder des Organs, das kraft Gesetzes vertretungsbefugt ist, das sind bei **Aktiengesellschaften** alle Vorstandsmitglieder (§ 78 I AktG), bei der Abwicklung die Abwickler (§§ 265 ff., 269 AktG), bei **Genossenschaften** alle Vorstandsmitglieder (§ 24 GenG), während der Liquidation die Liquidatoren (§ 88 GenG), bei der **GmbH** die Geschäftsführer (§ 35 I GmbHG), während der Liquidation die Liquidatoren (§ 70 S. 1 GmbHG), bei der **KGaA** die persönlich haftenden Gesellschafter nach Maßgabe des Gesellschaftsvertrages (§ 278 II AktG in Verbindung mit §§ 125, 181 HGB), also nur soweit sie nicht von der Vertretung ausgeschlossen sind (DKK/*Trümner* Rn. 126; *Fitting* Rn. 103; GK-BetrVG/*Kraft* Rn. 55), während der Abwicklung die persönlich haftenden Gesellschafter und die von der Hauptversammlung der Kommanditaktionäre bestellten Personen (§ 290 I AktG), bei rechtsfähigen **Vereinen** die Vorstandsmitglieder (§ 26 BGB) und der Sondervertreter im Sinne des § 30 BGB, bei **Stiftungen** der Vorstand (§§ 26, 86 I 1 BGB) und das im Stiftungsgeschäft bestimmte Organ (§ 85 BGB), bei **Versicherungsvereinen aG** die Vorstandsmitglieder (§ 34 I 2 VAG in Verbindung mit § 78 AktG), während der Liquidation die Liquidatoren (§ 47 III 1 VAG in Verbindung mit § 269 AktG). Bei den **ausländischen juristischen Personen** richtet sich ihre Vertretung nach dem Recht des Staates, in dem die juristische Person ihren Verwaltungssitz hat (*Richardi* Rn. 136).

Die Einschränkung in Nr. 1 betrifft ausschließlich die Mitglieder des Vertretungsorgans. Aktionäre, Aufsichtsrats- und Genossenschaftsmitglieder sowie Gesellschafter können Arbeitnehmer sein (*Fitting* Rn. 104). Die Mitglieder in den **Produktionsgenossenschaften** der ehemaligen DDR waren keine Arbeitnehmer. Mit Inkrafttreten des Gesetzes zur Änderung des Landwirtschaftsanpassungsgesetzes vom 3. 7. 1991 (BGBl. I S. 1410) sind die bestehenden Genossenschaftsverhältnisse nach dem LPG-G kraft Gesetzes mit ex-nunc-Wirkung in Mitgliedschaftsverhältnisse nach dem LPG-G nF und daneben bestehende Arbeitsverhältnisse aufgespalten worden (BAG 16. 2. 1995 AP Einigungsvertrag Anlage II Kap. VI Nr. 1).

Ziff. 2 dient nur der Klarstellung. Im Einzelnen handelt es sich um folgenden Personenkreis: In der **ehelichen Gütergemeinschaft** bei gemeinschaftlicher Verwaltung beide Ehegatten, ansonsten der Ehegatte, der das Gesamtgut allein verwaltet (§ 1421 BGB), bei fortgesetzter Gütergemeinschaft der überlebende Ehegatte (§ 1487 I BGB), bei der **Erbengemeinschaft** alle Miterben (§ 2038 I BGB), in der **Gesellschaft bürgerlichen Rechts** alle Gesellschafter mit Ausnahme derer, die nach dem Gesellschaftsvertrag weder an der Geschäftsführung noch an der Vertretung der Gesellschaft beteiligt sind (§§ 709, 714 BGB), in der **Kommanditgesellschaft** die persönlich haftenden Gesellschafter (§§ 164, 170 HGB), bei einer **Reederei** alle Mitreeder, da ihnen die Geschäftsführung zusteht, wenn nicht der Vertrag insoweit etwas anderes bestimmt (§§ 490 ff. HGB). Beim **nichtrechtsfähigen** Verein fallen unter Nr. 2 die nach der Satzung vertretungsberechtigten Personen; nach § 54 iVm § 26 BGB entsprechend also regelmäßig nur der Vorstand und nicht alle Vereinsmitglieder (DKK/*Trümner* Rn. 139; *Fitting* Rn. 105; GK-BetrVG/*Kraft* Rn. 56). Für ausländische nichtrechtsfähige Personengesamtheiten richtet sich die Geschäftsführungs- und Vertretungsbefugnis nach der entsprechenden Satzung (*Richardi* Rn. 146).

Ziff. 3. Hierunter fallen alle Personen, die aus vorwiegend karitativen oder religiösen Gründen einer bestimmten Beschäftigung nachgehen, zB **Ordensschwestern,** Mönche und Diakonissen (ArbG Bremen 31. 5. 1956 AP ArbGG 1953 § 5 Nr. 4). Sie werden nicht aus Erwerbsabsicht tätig. Ihre Lebensversorgung ist durch die Gemeinschaft gesichert, der sie angehören (DKK/*Trümner* Rn. 143; *Fitting* Rn. 107; GK-BetrVG/*Kraft* Rn. 57). Erfolgt ihre Beschäftigung in einer kirchlichen Einrichtung, so sind sie von der Geltung des Arbeitsrechts generell ausgenommen (BAG 14. 2. 1978 AP GG Art. 9 Nr. 26, 25. 4. 1978 AP GG Art. 140 Nr. 2). Das gilt grundsätzlich auch, wenn sie aufgrund eines Gestellungsvertrages in einem Betrieb tätig werden, der nicht unter § 118 Abs. 2 fällt (GK-BetrVG/ *Kraft* Rn. 57; *Richardi* Rn. 97 f., 148; aA DKK/*Trümner* Rn. 144). **Krankenschwestern,** die sich in einem Verband (Deutsches Rotes Kreuz, Caritas, Innere Mission u. ä.) zusammengeschlossen haben, sind nicht Arbeitnehmer des Schwesternverbandes. Im Verhältnis zum Verband, dem sie angehören, erbringen sie ihre Leistungen aufgrund ihrer Mitgliedschaft und nicht aufgrund eines Arbeitsvertrages (BAG 18. 2. 1965 AP ArbGG § 5 Nr. 1; AP BetrVG 1972 § 5 Rotes Kreuz Nr. 1; *Richardi* Rn. 149; aA DKK/*Trümner* Rn. 146 ff.; *Fitting* Rn. 108). Das Bundesarbeitsgericht (20. 2. 1986 AP BetrVG 1972 § 5 Rotes Kreuz Nr. 2) verneint die Arbeitnehmereigenschaft der Rote-Kreuz-Schwestern auch im Verhältnis zum Träger eines nicht dem Verband angehörenden Krankenhauses, in dem sie aufgrund Gestellungsvertrages tätig werden (aA DKK/*Trümner* Rn. 146 ff.; *Fitting* Rn. 108; *Richardi* Rn. 149), bejaht sie hingegen für Gastschwestern mit der Begründung, bei diesen bestehe neben der mitgliedschaftlichen Bindung zugleich ein Arbeitsverhältnis mit der Schwesternschaft (BAG 4. 7. 1979 AP BGB § 611 Nr. 10; 14. 12. 1994 AP BetrVG 1972 § 5 Rotes Kreuz Nr. 3).

28 **Ziff. 4.** Erfaßt werden Personen, bei denen die Beschäftigung als Mittel zur Behebung physischer, psychischer oder sonstiger in der Person des Beschäftigten liegender Mängel eingesetzt wird, wie etwa Kranke, Süchtige (BAG 25. 10. 1989 und 26. 1. 1994 AP BetrVG 1972 § 5 Nr. 40, 54), die nach § 74 SGB V zur Wiedereingliederung Beschäftigten (BAG 29. 1. 1992, 19. 4. 1994 AP SGB V § 74), nach § 42 SGB VIII unter der Obhut des Jugendamtes stehende Jugendliche und nach § 66 StGB Sicherungsverwahrte in den Unterbringungsanstalten (*Fitting* Rn. 110). Vorausgesetzt wird, daß der Beschäftigte keine marktgerechte Vergütung erhält (BAG 25. 10. 1989 AP BetrVG 1972 § 5 Nr. 40). Nicht erfaßt werden Beschäftigte, die aufgrund einer vom Sozialhilfeträger geschaffenen Arbeitsgelegenheit nach § 19 I BSHG bei einem Dritten in einem befristeten Arbeitsverhältnis beschäftigt werden (BAG 5. 4. 2000 – 7 ABR 20/99; zu ihrem Wahlrecht s. § 7 Rn. 4 aE). Unter Nr. 4 fällt nur, wer durch die Beschäftigung in die Lage versetzt werden soll, einer geregelten Arbeit nachzugehen, nicht hingegen, wer diese Fähigkeit besitzt, aber Kenntnisse und Fertigkeiten für die Aufnahme einer Tätigkeit auf einem bestimmten Gebiet erwerben soll (zB Teilnehmerinnen eines Modellprogramms „Neuer Start durch soziales Engagement": BAG 25. 10. 1989 AP BetrVG 1972 § 5 Nr. 40). Ob Schwerbehinderte, die in einer Behindertenwerkstatt beschäftigt werden, Arbeitnehmer sind, hängt davon ab, ob ihre Beschäftigung vorwiegend zu therapeutischen Zwecken, aufgrund eines Berufsausbildungsvertrages oder eines Arbeitsvertrages erfolgt (*Fitting* Rn. 111; GK-BetrVG/*Kraft* Rn. 62).

29 **Ziff. 5.** Der Ehegatte, Eltern und Kinder (auch nichteheliche und adoptierte Kinder), Schwiegereltern und Schwiegerkinder des Arbeitgebers gelten nach dieser Vorschrift nicht als Arbeitnehmer im Sinne der Betriebsverfassung, wenn sie in häuslicher Gemeinschaft mit dem Arbeitgeber leben. Häusliche Gemeinschaft erfordert nach § 1619 BGB das Bestehen eines gemeinsamen Lebensmittelpunktes. Eine gemeinsame Wohnung muß nicht die ständige Wohnung sein (DKK/*Trümner* Rn. 165; GK-BetrVG/*Kraft* Rn. 63; *Richardi* Rn. 152). Nicht erfaßt werden Arbeitnehmer, die in **eheähnlicher Lebensgemeinschaft** mit dem Arbeitgeber leben (DKK/*Trümner* Rn. 166; *Fitting* Rn. 112; *Richardi* Rn. 153; aA GK-BetrVG/*Kraft* Rn. 64). Ihre Einbeziehung entspräche zwar Sinn und Zweck der gesetzlichen Regelung, das Gesetz verlangt jedoch ausdrücklich ein Verwandtschafts- oder Verschwägertenverhältnis. Eine planwidrige Gesetzeslücke liegt nicht vor. Mit **Arbeitgeber** meint Nr. 5 stets eine natürliche Person, weil nur mit natürlichen Personen eine häusliche Gemeinschaft möglich ist (DKK/*Trümner* Rn. 167; *Fitting* Rn. 112; GK-BetrVG/*Kraft* Rn. 65). Bei der Personengesamtheit (oHG, KG) müssen die Voraussetzungen der Vorschrift in Bezug auf ein geschäftsführungs- oder vertretungsbefugtes Mitglied gegeben sein (DKK/*Trümner* Rn. 168; *Fitting* Rn. 112; GK-BetrVG/ *Kraft* Rn. 65; *Richardi* Rn. 153). Entsprechend anwendbar ist die Vorschrift auf Verwandte und Verschwägerte des vertretungsberechtigten Organs einer juristischen Person, weil die Interessenlage sich bei diesem Personenkreis von der des in Nr. 5 ausdrücklich genannten nicht unterscheidet und hier ein Verwandtschafts- bzw. Verschwägertenverhältnis zu der natürlichen Person, die Organ des Arbeitgebers ist, besteht (GK-BetrVG/*Kraft* Rn. 65; *Richardi* Rn. 153; aA nur bei Einmann-GmbH: DKK/*Trümner* Rn. 167; differenzierend – Ausschluß nur des passiven Wahlrechts: *Fitting* Rn. 112).

IV. Leitende Angestellte

30 **1. Begriff.** Sie zählen zwar zur den Arbeitnehmern im Sinne der Betriebsverfassung, das Gesetz ist nach **Abs. 3 S. 1** auf sie aber nur anzuwenden, soweit dies ausdrücklich bestimmt ist (zB § 75 I, §§ 105, 107, 108). Die grundsätzliche Ausgrenzung der leitenden Angestellten aus dem Anwendungsbereich des Betriebsverfassungsgesetzes entspricht dem Interessengegensatz zwischen Arbeitgeber und der durch den Betriebsrat repräsentierten Belegschaft (DKK/*Trümner* Rn. 169; *Fitting* Rn. 124; GK-BetrVG/ *Kraft* Rn. 68). Der leitende Angestellte nimmt unternehmerischen Teilaufgaben wahr. Im Verhältnis zur Belegschaft vertritt er den Arbeitgeber und nimmt seine Interessen wahr. Das Betriebsverfassungsgesetz enthält keine allgemeine Definition der leitenden Angestellten. Für das Kündigungsschutz- und das Arbeitsgerichtsgesetz (§§ 14, 17 III KSchG, § 22 II Nr. 2 ArbGG) gelten grundsätzlich eigenständige

IV. Leitende Angestellte

Begriffsbestimmungen (*Fitting* Rn. 116). Die Abs. 3 und 4 bestimmen den Begriff der leitenden Angestellten für den Geltungsbereich des Betriebsverfassungsgesetzes. Die Regelung gilt über die Verweisungen in § 1 I SprAuG und § 3 III MitbestG für die Anwendungsbereiche des Sprecherausschuß- und des Mitbestimmungsgesetzes. Die Abgrenzung ist zwingend und kann weder durch Einzelarbeits- noch durch Tarifvertrag oder Betriebsvereinbarung geändert werden (BAG 5. 3. 1974 AP BetrVG 1972 § 5 Nr. 1). Der Arbeitgeber kann den Status eines leitenden Angestellten nur dadurch begründen, daß er einem Arbeitnehmer Aufgaben und Funktionen zuweist, die zur Einordnung des Arbeitnehmers als leitender Angestellter im Sinne des Abs. 3 führen. Er kann keinen Arbeitnehmer ohne entsprechende Aufgaben- und Funktionszuweisung zum leitenden Angestellten ernennen (*Fitting* Rn. 133).

Der leitende Angestellte muß die Aufgaben im Sinne der **Ziffern 1 bis 3** nach Arbeitsvertrag und 31 Stellung wahrnehmen, dh. er muß die ihm vertraglich eingeräumten Funktionen auch tatsächlich ausüben (BAG 11. 3. 1982 AP BetrVG 1972 § 5 Nr. 28; DKK/*Trümner* Rn. 191; GK-BetrVG/*Kraft* Rn. 74). Weder reicht es aus, daß der Angestellte die Aufgaben faktisch wahrnimmt, ohne daß sie ihm vertraglich – sei es ausdrücklich oder konkludent – eingeräumt sind, noch daß sie ihm im Arbeitsvertrag zugewiesen werden, ohne daß er sie tatsächlich ausübt. Darauf, wie der Angestellte im Arbeitsvertrag bezeichnet ist, kommt es nicht an (*Fitting* Rn. 171). Die Aufnahme des Begriffspaares „im Unternehmen oder im Betrieb" in den Eingangssatz stellt klar, daß es sich bei den wahrgenommenen Aufgaben um unternehmerische handeln muß. Sie müssen die Stellung des Arbeitnehmers in der Arbeitsorganisation des Unternehmens prägen. Dieses Merkmal kann auch erfüllt sein, wenn der Angestellte nur für einen Betrieb des Unternehmens zuständig ist (BAG 23. 1. 1986, 25. 10. 1989 AP BetrVG 1972 § 5 Nr. 32, 42; DKK/*Trümner* Rn. 194; *Fitting* Rn. 138; GK-BetrVG/*Kraft* Rn. 77; einschränkend *Richardi* Rn. 170, 185). Wenn ein Angestellter mehreren Betrieben eines Unternehmens angehört, kann sein Status bei der Wahrnehmung unternehmerischer Aufgaben nur einheitlich beurteilt werden (BAG 25. 10. 1989, BetrVG 1972 § 5 Nr. 42; DKK/*Trümner* Rn. 194). Der Gegnerbezug ist kein selbständiges Abgrenzungsmerkmal, er kann nur Abgrenzungshilfe sein (BAG 23. 1. 1986 AP BetrVG 1972 § 5 Nr. 32; *Richardi* Rn. 191).

Ziff. 1. Die Berechtigung zur selbständigen Einstellung und Entlassung muß nicht nur im Außen-, 32 sondern auch im Innenverhältnis zum Arbeitgeber gegeben sein. Der Angestellte muß dem Arbeitgeber gegenüber im wesentlichen frei von Weisungen über die Einstellung und Entlassung entscheiden können (BAG 11. 3. 1982 AP BetrVG 1972 § 5 Nr. 28). Er darf weder an die Entscheidung des Arbeitgebers noch an die über- oder gleichgeordneter Stellen gebunden sein. Der bloße Vollzug von Entscheidungen der Fachabteilung genügt nicht (DKK/*Trümner* Rn. 201; *Fitting* Rn. 143; HSG/*Hess* Rn. 42). Im Unterschied zu § 14 KSchG müssen (kumulativ) Einstellungs- und Entlassungsbefugnis gegeben sein. Die Befugnis muß sich auf einen bedeutenden Teil der Arbeitnehmerschaft beziehen (HSG/*Hess* Rn. 43) etwa auf eine Arbeitnehmergruppe – Arbeiter oder Angestellte – (BAG 11. 3. 1982 AP BetrVG 1972 § 5 Nr. 28). Die Berechtigung des Leiters einer kleinen Filiale, Hilfskräfte einzustellen und zu entlassen, oder eines Poliers, Arbeitnehmer für eine bestimmte Baustelle einzustellen und zu entlassen, genügt daher nicht (BAG 5. 3. 1974, 11. 3. 1982 AP BetrVG 1972 § 5 Nr. 1, 28; *Fitting* Rn. 142).

Ziff. 2. Die Generalvollmacht ist die Vollmacht zur Führung des gesamten Geschäftsbetriebes (vgl. 33 § 105 I AktG). Sie ist ein Unterfall der Handlungsvollmacht (§ 54 HGB). Sie kann im Innenverhältnis beschränkt sein, doch muß ein Dritter die Beschränkungen nur dann gegen sich gelten lassen, wenn er sie kannte oder kennen mußte (§ 54 III HGB). Die Prokura ermächtigt – mit Ausnahme der Veräußerung und Belastung von Grundstücken – zu allen Arten von gerichtlichen und außergerichtlichen Rechtshandlungen, die der Betrieb eines Handelsgewerbes mit sich bringt (§ 49 HGB). Inhalt und Umfang der durch die Prokura erteilten Vertretungsmacht kann im Außenverhältnis nicht beschränkt werden (§ 50 I HGB). Die Prokura kann jedoch in der Form beschränkt werden, daß sie nur gemeinsam mit anderen ausgeübt werden kann (Gesamtprokura, § 48 II HGB) oder daß sie sich allein auf den Betrieb einer Niederlassung, die unter einer anderen Firma betrieben wird, bezieht (Niederlassungsprokura, § 50 II HGB). Leitender Angestellter ist nur, wer im Verhältnis zum Arbeitgeber von den mit der Generalvollmacht oder der Prokura begründeten Befugnissen in jedenfalls nicht unbedeutendem Umfang Gebrauch machen darf. Eine völlige Deckungsgleichheit der Berechtigung im Innen- und Außenverhältnis ist danach nicht erforderlich. Leitender Angestellter ist aber nicht, wer im Innenverhältnis gehalten ist, von der Prokura keinen (selbständigen) Gebrauch zu machen, sog. Titularprokurist (BAG 11. 1. 1995 AP BetrVG 1972 § 5 Nr. 55; DKK/*Trümner* Rn. 209; *Fitting* Rn. 152; GK-BetrVG/*Kraft* Rn. 84; *Richardi* Rn. 176). Prokuristen, die ausschließlich Stabsfunktionen wahrnehmen, sind keine leitenden Angestellten nach Ziff. 2 (BAG 11. 1. 1995 AP BetrVG 1972 § 5 Nr. 55).

Ziff. 3. Diese Bestimmung umschreibt den **Grundtatbestand** zur Definition des leitenden Ange- 34 stellten. Mit ihrer Neufassung hat man nicht den Kreis der leitenden Angestellten erweitert oder begrenzt, sondern lediglich die Merkmale konkretisiert (BT-Drucks. 11/3618, S. 8; BAG 25. 10. 1989 AP BetrVG 1972 § 5 Nr. 42; DKK/*Trümner* Rn. 214; *Fitting* Rn. 154; GK-BetrVG/*Kraft* Rn. 88; *Richardi* Rn. 179). Leitende Angestellte müssen nach der Art ihrer Tätigkeit und der Bedeutung ihrer Funktion der Unternehmensleitung nahestehen (BAG 29. 1. 1980 AP BetrVG 1972 § 5 Nr. 22). Sie müssen **Aufgaben** wahrnehmen, die – kumulativ – für Bestand und Entwicklung eines Unternehmens oder Betriebes von Bedeutung sind (*Fitting* Rn. 155; *Richardi* Rn. 184). Es kommen wirtschaftliche, personelle, organisatorische, kaufmännische oder technische Aufgaben in Betracht. Sie müssen aber immer einen beachtlichen Teilbereich der unternehmerischen Gesamtaufgaben ausmachen (*Fitting* Rn. 155; GK-BetrVG/*Kraft* Rn. 94). Die Aufgaben müssen mit den in Nr. 1 und 2 genannten vergleichbar sein (BT-Drucks. 11/2503, S. 30; *Fitting* Rn. 158; aA GK-BetrVG/*Kraft* Rn. 90). Soweit auf den Bestand und die Entwicklung eines Betriebes abgestellt wird, kann eine für den Unternehmenszweck wesentliche Aufgabe auch vorliegen, wenn bei mehreren Betrieben eines Unternehmens die Aufgaben nur für Bestand und Entwicklung eines Betriebes von Bedeutung ist (BT-Drucks. 11/2503, S. 30), wie das beispielsweise bei der technischen oder kaufmännischen Leitung eines Zweigwerks in der Automobilindustrie der Fall sein kann (*Fitting* Rn. 156; *Richardi* Rn. 185). Der Angestellte darf die Aufgaben nicht nur zu einem geringen Bruchteil seiner Tätigkeit ausüben, sondern die Wahrnehmung der Aufgaben im Sinne von Nr. 3 muß den **Schwerpunkt** der Tätigkeit bilden; sie muß seiner Tätigkeit das **Gepräge** geben (BAG 25. 10. 1989 AP BetrVG 1972 § 5 Nr. 42.). Es reicht daher nicht, daß der Angestellte die Aufgaben nur gelegentlich oder vorübergehend – etwa vertretungsweise – wahrnimmt, er muß das **regelmäßig** tun (BAG 23. 1. 1986 AP BetrVG 1972 § 5 Nr. 30; *Fitting* Rn. 161, 168; HSG/*Hess* Rn. 74; *Richardi* Rn. 190). Das Merkmal der Regelmäßigkeit kann jedoch auch erfüllt sein, wenn die Leitungsaufgaben dem Angestellten für längere Zeit als ständigem Vertreter übertragen werden (*Richardi* Rn. 190 unter Hinweis auf die Entwurf-Begründung BT-Drucks. 11/2503, S. 30). Ein Angestellter kann schon während der vertraglich vereinbarten **Probezeit** leitender Angestellter sein, wenn ihm schon während dieser Zeit uneingeschränkt die Leitungsaufgaben übertragen werden (vgl. BAG 25. 3. 1976 AP BetrVG 1972 § 5 Nr. 13; *Fitting* Rn. 161; *Richardi* Rn. 190). Werden nur zu Zwecken der Erprobung Leitungsaufgaben zugewiesen, wird man damit nicht leitender Angestellter (*Fitting* Rn. 161; *Richardi* Rn. 190). Die vom Gesetz verlangten besonderen **Erfahrungen und Kenntnisse** verlangen keine Formalqualifikationen. Der Angestellte kann die Kenntnisse auch durch längere praktische Tätigkeit oder durch Selbststudium erworben haben (BAG 17. 12. 1974, 9. 12. 1975 AP BetrVG 1972 § 5 Nr. 7, 11; *Fitting* Rn. 167; *Richardi* Rn. 186).

35   Wesentliches Merkmal des leitenden Angestellten ist, daß er im Rahmen der unternehmerischen Leitungsaufgaben die Entscheidungen im wesentlichen **weisungsfrei** trifft oder sie maßgeblich beeinflußt (BAG 23. 1. 1986 AP BetrVG 1972 § 5 Nr. 32; *Fitting* Rn. 162; *Richardi* Rn. 188). Diese Voraussetzungen können auch erfüllt sein, wenn der Angestgllte bei seinen Entscheidungen an Rechtsvorschriften, Pläne oder Richtlinien gebunden ist (BAG 29. 1. 1980 AP BetrVG 1972 § 5 Nr. 22; DKK/*Trümner* Rn. 229; *Fitting* Rn. 165; GK-BetrVG/*Kraft* Rn. 99) oder mit anderen leitenden Angestellten zusammenarbeiten muß (BAG 9. 12. 1975, 10. 2. 1976 AP BetrVG 1972 § 5 Nr. 11, 12), doch dürfen die Vorgaben der Entscheidungen nicht schon weitgehend vorprogrammiert sein (23. 3. 1976 AP BetrVG 1972 § 5 Nr. 14). Die Übertragung einer bedeutenden Sachverantwortung ohne nennenswerte Entscheidungskompetenz oder die bloße Vorgesetzenfunktion gegenüber einer größeren Zahl von Arbeitnehmern genügen nicht (BAG 23. 1. 1986 AP BetrVG 1972 Nr. 32). Bei einem kooperativen Führungsstil im Rahmen dezentralisierter Organisation dürfen die Leitungsaufgaben nicht so aufgeteilt (*atomisiert*) sein, daß sie für das Erreichen der Unternehmensziele für sich genommen nicht mehr von Bedeutung sind. Hier ist nur derjenige leitender Angestellter, dem organisatorisch diese schmalen Teilbereiche in einer übergeordneten Einheit unterstellt sind (BAG 5. 3. 1974 AP BetrVG 1972 § 5 Nr. 1). Auch der **Stabsangestellte** kann leitender Angestellter sein, wenn er nur die unternehmerische Entscheidung „maßgeblich beeinflußt". Diese Voraussetzung ist erfüllt, wenn die eigentlichen Entscheidungsträger an seinen durch Tatsachen und Argumente vorbereiteten Vorschlägen nicht vorbeikönnen (BAG 29. 1. 1980 AP BetrVG 1972 § 5 Nr. 22; GK-BetrVG/*Kraft* Rn. 100).

36   **2. Entscheidungshilfe. Abs. 4** hat als selbständiger Spezialtatbestand lediglich Hilfsfunktion bei der Abgrenzung des Begriffs „leitender Angestellter." Er enthält selbst weder Tatbestandsmerkmale des noch Regelbeispiele zu Abs. 3 (BAG 22. 2. 1994 – 7 ABR 32/93 nv.; GK-BetrVG/*Kraft* Rn. 118 ff.; *Fitting* Rn. 175 f.; *Richardi* Rn. 199 ff.). Die Bestimmung will die Gerichte nicht von der Pflicht zur Feststellung der für die Zuordnung maßgeblichen Tatsachen entbinden, sondern Orientierungshilfe bei der Rechtsanwendung bieten (BAG 22. 2. 1994 – 7 ABR 32/93 nv.; GK-BetrVG/*Kraft* Rn. 124; *Fitting* Rn. 177 f.). Es handelt sich nicht um eine Auslegungsregel, da die hier aufgeführten Tatbestände mangels Vergleichbarkeit keine Anhaltspunkte für die Definition der Tatbestandsmerkmale von Abs. 3 bieten (GK-BetrVG/*Kraft* Rn. 121; *Richardi* Rn. 201; aA HSG/*Hess* Rn. 117). Sie begründet auch keine gesetzliche Vermutung. Gesetzliche Vermutungen sind Beweislastregeln, die an das Vorliegen einer Tatsache die Vermutung knüpfen, daß eine andere (vermutete) Tatsache gegeben ist, während die Zweifel im Sinne des Abs. 4 solche bei der rechtlichen Würdigung sind (BAG 22. 2. 1994 – 7 ABR 32/93 nv.; DKK/*Trümner* Rn. 241; *Fitting* Rn. 177; *Richardi* Rn. 201; aA GK-BetrVG/*Kraft* Rn. 123). Abs. 4 ist erst anzuwenden, wenn trotz ausreichender Sachverhaltsfeststellung erhebliche **rechtliche Zweifel** an der Auslegung und Anwendung des Abs. 3 S. 2 Nr. 3 bleiben (DKK/*Trümner* Rn. 241; GK-BetrVG/*Kraft* Rn. 124 f.; *Fitting* Rn. 178 ff.; aA *Richardi* Rn. 203 f.). Die Zweifel sind erheblich, wenn nach Ausschöpfen aller Auslegungsgrundsätze mindestens zwei Auslegungsergebnisse vertretbar sind (GK-BetrVG/*Kraft* Rn. 125; *Fitting* Rn. 179). Diese Voraussetzungen gelten auch für die Wahlvorstände, die eine Zuordnung vornehmen müssen. Ob rechtlich erhebliche Zweifel vorlagen, die den

IV. Leitende Angestellte § 5 BetrVG 210

Rückgriff auf Abs. 4 erlaubten, ist eine Rechtsfrage, die von den Arbeitsgerichten nachgeprüft werden kann (GK-BetrVG/*Kraft* Rn. 126; *Fitting* Rn. 180). Dabei ist darauf abzustellen, ob die betrieblichen Stellen mit vertretbaren Gründen davon ausgehen durften, daß rechtlich erhebliche Zweifel vorlagen (GK-BetrVG/*Kraft* Rn. 126). Die Vorschrift ist im Ganzen mißlungen und weitgehend überflüssig (zur Kritik DKK/*Trümner* Rn. 231 ff.; *Fitting* Rn. 174 ff.; *Richardi* Rn. 199 ff. jeweils mwN).

Ziff. 1. Ausschlaggebend ist jeweils die letzte Wahl (GK-BetrVG/*Kraft* Rn. 130; *Richardi* Rn. 207). 37 Es kommt allein auf die postive Zuordnung an (*Fitting* Rn 183). Beide Wahlvorstände müssen den Angestellten übereinstimmend als leitenden Angestellten angesehen haben, oder der Betriebsrat muß den Angestellten bei der letzten Betriebsratswahl nicht in die Wählerliste aufgenommen haben (*Fitting* Rn. 183). Der Spruch des Vermittlers nach § 18a bietet nicht die erforderliche Orientierungshilfe (*Fitting* Rn. 183; aA GK-BetrVG/*Kraft* Rn. 130). Wenn die Zuordnung durch gerichtliche Entscheidung korrigiert wird, ist diese maßgebend (GK-BetrVG/*Kraft* Rn. 130; *Richardi* Rn. 207). Auch die Zuordnung bei der Wahl von Aufsichtsratsmitgliedern der Arbeitnehmer hat Indizwirkung. Dabei ist zu beachten, daß nach den Wahlordnungen zum Mitbestimmungsgesetz die Zuordnung auch von der Selbsteinschätzung des Arbeitnehmers abhängen kann (§ 10 1. WO MitbestG; § 10 2. WO MitbestG; § 11 3. WO MitbestG). Die Zuordnung durch rechtskräftige gerichtliche Entscheidung erfaßt nur den Fall, daß der Status in einem Beschlußverfahren – sei es auch als Vorfrage – festgestellt worden ist. Eine Entscheidung im Urteilsverfahren genügt nicht (*Fitting* Rn. 183 a; *Richardi* Rn. 208; aA GK-BetrVG/*Kraft* Rn. 131). Sie begründet nicht die erforderliche Richtigkeitsgewähr. Es fehlt die durch den dort nach § 83 ArbGG geltenden Untersuchungsgrundsatz sichergestellte Prüfungstiefe (s. § 83 ArbGG Rn. 1 f.). Die Vorschrift kann nicht mehr greifen, wenn sich die Umstände seit der Zuordnung geändert haben (GK-BetrVG/*Kraft* Rn. 132; *Fitting* Rn. 185; *Richardi* Rn. 209).

Ziff. 2 meint die Leitungsebene im Sinne der hierarchischen Ebene im Unternehmen (GK-BetrVG/ 38 *Kraft* Rn. 137; *Fitting* Rn. 186; *Richardi* Rn. 211). In der Regel wird der vom Unternehmer aufgestellte Organisationsplan über die Zuordnung Auskunft geben (GK-BetrVG/*Kraft* Rn. 137; *Fitting* Rn. 186; *Richardi* Rn. 211). Zwingend ist das nicht. Entscheidend ist, ob der derselben Ebene zuzuordnenden Angestellten als leitende Angestellte im Sinne des Grundtatbestandes zu qualifizieren sind (GK-BetrVG/*Kraft* Rn. 137; *Richardi* Rn. 211). Überwiegend vertreten heißt zu mehr als 50% (GK-BetrVG/*Kraft* Rn. 138; *Fitting* Rn. 186; *Richardi* Rn. 211). Dabei sind nur solche Angestellten zu berücksichtigen, deren Status als leitende zwischen den Beteiligten unstreitig ist oder feststeht (DKK/ *Trümner* Rn. 243; GK-BetrVG/*Kraft* Rn. 138; *Fitting* Rn. 186; *Richardi* Rn. 211).

Ziff. 3. Entscheidend ist das regelmäßige Jahresarbeitsentgelt, das im konkreten Unternehmen für 39 leitende Angestellte üblich ist (*Fitting* Rn. 187; *Richardi* Rn. 213). Einbezogen sind alle laufenden oder einmaligen Einnahmen einschließlich Tantiemen, Gratifikationen und Sachbezügen. Ausgenommen sind nur einmalige Leistungen, auf die kein Rechtsanspruch für die Zukunft besteht (GK-BetrVG/ *Kraft* Rn. 139; *Fitting* Rn. 187; *Richardi* Rn. 213). Auch in diesem Zusammenhang sind nur solche leitenden Angestellten zu berücksichtigen, deren Status feststeht oder unstreitig ist (GK-BetrVG/*Kraft* Rn. 140; *Fitting* Rn. 190). Üblich bedeutet nicht durchschnittlich, sondern lediglich, daß Abweichungen nach oben oder nach unten aufgrund besonderer Faktoren wie höheren Lebensalters, Betriebszugehörigkeit u. ä. nicht zu berücksichtigen sind (*Fitting* Rn. 188; GK-BetrVG/*Kraft* Rn. 140). Im gerichtlichen Verfahren muß der Arbeitgeber, wenn es für die Statusbeurteilung darauf ankommt, über die Höhe der an die leitenden Angestellten gezahlten Vergütung konkret Auskunft erteilen. Zur namentlichen Benennung ist er nicht gehalten, wenn nicht ausnahmsweise die Namensnennung zur Ermittlung des üblichen Gehaltes erforderlich ist (*Fitting* Rn. 189).

Ziff. 4. Die dreifache Bezugsgröße beträgt nach § 2 Sozialversicherungs-Rechengrößenverordnung 40 2000 (BGBl. 1999 I S. 2375) in diesem Jahr in den alten Bundesländern und West-Berlin 161 280,– DM, in den neuen Bundesländern und Ost-Berlin 131 040,– DM. Zweifel darüber, ob der Grundtatbestand des Abs. 3 S. 2 Nr. 3 vorliegt, erlauben nicht den Rückgriff auf Nr. 4. Auch kann die Bestimmung nicht als Hilfskriterium herangezogen werden, wenn feststeht, daß der Angestellte kein Jahresarbeitsentgelt bezieht, das für leitende Angestellte in dem konkreten Unternehmen üblich ist (*Fitting* Rn. 191; *Richardi* Rn. 217). Die praktische Bedeutung der Vorschrift ist gering (*Fitting* Rn. 191).

3. Rechtsprechung. Als **leitende Angestellte** hat das Bundesarbeitsgericht angesehen: Abteilungs- 41 leiter eines TÜV (29. 1. 1980 AP BetrVG 1972 § 5 Nr. 24), Abteilungsleiter für Organisation und Unternehmensplanung (17. 12. 1974 AP BetrVG 1972 Nr. 6, 7), Alleinmeister in einem Baubetrieb (10. 4. 1991 AP TVG § 1 Tarifverträge: Bau Nr. 141), Chefarzt – für den Bereich der MAVO (BAG 10. 12. 1992 AP GG Art. 140 Nr. 41), Chefpilot (25. 10. 1989 AP BetrVG 1972 Nr. 42), Grubenfahrsteiger in einem Bergwerksbetrieb (19. 11. 1974 AP BetrVG 1972 § 5 Nr. 2), Hauptabteilungsleiter für das Finanzwesen und Hauptabteilungsleiter für das Rechnungswesen (11. 1. 1995 AP BetrVG 1972 § 5 Nr. 55), Leiter der Abteilung „Technische Kontrolle" in einem Luftfahrunternehmen (8. 2. 1977 AP BetrVG 1972 § 5 Nr. 16), Leiter des Ausbildungswesens (8. 2. 1977 AP BetrVG 1972 § 5 Nr. 16), Verkaufsleiter (23. 3. 1976 AP BetrVG 1972 § 5 Nr. 14 und 1. 6. 1976 AP BetrVG 1972 § 5 Nr. 15), Wirtschaftsprüfer als angestellte Prüfungsleiter, Berichtskritiker von Wirtschaftsprüfungsgesellschaften (28. 1. 1975 AP BetrVG 1972 § 5 Nr. 5). **Nicht** als **leitende Angestellte** hat es anerkannt:

Abteilungsleiter eines Maschinenbauunternehmens (17. 12. 1974 AP BetrVG 1972 § 5 Nr. 6), Chefarzt – für den Bereich der MAVO (BAG 18. 11. 1999 – 2 AZR 903/98 – NZA 2000, 427), Grubenfahrsteiger (23. 1. 1986 AP BetrVG 1972 § 5 Nr. 30), Leiter eines Verbrauchermarktes ohne nennenswerte Entscheidungsbefugnis (19. 8. 1975 BetrVG 1972 § 105 Nr. 1), Pilot und Co-Pilot (16. 3. 1994 AP BGB § 611 Abhängigkeit Nr. 68), Produktionsleiter in einem Unternehmen der Automobilindustrie mit 400 unterstellten Mitarbeitern (15. 3. 1977 – 1 ABR 86/76 nv.).

V. Streitigkeiten

42 Über den Status eines Mitarbeiters als Arbeitnehmer im Sinne der Betriebsverfassung oder als leitender Angestellter wird im arbeitsgerichtlichen Beschlußverfahren nach den §§ 2a, 80 ff. ArbGG entschieden, wenn es dabei um die betriebsverfassungsrechtliche Zuordnung geht. Antragsberechtigt sind Arbeitgeber, Betriebsrat, im Zusammenhang mit einer Wahl der Wahlvorstand und der Sprecherausschuß, wenn es um den Status eines Mitarbeiters als leitender Angestellter geht (BAG 23. 1. 1986 AP BetrVG 1972 § 5 Nr. 30; *Fitting* Rn. 211; *Richardi* Rn. 273). Der betroffene Mitarbeiter ist immer zu beteiligen (BAG 4. 12. 1974, 17. 12. 1974, 23. 1. 1986 AP BetrVG 1972 § 5 Nr. 4, 6, 7, 8). Eine im Betrieb vertretene Gewerkschaft ist dann antragsbefugt, wenn der Streit im Zusammenhang mit einer Betriebsratswahl steht, und zwar unabhängig davon, ob der Antrag vor der Wahl oder im Rahmen eines Wahlanfechtungsverfahrens gestellt wird (*Fitting* Rn. 212; einschränkend – nur im Zusammenhang mit der Anfechtung: GK-BetrVG/*Kraft* Rn. 167). Das Rechtsschutzinteresse für die positive oder negative Feststellung ist immer gegeben, weil unabhängig von Wahlen oder ähnlichen konkreten Anlässen ein Interesse an der Klärung des Zuständigkeitsbereiches des Betriebsrates besteht (BAG 23. 1. 1986 AP BetrVG 1972 § 5 Nr. 30; GK-BetrVG/*Kraft* Rn. 168; *Fitting* Rn. 213). Es entfällt mit dem Ausscheiden des Mitarbeiters aus dem Arbeitsverhältnis und – soweit der Streit um die Zuordnung zum Kreis der leitenden Angestellten geht – mit der Änderung der dem Angestellten zugewiesenen Tätigkeit jedenfalls dann, wenn hinsichtlich der neuen Tätigkeit die Zuordnung unstreitig ist (BAG 23. 1. 1986 AP BetrVG 1972 § 5 Nr. 31; GK-BetrVG/*Kraft* Rn. 168). Im Rahmen eines Kündigungsschutzverfahrens kann die Statusfrage als Vorfrage entschieden werden (BAG 23. 3. 1976 AP BetrVG 1972 § 5 Nr. 14). Diese Entscheidung wirkt mit Rechtskraft nur zwischen den Parteien des Kündigungsschutzprozesses, nicht gegenüber dem Betriebsrat.

§ 6 Arbeiter und Angestellte

(1) ¹Arbeiter im Sinne dieses Gesetzes sind Arbeitnehmer einschließlich der zu ihrer Berufsausbildung Beschäftigten, die eine arbeiterrentenversicherungspflichtige Beschäftigung ausüben, auch wenn sie nicht versicherungspflichtig sind. ²Als Arbeiter gelten auch die in Heimarbeit Beschäftigten, die in der Hauptsache für den Betrieb arbeiten.

(2) ¹Angestellte im Sinne dieses Gesetzes sind Arbeitnehmer, die eine durch das Sechste Buch Sozialgesetzbuch als Angestelltentätigkeit bezeichnete Beschäftigung ausüben, auch wenn sie nicht versicherungspflichtig sind. ²Als Angestellte gelten auch Beschäftigte, die sich in Ausbildung zu einem Angestelltenberuf befinden, sowie die in Heimarbeit Beschäftigten, die in der Hauptsache für den Betrieb Angestelltentätigkeit verrichten.

I. Vorbemerkung

1 Die Einteilung der Beschäftigten in Arbeiter und Angestellte ist überholt und läßt sich kaum mit der Verfassung vereinbaren. Für die Kündigungsfristen hat dies das BVerfG bereits festgestellt (BVerfG 16. 11. 1982 AP BGB § 622 Nr. 16; BVerfG 30. 5. 1990 AP BGB § 622 Nr. 28). Der Gesetzgeber trägt dem zunehmend Rechnung. Die Verfassungswidrigkeit folgt aus der Ungleichbehandlung wegen der Gruppenzugehörigkeit. In der Betriebsverfassung werden die Gruppen nicht spezifisch benachteiligt. Die jeweilige Minderheit wird geschützt. So sichert man zugleich die Vertretung von Arbeitnehmern mit verschiedener Tätigkeit im Betriebsrat. Der betriebsverfassungsrechtliche Gruppenschutz kommt als Folge der fortschreitenden technischen Entwicklung in zunehmendem Maße den Arbeitern zugute. Er hat sich in den Vorschriften zur Zusammensetzung des Betriebsrates (§§ 10, 12), des Wahlvorstandes (§ 16 I), des Betriebsausschusses (§ 27 II), des Gesamtbetriebsrates (§ 47 II), zum Wahlverfahren (§ 14), zur Wahl des Vorsitzenden und stellvertretenden Vorsitzenden des Betriebsrates (§ 26 I, II), zum aufschiebenden Vetorecht der überstimmten Minderheitgruppe (§ 35 sowie iVm. §§ 51 I 1 und 59 I), zur Freistellung (§ 38 II 3 u. 4) und zur Wählbarkeit in den Aufsichtsrat (§ 76 II 2 u. 3 BetrVG 1952) niedergeschlagen.

II. Gruppen

2 Das Gesetz enthält keine eigene Definition des Arbeiters oder Angestellten. Es verweist auf die sozialversicherungsrechtlichen Regelungen und damit weitgehend ins Leere. Die einschlägigen sozial-

rechtlichen Vorschriften enthalten ebensowenig eine abschließende Bestimmung zur Gruppenzugehörigkeit. Für die Rentenversicherung selbst spielt die Unterscheidung keine Rolle mehr. Sozialrechtlich werden nur noch Zuständigkeiten festgelegt. Nach den §§ 128, 133 SGB VI sind die einen Versicherungsträger für die „als Arbeiter" Beschäftigten, die anderen für die „als Angestellte" Beschäftigten zuständig. § 133 II SGB VI enthält eine nicht abschließende Aufzählung der Angestelltentätigkeiten. Daneben hilft der ebenso unvollständige Berufsgruppenkatalog vom 8. 3. 1924 – RGBl. I S. 274 –, vom 4. 2. 1927 – RGBl. I S. 58 – und vom 25. 7. 1927 – RGBl. I S. 222 – weiter. Er ist nicht rechtverbindlich (*Fitting* Rn. 10), gilt aber noch heute (BAG 4. 8. 1993 AP BAT § 1 Nr. 1). Nach wie vor sind damit die klassischen Unterscheidungsmerkmale anzuwenden. **Angestellter** ist, wer kaufmännische oder büromäßige Arbeit leistet, wer überwiegend leitende, beaufsichtigende oder sonstwie gehobene Tätigkeiten ausübt (*Fitting* Rn. 11; GK-BetrVG/*Kraft* Rn. 6). Technische Angestellte (§ 133 c GewO) sind ohne weiteres Angestellte, Industrie-, Handwerks- und Werksmeister sind Angestellte bei gehobener bzw. höherer Stellung im Betrieb, wie § 133 II Nr. 2 SGB VI zeigt. Die alte Formel, wonach der Angestellte überwiegend Kopfarbeit, der Arbeiter überwiegend Handarbeit leistet, hilft auch angesichts der technischen Entwicklung in vielen Fällen weiter (Vgl. BAG 23. 1. 1980 und 1. 9. 1982 AP BAT 1975 §§ 22, 23 Nr. 31, 65). Im Zweifel entscheidet die Verkehrsauffassung, die sich oft in den Tarifverträgen niedergeschlagen hat (BAG 13. 5. 1981 AP HGB § 59 Nr. 24; DKK/*Trümner* Rn. 10; *Fitting* Rn. 11; *Richardi* Rn. 16). Wer nicht Angestellter ist, ist **Arbeiter** (*Fitting* Rn. 6; HSG/*Hess* Rn. 2; *Richardi* Rn. 18). Entscheidend ist die tatsächliche Tätigkeit. Der Status läßt sich für die Betriebsverfassung nicht vereinbaren. Vertragsangestellte bleiben Arbeiter (DKK/*Trümner* Rn. 11; *Fitting* Rn. 13; *Richardi* Rn. 25; GK-BetrVG/*Kraft* Rn. 18). Maßgebend ist die sozialversicherungsrechtliche Zuordnung als solche ohne Rücksicht auf die persönliche Versicherungspflicht (*Fitting* Rn. 7; GK-BetrVG/*Kraft* Rn. 14). Wer für einen Angestelltenberuf ausgebildet wird, ist nach Abs. 2 S. 2 Angestellter, wer für einen Arbeiterberuf ausgebildet wird nach Abs. 1 S. 1 Arbeiter (*Fitting* Rn. 14; GK-BetrVG/*Kraft* Rn. 10; *Richardi* Rn. 27). Bei **Mischtätigkeiten** kommt es darauf an, ob die gedanklich-geistige oder die mechanisch-handwerkliche Tätigkeit überwiegt (BAG 4. 8. 1993 AP BAT § 1 Nr. 1; *Fitting* Rn. 12; GK-BetrVG/*Kraft* Rn. 9). Auch für den **Heimarbeiter** ist nach Abs. 1 S. 2 bzw. Abs. 2 S. 2 für die Zuordnung die ausgeübte Tätigkeit entscheidend (BAG 25. 3. 1992 AP betrVG 1972 § 5 Nr. 48; *Fitting* Rn. 16; GK-BetrVG/*Kraft* Rn. 11 ff.; *Richardi* Rn. 40).

Angestellte: Arzthelferin (BAG 9. 7. 1959 AP BGB § 622 Nr. 3); Bezieherwerber (BAG 12. 10. 1956 AP HGB § 63 Nr. 4); Fahrlehrer (BAG 20. 4. 1961 AP GewO § 133 f Nr. 8); Fahrer im Getränkeheimdienst mit geringfügiger Werbetätigkeit (BSG 11. 3. 1970 AP AVG § 3 Nr. 10); Krankenpflegehelferin (BSG 19. 1. 1968 AP AVG nF § 3 Nr. 7); Krankenschwester (BSG 19. 6. 1959 AP AVG nF § 3 Nr. 1); Kassierer im Selbstbedienungsladen (BAG 6. 12. 1972 AP HGB § 59 Nr. 23); Lizenzfußballspieler (BAG 17. 1. 1979 AP GewO § 133 f Nr. 8); Schwimmeister mit staatlicher Prüfung (BSG 30. 5. 1967 AP AVG nF § 3 Nr. 6); Telefonistin (BAG 20. 5. 1969 AP BetrVG § 5 Nr. 1); Texterfasserin an IBM-Recorder (BAG 13. 5. 1981 AP HGB § 59 Nr. 24). **Arbeiter:** Gewahrsamshelfer im Polizeivollzug (BAG 7. 11. 1984 AP LohnFG § 1 Nr. 59); Heilgehilfe ohne staatliche Prüfung (BAG 20. 5. 1969 AP BetrVG § 5 Nr. 1); Restaurationstelefonist (BAG 7. 11. 1958 AP BGB § 616 Angestellte Nr. 1); Schulhausmeister, soweit nicht überwiegend überwachende Tätigkeit (BAG 1. 9. 1982 AP BAT 1975 §§ 22, 23 Nr. 65); Strom-, Wasser-, Gasableser (BSG 28. 9. 1956 AP AVG § 1 Nr. 2); Werkschutzangehöriger (BSG 21. 1. 1969 AP AVG nF § 3 Nr. 8).

III. Streitigkeiten

Ob ein Arbeitnehmer Angestellter oder Arbeiter ist, wird im arbeitsgerichtlichen Beschlußverfahren nach den §§ 2 a, 80 ff. ArbGG entschieden, soweit ein Zusammenhang mit der Betriebsverfassung besteht. Über den Inhalt des Arbeitsverhältnisses wird im Urteilsverfahren – ggf. als Vorfrage – nach den §§ 2 I Nr. 3, V iVm. 46 ff. ArbGG entschieden.

Zweiter Teil. Betriebsrat, Betriebsversammlung, Gesamt- und Konzernbetriebsrat

Erster Abschnitt. Zusammensetzung und Wahl des Betriebsrats

§ 7 Wahlberechtigung

Wahlberechtigt sind alle Arbeitnehmer, die das 18. Lebensjahr vollendet haben.

I. Arbeitnehmer

Wahlberechtigt sind alle Arbeitnehmer des Betriebes nach den §§ 5 I und 6, die am (letzten) Wahltag das 18. Lebensjahr vollendet haben. **Leiharbeitnehmer** iSd. AÜG sind nach § 14 II 1 AÜG im Entleiherbetrieb weder wahlberechtigt noch wählbar, es sei denn, der Verleiher besitzt keine Erlaubnis nach § 1 I AÜG und es wird nach § 10 I AÜG ein Arbeitsverhältnis mit dem Verleiher fingiert (DKK/*Schneider* Rn. 22; *Fitting* Rn. 6). Auch bei nicht gewerbsmäßiger Arbeitnehmerüberlassung sollen Wahlrecht und Wählbarkeit nur im Verleiherbetrieb gegeben sein (BAG 18. 1. 1989 AP BetrVG 1972 § 9 Nr. 1 und AP AÜG § 14 Nr. 2). Dies kann nur gelten, soweit die Wertungsvoraussetzungen der § 14 AÜG vorliegen. Verlagert sich der Schwerpunkt der betriebsverfassungsrechtlich relevanten Arbeitsbeziehungen bei längerfristigem Einsatz im Entleiherbetrieb dorthin, kann zusätzlich ein Wahlrecht zum Betriebsrat des entleihenden Betriebs entstehen (*Fitting* § 5 Rn. 72; GK-BetrVG/*Kreutz* Rn. 43; *Richardi* § 5 Rn. 88). Die in reinen **Ausbildungsbetrieben** zu ihrer Berufsausbildung Beschäftigten sind dort selbst dann nicht Arbeitnehmer, wenn sie gelegentlich mit anderen Mitarbeitern zusammen praktische Arbeit leisten (BAG 12. 9. 1996 AP BetrVG 1972 § 5 Ausbildung Nr. 11). Sie sind selbst Gegenstand des Betriebszweckes und werden nicht im Rahmen eines arbeitstechnischen Zweckes dieses Betriebes ausgebildet (BAG 20. 3. 1996 AP BetrVG 1972 § 5 Ausbildung Nr. 9 und 10). Bei einer **ordentlichen Kündigung** besteht das Wahlrecht bis zum Ablauf der Kündigungsfrist. Danach bleibt es erhalten, solange der Arbeitnehmer – aus welchem Grund auch immer – tatsächlich beschäftigt wird (BAG 14. 5. 1997 AP BetrVG 1972 § 8 Nr. 6; *Richardi* Rn. 36; *Fitting* Rn. 15; GK-BetrVG/*Kreutz* Rn. 30). Der Weiterbeschäftigungsanspruch nach § 102 V und der allgemeine Beschäftigungsanspruch nach Ausspruch einer Kündigung (BAG 27. 2. 1985 AP BGB § 611 Beschäftigungspflicht Nr. 14) erhalten das Wahlrecht nur, soweit sie – notfalls mit Hilfe des Gerichts – realisiert werden (GK-BetrVG/*Kreutz* Rn. 31) Andernfalls erlischt es, selbst wenn der Arbeitnehmer Kündigungsschutzklage erhoben hat (*Fitting* Rn. 15; GK-BetrVG/*Kreutz* Rn. 29, 31; aA für § 102 V BetrVG *Richardi* Rn. 35). Bei einer **außerordentlichen Kündigung** erlischt das Wahlrecht mit Zugang der Kündigungserklärung, es sei denn, der betroffene Arbeitnehmer wird danach tatsächlich beschäftigt oder der allgemeine Weiterbeschäftigungsanspruchs wird realisiert (BAG 14. 5. 1997 AP BetrVG 1972 § 8 Nr. 6). Ein Betriebsratsmitglied bleibt trotz Kündigung solange wahlberechtigt, wie der Betriebsrat die Zustimmung zur Kündigung nicht erteilt bzw. das ArbG die Zustimmung nicht ersetzt hat und er dann erneut gekündigt wird (*Fitting* Rn. 15 a; HSG/*Schlochauer* Rn. 31; *Richardi* Rn. 37).

II. Betriebszugehörigkeit

2 Wahlberechtigt sind nur Arbeitnehmer, die zur Belegschaft des Betriebs gehören. Dies ist grundsätzlich der Fall, wenn der Arbeitnehmer zum Betriebsinhaber in einem Arbeitsverhältnis steht (1. Komponente) und von diesem in der betrieblichen Organisation zur Erfüllung des Betriebszwecks weisungsabhängig eingesetzt wird (2. Komponente) (BAG 18. 1. 1989 AP BetrVG 1972 § 9 Nr. 1; BAG 29. 1. 1992 AP BetrVG § 7 Nr. 1; 25. 11. 1992 GesamthafenbetriebsG § 1 Nr. 8; *Fitting* Rn. 8; GK-BetrVG/*Kreutz* Rn. 18). Die nur tatsächliche Eingliederung eines Mitarbeiters in die Arbeitsorganisation reicht allein nicht aus (BAG 25. 2. 1998 AP BetrVG 1972 § 8 Nr. 8). Der Arbeitnehmer muß spätestens am (letzten) Wahltag dem Betrieb als Arbeitnehmer angehören. Auch der erst kurz vor der Wahl eingetretene Arbeitnehmer ist daher wahlberechtigt (vgl. § 4 III 2 WO). Auf **Umfang und Dauer der Betriebszugehörigkeit** kommt es nicht an. Deshalb sind auch der nur zu vorübergehender Tätigkeit Eingestellte und der geringfügig Beschäftigte wahlberechtigt (BAG 30. 10. 1991 AP BGB § 611 Abhängigkeit Nr. 59). Helfer im freiwilligen sozialen Jahr sind weder Arbeitnehmer noch zu ihrer Berufsausbildung Beschäftigte und daher nicht wahlberechtigt (BAG 12. 2. 1992 AP BetrVG 1972 § 5 Nr. 52).

3 Ein **Wehrdienstleistender** bleibt wahlberechtigt, da sein Arbeitsverhältnis nur ruht und er ein Interesse an der Zusammensetzung des Betriebsrats hat, soweit er nach dem Wehrdienst im Betrieb verbleibt (BAG 29. 3. 1974 AP BetrVG 1972 § 19 Nr. 2; DKK/*Schneider* Rn. 12; *Dietz/Richardi* Rn. 17; *Fitting* Rn. 14). Entsprechendes gilt für **Zivildienstleistende** (vgl. § 78 ZDG), bei Heranziehung zum **Zivilschutz** (vgl. § 9 ZivilschutzG), zum **Katastrophenschutz** (vgl. § 9 KatastrophenschutzG) oder bei **Eignungsübungen** (§ 1 I EigÜbG). Zivildienstleistende sind nicht in dem Betrieb wahlberechtigt, in dem sie während des Zivildienstes eingesetzt sind, da sie dort keine Arbeitnehmer sind (DKK/*Schneider* Rn. 12). Die Wahlberechtigung bleibt während der Dauer von **Beschäftigungsverboten**, des Mutterschaftsurlaubs (vgl. §§ 3 II, 6 I, 10 MuSchG) oder während des Erziehungsurlaubs unberührt (§ 15 BerzGG).

4 Sogenannte **Außen-Arbeitnehmer** sind betriebszugehörig, wenn sie zur Erfüllung des Betriebszwecks eingesetzt werden. Der Betriebsbegriff ist nicht primär räumlich (Betriebsgrundstück), sondern funktional (Betriebszweck) zu verstehen. Zusteller von Tageszeitungen sind daher idR wahlberechtigt (BAG 29. 1. 1992 AP BetrVG § 7 Nr. 1). **Heimarbeiter** sind innerhalb des Betriebs, dem sie als Arbeitnehmer zuzuordnen sind, wahlberechtigt und wählbar (BAG 27. 9. 1974 AP BetrVG 1972 § 6 Nr. 1). Arbeitnehmer, die im Rahmen von **werkvertraglichen Beziehungen** Arbeitsleistungen in einem anderen Betrieb erbringen, gehören nicht dem Betrieb des Werkbestellers an (BAG 18. 1. 1989 AP BetrVG 1972 § 9 Nr. 1). Ein in **mehreren Betrieben** beschäftigter Arbeitnehmer ist, sofern die allgemeinen Voraussetzungen vorliegen, in jedem Betrieb wahlberechtigt (BAG 11. 4. 1958 AP § 6 BetrVG Nr. 1; vgl. auch BAG 25. 10. 1989 AP BetrVG 1972 § 5 Nr. 42). Gehört ein Arbeitnehmer zu

einer **Arbeitsgemeinschaft** mehrerer Bauunternehmen, so ist er auch dort wahlberechtigt (BAG 11. 3. 1975 AP BetrVG 1972 § 24 Nr. 1). Werden in einem Betrieb **Arbeitnehmer verschiedener Unternehmen** ausgebildet, sind nur diejenigen wahlberechtigt, welche einen Arbeits- oder Ausbildungsvertrag mit dem auszubildenden Unternehmen geschlossen haben, selbst wenn es sich um eine längere Ausbildungszeit handelt (LAG Hamm 11. 10. 1989 DB 90, 383). **Auszubildende,** die abschnittsweise in verschiedenen Betrieben ausgebildet werden, sind nur in dem die Ausbildung leitenden Stammbetrieb zum Betriebsrat und zur Jugendauszubildendenvertretung wahlberechtigt (BAG 13. 3. 1991 AP BetrVG 1972 § 60 Nr. 2; s. § 61 Rn. 2) Ist eine Schwesternschaft vom Deutschen Roten Kreuz Mitbetreiberin eines Krankenhauses, so sind auch die bei der Schwesternschaft angestellten, in diesem Krankenhaus beschäftigten **Gastschwestern** zum dortigen Betriebsrat wahlberechtigt (BAG 14. 12. 1994 AP BetrVG 1972 § 5 Rotes Kreuz Nr. 3). Arbeitnehmer in **nichtbetriebsratsfähigen Betrieben** sind dann im betriebsratsfähigen Betrieb wahlberechtigt, wenn die mehreren Betriebe des Unternehmens den gleichen arbeitstechnischen Zweck verfolgen (BAG 3. 12. 1985 AP BetrVG 1972 § 99 Nr. 28; Fitting Rn. 11). Auf der Grundlage von **§ 19 BSHG** bei einem Dritten in einem befristeten Arbeitsverhältnis Beschäftigte sind dort nur wahlberechtigt, wenn sie nach der konkreten Ausgestaltung ihrer Tätigkeit dem arbeitstechnischen Zweck des Betriebs dienen und nicht selbst Gegenstand des Betriebszwecks sind (BAG 5. 4. 2000 – 7 ABR 20/99).

Ein ins **Ausland entsandter Arbeitnehmer** bleibt zum Betriebsrat des entsendenden Betriebs wahl- 5 berechtigt, wenn er trotz Auslandstätigkeit dem Inlandsbetrieb zuzuordnen ist (GK-BetrVG/*Kreutz* Rn. 34 f.; *Fitting* Rn. 10). Die Zuordnung hängt von der Würdigung aller Umstände des Einzelfalls ab, wobei insbesondere die Dauer des Auslandseinsatzes, die Eingliederung in einen Auslandsbetrieb, das Bestehen und die Voraussetzungen eines Rückrufrechts zu einem Inlandseinsatz und der sonstige Inhalt von Weisungsbefugnissen von Bedeutung sind (BAG 7. 12. 1989 AP Internationales Privatrecht, Arbeitsrecht Nr. 27). Ist der Arbeitnehmer nicht in eine im Ausland bestehende Betriebsorganisation eingegliedert – wie im Regelfall bei Montagearbeiten – und wird er im Rahmen des Betriebszwecks des inländischen Betriebs tätig, so ist er auch bei dauerhaftem Auslandsaufenthalt Angehöriger des Inlandsbetriebs (*Fitting* Rn. 10). Das gleiche gilt trotz Eingliederung in eine betriebliche Organisation im Ausland, wenn die Tätigkeit nur vorübergehender Natur ist, zB wegen einer Vertretung oder eines zeitlich befristeten Auftrags (BAG 25. 4. 1978 AP Internationales Privatrecht, Arbeitsrecht Nr. 16; *Fitting* Rn. 10; DKK/*Schneider* Rn. 29). Ein ständig zur Auslandsvertretung eines Unternehmens entsandter Arbeitnehmer ist selbst dann nicht wahlberechtigt, wenn für sein Arbeitsverhältnis weiterhin deutsches Arbeitsrecht maßgebend ist (BAG 21. 10. 1980 AP Internationales Privatrecht, Arbeitsrecht Nr. 17; BAG 25. 4. 1978 AP Internationales Privatrecht, Arbeitsrecht Nr. 16; BAG 9. 11. 1977 AP Internationales Privatrecht, Arbeitsrecht Nr. 13).

III. Wahlalter

Der Arbeitnehmer muß spätestens am Wahltag 18 Jahre alt werden (GK-BetrVG/*Kreutz* Rn. 60). 6 Erstreckt sich die Stimmabgabe über mehrere Tage, so muß er spätestens am letzten Tag der Wahl Geburtstag haben (vgl. § 187 II 2 BGB). Noch nicht Volljährige haben die Möglichkeit, an der Wahl zur Jugendauszubildendenvertretung nach §§ 60 ff. teilzunehmen. Die 18 bis 25jährigen zur Berufsausbildung Beschäftigten sind sowohl zum Betriebsrat als auch zur Jugendauszubildendenvertretung wahlberechtigt.

IV. Weitere Voraussetzungen

Damit ein Arbeitnehmer sein Wahlrecht ausüben kann, muß er formell nach § 2 III WO in die 7 **Wählerliste eingetragen** sein (DKK/*Schneider* Rn. 2; *Fitting* Rn. 19). Ausländische und staatenlose Arbeitnehmer sind wahlberechtigt, da das Gesetz keine Einschränkungen hinsichtlich der **Staatsangehörigkeit** macht (vgl. auch § 2 V WO). Grundsätzlich wahlberechtigt sind auch die Arbeitnehmer, für die durch das Vormundschaftsgericht nach §§ 1896 ff. BGB **Betreuung** angeordnet wurde (DKK/ *Schneider* Rn. 39; GK-BetrVG/*Kreutz* Rn. 61; aA *Fitting* Rn. 18). § 13 Nr. 2 BWG und § 50 II SGB IV enthalten keinen für die Betriebsratswahlen relevanten allgemeinen Rechtsgrundsatz. Das Vormundschaftsgericht muß vielmehr entscheiden, ob der Betreuer nur in bestimmten oder in allen Angelegenheiten seine Einwilligung erteilen muß. § 1903 I BGB verweist insoweit auf § 113 BGB. Wer mit Zustimmung des Betreuers abhängige Arbeit leistet, hat alle Arbeitnehmerrechte einschließlich des Wahlrechts. Unberührt bleibt § 104 Nr. 2, so daß derjenige, der wegen akuter Geisteskrankheit nicht übersehen kann, welche Bedeutung sein Tun hat, nicht wählen kann (DKK/*Schneider* Rn. 39; GK-BetrVG/*Kreutz* Rn. 61). Die Wahlberechtigung zur Betriebsratswahl wird nicht durch die Aberkennung des aktiven Wahlrechts nach § 45 V StGB berührt. Bei der Betriebsratswahl handelt es sich nicht um eine „öffentliche Angelegenheit" im Sinne dieser Vorschrift (*Richardi* Rn. 48; *Fitting* Rn. 18).

V. Auswirkungen der Wahlberechtigung

8   Die Wahlberechtigung gibt dem Arbeitnehmer neben dem aktiven Wahlrecht die Möglichkeit zur Ausübung bestimmter anderer Rechte. Nach § 14 II die Teilnahme an der Abstimmung über die gemeinsame Wahl von Angestellten und Arbeitern, nach § 14 V bis VII das Recht Wahlvorschläge zu machen, nach § 16 I die Mitgliedschaft im Wahlvorstand und nach § 16 II und § 18 I 2 Rechte im Zusammenhang mit der Einsetzung eines Wahlvorstands. Neben diesen auf die Wahl eines Betriebsrats abzielenden Rechten gibt die Wahlberechtigung auch Möglichkeiten, gegen einen Betriebsrat nach § 19 II im Wege der Wahlanfechtung oder nach § 23 I über den Antrag beim Arbeitsgericht zur Amtsenthebung des Betriebsrats oder eines einzelnen Betriebsratsmitglieds vorzugehen. Darüber hinaus gibt § 43 III eine weitere Kontrollmöglichkeit. Oft verlangt die Ausübung dieser Rechte das Erreichen eines Quorums. Die Errichtung und die Größe eines Betriebsrats nach § 1 und § 9 hängen unter anderem von einer bestimmten Anzahl wahlberechtigter Arbeitnehmer ab. Darüberhinaus sind jeweils 20 wahlberechtigte Arbeitnehmer Voraussetzung, um wichtige Beteiligungsrechte wie die Mitbestimmung bei personellen Einzelmaßnahmen nach § 99 und bei Betriebsänderungen nach §§ 111 ff. seitens des Betriebsrats ausüben zu können. § 106 und § 110 stellen hingegen nicht auf die Wahlberechtigung, sondern allein auf die ständig beschäftigten Arbeitnehmer ab. Nach § 47 VII, VIII und § 55 III ist die Stimmengewichtung im Gesamtbetriebsrat und im Konzernbetriebsrat von den jeweils zu vertretenden wahlberechtigten Arbeitnehmer abhängig. Arbeitnehmer, die zum Betriebsrat wahlberechtigt sind, besitzen nach § 76 BetrVG 52 auch das aktive Wahlrecht für die Wahl der Arbeitnehmervertreter in den Aufsichtsrat.

VI. Streitigkeiten

9   Im Zusammenhang einer Betriebsratswahl liegt die Entscheidung über die Wahlberechtigung zunächst beim Wahlvorstand (§§ 2, 4 II WO). Dessen Entscheidung ist im arbeitsgerichtlichen Beschlußverfahren nach §§ 2 a, 80 ff. ArbGG überprüfbar (GK-BetrVG/*Kreutz* Rn. 67). Außerhalb eines Wahlverfahrens wird die Streitigkeit über das aktive Wahlrecht ebenfalls im arbeitsgerichtlichen Beschlußverfahren ausgetragen. Beteiligte können der betroffene Arbeitnehmer, der Arbeitgeber und jede im Betrieb vertretene Gewerkschaft sein. Ist die Wahl noch nicht durchgeführt, kann der Wahlvorstand, nach Durchführung der Wahl der Betriebsrat Beteiligter im Verfahren sein (*Fitting* Rn. 23). Die Wahlberechtigung kann auch inzidenter in einem Wahlanfechtungsverfahren zu entscheiden sein.

§ 8 Wählbarkeit

(1) ¹ **Wählbar sind alle Wahlberechtigten, die sechs Monate dem Betrieb angehören oder als in Heimarbeit Beschäftigte in der Hauptsache für den Betrieb gearbeitet haben.** ² Auf diese sechsmonatige Betriebszugehörigkeit werden Zeiten angerechnet, in denen der Arbeitnehmer unmittelbar vorher einem anderen Betrieb desselben Unternehmens oder Konzerns (§ 18 Abs. 1 des Aktiengesetzes) angehört hat. ³ Nicht wählbar ist, wer infolge strafgerichtlicher Verurteilung die Fähigkeit, Rechte aus öffentlichen Wahlen zu erlangen, nicht besitzt.

(2) Besteht der Betrieb weniger als sechs Monate, so sind abweichend von der Vorschrift in Absatz 1 über die sechsmonatige Betriebszugehörigkeit diejenigen Arbeitnehmer wählbar, die bei der Einleitung der Betriebsratswahl im Betrieb beschäftigt sind und die übrigen Voraussetzungen für die Wählbarkeit erfüllen.

I. Wählbarkeit

1   Die Vorschrift regelt abschließend und zwingend die Voraussetzungen für das passive Wahlrecht zum Betriebsrat. Abweichende Regelungen durch Betriebsvereinbarung oder TV sind nicht zulässig (BAG 12. 10. 1976 AP BetrVG 1972 § 8 Nr. 1). Besonderheiten für die Wahl zum Jugendvertreter ergeben sich aus § 61 II (s. § 61 Rn. 3). Maßgebender Zeitpunkt für die Beurteilung, ob ein Arbeitnehmer zum Betriebsrat wählbar ist, ist der Wahltag. Die Wählbarkeit setzt zunächst voraus, daß der Arbeitnehmer nach § 7 **wahlberechtigt** ist. Wird ein Arbeitnehmer gewählt, der am Wahltag das 18. Lebensjahr noch nicht vollendet hat, ist die Wahl daher anfechtbar. Der Mangel der Wählbarkeit wird geheilt, wenn der Arbeitnehmer das Mindestalter erreicht, bevor die Wahl mit Erfolg angefochten oder die Nichtwählbarkeit gerichtlich festgestellt wurde (BAG 7. 7. 1954 AP BetrVG § 24 Nr. 1; s. § 24 Rn. 10).

2   Auch **ausländische und staatenlose Arbeitnehmer** haben – anders als noch nach dem BetrVG 1952 – das passive Wahlrecht. § 8 enthält keine Beschränkung der Wählbarkeit auf einen Betriebsrat. Ein **in zwei Betrieben beschäftigter** Arbeitnehmer ist daher in beiden Betrieben wählbar und kann in beiden Betriebsratsmandate ausüben (BAG 11. 4. 1958 AP BetrVG § 6 Nr. 1; DKK/*Schneider* Rn. 18; *Richardi* Rn. 10; *Fitting* Rn. 12; GK-BetrVG/*Kreutz* Rn. 21). Das passive Wahlrecht besteht unabhängig davon, ob der Arbeitnehmer in verschiedenen Betrieben des gleichen Arbeitgebers oder in mehreren Betrieben mit unterschiedlichen Arbeitgebern beschäftigt ist (DKK/*Schneider* Rn. 18). Wählbar sind auch Arbeitnehmer, die sich in einem **ruhenden Arbeitsverhältnis** befinden. Deshalb kann für

III. Richterspruch § 8 **BetrVG 210**

den Betriebsrat kandidieren, wer sich im **Erziehungsurlaub** befindet (DKK/*Schneider* Rn. 22). Arbeitnehmer bleiben während der Ableistung des **Wehrdienstes** wählbar (DKK/*Schneider* Rn. 22; *Richardi* Rn. 42; *Fitting* Rn. 7; aA GK-BetrVG/*Kreutz* Rn. 38). Das gleiche gilt für Zivildienstleistende, Dienstverpflichtete für das Zivilschutzkorps oder den Katastrophenschutz (vgl. § 7 Rn. 3, § 24 Rn. 6). Werden diese Wahlbewerber in den Betriebsrat gewählt, sind sie während ihrer Abwesenheit nach § 25 I 2 an der Ausübung des Amtes verhindert und müssen von einem Ersatzmitglied vertreten werden (*Fitting* Rn. 7; vgl. § 25 Rn. 5). Nach dem Erlaß des Bundesministers für Verteidigung vom 7. 7. 1976 (VR III 7 – Az. 24–09–01) können Wehrpflichtige, die Betriebsrat oder Jugendauszubildendenvertreter sind, für eine Amtsperiode zurückgestellt werden; für Wahlbewerber gilt dies, sofern sie während der anvisierten Wahlperiode das 28. Lebensjahr nicht überschreiten (Erlaß des BMV vom 1. 8. 1990 VR I 8 (22) – Az 24–09–01; *Fitting* Rn. 7).

Hat der Arbeitnehmer gegen eine arbeitgeberseitige **Kündigung** Klage erhoben, bleibt er wählbar. **3** (BAG 14. 5. 1997 AP BetrVG 1972 § 8 Nr. 6; DKK/*Schneider* Rn. 25; *Richardi* Rn. 13; *Fitting* Rn. 8; aA GK-BetrVG/*Kreutz* Rn. 18). Der Arbeitgeber soll nicht durch die Kündigung die Wahl eines unliebsamen Kandidaten verhindern (zum Kündigungsschutz von Wahlbewerbern s. § 103 Rn. 2 ff. und § 15 KSchG Rn. 10 ff.). Im Gegensatz zur Wahlberechtigung, die am Wahltag zweifelsfrei feststehen muß, kann die Wirksamkeit der Wahl eines Betriebsratsmitglieds zunächst in der Schwebe bleiben. Wird der Kündigungsschutzklage stattgegeben, steht fest, daß das Arbeitsverhältnis zum Wahlzeitpunkt bestand und das die Wahl wirksam ist; im umgekehrten Fall ist die Wahl des Betriebsratsmitglieds unwirksam. Wird ein gekündigter Arbeitnehmer gewählt, ist er bis zur rechtskräftigen Entscheidung an der Ausübung des Betriebsratsamts iSd. § 25 I 2 verhindert und muß durch ein Ersatzmitglied vertreten werden. Wenn die Kündigungsschutzklage nicht offensichtlich unbegründet ist, hat der Arbeitgeber dem gekündigten Wahlkandidaten Zutritt zum Betrieb und Kontakt zu den wahlberechtigten Arbeitnehmern zu gestatten (LAG Hamm 6. 2. 1980 EzA BetrVG 1972 § 20 Nr. 11; *Fitting* Rn. 10). Sobald der Arbeitnehmer besonderen Kündigungsschutz genießt, kann der Arbeitgeber einen Antrag nach § 9 KSchG nicht mehr stellen (*Richardi* Rn. 14; *Fitting* Rn. 9). Der Wählbarkeit steht nicht entgegen, daß ein Wahlkandidat häufig **abwesend** sein wird und daher voraussichtlich oft von Ersatzmitgliedern vertreten werden muß (*Richardi* Rn. 7; *Fitting* Rn. 11). § 14 II 1 AÜG schließt das passive Wahlrecht von **Leih-Arbeitnehmern** iSd. AÜG im Entleiherbetrieb aus. **Mitglieder des Wahlvorstands** können Wahlkandidaten zum Betriebsrat sein (BAG 12. 10. 1976 AP BetrVG 1972 § 8 Nr. 1; BAG 4. 10. 1977 AP BetrVG. 1972 § 18 Nr. 2; *Richardi* Rn. 45). Nach § 23 **ausgeschlosssene Betriebsratsmitglieder** sind weiterhin wählbar (s § 23 Rn. 16). Formell setzt die Wählbarkeit nach § 2 III WO eine Eintragung in die Wählerliste und nach § 14 III die Aufnahme in einen ordnungsgemäßen Wahlvorschlag voraus (s § 14 Rn. 14 ff.).

II. Betriebszugehörigkeit

Mit der 6-Monats-Frist soll sichergestellt werden, daß nur solche Arbeitnehmer in den Betriebsrat **4** gewählt werden, die einen gewissen Überblick über die betrieblichen Verhältnisse erworben haben Sie berechnet sich – auch für Teilzeitbeschäftigte – nach §§ 186 ff. BGB. Wird an mehreren Tagen gewählt, ist der letzte Wahltag maßgeblich (vgl. BAG 26. 9. 1996 AP KSchG 1969 § 15 Wahlbewerber Nr. 3; *Richardi* Rn. 16; *Fitting* Rn. 14). Dem Betrieb gehört an, wer zu seiner Belegschaft gehört (s. § 7 Rn. 2 ff.). Eine bloß arbeitsvertragliche Bindung zum Betrieb reicht zur Begründung des passiven Wahlrechts nicht aus, wenn der Arbeitnehmer weder jemals im Betrieb tätig geworden, noch eine tatsächliche Zuordnung absehbar ist (BAG 28. 11. 1977 AP BetrVG 1972 § 8 Nr. 2). Zeiten vor Vollendung des 18. Lebensjahrs sind zu berücksichtigen (*Richardi* Rn. 21). Das gleiche gilt, wenn der Arbeitnehmer zuvor als Beschäftigter iS des § 5 II, III in diesem Betrieb tätig war (*Richardi* Rn. 19; *Fitting* Rn. 14; aA GK-BetrVG/*Kreutz* Rn. 28). Auch sie haben den erforderlichen Überblick über den Betrieb gewonnen. Beschäftigungszeiten als Leiharbeitnehmer iSd. AÜG im Entleiherbetrieb sind nicht mitzurechnen (*Fitting* Rn. 14; GK-BetrVG/*Kreutz* Rn. 30; aA *Richardi* Rn. 20; DKK/*Schneider* Rn. 11). Dafür spricht die Wertung des § 14 II 1 AÜG.

Die Anrechnung der Beschäftigungszeit in Betrieben des gleichen **Unternehmens** bzw. **Konzerns 5** nach § 8 I 2 verhindert, daß die Kandidatur unliebsamer Wahlbewerber durch Versetzung unterlaufen werden kann. Unmittelbar und damit anrechenbar ist die vorausgehende Beschäftigungszeit, wenn das Arbeitsverhältnis zum Unternehmen/Konzernunternehmen ununterbrochen fortbesteht oder zwar unterbrochen ist, aber ein enger zeitlicher und inhaltlicher Zusammenhang zur vorausgehenden Betriebszugehörigkeit besteht (*Fitting* Rn. 19; GK-BetrVG/*Kreutz* Rn. 44). Unmittelbarkeit liegt nicht vor, wenn der Arbeitnehmer zwischenzeitlich ein neues Arbeitsverhältnis zu einem anderen Arbeitgeber begründet hat oder längere Zeit arbeitslos war (DKK/*Schneider* Rn. 9; *Fitting* Rn. 19).

III. Richterspruch

Nach § 45 I StGB führt eine strafgerichtliche Verurteilung wegen eines Verbrechens zu einer **6** Mindestfreiheitsstrafe von einem Jahr für einen Zeitraum von fünf Jahren zum automatischen Verlust der Amtsfähigkeit und der Fähigkeit, Rechte aus öffentlichen Wahlen zu erlangen. Nach § 45 II StGB iVm. mit Spezialgesetzen kann auch das Gericht diese Rechte für einen Zeitraum von zwei bis fünf Jahren aberkennen. Kein Einfluß auf die Wählbarkeit hat die Aberkennung des aktiven Wahlrechts nach § 45 V StGB (vgl. § 7 Rn. 7) oder eine Entscheidung des BVerfG nach § 39 II BVerfGG, da das Betriebsratsamt kein öffentliches Amt iS dieser Vorschrift ist (*Fitting* Rn. 23; GK-BetrVG/*Kreutz* Rn. 53). Ist einem ausländischen Arbeitnehmer im Herkunftsland durch strafgerichtliche Entscheidung die Fähigkeit aberkannt worden, Rechte aus öffentlichen Wahlen zu erlangen, führt dies zum Verlust des passiven Wahlrechts in den Betriebsratswahlen, wenn die Entscheidung nicht im Widerspruch zu deutschen Rechtsgrundsätzen steht (DKK/*Schneider* Rn. 30; *Fitting* Rn. 24; GK-BetrVG/*Kreutz* Rn. 54).

IV. Neu errichtete Betriebe

7 Nach **Abs.** 2 wählbar sind alle Arbeitnehmer, die zum Zeitpunkt der Einleitung der Betriebsratswahl Beschäftigte des Betriebs sind. Nach § 3 I 2 WO ist die Betriebsratswahl mit Erlaß des Wahlausschreibens eingeleitet. Der Zusammenschluß mehrerer Betriebe eines Unternehmens zu einem Betrieb ist eine Neuerrichtung, wenn sie ihre Identität aufgeben (DKK/*Schneider* Rn. 33; *Fitting* Rn. 29). Das gleiche gilt bei Wiedereröffnung eines nicht nur vorübergehend stillgelegten Betriebs (*Fitting* Rn. 29). Keine Neuerrichtung liegt bei einem Betriebsübergang nach § 613 a BGB vor, da die Identität des Betriebs unberührt bleibt. Auch mit der Eingliederung in einen anderen oder der Erweiterung eines bestehenden Betriebes entsteht kein neuer Betrieb (BAG 26. 9. 1996 AP KSchG 1969 § 15 Wahlbewerber Nr. 3). Bei der Eingliederung werden aber die vorhergehenden Beschäftigungszeiten nach Abs. 1 S. 2 angerechnet, wenn sie innerhalb des gleichen Konzerns erfolgt (DKK/*Schneider* Rn. 33). Ein Kampagnebetrieb unterfällt Abs. 2, es sei denn es handelt sich lediglich um einen unselbständigen Betriebsteil eines anderen Betriebes (*Richardi* Rn. 35; *Fitting* Rn. 29; zweifelnd GK-BetrVG/*Kreutz* Rn. 63).

V. Streitigkeiten

8 Die Entscheidung über die Wählbarkeit eines Wahlbewerbers hat zunächst der Wahlvorstand zu treffen. Verstöße können in einem Anfechtungsverfahren nach § 19 geltend gemacht werden. Streitigkeiten über die Entscheidungen des Wahlvorstands können aber auch unabhängig von einer Anfechtung nach §§ 2 a, 80 ff. ArbGG im arbeitsgerichtlichen Beschlußverfahren ausgetragen werden, wenn ein Rechtsschutzbedürfnis besteht (DKK/*Schneider* Rn. 34).

§ 9 Zahl der Betriebsratsmitglieder

¹ Der Betriebsrat besteht in Betrieben mit in der Regel
 5 bis   20 wahlberechtigten Arbeitnehmern aus einer Person,
21 bis   50 wahlberechtigten Arbeitnehmern aus 3 Mitgliedern,
51 wahlberechtigten Arbeitnehmern bis 150 Arbeitnehmern aus 5 Mitgliedern,
 151 bis 300 Arbeitnehmern aus 7 Mitgliedern,
 301 bis 600 Arbeitnehmern aus 9 Mitgliedern,
 601 bis 1000 Arbeitnehmern aus 11 Mitgliedern,
1001 bis 2000 Arbeitnehmern aus 15 Mitgliedern,
2001 bis 3000 Arbeitnehmern aus 19 Mitgliedern,
3001 bis 4000 Arbeitnehmern aus 23 Mitgliedern,
4001 bis 5000 Arbeitnehmern aus 27 Mitgliedern,
5001 bis 7000 Arbeitnehmern aus 29 Mitgliedern,
7001 bis 9000 Arbeitnehmern aus 31 Mitgliedern.
² In Betrieben mit mehr als 9000 Arbeitnehmern erhöht sich die Zahl der Mitglieder des Betriebsrats für je angefangene weitere 3000 Arbeitnehmer um 2 Mitglieder.

I. Anzahl

1 Die Vorschrift legt zwingend die Zahl der Betriebsratsmitglieder für die jeweilige Betriebsgröße fest. Weder durch Betriebsvereinbarung noch durch Tarifvertrag kann von der Staffel abgewichen werden. Eine Abweichung ist nur zulässig, wenn nicht genügend wählbare Arbeitnehmer vorhanden oder zur Übernahme des Amtes bereit sind (Näheres § 11 Rn. 1 f.). Die Größe des Betriebsrats wird vom Wahlvorstand festgestellt und nach § 3 II Nr. 4 WO im Wahlausschreiben ausgewiesen. Die Zahl der bei Erlaß des Wahlausschreibens „in der Regel" Beschäftigten ist maßgebend für die Bestimmung der Belegschaftsgröße bei der anstehende Betriebsratswahl (*Fitting* Rn. 4). Ausschlaggebend ist die Zahl von Arbeitnehmern, die im allgemeinen kennzeichnend für den Betrieb ist (BAG 31. 1. 1991 AP KSchG 1969 § 23 Nr. 11). Vorübergehende Schwankungen bleiben außer Betracht. Es wird die Anzahl der Arbeitnehmer zugrundegelegt, die unter normalen betrieblichen Verhältnissen üblicherweise beschäftigt werden. Da auch absehbare künftige Entwicklungen des Beschäftigtenstandes einzubeziehen

III. Fehler § 9 BetrVG 210

sind (BAG 29. 5. 1991 AP BPersVG § 17 Nr. 1; BAG 25. 11. 1992 AP GesamthafenbetriebsG § 1 Nr. 8), kann es nicht selten zu Grenzfällen bei der Berechnung über der regelmäßigen Belegschaftsstärke kommen. Der Wahlvorstand entscheidet dann nach pflichtgemäßem Ermessen mit eigenem Beurteilungsspielraum (BAG 12. 10. 1976 AP BetrVG § 8 Nr. 1; BAG 25. 11. 1992 AP GesamthafenbetriebsG § 1 Nr. 8; DKK/*Schneider* Rn. 14). Die bloße Befürchtung, daß aufgrund schlechter Auftragslage Arbeitnehmer entlassen werden könnten, führt zu keiner Reduzierung der Maßgröße (LAG Hamm 6. 10. 1978 DB 79, 1563).

Leitende Angestellte und die in § 5 II genannten Personen sind nicht einzubeziehen. Dies ergibt 2 sich aus den Einleitungssätzen von § 5 II und III und dem Normzweck des § 9 (*Fitting* Rn. 8). Leitende Angestellte werden vom Betriebsrat nicht vertreten (BAG 12. 10. 1976 AP BetrVG § 8 Nr. 1). Arbeitnehmer in dem Betrieb nach § 4 S. 2 zugeordneten selbständigen Betriebsteilen und **Nebenbetrieben** sind zu berücksichtigen. **Teilzeitbeschäftigte** zählen nicht anteilig, sondern nach Köpfen (LAG Hamm DB 79, 2380; *Fitting* Rn. 4; GK-BetrVG/*Kreutz* Rn. 11). **Aushilfsarbeitnehmer** sind, wenn sie regelmäßig länger als sechs Monate im Jahr beschäftigt werden, einzubeziehen (BAG 12. 10. 1976 AP BetrVG § 8 Nr. 1; BAG 25. 11. 1992 AP GesamthafenbetriebsG § 1 Nr. 8). Dabei ist es unerheblich, ob es sich um dieselben oder jeweils andere Aushilfskräfte handelt (LAG Düsseldorf 26. 9. 1990 DB 91, 238). Das gleiche gilt für die Arbeitnehmer in Saisonbetrieben, sofern die Saison die Dauer von sechs Monaten überschreitet (DKK/*Schneider* Rn. 9; *Richardi* Rn. 10; *Fitting* Rn. 4; GK-BetrVG/*Kreutz* Rn. 11). In Kampagnenbetrieben beschäftigte Arbeitnehmer sind während der Kampagne voll einzubeziehen (DKK/*Schneider* Rn. 9; GK-BetrVG/*Kreutz* Rn. 11). Nur **betriebsangehörige** Arbeitnehmer sind zu berücksichtigen (BAG 15. 12. 1972 AP ArbGG 1953 § 80 Nr. 5). Dies setzt voraus, daß sie zum Betriebsinhaber in einem Arbeitsverhältnis stehen und im Rahmen des Betriebszwecks eingegliedert sind (BAG 18. 1. 1989 AP BetrVG 1972 § 9 Nr. 1; s. § 7 Rn. 2 ff.). Arbeitnehmer aus Fremdfirmen (Werk-Arbeitnehmer) sind nicht betriebszugehörig und deshalb nicht zu veranschlagen (BAG 18. 1. 1989 AP BetrVG 1972 § 9 Nr. 1). AN, die im **Erziehungsurlaub** oder zur Kinderbetreuung freigestellt sind, sind neben dem für sie eingestellten Vertreter nicht zusätzlich zu berücksichtigen; wer sich für die **Altersteilzeit** in Form des Blockmodells – § 2 II Nr. 1 ATG – entschieden hat, ist ab Beginn der Freistellungsphase nicht zu berücksichtigen, wenn er danach nicht mit in den Betrieb zurückkehrt (*Fitting* Rn. 4 c).

II. Betriebsrat

Der nur aus einem Betriebsratsmitglied bestehende Betriebsrat hat grundsätzlich die gleichen Rechte 3 und Pflichten wie ein mehrköpfiger Betriebsrat (DKK/*Schneider* Rn. 15; *Fitting* Rn. 6). Unterschiede können sich bei speziellen Mitbestimmungsrechten ergeben, die erst ab einer Belegschaftsgröße von 20 greifen. Überschreitet während der Amtszeit des einköpfigen Betriebsrats der Beschäftigtenstand diese Grenze, wachsen ihm die entsprechenden Rechte zu (DKK/*Schneider* Rn. 16; *Richardi* Rn. 23; *Fitting* Rn. 6; GK-BetrVG/*Kreutz* Rn. 17). Beim mehrköpfigen Betriebsrat ist in der dritten Stufe der Staffel zu beachten, daß die Grenze von 51 *wahlberechtigten* Arbeitnehmern überschritten sein muß. Beschäftigt ein Betrieb regelmäßig 60 Arbeitnehmer, von denen nur 50 wahlberechtigt sind, fällt dieser Betrieb in die zweite Stufe, die eine Betriebsratsgröße von drei Mitgliedern vorschreibt. Ab 151 Beschäftigten kommt es auf ihre Wahlberechtigung nicht mehr an. Eine Obergrenze für die Anzahl der Betriebsratsmitglieder in Großbetrieben ist nicht festgelegt. Hier verschlechtert sich die Relation zwischen der Anzahl der zu vertretenden Beschäftigten zur Größe des Betriebsrates zunehmend. § 3 I Nr. 1 eröffnet für solche Fälle die Möglichkeit durch Tarifvertrag zusätzliche Arbeitnehmer-Vertretungen zu errichten (s. § 3 Rn. 2).

III. Fehler

Weicht die Anzahl der Betriebsratsmitglieder von der gesetzlich vorgeschriebenen Größe des Be- 4 triebsrates ab, ist dies **anfechtbar** (BAG 12. 10. 1976 AP BetrVG 1972 § 8 Nr. 1; BAG 29. 5. 1991 AP BetrVG 1972 § 9 Nr. 2) soweit der BR seinen Beurteilungsspielraum überschritten hat (DKK/*Schneider* Rn. 17). Geht der Wahlvorstand von einer zu großen Zahl zu wählender Betriebsratsmitglieder (BAG 12. 10. 1976 AP BetrVG § 8 Nr. 1) oder einer unzutreffenden Zahl von Gruppenmitgliedern (BAG 29. 6. 1991 AP BetrVG 1972 § 9 Nr. 2) aus, so kann das Wahlergebnis nicht korrigiert, sondern nur die Betriebsratswahl im ganzen angefochten und wiederholt werden. Im Fall von **Mehrheitswahl** kann das ArbG nicht korrigieren, da es beurteilen müßte, wie die Wähler unter Zugrundelegung der richtigen Größe gewählt hätten (DKK/*Schneider* Rn. 17; *Fitting* Rn. 12). Auch bei **Verhältniswahl** kann nicht ausgeschlossen werden, daß die Festlegung einer unzutreffenden Zahl von Betriebsratsmitgliedern unmittelbar Einfluß auf das Wählerverhalten hat. Eine gerichtliche Korrektur ist unzulässig (BAG 12. 10. 1976 AP BetrVG § 8 Nr. 1; BAG 12. 10. 1976 AP BetrVG 1972 § 19 Nr. 5; HSG/*Schlochauer* Rn. 4; DKK/*Schneider* Rn. 17; aA *Richardi* Rn. 18; *Fitting* Rn. 13; GK-BetrVG/*Kreutz* Rn. 25). Die Entscheidung eines Wählers für eine Liste kann gerade auch von der Plazierung bestimmter Kandidaten auf der Liste und deren Erfolgschancen auf einen Platz im Betriebsrat abhängen. Auch ein indirekter Einfluß über die Aufstellung von Vorschlagslisten ist möglich (DKK/*Schneider* Rn. 18). Werden irrtümlich zuviel Betriebsratsmitglieder festgelegt und die Wahl nicht angefochten, so bleibt es für die Dauer der Amtszeit bei der höheren Mitgliederzahl (BAG 14. 1. 1972 AP BetrVG § 20 Jugendvertreter Nr. 2). Entsprechendes gilt, wenn zuwenig Betriebsratsmitglieder festgelegt werden.

IV. Streitigkeiten

5   Über die von dem Wahlvorstand festzulegende Größe des Betriebsrats wird nach § 2 a, 80 ff. ArbGG im arbeitsgerichtlichen Beschlußverfahren entschieden. Dies gilt auch für eine auf fehlerhafte Festsetzung gestützte Anfechtung der Betriebsratswahl. Eine Wahl, bei der eine unrichtigen Zahl von Betriebsratsmitgliedern zugrundegelegt wurde, ist in keinem Fall als nichtig anzusehen (BAG 15. 12. 1972 AP ArbGG 1953 § 80 Nr. 5; BAG 29. 5. 1991 AP BetrVG 1972 § 9 Nr. 2). Ein vor Durchführung der Betriebsratswahl mit einem Feststellungsantrag eingeleitetes Beschlußverfahren kann nach Durchführung der Wahl nicht ohne weiteres in ein Verfahren auf Anfechtung der Betriebsratswahl umgedeutet werden (BAG 15. 12. 1972 AP ArbGG § 80 Nr. 5). Nach Ablauf der Anfechtungsfrist kann die zahlenmäßig fehlerhafte Betriebsratsgröße auch nicht mehr als Vorfrage in einem anderen gerichtlichen Verfahren entschieden werden (DKK/*Schneider* Rn. 18; *Fitting* Rn. 14). Eine einstweilige Verfügung mit dem Ziel das Wahlausschreiben hinsichtlich der Zahl der zu wählenden Betriebsratsmitglieder zu korrigieren oder den Wahlvorstand zu verpflichten ein neues Wahlausschreiben zu erlassen ist nicht zulässig (Hessisches LAG 21. 3. 1990 DB 91, 239).

§ 10 Vertretung der Minderheitsgruppen

(1) **Arbeiter und Angestellte müssen entsprechend ihrem zahlenmäßigen Verhältnis im Betriebsrat vertreten sein, wenn dieser aus mindestens drei Mitgliedern besteht.**

(2) **Die Minderheitsgruppe erhält mindestens bei**
       bis zu   50 Gruppenangehörigen 1 Vertreter,
      51 bis   200 Gruppenangehörigen 2 Vertreter,
     201 bis   600 Gruppenangehörigen 3 Vertreter,
     601 bis   1 000 Gruppenangehörigen 4 Vertreter,
    1001 bis   3 000 Gruppenangehörigen 5 Vertreter,
    3001 bis   5 000 Gruppenangehörigen 6 Vertreter,
    5001 bis   9 000 Gruppenangehörigen 7 Vertreter,
    9001 bis   15 000 Gruppenangehörigen 8 Vertreter,
       über   15 000 Gruppenangehörigen 9 Vertreter.

(3) **Eine Minderheitsgruppe erhält keine Vertretung, wenn ihr nicht mehr als fünf Arbeitnehmer angehören und diese nicht mehr als ein Zwanzigstel der Arbeitnehmer des Betriebs darstellen.**

I. Verteilung

1   Die Vorschrift sichert eine angemessene Repräsentanz der Gruppen von Arbeitern und Angestellten innerhalb des Betriebsrats unabhängig davon, ob sie in Gruppen- oder in gemeinsamer Wahl gewählt wurden. Sie gilt nicht für die Zusammensetzung des Gesamtbetriebsrats und des Konzernbetriebsrat, für die Sonderregelungen in § 47 II und § 55 geschaffen wurden. Bei der Jugendauszubildendenvertretung und der Gesamtjugendauszubildendenvertretung gibt es keinen Gruppenschutz. Eine von der Vorschrift abweichende Verteilung durch Betriebsvereinbarung oder Tarifvertrag ist nicht zulässig (*Richardi* Rn. 20; *Fitting* Rn. 3; GK-BetrVG/*Kreutz* Rn. 4). Die Gruppen können jedoch nach § 12 I getrennt voneinander eine anderweitige Sitzverteilung beschließen. Ausnahmsweise kommt es zu Abweichungen von der gesetzlich vorgeschriebenen Sitzverteilung, wenn sich eine Gruppe an der Wahl nicht beteiligt, nicht genügend wählbare Arbeitnehmer hat oder sich nicht genügend Wahlbewerber aus einer Gruppe zur Verfügung stellen. Die nach § 9 festgestellte Größe des Betriebsrats bleibt in diesen Fällen unberührt. Die von einer Gruppe nicht eingenommenen Sitze des Betriebsrats werden von den Arbeitnehmern der anderen Gruppe besetzt (BAG 20. 10. 1954 AP BetrVG § 25 Nr. 1; DKK/*Schneider* Rn. 3; *Richardi* Rn. 22).

2   Die **Verteilung** der Sitze wird nach dem d'Hondtschen Höchstzahlensystem vorgenommen (GK-BetrVG/*Kreutz* Rn. 11; *Richardi* Rn. 13). Der Wahlvorstand hat nach § 5 I, II WO die Zahlen der im Betrieb beschäftigten Arbeiter und Angestellten nebeneinander zu stellen und jeweils durch 1, 2, 3, 4 usw. zu teilen. Jede Gruppe erhält soviel Sitze, wie Höchstzahlen auf sie entfallen. Fällt die niedrigste noch zu berücksichtigende Höchstzahl auf beide Gruppen, entscheidet nach § 5 II 3 WO das Los. Das gleiche gilt nach § 5 IV WO bei gleicher Gruppenstärke. Bei der Feststellung der zahlenmäßigen Verhältnisse zwischen Arbeitern und Angestellten sind alle Arbeitnehmer nach § 5 mit Ausnahme der

leitenden Angestellten heranzuziehen. Hierzu gehören auch die jugendlichen Arbeitnehmer, da es nicht auf die Wahlberechtigung, sondern allein auf die Gruppenzugehörigkeit ankommt (DKK/*Schneider* Rn. 2; *Richardi* Rn. 4; *Fitting* Rn. 5; GK-BetrVG/*Kreutz* Rn. 10). Heimarbeiter werden entsprechend ihrer Zuordnung berücksichtigt, soweit sie in der Hauptsache für den Betrieb arbeiten (DKK/*Schneider* Rn. 2). **Maßgeblicher Zeitpunkt** für die erforderlichen Feststellungen ist nach § 5 I 2 WO der Tag des Erlasses des Wahlausschreibens. Danach eintretende Veränderungen in der Zusammensetzung der Arbeitnehmerschaft bleiben grundsätzlich unberücksichtigt. Es kommt nicht darauf an, wie die Belegschaft „in der Regel" zusammengesetzt ist (*Richardi* Rn. 6; *Fitting* Rn. 5; GK-BetrVG/*Kreutz* Rn. 9; aA BAG 29. 5. 1991 AP BPersVG § 17 Nr. 1). Die Vorschrift enthält keinen Ansatzpunkt für eine gegen den Wortlaut der WO vorgenommene Festsetzung. Absehbare drastische Veränderungen des Verhältnisses der Gruppen sind jedoch ausnahmsweise zu berücksichtigen. Sonst würde die von Abs. 1 gebotene verhältnismäßige Verteilung unterlaufen (BAG 29. 5. 1991 AP BPersVG § 17 Nr. 1). **Abs. 2** garantiert der Minderheitsgruppe als **Mindestvertretung** eine bestimmte Anzahl an Gruppenvertretern im Betriebsrat (*Richardi* Rn. 8). Ergibt die Berechnung im Höchstzahlensystem nach Abs. 1 für die Minderheit keinen Sitz oder weniger Sitze, als in der Staffel nach Abs. 2 vorgeschrieben ist, muß die Mehrheitsgruppe die benötigten Sitze an die Minderheitsgruppe abgeben (*Fitting* Rn. 10).

II. Gruppen ohne Vertretung

Die beiden Voraussetzungen des **Abs. 3** müssen kumulativ vorliegen (*Fitting* Rn. 11; *Richardi* Rn. 9). Daher steht einer aus sechs oder mehr Personen bestehenden Minderheitsgruppe in jeden Fall eine Vertretung zu. Das Verhältnis zur Gesamtbelegschaftsstärke ist dann ohne Bedeutung. Eine praktische Beschränkung ergibt sich aus § 14 VI 1 Halbsatz 2. Damit wird klargestellt, daß neben den sich aus § 10 ergebenden Voraussetzungen eine Minderheitsgruppe nur eine Vertretung beanspruchen kann, wenn sie zumindest zwei wahlberechtigte Gruppenangehörige hat (DKK/*Schneider* Rn. 11; *Fitting* Rn. 12; GK-BetrVG/*Kreutz* Rn. 20). Erhält die Minderheitsgruppe keine Vertretung, bleibt dies ohne Auswirkung auf ihr aktives und passives Wahlrecht, da die Wahl automatisch als **gemeinsame Wahl** durchzuführen ist und sie als gruppenfremde Vertreter der Mehrheitsgruppe nach § 12 II gewählt werden können (*Richardi* Rn. 12; *Fitting* Rn. 14; GK-BetrVG/*Kreutz* Rn. 21). Lediglich die Stellung als Vertreter der Minderheitsgruppe entfällt nach § 12 II 2. Hätte eine Gruppe zwar Anspruch auf eine bestimmte Anzahl von Sitzen, ist sie aber nicht bereit sich an der Wahl zu beteiligen, wird der Betriebsrat in der ungeschmälerten Größe nach § 9 nur mit Vertretern der Mehrheitsgruppe besetzt, ohne daß bei deren Wahl die Arbeitnehmer der Minderheitsgruppe mitwirken (DKK/*Schneider* Rn. 12; *Richardi* Rn. 22; *Fitting* Rn. 15; GK-BetrVG/*Kreutz* Rn. 24).

III. Streitigkeiten

Verstöße gegen die Grundsätze der Verteilung der Sitze des Betriebsrats auf die Gruppen machen die Wahl nach § 19 anfechtbar (*Fitting* Rn. 26; GK-BetrVG/*Kreutz* Rn. 26). Hat eine Gruppe zuviel Sitze erhalten, kann das ArbG das Wahlergebnis nicht in der Weise korrigieren, daß von der Gruppe, die zuviel Sitze erhalten hat, der Bewerber mit dem geringsten Stimmenanteil ausscheidet und von der anderen Gruppe der Bewerber mit der nächsthöheren Stimmenzahl nachrückt; die Betriebsratswahl muß insgesamt wiederholt werden (LAG Hamm 14. 5. 1976 DB 1976, 2020 s. § 9 Rn. 4). Eine Teilanfechtung der Wahl einer Gruppe, die eine Korrektur der Zahl der auf die Gruppe entfallenden Sitze anstrebt, ist unzulässig (LAG Hamm 14. 5. 1976 DB 1976, 2020). Über die vom Wahlvorstand vorgenommene Verteilung der Sitze ist im arbeitsgerichtlichen Beschlußverfahren nach §§ 2 a, 80 ff. ArbGG zu entscheiden.

§ 11 Ermäßigte Zahl der Betriebsratsmitglieder

Hat ein Betrieb nicht die ausreichende Zahl von wählbaren Arbeitnehmern, so ist die Zahl der Betriebsratsmitglieder der nächstniedrigeren Betriebsgröße zugrunde zu legen.

I. Voraussetzungen

Die praktische Bedeutung der Vorschrift ist gering. Auf Betriebe mit bis zu 50 wahlberechtigten Arbeitnehmern ist sie nicht anwendbar, weil nach § 1 drei wählbare Arbeitnehmer Mindestvoraussetzung für die Betriebsratsfähigkeit sind (*Fitting* Rn. 4; GK-BetrVG/*Kreutz* Rn. 2). Sie gilt nicht für den Gesamtbetriebsrat, den Konzernbetriebsrat, die Jugendauszubildendenvertretung und die Gesamtjugendauszubildendenvertretung (GK-BetrVG/*Kreutz* Rn. 3; *Fitting* Rn. 1). Nicht ausreichend ist die Zahl, wenn nicht genügend wählbare Arbeitnehmer vorhanden sind, um die nach § 9 vorgesehene Größe des Betriebsrats zu besetzen. Sind ebensoviel wählbare Arbeitnehmer vorhanden wie nach § 9 Betriebsratsmandate zu verteilen sind, ist dies trotz der Sollvorschrift des § 6 III WO ausreichend.

Sind nicht genügend wählbare Arbeitnehmer vorhanden, ist innerhalb der Staffel auf die nächstniedrigere Betriebsgröße zurückzugehen. Auch wenn mehr wählbare Arbeitnehmer vorhanden sind als diese nächstniedrigere Staffel vorsieht, ist eine Einstufung außerhalb der Staffel nicht möglich (DKK/ *Schneider* Rn. 2; *Richardi* Rn. 3; *Fitting* Rn. 5). Sind immer noch zu wenig wählbare Arbeitnehmer vorhanden, ist solange auf eine nächstniedrigere Staffel zurückzugehen bis die entsprechende Zahl von Betriebsratssitzen voll besetzt werden kann (*Fitting* Rn. 5; GK-BetrVG/*Kreutz* Rn. 8). Die neu festgelegte Größe des Betriebsrats ist verbindlich und gilt bis zur nächsten Wahl als gesetzliche Zahl der Betriebsratsmitglieder. Eine Nachwahl ist während dieser Amtsperiode auch dann nicht zulässig, wenn die Anzahl der wählbaren Arbeitnehmer auf die in der Staffel des § 9 vorgesehene Größe ansteigt (DKK/*Schneider* Rn. 3; *Richardi* Rn. 5; *Fitting* Rn. 6; GK-BetrVG/*Kreutz* Rn. 9). Eine Neuwahl kann aber unter den Voraussetzungen des § 13 II Nr. 1 erforderlich werden.

II. Entsprechende Anwendung

2   Von ihrem Wortlaut her ist die Vorschrift nur anzuwenden, wenn nicht genügend Arbeitnehmer vorhanden sind, welche die Voraussetzungen der Wählbarkeit erfüllen. Sie ist daneben entsprechend anzuwenden, wenn nach der Wahl nicht genügend Gewählte die Wahl annehmen, wenn trotz ordnungsgemäßen Wahlausschreibens die Wahlvorschläge nicht genügend Bewerber ausweisen oder bei Mehrheitswahl nicht genügend Bewerber eine Stimme erhalten (DKK/*Schneider* Rn. 4; *Richardi* Rn. 6 ff.; *Fitting* Rn. 7; aA GK-BetrVG/*Kreutz* Rn. 11). Nur so läßt sich ohne Neuwahl sicherstellen, daß der Betriebsrat stets eine ungerade Zahl von Mitgliedern hat. In der Staffel des § 9 ist auch in diesen Fällen solange zurückzugehen, bis alle Sitze der entsprechenden Betriebsratsgröße ausgefüllt werden können. § 11 ist nicht entsprechend anwendbar, wenn eine Gruppe die ihr nach § 10 zugewiesene Mandate nicht vollständig besetzen kann (*Fitting* Rn. 7 a; GK-BetrVG/*Kreutz* Rn. 12). Die von ihr nicht in Anspruch genommenen Sitze sind der anderen Gruppe zuzuteilen. Es ändert sich nicht die Größe des Betriebsrates, sondern die der Gruppenvertretung.

III. Streitigkeiten

3   Über die vom Wahlvorstand festzulegende Größe des Betriebsrats nach § 9 iVm. § 11 entscheidet das ArbG nach §§ 2 a, 80 ff. ArbGG im arbeitsgerichtlichen Beschlußverfahren. Wird die Größe des Betriebsrats nach § 9, § 11 falsch festgelegt, ist die Wahl nach § 19 anfechtbar. Eine Korrektur des Wahlergebnisses durch das Arbeitsgericht kommt nicht in Betracht (s. § 9 Rn. 4).

§ 12 Abweichende Verteilung der Betriebsratssitze

(1) **Die Verteilung der Mitglieder des Betriebsrats auf die Gruppen kann abweichend von § 10 geregelt werden, wenn beide Gruppen dies vor der Wahl in getrennten und geheimen Abstimmungen beschließen.**

(2) [1] **Jede Gruppe kann auch Angehörige der anderen Gruppe wählen.** [2] **In diesem Fall gelten die Gewählten insoweit als Angehörige derjenigen Gruppe, die sie gewählt hat.** [3] **Dies gilt auch für Ersatzmitglieder.**

I. Vorbemerkung

1   Die Vorschrift eröffnet die Möglichkeit, vom Grundsatz der verhältnismäßigen Verteilung der Gruppen nach § 10 I abzuweichen. Sie gilt nicht für den Gesamtbetriebsrat (vgl. § 47), den Konzernbetriebsrat (vgl. § 55), die Jugend- und Auszubildendenvertretung (vgl. § 63) und die Gesamt-Jugend- und Auszubildendenvertretung (vgl. § 72). Die sich aus den §§ 9 und 11 ergebende Größe des Betriebsrats bleibt von der Neuverteilung unberührt.

II. Abweichende Verteilung

2   Mit der abweichenden Verteilung der Gruppen nach **Abs. 1** kann auch die Mindestgrenzen des § 10 II unterschritten werden, solange nur ein Sitz für die Minderheitengruppe erhalten bleibt. Es geht um die Verteilung der Sitze, nicht um den Ausschluß einer Gruppe (*Richardi* Rn. 6; *Fitting* Rn. 3; GK-BetrVG/*Kreutz* Rn. 9). Deshalb lassen sich auch die Voraussetzungen des § 10 III nicht verschärfen (*Fitting* Rn. 3; GK-BetrVG/*Kreutz* Rn. 10). Ein **völliger Ausschluß einer Gruppe** ist nur unter den Voraussetzungen des § 10 III oder bei Wahlmüdigkeit zulässig (*Richardi* Rn. 6; *Fitting* Rn. 3; HSG/ *Schlochauer* Rn. 4). Nicht ausreichend ist ein Vorschlag, der lediglich eine Abweichung von § 10 beantragt. Der Antrag muß auf **positive Neuregelung** abzielen. Erforderlich ist ein abstimmungsreifer Vorschlag wie die von § 10 abweichende Verteilung auszusehen hat. Werden unterschiedliche Anträge zur Abstimmung gestellt, ist zunächst über den weitestgehenden Vorschlag abzustimmen (DKK/ *Schneider* Rn. 4).

Jeder am betrieblichen Geschehen Beteiligte kann eine Abstimmung nach § 12 I formlos anregen (GK-BetrVG/*Kreutz* Rn. 14). Von der bloßen **Anregung** ist das weitergehende **Initiativrecht** zur Einleitung und Durchführung der Abstimmungen zu unterscheiden (GK-BetrVG/*Kreutz* Rn. 14, 15). Dies ist erst einmnal Sache des Wahlvorstandes. Das Recht, eine konkrete andere Verteilung zur Abstimmung zu stellen und die Abstimmung zu organisieren oder beim Wahlvorstand zu beantragen, steht daneben den einzelnen Arbeitnehmer oder Gruppen von Arbeitnehmern zu (DKK/*Schneider* Rn. 5, 7; *Richardi* Rn. 9; *Fitting* Rn. 5; GK-BetrVG/*Kreutz* Rn. 15, 16). Auch die im Betrieb vertretenen Gewerkschaften dürfen initiativ werden (DKK/*Schneider* Rn. 5; *Fitting* Rn. 4; *Richardi* Rn. 9; aA GK-BetrVG/*Kreutz* Rn. 15; HSG/*Schlochauer* Rn. 14). Das Gesetz enthält insoweit keine Einschränkung. Der Arbeitgeber kann eine entsprechende Initiative nicht ergreifen (DKK/*Schneider* Rn. 5; *Fitting* Rn. 4; GK-BetrVG/*Kreutz* Rn. 15; HSG/*Schlochauer* Rn. 14; aA *Richardi* Rn. 10). Nach der Konzeption des Gesetzes soll er keinen Einfluß auf die Betriebsratswahl haben. Der Wahlvorstand muß auf eine formlose Anregung nicht reagieren. Auf einen im Rahmen des Initiativrechts gestellten entsprechenden Antrag hin ist er verpflichtet, die Abstimmung nach I durchzuführen (DKK/*Schneider* Rn. 7; GK-BetrVG/*Kreutz* Rn. 17; aA *Fitting* Rn. 5). Sie ist Teil des vom Wahlvorstands zu organisierenden Wahlverfahrens.

Der **Zeitpunkt** für die Abstimmung sollte vor Erlaß des Wahlausschreibens liegen, da nach § 3 II Nr. 4 WO im Wahlausschreiben die Aufteilung der Sitze auf die Gruppen ausgewiesen sein muß. Die WO sieht – anders als für die Abstimmung nach § 14 II – keine mit § 6 II WO vergleichbare Vorschrift vor, die eine nachholende Abstimmung zuläßt. Dennoch ist auch nach Erlaß des Wahlausschreibens eine Abstimmung bis zum Ablauf der Frist für das Einreichen der Wahlvorschläge möglich (DKK/*Schneider* Rn. 1; *Richardi* Rn. 14; GK-BetrVG/*Kreutz* Rn. 25; aA *Fitting* Rn. 6). Wenn Abs. 1 verlangt, daß die Abstimmung vor der Wahl durchzuführen ist, soll lediglich verdeutlicht werden, daß eine abweichende Regelung nach feststehenden Wahlergebnis nicht mehr möglich ist. Die Verteilung nach § 10 ist nach § 5 I 1 WO zum Zeitpunkt des Erlasses des Wahlausschreibens vom Wahlvorstand zu berechnen. Damit steht erst zu diesem Zeitpunkt die genaue Aufteilung fest, die deshalb nicht selten erst jetzt Anlaß für eine Initiative zur abweichende Verteilung gibt. Werden die Abstimmungen erst nach Erlaß des Wahlausschreibens durchgeführt, muß es nicht neu erlassen und die Wahl nicht neu eingeleitet werden (GK-BetrVG/*Kreutz* Rn. 25; aA DKK/*Schneider* Rn. 1; *Richardi* Rn. 14). Es reicht aus, wenn der Wahlvorstand entsprechend § 6 II WO eine Nachfrist für das Einreichen neuer Wahlvorschläge setzt und dies sowie die neue Sitzverteilung in gleicher Weise bekannt gibt wie das Wahlausschreiben. Die getrennten Abstimmungen müssen nicht gleichzeitig erfolgen.

Geheime Abstimmung erfordert die Verwendung von Stimmzetteln, die in Umschlägen abzugeben sind. Eine Briefwahl ist möglich (DKK/*Schneider* Rn. 9; *Fitting* Rn. 6). Die nötigen organisatorischen Maßnahmen, um die getrennte und geheime Wahl zu ermöglichen, sind vom Wahlvorstand oder denjenigen zu treffen, die initiativ geworden sind. **Abstimmungsberechtigt** sind alle Gruppenangehörigen, die am Abstimmungstag dem Betrieb angehören. Nicht erforderlich ist die Wahlberechtigung, so daß auch jugendliche Arbeitnehmer abstimmen dürfen (DKK/*Schneider* Rn. 10; *Richardi* Rn. 17; *Fitting* Rn. 9; GK-BetrVG/*Kreutz* Rn. 21). Im Gesetz fehlt eine Festlegung des **Mehrheitsprinzips** für die Abstimmung in den Gruppen. Es kommt dabei weder auf die Mehrheit der Abstimmenden (so DKK/*Schneider* Rn. 11), noch auf eine absolute Mehrheit (HSG/*Schlochauer* Rn. 10) an. Entscheidend ist, daß sich die Mehrheit der stimmberechtigten Angehörigen in beiden Gruppen an der Abstimmung beteiligen. Dann entscheidet die Mehrheit der abgegebenen Stimmen (*Fitting* Rn. 10; GK-BetrVG/*Kreutz* Rn. 24; *Richardi* Rn. 21). So wird verhindert, daß Minderheiten die Mehrheit majorisieren. Der Minderheitenschutz oder das Demokratieprinzip erfordern nichts anderes. Die Beschlüsse beider Gruppen müssen inhaltlich übereinstimmen, andernfalls ist eine anderweitige Sitzverteilung nicht beschlossen (*Richardi* Rn. 19; *Fitting* Rn. 11). Der Beschluß hat **keine Dauerwirkung**; er gilt nur für die bevorstehende Betriebsratswahl (DKK/*Schneider* Rn. 6; *Richardi* Rn. 22; *Fitting* Rn. 12; GK-BetrVG/*Kreutz* Rn. 27). Die **Kosten** der während der Arbeitszeit durchzuführenden Abstimmung trägt nach § 20 III 1 der Arbeitgeber, da sie Teil der Betriebsratswahl ist (DKK/*Schneider* Rn. 13; *Richardi* Rn. 23; *Fitting* Rn. 8). Die Teilnahme an der Abstimmung darf nach § 20 III 2 nicht zu einer Minderung des Arbeitsentgelts führen (DKK/*Schneider* Rn. 13; *Fitting* Rn. 8).

III. Wahl Gruppenfremder

Nach **Abs 2** können Angehöriger der einen Gruppe für die andere kandidieren unabhängig davon, ob genügend wählbare Arbeitnehmer der anderen Gruppe vorhanden sind oder nicht (DKK/*Schneider* Rn. 14; *Fitting* Rn. 13). Das Gesetz beschränkt dieses Möglichkeit auf die **Gruppenwahl**, wie schon der Wortlaut von Abs. 2 S. 1 deutlich macht (BAG 20. 10. 1954 AP BetrVG § 76 Nr. 1; *Richardi* Rn. 26; GK-BetrVG/*Kreutz* Rn. 31 HSG/*Schlochauer* Rn. 18; aA DKK/*Schneider* Rn. 16; *Fitting* Rn. 14) Wendet man Abs. 2 auch auf die Gemeinschaftswahl an, kann es dazu kommen, daß die Vertreter einer Gruppe nicht im Betriebsrat vertreten sind. Dies widerspricht dem Minderheitenschutz in § 10 und der Regelung des Abs. 1, wonach die abweichende Verteilung der Gruppensitze nicht zum Ausschluß einer Gruppe führen darf. Die gruppenfremde Kandidatur/Wahl hat auf den **arbeitsrecht-**

lichen Status keinen Einfluß (*Richardi* Rn. 30). Das gruppenfremd gewählte Betriebsratsmitglied bleibt während seiner Amtszeit **betriebsverfassungsrechtlich** Angehöriger der anderen Gruppe, für die er kandidiert hat, soweit das Gesetz an dieser Eigenschaft anknüpft, zB bei der Wahl des Betriebsrats-Vorsitzenden nach § 26 II oder bei der Wahl der Ausschüsse nach § 27 II (DKK/*Schneider* Rn. 18; *Richardi* Rn. 28; *Fitting* Rn. 16; GK-BetrVG/*Kreutz* Rn. 32). Ein Wechsel der Gruppenzugehörigkeit während der Amtszeit hat nach § 24 II keinen Einfluß auf die gruppenmäßige Zuordnung.

IV. Streitigkeiten

7   Verstöße gegen die Bestimmung können zur Wahlanfechtung nach § 19 führen. Streitigkeiten über eine Abstimmung nach Abs. 1 können auch selbständig im arbeitsgerichtlichen Beschlußverfahren nach §§ 2 a, 80 ff. ArbGG ausgetragen werden.

§ 13 Zeitpunkt der Betriebsratswahlen

(1) ¹ Die regelmäßigen Betriebsratswahlen finden alle vier Jahre in der Zeit vom 1. März bis 31. Mai statt. ² Sie sind zeitgleich mit den regelmäßigen Wahlen nach § 5 Abs. 1 des Sprecherausschußgesetzes einzuleiten.

(2) Außerhalb dieser Zeit ist der Betriebsrat zu wählen, wenn
1. mit Ablauf von 24 Monaten, vom Tage der Wahl an gerechnet, die Zahl der regelmäßig beschäftigten Arbeitnehmer um die Hälfte, mindestens aber um fünfzig, gestiegen oder gesunken ist,
2. die Gesamtzahl der Betriebsratsmitglieder nach Eintreten sämtlicher Ersatzmitglieder unter die vorgeschriebene Zahl der Betriebsratsmitglieder gesunken ist,
3. der Betriebsrat mit der Mehrheit seiner Mitglieder seinen Rücktritt beschlossen hat,
4. die Betriebsratswahl mit Erfolg angefochten worden ist,
5. der Betriebsrat durch eine gerichtliche Entscheidung aufgelöst ist oder
6. im Betrieb ein Betriebsrat nicht besteht.

(3) ¹ Hat außerhalb des für die regelmäßigen Betriebsratswahlen festgelegten Zeitraums eine Betriebsratswahl stattgefunden, so ist der Betriebsrat in dem auf die Wahl folgenden nächsten Zeitraum der regelmäßigen Betriebsratswahlen neu zu wählen. ² Hat die Amtszeit des Betriebsrats zu Beginn des für die regelmäßigen Betriebsratswahlen festgelegten Zeitraums noch nicht ein Jahr betragen, so ist der Betriebsrat in dem übernächsten Zeitraum der regelmäßigen Betriebsratswahlen neu zu wählen.

I. Regelmäßige Betriebsratswahlen

1   Die Vorschrift bestimmt in **Abs. 1** zwingend den Wahlrythmus und den Wahlzeitraum. Der konkrete Zeitpunkt des Amtsbeginns des neuen Betriebsrats und des Amtsendes des vorgehenden Betriebsrats wird in § 21 festgelegt. Die regelmäßigen Wahlen finden seit 1990 im vierjährigen Rhythmus statt. Der Wahltag, dh. der Tag der Stimmabgabe muß innerhalb des durch Abs. 1 vorgegebenen Zeitraums liegen. Bei mehreren Wahltagen darf nach dem eindeutigen Wortlaut der Vorschrift der erste Tag der Stimmabgabe nicht vor dem 1. März, der letzte nicht nach dem 31. Mai liegen (DKK/*Schneider* Rn. 5; GK-BetrVG/*Kreutz* Rn. 13; aA *Richardi* Rn. 6; *Fitting* Rn. 6; jeweils der letzte Tag der Wahl). Hat die Stimmabgabe nicht bis zum 31. Mai stattgefunden, kann die Wahl nach Abs. 2 Nr. 6 jederzeit nachgeholt werden, weil der Betrieb jetzt nach § 21 ohne Betriebsrat ist. Um eine betriebsratslose Zeit zu vermeiden, sollte die Wahl frühzeitig eingeleitet werden. Die Wahlvorbereitungen können schon vor dem 1. März beginnen, wie § 16 I 1 zeigt. Dies ist insbesondere dann sinnvoll, wenn Vorabstimmungen nach § 12 I über eine anderweitige Verteilung der Sitze des Betriebsrats auf die Gruppen oder nach § 14 II über eine gemeinsame Wahl durchzuführen sind. Auch das Zuordnungsverfahren nach § 18 a kann sich langwierig gestalten. Die Amtszeit des bestehenden Betriebsrates wird durch eine frühe Wahl nicht verkürzt, wie § 21 S. 2 zeigt. Eine außerhalb des regelmäßigen Wahlzeitraums durchgeführte Betriebsratswahl ist abgesehen von den Fällen des Abs. 2 nichtig (vgl. BAG 11. 4. 1978 AP BetrVG 1972 § 19 Nr. 8; DKK/*Schneider* Rn. 6; *Richardi* Rn. 7; *Fitting* Rn. 20; GK-BetrVG/*Kreutz* Rn. 14). Deshalb ist die **„Abwahl"** eines ordnungsgemäß gewählten Betriebsrats durch Neuwahl eines Betriebsrats („konstruktives Mißtrauensvotum") nicht zulässig (*Fitting* Rn. 20; GK-BetrVG/*Kreutz* Rn. 33).

II. Zeitgleiche Einleitung der Wahlen

2   Die Verpflichtung aus **Abs. 1 S. 2** bezieht sich nur auf die regelmäßigen Wahlen (*Fitting* Rn. 10; GK-BetrVG/*Kreutz* Rn. 20; *Richardi* Rn. 10). Die Wahlausschreiben für die Betriebsratswahl und die Wahl des Sprecherausschusses müssen zeitgleich erlassen werden. Das weitere Wahlverfahren kann unabhängig voneinander betrieben werden, insbesondere brauchen die Wahltage nicht aufeinander

III. Wahlen außerhalb des Wahlzeitraums § 13 BetrVG 210

abgestimmt zu sein (*Fitting* Rn. 13; GK-BetrVG/*Kreutz* Rn. 21). Die Einhaltung der Vorschrift kann – gegebenenfalls im Wege der einstweiligen Verfügung – jedenfalls insoweit gesichert werden, daß ein Arbeitsgericht den Tag für den Erlaß der Wahlausschreiben festlegt (*Fitting* Rn. 15; aA GK-BetrVG/*Kreutz* Rn. 24). Der Verstoß gegen die Vorschrift bleibt ohne Sanktion. Er kann eine Anfechtung der Wahl nicht rechtfertigen. Die Bestimmung stellt zwar eine wesentliche Wahlvorschrift dar. Es ist aber nicht ersichtlich, wie die asynchrone Einleitung der Wahlen Einfluß auf das Wahlergebnis haben könnte (*Fitting* Rn. 17; GK-BetrVG/*Kreutz* Rn. 25; *Richardi* Rn. 12). Da den Betriebsrat auch die Pflicht trifft, die Wahl so rechtzeitig einzuleiten, daß eine betriebsratslose Zeit nicht entsteht, kann es zu einer Kollision mit der Verpflichtung zur zeitgleichen Einleitung der Wahl kommen, wenn der Wahlvorstand für die Sprecherausschußwahl zu spät bestellt ist. Die Verpflichtung, die Wahlen zeitgleich einzuleiten, kann dann ins Leere laufen und entfällt. Der Bestand einer betriebsverfassungsrechtlichen Interessenvertretung ist höher zu bewerten, als die möglichst korrekte Abgrenzung durch das Verfahren nach § 18 a (GK-BetrVG/*Kreutz* Rn. 26; im Ergebnis auch *Fitting* Rn. 16).

III. Wahlen außerhalb des Wahlzeitraums

Abs. 2 statuiert trotz mißverständlichen Wortlauts keine Pflicht zur Betriebsratswahl. Die Bestimmung regelt nur, wann außerhalb des regelmäßigen Wahlzeitraums ein Betriebsrat gewählt werden kann (GK-BetrVG/*Kreutz* Rn. 29). Die Aufzählung ist abschließend (DKK/*Schneider* Rn. 6; GK-BetrVG-*Kreutz* Rn. 28). Die „außerordentlichen" Wahlen nach **Abs. 2** finden nach den allgemein geltenden Grundsätzen statt. In den Fällen der Ziffern 1 bis 3 muß der bisherige Betriebsrat den Wahlvorstand bestellen. In den Fällen der Ziffern 4 und 6 wird der Wahlvorstand nach § 17 bestellt. Im Fall der Ziffer 5 bestellt den Wahlvorstand nach § 23 II das Arbeitsgericht. 3

1. Wesentliche Veränderung der Belegschaftsstärke. Mit der Regelung in **Ziffer 1** sollen die Größe des Betriebsrats an die veränderte Belegschaftsgröße angepaßt und Zweifel an seiner Legitimation vermieden werden (DKK/*Schneider* Rn. 12; *Fitting* Rn. 21; GK-BetrVG/*Kreutz* Rn. 45). Der **Stichtag** für die Feststellung der Belegschaftsstärke dient der Rechtssicherheit. Frühere oder spätere vorübergehende Änderungen sind ohne Bedeutung (*Richardi* Rn. 19). Entscheidend ist der Wahltag, nicht die Amtszeit des Betriebsrates (*Richardi* Rn. 20). Falls sich die Wahl über mehrere Tage erstreckt, ist der letzte Tag der Stimmabgabe entscheidend. Nach § 186 ff. BGB läuft die 24-Monatsfrist mit dem Tag ab, der seiner Zahl nach dem Tag der Wahl entspricht, so daß der darauffolgende Tag maßgeblicher Stichtag ist (*Fitting* Rn. 24; GK-BetrVG/*Kreutz* Rn. 39) Der Stichtag ist ebenso zu berechnen, wenn der Betriebsrat außerhalb des regelmäßigen Wahlzeitraums gewählt wurde (*Fitting* Rn. 26). Dabei kann sich die Notwendigkeit der Neuwahl nach Ziffer 1 auch zweimal ergeben (DKK/*Schneider* Rn. 12; *Fitting* Rn. 31; GK-BetrVG/*Kreutz* Rn. 47). Abzustellen ist auf die Zahl der regelmäßig beschäftigten Arbeitnehmer (s. § 1 Rn. 14). Nur vorübergehend Beschäftigte sind ebensowenig zu berücksichtigen (*Fitting* Rn. 27; GK-BetrVG/*Kreutz* Rn. 41) wie die in § 5 II genannten Personen und die leitenden Angestellten nach § 5 III (*Fitting* Rn. 27; *Richardi* Rn. 23). Da es auf die Wahlberechtigung nicht ankommt, sind die noch nicht volljährigen Arbeitnehmer mitzuzählen (*Richardi* Rn. 21). Unbeachtlich ist, ob die Veränderung auch nach der Staffel des § 9 zu einer anderen Größe des Betriebsrats führt (DKK/*Schneider* Rn. 11; *Fitting* Rn. 30; GK-BetrVG/*Kreutz* Rn. 46). Es sind daher auch Neuwahlen durchzuführen, wenn die reduzierte Zahl der Betriebsratsmitglieder der neuen Belegschaftsstärke entspricht. Unerheblich ist endlich eine Veränderung in der Zusammensetzung der Belegschaft – zB eine Änderung im Verhältnis der Gruppen (*Fitting* Rn. 28; *Richardi* Rn. 22). Nach § 21 S. 5 bleibt der Betriebsrat bis zur Bekanntgabe des Wahlergebnisses des neuen Betriebsrats im Amt (vgl. § 21 Rn. 5). Das gleiche gilt für seine Ausschüsse und den Wirtschaftsausschuß (LAG Frankfurt BB 94, 717). Er hat unverzüglich einen Wahlvorstand zu bestellen. Unterläßt er dies, kann das Arbeitsgericht den Wahlvorstand analog § 16 II bestellen (GK-BetrVG/*Kreutz* Rn. 48). 4

2. Geringe Zahl der Betriebsratsmitglieder. Maßgeblich ist für **Ziffer 2** die Anzahl der nach §§ 9, 11 bei der Wahl festgestellten und nach § 3 II Nr. 4 WO im Wahlausschreiben ausgewiesenen Betriebsratsmitglieder, auch wenn sie herabgesetzt war (*Richardi* Rn. 28; *Fitting* Rn. 33). Entsprechendes gilt, wenn irrtümlich eine zu hohe oder zu geringe Anzahl von Betriebsratsmitgliedern gewählt und die Wahl nicht angefochten wurde (DKK/*Schneider* Rn. 14; GK-BetrVG/*Kreutz* Rn. 51). Der Betriebsrat muß auch neu gewählt werden, wenn die verringerte Anzahl von Betriebsratsmitgliedern wegen einer gleichzeitigen Verringerung der Belegschaftszahlen der Staffel des § 9 entspricht. (*Fitting* Rn. 33; GK-BetrVG/*Kreutz* Rn. 52; HSG/*Schlochauer* Rn. 18). Das Betriebsratsmitglied muß nach § 25 I 1 auf Dauer weggefallen sein. Zeitweilige Verhinderungen führen auch dann nicht zu Neuwahlen, wenn es kein Ersatzmitglied mehr gibt (HSG/*Schlochauer* Rn. 19; *Fitting* Rn. 33; GK-BetrVG/*Kreutz* Rn. 56). Scheidet in einem **einköpfigen** Betriebsrat das Betriebsratsmitglied oder das Ersatzmitglied dauerhaft aus, findet keine Neuwahl statt (LAG Hamm 22. 8. 1990 DB 90, 2531; *Fitting* Rn. 33; GK-BetrVG/*Kreutz* Rn. 59; *Richardi* Rn. 36; DKK/*Schneider* Rn. 16). In beiden Fällen sinkt nicht die Zahl der Betriebsratsmitglieder. Engpässen wegen häufiger Verhinderung kann man durch Rücktritt und Neuwahlen begegnen. Die Vorschrift verlangt das **Nachrücken** „sämtli- 5 cher" **Ersatzmitglieder.** Daher kommt nach § 25 II eine Neuwahl erst nach vollständiger Erschöpfung der Liste der Ersatzmitglieder – ungeachtet ihrer Listen- oder Gruppenzugehörigkeit – in Betracht (*Fitting* Rn. 34; GK-BetrVG/*Kreutz* Rn. 56; *Richardi* Rn. 31). Weder der Rücktritt aller Betriebsratsmitglieder und Ersatzmitglieder einer Liste, noch einer Gruppe führt zur Neuwahl, solange noch andere Listen- oder Gruppenvertreter den Betriebsrat zahlenmäßig auffüllen können (*Richardi* Rn. 33; *Fitting* Rn. 34; GK-BetrVG/*Kreutz* Rn. 57). § 21 S. 5 verlängert die Amtszeit des nicht mehr vollständigen Betriebsrats bis zur Bekanntmachung des Wahlergebnisses des neuen Betriebsrats. Zur Pflicht, unverzüglich die Neuwahl zu ermöglichen, gelten die Ausführungen zu II Nr. 1 (Rn. 4) entsprechend.

6   3. **Rücktritt des Betriebsrats.** Seinen Rücktritt muß der Betriebsrat nach **Ziffer 3** „mit der Mehrheit seiner Mitglieder", dh. mit absoluter Mehrheit beschließen (DKK/*Schneider* Rn. 18; *Richardi* Rn. 39; *Fitting* Rn. 36). Er erfaßt das gesamte Organ Betriebsrat und damit neben den übrstimmten Mitgliedern auch die Ersatzmitglieder (*Richardi* Rn. 40; *Fitting* Rn. 39; GK-BetrVG/*Kreutz* Rn. 65). Mit Rücktrittsbeschluß endet seine Amtszeit, wie § 21 S. 5 zeigt (GK-BetrVG/*Kreutz* Rn. 65; aA; *Fitting* Rn. 39). Eine Mitteilung an den Arbeitgeber oder an die Belegschaft ist nicht erforderlich. Er führt jedoch nach § 22 die Geschäfte weiter, bis ein neuer Betriebsrat gewählt ist (DKK/*Schneider* Rn. 19; *Richardi* Rn. 42; GK-BetrVG/*Kreutz* Rn. 65). Die Ersatzmitglieder rücken nicht nach, da das Betriebsratsamt erloschen ist (DKK/*Schneider* Rn. 19; *Fitting* Rn. 39). Sie können aber in den nach § 22 geschäftsführenden Betriebsrat nachrücken (DKK/*Schneider* Rn. 19). Wie in den Fällen der Ziffern 1 und 2 ist dieser verpflichtet, unverzüglich einen Wahlvorstand zu bestellen (vgl. Rn. 4; § 22 Rn. 2). Auch der aus **einer Person bestehende Betriebsrat** kann zurücktreten (DKK/*Schneider* Rn. 20; *Fitting* Rn. 37; GK-BetrVG/*Kreutz* Rn. 64). Soweit das Gesetz die „Mehrheit seiner Stimmen" verlangt, wird nur die hierfür erforderliche qualifizierte Mehrheit festgelegt. Es wird nicht die Rücktrittsmöglichkeit beschränkt. Beim einköpfigen Betriebsrat ist durch Auslegung der Erklärung festzustellen, ob der Rücktritt oder eine **Niederlegung des Betriebsratsamts** nach § 24 I Nr. 2 gewollt war. Sollte die Amtszeit des Betriebsratsorgans beendet werden, handelt es sich um einen Rücktritt. Wollte er sich aus – persönlichen – Gründen zurückziehen, ist regelmäßig eine freiwillige Amtsniederlegung anzunehmen (*Fitting* Rn. 37; GK-BetrVG/*Kreutz* Rn. 64). Der praktische Unterschied besteht vor allem darin, daß nur im letzten Fall Ersatzmitglieder nachrücken können (DKK/*Schneider* Rn. 20). Eine Amtsniederlegung aller Betriebsratsmitglieder und aller Ersatzmitglieder beendet ihr Amt sofort. Sie führen nicht die Geschäfte nach § 22 weiter (*Fitting* Rn. 38; *Richardi* Rn. 52; GK-BetrVG/*Kreutz* Rn. 69). Oft läßt sich die Niederlegung als kollektiver Rücktritt verstehen (*Fitting* Rn. 38; HSG/*Schlochauer* Rn. 23; aA GK-BetrVG/*Kreutz* Rn. 69). Es ist kaum jemals anzunehmen, daß sie eine betriebsratslose Zeit wollten (*Fitting* Rn. 38). Angesichts des Rücktritts aller Gewählten wird der vom Gesetz geforderte Beschluß zur reinen Förmelei. Da die **Gründe für den Rücktritt unerheblich** sind (*Fitting* Rn. 36), ist eine gerichtliche Überprüfung des Rücktrittsbeschlusses im Hinblick auf die Gründe ausgeschlossen (BAG 3. 4. 1979 AP BetrVG 1972 § 13 Nr. 1).

7   4. **Anfechtung der Wahl.** Ist die Betriebsratswahl angefochten, bleibt der Betriebsrat bis zur rechtskräftigen für ihn negativen Entscheidung im Amt (s. § 19 Rn. 9). Um zu verhindern, daß der Betrieb danach bis zur nächsten regelmäßigen Wahl betriebsratslos bleibt, eröffnet **Ziffer 4** die Möglichkeit der Neuwahl. Der Betriebsrat kann durch seinen Rücktritt nicht verhindern, daß nach Rechtskraft der Entscheidung erst einmal eine betriebsratslose Zeit entsteht. Die rechtskräftige gerichtliche Entscheidung führt auch zum Verlust der Befugnis, nach § 22 die Geschäfte des Betriebsrats weiterzuführen (BAG 29. 5. 1991 AP BetrVG 1972 § 4 Nr. 5; *Fitting* Rn. 40 a; GK-BetrVG/*Kreutz* Rn. 74). Die Anfechtung der Wahl eines einzelnen Betriebsratsmitglieds berührt den Bestand des Betriebsrats nicht und führt lediglich zum Nachrücken seines Ersatzmitglieds (GK-BetrVG/*Kreutz* Rn. 70). Die Vorschrift ist entsprechend anzuwenden, wenn bei **Gruppenwahl** nur die Wahl einer Gruppe erfolgreich angefochten wird (*Richardi* Rn. 43; *Fitting* Rn. 41; GK-BetrVG/*Kreutz* Rn. 71). Dies ermöglicht die Neuwahl der Vertreter dieser Gruppe für den Rest der Amtszeit. Die Bestellung des Wahlvorstands wird vom amtierenden Betriebsrat, der nur aus Vertretern der anderen Gruppe – ergänzt durch deren Ersatzmitglieder – besteht, vorgenommen (*Fitting* Rn. 41; DKK/*Schneider* Rn. 24; GK-BetrVG/*Kreutz* Rn. 71).

8   5. **Auflösung durch gerichtliche Entscheidung.** Ist der Betriebsrat rechtskräftig nach § 23 aufgelöst, endet seine Amtszeit. Er führt die Geschäfte nicht bis zur Neuwahl weiter. Die Bestellung des Wahlvorstands erfolgt nach § 23 II durch das Gericht (s. § 23 Rn. 22). Werden einzelne Mitglieder des Betriebsrates ausgeschlossen, rücken die Ersatzmitglieder nach. Sind keine Ersatzmitglieder vorhanden, sind Neuwahlen nach Abs. 2 Nr. 2 möglich.

9   6. **Nichtbestehen eines Betriebsrats.** Fehlt ein Betriebsrat, muß nach **Ziffer 6** mit seiner Wahl nicht bis zum nächsten Wahlzeitraum gewartet werden. Aus welchem Grund kein Betriebsrat existiert, ist gleichgültig (DKK/*Schneider* Rn. 27; *Fitting* Rn. 43; GK-BetrVG/*Kreutz* Rn. 79). Die Bestellung des Wahlvorstands erfolgt nach § 17 durch die Betriebsversammlung bzw. das Arbeitsgericht (vgl. § 17

Rn. 5 ff.), es sei denn es liegt ein Fall vor, in dem der Betriebsrat ein Übergangsmandat hat (s. § 21 Rn. 10).

IV. Anschluß an die regelmäßigen Wahlzeiträume

Abs. 3 stellt sicher, daß die ausnahmsweise vorzeitig gewählten Betriebsräte wieder in den regelmäßigen Wahlzeitraum eingegliedert werden. Regelmäßig ist nach Abs. 3 S. 1 im nächstfolgenden Wahlzeitraum neu zu wählen. Die Amtszeit des Betriebsrats wird dadurch verkürzt. Unter den Voraussetzungen des Abs. 3 S. 2 verlängert sich die Amtszeit des Betriebsrates. Die Rückkehr zum regelmäßigen Wahlrythmus erfolgt erst im übernächsten Wahlzeitraum. Für den Beginn der Amtszeit ist die Bekanntgabe des Wahlergebnisses entscheidend (vgl. § 21 Rn. 2). Dieser Tag wird nicht mitgezählt (*Richardi* Rn. 59). Die Frist berechnet sich nach den §§ 186 ff. BGB. Liegt die Bekanntgabe des Wahlergebnisses der außerordentlich durchgeführten Wahl am 1. März des dem regelmäßigen Wahljahr vorausgegangenen Jahres oder später, ist erst im übernächsten Wahlzeitraum einzugliedern. Liegt die Bekanntgabe des Wahlergebnisses am 29. Februar dieses Jahres oder früher, ist in den nächsten Wahlzeitraum einzugliedern.

10

V. Streitigkeiten

Über den Zeitpunkt der Wahl und über ihre Zulässigkeit außerhalb der regelmäßigen Wahlzeiträume wird nach den §§ 2 a, 80 ff. ArbGG im arbeitsgerichtlichen Beschlußverfahren entschieden.

11

§ 14 Wahlvorschriften

(1) Der Betriebsrat wird in geheimer und unmittelbarer Wahl gewählt.

(2) Besteht der Betriebsrat aus mehr als einer Person, so wählen die Arbeiter und Angestellten ihre Vertreter in getrennten Wahlgängen, es sei denn, daß die wahlberechtigten Angehörigen beider Gruppen vor der Neuwahl in getrennten, geheimen Abstimmungen die gemeinsame Wahl beschließen.

(3) Die Wahl erfolgt nach den Grundsätzen der Verhältniswahl; wird nur ein Wahlvorschlag eingereicht, so erfolgt die Wahl nach den Grundsätzen der Mehrheitswahl.

(4) ¹In Betrieben, deren Betriebsrat aus einer Person besteht, wird dieser mit einfacher Stimmenmehrheit gewählt; das gleiche gilt für Gruppen, denen nur ein Vertreter im Betriebsrat zusteht. ²In den Fällen des Satzes 1 ist in einem getrennten Wahlgang ein Ersatzmitglied zu wählen.

(5) Zur Wahl des Betriebsrats können die wahlberechtigten Arbeitnehmer und die im Betrieb vertretenen Gewerkschaften Wahlvorschläge machen.

(6) ¹Jeder Wahlvorschlag der Arbeitnehmer muß von mindestens einem Zwanzigstel der wahlberechtigten Gruppenangehörigen, jedoch von mindestens drei wahlberechtigten Gruppenangehörigen unterzeichnet sein; in Betrieben mit in der Regel bis zu zwanzig wahlberechtigten Arbeitnehmern genügt die Unterzeichnung durch zwei Wahlberechtigte, bei bis zu zwanzig wahlberechtigten Gruppenangehörigen genügt die Unterzeichnung durch zwei wahlberechtigte Gruppenangehörige. ²In jedem Fall genügt die Unterzeichnung durch fünfzig wahlberechtigte Gruppenangehörige.

(7) Ist nach Absatz 2 gemeinsame Wahl beschlossen worden, so muß jeder Wahlvorschlag von mindestens einem Zwanzigstel der wahlberechtigten Arbeitnehmer unterzeichnet sein; Absatz 6 Satz 1 erster Halbsatz und Satz 2 gilt entsprechend.

(8) Jeder Wahlvorschlag einer Gewerkschaft muß von zwei Beauftragten unterzeichnet sein.

I. Wahlgrundsätze

Die Vorschrift bestimmt die Grundsätze für die Durchführung der Betriebsratswahl, einschließlich des Wahlvorschlagsrechts. Die aufgrund § 128 erlassene WO ergänzt und konkretisiert die Wahlvorschriften des § 14. Die Vorschrift ist zwingend. Abweichende Wahlbestimmungen können auch durch Betriebsvereinbarung oder TV nicht geschaffen werden (*Fitting* Rn. 3; GK-BetrVG/*Kreutz* Rn. 7). Die Norm gilt nicht für den Gesamtbetriebsrat (vgl. § 47), Konzernbetriebsrat (vgl. § 55) und die Gesamt-Jugend- und Auszubildendenvertretung (vgl. § 72). Ein Betriebsrat kann nur durch **Wahl** der Arbeitnehmer errichtet werden. Eine andere Möglichkeit besteht nicht. Jede andere Form der Errichtung ist unzulässig und nichtig (GK-BetrVG/*Kreutz* Rn. 9). Weder der Arbeitgeber noch das Arbeitsgericht oder sonstige staatliche Stellen haben das Recht, einen Betriebsrat einzusetzen (*Fitting* Rn. 4; GK-BetrVG/*Kreutz* Rn. 9). In den durch das Gesetz eng umrissenen Grenzen kann das Arbeitsgericht jedoch nach den §§ 16 II und 23 II einen Wahlvorstand bestellen.

1

2 Die Wahl ist **frei**. Die Teilnahme an der Wahl ist keine Pflicht, sondern ein Recht des wahlberechtigten Arbeitnehmers. Auf das Wahlrecht kann man nicht wirksam verzichten (DKK/*Schneider* Rn. 5; *Richardi* Rn. 19; *Fitting* Rn. 11). Jede Behinderung der Wahl ist unzulässig. Die Beeinflussung der Wähler darf über die übliche Wahlwerbung nicht hinausgehen. Deshalb darf die Auszählung der Stimmen nach § 13 WO bei der Gruppenwahl zeitlich nicht versetzt erfolgen, da durch eine Veröffentlichung des Stimmenergebnisses der einen Gruppe, eine Einfluß auf die Wahl in der anderen Gruppe nicht auszuschließen ist (*Fitting* Rn. 15; GK-BetrVG/*Kreutz* Rn. 23; aA DKK/*Schneider* Rn. 11; HSG/*Schlochauer* Rn. 9). Wer an der Wahl teilnimmt, darf keine Nachteile erleiden. Die Wahl ist daher grundsätzlich während der Arbeitszeit durchzuführen und darf nach § 20 III nicht zur Minderung des Arbeitsentgelts führen.

3 **Geheime** Wahlen verlangen eine Stimmabgabe, bei der für Dritte nicht erkennbar ist, welche Wahlentscheidung der Wähler getroffen hat. Der Inhalt der Wahlentscheidung muß geheim bleiben, nicht, ob jemand gewählt hat oder nicht (GK-BetrVG/*Kreutz* Rn. 12). Die Geheimhaltung schließt eine Wahl durch offene Abstimmung auf einer Betriebsversammlung oder durch Zuruf aus. Vorgedruckte Stimmzettel sind erforderlich, damit der Wähler nicht an der Handschrift erkannt werden kann (GK-BetrVG/*Kreutz* Rn. 15). § 11 WO und § 12 WO konkretisieren die Anforderungen an das Wahlverfahren, die vom Wahlvorstand durch organisatorische Vorkehrungen sicherzustellen sind. Das Wahlrecht darf nur persönlich ausgeübt werden. Stellvertretung bei der Stimmabgabe ist unzulässig ist (GK-BetrVG/*Kreutz* Rn. 17). Weder Wahlhelfer noch Dritte dürfen beim Ausfüllen des Stimmzettels Hilfe leisten, auch nicht als Dolmetscher für Arbeitnehmer mit unzureichenden deutschen Sprachkenntnissen (DKK/*Schneider* Rn. 10; *Fitting* Rn. 6; GK-BetrVG/*Kreutz* Rn. 18). Blinde oder sonst körperlich behinderte Arbeitnehmer, denen es unmöglich ist, den Wahlzettel ohne fremde Hilfe auszufüllen, dürfen eine Vertrauensposition zur Wahlhandlung hinzuziehen (DKK/*Schneider* Rn. 10; *Fitting* Rn. 6; GK-BetrVG/*Kreutz* Rn. 18). Briefwahl verstößt nicht gegen das Wahlgeheimnis, wenn die Voraussetzungen der §§ 26 ff. WO eingehalten werden (BAG 27. 1. 1993 AP BetrVG 1952 § 76 Nr. 29; *Fitting* Rn. 6) Aus dem Gebot der geheimen Wahl ergibt sich ein generelles Verbot der gerichtlichen Nachprüfung des Wahlverhaltens von Arbeitnehmern (DKK/*Schneider* Rn. 12; *Fitting* Rn. 7; *Richardi* Rn. 14). Insbesondere hat der Arbeitnehmer ein Zeugnisverweigerungsrecht bezüglich der Frage, welche Liste oder welchen Kandidaten er gewählt hat (BAG 6. 7. 1956 AP BetrVG § 27 Nr. 4).

4 **Unmittelbare Wahl** bedeutet, daß ohne Zwischenschalten von Wahlmännern oder Delegierten gewählt wird (GK-BetrVG/*Kreutz* Rn. 24). Eine Vertretung ist nicht zulässig; die Stimmabgabe muß nach § 27 WO Nr. 1 stets persönlich sein. Die Wahl ist **gleich**. Jeder Wähler hat mit seiner Stimme den gleichen Einfluß auf das Wahlergebnis. Stimmenwägung ist ausgeschlossen (GK-BetrVG/*Kreutz* Rn. 28). Die Wahl ist **allgemein**. Jeder Wahlberechtigte kann sein Wahlrecht in formal gleicher Wiese ausüben. Er darf nicht unberechtigt – etwa wegen seines Geschlechts, seiner Religion, der Gewerkschaftszugehörigkeit – von der Wahl ausgeschlossen werden (GK-BetrVG/*Kreutz* Rn. 29). Eine Aufteilung in Wahlkreise, in denen sich die Kandidaten gesondert zur Wahl stellen, ist unzulässig (DKK/*Schneider* Rn. 14; *Fitting* Rn. 9; GK-BetrVG/*Kreutz* Rn. 29).

5 Das **Wahlsystem** für die Betriebsratswahl unterscheidet zwischen Gruppenwahl und gemeinsamer Wahl einerseits und Verhältniswahl und Mehrheitswahl andererseits. Entscheidend ist weiter, ob ein einköpfiger oder ein mehrköpfiger Betriebsrat zu wählen ist. Der mehrköpfige Betriebsrat ist grundsätzlich in Gruppenwahl nach den Grundsätzen der Verhältniswahl, der einköpfige Betriebsrat in gemeinsamer Wahl nach den Grundsätzen der Mehrheitswahl zu wählen.

II. Gruppenwahl/Gemeinschaftswahl

6 Besteht ein **mehrköpfiger Betriebsrat**, sind im Betrieb beide Gruppen beschäftigt und nach § 10 III vertretungsberechtigt, müssen sie grundsätzlich entsprechend ihrer Stärke im Betriebsrat vertreten sein. Daher sieht Abs. 2 erst einmal **Gruppenwahl** vor. Arbeiter und Angestellte wählen in getrennten Wahlgängen ihre eigenen Vertreter. Eine gruppenfremde Kandidatur ist nach § 12 II möglich; der gruppenfremde Kandidat wählt aber seinerseits in seiner eigenen Gruppe. Eine Gruppe ist im künftigen Betriebsrat nicht vertreten und kann an der Wahl nicht teilnehmen, wenn sie keinen oder nur einen ungültigen Wahlvorschlag einreicht (GK-BetrVG/*Kreutz* Rn. 35). Die Sitze wachsen der wahlaktiven Gruppe zu (GK-BetrVG/*Kreutz* Rn. 35), deren Wahlvorschlag auch gültig bleibt, wenn sie diese Sitze nicht mehr füllen kann (*Fitting* Rn. 16). **Abs. 2** gibt die Möglichkeit, durch Beschluß vom Grundsatz der Gruppenwahl abzuweichen und eine **gemeinsame Wahl** durchzuführen. So kann man über die Gruppenschranken hinweg Einfluß auf die Zusammensetzung des gesamten Betriebsrats nehmen. In der Praxis wird hiervon rege Gebrauch gemacht (DKK/*Schneider* Rn. 17; GK-BetrVG/*Kreutz* Rn. 38). Auch bei gemeinsamer Wahl sind die Gruppen berechtigt, getrennte Wahlvorschläge zu machen (*Fitting* Rn. 20).

7 Eine ohne **Abstimmung** durchgeführte Gemeinschaftswahl ist nicht nichtig, aber anfechtbar (BAG 2. 3. 1955 AP BetrVG § 18 Nr. 1; GK-BetrVG/*Kreutz* Rn. 48). Sie kann nicht durch nachträgliche Genehmigung geheilt werden (GK-BetrVG/*Kreutz* Rn. 48; *Fitting* Rn. 17). Gegenstand der Abstimmung ist allein die Frage, ob in gemeinsamer Wahl gewählt werden soll. Die sich aus §§ 10, 12 ergebende Verteilung der Sitze des Betriebsrats auf die Gruppen bleibt unberührt. Die Abstimmung darf bei unerwünschten Ergebnis nicht wiederholt werden (*Richardi* Rn. 38; *Fitting* Rn. 17). Der Beschluß über die gemeinsame Wahl hat keine Dauerwirkung, er gilt nur für die unmittelbar bevorstehende Wahl (BAG 7. 7. 1954 AP BetrVG § 13 Nr. 1, 2; *Fitting* Rn. 24). Die Abstimmung ist **geheim.** Deshalb ist eine öffentliche Abstimmung auf einer Betriebsversammlung ausgeschlossen und eine förmliche Stimmabgabe mittels Stimmzettel erforderlich. Da eine nähere Ausgestaltung des Wahlverfahrens auch durch die WO nicht erfolgte, ist der Wahlvorstand berechtigt, die Abstimmung mittels genereller Briefwahl durchzuführen (BAG 14. 2. 1978 BetrVG 1972 § 19 Nr. 7). **Abstimmungsberechtigt** sind – anders als bei § 12 I – nur die wahlberechtigten Arbeitnehmer, die getrennt nach Gruppen abzustimmen haben (*Fitting* Rn. 19; *Richardi* Rn. 39). Die Abstimmungen können vor oder nach Erlaß des Wahlausschreibens, nach § 6 II WO spätestens zu einem **Zeitpunkt** vor Ablauf der Einreichungsfrist der Wahlvorschläge, stattfinden (*DKK/Schneider* Rn. 21; *Richardi* Rn. 37; *Fitting* Rn. 17). Sie müssen nicht gleichzeitig durchgeführt werden (*Fitting* Rn. 19; GK-BetrVG/*Kreutz* Rn. 47). Es ist auch unschädlich, wenn das Wahlergebnis der einen Gruppe bekanntgemacht wird, bevor die andere abstimmt (BAG 11. 3. 1960 AP BetrVG § 18 Nr. 13).

Das **Initiativrecht** zur Einleitung einer Abstimmung nach Abs. 2 steht denen zu, die auch eine 8 Abstimmung nach § 12 I organisieren dürfen (s § 12 Rn. 3). Beide Abstimmungen weisen Parallelen auf. In beiden Fällen ist in den Gruppen abzustimmen. Ein Unterschied ergibt sich nur daraus, daß nach § 12 alle Arbeitnehmer, nach Abs. 2 nur die Wahlberechtigten abstimmen dürfen. Damit kann einmal der Wahlvorstand initiativ werden (BAG 14. 9. 1988 AP BetrVG 1972 § 16 Nr. 1; GK-BetrVG/*Kreutz* Rn. 40; aA *Richardi* Rn. 35; *Fitting* Rn. 21). Neben einzelnen Arbeitnehmern oder Gruppen von Arbeitnehmern können auch die im Betrieb vertretenen Gewerkschaften die Initiative ergreifen (DKK/*Schneider* Rn. 22; *Fitting* Rn. 21; aA *Richardi* Rn. 35; GK-BetrVG/*Kreutz* Rn. 40). Das Gesetz enthält insoweit keine Einschränkung. Gleiches gilt für den amtierenden Betriebsrat (DKK/*Schneider* Rn. 22; *Richardi* Rn. 35; *Fitting* Rn. 21; GK-BetrVG/*Kreutz* Rn. 40). Dem Arbeitgeber steht kein Initiativrecht zu (GK-BetrVG/*Kreutz* Rn. 40; *Richardi* Rn. 35). Der Wahlvorstand ist auf eine entsprechende Initiative hin verpflichtet, die Abstimmung durchzuführen (aA *Fitting* Rn. 21). Sie ist Teil des vom Wahlvorstand zu organisierenden Wahlverfahrens. Für die gemeinsame Wahl kann geworben werden und zwar auch von den Initiatoren und Organisatoren der Abstimmung (DKK/*Schneider* Rn. 23). Das Gesetz legt das **Mehrheitsprinzip** für die Abstimmung in den Gruppen nicht fest. Wie bei der Abstimmung nach § 12 I kommt es weder nur auf die Mehrheit der Abstimmenden an (so aber DKK/*Schneider* Rn. 19), noch auf die absolute Mehrheit an. Es muß sich jeweils die Mehrheit der wahlberechtigten Gruppenangehörigen an der Wahl beteiligen. Dann genügt die Mehrheit der abgegebenen Stimmen in der Gruppe (*Fitting* Rn. 22; GK-BetrVG/*Kreutz* Rn. 41; *Richardi* Rn. 33; HSG/*Schlochauer* Rn. 27). Dies galt schon für das BetrVG 1952 (BAG 7. 7. 1954 und 2. 2. 1962 AP BetrVG § 13 Nr. 1, 2 und 10). Die **Kosten** der Abstimmung trägt nach § 20 III der Arbeitgeber. Sie ist als Teil der Betriebsratswahl während der Arbeitszeit ohne Minderung des Arbeitsentgelts durchzuführen.

III. Verhältniswahl/Mehrheitswahl

Verhältniswahl findet nach **Abs. 3 Halbs. 1** statt, wenn ein mehrköpfiger Betriebsrat zu wählen ist 9 und zwei oder mehr Wahlvorschläge (Vorschlagslisten) eingereicht wurden. Wird nur ein gültiger Wahlvorschlag (Vorschlagsliste) eingereicht, findet nach **Abs. 3 Halbs. 2** Mehrheitswahl statt. Dies gilt im Fall von Gruppenwahl für die jeweilige Gruppe entsprechend. So kann der Fall eintreten, daß in einer Gruppe mit alternativen Vorschlaglisten eine Verhältniswahl durchzuführen ist, in der anderen Gruppe eine Mehrheitswahl, da nur eine (gültige) Liste eingereicht wurde. Mehrheitswahl findet nach **Abs. 4 S. 1** ebenso statt, wenn ein einköpfiger Betriebsrat zu wählen ist oder bei der Gruppenwahl einer Gruppe nur ein Vertreter zusteht.

Als **Verhältniswahl** kennzeichnet man ein Wahlsystem, das die Repräsentanz der verschiedenen 10 Wahlalternativen – entsprechend ihrem Verhältnis zueinander – im Vertretungsorgan gewährleistet. Ein bestimmter Anteil von Stimmen soll zu einem entsprechenden Anteil von Vertretern führen, damit möglichst keine Stimme verlorengeht und auch Minderheiten entsprechend ihrer Stärke vertreten sind (GK-BetrVG/*Kreutz* Rn. 53). Die Verhältniswahl der Betriebsratswahlen erfolgt als Listenwahl (GK-BetrVG/*Kreutz* Rn. 54). Der Wähler kann nur die Liste als Ganzes wählen oder ablehnen, hat aber nicht die Möglichkeit, Bewerber zu streichen oder andere hinzuzusetzen (*Fitting* Rn. 26; GK-BetrVG/*Kreutz* Rn. 54). Der Wähler hat eine Stimme, unabhängig von der Anzahl der zu wählenden Vertreter. Je mehr Stimmen die Liste erhält, desto mehr Kandidaten rücken von dieser Liste in den Betriebsrat ein. Nach § 15 WO wird das Verhältniswahlsystem des Höchstzahlverfahrens nach d'Hondt verwandt. Danach werden die auf die verschiedenen Listen entfallenden Stimmenzahlen nebeneinandergestellt und jeweils durch 1, 2, 3, 4 usw. geteilt. Entsprechend den so gefundenen Teilzahlen werden die Sitze den Höchstzahlen zugewiesen bis keine Sitze mehr zu vergeben sind. Nach § 16 WO ist bei gemeinsamer Wahl das Höchstzahlverfahren mit dem Unterschied anzuwenden, daß zusätzlich die Gruppenzugehörigkeit der Bewerber zu berücksichtigen ist. Der Wahlvorstand hat nacheinander für jede Gruppe gesondert festzustellen, welche Bewerber der einzelnen Listen gewählt sind (DKK/*Schneider* Rn. 32 f.; *Fitting* Rn. 30). Jede Vorschlagsliste erhält dabei nach § 16 I 2 WO so viele Sitze von jeder Arbeitnehmergruppe zugeteilt, wie bei der gesonderten Berechnung Höchstzahlen auf sie entfallen. Somit sind die gleichen Teilzahlen zweimal zu verwenden. Die zur Bestimmung der Arbeitersitze (im ersten Durchgang) zur Ermittlung verwendeten Höchstzahlen sind also nicht „verbraucht" (vgl. BAG 2. 3. 1955 AP WO § 16 Nr. 1; BAG 2. 2. 1962 AP BetrVG § 13 Nr. 10). Bei diesem System kann sich ein Vorteil für gemischte Vorschlagslisten mit Bewerbern beider Gruppen ergeben (DKK/*Schneider* Rn. 34, 35). Allerdings sind auch nicht gemischte Listen, die nur Arbeiter oder nur Angestellte enthalten, zulässig (BAG 2. 3. 1955 AP § 16 WO 1953 Nr. 1; GK-BetrVG/*Kreutz* Rn. 62).

11   Die **Mehrheitswahl** ist Personenwahl Es wird keine Vorschlagsliste gewählt oder abgelehnt. Der Wähler hat so viel Stimmen wie Betriebsratsmandate zu vergeben sind. Er kann weniger Kandidaten auswählen. Ungültig ist nach §§ 21 III, 11 IV WO der Wahlzettel, in dem mehr Kandidaten angekreuzt sind. Im Unterschied zur Verhältniswahl entscheidet der Wähler selbst die Plazierung auf der Liste, da die Bewerber mit den meisten Stimmen – ungeachtet ihrer Reihenfolge auf der Liste – in den Betriebsrat einrücken. Bei Gruppenwahl sind nach § 23 I WO die Kandidaten mit den meisten Stimmen gewählt. Bei gemeinsamer Wahl ist nach § 23 II zusätzlich die Gruppenzugehörigkeit von Bedeutung, damit die Verteilung nach §§ 10, 12 berücksichtigt werden kann. So kann ein Bewerber der einen Gruppe ein Mandat erringen, obwohl ein Bewerber der anderen Gruppe mehr Stimmen erhalten hat. Wird die gemeinsame Wahl nach den Grundsätzen der Mehrheitswahl durchgeführt, weil nur eine Vorschlagsliste vorliegt, muß die Liste so viele Kandidaten enthalten, daß das sich aus §§ 10, 12 ergebende Verhältnis der Gruppen während der gesamten Wahlperiode aufrechterhalten werden kann (BAG 7. 7. 1954 AP BetrVG § 13 Nr. 1; *Fitting* Rn. 37). Geschieht dies nicht, rücken Ersatzmitglieder der anderen Gruppe in den Betriebsrat ein (s. § 25 Rn. 9).

IV. Einköpfiger Betriebsrat

12   Besteht der Betriebsrat nach §§ 9, 11 aus einer Person, findet die Wahl nach **Abs. 4** als Mehrheitswahl und immer als gemeinsame Wahl statt (GK-BetrVG/*Kreutz* Rn. 77). Nach § 25 IV WO ist der Bewerber mit den meisten Stimmen gewählt. Lehnt dieser die Wahl ab, tritt nach § 25 IV 3 WO der im gleichen Wahlgang gewählte Bewerber mit der nächsthöchsten Stimmenzahl an dessen Stelle, nicht das in getrennten Wahlgang gewählte Ersatzmitglied (*Richardi* Rn. 60; *Fitting* Rn. 38). Durch die nach Abs. 4 S. 2 angeordnete getrennte Wahl soll sichergestellt werden, daß auch Ersatzmitglieder über eine entsprechende Mehrheit in der Belegschaft verfügen und ausreichend legitimiert sind (DKK/*Schneider* Rn. 40; *Fitting* Rn. 39). Nach § 25 VI 3 WO kann der Bewerber gleichzeitig für die Mitgliedschaft und die Ersatzmitgliedschaft kandidieren. Hat er bei beiden Kandidaturen die meisten Stimmen erhalten, hat er das Wahlrecht welches Amt er annehmen will (DKK/*Schneider* Rn. 41). Zulässig ist nur die Wahl eines Ersatzmitglieds (DKK/*Schneider* Rn. 43; *Richardi* Rn. 65; *Fitting* Rn. 39). Erhält das Ersatzmitglied mehr Stimmen als das Betriebsratsmitglied, so ändert das nichts an seiner Stellung als Ersatzmitglied (DKK/*Schneider* Rn. 43; *Fitting* Rn. 39). Nach Abs. 4 sind zwei getrennte Wahlgänge anzuberaumen. Jeder Wahlberechtigte hat damit zwei Stimmen. Grundsätzlich ist die Wahl zu beiden Ämtern nach § 25 VII WO zeitgleich und auf einem Stimmzettel durchzuführen. Anders hingegen, wenn Bewerber für beide Ämter kandidieren wollen. § 25 VII 2 WO ist insoweit nicht vereinbar mit § 14 IV 2, da die Wahlmöglichkeiten der Wahlberechtigten eingeschränkt würde. In diesem Fall ist die Wahl zeitlich versetzt durchzuführen, damit der Wähler die Möglichkeit hat, beide Stimmen der gleichen Person geben zu können (GK-BetrVG/*Kreutz* Rn. 70, 78; *Richardi* Rn. 64).

V. Einziger Gruppenvertreter

13   Steht einer Gruppe nur ein Vertreter im Betriebsrat zu, wird er nach **Abs. 4 S. 1 Halbs. 2** wie der einköpfige Betriebsrat in Mehrheitswahl gewählt. Die getrennte Wahl des Ersatzmitglieds für den einzigen Gruppenvertreter erfolgt jedoch nur bei Gruppenwahl (*Richardi* Rn. 61). Da bei Gemeinschaftswahl der Gruppenvertreter von sämtlichen Arbeitnehmern mitgewählt wird, ist eine Abweichung von der allgemeinen Regelung des Nachrückens nicht gerechtfertigt (DKK/*Schneider* Rn. 44; *Fitting* Rn. 42). Ersatzmitglied ist nach den allgemeinen Regeln der nichtgewählte Gruppenvertreter, der die nächsthöhere Stimmenzahl bekommen hat (vgl. § 25 Rn. 9).

VI. Wahlvorschläge

14   Mit dem Wahlvorschlag benennt man schriftliche Personen, die man als Wahlkandidaten vorschlägt. Eine Betriebsratswahl, die nicht aufgrund von Wahlvorschlägen durchgeführt wird, ist **nichtig**, nicht nur anfechtbar (DKK/*Schneider* Rn. 45; *Richardi* Rn. 71; *Fitting* Rn. 44; GK-BetrVG/*Kreutz* Rn. 81). Die Wahlbewerber genießen von der Benennung im Wahlvorschlag an nach § 15 III KSchG einen speziellen Kündigungsschutz. Sind mehrere Personen zu wählen, bestimmt § 6 III WO, daß die

VI. Wahlvorschläge
§ 14 BetrVG 210

Vorschlagsliste mindestens doppelt soviel Bewerber aufweisen soll, als zu wählen sind. Die Verletzung dieser bloßen Sollvorschrift ist unschädlich. Selbst die Benennung nur eines einzigen Wahlbewerbers ist gültig (BAG 29. 6. 1965 AP BetrVG § 13 Nr. 11; DKK/*Schneider* Rn. 48; *Richardi* Rn. 95; *Fitting* Rn. 45). Ein Bewerber darf nach § 6 VIII WO nur auf einer Vorschlagsliste kandidieren. Ist nur eine Person zu wählen, soll jeder Einzelvorschlag nach § 25 I WO iVm. § 6 III WO zwei Bewerber umfassen. Zu den einzelnen Anforderungen an die Wahlvorschläge, die Einreichungsfristen, die Prüfung der Gültigkeit der Vorschläge durch den Wahlvorstand und die Bekanntmachung vgl. §§ 6 bis 10, § 25 I WO.

Vorschlagsberechtigt sind nach Abs. 5 Alt. 1 erst einmal die wahlberechtigten **Arbeitnehmer** des Betriebes. Der Wahlvorschlag muß nach den Abs. 6 und 7 ein bestimmtes Quorum von Stützunterschriften vorsehen, um völlig aussichtslose Vorschläge und Stimmenzersplitterung zu vermeiden (*Fitting* Rn. 48; GK-BetrVG/*Kreutz* Rn. 85). Ergibt die Berechnung des Zwanzigstels keine volle Zahl, ist auf die nächste volle Zahl aufzurunden, denn nur dann ist das erforderliche Mindestquorum überschritten (*Fitting* Rn. 49; GK-BetrVG/*Kreutz* Rn. 92). Bei 162 wahlberechtigten Arbeitnehmern braucht man daher 9 Unterschriften. Für den Wahlvorschlag zum einköpfigen Betriebsrat genügen nach **Abs. 6 S. 1 Halbs. 2** zwei Stützunterschriften. Bei gemeinsamer Wahl gilt nach **Abs. 7** Entsprechendes, mit dem Unterschied, daß nicht auf die Gruppenangehörigen, sondern auf die Gesamtzahl der wahlberechtigten Arbeitnehmer abzustellen ist. Da ein Wahlvorschlag von zumindest zwei wahlberechtigten Gruppenangehörigen unterzeichnet sein muß, kann in einem Betrieb mit nur einem wahlberechtigten Gruppenangehörigen kein gültiger Wahlvorschlag gemacht werden (vgl. § 10 Rn. 3; *Fitting* Rn. 52). Nach § 3 II Nr. 6 WO muß die erforderliche Mindestanzahl nach § 14 VI, VII im Wahlausschreiben angegeben werden. Deshalb sind die erforderlichen Quoren auf der Basis der am Tag des Erlasses des Wahlausschreibens gegebenen Beschäftigten- bzw. Gruppenzahl zu berechnen. Die erforderliche Zahl von Stützunterschriften müssen vorliegen, wenn der Wahlvorschlag eingereicht wird. **Verbindliche Vorabstimmungen** der Belegschaft über die Auswahl der Kandidaten sind nicht zulässig. Die Abs. 6 und 7 regeln das Vorschlagsrecht abschließend (*Fitting* Rn. 54). Jedoch sind sonstige Abstimmungen der Arbeitnehmer über die zu benennenden Kandidaten und die Reihenfolge nicht nur zulässig, sondern unerläßlich. Die **Verbindung** mehrerer rechtsgültig eingereichter Vorschlagslisten zur Bündelung der Wählerstimmen ist nach § 6 VII WO unzulässig. Sie können aber mit dem Einverständnis aller Unterzeichner zu einer Vorschlagsliste zusammengefaßt werden.

Die Stützunterschriften müssen sich entweder auf dem Wahlvorschlag selbst befinden oder Vorschlags- und Unterschriftenliste müssen zu einer **einheitlichen Urkunde** verbunden und derart gesichert sein, daß eine spurenlose Trennung nicht möglich ist (LAG Frankfurt 16. 3. 1987 DB 87, 1204). Zulässig ist die Zirkulation mehrerer Exemplare eines Wahlvorschlags, sofern sie bezüglich der Personen und der Reihenfolge der Bewerber identisch sind (DKK/*Schneider* Rn. 46; *Fitting* Rn. 56; GK-BetrVG/*Kreutz* Rn. 102). Der Wahlvorschlag muß **persönlich unterschrieben** sein (BAG 12. 2. 1960 AP BetrVG § 18 Nr. 11; DKK/*Schneider* Rn. 55; *Fitting* Rn. 56; GK-BetrVG/*Kreutz* Rn. 100; *Richardi* Rn. 92). Eine Stellvertretung würde gegen den Grundsatz der Unmittelbarkeit der Wahlhandlungen verstoßen. Im Wahlvorschlag aufgeführte Bewerber und Mitglieder des Wahlvorstandes sind **unterzeichnungsberechtigt** (BAG 4. 10. 1977 AP BetrVG 1972 § 18 Nr. 2; DKK/*Schneider* Rn. 58; *Fitting* Rn. 55; GK-BetrVG/*Kreutz* Rn. 93). Da die Prüfungspflicht des Wahlvorstands rechtlich gebunden und gerichtlich überprüfbar ist, gibt es keinen Grund, sie aufgrund einer möglichen Interessenkollision auszuschließen. Der Wahlvorschlag ist ein **Vorschlag aller Unterzeichner**, nicht allein des Listenvertreters (BAG 15. 12. 1972 AP BetrVG 1972 § 14 Nr. 1). Jede ohne Einverständnis aller Unterstützer vorgenommene Änderung des Wahlvorschlags macht diesen ungültig (BAG 15. 12. 1972 AP BetrVG 1972 § 14 Nr. 1; LAG Düsseldorf DB 82, 1628). Ist ein Arbeitnehmer mit seiner Zustimmung in eine Vorschlagsliste aufgenommen worden, kann er seine **Bewerbung** nur mit Zustimmung aller Unterstützer **zurückziehen**, weil dies eine Änderung des Wahlvorschlags bedeutet (BAG 15. 12. 1972 AP BetrVG 1972 § 14 Nr. 1; DKK/*Schneider* Rn. 59; *Fitting* Rn. 59; aA *Richardi* Rn. 96; HSG/*Schlochauer* Rn. 56; GK-BetrVG/*Kreutz* Rn. 104). Der Gewählte hat nur die Möglichkeit, nach § 18 I 2 WO die Annahme des Amtes abzulehnen. Dies gilt nicht für den Sonderfall der Doppelkandidatur, der speziell in § 6 VIII WO geregelt ist. Auch für die Streichung nicht wählbarer Arbeitnehmer braucht der Wahlvorstand die Zustimmung der Wahlunterstützer (DKK/*Schneider* Rn. 46). Die **Unterzeichnung von Wahlvorschlägen** ist eine einseitige, empfangsbedürftige Willenserklärung. Auch sie kann daher nach Eingang des Wahlvorschlags beim Wahlvorstand nicht mehr zurückgezogen werden (BAG 1. 6. 1966 AP WO § 6 Nr. 2; vgl. § 8 I Nr. 3 WO). Dies gilt nicht für den Sonderfall, daß ein Wahlberechtigter unzulässigerweise mehrere Wahlvorschläge unterzeichnet hat, der in § 6 VI WO speziell geregelt ist. Vor Einreichen des Wahlvorschlags kann der Wahlberechtigte seine Unterstützung jedenfalls durch Erklärung gegenüber dem Wahlvorstand zurückziehen bzw. widerrufen (*Fitting* Rn. 58), soweit man nicht schon ausreichen läßt, daß er schlicht seine Unterschrift durchstreicht (GK-BetrVG/*Kreutz* Rn. 95).

Will die **Gewerkschaft** einen Wahlvorschlag machen, muß sie bei Einreichen des Vorschlags im Betrieb vertreten sein (DKK/*Schneider* Rn. 62; *Fitting* Rn. 64; GK-BetrVG/*Kreutz* Rn. 122). Sie ist im Betrieb vertreten, wenn dort mindestens ein Arbeitnehmer unabhängig von seiner Wahlberechti-

Eisemann

gung und Gruppenzugehörigkeit Mitglied dieser Gewerkschaft ist (s. § 2 Rn. 4). Soweit die Voraussetzungen zweifelhaft sind, muß die Gewerkschaft sie – ggfs. durch notarielle Erklärung ohne Namensnennung oder durch eine entsprechende eidesstattliche Versicherung – nachweisen (*Fitting* Rn. 64). Sie kann **nur einen Wahlvorschlag** einreichen (GK-BetrVG/*Kreutz* Rn. 125). Bei Gruppenwahl kann sie auch ein Wahlvorschlag für die Gruppe unterbreiten, in der sie nicht vertreten ist (*Fitting* Rn. 65; GK-BetrVG/*Kreutz* Rn. 125). Die Gewerkschaften sind in der Benennung ihrer Kandidaten frei. Diese müssen nicht Mitglied der vorschlagenden Gewerkschaft sein (DKK/*Schneider* Rn. 64; *Fitting* Rn. 65; GK-BetrVG/*Kreutz* Rn. 126). Nach Abs. 8 genügt die **Unterzeichnung** des Wahlschlags durch zwei Gewerkschaftsbeauftragte; die Unterstützung durch wahlberechtigte Arbeitnehmer ist nicht erforderlich. Die Unterzeichnung muß vor Ablauf der Frist für die Einreichung von Wahlvorschlägen erfolgt sein (vgl. § 8 I Nr. 2 iVm. § 29 WO). Arbeitnehmer des Betriebs können den Gewerkschaftsvorschlag zusätzlich unterstützenden. Die Gewerkschaft kann auch einen Wahlvorschlag Dritter, der wegen ungenügender Anzahl von Stützungsunterschriften ungültig wäre, vor dem Einreichen unterstützen und ihn so übernehmen. Möglich sind auch gemeinsame Wahlvorschläge (GK-BetrVG/*Kreutz* Rn. 129). Die Gewerkschaft bestimmt selbst, wer ihre **Beauftragten** sind (GK-BetrVG/*Kreutz* Rn. 128). Der Auftrag muß sich unmittelbar aus der Satzung ergeben oder durch satzungsmäßige Organe wirksam ausgesprochen werden (DKK/*Schneider* Rn. 62; *Fitting* Rn. 68). Er muß nicht schriftlich erfolgen, ist im Zweifel aber nachzuweisen. Das Wahlvorschlagsrecht gehört zu den Aufgaben und Befugnissen iSd. § 2 II (vgl. § 2 Rn. 5). Deshalb haben die Gewerkschaften ein Recht, den Betrieb zu betreten, um alle mit der Betriebsratswahl zusammenhängenden Aktivitäten – einschließlich Kandidatensuche und Wahlwerbung – entfalten zu können (*Fitting* Rn. 70; GK-BetrVG/*Kreutz* Rn. 127 f.).

VII. Streitigkeiten

18 Verstöße gegen die Wahlbestimmungen nach § 14 können unter den weiteren Voraussetzungen des § 19 die Anfechtung der Wahl rechtfertigen. Bei krassen Verstößen kommt Nichtigkeit der Wahl in Betracht (vgl. § 19 Rn. 15 ff.). Streitigkeiten aus den Wahlvorschriften sind im arbeitsgerichtlichen Beschlußverfahren nach §§ 2 a, 80 ff. ArbGG zu entscheiden. Sie können unabhängig von der Anfechtung schon während des Wahlverfahrens gerichtlich ausgetragen werden (BAG 15. 12. 1972 AP BetrVG 1972 Nr. 1; vgl. § 18 Rn. 9). Antragsberechtigt sind neben den in § 19 genannten Personen und Organen jeder, der in in seinem aktiven oder passiven Wahlrecht durch Maßnahmen des Wahlvorstands betroffen sein könnte (DKK/*Schneider* Rn. 65; *Fitting* Rn. 92).

§ 15 Zusammensetzung nach Beschäftigungsarten und Geschlechtern

(1) ¹**Der Betriebsrat soll sich möglichst aus Arbeitnehmern der einzelnen Betriebsabteilungen und der unselbständigen Nebenbetriebe zusammensetzen.** ²**Dabei sollen möglichst auch Vertreter der verschiedenen Beschäftigungsarten der im Betrieb tätigen Arbeitnehmer berücksichtigt werden.**

(2) **Die Geschlechter sollen entsprechend ihrem zahlenmäßigen Verhältnis vertreten sein.**

I. Vorbemerkung

1 Die Vorschrift ist als bloße Sollvorschrift nicht zwingend. Wird sie nicht beachtet, hat das auf die Gültigkeit der Wahl keinen Einfluß. Auch ein bewußter Verstoß rechtfertigt keine Wahlanfechtung (DKK/*Schneider* Rn. 2; *Richardi* Rn. 8; *Fitting* Rn. 2; GK-BetrVG/*Kreutz* Rn. 11). Die Vorschrift enthält nur die Aufforderung, bei der Aufstellung von Wahlvorschlägen die Organisation, Struktur, Zusammensetzung nach Beschäftigung und Geschlecht zu berücksichtigen. Sie ist aber nicht abdingbar, da bis auf die im Gesetz selbst vorgesehenen Abweichungen (§§ 3, 12 II, 14 II) die Regelungen über die Betriebsratswahl nicht zur Disposition stehen und insbesondere keine betrieblichen WO geschaffen werden können (*Fitting* Rn. 2 a; GK-BetrVG/*Kreutz* Rn. 3). Weder durch TV noch durch BV oder durch Individualvereinbarungen können Abweichungen von der Vorschrift festgeschrieben werden. Für die Jugend- und Auszubildendenvertretung gelten die Sondervorschriften des § 62 II, III. Die Vorschrift gilt nicht für den Gesamtbetriebsrat, Konzernbetriebsrat und die Gesamt-Jugend- und Auszubildendenvertretung (vgl. § 47, § 55, § 72). Eine angemessene Berücksichtigung ausländischer Arbeitnehmer ist nicht ausdrücklich vorgesehen. Allerdings entspräche eine entsprechende Repräsentation dem Grundsatz des § 75, einer sachgerechten Integration ausländischer Arbeitnehmer und einer effektiven Interessenvertretung (DKK/*Schneider* Rn. 6; *Fitting* Rn. 1).

II. Betriebsabteilungen und unselbständigen Nebenbetriebe

2 Abs. 1 S. 1 sorgt für die unmittelbare Repräsentation der Arbeitnehmer aus den betreffenden Betriebsbereichen im Betriebsrat. Eine Aufgliederung der Wahl mit eigene Wahlkreisen und eigenen

Kandidaten dieser Einheiten verstößt gegen den Grundsatz der allgemeinen Wahl und gegen das Prinzip, daß der Betriebsrat Vertreter aller Arbeitnehmer des Betriebes ist (*Fitting* Rn. 4; *Richardi* Rn. 3; DKK/*Schneider* Rn. 3; GK-BetrVG/*Kreutz* Rn. 7). Die bei der Kandidatenaufstellung berücksichtigten Vertreter einzelner Betriebsabteilungen und Nebenbetriebe haben keinen Sonderstatus, sondern sind „normale" Betriebsratsmitglieder und vertreten die Arbeitnehmerschaft insgesamt und nicht etwa nur ihren Betriebsbereich. Auf die Reihenfolge des Nachrückens hat das Ausscheiden dieser Vertreter keine Auswirkung. Es bleibt bei der von § 25 II festgelegten Reihenfolge, insbesondere rückt nicht etwa ein anderer Arbeitnehmer aus der gleichen Betriebsabteilung außerhalb der Reihenfolge nach (DKK/*Schneider* Rn. 5; *Fitting* Rn. 5; GK-BetrVG/*Kreutz* Rn. 7).

III. Beschäftigungsarten und Geschlecht

Unter Beschäftigungsarten sind nach **Abs. 1 S. 2** die im Betrieb vertretenen Berufsgruppen zu verstehen, nicht die Gruppen der Arbeiter und Angestellten (DKK/*Schneider* Rn. 4; *Richardi* Rn. 4; *Fitting* Rn. 6). Auch sie vertreten im Betriebsrat alle Arbeitnehmer und rücken ohne Sonderregel nach. Mit **Abs. 2** wird dem Gleichberechtigungsgrundsatz aus Art. 3 II GG Rechnung getragen. Die aktive Teilnahme von Frauen an der Betriebsratsarbeit soll erhöht werden, um so den besonderen Probleme von Frauen im beruflichen Alltag eher gerecht zu werden und die tatsächliche Durchsetzung der Gleichstellung zu fördern. Auch diese Vorschrift ist nur eine Soll-, keine Mußvorschrift. Die zwingende Quotierung hat keinen Eingang in das Gesetz gefunden. Damit ist das Aufstellen reiner „Männerlisten", aber auch reiner „Frauenlisten" weiterhin möglich. Im Wahlausschreiben ist nach § 3 II Nr. 3a der Anteil der Geschlechter im Betrieb, getrennt nach Gruppen und der Hinweis auf § 15 II anzugeben. 3

§ 16 Bestellung des Wahlvorstands

(1) ¹Spätestens zehn Wochen vor Ablauf seiner Amtszeit bestellt der Betriebsrat einen aus drei Wahlberechtigten bestehenden Wahlvorstand und einen von ihnen als Vorsitzenden. ²Der Betriebsrat kann die Zahl der Wahlvorstandsmitglieder erhöhen, wenn dies zur ordnungsgemäßen Durchführung der Wahl erforderlich ist. ³Der Wahlvorstand muß in jedem Fall aus einer ungeraden Zahl von Mitgliedern bestehen. ⁴Für jedes Mitglied des Wahlvorstands kann für den Fall seiner Verhinderung ein Ersatzmitglied bestellt werden. ⁵In Betrieben mit Arbeitern und Angestellten müssen im Wahlvorstand beide Gruppen vertreten sein. ⁶In Betrieben mit weiblichen und männlichen Arbeitnehmern sollen dem Wahlvorstand Frauen und Männer angehören. ⁷Jede im Betrieb vertretene Gewerkschaft kann zusätzlich einen dem Betrieb angehörenden Beauftragten als nicht stimmberechtigtes Mitglied in den Wahlvorstand entsenden, sofern ihr nicht ein stimmberechtigtes Wahlvorstandsmitglied angehört.

(2) ¹Besteht acht Wochen vor Ablauf der Amtszeit des Betriebsrats kein Wahlvorstand, so bestellt ihn das Arbeitsgericht auf Antrag von mindestens drei Wahlberechtigten oder einer im Betrieb vertretenen Gewerkschaft; Absatz 1 gilt entsprechend. ²In dem Antrag können Vorschläge für die Zusammensetzung des Wahlvorstands gemacht werden. ³Das Arbeitsgericht kann für Betriebe mit in der Regel mehr als zwanzig wahlberechtigten Arbeitnehmern auch Mitglieder einer im Betrieb vertretenen Gewerkschaft, die nicht Arbeitnehmer des Betriebs sind, zu Mitgliedern des Wahlvorstands bestellen, wenn dies zur ordnungsgemäßen Durchführung der Wahl erforderlich ist.

I. Bestellung durch den Betriebsrat

Das Recht aus **Abs. 1** sichert dem Betriebsrat seinen Einfluß auf die Zusammensetzung des Wahlvorstandes. Die korrespondierende Pflicht soll sicherstellen, daß die Neuwahl des Betriebsrates rechtzeitig eingeleitet wird. Eine ohne Wahlvorstand durchgeführte Betriebsratswahl ist nichtig (*Richardi* Rn. 1; *Fitting* Rn. 60; GK-BetrVG/*Kreutz* Rn. 5). Kommt der Betriebsrat seiner Pflicht beharrlich nicht nach, kann er nach § 23 I aufgelöst werden (GK-BetrVG/*Kreutz* Rn. 15). Wegen der Dauer dieses Verfahrens empfiehlt es sich eher, die Ersatzbestellung des Wahlvorstandes durch das ArbG nach Abs. 2 zu betreiben (DKK/*Schneider* Rn. 8; *Fitting* Rn. 10). 1

1. Zeitpunkt. Abs. 1 S. 1 bestimmt eine Mindestfrist („spätestens"). Eine frühere Bestellung des Wahlvorstandes ist nicht nur zulässig, sondern zweckmäßig und oftmals notwendig, um betriebsratslose Zeiten zu vermeiden (vgl. § 13 Rn. 1). Die Berechnung der Frist erfolgt nach §§ 187 ff. BGB. Der Betriebsrat muß den Wahlvorstand spätestens an dem Tag bestellen, der um zehn Wochen zurückgerechnet dem Tag entspricht, an dem seine Amtszeit abläuft. Ist dieser Tag ein Samstag, Sonntag oder gesetzlicher Feiertag, ist der letzte davor liegende Werktag maßgebend (*Fitting* Rn. 4; GK-BetrVG/ *Kreutz* Rn. 18). § 193 BGB ist nicht anzuwenden. Da nach § 13 I 2 die Betriebsratswahlen zeitgleich mit den Wahlen zum Sprecherausschuß einzuleiten sind und das Zuordnungsverfahren nach § 18a 2 durchgeführt werden muß, ist vom Ablauf der Amtszeit derjenigen Vertretung auszugehen, deren Amtszeit zuerst endet (*Fitting* Rn. 5). Nach Ablauf der Zehnwochenfrist bleibt die Bestellung nach Abs. 1 bis zur rechtskräftigen Ersatzbestellung durch das Arbeitsgericht nach Abs. 2 möglich (LAG Hamm 23. 9. 1954 AP BetrVG § 15 Nr. 1; DKK/*Schneider* Rn. 23; *Fitting* Rn. 41). Nach Ablauf seiner Amtszeit können weder der Betriebsrat noch das Arbeitsgericht nach Abs. 2 den Wahlvorstand bestellen. Er kann nur noch nach § 17 durch die Betriebsversammlung bestellt werden (*Fitting* Rn. 6). Die **Beendigung der Amtszeit** des Betriebsrates richtet sich im Regelfall nach § 21. Die Vorschriften des § 16 gelten grundsätzlich auch bei vorzeitiger Beendigung der Amtszeit (BAG 31. 5. 2000 – 7 ABR 78/98). In den Fällen § 13 II Nr. 1–3 iVm. § 21 S. 5 und § 22 ist die Frist nicht berechenbar. Der Betriebsrat muß deshalb den Wahlvorstand unverzüglich, dh ohne schuldhaftes Zögern bestellen (DKK/*Schneider* Rn. 6; *Fitting* Rn. 7; GK-BetrVG/*Kreutz* Rn. 20). Da mit rechtskräftiger Anfechtung bzw. gerichtlicher Auflösung kein Betriebsrat mehr besteht, muß der Wahlvorstand in den Fällen des § 13 II Nr. 4 und 5 nach § 17 bzw. § 23 II bestellt werden (*Fitting* Rn. 8). Der vorzeitig neugewählte Betriebsrat hat spätestens bis zum 22. März des Jahres, in dem nach § 13 III eine Neuwahl ansteht, den Wahlvorstand zu bestellen, da seine Amtszeit am 31. Mai des Eingliederungsjahres abläuft (*Fitting* Rn. 9). Nimmt der Betriebsrat ein **Übergangsmandat** in einem betriebsratslosen Betrieb wahr, hat er den Wahlvorstand unverzüglich, spätestens aber zehn Wochen vor Ablauf seiner Amtszeit zu bestellen (*Fitting* Rn. 7 a; GK-BetrVG/*Kreutz* Rn. 9). Wird durch **Zusammenlegen** mehrerer Betriebe bzw. selbständiger Betriebsteile mit bisher jeweils eigenständigen Betriebsräten ein neuer Betrieb gebildet, steht das Recht und die Pflicht zur Bestellung des Wahlvorstandes auch außerhalb des Anwendungsbereichs von § 321 II UmwG dem Betriebsrat zu, der nach Zahl der wahlberechtigten Arbeitnehmer den größten Betrieb/Betriebsteil repräsentiert (*Fitting* Rn. 7 a; DKK/*Schneider* Rn. 3 a).

3   **2. Mitglieder.** Der Betriebsrat bestellt die Mitglieder des Wahlvorstands durch Beschluß mit einfacher Mehrheit nach § 33. Eine förmliche Wahl ist im Gesetz nicht vorgesehen (DKK/*Schneider* Rn. 9; *Fitting* Rn. 15; GK-BetrVG/*Kreutz* Rn. 22; aA *Richardi* Rn. 23). Sie kann aber vom Betriebsrat beschlossen oder in der Geschäftsordnung festgelegt werden (*Fitting* Rn. 15). Die Bestellung des Wahlvorstands kann nach § 27 auf den Betriebsausschuß übertragen werden. Der Betriebsrat kann jeden wahlberechtigten Arbeitnehmer als Wahlvorstandsmitglied bestellen. Auf seine Wählbarkeit kommt es nicht an (DKK/*Schneider* Rn. 11; *Fitting* Rn. 13). Es muß sich auch nicht um einen ständig beschäftigte Arbeitnehmer handeln (DKK/*Schneider* Rn. 12; *Fitting* Rn. 13). Da das Gesetz keine weiteren Beschränkungen vorsieht, können auch amtierende Betriebsratsmitglieder (DKK/*Schneider* Rn. 11; *Fitting* Rn. 14; GK-BetrVG/*Kreutz* Rn. 29) und Wahlkandidaten bestellt werden (DKK/*Schneider* Rn. 11; GK-BetrVG/*Kreutz* Rn. 29). Durch die WO sind dem Wahlvorstand enge Grenzen gesetzt und eine gerichtliche Überprüfung ist schon während des Wahlverfahrens und danach möglich (BAG 12. 10. 1976 AP BetrVG 1972 § 8 Nr. 1; BAG 4. 10. 1977 AP BetrVG § 18 Nr. 2; GK-BetrVG/*Kreutz* Rn. 29 f.). Allerdings sollte auf Wahlkandidaten nur zurückgegriffen werden, wenn keine andere Möglichkeit besteht, damit schon der Anschein von Parteilichkeit vermieden wird (*Fitting* Rn. 14). Der bestellte Arbeitnehmer ist nicht verpflichtet, das Amt anzunehmen (*Fitting* Rn. 16). Es können ein oder mehrerer Ersatzmitglieder bestellt werden, welche nachrücken, wenn der BR dies beschlossen hat (*Fitting* Rn. 16).

4   **3. Mitgliederzahl.** Der Wahlvorstand hat nach **Abs. 1 S. 1** mindestens drei Mitglieder. Die Erhöhung der Mitgliederzahl nach Abs. 1 S. 2 bedarf nicht der Zustimmung des Arbeitgebers (*Fitting* Rn. 19; GK-BetrVG/*Kreutz* Rn. 33). Eine Höchstgrenze besteht nicht. Die **Erforderlichkeit** ist als unbestimmter Rechtsbegriff arbeitsgerichtlich überprüfbar. Für seine Entscheidung steht dem Betriebsrat ein Beurteilungsspielraum zu (*Richardi* Rn. 8; aA GK-BetrVG/*Kreutz* Rn. 33). Zu berücksichtigen sind die Größe des Betriebs, die Vielzahl der Betriebsabteilungen, die Arbeitsrhythmus, die räumliche Entfernung (*Fitting* Rn. 19; GK-BetrVG/*Kreutz* Rn. 33) und die im Einzelfall vom Wahlvorstand zu bewältigenden Aufgaben, wie zB die Vorabstimmungen nach §§ 12 I und 14 II oder das Zuordnungsverfahren nach § 18 a. Bestehen mehrere Wahlräume, kann eine Erhöhung erforderlich sein, um den Anforderungen des § 12 II WO gerecht zu werden. Der Betriebsrat hat auf Vorschlag des Wahlvorstands auch nachträglich noch die Möglichkeit, die Mitgliederzahl zu erhöhen (DKK/*Schneider* Rn. 14; *Fitting* Rn. 19). Stets muß der Wahlvorstand aber aus einer ungeraden Zahl von Mitgliedern bestehen (DKK/*Schneider* Rn. 14; *Richardi* Rn. 8).

5   **4. Zusammensetzung.** Die Repräsentanz der **Gruppen** im Wahlvorstand muß nach **Abs. 1 S. 5** nicht ihrem zahlenmäßigen Verhältnis im Betrieb entsprechen. (BAG 11. 2. 1969 AP BetrVG § 28 Nr. 1; DKK/*Schneider* Rn. 13; *Richardi* Rn. 13; *Fitting* Rn. 21; GK-BetrVG/*Kreutz* Rn. 36). Jede Gruppe muß jedoch während des gesamten Wahlverfahrens durch mindestens ein ordentliches, stimmberechtigtes Mitglied im Wahlvorstand vertreten sein (BAG 14. 9. 1988 AP BetrVG 1972 § 16 Nr. 1). Ist kein Arbeitnehmer der einen Gruppe bereit, im Wahlvorstand mitzuwirken oder nehmen an der Versammlung nach § 17 die Angehörigen einer Gruppe nicht teil, bilden nur Vertreter der anderen Gruppe den Wahlvorstand, da sonst eine Gruppe die Durchführung der Betriebsratswahl insgesamt verhindern könnte (DKK/*Schneider* Rn. 13; *Fitting* Rn. 21; GK-BetrVG/*Kreutz* Rn. 37). **Abs. 1 S. 6** enthält lediglich eine Aufforderung an den Betriebsrat, beide **Geschlechter** bei der Zusammensetzung des Wahlvor-

standes zu berücksichtigen. Ihre Nichtbeachtung bleibt ohne Sanktionen. Im Gesetzgebungsverfahren wurde eine zwingende Quotierung als unpraktikabel und wegen der nur organisatorischen Aufgaben des Wahlvorstands als unangemessen abgelehnt (BT-Drucks. 12/5468, S. 41 f.).

Der Wahlvorstand hat das Vorliegen der Voraussetzungen des Entsendungsrechts der **Gewerkschaf-** **6** **ten** nach Abs. 1 S. 7 zu überprüfen und durch Beschluß der stimmberechtigten Mitglieder zu entscheiden, ob die Voraussetzungen für eine rechtmäßige Entsendung vorliegen (DKK/*Schneider* Rn. 21; *Fitting* Rn. 31; GK-BetrVG/*Kreutz* Rn. 48). Er ist auf Anfrage verpflichtet, den im Betrieb vertretenen Gewerkschaften mitzuteilen, welche Mitglieder und Ersatzmitglieder bestellt wurden. Das Entsendungsrecht steht Gewerkschaften zu, denen zumindest ein Arbeitnehmer des Betriebes als Mitglied angehört. Eine Entsendung ist nur zulässig, wenn kein Gewerkschaftsmitglied ordentliches Mitglied des Wahlvorstands ist. Solange ein Ersatzmitglied nicht nachrückt, steht die Gewerkschaftsmitgliedschaft dieses Ersatzmitglieds dem Entsendungsrecht nicht entgegen. Rückt es nach, endet die Mitgliedschaft des entsandten Mitglieds (*Fitting* Rn. 30; GK-BetrVG/*Kreutz* Rn. 45). Die Entsendung eines externen Vertreters ist unzulässig. Der Beauftragte muß nicht Mitglied der Gewerkschaft sein (GK-BetrVG/*Kreutz* Rn. 46). Er muß das aktive Wahlrecht haben, da er – wenn auch nicht stimmberechtigt – Mitglied des Wahlvorstands ist. Deshalb können auch keine Beschäftigten iSd. § 5 II, III benannt werden (*Fitting* Rn. 36; GK-BetrVG/*Kreutz* Rn. 46). Das Entsendungsrecht gehört zu den Befugnissen nach § 2 II und kann somit ein Zutrittsrecht der Gewerkschaft zum Betrieb begründen (*Fitting* Rn. 30; GK-BetrVG/*Kreutz* Rn. 45). Das entsandte Mitglied hat bis auf das Stimmrecht alle Rechte und Befugnisse eines Mitglieds des Wahlvorstandes (GK-BetrVG/*Kreutz* Rn. 49). Bei Ausscheiden des entsandten Mitglieds, kann die Gewerkschaft ein neues Mitglied entsenden (GK-BetrVG/*Kreutz* Rn. 47). Bei Abs. 1 S. 7 handelt es sich um eine wesentliche Wahlvorschrift. Ihre Verletzung rechtfertigt jedoch keine Anfechtung der Betriebsratswahl. Da das entsandte Mitglied kein Stimmrecht hat, ist eine Beeinflussung des Wahlergebnisses unter keinen Umständen denkbar (*Fitting* Rn. 40; GK-BetrVG/*Kreutz* Rn. 52).

Der Betriebsrat bestellt durch Mehrheitsbeschluß den **Vorsitzenden** des Wahlvorstands. Existiert **7** der Betriebsrat nicht mehr, wählt der Wahlvorstand eines seiner Mitglieder als Vorsitzenden (*Richardi* Rn. 18; DKK/*Schneider* Rn. 11; *Fitting* Rn. 23; GK-BetrVG/*Kreutz* Rn. 24). Die Wahl eines Stellvertreters ist nicht vorgeschrieben, aber zulässig (*Fitting* Rn. 23; GK-BetrVG/*Kreutz* Rn. 38). Der Vorsitzende hat die Sitzungen einzuberufen und zu leiten. Ferner vertritt er den Wahlvorstand iR der von diesem gefaßten Beschlüsse und nimmt Erklärungen für ihn entgegen (*Fitting* Rn. 24).

5. Ersatzmitglieder. Bei der Bestellung von Ersatzmitgliedern nach **Abs. 1 S. 4** muß auch die **8** Reihenfolge des Nachrückens festgelegt werden (*Richardi* Rn. 19; *Fitting* Rn. 25; GK-BetrVG/*Kreutz* Rn. 39 f.). Das Ersatzmitglied vertritt bei Verhinderung das Wahlvorstandsmitglied und ersetzt es nach seinem Ausscheiden (*Richardi* Rn. 20; *Fitting* Rn. 26; GK-BetrVG/*Kreutz* Rn. 41). Die Bestellung von Ersatzmitgliedern ist nicht zwingend. Fehlt sie, hat das keine Auswirkung auf die Gültigkeit der Wahl (*Fitting* Rn. 28). Der Betriebsrat kann auch die nach Abs. 1 S. 6 von den Gewerkschaften entsandten nicht stimmberechtigten Mitglieder als Ersatzmitglieder benennen (Fitting Rn. 25). Die nach Abs. 1 S 5 vorgeschriebene Gruppenvertretung muß beim Nachrücken gewährleistet sein (BAG 14. 9. 1988 AP BetrVG § 16 Nr. 1; *Richardi* Rn. 19; *Fitting* Rn. 25). Hat der Wahlvorstand nach Nachrücken aller Ersatzmitglieder nicht genügend Mitglieder, hat der Betriebsrat den Wahlvorstand unverzüglich zu ergänzen (BAG 14. 12. 1965 AP BetrVG § 16 Nr. 5). Bleibt der Betriebsrat untätig, kann der Wahlvorstand durch das ArbG entsprechend Abs. 2 ergänzt werden (DKK/*Schneider* Rn. 16; *Fitting* Rn. 26). Finden sich nicht genügend Arbeitnehmer bereit, als Wahlvorstandsmitglied zu fungieren, kann das Arbeitsgericht nach Abs. 2 S. 3 unter den dort genannten Voraussetzungen nicht dem Betrieb angehörende Mitglieder des Wahlvorstandes bestellen. Nach Ablauf der Amtszeit des Betriebsrats muß die Ergänzung durch die Betriebsversammlung nach § 17 I, subsidiär durch das ArbG nach § 17 III umgesetzt werden (DKK/*Schneider* Rn. 16; *Fitting* Rn. 26). Eine Selbstergänzung des Wahlvorstands durch Zuwahl ist nicht zulässig (*Fitting* Rn. 26; GK-BetrVG/*Kreutz* Rn. 42).

II. Bestellung durch das Arbeitsgericht

Abs. 2 stellt sicher, daß ein Wahlvorstand auch gebildet wird, wenn der Betriebsrat untätig bleibt. **9** Der **Antrag** kann frühestens an dem Tag gestellt werden, der um acht Wochen zurückgerechnet dem Tag des Ablaufs der Amtszeit des Betriebsrats entspricht. In den Fällen des § 13 II Nr. 1 bis 3 kann der Antrag zwei Wochen nach dem Tag gestellt werden, an dem der Betriebsrat den Wahlvorstand hätte bestellen müssen (DKK/*Schneider* Rn. 26; *Richardi* Rn. 33; *Fitting* Rn. 42, GK-BetrVG/*Kreutz* Rn. 59). Bleiben ein vorzeitig gewählter Betriebsrat untätig, darf frühestens am 6. April des nach § 13 III zu bestimmenden Eingliederungsjahres der Antrag gestellt werden. Solange die Amtszeit des Betriebsrats noch nicht abgelaufen ist, kann dieser die Bestellung noch bis zur rechtskräftigen Entscheidung nach Abs. 2 nachholen (LAG Hamm 23. 9. 1954 AP BetrVG § 15 Nr. 1). Das Verfahren ist dann für erledigt zu erklären (*Fitting* Rn. 41). Vor Ablauf der Amtszeit eingeleitete Bestellungsverfahren werden fortgeführt (LAG Düsseldorf 20. 11. 1975 DB 76, 682). Ist die Amtszeit des Betriebsrats abgelaufen, kann auch ein Verfahren nach Abs. 2 nicht mehr eingeleitet werden (GK-BetrVG/ *Kreutz* Rn. 60). Die Antragsberechtigung ist eine Verfahrensvoraussetzung. Sie muß während des gesamten Verfahrens bis zur letzten mündlichen Anhörung in der Rechtsbeschwerdeinstanz bestehen (BAG 21. 11. 1975 AP BetrVG 1972 § 118 Nr. 6). Das Arbeitsgericht kann jeden wahlberechtigten Arbeitnehmer des Betriebs bestellen. Es ist dabei nicht verpflichtet, sich an Besetzungsvorschläge des Antragstellers zu halten (GK-BetrVG/*Kreutz* Rn. 64; HSG/*Schlochauer* Rn. 25). Es unterliegt nach Abs. 2 S. 1 2. Halbs. bei der Berücksichtigung der Gruppen, der Geschlechter und der Anzahl der zu bestellenden Mitglieder den gleichen Bindungen wie der Betriebsrat (*Fitting* Rn. 45; GK-BetrVG/ *Kreutz* Rn. 64). Das Recht der Gewerkschaften, nichtstimmberechtigte Mitglieder zu bestellen, bleibt durch die arbeitsgerichtliche Bestellung unberührt (*Fitting* Rn. 46). Wird die erforderliche Zahl von Mitgliedern des Wahlvorstandes unterschritten, muß das Arbeitsgericht auf Antrag den Wahlvorstand ergänzen (LAG Düsseldorf DB 75, 260; *Fitting* Rn. 47). Soweit es nach Abs. 2 S. 3 **externe Gewerkschaftsmitglieder** bestellt, reichen bloße Zweckmäßigkeitsüberlegungen nicht aus. Erforderlich ist diese Besetzung nur, wenn die konkreten Verhältnisse des Betriebes dies verlangen; etwa, weil nicht genügend Arbeitnehmer bereit oder in der Lage sind, die zu besetzenden Wahlvorstandsämter zu übernehmen (LAG Düsseldorf 7. 11. 1974 DB 75, 260; DKK/*Schneider* Rn. 28; *Fitting* Rn. 53; GK-BetrVG/*Kreutz* Rn. 68).

III. Rechtsstellung des Wahlvorstands und seiner Mitglieder

10 Die Mitgliedschaft im Wahlvorstand ist ein Ehrenamt (GK-BetrVG/*Kreutz* Rn. 71). § 20 III enthält den Entgeltanspruch der Wahlvorstandsmitglieder bei Arbeitsausfall. Notwendige Aufwendungen sind ihnen zu erstatten. Die externen Gewerkschaftsmitglieder handeln ehrenamtlich und haben keinen unmittelbaren Lohnanspruch gegen den Arbeitgeber. Der Arbeitgeber hat ihnen notwendige Aufwendungen und Auslagen inclusive eines Verdienstausfalls als Mitglieder des Wahlvorstands zu erstatten (DKK/*Schneider* Rn. 29; *Fitting* Rn. 55; GK-BetrVG/*Kreutz* Rn. 70). Soweit die Gewerkschaft Aufwendungen und Auslagen vorgestreckt hat, kann sie nach § 683 BGB beim Arbeitgeber Ersatz der Aufwendungen im Beschlußverfahren verlangen (GK-BetrVG/*Kreutz* Rn. 70; *Fitting* Rn. 55). Die Wahlvorstandsmitglieder genießen nach § 15 III KSchG, § 103 einen besonderen Kündigungsschutz. Das Amt und der Kündigungsschutz beginnen mit der Bestellung. Der Kündigungsschutz endet sechs Monate nach der Bekanntgabe des Wahlergebnisses. Wahlvorstandsmitglieder unterliegen – abgesehen von allgemeinen datenschutzrechtlichen Bestimmungen – keinen besonderen Verschwiegenheits- oder Geheimhaltungspflichten (*Fitting* Rn. 59). Die **Mitgliedschaft endet** mit Verlust des aktiven Wahlrechts oder Niederlegung des Amts. Der Wahlvorstand kann als Gremium durch Beschluß nicht zurücktreten oder sich auflösen. Ein Selbstauflösungsrecht ist vom Gesetz nicht vorgesehen (LAG Düsseldorf 26. 3. 1975 DB 75, 840; GK-BetrVG/*Kreutz* Rn. 79; *Richardi* Rn. 58). Alle Mitglieder und Ersatzmitglieder können ihr Amt jedoch niederlegen (GK-BetrVG/*Kreutz* Rn. 79; *Richardi* Rn. 59). Der Betriebsrat kann weder das Gremium noch einzelne Mitglieder abberufen; dazu ist nur das ArbG nach § 18 I 2 befugt (DKK/*Schneider* Rn. 17; *Fitting* Rn. 17; GK-BetrVG/*Kreutz* Rn. 79). Das Amt des Wahlvorstands erlischt nicht schon mit der Einladung zur konstituierenden Sitzung des Betriebsrates nach § 29 I 1 (so BAG 14. 11. 1975 AP BetrVG 1972 § 18 Nr. 1; *Richardi* Rn. 57; *Fitting* Rn. 58). Es endet mit der Wahl des Wahlleiters für die Wahl des Betriebsratsvorsitzenden nach § 26 I 1. Bis zu diesem Zeitpunkt leitet der Vorsitzende des Wahlvorstandes nach § 29 I 2 diese Sitzung und nimmt damit die letzte Amtshandlung wahr (DKK/*Schneider* Rn. 20; GK-BetrVG/*Kreutz* Rn. 78). Beim einköpfigen Betriebsrat endet das Amt des Wahlvorstands mit Annahme der Wahl durch den Gewählten (GK-BetrVG/*Kreutz* Rn. 78).

IV. Streitigkeiten

11 Vor Abschluß der Wahl entscheidet das Arbeitsgericht über die Bestellung und Zusammensetzung des Wahlvorstands nach §§ 2 a, 80 ff. ArbGG im arbeitsgerichtlichen Beschlußverfahren. Die Antragsberechtigung ist dabei analog § 19 II zu bestimmen, dh sowohl die im Betrieb vertretene Gewerkschaft (BAG 14. 12. 1965 AP BetrVG § 16 Nr. 5) als auch der Arbeitgeber (BAG 3. 6. 1975 BetrVG 1972 § 5 Rotes Kreuz Nr. 1) sind antragsberechtigt. Gegebenenfalls kommt eine einstweilige Verfügung in Betracht (BAG 3. 6. 1975 BetrVG 1972 § 5 Rotes Kreuz Nr. 1). Gegenstand ist allein die Rechtmäßigkeit, nicht die Zweckmäßigkeit der Bestellung (Fitting Rn. 61). Verstöße gegen die Regelungen zur Bestellung und Zusammensetzung des Wahlvorstands können daneben zur Anfechtbarkeit der Wahl führen (BAG 2. 3. 1955 AP BetrVG § 18 Nr. 1; BAG 14. 9. 1988 AP BetrVG § 16 Nr. 1) Auch Streitigkeiten über die Rechtsstellung der Wahlvorstandsmitglieder sind im Beschlußverfahren zu entscheiden (DKK/*Schneider* Rn. 32; GK-BetrVG/*Kreutz* Rn. 81). In einem Beschlußverfahren zur Bestellung des Wahlvorstandes durch das Arbeitsgericht sind die als Mitglieder des Wahlvorstandes Vorgeschlagenen nicht Beteiligte des Beschlußverfahrens (BAG 6. 12. 1977 AP BetrVG 1972 § 118 Nr. 10).

§ 17 Wahl des Wahlvorstands

(1) ¹Besteht in einem Betrieb, der die Voraussetzungen des § 1 erfüllt, kein Betriebsrat, so wird in einer Betriebsversammlung von der Mehrheit der anwesenden Arbeitnehmer ein Wahlvorstand gewählt. ² § 16 Abs. 1 gilt entsprechend.

(2) Zu dieser Betriebsversammlung können drei wahlberechtigte Arbeitnehmer des Betriebs oder eine im Betrieb vertretene Gewerkschaft einladen und Vorschläge für die Zusammensetzung des Wahlvorstands machen.

(3) ¹Findet trotz Einladung keine Betriebsversammlung statt oder wählt die Betriebsversammlung keinen Wahlvorstand, so bestellt ihn das Arbeitsgericht auf Antrag von mindestens drei wahlberechtigten Arbeitnehmern oder einer im Betrieb vertretenen Gewerkschaft. ² § 16 Abs. 2 gilt entsprechend.

I. Betriebsversammlung

In betriebsratslosen, aber betriebsratsfähigen Betrieben wählt die Betriebsversammlung den Wahl- 1 vorstand. Aus welchen Grund ein Betriebsrat fehlt, ist unerheblich (DKK/*Schneider* Rn. 2; *Richardi* Rn. 2; *Fitting* Rn. 4). Werden zwei oder mehrere Betriebsstätten mit jeweils eigenem Betriebsrat zusammengelegt, wird der Wahlvorstand nicht nach Abs. 1 gewählt. Nach den Grundsätzen des Übergangsmandats wird der Wahlvorstandes auch außerhalb des Anwendungsbereichs des § 321 II UmwG durch den Betriebsrats des gemessen an der Anzahl der wahlberechtigten Arbeitnehmer bisher größten Betrieb/Betriebsteils bestellt (*Fitting* Rn. 4; s. auch § 16 Rn. 2). Nach gerichtlicher Auflösung des Betriebsrats, bestellt das Gericht nach § 23 II einen Wahlvorstand. Unzulässig ist die Wahl durch die Betriebsversammlung auch, wenn der amtierende Betriebsrat vor Ablauf der Amtszeit oder im Fall der Wahlanfechtung vor rechtskräftiger gerichtlicher Entscheidung einen Wahlvorstand bestellt (*Fitting* Rn. 5). Mit Ablauf der Amtszeit des Betriebsrats entsteht – trotz gegebenfalls gleichzeitig laufendem gerichtlichen Bestellungsverfahren – das Recht der Betriebsversammlung nach § 17 I einen Wahlvorstand zu wählen, denn der Betrieb ist ab diesem Zeitpunkt betriebsratslos (*Richardi* Rn. 2; *Fitting* Rn. 5; GK-BetrVG/*Kreutz* Rn. 9). Nach Ablauf der Amtszeit fortgeführte Bestellungsverfahren (vgl. LAG Düsseldorf 20. 11. 1975 DB 76, 682), sind nach der Wahl des Wahlvorstands durch die Betriebsversammlung einzustellen (*Fitting* Rn. 5).

Die Aufzählung der **Einladungsberechtigten** in **Abs. 2** ist erschöpfend. Der Arbeitgeber (DKK/ 2 *Schneider* Rn. 3; *Fitting* Rn. 9; aA BAG 19. 3. 1974 AP BetrVG 1972 § 17 Nr. 1; *Richardi* Rn. 8; GK-BetrVG/*Kreutz* Rn. 13 f.; HSG/*Schlochauer* Rn. 5) ist ebensowenig einladungsberechtigt wie der amtierende Betriebsrat (aA GK-BetrVG/*Kreutz* Rn. 13) oder weniger als drei Arbeitnehmer (GK-BetrVG/*Kreutz* Rn. 12). Die Einladung durch einen hierzu nicht Berechtigten allein macht die Wahl jedoch weder nichtig (vgl. *Fitting* Rn. 9; GK-BetrVG/*Kreutz* Rn. 12), noch anfechtbar. § 17 Abs. 1 gehört insoweit nicht zu den wesentlichen Vorschriften über das Wahlverfahren. Nach Abs. 2 ist eine **Gewerkschaft** einladungsberechtigt, bei der mindestens ein im Betrieb Beschäftigter Mitglied ist. Das Einladungsrecht ist eine betriebsverfassungsrechtliche Befugnis iSd. § 2 II und vermittelt ein Zutrittsrecht der Gewerkschaft zum Betrieb (*Fitting* Rn. 7; GK-BetrVG/*Kreutz* Rn. 12). Das Einladungsrecht der Gewerkschaft entfällt nicht deshalb, weil bereits drei Arbeitnehmer zu derselben Betriebsversammlung eingeladen haben (LAG Köln 6. 10. 1989 BB 90, 998); gleiches gilt auch für den umgekehrten Fall (*Fitting* Rn. 6).

Form- oder Fristvorschriften für die Einladung bestehen nicht. Es muß jedoch gewährleistet sein, 3 daß alle Arbeitnehmer über Termin, Ort und Zweck der Betriebsversammlung rechtzeitig informiert werden. Insoweit sind strenge Anforderugen zu stellen, weil sonst der Grundsatz der Allgemeinheit einer Wahl verletzt wird (BAG 7. 5. 1986 AP KSchG 1969 § 15 Nr. 18). Es genügt ein sichtbarer Aushang der Einladung im Betrieb. Da keine Schriftform vorgeschrieben ist, muß der Aushang von den Einladenden nicht unterschrieben sein (LAG Hamm 29. 11. 1973 DB 74, 389). Hat der Betrieb Außenarbeitnehmer, können die Einladenden vom Arbeitgeber verlangen, daß er die Einladung auf seine Kosten zusendet (BAG 26. 2. 1992 AP BetrVG 1972 § 17 Nr. 6). Lädt die Gewerkschaft ein, kann auch sie die Übersendung der Einladungsschreiben vom Arbeitgeber verlangen (GK-BetrVG/*Kreutz* Rn. 15). Wird die Einladung nicht ausreichend bekanntgemacht und haben die Arbeitnehmer dadurch nicht von der Versammlung erfahren, so ist die Wahl des Wahlvorstands nichtig, falls das Fernbleiben der nicht unterrichteten Arbeitnehmer das Wahlergebnis beeinflussen konnte (BAG 7. 5. 1986 AP KSchG 1969 § 15 Nr. 18).

An der Versammlung **teilnahmeberechtigt** sind alle im Betrieb beschäftigten Arbeitnehmer, auch 4 die nicht Wahlberechtigten (DKK/*Schneider* Rn. 6; *Richardi* Rn. 11). Ausgeschlossen sind Beschäftigte nach § 5 II, III (DKK/*Schneider* Rn. 6; *Fitting* Rn. 11); dies gilt auch für Mitglieder des SpA (DKK/*Schneider* Rn. 6). Die Betriebsversammlung nach § 17 ist nicht nur nach § 44 I 1 in dem dort genannten Umfang jeder anderen Betriebsversammlung gleichzustellen. Auch im übrigen sind die §§ 42 ff. anzuwenden (GK-BetrVG/*Kreutz* Rn. 18). Teilnahmeberechtigt ist damit nicht nur der Arbeitgeber nach § 43 II 1 (LAG Berlin 10. 2. 1986, AuR 87, 34; *Richardi* Rn. 13; *Fitting* Rn. 13; GK-BetrVG/*Kreutz* Rn. 18; aA DKK/*Schneider* Rn. 6). Auch die im Betrieb vertretene Gewerkschaft ist nach § 46 II berechtigt, beratend teilzunehmen (GK-BetrVG/*Kreutz* Rn. 18; *Richardi* Rn. 13). Bis zur Wahl eines **Versammlungsleiters** leiten die Einladenden die Versammlung (*Richardi* Rn. 12; *Fitting* Rn. 10). Für seine Wahl genügt die relative Mehrheit (GK-BetrVG/*Kreutz* Rn. 23). Wird eine Wahl des Versammlungsleiters nicht durchgeführt, sind die Mehrheit der Versammelten aber offensichtlich mit der Leitung einverstanden, führt dies allein nicht zur Ungültigkeit der Wahl des Wahlvorstands (BAG 14. 12. 1965 BetrVG § 16 Nr. 5).

5   Neben den Einladenden kann **Wahlvorschläge** jeder an der Betriebsversammlung teilnehmende Arbeitnehmer machen (*Fitting* Rn. 8). Nach § 17 I 2, 16 I dürfen nur betriebsangehörige wahlberechtigte Arbeitnehmer als Kandidaten benannt werden (DKK/*Schneider* Rn. 12). Die **Beschlußfähigkeit** zur Wahl des Wahlvorstands hängt nicht von der Teilnahme einer Mindestzahl von Arbeitnehmer ab, da nach I 1 „die Mehrheit der anwesenden Arbeitnehmer" den Wahlvorstand wählt (DKK/*Schneider* Rn. 8; *Richardi* Rn. 16; *Fitting* Rn. 12; GK-BetrVG/*Kreutz* Rn. 19). Die Mehrheit der abgegebenen Stimmen reicht damit nicht aus (*Richardi* Rn. 20). Die Wahl ist stets **gemeinsame Wahl** der Gruppen (DKK/*Schneider* Rn. 8; *Fitting* Rn. 15). Soweit der Wahlvorstand nach § 16 I 5 aus Arbeitern und Angestellten bestehen muß, ist abweichend vom reinen Mehrheitsprinzip ein Bewerber der Minderheitsgruppe gewählt, auch wenn er möglicherweise weniger Stimmen erhalten hat, als ein Kandidat der Mehrheitsgruppe. Allerdings benötigt auch dieser Kandidat die im Gesetz vorgeschriebene absolute Mehrheit der Stimmen (*Richardi* Rn. 20; *Fitting* Rn. 16; GK-BetrVG/*Kreutz* Rn. 29). Wird die Mehrheit im ersten Wahlgang nicht erreicht, ist ein zweiter Wahlgang erforderlich (*Richardi* Rn. 20; *Fitting* Rn. 16). Stimmberechtigt sind alle teilnahmeberechtigten Arbeitnehmer, auch soweit sie nicht zur Betriebsratswahl wahlberechtigt sind (DKK/*Schneider* Rn. 10; *Fitting* Rn. 14). Eine geheime Wahl ist nicht erforderlich (BAG 14. 12. 1965 AP BetrVG § 16 Nr. 5), wohl aber eine **Abstimmung**, zB durch Handaufheben, da sonst keine aktive Wahl iSd. § 17 I vorliegt (*Fitting* Rn. 14). Unter Berücksichtigung des speziellen Charakters der Versammlung gelten die allgemeinen Vorschriften zur Betriebsversammlung. Sie findet nach § 44 I grundsätzlich ohne Entgeltausfall während der Arbeitszeit statt. Besonders entstehende Fahrtkosten sind zu erstatten sind (*Fitting* Rn. 13; vgl. § 44 Rn. 2 ff.; 7 ff.).

6   Die Betriebsversammlung bestimmt aus der Mitte der Gewählten den **Vorsitzenden,** der gleichfalls die Mehrheit der Stimmen aller Teilnehmer bekommen muß. Unterläßt die Betriebsversammlung die Wahl des Vorsitzenden, ist er von den Mitgliedern des Wahlvorstands aus ihrer Mitte selbst zu bestimmen (BAG 14. 12. 1965 AP BetrVG § 16 Nr. 5; *Richardi* Rn. 23). Der Entscheidungsspielraum der Betriebsversammlung zur Struktur und Zusammensetzung des Wahlvorstands, einschließlich der Vorgaben zur Berücksichtigung von Gruppen und Geschlechtern deckt sich nach § 17 I 2 iVm. § 16 I mit dem des Betriebsrats (vgl. § 16 Rn. 5). Nach § 17 I 2 iVm. § 16 I 7 hat auch hier die im Betrieb vertretene Gewerkschaft ein Entsendungsrecht nicht stimmberechtigter Wahlvorstandsmitglieder, wenn die sonstigen Voraussetzungen vorliegen (vgl. § 16 Rn. 6).

II. Arbeitsgericht

7   Beide Alternativen des **Abs. 3** setzen die **Einladung** zu einer Betriebsversammlung voraus. Sie muß ordnungsgemäß gewesen sein (BAG 26. 2. 1992 AP BetrVG 1972 § 17 Nr. 6). Eine gerichtliche Bestellung scheidet auch dann aus, wenn die Einladung daran scheitert, daß der Arbeitgeber seine notwendige Mitwirkung verweigert (BAG 26. 2. 1992 AP BetrVG 1972 § 17 Nr. 6; GK-BetrVG/ *Kreutz* Rn. 36; aA *Fitting* Rn. 19 a). Andernfalls würden die Interessen der Gesamtbelegschaft übergangen. Der Wahlvorstand soll nach Wortlaut und Sinn der Vorschrift erst durch das Gericht installiert werden, nachdem die Belegschaft sich artikuliert hat; sei es durch Nichterscheinen auf der Betriebsversammlung, sei es, daß dort kein Wahlvorstand gewählt wird. Die Verweigerung der Mitwirkung des Arbeitgebers kann im übrigen gerichtlich überwunden werden. Unerheblich ist, warum auf der Betriebsversammlung kein Wahlvorstand installiert wurde (GK-BetrVG/*Kreutz* Rn. 37).

8   **Antragsberechtigt** sind nach Abs. 2 S. 2 iVm. § 16 II eine im Betrieb vertretene Gewerkschaft oder mindestens drei Arbeitnehmer des Betriebes. Dritte können das Verfahren nicht einleiten. Die Antragsteller brauchen nicht mit denjenigen identisch zu sein, die ergebnislos zur Betriebsversammlung eingeladen haben (DKK/*Schneider* Rn. 16; *Richardi* Rn. 27; GK-BetrVG/*Kreutz* Rn. 34). Aus § 17 III 2 iVm. § 16 II 1 Halbs. 2, I ergeben sich auch für die Bestellung durch das Arbeitsgericht dieselben Anforderungen zur Zusammensetzung und Struktur des Wahlvorstands wie bei der Bestellung durch den Betriebsrat (vgl. § 16 Rn. 5 f.). Auch betriebsfremde Gewerkschaftsmitglieder einer im Betrieb vertretenen Gewerkschaft können unter den dort genannten Voraussetzungen bestellt werden (s. 16 Rn. 6). Bis zur rechtskräftigen Entscheidung des Bestellungsverfahrens nach Abs. 3 kann der Wahlvorstand auf einer Betriebsversammlung gewählt werden (BAG 19. 3. 1974 AP BetrVG 1972 § 17 Nr. 1; DKK/*Schneider* Rn. 15; *Richardi* Rn. 4; *Fitting* Rn. 22; GK-BetrVG/*Kreutz* Rn. 10, 33).

III. Streitigkeiten

Über die Wahl des Wahlvorstands nach § 17 wird nach den §§ 2 a, 80 ff. ArbGG im arbeitsgerichtlichen Beschlußverfahren entschieden. Ist die Wahl eines Wahlvorstands nichtig, ist auch die von diesem organisierte Betriebsratswahl nichtig (GK-BetrVG/*Kreutz* Rn. 44). In einem Beschlußverfahren zur Bestellung eines Wahlvorstands durch das Arbeitsgericht sind die als seine Mitglieder Vorgeschlagenen nicht Beteiligte (BAG 6. 12. 1977 AP BetrVG 1972 § 118 Nr. 10).

§ 18 Vorbereitung und Durchführung der Wahl

(1) ¹Der Wahlvorstand hat die Wahl unverzüglich einzuleiten, sie durchzuführen und das Wahlergebnis festzustellen. ²Kommt der Wahlvorstand dieser Verpflichtung nicht nach, so ersetzt ihn das Arbeitsgericht auf Antrag von mindestens drei wahlberechtigten Arbeitnehmern oder einer im Betrieb vertretenen Gewerkschaft. ³§ 16 Abs. 2 gilt entsprechend.

(2) Ist zweifelhaft, ob ein Nebenbetrieb oder ein Betriebsteil selbständig oder dem Hauptbetrieb zuzuordnen ist, so können der Arbeitgeber, jeder beteiligte Betriebsrat, jeder beteiligte Wahlvorstand oder eine im Betrieb vertretene Gewerkschaft vor der Wahl eine Entscheidung des Arbeitsgerichts beantragen.

(3) ¹Unverzüglich nach Abschluß der Wahl nimmt der Wahlvorstand öffentlich die Auszählung der Stimmen vor, stellt deren Ergebnis in einer Niederschrift fest und gibt es den Arbeitnehmern des Betriebs bekannt. ²Dem Arbeitgeber und den im Betrieb vertretenen Gewerkschaften ist eine Abschrift der Wahlniederschrift zu übersenden.

I. Aufgaben des Wahlvorstands

Die Vorschrift beschreibt in den Abs. 1 und 3 die grundlegenden Rechte und Pflichten des Wahlvorstandes. Sie werden durch die WO ergänzt und konkretisiert. Dazu gehört auch das Recht und die Pflicht, fehlerhafte Maßnahmen zu korrigieren und notfalls, wenn eine Korrektur nicht mehr möglich ist, die Wahl abzubrechen (LAG Bremen 27. 2. 1990 DB 90, 1571). Der Wahlvorstand kann für die laufenden Geschäfte einen **geschäftsführenden Ausschuß** bilden. Die materiellen Grundentscheidungen, zB Erlaß des Wahlausschreibens, Entscheidungen über Wahlrecht, die Wählbarkeit oder die Gültigkeit der Vorschlagslisten muß der gesamte Wahlvorstand treffen (DKK/*Schneider* Rn. 4; *Fitting* Rn. 5). Er trifft seine Entscheidungen mit **einfacher Mehrheit** durch Beschluß (DKK/*Schneider* Rn. 2; GK-BetrVG/*Kreutz* Rn. 11). Die **Gewerkschaften** sind aufgrund ihrer betriebsverfassungsrechtlichen Unterstützungsfunktion berechtigt, den Wahlvorstand auf Anfrage zu beraten (DKK/*Schneider* Rn. 2; *Fitting* Rn. 7; GK-BetrVG/*Kreutz* Rn. 13). Sie haben kein eigenständiges Teilnahmerecht an den Sitzungen des Wahlvorstands, können aber auf Bitte des Wahlvorstands an den Sitzungen teilnehmen (DKK/*Schneider* Rn. 2; *Fitting* Rn. 7 a; GK-BetrVG/*Kreutz* Rn. 13). Zu diesem Zweck können sie nach § 2 II den Betrieb aufsuchen (*Fitting* Rn. 7 a). Der Arbeitgeber hat alle für die Wahl erforderlichen Auskünfte zu erteilen und erforderliche Unterlagen zur Verfügung zu stellen (DKK/*Schneider* Rn. 3; GK-BetrVG/*Kreutz* Rn. 15).

1. Einleitung der Wahl. Nach Abs. 1 S. 1 hat der Wahlvorstand die Wahl nach seinem Ermessen ohne schuldhaftes Zögern einzuleiten (*Richardi* Rn. 3; DKK/*Schneider* Rn. 2; GK-BetrVG/*Kreutz* Rn. 18). Er muß abwägen: Einerseits trifft ihn die Pflicht, die Wahl so zügig durchzuführen, daß betriebsratslose Zeiten nicht entstehen. Andererseits muß er die Wahl gründlich vorbereiten, um ihre Anfechtbarkeit oder Nichtigkeit zu vermeiden (DKK/*Schneider* Rn. 2; GK-BetrVG/*Kreutz* Rn. 18). Nach § 3 I 2 WO ist die Betriebsratswahl mit Erlaß des Wahlausschreibens eingeleitet. Aus den Angaben, die es nach § 3 II WO enthalten muß, lassen sich die wesentlichen Aufgaben des Wahlvorstands zur Vorbereitung einer ordnungsgemäßen Einleitung der Wahl ersehen: Erstellen der Wählerliste nach § 2 I WO; Feststellung des Anteils der Geschlechter in den Gruppen; Feststellung der Anzahl der zu wählenden Betriebsratsmitglieder nach §§ 9, 11; gegebenenfalls Durchführung von Abstimmungen nach § 12 I und § 14 II; Feststellung der Verteilung der Betriebsratsmandate auf die Gruppen nach §§ 10, 12 I; Berechnung der Mindestzahl von Stützunterschriften für Wahlvorschläge nach § 14 VI, VII; Festlegung des Orts, Tags und der Zeit der Stimmabgabe; Beschlußfassung, ob in den Betriebsteilen und Nebenbetrieben, die räumlich weit vom Hauptbetrieb entfernt sind, schriftliche Wahl nach § 26 III WO erfolgen soll; Bestimmung der Betriebsadresse des Wahlvorstands. Darüber hinaus kann der Wahlvorstand die Bestellung von Wahlhelfern und eine schriftliche Geschäftsordnung beschließen (§ 1 II WO). Gegebenenfalls muß er ein Zuordnungsverfahren nach § 18 a durchführen. Schließlich muß er ordnungsgemäß, dh spätestens sechs Wochen vor dem ersten Tag der Stimmabgabe, das Wahlausschreiben nach § 3 WO erlassen.

2. Durchführung der Wahl. Vor der Durchführung des Wahlgangs nach § 12 WO sind vom Wahlvorstand ua folgende Aufgaben zu erledigen: Entscheidung über die Richtigkeit von Einsprüchen gegen die Wählerliste nach § 4 I, II WO; Entgegennahme und Prüfung von Wahlvorschlägen nach §§ 6 ff. WO; gegebenfalls Setzung einer Nachfrist; Auslosung der Reihenfolge der Vorschlagslisten nach § 10 I WO; Bekanntgabe der Wahlvorschläge nach § 10 II WO; technische Vorbereitung des Wahlgangs, wie Beschaffen der Stimmzettel, Wahlumschläge und Wahlurnen (§§ 11 I 2, 12 I 1 WO). Nach Abschluß des Wahlgangs muß der Wahlvorstand nach § 14 WO die **Stimmen auszählen.** Nach Abs. 3 muß dies ohne schuldhaftes Zögern und öffentlich erfolgen. Gemeint ist nicht die allgemeine Öffentlichkeit, sondern die Arbeitnehmer des Betriebs und alle, die ein berechtigtes Interesse an der Betriebsratswahl haben (*Fitting* Rn. 12; GK-BetrVG/*Kreutz* Rn. 33). Dazu zählt auch eine im Betrieb vertretene Gewerkschaft (*Fitting* Rn. 12; GK-BetrVG/*Kreutz* Rn. 33). Öffentlichkeit der Sitzung erfordert, daß die Sitzung unter Hinweis auf die Betriebsöffentlichkeit vorher angekündigt wird (GK-BetrVG/*Kreutz* Rn. 34). Das Gebot der Öffentlichkeit ist eine wesentliche Wahlverfahrensvorschrift iSd. § 19 I. Ein Verstoß kann die Anfechtung der Wahl begründen (GK-BetrVG/*Kreutz* Rn. 34). Die Auszählung der Stimmen kann durch eine EDV-Anlage vorgenommen werden, wenn die Verantwortlichkeit des Wahlvorstands für den Auszählungsvorgang und die Öffentlichkeit der Stimmauszählung gewahrt bleibt (LAG Berlin 16. 11. 1987 DB 88, 504; *Fitting* Rn. 13). Auch die Feststellung des Wahlergebnisses ist öffentlich. Sie gehört zu seiner Ermittlung (*Richardi* Rn. 6; *Fitting* Rn. 11; GK-BetrVG/*Kreutz* Rn. 32). Das vorläufige Wahlergebnis ist nach § 17 WO in der **Wahlniederschrift** festzuhalten. Eine Abschrift ist dem Arbeitgeber und den im Betrieb vertretenen Gewerkschaften unverzüglich (DKK/*Schneider* Rn. 8; *Fitting* Rn. 17) zu übersenden. Die Verletzung dieser Pflicht begründet kein Anfechtungsrecht, da sie die Wahl als solche nicht berührt (*Fitting* Rn. 17). Haben die Gewählten die Wahl angenommen, ist das endgültige Wahlergebnis nach § 19 WO durch zweiwöchigen Aushang bekanntzugeben. Damit ist die Betriebsratswahl beendet. Der Wahlvorstand muß nach § 29 I vor Ablauf einer Woche nach dem letzten Wahltag die konstituierende Sitzung des Betriebsrats einberufen und die Wahlakten dem Betriebsrat übergeben, damit dieser sie aufbewahren kann (§ 20 WO). Das Amt des Wahlvorstands endet, wenn der neu gewählte Betriebsrat nach § 29 I 2 einen Wahlleiter für die Wahl des Betriebsratsvorsitzenden bestellt hat (DKK/*Schneider* Rn. 9; aA BAG 14. 11. 1975 AP BetrVG 1972 § 18 Nr. 1; vgl. näher § 16 Rn. 10).

II. Ersetzung des Wahlvorstands

4   Voraussetzung für die Ersetzung nach **Abs. 1 S. 2** ist die objektive Untätigkeit oder Säumnis des Wahlvorstands. Ein Verschulden ist nicht erforderlich (DKK/*Schneider* Rn. 11; *Richardi* Rn. 10; *Fitting* Rn. 25; GK-BetrVG/*Kreutz* Rn. 45). Unzweckmäßige Aktivitäten des Wahlvorstands rechtfertigen die Abberufung nur, wenn sie die Betriebsratswahl verzögern (*Richardi* Rn. 9; *Fitting* Rn. 25). Die Durchführung der Wahl selbst muß gefährdet sein. Die Ersetzungsbefugnis soll nicht allgemein die Recht- und Ordnungsmäßigkeit der Wahl sicherstellen, sondern die Durchführung der Wahl ermöglichen (DKK/*Schneider* Rn. 11; GK-BetrVG/*Kreutz* Rn. 42). Deshalb kann bloßer pflichtwidriger Ermessensmißbrauch durch den Wahlvorstand nur durch das arbeitsgerichtliche Kontrollverfahren korrigiert werden (vgl. Rn. 9), nicht aber zum Ersetzungsverfahren führen (*Fitting* Rn. 25). Liegen die Voraussetzungen vor und ist das Verfahren nach Abs. 1 S. 2 eingeleitet worden, kann sich der Wahlvorstand der Ersetzung nicht mehr entziehen, indem er das Wahlverfahren einleitet oder zu beschleunigen sucht (DKK/*Schneider* Rn. 10). Das Arbeitsgericht beruft den alten Wahlvorstand ab und bestellt zugleich einen neuen Wahlvorstand. Mit Rechtskraft der Entscheidung ist der alte Wahlvorstand aufgelöst (DKK/*Schneider* Rn. 15). Für die Bestellung des neuen Wahlvorstandes gelten nach Abs. 1 S. 3 iVm. § 16 II 1 2. Halbs., auch die Vorschriften über seine Zusammensetzung entsprechend. Der Wahlvorstand kann nur insgesamt ersetzt werden. Der Ausschluß eines einzelnen Mitglieds ist in § 18 I 2 nicht vorgesehen (DKK/*Schneider* Rn. 15; *Richardi* Rn. 10; *Fitting* Rn. 24). Ein Mitglied des alten Wahlvorstands kann aber wieder bestellt werden, zB weil es keinen Anlaß für die Abberufung gegeben hat (DKK/*Schneider* Rn. 16; *Fitting* Rn. 27; *Richardi* Rn. 14).

5   Die Abberufung hat **keine rückwirkende Kraft,** so daß ordnungsgemäße Maßnahmen des alten Wahlvorstands rechtswirksam bleiben (*Fitting* Rn. 26; GK-BetrVG/*Kreutz* Rn. 52). Fehlerhafte Maßnahmen können und müssen durch den neuen Wahlvorstand korrigiert werden (*Richardi* Rn. 15; *Fitting* Rn. 26; GK-BetrVG/*Kreutz* Rn. 52). Die Mitglieder des abberufenen Wahlvorstandes verlieren mit Rechtskraft des Beschlusses den besonderen Kündigungsschutz nach § 15 III; sie genießen keinen nachwirkenden Kündigungsschutz (*Fitting* Rn. 26 a; GK-BetrVG/*Kreutz* Rn. 52; *Richardi* Rn. 16).

III. Zuordnung von Betriebsteilen

6   **Abs. 2** ermöglicht bei Zweifeln im Vorfeld der Wahlen, den Umfang und die Struktur des Betriebs zu klären. Die **Antragsberechtigung** ist in dort abschließend geregelt. Wurde der Nebenbetrieb oder der Betriebsteil bisher als selbständiger Betrieb angesehen und hatte er einen eigenen Betriebsrat, ist neben dem Betriebsrat des Hauptbetriebs auch dieser beteiligt und antragsberechtigt (BAG 24. 2. 1976 AP BetrVG 1972 § 4 Nr. 2; BAG 29. 1. 1987 AP BetrVG 1972 § 1 Nr. 6). Nicht antragsberechtigt sind Arbeitnehmer (DKK/*Schneider* Rn. 20; *Fitting* Rn. 29a; aA GK-BetrVG/*Kreutz* Rn. 58). Mit Hilfe

IV. Streitigkeiten   § 18 BetrVG 210

der Vorschrift soll die Zuordnungsproblematik umfassend geklärt werden können. Deshalb sind über ihren Wortlaut hinaus **andere Abgrenzungsprüfungen** erfasst. Das ArbG kann ua auch die Frage klären, ob durch die räumliche Zusammenlegung zweier bisher selbständiger Betriebe ein einheitlicher Betrieb entstanden ist (BAG 25. 9. 1986 AP BetrVG 1972 § 18 Nr. 7) oder mehrere Unternehmen einen Gemeinschaftsbetrieb bilden (BAG 9. 4. 1991 AP BetrVG 1972 § 18 Nr. 8). Die Entscheidung kann unabhängig von einem Wahlverfahren stets eine Rolle bei der Frage spielen, ob und welche Mitbestimmungsrechte einem Betriebsrat zustehen. Sie kann daher auch außerhalb des Wahlverfahrens **jederzeit** herbeigeführt werden (BAG 1. 2. 1963 AP BetrVG § 3 Nr. 5; BAG 9. 4. 1991 AP BetrVG § 18 Nr. 8; DKK/*Schneider* Rn. 19; *Fitting* Rn. 28 b; GK-BetrVG/*Kreutz* Rn. 56). Gerade bei der Umstrukturierung von Unternehmen und Konzernen mit idR weitreichenden Auswirkungen auf die Betriebsstruktur bietet sich die gerichtliche Klärung an, wenn der bzw. die beteiligten Arbeitgeber dem Betriebsrat erforderliche Informationen vorenthalten (*Fitting* Rn. 28 a). Die im Beschlußverfahren ergangene Entscheidung hat **präjudizielle Bindungswirkung** auch für nachfolgende Urteilsverfahren, zB den Nachteilsausgleich nach § 113. Die Entscheidung ist solange bindend, als die tatsächlichen Voraussetzungen von denen das Arbeitsgericht ausgegangen ist, sich nicht geändert haben (*Richardi* Rn. 28; *Fitting* Rn. 28 b; GK-BetrVG/*Kreutz* Rn. 63).

Sollte **vor Abschluß des Wahlverfahrens** das Gericht rechtskräftig eine andere Betriebsabgrenzung 7 feststellen, ist die Wahl abzubrechen und ein neues Wahlverfahren einzuleiten (DKK/*Schneider* Rn. 22; *Fitting* Rn. 29 b). Ergeht **während der Amtszeit** eines Betriebsrats eine rechtskräftige Entscheidung, wonach die Zuordnungen fehlerhaft erfolgten, ist das Ergebnis grundsätzlich erst für die nächste Wahl maßgebend. Der auf fehlerhafter Grundlage gewählte Betriebsrat bleiben im Amt, da die Verkennung des Betriebsbegriffs regelmäßig nur zur Anfechtbarkeit, nicht zur Nichtigkeit der Wahl führt und der Mangel nur innerhalb der Anfechtungsfrist des § 19 II geltend gemacht werden kann (DKK/*Schneider* Rn. 22; *Fitting* Rn. 30). Stellt das ArbG fest, daß ein bisher dem Hauptbetrieb zugeordneter Betriebsteil tatsächlich selbständig und somit betriebsratsfähig ist, bleibt der Betriebsrat des Hauptbetriebs im Interesse einer kontinuierlichen Betriebsratsarbeit bis zum Ablauf seiner Amtszeit für den Betriebsteil zuständig (DKK/*Schneider* Rn. 22; *Fitting* Rn. 30; *Richardi* Rn. 30; aA GK-BetrVG/*Kreutz* Rn. 62). Gleiches gilt für den umgekehrten Fall: Auch der Betriebsrat eines bisher für selbständig gehaltenen, nunmehr durch gerichtlichen Beschluß dem Hauptbetrieb zuzuordnenden Betriebsteil, bleibt bis zum Ablauf seiner Amtszeit im Amt (DKK/*Schneider* Rn. 22; *Fitting* Rn. 30; GK-BetrVG/*Kreutz* Rn. 62; aA *Richardi* Rn. 31). Wurde dort bisher kein Betriebsrat gewählt, erstreckt sich die Zuständigkeit des Betriebsrats des Hauptbetriebs ab rechtskräftiger Zuordnung des Betriebsteils oder Nebenbetriebs zum Hauptbetrieb auch auf diese Bereiche (vgl. hierzu BAG 3. 12. 1985 AP BetrVG 1972 § 99 Nr. 28) Nach rechtskräftiger Zuordnung kann entsprechend § 13 II Nr. 1 eine Neuwahl wegen Veränderung der Belegschaftsstärke in Betracht kommen (*Fitting* Rn. 30 a).

IV. Streitigkeiten

Über Streitigkeiten, die sich aus dieser Vorschrift ergeben, entscheidet das ArbG im arbeitsgerichtli- 8 chen Beschlußverfahren nach §§ 2 a, 80 ff. ArbGG. Im **Abberufungsverfahren** nach Abs. 1 S. 2 sind Arbeitgeber und Betriebsrat nicht antragsberechtigt (DKK/*Schneider* Rn. 14; *Fitting* Rn. 24; GK-BetrVG/*Kreutz* Rn. 48). Der Wahlvorstand ist Beteiligter (*Fitting* Rn. 26). Bei einem **Verfahren nach Abs. 2** ist das ArbG zuständig, in dessen Bezirk sich der Sitz des Hauptbetriebs befindet. Die Antragsberechtigung ist für dieses Verfahren abschließend geregelt. Arbeitnehmer sind nicht antragsberechtigt (DKK/*Schneider* Rn. 20; *Fitting* Rn. 29 a; aA GK-BetrVG/*Kreutz* Rn. 58). Wurde der Nebenbetrieb oder der Betriebsteil bisher als selbständiger Betrieb angesehen und hatte er einen eigenen Betriebsrat, ist neben dem Betriebsrat des Hauptbetriebes auch dieser beteiligt und antragsberechtigt (BAG 24. 2. 1976 AP BetrVG 1972 § 4 Nr. 2; BAG 29. 1. 1987 AP BetrVG 1972 § 1 Nr 6). In einem vom Arbeitgeber eingeleiteten Verfahren ist eine im Betrieb vertretene Gewerkschaft nicht beteiligungsbefugt, wohl aber ein Wahlvorstand (BAG 25. 9. 1986 AP BetrVG 1972 § 1 Nr. 7).

Entscheidungen und Maßnahmen des Wahlvorstands können auch schon vor Abschluß der Be- 9 triebsratswahl **selbständig** angegriffen werden (BAG 15. 12. 1972 AP BetrVG 1972 § 14 Nr. 1). Die Zulässigkeit ergibt sich aus der umfassenden Zuständigkeit der Arbeitsgerichte für alle betriebsverfassungsrechtlichen Streitigkeiten nach der Generalklausel des § 2 a I Nr. 1, II ArbGG (BAG 15. 12. 1972 AP BetrVG 1972 § 14 Nr. 1; GK-BetrVG/*Kreutz* Rn. 65). Es wäre widersinnig, ein mit Rechtsfehlern behaftetes Wahlverfahren fortzusetzen und dem Risiko einer Wahlanfechtung auszusetzen, obwohl die Rechtsfehler durch gerichtliche Entscheidung hätten beseitigt werden können (BAG 15. 12. 1972 AP BetrVG 1972 § 14 Nr. 1; BAG 25. 8. 1981 AP ArbGG 1979 § 83 Nr. 2; *Fitting* Rn. 20; GK-BetrVG/*Kreutz* Rn. 64). Ein vor Durchführung der Betriebsratswahl mit einem Feststellungsantrag eingeleitetes arbeitsgerichtliches Beschlußverfahren kann nicht ohne weiteres in ein Verfahren auf Anfechtung der inzwischen durchgeführten Betriebsratswahl umgedeutet werden (BAG 15. 12. 1972 AP ArbGG 1953 § 80 Nr. 5). Der Übergang vom Feststellungsantrag auf den Wahlanfechtungsantrag ist innerhalb der Anfechtungsfrist – allerdings nicht mehr in der Rechtsbeschwerdeinstanz – zulässig (BAG 14. 1. 1983 AP BetrVG 1972 Nr. 9).

10 Eine **einstweilige Verfügung** nach § 85 II ArbGG ist möglich. Gerichtliche Eingriffe in laufende Betriebsratswahlen sind grundsätzlich zulässig. Sie stellene das mildere Mittel gegenüber dem Aufschub der Wahl oder deren Nichtigkeit dar (LAG Bremen 27. 2. 1990 DB 1990, 1571). Dabei können auch Korrekturen am Wahlverfahren vorgenommen werden (*Fitting* Rn. 22; GK-BetrVG/*Kreutz* Rn. 76). Einstweilige Verfügungen dürfen aber grundsätzlich nicht dazu führen, daß die Durchführung der Wahl bis zur endgültigen Klärung der Rechtsfrage ausgesetzt wird, da dies zu betriebsratslosen Zeiten führen kann (LAG Hamm 10. 4. 1975 DB 75, 1176; LAG München 3. 8. 1988 BB 89, 147; DKK/*Schneider* Rn. 13; *Fitting* Rn. 21; GK-BetrVG/*Kreutz* Rn. 75; HSG/*Schlochauer* Rn. 21) Deshalb kommen im allgemeinen keine Sicherungsverfügungen in Betracht. Leistungsverfügungen können erwirkt werden (LAG Hamm 10. 4. 1975 DB 75, 1176; *Fitting* Rn. 21 a; GK-BetrVG/*Kreutz* Rn. 75). Die Wahl läßt sich oft ohne großen Zeitverzug fortsetzen und es besteht die Möglichkeit, in einem Wahlanfechtungsverfahren im nachhinein eine endgültige Klärung herbeizuführen (*Fitting* Rn. 21 a). An die Begründetheit des **Verfügungsanspruchs** sind jedoch strenge Anforderungen zu stellen, da es sich um nicht unerhebliche Eingriffe in das Wahlverfahren handelt und durch Leistungsverfügungen nicht bloß temporäres Zwischenrecht geschaffen wird (DKK/*Schneider* § 19 Rn. 18; *Fitting* Rn. 22; GK-BetrVG/*Kreutz* Rn. 77). Die bloße Wahrscheinlichkeit des Verstoßes gegen wesentliche Wahlvorschriften genügt deshalb nicht (GK-BetrVG/*Kreutz* Rn. 77). Ein **Abbruch** oder eine vorläufige **Aussetzung der Wahl** aufgrund einstweiliger Verfügung ist ausnahmsweise doch möglich, wenn die Mängel des Wahlverfahrens nicht korrigierbar und derart schwerwiegend sind, daß sie mit Sicherheit zur Nichtigkeit der Betriebsratswahl führen (LAG Frankfurt 21. 5. 1990 BB 91, 417; 5. 6. 1992 NZA 93, 192; 16. 7. 1992 NZA 93, 1008; LAG Köln 5. 7. 1987 DB 87, 1996; 27. 12. 1989 DB 90, 539; LAG München 3. 8. 1988 BB 1989, 147; GK-BetrVG/*Kreutz* Rn. 77). Als Grundlage für die einstweilige Verfügung kann im Einzelfall auch die sichere Anfechtbarkeit der Wahl ausreichen (LAG Bremen 27. 2. 1990 DB 90, 1571; *Fitting* Rn. 22a; GK-BetrVG/*Kreutz* Rn. 77). **Antragsberechtigt** ist jeder, der durch die Maßnahme des Wahlvorstands in seinem aktiven oder passiven Wahlrecht betroffen ist (BAG 15. 12. 1972 AP BetrVG 1972 § 14 Nr. 1). Auch die nach § 19 Anfechtungsberechtigten sind antragsberechtigt (BAG 5. 3. 1974 AP BetrVG 1972 § 5 Nr. 1; BAG 14. 12. 1965 AP BetrVG § 16 Nr. 5). Darüber hinaus kann der Wahlvorstand ein arbeitsgerichtliches Verfahren einleiten (BAG 5. 3. 1974 AP BetrVG 1972 § 5 Nr. 1). Gegen einen arbeitsgerichtlichen Beschluß im Eilverfahren, der dem Wahlvorstand die weitere Durchführung einer eingeleiteten Wahl einstweilen vollständig untersagt, steht neben dem Wahlvorstand auch dem Arbeitgeber die Beschwerdebefugnis zu (LAG Frankfurt 16. 7. 1992 NZA 93, 1008).

§ 18 a Zuordnung der leitenden Angestellten bei Wahlen

(1) ¹ Sind die Wahlen nach § 13 Abs. 1 und nach § 5 Abs. 1 des Sprecherausschußgesetzes zeitgleich einzuleiten, so haben sich die Wahlvorstände unverzüglich nach Aufstellung der Wählerlisten, spätestens jedoch zwei Wochen vor Einleitung der Wahlen, gegenseitig darüber zu unterrichten, welche Angestellten sie den leitenden Angestellten zugeordnet haben; dies gilt auch, wenn die Wahlen ohne Bestehen einer gesetzlichen Verpflichtung zeitgleich eingeleitet werden. ² Soweit zwischen den Wahlvorständen kein Einvernehmen über die Zuordnung besteht, haben sie in gemeinsamer Sitzung eine Einigung zu versuchen. ³ Soweit eine Einigung zustande kommt, sind die Angestellten entsprechend ihrer Zuordnung in die jeweilige Wählerliste einzutragen.

(2) ¹ Soweit eine Einigung nicht zustande kommt, hat ein Vermittler spätestens eine Woche vor Einleitung der Wahlen erneut eine Verständigung der Wahlvorstände über die Zuordnung zu versuchen. ² Der Arbeitgeber hat den Vermittler auf dessen Verlangen zu unterstützen, insbesondere die erforderlichen Auskünfte zu erteilen und die erforderlichen Unterlagen zur Verfügung zu stellen. ³ Bleibt der Verständigungsversuch erfolglos, so entscheidet der Vermittler nach Beratung mit dem Arbeitgeber. ⁴ Absatz 1 Satz 3 gilt entsprechend.

(3) ¹ Auf die Person des Vermittlers müssen sich die Wahlvorstände einigen. ² Zum Vermittler kann nur ein Beschäftigter des Betriebs oder eines anderen Betriebs des Unternehmens oder Konzerns oder der Arbeitgeber bestellt werden. ³ Kommt eine Einigung nicht zustande, so schlagen die Wahlvorstände je eine Person als Vermittler vor; durch Los wird entschieden, wer als Vermittler tätig wird.

(4) ¹ Wird mit der Wahl nach § 13 Abs. 1 oder 2 nicht zeitgleich eine Wahl nach dem Sprecherausschußgesetz eingeleitet, so hat der Wahlvorstand den Sprecherausschuß entsprechend Absatz 1 Satz 1 erster Halbsatz zu unterrichten. ² Soweit kein Einvernehmen über die Zuordnung besteht, hat der Sprecherausschuß Mitglieder zu benennen, die anstelle des Wahlvorstands an dem Zuordnungsverfahren teilnehmen. ³ Wird mit der Wahl nach § 5 Abs. 1 oder 2 des Sprecherausschußgesetzes nicht zeitgleich eine Wahl nach diesem Gesetz eingeleitet, so gelten die Sätze 1 und 2 für den Betriebsrat entsprechend.

(5) ¹Durch die Zuordnung wird der Rechtsweg nicht ausgeschlossen. ²Die Anfechtung der Betriebsratswahl oder der Wahl nach dem Sprecherausschußgesetz ist ausgeschlossen, soweit sie darauf gestützt wird, die Zuordnung sei fehlerhaft erfolgt. ³Satz 2 gilt nicht, soweit die Zuordnung offensichtlich fehlerhaft ist.

I. Anwendungsbereich

Die Vorschrift soll durch verfahrensrechtliche Bestimmungen die Lösung der materiell-rechtlich oft schwierigen Frage erleichtern, wer leitender Angestellter ist und das Wahlverfahren abkürzen. Sie regelt allein die Zuordnung für die Wahlverfahren zum Betriebsrat und Sprecherausschuß. Die nach dieser Vorschrift durchgeführte Zuordnung hat keine Bedeutung für die materielle Rechtsstellung der Betroffenen außerhalb des Wahlverfahrens, wie Abs. 5 S. 1 zeigt (*Fitting* Rn. 5, 52; GK-BetrVG/ *Kreutz* Rn. 4). Zum Zuordnungsverfahren gehört die Verpflichtung der Wahlvorstände, die **regelmäßigen** Wahlen des Betriebsrats und des Sprecherausschusses nach § 13 I 2 und § 5 I 2 SprAuG **zeitgleich** einzuleiten. Das Verfahrens ist jedoch nicht nur in diesem Fall durchzuführen. Die Abs. 1–3 sind insgesamt ebenso anzuwenden, wenn zwar keine Pflicht besteht, die Wahlen zeitgleich abzuhalten, aber beide Wahlvorstände zeitgleiche Wahlen beschlossen haben (*Fitting* Rn. 22; GK-BetrVG/ *Kreutz* Rn. 24; aA DKK/*Trümner* Rn. 26 f.). Die Verweisung in Abs. 1 S. 1, letzter Halbs. auf den ersten Teil des Satzes beschränkt das Verfahren für diese Fälle nicht auf die gegenseitige Unterichtung. So würde der Anwendungsbereich der Vorschrift unnötig eingeengt und der Zweck dieses kostengünstigen und einfachen Verfahrens verkannt. Leiten die Wahlvorstände (uU pflichtwidrig) die Wahlen **nicht zeitgleich** ein, besteht keine Verpflichtung des ordnungsgemäß arbeitenden Wahlvorstandes auf den säumigen Wahlvorstand zu warten (GK-BetrVG/*Kreutz* Rn. 26). Eine Hauptpflicht der Wahlvorstände ist es, die Wahlen rechtzeitig und zügig durchzuführen, damit es nicht zu einer vertretungslosen Zeit kommt (*Fitting* Rn. 21 b und c). Leitet ein Wahlvorstand die Wahl noch vor Abschluß des Zuordnungsverfahrens ein, wird es beendet. Werden Betriebsrats- und Sprecherausschußwahlen nicht zeitgleich durchgeführt, gilt das besondere Verfahren nach Abs. 4. Die Vorschrift ist zwingend und kann weder durch TV, Betriebsvereinbarung, Vereinbarungen zwischen dem Betriebsrat und dem Sprecherausschuß oder den jeweiligen Wahlvorständen abbedungen werden. Wird in einem Unternehmen nach § 20 I SprAuG ein Unternehmenssprecherausschuß gewählt, obliegt diesem die Durchführung des Zuordnungsverfahrens mit den verschiedenen Wahlvorständen der einzelnen Betriebe (*Fitting* Rn. 21; GK-BetrVG/*Kreutz* Rn. 20, 49).

II. Einigung

Nach Aufstellung der Wählerlisten haben sich die Wahlvorstände nach **Abs. 1 S. 1** formlos ohne schuldhaftes Zögern über die von ihnen vorgenommene Zuordnung gegenseitig zu unterrichten. Der Betriebsrat muß mitteilen, welche Angestellten er nicht in seine Wählerliste aufgenommen hat, der Sprecherausschuß, welche er in seine Liste aufgenommen hat (DKK/*Trümner* Rn. 11; *Fitting* Rn. 10; GK-BetrVG/*Kreutz* Rn. 39). Soweit die Listen übereinstimmen, ist Einvernehmen hergestellt. Unstreitige Fälle können daher nicht nachträglich wieder streitig gestellt werden (DKK/*Trümner* Rn. 13; GK-BetrVG/*Kreutz* Rn. 47). Soweit die Listen nicht übereinstimmen, muß in den Wahlvorständen beraten werden. Kommt es dort schon zu einer Korrektur, ist dies dem anderen Wahlvorstand mitzuteilen. Stimmen die Wählerlisten nunmehr überein, können sie endgültig aufgestellt werden. Die **gemeinsame Sitzung** nach **Abs. 1 S. 2** findet nicht nur statt, wenn das fehlende Einvernehmen aus den von den Wahlvorständen abgegebenen Erklärungen folgt. Unterlässt einer der Wahlvorstände die Unterrichtung und nimmt er nicht zu der von dem anderen Wahlvorstand getroffenen Zuordnung Stellung, besteht ebenso kein Einvernehmen. Auch in diesem Fall ist spätestens eine Woche vor Einleitung der Wahlen in gemeinsamer Sitzung eine Einigung zu versuchen (GK-BetrVG/*Kreutz* Rn. 48; aA *Fitting* Rn. 13). Bei der gemeinsamen Sitzung handelt es sich um ein Erörterungs- und Beratungsforum, nicht um ein Entscheidungsgremium. Eine gemeinsame Abstimmung der beiden Wahlvorstände ist daher unzulässig (DKK/*Trümner* Rn. 18; *Fitting* Rn. 18; GK-BetrVG/*Kreutz* Rn. 52; *Richardi* Rn. 18). Jeder Wahlvorstand trifft für sich eine Entscheidung, entweder in getrennten Sitzungen oder im Rahmen der gemeinsamen Sitzung (*Fitting* Rn. 18; GK-BetrVG/*Kreutz* Rn. 52). An der gemeinsamen Sitzung können neben den Mitgliedern der Wahlvorstände die nicht stimmberechtigten Mitglieder iSv. § 16 I 6 teilnehmen (*Fitting* Rn. 16; aA DKK/*Trümner* Rn. 16 f.). Zur gemeinsamen Sitzung können Sachkundige hinzugezogen werden. Die Sitzung muß mindestens eine Woche vor Erlaß des Wahlausschreibens stattfinden, da nach Abs. 2 S. 1 die letzte Woche der Tätigkeit des Vermittlers vorbehalten bleiben muß (*Fitting* Rn. 17; GK-BetrVG/*Kreutz* Rn. 48).

III. Vermittler

Kommt es zu keiner einvernehmlichen Lösung, ist nach **Abs. 3** ein Vermittler zu bestellen. Der in Frage kommende **Personenkreis** ist durch S. 2 beschränkt. Als Vermittler können neben leitenden Angestellten (*Fitting* Rn. 33; *Richardi* Rn. 30) auch Mitglieder des Betriebsrats oder des Sprecherausschusses und ebenso Wahlvorstandsmitglieder (GK-BetrVG/*Kreutz* Rn. 59; *Richardi* Rn. 32; aA *Fitting* Rn. 33) sowie Beschäftigte iS des § 5 II tätig werden (*Fitting* Rn. 34; GK-BetrVG/*Kreutz* Rn. 57; kritisch DKK/*Trümner* Rn. 62 f.). Der Vermittler wird in erster Linie in getrennten Abstimmungen der Wahlvorstände bestimmt. Kommt es zu keiner Einigung, ist mangels Absprache im Fall eines Losentscheids das allgemein übliche Verfahren anzuwenden (GK-BetrVG/*Kreutz* Rn. 63; vgl. § 10 WO). Eine Bestellung durch das Arbeitsgericht ist nicht zulässig (DKK/*Trümner* Rn. 67; *Fitting* Rn. 39; GK-BetrVG/*Kreutz* Rn. 63). Schlägt zumindest einer der beteiligten Wahlvorstände keinen Vermittler vor, kann das Zuordnungsverfahren nicht weitergeführt werden (*Fitting* Rn. 39; GK-BetrVG/*Kreutz* Rn. 70 f.). In diesem Fall entscheiden die Wahlvorstände allein über die Zuordnung und die jeweiligen Wählerlisten. Der Vermittler muß so zeitgerecht bestellt werden, daß er spätestens eine Woche vor der Wahl noch die in **Abs. 2 S. 1** vorgesehene Verständigung versuchen kann. Er darf dabei nur die umstrittenen Fälle aufgreifen, auch wenn er die Zuordnung in anderen Fällen nicht für zutreffend hält (*Fitting* Rn. 41; GK-BetrVG/*Kreutz* Rn. 79). Die **Auskunfts- und Vorlagepflicht** nach **Abs. 2 S. 2** erstreckt sich auf alle Aspekte, welche für die Entscheidung von Bedeutung sind, einschließlich etwaiger Betriebs- und Geschäftsgeheimnisse (*Fitting* Rn. 42; GK-BetrVG/*Kreutz* Rn. 82) und der Bandbreite der an leitende Angestellte gezahlten Gehälter sowie das Gehalt der umstrittenen Angestellten (*Fitting* Rn. 42; GK-BetrVG/*Kreutz* Rn. 82). Ein Anspruch auf Einsicht in die Personalakten (*Fitting* Rn. 42; GK-BetrVG/*Kreutz* Rn. 81) oder in die Gehaltslisten besteht nicht (GK-BetrVG/*Kreutz* Rn. 82). Die Wahlvorstände sind verpflichtet, die Wählerlisten der Entscheidung des Vermittlers entsprechend zu verändern.

4 Die Vermittlertätigkeit wird als **Ehrenamt** nicht besonders vergütet (GK-BetrVG/*Kreutz* Rn. 72). Eine Vergütungsvereinbarung wäre nach § 134 BGB iVm. § 20 II bzw. § 8 II 3 SprAuG nichtig (GK-BetrVG/*Kreutz* Rn. 74). Bei Arbeitsversäumnis aufgrund von Vermittlertätigkeiten ergibt sich aus § 20 III 2 bzw. § 8 III 2 SprAuG ein **Entgeltfortzahlungsanspruch**. Es besteht keine Verpflichtung, die Vermittlertätigkeit auszuüben. Sie lässt sich insbesondere nicht als Nebenpflicht aus dem Arbeits- oder Dienstvertrag herleiten (*Fitting* Rn. 48; GK-BetrVG/*Kreutz* Rn. 67, 72). Der Vermittler ist in seiner Tätigkeit an keine Weisungen gebunden (*Fitting* Rn. 48; GK-BetrVG/*Kreutz* Rn. 78). Seine Tätigkeit ist nach § 20 und § 119 I Nr. 1 geschützt. Er unterliegt nicht der Schweigepflicht nach § 79 (*Fitting* Rn. 48; aA GK-BetrVG/*Kreutz* Rn. 76), ist aber arbeitsvertraglich zur Verschwiegenheit verpflichtet (*Fitting* Rn. 48).

IV. Getrennte Wahlen

5 Wird nur der Betriebsrat oder der Sprecherausschuß gewählt, ist in das Zuordnungsverfahren nach **Abs. 4** die nicht zu wählende Vertretung eingeschaltet. Zunächst trifft der Wahlvorstand eine Zuordnungsentscheidung, die er unverzüglich der anderen Vertretung bekanntgibt (GK-BetrVG/*Kreutz* Rn. 91). Ist die Zuordnung umstritten, muß die andere Vertretung Mitglieder benennen, die „anstelle des Wahlvorstands" an dem Zuordnungsverfahren teilnehmen, da dann wie sonst auch abläuft. Es können nur Mitglieder der Vertretung benannt werden, nicht andere Arbeitnehmer des Betriebes (*Fitting* Rn. 28). Dabei sollten, um Pattsituationen zu vermeiden, stets eine ungerade Zahl von Mitgliedern benannt werden. Ein Minderheitenschutz findet nicht statt (*Fitting* Rn. 28; GK-BetrVG/ *Kreutz* Rn. 93).

V. Streitigkeiten

6 Über das Zuordnungsverfahren selbst wird nach den §§ 2 a, 80 ff. ArbGG im arbeitsgerichtlichen Beschlußverfahren entschieden. Antragsberechtigt sind die Wahlvorstände, der Vermittler, im Verfahren nach Abs. 4 auch der Betriebsrat oder der Sprecherausschuß. Ein nicht ordnungsgemäß durchgeführtes Zuordnungsverfahren berechtigt den Betriebsrat nicht, allein deshalb im Wege der einstweiligen Verfügung die Veränderung der Wählerliste für den zu wählenden Sprecherausschuß bzw. den Wahlabbruch zur Wahl des Sprecherausschusses zu verlangen (LAG Hamm 24. 4. 1990 NZA 1990, 704). Die Zuordnungsentscheidung hat keine Rechtswirkung außerhalb des Wahlverfahrens, wie Abs. 5 S. 1 zeigt (*Fitting* Rn. 52). **Statusverfahren** bleiben selbst im Rahmen des Wahlverfahrens zulässig (DKK/*Trümner* Rn. 75; *Fitting* Rn. 54; GK-BetrVG/*Kreutz* Rn. 106). Eine Klärung ist auch als Vorfrage in jedem anderen gerichtlichen Verfahren möglich (*Fitting* Rn. 52). Die Vorschrift nimmt im Statusverfahren nicht das Feststellungsinteresse (LAG Berlin 5. 3. 1990 NZA 1990, 570). Antragsberechtigt für Statusklagen im Zusammenhang mit anstehenden Wahlen sind auch die im Betrieb vertretenen Gewerkschaften, die Wahlvorstände (*Fitting* Rn. 55; aA GK-BetrVG/*Kreutz* Rn. 106) und die im Zuordnungsverfahren nicht beteiligten Arbeitnehmer, deren Status geklärt werden soll (*Fitting* Rn. 55). Für den Antrag des Wahlvorstandes wird jedoch **vor** Durchführung des Zuordnungsverfahrens das Rechtsschutzinteresse fehlen. Wird in einem Statusverfahren die Zuordnung eines Arbeitnehmers rechtskräftig festgestellt, ist diese Entscheidung für die anstehende Wahl maßgebend und eine durch das Zuordnungsverfahren getroffene andere Entscheidung unverbindlich (*Fitting* Rn. 56; GK-BetrVG/*Kreutz* Rn. 107). Ergeht die Entscheidung erst nach Durchführung der Wahlen, verlieren

falsch zugeordnete gewählte Arbeitnehmer analog § 9 II Nr. 6 ihre Mitgliedschaft im Sprecherausschuß bzw. analog § 24 I Nr. 6 die im Betriebsrat (*Fitting* Rn. 56; GK-BetrVG/*Kreutz* Rn. 107).

Abs. 5 S. 2 bedeutet Bestandsschutz für Arbeitnehmervertretungen. Die Bestimmung schränkt den 7 Rechtsschutz ein und ist daher eng auszulegen (*Fitting* Rn. 51; aA GK-BetrVG/*Kreutz* Rn. 99). **Offensichtlich fehlerhaft** ist nach S. 3 ein Mangel der Zuordnung, der sich einem mit den Gegebenheiten des Betriebs und den rechtlichen Abgrenzungskriterien Vertrauten geradezu aufdrängt (DKK/ *Trümner* Rn. 70; *Fitting* Rn. 59; GK-BetrVG/*Kreutz* Rn. 102). Der Mangel kann sich aus einer inhaltlich fehlerhaften Entscheidung (*Fitting* Rn. 59; GK-BetrVG/*Kreutz* Rn. 103) oder aus schweren Mängeln des Zuordnungsverfahrens ergeben (*Fitting* Rn. 60). Die Einschränkung der Anfechtungsmöglichkeit erfaßt nicht die **Anfechtung der Wahl eines einzelnen Mitgliedes** des Betriebsrats oder des Sprecherausschusses wegen fehlender Wählbarkeit (*Fitting* Rn. 61; GK-BetrVG/*Kreutz* Rn. 104). Die Vorschrift soll im Interesse der Rechtssicherheit die Fälle von Neuwahlen der Gremien begrenzen. Bei der erfolgreichen Anfechtung der Wahl einzelner Mitglieder rückt nur das Ersatzmitglied nach.

§ 19 Wahlanfechtung

(1) **Die Wahl kann beim Arbeitsgericht angefochten werden, wenn gegen wesentliche Vorschriften über das Wahlrecht, die Wählbarkeit oder das Wahlverfahren verstoßen worden ist und eine Berichtigung nicht erfolgt ist, es sei denn, daß durch den Verstoß das Wahlergebnis nicht geändert oder beeinflußt werden konnte.**

(2) ¹**Zur Anfechtung berechtigt sind mindestens drei Wahlberechtigte, eine im Betrieb vertretene Gewerkschaft oder der Arbeitgeber.** ²**Die Wahlanfechtung ist nur binnen einer Frist von zwei Wochen, vom Tage der Bekanntgabe des Wahlergebnisses an gerechnet, zulässig.**

I. Anfechtung

Die Bestimmung dient mit der kurzen Anfechtungsfrist, der Rechtsfolgenregelung, der Beschrän- 1 kung des Kreises der Anfechtungsberechtigten und der Anfechtungsgründe der Rechtssicherheit. Im Interesse der kontinuierlichen Mitwirkung von Arbeitnehmern am Betriebsgeschehen soll möglichst schnell und umfassend geklärt werden, ob ein Betriebsrat wirksam gewählt ist. Bei ihrer Anwendung ist ein großzügiger Maßstab anzulegen. Im Zweifel ist das Wahlergebnis aufrechtzuerhalten. Jedenfalls darf die Bildung von Betriebsräten nicht unnötig – etwa durch übertriebenen Formalismus – erschwert werden (DKK/*Schneider* Rn. 1). Die Vorschrift gilt nach § 63 II 2 auch für die Anfechtung der Wahl zur Jugend- und Auszubildendenvertretung. Sie ist entsprechend anwendbar auf die Wahl des Betriebsratsvorsitzenden, seines Stellvertreters, die Bestellung der Mitglieder des Betriebsausschusses und anderer Ausschüsse des Betriebs sowie auf die Wahlen der freizustellenden Betriebsratsmitglieder (BAG 15. 1. 1992 AP BetrVG 1972 § 26 Nr. 10; vgl. § 26 Rn. 8; § 27 Rn. 10). Sie gilt nicht für die Bestellung der Mitglieder des Gesamtbetriebsrates, Konzernbetriebsrates und der Gesamt-Jugend- und Auszubildendenvertretung (BAG 15. 8. 1978 AP BetrVG 1972 § 47 Nr. 3; s. § 47 Rn. 8).

1. Anfechtungsgründe. Gegen wesentliche Vorschriften wird verstoßen, wenn sie tragende Grund- 2 prinzipien der Betriebsratswahl enthalten. Der Verstoß gegen bloße Ordnungs- oder Sollvorschriften rechtfertigt idR keine Wahlanfechtung (*Richardi* Rn. 5; DKK/*Schneider* Rn. 3; *Fitting* Rn. 9). Bestehen für die Abweichung keine einsichtigen, vernünftigen Gründe, kann dies anders sein (BAG 13. 11. 1991 AP BetrVG 1972 § 26 Nr. 9). Zwingende Vorschriften stellen regelmäßig wesentliche Vorschriften iS des § 19 dar (BAG 14. 9. 1988 AP BetrVG 1972 § 16 Nr. 1; BAG 31. 5. 2000 – 7 ABR 78/98; *Fitting* Rn. 9; GK-BetrVG/*Kreutz* Rn. 18).

Mit Vorschriften über das **Wahlrecht** sind die Regelungen der Wahlberechtigung nach § 7 angespro- 3 chen. Versäumen Arbeitnehmer, rechtzeitig Einspruch gegen die Wählerliste nach § 4 WO beim Wahlvorstand einzulegen, verlieren sie nicht die Möglichkeit der Wahlanfechtung nach § 19 (DKK/*Schneider* Rn. 6; GK-BetrVG/*Kreutz* Rn. 22, 59; aA *Fitting* Rn. 11) § 4 WO iVm § 126 dient nicht der Einschränkung der Anfechtungsmöglichkeiten, die in § 19 abschließend geregelt sind. Bereits der Wortlaut von § 126 ermächtigt den Verordnungsgeber lediglich, das Wahlverfahren selbst zu regeln. Auch die Anfechtungsberechtigung des Arbeitgebers (BAG 11. 3. 1975 AP BetrVG § 24 Nr. 1) und der im Betrieb vertretenen Gewerkschaft (BAG 29. 3. 1974 und 25. 6. 1974 AP BetrVG 1972 § 19 Nr. 2 und 3) hängt nicht davon ab, daß dieser Einspruch eingelegt wurde. Die Berufung darauf, daß ein im Zuordnungsverfahren nach § 18 a eingestufter leitender Angestellter zu Unrecht von der Wahl ausgeschlossen wurde, ist nur bei offensichtlich fehlerhafter Zuordnung möglich (vgl. § 18 a Rn. 7). **Einzelfälle:** Eintragung von Arbeitnehmer in die Wählerliste der falschen Gruppe (BAG 29. 3. 1974 AP BetrVG 1972 § 19 Nr. 2); Nichtzulassung von wahlberechtigten Arbeitnehmer (vgl. BAG 29. 3. 1974 AP BetrVG 1972 § 19 Nr. 2; BAG 25. 6. 1974 AP BetrVG 1972 § 19 Nr. 3, BAG 29. 1. 1992 AP BetrVG 1972 § 7 Nr. 1); Zulassung von Nichtwahlberechtigten zur Wahl (BAG 12. 2. 1992 AP BetrVG 1972 § 5 Nr. 52); Berichtigung der Wählerliste nach Ablauf der Einspruchsfrist ohne Vorliegen der in § 4 III WO genannten Voraussetzungen (vgl. BAG 27. 1. 1993 NZA 93, 949).

Eisemann

4   Verstöße gegen die **Wählbarkeit** betreffen § 8 und mittelbar die §§ 4 bis 7: die Zulassung nicht wählbarer Arbeitnehmer als Wahlkandidaten (BAG 28. 11. 1977 AP BetrVG 1972 § 8 Nr. 2) oder die Nichtzulassung eines wählbaren Arbeitnehmers zur Wahl, zB durch unberechtigte Streichung von der Vorschlagsliste (DKK/*Schneider* Rn. 8; *Fitting* Rn. 12). Die Anfechtung kann nicht auf den Mangel der Wählbarkeit gestützt werden, wenn der Arbeitnehmer vor Abschluß des Anfechtungsverfahrens wählbar geworden ist, zB weil er das 18. Lebensjahr zwischenzeitlich vollendet hat oder inzwischen sechs Monate dem Betrieb angehört (BAG 7. 7. 1954 AP BetrVG § 24 Nr. 1; DKK/*Schneider* Rn. 8; *Dietz/Richardi* Rn. 7; *Fitting* Rn. 13; GK-BetrVG/*Kreutz* Rn. 24). Ein im Verfahren nach § 18 a den leitenden Angestellten zugeordneter Arbeitnehmer kann sich im Anfechtungsverfahren auf sein passives Wahlrecht nur berufen, wenn die Zuordnung offensichtlich fehlerhaft ist (vgl. § 18 a Rn. 7).

5   Um das **Wahlverfahren** geht es bei Verstößen gegen die §§ 9 bis 18 und die Vorschriften der WO. **Einzelfälle:** Fehlen einer Wählerliste (BAG 27. 4. 1976 AP BetrVG 1972 § 19 Nr. 4); Fehlen oder nicht ordnungsgemäße Bekanntgabe des Wahlausschreibens (BAG 27. 4. 1976 AP BetrVG 1972 § 19 Nr. 4); Nichteinhaltung der im Wahlausschreiben angegebenen Zeit der Stimmabgabe ohne ordnungsgemäße Bekanntgabe der Änderung, es sei denn, es steht fest, daß dadurch keine Wahlberechtigten von der Stimmabgabe abgehalten worden sind (vgl. BAG 11. 3. 1960 AP BetrVG § 18 Nr. 13; BAG 19. 9. 1985 AP BetrVG 1972 § 19 Nr. 12); fehlende Angabe des Ortes der Wahllokale im Wahlausschreiben, sofern dieses nicht so rechtzeitig ergänzt wird, daß für die Wahlberechtigten keine Einschränkung ihres Stimmrechts eintritt (BAG 19. 9. 1985 AP BetrVG 1972 § 19 Nr. 12); rechtswidrige Wahlbeeinflussung, zB finanzielle oder sonstige Unterstützung einer bestimmten Gruppe von Kandidaten bei der Wahlwerbung durch den Arbeitgeber (BAG 4. 12. 1986 AP BetrVG 1972 § 19 Nr. 13); Bestellung des Wahlvorstands durch einen nicht mehr amtierenden Betriebsrat (BAG 2. 3. 1955 AP BetrVG § 18 Nr. 1; aA GK-BetrVG/*Kreutz* Rn. 48); Gemeinschaftswahl ohne ordnungsgemäße Vorabstimmungen (BAG 2. 3. 1955 AP BetrVG § 18 Nr. 1); Nichteinhaltung der Fristen der WO zur Einreichung von Wahlvorschlägen (BAG 12. 2. 1960 AP BetrVG § 18 Nr. 11); Festsetzung des Endes der Frist für die Einreichung von Wahlvorschlägen auf einen Zeitpunkt, der vor Ende der Arbeitszeit der überwiegenden Zahl der Arbeitnehmer liegt (BAG 12. 2. 1960 AP BetrVG § 18 Nr. 11); Nichtberücksichtigung einer Gruppe im Wahlvorstand entgegen § 16 I 5 (BAG 14. 9. 1988 AP BetrVG 1972 § 16 Nr. 1), es sei den die Wahl wird von dieser Gruppe boykottiert (DKK/*Schneider* Rn. 12); Streichung einzelner oder mehrerer Kandidaten von der Vorschlagsliste durch einige Unterzeichner (BAG 15. 12. 1972 AP BetrVG § 14 Nr. 1); falsche Bezeichnung der Gruppenzugehörigkeit der Wahlbewerber (BAG 2. 2. 1962 AP BetrVG § 13 Nr. 10); Nichtzulassung eines Wahlvorschlags wegen zu geringer Zahl von Bewerbern (BAG 19. 6. 1965 AP BetrVG § 13 Nr. 11); Unterschiedliche Gestaltung der Stimmzettel (BAG 14. 1. 1969 AP BetrVG § 18 Nr. 12); Wahl einer unrichtigen Anzahl von Betriebsratsmitgliedern (BAG 29. 5. 1991 AP BetrVG 1972 § 9 Nr. 2); nicht ordnungsgemäße Besetzung des Wahlvorstands (vgl. BAG 3. 6. 1975 BetrVG 1972 § 5 Rotes Kreuz Nr. 1); bei Gruppenwahl Zulassung von Arbeitnehmer, die der Gruppe nicht angehören oder Nichtzulassung zu der Gruppe gehörende Arbeitnehmer (BAG 20. 5. 1969 AP BetrVG § 5 Nr. 1); Verkennung des Betriebsbegriffs durch den Wahlvorstand (BAG 21. 10. 1969 AP BetrVG § 3 Nr. 10). Wird die Anfechtung darauf gestützt, daß in einem einheitlichen Betrieb mehrere BRe für jeweils unselbständige Betriebsteile gewählt worden sind, muß die Wahl aller BRe angefochten werden (BAG 31. 5. 2000 – 7 ABR 78/98).

6   **2. Weitere Voraussetzungen.** Der Verstoß gegen wesentliche Vorschriften rechtfertigt die Anfechtung nur, wenn er nicht **rechtzeitig korrigiert** wurde (DKK/*Schneider* Rn. 4; *Richardi* Rn. 27; *Fitting* Rn. 15; GK-BetrVG/*Kreutz* Rn. 33 ff.). Die Berichtigung erfolgt idR durch den Wahlvorstand. Geht es um Mängel bei seiner Bestellung, kann die Berichtigung durch den noch amtierenden Betriebsrat vorgenommen werden (GK-BetrVG/*Kreutz* Rn. 38). Grundsätzlich sind alle Wahlfehler reparabel (BAG 19. 9. 1985 AP BetrVG 1972 § 19 Nr. 12; GK-BetrVG/*Kreutz* Rn. 34). Rechtzeitig ist die Berichtigung, wenn die Wahl danach noch ordnungsgemäß ablaufen kann (*Fitting* Rn. 15). Ein Wahlausschreiben mit unzutreffender Angabe des Wahlorts kann deshalb berichtigt werden, wenn sich die Wahlberechtigten noch rechtzeitig über den Ort der Wahl informieren können und keine Einschränkung des Wahlrechts eintritt (BAG 19. 9. 1985 AP BetrVG 1972 § 19 Nr. 12). Formale Unrichtigkeiten im Wahlausschreiben, die offensichtlich sind – wie Schreib- und Rechenfehler – können ohne weiteres vom Wahlvorstand korrigiert werden. Ist jedoch zB die Gesamtzahl der Betriebsratsmitglieder oder die Aufteilung der Gruppen im Wahlausschreiben fehlerhaft angegeben, muß der Wahlvorstand es erneut erlassen, sodaß auch die Fristen zum Einreichen von Wahlvorschlägen neu beginnen (DKK/*Schneider* Rn. 15).

7   Der nicht berichtigte Verstoß muß **potentiell kausal** für ein geändertes oder von ihm beeinflußtes Wahlergebnis sein. Wahlergebnis ist die Feststellung, welche Arbeitnehmer Betriebsratsmitglieder sind (BAG 14. 9. 1988 AP BetrVG 1972 § 16 Nr. 1). Soweit durch den Wahlfehler nur Zwischenergebnisse beeinflußt sind, ist dies ohne Bedeutung (GK-BetrVG/*Kreutz* Rn. 46). Bei Gruppenwahl besteht die Möglichkeit, daß sich der Anfechtungsgrund nur auf die Wahl einer Gruppe beschränkt. Die Wahl ist dann nicht insgesamt, sondern nur der Wahlgang dieser Gruppe anfechtbar (BAG 12. 2. 1960 AP BetrVG § 18 Nr. 11; BAG 20. 5. 1969 AP BetrVG § 5 Nr. 1). Es kommt nicht darauf an, daß das Wahlergebnis geändert oder beeinflußt **wurde**. Es reicht aus, daß durch den Wahlfehler das Ergebnis

der Wahl objektiv beeinflußt werden **konnte** (BAG 14. 9. 1988 AP BetrVG 1972 § 16 Nr. 1; *Fitting* Rn. 16; GK-BetrVG/*Kreutz* Rn. 40 ff.). Kann man ausschließen, daß der Verstoß Einfluß auf das Wahlergebnis oder seine Änderung zur Folge hat, fehlt der Anfechtungsgrund. Entscheidend ist einmal, ob eine hypothetische Betrachtung (Wahl ohne den Verstoß) unter Berücksichtigung der konkreten Umstände zwingend zu demselben Wahlergebnis geführt hätte (BAG 31. 5. 2000 – 7 ABR 78/98). Die Anfechtung ist deshalb nicht begründet, wenn Nicht-Wahlberechtigte mitgewählt haben, das Wahlergebnis aber bei Eliminieren ihrer Stimmen nicht anders aussehen würde (BAG 14. 9. 1988 AP BetrVG 1972 § 16 Nr. 1; DKK/*Schneider* Rn. 15; *Fitting* Rn. 16; GK-BetrVG/*Kreutz* Rn. 45). Die vorzeitige Schließung des Wahllokals begründet keine Anfechtung, wenn feststeht, daß kein Wahlberechtigter von der Stimmabgabe abgehalten worden ist (vgl. BAG 19. 9. 1985 AP BetrVG § 19 Nr. 12). Zum anderen muß die Möglichkeit eines Einflusses auf das Wahlergebnis, gemessen an der allgemeinen Lebenserfahrung und den konkreten Umständen des Falles, nicht ganz unwahrscheinlich sein (DKK/*Schneider* Rn. 4; *Fitting* Rn. 16; GK-BetrVG/*Kreutz* Rn. 45). Ist die Öffentlichkeit der Stimmauszählung nicht gewährleistet, liegt der Verdacht einer Manipulation nahe und die Möglichkeit der Beeinflussung des Wahlergebnisses ist nicht völlig unwahrscheinlich (LAG *Berlin* DB 88, 505). Läßt sich der Sachverhalt nicht eindeutig dahingehend aufklären, daß der Verstoß keinen Einfluß auf das Wahlergebnis hatte, so ist von der Möglichkeit der Beeinflussung auszugehen (BAG 8. 3. 1957 AP BetrVG § 18 Nr. 1). Den Nachteil der Nichtaufklärung der Kausalität trägt der Anfechtungsgegner (*Richardi* Rn. 26; GK-BetrVG/*Kreutz* Rn. 42; *Fitting* Rn. 16 a).

II. Folgen der Anfechtung

Mit rechtskräftiger Entscheidung steht die Wirksamkeit oder Unwirksamkeit der Betriebsratswahl **8** fest. Stellt sich im Anfechtungsverfahren heraus, daß eine nachträgliche Berichtigung des Wahlmangels möglich ist, muß das Gericht die Berichtigung im Beschluß vornehmen und darf die Wahl nicht für ungültig erklären (vgl. BAG 26. 11. 1968 AP BetrVG § 76 Nr. 18; BAG 6. 7. 1955 AP BetrVG § 20 Jugendvertreter Nr. 2). Die gerichtliche Korrektur geht der Kassation des Wahlergebnisses vor (*Fitting* Rn. 18; GK-BetrVG/*Kreutz* Rn. 119). Grundsätzlich ist die Berichtigung nur möglich, wenn sich die Anfechtung gegen die Feststellung des Wahlergebnisses einer ansonsten ordnungsgemäß durchgeführten Wahl richtet – zB Rechenfehler bei der Verteilung der Sitze (BAG 15. 7. 1960 und 26. 11. 1968 AP BetrVG § 76 Nr. 10, 18; DKK/*Schneider* Rn. 37; *Richardi* Rn. 44). Sie ist nicht möglich, wenn die Wahl aufgrund einer vom Wahlvorstand falsch angegebenen Größe des Betriebsrats durchgeführt wurde; dies gilt für Mehrheits- und für Listenwahl (BAG 29. 5. 1991 AP BetrVG 1972 § 9 Nr. 2; BAG 12. 10. 1976 AP BetrVG 1972 § 8 Nr. 1; s. § 9 Rn. 4).

Die erfolgreiche **Anfechtung der Wahl als Ganzes** entzieht dem Betriebsrat die Grundlage für sein **9** weiteres Bestehen und führt zu einem betriebsratslosen Betrieb. Sie hat keine rückwirkende Kraft, sondern wirkt für die Zukunft (BAG 13. 3. 1991 AP BetrVG 1972 § 19 Nr. 20). Alle bis zur rechtskräftigen Entscheidung vom Betriebsrat vorgenommenen Rechtshandlungen, einschließlich abgeschlossener Betriebsvereinbarungen, sind und bleiben gültig (DKK/*Schneider* Rn. 36; GK-BetrVG/*Kreutz* Rn. 116; *Fitting* Rn. 37). Der Betriebsrat führt nach § 22 iVm § 13 II Nr. 4 nicht mehr die Geschäfte bis zur Neuwahl (*Fitting* Rn. 37 a; GK-BetrVG/*Kreutz* Rn. 124). Vor Rechtskraft der Entscheidung kann er keinen Wahlvorstand bestellen (GK-BetrVG/*Kreutz* Rn. 125; *Richardi* Rn. 67; aA *Fitting* Rn. 32), der unverzüglich Wahlen einleiten müßte, die zu diesem Zeitpunkt noch nicht stattfinden dürfen. Der für die Neuwahl erforderliche Wahlvorstand muß daher von der Betriebsversammlung nach § 17 gewählt werden. Die Betriebsversammlung kann den alten Wahlvorstand oder einzelne seiner Mitglieder wieder berufen (*Fitting* Rn. 33). Liegen die Voraussetzungen von § 17 III vor, kann eine Ersatzbestellung nach § 16 II erfolgen. Soweit sich der Anfechtungsgrund nicht auf die Vorabstimmungen nach §§ 12 I, 14 II selbst beziehen, bleiben die vor der angefochtenen Wahl durchgeführte Vorabstimmungen maßgebend, da die Wahl lediglich die Wiederholung der ungültigen Wahl und keine echte Neuwahl ist (DKK/*Schneider* Rn. 36; *Fitting* Rn. 33; *Richardi* Rn. 68). Ist nur der Wahlgang einer Gruppe erfolgreich angefochten worden, werden nur diese Gruppenvertreter neu gewählt. Bis dahin übernehmen Ersatzmitglieder der anderen Gruppe die Aufgaben der Ausgeschiedenen (*Richardi* Rn. 60 f.; DKK/*Schneider* Rn. 38; *Fitting* Rn. 34). Der Bestand einer Interessenvertretung ist höher zu bewerten als die vorübergehende nicht ordnungsgemäße Zusammensetzung des Betriebsrats. Wird im Anfechtungsverfahren nur die Wahl **einzelner Betriebsratsmitglieder** für unwirksam erklärt, treten mit Rechtskraft der Entscheidung nach § 25 die Ersatzmitglieder an ihre Stelle. Eine Neuwahl kommt nicht in Betracht (*Fitting* Rn. 35; GK-BetrVG/*Kreutz* Rn. 130). Bis zum Abschluß des Anfechtungsverfahrens unterliegen die Betriebsratsmitglieder dem besonderen Kündigungsschutz aus § 15 KSchG und § 103.

III. Verfahren

Die Wahlanfechtung wird im arbeitsgerichtlichen Beschlußverfahren nach §§ 2 a, 80 ff. ArbGG **10** entschieden. Das Arbeitsgericht muß als Folge des im Beschlußverfahren geltenden eingeschränkten Untersuchungsgrundsatzes sämtliche Anfechtungsgründe von Amts wegen berücksichtigen, soweit

210 BetrVG § 19 Wahlanfechtung

der Vortrag der Beteiligten Anhaltspunkte liefert, unabhängig davon, ob sie sich darauf berufen oder nicht. (BAG 3. 6. 1969 AP BetrVG § 18 Nr. 17; BAG 4. 12. 1986 AP BetrVG 1972 § 19 Nr. 13). Deshalb kann ein Anfechtungsgrund später nicht wirksam fallengelassen werden (BAG 3. 6. 1958 AP BetrVG § 18 Nr. 3). Die Anfechtung erfolgt durch Anrufung des Arbeitsgerichts. Von Amts wegen wird das Gericht nicht tätig (*Fitting* Rn. 26; GK-BetrVG/*Kreutz* Rn. 85). Der Antrag kann auf Korrektur des Wahlergebnisses, Gesamt- oder Teilanfechtung der Wahl gehen (*Dietz/Richardi* Rn. 42; *Fitting* Rn. 26; GK-BetrVG/*Kreutz* Rn. 88). Richtet sich der Antrag auf Feststellung der Ungültigkeit einer Wahl, ist regelmäßig eine Überprüfung unter jedem rechtlichen Gesichtspunkt gewollt. Das Gericht prüft dann auch die Nichtigkeit der Wahl (BAG 12. 10. 1976 AP BetrVG 1972 § 8 Nr. 1). Das **Rechtsschutzinteresse** für das Wahlanfechtungsverfahren entfällt, wenn alle Arbeitnehmer, die das Verfahren betreiben, endgültig aus dem Arbeitsverhältnis ausscheiden (BAG 15. 2. 1989 AP BetrVG 1972 § 19 Nr. 17). Es entfällt ebenso mit Ablauf der Amtszeit des Gremiums, dessen Wahl angefochten wird (BAG 13. 3. 1991 AP BetrVG 1972 § 19 Nr. 20). Tritt der Betriebsrat während des Verfahrens zurück, ist es wegen der nach § 22 weiterbestehenden Geschäftsführungsbefugnis fortzusetzen (BAG 29. 5. 1991 AP BetrVG 1972 § 4 Nr. 4). Wird die Wahl einzelner Betriebsratsmitglieder angefochten, entfällt das Rechtsschutzbedürfnis mit ihrer Amtsniederlegung, weil sie sofort aus dem Betriebsrat ausscheiden (*Fitting* Rn. 31). Örtlich Zuständig ist nach § 82 S. 1 ArbGG das Arbeitsgericht, in dessen Bezirk der Betrieb seinen Sitz hat.

11 **1. Anfechtungsfrist.** Die für die Wahlanfechtung in Abs. 2 S. 2 vorgesehene Zwei-Wochen-Frist beginnt mit der Bekanntgabe des endgültigen Wahlergebnisses nach § 19 WO (GK-BetrVG/*Kreutz* Rn. 82). Sie berechnet sich nach den §§ 187 ff. BGB und endet nach § 188 II BGB mit Ablauf des Wochentags, der dem Tag entspricht, an dem das Wahlergebnis zwei Wochen zuvor ausgehängt worden ist. Der Antrag muß einschließlich Begründung spätestens am letzten Tag der Frist beim ArbG eingegangen sein. Es reicht auch der Eingang bei einem örtlich nicht zuständigen ArbG (BAG 15. 7. 1960 AP BetrVG § 76 Nr. 10). Eine Verlängerung der Frist ist ebensowenig möglich wie eine Wiedereinsetzung in den vorigen Stand (*Fitting* Rn. 24; *Richardi* Rn. 40). Wird innerhalb der Frist kein Anfechtungsgrund vorgetragen, kann dieser nicht nachgeschoben werden, da dies auf eine Verlängerung der Frist hinausliefe (BAG 24. 5. 1965 AP BetrVG § 18 Nr. 14). Nach Ablauf der Frist erlischt das Anfechtungsrecht. Die Wahl wird unanfechtbar (BAG 26. 10. 1979 AP KSchG 1969 § 9 Nr. 5). Das Anfechtungsverfahren kann schon vor Fristbeginn angestrengt werden (LAG München 23. 2. 1952 BB 52, 319). Wird das Wahlergebnis nachträglich vom Wahlvorstand geändert, beginnt die Frist erneut (*Richardi* Rn. 38; *Fitting* Rn. 23 a). Wird der Aushang vorzeitig abgenommen, wird die Frist unterbrochen (*Fitting* Rn. 25 a).

12 **2. Anfechtungsberechtigung.** Das Anfechtungsrecht steht den Arbeitnehmern nach **Abs. 2 S. 1** als Individualrecht zu (BAG 4. 12. 1986 AP BetrVG 1972 § 19 Nr. 13). Der Betriebsrat oder Wahlvorstand als Organe haben kein Anfechtungsrecht (BAG 14. 11. 1975 AP BetrVG 1972 § 18 Nr. 1). Drei gewählte Betriebsratsmitglieder oder Mitglieder des Wahlvorstandes können aber als Arbeitnehmer die Anfechtung betreiben (LAG Hamm DB 76, 1920). Keine Anfechtungsberechtigung hat der einzelne Arbeitnehmer, auch wenn er bei ordnungsgemäßer Wahl gewählt worden wäre (BAG 12. 2. 1985 AP BetrVG 1952 § 76 Nr. 27). Der **nachträgliche Wegfall** der Wahlberechtigung hat keinen Einfluß auf die Anfechtungsbefugnis (BAG 4. 12. 1986 AP BetrVG 1972 § 19 Nr. 13; DKK/*Schneider* Rn. 21; *Fitting* Rn. 19; aA GK-BetrVG/*Kreutz* Rn. 57). Haben drei am Wahltag wahlberechtigte Arbeitnehmer das Verfahren eingeleitet und scheiden sie alle vor Abschluß des Verfahrens aus dem Betrieb aus, entfällt aber das Rechtsschutzbedürfnis (BAG 15. 2. 1989 AP BetrVG 1972 § 19 Nr. 17). Jeder anfechtende Arbeitnehmer kann seinen **Antrag** ohne Zustimmung der anderen Beteiligten in der ersten Instanz **zurücknehmen** (BAG 12. 2. 1985 AP BetrVG 1952 § 76 Nr. 27). Scheidet ein Antragsteller aus, kann nach Ablauf der Anfechtungsfrist weder eine im Betrieb vertretene Gewerkschaft (BAG 10. 6. 1983 AP BetrVG 1972 § 19 Nr. 10; GK-BetrVG/*Kreutz* Rn. 69, 72) noch ein anderer wahlberechtigter Arbeitnehmer (BAG 12. 2. 1985 AP BetrVG 1952 § 76 Nr. 27; DKK/*Schneider* Rn. 22; *Fitting* Rn. 19 a) das Verfahren weiter betreiben. Wer selbst die Anfechtungsfrist versäumt hat, kann das nicht durch die „Übernahme" eines fremden Verfahrens heilen.

13 Jede im Betrieb vertretene **Gewerkschaft** ist anfechtungsberechtigt. Die Vertretung im Betrieb muß während des ganzen Verfahrens gegeben sein (BAG 21. 11. 1975 AP BetrVG 1972 § 118 Nr. 6; DKK/*Schneider* Rn. 23; *Fitting* Rn. 20). Bei Anfechtung durch eine dem Haupt- bzw. Bundesvorstand nachgeordnete Gliederung der Gewerkschaft, zB der örtlichen Verwaltungsstelle, muß diese dazu durch die Satzung der Gewerkschaft ermächtigt sein (BAG 29. 3. 1974 AP BetrVG 1972 § 19 Nr. 2). Der **Arbeitgeber** braucht als Anfechtungsberechtigter kein besonderes rechtliches Interesse nachzuweisen (BAG 10. 11. 1954 AP BetrVG § 19 Nr. 2). Nach einem Betriebsübergang ist der Veräußerer des Betriebs nicht mehr anfechtungs- und beschwerdeberechtigt (LAG Düsseldorf 8. 1. 1979 DB 79, 938; DKK/*Schneider* Rn. 24; *Fitting* Rn. 21). In Gemeinschaftsbetrieben beschränkt sich das Anfechtungsrecht grundsätzlich auf die einheitliche Leitung (DKK/*Schneider* Rn. 24; *Fitting* Rn. 21). Haben sich Arbeitgeber in einer BGB-Gesellschaft zusammengeschlossen, so ist nur die BGB-Gesellschaft als

IV. Nichtigkeit der Wahl § 19 BetrVG 210

solche und nicht die einzelnen Gesellschafter im gemeinsamen Betrieb antragsberechtigt (BAG 28. 11. 1977 AP BetrVG 1972 § 19 Nr. 6).

3. Beteiligte. Neben dem Antragsteller sind nach § 83 III Betriebsrat und Arbeitgeber beteiligt. **14** Antragsgegner ist grundsätzlich der Betriebsrat. Anfechtungsgegner können aber auch einzelne Betriebsratsmitglied sein, wenn lediglich deren Wahl angefochten wurde (BAG 7. 7. 1954 BetrVG § 24 Nr. 1; BAG 28. 11. 1977 AP BetrVG 1972 § 8 Nr. 2). Ist nur der Wahlgang einer Gruppe angefochten, sind nur die Vertreter dieser Gruppe Anfechtungsgegner (*Fitting* Rn. 28). Anfechtungsberechtigt sind in diesem Fall auch Angehörige der anderen Gruppe (BVerwG 7. 7. 1961 AP PersVG § 22 Nr. 15). Wird eine betriebsratsinterne Wahl wegen eines Verstoßes gegen Gruppenschutzbestimmungen angefochten, sind sämtliche Mitglieder der betroffenen Betriebsratsgruppe am Verfahren beteiligt (BAG 15. 1. 1992 AP BetrVG 1972 § 26 Nr. 10). Ist Anfechtungsgrund, daß die in einem Haupt- und einem Nebenbetrieb durchgeführten Wahlen unwirksam sind, weil ein gemeinsamer Betriebsrat hätte gewählt werden müssen, ist die Wahl beider Betriebsräte anzufechten (BAG 7. 12. 1988 AP BetrVG 1972 § 19 Nr. 15). Hat eine im Betrieb vertretene Gewerkschaft von ihrem Anfechtungsrecht keinen Gebrauch gemacht, ist sie nicht nach § 83 III ArbGG Beteiligte (BAG 19. 9. 1985 AP BetrVG 1972 § 19 Nr. 12). Der Wahlvorstand ist auch dann nicht Beteiligter, wenn die Anfechtung mit Mängeln seiner Bestellung oder seines Verfahrens begründet wird (vgl. BAG 14. 1. 1983 AP BetrVG 1972 § 19 Nr. 9; DKK/*Schneider* § 18 Rn. 9).

IV. Nichtigkeit der Wahl

Eine Betriebsratswahl ist ganz ausnahmsweise nichtig, wenn gegen wesentliche Grundsätze der **15** Wahl in so hohen Maße verstoßen worden ist, daß nicht einmal mehr der Anschein einer dem Gesetz entsprechenden Wahl vorliegt (BAG 10. 6. 1983 AP BetrVG 1972 § 19 Nr. 10; BAG 29. 4. 1998 AP BetrVG 1972 § 40 Nr. 58; BAG 22. 3. 2000 – 7 ABR 34/98; DKK/*Schneider* Rn. 39; HSG/*Schlochauer* Rn. 12; *Fitting* Rn. 3). Erforderlich ist ein grober und offensichtlicher Verstoß gegen wesentliche gesetzliche Wahlregeln (BAG 24. 1. 1964 AP BetrVG § 3 Nr. 6). Er muß der Sicht eines mit den Betriebsinterna Vertrauten ins Auge springen (HSG/*Schlochauer* Rn. 13; *Fitting* Rn. 3; GK-BetrVG/*Kreutz* Rn. 133). Daneben kann die Häufung von Mängeln, von denen jeder für sich nur die Anfechtbarkeit der Wahl begründet, zur Nichtigkeit der Betriebsratswahl führen (BAG 27. 4. 1976 AP BetrVG 1972 § 19 Nr. 4; *Fitting* Rn. 3; GK-BetrVG/*Kreutz* Rn. 135).

Die Nichtigkeit einer Wahl kann **von jedermann, zu jeder Zeit in jeder Form** geltend gemacht **16** werden (BAG 27. 4. 1976 AP BetrVG 1972 § 19 Nr. 4). Jedermann, der an der Feststellung der Nichtigkeit ein Interesse hat, kann sich auf die Nichtexistenz des Betriebsrats berufen. Dazu gehören jedenfalls die nach § 19 II Anfechtungsberechtigten. Die Frist für eine Wahlanfechtung gilt hier nicht (BAG 27. 4. 1976 AP BetrVG 1972 § 19 Nr. 4). Die Nichtigkeit tritt ipso iure ein und ihre Geltendmachung ist an keine Form gebunden (GK-BetrVG/*Kreutz* Rn. 142). Ihre Feststellung setzt kein bestimmtes gerichtliches Verfahren voraus. Sie kann zum Gegenstand eines arbeitsgerichtlichen Beschlußverfahrens gemacht werden (DKK/*Schneider* Rn. 42; *Fitting* Rn. 8) oder auch als Vorfrage, zB iR einer Kündigungsschutzklage entschieden werden (vgl. BAG 27. 4. 1976 AP BetrVG 1972 § 19 Nr. 4; GK-BetrVG/*Kreutz* Rn. 142 ff.). Ist bei einer Wahlanfechtung die Feststellung der Unwirksamkeit der Wahl beantragt worden, ist der Antrag regelmäßig dahingehend auszulegen, daß sowohl die Anfechtbarkeit als auch die Nichtigkeit überprüft werden soll (BAG 24. 1. 1964 AP BetrVG § 3 Nr. 6; DKK/*Schneider* Rn. 42).

Die Nichtigkeit einer Betriebsratswahl wirkt zurück. Ihre gerichtliche Feststellung hat nur dekla- **17** ratorische Bedeutung (BAG 29. 4. 1998 AP BetrVG 1972 § 40 Nr. 58). Der Betriebsrat, dessen Wahl für nichtig erklärt wurde, hat rechtlich nie existiert. Alle von ihm getroffenen Maßnahmen, inbesondere die von ihm abgeschlossenen Betriebsvereinbarungen und Regelungsabreden sind unwirksam (BAG 29. 5. 1991 AP BetrVG 1972 § 9 Nr. 2; DKK/*Schneider* Rn. 43 f.; *Fitting* Rn. 5). Mitbestimmungs- und Mitwirkungsrechte bestanden und bestehen für die aus nichtiger Wahl hervorgegangene betriebliche Vertretung nicht (BAG 27. 4. 1976 AP BetrVG 1972 § 19 Nr. 4; GK-BetrVG/*Kreutz* Rn. 139). Der Arbeitgeber kann sich auch auf die Nichtigkeit für die Vergangenheit berufen, wenn er in Kenntnis der Umstände, die zur Nichtigkeit führten, den Betriebsrat längere Zeit als rechtmäßige Vertretung anerkannt und behandelt hat (BAG 27. 4. 1976 AP BetrVG 1972 § 19 Nr. 4; GK-BetrVG/*Kreutz* Rn. 140; *Richardi* Rn. 75; aA DKK/*Schneider* Rn. 44; *Fitting* Rn. 7). Die Nichtigkeit der Wahl kann jederzeit geltend gemacht werden. Nicht vorhandene betriebsverfassungsrechtliche Strukturen lassen sich nicht allein mit Treu und Glauben beleben. Gegenüber individualrechtlichen Ansprüchen, die sich aus der Tätigkeit des nichtexistenten Betriebsrats ergeben, kann etwas anderes gelten (GK-BetrVG/*Kreutz* Rn. 140; *Richardi* Rn. 75). Dies gilt insbesondere, wenn die Nichtigkeitsgründe nicht offenkundig waren (BAG 29. 4. 1998 AP BetrVG 1972 § 40 Nr. 58). Mitglieder eines Betriebsrates, dessen Wahl für nichtig erklärt wurde, genießen keinen Kündigungsschutz nach § 103 (BAG 27. 4. 1976 AP BetrVG 1972 § 19 Nr. 4) und § 15 KSchG (GK-BetrVG/*Kreutz* Rn. 139). Sie haben aber den nachwirkenden Kündigungsschutz von Wahlbewerbern nach § 15 III KSchG (*Fitting* Rn. 5).

Eisemann

18 Einzelfälle: Offene Terrorisierung der Belegschaft während des Wahlakts (BAG 8. 3. 1957 AP BetrVG § 19 Nr. 1); Wahl bereits 12 Tage nach Bestellung des bei der Stimabgabe nicht mehr vollzähligen Wahlvorstand ohne Aufstellung einer Wählerliste und ohne Erlaß eines Wahlausschreibens auf der Grundlage nicht mehr zutreffender Stimmzettel, wobei die Stimmauszählung nicht durch Wahlvorstandsmitglieder, sondern durch ein gewähltes Betriebsratsmitglied erfolgte (BAG 27. 4. 1976 AP BetrVG 1972 § 19 Nr. 4); Wahl eines Betriebsrats für einen Betriebsteil, obwohl ein gemeinsamer Betriebsrat mit anderen Betriebsteilen gewählt und nicht angefochten war (BAG 11. 4. 1978 AP BetrVG 1972 § 19 Nr. 8); Bildung eines Betriebsrats durch Zuruf (BAG 12. 10. 1961 AP BGB Urlaubsrecht § 611 Nr. 84); Durchführung einer Betriebsratswahl in einem Betrieb der offensichtlich nicht dem BetrVG unterliegt (BAG 9. 2. 1982 AP BetrVG 1972 § 118 Nr. 24); Wahl eines Betriebsrats durch Nicht-Arbeitnehmer (BAG 16. 2. 1995 AP Einigungsvertrag Anlage II Kap. VI Nr. 1); vorzeitige, vor Abschluß des Wahlgangs und unter Ausschluß der Öffentlichkeit erfolgte Öffnung der Wahlurne und der Stimmauszählung (ArbG Bochum DB 72, 1730); Wahl eines Betriebsrats außerhalb des regelmäßigen Wahlzeitraums, ohne daß ein Ausnahmetatbestand nach § 13 II vorgelegen hat (*Fitting* Rn. 40), Wahl auf der Grundlage eines Tarifvertrags nach § 3 I Ziff. 3, dem die Zustimmung nach § 3 II fehlt (LAG Brandenburg 9. 8. 1996 – 2 TaBV 9/96).

§ 20 Wahlschutz und Wahlkosten

(1) ¹Niemand darf die Wahl des Betriebsrats behindern. ²Insbesondere darf kein Arbeitnehmer in der Ausübung des aktiven und passiven Wahlrechts beschränkt werden.

(2) Niemand darf die Wahl des Betriebsrats durch Zufügung oder Androhung von Nachteilen oder durch Gewährung oder Versprechen von Vorteilen beeinflussen.

(3) ¹Die Kosten der Wahl trägt der Arbeitgeber. ²Versäumnis von Arbeitszeit, die zur Ausübung des Wahlrechts, zur Betätigung im Wahlvorstand oder zur Tätigkeit als Vermittler (§ 18 a) erforderlich ist, berechtigt den Arbeitgeber nicht zur Minderung des Arbeitsentgelts.

I. Vorbemerkung

1 Die Vorschrift schützt in Abs. 1 die freie Willensbetätigung über das Verbot der Wahlbehinderung, in Abs. 2 die freie Willensbildung über das Verbot der Wahlbeeinflussung. Abgesichert wird beides durch die Androhung von Freiheits- oder Geldstrafen in § 119 I Nr. 1. Die Kostenregelung in Abs. 3 ergänzt mit den §§ 103 und 15 KSchG den Schutz des Verfahrens und der beteiligten Arbeitnehmer. Nach § 63 II 2 gilt die Bestimmung auch für die Wahl der Jugend- und Auszubildendenvertretung. Gesamtbetriebsrat, Konzernbetriebsrat, Gesamt-Jugend- und Auszubildendenvertretung sowie der Wirtschaftsausschuß werden durch § 78 geschützt. Die Vorschrift ist zwingend. Auf den Wahlschutz kann man nicht verzichten. Die Kostenregelung kann vertraglich nicht abbedungen werden.

II. Verbot der Behinderung

2 Unter Behinderung versteht man jede Beeinträchtigung oder Beschränkung eines Wahlbeteiligten in der Ausübung seiner Rechte, Befugnisse oder Aufgaben, gleichgültig in welcher Weise sie geschieht und von wem sie ausgeht. Störende Maßnahme kann jedes Tun oder pflichtwidrige Unterlassen sein, daß den ungestörten Ablauf der Wahl beeinträchtigt (DKK/*Schneider* Rn. 3 f.; GK-BetrVG/*Kreutz* Rn. 11 f.; *Fitting* Rn. 5). Die bloße Eignung der Maßnahme zur Erschwerung der Wahl reicht nicht aus; die Wahl muß tatsächlich erschwert worden sein (LAG Köln 15. 10. 1993 NZA 94, 431). Der Begriff **Wahl** umfaßt alle mit ihr zusammenhängenden oder ihr dienenden Handlungen, Betätigungen und Geschäfte (DKK/*Schneider* Rn. 1; *Richardi* Rn. 4; *Fitting* Rn. 5; GK-BetrVG/*Kreutz* Rn. 8). Neben der eigentlichen Durchführung der Wahl sind ua. folgende Betätigungen geschützt: Einberufung bzw. Durchführung der Betriebsversammlung zur Wahl eines Wahlvorstands, Betätigung im Wahlvorstand oder als Wahlhelfer, Sammlung von Stützvorschriften und Aufstellung von Wahlvorschlägen, Teilnahme an Vorabstimmungen nach § 12 I oder § 14 II, Betreiben eines arbeitsgerichtlichen Verfahrens im Zusammenhang mit der Wahl, Stimmauszählung, Bekanntgabe des Wahlergebnisses, Durchführung eines Wahlanfechtungsverfahrens.

3 Teil der Wahl ist die von Arbeitnehmer oder von einer im Betrieb vertretenen Gewerkschaft betriebene **Wahlwerbung**. Sie wird von der allgemeinen Meinungsfreiheit und für die Gewerkschaft zusätzlich von Art. 9 III GG als Teil der gewerkschaftlichen Betätigungsgarantie geschützt (BVerfG 30. 11. 1965 AP GG Art. 9 Nr. 7; BAG 14. 2. 1967 AP GG Art. 9 Nr. 10), solange mit ihr nicht gegen Gesetze oder arbeitsvertragliche Pflichten verstoßen wird. Der Arbeitgeber hat daher zulässige Wahlwerbung unter Berücksichtigung der betrieblichen Gegebenheiten zu gestatten (*Fitting* Rn. 6). Dies gilt auch für das Verteilen von Handzetteln während der Arbeitszeit. Die Grenze ist bei einer mehr als unerheblichen Störung des Betriebsablaufes überschritten (*Fitting* Rn. 6; DKK/*Schneider* Rn. 19; aA GK-BetrVG/*Kreutz* Rn. 19). In jedem Fall ist Wahlwerbung während der Arbeitspausen sowie vor und nach der Arbeitszeit geschützt (GK-BetrVG/*Kreutz* Rn. 19). Keine Behinderung der Wahl ist die

Propaganda für oder gegen einen Kandidaten oder eine Liste. Dies gilt grundsätzlich auch für die wahrheitswidrige Propaganda (*Fitting* Rn. 8; HSG/*Schlochauer* Rn. 20; aA DKK/*Schneider* Rn. 19) oder einen allgemeinen Aufruf zum Wahlboykott (GK-BetrVG/*Kreutz* Rn. 22), jedoch nicht für die diffamierende und grob wahrheitswidrige Propaganda *gegen* einen Wahlbewerber (DKK/*Schneider* Rn. 19). Mit der Behinderung einer Wahl wird nur die Einschränkungen der Handlungsfreiheit und nicht die bloße Beeinflussung der inneren Willensbildung angesprochen, sofern nicht die Grenzen zur Nötigung oder Ehrverletzung überschritten werden (vgl. auch LAG Köln 15. 10. 1993 NZA 94, 431; *Richardi* Rn. 13 f.; *Fitting* Rn. 8; GK-BetrVG/*Kreutz* Rn. 11). Der betroffene Wahlbewerber kann sich in diesem Fall mit einer einstweiligen Verfügung im arbeitsgerichtlichen Beschlußverfahren unter dem Aspekt der Wahlbeeinflussung zur Wehr setzen (*Richardi* Rn. 13; GK-BetrVG/*Kreutz* Rn. 33; aA *Fitting* Rn. 8) Daneben kann er vor den ordentlichen Gerichten nach allgemeinen Bestimmungen Rechtsschutz begehren (*Fitting* Rn. 8; GK-BetrVG/*Kreutz* Rn. 33).

III. Schutz des Wahlrechts

Der Schutz des aktiven und passiven Wahlrechts nach Abs. 1 S. 2 ist im weitesten Sinn als Schutz aller Betätigungen eines Arbeitnehmers zu verstehen, die im Zusammenhang mit der Wahl stehen. Damit wird die **äußere Freiheit zur Ausübung der Wahlbefugnisse,** nicht wie in Abs. 2 die innere Freiheit des Wahlberechtigten schützt (*Fitting* Rn. 10; GK-BetrVG/*Kreutz* Rn. 24). Darunter fällt nicht nur der Schutz von Wählern oder Wahlkandidaten, sondern der Schutz aller Wahlbeteiligten wie des Wahlvorstands oder des Wahlhelfers. So wird auch das Aufstellen und Unterzeichnen von Wahlvorschlägen erfaßt (*Fitting* Rn. 9). Eine Beschränkung des Wahlrechts liegt in dem von Arbeitnehmern oder Arbeitgeber unternommenen Versuch, Wahlberechtigte mit Gewalt am Betreten des Wahllokals zu hindern oder sie zur Rücknahme einer Kandidatur zu zwingen. Unzulässige Beschränkungen liegen zB in der Anweisung des Arbeitgebers, am Wahltag eine nicht zu diesem Zeitpunkt erforderliche Geschäftsreise zu unternehmen; in der Weigerung, notwendige Arbeitsbefreiung zur Stimmabgabe oder für die Tätigkeit als Wahlvorstand, Wahlhelfer, Vermittler iSd. § 18a zu gewähren (*Fitting* Rn. 11). Verboten ist die Anweisung des Arbeitgebers, einen bestimmten Kandidaten bzw. Liste zu wählen oder auf einer gegnerischen Liste zu kandidieren (*Fitting* Rn. 13). Auch die nur rechtsirrige Mitteilung an wahlberechtigte Arbeitnehmer, sie seien leitende Angestellte und nicht wahlberechtigt, ist unzulässig, soweit sie nicht eindeutig unverbindliche Meinungsäußerung ist und auch als Wunsch oder Weisung verstanden werden kann (LAG Hamm 27. 4. 1972 DB 72, 1297; LAG Baden-Württemberg 31. 5. 1972 DB 72, 1392; *Fitting* Rn. 13; weitergehend DKK/*Schneider* Rn. 11). Eine unzulässige Beschränkung des Wahlrechts liegt endlich in dem Versuch des Arbeitgebers, von den Arbeitnehmern schriftliche Erklärungen zu bekommen, daß sie eine Betriebsratswahl nicht wünschen (ArbG München 26. 5. 1987 DB 87, 2662).

Kündigungen und **Versetzungen** bleiben vor einer anstehenden Betriebsratswahl grundsätzlich möglich. Sie verstoßen aber gegen Abs. 1, wenn sie anläßlich oder im Zusammenhang mit der Betätigung für die Betriebsratswahl mit dem Ziel ausgesprochen werden, einen Arbeitnehmer an der Ausübung des Wahlrechts zu hindern, ihn zu maßregeln oder die Durchführung der Wahl zu erschweren (BAG 13. 10. 1977 AP KSchG 1969 § 1 Verhaltensbedingte Kündigung Nr. 1) und sind dann nach § 134 BGB unwirksam (LAG Rheinland-Pfalz 5. 12. 1991 AiB 1992, 531; *Richardi* Rn. 10; *Fitting* Rn. 12; im Ergebnis auch GK-BetrVG/*Kreutz* Rn. 18). Das Behinderungsverbot deckt ebensowenig rechtswidriges Verhalten von Arbeitnehmern im Zusammenhang mit einer Betriebsratswahl. Wer als Wahlbewerber die Ehre anderer schwerwiegend verletzt und dabei mit verfassungsfeindlicher Zielsetzung agiert, kann auch vor der Wahl außerordentlich gekündigt werden (BAG 13. 10. 1977 AP KSchG 1969 § 1 Verhaltensbedingte Kündigung Nr. 1; BAG 15. 12. 1977 AP BGB § 626 Nr. 69). Da Wahlkandidaten und Mitglieder des Wahlvorstands nach § 15 KSchG und § 103 gegen Kündigungen geschützt sind, hat Abs. 1 S. 2 für sie Bedeutung für den Zeitraum vor Aufstellen des Wahlvorschlags bzw. Bestellung in den Wahlvorstand. Auch die **Maßregelung nach Ausüben der Wahlbefugnisse** wird vom Verbot des Abs. 1 S. 2 erfasst. Sie kann daher Schadensersatzansprüche des Arbeitnehmers auslösen (*Fitting* Rn. 14; im Ergebnis DKK/*Schneider* Rn. 18). Da die nachträgliche Sanktion keinen Einfluß auf das Wahlergebnis hat, kann sie nicht zur Wahlanfechtung führen. Anderes gilt, wenn die Maßregelung vorher angekündigt wurde und damit eine unzulässige Wahlbeeinflussung nach Abs. 2 gegeben ist.

IV. Wahlbeeinflussung

Abs. 2 schützt die **Freiheit der Willensbildung.** Jede Begünstigung oder Benachteiligung von Wahlbeteiligten ist untersagt, die darauf einwirkt, daß sie ihre Wahlbefugnisse nicht nach eigenem Entschluß, sondern im Interesse eines Dritten ausüben. Es reicht das Androhen von Nachteilen und das Versprechen von Vorteilen (*Fitting* Rn. 16; GK-BetrVG/*Kreutz* Rn. 25) unabhängig davon, ob sie Erfolg haben (GK-BetrVG/*Kreutz* Rn. 25). Die angesprochenen Nachteile und Vorteile können materieller oder immaterieller Art sein. Es kann um Kündigung, Versetzung auf einen schlechteren

Arbeitsplatz, Beförderung, Lohn- und Gehaltserhöhung, Versetzung auf einen bevorzugten Arbeitsplatz, Geschenke oder sonstige Zuwendungen gehen. Auf moralische Anstößigkeit kommt es so wenig an (GK-BetrVG/*Kreutz* Rn. 26) wie darauf, ob es sich bei den in Aussicht gestellten oder gewährten Vorteilen um unsachliche, an den Egoismus des Einzelnen appellierende Leistungen handelt (BAG 8. 3. 1957 AP BetrVG § 19 Nr. 1; GK-BetrVG/*Kreutz* Rn. 26 und § 12 Rn. 19; aA *Fitting* Rn. 17).

7 Bei der **Werbung oder Propaganda** von Arbeitnehmer und im Betrieb vertretenen Gewerkschaften für oder gegen eine Liste oder einen Kandidaten handelt es sich um zulässige Wahlbeeinflussung. Sie gehört zum Wahlkampf, solange sie ein Abwägen der Standpunkte zuläßt und die Entscheidungsfreiheit des Wählers wahrt (*Fitting* Rn. 18 a). Sie ist durch Art. 5 GG und für die Gewerkschaften zusätzlich durch Art. 9 III GG geschützt. Auch Kritik – etwa an konkurrierenden Gewerkschaften – gehört zum Wesen des Wahlkampfs und ist zulässig (vgl. BVerfG 30. 11. 1965 AP GG Art. 9 Nr. 7). Sofern nicht falsche Hoffnungen geweckt werden, gilt dies auch für vergleichende Werbung und angreifbare Werturteile (BGH 7. 1. 1964 AP BGB § 1004 Nr. 1; BGH 6. 10. 1964 AP BGB § 54 Nr. 6). Die Grenze ist dann erreicht, wenn eine andere Gewerkschaft diffamiert wird bzw. die Propaganda in Hetze ausartet (BAG 14. 2. 1967 AP GG Art. 9 Nr. 10). Dem **Arbeitgeber** ist jegliche Wahlwerbung untersagt, da die Betriebsratswahl allein Sache der Arbeitnehmer des Betriebs ist und er als Gegenspieler des Betriebsrats sich des Einflusses auf die Zusammensetzung des Betriebsrats zu enthalten hat (DKK/*Schneider* Rn. 19; *Richardi* Rn. 16; *Fitting* Rn. 18). Unzulässig ist auch die finanzielle oder sonstige tatsächliche Unterstützung von Wahlpropaganda einer oder mehrerer bestimmter Vorschlagslisten durch den Arbeitgeber (BAG 4. 12. 1986 AP BetrVG 1972 § 19 Nr. 13). Die Drohung mit dem **Gewerkschaftsausschluß** eines AN, der nicht auf der Gewerkschaftsliste, sondern auf einer von ihr nicht unterstützten neutralen Liste kandidiert, soll auch dann keinen Verstoß gegen Abs. 2 darstellen, wenn die Kandidatur über den Wettbewerb der Stimmen hinaus nicht gewerkschaftsfeindlich ist (BVerfG 24. 2. 1999 – 1 BvR 123/93 NZA 99, 713; *Fitting* Rn. 20; DKK/*Schneider* Rn. 25, 26; s. Art. 9 Rn. 38; aA GK-BetrVG/*Kreutz* Rn. 39; *Richardi* Rn. 21). Die von Art. 9 III GG umfaßte Selbstbestimmung der Gewerkschaften über ihre innere Ordnung und damit über ihre Geschlossenheit nach außen wird so besser geschützt als die Integrität von Betriebsratswahlen. Im Ergebnis geht man damit über das Wahlvorschlagsrecht der Gewerkschaften nach § 14 V hinaus. Jedenfalls liegt in der Maßregelung ein Verstoß gegen Abs. 2, wenn die „geschützte" Gewerkschaftsliste nicht nach demokratischen Grundregeln aufgestellt wurde (*Fitting* Rn. 23; *Richardi* Rn. 21). Gewerkschaftsfeindlich ist die Kandidatur auf der Liste einer konkurrierenden Gewerkschaft, sowie auf einer Liste, die von einem Programm bestimmt wird, welches die Gewerkschaften allgemein oder die Grundordnung, die ihre freie Betätigung garantiert, bekämpft. Hier darf ausgeschlossen werden (BAG 2. 12. 1960 AP BetrVG § 19 Nr. 2; BGH 27. 2. 1978 AP GG Art. 9 Nr. 27; BGH 19. 1. 1981 AP BetrVG 1972 § 20 Nr. 7; DKK/*Schneider* Rn. 25; *Richardi* Rn. 20; *Fitting* Rn. 20; GK-BetrVG/*Kreutz* Rn. 38; HSG/*Schlochauer* Rn. 28).

V. Folgen der Zuwiderhandlung

8 Verstöße gegen Abs. 1 und 2 können zur Wahlanfechtung nach § 19, besonders grobe Verstöße können zur Nichtigkeit der Wahl führen (vgl. BAG 8. 3. 1957 AP BetrVG § 19 Nr. 1; DKK/*Schneider* Rn. 22; GK-BetrVG/*Kreutz* Rn. 43; enger *Fitting* Rn. 25). Grobe Verbotsverletzungen können darüber hinaus nach § 23 geahndet werden. Vorsätzliche Verstöße werden auf Antrag nach § 119 I Nr. 1 bestraft. Soweit rechtsgeschäftliche Maßnahmen gegen Abs. 1 und 2 verstoßen, sind sie – unabhängig von einer etwaigen Zustimmung des Arbeitnehmers – iVm. § 134 BGB nichtig. Bei Abs. 1 und 2 handelt es sich um Schutzgesetze iS von § 823 II BGB, so daß auch ein Schadensersatzanspruch eines geschädigten Arbeitnehmers in Betracht kommen kann (DKK/*Schneider* Rn. 20; *Fitting* Rn. 27; GK-BetrVG/*Kreutz* Rn. 44).

VI. Kosten der Wahl

9 Der Arbeitgeber trägt nach **Abs. 3 S. 1** alle bei der Vorbereitung und Durchführung einer Betriebsratswahl entstehenden Kosten, soweit sie zur ordnungsgemäßen Durchführung der Wahl erforderlich sind (BAG 8. 4. 1992 AP BetrVG 1972 § 20 Nr. 15; GK-BetrVG/*Kreutz* Rn. 49). Dies gilt auch für eine Wahl, bei der der Wahlvorstand durch das ArbG eingesetzt wurde (GK-BetrVG/*Kreutz* Rn. 49). Dem Wahlvorstand steht bei der Einschätzung, was erforderlich ist, ein **Beurteilungsspielraum** zu, den er nach den für den Betriebsrat im Rahmen des § 40, § 37 II, VI geltenden Grundsätzen zu beachten hat (BAG 3. 12. 1987 AP BetrVG 1972 § 20 Nr. 13). Zu den **Sachkosten** gehören Kosten der Geschäftsführung des Wahlvorstands, der erforderlichen Räume, Büroeinrichtung, einschlägige Gesetzestexte und Kommentarliteratur, Büromaterial, Telefon und Porto, Stimmzettel, Wahlurnen, Wahlkabinen und ggf. eines PKW für Reisen und Transport (DKK/*Schneider* Rn. 28; *Fitting* Rn. 29). Benutzen die Mitglieder des Wahlvorstands das eigene Fahrzeug, ist die betriebsübliche Kilometerpauschale zu ersetzen (BAG 3. 3. 1983 AP BetrVG 1972 § 20 Nr. 8). Entsteht ein Unfallschaden am PKW,

gelten die gleichen Grundsätze für die Ersatzpflicht des Arbeitgebers, wie bei einem Unfall eines privaten PKW's bei Einsatz auf einer Dienstfahrt (DKK/*Schneider* Rn. 32; GK-BetrVG/*Kreutz* Rn. 53; *Fitting* Rn. 30). Der Ersatz kommt daher in Betracht, wenn der Arbeitgeber den Einsatz des Fahrzeugs gewünscht hat oder dieser für die Erfüllung der gesetzlichen Aufgaben des Wahlvorstands erforderlich war, weil der Arbeitgeber kein Fahrzeug zur Verfügung gestellt hat (BAG 3. 3. 1983 AP BetrVG 1972 § 20 Nr. 8; *Fitting* Rn. 27).

Neben den Sachkosten sind trägt der Arbeitgeber nach Abs. 3 auch die **persönlichen Kosten** der 10 Mitglieder des Wahlvorstands. Dazu gehören vor allem Kosten einer notwendigen und angemessenen **Schulung**, um die Mitglieder des Wahlvorstands adäquat auf ihre Aufgaben vorzubereiten (BAG 7. 6. 1984 AP BetrVG § 20 Nr. 10). Dabei ist der halbtägige Besuch einer Schulungsveranstaltung eines erstmals in den Wahlvorstand bestellten Mitglieds auch ohne nähere Darlegung des Fehlens ausreichender Kenntnisse der Wahlvorschriften als erforderlich anzusehen (BAG 7. 6. 1984 AP BetrVG § 20 Nr. 10). Selbst wenn der Vorsitzende des Wahlvorstands Jahre zuvor bereits eine Wahl geleitet hat, kann eine Schulung zur Aktualisierung des Wissens notwendig sein (BAG 26. 4. 1995 AP BetrVG 1972 § 20 Nr. 17). Nicht erforderlich sind Kosten für Lichtbilder der Kandidaten, die den Vorschlagslisten hinzugefügt werden sollen (BAG 3. 12. 1987 AP BetrVG 1972 § 20 Nr. 13). Die Kosten von **Vorabstimmungen** nach § 12 I und § 14 II sind von Abs. 3 S. 1 erfaßt. Das gleiche gilt für die Kosten von **Anfechtungsverfahren** oder **gerichtlichen Verfahren** zur Klärung von Streitfragen im Laufe des Wahlverfahrens, soweit die Rechtsverfolgung nicht mutwillig oder offensichtlich aussichtslos ist (BAG 8. 4. 1992 AP BetrVG 1972 § 20 Nr. 15). Darf der Anfechtungsberechtigte oder der Wahlvorstand eine anwaltliche Vertretung bei vernünftiger Betrachtung für erforderlich halten, sind auch die **Anwaltskosten** in diesen Verfahren zu erstatten (BAG 8. 4. 1992 AP BetrVG 1972 § 20 Nr. 15; BAG 7. 7. 1999 – 7 ABR 4/98 NZA 99, 1232). Im Streit über das Bestehen eines gemeinsamen Betriebs mehrerer Unternehmen sind diejenigen Unternehmen analog § 421 BGB als Gesamtschuldner kostenpflichtig, die Umstände für die Annahme eines Gemeinschaftsbetriebs gesetzt haben, unabhängig davon ob tatsächlich ein Gemeinschaftsbetrieb vorliegt oder nicht (BAG 8. 4. 1992 AP BetrVG § 20 Nr. 15).

VII. Lohnausfall

Nach **Abs. 3 S. 2** ist das Entgelt für notwendige durch die Wahl bedingte Arbeitsversäumnis nach 11 dem Lohnausfallprinzip zu zahlen. Notwendig ist die Arbeitsversäumnis, wenn der Arbeitnehmer sie bei ruhiger und vernünftiger Überlegung für erforderlich halten durfte (DKK/*Schneider* Rn. 33; *Fitting* Rn. 36). Notwendig kann jedenfalls die durch die Teilnahme an der Betriebsversammlung nach § 17 und den Vorabstimmungen nach § 12 I, § 14 II entstehende Arbeitsversäumnis sein (*Fitting* Rn. 36). Ebenso notwendig ist die durch das Ausüben des aktiven oder passiven Wahlrechts entstehende Arbeitsversäumnis. Die Wahl findet während der Arbeitszeit statt (*Richardi* Rn. 37; *Fitting* Rn. 37; GK-BetrVG/*Kreutz* Rn. 57). Das Sammeln von Stützunterschriften oder die Vorstellung als Wahlbewerber wird meist nicht während der Arbeitszeit notwendig sein (LAG Berlin 9. 1. 1979, BB 79, 1036; *Fitting* Rn. 36; GK-BetrVG/*Kreutz* Rn. 65; aA DKK/*Schneider* Rn. 35). Die Anwesenheit bei der öffentlichen Stimmauszählung nach § 18 III 1 soll nicht unter Abs. 3 S. 2 fallen (LAG Schleswig-Holstein 26. 7. 1989 AP BetrVG 1972 § 20 Nr. 14; *Fitting* Rn. 36; aA DKK/*Schneider* Rn. 36).

Die **Tätigkeit des Wahlvorstands** findet grundsätzlich während der Arbeitszeit statt. Das Arbeits- 12 entgelt ist daher nach Abs. 3 weiterzuzahlen. Soweit die Tätigkeit aus betrieblichen Gründen außerhalb der Arbeitszeit geleistet wird, ist § 37 III entsprechend anzuwenden (*Richardi* Rn. 37). Dem Mitglied des Wahlvorstands ist entsprechende Arbeitsbefreiung bei Fortzahlung des Arbeitsentgelts zu gewähren (BAG 26. 4. 1995 AP BetrVG 1972 § 20 Nr. 17). Überstunden, die ein Mitglied des Wahlvorstands ohne seine Tätigkeit geleistet hätte, sind auch zu vergüten, wenn es sich nicht um regelmäßig anfallende Überstunden handelt (DKK/*Schneider* Rn. 33; BAG 29. 6. 1988 AP BPersVG § 24 Nr. 1). Ist eine Schulung notwendig und angemessen, ist auch das Arbeitsentgelt für die entsprechende Arbeitsversäumnis zu gewähren (BAG 7. 6. 1984 AP BetrVG 1972 § 20 Nr. 10). Zur Betätigung im Wahlvorstand zählt auch die Tätigkeit von Wahlhelfern, die der Wahlvorstand zur Unterstützung heranzieht (DKK/*Schneider* Rn. 33).

VIII. Streitigkeiten

Über die Kostentragung nach Abs. 3 S. 1 wird im arbeitsgerichtlichen Beschlußverfahren nach 13 §§ 2 a, 80 ff. ArbGG entschieden. Streitigkeiten über die Lohnfortzahlung nach Abs. 3 S. 2 sind im Urteilsverfahren auszutragen (BAG 11. 5. 1973 AP BetrVG § 20 Nr. 2). Die Darlegungs- und Beweislast liegt beim Anspruchsteller (BAG 26. 6. 1973 AP BetrVG 1972 § 20 Nr. 4). Ein im Beschlußverfahren zur Notwendigkeit der Arbeitsversäumnis ergangener Beschluß hat für das folgende Urteilsverfahren präjudizielle Wirkung (BAG 6. 5. 1975 AP BetrVG 1972 § 65 Nr. 5).

Zweiter Abschnitt. Amtszeit des Betriebsrats

§ 21 Amtszeit

¹Die regelmäßige Amtszeit des Betriebsrats beträgt vier Jahre. ²Die Amtszeit beginnt mit der Bekanntgabe des Wahlergebnisses oder, wenn zu diesem Zeitpunkt noch ein Betriebsrat besteht, mit Ablauf von dessen Amtszeit. ³Die Amtszeit endet spätestens am 31. Mai des Jahres, in dem nach § 13 Abs. 1 die regelmäßigen Betriebsratswahlen stattfinden. ⁴In dem Fall des § 13 Abs. 3 Satz 2 endet die Amtszeit spätestens am 31. Mai des Jahres, in dem der Betriebsrat neu zu wählen ist. ⁵In den Fällen des § 13 Abs. 2 Nr. 1 und 2 endet die Amtszeit mit der Bekanntgabe des Wahlergebnisses des neu gewählten Betriebsrats.

I. Vorbemerkung

1 Die Vorschrift regelt **Dauer, Beginn und Ende** der Amtszeit des Betriebsrats. Daneben koordiniert sie das Ende der Amtszeit des vorhergehenden mit dem Beginn der Amtszeit des neu gewählten Betriebsrats. So werden drohende Kompetenzkonflikte vermieden. Die Vorschrift ist **zwingend** und kann daher weder durch Tarifvertrag, noch durch eine Betriebsvereinbarung abgeändert werden (GK-BetrVG/*Wiese* Rn. 7). Sie gilt weder für den Gesamtbetriebsrat, noch für den Konzernbetriebsrat oder die Gesamt-Jugend- und Auszubildendenvertretung. Diese haben keine Amtszeiten. Es handelt sich um Dauereinrichtungen. Nur die Mitgliedschaft der dorthin Entsandten endet mit dem Ende der Amtszeit des Entsendungsgremiums (s § 49 Rn. 2, § 57 Rn. 2, § 73 II iVm. § 49).

II. Beginn der Amtszeit

2 Im **betriebsratslosen Betrieb** – § 13 II Nr. 4–6 – beginnt die Amtszeit des neu oder erstmals gewählten Betriebsrats nach dem Wortlaut von S. 2 Alt. 1 mit **Bekanntgabe des Wahlergebnisses** (*Richardi* Rn. 6; *Fitting* Rn. 7; GK-BetrVG/*Wiese/Kreutz* Rn. 13) und nicht erst mit Beginn des folgenden Tages (so *Schaub* § 219 I 1). Bekanntgemacht ist das Ergebnis, wenn der Wahlvorstand das Wahlresultat nach § 19 iVm. § 3 IV WO sichtbar im Betrieb ausgehängt hat. In den Fällen des **§ 13 II Nr. 1–2** existiert zwar noch ein Betriebsrat. Seine Amtszeit endet jedoch nach S. 5 ebenso mit der Bekanntgabe des Wahlergebnisses des neu gewählten Betriebsrates. Hat ein Betriebsrat seinen Rücktritt beschlossen – **§ 13 II Nr. 3** – führt er nach § 22 die Geschäfte weiter, bis das Wahlergebnis der Neuwahl des Betriebsrates bekanntgegeben ist. Auch hier beginnt die Amtszeit des neugewählten Betriebsrates an diesem Tage (*Fitting* Rn. 9). Im übrigen beginnt in **Betrieben mit Betriebsrat** nach S. 2 Alt. 2 die Amtszeit des neuen Betriebsrats am Tage nach dem **Ablauf der Amtszeit** des alten (DKK/*Buschmann* Rn. 10; *Fitting* Rn. 11; GK-BetrVG/*Wiese/Kreutz* Rn. 17). So wird eine Überschneidung der Amtstätigkeit von altem und neugewähltem Betriebsrat vermieden. Faßt der neugewählte Betriebsrat vor Beginn seiner Amtszeit Beschlüsse zu beteiligungspflichtigen Angelegenheiten, sind sie nichtig (*Fitting* Rn. 12) Gegen Kündigungen sind die neugewählten Mitglieder schon zu diesem Zeitpunkt nach den §§ 103 und § 15 KSchG geschützt (DKK/*Buschmann* Rn. 11; *Fitting* Rn. 12). Das Amt des neugewählten Betriebsrats beginnt, ohne daß es einer Handlung oder Erklärung bedarf, insbesondere braucht sich der Betriebsrat noch nicht konstituiert zu haben (DKK/*Buschmann* Rn. 12; GK-BetrVG/*Wiese/Kreutz* Rn. 14).

III. Ende der Amtszeit

3 Mit Ablauf seiner Amtszeit enden grundsätzlich die Befugnisse des Betriebsrates. Auch eine bloß kommissarische Tätigkeit bis zur Wahl eines neuen Betriebsrats ist nicht zulässig (BAG 15. 1. 1974 AP PersVG Baden-Württemberg § 68 Nr. 1). Ausnahmsweise kommt jedoch eine Weiterführung der Geschäfte nach § 22 oder auch die Ausübung eines Rest- und/oder Übergangsmandats in Betracht (vgl. Rn. 6 u. 7 ff.). Das Ausscheiden eines einzelnen Betriebsratsmitglieds hat grundsätzlich keine Auswirkung auf die Existenz des Betriebsrats als Organ (*Fitting* Rn. 15).

4 **1. Regelmäßige Amtszeit.** Das Amt eines Betriebsrats endet nach S. 1 im Regelfall mit Ablauf der vierjährigen Amtsperiode, nach S. 3 spätestens am 31. 5. des Jahres, in dem die regelmäßigen Betriebsratswahlen stattfinden (2002, 2006 usw.) Sie endet mit Ablauf der Vier-Jahres-Frist auch dann vor dem 31. 5., wenn noch kein Betriebsrat gewählt wurde (DKK/*Buschmann* Rn. 17; *Fitting* Rn. 19; GK-BetrVG/*Wiese/Kreutz* Rn. 24). Die Fristberechnung erfolgt nach den §§ 187 ff. BGB. So endet die Amtszeit des Betriebsrats, dessen Amt mit Ablauf der Amtszeit des vorausgehenden Betriebsrats begann, nach §§ 188 II, 187 II BGB vier Jahre später mit Ablauf des Tages, der seiner kalendermäßigen Bezeichnung nach dem Tag des Beginns seiner Amtszeit vorausging – Ende der Amtszeit des alten Betriebsrats am 16. 4. 1994; Beginn der Amtszeit des neuen Betriebsrats am 17. 4. 1994; Ende der Amtszeit des neuen Betriebsrats am 16. 4. 1998. Das Ende der Amtszeit des Betriebsrats, dessen

Amtsbeginn am Tag der Bekanntgabe des Wahlergebnisses lag, orientiert sich an §§ 188 II, 187 I BGB. Seine Amtszeit endet vier Jahre später mit Ablauf des Tages, der kalendermäßig dem Tag der Bekanntgabe des Wahlergebnisses entspricht – Bekanntgabe des Wahlergebnisses 16. 4. 1994; Ende der Amtszeit mit Ablauf des 16. 4. 1998.

2. Unregelmäßige Amtszeit. Der außerhalb des regelmäßigen Wahlzeitraums gewählte Betriebsrat 5 hat eine von § 21 S. 1 abweichende Amtszeit. Die Amtszeit ist nach § 13 III kürzer als vier Jahre, wenn der Betriebsrat zum 1. 3. des nächstfolgenden regelmäßigen Wahlzeitraums ein Jahr oder länger im Amt war. Die Amtszeit ist länger als vier Jahre, wenn der Betriebsrat zum gleichen Zeitpunkt weniger als 1 Jahr im Amt war. Die **Amtszeit** eines außerhalb des regelmäßigen Wahlzeitraums gewählten Betriebsrat **endet** mit der Bekanntgabe des Wahlergebnisses des neu gewählten Betriebsrats (BAG 28. 9. 1983 AP BetrVG 1972 § 21 Nr. 1). Zwar bestimmen S. 3 und S. 4 ausdrücklich lediglich den 31. Mai des Jahres für beide in § 13 III genannte Fälle als Amtszeitende. Das Wort „spätestens" weist jedoch darauf hin, daß mit dem 31. Mai nur die äußerste Grenze abgesteckt werden sollte. Als früherer Zeitpunkt kommt bei regelmäßig nachfolgender Neuwahl in Anlehnung an S. 5 und § 22 allein die Bekanntmachung des Wahlergebnisses der Neuwahl in Betracht (BAG 28. 9. 1983 AP BetrVG 1972 § 21 Nr. 1; *Fitting* Rn. 23; DKK/*Buschmann* Rn. 22). Erfolgt eine Neuwahl nicht oder zu spät, greift die ausdrücklich durch S. 3 und S. 4 gezogene Grenze des 31. Mai des Jahres, in dem nach § 13 III eine Neuwahl zu erfolgen hat. Bei einer **Veränderung der Belegschaftsstärke** nach § 13 II Nr. 1 und beim **Absinken der Mitgliederzahl** des Betriebsrats unter die gesetzlich vorgeschriebene Größe nach § 13 II Nr. 2 endet die Amtszeit des bestehenden Betriebsrats nicht automatisch mit Unter- oder Überschreiten der dort angegebenen Grenzen. S. 5 knüpft das Ende der Amtszeit des bestehenden Betriebsrats an die Bekanntgabe des Wahlergebnisses des neuzuwählenden Betriebsrats. Ausnahmsweise endet die Amtszeit des Betriebsrats bei Veränderung der Belegschaftsstärke, wenn der Betrieb nicht mehr betriebsratsfähig ist, weil die Anzahl der regelmäßig beschäftigten Arbeitnehmer unter die Mindestzahl des § 1 fällt (DKK/*Buschmann* Rn. 26; *Fitting* Rn. 31, § 1 Rn. 235). Bei einem **Rücktritt** des Betriebsrats führt er nach § 22 die Geschäfte bis zur Bekanntgabe des Wahlergebnisses des nach § 13 II Nr. 3 neu gewählten Betriebsrats fort. Äußerste Grenze der Amtsdauer bildet jedoch auch in den Fällen des § 13 II Nr. 1–3 das Ende der regulären Amtszeit des bestehenden Betriebsrats (*Fitting* Rn. 30). Bei erfolgreicher **Wahlanfechtung** (s. § 19 Rn. 9) und der **Auflösung** des Betriebsrats durch Gerichtsbeschluß nach § 23 (s. § 23 Rn. 21) endet die Amtszeit des Betriebsrats mit Rechtskraft der gerichtlichen Entscheidung. Wird die **Nichtigkeit** einer Betriebsratswahl festgestellt, hat es ihn de jure nie gegeben (s. § 19 Rn. 17).

IV. Restmandat

Durch die endgültige **Stillegung des Betriebs** entfällt die Organisationsbasis für den Betriebsrat. Sie 6 löst in rechtlicher Hinsicht die Belegschaft durch Versetzung in andere Betriebe und durch Beendigung der Arbeitsverhältnisse auf (BAG 29. 3. 1977 AP BetrVG 1972 § 102 Nr. 11). Damit endet grundsätzlich das Amt des Betriebsrats. Bis zum Zeitpunkt der Betriebsstillegung übt der Betriebsrat seine Rechte uneingeschränkt aus. Zur Sicherung seiner Beteiligungsrechte kann er danach ein **Restmandat** wahrnehmen (BAG 1. 4. 1998 AP BetrVG 1972 § 112 Nr. 123; BAG 12. 1. 2000 – 7 ABR 61/98; GK-BetrVG/*Wiese/Kreutz* Rn. 49 ff.). Es umfaßt alle betriebsverfassungsrechtlichen Befugnisse, die in dem Abwicklungsstadium eine Rolle spielen können, so die Verhandlungen zu einem Interessenausgleich oder die Vereinbarung von Sozialplänen (BAG 28. 10. 1992 AP BetrVG 1972 § 112 Nr. 63; BAG 12. 1. 2000 – 7 ABR 61/98). Das BAG hat ein Restmandat auch über den Ablauf der regulären Amtszeit des Betriebsrats hinaus angenommen, wenn eine rechtzeitige Neuwahl des Betriebsrats nicht möglich ist (BAG 16. 6. 1987 AP BetrVG 1972 § 111 Nr. 20; *Fitting* Rn. 55; einschränkend GK-BetrVG/*Wiese/Kreutz* Rn. 54 Restmandat nur bezüglich bereits entstandener Beteiligungsrechte). Das Restmandat nimmt der BR in der **personellen Zusammensetzung** wahr, die er vor Beginn der Betriebsänderung hatte (BAG 12. 1. 2000 – 7 ABR 61/98). Es wird durch den Betriebsrat insgesamt und nicht allein vom Vorsitzenden wahrgenommen (BAG 14. 11. 1978 AP § 59 KO Nr. 6). Es besteht solange noch ein mindestens 1-köpfiger BR existiert, der willens ist, das Restmandat wahrzunehmen (BAG 12. 1. 2000 – 7 ABR 61/98). Bei einer **Teilstillegung** bleibt der Betriebsrat im Amt, sofern der verbleibende Restbetrieb betriebsratsfähig ist (*Fitting* Rn. 57; GK-BetrVG/*Wiese/Kreutz* Rn. 55). Er nimmt für die von der Teilstillegung betroffenen und aus dem Betrieb ausgeschiedenen Arbeitnehmer ein Restmandat wahr, ihre Interessen im Zusammenhang mit der Teilstillegung stehen (DKK/*Buschmann* Rn. 39). Ein Restmandat kann ferner in den Fällen einer **Betriebsaufspaltung** (BAG 16. 6. 1987 AP BetrVG 1972 § 111 Nr. 19) und der **Zusammenlegung von Betrieben** (*Fitting* Rn. 59) in Betracht kommen. Ein solches Restmandat gegenüber der nunmehr aufgelösten betrieblichen Einheit und ihrer Leitungsmacht, kann auch **neben** bzw. ergänzend zu einem etwaigen **Übergangsmandat** bestehen (*Fitting* Rn. 58 und 59). Das Restmandat **erlischt,** wenn keine betriebsverfassungsrechtlichen Aufgaben mehr bestehen.

V. Übergangsmandat

7   Das Übergangsmandat unterscheidet sich vom Restmandat dadurch, daß es durch den zuvor existierenden Betriebsrat des Ursprungsbetriebes gegenüber der Leitung neu entstandener Einheiten, das Restmandat dagegen gegenüber der Leitung des Ursprungsbetriebes ausgeübt wird. Soweit Umstrukturierungen auf Unternehmensebene keine Veränderungen der betrieblichen Organisation hervorrufen, die Identität des Betriebs oder selbständigen Betriebsteils erhalten bleibt, haben sie keinen Einfluß auf den Bestand des Betriebsrat und seine Rechtsstellung. Dies gilt beispielsweise für die bloße Änderung des Betriebszwecks, die Verlegung eines Betriebes, den vollständigen Betriebsübergang nach § 613a BGB (BAG 27. 7. 1994 AP BGB § 613a Nr. 118; *Fitting* Rn. 34), den Gesellschafterwechsel, die Änderung der Rechtsform (DKK/*Buschmann* Rn. 46), die Fusion von Gesellschaften (*Fitting* Rn. 35) oder die gemeinsame Führung eines Betriebes durch die an einer Unternehmensspaltung beteiligten Rechtsträger (GK-BetrVG/*Wiese/Kreutz* Rn. 70). Das Bedürfnis nach einem Übergangsmandat entsteht, wenn durch Organisationsänderungen neue betriebsratsfähige Einheiten nach §§ 1, 4 entstehen, die eine Betriebsratswahl in diesen neuen Einheiten erforderlich machen.

8   **1. Allgemeines Rechtsprinzip.** Bisher wurde ein Übergangsmandat zum Teil abgelehnt (BAG 23. 11. 1988 AP BGB § 613a Nr. 77; HSG/*Schlochauer* Rn. 34). Der Betriebsrat soll nur in dem Betrieb zuständig sein, für den er gewählt wurde. Zuletzt hat der Gesetzgeber mehrfach anerkannt, daß ein Übergangsmandat sinnvoll und notwendig ist. So wurden zeitlich befristete Übergangsmandate für Betriebsrat oder PersR in § 321 UmwG, § 13 SpTrUG, § 6b IX VermG, §§ 15, 20 DBGrG, § 8 ENeuOG, § 25 I PostPersRG und § 24 BAPostG geschaffen. Der **tragende Leitgedanke** dieser Regelungen ist die Erkenntnis, daß gerade bei Unternehmensumstrukturierungen die Beschäftigten in besonderem Maße auf den kollektiven Schutz durch Betriebsrat bzw. PersR angewiesen sind (*Fitting* Rn. 43d). Übergangsmandate sind nicht nur für die spezielle Situation der Transformation ehemals öffentlich-rechtlich organisierter Unternehmen in privat-rechtliche Einheiten vorgesehen. Mit § 321 UmwG wurde auch eine allgemeine Regelung geschaffen, die einen generelleren Anwendungsbereich umfasst. Betriebsratslose Zeiten, die durch vom Unternehmen ausgelöste betriebliche Umstrukturierungen verursacht werden, sind grundsätzlich zu vermeiden. Dabei kann es nicht darauf ankommen, ob sie Folge von Veränderungen sind, die auf einer Gesamtrechtsnachfolge beruhen oder auf Einzelrechtsnachfolge bzw. unternehmensinternen Veränderungen basieren. Die Interessenlage und das Schutzbedürfnis der Arbeitnehmer ist identisch. Der Gesetzgeber hat mit den Regelungen zum Übergangsmandat endgültig klargestellt, daß die Kontinuität der betriebsverfassungsrechtlichen Interessenvertretung und der kollektivrechtliche Schutz der Arbeitnehmer Vorrang vor dem bisher betonten Grundsatz der Identität von Betrieb und Betriebsrat hat. Es handelt sich um einen **allgemeinen Rechtsgrundsatz.** Dieser Grundsatz kann im Wege der **Gesamtanalogie** die Lücken im Betriebsverfassungsgesetz schließen (BAG 31. 5. 2000 – 7 ABR 78/98; im Ergebnis DKK/*Buschmann* Rn. 68 ff.; *Fitting* Rn. 51; GK-BetrVG/*Wiese/Kreutz* Rn. 43 ff. – Prinzip der Amtskontinuität).

9   **2. Voraussetzungen und Inhalt.** Führen von den Einzelgesetzen nicht erfaßte Umorganisationen betrieblicher Strukturen innerhalb eines Unternehmens wie zB die Veräußerung von Betriebsteilen zu der Spaltung eines Betriebes, bleibt der Betriebsrat im Amt und führt die Geschäfte für die ihm bisher zugeordneten Betriebsteile weiter. Dabei ist es unerheblich, ob es sich um eine **Aufspaltung** handelt, mit der der bisherige Betrieb untergeht oder um eine **Abspaltung** bzw um die **Ausgliederung** eines Betriebsteiles, bei der er bestehen bleibt. Das Übergangsmandat setzt jedoch voraus, daß die neu entstandenen Einheiten betriebsratsfähig sind (BAG 31. 5. 2000 – 7 ABR 78/98). Sonst läßt sich die Kontinuität der Betriebsratstätigkeit nicht sichern. Bei der **Eingliederung** in einen anderen Betrieb mit Betriebsrat ist dieser auch für die eingegliederten Teile zuständig. Ein Übergangsmandat entfällt (*Lutter/Joost* Rn. 20). Es entsteht jedoch bei der Eingliederung in einen betriebsratslosen Betrieb (BAG 31. 5. 2000 – 7 ABR 78/98). Dabei erstreckt sich die Zuständigkeit des „eingegliederten" Betriebsrates nicht auf die Arbeitnehmer des aufnehmenden Betriebs (GK-BetrVG/*Wiese/Kreutz* Rn. 69; *Lutter/Joost* UmwG § 321 Rn. 28; aA *Fitting* Rn. 46; DKK/*Buschmann* Rn. 64), sieht man von der Pflicht zur Einleitung einer Betriebsratswahl ab. Für sie gibt es nichts zu überbrücken. Mit dem Übergangsmandat sollen alte Zuständigkeiten weitergeführt, nicht neue geschaffen werden. Im Fall der **Zusammenfassung von Betrieben oder Betriebsteilen** zu einem neuen Betrieb ist Mandatsträger der Betriebsrat, dem der, gemessen an der Zahl der wahlberechtigten Arbeitnehmer vor der Zusammenlegung, größte Betriebsteil oder Betrieb zugeordnet war.

10 Die **personelle Zusammensetzung** des BR bleibt *für die Ausübung des Übergangsmandates* bestehen (*Lutter/Joost* UmwG § 321 Rn. 39; aA *Oetker/Busche* NZA 91 Beil. 1 S. 24), aber auch nur hierfür. Das kann dazu führen, daß der Betriebsrat im Normalmandat und im Übergangsmandat in unterschiedlicher Zusammensetzung fungiert. Die aus dem Betrieb ausgeschiedenen Mitarbeiter verlieren grundsätzlich ihr Mandat nach § 24 Abs. 2 Nr. 4. Sie gehören nicht mehr zu der vom BR im *Restbetrieb* vertretenen Belegschaft. Sie können daher kein Betriebsratsmandat ausüben, soweit es um die Belange dieser Mitarbeiter geht (aA DKK/*Buschmann* Rn. 55b; wohl auch *Fitting* Rn. 49; GK-

BetrVG/*Wiese/Kreutz* Rn. 76; *Richardi* § 24 Rn. 21). Ihr neuer AG müßte sonst Kosten der Betriebsverfassung auch in Angelegenheiten eines Betriebes tragen, in dem er keinerlei Leitungsfunktionen ausübt oder ausgeübt hat. An die Stelle der ausgeschiedenen BRmitglieder treten nach § 25 I die Ersatzmitglieder. Auf der anderen Seite läßt sich die Fortdauer der Arbeitnehmervertretung ohne eine personelle Kontinuität bei einer Betriebsaufspaltung nicht sichern (vgl. GK-BetrVG/*Wiese/Kreutz* Rn. 76). Hier bleibt dem BR nur das Übergangsmandat. Es fehlt an Ersatzmitgliedern, die in das Gremium, in das Ersatzmitglieder nachrücken könnten. § 24 II Nr. 4 muß daher teleologisch reduziert werden. Sein Wortlaut greift weiter als sein Sinn und Zweck. Mit der Vorschrift soll verhindert werden, daß dem BR Mitglieder angehören, die nicht mehr zu der von ihm vertretenen Belegschaft zählen (*Fitting* Rn. 49). Soweit der BR im Rahmen des Übergangsmandats für die im ausgegliederten Betriebsteil Beschäftigten zuständig ist, gehören sie zu der von ihm vertretenen „Belegschaft". Sie haben ein legitimes Interesse daran, wie bisher ihre Angelegenheiten selbst zu regeln, die jetzt den neuen Betrieb betreffen. In diesem Umfang sichert das Übergangsmandat daher nicht nur die Fortdauer einer betriebsverfassungsrechtlichen Vertretung, sondern zugleich für seine Dauer die Kontinuität des BRAmtes.

Das Übergangsmandat verleiht dem BR als Organ ein zeitlich befristetes **vollwertiges BRmandat** mit allen betriebsverfassungsrechtlichen Rechten und Pflichten (*Fitting* Rn. 50; GK-BetrVG/*Wiese/Kreutz* Rn. 79; *Lutter/Joost* UmwG § 321 Rn. 20) die er hätte, wenn er im neuen Betrieb gewählt worden wäre. Dadurch können Rechte entfallen, die von einer bestimmten Anzahl von AN abhängig sind – zB §§ 99 oder 111 BetrVG (GK-BetrVG/*Wiese/Kreutz* Rn. 78). Es verpflichtet ihn, in dem ausgegliederten Teil unverzüglich BRwahlen einzuleiten. Dabei ist der Wahlvorstand nach § 16 – nicht nach § 17 – zu bestellen (BAG 31. 5. 2000 – 7 ABR 78/98). Es **endet** mit der Bekanntgabe des Wahlergebnisses. Erfolgt keine Wahl, läuft es spätestens nach drei Monaten aus. Die Frist beginnt mit dem Wirksamwerden der Spaltung oder der Teilübertragung des Rechtsträgers (BAG 31. 5. 2000 – 7 ABR 78/98). Die für den neuen Betrieb anfallenden **Kosten** des Übergangsmandats trägt der neue Inhaber (GK-BetrVG/*Wiese/Kreutz* Rn. 79), weil das BRmandat ihm gegenüber wahrgenommen wird. Ihm gegenüber wirken auch die **Statusrechte** – zB (nachwirkender) Kündigungsschutz. Wer ein Übergangsmandat ausübt, muß in seiner Amtsführung gegenüber dem neuen AG ebenso geschützt sein wie er es zuvor gegenüber dem alten AG war.

VI. Sonderfälle

Die Amtszeit des Betriebsrats endet bei **Ausscheiden** aller Mitglieder und Ersatzmitglieder **aus dem Amt**. Mangels einer gesetzlichen Grundlage können die Geschäfte nicht weitergeführt werde (DKK/*Buschmann* Rn. 28; *Fitting* Rn. 28). Die Amtszeit des Betriebsrats endet nach § 3 III mit Inkrafttreten eines Tarifvertrags über die Errichtung einer **anderen Vertretung der Arbeitnehmer** des Betriebs. Die Geschäftsführungsbefugnis verbleibt analog § 22 bis zur Bekanntgabe des Wahlergebnisses beim bestehenden Betriebsrat (DKK/*Buschmann* Rn. 35; *Fitting* Rn. 32; aA GK-BetrVG/*Wiese/Kreutz* Rn. 35; s. § 3 Rn. 5). Ein **Betriebsübergang** nach § 613 a BGB führt nicht zu einer Beendigung der Amtszeit, da der neue Betriebsinhaber kraft Gesetzes in die Rechtsstellung des bisherigen Arbeitgeber eintritt und die Identität des Betriebes insoweit erhalten bleibt (BAG 28. 9. 1988 AP BetrVG 1972 § 99 Nr. 55). Das Betriebsratsamt endet jedoch, wenn der Betriebserwerber nicht unter den Geltungsbereich des BetrVG fällt (BAG 9. 2. 1988 AP BetrVG 1972 § 118 Nr. 24). Auch die **Fusion von Gesellschaften** oder die **Rechtsformänderung** allein haben keinen Einfluß auf den Bestand des Betriebsrats, sofern die Identität des Betriebes nicht berührt wird (BAG 28. 9. 1988 AP BetrVG 1972 § 99 Nr. 55; *Fitting* Rn. 36). Die Eröffnung eines **Insolvenzverfahrens** hat rechtlich keinen unmittelbaren Einfluß auf die Amtszeit, da die nach § 6 KO, § 7 GesO auf den Verwalter übergehende Verwaltungs- und Verfügungsbefugnis auch die Rechte und Pflichten aus der Arbeitgeberstellung und damit auch der betriebsverfassungsrechtlichen Rechte und Pflichten umfasst (*Fitting* Rn. 36; DKK/*Buschmann* Rn. 44; GK-BetrVG *Wiese/Kreutz* Rn. 58).

VII. Streitigkeiten

Über die Amtszeit eines Betriebsrats entscheidet das ArbG im **Beschlußverfahren** nach §§ 2 a, 80 ff. ArbGG. Sie kann im Rahmen eines Urteilsverfahrens inzidenter als Vorfrage entschieden werden. Ein laufendes **Verfahren** ist mit dem Ende der Amtszeit des Betriebsrates zu unterbrechen. Analog § 239 ZPO ist der neugewählte Betriebsrat als (Rechts-)Funktionsnachfolger, an dem von seinem Vorgänger eingeleiteten Beschlußverfahren, zu beteiligen. Die Antragsbefugnis erlischt nicht (BAG 25. 4. 1978 AP BetrVG 1972 § 80 Nr. 11).

§ 22 Weiterführung der Geschäfte des Betriebsrats

In den Fällen des § 13 Abs. 2 Nr. 1 bis 3 führt der Betriebsrat die Geschäfte weiter, bis der neue Betriebsrat gewählt und das Wahlergebnis bekanntgegeben ist.

210 BetrVG § 23

I. Weiterführung

1 Die Vorschrift gewährleistet die Kontinuität der Betriebsratsarbeit zwischen vorzeitigem Amtsende und Neuwahl eines Betriebsrats. Sie hat nur für den Fall des Rücktritts des Betriebsrats (§ 13 II Nr. 3) Bedeutung. Für die Fälle des § 13 II Nr. 1 und 2 bestimmt § 21 S. 5, daß die Amtszeit des vorherigen erst mit Bekanntgabe des Wahlergebnisses des neu zu wählenden Betriebsrats endet. Die Vorschrift ist zwingend. Abweichungen sind weder durch Tarifvertrag noch durch Betriebsvereinbarung zulässig. Bei erfolgreicher Wahlanfechtung und der Auflösung des Betriebsrats durch Gerichtsentscheidung nach § 13 II Nr. 4 und 5 ist sie auch nicht analog heranzuziehen, da mit rechtskräftiger Entscheidung der Betrieb bis zur Neuwahl betriebsratslos ist (BAG 29. 5. 1991 AP BetrVG 1972 § 4 Nr. 5). Sie ist entsprechend auf die Errichtung einer anderen Vertretung der Arbeitnehmer nach § 3 I Nr. 2 anzuwenden. Der alte Betriebsrat führt hier bis zur Bekanntgabe des Wahlergebnisses der neu zu errichtenden Vertretung die Geschäfte weiter, obwohl seine Amtszeit durch Inkrafttreten des Tarifvertrags nach § 3 III beendet wurde (vgl. § 3 Rn. 5; DKK/*Buschmann* Rn. 7; *Richardi* Rn. 3; *Fitting* Rn. 7; aA GK-BetrVG/*Wiese/Kreutz* Rn. 15). Die Vorschrift gilt entsprechend, wenn der Betriebsrat wegen zeitweiliger Verhinderung von Betriebsratsmitgliedern, die auch nicht durch Ersatzmitgliedern ersetzt werden können, beschlußunfähig ist (BAG 18. 8. 1982 AP BetrVG 1972 § 102 Rn. 24; *Fitting* Rn. 7; GK-BetrVG/*Wiese/Kreutz* Rn. 13).

II. Befugnis

2 Die Geschäftsführungsbefugnis ist **umfassend**. Sie entspricht derjenigen eines amtierenden Betriebsrats (*Richardi* Rn. 5; *Fitting* Rn. 8; GK-BetrVG/*Wiese/Kreutz* Rn. 17 f.). Ausschüsse bleiben bestehen, Freistellungen bleiben wirksam (*Fitting* Rn. 8). Der geschäftsführende Betriebsrat kann sämtliche Mitwirkungs- und Mitbestimmungsrechte wahrnehmen (LAG Düsseldorf DB 75, 454; LAG Düsseldorf DB 87, 177), erzwingbare und freiwillige Betriebsvereinbarung abzuschließen, auch soweit sie nicht unaufschiebbar sind oder den neuen Betriebsrat in wesentlichen Fragen binden (GK-BetrVG/*Wiese/Kreutz* Rn. 17; DKK/*Buschmann* Rn. 9). Der geschäftsführende Betriebsrat muß unverzüglich einen Wahlvorstand für die Durchführung der Neuwahl zu bestellen. Die pflichtwidrige Unterlassung kann eine grobe Pflichtverletzung iSd. § 23 I darstellen. Der geschäftsführende Betriebsrat hat die **gleiche Rechtsstellung** wie ein amtierender Betriebsrat, einschließlich aller speziellen Schutzvorschriften und des erweiterten Kündigungsschutzes nach § 15 KSchG und § 103 (BAG 27. 9. 1957 AP KSchG § 13 Nr. 7).

III. Ende

3 Die Geschäftsführungsbefugnis endet mit Bekanntgabe des Wahlergebnisses des neu gewählten Betriebsrat, nicht erst mit Ablauf dieses Tages (vgl. § 21 Rn. 2). Kommt eine Neuwahl nicht zustande, führt der Betriebsrat die Geschäfte weiter, längstens jedoch bis zum Zeitpunkt des an sich regulären Ablaufs seiner Amtszeit (DKK/*Buschmann* Rn. 13; *Fitting* Rn. 11). Dies gilt auch, wenn das ArbG die Nichtigkeit der Neuwahl feststellt, weil es einen neuen Betriebsrat nie gegeben hat (*Fitting* Rn. 12; GK-BetrVG/*Wiese/Kreutz* Rn. 22). Dies gilt nicht für den Fall, daß die Wahl erfolgreich angefochten wurde. Hier hat ein neuer Betriebsrat bestanden, so daß ein Fall des § 14 II Nr. 4 vorliegt (*Fitting* Rn. 12; GK-BetrVG/*Wiese/Kreutz* Rn. 22; aA DKK/*Buschmann* Rn. 14).

IV. Streitigkeiten

4 Über die Weiterführung der Geschäfte entscheidet das ArbG nach §§ 2 a, 80 ff. ArbGG im Beschlußverfahren.

§ 23 Verletzung gesetzlicher Pflichten

(1) [1]Mindestens ein Viertel der wahlberechtigten Arbeitnehmer, der Arbeitgeber oder eine im Betrieb vertretene Gewerkschaft können beim Arbeitsgericht den Ausschluß eines Mitglieds aus dem Betriebsrat oder die Auflösung des Betriebsrats wegen grober Verletzung seiner gesetzlichen Pflichten beantragen. [2]Der Ausschluß eines Mitglieds kann auch vom Betriebsrat beantragt werden.

(2) [1]Wird der Betriebsrat aufgelöst, so setzt das Arbeitsgericht unverzüglich einen Wahlvorstand für die Neuwahl ein. [2]§ 16 Abs. 2 gilt entsprechend.

(3) [1]Der Betriebsrat oder eine im Betrieb vertretene Gewerkschaft können bei groben Verstößen des Arbeitgebers gegen seine Verpflichtungen aus diesem Gesetz beim Arbeitsgericht beantragen, dem Arbeitgeber aufzugeben, eine Handlung zu unterlassen, die Vornahme einer Handlung zu dulden oder eine Handlung vorzunehmen. [2]Handelt der Arbeitgeber der ihm durch rechtskräftige gerichtliche Entscheidung auferlegten Verpflichtung zuwider, eine Handlung zu

II. Ausschluß von Betriebsratsmitgliedern § 23 BetrVG 210

unterlassen oder die Vornahme einer Handlung zu dulden, so ist er auf Antrag vom Arbeitsgericht wegen einer jeden Zuwiderhandlung nach vorheriger Androhung zu einem Ordnungsgeld zu verurteilen. ³Führt der Arbeitgeber die ihm durch eine rechtskräftige gerichtliche Entscheidung auferlegte Handlung nicht durch, so ist auf Antrag vom Arbeitsgericht zu erkennen, daß er zur Vornahme der Handlung durch Zwangsgeld anzuhalten sei. ⁴Antragsberechtigt sind der Betriebsrat oder eine im Betrieb vertretene Gewerkschaft. ⁵Das Höchstmaß des Ordnungsgeldes und Zwangsgeldes beträgt 20 000 Deutsche Mark.

I. Vorbemerkung

Die Vorschrift soll sicherstellen, daß Betriebsrat und Arbeitgeber im betrieblichen Geschehen ein Mindestmaß gesetzmäßigen Verhaltens bewahren (BAG 20. 8. 1991 AP BetrVG 1972 § 77 Tarifvorbehalt Nr. 2). Sie sieht daher bei groben Pflichtverletzungen Sanktionen gegenüber dem Betriebsrat, seinen Mitgliedern und dem Arbeitgeber vor. Durch Mehrheitsentscheidungen der Belegschaft können weder Betriebsratsmitglieder abgesetzt noch Betriebsräte aufgelöst werden. Ebensowenig kann der Betriebsrat durch Beschluß einzelne Mitglieder „ausstoßen" (BAG 27. 9. 1957 AP KSchG § 13 Nr. 7). Allein die Auflösung des Betriebsrates als Kollektivorgan und der Ausschluß eines Mitglieds ist in Abs. 1 und 2 abschließend geregelt. Die Regelung schließt nicht aus, gerichtlich gegenüber dem Betriebsrat oder einem seiner Mitglieder die Unterlassung eines bestimmten gesetzwidrigen Verhaltens zu verlangen (BAG 22. 7. 1980 AP BetrVG 1972 § 74 Nr. 3). Abs. 3 gibt dem Betriebsrat oder einer im Betrieb vertretenen Gewerkschaft die Möglichkeit, durch gerichtliche Zwangsmaßnahmen den Arbeitgeber zu verpflichten, die Rechte der Mitbestimmungsorgane zu achten. Auch diese Regelung ist nicht abschließend. Daneben bleibt für weite Bereiche die Möglichkeit erhalten, die Einhaltung betriebsverfassungsrechtlicher Pflichten nach allgemeinen Regeln sicherzustellen. Abs. 1 gilt nach § 65 auch für die Jugend- und Auszubildendenvertretung, nach den §§ 115 III und 116 II für die Bordvertretung und den Seebetriebsrat. Für den Gesamt- und Konzernbetriebsrat sowie die Gesamt-Jugend- und Auszubildendenvertretung gelten die Sonderregelungen der §§ 48, 56, 73 II. Nach § 51 VI und § 59 gilt Abs. 3 auch im Verhältnis des Gesamt- und Konzernbetriebsrates zum Unternehmer (DKK/*Trittin* Rn. 6; *Fitting* Rn. 4; GK-BetrVG/*Wiese/Oetker* Rn. 4). 1

II. Ausschluß von Betriebsratsmitgliedern

Wegen eines Verstoßes gegen arbeitsvertragliche Pflichten ist ist der Ausschluß nach **Abs. 1** nicht möglich (DKK/*Trittin* Rn. 8, 47; *Richardi* Rn. 19; *Fitting* Rn. 14). Hier kommen ausschließlich individualrechtliche Sanktionen wie Abmahnung und Kündigung in Betracht (*Fitting* Rn. 21). Umgekehrt kann die Verletzung allein betriebsverfassungsrechtlicher Pflichten nicht Grundlage einer Abmahnung oder Kündigung sein (BAG 16. 10. 1986 AP BGB § 626 Nr. 95 und 10. 11. 1993 AP BetrVG 1972 § 78 Nr. 4). Eine Pflichtverletzung durch ein Betriebsratsmitglied kann aber individualrechliche Sanktionen rechtfertigen, wenn zumindest auch arbeitsvertragliche Pflichten verletzt wurden (BAG 10. 11. 1993 AP BetrVG 1972 § 78 Nr. 4). 2

1. Grobe Pflichtverletzung. Gesetzliche Pflichten nach Abs. 1 sind alle Pflichten, die sich für die Betriebsratsmitglieder aus ihrer **Amtsstellung** ergeben (BAG 12. 1. 1988 AP ArbGG 1979 Nr. 8). Dabei muß es sich um eine Amtspflichtverletzung in der **aktuellen Amtsperiode** handeln. Pflichtverletzungen aus einer früheren Wahlperiode können nicht Gegenstand eines Ausschlußverfahrens in einer neuen Amtszeit sein (BAG 29. 4. 1969 AP BetrVG § 23 Nr. 9). **Amtspflichten** sind die im Betriebsverfassungsgesetz selbst normierten Pflichten, die Beachtung der Grundsätze von Recht und Billigkeit nach § 75, alle übrigen in allgemeinen oder speziellen Gesetzen enthaltenen Pflichten sowie die durch Tarifvertrag oder Betriebsvereinbarung geregelten Pflichten, soweit durch sie betriebsverfassungsrechtliche Pflichten konkretisiert werden (DKK/*Trittin* Rn. 7; *Fitting* Rn. 15; GK-BetrVG/ *Wiese/Oetker* Rn. 14 ff.). Dazu zählen auch Pflichten, die ein Betriebsratsmitglied als Träger von Funktionen innerhalb des Betriebsrates zB als Betriebsratsvorsitzender oder Ausschußmitglied treffen (DKK/*Trittin* Rn. 7; *Fitting* Rn. 15). Eine Verletzung von Pflichten zB als Konzernbetriebsrats- oder Aufsichtsratsmitglied oder als Beisitzer der Einigungsstelle rechtfertigt den Ausschluß nur, wenn sie zugleich eine Verletzung von Pflichten aus dem Betriebsratsamt darstellt (DKK/*Trittin* Rn. 8; *Fitting* Rn. 15; GK-BetrVG/*Wiese/Oetker* Rn. 15). Eine Pflichtverletzung kann endlich darin liegen, daß der Betriebsrat oder einzelne Betriebsratsmitglieder **gesetzliche Befugnisse** nicht wahrnehmen, die ihnen im Interesse und zum Schutz Dritter gewährt werden (BAG 5. 6. 1967 AP BetrVG § 23 Nr. 8; DKK/ *Trittin* Rn. 7; *Fitting* Rn. 36; GK-BetrVG/*Wiese/Oetker* Rn. 17) oder derartige Befugnisse nicht nur konsequent ausschöpfen, sondern gravierend mißbrauchen (GK-BetrVG/*Wiese/Oetker* Rn. 18). 3

Erforderlich ist eine **objektiv erhebliche** und **offensichtlich schwerwiegende Pflichtverletzung** (BAG 2. 11. 1955 AP BetrVG § 23 Nr. 1; 21. 2. 1978 AP BetrVG 1972 § 74 Nr. 1). Das auszuschließende Mitglied muß durch ein ihm zurechenbares Verhalten die Funktionsfähigkeit des Betriebsrates ernstlich bedroht oder lahmgelegt haben (BAG 5. 9. 1967 AP BetrVG § 23 Nr. 8). Die weitere Amtsausübung muß unter Berücksichtigung aller Umstände des Einzelfalles untragbar erscheinen (BAG 4

Eisemann 925

210 BetrVG § 23 Verletzung gesetzlicher Pflichten

22. 6. 1993 AP BetrVG 1972 § 23 Nr. 22). Das setzt **schuldhaftes Verhalten** voraus (DKK/*Trittin* Rn. 13; *Fitting* Rn. 16; *Richardi* Rn. 28; aA GK-BetrVG/*Wiese/Oetker* Rn. 37 ff.). Bei krankhaftem, querulatorischem Verhalten ist ein Verschulden ausnahmsweise entbehrlich (BAG 5. 9. 1967 AP BetrVG § 23 Nr. 8; BVerwG AP PersVG § 26 Nr. 8; DKK/*Trittin* Rn. 13; *Fitting* Rn. 16). Es genügt ein **einmaliger Verstoß**, wenn er offensichtlich und besonders schwerwiegend ist (BAG 4. 5. 1955 BetrVG § 44 Nr. 1; DKK/*Trittin* Rn. 11; *Fitting* Rn. 17). Eine förmliche Abmahnung ist weder im Gesetz vorgesehen, noch erforderlich (*Fitting* Rn. 17a; aA DKK/*Trittin* Rn. 45; *Kania* DB 96, 374; ders. NZA 96, 970). Da § 23 aber in erster Linie die Funktionsfähigkeit des Betriebsrates für die Zukunft gewährleisten will, kann es darauf ankommen, ob aufgrund der Gesamtumstände mit der Fortsetzung des störenden Verhaltens gerechnet werden muß (DKK/*Trittin* Rn. 12). So können ausnahmsweise wiederholte leichtere Pflichtverletzungen den Ausschluß rechtfertigen, wenn trotz Hinweises auf die Pflichtwidrigkeit mit einer gewissen Beharrlichkeit fortgesetzt gegen die gleiche Pflicht verstoßen wird (BAG 22. 5. 1959 AP BetrVG § 23 Nr. 3; DKK/*Trittin* Rn. 11).

5   Zu den **groben Pflichtverletzungen** zählen der Aufruf zu einem wilden Streik unter Ausnutzung des Betriebsratsamtes (LAG Hamm 23. 9. 1955 BB 1956, 41), Tätlichkeiten gegenüber anderen Betriebsratsmitgliedern während einer Betriebsratssitzung (ArbG Berlin 19. 5. 1981 AuR 1982, 260), grundsätzliche Ablehnung der Zusammenarbeit mit der anders organisierten Betriebsratsmehrheit, um die Betriebsratsarbeit zu torpedieren (BAG 21. 2. 1978 AP BetrVG 1972 § 74 Nr. 1) – nicht aber auf unterschiedlichen Auffassungen beruhende Streitigkeiten im Betriebsrat (BAG 5. 9. 1967 AP BetrVG § 23 Nr. 8) –, falsche Angaben eines freigestellten Betriebsratsmitglieds über den Zweck seiner Tätigkeit während der Arbeitszeit außerhalb des Betriebes (BAG 21. 2. 1978 AP BetrVG 1972 § 74 Nr. 1), Weitergabe einer vom Arbeitgeber für vertraulich und betriebsintern erklärten Lohnliste an die Gewerkschaft zur Überprüfung der Beitragsehrlichkeit (BAG 22. 5. 1959 AP BetrVG § 23 Nr. 3), ungerechtfertigte gehässige Beleidigung anderer Betriebsratsmitglieder (LAG Hamm 25. 9. 1958 BB 1959, 376; LAG Baden-Württemberg 11. 2. 1986 AuR 1986, 316), vorsätzlich falsche Beschuldigung des Arbeitgebers (LAG München 26. 8. 1992 BB 1993, 2168), Annahme von besonderen Vorteilen zur Beeinflussung der Amtsführung oder Belohnung einer vorausgegangenen Pflichtwidrigkeit (LAG München 15. 11. 1977 DB 1978, 894), wiederholte Unterlassung der Einberufung von ordentlichen Betriebsversammlungen und Erstattung von Tätigkeitsberichten (LAG Hamm DB 1959, 1227; ArbG Wetzlar 22. 9. 1992 BB 1992, 2216), Verstoß gegen die Schweigepflicht aus §§ 79, 82 Abs. 2, 83, 99 Abs. 1 S. 2, 102 Abs. 2 S. 5 (DKK/*Trittin* Rn. 19; *Fitting* Rn. 19).

6   Auch der wiederholte Verstoß gegen das Verbot der **parteipolitischen Betätigung** im Betrieb (§ 74 II 3) kann den Ausschluß aus dem Betriebsrat rechtfertigen (BAG 21. 2. 1978 BetrVG 1972 § 74 Nr. 1). Dabei kommt es grundsätzlich nicht darauf an, ob die parteipolitische Betätigung zu einer konkreten Störung des Betriebsfriedens geführt hat. Bei der Wertung des groben Verstoßes ist dies aber zu berücksichtigen (BAG 21. 2. 1978 AP BetrVG 1972 § 74 Nr. 1). Das der Wahrung des Betriebsfriedens dienende Verbot der parteipolitischen Betätigung muß restriktiv (DKK/*Trittin* Rn. 19; *Fitting* § 74 Rn. 33; s. § 74 Rn. 21) vor dem Hintergrund des grundgesetzlich garantierten **Rechts auf freie Meinungsäußerung** ausgelegt werden (BVerfG 28. 4. 1976 AP BetrVG 1972 § 74 Nr. 2). Der Ausschluß eines langjährigen Betriebsratsmitgliedes wegen eines einmaligen Verstoßes gegen das Verbot der parteipolitischen Betätigung (Verteilen eines in der Diktion sachlichen Wahlaufrufs im Betrieb), der keine konkrete Störung des Betriebsfriedens hervorgerufen hat, ist daher nicht gerechtfertigt (BVerfG 28. 4. 1976 AP BetrVG 1972 § 74 Nr. 2).

7   **Keine groben Pflichtverletzungen** sind Streitigkeiten im Betriebsrat aufgrund unterschiedlicher Standpunkte (BAG 5. 9. 1967 AP BetrVG § 23 Nr. 8), irrtümlicher Verstoß gegen betriebsverfassungsrechtliche Pflichten (ArbG Paderborn 8. 2. 1973 BB 1973, 335), Streikaufruf im Betrieb, der nicht in der Funktion als Betriebsratsmitglied geschieht (LAG Düsseldorf 18. 9. 1975 BB 1975, 1302), Werbung für eine Gewerkschaft, wenn dabei kein Druck ausgeübt wird (BVerwG 15. 1. 1960 AP PersVG § 26 Nr. 2), mangelnde Kompromißbereitschaft gegenüber dem Arbeitgeber (DKK/*Trittin* Rn. 20; *Fitting* Rn. 20), Strafanzeige gegen den Arbeitgeber, die keine absichtlich unwahren Anschuldigungen enthält (LAG Baden-Württemberg 25. 10. 1957 AP BetrVG § 78 Nr. 2), Information des Gewerbeaufsichtsamtes oder der Berufsgenossenschaft über sicherheitstechnische Mängel (*Fitting* Rn. 20), Vertreten eines unrichtigen, aber nicht vollkommen abwegigen Rechtsstandpunktes sowie Abstimmungsverhalten im Betriebsrat (BAG 19. 4. 1989 AP BetrVG 1972 § 40 Nr. 29), Weitergabe von Tatsachen, die auf einer Betriebsratssitzung erörtert wurden und nicht der Schweigepflicht unterliegen (BAG 5. 9. 1967 AP BetrVG § 23 Nr. 8).

8   **2. Antrag.** Der Antrag muß ausdrücklich und unbedingt gestellt sowie konkret begründet werden (DKK/*Trittin* Rn. 21 f.; *Fitting* Rn. 7). Örtlich zuständig ist das für den Sitz des Betriebes zuständige Arbeitsgericht (§ 82 ArbGG). In der ersten Instanz kann er noch ohne Zustimmung der anderen Beteiligten (BAG 12. 2. 1985 AP BetrVG 1952 § 76 Nr. 27), im übrigen nach den §§ 87 II, 92 II ArbGG, 269 ZPO nur mit deren Zustimmung zurückgenommen werden. Der Antrag kann sich auch gegen ein **Ersatzmitglied** richten, das in die Reihe der Ersatzmitglieder zurückgetreten ist, nachdem es vertretungsweise Betriebsratsaufgaben wahrgenommen und dabei eine grobe Pflichtverletzung began-

II. Ausschluß von Betriebsratsmitgliedern **§ 23 BetrVG 210**

gen hat (DKK/*Trittin* Rn. 17; *Fitting* Rn. 30; GK-BetrVG/*Wiese/Oetker* Rn. 57). Der Antrag bezweckt dann, das Ersatzmitglied aus dem Kreis der Nachrückenden auszuschließen. Entsprechendes gilt, wenn die Pflichtverletzung zwar nach der zeitweisen Amtsausübung begangen wurde, damit aber im Zusammenhang steht (*Fitting* Rn. 30).

Das **Rechtsschutzinteresse** für den Ausschlußantrag entfällt mit der **Amtsniederlegung** des betrof- 9 fenen Mitgliedes (BAG 8. 12. 1961 AP BetrVG 1972 § 23 Nr. 7; 29. 4. 1969 AP BetrVG § 23 Nr. 9) und bei **Ablauf der Amtsperiode** des Betriebsrates, auch wenn das Mitglied in der folgenden Amtsperiode wiedergewählt wird (LAG Berlin 19. 6. 1978 DB 1979, 112; LAG Bremen 27. 10. 1987 DB 1988, 136; DKK/*Trittin* Rn. 34; *Fitting* Rn. 25). Das kann anders sein, wenn die frühere Pflichtverletzung sich auf die neue Amtsperiode auswirkt und konkrete Wiederholungsgefahr besteht (ähnlich *Richardi* Rn. 26; GK-BetrVG/*Wiese/Oetker* Rn. 44). In der neuen Amtsperiode können Verstöße aus der alten grundsätzlich zwar nicht mehr geahndet werden (BAG 29. 4. 1969 AP BetrVG § 23 Nr. 9). Ein grober Verstoß wird jedoch nicht dadurch geheilt, daß die Mehrheit der Belegschaft ihn durch Wiederwahl des betreffenden Betriebsratsmitglieds billigt. Das Argument der Wiederwahl als „Vertrauensbeweis" zieht im übrigen nicht, soweit Rechte des AG verletzt wurden. Das Verfahren erledigt sich nicht durch **Rücktritt** des gesamten Betriebsrates. Er führt in diesem Fall die Geschäfte nach § 22 bis zur Neuwahl weiter. Das auszuschließende Mitglied bleibt also noch im Amt (DKK/*Trittin* Rn. 16; *Fitting* Rn. 29; GK-BetrVG/*Wiese/Oetker* Rn. 78). Es erledigt sich aber durch Amtsniederlegung (BAG 8. 12. 1961 und 29. 4. 1969 AP BetrVG 1972 § 23 Nr. 7, 9). In dringenden und offensichtlichen Fällen kann im Wege der **einstweiligen Verfügung** die vorläufige Amtsenthebung bis zur rechtskräftigen Entscheidung erfolgen (BAG 29. 4. 1969 AP BetrVG § 23 Nr. 9; LAG Hamm 18. 9. 1975 BB 1975, 1302), wenn die weitere Amtsausübung nicht einmal vorübergehend zumutbar erscheint.

3. Antragsberechtigung. Der **Arbeitgeber** ist antragsberechtigt, wenn der Antrag auf eine Amts- 10 pflichtverletzung gestützt wird, die das Verhältnis einzelner Betriebsratsmitglieder oder des Betriebsrats zu ihm betrifft, nicht aber wenn es um Pflichtverletzungen gegenüber dem Betriebsrat oder der Belegschaft geht. Er ist nicht deren Interessenwahrer (DKK/*Trittin* Rn. 30; GK-BetrVG/*Wiese/Oetker* Rn. 65; *Fitting* Rn. 10).

Stellen **Arbeitnehmer** den Antrag, ist deren Mindestzahl von Amts wegen zu beachtende Verfah- 11 rensvoraussetzung und muß während der gesamten Dauer des Verfahrens gewahrt sein (GK-BetrVG/*Wiese/Oetker* Rn. 63; für die Wahlanfechtung BAG 14. 2. 1978 AP BetrVG 1972 § 19 Nr. 7). Sie ist nach der regelmäßigen Belegschaftsstärke zu berechnen (DKK/*Trittin* Rn. 27; *Fitting* Rn. 9). Arbeitnehmer, die während des Laufs des Verfahrens aus dem Arbeitsverhältnis ausscheiden und damit ihre Wahlberechtigung verlieren, bleiben antragsberechtigt (BAG 4. 12. 1986 AP BetrVG 1972 § 19 Nr. 13). Es müssen aber nach wie vor mindestens ein Viertel der Arbeitnehmer das Verfahren betreiben. Wenn alle Antragsteller aus dem Arbeitsverhältnis ausscheiden, entfällt das Rechtsschutzinteresse, der Antrag wird unzulässig (BAG 15. 2. 1989 BetrVG 1972 § 19 Nr. 17). Weil für den Antrag keine Fristen zu wahren sind, ist es im Gegensatz zur Wahlanfechtung (s. § 19 Rn. 12) zulässig, daß für ausscheidende Arbeitnehmer andere in das Verfahren eintreten, um die Mindestzahl zu erhalten (DKK/*Trittin* Rn. 25; *Dietz/Richardi* Rn. 25; *Fitting* Rn. 9; aA GK-BetrVG/*Wiese/Oetker* Rn. 64). Dagegen können weder eine im Betrieb vertretene Gewerkschaft, noch der Arbeitgeber oder der Betriebsrat an Stelle ausgeschiedener Arbeitnehmer eintreten (LAG Hamm 5. 5. 1982 DB 1982, 2709; DKK/*Trittin* Rn. 25; *Fitting* Rn. 9; GK-BetrVG/*Wiese/Oetker* Rn. 64).

Eine **Gewerkschaft** ist im Betrieb vertreten und antragsberechtigt, wenn ihr mindestens ein Arbeit- 12 nehmer des Betriebes angehört. Darauf, ob die Gewerkschaft im tarifrechtlichen Sinne für den Betrieb zuständig ist, kommt es nicht an (DKK/*Trittin* Rn. 31, 89), weil es um die betriebsverfassungsrechtliche Ordnung und nicht um die tarifrechtliche Abgrenzung geht. Die Vertretung der Gewerkschaft ist von Amts wegen zu beachtende Verfahrensvoraussetzung und muß während der gesamten Dauer des Verfahrens gegeben sein (*Fitting* Rn. 11; GK-BetrVG/*Wiese/Oetker* Rn. 66). Unbeachtlich ist, ob und ggfs. wo der Auszuschließende gewerkschaftlich organisiert ist (BAG 22. 6. 1993 BetrVG 1972 § 23 Nr. 22; DKK/*Trittin* Rn. 31; *Fitting* Rn. 11). Nicht antragsberechtigt sind Berufsgruppen der Gewerkschaften (LAG Hamm 13. 5. 1968 DB 1969, 135; GK-BetrVG/*Wiese/Oetker* Rn. 66). Das Antragsrecht örtlicher Untergliederungen der Gewerkschaft richtet sich nach ihrer Satzung (DKK/*Trittin* Rn. 31; *Fitting* Rn. 11). Dasselbe gilt für den Spitzenverband. Er kann jedoch bevollmächtigt werden (DKK/*Trittin* Rn. 31; *Fitting* Rn. 11; GK-BetrVG/*Wiese/Oetker* Rn. 66).

Der **Betriebsrat** ist antragsberechtigt, wenn es um den Ausschluß einzelner Betriebsratsmitglieder 13 geht. Eine Minderheitengruppe im Betriebsrat ist nicht antragsberechtigt (LAG Düsseldorf 24. 10. 1989 DB 1990, 283). Der Beschluß zur Einleitung eines Ausschlußverfahrens ist nach § 33 mit einfacher Mehrheit zu fassen. Das auszuschließende Mitglied ist von der Beratung und der Mitwirkung an der Beschlußfassung ausgeschlossen (DKK/*Trittin* Rn. 33; *Fitting* Rn. 13; *Richardi* Rn. 36). Es kann jedoch vom Betriebsrat angehört werden (*Fitting* Rn. 13). Das auszuschließende Mitglied ist iSd. § 25 Abs. 1 S. 2 zeitweilig verhindert. An seiner Stelle ist ein Ersatzmitglied zu laden (DKK/*Trittin* Rn. 33; *Fitting* Rn. 13).

14 **4. Antragsverbindung.** Hat ein Betriebsratsmitglied sowohl gegen Amtspflichten als auch gegen Pflichten aus dem Arbeitsvertrag verstoßen, kann der Arbeitgeber, wenn er dem Betriebsratsmitglied die außerordentliche Kündigung nach § 103 aussprechen will und der Betriebsrat seine Zustimmung dazu verweigert hat, einen Antrag auf Ersetzung der Zustimmung zur außerordentlichen Kündigung mit dem Antrag auf Ausschluß des Mitgliedes aus dem Betriebsrat verbinden (BAG 21. 7. 1978 AP BetrVG 1972 § 74 Nr. 1; *Fitting* Rn. 22; GK-BetrVG/*Wiese*/*Oetker* Rn. 73; aA DKK/*Trittin* Rn. 44). Liegt in der arbeitsvertraglichen Pflichtverletzung zugleich ein Verstoß gegen Pflichten aus dem Betriebsratsamt, kommt ebenso beides in Betracht (BAG 22. 8. 1974 AP BetrVG 1972 § 103 Nr. 1; 15. 7. 1992 AP BGB § 611 Abmahnung Nr. 9; *Richardi* Rn. 44; *Fitting* Rn. 22 f.; GK-BetrVG/*Wiese*/ *Oetker* Rn. 72 ff.; aA nach Ursache der Pflichtverletzung DKK/*Trittin* Rn. 44). Eine außerordentliche Kündigung setzt in solchen Fällen eine besonders schwere Verletzung der Vertragspflichten voraus. An ihre Berechtigung ist ein strengerer Maßstab anzulegen als bei einem Nichtbetriebsratsmitglied (BAG 22. 8. 1974 AP BetrVG 1972 § 103 Nr. 1; 15. 7. 1992 AP BGB § 611 Abmahnung Nr. 9; *Fitting* Rn. 23; GK-BetrVG/*Wiese*/*Oetker* Rn. 26; aA KR/*Etzel* § 15 KSchG Rn. 26 a; GK-BetrVG/*Kraft* § 103 Rn. 25). Die Gefahr, bei der Wahrnehmung der betriebsverfassungsrechtlichen Befugnisse und Pflichten mit arbeitsvertraglichen Pflichten in Kollision zu geraten, ist insbesondere bei aktiven Betriebsratsmitgliedern größer als bei anderen Arbeitnehmern. Die außerordentliche Kündigung ist jedenfalls unwirksam, wenn das Verhalten nicht zugleich eine grobe Amtspflichtverletzung nach Abs. 1 darstellt (GK-BetrVG/*Wiese*/*Oetker* Rn. 26). Sonst würde die mit dieser Vorschrift bezweckte Absicherung der Amtstätigkeit unterlaufen.

15 Der Antrag auf **Ausschluß** eines Betriebsratsmitgliedes kann als **Hilfsantrag** zu dem Antrag auf **Auflösung des Betriebsrates** nach Abs. 2 gestellt werden (DKK/*Trittin* Rn. 35; *Richardi* Rn. 45; *Fitting* Rn. 31; GK-BetrVG/*Wiese*/*Oetker* Rn. 74). Die Auflösung des Betriebsrates ist das weitergehende Rechtsschutzziel. Mit ihr erübrigt sich der Ausschluß einzelner Mitglieder. Doch ist der Ausschluß gegenüber der Auflösung des Betriebsrates kein minus, sondern ein aliud. Daher kann nicht auf Ausschluß erkannt werden, wenn nur die Auflösung beantragt war (LAG Schleswig-Holstein 30. 11. 1983 AuR 1984, 287; DKK/*Trittin* Rn. 35). Ein **Wahlanfechtungsverfahren** und ein Verfahren auf Feststellung der Nichtigkeit der Betriebsratswahl hat gegenüber einem Ausschlußverfahren Vorrang (DKK/*Trittin* Rn. 35; *Fitting* Rn. 31; GK-BetrVG/*Wiese*/*Oetker* Rn. 76). Der Ausschlußantrag kann in diesen Verfahren hilfsweise gestellt werden.

16 **5. Wirkung des Auschlusses.** Mit der Rechtskraft des Beschlusses erlischt die **Mitgliedschaft** im Betriebsrat sowie die Mitgliedschaft in allen betriebsverfassungsrechtlichen Gremien, zB im Gesamt-Konzernbetriebsrat, Betriebsratsausschuß. Das gilt nicht für die Mitgliedschaft in der Einigungsstelle. Auf den Ausschluß hin kann aber die Abberufung durch den Betriebsrat erfolgen (DKK/*Trittin* Rn. 40; *Fitting* Rn. 34; GK-BetrVG/*Wiese*/*Oetker* Rn. 86). In den Betriebsrat rückt nach § 25 ein Ersatzmitglied nach. Das ausgeschlossene Mitglied verliert den **besonderen Kündigungsschutz** als Funktionsträger nach § 103 und § 15 KSchG auch soweit er nachwirkt (*Fitting* Rn. 33; GK-BetrVG/*Wiese*/*Oetker* Rn. 88 f.). Ist ihm die Amtsausübung im Wege der einstweiligen Verfügung nur vorläufig untersagt, bleibt der Kündigungsschutz erhalten (DKK/*Trittin* Rn. 39; *Fitting* Rn. 33; GK-BetrVG/*Wiese*/*Oetker* Rn. 89). Die Rechte aus §§ 37 Abs. 4, 38 Abs. 4 (wirtschaftliche und berufliche Absicherung, berufliche Weiterbildung) gehen nicht verloren (DKK/*Trittin* Rn. 39; *Fitting* Rn. 33; aA GK-BetrVG/*Wiese*/*Oetker* Rn. 90). Diese Vorschriften sehen den Verlust der durch sie begründeten Rechte im Falle der Amtsenthebung im Gegensatz zu § 15 I 2, 2. Halbs. KSchG nicht vor. Das ausgeschlossene Betriebsratsmitglied ist für eine alsbaldige **Neuwahl** als Wahlbewerber zugelassen (BVerwG AP PersVG § 10 Nr. 7; DKK/*Trittin* Rn. 41; *Fitting* Rn. 28; GK-BetrVG/*Wiese*/*Oetker* Rn. 91 ff.). Das Gesetz hat die Voraussetzungen der Wählbarkeit in § 8 abschließend geregelt und an die Amtsenthebung nicht den Verlust der Wählbarkeit geknüpft. Wenn die Belegschaft mehrheitlich ein Betriebsratsmitglied wiederwählt, das eine grobe Amtspflichtverletzung begangen hat, ist diese demokratische Entscheidung hinzunehmen. Aus welchen Gründen die Neuwahl erfolgt (Ablauf der Amtsperiode, solidarischer Rücktritt oä.), ist unerheblich.

III. Auflösung des Betriebsrates

17 Sie erfordert eine Pflichtverletzung des Betriebsrates **als Organ.** Dabei reicht es aus, wenn das pflichtwidrige Verhalten auf einem Mehrheitsbeschluß beruht, Einstimmigkeit ist nicht erforderlich (DKK/*Trittin* Rn. 49; *Richardi* Rn. 54). Der Pflichtenkreis ist der des Abs. 1. Dazu kommen die dem Betriebsrat als Gremium obliegenden Pflichten. Begehen einzelne oder alle Betriebsratsmitglieder parallel Pflichtverletzungen, die nicht auf einem gemeinsamen Beschluß des Betriebsrates als solchem beruhen, so kommt nur ein Ausschlußverfahren, nicht die Auflösung des Betriebsrates in Betracht (LAG Hamm 6. 11. 1975 DB 1976, 343 für Solidarisierung einzelner Betriebsratsmitglieder mit unzulässiger Streikaktion; DKK/*Trittin* Rn. 50; *Fitting* Rn. 39; GK-BetrVG/*Wiese*/*Oetker* Rn. 96).

18 **1. Grobe Pflichtverletzung.** Die gerichtliche Auflösung des Betriebsrates setzt voraus, daß unter Berücksichtigung aller Umstandes des Einzelfalles, insbesondere der betrieblichen Gegebenheiten und des Anlasses für den Pflichtverstoß die **weitere Amtsausübung** des Betriebsrates **untragbar** erscheint (BAG 22. 6. 1993 AP BetrVG 1972 § 23 Nr. 22; *Richardi* Rn. 53). Dabei kann eine grobe Pflichtverletzung des Betriebsrates als Organ auch gegeben sein, wenn der Betriebsrat gesetzwidriges Verhalten einzelner Mitglieder oder seiner Ausschüsse billigt oder unterstützt (DKK/*Trittin* Rn. 48; *Fitting* Rn. 36; GK-BetrVG/*Wiese/Oetker* Rn. 101). Das konsequente Ausschöpfen der betriebsverfassungsrechtlichen Möglichkeiten und Befugnisse stellt keine Pflichtverletzung dar. Die Grenze bildet der bewußte Rechtsmißbrauch (*Fitting* Rn. 38; DKK/*Trittin* Rn. 7). Im Gegensatz zum Ausschluß von Betriebsratsmitgliedern setzt der grobe Pflichtverstoß bei der Auflösung des Betriebsrats **kein Verschulden** voraus (BAG 8. 8. 1989 AP BetrVG 1972 § 95 Nr. 18; 27. 11. 1990 AP BetrVG 1972 § 87 Arbeitszeit Nr. 41; 22. 6. 1993 AP BetrVG 1972 § 23 Nr. 22). Entscheidend ist, daß der Betriebsrat **als körperschaftliches Gremium** seine Pflichten verletzt hat. Es kommt deshalb weder auf den Tatbeitrag Einzelner, noch darauf an, ob einzelne Mitglieder an der Pflichtverletzung nicht beteiligt haben (*Fitting* Rn. 40; GK-BetrVG/*Wiese* Rn. 91). Pflichtverletzungen aus der vorhergehenden Amtszeit können die Auflösung auch bei Personengleichheit nicht begründen (*Fitting* Rn. 39; GK-BetrVG/*Wiese/Oetker* Rn. 98).

Zu den **Einzelfällen** einer groben Pflichtverletzungen können gehören ua der Abschluß einer Betriebsvereinbarung gegen den ausdrücklichen Willen der Tarifvertragsparteien, die gegen den Tarifvorbehalt nach § 77 Abs. 3 verstößt (BAG 20. 8. 1991 AP BetrVG 1972 § 77 Tarifvorbehalt Nr. 27) – es sei denn, der Verstoß ist für den juristischen Laien nur schwer erkennbar (BAG 22. 6. 1993 AP BetrVG 1972 § 23 Nr. 22), Nichteinberufen von Pflichtversammlungen nach § 43 trotz Antrags der Gewerkschaft (ArbG Wetzlar 22. 9. 1992 BB 1992, 2216; LAG Hamm DB 1959, 1227), offensichtlicher Verstoß gegen das Diskriminierungsverbot aus § 75 (*Fitting* Rn. 37), Beschlüsse über unzulässige Arbeitskampfmaßnahmen (*Fitting* Rn. 37), Nichtbestellung des Betriebsratsvorsitzenden und seines Stellvertreters, des Wahlvorstandes oder von Mitgliedern des Gesamtbetriebsrates und des Betriebsausschusses (*Fitting* Rn. 37), schuldhafter Verstoß gegen die Schweigepflicht aus § 79, Veröffentlichung von Vergütungsgruppen oder der Vergütungshöhe von Arbeitnehmern am Schwarzen Brett (LAG Berlin 26. 6. 1986 RDV 1987, 252), Beschlüsse, die erkennbar gegen gesetzliche Schutzvorschriften verstoßen (*Fitting* Rn. 37), Nichtbehandlung von Beschwerden nach § 85. 19

2. Antrag. Für den Antrag auf Auflösung des Betriebsrates gilt im Grundsatz dasselbe wie für den Antrag auf Amtsenthebung einzelner Betriebsratsmitglieder (s. Rn. 8). Mit dem Ablauf der Amtszeit entfällt das Rechtsschutzinteresse für den Auflösungsantrag, auch wenn der neue Betriebsrat mit dem alten Gremium personenidentisch ist (DKK/*Trittin* Rn. 56; GK-BetrVG/*Wiese/Oetker* Rn. 107). Das Rechtsschutzinteresse für den Auflösungsantrag kann entfallen, wenn sich während des Beschlußverfahrens die Besetzung des Betriebsrates komplett ändert (LAG Köln 19. 12. 1990 AuR 1991, 382). Der Betriebsrat kann dem Auflösungsantrag nicht durch **Rücktritt** oder als Rücktritt anzusehende kollektive Amtsniederlegung seiner Mitglieder den Boden entziehen (DKK/*Trittin* Rn. 58; *Fitting* Rn. 41). Denn in diesem Fall bleibt er nach § 22 trotz grober Pflichtverletzung bis zur Neuwahl als geschäftsführender Betriebsrat im Amt. Außerdem könnte er vorzeitige Neuwahlen verhindern, indem er keinen Wahlvorstand bestellt (*Fitting* Rn. 41). Eine **einstweilige Verfügung** auf vorläufige Untersagung der Amtsausübung durch den Betriebsrat oder vorläufige Auflösung bis zur rechtskräftigen Entscheidung im Hauptsacheverfahren ist unzulässig (DKK/*Trittin* Rn. 60; *Richardi* Rn. 65; *Fitting* Rn. 43; GK-BetrVG/*Wiese/Oetker* Rn. 109). Der betriebsratslose Zustand wäre mit dem Schutzgedanken des Betriebsverfassungsgesetzes nicht vereinbar. Der Betriebsrat selbst ist nicht **antragsberechtigt**. Im übrigen gelten die Ausführungen zur Antragsberechtigung im Ausschlußverfahren entsprechend. 20

3. Wirkung der Auflösung. Mit der Rechtskraft des Beschlusses hört der Betriebsrat kraft Gesetzes auf zu bestehen, seine **Amtszeit** endet. Der Beschluß erstreckt sich auch auf Ersatzmitglieder (DKK/*Trittin* Rn. 61; *Fitting* Rn. 42; GK-BetrVG/*Wiese/Oetker* Rn. 112). Die sich aus dem Betriebsratsamt ergebenden **Mitgliedschaften** und **Rechte** erlöschen (s. Rn. 16). Ein laufendes Einigungsstellenverfahren wird durch den Wegfall eines der Beteiligten gegenstandslos (DKK/*Trittin* Rn. 62; *Fitting* Rn. 44; GK-BetrVG/*Wiese/Oetker* Rn. 113). Die Betriebsratsmitglieder (ggfs. auch die Ersatzmitglieder) verlieren den **besonderen** – auch den nachwirkenden – **Kündigungsschutz** (*Fitting* Rn. 45; GK-BetrVG/*Wiese/Oetker* Rn. 114; für nachwirkenden Kündigungsschutz DKK/*Trittin* Rn. 62). Der Betriebsrat ist nach § 13 Abs. 2 Nr. 5 neu zu wählen. Die Auflösung führt nicht zum Verlust der **Wählbarkeit**. 21

IV. Bestellung des Wahlvorstandes

Nach Rechtskraft des Auflösungsbeschlusses ist nach **Abs. 2 von Amts wegen** in einem Anschlußverfahren ein neuer Wahlvorstand zu bestellen. Ein entsprechender Antrag ist nicht erforderlich. Eine **Verbindung** beider Verfahren soll möglich sein (DKK/*Trittin* Rn. 63; *Fitting* Rn. 46; aA *Richardi* Rn. 69; GK-BetrVG/*Wiese/Oetker* Rn. 117). Sie kann jedenfalls trotz der aufschiebenden Wirkung der Rechtsmittel nach den §§ 87 III, 92 III ArbGG der Beschleunigung dienen und die betriebsratslose Zeit verkürzen, weil das Bestellungsverfahren eher rechtskräftig entschieden würde. Im Tenor ist 22 jedoch die Bestellung von der Rechtskraft des Auflösungsbeschlusses abhängig zu machen (*Fitting* Rn. 46). Haben ein Viertel der wahlberechtigten Arbeitnehmer oder eine im Betrieb vertretene Gewerkschaft den Auflösungsantrag gestellt, so können sie **Vorschläge** für die Größe und Zusammensetzung des Wahlvorstandes machen. Der Arbeitgeber hat kein Vorschlagsrecht (DKK/*Trittin* Rn. 64; *Fitting* Rn. 47; aA *Richardi* Rn. 71; GK-BetrVG/*Wiese/Oetker* Rn. 119). § 16 II gilt nur entsprechend. Die Wahl eines Betriebsrates ist nicht Sache des Arbeitgebers. Liegen die Voraussetzungen des § 16 Abs. 2 S. 3 vor, kann das Arbeitsgericht auch Mitglieder einer im Betrieb vertretenen Gewerkschaft, die nicht Arbeitnehmer des Betriebes sind, in den Wahlvorstand bestellen (*Fitting* Rn. 48).

V. Regelungen gegenüber dem Arbeitgeber

23 Mit **Abs. 3** soll als Pendant zu Ausschluß und Auflösung nach Abs. 1 und 2 das gesetzmäßige Verhaltens des Arbeitgebers im Rahmen der betriebsverfassungsrechtlichen Ordnung sichergestellt werden (BAG 20. 8. 1991 BetrVG 1972 § 77 Tarifvorbehalt Nr. 2).

24 **1. Grobe Pflichtverletzung.** Der **Pflichtenkreis** des Arbeitgebers entspricht inhaltlich weitgehend dem der Arbeitnehmervertreter in Abs. 1 (*Fitting* Rn. 59; GK-BetrVG/*Wiese/Oetker* Rn. 171). Trotz des mißverständlichen Wortlauts sind seine Pflichten nicht auf das BetrVG beschränkt. In seinen Pflichtenkatalog fallen auch die in anderen Gesetzen – wie zB in § 17 II KSchG, §§ 25 ff. SchwbG – geregelten betriebsverfassungsrechtlichen und durch Tarifvertrag, Betriebsvereinbarung, Regelungsabrede und Spruch der Einigungsstelle begründeten Pflichten, soweit sie die betriebsverfassungsrechtliche Stellung des Arbeitgebers ausgestalten (BAG 23. 6. 1992 AP BetrVG 1972 § 23 Nr. 20; LAG Baden-Württemberg 29. 10. 1990 LAGE BetrVG 1972 § 77 Nr. 10; DKK/*Trittin* Rn. 70; *Fitting* Rn. 61; GK-BetrVG/*Wiese/Oetker* Rn. 171). Von Abs. 3 **nicht erfaßt** werden die Pflichten des Arbeitgebers, die ihre Grundlage ausschließlich im Einzelarbeitsvertrag haben, wohl aber die gegenüber den einzelnen Arbeitnehmern bestehenden Pflichten nach §§ 75, 81 ff. (LAG Köln 19. 2. 1988 DB 1989, 1341; *Fitting* Rn. 60; GK-BetrVG/*Wiese/Oetker* Rn. 173; *Richardi* Rn. 91). Nicht erfaßt werden auch die Verpflichtung zur Herausgabe beweglicher Sachen, Abgabe einer Willenserklärung und Erfüllung von Geldforderungen (*Fitting* Rn. 56; aA DKK/*Trittin* Rn. 71; GK-BetrVG/*Wiese/Oetker* Rn. 177). Für diese Ansprüche bestehen besondere Vollstreckungsregelungen (§ 85 Abs. 1 ArbGG iVm §§ 883, 894, 803 ff. ZPO). Ob der Pflichtverstoß aus der aktuellen oder einer früheren Amtsperiode des Betriebsrates herrührt, ist unerheblich (DKK/*Trittin* Rn. 78; GK-BetrVG/*Wiese/Oetker* Rn. 181).

25 Eine Pflichtverletzung ist **grob**, wenn sie objektiv erheblich und offensichtlich schwerwiegend ist (BAG 23. 6. 1992 AP BetrVG 1972 § 23 Nr. 20). Die Pflichtverletzung muß bereits begangen sein. Es reicht nicht, daß sie lediglich droht (BAG 27. 11. 1973 AP BetrVG 1972 Nr. 1; 18. 4. 1985 AP BetrVG 1972 § 23 Nr. 5; GK-BetrVG/*Wiese/Oetker* Rn. 180; aA DKK/*Trittin* Rn. 78; *Fitting* Rn. 73). Abs. 3 ist das Pendant zu den Regelungen nach Abs. 1, der eine grobe Pflichtverletzung des auszuschließenden Betriebsratsmitglieds bzw. des Betriebsrates voraussetzt. Im übrigen besteht kaum noch ein praktisches Bedürfnis für die Zulassung eines quasinegatorischen Unterlassungsanspruchs nach Abs. 3, nachdem das Bundesarbeitsgericht (3. 5. 1991 AP BetrVG 1972 § 23 Nr. 23) den allgemeinen Unterlassungsanspruch des Betriebsrates jedenfalls im Bereich der Mitbestimmung nach § 87 zugelassen hat. Ein **Verschulden** des Arbeitgebers ist nicht erforderlich. Entscheidend ist, ob der Verstoß objektiv so erheblich war, daß unter Berücksichtigung des Gebotes der vertrauensvollen Zusammenarbeit die Anrufung des Arbeitsgerichts durch den Betriebsrat gerechtfertigt erscheint (BAG 27. 11. 1990 AP BetrVG 1972 § 87 Arbeitszeit Nr. 41; 16. 7. 1991 AP BetrVG 1972 § 87 Arbeitszeit Nr. 44). Der Unterlassungsanspruch aus Abs. 3 soll als „kollektivrechtliche Abmahnung" keine **Wiederholungsgefahr** voraussetzen (BAG 18. 4. 1985 AP BetrVG 1972 § 23 Nr. 5; DKK/*Trittin* Rn. 78; *Fitting* Rn. 65; aA GK-BetrVG/*Wiese/Oetker* Rn. 182). Dies ist nicht unproblematisch. Der Anspruch aus Abs. 3 ist auf die Zukunft ausgerichtet. Er soll nicht vergangenes Verhalten bestrafen. Vor diesem Hintergrund leuchtet nicht ein, warum der Anspruch gewährt werden soll, wenn eine Wiederholungsgefahr auszuschließen ist (vgl. BAG 9. 5. 1995 – 1 ABR 58/94 nv.). Freilich wird die Wiederholungsgefahr bei groben Verstößen regelmäßig indiziert sein.

26 Zu den **Einzelfällen** grober Pflichtverletzung gehören die wiederholte Nichtbeachtung des Mitbestimmungsrechtes des Betriebsrates bei der Anordnung oder Duldung von Überstunden (BAG 18. 4. 1985 AP BetrVG 1972 § 23 Nr. 5; 27. 11. 1990 BB 1991, 548; 29. 6. 1992 AiB 1993, 117), Unterlassen der Beteiligung des Betriebsrates bei der Ausgestaltung von Dienstkleidung (BAG 8. 8. 1989 AP BetrVG 1972 § 87 Ordnung des Betriebes Nr. 15), Unterlassen der Durchführung einer Betriebsvereinbarung sowie von Sprüchen der Einigungsstelle (BAG 10. 11. 1987 AP BetrVG 1972 § 77 Nr. 2; LAG Berlin 8. 11. 1990 BB 1991, 206; LAG Hamm 20. 11. 1990 BB 1991, 477; LAG Frankfurt 12. 7. 1988 AuR 1989, 150), Abschluß einer Betriebsvereinbarung unter Verstoß gegen den Tarifvorbehalt nach § 77 III (BAG 20. 8. 1991 NZA 1992, 317), Beobachten von Arbeitsplätzen durch Video-Kamera ohne Zustimmung des Betriebsrates (LAG Baden-Württemberg 14. 4. 1988 AiB 1988, 281), einseitige Absage von Schichten (LAG Hamm 29. 6. 1993 BB 1994, 139), Einführung eines EDV-Systems ohne Beteiligung des Betriebsrates (LAG Hamburg 5. 2. 1986 LAGE BetrVG 1972 § 23

V. Regelungen gegenüber dem Arbeitgeber　　　　　　　　　§ 23 BetrVG 210

Nr. 5), Wahlbehinderung und Wahlbeeinflussung, Unterlassen der Unterstützungspflicht bei der Wahl des Betriebsrates (LAG Hamm 27. 4. 1992 DB 1972, 1297), Öffnen der an den Betriebsrat adressierten Post (Arbeitsgericht Köln 21. 3. 1989 DR 1990, 208), Unterlassen der Weiterleitung der Post an den Betriebsrat (Arbeitsgericht Ludwigshafen 21. 5. 1992 Betriebsrat 1992, 140), Verstoß gegen die Friedenspflicht und das Verbot der parteipolitischen Betätigung (LAG Hamm 27. 4. 1971 DB 1971, 1297; LAG Berlin 3. 3. 1986 AiB 1986, 235; LAG Niedersachsen 9. 3. 1990 AuR 1991, 153), Weigerung, Betriebsratsmitgliedern oder Beauftragten der Gewerkschaften Zutritt zum Betrieb zu gewähren (LAG Frankfurt 8. 2. 1990 BB 1990, 1626), Ausübung von Druck auf die Arbeitnehmer wegen krankheitsbedingter Fehlzeiten, § 75 II (LAG Köln 19. 2. 1988 DB 1989, 1341), Aushängen einer Liste abgemahnter Arbeitnehmer am Schwarzen Brett (ArbG Regensburg 28. 7. 1989 AiB 1989, 354).

2. Erkenntnisverfahren. Die Einleitung des Verfahrens durch den **Betriebsrat** setzt eine ordnungs- 27 gemäße Beschlußfassung nach § 33 voraus. Im Betrieb vertreten ist eine **Gewerkschaft,** wenn mindestens eines ihrer Mitglieder dort Arbeitnehmer ist. Es besteht eine **gesetzliche Prozeßstandschaft** (DKK/*Trittin* Rn. 88; *Richardi* Rn. 95; *Fitting* Rn. 69; GK-BetrVG/*Wiese/Oetker* Rn. 193). Der Betriebsrat kann daher die grobe Verletzung von Rechten der Gewerkschaft geltend machen und umgekehrt. Der Antrag kann ebenso auf die Verletzung von betriebsverfassungsrechtlich gesicherten Individualrechten (zB §§ 81 ff.) oder Rechten anderer Organe der Betriebsverfassung (Wirtschaftsausschuß, Jugend- und Auszubildendenvertretung, Schwerbehindertenvertretung) gestützt werden. Andere Einrichtungen (Betriebsratsausschuß, Jugend- und Auszubildendenvertretung) oder einzelne Personen sind nicht antragsberechtigt. Wohl kommt nach § 83 ihre Beteiligung im Beschlußverfahren in Betracht (BAG 15. 8. 1978 AP BetrVG 1972 § 23 Nr. 1).

Der **Antrag** muß hinreichend bestimmt sein (GK-BetrVG/*Wiese/Oetker* Rn. 189; s. auch § 81 28 ArbGG Rn. 3). Ein Globalantrag, mit dem dem Arbeitgeber aufgegeben werden soll, allgemein für alle denkbaren Fallgestaltungen Mitbestimmungsrechte zu beachten („... aufzugeben, außer in Eil- oder Notfällen die Anordnung von Überstunden zu unterlassen, wenn nicht die Zustimmung des Betriebsrates vorliegt oder durch Spruch der Einigungsstelle ersetzt ist"), ist grundsätzlich zulässig (BAG 18. 4. 1985 AP BetrVG 1972 § 23 Nr. 5; 10. 3. 1992 AP BetrVG 1972 § 77 Regelungsabrede Nr. 1), aber risikoreich. Erfaßt er auch nur einen Fall, in dem die geltend gemachte Rechtsverletzung nicht gegeben ist, ist er insgesamt als unbegründet zurückzuweisen (BAG 18. 4. 1985 AP BetrVG 1972 § 23 Nr. 5). Die bloße Wiederholung des Gesetzestextes ist jedenfalls dann nicht ausreichend, wenn gerade der Regelungsinhalt der Norm zwischen den Betriebspartnern streitig ist (BAG 17. 3. 1987 AP BetrVG 1972 § 23 Nr. 7). Die Verbindung mit dem Antrag auf Androhung eines Ordnungs-/Zwangsgelds ist zulässig (LAG Hamburg 77. 1. 1992 NZA 1992; 568; *Fitting* Rn. 72; GK-BetrVG/*Wiese/ Oetker* Rn. 191).

Über den Antrag entscheidet das Arbeitsgericht im **Beschlußverfahren.** Fehlt ein grober Pflicht- 29 verstoß des Arbeitgeberes, ist der Antrag als unbegründet zurückzuweisen (BAG 27. 11. 1973 AP BetrVG 1972 § 40 Nr. 4; DKK/*Trittin* Rn. 96; *Fitting* Rn. 75; GK-BetrVG/*Wiese/Oetker* Rn. 197; aA *Richardi* Rn. 100: als unzulässig). Das Verfahren ist stets auf das zukünftige Verhalten des Arbeitgebers ausgerichtet (HSG/*Schlochauer* Rn. 67; *Fitting* Rn. 76). Die Verstöße des Arbeitgebers gegen seine Pflichten können daher nicht selbst schon zu einer Verurteilung nach Abs. 3 S. 2 oder 3 führen. Ein Antrag nach Abs. 3 S. 1 kann nicht in einen entsprechenden Feststellungsantrag umgedeutet werden (GK-BetrVG/*Wiese/Oetker* Rn. 190); eine entsprechende Antragsänderung ist aber bis zum Ablauf der Beschwerdefrist zulässig (BAG 15. 8. 1978 AP BetrVG 1972 § 23 Nr. 1). Wird das Verfahren durch **Vergleich** beendet, dient er als Grundlage für die Vollstreckung nach Abs. 3 S. 2, wenn er erkennen läßt, welche konkreten Verstöße des Arbeitgebers zur Vollstreckung berechtigen sollen (LAG Hamburg 27. 1. 1992 NZA 1992, 568; LAG Düsseldorf 26. 7. 1990 NZA 1992, 812).

Der Anspruch nach Abs. 3 kann nicht Gegenstand einer **einstweiligen Verfügung** sein (LAG 30 Hamm 4. 2. 1977 DB 1977, 1514; LAG Köln 21. 2. 1989 LAGE BetrVG § 23 Nr. 20; LAG Niedersachsen 5. 6. 1987 LAGE BetrVG § 23 Nr. 11; LAG Rheinland-Pfalz 30. 4. 1986 DB 1986, 1629; *Richardi* Rn. 103; HSG/*Schlochauer* Rn. 70; *Fitting* Rn. 74; aA LAG Düsseldorf 16. 5. 1990 NZA 1991, 29; LAG Köln 22. 2. 1985 LAGE BetrVG § 23 Nr. 4; DKK/*Trittin* Rn. 95; GK-BetrVG/*Wiese/ Oetker* Rn. 195 f.). Die Verurteilung zu einem Ordnungs- oder Zwangsgeld setzt die Rechtskraft der gerichtlichen Entscheidung voraus. Dies verträgt sich nicht mit der notwendigen Eilbedürftigkeit eines auf Erlaß einer einstweiligen Verfügung gerichteten Verfahrens. Es bleibt die einstweilige Verfügung zur Sicherung der Mitbestimmungsrechte des Betriebsrates (s. Rn. 34).

3. Vollstreckungsverfahren. Es wird **auf Antrag** eines Antragsberechtigten (s. Rn. 27) eingeleitet. 31 Dabei muß der Antragsteller im Vollstreckungsverfahren nicht identisch mit dem Antragsteller im Erkenntnisverfahren sein (DKK/*Trittin* Rn. 91; *Richardi* Rn. 105; *Fitting* Rn. 86; GK-BetrVG/*Wiese/ Oetker* Rn. 204). Vor der Festsetzung der Zwangsmittel muß nach § 724 ZPO der mit der Vollstreckungsklausel versehene Titel zugestellt sein (LAG Bremen 11. 3. 1993 DB 1993, 839). Nach § 85 I 3 ArbGG gelten die Vorschriften der ZPO für das Zwangsvollstreckungsverfahren ergänzend. Die Entscheidung im Vollstreckungsverfahren nach § 53 I 1 ArbGG kann **ohne mündliche Verhandlung**

210 BetrVG § 23

durch den Vorsitzenden allein ergehen. Den Beteiligten – insbesondere dem Arbeitgeber – ist **rechtliches Gehör** zu gewähren (DKK/*Trittin* Rn. 100; *Richardi* Rn. 116; *Fitting* Rn. 87; GK-BetrVG/ *Wiese/Oetker* Rn. 225). Nur bei der Vollstreckung aus einem Titel auf Vornahme einer Handlung soll ausnahmsweise ohne Gewährung rechtlichen Gehörs entschieden werden dürfen, weil der Arbeitgeber hier die Vollstreckung jederzeit dadurch abwenden kann, daß er die Handlung vornimmt (DKK/ *Trittin* Rn. 100; aA GK-BetrVG/*Wiese/Oetker* Rn. 227).

32 Als **Zwangsmittel** für den Titel, der die Verpflichtung des Arbeitgebers ausspricht, eine **Handlung zu unterlassen** oder die **Vornahme einer Handlung zu dulden,** kommt unter folgenden **Voraussetzungen** nach **Abs. 3 S. 2** die Verurteilung zu einem Ordnungsgeld in Betracht: Die Entscheidung im Erkenntnisverfahren muß rechtskräftig sein (DKK/*Trittin* Rn. 104; *Fitting* Rn. 87; GK-BetrVG/ *Wiese/Oetker* Rn. 220). Dem Arbeitgeber muß außerdem durch Beschluß für den Fall der Zuwiderhandlung ein Ordnungsgeld angedroht worden sein. Der Androhungsbeschluß muß nicht in Rechtskraft erwachsen sein (GK-BetrVG/*Wiese/Oetker* Rn. 220; DKK/*Trittin* Rn. 104; *Richardi* Rn. 108; aA *Fitting* Rn. 79). Er braucht keine konkrete Höhe des Ordnungsgeldes anzugeben, zumindest aber das gesetzliche Höchstmaß von 20 000,– DM (LAG Düsseldorf 13. 8. 1987 LAGE BetrVG 1972 § 23 Nr. 10; DKK/*Trittin* Rn. 104; *Fitting* Rn. 80). Ist im Androhungsbeschluß ein bestimmter Betrag genannt, darf dieser bei der späteren Festsetzung nicht überschritten werden (DKKS/*Trittin* Rn. 104; *Fitting* Rn. 80). Der Arbeitgeber muß weiter nach Rechtskraft des Titels der in diesem enthaltenen Verpflichtung **schuldhaft zuwidergehandelt** haben; Zuwiderhandlungen vor Rechtskraft genügen nicht (*Fitting* Rn. 82; GK-BetrVG/*Wiese/Oetker* Rn. 212). Ein grobes Verschulden des Arbeitgebers ist nicht erforderlich, es reicht Fahrlässigkeit (BAG 18. 4. 1985 AP BetrVG 1972 § 23 Nr. 5; DKK/ *Trittin* Rn. 106; *Fitting* Rn. 84; GK-BetrVG/*Wiese/Oetker* Rn. 215; *Richardi* Rn. 109). Bei juristischen Personen muß Verschulden eines Organmitgliedes gegeben sein (Geschäftsführer der GmbH; Vorstandsvorsitzender der AG u.ä.). Das Ordnungsgeld ist nicht nur Beugemittel, sondern hat auch repressiven Charakter. Die Vollstreckung ist daher auch zulässig, wenn der Arbeitgeber, der nach Rechtskraft des Titels der darin ausgeprochenen Verpflichtung zuwidergehandelt hat, noch vor der Vollstreckung des Ordnungsgeldes die Handlung unterläßt oder die Vornahme der Handlung duldet (DKK/*Trittin* Rn. 111; *Richardi* Rn. 110; *Fitting* Rn. 83). Es ist jedoch keine Kriminalstrafe, weshalb gegen den Arbeitgeber wegen derselben Zuwiderhandlung ein Ordnungsgeld nach Abs. 3 S. 2 und eine Geldbuße nach § 121 oder Strafe nach § 119 verhängt werden kann (DKK/*Trittin* Rn. 110; *Fitting* Rn. 85).

33 Soll ein Titel auf **Vornahme einer Handlung** vollstreckt werden, kommt als Zwangsmittel nach Abs. 3 S. 3 ein **Zwangsgeld** in Betracht. Der Antrag muß einen bestimmten Betrag bezeichnen. Auch hier ist die **Rechtskraft des Titels** Vollstreckungsvoraussetzung (DKK/*Trittin* Rn. 107; *Fitting* Rn. 91). Das Zwangsgeld muß nicht vorher angedroht sein (DKK/*Trittin* Rn. 107; *Richardi* Rn. 113; *Fitting* Rn. 92; GK-BetrVG/*Wiese/Oetker* Rn. 221). Die Zwangsgeldfestsetzung ist eine Beugemaßnahme. Daraus folgt, daß sie **kein Verschulden** des Arbeitgebers voraussetzt und daß sie nicht mehr zulässig ist, wenn der Arbeitgeber die Handlung vorgenommen hat (*Richardi* Rn. 114; *Fitting* Rn. 93; GK-BetrVG/*Wiese/Oetker* Rn. 223 f.; DKK/*Trittin* Rn. 108). Darauf, ob die Handlung vertretbar oder unvertretbar ist, kommt es nicht an. Entscheidend ist, daß sie dem Arbeitgeber überhaupt möglich ist (LAG Hamm 30. 7. 1976 BetrVG 1972 § 23 Nr. 4; DKK/*Trittin* Rn. 108; GK-BetrVG/ *Wiese/Oetker* Rn. 223).

Das für den Einzelfall zu verhängende Ordnungs-/Zwangsgeld darf 20 000,– DM nicht überschreiten. Werden mehrere Verstöße geahndet, ist das Ordnungsgeld-/Zwangsgeld jeweils gesondert festzusetzen. Insofern ein Überschreiten des **Höchstbetrages** möglich (DKK/*Trittin* Rn. 112; *Fitting* Rn. 83, 88; *Richardi* Rn. 119). Ordnungsgeld wird von Amts wegen nach der Justizbeitreibungsordnung vollstreckt, Zwangsgeld auf Antrag gemäß § 85 I ArbGG iVm. §§ 803 ff. ZPO. Die Beitreibung kann schon vor Rechtskraft des Ordnungs-/Zwangsgeldbeschlusses erfolgen (DKK/*Trittin* Rn. 114; GK-BetrVG/*Wiese/Oetker* Rn. 229). Es wird zugunsten der Staatskasse beigetrieben (*Fitting* Rn. 88). Die Festsetzung von Ordnungs- oder Zwangshaft ist nach § 85 I 3 ArbGG unzulässig.

34 **4. Allgemeiner Unterlassungsanspruch.** Abs. 3 enthält keine abschließende Regelung (s. zum Folgenden Einl. vor § 74 Rn. 28 ff.; § 85 ArbGG Rn. 5). Für den Bereich der Mitbestimmung in **sozialen Angelegenheiten** nach § 87 hat das Bundesarbeitsgericht inzwischen seine frühere Rechtsprechung (BAG 22. 2. 1983 AP BetrVG 1972 § 23 Nr. 2) aufgegeben und einen allgemeinen gegen den Arbeitgeber gerichteten Anspruch des Betriebsrates auf Unterlassung mitbestimmungswidrigen Verhaltens anerkannt (BAG 23. 7. 1996 AP BetrVG 1972 § 87 Nr. 68 Arbeitszeit BAG 3. 5. 1994 AP BetrVG 1972 § 23 Nr. 23). Daneben enthält § 78 auch einen ausdrückliche gesetzliche Normierung einen Anspruch auf Unterlassung der Störung oder Behinderung von Betriebsratsarbeit (BAG 12. 11. 1997 AP BetrVG 1972 § 23 Nr. 27). Daraus läßt sich nicht für alle Bereiche der Mitbestimmung die Zulässigkeit eines entsprechenden Anspruchs herleiten. Vielmehr ist für jeden Mitbestimmungs- bzw. Beteiligungstatbestand gesondert zu prüfen, ob nicht schon durch die vorhandenen betriebsverfassungsrechtlichen Sonderregelungen eine hinreichende Sicherung der Mitbestimmungs- und Beteiligungsrechte des Betriebsrates erreicht wird. Das gilt auch für den Bereich der Mitbestimmung bei

Erlöschen der Mitgliedschaft § 24 BetrVG 210

personellen Einzelmaßnahmen. Hier besteht eine Schutzlücke ähnlich wie im Bereich des § 87 (offengelassen in BAG 6. 12. 1994 AP BetrVG 1972 § 23 Nr. 24). Der allgemeine Unterlassungsanspruch bietet dem Betriebsrat die Möglichkeit, mitbestimmungswidrige personelle Einzelmaßnahmen von vornherein zu verhindern. § 101 wirkt demgegenüber nur im nachhinein (DKK/*Trittin* Rn. 131; aA GK-BetrVG/*Wiese/Oetker* Rn. 155; *Richardi* Rn. 83; *Hanau/Kania* Einl. vor § 74 Rn. 32). Ein möglicher Anspruch des Betriebsrats auf Unterlassung geplanter **Betriebsänderungen** bis zum Versuch des Interessenausgleichs (DKK/*Trittin* Rn. 131; *Fitting* Rn. 102 und § 111 Rn. 90; aA GK-BetrVG/*Wiese/Oetker* Rn. 159; *Richardi* Rn. 84) läßt sich wohl für viele Fälle im Wege richtlinienkonformer Auslegung des BetrVG mit Hilfe des Art. 5 a der Massenentlassungsrichtlinie vom 17. 2. 1975 – RL 75/129 EWG – herleiten. Freilich wird er meist daran scheitern, daß bei der Entscheidung über den Antrag die Planungsphase schon überschritten ist, ein Interessenausgleich nicht mehr nachgeholt (Vgl. BAG 14. 9. 1976 AP BetrVG 1972 § 113 Nr. 2) und daher auch nicht mehr vom Betriebsrat verlangt werden kann (LAG Brandenburg 8. 7. 1997 – 7 TaBV 9/97). Mitbestimmungsrechte können grundsätzlich auch im Wege der **einstweiligen Verfügung** gesichert werden (LAG Frankfurt 19. 4. 1988 DB 1989, 128; LAG Hamburg 13. 11. 1981 AuR 1982, 389; DKK/*Trittin* Rn. 122; *Fitting* Rn. 107; GK-BetrVG/*Wiese* Rn. 134; s. § 85 ArbGG Rn. 5).

Neben den allgemeinen „betriebsverfassungsschützenden" Unterlassungsansprüchen tritt eine allgemeiner **Unterlassungsanspruch zum Schutz der Tarifautonomie** (BAG 20. 4. 1999 AP GG Art. 9 Nr. 89; DKK/*Berg* § 77 Rn. 85 a und b mwN). Er wird aus § 1004 I BGB iVm. Art. 9 III GG hergeleitet. Auf ihn gestützt können Gewerkschaften oder – was kaum jemals der Fall sein wird – Arbeitgeberverbände dem AG und/oder BR untersagen lassen, die Regelungssperre des § 77 III zu unterlaufen. Die in Art. 9 III GG geschützte Betätigungsfreiheit wird nicht erst beeinträchtigt, wenn Koalitionen daran gehindert werden, Tarifrecht zu schaffen. Sie kann schon durch Vereinbarungen (auch Regelungsabreden) oder Verfahrensweisen (wie vertragliche Einheitsregelungen) beeinträchtigt sein, die darauf gerichtet sind, die Wirkung eines Tarifvertrages faktisch zu vereiteln und ihn als kollektive Ordnung zu verdrängen. Der Antrag ist im Beschlußverfahren zu verfolgen (BAG 20. 4. 1999 AP GG Art. 9 Nr. 89). Soweit er sich gegen den AG richtet, ist er darauf gerichtet ihn zu verpflichten, es zu unterlassen, die tarifwidrige Regelung anzuwenden. Zugleich kann beantragt werden, ein Zwangsgeld anzudrohen.

5. Allgemeine Zwangsvollstreckung. Abs. 3 schließt die allgemeine Zwangsvollstreckung nach 35 § 85 ArbGG in Verbindung mit den zivilprozessualen Vorschriften nicht aus (DKK/*Trittin* Rn. 135; *Fitting* Rn. 108; GK-BetrVG/*Wiese/Oetker* Rn. 166). Aus Beschlüssen und Vergleichen, die Unterlassungs- oder Erfüllungsansprüche außerhalb von Abs. 3 titulieren, kann nach § 85 ArbGG in Verbindung mit den allgemeinen zivilprozessualen Vorschriften vollstreckt werden (DKK/*Trittin* Rn. 135; *Fitting* Rn. 109 f.). Liegen grobe Pflichtverstöße des Arbeitgebers vor, so ist zu unterscheiden: Der materiell Nichtberechtigte kann nur das Verfahren nach Abs. 3 betreiben. Der materiell Berechtigte kann auch nach den allgemeinen Vollstreckungsvorschriften vollstrecken, das Verfahren nach Abs. 3 ist subsidiär (DKK/*Trittin* Rn. 137; GK-BetrVG/*Wiese/Oetker* Rn. 166; aA *Fitting* Rn. 111; HSG/*Schlochauer* Rn. 83).

§ 24 Erlöschen der Mitgliedschaft

(1) **Die Mitgliedschaft im Betriebsrat erlischt durch**
1. Ablauf der Amtszeit,
2. Niederlegung des Betriebsratsamtes,
3. Beendigung des Arbeitsverhältnisses,
4. Verlust der Wählbarkeit,
5. Ausschluß aus dem Betriebsrat oder Auflösung des Betriebsrats auf Grund einer gerichtlichen Entscheidung,
6. gerichtliche Entscheidung über die Feststellung der Nichtwählbarkeit nach Ablauf der in § 19 Abs. 2 bezeichneten Frist, es sei denn, der Mangel liegt nicht mehr vor.

(2) [1] **Bei einem Wechsel der Gruppenzugehörigkeit bleibt das Betriebsratsmitglied Vertreter der Gruppe, für die es gewählt ist.** [2] Dies gilt auch für Ersatzmitglieder.

I. Vorbemerkung

Die Vorschrift ist zwingend und kann nicht abbedungen werden. Sie betrifft das einzelne Betriebs- 1 ratsmitglied. Die Beendigung der Amtszeit des Betriebsrats als Organ ist in § 21 geregelt. In den Fällen des Abs. 1 Nr. 1 bis 4 erlischt die Mitgliedschaft kraft Gesetzes, in den anderen kraft rechtskräftiger gerichtlicher Entscheidung. Auf Ersatzmitglieder ist Abs. 1 entsprechend anwendbar, so daß bei Vorliegen der Tatbestandsvoraussetzung die Anwartschaft, in den Betriebsrat nachzurücken, erlischt (*Fitting* Rn. 4).

II. Ablauf der Amtszeit

2 Die Mitgliedschaft aller Betriebsratsmitglieder erlischt mit Ablauf der Amtszeit des Betriebsrats. In Betracht kommen die Beendigungstatbestände des § 21, aber auch die erfolgreiche Wahlanfechtung nach § 19 und die Auflösung durch das ArbG gemäß § 23 I. Die Festellung der Nichtigkeit einer Betriebsratswahl kann die Amtszeit nicht beenden, da der Betriebsrat de jure nicht bestanden hat (*Fitting* Rn. 8).

III. Niederlegung des Betriebsratsamts

3 Gemeint ist die freiwillige Aufgabe des Amtes. Sie ist schon unmittelbar nach der Wahl möglich (BVerwG 9. 10. 1959 AP PersVG § 27 Nr. 2). Die Ablehnung der Wahl vor Amtsantritt gemäß § 18 II WO ist keine Amtsniederlegung, da noch kein Amt angetreten wurde (*Fitting* Rn. 9). Ebensowenig ist das **Ausscheiden** des Betriebsratsmitglieds **aus speziellen Funktionen** wie zB aus dem Amt des Betriebsratsvorsitzenden eine Amtsniederlegung. Seine Mitgliedschaft im Betriebsrat bleibt hiervon unberührt. Die **Erklärung**, das Amt niederlegen zu wollen, ist formlos (*Richardi* Rn. 8; *Fitting* Rn. 10) gegenüber dem Betriebsrat abzugeben und wird mit Zugang oder mit dem vom Betriebsratsmitglied angegebenen Zeitpunkt wirksam (GK-BetrVG/*Wiese*/*Oetker* Rn. 10). Eine Erklärung gegenüber dem Arbeitgeber ist rechtlich ohne Bedeutung (LAG Schleswig-Holstein 19. 8. 1966 AP BetrVG § 24 Nr. 4). Besteht der BR nur noch aus einem Mitglied und ist eine Belegschaft nicht mehr vorhanden, kann jedoch die Niederlegung des Restmandats gegenüber dem AG erklärt werden (BAG 12. 1. 2000 – 7 ABR 61/98). Die Rücktrittserklärung kann nach Zugang nicht mehr zurückgenommen oder widerrufen werden (BVerwG 9. 10. 1959 AP PersVG § 27 Nr. 2). Auch eine Anfechtung ist grundsätzlich ausgeschlossen (*Richardi* Rn. 10; DKK/*Buschmann* Rn. 9; *Fitting* Rn. 10 a; einschränkend GK-BetrVG/*Wiese*/*Oetker* Rn. 12). Die Mitgliedschaft im Betriebsrat darf nicht im Ungewissen bleiben.

IV. Beendigung des Arbeitsverhältnisses

4 Betriebszugehörigkeit und aktives Wahlrecht sind nach § 8 Voraussetzung für das passive Wahlrecht. Durch die Beendigung des Arbeitsverhältnisses erlischt damit zwangsläufig die Mitgliedschaft im Betriebsrat. Entscheidend ist die rechtliche Beendigung des Arbeitsverhältnisses. In Betracht kommen die allgemeinen Beendigungsgründe wie Kündigung, Aufhebungsvertrag, Fristablauf, Tod des Arbeitnehmers. Während des **Kündigungsschutzprozesses** ist das Betriebsratsmitglied an der Ausübung seines Amtes zeitweilig verhindert und wird nach § 25 I 2 von einem Ersatzmitglied vertreten (LAG Schleswig-Holstein 2. 9. 1976 DB 76, 1974; DKK/*Buschmann* Rn. 14; *Fitting* Rn. 15; GK-BetrVG/*Wiese*/*Oetker* Rn. 27; *Richardi* Rn. 14). Wird das Betriebsratsmitglied während des Prozesses weiterbeschäftigt, übt es weiterhin das Betriebsratsamt aus (DKK/*Buschmann* Rn. 14; *Fitting* Rn. 15; GK-BetrVG/*Wiese*/*Oetker* Rn. 27). Während des Kündigungsrechtsstreits kann zum Schutz der Betriebsratstätigkeit eine **einstweilige Verfügung** jedenfalls dann erlassen werden, wenn die Kündigung offensichtlich unbegründet ist oder den allgemeine Weiterbeschäftigungsanspruch besteht (LAG Schleswig-Holstein DB 76, 1974; DKK/*Buschmann* Rn. 15; *Fitting* Rn. 16; GK-BetrVG/*Wiese*/*Oetker* § 25 Rn. 29). Das Arbeitsverhältnis endet im Fall einer ordentlichen Kündigung zum Zeitpunkt der **Betriebsstillegung** bzw. der Teilstillegung, wenn auch die sonstigen Voraussetzungen des § 15 IV, V KSchG gegeben sind. Grundsätzlich erlischt damit auch das Betriebsratsamt, solange dem Betriebsrat nicht ein Restmandat (s. § 21 Rn. 6) zusteht.

5 Die erfolgreiche **Anfechtung** oder die **Nichtigkeit des Arbeitsvertrags** wirkt nur für die Zukunft. Auch das Betriebsratsamt bleibt bis zu diesem Zeitpunkt erhalten (BAG 5. 12. 1957 AP BGB § 123 Nr. 2). Bei **Befristung** des Arbeitsvertrages endet das Betriebsratsamt mit Ablauf der Frist, soweit nicht § 78 a greift. Ein **Betriebsübergang** nach § 613 a BGB hat keine Auswirkungen auf die Mitgliedschaft im Betriebsrat (*Fitting* Rn. 22). Die Arbeitsverhältnisse der BRMitglieder gehen kraft Gesetzes auf den neuen Betriebsinhaber über, soweit sie nicht dem Übergang widersprechen. Bei **Übergang eines Betriebsteils** kann es zu Übergangsmandaten (s. § 21 Rn. 7 ff.) kommen. Die Eröffnung eines **Insolvenzverfahrens** wirkt sich unmittelbar weder auf das Arbeitsverhältnis noch auf das Betriebsratsamt aus. Die Mitgliedschaft bleibt während des Insolvenzverfahrens bis zur Auflösung des Betriebes unberührt (DKK/*Buschmann* Rn. 24; *Fitting* Rn. 25). Wird das Arbeitsverhältnis eines zuvor ausgeschiedenen Betriebsratsmitglieds **neu begründet**, lebt die Mitgliedschaft im Betriebsrat selbst dann nicht wieder auf, wenn die Neubegründung von Anfang an geplant oder gar zugesichert war. Die Arbeitsvertragsparteien können nicht über die zwingenden Vorschriften des BetrVG verfügen (DKK/*Buschmann* Rn. 19; *Richardi* Rn. 18; *Fitting* Rn. 19; GK-BetrVG/*Wiese* Rn. 35).

6 **Ruht** das Arbeitsverhältnis, zB bei Ableisten des Wehr- oder Zivildienstes, der Heranziehung zum Zivil- und Katastrophenschutz, aber auch bei Sonder-, Schwangerschafts- oder Erziehungsurlaub, bleibt die Zugehörigkeit zum Betriebsrat erhalten. Für die Zeit der Verhinderung rückt ein Ersatzmitglied nach (*Richardi* Rn. 17; DKK/*Buschmann* Rn. 20; *Fitting* Rn. 12). Da **Streik und Aussperrung**

lediglich die Hauptleistungspflichten suspendieren, das Arbeitsverhältnis als solches aber erhalten bleibt, führen sie nicht zum Erlöschen der Mitgliedschaft im Betriebsrat (BAG 25. 10. 1988 AP GG Art. 9 Arbeitskampf Nr. 110).

V. Verlust der Wählbarkeit

Erfüllt ein Betriebsratsmitglied nicht mehr alle in § 8 genannten Voraussetzungen, verliert es 7 nachträglich sein passives Wahlrecht. Damit erlischt seine Mitgliedschaft im Betriebsrat. Waren die Voraussetzungen der Wählbarkeit von Anfang an nicht gegeben, erlischt Mitgliedschaft im Betriebsrat nur aufgrund erfolgreicher Wahlanfechtung bzw. in einem gerichtlichem Feststellungsverfahren, also nicht kraft Gesetzes, sondern durch arbeitsgerichtlichen Beschluß (vgl. Rn. 10). Die Wählbarkeit kann ein Betriebsratsmitglied auch verlieren, welchem aufgrund einer **strafrechtlichen Verurteilung** die Fähigkeit, Rechte aus öffentlichen Wahlen zu erlangen entzogen werden (vgl. § 8 Rn. 6) oder für das ein **Betreuer** nach den §§ 1896 f. BGB bestellt wurde (*Fitting* Rn. 27; *Richardi* Rn. 24). Anders als beim Wahlrecht kommt es hier verstärkt darauf an, daß man seine Angelegenheiten selbst besorgen kann. Der **Gruppenwechsel** vom Arbeiter zum Angestellten oder umgekehrt hat keinerlei Auswirkungen auf den Betriebsratsstatus, wie Abs. 2 zeigt. Die Beförderung zum **leitenden Angestellten** führt zum Verlust der Wählbarkeit. Sie gehören nach § 5 III nicht zum Kreis der Wahlberechtigten iSd. § 8.

Das **Ausscheiden** aus der Belegschaft bei **Versetzung** des Betriebsratsmitglieds in einen anderen 8 Betrieb des Unternehmens beendet seine Mitgliedschaft im Betriebsrat. Eine nur vorübergehende Abordnung läßt die Mitgliedschaft im Betriebsrat unberührt (*Richardi* Rn. 20; *Fitting* Rn. 29; GK-BetrVG/*Wiese/Oetker* Rn. 39). Ohne Einwilligung des betroffenen Betriebsratsmitglieds ist die Versetzung nur zulässig, wenn sie sich im Rahmen des durch den Arbeitsvertrag bestimmten Direktionsrechts hält und nicht gegen § 78 verstößt. Eine Störung oder Behinderung der Betriebsratstätigkeit ist zu verneinen, wenn die Versetzung aus dringenden sachlichen, insbesondere betrieblichen Gründen auch vor dem Hintergrund des § 78 erforderlich ist (*Fitting* Rn. 29). Eine nicht durch Arbeitsvertrag gestattete Versetzung ist individualrechtlich nur als **Änderungskündigung** durchsetzbar, welche als ordentliche Änderungskündigung den Anforderungen des § 15 KSchG unterliegt (s. § 15 KSchG Rn. 20). Bei der **außerordentlicher Änderungskündigung** ist die vorherige Zustimmung des Betriebsrats nach § 103 I einzuholen, bzw. das Ersetzungsverfahren nach § 103 II einzuleiten. Das gleiche gilt für die **Versetzung**, die gegen den Willen des Betriebsratsmitglieds vorgenommen wird. § 103 ist insoweit entsprechend anzuwenden (LAG Frankfurt 8. 5. 1995 LAGE § 103 BetrVG 1972 Nr. 10; LAG Hamm 1. 4. 1977 EzA BetrVG 1972 § 103 Nr. 19 = BB 77, 696; offengelassen in BAG 21. 9. 1989 AP BetrVG 1972 § 99 Nr. 72 = NZA 90, 314; DKK/*Kittner* § 103 Rn. 25; aA *Fitting* Rn. 29; GK-BetrVG/*Kraft* BetrVG § 103 Rn. 19). Sowohl die Änderungskündigung als auch das Direktionsrecht bedrohen als einseitige individualrechtliche Maßnahmen wie die Kündigung die Funktionsfähigkeit des Betriebsrates und die Unbefangenheit der Amtsausübung seiner Mitglieder. Das Betriebsratsmitglied scheidet auch aus dem Betrieb aus, wenn der **Betriebsteil**, in dem es beschäftigt ist, organisatorisch **ausgegliedert** wird und entweder mit einem anderen Betrieb zusammengeschlossen oder als selbständiger neuer Betrieb des Unternehmens organisiert wird (*Richardi* Rn. 21; *Fitting* Rn. 31; GK-BetrVG/*Wiese/Oetker* Rn. 40). Mit Abschluß der Neugliederung erlischt grundsätzlich die Mitgliedschaft. § 15 V KSchG gilt bei Ausgliederung entsprechend (BAG 13. 8. 1992 AP KSchG § 15 Nr. 32 = NZA 93, 224; *Fitting* Rn. 31; aA GK-BetrVG/*Wiese/Oetker* Rn. 41). Häufig wird es in solchen Fällen zur Wahrnehmung eines **Übergangsmandats** und/oder **Restmandats** kommen (vgl. § 21 Rn. 6, 7). Folge ist, daß die in dem ausgegliederten Betriebsteil beschäftigten Betriebsratsmitglieder ihre Mitgliedschaft während der Dauer dieses Mandats nicht verlieren soweit es um die Wahrnehmung dieses Mandats geht.

VI. Amtsenthebung

Die Mitgliedschaft endet im Fall des Ausschlusses des Betriebsratsmitglieds aus dem Betriebsrat 9 oder der Auflösung des gesamten Betriebsrat gemäß § 23 I mit Rechtskraft des Beschlusses des Arbeitsgerichts (vgl. § 23 Rn. 16, 21).

VII. Gerichtliche Feststellung der Nichtwählbarkeit

Anders als bei Nr. 4 liegt hier der Mangel bereits im **Zeitpunkt der Wahl** vor und tritt nicht erst 10 nachträglich auf. Er muß im Rahmen eines Anfechtungsverfahrens nach § 19 bis zum Ablauf der Anfechtungsfrist geltend gemacht werden; danach kann er jederzeit weiterhin in einem arbeitsgerichtlichen Beschlußverfahren nach §§ 2 a, 80 ff. ArbGG festgestellt werden (BAG 11. 4. 1958 AP BetrVG § 6 Nr. 1). Die Feststellung, daß zum Zeitpunkt der Wahl die Voraussetzungen der Wählbarkeit nicht gegeben waren, führt nicht zum Verlust der Mitgliedschaft, wenn der Mangel inzwischen behoben ist, weil zB das Betriebsratsmitglied vor dem gerichtlichen Beschluß 18 Jahre alt geworden ist (BAG 7. 7. 1954 AP BetrVG § 24 Nr. 1; *Richardi* Rn. 30; *Fitting* Rn. 37). **Antragsberechtigt** sind nur die nach § 19

Anfechtungsberechtigten (BAG 11. 3. 1975 AP BetrVG 1972 § 24 Nr. 1; BAG 28. 11. 1977 AP BetrVG 1972 § 8 Nr. 2). Gegenstand des Verfahrens muß die Feststellung der Nichtwählbarkeit als solche sein. Eine Entscheidung als Vorfrage in einem Urteilsverfahren reicht nicht aus (*Fitting* Rn. 34). Mit der rechtskräftigen Feststellung der Nichtwählbarkeit erlischt die Mitgliedschaft im Betriebsrat für die Zukunft. Bis zum rechtskräftigen Beschluß behält das Betriebsratsmitglied den besonderen Kündigungsschutz für Betriebsratsmitglieder (BAG 29. 9. 1983 AP KSchG 1969 § 15 Nr. 15).

VIII. Rechtsfolgen des Erlöschens der Mitgliedschaft

11   Liegt einer der Erlöschensgründe aus Abs. 1 Nr. 1 bis 6 vor, wird die Mitgliedschaft im Betriebsrat mit Wirkung für die Zukunft beendet. Betriebsratsbeschlüsse, an denen das Mitglied mitgewirkt hat, bleiben wirksam (DKK/*Buschmann* Rn. 35; *Fitting* Rn. 38; GK-BetrVG/*Wiese/Oetker* Rn. 52). Gleichzeitig verliert der Betroffene alle mit dem Betriebsratsamt notwendigerweise verbundenen Ämter und Funktionen wie seine Mitgliedschaft im Gesamt- oder Konzernbetriebsrat. Die Mitgliedschaft im Wirtschaftsausschuß endet, wenn es sich um das in § 107 I genannte notwendige Mitglied aus dem Kreis des Betriebsrats handelt. Da Ämter in der Einigungsstelle und als Arbeitnehmervertreter im Aufsichtsrat nicht notwendig mit dem Betriebsratsamt verbunden sind, enden sie nicht automatisch (DKK/*Buschmann* Rn. 36; *Fitting* Rn. 39; GK-BetrVG/*Wiese/Oetker* Rn. 53). Mit dem Erlöschen der Mitgliedschaft entfallen auch alle Rechte aus der Amtsstellung. Das ehemalige Betriebsratsmitglied verliert den besonderen Kündigungsschutz aus § 15 I 1 KSchG und § 103, behält aber mit Ausnahme der Fälle des Abs. 1 Nr. 5 und 6 den nachwirkenden Kündigungsschutz aus § 15 I 2 KSchG (BAG 5. 7. 1979 AP KSchG 1969 § 15 Nr. 6 DKK/*Buschmann* Rn. 38; *Richardi* Rn. 37; *Fitting* Rn. 40; GK-BetrVG/*Wiese/Oetker* Rn. 55). Darüber hinaus bestehen die Rechte aus § 37 IV und V sowie § 38 III und IV (DKK/*Buschmann* Rn. 38; *Fitting* Rn. 40).

IX. Wechsel der Gruppenzugehörigkeit

12   Der Gruppenwechsel eines Betriebsratsmitglieds oder eines Ersatzmitgliedes hat auf die Mitgliedschaft bzw. Anwartschaft auf die Mitgliedschaft im Betriebsrat keinerlei Auswirkungen. Das Mitglied bleibt Angehöriger der Gruppe als dessen Vertreter es bei der Wahl gewählt wurde. Dies gilt sowohl im Fall von Gruppen- als auch im Fall von Gemeinschaftswahl und für alle Funktionen im Betriebsrat, für welche die Gruppenzugehörigkeit von Bedeutung ist, wie zB Wahl des Vorsitzenden und stellvertretenden Vorsitzenden (DKK/*Buschmann* Rn. 39; *Fitting* Rn. 41; GK-BetrVG/*Wiese/Oetker* Rn. 60).

X. Streitigkeiten

13   Im Streitfall entscheidet das ArbG im **Beschlußverfahren** nach §§ 2 a, 80 ff. ArbGG. In den Fällen des Abs. 1 Nr. 5 und 6 ist das Beschlußverfahren die ausschließliche Verfahrensart (*Fitting* Rn. 42). In den übrigen Fällen kann diese Frage auch inzidenter im Rahmen eines Urteilsverfahrens entschieden werden. Das Rechtsschutzinteresse entfällt, wenn vor rechtskräftiger Entscheidung das betreffende Betriebsratsmitglied bereits aus dem Betriebsrat ausgeschieden ist (BAG 11. 3. 1975 BetrVG 1972 § 24 Nr. 1; *Fitting* Rn. 42).

§ 25 Ersatzmitglieder

(1) [1] Scheidet ein Mitglied des Betriebsrats aus, so rückt ein Ersatzmitglied nach. [2] Dies gilt entsprechend für die Stellvertretung eines zeitweilig verhinderten Mitglieds des Betriebsrats.

(2) [1] Die Ersatzmitglieder werden der Reihe nach aus den nichtgewählten Arbeitnehmern derjenigen Vorschlagslisten entnommen, denen die zu ersetzenden Mitglieder angehören. [2] Ist eine Vorschlagsliste erschöpft, so ist das Ersatzmitglied derjenigen Vorschlagsliste zu entnehmen, auf die nach den Grundsätzen der Verhältniswahl der nächste Sitz entfallen würde. [3] Ist das ausgeschiedene oder verhinderte Mitglied nach den Grundsätzen der Mehrheitswahl gewählt, so bestimmt sich die Reihenfolge der Ersatzmitglieder unter Berücksichtigung der §§ 10 und 12 nach der Höhe der erreichten Stimmenzahlen.

(3) In den Fällen des § 14 Abs. 4 findet Absatz 1 mit der Maßgabe Anwendung, daß das gewählte Ersatzmitglied nachrückt oder die Stellvertretung übernimmt.

I. Vorbemerkung

1   Die Vorschrift regelt das Nachrücken von Ersatzmitgliedern für endgültig ausgeschiedene oder zeitweilig verhinderte Betriebsratsmitglieder. Normzweck ist die Sicherung der Kontinuität der Betriebsratsarbeit, der Beschlußfassung durch den Betriebsrat nach § 33 und darüberhinaus die Gewährleistung einer möglichst vollständigen und stetigen Besetzung des Betriebsrats. Die Vorschrift enthält zwingendes Recht und kann nicht abbedungen werden.

II. Allgemeine Grundsätze

Nicht gewählte Wahlbewerber sind Ersatzmitglieder. Anderes gilt im nur einköpfigen Betriebsrat 2 bzw. bei Wahl des einzigen Gruppenvertreters bei Gruppenwahl, weil die Ersatzmitglieder nach § 14 IV im getrennten Wahlgang gewählt werden. Rückt das Ersatzmitglied nach, wird es ordentliches Betriebsratsmitglied mit allen Rechten und Pflichten (BAG 6. 9. 1979 AP KSchG 1969 § 15 Nr. 7). Die Stellvertretung/Ersetzung erstreckt sich nur auf das Betriebsratsamt als solches, nicht auf die Ämter und Funktionen, die das ausgeschiedene oder zeitweilig verhinderte Betriebsratsmitglied darüberhinaus innehat, zB eine Mitgliedschaft im Betriebsausschuß (DKK/*Buschmann* Rn. 3; *Richardi* Rn. 35; *Fitting* Rn. 13; GK-BetrVG/*Wiese/Oetker* Rn. 56). Ist das Ersatzmitglied verhindert, wird es vom nächstzuständigen Ersatzmitglied vertreten (BAG 6. 9. 1979 AP KSchG 1969 § 15 Nr. 7).

Ersatzmitglieder rücken **Kraft Gesetz** nach. Weder ein Betriebsratsbeschluß oder eine Berufung 3 bzw. Benachrichtigung durch den Betriebsratsvorsitzenden noch eine Annahmeerklärung durch das Eratzmitglied ist erforderlich (BAG 17. 1. 1979 AP KSchG 1969 § 15 Nr. 5; LAG Schleswig-Holstein 7. 4. 1994 LAGE KSchG § 15 Nr. 8; DKK/*Buschmann* Rn. 6; *Richardi* Rn. 33; GK-BetrVG/*Wiese/Oetker* Rn. 30). Der Betriebsratsvorsitzende hat das Ersatzmitglied vom Vertretungsfall zu unterrichten und für entsprechende Aufgaben des Betriebsrats heranzuziehen (LAG Hamburg 12. 3. 1993 AiB 94, 304). Eine Benachrichtigung des Arbeitgebers ist nicht erforderlich, empfiehlt sich aber, um etwaige Auseinandersetzungen zB wegen Arbeitsbefreiungen oder wegen des besonderen Kündigungsschutzes zu vermeiden (BAG 6. 9. 1979 AP KSchG 1969 § 15 Nr. 7). Die **Vertretung beginnt** zum Zeitpunkt des Ausscheidens oder des Beginns der Verhinderung des Betriebsratsmitgliedes und **endet**, wenn das verhinderte Betriebsratsmitglied seine Tätigkeit wieder aufnimmt (BAG 17. 1. 1979 AP KSchG 1969 § 15 Nr. 7). Wird für ein zeitweilig verhindertes Betriebsratsmitglied kein Ersatzmitglied geladen, kann der Betriebsrat keine wirksamen Beschlüsse fassen (BAG 23. 8. 1984 AP BetrVG 1972 § 103 Nr. 17). Mit dem **Ende der Amtszeit** des Betriebsrats als Organ, endet auch die Funktion des Ersatzmitglieds. Die Ersatzmitgliedschaft endet wie die Mitgliedschaft im Betriebsrat aus den in § 24 I genannten Gründen. Ist die **Ersetzung** von ausgeschiedenen Betriebsratsmitgliedern durch Ersatzmitglieder nicht mehr möglich, ist der Betriebsrat nach § 13 II Nr. 2 neu zu wählen (vgl. § 13 Rn. 5). Bis zur Bekanntgabe des Wahlergebnisses der Neuwahl amtiert dieser als „Rumpf"-BR nach § 21 S. 5 weiter (vgl. § 21 Rn. 5).

III. Nachrücken/Stellvertretung

Scheidet ein Betriebsratsmitglied aus den in § 24 I Nr. 2 bis 6 genannten Gründen **endgültig** aus, 4 rückt das nächstzuständige Ersatzmitglied nach **Abs. 1 S. 2** für den Rest der Amtszeit nach. Ein Nachrücken ist bis zum Ablauf der Amtszeit, bei Weiterführung der Geschäfte nach § 22 bis zur Bekanntgabe des Wahlergebnisses des neugewählten Betriebsrat möglich (*Fitting* Rn. 12; GK-BetrVG/*Wiese/Oetker* Rn. 13). Bei einer **zeitweiligen Verhinderung** des Betriebsratsmitglieds rückt das Ersatzmitglied nach Abs. 1 S. 2 nicht endgültig, sondern nur für deren Dauer in den Betriebsrat nach. Danach tritt es in die Reihen der Ersatzmitglieder zurück. Während der Stellvertretung ist es vollwertiges Betriebsratsmitglied mit allen Rechten und Pflichten. Es tritt jedoch nur in das Betriebsratsamt als solches, nicht in die speziellen Funktionen und Ämter des zu ersetzenden Betriebsratsmitglieds ein (s. Rn. 2). Das zeitweilig verhinderte Mitglied behält sein Amt und seine Funktionen ebenso wie die Rechte und Befugnisse, die sich aus dem Betriebsratsamt ergeben (DKK/*Buschmann* Rn. 14). Das Betriebsratsmitglied ist zeitweilig verhindert, wenn es aus tatsächlichen oder rechtlichen Gründen nicht in der Lage ist, die ihm zukommenden Amtsgeschäfte zu besorgen. Unmöglichkeit ist nicht gefordert. Es reicht aus, wenn ihm die Ausübung des Amtes unzumutbar ist. Das Betriebsratsmitglied kann sich nicht nach freiem Ermessen vertreten lassen (BAG 5. 9. 1986 AP KSchG 1969 § 15 Nr. 26; DKK/*Buschmann* Rn. 15; GK-BetrVG/*Wiese/Oetker* Rn. 21; vgl. auch BAG 18. 1. 1989 AP BetrVG 1972 § 40 Nr. 28, sowie LAG Hamm 11. 1. 1989 DB 1989, 1422).

Verhinderungsgründe sind ua.: Krankheit, Kuraufenthalt, Urlaub, Dienstreise, Montage, Teil- 5 nahme an Schulungsveranstaltungen (einschließlich jener nach § 37 VI und VII), Beschäftigungsverbote nach dem MuSchG, Erziehungsurlaub nach dem BErzGG, Zivildienst oder Wehrdienst. Auf die **Dauer** der Verhinderung kommt es nicht an (LAG Hamburg 4. 7. 1977 DB 78, 113; LAG Bremen 15. 2. 1985, BB 85, 1129; DKK/*Buschmann* Rn. 21; *Fitting* Rn. 16; GK-BetrVG/*Wiese/Oetker* Rn. 19; vgl. auch BAG 17. 1. 1979 AP KSchG 1969 § 15 Nr. 5). Ein Verhinderungsfall ist auch gegeben, wenn ein Betriebsratsmitglied nur zeitweise an einer Betriebsratssitzung teilnehmen kann (DKK/*Buschmann* Rn. 20; *Fitting* Rn. 16; GK-BetrVG/*Wiese/Oetker* Rn. 24). Die Vorschrift soll die stetig volle Zusammensetzung des Betriebsrats sicherstellen und nicht nur die wirksame Beschlußfassung nach § 33 II gewährleisten. Die Verhinderung kann jede Art der Betriebsratstätigkeit betreffen. Die Funktion des Betriebsrats erschöpft sich nicht in der Teilnahme an Betriebsratssitzungen (LAG Hamburg 4. 7. 1977 BB 77, 1602). Eine tatsächlich vorliegende krankheitsbedingte **Arbeitsunfähigkeit** eines Betriebsratsmitglieds muß nicht zwangsläufig auch zur Amtsunfähigkeit führen (BAG 15. 11. 1984 AP BetrVG 1972 § 25 Nr. 2). Das verhinderte Betriebsratsmitglied hat das Recht, trotz Verhinderung Betriebsratstätigkeiten auszuüben. Es kann beispielsweise zu diesem Zweck seinen Urlaub unterbrechen (BAG 5. 5. 1987 AP BetrVG 1972 § 44 Nr. 5; aA GK-BetrVG/*Wiese*/*Oetker* Rn. 22) oder während des Erziehungsurlaubs Betriebsratstätigkeiten ausüben (ArbG Gießen 26. 2. 1986 NZA 86, 614). Meldet sich ein Betriebsratsmitglied krank, ist es auch dann zeitweilig verhindert, wenn sich später herausstellt, daß es nicht arbeitsunfähig war und unberechtigt der Arbeit ferngeblieben ist (BAG 5. 9. 1986 AP KSchG 1969 § 15 Nr. 26).

6 Eine zeitweilige Verhinderung liegt auch bei **Interessenkollision** vor, weil ein Betriebsratsmitglied von der Beschlußfassung persönlich unmittelbar betroffen ist, etwa bei Beratung und Beschluß zu einem Ausschlußantrag nach § 23 I oder einer das Betriebsratsmitglied betreffenden personellen Maßnahm wie Umgruppierung oder Versetzung (BAG 23. 8. 1984 AP BetrVG 1972 § 103 Nr. 17; BAG 3. 8. 1999 – 1 ABR 30/98; DKK/*Buschmann* Rn. 24; *Fitting* Rn. 17; GK-BetrVG/*Wiese*/*Oetker* Rn. 25 ff.) und insbesondere im Entscheidungsprozeß um die Zustimmung zur außerordentlichen Kündigung nach § 103 I (BAG 26. 8. 1981 AP BetrVG 1972 § 103 Nr. 13). Unterlässt der Betriebsratsvorsitzende die rechtzeitige Ladung von Ersatzmitgliedern zur Beratung und Abstimmung über den entsprechenden Tagesordnungspunkt, ist der entsprechende Beschluß unwirksam (BAG 23. 8. 1984 AP BetrVG 1972 § 103 Nr. 17; BAG 3. 8. 1999 – 1 ABR 30/98). Von der Interessenkollision sind die Beschlüsse zu unterscheiden, die als **organisatorische Akte** keinen unmittelbar persönlichen Bezug haben. Dazu gehören Wahl oder Abberufung zu Ämtern oder Funktionen, die aus den Reihen des Betriebsrats zu besetzen sind, so zB in oder aus dem Amt des (stellv.) Vorsitzenden, die Freistellungen nach § 38, die Entsendung in den Gesamt- und Konzernbetriebsrat oder sonstige Auswahlentscheidungen wie die Bestimmung der Teilnahme an einer Schulungsveranstaltung. In diesen organisatorischen Angelegenheiten dürfen alle Betriebsratsmitglieder einschließlich der jeweiligen Bewerber bzw. Kandidaten an Beratung und Beschlußfassung teilnehmen (DKK/*Buschmann* Rn. 25; *Fitting* Rn. 18; GK-BetrVG/*Wiese*/*Oetker* Rn. 26). Ein Betriebsratsmitglied ist während des Rechtsstreits über die Rechtswirksamkeit einer außerordentlichen **Kündigung** verhindert, wenn der Betriebsrat gemäß § 103 der Kündigung zugestimmt hat. Hat der Betriebsrat nicht zugestimmt bzw. das ArbG dessen Zustimmung gemäß § 103 II (noch) nicht ersetzt, liegt kein Verhinderungsfall vor, da die Kündigungserklärung unwirksam ist (*Fitting* Rn. 21; *Richardi* Rn. 12). Einstweilige Verfügungen zum Schutz der Betriebsratstätigkeit sind denkbar (s. § 24 Rn. 4). Ein Ersatzmitglied rückt nach, wenn iR eines Ausschlußverfahrens ein Betriebsratsmitglied durch einstweilige Verfügung vorläufig aus dem Betriebsrat entfernt wurde (*Fitting* Rn. 21).

7 Betriebsratsmitglieder sind **nicht verhindert,** wenn sie aus Desinteresse, Vergeßlichkeit oder mutwillig ihre Aufgaben nicht wahrnehmen (DKK/*Buschmann* Rn. 15; *Fitting* Rn. 20); wenn das Betriebsratsmitglied nicht an der Betriebsratssitzung teilnimmt, weil es nicht außerhalb seiner persönlichen Arbeitszeit den Betrieb während der betrieblichen Arbeitszeit aufsuchen will (BAG 18. 1. 1989 BB 89, 1618) oder an einem Arbeitskampf teilnimmt (DKK/*Buschmann* Rn. 19; GK-BetrVG/*Wiese*/*Oetker* Rn. 17). Für das abwesende nicht verhinderte Betriebsratsmitglied ist kein Ersatzmitglied zu laden (*Fitting* Rn. 20).

IV. Reihenfolge des Nachrückens

8 Die Ersatzmitglieder rücken in der sich aus **Abs. 2 und 3** ergebenden Reihenfolge nach. Diese **Reihenfolge ist zwingend,** so daß das an erster Stelle stehende Ersatzmitglied stets vor dem folgenden nachrückt (BAG 6. 9. 1979 AP KSchG 1969 § 15 Nr. 7). Beispiel: Ist das Betriebsratsmitglied B1 zeitweilig verhindert, wird es von dem Ersatzmitglied E1, welches 1. Ersatzmitglied in der Reihenfolge ist, vertreten. Scheidet während der zeitweiligen Verhinderung von B1, das Betriebsratsmitglied B2 endgültig aus dem Betriebsrat aus, wird es zunächst von E2 ersetzt. Diese Ersetzung dauert jedoch nur bis zu dem Zeitpunkt, zu dem B1 zeitweilige Verhinderung endet. Dann rückt E1 auf Dauer für den B2 in den Betriebsrat nach. Die **Reihenfolge** orientiert sich an den Grundsätzen, die für die Verteilung der Sitze bei der Betriebsratswahl gelten (s. § 14 Rn. 6 ff.). Es ist daher zum einen zwischen Gruppen- und gemeinsamer Wahl, zum anderen zwischen Verhältniswahl (Listenwahl) und Mehrheitswahl (Personenwahl), zu unterscheiden.

9 Wurde die Wahl nach § 14 III 1 als **Verhältniswahl** (Listenwahl), dh. auf Grund mehrerer Vorschlagslisten und in Form der **Gruppenwahl** durchgeführt, so bestimmt sich die Reihenfolge des Nachrückens nach II 1: Das Ersatzmitglied wird der Liste, der das ausgeschiedene oder zu ersetzende Betriebsratsmitglied angehört, entnommen. Das Nachrücken erfolgt in der Reihenfolge in der die Ersatzmitglieder auf der Liste aufgeführt sind. Ist diese Liste erschöpft, bestimmt II 2, daß auf die Ersatzmitglieder der Liste zurückzugreifen ist, auf die nach den Grundsätzen der Verhältniswahl der nächste Sitz entfallen wäre. Dabei sind auch Listen zu berücksichtigen, die (zunächst) kein Betriebsratsmitglied stellten, da das BetrVG keine Sperrklausel vorsieht (DKK/*Buschmann* Rn. 27; *Fitting* Rn. 27; GK-BetrVG/*Wiese*/*Oetker* Rn. 36). Erst wenn alle Listen der Gruppe, der das zu ersetzende Mitglied angehört, erschöpft sind, ist auf die Listen der anderen Gruppe zurückzugreifen, wobei auch hier die Grundsätze der Verhältniswahl anzuwenden sind (DKK/*Buschmann* Rn. 27). Bei **Gemeinschaftswahl** rückt das Ersatzmitglied nach, das der Liste des zu ersetzenden Mitglieds und der gleichen Gruppe wie dieses angehört. Ist diese Liste hinsichtlich seiner Gruppe erschöpft, ist auf die Liste zurückzugreifen, auf die nach den Grundsätzen der Verhältniswahl der nächste Sitz entfallen wäre (DKK/*Buschmann* Rn. 28; *Fitting* Rn. 26). Hat die Wahl nach den Grundsätzen der **Mehrheitswahlen** (Personenwahl) stattgefunden (nur eine Vorschlagsliste), so ist auch hier zu unterscheiden: Bei **Gruppenwahl** rückt das Ersatzmitglied nach, das die nächsthöhere Stimmenzahl hat und der gleichen Gruppe wie das zu ersetzende Mitglied angehört. Ist die Vorschlagsliste dieser Gruppe erschöpft, so ist auf die andere Gruppe zurückzugreifen. Fand auch in der anderen Gruppe Mehrheitswahl statt, ist das Ersatzmitglied mit der höchsten Stimmenzahl unter den Nichtgewählten zu nehmen (DKK/*Buschmann* Rn. 29). Bei **Verhältniswahl** ist das Ersatzmitglied der Liste zu entnehmen, auf die das nächste Mandat entfallen wäre. Bei einer **Gemeinschaftswahl** rückt das Ersatzmitglied mit der nächsthöheren Stimmenzahl nach, das der gleichen Gruppe wie das zu ersetzende Mitglied angehört. Ist die Liste für diese Gruppe erschöpft, ist das Ersatzmitglied mit der höchsten Stimmenzahl aus der anderen Gruppe zu entnehmen (BAG 20. 10. 1954 BetrVG § 25 Nr. 1; DKK/*Buschmann* Rn. 30).

V. Einzelperson

Ein Betriebsrat, der nur aus einer Person besteht, wird nach § 14 IV 1 Halbs. 1 immer in Mehrheitswahl gewählt. Scheidet er aus, rückt das nach § 14 IV 2 in einem getrennten Wahlgang zu wählende Ersatzmitglied nach (s. § 14 Rn. 12). Das gleiche gilt, wenn einer Gruppe nur ein Mandat im Betriebsrat zusteht und der Betriebsrat in Gruppenwahl gewählt worden ist (s. § 14 Rn. 13). Auch dann rückt das im getrennten Wahlgang gewählte Ersatzmitglied nach. Etwas anderes gilt nur, wenn einer Gruppe nur ein Mandat zusteht und in gemeinsamer Wahl gewählt wird. Nach § 25 WO findet dann kein gesonderter Wahlgang für das Ersatzmitglied statt, so daß die allgemeinen Grundsätze gelten. Ist für den aus einer Person bestehenden Betriebsrat **kein Ersatzmitglied** für das ausscheidende Betriebsratsmitglied mehr vorhanden, hat Neuwahl gemäß § 13 II Nr. 2 zu erfolgen. Fehlt das Ersatzmitglied des einzigen Gruppenvertreters, so rückt das zuständige Ersatzmitglied der anderen Gruppe nach (DKK/*Buschmann* Rn. 31). Tritt beim Betriebsrat, der aus einer Person besteht, ein Verhinderungsfall ein und ist kein Ersatzmitglied mehr vorhanden, so ist der Arbeitgeber in den Grenzen der Zumutbarkeit verpflichtet, beteiligungspflichtige Angelegenheiten zurückzustellen (BAG 15. 11. 1984 AP BetrVG 1972 § 25 Nr. 2; DKK/*Buschmann* Rn. 31).

VI. Rechtsstellung nachgerückter Ersatzmitglieder

Bis zum Eintritt in den Betriebsrat genießt das Ersatzmitglied nicht den besonderen Kündigungsschutz aus § 103 und § 15 I KSchG, wohl aber den von Wahlbewerbern nach § 15 III KSchG. Darüberhinaus kann sich die Unwirksamkeit einer Kündigung aus einem Verstoß gegen § 78 iVm. § 134 BGB ergeben (DKK/*Buschmann* Rn. 36; *Fitting* Rn. 7). Der besondere Kündigungsschutz für Betriebsratsmitglieder greift bereits ein, wenn sich das Ersatzmitglied auf die Vertretung vorbereitet, regelmäßig vom Tag der Ladung zur Sitzung an, jedoch höchstens drei Arbeitstage vor der Sitzung (BAG 17. 1. 1979 AP KSchG 1969 § 15 Nr. 5). Dieser Schutz geht nicht verloren, wenn bei ihm selbst ein Verhinderungsfall eintritt und dieser im Verhältnis zur Dauer des eigenen Vertretungseinsatzes als unerheblich anzusehen ist (BAG 9. 1. 1977 KSchG 1969 § 15 Nr. 3; weitergehend LAG Hamm 9. 2. 1994 LAGE BetrVG § 25 Nr. 3: Kündigungsschutz auch für das am Tag des Nachrückens langfristig erkrankte Ersatzmitglied). **Während der Vertretung** stehen dem Ersatzmitglied alle Schutzrechte, einschließlich des Kündigungsschutzes aus § 103 und § 15 I KSchG zu. Dies gilt nicht, wenn die Verhinderung nur einen Arbeitstag dauert (LAG Niedersachsen 14. 5. 1987 AuR 89, 287) und das Ersatzmitglied tatsächlich keine Betriebsratsarbeit ausgeübt hat (BAG 5. 9. 1986 AP KSchG 1969 § 15 Nr. 26). Einem Ersatzmitglied, das stellvertretend dem Betriebsrat zeitweise angehört hat, steht der nachwirkende Kündigungsschutz nach § 15 I 2 KSchG zu (BAG 6. 9. 1979 AP KSchG 1969 § 15 Nr. 7). Der nachwirkende Kündigungsschutz setzt voraus, daß das Ersatzmitglied konkrete Vertretungsaufgaben übernommen hat (BAG 6. 9. 1979 AP KSchG 1969 § 15 Nr. 7; aA LAG Niedersachsen 14. 5. 1987 AuR 89, 287) oder zur BRSitzung eingeladen sich darauf vorbereitet hat (LAG Brandenburg 9. 6. 1995 AuA 96, 63).

VII. Streitigkeiten

Über das Vorliegen eines Vertretungs- bzw. Ersatzfalls und/oder die Reihenfolge des Nachrückens entscheidet das ArbG nach §§ 2 a, 80 ff. ArbGG im Beschlußverfahren. Hierüber kann auch als Vorfrage im Urteilsverfahren entschieden werden, wenn zB in einem Kündigungsschutzprozeß die Rechtswirksamkeit eines Beschlusses nach § 103 von Bedeutung ist.

Dritter Abschnitt. Geschäftsführung des Betriebsrats

§ 26 Vorsitzender

(1) ¹Der Betriebsrat wählt aus seiner Mitte den Vorsitzenden und dessen Stellvertreter. ²Besteht der Betriebsrat aus Vertretern beider Gruppen, so sollen der Vorsitzende und sein Stellvertreter nicht derselben Gruppe angehören.

(2) ¹Gehört jeder Gruppe im Betriebsrat mindestens ein Drittel der Mitglieder an, so schlägt jede Gruppe aus ihrer Mitte je ein Mitglied für den Vorsitz vor. ²Der Betriebsrat wählt aus den beiden Vorgeschlagenen den Vorsitzenden des Betriebsrats und dessen Stellvertreter.

(3) ¹Der Vorsitzende des Betriebsrats oder im Fall seiner Verhinderung sein Stellvertreter vertritt den Betriebsrat im Rahmen der von ihm gefaßten Beschlüsse. ²Zur Entgegennahme von Erklärungen, die dem Betriebsrat gegenüber abzugeben sind, ist der Vorsitzende des Betriebsrats oder im Fall seiner Verhinderung sein Stellvertreter berechtigt.

I. Vorbemerkung

1   Abs. 1 und 2 sind zwingendes Recht. Von Abs. 3 kann insoweit abgewichen werden, als auch andere Mitglieder des Betriebsrats mit der Vertretung beauftragt werden können. Für die Jugend- und Auszubildendenvertretung und die Gesamt-Jugend- und Auszubildendenvertretung gelten nur die Abs. 1 S. 1 und Abs. 3. Für den Gesamtbetriebsrat und den Konzernbetriebsrat gelten nach § 51 I und § 59 I die Abs. 1 und 3 entsprechend; die Gruppenvertretung wird in § 51 II und § 59 II eigenständig geregelt.

II. Wahl des Vorsitzenden und seines Stellvertreters

2   Werden im mehrköpfigen Betriebsrat Vorsitzender oder Stellvertreter nicht gewählt, kommt ein Amtsenthebungsverfahren nach § 23 in Betracht (DKK/*Wedde* Rn. 3; *Fitting* Rn. 6). Eine Ersatzbestellung durch das ArbG ist ausgeschlossen (*Fitting* Rn. 6; GK-BetrVG/*Wiese* Rn. 5). Die Wahl ist innere Angelegenheit des Betriebsrats und kann nicht auf Ausschüsse übertragen werden. Mit den Funktionen dürfen nur Mitglieder des Betriebsrats („aus seiner Mitte") betraut werden. Die Wahl erfolgt nach § 29 I auf der konstituierenden Sitzung des Betriebsrats. Der Betriebsrat muß nach § 33 II beschlußfähig sein (DKK/*Wedde* Rn. 8; *Richardi* Rn. 5; *Fitting* Rn. 10; GK-BetrVG/*Wiese* Rn. 9). Gegenkandidaten sind nicht erforderlich (BAG 29. 1. 1965 AP BetrVG § 27 Nr. 8). Für jede Wahlfunktion ist ein gesonderter Wahlgang durchzuführen. Absolute Stimmenmehrheit wird vom Gesetz nicht verlangt, kann aber vom Betriebsrat beschlossen werden. Bei Stimmengleichheit kann der Betriebsrat sofortigen Losentscheid beschließen (OVG Lüneburg AP PersVG § 31 Nr. 7). Die Wahl erfolgt einheitlich, nicht getrennt nach Gruppen. Die Wahl kann offen – selbst durch Zuruf – erfolgen, muß aber eine einwandfreie Feststellung des Wahlergebnisses ermöglichen (DKK/*Wedde* Rn. 7; *Richardi* Rn. 6; *Fitting* Rn. 8; GK-BetrVG/*Wiese* Rn. 9f.). Die Abstimmung erfolgt geheim, wenn zumindest ein Betriebsratsmitglied dies verlangt (DKK/*Wedde* Rn. 7; MünchArbR/*Joost* § 298 Rn. 3; aA *Fitting* Rn. 8; GK-BetrVG/*Wiese* Rn. 10). Über § 8 und § 26 I hinausgehende zusätzliche persönliche Wählbarkeitsvoraussetzungen dürfen nicht aufgestellt werden (BAG 16. 2. 1973 AP BetrVG 1972 § 19 Nr. 1). Koalitionsabsprachen sind unter Beachtung des Gruppenschutzes zulässig (BAG 1. 6. 1966 AP BetrVG § 18 Nr. 16). Im einzelnen kann – mangels gesetzlicher Normierung – der Betriebsrat den Wahlmodus unter Beachtung der vorstehenden Grundsätze selbst festlegen (BAG 28. 2. 1958 AP BetrVG § 29 Nr. 1).

3   Die Gewählten müssen das Amt nicht annehmen (BAG 29. 1. 1965 AP BetrVG § 27 Nr. 8) und können es jederzeit durch unwiderrufliche Erklärung gegenüber dem Betriebsrat niederlegen (DKK/*Wedde* Rn. 12, 13; *Richardi* Rn. 25; *Fitting* Rn. 11; GK-BetrVG/*Wiese* Rn. 46). Der Betriebsrat kann durch Mehrheitsbeschluß den Vorsitzenden und den Stellvertreter aus dieser Funktion abberufen (BAG 26. 1. 1962 AP BGB § 626 Druckkündigung Nr. 8; DKK/*Wedde* Rn. 14; *Richardi* Rn. 39; *Fitting* Rn. 12; GK-BetrVG/*Wiese* Rn. 47). Eine Amtsenthebung analog § 23 ist nicht zulässig, aber auch nicht notwendig, da die Abberufung jederzeit, auch ohne besonderen Grund möglich ist. In beiden Fällen muß unverzüglich eine Neuwahl erfolgen. Solange der Vorsitzende nicht gewählt ist, kann der Arbeitgeber Verhandlungen mit dem Betriebsrat verweigern, da dieser noch nicht konstituiert und damit nicht funktionsfähig ist (BAG 23. 8. 1984 AP BetrVG 1972 § 102 Nr. 36; *Richardi* Rn. 1; *Fitting* Rn. 6; aA DKK/*Wedde* Rn. 4; GK-BetrVG/*Wiese* Rn. 6). Steht die Wahl unmittelbar bevor, ist der Arbeitgeber – jedenfalls bei nicht unaufschiebbaren Maßnahmen – nach § 2 I verpflichtet, bis zur Konstituierung des Betriebsrats zu warten (vgl. BAG 28. 9. 1983 AP BetrVG 1972 § 21 Nr. 1).

III. Berücksichtigung der Gruppen

Das Gebot nach **Abs. 1 S. 2** gilt unabhängig davon, ob Gruppen- oder Gemeinschaftswahl stattgefunden hat (BAG 2. 11. 1955 AP BetrVG § 27 Nr. 1; DKK/*Wedde* Rn. 18; *Richardi* Rn. 9; *Fitting* Rn. 13; GK-BetrVG/*Wiese* Rn. 30). Wahlvorschläge zur Sicherstellung der Gruppenrepräsentanz können von jedem Betriebsratsmitglied – auch von einem der anderen Gruppe – gemacht werden (BAG 8. 4. 1992 AP BetrVG 1972 § 26 Nr. 11). An einen mehrheitlichen Vorschlag einer Gruppe ist der Betriebsrat – anders als nach Abs. 2 – nicht gebunden (BAG 8. 4. 1992 AP BetrVG 1972 § 26 Nr. 11). Mit Abs. 1 S. 2 wird die Entscheidungsfreiheit des Betriebsrats real beschränkt (BAG 8. 4. 1992 AP BetrVG 1972 § 26 Nr. 11). Deshalb kann weder der Betriebsrat, noch eine Gruppe durch einstimmigen oder Mehrheitsbeschluß von der Vorschrift ohne hinreichenden Grund abweichen (BAG 8. 4. 1992 AP BetrVG 1972 § 26 Nr. 11; GK-BetrVG/*Wiese* Rn. 35; *Stege*/*Weinspach* Rn. 4; aA DKK/*Wedde* Rn. 19; *Fitting* Rn. 18). Eine Abweichung ist möglich, wenn die betrieblichen Verhältnisse oder die Anforderungen an die Betriebsratsarbeit dies rechtfertigen können (BAG 12. 10. 1976 AP BetrVG 1972 § 26 Nr. 2; BAG 8. 4. 1992 AP BetrVG 1972 § 26 Nr. 11; DKK/*Wedde* Rn. 20; *Fitting* Rn. 16; GK-BetrVG/*Wiese* Rn. 31; *Richardi* Rn. 10). Der Betriebsrat hat die Abweichung nach pflichtgemäßem Ermessen zu prüfen (BAG 12. 10. 1976 BetrVG 1972 § 26 Nr. 2). Als **Abweichungsgründe** wurden anerkannt: die mangelnde Eignung oder Befähigung zum Amt (BAG 2. 11. 1955 AP BetrVG § 27 Nr. 1; DKK/*Wedde* Rn. 21); die mangelnde physische Konstitution (BAG 8. 4. 1992 AP BetrVG 1972 § 26 Nr. 11); die fehlende Bereitschaft aller Gruppenmitglieder zur Kandidatur (BAG 26. 3. 1987 AP BetrVG 1972 § 26 Nr. 7; BAG 8. 4. 1992 AP BetrVG 1972 § 26 Nr. 11). Nicht anerkannt sind: das bloße relative Zahlenverhältnis der Gruppen (BAG 12. 10. 1976 BetrVG 1972 § 26 Nr. 2); die bloße funktionale Nähe eines Betriebsratsmitglieds zum Arbeitgeber, zB als Obermeister oder außertariflich Angestellter (BAG 13. 11. 1991 AP BetrVG 1972 § 26 Nr. 9); gewerkschaftspolitische Differenzen (LAG Bremen NZA 92, 422; *Fitting* Rn. 17). Wegen der Bedeutung des Gruppenschutzes ist I 2 eine **wesentliche Wahlvorschrift** (BAG 12. 10. 1976 AP BetrVG § 26 Nr. 2; BAG 8. 4. 1992 AP BetrVG 1972 § 26 Nr. 11), deren Verletzung zur Wahlanfechtung analog § 19 berechtigt. Der gewählte gruppenfremde Betriebsrat zählt nach § 12 II als Mitglied der Gruppe, die ihn gewählt hat.

Für den besonderen **Gruppenschutz** nach **Abs. 2** ist die tatsächliche Zusammensetzung des Betriebsrats maßgebend. Fehlendes Ausschöpfen der Sitze geht zu Lasten der jeweiligen Gruppe (DKK/*Wedde* Rn. 24; *Fitting* Rn. 21; *Richardi* Rn. 22). Für den dreiköpfigen Betriebsrat gilt Abs. 1 S. 2, da der einzige Gruppenvertreter einen Vorschlag nicht „aus seiner Mitte" unterbreiten kann und eine Gruppe zumindest aus zwei Mitgliedern bestehen muß (DKK/*Wedde* Rn. 23; *Fitting* Rn. 22; aA GK-BetrVG/*Wiese* Rn. 19). Der Vorschlag muß aus einer gesonderten Vorwahl der jeweiligen Gruppe hervorgehen. Der bloße Vorschlag ohne Beschluß der Gruppe reicht nicht aus. Schweigen bedeutet keine Billigung des Vorschlags (BAG 15. 1. 1992 AP BetrVG 1972 § 26 Nr. 10). An der Abstimmung müssen analog § 33 II mindestens die Hälfte der Mitglieder der Gruppe teilnehmen (DKK/*Wedde* Rn. 26; *Fitting* Rn. 25; GK-BetrVG/*Wiese* Rn. 22). Unzulässig ist der Vorschlag mehrerer Kandidaten (*Fitting* Rn. 26; GK-BetrVG/*Wiese* Rn. 23; HSG/*Glaubitz* Rn. 14; aA DKK/*Wedde* Rn. 27). Die Wahl erfolgt „aus den beiden Vorgeschlagenen". Erhalten zwei Kandidaten die gleiche Stimmenzahl, entscheidet das Los (BAG 26. 2. 1987 AP BetrVG 1972 § 26 Nr. 5; BAG 15. 1. 1992 AP BetrVG 1972 § 26 Nr. 10; aA DKK/*Wedde* Rn. 25; *Fitting* Rn. 25, die eine einmalige Wiederholung der Vorabstimmung für zulässig halten). Der Betriebsrat entscheidet – anders als nach Abs. 1 – in einem Wahlgang mit einfacher Stimmenmehrheit darüber, wer Vorsitzender und wer Stellvertreter wird. Der nicht zum Vorsitzenden gewählte Kandidat ist stellvertretender Vorsitzender (BAG 19. 3. 1974 AP BetrVG 1972 § 26 Nr. 1; BAG 15. 1. 1992 AP BetrVG 1972 § 26 Nr. 10; *Richardi* Rn. 21; *Fitting* Rn. 27; GK-BetrVG/*Wiese* Rn. 26; aA DKK/*Wedde* Rn. 28, für getrennte Wahlgänge). Der Betriebsrat ist an die Vorwahl gebunden und kann Kandidaten nicht ablehnen (*Fitting* Rn. 27; GK-BetrVG/*Wiese* Rn. 26). Eine Bindung des Betriebsrats kann nicht entstehen, wenn und soweit eine oder beide Gruppen von ihrem Vorschlagsrecht keinen Gebrauch machen (DKK/*Wedde* Rn. 24; *Richardi* Rn. 22; *Fitting* Rn. 28; GK-BetrVG/*Wiese* Rn. 28). Lehnt ein zum Vorsitzenden oder zum Stellvertreter gewähltes Betriebsratsmitglied die Wahl ab oder legt er das Amt nieder, muß ein neuer Wahlgang erfolgen (DKK/*Wedde* Rn. 29; *Richardi* Rn. 24; *Fitting* Rn. 29; GK-BetrVG/*Wiese* Rn. 29). Die **Abberufung** erfolgt wie die Wahl selbst durch Mehrheitsbeschluß des Betriebsrats (DKK/*Wedde* Rn. 30; *Richardi* Rn. 39; GK-BetrVG/*Wiese* Rn. 47; aA *Fitting* Rn. 30;). Entzieht die jeweilige Gruppe dem Gruppenvertreter das Vertrauen, ist der Betriebsrat zur Abberufung verpflichtet (*Richardi* Rn. 42; DKK/*Wedde* Rn. 30; aA *Fitting* Rn. 31). Nach Abberufung muß unverzüglich eine Neuwahl – unter Berücksichtigung des Vorschlagsverfahrens nach Abs. 2 – durchgeführt werden. Dabei können die Gruppen auch das abberufene Mitglied erneut vorschlagen (DKK/*Wedde* Rn. 30).

IV. Vorsitzender

Der Vorsitzende ist nicht Willens-, sondern Erklärungsvertreter. Er vertritt den Betriebsrat „im Rahmen der von ihm gefaßten Beschlüsse" (vgl. BAG 17. 2. 1981 AP BetrVG 1972 § 112 Nr. 11). Nur in diesem Rahmen hat er Vertretungsmacht (BAG 15. 12. 1961 AP BGB § 615 Kurzarbeit Nr. 1). Sie kann auch durch eine ständige betriebliche Übung nicht erweitert werden (DKK/*Wedde* Rn. 34; *Fitting* Rn. 35; GK-BetrVG/*Wiese* Rn. 66; bedenklich BAG 28. 2. 1958 AP AZO § 14 Nr. 1). §§ 27 und 28 regeln abschließend die Möglichkeiten von Kompetenzübertragungen des Betriebsrats. Er kann daher nicht Aufgaben des Betriebsrats zur selbständigen Erledigung auf den Vorsitzenden oder seinen Stellvertreter übertragen (DKK/*Wedde* Rn. 34; GK-BetrVG/*Wiese* Rn. 56). Überschreitet der Vorsitzende die ihm eingeräumte Vertretungsmacht, sind diese Maßnahmen unwirksam (BAG 15. 12. 1961 AP BGB § 615 Kurzarbeit Nr. 1; BAG 10. 11. 1992 AP BetrVG 1972 § 87 Lohngestaltung Nr. 58). Der Mangel kann durch **Genehmigung** geheilt werden (BAG 10. 11. 1992 AP BertVG 1972 § 87 Lohngestaltung Nr. 58; *Richardi* Rn. 60; DKK/*Wedde* Rn. 36). Hierzu ist ein ausdrücklicher Beschluß des Betriebsrats nach § 33 erforderlich. Eine stillschweigende Genehmigung reicht nicht aus (DKK/*Wedde* Rn. 36; *Richardi* Rn. 60; *Fitting* Rn. 39; GK-BetrVG/*Wiese* Rn. 62; aA BAG 15. 12. 1961 AP BGB § 615 Kurzarbeit Nr. 1): Andernfalls würde die Kompetenz und die demokratische Willensbildung des Betriebsrats unzulässig eingeschränkt. Zur Regelung immer wieder vorkommender Fälle kann der Betriebsrat als Gremium dem Vorsitzenden **Richtlinien oder Weisungen** für Sachentscheidungen vorgeben (*Richardi* Rn. 57; *Fitting* Rn. 36; GK-BetrVG/*Wiese* Rn. 57; DKK/*Wedde* Rn. 35). Der Betriebsrat kann dem Vorsitzenden oder einer Kommission im übrigen einen **Verhandlungsspielraum** einräumen oder diesen durch Alternativ- oder Grundsatzbeschlüsse von vornherein beschränken. Die Letztentscheidungsbefugnis muß allerdings beim Betriebsrat selbst liegen. Er kann dem Vorsitzenden für ein Einigungsstellenverfahren eine „Linie" vorgeben, mit der er auch ohne erneuten Beschluß zur Unterzeichnung der dort verhandelten Betriebsvereinbarung bevollmächtigt ist (BAG 24. 2. 2000 – 8 AZR 180/99). Handelt der Vorsitzende ohne oder gegen einen Beschluß des Betriebsrats, kann er abgesetzt werden; bei grober Pflichtverletzung kann eine Amtsenthebung nach § 23 in Betracht kommen (DKK/*Wedde* Rn. 39; *Fitting* Rn. 38). Entsteht aus dem unbefugten Handeln ein Schaden, kann er persönlich haften (DKK/*Wedde* Rn. 39; *Fitting* Rn. 38; GK-BetrVG/*Wiese* Rn. 63). Für eine Erklärung des Betriebsratsvorsitzenden besteht die Vermutung, daß sie einem entsprechender Beschluß des Betriebsrats entspricht. Diese kann durch Gegenbeweis jederzeit entkräftet werden (BAG 17. 2. 1981 AP BetrVG 1972 § 112 Nr. 11). Der gute Glaube des Arbeitgebers, daß sich der Vorsitzende idR an die Beschlüsse des Betriebsrats hält, wird grundsätzlich nicht geschützt (DKK/ *Wedde* Rn. 37; GK-BetrVG/*Wiese* Rn. 66). Allerdings kann eine Bindung des Betriebsrats an die Erklärung des Vorsitzenden aus den Grundsätzen der Rechtsscheinshaftung entstehen, soweit mindestens die Mehrheit der Betriebsratsmitglieder vom Handeln des Betriebsratsvorsitzenden wußten (DKK/*Wedde* Rn. 36; *Fitting* Rn. 40 f.; GK-BetrVG/*Wiese* Rn. 68). Der Betriebsrat ist nicht verpflichtet, sich ausschließlich vom Vorsitzenden vertreten zu lassen, sondern kann auch selbst in seiner Gesamtheit tätig werden oder andere Mitglieder in bestimmten Einzelfällen zu Erklärungsvertretern bestellen (DKK/*Wedde* Rn. 38; *Richardi* Rn. 51; *Fitting* Rn. 42; GK-BetrVG/*Wiese* Rn. 91). Erklärungen gegenüber dem Betriebsratsvorsitzenden gehen nach Abs. 3 S. 2 dem Betriebsrat zu und setzen Fristen in Gang. Andere Betriebsratsmitglieder sind nur Boten. Eine Erklärung ist deshalb solange nicht zugegangen, bis der Betriebsrat als solcher oder der Vorsitzende Kenntnis erlangt hat (vgl. BAG 28. 2. 1974 AP BetrVG 1972 § 102 Nr. 2; BAG 27. 6. 1985 AP BetrVG 1972 § 102 Nr. 37). Sind Vorsitzender und Stellvertreter gemeinsam verhindert und hat der Betriebsrat für diesen Fall keine Vorkehrungen zur Entgegennahme von Erklärungen getroffen, kann der Arbeitgeber jedem Betriebsratsmitglied die Erklärung mit Zugangswirkung übergeben (BAG 27. 6. 1985 AP BetrVG 1972 § 102 Nr. 37). Gleiches gilt für die Entgegennahme von Zustellungen im arbeitsgerichtlichen Verfahren. Bedient sich der Betriebsrat der Posteingangsstelle des Arbeitgebers, ist der dort tätige Arbeitnehmer Bediensteter iSv. § 184 I ZPO (BAG 20. 1. 1976 AP BetrVG 1972 § 47 Nr. 2). Sind Ausschüsse nach §§ 27, 28 mit der selbständigen Erledigung von Aufgaben betraut, ist auch der Vorsitzende des Ausschusses iR der Aufgabe zur Entgegennahme berechtigt (vgl. BAG 4. 8. 1975 AP BetrVG 1972 § 102 Nr. 4). Der Berechtigte ist nicht verpflichtet, Erklärungen außerhalb der Arbeitszeit oder außerhalb der Betriebsräume entgegenzunehmen. Geschieht dies, gilt die Erklärung als zugegangen (BAG 27. 8. 1982 AP BetrVG 1972 § 102 Nr. 25).

V. Stellvertreter

7 Der Stellvertreter ist kein zweiter Vorsitzender. Er nimmt nur im Fall der Verhinderung die Aufgaben und Befugnisse des Vorsitzenden wahr (*Fitting* Rn. 47; *Richardi* Rn. 66). Für die Verhinderung gelten die für § 25 I 2 maßgebenden Grundsätze entsprechend (vgl. § 25 Rn. 4 ff.). Die Verhinderung führt zur Aufspaltung der Vertretung. Der Stellvertreter tritt an die Stelle des Vorsitzenden und ein Ersatzmitglied rückt nach § 25 II in den Betriebsrat nach. Scheidet der Vorsitzende endgültig aus dem Amt aus, wird nicht der Stellvertreter zum Vorsitzenden, sondern der Vorsitzende muß neu gewählt werden (DKK/*Wedde* Rn. 46; *Fitting* Rn. 50). Bei vorübergehender Verhinderung des Vorsitzenden und des Stellvertreters kann die Geschäftsordnung oder ein Beschluß des Betriebsrats einen weiteren Stellvertreter bestimmen (DKK/*Wedde* Rn. 48; *Fitting* Rn. 52).

VI. Streitigkeiten

Streitigkeiten aus der Vorschrift sind im arbeitsgerichtlichen Beschlußverfahren nach §§ 2 a, 80 ff. **8** ArbGG zu entscheiden. Das Gesetz enthält keine Regelungen für Rechtsverstöße bei den Wahlen des Betriebsratsvorsitzenden oder seines Stellvertreters. Um die Handlungsfähigkeit des Betriebsrates zu erhalten, können derartige Rechtsverstöße grundsätzlich nur entsprechend § 19 im Wege der **Anfechtung** geltend gemacht werden (BAG 13. 11. 1991 AP BetrVG 1972 § 26 Nr. 9; BAG 8. 4. 1992 AP BetrVG 1972 § 26 Nr. 11). Sie muß analog § 19 II binnen einer Frist von 2 Wochen erfolgen (BAG 12. 10. 1976 AP BetrVG 1972 § 26 Nr. 2; BAG 15. 1. 1992 BetrVG 1972 Nr. 10; DKK/*Wedde* Rn. 50; *Fitting* Rn. 56). Fristbeginn ist grundsätzlich der Tag der Wahl, falls ein Betriebsratsmitglied nicht an der Sitzung teilgenommen hat, der Tag der Kenntniserlangung (*Fitting* Rn. 56). Anfechtungsberechtigt ist jedes Betriebsratsmitglied (BAG 13. 11. 1991 AP BetrVG 1972 § 26 Nr. 9; BAG 15. 1. 1992 AP BetrVG 1972 § 26 Nr. 10), im Hinblick auf den Gruppenschutz nach § 26 insoweit auch die Gruppen (*Fitting* Rn. 57) und die im Betrieb vertretenen Gewerkschaften (BAG 12. 10. 1976 AP BetrVG 1972 § 26 Nr. 2; *Fitting* Rn. 57 a; GK-BetrVG/*Wiese* Rn. 40). Nicht anfechtungsberechtigt sind der Arbeitgeber und die Arbeitnehmer des Betriebes. Ihnen steht keine Kontrollfunktion über die interne Geschäftsführung des Betriebsrats zu (DKK/*Wedde* Rn. 51; *Richardi* Rn. 34; *Fitting* Rn. 58; GK-BetrVG/*Wiese* Rn. 40). Wird die Verletzung des Gruppenschutzes nach I 2 oder II geltend gemacht, sind alle Gruppenangehörige im Verfahren zu beteiligen (BAG 15. 1. 1992 AP BetrVG 1972 § 26 Nr. 10). Eine Wahl ist **nichtig**, wenn so schwerwiegende und offensichtliche Gesetzesverstöße vorliegen, daß nicht einmal mehr der Anschein einer dem Gesetz entsprechenden Wahl gegeben ist (BAG 13. 11. 1991 AP BetrVG 1972 § 26 Nr. 9; BAG 15. 1. 1992 AP BetrVG 1972 § 26 Nr. 10). Die Verletzung des Verfahrens nach Abs. 2 führt nicht zur Nichtigkeit der Wahl (BAG 13. 11. 1991 AP BetrVG 1972 § 26 Nr. 9; DKK/*Wedde* Rn. 50; *Fitting* Rn. 60; aA GK-BetrVG/*Wiese* Rn. 36). Die Nichtigkeit der Wahl kann von jedermann und jederzeit geltend gemacht werden (*Fitting* Rn. 62).

§ 27 Betriebsausschuß

(1) ¹Hat ein Betriebsrat neun oder mehr Mitglieder, so bildet er einen Betriebsausschuß. ²Der Betriebsausschuß besteht aus dem Vorsitzenden des Betriebsrats, dessen Stellvertreter und bei Betriebsräten mit

9 bis 15 Mitgliedern aus 3 weiteren Ausschußmitgliedern,
19 bis 23 Mitgliedern aus 5 weiteren Ausschußmitgliedern,
27 bis 35 Mitgliedern aus 7 weiteren Ausschußmitgliedern,
37 oder mehr Mitgliedern aus 9 weiteren Ausschußmitgliedern.

³Die weiteren Ausschußmitglieder werden vom Betriebsrat aus seiner Mitte in geheimer Wahl und nach den Grundsätzen der Verhältniswahl gewählt. ⁴Wird nur ein Wahlvorschlag gemacht, so erfolgt die Wahl nach den Grundsätzen der Mehrheitswahl. ⁵Sind die weiteren Ausschußmitglieder nach den Grundsätzen der Verhältniswahl gewählt, so erfolgt die Abberufung durch Beschluß des Betriebsrats, der in geheimer Abstimmung gefaßt wird und einer Mehrheit von drei Vierteln der Stimmen der Mitglieder des Betriebsrats bedarf.

(2) ¹Der Betriebsausschuß muß aus Angehörigen der im Betriebsrat vertretenen Gruppen entsprechend dem Verhältnis ihrer Vertretung im Betriebsrat bestehen. ²Die Gruppen müssen mindestens durch ein Mitglied vertreten sein. ³Ist der Betriebsrat nach § 14 Abs. 2 in getrennten Wahlgängen gewählt worden und gehören jeder Gruppe mehr als ein Zehntel der Mitglieder des Betriebsrats, jedoch mindestens drei Mitglieder an, so wählt jede Gruppe ihre Vertreter für den Betriebsausschuß; dies gilt auch, wenn der Betriebsrat nach § 14 Abs. 2 in gemeinsamer Wahl gewählt worden ist und jeder Gruppe im Betriebsrat mindestens ein Drittel der Mitglieder angehört. ⁴Für die Wahl der Gruppenvertreter gilt Absatz 1 Satz 3 und 4 entsprechend; ist von einer Gruppe nur ein Vertreter für den Betriebsausschuß zu wählen, so wird dieser mit einfacher Stimmenmehrheit gewählt. ⁵Für die Abberufung der von einer Gruppe gewählten Vertreter für den Betriebsausschuß gilt Absatz 1 Satz 5 entsprechend mit der Maßgabe, daß der Beschluß von der Gruppe gefaßt wird.

(3) ¹Der Betriebsausschuß führt die laufenden Geschäfte des Betriebsrats. ²Der Betriebsrat kann dem Betriebsausschuß mit der Mehrheit der Stimmen seiner Mitglieder Aufgaben zur selbständigen Erledigung übertragen; dies gilt nicht für den Abschluß von Betriebsvereinbarungen. ³Die Übertragung bedarf der Schriftform. ⁴Die Sätze 2 und 3 gelten entsprechend für den Widerruf der Übertragung von Aufgaben.

(4) Betriebsräte mit weniger als neun Mitgliedern können die laufenden Geschäfte auf den Vorsitzenden des Betriebsrats oder andere Betriebsratsmitglieder übertragen.

210 BetrVG § 27

I. Vorbemerkung

1 Mit der Vorschrift soll die Arbeit des Betriebsratskollegiums erleichtert werden. Zugleich kann die Mitbestimmung für den Arbeitgeber billiger werden. Die Vorschrift ist zwingend. Nach § 51 I, II gelten die Abs. 3 und 4 für den Gesamtbetriebsrat, nach § 59 I auch für den Konzernbetriebsrat und den Konzernbetriebsratsausschuß. Die Vorschrift ist auf die Jugend- und Auszubildendenvertretung (§ 65 I) und die Gesamt-Jugend- und Auszubildendenvertretung (§ 73 II) nicht anzuwenden.

II. Bestellung des Betriebsausschusses

2 Bildet ein Betriebsrat mit neun oder mehr Mitgliedern keinen Betriebsausschuß, handelt er pflichtwidrig. Ob dies als Verstoß gegen § 23 I angesehen werden kann, hängt davon ab, ob ein Betriebsausschuß unbedingt benötigt wird. Für größere Betriebsräte kann dies angenommen werden (*Fitting* Rn. 9; GK-BetrVG/*Wiese* Rn. 9). Der Arbeitgeber darf wegen dieses Pflichtverstoßes die Zusammenarbeit nicht ablehnen und muß allen Betriebsratsmitgliedern für die anstelle der Betriebsausschußsitzungen stattfindenden Plenarsitzungen Entgelt zahlen (DKK/*Wedde* Rn. 3; *Fitting* Rn. 9; GK-BetrVG/*Wiese* Rn. 10; HSG/*Glaubitz* Rn. 10). Die Größe des Betriebsausschusses ist zwingend vorgeschrieben und richtet sich nach der in den §§ 9 und 11 vorgeschriebenen Mitgliederzahl.

III. Berücksichtigung der Gruppen

3 Von der nach **Abs. 2 S. 1 und 2** vorgesehenen Vertretung der Gruppen kann grundsätzlich weder durch einstimmigen oder mehrheitlichen Beschluß des Betriebsrats noch den einer Gruppe abgewichen werden (so für § 26 I 2 BAG 8. 4. 1992 AP BetrVG 1972 § 26 Nr. 11 und für § 38 BAG 11. 3. 1992 AP BetrVG 1972 § 38 Nr. 11; GK-BetrVG/*Wiese* Rn. 16; *Richardi* Rn. 13; aA DKK/*Wedde* Rn. 26; *Fitting* Rn. 13). Die Bestimmungen dienen auch dem Gruppenschutz in der Belegschaft. Für die Berechnung ist auf die Zahl der gewählten Gruppenvertreter im Betriebsrat abzustellen. Der nach § 12 II gewählte Vertreter ist der Gruppe zuzuordnen, von der er gewählt wurde. Die Verteilung erfolgt nach den Grundsätzen des Höchstzahlensystems. Die Gruppenzugehörigkeit der dem Betriebsausschuß aufgrund Gesetzes angehörenden Vorsitzenden und des Stellvertreters ist bei der Aufteilung zu berücksichtigen. Fällt die niedrigste Höchstzahl auf beide Gruppen, entscheidet analog § 5 II 2 WO das Los (DKK/*Wedde* Rn. 27; *Fitting* Rn. 15). Entfällt nach dem Höchstzahlensystem auf die Gruppe kein Sitz, muß nach nach Abs. 2 S. 2 zumindest ein Mitglied der Gruppe im Betriebsausschuß vertreten sein.

IV. Weitere Mitglieder

4 Vorsitzender und Stellvertreter gehören nach **Abs. 1 S. 2** kraft Gesetzes dem Betriebsausschuß an. Die weiteren Mitglieder sind – möglichst schon auf der konstituierenden Sitzung des Betriebsrats – aus den Betriebsratsmitgliedern zu wählen (DKK/*Wedde* Rn. 6; *Richardi* Rn. 8; *Fitting* Rn. 21, 26; GK-BetrVG/*Wiese* Rn. 11, 12). Die Wahl ist sowohl bei einer Verhältnis- als auch einer Mehrheitswahl nach Abs. 1 S. 3 **geheim** (*Fitting* Rn. 22; GK-BetrVG/*Wiese* Rn. 21). Liegen die Voraussetzungen des Abs. 2 S. 3 nicht vor, findet **Gemeinschaftswahl** des gesamten Betriebsrats statt. Nur Betriebsratsmitglieder sind berechtigt, Wahlvorschläge zur Betriebsausschuß-Wahl zu machen (*Fitting* Rn. 25), bei Gruppenwahl nur für die jeweilige Gruppe. Nicht in den Betriebsrat nachgerückte Ersatzmitglieder können nicht gewählt werden (*Fitting* Rn. 21). Die Wahl erfolgt unter den Voraussetzungen von Abs. 2 S. 3 als **Gruppenwahl.** Der nach § 12 II gewählte Vertreter ist der Gruppe zuzuordnen von der er gewählt wurde. Eine gruppenfremde Kandidatur bei der Betriebsausschuß-Wahl selbst ist nicht möglich. Für die Beschlußfähigkeit gilt § 33 II entsprechend für die jeweilige Gruppe. Die Wahl erfolgt grundsätzlich als **Verhältniswahl** (Listenwahl). Die Berechnungsmethode für das Wahlergebnis ist nicht vorgeschrieben. Zweckmäßig ist entsprechend der Betriebsratswahl die Methode d'Hondtschen Höchstzahlensystems. **Mehrheitswahl** findet statt, wenn im Betriebsausschuß in einer oder beiden Gruppen lediglich ein Wahlvorschlag eingereicht wird (*Fitting* Rn. 19 c). Die Mehrheitswahl kann in getrennten Wahlgängen für jeden Betriebsausschuß-Sitz erfolgen oder in einem einzigen Wahlgang durchgeführt werden, in dem soviel Bewerber angekreuzt werden dürfen wie Betriebsausschuß-Sitze zu besetzen sind (DKK/*Wedde* Rn. 10; *Fitting* Rn. 31). Gewählt sind die Kandidaten mit den meisten Stimmen. Da die Gruppenrepräsentanz zu berücksichtigen ist, kommt es auf die höchste Stimmzahl in der jeweiligen Gruppe an, mögen auch Kandidaten der anderen Gruppe mehr Stimmen erhalten haben (*Fitting* Rn. 33). Eine Pattsituation wird durch Stichentscheid oder Los entschieden.

5 Die Betriebsausschußmitglieder werden grundsätzlich für die Dauer der Amtszeit des Betriebsrats gewählt. Die Mitglieder können jederzeit ihr **Amt niederlegen,** ohne daß sie dadurch aus dem Betriebsrat ausscheiden (DKK/*Wedde* Rn. 18; *Fitting* Rn. 60). Dies gilt nicht für den Betriebsratsvorsitzenden und seinen Stellvertreter. Sie sind nach Abs. 1 S. 2 geborene Mitglieder des Betriebsausschusses und können daher ihr Amt nur unter gleichzeitiger Aufgabe ihrer Ämter im Betriebsrat niederlegen (DKK/*Wedde* Rn. 18; *Fitting* Rn. 60). Eine **Abberufung** der weiteren Ausschußmitglieder

hat durch das Gremium zu erfolgen, welches für die Wahl der betreffenden Mitglieder zuständig war (DKK/*Wedde* Rn. 14; *Fitting* Rn. 61; GK-BetrVG/*Wiese* Rn. 42). Sind die abzuberufenden Mitglieder in Verhältniswahl gewählt worden, ist nach Abs. 1 S. 5 geheime Abstimmung und drei Viertel Mehrheit erforderlich. Die Abberufung von Betriebsratsvorsitzenden und dessen Stellvertreter aus dem Betriebsausschuß kann nur erfolgen, wenn sie gleichzeitig als Vorsitzender oder stellvertretender Vorsitzender des Betriebsrats abberufen werden (*Fitting* Rn. 60; GK-BetrVG/*Wiese* Rn. 40). Eine Abberufung durch Gerichtsentscheidung ist gesetzlich nicht vorgesehen und auch analog § 23 nicht zulässig (DKK/*Wedde* Rn. 17; *Fitting* Rn. 68; GK-BetrVG/*Wiese* Rn. 47). Der Betriebsrat kann analog §§ 47 III, 55 II aus seiner Mitte **Ersatzmitglieder** des Betriebsausschusses wählen und die Reihenfolge des Nachrückens bestimmen (DKK/*Wedde* Rn. 11; *Richardi* Rn. 32; *Fitting* Rn. 42). Auch eine **Nachwahl** von Ersatzmitgliedern ist möglich (DKK/*Wedde* Rn. 24; *Fitting* Rn. 42 ff.). Im Fall des Ausscheidens des Vorsitzenden und des Stellvertreters rücken die jeweiligen Nachfolger nach Abs. 1 S. 2 in den Betriebsausschuß ein.

V. Stellung und innere Geschäftsführung

Der Betriebsausschuß ist als sein geschäftsführender Ausschuß Organ des Betriebsrats. Der Be- 6
triebsratsvorsitzende und sein Stellvertreter sind ohne Wahl automatisch Vorsitzender/Stellvertreter im Betriebsausschuß (DKK/*Wedde* Rn. 32; *Fitting* Rn. 70; GK-BetrVG/*Wiese* Rn. 59). Nur in dem sich aus Abs. 3 S. 2 bis 4 eng gesteckten Rahmen tritt er an die Stelle des Betriebsrats. Träger der Mitbestimmungsrechte bleibt der Betriebsrat. Er kann nach Abs. 3 S. 4 dem Betriebsausschuß die über die Geschäftsführung hinausgehenden Aufgaben wieder entziehen. Für die **innere Geschäftsführung** des Betriebsausschusses gelten die §§ 29 ff. über die Geschäftsführung des Betriebsrats sinngemäß (*Fitting* Rn. 70). Entsprechend § 30 hält der Betriebsausschuß seine Sitzung nach Unterrichtung des Arbeitgebers nichtöffentlich und regelmäßig während der Arbeitszeit ab. Das **Teilnahmerecht** von Nichtmitgliedern des Betriebsausschusses an dessen Sitzungen, zB des Arbeitgebers, des Vertreters der Arbeitgebervereinigung oder der im Betriebsrat vertretenen Gewerkschaften, regeln die §§ 29 IV und 31. Das Teilnahmerecht der Gewerkschaftsvertreter gilt unabhängig vom Aufgabengebiet und Beratungsgegenstand des Betriebsausschusses (DKK/*Wedde* Rn. 33; *Fitting* Rn. 71). Die Schwerbehindertenvertreter haben nach § 25 IV SchwbG ein eigenständiges Teilnahme- und Beratungsrecht an Ausschußsitzungen. Die Jugend- und Auszubildendenvertretung kann entsprechend § 67 I an den Sitzungen teilnehmen (DKK/*Wedde* Rn. 36; GK-BetrVG/*Wiese* Rn. 64; aA *Fitting* Rn. 73; *Richardi* Rn. 64). Haben nach § 67 I 2 iVm. § 60 I alle Jugend- und Auszubildendenvertreter ein Teilnahmerecht und nach § 67 II Stimmrecht ist die Zahl der Mitglieder der Jugend- und Auszubildendenvertretung im Verhältnis Betriebsausschußmitglieder zu Betriebsratsmitgliedern zu kürzen, um eine ungleichgewichtige Stimmenverteilung zu vermeiden (DKK/*Wedde* Rn. 36; *Fitting* Rn. 74). Für **Beschlußfassungen** gilt § 33. Der Betriebsrat kann für übertragene Aufgaben qualifizierte Stimmenmehrheiten bestimmen. Die Betriebsratsmitglieder können in die Unterlagen des Betriebsausschusses analog § 34 III jederzeit Einsicht nehmen. Unter den Voraussetzungen des § 35 kann auch die Aussetzung von Beschlüssen des Betriebsausschusses beantragt werden. Der Betriebsausschuß kann sich analog § 36 eine eigene Geschäftsordnung geben, soweit der Betriebsrat sie ihm nicht vorgibt (DKK/*Wedde* Rn. 34; *Fitting* Rn. 79).

VI. Laufende Geschäfte

Im Bereich des **Abs. 3 S. 1** entscheidet der Betriebsausschuß grundsätzlich anstelle des Betriebsrats. 7
Im Einzelfall kann der Betriebsrat Geschäftsführungsaufgaben an sich ziehen und Entscheidungen des Betriebsausschusses aufheben, soweit sie nach außen noch nicht wirksam geworden sind (DKK/*Wedde* Rn. 37; *Fitting* Rn. 81; GK-BetrVG/*Wiese* Rn. 719). **Laufende Geschäfte** sind die internen verwaltungsmäßigen und organisatorischen Aufgaben des Betriebsrats. Ausgeschlossen sind alle Maßnahmen, zu deren Wirksamkeit ein Beschluß des Betriebsrats erforderlich ist. Die Ausübung der materiellen Mitwirkungs- und Mitbestimmungsrechte zählen auch dann nicht zur laufenden Geschäftsführung, wenn es sich um die routinemäßige Bearbeitung von Einzelfällen handelt (LAG Düsseldorf 23. 11. 1973 DB 74, 926; DKK/*Wedde* Rn. 38; *Fitting* Rn. 82; GK-BetrVG/*Wiese* Rn. 73; aA *Richardi* Rn. 74; MünchArbR/*Joost* § 298 Rn. 44). Die materielle Entscheidungsbefugnis wird vom Gesetz dem Betriebsrat zugewiesen. Der Abschluß von Betriebsvereinbarungen gehört niemals zu den laufenden Geschäften (*Richardi* Rn. 75).

VII. Übertragung von Aufgaben zur selbständigen Erledigung

Überträgt der Betriebsrat nach **Abs. 3 S. 2, 3** Aufgaben zur selbständigen Erledigung auf den 8
Betriebsausschuß, tritt dieser in Willensbildung und Willensäußerung an die Stelle des Betriebsrats. Der Beschluß des Betriebsausschusses ersetzt den Beschluß des Betriebsrats (DKK/*Wedde* Rn. 41; *Richardi* Rn. 86; *Fitting* Rn. 86; GK-BetrVG/*Wiese* Rn. 84). Der Betriebsrat kann mit der Mehrheit seiner Mitglieder den Beschluß des Betriebsausschusses aufheben, soweit dieser nach außen noch nicht

wirksam geworden ist (DKK/*Wedde* Rn. 41; *Richardi* Rn. 86; *Fitting* Rn. 86; GK-BetrVG/*Wiese* Rn. 87). Der Betriebsrat entscheidet in eigener Verantwortung, welche Aufgabenbereiche er übertragen will, da das Gesetz materiell den Gegenstand der Übertragung nicht beschränkt. Deshalb können auch der Mitbestimmung unterliegende Angelegenheiten zur selbständigen Erledigung übertragen werden (vgl. BAG 1. 6. 1976 AP BetrVG 1972 § 28 Nr. 1; DKK/*Wedde* Rn. 43; *Fitting* Rn. 89; GK-BetrVG/*Wiese* Rn. 78). Die Übertragung unterliegt nur einer Rechts- und keiner Zweckmäßigkeitskontrolle (BAG 20. 10. 1993 AP BetrVG 1972 § 28 Nr. 5). Die **Übertragung** ist in folgenden Angelegenheiten **nicht** möglich: Nach Abs. 3 2. Halbs. kann nur der Betriebsrat Betriebsvereinbarungen abschließen (*Fitting* Rn. 91). Er allein kann daher in den Fällen des § 76 V und VI die Einigungsstelle anrufen (DKK/*Wedde* Rn. 42; *Fitting* Rn. 88; GK-BetrVG/*Wiese* Rn. 86). Soweit nur in Regelungsabreden geht kann sich der Betriebsrat jedenfalls das Anrufen der Einigungsstelle vorbehalten (*Fitting* Rn. 88; GK-BetrVG/*Wiese* Rn. 86). Die Zustimmung zur außerordentlichen Kündigung von Betriebsratsmitgliedern nach § 103 I kann nur der Betriebsrat erteilen (LAG *Berlin* 16. 10. 1979 AuR 80, 29); organisatorischen Entscheidunge, zB Wahl des Vorsitzenden, Bestellung der weiteren Ausschüsse nach § 28, Entsendung von Mitgliedern in Gesamtbetriebsrat und Konzernbetriebsrat kann nur der Betriebsrat treffen (*Fitting* Rn. 91 a; GK-BetrVG/*Wiese* Rn. 77). Nicht übertragbar sind alle Angelegenheiten, in denen das Gesetz einen Beschluß der Mehrheit der Mitglieder des Betriebsrats fordert (DKK/*Wedde* Rn. 42; *Fitting* Rn. 91 a). Darüber hinaus muß dem Betriebsrat ein Kernbereich der gesetzlichen Befugnisse verbleiben, wobei nicht auf einen einzelnen Mitbestimmungstatbestand, sondern auf den Gesamtaufgabenbereich des Betriebsrats abzustellen ist (BAG 20. 10. 1993 AP BetrVG 1972 § 28 Nr. 5). Der Betriebsrat kann sich stets die endgültige Entscheidung vorbehalten, die Beschlußfassung des Betriebsausschusses an eine qualifizierte Mehrheit oder an Einstimmigkeit zu knüpfen oder sonstige Beschränkungen vorzunehmen (DKK/*Wedde* Rn. 43; *Fitting* Rn. 88; GK-BetrVG/*Wiese* Rn. 85). Darüber hinaus kann er dem Betriebsausschuß Einzelweisungen oder Richtlinien vorgeben (DKK/*Wedde* Rn. 43; *Fitting* Rn. 88). Für den **Übertragungsakt** ist nach Abs. 3 S. 2 eine absolute Stimmenmehrheit im Betriebsrat erforderlich. Nach Abs. 3 S. 3 bedarf der Beschluß der Schriftform. Die übertragene Angelegenheit muß genau umschrieben sein, damit Rechtssicherheit gewährleistet ist und eindeutig feststeht, in welchen Angelegenheiten der Betriebsausschuß rechtsverbindliche Beschlüsse fällen kann (BAG 20. 10. 1993 AP BetrVG 1972 § 28 Nr. 5). Der Übertragungsbeschluß kann in der Sitzungsniederschrift nach § 34 I festgehalten oder in der Geschäftsordnung des Betriebsrats enthalten sein (BAG 20. 10. 1993 AP BetrVG 1972 § 28 Nr. 5). Für den Widerruf gelten diese Grundsätze nach Abs. 3 S. 4 entsprechend (*Fitting* Rn. 101). Werden die Voraussetzungen für Übertragung und Widerruf nicht beachtet, sind sie unwirksam. Ist die **Übertragung unwirksam**, kann der Betriebsausschuß rechtsverbindlichen Beschlüsse nicht wirksam fassen. Die Unwirksamkeit kann durch Beschluß des Betriebsrats geheilt werden (*Richardi* Rn. 88; *Fitting* Rn. 98; GK-BetrVG/*Wiese* Rn. 83).

VIII. Kleinere Betriebe

9   Nur in Betrieben mit weniger als 9 Betriebsratsmitgliedern besteht nach Abs. 4 die Möglichkeit, laufende Geschäfte auf den Vorsitzenden, ein anderes Betriebsratsmitglied oder mehrere Mitglieder (arg. Wortlaut „andere") zu übertragen (DKK/*Wedde* Rn. 48; *Fitting* Rn. 105). Im letzteren Fall besteht ein „geschäftsführender Ausschuß", der kein Betriebsausschuß iS des § 27 ist und für den deshalb auch die Vorgaben der Abs. 1 und 2 nicht gelten (DKK/*Wedde* Rn. 48; *Richardi* Rn. 98; *Fitting* Rn. 105; GK-BetrVG/*Wiese* Rn. 91). Bei der Übertragung der laufenden Geschäfte auf andere Mitglieder als den Vorsitzenden bleiben dessen Rechte und Befugnisse aus dem Gesetz unberührt (*Fitting* Rn. 105). Eine Übertragung von Aufgaben zur selbständigen Erledigung, insbesondere von Beteiligungsrechten, ist nicht zulässig (LAG *Bremen* 26. 10. 1982 AuR 83, 123; DKK/*Wedde* Rn. 48; *Richardi* Rn. 95; *Fitting* Rn. 106; GK-BetrVG/*Wiese* Rn. 90). Der Übertragungsakt ist formlos möglich und erfordert die einfache Stimmenmehrheit (DKK/*Wedde* Rn. 49; *Fitting* Rn. 104; GK-BetrVG/*Wiese* Rn. 92).

IX. Streitigkeiten

10   Streitigkeiten aus der Vorschrift sind nach §§ 2 a, 80 ff. ArbGG im arbeitsgerichtlichen Beschlußverfahren zu entscheiden. **Nichtigkeit** der Wahl zum Betriebsausschuß ist nur bei groben, offensichtlichen Verstößen gegen zwingende Wahlvorschriften anzunehmen, wenn nicht einmal der Anschein einer dem Gesetz entsprechenden Wahl gegeben ist, etwa Personen gewählt wurden, die keine Mitglieder des Betriebsrats sind oder die Wahl ohne ordnungsgemäße Abberufung der vorher wirksam gewählten Ausschußmitglieder erfolgt (BAG 13. 11. 1991 AP BetrVG 1972 § 27 Nr. 3). Ein offensichtlich grober Verstoß fehlt, wenn der Betriebsausschuß durch Gemeinschaftswahl und nicht durch Gruppenwahl gewählt wurde, sofern dadurch nicht eine Gruppe willkürlich aus dem Betriebsrat ausgeschlossen wird (BAG 13. 11. 1991 AP BetrVG 1972 § 27 Nr. 3; DKK/*Wedde* Rn. 53; *Fitting* Rn. 115). Die Nichtigkeit kann jederzeit durch jedermann geltend gemacht werden und ist nicht an

Übertragung von Aufgaben auf weitere Ausschüsse § 28 BetrVG 210

ein bestimmtes Verfahren gebunden. Eine **Wahlanfechtung** ist analog § 19 innerhalb von zwei Wochen nach dem Wahltag möglich (BAG 13. 11. 1991 AP BetrVG 1972 § 27 Nr. 3; DKK/*Wedde* Rn. 53; *Fitting* Rn. 108, 110). Wesentliche Wahlvorschriften, deren Verletzung eine Anfechtung rechtfertigen können sind zB die Wahlgrundsätze und Gruppenrechte nach den Abs. 1 und 2, die ordnungsgemäße Ladung der Mitglieder unter Mitteilung der Tagesordnung oder das Fehlen der Beschlußfähigkeit. **Antragsberechtigt** ist jedes Betriebsratsmitglied (BAG 13. 11. 1991 AP BetrVG 1972 § 27 Nr. 3) und die Gruppen sowie die im Betrieb vertretenen Gewerkschaften (BAG 11. 2. 1969 AP BetrVG § 28 Nr. 1; DKK/*Wedde* Rn. 54; *Fitting* Rn. 111, 111 a; GK-BetrVG/*Wiese* Rn. 38). Sind die weiteren Ausschußmitglieder nach Abs. 2 S. 3, 5 von den Gruppen gewählt worden, ist auch der Betriebsrat anfechtungsberechtigt, da er als solcher die Ausschußmitglieder nicht abberufen kann (DKK/*Wedde* Rn. 54; *Fitting* Rn. 111; GK-BetrVG/*Wiese* Rn. 38). Nicht anfechtungsberechtigt sind der Arbeitgeber und die Arbeitnehmer des Betriebs, da ihnen keine Kontrollfunktion über die Geschäftsführung des Betriebsrats zukommt (*Fitting* Rn. 112; *Richardi* Rn. 53). Ausnahmsweise ist der Arbeitgeber anfechtungsberechtigt, wenn mehr Ausschußmitglieder in den Betriebsausschuß gewählt werden, als in Abs. 1 vorgesehen sind (*Fitting* Rn. 112; GK-BetrVG/*Wiese* Rn. 38).

§ 28 Übertragung von Aufgaben auf weitere Ausschüsse

(1) ¹ Ist ein Betriebsausschuß gebildet, so kann der Betriebsrat weitere Ausschüsse bilden und ihnen bestimmte Aufgaben übertragen. ² Für die Wahl und Abberufung der Ausschußmitglieder gilt § 27 Abs. 1 Satz 3 bis 5 entsprechend. ³ Soweit den Ausschüssen bestimmte Aufgaben zur selbständigen Erledigung übertragen werden, gilt § 27 Abs. 3 Satz 2 bis 4 entsprechend.

(2) ¹ Für die Zusammensetzung der Ausschüsse sowie die Wahl und Abberufung der Ausschußmitglieder durch die Gruppen gilt § 27 Abs. 2 entsprechend. ² § 27 Abs. 2 Satz 1 und 2 gilt nicht, soweit dem Ausschuß Aufgaben übertragen sind, die nur eine Gruppe betreffen. ³ Ist eine Gruppe nur durch ein Mitglied im Betriebsrat vertreten, so können diesem die Aufgaben nach Satz 2 übertragen werden.

(3) **Die Absätze 1 und 2 gelten entsprechend für die Übertragung von Aufgaben zur selbständigen Entscheidung auf Mitglieder des Betriebsrats in Ausschüssen, deren Mitglieder vom Betriebsrat und vom Arbeitgeber benannt werden.**

I. Aufgaben

Die Vorschrift ermöglicht die Arbeitsteilung im Betriebsrat. Den weiteren Ausschüssen könne Aufgaben auch in Mitbestimmungsangelegenheiten übertragen werden. Die Delegation von Beteiligungsrechten nach § 99 und § 102 auf einen Personalausschuß ist zulässig (vgl. BAG 4. 8. 1975 AP BetrVG 1972 § 102 Nr. 4; BAG AP BetrVG 1972 § 28 Nr. 1). Die Geschäftsführung des Betriebsrats kann nur vom Betriebsausschuß wahrgenommen werden. Ergibt sich aus dem Aufgabenbereich selbst die Notwendigkeit einer Geschäftsführung, nimmt sie der Ausschuß wahr (*Fitting* Rn. 10; GK-BetrVG/*Wiese* Rn. 8). Im übrigen gelten die Beschränkungen des Betriebsausschusses auch für die weiteren Ausschüsse (vgl. § 27 Rn. 8), insbesondere ist ein Ausschuß nach Abs. 1 S. 3 iVm. § 27 III 2 Halbs. 2 nicht zum Abschluß von Betriebsvereinbarungen befugt (*Fitting* Rn. 10). Die Bildung eines Ausschusses, der mit Angelegenheiten befasst wird, die nur eine Gruppe betreffen, ist zulässig (*Fitting* Rn. 11). Bei wirksamer Übertragung tritt der Ausschuß an die Stelle des Betriebsrats. Der Betriebsrat bestimmt die Reichweite der Delegation. Er kann sich die Entscheidungsbefugnis vorbehalten, so daß der Ausschuß lediglich vorbereitenden Charakter hat (*Fitting* Rn. 7).

II. Voraussetzungen

Weitere Ausschüsse können nur gebildet werden, wenn ein Betriebsausschuß nach § 27 im Betrieb errichtet wurde (DKK/*Wedde* Rn. 3; *Fitting* Rn. 13; GK-BetrVG/*Wiese* Rn. 12). Die Entscheidung, ob der Betriebsrat weitere Ausschüsse bildet und diesen Aufgaben zur selbständigen Erledigung überträgt, faßt der Betriebsrat in eigener Verantwortung. Sie steht in seinem freien Ermessen (DKK/*Wedde* Rn. 7; *Fitting* Rn. 14). Der Übertragungsakt erfordert nach Abs. 1 S. 3 iVm. § 27 III 2, 3 Schriftform und die absoluter Mehrheit bei der Abstimmung im Betriebsrat. Für den Widerruf oder die Abänderung des Übertragungsbeschluß gilt nach Abs. 1 S. 3 iVm. § 27 III 4 Entsprechendes (*Fitting* Rn. 17). Werden in Betrieben mit weniger als 9 Betriebsratsmitgliedern Ausschüsse gebildet, können ihnen keine Aufgaben zur selbständigen Erledigung übertragen werden (DKK/*Wedde* Rn. 4; *Fitting* Rn. 12; GK-BetrVG/*Wiese* Rn. 13). Darüberhinaus können andere nicht im BetrVG vorgesehenen Ausschüsse (zB Koordinierungsausschüsse aller Betriebsräte eines Unternehmens in einer bestimmten Region) gebildet werden, sofern sie den Grundprinzipien des BetrVG, insbesondere den Gruppenschutzes beachten (BAG 15. 1. 1992 AP BetrVG 1972 § 26 Nr. 10).

III. Wahl, Geschäftsführung, Amtsende

3   Für die Wahl der Mitglieder der weiteren Ausschüsse gelten nach Abs. 1 S. 2 iVm. § 27 I 3 bis 5 und Abs. 2 S. 1 iVm. § 27 II 3 bis 5 die gleichen Grundsätze (*Fitting* Rn. 25) wie für die Wahl der weiteren Mitglieder des Betriebsausschusses (s. § 27 Rn. 4). Der Betriebsratsvorsitzende und sein Stellvertreter gehören den Ausschüssen nicht kraft Gesetzes an. Sie können in die Ausschüsse gewählt werden (*Fitting* Rn. 28; GK-BetrVG/*Wiese* Rn. 27). Die **Größe** eines Ausschusses steht im Ermessen des Betriebsrats. Grundsätzlich muß ein Ausschuß aus mindestens zwei Mitgliedern bestehen, und zwar aus je einem Vertreter jeder Gruppe (vgl. Abs. 2 S. 1 iVm. § 27 II 2). Für die Berücksichtigung der **Gruppen** gelten nach Abs. 2 S. 1 iVm. § 27 II die Regeln für den Betriebsausschuß. Wird ein Ausschuß ausschließlich mit gruppenspezifischen Angelegenheiten einer Gruppe beauftragt, muß er sich nach Abs. 2 S. 2 nicht notwendigerweise aus beiden Gruppen zu rekrutieren. Ein Ausschuß kann nach Abs. 3 S. 3 ausnahmsweise aus einem Mitglied bestehen, wenn das Betriebsratsmitglied der einzige Gruppenvertreter im Betriebsrat ist und ihm ausschließlich Angelegenheiten übertragen werden, die nur seine Gruppe betreffen. Für die **Geschäftsführung** gelten wie für den Betriebsausschuß die §§ 29 ff. entsprechend (vgl. § 27 Rn. 6). Grundsätzlich muß der Betriebsrat einen Vorsitzenden für den Ausschuß bestimmen (DKK/*Wedde* Rn. 13; *Fitting* Rn. 31). Unterläßt der Betriebsrat die Bestellung, kann der Ausschuß selbst die Bestellung vornehmen (*Fitting* Rn. 31; GK-BetrVG/*Wiese* Rn. 34). Für die Amtsniederlegung und die Abberufung gelten die Regelungen für den Betriebsausschuß entsprechend (vgl. § 27 Rn. 5). Weitere Ausschüsse können für die Dauer der Amtszeit des BR, für eine begrenzte Zeit oder einen bestimmten Zweck errichtet werden. Ihre Tätigkeit endet jeweils mit Zeitablauf oder Erreichen ihres Zweckes (*Fitting* Rn. 29; GK-BetrVG/*Wiese* Rn. 25).

IV. Gemeinsame Ausschüsse

4   Ein gemeinsamer Ausschuß von Betriebsrat und Arbeitgeber kann nach Abs. 3 S. 1 gebildet werden, wenn ein Betriebsausschuß errichtet wurde (BAG 20. 10. 1993 AP BetrVG 1972 § 28 Nr. 5). Er ist kein Ausschuß bzw. Organ des Betriebsrats, sondern eine eigenständige Einrichtung der Betriebsverfassung (BAG 20. 10. 1993 AP BetrVG 1972 § 28 Nr. 5). Die Entscheidung, ob der Betriebsrat gemeinsame Ausschüsse mit dem Arbeitgeber bilden und ob er diesen Aufgaben zur selbständigen Erledigung übertragen will, faßt der Betriebsrat in eigener Verantwortung. Sie unterliegt keiner Zweckmäßigkeitskontrolle, sondern allein einer Rechtskontrolle (BAG 20. 10. 1993 AP BetrVG 1972 § 28 Nr. 5). Werden in Betrieben mit weniger als 301 Arbeitnehmern gemeinsame Ausschüsse gebildet, können ihnen keine Aufgaben zur selbständigen Erledigung übertragen werden (DKK/*Wedde* Rn. 21; *Fitting* Rn. 41). Die Größe eines gemeinsamen Ausschusses wird von Betriebsrat und Arbeitgeber gemeinsam festgelegt. Der Betriebsrat hat grundsätzlich zumindest zwei Ausschußmitglieder zu entsenden, um die Gruppenrepräsentanz nach den Abs. 3 und 2 S. 1 iVm. § 27 II 2 zu gewährleisten. Einen Listenschutz besteht nicht (BAG 20. 10. 1993 AP BetrVG 1972 § 28 Nr. 5). Sind dem gemeinsamen Ausschuß Aufgaben zur selbständigen Erledigung übertragen, darf der Betriebsrat keine unterparitätische Besetzung des Ausschusses akzeptieren, weil dies auf einen Verzicht der Mitwirkung und Mitbestimmung hinausliefe (DKK/*Wedde* Rn. 18; *Fitting* Rn. 34; GK-BetrVG/*Wiese* Rn. 40).

5   Die **Beschlußfassung** im gemeinsamen Ausschuß ist gesetzlich nicht geregelt. Haben auch die Betriebsparteien nichts geregelt, soll nach hL der Ausschuß mit einfacher Mehrheit der Stimmen entscheiden, wobei analog § 33 II mindestens die Hälfte der Ausschußmitglieder an der Beschlußfassung teilnehmen muß (DKK/*Wedde* Rn. 19; *Fitting* Rn. 37; GK-BetrVG/*Wiese* Rn. 43). Bei einer Pattsituation fällt die Angelegenheit an Betriebsrat und Arbeitgeber zurück (DKK/*Wedde* Rn. 19; *Fitting* Rn. 38; aA HSG/*Glaubitz* Rn. 35). Die Vorschrift überträgt jedoch die Aufgaben auf die „Mitglieder des Betriebsrats", nicht auf den Ausschuß als Ganzes. So wird abgesichert, daß Beteiligungsrechte allein von der betriebsverfassungsrechtlichen Vertretung der Arbeitnehmer ausgeübt werden. Ein Beschluß, durch den eine Aufgabe des Betriebsrates wahrgenommen wird, kann daher nicht gegen die Mehrheit der vom Betriebsrat entsandten Mitglieder gefaßt werden (DKK/*Wedde* Rn. 18; *Richardi* Rn. 44 offengelassen von BAG 12. 7. 1984 AP BetrVG 1972 § 102 Nr. 32). Betriebsrat und Arbeitgeber können jedenfalls gemeinsam die Voraussetzungen für die Beschlußfassung regeln etwa in der Form, daß jeder Beschluß die Stimmen der Mehrheit der Betriebsratsmitglieder des Ausschusses erfordert oder bei Meinungsverschiedenheiten zwischen den entsandten Betriebsratsmitgliedern die Stellungnahme des Betriebsrates einzuholen ist (DKK/*Wedde* Rn. 19; *Fitting* Rn. 37; GK-BetrVG/*Wiese* Rn. 42). Die **Beschränkungen** für den Betriebsausschuß gelten für die gemeinsamen Ausschüsse entsprechend (vgl. § 27 Rn. 8). Insbesondere ist ein Ausschuß nach Abs. 3 und 1 S. 3 iVm. § 27 III 2 HS 2 nicht zum Abschluß von Betriebsvereinbarungen befugt.

V. Streitigkeiten

6   Streitigkeiten aus der Vorschrift sind im arbeitsgerichtlichen Beschlußverfahren nach §§ 2 a, 80 ff. ArbGG zu entscheiden. Sie können auch im Rahmen eines Urteilsverfahrens inzidenter als Vorfrage

entschieden werden, zB im Fall einer Lohnklage eines Akkordarbeiters, in der die Frage der Entscheidungsbefugnis einer nach § 28 gebildeten Akkordkommission als Vorfrage mitentschieden werden muß (*Fitting* Rn. 42). Die für die Nichtigkeit oder die Anfechtbarkeit von Wahlen des Betriebsausschusses geltenden Grundsätzen finden auf die weiteren Ausschüsse und für die Wahl der Betriebsratsmitglieder in gemeinsamen Ausschüssen entsprechende Anwendung (BAG 20. 10. 1993 AP BetrVG 1972 § 28 Nr. 5; vgl. im einzelnen § 27 Rn. 10).

§ 29 Einberufung der Sitzungen

(1) ¹ Vor Ablauf einer Woche nach dem Wahltag hat der Wahlvorstand die Mitglieder des Betriebsrats zu der nach § 26 Abs. 1 und 2 vorgeschriebenen Wahl einzuberufen. ² Der Vorsitzende des Wahlvorstands leitet die Sitzung, bis der Betriebsrat aus seiner Mitte einen Wahlleiter bestellt hat.

(2) ¹ Die weiteren Sitzungen beruft der Vorsitzende des Betriebsrats ein. ² Er setzt die Tagesordnung fest und leitet die Verhandlung. ³ Der Vorsitzende hat die Mitglieder des Betriebsrats zu den Sitzungen rechtzeitig unter Mitteilung der Tagesordnung zu laden. ⁴ Dies gilt auch für die Schwerbehindertenvertretung sowie für die Jugend- und Auszubildendenvertreter, soweit sie ein Recht auf Teilnahme an der Betriebsratssitzung haben. ⁵ Kann ein Mitglied des Betriebsrats oder der Jugend- und Auszubildendenvertretung an der Sitzung nicht teilnehmen, so soll es dies unter Angabe der Gründe unverzüglich dem Vorsitzenden mitteilen. ⁶ Der Vorsitzende hat für ein verhindertes Betriebsratsmitglied oder für einen verhinderten Jugend- und Auszubildendenvertreter das Ersatzmitglied zu laden.

(3) ¹ Der Vorsitzende hat eine Sitzung einzuberufen und den Gegenstand, dessen Beratung beantragt ist, auf die Tagesordnung zu setzen, wenn dies ein Viertel der Mitglieder des Betriebsrats oder der Arbeitgeber beantragt. ² Ein solcher Antrag kann auch von der Mehrheit der Vertreter einer Gruppe gestellt werden, wenn diese Gruppe im Betriebsrat durch mindestens zwei Mitglieder vertreten ist.

(4) ¹ Der Arbeitgeber nimmt an den Sitzungen, die auf sein Verlangen anberaumt sind, und an den Sitzungen, zu denen er ausdrücklich eingeladen ist, teil. ² Er kann einen Vertreter der Vereinigung der Arbeitgeber, der er angehört, hinzuziehen.

I. Konstituierende Sitzung

Die konstituierende Sitzung dient der Wahl des Vorsitzenden, des stellvertretenden Vorsitzenden 1 und gegebenenfalls der Wahl eines Betriebsausschuß. Der Vorsitzende des Wahlvorstandes beruft die Sitzung innerhalb einer Woche nach dem Wahltag ein. Für die Fristberechnung gelten die §§ 187 BGB. Die Sitzung muß nicht in der ersten Woche stattfinden (*Richardi* Rn. 4; *Fitting* Rn. 10; aA GK-BetrVG/*Wiese* Rn. 8). Sie muß notfalls jedoch sehr kurzfristig anberaumt und kann bereits vor Beginn der Amtszeit des Betriebsrats abgehalten werden (DKK/*Wedde* Rn. 4; *Richardi* Rn. 5; *Fitting* Rn. 10; GK-BetrVG/*Wiese* Rn. 9). Solange der Betriebsrat keinen Vorsitzenden hat, kann der Arbeitgeber die Verhandlungen mit dem Betriebsrat verweigern (BAG 23. 8. 1984 AP BetrVG 1972 § 102 Nr. 36; *Richardi* § 26 Rn. 1; *Fitting* Rn. 12; aA DKK/*Wedde* § 26 Rn. 4; GK-BetrVG/*Wiese* § 26 Rn. 6). Steht die Wahl unmittelbar bevor, ist der Arbeitgeber – jedenfalls bei nicht unaufschiebbaren Maßnahmen – nach § 2 I verpflichtet, bis zur Konstituierung des Betriebsrats zu warten (vgl BAG 28. 9. 1983 AP BetrVG 1972 § 21 Nr. 1). Weitere Punkte können auch auf die Tagesordnung gesetzt werden, wenn der vollzählig versammelte Betriebsrat dies einstimmig beschließt (BAG 28. 4. 1988 AP BetrVG 1972 § 29 Nr. 2; *Richardi* Rn. 15; aA DKK/*Wedde* Rn. 14; *Fitting* Rn. 19; GK-BetrVG/*Wiese* Rn. 22, die eine absolute Mehrheit ausreichen lassen). Ein **Teilnahmerecht** besteht für die nach dem endgültig bekanntgegebenen Wahlergebnis (§ 19 WO) tatsächlich in den Betriebsrat einrückenden Mitglieder, gegebenenfalls nach § 25 für die Ersatzmitglieder. Nicht zu laden sind trotz ihres generellen Teilnahmerechts nach den §§ 25 IV SchwbG und 67 I wegen des beschränkten Zwecks der konstituierenden Sitzung die Schwerbehindertenvertretung und Mitglieder der Jugend- und Auszubildendenvertretung (*Fitting* Rn. 13; GK-BetrVG/*Wiese* Rn. 17; aA DKK/*Wedde* Rn. 10; *Richardi* Rn. 7). Der Wahlvorstand selbst ist nicht berechtigt, andere Teilnehmer zur Sitzung zu laden. Ein Teilnahmerecht von Gewerkschaften besteht daher nicht (*Fitting* Rn. 13; GK-BetrVG/*Wiese* Rn. 17, 15; aA DKK/*Wedde* Rn. 10). Auch der Arbeitgeber ist zur Teilnahme nicht berechtigt (GK-BetrVG/*Wiese* Rn. 17; *Richardi* Rn. 7). Die **Sitzungsleitung** liegt nach Abs. 1 S. 2 bis zur Bestellung eines Wahlleiters beim Vorsitzenden des Wahlvorstandes. Mit diesem Übergang der Sitzungshoheit auf den Wahlleiter, der aus der Mitte des Betriebsrats gewählt wird, entfällt das Teilnahmerecht des Wahlvorstands (BAG 28. 2. 1958 AP BetrVG § 29 Nr. 1). Der Wahlleiter führt die Wahl des Betriebsratsvorsitzenden und des Stellvertreters durch (DKK/*Wedde* Rn. 12; GK-BetrVG/*Wiese* Rn. 20; aA *Fitting* Rn. 18).

II. Weitere Sitzungen

2   Die weiteren Sitzungen werden nach **Abs. 2** vom Vorsitzenden oder im Verhinderungsfall durch dessen Stellvertreter **einberufen**. Andere Betriebsratsmitglieder sind hierzu grundsätzlich nicht befugt (DKK/*Wedde* Rn. 15; *Fitting* Rn. 20 f.). Für den Fall, daß sowohl der Vorsitzende als auch der Stellvertreter verhindert sind, kann der Betriebsrat vorsorglich eine anderweitige Regelung, zB in der Geschäftsordnung vorsehen. Hat er nichts geregelt, kann jedes Betriebsratsmitglied die Initiative ergreifen (DKK/*Wedde* Rn. 15; *Fitting* Rn. 21; GK-BetrVG/*Wiese* Rn. 25). Wer nach Abs. 3 berechtigt ist, die Einberufung einer Sitzung des Betriebsrates herbeizuführen, kann auch eine Ergänzung der Tagesordnung verlangen (DKK/*Wedde* Rn. 30; *Fitting* Rn. 27; GK-BetrVG/*Wiese* Rn. 30). Andere Personen, zB die Belegschaft, eine im Betrieb vertretene Gewerkschaft oder die Jugend- und Auszubildendenvertretung können eine Betriebsratssitzung nur anregen (DKK/*Wedde* Rn. 31; *Richardi* Rn. 16; *Fitting* Rn. 28). Die Jugend- und Auszubildendenvertretung kann jedoch nach § 67 III 1 Angelegenheiten der in § 60 I genannten Arbeitnehmer auf die Tagesordnung der nächstfolgenden Sitzung bringen (vgl. § 67 Rn. 5). Die formlosen Anträge sind an den Betriebsratsvorsitzenden zu richten (*Fitting* Rn. 29). Entspricht der Vorsitzende den Anträgen auf Einberufung der Sitzung oder Ergänzung der Tagesordnung nicht, handelt er pflichtwidrig, was zu einem Vorgehen nach § 23 I berechtigen kann (*Fitting* Rn. 30). Ein pflichtwidrig nicht auf die Tagesordnung gesetzter Gegenstand kann auf der Sitzung grundsätzlich nur behandelt werden, wenn der vollzählige Betriebsrat den Tagesordnungspunkt einstimmig in die Tagesordnung aufnimmt (BAG 28. 4. 1988 AP BetrVG 1972 § 29 Nr. 2; aA *Fitting* Rn. 31; GK-BetrVG/*Wiese* Rn. 32). In dringenden Eilfällen kann ein Mehrheitsbeschluß ausreichen (weitergehend *Fitting* Rn. 31; GK-BetrVG/*Wiese* Rn. 32). Eine **Ladung** geht neben den in Abs. 2 S. 3 und 4 Genannten auch an den Vertrauensmann der Zivildienstleistenden, sofern die Voraussetzungen des § 3 I ZDVG vorliegen (*Fitting* Rn. 33 bis 35). Darüber hinaus ist der Arbeitgeber und eine im Betriebsrat vertretene Gewerkschaft unter Mitteilung der Tagesordnung rechtzeitig zu laden, soweit diesen nach Abs. 4 bzw. § 31 ein Teilnahmerecht zusteht. Die Pflicht, dem Betriebsratsvorsitzenden nach Abs. 2 S. 5 unverzüglich die Verhinderung anzuzeigen, dient der Prüfung durch den Betriebsratsvorsitzenden, ob ein Verhinderungsfall gegeben ist und er deshalb Ersatzmitglieder laden muß (*Richardi* Rn. 32; *Fitting* Rn. 37). Wird für ein – zeitweilig – verhindertes BRMitglied ein vorhandenes Ersatzmitglied nicht geladen, kann der BR keine wirksamen Beschlüsse fassen. Dies ist nur anders, wenn die Verhinderung so plötzlich eintritt, daß ein Ersatzmitglied nicht mehr rechtzeitig geladen werden kann (BAG 3. 8. 1999 – 1 ABR 30/98). Ladung und Übersenden der Tagesordnung sind rechtzeitig, wenn der Geladene sich auf die Sitzung einrichten und vorbereiten kann. In unvorhergesehenen Eilfällen ist auch eine ganz kurzfristige Einladung zulässig (DKK/*Wedde* Rn. 17; *Fitting* Rn. 41; GK-BetrVG/*Wiese* Rn. 35). Zur Vorbereitung können eine Kontaktaufnahme mit Arbeitnehmern des Betriebs oder Gespräche mit einer im Betrieb vertretenen Gewerkschaft erforderlich sein (*Fitting* Rn. 43). Sind alle BRMitglieder mit Zeit und Ort einer Sitzung einverstanden, können dort wirksame Beschlüsse gefaßt werden, ohne daß der BRVorsitzende zu dieser Sitzung eingeladen hat (*Fitting* Rn. 42; GK-BetrVG/*Wiese* Rn. 25).

III. Tagesordnung und Leitung

3   Der Betriebsratsvorsitzende stellt die Tagesordnung an Hand der Geschäftslage und der Anträge, die zur Tagesordnung eingegangen sind, zusammen. Die Zusammenstellung steht grundsätzlich in seinem pflichtgemäßen Ermessen. Anträge nach Abs. 3 oder nach § 67 III sind zwingend aufzunehmen, sofern sie in die funktionelle Zuständigkeit des Betriebsrats fallen. Eine **Ergänzung der Tagesordnung** auf der Betriebsratssitzung selbst ist nur durch den vollzähligen Betriebsrat mit einstimmigen Beschluß möglich (BAG 28. 4. 1988 AP BetrVG 1972 § 29 Nr. 2; BAG 28. 10. 1992 AP BetrVG 1972 § 29 Nr. 4; aA DKK/*Wedde* Rn. 20; *Fitting* Rn. 44; GK-BetrVG/*Wiese* Rn. 52 f.). In dringenden Eilfällen kann ein Mehrheitsbeschluß ausreichen. Die Leitung der Betriebsratssitzungen obliegt dem Vorsitzenden, der die Sitzung eröffnet und schließt, die Rednerliste führt, das Wort gibt und entzieht, die Abstimmung leitet, das Ergebnis feststellt und gegebenenfalls zur Ordnung ruft. Im Sitzungszimmer steht ihm das Hausrecht zu (DKK/*Wedde* Rn. 25; *Richardi* Rn. 46; *Fitting* Rn. 45). Der Betriebsratsvorsitzende hat mangels gesetzlicher Regelung nicht das Recht, ein Betriebsratsmitglied von der Sitzung auszuschließen (DKK/*Wedde* Rn. 25; *Fitting* Rn. 46; aA *Richardi* Rn. 45; GK-BetrVG/*Wiese* Rn. 61). Bei ungebührlichem Verhalten kann er das Wort entziehen. Bei groben Pflichtverletzungen kann der BR ein arbeitsgerichtliches Ausschlußverfahren nach § 23 I einleiten.

IV. Teilnahmerecht von Arbeitgeber und Verbandsvertretern

4   Der Arbeitgeber hat nach **Abs. 4** nur ein eingeschränktes Teilnahmerecht an den Betriebsratssitzungen. Hat er lediglich die Ergänzung der Tagesordnung beantragt, beschränkt sich sein Teilnahmerecht auf die Dauer der Behandlung dieser Tagesordnungspunkte. Der Betriebsratsvorsitzende kann die Einladung des Arbeitgebers von vornherein auf bestimmte Tagesordnungspunkte beschränken

(DKK/*Wedde* Rn. 34; *Fitting* Rn. 49; GK-BetrVG/*Wiese* Rn. 64). In diesem Fall ist der Arbeitgeber über den Grund der Zuladung zu diesen Tagesordnungspunkten zu informieren. Der Arbeitgeber ist bei einer Einladung durch den Betriebsratsvorsitzenden nach Abs. 4 iVm. § 2 I verpflichtet, selbst oder durch einen Vertreter der Einladung nachzukommen und an der Sitzung teilzunehmen (DKK/ *Wedde* Rn. 36; *Fitting* Rn. 52; GK-BetrVG/*Wiese* Rn. 69). Die Teilnahmepflicht kann im arbeitsgerichtlichen Beschlußverfahren durchgesetzt werden (*Fitting* Rn. 53). Weigert sich der Arbeitgeber wiederholt, an der Sitzung teilzunehmen, kommt ein Zwangsverfahren nach § 23 III in Betracht. Außerdem kann der Straftatbestand des § 119 I Nr. 2 erfüllt sein (DKK/*Wedde* Rn. 37; *Fitting* Rn. 53; GK-BetrVG/*Wiese* Rn. 70). Das Anwesenheitsrecht steht dem Arbeitgeber persönlich, bei juristischen Personen den vertretungsberechtigten Personen zu. Die **Vertretung** durch einen in der zu erörternden Angelegenheit besonders sachkundigen Arbeitnehmer ist möglich (BAG 11. 12. 1991 AP BetrVG 1972 § 90 Nr. 2). Der Arbeitgeber kann betriebsangehörige sachkundige Mitarbeiter hinzuziehen, sofern dies erforderlich ist (DKK/*Wedde* Rn. 39; *Richardi* Rn. 52; *Fitting* Rn. 54; GK-BetrVG/*Wiese* Rn. 66). Ohne Genehmigung des Betriebsrates ist die Vertretung durch eine betriebsfremde Person, zB einen Rechtsanwalt ausgeschlossen (DKK/*Wedde* Rn. 36; *Fitting* Rn. 54; GK-BetrVG/*Wiese* Rn. 66). Der Arbeitgeber hat kein **Stimmrecht.** Mangels ausdrücklicher gesetzlicher Regelung soll der Arbeitgeber auch keine beratende Stimme haben (DKK/*Wedde* Rn. 38; *Fitting* Rn. 55; aA GK-BetrVG/*Wiese* Rn. 67). Er kann sich jedenfalls zu den betreffenden Punkten der Tagesordnung äußern und verlangen, daß ihm iR der Rednerliste das Wort erteilt wird (*Fitting* Rn. 55). Die Unterschiede sind wohl nur terminologischer. Das Teilnahmerecht erstreckt sich nicht auf die Beschlußfassung (LAG Düsseldorf 7. 3. 1975 DB 75, 743; DKK/*Wedde* Rn. 38; *Fitting* Rn. 55; aA GK-BetrVG/*Wiese* Rn. 68). **Beauftragte der Arbeitgeberverbände** dürfen an der Betriebsratssitzung teilnehmen, wenn der Arbeitgeber deren Mitglied ist, selbst teilnehmen darf und entweder selbst oder durch einen Vertreter an der Sitzung teilnimmt. Darüberhinaus muß der Arbeitgeber den Beauftragten ausdrücklich zur Teilnahme auffordern. Eine Ladung durch den Betriebsratsvorsitzenden ist nicht erforderlich (DKK/*Wedde* Rn. 40; *Fitting* Rn. 58). Der Arbeitgeber darf der Sitzung fernbleiben, wenn der Betriebsrat den Verbandsvertreter unzulässigerweise nicht teilnehmen läßt (*Fitting* Rn. 59; aA GK-BetrVG/*Wiese* Rn. 74). Bei groben Verstößen des Betriebsrates kommt ein Verfahren nach § 23 I in Betracht. Der Betriebsratsvorsitzende kann dem Beauftragten das Wort erteilen. Das Wort ist iR der Rednerliste zu erteilen, wenn es der Arbeitgeber wünscht und selbst zur Wortmeldung berechtigt wäre (DKK/*Wedde* Rn. 41; *Fitting* Rn. 60). Zum Teilnahmerecht von **Beauftragten der Gewerkschaften** vgl. § 31.

V. Streitigkeiten

Streitigkeiten aus der Vorschrift sind im arbeitsgerichtlichen Beschlußverfahren nach §§ 2 a, 80 ff. 5 ArbGG zu entscheiden.

§ 30 Betriebsratssitzungen

¹ Die Sitzungen des Betriebsrats finden in der Regel während der Arbeitszeit statt. ² Der Betriebsrat hat bei der Ansetzung von Betriebsratssitzungen auf die betrieblichen Notwendigkeiten Rücksicht zu nehmen. ³ Der Arbeitgeber ist vom Zeitpunkt der Sitzung vorher zu verständigen. ⁴ Die Sitzungen des Betriebsrats sind nicht öffentlich.

I. Zeitpunkt

Betriebsratssitzungen müssen grundsätzlich nicht in Arbeitspausen oder vor bzw nach der Arbeits- 1 zeit abgehalten werden (DKK/*Wedde* Rn. 7; *Fitting* Rn. 5; GK-BetrVG/*Wiese* Rn. 8; *Richardi* Rn. 1, 5). Eine Absprache mit dem Arbeitgeber, Betriebsratssitzungen stets außerhalb der Arbeitszeit durchzuführen, ist nichtig (*Fitting* Rn. 5). Ausnahmsweise können Betriebsratssitzungen außerhalb der Arbeitszeit stattfinden, wenn Betriebsratsmitglieder in kleineren Betrieben am Arbeitsplatz unabkömmlich sind und organisatorische Änderungen dem Arbeitgeber nicht zumutbar sind (DKK/*Wedde* Rn. 3, *Fitting* Rn. 4). Gehören Mitglieder verschiedenen Schichten an, kann es unvermeidlich sein, die Betriebsratssitzung außerhalb der Arbeitszeit eines Teils der Betriebsratsmitglieder zu legen. In diesen Fällen greift § 37 III (*Fitting* Rn. 4). Betriebsratsmitglieder brauchen für ihre Teilnahme an Betriebsratssitzungen nicht die Erlaubnis des Arbeitgebers, müssen aber dem Vorgesetzten das Verlassen des Arbeitsplatzes und die Wiederaufnahme der Arbeit anzeigen (BAG 8. 3. 1957 AP BetrVG § 37 Nr. 4; BAG 19. 6. 1979 AP BetrVG 1972 § 37 Nr. 36). Über die Anzahl der Betriebsratssitzungen entscheidet entsprechend dem Arbeitsanfall allein der Betriebsrat bzw. der Vorsitzende (BAG 23. 4. 1974 AP BetrVG 1972 § 37 Nr. 11). Bei der nach **S. 3** notwendigen **Unterrichtung des Arbeitgebers** über den Zeitpunkt der Sitzung muß ihm nicht deren Tagesordnung mitgeteilt werden (DKK/*Wedde* Rn. 10; *Fitting* Rn. 11; GK-BetrVG/*Wiese* Rn. 16). Fehlende Unterrichtung berechtigt nicht, das Arbeitsentgelt der Betriebsratsmitglieder zu mindern (DKK/*Wedde* Rn. 10; *Fitting* Rn. 12; GK-BetrVG/*Wiese*

Rn. 17). Schuldhaftes Unterlassen kann zu Schadensersatzansprüchen des Arbeitgebers führen (*Fitting* Rn. 12; GK-BetrVG/*Wiese* Rn. 17; aA DKK/*Wedde* Rn. 10; HSG/*Glaubitz* Rn. 13, 17).

II. Betriebliche Notwendigkeiten

2   Unter betrieblicher Notwendigkeit versteht man nur solche dringenden betrieblichen Gründe, die zwingend Vorrang vor dem Interesse des Betriebsrats auf Abhaltung der Betriebsratssitzung zu dem vorgesehenen Zeitpunkt haben (DKK/*Wedde* Rn. 6; *Fitting* Rn. 8; GK-BetrVG/*Wiese* Rn. 7). Zusätzlich muß dem Betriebsrat möglich und zumutbar sein, die Sitzung zu anderen Zeit abzuhalten. Betriebliche Notwendigkeiten können eine Verlegung der Betriebsratssitzungen auf Beginn oder Ende der Arbeitszeit erzwingen. Eine derartige Verpflichtung kann aber nicht generell gelten (DKK/*Wedde* Rn. 7; *Fitting* Rn. 8; GK-BetrVG/*Wiese* Rn. 8). Werden Sitzungen ohne Rücksicht auf die betrieblichen Notwendigkeiten festgelegt, hat dies auf die Wirksamkeit der Beschlüsse keinen Einfluß. Der Arbeitgeber kann diese Sitzungen nicht eigenmächtig unterbinden, kann aber nach § 85 II ArbGG eine einstweilige Verfügung des Arbeitsgerichts erwirken (*Fitting* Rn. 10). Er ist nicht berechtigt, den Betriebsratsmitgliedern das Arbeitsentgelt zu kürzen (LAG Hamm 8. 6. 1978 EzA BetrVG 1972 § 37 Nr. 58). Bei groben Verstößen kann ein Verfahren nach § 23 I in Betracht kommen.

III. Nichtöffentlichkeit

3   Satz 4 beschränkt die Betriebsratssitzungen auf die Betriebsratsmitglieder und die nach den §§ 29, 31, 32, 67 sowie § 3 I ZDVG Teilnahmeberechtigten. Daneben kann der Betriebsrat nach § 2 II 2 SprAuG dem Sprecherausschuß oder einzelnen seiner Mitglieder Teilnahmerecht einräumen. Andere Personen, inbesondere auch Ersatzmitglieder sind nicht teilnahmeberechtigt (DKK/*Wedde* Rn. 11; *Richardi* Rn. 11; *Fitting* Rn. 13). Dies schließt nicht aus, daß der Betriebsrat bezüglich einzelner Beratungsgegenstände Sachverständige oder sonstige Auskunftspersonen heranzieht (DKK/*Wedde* Rn. 12; *Richardi* Rn. 12; *Fitting* Rn. 14). Hierbei können betriebsfremde Personen ebenso wie sachkundige oder durch den Beratungsgegenstand betroffene Arbeitnehmer des Betriebs geladen werden. Ein Verstoß gegen den Grundsatz der Nichtöffentlichkeit beeinträchtigt die Wirksamkeit eines Beschlusses nur, wenn er bei Beachtung des Grundsatzes anders ausgefallen wäre (vgl. BAG 28. 2. 1958 AP BetrVG § 29 Nr. 1; BAG 24. 3. 1977 AP BetrVG 1972 § 102 Nr. 12; DKK/*Wedde* Rn. 15; *Richardi* Rn. 17; *Fitting* Rn. 19; GK-BetrVG/*Wiese* § 33 Rn. 56). Aus Satz 4 ergibt sich keine über die Verschwiegenheitspflicht des § 79 hinausgehende Verpflichtung. Es besteht keine generelle Pflicht, Stillschweigen über den Inhalt von Betriebsratssitzungen zu wahren (vgl. BAG 5. 9. 1967 AP BetrVG § 23 Nr. 8; DKK/*Wedde* Rn. 13; *Richardi* Rn. 16; *Fitting* Rn. 18; GK-BetrVG/*Wiese* Rn. 27). Verschwiegenheitspflichten können sich aber aus Beschlüssen des Betriebsrats selbst, aus dem vertraulichen Charakter einer Angelegenheit und der Solidaritätspflicht seiner Mitglieder ergeben (DKK/*Wedde* Rn. 14; *Fitting* Rn. 18).

IV. Streitigkeiten

4   Streitigkeiten aus der Vorschrift sind nach §§ 2 a, 80 ff. ArbGG im Beschlußverfahren zu entscheiden.

§ 31 Teilnahme der Gewerkschaften

Auf Antrag von einem Viertel der Mitglieder oder der Mehrheit einer Gruppe des Betriebsrats kann ein Beauftragter einer im Betriebsrat vertretenen Gewerkschaft an den Sitzungen beratend teilnehmen; in diesem Fall sind der Zeitpunkt der Sitzung und die Tagesordnung der Gewerkschaft rechtzeitig mitzuteilen.

I. Antrag

1   Die Vorschrift konkretisiert für die Betriebsratssitzungen das allgemeine Gebot der Zusammenarbeit mit den Gewerkschaften und dient dem Schutz gewerkschaftlicher Minderheiten im Betriebsrat. Ein Beauftragter einer im Betriebsrat vertretenen Gewerkschaft kann nicht nur durch Beschluß einer Minderheit herangezogen werden. Auch der **Betriebsrat** als Gremium kann dies beschließen (DKK/*Wedde* Rn. 4; *Richardi* Rn. 12; *Fitting* Rn. 6; GK-BetrVG/*Wiese* Rn. 12). Selbst der einköpfige Betriebsrat kann einen Gewerkschaftsvertreter hinzuziehen (*Fitting* Rn. 6). Die Teilnahme von Gewerkschaftsvertretern kann generell in der Geschäftsordnung vorgesehen sein (BAG 28. 2. 1990 AP BetrVG 1972 § 31 Nr. 1; vgl. auch BAG 18. 11. 1980 AP BetrVG 1972 § 108 Nr. 2; DKK/*Wedde* Rn. 5; *Fitting* Rn. 6a; aA *Richardi* Rn. 15; GK-BetrVG/*Wiese* Rn. 19 f.). Der Betriebsrat kann seine Entscheidung auf eine bestimmte Gewerkschaft beschränken. Hat eine im Gesetz benannte **Minderheit** einen Antrag auf Teilnahme von Gewerkschaftsvertretern gestellt, besteht keine Möglichkeit mit Mehrheit des Betriebsrates diesen Antrag abzulehnen (*Fitting* Rn. 8). Auch die im Gesetz bezeich-

neten Minderheiten können nicht nur von Fall zu Fall, sondern generell die Hinzuziehung eines Gewerkschaftsbeauftragten beantragen (BAG 28. 2. 1990 AP BetrVG 1972 § 31 Nr. 1; DKK/*Wedde* Rn. 6; aA *Richardi* Rn. 14; *Fitting* Rn. 9).

Der formlose **Antrag** kann während oder außerhalb von Betriebsratssitzungen gestellt werden, bedarf keiner Begründung, muß aber erkennen lassen, welche Gewerkschaft Beauftragte entsenden soll (DKK/*Wedde* Rn. 10; *Fitting* Rn. 10). Der Antrag ist an den Betriebsratsvorsitzenden zu richten und muß so gestellt werden, daß eine Entsendung möglich ist. Ist der Vertreter abrufbereit, kann der Antrag auch in der Sitzung selbst gestellt werden. Ein Anspruch auf Vertagung besteht nicht (DKK/*Wedde* Rn. 9; *Richardi* Rn. 9; *Fitting* Rn. 15). Der Antrag auf Hinzuziehung des Gewerkschaftsvertreters kann auf bestimmte Tagesordnungspunkte beschränkt werden (*Richardi* Rn. 16; *Fitting* Rn. 15; GK-BetrVG/*Wiese* Rn. 21). **Mehrheit** einer Gruppe meint auch den Fall der übereinstimmenden Erklärung einer nur aus zwei Mitgliedern bestehenden Gruppe im Betriebsrat (*Fitting* Rn. 13; GK-BetrVG/*Wiese* Rn. 9). Ist die Gruppe mit nur einem Mitglied vertreten, steht diesem ein Antragsrecht zu (DKK/*Wedde* Rn. 7; *Richardi* Rn. 7; GK-BetrVG/*Wiese* Rn. 9; aA *Fitting* Rn. 13). Die Antragsteller müssen nicht der Gewerkschaft angehören, deren Vertreter sie heranzuziehen beantragen (*Richardi* Rn. 8; DKK/*Wedde* Rn. 7; *Fitting* Rn. 14; GK-BetrVG/*Wiese* Rn. 8). Die Gewerkschaft muß im Betriebsrat, nicht nur im Betrieb vertreten sein (BAG 28. 2. 1990 AP BetrVG 1972 § 31 Nr. 1). Die Gewerkschaft kann, wenn dies beantragt worden ist, mehrere Beauftragte entsenden, sofern dies für die sachgerechte Beratung des Betriebsrats erforderlich ist (DKK/*Wedde* Rn. 14; *Fitting* Rn. 19a; GK-BetrVG/*Wiese* Rn. 21; aA *Richardi* Rn. 8). Sind mehrere Gewerkschaften im BR vorhanden, kann er die Entsendung von dem jeweils Beauftragten dieser Gewerkschaften beschließen (*Fitting* Rn. 16). Beauftragte von Gewerkschaften, die nicht im Betriebsrat vertreten sind, können als Auskunftspersonen zu bestimmten Beratungsgegenständen zu hören sein (*Richardi* Rn. 6; *Fitting* Rn. 17). Der Betriebsratsvorsitzende handelt pflichtwidrig, wenn er einem ordnungsgemäß gestellten Antrag nicht nachkommt. Bei grober Verletzung kann ein Beschlußverfahren nach § 23 I in Betracht kommen (*Fitting* Rn. 17).

II. Beauftragte der Gewerkschaft

Die Gewerkschaft ist grundsätzlich frei in der Bestimmung eines ihrer Mitglieder als Beauftragten (DKK/*Wedde* Rn. 14; *Richardi* Rn. 19; *Fitting* Rn. 19). Der Beauftragte hat im Gegensatz zum Vertreter des Arbeitgeberverbands beratende Stimme. Er darf auf die Willensbildung des Betriebsrats Einfluß nehmen. Er kann deshalb auch bei Beschlußfassungen zugegen sein, obwohl er selbst kein Stimmrecht hat (DKK/*Wedde* Rn. 16; *Richardi* Rn. 22; *Fitting* Rn. 21). Bei § 31 handelt es sich gegenüber dem Zugangsrecht aus § 2 II um eine Sonderregelung (*Richardi* Rn. 24; *Fitting* Rn. 22; GK-BetrVG/*Wiese* Rn. 23). Deshalb kann der Arbeitgeber dem Gewerkschaftsbeauftragten den Zutritt auch aus den in § 2 II genannten Gründen nicht verweigern (*Fitting* Rn. 22; *Richardi* Rn. 24; aA GK-BetrVG/*Wiese* Rn. 24). Verweigert der Arbeitgeber widerrechtlich den Zutritt zur Betriebsratssitzung, liegt darin regelmäßig eine Störung der Betriebsratstätigkeit iSd. § 78. Darüberhinaus kann der Straftatbestand des § 119 I Nr. 2 erfüllt sein (*Fitting* Rn. 22; GK-BetrVG/*Wiese* Rn. 25). Gewerkschaftsbeauftragte unterliegen der Verschwiegenheitspflicht nach § 79 II (*Fitting* Rn. 23). Die Mitteilung der Tagesordnung und des Zeitpunkts der Sitzung nach Halbs. 2 ist rechtzeitig, wenn der Gewerkschaft ausreichend Zeit bleibt, einen Vertreter auszuwählen und sich auf die Sitzung vorzubereiten (*Fitting* Rn. 24). Ist die Mitteilung trotz ordnungsgemäßer Antragsstellung unterblieben, kann der Tagesordnungspunkt nicht behandelt werden, da ansonsten das Antragsrecht unterlaufen würde (DKK/*Wedde* Rn. 12; *Fitting* Rn. 24; aA GK-BetrVG/*Wiese* Rn. 15).

III. Ausschußsitzungen

Die Vorschrift ist auf Sitzungen der Ausschüsse des Betriebsrats entsprechend anzuwenden (BAG 18. 11. 1980 AP BetrVG 1972 § 108 Nr. 2; BAG 25. 6. 1987 AP BetrVG 1972 § 108 Nr. 6). Dies gilt auch für bloß vorbereitende Ausschüsse, da gerade dort häufig die Unterstützung der Gewerkschaft erforderlich ist (DKK/*Wedde* Rn. 19; *Fitting* Rn. 25; aA GK-BetrVG/*Wiese* Rn. 3). Neben den in der Vorschrift selbst Genannten, kann auch die Mehrheit des Ausschusses die Teilnahme von Gewerkschaftsvertretern beschließen, soweit sie bei selbständiger Erledigung der Aufgaben an die Stelle des Betriebsrats treten (DKK/*Wedde* Rn. 20; *Richardi* Rn. 26; *Fitting* Rn. 26; GK-BetrVG/*Wiese* Rn. 4). Antragsberechtigt sind analog § 31 auch ein Viertel der Mitglieder des Ausschusses oder die Mehrheit einer Gruppe im Ausschuß (DKK/*Wedde* Rn. 20; *Richardi* Rn. 26; GK-BetrVG/*Wiese* Rn. 4; aA *Fitting* Rn. 26).

IV. Streitigkeiten

Streitigkeiten aus der Vorschrift sind im arbeitsgerichtlichen Beschlußverfahren nach §§ 2a, 80 ff. ArbGG zu entscheiden. Antragsberechtigt ist auch die betroffene Gewerkschaft, soweit es um ihr

Zutrittsrecht geht (BAG 18. 11. 1980 AP BetrVG 1972 § 108 Nr. 2; *Richardi* Rn. 29; *Fitting* Rn. 28; GK-BetrVG/*Wiese* Rn. 28).

§ 32 Teilnahme der Schwerbehindertenvertretung

Die Schwerbehindertenvertretung (§ 24 des Schwerbehindertengesetzes) kann an allen Sitzungen des Betriebsrats beratend teilnehmen.

I. Schwerbehindertenvertretung

1   Die Schwerbehindertenvertretung ist kein Organ des Betriebsrats, sondern diesem gegenüber selbständig (GK-BetrVG/*Wiese* Rn. 10). Sie ist für die im Betrieb beschäftigten Schwerbehinderten ein gesetzliches Organ der Verfassung des Betriebs (BAG 21. 9. 1989 AP SchwbG § 25 Nr. 1). Die Mitbestimmungsrechte übt jedoch der Betriebsrat aus (BAG 16. 8. 1977 AP SchwbG § 23 Nr. 1). Die Schwerbehindertenvertretung besteht nach § 24 SchwbG aus einer Vertrauensfrau oder Vertrauensmann sowie wenigstens einem Stellvertreter. Sie wird in allen Betrieben mit fünf oder mehr nicht nur vorübergehend beschäftigten Schwerbehinderten gewählt.

II. Teilnahmerecht

2   Die Vorschrift gibt der Schwerbehindertenvertretung ein beratendes Teilnahmerecht an allen Betriebsratssitzungen. § 25 I 1 SchwbG gibt darüber hinaus ein eigenständiges Recht der Teilnahme an allen Ausschußsitzungen des Betriebsrats und an den Besprechungen des Betriebsrats mit dem Arbeitgeber nach § 74 I (*Richardi* Rn. 21; DKK/*Wedde* Rn. 5; *Fitting* Rn. 18; einschränkend GK-BetrVG/*Wiese* Rn. 3, kein Teilnahmerecht an Ausschüssen ohne eigene Entscheidungskompetenz). Das Teilnahmerecht erstreckt sich auch auf die Sitzungen der gemeinsamen Ausschüsse von Arbeitgeber und Betriebsrat nach § 28 III (BAG 21. 4. 1993 AP SchwbG 1986 § 25 Nr. 4). Darüberhinaus kann die Schwerbehindertenvertretung grundsätzlich an den Sitzungen des Wirtschaftsausschusses teilnehmen (BAG 4. 6. 1987 AP SchwbG § 22 Nr. 2; DKK/*Wedde* Rn. 5; *Richardi* Rn. 18; GK-BetrVG/*Fabricius* § 108 Rn. 41). Das Beratungsrecht gegenüber dem Betriebsrat ist umfassend, nicht auf die spezifischen Angelegenheiten der Schwerbehindertenvertretung beschränkt (*Richardi* Rn. 21; *Fitting* Rn. 29; GK-BetrVG/*Wiese* Rn. 16). Nach § 25 IV 1 SchwbG kann die Schwerbehindertenvetretung verlangen, daß Angelegenheiten einzelner Schwerbehinderter oder der Gruppe der Schwerbehinderten auf die Tagesordnung der Betriebsratssitzung gesetzt werden. Der Vertrauensmann (die Vertrauensfrau) ist als solche nicht Mitglied des Betriebsrats. Ein Doppelamt ist zulässig (DKK/*Wedde* Rn. 2; *Fitting* Rn. 16). In der Eigenschaft als Vertrauensmann/frau ist der Schwerbehindertenvertreter nicht an die Beschlüsse des Betriebsrats gebunden, sondern kann dem Arbeitgeber gegenüber eine abweichende Meinung nach § 25 II SchwbG vertreten (*Fitting* Rn. 16). Eine Unterlassung der Ladung oder die Nichtteilnahme der Schwerbehindertenvertretung an den Betriebsratssitzungen haben keinen Einfluß auf die Wirksamkeit von Beschlüssen des Betriebsrats (DKK/*Wedde* Rn. 8; *Fitting* Rn. 25; GK-BetrVG/*Wiese* Rn. 13). Die Unterlassung ist eine Verletzung der gesetzlichen Pflichten des Betriebsrats und kann zu einem Verfahren nach § 23 I führen (*Fitting* Rn. 25). Ausnahmsweise können die Beschlüsse nach § 138 BGB sittenwidrig sein, wenn eine vorsätzliche Benachteiligung Schwerbehinderter gegeben ist (GK-BetrVG/*Wiese* Rn. 13).

III. Streitigkeiten

3   Streitigkeiten über das Teilnahmerecht an Sitzungen oder Ausschüssen oder über die Befugnisse der Schwerbehindertenvertretung sind im arbeitsgerichtlichen Beschlußverfahren nach §§ 2a, 80 ff. ArbGG zu entscheiden. Die Schwerbehindertenvertretung ist antragsberechtigt (*Fitting* Rn. 30).

§ 33 Beschlüsse des Betriebsrats

(1) ¹**Die Beschlüsse des Betriebsrats werden, soweit in diesem Gesetz nichts anderes bestimmt ist, mit der Mehrheit der Stimmen der anwesenden Mitglieder gefaßt.** ²**Bei Stimmengleichheit ist ein Antrag abgelehnt.**

(2) **Der Betriebsrat ist nur beschlußfähig, wenn mindestens die Hälfte der Betriebsratsmitglieder an der Beschlußfassung teilnimmt; Stellvertretung durch Ersatzmitglieder ist zulässig.**

(3) **Nimmt die Jugend- und Auszubildendenvertretung an der Beschlußfassung teil, so werden die Stimmen der Jugend- und Auszubildendenvertreter bei der Feststellung der Stimmenmehrheit mitgezählt.**

III. Abstimmung § 33 BetrVG 210

I. Vorbemerkung

Die Vorschrift ist zwingendes Recht. Da für den Gesamtbetriebsrat und den Konzernbetriebsrat 1
Sonderregelungen zur Beschlußfasung und Beschlußfähigkeit bestehen, greift dort § 33 nicht (s.
§§ 47 VII, VIII, 51 IV, 55 IV, 59 I). Für den Betriebsausschuß und die weiteren Ausschüsse des
Betriebsrats gilt die Vorschrift entsprechend (*Fitting* Rn. 2; GK-BetrVG/*Wiese* Rn. 3). Nach § 51 V
und § 59 I gelten die Abs. 1 und 2 für den Gesamtbetriebsausschuß, den Konzernbetriebsausschuß
und die weiteren Ausschüsse dieser Gremien entsprechend. Nach § 65 I gelten die Abs. 1 und 2 auch
für die Jugend- und Auszubildendenvertretung. Bei der Übertragung bestimmter Aufgaben auf die
Ausschüsse können Betriebsrat, Gesamtbetriebsrat und Konzernbetriebsrat dort anderweitige Anforderungen
an die Beschlußfassung vorsehen (DKK/*Wedde* Rn. 1; *Fitting* Rn. 2; GK-BetrVG/*Wiese*
Rn. 3). Beschlüsse, die auf einer nach § 2 II 3 SprAuG anzuberaumenden gemeinsamen Sitzung von
Betriebsrat und Sprecherausschuß gefasst werden, erfolgen in getrennten Abstimmungen nach den
jeweils geltenden Vorschriften (§ 33 I, II und § 14 I, II SprAuG) (*Fitting* Rn. 6).

II. Beschlüsse

Seine Beschlüsse faßt der Betriebsrat grundsätzlich selbst. Unter den Voraussetzungen von §§ 27, 28 2
ist eine begrenzte Übertragung von Aufgaben auf Ausschüsse zur selbständigen Erledigung und
Entscheidung möglich. Die **Beschlußfähigkeit** muß bei jeder Abstimmung und nicht etwa nur zu
einem bestimmten Zeitpunkt, zB bei Beginn der Betriebsratssitzung vorliegen (DKK/*Wedde* Rn. 8;
Richardi Rn. 6; *Fitting* Rn. 14; GK-BetrVG/*Wiese* Rn. 18). Die Beschlußunfähigkeit des Betriebsrates
muß nicht besonders festgestellt werden, sondern tritt von selbst ein (*Richardi* Rn. 12; *Fitting* Rn. 16;
GK-BetrVG/*Wiese* Rn. 15). Grundsätzlich hat jedes Mitglied das Recht, die Beschlußunfähigkeit
herbeizuführen, insbesondere um Zufallsmehrheiten zu verhindern (*Fitting* Rn. 14; GK-BetrVG/
Wiese Rn. 19). Führen Betriebsratsmitglieder ohne triftigen Grund Beschlußunfähigkeit herbei, handeln
sie uU pflichtwidrig. Bei einer groben Verletzung ihrer Pflichten kann dies nach § 23 I zum
Ausschluß aus dem Betriebsrat führen (DKK/*Wedde* Rn. 8; *Fitting* Rn. 14; GK-BetrVG/*Wiese*
Rn. 19). Die Nichtteilnahme eines bei Abstimmung anwesenden Mitglieds muß ausdrücklich erklärt
werden (DKK/*Wedde* Rn. 6; *Fitting* Rn. 12; aA GK-BetrVG/*Wiese* Rn. 16). Geschieht dies nicht,
spricht eine tatsächliche Vermutung dafür, daß eine Stimmenthaltung vorliegt (DKK/*Wedde* Rn. 6;
Fitting Rn. 12). Bei **Gruppenabstimmungen** ist § 33 I analog anzuwenden, so daß für die Beschlußfähigkeit
einer Gruppe zumindest die Hälfte der Gruppenmitglieder an der Beschlußfassung teilnehmen
muß (*Fitting* Rn. 18; GK-BetrVG/*Wiese* Rn. 14).

Beschlüsse können nur auf einer **ordnungsgemäßen Sitzung** des Betriebsrats gefaßt werden (*Fit-* 3
ting Rn. 20). Dies setzt eine ordnungsgemäße **Ladung** aller Betriebsratsmitglieder und die rechtzeitige
Mitteilung der Tagesordnung voraus (BAG 28. 4. 1988 AP BetrVG 1972 § 29 Nr. 2; BAG 28. 10.
1992). Haben die Jugend- und Auszubildendenvertreter nach § 67 II Stimmrecht, ist auch ihre ordnungsgemäße
Ladung Voraussetzung einer wirksamen Beschlußfassung (*Fitting* Rn. 22). Die nicht
ordnungsgemäße Ladung von nicht stimmberechtigten Teilnehmern einer Betriebsratssitzung hat
keinen Einfluß auf die Wirksamkeit der Beschlüsse (*Fitting* Rn. 22). Wird ein Ersatzmitglied, das nach
§ 25 in den Betriebsrat eingerückt ist, nicht ordnungsgemäß geladen, obwohl dies dem Betriebsratsvorsitzenden
möglich gewesen wäre, kann der Betriebsrat keine wirksamen Beschlüsse fassen (BAG
23. 8. 1984 AP BetrVG 1972 § 29 Nr. 17; BAG 3. 8. 99 – 1 ABR 30/98). Grundsätzlich kann der
Betriebsrat nur über Punkte beschließen, die in der rechtzeitig mitgeteilten **Tagesordnung** aufgeführt
sind. Der Mangel kann durch einstimmigen Beschluß des vollzählig versammelten Betriebsrat geheilt
werden (BAG 28. 4. 1988 AP BetrVG 1972 § 29 Nr. 2). Um der betrieblichen Wirklichkeit gerecht zu
werden, sollte in dringenden Eilfällen der Betriebsrat mit Mehrheitsbeschluß die Tagesordnung selbst
aufstellen bzw. ergänzen dürfen (DKK/*Wedde* Rn. 13; *Fitting* Rn. 24; GK-BetrVG/*Wiese* Rn. 51).
BRBeschlüsse können, solange sie nach außen noch nicht wirksam geworden sind, **aufgehoben** oder
inhaltlich **geändert** werden (LAG Hamm 22. 10. 1991 DB 92, 483; DKK/*Wedde* Rn. 22; *Fitting*
Rn. 44; GK-BetrVG/*Wiese* Rn. 40). Muß der Arbeitgeber bei seinen Maßnahmen Beteiligungsrechte
des Betriebsrates beachten, bleiben **nichtige Beschlüsse** im Bereich der *Mitwirkung* grundsätzlich
ohne Wirkung. Bei Maßnahmen, die der *Mitbestimmung* unterliegen führt der nichtige Beschluß des
Betriebsrates zur Unwirksamkeit der Maßnahme. Hier können Vertrauensschutzgrundsätze zugunsten
des Arbeitgebers oder des betroffenen Arbeitnehmers greifen (BAG 23. 8. 1984 AP BetrVG 1972
§ 103 Nr. 17; DKK/*Wedde* Rn. 29; *Fitting* Rn. 56, 57).

III. Abstimmung

Das Abstimmungsverfahren ist im einzelnen nicht gesetzlich geregelt. Es kann in der Geschäfts- 4
ordnung nach § 36 näher festgelegt werden. Sie kann aber nicht eine qualifizierte Mehrheit vorschreiben,
wenn das Gesetz einfache Mehrheit ausreichen lässt, oder umgekehrt (DKK/*Wedde* Rn. 14;
Fitting Rn. 26; GK-BetrVG/*Wiese* Rn. 5, 32). Eine Beschlußfassung im **Umlaufverfahren** ist unzuläs-

sig (BAG 4. 8. 1975 AP BetrVG 1972 102 Nr. 4; DKK/*Wedde* Rn. 10; *Fitting* Rn. 21; GK-BetrVG/ *Wiese* Rn. 10). Es widerspricht der gesetzlichen Regelung, welcher die Anwesenheit mindestens der Hälfte der Betriebsratsmitglieder bei der Beschlußfassung verlangt. Aus demselben Grund ist auch eine schriftliche, telegrafische oder fernmündliche Beschlußfassung nicht möglich (DKK/*Wedde* Rn. 10; *Fitting* Rn. 21; GK-BetrVG/*Wiese* Rn. 11). Die Abstimmungen finden, soweit nicht anders geregelt, grundsätzlich offen statt. Jedes Betriebsratsmitglied gibt seine Stimme in eigener Verantwortung ab, ohne an Weisungen oder Aufträge gebunden zu sein (*Fitting* Rn. 31; GK-BetrVG/*Wiese* Rn. 34). Sofern das Gesetz keine besondere Stimmenmehrheit verlangt, genügt nach Abs. 1 die Mehrheit der anwesenden Mitglieder. **Stimmenthaltung** ist möglich, wirkt sich aber als Ablehnung aus (DKK/*Wedde* Rn. 16; *Fitting* Rn. 33). Erklärt ein anwesendes Betriebsratsmitglied ausdrücklich seine **Nichtteilnahme** an der Abstimmung, wird es bei der Berechnung der Stimmenmehrheit nicht als Gegenstimme gezählt (DKK/*Wedde* Rn. 16; *Fitting* Rn. 34; aA GK-BetrVG/*Wiese* Rn. 29). Bei Stimmengleichheit ist ein Antrag abgelehnt (*Fitting* Rn. 35; *Richardi* Rn. 17).

IV. Stimmrecht

5   Soweit ein Betriebsratsmitglied von einer Entscheidung des Betriebsrats **persönlich betroffen** ist, zB von einer ihn betreffenden personellen Maßnahmen, entfällt sein Stimmrecht (BAG 23. 8. 1984 AP BetrVG 1972 § 103 Nr. 17; BAG 3. 8. 99 – 1 ABR 30/98). Anderes gilt bei organisatorischen Akten des Betriebsrats, zB förmlicher Wahl oder Abberufung des Vorsitzenden, der Mitglieder zum Betriebsausschuß oder zum Gesamtbetriebsrat oder Konzernbetriebsrat. Hier hat auch das zu wählende oder abzuberufende Mitglied Stimmrecht (*Fitting* Rn. 37; GK-BetrVG/*Wiese* Rn. 26). Das von einer Entscheidung des Betriebsrats persönlich betroffene Betriebsratsmitglied darf auch an der Beratung nicht teilnehmen (BAG 23. 8. 1984 AP BetrVG 1972 § 103 Nr. 17; BAG 3. 8. 99 – 1 ABR 30/98). Anstelle des verhinderten Betriebsratsmitglieds rückt ein Ersatzmitglied nach § 25 nach (*Fitting* Rn. 37 a). Nehmen die **Mitglieder der Jugend- und Auszubildendenvertretung** nach § 67 II an der Beschlußfassung des Betriebsrats teil, zählen ihre Stimmen nach Abs. 3 bei der Berechnung der Stimmenmehrheit, nicht aber bei der Beschlußfähigkeit mit (*Fitting* Rn. 38; *Richardi* Rn. 9). Grundsätzlich ist es somit möglich, daß eine Minderheit des Betriebsrats zusammen mit den Mitgliedern der Jugend- und Auszubildendenvertretung einen Beschluß des Betriebsrats mit Mehrheit verabschieden. Soweit das Gesetz für Beschlüsse abweichend von Abs. 1 eine Mehrheit der Stimmen der Mitglieder des Betriebsrats verlangt, muß neben der Mehrheit des gemeinsamen Beschlußgremiums auch eine Mehrheit der Mitglieder des Betriebsrats gegeben sein (DKK/*Wedde* Rn. 19; *Fitting* Rn. 41; GK-BetrVG/*Wiese* Rn. 31).

V. Streitigkeiten

6   Streitigkeiten aus der Vorschrift sind im arbeitsgerichtlichen Beschlußverfahren nach §§ 2 a, 80 ff. ArbGG zu entscheiden. Die Wirksamkeit der Beschlußfassung des Betriebsrats kann auch inzidenter iR eines Urteilsverfahren zu entscheiden sein. Betriebsratsbeschlüsse unterliegen keiner gerichtlichen Zweckmäßigkeitskontrolle (vgl. BAG 3. 4. 1979 AP BetrVG 1972 § 13 Nr. 1; DKK/*Wedde* Rn. 23; *Richardi* Rn. 41; *Fitting* Rn. 48; GK-BetrVG/*Wiese* Rn. 61) Zur Rechtmäßigkeitskontrolle gehört die Überprüfung von Ermessensüberschreitung oder Ermessensmißbrauch (LAG *Nürnberg* AiB 1986, 93; *Richardi* Rn. 41; GK-BetrVG/*Wiese* Rn. 61). Die Rechtmäßigkeitskontrolle von Organisationsentscheidungen des Betriebsrats beschränkt sich für die bei förmlichen Wahlen getroffenen Entscheidungen auf das entsprechend § 19 durchzuführende Anfechtungsverfahren und die Geltendmachung der Nichtigkeit (*Fitting* Rn. 47). **Sonstige Beschlüsse** des Betriebsrats können mangels gesetzlicher Grundlage nicht nach § 19 angefochten werden (DKK/*Wedde* Rn. 23; *Fitting* Rn. 49). Eine Anfechtung durch das einzelne Betriebsratsmitglied wegen Irrtums, Täuschung oder Drohung ist möglich und kann Auswirkungen auf die Wirksamkeit des Beschlusses des Betriebsrats haben (*Fitting* Rn. 49; GK-BetrVG/*Wiese* 46). Das ArbG kann die Unwirksamkeit von Beschlüssen nur feststellen, wenn sie **nichtig** sind. Dazu gehören der gesetzeswidrige Inhalt der Beschlüsse (Verstoß gegen höherrangiges Recht, zB § 77 III), fehlende Zuständigkeit des Betriebsrats oder nicht ordnungsgemäßes Zustandekommen der Beschlüsse (BAG 23. 8. 1984 AP BetrVG 1972 § 103 Nr. 17). Dies gilt nicht schon bei kleinen Formfehlern. Nur grobe Verstöße gegen Grundsätze und Vorschriften, die unerläßliche Voraussetzung für eine Beschlußfassung sind, können zur Nichtigkeit des Beschlusses führen (BAG 23. 8. 1984 AP BetrVG 1972 § 103 Nr. 17). Ein Verstoß gegen die Pflicht zur Aufnahme des Beschlusses in der Sitzungsniederschrift nach § 34 I oder die Nichtbeachtung der Nichtöffentlichkeit der Sitzung berührt die Wirksamkeit der Beschlüsse nicht (DKK/*Wedde* Rn. 28; *Fitting* Rn. 53). Hat ein Nichtberechtigter an der Beschlußfassung teilgenommen, ist er nur unwirksam, wenn die Teilnahme Einfluß auf das Ergebnis gehabt haben kann (*Richardi* Rn. 45; *Fitting* Rn. 54; GK-BetrVG/ *Wiese* Rn. 54).

§ 34 Sitzungsniederschrift

(1) ¹Über jede Verhandlung des Betriebsrats ist eine Niederschrift aufzunehmen, die mindestens den Wortlaut der Beschlüsse und die Stimmenmehrheit, mit der sie gefaßt sind, enthält. ²Die Niederschrift ist von dem Vorsitzenden und einem weiteren Mitglied zu unterzeichnen. ³Der Niederschrift ist eine Anwesenheitsliste beizufügen, in die sich jeder Teilnehmer eigenhändig einzutragen hat.

(2) ¹Hat der Arbeitgeber oder ein Beauftragter einer Gewerkschaft an der Sitzung teilgenommen, so ist ihm der entsprechende Teil der Niederschrift abschriftlich auszuhändigen. ²Einwendungen gegen die Niederschrift sind unverzüglich schriftlich zu erheben; sie sind der Niederschrift beizufügen.

(3) **Die Mitglieder des Betriebsrats haben das Recht, die Unterlagen des Betriebsrats und seiner Ausschüsse jederzeit einzusehen.**

I. Vorbemerkung

Die Vorschrift ist zwingend (*Fitting* Rn. 3). Sie gilt nach § 51 I für den Gesamtbetriebsrat und nach § 59 I für den Konzernbetriebsrat. Für die Jugend- und Auszubildendenvertretung gilt sie nach § 65 I, für die Gesamt-Jugend- und Auszubildendenvertretung nach § 73 II. Die Vorschrift gilt entsprechend für den Betriebsausschuß und die weiteren Ausschüsse des Betriebsrats nach § 28. Da es auch in bloß vorbereitenden Ausschüssen zu Beschlüssen kommen kann, gilt § 34 auch für diese Ausschüsse (DKK/*Wedde* Rn. 1; *Fitting* Rn. 6 a). 1

II. Niederschrift

Die Verpflichtung, ein Protokoll anzufertigen, trifft den Betriebsrat. Verantwortlich für die Ausführung ist sein Vorsitzender (GK-BetrVG/*Wiese* Rn. 7). Das Protokoll ist Privaturkunde iSv. § 416 ZPO und Urkunde iSv. § 267 StGB (*Fitting* Rn. 5; GK-BetrVG/*Wiese* Rn. 12 ff.). Über die inhaltliche Richtigkeit muß im Streitfall nach § 286 ZPO in freier richterlicher Beweiswürdigung entschieden werden. Der Arbeitgeber hat an den Urkunden kein Eigentum (DKK/*Wedde* Rn. 12; *Fitting* Rn. 5; GK-BetrVG/*Wiese* § 40 Rn. 134). Die Niederschrift ist auch anzufertigen, wenn keine Beschlüsse gefällt wurden (*Fitting* Rn. 6; GK-BetrVG/*Wiese* Rn. 6). Sind Beschlüsse gefaßt oder abgelehnt worden, ist der Wortlaut der Beschlüsse und das Stimmenverhältnis anzugeben (DKK/*Wedde* Rn. 3; *Richardi* Rn. 3; *Fitting* Rn. 11). Angaben zum Stimmverhalten einzelner Betriebsratsmitglieder sind möglich, aber grundsätzlich nicht vorgeschrieben. Ist namentliche Abstimmung durchgeführt worden, ist das Abstimmungsverhalten der Betriebsratsmitglieder in der Niederschrift festzuhalten (DKK/*Wedde* Rn. 3; *Fitting* Rn. 12; aA GK-BetrVG/*Wiese* Rn. 14). Protokollerklärungen einzelner Betriebsratsmitglieder sind aufzunehmen (DKK/*Wedde* Rn. 4; *Fitting* Rn. 13; GK-BetrVG/*Wiese* Rn. 15). In der Geschäftsordnung kann bestimmt werden, was zusätzlich in die Niederschrift gehört (*Fitting* Rn. 13). 2

Die Niederschrift kann auf der Sitzung oder unmittelbar danach aufgrund von Notizen ausgearbeitet werden (*Fitting* Rn. 10; *Richardi* Rn. 7). Der Betriebsrat kann einen **Schriftführer** bestellen (DKK/*Wedde* Rn. 9; *Fitting* Rn. 8). Ein Anspruch des Betriebsrats auf Teilnahme einer ihm nicht angehörenden Person als verantwortlicher Protokollführer besteht nicht (BAG 17. 10. 1990 AP BetrVG 1972 § 108 Nr. 8). Die Hinzuziehung einer Schreibkraft zur Unterstützung eines Schriftführers, der Betriebsratsmitglied ist, ist zulässig (DKK/*Wedde* Rn. 9; *Richardi* Rn. 5; *Fitting* Rn. 9; aA GK-BetrVG/*Wiese* Rn. 8). **Tonbandaufnahmen** sind nur zulässig, wenn alle Anwesenden ausdrücklich damit einverstanden sind (DKK/*Wedde* Rn. 7; *Fitting* Rn. 10; GK-BetrVG/*Wiese* Rn. 17). Neben dem Vorsitzenden hat ein weiteres Mitglied die Niederschrift zu **unterzeichnen**. Falls ein Schriftführer bestellt wurde, ist dieser zur Unterzeichnung berechtigt, es sei denn in der Geschäftsordnung wurde eine andere Regelung getroffen (*Fitting* Rn. 16). Die **Anwesenheitsliste** ist Bestandteil der Niederschrift und beweist durch eigenhändige Unterschrift die Teilnahme aller Teilnehmer. Bei nur vorübergehender Teilnahme, zB von Auskunftspersonen, ist auch der Zeitraum der Teilnahme festzuhalten (*Fitting* Rn. 17; GK-BetrVG/*Wiese* Rn. 20). Das **Fehlen einer Niederschrift** hat grundsätzlich keine Auswirkungen auf die Rechtsgültigkeit von Beschlüssen des Betriebsrates (BAG 8. 2. 1977 AP BetrVG 1972 § 80 Nr. 10). Anderes gilt, wenn ein gesetzliches Schriftformerfordernis für den Beschluß vorgeschrieben ist, wie zB für die Geschäftsordnung oder die Übertragung von Aufgaben zur selbständigen Erledigung (*Fitting* Rn. 22; *Richardi* Rn. 21). Soweit der Arbeitgeber oder sein Vertreter an der Sitzung teilgenommen haben, ist ihm eine Abschrift der Niederschrift **auszuhändigen** (DKK/*Wedde* Rn. 14; *Richardi* Rn. 11; *Fitting* Rn. 18). Beschränkte die Teilnahme sich auf einzelne Tagesordnungspunkte, so erhält der Arbeitgeber nur den entsprechenden Teil als Abschrift ausgehändigt (*Fitting* Rn. 18; GK-BetrVG/*Wiese* Rn. 22). Gleiches gilt für den Gewerkschaftsbeauftragten. Die übrigen Teilnehmer haben keinen Anspruch auf Aushändigung einer Abschrift. Es ist nicht unzulässig, ihnen eine Abschrift zu überlassen (DKK/*Wedde* Rn. 16; *Fitting* Rn. 20). Solange die Niederschrift 3 von rechtlicher Bedeutung sein kann, ist sie – auch vom nachfolgenden BR – **aufzubewahren** (DKK/ *Wedde* Rn. 12; *Richardi* Rn. 23; *Fitting* Rn. 14).

III. Einwendungen

4   Die Berechtigung, Einwendungen gegen die Niederschrift zu erheben, steht nicht nur den in Abs. 2 S. 1 genannten Personen, sondern allen zu, die an der Sitzung teilgenommen haben, inbesondere den Betriebsratsmitgliedern (DKK/*Wedde* Rn. 17; *Richardi* Rn. 15; *Fitting* Rn. 23 a; GK-BetrVG/*Wiese* Rn. 25). Einwendungen haben auf die Wirksamkeit der Beschlüsse des Betriebsrats keine Auswirkung. Sie müssen nach Abs. 2 S. 2 unverzüglich schriftlich gegenüber dem Betriebsratsvorsitzenden erhoben werden. Es ist zulässig, die Einwendungen schon auf der Betriebsratssitzung mündlich vorzubringen. Auch wenn der Betriebsrat die Einwendungen für sachlich nicht berechtigt hält, müssen sie der Niederschrift beigefügt werden. Ein vollständiges „Gegenprotokoll" des Arbeitgebers ist keine Einwendung (LAG Frankfurt DB 89, 486; DKK/*Wedde* Rn. 17; *Fitting* Rn. 24; aA GK-BetrVG/*Wiese* Rn. 26). Darüber hinaus gibt es keinen weitergehenden Anspruch auf Korrektur der Niederschrift. Auf Antrag eines Beteiligten kann die Richtigkeit der Niederschrift im Beschlußverfahren geklärt werden (*Fitting* Rn. 26; GK-BetrVG/*Wiese* Rn. 27).

IV. Einsichtsrecht

5   Das Einsichtsrecht unterliegt weder zeitlichen noch sachlichen Schranken oder Voraussetzungen solange seine Ausübung nicht die Arbeit des BR konkret behindert (*Fitting* Rn. 27; *Richardi* Rn. 27). Es dient der Kontrollmöglichkeit und Transparenz der Tätigkeit des Betriebsrats und seiner Ausschüsse. Das Einsichtsrecht erstreckt sich auf die Unterlagen einzelner Mitglieder des Betriebsrats in gemeinsamen Ausschüssen nach § 28 III, soweit bei ihnen eigene Unterlagen entstanden sind (*Fitting* Rn. 32; HSG/*Glaubitz* Rn. 26). Es gibt kein Anspruch auf Überlassung der einzusehenden Unterlagen. Der Einsichtsberechtigte kann sich Notizen oder Abschriften anfertigen. Er darf sich die Unterlagen kopieren (DKK/*Wedde* Rn. 23; *Richardi* Rn. 28; *Fitting* Rn. 28; GK-BetrVG/*Wiese* Rn. 31; aA BAG 27. 5. 82 AP BetrVG 1972 § 34 Nr. 1). Unterlagen sind alle schriftlichen Aufzeichnungen oder sonstigen Materialien, die der Betriebsrat selbst angefertigt hat oder ihm ständig zur Verfügung stehen, insbesondere Betriebsvereinbarungen, Tarifverträge, Verhandlungsprotokolle, Berechnungen usw. Einsichtsberechtigt nach Abs. 3 sind nur die Betriebsratsmitglieder. Der Jugend- und Auszubildendenvertretung kann nach § 70 II im Einzelfall ein Einsichtsrecht zustehen (*Fitting* Rn. 29). Der Betriebsrat hat die Möglichkeit, auch anderen Einsicht zu gewähren, soweit nicht gesetzliche Vorschriften, insbesondere die Geheimhaltungspflicht aus § 79 dem entgegensteht und ein berechtigtes Interesse an der Einsicht besteht (*Fitting* Rn. 29; GK-BetrVG/*Wiese* Rn. 29).

V. Streitigkeiten

6   Streitigkeiten aus der Vorschrift werden nach §§ 2 a, 80 ff. ArbGG im arbeitsgerichtlichen Beschlußverfahren entschieden.

§ 35 Aussetzung von Beschlüssen

(1) **Erachtet die Mehrheit der Vertreter einer Gruppe oder der Jugend- und Auszubildendenvertretung einen Beschluß des Betriebsrats als eine erhebliche Beeinträchtigung wichtiger Interessen der durch sie vertretenen Arbeitnehmer, so ist auf ihren Antrag der Beschluß auf die Dauer von einer Woche vom Zeitpunkt der Beschlußfassung an auszusetzen, damit in dieser Frist eine Verständigung, gegebenenfalls mit Hilfe der im Betrieb vertretenen Gewerkschaften, versucht werden kann.**

(2) [1]**Nach Ablauf der Frist ist über die Angelegenheit neu zu beschließen.** [2]**Wird der erste Beschluß bestätigt, so kann der Antrag auf Aussetzung nicht wiederholt werden; dies gilt auch, wenn der erste Beschluß nur unerheblich geändert wird.**

(3) **Die Absätze 1 und 2 gelten entsprechend, wenn die Schwerbehindertenvertretung einen Beschluß des Betriebsrats als eine erhebliche Beeinträchtigung wichtiger Interessen der Schwerbehinderten erachtet.**

I. Antrag

1   Die zwingende Vorschrift gilt nach § 51 I auch für den Gesamtbetriebsrat und nach § 59 I mit gewissen Modifikationen für den Konzernbetriebsrat (s. § 59 Rn. 2). Der Antrag kann nur gegen Beschlüsse des Betriebsrats geltend gemacht werden, nicht gegen seine organisatorischen Akte, wie zB Wahlen (*Fitting* Rn. 4; GK-BetrVG/*Wiese* Rn. 18). Der Antrag kann formlos gestellt werden. Eine Woche nach Beschlußfassung kann er nicht mehr gestellt werden (DKK/*Wedde* Rn. 11; *Richardi*

Rn. 18; *Fitting* Rn. 19). Die Beeinträchtigung ist zu begründen (DKK/*Wedde* Rn. 12; *Richardi* Rn. 19; *Fitting* Rn. 20). **Antragsberechtigt** ist die absolute Mehrheit (*Fitting* Rn. 6) einer Gruppe, die bei der Beschlußfassung überstimmt worden ist, nicht eine Mehrheit aus verschiedenen Gruppen (*Fitting* Rn. 6; *Richardi* Rn. 6). Einer aus zwei Vertretern bestehenden Gruppe, die einvernehmlich den Aussetzungsantrag stellen, steht das Recht ebenso zu wie einem einzelnen Gruppenvertreter (DKK/*Wedde* Rn. 8; *Richardi* Rn. 8; GK-BetrVG/*Wiese* Rn. 10; aA *Fitting* Rn. 8). Das Recht hat nicht nur eine Minderheits-, sondern auch die Mehrheitsgruppe (GK-BetrVG/*Wiese* Rn. 11). Das Antragsrecht ist ausgeschlossen, wenn in der Betriebsratssitzung die Mehrheit der Gruppe zunächst dem Beschluß zugestimmt hat; wer als Gruppenangehöriger für den Antrag gestimmt hat, kann sich nicht mehr am Aussetzungsantrag beteiligen (DKK/*Wedde* Rn. 6; *Fitting* Rn. 6; GK-BetrVG/*Wiese* Rn. 8; *Richardi* Rn. 20). Einem Antrag der Jugend- und Auszubildendenvertretung muß ein mit absoluter Mehrheit gefällter Beschluß dieses Gremiums zugrunde liegen (vgl. § 66 Rn. 1; DKK/*Wedde* Rn. 9; *Fitting* Rn. 12; GK-BetrVG/*Wiese* Rn. 12). Ein Antragsrecht entfällt, wenn die Mehrheit der Jugend- und Auszubildendenvertreter nach § 67 II Stimmrecht hatte und dem Beschluß gestimmt hat (DKK/*Wedde* Rn. 9; *Fitting* Rn. 13; GK-BetrVG/*Wiese* Rn. 13; aA *Richardi* Rn. 14). Steht der Jugend- und Auszubildendenvertretung nach § 67 I 2 ein beratendes Stimmrecht zu, setzt der Antrag voraus, daß sie ihre Bedenken gegen den zur Abstimmung gestellten Beschluß während seiner Beratung deutlich gemacht hat (DKK/*Wedde* Rn. 9; *Fitting* Rn. 14; GK-BetrVG/*Wiese* Rn. 13). Dies gilt in gleicher Weise für die Schwerbehindertenvertretung (*Fitting* Rn. 15).

II. Aussetzung

Mit der Aussetzung wird die Durchführung des Beschlusses hinausgeschoben. Ist der Beschluß 2 bereits durchgeführt, kann er nicht mehr ausgesetzt werden (DKK/*Wedde* Rn. 11). Der Betriebsratsvorsitzende hat kein materielles, sondern nur ein **formelles Prüfungsrecht** (*Fitting* Rn. 23; *Richardi* Rn. 22). Die Prüfung beschränkt sich grundsätzlich darauf, ob ein ordnungsgemäßer Antrag von einem nach § 35 Antragsberechtigten gestellt wurde. Ist der Antrag offensichtlich unbegründet oder mutwillig gestellt, kann dies in Eil- oder Notfällen anders sein (*Fitting* Rn. 23; GK-BetrVG/*Wiese* Rn. 20; aA DKK/*Wedde* Rn. 13). Die **Wochenfrist** wird nach den §§ 187 f. BGB berechnet. Sie beginnt nach Abs. 1 nicht mit der Antragstellung, sondern mit der Beschlußfassung. Der Betriebsrat kann eine längere Frist einräumen, wenn längere Zeit für die Verständigungsverhandlungen zu gewähren (*Fitting* Rn. 24). Eine kürzere Frist ist nur zulässig, wenn es zu einverständlichen Einigung kommt (DKK/*Wedde* Rn. 15; *Fitting* Rn. 24; GK-BetrVG/*Wiese* Rn. 21). Jeder Beteiligte kann die im Betrieb vertretenen **Gewerkschaften** zur Mithilfe für eine Verständigung hinzuziehen (*Fitting* Rn. 26; GK-BetrVG/*Wiese* Rn. 24). Die Aussetzung von Beschlüssen verlängert weder **andere Fristen** aus der Betriebsverfassung noch werden sie unterbrochen (*Richardi* Rn. 29). Die Wirksamkeit von Betriebsratsbeschlüssen wird von der Aussetzung und der Nichtbeachtung der Vorschrift nicht berührt. Bei § 35 handelt es sich um eine interne Ordnungsvorschrift für die Willensbildung des Betriebsrats (DKK/*Wedde* Rn. 14; *Fitting* Rn. 35; GK-BetrVG/*Wiese* Rn. 22 f.) Deshalb führt der Aussetzungsantrag auch nicht zur Verlängerung der Fristen nach § 99 III und 102 II (DKK/*Wedde* Rn. 14; *Richardi* Rn. 30; *Fitting* Rn. 35). Der Betriebsrat hat dem Arbeitgeber die von ihm getroffene Entscheidung unter Hinweis auf ein gegen diesen Beschlusses gerichtetes Aussetzungsverfahrens mitzuteilen. Dieser muß im Rahmen der aus § 2 I gebotenen vertrauensvollen Zusammenarbeit abwägen, ob er die vorgesehene Maßnahme bis zur erneuten Beschlußfassung hinausschieben kann, was außer in Dringlichkeitsfällen regelmäßig der Fall sein wird (vgl. DKK/*Wedde* Rn. 14; *Fitting* Rn. 34; GK-BetrVG/*Wiese* Rn. 23). Nach Abs. 2 S. 1 ist ein **neuer Beschluß** (frühestens) nach Ablauf der Wochenfrist herbeizuführen. Gegenstand der Beratung und neuen Beschlußfassung ist nicht der ursprüngliche Antrag sondern der angegriffene Beschluß unter Einbeziehung der von den Aussetzungsberechtigten vorgetragenen Einwände (*Fitting* Rn. 27; *Richardi* Rn. 25). Der erneute Beschluß beendet das Aussetzungsverfahren. Bestätigt der Betriebsrat den angegriffenen Beschluß oder ändert den ersten Beschluß nur unerheblich, kann der erneute Beschluß nicht wieder Gegenstand eines neuen Aussetzungsverfahrens werden (*Fitting* Rn. 29, 30; *Richardi* Rn. 26). Hebt er ihn auf, ohne in der Sache neu zu beschließen, kann es sich um eine erhebliche Änderung handeln (*Fitting* Rn. 30; aA GK-BetrVG/*Wiese* Rn. 30).

III. Ausschüsse

Eine analoge Anwendung auf Beschlüsse von Ausschüssen nach §§ 27, 28 ist jedenfalls dann not- 3 wendig, wenn den Ausschüssen Aufgaben zur selbständigen Entscheidung übertragen wurden. In diesem Rahmen treten die Ausschüsse an die Stelle des Betriebsrats. Ohne entsprechende Anwendung der Vorschrift auf diese Fälle würde der Schutz der Aussetzungsberechtigten unterlaufen (DKK/*Wedde* Rn. 1; *Richardi* Rn. 31; *Fitting* Rn. 38; GK-BetrVG/*Wiese* Rn. 4). Soweit die Geschäftsordnung nichts anderes regelt, sind die Aussetzungsanträge gegen die Ausschußbeschlüsse an den Betriebsratsvorsitzenden zu richten (*Richardi* Rn. 31; *Fitting* Rn. 38; GK-BetrVG/*Wiese* Rn. 4). Auf

Beschlüsse des Wirtschaftsausschusses ist § 35 nicht anwendbar (DKK/*Wedde* Rn. 2; *Richardi* Rn. 31; *Fitting* Rn. 39).

IV. Streitigkeiten

4   Streitigkeiten aus der Vorschrift sind im arbeitsgerichtlichen Beschlußverfahren nach §§ 2 a, 80 ff. ArbGG zu entscheiden.

§ 36 Geschäftsordnung

Sonstige Bestimmungen über die Geschäftsführung sollen in einer schriftlichen Geschäftsordnung getroffen werden, die der Betriebsrat mit der Mehrheit der Stimmen seiner Mitglieder beschließt.

I. Inhalt

1   Die Geschäftsordnung legt die Ordnung der internen Geschäftsführung des Betriebsrates fest. Die Vorschrift gilt entsprechend für die Ausschüsse des Betriebsrats, des Gesamtbetriebsrats und des Konzernbetriebsrats. Soweit der Betriebsrat, der Gesamtbetriebsrat oder Konzernbetriebsrat Geschäftsordnungen für die Geschäftsführung ihrer Ausschüsse erlassen, haben diese Vorrang vor den von den Ausschüssen selbst erlassenen (GK-BetrVG/*Wiese* Rn. 3). Die Geschäftsordnung des Betriebsrats kann nur Vorschriften über die Führung der Geschäfte enthalten, also Bestimmungen darüber, in welcher Art und Weise der Betriebsrat seine Aufgaben erfüllen will (BAG 16. 1. 1979 AP BetrVG 1972 § 38 Nr. 5). Sie kann dem Betriebsrat keine Befugnisse übertragen, die ihm nicht bereits durch Gesetz oder Tarifvertrag zugewiesen wurden (DKK/*Wedde* Rn. 5; *Fitting* Rn. 5; GK-BetrVG/ *Wiese* Rn. 12). Die Bestimmungen der §§ 26 bis 41 können wiederholt und teilweise konkretisiert werden. Es kann aber nicht von zwingenden Vorschriften abgewichen werden (DKK/*Wedde* Rn. 3; *Richardi* Rn. 5; *Fitting* Rn. 5; GK-BetrVG/*Wiese* Rn. 11). Maßnahmen, die nur gemeinsam mit dem Arbeitgeber entschieden werden können, wie zB zusätzliche Freistellungen nach § 38 oder die Nutzung von Geschäftsräumen können nicht durch die Geschäftsordnung, sondern müssen durch Betriebsvereinbarung oder Regelungsabrede vereinbart werden (BAG 16. 1. 1979 AP BetrVG 1972 § 38 Nr. 5).

II. Erlaß

2   Der Beschluß bedarf der absoluten Mehrheit der Stimmen der Mitglieder des Betriebsrats. Die Geschäftsordnung bedarf der Schriftform. Sie muß vom Betriebsratsvorsitzenden unterzeichnet werden (*Fitting* Rn. 9; *Richardi* Rn. 10). Sie ist auch ohne Veröffentlichung wirksam. Die Betriebsratsmitglieder dürfen sie jedoch jederzeit einsehen (DKK/*Wedde* Rn. 8; *Richardi* Rn. 10; *Fitting* Rn. 10; GK-BetrVG/*Wiese* Rn. 9). Wird eine Geschäftsordnung nicht erlassen, führt dies weder zur Unwirksamkeit der Beschlüsse des Betriebsrates noch stellt dies eine grobe Pflichtverletzung nach § 23 dar (*Fitting* Rn. 8). Die Geschäftsordnung gilt für die Dauer der Amtszeit des Betriebsrats (DKK/*Wedde* Rn. 11; *Fitting* Rn. 11; GK-BetrVG/*Wiese* Rn. 17; aA *Richardi* Rn. 15). Sie bindet den Vorsitzenden, den Stellvertreter, die Ausschüsse und alle sonstigen Betriebsratsmitglieder oder Organe des Betriebsrats. Der Betriebsrat selbst kann mit absoluter Mehrheit im Einzelfall von der Geschäftsordnung abweichen (DKK/*Wedde* Rn. 9; *Fitting* Rn. 12; GK-BetrVG/*Wiese* Rn. 10; aA *Richardi* Rn. 13). Außenstehende können keine unmittelbaren Rechte aus der Geschäftsordnung herleiten, da sie lediglich interne Vorgänge des Betriebsrats regelt (*Fitting* Rn. 13). Eine Verletzung der Geschäftsordnung allein hat keine Auswirkung auf die Wirksamkeit von Betriebsratsbeschlüssen (DKK/*Wedde* Rn. 10; *Fitting* Rn. 13; GK-BetrVG/*Wiese* Rn. 18; *Richardi* Rn. 12).

III. Streitigkeiten

3   Streitigkeiten aus der Vorschrift sind im arbeitsgerichtlichen Beschlußverfahren nach §§ 2 a, 80 ff. ArbGG zu entscheiden.

§ 37 Ehrenamtliche Tätigkeit, Arbeitsversäumnis

(1) Die Mitglieder des Betriebsrats führen ihr Amt unentgeltlich als Ehrenamt.

(2) Mitglieder des Betriebsrats sind von ihrer beruflichen Tätigkeit ohne Minderung des Arbeitsentgelts zu befreien, wenn und soweit es nach Umfang und Art des Betriebs zur ordnungsgemäßen Durchführung ihrer Aufgaben erforderlich ist.

(3) ¹Zum Ausgleich für Betriebsratstätigkeit, die aus betriebsbedingten Gründen außerhalb der Arbeitszeit durchzuführen ist, hat das Betriebsratsmitglied Anspruch auf entsprechende Arbeits-

befreiung unter Fortzahlung des Arbeitsentgelts. ² Die Arbeitsbefreiung ist vor Ablauf eines Monats zu gewähren; ist dies aus betriebsbedingten Gründen nicht möglich, so ist die aufgewendete Zeit wie Mehrarbeit zu vergüten.

(4) ¹ Das Arbeitsentgelt von Mitgliedern des Betriebsrats darf einschließlich eines Zeitraums von einem Jahr nach Beendigung der Amtszeit nicht geringer bemessen werden als das Arbeitsentgelt vergleichbarer Arbeitnehmer mit betriebsüblicher beruflicher Entwicklung. ² Dies gilt auch für allgemeine Zuwendungen des Arbeitgebers.

(5) Soweit nicht zwingende betriebliche Notwendigkeiten entgegenstehen, dürfen Mitglieder des Betriebsrats einschließlich eines Zeitraums von einem Jahr nach Beendigung der Amtszeit nur mit Tätigkeiten beschäftigt werden, die den Tätigkeiten der in Absatz 4 genannten Arbeitnehmer gleichwertig sind.

(6) ¹ Absatz 2 gilt entsprechend für die Teilnahme an Schulungs- und Bildungsveranstaltungen, soweit diese Kenntnisse vermitteln, die für die Arbeit des Betriebsrats erforderlich sind. ² Der Betriebsrat hat bei der Festlegung der zeitlichen Lage der Teilnahme an Schulungs- und Bildungsveranstaltungen die betrieblichen Notwendigkeiten zu berücksichtigen. ³ Er hat dem Arbeitgeber die Teilnahme und die zeitliche Lage der Schulungs- und Bildungsveranstaltungen rechtzeitig bekanntzugeben. ⁴ Hält der Arbeitgeber die betrieblichen Notwendigkeiten für nicht ausreichend berücksichtigt, so kann er die Einigungsstelle anrufen. ⁵ Der Spruch der Einigungsstelle ersetzt die Einigung zwischen Arbeitgeber und Betriebsrat.

(7) ¹ Unbeschadet der Vorschrift des Absatzes 6 hat jedes Mitglied des Betriebsrats während seiner regelmäßigen Amtszeit Anspruch auf bezahlte Freistellung für insgesamt drei Wochen zur Teilnahme an Schulungs- und Bildungsveranstaltungen, die von der zuständigen obersten Arbeitsbehörde des Landes nach Beratung mit den Spitzenorganisationen der Gewerkschaften und der Arbeitgeberverbände als geeignet anerkannt sind. ² Der Anspruch nach Satz 1 erhöht sich für Arbeitnehmer, die erstmals das Amt eines Betriebsratsmitglieds übernehmen und auch nicht zuvor Jugend- und Auszubildendenvertreter waren, auf vier Wochen. ³ Absatz 6 Satz 2 bis 5 findet Anwendung.

I. Ehrenamt

Die Vorschrift ist zugunsten des Betriebsrats und seiner Mitglieder zwingend: Sie kann durch Tarifvertrag oder durch eine Betriebsvereinbarung nicht abgeändert, aber konkretisiert und ausgestaltet werden (*Fitting* Rn. 3; GK-BetrVG/*Wiese* Rn. 4). Für das Betriebsratsamt als privatrechtliches Ehrenamt gilt streng der **Grundsatz der Unentgeltlichkeit**. Nur so läßt sich die innere Unabhängigkeit des Betriebsratsmitglieds und des Betriebsrats als Organ gewährleisten (BAG 20. 10. 1993 AP BetrVG 1972 § 37 Nr. 90). Im Interesse der unparteiischen und unabhängigen Ausübung des Amtes dürfen Betriebsratsmitglieder aus seiner Führung weder Vorteile haben noch Nachteile erleiden (DKK/*Wedde* Rn. 3; *Fitting* Rn. 6). Insbesondere dürfen sie keine mittelbaren oder versteckten Vergünstigungen empfangen (*Fitting* Rn. 7; GK-BetrVG/*Wiese* Rn. 9). Eine Pauschalierung ihrer amtsbedingten regelmäßigen Auslagen und Aufwendungen ist daher nur zulässig, wenn sie im wesentlichen den durchschnittlichen tatsächlichen Belastungen entspricht (BAG 9. 11. 1955 AP KRG Nr. 22 Art. IX Nr. 1 Betriebsrätegesetz; DKK/*Wedde* Rn. 3; *Richardi* Rn. 8). Vereinbarungen über unzulässige Entgeltgewährung im Einzelvertrag, in einer Betriebsvereinbarung oder in einem Tarifvertrag sind nach § 78 iVm. § 134 BGB nichtig. Das ohne Rechtsgrund Geleistete kann trotz § 817 S. 2 BGB zurückgefordert werden. Die Vorschrift ist vor dem Hintergrund des § 37 Abs. 1 theologisch zu reduzieren (*Richardi* Rn. 9; GK-BetrVG/*Wiese* Rn. 15; aA DKK/*Wedde* Rn. 7; *Fitting* Rn. 9). Verstöße gegen das Begünstigungs- und Benachteiligungsverbot können in einem Verfahren nach § 23 I führen und gegebenenfalls den Straftatbestand nach § 119 I Nr. 1 verwirklichen (*Fitting* Rn. 11; GK-BetrVG/*Wiese* Rn. 16). Die Betriebsratstätigkeit gilt in sozialversicherungsrechtlicher Hinsicht als Arbeitsleistung. In Ausübung von Amtsgeschäften erlittene Unfälle sind als Betriebsunfälle entsprechend zu entschädigen (DKK/*Wedde* Rn. 8; *Richardi* Rn. 12; *Fitting* Rn. 12; GK-BetrVG/*Wiese* Rn. 14).

II. Arbeitsbefreiung

Auch Betriebsratsmitglieder sind Arbeitnehmer und damit verpflichtet, die ihnen obliegende Arbeitsleistung zu erbringen. Zusätzlich haben sie betriebsverfassungsrechtliche Aufgaben zu erledigen. Diese Aufgaben gehen der Arbeitspflicht unter folgenden Voraussetzungen vor: Die Arbeitsbefreiung muß der Durchführung von Aufgaben des Betriebsrats dienen und zur ordnungsgemäßen Durchführung dieser Aufgaben erforderlich sein.

1. Aufgaben. Aufgaben des Betriebsrats und der einzelnen Betriebsratsmitglieder können sich neben dem BetrVG aus den allgemeinen Gesetzen, Tarifverträgen, Betriebsvereinbarungen und Regelungsabreden ergeben (DKK/*Wedde* Rn. 16; *Fitting* Rn. 22; GK-BetrVG/*Wiese* Rn. 23). In der Regel handelt es sich um Aufgaben, die innerhalb des Betriebes wahrzunehmen sind. Sie können auch **außerhalb des Betriebs** liegen, zB der Besuch von Sitzungen des Gesamtbetriebsrates in anderen Betrieben des Unternehmens, Verhandlungen mit nationalen oder internationalen Behörden, Besprechungen mit der Gewerkschaft iR des § 2 I, soweit hierfür ein besonderer Anlaß besteht, der Besuch eines Rechtsanwalts, der den Betriebsrat vertritt oder das Auftreten in Gerichtsverhandlungen, soweit der Betriebsrat selbst unmittelbar beteiligt ist (*Fitting* Rn. 25, 26). Im übrigen kann die Teilnahme an Gerichtsverhandlungen im Einzelfall zu den Aufgaben des Betriebsrates gehören, wenn er davon ausgehen darf, daß er die dort zu erwartenden Informationen in naher Zukunft für die gezielte Wahrnehmung anderer gesetzlicher oder betriebsverfassungsrechtlicher Aufgaben einsetzen kann (BAG 31. 8. 1994 AP BetrVG 1972 § 37 Nr. 98). Auch Besprechungen mit Betriebsräten fremder Betriebe können zu den Aufgaben des Betriebsrats gehören, wenn dafür ein konkreter betrieblicher Anlaß besteht (DKK/*Wedde* Rn. 19; *Fitting* Rn. 29; GK-BetrVG/*Wiese* Rn. 31; vgl. auch BAG 10. 8. 1994 BB 95, 1034 für ein Treffen mehrer Betriebsräte eines Unternehmens). Nicht zu den Aufgaben des Betriebsrats gehört die Werbung für eine Gewerkschaft oder die Teilnahme an Veranstaltungen rein gewerkschaftlichen Charakters, ohne Bezug zu den konkreten betriebsverfassungsrechtlichen Aufgaben (DKK/*Wedde* Rn. 24; *Fitting* Rn. 27). Ebensowenig die Teilnahme an Tarifverhandlungen, selbst wenn es um die Verhandlung eines Firmentarifvertrags geht und das Betriebsratsmitglied in seiner Eigenschaft als Angehöriger der Gewerkschaft Mitglied der Tarifkommission ist (*Richardi* Rn. 18; *Fitting* Rn. 27; GK-BetrVG/*Wiese* Rn. 30). Gleiches gilt für die Ausübung von Ehrenämtern, wie die Tätigkeit als ehrenamtlicher Arbeits- oder Sozialrichter oder als Vertreter in den Selbstverwaltungsorganen der Sozialversicherungsträger (DKK/*Wedde* Rn. 23; *Fitting* Rn. 27). Auch die allgemeine Rechtsberatung einzelner Arbeitnehmer (LAG Rheinland-Pfalz 10. 9. 1984 NZA 85, 430) oder die Prozeßvertretung im arbeitsgerichtlichen Verfahren sind keine Aufgaben des Betriebsrats (DKK/*Wedde* Rn. 23; *Richardi* Rn. 17; *Fitting* Rn. 28; GK-BetrVG/*Wiese* Rn. 25; vgl. auch BAG 19. 5. 1983 AP BetrVG 1972 § 37 Nr. 44). Und endlich gehört die Kontrolle von Maßnahmen des Arbeitgebers, die seiner Willensbildung dienen und als solche nicht der Mitbestimmung unterliegen, nicht zu seinen Aufgaben (BAG 11. 8. 1993 AuR 1993, 374: Kontrolle von Zeitstudien des Arbeitgebers zur möglichen Einführung neuer Entlohnungsmethoden). Hat ein Betriebsratsmitglied Arbeitsbefreiung für eine nicht zu den Aufgaben des Betriebsrats gehörenden Tätigkeit in Anspruch genommen, verliert es grundsätzlich den Anspruch auf Arbeitsentgelt, soweit der Betreffende – zB bei schwieriger und ungeklärter Rechtslage – nicht aufgrund eines entschuldbaren Irrtums davon ausgehen durfte, daß er BRarbeit ausübt (vgl. BAG 31. 8. 1994 AP BetrVG 1972 § 37 Nr. 98; ähnlich *Fitting* Rn. 30; DKK/*Wedde* Rn. 25; *Richardi* Rn. 14).

4 **2. Erforderlichkeit.** Ein Betriebsratsmitglied, das den weitgesteckten Rahmen seiner gesetzlichen Mitwirkungs- und Mitbestimmungsrechte auszuschöpfen versucht, überschreitet allein deshalb nicht die Grenzen der Erforderlichkeit (DKK/*Wedde* Rn. 26). Die Prüfung der Erforderlichkeit ist jedoch nicht allein in sein subjektives Ermessen gestellt (BAG 16. 3. 1988 AP BetrVG 1972 § 37 Nr. 63). Entscheidend ist, ob das Mitglied des Betriebsrates vom Standpunkt eines vernünftigen Dritten aus bei gewissenhafter Überlegung und bei ruhiger, vernünftiger Würdigung aller Umstände und Abwägung der Interessen des Betriebs, des Betriebsrats und der Belegschaft, die Arbeitsversäumnis für notwendig halten durfte, um den gestellten Aufgaben gerecht zu werden (BAG 6. 8. 1981 AP BetrVG 1972 § 37 Nr. 40; DKK/*Wedde* Rn. 26; GK-BetrVG/*Wiese* Rn. 33, 34). Der Beschluß des Betriebsrats allein genügt nicht, um die Erforderlichkeit zu begründen (BAG 6. 8. 1981 AP BetrVG 1972 § 37 Nr. 39). Das Betriebsratsmitglied führt sein Amt eigenverantwortlich und muß deshalb neben dem Beschluß des Betriebsrats selbst über die Erforderlichkeit der konkret beabsichtigten Betriebsratstätigkeit entscheiden. Deshalb kann umgekehrt sein Tätigwerden auch ohne Betriebsratsbeschluß erforderlich sein (BAG 6. 8. 1981 AP BetrVG 1972 § 37 Nr. 40; DKK/*Wedde* Rn. 30). Die Erforderlichkeit kann nicht anhand von Erfahrungs- oder Richtwerten gemessen werden. Stets muß eine Einzelfallbetrachtung erfolgen (BAG 21. 11. 1978 AP BetrVG 1972 § 37 Nr. 34; BAG 16. 10. 1986 AP BetrVG 1972 § 37 Nr. 58). Den Betriebsratsmitgliedern steht für ihre Entscheidung zur Erforderlichkeit ein **Beurteilungsspielraum** zu (BAG 16. 3. 1988 AP BetrVG 1972 § 37 Nr. 63). Durfte ein Betriebsratsmitglied nach gewissenhafter Prüfung zu der Einschätzung kommen, die Tätigkeit sei erforderlich, bleibt der Entgeltanspruch bestehen, auch wenn sich später herausstellt, daß die Erledigung der Aufgabe objektiv nicht notwendig war (BAG 16. 3. 1988 AP BetrVG 1972 § 37 Nr. 63). Ebensowenig ist in diesem Fall eine Abmahnung wegen Arbeitsversäumnis zulässig (BAG 6. 8. 1981 AP BetrVG 1972 § 37 Nr. 39, 40; BAG 31. 8. 1994 AP BetrVG 1972 § 37 Nr. 98). Bei Betriebsratstätigkeiten außerhalb des Betriebs zählen auch notwendige Wege- und Reisezeiten zur erforderlichen Arbeitsversäumnis (BAG 11. 7. 1978 AP BetrVG 1972 § 37 Nr. 57; *Richardi* Rn. 22).

5 Der **Umfang der Arbeitsbefreiung** ist nicht für alle Betriebsratsmitglieder gleich, sondern abhängig von der konkreten Aufgabenstellung und Funktion des einzelnen Betriebsratsmitglieds. In Betrieben mit nach § 38 freigestellten Betriebsratsmitgliedern kann eine Arbeitsbefreiung für nicht freigestellte Betriebsratsmitglieder nur verwendet werden, wenn die freigestellten Betriebsratsmitglieder nicht ausgelastet sind (BAG 19. 9. 1985 AP LPVG Rheinland-Pfalz § 42 Nr. 1; DKK/*Wedde* Rn. 28; *Fitting* Rn. 38;

II. Arbeitsbefreiung § 37 BetrVG 210

Richardi Rn. 23; GK-BetrVG/*Wiese* Rn. 37). Die Entscheidung über die Arbeitsorganisation und Arbeitsteilung innerhalb des Betriebsrats ist im übrigen allein seine Sache (BAG 1. 3. 1963 AP BetrVG 1972 § 37 Nr. 8; DKK/*Wedde* Rn. 27; *Fitting* Rn. 38; GK-BetrVG/*Wiese* Rn. 22, 37). Grundsätzlich ist der Betriebsrat auch befugt, selbst zu bestimmen, wieviele Betriebsratsmitglieder an Verhandlungen mit dem Arbeitgeber oder Besprechungen nach § 74 I teilnehmen sollen; insbesondere kann er auch beschließen, daß er mit allen Betriebsratsmitgliedern teilnehmen will (DKK/*Wedde* Rn. 29; *Fitting* Rn. 39; GK-BetrVG/*Wiese* Rn. 39).

Bei Verlassen des Arbeitsplatzes muß sich das Betriebsratsmitglied **abmelden.** Der Arbeitgeber 6 kann keine persönliche Erklärung des betroffenen Betriebsratsmitglieds verlangen (BAG 6. 8. 1981 und 13. 5. 1997 AP BetrVG 1972 § 37 Nr. 40, 119). Die Zustimmung des Arbeitgebers zur Arbeitsbefreiung ist nicht erforderlich (BAG 6. 8. 1981 und 13. 5. 1997 AP BetrVG 1972 § 37 Nr. 39, 119). Die Abmeldung ermöglicht dem Arbeitgeber notwendige arbeitsorganisatorische Dispositionen zu treffen, um den Arbeitsausfall zu überbrücken und Störungen des Betriebsablaufs zu vermeiden (BAG 15. 7. 1992 AP BGB § 611 Abmahnung Nr. 9; BAG 13. 5. 1997 AP BetrVG 1972 § 37 Nr. 119). Für diesen Zweck muß bei der Abmeldung Ort, Zeitpunkt und voraussichtliche Dauer der Betriebsratstätigkeit, nicht aber Art oder Inhalt der geplanten Betriebsratstätigkeit angeben werden (BAG 15. 3. 1995 und 13. 5. 1997 AP BetrVG 1972 § 37 Nr. 105, 119). Der Arbeitgeber darf, falls der Betriebsrat ein Arbeitnehmer aufsuchen will, nicht nach dem Namen des Arbeitnehmers fragen (BAG 23. 6. 1983 AP BetrVG 1972 § 37 Nr. 45) Eine genauere Schilderung ist erforderlich, wenn der Arbeitgeber bei der Abmeldung seinerseits darlegt, daß der Betroffene für die Zeit der beabsichtigten Betriebsratstätigkeit unabkömmlich ist und betriebsbedingte Gründe eine zeitliche Verschiebung verlangt (BAG 15. 3. 1995 AP BetrVG 1972 § 37 Nr. 105). Der Betriebsrat muß dann prüfen, ob oder inwieweit die geplante Betriebsratstätigkeit verschoben werden kann und gegebenenfalls darlegen, daß die Betriebsratsarbeit zu dringlich ist, um dem Verlangen des Arbeitgebers nachkommen zu können (BAG 15. 3. 1995 AP BetrVG 1972 § 37 Nr. 105). Auch vor Antritt einer erforderlichen Reise braucht das Betriebsratsmitglied dem Arbeitgeber keine detaillierten Auskünfte über den Reisezweck zu erteilen, erst recht keine Zustimmung zur Reise einzuholen. Der Reisezweck ist erst im arbeitsgerichtlichen Beschlußverfahren über die Kostenerstattung im einzelnen darzulegen (BAG 10. 8. 1994 NZA 95, 796). Das Betriebsratsmitglied muß dem Arbeitgeber ebenso seine **Rückkehr** an den Arbeitsplatz **anzeigen,** damit er die erforderlichen Dispositionen treffen kann (BAG 13. 5. 1997 AP BetrVG 1972 § 37 Nr. 119; DKK/*Wedde* Rn. 43 b; *Fitting* Rn. 43; GK-BetrVG/*Wiese* Rn. 50). Eine einseitige nähere Regelung des Ab- und Rückmeldeverfahrens allein durch den Arbeitgeber ist unwirksam, soweit er damit sein Weisungsrecht gegenüber dem einzelnen Arbeitnehmer überschreitet oder gesetzwidrig ein Weisungsrecht zur Ausübung der Betriebsratstätigkeit in Anspruch nimmt. Solche Regelungen sind daher auch nicht mitbestimmungspflichtig (BAG 23. 6. 1983 und 13. 5. 1997 AP BetrVG 1972 § 37 Nr. 45, 119; DKK/*Wedde* Rn. 46; GK-BetrVG/*Wiese* Rn. 51; *Richardi* Rn. 29; *Fitting* Rn. 44). Verletzt das Betriebsratsmitglied die Abmeldepflicht, kann dies zu einer Abmahnung führen (BAG 15. 7. 1992 AP BGB § 611 Abmahnung Nr. 9). Darüberhinaus kann sich das Betriebsratsmitglied schadensersatzpflichtig machen (LAG Düsseldorf 9. 8. 1985 DB 1985, 2463; *Fitting* Rn. 45; GK-BetrVG/*Wiese* Rn. 50). Besteht im Betrieb eine Pflicht zur Zeiterfassung bei Betreten und Verlassen des Betriebs, gilt diese auch für Betriebsratsmitglieder bei amtsbedingten Unterbrechungen der Arbeit (LAG Berlin 9. 1. 1984 DB 84, 2098; DKK/*Wedde* Rn. 46; GK-BetrVG/*Wiese* Rn. 50).

Eine ordnungsgemäße Abmeldung ersetzt nicht die für die **Lohnfortzahlung** entscheidende Prü- 7 fung, ob und inwieweit das Betriebsratsmitglied die Arbeitsbefreiung zur Erledigung der gesetzlichen Aufgaben für erforderlich halten durfte (BAG 24. 7. 1991 AP ArbGG 1979 § 48 Nr. 4; BAG 15. 3. 1995 AP BetrVG 1972 § 37 Nr. 105). Zweifelt der Arbeitgeber aufgrund der konkreten betrieblichen Situation und des vom Betriebsratsmitglied genannten Zeitaufwands an der Erforderlichkeit der Betriebsratstätigkeit, hat das Betriebsratsmitglied dem Arbeitgeber stichwortartige Angaben zu übermitteln, die diesem zumindest eine Plausibilitätskontrolle ermöglichen. Solange das Betriebsratsmitglied dieser Pflicht nicht nachkommt, kann der Arbeitgeber den Lohn zurückhalten (BAG 15. 3. 1995 AP BetrVG 1972 § 37 Nr. 105). Eine genaue Schilderung der betreffenden Aufgabe ist in keinem Fall erforderlich (BAG 19. 6. 1979 AP BetrVG 1972 § 37 Nr. 36). Die Mitglieder des Betriebsrats sind auch nicht verpflichtet, für den Arbeitgeber eine schriftliche Dokumentation ihrer Tätigkeit anzufertigen.

3. Arbeitsentgelt. Das Betriebsratsmitglied hat Anspruch auf das Arbeitsentgelt, was er erhalten 8 hätte, wenn er keine Betriebsratstätigkeit ausgeübt hätte – Lohnausfallprinzip (BAG 31. 7. 1986 AP BetrVG 1972 § 37 Nr. 55). Der Begriff des fortzuzahlenden Arbeitsentgelts iSv. Abs. 2 kann mangels Tariföffnungsklausel in einem Tarifvertrag nicht modifiziert werden (BAG 28. 8. 1991 AP BPersVG § 46 Nr. 16; BAG 13. 7. 1994 AP BetrVG 1972 § 37 Nr. 97). Anspruchsgrundlage ist der Arbeitsvertrag iVm § 611 I BGB und § 37 II (BAG 27. 6. 1990 AP BetrVG 1972 § 37 Nr. 76). Es wird nicht die Betriebsratsarbeit, sondern die wegen der Betriebsratsarbeit notwendige Arbeitsversäumnis wie geleistete Arbeit vergütet (*Fitting* Rn. 47). Neben der **Grundvergütung** sind alle **Zuschläge und Zulagen** zu bezahlen, die das Betriebsratsmitglied ohne Arbeitsbefreiung verdient hätte, insbesondere

Zuschläge für Mehr-, Über-, Nacht-, Sonn- und Feiertagsarbeit, Erschwernis- und Sozialzulagen (BAG 20. 10. 1993 AP BetrVG 1972 § 37 Nr. 90; BAG 16. 8. 1995 AP TVG § 1 Tarifverträge: Lufthansa Nr. 19). Darüber hinaus sind Weihnachtsgratifikationen, Urlaubsgeld, Anwesenheitsprämien, vermögenswirksame Leistungen und sonstige allgemeine Zuwendungen forzuzahlen (DKK/*Wedde* Rn. 50; *Fitting* Rn. 50). Gleiches gilt für freiwillige, jederzeit widerrufliche Zulagen (BAG 21. 4. 1983 AP BetrVG 1972 § 37 Nr. 43). Auch „**Antrittsgelder**" müssen gezahlt werden, weil es unerheblich ist, ob das Betriebsratsmitglied die Arbeit, für welche die zusätzliche Leistung bezahlt wird, tatsächlich geleistet hat oder nicht (BAG 13. 7. 1994 AP BetrVG 1972 § 37 Nr. 97). **Trinkgelder** gehören jedenfalls bei Fehlen einer besonderen arbeitsvertraglichen Vereinbarung für Zeiten des Arbeitsausfalls wie Urlaub oder Arbeitsunfähigkeit nicht zum fortzuzahlenden Arbeitsentgelt (BAG 28. 6. 1995 DB 1996, 226). Zum Arbeitsentgelt nach Abs. 2 gehört ebensowenig der **Aufwendungsersatz** wie zB die Fahrtentschädigung für Lokomotivführer und Zugbegleiter (BAG 5. 4. 2000 – 7 AZR 213/99), Wegegeld, Auslösungen, Beköstigungszulagen usw., es sei denn, er dient der Verbesserung des Lebensstandards des Arbeitnehmers und ihm stehen kein tatsächlichen Aufwendungen gegenüber (BAG 16. 8. 1995 AP TVG § 1 Tarifverträge: Lufthansa Nr. 19; vgl. *Richardi* Rn. 33; *Fitting* Rn. 51). Soweit pauschalierte Auslösungen über den reinen Aufwendungsersatz hinausgehen, sind sie als fortzuzahlendes Arbeitsentgelt anzusehen (BAG 10. 2. 1988 AP BetrVG 1972 § 37 Nr. 64). **Akkordlohn** ist nach der vorangegangenen durchschnittlichen Arbeitsleistung des Betriebsratsmitglieds, soweit sie nicht feststellbar ist nach Maßgabe der durchschnittlichen Arbeitsleistung vergleichbarer Arbeitnehmer zu vergüten (DKK/*Wedde* Rn. 49; *Richardi* Rn. 31; *Fitting* Rn. 53; GK-BetrVG/*Wiese* Rn. 58). Bei witterungsbedingtem Arbeitsausfall im Baugewerbe, hat das BRMitglied nur Anspruch auf die tariflichen und sozialversicherungsrechtlichen Leistungen – §§ 209–214 SGB III – auch wenn es während des Arbeitsausfalls Betriebsratstätigkeit verrichtet hat (BAG 31. 7. 1986 AP BetrVG 1972 § 37 Nr. 55). Bei **Kurzarbeit** hat das Betriebsratsmitglied Anspruch auf das verkürzte Arbeitsentgelt bzw. auf das Kurzarbeitergeld der Bundesanstalt für Arbeit (*Fitting* Rn. 54). Betriebsratsmitglieder, die in **Heimarbeit** beschäftigt sind, ist der jeweils festgelegte Mindeststundenlohn zu zahlen (*Fitting* Rn. 55). Soweit dem Betriebsratsmitglied eine unterwertige Tätigkeit zugewiesen werden darf, bleibt der Anspruch auf den vorangegangenen höheren Lohn bestehen (*Fitting* Rn. 57). Ist die Arbeitspflicht aufgrund einer rechtmäßigen **Aussperrung** suspendiert, besteht grundsätzlich kein Anspruch auf Fortzahlung des Arbeitsentgelts, wenn während der Aussperrung Betriebsratstätigkeit wahrgenommen wird (BAG 25. 10. 1988 AP GG Art. 9 Nr. 110; *Fitting* Rn. 48; aA DKK/*Wedde* Rn. 54). Schaltet der Arbeitgeber während des Arbeitskampfes den Betriebsrat ein, weil er Beteiligungsrechte beachten muß, die keinen Kampfbezug haben, gilt etwas anderes (*Fitting* Rn. 48).

III. Betriebsratstätigkeit außerhalb der Arbeitszeit

9 Betriebsratstätigkeit ist grundsätzlich innerhalb der Arbeitszeit abzuwickeln (BAG 27. 8. 1982 AP BetrVG 1972 § 102 Nr. 25; BAG 3. 12. 1987 AP BetrVG 1972 § 37 Nr. 62). **Abs. 3** enthält einen Ausgleichsanspruch für Nachteile, die ein Betriebsratsmitglied dadurch erleidet, daß er aus betriebsbedingten Gründen zur Wahrnehmung der Betriebsratsaufgaben Freizeit opfern muß (BAG 19. 7. 1977 AP BetrVG 1972 § 37 Nr. 31; BAG 11. 1. 1995 AP BetrVG 1972 § 37 Nr. 103).

10 **1. Voraussetzungen.** Mit **Arbeitszeit** meint man die individuelle Arbeitszeit des Betriebsratsmitglieds, wie sie sich aus dem Arbeitsvertrag, Betriebsvereinbarungen oder Tarifverträgen ergibt (BAG 3. 12. 1987 AP BetrVG 1972 § 37 Nr. 62; *Fitting* Rn. 75; GK-BetrVG/*Wiese* Rn. 82), selbst wenn es sich um ein Teilzeitarbeitsverhältnis handelt (DKK/*Wedde* Rn. 61; *Fitting* Rn. 75). Auch die außerhalb der Arbeitszeit geleistete Betriebsratstätigkeit muß **erforderlich** sein (DKK/*Wedde* Rn. 56; *Richardi* Rn. 40; *Fitting* Rn. 61; GK-BetrVG/*Wiese* Rn. 72). Für die Teilnahme an außerhalb der Arbeitszeit stattfindenden Betriebs- und Abteilungsversammlung ergibt sich der Anspruch für Betriebsratsmitglieder aus § 44 I (BAG 5. 5. 1987 AP BetrVG 1972 § 44 Nr. 4; aA DKK/*Wedde* Rn. 57; *Fitting* Rn. 63; GK-BetrVG/*Wiese* Rn. 78). **Betriebsbedingte Gründe** beruhen auf den betrieblichen Verhältnissen. Sie liegen vor, wenn dem Betriebsratsmitglied keine andere Wahl bleibt, als seine Tätigkeit außerhalb seiner individuellen Arbeitszeit durchzuführen. Sie können sich einmal aus der Eigenart des Betriebes oder der Arbeitsabläufe ergeben. Ein im Betrieb vorhandener Sachzwang muß dazu führen, daß die Betriebsratstätigkeit nicht innerhalb der Arbeitszeit durchgeführt werden kann (BAG 11. 7. 1978 AP BetrVG 1972 § 37 Nr. 57; BAG 26. 1. 1994 AP BetrVG 1972 § 37 Nr. 93). Betriebsbedingte Gründe können zum anderen auch gegeben sein, wenn der Arbeitgeber mittelbar oder unmittelbar darauf Einfluß genommen hat, daß die Betriebsratstätigkeit nicht während der Arbeitszeit durchgeführt werden kann (vgl. BAG 26. 1. 1994 AP BetrVG 1972 § 37 Nr. 93). Die betriebsbedingten Gründen ergeben sich dann „aus seiner Sphäre" (*Fitting* Rn. 65; *Richardi* Rn. 44). Üben teilzeitbeschäftigte Betriebsratsmitglieder außerhalb ihrer persönlichen Arbeitszeit aber innerhalb der normalen Arbeitszeit des Betriebes Betriebsratstätigkeiten aus, liegen betriebsbedingte Gründe vor, wenn die Tätigkeit nicht innerhalb ihrer individuellen Arbeitszeit ausgeübt werden kann oder eine Zusammenarbeit mit den anderen Betriebsratsmitgliedern außerhalb der individuellen Arbeitszeit erfordert (LAG Berlin 18. 6. 1992 DB 1993,

III. Betriebsratstätigkeit außerhalb der Arbeitszeit   § 37 BetrVG 210

1528; vgl. auch LAG Niedersachsen 30. 5. 1985 AiB 1986, 94; LAG Düsseldorf 19. 5. 1993 AiB 1993, 654; DKK/*Wedde* Rn. 58 a; *Fitting* Rn. 66; aA GK-BetrVG/*Wiese* Rn. 74). Die Beschäftigung von Teilzeitbeschäftigten und die Gestaltung ihrer Arbeitszeit gehört zur Sphäre des Betriebes. Für Schichtarbeitnehmer gilt dasselbe (DKK/*Wedde* Rn. 58, 63; *Fitting* Rn. 67). Wird die Arbeitszeit des Betriebsratsmitglieds durch Verhandlungen mit dem Arbeitgeber in für den Betrieb wichtigen Fragen überschritten, liegen ebenfalls betriebsbedingte Gründe vor (*Fitting* Rn. 65; GK-BetrVG/*Wiese* Rn. 75). Sie können gegeben sein, wenn das Betriebsratsmitglied die außerhalb der Arbeitszeit beabsichtigte Betriebsratstätigkeit anzeigt und der Arbeitgeber keine Möglichkeit zur Ausübung der Tätigkeit während der Arbeitszeit gibt (BAG 3. 12. 1987 AP BetrVG 1972 § 37 Nr. 62). Betriebsbedingte Gründe, liegen auch ohne Anzeige vor, wenn eine Verlegung der Tätigkeit in die Arbeitszeit objektiv unmöglich ist oder der Arbeitgeber sich eindeutig und endgültig auch für zukünftige Fälle geweigert hat, die Betriebsratstätigkeit während der Arbeitszeit zu ermöglichen (BAG 31. 10. 1985 AP BetrVG 1972 § 37 Nr. 52; BAG 3. 12. 1987 AP BetrVG 1972 § 37 Nr. 62). **Betriebsratsbedingte Gründe**, dh Gründe, die sich aus der Organisation der Betriebsratsarbeit durch den Betriebsrat ergeben, sind nicht notwendig gleichzusetzen mit betriebsbedingten Gründen (BAG 21. 5. 1974 AP BetrVG 1972 § 37 Nr. 14; *Fitting* Rn. 68; GK-BetrVG/*Wiese* Rn. 77 f.; kritisch DKK/*Wedde* Rn. 59 a). Die Festsetzung der Zeit von Sitzungen des Gesamt- oder Konzernbetriebsrats werden oft nicht durch betriebsbedingte Gründe bestimmt sein (BAG 11. 7. 1978 AP BetrVG 1972 § 37 Nr. 57). Soweit die Organisationsentscheidungen des Betriebsrats jedoch auf betriebsbedingte Gründe zurückzuführen sind, greift der Ausgleichsanspruch. Wird Betriebsratsarbeit allein aus Gründen in der Person des Betriebsratsmitglieds außerhalb der Arbeitszeit erledigt, fehlen betriebsbedingte Gründe; etwa, wenn das Betriebsratsmitglied seinen Urlaub unterbricht, um an einer Betriebsratssitzung teilzunehmen (*Richardi* Rn. 46; GK-BetrVG/*Wiese* Rn. 76). Die Teilnahme eines Betriebsratsmitglieds an einer **Schulungs- und Bildungsveranstaltung** nach Abs. 6 oder 7, die außerhalb der Arbeitszeit stattfindet, löst keinen Anspruch nach Abs. 3 aus (BAG 18. 9. 1973 AP BetrVG 1972 § 37 Nr. 3; BAG 20. 10. 1993 AP BetrVG 1972 § 37 Nr. 90; aA DKK/*Wedde* Rn. 135). Dies ergibt sich zum einen daraus, daß Abs. 6 nicht auf Abs. 3 verweist, zum anderen daraus, daß die Schulungsmaßnahme nicht aus betriebsbedingten Gründen, sondern aufgrund von Organisationsentscheidungen des Schulungsträgers außerhalb der Arbeitszeit stattfindet (BAG 18. 9. 1973 AP BetrVG 1972 § 37 Nr. 3; BAG 20. 10. 1993 AP BetrVG 1972 § 37 Nr. 90).

2. Ausgleichs- oder Abgeltungsanspruch. Das Rangverhältnis zwischen primären Ausgleichs- und 11 sekundären Abgeltungsanspruch ist zwingend. Es unterliegt nicht der Disposition des Arbeitgebers oder des Betriebsratsmitglieds (BAG 25. 8. 1999 – 7 AZR 713/97 – BB 2000, 774; DKK/*Wedde* Rn. 65; *Fitting* Rn. 76; GK-BetrVG/*Wiese* Rn. 84, 94). Der Arbeitgeber hat die **Arbeitsbefreiung** zu gewähren. Das Betriebsratsmitglied darf der Arbeit ohne Gewährung der Freizeit nicht einfach fernbleiben (BAG 25. 8. 1999 – 7 AZR 713/97 – BB 2000, 774; DKK/*Wedde* Rn. 66; *Fitting* Rn. 78; GK-BetrVG/*Wiese* Rn. 88). Dies gilt auch, wenn die Arbeitsbefreiung innerhalb eines Monats ohne erkennbare Gründe nicht gewährt wird (*Richardi* Rn. 56; GK-BetrVG/*Wiese* Rn. 89; aA DKK/*Wedde* Rn. 66; *Fitting* Rn. 79) Es gelten die Grundsätze für die Urlaubsgewährung entsprechend (*Fitting* Rn. 78; aA GK-BetrVG/*Wiese* Rn. 88). Vorrang vor die betrieblichen Interessen hat damit grundsätzlich der Freizeitanspruch. Er muß notfalls mit einer einstweiligen Verfügung durchgesetzt werden (vgl. BAG 25. 8. 1999 – 7 AZR 713/97 – BB 2000, 774; GK-BetrVG/*Wiese* Rn. 89). Auch betriebsverfassungsrechtlich ist Selbstjustiz ausgeschlossen. Der Ausgleichsanspruch besteht in dem Umfang, in dem das Betriebsratsmitglied Betriebsratstätigkeit außerhalb der Arbeitszeit verrichtet hat. Eine zeitliche Begrenzung des Ausgleichsanspruchs auf die persönliche Arbeitszeit des BRMitglieds sieht das Gesetz nicht vor (BAG 25. 8. 1999 – 7 AZR 713/97 – BB 2000, 774). Soweit keine betriebsbedingten Gründe entgegenstehen, richtet sich die zeitliche Lage der Arbeitsbefreiung nach den Wünschen des Betriebsratsmitglieds (DKK/*Wedde* Rn. 66; *Fitting* Rn. 82; enger *Richardi* Rn. 59; GK-BetrVG/*Wiese* Rn. 88). Liegen keine betriebsbedingten Gründe vor, behält das Betriebsratsmitglied auch nach Ablauf des Monats den Freizeitanspruch (DKK/*Wedde* Rn. 70; *Richardi* Rn. 56; *Fitting* Rn. 85; GK-BetrVG/*Wiese* Rn. 87, 92). Bei der Monatsfrist handelt es sich nicht um eine gesetzliche Ausschlußfrist. Der Anspruch auf Freizeitausgleich unterliegt aber den tarifvertraglichen Ausschlußfristen (BAG 26. 2. 1992 AP BPersVG § 46 Nr. 18). Der Anspruch erlischt auch, wenn der Arbeitgeber die Arbeitsbefreiung gewährt und das Betriebsratsmitglied diese nicht wahrnimmt (DKK/*Wedde* Rn. 70; *Fitting* Rn. 85; GK-BetrVG/*Wiese* Rn. 92). Der Abgeltungsanspruch kann nicht durch Verzicht auf die Arbeitsbefreiung herbeigeführt werden (*Richardi* Rn. 57). Für die Zeit der Arbeitsbefreiung ist das Arbeitsentgelt fortzuzahlen. Die außerhalb der Arbeitszeit durchgeführte Betriebsratstätigkeit gilt nicht automatisch als zusätzliche Arbeitszeit, die entsprechend den gesetzlichen oder tarifvertraglichen Vorschriften zusätzlich als Mehrarbeit zu vergüten oder mit einer über den tatsächlichen Zeitaufwand hinausgehenden Arbeitsbefreiung abzugelten wäre (BAG 19. 7. 1977 AP BetrVG 1972 § 37 Nr. 29; *Fitting* Rn. 80; GK-BetrVG/*Wiese* Rn. 90; aA DKK/*Wedde* Rn. 71; *Richardi* Rn. 59). Der Anspruch auf Arbeitsbefreiung wandelt sich weder mit Ablauf der Monatsfrist noch durch bloße Untätigkeit des AG in einen Vergütungsanspruch. Erst nachdem das BRMitglied Freizeitausgleich geltend gemacht und der AG ihn aus betriebsbedingten Gründen verweigert hat, entsteht der Vergütungsanspruch (BAG 25. 8. 1999 – 7 AZR 713/97 – BB 2000, 774). Dabei muß die Abgeltung der Ausnahmefall bleiben. Der Begriff „betriebsbedingte Gründe" des S. 2 ist deshalb enger auszulegen als der gleiche Begriff in S. 1 (GK-BetrVG/*Wiese* Rn. 95; ähnlich *Fitting* Rn. 87). Betriebsbedingte Gründe liegen nur vor, wenn aus objektiven Gründen ein ordnungsgemäßer Betriebsablauf bei nur vorübergehender Abwesenheit des Betriebsratsmitglieds nicht mehr gewährleistet ist (ähnlich *Fitting* Rn. 87; GK-BetrVG/*Wiese* Rn. 95). Die Monatsfrist ist nach § 187 ff. BGB, ab dem Zeitpunkt der Durchführung der Betriebsratstätigkeit außerhalb der Arbeitszeit zu berechnen. Der Abgeltungsanspruch ist „wie Mehrarbeit" zu vergüten, sofern Überarbeit tatsächlich geleistet wurde (vgl. BAG 7. 2. 1985 AP BetrVG 1972 § 37 Nr. 48; GK-BetrVG/*Wiese* Rn. 99; *Richardi* Rn. 59; *Fitting* Rn. 89). Sonst würden Betriebsratsmitglieder gegenüber den anderen Beschäftigten bevorzugt, was § 78 S. 2 verbietet. Dies gilt auch für Teilzeitbeschäftigte, soweit Arbeitsvertrag oder Tarifvertrag nicht etwas anderes vorsehen (BAG 7. 2. 1985 AP BetrVG 1972 § 37 Nr. 48; GK-BetrVG/*Wiese* Rn. 99; aA weitergehend DKK/*Wedde* Rn. 71; *Fitting* Rn. 89).

IV. Wirtschaftliche und berufliche Absicherung

12   Abs. 4 und 5 konkretisieren § 78 S. 2. Sie sollen durch einfach nachzuweisende Anspruchsvoraussetzungen sicherstellen, daß Betriebsratsmitglieder nicht benachteiligt werden (BAG 17. 5. 1977 und 15. 1. 1992 AP BetrVG 1972 § 37 Nr. 28, 84). § 78 S. 2 bleibt daneben anwendbar. Er enthält das Gebot, dem Betriebsratsmitglied eine berufliche Entwicklung zu eröffnen, wie sie ohne das Betriebsratsamt möglich gewesen wäre (BAG 15. 1. 1992 AP BetrVG 1972 § 37 Nr. 84).

13   **1. Wirtschaftliche Absicherung. Abs. 4** gibt dem Betriebsratsmitglied einen Anspruch auf Angleichung des Arbeitsentgelts an die Entgeltentwicklung vergleichbarer Arbeitnehmer im Betrieb. **Vergleichbar** sind andere Arbeitnehmer, wenn sie unter Berücksichtigung der Qualifikation und der Persönlichkeit die gleiche oder eine im wesentlichen gleichqualifizierte Arbeit verrichtet haben (BAG 17. 5. 1977 und 15. 1. 1992 AP BetrVG 1972 § 37 Nr. 28, 84). Ist ein Betriebsratsmitglied besonders qualifiziert oder hat es überdurchschnittliche Arbeitsleistungen erbracht, so muß der Vergleich mit ähnlich qualifizierten bzw. überdurchschnittliche Leistung erbringenden Arbeitnehmer vorgenommen werden (BAG 21. 4. 1983 und 13. 11. 1987 AP BetrVG 1972 § 37 Nr. 43, 61). Gleiches gilt für den umgekehrten Fall. Tatsächlich entstehende Tätigkeits- oder Qualifikationsunterschiede zu vergleichbaren Arbeitnehmer dürfen allerdings nicht zuungunsten des Betriebsratsmitglieds veranschlagt werden, wenn sie ohne Übernahme und Ausübung des Betriebsratsamts nicht vorlägen (*Fitting* Rn. 92). Dies gilt insbesondere, wenn das Betriebsratsmitglied aufgrund seiner Betriebsratstätigkeit an Fortbildungen, an denen vergleichbare Arbeitnehmer teilgenommen haben, nicht hat teilnehmen können (DKK/*Wedde* Rn. 78; *Richardi* Rn. 66; *Fitting* Rn. 97; GK-BetrVG/*Wiese* Rn. 110). **Maßstab** dieser hypothetischen und dynamischen Fortschreibung des Entgelts ist nicht das betroffene Betriebsratsmitglied selbst, sondern die Weiterentwicklung vergleichbarer Arbeitnehmer mit betriebsüblicher beruflicher Entwicklung (*Fitting* Rn. 92; GK-BetrVG/*Wiese* Rn. 104). Persönliche Umstände wie eine längere Erkrankung oder erfolglose Teilnahme an Fortbildungsmaßnahmen haben – jedenfalls wenn der Mißerfolg auf die Belastung durch die Betriebsratstätigkeit zurückgeht – außer Betracht zu bleiben (DKK/*Wedde* Rn. 76; *Fitting* Rn. 98; GK-BetrVG/*Wiese* Rn. 110). Hat der Betrieb nur einen vergleichbaren Arbeitnehmer, ist für den Vergleich auf diesen abzustellen (BAG 21. 4. 1983 AP BetrVG 1972 § 37 Nr. 43). Gibt es keinen vergleichbaren Arbeitnehmer, kommt es auf den am ehesten vergleichbaren Arbeitnehmer an (DKK/*Wedde* Rn. 74; *Fitting* Rn. 94). Für die Vergleichbarkeit ist auf den **Zeitpunkt** abzustellen, in dem sich das Betriebsratsmitglied zuletzt noch ausschließlich der beruflichen Tätigkeit gewidmet hat (BAG 17. 5. 1977 und 13. 11. 1987 AP BetrVG 1972 § 37 Nr. 28, 61). Für Ersatzmitglieder ist der Zeitpunkt des Nachrückens heranzuziehen (BAG 15. 1. 1992 AP BetrVG 1972 § 37 Nr. 84). „**Betriebsüblich**" ist eine berufliche Entwicklung, die bei objektiv vergleichbarer Tätigkeit Arbeitnehmer mit vergleichbarer fachlicher und persönlicher Qualifikation bei Berücksichtigung der normalen betrieblichen und personellen Entwicklung in beruflicher Hinsicht genommen haben (BAG 13. 11. 1987 und 15. 1. 1992 AP BetrVG 1972 § 37 Nr. 61, 84). Beförderungen müssen in dem Sinne typisch sein, daß zumindest für die überwiegende Mehrzahl vergleichbarer Arbeitnehmer mit ihr gerechnet werden kann (BAG 15. 1. 1992 AP BetrVG 1972 § 37 Nr. 84) Kann das Betriebsratsmitglied nachweisen, daß es nur aufgrund der Übernahme des Betriebsratsmandats nicht in eine Position höherer Vergütung gekommen ist, hat es unmittelbar einen Anspruch auf Zahlung der höheren Vergütung (BAG 11. 12. 1991 NZA 1993, 909). Bewerben sich neben dem nicht freigestellten Betriebsratsmitglied noch andere Arbeitnehmer des Betriebs um den höher dotierten Arbeitsplatz, ist der entsprechende Arbeitsentgeltanspruch des Betriebsratsmitglieds gerechtfertigt, wenn eine personelle Auswahl iR der betriebsüblichen beruflichen Entwicklung ergibt, daß nach den betriebsüblichen Auswahlkriterien das Betriebsratsmitglied hätte befördert werden müssen (BAG 13. 11. 1987 AP BetrVG 1972 § 37 Nr. 61). Das **Arbeitsentgelt** des Betriebsratsmitglieds ist dem vergleichbarer Arbeitnehmer laufend anzupassen (*Fitting* Rn. 100). Das Betriebsratsmitglied darf keinen geringeren Stundenlohn, Akkordlohn, Prämiensatz usw. erhalten als vergleichbare Arbeitneh-

V. Schulung und Bildung § 37 BetrVG 210

mer (*Fitting* Rn. 100 a). Zum Arbeitsentgelt gehören auch allgemeine Zuwendungen, die der Arbeitgeber allen oder zumindest einem vergleichbaren Arbeitnehmer gewährt (BAG 21. 4. 1983 AP BetrVG 1972 § 37 Nr. 43). Dazu zählen Sozialzulagen, besondere Leistungszulagen oder Leistungsprämien (vgl. BAG 21. 4. 1983 AP BetrVG 1972 § 37 Nr. 43), Gewinnbeteiligungen, Gratifikationen, vermögenswirksame Leistungen und Vertretungszulagen (*Fitting* Rn. 101). Gewährt ein Arbeitgeber vergleichbaren Arbeitnehmer eine freiwillige, jederzeit widerrufliche Zulage, hat auch das Betriebsratsmitglied Anspruch darauf (BAG 21. 4. 1983 AP BetrVG 1972 § 37 Nr. 43). Steht fest, daß ein Betriebsratsmitglied ohne Freistellung Mehrarbeit ebenso geleistet hätte wie vergleichbare Arbeitnehmer, umfasst der Anspruch auch die Mehrarbeitsvergütung (BAG 7. 2. 1985 AP BPersVG § 46 Nr. 3). Diese Grundätze gelten auch für den Zeitraum von einem Jahr nach Beendigung der Amtszeit des Betriebsrats bzw nach Erlöschen der Mitgliedschaft im Betriebsrat z. B. durch Rücktritt. (*Richardi* Rn. 71; *Fitting* Rn. 102; GK-BetrVG/*Wiese* Rn. 117). Der nachwirkende Schutz besteht auch bei erfolgreicher Wahlanfechtung nach § 19 (DKK/*Wedde* Rn. 84; GK-BetrVG/*Wiese* Rn. 118) und selbst dann, wenn ein Verfahren nach § 23 I erfolgreich durchgeführt wurde (DKK/*Wedde* Rn. 84; *Fitting* Rn. 102; aA *Richardi* Rn. 71; GK-BetrVG/*Wiese* Rn. 118; HSG/*Schlochauer* Rn. 90). Die Einschränkung in § 15 I 2 ist auf die außerordentliche Kündigung beschränkt. Er besteht nicht bei nichtiger Betriebsratswahl (GK-BetrVG/*Wiese* Rn. 118; aA DKK/*Wedde* Rn. 84; einschränkend *Fitting* Rn. 102). Hat es nie einen Betriebsrat gegeben, können Schutzrechte nicht nachwirken, weil sie nicht entstanden sind.

2. Beruflicher Tätigkeitsschutz. Abs. 5 sichert das Betriebsratsmitglied gegen die Zuweisung von **14** geringerwertigen beruflichen Tätigkeiten und damit vor Diskriminierung oder Disziplinierung (LAG Frankfurt 14. 8. 1986 DB 87, 442; DKK/*Wedde* Rn. 85; *Fitting* Rn. 103; GK-BetrVG/*Wiese* Rn. 119). Betriebsratsmitgliedern dürfen nur Tätigkeiten zugewiesen werden, die denjenigen vergleichbarer Arbeitnehmer gleichwertig sind. Mit „Tätigkeit" ist die konkrete berufliche Tätigkeit des Betriebsratsmitglieds gemeint (*Richardi* Rn. 74; *Fitting* Rn. 105; GK-BetrVG/*Wiese* Rn. 121). **Gleichwertig** ist die Tätigkeit, wenn sie unter Berücksichtigung der Umstände des Einzelfalls und der in der beteiligten Berufsgruppe herrschenden Verkehrsauffassung als gleichwertig anzusehen ist (LAG Frankfurt 14. 8. 1986 DB 87, 442; DKK/*Wedde* Rn. 86; *Fitting* Rn. 105; aA GK-BetrVG/*Wiese* Rn. 121). Verüben vergleichbare Arbeitnehmer inzwischen eine höherwertige Tätigkeit, hat das Betriebsratsmitglied Anspruch auf Zuweisung eines entsprechenden Arbeitsplatzes (DKK/*Wedde* Rn. 89; *Richardi* Rn. 75; *Fitting* Rn. 106; GK-BetrVG/*Wiese* Rn. 122). Hat es aufgrund der Betriebsratstätigkeit die entsprechende Qualifikation nicht oder nicht mehr, muß der Arbeitgeber ihm eine entsprechende Fortbildungsmaßnahme ermöglichen (DKK/*Wedde* Rn. 85; *Fitting* Rn. 106; GK-BetrVG/*Wiese* Rn. 122). Dabei ist das höhere Entgelt schon vor der Qualifikationsmaßnahme zu zahlen (vgl. oben Rn. 13). Ausnahmsweise entfällt der Anspruch, soweit **zwingende betriebliche Notwendigkeiten** entgegenstehen. Sie sind gegeben, wenn aufgrund der betrieblichen Organisation die Zuweisung einer entsprechenden Tätigkeit ausgeschlossen ist, zB weil ein entsprechender Arbeitsplatz fehlt oder weil das Betriebsratsmitglied nicht an beruflichen Fortbildungsmaßnahmen teilgenommen hat, die für diese Tätigkeit unbedingt erforderlich sind, ohne daß dies in seiner Betriebsratsarbeit begründet ist (DKK/*Wedde* Rn. 88; *Fitting* Rn. 107). Ist ein Betriebsratsmitglied mangels eines gleichwertigen auf einen geringerwertigen Arbeitsplatz versetzt worden und wird später ein gleichwertiger Arbeitsplatz frei, hat das Betriebsratsmitglied Anspruch auf die Zuweisung dieses gleichwertigen Arbeitsplatzes (LAG Frankfurt 14. 8. 1986 DB 87, 442). Das Verbot unterwertiger Beschäftigung gilt auch für den Zeitraum von einem Jahr nach Beendigung der Mitgliedschaft im Betriebsrat (vgl. oben Rn. 13).

V. Schulung und Bildung

Zur effektiven Wahrnehmung ihrer Aufgaben benötigen Betriebsratsmitglieder die entsprechenden **15** Kenntnisse. Man kann sie nicht auf das Selbststudium oder die Unterrichtung durch andere Betriebsratsmitglieder verweisen, um diese Kenntnisse zu erwerben (BAG 21. 11. 1978 AP BetrVG 1972 § 37 Nr. 35). Sie haben Anspruch auf bezahlte Freistellung zum Besuch von Schulungsveranstaltungen. **Abs. 6** gewährt einen kollektiven Anspruch des Betriebsrats auf bezahlte Freistellung, soweit die Schulungsinhalte für die Arbeit des Betriebsrats erforderlich sind (BAG 5. 4. 1984 AP BetrVG 1972 § 37 Nr. 46; DKK/*Wedde* Rn. 114; *Fitting* Rn. 130; GK-BetrVG/*Wiese* Rn. 135). Hat der Betriebsrat durch Beschluß ein bestimmtes Betriebsratsmitglied für die Schulungsteilnahme bestimmt, erwirbt dieser einen abgeleiteten Individualanspruch (BAG 6. 11. 1973 AP BetrVG 1972 § 37 Nr. 5; BAG 16. 10. 1986 AP BetrVG 1972 § 37 Nr. 58; *Fitting* Rn. 130; weitergehend *Richardi* Rn. 106). **Abs. 7** gibt dem einzelnen Betriebsratsmitglied einen zusätzlichen zeitlich begrenzten Anspruch für von obersten Arbeitsbehörden als geeignet anerkannten Veranstaltungen, ohne Rücksicht auf den konkreten Wissensstand des einzelnen Betriebsratsmitglieds (BAG 5. 4. 1984 AP BetrVG 1972 § 37 Nr. 46).

1. Abs. 6. Eine Schulungsveranstaltung ist für die Betriebsratsarbeit **erforderlich,** wenn der Be- **16** triebsrat sie unter Berücksichtigung der konkreten betrieblichen Situation benötigt, um seine derzeitigen oder demnächst anfallenden Aufgaben sachgerecht wahrnehmen zu können (BAG 9. 10. 1973,

19. 7. 1995 und 15. 1. 1997 AP BetrVG 1972 § 37 Nr. 4, 110, 118). Der Betriebsrat hat die Erforderlichkeit zum Zeitpunkt der Beschlußfassung aus der Sicht eines vernünftigen Dritten zu beurteilen, der die Interessen des Betriebs einerseits und die Interessen des Betriebsrats und der Arbeitnehmerschaft andererseits gegeneinander abzuwägen hat (BAG 20. 10. 1993, 19. 7. 1995 und 15. 1. 1997 AP BetrVG 1972 § 37 Nr. 91, 110, 118). Hierbei handelt es sich um die Anwendung eines unbestimmten Rechtsbegriffs, der dem Betriebsrat einen gewissen Beurteilungsspielraum läßt. Er bezieht sich auf den Inhalt der Veranstaltung, deren Dauer und die Teilnehmerzahl (BAG 7. 6. 1989 AP BetrVG 1972 § 37 Nr. 67; DKK/*Wedde* Rn. 127; *Richardi* Rn. 113; *Fitting* Rn. 141; GK-BetrVG/*Wiese* Rn. 181). Für die Beurteilung der Schulungsbedürftigkeit eines einzelnen Betriebsratsmitglieds ist sein konkreter Wissenstand und die Aufgabenverteilung im Betriebsrat zu berücksichtigen (BAG 7. 6. 1989 AP BetrVG 1972 § 37 Nr. 67).

17 Die Zulässigkeit des **Schulungsinhalts** richtet sich danach, ob Kenntnisse vermittelt werden, die sich auf Gegenstände beziehen, die zu den Aufgaben des Betriebsrates gehören (*Fitting* Rn. 111; GK-BetrVG/*Wiese* Rn. 133, 143). Dabei kann es sich um Rechtskenntnisse (zB BetrVG, allgemeines Arbeitsrecht), Kenntnisse spezieller Sachmaterien (Leistungsentlohnung, Arbeitsschutz) oder Kenntnisse zur Gestaltung der Betriebsratsarbeit (Einsatz von PCs) handeln. Sie sind **erforderlich**, soweit sie den Betriebsrat befähigen, seiner Schutzfunktion gerecht zu werden. Er muß in die Lage versetzt werden, durch eine sachgerechte Ausübung seiner Beteiligungsrechte die Entscheidungsbefugnis des Arbeitgebers im gesetzlich vorgesehenen Umfang zu binden. Die Vermittlung von Grundkenntnissen im Betriebsverfassungsrecht und allgemeinen Arbeitsrecht oder im Bereich der Arbeitssicherheit oder der Unfallverhütung gehört in jedem Fall zum zulässigen Schulungsinhalt (BAG 25. 4. 1978, 15. 5. 1986 und 19. 7. 1995 AP BetrVG 1972 § 37 Nr. 33). Gleiches gilt für Schulungen zur Organisation der Betriebsratsarbeit, zB der Geschäftsführung, Vorbereitung und Durchführung der Betriebsversammlung (BAG 19. 1. 1984 AP BetrVG 1972 § 74 Nr. 4; BAG 15. 5. 1986 AP BetrVG 1972 § 37 Nr. 54). In den übrigen Fällen muß der Betriebsrat einen aktuellen oder absehbaren betrieblichen Anlaß darlegen, aus dem sich der Schulungsbedarf ergibt (BAG 15. 1. 1997 AP BetrVG 1972 § 34 Nr. 118). So zB, wenn die genannten Grundschulungen erst kurz vor Ende der Amtszeit des Betriebsrates stattfinden (vgl. BAG 28. 8. 1996 AP BetrVG 1972 § 37 Nr. 117). Die notwendige Aktualität folgt nicht nur aus der Absicht des Arbeitgebers, beteiligungspflichtge Maßnahmen durchzuführen. Sie kann sich auch aus einer beabsichtigten Initiative des Betriebsrates ergeben (DKK/*Wedde* Rn. 101; *Fitting* Rn. 120; GK-BetrVG/*Wiese* Rn. 147). Bei der Vertiefung von Kenntnissen in der Betriebsverfassung, im allgemeinen Arbeitsrecht oder der Vermittlung von Fachwissen, kommt es auf die konkreten Aufgaben des Betriebsrates, die Art und Struktur des Betriebes an (*Fitting* Rn. 118). Als zulässiger Schulungsinhalt kommen ua. in Betracht die für den Betrieb maßgebenden Tarifverträge (*Fitting* Rn. 122), Akkord- und Prämienlohn (BAG 29. 1. 1974 AP BetrVG 1972 Nr. 9), menschengerechte Gestaltung von Arbeitsplätzen (BAG 14. 6. 1977 AP BetrVG 1972 Nr. 30), Erläuterung der Rechtsprechung zum BetrVG (BAG 20. 12. 1995 AP BetrVG 1972 § 37 Nr. 113); Diskussionsführung und Verhandlungstechnik (BAG 24. 5. 1995 AP BetrVG 1972 § 37 Nr. 109), Schriftliche Kommunikation im Betrieb (BAG 15. 2. 1995 AP BetrVG 1972 § 37 Nr. 106), Einsatz von Personalcomputern zur Erledigung von Betriebsratsaufgaben (BAG 19. 7. 1995 AP BetrVG 1972 § 37 Nr. 110), Mobbing (BAG 15. 1. 1997 AP BetrVG 1972 § 34 Nr. 118). Nicht erforderlich sind Schulungsveranstaltungen zu den Themen Förderung der Sprechtechnik (BAG 20. 10. 1993 AP BetrVG 1992 § 37 Nr. 91), Lohnsteuerrichtlinien (BAG 11. 12. 1973 AP BetrVG 1972 § 80 Nr. 5), Gewerkschaftliche Bildungsarbeit (BAG 28. 1. 1975 AP BetrVG 1972 § 37 Nr. 20); zu weiteren Einzelfallentscheidungen vergleiche die Übersichten bei DKK/*Wedde* Rn. 108; *Fitting* Rn. 122 ff.; GK-BetrVG/*Wiese* Rn. 144, 155). Da Schulungsveranstaltungen grundsätzlich allgemein und nicht speziell für die Betriebsräte eines Betriebs angeboten werden, kann es dazu kommen, daß sie **teilweise erforderlich**, teils im engerem Sinn nicht erforderlich sind. Werden nicht erforderliche Kenntnisse nur ganz geringfügig gestreift, berührt dies die Erforderlichkeit der gesamten Schulung nicht (BAG 29. 1. 1974 AP BetrVG 1972 § 40 Nr. 5). Nimmt der nicht erforderliche Teil einen größeren Umfang an und ist er vom erforderlichen Teil thematisch und zeitlich so abgrenzbar, daß ein zeitweiser Besuch möglich und sinnvoll ist, beschränkt sich die Erforderlichkeit nur auf den Teil, der erforderliche Kenntnisse vermittelt (BAG 10. 5. 1974 AP BetrVG 1972 § 65 Nr. 4; BAG 21. 7. 1978 AP BetrVG 1972 § 38 Nr. 4). Ist eine Aufteilung nicht möglich oder nicht sinnvoll und überwiegen die erforderlichen Themen, ist die gesamte Veranstaltung als erforderlich anzusehen (BAG 28. 5. 1976 AP BetrVG 1972 § 37 Nr. 24; DKK/*Wedde* Rn. 110; *Fitting* Rn. 129; kritisch GK-BetrVG/*Wiese* Rn. 158).

18 Auch die **Teilnehmerzahl** richtet sich nach der Erforderlichkeit für die Betriebsratsarbeit. Grundkenntnisse des BetrVG (BAG 7. 6. 1989 AP BetrVG 1972 § 37 Nr. 67), zum allgemeinen Arbeitsrecht (BAG 16. 10. 1986 AP BetrVG 1972 § 37 Nr. 58) und ein gewisser Standart an allgemein rechtlichen, wirtschaftlichen und technischen Kenntnissen (BAG 27. 11. 1973 AP ArbGG 1953 § 89 Nr. 9) sind für alle Betriebsratsmitglieder erforderlich. Deshalb kann jedes Betriebsratsmitglied, das noch nicht über entsprechende Kenntnisse verfügt, diese Schulungen besuchen. Eine vertiefte Schulung zum BetrVG werden im allgemeinen der Vorsitzende des Betriebsrates und sein Stellvertreter benötigen

V. Schulung und Bildung § 37 BetrVG 210

(BAG 8. 2. 1977 AP BetrVG 1972 § 37 Nr. 26). Im übrigen folgt aus der Aufgabenteilung im Betriebsrat, welche Betriebsratsmitglieder zur sachgerechten Wahrnehmung ihrer Aufgaben besondere Spezialkenntnisse benötigen (BAG 29. 4. 1992 NZA 93, 375; *Fitting* Rn. 134; GK-BetrVG/*Wiese* Rn. 176, 180). Die Entsendung von **Ersatzmitgliedern** zu Schulungsveranstaltungen kommt grundsätzlich nur in Betracht, wenn sie endgültig in den Betriebsrat nachgerückt sind. Ausnahmsweise ist dies anders, wenn sie häufig zur Stellvertretung herangezogen werden und die Teilnahme für die Arbeitsfähigkeit des Betriebsrats erforderlich ist (BAG 14. 12. 1994 AP BetrVG 1972 § 37 Nr. 100). Das gilt auch für den einköpfigen Betriebsrat (s. LAG Frankfurt 6. 12. 1983 BB 1984, 1043). Mitglieder des **Wirtschaftsausschusses**, die nicht Betriebsratsmitglieder sind, haben regelmäßig keinen Anspruch auf bezahlte Freistellung (BAG 11. 11. 1998 AP BetrVG 1972 § 37 Nr. 129). Sie können im Einzelfall Schulungen besuchen, wenn sie die vom Arbeitgeber kraft Gesetzes zu gebenden Informationen sonst nicht verstehen (BAG 28. 4. 1988 NZA 1989, 221). Abs. 6 ist auf gewerkschaftliche **Vertrauensleute** nicht anzuwenden (*Fitting* Rn. 145).

Die erforderliche **Dauer** einer Schulung läßt sich nur unter Berücksichtigung der konkreten Verhältnisse beurteilen. Entscheidend sind der Wissensstand der Betriebsratsmitglieder, Umfang und Schwierigkeit der behandelten Themen und die Besonderheiten und Probleme des betroffenen Betriebes (*Fitting* Rn. 140; GK-BetrVG/*Wiese* Rn. 178). Das Gesetz läßt neben kurzfristigen Schulungen von wenigen Tagen Dauer auch längere Schulungen zu. Das BAG hat 14-tägige Schulungen zum BetrVG für Betriebsratsvorsitzende (BAG 8. 2. 1977 AP BetrVG 1972 § 37 Nr. 26), 5–6-tägige für die übrigen Betriebsratsmitglieder anerkannt (BAG 6. 11. 1973 AP BetrVG 1972 § 37 Nr. 5). Bei komplizierten Spezialmaterien können auch Wiederholungs- und Vertiefungsveranstaltungen erforderlich sein (GK-BetrVG/*Wiese* Rn. 180). 19

Neben der Erforderlichkeit soll der Grundsatz der **Verhältnismäßigkeit** zu beachten sein, soweit es um die Dauer der Schulung und die Teilnehmerzahl geht (BAG 31. 10. 1972 AP BetrVG 1972 § 40 Nr. 2; BAG 8. 2. 1977 AP BetrVG 1972 § 37 Nr. 26; *Richardi* Rn. 97, 99, 113; GK-BetrVG/*Wiese* Rn. 169 ff.; aA DKK/*Wedde* Rn. 118; *Fitting* Rn. 139). Der Maßstab läßt wegen seiner Unbestimmtheit kaum praxisnahe Aussagen zu. Es kann nur darum gehen, in Ausnahmefällen mit Hilfe dieses allgemeinen Rechtsgrundsatzes den an sich gegebenen Anspruch wegen besonderer Umstände zu begrenzen. Der Betriebsrat muß daher insoweit neben der Erforderlichkeit nach pflichtgemäßem Ermessen zusätzlich prüfen, ob die für die Schulung anfallenden Kosten mit der Größe und Leistungsfähigkeit des Betriebes zu vereinbaren sind und nicht zu einer unverhältnismäßigen Belastung führen (BAG 27. 9. 1974 und 8. 2. 1977 AP BetrVG 1972 § 37 Nr. 18, 26). 20

Der **Vergütungsanspruch** des Betriebsratsmitglieds bei Teilnahme an einer Schulungs- und Bildungsveranstaltung nach Abs. 6 richtet sich nach Abs. 2 (BAG 31. 7. 1986 AP BetrVG 1972 § 37 Nr. 55). Es gilt das Lohnausfallprinzip. Ausgleichsansprüche, für über den Umfang der persönlichen Arbeitszeit hinausgehende Schleppzeiten auf Schulungs- und Bildungsveranstaltungen können nicht entstehen (BAG 18. 9. 1973 AP BetrVG 1972 § 37 Nr. 3; BAG 26. 4. 1995 AP BetrVG 1972 § 20 Nr. 17). Abs. 6 verweist nicht auf Abs. 3. Im übrigen wird die zeitliche Lage von Bildungsveranstaltungen ausschließlich vom Schulungsträger, nicht aber durch betriebsbedingte Gründe bestimmt (BAG 20. 10. 1993 DB 1994, 334). Auch für die Anreise an arbeitsfreien Tagen besteht daher kein Vergütungs- oder Ausgleichsanspruch (BAG 19. 7. 1977 AP BetrVG 1972 § 37 Nr. 31). Der Arbeitgeber muß nicht schon deshalb die Schulungskosten tragen, weil er auf die Mitteilung des Betriebsrates, ein bestimmtes Mitglied zu einer Schulungsveranstaltung zu schicken, geschwiegen hat (BAG 24. 5. 1995 AP BetrVG 1972 § 37 Nr. 109). **Teilzeitbeschäftigte Betriebsratsmitglieder** bringen auf Schulungsveranstaltungen ein besonderes Freizeitopfer, ohne dies deutlich über ihre persönliche Arbeitszeit hinausgehen. Nach dem Lohnausfallprinzip soll ihnen hierfür weder ein zusätzlicher Vergütungsanspruch noch ein Ausgleichsanspruch zustehen (BAG 20. 10. 1993 AP BetrVG 1972 § 37 Nr. 90; *Fitting* Rn. 72; GK-BetrVG/*Wiese* Rn. 55). Die Vergütung von Teilzeitbeschäftigten läßt sich nach Art. 141 (ex-Art. 119) EG-Vertrag nur dann auf ihre persönliche Arbeitszeit beschränken, wenn die gesetzliche Regelung geeignet und erforderlich ist, ein legitimes sozialpolitisches Ziel zu erreichen (EuGH 6. 2. 1995 AP EWGV-Vertrag Art. 119 Nr. 72). Betriebsratsarbeit wird nicht bezahlt. Es wird nur der Lohnausfall ausgeglichen. Dieses Lohnausfallprinzip beruht auf der Unentgeltlichkeit des Betriebsratsamtes. Sie wahrt die Unabhängigkeit der Betriebsräte. Hierbei handelt es sich um ein legitimes sozialpolitisches Ziel (BAG 5. 3. 1997 AP BetrVG 1972 § 37 Nr. 123). Diese (zutreffende) Feststellung hilft nicht weiter. Auch Schulung ist Betriebsratsarbeit. Nach wie vor geht es (nur) um die Frage, ob im Einzelfall die Ganztagsschulung erforderlich ist und deshalb für Teilzeitbeschäftigte die Regelungslücke in Kauf genommen werden kann (hierzu DKK/*Wedde* Rn. 137 mwN). Wird ein teilzeitbeschäftigtes Betriebsratsmitglied regelmäßig über die vertraglich geschuldete Arbeitsleistung hinaus zu weiterer Arbeit herangezogen, ist während der Teilnahme an Betriebsratsschulungen jedenfalls das Entgelt auch für die ausgefallenen zusätzlichen Arbeitseinsätze fortzuzahlen (BAG 3. 12. 1997 AP BetrVG 1972 § 34 Nr. 124). 21

2. Abs. 7. Beim Freistellungsanspruch handelt es sich um einen Individualanspruch des einzelnen Betriebsratsmitglieds (BAG 6. 11. 1973 und 28. 8. 1996 AP BetrVG 1972 § 37 Nr. 5, 117). Er steht 22

Eisemann 969

selbständig neben dem Anspruch aus Abs. 6. Eine Anrechnung der Ansprüche aus dieser Vorschrift auf die aus Abs. 6 oder umgekehrt ist unzulässig (BAG 5. 4. 1984 AP BetrVG 1972 § 37 Nr. 46; *Fitting* Rn. 182; GK-BetrVG/*Wiese* Rn. 189). Soweit erforderliche Kenntnisse auf einer Veranstaltung nach Abs. 7 bereits vermittelt wurden, kommt eine Teilnahme an Veranstaltungen nach Abs. 6 nicht mehr in Betracht. Allerdings besteht kein Vorrang der Teilnahme an Veranstaltungen nach Abs. 7 (*Richardi* Rn. 170; DKK/*Wedde* Rn. 111, 139; *Fitting* Rn. 182). Der Anspruch ist nur gegeben, wenn das Betriebsratsmitglied die zu erwartenden Kenntnisse noch in die Betriebsratsarbeit einbringen kann, was ausgeschlosssen ist, wenn die Amtszeit des Betriebsrats am letzten Tag oder wenige Tage nach der Schulung endet (BAG 28. 8. 1996 AP BetrVG 1972 § 37 Nr. 117; GK-BetrVG/*Wiese* Rn. 216; aA *Fitting* Rn. 172) Scheidet ein Betriebsratsmitglied aus dem Betriebsrat aus und hat es den Anspruch nach Abs. 7 noch nicht verbraucht, verfällt er und kann nicht in eine neue Amtszeit übertragen werden (LAG Düsseldorf 8. 10. 1991 DB 1992, 636; *Fitting* Rn. 173, 179; GK-BetrVG/*Wiese* Rn. 216). Ersatzmitglieder, die noch nicht endgültig nach § 25 I 1 in den Betriebsrat nachgerückt sind, haben keinen Anspruch auf bezahlte Freistellung (BAG 14. 12. 1994 AP BetrVG 1972 § 37 Nr. 100; *Fitting* Rn. 173; GK-BetrVG/*Wiese* Rn. 217). Sie können allenfalls an Schulungen nach Abs. 6 teilnehmen (s. Rn. 18). Sind sie endgültig nachgerückt, kommt ein anteiliger Anspruch in Frage (*Fitting* Rn. 173; GK-BetrVG/*Wiese* Rn. 214). Dies gilt unabhängig davon, ob das ausgeschiedene Betriebsratsmitglied seinen Anspruch schon voll ausgeschöpft hat (*Fitting* Rn. 173).

23 Der Anspruch richtet sich auf **bezahlte Freistellung** für die Dauer von drei bzw. vier Wochen. Dies ergibt für den Drei-Wochen-Zeitraums bei Beschäftigten in der Fünf-Tage-Woche fünfzehn Arbeitstage, in der Sechs-Tage-Woche achtzehn Arbeitstage (*Fitting* Rn. 175 f.; GK-BetrVG/*Wiese* Rn. 209). Verkürzt oder verlängert sich die Amtszeit des Betriebsrats, verkürzt bzw. verlängert sich der Freistellungsanspruch entsprechend (*Fitting* Rn. 177; GK-BetrVG/*Wiese* Rn. 212, 213; *Richardi* Rn. 165; aA DKK/*Wedde* Rn. 153). Der gekürzte Anspruch verlängert sich für erstmalig gewählte Betriebsratsmitglieder, die nicht zuvor Jugend- und Auszubildendenvertreter waren, stets um eine Woche (BAG 19. 4. 1989 AP BetrVG 1972 § 37 Nr. 68; *Fitting* Rn. 177; GK-BetrVG/*Wiese* Rn. 212; DKK/*Wedde*, Rn. 153). Für den Anspruch auf bezahlte Freistellung gelten die gleichen Grundsätze wie bei einer Arbeitsbefreiung nach Abs. 2 iVm Abs. 6 (vgl. oben Rn. 21).

24 Im Gegensatz zu den Schulungen nach Abs. 6 muß nicht jeweils geprüft werden, ob die Veranstaltung erforderliche Kenntnisse vermittelt. Es reicht aus, wenn die oberste Landesbehörde die Veranstaltung als geeignet anerkannt hat. Ihr steht dabei ein Beurteilungsspielraum zu (BAG 18. 12. 1973 AP BetrVG 1972 § 37 Nr. 7). Über einen rechtzeitig gestellten Antrag auf Anerkennung kann sie auch nach Veranstaltungsbeginn entscheiden (BAG 11. 10. 1995 AP BetrVG 1972 Nr. 115). Veranstaltungen nach Abs. 7 sind **geeignet**, wenn sie im Zusammenhang mit der Betriebsratstätigkeit stehen und von Inhalt und Zielsetzung her einen nennenswerten Vorteil für eine sach- und fachgerechte Erfüllung der im Gesetz vorgesehenen Betriebsratsaufgaben erwarten lassen (BAG 11. 8. 1993 AP BetrVG 1972 § 37 Nr. 92). Die Eignung ist stets zu bejahen, soweit die engeren Voraussetzungen von Abs. 6 vorliegen (BAG 6. 11. 1973 AP BetrVG 1972 § 37 Nr. 5). Hat die **Thematik** einen betriebsverfassungsrechtlichen Bezug und kann sie zur Aufgabenerfüllung dienlich und förderlich sein, ist die Veranstaltung geeignet, ohne daß es darauf ankäme, daß die vermittelten Kenntnisse für die konkrete Arbeit im einzelnen Betrieb benötigt werden (BAG 6. 11. 1973 und 11. 8. 1993 AP BetrVG 1972 § 37 Nr. 5, 92). Themenbereiche können ua. sein das Arbeitsrecht, Arbeitswissenschaften, einschließlich der Arbeitsbewertung (vgl. BAG 25. 4. 1978 AP BetrVG 1972 § 37 Nr. 33), gesellschaftsrechtliche Bezüge der Mitbestimmung, Personalwesen, allgemeines Mitbestimmungs- und Sozialrecht, Versammlungspraxis und Versammlungsleitung sowie wirtschaftliche und betriebswirtschaftliche Fragen (GK-BetrVG/*Wiese* Rn. 193; vgl. im Einzelnen auch *Fitting* Rn. 155 f.). Geeignet sind auch Themen tarifpolitischer, sozialpolitischer und wirschaftlicher Art, sowie Fragen der Frauenförderung und der Vereinbarkeit von Familie und Beruf, die den Betrieb oder seine Arbeitnehmer unmittelbar betreffen – zB betrieblicher Umweltschutz (BAG 11. 10. 1995 AP BetrVG 1972 § 37 Nr. 115). Der zu erwartende Nutzen darf allerdings nicht bloßer Nebeneffekt von untergeordneter Bedeutung sein (BAG 11. 8. 1993 AP BetrVG 1972 § 37 Nr. 92). Deshalb sind Veranstaltungen, die lediglich auf Allgemeinbildung gesellschafts- oder staatsbürgerlicher Art bzw. rein gewerkschaftspolitische oder historisches Wissensvermittlung abzielen, nicht geeignet (BAG 11. 8. 1993 AP BetrVG 1972 § 37 Nr. 92; GK-BetrVG/*Wiese* Rn. 192; *Fitting* Rn. 158; aA DKK/*Wedde* Rn. 141). Befaßt sich die Veranstaltung teilweise mit ungeeigneten Themen, muß die Anerkennung durch die Behörde verweigert oder durch entsprechende Nebenbestimmungen sichergestellt werden, daß die Veranstaltung insgesamt geeignet ist (BAG 11. 8. 1993 AP BetrVG 1972 § 37 Nr. 92; *Fitting* Rn. 159; GK-BetrVG/*Wiese* Rn. 195). **Träger** der Veranstaltung kann grundsätzlich jeder sein, der nach Zweckbestimmung und Organisation die Gewähr bietet, eine iS der Vorschrift geeignete Veranstaltung ordnungsgemäß durchzuführen (GK-BetrVG/*Wiese* Rn. 198; aA DKK/*Wedde* Rn. 145). Die Zuständigkeit für die Anerkennung der Veranstaltung liegt bei der obersten Arbeitsbehörde des Landes, in dem der Veranstalter seinen Sitz hat. (Zum Anerkennungsverfahren im Einzelnen vgl. *Fitting* Rn. 166 ff. und GK-BetrVG/*Wiese* Rn. 199 ff.)

V. Schulung und Bildung § 37 **BetrVG 210**

3. Verfahren für die Freistellung. Bei der Freistellung zur Teilnahme an Schulungsveranstaltungen 25 geht es einmal darum, wer teilnimmt, zum anderen wann er teilnimmt. Die Festlegung der zeitlichen Lage trifft stets der Betriebsrat, den Teilnehmer kann er nur für Veranstaltungen nach Abs. 6 bestimmen. Ohne den entsprechenden Beschluß des Betriebsrates ist ein Betriebsratsmitglied nicht berechtigt, Schulungsveranstaltungen zu besuchen (BAG 10. 5. 1974 AP BetrVG 1972 § 65 Nr. 3; BAG 28. 8. 1996 AP BetrVG 1972 § 37 Nr. 117; *Fitting* Rn. 185; GK-BetrVG/*Wiese* Rn. 230). Die **personelle Auswahlentscheidung** steht dem Betriebsrat als Träger dieses Anspruchs zu. Er trifft sie nach pflichtgemäßem Ermessen (*Fitting* Rn. 187 f.; GK-BetrVG/*Wiese* Rn. 222) und muß dabei die Grundsätze des § 75 I beachten (*Fitting* Rn. 188; GK-BetrVG/*Wiese* Rn. 224). An der Auswahlentscheidung darf sich das beroffene Betriebsratsmitglied beteiligen (*Richardi* Rn. 119; *Fitting* Rn. 187; GK-BetrVG/*Wiese* Rn. 221). Bei der Festlegung der **zeitlichen Lage** hat der Betriebsrat betriebliche Notwendigkeiten zu berücksichtigen. Betriebliche Notwendigkeiten sind nicht schon allgemeine betriebliche Interessen oder Bedürfnisse, sondern nur betriebliche Gegebenheiten, die zwingenden Vorrang gegenüber der Arbeitsbefreiung eines Betriebsratsmitglieds für Schulungszwecke haben (*Fitting* Rn. 191; GK-BetrVG/*Wiese* Rn. 231; aA *Richardi* Rn. 114). Ist eine Beeinträchtigung betrieblicher Notwendigkeiten, unabhängig von der zeitlichen Lage nicht zu umgehen, hat die Schulungsteilnahme Vorrang (*Richardi* Rn. 115; *Fitting* Rn. 192). Der Arbeitgeber hat Vorkehrungen dafür zu treffen, daß die Teilnahme möglich wird (GK-BetrVG/*Wiese* Rn. 232). Da der Anspruch aus Abs. 7 Individualanspruch des einzelnen Betriebsratsmitglieds ist, hat der Betriebsrat sich hier auf die Festlegung der zeitlichen Lage der Teilnahme an den Veranstaltungen zu beschränken (*Fitting* Rn. 186; GK-BetrVG/*Wiese* Rn. 220). Grundsätzlich hat er dabei die Auswahl der als geeignet anerkannter Schulung dem jeweiligen Betriebsratsmitglied zu überlassen (BAG 28. 8. 1996 AP BetrVG 1972 § 37 Nr. 117). Er kann allenfalls mittelbar durch die Festlegung der zeitlichen Lage Einfluß auf die Auswahlentscheidung nehmen, wobei er die betrieblichen Notwendigkeiten berücksichtigen muß und die eigenen Geschäftsbedürfnisse berücksichtigen darf (GK-BetrVG/*Wiese* Rn. 228).

Die zeitliche Lage muß dem Arbeitgeber so **rechtzeitig mitgeteilt** werden, daß er noch die 26 Einigungsstelle anrufen kann (BAG 18. 3. 1977 AP BetrVG 1972 § 37 Nr. 27; GK-BetrVG/*Wiese* Rn. 233). Dies gilt auch für die Teilnahme freigestellter Betriebsratsmitglieder (BAG 21. 7. 1978 AP BetrVG 1972 § 38 Nr. 4). Eine Mitteilung 2 1/2 Wochen vor Beginn der Schulung soll ausreichen (LAG *Niedersachsen* 14. 8. 1987 AuR 1989, 60). Der Betriebsrat muß dem Arbeitgeber zusätzlich die näheren Einzelheiten der Schulung wie Ort, Themenplan, Genehmigung durch die zuständige Behörde mitteilen (*Richardi* Rn. 121; *Fitting* Rn. 194; GK-BetrVG/*Wiese* Rn. 234). Unterlässt der Betriebsrat die Unterrichtung, geht der Entgeltanspruch nicht verloren (DKK/*Wedde* Rn. 130; *Fitting* Rn. 195; GK-BetrVG/*Wiese* Rn. 135). Die Unterlassung kann eine Amtspflichtverletzung im Sinne des § 23 I darstellen (DKK/*Wedde* Rn. 130; *Fitting* Rn. 195; GK-BetrVG/*Wiese* Rn. 235).

Hält der Arbeitgeber die betrieblichen Notwendigkeiten nicht für ausreichend berücksichtigt, kann 27 er die **Einigungsstelle** nach § 76 V anrufen. Nur für diese Entscheidung ist die Einigungsstelle zuständig. Über die Erforderlichkeit entscheiden die Arbeitsgerichte im Beschlußverfahren. Allerdings hat die Einigungsstelle iR ihrer Entscheidung über die Erforderlichkeit als Vorfrage zu entscheiden (*Richardi* Rn. 125; GK-BetrVG/*Wiese* Rn. 236). Das Gesetz sieht keine Frist für die Anrufung der Einigungsstelle vor. Die Einigungsstelle ist unverzüglich nach Zugang der Mitteilung des Betriebsrats anzurufen, jedenfalls aber so zeitig, daß der Betriebsrat noch umdisponieren oder das Einigungsstellenverfahren noch durchgeführt werden kann (*Richardi* Rn. 126; GK-BetrVG/*Wiese* Rn. 237; DKK/*Wedde* Rn. 132; *Fitting* Rn. 197). Ruft der Arbeitgeber die Einigungsstelle nicht rechtzeitig an, ist er so zu behandeln, als habe er keine Bedenken gegen die Teilnahme gehabt (BAG 18. 3. 1977 AP BetrVG 1972 § 37 Nr. 27). Hat der Arbeitgeber die Einigungsstelle rechtzeitig angerufen, ist die Teilnahme bis zur Beendigung des Einigungsstellenverfahrens zurückzustellen (BAG 18. 3. 1977 AP BetrVG 1972 § 37 Nr. 27; DKK/*Wedde* Rn. 132; *Fitting* Rn. 200; GK-BetrVG/*Wiese* Rn. 239). Steht die Schulungsveranstaltung unmittelbar bevor, kann eine einstweilige Verfügung erwirkt werden (*Fitting* Rn. 200 a; GK-BetrVG/*Wiese* Rn. 242). Hält die Einigungsstelle die betrieblichen Notwendigkeiten vom Betriebsrat für nicht ausreichend berücksichtigt, trifft sie selbst eine Regelung in der Sache (DKK/*Wedde* Rn. 132; *Fitting* Rn. 198; GK-BetrVG/*Wiese* Rn. 241). Widerspricht der Arbeitgeber der Teilnahme eines Betriebsratsmitglieds, weil er die **Erforderlichkeit** der Schulung anzweifelt, muß sich das Betriebsratsmitglied nach Abs. 6 iVm Abs. 2 lediglich ordnungsgemäß abmelden, nicht aber auf die Zustimmung oder Gewährung einer Arbeitsbefreiung durch den Arbeitgeber warten (DKK/*Wedde* Rn. 133 f.; *Fitting* Rn. 201; GK-BetrVG/*Wiese* Rn. 243, 245). Die bloße Einleitung eines arbeitsgerichtlichen Verfahrens durch den Arbeitgeber hat nicht zur Folge, daß das Betriebsratsmitglied seine Teilnahme zurückstellen muß (LAG Hamm DB 74, 2486; *Richardi* Rn. 130; *Fitting* Rn. 202). In keinem Fall muß das Betriebsratsmitglied die Teilnahme zurückstellen, wenn der Betriebsrat vor Beginn der Schulung einen obsiegenden Beschluß in erster Instanz erwirkt hat (BAG 6. 5. 1975 AP BetrVG 1972 § 65 Nr. 5; *Fitting* Rn. 202; aA GK-BetrVG/*Wiese* Rn. 246). Das ArbG kann dem Betriebsratsmitglied durch einstweilige Verfügung die Teilnahme gestatten oder untersagen (*Fitting* Rn. 203).

VI. Streitigkeiten

28 Über die Fortzahlung des Arbeitsentgelts nach Abs. 2, die Gewährung von Freizeitausgleich nach Abs. 3, über das Arbeitsentgelt bezogen auf vergleichbare Arbeitnehmer mit betriebsüblicher beruflicher Entwicklung nach Abs. 4 und die Zuweisung eines unterwertigen Arbeitsplatzes nach Abs. 5 wird im **Urteilsverfahren** nach den §§ 2, 46 ff. ArbGG entschieden (BAG 18. 6. 1974 und 15. 2. 1989 AP BetrVG 1972 § 37 Nr. 16, 117; *Richardi* Rn. 182 ff.; *Fitting* Rn. 204; GK-BetrVG/*Wiese* Rn. 249 ff.). Die betriebsverfassungsrechtlichen Voraussetzungen dieser individualrechtlichen Ansprüchen sind als Vorfragen mitzuentscheiden (*Fitting* Rn. 204; GK-BetrVG/*Wiese* Rn. 256). Ist im Beschlußverfahren über diese Vorfragen rechtskräftig entschieden worden, hat dies für das Urteilsverfahren präjudizielle Wirkung (BAG 6. 5. 1975 AP BetrVG 1972 § 65 Nr. 5; *Fitting* Rn. 204; GK-BetrVG/*Wiese* Rn. 256). Bezieht sich die Streitigkeit allein auf betriebsverfassungsrechtliche Fragen, ist im arbeitsgerichtlichen **Beschlußverfahren** nach §§ 2a, 80 ff. ArbGG zu entscheiden (BAG 13. 11. 1964 und 3. 6. 1969 AP BetrVG § 37 Nr. 9, 11). Antragsberechtigt sind der Betriebsrat, der Arbeitgeber und gegebenfalls das einzelne Betriebsratsmitglied (*Fitting* Rn. 207; GK-BetrVG/*Wiese* Rn. 279). Die Gewerkschaften sind weder antragsberechtigt, noch am Verfahren zu beteiligen (BAG 28. 1. 1975 AP BetrVG 1972 § 37 Nr. 20). Das Rechtsschutzinteresse an der Feststellung der Erforderlichkeit einer Schulung entfällt auch dann nicht, wenn die Schulung stattgefunden hat, soweit die Rechtsfrage in Zukunft wieder streitig werden kann (BAG 10. 6. 1974 und 16. 3. 1976 AP BetrVG 1972 § 37 Nr. 15, 22). Streitigkeiten über die Anerkennung von Schulungs- und Bildungsveranstaltungen sind im Beschlußverfahren nach §§ 2a, 80 ff. ArbGG vor dem ArbG und nicht vor dem Verwaltungsgericht zu entscheiden (BAG 18. 12. 1973 und 11. 8. 1993 AP BetrVG 1972 § 37 Nr. 7, 92). Antragsberechtigt sind der Träger der Veranstaltung, der den Antrag auf Anerkennung gestellt hat und die im Anerkennungsverfahren zu beteiligenden Spitzenorganisationen der Gewerkschaften und der Arbeitgeberverbände (BAG 30. 8. 1989 und 11. 8. 1993 AP BetrVG 1972 § 37 Nr. 73, 92). Nach Rechtsprechung des BAG ist der Arbeitgeber auch dann nicht antragsberechtigt, wenn er aufgrund der Anerkennung einer Schulungs- und Bildungsveranstaltung auf Entgeltfortzahlung in Anspruch genommen wird (BAG 25. 6. 1981 AP BetrVG 1972 § 37 Nr. 38; offengelassen in BAG 30. 8. 1989 AP BetrVG 1972 § 37 Nr. 73). Dies läßt sich mit der Rechtswegsgarantie kaum vereinbaren (*Fitting* Rn. 214; GK-BetrVG/*Wiese* Rn. 271).

§ 38 Freistellungen

(1) [1] Von ihrer beruflichen Tätigkeit sind mindestens freizustellen in Betrieben mit in der Regel
300 bis   600 Arbeitnehmern ein Betriebsratsmitglied,
601 bis 1000 Arbeitnehmern 2 Betriebsratsmitglieder,
1001 bis 2000 Arbeitnehmern 3 Betriebsratsmitglieder,
2001 bis 3000 Arbeitnehmern 4 Betriebsratsmitglieder,
3001 bis 4000 Arbeitnehmern 5 Betriebsratsmitglieder,
4001 bis 5000 Arbeitnehmern 6 Betriebsratsmitglieder,
5001 bis 6000 Arbeitnehmern 7 Betriebsratsmitglieder,
6001 bis 7000 Arbeitnehmern 8 Betriebsratsmitglieder,
7001 bis 8000 Arbeitnehmern 9 Betriebsratsmitglieder,
8001 bis 9000 Arbeitnehmern 10 Betriebsratsmitglieder,
9001 bis 10000 Arbeitnehmern 11 Betriebsratsmitglieder.
[2] In Betrieben mit über 10000 Arbeitnehmern ist für je angefangene weitere 2000 Arbeitnehmer ein weiteres Betriebsratsmitglied freizustellen. [3] Durch Tarifvertrag oder Betriebsvereinbarung können anderweitige Regelungen über die Freistellung vereinbart werden.

(2) [1] Die freizustellenden Betriebsratsmitglieder werden nach Beratung mit dem Arbeitgeber vom Betriebsrat aus seiner Mitte in geheimer Wahl und nach den Grundsätzen der Verhältniswahl gewählt. [2] Wird ein Wahlvorschlag gemacht, so erfolgt die Wahl nach den Grundsätzen der Mehrheitswahl; ist nur ein Betriebsratsmitglied freizustellen, so wird dieses mit einfacher Stimmenmehrheit gewählt. [3] Die Gruppen sind entsprechend dem Verhältnis ihrer Vertretung im Betriebsrat zu berücksichtigen. [4] Gehört jeder Gruppe im Betriebsrat mindestens ein Drittel der Mitglieder an, so wählt jede Gruppe die auf sie entfallenden freizustellenden Betriebsratsmitglieder; die Sätze 1 und 2 gelten entsprechend. [5] Der Betriebsrat hat die Namen der Freizustellenden dem Arbeitgeber bekanntzugeben. [6] Hält der Arbeitgeber eine Freistellung für sachlich nicht vertretbar, so kann er innerhalb einer Frist von zwei Wochen nach der Bekanntgabe die Einigungsstelle anrufen. [7] Der Spruch der Einigungsstelle ersetzt die Einigung zwischen Arbeitgeber und Betriebsrat. [8] Bestätigt die Einigungsstelle die Bedenken des Arbeitgebers, so hat sie bei der Bestimmung eines anderen freizustellenden Betriebsratsmitglieds auch den Minderheitenschutz im Sinne der Sätze 1 bis 3 zu beachten. [9] Ruft der Arbeitgeber die Einigungsstelle nicht an, so gilt sein Einverständnis mit den Freistellungen nach Ablauf der zweiwöchigen Frist als erteilt. [10] Für die Abberufung gilt § 27 Abs. 1 Satz 5 und Abs. 2 Satz 5 entsprechend.

(3) Der Zeitraum für die Weiterzahlung des nach § 37 Abs. 4 zu bemessenden Arbeitsentgelts und für die Beschäftigung nach § 37 Abs. 5 erhöht sich für Mitglieder des Betriebsrats, die drei volle aufeinanderfolgende Amtszeiten freigestellt waren, auf zwei Jahre nach Ablauf der Amtszeit.

(4) ¹ Freigestellte Betriebsratsmitglieder dürfen von inner- und außerbetrieblichen Maßnahmen der Berufsbildung nicht ausgeschlossen werden. ² Innerhalb eines Jahres nach Beendigung der Freistellung eines Betriebsratsmitglieds ist diesem im Rahmen der Möglichkeiten des Betriebs Gelegenheit zu geben, eine wegen der Freistellung unterbliebene betriebsübliche berufliche Entwicklung nachzuholen. ³ Für Mitglieder des Betriebsrats, die drei volle aufeinanderfolgende Amtszeiten freigestellt waren, erhöht sich der Zeitraum nach Satz 2 auf zwei Jahre.

I. Anzahl

Mit der Freistellung werden Betriebsratsmitglieder generell von der Arbeitspflicht befreit, um 1 Aufgaben des Betriebsrats zu erfüllen. Anders als bei der Befreiung von der beruflichen Tätigkeit nach § 37 II ist ein konkrete Nachweises der Erforderlichkeit nicht vorgesehen (BAG 26. 7. 1989 AP BetrVG 1972 § 38 Nr. 10). § 38 ist Sonderregelung zu § 37 II und vermutet unwiderleglich die Erforderlichkeit der Freistellung für die in Abs. 1 angegebene Mindestzahl von Freistellungen (BAG 26. 7. 1989 und 12. 2. 1997 AP BetrVG 1972 § 38 Nr. 10, 19). Der Anspruch steht zunächst dem Betriebsrat zu; das einzelne Betriebsratsmitglied kann noch nach seiner Auswahl einen Individualanspruch ableiten (DKK/*Wedde* Rn. 5; *Fitting* Rn. 7; GK-BetrVG/*Wiese* Rn. 9). Die gesetzliche Staffel enthält eine Mindeststaffel (BAG 22. 5. 1973 AP BetrVG 1972 § 38 Nr. 2) Sie stellt – unabhängig von der Wahlberechtigung – auf die „in der Regel" beschäftigten Arbeitnehmer ab. Das ist die Zahl von Arbeitnehmern, die für den Betrieb im allgemeinen kennzeichnend ist (BAG 22. 2. 1983 AP BetrVG 1972 § 113 Nr. 7). Arbeitnehmer sind die in § 5 I und § 6 genannten Personen. Teilzeitbeschäftigte zählen nach Köpfen (DKK/*Wedde* Rn. 9; *Fitting* Rn. 9). Grundsätzlich muß für die Festlegung der Belegschaftsstärke auf den Zeitpunkt des Freistellungsbeschlusses abgestellt werden (BAG 26. 7. 1989 AP BetrVG 1972 § 38 Nr. 10). Künftige Entwicklungen, die nicht unmittelbar bevorstehen, führen zu einer späteren Anpassung der Anzahl der Freistellungen (BAG 26. 7. 1989 AP BetrVG 1972 § 38 Nr. 10). Erhöht sich die Zahl der regelmäßig beschäftigten Arbeitnehmer während der Amtszeit des Betriebsrats nicht nur vorübergehend, kann der Betriebsrat eine Anpassung verlangen. Sinkt die Belegschaftsstärke nicht nur vorübergehend, kann der Arbeitgeber eine entsprechende Verringerung verlangen, es sei denn die Aufgaben der Betriebsrat haben sich nicht im gleichen Maß verringert (BAG 26. 7. 1989 AP BetrVG 1972 § 38 Nr. 10; DKK/*Wedde* Rn. 10; *Richardi* Rn. 11; *Fitting* Rn. 12; GK-BetrVG/*Wiese* Rn. 11).

Der Betriebsrat hat – abgesehen von der Möglichkeit, die Zahl der Freizustellenden durch freiwillige 2 Tarifvertrag und Betriebsvereinbarung aufzustocken – einen gerichtlich durchsetzbaren Anspruch auf **Erhöhung der Zahl** freizustellender Betriebsratsmitglieder, wenn dies zur ordnungsgemäßen Durchführung seiner Aufgaben erforderlich ist (BAG 22. 5. 1973 und 26. 7. 1989 AP BetrVG 1972 § 38 Nr. 2, 10; DKK/*Wedde* Rn. 12; *Richardi* Rn. 15; *Fitting* Rn. 15; GK-BetrVG/*Wiese* Rn. 14 ff.). Dies kann er nicht einfach einseitig beschließen. Er braucht die Zustimmung des Arbeitgebers (BAG 22. 5. 1973 AP BetrVG 1972 § 38 Nr. 2). Das in **Abs. 2** vorgesehene Einigungsstellenverfahren bezieht sich nicht auf die Anzahl der freizustellenden Betriebsratsmitglieder, sondern allein auf die Auswahl der Person (BAG 22. 5. 1973 und 16. 1. 1979 AP BetrVG 1972 § 38 Nr. 2, 5). Meinungsverschiedenheiten zur Anzahl sind daher in einem Beschlußverfahren zu klären. Für die Beurteilung der Erforderlichkeit weiterer Freistellungen können keine Richtwerte oder Erfahrungswerte zugrundegelegt werden (BAG 21. 11. 1978 AP BetrVG 1972 § 37 Nr. 34). Maßgebend ist, ob unter Einsatz aller sonstigen personellen Möglichkeiten, dh einer verstärkten zeitweiligen Arbeitsbefreiung anderer Betriebsratsmitglieder nach § 37 II weitere Freistellungen erforderlich sind, um eine ordnungsgemäße Betriebsratsarbeit innerhalb der betriebsüblichen Arbeitszeit zu gewährleisten (BAG 26. 7. 1989 AP BetrVG 1972 § 38 Nr. 10; *Fitting* Rn. 18). Ist ein freigestelltes Betriebsratsmitglied durch die Wahrnehmung von Funktionen in anderen Betriebsverfassungsorganen (zB Gesamtbetriebsrat) in einem zeitlich feststehendem Umfang gehindert, seine Betriebsratsaufgaben zu erledigen, kann ein weiteres Betriebsratsmitglied nur zusätzlich freigestellt werden wenn erkennbar ist, daß die Aufgaben auch nach einer zumutbaren betriebsratsinternen Umverteilung durch die anderen Mitglieder des Betriebsrats nicht erledigt werden können (BAG 12. 2. 1997 AP BetrVG 1972 § 38 Nr. 19). Teilweise oder völlige Freistellungen können auch in Betrieben mit weniger als 300 Arbeitnehmern erforderlich sein, wenn Arbeitsbefreiungen nach § 37 II nicht ausreichen (BAG 2. 4. 1974 und 13. 11. 1991 AP BetrVG 1972 § 37 Nr. 10, 80; DKK/*Wedde* Rn. 15; *Richardi* Rn. 14; *Fitting* Rn. 19; GK-BetrVG/*Wiese* Rn. 21). Die Durchführung von Betriebsratssprechstunden rechtfertigt allein noch keine teilweise Freistellung (BAG 13. 11. 1991 AP BetrVG 1972 § 37 Nr. 80). Besonderheiten der betrieblichen Organisation, zB weitverzweigte Betriebsstätten (LAG Düsseldorf 29. 6. 1988 AiB 1989, 90), Mehrschichtbetrieb (BAG 22. 5. 1973 AP BetrVG 1972 § 38 Nr. 1) oder ein erhöhter Arbeitsanfall aufgrund außergewöhnlicher Maßnahmen wie Betriebsänderungen (DKK/*Wedde* Rn. 13) uä. können weitere Freistellungen erforderlich machen. Dabei sollen die Zeiten der Arbeitsbefreiung nach § 37 II für die übrigen Betriebsratsmitglieder Anhaltspunkte abgeben (ArbG Frankfurt/M 4. 1. 1990 AiB 1990, 256). Im Verfahren muß der Betriebsrat darlegen, daß auf ihn für die gesamte Amtsperiode und nicht nur vorübergehend höhere Anforderungen als im Normalfall zukommen (BAG 22. 5. 1973, 26. 7. 1989 und 12. 2. 1997 AP BetrVG 1972 § 38 Nr. 1, 10, 19). Er muß die eine Abweichung vom Normalfall begründenden Umstände detailliert beschreiben, so daß die zeitliche Belastung bestimmbar und die Untergrenze der regelmäßigen Mehrbelastung pauschalierbar wird. (BAG 26. 7. 1989 AP BetrVG 1972 § 38 Nr. 10). Der Tatsachenrichter hat bei der Prüfung der „Erforderlichkeit" einen gewissen Beurteilungsspielraum (BAG 9. 10. 1973 AP BetrVG 1972 § 38 Nr. 3).

3   Nicht jede kurzfristige **Verhinderung** eines ständig freigestellten Betriebsratsmitglieds berechtigt den Betriebsrat, ein anderes Betriebsratsmitglied freizustellen. Erst einmal müssen die übrigen Freigestellten – zB Bei Urlaub oder Krankheit – seine Aufgaben mitübernehmen. Bei der Aufstellung der Staffel des Abs. 1 hat der Gesetzgeber gewisse Fehlzeiten schon einkalkuliert (BAG 9. 7. 1997 AP BetrVG 1972 § 38 Nr. 23; *Fitting* Rn. 21; GK-BetrVG/*Wiese* Rn. 31). Bei längerer Verhinderung – etwa durch die Tätigkeit als Gesamtbetriebsratsvorsitzender – besteht die Möglichkeit einer Befreiung nach § 37 II, falls dies zur ordnungsgemäßen Erledigung der Aufgaben notwenig ist (*Fitting* Rn. 21; GK-BetrVG/*Wiese* Rn. 31). Im übrigen kann ein weiteres Betriebsratsmitglied in diesen Fällen nach § 38 nur mit Zustimmung des Arbeitgebers unter den Voraussetzungen des § 37 II freigestellt werden (BAG 12. 2. 1997 AP BetrVG 1972 § 38 Nr. 19; GK-BetrVG/*Wiese* Rn. 32). Verweigert er seine Zustimmung, muß die Freistellung im Beschlußverfahren geklärt werden (BAG 22. 5. 1973 AP BetrVG 1972 § 38 Nr. 1), notfalls im Wege der einstweiligen Verfügung (DKK/*Wedde* Rn. 12). Eine solche weitere Freistellung kann erforderlich sein, wenn die Aufgaben des Betriebsrates auch nach einer internen zumutbaren Umverteilung durch die anderen Betriebsratsmitglieder nicht erledigt werden können und feststeht, daß eine Arbeitsbefreiung einzelner Betriebsratsmitglieder aus konkretem Anlaß nicht ausreicht (BAG 12. 2. 1997 AP BetrVG 1972 § 38 Nr. 19). Es besteht mit anderen Worten für die Fälle der zeitweiligen Verhinderung ein Vorrang der Arbeitsbefreiung nach § 37 II gegenüber der anteiligen Freistellung nach § 38 (vgl. BAG 9. 7. 1997 AP BetrVG 1972 § 38 Nr. 23).

4   Das Gesetz geht bei den Freizustellenden zwar von vollzeitbeschäftigten Betriebsratsmitgliedern aus (BAG 31. 5. 1989 und 26. 6. 1996 AP BetrVG 1972 § 38 Nr. 9, 17; *Fitting* Rn. 11). Dieses **Gesamtvolumen** kann aber flexibel aufgeteilt werden, so daß zB anzahlmäßig doppelt soviel nur zur Hälfte freigestellte Betriebsratsmitglieder bestimmt werden können (BAG 26. 6. 1996 AP BetrVG 1972 § 38 Nr. 17; DKK/*Wedde* Rn. 16; *Fitting* Rn. 11; aA GK-BetrVG/*Wiese* Rn. 30; *Richardi* Rn 13). So können auch Teilzeitbeschäftigte freigestellt werden, ohne daß Teile des Gesamtvolumens verloren gehen. Bleibt der Betriebsrat durch eine flexible Aufteilung innerhalb des sich aus Abs. 1 ergebenden Arbeitsvolumens, braucht er die Erforderlichkeit von Umfang und Dauer der Freistellung nicht darzulegen, wohl aber die Notwendigkeit der Aufteilung selbst, da die rein zahlenmäßige Überschreitung der Staffel aus I betriebsorganisatorisch den Arbeitgeber vor zusätzliche Probleme stellen kann (BAG 26. 6. 1996 AP BetrVG 1972 § 38 Nr. 17). Die Aufteilung von Vollzeitfreistellungen kann zur ordnungsgemäßen Erfüllung der Betriebsratsaufgaben notwendig oder zB erforderlich sein, um berufliche Nachteile für Betriebsratsmitglieder zu vermeiden, die durch Abs. 4 nicht ausgeglichen werden (BAG 26. 6. 1996 AP BetrVG 1972 § 38 Nr. 17). Die Grenze ergibt sich aus dem Gebot der vertrauensvollen Zusammenarbeit. Eine unzumutbare Mehrbelastung kann dem Arbeitgeber nicht abverlangt werden. Für die Unzumutbarkeit des höheren Organisationsaufwands trägt der Arbeitgeber die Feststellungslast (BAG 26. 6. 1996 AP BetrVG 1972 § 38 Nr. 17).

II. Regelungen durch Tarifvertrag oder Betriebsvereinbarung

5   Die Möglichkeit einer anderweitigen Regelung nach **Abs. 1 S. 3** bezieht sich auf die Anzahl der freigestellten Betriebsratsmitglieder, nicht auf eine abweichende Regelung des Freistellungsverfahrens nach Abs. 2. Dies Verfahren ist vielmehr auch bei anderweitiger Regelung beizubehalten. Die zusätzliche Freistellungen sind daher zusammen mit den Mindestfreistellungen vorzunehmen (LAG Frankfurt 1. 8. 1991 DB 91, 2494; DKK/*Wedde* Rn. 23; *Fitting* Rn. 24; GK-BetrVG/*Wiese* Rn. 24, 35). Auch hier kann eine nur teilweise Freistellung einer größeren Anzahl von Betriebsratsmitgliedern vereinbart werden (DKK/*Wedde* Rn. 7; *Richardi* Rn. 21; *Fitting* Rn. 11). Mit der anderweitigen Regelung kann eine geringere Zahl von Freistellungen festgelegt werden, als in der Mindeststaffel vorgesehen sind (DKK/*Wedde* Rn. 20; *Richardi* Rn. 20; *Fitting* Rn. 25; GK-BetrVG/*Wiese* Rn. 25) selbst wenn dadurch kein Mitglied einer Minderheitenliste freigestellt wird (BAG 11. 6. 1997 AP BetrVG 1972 § 38 Nr. 22). Ein gänzlicher Ausschluß der Freistellung ist unzulässig (DKK/*Wedde* Rn. 21; *Fitting* Rn. 25; GK-BetrVG/*Wiese* Rn. 26). Die Betriebsvereinbarung kann nur freiwillig abgeschlossen und nicht über die Einigungsstelle erzwungen werden (*Richardi* Rn. 19; *Fitting* Rn. 26), der entsprechende Tarifvertrag kann nicht Gegenstand eines Arbeitskampfes sein (*Richardi* Rn. 19; GK-BetrVG/*Wiese* Rn. 24; aA DKK/*Wedde* Rn. 19; *Fitting* Rn. 26). Besteht schon eine tarifvertragliche Regelung, sind weitergehende Freistellungen durch Betriebsvereinbarung möglich. § 77 III steht nicht entgegen. Es handelt sich nicht um die Vereinbarung von Arbeitsbedingungen (DKK/*Wedde*

Rn. 22; *Richardi* Rn. 22; *Fitting* Rn. 27; GK-BetrVG/*Wiese* Rn. 27). Eine weitergehende Regelung im Tarifvertrag hat jedoch gegenüber der Betriebsvereinbarung als höherrangiges Recht Vorrang. Ist eine anderweitige Regelung durch Betriebsvereinbarung oder Tarifvertrag ausgeschlossen, besteht Bindungswirkung für den Betriebsrat, so daß er keinen Anspruch auf weitergehende Freistellungen geltend machen kann (DKK/*Wedde* Rn. 23; *Richardi* Rn. 23; *Fitting* Rn. 28; GK-BetrVG/*Wiese* Rn. 28). Unberührt bleibt die Möglichkeit der Arbeitsbefreiung aus konkretem Anlaß nach § 37 II.

III. Berücksichtigung der Gruppen

Die Verteilung der Freistellungen auf die im Betriebsrat vertretenen Gruppen erfolgt verhältnismä- 6 ßig nach dem d'Hondtschen Höchstzahlverfahren (BAG 11. 3. 1992 AP BetrVG 1972 § 38 Nr. 11). Für die Berechnung der Verteilung ist die Zahl der gewählten Gruppenvertreter zugrundezulegen. Ein gruppenfremdes Mitglied gilt nach § 12 II 2 als Mitglied der Gruppe, die es gewählt hat. Erklärt sich keine ausreichende Anzahl von Gruppenmitgliedern zur Freistellung bereit, gehen die nicht genutzten Freistellungen auf die andere Gruppe über (BAG 11. 3. 1992 AP BetrVG 1972 § 38 Nr. 11). Erklären sich genügend Gruppenmitglieder bereit, ist ein Verzicht durch Gruppenbeschluß oder durch einvernehmliche Absprache zwischen den Gruppen unzulässig (BAG 11. 3. 1992 AP BetrVG 1972 § 38 Nr. 11; GK-BetrVG/*Wiese* Rn. 41; aA *Fitting* Rn. 31 ff.). Abs. 2 S. 3 ist nicht dispositiv.

IV. Wahl der freizustellenden Betriebsratsmitglieder

Nur Betriebsratsmitglieder können freigestellt werden. Ersatzmitglieder können erst freigestellt 7 werden, wenn sie nach § 25 nachgerückt sind (*Richardi* Rn. 17; *Fitting* Rn. 22; GK-BetrVG/*Wiese* Rn. 36). Konkretisierungen kann der Betriebsrat in der Geschäftsordnung nach § 36 oder durch Beschluß festlegen, wobei er die zwingenden Grundentscheidungen von Abs. 2 zu beachten hat. Die Wahl ist sowohl bei einer Verhältnis- als auch bei einer Mehrheitswahl nach Abs. 2 S. 2 **geheim** durchzuführen. Die Modifikation bezieht sich allein auf die Durchbrechung des Grundsatzes der Verhältniswahl (DKK/*Wedde* Rn. 25; *Fitting* Rn. 35 a; GK-BetrVG/*Wiese* Rn. 44). Die Ausführungen zur Wahlvorschlagsberechtigung, zur Beschlußfähigkeit, zu den Grundsätzen der Verhältniswahl und der Mehrheitswahl, der Gemeinschaftswahl und der Gruppenwahl bei der Wahl des Betriebsausschusses gelten für die Wahlen der freizustellenden Betriebsratsmitglieder entsprechend (s. § 27 Rn. 4). Dasselbe gilt für die Wahl von Ersatzfreistellungen, die im Fall der Verhinderung oder des Ausscheidens eines Freigestellten nachrücken (s. § 27 Rn. 5). Kommt es in einer Gruppe bei der Wahl der Freizustellenden zu einer Pattsituation, wird sie durch Losentscheid aufgelöst. Das Bestimmungsrecht geht nicht auf das Betriebsratsplenum über (BAG 26. 2. 1987 AP BetrVG 1972 § 38 Nr. 7; BAG 15. 1. 1992 AP BetrVG 1972 § 26 Nr. 10). Eine Nachwahl ist grundsätzlich möglich. Wer in Verhältniswahl gewählt wurde, kann nicht in Mehrheitswahl nachgewählt werden (GK-BetrVG/*Wiese* Rn. 70; *Fitting* Rn. 55 ff.; aA BAG 28. 10. 1992 AP BetrVG 1972 § 38 Nr. 16; DKK/*Wedde* Rn. 59). Sonst könnte der durch das Verhältniswahlrecht angestrebte Listenschutz unterlaufen werden.

V. Beratung mit dem Arbeitgeber

Beratungen mit dem Arbeitgeber nach Abs. 2 S. 1 müssen mit dem gesamten Betriebsrat (BAG 8 29. 4. 1992 AP BetrVG 1972 § 38 Nr. 15) in einer ordnungsgemäßen Betriebsratssitzung erfolgen (DKK/*Wedde* Rn. 29; *Richardi* Rn. 28; *Fitting* Rn. 49; aA GK-BetrVG/*Wiese* Rn. 37). Sie sollen dem Arbeitgeber vor der Wahl Gelegenheit geben, Bedenken zu erheben. Der Betriebsrat hat die Bedenken zu würdigen, ist aber in der Wahlentscheidung letztlich frei (DKK/*Wedde* Rn. 27; *Fitting* Rn. 49). Unterbleibt die Beratung, führt dies nicht zur Unwirksamkeit des Freistellungsbeschlusses (DKK/ *Wedde* Rn. 31; *Fitting* Rn. 50; GK-BetrVG/*Wiese* Rn. 39; aA LAG Berlin 19. 6. 1995 LAGE BetrVG 1972 § 19 Nr. 14, Anfechtbarkeit der Wahl; *Richardi* Rn. 30; offengelassen in BAG 29. 4. 1992 AP BetrVG 1972 § 38 Nr. 15). Unterlässt der Betriebsrat die Beratung handelt er pflichtwidrig. Dies kann zu einem Verfahren nach § 23 I führen (DKK/*Wedde* Rn. 31; *Fitting* Rn. 50).

VI. Einigungsstelle

Nach der Wahl im Betriebsrat erfolgt die Freistellung des Gewählten durch den Arbeitgeber (DKK/ 9 *Wedde* Rn. 44; *Fitting* Rn. 59; GK-BetrVG/*Wiese* Rn. 48 f.). Vor seiner ausdrücklichen oder konkludenten Einverständniserklärung bzw. Eintritt der gesetzlichen Fiktion nach Abs. 2 S. 9 dürfen die gewählten Vertreter der Arbeit nur unter den Voraussetzungen des § 37 II fernbleiben (DKK/*Wedde* Rn. 44; *Fitting* Rn. 59). Im Einigungsstellenverfahren kann der Arbeitgeber nur die Konkretisierung der Auswahlentscheidung angreifen (BAG 9. 10. 1973 AP BetrVG 1972 § 38 Nr. 3). Er muß darlegen, warum zwingende betriebliche Notwendigkeiten gerade gegen die vom Betriebsrat getroffene Auswahl sprechen, zB weil eine besonders qualifizierte unabkömmliche Fachkraft freigestellt wurde, für die keine Ersatzmöglichkeit gefunden werden kann (*Fitting* Rn. 63). Die Frist nach Abs. 2 S. 6 ist eine gesetzliche Ausschlußfrist, die nach §§ 187 ff. BGB berechnet wird (BAG 15. 1. 1992 AP BetrVG 1972

§ 26 Nr. 10) und mit Ablauf des Tages der Bekanntgabe der Gewählten an den Arbeitgeber zu laufen beginnt. Teilt die Einigungsstelle die Bedenken des Arbeitgebers, hebt sie die Wahlentscheidung auf und bestimmt selbst ein oder mehrere neue freizustellende Betriebsratsmitglieder, sofern diese damit einverstanden sind (DKK/*Wedde* Rn. 49; *Richardi* Rn. 45; *Fitting* Rn. 68; GK-BetrVG/*Wiese* Rn. 58). Die Einigungsstelle muß neben den allgemeinen Entscheidungskriterien nach § 76 V 3 den Gruppen- und Minderheitenschutz nach Abs. 2 S. 1 bis 3 berücksichtigen (DKK/*Wedde* Rn. 49 f.; GK-BetrVG/ *Wiese* Rn. 59 f.; *Fitting* Rn. 68). Dabei kann keines der Kriterien absolute Priorität beanspruchen. Es ist eine umfassende Abwägung im Einzelfall vorzunehmen (DKK/*Wedde* Rn. 50 f.; *Fitting* Rn. 69 f.; GK-BetrVG/*Wiese* Rn. 59 f.).

VII. Amtsniederlegung und Abberufung

10 Jedes freigestellte Betriebsratsmitglied kann jederzeit sein Einverständnis mit der Freistellung widerrufen und erklären, wieder die berufliche Tätigkeit aufnehmen zu wollen (DKK/*Wedde* Rn. 53; *Fitting* Rn. 72; GK-BetrVG/*Wiese* Rn. 65). Die Abberufung erfolgt durch das Gremium, das die Wahl durchgeführt hat oder hätte durchführen müssen (*Fitting* Rn. 74; GK-BetrVG/*Wiese* Rn. 66). Dabei gelten die Grundsätze der Abberufung von Betriebsausschußmitgliedern entsprechend (vgl. § 27 Rn. 5).

VIII. Rechtsstellung und Schutz

11 Ein freigestelltes Betriebsratsmitglied ist von der Arbeitspflicht befreit, soweit dies durch die vom Gesetz zugewiesene Aufgabenstellung als Betriebsratsmitglied erforderlich ist (BAG 13. 11. 1991 AP BGB § 611 Abmahnung Nr. 7). Das freigestellte Betriebsratsmitglied muß während der vertraglichen Arbeitszeit im Betrieb erreichbar sein und sich für erforderliche Betriebsratsarbeit zur Verfügung stellen (BAG 31. 5. 1989 AP BetrVG 1972 § 38 Nr. 9). Leistungsort ist – auch für Außendienstmitarbeiter – grundsätzlich der Sitz des Betriebsrats (BAG 28. 8. 1991 AP BetrVG 1972 § 40 Nr. 39). Der kann die Betriebsratstätigkeit iR der allgemeinen Vorgaben grundsätzlich so einteilen, wie es seiner Ansicht nach für die ordnungsgemäße Durchführung der Aufgaben am besten ist (DKK/*Wedde* Rn. 62; *Fitting* Rn. 80; aA GK-BetrVG/*Wiese* Rn. 72 f.). Existiert im Betrieb eine Gleitzeitregelung, können die Freigestellten die Gleitzeitregelung in Anspruch nehmen (*Fitting* Rn. 79). Der Arbeitgeber hat kein Weisungsrecht bezüglich der Ausübung der Betriebsratstätigkeit (BAG 23. 6. 1983 AP BetrVG 1972 § 37 Nr. 45). Das freigestellte Betriebsratsmitglied unterliegt auch nicht den Weisungen des Betriebsratsvorsitzenden (DKK/*Wedde* Rn. 67; *Fitting* Rn. 84; GK-BetrVG/*Wiese* Rn. 71). Nur der Betriebsrat als Organ ist befugt, den einzelnen Betriebsratsmitgliedern bestimmte Aufgabengebiete oder konkrete Angelegenheiten zuzuweisen, wobei der Betriebsrat die Tätigkeit in eigener Verantwortung ausfüllt. Die sozialversicherungsrechtliche Stellung eines Betriebsratsmitglieds ändert sich durch die Freistellung nicht (DKK/*Wedde* Rn. 71; *Fitting* Rn. 90).

12 Der **Vergütungsanspruch** des freigestellten Betriebsratsmitglieds bemißt sich nach dem Lohnausfallprinzip. Gegenüber den Leistungsansprüchen vergleichbarer Arbeitnehmer mit betriebsüblicher beruflicher Entwicklung sollen dem freigestellten Betriebsrat keine Nachteile entstehen. Deshalb bleiben ihm auch sonstige Leistungen, wie zB Zusatzurlaub für Arbeit an gefährlichen Arbeitsplätzen – trotz Wegfall der Beschwer – erhalten (BAG 8. 10. 1981 BAT § 49 Nr. 2) Dies gilt auch für Mehrarbeitszuschläge, wenn vergleichbare Arbeitnehmer Mehrarbeit leisten, im Rahmen der Betriebsratstätigkeit entsprechende aber Mehrarbeit nicht anfällt (DKK/*Wedde* Rn. 69; *Richardi* Rn. 62; *Fitting* Rn. 88). Kommt es zu betriebsbedingter Mehrarbeit iR der Betriebsratstätigkeit ist darauf zu achten, daß es nicht zu doppelter Vergütung bzw. Arbeitsfreistellung nach § 37 III kommt (DKK/*Wedde* Rn. 70; *Fitting* Rn. 88; GK-BetrVG/*Wiese* Rn. 83). Ein ersatzloser Wegfall des früheren Arbeitsplatzes des Betriebsratsmitglieds läßt diese Ansprüche unberührt (BAG 17. 5. 1977 AP BetrVG 1972 § 37 Nr. 28). Das freigestellte Betriebsratsmitglied hat sich allein betriebsverfassungsrechtlichen Aufgaben zu widmen (BAG 17. 10. 1990 AP BetrVG 1972 § 108 Nr. 8). Soweit es sich anderen Aufgaben widmet, entfällt der Entgeltanspruch (BAG 19. 5. 1983 AP BetrVG 1972 § 37 Nr. 44; *Fitting* Rn. 81; GK-BetrVG/*Wiese* Rn. 74; aA HSG/*Glaubitz* Rn. 49). Dasselbe gilt für die Teilnahme an nicht erforderlichen Schulungen (BAG 21. 7. 1978 AP BetrVG 1972 § 38 Nr. 4). Außerhalb des Betriebsgeländes durchgeführte Betriebsratstätigkeit ist, wie bei den nicht freigestellten Betriebsräten, nur zu vergüten, wenn sie nach § 37 II erforderlich ist (BAG 31. 5. 1989 AP BetrVG 1972 § 38 Nr. 9). Der Arbeitgeber kann vom freigestellten Betriebsratsmitglied keinen laufenden Tätigkeitsbericht verlangen (DKK/*Wedde* Rn. 65; *Fitting* Rn. 85; GK-BetrVG/*Wiese* Rn. 78). Eine Ab- oder Rückmeldepflicht entfällt aufgrund der Freistellung. Für Tätigkeiten außerhalb des Betriebes muß sich das freigestellte Betriebsratsmitglied jedenfalls bei Vorliegen besonderer Umstände abmelden (*Fitting* Rn. 83; weitergehend *Richardi* Rn. 58; GK-BetrVG/*Wiese* Rn. 76). Auf Verlangen des Arbeitgebers muß es darlegen, daß es Betriebsratsaufgaben außerhalb des Betriebes oder außerhalb der betriebsüblichen Arbeitszeiten wahrgenommen hat (*Fitting* Rn. 83; GK-BetrVG/*Wiese* Rn. 78).

13 **Abs. 3** knüpft bei der Verlängerung der Frist für den wirtschaftlichen Schutz und den beruflichen Tätigkeitsschutz aus § 37 IV, V an die völlige – nicht die teilweise – Freistellung an. Bei ihr wird weder

der Arbeitsplatz aufgegeben, noch droht eine Berufsentfremdung (DKK/*Wedde* Rn. 72; *Richardi* Rn. 67; *Fitting* Rn. 93; GK-BetrVG/*Wiese* Rn. 86). Volle Amtszeit meint die normale Amtszeit von 4 Jahren. Keine volle Amtszeiten sind verkürzte Amtszeiten, unabhängig vom Grund der Verkürzung (*Fitting* Rn. 94; GK-BetrVG/*Wiese* Rn. 87) Die Freistellung muß sich über drei aufeinanderfolgende Amtszeiten erstrecken (*Fitting* Rn. 95; GK-BetrVG/*Wiese* Rn. 89). Der Betriebsrat muß auch in der letzten Amtszeit vor dem Ausscheiden freigestellt gewesen sein (*Fitting* Rn. 96; aA DKK/*Wedde* Rn. 75; GK-BetrVG/*Wiese* Rn. 90). Das nichtfreigestellte Betriebsratsmitglied steht im Arbeitsprozeß und hat Gelegenheit nach Abs. 4 S. 2 seine berufliche Entwicklung nachzuholen, bevor das Betriebsratsamt endet.

Abs. 4 soll als Ausprägung des allgemeinen Benachteiligungsverbots aus § 78 eine möglichst gute 14 Wiedereingliederung in das Berufsleben ermöglichen (*Fitting* Rn. 97). Abzustellen ist auf die betriebsübliche berufliche Entwicklung vergleichbarer Arbeitnehmer im Betrieb. Bestehen keine innerbetrieblichen Schulungsmöglichkeiten, hat das Betriebsratsmitglied Anspruch auf eine über- oder außerbetriebliche Fortbildungsmöglichkeit auf Kosten des Arbeitgebers (DKK/*Wedde* Rn. 78; *Fitting* Rn. 102). Nach der entsprechenden Schulung hat das Betriebsratsmitglied nach § 37 V iVm. § 38 III iR der betrieblichen Möglichkeiten Anspruch auf Zuweisung einer Tätigkeit, die derjenigen von vergleichbaren Arbeitnehmern mit betriebsüblicher beruflicher Entwicklung entspricht (*Richardi* Rn. 74; *Fitting* Rn. 103; GK-BetrVG/*Wiese* Rn. 97).

IX. Streitigkeiten

Streitigkeiten aus Abs. 1 und 2 sind im arbeitsgerichtlichen Beschlußverfahren nach §§ 2a, 80 ff. 15 ArbGG zu entscheiden. Die Wahl der Freigestellten ist analog § 19 anfechtbar (BAG 15. 1. 1992 AP BetrVG 1972 § 26 Nr. 10; BAG 11. 3. 1992 AP BetrVG 1972 § 38 Nr. 11) oder kann nichtig sein. Es gelten die Grundsätze für die Wahl des Betriebsratsvorsitzenden bzw. des Betriebsausschusses entsprechend (vgl. § 26 Rn. 8; § 27 Rn. 10). Soweit der Arbeitgeber die sachliche Unvertretbarkeit geltend machen, muß er zunächst die Einigungsstelle anrufen (*Fitting* Rn. 107; GK-BetrVG/*Wiese* Rn. 99). Streitigkeiten zwischen Betriebsratsmitglied und Arbeitgeber über eine Arbeitsentgeltminderung, die Zuweisung eines minderwertigen Arbeitsplatzes oder die Berechtigung zur Teilnahme an einer Berufsbildungsmaßnahme nach Abs. 4 sind im Urteilsverfahren nach §§ 2, 46 ff. ArbGG zu entscheiden.

§ 39 Sprechstunden

(1) ¹**Der Betriebsrat kann während der Arbeitszeit Sprechstunden einrichten.** ²**Zeit und Ort sind mit dem Arbeitgeber zu vereinbaren.** ³**Kommt eine Einigung nicht zustande, so entscheidet die Einigungsstelle.** ⁴**Der Spruch der Einigungsstelle ersetzt die Einigung zwischen Arbeitgeber und Betriebsrat.**

(2) **Führt die Jugend- und Auszubildendenvertretung keine eigenen Sprechstunden durch, so kann an den Sprechstunden des Betriebsrats ein Mitglied der Jugend- und Auszubildendenvertretung zur Beratung der in § 60 Abs. 1 genannten Arbeitnehmer teilnehmen.**

(3) **Versäumnis von Arbeitszeit, die zum Besuch der Sprechstunden oder durch sonstige Inanspruchnahme des Betriebsrats erforderlich ist, berechtigt den Arbeitgeber nicht zur Minderung des Arbeitsentgelts des Arbeitnehmers.**

I. Vorbemerkung

Die Einrichtung von Sprechstunden dient vor allem dem einzelnen Arbeitnehmer, der während der 1 Arbeitszeit seine Beschwerden, Forderungen oder Vorschläge vorbringen kann und vom Betriebsrat Unterstützung und Rat einholen kann. Die Vorschrift kann weder durch Betriebsvereinbarung noch durch Tarifvertrag zuungunsten des Betriebsrats oder der Arbeitnehmer abbedungen werden. Sie gilt nicht für den Gesamtbetriebsrat, Konzernbetriebsrat und die Gesamt-Jugend- und Auszubildendenvertretung. Die Jugend- und Auszubildendenvertretung hat die Möglichkeit eigene Sprechstunden einzurichten (vgl. § 69 Rn. 1 ff.).

II. Einrichtung

Der Betriebsrat entscheidet nach pflichtgemäßem Ermessen allein über die Einrichtung von Sprech- 2 stunden und die Art und Weise ihrer Durchführung, zB ob sie während oder außerhalb der Arbeitszeit oder auch außerhalb des Arbeitsorts durchzuführen sind (DKK/*Wedde* Rn. 3; *Richardi* Rn. 3; *Fitting* Rn. 5; GK-BetrVG/*Wiese* Rn. 9). Eine Zustimmung des Arbeitgebers ist dafür nicht erforderlich. Die Sprechstunden finden grundsätzlich während der Arbeitszeit statt, wobei die Pausen nicht zur Arbeitszeit gehören (*Fitting* Rn. 10). Allein die Festlegung von Zeit und Ort der Sprechstunden sind mit dem Arbeitgeber zu vereinbaren. Festlegung der Zeit sind die Bestimmung der zeitlichen Dauer (insoweit aA DKK/*Wedde* Rn. 12; *Richardi* Rn. 5), die Festlegung der zeitlichen Lage und der Häu-

Eisemann

figkeit der Sprechstunde (DKK/*Wedde* Rn. 12; *Fitting* Rn. 11 a; GK-BetrVG/*Wiese* Rn. 12). Festlegung des Ortes ist die Bestimmung über den Raum, in dem die Sprechstunde abgehalten werden soll. Findet die Sprechstunde außerhalb der Arbeitszeit und außerhalb des Betriebs statt, bedarf es keiner Vereinbarung mit dem Arbeitgeber (*Richardi* Rn. 6; *Fitting* Rn. 12). Kommt eine Vereinbarung zwischen Betriebsrat und Arbeitgeber nicht zustande, entscheidet nach Abs. 1 S. 3, 4 die Einigungsstelle im Verfahren nach § 76 V. Der einzelne Arbeitnehmer kann den Betriebsrat, soweit dies erforderlich ist, auch außerhalb der Sprechstunden in Anspruch nehmen (DKK/*Wedde* Rn. 28; *Fitting* Rn. 26; GK-BetrVG/*Wiese* Rn. 10). Betriebsratsmitglieder, die von Arbeitnehmern angesprochen werden, sind nicht verpflichtet, die Arbeitnehmer generell auf die Sprechstunde zu verweisen (BAG 23. 6. 1983 AP BetrVG 1972 § 37 Nr. 45).

III. Durchführung

3   Eine gesetzliche Verpflichtung zur Einrichtung von Sprechstunden besteht nicht, da die Entscheidung in das Ermessen des Betriebsrats gestellt ist („kann"). Der Betriebsrat bestimmt die Betriebsratsmitglieder, die mit der Durchführung der Sprechstunde beauftragt werden. Die Durchführung der Sprechstunde gehört zur laufenden Geschäftsführung (GK-BetrVG/*Wiese* Rn. 14), so daß mangels anderer Regelung der Betriebsratsvorsitzende bzw. der Betriebsausschuß zuständig sind. Der Betriebsrat kann, soweit dies für eine ordnungsgemäße Beratung des Arbeitnehmers erforderlich ist, nach näherer Vereinbarung mit dem Arbeitgeber (vgl. § 80 III) Sachverständige zur Sprechstunde hinzuziehen (*Richardi* Rn. 12; *Fitting* Rn. 9; GK-BetrVG/*Wiese* Rn. 16). Der Arbeitgeber hat den sachlichen Aufwand für die Sprechstunden nach § 40 II zu tragen. Dies gilt auch für die außerhalb der Arbeitszeit und des Betriebs durchgeführten Sprechstunden (*Fitting* Rn. 15).

IV. Teilnahme Dritter

4   Der Betriebsrat kann einen Gewerkschaftsbeauftragten iR der allgemeinen Unterstützungsfunktion der im Betrieb vertretenen Gewerkschaft an der Sprechstunde teilnehmen lassen. Dies muß er nicht mit dem Arbeitgeber vereinbaren, sondern ihn nur nach § 2 II unterrichten (LAG Baden-Württemberg 25. 6. 1974 BB 74, 1206; DKK/*Wedde* Rn. 9; *Dietz/Richardi* Rn. 12; *Fitting* Rn. 9; GK-BetrVG/*Wiese* Rn. 16). Voraussetzung für die Teilnahme eines Mitglieds der Jugend- und Auszubildendenvertreters an den Sprechstunden des Betriebsrats ist, daß diese tatsächlich – unabhängig von der rechtlichen Möglichkeit – keine eigenen Sprechstunden anbietet. Das Teilnahmerecht besteht nur für die Beratung von Arbeitnehmern des § 60 I (*Richardi* Rn. 18; *Fitting* Rn. 19; aA DKK/*Wedde* Rn. 23; GK-BetrVG/*Wiese* Rn. 21). Eine Verpflichtung zur Teilnahme eines Jugend- und Auszubildendenvertreters besteht nicht (DKK/*Wedde* Rn. 22; *Fitting* Rn. 18; aA GK-BetrVG/*Wiese* Rn. 19). Für die Teilnahme ist der Jugend- und Auszubildendenvertreter von der Arbeitsleistungspflicht nach § 65 I iVm. § 37 II befreit. Der Arbeitnehmer des § 60 I, der die Sprechstunde aufsucht, kann sich allein vom Betriebsratsmitglied oder allein durch den Jugend- und Auszubildendenvertreter beraten lassen (*Fitting* Rn. 20; GK-BetrVG/*Wiese* Rn. 18).

V. Arbeitsentgelt

5   Die durch den Besuch der Sprechstunde und die sonstige Inanspruchnahme des Betriebsrats bedingte Arbeitsversäumnis ist nach Abs. 3 wie Arbeitszeit zu vergüten. Auch Zuschläge sind weiterzuzahlen (DKK/*Wedde* Rn. 26; *Richardi* Rn. 27; *Fitting* Rn. 24; GK-BetrVG/*Wiese* Rn. 29). Der Arbeitnehmer bedarf keiner Genehmigung durch den Arbeitgeber oder den unmittelbaren Vorgesetzten. Er braucht dem Arbeitgeber oder dem unmittelbar Vorgesetzten den Anlaß für den Besuch der Sprechstunde oder die sonstige Inanspruchnahme des Betriebsrats nicht mitzuteilen (DKK/*Wedde* Rn. 24; *Fitting* Rn. 23; GK-BetrVG/*Wiese* Rn. 27). Er hat sich aber ordnungsgemäß beim Vorgesetzten abzumelden und nach Rückkehr zur Arbeit zurückzumelden (BAG 23. 6. 1983 AP BetrVG 1972 § 37 Nr. 45). Verweigert der Arbeitgeber ohne triftigen Grund das Ansinnen, mit dem Betriebsrat sprechen zu wollen, kann der Arbeitnehmer sich über den Widerspruch hinwegsetzen (DKK/*Wedde* Rn. 24; *Fitting* Rn. 24 a; GK-BetrVG/*Wiese* Rn. 28). Arbeitsentgelt ist weiterzuzahlen, wenn sich der Betriebsrat zulässigerweise zum Arbeitsplatz des Arbeitnehmers begibt, um eine arbeitsplatzbezogene Angelegenheit zu besprechen und es dadurch zu einem kurzfristigen Produktionsausfall kommt (LAG Berlin 3. 11. 1980 EzA BetrVG 1972 § 39 Nr. 1).

VI. Haftung

6   Die Betriebsratsmitglieder und der teilnehmende Jugend- und Auszubildendenvertreter haften für Auskünfte nur bei unerlaubter Handlung. Eine Haftung des Betriebsrats scheidet aus. Der Arbeitgeber haftet nicht, da die Betriebsratsmitglieder nicht als Erfüllungsgehilfen, sondern in eigener Verantwortung als Amtsträger handeln (*Richardi* Rn. 29; *Fitting* Rn. 28; GK-BetrVG/*Wiese* Rn. 33).

VII. Streitigkeiten

Streitigkeiten aus der Vorschrift sind grundsätzlich im arbeitsgerichtlichen Beschlußverfahren nach 7
§§ 2a, 80ff. ArbGG zu entscheiden. Hat die Einigungsstelle eine Entscheidung getroffen, ist diese
nach § 76 V überprüfbar. Ansprüche auf vorenthaltenes Arbeitsentgelt wegen Teilnahme oder Abhaltung der Sprechstunde sind im Urteilsverfahren vom ArbG zu entscheiden.

§ 40 Kosten und Sachaufwand des Betriebsrats

(1) Die durch die Tätigkeit des Betriebsrats entstehenden Kosten trägt der Arbeitgeber.
(2) Für die Sitzungen, die Sprechstunden und die laufende Geschäftsführung hat der Arbeitgeber in erforderlichem Umfang Räume, sachliche Mittel und Büropersonal zur Verfügung zu stellen.

I. Allgemeine Grundsätze

Der Arbeitgeber trägt die sachlichen und persönlichen Kosten der Tätigkeit des Betriebsrats und 1
seiner Mitglieder. Die Vorschrift ist zwingend. Sie kann weder durch BV noch durch TV abbedungen
werden (BAG 9. 6. 99 AP BetrVG 1972 § 40 Nr. 60 zu Abs. 2; *Fitting* Rn. 3; GK-BetrVG/*Wiese*
Rn. 4). Pauschalierungen zur Praktikabilität sind zulässig (*Fitting* Rn. 3; GK-BetrVG/*Wiese* Rn. 4,
20). Die Kosten der Ausschüsse des Betriebsrats sind Kosten der Tätigkeit des Betriebsrats und
deshalb von § 40 unmittelbar gedeckt. Die Kosten des Wirtschaftsausschusses sind entsprechend § 40
zu tragen (BAG 17. 10. 1990 AP BetrVG 1972 § 108 Nr. 8). Die Pflicht besteht auch gegenüber dem
Betriebsrat, der ein Rest- oder Übergangsmandat ausübt oder dessen Wahl angefochten ist (DKK/
Wedde Rn. 3 f.; *Fitting* Rn. 6; GK-BetrVG/*Wiese* Rn. 7) oder nichtig war (BAG 29. 4. 98 AP BetrVG
1972 § 40 Nr. 58; *Fitting* Rn. 6a). Sie entfällt, wenn die Mitglieder die Nichtigkeit der Betriebsratswahl kannten (*Fitting* Rn. 6a; enger GK/BetrVG/*Wiese* Rn. 7) oder der Nichtigkeitsgrund offenkundig war (BAG 29. 4. 98 AP BetrVG 1972 § 40 Nr. 58). Es sind nur Kosten zu tragen, die für die
Durchführung der Betriebsratsarbeit **erforderlich** sind (BAG 27. 9. 1974 AP BetrVG 1972 § 40 Nr. 8;
BAG 19. 4. 1989 AP BetrVG 1972 § 40 Nr. 29). Dies beurteilt sich nicht rückblickend von einem rein
objektiven Standpunkt aus. Dem BR steht ein Beurteilungsspielraum zu (BAG 12. 5. 1999 und 9. 6.
1999 AP BetrVG 1972 § 40 Nr. 65, 66). Es reicht aus, wenn die Mitglieder des Betriebsrats die
Kosten für erforderlich halten durften. Dabei ist ein verständiger Maßstab anzulegen (BAG 18. 4.
1967 AP BetrVG § 39 Nr. 7; BAG 24. 6. 1969 AP BetrVG § 39 Nr. 8). Der BR muß die betrieblichen
Verhältnisse und die sich ihm stellenden Aufgaben berücksichtigen. Er muß die Interessen der Belegschaft an einer sachgerechten Ausübung des BRAmtes und die berechtigten Interessen des AG an
einer Begrenzung seiner Kostentragungspflicht gegeneinander abwägen. Hält sich diese Interessenabwägung im Rahmen seines Beurteilungsspielraums, dürfen die Gerichte die Entscheidung des BR nicht
durch ihre eigene ersetzen (BAG 12. 5. 1999 und 9. 6. 1999 AP BetrVG 1972 § 40 Nr. 65, 66). Soweit
danach Kosten zu tragen sind, ist die Zustimmung des Arbeitgebers nicht erforderlich. Nur bei
außergewöhnlichen Ausgaben ist ihm nach § 2 I Gelegenheit zur Stellungnahme zu geben (BAG
18. 4. 1967 AP BetrVG § 39 Nr. 7). Das BAG hat iR seiner Rechtsprechung zu den Schulungskosten
(vgl. § 37 Rn. 20) als weitere allgemeine Voraussetzung die **Verhältnismäßigkeit** herangezogen (BAG
31. 10. 1972 AP BetrVG 1972 § 40 Nr. 2; BAG 30. 3. 1994 AP BetrVG 1972 § 40 Nr. 42; BAG 28. 6.
1995 AP BetrVG 1972 § 40 Nr. 48; *Richardi* Rn. 6; aA DKK/*Wedde* Rn. 5). Dem ist auch für § 40
zuzustimmen, wenn und soweit das Kriterium dazu dient, im Einzelfall unverhältnismäßige Belastungen des Betriebs auszuschließen, nicht aber um generell die Kostentragungspflicht auf ein durchschnittliches Niveau festzuschreiben (*Fitting* Rn. 8, 61; GK-BetrVG/*Wiese* Rn. 12).

II. Geschäftsführungskosten

Geschäftsführungskosten sind alle Kosten, die iR des allgemeinen Geschäftsbetriebs anfallen und 2
zur sachgerechten und ordnungsgemäßen Durchführung der Betriebsratsarbeit erforderlich sind
(DKK/*Wedde* Rn. 14; *Fitting* Rn. 9). Hierzu gehören neben dem gesamten Sachaufwand die Kosten
für die Heranziehung von **sachkundigen Personen** wie Sachverständige oder Rechtsanwälte nach
§ 80 III (*Fitting* Rn. 10; GK-BetrVG/*Wiese* Rn. 66; s. § 80 Rn. 31). Bei einer größeren Anzahl von
ausländischen Arbeitnehmern kann erforderlich sein, **Dolmetscher** heranzuziehen oder **Übersetzungen** erstellen zu lassen (LAG Düsseldorf 30. 1. 1981 DB 1981, 1093; DKK/*Wedde* Rn. 15; *Fitting*
Rn. 12; GK-BetrVG/*Wiese* Rn. 25). Erstellt der Betriebsrat einen umfangreichen **Tätigkeitsbericht**
nach § 43 I, kann es erforderlich sein, daß dieser in der Versammlung den Arbeitnehmern schriftlich
vorgelegt werden muß (*Fitting* Rn. 11; s. § 43 Rn. 7). Gleiches gilt, wenn ein nicht unerheblicher Teil
der Belegschaft an der Betriebsversammlung nicht teilnehmen kann (LAG Baden-Württemberg 10. 2.
1983 AuR 84, 54).

III. Rechts- und Regelungsstreitigkeiten

3   Ist eine gütliche Einigung nicht möglich, kann der Betriebsrat betriebsverfassungsrechtliche Streitigkeiten auf Kosten des Arbeitgebers klären lassen unabhängig davon, ob der Betriebsrat im Gerichtsverfahren obsiegt oder nicht (*Fitting* Rn. 14; GK-BetrVG/*Wiese* Rn. 40, 43). Da im Beschlußverfahren nach § 12 V ArbGG Gerichtskosten nicht anfallen, geht es allein um die außergerichtlichen Kosten. Gleichgültig ist, wer Partei des Rechtsstreits mit dem Betriebsrat ist (DKK/*Wedde* Rn. 22; *Fitting* Rn. 14; GK-BetrVG/*Wiese* Rn. 42). Unter die Kostentragungspflicht fällt auch die gerichtliche Überprüfung von Betriebsratsbeschlüssen, wenn ein einzelnes Betriebsratsmitglied ernsthafte Zweifel an ihrer Wirksamkeit hat (BAG 3. 4. 1979 AP BetrVG 1972 § 13 Nr. 1). Die Rechtsverfolgungskosten müssen erforderlich sein, dh ein Parallelverfahren oder ein Musterprozeß müssen abgewartet werden (vgl. LAG Berlin AP BetrVG 1972 § 40 Nr. 21; *Fitting* Rn. 15). Die Rechtsverfolgung darf nicht von vornherein offensichtlich aussichtslos oder mutwillig sein (BAG 3. 10. 1978 AP BetrVG 1972 § 40 Nr. 14; BAG 19. 4. 1989 AP BetrVG 1972 § 40 Nr. 29). Die Pflicht, Kosten zu erstatten, kann sich auf Prozeßkosten des Betriebsrats erstrecken, die durch Verfahren gegen Dritte vor den ordentlichen Gerichten entstanden sind (LAG Hamburg 13. 3. 1984 LAGE BetrVG § 40 Nr. 17).

4   Grundsätzlich hat der Betriebsrat die Wahl, ob er das Verfahren selbst führt, sich der Vertretung durch die Gewerkschaft bedient oder einen **Rechtsanwalt** beauftragt (BAG 3. 10. 1978 und 20. 10. 99 AP BetrVG 1972 § 40 Nr. 14, 67). Der Auftrag an einen Anwalt erfordert einen ordnungsgemäßen Beschluß des Betriebsrats (BAG 14. 2. 1996 AP BetrVG 1972 § 76a Nr. 5; BAG 5. 4. 2000 – 7 ABR 6/99), der im Zweifel nur für die jeweilige Instanz gilt (LAG Berlin 26. 1. 1987 NZA 1987, 645). Wegen § 81 ZPO kann im Innenverhältnis notwendiger Auftrag für die nächste Instanz auch noch nach Ablauf der Rechtsmittelfrist erfolgen (BAG 11. 3. 1992 AP BetrVG 1972 § 38 Nr. 11). Die für die Prozeßvertretung durch einen Rechtsanwalt entstandenen Kosten trägt der Arbeitgeber, wenn der Betriebsrat bei verständiger Abwägung dessen Tätigkeit für erforderlich halten durfte (BAG 3. 10. 1978 und 4. 12. 1979 AP BetrVG 1972 § 40 Nr. 14, 18). Er muß dabei die Maßstäbe einhalten, die er anlegen würde, wenn seine Mitglieder die Kosten tragen müßten (BAG 16. 10. 1986 AP BetrVG 1972 § 40 Nr. 31). Ihm steht für diese Abwägung ein Beurteilungsspielraum zu (BAG 16. 10. 1986 AP BetrVG 1972 § 40 Nr. 31). Für das Rechtsbeschwerdeverfahren ist der Anwalt schon nach § 94 I ArbGG vorgeschrieben. Im übrigen darf ein Anwalt beauftragt werden, wenn der Betriebsrat bei der Beurteilung der Sach- oder Rechtslage unsicher ist, da dies stets der wesentliche Gesichtspunkt für die Beauftragung eines Anwalts ist (*Fitting* Rn. 18; LAG Berlin 26. 1. 1987 DB 1987, 848). Die Möglichkeit, sich nach § 11 ArbGG in der 1. und 2. Instanz durch einen Gewerkschaftsvertreter vertreten zu lassen, steht der Tätigkeit eines Rechtsanwalts nicht entgegen (BAG 3. 10. 1978 und 4. 12. 1979 AP BetrVG 1972 § 40 Nr. 14, 18; DKK/*Wedde* Rn. 28; *Fitting* Rn. 19; *Richardi* Rn. 23). Ist im konkreten Fall die Vertretung durch einen Gewerkschaftsvertreter und die anwaltliche Vertretung als gleichwertig anzusehen, ist die kostengünstigere zu wählen, da der Betriebsrat die finanziellen Belange des Arbeitgebers mit zu beachten hat (BAG 26. 11. 1974 AP BetrVG 1972 § 20 Nr. 6; *Fitting* Rn. 20; GK-BetrVG/*Wiese* Rn. 59; aA DKK/*Wedde* Rn. 25). Die Gewerkschaften sind auch aus § 2 II verpflichtet, Rechtsschutz zu gewähren. Die Ablehnung darf dem Betriebsrat nicht zugerechnet werden (BAG 3. 10. 1978 und 4. 12. 1979 AP BetrVG 1972 § 40 Nr. 14, 18). Die Tätigkeit eines Rechtsanwalts kann erforderlich sein, wenn der Arbeitgeber ein gerichtliches Verfahren gegen den Betriebsrat einleitet und selbst anwaltliche Hilfe in Anspruch nimmt (vgl. LAG Köln 14. 7. 1995 LAGE BetrVG § 40 Nr. 47). Sind am Gerichtsort sachkundige Anwälte ansässig und beauftragt der Betriebsrat einen auswärtiges Anwaltsbüro, sind die Fahrtkosten des Anwalts nur zu erstatten, wenn das beauftragte Anwaltsbüro für die maßgeblichen Rechtsfragen eine über das normale Maß hinausgehende Sachkompetenz aufweist (BAG 16. 10. 1986 AP BetrVG 1972 § 40 Nr. 31). Der BR hat den Rechtsanwalt grundsätzlich auf der Grundlage der gesetzlichen Vergütung zu beauftragen. Sie berechnet sich nach der BRAGO. Eine Honorarzusage, die zu einer höheren Vergütung führt, zB ein Zeithonorar, darf der BR regelmäßig nicht für erforderlich halten (BAG 20. 10. 99 AP BetrVG 1972 § 40 Nr. 67). Der beauftragte Anwalt hat seinerseits den Grundsatz zu beachten, den Arbeitgeber nicht unverhältnismäßig mit Kosten zu belasten (*Fitting* Rn. 22). Ist es erforderlich, einen Rechtsanwalts hinzuzuziehen, hat der Arbeitgeber auf Verlangen des Rechtsanwalts übliche Vorschüsse auf das Honorar zu zahlen (*Fitting* Rn. 26; GK-BetrVG/*Wiese* Rn. 63). Ist der Arbeitgeber nicht in der Lage, die entstehenden Prozeßkosten aufzubringen, steht dem Betriebsrat bei hinreichenden Erfolgsaussichten im arbeitsgerichtlichen Verfahren ein Anspruch auf **Prozeßkostenhilfe** zu (LAG Rheinland-Pfalz 4. 5. 1990 NZA 91, 32). Der Betriebsrat kann als Kollegialorgan nicht zur Zahlung der Kosten eines beauftragten Anwalts in Anspruch genommen werden, weil er nicht vermögensfähig ist (LAG19. 10. 1989 Hamm DB 90, 1472).

5   Auch die Kosten eines Rechtsanwalts, dessen Auftritt für den Betriebsrat vor der **Einigungsstelle** als Verfahrensbevollmächtigter erforderlich ist, trägt der Arbeitgeber nach § 40 I (BAG 14. 2. 1996 AP BetrVG 1972 § 76a Nr. 5). Wird er dort als Beisitzer tätig, gilt § 76a BetrVG (s. dort Rn. 6). Für die Erforderlichkeit gelten im wesentlichen die Grundsätze der anwaltlichen Vertretung vor dem ArbG. Die Tätigkeit des Anwalts vor der Einigungsstelle kann geboten sein, wenn deren Regelungsgegenstand schwierige Rechtsfragen aufwirft und kein Betriebsratsmitglied über den notwendigen

juristischen Sachverstand verfügt. Läßt sich der Arbeitgeber vor der Einigungsstelle anwaltlich vertreten, ist dies ein Indiz dafür, daß anwaltliche Vertretung erforderlich ist (BAG 14. 2. 1996 AP BetrVG 1972 § 76 a Nr. 5). Das Gebühreninteresse des Anwalts darf bei der Prüfung der Erforderlichkeit keine Rolle spielen. Der Betriebsrat muß andererseits nicht prüfen, ob die Tätigkeit des Anwalts als Beisitzer in der Einigungsstelle kostengünstiger wäre (BAG 14. 2. 1996 AP BetrVG 1972 § 76 a Nr. 5). Auch Schwierigkeiten tatsächlicher Art können anwaltliche Vertretung erfordern, wenn dem Betriebsrat selbst der zur Analyse und Bewertung erforderliche Sachverstand fehlt (*Fitting* Rn. 29). Hat der Betriebsrat einen Rechtsanwalt als Beisitzer benannt, ist die Beauftragung eines Anwalts als Verfahrensbevollmächtigter grundsätzlich nicht erforderlich (LAG Hamm LAGE BetrVG 1972 § 76 a Nr. 2; DKK/*Berg* § 76 a Rn. 12; *Fitting* Rn. 30). Der Betriebsrat kann mit dem Anwalt die Vergütung eines Beisitzers der Einigungsstelle vereinbaren, wenn der Gegenstandswert nach billigem Ermessen festzusetzen ist (BAG 21. 6. 1989 AP BetrVG 1972 § 76 Nr. 34). Im übrigen bemißt sich das anwaltliche Honorar nach den §§ 65, 8 II 2 BRAGO (BAG 14. 2. 1996 AP BetrVG 1972 § 76 a Nr. 5).

IV. Rechtsstreitigkeiten von Betriebsratsmitgliedern

Auch die von einem einzelnen Betriebsratsmitglied in seiner amtlichen Tätigkeit aufzubringenden **6** Aufwendungen zur Führung von Rechtsstreitigkeiten in betriebsverfassungsrechtlichen Angelegenheiten sind Kosten der Betriebsratstätigkeit nach Abs. 1 (BAG 5. 4. 2000 – 7 ABR 6/99), selbst wenn der Rechtsstreit ausschließlich das Verhältnis des einzelnen Betriebsratsmitglieds zum Betriebsrat betrifft (BAG 14. 10. 1982 AP BetrVG 1972 § 40 Nr. 19; DKK/*Wedde* Rn. 52 f; *Richardi* Rn. 20; *Fitting* Rn. 49; GK-BetrVG/*Wiese* Rn. 46 f.). Die dabei entstehenden Anwaltskosten sind dem einzelnen Betriebratsmitglied wie dem Betriebsrat zu ersetzen (GK-BetrVG/*Wiese* Rn. 64). Jedes Betriebsratsmitglied übt das Amt in eigener Verantwortung aus. Deshalb kann ein Betriebsratsmitglied, wenn es ernsthafte Zweifel an der Rechtswirksamkeit von Betriebsratsbeschlüssen oder Wahlakten des Betriebsrats hat, ein gerichtliches Kontrollverfahren auf Kosten des Arbeitgebers durchführen (BAG 3. 4. 1979 AP BetrVG 1972 § 13 Nr. 1). Der Arbeitgeber hat grundsätzlich auch die Kosten zu tragen, die für das Betriebsratsmitglied zur sachgerechten Verteidigung in einem Ausschlußverfahren nach § 23 I erforderlich sind (BAG 19. 4. 1989 AP BetrVG 1972 § 40 Nr. 29). Die Kosten für die Hinzuziehung eines Rechtsanwalts sind nur dann nicht zu erstatten, wenn eine Verteidigung offensichtlich aussichtslos ist, zB weil das Betriebsratsmitglied das vorgeworfene Verhalten nicht bestreitet und die rechtliche Würdigung des Verhaltens unzweifelhaft eine grobe Pflichtverletzung iS des § 23 I darstellt (BAG 19. 4. 1989 AP BetrVG 1972 § 40 Nr. 29). Nicht ersetzen muß der Arbeitgeber Kosten des im Verfahren nach § 103 BetrVG beteiligten Betriebsratsmitglieds (BAG 3. 4. 1979 BetrVG 1972 § 40 Nr. 16; BAG 5. 4. 2000 – 7 ABR 6/99; *Fitting* Rn. 51; GK-BetrVG/*Wiese* Rn. 50), es sei denn, der Zustimmungsersetzungsantrag wird auf dessen Rechtsmittel hin rechtskräftig abgewiesen (BAG 31. 1. 1990 AP BetrVG 1972 § 103 Nr. 28; GK-BetrVG/*Wiese* Rn. 50). Bei Gerichts- oder Anwaltskosten aus einem Rechtsstreit um Lohnansprüche von Betriebsratsmitgliedern handelt es sich nicht um Kosten der Betriebsratstätigkeit iS des § 40 I (BAG 14. 10. 1982 AP BetrVG 1972 § 40 Nr. 19; *Richardi* Rn. 13; GK-BetrVG/*Wiese* Rn. 51; teilweise aA DKK/*Wedde* Rn. 54; *Fitting* Rn. 54).

V. Aufwendungen

Erstattungspflichtige Kosten der Betriebsratstätigkeit sind auch Aufwendungen, die einzelne Be- **7** triebsratsmitglieder im Rahmen und in Erfüllung ihrer Betriebsratsaufgabe haben (BAG 6. 11. 1973 AP BetrVG 1972 § 37 Nr. 6; BAG 3. 4. 1979 AP BetrVG 1972 § 13 Nr. 1). Sie sind zu ersetzen, soweit das Betriebsratsmitglied bei Anlegen eines verständigen Maßstabs die Aufwendung für erforderlich halten darf (GK-BetrVG/*Wiese* Rn. 27). Werden in einer Betriebsvereinbarung **Pauschalbeträge** für Aufwendungen festgelegt, dürfen sie keine versteckten Vergütungen enthalten (DKK/*Wedde* Rn. 11; *Fitting* Rn. 32 a). Über diese Pauschalbeträge hinausgehende tatsächlich erbrachte notwendige Aufwendungen sind vom Arbeitgeber zu erstatten (LAG Köln 13. 9. 1984 DB 85, 394). Aufwendungsposten können zB Telefon-, Fax-, Portokosten oder auch besondere **Fahrtkosten** sein. Muß der Arbeitnehmer außerhalb der Arbeitszeit speziell für die Betriebsratssitzung anreisen, sind ihm die Kosten zu erstatten (BAG 18. 1. 1989 AP BetrVG 1972 § 40 Nr. 28). Normale Fahrtkosten, die jedem anderen Arbeitnehmer auch entstehen, sind nicht erstattungsfähig (BAG 28. 8. 1991 AP BetrVG 1972 § 40 Nr. 39). Jede Aufopferung von Vermögenswerten kann eine Aufwendung sein, die zu erstatten ist. Ein Schaden, der am Auto eines Betriebsratsmitglieds während des Einsatzes für Betriebsratstätigkeit entstanden ist, ist unter denselben Voraussetzungen liquidierbar wie ein Schaden, der am PKW des Arbeitnehmers auf einer Dienstfahrt entstanden ist (*Fitting* Rn. 36). Für Personenschäden greift das sozialversicherungspflichtige Haftungsprivileg aus § 104 SGB VII (*Fitting* Rn. 37).

VI. Reisekosten

Reisekosten können dem Betriebsratsmitglied ua. durch Teilnahme an Sitzungen des Gesamtbe- **8** triebsrats, Konzernbetriebsrats, an Gerichtsverhandlungen oder durch den Besuch von zum Betrieb

Eisemann

gehörenden Betriebsteilen oder Nebenbetrieben entstehen. Kosten einer nicht erforderlichen Reise des Betriebsrats sind ebensowenig zu tragen, wie nicht erforderliche Kosten einer notwendigen Reise des Betriebsrats. Zu den Reisekosten zählen die Kosten für angemessene Unterkunft und Verpflegung. Nicht zu erstatten sind die Kosten der persönlichen Lebensführung, wie Getränke oder Tabakwaren (BAG 29. 1. 1974 und 15. 6. 1976 AP BetrVG 1972 § 40 Nr. 5). Vor Antritt einer Reise braucht das Betriebsratsmitglied weder detaillierte Auskünfte über den Reisezweck zu erteilen noch die Zustimmung des Arbeitgebers zur Reise einzuholen (BAG 10. 8. 1994 NZA 1995, 796). Machen mehrere Betriebsratsmitglieder iR ihrer Betriebsratstätigkeit eine Reise und benutzt einer von ihnen einen PKW, soll der Arbeitgeber von den anderen die Mitfahrt verlangen können, wenn dies zumutbar ist (BAG 28. 10. 1992 – 7 ABR 10/92 nv.). Auch **Auslandsreisen** sind zu erstatten, soweit sie für die sachgerechte Erfüllung von Betriebsratsarbeit erforderlich sind (DKK/*Wedde* Rn. 20 f.; *Fitting* Rn. 39). Dies kann zB bei grenzüberschreitenden mitbestimmungspflichtigen Maßnahmen, im Zusammenhang mit der Bildung und Zusammenarbeit in europäischen Betriebsräten (*Fitting* Rn. 39) oder dann in Frage kommen, wenn Betriebsratsmitglieder ihr Anhörungsrecht aus Art. 18 IV der EG-Verordnung Nr. 4064/89 wahrnehmen wollen (LAG *Niedersachsen* 10. 6. 1992 DB 93, 1043). Bestehen betriebliche **Reisekostenregelungen**, sind diese für Reisen iR der Betriebsratstätigkeit anwendbar, soweit die Betriebsratsmitglieder die entstehenden Kosten beeinflussen können (BAG 17. 9. 1974 und 23. 6. 1975 AP BetrVG 1972 § 40 Nr. 6, 10). Soweit die Betriebsratsmitglieder auf die entstehenden Kosten keinen Einfluß haben, sind die die Tagessätze der betrieblichen Regelung übersteigenden Kosten zu ersetzen (BAG 29. 1. 1974 AP BetrVG 1972 § 37 Nr. 9; BAG 7. 6. 1984 § 40 Nr. 24). Hat ein Betriebsratsmitglied private Aufwendungen aufgrund einer längeren Dienstreise erspart, können diese abgezogen werden (BAG 29. 1. 1974 AP BetrVG 1972 § 37 Nr. 8; aA DKK/*Wedde* Rn. 50). Dies gilt nicht, wenn nach einer betrieblichen Reisekostenregelung abgerechnet wird, bei der die ersparten Aufwendungen schon berücksichtigt sind (BAG 29. 4. 1975 und 30. 3 1994 AP BetrVG 1972 § 40 Nr. 9, 42). Teilzeitbeschäftigten Betriebsratsmitgliedern ist gegebenenfalls die Möglichkeit der Einzelabrechnung nach Belegen zu ermöglichen, wenn sie aufgrund ihres teilzeitbedingt niedrigeren Jahreseinkommens im Falle der Abrechnung nach betrieblichen Reisekostenerstattungsrichtlinien bei gleicher oder vergleichbarer Tätigkeit ansonsten benachteiligt wären (LAG Frankfurt 6. 10. 1988 NZA 1989, 943; GK-BetrVG/*Wiese* Rn. 33).

VII. Schulungskosten

9   Kosten, die durch die Teilnahme von Betriebsratsmitgliedern an Schulungs- und Bildungsveranstaltungen entstehen, die für die Betriebsratsarbeit erforderliche Kenntnisse vermitteln, sind nach § 40 I Kosten der Tätigkeit des Betriebsrats und deshalb vom Arbeitgeber zu tragen (BAG 31. 10. 1972 und 28. 6. 1995 AP BetrVG 1972 § 40 Nr. 2, 48; DKK/*Wedde* Rn. 56 ff.; *Fitting* Rn. 55). Dies gilt auch für gewerkschaftliche Schulungsveranstaltungen (BVerfG 14. 2. 1978 AP BetrVG 1972 § 40 Nr. 13; *Richardi* Rn. 32). Die Kosten der Teilnahme einer nach § 37 VI für das Betriebsratsmitglied erforderlichen Schulung hat der Arbeitgeber stets zu tragen. Sind die Schulungsthemen nur teilweise erforderlich iSd. § 37 VI, gelten für die Kostentragungspflicht die Grundsätze der Entgeltfortzahlung entsprechend. Die Kosten für Schulungs- und Bildungsveranstaltungen nach § 37 VII hat der Arbeitgeber jedenfalls zu tragen, soweit sie iSd. § 37 VI für die Betriebsratstätigkeit erforderliche Kenntnisse vermitteln (BAG 6. 11. 1973 und 25. 4. 1978 AP BetrVG 1972 § 37 Nr. 6, 33; *Fitting* Rn. 59; GK-BetrVG/*Wiese* Rn. 91 ff.; weitergehend DKK/*Wedde* Rn. 58; *Richardi* Rn. 30). Werden Kosten aus einer als § 37 VII als geeignet anerkannten Schulungsveranstaltung geltend gemacht, ist die Erforderlichkeit der Teilnahme besonders zu begründen (BAG 26. 8. 1975 AP BetrVG 1972 § 37 Nr. 21).

10 Die auf § 40 I iVm. § 37 VI beruhende Kostenerstattungspflicht unterliegt neben dem Grundsatz der Erforderlichkeit auch dem **Grundsatz der Verhältnismäßigkeit** (BAG 31. 10. 1972 und 28. 6. 1995 AP BetrVG 1972 § 40 Nr. 2, 48; vgl. dazu oben Rn. 1 und § 37 Rn. 20). Der Betriebsrat darf den Arbeitgeber nur mit den Kosten belasten, die er der Sache nach für verhältnismäßig und deshalb zumutbar halten kann (BAG 28. 6. 1995 AP BetrVG 1972 § 40 Nr. 48). Er hat nach pflichtgemäßen Ermessen zu prüfen, ob die zu erwartenden Schulungskosten mit der Größe und Leistungsfähigkeit des Betriebs zu vereinbaren sind und ob der Schulungszweck in einem angemessenen Verhältnis zu den dafür aufzuwendenden Mitteln steht (BAG 27. 9. 1974 AP BetrVG 1972 § 37 Nr. 8; BAG 28. 6. 1995 AP BetrVG 1972 § 40 Nr. 48). Bei dieser Prüfung können die Dauer der Veranstaltung im Hinblick auf die behandelten Themen, die örtliche Lage der Schulungsveranstaltung und die Anzahl der zu entsendenden Betriebsratsmitglieder von Bedeutung sein (BAG 27. 9. 1974 AP BetrVG 1972 § 37 Nr. 8). Der Betriebsrat muß keine umfassende Marktanalyse durchführen und den günstigsten Anbieter ermitteln, sondern kann seine Auswahlentscheidung bei vergleichbaren Seminarinhalten vom Veranstalter selbst abhängig machen (BAG 28. 6. 1995 AP BetrVG 1972 § 40 Nr. 48; DKK/*Wedde* Rn. 60; aA *Richardi* Rn. 37; *Fitting* Rn. 62; GK-BetrVG/*Wiese* Rn. 85). Im Rahmen der Beurteilung der Verhältnismäßigkeit der Kosten nach § 40 I kann ein Vergleich mit dem vom Betrieb aufzubringenden Kosten für Management-Schulungen zu gleichen Themen sinnvoll sein (weitergehend DKK/*Wedde* Rn. 59; *Fitting* Rn. 61).

III. Inhalt und Erfüllung des Anspruchs

Um die Verpflichtung aus nach § 40 I iVm. § 37 VI auszulösen, muß der Betriebsrat einen **ord-** **nungsgemäßen Beschluß** gefaßt haben (BAG 10. 6. 1975 AP BetrVG 1972 § 73 Nr. 1; BAG 28. 4. 1988 AP BetrVG 1972 § 29 Nr. 2). Ein erst *nach* dem Besuch der Schulung gefaßter Beschluß begründet keinen Anspruch auf Kostentragung (BAG 8. 3. 2000 – 7 ABR 11/98). Das Schweigen des Arbeitgebers auf eine Mitteilung des Betriebsrats, er wolle ein bestimmtes Betriebsratsmitglied zur Schulung schicken, führt nicht automatisch zur Kostentragungspflicht (BAG 24. 5. 1995 AP BetrVG 1972 § 37 Nr. 109). Der Arbeitgeber muß sich aber grundsätzlich rechtzeitig äußern, wenn er keine Kosten tragen will (BAG 11. 5. 1976 AP BetrVG 1972 § 76 Nr. 3).

Zu den erstattungsfähigen Schulungskosten zählen die **Teilnehmergebühren**, auch wenn der Veranstalter eine **Gewerkschaft** ist (vgl. BAG 28. 5. 1976 und 28. 6. 1995 AP BetrVG 1972 § 40 Nr. 11, 48; DKK/*Wedde* Rn. 65 f.; *Richardi* Rn. 32; *Fitting* Rn. 64 f.; GK-BetrVG/*Wiese* Rn. 76 f.). Allerdings wird der Anspruch nach Art. 9 III GG aus koalitionsrechtlichen Grundsätzen eingeschränkt. Die Gewerkschaften dürfen aus den Schulungsveranstaltungen keinen Gewinn ziehen (BAG 15. 1. 1992 und 30. 3. 1994 AP BetrVG 1972 § 40 Nr. 41, 42). Sie können daher nur Erstattung der ihnen tatsächlich entstandenen Kosten verlangen (BAG 17. 6. 98 AP BetrVG 1972 § 40 Nr. 61 und 63). So wird eine Gegnerfinanzierung vermieden. Dies gilt auch, wenn die Gewerkschaft 100% der Anteile einer veranstaltenden Gesellschaft hält (BAG 30. 3. 1994 AP BetrVG 1972 § 40 Nr. 42; *Fitting* Rn. 66; aA DKK/*Wedde* Rn. 73) oder kraft satzungsmäßiger Rechte und personeller Verflechtung maßgeblichen Einfluß auf den Inhalt, die Organisation und die Finanzierung der Bildungsarbeit nimmt (BAG 28. 6. 1995 AP BetrVG 1972 § 40 Nr. 48; aA DKK/*Wedde* Rn. 73). Der Gewinn fehlt nicht notwendig, wenn der für die Unterbringung in Rechnung gestellte Tagessatz den steuerlichen Pauschbeträgen entspricht. Diese orientieren sich an den Preisen des Beherbergungsgewerbes, bei denen ein Gewinnanteil einkalkuliert ist (BAG 15. 1. 1992 AP BetrVG 1972 § 40 Nr. 41). Auch Vorhalte- oder Generalkosten der Schulungsstätten für sachliche und personelle Mittel sollen vom Arbeitgeber nicht zu erstatten sein (BAG 28. 5. 1976 AP BetrVG 1972 § 40 Nr. 11). Kosten, die einer Gewerkschaft als Veranstalterin einer Schulung iS des § 37 VI durch die konkrete Schulung entstehen und von den Generalkosten abgrenzbar sind, können anteilig auf die Sitzungsteilnehmer umgelegt werden (BAG 3. 4. 1979 und 28. 6. 1995 AP BetrVG 1972 § 40 Nr. 17, 48; *Fitting* Rn. 65 c). Der Träger kann die Einzelkosten ermitteln oder nach betriebswirtschaftlichen Kriterien unter Gewinnausschluß pauschalieren (BAG 28. 6. 1995 AP BetrVG 1972 § 40 Nr. 48). Er kann Selbstkosten kalkulatorisch auf der Grundlage vorausgegangener Jahresergebnisse ermitteln und der Preisgestaltung für die kommende Schulungsperiode zugrundelegen. Dies ermöglicht auch eine Mischkalkulation, bei der alle künftig zu erwartenden Kosten ermittelt und in Durchschnittswerten unabhängig von der konkreten Teilnehmerzahl einer Schulung teilnehmerbezogen zugeordnet werden (BAG 17. 6. 1998 AP BetrVG 1972 § 40 Nr. 63). Zu den abgrenzbaren und damit zu erstattenden Kosten zählen auch Honoraraufwendungen für eigene Referenten oder Referenten des DGB, wenn die entsprechende Lehrtätigkeit nicht zu den Haupt- oder Nebenpflichten ihres Arbeitsverhältnisses gehört (BAG 3. 4. 1979 und 28. 6. 1995 AP BetrVG 1972 § 40 Nr. 17, 48; GK-BetrVG/ *Wiese* Rn. 78; weitergehend *Fitting* Rn. 65 d). Entsprechendes gilt für das Anmieten von Räumen zur Durchführung der Schulungsveranstaltung (LAG Hamm 2. 3. 1983 DB 83, 1576) und die erforderlichen Tagungsunterlagen (DKK/*Wedde* Rn. 66; *Fitting* Rn. 65 b). Zu den Schulungskosten, die vom Arbeitgeber zu tragen sind gehören die notwendigen **Reisekosten** (vgl. oben Rn. 8). Ist eine weiter als andere entfernt liegende Schulungsstätte qualitativ besser und ermöglicht sie eine effektivere Ausbildung, sind die höheren Reisekosten zu erstatten (BAG 29. 4. 1975 AP BetrVG 1972 § 40 Nr. 9; BAG 24. 8. 1976 AP ArbGG 1953 § 95 Nr. 2). Der Arbeitgeber ist berechtigt, von den Verpflegungskosten eines Schulungsteilnehmers in Anlehnung an steuerrechtliche Grundsätze ein Fünftel des Betrages als ersparte Eigenaufwendungen abzuziehen (BAG 28. 6. 1995 AP BetrVG 1972 § 40 Nr. 48). Die Kosten der persönlichen Lebensführung, wie Getränke oder Zigaretten hat er nicht zu tragen (BAG 15. 6. 1976 und 28. 6. 1995 AP BetrVG 1972 § 40 Nr. 12, 48).

Betriebsrat und Schulungsteilnehmer sind zum **Nachweis** der erstattungsfähigen Kosten verpflichtet (BAG 30. 3. 1994 AP BetrVG 1972 § 40 Nr. 42). Kommen sie dieser Verpflichtung nicht nach, steht dem Arbeitgeber ein Leistungsverweigerungsrecht zu (BAG 28. 6. 1995 AP BetrVG 1972 § 40 Nr. 48). Dies gilt auch gegenüber der Gewerkschaft, wenn ihr der Kostenerstattungsanspruch abgetreten wurde (BAG 15. 1. 1992 AP BetrVG 1972 § 40 Nr. 41). Schulungsveranstalter müssen aus vertraglicher Nebenpflicht die Kosten getrennt nach Unterkunft und Verpflegung anführen und es muß erkennbar sein, welche gastronomischen Leistungen in Rechnung gestellt wurden (BAG 28. 6. 1995 AP BetrVG 1972 § 40 Nr. 48). Soweit gewerkschaftliche Veranstalter in der Rechtsform eines gemeinnützigen Vereins geführt werden, müssen sie pauschalierte Schulungsgebühren mit aufschlüsseln, soweit konkrete Anhaltspunkte für eine Gegnerfinanzierung vorliegen. Diese muß im Prozeß der AG vortragen (BAG 17. 6. 98 AP BetrVG 1972 § 40 Nr. 62).

VIII. Inhalt und Erfüllung des Anspruchs

Der Anspruch auf Kostentragung ist ein Anspruch aus einem durch § 40 begründeten gesetzlichen Schuldverhältnis (*Richardi* Rn. 39; *Fitting* Rn. 68; GK-BetrVG/*Wiese* Rn. 15). Der **Betriebsrat** kann für Aufwendungen und Auslagen einen angemessenen Vorschuß vom Arbeitgeber verlangen (*Richardi* Rn. 40; *Fitting* Rn. 69; GK-BetrVG/*Wiese* Rn. 22). Da der Betriebsrat grundsätzlich nicht vermögensfähig ist, kann er selbst keine Verträge schließen und Verbindlichkeiten gegenüber Dritten eingehen. Der Anspruch auf Übernahme der Kosten verpflichtet den Arbeitgeber selbst, entsprechende Verträge abzuschließen, wobei er den Betriebsrat entsprechend bevollmächtigen kann (*Fitting* Rn. 70; GK-BetrVG/*Wiese* Rn. 17). Für das Hinzuziehen von Sachverständigen nach § 80 III ergeben sich Besonderheiten. Durch die Vereinbarung nach dieser Vorschrift entsteht ein gesetzliches Schuldverhältnis zwischen BR und AG. Es richtet sich auf Zahlung an einen Dritten oder Freistellung von einer Verbindlichkeit gegenüber dem Dritten. Soweit ist der BR vermögensfähig. Der Dritte wird nur Gläubiger dieses Anspruchs, wenn der BR ihn abtritt. Er wandelt sich dann in einen Zahlungsanspruch (BAG 13. 5. 1998 AP BetrVG 1972 § 80 Nr. 55). Geht ein **Betriebsratsmitglied** eine Verbindlichkeit ein, besteht ein Freistellungsanspruch gegen den Arbeitgeber (*Fitting* Rn. 71; GK-BetrVG/*Wiese* Rn. 16). Hat das Betriebsratsmitglied die Verbindlichkeit erfüllt, steht ihm ein Erstattungsanspruch gegen den Arbeitgeber zu (BAG 27. 3. 1979 ArbGG 1953 § 80 Nr. 7), der nach § 288 BGB und § 291 BGB Zinsansprüche auslösen kann (BAG 18. 1. 1989 AP BetrVG 1972 § 40 Nr. 28). Ist das Betriebsratsmitglied gegenüber dem Gläubiger im Verzug, umfasst der Freistellungsanspruch die Verzugszinsen (BAG 3. 10. 1978 AP BetrVG 1972 § 40 Nr. 14). Das Betriebsratsmitglied kann den Freistellungsanspruch an den Gläubiger der Forderung abtreten, wobei sich der Freistellungsanspruch beim Zessionar in einen Zahlungsanspruch umwandelt (*Fitting* Rn. 73). Da der Erstattungsanspruch sich aus der Betriebsratstätigkeit und nicht aus dem Arbeitsverhältnis ergibt, greifen tarifliche Ausschlußfristen und auch die kurze Verjährung nach § 196 BGB nicht (BAG 30. 1. 1973 AP BetrVG 1972 § 40 Nr. 3). Der Anspruch kann verwirken (BAG 14. 11. 1978 AP BGB § 242 Verwirkung Nr. 39). Bei der Geltendmachung von Kostenerstattungsansprüchen nach Abs. 1 ist der Betriebsrat in der Insolvenz des Arbeitgebers an das Verfahrensrecht der InsO gebunden (BAG 14. 11. 1978 AP KO § 59 Nr. 6; s. weiter BAG 13. 7. 1994 AP KO § 61 Nr. 28; BAG 16. 10. 1986 AP BetrVG 1972 § 40 Nr. 26; DKK/*Wedde* Rn. 86 f.; *Fitting* Rn. 76 ff.).

IX. Sachmittel und Büropersonal

15 **Abs. 2** stimmt in den Voraussetzungen mit Abs. 1 überein, schließt aber in der Rechtswirkung seine Anwendung aus. Der Betriebsrat hat einen Überlassungsanspruch; er ist grundsätzlich nicht berechtigt, sich Sachmittel oder Büropersonal selbst zu beschaffen (BAG 21. 4. 1983 AP BetrVG 1972 § 40 Nr. 20). Der Anspruch kann im Wege der einstweiligen Verfügung durchgesetzt werden. Dem Betriebsrat sind je nach seiner Größe ein oder mehrere Büroräume zu überlassen und ein Sitzungszimmer zur Verfügung zu stellen (DKK/*Wedde* Rn. 88 ff.; *Fitting* Rn. 82). In den Räumen des Betriebsrats, die zu Sitzungen, Sprechstunden oder zur Abwicklung des Geschäftsbetriebs dienen, hat er das Hausrecht (BAG 18. 9. 1991 AP BetrVG 1972 § 40 Nr. 40). Zum Hausrecht gehört die Möglichkeit, daß der Betriebsrat die Büroräume abschließen kann (ArbG Heilbronn 17. 2. 1984 BB 1984, 982; DKK/*Wedde* Rn. 92). Er kann vom Arbeitgeber den Zutritt Dritter auf das Betriebsgelände und in sein Büro verlangen, wenn und soweit dies zur Erfüllung seiner gesetzlichen Aufgaben erforderlich ist (BAG 18. 9. 1991 AP BetrVG 1972 § 40 Nr. 40). Auch zur Durchführung von Betriebs- und Abteilungsversammlungen sind die entsprechenden Räumlichkeiten und sonstige erforderliche Sachmittel zur Verfügung zu stellen, gegebenenfalls anzumieten (*Fitting* Rn. 87).

16 **Sachmittel** sind dem Betriebsrat vom Arbeitgeber im erforderlichen Umfang zu stellen. Dabei bestimmt sich die Erforderlichkeit nicht ausschließlich am entsprechenden Ausstattungsniveau des Arbeitgebers (BAG 11. 3. 1998 AP BetrVG 1972 § 40 Nr. 57; BAG 17. 2. 1993 AP BetrVG 1972 § 40 Nr. 37), sondern an den vom BR wahrzunehmenden Aufgaben und den betrieblichen Verhältnissen (BAG 12. 5. 99 AP BetrVG 1972 § 40 Nr. 65). Ob ein Sachmittel erforderlich ist unterliegt der Einschätzung des BR dem hier ein Beurteilungsspielraum zusteht (BAG 12. 5. 99 AP BetrVG 1972 § 40 Nr. 65). Der Betriebsrat kann sich der Prüfung der Erforderlichkeit nicht mit der Begründung entziehen ein Sachmittel gehöre zur Normalausstattung eines Büros und dürfte ihm deshalb nicht vorenthalten werden (BAG 12. 5. 99 AP BetrVG 1972 § 40 Nr. 65). Erforderliche Sachmittel sind jedenfalls ein verschließbarer Schrank, ein Aktenschrank, Schreibmaterialien, Diktiergerät, Porto und Stempel, die Mitbenutzung von Vervielfältigungsgeräten des Arbeitgebers (LAG Niedersachsen 13. 12. 1988 NZA 1989, 442). Zur büromäßigen Grundausstattung gehört ein Telefonanschluß (DKK/*Wedde* Rn. 108; *Fitting* Rn. 89). In Kleinbetrieben kann die – ungestörte – Mitbenutzung des betrieblichen Fernsprechers zumutbar sein (LAG Rheinland-Pfalz 9. 12. 1992 NZA 93, 426). Der Arbeitgeber darf beim Telefonanschluß des Betriebsrats die Zielnummer bei Haus-, Orts- und Nahbereichsgesprächen nicht registrieren (BAG 18. 1. 1989 – 7 ABR 38/87 nv.; GK-BetrVG/*Wiese* Rn. 106). Anderes soll unter Kostengesichtspunkten für Registrierung von Ferngesprächen gelten (BAG 18. 1. 1989 – 7 ABR 38/87 nv.; aA *Fitting* Rn. 89 a). Jedenfalls dürfen stets neben den Gebühreneinheiten Zeitpunkt und Dauer der Gespräche registriert werden (BAG AP 27. 5. 1986 AP BetrVG 1972 § 87 Überwachung Nr. 15). Der BR kann vom AG verlangen, eine an den Arbeitsplätzen der AN vorhandenen Telefonanlage durch eine besondere Schaltung für den innerbetrieblichen Dialog nutzbar

machen zu lassen (BAG 9. 6. 99 AP BetrVG 1972 § 40 Nr. 66). In größeren Betrieben kann der Betriebsrat grundsätzlich die Überlassung eines eigenen **Fotokopiergeräts** verlangen (DKK/*Wedde* Rn. 97; *Fitting* Rn. 88; GK-BetrVG/*Wiese* Rn. 108). Ihm ist ein **Personalcomputer** vom Arbeitgeber zur Verfügung zu stellen, wenn er darlegt, daß er andernfalls die Aufgaben unter Berücksichtigung der betrieblichen Verhältnisse nicht bewältigen kann (BAG 11. 3. 1998 und 12. 5. 1999 AP BetrVG 1972 § 40 Nr. 57, 65; GK-BetrVG/*Wiese* Rn. 109). Ein **Telefaxgerät** kann jedenfalls ab mittlerer Unternehmensgröße zu den erforderlichen Sachmitteln gehören (DKK/*Wedde* Rn. 100; *Fitting* Rn. 90; LAG Düsseldorf 24. 6. 1993 NZA 1993, 1143). Der Betriebsrat kann eine **Mailbox** mitbenutzen, wenn dies im Einzelfall erforderlich ist (BAG 17. 2. 1993 AP BetrVG 1972 § 40 Nr. 37; *Fitting* Rn. 104; weitergehend DKK/*Wedde* Rn. 101).

Zu den Sachmitteln gehört auch entsprechende **Literatur.** Jedem Betriebsrat ist – unabhängig von seiner Größe – ein **Kommentar zum BetrVG** in jeweils neuester Auflage zu überlassen (BAG 26. 10. 1994 AP BetrVG 1972 § 40 Nr. 43). Verlangt der Betriebsrat einen zweiten Kommentar seiner Wahl, muß er die Erforderlichkeit konkret darlegen (BAG 26. 10. 1994 AP BetrVG 1972 § 40 Nr. 43). Jedenfalls in einem mehrköpfigen Betriebsrat muß jedem Betriebsratsmitglied eine Sammlung der gemäß § 80 I Nr. 1 zu überwachenden **Gesetze und Verordnungen** zur Verfügung stehen, wobei dem Betriebsrat – weitgehend unabhängig von der Kostenbelastung – ein Auswahlrecht zukommt (BAG 24. 1. 1996 AP BetrVG 1972 § 40 Nr. 52). Daneben gehören auch **Fachzeitschriften,** die geeignet sind, dem Betriebsrat die für seine Tätigkeit notwendigen Informationen aktuell und laufend zu vermitteln, zu den sachlichen Mitteln iS des § 40 II (BAG 29. 11. 1989 AP BetrVG 1972 § 40 Nr. 32). Dabei bestimmt der Betriebsrat iR eines gerichtlich nachprüfbaren Ermessensspielraums selbst, welche Zeitschrift er benutzen will (BAG 21. 4. 1983 AP BetrVG 1972 § 40 Nr. 20; BVerfG 10. 12. 1985 AP BetrVG 1972 § 40 Nr. 20 a). Steht dem Betriebsrat bereits eine arbeitsrechtliche Fachzeitschrift zur Verfügung, die sich regelmäßig mit arbeits- und gesundheitswissenschaftlichen Themenstellungen befaßt, hat der Betriebsrat darzulegen, welche betrieblichen oder betriebsratsbezogenen Gründe die Anschaffung einer weiteren Fachzeitschrift erfordern, wobei er sich nicht vorrangig auf den Besuch von Schulungsveranstaltungen oder die Inanspruchnahme von Sachverständigen verweisen lassen muß (BAG 25. 1. 1995 AP BetrVG 1972 § 40 Nr. 46). Unter den gleichen Voraussetzungen hat der Betriebsrat Anspruch auf **Spezialliteratur** zu den Sachbereichen, in denen ihm wesentliche Beteiligungsrechte zustehen (DKK/*Wedde* Rn. 113; *Fitting* Rn. 95). In größeren Betrieben kann auch eine arbeitsrechtliche **Entscheidungssammlung** erforderlich werden (DKK/*Wedde* Rn. 115; *Fitting* Rn. 96; *Richardi* Rn. 67). Bei Beschäftigung von ausländischen Arbeitnehmern kann der Betriebsrat entsprechende **Wörterbücher** verlangen (DKK/*Wedde* Rn. 114; *Fitting* Rn. 98). Der Bezug von **Wirtschaftszeitungen** wird kaum jemals erforderlich sein (BAG 29. 11. 1989 AP BetrVG 1972 § 40 Nr. 32; *Richardi* Rn. 68; aA DKK/*Wedde* Rn. 117; *Fitting* Rn. 98). Zu den sachlichen Mitteln gehören ein oder mehrere „**Schwarze Bretter**", die an geeigneter, sichtbarer Stelle anzubringen sind (DKK/*Wedde* Rn. 94; *Fitting* Rn. 100). Die Entscheidung, was anzuschlagen ist, liegt beim Betriebsrat, der nur anbringen darf, was sich im Rahmen seiner Aufgaben und Zuständigkeit bewegt (LAG Hamburg DB 78, 118; LAG Baden-Württemberg DB 78, 799; *Fitting* Rn. 101). Der Betriebsrat ist grundsätzlich nicht darauf beschränkt, die Belegschaft allein auf Betriebsversammlungen und durch Anschläge am Schwarzen Brett zu unterrichten. Gegebenenfalls können daher **Rundschreiben** des Betriebsrats an die Arbeitnehmer aus konkretem Anlaß erforderlich sein (BAG 21. 11. 1978 AP BetrVG 1972 § 40 Nr. 15).

Der Arbeitgeber hat nach nach Abs. 2 das erforderliche **Büropersonal** zur Verfügung zu stellen. Dies sind vor allem Schreibkräfte, gegebenenfalls auch Kräfte für andere Unterstützungstätigkeiten (LAG Baden-Württemberg 25. 11. 1987 AiB 1988, 185; DKK/*Wedde* Rn. 88, 118; *Fitting* Rn. 106). In größeren Betrieben kommt, abhängig vom tatsächlichen Arbeitsanfall, die Einstellung mehrerer Schreibkräfte in Betracht (*Fitting* Rn. 106). Ist die Bürokraft selbst Betriebsratsmitglied ist sie iR von § 38 I nicht anzurechnen (BAG 12. 2. 1997 AP BetrVG 1972 § 38 Nr. 19; *Richardi* Rn. 69; *Fitting* Rn. 106). Aus § 40 II ergibt sich für den Betriebsrat oder seine Ausschüsse kein Recht das Büropersonal selbst zu bestimmen (BAG 17. 10. 1990 AP BetrVG 1972 § 108 Nr. 8). Die Auswahl trifft der Arbeitgeber (BAG 17. 10. 1990 AP BetrVG 1972 § 108 Nr. 8). Er muß dabei auf die berechtigten Interessen des Betriebsrates Rücksicht zu nehmen. Der Betriebsrat hat allenfalls ein Mitspracherecht (DKK/*Wedde* Rn. 120; *Fitting* Rn. 107; aA *Richardi* Rn. 69; GK-BetrVG/*Wiese* Rn. 125; offengelassen von BAG 17. 10. 1990 AP BetrVG 1972 § 108 Nr. 8). Er kann jedoch die Beschäftigung bestimmter Bürokräfte ablehnen (BAG 5. 3. 1997 AP BetrVG 1972 § 40 Nr. 56). Der Arbeitsvertrag des Büropersonals besteht zwischen ihnen und dem Arbeitgeber. Das Weisungsrecht bezüglich des konkreten Arbeitseinsatzes steht dem Betriebsrat zu (DKK/*Wedde* Rn. 121; *Richardi* Rn. 71; *Fitting* Rn. 108).

X. Streitigkeiten

Über die Geschäftsführungskosten des Betriebsrates und über die Pflicht des Arbeitgebers, Sachmittel zur Verfügung zu stellen, wird im arbeitsgerichtlichen Beschlußverfahren nach §§ 2a, 80ff.

Eisemann

ArbGG entschieden (BAG 12. 2. 1965 und 18. 4. 1967 BAG 18. 4. 1967 AP BetrVG § 39 Nr. 1, 7). Dies gilt auch für Ansprüche einzelner Betriebsratsmitglieder, da der Anspruch nicht im Arbeitsverhältnis, sondern im Betriebsratsamt wurzelt (BAG 24. 6. 1969 AP BetrVG § 39 Nr. 8; BAG 18. 1. 1989 AP BetrVG 1972 § 40 Nr. 28). Der Betriebsrat ist in diesem Fall nach § 83 ArbGG notwendiger Beteiligter. Er kann in eigenem Namen Freistellungs- und Erstattungsansprüche von Betriebsratsmitgliedern geltend zu machen (BAG 10. 6. 1975 AP BetrVG 1972 § 73 Nr. 1; BAG 15. 1. 1992 AP BetrVG 1972 § 40 Nr. 41). Der hinzugezogene Rechtsanwalt ist nicht Beteiligter iSv. § 83 ArbGG, wenn es um seine Honoraransprüche geht. Er steht nur in einem vertraglich begründeten, nicht aber in einem betriebsverfassungsrechtlichen Rechtsverhältnis zum Betriebsrat bzw. Arbeitgeber (BAG 3. 10. 1978 AP BetrVG 1972 § 40 Nr. 14). Eine Gewerkschaft kann, sofern ihr der Anspruch abgetreten wurde, Geschäftsführungskosten des Betriebsrates im Beschlußverfahren geltend machen, da sich der Rechtscharakter der Forderung durch Abtretung nicht ändert (BAG 30. 1. 1973 und 15. 1. 1992 AP BetrVG 1972 § 40 Nr. 3, 41). Das gleiche gilt für den Rechtsanwalt hinsichtlich seiner Anwaltsgebühren, sofern ihm der Anspruch abgetreten wurde (LAG Berlin 26. 1. 1987 AP BetrVG 1972 § 40 Nr. 25). Führen Streitigkeiten zur Freistellung, Kostenübernahme und Ausstattung des Betriebsrates mit Sachmitteln zu einer wesentlichen Erschwerung der Betriebsratsarbeit, kann eine einstweilige Verfügung im Beschlußverfahren nach § 85 II ArbGG iVm § 940 ZPO erwirkt werden (*Fitting* Rn. 119).

§ 41 Umlageverbot

Die Erhebung und Leistung von Beiträgen der Arbeitnehmer für Zwecke des Betriebsrats ist unzulässig.

I. Beiträge

1 Das Erheben von Beiträgen ist unabhängig davon, ob sie freiwillig, regelmäßig oder als einmalige Spende gegeben werden unzulässig (DKK/*Wedde* Rn. 2; *Fitting* Rn. 3; GK-BetrVG/*Wiese* Rn. 3). Ein Beschluß des Betriebsrats oder der Betriebsversammlung, der dem Verbot des § 41 zuwiderläuft, ist nach § 134 BGB nichtig (*Richardi* Rn. 3; *Fitting* Rn. 7; GK-BetrVG/*Wiese* Rn. 8). Auch die Entgegennahme von Zuwendungen Dritter ist unzulässig (DKK/*Wedde* Rn. 2; *Richardi* Rn. 6; *Fitting* Rn. 5; GK-BetrVG/*Wiese* Rn. 7). Ebenso unzulässig sind Zuwendungen des Arbeitgebers, die über seine Pflicht nach § 40 hinausgehen, da dies den Grundsatz des Ehrenamts gefährdet (DKK/*Wedde* Rn. 2; *Richardi* Rn. 5). Die rechtswidrige Zuwendungen kann trotz § 817 BGB zurückgefordert werden (GK-BetrVG/*Wiese* Rn. 8; HSG/*Glaubitz* Rn. 4; aA *Fitting* Rn. 6; *Richardi* Rn. 3). Die Vorschrift würde sonst leerlaufen. Verstöße gegen § 41 können zu Ausschluß- oder Auflösungsverfahren nach § 23 I führen (*Fitting* Rn. 11).

II. Sammlungen

2 Das Verbot des § 41 gilt nur für Sammlungen oder Beitragserhebungen „für Zwecke des Betriebsrats". Sammlungen für andere Zwecke, wie zB für gemeinsame Feste, Trauer-/Unglücksfälle oder außerbetrieblicher Solidaritätsarbeit oder auch Katastrophenhilfe sind jedenfalls dann zulässig, wenn sie von einzelnen Betriebsratsmitgliedern in die Hand genommen werden (DKK/*Wedde* Rn. 5; *Richardi* Rn. 8; *Fitting* Rn. 8). Bedenklich ist die Führung von Kassen durch den Betriebsrat, wenn von ihm beträchtliche Geldmittel auf Dauer verwaltet werden (vgl. im Einzelnen *Fitting* Rn. 9). Unbedenklich ist die Führung einer solchen Kasse durch einzelne Betriebsratsmitglieder, sofern dies außerhalb ihrer Amtstätigkeit geschieht (*Fitting* Rn. 9; GK-BetrVG/*Wiese* Rn. 6).

III. Streitigkeiten

3 Streitigkeiten aus der Vorschrift werden im arbeitsgerichtlichen Beschlußverfahren nach §§ 2 a, 80 ff. ArbGG entschieden.

Vierter Abschnitt. Betriebsversammlung

§ 42 Zusammensetzung, Teilversammlung, Abteilungsversammlung

(1) ¹Die Betriebsversammlung besteht aus den Arbeitnehmern des Betriebs; sie wird von dem Vorsitzenden des Betriebsrats geleitet. ²Sie ist nicht öffentlich. ³Kann wegen der Eigenart des Betriebs eine Versammlung aller Arbeitnehmer zum gleichen Zeitpunkt nicht stattfinden, so sind Teilversammlungen durchzuführen.

(2) ¹Arbeitnehmer organisatorisch oder räumlich abgegrenzter Betriebsteile sind vom Betriebsrat zu Abteilungsversammlungen zusammenzufassen, wenn dies für die Erörterung der besonde-

ren Belange der Arbeitnehmer erforderlich ist. ²Die Abteilungsversammlung wird von einem Mitglied des Betriebsrats geleitet, das möglichst einem beteiligten Betriebsteil als Arbeitnehmer angehört. ³Absatz 1 Satz 2 und 3 gilt entsprechend.

I. Normzweck

Die Betriebsversammlung dient der Aussprache und gegenseitigen Information unter Arbeitnehmern, von Betriebsrat und Arbeitnehmern (BAG 27. 6. 1989 AP BetrVG 1972 § 42 Nr. 5) sowie nach § 43 II 3 ihrer Unterrichtung durch den Arbeitgeber. Die Betriebsversammlung ist als Institution (*Richardi* Vorb. zu 42 Rn. 2) Organ der Betriebsverfassung (BAG 27. 5. 1982 AP BetrVG 1972 § 42 Nr. 3; DKK/*Berg* Rn. 1; *Fitting* Rn. 9). Die unterschiedliche Klassifizierung ist ohne Bedeutung, weil die Zuständigkeit der Betriebsversammlung im Gesetz abschließend geregelt ist (GK-BetrVG/*Fabricius* vor § 42 Rn. 16). Sie hat keine Vertretungsmacht; sie kann daher weder rechtsgeschäftliche Erklärungen für die Arbeitnehmer des Betriebes abgeben, noch Betriebsvereinbarungen abschließen oder kündigen (DKK/*Berg* Rn. 2; *Fitting* Rn. 10, 42). Ebensowenig steht ihr ein Weisungsrecht gegenüber dem Betriebsrat zu, der kein imperatives Mandat ausübt (DKK/*Berg* Rn. 2; *Fitting* Rn. 10, 41). Sie kann weder dem Betriebsrat noch einem seiner Mitglieder rechtswirksam das Mißtrauen aussprechen (vgl. BVerfGE 51, 77, 91). Sie gibt dem Betriebsrat Anregungen, stellt im Rahmen des § 45 Anträge und nimmt zu seinen Beschlüssen Stellung.

1

II. Anwendungsbereich

Die Vorschrift ist zwingend und kann daher weder durch Tarifvertrag noch durch Betriebsvereinbarung abbedungen werden (*Fitting* Rn. 5; HSG/*Glaubitz* Rn. 1) In Betrieben ohne Betriebsrat können keine Betriebsversammlungen nach §§ 42 ff. stattfinden (*Fitting* Rn. 8). Versammlungen der Arbeitnehmer auf Unternehmens- oder Konzernebene sieht das Gesetz nicht vor. Auf die Betriebsräteversammlung sind nach § 53 III 2 die §§ 42 I 1 Halbs. 2 und 2, 43 II 1 und 2, 45 und 46, auf die Jugend- und Auszubildendenversammlung sind nach § 71 S 3 die §§ 43 II 1 und 2, 44 bis 46, auf die Bordversammlung nach § 115 V die §§ 42 bis 46 entsprechend anzuwenden. Für den Seebetrieb gelten nach § 116 IV die §§ 42 bis 46 nicht. Unter den Voraussetzungen des § 116 III Ziff. 6 bis 8 können im Seebetrieb auch Betriebsversammlungen durchgeführt werden. **Selbstversammlungen** der Arbeitnehmer fallen – abgesehen von § 17 – nicht unter die Vorschrift (*Fitting* Rn.12). Ebensowenig vom Arbeitgeber zusammengerufene **Mitarbeiterversammlungen**, die auch zulässig sind, wenn Fragen berührt werden, für die der Betriebsrat zuständig ist, aber nicht als „Gegenveranstaltungen" mißbraucht werden dürfen (BAG 27. 6. 1989 AP BetrVG 1972 § 42 Nr. 5). Die Vorschrift regelt die Kommunikation zwischen Betriebsrat und Arbeitnehmern **nicht abschließend** (*Fitting* Rn. 11). Deren Informationsaustausch ist nicht auf die im Gesetz ausdrücklich vorgesehenen Institutionen beschränkt (BAG 8. 2. 1977 AP BetrVG § 80 Nr. 10).

2

III. Teilnahme

An der Betriebsversammlung nehmen nach **Abs. 1 S. 1** die **Arbeitnehmer** des Betriebes iSd § 5 I und des § 6 ohne Rücksicht darauf teil, ob sie wahlberechtigt, ständig beschäftigt oder Jugendliche sind (*Richardi* Rn. 6; DKK/*Berg* Rn. 7; *Fitting* Rn. 14). Eine Freistellung durch den Arbeitgeber ist nicht erforderlich (LAG München 11. 3. 1987– 7 TaBV 38/86). Sie dürfen an der Teilnahme auch nicht indirekt gehindert werden. Der Versuch des Arbeitgebers, eine Betriebsversammlung durch Überhängen der Einladung oder das Versprechen eines halben Tages Zusatzurlaub für die Nichtteilnahme zu behindern, stellt einen groben Verstoß nach § 23 dar (LAG Baden-Württemberg 30. 4. 1987 AiB 89, 212). Der Tatbestand des § 119 I Nr. 2 kann bereits mit der Behinderung des Betriebsrats beim Einberufen der Betriebsversammlung vollendet sein (OLG Stuttgart 9. 9. 1988 AiB 89, 24). **Arbeitgeber** sind nach § 43 II und bei den auf seinen Wunsch nach § 43 III einberufenen Betriebsversammlungen, die Beauftragten der im Betrieb vertretenen **Gewerkschaften** nach § 46 I 1 und Beauftragte der **Arbeitgebervereinigungen** nach § 46 I 2 teilnahmeberechtigt (*Fitting* Rn. 16). **Leitende Angestellte** nach § 5 III und IV dürfen nur – wenn Betriebsrat bzw. Arbeitgeber ihrer Teilnahme nicht widersprechen – als Gäste oder – wie die Personen nach § 5 II – als Vertreter des Arbeitgebers nach § 43, als seine Sachverständigen und Auskunftspersonen teilnehmen (DKK/*Berg* Rn. 4; *Fitting* Rn. 15; *Richardi* Rn. 5). Auch **vorübergehend abwesende Arbeitnehmer** sind teilnahmeberechtigt – Urlaub (BAG 5. 5. 1987 AP BetrVG 1972 § 44 Nr. 5), Erziehungsurlaub (BAG 31. 5. 1989 AP BetrVG 1972 § 44 Nr. 9), Kurzarbeit (BAG 5. 5. 1987 AP BetrVG 1972 § 44 Nr. 5), Freizeitausgleich für Mehrarbeit (DKK/*Berg* Rn. 7; *Fitting* Rn. 14), Tätigkeit des Mitarbeiters eines inländischen Betriebes im Ausland (*Fitting* Rn. 14), Teilnahme am Arbeitskampf (BAG 5. 5. 1987 AP BetrVG 1972 § 44 Nr. 4) Eine **Teilnahmepflicht** besteht für den Arbeitgeber bzw. seinen Vertreter jedenfalls im Fall des § 43 II 3. Arbeitnehmer sind zur Teilnahme nicht verpflichtet (*Fitting* Rn. 24; *Richardi* Rn. 3). Wer an einer während seiner Arbeitszeit stattfindenden Betriebsversammlung nicht teilnimmt, muß – soweit möglich – arbeiten und darf den Betrieb nicht verlassen (DKK/*Berg* Rn. 6; *Fitting* Rn. 26). An vom

3

Arbeitgeber durchgeführten „Mitarbeiterversammlungen" müssen die Arbeitnehmer teilnehmen, soweit dort Fragen erörtert werden, auf die sich das Direktionsrecht erstreckt (*Fitting* Rn. 11).

4   **Andere Personen** dürfen nur auf Einladung des Betriebsrates anwesend sein, wenn dies im Rahmen der Zuständigkeit der Betriebsversammlung zur ordnungsgemäßen Erfüllung ihrer Aufgaben sachdienlich ist (BAG 13. 9. 1977 AB BetrVG 1972 § 42 Nr. 1; DKK/*Berg* Rn. 5; *Fitting* Rn. 17). Unter diesen Voraussetzungen sind neben den nach § 80 III hinzugezogenen Sachverständigen (BAG 19. 4. 1989 AP BetrVG 1972 § 80 Nr. 35) oder Dolmetschern (LAG Düsseldorf/Köln 30. 1. 1981 DB 81, 1093; DKK/*Berg* Rn. 5; *Fitting* Rn. 22) – auch gegen den Willen des Arbeitgebers – Referenten (BAG 13. 9. 1977 AP BetrVG 1972 § 42 Nr. 1), betriebsfremde Mitglieder des Gesamt- oder Konzernbetriebsrates, des Wirtschaftsausschusses und Vertreter der Arbeitnehmer im Aufsichtsrat teilnahmeberechtigt (BAG 28. 11. 1978 AP BetrVG 1972 § 42 Nr. 2; DKK/*Berg* Rn. 5; *Fitting* Rn. 18, 19). Endlich darf jeder teilnehmen, den Betriebsrat und Arbeitgeber gemeinsam eingeladen haben oder dessen Einladung durch den Betriebsrat der Arbeitgeber nicht widerspricht (*Fitting* Rn. 21), soweit dies nicht gegen das Gebot der Nichtöffentlichkeit verstößt.

IV. Ablauf

5   Die inhaltliche Gestaltung der Betriebsversammlung ist Sache des Betriebsrates (BAG 19. 4. 1989 AP BetrVG 1972 § 80 Nr. 35). Er bestimmt grundsätzlich frei mit der **Tagesordnung** im Rahmen der §§ 17 und 45 ihre Gegenstände (DKK/*Berg* Rn. 11; *Fitting* Rn. 29). Soweit ihr Inhalt vorgeschrieben ist – Vierteljahresbericht nach § 43 I, Wirtschafts-, Personal- und Sozialbericht nach § 43 II 3, beantragter Beratungsgegenstand nach § 43 III 1 – muß die Tagesordnung dem entsprechen. Arbeitgeber oder ein Viertel der Arbeitnehmer des Betriebes können nicht nur vor, sondern auch noch auf der Betriebsversammlung die Ergänzung der Tagesordnung beantragen, soweit hierdurch deren ordnungsgemäße Abwicklung nicht beeinträchtigt wird. Man kann sie nicht auf ihr Recht verweisen, nach § 43 III eine besondere Betriebsversammlung einberufen zu lassen (*Richardi* § 44 Rn. 33; *Fitting* Rn. 30).

6   Die Betriebsversammlung kann eine **Geschäftsordnung** beschließen. Besteht sie nicht, ist nach parlamentarischer Übung zu verfahren (*Richardi* Rn. 19; *Fitting* Rn. 37; GK-BetrVG/*Fabricius* Rn. 38). Jeder teilnehmende Arbeitnehmer darf im Rahmen der Tagesordnung zur Sache sprechen und Fragen stellen (LAG Saarbrücken 12. 12. 1969 AP BetrVG § 43 Nr. 2; *Fitting* Rn. 40). Die Betriebsversammlung äußert sich durch Beschlüsse, auch wenn sie Anträge an den Betriebsrat richtet, Wünsche oder Anregungen vorbringt (*Fitting* Rn. 41). Sie ist unabhängig von der Anzahl der Teilnehmer beschlußfähig, solange nur die Möglichkeit der Teilnahme für die Mehrheit der Arbeitnehmer des Betriebes besteht (LAG Saarbrücken 12. 12. 1960 AP BetrVG § 43 Nr. 2; *Richardi* § 45 Rn. 28; *Fitting* Rn. 39). Beschlüsse werden mit einfacher Mehrheit der teilnehmenden Arbeitnehmer des Betriebes ohne Rücksicht auf ihre Wahlberechtigung gefaßt (*Richardi* § 45 Rn. 26; *Fitting* Rn. 38). Der Arbeitgeber hat kein Stimmrecht (*Richardi* § 45 Rn. 26; *Fitting* Rn. 27; § 43 Rn. 32). Betriebsrat und jeder teilnehmende Arbeitnehmer des Betriebes können Anträge zur Beschlußfassung und Geschäftsordnung stellen, nicht der Arbeitgeber (*Fitting* Rn. 38; aA *Richardi* § 45 Rn. 25). Die Willensbildung der Betriebsversammlung ist allein Sache der Arbeitnehmer. Betriebsrat und Arbeitgeber sind an die Beschlüsse der Betriebsversammlung nicht gebunden. Der Betriebsrat hat **kein imperatives Mandat** (*Richardi* § 45 Rn. 22; DKK/*Berg* Rn. 2; *Fitting* Rn. 10, 41). Folgt der Betriebsrat offensichtlich berechtigten Beschlüssen nicht, kann das unter den dort genannten Voraussetzungen zu einem Verfahren nach § 23 führen (*Fitting* Rn. 41).

7   Die **Leitung** der Betriebsversammlung liegt beim Betriebsratsvorsitzenden. Ist er verhindert, leitet sein Stellvertreter die Versammlung. Sind beide verhindert, leiten weder der Arbeitgeber noch ein Beauftragter der Gewerkschaften die Versammlung (*Fitting* Rn. 34), sondern ein Mitglied des Betriebsrates, was von diesem beauftragt wurde (BAG 19. 5. 1978 AP BetrVG 1972 § 43 Nr. 3). Der Versammlungsleiter sorgt für den ordnungsgemäßen Ablauf, erteilt und entzieht das Wort, führt die Rednerliste, leitet die Abstimmungen. Er hat darauf zu achten, daß die Betriebsversammlung sich auf die dort zulässigen Themen beschränkt (DKK/*Berg* § 45 Rn. 18; *Fitting* Rn. 35; § 45 Rn. 24), sorgt für die Nichtöffentlichkeit der Betriebsversammlung (DKK/*Berg* Rn. 16; *Fitting* Rn. 48) und übt das **Hausrecht** gegenüber allen Anwesenden aus (BAG 13. 9. 1977 AP BetrVG 1972 § 42 Nr. 1; DKK/*Berg* Rn. 9; *Fitting* Rn. 36; vgl. § 7 IV VersammlG). Er kann Ordnungsrufe erteilen und hat Störer wie Unbefugte von der Teilnahme auszuschließen (vgl. BGH 11. 11. 1965 DB 65, 1851). Das Hausrecht erstreckt sich nicht auf die Zugangswege zum Versammlungsraum (*Richardi* Rn. 27; GK-BetrVG/*Fabricius* Rn. 61; aA *Fitting* Rn. 36). Es besteht nur als Folge der Befugnis, die Betriebsversammlung zu leiten. Das Hausrecht des Arbeitgebers ist aber insoweit eingeschränkt, als er Personen nicht den Zugang verwehren darf, die an der Betriebsversammlung teilnehmen dürfen (*Richardi* Rn. 27). Kann oder will der Versammlungsleiter den gesetzmäßigen Ablauf der Betriebsversammlung nicht mehr sicherstellen, übt der Arbeitgeber sein Hausrecht wieder aus (*Richardi* Rn. 25; DKK/*Berg* Rn. 9; *Fitting* Rn. 36).

V. Öffentlichkeit

Betriebsversammlungen sind nach **Abs. 1 S. 2** nicht öffentlich. So sollen sachfremde Einflüsse von ihr ferngehalten werden. Sie sind daher grundsätzlich in geschlossenen Räumen abzuhalten. Nur dort läßt sich idR verhindern, daß Unbefugte anwesend sind (DKK/*Berg* Rn. 12). **Medienvertreter** sind – auch mit Zustimmung des Betriebsrates – grundsätzlich nicht zugelassen (*Richardi* Rn. 36; *Fitting* Rn. 44; aA DKK/*Berg* Rn. 15). Ein von Art. 5 GG geschütztes, berechtigtes öffentliches Interesse an der Berichterstattung wird kaum jemals gegeben sein. Stimmen Betriebsrat, Arbeitgeber und die Anwesenden zu, ist die Berichterstattung gestattet (GK-BetrVG/*Fabricius* Rn. 26). Interne **Ton- und Bildaufzeichnungen** sind nur mit Zustimmung des Versammlungsleiters zulässig. Sie müssen den Teilnehmern vorher bekanntgegeben werden (LAG München 15. 11. 1977 DB 78, 894; DKK/*Berg* Rn. 14; *Fitting* Rn. 45) und sind vom Betriebsratsvorsitzenden sicher aufzubewahren (*Richardi* Rn. 39; DKK/*Berg* Rn. 14; *Fitting* Rn. 45). Jeder Teilnehmer kann die Aufnahme seines Beitrages untersagen. Wird dennoch aufgezeichnet, ist dies nach § 201 StGB strafbar. Die Aufnahme darf weder von einem der Teilnehmer, noch von Gerichten oder Behörden verwertet werden. Heimliche Aufzeichnungen können eine außerordentliche Kündigung rechtfertigen (LAG Düsseldorf 28. 3. 1980 DB 80, 2396). Stichwortartige **Notizen** ohne Namensnennung sind erlaubt (LAG Düsseldorf 4. 9. 1991 DB 91, 2552). **Wortprotokolle** – auch einzelner Beiträge – dürfen vom Arbeitgeber nicht angefertigt werden (LAG Hamm 9. 7. 1986 NZA 86, 842; DKK/*Berg* Rn. 14; *Fitting* Rn. 47; aA LAG Baden-Württemberg 27. 10. 1978 DB 79, 316). Die Pflicht zur **Verschwiegenheit** besteht nach § 79 oder aufgrund der arbeitsvertraglichen Treuepflicht nur, soweit Geschäfts- oder Betriebsgeheimnisse offenbart wurden und der Arbeitgeber auf ihre Geheimhaltung ausdrücklich hingewiesen hat (*Fitting* Rn. 51; aA DKK/*Berg* Rn. 17; GK-BetrVG/*Fabricius* Rn. 31). Soweit eine Verschwiegenheitspflicht nicht besteht, darf der Betriebsrat nachträglich die Presse unterrichten (GK-BetrVG/*Fabricius* Rn. 31).

VI. Teilversammlungen

Betriebsversammlungen sind vorrangig als Vollversammlungen abzuhalten (BAG 9. 3. 1976 AP BetrVG 1972 § 44 Nr. 3). Soweit Teilversammlungen nach **Abs. 1 S. 3** zulässig sind, muß der Betriebsrat sie auch durchführen (*Fitting* Rn. 54). Mit der Eigenart des Betriebes sind nicht in erster Linie wirtschaftliche Interessen, sondern vor allem **organisatorisch-technische Besonderheiten** angesprochen (BAG 9. 3. 1976 AP BetrVG 1972 § 44 Nr. 3; *Fitting* Rn. 54). Eine Teilversammlung kann erforderlich sein bei einer besonders großen Zahl betriebsangehöriger Arbeitnehmer (BAG 9. 3. 1976 AP BetrVG 1972 § 44 Nr. 3), im Mehrschichtbetrieb (BAG 9. 3. 1976 AP BetrVG 1972 § 44 Nr. 3), in Betrieben mit vielen Außendienstmitarbeitern (*Fitting* Rn. 55), wenn ein entsprechender Raum im Betrieb nicht zur Verfügung steht und das Anmieten nicht möglich bzw. für den Arbeitgeber unzumutbar ist (*Richardi* Rn. 45; *Fitting* Rn. 54) oder wenn der technische Funktionsablauf erforderlich macht, daß ein Teil der Arbeitnehmer stets beschäftigt ist – Pflege-, Verkehrs- und Versorgungsbetriebe, Bergbau, Stahlwerke mit Hochöfen (GK-BetrVG/*Fabricius* Rn. 78). Kann eine Vollversammlung nur außerhalb der Arbeitszeit durchgeführt werden, steht es im Ermessen des Betriebsrates, ob er Teilversammlungen während der Arbeitszeit durchführt (LAG Hamm 12. 3. 1980 DB 80, 1030; *Richardi* Rn. 48; *Fitting* Rn. 56). Werden nur einzelne Gruppen von Arbeitnehmern – Frauen, Angestellte, ausländische Mitarbeiter – zu Versammlungen einberufen, handelt es sich nicht um eine Teilversammlung (*Richardi* Rn. 49; *Fitting* Rn. 58).

Für den **Ablauf** der Teilversammlung gelten die Regeln zur Vollversammlung entsprechend. Der Betriebsrat – nicht ein Ausschuß – entscheidet durch Beschluß, ob Teilversammlungen durchgeführt werden (*Fitting* Rn. 59). Sie sind innerhalb kürzerer Zeitspannen abzuhalten, damit sie der Vollversammlung nahe kommen (DKK/*Berg* Rn. 19; *Fitting* Rn. 60). Teilversammlungen sind wie Vollversammlungen grundsätzlich vom Betriebsratsvorsitzenden zu leiten (LAG Hamm 12. 3. 1980 DB 80, 1030). Finden mehrere Teilversammlungen gleichzeitig statt, können die weiteren Versammlungen vom stellvertretenden Vorsitzenden und den übrigen Mitgliedern des Betriebsrates geleitet werden (*Richardi* Rn. 51; *Fitting* Rn. 61). Teilnahmeberechtigt sind neben den Betriebsratsmitgliedern und den zur Vollversammlung Zugelassenen die Arbeitnehmer, welche in den Betriebsbereichen beschäftigt sind, die der Betriebsrat zur Teilversammlung zusammengefaßt hat (*Fitting* Rn. 62).

VII. Abteilungsversammlung

Sie werden nach **Abs. 2** anstelle der Betriebsversammlung durchgeführt, soweit sie erforderlich sind, um dort gemeinsame Interessen und Probleme zu erörtern, die in der Vollversammlung wegen ihres speziellen Charakters vielfach nicht zur Sprache kommen. Es reicht aus, wenn eine der gesetzlichen Voraussetzungen vorliegt. Der Begriff des Betriebsteils ist weiter als der des § 4 (DKK/*Berg* Rn. 24; *Fitting* Rn. 65; aA *Richardi* Rn. 58). Eine **räumliche Abgrenzung** kann aus der örtlichen Lage und der baulichen Situation folgen (DKK/*Berg* Rn. 25; *Fitting* Rn. 67). So können Zweigstellen, Filialen, Außendienstbüros, einzelne Betriebsstätten oder Gebäude auf einem größeren Betriebsgelände räumlich abgegrenzte Betriebsteile darstellen. Die **organisatorische Abgrenzung** folgt aus der betrieblichen Organisation, aus der Verschiedenheit der jeweils zu erfüllenden Aufgaben. Sie setzt eine gewissen Eigenständigkeit auch in der Leitung voraus (DKK/*Berg* Rn. 26; *Fitting* Rn. 66). Organisatorisch abgegrenzte Betriebsteile können Verwaltung und Produktion, innerhalb des Produktionsbereichs die organisatorisch abgegrenzte Fertigung einzelner (Teil-) Produkte sein – zB Motoren- und Karosseriebau.

12 Ob eine Abteilungsversammlung stattfindet, entscheidet der **Betriebsrat** durch Beschluß im Rahmen eines **Beurteilungsspielraums** (*Richardi* Rn. 65; *Fitting* Rn. 71). Dabei muß es sich bei den gemeinsamen Belangen, die eine Abteilungsversammlung erforderlich machen, nicht um dauerhafte strukturelle Probleme handeln. Ein einmaliger Anlaß genügt (*Fitting* Rn. 69; *Richardi* Rn. 62). Der Betriebsrat kann mehrere organisatorisch oder räumlich abgegrenzte Betriebsteile zu einer Abteilungsversammlung zusammenfassen, soweit dies zur Erörterung der besonderen gemeinsamen Belange geboten ist (DKK/*Berg* Rn. 27; *Fitting* Rn. 68). Andererseits dürfen die Voraussetzungen für eine Abteilungsversammlung nicht nur bei einem oder wenigen abgrenzbaren Betriebsteilen vorliegen. Man würde sonst der Mehrzahl zu Gunsten weniger statt regelmäßiger Vollversammlungen Abteilungsversammlungen aufzuzwingen (DKK/*Berg* Rn. 28; *Fitting* Rn. 70). Hier bleibt dem Betriebsrat die Möglichkeit, zusätzliche Abteilungsversammlungen nach § 43 I 4 oder III abzuhalten (DKK/*Berg* Rn. 28; *Fitting* Rn. 70). Abteilungsversammlungen können – zB bei Schichtarbeit – als Teilversammlung durchgeführt werden (DKK/*Berg* Rn. 30; *Fitting* Rn. 71).

13 Für den **Ablauf** der Abteilungsversammlung gelten die Grundsätze der Vollversammlung. Die Leitung der Abteilungsversammlung muß bei einem Betriebsratsmitglied liegen (*Fitting* Rn. 72). Es sollte dem jeweiligen Betriebsteil angehören, um eine sachkundige Leitung zu sichern. Die Auswahl trifft der Betriebsrat durch Beschluß. Die Teilnahme von Arbeitnehmern aus anderen Abteilungen entspricht nicht dem Sinn und Zweck der Abteilungsversammlung. Sie haben jedenfalls kein Stimmrecht (DKK/*Berg* Rn. 30; *Fitting* Rn. 73). Auf der Abteilungsversammlung können auch Angelegenheiten des gesamten Betriebes erörtert werden. Sie ersetzt die Vollversammlung (*Fitting* Rn. 74).

VIII. Streitigkeiten

14 Die im Zusammenhang mit der Erforderlichkeit und Durchführung von Betriebs- und Abteilungsversammlungen entstehenden Streitigkeiten – zB über den Zeitpunkt, die Teilnahmeberechtigung, die Zulässigkeit von Teil- und Abteilungsversammlungen – werden im Beschlußverfahren entschieden, individuelle Ansprüche von Arbeitnehmern aus Anlaß der Teilnahme an einer Versammlung – zB auf Lohnfortzahlung oder Ersatz von Fahrtkosten – im Urteilsverfahren (DKK/*Berg* Rn. 33; *Fitting* Rn. 76).

§ 43 Regelmäßige Betriebs- und Abteilungsversammlungen

(1) [1] Der Betriebsrat hat einmal in jedem Kalendervierteljahr eine Betriebsversammlung einzuberufen und in ihr einen Tätigkeitsbericht zu erstatten. [2] Liegen die Voraussetzungen des § 42 Abs. 2 Satz 1 vor, so hat der Betriebsrat in jedem Kalenderjahr zwei der in Satz 1 genannten Betriebsversammlungen als Abteilungsversammlungen durchzuführen. [3] Die Abteilungsversammlungen sollen möglichst gleichzeitig stattfinden. [4] Der Betriebsrat kann in jedem Kalenderhalbjahr eine weitere Betriebsversammlung oder, wenn die Voraussetzungen des § 42 Abs. 2 Satz 1 vorliegen, einmal weitere Abteilungsversammlungen durchführen, wenn dies aus besonderen Gründen zweckmäßig erscheint.

(2) [1] Der Arbeitgeber ist zu den Betriebs- und Abteilungsversammlungen unter Mitteilung der Tagesordnung einzuladen. [2] Er ist berechtigt, in den Versammlungen zu sprechen. [3] Der Arbeitgeber oder sein Vertreter hat mindestens einmal in jedem Kalenderjahr in einer Betriebsversammlung über das Personal- und Sozialwesen des Betriebs und über die wirtschaftliche Lage und Entwicklung des Betriebs zu berichten, soweit dadurch nicht Betriebs- oder Geschäftsgeheimnisse gefährdet werden.

(3) [1] Der Betriebsrat ist berechtigt und auf Wunsch des Arbeitgebers oder von mindestens einem Viertel der wahlberechtigten Arbeitnehmer verpflichtet, eine Betriebsversammlung einzuberufen und den beantragten Beratungsgegenstand auf die Tagesordnung zu setzen. [2] Vom Zeitpunkt der Versammlungen, die auf Wunsch des Arbeitgebers stattfinden, ist dieser rechtzeitig zu verständigen.

(4) Auf Antrag einer im Betrieb vertretenen Gewerkschaft muß der Betriebsrat vor Ablauf von zwei Wochen nach Eingang des Antrags eine Betriebsversammlung nach Absatz 1 Satz 1 einberufen, wenn im vorhergegangenen Kalenderhalbjahr keine Betriebsversammlung und keine Abteilungsversammlungen durchgeführt worden sind.

I. Anwendungsbereich

Die Vorschrift regelt den Zeitpunkt der regelmäßigen Betriebs- und Abteilungsversammlungen, die 1
Voraussetzungen für weitere und außerordentliche Versammlungen sowie Teilnahme- und Berichtspflichten des Arbeitgebers. Sie ist zwingend. Tarifverträge und Betriebsvereinbarungen können weder den für die Durchführung der regelmäßigen Betriebsversammlungen bestehenden zeitlichen Rahmen strecken noch die Voraussetzungen für die weiteren Versammlungen abweichend vom Gesetz regeln. Die Konkretisierung der dem Betriebsrat zustehenden Beurteilungs- und Ermessensspielräume ist zulässig (*Fitting* Rn. 3). Auf die Jugend- und Auszubildendenversammlung sowie die Betriebsräteversammlung sind Abs. 2 S. 1 und 2 der Vorschrift nach §§ 53 III 2, 71, auf die Bordversammlung ist die Vorschrift nach § 115 V insgesamt entsprechend anzuwenden.

II. Anzahl

In jedem Kalendervierteljahr – nicht alle 3 Monate (BAG 5. 5. 1987 AP BetrVG 1972 § 44 Nr. 6) – 2
muß der Betriebsrat eine **regelmäßige Betriebsversammlung** durchführen. Unter den Voraussetzungen des § 42 II 1 sind bis zu zwei dieser Versammlungen als – nach Abs. 1 S 3 möglichst gleichzeitig stattfindende – Abteilungsversammlungen (§ 42 Rn. 12 ff.) abzuhalten. Alle können nach § 42 I 3 als Teilversammlungen (§ 42 Rn. 10 f.) abgehalten werden. Die Reihenfolge bestimmt der Betriebsrat (*DKK/Berg* Rn. 3; *Fitting* Rn. 6). Hat im vorangegangenen Kalenderhalbjahr – nicht in den letzten 6 Monaten (*DKK/Berg* Rn. 31; *Fitting* Rn. 53) – keine Betriebs- oder Abteilungsversammlung stattgefunden, kann eine **im Betrieb vertretene Gewerkschaft** (§ 2 Rn. 4) nach Abs. 4 verlangen, daß eine Betriebsversammlung einberufen wird. Bei den vorausgegangenen Versammlungen muß es sich nicht um regelmäßige Betriebsversammlungen nach Abs. 1 gehandelt haben. Ausreichend sind Versammlungen, auf denen der Betriebsrat seinen Tätigkeitsbericht erstattet hat (*Richardi* Rn. 56; *DKK/Berg* Rn. 32; *Fitting* Rn. 54; aA GK-BetrVG/*Fabricius* Rn. 25). Soweit es sich dabei um Abteilungsversammlungen handelte, müssen sie jedenfalls für die ganz überwiegende Zahl der Arbeitnehmer stattgefunden haben (*DKK/Berg* Rn. 32; *Fitting* Rn. 54). Der Antrag richtet sich (formlos) an den Betriebsrat. Die Gewerkschaft kann weder die Tagesordnung bestimmen, noch die Versammlung selbst einberufen (*DKK/Berg* Rn. 33; *Fitting* Rn. 55). Abteilungsversammlungen sind in diesem Fall unzulässig (*DKK/Berg* Rn. 35; *Fitting* Rn. 57). Die Betriebs(teil-)versammlung hat so bald als möglich stattzufinden. Der Betriebsrat muß sie vor Ablauf von zwei Wochen „einberufen" dh zur Versammlung einladen (*DKK/Berg* Rn. 34; *Fitting* Rn. 55; GK-BetrVG/*Fabricius* Rn. 28; *Richardi* Rn. 58). Die Frist berechnet sich nach §§ 187 ff. BGB. Führt der Betriebsrat diese Versammlung nicht durch, kann hierin – vor allem im Fall des Abs. 4 – eine grobe Pflichtverletzung nach § 23 I liegen (Hessisches LAG 12. 8. 1993 AuR 94, 107; *DKK/Berg* Rn. 34; *Fitting* Rn. 10, 59). Die Gewerkschaft kann im Fall des Abs. 4 die Betriebsversammlung mit einstweilige Verfügung erzwingen (*Richardi* Rn. 61; *Fitting* Rn. 55).

In jedem Kalenderhalbjahr kann der Betriebsrat nach **Abs. 1 S. 4** einmal eine **weitere Betriebsver-** 3
sammlung – unter den Voraussetzungen des § 42 II 1 als Abteilungsversammlung (*Fitting* Rn. 36) – anberaumen, wenn außergewöhnliche Vorkommnisse zu einem Bedarf an zeitnaher zusätzlicher Information und Meinungsaustausch der Belegschaft führen. Die Angelegenheit muß so bedeutend und dringend sein, daß ein sorgfältig handelnder Betriebsrat diese Versammlung im Rahmen eines weiten Ermessensspielraums unter Berücksichtigung der konkreten Situation im Betrieb für sinnvoll und angemessen halten darf (BAG 23. 10. 1991 AP BetrVG 1972 § 43 Nr. 5). Besondere Gründe können darin liegen, daß eine konkrete Betriebsänderung ansteht (*DKK/Berg* Rn. 11; *Fitting* Rn. 35), der Arbeitgeber Kurzarbeit einführen (LAG Baden-Württemberg 25. 9. 1991 AiB 92, 96; *DKK/Berg* Rn. 12; *Fitting* Rn. 35), der Betriebsrat den Inhalt wichtiger Betriebsvereinbarungen (*Fitting* Rn. 35), einen anstehenden Betriebsinhaberwechsel oder Liquidationsschwierigkeiten besprechen will (*DKK/Berg* Rn. 11; *Fitting* Rn. 35). Sie sollen vorliegen, wenn der Betriebsrat Kandidaten für die nächste Betriebsratswahl vorstellen möchte (LAG Berlin 12. 12. 1978 DB 79, 1850). Sie fehlen, wenn nur kurze Zeit später eine regelmäßige Betriebsversammlung stattfindet und es keinen tragfähigen Grund für eine frühere Versammlung gibt oder Konzepte für eine bevorstehende Betriebsänderung noch nicht vorliegen, über die informiert oder diskutiert werden könnte (BAG 23. 10. 1991 AP BetrVG 1972 § 43 Nr. 5).

Außerordentliche Betriebsversammlungen kann der Betriebsrat nach **Abs. 3** einberufen, wenn es 4
aus besonderen Gründen sachlich dringend geboten erscheint, unverzüglich eine Versammlung abzuhalten und regelmäßige bzw weitere Versammlungen hierzu nicht ausreichen (*Richardi* Rn. 26; *DKK/Berg* Rn. 26; *Fitting* Rn. 38; aA MünchArbR/*Joost* § 303 IV Rn. 11). Die außerordentliche Versammlung kann als Voll-, Teil- oder nach § 42 II als Abteilungsversammlung durchgeführt werden (*Fitting* Rn. 39). Der Betriebsrat muß eine außerordentliche Versammlung einberufen, wenn der Arbeitgeber oder ein Viertel der zum Zeitpunkt des Antrags im Betrieb beschäftigten (*Richardi* Rn. 29; *Fitting* Rn. 40) wahlberechtigten Arbeitnehmer (§ 7) dies (formlos) beantragen. Dabei muß der Beratungsgegenstand genannt werden, der erörtert werden soll. Andernfalls wird der Betriebsrat nicht verpflichtet (*Richardi* Rn. 31; *DKK/Berg* Rn. 27; *Fitting* Rn. 42). Der Betriebsrat prüft die Zuständigkeit, nicht

die Zweckmäßigkeit der Versammlung (Richardi Rn. 29; *Fitting* Rn. 42). Die Regelung des Abs. 3 gilt auch für Abteilungsversammlungen, wie § 44 Abs. 2 zeigt (*Richardi* Rn. 32; DKK/*Berg* Rn. 30; *Fitting* Rn. 45). Sie müssen von einem Viertel der Arbeitnehmer des Betriebsteils beantragt werden (*Richardi* Rn. 33; DKK/*Berg* Rn. 30; aA *Fitting* Rn. 45). Die willkürliche Weigerung des Betriebsrates, eine außerordentliche Versammlung einzuberufen, kann einen Auflösungsgrund nach § 23 BetrVG abgeben (*Richardi* Rn. 41; *Fitting* Rn. 43). Endlich finden unter den dort genannten Voraussetzungen die **Betriebsversammlungen nach § 17** zur Bestellung des Wahlvorstandes statt.

III. Teilnahme des Arbeitgebers

5   Ein **Teilnahmerecht** des Arbeitgebers besteht ausschließlich bei den regelmäßigen und weiteren Betriebs(Abteilungs-)versammlungen nach Abs. 1 und 4, sowie an den auf seinen Antrag nach Abs. 3 anberaumten außerordentlichen Versammlungen. Im übrigen ist er auf die Einladung des Betriebsrates angewiesen (BAG 27. 6. 1989 AP BetrVG 1972 § 42 Nr. 5; *Richardi* Rn. 45 ff.; DKK/*Berg* Rn. 15, 28; *Fitting* Rn. 49, 50). Soweit der Arbeitgeber nicht in Person teilnimmt, ist er berechtigt, sich durch eine an der Betriebsleitung verantwortlich beteiligte Person vertreten zu lassen (DKK/*Berg* Rn. 18; *Fitting* Rn. 28). Eine **Vertretung** durch betriebsfremde Personen – zB Rechtsanwälte – kommt nicht in Betracht. Sie haben nicht den erforderlichen Überblick über den Betrieb (*Fitting* Rn. 28) und dürfen vom anwesenden Arbeitgeber auch dann nicht zur **Unterstützung** herangezogen werden, wenn er einen Beauftragter des Arbeitgeberverbandes oder andere Arbeitnehmer des Betriebes nicht hinzuziehen kann oder will (*Fitting* Rn. 28). Diese wiederum darf er unter den Voraussetzungen des § 46 I 2 hinzuziehen (s. § 46 Rn. 5). Eine **Teilnahmepflicht** des Arbeitgebers besteht, soweit er nach Abs. 2 S 3 seiner Berichtspflicht nachkommen bzw. den mündlichen Vierteljahresbericht nach § 110 II abgeben muß (*Fitting* Rn. 29; *Richardi* Rn. 53). Verweigert er in den übrigen Fällen seine Teilnahme, obwohl der Betriebsrat dies ausdrücklich wünscht, kann hierin im Einzelfall ein Verstoß gegen § 2 I liegen (DKK/*Berg* Rn. 16).

IV. Einberufung

6   Betriebsversammlungen werden nach **Abs. 1 S. 1** vom **Betriebsrat** als Gremium einberufen, nicht durch einen Betriebsausschuß, weil dies nicht zu den laufenden Geschäften gehört (DKK/*Berg* § 42 Rn. 8; *Fitting* § 42 Rn. 28). Nach **Abs. 2 S. 1** muß er den teilnahmeberechtigten Arbeitgeber zu den Versammlungen unter Mitteilung der Tagesordnung einladen. Über den Zeitpunkt einer Versammlung, die auf Wunsch des Arbeitgebers stattfindet, hat er ihn nach **Abs. 3 S. 2** rechtzeitig zu verständigen. Er muß ihn über den Zeitpunkt, Ort und die Tagesordnung unterrichten, soweit Versammlungen während der Arbeitszeit und/oder im Betrieb stattfinden sollen (*Richardi* Rn. 42 ff.; ähnlich *Fitting* Rn. 51). Das Gesetz enthält im übrigen keine näheren Vorschriften über Form und Frist der Einberufung. Sie geschieht **nach pflichtgemäßem Ermessen** des Betriebsrates. Er beschließt vorab die Tagesordnung und muß in betriebsüblicher Weise – etwa durch Einladung über das Schwarze Brett, Rundschreiben Werkszeitung – gewährleisten, daß die Teilnehmer sich inhaltlich auf den Termin rechtzeitig vorbereiten können (LAG Düsseldorf 11. 4. 1989 DB 89, 2284; DKK/*Berg* § 42 Rn. 8; *Fitting* § 42 Rn. 32). Der Arbeitgeber kann eine Betriebsversammlung noch nicht einberufen. Die Gewerkschaft kann dies nur zur Wahl des Wahlvorstandes nach § 17. **Ort** der Betriebsversammlung ist regelmäßig der Betrieb. Ist dort ein geeigneter Versammlungsraum vorhanden, muß der Betriebsrat dahin einladen, der Arbeitgeber muß ihn entsprechend § 40 II bereitstellen (*Fitting* § 42 Rn. 31; DKK/*Berg* § 42 Rn. 8). Der Betriebsrat darf auf Kosten des Arbeitgebers Räume außerhalb des Betriebes anmieten, wenn ein geeigneter Raum fehlt (DKK/*Berg* § 42 Rn. 8; *Fitting* § 42 Rn. 31), er darf es idR, wenn der Arbeitgeber vorhandene geeignete Räume nicht zur Verfügung stellt (ähnlich *Fitting* § 42 Rn. 31; aA MünchArbR/*Joost* § 304 III Rn. 26). Die gerichtliche Durchsetzung des Überlassungsanspruchs ist oft zeitaufwendig und hilft kaum jemals in Eilfällen. Gegen den Willen des Arbeitgebers können Versammlungen nicht im **Ausland** für vorübergehend dorthin entsandte Arbeitnehmer abgehalten werden (BAG 27. 5. 1982 AP BetrVG 1972 § 42 Nr. 3; HSG/*Glaubitz* § 42 Rn. 3; aA *Richardi* Vor § 42 Rn. 9; *Fitting* § 42 Rn. 55). Im Ausland durchgeführte Versammlungen mögen zweckmäßig sein, sie sind aber wegen des im Gegensatz zum persönlichen auf die Bundesrepublik beschränkten räumlichen Geltungsbereichs des BetrVG nicht erzwingbar.

V. Tätigkeitsbericht

7   Er wird nach **Abs. 1 S. 1** vom Betriebsrat nach § 33 beschlossen und vom Betriebsratsvorsitzenden bzw. seinem Stellvertreter- in Abteilungsversammlungen von dem die Versammlung leitenden Betriebsratsmitglied (*Fitting* Rn. 18) – oder einem durch Beschluß beauftragten Betriebsratsmitglied (*Richardi* Rn. 12; *Fitting* Rn. 16, 18) **mündlich** vorgetragen. Ein schriftlicher Bericht kann idR nicht verlangt werden. Er kann bei umfangreichen Berichten (MünchArbR/*Joost* § 304 VI Rn. 55; *Fitting* Rn. 17), wenn ein größerer Teil der Arbeitnehmer verhindert ist (LAG Baden-Württemberg 10. 2. 1983 AuR 84, 54; DKK/*Berg* Rn. 9) oder der Bericht ausländischen Mitarbeitern übersetzt werden

VII. Recht zur Stellungnahme § 43 BetrVG 210

muß (DKK/*Berg* Rn. 9; *Fitting* Rn. 17; größere Betriebe LAG Düsseldorf/Köln 30. 1. 1981 DB 81, 1093) geboten sein. Der Betriebsrat gibt nicht nur über seine Geschäftsführung und Überlegungen, sondern über das gesamte den Betrieb betreffende Geschehen – **Personal-, Sozialwesen, wirtschaftliche Lage** – aus seiner Sicht wertend und kritisch Auskunft, soweit es für die Arbeitnehmer bedeutsam ist und seine Verschwiegenheitspflichten ihn nicht hindern (*Richardi* Rn. 11; *Fitting* Rn. 13). Eine sachverständige und objektive Darstellung wird vom Gesetz nicht erwartet. Der Betriebsrat kann daher nicht verlangen, daß ihm erst ein Sachverständiger Fachkenntnisse vermittelt, um Fragen der Arbeitnehmer auf Betriebsversammlungen beantworten zu können, die er sonst nicht beantworten könnte (BAG 25. 7. 1989 AP BetrVG 1972 § 80 Nr. 38). Der Bericht umfaßt auch die Tätigkeit der **Ausschüsse**, des Gesamtbetriebsrates und des Wirtschaftsausschusses (DKK/*Berg* Rn. 7; *Fitting* Rn. 13; aA für Wirtschaftsausschuß *Richardi* Rn. 10; GK-BetrVG/*Fabricius* Rn. 5), denn die Unterrichtungspflicht des Arbeitgebers nach § 110 deckt sich inhaltlich nicht mit der Berichtspflicht des Betriebsrates. Die Tätigkeit der Aufsichtsratsmitglieder der Arbeitnehmer gehört nicht notwendig zum Bericht (BAG 1. 3. 1966 AP BetrVG § 69 Nr. 1). Diese sind aber berechtigt, die Versammlung zu informieren, soweit sie nicht gegen ihre Verschwiegenheitspflicht nach § 93 I 2 AktG verstoßen (*Fitting* Rn. 14; ähnlich GK-BetrVG/*Fabricius* Rn. 5). In Teilversammlungen ist ein vollständiger Bericht zu erstatten (GK-BetrVG/*Fabricius* Rn. 5; *Fitting* Rn. 15), in Abteilungsversammlungen darf er auf die besonderen Belange der dort Beschäftigten zugeschnitten sein, ohne die allgemein interessierenden Fragen zu vergessen (*Fitting* Rn. 15).

VI. Bericht des Arbeitgebers

Er erfolgt nach **Abs. 2 S. 3** auf der Vollversammlung, nicht auf einer Abteilungsversammlung 8 (*Richardi* Rn. 15; *Fitting* Rn. 19) in jedem Kalenderjahr, nicht für ein Kalenderjahr. Die Berichtspflicht besteht auch im Tendenzunternehmen (BAG 8. 3. 1977 AP BetrVG 1972 § 43 Nr. 1). Im gemeinsamen Betrieb (§ 4 Rn. 7) muß jeder Unternehmer den Bericht erstatten (LAG Hamburg 15. 12. 1988 BB 89, 628; DKK/*Berg* Rn. 20; *Fitting* Rn. 19). Der Bericht hat auch dann **mündlich** zu erfolgen, wenn er schriftlich vorliegt (*Richardi* Rn. 17; *Fitting* Rn. 20). Der Bericht über das **Personalwesen** betrifft die Struktur der Belegschaft und die Personalplanung sowie die betriebliche Fort- und Weiterbildung, der Bericht über das **Sozialwesen** die betrieblichen Sozialeinrichtungen – Kantine, Werkswohnungen – und sonstige Sozialleistungen des Betriebes (DKK/*Berg* Rn. 21; *Fitting* Rn. 21). Zur **wirtschaftlichen Lage und Entwicklung** des Betriebes gehören neben den hierfür bedeutsamen Umständen – wie zB seine finanzielle Situation, die Produktions- und Absatzlage, Investitionen und Rationalisierung – auch die den Betrieb berührende Entwicklung des Unternehmens (*Fitting* Rn. 22). Soweit der Arbeitgeber nach § 110 verpflichtet ist, kann er diesen Bericht auch auf der Betriebsversammlung abgeben bzw. den schriftlichen Bericht dort erläutern (*Fitting* Rn. 23). Der Arbeitgeber ist nicht verpflichtet, sich zu den Kosten des Betriebsrates zu äußern. Hat er ein berechtigtes Interesse an einer Darstellung, darf er weder gegen das Gebot der vertrauensvollen Zusammenarbeit verstoßen, noch durch die Art und Weise der Informationsgestaltung und -vermittlung den Betriebsrat in seiner Amtsführung beeinträchtigen (BAG 19. 7. 1995 AP BetrVG 1972 § 23 Nr. 25). Die Berichtspflicht endet, wo **Betriebs- oder Geschäftsgeheimnisse** (§ 79 Rn. 2ff.) objektiv gefährdet werden (*Richardi* Rn. 16; DKK/*Berg* Rn. 22; *Fitting* Rn. 24). Der Arbeitgeber kann zu seinem Bericht bzw zur Ergänzung eines bewußt lückenhaften Berichts nach § 23 III gezwungen werden (*Richardi* Rn. 20; DKK/*Berg* Rn. 23; *Fitting* Rn. 26).

VII. Recht zur Stellungnahme

Es steht den an der Versammlung Teilnahmeberechtigten zu. Die **Arbeitnehmer** müssen Gelegen- 9 heit erhalten, zu den Berichten von Betriebsrat und Arbeitgeber Stellung zu nehmen (DKK/*Berg* Rn. 9; *Fitting* Rn. 16, 25, 26). Diese sind verpflichtet, sich der Diskussion zu stellen und Erläuterungen zu geben (*Richardi* Rn. 13, 17; *Fitting* Rn. 25, 26). Die Betriebsversammlung ist das Forum, auf dem die betrieblichen Angelegenheiten frei erörtert werden. Die Arbeitnehmer dürfen Kritik – auch an der Geschäftsleitung – üben, solange sie nicht ehrverletzend ist oder den Betriebsfrieden stört (BAG 20. 10. 1964 AP KSchG § 1 Verhaltensbedingte Kündigung Nr. 4). Unrichtige Rechtsauffassungen und Hinweise auf ein Leistungsverweigerungsrecht rechtfertigen noch keine Abmahnung (BAG 15. 1. 1986 – 5 AZR 460/84 nv.). Der **Arbeitgeber** kann das Wort ergreifen und sich ua zum Bericht des Betriebsrates äußern (*Richardi* Rn. 54; *Fitting* Rn. 31), ist aber nicht stimmberechtigt (*Richardi* Rn. 55; *Fitting* Rn. 32) und darf keine Anträge stellen (DKK/*Berg* Rn. 19; *Fitting* Rn. 32; aA *Richardi* Rn. 55; GK-BetrVG/*Fabricius* Rn. 50), soweit es nicht um die Ergänzung der Tagesordnung geht (*Fitting* § 42 Rn. 30). Die Willensbildung auf der Betriebsversammlung ist bis auf diese Ausnahme allein Sache der Arbeitnehmer (zum Ablauf im übrigen vgl. § 42 Rn. 5 bis 8). Vom Arbeitgeber nach § 46 I 2 hinzugezogene Beauftragte von Arbeitgeberverbänden ist auf seinen Antrag an seiner Stelle das Wort zu erteilen (BAG 19. 5. 1978 AP BetrVG 1972 § 43 Nr. 3).

VIII. Streitigkeiten

10 Über die Einberufung von Versammlungen, die Teilnahme an ihnen und über ihre Zuständigkeit entscheidet das Arbeitsgericht ebenso im Beschlußverfahren wie über die Verpflichtung des Betriebsrates, eine Betriebsversammlung nach Abs. 4 auf Antrag einer Gewerkschaft einzuberufen.

§ 44 Zeitpunkt und Verdienstausfall

(1) ¹Die in den §§ 17 und 43 Abs. 1 bezeichneten und die auf Wunsch des Arbeitgebers einberufenen Versammlungen finden während der Arbeitszeit statt, soweit nicht die Eigenart des Betriebs eine andere Regelung zwingend erfordert. ²Die Zeit der Teilnahme an diesen Versammlungen einschließlich der zusätzlichen Wegezeiten ist den Arbeitnehmern wie Arbeitszeit zu vergüten. ³Dies gilt auch dann, wenn die Versammlungen wegen der Eigenart des Betriebs außerhalb der Arbeitszeit stattfinden; Fahrkosten, die den Arbeitnehmern durch die Teilnahme an diesen Versammlungen entstehen, sind vom Arbeitgeber zu erstatten.

(2) ¹Sonstige Betriebs- oder Abteilungsversammlungen finden außerhalb der Arbeitszeit statt. ²Hiervon kann im Einvernehmen mit dem Arbeitgeber abgewichen werden; im Einvernehmen mit dem Arbeitgeber während der Arbeitszeit durchgeführte Versammlungen berechtigen den Arbeitgeber nicht, das Arbeitsentgelt der Arbeitnehmer zu mindern.

I. Normzweck

1 Bei der Vorschrift handelt es sich um eine Schutzbestimmung zugunsten der Beschäftigten (BAG 27. 11. 1987 AP BetrVG 1972 § 44 Nr. 7). Sie ist einseitig zwingend und kann weder durch Tarifvertrag noch durch Betriebsvereinbarung zu ihren Ungunsten abbedungen werden (*Richardi* Rn. 16; DKK/*Berg* Rn. 3; *Fitting* Rn. 3, 14). Auf die Jugend- und Auszubildendenversammlung sowie die Bordversammlung ist die Vorschrift nach den §§ 71, 115 V entsprechend anzuwenden.

II. Zeitpunkt

2 Nach **Abs. 1 S. 1** finden die regelmäßige Betriebs- und Abteilungsversammlung nach § 43 I 1 und 2, IV, die weitere Betriebs- und Abteilungsversammlung nach § 43 I 4, die außerordentliche auf Antrag des Arbeitgebers einzuberufende Betriebsversammlung nach § 43 III und die Betriebsversammlung nach § 17 kraft Gesetz idR **während der Arbeitszeit**, die vom Betriebsrat auf eigenen Wunsch und die auf Wunsch von einem Viertel der Arbeitnehmer des Betriebes nach § 43 III einberufenen außerordentlichen Betriebsversammlungen finden kraft Gesetzes idR **außerhalb der Arbeitszeit** statt. Mit Abs. 1 S. 1 soll sichergestellt werden, daß möglichst viele Arbeitnehmer an den dort bezeichneten Versammlungen teilnehmen können (BAG 27. 11. 1987 AP BetrVG 1972 § 44 Nr. 7) Arbeitszeit ist die Zeit, während der ein wesentlicher Teil der Belegschaft des Betriebes arbeitet (BAG 27. 11. 1987 AP BetrVG 1972 § 44 Nr. 7). In jedem Fall bestimmt der Betriebsrat – nicht der Arbeitgeber – im Rahmen der gesetzlichen Vorschriften die zeitliche Lage einer Betriebsversammlung (*Fitting* Rn. 9; *Richardi* Rn. 18). Ihm steht dabei ein Ermessensspielraum zu.

3 **1. In der Arbeitszeit.** Will der Betriebsrat eine Versammlung nach **Abs. 1** während der Arbeitszeit durchführen, muß er dabei auf die betrieblichen Notwendigkeiten Rücksicht nehmen (*Richardi* Rn. 13; *Fitting* Rn. 10), ohne damit innerhalb der betrieblichen Arbeitszeit ausschließlich auf Zeiträume verwiesen zu sein, in denen der Betriebsablauf so wenig wie möglich gestört wird (*Fitting* Rn. 10). Versammlungen zu Beginn oder am Ende der Arbeitszeit können schon im Interesse der Arbeitnehmer geboten sein (BAG 9. 3. 1976 AP BetrVG 1972 § 44 Nr. 3). Die **Zustimmung des Arbeitgebers** ist nicht erforderlich (DKK/*Berg* Rn. 3; *Fitting* Rn. 9). Er sollte aber so frühzeitig über den Zeitpunkt einer Versammlung unterrichtet werden, daß er die erforderlichen Vorkehrungen – ggf. Einstellung der Arbeiten, Schließen des Betriebes – zeitgerecht treffen kann (*Richardi* Rn. 18; *Fitting* Rn. 13). Der Arbeitgeber darf die Teilnahme an einer Betriebsversammlung nicht einseitig untersagen. Er muß mit dem Betriebsrat klären, ob dringende betriebliche Bedürfnisse die Weiterarbeit von Arbeitnehmern verlangen (LAG Hamburg 12. 7. 1989 AiB 89, 212). Versammlungen können im Einzelhandel während der **Ladenöffnungszeit** stattfinden (BAG 9. 3. 1976 AP BetrVG 1972 § 44 Nr. 3). Sie sollten jedoch nicht in besonders verkaufsstarken Zeiten durchgeführt werden (LAG Baden-Württemberg 12. 7. 1979 DB 80, 1267). Der Arbeitgeber darf die Belegschaft nicht indirekt dadurch von der Teilnahme abhalten, daß er den Laden offenhält (DKK/*Berg* Rn. 9) oder mit der Entscheidung über die Schließung abwartet, bis feststeht, welche Arbeitnehmer an der Betriebsversammlung teilnehmen (aA LAG Köln 19. 4. 1988 DB 88, 1400). Bei **gleitender Arbeitszeit** dürfen Betriebsversammlungen in der Kernzeit stattfinden (*Richardi* Rn. 6; *Fitting* Rn. 8). Im **Zweischichtbetrieb** darf die Versammlung in etwa gleichem Umfang an das Ende der einen und den Beginn der anderen Schicht gelegt werden (LAG Schleswig-Holstein 30. 5. 1991 DB 91, 2247; *Fitting* Rn. 11), sie kann aber auch alternierend, mal in der einen Schicht, dann in der Arbeitszeit derjenigen Arbeitnehmer stattfinden, die an der vorangegangenen Versammlung nur außerhalb ihrer Arbeitszeit teilnehmen konnten (*Fitting* Rn. 11). In Schichtbetrieben wird sich im übrigen nicht selten anbieten, Teilversammlungen durchzuführen (*Fitting* Rn. 14). Betriebsversammlungen dürfen **während eines Arbeitskampfes** (BAG 5. 5. 1987 AP BetrVG 1972 § 44 Nr. 4) oder während Zeiten stattfinden, in denen wegen arbeitskampfbedingter Störungen nur verkürzt gearbeitet wird (BAG 5. 5. 1987 AP BetrVG 1972 § 44 Nr. 6).

Unter der **Eigenart des Betriebes** ist in erster Linie die organisatorisch-technische Besonderheit des 4 konkreten Einzelbetriebes zu verstehen, nicht die eines ganzen Gewerbezweiges (BAG 27. 11. 1987 AP BetrVG 1972 § 44 Nr. 7). Die besondere Eigenart des Betriebes muß es praktisch unmöglich machen, eine Betriebsversammlung während der Arbeitszeit abzuhalten. Sie darf dem Arbeitgeber keine andere Wahl lassen (BAG 9. 3. 1976 AP BetrVG 1972 § 44 Nr. 3), weil etwa ein eingespielter Betriebsablauf technisch untragbar gestört wird (BAG 26. 10. 1956 AP BetrVG § 43 Nr. 1). **Wirtschaftliche Interessen** des Arbeitgebers, Arbeitsausfälle während der Arbeitszeit zu vermeiden, spielen idR keine Rolle (*Richardi* Rn. 11; *Fitting* Rn. 17). Ein Produktionsausfall ist mit jeder Betriebsversammlung verbunden, die während der Arbeitszeit stattfindet. Etwas anderes gilt jedenfalls bei absoluter wirtschaftlicher Unmöglichkeit (BAG 9. 3. 1976 AP BetrVG 1972 § 44 Nr. 3), soweit sie auf der Eigenart des Betriebes und nicht auf der Disposition des Arbeitgebers beruht (GK-BetrVG/*Fabricius* Rn. 24). Weicht die persönliche Arbeitszeit einer Gruppe von Arbeitnehmern – zB Teilzeitarbeiter – von der Arbeitszeit eines wesentlichen Teils der Belegschaft ab, berechtigt das den Betriebsrat nicht, die regelmäßige Betriebsversammlung außerhalb der Arbeitszeit durchzuführen (BAG 27. 11. 1987 AP BetrVG 1972 § 44 Nr. 7). Die §§ 42 I 3 und 44 I 1 stehen grundsätzlich gleichwertig nebeneinander. Wo Vollversammlungen nur außerhalb der Arbeitszeit abgehalten werden können, entscheidet daher der Betriebsrat, ob er während der Arbeitszeit Teilversammlungen durchführt und damit darüber, ob Freizeit im Einzelfall als höheres Gut anzusehen ist als die Chance, alle Arbeitnehmer an der Betriebsversammlung beteiligen zu können (*Richardi* Rn. 13; DKK/*Berg* Rn. 10; *Fitting* Rn. 19).

2. Außerhalb der Arbeitszeit. Soweit Betriebs- und Abteilungsversammlungen nach **Abs. 2** statt- 5 finden, liegt es im Ermessen des Arbeitgebers, ob er ihrer Durchführung während der Arbeitszeit zustimmt. Diese Zustimmung ist formfrei (*Richardi* Rn. 17; *Fitting* Rn. 20) und kann auf eine Höchstdauer der Versammlung beschränkt werden (*Richardi* Rn. 22; *Fitting* Rn. 21). Wird eine Versammlung nach Abs. 2 ohne Zustimmung des Arbeitgebers während der Arbeitszeit abgehalten, verliert sie nicht ihren Charakter als Betriebsversammlung (*Richardi* Rn. 24; *Fitting* Rn. 20) und stellt keine unzulässige Kampfmaßnahme dar, solange sie sich im Rahmen ihrer Zuständigkeit nach § 45 hält (BAG 14. 10. 1960 AP GewO § 123 Nr. 25). Arbeitnehmer dürfen sich grundsätzlich auf die Rechtmäßigkeit der Einladung des Betriebsratsvorsitzenden zu einer entgegen Abs. 2 während der Arbeitszeit durchgeführten Betriebsversammlung verlassen (BAG 14. 10. 1960 AP GewO § 123 Nr. 25). Fällt eine Versammlung nach Abs. 2 in die (abweichende) Arbeitszeit weiterer Arbeitnehmer, dürfen sie nur teilnehmen, wenn der Arbeitgeber zustimmt (*Fitting* Rn. 23). Notfalls müssen Teilversammlungen stattfinden.

III. Dauer

Sie ergibt sich aus dem Umfang der Tagesordnung und der Anzahl der Redebeiträge. Sie ist grund- 6 sätzlich unbegrenzt und richtet sich nach der für eine ordnungsgemäße Abwicklung der Tagesordnung erforderlichen Zeit (DKK/*Berg* Rn. 3; *Fitting* Rn. 12). Sie ist nicht ausnahmslos auf einen Arbeitstag beschränkt. Kann die Tagesordnung am ersten Tag nicht abgeschlossen werden und wäre ihre Fortsetzung auf einer neuen Versammlung nicht sachdienlich, darf eine Versammlung auch am darauffolgenden Tag zu Ende geführt werden (LAG Baden-Württemberg 12. 12. 1985 AiB 86, 67; DKK/*Berg* Rn. 3; *Fitting* Rn. 10). Die planmäßige Begrenzung einer Betriebsversammlung auf eine bestimmte Dauer – etwa auf nur eine Stunde – ohne Rücksicht auf den tatsächlichen zeitlichen Bedarf ist unzulässig (LAG Saarbrücken 12. 12. 1960 AP BetrVG § 43 Nr. 2; *Richardi* Rn. 21; *Fitting* Rn. 12).

IV. Verdienstausfall

Für Versammlungen nach Abs. 1 S. 1 sind Zeiten der Teilnahme, zusätzliche Wegezeiten und Fahrt- 7 kosten zu vergüten bzw zu erstatten. Die Teilnahme an Versammlungen nach Abs. 2 bleibt idR ohne Bezahlung.

1. Anspruch auf Vergütung. Fällt eine Versammlung nach **Abs. 1 S. 1** (s. Rn. 2) in die betriebliche 8 Arbeitszeit, ist der Arbeitnehmer für die Dauer seiner Teilnahme nach § 2 zu vergüten, findet sie außerhalb der Arbeitszeit statt, besteht ein Entgeltanspruch nach Satz 3. Es handelt sich um einen **eigenständigen Anspruch,** der nicht dem Lohnausfallprinzip folgt. Er entsteht auch, wenn die Versammlung zwar während der betrieblichen Arbeitszeit, nicht aber während der persönlichen des – zB

210 BetrVG § 44 Zeitpunkt und Verdienstausfall

geringfügig oder teilzeitbeschäftigten – Teilnehmers durchgeführt wird (*Richardi* Rn. 32; *Fitting* Rn. 26). Teilnehmer an Versammlungen nach Abs. 1 sind auch zu bezahlen, wenn ohne die Teilnahme ein Lohnanspruch nicht bestanden hätte: Versammlungen während eines Arbeitskampfes (BAG 5. 5. 1987 AP BetrVG 1972 § 44 Nr. 4), während arbeitskampfbedingter Kurzarbeit (BAG 5. 5. 1987 AP BetrVG 1972 § 44 Nr. 6), während des Urlaubs (BAG 5. 5. 1987 AP BetrVG 1972 § 44 Nr. 5) oder Erziehungsurlaubs (BAG 31. 5. 1989 AP BetrVG 1972 § 44 Nr. 9). Dies gilt unabhängig davon, ob diese Versammlung darüber hinaus außerhalb der für den Teilnehmer maßgeblichen Arbeitszeit stattfindet (LAG Hamm 2. 5. 1974 AuR 74, 350 LS; *Richardi* Rn. 33 f.; *Fitting* Rn. 29).

9   Hat der Arbeitgeber den Arbeitnehmern gegenüber ausdrücklich widersprochen, eine Betriebsversammlung nach Abs. 1 S. 1 **außerhalb der Arbeitszeit** anzusetzen, entfällt der Vergütungsanspruch (BAG 27. 11. 1987 AP BetrVG 1972 § 44 Nr. 7). Hat er nicht widersprochen, kann er zur Lohnzahlung aus Vertrauenshaftung verpflichtet sein (*Fitting* Rn. 27). Werden während der Arbeitszeit begonnene Versammlungen über deren Ende hinaus fortgesetzt, besteht eine Vergütungspflicht auch für diese Zeit, wenn es für die Fortsetzung einen sachlichen Grund gab (*Richardi* Rn. 31; *Fitting* Rn. 27). Hat der Betriebsrat fälschlich eine **weitere Betriebsversammlung** nach § 43 I 4 einberufen, entsteht für die Teilnehmer kein Vergütungsanspruch unabhängig davon, wie offensichtlich es war. Auch eine Haftung des Arbeitgebers soll ausscheiden, wenn er vorher ausdrücklich darauf hingewiesen hat, daß er diese Zeiten nicht bezahlen will (BAG 23. 10. 1991 AP BetrVG 1972 § 43 Nr. 5; aA *Fitting* Rn. 27 a). Das Risiko der Fehleinschätzung des Betriebsrats tragen so die Arbeitnehmer. Ohne den Hinweis des Arbeitgebers kommt jedenfalls eine Haftung aus Vertrauensgrundsätzen oder Rechtsschein in Frage. Der weite Ermessensspielraum des Betriebsrates bei der Einberufung von weiteren Versammlungen nach § 43 I 4 (s. § 43 Rn. 3) kann dem Problem weitgehend seine praktische Bedeutung nehmen. Wird der zeitliche Rahmen einer Betriebsversammlung durch das Abhandeln **unzulässiger Themen** erheblich überschritten und weist der Arbeitgeber vorher (LAG Baden-Württemberg 17. 2. 1987 DB 87, 1441) oder jedenfalls rechtzeitig (*Fitting* Rn. 34) auf die Unzulässigkeit der Erörterung hin, entfällt in diesem Umfang seine Zahlungspflicht. Er ist nicht gehalten, durch einstweilige Verfügung die Erörterung seiner Meinung nach unzulässiger Themen untersagen zu lassen, um der Vergütungspflicht zu entgehen (aA LAG Bremen 5. 3. 1982 DB 82, 1573). Die Initiativlast für die gerichtliche Entscheidung trifft den Betriebsrat, der das streitige Thema auf die Tagesordnung gesetzt hat. Ist das Überschreiten der Zeit nur unwesentlich, bleibt der Vergütungsanspruch in vollem Umfang bestehen (LAG Düsseldorf 22. 1. 1963 AP BetrVG § 43 Nr. 7; *Fitting* Rn. 34).

10   **2. Keine Vergütung.** Für Versammlungen nach **Abs. 2 S. 1** (s. Rn. 2) besteht grundsätzlich **keine Vergütungspflicht**. Stimmt der Arbeitgeber zu, daß sie während der Arbeitszeit durchgeführt werden oder widerspricht er dem nicht, ist eine Minderung des Arbeitsentgelts nach Abs. 2 S. 2 untersagt. Es gilt zwingend das **Lohnausfallprinzip**. Der Arbeitgeber kann seine Zustimmung daher nicht davon abhängig machen, daß die Vergütungsfortzahlung entfallen soll (*Richardi* Rn. 46; *Fitting* Rn. 43). Er darf sein Einverständnis jedoch auf eine bestimmte Dauer der Versammlung beschränken mit der Folge, daß für die Zeit danach Lohnfortzahlungsansprüche für alle Teilnehmer entfallen, denen die zeitliche Beschränkung bekannt ist (*Richardi* Rn. 46; *Fitting* Rn. 46). Geht eine mit Zustimmung des Arbeitgebers während der betrieblichen Arbeitszeit begonnene Versammlung über die **betriebliche** oder die **persönliche Arbeitszeit** eines Teilnehmers hinaus, besteht in diesem Umfang keine Vergütungspflicht (DKK/*Berg* Rn. 27; *Fitting* Rn. 46). Das Arbeitsentgelt wird dadurch nicht gemindert. Für Betriebsratsmitglieder gilt hier § 37 III (s. dort Rn. 9 ff.). Führt der Betriebsrat eine Versammlung nach Abs. 2 S. 1 ohne Einverständnis des Arbeitgebers **während der Arbeitszeit** durch, entsteht für die Teilnehmer kein Anspruch auf Vergütungsfortzahlung. Dies gilt nicht für Teilnehmer, denen die Unzulässigkeit der Versammlung und das fehlende Einverständnis des Arbeitgebers nicht bekannt war. Der Arbeitgeber haftet dann nach Rechtsscheinsgrundsätzen (*Fitting* Rn. 48; *Richardi* Rn. 47) bzw. aus einem Verstoß gegen die Fürsorgepflicht (*Fitting* Rn. 48) auf Zahlung der Vergütung, wenn er die Arbeitnehmer nicht auf das fehlende Einverständnis hingewiesen hat.

11   **3. Höhe.** Soweit Teilnahmezeiten an Betriebsversammlungen nach Abs. 1 S. 2 „wie Arbeitszeit" bzw nach Abs. 2 S 2 ohne Minderung zu vergüten sind, umfaßt der **Verdienstausfall** den individuellen Lohnanspruch, einschließlich der besonderen Zulagen wie vermögenswirksame Leistungen, Erschwernis- und Schmutzzulagen, Bergmannsprämien (LAG Düsseldorf 16. 1. 1978 AuR 79, 27; *Richardi* Rn. 36; *Fitting* Rn. 31). Bei Betriebsversammlungen an Sonn- und Feiertagen sollen die entsprechenden zeitabhängigen Lohnzuschläge – weil übermäßig – nicht anfallen (BAG 1. 10. 1974 AP BetrVG 1972 § 44 Nr. 2; aA *Fitting* Rn. 31) Bei Akkordlöhnern ist der Durchschnitt des zuletzt erzielten Akkordlohns zu zahlen (BAG 23. 9. 1960 AP Feiertagslohnzahlungsgesetz § 1 Nr. 11). Wer in der Zeit seiner Teilnahme an einer Betriebsversammlung nach Abs. 1 **Mehrarbeit** verrichtet hätte, kann als Verdienstausfall den vollen Lohn inklusive Mehrarbeitszuschlägen verlangen (BAG 18. 9. 1973 AP BetrVG 1972 § 44 Nr. 1). Im übrigen sind Mehrarbeitszuschläge nicht zu entrichten. Die Teilnahmezeit ist nach Abs. 1 S. 2 „wie Arbeitszeit", nicht „als Arbeitszeit" zu vergüten; die Teilnahme an einer Betriebsversammlung ist daher selbst dann keine „Mehrarbeit", wenn sie außerhalb der Arbeitszeit stattfindet (BAG 18. 9. 1973 AP BetrVG 1972 § 44 Nr. 1). Oft wird insgesamt kein Vergütungsan-

spruch bestehen, weil sich der Verdienst des Arbeitnehmers durch die Teilnahme an einer Betriebsversammlung nach Abs. 2 außerhalb seiner Regelarbeitszeit nicht „mindert".

Wer an der während der Arbeitszeit stattfindenden Betriebsversammlung **nicht teilnimmt** oder sie vorzeitig verläßt, muß arbeiten. Nimmt der Arbeitgeber das Arbeitsangebot nicht an, folgt seine Zahlungspflicht aus § 615 BGB, selbst wenn er den Arbeitnehmer wegen der Versammlung nicht beschäftigen kann (*Fitting* Rn. 35; aA *Richardi* Rn. 52; DKK/*Berg* Rn. 21; GK-BetrVG/*Fabricius* Rn. 112). Arbeits- und Beschäftigungspflichten bleiben für die nicht an Versammlungen teilnehmenden Arbeitnehmer bestehen. Das Beschäftigungsrisiko ist dem Arbeitgeber über § 615 BGB zugewiesen (*Eisemann* AuR 81, 357). Arbeitnehmer dürfen auch nicht indirekt über drohenden Lohnverlust zur Teilnahme an Betriebsversammlungen verpflichtet werden. 12

V. Wegezeiten

Für die Teilnahme an Versammlungen sind nach **Abs. 1 S. 2 und 3** auch die Zeiten wie Arbeitszeit zu vergüten, welche der Arbeitnehmer für deren Besuch zusätzlich über die Wegezeiten hinaus aufwenden muß, die er sonst zur Erfüllung seiner Arbeitspflicht benötigt (BAG 5. 5. 1987 AP BetrVG 1972 § 44 Nr. 4). Hierzu kann es bei außerhalb der Betriebsstätte stattfindenden Betriebsversammlungen, bei Versammlungen außerhalb der Arbeitszeit oder bei Betrieben mit weit verstreuten unselbständigen Nebenbetrieben bzw ausgelagerten Arbeitsplätzen kommen. Diese Vergütungspflicht besteht auch, soweit Teilzeitbeschäftigte außerhalb ihrer individuellen Arbeitszeit an Betriebsversammlungen nach Abs. 1 teilnehmen (*Fitting* Rn. 37). Teilnehmer an Versammlungen nach Abs. 2 erwerben keinen Anspruch auf Wegezeitvergütung. 13

VI. Fahrtkosten

Sie sind nach **Abs. 1 S. 3 2. Halbs.** den Teilnehmern zu erstatten, soweit sie entstehen, weil Betriebsversammlungen außerhalb der **persönlichen Arbeitszeit** des einzelnen Arbeitnehmers stattfinden und deshalb zu zusätzlichen Fahrtkosten führen (DKK/*Berg* Rn. 19; *Fitting* Rn. 39; *Richardi* Rn. 40). Damit steht bei Schichtarbeit nur den Arbeitnehmern ein Fahrtkostenersatz zu, für welche diese Versammlung in ihre arbeitsfreie Zeit fällt (*Fitting* Rn. 39). Die Regelung ist entsprechend anzuwenden, wenn Betriebsversammlungen während der persönlichen Arbeitszeit, aber **außerhalb des Betriebes** stattfinden (*Richardi* Rn. 41; DKK/*Berg* Rn. 20; *Fitting* Rn. 40). Die Kosten der Mitbestimmung trägt der Arbeitgeber. Arbeitnehmer sollen durch die Inanspruchnahme betriebsverfassungsrechtlicher Befugnisse keine Nachteile erleiden. Fahrtkostenersatz gibt es nur für tatsächlich zusätzlich entstehende Kosten. **Pauschalierungen** in Tarifverträgen oder Betriebsvereinbarungen sind zulässig – zB Werbungskostensatz bei Benutzung des eigenen PKW (*Richardi* Rn. 42; *Fitting* Rn. 41). Sie können einen weitergehenden Anspruch aus dem Gesetz nicht ausschließen (DKK/*Berg* Rn. 23; *Fitting* Rn. 42). Auch teilnahmeberechtigte **auswärtige Arbeitnehmer** haben Anspruch auf Fahrtkostenersatz. Er ist – jedenfalls nach dem Wortlaut des Gesetzes – nicht auf Inlandsfahrtkosten beschränkt (*Fitting* Rn. 41). Für die Teilnehmer an Versammlungen nach Abs. 2 besteht kein Anspruch auf Fahrtkostenersatz. 14

VII. Streitigkeiten

Streitigkeiten über den Zeitpunkt einer Betriebsversammlung werden im Beschlußverfahren (§§ 2 a, 80 ff. ArbGG) ausgetragen. Über den Verdienstausfall, die Wegezeitvergütung und den Fahrtkostenersatz streitet der Arbeitnehmer mit dem Arbeitgeber im Urteilsverfahren (BAG 1. 10. 1974 AP BetrVG 1972 § 44 Nr. 2). Meinungsverschiedenheiten über Pflichten des Arbeitgebers im Zusammenhang mit der Durchführung einer Betriebsversammlung, über ihren Zeitpunkt oder den Ort lassen sich ggf. im einstweiligen Verfügungsverfahren klären (vgl. LAG Schleswig-Holstein 26. 6. 1991 AiB 91, 391 – einstweilige Verfügung auf Untersagen einer Teilversammlung; LAG Köln 23. 10. 1985 NZA 86, 370 – einstweilige Verfügung auf Betriebsschließung während einer Betriebsversammlung). 15

§ 45 Themen der Betriebs- und Abteilungsversammlungen

¹ Die Betriebs- und Abteilungsversammlungen können Angelegenheiten einschließlich solcher tarifpolitischer, sozialpolitischer und wirtschaftlicher Art sowie Fragen der Frauenförderung und der Vereinbarkeit von Familie und Beruf behandeln, die den Betrieb oder seine Arbeitnehmer unmittelbar betreffen; die Grundsätze des § 74 Abs. 2 finden Anwendung. ² Die Betriebs- und Abteilungsversammlungen können dem Betriebsrat Anträge unterbreiten und zu seinen Beschlüssen Stellung nehmen.

I. Anwendungsbereich

1   Die Vorschrift regelt neben den §§ 17, 43 I 1 und II 3 die Zuständigkeit der Betriebsversammlung, ihre Befugnisse sowie ihre Rechte und Pflichten, soweit sie mit den dort abgehandelten Themen zusammenhängen. Sie ist nach den §§ 53 III 2, 71, 115 V auf die Betriebsräteversammlung, die Jugend- und Auszubildendenversammlung und die Bordversammlung entsprechend anzuwenden. Die Regelung ist zwingend. Sie kann weder durch Tarifvertrag, noch durch Betriebsvereinbarung abbedungen werden.

II. Themen

2   In der Betriebsversammlung dürfen alle Vorgänge angesprochen werden, für die ein **konkreter Bezugspunkt** zum Betrieb oder den dort Beschäftigten in ihrer Eigenschaft als Arbeitnehmer dieses Betriebes besteht, wobei die Angelegenheit nicht ausschließlich den Betrieb oder seine Arbeitnehmer betreffen muß (*Richardi* Rn. 3; *Fitting* Rn. 7; GK-BetrVG/*Fabricius* Rn. 17). Hierzu zählen Fragen, die zum Aufgabenbereich des Betriebsrates gehören (BAG 4. 5. 1955 AP BetrVG § 44 Nr. 1) oder das Verhältnis vom Arbeitgeber zu den Arbeitnehmern zum Inhalt haben (DKK/*Berg* Rn. 3; *Fitting* Rn. 5) wie zB. die Rechte und Aufgaben des Betriebsrates (*Fitting* Rn. 7; GK-BetrVG/*Fabricius* Rn. 45) oder die Betriebsratsfähigkeit von Betriebsteilen und des Betriebes (*Fitting* Rn. 10). Allgemeine Probleme des Umweltschutzes dürfen nicht erörtert werden, wohl aber der betriebliche Umweltschutz – Verhalten der Arbeitnehmer, Entwicklung umweltfreundlicher Produkte und Verfahren. **Gewerkschaftliche Angelegenheiten** mit Bezugspunkt im Betrieb können ebenso Thema einer Betriebsversammlung sein (*Richardi* Rn. 17; *Fitting* Rn. 16) wie die gesetzlich vorgesehene Zusammenarbeit von Betriebsrat und einer im Betrieb vertretenen Gewerkschaft – zB der Bericht über die Arbeit der gewerkschaftlichen Vertrauensleute, soweit er keine Gewerkschaftswerbung enthält (LAG Hamm 3. 12. 1986 BB 87, 685).

3   Zu den **tarifpolitischen Angelegenheiten** gehören die Unterrichtung über den Inhalt einschlägiger Tarifverträge (DKK/*Berg* Rn. 4; *Fitting* Rn. 9), hierzu ergangener grundsätzlicher Urteile (*Fitting* Rn. 9), die Unterrichtung über den Stand von Tarifverhandlungen (LAG Baden-Württemberg 25. 9. 1991 AiB 92, 96) und über die mittelbaren Auswirkungen von Arbeitskämpfen zB im Zulieferbetrieb (LAG Baden-Württemberg 25. 9. 1991 AiB 92, 96; *Fitting* Rn. 9). Mit den **sozialpolitischen Angelegenheiten** sind neben der im Gesetz ausdrücklich genannten Frauenförderung und der Vereinbarung von Beruf und Familie alle gesetzlichen Maßnahmen oder sonstige Regelungen angesprochen, die den Schutz oder eine Veränderung der Rechtsstellung der Arbeitnehmer bezwecken oder damit im Zusammenhang stehen (*Richardi* Rn. 12; *Fitting* Rn. 10). Sie dürfen auf der Betriebsversammlung auch erörtert werden, wenn sie nicht ausschließlich den Betrieb, sondern eine ganze Branche oder Wirtschaftszweig betreffen (BAG 14. 2. 1967 AP BetrVG § 45 Nr. 2), solange nur ein konkreter Bezugspunkt zum Betrieb vorhanden ist. Dazu gehören neben Arbeitszeitregelungen ua. Fragen der Arbeitsmarktpolitik, des Arbeits- und Unfallschutzes, der Sozialversicherung, der beruflichen Bildung, der Vermögensbildung, der flexiblen Altersgrenze, der Eingliederung ausländischer, älterer oder arbeitsloser Arbeitnehmer und arbeitsmedizinische Fragen (*Fitting* Rn. 10, 11). Zulässig ist die Erörterung der Auswirkungen von Bestimmungen zur Neutralität der BAnstArb im Arbeitskampf (DKK/*Berg* Rn. 6; GK-BetrVG/*Fabricius* Rn. 19) oder das Referat eines betriebsfremden Referenten zu einem sozialpolitischen Thema von unmittelbarem Interesse für den Betrieb oder seine Arbeitnehmer, solange es sich nicht um eine unzulässige parteipolitische Betätigung handelt (BAG 13. 9. 1977 AP BetrVG 1972 § 42 Nr. 1). Unter den **wirtschaftlichen Angelegenheiten** versteht man neben den wirtschaftlichen Maßnahmen des Arbeitgebers, gesetzgeberische Maßnahmen und die allgemeine Wirtschaftspolitik, soweit sie einen konkreten Bezugspunkt zum Betrieb oder seinen Arbeitnehmern aufweisen (*Richardi* Rn. 13 f.; DKK/*Berg* Rn. 9; *Fitting* Rn. 14). Dazu gehören neben einem bevorstehenden Betriebsinhaberwechsel, Fragen der Unternehmenskonzentration, von denen der Betrieb betroffen ist (*Fitting* Rn. 14), Probleme der internationalen Währungspolitik, der Rohstoff- und Energieversorgung, der Strukturpolitik und die Auswirkungen der Steuerpolitik (DKK/*Berg* Rn. 9; *Fitting* Rn. 14).

4   Nimmt die Behandlung **unzulässiger Themen** einen großen Raum ein und geschieht sie nicht nur beiläufig, verliert die Versammlung ihren Charakter als Betriebsversammlung (LAG Düsseldorf 22. 1. 1963 AP BetrVG § 43 Nr. 7; *Fitting* Rn. 26). Unzulässige Themen darf der Betriebsrat weder auf die Tagesordnung setzen, noch ihre Behandlung auf der Betriebsversammlung zulassen. Der Versammlungsleiter kann notfalls von seinem Hausrecht Gebrauch machen (§ 42 Rn. 7), um ihre Erörterung zu verhindern. Tut er das nicht oder regt er die Behandlung unzulässiger Themen an, kann dies eine grobe Pflichtverletzung nach § 23 darstellen (*Fitting* Rn. 25; GK-BetrVG/*Fabricius* Rn. 70). Das wird vor allem der Fall sein, wenn er auf die Unzulässigkeit der Themen hingewiesen wurde, auf ihrer Erörterung besteht und damit Unruhe in die Versammlung oder den Betrieb bringt (BAG 4. 5. 1955 AP BetrVG § 44 Nr. 1). Kann oder will der Versammlungsleiter den gesetzmäßigen Ablauf der Betriebsversammlung nicht mehr herstellen, wächst dem Arbeitgeber das Hausrecht wieder zu (*Richardi* § 42

Rn. 25; DKK/*Berg* § 42 Rn. 9; *Fitting* Rn. 27). Sind Betriebsrat und Arbeitgeber mit der Erörterung unzulässiger Themen einverstanden, entstehen keine nachteiligen Folgen für die Teilnehmer (s. § 44 Rn. 7).

III. Friedenspflicht

Mit Anwendung der Grundsätze des § 74 II auf die Betriebsversammlung wird die Meinungsfreiheit 5 zugunsten des Betriebsfriedens eingeschränkt. Die Betriebsversammlung ist ein Forum verbaler Auseinandersetzung. Ein kleinlicher Maßstab ist unangebracht (DKK/*Berg* Rn. 13). Dem Gebot der betrieblichen Friedenspflicht sind nicht nur Betriebsrat und Arbeitgeber unterworfen. Der Betriebsrat muß es mit Hilfe seines Hausrechts gegenüber allen Teilnehmern der Versammlung durchsetzen, für die es mittelbar gilt (*Fitting* Rn. 20; GK-BetrVG/*Fabricius* Rn. 24, 55 f.). Die scharfe **Sachkritik** bleibt möglich. Sie darf sich auch auf Personen erstrecken, solange sie nicht unsachlich oder in ehrverletzender Weise vorgebracht wird (BAG 20. 10. 1964 AP KSchG § 1 Verhaltensbedingte Kündigung Nr. 4). Die Erörterung eines Themas ist erst unzulässig, wenn aufgrund objektiver Anhaltspunkte mit hoher Wahrscheinlichkeit eine Störung des Betriebsfriedens zu erwarten ist (*Fitting* Rn. 21; GK-BetrVG/ *Fabricius* Rn. 63). Unzulässig sind für die Betriebsversammlung alle **Arbeitskampfmaßnahmen** wie die Durchführung einer Urabstimmung oder die Erörterung möglicher Kampfmaßnahmen (*Richardi* Rn. 11; DKK/*Berg* Rn. 12; *Fitting* Rn. 20), sie sind allein den Gewerkschaften vorbehalten. Das Verbot **parteipolitischer Betätigung** gilt absolut, unabhängig davon, ob durch diese Betätigung der Betriebsfrieden konkret gefährdet ist (BAG 13. 9. 1977 AP BetrVG 1972 § 42 Nr. 1). Es sichert die Meinungs- und Entscheidungsfreiheit der Arbeitnehmer (BAG 13. 9. 1977 AP BetrVG 1972 § 42 Nr. 1; GK-BetrVG/*Fabricius* § 45 Rn. 65). Werbung oder Propaganda für eine bestimmte Partei ist in einer Betriebsversammlung unzulässig. Die Behandlung politischer Themen bleibt möglich, soweit sie den Betrieb oder die Arbeitnehmer unmittelbar betreffen, mögen sie auch Gegenstand parteipolitischer Auseinandersetzungen sein (BAG 13. 9. 1977 AP BetrVG 1972 § 42 Nr. 1). Der Auftritt eines Politikers in Wahlkampfzeiten in einem Betrieb seines Wahlkreises im Rahmen seiner Wahlkampfstrategie stellt eine unzulässige parteipolitische Betätigung dar (BAG 13. 9. 1977 AP BetrVG 1972 § 42 Nr. 1).

IV. Betriebsversammlung – Betriebsrat

Die Betriebsversammlung ist dem Betriebsrat zugeordnet, nicht übergeordnet. Sie kann nach **Satz 2** 6 ein bestimmtes Verhalten des Betriebsrates anregen – Antrag – oder sich zu seinem Verhalten auch in scharfer Form äußern – Stellungnahme. Sie hat Informations- und Diskussionsrechte, keine Weisungsbefugnisse. Der Betriebsrat übt **kein imperatives Mandat** aus (*Richardi* Rn. 22; DKK/*Berg* Rn. 20; *Fitting* Rn. 29). Die Betriebsversammlung kann weder Betriebsvereinbarungen abschließen, noch sie kündigen oder den Betriebsrat abberufen (*Fitting* Rn. 29).

V. Streitigkeiten

Über die Rechtmäßigkeit von Beschlüssen der Betriebsversammlung, ihre Befugnisse und die Zuläs- 7 sigkeit dort anstehender oder behandelter Themen wird im arbeitsgerichtlichen **Beschlußverfahren** – §§ 2 a, 80 ff. ArbGG – entschieden.

§ 46 Beauftragte der Verbände

(1) ¹An den Betriebs- oder Abteilungsversammlungen können Beauftragte der im Betrieb vertretenen Gewerkschaften beratend teilnehmen. ²Nimmt der Arbeitgeber an Betriebs- oder Abteilungsversammlungen teil, so kann er einen Beauftragten der Vereinigung der Arbeitgeber, der er angehört, hinzuziehen.

(2) **Der Zeitpunkt und die Tagesordnung der Betriebs- oder Abteilungsversammlungen sind den im Betriebsrat vertretenen Gewerkschaften rechtzeitig schriftlich mitzuteilen.**

I. Anwendungsbereich

Die Vorschrift gilt nach den §§ 53 III 2, 71, 115 V für die Betriebsräteversammlung, die Jugend- 1 und Auszubildendenvertretung sowie die Bordversammlung entsprechend. Sie ist zwingend und kann weder durch Tarifvertrag noch durch eine Betriebsvereinbarung abbedungen werden.

II. Gewerkschaftsvertreter

Sie werden nach **Abs. 1 S. 1** nicht vom Arbeitgeber oder dem Betriebsrat zur Betriebsversammlung 2 zugelassen, sondern nehmen **kraft eigenen Rechts** an sämtlichen Betriebs- und Abteilungsversammlungen für die im Betrieb vertretene Gewerkschaft (s. § 2 Rn. 4) teil (*Richardi* Rn. 3; DKK/*Berg*

Rn. 1; *Fitting* Rn. 5, 10). Das Teilnahmerecht besteht auch für Abteilungsversammlungen, wenn die Gewerkschaft im Betrieb, aber nicht in der Abteilung vertreten ist (*Richardi* Rn. 3; GK-BetrVG/ *Fabricius* Rn. 4; *Fitting* Rn. 6). Es besteht nicht an sonstigen Versammlungen der Belegschaft (BAG 18. 3. 11964 AP BetrVG § 45 Nr. 1). Die Gewerkschaften bestimmen selbst, wen (BAG 14. 2. 1967 AP BetrVG § 45 Nr. 2) und wieviele Beauftragte (*Richardi* Rn. 9; *Fitting* Rn. 7) sie in eine Versammlung schicken. Dabei kann es sich auch um ehrenamtliche Funktionäre, Arbeitnehmer anderer Betriebe (*Richardi* Rn. 8; DKK/*Berg* Rn. 5; *Fitting* Rn. 7) und selbst um den Arbeitnehmervertreter im Aufsichtsrat eines Konkurrenzunternehmens handeln (LAG Hamburg 28. 11. 1986 DB 87, 1595; *Fitting* Rn. 9). Auch die Vorbereitung oder Durchführung eines Streiks berühren nicht das Teilnahmerecht der Gewerkschaften (BAG 18. 3. 1964 AP BetrVG § 45 Nr. 1). Die **Anzahl** der Beauftragten richtet sich am Zweck der Teilnahme – Beratung der teilnehmenden Arbeitnehmer – aus (*Richardi* Rn. 9; *Fitting* Rn. 7). Beauftragte der Gewerkschaft dürfen den Betrieb ohne ausdrückliche Genehmigung des Arbeitgebers betreten (*Fitting* Rn. 8). Eine Unterrichtungspflicht nach § 2 II besteht nicht (GK-BetrVG/*Fabricius* Rn. 8; *Fitting* Rn. 8; aA *Richardi* Rn. 13). Weder der Betriebsrat (*Richardi* Rn. 12; *Fitting* Rn. 10) noch der Arbeitgeber (*Richardi* Rn. 13; DKK/*Berg* Rn. 4; *Fitting* Rn. 8) dürfen sie an der Teilnahme hindern. Eine Zutrittsverweigerung kann nicht auf einen der Gründe des § 2 II gestützt werden. § 46 geht § 2 als Sonderregelung vor (*Richardi* Rn. 13; GK-BetrVG/*Fabricius* Rn. 8; *Fitting* Rn. 8). Die Beauftragten der Gewerkschaft sind nach § 79 zur Verschwiegenheit verpflichtet (*Fitting* Rn. 11).

3   Der Arbeitgeber darf der Teilnahme eines **bestimmten Beauftragten** widersprechen, soweit die Gewerkschaft ihr Teilnahmerecht durch seine Entsendung rechtsmißbräuchlich wahrnimmt (BAG 14. 2. 1967 AP BetrVG § 45 Nr. 2; *Fitting* Rn. 9; *Richardi* Rn. 14). Die Befürchtung, er werde auf der Versammlung scharfe Sachkritik üben, reicht nicht aus. Hierzu ist er berechtigt (BAG 14. 2. 1967 AP BetrVG § 45 Nr. 2). Ebensowenig kann ausgeschlossen werden, wer in der Vergangenheit an der Vorbereitung eines gegen den Arbeitgeber gerichteten Streiks beteiligt war (*Richardi* Rn. 14; DKK/ *Berg* Rn. 5; *Fitting* Rn. 9). Er hat nur an der Wahrnehmung eines Grundrechts mitgewirkt. Etwas anderes gilt, wenn mit Sicherheit zu erwarten ist, daß der Beauftragte schwere rechtswidrige Verstöße gegen den Arbeitgeber begehen wird oder begangen hat (*Richardi* Rn. 14; GK-BetrVG/*Fabricius* Rn. 9ff.; *Fitting* Rn. 9). Ist ein Beauftragter zu Recht abgelehnt, kann die Gewerkschaft einen anderen in die Versammlung schicken; ihr generelles Teilnahmerecht bleibt unberührt (*Fitting* Rn. 9).

4   Der Beauftragte der Gewerkschaft nimmt als **Berater** an der Versammlung teil. Er kann das Wort ergreifen, hat aber kein Stimmrecht und darf keine Anträge stellen (*Richardi* Rn. 11; DKK/*Berg* Rn. 6; *Fitting* Rn. 11). Seine Beiträge müssen sich an der Tagesordnung und dem Aufgabenbereich der Betriebs- und Abteilungsversammlung ausrichten (*Fitting* Rn. 11). Auch er ist den Grundsätzen des § 74 II verpflichtet (*Richardi* Rn. 10; GK-BetrVG/*Fabricius* Rn. 20; *Fitting* Rn. 11). Er darf daher nicht in der Versammlung zu einem Warnstreik aufrufen (LAG Bremen 14. 1. 1983 DB 83, 778). Auf Verlangen muß er sich als Person und über seinen Auftrag ausweisen (*Fitting* Rn. 7).

III. Beauftragte des Arbeitgeberverbandes

5   Der Arbeitgeberverband hat nach **Abs. 1 S. 2** kein eigenständiges Teilnahmerecht an Betriebs- oder Abteilungsversammlungen. Sein **Teilnahmerecht** ist aus dem des Arbeitgebers **abgeleitet**. Er kann daher nur teilnehmen, wenn auch der Arbeitgeber oder sein Vertreter an der Versammlung teilnimmt (*Richardi* Rn. 16; GK-BetrVG/*Fabricius* Rn. 25; *Fitting* Rn. 17). Der Arbeitgeber bestimmt, wen er als Verbandsvertreter hinzuzieht, solange es sich um Beauftragte des Verbandes handelt (BAG 19. 5. 1978 AP BetrVG 1972 § 43 Nr. 2). Der nicht organisierte Arbeitgeber darf daher keinen Rechtsanwalt als Beauftragten hinzuziehen (*Fitting* Rn. 17). Der Betriebsrat darf die Teilnahme eines Beauftragten des Arbeitgeberverbandes nicht ablehnen, wenn die gesetzlichen Voraussetzungen vorliegen (*Fitting* Rn. 18). Der Beauftragte muß sich auf Verlangen als Person ausweisen. Er hat **keine beratende Funktion**. Die Betriebsversammlung ist eine Angelegenheit der Arbeitnehmer (DKK/*Berg* Rn. 12; *Fitting* Rn. 19). Er hat ebensowenig ein eigenständiges Rederecht. Der Versammlungsleiter muß ihm aber dem Arbeitgeber das Wort erteilen, wenn dieser es verlangt (BAG 19. 5. 1978 AP BetrVG 1972 § 43 Nr. 2). Wie der Arbeitgeber kann er weder Anträge stellen, noch an Abstimmungen teilnehmen (*Fitting* Rn. 19; *Richardi* Rn. 22).

IV. Unterrichtung

6   Der Betriebsrat muß nach **Abs. 2** die im Betriebsrat vertretene Gewerkschaft, nicht den entsprechenden Arbeitgeberverband unterrichten. Im Betriebsrat ist eine Gewerkschaft vertreten, wenn mindestens ein Betriebsratsmitglied bei ihr organisiert ist (DKK/*Berg* Rn. 7; *Fitting* Rn. 13). Die Unterrichtungspflicht betrifft **alle Betriebs- und Abteilungsversammlungen** des § 43, regelmäßige, weitere und außerordentliche, auch wenn sie als Teilversammlung durchgeführt werden (DKK/*Berg* Rn. 7; *Fitting* Rn. 13). Der Betriebsrat muß nicht nur **Zeitpunkt** und **Tagesordnung**, sondern auch den **Ort** der Betriebsversammlung mitteilen (DKK/*Berg* Rn. 8; *Fitting* Rn. 14). Die Schriftform ist

gewahrt, wenn der Gewerkschaft die Sitzungsniederschrift über den Beschluß zur Betriebsversammlung nach § 34 II zugesandt wird (*Fitting* Rn. 15). Die Unterrichtung ist rechtzeitig, wenn genügend Zeit für eine sachliche Vorbereitung der Teilnahme bleibt (GK-BetrVG/*Fabricius* Rn. 23; *Fitting* Rn. 15). Bei kurzfristig angesetzten Versammlungen oder kurzfristiger Änderung der Tagesordnung muß die Gewerkschaft unverzüglich unterrichtet werden (DKK/*Berg* Rn. 9; *Fitting* Rn. 14, 15). Die Unterrichtung obliegt dem Betriebsratsvorsitzenden und bei seiner Verhinderung seinem Stellvertreter (DKK/*Berg* Rn. 8). Unterläßt er die Unterrichtung kann hierin eine grobe Pflichtverletzung nach § 23 I liegen (DKK/*Berg* Rn. 8).

V. Streitigkeiten

Über die Befugnisse und Teilnahme der Verbandsbeauftragten wird im arbeitsgerichtlichen Beschlußverfahren nach den §§ 2a, 80 ff. ArbGG entschieden. In diesen Verfahren kann nicht der Arbeitgeberverband, sondern nur der Betriebsrat, der Arbeitgeber (BAG 19. 5. 1978 AP BetrVG 1972 § 43 Nr. 3) und die im Betrieb vertretene Gewerkschaft beteiligt sein, soweit es um ihr Teilnahmerecht oder die Entsendung eines bestimmten Beauftragten geht (BAG 14. 2. 1967 AP BetrVG § 45 Nr. 2). 7

Fünfter Abschnitt. Gesamtbetriebsrat

§ 47 Voraussetzungen der Errichtung, Mitgliederzahl, Stimmengewicht

(1) Bestehen in einem Unternehmen mehrere Betriebsräte, so ist ein Gesamtbetriebsrat zu errichten.

(2) ¹In den Gesamtbetriebsrat entsendet jeder Betriebsrat, wenn ihm Vertreter beider Gruppen angehören, zwei seiner Mitglieder, wenn ihm Vertreter nur einer Gruppe angehören, eines seiner Mitglieder. ²Werden zwei Mitglieder entsandt, so dürfen sie nicht derselben Gruppe angehören. ³Ist der Betriebsrat nach § 14 Abs. 2 in getrennten Wahlgängen gewählt worden und gehören jeder Gruppe mehr als ein Zehntel der Mitglieder des Betriebsrats, jedoch mindestens drei Mitglieder an, so wählt jede Gruppe den auf sie entfallenden Gruppenvertreter; dies gilt auch, wenn der Betriebsrat nach § 14 Abs. 2 in gemeinsamer Wahl gewählt worden ist und jeder Gruppe im Betriebsrat mindestens ein Drittel der Mitglieder angehört. ⁴Die Sätze 1 bis 3 gelten entsprechend für die Abberufung.

(3) ¹Der Betriebsrat hat für jedes Mitglied des Gesamtbetriebsrats mindestens ein Ersatzmitglied zu bestellen und die Reihenfolge des Nachrückens festzulegen; § 25 Abs. 3 gilt entsprechend. ²Für die Bestellung gilt Absatz 2 entsprechend.

(4) Durch Tarifvertrag oder Betriebsvereinbarung kann die Mitgliederzahl des Gesamtbetriebsrats abweichend von Absatz 2 Satz 1 geregelt werden.

(5) Gehören nach Absatz 2 Satz 1 dem Gesamtbetriebsrat mehr als vierzig Mitglieder an und besteht keine tarifliche Regelung nach Absatz 4, so ist zwischen Gesamtbetriebsrat und Arbeitgeber eine Betriebsvereinbarung über die Mitgliederzahl des Gesamtbetriebsrats abzuschließen, in der bestimmt wird, daß Betriebsräte mehrerer Betriebe eines Unternehmens, die regional oder durch gleichartige Interessen miteinander verbunden sind, gemeinsam Mitglieder in den Gesamtbetriebsrat entsenden.

(6) ¹Kommt im Fall des Absatzes 5 eine Einigung nicht zustande, so entscheidet eine für das Gesamtunternehmen zu bildende Einigungsstelle. ²Der Spruch der Einigungsstelle ersetzt die Einigung zwischen Arbeitgeber und Gesamtbetriebsrat.

(7) ¹Jedes Mitglied des Gesamtbetriebsrats hat so viele Stimmen, wie in dem Betrieb, in dem es gewählt wurde, wahlberechtigte Angehörige seiner Gruppe in der Wählerliste eingetragen sind. ²Entsendet der Betriebsrat nur ein Mitglied in den Gesamtbetriebsrat, so hat es so viele Stimmen, wie in dem Betrieb wahlberechtigte Arbeitnehmer in der Wählerliste eingetragen sind.

(8) ¹Ist ein Mitglied des Gesamtbetriebsrats für mehrere Betriebe entsandt worden, so hat es so viele Stimmen, wie in den Betrieben, für die es entsandt ist, wahlberechtigte Angehörige seiner Gruppe in den Wählerlisten eingetragen sind. ²Sind für eine Gruppe mehrere Mitglieder des Betriebsrats entsandt worden, so stehen diesen die Stimmen nach Absatz 7 Satz 1 anteilig zu. ³Absatz 7 Satz 2 gilt entsprechend.

I. Vorbemerkung

In Unternehmen mit mehreren Betrieben werden wichtige Entscheidungen auf der Unternehmensebene getroffen. Mit dem Gesamtbetriebsrat wird dieser Leitungsebene ein Vertretungsorgan der Arbeitnehmer gegenübergestellt. Die Vorschrift regelt die Zusammensetzung des Gesamtbetriebsrates, seine Mitgliederzahl und die Stimmengewichtung. Sie ist zwingend, soweit nicht ausdrücklich ein 1

Abweichen mittels Tarifvertrag oder Betriebsvereinbarung vorgesehen ist (*Richardi* Rn. 1; DKK/ *Trittin* Rn. 3). Der freiwillige Zusammenschluß mehrerer Betriebsräte eines Unternehmens oder mehrerer Unternehmen eines Konzerns zu „Arbeitsgemeinschaften" oder ähnlichen Einrichtungen ist betriebsverfassungsrechtlich ohne Bedeutung. Diese Gremien haben keine Kompetenz, können weder bindende Beschlüsse fassen noch in die Zuständigkeit eines Gesamtbetriebsrates eingreifen (DKK/ *Trittin* Rn. 3; *Fitting* Rn. 3).

II. Errichtung

2   Nach **Abs. 1** sind die Betriebsräte des Unternehmens **verpflichtet**, Mitglieder in den Gesamtbetriebsrat zu entsenden. Der Gesamtbetriebsrat kann oder soll nicht nur errichtet werden, er „ist" zu errichten. Es kommt nicht darauf an, ob hierfür im Unternehmen Bedarf vorhanden ist oder etwa bei den Betriebsräten Bedenken bestehen (BAG 23. 9. 1980 AP BetrVG 1972 § 47 Nr. 4). Kommt ein Betriebsrat dieser Rechtspflicht nicht nach, liegt hierin idR eine grobe Pflichtverletzung nach § 23 I (*Richardi* Rn. 44; DKK/*Trittin* Rn. 4; *Fitting* Rn. 6).

3   Das Betriebsverfassungsrecht definiert nicht selbst den **Unternehmensbegriff**. Es knüpft an die gesetzlich für das Unternehmen vorgeschriebenen Rechts- und Organisationsformen an. Es kommt weder auf eine wirtschaftliche Betrachtungsweise an, noch darauf, wo die Leitungsmacht de facto angesiedelt ist, sondern auf die Identität des Arbeitgebers. Unternehmen ist im Betriebsverfassungsgesetz der zivil- und handelsrechtliche Träger des Unternehmens. Kennzeichnend für ein Unternehmen ist der einzelne Unternehmensträger mit einer einheitlichen Unternehmensorganisation, der hinter dem arbeitstechnischen Zweck der Betriebe liegende wirtschaftliche oder ideelle Zwecke verfolgt (BAG 23. 9. 1980 und 11. 12. 1987 AP BetrVG 1972 § 47 Nr. 4 und 7; GK-BetrVG/*Kreutz* Rn. 9; *Fitting* Rn. 7). Es muß eine **einheitliche Rechtspersönlichkeit,** eine rechtliche Identität des betreibenden Unternehmens vorhanden sein (BAG 29. 11. 1989 AP ArbGG 1979 § 10 Nr. 3). Dabei kann es sich um eine natürliche Person, eine juristische Person – AG, GmbH, Genossenschaft, e. V. –, um eine Personengesamtheit – OHG, KG – oder um den vertraglichen Zusammenschluß mehrerer natürlicher und/oder juristischer Personen zu einem Unternehmen in einer Rechtsform ohne eigene Rechtspersönlichkeit handeln – GbR, nicht rechtsfähiger Verein. Schließen sich mehrere Unternehmen zur Erfüllung von Teilaufgaben (Forschung, Großprojekte) zu einem Unternehmen zusammen, welches mehrere Betrieb führt, besteht rechtliche Identität soweit sich der Geschäfts- und Tätigkeitsbereich dieses Rechtsträgers erstreckt (*Fitting* Rn. 8). Bei der GmbH & Co KG ist nur darauf abzustellen, ob die KG mehrere Betriebe hat. Haben KG und GmbH jeweils selbständige Betriebe, kann (nur) ein Konzernbetriebsrat gebildet werden (*Richardi* Rn. 13; DKK/*Trittin* Rn. 15; *Fitting* Rn. 8).

4   Eine **Identität des Unternehmens** liegt vor, wenn die Betriebe alle demselben Unternehmen angehören (*Richardi* Rn. 8; GK-BetrVG/*Kreutz* Rn. 13; *Fitting* Rn. 8). Unternehmer und Inhaber der zu dem Unternehmen gehörenden Betriebe müssen identisch sein. Betriebsräte, die unterschiedlichen Rechtsträgern angehören, können daher nicht gemeinsam einen Gesamtbetriebsrat bilden (BAG 29. 11. 1989 AP ArbGG 1979 § 10 Nr. 3). Die rechtliche Identität fehlt bei nur **wirtschaftlicher oder finanzieller Beteiligung** (BAG 5. 12. 1975 AP BetrVG 1972 § 47 Nr. 1), selbst wenn alle Gesellschaftsanteile sich in den Händen einer bzw. derselben mehreren Personen befinden (DKK/*Trittin* Rn. 15; *Fitting* Rn. 9) oder Personengleichheit der Geschäftsführung besteht (BAG 11. 12. 1987 AP BetrVG 1972 § 47 Nr. 7). Die erforderliche Identität fehlt auch zwischen Mutter- und Tochtergesellschaft, bei der Zusammenfassung rechtlich selbständiger Unternehmen unter einheitlicher Leitung, wenn zwischen ihnen ein Beherrschungsvertrag abgeschlossen oder eine Gesellschaft in die andere eingegliedert ist (GK-BetrVG/*Kreutz* Rn. 16; *Fitting* Rn. 9).

5   Gesamtbetriebsräte sind nur dort zu bilden, wo die Betriebe durch eine **einheitliche und selbständige Organisation,** eine einheitliche Leitung verbunden sind (*Richardi* Rn. 8; *Fitting* Rn. 10). Sonst fehlt der Ansprechpartner für den Gesamtbetriebsrat. Dabei ist unerheblich, ob die Betriebe einen oder unterschiedliche Betriebszwecke verfolgen (*Fitting* Rn. 10). Juristische Personen und Gesamthandsgemeinschaften können nur ein Unternehmen betreiben, wie die gesetzlichen Vorschriften über die notwendige Festlegung des Unternehmensgegenstandes und die Verantwortlichkeit der Unternehmensleitung zeigen (BAG 5. 12. 1975 AP BetrVG 1972 § 47 Nr. 1). Natürliche Personen können dagegen mehrere Betriebe haben, ohne daß sie durch eine eigene und selbständige Organisation zu einem Unternehmen zusammengefaßt sind. Einen Gesamtbetriebsrat kann es dann nicht geben (*Fitting* Rn. 11). Führt eine **Betriebsführungsgesellschaft** die Betriebe der beteiligten Unternehmen im eigenen Namen und wird sie Arbeitgeber der dort Beschäftigten, ist ein Gesamtbetriebsrat zu errichten. Bleiben die Arbeitnehmer weiterhin rechtlich jeweils ihrem Unternehmen zugeordnet und führt die Betriebsführungsgesellschaft die Betriebe der beteiligten Unternehmen in deren Namen, kann kein Gesamtbetriebsrat gebildet werden (BAG 29. 11. 1989 AP ArbGG 1979 § 10 Nr. 3; *Richardi* Rn. 10; DKK/*Trittin* Rn. 18; *Fitting* Rn. 12).

6   Zur Errichtung eines Gesamtbetriebsrates müssen **mehrere** (nicht notwendig mehrköpfige) **Betriebsräte** vorhanden sein. Dabei ist unerheblich, ob sie in selbständigen Betrieben oder in Betrieben gewählt wurden, die nach §§ 4 oder 3 I Nr. 3 als selbständig gelten (*Richardi* Rn. 15; DKK/*Trittin*

III. Zusammensetzung

Rn. 22; *Fitting* Rn. 15). Es muß nicht in allen Betrieben des Unternehmens ein Betriebsrat vorhanden sein. Betriebsratslose Betrieb nehmen aber an der Errichtung des Gesamtbetriebsrats nicht teil (DKK/ *Trittin* Rn. 22). Ist nur in einem von mehreren Betrieben ein Betriebsrat gewählt worden, kann ein Gesamtbetriebsrat nicht gebildet werden (*Richardi* Rn. 15). Im **Gemeinschaftsbetrieb** kann der Betriebsrat Mitglieder in den Gesamtbetriebsrat eines der Trägerunternehmen entsenden (*Richardi* Rn. 11, § 1 Rn. 72; DKK/*Trittin* Rn. 22; *Fitting* § 1 Rn. 88). So wird eine Lücke in der Mitbestimmung vermieden. Betreiben mehrere Unternehmen mehrere Gemeinschaftsbetriebe, kann ein weiteres Unternehmen entstehen, bei dem erst ein Gesamtbetriebsrat zu bilden wäre (vgl. BAG 5. 12. 1975 AP BetrVG 1972 § 47 Nr. 1). Bei einer **Betriebsübernahme,** die auf den Bestand des Betriebsrates keinen Einfluß hat, muß der Betriebsrat des übernommenen Betriebes seine Vertreter in den Gesamtbetriebsrat des übernehmenden Unternehmens entsenden (DKK/*Trittin* Rn. 22; *Fitting* Rn. 12). Im **Ausland** gelegene Betriebe eines inländischen Unternehmens nehmen an der Errichtung des Gesamtbetriebsrats nicht teil (*Richardi* Rn. 18; *Fitting* Rn. 16; GK-BetrVG/*Kreutz* Rn. 6; DKK/ *Trittin* Rn. 21). Der räumliche Geltungsbereich des BetrVG endet an der Landesgrenze. Der Gesamtbetriebsrat kann keine Beteiligungsrechte für Arbeitnehmervertretungen ausüben, die ausländischem Recht unterliegen. Hat ein Unternehmen mit Sitz im Ausland mehrere Betriebe in der Bundesrepublik, ist nach den allgemeinen Regeln für diese Betriebe ein Gesamtbetriebsrat zu bilden (*Richardi* Rn. 20; DKK/*Trittin* Rn. 21; *Fitting* Rn. 16; GK-BetrVG/*Kreutz* Rn. 7). Die soziale Schutzfunktion der Mitbestimmung darf inländischen Arbeitnehmern eines ausländischen Unternehmens nicht vorenthalten bleiben (vgl. BAG 1. 10. 1974 und 31. 10. 1975 AP BetrVG 1972 § 106 Nr. 1 und 2 für den Wirtschaftsausschuß).

III. Zusammensetzung

Die Mitglieder des Gesamtbetriebsrats werden nach **Abs. 2** weder durch die Arbeitnehmer der 7 Betriebe, noch von Wahlmännergremien (LAG Frankfurt 21. 12. 1976 DB 77, 1056) gewählt oder vom Betriebsausschuß (*Fitting* Rn. 20) bzw dem gesetzlichen Gesamtbetriebsrat bestimmt (BAG 15. 8. 1978 AP BetrVG 1972 § 47 Nr. 3). Sie werden von den Betriebsräten entsandt. Besteht der Betriebsrat aus nur einer Person oder ist die Minderheitengruppe nur durch eine Person im Betriebsrat vertreten, treten sie ohne weiteres in den Gesamtbetriebsrat ein (*Richardi* Rn. 34; *Fitting* Rn. 24; GK-BetrVG/ *Kreutz* Rn. 25). Der Betriebsrat kann jedes seiner Mitglieder, aber nicht Dritte oder noch nicht nachgerückte Ersatzmitglieder bestimmen (DKK/*Trittin* Rn. 29; *Fitting* Rn. 25). Ob ein oder zwei Mitglieder entsandt werden, hängt nicht von der Betriebsgröße, sondern allein davon ab, ob im Betriebsrat Arbeiter und Angestellte vertreten sind. Werden zwei Mitglieder entsandt, dürfen sie nach Abs. 2 S. 2 selbst dann nicht derselben Gruppe angehören, wenn die andere Gruppe einverstanden ist. § 14 II ist nicht anwendbar (*Richardi* Rn. 29 f.; *Fitting* Rn. 21). Ist ein Betriebsratsmitglied von der anderen Gruppe gewählt worden, kann es nur für die Gruppe entsandt werden, die es gewählt hat (*Richardi* Rn. 29; *Fitting* Rn. 22; GK-BetrVG/*Kreutz* Rn. 26). Entsendet eine Gruppe kein Mitglied, ist der Betriebsrat nur durch ein Mitglied im Gesamtbetriebsrat vertreten (*Richardi* Rn. 30; *Fitting* Rn. 23; GK-BetrVG/*Kreutz* Rn. 27).

Die Vertreter des Betriebsrats im Gesamtbetriebsrat werden durch **Beschluß** des beschlußfähigen 8 Betriebsrates mit einfacher Mehrheit der anwesenden Mitglieder bestimmt (DKK/*Trittin* Rn. 30; *Fitting* Rn. 26). Der Betriebsrat kann auch eine förmliche Wahl mit der Festlegung beschließen, daß die relative Mehrheit der abgegebenen Stimmen ausreichen soll (DKK/*Trittin* Rn. 30; *Fitting* Rn. 26). In jedem Fall handelt es sich bei der Entsendung nicht um eine Wahl, sondern um einen Geschäftsführungsbeschluß der Betriebsräte, auf den daher § 19 mit der Frist zur Wahlanfechtung nicht anwendbar ist (BAG 15. 8. 1978 AP BetrVG 1972 § 47 Nr. 3; aA DKK/*Trittin* Rn. 79). Für jedes der entsandten Mitglieder ist ein besonderer Beschluß erforderlich (DKK/*Trittin* Rn. 30; *Fitting* Rn. 26). Unter den Voraussetzungen des Abs. 2 S. 3 bestimmen die Gruppen ihre Gruppenvertreter. Die erste Alternative erfordert einen Betriebsrat mit mindestens fünf, die zweite einen mit mindestens sieben Mitgliedern. Auch bei diesem Verfahren handelt es sich entgegen dem Gesetzeswortlaut nicht um eine Wahl, sondern um einen einfachen Beschluß, bei dem entsprechend § 33 II erforderlich ist, daß mindestens die Hälfte der Gruppenvertreter an der Beschlußfassung teilnimmt (DKK/*Trittin* Rn. 35; *Richardi* Rn. 36; *Fitting* Rn. 30). Bei Stimmengleichheit auch in der zweiten Abstimmung entscheidet das Los (vgl. BAG 26. 2. 1987 AP BetrVG 1972 § 26 Nr. 5; *Fitting* Rn. 30). Die Gewählten müssen ihrer Wahl zustimmen (DKK/*Trittin* Rn. 35).

Die nach Abs. 4 oder 5 **zusammengefaßten Betriebsräte** wählen als Entsendungsgremium ihre 9 Vertreter im Gesamtbetriebsrat in einer gemeinsamen Sitzung (DKK/*Trittin* Rn. 63; *Fitting* Rn. 59). Sie werden weder auf einer Betriebsräteversammlung, noch von den Mitgliedern des nicht verkleinerten Gesamtbetriebsrates gewählt (BAG 15. 8. 1978 AP BetrVG 1972 § 47 Nr. 3). Für die Wahl kann der Tarifvertrag oder die Gesamtbetriebsvereinbarung anlehnend an die Abs. 7 und 8 eine Stimmgewichtung vorsehen, um die Benachteiligung größerer Betriebe zu vermeiden (GK-BetrVG/*Kreutz* Rn. 94; *Fitting* Rn. 62). Für die Anwendung des Abs. 2 S. 3 kommt es darauf an, ob in der Mehrheit der Betriebe nach Gruppen gewählt wurde (*Fitting* Rn. 63, 64). Für jedes Mitglied des Gesamtbetriebsrates ist nach **Abs. 3** ein **Ersatzmitglied** zu bestellen. Der Betriebsrat kann auch mehrere Ersatzmitglieder bestellen und muß die Reihenfolge ihres Nachrückens festlegen (*Richardi* Rn. 40; *Fitting* Rn. 37, 39; GK-BetrVG/*Kreutz* Rn. 51). Ein Ersatzmitglied des Betriebsrates kommt erst zum Ersatzmitglied des Gesamtbetriebsrates bestimmt werden, nachdem es in den Betriebsrat nachgerückt ist (*Fitting* Rn. 37; GK-BetrVG/*Kreutz* Rn. 50), es sei denn, der Betriebsrat oder die Gruppe bestehen nur aus einem Mitglied (*Fitting* Rn. 38; GK-BetrVG/*Kreutz* Rn. 52).

IV. Abweichende Regelungen

10   Die Größe eines Gesamtbetriebsrates kann bezogen auf die Zahl der Arbeitnehmer des Unternehmens disproportional sein. In diesem Fall können nach **Abs. 4** durch Tarifvertrag oder Betriebsvereinbarungen von Abs. 2 abweichende Regelungen getroffen, im Fall des **Abs. 5** auch erzwungen werden. Gesamtbetriebsräte lassen sich so vergrößern und verkleinern. Dabei kann die Bedeutung einzelner Betriebe unabhängig von der Zahl der Beschäftigten berücksichtigt werden. Eine **Höchstgrenze** der Mitgliederzahl im Gesamtbetriebsrat ist trotz Abs. 5 gesetzlich nicht vorgeschrieben (DKK/*Trittin* Rn. 43, 60; *Fitting* Rn. 52, 69; GK-BetrVG/*Kreutz* Rn. 88; einschränkend *Richardi* Rn. 59). Diese Vorschrift regelt nur die Voraussetzungen für eine (erzwingbare) Vereinbarung, nicht deren Ergebnis. Oft wird sich eine Beschränkung auf höchstens 40 Mitglieder anbieten, um die Arbeitsfähigkeit des Gesamtbetriebsrates zu erhalten. Die gesetzlichen Bestimmungen zur Errichtung oder Zuständigkeit des Gesamtbetriebsrates lassen sich nicht ändern (BAG 15. 8. 1978 AP BetrVG 1972 § 47 Nr. 3). Gesamtbetriebsräte dürfen nicht nach regionalen Gesichtspunkten oder für die Gruppen getrennt errichtet werden (*Fitting* Rn. 47). Ebensowenig läßt sich eine andere Art der Bestellung als durch die Betriebsräte oder die Bestellung anderer Personen als der Betriebsratsmitglieder vereinbaren (*Richardi* Rn. 49; *Fitting* Rn. 47). Die Zusammenfassung von Betrieben nach anderen als den in Abs. 5 genannten Grundsätzen ist unzulässig (BAG 15. 8. 1978 AP BetrVG 1972 § 47 Nr. 3). Das Gesetz erlaubt keine Abweichung von dem Grundsatz der Repräsentation jedes Betriebsrates im Gesamtbetriebsrat. Eine abweichende Regelung zur **Gruppenzusammensetzung** des Gesamtbetriebsrates ist nicht möglich (BAG 15. 8. 1978 AP BetrVG 1972 § 47 Nr. 3). Damit ist Abs. 2 zu beachten, sobald in einem Betriebsrat oder bei der Zusammenfassung mehrerer Betriebsräte in einem dieser Betriebsräte beide Gruppen vertreten sind. Es müssen dann mindestens zwei Mitglieder, die nicht derselben Gruppe angehören, für den Betriebsrat bzw den zusammengefaßten Betriebsrat in den Gesamtbetriebsrat entsandt werden. Unter den Voraussetzungen des Abs. 2 S. 3 müssen auch in diesem Fall Gruppenwahlen stattfinden (BAG 15. 8. 1978 BetrVG 1972 § 47 Nr. 3).

11   Bei der **Vergrößerung** des Gesamtbetriebsrates erhöht man die Zahl der Vertreter einzelner oder aller Betriebe. Auch für die nach Abs. 5 zum Zweck der Verkleinerung des Gesamtbetriebsrates zusammengefaßten Betriebe kann die Vertreterzahl erhöht werden. Dabei können jeder oder auch nur einer Gruppe mehr Mitglieder zugebilligt werden (*Fitting* Rn. 52; *Richardi* Rn. 58). Eine **Verkleinerung** des Gesamtbetriebsrates kann nur durch Zusammenfassen von Betrieben erfolgen, um sicherzustellen, daß jeder Betriebsrat des Unternehmens bei der Bestimmung der Mitglieder des Gesamtbetriebsrates mitwirken kann. Beim Ausfüllen der unbestimmten Rechtsbegriffe des Abs. 5 haben die Tarifvertragsparteien, der Gesamtbetriebsrat und der Arbeitgeber einen **Beurteilungsspielraum** (GK-BetrVG/*Kreutz* Rn. 90; *Fitting* Rn. 58). Regionale Verbundenheit setzt voraus, daß die Betriebe nicht weit voneinander entfernt liegen (*Fitting* Rn. 58). Die Verbundenheit durch gleichartige Interessen kann bei gleichen oder verwandten Betriebszwecken, ähnlichen Strukturen der Belegschaft oder gleicher Stellung der Betriebe in der Unternehmensorganisation gegeben sein (*Richardi* Rn. 71; *Fitting* Rn. 58).

12   Die Tarifbindung des Arbeitgebers reicht nach § 3 II TVG für die **tarifliche Regelung** aus (*Fitting* Rn. 48). Sie kann in einem Firmen- oder Verbandstarif bestehen (*Fitting* Rn. 48). Ein **Vorrang des Tarifvertrages** gegenüber der Gesamtbetriebsvereinbarung besteht selbst dann, wenn sie nach Abs. 5 durch Spruch der Einigungsstelle zustandegekommen ist (*Fitting* Rn. 48; GK-BetrVG/*Kreutz* Rn. 80). Er reicht nur soweit wie der Tarifvertrag. Werden nicht alle Betriebe des Unternehmens vom Geltungsbereich des Tarifvertrages erfaßt, kann die tarifliche Regelung durch Gesamtbetriebsvereinbarung auf die restlichen Betriebe erstreckt werden (DKK/*Trittin* Rn. 55; *Fitting* Rn. 48), solange nicht für sie ein entsprechender Tarifvertrag abgeschlossen wird (DKK/*Trittin* Rn. 53; GK-BetrVG/*Kreutz* Rn. 80). Der Tarifvertrag soll nicht durch Arbeitskampfmaßnahmen erstritten werden können (DKK/*Trittin* Rn. 54; *Fitting* Rn. 49; GK-BetrVG/*Kreutz* Rn. 75; HSG/*Glaubitz* Rn. 32; aA *Richardi* Rn. 54), was kaum jemals praktisch werden dürfte.

13   Für **Betriebsvereinbarungen** nach den Abs. 4 und 5 ist allein der Gesamtbetriebsrat zuständig. Er muß sich nach § 51 III konstituiert haben und für den Beschluß über den Abschluß der Gesamtbetriebsvereinbarung beschlußfähig sein (BAG 15. 8. 1978 AP BetrVG 1972 § 47 Nr. 3). Er tagt damit zumindest einmal in der gesetzlichen Zusammensetzung. Die getroffene Regelung gilt auch für die Betriebe, deren Vertreter im Gesamtbetriebsrat an der Abstimmung nicht teilgenommen (*Fitting* Rn. 50) oder dagegen votiert haben. Die nach Abs. 5 und 6 erzwingbare Verkleinerung des Gesamtbetriebsrates kommt schon rechnerisch nur für Unternehmen mit mindestens 21 Betrieben in Frage. Ist

VI. Stimmengewichtung

die Größe des Gesamtbetriebsrates tariflich geregelt, ist seine Verkleinerung durch Spruch der Einigungsstelle nicht möglich, auch wenn er mehr als 40 Mitglieder hat (GK-BetrVG/*Kreutz* Rn. 85). Eine gesetzliche Verpflichtung, den Gesamtbetriebsrat auf unter 41 Mitglieder zu verkleinern besteht auch für die Einigungsstelle nicht (s. Rn. 10).

V. Amtszeit

Beim Gesamtbetriebsrat handelt es sich um eine **Dauereinrichtung.** Er besteht über die Wahlperiode der einzelnen Betriebsräte hinaus und hat daher keine Amtszeit. Das Amt des Gesamtbetriebsrates endet nur, wenn die Voraussetzungen für seine Errichtung entfallen. Ein kurzfristiger Wegfall – zB verspätete Betriebsratswahl nach Ablauf der Amtszeit in einem von zwei Betrieben des Unternehmens – ist ohne rechtliche Bedeutung (DKK/*Trittin* Rn. 9; *Fitting* Rn. 19). Abberufungen, Amtsniederlegungen und Auflösungsbeschlüsse haben keinen Einfluß auf seinen rechtlichen Bestand (DKK/*Trittin* Rn. 9; *Fitting* Rn. 19). Der durch Tarifvertrag oder Betriebsvereinbarung in seiner Größe veränderte Gesamtbetriebsrat bleibt bis zur Konstituierung des neuen Gesamtbetriebsrates im Amt (DKK/*Fitting* Rn. 70; HSG/*Glaubitz* Rn. 39). Die Regelung selbst kann die Fortdauer des Amtes bis zur Konstituierung festlegen (*Fitting* Rn. 70). So läßt sich vermeiden, daß ein Unternehmen vorübergehend ohne Gesamtbetriebsrat ist. Die abweichenden Regelungen bleiben während ihrer Geltungsdauer für die Größe des Gesamtbetriebsrates maßgeblich. Sie wirken nicht nach (GK-BetrVG/*Kreutz* Rn. 76, 79, 96; *Fitting* Rn. 51, 73; aA *Richardi* Rn. 75). Sind sie nicht befristet abgeschlossen und werden sie nicht durch neue Vereinbarungen abgelöst, gelten sie daher nur bis sie gekündigt oder aufgehoben werden. Von diesem Zeitpunkt an bestimmt sich die Mitgliederzahl des Gesamtbetriebsrates wieder nach dem Gesetz, eine Regelungslücke tritt nicht auf. 14

Nach seiner **Neuwahl** muß der Betriebsrat seine Mitglieder im Gesamtbetriebsrat neu bestimmen (DKK/*Trittin* Rn. 31; *Fitting* Rn. 32). Seine Mitglieder können jederzeit – auch ohne besonderen Anlaß – abberufen werden (DKK/*Trittin* Rn. 36; GK-BetrVG/*Kreutz* Rn. 47; *Fitting* Rn. 33). Die **Abberufung** erfordert nach Abs. 2 S. 4 dasselbe Verfahren wie die Bestellung. Wer von einer Gruppe entsandt wurde, kann nicht vom Betriebsrat abberufen werden (*Richardi* Rn. 39; DKK/*Trittin* Rn. 37; *Fitting* Rn. 34). Beruft die Gruppe nicht ab, bleibt nur der Ausschluß nach § 48. Den Ausschluß kann der Betriebsrat nicht selbst beantragen (*Fitting* Rn. 34). Für das abberufene oder ausgeschlossene Mitglied rückt sein Ersatzmitglied nach. Der Betriebsrat oder die Gruppe können stattdessen ein neues Mitglied des Gesamtbetriebsrates bestimmen (DKK/*Trittin* Rn. 41; *Fitting* Rn. 36). 15

VI. Stimmengewichtung

Die **Absätze 7 und 8** passen für die Abstimmungen im Gesamtbetriebsrat das Stimmgewicht der Mitglieder der tatsächlichen Stärke der Betriebe bzw der dort vertretenen Gruppen an und verhindern so eine Verzerrung. Maßgebend für das Stimmgewicht ist die Zahl der wahlberechtigten Arbeitnehmer, die bei der letzten Betriebsratswahl in die Wählerliste eingetragen waren. Nachträgliche Veränderungen bleiben unberücksichtigt (DKK/*Trittin* Rn. 69; *Fitting* Rn. 42). Nach **Abs. 7 S. 2** bemißt sich das Stimmgewicht an der Zahl der im Betrieb insgesamt beschäftigten Arbeitnehmer, wenn ein Betriebsrat nur **ein Mitglied** in den Gesamtbetriebsrat entsendet. Dabei kommt es weder darauf an, ob dies an der Größe des Betriebes, noch ob es daran liegt, daß dort nur eine Gruppe vertreten ist oder eine Gruppe von ihrem Entsendungsrecht keinen Gebrauch macht (DKK/*Trittin* Rn. 71; *Fitting* Rn. 40). Erfolgt die Abstimmung im Gesamtbetriebsrat nach Gruppen, findet keine Stimmenaufspaltung statt, wenn es sich um einen Betriebsobmann handelt oder dem Betriebsrat nur Vertreter einer Gruppe angehören, wie Abs. 7 S. 2 zeigt (*Fitting* Rn. 41; GK-BetrVG/*Kreutz* Rn. 57; DKK/*Trittin* Rn. 72). Das Mitglied des Gesamtbetriebsrates stimmt in diesem Fall mit allen ihm zustehenden Stimmen für die Gruppe, der die meisten Arbeitnehmer des Betriebes angehören (DKK/*Trittin* Rn. 72; *Fitting* Rn. 41; aA GK-BetrVG/*Kreutz* Rn. 57). Sind im mehrköpfigen Betriebsrat beide Gruppen vertreten und entsendet eine Gruppe keinen Vertreter, gilt Abs. 7 S. 1. Das Stimmengewicht richtet sich nach der Zahl der wahlberechtigten Arbeitnehmer der von ihm vertretenen Gruppe im entsendenden Betrieb. Die Stimmanteile der Arbeitnehmer der anderen Gruppe des Betriebes gehen verloren (GK-BetrVG/*Kreutz* Rn. 58; aA DKK/*Trittin* Rn. 72; *Fitting* Rn. 41). Jeder vertritt bei der Gruppenwahl nur seine Wählergruppe. Wer Stimmverzerrungen beklagt, kann von seinem Entsendungsrecht Gebrauch machen. 16

Wird der Gesamtbetriebsrat **verkleinert**, vertritt das Gesamtbetriebsratsmitglied die Arbeitnehmer der Gruppe aller zusammengefaßten Betriebe. Das schlägt sich nach **Abs. 8 S. 1** in der Stimmengewichtung nieder. Wird der Gesamtbetriebsrat durch das Entsenden mehrerer Mitglieder **vergrößert**, teilen sie sich nach Abs. 8 S. 2 die der jeweiligen Gruppe im Gesamtbetriebsrat zustehenden Stimmen zu gleichen Teilen. Entsendet ein Betriebsrat nur ein Mitglied in den vergrößerten Betriebsrat, gilt nach Abs. 8 S. 3 die Regelung des Abs. 7 S. 2 (hierzu Rn. 16). 17

In ihrer Stimmabgabe sind die Mitglieder des Gesamtbetriebsrates frei. Es besteht **kein imperatives Mandat** (*Richardi* Rn. 80; *Fitting* Rn. 44). Wer sich über die Meinungsbildung im Betriebsrat 18 hinwegsetzt, muß damit rechnen, abberufen zu werden. Die Stimmen können nur einheitlich abgegeben werden. Dies gilt auch für das von mehreren Betrieben entsandte Mitglied (*Richardi* Rn. 81; *Fitting* Rn. 44; GK-BetrVG/*Kreutz* Rn. 56). Bei Stimmenteilung (Rn. 17) kann dies zu einem Auseinanderfallen der Gruppenstimme führen (*Fitting* Rn. 53).

VII. Streitigkeiten

19   Über die Errichtung, Mitgliederzahl und Zusammensetzung des Gesamtbetriebsrates, die Bestellung und Abberufung seiner Mitglieder und Ersatzmitglieder, über deren Stimmengewicht, über die Wirksamkeit einer Vereinbarung nach Abs. 4 und 5, die Zuständigkeit der Einigungsstelle und die Wirksamkeit ihres Spruchs wird im arbeitsgerichtlichen Beschlußverfahren nach den §§ 2 a, 80 ff. ArbGG entschieden. Zuständig ist nach § 82 S. 2 ArbGG das Arbeitsgericht, in dessen Bezirk das Unternehmen seinen Sitz hat. Befindet sich der Sitz des Unternehmens im Ausland, ist das Arbeitsgericht örtlich zuständig, in dessen Bezirk der Betrieb liegt, dem innerhalb der Bundesrepublik Deutschland die zentrale Bedeutung zukommt (Vgl. BAG 31. 10. 1975 AP BetrVG 1972 § 106 Nr. 2). In dem Verfahren um die wirksame Errichtung eines Gesamtbetriebsrates sind neben den einzelnen Betriebsräten deren Mitglieder, der Gesamtbetriebsrat, der Arbeitgeber und die im Betrieb vertretenen Gewerkschaften zu beteiligen (BAG 15. 8. 1978 AP BetrVG 1972 § 47 Nr. 3). Letztere ist jedoch nicht antragsbefugt (BAG 30. 10. 1986 AP BetrVG 1972 § 47 Nr. 6).

§ 48 Ausschluß von Gesamtbetriebsratsmitgliedern

Mindestens ein Viertel der wahlberechtigten Arbeitnehmer des Unternehmens, der Arbeitgeber, der Gesamtbetriebsrat oder eine im Unternehmen vertretene Gewerkschaft können beim Arbeitsgericht den Ausschluß eines Mitglieds aus dem Gesamtbetriebsrat wegen grober Verletzung seiner gesetzlichen Pflichten beantragen.

I. Vorbemerkung

1   Die Vorschrift ist § 23 I nachgebildet. Für die Gesamtjugend- und Auszubildendenvertretung gilt sie nach § 73 II entsprechend, für den Konzernbetriebsrat gilt § 56. Die Vorschrift ist zwingend. Von ihr kann weder durch Tarifvertrag, noch durch Betriebsvereinbarung abgewichen werden.

II. Voraussetzungen

2   Die Regelung gestattet nur den Ausschluß einzelner Mitglieder, nicht die Auflösung des Gesamtbetriebsrates. Beim Gesamtbetriebsrat handelt es sich um eine Dauereinrichtung. Er wird nicht durch Wahl gebildet. Die Betriebsräte entsenden seine Mitglieder. Der Antrag kann sich jedoch gegen mehrere oder alle Mitglieder des Gesamtbetriebsrates richten, soweit sie eine grobe Pflichtverletzung begangen haben (*Richardi* Rn. 1; *Fitting* Rn. 5). Selbst beim Ausschluß aller Mitglieder ist der Gesamtbetriebsrat nicht aufgelöst. Die Ersatzmitglieder rücken nach (*Fitting* Rn. 5). Sie können ihrerseits ausgeschlossen werden, wenn sie während ihrer Tätigkeit im Gesamtbetriebsrat eine grobe Pflichtverletzung begangen haben (DKK/*Trittin* Rn. 2; *Fitting* Rn. 5; *Richardi* Rn. 6). Der Begriff der „groben Verletzung seiner gesetzlichen Pflichten" entspricht inhaltlich dem des § 23 I (s. dort Rn. 18). Eine Verletzung der Pflichten des Betriebsrats reicht für einen Ausschluß aus dem Gesamtbetriebsrat nicht aus. Sie muß sich auf die Tätigkeit im Gesamtbetriebsrat beziehen, muß in der Eigenschaft als Mitglied des Gesamtbetriebsrates begangen worden sein (*Richardi* Rn. 2; GK-BetrVG/*Kreutz* Rn. 18; *Fitting* Rn. 7). Gesamtbetriebsrat und Betriebsrat sind selbständige unabhängige Organe der Betriebsverfassung. Die Pflichten ihrer Mitglieder sind selbständige Pflichten.

III. Folgen

3   Der Ausschluß aus dem Gesamtbetriebsrat führt nach § 57 zum Verlust der Mitgliedschaft im Konzernbetriebsrat. Er führt nicht automatisch zum Verlust des Betriebsratsamtes. Er rechtfertigt ebensowenig den Ausschluß aus dem Betriebsrat, solange nicht gleichzeitig eine Pflicht aus dem Betriebsratsamt verletzt wurde (DKK/*Trittin* Rn. 17; *Fitting* Rn. 7). Umgekehrt führt der Ausschluß aus dem Betriebsrat jedoch nach § 49 zur Beendigung der Mitgliedschaft im Gesamtbetriebsrat. Nach rechtskräftigem Ausschluß aus dem Gesamtbetriebsrat rückt das nach § 47 III bestellte Ersatzmitglied nach. Fehlt es, muß der Betriebsrat bzw die entsendende Gruppe ein anderes Mitglied bestellen. Wer rechtskräftig ausgeschlossen wurde, kann solange nicht in den Gesamtbetriebsrat entsandt werden, bis der Betriebsrat neu gewählt wurde (*Richardi* Rn. 14; *Fitting* Rn. 19, 20; GK-BetrVG/*Kreutz* Rn. 22, 24).

IV. Verfahren

Der an das Arbeitsgericht zu richtende Ausschlußantrag ist nicht fristgebunden (DKK/*Trittin* 4 Rn. 6; *Fitting* Rn. 8). Wird der Antrag von den **Arbeitnehmern** gestellt, ist deren Zahl zum Zeitpunkt der Antragstellung, nicht die zum Zeitpunkt der Errichtung des Gesamtbetriebsrates entscheidend (*Richardi* Rn. 6; GK-BetrVG/*Kreutz* Rn. 11; *Fitting* Rn. 9). Die Gruppenzugehörigkeit spielt keine Rolle (DKK-*Trittin* Rn. 7). Arbeitnehmer aus betriebsratslosen Betrieben des Unternehmens zählen nicht mit (GK-BetrVG/*Kreutz* Rn. 11; *Richardi* Rn. 6; aA *Fitting* Rn. 9). Sie stehen außerhalb der Betriebsverfassung und sind von Pflichtverstößen der Gesamtbetriebsratsmitglieder idR nicht betroffen. Die erforderliche Mindestzahl muß während der gesamten Dauer des Verfahrens gegeben sein (DKK/*Trittin* Rn. 8; *Fitting* Rn. 9). Scheidet ein Arbeitnehmer aus dem Verfahren – zB durch Verlust des Arbeitsplatzes, Tod oder Antragsrücknahme – aus, rechnet er nicht mehr mit (*Fitting* Rn. 9). Andere Arbeitnehmer können sich nachträglich beteiligen (GK-BetrVG/*Kreutz* Rn. 13; *Fitting* Rn. 9). Unter dem antragsberechtigten **Arbeitgeber** versteht man das Unternehmen, in dem der Gesamtbetriebsrat besteht, nicht die Leitung eines Betriebes (DKK/*Trittin* Rn. 12; *Fitting* Rn. 10). Der Ausschlußantrag des **Gesamtbetriebsrates** erfordert einen förmlichen Beschluß nach § 51 IV iVm. § 47 VII. Wer ausgeschlossen werden soll, darf nicht mit abstimmen (*Richardi* Rn. 8; *Fitting* Rn. 11; GK-BetrVG/*Kreutz* Rn. 15). Ihm ist aber rechtliches Gehör zu gewähren (DKK/*Trittin* Rn. 9). Er gilt nach § 51 I iVm § 25 I 2 als „zeitweilig verhindert" und wird nach § 47 III durch sein Ersatzmitglied vertreten (DKK/*Trittin* Rn. 9; *Fitting* Rn. 11; GK-BetrVG/*Kreutz* Rn. 15). So können die Interessen des entsendenden Betriebsrates berücksichtigt werden. Der Ausschlußantrag hängt nicht davon ab, ob er sich gegen ein Gewerkschaftsmitglied richtet (*Fitting* Rn. 13). Die Gewerkschaft muß nur im Unternehmen, nicht in dem Betrieb vertreten sein, dem das auszuschließende Mitglied angehört (DKK/*Trittin* Rn. 11; *Fitting* Rn. 13; GK-BetrVG/*Kreutz* Rn. 17). Im Unternehmen ist die Gewerkschaft vertreten, wenn mindestens ein Arbeitnehmer bei ihr organisiert ist (DKK/*Trittin* Rn. 11; *Fitting* Rn. 13). Ein **Betriebsrat** kann als Gremium den Ausschluß nicht beantragen. Von ihm entsandte Mitglieder kann er jederzeit abberufen (s. § 47 Rn. 15). Gegenüber den anderen Mitgliedern des Gesamtbetriebsrates fehlt ihm die Sachlegitimation (*Richardi* Rn. 10; *Fitting* Rn. 12; GK-BetrVG/*Kreutz* Rn. 16).

Das Arbeitsgericht entscheidet im **Beschlußverfahren** nach den §§ 2a, 80 ArbGG. Örtlich zuständig 5 ist nach § 82 S. 2 ArbGG das Arbeitsgericht, in dessen Bezirk das Unternehmen seinen Sitz hat. Bis zur rechtskräftigen Entscheidung bleibt das Gesamtbetriebsratsmitglied im Amt (*Richardi* Rn. 11; DKK/*Trittin* Rn. 13; *Fitting* Rn. 14). Die Anträge auf Ausschluß aus dem Gesamtbetriebsrat und aus dem Betriebsrat können grundsätzlich prozessual miteinander verbunden werden (GK-BetrVG/*Kreutz* Rn. 21; *Fitting* Rn. 16). Die einstweilige Verfügung, mit der die Amtsausübung für die Dauer des Ausschlußverfahrens untersagt wird, ist denkbar (*Richardi* Rn. 11; DKK/*Trittin* Rn. 14). Endet die Mitgliedschaft während des Ausschlußverfahrens, entfällt das Rechtsschutzinteresse (DKK/*Trittin* Rn. 15; *Fitting* Rn. 14).

§ 49 Erlöschen der Mitgliedschaft

Die Mitgliedschaft im Gesamtbetriebsrat endet mit dem Erlöschen der Mitgliedschaft im Betriebsrat, durch Amtsniederlegung, durch Ausschluß aus dem Gesamtbetriebsrat auf Grund einer gerichtlichen Entscheidung oder Abberufung durch den Betriebsrat.

I. Vorbemerkung

Die Vorschrift entspricht § 24 BetrVG. Für die Gesamtjugend- und Auszubildendenvertretung gilt 1 sie nach § 73 II entsprechend, für den Konzernbetriebsrat enthält § 57 eine besondere Regelung. Die Vorschrift ist zwingend. Von ihr kann weder durch Tarifvertrag, noch durch Betriebsvereinbarung abgewichen werden.

II. Beendigungsgründe

Der Gesamtbetriebsrat hat als Dauereinrichtung keine Amtszeit. Ihre Beendigung läßt sich daher 2 nicht gesetzlich regeln. Er ist nur beendet, wenn nachträglich die Voraussetzungen für seine Errichtung entfallen (s. § 47 Rn. 14). Im übrigen kann sich nur seine Zusammensetzung ändern, wenn einzelne Mitglieder ihr Amt verlieren. Ein Rücktritt des Gesamtbetriebsrates als Gremium ist nicht möglich (*Richardi* Rn. 2; DKK/*Trittin* Rn. 8; *Fitting* Rn. 7). Selbst wenn alle Mitglieder des Gesamtbetriebsrates ihr Amt niederlegen, fällt der Gesamtbetriebsrat als Organ nicht weg. Sie werden nach § 47 III oder durch Entsenden anderer Betriebsratsmitglieder in den Gesamtbetriebsrat ersetzt (s. § 47 Rn. 14, 15).

Das **Erlöschen der Mitgliedschaft im Betriebsrat** führt automatisch zum Verlust der Mitgliedschaft 3 im Gesamtbetriebsrat, weil der Betriebsrat nur seine Mitglieder entsenden kann (s. § 47 Rn. 7).

Wechselt ein Gesamtbetriebsratsmitglied seine Gruppe, verliert er nicht sein Mandat und bleibt Vertreter der Gruppe, für die er entsandt worden ist (*Fitting* Rn. 11; GK-BetrVG/*Kreutz* Rn. 7). Die **Amtsniederlegung** kann jederzeit und formlos erklärt werden (DKK/*Trittin* Rn. 8; *Fitting* Rn. 12). Sie erfolgt gegenüber dem Vorsitzenden des Gesamtbetriebsrates (DKK/*Trittin* Rn. 8; *Fitting* Rn. 12) und wirkt mit Zugang, soweit nicht ein anderer Zeitpunkt von dem Erklärenden bestimmt wird (*Fitting* Rn. 12). Sie kann weder zurückgenommen, widerrufen oder angefochten werden (*Richardi* Rn. 6; DKK/*Trittin* Rn. 8; *Fitting* Rn. 12). Wer sein Amt niedergelegt hat, kann sofort wieder in den Gesamtbetriebsrat entsandt werden (*Richardi* Rn. 6; DKK/*Trittin* Rn. 8; *Fitting* Rn. 13). Legt ein Betriebsobmann oder der einzige Gruppenvertreter in einem Betriebsrat sein Amt im Gesamtbetriebsrat nieder, kann das eine grobe Pflichtverletzung nach § 23 darstellen (*Richardi* Rn. 7; *Fitting* Rn. 14; GK-BetrVG/*Kreutz* Rn. 14). Mit dem **Ausschluß** aus dem Gesamtbetriebsrat ist der nach § 48 angesprochen. Die **Abberufung** eines Gesamtbetriebsratsmitglieds kann jederzeit ohne besonderen Grund erfolgen (*Fitting* Rn. 17; GK-BetrVG/*Kreutz* Rn. 16; DKK/*Trittin* § 47 Rn. 36). Sie erfordert nach § 47 II 4 dasselbe Verfahren wie die Bestellung. Wer von einer Gruppe entsandt wurde, kann nicht vom Betriebsrat abberufen werden (*Richardi* § 47 Rn. 39; DKK/*Trittin* § 47 Rn. 37; *Fitting* § 47 Rn. 34). Die Abberufung wird mit der Mitteilung des Betriebsratsvorsitzenden an den Gesamtbetriebsratsvorsitzenden wirksam (DKK/*Trittin* Rn. 9; *Fitting* Rn. 17). Ihr kann der Betroffene nicht mit Erfolg widersprechen. Sie ist nach § 35 unter den dort genannten Voraussetzungen für eine Woche auszusetzen.

III. Folgen

4   Mit der Mitgliedschaft im Gesamtbetriebsrat gehen alle dort eingenommenen zusätzlichen Funktionen verloren. Nach § 57 endet auch die Mitgliedschaft im Konzernbetriebsrat. Bei Amtsniederlegung, Ausschluß und Abberufung bleibt die Mitgliedschaft im Betriebsrat unberührt. Für das aus dem Gesamtbetriebsrat ausgeschiedene Mitglied rückt sein Ersatzmitglied nach § 47 III nach, wenn nicht der Betriebsrat oder die entsendende Gruppe einen Neubestellung beschließt (*Fitting* Rn. 19; GK-BetrVG/*Kreutz* Rn. 18). Ist auch das Betriebsratsamt erloschen, wird das Ersatzmitglied des Betriebsrates nicht automatisch Ersatzmitglied im Gesamtbetriebsrat, es sei denn, es handelt sich um den Betriebsobmann oder den einzigen in Gruppenwahl gewählten Vertreter einer Gruppe (DKK/*Trittin* Rn. 11).

IV. Streitigkeiten

5   Das Arbeitsgericht entscheidet im **Beschlußverfahren** nach den §§ 2 a, 80 ff. ArbGG über den Fortbestand der Mitgliedschaft im Gesamtbetriebsrat und die Wirksamkeit der Amtsniederlegung, der Abberufung, den Ausschluß aus dem Gesamtbetriebsrat und das Nachrücken der Ersatzmitglieder. Wird über die Wirksamkeit eines Abberufungsbeschlusses oder das Erlöschen der Mitgliedschaft im Betriebsrat gestritten, ist nach § 82 S. 2 ArbGG das für den Sitz des Betriebes maßgebliche Arbeitsgericht örtlich zuständig. Geht es um die Amtsniederlegung und das Nachrücken, ist es das für den Sitz des Unternehmens maßgebliche Arbeitsgericht.

§ 50 Zuständigkeit

(1) ¹Der Gesamtbetriebsrat ist zuständig für die Behandlung von Angelegenheiten, die das Gesamtunternehmen oder mehrere Betriebe betreffen und nicht durch die einzelnen Betriebsräte innerhalb ihrer Betriebe geregelt werden können. ²Er ist den einzelnen Betriebsräten nicht übergeordnet.

(2) ¹Der Betriebsrat kann mit der Mehrheit der Stimmen seiner Mitglieder den Gesamtbetriebsrat beauftragen, eine Angelegenheit für ihn zu behandeln. ²Der Betriebsrat kann sich dabei die Entscheidungsbefugnis vorbehalten. ³§ 27 Abs. 3 Satz 3 und 4 gilt entsprechend.

I. Rechtsstellung

1   Die Vorschrift legt die Zuständigkeit des Gesamtbetriebsrates fest und grenzt als Kollisionsnorm seinen Zuständigkeitsbereich zwingend (BAG 11. 11. 1998 AP BetrVG 1972 § 50 Nr. 19) von dem der Betriebsräte ab. Diese Abgrenzung kann weder durch Tarifvertrag (BAG 11. 11. 1998 AP BetrVG 1972 § 50 Nr. 18) oder (Gesamt-)Betriebsvereinbarung (BAG 28. 4. 1992 AP 1972 § 50 Nr. 11) noch durch eine Vereinbarung des Gesamtbetriebsrates mit den Betriebsräten geändert werden (BAG 26. 1. 1993 AP BetrVG 1972 § 99 Nr. 102; 30. 8. 1995 AP BetrVG 1972 § 87 Überwachung Nr. 29). Auch nach Abs. 2 kann nicht abstrakt/generell, sondern nur im Einzelfall delegiert werden (BAG 26. 1. 1993 AP BetrVG 1972 § 99 Nr. 102). Der Gesamtbetriebsrat ist selbständiges, den Einzelbetriebsräten weder über- noch untergeordnetes Organ der Betriebsverfassung. Er kann ihnen nach Abs. 1 S 2 keine Weisungen erteilen, insbesondere keine Richtlinien für die Behandlung bestimmter Angelegen-

heiten durch die Betriebsräte festlegen (DKK/*Trittin* Rn. 6; *Fitting* Rn. 5; GK-BetrVG/*Kreutz* Rn. 12). Er kann sich allenfalls um freiwillige Koordinierung bemühen. Andererseits ist der Gesamtbetriebsrat den Betriebsräten nicht untergeordnet. Die in den Gesamtbetriebsrat entsandten Betriebsratsmitglieder haben **kein imperatives Mandat:** Die Betriebsräte dürfen ihnen keine Weisungen erteilen, die sie in ihrer Entscheidungsfreiheit rechtlich einschränken (DKK/*Trittin* Rn. 7; *Fitting* Rn. 5). Da sie jederzeit abberufen werden können, besteht freilich eine faktische Abhängigkeit. Der Gesamtbetriebsrat hat im Rahmen seiner Zuständigkeit – unabhängig davon, ob diese kraft Gesetzes oder kraft Beauftragung begründet ist – dieselben Handlungsmöglichkeiten wie der Betriebsrat. Er kann insbesondere Gesamtbetriebsvereinbarungen oder im Fall der Delegation (Abs. 2) Betriebsvereinbarungen schließen (*Fitting* Rn. 53). Bei den kraft Gesetz in seinen Zuständigkeitsbereich fallenden Angelegenheiten ist **Verhandlungspartner** des Gesamtbetriebsrates die Unternehmensleitung. Sie kann ihre Befugnisse auf eine Betriebsleitung delegieren, darf damit dem Gesamtbetriebsrat aber nicht den adäquaten Verhandlungspartner entziehen (DKK/*Trittin* Rn. 10; *Fitting* Rn. 15; GK-BetrVG/ *Kreutz* Rn. 63). Die Betriebsleitung darf nicht nur in Verhandlungs-, sie muß ein Abschlußmandat haben. Ist der Gesamtbetriebsrat nach Abs. 2 zuständig, kann sowohl die Unternehmensleitung, als auch eine Betriebsleitung Verhandlungspartner sein. Entscheidend ist einmal, ob die Angelegenheit mehrere Betriebe betrifft. Zum anderen, ob der Gesamtbetriebsrat auch ein Abschlußmandat und nicht nur ein Verhandlungsmandat hat. Sind mehrere Betriebe betroffen und hat der Gesamtbetriebsrat ein Abschlußmandat, gilt die Regelung für die nach Abs. 1 in seine Zuständigkeit fallenden Angelegenheiten (vgl. zum Ganzen *Fitting* Rn. 15; GK-BetrVG/*Kreutz* Rn. 63).

II. Originäre Zuständigkeit

Nach der Konzeption des Gesetzes ist von einer Primärzuständigkeit des Einzelbetriebsrates auszugehen (BAG 18. 10. 1994 AP BetrVG 1972 § 87 Lohngestaltung Nr. 70). An seine Stelle tritt der Gesamtbetriebsrat, soweit er zuständig ist (BAG 16. 8. 1983 AP BetrVG 1972 § 50 Nr. 5). Gesamtbetriebsrat und Betriebsräte stehen nicht im Verhältnis einer „konkurrierenden Gesetzgebung". Originäre Mitbestimmungsrechte des Gesamtbetriebsrates und der Einzelbetriebsräte schließen sich gegenseitig aus (BAG 6. 4. 1976 AP BetrVG 1972 § 50 Nr. 2; GK-BetrVG/*Kreutz* Rn. 17; HSG/*Glaubitz* Rn. 8; aA DKK/*Trittin* Rn. 12; *Fitting* Rn. 14) Für die Angelegenheiten des § 50 Abs. 1 bleiben daher Beteiligungsrechte ungenutzt, wenn pflichtwidrig (s § 47 Rn. 2) kein Gesamtbetriebsrat gebildet wurde (GK-BetrVG/*Kreutz* Rn. 18) oder der Gesamtbetriebsrat sein Mitbestimmungsrecht nicht ausübt (GK-BetrVG/*Kreutz* Rn. 17; aA DKK/*Trittin* Rn. 13; *Fitting* Rn. 14). Pflichtwidriges Verhalten läßt sich nicht durch eine vom Gesetz nicht gedeckte Kompetenzverlagerung auffangen. Die einstimmig oder mehrheitlich getroffene Entscheidung des nach Abs. 1 zuständigen Gesamtbetriebsrates, in einer Angelegenheit nicht tätig zu werden, ist von den Einzelbetriebsräten ebenso hinzunehmen, wie eine von ihm getroffene Regelung, die ihren Intentionen nicht entspricht. Der Gesamtbetriebsrat ist ebensowenig für betriebsratslose oder nicht betriebsratsfähige Betriebe zuständig (BAG 16. 8. 1983 AP BetrVG 1972 § 50 Nr. 5; GK-BetrVG/*Kreutz* Rn. 42; aA DKK/*Trittin* Rn. 17 ff.; *Fitting* Rn. 12; *Richardi* Rn. 35). Es fehlt die betriebsverfassungsrechtliche Legitimation. Die Funktion des Gesamtbetriebsrats liegt in der Bündelung der Interessen der Betriebsräte. Die Interessen eines nicht vorhandenen Betriebsrates lassen sich nicht bündeln. Nicht betriebsratsfähige Kleinstbetriebe stehen außerhalb der Betriebsverfassung. Wo im betriebsratsfähigen Betrieb kein Betriebsrat gewählt wird, grenzen sich die dort Beschäftigten selbst aus. **Rahmenkompetenzen** des Gesamtbetriebsrates sind in der Praxis nicht selten. Erfordert die unternehmenseinheitliche Regelung nur Rahmenvorgaben an die Betriebsräte, bleiben diese für das Ausfüllen dieses Rahmens zuständig (BAG 3. 5. 1984 AP BetrVG 1972 § 95 Nr. 5).

Beteiligungsrechte, die von einer bestimmten **Belegschaftsstärke** abhängen – zB § 95 II BetrVG – stehen auch dem Gesamtbetriebsrat nur für Betriebe zu, in denen die erforderliche Anzahl von AN beschäftigt werden (BAG 8. 6. 1999 AP BetrVG 1972 § 111 Nr. 47; *Fitting* Rn. 10). Auf die Anzahl der AN des Unternehmens kommt es nicht an. Der Gesamtbetriebsrat bündelt die betriebsverfassungsrechtlich geschützten Interessen der Betriebsräte. Wo Mitbestimmungsrechte mangels Betriebsgröße fehlen, können sie nicht durch Bündelung der Betriebsratsinteressen auf Unternehmensebene entstehen. Dies soll aus Verfassungsgründen für die §§ 111 ff. BetrVG jedenfalls dann anders sein, wenn sich die wirtschaftliche Maßnahme betriebsübergreifend auf mehrere Betriebe des Unternehmens erstreckt und in die Zuständigkeit des Gesamtbetriebsrats fällt (BAG 8. 6. 1999 AP BetrVG 1972 § 111 Nr. 47). Ob und inwieweit die konkrete Ausgestaltung materieller Mitbestimmung in § 111 BetrVG verfassungswidrig ist, kann jedoch nicht davon abhängen, wer das Mitbestimmungsrecht im Einzelfall als „Kompetenzträger" ausübt. Soweit man die Anwendung von § 111 BetrVG im Wege verfassungskonformer Auslegung auf Kleinbetriebe in Unternehmen mit mehr als 20 AN erstreckt, läßt sich dies unabhängig von der betriebsverfassungsrechtlichen Zuständigkeit allein mit der wirtschaftlichen Stärke des betroffenen Unternehmens begründen. So wäre auch die Betriebsänderung nach § 111 BetrVG mitbestimmungspflichtig, welche in einem Großunternehmen ausschließlich *einen* Kleinbetrieb betrifft und für die daher der örtliche BRat zuständig ist (s. auch § 111 Rn. 5).

210 BetrVG § 50   Zuständigkeit

Die „Nagelprobe" stellt § 112 a BetrVG dar. Es bleibt abzuwarten, ob das BAG die Sozialplanpflichtigkeit auch hier „verfassungskonform" an der Unternehmensgröße festmachen wird und wie es dann die Bezugsgrößen in den betroffenen Kleinbetrieben bestimmen will.

4   Der Gesamtbetriebsrat ist nur in **überbetrieblichen Angelegenheiten** zuständig. Es müssen also mindestens zwei Betriebe betroffen sein (BAG 6. 12. 1988 AP BetrVG 1972 § 87 Betriebliche Lohngestaltung Nr. 37; DKK/*Trittin* Rn. 22; *Fitting* Rn. 18). Die fehlende Regelungsmöglichkeit durch den Betriebsrat erfordert keine objektive Unmöglichkeit (BAG 23. 9. 1975 AP BetrVG 1972 § 50 Nr. 1; *Richardi* Rn. 7; *Fitting* Rn. 20; GK-BetrVG/*Kreutz* Rn. 30 ff.). Die Vorschrift erfaßt ebenso Fälle der subjektiven Unmöglichkeit (BAG 18. 10. 1994 AP BetrVG 1972 § 87 Lohngestaltung Nr. 70). Subjektiv unmöglich ist zB den Einzelbetriebsräten eine Regelung freiwilliger Leistungen, wenn der Arbeitgeber deren Zweck (mitbestimmungsfrei) so definiert hat, daß er nur mit einer überbetrieblichen Regelung erreicht werden kann (BAG 6. 12. 1988 AP BetrVG 1972 § 87 Lohngestaltung Nr. 37). Im übrigen reicht es aus, daß eine **zwingende sachliche Notwendigkeit,** ein zwingendes Erfordernis für eine betriebsübergreifende Regelung besteht (BAG 26. 1. 1993 AP BetrVG 1972 § 99 Nr. 102; BAG 11. 11. 1998 AP BetrVG 1972 § 50 Nr. 19). Sie kann sich aus technischen oder rechtlichen Gründen ergeben (*Fitting* Rn. 21). Die Notwendigkeit muß sich aus der Natur der Sache aufdrängen (BAG 6. 12. 1988 AP BetrVG 1972 § 87 Lohngestaltung Nr. 37). Der Gesamtbetriebsrat ist erst zuständig, wenn sich eine unterschiedliche Regelung sachlich oder rechtlich nicht rechtfertigen läßt (*Fitting* Rn. 21). Reine Zweckmäßigkeitserwägungen oder das Koordinierungsinteresse des Arbeitgebers reichen nicht aus (BAG 26. 1. 1993 AP BetrVG 1972 § 99 Nr. 102; *Fitting* Rn. 21; GK-BetrVG/*Kreutz* Rn. 32). Die Unternehmensleitung kann nicht durch Konzentration der Entscheidungsgewalt die Zuständigkeit der Betriebsräte ausschalten (BAG 18. 10. 1994 AP BetrVG 1972 § 87 Lohngestaltung Nr. 70; DKK/*Trittin* Rn. 25; *Fitting* Rn. 23). Abstrakte Kriterien bringen allein keine endgültigen Ergebnisse. Entscheidend bleibt die Abwägung im Einzelfall. Dabei ist auf die Verhältnisse des einzelnen konkreten Unternehmens und seiner Betriebe abzustellen (BAG 26. 1. 1993 AP BetrVG 1972 § 99 Nr. 102).

5   Im Bereich der **sozialen Angelegenheiten** ist meist der Betriebsrat zuständig, weil sie konkret betriebsbezogen sind und nur selten eine zwingende sachliche Notwendigkeit für eine gemeinsame Regelung besteht (BAG 23. 9. 1975 AP BetrVG 1972 § 50 Nr. 1; *Richardi* Rn. 15; *Fitting* Rn. 25). Dies gilt zB für Betriebsbußen oder Torkontrollen (DKK/*Trittin* Rn. 33; *Fitting* Rn. 25 a; GK-BetrVG/ *Kreutz* Rn. 37). Für die Festlegung des Beginns und des Endes der täglichen Arbeitszeit ist der Gesamtbetriebsrat nur zuständig, wenn zwischen den Betrieben eine produktionstechnische Abhängigkeit besteht, die eine einheitliche Regelung zwingend erfordert (BAG 23. 9. 1979 AP BetrVG 1972 § 50 Nr. 1). Für die Einführung von Kurzarbeit ist der Betriebsrat zuständig, solange nicht Betriebe produktionstechnisch so eng miteinander verbunden sind, daß die Kurzarbeit in einem Betrieb notwendig zu Produktionseinschränkungen in einem anderen führt (*Fitting* Rn. 25 c; einschränkend BAG AP BGB § 611 Nr. 18). Auch für Zeit, Art und Ort der Auszahlung des Arbeitsentgelts inklusive der Erstattung von Kontoführungsgebühren ist grundsätzlich der Betriebsrat zuständig (BAG 20. 4. 1982 DB 82, 1674; *Fitting* Rn. 26). Für das Aufstellen von Urlaubsplänen kann sich die Zuständigkeit des Gesamtbetriebsrates nur in Ausnahmefällen bei einer arbeitsmäßigen Verzahnung mehrerer Betriebe ergeben (*Fitting* Rn. 27; GK-BetrVG/*Kreutz* Rn. 37). Bei der Einführung von technischen Einrichtungen kann der Gesamtbetriebsrat zuständig sei, wenn etwa ein unternehmenseinheitliches EDV-System (BAG 14. 9. 1984 AP BetrVG 1972 § 87 Überwachung Nr. 9) oder eine unternehmenseinheitliche Telefonvermittlungsanlage (BAG 11. 11. 1998 AP BetrVG 1972 § 50 Nr. 19) angeschafft werden sollen. Für die unternehmenseinheitlichen Sozialeinrichtungen ist der Gesamtbetriebsrat zuständig (zur Altersversorgung BAG 8. 12. 1981 AP BetrAVG § 1 Ablösung Nr. 1). Für das Aufstellen von Entlohnungsgrundsätzen und die Einführung neuer Entlohnungsmethoden wird der Gesamtbetriebsrat zuständig sein, wenn eine einheitliche Regelung wegen des Gebots der Gleichbehandlung erforderlich ist (BAG AP BetrVG 1972 § 87 Lohngestaltung Nr. 70). Handelt es sich um ein unternehmenseinheitliches Vergütungssystem, ist der Gesamtbetriebsrat zuständig (BAG 29. 3. 1977 AP BetrVG 1972 § 87 Provision Nr. 1), auch wenn es nur um eine bestimmte Gruppe von Arbeitnehmern geht (BAG 6. 12. 1988 BAG AP BetrVG 1972 § 87 Lohngestaltung Nr. 37). Dies gilt auch soweit es um Vergütungsgruppen oder funktionsbezogene Zulagen geht, die ausschließlich für AN eines einzigen Betriebes in Frage kommen (BAG 14. 12. 1999 – 1 ABR 27/98). Solange eine unternehmenseinheitliche Vergütungsregelung nicht angestrebt wird, ist der Gesamtbetriebsrat nicht schon deshalb zuständig, weil der Arbeitgeber meint, es komme nur diese in Betracht (BAG 18. 10. 1994 BetrVG 1972 § 87 Lohngestaltung Nr. 70). Er wird zuständig sein, wenn der Arbeitgeber freiwillige Leistungen nur unternehmenseinheitlich gewähren will (BAG 6. 4. 1976 AP BetrVG 1972 § 95 Nr. 2) oder den Zweck der Leistungen so definiert, daß er nur mit überbetrieblichen Regelungen erreichbar ist (BAG 6. 12. 1988 AP BetrVG 1972 § 87 Lohngestaltung Nr. 37).

6   Bei den **personellen Angelegenheiten** ist im Rahmen der **Personalplanung** die Zuständigkeit des Gesamtbetriebsrates gegeben, wenn und soweit der Arbeitgeber eine integrierte Personalplanung für das gesamte Unternehmen betreibt (*Richardi* Rn. 20; DKK/*Trittin* Rn. 49; *Fitting* Rn. 36). Für die Aufstellung von Personalfragebogen, Formulararbeitsverträgen und Beurteilungsgrundsätzen gilt dies nur dann, wenn die Regelungen Instrumente einer auf das Unternehmen bezogenen Personalplanung sind und eine einheitliche Regelung zwingend notwendig ist (*Richardi* Rn. 21; *Fitting* Rn. 37; GK-BetrVG/*Kreutz* Rn. 39). Der Gesamtbetriebsrat ist zuständig beim Aufstellen unternehmenseinheitlicher Auswahlrichtlinien nach § 95 (BAG 31. 5. 1983 AP BetrVG 1972 § 95 Nr. 2) und für allgemeine Regelungen zur Durchführung von Berufsbildungsmaßnahmen im Rahmen unternehmenseinheitlicher Personalplanung (BAG 12. 11. 1991 AP BetrVG 1972 § 98 Nr. 8). Für die **personellen Einzelmaßnahmen** ist nicht der Gesamtbetriebsrat, sondern der Betriebsrat (BAG 3. 2. 1982 AP LPVG Bayern § 77 Nr. 1) auch dann zuständig, wenn der Arbeitgeber mehrere Versetzungen im Rahmen einer Personalrunde zusammenfaßt und mehrere Betriebe betroffen sind (BAG 26. 1. 1993 AP BetrVG 1972 § 99 Nr. 102; *Fitting* Rn. 40; GK-BetrVG/*Kreutz* Rn. 39). Bei einer **Kündigung** ist nur der örtliche Betriebsrat zu hören (BAG 21. 3. 1996 AP BetrVG 1972 § 102 Nr. 81). Der Gesamtbetriebsrat ist selbst dann nicht zu beteiligen, wenn ein Arbeitnehmer dem Übergang seines Arbeitsverhältnisses auf einen neuen Betriebsinhaber widerspricht, der bisherige Betriebsinhaber daraufhin das Arbeitsverhältnis wegen fehlender Beschäftigungsmöglichkeit kündigt, ohne den Arbeitnehmer zuvor einem anderen Betrieb zuzuordnen, und der Widerspruch des Arbeitnehmers dazu führt, daß überhaupt keiner der Einzelbetriebsräte des Unternehmens zu beteiligen ist (BAG 21. 3. 1996 AP BetrVG 1972 § 102 Nr. 81).

Im Rahmen der **wirtschaftlichen Angelegenheiten** ist bei **Betriebsänderungen** der Gesamtbetriebsrat zu beteiligen, wenn die Maßnahme das ganze Unternehmen oder mehrere Betriebe des Unternehmens betrifft und notwendigerweise nur einheitlich geregelt werden kann; etwa bei der Zusammenlegung mehrerer Betriebe oder Stillegung aller Betriebe des Unternehmens (BAG 24. 1. 1996 AP BetrVG 1972 § 50 Nr. 16; 20. 4. 1994 AP BetrVG 1972 § 113 Nr. 27). Beruhen Maßnahmen auf einem unternehmenseinheitlichen Konzept, ist der Gesamtbetriebsrat zu beteiligen (BAG 20. 4. 1994 AP BetrVG 1972 § 113 Nr. 27). Der Gesamtbetriebsrat ist auch zuständig für den Abschluß eines Interessenausgleichs, wenn der Arbeitgeber in der ersten Stufe des Personalabbaus ohne Rücksicht auf betriebliche oder sonstige Besonderheiten der einzelnen Betriebe die Entlassung der älteren Arbeitnehmer beabsichtigt (BAG 20. 4. 1994 AP BetrVG 1972 § 113 Nr. 27). Bei Zweifeln über den zuständigen Verhandlungspartner für einen Interessenausgleich muß der Arbeitgeber, der hier die Initiativlast trägt, die in Betracht kommenden Arbeitnehmervertretungen zur Klärung der Zuständigkeitsfrage auffordern. Weist er einen möglichen Verhandlungspartner zurück, trägt er das Risiko, daß der Interessenausgleich nicht „versucht" ist, wenn dieser zuständig gewesen wäre (BAG 24. 1. 1996 AP Nr. 16 zu § 50 BetrVG 1972). Die **Überwachungsaufgaben** nach § 80 I sind für den Betrieb beim Betriebsrat angesiedelt (BAG 20. 12. 1982 AP ArbGG 1979 § 92 Nr. 5; vgl. aber auch BAG 19. 3. 1981 AP BetrVG 1972 § 80 Nr. 14). 7

Ausdrückliche **gesetzliche Zuständigkeitszuweisungen** an den Gesamtbetriebsrat bestehen im Zusammenhang mit der Errichtung und den Aufgaben des Wirtschaftsausschusses (§§ 107, 108 VI, 109 S. 4), der Errichtung eines Konzernbetriebsrates (§§ 54 ff.), der Bestellung des Wahlvorstandes für die Wahl der Aufsichtsratsmitglieder der Arbeitnehmer nach dem BetrVG 1952, dem MitbestErgG und dem MitbestG (§§ 38 WO 1953; §§ 4, 5 2. WO MitbestErgG; § 4 IV, V 3. WO MitbestG; §§ 3, 4 WO MitbestErgG), der Anfechtung der Wahl der Aufsichtsratsmitglieder der Arbeitnehmer (§ 76 BetrVG 1952; § 22 II MitbestG); dem Widerruf der Bestellung eines Aufsichtsratsmitgliedes der Arbeitnehmer (§§ 49 WO 1953; 107 2. WO MitbestG; 108 3. WO MitbestG; 101 WO MitbestErgG). 8

III. Gesamtbetriebsvereinbarungen

Ihre Geltung folgt der Zuständigkeit des Gesamtbetriebsrates. Die unter Überschreiten seiner Zuständigkeit abgeschlossene Gesamtbetriebsvereinbarung ist unwirksam (BAG 31. 1. 1989 AP ArbGG 1979 § 81 Nr. 12). Eine im Rahmen seiner Zuständigkeit nach Abs. 1 abgeschlossene Gesamtbetriebsvereinbarung geht Betriebsvereinbarungen vor (BAG 31. 1. 1989 AP BetrVG 1972 ArbGG 1979 § 81 Nr. 12; DKK/*Trittin* Rn. 15; *Fitting* Rn. 55). Eine solche Gesamtbetriebsvereinbarung gilt grundsätzlich auch für Betriebe, in denen ein Betriebsrat besteht, die aber erst nach Abschluß der Gesamtbetriebsvereinbarung – etwa infolge Betriebserwerbs – zum Unternehmen hinzugekommen sind (*Fitting* Rn. 55). Sie gilt ebenso für Betriebe, die ihrer Verpflichtung zum Entsenden von Mitgliedern in den Gesamtbetriebsrat nicht nachgekommen sind (DKK/*Trittin* Rn. 19; GK-BetrVG/*Kreutz* Rn. 45). Hier besteht kein Legitimationsdefizit. Auch ihre Interessen werden vom Gesamtbetriebsrat im Rahmen seiner originären Zuständigkeit eingebunden. Sie verlieren nur ein Stück Einfluß auf den Inhalt der Gesamtbetriebsvereinbarung. Ihr nach § 47 I pflichtwidriges Verhalten (s. § 47 Rn. 2) kann im übrigen den Geltungsbereich der Gesamtbetriebsvereinbarung nicht beeinflussen. Sie gilt nicht für betriebsratsfähige Betriebe, in denen kein Betriebsrat gewählt wurde und ebensowenig für die nichtbetriebsratsfähigen Kleinstbetriebe (BAG 16. 8. 1983 AP BetrVG 1972 § 50 Nr. 5; 25. 4. 1995 AP BGB § 242 Gleichbehandlung Nr. 130; GK-BetrVG/*Kreutz* 42; aA DKK/*Trittin* Rn. 17; *Fitting* Rn. 12). Die Auslegung einer Gesamtbetriebsvereinbarung kann jedoch ergeben, daß der Arbeitgeber sich in ihr auch gegenüber den Arbeitnehmern in betriebsratslosen Betrieben hat binden wollen (BAG 28. 4. 1992 AP BetrVG 1972 § 50 Nr. 11 für eine Gesamtbetriebsvereinbarung, die 9 allgemeine Arbeitsbedingungen für alle Beschäftigten regelt). Die Gesamtbetriebsvereinbarungen können **Öffnungsklauseln** für ergänzende Regelungen durch die Betriebsräte enthalten (BAG 3. 5. 1984 AP BetrVG 1972 § 95 Nr. 5), soweit dem Gesamtbetriebsrat nur eine Rahmenkompetenz zukommt. Die Frage der **Ablösung** von Betriebsvereinbarungen durch eine Gesamtbetriebsvereinbarung stellt sich nur selten. Ist der Gesamtbetriebsrat zuständig, waren Betriebsvereinbarungen von Anfang an unwirksam.

IV. Auftrag

10   Abs. 2 ermöglicht den Einzelbetriebsräten, die Zuständigkeit des Gesamtbetriebsrats zu begründen, wo eine Regelung auf Unternehmensebene nicht zwingend, aber doch zweckmäßig erscheint. Der Betriebsrat bleibt Träger des Mitbestimmungsrechts. Der Gesamtbetriebsrat nimmt es gegenüber dem Arbeitgeber wahr. Der Auftrag kann nur für eine **bestimmte Angelegenheit** erfolgen, nicht aber – wie etwa nach §§ 27, 38 – für ganze Bereiche der Mitbestimmung. Die Übertragung der Zuständigkeit in ganzen Sachbereichen der Betriebsverfassung käme einer vom Gesetz nicht vorgesehenen „teilweisen Selbstabdankung" des Einzelbetriebsrates gleich (BAG 26. 1. 1993 AP BetrVG 1972 § 99 Nr. 102). Der Gesamtbetriebsrat kann die Übernahme einer Angelegenheit jedenfalls aus sachlichen Gründen ablehnen (DKK/*Trittin* Rn. 72; *Fitting* Rn. 52; GK-BetrVG/*Kreutz* Rn. 49). Mit der Übertragung ist der Gesamtbetriebsrat in vollem Umfang ermächtigt. Verbindliche Richtlinien können die Betriebsräte ihm nicht vorgeben (*Richardi* Rn. 42; DKK/*Trittin* Rn. 81; *Fitting* Rn. 50; aA GK-BetrVG/*Kreutz* Rn. 58). Eine Bündelung der Interessen wäre bei sich widersprechenden Richtlinien nicht mehr möglich. Der Gesamtbetriebsrat schließt die Betriebsvereinbarung ab (*Fitting* Rn. 53). Er ruft die Einigungsstelle an (DKK/*Trittin* Rn. 68) und stellt für die Arbeitnehmerseite deren Beisitzer (GK-BetrVG/*Kreutz* Rn. 61). Will sich der Betriebsrat nach Abs. 2 S. 2 die Entscheidung vorbehalten, muß er dies eindeutig erklären. Er schließt dann die Vereinbarung mit dem Arbeitgeber ab, ruft ggfs. die Einigungsstelle an und stellt die arbeitnehmerseitigen Beisitzer. Im Zweifel erfolgt der Auftrag ohne Einschränkung (*Richardi* Rn. 42; *Fitting* Rn. 51; GK-BetrVG/*Kreutz* Rn. 58). Er kann nach Abs. 2 § 3 iVm § 27 III 4 jederzeit schriftlich widerrufen werden.

11   Über den Auftrag entscheidet der Betriebsrat durch **Beschluß**, der nach Abs. 2 S. 3 iVm. § 27 III 2 der absoluten Mehrheit der Stimmen und der Schriftform bedarf (*Richardi* Rn. 44). Er kann nicht stillschweigend erteilt werden. Insbesondere reicht zur Annahme eines Auftrags nicht aus, daß der Einzelbetriebsrat die Zuständigkeit des Gesamtbetriebsrates in der Vergangenheit nicht beanstandet hat (BAG 26. 1. 1993 AP BetrVG 1972 § 99 Nr. 102). Die Übertragung ist dem Gesamtbetriebsratsvorsitzenden schriftlich mitzuteilen und wird mit Zugang der Mitteilung wirksam. Die Aufnahme des Übertragungsbeschlusses ins Protokoll der Betriebsratssitzung genügt nicht. Der Übertragungsbeschluß begründet im Außenverhältnis zum Arbeitgeber nach §§ 164 ff. BGB Vertretungsmacht (*Richardi* Rn. 40; DKK/*Trittin* Rn. 78; GK-BetrVG/*Kreutz* Rn. 47). Ist der Auftrag dem Arbeitgeber durch Gesamtbetriebsrat oder Betriebsrat mitgeteilt worden, gilt er auch im Falle der Unwirksamkeit des Übertragungsbeschlusses nach § 173 BGB als wirksam, wenn der Arbeitgeber den Mangel weder kennt noch kennen muß (DKK/*Trittin* Rn. 79; GK-BetrVG/*Kreutz* Rn. 53). Der Widerruf des Auftrages setzt einen mit absoluter Mehrheit gefaßten Beschluß des Betriebsrates voraus, der mit Zugang beim Gesamtbetriebsrat wirksam wird (DKK/*Trittin* Rn. 70).

12   Eine **Betriebsvereinbarung**, die der Gesamtbetriebsrat im Rahmen des Auftrags nach Abs. 2 abschließt, gilt nicht unmittelbar für den Betriebsrat und die Arbeitnehmer des betreffenden Betriebes (*Fitting* Rn. 53). Da der Gesamtbetriebsrat als Vertreter der Betriebsräte handelt, bleiben sie zur Kündigung einer von ihm nach Abs. 2 abgeschlossenen Betriebsvereinbarung berechtigt (*Fitting* Rn. 53; GK-BetrVG/*Kreutz* Rn. 60). Auch das Kündigungsrecht kann dem Gesamtbetriebsrat übertragen werden (*Fitting* Rn. 53).

V. Streitigkeiten

13   Über die Zuständigkeit von Betriebsrat oder Gesamtbetriebsrat und das Bestehen von Mitbestimmungsrechten sowie die Wirksamkeit eines Übertragungsbeschlusses wird im arbeitsgerichtlichen Beschlußverfahren nach den §§ 2 a, 80 ff. ArbGG entschieden. Ist der Gesamtbetriebsrat nach Abs. 2 beauftragt worden, ist der Betriebsrat im Beschlußverfahren Antragsteller und Beteiligter, da er Träger des Mitbestimmungsrechtes geblieben ist. Er kann den Gesamtbetriebsrat ermächtigen, das Verfahren in gewillkürter Prozeßstandschaft zu führen (BAG 6. 4. 1976 AP BetrVG 1972 § 50 Nr. 2). Im Streit über das Bestehen eines bestimmten Mitbestimmungsrechtes des Betriebsrates ist der Gesamtbetriebsrat im Beschlußverfahren nicht Beteiligter iSd. § 83 III ArbGG, da seine betriebsverfassungsrechtliche Stellung nicht unmittelbar betroffen ist (BAG 13. 3. 1984 AP ArbGG 1979 § 83 Nr. 9). **Örtlich zuständig** ist das für den Sitz des Unternehmens zuständige Arbeitsgericht, wenn es um die originäre Zuständigkeit des Gesamtbetriebsrats geht (§ 82 S. 2 ArbGG). Betrifft der Streit die dem Gesamtbetriebsrat zur Behandlung übertragene Angelegenheit oder den Übertragungsbeschluß, richtet sich die Zuständigkeit nach dem Sitz des Betriebes (§ 82 S. 1 ArbGG). Die örtliche Zuständigkeit bestimmt

sich nicht nach den Verfahrensbeteiligten, sondern danach, ob es sich um eine betriebsverfassungsrechtliche Angelegenheit auf Betriebs- oder Unternehmensebene handelt (BAG 19. 6. 1986 AP ArbGG 1979 § 82 Nr. 1).

§ 51 Geschäftsführung

(1) ¹ Für den Gesamtbetriebsrat gelten § 25 Abs. 1, § 26 Abs. 1 und 3, § 27 Abs. 3 und 4, § 28 Abs. 1 Satz 1 und 3, Abs. 3, die §§ 30, 31, 34, 35, 36, 37 Abs. 1 bis 3 sowie die §§ 40 und 41 entsprechend. ² § 27 Abs. 1 Satz 1 und 2 gilt entsprechend mit der Maßgabe, daß der Gesamtbetriebsausschuß aus dem Vorsitzenden des Gesamtbetriebsrats, dessen Stellvertreter und bei Gesamtbetriebsräten mit
9 bis 16 Mitgliedern aus 3 weiteren Ausschußmitgliedern,
17 bis 24 Mitgliedern aus 5 weiteren Ausschußmitgliedern,
25 bis 36 Mitgliedern aus 7 weiteren Ausschußmitgliedern,
mehr als 36 Mitgliedern aus 9 weiteren Ausschußmitgliedern besteht.

(2) ¹ Haben die Vertreter jeder Gruppe mindestens ein Drittel aller Stimmen im Gesamtbetriebsrat, so schlägt jede Gruppe aus ihrer Mitte ein Mitglied für den Vorsitz des Gesamtbetriebsrats vor. ² Der Gesamtbetriebsrat wählt aus den Vorgeschlagenen seinen Vorsitzenden und stellvertretenden Vorsitzenden. ³ Der Gesamtbetriebsausschuß muß aus Angehörigen der im Gesamtbetriebsrat vertretenen Gruppen entsprechend dem Stimmenverhältnis bestehen. ⁴ Die Gruppen müssen mindestens durch ein Mitglied vertreten sein. ⁵ Haben die nach § 47 Abs. 2 Satz 3 entsandten Mitglieder des Gesamtbetriebsrats mehr als die Hälfte der Vertreter jeder Gruppe mehr als ein Zehntel aller Stimmen im Gesamtbetriebsrat und gehören jeder Gruppe mindestens drei Mitglieder des Gesamtbetriebsrats an, so wählt jede Gruppe ihre Vertreter für den Gesamtbetriebsausschuß. ⁶ Für die Zusammensetzung der weiteren Ausschüsse sowie die Wahl der Ausschußmitglieder durch die Gruppen gelten die Sätze 3 bis 5 entsprechend. ⁷ Die Sätze 3 und 4 gelten nicht, soweit dem Ausschuß Aufgaben übertragen sind, die nur eine Gruppe betreffen. ⁸ Ist eine Gruppe nur durch ein Mitglied im Gesamtbetriebsrat vertreten, so können diesem die Aufgaben nach Satz 7 übertragen werden.

(3) ¹ Ist ein Gesamtbetriebsrat zu errichten, so hat der Betriebsrat der Hauptverwaltung des Unternehmens oder, soweit ein solcher Betriebsrat nicht besteht, der Betriebsrat des nach der Zahl der wahlberechtigten Arbeitnehmer größten Betriebs zu der Wahl des Vorsitzenden und des stellvertretenden Vorsitzenden des Gesamtbetriebsrats einzuladen. ² Der Vorsitzende des einladenden Betriebsrats hat die Sitzung zu leiten, bis der Gesamtbetriebsrat aus seiner Mitte einen Wahlleiter bestellt hat. ³ § 29 Abs. 2 bis 4 gilt entsprechend.

(4) ¹ Die Beschlüsse des Gesamtbetriebsrats werden, soweit nichts anderes bestimmt ist, mit Mehrheit der Stimmen der anwesenden Mitglieder gefaßt. ² Bei Stimmengleichheit ist ein Antrag abgelehnt. ³ Der Gesamtbetriebsrat ist nur beschlußfähig, wenn mindestens die Hälfte seiner Mitglieder an der Beschlußfassung teilnimmt und die Teilnehmenden mindestens die Hälfte aller Stimmen vertreten; Stellvertretung durch Ersatzmitglieder ist zulässig. ⁴ § 33 Abs. 3 gilt entsprechend.

(5) Auf die Beschlußfassung des Gesamtbetriebsausschusses und weiterer Ausschüsse des Gesamtbetriebsrats ist § 33 Abs. 1 und 2 anzuwenden.

(6) Die Vorschriften über die Rechte und Pflichten des Betriebsrats gelten entsprechend für den Gesamtbetriebsrat, soweit dieses Gesetz keine besonderen Vorschriften enthält.

I. Konstituierung

Der Gesamtbetriebsrat ist eine **Dauereinrichtung** ohne bestimmte Amtszeit und muß sich deshalb grundsätzlich nur einmal konstituieren. Abs. 3 ist auch anzuwenden, wenn nach den regelmäßigen Betriebsratswahlen oder der Amtsniederlegung aller Mitglieder des Gesamtbetriebsrats die Neuwahlen innerhalb des Gesamtbetriebsrates erforderlich sind (*Richardi* Rn. 32; *Fitting* Rn. 6; GK-BetrVG/*Kreutz* Rn. 14). Die Zugehörigkeit zum Gesamtbetriebsrat endet mit der Amtszeit im Betriebsrat. Eine im Gesamtbetriebsrat ausgeübte Funktion lebt nach der Wiederentsendung nicht auf (*Richardi* Rn. 9; DKK/*Trittin* Rn. 4). Für die Einberufung der konstituierenden Sitzung und deren Durchführung ist unabhängig von dessen Größe der **Betriebsrat der Hauptverwaltung** des Unternehmens **zuständig** oder, falls dort kein Betriebsrat besteht, der Betriebsrat des der Zahl der wahlberechtigten Arbeitnehmer nach größten Betriebes. Ist die Hauptverwaltung nur unselbständiger Teil eines Produktionsbetriebes, ist der dort gebildete Betriebsrat zuständig (*Richardi* Rn. 30; DKK/*Trittin* Rn. 6; GK-BetrVG/*Kreutz* Rn. 8; aA *Fitting* Rn. 7). Das Gesetz stellt in erster Linie auf die Anbindung an den Sitz der Hauptverwaltung ab. Für die Feststellung der Betriebsgröße iSd. Abs. 3 kommt es auf die Eintragung in die Wählerliste bei der letzten Betriebsratswahl an (DKK/*Trittin* Rn. 7; *Fitting* Rn. 8). Unterläßt der zuständige Betriebsrat die von Abs. 3 § 1 geforderte Einladung, können die von den

Eisemann

Betriebsräten entsandten Mitglieder von sich aus zusammentreten (DKK/*Trittin* Rn. 8; *Fitting* Rn. 10; GK-BetrVG/*Kreutz* Rn. 13). Das Unterlassen der Einladung durch den nach Abs. 3 zuständigen Betriebsrat kann eine grobe Pflichtverletzung iSd. § 23 III darstellen (DKK/*Trittin* Rn. 8; *Fitting* Rn. 9). Ist der Sitzungsleiter nach Abs. 3 S. 2 nicht selbst Mitglied des Gesamtbetriebsrates, endet seine Teilnahme an der Sitzung mit der Bestellung des Wahlleiters (*Richardi* Rn. 31; *Fitting* Rn. 11).

II. Beschlüsse

2   Abs. 4 paßt die Regelung zur Beschlußfassung des Betriebsrates in § 33 unter Berücksichtigung der Stimmengewichtung an die Abstimmung des Gesamtbetriebsrates an. Für die Beschlußfähigkeit ist die Zusammensetzung nach Gruppen unbeachtlich. Beschlüsse bedürfen grundsätzlich der **einfachen Mehrheit** der nach § 47 VII gewichteten Stimmen (*Richardi* Rn. 46; *Fitting* Rn. 55; s. § 47 Rn. 16) der an der Beschlußfassung teilnehmenden anwesenden Gesamtbetriebsratsmitglieder. Die **absolute Mehrheit** ist nur erforderlich für die Übertragung von Aufgaben an den Gesamtbetriebsausschuß und andere Ausschüsse oder einzelne Gesamtbetriebsratsmitglieder (§§ 51 Abs. 1, 27 Abs. 3, 28), die Beauftragung des Konzernbetriebsrates mit der Wahrnehmung einer Angelegenheit für den Gesamtbetriebsrat (§ 58 Abs. 2), die Übertragung der Aufgaben des Wirtschaftsausschusses auf einen Gesamtbetriebsausschuß (§§ 51 Abs. 6, 107 Abs. 3) und den Erlaß einer Geschäftsordnung (§§ 51 I 1, 36). Die absolute Mehrheit erfordert die Zustimmung so vieler Mitglieder des beschlußfähigen Gesamtbetriebsrats, daß deren Stimmengewicht mehr als die Hälfte aller im Gesamtbetriebsrat vertretenen Stimmengewichte beträgt. Stellvertretung durch Ersatzmitglieder ist nach Abs. 4 S. 3 zulässig. Betrifft ein Beschluß überwiegend die **Arbeitnehmer des § 60 I**, ist die Gesamt-Jugend- und Auszubildendenvertretung nach den §§ 73 II, 67 II zu beteiligen. Jedes an der Abstimmung teilnehmende Mitglied der Gesamt-Jugend- und Auszubildendenvertretung gibt nur mit der Stimmen ab, die ihm nach § 72 Abs. 7 zustehen. Die Stimmen sind nach § 51 IV iVm. § 33 III bei der Feststellung der Stimmenmehrheit, nicht aber bei der Feststellung der Beschlußfähigkeit mitzuzählen (*Richardi* Rn. 48; *Fitting* Rn. 60; GK-BetrVG/*Kreutz* Rn. 73).

III. Vorsitzender

3   Der Vorsitzende und sein Stellvertreter sind in der konstituierenden Sitzung nach Abs. 1 S. 1 iVm. § 26 I aus der Mitte des Gesamtbetriebsrats zu wählen. Setzt sich der Gesamtbetriebsrat aus Vertretern beider Gruppen zusammen, soll der Vorsitzende und sein Stellvertreter nach Abs. 1 S. 1 iVm. § 26 I 2 nicht derselben Gruppe angehören. Eine Abweichung von dieser Sollbestimmung ist zulässig, wenn dafür einsichtige und vernünftige Gründe bestehen; das bloße Zahlenverhältnis rechtfertigt ein Abweichen noch nicht (BAG 12. 10. 1976 AP BetrVG 1972 § 26 Nr. 2; s. § 26 Rn. 4). Der beschlußfähige Gesamtbetriebsrat wählt in offener oder geheimer Abstimmung mit **einfacher Mehrheit**. Die Stimmengewichtung richtet sich auch bei der Wahl des Gesamtbetriebsratsvorsitzenden nach den allgemeinen Vorschriften (s. § 47 Rn. 16). Hat jede Gruppe mindestens ein Drittel aller Stimmen im Gesamtbetriebsrat, haben beide nach Abs. 2 S. 1 das Recht, aus ihrer Mitte einen Kandidaten für das Amt des Vorsitzenden vorzuschlagen. Kann sich eine Gruppe nicht auf einen Vorschlag einigen, entscheidet das Los (BAG 26. 2. 1987 AP BetrVG 1972 § 26 Nr. 5). Verzichtet sie auf ihr Vorschlagsrecht, schlägt der Gesamtbetriebsrat einen Kandidaten vor (BAG 26. 3. 1987 AP BetrVG 1972 § 26 Nr. 7). Der nicht zum Vorsitzenden gewählte Kandidat ist stellvertretender Vorsitzender. Die als Vorsitzender bzw. Stellvertreter Gewählten sind nicht zur Annahme der Wahl verpflichtet. Ihre **Abberufung** ist jederzeit durch Mehrheitsbeschluß des Gesamtbetriebsrats möglich. Das gilt auch, wenn eine Gruppe den Amtsträger vorgeschlagen hatte (DKK/*Trittin* Rn. 14; GK-BetrVG/*Kreutz* Rn. 24; aA *Fitting* Rn. 19). Wahl und Amtsentzug müssen stets durch den Gesamtbetriebsrat erfolgen. Der Vorsitzende, im Verhinderungsfalle sein Stellvertreter, **vertreten** nach Abs. 1 iVm. § 26 III den Gesamtbetriebsrat im Rahmen der von diesem gefaßten Beschlüsse. Der Gesamtbetriebsrat mit weniger als neun Mitglieder kann die Führung der **laufenden Geschäfte** durch einfachen Mehrheitsbeschluß auf den Vorsitzenden oder ein anderes Gesamtbetriebsratsmitglied übertragen (§§ 51 Abs. 1, 27 Abs. 4). Bei einem größeren Gesamtbetriebsrat führt sie der Gesamtbetriebsausschuß (s. Rn. 11).

IV. Geschäftsführung

4   Die Vorschriften über die Geschäftsführung des Betriebsrates sind weitgehend entsprechend anzuwenden. Die Aufzählung in den Abs. 1–5 ist abschließend. Sie kann nicht durch die Generalklausel des § 51 VI erweitert werden. Sie bezieht sich nicht auf Organisationsvorschriften (*Fitting* Rn. 64; GK-BetrVG/*Kreutz* Rn. 76). Im einzelnen handelt es sich um folgende Bestimmungen:

5   § 25 Ersatzmitglieder – § 26 Abs. 1 und Abs. 3 Wahl des und Vertretung durch den Vorsitzenden – § 27 Abs. 3 und 4 Führung der laufenden Geschäfte und Übertragung von Aufgaben zur selbständigen Erledigung auf Betriebsausschuß, Übertragung der laufenden Geschäfte auf Vorsitzenden/andere Betriebsratsmitglieder in Gesamtbetriebsräten mit weniger als 9 Mitgliedern – § 28 Abs. 1 S. 1, S. 3, Abs. 3 Übertragung von Aufgaben auf weitere Ausschüsse – § 29 Abs. 2 bis 4 Einberufung der

Sitzungen mit Ausnahme der konstituierenden – § 30 Betriebsratssitzungen – § 31 Teilnahme der Gewerkschaften – § 33 Abs. 1 und 3 über Beschlüsse des Betriebsrates – § 34 Sitzungsniederschrift – § 35 Aussetzung von Beschlüssen – § 36 Geschäftsordnung – § 37 Abs. 1 und 3 ehrenamtliche Tätigkeit, Freizeitausgleich für Betriebsratstätigkeit außerhalb der Arbeitszeit – § 40 Kosten und Sachaufwand – § 41 Umlageverbot – § 27 Abs. 1 S. 1 und 2 mit den in § 51 Abs. 1 S. 2 genannten Maßgaben.

Für die **Sitzungen** des Gesamtbetriebsrates (mit Ausnahme der konstituierenden) gilt § 29 Abs. 2 bis 4. Dem Gesamtbetriebsratsvorsitzenden kann im arbeitsgerichtlichen Beschlußverfahren aufgegeben werden, das vom Betriebsrat entsandte Mitglied rechtzeitig unter Mitteilung der Tagesordnung zu laden (LAG Köln AuR 95, 470). Der Gesamtbetriebsrat ist nicht darauf beschränkt, seine Sitzungen nur am Ort der Hauptverwaltung durchzuführen (BAG 24. 7. 1979 AP BetrVG 1972 § 51 Nr. 1; BAG 29. 4. 1998 AP BetrVG 1972 § 40 Nr. 58). § 29 Abs. 3 ist mit der Maßgabe anzuwenden, daß ein Viertel der Gesamtbetriebsratsmitglieder die Einberufung einer Sitzung und Behandlung einer bestimmten Angelegenheit verlangen können, wenn sie zugleich ein Viertel der Stimmengewichte repräsentieren (DKK/*Trittin* Rn. 44; *Fitting* Rn. 41). Entsprechendes gilt für die Frage, ob eine Gruppe die Mehrheit hat. Für das **Teilnahmerecht** von Beauftragten einer **Gewerkschaft** nach Abs. 1 iVm. § 31 kommt es darauf an, daß sie im Gesamtbetriebsrat vertreten ist, ihre Vertretung in einem Betrieb des Unternehmens reicht nicht aus (*Fitting* Rn. 43; GK-BetrVG/*Kreutz* Rn. 55; aA DKK/*Trittin* Rn. 45; *Richardi* Rn. 36). Im Rahmen seiner Zuständigkeit vertritt der Gesamtbetriebsrat die Interessen der Arbeitnehmerschaft. Die **Gesamtschwerbehindertenvertretung** und die **Gesamt-Jugend- und Auszubildendenvertretung** haben nach § 52 und §§ 73 II, 67 das Recht zur Teilnahme an den Sitzungen des Gesamtbetriebsrates.

Die Mehrheit der Vertreter einer Gruppe, der Gesamtschwerbehindertenvertretung oder der Gesamt-Jugend- und Auszubildendenvertretung können unter den Voraussetzungen des § 35 die **Aussetzung** eines Gesamtbetriebsratsbeschlusses für die Dauer einer Woche beantragen.

Der Arbeitgeber trägt nach Abs. 1 iVm. § 40 die **Kosten** für die Teilnahme an den Gesamtbetriebsratssitzungen. Häufigkeit und Dauer der Sitzungen bestimmt der Gesamtbetriebsrat (*Fitting* Rn. 52). Der Gesamtbetriebsrat hat Anspruch auf sachliche Mittel (Räume, Fachliteratur u. ä.), wenn und soweit die den Betriebsräten zur Verfügung gestellten Mittel nicht genügen. Als erforderlich sind auch die Kosten für die Herausgabe eines Informationsblattes des Gesamtbetriebsrates anzusehen (*Fitting* Rn. 52; aA BAG 21. 11. 1978 AP BetrVG 1972 § 50 Nr. 4). Über die Angelegenheiten seiner Zuständigkeit muß der Gesamtbetriebsrat selbst berichten dürfen. Man kann ihn insoweit nicht auf die Betriebsräte verweisen. Der Gesamtbetriebsrat hat auch das Recht, gemäß § 80 III nach näherer Vereinbarung mit dem Arbeitgeber Sachverständige hinzuziehen, wenn dies zur ordnungsgemäßen Erfüllung seiner Aufgaben erforderlich ist. § 34 über das Einsichtsrecht in die Unterlagen des Gesamtbetriebsrates ist mit der Maßgabe anzuwenden, daß das Einsichtsrecht für die Mitglieder des Gesamtbetriebsrates, nicht aber für die übrigen Mitglieder der Einzelbetriebsräte besteht (*Fitting* Rn. 45).

Keine Anwendung finden: § 39: Der Gesamtbetriebsrat kann sich aber mit dem Arbeitgeber darauf einigen, daß er Sprechstunden einrichtet (DKK/*Trittin* Rn. 52; *Fitting* Rn. 51). § 37 IV bis VII: Diese Vorschriften gelten für die Gesamtbetriebsratsmitglieder bereits in ihrer Eigenschaft als Betriebsratsmitglieder (*Fitting* Rn. 49; GK-BetrVG/*Kreutz* Rn. 50). Die Entsendung erfolgt durch die Betriebsräte, nicht durch den Gesamtbetriebsrat (vgl. BAG 10. 6. 1975 AP BetrVG 1972 § 73 Nr. 1). Bei der Beurteilung der Erforderlichkeit der Teilnahme an einer Bildungsveranstaltung ist die im Gesamtbetriebsrat ausgeübte Tätigkeit zu berücksichtigen (BAG 10. 6. 1975 AP BetrVG 1972 § 73 Nr. 1). § 38 I: Der Gesamtbetriebsrat kann aber nach § 37 II die Freistellung eines oder mehrerer Mitglieder verlangen, wenn die Freistellung zur ordnungsgemäßen Wahrnehmung der Aufgaben des Gesamtbetriebsrates erforderlich ist (DKK/*Trittin* Rn. 51; *Fitting* Rn. 50; GK-BetrVG/*Kreutz* Rn. 51). Für die Bestimmung der Person der freizustellenden Gesamtbetriebsratsmitglieder gilt § 38 II entsprechend (*Richardi* Rn. 55; DKK/*Trittin* Rn. 51; *Fitting* Rn. 50). Arbeitgeber und Gesamtbetriebsrat können freiwillige Vereinbarungen über Freistellungen schließen.

V. Rechte und Pflichten

Der Gesamtbetriebsrat hat nach der Generalklausel in **Abs. 6** im Rahmen seiner Zuständigkeit grundsätzlich dieselben Rechte und materiellen Beteiligungs- und Mitbestimmungsrechte wie der Betriebsrat. Für ihn gelten ebenso die allgemeinen Grundsätze der Betriebsverfassung wie das Gebot zur vertrauensvollen Zusammenarbeit (§ 2 I). Abs. 6 bezieht sich nicht auf die Errichtung und die Geschäftsführung des Gesamtbetriebsrates (*Fitting* Rn. 64; GK-BetrVG/*Kreutz* Rn. 76; aA DKK/*Trittin* Rn. 57). Diese Fragen sind abschließend durch die entsprechenden Verweisungen in den Abs. 1 bis 5 geregelt.

VI. Ausschüsse

Der nach Abs. 1 S. 2 iVm. § 27 I zu errichtende **Gesamtbetriebsausschuß** entspricht dem Betriebsausschuß. Er führt die laufenden Geschäfte des Gesamtbetriebsrates nach Maßgabe des

Eisemann

§ 27 III. Ihm können durch schriftlichen Beschluß, der die zu übertragende Angelegenheit konkret bezeichnen muß, Aufgaben auch zur selbständigen Erledigung übertragen werden (§ 27 III 2, 3). Der Abschluß einer Gesamtbetriebsvereinbarung oder Betriebsvereinbarung ist jedoch dem Gesamtbetriebsrat selbst vorbehalten. Diese Aufgabe ist nicht übertragbar (§ 27 III 2, 2. Halbs.). Wird ein Gesamtbetriebsausschuß nicht gebildet, nimmt der Gesamtbetriebsratsvorsitzende die Geschäftsführung wahr.

12 Der Gesamtbetriebsausschuß besteht aus dem Gesamtbetriebsratsvorsitzenden, dessen Stellvertreter und der Tabelle in Abs. 1 S. 2 zu entnehmenden Zahl weiterer (drei bis neun) Ausschußmitglieder. Die Wahl von Ersatzmitgliedern ist zulässig (DKK/*Trittin* Rn. 19; *Fitting* Rn. 22). Der für den Betriebsausschuß und die weiteren Betriebsratsausschüsse geltende Grundsatz der geheimen Verhältniswahl läßt sich auf den Gesamtbetriebsausschuß nicht übertragen (*Fitting* Rn. 22; GK-BetrVG/*Kreutz* Rn. 29). Im Gesamtbetriebsausschuß müssen die im Gesamtbetriebsrat vertretenen **Gruppen** entsprechend ihrem Stimmenverhältnis gemäß § 47 Abs. 7, 8, mindestens aber durch ein Mitglied vertreten sein. Die Anzahl der Gesamtbetriebsratsmitglieder, die auf die Gruppen entfallen, sind nach dem **d'Hondtschen Höchstzahlensystem** zu bestimmen (DKK/*Trittin* Rn. 20; *Fitting* Rn. 24; s. § 14). Die Minderheitsgruppe erhält, wenn sie nicht schon den Vorsitzenden oder seinen Stellvertreter stellt, mindestens einen Sitz, auch wenn sie nach dem Höchstzahlensystem ausfallen würde. Die weiteren Ausschußmitglieder werden dann durch die Gruppen getrennt gewählt, wenn die nach § 47 II 3 durch die Gruppen entsandten Mitglieder des Gesamtbetriebsrates mehr als die Hälfte und die Vertreter jeder Gruppe mehr als ein Zehntel aller Stimmen im Gesamtbetriebsrat haben und jeder Gruppe mindestens drei Mitglieder des Gesamtbetriebsrates angehören. Es kommt auch im Fall einer Vergrößerung oder Verkleinerung nach § 47 IV, V ausschließlich auf die tatsächliche Mitgliederzahl im Gesamtbetriebsrat an (*Richardi* Rn. 17; *Fitting* Rn. 27; GK-BetrVG/*Kreutz* Rn. 33; aA DKK/*Trittin* Rn. 27). Liegt nur eine der drei Voraussetzungen für die Gruppenwahl nicht vor, so werden die weiteren Mitglieder des Gesamtbetriebsausschusses durch Beschluß der Mitglieder des Gesamtbetriebsrates, welcher der einfachen Mehrheit der Stimmen unter Berücksichtigung der Gruppen bedarf, nach dem Mehrheitsprinzip gemeinsam gewählt (*Fitting* Rn. 27ff.). Auch dann, wenn die Zahl der Gesamtbetriebsratsmitglieder nach § 47 Abs. 4–6 anderweitig geregelt wurde, sind die Mitglieder des Gesamtbetriebsausschusses durch die Gruppen getrennt zu wählen (*Fitting* Rn. 30). Im Fall der Wahl durch die Gruppen setzt die **Beschlußfähigkeit** voraus, daß sich mindestens die Hälfte der Gruppenmitglieder an der Wahl beteiligt, und die Teilnehmer mindestens die Hälfte aller auf die Gruppe entfallenden Stimmen vertreten (*Richardi* Rn. 19; *Fitting* Rn. 29). Die **Abberufung** der weiteren Mitglieder des Gesamtbetriebsausschusses erfolgt durch mit einfacher Mehrheit gefaßten Beschluß der Gruppen selbst, wenn diese die Ausschußmitglieder bestimmt haben, sonst des Gesamtbetriebsrates (DKK/*Trittin* Rn. 28; *Fitting* Rn. 31).

13 Der Gesamtbetriebsrat kann **weitere Ausschüsse** bilden und ihnen bestimmte Aufgaben übertragen. Für ihre Zusammensetzung und die Bestellung der Mitglieder sind nach Abs. 2 S. 6 die für den Gesamtbetriebsausschuß geltenden Grundsätze anzuwenden. Sind dem Ausschuß ausschließlich Aufgaben übertragen worden, die nur eine Gruppe betreffen, gelten nach Abs. 2 S. 7 die Regelungen über die Berücksichtigung beider Gruppen nicht. Gruppenschutz ist in diesem Falle unnötig (DKK/*Trittin* Rn. 29; *Fitting* Rn. 23). Ist in diesem Fall die betroffene Gruppe nur durch ein Mitglied im Gesamtbetriebsrat vertreten, können die Aufgaben nach Abs. 2 S. 8 auf diesen einzigen Vertreter übertragen werden.

14 Auf die **Beschlüsse** im Gesamtbetriebsausschuß und den weiteren Ausschüssen ist das Prinzip der Stimmengewichtung nicht anzuwenden, so daß jedes Mitglied nach Abs. 5 iVm. § 33 I und II eine Stimme hat (DKK/*Trittin* Rn. 35). Der Ausschuß ist beschlußfähig, wenn mindestens die Hälfte seiner Mitglieder an der Beschlußfassung teilnimmt. Auch hierbei spielt die Stimmengewichtung keine Rolle.

VII. Streitigkeiten

15 Über die **Geschäftsführung** des Gesamtbetriebsrates wird im arbeitsgerichtlichen **Beschlußverfahren** nach den §§ 2a, 80ff. ArbGG entschieden. Örtlich zuständig ist nach § 82 II ArbGG das für den Sitz des Unternehmens zuständige Arbeitsgericht. Ansprüche von Gesamtbetriebsratsmitgliedern auf Zahlung von **Arbeitsentgelt** im Zusammenhang mit Gesamtbetriebsratstätigkeit sind im arbeitsgerichtlichen **Urteilsverfahren** einzuklagen. Die örtliche Zuständigkeit bestimmt sich hier nach §§ 12ff. ZPO.

§ 52 Teilnahme der Gesamtschwerbehindertenvertretung

Die Gesamtschwerbehindertenvertretung (§ 27 Abs. 1 des Schwerbehindertengesetzes) kann an allen Sitzungen des Gesamtbetriebsrats beratend teilnehmen.

I. Aufgaben

Die Gesamtschwerbehindertenvertretung vertritt nach § 27 V 1 SchwbG die Interessen der Schwerbehinderten in den Angelegenheiten, die das Gesamtunternehmen oder mehrere Betriebe des Unternehmens betreffen. Sie vertritt dabei – anders als der Gesamtbetriebsrat (s. § 50 Rn. 2) – auch die Interessen der Schwerbehinderten, die in Betrieben tätig sind, in denen kein Betriebsrat gewählt wurde oder nicht gewählt werden kann. Die betriebsverfassungsrechtlichen Rechte und Pflichten der Gesamtschwerbehindertenvertretung auf der Unternehmensebene entsprechen nach § 27 VI SchwbG denen der Schwerbehindertenvertretung auf der Ebene der Einzelbetriebe. 1

II. Teilnahme

Die Gesamtschwerbehindertenvertretung kann auch an Sitzungen des Gesamtbetriebsrates teilnehmen, in denen keine Angelegenheiten behandelt werden, die Schwerbehinderte betreffen (*Fitting* Rn. 14; GK-BetrVG/*Kreutz* Rn. 15). Eine Teilnahmepflicht besteht nicht (*Fitting* Rn. 14; GK-BetrVG/*Kreutz* Rn. 15). Sie nimmt nur beratend teil und hat kein Stimmrecht (*Fitting* Rn. 14; GK-BetrVG/*Kreutz* Rn. 15). Sie kann nicht verlangen, daß eine Sitzung des Gesamtbetriebsrates einberufen wird, wohl aber nach § 27 VI iVm. § 25 IV SchwbG, daß auf die Tagesordnung der nächsten Sitzung Angelegenheiten gesetzt werden, die Schwerbehinderte als Gruppe oder Einzelne besonders betreffen. Sie kann nach § 27 VI iVm. § 25 IV SchwbG für eine Woche die Aussetzung von Beschlüssen des Gesamtbetriebsrates beantragen. Der Vorsitzende des Gesamtbetriebsrates hat die Gesamtschwerbehindertenvertretung unter Mitteilung der Tagesordnung rechtzeitig zu den Sitzungen zu laden. Ein Verstoß gegen diese Pflicht führt jedoch nicht zur Unwirksamkeit der vom Gesamtbetriebsrat in der Sitzung gefaßten Beschlüsse (DKK/*Trittin* Rn. 10; *Fitting* Rn. 14). 2

III. Streitigkeiten

Über das Teilnahmerecht entscheiden die Arbeitsgerichte nach den §§ 2 a, 80 ff. ArbGG im Beschlußverfahren. 3

§ 53 Betriebsräteversammlung

(1) ¹Mindestens einmal in jedem Kalenderjahr hat der Gesamtbetriebsrat die Vorsitzenden und die stellvertretenden Vorsitzenden der Betriebsräte sowie die weiteren Mitglieder der Betriebsausschüsse zu einer Versammlung einzuberufen. ²Zu dieser Versammlung kann der Betriebsrat abweichend von Satz 1 aus seiner Mitte andere Mitglieder entsenden, soweit dadurch die Gesamtzahl der sich für ihn nach Satz 1 ergebenden Teilnehmer nicht überschritten wird.

(2) In der Betriebsräteversammlung hat
1. der Gesamtbetriebsrat einen Tätigkeitsbericht,
2. der Unternehmer einen Bericht über das Personal- und Sozialwesen und über die wirtschaftliche Lage und Entwicklung des Unternehmens, soweit dadurch nicht Betriebs- und Geschäftsgeheimnisse gefährdet werden,
zu erstatten.

(3) ¹Der Gesamtbetriebsrat kann die Betriebsräteversammmlung in Form von Teilversammlungen durchführen. ²Im übrigen gelten § 42 Abs. 1 Satz 1 zweiter Halbsatz und Satz 2, § 43 Abs. 2 Satz 1 und 2 sowie die §§ 45 und 46 entsprechend.

I. Vorbemerkung

Die Betriebsräteversammlung bietet Betriebsratsmitgliedern, die nicht in den Gesamtbetriebsrat entsandt sind, die Möglichkeit, direkte Informationen vom Gesamtbetriebsrat über dessen Tätigkeit und vom Unternehmer über das Personal- und Sozialwesen sowie die wirtschaftliche Lage und Entwicklung des Unternehmens zu erhalten. Daneben kann sie dem Meinungs- und Erfahrungsaustausch von Betriebsratsmitgliedern des Unternehmens dienen. Die Vorschrift ist zwingend. Sie kann weder durch Tarifvertrag noch durch Betriebsvereinbarungen abbedungen werden. Nähere Einzelheiten zur Durchführung der Betriebsräteversammlung können in einer ergänzenden freiwilligen Betriebsvereinbarung festgehalten werden, welche der Arbeitgeber mit dem Gesamtbetriebsrat abschließt (DKK/*Trittin* Rn. 3; *Fitting* Rn. 4; GK-BetrVG/*Kreutz* Rn. 3). 1

II. Teilnehmer

Die Betriebsräteversammlung setzt sich zusammen aus den Mitgliedern des Gesamtbetriebsrates, den Vorsitzenden und stellvertretenden Vorsitzenden sowie den weiteren Mitgliedern der Betriebsausschüsse. Wo ein Betriebsausschuß nicht besteht, sind der Vorsitzende und stellvertretende Vorsitzende 2 des Betriebsrates teilnahmeberechtigt. Der Betriebsrat kann durch Beschluß, der der einfachen Mehrheit bedarf, statt der gesetzlich vorgesehenen Personen **andere Betriebsratsmitglieder** in die Betriebsräteversammlung entsenden (DKK/*Trittin* Rn. 9; *Fitting* Rn. 7 GK-BetrVG/*Kreutz* Rn. 10). Sind der Vorsitzende, sein Stellvertreter oder andere Mitglieder des Betriebsausschusses gleichzeitig Gesamtbetriebsratsmitglieder, kann der Betriebsrat an deren Stelle **zusätzliche Vertreter** entsenden (DKK/*Trittin* Rn. 7; *Fitting* Rn. 8; GK-BetrVG/*Kreutz* Rn. 10). Dann sind die dem Gesamtbetriebsrat angehörenden Betriebsratsmitglieder nicht auf die Gesamtzahl der für den jeweiligen Betriebsrat teilnahmeberechtigten Personen anzurechnen (DKK/*Trittin* Rn. 9; *Fitting* Rn. 8; GK-BetrVG/*Kreutz* Rn. 12). Von dieser Ausnahme abgesehen, darf die **Gesamtzahl** der vom Betriebsrat entsandten Teilnehmer die der Betriebsausschußmitglieder nicht überschreiten (DKK/*Trittin* Rn. 9; *Fitting* Rn. 8; GK-BetrVG/*Kreutz* Rn. 12). Die Teilnahme von Ersatzmitgliedern des Betriebsrates ist nur zulässig, wenn diese nachgerückt sind (DKK/*Trittin* Rn. 8; *Fitting* Rn. 8; GK-BetrVG/*Kreutz* Rn. 11). Da die Betriebsräteversammlung keine Entscheidungen trifft, braucht bei der Entsendung der **Gruppenschutz** nicht beachtet werden (*Richardi* Rn. 4; *Fitting* Rn. 9; GK-BetrVG/*Kreutz* Rn. 14). Teilnahmeberechtigt – und nach Abs. 2 Nr. 2 verpflichtet – ist weiter der **Unternehmer**, der nach Abs. 3 iVm. § 46 I 2 einen Beauftragten der Arbeitgebervereinigung hinzuziehen darf. Auch die Beauftragten aller in einem Betrieb des Unternehmens vertretenen **Gewerkschaften** dürfen nach Abs. 3 iVm. § 46 I 1 teilnehmen. Die Betriebsräteversammlung ist nach Abs. 3 iVm. § 42 I 2 **nicht öffentlich**. Wie bei der Betriebsversammlung (s. § 42 Rn. 4) dürfen außer den ohnehin Teilnahmeberechtigten weitere Personen – etwa Sachverständige, Mitglieder der Gesamt-Jugend- und Auszubildendenvertretung u. ä. – im Rahmen der Zuständigkeit der Betriebsräteversammlung auf Einladung des Gesamtbetriebsrates auch ohne Zustimmung des Arbeitgebers teilnehmen (*Fitting* Rn. 36).

III. Durchführung

3   Die Betriebsräteversammlung ist nicht in jährlichem Abstand, sondern nach Abs. 1 S. 1 mindestens einmal im Kalenderjahr einzuberufen. Wann und wo die Betriebsräteversammlung stattfindet, ob und wieviele weitere Betriebsräteversammlungen im Kalenderjahr einzuberufen sind, steht im pflichtgemäßen Ermessen des Gesamtbetriebsrates (DKK/*Trittin* Rn. 12f.; *Fitting* Rn. 24, 26). Weitere Versammlungen sind zulässig, wenn sie für die Tätigkeit des Gesamtbetriebsrates bzw. der Betriebsräte sachlich erforderlich sind (*Fitting* Rn. 24; GK-BetrVG/*Kreutz* Rn. 24). Teilversammlungen nach Abs. 3 S. 2 können zweckmäßig sein, wenn sonst wegen der zu großen Zahl von Teilnehmern ein Gedankenaustausch weder sinnvoll noch möglich wäre (*Fitting* Rn. 25). Für die **Einberufung** der Betriebsräteversammlung ist ausschließlich der Gesamtbetriebsrat zuständig (DKK/*Trittin* Rn. 14; *Fitting* Rn. 28). Die teilnahmeberechtigten Betriebs- und Gesamtbetriebsratsmitglieder sowie der Unternehmer sind rechtzeitig unter Mitteilung der Tagesordnung, Ort und Zeitpunkt der Veranstaltung zu laden. Den im Gesamtbetriebsrat vertretenen Gewerkschaften ist dies rechtzeitig schriftlich mitzuteilen (DKK/*Trittin* Rn. 25; *Fitting* Rn. 13). Das Unterlassen der Einberufung stellt einen Pflichtverstoß dar, der den Ausschluß aus dem Gesamtbetriebsrat nach § 48 rechtfertigen kann (DKK/*Trittin* Rn. 14; *Fitting* Rn. 27).

4   Die **Leitung** der Betriebsräteversammlung obliegt nach **Abs. 3 S. 2** iVm. § 42 I 1 dem Gesamtbetriebsratsvorsitzenden, im Fall seiner Verhinderung seinem Stellvertreter (*Fitting* Rn. 33). Seine Befugnisse entsprechen denen des Betriebsratsvorsitzenden bei der Leitung der Betriebsversammlung (s. § 42 Rn. 7). Die Betriebsräteversammlung kann **Beschlüsse** fassen. Sie ist entsprechend § 33 II beschlußfähig, wenn mindestens die Hälfte der teilnahmeberechtigten Betriebs- und Gesamtbetriebsratsmitglieder an der Beschlußfassung teilnimmt. Jedes Mitglied hat eine Stimme, einfache Stimmenmehrheit genügt (DKK/*Trittin* Rn. 27; *Fitting* Rn. 37). Die Beschlüsse binden weder den Gesamtbetriebsrat noch die Einzelbetriebsräte (DKK/*Trittin* Rn. 27; *Fitting* Rn. 37). Eine Protokollierung ist nicht vorgeschrieben (*Fitting* Rn. 37). Der **Tätigkeitsbericht des Gesamtbetriebsrates** wird von ihm beschlossen und nach **Abs. 2** mündlich vorgetragen (*Fitting* Rn. 17f.; GK-BetrVG/*Kreutz* Rn. 18; s. im übrigen § 43 Rn. 7). Der **Bericht des Unternehmers** geht über die Berichtspflicht nach § 43 II 2 hinaus, die sich nur auf den Betrieb bezieht (s. § 43 Rn. 8). Auf der Betriebsräteversammlung hat er zur Entwicklung des Unternehmens Stellung zu nehmen. Der von ihm selbst mündlich zu erstattende Bericht umfaßt insbesondere die finanzielle Situation, die Produktions- und Marktlage, eventuell geplante Investitionen und Betriebsänderungen und die Grundzüge der Entwicklung des Gesamtunternehmens (DKK/*Trittin* Rn. 18). Der Unternehmer kann sich nur bei Vorliegen zwingender Gründe vertreten lassen (*Fitting* Rn. 19; GK-BetrVG/*Kreutz* Rn. 46). Er hat für Fragen zum Bericht zur Verfügung zu stehen (LAG Frankfurt 21. 9. 1989 DB 89, 1473). Die Berichtspflicht ist eingeschränkt, soweit Betriebs- oder Geschäftsgeheimnisse (s. § 79 Rn. 2ff.) gefährdet werden. Wenn an der Betriebsräteversammlung nur solche Personen teilnehmen, die der Verschwiegenheitspflicht nach § 79 unterliegen, ist dies bei der Beurteilung der Frage, ob eine Gefährdung des Betriebs- oder Geschäftsgeheimnisses vorliegt, zu berücksichtigen (*Fitting* Rn. 20; GK-BetrVG/*Kreutz* Rn. 21; aA *Richardi* Rn. 15). Im übrigen darf der Unternehmer wie auf der Betriebsversammlung zu allen Punkten der Tagesordnung das Wort ergreifen (s. § 43 Rn. 9). Der Gesamtbetriebsrat kann durch

Beschluß auf die Tagesordnung **weitere Angelegenheiten** setzen, welche die Tarif- oder Sozialpolitik, Fragen der Wirtschaft oder die Frauenförderung umfassen, soweit sie einen konkreten Bezugspunkt zum Unternehmen oder zu seinen Arbeitnehmern aufweisen (s. § 45 Rn. 2 ff.). Auch Themen und Fragen, die nicht in die Tagesordnung aufgenommen wurden, können erörtert und zur Abstimmung gebracht werden (*Fitting* Rn. 35; *Richardi* Rn. 26). Wie die Betriebsversammlung (s. § 45 Rn. 5) unterliegt die Betriebsräteversammlung der Friedenspflicht (*Fitting* Rn. 23). Auch hier gilt das Verbot jeder parteipolitischen Betätigung (*Fitting* Rn. 23).

Betriebsräteversammlungen finden **während der Arbeitszeit** statt. Die **Kosten** der Versammlung selbst trägt der Arbeitgeber nach § 40 ebenso wie nach § 37 III die Vergütungsfortzahlung der Teilnehmer. Betriebsratsmitglieder, die außerhalb ihrer individuellen Arbeitszeit an der Versammlung teilnehmen, haben Anspruch auf Freizeitausgleich bzw. Vergütung dieser Zeit wie Mehrarbeit, wenn die sonstigen Voraussetzungen des § 37 III erfüllt sind (DKK/*Trittin* Rn. 29; *Fitting* Rn. 31).

IV. Streitigkeiten

Über Abhaltung und Durchführung der Betriebsräteversammlung wird nach den §§ 2 a, 80 ff. ArbGG im arbeitsgerichtlichen **Beschlußverfahren** entschieden. Örtlich zuständig ist nach § 82 S. 2 ArbGG das Arbeitsgericht, in dessen Bezirk das Unternehmen seinen Sitz hat. Für Streitigkeiten zwischen den Einzelbetriebsräten oder Betriebsratsmitgliedern und dem Arbeitgeber über die Teilnahme an der Betriebsräteversammlung ist örtlich zuständig das Arbeitsgericht, in dessen Bezirk dieser Betrieb liegt. Über Ansprüche auf Arbeitsentgelt für die Zeit der Teilnahme an einer Betriebsräteversammlung uä. wird im **Urteilsverfahren** entschieden. 5

Sechster Abschnitt. Konzernbetriebsrat

§ 54 Errichtung des Konzernbetriebsrats

(1) ¹Für einen Konzern (§ 18 Abs. 1 des Aktiengesetzes) kann durch Beschlüsse der einzelnen Gesamtbetriebsräte ein Konzernbetriebsrat errichtet werden. ²Die Errichtung erfordert die Zustimmung der Gesamtbetriebsräte der Konzernunternehmen, in denen insgesamt mindestens 75 vom Hundert der Arbeitnehmer der Konzernunternehmen beschäftigt sind.

(2) Besteht in einem Konzernunternehmen nur ein Betriebsrat, so nimmt dieser die Aufgaben eines Gesamtbetriebsrats nach den Vorschriften dieses Abschnitts wahr.

I. Vorbemerkung

Mit der Anerkennung einer Arbeitnehmervertretung auf Konzernebene reagiert der Gesetzgeber auf die konzernrechtliche Leitungsmacht. Die Bestimmungen des sechsten Abschnitts stellen sicher, daß betriebsverfassungsrechtliche Beteiligungsrechte nicht durch Verlagerung von Entscheidungsmacht auf die Konzernebene verloren gehen (BAG 22. 11. 1995 AP BetrVG 1972 § 54 Nr. 7; *Fitting* Rn. 3; GK-BetrVG/*Kreutz* Rn. 3). Die Arbeitnehmer werden daher auf dieser Ebene an den die einzelnen Unternehmen bindenden Leitungsentscheidungen in sozialen, personellen und wirtschaftlichen Angelegenheiten beteiligt (BAG 21. 10. 1980 AP BetrVG 1972 § 54 Nr. 1). Damit ist keine Erweiterung der materiellen betriebsverfassungsrechtlichen Mitbestimmungsrechte verbunden (*Fitting* Rn. 3; GK-BetrVG/*Kreutz* Rn. 3). Zugleich werden die nicht immer übereinstimmenden Arbeitnehmerinteressen koordiniert (DKK/*Trittin* Rn. 2; *Fitting* Rn. 3). Die Vorschrift ist zwingend und läßt sich weder durch Tarifvertrag, noch durch eine Betriebsvereinbarung abbedingen oder abändern (*Fitting* Rn. 5; GK-BetrVG/*Kreutz* Rn. 5). Konzernbetriebsräte können daher nicht durch Tarifvertrag errichtet werden. 1

II. Konzern

Ein Konzernbetriebsrat kann nur in einem **Unterordnungskonzern** iSd. § 18 I AktG errichtet werden, nicht in einem Gleichordnungskonzern nach § 18 II AktG. Das folgt aus dem Klammerhinweis in Abs. 1 (BAG 22. 11. 1995 AP BetrVG 1972 § 54 Nr. 7; DKK/*Trittin* vor § 54 Rn. 25; *Fitting* Rn. 8; GK-BetrVG/*Kreutz* Rn. 11). Ein Unterordnungskonzern setzt voraus, daß ein herrschendes Unternehmen und ein oder mehrere abhängige Unternehmen unter einheitlicher Leitung des herrschenden Unternehmens zusammengefaßt sind (zum Folgenden § 18 AktG Rn. 2 ff.). Der Begriff des Unternehmens ist rechtsformneutral gefaßt (BAG 5. 5. 1988 AP AÜG § 1 Nr. 88). Rechtsträger der Unternehmen können deshalb alle juristischen Personen, öffentlich-rechtliche Körperschaften (BGHZ 69, 334), Personenhandelsgesellschaften, Vereine, Stiftungen und natürliche Personen (BAG 22. 11. 1995 AP BetrVG 1972 § 54 Nr. 7) sein. 2

Das Merkmal der **Abhängigkeit** erfordert lediglich die Möglichkeit des herrschenden Unternehmens, mittelbar oder unmittelbar (§ 17 I AktG) einen beherrschenden Einfluß auf die abhängigen 3

Unternehmen auszuüben. Auf die tatsächliche Ausübung kommt es nicht an (BAG 22. 11. 1995 AP BetrVG 1972 54 Nr. 7; BGHZ 74, 359, 367). Dabei muß sich die Einflußnahme auf wesentliche Bereiche wie Produktion, Personalpolitik, Finanzen, Vertrieb, Forschung und Entwicklung beziehen (DKK/*Trittin* vor § 54 Rn. 15; *Fitting* Rn. 9). Die **einheitliche Leitung** kann auf Mehrheitsbeteiligung, Eingliederung (bei AG), Vertrag oder faktischer Abhängigkeit beruhen. Die einheitliche Leitungsmacht muß tatsächlich ausgeübt werden, die Möglichkeit der Ausübung reicht nicht (BAG 22. 11. 1995 AP BetrVG 1972 § 54 Nr. 7; DKK/*Trittin* vor § 54 Rn. 26; *Fitting* Rn. 9; GK-BetrVG/*Kreutz* Rn. 23). Nach § 18 I 3 AktG besteht für ein abhängiges Unternehmen die **Vermutung**, daß es mit dem beherrschenden Unternehmen einen Konzern bildet. Diese Vermutung ist widerlegbar. Sie gilt bis zum Beweis des Gegenteils, zB daß keine Abhängigkeit gegeben ist oder keine einheitliche Leitungsmacht ausgeübt wird (*Fitting* Rn. 17). Von einem in Mehrheitsbesitz stehenden Unternehmen vermutet das Gesetz, daß es von dem an ihm mit Mehrheit beteiligten Unternehmen abhängig ist (§ 17 II AktG). Ein Beherrschungs- und Gewinnabführungsvertrag iSd. § 291 AktG und die Eingliederung iSd. § 319 AktG begründen gemäß § 18 I 2 AktG die unwiderlegliche Vermutung, daß die beteiligten Unternehmen einen Vertragskonzern bilden.

4   Von einem **faktischen Konzern** spricht man, wenn die einheitliche Leitung – anders als im Vertragskonzern – nicht durch Beherrschungsvertrag oder Eingliederung gesichert ist. Instrumente der Beherrschung können insbesondere Stimmrechte sein und Stimmbindungsverträge oder das Recht, Personen in die Führungsorgane des beherrschten Unternehmens zu entsenden (DKK/*Trittin* vor § 54 Rn. 38 ff; *Fitting* Rn. 15; GK-BetrVG/*Kreutz* Rn. 17). Es kommen aber auch alle sonstigen Mittel der einheitlichen Leitung in Betracht, zB vertragliche Vereinbarungen, die darauf abzielen, die Organe des abhängigen Unternehmens zu besetzen und seine Gesellschaftspolitik zu bestimmen (BAG 30. 10. 1986 AP BetrVG 1972 § 55 Nr. 1). Ein Unternehmer, der lediglich über eine Minderheitsbeteiligung verfügt, kann zum Beherrschenden werden, indem er von Gesellschaftern, die gemeinsam die Mehrheit der Stimmanteile halten, von vornherein auf ausreichend sicherer Grundlage und beständig unterstützt wird (BGH 16. 2. 1981 DB 1981, 931 ff.). Eine derart sichere Grundlage gemeinsamer Herrschaft können nicht nur vertragliche und organisatorische Bindungen bilden, sondern auch sonstige rechtliche oder tatsächliche Umstände. Treten etwa miteinander verwandte Gesellschafter insbesondere in ihrem Abstimmungsverhalten stets als geschlossene Einheit auf und geben dadurch dem Unternehmer, der allein nicht über die Mehrheit verfügt, die für die Geschäftspolitik erforderliche Rückendeckung, so liegt Beherrschung vor (BGH 16. 2. 1981 DB 1981, 931). Eine einheitliche Leitung kann gegeben sein, wenn leitende Angestellte des herrschenden Unternehmens Organmitglieder des abhängigen Unternehmens sind (LAG Düsseldorf 11. 9. 1987 AuR 1988, 92). Schuldrechtliche Verträge über den Austausch von Leistungen, die wirtschaftliche Abhängigkeit begründen, reichen nach der Rechtsprechung des BGH nicht aus. Erforderlich ist danach eine gesellschaftsrechtliche Verwurzelung der Leitungsmacht (BGH 26. 3. 1984 NJW 1984, 1893; *Fitting* Rn. 15; aA DKK/*Trittin* Rn. 24).

5   Von einem **qualifiziert faktischen Konzern** spricht man, wenn das herrschende Unternehmen die Geschäfte des abhängigen dauernd und umfassend praktisch wie eine bloße Betriebsabteilung eines einheitlichen Unternehmens selbst führt (BAG 15. 1. 1991 AP BetrVG 1972 § 113 Nr. 21; 6. 10. 1992 AP BetrAVG Konzern § 1 Nr. 10). Dies hat allein haftungsrechtliche Bedeutung und wirkt sich im Zusammenhang mit der Errichtung eines Konzernbetriebsrates nicht aus. Das **Gemeinschaftsunternehmen** wird von mindestens zwei Unternehmen gemeinsam beherrscht. Es bildet jeweils mit dem herrschenden Unternehmen einen Konzern. Bei mehrfacher Abhängigkeit gilt die widerlegbare Vermutung nach § 18 I 3 AktG jedenfalls für den Regelungsbereich der §§ 54 ff. BetrVG (BAG 30. 10. 1986 AP BetrVG 1972 § 55 Nr. 1). Wenn ein Unternehmen zwar von mehreren anderen abhängig ist, aber nur eines von diesen die einheitliche Leitung ausübt, so bildet das abhängige Unternehmen nur mit diesem einen Konzern (GK-BetrVG/*Kreutz* Rn. 35). Ein **Konzern im Konzern** liegt vor, wenn in einem mehrstufigen, vertikal gegliederten Konzern einem Tochterunternehmen ein rechtlich relevanter Spielraum für die bei ihm und für die von ihm abhängigen Unternehmen zu treffenden Entscheidungen verbleibt (BAG 21. 10. 1980 AP BetrVG 1972 § 54 Nr. 1). Das setzt voraus, daß das Tochterunternehmen (=Unterkonzern) eigenständige Entscheidungen in wesentlichen wirtschaftlichen, personellen oder sozialen Angelegenheiten treffen darf und trifft (*Fitting* Rn. 21).

III. Errichtung

6   Der Konzernbetriebsrat kann, er muß nicht errichtet werden (*Fitting* Rn. 26; GK-BetrVG/*Kreutz* Rn. 8). Die Gesamtbetriebsräte haben gegenüber dem Unternehmer einen Anspruch auf Erteilung von Auskunft darüber, ob und gfs. mit welchen Unternehmen ein Konzernverhältnis nach § 18 I AktG besteht (*Fitting* Rn. 11). Die Initiative zur Errichtung des Konzernbetriebsrates kann jederzeit von den Gesamtbetriebsräten jedes zum Konzern gehörenden Unternehmens ausgehen (DKK/*Trittin* Rn. 42; *Fitting* Rn. 28; GK-BetrVG/*Kreutz* Rn. 41). Voraussetzung ist, daß in den Konzernunternehmen mindestens zwei Gesamtbetriebsräte bestehen (*Fitting* Rn. 27). Besteht in einem Unternehmen nur ein Betriebsrat, weil das Unternehmen nur einen betriebsratsfähigen Betrieb hat, so nimmt dieser die Rechte des Gesamtbetriebsrats wahr (BAG 10. 2. 1981 AP BetrVG 1972 § 54 Nr. 2; *Fitting*

Rn. 27). Ausnahmsweise können zwei Betriebsräte einen Konzernbetriebsrat errichten, wenn zwei Konzernunternehmen je nur einen betriebsratsfähigen Betrieb mit insgesamt 75% der im Konzern beschäftigten Arbeitnehmer haben (*Richardi* Rn. 29; DKK/*Trittin* Rn. 36; *Fitting* Rn. 27).

Ein Konzernbetriebsrat kann nur beim **herrschenden Unternehmen** errichtet werden. Darauf, ob 7 das herrschende Unternehmen ein Tendenzunternehmen iSd. § 118 I ist, kommt es nicht an (*Fitting* Rn. 12). Beim **Gemeinschaftsunternehmen** ist die Errichtung eines Konzernbetriebsrates bei jedem herrschenden Unternehmen möglich (BAG 30. 10. 1986 AP BetrVG 1972 § 55 Nr. 1). Die betriebliche Mitbestimmung muß dem Zweck der §§ 54 ff. folgend dort ausgeübt werden, wo unternehmerische Leitungsmacht konkret entfaltet und ausgeübt wird. Entsprechendes gilt für den **Konzern im Konzern**. Hier kann sowohl bei der Mutter als auch bei dem Tochterunternehmen, dem betriebsverfassungsrechtlich relevante eigenständige Entscheidungskompetenzen belassen sind, ein Konzernbetriebsrat gebildet werden (BAG 21. 10. 1980 AP BetrVG 1972 § 54 Nr. 1; *Fitting* Rn. 22; GK-BetrVG/*Kreutz* Rn. 30). Für **internationale Konzerne** ist zu differenzieren: Hat das herrschende Unternehmen seinen Sitz im Inland, während die abhängigen Unternehmen im Ausland liegen, kann kein Konzernbetriebsrat gebildet werden, weil für letztere nach dem Territorialitätsprinzip das Betriebsverfassungsgesetz nicht gilt (*Richardi* Rn. 31; *Fitting* Rn. 25; GK-BetrVG/*Kreutz* Rn. 37). Wohl kann für die inländischen Konzernunternehmen ein Konzernbetriebsrat bei der im Inland ansässigen Muttergesellschaft gebildet werden (*Fitting* Rn. 25). Wenn das herrschende Unternehmen seinen Sitz im Ausland hat, kann auch für die im Inland liegenden Konzernunternehmen kein Konzernbetriebsrat gebildet werden (*Fitting* Rn. 23; GK-BetrVG/*Kreutz* Rn. 38; aA *Richardi* Rn. 32; DKK/*Trittin* Rn. 29). Auf die Muttergesellschaft findet das Betriebsverfassungsgesetz keine Anwendung, der Konzernbetriebsrat hätte keinen Gegenpol (GK-BetrVG/*Kreutz* Rn. 38). Hat die ausländische Konzernspitze seine Leitungsmacht einem Tochterunternehmen im Inland zur selbständigen einheitlichen Leitung der diesem nachgeordneten Unternehmen belassen (zB in Form einer Zentrale), so kann nach den Grundsätzen über den Konzern im Konzern bei dem herrschenden Tochterunternehmen ein Konzernbetriebsrat errichtet werden (DKK/*Trittin* Rn. 32; *Fitting* Rn. 24; GK-BetrVG/*Kreutz* Rn. 38).

Der Konzernbetriebsrat ist errichtet, wenn die einzelnen Gesamtbetriebsräte der Konzernunter- 8 nehmen, in denen mindestens 75% der Arbeitnehmer des Konzerns beschäftigt sind, sich durch selbständige **Beschlüsse** für seine Errichtung aussprechen. Für die Beschlußfassung gilt § 51 IV. Der jeweilige Beschluß erfordert danach die einfache, nach Stimmengewicht zu berechnende Mehrheit (s. § 51 Rn. 2). Tritt der Betriebsrat des einzigen Betriebes eines Konzernunternehmens an die Stelle des Gesamtbetriebsrat, so ist für dessen Beschlußfassung die Mehrheit der anwesenden Mitglieder erforderlich. Es kommt nicht darauf an, daß mehrere Gesamtbetriebsräte der Errichtung zustimmen. Vielmehr reicht aus, daß ein Gesamtbetriebsrat sich für die Errichtung ausspricht, wenn er mindestens 75% der Arbeitnehmer des Konzerns repräsentiert (DKK/*Trittin* Rn. 36; *Fitting* Rn. 31; GK-BetrVG/*Kreutz* Rn. 44). Für die Feststellung der Beschäftigtenzahl ist auf die Zahl aller mit Ausnahme der leitenden Angestellten zum Zeitpunkt der Beschlußfassung beschäftigten Arbeitnehmer der Konzernunternehmen abzustellen. Es kommt nicht darauf an, ob sie wahlberechtigt sind (DKK/*Trittin* Rn. 38; *Fitting* Rn. 34; GK-BetrVG/*Kreutz* Rn. 45) oder in dem Betrieb bzw. Konzernunternehmen (Gesamt-)Betriebsräte bestehen (BAG 11. 8. 1993 AP BetrVG 1972 § 54 Nr. 6; *Richardi* Rn. 37; *Fitting* Rn. 34; aA GK-BetrVG/*Kreutz* Rn. 46). Aus der Zuständigkeit des Konzernbetriebsrates läßt sich nicht darauf schließen, auf welche Betriebe oder Unternehmen es zur Ermittlung der Gesamtzahl der Arbeitnehmer bei seiner Errichtung ankommt.

IV. Beendigung

Der Konzernbetriebsrat ist wie der Gesamtbetriebsrat eine Daueinrichtung ohne feste Amtszeit. 9 Er kann sich nicht selbst auflösen (*Fitting* Rn. 39; GK-BetrVG/*Kreutz* Rn. 52). Allenfalls können seine Mitglieder geschlossen ihr Amt niederlegen. In diesem Fall rücken die Ersatzmitglieder nach (*Fitting* Rn. 39). Als fakultatives Organ kann er durch übereinstimmende Beschlüsse der Gesamtbetriebsräte der Konzernunternehmen aufgelöst werden (*Richardi* Rn. 45; *Fitting* Rn. 38; GK-BetrVG/*Kreutz* Rn. 53). Für die Auflösungsbeschlüsse fehlen gesetzliche Vorgaben. Es reichen deshalb Auflösungsbeschlüsse der Gesamtbetriebsräte der Konzernunternehmen, in denen mehr als die Hälfte der Arbeitnehmer des Konzerns beschäftigt sind (*Richardi* Rn. 46; *Fitting* Rn. 38; GK-BetrVG/*Kreutz* Rn. 53).

V. Konzernunternehmen mit nur einem Betriebsrat

Abs. 2 legt generalklauselartig fest, daß unter den genannten Voraussetzungen alle Vorschriften über 10 Rechte, Pflichten und die Zuständigkeit von Gesamtbetriebsräten auch für den Betriebsrat gelten. Dies gilt erst einmal für den Fall, daß in Konzernunternehmen nur ein betriebsratsfähiger Betrieb besteht (*Richardi* Rn. 52; DKK/*Trittin* Rn. 58; *Fitting* Rn. 42; GK-BetrVG/*Kreutz* Rn. 55). Es gilt ebenso, wenn zwar mehrere betriebsratsfähige Betriebe bestehen, jedoch nur in einem Betrieb ein

Betriebsrat gewählt ist und deshalb ein Gesamtbetriebsrat nicht gebildet werden konnte (DKK/*Trittin* Rn. 59; *Fitting* Rn. 44; GK-BetrVG/*Kreutz* Rn. 57; aA *Richardi* Rn. 54). Auch hier muß der einzelne Betriebsrat nicht hinnehmen, daß er Zuständigkeiten gegenüber dem Gesamtbetriebsrat verliert. Es kann ihm deshalb seine Mitwirkung auf Konzernebene nicht versagt werden. Dieser Betriebsrat repräsentiert allerdings nur die Arbeitnehmer des Betriebes, in dem er gebildet ist, nicht die der betriebsratslosen Betriebe (s. auch § 50 Rn. 2; *Fitting* Rn. 44; GK-BetrVG/*Kreutz* Rn. 57; aA DKK/ *Trittin* Rn. 59). Es fehlt insoweit seine betriebsverfassungsrechtliche Legitimation. Abs. 2 ist nicht anzuwenden auf den Fall, daß in einem Konzernunternehmen mehrere Betriebsräte bestehen, diese jedoch pflichtwidrig keinen Gesamtbetriebsrat gebildet haben (DKK/*Trittin* Rn. 60; *Fitting* Rn. 45; GK-BetrVG/*Kreutz* Rn. 58). In Konzernunternehmen mit nur einem Betriebsrat bestimmt die in den Konzernbetriebsrat zu entsendenden Betriebsratsmitglieder die in ihm vertretenen Gruppen, wenn die in den §§ 27 II und 47 II 3 genannten Merkmale erfüllt sind (BAG 10. 2. 1981 AP BetrVG 1972 § 54 Nr. 2).

VI. Streitigkeiten

11 Über die Errichtung eines Konzernbetriebsrates wird im arbeitsgerichtlichen Beschlußverfahren nach den §§ 2 a, 80 ff. ArbGG entschieden. Örtlich zuständig ist nach § 82 S. 2 ArbGG das für den Sitz des herrschenden Unternehmens zuständige Arbeitsgericht. Betrifft der Streit das Entsendungsrecht eines Gesamtbetriebsrates, so sind weder eine im Unternehmen vertretene Gewerkschaft noch der Gesellschafter einer Gesellschaft bürgerlichen Rechts, die zur gemeinsamen Leitung des herrschenden Unternehmens gebildet wurde, antragsberechtigt (BAG 29. 8. 1985 AP ArbGG 1979 § 83 Nr. 13).

§ 55 Zusammensetzung des Konzernbetriebsrats, Stimmengewicht

(1) ¹ In den Konzernbetriebsrat entsendet jeder Gesamtbetriebsrat, wenn ihm Vertreter beider Gruppen angehören, zwei seiner Mitglieder, wenn ihm Vertreter nur einer Gruppe angehören, eines seiner Mitglieder. ² Werden zwei Mitglieder entsandt, so dürfen sie nicht derselben Gruppe angehören. ³ Haben die nach § 47 Abs. 2 Satz 3 entsandten Mitglieder des Gesamtbetriebsrats mehr als die Hälfte und die Vertreter jeder Gruppe mehr als ein Zehntel aller Stimmen im Gesamtbetriebsrat und gehören jeder Gruppe mindestens drei Mitglieder des Gesamtbetriebsrats an, so wählt jede Gruppe den auf sie entfallenden Gruppenvertreter. ⁴ Die Sätze 1 bis 3 gelten entsprechend für die Abberufung.

(2) ¹ Der Gesamtbetriebsrat hat für jedes Mitglied des Konzernbetriebsrats mindestens ein Ersatzmitglied zu bestellen und die Reihenfolge des Nachrückens festzulegen. ² Für die Bestellung gilt Absatz 1 entsprechend.

(3) ¹ Jedes Mitglied des Konzernbetriebsrats hat so viele Stimmen, wie die Mitglieder seiner Gruppe im Gesamtbetriebsrat insgesamt Stimmen haben. ² Entsendet ein Gesamtbetriebsrat nur ein Mitglied in den Konzernbetriebsrat, so hat dieses Mitglied so viele Stimmen, wie die Mitglieder des Gesamtbetriebsrats, von dem es entsandt wurde, insgesamt im Gesamtbetriebsrat Stimmen haben.

(4) ¹ Durch Tarifvertrag oder Betriebsvereinbarung kann die Mitgliederzahl des Konzernbetriebsrats abweichend von Absatz 1 Satz 1 geregelt werden. ² § 47 Abs. 5 bis 8 gilt entsprechend.

I. Zusammensetzung

1 Nach **Abs. 1** sind alle Gesamtbetriebsräte der dem Konzern angehörenden – abhängigen und herrschenden – Unternehmen nach seiner Errichtung verpflichtet, Mitglieder in den Konzernbetriebsrat zu entsenden, auch wenn sie ihr nicht zugestimmt haben (*Richardi* Rn. 16; DKK/*Trittin* Rn. 5; *Fitting* Rn. 4). Es können nur Mitglieder des Gesamtbetriebsrates entsandt werden. Sind im Gesamtbetriebsrat beide Gruppen vertreten, ist jeweils ein Gruppenmitglied zu entsenden. Sie werden grundsätzlich durch gemeinsamen Beschluß des Gesamtbetriebsrates bestimmt. Wie bei der Wahl zum Gesamtbetriebsausschuß (s. § 51 Rn. 11) entsenden jedoch die Gruppen unter den Voraussetzungen des Abs. 1 S. 3 ihre Vertreter in den Konzernbetriebsrat. Ist im Gesamtbetriebsrat nur eine Gruppe vertreten, kann nach Abs. 1 S. 1 aE nur ein Vertreter in den Konzernbetriebsrat entsandt werden. Besteht für ein Konzernunternehmen nur ein **Betriebsrat**, ist dieser nach § 54 II zur Entsendung verpflichtet. Für diesen Fall fehlt eine Abs. 1 S. 3 entsprechende Regelung über den Gruppenschutz. Hier entsenden die Gruppen ein Gruppenmitglied in den Konzernbetriebsrat, wenn auch die weiteren Mitglieder für den Betriebsausschuß nach § 27 II 3 durch die Gruppen bestimmt werden (BAG 10. 2. 1981 AP BetrVG 1972 § 54 Nr. 2; *Richardi* Rn. 8; *Fitting* Rn. 10). Ein Minderheitenschutz nach § 27 II 4 iVm. § 27 I 3 erfolgt jedoch nicht.

III. Stimmengewicht

Die Bestellung von **Ersatzmitgliedern** erfolgt nach **Abs. 2** S. 2 nach demselben Verfahren wie die 2 Entsendung von Konzernbetriebsratsmitgliedern. Der Gesamtbetriebsrat hat unter Beachtung der Gruppenzugehörigkeit aus seiner Mitte für jedes Mitglied mindestens ein Ersatzmitglied zu bestellen. Wenn mehrere Ersatzmitglieder für ein ordentliches Mitglied bestellt werden, muß der Gesamtbetriebsrat auch die Reihenfolge des Nachrückens festlegen. Das Ersatzmitglied rückt im Falle zeitweiliger Verhinderung oder des Ausscheidens des ordentlichen Mitglieds für dieses nach (*Fitting* Rn. 14). Diese Grundsätze gelten nach § 54 II entsprechend für den Fall, daß in einem Konzernunternehmen nur ein Betriebsrat besteht. Besteht der Betriebsrat nur aus einer Person oder ist im Fall der Gruppenwahl eine Gruppe nur mit einem Vertreter vertreten, rückt nach § 47 III 1 2. Halbs. iVm. § 25 III das gewählte Ersatzmitglied nach (*Fitting* Rn. 16; GK-BetrVG/*Kreutz* Rn. 14).

Die Mitgliedschaft im Konzernbetriebsrat endet spätestens mit der Mitgliedschaft im Betriebsrat 3 (*Fitting* Rn. 5). Die **Abberufung** erfordert nach Abs. 1 S. 4 dasselbe Verfahren wie die Entsendung. Wer von einer Gruppe entsandt wurde, kann nicht vom Gesamtbetriebsrat abberufen werden. Für ein abberufenes oder aus sonstigen Gründen aus dem Konzernbetriebsrat ausgeschiedenes Mitglied rückt nach § 59 I iVm. § 25 I ein Ersatzmitglied nach, wenn nicht die zur Entsendung Berechtigten eine andere Regelung beschlossen haben (*Fitting* Rn. 13; GK-BetrVG/*Kreutz* Rn. 11).

II. Abweichende Regelungen

Abs. 4 ermöglicht die Vergrößerung und Verkleinerung von Konzernbetriebsräten durch Änderung 4 der Mitgliederzahl. Eine Änderung der Gruppenzusammensetzung gestattet er nicht (*Fitting* Rn. 23; GK-BetrVG/*Kreutz* Rn. 21). Für diese Änderung gilt § 47 V bis VIII entsprechend (s. § 47 Rn. 10 ff.) Die abweichende Vereinbarung ist in jedem Fall mit dem herrschenden Unternehmen abzuschließen (*Richardi* Rn. 19, 21; DKK/*Trittin* Rn. 20 f.; *Fitting* Rn. 24 f.; aA GK-BetrVG/*Kreutz* Rn. 35). Der Abschluß eines Einheitstarifvertrages oder inhaltsgleicher Tarifverträge mit allen Konzernunternehmen kann mit kaum zu überwindenden Schwierigkeiten verbunden sein. Den Tarifvertrag kann auch eine Gewerkschaft schließen, die nicht in den Betrieben aller Konzernunternehmen vertreten ist (DKK/*Trittin* Rn. 20; *Fitting* Rn. 24). Es besteht Tarifvorrang (s. § 47 Rn. 12). Die Betriebsvereinbarung schließt der nach § 55 I gebildete Konzernbetriebsrat ab. Der Unternehmer des herrschenden Unternehmens und der Konzernbetriebsrat können nach Abs. 4 S. 2 iVm. § 47 V bis VIII den Abschluß einer Betriebsvereinbarung zur abweichenden Regelung der Mitgliederzahl verlangen, wenn der Konzernbetriebsrat bei regelmäßiger Zusammensetzung nach Abs. 1 aus mehr als 40 Mitgliedern besteht. Kommt keine Einigung zustande, entscheidet die Einigungsstelle, die beim herrschenden Konzernunternehmen zu bilden ist (*Fitting* Rn. 28; GK-BetrVG/*Kreutz* Rn. 31).

III. Stimmengewicht

Abs. 3 knüpft das Stimmengewicht der Konzernbetriebsratsmitglieder an das der Mitglieder des 5 entsendenden Gesamtbetriebsrates an. Die Anzahl der Stimmen, die jedes Konzernbetriebsratsmitglied als Gruppenvertreter auf sich vereinigt, wird ermittelt, indem man die Stimmengewichte der Mitglieder seiner Gruppe im Gesamtbetriebsrat nach § 48 VII und VIII feststellt. Dabei ist auf die unterschiedlichen Berechnungsgrundlagen für das Stimmengewicht der Gesamtbetriebsratsmitglieder zu achten, je nachdem, ob der entsendende Betriebsrat zwei Gruppenvertreter oder nur ein Mitglied oder ob mehrere Betriebsräte gemeinsame Mitglieder entsandt haben (s. § 47 Rn. 16). Maßgebend ist die Zahl der wahlberechtigten Angehörigen der Gruppe, die bei der letzten Betriebsratswahl in die Wählerliste eingetragen waren (*Fitting* Rn. 17; GK-BetrVG/*Kreutz* Rn. 16). Besteht der Gesamtbetriebsrat nur aus Vertretern einer Gruppe, entspricht das Stimmengewicht des entsandten Mitglieds der Summe der Stimmengewichte aller Mitglieder des Gesamtbetriebsrates (*Fitting* Rn. 19; GK-BetrVG/*Kreutz* Rn. 17). Im Fall des § 54 II – im zum Konzern gehörenden Unternehmen besteht nur ein Betriebsrat – richtet sich das Stimmengewicht nach § 47 VII: Jedes Mitglied hat so viele Stimmen, wie in dem Betrieb, in dem es gewählt wurde, wahlberechtigte Angehörige seiner Gruppe in der Wählerliste eingetragen sind. Entsendet der Betriebsrat nur ein Mitglied, so entspricht dessen Stimmengewicht der Summe der Stimmen aller wahlberechtigten Arbeitnehmer des Betriebes (DKK/*Trittin* Rn. 14; *Fitting* Rn. 20; GK-BetrVG/*Kreutz* Rn. 18). Im Fall der Verkleinerung des Konzernbetriebsrates nach § 47 V bestimmt sich das Stimmengewicht der entsandten Konzernbetriebsratsmitglieder nach dem Gesamtvolumen der Stimmengewichte der betreffenden Gesamtbetriebsräte (*Richardi* Rn. 27; *Fitting* Rn. 26). Werden mehrere Gruppenangehörige des Gesamtbetriebsrates in den Konzernbetriebsrat entsandt, so teilen sie sich zu gleichen Teilen das Stimmengewicht, das den Gruppen im Gesamtbetriebsrat zusteht, dem sie angehören (*Fitting* Rn. 27).

Die Mitglieder des Konzernbetriebsrates können ihre Stimmen nur einheitlich abgeben; ein Stim- 6 mensplitting findet auch dann nicht statt, wenn es bei einer Beschlußfassung auf die auf Gruppen entfallenden Stimmen ankommt wie zB bei der Wahl der weiteren Mittglieder des Konzernbetriebsausschusses (*Richardi* Rn. 30; *Fitting* Rn. 21; GK-BetrVG/*Kreutz* Rn. 19). Bei der Stimmabgabe sind

Eisemann

die Mitglieder des Konzernbetriebsrates frei und nicht an Weisungen des entsendenden (Gesamt-) Betriebsrates gebunden (DKK/*Trittin* Rn. 18; *Fitting* Rn. 22).

IV. Streitigkeiten

7   Über die Zusammensetzung, Mitgliederzahl oder Stimmengewichtung wird im arbeitsgerichtlichen Beschlußverfahren nach den §§ 2 a, 80 ff. ArbGG entschieden. Örtlich zuständig ist nach § 82 S. 2 das für den Sitz des herrschenden Unternehmens zuständige Arbeitsgericht. Hat das herrschende Unternehmen seinen Sitz im Ausland und ein Unternehmen im Inland, das über weitere Unternehmen Leitungsmacht ausübt, so ist das Arbeitsgericht zuständig, in dessen Bezirk das die Leitungsmacht ausübende inländische Unternehmen liegt (BAG 31. 10. 1975 AP BetrVG 1972 § 106 Nr. 2).

§ 56 Ausschluß von Konzernbetriebsratsmitgliedern

Mindestens ein Viertel der wahlberechtigten Arbeitnehmer der Konzernunternehmen, der Arbeitgeber, der Konzernbetriebsrat oder eine im Konzern vertretene Gewerkschaft können beim Arbeitsgericht den Ausschluß eines Mitglieds aus dem Konzernbetriebsrat wegen grober Verletzung seiner gesetzlichen Pflichten beantragen.

1   Die Vorschrift entspricht § 48. Da der Konzernbetriebsrat wie der Gesamtbetriebsrat eine Dauereinrichtung ist, kann er nicht aufgelöst werden (DKK/*Trittin* Rn. 2; *Fitting* Rn. 4). Der Ausschluß setzt eine **grobe Pflichtverletzung** voraus, die dem auszuschließenden Mitglied gerade in seiner Eigenschaft als **Mitglied des Konzernbetriebsrats** obliegt (DKK/*Trittin* Rn. 3; *Fitting* Rn. 5). Die Verletzung von Pflichten, die ihm als Mitglied des Gesamtbetriebsrates oder Betriebsrates obliegen, genügt nicht. Der Ausschluß aus dem Konzernbetriebsrat wirkt sich nicht auf die Mitgliedschaft im Gesamtbetriebsrat oder Betriebsrat aus (DKK/*Trittin* Rn. 3; *Fitting* Rn. 5), wohl aber bedingt der Ausschluß aus dem Betriebs- oder Gesamtbetriebsrat den Verlust der Mitgliedschaft im Konzernbetriebsrat. Sie ist an die Mitgliedschaft im Gesamtbetriebsrat und die ihrerseits an die Mitgliedschaft im Betriebsrat gebunden (*Fitting* Rn. 5).

2   Für die **Antragsberechtigung** müssen die erforderlichen Voraussetzungen auf Konzernebene erfüllt sein. Wird der Antrag von Arbeitnehmern gestellt, spielt die Gruppenzugehörigkeit keine Rolle. Arbeitnehmer, die nicht im Konzernbetriebsrat repräsentiert sind, zählen nicht mit (DKK/*Trittin* Rn. 4; GK-BetrVG/*Kreutz* Rn. 6; aA *Fitting* Rn. 6). Für sie ist der Konzernbetriebsrat nicht zuständig. Sie sind von seinen Pflichtverstößen nicht betroffen. Arbeitgeber ist die Konzernleitung, nicht die Leitung der abhängigen Unternehmen (*Fitting* Rn. 8; GK-BetrVG/*Kreutz* Rn. 7). Antragsberechtigt ist der Konzernbetriebsrat, nicht der Gesamtbetriebsrat eines Konzernunternehmens (*Richardi* Rn. 6; *Fitting* Rn. 9; GK-BetrVG/*Kreutz* Rn. 9). Eine Gewerkschaft ist im Konzern vertreten, wenn nur ein Arbeitnehmer in irgendeinem Konzernunternehmen Mitglied der Gewerkschaft ist (*Fitting* Rn. 7; GK-BetrVG/*Kreutz* Rn. 10).

3   **Örtlich zuständig** ist nach § 82 S. 2 ArbGG das für den Sitz des herrschenden Unternehmens zuständige Arbeitsgericht (*Fitting* Rn. 10). Es entscheidet im Beschlußverfahren nach den §§ 2 a, 80 ff. ArbGG.

§ 57 Erlöschen der Mitgliedschaft

Die Mitgliedschaft im Konzernbetriebsrat endet mit dem Erlöschen der Mitgliedschaft im Gesamtbetriebsrat, durch Amtsniederlegung, durch Ausschluß aus dem Konzernbetriebsrat auf Grund einer gerichtlichen Entscheidung oder Abberufung durch den Gesamtbetriebsrat.

1   Die Vorschrift entspricht § 49. Die Gründe für das **Erlöschen** der Mitgliedschaft entsprechen den dort genannten (s. § 49 Rn. 3). Die Mitgliedschaft im Konzernbetriebsrat endet nicht schon mit einem Wechsel der Gruppenzugehörigkeit, da das Mitglied nach § 24 II Vertreter der Gruppe bleibt, für die es entsandt wurde (*Fitting* Rn. 8; s. § 49 Rn. 3). Die Abberufung erfordert nach § 55 I 4 dasselbe Verfahren wie die Entsendung (s. § 54 Rn. 3). Mit dem Erlöschen der Mitgliedschaft im Konzernbetriebsrat enden alle Funktionen, die eine Mitgliedschaft im Konzernbetriebsrat voraussetzen (*Richardi* Rn. 9; *Fitting* Rn. 14). Für die ausgeschiedenen ordentlichen Mitglieder rücken die nach § 55 II bestellten Ersatzmitglieder nach, es sei denn, der Gesamtbetriebsrat bzw. im Fall des § 54 II der Betriebsrat beschließen nach § 55 I, ein anderes Mitglied zu entsenden (DKK/*Trittin* Rn. 11; *Fitting* Rn. 15). Die Mitgliedschaft im Konzernbetriebsrat endet, wenn das Mitglied aus dem Arbeitsverhältnis, der Betrieb aus dem Unternehmen oder das Unternehmen aus dem Konzern ausscheidet.

2   Der Konzernbetriebsrat als **Dauereinrichtung** bleibt bestehen, solange die Voraussetzungen für seine Errichtung erfüllt sind. Sie entfallen, wenn kein Konzern iSd. § 18 AktG mehr besteht oder die Gesamtbetriebsräte der Konzernunternehmen nach § 55 I die Auflösung des Konzernbetriebsrates beschließen (DKK/*Trittin* Rn. 3; *Fitting* Rn. 5; s. § 54 Rn. 9). Auf die Existenz des Konzernbetriebsrates ist es ohne Einfluß, daß Konzernunternehmen aus dem Konzern ausscheiden oder weitere Unternehmen in

den Konzern eingegliedert werden. Die pflichtwidrige Nichtentsendung von Konzernbetriebsratsmitgliedern durch die zuständigen Gremien berührt nicht den rechtlichen Bestand des Konzernbetriebsrates (DKK/*Trittin* Rn. 6; *Fitting* Rn. 6; aA GK-BetrVG/*Kreutz* Rn. 5). Sie stellt keine Auflösung dar. Diese erforderte einen förmlichen Beschluß. Auch ein kollektiver Rücktritt aller Konzernbetriebsratsmitglieder führt nicht zur Auflösung des Konzernbetriebsrates als solchen, vielmehr rücken die Ersatzmitglieder nach (DKK/*Trittin* Rn. 4; *Fitting* Rn. 4).

Über **Streitigkeiten,** die das Bestehen oder die Beendigung der Mitgliedschaft im Konzernbetriebsrat betreffen, entscheidet nach § 82 S. 2 ArbGG das für den Sitz des herrschenden Unternehmens zuständige Arbeitsgericht nach §§ 2a, 80ff. ArbGG im **Beschlußverfahren.** Das für den Sitz des entsendenden Gesamtbetriebsrates zuständige Arbeitsgericht entscheidet, wenn es darum geht, ob die Mitgliedschaft im entsendenden Gesamtbetriebsrat und demzufolge auch im Konzernbetriebsrat beendet ist (DKK/*Trittin* Rn. 12; *Fitting* Rn. 16). 3

§ 58 Zuständigkeit

(1) ¹Der Konzernbetriebsrat ist zuständig für die Behandlung von Angelegenheiten, die den Konzern oder mehrere Konzernunternehmen betreffen und nicht durch die einzelnen Gesamtbetriebsräte innerhalb ihrer Unternehmen geregelt werden können. ²Er ist den einzelnen Gesamtbetriebsräten nicht übergeordnet.

(2) ¹Der Gesamtbetriebsrat kann mit der Mehrheit der Stimmen seiner Mitglieder den Konzernbetriebsrat beauftragen, eine Angelegenheit für ihn zu behandeln. ²Der Gesamtbetriebsrat kann sich dabei die Entscheidungsbefugnis vorbehalten. ³§ 27 Abs. 3 Satz 3 und 4 gilt entsprechend.

I. Rechtsstellung

Mit der Festlegung der Zuständigkeit des Konzernbetriebsrates grenzt die Vorschrift zugleich als 1 Kollisionsnorm seinen Zuständigkeitsbereich von dem der Gesamtbetriebsräte ab. Das Verhältnis des Konzernbetriebsrates zu den Gesamtbetriebsräten entspricht dem des Gesamtbetriebsrates zu den Betriebsräten (s. § 50 Rn. 1 und 2). Der Konzernbetriebsrat ist ein selbständiges, nicht an Weisungen und Richtlinien des Gesamtbetriebsrates gebundenes Organ der Betriebsverfassung, das den Gesamtbetriebsräten nicht übergeordnet ist. Seine Mitglieder haben kein imperatives Mandat. Im Rahmen seiner Zuständigkeit hat er dieselben Rechte und Pflichten wie Gesamtbetriebsrat und Betriebsrat (BAG 20. 12. 1995 AP BetrVG 1972 § 58 Nr. 1). Er kann sich daneben bemühen, die Tätigkeiten der Gesamtbetriebsräte zu koordinieren (DKK/*Trittin* Rn. 3; *Fitting* Rn. 4; GK-BetrVG/*Kreutz* Rn. 7).

Verhandlungspartner des Konzernbetriebsrates ist die **Konzernleitung** als Leitung des herrschen- 2 den Unternehmens. Das Betriebsverfassungsgesetz geht ungeachtet der rechtlichen Selbständigkeit der abhängigen Konzernunternehmen vom Bestehen eines Konzernarbeitgebers als Gegenpart zum Konzernbetriebsrat aus (DKK/*Trittin* Rn. 8; *Fitting* Rn. 8; GK-BetrVG/*Kreutz* Rn. 11; aA *Richardi* Rn. 2; MünchArbR/*Joost* § 307 Rn. 74ff). Mit der mangelnden Rechtsfähigkeit des Konzerns als solchem läßt sich die betriebsverfassungsrechtliche Arbeitgeberstellung der Konzernleitung nicht negieren. Das Betriebsverfassungsgesetz stattet den Konzernarbeitgeber mit Rechten aus und legt ihm Pflichten auf. Insoweit verfügt er auch über eine betriebsverfassungsrechtliche Rechtsfähigkeit (DKK/*Trittin* Rn. 8; GK-BetrVG/*Kreutz* Rn. 13). Der Gesetzgeber ging von der Arbeitgeberstellung der Konzernleitung aus. In dem schriftlichen Bericht des Ausschusses für Arbeit und Sozialordnung, dessen Vorschlag Eingang in § 58 II fand, heißt es, daß für den Fall der Zuständigkeit kraft Auftrags des Gesamtbetriebsrates der Konzernbetriebsrat die Angelegenheit „mit der Konzernleitung zu behandeln" habe (BT-Drucks. VI/2729, 26). Ob ein Vertragskonzern oder ein faktischer Konzern vorliegt, ist unbeachtlich (*Fitting* Rn. 19; HSG/*Glaubitz* Rn. 22; GK-BetrVG/*Kreutz* Rn. 11ff.; DKK/*Trittin* Rn. 8; aA *Richardi* Rn. 36). Das Betriebsverfassungsgesetz beschränkt die Zuständigkeit des Konzernbetriebsrates nicht auf Vertragskonzerne. Ist der Konzernbetriebsrat kraft **Auftrags** (Abs. 2) zuständig, können je nach Lage des Falles die Konzernleitung oder die Leitung des Unternehmens, dessen Gesamtbetriebsrat ihn beauftragt hat, Verhandlungspartner sein (*Fitting* Rn. 8, 20; aA DKK/*Trittin* Rn. 13; s. § 50 Rn. 1).

II. Originäre Zuständigkeit

Die Zuständigkeitsabgrenzung in **Abs. 1** ist bewußt derjenigen zwischen Gesamtbetriebsrat und 3 Einzelbetriebsrat nachgebildet. Es gelten deshalb die zu § 50 I entwickelten Grundsätze entsprechend (s. § 50 Rn. 2, 5). Im Konzernbereich ist jedoch die Notwendigkeit einer einheitlichen Regelung in deutlich geringerem Umfang gegeben als im Unternehmensbereich. Das spiegelt sich nicht zuletzt auch darin wider, daß es sich beim Konzernbetriebsrat um ein fakultatives Organ handelt (vgl. DKK/*Trittin* Rn. 26; *Fitting* Rn. 6). Ist nur ein Unternehmen betroffen, scheidet eine originäre Zuständigkeit des Konzernbetriebsrates von vornherein aus. Der Begriff des „Nichtregelnkönnens" setzt keine

210 BetrVG § 58 Zuständigkeit

denkgesetzliche Unmöglichkeit der Regelung durch die Gesamtbetriebsräte voraus. Es muß eine **zwingende sachliche Notwendigkeit** für eine konzerneinheitliche oder unternehmensübergreifende Regelung bestehen, wobei auf die Verhältnisse des jeweiligen Konzerns, seiner konkreten Unternehmen und der konkreten Betriebe abzustellen ist. Reine Zweckmäßigkeitserwägungen oder das Koordinierungsinteresse des Arbeitgebers allein genügen nicht. Es kommt auch nicht darauf an, auf welcher betriebsverfassungsrechtlichen Ebene der Arbeitgeber die Regelung treffen möchte. Entscheidend sind der **Inhalt der geplanten Regelung** und das **Ziel**, das durch die Regelung erreicht werden soll. Läßt sich der Zweck einer Regelung nur durch eine einheitliche Regelung auf der Konzernebene erreichen, so ist der Konzernbetriebsrat zuständig (BAG 20. 12. 1995 AP BetrVG 1972 § 58 Nr. 1). Die Zuständigkeit der Gesamtbetriebsräte bleibt solange bestehen, wie eine konzerneinheitliche Regelung von keiner Seite angestrebt wird (BAG 19. 3. 1981 AP BetrVG 1972 § 80 Nr. 14). Die Zuständigkeit des Konzernbetriebsrates läßt sich nicht allein damit bejahen, daß eine Initiative zur Regelung einer beteiligungspflichtigen Maßnahme von der Konzernleitung ausgeht (DKK/*Trittin* Rn. 26: GK-BetrVG/*Kreutz* Rn. 20). Geht es aber um die Regelungen freiwilliger Leistungen, deren Zweck der Arbeitgeber (mitbestimmungsfrei) bestimmt, ist die Zuständigkeit des Konzernbetriebsrates gegeben, wenn der Arbeitgeber sie nur konzerneinheitlich oder unternehmensübergreifend gewähren will (s. § 50 Rn. 6). Im übrigen schließt die Zuständigkeit des Konzernbetriebsrates die des Gesamtbetriebsrates oder der Einzelbetriebsräte zum selben Gegenstand aus (s. § 50 Rn. 2). Das kann insbesondere im Bereich der freiwilligen Arbeitgeberleistungen zu einer Mitbestimmungslücke führen, wenn trotz Vorliegens der Voraussetzungen kein Konzernbetriebsrat gebildet ist. Fehlt das für die Entscheidungsebene zuständige Mitbestimmungsorgan, kann keine Mitbestimmung stattfinden (BAG 14. 12. 1993 AP BetrAVG § 7 Nr. 81).

4   Der Konzernbetriebsrat ist nicht zuständig für Unternehmen und Betriebe **ohne Gesamt- oder Einzelbetriebsrat** (GK-BetrVG/*Kreutz* Rn. 31 f.; aA *Richardi* Rn. 22; DKK/*Trittin* Rn. 14; *Fitting* § 54 Rn. 36; s. § 50 Rn. 2). Es fehlt ihm die betriebsverfassungsrechtliche Legitimation. Daß bei der Feststellung der für die Errichtung des Konzernbetriebsrates erforderlichen Arbeitnehmerzahl nach § 54 I die Arbeitnehmer aller Betriebe und Unternehmen des Konzerns mitzählen, ändert daran nichts. Man kann nicht von der für die Errichtung des Konzernbetriebsrates getroffenen Regelung zwingend auf seine Zuständigkeit schließen (Vgl. BAG 11. 8. 1993 AP BetrVG 1972 § 54 Nr. 6). Der Konzernbetriebsrat ist zuständig für Unternehmen, die pflichtwidrig keinen Vertreter entsandt haben (*Richardi* Rn. 22; DKK/*Trittin* Rn. 14; *Fitting* § 54 Rn. 36; GK-BetrVG/*Kreutz* Rn. 32). Sie verlieren nur Einfluß auf die Ausübung der Mitbestimmungsrechte durch den Konzernbetriebsrat. Beim sog. **Konzern im Konzern** (s § 54 Rn. 5) richtet sich die Abgrenzung der Zuständigkeit zwischen den Konzernbetriebsräten danach, welches Unternehmen jeweils die Entscheidungskompetenz in der beteiligungspflichtigen Angelegenheit hat (DKK/*Trittin* Rn. 21).

5   Bei **sozialen Angelegenheiten** ist der Konzernbetriebsrat ua. zuständig für Regelungen über die Errichtung und Verwaltung einer Sozialeinrichtung, deren Wirkungskreis sich auf den Konzern erstreckt (BAG 21. 6. 1979 AP BetrVG 1972 § 87 Sozialeinrichtung Nr. 1), wie zB Unterstützungskassen, deren Wirkung sich auf den Konzern beziehen (BAG 14. 12. 1993 AP BetrAVG § 7 Nr. 81), für die Einführung konzernweiter Personalinfomationssysteme (DKK/*Trittin* Rn. 30), und für Regelungen über einen konzernweiten Datenaustausch (BAG 20. 12. 1995 20. 12. 1955 AP BetrVG 1972 § 58 Nr. 1).

6   In allgemeinen **personellen Maßnahmen** ist der Konzernbetriebsrat für die Personalplanung zuständig, wenn sie konzerneinheitlich erfolgt (DKK/*Trittin* Rn. 31; *Fitting* Rn. 10). Bei personellen Einzelmaßnahmen, die die Arbeitnehmer der Konzernunternehmen und des herrschenden Unternehmens betreffen, kommt die Zuständigkeit des Konzernbetriebsrates grundsätzlich nicht in Betracht; es sind die bei den jeweiligen Unternehmen gebildeten Einzelbetriebsräte zu beteiligen (DKK/*Trittin* Rn. 33; *Fitting* Rn. 11). Das gilt auch bei der Versetzung von einem Konzernunternehmen in ein anderes (BAG 30. 4. 1981 AP BetrVG 1972 § 99 Nr. 12; 19. 2. 1991 AP BetrVG 1972 § 95 Nr. 26). Eine Ausnahme für den Fall, daß ein Arbeitsvertrag mit dem Konzern besteht, ist schon deshalb nicht zu machen, weil der Konzern als solcher nicht Arbeitgeber sein kann (aA DKK/*Trittin* Rn. 34). Die Figur des rechtsfähigen Konzernarbeitgebers existiert nur im Betriebsverfassungsrecht und ist auf diesen Anwendungsbereich beschränkt (*Fitting* Rn. 8; GK-BetrVG/*Kreutz* Rn. 13).

7   Im Rahmen der **wirtschaftlichen Mitbestimmung** kann der Konzernbetriebsrat für den Abschluß eines Interessenausgleichs und Sozialplans zuständig sein, wenn und soweit die Regelungen nur konzerneinheitlich oder unternehmensübergreifend erfolgen können. Allein die in § 112 V Nr. 2 vorgesehene Möglichkeit, zur Vermeidung von Entlassungen, die Weiterbeschäftigung in anderen Betrieben oder Unternehmen zum Gegenstand des Interessenausgleichs zu machen, begründet jedoch nicht schon die Zuständigkeit des Konzernbetriebsrates (BAG 17. 9. 1991 AP BetrVG 1972 § 112 Nr. 59). Nach § 106 I ist der **Wirtschaftsausschuß** ausschließlich der Unternehmensebene zugeordnet. Der Konzernbetriebsrat kann deshalb keinen Wirtschaftsausschuß bilden (BAG 23. 8. 1989 AP BetrVG 1972 § 106 Nr. 7; *Fitting* Rn. 12; aA DKK/*Trittin* Rn. 37). Für eine analoge Anwendung des § 106 Abs. 1 fehlt eine planwidrige Gesetzeslücke. Der Konzernbetriebsrat kann jedoch Angelegenheiten mit der Konzernleitung erörtern, die auf Unternehmensebene in die Zuständigkeit des Wirt-

schaftsausschusses fallen, wenn die Konzernleitung zustimmt (*Fitting* Rn. 12; GK-BetrVG/*Kreutz* Rn. 29).

Der Konzernbetriebsrat hat nach § 80 I Nr. 2 und II einen allgemeinen **Auskunftsanspruch** über konzernweite und unternehmensübergreifende Angelegenheiten (*Fitting* Rn. 13). Er kann nach Maßgabe des § 80 III Sachverständige beauftragen, wenn dies zur ordnungsgemäßen Erfüllung seiner gesetzlichen Aufgaben erforderlich ist (*Fitting* Rn. 13). 8

Kraft **ausdrücklicher gesetzlicher Zuweisung** wirkt der Konzernbetriebsrat mit: 9

Nach dem MitbestG bei der Bestellung des Hauptwahlvorstandes für die Wahl der Aufsichtsratmitglieder der Arbeitnehmer der herrschenden Unternehmen des Konzerns (§§ 2, 4 der 3. WO MitbestG), bei der Entgegennahme eines Antrags auf Abberufung eines Aufsichtsratsmitglieds der Arbeitnehmer (§ 108 der 3. WO MitbestG) und der Anfechtung der Wahl von Aufsichtsratsmitgliedern der Arbeitnehmer (§ 22 II MitbestG); nach dem MitbestErgG vom 20. 12. 1988 (BGBl. I S. 2312) bei der Wahl des Hauptwahlvorstandes zur Wahl der Aufsichtsratmitglieder der Arbeitnehmer (§ 3 IV WahlO vom 23. 1. 1989, BGBl. I S. 147), bei der Entgegennahme von Anträgen auf Abberufung eines Aufsichtsratsmitglieds der Arbeitnehmer nach § 10 m MitbestErgG (§ 101 WO zum MitbestG), bei der Einleitung des Abberufungsverfahrens durch Bildung eines Hauptwahlvorstandes. Nach § 1 IV Montan-MitbestG ist ein in einem Montanunternunternehmen, das herrschendes Unternehmen eines Konzerns ist, ohne unter das MitbestErgG zu fallen (§ 2 MitbestErgG), gebildeter Konzernbetriebsrat Wahlkörper iSd. § 6 Montan-MitbestG für die Vertreter der Arbeitnehmer und das der Arbeitnehmerseite zuzurechnende weitere Mitglied des Aufsichtsrates (§ 4 I b) Montan-MitbestG). Wenn ein solcher Konzernbetriebsrat besteht, können auch Arbeitnehmer der abhängigen Unternehmen auf die der Belegschaft vorbehaltenen Sitze gewählt werden (§ 6 Abs. 1 Montan-MitbestG). Ist kein Konzernbetriebsrat gebildet, sind nur die Betriebsräte des herrschenden Unternehmens wahlberechtigt und nur die Arbeitnehmer dieses Unternehmens wählbar (*Fitting* Rn. 15). Nach § 335 HGB kann der Konzernbetriebsrat beim Registergericht die Festsetzung eines Zwangsgeldes gegen das Unternehmen beantragen, wenn die Mitglieder des vertretungsberechtigten Organs der Konzernspitze ihrer Pflicht zur Aufstellung eines Konzernabschlusses und Konzernlageberichts nicht nachgekommen sind.

III. Auftrag

Abs. 2 entspricht § 50 II. Die dort entwickelten Grundsätze gelten auch hier (s. § 50 Rn. 10 f.) Der Übertragungsbeschluß bedarf nach Abs. 2 S. 2 iVm. § 27 III 3 der Schriftform und nach § 59 I iVm. § 51 IV 1 der absoluten Mehrheit. Für die Delegation sind die Besonderheiten der Beschlußfassung des Gesamtbetriebsrates (s. § 51 Rn. 2) und der Stimmengewichtung nach § 47 VI und VII zu beachten. Die Übertragung ist nur zulässig in Angelegenheiten, für die der Gesamtbetriebsrat (im Fall des § 54 II der Betriebsrat) selbst zuständig ist. Ist der Gesamtbetriebsrat zulässigerweise vom Einzelbetriebsrat beauftragt, darf er die Angelegenheiten an den Konzernbetriebsrat weiterdelegieren (DKK/*Trittin* Rn. 50; *Fitting* Rn. 16; GK-BetrVG/*Kreutz* Rn. 37). Ansprechpartner des nach Abs. 2 beauftragten Konzernbetriebsrats sind die jeweiligen Konzernunternehmen, deren Gesamtbetriebsräte die Angelegenheit delegiert haben (BAG 12. 11. 1997 AP BetrVG 1972 § 58 Nr. 2). 10

IV. Konzernbetriebsvereinbarung

Dabei handelt es sich um Betriebsvereinbarungen, die der Konzernbetriebsrat im Rahmen seiner gesetzlichen Zuständigkeit nach Abs. 1 mit der Konzernleitung schließt (*Fitting* Rn. 18). Sie gelten unmittelbar und zwingend für die Konzernunternehmen und ihre Arbeitnehmer unabhängig davon, ob es sich um einen Vertragskonzern oder einen faktischen Konzern handelt (*Fitting* Rn. 19; GK-BetrVG/*Kreutz* Rn. 15). Ihre Geltung erstreckt sich nur auf Betriebe und Unternehmen, für die eine originäre Zuständigkeit des Konzernbetriebsrats besteht (s. Rn. 3 und § 50 Rn. 3). Die Frage der **Ablösung** von Gesamtbetriebsvereinbarungen durch Konzernbetriebsvereinbarungen stellt sich nur selten. Ist der Konzernbetriebsrat zuständig, waren Gesamtbetriebsvereinbarungen von Anfang an unwirksam (s. § 50 Rn. 3). Überträgt ein Gesamtbetriebsrat Angelegenheiten nach § 58 II dem Konzernbetriebsrat zur **selbständigen Erledigung,** vereinbart dieser Betriebsvereinbarungen nicht mit der Konzernspitze, sondern mit der Leitung des Konzernunternehmens, dessen Gesamtbetriebsrat ihn beauftragt hat (DKK/*Trittin* Rn. 13; *Fitting* Rn. 20). 11

V. Streitigkeiten

Über die Zuständigkeit des Konzernbetriebsrates wird im arbeitsgerichtlichen Beschlußverfahren nach den §§ 2 a, 80 ff. ArbGG entschieden. Örtlich zuständig ist nach § 82 S. 2 ArbGG das für den Sitz des herrschenden Unternehmens zuständige Arbeitsgericht. Ist Streitgegenstand die Wirksamkeit eines Übertragungsbeschlusses nach Abs. 2, so ist das für den Sitz des Unternehmens, bei dem der Gesamtbetriebsrat gebildet ist, zuständige Arbeitsgericht zuständig. In einem Verfahren über die Wirksamkeit einer vom Konzernbetriebsrat abgeschlossenen Vereinbarung sind alle Gesamtbetriebsräte zu beteiligen (vgl. BAG 31. 1. 1989 AP ArbGG 1979 § 81 Nr. 12). 12

§ 59 Geschäftsführung

(1) Für den Konzernbetriebsrat gelten § 25 Abs. 1, § 26 Abs. 1 und 3, § 27 Abs. 3 und 4, § 28 Abs. 1 Satz 1 und 3, Abs. 3, die §§ 30, 31, 34, 35, 36, 37 Abs. 1 bis 3 sowie die §§ 40, 41 und 51 Abs. 1 Satz 2 und Abs. 2, 4 bis 6 entsprechend.

(2) ¹Ist ein Konzernbetriebsrat zu errichten, so hat der Gesamtbetriebsrat des herrschenden Unternehmens oder, soweit ein solcher Gesamtbetriebsrat nicht besteht, der Gesamtbetriebsrat des nach der Zahl der wahlberechtigten Arbeitnehmer größten Konzernunternehmens zu der Wahl des Vorsitzenden und des stellvertretenden Vorsitzenden des Konzernbetriebsrats einzuladen. ²Der Vorsitzende des einladenden Gesamtbetriebsrats hat die Sitzung zu leiten, bis der Konzernbetriebsrat aus seiner Mitte einen Wahlleiter bestellt hat. ³§ 29 Abs. 2 bis 4 gilt entsprechend.

I. Konstituierung

1   Abs. 2 entspricht § 51 III. Die dort entwickelten Grundsätze gelten auch hier (s. § 51 Rn. 1). Haben sich die Gesamtbetriebsräte nach § 54 I 2 für die Errichtung eines Konzernbetriebsrates ausgesprochen, muß der Gesamtbetriebsrat des herrschenden Unternehmens bzw des nach der Zahl der wahlberechtigten Arbeitnehmer größten Konzernunternehmens zur konstituierenden Sitzung einladen und zur Entsendung der nach § 55 zu bestimmenden Mitglieder des Konzernbetriebsrates auch die Gesamtbetriebsräte auffordern, die sich gegen die Bildung des Konzernbetriebsrates ausgesprochen haben (DKK/*Trittin* Rn. 42; *Fitting* Rn. 12, 13). Für die Feststellung der Betriebsgröße iSv. Abs. 1 kommt es auf die Eintragung in die Wählerlisten bei den letzten Betriebsratswahlen an (DKK/*Trittin* Rn. 39; *Fitting* Rn. 12). Im Fall des § 54 II nimmt der jeweilige Betriebsrat die Aufgaben des Gesamtbetriebsrates wahr.

II. Beschlüsse

2   Der Konzernbetriebsrat ist nach Abs. 1 iVm. § 51 IV 3 beschlußfähig, wenn mindestens die Hälfte seiner anwesenden Mitglieder an der Beschlußfassung teilnimmt und die teilnehmenden Mitglieder mindestens die Hälfte des Stimmengewichtes aller Konzernbetriebsratsmitglieder (*Fitting* Rn. 22) repräsentieren (s. § 51 Rn. 2). Die Zusammensetzung nach Gruppen ist unbeachtlich. Der Konzernbetriebsrat faßt seine Beschlüsse grundsätzlich mit der einfachen Mehrheit der Stimmen der an der Beschlußfassung teilnehmenden Mitglieder. Der absoluten Mehrheit bedarf nach Abs. 1 iVm. §§ 27 III, 28 die Übertragung von Aufgaben zur selbständigen Erledigung auf den Konzernbetriebsausschuß und andere Ausschüsse oder einzelne Konzernbetriebsratsmitglieder und nach Abs. 1 iVm. § 36 der Beschluß zum Erlaß einer Geschäftsordnung (s. § 51 Rn. 2). Die Mehrheit einer nach dem Stimmengewicht zu bestimmenden Gruppe – § 55 III – kann nach Abs. 1 iVm. § 35 die Aussetzung eines Beschlusses für die Dauer einer Woche verlangen (DKK/*Trittin* Rn. 30; *Fitting* Rn. 17; GK-BetrVG/*Kreutz* Rn. 31).

III. Vorsitzender

3   Der Vorsitzende und sein Stellvertreter werden nach Abs. 1 iVm. §§ 51 II 1 und 2, 26 I in der konstituierenden Sitzung aus der Mitte des Konzernbetriebsrates in gleicher Weise wie beim Gesamtbetriebsrat gewählt (s. § 51 Rn. 3). Der beschlußfähige Konzernbetriebsrat wählt in offener oder geheimer Abstimmung mit einfacher Mehrheit. Der Vorsitzende und sein Stellvertreter sollen nicht der selben Gruppe angehören. Sie verlieren ihr Amt nur aus einem in ihrer Person liegenden Grund wie Amtsniederlegung, Absetzung durch oder Ausscheiden aus dem Konzernbetriebsrat. Sie scheiden aus dem Konzernbetriebsrat auch bei Ablauf ihrer Amtszeit als Betriebsrat aus, selbst wenn sie wieder in den Betriebsrat gewählt worden sind (s. § 47 Rn. 15). Die Befugnisse des Vorsitzenden und stellvertretenden Vorsitzenden des Konzernbetriebsrates entsprechen nach Abs. 1 iVm. §§ 26 III und 27 IV denen des Vorsitzenden und des Stellvertreter des Gesamtbetriebsrates (s. § 51 Rn. 3).

IV. Geschäftsführung

4   Für die Geschäftsführung des Konzernbetriebsrates sind nach der Aufzählung in Abs. 1 im wesentlichen dieselben Vorschriften anzuwenden wie für die Geschäftsführung des Gesamtbetriebsrates. Deshalb kann auf die dort gemachten Ausführungen (§ 51 Rn. 4, 5) verwiesen werden. Die Aufzählung ist abschließend. Sie läßt sich nicht über den nach Abs. 1 anzuwendenden § 51 VI erweitern (*Fitting* Rn. 19; GK-BetrVG/*Kreutz* Rn. 4; aA DKK/*Trittin* Rn. 32). Diese Generalklausel bezieht sich nicht auf Organisationsvorschriften. Der Konzernbetriebsrat hat nach Abs. 1 iVm. § 51 VI, 80 III – bei dem es sich nicht um eine Organisationsvorschrift handelt – das Recht, Sachverständige hinzuzuziehen (DKK/*Trittin* Rn. 33; *Fitting* Rn. 20). Es gelten folgende **Besonderheiten:** Ein Teilnahmerecht von Gewerkschaften an den Sitzungen des Konzernbetriebsrates ist nur gegeben, wenn die Gewerk-

schaft im Konzernbetriebsrat vertreten ist (*Fitting* Rn. 17; GK-BetrVG/*Kreutz* Rn. 27; aA *Richardi* Rn. 23; DKK/*Trittin* Rn. 27). Ein Antragsrecht der Jugend- und Auszubildendenvertretung oder der Schwerbehindertenvertretung entfällt, weil es diese Gremien auf Konzernebene nicht gibt (DKK/*Trittin* Rn. 31; *Fitting* Rn. 17).

V. Konzernbetriebsausschuß

Ein Konzernbetriebsrat mit mehr als acht Mitgliedern muß nach Abs. 1 iVm. § 51 I 2 einen 5 Konzernbetriebsausschuß bilden. Dieser führt die laufenden Geschäfte. Er besteht aus dem Vorsitzenden und stellvertretenden Vorsitzenden des Konzernbetriebsrates sowie weiteren Mitgliedern. Für die Bestimmung der weiteren Mitglieder gelten die für den Gesamtbetriebsausschuß anzuwendenden Vorschriften und Grundsätze (vgl. § 51 Rn. 10 ff.). Die weiteren Mitglieder des Konzernbetriebsausschusses sind nicht in gemeinsamer Wahl, sondern nach Abs. 1 iVm. § 51 I 5 getrennt durch die Gruppen zu wählen, wenn die durch die Gruppen bestimmten Konzernbetriebsratsmitglieder zusammen mehr als die Hälfte aller im Konzernbetriebsrat repräsentierten Stimmen haben, die Vertreter jeder Gruppe zusammen über mehr als ein Zehntel aller Stimmen im Konzernbetriebsrat verfügen und jede Gruppe mit mindestens drei Mitgliedern im Konzernbetriebsrat vertreten ist (DKK/*Trittin* Rn. 14; *Fitting* Rn. 9; GK-BetrVG/*Kreutz* Rn. 21). Der Konzernbetriebsrat kann weitere Ausschüsse bilden, denen er bestimmte Aufgaben überträgt. Für deren Zusammensetzung und die Bestimmung ihrer Mitglieder gelten dieselben Grundsätze wie für den Gesamtbetriebsausschuß (s. § 51 Rn. 12). Einen Wirtschaftsausschuss kann der Konzernbetriebsrat nicht errichten (BAG 23. 8. 1989 AP BetrVG 1972 § 106 Nr. 7). Für die Beschlußfassung im Konzernbetriebsausschuß und den etwa gebildeten weiteren Ausschüssen des Konzernbetriebsrates kommt es nicht auf das Stimmengewicht an, abzustimmen ist nach Köpfen (DKK/*Trittin* Rn. 29; *Fitting* Rn. 11).

VI. Streitigkeiten

Über die Geschäftsführung und Konstituierung des Konzernbetriebsrates wird im arbeitsgerichtli- 6 chen Beschlußverfahren nach den §§ 2a, 80 ff. ArbGG entschieden. Örtlich zuständig ist nach § 82 S. 2 ArbGG das für den Sitz des herrschenden Unternehmens zuständige Arbeitsgericht. Für Streitigkeiten über den Beschluß eines Gesamtbetriebsrates nach Abs. 2 ist das für den Sitz des Unternehmens zuständige Arbeitsgericht örtlich zuständig. Ansprüche von Konzernbetriebsratsmitgliedern auf Zahlung von Arbeitsentgelt im Zusammenhang mit der Konzernbetriebsratstätigkeit sind im arbeitsgerichtlichen Urteilsverfahren zu verfolgen. Die örtliche Zuständigkeit richtet sich in diesen Fällen nach §§ 12 ff. ZPO.

Dritter Teil. Jugend- und Auszubildendenvertretung

Erster Abschnitt. Betriebliche Jugend- und Auszubildendenvertretung

§ 60 Errichtung und Aufgabe

(1) **In Betrieben mit in der Regel mindestens fünf Arbeitnehmern, die das 18. Lebensjahr noch nicht vollendet haben (jugendliche Arbeitnehmer) oder die zu ihrer Berufsausbildung beschäftigt sind und das 25. Lebensjahr noch nicht vollendet haben, werden Jugend- und Auszubildendenvertretungen gewählt.**

(2) **Die Jugend- und Auszubildendenvertretung nimmt nach Maßgabe der folgenden Vorschriften die besonderen Belange der in Absatz 1 genannten Arbeitnehmer wahr.**

I. Vorbemerkung

Die Jugend- und Auszubildendenvertretung artikuliert gegenüber dem Betriebsrat die speziellen 1 Interessen der jugendlichen und zu ihrer Ausbildung beschäftigten Arbeitnehmer. Bei ihr handelt es sich nicht um ein gleichberechtigtes und selbständiges Organ, welches diese Interessen unmittelbar gegenüber dem Arbeitgeber vertritt. Dies bleibt einschließlich der hiermit verbundenen Beteiligungsrechte dem Betriebsrat als dem Interessenvertreter aller Arbeitnehmer und damit auch der nach Abs. 1 vorbehalten (BAG 21. 1. 1982 AP BetrVG 1972 § 70 Nr. 1; *Richardi* Rn. 12 f.; *Fitting* Rn. 4; GK-BetrVG/*Oetker* vor § 60 Rn. 16). Die §§ 60 ff. sind – abgesehen von den Öffnungsklauseln in § 72 IV und V – zwingend. Von ihnen kann weder durch Tarifvertrag noch durch Betriebsvereinbarung abgewichen werden. Tarifvertragliche Zuordnungen von Betriebsteilen und Nebenbetrieben nach § 3 I Nr. 3 gelten auch für die Jugend- und Auszubildendenvertretung.

II. Errichtung

2 Eine Jugend- und Auszubildendenvertretung kann nur in Betrieben mit Betriebsrat gebildet werden (*Richardi* Rn. 10; *Fitting* Rn. 22; GK-BetrVG/*Oetker* Rn. 34; aA DKK/*Trittin* Rn. 26), wie schon die §§ 63 II und 80 I Nr. 5 zeigen. Fehlt ein Betriebsrat kurzzeitig – zB bei einer verzögerten Neuwahl, fällt eine bestehende Jugend- und Auszubildendenvertretung nicht weg (*Richardi* Rn. 10; *Fitting* Rn. 23; GK-BetrVG/*Oetker* Rn. 39). Ihre Wahl ist nach § 80 I Nr. 5 obligatorisch. Es ist unerheblich, ob sie erforderlich erscheint. **Arbeitnehmer und die zu ihrer Berufsausbildung Beschäftigten** sind die des § 5 I (s. dort Rn. 2 ff.). Auszubildende müssen aufgrund eines privatrechtlichen Ausbildungsvertrages in dem Betrieb des Ausbilders eine berufliche Unterweisung erhalten und in den Betrieb eingegliedert sein. Diese Eingliederung liegt nur vor, wenn sich die berufspraktische Ausbildung im Rahmen der jeweiligen arbeitstechnischen Zwecksetzung des Betriebes vollzieht. Dazu muß sie mit dem laufenden Produktions- und Dienstleistungsprozeß verknüpft sein (BAG 20. 3. 1996 AP BetrVG 1972 § 5 Ausbildung Nr. 9). Zu den Arbeitnehmern nach § 60 I gehören damit Volontäre (DKK/*Trittin* Rn. 24); Umschüler und Teilnehmer an berufsvorbereitenden Maßnahmen für jugendliche Arbeitslose (BAG 26. 11. 1987 AP BetrVG 1972 § 5 Nr. 36) oder staatlichen Programmen zur Förderung der Berufsausbildung von benachteiligten Jugendlichen (BAG 10. 2. 1981 AP BetrVG 1972 § 5 Nr. 25); Praktikanten, soweit eine Arbeitspflicht besteht (BAG 24. 9. 1981 AP BetrVG 1972 § 5 Nr. 26), nicht Rehabilitanden nach § 56 AFG in einem beruflichen Ausbildungswerk (BAG 26. 1. 1994 AP BetrVG 1972 § 5 Nr. 54). Für Studenten im Praktikum ist entscheidend, ob es sich um eine Maßnahme der Hochschule handelt, bei der sie sich nur der Betriebe bedient oder ob das Praktikum so geregelt ist, daß die Studenten dabei in einer privatrechtlichen Vertragsbeziehung zum Betriebsinhaber stehen (BAG 30. 10. 1991 AP BetrVG 1972 § 5 Ausbildung Nr. 2). Schüler, die ihr Betriebspraktikum ableisten, gehören nicht zu den Arbeitnehmern nach Abs. 1. Sie sind nicht zur Arbeitsleistung verpflichtet und werden nicht ausgebildet (DKK/*Trittin* Rn. 25; *Fitting* § 5 Rn. 93 a). Die **erforderliche Zahl** von Arbeitnehmern muß nicht gerade bei Einleitung der Wahl oder am Wahltag erreicht sein. Es reicht aus, wenn im Betrieb im allgemeinen mindestens fünf jugendliche Arbeitnehmer bzw zu ihrer Berufsausbildung Beschäftigte unter 25 Jahren tätig sind (*Richardi* Rn. 5; DKK/*Trittin* Rn. 15; *Fitting* Rn. 12). Für die Berechnung des Alters ist als Stichtag der Wahltag bzw. der letzte Tag der Stimmabgabe maßgebend (DKK/*Trittin* Rn. 22; *Fitting* § 61 Rn. 6).

III. Aufgaben

3 Die Jugend- und Auszubildendenvertretung nimmt die besonderen Interessen der jugendlichen Arbeitnehmer und der zu ihrer Berufsausübung Beschäftigten gegenüber dem Betriebsrat und mit ihm gegenüber dem Arbeitgeber wahr. Sie nimmt sich der betriebsbezogenen Angelegenheiten an, welche speziell für die Arbeitnehmer des Abs. 1 von Belang sind (DKK/*Trittin* Rn. 7; *Fitting* Rn. 5; GK-BetrVG/*Oetker* Rn. 43). Ihre Aufgaben und Kompetenzen sind in den §§ 61 bis 73 grundsätzlich abschließend beschrieben, wie der Hinweis auf ihre „Wahrnehmung nach Maßgabe der folgenden Vorschriften" zeigt (GK-BetrVG/*Oetker* Rn. 44). Ihre Mitglieder sind nicht Mitglieder des Betriebsrates. Sie nehmen an seinen Sitzungen mit abgestuften Rechten teil. Sie können keine Betriebsvereinbarungen mit dem Arbeitgeber abschließen (DKK/*Trittin* Rn. 29; *Fitting* Rn. 25). Die Jugend- und Auszubildendenvertretung kann nicht alleine einen gegenüber dem Arbeitgeber wirksamen Beschluß fassen (BAG 10. 6. 1975 AP BetrVG 1972 § 73 Nr. 1). Nur der Betriebsrat vertritt die Interessen der Arbeitnehmer – einschließlich der des § 60 I – gegenüber dem Arbeitgeber (BAG 21. 1. 1982 AP BetrVG 1972 § 70 Nr. 1). Er allein übt die damit verbundenen Mitbestimmungsrechte aus. Soweit die Jugend- und Auszubildendenvertretung Maßnahmen durchführen will, ist sie daher auf die Mitwirkung des Betriebsrates angewiesen (BAG 21. 1. 1982 AP BetrVG 1972 § 70 Nr. 1). Selbstorganisationsrechte – wie zB das Erstellen einer Geschäftsordnung – nimmt sie jedoch selbst wahr.

IV. Streitigkeiten

4 Über Errichtung und Zuständigkeit der Jugend- und Auszubildendenvertretung wird im arbeitsgerichtlichen Beschlußverfahren nach den §§ 2 a, 80 ff. ArbGG entschieden. Dies gilt ebenso für Streitigkeiten zwischen ihr und dem Betriebsrat.

§ 61 Wahlberechtigung und Wählbarkeit

(1) **Wahlberechtigt sind alle in § 60 Abs. 1 genannten Arbeitnehmer des Betriebs.**

(2) [1] **Wählbar sind alle Arbeitnehmer des Betriebs, die das 25. Lebensjahr noch nicht vollendet haben; § 8 Abs. 1 Satz 3 findet Anwendung.** [2] **Mitglieder des Betriebsrats können nicht zu Jugend- und Auszubildendenvertretern gewählt werden.**

I. Wahlberechtigung

Wahlberechtigt sind nach **Abs. 1** neben den zu ihrer Berufsausbildung beschäftigten unter 25- 1
Jährigen (s. § 60 Rn. 2) alle Arbeitnehmer, die wegen fehlender Volljährigkeit noch nicht zum Betriebsrat wahlberechtigt sind. Das gleichzeitige Wahlrecht der Volljährigen zum Betriebsrat nimmt nicht die Wahlberechtigung für die Jugend- und Auszubildendenvertretung (DKK/*Trittin* Rn. 7; *Fitting* Rn. 6; GK-BetrVG/*Oetker* Rn. 8). Das Doppelwahlrecht ist vom Gesetzgeber gewollt. Wahlberechtigt sind auch Jugendliche, die wegen ihres Alters nach § 1773 BGB unter Vormundschaft stehen (DKK/*Trittin* Rn. 5; *Fitting* Rn. 5; GK-BetrVG/*Oetker* Rn. 14). Voraussetzung für die Wahlberechtigung ist nach den §§ 30, 2 III eine Eintragung in die Wählerliste.

Für die Wahl der Jugend- und Auszubildendenvertretung gilt der **Betriebsbegriff** des § 1 (s. § 4 2
Rn. 2 ff.). Nebenbetriebe und Betriebsteile sind dem Betrieb zuzuordnen, soweit sie nicht nach § 4 als selbständige Betriebe anzusehen sind (DKK/*Trittin* § 60 Rn. 14; *Fitting* § 60 Rn. 11). Nichtbetriebsratsfähige Kleinbetriebe bilden mit dem betriebsratsfähigen Betrieb einen einzigen Betrieb, wenn der Arbeitgeber den gleichen arbeitstechnischen Zweck in beiden verfolgt (BAG 3. 12. 1985 AP BetrVG 1972 § 99 Nr. 28). Tarifvertragliche Regelungen nach § 3 I Nr. 3 sind zu beachten (*Fitting* § 60 Rn. 11; GK-BetrVG/*Oetker* vor § 60 Rn. 42). Überläßt ein Betriebsinhaber Dritten Einrichtungen – zB eine **Lehrwerkstatt** – zur Berufsausbildung, ohne daß die dort Auszubildenden seinem Weisungsrecht unterstellt sind, werden sie nicht zu Angehörigen seines Betriebes und sind damit nicht wahlberechtigt zu dessen Jugend- und Auszubildendenvertretung (BAG 4. 4. 1990 AP BetrVG 1972 § 60 Nr. 1). Für die abschnittsweise in verschiedenen Betrieben eines oder mehrerer – räumlich bzw wirtschaftlich – verbundener Unternehmen durchgeführte **zentral gesteuerte Ausbildung** gilt: Die Auszubildenden sind als Arbeitnehmer des Betriebes anzusehen, in welchem die der Beteiligung des Betriebsrates bzw. der Jugend- und Auszubildendenvertretung unterliegenden, für ihr Ausbildungsverhältnis wesentlichen Entscheidungen des Arbeitgebers getroffen werden (BAG 13. 3. 1991 AP BetrVG 1972 § 60 Nr. 2; teilweise abweichend *Fitting* § 60 Rn. 16, 17; DKK/*Trittin* § 60 Rn. 16 ff.). Sie gehören damit während der gesamten Zeit dem Stammbetrieb an, von dem sie entsandt werden. Bei **Übertragung der praktischen Ausbildung** auf eine verselbständigte Einrichtung – zB eine außerbetriebliche Ausbildungswerkstatt, werden die Auszubildenden dort nicht Arbeitnehmer. Sie sind selbst Gegenstand des Betriebszweckes, sie werden nicht im Rahmen des arbeitstechnischen Zweckes dieses Betriebes ausgebildet (BAG 20. 3. 1996 AP BetrVG 1972 § 5 Ausbildung Nr. 9 und 10). Dies gilt auch dann, wenn sie dort gelegentlich zusammen mit anderen Mitarbeitern praktische Arbeiten verrichten (BAG 12. 9. 1996 AP BetrVG 1971 § 5 Ausbildung Nr. 11).

II. Wählbarkeit

Eine untere **Altersgrenze** gibt es für das passive Wahlrecht nach **Abs. 2** nicht. Der gesetzliche 3
Vertreter muß der Kandidatur nicht zustimmen (DKK/*Trittin* Rn. 8; *Fitting* Rn. 9). Betriebsverfassungsrechtliche Regeln zum passiven Wahlrecht gehen als Spezialregelung den allgemeingesetzlichen zur Geschäftsfähigkeit vor (GK-BetrVG/*Oetker* Rn. 24 ff.). Stichtag für die Altersgrenze ist nicht der Tag der Wahl, sondern der des Beginns der Amtszeit der Jugend- und Auszubildendenvertretung, wie § 64 III zeigt (DKK/*Trittin* Rn. 12; *Fitting* Rn. 11). Die Wählbarkeit ist nicht auf die aktiv Wahlberechtigten beschränkt. In die Jugend- und Auszubildendenvertretung kann auch gewählt werden, wer zwischen 18 und 25 Jahre alt ist und nicht zu seiner Berufsausbildung beschäftigt wird. Eine bestimmte **Dauer der Betriebszugehörigkeit** ist für die Wählbarkeit nicht erforderlich (*Richardi* Rn. 7; DKK/*Trittin* Rn. 10; *Fitting* Rn. 12). Wer durch eine strafgerichtliche Verurteilung die Fähigkeit verloren hat, Rechte aus öffentlichen Wahlen zu erlangen (s. § 8 Rn. 6), kann nach Abs. 2 S. 1 2. Halbs. nicht in die Jugend- und Auszubildendenvertretung gewählt werden. Ausländer sind wählbar (DKK/*Trittin* Rn. 11; *Fitting* Rn. 12); **Mitglieder des Betriebsrates**; Ersatzmitglieder des Betriebsrates sind wählbar, solange sie nicht nachgerückt sind (*Richardi* Rn. 10; *Fitting* Rn. 14; GK-BetrVG/*Oetker* Rn. 35). Rückt ein Ersatzmitglied – auch nur vorübergehend – nach, scheidet es nach §§ 65 iVm. § 24 I Nr. 4 endgültig aus der Jugend- und Auszubildendenvertretung aus und tritt nicht nach Beendigung der Vertretung wieder ein (BAG 21. 8. 1979 AP BetrVG 1972 § 78a Nr. 6; *Fitting* Rn. 14; aA *Richardi* Rn. 10; DKK/*Trittin* Rn. 16). Das Mitglied der Jugend- und Auszubildendenvertretung ist nicht zeitweilig verhindert; seine Wählbarkeit ist erloschen. Mitglieder des Betriebsrates können nicht zur Jugend- und Auszubildendenvertretung kandidieren, weil sie nicht wählbar sind. Deren Mitglieder können jedoch zum Betriebsrat kandidieren (*Richardi* Rn. 9; DKK/*Trittin* Rn. 17; *Fitting* Rn. 15). Werden sie gewählt und nehmen sie die Wahl an, scheiden sie aus der Jugend- und Auszubildendenvertretung aus. Zur Wählbarkeit ist eine Eintragung in die Wählerliste nach §§ 30, 2 III WO nicht für Kandidaten erforderlich, die wählbar, aber nicht wahlberechtigt sind.

III. Streitigkeiten

4 Über Wahlberechtigung und Wählbarkeit entscheidet zunächst der Wahlvorstand, danach ist im arbeitsgerichtlichen Beschlußverfahren nach den §§ 2a, 80 ArbGG zu entscheiden.

§ 62 Zahl der Jugend- und Auszubildendenvertreter, Zusammensetzung der Jugend- und Auszubildendenvertretung

(1) Die Jugend- und Auszubildendenvertretung besteht in Betrieben mit in der Regel
5 bis 20 der in § 60 Abs. 1 genannten Arbeitnehmer
aus 1 Jugend- und Auszubildendenvertreter,
21 bis 50 der in § 60 Abs. 1 genannten Arbeitnehmer
aus 3 Jugend- und Auszubildendenvertretern,
51 bis 200 der in § 60 Abs. 1 genannten Arbeitnehmer
aus 5 Jugend- und Auszubildendenvertretern,
201 bis 300 der in § 60 Abs. 1 genannten Arbeitnehmer
aus 7 Jugend- und Auszubildendenvertretern,
301 bis 600 der in § 60 Abs. 1 genannten Arbeitnehmer
aus 9 Jugend- und Auszubildendenvertretern,
601 bis 1000 der in § 60 Abs. 1 genannten Arbeitnehmer
aus 11 Jugend- und Auszubildendenvertretern,
mehr als 1000 der in § 60 Abs. 2 genannten Arbeitnehmer
aus 13 Jugend- und Auszubildendenvertretern.

(2) Die Jugend- und Auszubildendenvertretung soll sich möglichst aus Vertretern der verschiedenen Beschäftigungsarten und Ausbildungsberufe der im Betrieb tätigen in § 60 Abs. 1 genannten Arbeitnehmer zusammensetzen.

(3) Die Geschlechter sollen entsprechend ihrem zahlenmäßigen Verhältnis vertreten sein.

I. Mitgliederzahl

1 Der Wahlvorstand legt die Zahl der Beschäftigten anhand des § 60 I fest. Zu berücksichtigen sind allein Arbeitnehmer des Betriebes unter 18 Jahren und zur Berufsausbildung Beschäftigte unter 25 Jahren. Es gilt der **Betriebsbegriff** des § 1 (s. § 4 Rn. 2ff. und § 61 Rn. 2). Sind nicht genügend Beschäftigte bereit, ein Mandat zu übernehmen, ist entsprechend § 11 die nächstniedrigere Größe nach der Tabelle des Abs. 1 zugrunde zu legen (*Richardi* Rn. 5; DKK/*Trittin* Rn. 4; *Fitting* Rn. 4). So bleibt es immer bei einer ungeraden Zahl von Mitgliedern der Jugend- und Auszubildendenvertretung. Stichtag für die Feststellung der **Zahl der** „in der Regel" **Beschäftigten** ist der Tag des Wahlausschreibens (BAG 22. 11. 1984 AP BetrVG 1972 § 64 Nr. 1; *Fitting* Rn. 5; GK-BetrVG/*Oetker* Rn. 8). Maßgebend ist die für den Betrieb im allgemeinen kennzeichnende Zahl der Arbeitnehmer nach § 60 I. Vorübergehende Veränderungen sind unerheblich (BAG 22. 2. 1983 AP BetrVG 1972 § 113 Nr. 7; *Fitting* Rn. 5 und § 1 Rn. 239ff.). Der Wahlvorstand entscheidet nach pflichtgemäßem Ermessen (DKK/*Trittin* Rn. 5; *Fitting* Rn. 5). Bei vorzeitiger Neuwahl ist der Tag des Wahlausschreibens für diese Wahl, nicht der der vorangegangenen Wahl ausschlaggebend (BAG 22. 11. 1984 AP BetrVG 1972 § 64 Nr. 1). **Änderungen der Beschäftigtenzahl** zwischen dem Tag des Wahlausschreibens und dem Wahltag sind ohne Bedeutung (*Richardi* Rn. 4; DKK/*Trittin* Rn. 6; *Fitting* Rn. 5). Ändert sich die Zahl der Beschäftigten nach der Wahl, ist selbst dann keine Neuwahl durchzuführen, wenn die Änderung größeres Ausmaß hat. § 13 II Nr. 1 ist auf die Jugend- und Auszubildendenvertretung nicht anwendbar (BAG 22. 11. 1984 AP BetrVG 1972 § 64 Nr. 1). Sinkt die Zahl der Arbeitnehmer nach § 60 I jedoch auf Dauer unter fünf, verlieren die Jugend- und Auszubildendenvertreter ihr Amt (DKK/*Trittin* Rn. 8; *Fitting* Rn. 6; GK-BetrVG/*Oetker* Rn. 13). Verstöße gegen Abs. 1 berechtigen zur Wahlanfechtung. Ohne Anfechtung bleibt es für die gesamte Dauer der Wahlperiode bei der falsch festgelegten Zahl (BAG 14. 1. 1972 AP BetrVG § 20 Jugendvertreter Nr. 2).

II. Zusammensetzung

2 Abs. 2 und 3 wollen die Jugend- und Auszubildendenvertretung in den Stand setzen, ihre Arbeit sachkundig zu verrichten. Da die Wahl nicht nach dem Gruppenprinzip erfolgt, kommt Abs. 2 besondere Bedeutung zu. Mit Abs. 3 versucht man, den Gedanken der Gleichberechtigung von Mann und Frau schon durch die Zusammensetzung der Jugend- und Auszubildendenvertretung zu institutionalisieren. Werden die Vorschriften nicht beachtet, bleibt dies ohne Folgen. Ein Verstoß berührt nicht die Gültigkeit der Wahl (DKK/*Trittin* Rn. 11; *Fitting* Rn. 8; GK-BetrVG/*Kraft*/*Oetker* Rn. 18).

III. Streitigkeiten

Über die Richtigkeit der Entscheidungen des Wahlvorstandes wird im **arbeitsgerichtlichen Be- 3 schlußverfahren** nach den §§ 2a, 80 ff. ArbGG entschieden. Im Verfahren über die Anfechtung der Wahl zur Jugend- und Auszubildendenvertretung ist auch der Betriebsrat Beteiligter, weil die Jugend- und Auszubildendenvertretung selbst nicht allein prozessual handlungsfähig ist (BAG 20. 2. 1986 AP BetrVG 1972 § 63 Nr. 1).

§ 63 Wahlvorschriften

(1) Die Jugend- und Auszubildendenvertretung wird in geheimer, unmittelbarer und gemeinsamer Wahl gewählt.

(2) ¹Spätestens acht Wochen vor Ablauf der Amtszeit der Jugend- und Auszubildendenvertretung bestellt der Betriebsrat den Wahlvorstand und seinen Vorsitzenden. ²Für die Wahl der Jugend- und Auszubildendenvertreter gelten § 14 Abs. 3 bis 5, 6 Satz 1 zweiter Halbsatz, Abs. 7 und 8, § 16 Abs. 1 Satz 6 und 7, § 18 Abs. 1 Satz 1 und Abs. 3 sowie die §§ 19 und 20 entsprechend.

(3) Bestellt der Betriebsrat den Wahlvorstand nicht oder nicht spätestens sechs Wochen vor Ablauf der Amtszeit der Jugend- und Auszubildendenvertretung oder kommt der Wahlvorstand seiner Verpflichtung nach § 18 Abs. 1 Satz 1 nicht nach, so gelten § 16 Abs. 2 Satz 1 und 2 und § 18 Abs. 1 Satz 2 entsprechend mit der Maßgabe, daß der Antrag beim Arbeitsgericht auch von jugendlichen Arbeitnehmern gestellt werden kann.

I. Wahlgrundsätze

Für die Wahl der Jugend- und Auszubildendenvertretung gelten nach **Abs. 1** die allgemeinen Wahl- 1 grundsätze der Wahl des Betriebsrates (s. § 14 Rn. 1 ff.). Es wird jedoch stets in **gemeinsamer Wahl** ohne Rücksicht auf Gruppenzugehörigkeit gewählt. Die verschiedenen Beschäftigungsarten und Ausbildungsberufe sollen bei der Aufstellung der Wahlvorschläge nach § 62 II berücksichtigt werden. Die Wahl erfolgt nach Abs. 2 iVm. § 14 III und IV idR nach den Grundsätzen der **Verhältniswahl** (s. § 14 Rn. 10). Zur Mehrheitswahl kommt es, wenn nur ein Vertreter zu wählen ist oder nur ein Wahlvorschlag eingereicht wird. Im ersten Fall ist nach Abs. 2 S. 2 iVm. § 14 IV und § 31 IV WO iVm. § 25 WO in einem weiteren Wahlgang ein Ersatzmitglied zu wählen. Im zweiten Fall kann jeder Wahlberechtigte nach § 31 III WO auf dem Stimmzettel so viele Kandidaten ankreuzen, wie Mitglieder der Jugend- und Auszubildendenvertretung zu wählen sind. Kreuzt er mehr an, ist seine Stimme ungültig, kreuzt er zu weniger an, schadet das nicht. Die Bewerber nehmen entsprechend ihrer Stimmenzahl die Sitze ein. Bei Stimmengleichheit für den letzten zu vergebenden Sitz entscheidet das Los. Bei der Verhältniswahl kann jeder Wahlberechtigte nur eine Liste wählen. Bewerber darf er weder streichen noch hinzufügen. Die Verteilung der Sitze erfolgt nach dem **d'Hondtschen Höchstzahlensystem** (s. § 14 Rn. 10). Entfällt auf den letzten zu besetzenden Sitz dieselbe Höchstzahl, entscheidet das Los.

Die Wahl erfolgt aufgrund von **Wahlvorschlägen**. Vorschlagsberechtigt sind die Arbeitnehmer nach 2 § 60 I. Die Wahlvorschläge müssen nach Abs. 2 iVm. § 14 VII von 1/20 der Wahlberechtigten unterzeichnet sein. 50 Unterschrift reichen in jedem Fall aus, 3 Unterschriften müssen mindestens vorliegen. Sind im Betrieb nur bis zu 20 Wahlberechtigte beschäftigt, genügen nach Abs. 2 iVm. § 14 VI auch zwei Unterschriften. Im Betrieb vertretene Gewerkschaften können nach Abs. 2 iVm. § 14 V und VIII einen Wahlvorschlag einreichen, sobald der Wahlvorstand gebildet ist. Er muß von zwei Beauftragten der Gewerkschaft unterzeichnet sein (s. § 14 Rn. 17). Da der Betriebsrat den Wahlvorstand bildet, können Gewerkschaften im betriebsratslosen Betrieb keine Wahlvorschläge zur Wahl der Jugend- und Auszubildendenvertretung machen (*Fitting* Rn. 11).

Die Wahl ist **nichtig**, wenn in so krasser Weise gegen elementare Grundsätze einer Wahl verstoßen 3 wurde, daß selbst der Anschein einer dem Gesetz entsprechenden Wahl nicht vorliegt (DKK/*Trittin* Rn. 11; *Fitting* Rn. 12; s. § 19 Rn. 15). Sie ist nach Abs. 2 iVm. § 19 **anfechtbar**, wenn gegen wesentliche Vorschriften des Wahlrechts, der Wählbarkeit oder des Wahlverfahrens verstoßen wurde. Die Grundsätze zur Anfechtung der Betriebsratswahl gelten entsprechend (s. § 19 Rn. 1 ff.). Neben dem Arbeitgeber und den im Betrieb vertretenen Gewerkschaften sind nur die Arbeitnehmer nach § 60 I anfechtungsberechtigt. § 19 stellt nur auf Wahlberechtigte ab (*Richardi* Rn. 30; DKK/*Trittin* Rn. 10; *Fitting* Rn. 12). Im Anfechtungsverfahren ist der Betriebsrat Beteiligter (BAG 20. 2. 1986 AP BetrVG 1972 § 63 Nr. 1).

Die **Kosten** der Wahl inklusive der Pflicht, das Arbeitsentgelt weiterzuzahlen, trägt nach Abs. 2 4 iVm. § 20 III der Arbeitgeber (s. § 20 Rn. 9 ff.). Die Wahl ist wie die Wahl des Betriebsrates nach Abs. 2 iVm. § 20 I und II geschützt (s. § 20 Rn. 4 ff.). § 103 und § 15 II KSchG schützen Wahlvorstände und Wahlbewerber gegen **Kündigung** (*Richardi* Rn. 29; DKK/*Trittin* Rn. 12; *Fitting* Rn. 13; GK-BetrVG/*Oetker* Rn. 59). § 78a gilt für diesen Personenkreis nicht. Wer gewählt wurde, kann sich

Eisemann

aber schon mit der Feststellung des Wahlergebnisses nach § 17 WO auf diese Vorschrift berufen (BAG 22. 9. 1983 AP BetrVG 1972 § 78 a Nr. 11). Ansonsten kann unter Umständen § 20 helfen (DKK/*Trittin* Rn. 13; *Fitting* Rn. 13).

II. Wahlvorstand

5   Die **Aufgaben** des Wahlvorstandes entsprechen denen des Wahlvorstandes der Betriebsratswahl (s. § 18 Rn. 1 ff.). Er muß nach Abs. 2 iVm. § 18 I 1 und III die Wahl einleiten, durchführen und das Wahlergebnis feststellen. Dazu hat er ua ein Wahlschreiben zu erlassen, die Wählerliste anzufertigen, über Einsprüche gegen die Richtigkeit der Wählerliste zu entscheiden, öffentlich die Stimmen auszuzählen, das Ergebnis schriftlich festzuhalten und es den Arbeitnehmern, dem Arbeitgeber und den im Betrieb vertretenen Gewerkschaften jeweils in einer Abschrift der Wahlniederschrift zuzuleiten.

6   Die **Bestellung** des Wahlvorstandes **durch den Betriebsrat** gehört zu dessen gesetzlichen Aufgaben. Kommt er ihr nicht nach, kann dies einen groben Verstoß nach § 23 I darstellen (*Fitting* Rn. 14). Der Wahlvorstand kann selbst dann nicht durch die Jugend- und Auszubildendenversammlung bzw. -vertretung bestellt werden, wenn es keinen Betriebsrat (mehr) gibt oder der Betriebsrat untätig bleibt (*Richardi* Rn. 3; DKK/*Trittin* Rn. 15; *Fitting* Rn. 14; GK-BetrVG/*Oetker* Rn. 9). Beim Beschluß des Betriebsrates zur Bestellung des Wahlvorstandes haben die Delegierten der Jugend- und Auszubildendenvertretung im Betriebsrat nach § 67 II Stimmrecht. Eine frühere Bestellung des Wahlvorstandes als 8 Wochen vor Ende der Amtszeit ist zulässig (*Fitting* Rn. 14). Bei vorzeitigem Ende der Amtszeit ist der Wahlvorstand unverzüglich zu bestellen, nachdem der die Neuwahl bedingende Tatbestand eingetreten ist (DKK/*Trittin* Rn. 15; *Fitting* Rn. 14). Die **Größe** des Wahlvorstandes bestimmt der Betriebsrat nach pflichtgemäßem Ermessen. Er muß jedoch nach Abs. 2 iVm. § 16 II, 16 I 3 aus mindestens drei und stets aus einer ungeraden Zahl von Mitgliedern bestehen. Eine Höchstgrenze besteht nicht (*Richardi* Rn. 5; DKK/*Trittin* Rn. 18; *Fitting* Rn. 15; GK-BetrVG/*Oetker* Rn. 14 ff.). Ein Mitglied muß nach § 30 S. 2 WO das passive Wahlrecht zum Betriebsrat besitzen. Ansonsten kann der Betriebsrat jugendliche oder sonstige Arbeitnehmer zu Mitgliedern des Wahlvorstandes bestellen (*Richardi* Rn. 6; DKK/*Trittin* Rn. 19; *Fitting* Rn. 15). Dem Wahlvorstand sollen nach Abs. 2 iVm. § 16 I 6 Frauen und Männer angehören. Der Betriebsrat kann für jedes Mitglied des Wahlvorstandes einzelne oder für mehrere gemeinsam Ersatzmitglieder bestellen. Dabei ist die Reihenfolge des Nachrückens festzulegen. Die Gruppen müssen bei der Besetzung des Wahlvorstandes nicht berücksichtigt werden (DKK/*Trittin* Rn. 19; *Fitting* Rn. 15). Der Betriebsrat hat einen **Vorsitzenden** des Wahlvorstandes zu bestellen. Tut er das nicht, wählt ihn der Wahlvorstand mit Stimmenmehrheit aus seiner Mitte (DKK/*Trittin* Rn. 17; *Fitting* Rn. 17; GK-BetrVG/*Oetker* Rn. 23). Ist eine im Betrieb vertretene **Gewerkschaft** nicht durch ein ordentliches Mitglied im Wahlvorstand vertreten, kann sie dorthin einen nicht stimmberechtigten Beauftragten entsenden. Hierfür reicht es aus, daß sie im Betrieb und nicht schon unter den nach § 60 I Wahlberechtigten vertreten ist (DKK/*Trittin* Rn. 21; *Fitting* Rn. 16; GK-BetrVG/*Oetker* Rn. 24).

7   Die **Bestellung** des Wahlvorstandes **durch das Arbeitsgericht** erfolgt nach **Abs. 3** im wesentlichen nach den Grundsätzen, welche bei der Betriebsratswahl gelten (s. § 16 Rn. 9). Das Arbeitsgericht kann jedoch nur Arbeitnehmer des Betriebes, nicht externe Gewerkschaftsmitglieder berufen (*Richardi* Rn. 12; DKK/*Trittin* Rn. 27; *Fitting* Rn. 19). § 63 III erklärt nicht § 16 II 3 für entsprechend anwendbar. Die Antragsteller können nach Abs. 3 iVm. § 16 II 2 Vorschläge zur Zusammensetzung des Wahlvorstandes machen. Sie binden das Gericht nicht (DKK/*Trittin* Rn. 27; *Fitting* Rn. 20). Bei vorzeitiger Neuwahl der Jugend- und Auszubildendenvertretung ist die Bestellung des Wahlvorstandes nicht rechtzeitig, wenn sie nicht innerhalb von 14 Tagen nach dem Ereignis erfolgt, welches die Neuwahl bedingt (DKK/*Trittin* Rn. 22; *Fitting* Rn. 18). Der Betriebsrat kann seine Bestellung nachholen, solange das Arbeitsgericht ihn nicht bestellt hat (DKK/*Trittin* Rn. 22; *Fitting* Rn. 18). Besteht im Betrieb kein Betriebsrat, kommt eine gerichtliche Bestellung schon nach dem Wortlaut von Abs. 3 nicht in Betracht (*Richardi* Rn. 10; *Fitting* Rn. 18; GK-BetrVG/*Kraft/Oetker* Rn. 31; aA DKK/*Trittin* Rn. 23). **Antragsberechtigt** sind im Verfahren nach Abs. 3 iVm. § 16 II 1 neben den im Betrieb vertretenen Gewerkschaften oder mindestens drei zum Betriebsrat wahlberechtigten Arbeitnehmern (*Richardi* Rn. 11; DKK/*Trittin* Rn. 24; *Fitting* Rn. 20) nach Abs. 3 auch jugendliche Arbeitnehmer.

8   Verstößt der Wahlvorstand durch Untätigkeit gegen seine Pflichten, können die Antragsberechtigten nach Abs 3 seine **Ersetzung** durch das Arbeitsgericht beantragen, nicht durch gerichtliche Entscheidung die Durchführung der Wahl erzwingen (*Fitting* § 18 Rn. 25; s. im übrigen § 18 Rn. 4).

III. Streitigkeiten

9   Über die Bestellung, Ersetzung, Zuständigkeit des Wahlvorstandes und seine ordnungsgemäße Pflichterfüllung entscheiden die Arbeitsgerichte im Beschlußverfahren nach den §§ 2 a, 80 ff. ArbGG.

§ 64 Zeitpunkt der Wahlen und Amtszeit

(1) ¹Die regelmäßigen Wahlen der Jugend- und Auszubildendenvertretung finden alle zwei Jahre in der Zeit vom 1. Oktober bis 30. November statt. ²Für die Wahl der Jugend- und Auszubildendenvertretung außerhalb dieser Zeit gilt § 13 Abs. 2 Nr. 2 bis 6 und Abs. 3 entsprechend.

(2) ¹Die regelmäßige Amtszeit der Jugend- und Auszubildendenvertretung beträgt zwei Jahre. ²Die Amtszeit beginnt mit der Bekanntgabe des Wahlergebnisses oder, wenn zu diesem Zeitpunkt noch eine Jugend- und Auszubildendenvertretung besteht, mit Ablauf von deren Amtszeit. ³Die Amtszeit endet spätestens am 30. November des Jahres, in dem nach Absatz 1 Satz 1 die regelmäßigen Wahlen stattfinden. ⁴In dem Fall des § 13 Abs. 3 Satz 2 endet die Amtszeit spätestens am 30. November des Jahres, in dem die Jugend- und Auszubildendenvertretung neu zu wählen ist. ⁵In dem Fall des § 13 Abs. 2 Nr. 2 endet die Amtszeit mit der Bekanntgabe des Wahlergebnisses der neu gewählten Jugend- und Auszubildendenvertretung.

(3) Ein Mitglied der Jugend- und Auszubildendenvertretung, das im Laufe der Amtszeit das 25. Lebensjahr vollendet, bleibt bis zum Ende der Amtszeit Mitglied der Jugend- und Auszubildendenvertretung.

I. Regelmäßige Wahlen

Der Wahlzeitraum für die Jugend- und Auszubildendenvertretung nach **Abs. 1 S. 1** liegt im Herbst, um den Schulabgängern recht bald die Teilnahme an einer Wahl zu ermöglichen. Die ersten Wahlen nach der Neuregelung des Wahlzeitraums haben in dem Jahr 1988 stattgefunden. Die nächsten Wahlen finden jeweils im zweijährigen Turnus statt. Der Wahlzeitraum bezieht sich auf den Zeitpunkt der Stimmabgabe (*Richardi* Rn. 4; DKK/*Trittin* Rn. 4; *Fitting* Rn. 7; GK-BetrVG/*Oetker* Rn. 8). Vor Ablauf des 30. 11. sollte jeweils das Wahlergebnis bekanntgemacht sein, da nach Abs. 2 S. 3 spätestens mit Ablauf dieses Tages die Amtszeit der Jugend- und Auszubildendenvertretung endet. Im übrigen gelten die Regelungen zum regelmäßigen Wahlzeitraum für die Betriebsratswahlen auch für die Wahl der Jugend- und Auszubildendenvertretung (s. § 13 Rn. 1). 1

II. Außerordentliche Wahlen

Mit Ausnahme des § 13 II Nr. 1 ist die Wahl der Jugend- und Auszubildendenvertretung nach **Abs. 1 S. 2** unter denselben Voraussetzungen außerhalb des regelmäßigen Wahlzeitraums möglich wie die des Betriebsrates (s. § 13 Rn. 3 ff.). Eine ohne diese Voraussetzungen durchgeführte Wahl ist nichtig (*Fitting* Rn. 10). Dies gilt auch für die außerhalb des gesetzlichen Turnus durchgeführte isolierte Wahl eines Ersatzmitglieds, die durch das Nachrücken des bisher einzigen Ersatzmitglieds veranlaßt ist (LAG Hamm 22. 8. 1990 DB 1990, 2531; DKK/*Trittin* Rn. 5). Die Rückkehr zum regelmäßigen Wahlzeitraum sichert Abs. 1 S. 2 iVm. § 13 III. Die Neuwahl findet im nächsten regelmäßigen Wahlzeitraum statt, wenn die Jugend- und Auszubildendenvertretung an seinem Beginn 1 Jahr oder länger im Amt ist; ansonsten ist sie erst im darauffolgenden regelmäßigen Wahlzeitraum neu zu wählen. 2

III. Amtszeit

Die verkürzte Amtszeit der Jugend- und Auszubildendenvertretung sichert, daß Jugendliche jedenfalls einmal vor Vollendung ihres 18. Lebensjahres bzw. vor Abschluß ihrer Ausbildung Gelegenheit bekommen, an der Wahl teilzunehmen. Zu Beginn und Ende der Amtszeit gelten die Regelungen für den Betriebsrat sinngemäß (s. § 21 Rn. 2 ff.). Die zurückgetretene Jugend- und Auszubildendenvertretung bleibt jedoch nicht bis zur Neuwahl im Amt (GK-BetrVG/*Oetker* Rn. 21; HSG/*Schlochauer* Rn. 7; aA *Richardi* Rn. 26; DKK/*Trittin* Rn. 10; *Fitting* Rn. 14). § 22 wird in § 64 nicht in Bezug genommen. Ein entsprechender Vorschlag ist im Gesetzgebungsverfahren gescheitert. Der Betriebsrat muß auch die Interessen der Arbeitnehmer des § 60 I vertreten. So bleiben sie für die Übergangszeit nicht ohne Vertretung. 3

IV. Vollendung des 25. Lebensjahres

Abs. 3 sichert die Kontinuität der Mitgliedschaft in der Jugend- und Auszubildendenvertretung. Maßgebender Zeitpunkt ist nicht der Tag der Wahl, sondern der des Beginns der Amtszeit. Daher rückt ein Ersatzmitglied nicht nach, das nach der Wahl, aber vor Amtsbeginn das 25. Lebensjahr vollendet hat (LAG Düsseldorf 13. 10. 1992 NZA 1993, 474). 4

V. Streitigkeiten

5 Über den Zeitpunkt der Wahlen zur Jugend- und Auszubildendenvertretung, über vorzeitige Neuwahlen und die Amtszeit wird im arbeitsgerichtlichen Beschlußverfahren nach den §§ 2a, 80 ff. ArbGG entschieden.

§ 65 Geschäftsführung

(1) Für die Jugend- und Auszubildendenvertretung gelten § 23 Abs. 1, § 24 Abs. 1, die §§ 25, 26 Abs. 1 Satz 1 und Abs. 3, die §§ 30, 31, 33 Abs. 1 und 2 sowie die §§ 34, 36, 37, 40 und 41 entsprechend.

(2) ¹Die Jugend- und Auszubildendenvertretung kann nach Verständigung des Betriebsrats Sitzungen abhalten; § 29 gilt entsprechend. ²An diesen Sitzungen kann der Betriebsratsvorsitzende oder ein beauftragtes Betriebsratsmitglied teilnehmen.

I. Anwendbare Vorschriften

1 Die entsprechende Anwendung der in Abs. 1 genannten und für den Betriebsrat konzipierten Vorschriften kann nicht schematisch erfolgen. Sie steht unter dem Vorbehalt der durch Sinn und Zweck vermittelten Vergleichbarkeit.

2 **§ 23 Abs. 1: Verletzung gesetzlicher Pflichten.** Im Verfahren zur Auflösung der Jugend- und Auszubildendenvertretung sind der Arbeitgeber, eine im Betrieb vertretene Gewerkschaft und 1/4 der Wahlberechtigten nach § 60 I antragsberechtigt. Für den Ausschluß eines Mitglieds ist daneben die Jugend- und Auszubildendenvertretung selbst antragsberechtigt. Beide Verfahren kann auch der Betriebsrat einleiten (*Richardi* Rn. 2; *Fitting* Rn. 4; GK-BetrVG/*Oetker* Rn. 9; aA DKK/*Trittin* Rn. 3). Dies folgt aus seiner allgemeinen Überwachungspflicht nach § 80 I Nr. 1. Wird die Jugend- und Auszubildendenvertretung aufgelöst, hat das Arbeitsgericht nicht einen Wahlvorstand zu bestellen. Auf § 23 II wird nicht verwiesen. Dies ist daher nach § 63 II erst einmal Sache des Betriebsrates. Kommt er dem nicht nach, kann das Arbeitsgericht auf Antrag einer im Betrieb vertretenen Gewerkschaft oder von 3 (auch jugendlichen) Arbeitnehmern des Betriebes einen Wahlvorstand bestellen (DKK/*Trittin* Rn. 4; *Fitting* Rn. 4; s. § 63 Rn. 6 und im übrigen § 23 Rn. 22).

3 **§ 24 Abs. 1: Erlöschen der Mitgliedschaft.** Die Tatbestände, welche das Ende der Mitgliedschaft im Betriebsrat bewirken, entsprechen mit einer Ausnahme denen, die zum Erlöschen der Mitgliedschaft in der Jugend- und Auszubildendenvertretung führen. Der Verlust der Wählbarkeit beendet dann nicht die Mitgliedschaft in der Jugend- und Auszubildendenvertretung, wenn er wegen der Vollendung des 25. Lebensjahres eintritt, wie § 64 III zeigt. Die nachträgliche Mitgliedschaft im Betriebsrat beendet sie nach Abs. 2, § 24 I Nr. 4 und § 61 II 2 (s. § 61 Rn. 3; im übrigen § 24 Rn. 2 ff.).

4 **§ 25: Ersatzmitglieder.** Ist die Jugend- und Auszubildendenvertretung nach den Grundsätzen der Verhältniswahl gewählt, rücken grundsätzlich der nicht gewählte Bewerber aus der Liste nach, der das verhinderte oder ausgeschiedene Mitglied angehörte (s. § 25 Rn. 9). Bei Mehrheitswahl rückt das Ersatzmitglied mit der nächsthöchsten Stimmenzahl nach (s. § 25 Rn. 9). Besteht die Jugend- und Auszubildendenvertretung nur aus einem Mitglied, rückt das in getrenntem Wahlgang nach § 14 IV, § 31 IV WO iVm. § 25 WO gewählte Ersatzmitglied nach (s. § 63 Rn. 1). Auf die Gruppenzugehörigkeit kommt es in allen Fällen nicht an. Sie spielt bei der Wahl der Jugend- und Auszubildendenvertretung keine Rolle (s. im übrigen § 25 Rn. 9).

5 **§ 26 Abs. 1 S. 1 und Abs. 3: Vorsitzender.** Bei der Wahl des Vorsitzenden der Jugend- und Auszubildendenvertretung und seines Stellvertreters kommt es auf Gruppenzugehörigkeiten nicht an. § 26 I 2 und II sind nicht in Bezug genommen. Der Vorsitzende vertritt die Jugend- und Auszubildendenvertretung im Rahmen ihrer Zuständigkeit und der gefaßten Beschlüsse. Er nimmt Erklärungen entgegen, die ihr gegenüber abzugeben sind. Er beruft ihre Sitzungen ein, unterrichtet hierüber den Betriebsratsvorsitzenden und leitet sie (s. im übrigen § 26 Rn. 6).

6 **§ 30: Sitzungen.** Auch die Sitzungen der Jugend- und Auszubildendenvertretung finden grundsätzlich während der Arbeitszeit statt. Beim Festlegen ihres Zeitpunktes ist auf betriebliche Notwendigkeiten Rücksicht zu nehmen. Sie sind wie die des Betriebsrates nicht öffentlich (s. Rn. 22 und § 30 Rn. 3).

7 **§ 31: Teilnahme der Gewerkschaften.** Das Antragsrecht einer Gruppe ist gegenstandslos. Die Jugend- und Auszubildendenvertretung wird ohne Rücksicht auf Gruppenzugehörigkeit gewählt. Beschließt die Jugend- und Auszubildendenvertretung, einen Beauftragten der Gewerkschaft hinzuzuziehen, reicht es aus, wenn diese Gewerkschaft nur im Betriebsrat vertreten ist (DKK/*Trittin* Rn. 12; *Fitting* Rn. 9). Beantragt 1/4 ihrer Mitglieder die Teilnahme eines Beauftragten der Gewerkschaft, können nur Beauftragte der in der Jugend- und Auszubildendenvertretung vertretenen Gewerkschaften an der Sitzung teilnehmen (DKK/*Trittin* Rn. 10; *Fitting* Rn. 9; GK-BetrVG/*Oetker* Rn. 79). Beschließt der Betriebsrat, zu ihrer Sitzung einen Gewerkschaftsvertreter hinzuzuziehen, kann auch

I. Anwendbare Vorschriften § 65 BetrVG 210

ein Beauftragter einer nicht dort, aber im Betriebsrat vertretenen Gewerkschaft teilnehmen. (DKK/ *Trittin* Rn. 10; *Fitting* Rn. 9; aA GK-BetrVG/*Oetker* Rn. 81). Der Weg über die Teilnahme der Jugend- und Auszubildendenvertretung an Betriebsratssitzungen nach § 67 I 2 ist unnötig umständlich (s. im übrigen § 31 Rn. 1 ff.).

§ 33 Abs. 1 und 2: Beschlüsse. Im Allgemeinen werden Beschlüsse mit der Mehrheit der Stimmen 8 der anwesenden Mitglieder gefaßt. Beauftragte der Gewerkschaften und Betriebsratsmitglieder sind nicht stimmberechtigt. Beschlußfähigkeit ist bei Anwesenheit der Hälfte der Mitglieder gegeben. Die absolute Mehrheit ist erforderlich für Beschlüsse der Jugend- und Auszubildendenvertretung über den Antrag auf Aussetzung eines Beschlusses des Betriebsrates (§ 66 iVm. § 35), zur Verabschiedung einer Geschäftsordnung (Abs. 1 iVm. § 36), über ihren Rücktritt (§ 64 I iVm. § 13 II Nr. 3) und über den Auftrag an die Gesamt-Jugend- und Auszubildendenvertretung eine Angelegenheit vom Gesamtbetriebsrat zu behandeln (§ 73 II iVm. § 50 II). Die Jugendvertretung kann alleine keine gegenüber dem Arbeitgeber wirksamen Beschlüsse fassen (BAG 20. 11. 1973 AP BetrVG 1972 § 65 Nr. 1; s. im übrigen § 33 Rn. 2 ff.).

§ 34: Sitzungsniederschrift. Über jede ihrer Sitzungen muß die Jugend- und Auszubildendenver- 9 tretung eine Niederschrift fertigen. Sie muß zumindest den Wortlaut der Beschlüsse und die Stimmenmehrheit enthalten, mit der sie gefaßt sind. Jedes Mitglied hat das Recht, die Unterlagen einzusehen (s. im übrigen § 34 Rn. 2 ff.).

§ 36: Geschäftsordnung. Sie ist mit absoluter Mehrheit zu verabschieden und bedarf der Schrift- 10 form (s. im übrigen § 36 Rn. 1 ff.).

§ 37: Ehrenamtliche Tätigkeit, Arbeitsversäumnis. Mitglieder der Jugend- und Auszubildenden- 11 vertretung führen ihr Amt unentgeltlich (s. § 37 Rn. 1). Sie haben Anspruch auf Arbeitsbefreiung, soweit dies zur Aufgabenerfüllung erforderlich ist (s. § 37 Rn. 2 ff.) und können für notwendige Tätigkeiten außerhalb ihrer Arbeitszeit Freizeitausgleich und ggf. Entgeltausgleich verlangen (s. § 37 Rn. 9 ff.). Da es sich dabei nicht um eine Beschäftigung durch den Arbeitgeber handelt, sind die Schutzbestimmungen des JArbSchG nicht anzuwenden. Der Ausgleich sollte primär in Freizeit erfolgen. Wo dies aus betrieblichen Gründen, vor allem wegen der Berufsausbildung, nicht möglich ist, ist die Mehrarbeit in der üblichen Weise zu vergüten (DKK/*Trittin* Rn. 19; *Fitting* Rn. 13; GK-BetrVG/*Oetker* Rn. 38). Mitglieder der Jugend- und Auszubildendenvertretung dürfen in ihrer beruflichen Entwicklung nicht benachteiligt werden (s. § 37 Rn. 14). Ihr Entgelt darf bis ein Jahr nach Beendigung ihrer Amtszeit nicht geringer als das vergleichbarer Arbeitnehmer sein (s. § 37 Rn. 13).

Schulungen sind nach § 37 VI erforderlich, soweit sie Kenntnisse vermitteln, die für die Tätigkeit 12 in der Jugend- und Auszubildendenvertretung erforderlich sind (BAG 6. 5. 1975 AP BetrVG 1972 § 65 Nr. 5). Sie werden daher nicht in dem Umfang erforderlich sein, wie für Mitglieder des Betriebsrates. Die Aufgaben der Jugend- und Auszubildendenvertretung sind begrenzter. Da deren Mitglieder altersbedingt über geringere Erfahrungen und Kenntnisse verfügen, wird es andererseits eine Reihe von Themen geben, bei denen die Schulung für sie, wenn auch nicht für Betriebsratsmitglieder, notwendig erscheint (DKK/*Trittin* Rn. 21; *Fitting* Rn. 14; aA GK-BetrVG/*Oetker* Rn. 49). Dabei sollte nicht aus dem Blick geraten, daß sich der Freistellungsanspruch nach § 37 VII angesichts der nur 2-jährigen Amtszeit der Jugend- und Auszubildendenvertretung gegenüber dem von Betriebsratsmitgliedern verdoppelt. Als **Themen** können die Grundsätze der Betriebsverfassung und der Jugendvertretung in Frage kommen (BAG 6. 5. 1975 AP BetrVG 1972 § 65 Nr. 5). Auch zum „Gesundheitsschutz im Betrieb" soll geschult werden dürfen, wenn dabei der Jugendschutz im Mittelpunkt steht (BAG 10. 6. 1975 AP BetrVG 1972 § 65 Nr. 6). Zum BBiG und zum JArbSchG soll dies nur gelten, wenn Kenntnisse hierüber „am Rande" einer ansonsten erforderlichen Schulung vermittelt werden (BAG 6. 5. 1975 AP BetrVG 1972 § 65 Nr. 5; aA DKK/*Trittin* Rn. 22; *Fitting* Rn. 15). Für die Frage, ob die Teilnahme an einer Schulungsveranstaltung erforderlich ist, die teils für die Arbeit der Jugend- und Auszubildendenvertretung erforderliche, teils geeignete Kenntnisse vermittelt, ist entscheidend, welche Themen der Schulung das Gepräge geben (BAG 10. 5. 1974 AP BetrVG 1972 § 65 Nr. 4). Die Teilnahme eines nicht endgültig nachgerückten **Ersatzmitglieds** einer einköpfigen Jugend- und Auszubildendenvertretung an einer Schulungsveranstaltung ist idR nicht erforderlich (BAG 10. 5. 1974 AP BetrVG 1972 § 65 Nr. 2). Etwas anderes gilt, wenn ein Ersatzmitglied für längere Zeit nachrückt oder häufig vertreten muß (BAG 15. 5. 1986 AP BetrVG 1972 § 37 Nr. 53). Über die **zeitliche Lage** der Schulungsveranstaltung und die **Teilnahme** entscheidet der Betriebsrat (BAG 15. 1. 1992 AP BetrVG 1972 § 40 Nr. 41). Die Jugend- und Auszubildendenvertretung hat kein selbständiges Mitbestimmungsrecht. Sie ist an der Entscheidung des Betriebsrates nach § 67 II zu beteiligen. Geschieht dies nicht, ist der Beschluß deshalb nicht unwirksam (BAG 6. 5. 1975 AP BetrVG 1972 § 65 Nr. 5). Der Betriebsrat entscheidet auch über die Teilnahme eines Mitglieds der Gesamt-Jugend- und Auszubildendenvertretung. Zuständig ist der Betriebsrat, dem das zu schulende Mitglied angehört (BAG 10. 6. 1975 AP BetrVG 1972 § 73 Nr. 1). Der Betriebsrat muß seinen Beschluß nicht bis zum Erlaß einer einstweiligen Verfügung oder bis zur rechtskräftigen Entscheidung über das Teilnehmerecht zurückstellen (BAG 6. 5. 1975 AP BetrVG 1972 § 65 Nr. 5). Die Mitglieder der Jugend- und Auszubildendenvertretung haben den vollen Freistellungsanspruch nach **§ 37 VII**, obwohl ihre Amtszeit nur halb so lang ist wie die des Betriebsrates (*Richardi* Rn. 45; DKK/*Trittin* Rn. 26; *Fitting* Rn. 18).

Eisemann

13   **§ 40: Kosten und Sachaufwand.** Zu den danach vom Arbeitgeber zu tragenden Kosten zählen auch die für einen Rechtsanwalt, den ein Mitglied der Jugend- und Auszubildendenvertretung in einem vom Betriebsrat eingeleiteten Ausschlußverfahren beauftragt hat (BAG 29. 7. 1982 AuR 82, 258), nicht aber die Kosten einer anwaltlichen Tätigkeit, die einem Mitglied der JAV in einem Verfahren nach § 78 a IV entstanden sind (BAG 5. 4. 2000 – 7 ABR 6/99; s. im übrigen § 40 Rn. 2 ff.).

14   **§ 41: Umlageverbot.** Beiträge für die Zwecke der Jugend- und Auszubildendenvertretung dürfen weder von Arbeitnehmern noch von Dritten erhoben oder geleistet werden (s. § 41 Rn. 2 ff.).

15   **Weitere Bestimmungen** zur Jugend- und Auszubildendenvertretung enthalten folgende Vorschriften: § 29 II 4 (Ladung zur Betriebsratssitzung); § 35 (Aussetzung von Beschlüssen des Betriebsrates; § 39 II (Teilnahmerecht an den Sprechstunden des Betriebsrates); § 78 (Allgemeines Begünstigungs- und Benachteiligungsverbot); § 78 a (Anspruch auf Übernahme in ein Arbeitsverhältnis); § 80 I Nr. 3 und 5 (Zusammenarbeit mit dem Betriebsrat); § 103 und § 15 KSchG (Kündigungsschutz von Mitgliedern des Wahlvorstandes, Wahlbewerbern und Mitgliedern der Jugend- und Auszubildendenvertretung).

16   **Nicht anwendbar** auf die Jugend und Auszubildendenvertretung sind folgende Vorschriften: §§ 27, 28: Sie kann die Führung der Geschäfte nicht generell übertragen (*Richardi* Rn. 9; DKK/*Trittin* Rn. 31; *Fitting* Rn. 22). Sie kann keine Ausschüsse mit selbständigen Entscheidungsbefugnissen bilden. Vorbereitende Kommissionen oder Arbeitsgruppen können gebildet werden (DKK/*Trittin* Rn. 31; *Fitting* Rn. 22). § 32 und § 3 I ZDVG: An ihren Sitzungen können weder die Schwerbehindertenvertretung noch der Vertrauensmann der Zivildienstleistenden teilnehmen. § 35: Sie kann eigene Beschlüsse nicht aussetzen. § 38: Mit dem Ausschluß dieser Vorschrift wollte man eine Gefährdung der Berufsausbildung verhindern. In Großbetrieben kann freilich die Freistellung nach § 37 II einer völligen Freistellung nahe kommen. Diese kann auch nach § 37 II durch Vereinbarung zwischen Arbeitgeber und Betriebsrat vereinbart werden (DKK/*Trittin* Rn. 34; *Fitting* Rn. 25; GK-BetrVG/ *Oetker* Rn. 37). Sie darf die Berufsausbildung jedoch nicht entscheidend beeinträchtigen. Im Ergebnis dürfen Auszubildende damit nicht völlig freigestellt werden (*Richardi* Rn. 37; DKK/*Trittin* Rn. 34; *Fitting* Rn. 25).

II. Sitzungen

17   Auch Sitzungen der Jugend- und Auszubildendenvertretung müssen der Erfüllung ihrer Aufgaben dienen. Sie benötigt nicht das Einverständnis des **Betriebsrates,** sondern muß ihn nur verständigen. So gibt sie ihm die Möglichkeit, an ihren Sitzungen nach Abs. 2 S. 2 teilzunehmen. Diese Verständigung ist nicht Wirksamkeitsvoraussetzung für die Rechtmäßigkeit der Sitzung. Es handelt sich um eine Ordnungsvorschrift (DKK/*Trittin* Rn. 36; *Fitting* Rn. 26; GK-BetrVG/*Oetker* Rn. 64). Unterläßt die Jugend- und Auszubildendenvertretung wiederholt die Verständigung des Betriebsrates, kann hierin eine grobe Pflichtverletzung nach § 23 I liegen Die Teilnahme eines Vertreters des Betriebsrates an den Sitzungen dient der sachkundigen Beratung und der Information des Betriebsrates. Eine Teilnahmepflicht besteht nicht. Der Vertreter des Betriebsrats hat kein Stimmrecht (DKK/*Trittin* Rn. 42; *Fitting* Rn. 30; GK-BetrVG/*Oetker* Rn. 77; aA *Richardi* Rn. 11). Der Betriebsrat kann – anders als der Arbeitgeber und 1/4 der Jugend- und Auszubildendenvertreter – keine Sitzung beantragen (DKK/ *Trittin* Rn. 40; *Fitting* Rn. 29; GK-BetrVG/*Kraft*/*Oetker* Rn. 71; aA *Richardi* Rn. 14). Er kann selbst die entsprechende Angelegenheit auf die Tagesordnung einer seiner Sitzungen setzen und muß dann die Jugend- und Auszubildendenvertretung nach § 67 I 2 hinzuziehen. Bei der **Terminfestlegung** muß auch die Jugend- und Auszubildendenvertretung auf die betrieblichen Notwendigkeiten Rücksicht nehmen. Die Sitzungen finden nach Abs. 1 iVm. § 30 grundsätzlich während der Arbeitszeit statt. Ihre Sitzungen sind – wie die des Betriebsrates – nicht öffentlich. Für die **Einladung** zu den Sitzungen gilt § 29 (s. § 29 Rn. 2 ff.). Auch der Betriebsratsvorsitzende bzw das beauftragte Mitglied sind vom Vorsitzenden der Jugend- und Auszubildendenvertretung entsprechend § 29 II 3 zu allen Sitzungen mit Tagesordnung zu laden (*Fitting* Rn. 32). Die wiederholte Verletzung dieser Pflicht kann eine grobe Pflichtverletzung nach § 23 I darstellen. Soweit Gewerkschaftsbeauftragte hinzugezogen werden (s. Rn. 7), sind auch ihnen nach Abs. 1 iVm. § 31 Tagesordnung, Zeitpunkt und Ort der Sitzung rechtzeitig mitzuteilen. Schwerbehindertenvertretung und der Vertrauensmann der Zivildienstleistenden sind zur Teilnahme an den Sitzungen nicht berechtigt. Die §§ 3 I ZDVG und 31 sind nicht anwendbar (DKK/*Trittin* Rn. 32; *Fitting* Rn. 28).

III. Streitigkeiten

18   Über Organisation, Zuständigkeit und Geschäftsführung der Jugend- und Auszubildendenvertretung wird im arbeitsgerichtlichen **Beschlußverfahren** nach den §§ 2 a, 80 ff. ArbGG entschieden. Bei Streitigkeiten um die Teilnahme an Schulungsveranstaltungen ist neben der Jugend- und Auszubildendenvertretung und ihrem betroffenen Mitglied (BAG 10. 5. 1974 AP BetrVG 1972 § 65 Nr. 2) auch der Betriebsrat antrags- und beteiligungsbefugt (BAG 6. 5. 1975 AP BetrVG 1972 § 65 Nr. 5). Wird über die Höhe der vom Arbeitgeber zu tragenden Schulungskosten gestritten, ist die Jugend- und Auszubildendenvertretung nicht zu beteiligen (BAG 30. 3. 1994 AP BetrVG 1972 § 40 Nr. 42).

Ansprüche auf Freizeitausgleich und Lohnansprüche nach § 37 III werden im **Urteilsverfahren** nach § 2 I Nr. 3 ArbGG entschieden.

§ 66 Aussetzung von Beschlüssen des Betriebsrats

(1) Erachtet die Mehrheit der Jugend- und Auszubildendenvertreter einen Beschluß des Betriebsrats als eine erhebliche Beeinträchtigung wichtiger Interessen der in § 60 Abs. 1 genannten Arbeitnehmer, so ist auf ihren Antrag der Beschluß auf die Dauer von einer Woche auszusetzen, damit in dieser Frist eine Verständigung, gegebenenfalls mit Hilfe der im Betrieb vertretenen Gewerkschaften, versucht werden kann.

(2) Wird der erste Beschluß bestätigt, so kann der Antrag auf Aussetzung nicht wiederholt werden; dies gilt auch, wenn der erste Beschluß nur unerheblich geändert wird.

I. Antrag

Die Vorschrift dient dem Minderheitenschutz im Betrieb. Sie entspricht § 35, soweit dort die 1 Jugend- und Auszubildendenvertretung angesprochen ist (s § 35 Rn. 1 ff.). Diese kann nicht eigene Beschlüsse aussetzen, weil sie sich nach Gruppen zusammensetzt. Sie kann sie aber aufheben, solange sie noch nicht nach außen wirksam geworden sind. Der Antrag erfordert einen **ordnungsgemäßen Beschluß** der Jugend- und Auszubildendenvertretung, der mit absoluter Mehrheit zu fassen ist (DKK/*Trittin* Rn. 3; *Fitting* Rn. 3; GK-BetrVG/*Oetker* Rn. 5; aA *Richardi* Rn. 3; HSG/*Schlochauer* Rn. 2). § 35 stellt – wie für die Schwerbehindertenvertretung – auf die Mehrheit der Jugend- und Auszubildendenvertretung und damit auf das Organ und nicht auf seine Mitglieder ab. Der Wortlaut des § 66 stellt nur klar, daß es sich um eine absolute Mehrheit handeln muß. Der Antrag setzt keine objektive Beeinträchtigung wichtiger Interessen voraus. Es reicht aus, wenn die Mehrheit der Vertreter subjektiv davon ausgeht (DKK/*Trittin* Rn. 4; *Fitting* Rn. 4; GK-BetrVG/*Oetker* Rn. 8). Das Recht entfällt, nachdem sich die Mehrheit der Jugend- und Auszubildendenvertreter in der Betriebsratssitzung für den Beschluß ausgesprochen haben (*Richardi* Rn. 5; DKK/*Trittin* Rn. 5; *Fitting* Rn. 4). Bei dem Beschluß des Betriebsrates muß es sich um eine Angelegenheit handeln, bei der nach § 67 I 2 und II ein Teilnahme- oder Stimmrecht für die Jugend- und Auszubildendenvertretung besteht (*Richardi* Rn. 4; DKK/*Trittin* Rn. 5; *Fitting* Rn. 4). Der Antrag ist idR berechtigt, wenn sie vom Betriebsrat pflichtwidrig nicht hinzugezogen wurde. Allein dieser Verstoß kann ihre Interessen erheblich beeinträchtigen (*Richardi* Rn. 5; DKK/*Trittin* Rn. 6; *Fitting* Rn. 5). Der Antrag muß **begründet** werden, damit der Betriebsrat prüfen kann, ob die Voraussetzungen für eine Aussetzung erfüllt sind (*Richardi* Rn. 4; *Fitting* Rn. 6; GK-BetrVG/*Oetker* Rn. 10; abgeschwächt DKK/*Trittin* Rn. 7). Der Antrag kann eine Woche nachdem der Betriebsrat seinen Beschluß gefaßt hat, nicht mehr gestellt werden (DKK/*Wedde* § 35 Rn. 11; *Fitting* § 35 Rn. 19). Der Beschluß wird nach § 35 I für eine Woche nach Beschlußfassung, nicht nach Antragstellung ausgesetzt. Der Antrag kann jederzeit zurückgenommen werden (DKK/*Wedde* § 35 Rn. 15; *Fitting* § 35 Rn. 21).

II. Aussetzung

Ist der Beschluß bereits durchgeführt, kann er nach **Abs. 2** nicht mehr ausgesetzt werden (DKK/ 2 *Wedde* § 35 Rn. 11; *Fitting* § 35 Rn. 19). Wird der erste Beschluß nach Ablauf der Verständigungsfrist bestätigt, kann kein Aussetzungsantrag mehr gestellt werden, auch wenn der ursprüngliche Beschluß unerheblich abgeändert wurde (DKK/*Trittin* Rn. 9; *Fitting* Rn. 7). Die Aussetzung verlängert keine Ausschlußfristen – etwa die der §§ 99 III oder 102 II 1. Bei § 66 handelt es sich um eine interne Ordnungsvorschrift für die Willensbildung des Betriebsrates. Sie berührt nicht die Wirksamkeit von Betriebsratsbeschlüssen (DKK/*Wedde* § 35 Rn. 14; *Fitting* § 35 Rn. 35).

III. Streitigkeiten

Über die Voraussetzungen und Wirkungen des Aussetzungsantrages wird im arbeitsgerichtlichen 3 Beschlußverfahren nach den §§ 2 a, 80 ff. ArbGG entschieden.

§ 67 Teilnahme an Betriebsratssitzungen

(1) ¹Die Jugend- und Auszubildendenvertretung kann zu allen Betriebsratssitzungen einen Vertreter entsenden. ²Werden Angelegenheiten behandelt, die besonders die in § 60 Abs. 1 genannten Arbeitnehmer betreffen, so hat zu diesen Tagesordnungspunkten die gesamte Jugend- und Auszubildendenvertretung ein Teilnahmerecht.

(2) Die Jugend- und Auszubildendenvertreter haben Stimmrecht, soweit die zu fassenden Beschlüsse des Betriebsrats überwiegend die in § 60 Abs. 1 genannten Arbeitnehmer betreffen.

(3) ¹Die Jugend- und Auszubildendenvertretung kann beim Betriebsrat beantragen, Angelegenheiten, die besonders die in § 60 Abs. 1 genannten Arbeitnehmer betreffen und über die sie beraten hat, auf die nächste Tagesordnung zu setzen. ²Der Betriebsrat soll Angelegenheiten, die besonders die in § 60 Abs. 1 genannten Arbeitnehmer betreffen, der Jugend- und Auszubildendenvertretung zur Beratung zuleiten.

I. Allgemeines Teilnahmerecht

1   Die Jugend- und Auszubildendenvertretung nimmt die Interessen der Arbeitnehmer des § 60 I nicht unmittelbar gegenüber dem Arbeitgeber wahr. Dies ist Sache des Betriebsrates, der alle in den Anwendungsbereich des Gesetzes fallenden Arbeitnehmer vertritt (BAG 21. 1. 1982 AP BetrVG 1972 § 70 Nr. 1). Die Vorschrift stellt sicher, daß die Jugend- und Auszubildendenvertretung über ein abgestuftes System der Beteiligung in angemessener Weise an seinen Entscheidungen beteiligt und über sie informiert wird. An **allen Sitzungen** des Betriebsrates kann nach **Abs. 1 S 1 ein Mitglied** der Jugend- und Auszubildendenvertretung **beratend** teilnehmen. Eine Stellungnahme zu allen dort behandelten Punkten ist erlaubt (*Richardi* Rn. 7; DKK/*Trittin* Rn. 9; GK-BetrVG/*Oetker* Rn. 21). Eine Verpflichtung zur Teilnahme besteht nicht (*Richardi* Rn. 4; DKK/*Trittin* Rn. 2; *Fitting* Rn. 5). Die Jugend- und Auszubildendenvertretung bestimmt durch Beschluß selbst, wen sie entsendet (*Richardi* Rn. 5; *Fitting* Rn. 8). Dies kann auch generell für alle oder einen Teil der Sitzungen geschehen. Sie kann nur eines ihrer Mitglieder entsenden, auch ein Ersatzmitglied muß schon nachgerückt sein (*Fitting* Rn. 7; GK-BetrVG/*Oetker* Rn. 13). Das allgemeine Teilnahmerecht besteht grundsätzlich allein für **Plenarsitzungen** des Betriebsrates. Hat dieser bestimmte Angelegenheiten einem Ausschuß zur selbständigen Erledigung übertragen, besteht das Teilnahmerecht auch an dessen Sitzungen (*Richardi* Rn. 8; DKK/*Trittin* Rn. 7; GK-BetrVG/*Oetker* Rn. 7; *Fitting* Rn. 6). Nur so läßt sich die vom Gesetzgeber gewollte lückenlose Information der Jugend- und Auszubildendenvertretung sicherstellen. Soll das besondere Verhältnis zwischen ihr und dem Betriebsrat oder das Verhaltens eines ihrer Mitglieder erörtert werden, kann der Betriebsrat eine **Vorberatung** ohne ihren Vertreter durchführen (*Richardi* Rn. 3; *Fitting* Rn. 5; GK-BetrVG/*Oetker* Rn. 11). Deren Ergebnis ist der Jugend- und Auszubildendenvertretung mitzuteilen. Das allgemeine Teilnahmerecht betrifft nicht **Besprechungen** von Betriebsrat und Arbeitgeber außerhalb der Betriebsratssitzungen (*Fitting* § 68 Rn. 5).

II. Besonderes Teilnahmerecht

2   Unter den Voraussetzungen des **Abs. 1 S. 2** sind **alle Mitglieder** einer Jugend- und Auszubildendenvertretung berechtigt, **beratend** an Sitzungen des Betriebsrates teilzunehmen. **Besonders** sind die Arbeitnehmer des § 60 I von einer Angelegenheit betroffen, wenn sie gerade in ihrer Eigenschaft als Jugendliche und Auszubildende mehr als andere betroffen sind. Es muß sich um eine spezifische Angelegenheit der Arbeitnehmer des § 60 I handeln. Dies kann der Fall sein, wenn die Angelegenheit von besonderer altersspezifischer Bedeutung ist – Berufsschulferien und Urlaubsplan – oder Vorschriften betrifft, die gerade den Schutz der Arbeitnehmer des § 60 I bezwecken – JArbSchG, BBiG – oder ihren Schwerpunkt in einem dieser Bereiche hat (DKK/*Trittin* Rn. 11; *Fitting* Rn. 11). So kann auch eine personelle Einzelmaßnahme im Einzelfall unter Abs. 1 S. 2 fallen, die von präjudizieller Bedeutung für die Arbeitnehmer des § 60 I ist oder bei der jugend- bzw. ausbildungsspezifische Gesichtspunkte im Vordergrund stehen (*Fitting* Rn. 11; weitergehend *Richardi* Rn. 11; DKK/*Trittin* Rn. 15; aA GK-BetrVG/*Oetker* Rn. 27).

3   Die **Ladung** erfolgt durch den Betriebsratsvorsitzenden oder seinen Stellvertreter und kann nicht auf den Vorsitzenden der Jugend- und Auszubildendenvertretung delegiert werden. (*Richardi* Rn. 14; *Fitting* Rn. 13). Sie ist nicht Wirksamkeitsvoraussetzung für die vom Betriebsrat gefaßten Beschlüsse (DKK/*Trittin* Rn. 16; *Fitting* Rn. 13; GK-BetrVG/*Oetker* Rn. 34). Unterbleibt die Einladung wiederholt, kann dies eine grobe Pflichtverletzung nach § 23 I darstellen. Das Teilnahmerecht an den Betriebsratssitzungen besteht nur zu den **Tagesordnungspunkten**, welche die Arbeitnehmer des § 60 I besonders betreffen (*Richardi* Rn. 10; *Fitting* Rn. 12; GK-BetrVG/*Oetker* Rn. 28). Teilnahmeberechtigt sind alle Mitglieder der Jugend- und Auszubildendenvertretung, auch wenn es mehr sind als die Betriebsratsmitglieder. Der Ausschluß einzelner Mitglieder ist unzulässig. Alle Mitglieder der Jugend- und Auszubildendenvertretung können in der Sitzung zu den Tagesordnungspunkten Stellung nehmen, die ihre Belange besonders betreffen. Für die restlichen Punkte der Tagesordnung steht dieses Recht nur dem Mitglied zu, welches das allgemeine Teilnahmerecht nach S. 1 wahrnimmt. Das Teilnahmerecht besteht für die **Plenarsitzungen** des Betriebsrates. Soweit einzelne Angelegenheiten zur selbständigen Erledigung auf Ausschüsse übertragen worden sind, besteht es auch dort. Es reduziert sich dann auf so viele Mitglieder der Jugend- und Auszubildendenvertretung, daß dort das zahlenmäßige Verhältnis dem im Betriebsrat in etwa entspricht (DKK/*Trittin* Rn. 20; *Fitting* Rn. 15; GK-BetrVG/*Oetker* Rn. 31).

III. Stimmrecht

Die Arbeitnehmer des § 60 I sind **überwiegend betroffen** und nach **Abs. 2** stimmberechtigt, wenn 4 von dem im Betriebsrat gefaßten Beschluß zahlenmäßig mehr sie als die anderen Arbeitnehmer berührt werden (*Richardi* Rn. 18; DKK/*Trittin* Rn. 21; *Fitting* Rn. 17; GK-BetrVG/*Oetker* Rn. 17). Das Stimmrecht wird in den Sitzungen des Betriebsrates ausgeübt. Die Teilnahme an den Sitzungen setzt nach Abs. 1 S. 2 besondere Betroffenheit voraus. Der Begriff der besonderen Betroffenheit erschließt sich in diesem Zusammenhang vor dem Hintergrund der abgestuften Beteiligungsrechte der Jugend- und Auszubildendenvertretung. Danach soll das Teilnahmerecht weiter als das Stimmrecht sein. Soweit Arbeitnehmer des § 60 I überwiegend betroffen sind, gelten sie damit auch als besonders betroffen (hierzu *Richardi* Rn. 10; DKK/*Trittin* Rn. 12 ff; *Fitting* Rn. 11; GK-BetrVG/*Oetker* Rn. 24 ff.). Das Stimmrecht kann bei **personellen Einzelmaßnahmen** ausgeübt werden, soweit bei ihnen jugend- oder ausbildungsspezifische Gesichtspunkte im Vordergrund stehen – Kündigung oder Teilnahme von Mitgliedern der Jugend- und Auszubildendenvertretung an Schulungsveranstaltungen (*Fitting* Rn. 17; GK-BetrVG/*Oetker* Rn. 41; weitergehend *Richardi* Rn. 18; DKK/*Trittin* Rn. 21). Bei Feststellung der Beschlußfähigkeit des Betriebsrates werden die Stimmen der Mitglieder der Jugend- und Auszubildendenvertretung nicht mitgezählt (DKK/*Trittin* Rn. 23; *Fitting* Rn. 21; GK-BetrVG/*Oetker* Rn. 47). Deren Mitglieder sind bei ihrer Stimmabgabe an vorangegangene Beschlüsse der Jugend- und Auszubildendenvertretung nicht gebunden (*Fitting* Rn. 21). Ist die Zahl der Mitglieder in der Jugend- und Auszubildendenvertretung höher als die Zahl der Betriebsratsmitglieder, können diese bei einem **Beschluß** in Angelegenheiten des Abs. 2 überstimmt werden. Der Betriebsrat hat kein Vetorecht (GK-BetrVG/*Oetker* Rn. 48). Betrifft ein Beschluß sowohl Angelegenheiten des Abs. 2 als auch andere, ist zu jedem der Teile getrennt abzustimmen (*Richardi* Rn. 20; DKK/*Trittin* Rn. 22; *Fitting* Rn. 19). Ist eine Aufteilung nicht möglich, kommt es darauf an, ob der Beschluß insgesamt mehr die Arbeitnehmer des § 60 I betrifft. Werden die Mitglieder der Jugend- und Auszubildendenvertretung in Angelegenheiten des Abs. 2 an der Beschlußfassung nicht beteiligt, ist der Beschluß unwirksam (*Richardi* Rn. 23; DKK/*Trittin* Rn. 24; *Fitting* Rn. 22). Das soll anders sein, wenn die fehlende Beteiligung auf das Ergebnis rechnerisch keinen Einfluß haben konnte (BAG 6. 5. 1975 AP BetrVG 1972 § 65 Nr. 5; aA DKK/*Trittin* Rn. 24).

IV. Antragsrecht

Die Jugend- und Auszubildendenvertretung kann keine Sitzung des Betriebsrates verlangen. Sie 5 kann aber Angelegenheiten des **Abs. 3 S. 1** auf eine nächste Tagesordnung setzen lassen. Auch im Anwendungsbereich dieser Vorschrift gelten die Arbeitnehmer des § 60 I als besonders betroffen, wenn sie überwiegend betroffen sind (*Richardi* Rn. 25; *Fitting* Rn. 23; GK-BetrVG/*Oetker* Rn. 56; DKK/*Trittin* Rn. 26). Der Antrag muß so rechtzeitig gestellt werden, daß die Aufnahme in die Tagesordnung der nächsten Sitzung möglich und zumutbar ist. Sonst muß die Angelegenheit in die nächstfolgende Sitzung genommen werden (DKK/*Trittin* Rn. 30; *Fitting* Rn. 25). Bei der vorgeschriebenen **Vorberatung** ist nicht erforderlich, daß sich die Jugend und Auszubildendenvertretung bereits eine abschließende Meinung gebildet hat. Sie muß die Angelegenheit aber eingehend erörtert haben (*Richardi* Rn. 26; DKK/*Trittin* Rn. 27; GK-BetrVG/*Oetker* Rn. 57). Dies ist dem Betriebsrat mit der Antragstellung mitzuteilen und ggf. nachzuweisen (*Fitting* Rn. 24). Ohne Vorberatung kann der Antrag abgelehnt werden. Sie ist jedoch nicht Wirksamkeitsvoraussetzung für den Beschluß im Betriebsrat, der diese Angelegenheit betrifft (DKK/*Trittin* Rn. 28; *Fitting* Rn. 27). Der Betriebsrat muß die Angelegenheit nicht abschließend beraten (DKK/*Trittin* Rn. 30; *Fitting* Rn. 25; GK-BetrVG/ *Oetker* Rn. 60). Er kann sie einem **Ausschuß** zur selbständigen Behandlung zuweisen. Dort ist die Jugend- und Auszubildendenvertretung ebenso zu beteiligen, wie in den Fällen, wo es sich von vornherein um eine Angelegenheit handelt, die in die Zuständigkeit eines Ausschusses nach den §§ 27 III, 28 I 3 gehört (*Richardi* Rn. 24; *Fitting* Rn. 26; GK-BetrVG/*Oetker* Rn. 63). Der Ausschuß ist so zusammengesetzt, wie der des Abs. 2 (s. Rn. 3).

V. Informationspflicht

Mit der in **Abs. 3 S. 2** enthaltenen Informationspflicht wird der Jugend- und Auszubildendenvertre- 6 tung die Möglichkeit eingeräumt, Angelegenheiten vorzuberaten, welche besonders die Arbeitnehmer nach § 60 I angehen, bevor sie im Betriebsrat dazu Stellung nimmt. Sie gelten auch als besonders betroffen, wenn sie überwiegend betroffen sind. Ihre Verständigung gehört zur ordnungsgemäßen Vorbereitung der Betriebsratssitzung. Hierfür ist der Betriebsratsvorsitzende zuständig. Ein Beschluß des Betriebsrates ist nicht erforderlich (DKK/*Trittin* Rn. 32; *Fitting* Rn. 28). Der Betriebsrat kann eine Äußerungsfrist setzen. Die Zuleitung für eine Beratung in der Jugend- und Auszubildendenvertretung ist nicht Wirksamkeitsvoraussetzung für den Beschluß des Betriebsrates (*Richardi* Rn. 32; DKK/ *Trittin* Rn. 31; *Fitting* Rn. 27). Kommt der Betriebsrat seiner Informationspflicht nicht nach, kann hierin im Wiederholungsfall eine grobe Pflichtverletzung nach § 23 I liegen (*Fitting* Rn. 27). Ist ein

Ausschuß des Betriebsrates zuständig, trifft dessen Vorsitzenden die Informationspflicht (DKK/*Trittin* Rn. 32; *Fitting* Rn. 28).

VI. Streitigkeiten

7   Über die Gegenstände des § 67 wird im arbeitsgerichtlichen Beschlußverfahren nach den §§ 2a, 80 ff. entschieden.

§ 68 Teilnahme an gemeinsamen Besprechungen

Der Betriebsrat hat die Jugend- und Auszubildendenvertretung zu Besprechungen zwischen Arbeitgeber und Betriebsrat beizuziehen, wenn Angelegenheiten behandelt werden, die besonders die in § 60 Abs. 1 genannten Arbeitnehmer betreffen.

I. Teilnahmerecht

1   Im Anwendungsbereich dieser Vorschrift gelten die Arbeitnehmer des § 60 I auch als besonders betroffen, wenn sie überwiegend betroffen sind (DKK/*Trittin* Rn. 4; GK-BetrVG/*Oetker* Rn. 4; im Ergebnis *Fitting* Rn. 4; s. § 67 Rn. 4). Das Teilnahmerecht erfaßt nicht nur die monatlichen Besprechungen mit dem Arbeitgeber nach § 74 I, sondern **alle Besprechungen** zwischen Arbeitgeber und Betriebsrat, auf denen Angelegenheiten erörtert werden, welche die Arbeitnehmer des § 60 I besonders betreffen (*Richardi* Rn. 3; DKK/*Trittin* Rn. 2; *Fitting* Rn. 5), auch wenn nicht alle Betriebsratsmitglieder anwesend sind (GK-BetrVG/*Oetker* Rn. 7). Führt die Besprechung ein Betriebsausschuß durch, dem die Angelegenheit zur selbständigen Erledigung übertragen wurde, besteht das Teilnahmerecht dort (*Fitting* Rn. 9; *Richardi* Rn. 6; DKK/*Trittin* Rn. 3; GK-BetrVG/*Oetker* Rn. 7). Gelegentliche Unterredungen von Betriebsratsvorsitzendem und dem Arbeitgeber sind nicht erfaßt (*Fitting* Rn. 5; weitergehend DKK/*Trittin* Rn. 2). Das Teilnahmerecht besteht nur für die in der Vorschrift genannten Angelegenheiten. Zu den anderen Besprechungspunkten ist auch nicht der Vorsitzende der Jugend- und Auszubildendenvertretung zugelassen. § 67 I 1 ist auf Besprechungen zwischen Arbeitgeber und Betriebsrat nicht anwendbar (*Fitting* Rn. 5). Die **Ladung** zu der Besprechung erfolgt formlos durch den Betriebsratsvorsitzenden. Ort, Zeitpunkt und die Besprechungspunkte müssen mitgeteilt werden, soweit sie die Arbeitnehmer nach § 60 I besonders betreffen. Die Jugend- und Auszubildendenvertretung kann als solche geladen werden (*Fitting* Rn. 7). Ihr Vorsitzender ist verpflichtet, seinerseits alle Mitglieder entsprechend zu unterrichten (*Richardi* Rn. 5; DKK/*Trittin* Rn. 6; *Fitting* Rn. 7). Kommt der Betriebsratsvorsitzende seiner Verpflichtung nicht nach, kann darin im Wiederholungsfall eine grobe Pflichtverletzung nach § 23 I liegen. Teilnahmeberechtigt sind **alle Mitglieder** der Jugend- und Auszubildendenvertretung (*Richardi* Rn. 4; DKK/*Trittin* Rn. 7; GK-BetrVG/*Kraft/Oetker* Rn. 11). Zur Teilnahme verpflichtet sind sie nicht (*Fitting* Rn. 8). Wer freiwillig nicht teilnimmt, ist nicht verhindert. Er wird daher auch nicht durch ein Ersatzmitglied vertreten (DKK/*Trittin* Rn. 7; *Fitting* Rn. 8; GK-BetrVG/*Kraft/Oetker* Rn. 15). Teilnahme bedeutet Recht auf Erörterung und Stellungnahme (DKK/*Trittin* Rn. 8; *Fitting* Rn. 8).

II. Streitigkeiten

2   Über das Teilnahmerecht wird im arbeitsgerichtlichen Beschlußverfahren nach den §§ 2a, 80 ff. ArbGG entschieden. Es kann mit einstweiliger Verfügung gesichert werden (*Richardi* Rn. 8; *Fitting* Rn. 10; GK-BetrVG/*Oetker* Rn. 18).

§ 69 Sprechstunden

¹In Betrieben, die in der Regel mehr als fünfzig der in § 60 Abs. 1 genannten Arbeitnehmer beschäftigen, kann die Jugend- und Auszubildendenvertretung Sprechstunden während der Arbeitszeit einrichten. ²Zeit und Ort sind durch Betriebsrat und Arbeitgeber zu vereinbaren. ³§ 39 Abs. 1 Satz 3 und 4 und Abs. 3 gilt entsprechend. ⁴An den Sprechstunden der Jugend- und Auszubildendenvertretung kann der Betriebsratsvorsitzende oder ein beauftragtes Betriebsratsmitglied beratend teilnehmen.

I. Sprechstunden

1   Die Jugend- und Auszubildendenvertretung ist nach **Satz 1** berechtigt, Sprechstunden abzuhalten, nicht verpflichtet (*Richardi* Rn. 3; DKK/*Trittin* Rn. 5; *Fitting* Rn. 5). Maßgebend für ihre Einrichtung ist die Zahl der Arbeitnehmer nach § 60 I, die für den Betrieb im allgemeinen kennzeichnend ist (s. § 1 Rn. 14). Zum Betrieb gehören die ihm zuzurechnenden nicht betriebsratsfähigen Kleinbetriebe, Nebenbetriebe, unselbständige Betriebsteile und die nach § 3 I Nr. 3 dem Betrieb zuzuordnenden Nebenbetriebe und Betriebsteile. Vorübergehende Unterschreitungen der erforderlichen Zahl schaden

nicht. Sinkt die Zahl auf Dauer unter 51 oder wird die erforderliche Zahl von Anfang an nicht erreicht, können Sprechstunden nur abgehalten werden, wenn dies von der Jugend- und Auszubildendenvertretung mit Arbeitgeber und Betriebsrat vereinbart wird (DKK/*Trittin* Rn. 4; *Fitting* Rn. 4; GK-BetrVG/*Oetker* Rn. 6). Die Sprechstunden sind nur für die Arbeitnehmer des § 60 I vorgesehen. Sie können ebenso die Sprechstunden des Betriebsrates aufsuchen. Dieser darf sie nicht auf die „eigenen" Sprechstunden verweisen (*Richardi* Rn. 7; *Fitting* Rn. 6; GK-BetrVG/*Oetker* Rn. 19).

Die **Einführung** der Sprechstunden erfolgt durch einfachen Mehrheitsbeschluß der Jugend- und Auszubildendenvertretung, an den Arbeitgeber und Betriebsrat gebunden sind (DKK/*Trittin* Rn. 6; *Fitting* Rn. 5; GK-BetrVG/*Oetker* Rn. 9). Sie finden grundsätzlich während der Arbeitszeit statt. Die konkrete Festlegung von Zeit und Ort ist nach **Satz 2** Sache von Arbeitgeber und Betriebsrat. Sie haben auf die betrieblichen Notwendigkeiten und darauf zu achten, daß die Sprechstunden ordnungsgemäß abgewickelt werden können. An dieser Festlegung nimmt die Jugend- und Auszubildendenvertretung nach den §§ 67 II, 68 mit Stimmrecht teil. Sie ist an die dort getroffene Regelung gebunden (*Fitting* Rn. 7). Kommt eine Einigung nicht zustande, entscheidet nach § 39 I die Einigungsstelle. Sie kann nicht von der Jugend- und Auszubildendenvertretung angerufen werden (DKK/*Trittin* Rn. 8; *Fitting* Rn. 7; GK-BetrVG/*Oetker* Rn. 16). Sie sollte dort angehört werden. Ist die Sprechstunde eingeführt, muß sie abgehalten werden. 2

Der Arbeitgeber trägt die **Kosten** der Sprechstunden. Sachkosten – Räume, Einrichtung – sind von ihm nach den §§ 65 I iVm. 40 zu übernehmen. Nach den §§ 65 iVm. 37 II behalten die Mitglieder der Jugend- und Auszubildendenvertretung, welche die Sprechstunde durchführen für ihre Dauer Anspruch auf Arbeitsentgelt. Wer die Sprechstunde aufsucht, behält nach S. 3 iVm. § 39 III für diese Zeit den Anspruch auf Arbeitsentgelt wie beim Besuch der Sprechstunde des Betriebsrates (s. § 39 Rn. 5). Eine Ab- und Rückmeldung beim Vorgesetzten ist erforderlich, sonst verletzt man den Arbeitsvertrag (*Fitting* Rn. 11; GK-BetrVG/*Oetker* Rn. 28). 3

II. Teilnahmerecht

Mit der Regelung des **Satz 4** wird die sachgerechte Beratung der Arbeitnehmer des § 60 I sichergestellt und die Jugend- und Auszubildendenvertretung unterstützt. Sie muß die Teilnahme dulden (DKK/*Trittin* Rn. 13; *Fitting* Rn. 13; GK-BetrVG/*Oetker* Rn. 25). Es besteht keine Teilnahmepflicht (DKK/*Trittin* Rn. 13; *Fitting* Rn. 12; GK-BetrVG/*Oetker* Rn. 24). Der Betriebsrat beauftragt ein anderes Mitglied durch Mehrheitsbeschluß (DKK/*Trittin* Rn. 14; *Fitting* Rn. 13; GK-BetrVG/*Oetker* Rn. 23). Die Jugend- und Auszubildendenvertretung hat dabei kein Stimmrecht nach § 67 II (*Fitting* Rn. 13; aA DKK/*Trittin* Rn. 14). Es handelt sich um eine Organisationsentscheidung des Betriebsrates. Die Teilnahme beschränkt sich auf Anwesenheit und Beratung in Sach- und Rechtsfragen (DKK/*Trittin* Rn. 15; *Fitting* Rn. 13). 4

III. Streitigkeiten

Über das Recht Sprechstunden abzuhalten, sie aufzusuchen und das Teilnahmerecht des Betriebsratsvorsitzenden wird im arbeitsgerichtlichen Beschlußverfahren nach den §§ 2 a, 80 ff. ArbGG entschieden. Wird der Spruch der Einigungsstelle über Zeit und Ort im Beschlußverfahren überprüft, ist die Jugend- und Auszubildendenvertretung beteiligt, sie kann das Verfahren aber nicht einleiten (DKK/*Trittin* Rn. 18; *Fitting* Rn. 14). Lohnansprüche für den, der Sprechstunden abhält oder aufsucht, sind im Urteilsverfahren zu entscheiden. 5

§ 70 Allgemeine Aufgaben

(1) Die Jugend- und Auszubildendenvertretung hat folgende allgemeine Aufgaben:
1. Maßnahmen, die den in § 60 Abs. 1 genannten Arbeitnehmern dienen, insbesondere in Fragen der Berufsbildung, beim Betriebsrat zu beantragen;
2. darüber zu wachen, daß die zugunsten der in § 60 Abs. 1 genannten Arbeitnehmer geltenden Gesetze, Verordnungen, Unfallverhütungsvorschriften, Tarifverträge und Betriebsvereinbarungen durchgeführt werden;
3. Anregungen von in § 60 Abs. 1 genannten Arbeitnehmern, insbesondere in Fragen der Berufsbildung, entgegenzunehmen und, falls sie berechtigt erscheinen, beim Betriebsrat auf eine Erledigung hinzuwirken. Die Jugend- und Auszubildendenvertretung hat die betroffenen in § 60 Abs. 1 genannten Arbeitnehmer über den Stand und das Ergebnis der Verhandlungen zu informieren.

(2) ¹Zur Durchführung ihrer Aufgaben ist die Jugend- und Auszubildendenvertretung durch den Betriebsrat rechtzeitig und umfassend zu unterrichten. ²Die Jugend- und Auszubildendenvertretung kann verlangen, daß ihr der Betriebsrat die zur Durchführung ihrer Aufgaben erforderlichen Unterlagen zur Verfügung stellt.

I. Allgemeine Aufgaben

1   Angelehnt an § 80 I enthält die Vorschrift einen Katalog allgemeiner Aufgaben der Jugend- und Auszubildendenvertretung und ein umfassendes Informationsrecht. Sie überwacht, berät, regt an und stellt Anträge in allen Angelegenheiten, welche die Arbeitnehmer des § 60 I betreffen oder ihnen dienen. Dabei ist ihr unmittelbarer Ansprechpartner nicht der Arbeitgeber, sondern der Betriebsrat. Ihm obliegt die Vertretung der Interessen aller Arbeitnehmer gegenüber dem Arbeitgeber (BAG 21. 1. 1982 AP BetrVG 1972 § 70 Nr. 1). Die Jugend- und Auszubildendenvertretung ist daher bei der Wahrnehmung ihrer Aufgaben auf die Mitwirkung des Betriebsrates angewiesen (BAG 10. 5. 1974 AP BetrVG 1972 § 65 Nr. 3). So treffen auch die Informationspflichten den Betriebsrat, nicht den Arbeitgeber.

II. Antragsrecht

2   **Abs. 1 Nr. 1** enthält ein **allgemeines Initiativrecht.** Das Gesetz hebt die Berufsbildung hervor. Die Jugend- und Auszubildendenvertretung kann sich daneben mit allen Angelegenheiten befassen, welche für die Arbeitnehmer des § 60 I von Belang sind. Die Anträge sind beim Betriebsrat, nicht beim Arbeitgeber zu stellen (*Richardi* Rn. 3; DKK/*Trittin* Rn. 10; GK-BetrVG/*Oetker* Rn. 6). Ein entsprechendes Mitbestimmungs- oder Mitwirkungsrecht des Betriebsrates ist nicht erforderlich. Er muß allerdings zuständig sein. Es muß sich um **den Betrieb betreffende Maßnahmen** handeln. Sonst besteht mangels Legitimation des Betriebsrates kein Antragsrecht (*Richardi* Rn. 3; DKK/*Trittin* Rn. 10; *Fitting* Rn. 5). Als Angelegenheiten des Abs. 1 Nr. 1 kommen ua. in Betracht: Fragen der Berufsausbildung (Ausbildungspläne, Beurteilungsbögen, Ausbildungsmethoden, Beschaffung von Ausbildungsmitteln), Arbeitszeit, Urlaubsregelungen, Sozialeinrichtungen. Der Antrag an den Betriebsrat setzt einen Beschluß der Jugend- und Auszubildendenvertretung voraus. Ihr Vorsitzender hat kein eigenes Antragsrecht. Er führt den Beschluß aus, indem er ihn an den Betriebsrat weiterleitet (*Fitting* Rn. 7). Der Betriebsrat muß sich mit dem Antrag befassen (DKK/*Trittin* Rn. 12). Die Beteiligung der Jugend- und Auszubildendenvertretung hieran richtet sich nach § 67. Der Betriebsrat ist nicht verpflichtet, dem Antrag zu folgen. Wie er ihn behandelt, unterliegt seinem Ermessen. Unsachliche, unbegründete oder unzweckmäßige Anträge kann er zurückweisen (*Richardi* Rn. 4; DKK/*Trittin* Rn. 14; *Fitting* Rn. 9; GK-BetrVG/*Oetker* Rn. 18). Verfolgt er den Antrag gegenüber dem Arbeitgeber weiter, ist unter den Voraussetzungen des § 68 die Jugend- und Auszubildendenvertretung zu beteiligen. Ihr Vorsitzender sollte stets beteiligt werden. Hat sie nicht nach § 67 an der Sitzung des Betriebsrates teilgenommen, muß er ihr das Ergebnis seiner Beratung mitteilen (DKK/*Trittin* Rn. 14; *Fitting* Rn. 9).

III. Überwachung

3   Die Jugend- und Auszubildendenvertretung ist verpflichtet, ihre Überwachungsaufgaben nach **Abs. 1 Nr. 2** wahrzunehmen (*Richardi* Rn. 7; *Fitting* Rn. 11; GK-BetrVG/*Oetker* Rn. 19). Die angesprochenen Rechtsnormen müssen die Arbeitnehmer des § 60 I nicht ausschließlich betreffen. Es reicht aus, wenn sie ua. auch für sie von Bedeutung sind (*Richardi* Rn. 6; DKK/*Trittin* Rn. 15; *Fitting* Rn. 11; GK-BetrVG/*Oetker* Rn. 20). Neben den einschlägigen arbeitsgesetzlichen Bestimmungen sind vor allem die zum JArbSchG, zum BBiG und zur GewO erlassenen Verordnungen und die Arbeitnehmer nach § 60 I betreffenden Sonderregeln in den Unfallverhütungsvorschriften der Berufsgenossenschaften angesprochen. Das Überwachungsrecht macht aus der Jugend- und Auszubildendenvertretung kein dem Arbeitgeber übergeordnetes Kontrollorgan (*Richardi* Rn. 7; *Fitting* Rn. 13; GK-BetrVG/*Oetker* Rn. 21). Auch hier ist sie auf die Mitwirkung des Betriebsrates angewiesen. Stellt sie Verstöße gegen die in Nr. 2 genannten Bestimmungen fest, kann nur der Betriebsrat beim Arbeitgeber auf Abhilfe dringen (DKK/*Trittin* Rn. 16; *Fitting* Rn. 13). Will sie Arbeitnehmer des § 60 I im Rahmen ihrer Überwachungsaufgaben am Arbeitsplatz aufsuchen (BAG 21. 1. 1982 AP BetrVG 1972 § 70 Nr. 1) oder eine allgemeine Befragung dieser Arbeitnehmer durchführen (BAG 8. 2. 1977 AP BetrVG 1972 § 80 Nr. 10), benötigt sie die Zustimmung des Betriebsrates. Der Betriebsrat kann nicht mit einer generellen Einwilligung jede zukünftige Überwachungsmaßnahme der Jugend- und Auszubildendenvertretung gestatten (BAG 21. 1. 1982 AP BetrVG 1972 § 70 Nr. 1). Zu ihren Überwachungsaufgaben gehört es nicht, Individualansprüche der Arbeitnehmer des § 60 I durchzusetzen oder sie vor dem Arbeitsgericht zu vertreten (vgl. BAG 19. 5. 1983 AP BetrVG 1972 § 37 Rn. 44).

IV. Anregungen

4   Bei den Anregungen nach **Abs. 1 Nr. 3** handelt es sich um alle Formen der Meinungsäußerung und damit auch um Beschwerden (*Richardi* Rn. 8; DKK/*Trittin* Rn. 21; GK-BetrVG/*Oetker* Rn. 38). Sie müssen sich nicht auf Angelegenheiten beziehen, welche die Arbeitnehmer des § 60 I besonders betreffen (DKK/*Trittin* Rn. 22; *Fitting* Rn. 14). Es muß sich aber um **betriebliche Fragen** handeln (*Fitting* Rn. 14; GK-BetrVG/*Oetker* Rn. 40). Die Anregungen können nach § 80 I Nr. 3 auch direkt

beim Betriebsrat angebracht werden (*Richardi* Rn. 11; *Fitting* Rn. 14). Die Jugend- und Auszubildendenvertretung muß sich in einer Sitzung mit der Anregung befassen und ihre Berechtigung prüfen. Erscheint sie unberechtigt, unzweckmäßig oder undurchführbar, stellt sie dies in einem Beschluß fest. Hält sie die Anregung für berechtigt, muß sie dem Betriebsrat – nicht dem Arbeitgeber – ihre Stellungnahme und die Bitte um Erledigung zuleiten. Der Betriebsrat ist durch den Beschluß der Jugend- und Auszubildendenvertretung nicht gebunden (DKK/*Trittin* Rn. 24; *Fitting* Rn. 17). Erscheinen sie ihm als berechtigt, muß er nach § 80 I Nr. 3 beim Arbeitgeber auf ihre Erledigung hinwirken. Die Beteiligung der Jugend- und Auszubildendenvertretung an der Sitzung des Betriebsrates richtet sich nach § 67. Bespricht der Betriebsrat die Angelegenheit mit dem Arbeitgeber, richtet sich ihr Teilnahmerecht nach § 68. Die Jugend- und Auszubildendenvertretung muß den, der die Anregung eingebracht hat, über deren Folgen unterrichten. Sie muß mitteilen, wenn sie sie nicht für berechtigt hält und darüber berichten, wie die Anregung im Betriebsrat behandelt wurde und welches Ergebnis in dieser Sache mit dem Arbeitgeber geführte Verhandlungen hatten (DKK/*Trittin* Rn. 26; *Fitting* Rn. 18; GK-BetrVG/ *Oetker* Rn. 47).

V. Unterrichtung

Der Anspruch richtet sich nach **Abs. 2** allein gegen den Betriebsrat, nicht gegen den Arbeitgeber **5** (*Richardi* Rn. 12; DKK/*Trittin* Rn. 27; *Fitting* Rn. 19). Er erstreckt sich auf alle Informationen zu Umständen und Tatsachen, die sich auf die Aufgaben der Jugend- und Auszubildendenvertretung beziehen und – soweit sie dem Betriebsrat nicht bekannt sind – ohne Schwierigkeiten von ihm eingeholt werden können (DKK/*Trittin* Rn. 29; GK-BetrVG/*Oetker* Rn. 55). Betriebs- und Geschäftsgeheimnisse fallen auch dann nicht hierunter, wenn sie gerade für die Arbeitnehmer des § 60 I von besonderer Bedeutung sind, wie § 79 I 4 zeigt (DKK/*Trittin* Rn. 30; *Fitting* Rn. 21; GK-BetrVG/ *Oetker* Rn. 57). Erfahren Mitglieder der Jugend- und Auszubildendenvertretung dennoch Betriebs- oder Geschäftsgeheimnisse, sind sie nach § 79 II zur Geheimhaltung verpflichtet. Dasselbe gilt für persönliche Angaben nach § 99 I 3 (*Richardi* Rn. 24; DKK/*Trittin* Rn. 31; *Fitting* Rn. 21). Der Unterrichtungsanspruch umfaßt auch Rechtsauskünfte (*Richardi* Rn. 13; DKK/*Trittin* Rn. 28; *Fitting* Rn. 19) und setzt keinen Antrag voraus. Der Betriebsrat muß von sich aus tätig werden (*Richardi* Rn. 14; DKK/*Trittin* Rn. 32; *Fitting* Rn. 20). Dies kann auch formlos geschehen (DKK/*Trittin* Rn. 27; *Fitting* Rn. 20). Rechtzeitig ist die Unterrichtung, wenn die Jugend- und Auszubildendenvertretung sie bei der Erledigung ihrer Aufgaben noch berücksichtigen kann (DKK/*Trittin* Rn. 32; *Fitting* Rn. 20).

Die nach Abs. 2 S. 2 erforderlichen **Unterlagen** muß nicht der Arbeitgeber der Jugend- und Aus- **6** zubildendenvertretung zur Verfügung stellen (BAG 20. 11. 1973 AP BetrVG 1972 § 65 Nr. 1), sondern auf ihr Verlangen hin allein der Betriebsrat. Er muß sie ihr auf Zeit überlassen, nicht nur vorlegen (DKK/*Trittin* Rn. 36; *Fitting* Rn. 24; GK-BetrVG/*Oetker* Rn. 63). Sie müssen zur Erfüllung ihrer Aufgaben notwendig sein (*Fitting* Rn. 22; GK-BetrVG/*Oetker* Rn. 59). Die Pflicht des Betriebsrates beschränkt sich auf Unterlagen, die ihm vorliegen oder die der Arbeitgeber ihm nach § 80 II zur Verfügung stellen muß (*Richardi* Rn. 24; DKK/*Trittin* Rn. 35; *Fitting* Rn. 22). Enthalten sie Betriebs- oder Geschäftsgeheimnisse, besteht keine Vorlagepflicht (DKK/*Trittin* Rn. 33; *Fitting* Rn. 22). Zu den Unterlagen gehören ua. die einschlägigen Rechtsvorschriften, Ausbildungspläne, Berichte der für die Berufsausbildung zuständigen Behörden und andere Unterlagen, die zur Bearbeitung der jeweils konkreten Aufgabe der Jugend- und Auszubildendenvertretung erforderlich sind. Die Vorlage von Lohn- und Gehaltslisten der Arbeitnehmer des § 60 I kann nicht gefordert werden. Hier steht auch dem Betriebsrat nach § 80 II nur ein Einsichtsrecht zu (Vgl BAG 15. 6. 1976 AP BetrVG 1972 § 80 Nr. 9). Die Jugend- und Auszubildendenvertretung kann aber verlangen, daß der Betriebsrat in die Listen einsieht und ihr berichtet (*Richardi* Rn. 20; *Fitting* Rn. 23; GK-BetrVG/*Oetker* Rn. 61). Eine Verletzung der Unterrichtungs- und Überlassungspflicht kann im Wiederholungsfall eine grobe Pflichtverletzung nach § 23 I darstellen (*Richardi* Rn. 25; DKK/*Trittin* Rn. 37; *Fitting* Rn. 25).

VI. Streitigkeiten

Über den Umfang der Aufgaben einer Jugend- und Auszubildendenvertretung, ihre Unterrichtung **7** und die Pflicht zum Überlassen von Unterlagen wird im arbeitsgerichtlichen Beschlußverfahren nach den §§ 2 a, 80 ff. ArbGG entschieden. Dabei ist die Jugend- und Auszubildendenvertretung zu beteiligen (BAG 8. 2. 1977 AP BetrVG 1972 § 80 Nr. 10).

§ 71 Jugend- und Auszubildendenversammlung

¹ Die Jugend- und Auszubildendenvertretung kann vor oder nach jeder Betriebsversammlung im Einvernehmen mit dem Betriebsrat eine betriebliche Jugend- und Auszubildendenversammlung einberufen. ² Im Einvernehmen mit Betriebsrat und Arbeitgeber kann die betriebliche Jugend- und Auszubildendenversammlung auch zu einem anderen Zeitpunkt einberufen werden.
³ § 43 Abs. 2 Satz 1 und 2, die §§ 44 bis 46 und § 65 Abs. 2 Satz 2 gelten entsprechend.

I. Voraussetzungen

1   Mit dieser Vorschrift gibt man den Arbeitnehmern des § 60 I Gelegenheit, die sie betreffenden Angelegenheiten unter sich, mit dem Betriebsrat und ggf. dem Arbeitgeber zu erörtern. Die Versammlung ist grundsätzlich als **einheitliche Versammlung** durchzuführen. Ist wegen der Eigenart des Betriebes eine Vollversammlung der Arbeitnehmer des § 60 I nicht möglich, kann sie als Teilversammlung stattfinden (*Richardi* Rn. 4; *Fitting* Rn. 8; GK-BetrVG/*Oetker* Rn. 16). Obwohl § 42 II 1 in § 71 nicht in Bezug genommen wird, können auch Abteilungsversammlungen durchgeführt werden, wenn die dort genannten Voraussetzungen gegeben sind (*Richardi* Rn. 5; DKK/*Trittin* Rn. 7; aA GK-BetrVG/*Oetker* Rn. 18; *Fitting* Rn. 8). Dies wird freilich kaum jemals der Fall sein. Die **Zuständigkeit** der Jugend- und Auszubildendenversammlung entspricht der der Jugend- und Auszubildendenvertretung (*Richardi* Rn. 16; GK-BetrVG/*Oetker* Rn. 46). Sie ist nach S. 3 iVm. § 45 zuständig für alle Themen mit Betriebsbezug, welche gerade die besonderen Belange der Arbeitnehmer des § 60 I unmittelbar betreffen (*Richardi* Rn. 17; *Fitting* Rn. 21; GK-BetrVG/*Oetker* Rn. 46). Dabei muß dieser Personenkreis weder besonders, noch überwiegend betroffen sein, solange er in seinen speziellen Belangen zumindest mitbetroffen ist (DKK/*Trittin* Rn. 28; *Fitting* Rn. 21; aA GK-BetrVG/*Oetker* Rn. 46). Unter diesen Voraussetzungen kann es sich auch um sozialpolitische, tarifpolitische oder allgemein wirtschaftliche Themen handeln. Die Anzahl der Versammlungen richtet sich nach Bedürfnis und Erforderlichkeit (DKK/*Trittin* Rn. 13; *Fitting* Rn. 13; GK-BetrVG/*Oetker* Rn. 33). Es müssen ausreichend Themen für eine allgemeine Erörterung vorhanden sein. Da Fragen der Ausbildung im Vordergrund stehen, wird es dabei besonders auf die Bedürfnisse der Auszubildenden ankommen.

II. Durchführung

2   Die Versammlungen müssen – anders als Betriebsversammlungen – nicht durchgeführt werden. Ob sie stattfinden, entscheidet die Jugend- und Auszubildendenvertretung nach pflichtgemäßem Ermessen (*Richardi* Rn. 6; DKK/*Trittin* Rn. 2; *Fitting* Rn. 10). Ein Antragsrecht des Betriebsrates oder der Gewerkschaften besteht nicht (*Fitting* Rn. 10). Nach S. 2 iVm. § 44 finden die Versammlungen grundsätzlich **während der Arbeitszeit** (s. § 44 Rn. 2 ff.) in unmittelbarem zeitlichen Zusammenhang (BAG 15. 8. 1978 AP BetrVG 1972 § 23 Nr. 1) vor oder nach den (regelmäßigen, weiteren oder außerordentlichen) Betriebs- bzw. Abteilungsversammlungen statt (DKK/*Trittin* Rn. 13; *Fitting* Rn. 15; GK-BetrVG/*Oetker* Rn. 17). Liegen besondere betriebliche oder persönliche Gründe der Arbeitnehmer des § 60 I vor, welche dies unmöglich machen oder erheblich erschweren, dürfen sie ausnahmsweise am vorangehenden oder dem nachfolgenden Tag stattfinden (BAG 15. 8. 1978 AP BetrVG 1972 § 23 Nr. 1). So werden die Störungen des Betriebsablaufs in möglichst engen Grenzen gehalten. Im übrigen können sie nach S. 2 im Einverständnis von Jugend- und Auszubildendenvertretung, Betriebsrat und Arbeitgeber an jedem anderen Tag abgehalten werden (*Fitting* Rn. 16).

3   Die Jugend- und Auszubildendenvertretung beschließt das „Ob", „Wann" und „Wie" der Versammlung. Der Betriebsrat muß zustimmen (DKK/*Trittin* Rn. 3; *Fitting* Rn. 11). Er trifft seine Entscheidung durch Beschluß. Hieran ist die Jugend- und Auszubildendenvertretung nach §§ 67 I und II zu beteiligen. Der Beschluß bezieht sich auch auf die zeitliche Lage und die Tagesordnung (*Richardi* Rn. 7; DKK/*Trittin* Rn. 4; *Fitting* Rn. 11). Eine nachträgliche Ergänzung der Tagesordnung mit sachverwandten Themen ist auch ohne Zustimmung des Betriebsrates zulässig, eine Änderung in wesentlichen Punkten bedarf seiner Zustimmung (*Richardi* Rn. 6; *Fitting* Rn. 17). Die Versammlung ist **nicht öffentlich** (*Richardi* Rn. 15; DKK/*Trittin* Rn. 19; *Fitting* Rn. 20). Sie besteht aus den Arbeitnehmern des § 60 I und den Mitgliedern der Jugend- und Auszubildendenvertretung. Der Arbeitgeber ist nach S. 3 iVm. § 43 II 1 und 2 zu der Versammlung einzuladen. Nach S. 3 iVm. § 46 I 2 darf er einen Beauftragten des Arbeitgeberverbandes hinzuziehen. Nach S. 3 iVm. § 65 II 2 ist auch der Betriebsratsvorsitzende oder ein beauftragtes Mitglied des Betriebsrates teilnahmeberechtigt. Beauftragte der im Betrieb vertretenen Gewerkschaften können nach S. 3 iVm. § 46 I 1 an der Versammlung teilnehmen. Das Rederecht steht allen zu, die an der Versammlung teilnehmen dürfen (GK-BetrVG/*Oetker* Rn. 55). Stimmrecht haben allein die Arbeitnehmer des § 60 I (GK-BetrVG/*Oetker* Rn. 49; *Fitting* Rn. 6). Der Vorsitzende der Jugend- und Auszubildendenvertretung leitet die Versammlung (*Richardi* Rn. 14; DKK/*Trittin* Rn. 17; *Fitting* Rn. 18). Er muß dafür sorgen, daß die Versammlung ordnungsgemäß abläuft und keine unzulässigen Themen erörtert werden. Ihm steht auch das Hausrecht zu (s. § 42 Rn. 7). Kommt er seinen Pflichten nicht nach, muß der Vertreter des Betriebsrates für den ordnungsgemäßen Ablauf sorgen (DKK/*Trittin* Rn. 18; *Fitting* Rn. 19). Bleibt er untätig oder sein Eingreifen wirkungslos, wächst das Hausrecht dem Arbeitgeber zu.

III. Kosten

4   Der Arbeitgeber trägt die Kosten für die Durchführung der Versammlung. Neben den Sachkosten sind das vor allem die Lohnkosten. Bei Versammlungen, die auf Wunsch des Arbeitgebers einberufen werden oder im Zusammenhang mit einer Betriebsversammlung nach § 43 I stattfinden, muß er nach

Voraussetzungen der Errichtung, Mitgliederzahl, Stimmengewicht § 72 BetrVG 210

S. 3 iVm. § 44 I die Zeit der Teilnahme einschließlich der Wegezeiten wie Arbeitszeit vergüten, selbst wenn sie wegen der Eigenart des Betriebes außerhalb der Arbeitszeit durchgeführt werden. In diesem Fall sind auch zusätzliche Fahrtkosten zu erstatten. Dasselbe gilt, wenn die Versammlung mit Einverständnis des Arbeitgebers nicht unmittelbar vor oder nach der Betriebsversammlung stattfindet (*Fitting* Rn. 23). Das Arbeitsentgelt darf nach S. 3 iVm. § 44 II nicht gemindert werden, wenn die Versammlung im Zusammenhang mit einer im Einverständnis des Arbeitgebers während der Arbeitszeit durchgeführten außerordentlichen Betriebsversammlung nach § 43 III stattfindet. Ein Anspruch auf Erstatten der Fahrkosten besteht nicht (*Fitting* Rn. 27). Der Anspruch auf Arbeitsentgelt oder Fahrtkosten entsteht nicht, wenn die Versammlung im Zusammenhang mit einer außerhalb der Arbeitszeit stattfindenden außerordentlichen Betriebsversammlung durchgeführt wird (s. § 44 Rn. 7 ff.).

IV. Streitigkeiten

Über die Zulässigkeit einer Jugend- und Auszubildendenversammlung, ihre Durchführung und die 5 Teilnahmerechte wird im arbeitsgerichtlichen Beschlußverfahren nach den §§ 2 a, 80 ff. ArbGG entschieden. Fahrtkosten und Lohnansprüche sind im Urteilsverfahren geltend zu machen.

Zweiter Abschnitt. Gesamt-Jugend- und Auszubildendenvertretung

§ 72 Voraussetzungen der Errichtung, Mitgliederzahl, Stimmengewicht

(1) Bestehen in einem Unternehmen mehrere Jugend- und Auszubildendenvertretungen, so ist eine Gesamt-Jugend- und Auszubildendenvertretung zu errichten.

(2) In die Gesamt-Jugend- und Auszubildendenvertretung entsendet jede Jugend- und Auszubildendenvertretung ein Mitglied.

(3) Die Jugend- und Auszubildendenvertretung hat für das Mitglied der Gesamt-Jugend- und Auszubildendenvertretung mindestens ein Ersatzmitglied zu bestellen und die Reihenfolge des Nachrückens festzulegen.

(4) Durch Tarifvertrag oder Betriebsvereinbarung kann die Mitgliederzahl der Gesamt-Jugend- und Auszubildendenvertretung abweichend von Absatz 2 geregelt werden.

(5) ¹Gehören nach Absatz 2 der Gesamt-Jugend- und Auszubildendenvertretung mehr als zwanzig Mitglieder an und besteht keine tarifliche Regelung nach Absatz 4, so ist zwischen Gesamtbetriebsrat und Arbeitgeber eine Betriebsvereinbarung über die Mitgliederzahl der Gesamt-Jugend- und Auszubildendenvertretung abzuschließen, in der bestimmt wird, daß Jugend- und Auszubildendenvertretungen mehrerer Betriebe eines Unternehmens, die regional oder durch gleichartige Interessen miteinander verbunden sind, gemeinsam Mitglieder in die Gesamt-Jugend- und Auszubildendenvertretung entsenden. ² Satz 1 gilt entsprechend für die Abberufung der Gesamt-Jugend- und Auszubildendenvertretung und die Bestellung von Ersatzmitgliedern.

(6) ¹Kommt im Fall des Absatzes 5 eine Einigung nicht zustande, so entscheidet eine für das Gesamtunternehmen zu bildende Einigungsstelle. ²Der Spruch der Einigungsstelle ersetzt die Einigung zwischen Arbeitgeber und Gesamtbetriebsrat.

(7) ¹Jedes Mitglied der Gesamt-Jugend- und Auszubildendenvertretung hat so viele Stimmen, wie in dem Betrieb, in dem es gewählt wurde, in § 60 Abs. 1 genannten Arbeitnehmer in der Wählerliste eingetragen sind. ²Ist ein Mitglied der Gesamt-Jugend- und Auszubildendenvertretung für mehrere Betriebe entsandt worden, so hat es so viele Stimmen, wie in den Betrieben, für die es entsandt ist, in § 60 Abs. 1 genannten Arbeitnehmer in den Wählerlisten eingetragen sind. ³Sind mehrere Mitglieder der Jugend- und Auszubildendenvertretung entsandt worden, so stehen diesen die Stimmen nach Satz 1 anteilig zu.

I. Vorbemerkung

Die Gesamt-Jugend- und Auszubildendenvertretung nach **Abs. 1** ist den einzelnen Jugend- und 1 Auszubildendenvertretungen weder über- noch untergeordnet (DKK/*Trittin* Rn. 4; *Fitting* Rn. 6; GK-BetrVG/*Oetker* Rn. 6). Ihr Verhältnis ist der Zuständigkeitsregelung entspricht dem der Betriebsräte zum Gesamtbetriebsrat (s. § 50 Rn. 1 ff.). Sie verfügt nicht über eigene Mitwirkungs- und Mitbestimmungsrechte und kann auf Unternehmensebene die Interessen der im Unternehmen beschäftigten Arbeitnehmer des § 60 I gegenüber dem Arbeitgeber nur mit Hilfe des Gesamtbetriebsrats vertreten. Ihr Verhältnis zu ihm entspricht dem der Jugend- und Auszubildendenvertretung zum Betriebsrat (*Fitting* Rn. 7).

Eisemann

II. Errichtung und Ende

2 In jedem Unternehmen kann nach **Abs.** 2 nur eine Gesamt-Jugend- und Auszubildendenvertretung gebildet werden (*Richardi* Rn. 6; *Fitting* Rn. 8). Ihre Errichtung ist zwingend vorgeschrieben. Ein besonderer Errichtungs- oder Entsendungsbeschluß der einzelnen Jugend- und Auszubildendenvertretungen ist nicht erforderlich. Durch Beschluß muß nur das Mitglied bestimmt werden, das entsandt werden soll (*Richardi* Rn. 5; *Fitting* Rn. 10; GK-BetrVG/*Oetker* Rn. 12). Ein Dritter kann nicht entsandt werden (*Fitting* Rn. 13). Besteht die Jugend- und Auszubildendenvertretung nur aus einem Mitglied, ist dies ohne weiteres Mitglied der Gesamt-Jugend- und Auszubildendenvertretung (*Fitting* Rn. 13; GK-BetrVG/*Oetker* Rn. 24). Die Bestimmung des Ersatzmitglieds nach **Abs.** 3 erfolgt durch Beschluß der Jugend- und Auszubildendenvertretung. Besteht sie nur aus einem Mitglied, ist Ersatzmitglied das nach § 63 I iVm. 14 IV in einem gesonderten Wahlgang gewählte Ersatzmitglied der Jugend- und Auszubildendenvertretung (*Richardi* Rn. 11; *Fitting* Rn. 16). Werden mehrere Ersatzmitglieder bestellt, muß auch die Reihenfolge für das Nachrücken geregelt werden. Wo es keinen **Gesamtbetriebsrat** gibt, darf auch keine Gesamt-Jugend- und Auszubildendenvertretung gebildet werden (*Richardi* Rn. 4; *Fitting* Rn. 9; GK-BetrVG/*Oetker* Rn. 10; aA DKK/*Trittin* Rn. 6). Sie wäre jedenfalls in ihrer Tätigkeit weitgehend beschränkt, weil sie nicht direkt gegenüber dem Arbeitgeber agieren darf (*Richardi* Rn. 4; *Fitting* Rn. 9; GK-BetrVG/*Oetker* Rn. 11). Die Voraussetzungen für ihre Errichtung entsprechen im übrigen denen für die Bildung eines Gesamtbetriebsrates (s. § 47 Rn. 2 ff.). Als Dauereinrichtung hat sie wie der Gesamtbetriebsrat **keine Amtszeit**. Auflösungsbeschlüsse sind bedeutungslos. Sie endet nur, wenn die Voraussetzungen für ihr Errichtung wegfallen (s. § 47 Rn. 14). Das einzelne Mitglied kann jederzeit durch einfachen Mehrheitsbeschluß wieder abberufen werden (*Richardi* Rn. 10; *Fitting* Rn. 18; GK-BetrVG/*Kraft*/*Oetker* Rn. 25).

III. Abweichende Regelung

3 Wie Gesamtbetriebsräte können bzw. müssen auch die Gesamt-Jugend- und Auszubildenenvertretungen nach **Abs.** 4–6 durch Tarifvertrag oder Gesamtbetriebsvereinbarung vergrößert oder verkleinert werden (s. § 47 Rn. 10 ff.). Dabei muß Zahl der Vertreter nicht unter 20 verringert werden (DKK/*Trittin* Rn. 21; *Fitting* Rn. 32; s. § 47 Rn. 10). Die tarifliche hat Vorrang vor der betriebsverfassungsrechtlichen Regelung (*Richardi* Rn. 15; DKK/*Trittin* Rn. 15; *Fitting* Rn. 26). Die Gesamtbetriebsvereinbarung schließt der Gesamtbetriebsrat mit dem Arbeitgeber ab (*Fitting* Rn. 27; GK-BetrVG/*Oetker* Rn. 33). Die Gesamt-Jugend- und Auszubildendenvertretung ist wie die Jugend- und Auszubildendenvertretung (s. § 60 Rn. 3) nicht berechtigt, mit dem Arbeitgeber Vereinbarungen zu treffen. Nach den §§ 73 II iVm. 67 I und II, 68 wirken ihre Mitglieder beim Abschluß der Vereinbarung mit und haben im Gesamtbetriebsrat Stimmrecht (DKK/*Trittin* Rn. 17; *Fitting* Rn. 27; GK-BetrVG/*Oetker* Rn. 34). Fehlt eine tarifliche Regelung, kann die Gesamtbetriebsvereinbarung nach Abs. 5 S. 1 erzwungen werden. Die Einigungsstelle kann nicht von der Gesamt-Jugend- und Auszubildendenvertretung angerufen werden (DKK/*Trittin* Rn. 21; *Fitting* Rn. 33). Sie sollte im Verfahren jedoch gehört werden.

IV. Abstimmung

4 Für das Stimmgewicht nach **Abs.** 7 kommt es auf die Eintragung in der Wählerliste zur letzten Wahl der Jugend- und Auszubildendenvertretung, nicht auf die aktuelle Zahl von Arbeitnehmern des § 60 I im entsendenden Betrieb an (*Richardi* Rn. 20; *Fitting* Rn. 21; GK-BetrVG/*Oetker* Rn. 44). Wurde die Mitgliederzahl durch abweichende Vereinbarung vergrößert, teilen sich die entsandten Mitglieder zu gleichen Teilen die Stimmen, welche dem einzelnen Mitglied zugekommen wären (*Richardi* Rn. 24; *Fitting* Rn. 29; GK-BetrVG/*Oetker* Rn. 46). Wird die Mitgliederzahl verkleinert, stehen dem einzelnen Mitglied alle sich aus den zusammengefaßten Betrieben ergebenden Stimmen zu (*Richardi* Rn. 21; *Fitting* Rn. 30; GK-BetrVG/*Oetker* Rn. 45). Die Mitglieder der Gesamt-Jugend- und Auszubildendenvertretung sind nicht an Aufträge oder Weisungen der Jugend- und Auszubildendenvertretung gebunden (*Richardi* Rn. 23; *Fitting* Rn. 23; GK-BetrVG/*Oetker* Rn. 47). Sie können ihre Stimmen nur einheitlich abgegeben (*Fitting* Rn. 23).

V. Streitigkeiten

5 Über Mitgliedschaft, Errichtung und Stimmengewichtung wird im arbeitsgerichtlichen Beschlußverfahren nach den §§ 2 a, 80 ff. ArbGG entschieden. Örtlich zuständig ist nach § 82 S. 2 das Arbeitsgericht, in dessen Bezirk das Unternehmen seinen Sitz hat.

§ 73 Geschäftsführung und Geltung sonstiger Vorschriften

(1) ¹ Die Gesamt-Jugend- und Auszubildendenvertretung kann nach Verständigung des Gesamtbetriebsrats Sitzungen abhalten. ² An den Sitzungen kann der Vorsitzende des Gesamtbetriebsrats oder ein beauftragtes Mitglied des Gesamtbetriebsrats teilnehmen.

(2) Für die Gesamt-Jugend- und Auszubildendenvertretung gelten § 25 Abs. 1 und 3, § 26 Abs. 1 Satz 1 und Abs. 3, die §§ 30, 31, 34, 36, 37 Abs. 1 bis 3, die §§ 40, 41, 48, 49, 50, 51 Abs. 3, 4 und 6 sowie die §§ 66 bis 68 entsprechend.

I. Sitzungen

Der Gesamtbetriebsrat muß den Sitzungen der Gesamt-Jugend- und Auszubildendenvertretung nach **Abs. 1** nicht zustimmen. Er ist zu verständigen. Es gelten im übrigen sinngemäß die Regelungen zur Sitzung der Jugend- und Auszubildendenvertretung (s. § 65 Rn. 17). Sie werden nach Abs. 2 iVm. § 51 III 3, 29 II vom Vorsitzenden einberufen. Er muß nach Abs. 2 iVm. §§ 51 III 3, 29 III eine Sitzung einberufen und den beantragten Gegenstand auf die Tagesordnung setzen, wenn dies ein Viertel der Mitglieder der Gesamt-Jugend- und Auszubildendenvertretung oder der Arbeitgeber verlangen. Zur konstituierenden Sitzung lädt nach Abs. 2 iVm. § 51 III 1 die bei der Hauptverwaltung des Unternehmens gebildete Jugend- und Auszubildendenvertretung ein. Fehlt sie dort, lädt die Jugend- und Auszubildendenvertretung des nach der Zahl der dort beschäftigten Arbeitnehmer des § 60 I größten Betriebes ein (*Richardi* Rn. 3; *Fitting* Rn. 8). An den Sitzungen nimmt der Arbeitgeber nach Abs. 2 iVm. § 51 III 3, 29 IV – ggf. mit einem Beauftragten des Arbeitgeberverbandes – teil. Für die nach Abs. 2 iVm. § 31 zulässige Teilnahme der Gewerkschaft ist erforderlich, daß sie in der Gesamt-Jugend- und Auszubildendenvertretung vertreten ist (DKK/*Trittin* Rn. 10; *Fitting* Rn. 11; GK-BetrVG/*Oetker* Rn. 25). Beschließt der Gesamtbetriebsrat, zu ihren Sitzungen einen Beauftragten der Gewerkschaft zusammen mit seinem Vorsitzenden in die Sitzung zu schicken, muß die Gewerkschaft im Gesamtbetriebsrat vertreten sein (*Fitting* Rn. 11; s. § 65 Rn. 7). Die Gesamt-Jugend- und Auszubildendenvertretung kann auch selbst beschließen, einen Beauftragten der Gewerkschaft hinzuzuziehen (GK-BetrVG/*Oetker* Rn. 27). Diese muß dann nur im Unternehmen vertreten sein (*Fitting* Rn. 11).

II. Anwendbare Vorschriften

Die entsprechende Anwendung der in **Abs. 2** genannten und für andere Gremien konzipierten Vorschriften kann nicht schematisch erfolgen, sondern nur unter dem Vorbehalt der durch Sinn und Zweck vermittelten Vergleichbarkeit. Bei den in Abs. 2 angeführten Organisationsvorschriften handelt es sich um eine nicht abschließende Regelung, die nicht über den dort genannten § 51 VI erweitert werden kann, der sich nicht auf Fragen der Geschäftsführung bezieht (*Fitting* Rn. 14; GK-BetrVG/*Oetker* Rn. 54). Daher sind die Vorschriften über die Bildung von Ausschüssen – §§ 27, 28, 51 III 2 –, über die Freistellung – § 38 –, über die Betriebsräteversammlung – § 53 – und über die Sprechstunde – § 69 – nicht anwendbar. Soweit **§ 37 I bis III** in Bezug genommen wird, bedeutet dies nicht, daß die Vorschrift im übrigen unanwendbar wäre. Sie gilt für die Mitglieder der Gesamt-Jugend- und Auszubildendenvertretung schon nach § 65 I (DKK/*Trittin* Rn. 15; GK-BetrVG/*Oetker* Rn. 36). Über die Teilnahme an Schulungen nach **§ 37 VI** entscheidet der Betriebsrat des entsendenden Betriebes unter Beteiligung der Jugend- und Auszubildendenvertretung (BAG 10. 6. 1975 AP BetrVG 1972 § 73 Nr. 1). Die Zuständigkeit der Gesamtjugend- und Auszubildendenvertretung folgt nach Abs. 2 iVm. **§ 50** der des Gesamtbetriebsrates (*Richardi* Rn. 18 f.; *Fitting* Rn. 12; GK-BetrVG/*Oetker* Rn. 40). Der Auftrag nach § 50 II ist zulässig, aber wenig sinnvoll, solange nicht auch der Gesamtbetriebsrat beauftragt wurde. Die Gesamt-Jugend- und Auszubildendenvertretung könnte nicht selbst mit dem Arbeitgeber verhandeln (*Richardi* Rn. 19; *Fitting* Rn. 12; GK-BetrVG/*Oetker* Rn. 41). Nach Abs. 2 iVm. **§ 51 VI** gelten die Vorschriften über die materiellen Rechte und Pflichten der Jugend- und Auszubildendenvertretung entsprechend für die Gesamt-Jugend- und Auszubildendenvertretung. Das Teilnahmerecht an Sitzungen des Gesamtbetriebsrates nach Abs. 2 iVm. **§ 67** erstreckt sich auch auf seine Ausschüsse, denen er die Angelegenheit zur selbständigen Erledigung übertragen hat (*Richardi* Rn. 24; *Fitting* Rn. 13).

III. Streitigkeiten

Über die Anwendung der Vorschrift und der in Bezug genommenen Bestimmungen wird im arbeitsgerichtlichen Beschlußverfahren nach §§ 2 a, 80 ff. ArbGG entschieden. Örtlich zuständig ist nach § 82 S. 2 das Arbeitsgericht, in dessen Bezirk der Sitz des Unternehmens liegt. Über den Freizeitausgleich und die Minderung des Arbeitsentgelts nach § 37 II und III wird im Urteilsverfahren entschieden. Örtlich zuständig hierfür ist nach § 46 II iVm. § 29 ZPO das Arbeitsgericht, in dessen Bezirk der Betrieb liegt.

Vierter Teil. Mitwirkung und Mitbestimmung der Arbeitnehmer

Erster Abschnitt. Allgemeines

Einleitung vor § 74

Allgemeines Schrifttum: *Kreutz,* Grenzen der Betriebsautonomie, 1979; *Christoph Müller,* Die Berufsfreiheit des Arbeitgebers, 1996; *Reichold,* Betriebsverfassung als Sozialprivatrecht, 1995; *Veit,* Die funktionelle Zuständigkeit des Betriebsrats, 1998; *H. Hanau,* Individualautonomie und Mitbestimmung in sozialen Angelegenheiten, 1994.

I. Der allgemeine Teil von Mitwirkung und Mitbestimmung

1 Der 4. Teil des Gesetzes, der die Mitwirkung und Mitbestimmung der AN regelt, beginnt mit einem Allgemeinen Teil. Dieser regelt in den §§ 74, 75 einige **allgemeine Grundsätze** für die Zusammenarbeit der Betriebspartner und die Behandlung der Betriebsangehörigen, in den §§ 76 bis 77 die wichtigsten Gestaltungsmittel der Betriebsparteien, Betriebsvereinbarung und Einigungsstelle. Dies wird in §§ 78 bis 79 ergänzt durch Schutzbestimmungen für Mitglieder betriebsverfassungsrechtlicher Organe und für den AG. Schließlich enthält § 80 eine allgemeine Regelung der schwächsten Mitwirkungsform, des Informationsanspruchs des BR gegenüber dem AG einschließlich eines Rechts auf Information durch Sachverständige.

2 Damit sind die allgemeinen Fragen der Mitwirkung und Mitbestimmung aber nicht vollständig aufgezählt. Zu nennen sind weiterhin die Erweiterung der Beteiligungsrechte des BR durch TV und Betriebsvereinbarung; die Übertragung von Entscheidungsbefugnissen an AG, BR oder AN; die Einwirkung von Arbeitskämpfen auf Beteiligungsrechte; die Rechtsfolgen mitbestimmungs- und mitwirkungswidrigen Verhaltens; die Erstreckung von Beteiligungsrechten auf Annex-Bedingungen, die in den einzelnen Tatbeständen nicht ausdrücklich genannt sind, mit ihnen aber eng zusammenhängen; die Zweckentfremdung von Beteiligungsrechten, dh. ihre Ausübung zu Zwecken, die von dem Sinn der einzelnen Tatbestände nicht gedeckt werden. Diese wichtigen allgemeinen Fragen sind im ersten Abschnitt des 4. Teils gar nicht und in den weiteren, speziellen Abschnitten des Gesetzes nur unvollständig geregelt. Im folgenden wird deshalb zusammengestellt, was sich Gesetz und Rspr. über die allgemeinen Regelungen im ersten Abschnitt hinaus als **Inhalt eines Allgemeinen Teils der Mitwirkung und Mitbestimmung** entnehmen läßt.

3 Die **Begriffe Mitbestimmung und Mitwirkung** werden im Gesetz weder definiert noch voneinander abgegrenzt. Aus der Verwendung des Begriffes Mitbestimmung in §§ 87, 91, 98 I, 99 kann man schließen, daß Initiativ- und Widerspruchsrechte des BR gemeint sind. Mitwirkung umfaßt deshalb Unterrichtungs-, Anhörungs- und Beratungsrechte. Allerdings trägt auch § 102, der die Anhörung des BR vor Kündigungen regelt, die Überschrift „Mitbestimmung", doch paßt dies immerhin für das in Abs. 3 und 5 der Bestimmung geregelte Widerspruchsrecht. Als Oberbegriff kann man von Beteiligungsrechten sprechen.

II. Erweiterung der Beteiligungsrechte des Betriebsrats durch Kollektivvertrag

4 **1. Erweiterung durch Tarifvertrag.** Schon unter dem BetrVG 1952 hat das BAG ausgesprochen, daß die Mitbestimmung in **sozialen Angelegenheiten** (damals § 56) durch TV weitgehend ausgestaltet und selbst auf konkrete Einzelmaßnahmen erstreckt werden könne (BAG 12. 10. 1955 AP BetrVG 1952 § 56 Nr. 1 betr. Beteiligung des BR bei der Änderung von Akkordsätzen; BAG 24. 9. 1959 AP BGB § 611 Akkordlohn Nr. 11 betr. Zustimmung des BR als Voraussetzung für Entgeltminderungen wegen vorsätzlicher Zurückhaltung der Arbeitsleistung oder Minderleistungsfähigkeit; BAG 8. 10. 1969 AP BetrVG 1952 § 56 Nr. 14 betr. Zuständigkeit des BR für die Vereinbarung von Freischichten). Unter dem BetrVG 1972 ließ das BAG zunächst dahingestellt, ob die Mitbestimmung in sozialen Angelegenheiten (§ 87) durch TV erweitert werden könne (22. 12. 1981 AP BetrVG 1972 § 87 Lohngestaltung Nr. 7; BAG 6. 2. 1985 AP TVG § 4 Übertariflicher Lohn und Tariflohnerhöhung Nr. 16; BAG 16. 7. 1985 AP BetrVG 1972 § 87 BetrVG Lohngestaltung Nr. 17; BAG 22. 10. 1985 AP BetrVG 1972 § 99 Nr. 23), und hat dies erstmals mit Urteil vom 18. 8. 1987 (AP BetrVG 1972 § 77 Nr. 23) anerkannt. Hier ging es um einen TV (den sog. Leber-Rüthers-Kompromiß von 1984), der die Mitbestimmung über die Arbeitszeit (§ 87 I Nr. 2, 3) in einem bestimmten Rahmen auf die regelmäßige Dauer der individuellen regelmäßigen wöchentlichen Arbeitszeit ausdehnte, einschließlich der Streitentscheidung durch die Einigungsstelle nach § 87 II. Eine tarifvertragliche Erweiterung der Mitbestimmung sei eine Rechtsnorm über **betriebsverfassungsrechtliche Fragen** iSv. §§ 1 I, 3 II TVG, die für alle AN tarifgebundener AG gelte. Diese umfassende Ermächtigung des TVG zur Regelung betriebsverfassungsrechtlicher Fragen werde durch das BetrVG nicht eingeschränkt. Dieses

II. Erweiterung der Beteiligungsrechte   Einl. vor § 74 BetrVG 210

enthält zwar an mehreren Stellen Vorschriften darüber, ob und in welchem Umfang TV betriebsverfassungsrechtliche Fragen regeln können (§§ 3, 38 I, 47 IV, 55 IV, 117), doch sei dies keine abschließende Regelung.

Mit Beschluß vom 9. 5. 1995 (AP BetrVG 1972 § 76 Einigungsstelle Nr. 2) erklärte das BAG eine **5** tarifliche Regelung für zulässig, die eine Erschwerniszulage vorsah, deren Höhe vom AG im Einvernehmen mit dem BR festgelegt werden mußte. Dabei handele es sich um die Vereinbarung eines echten Mitbestimmungsrechts, die nach der st. Rspr. zulässig sei. Mit Beschluß vom 10. 2. 1988 (AP BetrVG 1972 § 99 Nr. 53) wurde diese Rspr. auf die Mitbestimmung bei **Einstellung von AN** gem. § 99 ausgedehnt. Abw. von § 99 könne dem BR bei Einstellungen ein echtes Mitbestimmungsrecht zugesprochen werden, so daß im Streitfall eine Einigungsstelle endgültig zu entscheiden habe. Zur Begründung wurde wiederum auf die Ermächtigung zu betriebsverfassungsrechtlichen Tarifnormen hingewiesen. Ergänzend wurde auf § 102 VI Bezug genommen, nach dem AG und BR Kündigungen von der Zustimmung des BR abhängig machen können. Im Rahmen des § 99 sehe das Gesetz zwar keine Verstärkung der Mitbestimmung durch Betriebsvereinbarung vor, doch enthalte auch diese Bestimmung ANSchutzvorschriften, die grds. nur einseitig zwingender Natur seien. Ein Beschluß des BAG vom 31. 1. 1995 (AP BetrVG 1972 § 118 Nr. 56) wendet diese Grundsätze sogar auf **Tendenzunternehmen** iSd. § 118 an. Es bestünden keine durchgreifenden Bedenken gegen eine tarifvertragliche Regelung, nach der sich die Mitbestimmung des BR in einem städtischen Kinder- und Jugendheim auf alle Personalveränderungen, insb. auf Einstellungen, Eingruppierungen, Umgruppierungen, Versetzungen und Entlassungen erstrecken sollte; im Streitfall war wiederum die Zuständigkeit der Einigungsstelle vorgesehen. BAG 12. 11. 1997 DB 1995, 16 670 (betr. tarifvertragliche Übernahmeverpflichtung und Ausbildung) hält eine Streitentscheidung durch Einigungsstelle stets für erforderlich.

Wie das BAG: LAG Düsseldorf 20. 3. 1970 BB 1970, 666; LAG Köln 24. 11. 1983 DB 1984, 670, **6** 16. 8. 1984 DB 1985, 48; *Beuthien* ZfA 1986, 131 ff.; GK-BetrVG/*Wiese* § 87 Rn. 4 ff.; *Meier-Krenz*, Die Erweiterung von Beteiligungsrechten des BR durch TV, S. 139 ff. und DB 1988, 2149; *Säcker/Oetker*, Grundlagen und Grenzen der Tarifautonomie, 1992, S. 78 ff., 196 ff.; *Weyand* AuR 1989, 193 ff.; anders *Buchner* RdA 1990, 1, 5 ff.; *Richardi*, Kollektivgewalt und Individualwille bei der Gestaltung des Arbeitsverhältnisses, S. 251 ff.; *ders.* NZA 1984, 387 f., 1985, 172 f., 1988, 673, 676.

2. Grenzen der Erweiterung. Bisher gibt es keine Entscheidungen des BAG zu einer tarifvertragli- **7** chen Erweiterung der Beteiligung des BR in **wirtschaftlichen Angelegenheiten** (§§ 106 bis 113). Daß hier im Hinblick auf die Unternehmensautonomie Grenzen erforderlich sind, wurde in einer Entscheidung vom 10. 2. 1988 zumindest angedeutet (AP BetrVG 1972 § 99 Nr. 53 Bl. 5). Nach der Rspr. des BVerfG schützt Art. 12 I GG auch den Beruf des Unternehmers (1. 3. 1979 BVerfGE 50, 290, 262; ebenso BAG 3. 4. 1990 AP GG Art. 9 Nr. 56; zusammenfassend *Christoph Müller*, Die Berufsfreiheit des AG, 1996). Bei der notwendigen Abwägung zwischen Art. 9 III GG einerseits und Art. 12 I GG andererseits (zu diesem Erfordernis BAG 3. 4. 1990 AP GG Art. 9 Nr. 56; *Beuthien* ZfA 1984, 1, 12; *Wiedemann* RdA 1986, 231, 238) ist zu berücksichtigen, daß die Tarifautonomie unvermeidlich dazu führt, die unternehmerische Berufsausübung einzugrenzen (*Meier-Krenz*, Die Erweiterung von Beteiligungsrechten des BR durch TV, S. 106; *Reuter* ZfA 1978, 1, 42). Trotzdem kann durch TV nicht jede Unternehmerentscheidung der Mitbestimmung des BR unterworfen werden. Dies ergibt sich schon daraus, daß die Tarifautonomie nur zur „Wahrung und Förderung der Arbeits- und Wirtschaftsbedingungen" durch Art. 9 III GG geschützt ist. Arbeits- und Wirtschaftsbedingungen ist hier als einheitliches Begriffspaar zu sehen. Nur diejenigen Wirtschaftsbedingungen, die für die AN gleichzeitig Arbeitsbedingungen darstellen, werden von der Regelungsbefugnis der TVParteien erfaßt (*Beuthien* ZfA 1984, 1, 13; *Meier-Krenz*, Die Erweiterung von Beteiligungsrechten des BR durch TV, S. 94; *Meik*, Der Kernbereich der Tarifautonomie, 1987, S. 93; *Rüthers*, Tarifmacht und Mitbestimmung in der Presse, 1975, S. 17; *Wiedemann* RdA 1986, 230, 231). Unzulässig wäre deshalb etwa ein Mitbestimmungsrecht des BR über Produktion und Absatz. Entgegen BAG 7. 11. 1995 (AP TVG § 3 Betriebsnormen Nr. 1 mit abl. Anm. *Hans Hanau*) sind auch die Öffnungszeiten von Banken und Geschäften nicht durch tarifliche Betriebs- und Betriebsverfassungsnormen regelbar.

Auch innerhalb des Bereichs der Arbeits- und Wirtschaftsbedingungen iSd. Art. 9 III GG besteht **8** ein durch Art. 12 I GG geschützter Bereich, der durch eine tarifliche Regelung nicht der Mitbestimmung des BR unterworfen werden kann. Denn zwischen beiden Grundrechten muß eine praktische Konkordanz hergestellt werden, damit eines nicht von dem anderen ganz verdrängt wird (s. *Wiedemann* RdA 1986, 230, 235 mit Hinweis auf den durch Art. 19 II GG geschützten Kernbereich des Art. 12 I GG). Eine den Kernbereich verletzende **Beeinträchtigung der Unternehmerfreiheit** ist anzunehmen, wenn eine Tarifregelung dem Unternehmer die Herrschaft über das Unternehmen selbst und die mit ihm verfolgten Ziele entziehen würde. Die Entscheidung über Bestand, Umfang und Zielsetzung des Unternehmens muß deshalb zwingend dem Unternehmensträger verbleiben (*Wiedemann* RdA 1986, 230, 235; ähnlich *Meier-Krenz*, Die Erweiterung von Beteiligungsrechten des BR durch TV, S. 98; s. auch Art. 12 GG Rn. 39; aA *Däubler* Tarifvertragsrecht Rn. 1061). Der tariflichen Regelung entzogen sind insb. die Entscheidungen über die Stillegung oder Fortführung von Betrieben, ihre Verlegung oder ihren Zusammenschluß mit anderen Betrieben sowie über die Änderung der Betriebsorganisation und des Betriebszwecks (*Meier-Krenz*, Die Erweiterung von Beteiligungsrechten des BR durch TV, S. 98; *Wiedemann* RdA 1986, 230, 235). Insb. wäre es unzulässig, dem BR ein erzwingbares Mitbestimmungsrecht über die Durchführung solcher Maßnahmen zu geben, indem etwa bei Betriebsänderungen iSd. § 111 BetrVG ein erzwingbarer Anspruch auf Abschluß eines Interessenausgleichs eingeräumt würde (*Meier-Krenz*, Die Erweiterung von Beteiligungsrechten des BR durch TV, S. 98).

9 Zusammenfassend ist festzustellen, daß die **Tarifparteien** die Betriebsparteien (nur) zur Regelung der Materien ermächtigen dürfen, die sie selbst regeln können. Tarifnormen über betriebsverfassungsrechtliche Fragen erweitern nicht die durch TV normativ erfaßbaren Angelegenheiten, sondern den erfaßten Personenkreis, da Betriebsverfassungsnormen nach § 3 II für alle AN tarifgebundener AG gelten. Diese erweiterte Wirkung der TV wird schon dadurch legitimiert, daß die BR durch alle AN ohne Rücksicht auf Tarifgebundenheit gewählt werden (BAG 18. 8. 1987 AP BetrVG 1972 § 77 Nr. 23; BAG 10. 2. 1988 AP BetrVG 1972 § 99 Nr. 53, str., s. etwa *Richardi* NZA 1988, 673). Weitergehende Beschränkungen für Beteiligungsrechte von **Mitarbeitervertretungen in der öffentlichen Verwaltung** hat das BVerfG in einem Beschluß vom 24. 5. 1995 herausgearbeitet (BVerfGE 93, 37; dazu *Albers* PersR 1995, 501). Diese Entscheidung, die sich auf das verfassungsrechtliche Demokratieprinzip stützt, betrifft unmittelbar nur die Personalräte, ist aber auch für die Mitbestimmung der BR von Einrichtungen bedeutsam, die zwar privatrechtlich organisiert sind, aber öffentliche Verwaltungsaufgaben wahrnehmen. Es ist anerkannt, daß die öffentliche Verwaltung die Grundrechte und die Grundprinzipien des Rechts- und Sozialstaats aus Art. 20, 28 GG zu respektieren hat, wenn sie öffentlicher Aufgaben in privatrechtlicher Form durchführt (VerfGH NW 15. 9. 1986 DVBl. 1996, 1196; BGH 5. 4. 1984 BGHZ 91, 84, 96; BVerwG 29. 5. 1990 NVwZ 1991, 59). Solche Einrichtungen sind nicht Subjekte, sondern Objekte der Grundrechte (BVerfG 16. 5. 1989, 3. Kammer des 1. Senats NJW 1990, 1783; BGH 5. 4. 1984 BGHZ 91, 84, 97). Allerdings hat das BAG mit Beschluß vom 31. 1. 1995 (AP BetrVG 1972 § 118 Nr. 56) die tarifvertragliche Erweiterung der Mitbestimmung des BR in der Vereinigung städtischer Kinder- und Jugendheime der Freien und Hansestadt Hamburg auf alle personellen Maßnahmen gebilligt, doch ist es dabei auf eine etwaige Bindung durch das Demokratieprinzip nicht eingegangen.

10 **3. Erweiterung durch Betriebsvereinbarung** ist in gleichem Umfang zulässig wie durch TV, da sich die regelbaren Materien decken (s. § 77 Rn. 3; LAG Frankfurt 22. 3. 1994 LAGE BetrVG 1972 § 77 Nr. 17; ebenso für Regelungsabreden LAG Hamburg 6. 5. 1994 LAGE BetrVG 1972 § 77 Nr. 20).

III. Übertragung von Entscheidungsbefugnissen an Arbeitgeber, Betriebsrat oder Arbeitnehmer

11 Die gesetzliche Mitbestimmungsordnung ist nicht nur in ihrem Umfang, sondern auch in ihrer Durchführung abänderbar, insb. durch Übertragung von Entscheidungsbefugnissen an AG. Ein Beschluß des BAG vom 7. 9. 1956 (AP BetrVG 1952 § 56 Nr. 2) sprach allgemein aus, daß dem AG die Befugnis zur einseitigen Regelung übertragen werden könne, solange dies die „Substanz des Mitbestimmungsrechts" nicht berühre. Ein Beschluß des BAG vom 2. 3. 1982 (AP BetrVG 1972 § 87 Arbeitszeit Nr. 6) konkretisierte, AG und BR könnten sich darauf beschränken, allgemein zu regeln, ob und ggf. unter welchen Voraussetzungen, in welchem Umfang und auf welche Weise AN zur Mehrarbeit herangezogen werden sollen. Das Gesetz fordere nicht, daß zu jeder einzelnen mitbestimmungspflichtigen Maßnahme die Zustimmung des BR eingeholt werde. In einem Beschluß vom 11. 3. 1986 (AP BetrVG 1972 § 87 Überwachung Nr. 14) verneinte das BAG einen Verstoß gegen die Mitbestimmungsrechte sogar, wenn dem AG eine Freiheit eingeräumt werde, die einem mitbestimmungsfreien Zustand nahe kommt. Allenfalls sei es möglich, daß ein entsprechender Spruch der Einigungsstelle die Grenze ihres Ermessens überschreiten würde. Ebenso für die Aufstellung von Schichtplänen BAG 28. 10. 1986, 18. 4. 1989, 27. 6. 1989, 23. 3. 1999, 10. 3. 1992 (AP BetrVG 1972 § 87 Arbeitszeit Nr. 20, 34, 35, 80, BetrVG § 77 Regelungsabrede Nr. 1). Weitere Entscheidungen zu anderen Mitbestimmungsrechten bestätigen dies (BAG 12. 1. 1988 AP ArbGG 1979 § 81 Nr. 8; BAG 26. 7. 1988 AP BetrVG 1972 § 87 Provision Nr. 6; BAG 31. 1. 1989 AP BetrVG 1972 § 87 Tarifvorrang Nr. 15; BAG 17. 10. 1989 AP BetrVG 1972 § 76 Nr. 39; BAG 11. 2. 1992 AP BetrVG 1972 § 76 Nr. 50). Hinsichtlich des Umfangs der Vorgaben für den AG, welche die **Rahmenregelung** enthalten muß, enthält diese Rspr. allerdings nur allgemeine Angaben. Sie müsse Grundregeln, bestimmte Grundsätze und Kriterien oder im einzelnen geregelte Voraussetzungen für die Umsetzung durch den AG enthalten. Die Anforderungen sind aber nicht sehr hoch, da es zulässig sein soll, dem AG eine Freiheit einzuräumen, die einen mitbestimmungsfreien Zustand nahekommt. Das Schrifttum betont, daß einerseits ein Verzicht auf ein Mitbestimmungsrecht nicht wirksam ist, andererseits die Substanz des Mitbestimmungsrechts gewahrt sei, wenn der BR die Zustimmung zu bestimmten nach Voraussetzungen und Inhalten beschriebenen Maßnahmen im voraus erteile. Ohne diese Beschränkung dürfe dem AG die alleinige Entscheidung nur für Eilfälle oder zeitlich begrenzte Maßnahmen übertragen werden (so insb. *Otto* Anm. EzA BetrVG § 87; Leistungslohn Nr. 16, ähnlich *Blomeyer* SAE 1987, 279; *Säcker/Oetker* RdA 1992, 17 und BAG 17. 11. 1998 AP BetrVG § 87 Arbeitszeit Nr. 79; LAG Nürnberg 4. 2. 1998 LAGE BetrVG § 87 Nr. 10; *Henssler* FS Hanau, 1999, 413 ff. gibt dem Arbeitgeber ein Recht zu vorläufigen Entscheidungen in Einzelfällen).

Die Betriebsparteien und die Einigungsstelle können nicht nur dem AG, sondern auch dem **AN** ein **12 Bestimmungsrecht** in mitbestimmten Angelegenheiten einräumen, insb. bei gleitender Arbeitszeit (BAG 1. 4. 1989 AP BetrVG 1972 § 87 Arbeitszeit Nr. 33, dazu auch § 87 Rn. 29).

IV. Die Einwirkung von Arbeitskämpfen auf Beteiligungsrechte

Ein Arbeitskampf im Betrieb bringt zwar nicht das Mandat des BR zum Ruhen, aber diejenigen **13** Mitbestimmungsrechte, deren Ausübung **Einfluß auf den Arbeitskampf** hätte (BAG 22. 12. 1980 AP GG Art. 9 Arbeitskampf Nr. 71; s. auch § 74 Rn. 14). In nur **mittelbar von Arbeitskämpfen betroffenen Betrieben** bleiben die Mitbestimmungsrechte dagegen bestehen. Die Mitbestimmung über Kurzarbeit entfällt allerdings dem Grunde nach, soweit schon die Grundsätze des Arbeitskampfrisikos zum Wegfall von Beschäftigungs- und Entgeltpflicht führen; doch bleibt die Mitbestimmung nach § 87 I Nr. 2 und 3 auch hier bestehen, soweit Modalitäten einer etwaigen Arbeitszeitverkürzung festzulegen sind (BAG 22. 12. 1980 AP GG Art. 9 Arbeitskampf Nr. 71). Die Mitbestimmung darf allerdings nicht dazu führen, daß die Entgeltfortzahlungspflicht dauernd oder zeitweise bestehen bleibt, wo dies mit der Verteilung des Arbeitskampfrisikos unvereinbar ist. Insofern geht Arbeitskampfrecht vor Betriebsverfassungsrecht (BAG 22. 12. 1980 AP GG Art. 9 Arbeitskampf Nr. 71). „Streikbruchprämien" (s. Art. 9 GG Rn. 212 ff.) unterliegen der Mitbestimmung nach § 87 I Nr. 10 nicht, soweit sie, weil vor dem Arbeitskampf zugesagt, als Arbeitskampfmittel gelten (ArbG Frankfurt a. M. 14. 9. 1999 AiB 1999, 705). Neuestens *Jansen*, Die betriebliche Mitbestimmung im Arbeitskampf.

V. Rechtsfolgen mitbestimmungswidrigen Verhaltens

1. Die unvollständige gesetzliche Regelung. Mitbestimmungs- oder mitwirkungswidriges Verhal- **14** ten liegt vor, wenn der AG eine Maßnahme aufgrund einseitiger Weisung oder Vereinbarung mit betroffenen AN durchführt und dabei Mitbestimmungs- oder Mitwirkungsrechte des BR nicht oder nicht vollständig beachtet (s. auch § 76 Rn. 29). Als Rechtsfolge sind individualrechtliche, kollektivrechtliche und öffentlich-rechtliche Sanktionen denkbar. Eine individualrechtliche Sanktion liegt vor, wenn eine mitbestimmungs- oder mitwirkungswidrige AG Weisung oder eine entsprechende arbeitsvertragliche Abrede unwirksam ist. Von einer kollektivrechtlichen Sanktion kann man sprechen, wenn dem BR ein Anspruch gegen den AG auf Unterlassung oder Beseitigung eines solchen Verhaltens eingeräumt wird. Als öffentlich-rechtliche Sanktion kommen Strafe und Bußgeld in Betracht. Das Gesetz enthält dazu zahlreiche Regelungen, die von der Rspr. aber nicht als abschließend betrachtet werden.

Bei groben Verstößen des AG gegen seine Verpflichtungen aus dem BetrVG sieht § 23 III eine **15 kollektivrechtliche Sanktion** vor, nämlich einen Unterlassungs-, Duldungs- oder sonstigen Anspruch des BR oder einer im Betrieb vertretenen Gewerkschaft gegen den AG. Dies bezieht sich auch auf den Verstoß gegen Mitbestimmungs- und Mitwirkungsrechte, wobei zu klären ist, ob BR bzw. Gewerkschaften nur die Durchführung des Mitbestimmungs- oder Mitwirkungsverfahrens oder auch die Unterlassung mitbestimmungswidrigen Verhaltens vor dem und während des Verfahrens verlangen können (dazu § 23 Rn. 28).

Zu der Mitbestimmung in sozialen Angelegenheiten regelt § 87 nur, wie die Mitbestimmung im **16** Streitfall durchzuführen ist, nämlich durch Entscheidung der Einigungsstelle, enthält aber keine Sanktion mitbestimmungswidrigen Verhaltens. Zu den personellen Angelegenheiten enthält § 101 eine **kollektivrechtliche Sanktion** bei Verletzung der Mitbestimmung gem. § 99 über Einstellungen, Ein- und Umgruppierungen und Versetzungen. Bei einer Verletzung der Mitbestimmung bei Kündigungen sieht § 102 I 2 eine **individualrechtliche Sanktion** vor; eine ohne Anhörung des BR ausgesprochene Kündigung ist unwirksam. Daneben gilt auch in personellen Angelegenheiten § 23 III; § 101 verdrängt dies nicht, BAG 17. 3. 1987 AP BetrVG 1972 § 101 Nr. 9. In wirtschaftlichen Angelegenheiten enthält § 113 eine **individualrechtliche Sanktion** in Gestalt eines Abfindungsanspruchs der AN, keine kollektivrechtliche Sanktion.

Diese Sanktionsregelungen sind begrenzt, durchgehend der Höhe nach (§ 23 III: 20 000 DM; § 101: **17** 500 DM je Tag; § 113: Begrenzung nach Maßgabe des § 10 KSchG) und in §§ 23 III, 101 durch das Erfordernis einer vorangegangenen rechtskräftigen Entscheidung eingeschränkt. Ebenso § 98 V.

Als öffentlich-rechtliche Sanktion ist in § 121 eine Geldbuße bis zu 20 000 DM nur für den Fall **18** vorgesehen, daß die Aufklärungs- und Auskunftspflichten in personellen und wirtschaftlichen Angelegenheiten nicht, wahrheitswidrig, unvollständig oder verspätet erfüllt werden.

2. Ergänzende Rechtsprechung. a) Individualrechtliche Sanktion: Theorie der Wirksamkeits- 19 voraussetzung (so auch der Titel einer Schrift von *R. Bommermann*, 1992; *Bartels*, Rechtsfolgen betriebsverfassungswidrigen Versetzungen, 2000; *Miersch*, Die Rechtsfolgen mitbestimmungswidriger Maßnahmen für das Arbeitsverhältnis, 1998). Die Rspr. hat das gesetzliche Sanktionssystem nicht als abschließend betrachtet, sondern mehrfach ergänzt. Zur Mitbestimmung in **sozialen Angelegenheiten** (§ 87) hatte das BAG schon früh entschieden, daß trotz des Fehlens einer gesetzlichen Regelung mitbestimmungswidrigen Verhaltens als individualrechtliche Sanktion die Unwirksamkeit aller mitbestimmungswidrigen Weisungen und Abreden zum Nachteil der AN anzunehmen sei, sog. Theorie der Wirksamkeitsvoraussetzung. Dies betraf und betrifft vor allem einseitige Veränderungen der Arbeitszeit (BAG 7. 9. 1956 AP BetrVG 1952 § 56 Nr. 2; BAG 25. 10. 1957 AP BetrVG 1952 § 56 Nr. 6; BAG 22. 2. 1983 AP BetrVG 1972 § 23 Nr. 2; BAG 13. 7. 1977 AP BetrVG 1972 § 87 Kurzarbeit Nr. 2) und Kündigungen, insb. Änderungskündigungen, und Vereinbarungen zur Entgeltminderung (BAG 16. 12. 1960 AP BetrVG 1952 § 56 Nr. 22; BAG 17. 12. 1968 AP BetrVG 1952 § 56 Nr. 27; BAG 31. 1. 1984 AP BetrVG 1972 § 87 Lohngestaltung Nr. 15; ebenso für den Widerruf von AGLeistungen BAG 3. 8. 1982 AP BetrVG 1972 § 87 Lohngestaltung Nr. 12), aber auch die anderen Tatbestände des § 87. So ist ein ohne die nach § 87 I Nr. 1 erforderliche Beteiligung des BR ausgesprochenes Verbot des Radiohörens im Betrieb unwirksam (BAG 14. 1. 1986 AP BetrVG 1972 § 87 Ordnung des Betriebes Nr. 10; s. auch Rn. 23 zur abw. Beurteilung mitbestimmungswidriger Änderungskündigungen bei Versetzungen; zur Einschränkung individualrechtlicher Sanktionen durch die Regelung kollektiver Sanktionen Rn. 30; zur rückwirkenden Heilung durch Betriebsvereinbarung § 77 Rn. 57; zu angefochtenen Einigungsstellensprüchen § 76 Rn. 29).

20 Besondere Bedeutung hat die Rspr. des BAG erlangt, daß die **Anrechnung übertariflicher Leistungen** auf Tariflohnerhöhungen unwirksam ist, wenn sie den Verteilungsschlüssel der verbleibenden Leistungen ändert und deshalb nach § 87 I Nr. 10 mitbestimmungspflichtig ist (Beschlüsse des BAG GS 3. 12. 1991 AP BetrVG 1972 § 87 Lohngestaltung Nr. 51, 52). Der Anspruch der AN auf Gewährung der bisherigen Zulage zusätzlich zum erhöhten Tarifentgelt wird vom BAG unmittelbar aus der Verletzung des Mitbestimmungsrechts abgeleitet, obwohl es selbst davon ausgeht, daß die arbeitsvertragliche Zusage einer übertariflichen Zulage idR so auszulegen ist, daß sie im Fall einer Tariflohnerhöhung grds. auf den Tariflohn angerechnet werden kann (besonders deutlich 11. 8. 1992 AP BetrVG 1972 § 87 Lohngestaltung Nr. 53). Damit hat das BAG die Rechtswirkung der Mitbestimmung in sozialen Angelegenheiten überdehnt und einen Anspruch ohne Anspruchsgrundlage geschaffen. Die Verletzung des Mitbestimmungsrechts kann zwar zur Unwirksamkeit von einseitigen Maßnahmen und Vereinbarungen führen, so daß die AN auf zuvor bestehende Ansprüche zurückgreifen können, sie kann aber vorher nicht bestehende Ansprüche nicht begründen. Stockt der AG übertarifliche Zulagen, mit verändertem Verteilungsschlüssel auf erhöhte Tarifentgelte auf, ohne daß ein Rechtsanspruch darauf besteht, muß der einmaligen Gewährung einer Leistung gleichgestellt werden. BAG 26. 5. 1998 AP § 87 BetrVG Lohngestaltung Nr. 98 deutet den Anrechnungsvorbehalt als Widerrufsvorbehalt, so daß die Anwendung des § 134 BGB i. V. mit § 87 I Nr. 10 BetrVG folgerichtig ist. Das Mitbestimmungsrecht wird auch verletzt, wenn der Arbeitgeber Verteilungsgrundsätze vorgibt, über die er keine Verhandlungen zuläßt, sondern bei Widerspruch des Betriebsrats eine mitbestimmungsfreie Vollanrechnung vorsieht, BAG aaO.

21 Es ist anerkannt, daß bei der **erstmaligen Gewährung** einer Leistung übergangene oder benachteiligte AN aus der Verletzung des Mitbestimmungsrechts keine Ansprüche herleiten können (BAG 20. 8. 1991 AP BetrVG 1972 § 87 Lohngestaltung Nr. 50; BAG 28. 9. 1994 AP BetrVG 1972 § 87 Lohngestaltung; BAG 15. 11. 1994 AP BGB § 242 Gleichbehandlung Nr. 121). Der AG läuft dabei allerdings das Risiko, daß später eine abw. Vereinbarung mit dem BR getroffen wird oder ein abw. Spruch der Einigungsstelle ergeht, die den AG rückwirkend zur Leistung an bisher ausgeschlossene AN verpflichten, während Ansprüche anderer AN ausgeschlossen werden, ohne daß der AG die entsprechenden Leistungen zurückfordern könnte (BAG 14. 6. 1994 AP BetrVG 1972 § 87 Lohngestaltung Nr. 69). Anderseits folgt aus der Notwendigkeit, sich vor Einführung einer Leistung mit dem BR über den Verteilungsschlüssel zu einigen, das Recht des AG, die AN bis zur Einigung mit dem BR von Leistungen auszunehmen, die in betriebsratslosen Betrieben erbracht werden (BAG 25. 4. 1995 AP BGB § 242 Gleichbehandlung Nr. 130; 26. 5. 1998 aaO). Der erstmaligen Leistung ist die Einführung zusätzlicher Gehaltsgruppen gleichzustellen; auch hier begründet die Verletzung des Mitbestimmungsrechts keinen Anspruch auf Höhergruppierung (BAG 28. 9. 1994 AP BetrVG 1972 § 87 Lohngestaltung Nr. 68).

22 Bei der mitbestimmungswidrigen erstmaligen Einführung, Bestätigung oder Erhöhung von Leistungen sind nicht nur die **Ansprüche** der übergangenen, sondern auch die **der mitbestimmungswidrig bedachten AN** fraglich. Ein Urteil des BAG vom 4. 5. 1982 (AP BetrVG 1972 § 87 Altersversorgung Nr. 6) will auch insoweit die Theorie der Wirksamkeitsvoraussetzung anwenden. Mitbestimmungspflichtige Maßnahmen könnten auch im Wege von Einzelarbeitsverträgen nicht geregelt werden, solange die Zustimmung des BR fehle. Rechtsgeschäfte, die zu einer Umgehung des Mitbestimmungsrechts führen, seien unwirksam. Allerdings könne es dem AG aus Gründen des Vertrauensschutz verwehrt sein, seinerseits die Unwirksamkeit betriebsverfassungsrechtlicher Regelwidrigkeiten geltend zu machen. Ein so weitgehender Vertrauensschutz sei aber nur anzuerkennen, wenn der AN auf der Grundlage der unwirksamen Vertragsregelung bereits Vorkehrungen getroffen habe, die nicht mehr

V. Rechtsfolgen mitbestimmungswidrigen Verhaltens

rückgängig gemacht werden können, wenn zB Mehrarbeit oder Akkordarbeit geleistet oder Sonderurlaub genommen wurde. Dagegen spricht aber, daß die Mitbestimmung die AN schützen und ihnen nicht Ansprüche nehmen soll. Deshalb müssen mitbestimmungswidrige Regelungen als wirksam behandelt werden, soweit sie einzelne AN begünstigen und nicht im Interesse der anderen AN rückgängig gemacht werden.

Auch im Bereich der **personellen Angelegenheiten** hat die Rspr. anerkannt, daß mitbestimmungswidrige Maßnahmen zum Nachteil der AN unwirksam sind, allerdings nur bei den nach §§ 95 III, 99 mitbestimmungspflichtungen Versetzungen. Maßgeblich ist hier eine Grundsatzentscheidung des BAG vom 30. 9. 1993 (AP KSchG 1969 § 2 Nr. 33). Will der AG mit einer fristgerechten Änderungskündigung eine Versetzung iSv. § 95 III bewirken, so ist danach die Zustimmung des BR Wirksamkeitsvoraussetzung, allerdings nur für die tatsächliche Zuweisung des neuen Arbeitsbereichs nach Ablauf der Kündigungsfrist, nicht für die Änderungskündigung selbst. Fehlt die Zustimmung des BR und sei sie auch nicht durch das ArbG ersetzt, führe dies nicht zur schwebenden Unwirksamkeit der Änderungskündigung. Der AG könne nur die geänderten Vertragsbedingungen nicht durchsetzen, solange das Verfahren nach § 99 nicht ordnungsgemäß durchgeführt wurde; der AN sei dann in dem alten Arbeitsbereich weiter zu beschäftigen. Dies hat zur Folge, daß das Kündigungsschutzverfahren gem. § 2 KSchG und das Zustimmungsersetzungsverfahren gem. § 99 IV nebeneinander geführt werden können. Das ist sinnvoll. Es ist sogar zu empfehlen, dies auf Änderungskündigungen zu übertragen, die nach § 87 der Mitbestimmung unterliegen (so jetzt BAG 17. 6. 1998 AP § 2 KSchG 1968 Nr. 49). Problematisch ist dagegen, daß das BAG annimmt, während des Zustimmungsersetzungsverfahrens bleibe es bei den alten Arbeitsbedingungen, auch wenn der AN die Änderungskündigung gem. § 2 KSchG unter Vorbehalt angenommen hat. Soweit der BR mit der Zustimmungsverweigerung gem. § 99 II Nr. 4 nur die Interessen des betroffenen AN verfolgt, müßte die von diesem erklärte Annahme unter Vorbehalt, dh. das Einverständnis mit dem vorläufigen Übergang zu neuen Arbeitsbedingungen, den Vorrang haben.

Ein Zusammenhang mit der **kollektiven Sanktion** des § 101 ergibt sich daraus, daß gar kein mitbestimmungswidriges Verhalten vorliegt, soweit der AG nach § 101 vorläufig handeln darf. Mitbestimmungswidrige **Einstellungen** berühren die Rechtswirksamkeit des Arbeitsvertrages zunächst überhaupt nicht. Das hat das BAG am 2. 7. 1980 (AP BetrVG 1972 § 101 Nr. 5) aus dem Schutzzweck der Mitbestimmung abgeleitet, obwohl die Mitbestimmung bei der Einstellung idR nicht den Interessen des Einzustellenden, sondern öffentlichen Interessen oder den Interessen anderer AN dient. Erst wenn der BR erfolgreich gem. § 101 vorgegangen ist, wird die Beschäftigung rechtlich unmöglich, so daß die Rechtswirkungen des Arbeitsvertrages entfallen.

Die Verletzung der Mitbestimmung bei **Ein- und Umgruppierungen** hat gar keine individualrechtliche Sanktion, weil ausschließlich die objektive Richtigkeit der Ein- und Umgruppierung maßgeblich sein kann, nicht die Einhaltung des Verfahrens (so zuletzt BAG 3. 5. 1994 AP BetrVG 1972 § 99 Eingruppierung Nr. 2). Zur **Einstellung** § 99 Rn. 45.

Dagegen führt die Verletzung der Verpflichtung zur Anhörung des BR vor Kündigungen gem. § 102 I 2 zur Unwirksamkeit der Kündigung. Dies ist die einzige ausdrückliche gesetzliche Regelung einer solchen Sanktion wegen Verletzung von Beteiligungsrechten des BR. Dies beruht nicht darauf, daß das Anhörungsrecht des BR vor Kündigungen ein besonders starkes Beteiligungsrecht wäre. Es ist im Gegenteil ein schwaches Beteiligungsrecht (nur Anhörung) und der Gesetzgeber fand es gerade deshalb notwendig, die Unwirksamkeit einer Kündigung ohne die erforderliche Beteiligung zu statuieren. Dies ist eine Ausnahme von der unbestrittenen Regel, daß **die Verletzung bloßer Mitwirkungsrechte nicht zur Unwirksamkeit individualrechtlicher Maßnahmen** führt. Neuerdings ist allerdings strittig, ob die Verletzung der jetzt in § 17 II KSchG geregelten Informations- und Konsultationspflicht gegenüber dem BR zur Unwirksamkeit der Kündigung führt (bejahend KR/*Weigand* § 17 KSchG Rn. 63; *Löwisch* RdA 1997, 80, 84; dazu *Wißmann* RdA 1998, 226).

Eine Sonderstellung nimmt § 102 III und V ein, nach dem der Widerspruch des BR unter bestimmten Voraussetzungen (s. § 102 Rn. 31) die Wirkung einer Kündigung zeitweise aussetzt. Dies ist keine Sanktion mitbestimmungswidrigen Verhaltens, da dem AG die Kündigung gegen den Widerspruch des BR nicht untersagt ist. Aber die Situation ist doch vergleichbar: Vom AG gewollte und ansonsten begründete Rechtswirkungen treten wegen des Widerspruchs des BR nicht ein. Deshalb verdient allgemein Beachtung, daß der Widerspruch des BR nach § 102 V 2 unbeachtlich ist, wenn er offensichtlich unbegründet ist oder eine unzumutbare wirtschaftliche Belastung des AG herbeiführen würde. Allerdings muß der AG sich das durch eine einstweilige gerichtliche Verfügung bescheinigen lassen, ehe er es geltend machen kann.

b) Kollektivrechtliche Sanktion: Unterlassungsanspruch des BR. Im Bereich der sozialen Angelegenheiten hatte das BAG (22. 2. 1983 AP BetrVG 1972 § 23 Nr. 2) als kollektivrechtliche Sanktion mitbestimmungswidrigen Verhaltens zunächst nur den Anspruch aus § 23 III anerkannt, der eine abschließende Regelung enthalte. Mit Urteil vom 3. 5. 1994 (AP BetrVG 1972 § 23 Nr. 23) hat das BAG dagegen angenommen, daß aus § 87 iVm. § 2 ein allgemeiner Anspruch des BR auf Unterlassung mitbestimmungswidrigen AGVerhaltens abzuleiten sei. Dafür spricht, daß § 87 nach der Systematik des BetrVG das stärkste Mitbestimmungsrecht enthält, so daß es widersprüchlich wäre, im Bereich des

§ 87 nur die kollektivrechtliche Sanktion des § 23 III zu haben, während die schwächeren Mitbestimmungsrechte der §§ 99, 112 durch die zusätzlichen Sanktionen der §§ 101, 113 abgesichert sind (s. *Hanau* NZA 1996, 841, mwN). Die Mitbestimmung nach § 91 wird wie nach § 87 zu behandeln sein. Wie in § 1004 BGB ist der auf die Zukunft gerichtete Unterlassungsanspruch um einen Beseitigungsanspruch in Bezug auf die Folgen früheren mitbestimmungswidrigen Verhaltens zu ergänzen (BAG 16. 6. 1998 AP § 87 BetrVG Gesundheitsschutz Nr. 7 betr. Rücknahme von nach § 87 I Nr. 7 mitbestimmungspflichtiger Anweisungen zur Unfallverhütung; *Thalhofer,* Betriebsverfassungsrechtlicher Beseitigungsanspruch, 1999). Ein Anspruch auf Leistung an einzelne AN ergibt sich aber daraus nicht (s. § 77 Rn. 12). Wiederholungsgefahr erforderlich und zu vermuten, BAG 29. 2. 2000 EzA § 87 BetrVG Betriebliche Lohngestaltung Nr. 69.

29 Der Unterlassungsanspruch des BR aus § 87 kann nach § 85 ArbGG auch durch **einstweilige Verfügung** geltend gemacht werden. Bei den Anforderungen, die an den Verfügungsgrund zu stellen sind, können das Gewicht des drohenden Verstoßes und die Bedeutung der umstrittenen Maßnahmen für den AG und die Belegschaft angemessen berücksichtigt werden (BAG 3. 5. 1994 AP BetrVG 1972 § 23 Nr. 23). Dies verlangt eine Interessenabwägung, die zugunsten des AG ausschlagen muß, wenn seine Interessen an der Durchführung der mitbestimmten Maßnahme ersichtlich so überwiegen, daß ihm ein Abwarten des Mitbestimmungsverfahrens bis hin zur Einigungsstelle nicht zugemutet werden kann. Dies entspricht nicht nur dem gesetzlichen Sanktionssystem, das in §§ 23 III, 101 einen Unterlassungsanspruch des BR erst nach rechtskräftigen Entscheidungen gewährt, sondern auch dem Grundprinzip der Mitbestimmung, daß bei ihrer Ausübung stets eine Abwägung der beiderseitigen Interessen stattzufinden hat (§§ 2, 76). Dieses Grundprinzip würde verletzt, wenn der AG bis zum Abschluß des Mitbestimmungsverfahrens an unternehmerischen Handlungen gehindert werden könnte, obwohl seine Interessen erkennbar überwiegen. Ein Verfügungsgrund liegt nicht schon vor, wenn der AG formal das Mitbestimmungsrecht verletzt, sondern erst, wenn er es auch seinem Sinn und Zweck nach verletzt, weil er Handlungen vornimmt, die noch einer Abklärung im Verhältnis zu deutlich entgegenstehenden ANInteressen bedürfen. Dies entspricht auch der gesetzlichen Regelung in §§ 101, 102 V 2. Daß diese Bestimmungen die personelle Mitbestimmung betreffen, schließt nicht aus, ihren Grundgedanken auf die sozialen Angelegenheiten zu übertragen. Nur eine Verlagerung des Abwägungsprozesses in das Eilverfahren dürfte dem verfassungsrechtlichen Schutz der unternehmerischen Betätigung gerecht werden (dazu *Christoph Müller,* Die Berufsfreiheit des Arbeitgebers, 1996). Freilich kann im Eilverfahren die Entscheidung der Einigungsstelle nicht vorweggenommen werden; es kann aber entschieden werden, ob dem AG zuzumuten ist, diese Entscheidung abzuwarten oder ob seine Interessen so stark überwiegen, daß einstweiliges unternehmerisches Handeln geduldet werden muß. S. auch *Lang,* Die vorläufige Regelung mitbestimmungspflichtiger sozialer Angelegenheiten im Wege des einstweiligen Rechtsschutzes, 1998; *Schwonberg,* Die einstweilige Verfügung des Arbeitgebers in Mitbestimmungsangelegenheiten, 1997.

30 **Diese Begrenzung der kollektiven Sanktion muß auf die individualrechtliche Sanktion** zurückwirken. Wenn der BR gegen möglicherweise mitbestimmungswidriges AGVerhalten nicht gerichtlich vorgehen will oder unterliegt, kann der einzelne AN aus der Verletzung des Mitbestimmungsrechts erst recht keine Folgen ableiten, BAG 10. 3. 1998 DB 1999, 2651 (s. auch § 77 Rn. 8).

31 In dem Beschluß des BAG vom 3. 5. 1994 (AP BetrVG 1972 § 23 Nr. 23) ging es um einen Antrag des BR auf Unterlassung **einseitiger Abänderung übertariflicher Zahlungen** aus Anlaß von Tariflohnerhöhungen (dazu schon oben Rn. 20). Das BAG wies diesen Antrag als unbegründet ab, da er als zu weitgehender Globalantrag aufzufassen sei. Der Antrag dürfte aber schon unzulässig gewesen sein, weil er der Sache nach ein Zahlungsantrag war. Wenn der AG verurteilt wird, die Anrechnung übertariflicher Zulagen zu unterlassen, läuft dies auf eine Verurteilung hinaus, die Zulagen weiter zu leisten. Wäre dies zulässig, könnte ein Gläubiger stets auf Unterlassung der Nichtleistung klagen und damit den Zugang zu der scharfen Sanktion des § 890 ZPO bekommen. Auf diese Weise ließe sich auch der vom BAG aufgestellte Rechtssatz umgehen, daß der BR aus einer Betriebsvereinbarung keine Ansprüche gegen den AG auf Leistung an die einzelnen AN geltend machen kann (§ 77 Rn. 12).

32 In der Grundsatzentscheidung vom 3. 5. 1994 (Rn. 28) hat das BAG ausdrücklich offengelassen, ob der Unterlassungsanspruch des BR auch in personellen und wirtschaftlichen Angelegenheiten anzuerkennen sei: Bei den **personellen Angelegenheiten** hat das BAG (6. 12. 1994 AP BetrVG 1972 § 23 Nr. 24) aus Anlaß einer Versetzung einen über § 101 hinausgehenden vorbeugenden Unterlassungsanspruch ernsthaft erwogen, da die §§ 100, 101 eine so große Schutzlücke ließen, als daß sie als abschließend angesehen werden könnten. Indessen bieten die gesetzlichen Sanktionen allesamt und offenbar bewußt nur einen begrenzten Schutz, so daß die Feststellung von Schutzlücken noch nicht ausreichen kann, um das gesetzliche System durch außergesetzliche Sanktionen zu ergänzen. Bei der personellen Mitbestimmung dürfte durch die §§ 23 III, 100, 101 ein im Rahmen dieser gesetzlichen Gesamtkonzeption als ausreichend hinzunehmendes Schutzniveau erreicht sein, zumal bei der Versetzung die außergesetzliche individualrechtliche Sanktion der Theorie der Wirksamkeitsvoraussetzung ergänzend herangezogen wird (Rn. 23; s. auch § 101; aM *Eisemann* § 23 Rn. 34). In der **wirtschaftlichen Mitbestimmung** besteht das Problem, daß die Sanktion des § 113 I, III weitgehend leerläuft, da Abfindungen, sogar weitergehende, idR ohnehin aus einem Sozialplan geschuldet werden. Dazu § 23 Rn. 34; § 111 Rn. 24.

Ein Sonderfall ist die **mitbestimmungswidrige Ein- und Umgruppierung.** Schon die bisherige 33
Rspr. entnahm dem Gesetz, daß § 101 in diesem Fall keinen Unterlassungsanspruch gebe, sondern nur
einen Anspruch des BR gegen den AG, daß dieser das Verfahren nach § 99 IV einleite (s. auch § 99).
Das BAG hat dies nun auf den Fall übertragen, daß der AG an seiner bisherigen Eingruppierung
festhält, obwohl sein im Rahmen des § 99 IV gestelltes Verlangen auf Zustimmung des BR rechtskräftig abgewiesen worden ist. Der Senat meint, daß auch in diesem Fall nur ein Anspruch auf
(erneute) Einleitung des Zustimmungsersetzungsverfahrens gegeben sei. Dies ist aber sehr unpraktisch
und wird weder vom Wortlaut noch von der Wertung des § 101 gefordert. Wenn sich aus der rechtskräftigen Entscheidung im Zustimmungsersetzungsverfahren eindeutig ergibt, wo der AN einzugruppieren ist, ist als kollektivrechtliche Sanktion nur ein Eingruppierungsanspruch des BR sinnvoll. Ein
Anspruch auf ein erneutes Zustimmungsersetzungsverfahren ist nur angebracht, wenn die erste Entscheidung offen läßt, welche Eingruppierung vorzunehmen ist (s. auch § 101 Rn. 2).

Da das Gesetz selbst bei den Mitbestimmungsrechten der §§ 87 und 99 und den qualifizierten 34
Mitwirkungsrechten der §§ 112, 113 kollektive Sanktionen sehr restriktiv behandelt, scheidet ein über
§ 23 III hinausgehender Unterlassungsanspruch bei den weniger weitgehenden **Informations- und
Beratungsrechten** aus.

VI. Erstreckung von Beteiligungsrechten auf Annex-Bedingungen und Kopplungsgeschäfte?

1. Annexbedingungen. Noch nicht abschließend geklärt ist, ob und wie weit sich Mitbestimmungs- 35
tatbestände auch auf „Annex-Bedingungen" beziehen, die zwar nicht eigens genannt sind, mit den
ausdrücklich geregelten Angelegenheiten aber in engem Zusammenhang stehen (s. *Hanau/Reitze*, FS
für Wiese, 1998). Als erstes und bisher einziges ist die Mitbestimmung nach § 87 I Nr. 4 von der Art
der Lohnzahlung (hier bargeldlose Auszahlung) auf die Zahlung von Kontoführungsgebühren oder
die Einführung einer Kontostunde als notwendigen Annex ausgedehnt worden (BAG 10. 8. 1993 AP
BetrVG 1972 § 87 Auszahlung Nr. 12). Einschränkend heißt es hier, nur soweit zwischen den anfallenden Gebühren bzw. dem Besuch des Kreditinstituts und der Entscheidung für eine bargeldlose
Auszahlung des Entgelts ein notwendiger Zusammenhang besteht, lasse sich eine Annex-Kompetenz
des BR begründen. Mitbestimmungspflichtige Entscheidungen über Kontoführungsgebühren bzw.
Kontostunden seien nur denkbar, soweit sie durch die Überweisung des Entgelts zwangsläufig anfallen. Alles andere stehe nicht mehr im Zusammenhang mit der Entscheidung für eine bargeldlose
Lohnzahlung, sondern beziehe sich auf die private Lebensführung des AN.

Soweit das BAG zu anderen Mitbestimmungstatsbeständen auf diese Problematik eingegangen ist, 36
hat es den notwendigen engen Zusammenhang verneint. So heißt es in einem Beschluß vom 30. 8. 1995
(AP BetrVG 1972 § 87 Überwachung Nr. 29), Abmahnungen stünden nicht in so engem Zusammenhang mit der Anwendung technischer Überwachungseinrichtungen, daß sie deshalb mit Mitbestimmungsrechten nach § 87 I Nr. 6 gedeckt wären. Informationsrechte des BR über Einrichtung und
Gebrauch der Überwachungseinrichtung zählt das BAG hier zum Mitbestimmungsrecht. Nach einer
Entscheidung vom 1. 12. 1992 (AP BetrVG 1972 § 87 Ordnung des Betriebes Nr. 20) gehört die
Verpflichtung der AN, sich an den Kosten einheitlicher Arbeitskleidung zu beteiligen, nicht zu den
Maßnahmen, die notwendig mit der nach § 87 I Nr. 1 mitbestimmten Einführung von Arbeitskleidung
verbunden sind. Besonders wichtig ist die Frage, ob die Mitbestimmung über die Lage und die
vorübergehende Verkürzung oder Verlängerung der Arbeitszeit nach § 87 I Nr. 2, 3 auch finanzielle
Annex-Regelungen einschließt, wie zB Ausgleichszahlungen für unbequeme Arbeitszeiten oder Entgeltminderungen durch Kurzarbeit. Die im Schrifttum hM lehnt dies ab (GK-BetrVG/*Wiese* § 87
Rn. 38). Vermittelnd ArbG Hamburg vom 6. 4. 1993 (AiB 1994, 120): Der BR ist nicht daran
gehindert, seine Zustimmung zu den vom AG beabsichtigten Überstunden von der Erbringung zusätzlicher Leistungen an die betroffenen AN abhängig zu machen, auch wenn diese über die von den
anzuwendenden TV bzw. Betriebsvereinbarungen für den Fall der Mehrarbeit bestimmten Leistungen
hinausgehen. Lehnt der AG die Erbringung von zusätzlichen Leistungen ab, habe er, wenn er die
Überstunden gleichwohl anordnen möchte, mit dem BR weiter zu verhandeln; ggf. habe er die
Einigungsstelle anzurufen. Dies geht sicher zu weit, soweit eine tarifliche Regelung überboten werden
soll.

2. Kopplungsgeschäfte. Von den Annexbedingungen sind die Kopplungsgeschäfte zu unterschei- 37
den. Bei Kopplungsgeschäften wird die Zustimmung des BR nicht von einem aus dem jeweiligen
Mitbestimmungstatbestand selbst zu gewinnenden Verweigerungsgrund abhängig gemacht, sondern
aus einem Grund verweigert, der mit dem Mitbestimmungstatbestand nichts zu tun hat. Der BR
erwartet als Gegenleistung für die Zustimmung etwas, auf das er nach der Systematik der §§ 87 ff.
keinen Anspruch hat.

Vielfach wird aus dem Gebot der vertrauensvollen Zusammenarbeit (§ 2 I) die Pflicht des BR 38
hergeleitet, bei der Ausübung des Mitbestimmungsrechts den Rahmen des jeweiligen konkreten
Mitbestimmungsrechts zu wahren. Es sei ihm verwehrt, die Zustimmung von Zugeständnissen des AG

abhängig zu machen, die er aufgrund seiner Mitbestimmung nicht erwirken könne (*Eich* ZfA 1988, 93; HSG/*Glaubitz* BetrVG § 87 Rn. 75; *Kappes* DB 1997, 277, 278; wohl auch GK-BetrVG/*Wiese* § 87 Rn. 34 ff.; LAG Köln 14. 6. 1989 NZA 1989, 939). Selbst wenn die Schranke des Rechtsmißbrauchs überschritten sei, komme allerdings ein Verlust des Mitbestimmungsrechts nicht in Betracht, da es zum Schutz der Belegschaft, nicht aber des BR eingeräumt worden sei. In jedem Fall wird die Anrufung der Einigungsstelle für erforderlich gehalten (*Eich* ZfA 1988, 98; MünchArbR/*Matthes* § 324 Rn. 42 ff.). Die Gegenauffassung hält Kopplungsgeschäfte für zulässig. Insb. ein Rechtsmißbrauch liege nicht vor. Im Rahmen des § 87 I sei die Zustimmungsverweigerung nämlich nicht an bestimmte Gründe gebunden (DKK/*Kittner* § 87 Rn. 9; LAG Nürnberg 6. 11. 1990 NZA 1991, 281; ähnlich ArbG Hamburg 6. 4. 1993 AiB 1994, 120, 120 f.). Das BAG hat sich in einem Beschluß vom 10. 2. 1988 mit der Problematik beschäftigt (AP BetrVG 1972 § 87 Lohngestaltung Nr. 33; ebenso wieder BAG 26. 5. 1998 aaO Nr. 98). Der BR hat kein Mitbestimmungsrecht bei der Kürzung einer übertariflichen Zulage, sondern nur bei der Verteilung der Kürzung auf die einzelnen AN. Wende sich der BR nur gegen die Kürzung, könne der AG die Maßnahme durchführen, weil hinsichtlich des mitbestimmungspflichtigen Bereichs eine Einigung zwischen BR und AG zustandegekommen sei. Wenn der BR dem AG mitteilt oder jedenfalls erkennen läßt, daß die Zustimmung zur mitbestimmungspflichtigen Maßnahme nur von dessen Nachgeben in einem anderen Punkt abhänge, macht er zugleich geltend, gegen die Maßnahme an sich keine Einwände zu haben. Das Kopplungsangebot des BR ist demnach nichts anderes als eine, wenn auch (aufschiebend) bedingte Zustimmung (dazu *Hanau/Reitze*, FS für Wiese, 1998). Die Bedingung ist, soweit von dem Mitbestimmungstatbestand nicht gedeckt, unerheblich, die Zustimmung als erteilt zu behandeln. Dies ist insb. bedeutsam, wenn der BR beim ArbG beantragt, den Vorsitzenden der Einigungsstelle zu bestellen und die Zahl der Beisitzer festzulegen (§§ 76 II 2 und 3, 98 ArbGG). Wegen fehlender Zuständigkeit der Einigungsstelle kann ein solcher Antrag nur dann zurückgewiesen werden, wenn die Einigungsstelle offensichtlich unzuständig ist (§ 98 I 2 ArbGG). Deshalb muß offensichtlich sein, daß die Bedingung, an die der BR seine Zustimmung koppelt, unzulässig ist, also nichts mit einem Tatbestand des § 87 I zu tun hat. Ebenso gilt die Zustimmung des BR zu einer personellen Maßnahme als erteilt, wenn sein Widerspruch offenkundig nicht vom Gesetz gedeckt ist (s. § 99 Rn. 39; § 102 Rn. 15). Ebenso LAG Köln 7. 7. 1999 PersR 2000, 85: Der Personalrat kann seine nach § 72 a III LPVG-NW erforderliche Zustimmung zu einer Änderungskündigung nur aus Gründen verweigern, die innerhalb des Rahmens der Mitbestimmung liegen.

§ 74 Grundsätze für die Zusammenarbeit

(1) ¹Arbeitgeber und Betriebsrat sollen mindestens einmal im Monat zu einer Besprechung zusammentreten. ²Sie haben über strittige Fragen mit dem ernsten Willen zur Einigung zu verhandeln und Vorschläge für die Beilegung von Meinungsverschiedenheiten zu machen.

(2) ¹Maßnahmen des Arbeitskampfes zwischen Arbeitgeber und Betriebsrat sind unzulässig; Arbeitskämpfe tariffähiger Parteien werden hierdurch nicht berührt. ²Arbeitgeber und Betriebsrat haben Betätigungen zu unterlassen, durch die der Arbeitsablauf oder der Frieden des Betriebs beeinträchtigt werden. ³Sie haben jede parteipolitische Betätigung im Betrieb zu unterlassen; die Behandlung von Angelegenheiten tarifpolitischer, sozialpolitischer und wirtschaftlicher Art, die den Betrieb oder seine Arbeitnehmer unmittelbar betreffen, wird hierdurch nicht berührt.

(3) Arbeitnehmer, die im Rahmen dieses Gesetzes Aufgaben übernehmen, werden hierdurch in der Betätigung für ihre Gewerkschaft auch im Betrieb nicht beschränkt.

I. Vorbemerkung

1   Die Vorschrift enthält Grundsätze über die allgemeine Zusammenarbeit von AG und AN. Diese Grundsätze sind als **Konkretisierung des Gebots der vertrauensvollen Zusammenarbeit** gem. § 2 zu verstehen und stehen zu diesem im Verhältnis der Spezialität (GK-BetrVG/*Kreutz* Rn. 2). Abs. 1 S. 1 schreibt eine monatliche Besprechung vor. Abs. 2 sichert die betriebliche Friedenspflicht durch drei sich ergänzende Verbote: Er verbietet Maßnahmen des Arbeitskampfes zwischen AG und BR (Abs. 2 S. 1), er untersagt jede Betätigung, durch die der Arbeitsablauf oder der Frieden des Betriebs beeinträchtigt wird (Abs. 2 S. 2) sowie jede parteipolitische Betätigung im Betrieb (Abs. 2 S. 3). Dies begründet Amtspflichten der BRmitglieder. Entsprechende arbeitsvertragliche Pflichten können sich aus der Treuepflicht ergeben, aber nicht aus § 74. § 74 III bestätigt die Koalitionsfreiheit der BRMitglieder, indem er ausdrücklich das Recht gewährt, sich auch neben der Wahrnehmung betriebsverfassungsrechtlicher Funktionen für die Gewerkschaft im Betrieb zu betätigen.

2   Für den GesamtBR und den KonzernBR gelten die Regelungen entsprechend (§§ 51 VI, 59 I). Ebenso sind die Vorschriften analog anwendbar auf den Betriebsausschuß, die JAV, die GesamtJAV und den Wirtschaftsausschuß (*Fitting* Rn. 2).

II. Monatliche Besprechungen (Abs. 1 Satz 1)

Nach Abs. 1 S. 1 sollen AG und BR sich mindestens einmal im Monat zu einer Besprechung **3** zusammenfinden. Die Vorschrift begründet die **betriebsverfassungsrechtliche Verpflichtung** beider Parteien, für die Besprechungen aktiv Sorge zu tragen (GK-BetrVG/*Kreutz* Rn. 10). Aus dem Sollcharakter dieser Regelung folgt aber, daß AG und BR in gegenseitigem Einvernehmen in einzelnen Fällen von einer Besprechung absehen können (*Fitting* Rn. 4). Das Monatsgespräch ist keine BRSitzung iSd. §§ 29 ff., kann aber mit einer solchen verbunden werden.

Zur Teilnahme verpflichtet sind der AG sowie sämtliche BRMitglieder (GK-BetrVG/*Kreutz* **4** Rn. 14). Die wiederholte grundlose Verweigerung der Teilnahme kann eine grobe Pflichtverletzung iSd. § 23 I oder III darstellen (DKK/*Berg* Rn. 4). Der AG hat grds. persönlich an den Besprechungen teilzunehmen, er kann diese Aufgabe aber auch durch seine nach Gesetz oder Betriebsordnung vertretungsberechtigten Personen wahrnehmen lassen. Der BR braucht eine Vertretung des AG aber nur dann zu akzeptieren, wenn es sich bei dieser um eine in der betrieblichen Organisation maßgeblich verantwortliche Person handelt, die für das Gespräch über die nötige Sachkompetenz verfügt (BAG 11. 12. 1991 AiB 92, 534; *Fitting* Rn. 7). Der AG kann zur Klärung konkreter Fragen sachkundige Betriebsangehörige einbeziehen (GK-BetrVG/*Kreutz* Rn. 15).

Dem BR steht das Recht zu, den **Betriebsausschuß** (§ 27) oder einen anderen Ausschuß (§ 28) mit **5** der Durchführung der Besprechung zu beauftragen (*Fitting* Rn. 5; aA GK-BetrVG/*Kreutz* Rn. 14; MünchArbR/*v. Hoyningen-Huene* § 293 Rn. 13; offengelassen von BAG 19. 1. 1984 AP BetrVG 1972 § 75 Nr. 4). Das Monatsgespräch zählt aber nicht zu den laufenden Geschäften, die stets von dem Betriebsausschuß zu erledigen sind (DKK/*Berg* Rn. 5).

Ein Anspruch auf Teilnahme steht auch der **Schwerbehindertenvertretung** gem. § 25 V SchwbG **6** zu. Das gleiche gilt gem. § 68 IV für die JAV, sofern Themen erörtert werden, die jugendliche AN betreffen (*Fitting* Rn. 7).

Gewerkschaften und AGVerbände haben keinen eigenständigen Anspruch auf Teilnahme (GK- **7** BetrVG/*Kreutz* Rn. 18). Deren Vertreter können aber an den Besprechungen teilnehmen, wenn sowohl der AG als auch der BR sich damit einverstanden erklärt haben (GK-BetrVG/*Kreutz* Rn. 18). Das gegenseitige Einverständnis ist im Einzelfall entbehrlich, wenn die Hinzuziehung sachlich geboten erscheint und der andere Betriebspartner keine anerkennenswerten Gründe dagegen vorweisen kann (hM; vgl. *Fitting* Rn. 8). Durch das Einverständnis von AG und BR kann auch anderen Personen die Teilnahme ermöglicht werden, insb. dem SprAu, der kein Teilnahmerecht besitzt (*Wlotzke* Rn. 2a).

Den Betriebspartnern obliegt die Verpflichtung, streitige Fragen mit dem ernsthaften Willen zur **8** Einigung zu verhandeln und Vorschläge zu deren Lösung zu machen (DKK/*Berg* Rn. 9). Die gegenseitige **Einlassungs- und Erörterungspflicht** besteht auch dann, wenn der BR eine Regelung in einer nicht mitbestimmungspflichtigen Angelegenheit wünscht (BAG 13. 10. 1987 AP BetrVG 1972 § 87 Nr. 24). Jedoch besteht keine Rechtspflicht zum Kompromiß (GK-BetrVG/*Kreutz* Rn. 25). Deshalb kann auch keine grobe Amtspflichtverletzung gem. § 23 darin gesehen werden, daß eine der Parteien auf ihrem Standpunkt beharrt. Die Voraussetzungen des § 23 können aber bei ständiger Verweigerung der Einlassungs- und Erörterungspflicht gegeben sein (*Fitting* Rn. 9).

III. Verbot des Arbeitskampfes (Abs. 2 Satz 1)

Abs. 2 S. 1 unterstellt AG und BR einer **umfassenden Friedenspflicht.** Beiden Betriebspartnern **9** sind wirtschaftliche Kampfmaßnahmen wie Streik, Aussperrung oder Arbeitsverlangsamung zur Durchsetzung betriebsverfassungsrechtlicher Ziele generell untersagt (*Fitting* Rn. 12). Solche Maßnahmen sind rechtswidrig und verpflichten zum Schadensersatz (BAG 7. 6. 1988 AP GG Art. 9 Arbeitskampf Nr. 106). Es dürfte auch für die kollektive Ausübung von Zurückbehaltungsrechten gelten, zumal diese von Arbeitskämpfen schwer abzugrenzen sind und einseitige Eingriffe in die Betriebsführung durch § 77 I 2 generell verboten sind.

Das Arbeitskampfverbot hat nach § 74 II 1 1. Halbs. keinen Einfluß auf die Arbeitskämpfe tarif- **10** fähiger Parteien. Das gilt auch, soweit der Arbeitskampf um den Abschluß eines FirmenTV oder um betriebsverfassungsrechtliche Regelungen geführt wird (GK-BetrVG/*Kreutz* Rn. 42).

Adressat des Arbeitskampfverbotes ist der BR als Organ. Kommt es im Betrieb zu Arbeitskampf- **11** maßnahmen tariffähiger Parteien, so hat sich der BR neutral zu verhalten. Er darf insb. keinen Streik unterstützen oder die Belegschaft auffordern, sich an einem gewerkschaftlich organisierten Streik nicht zu beteiligen (*Fitting* Rn. 13). Die Neutralitätspflicht besteht unabhängig davon, ob es sich um einen rechtmäßigen oder einen rechtswidrigen Arbeitskampf handelt (GK-BetrVG/*Kreutz* Rn. 53). Da Abs. 2 S. 1 lediglich ein Unterlassungsgebot enthält, besteht für den BR keine Rechtspflicht, rechtswidrig streikende AN aktiv zur Wiederaufnahme der Arbeit zu bewegen (BAG 5. 12. 1978 – 6 AZR 485/76 – nv.; LAG Hamm 6. 11. 75 BB 1976, 363). Der BR hat keine Garantenstellung für rechtmäßiges Verhalten der AN im Rahmen eines Arbeitskampfes (DKK/*Berg* Rn. 16). Es steht dem BR aber frei, bei einem wilden Streik mit dem AG über die Beendigung des Streiks in Verhandlungen zu treten (BAG 5. 12. 1978 – 6 AZR 485/76 – nv.).

12 Das Arbeitskampfverbot richtet sich auch gegen die **einzelnen BRMitglieder** in dieser Eigenschaft (BAG 5. 12. 1975 AP BetrVG 1972 § 87 Betriebsbuße Nr. 1; BAG 21. 2. 1978 AP BetrVG 1972 § 74 Nr. 1). Treten die BRMitglieder aber als Gewerkschaftsmitglieder oder AN auf, so entfaltet das Arbeitskampfverbot für sie keine Wirkung. Sie können sich in gleicher Weise an einem rechtmäßigen Arbeitskampf aktiv beteiligen wie die übrigen AN, für die das Arbeitskampfverbot nicht gilt (GK-BetrVG/*Kreutz* Rn. 39). Das gilt auch für die freigestellten BRMitglieder (LAG Düsseldorf 5. 7. 1994 AuR 1995, 107). Die BRMitglieder sind nicht verpflichtet darauf hinzuweisen, daß sie als AN oder Gewerkschaftsmitglieder und nicht als BRMitglieder handeln (*Fitting* Rn. 15).

13 Während eines Arbeitskampfes besteht das **BRA** grds. mit allen Rechten und Pflichten fort. Dies gilt unabhängig davon, ob sich die einzelnen BRMitglieder am Streik beteiligen oder nicht (BAG 25. 10. 1988 AP GG Art. 9 Arbeitskampf Nr. 110). Auch die Teilnahme eines BRMitglieds am Arbeitskampf kann lediglich zu einer Suspendierung des Arbeitsverhältnisses führen, nicht aber zu dessen Auflösung (BAG GS 21. 4. 1971 AP GG Art. 9 Arbeitskampf Nr. 43; BVerfG 19. 2. 1975 AP GG Art. 9 Arbeitskampf Nr. 50).

14 Der Arbeitskampf führt nicht zur Funktionsunfähigkeit des BR. Es liegt im allgemeinen Interesse und im Interesse des AG, daß der BR seine Tätigkeiten während des Arbeitskampfes fortsetzt (BAG 14. 2. 1978 AP GG Art. 9 Arbeitskampf Nr. 57). Die **Beteiligungsrechte des BR** bleiben bestehen, soweit die fraglichen Maßnahmen keinen Arbeitskampfbezug haben (BAG 14. 2. 1978 AP GG Art. 9 Arbeitskampf Nr. 57; BVerfG 7. 4. 1997 AP GG Art. 100 Nr. 11). Die Verweigerung der Zustimmung zu Mehrarbeit (§ 87 I Nr. 3) im Vorfeld von Arbeitskämpfen dürfte idR vom Zweck dieses Mitbestimmungstatbestandes nicht gedeckt und deshalb ein unzulässiges Kopplungsgeschäft (Rn. 37 vor § 74) sein (s. auch § 87 Rn. 38). S. zum Ganzen Rn. 13 vor § 74; Art. 9 GG Rn. 135 ff.

15 Nicht einheitlich beurteilt wird, ob der BR befugt ist, mit dem AG während des Arbeitskampfes Vereinbarungen über Art und Umfang eines **Notdienstes** (zum Begriff BAG 30. 3. 1982 AP GG Art. 9 Arbeitskampf Nr. 74) zu treffen (bejahend GK-BetrVG/*Kreutz* Rn. 69 f.; abl. LAG Frankfurt 22. 4. 1969 AP GG Art. 9 Arbeitskampf Nr. 40; LAG Niedersachsen 1. 2. 1980 AP GG Art. 9 Arbeitskampf Nr. 69; DKK/*Berg* Rn. 21; offengelassen von BAG 30. 3. 1982 AP GG Art. 9 Arbeitskampf Nr. 74). Zum Teil wird eine solche Regelungsbefugnis des BR bejaht, sofern die Kampfparteien selbst noch nicht tätig geworden sind und die Notdienstregelung den Betriebspartnern überlassen (*Fitting* Rn. 22).

IV. Verbot der Beeinträchtigung von Arbeitsablauf oder Frieden des Betriebs (Abs. 2 Satz 2)

16 Abs. 2 S. 2 verpflichtet die Betriebspartner über das Arbeitskampfverbot hinaus, Betätigungen zu unterlassen, die den Arbeitsablauf oder den Frieden des Betriebs beeinträchtigen. Zur Einhaltung dieser Regelung verpflichtet sind der AG, der BR sowie die Mitglieder des BR in dieser Eigenschaft, nicht aber die einzelnen AN (GK-BetrVG/*Kreutz* Rn. 117). Für die AN ergibt sich jedoch eine entsprechende Pflicht aus dem Arbeitsvertrag (BAG 26. 5. 1977 AP BGB § 611 Beschäftigungspflicht Nr. 5).

17 Abs. 2 S. 2 bezieht sich ausschließlich auf ein **aktives störendes Verhalten.** Die Adressaten des Verbots haben dagegen nicht die Pflicht, gegen störendes Verhalten einzelner AN vorzugehen (*Fitting* Rn. 25).

18 Abs. 2 S. 2 setzt nicht voraus, daß bereits eine Störung des Arbeitsablaufs oder des Betriebsfriedens eingetreten ist. Es genügt bereits, daß die Betätigung mit hoher Wahrscheinlichkeit zu einer Beeinträchtigung führen wird (GK-BetrVG/*Kreutz* Rn. 119). Ein solcher Fall liegt vor, wenn **konkrete Anhaltspunkte für eine Störung** vorliegen, insb. wenn eine vergleichbare Situation in der Vergangenheit bereits eine Störung verursacht hat (*Fitting* Rn. 26).

19 Unter **ungestörtem Arbeitsablauf** ist die organisatorische, räumliche und zeitliche Gestaltung des Arbeitsprozesses im Zusammenwirken von Menschen und Betriebsmitteln zu verstehen (*Fitting* Rn. 27). Eine Störung des Arbeitsablaufs ist insb. dann anzunehmen, wenn durch rechtswidrige Aktionen des BR oder des AG der Arbeitsprozeß unterbrochen wird (GK-BetrVG/*Kreutz* Rn. 121). Es liegt niemals eine Beeinträchtigung des Arbeitsablaufs vor, wenn sich die fragliche Handlung als Folge der gesetzlich verankerten BRTätigkeit darstellt (GK-BetrVG/*Kreutz* Rn. 120).

20 Der Begriff **Betriebsfrieden** bezeichnet das störungsfreie Zusammenleben sowohl zwischen AG einerseits und BR sowie AN andererseits als auch der AN untereinander (*Fitting* Rn. 28). Von einer Beeinträchtigung ist insb. dann auszugehen, wenn AG und BR gegen das Gebot der vertrauensvollen Zusammenarbeit verstoßen, insb. wenn ein Betriebspartner in den Zuständigkeitsbereich des anderen eingreift (*Fitting* Rn. 28). Unzulässig ist etwa eine wiederholte Mißachtung der Beteiligungsrechte des BR durch den AG oder die Verbreitung wahrheitswidriger oder hetzerischer Behauptungen über den anderen Betriebspartner (LAG Köln 16. 11. 1990 BB 1991, 1191). Als Störung des Betriebsfriedens ist auch eine Verlagerung von Auseinandersetzungen in die Medien zu sehen, sofern damit die andere Seite

gezielt unter Druck gesetzt werden soll (BAG 22. 7. 1980 AP BetrVG 1972 § 74 Nr. 3). Wie auch in bezug auf den Arbeitsablauf kann eine Störung des Betriebsfriedens in der Regel nicht angenommen werden, wenn der BR im Rahmen seiner Befugnisse tätig wird. Beispielsweise darf der BR eine Fragebogenaktion gem. § 80 durchführen, wenn sich die Fragen an die AN im Rahmen seiner Zuständigkeit halten und die Persönlichkeitssphäre des AN nicht verletzt wird (BAG 8. 2. 1977 AP BetrVG 1972 § 80 Nr. 10; bedenklich LAG Hessen 17. 2. 1997 NZA-RR 1998, 17: Flugblattaktion eines BR-Mitgliedes).

V. Verbot parteipolitischer Betätigung (Abs. 2 Satz 3)

Abs. 2 S. 3 unterstellt AG und BR im Betrieb einem **generellen Verbot** parteipolitischer Betätigung. 21
Das Verbot wirkt der abstrakten Gefährdung des Betriebsfriedens durch parteipolitische Betätigungen entgegen und gilt deshalb unabhängig davon, ob der Betriebsfrieden konkret gefährdet ist (BAG 13. 9. 1977 AP BetrVG 1972 § 42 Nr. 1). Die in dem Verbot liegende Einschränkung des Rechts auf freie Meinungsäußerung nach Art. 5 I GG ist gerechtfertigt, da diese der Wahrung des Betriebsfriedens dient und das BVerfG diesem Rechtsgut gegenüber der uneingeschränkten Meinungsfreiheit den Vorrang eingeräumt hat (28. 4. 1976 AP BetrVG 1972 § 74 Nr. 2; BAG 13. 9. 1977 AP BetrVG 1972 § 42 Nr. 1). Allerdings muß nach der Wechselwirkungstheorie des BVerfG Abs. 2 S. 3 seinerseits zurückhaltend ausgelegt werden (BVerfG 19. 5. 1992 AP GG Art. 5 Abs. 1 Meinungsfreiheit Nr. 12).

Adressaten des Verbots sind der AG, der BR als Organ sowie die einzelnen BRMitglieder, sofern 22 sie in ihrer Amtseigenschaft tätig sind (BAG 5. 12. 1975 AP BetrVG 1972 § 87 Betriebsbuße Nr. 1). Die Regelung des Abs. 2 S. 3 entfaltet für BRMitglieder keine Wirkung, sofern sie als AN im Betrieb auftreten (*Fitting* Rn. 38; DKK/*Berg* Rn. 40). Insofern entsprechen ihre Möglichkeiten parteipolitischen Engagements denen der übrigen AN. Ein BRMitglied wird dann in seiner Amtseigenschaft tätig, wenn die parteipolitische Betätigung in unmittelbarem Zusammenhang mit der Tätigkeit des BR steht, beispielsweise mit der Leitung der Betriebsversammlung oder der Wahrnehmung der Sprechstunde des BR (GK-BetrVG/*Kreutz* Rn. 90).

Die im Betrieb vertretenen **Gewerkschaften** unterliegen dem Verbot nicht (GK-BetrVG/*Kreutz* 23 Rn. 12), doch umfaßt ihr Recht auf Betätigung im Betrieb nicht die Parteipolitik. Auch die AN des Betriebs sind davon nicht betroffen (BAG 12. 6. 1986 AP BetrVG 1972 § 74 Nr. 5; *Fitting* Rn. 36; GK-BetrVG/*Kreutz* Rn. 93). Sie unterstehen lediglich der arbeitsvertraglichen Verpflichtung, den Betriebsfrieden und den Arbeitsablauf nicht zu beeinträchtigen. Voraussetzung dafür ist eine konkrete Beeinträchtigung (BAG 9. 12. 1982 AP BGB § 626 Nr. 73). Die Zulässigkeit des Tragens von Plaketten parteipolitischen Inhalts ist deshalb abhängig von den konkreten Auswirkungen auf den Arbeitsablauf und den Betriebsfrieden (gegen das Tragen der Anti-Strauß-Plakette BAG 9. 12. 1982 AP BGB § 626 Nr. 73; gegen eine Anti-Atomkraft-Plakette im öffentlichen Dienst BAG 2. 3. 1982 AP GG Art. 5 Abs. 1 Meinungsfreiheit Nr. 8).

Abs. 2 S. 3 richtet sich gegen **aktives Handeln**, enthält aber kein Handlungsgebot. Demnach liegt 24 keine Pflichtverletzung vor, wenn AG oder BR nicht gegen die parteipolitische Betätigung von AN im Betrieb vorgehen. Unzulässig ist jedoch eine Unterstützung oder eindeutige Billigung solcher parteipolitischen Betätigungen (*Fitting* Rn. 40). Der BR hat zudem die Pflicht, parteipolitische Betätigungen seiner Mitglieder zu unterbinden. Gleiches gilt für den AG in bezug auf die von ihm mit AGFunktionen Beauftragten (GK-BetrVG/*Kreutz* Rn. 101). Zu Betriebsversammlungen § 45.

Abs. 2 S. 3 richtet sich gegen **Betätigungen parteipolitischer Art.** Darunter versteht man Tätig- 25 keiten, die ausdrücklich auf eine politische Partei Bezug nehmen (*Fitting* Rn. 41) oder auf Themen, die im Parteienstreit stehen. Eine Partei in diesem Sinne muß nach der Definition des § 2 I Parteiengesetz entsprechen. Dazu zählen auch sonstige politische Gruppierungen, wie etwa Wählergemeinschaften oder Vereinigungen, denen der Status einer Partei versagt wurde (*Fitting* Rn. 41). Vom Verbot des Abs. 2 S. 3 nicht erfaßt wird das Eintreten für Bürgerinitiativen im Betrieb, da diese sich regelmäßig mit Einzelfragen auseinandersetzen, ohne eine politische Richtung im parteipolitischen Sinne zu vertreten (*Fitting* Rn. 43; DKK/*Berg* Rn. 31; GK-BetrVG/*Kreutz* Rn. 97). Zur Parteipolitik zählen dagegen, da es sich hier um typische Themen der parteipolitischen Auseinandersetzung handelt, die Friedensbewegung sowie die Bewegung gegen die Nachrüstung (BAG 12. 6. 1986 AP BetrVG 1972 § 74 Nr. 5; GK-BetrVG/*Kreutz* Rn. 97; s. auch BAG 21. 2. 1978 AP BetrVG 1972 § 74 Nr. 1). In einer Parteiendemokratie ist im Zweifel jede Politik Parteipolitik; anders Art. 5 GG Rn. 43. Als unzulässige parteipolitische Betätigung gilt alles, was AG oder AN zu einer Stellungnahme in parteipolitischen Fragen veranlassen soll, insb. die Propaganda durch das Verteilen von Informationsmaterial, Plakaten und Aushängen (*Fitting* Rn. 44). S. auch § 118 Rn. 8.

Das Verbot des Abs. 2 S. 3 ist räumlich auf den **Betrieb** begrenzt. Zum Betrieb zählen auch sonstige 26 Einrichtungen auf dem Betriebsgelände sowie Betriebsteile und Nebenbetriebe iSv. § 3 I Nr. 3 und § 4. Das Verbot erstreckt sich zudem auf Aktivitäten in unmittelbarer Nähe des Betriebs, sofern diese objektiv in den Betrieb hineinwirken (BAG 21. 2. 1978 AP BetrVG 1972 § 74 Nr. 1).

Außerhalb des Betriebs sind den parteipolitischen Aktivitäten von AG und BRMitgliedern keine 27 Grenzen gesetzt. Sie haben auch das Recht, sich in Wahlreden, Wahlaufrufen oder Wahlwerbeanzeigen als Betriebsinhaber bzw. BRMitglied oder betriebsverfassungsrechtlicher Funktionsträger zu erkennen zu geben (LAG Hamburg 17. 3. 1970 BB 1970, 1480; GK-BetrVG/*Kreutz* Rn. 104). Zur Öffentlichkeitsarbeit des BR § 79 Rn. 15.

28   Das Verbot parteipolitischer Betätigung beschränkt sich für BRMitglieder auf ihren Amtsbereich. Während BRMitglieder in anderen Betrieben des AG dem Verbot nicht unterliegen, sind GesamtBR- und KonzernBRMitglieder in allen Betrieben des Unternehmens bzw. der Konzernunternehmen daran gebunden (*Fitting* Rn. 47).

VI. Behandlung tarifpolitischer, sozialpolitischer und wirtschaftlicher Fragen (Abs. 2 Satz 3 2. Halbsatz)

29   Abs. 2 S. 3 2. Halbs. legt ausdrücklich fest, daß das Verbot der parteipolitischen Betätigung keinen Einfluß auf die Behandlung von Fragen der Tarif- und Sozialpolitik sowie von Problemen wirtschaftlicher Art hat. Gestattet ist über den Wortlaut der Vorschrift hinaus die Behandlung aller Angelegenheiten, die den Betrieb und seine AN unmittelbar betreffen (*Fitting* Rn. 49). An das **Unmittelbarkeitserfordernis** sind keine hohen Anforderungen zu stellen. Ausreichend ist, daß die zu behandelnde Angelegenheit zumindest auch den AG in seiner Eigenschaft als Betriebsinhaber oder die AN als Belegschaft berührt (*Fitting* Rn. 52). Deshalb können auch Fragen behandelt werden, die gleichzeitig einen ganzen Wirtschaftszweig oder die gesamte ANSchaft in Deutschland betreffen (BAG 14. 2. 1967 AP BetrVG 1952 § 45 Nr. 2).

30   Gestattet ist auch die Erörterung von Angelegenheiten, die Gegenstand parteipolitischer Erörterungen oder Programme sind (GK-BetrVG/*Kreutz* Rn. 109). Ein Verstoß gegen das Verbot parteipolitischer Betätigung nach Abs. 2 S. 3 liegt aber dann vor, wenn die Sachaussagen erkennbar **Propaganda** für oder gegen eine Partei beinhalten (GK-BetrVG/*Kreutz* Rn. 109). Ebenso unzulässig ist es, wenn Äußerungen mit parteipolitischem Charakter zu einer konkreten Gefährdung des Betriebsfriedens oder des ungestörten Arbeitsablaufs führen (*Fitting* Rn. 50).

31   Unter **tarifpolitischen Fragen** sind alle Angelegenheiten zu verstehen, die in Zusammenhang mit tariflich regelbaren Arbeitsbedingungen stehen, die für den Betrieb gelten oder gefordert werden.

32   Der weit auszulegende Begriff der **Sozialpolitik** (BAG 13. 9. 1977 AP BetrVG 1972 § 44 Nr. 1) bezeichnet sämtliche gesetzlichen und sonstigen Regelungen, die der Sicherung der Existenz und der Würde des arbeitenden Menschen und seiner Angehörigen dienen (GK-BetrVG/*Fabricius* § 45 Rn. 19). Darunter fallen insb. Maßnahmen des Arbeits- und Unfallschutzes, des Sozialwesens sowie die für Betrieb und AN relevanten Steuerfragen (*Fitting* Rn. 54).

33   Unter **Angelegenheiten wirtschaftlicher Art** sind sowohl konkrete wirtschaftliche Maßnahmen des AG als auch den Betrieb betreffende Maßnahmen der allgemeinen Wirtschaftspolitik zu verstehen. Erfaßt werden auch Anregungen zur Verbesserung der geltenden Bestimmungen (*Fitting* Rn. 55).

VII. Gewerkschaftsbetätigung von betriebsverfassungsrechtlichen Funktionsträgern (Abs. 3)

34   Mit dieser Bestimmung wurde einer früher vertretenen Auffassung der Boden entzogen, nach der eine Gewerkschaftstätigkeit nur gestattet war, wenn diese ausdrücklich und eindeutig vom BRAmt getrennt war. Im Zweifel wurde eine solche Trennung verneint (BAG 14. 2. 1967 AP GG Art. 9 Nr. 10; BVerfG 26. 5. 1970 AP GG Art. 9 Nr. 16). Die heutige Rechtslage gestattet den betriebsverfassungsrechtlichen Funktionsträgern gewerkschaftliche Tätigkeiten **in gleichem Umfang wie den übrigen AN**, was auch das Recht zum Tätigwerden als gewerkschaftlicher Vertrauensmann einschließt (BAG 12. 6. 1986 NZA 1987, 153). Allerdings bleiben die Grundsätze des § 75 I unberührt, wonach die Amtsträger als Repräsentanten aller AN in ihrem Amt zur Neutralität verpflichtet sind (BVerfG 27. 3. 1979 NJW 1979, 1875). Daraus ergibt sich, daß eine Verquickung von gewerkschaftlicher Tätigkeit und Amtstätigkeit, wie etwa die Verwendung von betriebsratseigenen Mitteln für gewerkschaftliche Betätigungen, unzulässig ist (BVerwG 22. 8. 1991 NJW 1992, 385). Es besteht aber keine Vermutung dafür, daß ein Gewerkschaftsmitglied als Amtsträger tätig wird (BAG 14. 2. 1967 AP GG Art. 9 Nr. 10).

35   Abs. 3 gilt für BRMitglieder und andere AN, die Aufgaben nach dem BetrVG wahrnehmen, insb. also für die Mitglieder der Jugend- und Auszubildendenvertretung, der Einigungsstelle, des Wirtschaftsausschusses und des Wahlvorstandes.

36   Gewerkschaftliche Betätigung ist in dem Umfang zulässig, in dem diese vom **Grundrecht der Koalitionsfreiheit** gem. Art. 9 III GG geschützt ist. Seit der Aufgabe der sogenannten Kernbereichslehre durch das BVerfG (14. 11. 1995 AP GG Art. 9 Nr. 80) gewährleistet Art. 9 III GG eine koalitionsmäßige Betätigung auch über den „Kernbereich" dieses Grundrechts hinaus; eine Begrenzung erfolgt durch kollidierende (Grund-)Rechte Dritter. Bereits von der früheren Rspr. des BVerfG anerkannte Gewerkschaftstätigkeiten sind insb. die Verteilung von Informationsmaterial (BAG 12. 6. 1986 NZA 1987, 153), die Plakatwerbung nach Rücksprache mit dem AG (BAG 30. 8. 1983 AP GG Art. 9 Nr. 38) sowie die Aushändigung der Gewerkschaftszeitung an alle AN. Entgegen der Auffassung des BAG (23. 2. 1979 AP GG Art. 9 Nr. 29) ist die Verteilung auch dann als zulässig anzusehen, wenn sie

ausschließlich an Gewerkschaftsmitglieder im Betrieb erfolgt (*Fitting* Rn. 64; *Hanau* ArbRGeg. 17, 51). Der AG hat die Ausgabe auch zu dulden, wenn sie seiner Meinung nach unzulässige parteipolitische oder politische Beiträge enthält (BAG 23. 2. 1979 AP GG Art. 9 Nr. 29). Unzulässig ist aber die Werbung zu allgemeinen politischen Wahlen durch die Gewerkschaft (BVerfG 28. 4. 1976 AP BetrVG 1972 § 74 Nr. 2). Von der früheren Rspr. abgelehnt wurde die Werbung während der Arbeitszeit (BAG 26. 1. 1982 AP GG Art. 9 Nr. 35). Nach der Entscheidung des BVerfG vom 14. 11. 1995 (AP GG Art. 9 Nr. 80) ist dies nur noch dann der Fall, wenn die Arbeitsleistung der umworbenen AN beeinträchtigt wird und dadurch der AG unverhältnismäßig in seinen Grundrechten aus Art. 12, 14 GG beeinträchtigt wird. Nach alter wie nach neuer Rspr. unzulässig sind Werbemaßnahmen, die den AG in beleidigender Weise angreifen (*Fitting* Rn. 63) oder konkurrierende Gewerkschaften verunglimpfen (BAG 11. 11. 1968 AP GG Art. 9 Nr. 14). Weiteres, auch zum Zugang externer Gewerkschaftsvertreter Art. 9 GG Rn. 27 ff.

VIII. Streitigkeiten

Die Unterlassungspflicht des § 74 II begründet einen **Unterlassungsanspruch** des BR bzw. des 37 AG. Dieser ist im Beschlußverfahren gem. § 2 a ArbGG geltend zu machen. Der Anspruch muß sich auf die Unterlassung einer konkreten Handlung beziehen (BAG 22. 7. 1980 AP BetrVG 1972 § 74 Nr. 3). Bei groben Verstößen des BR gegen die in § 74 II enthaltenen Regelungen kann der AG die Auflösung des BR oder den Ausschluß einzelner Mitglieder aus dem BR gem. § 23 I beantragen. Zur betriebsverfassungsrechtlichen Abmahnung *Kania* NZA 1996, 970. Die BRMitglieder können auch gem. § 823 I BGB zum Schadensersatz verpflichtet sein (GK-BetrVG/*Kreutz* Rn. 81).

Verstößt der AG grob gegen die Verpflichtungen aus § 74 II, kann er nach § 23 III vom ArbG zu 38 einem gesetzmäßigen Verhalten verpflichtet und bei Mißachtung dieser Entscheidung zu einem Ordnungsgeld verurteilt werden. Zudem kommt eine Strafbarkeit des AG gem. § 119 I Nr. 2 und 3 in Betracht (GK-BetrVG/*Kreutz* Rn. 79). Arbeitsvertragliche Sanktionen (Schadensersatz, Abmahnung, Kündigung) können sich aus der Treuepflicht ergeben, aber nicht aus § 74.

Fragen der Koalitionsfreiheit der Gewerkschaften und deren Informations- und Werbetätigkeit im 39 Betrieb sind im Urteilsverfahren gem. § 2 I Nr. 2 ArbGG zu klären (BAG 14. 2. 1978 AP GG Art. 9 Nr. 26).

§ 75 Grundsätze für die Behandlung der Betriebsangehörigen

(1) ¹ Arbeitgeber und Betriebsrat haben darüber zu wachen, daß alle im Betrieb tätigen Personen nach den Grundsätzen von Recht und Billigkeit behandelt werden, insbesondere, daß jede unterschiedliche Behandlung von Personen wegen ihrer Abstammung, Religion, Nationalität, Herkunft, politischen oder gewerkschaftlichen Betätigung oder Einstellung oder wegen ihres Geschlechts unterbleibt. ² Sie haben darauf zu achten, daß Arbeitnehmer nicht wegen Überschreitung bestimmter Altersstufen benachteiligt werden.

(2) Arbeitgeber und Betriebsrat haben die freie Entfaltung der Persönlichkeit der im Betrieb beschäftigten Arbeitnehmer zu schützen und zu fördern.

I. Vorbemerkung

Die Vorschrift enthält die wesentlichen Grundsätze für die Behandlung der Betriebsangehörigen 1 durch AG und BR. Zugleich werden durch diese Norm die grundrechtlichen Wertentscheidungen der Art. 2 I, 3 und Art. 9 III GG hinsichtlich der Tätigkeit der Betriebspartner konkretisiert (Einl. vor Art. 1 GG Rn. 66). § 75 erweitert das Gebot der vertrauensvollen Zusammenarbeit in § 2 I um eine dritte Dimension, indem er die Pflichten der Betriebspartner im Verhältnis zu den im Betrieb tätigen Personen festlegt (*Richardi* Rn. 1). Der Norm kommt unmittelbar materiell-rechtliche Bedeutung zu. Sie begründet **Amtspflichten** von AG und BR (*Fitting* Rn. 18). Aufgrund des kollektivrechtlichen Charakters der Norm korrespondieren mit diesen Amtspflichten aber keine subjektiven Rechte der im Betrieb Tätigen (BAG 3. 12. 1985 AP BAT § 74 Nr. 2; GK-BetrVG/*Kreutz* Rn. 19). Allerdings haben die Grundsätze des § 75 inhaltlich den arbeitsrechtlichen Gleichbehandlungsgrundsatz und die arbeitsvertraglichen Schutz- und Fürsorgepflichten mitgeprägt, deren Einhaltung die einzelnen AN gerichtlich durchsetzen können (GK-BetrVG/*Kreutz* Rn. 20). Insofern ist die Einhaltung des § 75 für sie zumindest indirekt erzwingbar. Zudem dient § 75 als Auslegungsregel für die inhaltliche Ausgestaltung der Beteiligungsrechte und -pflichten sowie der Rechte der AN gem. §§ 81 ff. (*Fitting* Rn. 1). Die Vorschrift ist **zwingend.** Sie gilt entsprechend für den Gesamt- und KonzernBR, den Wirtschaftsausschuß sowie die JAV (*Fitting* Rn. 3).

II. Das Überwachungsgebot (Abs. 1 Satz 1)

2 **1. Normadressaten.** Die Verpflichtungen dieser Vorschrift treffen sowohl den AG als auch den BR als Organ sowie dessen Ausschüsse (*Fitting* Rn. 5 f.). Ebenso an § 75 gebunden sind die einzelnen BRMitglieder, soweit sie in ihrer Amtseigenschaft tätig werden (GK-BetrVG/*Kreutz* Rn. 9), sowie Personen, denen der AG betriebsverfassungsrechtliche Aufgaben übertragen hat (*Fitting* Rn. 5).

3 Die Überwachungspflicht bezieht sich auf **alle im Betrieb tätigen Personen,** einschließlich der Teilzeitkräfte, Leiharbeiter, Auszubildenden und Aushilfskräfte (BAG 25. 1. 1989 AP BeschFG 1985 § 2 Nr. 2; BAG 20. 11. 1990 AP BetrAVG § 1 Gleichberechtigung Nr. 8). Zudem werden die in § 5 II aufgeführten Nicht-AN sowie Mitarbeiter von im Betrieb tätigen Fremdfirmen vom Schutz des § 75 erfaßt (*Fitting* Rn. 9; aA GK-BetrVG/*Kreutz* Rn. 12). Auf leitende Angestellte sowie selbständig Tätige findet die Norm keine Anwendung (GK-BetrVG/*Kreutz* Rn. 12); ebensowenig auf die noch nicht im Betrieb beschäftigten sowie die bereits ausgeschiedenen AN. Allerdings hat das BAG solche Personen in den Schutzbereich der Norm miteinbezogen, die nach der Beendigung eines befristeten Arbeitsverhältnisses aufgrund einer Verletzung der in § 75 enthaltenen Grundsätze einen Wiedereinstellungsanspruch geltend machen (BAG 15. 3. 1984 AP KSchG 1969 § 1 Soziale Auswahl Nr. 2). Dies darf aber nicht in Widerspruch zu der speziellen Sanktion des § 611 a II BGB treten.

4 **2. Überwachungspflicht/Überwachungsrecht.** Abs. 1 begründet für AG und BR sowohl eine Überwachungspflicht als auch ein Überwachungsrecht (BAG 26. 1. 1988 AP BetrVG 1972 § 80 Nr. 31; BAG 12. 6. 1975 AP BetrVG 1972 § 87 Altersversorgung Nr. 3). Die Überwachungspflicht beinhaltet, daß AG und BR für die Einhaltung der Grundsätze von Recht und Billigkeit Sorge zu tragen und sich bei deren Verletzung um Abhilfe zu bemühen haben (GK-BetrVG/*Kreutz* Rn. 15). Das schließt für AG und BR auch die Verpflichtung mit ein, bei ihren eigenen Maßnahmen die Einhaltung der Grundsätze des § 75 zu beachten. Das gilt beispielsweise bei Betriebsvereinbarungen (BAG 11. 11. 1986 AP BetrAVG § 1 Gleichberechtigung Nr. 4; BAG 20. 7. 1993 AP BetrAVG § 1 Gleichbehandlung Nr. 11) und bei dem Einblick in Lohn- und Gehaltslisten (BAG 12. 2. 1990 AP BetrVG 1972 § 80 Nr. 12).

5 **3. Grundsätze von Recht und Billigkeit.** Die Behandlung nach den **Grundsätzen des Rechts** meint die Einhaltung des bestehenden Rechts, wozu insb. die Erfüllung der Rechtsansprüche der AN zählt (*Richardi* Rn. 11). Das geltende Recht umfaßt die positive Arbeitsrechtsordnung, die Wertungen des GG, das arbeitsrechtliche Gewohnheits- und Richterrecht, einschließlich der Grundsätze des Vertrauensschutzes und der Verhältnismäßigkeit, TV und Betriebsvereinbarungen sowie sonstige Arbeitsbedingungen und die betriebliche Ordnung (GK-BetrVG/*Kreutz* Rn. 24). Die **Grundsätze der Billigkeit** sollen eine gerechte Entscheidung im Einzelfall gewährleisten (BAG 17. 8. 1999 AP BetrVG § 77 Nr. 79). Dafür ist erforderlich, so weit wie möglich auf die berechtigten menschlichen, sozialen und wirtschaftlichen Belange des Einzelnen Rücksicht zu nehmen. (*Fitting* Rn. 20). Die Verwirklichung der Einzelfallgerechtigkeit erlangt insb. bei der nach billigem Ermessen vorzunehmenden einseitigen Leistungsbestimmung durch den AG gem. §§ 315 ff. Bedeutung (*Fitting* Rn. 20). Einen Fall der einseitigen Leistungsbestimmung stellt auch die Ausübung des Direktions- und Weisungsrechts dar (BAG 20. 12. 1984 AP BGB § 611 Direktionsrecht Nr. 27). Das BAG hat früher auch Betriebsvereinbarungen einer abstrakten Billigkeitskontrolle unterstellt, die aber zugunsten einer Rechtskontrolle aufgegeben wurde (BAG 23. 10. 1991 AP BetrVG § 1 Ablösung Nr. 13; BAG 21. 1. 1992 AP BetrAVG § 1 Ablösung Nr. 17; BAG 26. 7. 1988 AP BetrVG 1972 § 112 Nr. 45; BAG 26. 10. 1994 AP BGB § 611 Anwesenheitsprämie Nr. 18); LAG Baden-Württemberg LAGE § 77 BetrVG Nr. 24); es bleibt aber die einzelfallbezogene konkrete Billigkeitskontrolle).

6 **4. Diskriminierungsverbot.** Abs. 1 S. 1 hebt die Pflicht zur Gleichbehandlung der AN in Form eines Diskriminierungsverbots besonders hervor. Dadurch werden die verfassungsrechtlichen Gleichberechtigungs- und Gleichbehandlungsgrundsätze des **Art. 3 GG,** deren unmittelbare Wirkung im Privatrechtsverkehr umstritten ist (vgl. Art. 3 GG Rn. 31 f.), zum Bestandteil der für AG und BR verbindlichen Grundsätze über die Behandlung von Betriebsangehörigen. Zudem verlangt die Regelung ein positives Eintreten für diese Grundsätze (*Fitting* Rn. 21). In Konkretisierung der Gleichbehandlungsgrundsätze enthält Abs. 1 S. 1 eine **Aufzählung von Kriterien,** die für sich allein niemals eine unterschiedliche Behandlung der Betriebsangehörigen rechtfertigen können (absolute Differenzierungsverbote). Voraussetzung für einen Verbotsverstoß ist, daß die Ungleichbehandlung kausal auf einem der aufgeführten Differenzierungskriterien beruht. Zum allgemeinen Gleichheitssatz und zu den in Art. 3 III GG enthaltenen besonderen Diskriminierungsverboten Art. 3 GG Rn. 34 ff., Art. 5 GG Rn. 3 ff. Unzulässig ist auch die Zurücksetzung wegen **gewerkschaftlicher Betätigung** oder Einstellung. Art. 9 III 2 GG enthält bereits ein Verbot der Ungleichbehandlung aufgrund gewerkschaftlicher Betätigung. Dieses geht über das Differenzierungsverbot des § 75 insofern hinaus, als es nicht nur die im Betrieb Tätigen schützt, sondern bereits bei der Einstellung von AN eine Differenzierung wegen der Gewerkschaftszugehörigkeit für unzulässig erklärt (BAG 2. 6. 1987 AP GG Art. 9 Nr. 49). Dies gilt für die vorhandene wie die fehlende Gewerkschaftszugehörigkeit. S. Art. 9 GG

Rn. 11 ff. Als Tendenzbetriebe dürfen AGVerbände Tendenzträger ohne und Gewerkschaften mit Gewerkschaftszugehörigkeit verlangen. Zur räumlichen Geltung § 611 Rn. 846–848. Die dortige Auffassung, das Gleichbehandlungsgebot sei nicht betriebs- sondern unternehmensbezogen, paßt für die vom Betrieb ausgehende Betriebsverfassung nicht.

Als letztes Differenzierungsverbot nennt Abs. 1 das **Geschlecht.** Dadurch werden AG und der BR **7** bei der Behandlung der Betriebsangehörigen unmittelbar an den verfassungsmäßig garantierten Gleichbehandlungsgrundsatz sowie das Benachteiligungsgebot wegen des Geschlechts (Art. 3 II und III GG) gebunden. Diese Grundsätze sind auch in internationalen Verträgen enthalten (Art. 141 EGV, Übereinkommen Nr. 100 der IAO, Art. 4 Nr. 3 der Europäischen Sozialcharta). Das Differenzierungsverbot wegen des Geschlechts verpflichtet die Normadressaten, die Einhaltung des Gleichbehandlungsgrundsatzes im Betrieb zu überwachen und Diskriminierungen durch andere AN, etwa die sexuelle Belästigung von Frauen durch Arbeitskollegen, zu unterbinden (s. Art. 3 GG Rn. 83 ff.). Ergänzend obliegt dem BR nach § 80 I Nr. 2 a die allgemeine Aufgabe, die Durchsetzung der tatsächlichen Gleichbehandlung von Frauen und Männern zu fördern. Durch das arbeitsrechtliche **EG-Anpassungsgesetz vom 13. 8. 1980** wurden zur stärkeren Absicherung der Gleichbehandlung von Mann und Frau auf individualrechtlicher Ebene die §§ 611 a, 611 b, 612 und 612 a in das BGB eingefügt, die inzwischen tlw. modifiziert wurden. S. die dortige Kommentierung. Verboten ist nicht nur eine unmittelbare, sondern auch eine **mittelbare Diskriminierung.** Bei einer unmittelbaren Diskriminierung ist das Geschlecht das maßgebliche Unterscheidungskriterium. Eine mittelbare Diskriminierung liegt vor, wenn das Geschlecht zwar nicht der Anknüpfungspunkt für die Ungleichbehandlung ist, von der Regelung tatsächlich aber wesentlich mehr Frauen als Männer (oder umgekehrt) betroffen sind. Wichtiger Anwendungsfall ist die Teilzeitarbeit (s. § 2 BeschFG; Art. 3 Rn. 71).

III. Keine Benachteiligung aus Altersgründen (Abs. 1 Satz 2)

Abs. 1 S. 2 verpflichtet AG und BR, dafür Sorge zu tragen, daß ältere AN nicht wegen Überschreitung einer bestimmten **Altersstufe** benachteiligt werden. Ergänzend zu dieser Fürsorgepflicht obliegt dem BR die allgemeine Aufgabe, die Beschäftigung älterer AN im Betrieb zu fördern (§ 80 I Nr. 6) und ihre Belange bei der Durchführung von Berufsbildungsmaßnahmen zu berücksichtigen (§ 96 II 2). Abs. 1 S. 2 schützt über den Wortlaut der Vorschrift hinaus nicht nur „ältere" AN, sondern verbietet jede **objektive Benachteiligung** aufgrund des Erreichens einer bestimmten Altersgrenze (GK-BetrVG/*Kreutz* Rn. 58). Unzulässig ist es, eine Schlechterstellung allein aufgrund der Überschreitung einer Altersstufe vorzunehmen, etwa Beförderungsmöglichkeiten allein aufgrund eines zu hohen Alters auszuschließen. Da Abs. 1 S. 2 eine Konkretisierung des allgemeinen Gleichbehandlungsgrundsatzes darstellt, ist eine Differenzierung aber dann erlaubt, wenn ihr sachgerechte Umstände zugrunde liegen (*Fitting* Rn. 60). Dies ist insb. der Fall, wenn im Einzelfall ein AN aus altersbedingten Gründen den Anforderungen seiner bisherigen Tätigkeit nicht mehr gewachsen ist und deshalb personelle Einzelmaßnahmen in Betracht gezogen werden (GK-BetrVG/*Kreutz* Rn. 60); als milderes Mittel ist hier Altersteilzeit in Betracht zu ziehen. Bei schematischen Altersstufen ohne Berücksichtigung der persönlichen Umstände muß der den der Unterscheidung zugrundeliegenden Sachgesichtspunkten ein besonderes Gewicht zukommen, die das Alter als Differenzierungskriterium in den Hintergrund treten lassen (*Fitting* Rn. 61). Von Bedeutung ist das insb. bei personellen Auswahlrichtlinien (§ 95), Sozialplanregelungen (§ 112) sowie bei der inhaltlichen Gestaltung von Betriebsvereinbarungen über Versorgungsleistungen (§ 87 I Nr. 10). Anerkannt hat die Rspr. die Festlegung einer allgemeinen Altersgrenze bei einer betrieblichen Versorgungsordnung, die Leistungen davon abhängig macht, daß die Begünstigten bei Beginn des Arbeitsverhältnisses ein bestimmtes Höchsteintrittsalter noch nicht überschritten haben (BAG 14. 1. 1986 AP BetrAVG § 1 Gleichbehandlung Nr. 5). Für zulässig erklärt wurde außerdem, die Unverfallbarkeit von Versorgungsanwartschaften in einem Sozialplan an bestimmte Altersgrenzen zu koppeln (BAG 13. 2. 1975 AP BGB § 242 Ruhegeld-Unverfallbarkeit Nr. 9). Möglich ist auch eine Schlechterstellung von AN in einem Sozialplan, die das vorgezogene Altersruhegeld in Anspruch nehmen können (BAG 26. 7. 1988 AP BetrVG 1972 § 112 Nr. 45) sowie eine Höchstgrenze für mit dem Alter steigende Sozialplanabfindungen, BAG 19. 10. 1999 DB 2000, 930. Eine AGKündigung wegen Erreichens des 65. Lebensjahres ist zwar nicht bereits wegen Verstoßes gegen § 75 I 2 unwirksam. Allerdings kann das Erreichen einer bestimmen Altersgrenze für sich allein keine Kündigung des Arbeitsverhältnisses rechtfertigen. Dafür sind weitere Gründe erforderlich, die die Kündigung als sozial gerechtfertigt erscheinen lassen (BAG 20. 11. 1987 AP BGB § 620 Altersgrenze Nr. 2; BAG 20. 12. 1984 AP BGB § 620 Bedingung Nr. 9). Das Verbot des Abs. 1 S. 2 läßt die sachlich gerechtfertigte Bevorzugung älterer AN, etwa durch die Gewährung von Alterszulagen oder längerem Erholungsurlaub, unberührt (GK-BetrVG/*Kreutz* Rn. 59). Umstritten ist die Wirksamkeit der Festsetzung einer **Altersgrenze von 65 Lebensjahren** durch Betriebsvereinbarung. Das BAG und ein Teil der Literatur sehen in solchen Betriebsvereinbarungen keinen Verstoß gegen § 75, da die Vorschrift allein den Schutz des AN vor einer Benachteiligung bezwecke, nicht aber die Verlängerung des Erwerbslebens (BAG 20. 11. 1987 AP BGB § 620 Altersgrenze Nr. 2). Diese Auffassung ist in der Literatur kritisiert worden (GK-BetrVG/*Kreutz* Rn. 63; *Fitting* Rn. 62).

Eine Betriebsvereinbarung über das Ausscheiden der AN aus dem Arbeitsverhältnis sei nur zulässig, sofern dafür sachliche Gründe vorliegen, die das Ausscheiden älterer AN als zumutbar erscheinen lassen (*Fitting* Rn. 62). Die Möglichkeit des Bezugs von Altersrente dürfte allerdings regelmäßig einen solchen sachlichen Grund darstellen; maßgeblich jetzt § 41 IV SGB IV. Auf Regeln über die Beendigung von Arbeitsverhältnissen in Einzelarbeitsverträgen oder (Verbands-)TV findet § 75 I 2 keine Anwendung (GK-BetrVG/*Kreutz* Rn. 64).

IV. Freie Entfaltung der Persönlichkeit (Abs. 2)

9 In Konkretisierung von Art. 2 I GG normiert Abs. 2 für AG und BR die Verpflichtung, die freie Entfaltung der Persönlichkeit der im Betrieb beschäftigten AN zu schützen und zu fördern. Diese Schutz- und Förderpflicht haben AG und BR nicht nur bei ihren eigenen Maßnahmen zu beachten. Sie ist darüber hinaus als allgemeine Verpflichtung zu verstehen, dafür Sorge zu tragen, daß die freie Entfaltung der Persönlichkeit der AN geschützt und gefördert wird (*Richardi* Rn. 38). Die Schutzpflicht des Abs. 2 statuiert ein **betriebsverfassungsrechtliches Übermaßverbot,** durch das insb. rechtswidrige Verletzungen des Persönlichkeitsrechts verhindert werden sollen (*Fitting* Rn. 67). Danach sind Eingriffe etwa in das Recht an der eigenen Ehre oder das Recht auf Achtung des Privatlebens sowie der Intimsphäre nur zulässig, wenn überwiegende betriebliche Interessen dies erfordern und die Einschränkung nur in dem Maße erfolgt, wie es zur Erreichung des rechtlich zulässigen Zwecks unbedingt erforderlich ist (GK-BetrVG/*Kreutz* Rn. 71). Das Übermaßverbot bildet somit auch eine Schranke für die Ausübung der Beteiligungsrechte des BR. Unzulässig ist das Abhören von dienstlichen oder privaten Telefongesprächen durch den AG (BVerfG 19. 12. 1991 AP BGB § 611 Persönlichkeitsrecht Nr. 24; BAG 1. 3. 1973 AP BGB § 611 Persönlichkeitsrecht Nr. 1). Als zulässig wurde aber die Erfassung von Telefondaten bei Dienst- oder dienstlich veranlaßten Privatgesprächen angesehen (BAG 27. 5. 1986 AP BetrVG 1972 § 87 Überwachung Nr. 15). Zulässig auch die Pflicht zur Angabe von Vornamen in Geschäftsbriefen (BAG 8. 6. 1999 AP § 87 BetrVG Ordnung des Betriebes Nr. 31) und zur Duldung des Duzens im Betrieb, soweit üblich (LAG Hamm 29. 7. 1998 NZA 1998, 481). Dagegen nicht mit dem Persönlichkeitsrecht des AN vereinbar ist es, wenn der AG graphologische Gutachten ohne Einwilligung des AN anfertigen läßt (GK-BetrVG/*Kreutz* Rn. 75). Bei der Installation von Kameras oder anderen technischen Kontrolleinrichtungen wird der Schutz des Persönlichkeitsrechts durch das Mitbestimmungsrecht gem. § 87 I Nr. 6 gewährt (näheres § 87 Rn. 57). Das BAG (11. 7. 2000 DB 2000, 1522) sieht einen Verstoß gegen das Persönlichkeitsrecht auch in einer Betriebsvereinbarung, die auch solche AN zu einer Beteiligung an den Kosten einer Kantine verpflichtet, die diese gar nicht in Anspruch nehmen. Eingehend *Dieterich* Art. 2 GG Rn. 36 ff.; *Hammer*, Die betriebsverfassungsrechtliche Schutzpflicht für die Selbstbestimmungsfreiheit des Arbeitnehmers, 1998; *Ehmann*, FS für *Wiese*, 1998, 99.

10 Das **Recht an der eigenen Ehre** wird insb. durch Beleidigung und üble Nachrede (BAG 21. 2. 1979 AP BGB § 847 Nr. 13) sowie durch sexuelle Belästigung (*Fitting* Rn. 73) verletzt. Das Recht auf Achtung der Privatsphäre erlaubt das Aufstellen einer betrieblichen Kleiderordnung nur dann, wenn die betrieblichen Verhältnisse dies erfordern (BAG 8. 8. 1989 AP BetrVG 1972 § 87 Ordnung des Betriebs Nr. 15). Die Respektierung der **Privatsphäre** erfordert auch, daß der AG über ihm bekannte persönliche oder dienstliche Umstände, die vertraulich zu behandeln sind, Stillschweigen bewahrt (*Fitting* Rn. 75). Den Inhalt der Personalakte darf der AG nicht ohne Einwilligung des AN an Unbefugte weitergeben (BAG 18. 12. 1984 AP BGB § 611 Persönlichkeitsrecht Nr. 8). Ein allgemeines **Rauchverbot** läßt sich aus dem Recht zur freien Entfaltung der Persönlichkeit ebensowenig herleiten wie ein Recht auf uneingeschränktes Rauchen (GK-BetrVG/*Kreutz* Rn. 81). Allerdings hat der AG gem. § 618 BGB angemessene Maßnahmen zum Schutz der Nichtraucher zu treffen (*Fitting* Rn. 76; im Kollisionsfall müssen die Interessen der Raucher zurücktreten, BAG 19. 1. 1999 AP § 87 BetrVG Ordnung des Betriebes Nr. 28). Nicht verhältnismäßig sind jedenfalls ein generelles Rauchverbot im Freien oder ein Rauchverbot mit dem Ziel, AN von gesundheitsschädlichen Gewohnheiten abzubringen (BAG 19. 1. 1999 aaO). Die **Förderpflicht** des Abs. 2 verpflichtet die Betriebspartner, die betriebliche Ordnung nicht nur nach kollektiven Gesichtspunkten zu gestalten, sondern auch die Möglichkeiten zur Persönlichkeitsentfaltung der einzelnen AN zu berücksichtigen (*Fitting* Rn. 77). Allerdings können aus der Förderpflicht keine im Gesetz nicht erwähnten Mitwirkungs- und Mitbestimmungsrechte hergeleitet werden (GK-BetrVG/*Kreutz* Rn. 79). Jedoch ist die Förderpflicht als Auslegungsregel zu begreifen, nach der bei Zweifeln über die Interpretation gesetzlicher Regeln stets so zu entscheiden ist, daß die freie Entfaltung der Persönlichkeit der AN in größtmöglichem Maße gewährleistet wird (*Richardi* Rn. 34).

V. Streitigkeiten

11 Vereinbarungen zwischen AG und BR, die gegen § 75 verstoßen, sind nichtig (GK-BetrVG/*Kreutz* Rn. 92). Entsprechende Anordnungen sind rechtsunwirksam; gegen sie kommt ein Leistungsverweigerungsrecht der AN in Betracht (*Fitting* Rn. 80; aA GK-BetrVG/*Kreutz* Rn. 90). Da § 75 ein Schutz-

gesetz zugunsten der AN ist, kann eine schuldhafte Verletzung der Vorschrift deliktische Schadensersatzansprüche auslösen (BAG 5. 4. 1984 AP BBiG § 17 Nr. 2; aA GK-BetrVG/*Kreutz* Rn. 91).

Bei Verstößen des AG gegen die Grundsätze des § 75 kann der allein antragsberechtigte BR im arbeitsgerichtlichen Beschlußverfahren Feststellungs- oder Unterlassungsansprüche geltend machen (LAG Köln 19. 12. 1988 AiB 1989, 163 f.). Das kann ggf. im Wege der einstweiligen Verfügung geschehen (ArbG Regensburg 28. 7. 1989 AiB 1989, 354 f.). Bei groben Verstößen des AG gegen § 75 kommt ein Verfahren nach § 23 III in Betracht. Verstößt der BR in erheblicher Weise gegen § 75, kann er nach § 23 I aufgelöst werden. Verstöße einzelner BRMitglieder können den Ausschluß aus dem BR (BAG 4. 5. 1955 AP BetrVG 1952 § 44 Nr. 1) zur Folge haben (*Fitting* Rn. 82). Zum Beschwerderecht der AN §§ 84, 85. 12

§ 76 Einigungsstelle

(1) ¹Zur Beilegung von Meinungsverschiedenheiten zwischen Arbeitgeber und Betriebsrat, Gesamtbetriebsrat oder Konzernbetriebsrat ist bei Bedarf eine Einigungsstelle zu bilden. ²Durch Betriebsvereinbarung kann eine ständige Einigungsstelle errichtet werden.

(2) ¹Die Einigungsstelle besteht aus einer gleichen Anzahl von Beisitzern, die vom Arbeitgeber und Betriebsrat bestellt werden, und einem unparteiischen Vorsitzenden, auf dessen Person sich beide Seiten einigen müssen. ²Kommt eine Einigung über die Person des Vorsitzenden nicht zustande, so bestellt ihn das Arbeitsgericht. ³Dieses entscheidet auch, wenn kein Einverständnis über die Zahl der Beisitzer erzielt wird.

(3) ¹Die Einigungsstelle faßt ihre Beschlüsse nach mündlicher Beratung mit Stimmenmehrheit. ²Bei der Beschlußfassung hat sich der Vorsitzende zunächst der Stimme zu enthalten; kommt eine Stimmenmehrheit nicht zustande, so nimmt der Vorsitzende nach weiterer Beratung an der erneuten Beschlußfassung teil. ³Die Beschlüsse der Einigungsstelle sind schriftlich niederzulegen, vom Vorsitzenden zu unterschreiben und Arbeitgeber und Betriebsrat zuzuleiten.

(4) Durch Betriebsvereinbarung können weitere Einzelheiten des Verfahrens vor der Einigungsstelle geregelt werden.

(5) ¹In den Fällen, in denen der Spruch der Einigungsstelle die Einigung zwischen Arbeitgeber und Betriebsrat ersetzt, wird die Einigungsstelle auf Antrag einer Seite tätig. ²Benennt eine Seite keine Mitglieder oder bleiben die von einer Seite genannten Mitglieder trotz rechtzeitiger Einladung der Sitzung fern, so entscheiden der Vorsitzende und die erschienenen Mitglieder nach Maßgabe des Absatzes 3 allein. ³Die Einigungsstelle faßt ihre Beschlüsse unter angemessener Berücksichtigung der Belange des Betriebs und der betroffenen Arbeitnehmer nach billigem Ermessen. ⁴Die Überschreitung der Grenzen des Ermessens kann durch den Arbeitgeber oder den Betriebsrat nur binnen einer Frist von zwei Wochen, vom Tage der Zuleitung des Beschlusses an gerechnet, beim Arbeitsgericht geltend gemacht werden.

(6) ¹Im übrigen wird die Einigungsstelle nur tätig, wenn beide Seiten es beantragen oder mit ihrem Tätigwerden einverstanden sind. ²In diesen Fällen ersetzt ihr Spruch die Einigung zwischen Arbeitgeber und Betriebsrat nur, wenn beide Seiten sich dem Spruch im voraus unterworfen oder ihn nachträglich angenommen haben.

(7) Soweit nach anderen Vorschriften der Rechtsweg gegeben ist, wird er durch den Spruch der Einigungsstelle nicht ausgeschlossen.

(8) Durch Tarifvertrag kann bestimmt werden, daß an die Stelle der in Absatz 1 bezeichneten Einigungsstelle eine tarifliche Schlichtungsstelle tritt.

I. Vorbemerkung

Wie schon das BetrVG 1952, allerdings unter erheblicher Ausweitung der Kompetenzen, sieht § 76 die Bildung einer betrieblichen Einigungsstelle vor. Von ihrer **Rechtsnatur** her ist sie eine betriebsverfassungsrechtliche Institution eigener Art. Sie ist gegenüber AG und BR, aber auch gegenüber den im Betrieb vertretenen Gewerkschaften eine selbständige Schlichtungsstelle der Betriebsverfassung (BAG 6. 4. 1973 AP BetrVG 1972 § 76 Nr. 1). In dieser Funktion ist sie weder Gericht noch Verwaltungsbehörde, sondern eine privatrechtliche Einrichtung, die eine Hilfsfunktion ausübt, um die Mitbestimmung der AN bei der Gestaltung der betrieblichen Ordnung zu gewährleisten. Sie ist nicht mit hoheitlicher Gewalt ausgestattet, so daß ihre Entscheidungen nicht die Qualität von Verwaltungsakten haben (BAG 22. 1. 1980 AP BetrVG 1972 § 87 Lohngestaltung Nr. 3; *Richardi* Rn. 7). 1

Die **Zuständigkeit der Einigungsstelle** erstreckt sich nach den gesetzlichen Kompetenznormen sowohl auf Rechts- als auch auf Regelungsstreitigkeiten (Rn. 23). Die Einigungsstelle kann gem. Abs. 6 auf Antrag beider Betriebspartner eingeschaltet werden; in den Fällen, in denen der Spruch der Einigungsstelle die Einigung zwischen AG und BR ersetzt (Angelegenheiten der erzwingbaren Mitbestimmung), wird die Einigungsstelle gem. Abs. 5 auf Antrag einer Seite tätig und entscheidet verbind- 2 lich. Im Rahmen des verbindlichen Einigungsstellenverfahrens handelt es sich bei der Tätigkeit der Einigungsstelle um **Zwangsschlichtung** (BVerfG 18. 10. 1986 EzA BetrVG 1972 § 76 Nr. 38; GK-BetrVG/*Kreutz* Rn. 6). Verfassungsrechtliche Bedenken gegen die Entscheidungskompetenz der Einigungsstelle bestehen nicht. Sie stellt eine zulässige, dem Sozialstaatsprinzip des Art. 20 I GG entsprechende Einschränkung und Sozialbindung der Unternehmergrundrechte aus Art. 2, 12, 14 GG dar. Frühere Beanstandungen der Verfassungsmäßigkeit richteten sich weniger gegen die Institution der Einigungsstelle als gegen die erhebliche Ausweitung der Mitbestimmungsrechte insgesamt durch das BetrVG 1972 (*Richardi* Rn. 25; *Fitting* Rn. 2).

II. Errichtung und Zusammensetzung der Einigungsstelle

3 **1. Bedarfs- und Dauereinigungsstelle.** Eine Einigungsstelle ist gem. § 76 I **grds. nur bei Bedarf**, also bei Auftreten von Meinungsverschiedenheiten, die nicht zwischen BR und AG beigelegt werden können, zu bilden. Vor der Anrufung der Einigungsstelle haben AG und BR gem. § 74 I 1 über strittige Fragen mit dem ernsten Willen zur Einigung zu verhandeln und Vorschläge für die Beilegung des Streites zu machen (*Fitting* Rn. 7). Im Fall des § 113 III entsteht der Bedarf schon mit Fristbeginn, da dann jederzeit die Anrufung der Einigungsstelle möglich ist (aA *Hunold* NZA 1999, 785, 789)

4 Im freiwilligen Einigungsstellenverfahren gem. Abs. 6 wird die Einigungsstelle von beiden Seiten, dh. AG und BR bzw. GesamtBR oder KonzernBR, gebildet. Im erzwingbaren Einigungsstellenverfahren kann grds. keine Seite die Mitwirkung an der Bildung der Einigungsstelle verweigern. In jedem Fall setzt die Errichtung einer Einigungsstelle einen **Antrag** gegenüber der anderen Seite voraus, sich an der Bildung einer Einigungsstelle zu beteiligen, die Zahl der gewünschten Beisitzer zu benennen und die Person des Vorsitzenden vorzuschlagen. Kommt eine Einigung über die Person des Vorsitzenden oder über die Zahl der Beisitzer nicht zustande, so kann die Bestellung des Vorsitzenden bzw. die Festlegung der Zahl der Beisitzer nach § 76 II iVm. § 98 ArbGG durch das ArbG erfolgen. Näheres s. § 98 ArbGG. Stets muß festgelegt werden, für welche betrieblichen Streitfragen die Einigungsstelle zuständig sein soll.

5 Durch **freiwillige Betriebsvereinbarung** kann gem. § 76 I 2 eine ständige Einigungsstelle errichtet werden. Die ständige Einigungsstelle kann für alle zukünftig auftretenden Meinungsverschiedenheiten zwischen AG und BR errichtet werden. Möglich ist es auch, ihre Zuständigkeit auf bestimmte Streitigkeiten zu beschränken. Auch wenn eine ständige Einigungsstelle gebildet ist, können sich die Betriebspartner vorbehalten, die Personen der Beisitzer je nach dem zu regelnden Sachverhalt zu wechseln. Möglich ist es auch, für den Vorsitzenden und/oder die Beisitzer Ersatzpersonen zu bestellen, die bei Verhinderung der ursprünglich bestellten Einigungsstellenmitglieder nachrücken.

6 **2. Zusammensetzung der Einigungsstelle. a) Vorsitzender.** Zur Person des Vorsitzenden sagt § 76 II 1 nur aus, daß er **unparteiisch** sein muß. Unparteiisch sind grds. nur solche Personen, die nicht dem Betrieb oder Unternehmen angehören. Haben sich allerdings AG und BR auf die Person des Vorsitzenden verständigt, ist von dessen Unabhängigkeit auszugehen, selbst wenn es sich um einen Betriebsangehörigen handelt (GK-BetrVG/*Kreutz* Rn. 44; *Fitting* Rn. 13).

7 Im Hinblick auf die entscheidende Bedeutung des Einigungsstellenvorsitzenden sollte dieser neben der Unparteilichkeit auch über die **notwendige fachliche Eignung** verfügen. Die Voraussetzungen der Geeignetheit hängen vom jeweiligen Gegenstand des Einigungsstellenverfahrens ab. Erforderlich sind stets die notwendigen Rechts- und Fachkenntnisse, die Fähigkeit, die streitigen betrieblichen Probleme zu analysieren, die Gesprächs- und Verhandlungsbereitschaft der Betriebsparteien zu fördern sowie die Kompetenz, Verhandlungen zu leiten und zu einem angemessenen Ende zu führen (*Schönfeld* DB 1988, 1966). In der Praxis einigen sich die Betriebspartner überwiegend auf Berufsrichter der Arbeitsgerichtsbarkeit. Deren Bestellung ist unter den Voraussetzungen des § 40 DRiG möglich. Nach § 40 DRiG bedürfen Richter einer Nebentätigkeitsgenehmigung, die zu versagen ist, wenn der Richter mit der Sache befaßt ist oder nach der Geschäftsverteilung seines Gerichts befaßt werden kann. Allein der Umstand, daß der Betrieb, in dem das Einigungsstellenverfahren durchgeführt werden soll, im Arbeitsgerichtsbezirk des vorgeschlagenen Vorsitzenden liegt, berechtigt nach bisher herrschender Auffassung nicht zur Verweigerung der Nebentätigkeitsgenehmigung (BVerwG 30. 6. 1983 DRiZ 1984, 20; LAG Rheinland-Pfalz 23. 6. 1983 DB 1984, 56; DKK/*Berg* Rn. 21). Auch andere Sachkundige kommen in Betracht. Ein von den Parteien ins Auge gefaßter Vorsitzender ist zur Übernahme des Amtes nicht verpflichtet (*Fitting* Rn. 14).

8 **b) Beisitzer.** § 76 II 1 sagt nichts über die **Zahl der Beisitzer,** sondern spricht lediglich von einer gleichen Anzahl von Beisitzern, die von AG und BR bestellt werden. Die Festlegung der Zahl, die im Streitfall im Verfahren nach § 98 ArbGG erfolgt, hängt von den Umständen des Einzelfalls, insb. der Schwierigkeit und Bedeutung der anstehenden Streitfrage ab. Im Regelfall wird eine **Besetzung mit zwei Beisitzern** für jede Seite erforderlich und ausreichend sein, bei einfachen kleineren Streitfragen kann sich die Anzahl auf einen Beisitzer reduzieren, bei besonders schwierigen und bedeutenden Fällen auf drei Beisitzer erhöhen. Eine noch größere Anzahl von Beisitzern dürfte im Regelfall nicht in Betracht kommen (LAG Hamm 8. 4. 1987 DB 1987, 1441; LAG Bremen 2. 7. 1982 AuR 1983, 28;

III. Das Verfahren vor der Einigungsstelle § 76 BetrVG 210

LAG München 15. 7. 1991 DB 1991, 2678; *Fitting* Rn. 11; GK-BetrVG/*Kreutz* Rn. 35; gegen die Annahme einer Regelbesetzung DKK/*Berg* Rn. 24). Soweit schwierige Rechtsfragen streitig sind, ist es möglich, daß zusätzlich zu den Beisitzern ein anwaltlicher Verfahrensbevollmächtigter vor der Einigungsstelle hinzugezogen wird. Wenn erforderlich, ist dies auch für den BR auf Kosten des AG möglich (BAG 14. 2. 1996 AP BetrVG 1972 § 76 Nr. 5), soweit er nicht schon einen rechtskundigen Beisitzer hat. ArbG Mannheim 2. 2. 1999, 9 BV 1/99, hält bei der Regelung von Gefährdungsanalysen gem. §§ 5 ArbSchG, 87 I Nr. 7 BetrVG einen dritten Beisitzer mit besonderen Kenntnissen der Arbeitssicherheit für erforderlich. Diese Notwendigkeit solcher Kenntnisse kann aber schon bei der Auswahl des 2. Beisitzers berücksichtigt werden.

Persönliche und sachliche Voraussetzungen für die Bestellung als Beisitzer werden durch das 9 Gesetz nicht aufgestellt. Dementsprechend sind die Betriebsparteien bei der Auswahl ihrer Beisitzer frei. Insb. müssen die Beisitzer nicht Angehörige des Betriebs sein. Es können zB Verbandsvertreter oder Rechtsanwälte zu Einigungsstellenmitgliedern bestellt werden (BAG 14. 1. 1983; AP BetrVG 1972 § 76 Nr. 12; BAG 14. 12. 1988 AP BetrVG 1972 § 76 Nr. 30). Nach BAG 24. 4. 1996 (AP BetrVG 1972 § 76 Einigungsstelle Nr. 5) ist der BR nicht aus Kostengründen gehalten, möglichst betriebsangehörige Beisitzer zu bestellen, doch kann dies vereinbart werden. Bei Bildung einer Einigungsstelle im Laufe eines Insolvenzverfahrens besteht keine Verpflichtung, Vertreter der Gläubiger zu Mitgliedern der Einigungsstelle zu bestellen (BAG 6. 5. 1986 AP HGB § 128 Nr. 8). Eine Ablehnung der Beisitzer der Gegenseite wegen Befangenheit ist nicht möglich, weil dies der Funktion der Beisitzer als vom Vertrauen der sie bestellenden Betriebsparteien getragener Interessenvertreter widersprechen würde. Dies gilt selbst dann, wenn vom Ergebnis des Einigungsstellenverfahrens persönliche Interessen eines Beisitzers berührt werden (GK-BetrVG/*Kreutz* Rn. 41; DKK/*Berg* Rn. 29; LAG Düsseldorf 3. 4. 1981 BB 1981, 733; einschränkend *Fitting* Rn. 10). Zu empfehlen ist die Bestellung eines unmittelbar betroffenen AN etwa in den Fällen des § 38 Abs. 2 S. 4 oder § 87 I Nr. 9 freilich nicht.

Die Benennung der vom BR zu bestellenden Beisitzer erfolgt durch BRBeschluß, wobei die Voraus- 10 setzungen des § 33 zu beachten sind (dazu *Reitze*, Der Betriebsratsbeschluß, 1998, S. 211). Auch wenn im Gesetz nicht geregelt, ist die Bestellung von Ersatzbeisitzern zulässig. Ferner können die Beisitzer jederzeit ausgewechselt werden, wodurch Unterbrechungen, zB in Krankheitsfällen vermieden werden können.

3. Rechte und Pflichten. Mit der Annahme der Bestellung zu Mitgliedern in der Einigungsstelle 11 kommt zwischen Beisitzern bzw. Vorsitzendem und dem AG kraft Gesetzes ein **betriebsverfassungsrechtliches Schuldverhältnis** zustande (BAG 27. 7. 1994 AP BetrVG 1972 § 76a Nr. 4; *Fitting* Rn. 23). Dieses Schuldverhältnis hat, soweit den Mitgliedern ein Honoraranspruch zusteht, den Charakter eines entgeltlichen Geschäftsbesorgungsvertrags iSd. §§ 675, 611 BGB, bei betriebsangehörigen Mitgliedern der Einigungsstelle, die keinen Anspruch auf Vergütung haben, den Charakter eines Auftragsverhältnisses nach § 662 BGB (*Fitting* Rn. 23; GK-BetrVG/*Kreutz* Rn. 67). Zu Einzelheiten des Honoraranspruchs vgl. § 76a Rn. 4. Sie sind berechtigt, das Amt abzulehnen oder niederzulegen (GK-BetrVG/*Kreutz* Rn. 72; DKK/*Berg* Rn. 32). Sie sind an Weisungen oder Aufträge nicht gebunden und haben allein nach bestem Wissen und Gewissen zu entscheiden (*Fitting* Rn. 24).

Aufgrund der bestehenden schuldrechtlichen Bindung haftet die Einigungsstellenvorsitzende und 12 Beisitzer dem AG grds. für Pflichtverletzungen. Wegen der Funktion der Einigungsstelle als betriebliches Schlichtungsorgan, das einem Gericht vergleichbar ist, ist die **Haftung** jedoch auf grobe Fahrlässigkeit und Vorsatz beschränkt und setzt voraus, daß die Benachteiligten nicht die arbeitsgerichtliche Überprüfung des Spruchs der Einigungsstelle herbeiführen konnten; wird auf die Einlegung von Rechtsmitteln verzichtet, ist von einem überwiegenden Mitverschulden im Sinne des § 254 II 1 BGB auszugehen (*Fitting* Rn. 25; DKK/*Berg* Rn. 39).

Die Mitglieder der Einigungsstelle unterliegen ebenso wie BRMitglieder der **Schweigepflicht** gem. 13 § 79 II. Die Verletzung dieser Schweigepflicht ist gem. § 120 I Nr. 1 strafbar. Weiter gilt für Mitglieder der Einigungsstelle die Schutzbestimmung des § 78, dh. Mitglieder der Einigungsstelle dürfen in der Ausübung ihrer Tätigkeit nicht gestört oder behindert werden; sie dürfen wegen ihrer Tätigkeit nicht benachteiligt oder begünstigt werden. Sie genießen allerdings nicht den besonderen **Kündigungsschutz** im Rahmen der Betriebsverfassung gem. § 15 KSchG und § 103 BetrVG. Aus dem Benachteiligungsverbot gem. § 78 ergibt sich jedoch ein relativer Kündigungsschutz; eine Kündigung, die wegen der Tätigkeit in der Einigungsstelle ausgesprochen wird, ist nach § 134 BGB nichtig (*Richardi* Rn. 142).

III. Das Verfahren vor der Einigungsstelle

Das **Gesetz** enthält nur wenige Vorschriften über das Verfahren der Einigungsstelle. Diese sind 14 zwingend (GK-BetrVG/*Kreutz* Rn. 90; DKK/*Berg* Rn. 60). Im übrigen regelt die Einigungsstelle das Verfahren nach **pflichtgemäßem Ermessen**. Insb. muß der Verfahrensablauf rechtsstaatlichen Grundsätzen genügen (BAG 18. 4. 1989 DB 1989, 1926). Gem. § 76 IV können durch Betriebsvereinbarung weitere Einzelheiten des Verfahrens vor der Einigungsstelle geregelt werden. Durch die Formulierung „weitere Einzelheiten" wird deutlich gemacht, daß auch durch eine Betriebsvereinbarung keine Abweichung von den zwingenden Vorschriften in § 76 III ff. möglich ist (DKK/*Berg* Rn. 84). Als Regelungsgegenstände einer Betriebsvereinbarung kommen etwa in Betracht: Protokollführung, Zahl der Beisitzer, Schriftlichkeit von Anträgen, zwingende mündliche Verhandlung, Ladungs- und Einlassungsfristen (*Fitting* Rn. 45).

15 Die Einigungsstelle wird nur auf **Antrag** und nicht von Amts wegen tätig. Der Antrag ist im freiwilligen Einigungsstellenverfahren gem. Abs. 6 von beiden Seiten, in Fällen der erzwingbaren Mitbestimmung gem. Abs. 5 von einer Seite zu stellen. Antragsberechtigt und Beteiligte des Verfahrens sind auf der AGSeite der AG und auf der ANSeite der BR bzw. Gesamt- oder KonzernBR. Weitere Beteiligte gibt es nicht. Insb. können sich einzelne AN des Betriebs nicht am Verfahren beteiligen, selbst wenn sie von der Entscheidung unmittelbar betroffen werden (DKK/*Berg* Rn. 61).

16 **Ort und Zeit einer Sitzung der Einigungsstelle** werden üblicherweise zwischen allen Mitgliedern abgesprochen. Ist dies nicht möglich, so hat der Vorsitzende Ort und Zeit zu bestimmen und für die ordnungsgemäße Einladung der Beisitzer zu sorgen. Angebot geeigneter Räume im Betrieb hat der Vorsitzende idR zu akzeptieren, um keine unnötigen Kosten zu verursachen. Dem Einigungsstellenvorsitzenden obliegt die **Leitung der Sitzung**; er erteilt Beisitzern oder Verfahrensbevollmächtigten das Wort und trifft alle darüber hinaus erforderlichen verfahrensleitenden Maßnahmen (GK-BetrVG/*Kreutz* Rn. 76). Über den Ablauf der Verhandlung und die sonstige Ausgestaltung des Verfahrens entscheidet dagegen die Einigungsstelle als Kollegialorgan (LAG Düsseldorf 21. 10. 1986 DB 1987, 1255; DKK/*Berg* Rn. 65; GK-BetrVG/*Kreutz* Rn. 75). Anders als der Beisitzer (vgl. dazu oben Rn. 9) kann der Vorsitzende grds. wegen **Befangenheit** abgelehnt werden. Dies gilt auch dann, wenn der Vorsitzende zunächst einvernehmlich durch die Betriebspartner bestellt wurde (GK-BetrVG/*Kreutz* Rn. 45; DKK/*Berg* Rn. 66; aA *Pünnel* Einigungsstelle Rn. 101). Die Entscheidung obliegt dem ArbG im Verfahren nach § 98 ArbGG; § 1037 ZPO gilt entsprechend (BAG AP BetrVG 1972 § 76 Einigungsstelle Nr. 2; LAG Köln 23. 1. 1997 AP aaO Nr. 6). Etwas anderes gilt nur, wenn der betroffene Betriebspartner sich in Kenntnis der die Besorgnis der Befangenheit rechtfertigenden Tatsachen zunächst weiter am Einigungsstellenverfahren beteiligt. In diesem Fall ist ihm in Anlehnung an §§ 1037, 43 ZPO das Recht abzusprechen, den Vorsitzenden im späteren Verlauf des Einigungsstellenverfahrens wegen Besorgnis der Befangenheit abzulehnen (*Hennige*, Das Verfahrensrecht der Einigungsstelle, S. 232).

17 Den **Gegenstand der Einigungsstelle** bestimmen die Betriebsparteien bzw. das ArbG gem. § 98 ArbGG durch den Einsetzungsbeschluß. Der so vorgegebene Regelungsgegenstand kann durch die Einigungsstelle nicht erweitert werden, es sei denn, die Betriebsparteien bzw. deren Vertreter in der Einigungsstelle einigen sich im Rahmen ihrer Vertretungsmacht auf eine entsprechende Erweiterung (LAG Frankfurt 13. 11. 1984 DB 1985, 1535; LAG Schleswig-Holstein 28. 9. 1983 DB 1984, 1530). Im Rahmen des so abgesteckten Verfahrensgegenstandes gilt für die Einigungsstelle die **Offizialmaxime**, dh. die Einigungsstelle hat von Amts wegen den Sachverhalt in einem für die zu treffende Sachentscheidung erforderlichen Umfang aufzuklären (DKK/*Berg* Rn. 69; *Fitting* Rn. 31; aA MünchArbR/*Joost* § 312 Rn. 41). Dabei ist sie nach pflichtgemäßem Ermessen befugt, selbst Ermittlungen vorzunehmen, Zeugen zu hören, Sachverständige hinzuzuziehen oder selbst Augenschein zu nehmen (*Fitting* Rn. 31). Für die Hinzuziehung von Sachverständigen bedarf es keiner Vereinbarung mit dem AG nach § 80 III (BAG 13. 11. 1991 AP BetrVG 1972 § 76a Nr. 1; BAG 4. 7. 1989 AP BetrVG 1972 § 87 Tarifvorrang Nr. 20; *Fitting* Rn. 31; aA MünchArbR/*Joost* § 312 Rn. 43). Die Einigungsstelle verfügt allerdings über keine Zwangsmittel zur Aufklärung des Sachverhalts, insbesondere keine Zeugnispflicht gegenüber der Einigungsstelle und kein Recht, erschienene Zeugen zu vereidigen; ebensowenig kann die Einigungsstelle das ArbG um Zeugenvernehmung ersuchen (*Fitting* Rn. 31).

18 Die **Sitzungen der Einigungsstelle** sind **nicht öffentlich** (GK-BetrVG/*Kreutz* Rn. 81; *Fitting* Rn. 35; aA DKK/*Berg* Rn. 64). Bei Einverständnis aller Mitglieder der Einigungsstelle ist es allerdings zulässig, die Anwesenheit dritter Personen, etwa von Ersatzbeisitzern, weiteren BRmitgliedern oder betroffenen AN, ausdrücklich zuzulassen. Dies kann auch Gegenstand einer freiwilligen Betriebsvereinbarung nach Abs. 4 sein. Allerdings muß die abschließende Beratung und Beschlußfassung in Abwesenheit anderer Personen, auch der Betriebspartner und anwaltlicher Vertreter, erfolgen; andernfalls droht die Unwirksamkeit des Spruchs (BAG 18. 1. 1994 AP BetrVG 1972 § 76 Nr. 51; *Fitting* Rn. 35). Im Einigungsstellenverfahren ist der rechtsstaatliche **Grundsatz des rechtlichen Gehörs** gem. Art. 103 I GG zu beachten. Dabei werden die Betriebsparteien durch ihre Beisitzer vertreten (BAG 11. 2. 1992 AP BetrVG 1972 § 76 Nr. 50; aA DKK/*Berg* Rn. 62; *Fitting* Rn. 32). Aus dem Grundsatz des rechtlichen Gehörs folgt kein zwingendes **Erfordernis einer mündlichen Verhandlung** (*Fitting* Rn. 33; GK-BetrVG/*Kreutz* Rn. 78; aA DKK/*Berg* Rn. 62). Das Gesetz sieht in § 76 III das Erfordernis einer „mündlichen Beratung" lediglich vor Beschlußfassung durch die Einigungsstelle vor. Allerdings erscheint in aller Regel eine mündliche Verhandlung geboten, und zwar nicht nur im Interesse einer umfassenden Erörterung der streitigen Angelegenheit, sondern auch im Hinblick auf die im Einigungsstellenverfahren stets noch anzustrebende einverständliche Regelung durch AG und BR (*Fitting* Rn. 33).

IV. Der Spruch der Einigungsstelle

Zur **Beschlußfähigkeit** enthält das Gesetz keine ausdrückliche Regelung. Aus der Verpflichtung zur 19 paritätischen Besetzung der Einigungsstelle und der Regelung des Abs. 3 S. 2 folgt aber, daß die Einigungsstelle grds. nur beschlußfähig ist, wenn alle Mitglieder anwesend sind (*Fitting* Rn. 37; GK-BetrVG/*Kreutz* Rn. 83). Etwas anderes gilt in den Fällen des erzwingbaren Einigungsstellenverfahrens einschließlich des Interessenausgleichs (§ 112 III). Nach § 76 V 2 wird den Betriebspartnern die Möglichkeit abgeschnitten, durch Nichterscheinen eine Einigungsstelle zu torpedieren. Benennt eine Seite keine Mitglieder oder bleiben die von einer Seite genannten Mitglieder trotz rechtzeitiger Einladung der Sitzung der Einigungsstelle fern, so entscheiden der Vorsitzende und die erschienenen Mitglieder allein. Ist ein Mitglied eine rasche Ersatzmöglichkeit verhindert, entspricht es dem Mitbestimmungsgedanken, keine Entscheidung gegen den Willen einer Seite herbeizuführen. Zulässig ist aber, Parität durch entsprechenden Stimmverzicht der anderen Seite herzustellen.

Bei der **Beschlußfassung** ist die Einigungsstelle nicht an die Anträge der Betriebsparteien gebunden; 20 vielmehr kann sie im Rahmen des vorgegebenen Verfahrensgegenstandes abw. Lösungsvorschläge zur Beilegung der Meinungsverschiedenheit zur Abstimmung stellen (BAG 30. 1. 1990 DB 1990, 1090; DKK/*Berg* Rn. 75). Bei der Beschlußfassung hat sich nach § 76 III 2 der Vorsitzende zunächst, dh. beim ersten Abstimmungsversuch, der Stimme zu enthalten. Ergibt die erste Abstimmung keine Mehrheit, so haben die Beteiligten erneut in die (mündliche) Beratung einzutreten. An der zweiten Abstimmung nimmt der Vorsitzende zwingend teil. Da der Vorsitzende im Nichteinigungsfall den Ausschlag geben soll, kann er sich nicht der Stimme enthalten (*Fitting* Rn. 40; GK-BetrVG/*Kreutz* Rn. 86). Eine Stimmhaltung der Beisitzer ist dagegen zulässig. Die Stimmenthaltung wird nicht als „Nein-stimme", sondern überhaupt nicht berücksichtigt (BAG 17. 9. 1991 AP BetrVG 1972 § 112 Nr. 59; *Fitting* Rn. 40; DKK/*Berg* Rn. 78). Folge ist, daß bei Stimmenthaltung auch schon im ersten Abstimmungsvorgang eine Mehrheit erzielt werden kann, andererseits aber auch im zweiten Abstimmungsgang eine Pattsituation möglich ist. Da keine § 29 II MitbestG entsprechende Regelung besteht, zählt im Falle eines Patts nicht etwa die Stimme des Vorsitzenden doppelt. Konsequenz ist, daß in diesem Fall keine das Verfahren beendende Sachentscheidung getroffen wurde, so daß das Verfahren fortzusetzen ist (*Fitting* Rn. 41; GK-BetrVG/*Kreutz* Rn. 86; aA MünchArbR/*Joost* § 312 Rn. 52, der vorschlägt, daß in diesem Fall die Stimme des Vorsitzenden unberücksichtigt bleibt).

Der Spruch ist gem. § 76 III 3 **schriftlich niederzulegen,** vom Vorsitzenden zu unterschreiben und 21 AG und BR zuzuleiten. Die Unterschrift der Beisitzer ist nicht vorgeschrieben, in der Praxis aber üblich (DKK/*Berg* Rn. 81). Das Gesetz verlangt keine schriftliche Begründung; sie ist nach Ansicht des BVerfG (18. 10. 1987 AP BetrVG 1972 § 87 Auszahlung Nr. 7) auch aus Gründen der Rechtsstaatlichkeit nicht zwingend erforderlich. Allerdings ist die schriftliche Begründung zweckmäßig und in der Praxis üblich, schon um eine gerichtliche Überprüfung des Spruchs zu erleichtern (*Fitting* Rn. 44). Für die **Zuleitung des Spruchs** an AG und BR sind keine besonderen Erfordernisse aufgestellt. Es muß lediglich sichergestellt werden, daß der Spruch den Beteiligten nachweislich zur Kenntnis gelangt ist, gleichgültig ob dies durch Übergabe unmittelbar nach Schluß der Sitzung, auf dem Postweg oder duch Boten geschieht. Da der Zeitpunkt der Zuleitung des Beschlusses nach § 76 V entscheidend für die gerichtliche Überprüfung des Einigungsstellenspruchs ist, sollte der Zeitpunkt der Zuleitung eindeutig feststellbar sein und nach Möglichkeit festgehalten werden.

IV. Der Spruch der Einigungsstelle

1. Rechtliche Grenzen. a) Zuständigkeit. Die Einigungsstelle kann nur im Rahmen ihrer durch das 22 Gesetz und den Einsetzungsbeschluß vorgegebenen Zuständigkeit wirksam tätig werden. Sie ist zuständig für die Beilegung von Meinungsverschiedenheiten zwischen AG und BR, § 76 I. Die allgemeine Zuständigkeitsregelung des § 76 I wird durch eine Vielzahl von speziellen Einzelregelungen ergänzt, vgl. zB §§ 87 II, 98 IV, 112 II. Über die Frage der Zuständigkeit hat sie vor einer Sachentscheidung selbst zu befinden (BAG 8. 3. 1983 BetrVG 1972 § 98 Lohngestaltung Nr. 14; BAG 12. 11. 1997 AP BetrVG 1972 § 58 Nr. 2; bedenklich, da dadurch § 98 ArbGG unterlaufen wird). Hier ist auch zu prüfen, ob das streitige Mitbestimmungsrecht noch durch eine frühere Regelung konsumiert wird (s. § 77 Rn. 16). Sofern keine Zuständigkeit gegeben ist, ist das Verfahren unter Beachtung der Förmlichkeiten des Abs. 3 S. 3 durch Beschluß einzustellen. Die Frage der Zuständigkeit der Einigungsstelle ist eine Rechtsfrage. Sie kann ggf. vom **ArbG** im Beschlußverfahren gem. §§ 2 a, 80 ff. ArbGG entschieden werden. Die Frist des Abs. 5 S. 4 findet keine Anwendung. Sofern das ArbG entgegen der Entscheidung der Einigungsstelle deren Zuständigkeit bejaht, stellt es die Unwirksamkeit des Beschlusses der Einigungsstelle fest. Die zunächst eingerichtete Einigungsstelle muß dann das Verfahren fortsetzen. Eine Neueinrichtung oder erneute Anrufung der Einigungsstelle ist nicht erforderlich (GK-BetrVG/*Kreutz* Rn. 139; aA *Pünnel* Rn. 49; DKK/*Berg* Rn. 72 hält eine erneute Anrufung für erforderlich). Die Einigungsstelle endet dagegen mit einer abschließenden Sachentscheidung. Wird diese aufgehoben und kommt deshalb die Fortsetzung des Verfahrens in Betracht, ist ggf. eine neue Einigungsstelle zu bilden. Sofern die Einigungsstelle über ihre Zuständigkeit positiv entschieden hat, wird das Verfahren auch durch ein inzwischen anhängig gewordenes arbeitsgerichtliches Beschlußverfahren über ihre Zuständigkeit **nicht unterbrochen.** Es findet keine Aussetzung des Verfahrens statt (BAG 16. 8. 1983 AP ArbGG 1979 § 81 Nr. 2, Bl. 2; MünchArbR/*Joost* § 312 Rn. 134; aA DKK/*Berg* Rn. 73; *Fitting* Rn. 61, die eine Aussetzung für möglich halten, wenn die Betriebspartner damit einverstanden sind). GK-BetrVG/*Kreutz* Rn. 95 hält die Einigungsstelle selbst für befugt, eine Aussetzung gem. § 148 ZPO analog zu beschließen. Das ist zwingend, wenn man im Hinblick auf § 98 ArbGG eine eigene Prüfungskompetenz der Einigungsstelle verneint. Vgl. auch unten Rn. 34. Innerhalb der Beschlußlage des Betriebsrats kann dessen Vorsitzender das Verfahren auch durch Abschluß einer Betriebsvereinbarung beenden, BAG 24. 2. 2000, DB 2000, 1287.

23 Soweit ihre Zuständigkeit reicht, entscheidet sie sowohl über **Regelungs- als auch über Rechtsstreitigkeiten**. Die Zuständigkeit in Regelungsstreitigkeiten ist unbegrenzt (GK-BetrVG/*Kreutz* Rn. 22). Rechtsstreitigkeiten können von der Einigungsstelle behandelt werden, wenn eine ausdrückliche Zuweisung an sie besteht (zB § 37 VI, VII) oder die Betriebspartner dies beantragen bzw. damit einverstanden sind, daß diese Frage von der Einigungsstelle behandelt wird. Hierfür ist nicht erforderlich, daß die Betriebspartner über den Gegenstand der Rechtsstreitigkeit verfügen können (GK-BetrVG/*Kreutz* Rn. 20). Die Verfügungsbefugnis ist jedoch im Hinblick auf die Verbindlichkeit des Spruchs maßgeblich.

24 b) **Höherrangiges Recht.** Die Einigungsstelle ist in allen Entscheidungen an zwingendes vorrangiges Recht gebunden. Dies gilt auch in bezug auf im Betrieb geltende TV. Zu beachten sind in diesem Rahmen insb. die durch § 77 III gesetzten Schranken. Die Entscheidungen unterliegen dabei in vollem Umfang arbeitsgerichtlicher Rechtskontrolle (GK-BetrVG/*Kreutz* Rn. 113). Die Rechtskontrolle bezieht sich jedoch nur auf die „Sprüche" der Einigungsstelle. Beschlüsse, die sich auf den Verfahrensgang oder Vorfragen beziehen, unterliegen keiner selbständigen Rechtskontrolle (BAG 4. 7. 1989 EzA BetrVG 1972 § 87 Betriebliche Lohngestaltung Nr. 24). Zur Bindung an Grundrechte *Dieterich* Vorb. vor Art. 1 GG Rn. 67 und Art. 12 Rn. 38: angemessener Spielraum für unternehmerische Entscheidungen muß bleiben.

25 c) **Ermessensgrenzen.** Sofern eine Regelungsstreitigkeit Gegenstand des Verfahrens ist, erfolgt die Entscheidung der Einigungsstelle unter angemessener Berücksichtigung der Belange der betroffenen AN und des Betriebes nach billigem Ermessen, Abs. 5 S. 3. Dem Wortlaut gem. gilt dieser Grundsatz nur im erzwingbaren Mitbestimmungsverfahren; er ist aber auch im freiwilligen Einigungsstellenverfahren zu beachten. Für den Bereich der Entscheidungen über einen Sozialplan geht § 112 V als speziellere Regelung vor.

26 2. **Rechtswirkungen.** Sofern die Einigungsstelle einen Spruch im verbindlichen Verfahren gem. Abs. 5 erläßt, ist dieser für die Betriebspartner verbindlich. Eine Ausnahme von diesem Grundsatz bildet nur § 112 III (vgl. § 112 Rn. 9). Einem Spruch, der im freiwilligen Einigungsstellenverfahren zustande kommt, weist das Gesetz keine bindende Wirkung zu (Abs. 6). Eine Bindung der Betriebsparteien tritt hier nur ein, wenn sie sich im voraus mit dem Spruch einverstanden erklären oder ihn nachträglich annehmen (BAG 28. 2. 1984 AP BetrVG 1972 § 87 Tarifvorrang Nr. 4; GK-BetrVG/ *Kreutz* Rn. 103 f.). Die vorherige Unterwerfung kann im Rahmen einer Betriebsvereinbarung für bestimmte oder alle Fälle erfolgen (*Fitting* Rn. 66). Die Einigungsstelle kann eine Frist für die Annahme bestimmen. Nehmen die Parteien den Spruch nachträglich an, geht der Spruch in der hiermit erfolgten Einigung der Parteien auf. Andernfalls hat der Spruch nur die Wirkung eines (unverbindlichen) Einigungsvorschlages.

27 Sofern es sich um eine **Regelungsstreitigkeit** handelt, wird der Entscheidung idR die Rechtsnatur einer **Betriebsvereinbarung** zukommen (GK-BetrVG/*Kreutz* Rn. 106; *Fitting* Rn. 68). Hierfür ist nicht erforderlich, daß ausdrücklich um den Abschluß einer Betriebsvereinbarung verhandelt wurde. Bereits die Tatsache, daß durch die Regelung Rechte und Pflichten der AN begründet oder geändert werden sollten, spricht für die Betriebsvereinbarung und gegen eine (formlose) Regelungsabrede. Die Einigungsstelle kann ihrem Spruch aber auch die Wirkung einer Regelungsabrede geben, sofern nicht ein Anspruch auf Betriebsvereinbarung besteht und geltend gemacht wird (s. § 77 Rn. 37). Die Einigungsstelle kann der Entscheidung sowohl rückwirkende Geltung (s. § 77 Rn. 75) als auch eine bestimmte zukünftige Dauer (s. § 77 Rn. 46, 117) beilegen, mit oder ohne Kündigungsmöglichkeit.

28 3. **Gerichtliche Überprüfung. a) Allgemeines.** Der Spruch der Einigungsstelle ist nicht schlechthin rechtlich verbindlich, da er nur eine Einigung der Betriebspartner ersetzt, er ist kein Vollstreckungstitel (DKK/*Berg* Rn. 89). Er unterliegt der **Rechtskontrolle**. Diese kann in einem eigenen Beschlußverfahren vor dem ArbG oder inzidenter als Vorfrage in einem anderen gerichtlichen Verfahren erfolgen. Dies gilt für Rechts- und Regelungsstreitigkeiten. Sofern die ordnungsgemäße Ausübung des Ermessens durch die Einigungsstelle in Regelungsstreitigkeiten der erzwingbaren Mitbestimmung überprüft werden soll, setzt § 76 V 4 jedoch eine zeitliche Grenze von **zwei Wochen** fest. Nach Ablauf dieser Frist ist eine Überprüfung der Ermessensausübung nicht mehr möglich. Diese Frist gilt freilich nicht für die Überprüfung des Ermessens bei Entscheidungen im Rahmen der freiwilligen Mitbestimmung. In Abs. 6 hat der Gesetzgeber diesbezüglich keine Frist bestimmt. Andere rechtliche Mängel eines Einigungsstellenspruchs können jederzeit unabhängig von einer Frist geltend gemacht werden.

VI. Streitigkeiten § 76 BetrVG 210

AG und BR sind berechtigt, die Überprüfung des Spruchs zu beantragen und können seine Durch- 29
setzung oder Nichtdurchsetzung (nur) bei offensichtlicher Wirksamkeit bzw. Unwirksamkeit und
Dringlichkeit auch durch einstweilige Verfügung betreiben (LAG Köln NZA-RR 2000, 311; NZA
2000, 334). Hält sich der Arbeitgeber an einen zwar angefochtenen, aber nicht offensichtlich rechtswidrigen Spruch der Einigungsstelle, liegt also kein mitbestimmungswidriges Verhalten vor. Die
Einigungsstelle selbst ist nicht antragsbefugt. Sie kann nicht Antragsgegner sein und ist auch nicht
beteiligtenfähig. Einzelne AN können hingegen an dem Verfahren als Beteiligte teilnehmen (GK-
BetrVG/*Kreutz* Rn. 118; *Fitting* Rn. 73). Ein einzelner AN kann aber nicht den Antrag auf Überprüfung des Spruchs der Einigungsstelle stellen, da er nicht in einer betriebsverfassungsrechtlichen
Rechtsstellung betroffen ist (MünchArbR/*Joost* § 312 Rn. 79; *Fitting* Rn. 72; aA GK-BetrVG/*Kreutz*
Rn. 118).

b) **Überprüfung von Sprüchen über Rechtsfragen.** Der Einigungsstelle kann ein **Beurteilungs-** 30
spielraum bei Auslegung unbestimmter Rechtsbegriffe zustehen; dieser unterliegt keiner vollen
Rechtskontrolle (BAG 8. 8. 1989 BetrVG 1972 § 106 Nr. 6 allerdings nur in einem obiter dictum;
Rieble BB 1991, 471; *Henssler* RdA 1991, 268; aA GK-BetrVG/*Kreutz* Rn. 119).

c) **Überprüfung von Sprüchen über Regelungsfragen.** Der Spruch in Regelungsstreitigkeiten 31
unterliegt grds. in vollem Umfang der gerichtlichen Rechtskontrolle (GK-BetrVG/*Kreutz* Rn. 120).
Einschränkungen bestehen allerdings bezüglich der Kontrolle der Ermessensausübung, vgl. § 76 V.
Eine weitergehende Überprüfung – insb. eine **Zweckmäßigkeitskontrolle** – ist unzulässig (GK-
BetrVG/*Kreutz* Rn. 121).

Eine **Ermessensüberschreitung** liegt vor, wenn die Entscheidung, also das Ergebnis der Einigungs- 32
stelle, die Grenzen des Ermessens überschreitet (GK-BetrVG/*Kreutz* Rn. 130), weil sie die Belange
des Betriebes und der betroffenen AN nicht angemessen berücksichtigt (BAG 30. 8. 1995 AP BetrVG
1972 § 87 Überwachung Nr. 29). In diese Betrachtung ist der Schutzzweck des jeweils relevanten
Mitbestimmungsrechts einzubeziehen. Ein Ermessensfehler liegt auch vor, wenn sich der Spruch der
Einigungsstelle selbst innerhalb des Ermessens bewegt, die ihm zugrundeliegenden Erwägungen
jedoch ermessensfehlerhaft sind (*Löwisch* Rn. 28; *Rieble* Einigungsstelle S. 163 ff.; *Fiebig* DB 1995,
1278, 1280 f.; *Richardi* Rn. 123; aA BAG 21. 9. 1993 EzA BetrVG 1972 § 87 Nr. 19, S. 5; DKK/*Berg*
Rn. 92; GK-BetrVG/*Kreutz* Rn. 130; *Fitting* Rn. 76). Ein Ermessensfehler liegt weiterhin vor, wenn
die Einigungsstelle den ihr zur Verfügung stehenden Regelungsspielraum verkannt hat. Dies ist der
Fall, wenn sie die abzuwägenden Interessen nicht oder nicht vollständig erfaßt. Bereits die Tatsache,
daß die Einigungsstelle unter Umständen bei sachgerechter und umfassender Überlegung eine andere
Regelung getroffen hätte, genügt in den beiden zuletzt genannten Fällen, um einen Ermessensfehler zu
begründen, den das ArbG beanstanden kann (*Rieble* Einigungsstelle S. 164). Auf ein Verschulden der
Mitglieder der Einigungsstelle kommt es dabei nicht an.

V. Tarifliche Schlichtungsstelle

Den TVParteien wird durch die Regelung in Abs. 8 die Möglichkeit eingeräumt, anstelle der 33
Einigungsstelle eine tarifliche Schlichtungsstelle einzurichten. Diese nimmt dann die Funktionen der
Einigungsstelle wahr. Die tarifliche Schlichtungsstelle verdrängt innerhalb ihres Zuständigkeitsbe-
reichs die Einigungsstelle. Die TVParteien können die Zuständigkeit dieser Schlichtungsstelle auf den
gesamten Bereich oder einzelne Teilaspekte der Zuständigkeit der Einigungsstelle erstrecken (GK-
BetrVG/*Kreutz* Rn. 145). Eine tarifliche Regelung über die Einrichtung einer Schlichtungsstelle ist für
den AG verbindlich, wenn er tarifgebunden ist, § 3 II TVG (GK-BetrVG/*Kreutz* Rn. 149; DKK/*Berg*
Rn. 101; *Fitting* Rn. 83; aA *Rieble* RdA 1993, 140, 143). Die Funktion der tariflichen Schlichtungs-
stelle in betriebsverfassungsrechtlichen Angelegenheiten geht aber – trotz ihrer Bestellung durch die
TVParteien – nicht über die der Einigungsstelle hinaus. Eine **Erweiterung** der Zuständigkeit ist jedoch
erlaubt, sofern das Betriebsverfassungs- oder Tarifrecht dem nicht entgegensteht (GK-BetrVG/*Kreutz*
Rn. 146). Die tarifliche Schlichtungsstelle muß die wesentlichen Vorschriften über die Bildung und das
Verfahren vor der Einigungsstelle beachten (*Fitting* Rn. 86; GK-BetrVG/*Kreutz* Rn. 147; aA DKK/
Berg Rn. 98). Die Besetzung ist durch TV zu regeln. Sofern sie Aufgaben der Einigungsstelle wahrnimmt, muß sie einen unparteiischen Vorsitzenden haben und Einflußmöglichkeiten des AG und BR
auf die Errichtung und Tätigkeit der Schlichtungsstelle enthalten. Der Spruch der tariflichen Schlichtungsstelle kann ebenso wie der Spruch der Einigungsstelle durch die ArbG überprüft werden. Vgl.
insoweit die Ausführungen zur Überprüfbarkeit des Einigungsstellenspruchs oben Rn. 28.

VI. Streitigkeiten

Streitigkeiten können sich insb. ergeben über die Frage der Zuständigkeit der Einigungsstelle, die 34
Person des Vorsitzenden und die Zahl der Beisitzer. Streitigkeiten über die **Besetzung der Einigungsstelle** werden in dem besonderen Verfahren gem. § 98 ArbGG ausgetragen (näheres s. dort). Unabhängig von einem Verfahren über die Besetzung der Einigungsstelle kann ein Gerichtsverfahren über die
Frage der **Zuständigkeit der Einigungsstelle** bzw. über das Bestehen oder Nichtbestehen eines Mitbe-

stimmungsrechts gerichtlich geltend gemacht werden. Ein anhängiges Verfahren nach § 98 ArbGG läßt das Rechtsschutzbedürfnis für den allgemeinen Feststellungsantrag nicht entfallen; denn das ArbG entscheidet in dem beschleunigten Bestellungsverfahren nicht abschließend über die Zuständigkeit der Einigungsstelle, sondern weist den Antrag nur ab, wenn die Einigungsstelle offensichtlich unzuständig ist. Umgekehrt ist das Bestellungsverfahren nach § 98 ArbGG auch dann durchzuführen, wenn in einem allgemeinen Beschlußverfahren die Streitfrage anhängig ist, ob die Einigungsstelle zuständig ist. Eine Aussetzung des Bestellungsverfahrens in entsprechender Anwendung von § 148 ZPO bis zur Entscheidung des allgemeinen Feststellungsverfahrens kommt nicht in Betracht; ansonsten würde der Zweck der gesetzlichen Regelung, eine schnelle Errichtung der Einigungsstelle und eine zügige Durchführung des Einigungsstellenverfahrens zu ermöglichen, vereitelt (BAG 24. 11. 1981 AP BetrVG 1972 § 76 Nr. 11; BAG 16. 3. 1983 AP ArbGG 1979 § 81 Nr. 2; *Fitting* Rn. 17).

35 Das Einigungsstellenverfahren wird durch einen anhängigen Zuständigkeitsstreit nicht blockiert. Vielmehr hat die Einigungsstelle im Rahmen ihrer **Vorfragenkompetenz** über die Frage ihrer Zuständigkeit selbst zu befinden (BAG 3. 4. 1979 AP BetrVG 1972 § 87 Nr. 2; *Fitting* Rn. 60). Verneint sie ihre Zuständigkeit, hat sie das Verfahren durch Beschluß einzustellen. Bejaht sie ihre Zuständigkeit, ist das Einigungsstellenverfahren fortzusetzen und zum Abschluß zu bringen. Allerdings bleibt die Möglichkeit, den Einigungsstellenspruch mit dem Argument anzufechten, daß die Einigungsstelle in Wirklichkeit nicht zuständig war bzw. ihre Zuständigkeit überschritten hat, weil ein Mitbestimmungsrecht nicht besteht (vgl. zur Möglichkeit der Anfechtung des Einigungsstellenspruchs näher oben Rn. 29). Im übrigen läßt auch ein Rechtsstreit über die Anfechtung des Einigungsstellenspruchs das Rechtsschutzbedürfnis für ein allgemeines Beschlußverfahren zur Klärung, ob in einer bestimmten Angelegenheit ein Mitbestimmungsrecht des BR und damit eine Zuständigkeit der Einigungsstelle besteht, nicht entfallen. Denn der Streitgegenstand des Anfechtungsverfahrens beschränkt sich allein auf die Überprüfung der Wirksamkeit des gefällten Spruchs, nicht aber auf die generelle Frage des Bestehens oder Nichtbestehens eines Mitbestimmungsrechts (BAG 20. 4. 1982 DB 1982, 1674; *Fitting* Rn. 94).

36 Sämtliche Streitigkeiten sind im arbeitsrechtlichen Beschlußverfahren gem. §§ 2 a, 80 ff. ArbGG auszutragen. Antragsberechtigt sind in diesen Fällen idR nur der AG und der BR, nicht jedoch einzelne AN (DKK/*Berg* Rn. 103; *Fitting* Rn. 92). Auch die Einigungsstelle ist grds. weder antragsberechtigt noch zu beteiligen, da sie lediglich in einer Ersatzfunktion für die Betriebsparteien tätig wird (BAG 28. 4. 1981 AP BetrVG 1972 § 87 Vorschlagswesen Nr. 1; DKK/*Berg* Rn. 103; GK-BetrVG/*Kreutz* Rn. 117). Zur Fortsetzung des Verfahrens nach Aufhebung eines Spruchs s. Rn. 22.

§ 76 a Kosten der Einigungsstelle

(1) Die Kosten der Einigungsstelle trägt der Arbeitgeber.

(2) [1] Die Beisitzer der Einigungsstelle, die dem Betrieb angehören, erhalten für ihre Tätigkeit keine Vergütung; § 37 Abs. 2 und 3 gilt entsprechend. [2] Ist die Einigungsstelle zur Beilegung von Meinungsverschiedenheiten zwischen Arbeitgeber und Gesamtbetriebsrat oder Konzernbetriebsrat zu bilden, so gilt Satz 1 für die einem Betrieb des Unternehmens oder eines Konzernunternehmens angehörenden Beisitzer entsprechend.

(3) [1] Der Vorsitzende und die Beisitzer der Einigungsstelle, die nicht zu den in Absatz 2 genannten Personen zählen, haben gegenüber dem Arbeitgeber Anspruch auf Vergütung ihrer Tätigkeit. [2] Die Höhe der Vergütung richtet sich nach den Grundsätzen des Absatzes 4 Satz 3 bis 5.

(4) [1] Der Bundesminister für Arbeit und Sozialordnung kann durch Rechtsverordnung die Vergütung nach Absatz 3 regeln. [2] In der Vergütungsordnung sind Höchstsätze festzusetzen. [3] Dabei sind insbesondere der erforderliche Zeitaufwand, die Schwierigkeit der Streitigkeit sowie ein Verdienstausfall zu berücksichtigen. [4] Die Vergütung der Beisitzer ist niedriger zu bemessen als die des Vorsitzenden. [5] Bei der Festsetzung der Höchstsätze ist den berechtigten Interessen der Mitglieder der Einigungsstelle und des Arbeitgebers Rechnung zu tragen.

(5) Von Absatz 3 und einer Vergütungsordnung nach Absatz 4 kann durch Tarifvertrag oder in einer Betriebsvereinbarung, wenn ein Tarifvertrag dies zuläßt oder eine tarifliche Regelung nicht besteht, abgewichen werden.

I. Vorbemerkung

1 Die Vorschrift weist dem AG ausdrücklich die Pflicht zur Tragung der Kosten der Einigungsstelle zu. Vor Einfügung der Vorschrift erfolgte die Vergütung nach von der Rspr. entwickelten Grundsätzen in Anlehnung an die BRAGO. Mit Inkrafttreten des § 76 a am 1. 1. 1989 wurde der von der Literatur geübten Kritik an diesen Grundsätzen der Boden entzogen. Abs. 1 der Norm enthält den allgemeinen Grundsatz der Vergütungspflicht durch den AG. Die Abs. 2 bis 5 betreffen einzelne Regeln für die

IV. Vergütungsanspruch d. Vorsitzenden u. d. außerbetr. Beisitzer § 76 a BetrVG 210

Vergütung. Von der in Abs. 4 festgelegten Verordnungsermächtigung ist bisher nicht Gebrauch gemacht worden.

II. Kosten der Einigungsstelle

Nach Abs. 1 besteht für den AG die umfassende und eigenständige Verpflichtung, alle Kosten der 2 Einigungsstelle zu tragen. Voraussetzung für diese umfassende Verpflichtung ist lediglich, daß die Kosten **erforderlich und nicht unverhältnismäßig** sind (GK-BetrVG/*Kreutz* Rn. 7). Die Erforderlichkeit der Kosten ist im Zeitpunkt ihrer Verursachung unter Anlegung eines verständigen Maßstabs zu bestimmen. Auf eine objektive Erforderlichkeit bei nachträglicher Betrachtung kommt es nicht an (*Fitting* Rn. 5). Die Verpflichtung des AG umfaßt zunächst die Kosten der Verfahrensdurchführung, den sogenannten Geschäftsaufwand (*Fitting* Rn. 6). Ebenso hat der AG die Kosten zu tragen, die durch die Hinzuziehung von Sachverständigen entstehen, wobei die Hinzuziehung erforderlich und verhältnismäßig sein muß (BAG 13. 11. 1991 AP BetrVG 1972 § 76 a Nr. 1). Auch muß der AG die den Mitgliedern der Einigungsstelle entstandenen Aufwendungen und Auslagen erstatten, sofern die Mitglieder einen entsprechenden Nachweis erbringen. Darunter fallen sowohl die Kosten für Reise, Übernachtung und Verpflegung als auch Telefon- und Portogebühren (DKK/*Berg* Rn. 11). Für diese Kosten kann keine Pauschalierung vereinbart werden (*Fitting* Rn. 9). Die Mitglieder der Einigungsstelle haben gegenüber dem AG einen Freistellungsanspruch in Höhe der eingegangenen Verbindlichkeiten. Ist die Bezahlung bereits erfolgt, steht ihnen ein Zahlungsanspruch gegen den AG zu (GK-BetrVG/*Kreutz* Rn. 6). Nicht nach § 76 a zu ersetzen hat der AG die Kosten eines vom BR mit dessen Vertretung vor der Einigungsstelle beauftragten Rechtsanwalts. Das Honorar dieser Vertretung richtet sich, soweit erforderlich nach § 40 (BAG 21. 6. 1989 AP BetrVG 1972 § 76 Nr. 34). Erforderlichkeit kann dann gegeben sein, wenn zwischen den Betriebsparteien schwierige Rechtsfragen streitig sind (BAG 14. 2. 1996 AP BetrVG 1972 § 76 a Nr. 5 = DB 1996, 2187).

III. Freistellungs- und Entgeltfortzahlungsanspruch betriebsangehöriger Arbeitnehmer

Nach Abs. 2 haben betriebsangehörige Beisitzer keinen Anspruch auf Vergütung. Ihre Tätigkeit ist 3 ein unentgeltliches Ehrenamt entsprechend § 37 I (*Fitting* Rn. 11). Die Vorschrift ist zwingend. Sie gilt gleichermaßen für BRMitglieder und sonstige AN, für Beisitzer der AG- und ANSeite. Die betriebsangehörigen Beisitzer haben aber einen Anspruch darauf, für die Zeit der Einigungsstellentätigkeit **ohne Minderung des Arbeitsengelts** von ihrer Arbeitstätigkeit freigestellt zu werden. Findet das Einigungsstellenverfahren außerhalb ihrer persönlichen Arbeitszeit statt, haben sie einen Anspruch auf Freizeitausgleich oder hilfsweise auf Mehrarbeitsvergütung nach § 37 III (*Fitting* Rn. 12). Dieselben Grundsätze gelten auch für konzern- bzw. unternehmensangehörige Beisitzer in Einigungsstellen, die für Streitigkeiten zwischen AG und GesamtBR bzw. KonzernBR gebildet werden (*Fitting* Rn. 13). Werden AN eines Betriebs oder Unternehmens aber in der für einen anderen Betrieb gebildeten Einigungsstelle tätig, so fallen sie als betriebsfremde Beisitzer nicht unter Abs. 2, sondern werden nach Abs. 3 bis 5 vergütet (GK-BetrVG/*Kreutz* Rn. 20). Scheidet ein betriebsangehöriger AN aus dem Betrieb während des Einigungsstellenverfahrens aus, ohne daß eine Abberufung aus der Einigungsstelle erfolgt, nimmt er ab diesem Zeitpunkt die Stellung eines außerbetrieblichen Beisitzers ein, dem ein Vergütungsanspruch nach Abs. 3 zusteht (DKK/*Berg* Rn. 16).

IV. Vergütungsanspruch des Vorsitzenden und der außerbetrieblichen Beisitzer

Abs. 3 S. 1 gewährt dem Vorsitzenden und den betriebsfremden Beisitzern der Einigungsstelle einen 4 unmittelbaren Vergütungsanspruch. In Abweichung zur früher hM (BAG 27. 3. 1979 AP BetrVG 1972 § 76 Nr. 7) bedarf es dafür weder hinsichtlich der Beisitzer noch hinsichtlich des Vorsitzenden einer Vereinbarung mit dem AG (BAG 12. 2. 1992 AP BetrVG 1972 § 76 a Nr. 2). Voraussetzung für die Entstehung des Vergütungsanspruchs ist die **rechtswirksame Bestellung**, was bei einem vom BR bestellten Beisitzer einen wirksamen BRBeschluß voraussetzt (BAG 19. 8. 1992 AP BetrVG 1972 § 76 a Nr. 3). Hinsichtlich der vertretbaren Beisitzerzahl und der Zulässigkeit betriebsfremder Beisitzer hat sich durch Einführung der Vorschrift nichts geändert. Danach hat ein betriebsfremder Beisitzer auch dann einen Anspruch auf Vergütung, wenn der BR dazu verpflichtet gewesen wäre, aus Kostengründen einen betriebsangehörigen Beisitzer zu bestellen (*Fitting* Rn. 15; aA GK-BetrVG/*Kreutz* Rn. 23 ff.; s. auch § 76 Rn. 9). Ebenso hat ein hauptamtlicher Gewerkschaftsfunktionär, der sein Honorar ganz oder tlw. an eine Gewerkschaftsstiftung abzuführen hat, Anspruch auf Vergütung (*Fitting* Rn. 16). Auch ein in die Einigungsstelle berufener Rechtsanwalt kann Vergütung verlangen. Die Festlegung des Honorars erfolgt nicht nach der BRAGO, sondern nach Abs. 3 S. 2, da der Rechtsanwalt als Beisitzer nicht in seiner Eigenschaft als Anwalt tätig wird (BAG 20. 2. 1991 AP BetrVG 1972 § 76 Nr. 44).

Da eine Verordnung iSd. Abs. 4 S. 1 bisher nicht erlassen wurde, ist die **Höhe der Vergütung** im 5 Einzelfall festzulegen. Dies geschieht durch vertragliche Absprache mit dem AG, oder, falls eine solche nicht zustande gekommen ist, durch einseitige Bestimmung durch die anspruchsberechtigten

Mitglieder der Einigungsstelle gem. §§ 315, 316 nach billigem Ermessen (BAG 12. 2. 1992 AP BetrVG 1972 § 76 a Nr. 2). Anstelle der maßgeblichen Streitwertes hat die Festsetzung nunmehr nach den in Abs. 4 S. 3 bis 5 aufgezählten Bemessungskriterien zu erfolgen. Diese sind der erforderliche Zeitaufwand, die Schwierigkeit der Streitigkeit, ein etwaiger Verdienstausfall sowie die allgemeine Berücksichtigung berechtigter Interessen der Mitglieder der Einigungsstelle und des AG. Gerichtlich kann die Vergütungshöhe nur dann festgesetzt werden, wenn die Vergütungsbestimmung des Einigungsstellenmitglieds unbillig ist (BAG 14. 2. 1996 AP BetrVG 1972 § 76 a Nr. 6). Umstritten ist die in der Vorschrift nicht geregelte Bestimmung der konkreten **Tages- oder Stundensätze.** Die tlw. vorgeschlagene Heranziehung des Gesetzes über die Entschädigung von Zeugen und Sachverständigen (ZSEG), das in § 3 Stundensätze von 40 bis 70 DM, höchstens aber 105 DM vorsieht, wird unter Hinweis auf die komplexere und umfangreichere Tätigkeit der Einigungsstellenmitglieder überwiegend abgelehnt (DKK/*Berg* Rn. 23; *Fitting* Rn. 23). Das BAG hat mangels einer planwidrigen Gesetzeslücke die gerichtliche Festsetzung von Höchstbeträgen unter Heranziehung des ZSEG verworfen. Es hält vielmehr einen Stundensatz von DM 300,00 bei einer Angelegenheit von mittlerer Schwierigkeit für nicht unangemessen (BAG 28. 8. 1996 AP BetrVG 1972 § 76 a Nr. 7).

6   Die Vergütung der Beisitzer hat nach Abs. 4 niedriger zu sein als das Honorar des Vorsitzenden, ohne daß aber ein konkreter Betrag genannt würde. Die vor Einführung des § 76 a maßgeblichen Grundsätze, wonach ein **Beisitzerhonorar in Höhe von 7/10 des Honorars des Vorsitzenden** im allgemeinen als sachgerecht und dem billigem Ermessen entsprechend angesehen wurde, ist vom BAG mittlerweile bestätigt worden (BAG 14. 2. 1996 AP BetrVG 1972 § 76 a Nr. 6). Bei besonderen Umständen im Einzelfall können aber Ausnahmen von diesem Grundsatz gemacht werden (*Fitting* Rn. 24), denn der Anspruch der Beisitzer ergibt sich aus dem Gesetz, nicht aus der Vereinbarung mit dem Vorsitzenden. Diese ist aber ein Indiz für die Angemessenheit der Vergütung. Aus Gründen der Parität ist es unzulässig, bei der Entlohnung der vom BR benannten Einigungsstellenmitglieder andere Bewertungsmaßstäbe anzulegen als bei den übrigen Beisitzern (BAG 20. 2. 1991 AP BetrVG 1972 § 76 Nr. 44; aA GK-BetrVG/*Kreutz* Rn. 37, 46).

V. Abweichende Regelungen

7   Gem. Abs. 5 kann von den Vergütungsvorschriften der Abs. 3 und 4 durch TV und, sofern der Tarifvorrang beachtet wird, auch durch Betriebsvereinbarung abgewichen werden. Über den Wortlaut hinaus können anderweitige Regelungen aber auch durch Individualabsprachen zwischen AG und Einigungsstellenmitglied getroffen werden (GK-BetrVG/*Kreutz* Rn. 44). Die Abweichungen können für die betroffenen Personen sowohl günstiger als auch ungünstiger sein (*Fitting* Rn. 29). Zulässig ist es auch, eigene Berechnungskriterien aufzustellen, sofern dabei der Grundsatz der Parität beachtet wird (*Fitting* Rn. 30; aA GK-BetrVG/*Kreutz* Rn. 46).

VI. Streitigkeiten

8   Streitigkeiten über die Kosten der Einigungsstelle sind im arbeitsgerichtlichen Beschlußverfahren auszutragen. Da es sich um gesetzliche Ansprüche handelt, ist der BR an einem gerichtlichen Verfahren über die Höhe eines Vergütungsanspruchs nicht zu beteiligen (BAG 12. 2. 1992 AP BetrVG 1972 § 76 a Nr. 2). Kosten, die einem betriebsfremden Einigungsstellenmitglied bei der Durchsetzung seines Honoraranspruchs entstehen, sind ebenfalls im Beschlußverfahren auszutragen (BAG 27. 7. 1994 AP BetrVG 1972 § 76 a Nr. 4). Dies schließt auch etwaige Anwaltskosten mit ein (*Fitting* Rn. 32). Ansprüche betriebsangehöriger Beisitzer nach Abs. 2 S. 1 iVm. § 37 II und III sind im Urteilsverfahren geltend zu machen (GK-BetrVG/*Kreutz* Rn. 50). Im Falle eines Insolvenzverfahrens sind Vergütungsansprüche und andere Kosten der Einigungsstelle Masseschulden gem. § 55 I InsO, wenn nicht das Einigungsstellenverfahren bereits vor Insolvenzeröffnung abgeschlossen war (DKK/*Berg* Rn. 29). Das gilt auch dann, wenn das Einigungsstellenverfahren vor Insolvenzeröffnung begonnen und später vom Insolvenzverwalter weitergeführt wurde (BAG 27. 3. 1979 AP BetrVG 1972 § 76 Nr. 7).

§ 77 Durchführung gemeinsamer Beschlüsse, Betriebsvereinbarungen

(1) [1] Vereinbarungen zwischen Betriebsrat und Arbeitgeber, auch soweit sie auf einem Spruch der Einigungsstelle beruhen, führt der Arbeitgeber durch, es sei denn, daß im Einzelfall etwas anderes vereinbart ist. [2] Der Betriebsrat darf nicht durch einseitige Handlungen in die Leitung des Betriebs eingreifen.

(2) [1] Betriebsvereinbarungen sind von Betriebsrat und Arbeitgeber gemeinsam zu beschließen und schriftlich niederzulegen. [2] Sie sind von beiden Seiten zu unterzeichnen; dies gilt nicht, soweit Betriebsvereinbarungen auf einem Spruch der Einigungsstelle beruhen. [3] Der Arbeitgeber hat die Betriebsvereinbarungen an geeigneter Stelle im Betrieb auszulegen.

(3) ¹Arbeitsentgelte und sonstige Arbeitsbedingungen, die durch Tarifvertrag geregelt sind oder üblicherweise geregelt werden, können nicht Gegenstand einer Betriebsvereinbarung sein. ²Dies gilt nicht, wenn ein Tarifvertrag den Abschluß ergänzender Betriebsvereinbarungen ausdrücklich zuläßt.

(4) ¹Betriebsvereinbarungen gelten unmittelbar und zwingend. ²Werden Arbeitnehmern durch die Betriebsvereinbarung Rechte eingeräumt, so ist ein Verzicht auf sie nur mit Zustimmung des Betriebsrats zulässig. ³Die Verwirkung dieser Rechte ist ausgeschlossen. ⁴Ausschlußfristen für ihre Geltendmachung sind nur insoweit zulässig, als sie in einem Tarifvertrag oder einer Betriebsvereinbarung vereinbart werden; dasselbe gilt für die Abkürzung der Verjährungsfristen.

(5) Betriebsvereinbarungen können, soweit nichts anderes vereinbart ist, mit einer Frist von drei Monaten gekündigt werden.

(6) Nach Ablauf einer Betriebsvereinbarung gelten ihre Regelungen in Angelegenheiten, in denen ein Spruch der Einigungsstelle die Einigung zwischen Arbeitgeber und Betriebsrat ersetzen kann, weiter, bis sie durch eine andere Abmachung ersetzt werden.

Übersicht

	Rn.
I. Betriebsvereinbarungen	1
1. Normative Wirkung (Abs. 4)	1
2. Schuldrechtliche Wirkung (Abs. 1)	9
3. Mitbestimmte und freiwillige Betriebsvereinbarungen	15
4. Form der Betriebsvereinbarung	24
5. Unwirksame Betriebsvereinbarungen	25
II. Regelungsabreden (RA)	26
1. Begriff	26
2. Verhältnis zur schuldrechtlichen Betriebsvereinbarung	31
3. Inhalt der Regelungsabrede	32
4. Der Anspruch auf Betriebsvereinbarung	34
a) Allgemeines	34
b) Teilmitbestimmte Regelungen	39
5. Umdeutung einer Regelungsabrede in eine Regelungsabrede	45
6. Befristete und bedingte Regelungen	46
7. Der Interessenausgleich als Regelungsabrede	48
III. Verhältnis Betriebsvereinbarung/Tarifvertrag	49
1. Grundsatz	49
2. Das Verhältnis von § 77 III zu § 87 Einleitungssatz	53
3. Der verbleibende Anwendungsbereich des § 77 III	64
4. Verhältnis von Tarifvertrag und Betriebsvereinbarung bei Betriebsübergang	68
5. Regelungsabrede zur Vermeidung des § 77 III BetrVG?	71
6. Ausschluß des § 77 III durch § 112 I 4	72
7. Öffnungsklauseln	74
IV. Verhältnis Betriebsvereinbarung/Betriebsvereinbarung	75
V. Verhältnis Betriebsvereinbarung/Arbeitsvertrag	77
1. Kollektives Günstigkeitsprinzip	77

	Rn.
2. Arbeitsvertragsoffene Betriebsvereinbarungen	88
3. Betriebsvereinbarungsoffene Arbeitsverträge	89
4. Abbau von Leistungen durch ablösende Betriebsvereinbarung bei Widerrufsvorbehalt oder Änderung der Geschäftsgrundlage	101
5. Umdeutung unwirksamer Betriebsvereinbarungen in arbeitsvertragliche Abreden	105
6. Arbeitsvertraglicher Verzicht auf Anspruch aus Betriebsvereinbarung	108
VI. Verhältnis Regelungsabrede/Arbeitsverhältnis	109
VII. Beendigung von Betriebsvereinbarungen und Regelungsabreden	112
1. Aufhebungsvertrag	112
2. Kündigung von Betriebsvereinbarungen	117
3. Nachwirkung von Betriebsvereinbarungen	118
a) In mitbestimmten Angelegenheiten	118
b) Bei freiwilligen Regelungen	122
c) Bei Regelungen mit teilweise mitbestimmungspflichtigem Inhalt	123
4. Kündigung und Nachwirkung von Regelungsabreden	130
a) Angelegenheiten der Mitbestimmung des Betriebsrats	130
b) Bei freiwilligen und teilmitbestimmten Regelungen	133
5. Betriebsinhaberwechsel	134
6. Beendigung der Wirkung einer Betriebsvereinbarung/Gesamtbetriebsvereinbarung/Regelungsabrede bei Untergang des Betriebsrats/Gesamtbetriebsrats oder Ausscheiden aus seiner Zuständigkeit?	135
7. Verzicht, Verwirkung, Verfristung	141

I. Betriebsvereinbarungen

1. Normative Wirkung (Abs. 4). In § 77 I ist ganz allgemein von **Vereinbarungen** zwischen BR und AG die Rede. Die folgenden Absätze der Vorschrift regeln dann aber nur eine Art dieser Vereinbarungen, nämlich die **Betriebsvereinbarung**. Vereinbarungen zwischen AG und BR, die mangels normativer Wirkung (dazu Rn. 2) keine Betriebsvereinbarung sind, bezeichnet man als Regelungsabrede (dazu Rn. 26).

2   Charakteristisch für die Betriebsvereinbarung ist die sogenannte **normative** Wirkung. Das BetrVG selbst gebraucht zwar nicht den Ausdruck normativ und legt der Betriebsvereinbarung an keiner Stelle die Befugnis bei, Normen zu setzen, in auffallendem Gegensatz zum TVG, das nicht weniger als sechsmal von den durch TV begründeten Rechtsnormen spricht. Auch § 613 a I 3 BGB spricht nur bei TV, nicht bei Betriebsvereinbarungen von Rechtsnormen. Indessen sagt § 77 IV ausdrücklich, daß Betriebsvereinbarungen unmittelbar und zwingend gelten. Deshalb geht die ganz hM bei der Betriebsvereinbarung wie beim TV von einer normativen, gesetzesgleichen Wirkung auf die Arbeitsverhältnisse aus (Dazu eingehend *Hanau* RdA 1989, 207 ff. mwN). Sie ist unerläßlicher Inhalt jeder Betriebsvereinbarung. Es handelt sich aber nicht um unmittelbar an die Grundrechte gebundene Gesetzgebung iSd. Art. 1 III GG, BVerfG 23. 4. 1986 BVerfGE 73, 261; dazu vor Art. 1 GG Rn. 27, 66.

3   Für die normative Regelung einer Angelegenheit durch Betriebsvereinbarung ist stets eine gesetzliche Ermächtigungsgrundlage erforderlich. Dafür reicht § 77 IV 1 nicht aus, weil er zwar den Mechanismus der normativen Wirkung beschreibt, aber nicht angibt, welche Angelegenheiten normativ geregelt werden können. Dies ergibt sich vielmehr aus Bestimmungen wie §§ 88, 112, die durch Betriebsvereinbarung regelbare Angelegenheiten bezeichnen. Am wichtigsten ist insoweit § 88. Er enthält zwar nur eine beispielhafte, nicht abschließende Aufzählung der durch Betriebsvereinbarung regelbaren Angelegenheiten, doch ergibt sich aus seiner systematischen Stellung im Gesetz, daß er eine Ermächtigung zur Regelung aller „sozialen Angelegenheiten" durch Betriebsvereinbarung enthält. Das BAG spricht mehrfach von einer **umfassenden Regelungskompetenz** der Betriebsparteien, die ebenso weit gehe wie die der Tarifparteien (BAG 7. 11. 1989 NZA 1990, 816 = AP BetrVG § 77 Nr. 46; BAG 9. 4. 1991 NZA 1991, 734 = AP BetrVG § 77 Tarifvorbehalt Nr. 1; BAG 1. 12. 1992 NZA 1993, 613 = AP BetrVG § 77 Tarifvorhalt Nr. 3; BAG 1. 12. 1992 AP BetrVG § 87 Ordnung des Betriebes Nr. 20 = DB 1993, 990). Dazu § 88 Rn. 2; Rn. 10 vor § 74. Auch die **Auslegung** richtet sich nach den für TV geltenden Grundsätzen (BAG 27. 10. 1988 AP BGB § 620 Bedingung Nr. 16; BAG 8. 11. 1988 AP BetrVG 1972 § 102 Nr. 18). Anders als ein TV kann eine Betriebsvereinbarung Effektivklauseln (§ 1 TVG Rn. 14) enthalten (BAG 9. 12. 97 AP BetrVG 1972 § 77 Tarifvorbehalt Nr. 11).

4   Die normative Wirkung erweckt den Eindruck und wurde auch zunächst so verstanden, daß die Betriebsvereinbarung über dem Arbeitsvertrag stehe, weil sie unmittelbar und zwingend auf das Arbeitsverhältnis einwirken kann. Dies gilt jetzt aber nur eingeschränkt, weil der Große Senat 1986 das **Günstigkeitsprinzip** in die Betriebsverfassung eingeführt hat. (16. 9. 1986 NZA 1987, 136 = AP BetrVG § 77 Nr. 17). Seitdem oder genauer rückwirkend seit 1982 (BAG 20. 11. 1990 NZA 1991, 477 = AP BetrAVG § 1 Ablösung Nr. 14) können Betriebsvereinbarungen die Arbeitsverhältnisse nur noch unmittelbar und zwingend gestalten, soweit im Betrieb nicht schon günstigere arbeitsvertragliche Regelungen bestehen, außer wenn die Arbeitsverträge ausdrücklich oder konkludent für verschlechternde Betriebsvereinbarung offen sind. Galt bis 1982 „Betriebsvereinbarung geht vor Arbeitsvertrag", gilt seitdem grds. „Betriebsvereinbarung geht vor günstigerem Arbeitsvertrag", soweit dieser nicht selbst der Betriebsvereinbarung Vorrang einräumt (dazu im einzelnen Rn. 77 ff. Nur insoweit trifft die Lehre Richardis (Rn. 82, 98) zu, daß die Betriebsvereinbarung Art und Umfang der versprochenen Arbeit sowie die Verwendung des Lohnes nicht regeln könne). Die Betriebsvereinbarung kann dem auch dadurch Rechnung tragen, daß sie ihre Wirkung von der Zustimmung der AN abhängig macht, zB der Einsatz von Dienstleistungsabend. Fraglich ist, ob das Erfordernis der Freiwilligkeit bedeutet, daß die AN jederzeit die Möglichkeit haben müssen, die Dienstleistung zu verweigern (so LAG Hamm 20. 11. 1990 LAGE BetrVG § 77 Nr. 11), oder ob es ausreicht, daß die Verpflichtung zur Dienstleistung in dem Sinne freiwillig war, daß Anstellung und Beschäftigung im Betrieb nicht davon abhängig sein sollten. Dies ist jeweils eine Auslegungsfrage.

5   Der Betriebsvereinbarung sind alle AN außer leitenden Angestellten im Sinne des § 5 III BetrVG unterworfen, die mit dem Inhaber des Betriebes durch einen **Arbeitsvertrag** verbunden und in den Betrieb **eingegliedert sind.** Vorübergehend in andere Betriebe entsandte AN sind nicht ausgeschlossen. (BAG 7. 12. 1989 NZA 1990, 658 = AP Internationales Privatrecht, Arbeitsrecht Nr. 27) LeihAN und sonstige in den Betrieb eingegliederte Personen unterliegen der normativen Wirkung der Betriebsvereinbarung, soweit sie dem Direktionsrecht des Entleihers usw. unterworfen sind, insb. im Hinblick auf die Arbeitszeit (BAG 15. 12. 1992 EzA AÜG § 14 Nr. 3).

6   Dem Zugriff der Betriebsvereinbarung entzogen sind **fällige Ansprüche** und feste **Anwartschaften** (BAG 10. 3. 1992 NZA 1993, 234 = AP BetrAVG § 1 Betriebsvereinbarung Nr. 5; 13. 5. 1997 AP BetrVG § 77 Nr. 65 = NZA 1998, 100; 11. 5. und 17. 8. 1999 AP BetrAVG § 1 Betriebsvereinbarung Nr. 6, BetrVG § 77 Nr. 79; s. aber zur rückwirkenden Betriebsvereinbarung Rn. 75) sowie generell alle **ehemaligen AN** (aM *Waltermann* NZA 1998, 505; *Konzen/Jacobs,* FS für Dieterich, 1999, 297). Insb. wirkt eine Betriebsvereinbarung über betriebliche Ruhegelder, die Einschränkungen der betrieblichen Leistung vorsieht, nicht hinsichtlich derjenigen früheren AN, die beim Inkrafttreten der neuen Betriebsvereinbarung bereits im Ruhestand leben und Bezüge nach einer früheren Regelung erhalten. Mit seinem Ausscheiden erwirbt der AN, dessen Ansprüche auf einer Betriebsvereinbarung beruhen,

gegen den AG einen selbständigen schuldrechtlichen Anspruch (BAG 25. 10. 1988 AP BetrAVG § 1 Betriebsvereinbarung Nr. 1). Im **Arbeitsvertrag** kann allerdings vorgesehen werden, daß für den AN und seinen Ruhegeldanspruch nach dem Ausscheiden die **jeweiligen Betriebsvereinbarungen** maßgeblich sind (s. *Höfer* BetrAVG, ART Rn. 448 ff.). Eine Betriebsvereinbarung kann aber nicht durch eine Jeweiligkeitsklausel ausgeschiedene AN unter das Regime späterer Betriebsvereinbarungen stellen (BAG 25. 10. 1988 AP BetrAVG § 1 Betriebsvereinbarung Nr. 1; s. auch Rn. 76). Wohl aber könne bei Unterstützungsleistungen die gleichen Kürzungen wie bei aktiven AN vorgesehen werden, BAG 13. 5. 1997 AP BetrVG § 77 Nr. 65.

Die Betriebsvereinbarung kann sich auf eine Rahmenregelung beschränken, deren Ausfüllung dem 7 billigen Ermessen des AG überlassen wird (BAG 28. 11. 1989 NZA 1990, 559 = AP BetrVG § 88 Nr. 6; zu Rahmenregelungen der Mitbestimmung vor § 77 Rn. 11).

Unmittelbare und zwingende Wirkung gegenüber den AN haben nicht nur Betriebsvereinbarungen, 8 sondern auch über ihre Wirksamkeit und ihren Inhalt ergangene Entscheidungen in **Beschlußverfahren** zwischen AG und BR. Eine zwischen den Betriebspartnern ergangene rechtskräftige gerichtliche Entscheidung über den Inhalt, die Wirksamkeit und den Fortbestand einer Betriebsvereinbarung wirkt auch gegenüber den AN, die Ansprüche aus der Betriebsvereinbarung geltend machen (BAG 17. 8. 1999 AP BetrVG § 77 Nr. 79). Daraus ergibt sich bei einem Streit über Ansprüche aus der Betriebsvereinbarung eine **Wahlmöglichkeit.** Ansprüche aus einer streitigen Betriebsvereinbarung können entweder von den AN im Urteilsverfahren oder vom BR im Beschlußverfahren geltend gemacht werden. Allerdings kann der BR aus einer Betriebsvereinbarung keine Leistung an AN verlangen, sondern insoweit nur Feststellung (Rn. 12). Folgerichtig wird es dem BR auch verwehrt, im Beschlußverfahren feststellen zu lassen, daß eine Anordnung oder Kündigung des AG wegen Verletzung der Mitbestimmung unwirksam sei (BAG 13. 1. 1987 NZA 1987, 386 = AP BetrVG § 87 Lohngestaltung Nr. 26; BAG 24. 11. 1987 NZA 1988, 322 = AP BetrVG 1972 § 87 Lohngestaltung Nr. 31). Trotzdem kann das Beschlußverfahren für die ANSeite vorteilhaft sein, weil es zu einer Klärung für alle betroffenen AN führen kann und weil der AG nach § 40 die Kosten des Verfahrens ohne Rücksicht auf seinen Ausgang tragen muß, wenn es vom BR nicht geradezu mutwillig angestrengt wird (BAG 19. 4. 1989 NZA 1990, 233). Die Antragsbefugnis des BR besteht auch in Bezug auf nachwirkende Betriebsvereinbarungen (offen gelassen vom BAG 27. 10. 1998 NZA 1999, 381), nicht aber auf eine rein individualrechtliche Fortwirkung wie im Fall des § 613 a I S. 2 oder nach Beendigung des Arbeitsverhältnisses (BAG 17. 8. 1999 AP BetrVG § 77 Nr. 79).

2. Schuldrechtliche Wirkung (Abs. 1). Zu dieser durch das Günstigkeitsprinzip beschränkten 9 normativen Wirkung der Betriebsvereinbarung auf die Arbeitsverhältnisse kommt eine **schuldrechtliche Wirkung** (Durchführungspflicht und „Friedenspflicht") unter den Betriebsparteien. Die Pflicht des AG zur Durchführung von Betriebsvereinbarungen ergibt sich aus § 77 I, welcher der in § 1 TVG verankerten Durchführungspflicht entspricht. Danach führt der AG Vereinbarungen zwischen BR und AG durch, wenn nicht im Einzelfall etwas anderes vereinbart ist. Das ist keine Zustandsbeschreibung, sondern ein gesetzliches Gebot: Der AG muß die Vereinbarungen mit dem BR, also auch die Betriebsvereinbarung, durchführen. Tut er es nicht, kann der BR im arbeitsgerichtlichen Beschlußverfahren nicht nur die Feststellung der Durchführungspflicht beantragen, sondern weitgehend auch die **Verurteilung des Arbeitgebers zur Leistung,** dh. zu einem der Durchführungspflicht entsprechenden Tun oder Unterlassen. Nach § 77 I 2 darf der BR aber keine Selbsthilfe üben.

Einzelfälle: Der AG kann sich in einer Betriebsvereinbarung verpflichten, die Einhaltung eines mit 10 dem BR vereinbarten Alkoholverbots nur mit den ebenfalls in der Betriebsvereinbarung genannten Mitteln (Kontrolle durch Vorgesetzte, freiwilliger Alkoholtest durch Werksarzt) zu überwachen (BAG 10. 11. 1987 NZA 1988, 255 = AP BetrAVG § 77 Nr. 24). Der AG kann sich in einer Betriebsvereinbarung dem BR gegenüber verpflichten, teilzeitbeschäftigte Mitarbeiter nur zu den zuvor im Arbeitsvertrag festgelegten festen Arbeitszeiten zu beschäftigen. Er kann sich weiter verpflichten, Arbeitsverträge nur mit festen Arbeitszeiten abzuschließen, unter Verzicht auf Abrufmöglichkeiten entsprechend dem Arbeitsanfall (BAG 13. 10. 1987 NZA 1988, 253 = AP BetrVG § 77 Auslegung Nr. 2). In diesem Fall ist freilich zweifelhaft, ob es sich wirklich um eine Betriebsvereinbarung mit normativer Wirkung gegenüber den AN handelte oder um eine Regelungsabrede, wie sie unten Rn. 26 geschildert wird. Für den Durchführungsanspruch des BR ist das unerheblich.

Der AG verletzt eine Betriebsvereinbarung über eine gleitende Arbeitszeit, wenn er im dienstlichen 11 Interesse liegende Schulungs- und Informationsveranstaltungen für Kundenberater außerhalb der Kernzeit, aber innerhalb der Gleitzeit ohne Zustimmung des BR ansetzt. Der BR kann eine entsprechende Feststellung verlangen (BAG 18. 4. 1989 AP BetrVG § 87 Arbeitszeit Nr. 33 = DB 1989, 1978). Zulässig auch Antrag auf Feststellung, daß nach einer Betriebsvereinbarung über Akkordzeiten die Erholungszeiten auf die Grundzeiten aufzuschlagen sind (BAG 24. 2. 1987 NZA 1987, 639 = AP BetrVG § 77 Nr. 21).

Einschränkend: Der Anspruch des BR auf Durchführung einer Betriebsvereinbarung hat nicht die 12 Befugnis des BR zum Inhalt, vom AG aus eigenem Recht die Erfüllung von Ansprüchen der AN aus dieser Betriebsvereinbarung zu verlangen. Ein Antrag des BR, mit dem er die Verurteilung des AG zur

Erfüllung oder Nichterfüllung von Ansprüchen der AN aus einem Sozialplan begehrt, ist unzulässig (BAG 17. 10. 1989 NZA 1990, 441 = AP BetrVG § 112 Nr. 53; LAG Nürnberg 24. 2. 1995 LAGE BetrVG 1972 § 77 Nr. 19; LAG Hamm 22. 9. 1999, NZA-RR 2000, 194). Zur Regelungsabrede Rn. 111, zum Interessenausgleich §§ 112, 112 a Rn. 9; zum einstweiligen Rechtsschutz § 76 Rn. 29.

13   Während § 77 I der tarifvertraglichen Durchführungspflicht entspricht, hat die tarifvertragliche **Friedenspflicht** kein Gegenstück in der Betriebsverfassung, weil hier nicht der Arbeitskampf, sondern gem. §§ 87 II, 112 IV die Zwangsschlichtung durch die Einigungsstelle zur Lösung von Konflikten vorgesehen ist. Eine vergleichbare Wirkung der Betriebsvereinbarung ist aber, daß die Anrufung der Einigungsstelle vor ihrem Ablauf ausgeschlossen ist (dazu Rn. 16). Insofern könnte man von einer betriebsverfassungsrechtlichen „Friedenspflicht" sprechen.

14   Durchführungs- und „Friedenspflicht" sind ein Annex zum normativen Teil der Betriebsvereinbarung. Von normativen Regelungen unabhängige Abreden zwischen den Betriebsparteien sind nicht als **schuldrechtliche Betriebsvereinbarung**, sondern als Regelungsabreden einzustufen (dazu Rn. 26).

15   **3. Mitbestimmte und freiwillige Betriebsvereinbarungen.** Im einzelnen muß man zwischen mitbestimmten, teilmitbestimmten und freiwilligen Betriebsvereinbarung unterscheiden. **Mitbestimmt** sind diejenigen Betriebsvereinbarungen, die im Streitfall von einer Einigungsstelle erzwungen werden können. Die wichtigsten Beispiele finden sich in § 87 BetrVG und in § 112 betreffend den Sozialplan. Freilich werden auch mitbestimmte Betriebsvereinbarungen idR nicht von den Einigungsstellen beschlossen, sondern von den Betriebspartnern selbst. Insofern unterscheiden sie sich nicht von den freiwilligen Betriebsvereinbarungen, die ohne den Druck eines Mitbestimmungsrechts stattfinden. Trotzdem macht es auch bei einer von den Betriebspartnern selbst abgeschlossenen Betriebsvereinbarung einen erheblichen rechtlichen und praktischen Unterschied, ob und inwieweit die Vereinbarung bei Nichteinigung durch eine Einigungsstelle ersetzt werden könnte. Denn die in diesem Sinne mitbestimmten Betriebsvereinbarungen haben in zwei wichtigen Hinsichten eine stärkere Wirkung als die freiwilligen Betriebsvereinbarungen. Sie sind in geringerem Umfang als die freiwilligen Betriebsvereinbarung an den Vorrang des TV gem. § 77 III gebunden (dazu Rn. 52) und haben nach § 77 VI Nachwirkung (dazu Rn. 130). Mitbestimmte und freiwillige Betriebsvereinbarung unterscheiden sich also nicht nur hinsichtlich des Abschlußtatbestandes durch die vorhandene oder fehlende Erzwingbarkeit, sondern auch in Bezug auf ihre Wirkungsweise.

16   Eine wenig beachtete, aber selbstverständliche Besonderheit der mitbestimmten Betriebsvereinbarung ist, daß sie die Ausübung der Mitbestimmung durch BR oder AG bis zu ihrem Ablauf ausschließt. Die mitbestimmte Betriebsvereinbarung bzw. der sie ersetzende Spruch einer Einigungsstelle **verbrauchen das Mitbestimmungsrecht** (BAG 26. 8. 1997 § 112 BetrVG Nr. 117). Fraglich kann nur sein, ob vor Ablauf der Betriebsvereinbarung auch die Einleitung des Mitbestimmungsverfahrens ausgeschlossen ist oder nur das Inkrafttreten eines Spruches der Einigungsstelle. ME ist die Einleitung des Mitbestimmungsverfahrens, insb. der Antrag auf Einsetzung und Besetzung einer Einigungsstelle zulässig, sobald er erforderlich erscheint, um einen nahtlosen Anschluß der Neuregelung mit Ablauf der bisherigen Betriebsvereinbarung zu erreichen.

17   Dies bedeutet freilich nicht, daß man immer prüfen müßte, ob eine Betriebsvereinbarung im Rahmen eines Mitbestimmungsrechts oder ganz freiwillig zustande gekommen ist. Darauf kommt es nur an, soweit zwischen beiden Typen Unterschiede bestehen wie bei der Anrufung der Einigungsstelle, dem Verhältnis zum TV und der Nachwirkung. Im übrigen, also für Wirksamkeit, Auslegung und Durchführungsanspruch, gelten die **gleichen Grundsätze.**

18   Beispiel: AG und BR schließen eine Betriebsvereinbarung über Maßnahmen gegen **Alkoholsucht** im Betrieb. Die Wirksamkeit dieser Betriebsvereinbarung ist unabhängig davon, ob sie nach § 87 I Nr. 1 mitbestimmt ist. Denn in jedem Fall ist sie als freiwillige Betriebsvereinbarung nach § 88 zulässig, der Betriebsvereinbarungen über alle sozialen Angelegenheiten umfaßt, dh. über den gesamten Inhalt des Arbeitsverhältnisses.

19   Zwischen der in vollem Umfang mitbestimmten und der ganz freiwilligen Betriebsvereinbarung steht die **teilmitbestimmte Betriebsvereinbarung.** Ihre Besonderheiten sind erst in den letzten Jahren erkannt worden (besonders deutlich BAG 26. 10. 1993 NZA 1994, 572 = AP BetrVG § 77 Nachwirkung Nr. 6), obwohl die meisten Betriebsvereinbarungen weder ganz mitbestimmt noch ganz freiwillig, sondern eben teilmitbestimmt sein dürften.

20   Eine Betriebsvereinbarung ist teilmitbestimmt, wenn ihr Inhalt teilweise einem Mitbestimmungsrecht unterliegt und deshalb im Streitfall durch eine Einigungsstelle erzwingbar ist. So liegt es insb. in den Fällen, in denen ein Lebensvorgang nicht im ganzen, sondern nur in einzelnen Aspekten der Mitbestimmung unterliegt. Das wichtigste Beispiel sind Betriebsvereinbarungen über **Arbeitsentgelte** im weitesten Sinne, in denen nach heutiger Auslegung des § 87 I Nr. 10 nicht die Gesamthöhe der jeweiligen Leistung und auch nicht ihre Zweckbestimmung, sondern nur der Verteilungsschlüssel mitbestimmt sind (Zusammenstellung der Rspr. in EzA BetrVG § 87 Betriebliche Lohngestaltung Nr. 31 ff.). Zwar ist es theoretisch denkbar, Gesamthöhe und Zweck der Leistung einerseits, den Verteilungsschlüssel andererseits in verschiedenen Betriebsvereinbarung zu regeln, die dann ganz freiwillig bzw. ganz mitbestimmt wären. In der Praxis geht man aber selten so vor, da Gesamthöhe

und Zweck der Leistung mit dem Verteilungsschlüssel eng zusammenhängen. Deshalb enthalten die meisten **Betriebsvereinbarungen über Arbeitsentgelte** tlw. mitbestimmte und tlw. nichtmitbestimmte freiwillige Elemente, abgesehen von den Leistungsentgelten, die nach § 87 I Nr. 11 in vollem Umfang der Mitbestimmung unterliegen.

Ähnlich liegt es bei Betriebsvereinbarungen über die **Arbeitszeit.** Auch sie sind teilmitbestimmt, 21 soweit sie die Dauer und die Lage der Arbeitszeit regeln, da die Lage der Arbeitszeit nach § 87 I Nr. 2 mitbestimmt ist, ihre regelmäßige Dauer aber nicht.

Die teilmitbestimmten Betriebsvereinbarungen führen immer dort zu **Schwierigkeiten,** wo eine 22 Rechtsvorschrift zwischen mitbestimmten und freiwilligen Betriebsvereinbarungen unterscheidet (dazu Rn. 59, 123).

Etwas anders und einfacher liegt es bei den verwandten Fällen, in denen eine Betriebsvereinbarung 23 nicht eine einheitliche, aber nur tlw. mitbestimmte Materie regelt, sondern verschiedene Materien, von denen ein Teil mitbestimmt ist, ein anderer nicht. Dabei kann es sich um ganz verschiedene Materien handeln oder auch um nicht mitbestimmte Annex-Bedingungen zu Mitbestimmungstatbeständen (dazu vor § 74 Rn. 35). Da es sich hier um verschiedene Materien handelt, müssen solche Betriebsvereinbarungen nicht einheitlich behandelt werden. Vielmehr kann jeder Teil nach den entsprechenden Regelungen, also als mitbestimmt oder als freiwillig behandelt werden, soweit sie einzeln sinnvoll handhabbar sind. (s. BAG 23. 6. 1992 NZA 1993, 229 = AP BetrVG § 77 Nr. 55 betr. Nachwirkung) Rechtsdogmatisch kann man hier vielleicht von **tlw. mitbestimmten** Betriebsvereinbarung als Grenzfall der teilmitbestimmten Betriebsvereinbarung sprechen.

4. Form der Betriebsvereinbarung. Im Gegensatz zu den anderen Vereinbarungen zwischen AG 24 und BR bedarf die Betriebsvereinbarung nach § 77 II der **Schriftform** (zur Umdeutung formunwirksamer Betriebsvereinbarung in Regelungsabrede unten Rn. 45; zur Form von Aufhebungsverträgen Rn. 112ff.) Die hier vorgesehene Schriftform stellt teils weitere, teils geringere Anforderungen als § 126 BGB. Über § 126 geht das Erfordernis hinaus, daß beide Seiten auf demselben Schriftstück zu unterzeichnen haben. Geringer sind die Anforderungen, weil die Vorschrift nur eine Klarstellungs- und keine Schutzfunktion hat (BAG 3. 6. 1997 AP BetrVG § 77 Nr. 69). Daraus ergibt sich insb. eine erweiterte Zulässigkeit von Anlagen und Verweisungen. In einem vom BAG (11. 11. 1986 AP BetrVG § 77 Nr. 18) entschiedenen Fall waren die Einzelheiten der Altersversorgung der AN in einer Betriebsvereinbarung und in einer „Musterzusage" geregelt. Die Betriebsvereinbarung war von den Betriebspartnern unterschrieben; die Musterzusage, die nicht unterschrieben war, war mit der Betriebsvereinbarung durch eine Heftklammer verbunden. Dies reichte nach Auffassung des BAG aus (ebenso BAG 7. 5. 1998 AP KSchG 1969 § 1 Namensliste Nr. 1). Einzelheiten ergeben sich aus einem Beschluß des LAG Berlin vom 6. 9. 1991 (LAGE BetrVG § 77 Nr. 15). Danach ist das Schriftformerfordernis nicht erfüllt, wenn der AG die Fotokopie eines BRBeschlusses unterzeichnet, selbst wenn das Original des Beschlusses von sämtlichen BRMitgliedern unterzeichnet war. Auch für die Betriebsvereinbarung maßgeblich ist jetzt ein Beschluß des BGH v. 24. 9. 1997 (ZIP 1997, 2085), nach dem die Schriftform des § 126 BGB keine körperliche Verbindung der einzelnen Blätter verlangt, wenn sich deren Einheit aus fortlaufender Paginierung, fortlaufender Nummerierung der einzelnen Bestimmungen, einheitlicher graphischer Gestaltung, inhaltlichen Zusammenhang des Textes oder vergleichbaren Merkmalen zweifelsfrei ergibt. Zulässig ist auch die Verweisung auf andere Schriftstücke, insb. Richtlinien des AG, die aber bei Abschluß der Betriebsvereinbarung schon vorliegen müssen (BAG 3. 6. 1997 AP BetrVG § 77 Nr. 69; s. auch Rn. 62). Ein Anspruch des AG auf Unterzeichnung einer Betriebsvereinbarung besteht auch dann nicht, wenn der BR durch Beschluß dem Entwurf einer Betriebsvereinbarung zugestimmt hat. Freilich kommt dann immer noch die Umdeutung in eine Regelungsabrede in Betracht. Ebenso kann die gemeinsame Unterzeichnung einer Kurzarbeitsanzeige als Regelungsabrede aufgefaßt werden (BAG 14. 2. 1991 DB 1991, 1990 = AP BGB § 615 Kurzarbeit Nr. 4). Einschränkend eine Entscheidung des BAG vom 10. 11. 1992 (NZA 1993, 570 = AP BetrVG § 87 Lohngestaltung Nr. 58): Der AG hat in einer nach § 87 I mitbestimmungspflichtigen Angelegenheit vor einer geplanten Maßnahme an den BR heranzutreten. Tut er dies nicht und gibt der BR von sich aus keine Stellungnahme zu der vom AG geplanten Maßnahme ab, kann in dem Verhalten des BR keine Zustimmung zu der Maßnahme gesehen werden. Die in Abs. 2 S. 2 vorgeschriebene **Auslage im Betrieb** ist nicht Wirksamkeitsvoraussetzung (einschränkend *Fischer* BB 2000, 354; 1143 unter Hinweis auf einen Kammerbeschluß des Bundesverfassungsgerichts zu gesteigerter Publizität bei Eingriffen in die betriebliche Altersversorgung).

5. Unwirksame Betriebsvereinbarungen. Fehlt die Schriftform oder liegt einer der Gründe vor, die 25 nach dem BGB zur Unwirksamkeit von Verträgen führen, ist die Betriebsvereinbarung unwirksam (s. *Richardi* Rn. 43). Nach verbreiteter Ansicht wirkt die Anfechtung nach §§ 119, 123 BGB entgegen § 142 BGB nicht zurück (s. *Richardi* Rn. 45). Dies wird, wie bei Arbeitsverträgen, auch für Unwirksamkeitsgründe gelten müssen. Rückwirkung ist dagegen geboten bei Nichteinhaltung der Formvorschrift und bei Anfechtung nach § 123 BGB, soweit sonst Arglist und Drohung zum Erfolge kämen. Im allgemeinen zieht man als **Umdeutung** in Arbeitsverträge in Betracht (dazu Rn. 105). Es ist aber auch an eine Umdeutung in eine Regelungsabrede zu denken (Rn. 45). **Teilunwirksamkeit** läßt trennbare Teile unberührt (st. Rspr. s. BAG 12. 10. 1994 BetrVG 1972 § 87 Arbeitszeit Nr. 66).

II. Regelungsabreden (RA)

1. Begriff. Nach § 77 I gibt es Vereinbarungen zwischen AG und BR, die keine Betriebsvereinbarung sind. Allen diesen Vereinbarungen ist begriffsnotwendig gemeinsam, daß sie keine normative, dh. unmittelbare und zwingende **Wirkung** auf die Arbeitsverhältnisse haben (dann wären sie Betriebsvereinbarungen), sondern primär nur zwischen AG und BR wirken, allenfalls mit gewissen Reflexwirkungen auf die Arbeitsverhältnisse. Das BetrVG regelt und benennt dazu einige Einzelfälle, etwa die Einstellungs-, Versetzungs- und Kündigungsrichtlinien in § 95 und den Interessenausgleich in § 112. Es fehlt aber an einer allgemeinen Regelung und einer allgemeinen Benennung der Vereinbarungen zwischen AG und BR, die nicht Betriebsvereinbarung sind. Rspr. und Rechtslehre haben das nachgeholt und bezeichnen die nicht normativen Vereinbarungen zwischen AG und BR als Regelungsabrede oder Betriebsabsprachen. (*Adomeit*, Die Regelungsabrede, 1961; *ders.*, FS für Hanau, 1998, 347; *Peterek*, FS für Gaul, 1992, S. 471). Sie haben idR eine obligatorische, den AG verpflichtende Wirkung, so daß ihre Erfüllung vom BR durch Leistungsantrag im Beschlußverfahren durchgesetzt werden kann. Das BAG läßt es dahingestellt, ob sich dies aus § 77 I oder unmittelbar aus den Abreden selbst ergibt. Nach einer Entscheidung des BAG vom 9. 12. 1997 (AP BetrVG 1972 § 77 Tarifvorbehalt Nr. 11) kann der Regelungsabrede nicht nach § 328 BGB verpflichtende Wirkung zugunsten der AN beigelegt werden, da eine Wirkung von Abreden zwischen AG und BR auf die Arbeitsverhältnisse nur durch unmittelbar wirkende Betriebsvereinbarungen vorgesehen sei. Dem steht aber entgegen, daß das Gesetz nicht nur Betriebsvereinbarungen, sondern auch sonstige Vereinbarungen kennt, die gerade keine normative, sondern verpflichtende Wirkung haben. Es kann durchaus sinnvoll oder sogar rechtlich geboten sein, eine zwischen den Betriebsparteien abgesprochene Regelung im Verhältnis zu den AN nicht normativ, sondern auf der arbeitsvertraglichen Ebene durchzusetzen, so etwa, wenn das Günstigkeitsprinzip eine normative Regelung tlw. ausschließt. Deshalb sind auch schuldrechtliche TV und sonstige Koalitionsvereinbarungen zugunsten Dritter anerkannt (BAG 5. 11. 1997 AP TVG § 1 Nr. 29). Zur Anwendung des § 77 III Rn. 71, 110.

Klärungsbedürftig war, wie weit die Vorschriften über die Betriebsvereinbarung in § 77 II bis VI analog auf Regelungsabreden anwendbar sind. Heute ist geklärt, daß **Abs. 2 unanwendbar ist, Abs. 5 und 6 dagegen anwendbar** (unten Rn. 130; s. aber auch Rn. 26). Zu Abs. 3 Rn. 71. Die Formfreiheit gilt sogar als besonderes Kennzeichen der Regelungsabrede.

Von den **verpflichtenden** Regelungsabreden kann man die **ermächtigenden** unterscheiden, die dem AG zwar das Recht, aber nicht die Pflicht geben, eine betriebsverfassungsrechtlich relevante Angelegenheit in bestimmter Weise zu regeln. Beispiel: AG erbittet gem. § 87 I Nr. 3 vom BR die Zustimmung zur Einführung von Kurzarbeit. Der BR erklärt, daß er mit der Kurzarbeit einverstanden sei, soweit auch die betroffenen AN zustimmen. Dies ist keine Betriebsvereinbarung, sondern eine Regelungsabrede, da der BR eine unmittelbare und zwingende Wirkung auf die Arbeitsverhältnisse gerade nicht will, sondern das Einverständnis der AN verlangt. Es handelt sich auch nicht um eine verpflichtende Regelungsabrede, da der BR die Kurzarbeit gar nicht will und kein Interesse daran hat, den AG zu ihrer Einführung zu verpflichten. Inhalt der Regelungsabrede ist also nur die Ermächtigung des AG Kurzarbeit einzuführen. Anders, wenn die Vereinbarung über die Kurzarbeit auf Initiative des BR zustande kommt (Zum Initiativrecht des BR auf Einführung von Kurzarbeit BAG 4. 3. 1986 DB 1986, 1395 = AP BetrVG § 87 Kurzarbeit Nr. 3). Dann ist sie als entsprechende Verpflichtung des AG zu verstehen.

Während verpflichtende Regelungsabreden sowohl im mitbestimmten als auch im freiwilligen Regelungsbereich zulässig und sinnvoll sind, kommen ermächtigende Regelungsabrede praktisch nur im mitbestimmten Bereich in Betracht. Denn Rechtswirkung der Ermächtigung ist, daß der AG bei Nutzung der Ermächtigung mitbestimmungskonform handelt und deshalb nicht vom BR auf Unterlassung in Anspruch genommen werden kann (BAG 10. 3. 1992 DB 1992, 1734 = AP BetrVG § 77 Regelungsabrede Nr. 1). Gemeinsam ist verpflichtenden und ermächtigenden Regelungsabreden, daß sie sich sowohl auf vorübergehende Sachverhalte als auch auf Dauertatbestände beziehen können.

Da die Mitbestimmung im Bereich des § 87 sowohl durch Betriebsvereinbarung als auch durch Regelungsabrede ausgeübt werden kann, stehen diese beiden Gestaltungsformen nicht nur den Betriebsparteien, sondern im Streitfall auch der **Einigungsstelle** zur Verfügung, deren Spruch nach § 87 II die Einigung zwischen AG und BR ersetzt. Dabei kann es sich also um die Ersetzung einer Betriebsvereinbarung oder die einer Regelungsabrede handeln (zu der insoweit bestehenden Wahlmöglichkeit unten Rn. 34).

2. Verhältnis zur schuldrechtlichen Betriebsvereinbarung. Während heute allgemein anerkannt ist, daß es neben der normativ wirkenden Betriebsvereinbarung die nicht normative, nur den AG verpflichtende oder ermächtigende Regelungsabrede gibt, ist das Verhältnis beider Gestaltungsmittel immer noch nicht abschließend geklärt. Im Schrifttum wird geltend gemacht, bloß obligatorische, nicht normative Abreden zwischen AG und BR könnten nicht nur in Regelungsabreden, sondern auch in **schuldrechtlichen Betriebsvereinbarungen** getroffen werden (*Richardi* ZfA 1992, 307, 322; *Heinze* NZA 1994, 583; aA *Fitting* Rn. 17 f.; GK-BetrVG/*Kreutz* Rn. 158 ff.). Gewiß hat die Betriebs-

II. Regelungsabreden (RA)

vereinbarung auch schuldrechtliche Wirkung, aber nur in dem Sinne, daß der AG nicht nur gegenüber den AN, sondern auch gegenüber dem BR zu ihrer Durchführung verpflichtet ist. Regelungen, die ausschließlich schuldrechtliche Wirkung haben, die AG also nur im Verhältnis zum BR verpflichten oder ermächtigen, können nicht als schuldrechtliche Betriebsvereinbarung, sondern nur als Regelungsabrede angesehen werden (dazu im einzelnen oben Rn. 9; *Hanau* AuA 1995, 402). Zum Interessenausgleich §§ 112, 112 a Rn. 9.

3. Inhalt der Regelungsabrede sind zunächst alle betriebsverfassungsrechtlichen Angelegenheiten iSd. §§ 80 ff., die aus rechtlichen oder tatsächlichen Gründen **nicht durch eine Betriebsvereinbarung geregelt werden können.** Beispiele: AG möchte den Gesamtaufwand für bisher arbeitsvertraglich zugesagte Gratifikationen herabsetzen und gleichzeitig den Verteilungsschlüssel ändern. Wegen des Günstigkeitsprinzips ist ein solcher verschlechternder Eingriff durch Betriebsvereinbarung nicht möglich. Andererseits braucht der AG die Zustimmung des BR, weil die Änderung des Verteilungsschlüssels nach § 87 I Nr. 10 der Mitbestimmung unterliegt. Also kann der AG so vorgehen, daß er zunächst mit dem BR eine Regelungsabrede über den neuen Verteilungsschlüssel trifft und dann entsprechende Änderungskündigungen ausspricht. Oder: Der AG erstrebt eine betriebliche Regelung einer Materie, die bisher in einem TV geregelt war, der aber abgelaufen ist und nur noch nachwirkt. Nach § 77 III kann eine solche Regelung, wenn der Betrieb im Geltungsbereich des TV liegt, nicht durch Betriebsvereinbarung, möglicherweise aber durch Regelungsabrede in Verbindung mit entsprechenden arbeitsvertraglichen Absprachen getroffen werden (s. Rn. 71). Eine Regelungsabrede ist auch für Angelegenheiten zulässig, die zwar durch Betriebsvereinbarung geregelt werden könnten, nach dem Willen eines oder beider Betriebsparteien aber **nur durch Regelungsabrede geregelt werden sollen.** So ausdrücklich der Große Senat des BAG in einer Entscheidung vom 3. 12. 1991 (AP BetrVG 1972 § 87 Lohngestaltung Nr. 51) zur Mitbestimmung bei der Lohngestaltung iSd. § 87 I Nr. 10: Diese Mitbestimmung kann sowohl durch Regelungsabrede als auch durch Betriebsvereinbarung ausgeübt werden (s. Rn. 56). Oder: Der BR wendet sich gegen die vom AG geplante Kürzung freiwilliger Leistungen, erklärt aber, daß er gegen die vorgesehene Verteilung keine Bedenken habe. Dann liegt eine Regelungsabrede über den Verteilungsschlüssel vor, nicht dagegen eine zwar mögliche, aber nicht zustandegekommene Betriebsvereinbarung über die Leistung insgesamt. (BAG 10. 2. 1988 NZA 1988, 479 = AP BetrVG § 87 Lohngestaltung Nr. 33). Oder: Der BR besteht darauf, über eine Gratifikationsordnung keine Betriebsvereinbarung abzuschließen, sondern nur eine Regelungsabrede, bei der die Zustimmung zu entsprechenden arbeitsvertraglichen Regelungen ausgesprochen wird, um die nur für Betriebsvereinbarungen, aber nicht für Arbeitsverträge geltende freie Kündbarkeit gem. § 77 V zu vermeiden.

Besondere Bedeutung haben **Beschäftigungs- oder Standortsicherungsverträge,** in denen sich der AG gegenüber dem BR zur Aufrechterhaltung eines Standorts, zur Vornahme bestimmter Investitionen oder Produktionen verpflichtet, idR gegen Zugeständnisse des BR bei den Arbeitsbedingungen (dazu *Walker,* FS für Schaub, 1998, S. 617).

4. Der Anspruch auf Betriebsvereinbarung. a) Allgemeines. Das BAG hat in einer Entscheidung vom 8. 8. 1989 bestätigt, daß **Wahlmöglichkeit** zwischen Betriebsvereinbarung und Regelungsabrede besteht (NZA 1990, 322 = AP BetrVG § 87 Initiativrecht Nr. 3). Gleichzeitig hat es allerdings ausgesprochen, daß der BR und der AG ein Recht darauf habe, über mitbestimmte Angelegenheiten eine Betriebsvereinbarung und nicht nur eine Regelungsabrede abzuschließen. Es ist also nicht etwa automatisch jede Vereinbarung über mitbestimmte Angelegenheiten eine Betriebsvereinbarung, sondern es hängt vom Willen der Betriebsparteien ab, ob sie normative Wirkung hat und damit Betriebsvereinbarung ist oder ob sie nur im Verhältnis zwischen den Betriebsparteien gelten soll und damit Regelungsabrede ist. **Im Zweifel** wird man allerdings annehmen müssen, daß eine Vereinbarung zwischen AG und BR, die sich mit dem Inhalt der Arbeitsverhältnisse befaßt, normativ wirken und damit Betriebsvereinbarung sein soll.

Rn. 35 und 36 nicht belegt

Das BAG wirft in der Entscheidung vom 8. 8. 1989 die Frage auf, ob der Anspruch des BR auf Abschluß einer Betriebsvereinbarung mit dem Inhalt einer bisher arbeitsvertraglich vereinbarten Regelung durch die Anrufung der Einigungsstelle zu verfolgen ist oder vor dem ArbG geltend gemacht werden muß. Eine Antwort gibt die Entscheidung für den Fall, daß es bisher noch keine die arbeitsvertragliche Regelung ergänzende und mitbestimmungsrechtlich legitimierende Regelungsabrede gab. In diesem Falle könne und müsse der BR aufgrund seines Initiativrechts eine mitbestimmte Regelung verlangen und zur Durchsetzung dieses Verlangens die **Einigungsstelle** anrufen. Dies muß man so verstehen, daß die Einigungsstelle dann verpflichtet ist, ihrem Spruch die Rechtswirkung einer Betriebsvereinbarung zu geben. Wenn aber weder AG noch BR die normative Regelung einer mitbestimmten Angelegenheit wünschen, kann und muß die **Einigungsstelle** sich auf einen Spruch beschränken, der die **Rechtswirkung einer Regelungsabrede** hat. Allerdings gilt auch hier wieder, daß im Zweifel eine Regelung, die sich auf den Inhalt der Arbeitsverhältnisse bezieht, als Betriebsvereinbarung anzusehen ist.

38 Etwas anderes kann auch nicht gelten, wenn bereits eine Regelungsabrede vorliegt und der BR oder der AG nunmehr die **Umwandlung in eine Betriebsvereinbarung** wünschen. Auch dies kann nicht beim ArbG, sondern nur bei der Einigungsstelle durchgesetzt werden, da sich aus einer Regelungsabrede kein Anspruch auf Abschluß einer Betriebsvereinbarung ergibt. Dieser Anspruch ist vielmehr unmittelbar aus dem jeweiligen Mitbestimmungsrecht abzuleiten und deshalb so durchzusetzen, wie das Mitbestimmungsrecht, dh. idR über die Einigungsstelle.

39 **b) Teilmitbestimmte Regelungen.** Im Bereich der teilmitbestimmten Regelungen, zu denen nach § 87 I Nr. 10 alle Entgeltabreden zählen, ist fraglich, ob man von einem grds. Anspruch jeder Seite auf Betriebsvereinbarung ausgehen kann. Wenn zB der BR seine Mitbestimmung über ein bisher nur arbeitsvertraglich begründetes Entgeltsystem geltend macht, würde der Abschluß einer Betriebsvereinbarung über den Bereich der Mitbestimmung hinausgehen. Denn die Mitbestimmung nach § 87 I Nr. 10 betrifft nicht das Ob und die Gesamthöhe betrieblicher Entgelte, sondern nur den Verteilungsschlüssel. Die Mitbestimmung kann den AG also nicht daran hindern, die Leistungen einzustellen, soweit dies arbeitsvertraglich zulässig ist, insb. gegenüber neueingestellten AN. Eine Betriebsvereinbarung würde dagegen, solange in ihr nichts anderes bestimmt ist, den AG während der dreimonatigen Kündigungsfrist an der Einstellung der Leistungen hindern. Auch würde die durch eine Betriebsvereinbarung geschaffene Unabdingbarkeit und Unverzichtbarkeit der Leistungen über die Frage des Verteilungsschlüssels hinausgehen und zB Verzichtsverträge ausschließen, die mit dem Verteilungsschlüssel nichts zu tun haben, weil sie etwa auf die Beseitigung der Gesamtleistung oder Einzelfälle abzielen.

40 Trotzdem dürfte der Anspruch auf Betriebsvereinbarung auch hier unentbehrlich sein. Denn idR wird sich nur durch eine im Rahmen der kollektiven Günstigkeit umstrukturierende Betriebsvereinbarung erreichen lassen, das vertraglich gewachsene Vergütungssystem in den betriebsverfassungsrechtlich gebotenen Verteilungsmodus zu überführen. Die Betriebsvereinbarung muß dann aber, soll sie nicht über die ihr zugrundeliegende Mitbestimmung hinausschießen, die Regelung enthalten, daß sie den AG nicht daran hindert, die Leistung AN zu versagen, die nach einem bestimmten Stichtag eingestellt werden. Im Verhältnis zu den bereits beschäftigten AN ist dagegen eine Verkürzung der gesetzlichen Kündigungsfrist nur erforderlich, soweit die bestehenden Ansprüche aufgrund von Freiwilligkeits- oder Widerrufsvorbehalten noch schneller abgebaut werden können (dazu *Hanau* AuA 1995, 402).

Rn. 41–44 nicht belegt

45 **5. Umdeutung einer Betriebsvereinbarung in eine Regelungsabrede (zur Umdeutung in einen Arbeitsvertrag Rn. 105).** Scheitert eine Betriebsvereinbarung an § 77 II oder III, ist stets zu prüfen, ob wenigstens eine Regelungsabrede vorliegt. Dies hängt davon ab, ob sie im Verhältnis zur Betriebsvereinbarung ein Aliud oder ein Minus darstellt. Wie bereits dargelegt, haben Betriebsvereinbarung und Regelungsabrede zwei Funktionen gemeinsam: Regelung des Verhältnisses zwischen AG und BR, Ausübung der Mitbestimmung. Die Betriebsvereinbarung hat dann noch den weiteren Zweck, unmittelbar und zwingend auf die Arbeitsverhältnisse einzuwirken. Dies zeigt, daß die Regelungsabrede im Verhältnis zur Betriebsvereinbarung ein **Minus**, kein Aliud ist. IdR dürfte es auch dem Parteiwillen entsprechen, daß bereits die mündliche Einigung über eine mitbestimmungspflichtige Maßnahme den AG berechtigen und verpflichten soll, so daß die Betriebsvereinbarung dann nur als Gestaltungsmittel gegenüber den AN vorgesehen ist (s. *Belling/Hartmann* NZA 1998, 673). So wird es auch vom BAG verstanden (s. BAG 10. 3. 1992 NZA 1992, 952 = AP BetrVG § 77 Regelungsabrede Nr. 1), wo die Funktionsgleichheit von Betriebsvereinbarung und Regelungsabrede betont wird. Im Einzelfall kann es allerdings so sein, daß die Erklärungen der Parteien erst durch die schriftliche Niederlegung Verbindlichkeit erlangen sollen. Neben der gesetzlichen Schriftform für die Betriebsvereinbarung liegt dann eine gewillkürte Schriftform für die Regelungsabrede vor.

46 **6. Befristete und bedingte Regelungen.** Betriebsvereinbarung und Regelungsabrede können wie TV aufschiebend und auflösend befristet abgeschlossen werden; damit ist eine vorzeitige Kündigung im Zweifel ausgeschlossen. Fraglich kann nur sein, ob eine Seite die Einigungsstelle anrufen kann, um im Rahmen des § 87 eine längerdauernde Regelung durchzusetzen. Nach Auffassung des BAG hat die Einigungsstelle die Möglichkeit, im Rahmen billigen Ermessens ihrem Spruch eine **längere als die gesetzliche** (§ 77 V) Dauer zu geben (8. 3. 1977 DB 1977, 1464 = AP BetrVG § 87 Auszahlung Nr. 1; s. auch Rn. 117). Entspricht eine kurze Dauer nach den Umständen nicht billigem Ermessen, kann die Einigungsstelle eine längerdauernde Regelung verfügen. Dies hat zur Folge, daß das ihrem Spruch zugrundeliegende Mitbestimmungsrecht während der Laufzeit der Regelung, sei es Betriebsvereinbarung, sei es Regelungsabrede, nicht geltend gemacht werden kann. Fraglich ist dabei immer, ob die Befristung der Regelung als vertraglicher Ausschluß der Nachwirkung anzusehen ist. Dazu unten Rn. 121.

47 Fraglich ist weiter, ob Betriebsvereinbarung und Regelungsabrede unter aufschiebenden oder auflösenden Bedingungen abgeschlossen werden können. Im bürgerlichen Recht ist anerkannt, daß Geschäfte **bedingungsfeindlich** sind, die wegen ihrer Wirkung gegenüber einer Vielzahl von Personen

Unsicherheiten durch die Abhängigkeit von künftigen Ereignissen nicht vertragen (*Palandt/Heinrichs* vor § 158 Rn. 13). Andererseits werden betriebliche Einigungen erschwert, wenn nicht eine Anpassung an künftige Ereignisse vorgesehen werden kann. Deshalb ist anzunehmen, daß Betriebsvereinbarung und Regelungsabrede unter solche Bedingungen gestellt werden können, deren Eintritt oder Nichteintritt für alle Beteiligten, auch die AN, ohne weiteres feststellbar ist. Bei Eintritt einer auflösenden Bedingung stellt sich dann wieder die Frage der Nachwirkung.

7. Der Interessenausgleich als Regelungsabrede. S. Rn. 9 zu §§ 112, 112 a. **48**

III. Verhältnis Betriebsvereinbarung/Tarifvertrag

1. Grundsatz. § 77 III begründet einen grundsätzlichen **Vorrang des Tarifvertrages** vor der Be- **49** triebsvereinbarung; entgegenstehende frühere oder spätere Betriebsvereinbarungen sind nichtig, allerdings genehmigungsfähig (Rn. 74 aE). Tarifgebundenheit des AG ist nicht erforderlich, sondern nur, daß der Betrieb im Geltungsbereich des TV liegt, der auch bloß nachwirkend oder sogar nur üblich sein kann (BAG 24. 1. 1996 AP BetrVG 1972 § 77 Tarifvorbehalt Nr. 8; BAG 9. 12. 1997 AP BetrVG 1972 § 77 Tarifvorbehalt Nr. 11; ebenso für den personellen Geltungsbereich LAG Köln 14. 8. 1996 LAGE BetrVG § 77 Nr. 22). BAG 24. 2. 1999 DB 1999, 490 stellt klar, daß die Tarifparteien den Geltungsbereich ausdrücklich auf einen Teil ihrer Mitglieder begrenzen können, zB auf die ordentlichen Mitglieder (also unter Ausschluß der OT-Mitglieder). Dadurch wird die Anwendung des § 77 III ausgeschlossen (LAG Köln 16. 3. 1999 NZA-RR 1999, 481; MünchArbR/*Matthes* § 327 Rn. 68). Die Entscheidung läßt ausdrücklich offen, wie sich die OT-Mitgliedschaft auf § 77 III auswirkt, wenn der TV sie nicht ausdrücklich ausschließt. BAG 23. 10. 1996 DB 1997, 582, hatte im Anschluß an *Buchner* NZA 1994, 2, angenommen, daß die OT-Mitgliedschaft die Tarifzuständigkeit begrenze. Dann müßte § 77 III (ebenso wie § 5 TVG) unanwendbar sein, doch müßte das dann erst recht für Nichtmitglieder gelten, womit der Vorschrift aus den Angeln gehoben würde. Deshalb kann § 77 III wohl nur durch eine ausdrückliche Begrenzung des personellen Geltungsbereichs im TV ausgeschlossen werden. Nach BAG 20. 4. 1999 AP Art. 9 GG Nr. 89 kann die tarifschließende Gewerkschaft (und wohl auch der Arbeitgeberverband) von dem Arbeitgeber (und ggf. auch von dem BR) Nichtanwendung der unzulässigen Betriebsvereinbarung verlangen, aber nur bis zu ihrem Ablauf (BAG 20. 4. 1999, DB 1999, 2016).

Die Regelung soll die **Tarifautonomie** vor der Betriebsautonomie schützen, konkret Tarifparteien **50** vor einer Konkurrenz durch die Betriebsparteien. Dabei geht es zunächst um die Konkurrenz im übertariflichen Bereich, dh. um den Nachweis, daß die BR mehr herausholen können als die Gewerkschaften. Zunehmend wichtiger wird aber die Funktion des § 77 III, den Nichteintritt oder den Austritt aus den Tarifparteien dadurch weniger attraktiv zu machen, daß die Regelung, insb. der Abbau, tariflicher Arbeitsbedingungen durch Betriebsvereinbarungen verhindert wird. Zur verfassungsrechtlichen Gewährleistung Art. 9 GG Rn. 60 ff. Sie ist zweifelhaft, soweit eine Regelung durch Arbeitsvertrag möglich wäre. Die tarifschließende Gewerkschaft kann vom AG Nichtanwendung einer tarifwidrigen BV oder Regelungsabrede jedenfalls verlangen, soweit der TV normativ gilt. Dies hat das BAG aus Art. 9 III GG abgeleitet (20. 4. 1999 AP GG Art. 9 Nr. 89 = NJW 1999, 3281; zum zeitlichen Umfang der Antragbefugnis BAG 20. 4. 1999 DB 1999, 2016). Noch nicht abschließend geklärt ist, ob auch die Verletzung des § 77 III durch nicht tarifgebundene AG einen gewerkschaftlichen Unterlassungsanspruch begründen kann. BAG 20. 4. 1999 AP GG Art. 9 Nr. 89 = NJW 1999, 3281 bezweifelt, ob der Anspruch auch auf § 23 III gestützt werden kann, dürfte aber Art. 9 III GG auch dann anwenden wollen. Das BAG geht zwar davon aus, daß der gewerkschaftliche Unterlassungsanspruch nur zur Sicherung „normativ geltender Tarifbestimmungen" bestimmt ist, sagt dann aber ausdrücklich „außerhalb des Anwendungsbereichs des § 77 III BetrVG kommt eine Verletzung der Koalitionsfreiheit der Gewerkschaft durch tarifwidrige Regelungen nur in Betracht, soweit der jeweils betroffene TV normativ gilt". Dies spricht dafür, daß eine Verletzung der Koalitionsfreiheit auch in Betracht kommen soll, wenn nur gegen § 77 III und nicht gegen eine Tarifbindung verstoßen wird. Daraus folgt allerdings nicht, daß § 77 III zur Sicherung der Koalitionsfreiheit verfassungsrechtlich in seinem bisherigen Umfang garantiert wäre.

Zweifelhaft ist, wieweit die Sperrwirkung auch durch **Tarifverträge kleinerer Gewerkschaften** **51** ausgelöst werden kann, da es nicht auf die Tarifgebundenheit des AG ankommt. Zu § 59 BetrVG 1952, der nur auf die Üblichkeit einer tariflichen Regelung abstellte, hat BAG 6. 12. 1963 (AP BetrVG 1952 § 59 Nr. 23) Tarifüblichkeit nur angenommen, wenn die Zahl der in den tarifgebundenen Betrieben regelmäßig beschäftigten AN größer ist als die Zahl der in den nicht tarifgebundenen Betrieben regelmäßig beschäftigten AN. *Richardi* Rn. 255 will das auch heute anwenden. Allerdings stellt § 77 nicht nur auf die Üblichkeit, sondern schlicht auf die Regelung durch TV ab. Man wird die Sperrwirkung deshalb nur solchen TV absprechen können, denen nach der Zahl der beiderseits Tarifgebundenen keine wesentliche Bedeutung zukommt. Ähnlich MünchArbR/*Matthes* § 327 Rn. 68: Unerheblich, ob der TV für die Branche repräsentativ sei.

Der Tarifvorbehalt nach § 77 III bezieht sich nicht nur auf „**materielle Arbeitsbedingungen**". Sind **52** Ausschlußfristen für die Geltendmachung von Ansprüchen aus dem Arbeitsverhältnis tarifvertraglich geregelt, so können durch Betriebsvereinbarung auch für die Geltendmachung von Akkordlohnansprüchen keine Ausschlußfristen geregelt werden, sofern nicht die tarifliche Regelung insoweit eine Öffnungsklausel enthält (BAG 9. 4. 1991 AP BetrVG § 77 Tarifvorbehalt Nr. 1).

53 **2. Das Verhältnis von § 77 III zu § 87 Einleitungssatz.** Nach § 87 I Einleitungssatz ist die Mitbestimmung in sozialen Angelegenheiten ausgeschlossen, soweit eine mitbestimmte Angelegenheit tariflich geregelt ist. Soweit diese Sperre reicht, ist sie folgerichtig auch eine Sperre für mitbestimmte Betriebsvereinbarungen. Im Ergebnis wirkt sich § 87 I Einleitungssatz aber auch als Sperre für freiwillige Betriebsvereinbarungen über mitbestimmte Angelegenheiten aus. Dies ergibt sich aus dem Zusammenhang mit § 77 III, nach dem Arbeitsentgelte und sonstige Arbeitsbedingungen, die durch TV geregelt sind oder üblicherweise geregelt werden, nicht Gegenstand einer Betriebsvereinbarung sein können. **Nach der neueren Rspr. des BAG gilt die Regelungssperre des § 77 III nicht für mitbestimmte, dh. nach § 87 II im Streitfall durch die Einigungsstelle erzwingbare Betriebsvereinbarungen** (BAG 24. 2. 1987 NZA 1987, 639 = AP BetrVG § 77 Nr. 21; BAG 24. 11. 1987 NZA 1988, 405 = AP BetrVG § 87 Auszahlung Nr. 6; BAG 10. 2. 1988 NZA 1988, 479 = AP BetrVG § 87 Lohngestaltung Nr. 33; BAG 6. 12. 1988 NZA 1989, 479 = AP BetrVG § 87 Lohngestaltung Nr. 37; BAG 20. 11. 1990 NZA 1991, 426 = AP BetrVG § 77 Nr. 48; BAG 20. 8. 1991 NZA 1992, 317 = AP BetrVG § 77 Tarifvorbehalt Nr. 2; BAG 3. 12. 1991 NZA 1992, 749 = AP BetrVG § 87 Lohngestaltung Nr. 51; BAG 22. 6. 1993 NZA 1994, 184 = AP BetrVG § 23 Nr. 22). Wenn aber der Einleitungssatz des § 87 die Mitbestimmung über eine an sich mitbestimmungspflichtige Angelegenheit ausschließt, bleibt § 77 III anwendbar (MünchArbR/*Matthes* § 327 Rn. 72).

54 Weitgehend unstreitig ist, daß die Regelungssperre des § 87 I Einleitungssatz voraussetzt, daß der AG **tarifgebunden** ist und der TV voll wirksam, also nicht nur nachwirkend oder bloß üblich ist. Tarifbindung auch nur eines AN wird nicht verlangt (BAG 24. 2. 1987 AP BetrVG § 77 Nr. 21). Zur entscheidenden Frage wird damit, welchen Inhalt, welche Vollständigkeit eine tarifvertragliche Regelung haben muß, um die Mitbestimmung und damit überhaupt Betriebsvereinbarungen in der jeweiligen Angelegenheit zu sperren. Die Rspr. geht davon aus, daß der durch den Eingangssatz von § 87 I begründete Vorrang einer tariflichen vor einer betrieblichen Regelung nur eingreift, wenn durch den TV die mitbestimmungspflichtige Angelegenheit selbst abschließend geregelt ist (BAG 18. 4. 1989 NZA 1989, 887 = AP BetrVG § 87 Tarifvorrang Nr. 18; BAG 4. 7. 1989 NZA 1990, 29 = AP BetrVG § 87 Tarifvorrang Nr. 20). Ob man dieses Kriterium eng oder weit auslegt, entscheidet, wie dargelegt, nicht nur über den Umfang der Mitbestimmung, sondern auch über die Möglichkeit der Betriebsparteien, tarifvertraglich geregelte Angelegenheiten aufzugreifen.

55 Die einschlägige Rspr. zeigt eine Neigung, das Erfordernis der abschließenden tariflichen Regelung eng auszulegen, eine solche Regelung also selten anzunehmen und damit der Mitbestimmung und der Betriebsvereinbarung Raum zu geben. Diese Entwicklung begann mit einem Beschluß des BAG vom 17. 12. 1985 (DB 1986, 914 = NZA 1986, 364 = AP BetrVG § 87 Tarifvorrang Nr. 5). Eine abschließende Regelung im TV fehle, wenn er lediglich das Entgelt für die tariflich geschuldete Arbeitsleistung regele. Es entspreche dem Wesen tariflicher Entgeltregelungen, daß sie nur Mindestbedingungen setzen. Damit könne aber die tarifliche Entgeltregelung im übertariflichen Bereich gerade diejenige Schutzwirkung nicht entfalten, wegen der dem BR bei der Lohngestaltung ein Mitbestimmungsrecht eingeräumt worden ist.

56 In der weiteren Rspr. hat sich dies **fortgesetzt**. So wird in einem Urteil des BAG vom 9. 2. 1989 (NZA 1989, 765 = AP BetrVG § 77 Nr. 40) ausgesprochen, daß eine betriebliche Regelung über ein zusätzliches Urlaubsgeld nicht einmal durch eine tarifliche Regelung über ein Urlaubsgeld ausgeschlossen werde. Der folgende Beschluß des Großen Senats des BAG vom 3. 12. 1991 (NZA 1992, 749 = AP BetrVG § 87 Lohngestaltung Nr. 51) über die Mitbestimmung bei der Anrechnung übertariflicher Leistungen bei Tariflohnerhöhungen bezeichnet es schon als ganz überwiegende Auffassung, daß der Tarifvorrang des § 87 I Eingangssatz einem Mitbestimmungsrecht nach § 87 Abs. 1 Nr. 10 bei der Aufstellung und Änderung von Entlohnungsgrundsätzen für übertarifliche Zulagen nicht entgegensteht.

57 **Einschränkend** jetzt BAG 9. 12. 1997 AP BetrVG 1972 § 77 Tarifvorbehalt Nr. 11: § 77 III anwendbar, wenn kein eigenständiger Verteilungsschlüssel vereinbart wird.

58 **Offen ist also noch die wichtige Frage, inwieweit tariflich geregelte Arbeitsbedingungen in nicht oder nicht mehr tarifgebundenen Betrieben durch Betriebsvereinbarung geregelt werden können.** Vielfach, aber ohne hinreichende Berücksichtigung der vorstehend aufgezeigten Rspr., wird noch angenommen, daß in diesem Bereich § 77 III einer Betriebsvereinbarung entgegenstehe (*Bauer/Diller* DB 1993, 3089; *Däubler* ZTR 1994, 448, 455; *Krauss* DB 1995, 1563). Unter Hinweis auf die neue Rspr. wird dagegen zunehmend die Ansicht vertreten, daß die Betriebsvereinbarung ein geeignetes Instrument sei, um in nicht oder nicht mehr tarifgebundenen Betrieben mitbestimmungspflichtige Angelegenheiten einschließlich aller Arbeitsentgelte zu regeln (*Hanau* NZA 1993, 321; *Hoß/Liebscher* DB 1995, 2525; *Hümmerich* DB 1996, 1182). Ein Beispiel für die Zurückdrängung des § 77 III bietet ein Urteil des BAG vom 6. 12. 1995 (NZA 1996, 531). Hier hatte ein nicht tarifgebundener AG in einer Betriebsvereinbarung eine Weihnachtsgratifikation zugesagt, die in etwa der tariflichen Gratifi-

kation entsprach. Das BAG fragte gar nicht danach, ob es sich um eine über- oder untertarifliche Regelung handelte, sondern lehnte davon unabhängig die Anwendung des § 77 III ab. Diese Vorschrift gelte nicht für Betriebsvereinbarungen über Angelegenheiten, die nach § 87 der Mitbestimmung des BR unterliegen.

In der Grundlage ebenso, im Ergebnis allerdings anders ein Urteil des BAG vom 24. 1. 1996, AP **59** BetrVG 1972 § 77 Tarifvorbehalt Nr. 8. Auch hier hatte ein nicht tarifgebundener AG Löhne und Weihnachtsgratifikation durch Betriebsvereinbarung geregelt. Diesmal wandte das BAG § 77 III an (zur Umdeutung Rn. 104). Das Urteil führt aus, die Lohnhöhe gehöre nach § 87 I Nr. 10 nicht zur mitbestimmungspflichtigen betrieblichen Lohngestaltung und im Anlaßfall hätten die Betriebsvereinbarung den früher bestehenden Verteilungsschlüssel unverändert gelassen und nur die Höhe der zu gewährenden Leistungen geregelt. **Danach sieht es so aus, als wenn Betriebsvereinbarungen über tariflich geregelte Entgelte in nicht oder nicht mehr tarifgebundenen Betrieben wirksam wären, wenn sie einen eigenständigen Verteilungsschlüssel beinhalten, gleich ob sie im Ergebnis über oder unter den tariflichen Leistungen liegen.** Einschränkend BAG 5. 3. 1997 AP BetrVG 1972 § 77 Tarifvorbehalt Nr. 10: § 77 III auf Betriebsvereinbarung mit AußenseiterAG anwendbar, die sich auf Entgelthöhe und Verteilungsschlüssel bezog. Ebenso *Hromadka*, FS für Schaub, 1998, S. 33 f.

Für das **Arbeitszeitrecht** bedeutet dies, daß in nicht oder nicht mehr tarifgebundenen Betrieben **60** Betriebsvereinbarungen über eine vom TV abw. Lage der Arbeitszeit nach § 87 I Nr. 2 zulässig sind. Eine Betriebsvereinbarung über die Verteilung der Arbeitszeit verstößt dagegen gegen § 77 III, wenn sie zugleich Regelungen über die Dauer der wöchentlichen bzw. jährlichen Arbeitszeit enthält, die im Widerspruch zu einem für den Betrieb geltenden TV stehen (BAG 22. 6. 1993 AP BetrVG § 23 Nr. 22; ArbG Stuttgart 20. 2. 1998 BB 1998, 696, n. rkr.). Nachforderung kann mißbräuchlich sein, LAG Baden-Württemberg 22. 1. 1998, 11 Sa 141/96.

Unverändert hält die Rspr. daran fest, daß § 77 III Betriebsvereinbarungen ausschließt, welche einen **61** bestimmten TV auf nicht tarifgebundene AN **ausdehnen** wollen, soweit der TV nicht eine entsprechende Öffnungsklausel enthält (BAG 22. 3. 1994 EzA TVG § 4 Geltungsbereich Nr. 10; LAG Hamburg 7. 6. 1995 AuR 1996, 75). Dazu auch: BAG 23. 6. 1992 AP BetrVG § 77 Nr. 55. Dagegen greift § 77 III nicht ein, soweit die Betriebsvereinbarung die Anrechnung von Tariferhöhungen auf einzelvertragliche Zulagen ausschließt, aber eine Effektivklausel enthält (BAG 9. 12. 1997 AP BetrVG 1972 § 77 Tarifvorbehalt Nr. 11).

Verweisungen in einer Betriebsvereinbarung auf den jeweils geltenden RahmenTV (sogenannte dyna- **62** mische Blankettverweisungen) sind grds. unzulässig. Die Unwirksamkeit der Verweisung auf den „jeweils geltenden TV" führt aber nicht zur Unwirksamkeit der Verweisung auf den zum Zeitpunkt des Abschlusses der Betriebsvereinbarung galt (BAG 23. 6. 1992 AP BetrVG 1972 § 77 Nr. 55).

Das BAG läßt hier ausdrücklich offen, ob dies auch bei engem sachlichem Zusammenhang zwischen **63** beiden Regelungen gilt; bisher wurde hier die Verweisung zugelassen. S. auch Rn. 24 und *Richardi* Rn. 35.

3. Der verbleibende Anwendungsbereich des § 77 III. Aus dem von der Rspr. angenommenen **64** Vorrang der Regelungssperre des § 87 ergibt sich schon eine **weitgehende Zurückdrängung der Regelungssperre des § 77 III.**

Soweit das BAG die Tarifsperre des § 77 III nicht schon aufgrund der Sonderregelung des § 87 I **65** Eingangssatz beiseiteschiebt, ist es auf anderen Wegen bemüht, den Anwendungsbereich der Vorschrift klein zu halten. So ist nach einer Entscheidung des BAG vom 1. 12. 1992 (AP BetrVG § 77 Tarifvorbehalt Nr. 3), eine **Betriebsvereinbarung** auch über Angelegenheiten zulässig, die der einschlägige TV ausdrücklich der Regelung durch **Arbeitsvertrag** zuweist. Ebenso wieder BAG vom 14. 12. 1993 (AP BetrVG § 87 Lohngestaltung Nr. 65: überläßt ein TV den Einzelvertragsparteien die Vereinbarung der Höhe des Entgelts, unterliegt die Festlegung und Gewichtung von Kriterien für eine betriebliche Lohnstruktur dem Mitbestimmungsrecht nach § 87 I Nr. 10 und damit nicht der Sperre des § 77 III). Ähnlich BAG 6. 12. 1988 (NZA 1989, 479 = AP BetrVG § 87 Lohngestaltung Nr. 37: sieht ein TV nur vor, daß, soweit Provisionen gezahlt werden, der ausgezahlte Betrag mindestens das Tarifgehalt erreichen muß, sind Mitbestimmung und Betriebsvereinbarung über das betriebliche Gehaltssystem nicht ausgeschlossen). Selbstverständlich erscheint die Klarstellung in einem Beschluß des BAG vom 27. 1. 1987 (AP BetrVG § 99 Nr. 42), daß die einzelvertragliche Übernahme eines TV, von dessen Geltungsbereich der AG nicht erfaßt wird, nicht dazu führt, daß in dem Betrieb Arbeitsbedingungen iSv. § 77 III üblicherweise tariflich geregelt sind und daß der Abschluß von FirmenTV mit einzelnen privaten Forschungseinrichtungen keine übliche tarifliche Regelung iSv. § 77 III für den gesamten Bereich privater Forschungseinrichtungen begründet. Auch die bewußte Nichtregelung einer Materie in einem TV führt nach einer Entscheidung vom 23. 10. 1985 nicht zum Eintritt der Sperrwirkung des § 77 III (DB 1986, 595 = AP TVG § 1 Tarifverträge: Metallindustrie Nr. 33).

Nach alledem bleiben für die Anwendung des § 77 III nur wenige Fälle. Ein Beschluß des BAG **66** vom 16. 2. 1993 gestand einem TV die Sperrwirkung zu, der die Verwendung von Gewinnanteilen aus betrieblicher Altersversorgung genau geregelt hatte (NZA 1993, 953 = AP BetrVG § 87 Altersversorgung Nr. 19). Dann war eine anderweitige Regelung durch Betriebsvereinbarung nicht möglich. Ein

Urteil des BAG vom 9. 4. 1991 sprach aus, daß tarifvertragliche Ausschlußfristen für die Geltendmachung von Ansprüchen aus dem Arbeitsverhältnis durch Betriebsvereinbarung nicht verlängert werden können (NZA 1991, 734 = AP BetrVG § 77 Tarifvorbehalt Nr. 1). Schließlich hat das BAG in einer Entscheidung vom 22. 6. 1993 ausgesprochen, daß eine Betriebsvereinbarung gegen § 77 III verstößt, die zu einer geringeren Arbeitszeitverkürzung führt als im TV vorgesehen (NZA 1994, 184 = AP BetrVG § 23 Nr. 22). Der Vorrang der Mitbestimmung griff hier nicht ein, weil der BR nicht über die regelmäßige Dauer der wöchentlichen Arbeitszeit mitzubestimmen hat.

67 Einige LAG sind noch bemüht, dem § 77 III einen weiteren Anwendungsbereich zu lassen. Nach einem Beschluß des LAG Rheinland-Pfalz vom 21. 12. 1988 kann Gegenstand einer Betriebsvereinbarung nicht die Zahlung eines Pauschalbetrages über das Tarifgehalt hinaus an alle Angestellten sein, wenn der einschlägige TV keine Öffnungsklausel enthält (LAGE BetrVG 1972 § 77 Nr. 7). Dieser Beschluß setzt sich nicht mit der Rspr. des BAG auseinander, nach welcher übertarifliche Zulagen durch Betriebsvereinbarung geregelt werden können, wenn der AG nicht an einen entsprechenden vollwirksamen TV gebunden ist. Ebenso ein Urteil des LAG Hamm vom 7. 1. 1988 (LAGE BetrVG 1972 § 77 Nr. 3). in bewußtem Widerspruch zur BAG-Rspr. Ein Beschluß des LAG Hamm vom 2. 3. 1988 (LAGE BetrVG 1972 § 77 Nr. 5), wendet sich in einer anderen Hinsicht gegen das BAG: Seiner Auffassung, Tarifüblichkeit im Sinne des § 77 III verlange, daß wenigstens ein TV in dem betrieblichen Unternehmensbereich abgeschlossen worden sei, könne nicht gefolgt werden.

68 **4. Verhältnis von Tarifvertrag und Betriebsvereinbarung bei Betriebsübergang.** Schließlich soll noch die Bedeutung des § 77 III für die Fortgeltung von TV nach Betriebsübergang erörtert werden. Nach **§ 613 a I BGB** werden die Inhaltsnormen eines TV nach Betriebsübergang Inhalt des Arbeitsverhältnisses zwischen dem neuen Inhaber und dem AN und dürfen nicht vor Ablauf eines Jahres nach dem Zeitpunkt des Übergangs zum Nachteil des AN geändert werden. Dies gilt nicht, wenn die Rechte und Pflichten bei dem neuen Inhaber durch Rechtsnormen eines anderen TV oder durch eine andere Betriebsvereinbarung geregelt werden. Dazu neuestens *Schaub*, FS für Wiese, 1998, 535.

69 Hier stellt sich zunächst die Frage, ob ein **fortgeltender Tarifvertrag** bereits im ersten Jahr nach dem Betriebs- oder Betriebsteilübergang durch Betriebsvereinbarung geändert werden kann. Dagegen könnte zunächst die zwingende Wirkung des TV gem. § 613 a I 2 BGB sprechen. Man kann allerdings die Ansicht vertreten, daß § 613 a I 3 BGB insofern vorgeht, weil er eine Änderung der nach S. 2 fortgeltenden Regelungen auch durch Betriebsvereinbarung vorsieht, ohne zwischen fortgeltendem TV und Betriebsvereinbarung zu unterscheiden (*Erman/Hanau* § 613 a Rn. 93; *Hanau/Vossen*, FS für Hilger/Stumpf*, 1982, S. 271, 282; *Roeder* DB 1981, 1980 f.; *Seiter* Betriebsinhaberwechsel S. 95). Folgt man dem, stellt sich die weitere Frage, ob § 77 III der Ablösung des fortgeltenden TV durch Betriebsvereinbarung entgegensteht. Das ist dann aber folgerichtig zu verneinen, da § 613 a I 3 BGB, so verstanden, eine Spezialregelung gegenüber § 77 III ist. Nach Ablauf des Jahres ist die Ablösbarkeit des fortgeltenden TV durch eine wenigstens teilmitbestimmte Betriebsvereinbarung beim Erwerber unproblematisch, da der TV dann nicht mehr zwingend ist.

70 Diese Rechtslage ändert sich auch nicht, wenn der Betrieb nach dem Betriebsübergang im Geltungsbereich eines **anderen Tarifvertrages** liegt, an den der Erwerber nicht gebunden ist. Denn dann bleibt es wiederum bei dem Vorrang von Mitbestimmung und Betriebsvereinbarung. Schließt der Betriebserwerber mit einer anderen Gewerkschaft einen TV ab, verdrängt das den übernommenen TV nur, soweit beiderseitige Bindung an den neuen TV besteht. Soweit dies nicht der Fall ist, kommt wiederum eine Ablösung des übernommenen TV durch Betriebsvereinbarung in Betracht.

71 **5. Regelungsabrede zur Vermeidung des § 77 III BetrVG?** Da § 77 III nur Betriebsvereinbarung ausschließt, stellt sich die Frage, ob er durch Regelungsabrede umgangen oder vermieden werden kann. Die Bedeutung dieser Frage ist freilich zurückgetreten, seitdem der Anwendungsbereich des § 77 III durch die Rspr. so stark eingeengt worden ist. Da § 77 III praktisch nur noch für freiwillige Betriebsvereinbarungen gilt, ist heute nur noch problematisch, ob die Vorschrift dem Abschluß freiwilliger, nicht mitbestimmter Regelungsabreden entgegensteht (BAG 20. 4. 1999 AP GG Art 9 Nr. 89 = NJW 1999, 3281 verneint grds.). Für Verneinung spricht, daß die Regelungsabrede den AN gegenüber nur durch Arbeitsvertrag umgesetzt und deshalb nicht als Konkurrenz zum TV wirken kann. S. auch Rn. 26, 45, 110.

72 **6. Ausschluß des § 77 III durch § 112 I 4.** Nach § 112 I S. 4 ist § 77 III auf Sozialpläne nicht anzuwenden. Dies ist insb. für tarifvertragliche **Rationalisierungsschutzabkommen** bedeutsam, die demnach weitergehende betriebliche Sozialpläne und ihre Erzwingbarkeit nicht ausschließen können. Dagegen kann ein TV bestimmen, daß die in ihm vorgesehenen Leistungen entfallen, wenn und soweit betriebliche Sozialpläne entsprechende Leistungen gewähren (s. §§ 112, 112 a Rn. 13).

73 Fraglich ist, ob § 112 I 4 nur für den in § 112 vorgesehenen erzwingbaren Sozialplan gilt, oder auch für darüber hinausgehende Sozialpläne, die mangels der nach §§ 111, 112 a I erforderlichen ANzahl, mangels der nach § 112 a II erforderlichen Unternehmensdauer oder aus sonstigen Gründen **nicht erzwingbar** wären. Man wird dies bejahen müssen, da die Abgrenzung schwer fällt und der Tarif-

7. Öffnungsklauseln. § 77 III 2 läßt die Sperrwirkung des S. 1 entfallen, wenn ein TV den Abschluß **ergänzender Betriebsvereinbarungen** ausdrücklich zuläßt. Ergänzung ist weit auszulegen, so daß auch untertarifliche Regelungen zugelassen werden können, zumal § 4 III TVG generell von TV abw. Abmachungen zuläßt (*Fitting* Rn. 106; hM). Gestattet der TV Abweichungen durch Betriebsvereinbarung, reicht eine Regelungsabrede nicht aus (BAG 18. 12. 1997 AP KSchG 1969 § 2 Nr. 46 = NZA 1998, 304). Der TV kann auch bestimmen, daß die Betriebsvereinbarung in einer nach § 87 nicht mitbestimmten Angelegenheit, zB Dauer der Arbeitszeit, erzwingbar sein soll (BAG 18. 8. 1987 AP BetrVG § 77 Nr. 23) und umgekehrt. Die Öffnungsklausel gilt erst recht, wenn der TV nach § 77 V nur nachwirkt, endet aber mit einem neuen TV ohne Öffnungsklausel (BAG 25. 8. 1983 AP BetrVG 1972 § 77 Nr. 7). Die Klausel kann nur von den Parteien des zu öffnenden TV vereinbart werden (BAG 20. 4. 1999 DB 1999, 1660) Ein FirmenTV kann aber einen VerbandsTV nicht für eine BV öffnen, sondern nur nach dem Grundsatz der Spezialität durch eine eigene Regelung verdrängen (s. *Wiedemann/Wank*, TVG, 6. Aufl., § 4 Rn. 290). Die Öffnungsklausel kann sich, auch rückwirkend, auf bestimmte BV beziehen und beschränken, soweit nicht die Grundsätze des Vertrauensschutzes entgegenstehen, BAG 20. 4. 1999 AP § 77 BetrVG Tarifvorbehalt Nr. 12.

IV. Verhältnis Betriebsvereinbarung/Betriebsvereinbarung

Wird eine Betriebsvereinbarung geschlossen, die eine ältere Betriebsvereinbarung ablösen soll, so gilt nicht das Günstigkeitsprinzip, sondern die **Zeitkollisionsregel**: Die jüngere Norm ersetzt die ältere. Sollten Rechte eines AN durch eine Betriebsvereinbarung geändert werden, so bedarf es dazu einer ausdrücklichen Regelung in der Betriebsvereinbarung (BAG 4. 3. 1982 AP BetrVG 1972 § 77 Regelungsabrede Nr. 3). Eine Protokollnotiz reicht im Zweifel nicht aus (BAG 9. 12. 1997 AP BetrVG 1972 § 77 Nr. 62). Im übrigen dürfte aber eine zu rückwirkenden TV ergangene Entscheidung des BAG vom 23. 11. 1994 (AP TVG § 1 Rückwirkung Nr. 12) entsprechend gelten, nach der auch bereits fällige, aber noch nicht abgewickelte Ansprüche rückwirkend beseitigt werden können, begrenzt durch einen Vertrauensschutz, wie er gegenüber rückwirkenden Gesetzen besteht.

Führt die ablösende Betriebsvereinbarung zu einer Kürzung von **Versorgungsanwartschaften**, so unterliegt sie einer Rechtskontrolle. Abzuwägen sind die Änderungsgründe gegen die Bestandsschutzinteressen der betroffenen AN. Je stärker in Besitzstände eingegriffen wird, desto schwerer müssen die Änderungsgründe wiegen. Wie das BAG auch für Unterstützungskassen entschieden hat (30. 4. 1985 AP BetrAVG § 1 Ablösung Nr. 4; ebenso BAG 16. 7. 1996 AP BetrAVG § 1 Ablösung Nr. 21), lassen sich Versorgungsbesitzstände und die für entsprechende Eingriffe erforderlichen Änderungsgründe wie folgt abstufen: Der bereits erdiente und nach den Grundsätzen des § 2 BetrAVG errechnete Teilbetrag darf nur in seltenen Ausnahmefällen gekürzt werden. Zuwächse, die sich aus variablen Berechnungsfaktoren ergeben, können nur aus triftigen Gründen geschmälert werden, soweit sie zeitanteilig erdient sind. Für Eingriffe in Zuwachsraten, die noch nicht erdient sind, genügen sachliche Gründe. Auch für die Verschiebung der Fälligkeit von Betriebsrenten auf das Monatsende genügen sachliche Gründe (BAG 23. 9. 1997 AP BetrAVG § 1 Ablösung Nr. 23). Durch das 20. und das 21. Rentenanpassungsgesetz ist nicht so stark in das System des Sozialversicherungsrechts eingegriffen worden, daß dadurch allein die Aufgabe einer betrieblichen Gesamtversorgungsregelung ohne Rücksicht auf vorhandene Besitzstände sachlich begründet werden könnte (BAG 17. 3. 1987 AP BetrAVG § 1 Ablösung Nr. 9; BAG 23. 10. 1990 AP BetrAVG § 1 Ablösung Nr. 13). Zur Ablösung von Betriebsvereinbarungen nach einem Betriebs- oder Betriebsteilinhaberwechsel s. die Kommentierung zu § 613 a BGB.

V. Verhältnis Betriebsvereinbarung/Arbeitsvertrag

1. Kollektives Günstigkeitsprinzip (s. schon Rn. 4). Vertraglich begründete Ansprüche der AN auf Sozialleistungen, die auf eine vom AG gesetzte Einheitsregelung oder eine Gesamtzusage zurückgehen, können durch eine nachfolgende Betriebsvereinbarung in den Grenzen von Recht und Billigkeit beschränkt werden, wenn die Neuregelung insgesamt bei **kollektiver Betrachtung** nicht ungünstiger ist. Ist demgegenüber die nachfolgende Betriebsvereinbarung insgesamt ungünstiger, ist sie nur zulässig, soweit der ArbG wegen eines vorbehaltenen Widerrufs oder Wegfalls der Geschäftsgrundlage die Kürzung oder Streichung der Sozialleistungen verlangen kann. Es kommt nicht darauf an, ob die in einer solchen Betriebsvereinbarung geregelten Angelegenheiten der erzwingbaren Mitbestimmung unterliegen (§ 87 I) oder nur als freiwillige Betriebsvereinbarung (§ 88) zustandekommen (BAG GS 16. 9. 1986 AP BetrVG 1972 § 77 Nr. 17). Zur Rückwirkung Rn. 80.

Werden in einem zu einem Konzern gehörenden Unternehmen Jubiläumszuwendungen aufgrund vertraglicher Einheitsregelung nach konzerneinheitlichen Richtlinien zugesagt, die mit dem KonzernBR abgestimmt sind, enthält diese Zusage einen Vorbehalt, die Gewährung durch kollektivrechtliche Regelungen zu ändern. Die Einschränkung solcher Leistungen durch eine Betriebsvereinbarung hält der Billigkeitskontrolle stand, wenn an die Stelle der bisher erbrachten Leistung eine andere vergleichbare Zuwendung tritt. Ist die vertragliche Einheitsregelung unbedingt und vorbehaltlos ausgestaltet, enthält der Ausschuß bisher erbrachter Leistungen durch Betriebsvereinbarung keinen Verstoß gegen das kollektive Günstigkeitsprinzip, wenn die Änderung insgesamt bei kollektiver Betrachtung nicht ungünstiger ist (BAG 3. 11. 1987 AP BetrVG 1972 § 77 Nr. 25).

79 Vereinbaren die Arbeitsvertragsparteien bei Abschluß des Arbeitsvertrages die zu diesem Zeitpunkt im Betrieb geltende Regelung über Beginn und Ende der täglichen Arbeitszeit und die **Verteilung der Arbeitszeit** auf die einzelnen Wochentage, liegt darin keine individuelle Arbeitszeitvereinbarung, die gegenüber einer späteren Veränderung der betrieblichen Arbeitszeit durch Betriebsvereinbarung Bestand hat, s. Rn. 98.

80 Dies gilt insb. für die rückwirkende Anwendung richterrechtlich entwickelter Rechtssätze. Wurden vor der Entscheidung des Großen Senats des BAG v. 16. 9. 1986 (Rn. 77) auf vertraglicher Grundlage eingeführte betriebliche Versorgungsordnungen durch Betriebsvereinbarung abgelöst und die Rechte der AN insgesamt bei kollektiver Betrachtung verschlechtert, so kann im Einzelfall die Wirksamkeit der Neuregelung zu bejahen sein, wenn die Betriebspartner auf die Geeignetheit des Ablösungsmittels (Betriebsvereinbarung) vertrauen durften und die Neuregelung ihrerseits einer inhaltlichen Kontrolle unter den Gesichtspunkten der Verhältnismäßigkeit und des Vertrauensschutzes standhält. Jedenfalls bis zum Bekanntwerden des Urteils des Sechsten Senats des BAG v. 12. 8. 1982 (AP BetrVG 1972 § 77 Nr. 4) durften die Betriebsparteien davon ausgehen, daß eine Betriebsvereinbarung ein geeignetes rechtliches Mittel sei, eine auf einer Gesamtzusage oder vertraglichen Einheitsregelung beruhende (vertragliche) Versorgungsregelung abzulösen und insgesamt ungünstiger zu gestalten (BAG 20. 11. 1990 AP BetrAVG § 1 Ablösung Nr. 14; 11. 5. 1999 AP BetrVG § 1 Betriebsvereinbarung Nr. 6).

81 Bei einer vertraglichen Abrede über das Ende des Arbeitsverhältnisses mit Erreichen einer bestimmten **Altersgrenze** kann durch eine nachfolgende Betriebsvereinbarung keine niedrigere Altersgrenze festgelegt werden (BAG GS 7. 11. 1989 AP BetrVG 1972 § 77 Nr. 46). Diese Entscheidung beruht auf dem Gedanken, daß es für den ArbN am günstigsten ist, wenn er die Dauer seiner Lebensarbeitszeit selbst bestimmen kann (sehr strittig, ob man dies auch die durch TV oder Betriebsvereinbarung geregelte Wochenarbeitszeit übertragen kann; dazu umfassend *Buchner* DB 1996, Beil. 12).

82 Eine Betriebsvereinbarung, nach der für Mitarbeiter das Arbeitsverhältnis ohne Kündigung mit Ablauf des Monats endet, in dem der AN das 65. Lebensjahr vollendet, ist dahin auszulegen, daß das Arbeitsverhältnis bei Erreichen der vorgesehenen Altersgrenze vorbehaltlos nur enden soll, wenn der betroffene AN zu diesem Zeitpunkt auch ein gesetzliches Altersruhegeld zu beanspruchen hat. Die Wirksamkeit einer **Altersgrenze** dieses Inhalts ist darüber hinaus nicht davon abhängig, ob zusätzlich eine auf die Altersgrenze abgestellte betriebliche Altersversorgung besteht. Es bleibt dahingestellt, ob im Wege einer Billigkeitskontrolle Härteklauseln für AN einzufügen sind, die durch das gesetzliche Altersruhegeld nicht ausreichend wirtschaftlich versorgt sind. Wird eine Altersgrenze für die Beendigung des Arbeitsverhältnisses erstmals durch eine Betriebsvereinbarung eingeführt, dann wirkt sie auch zu Ungunsten der AN, die auf unbestimmte Zeit eingestellt worden sind, wenn die Arbeitsverträge unter dem Vorbehalt späterer Betriebsvereinbarungen stehen, dh. ausgestaltet worden sind (BAG 20. 11. 1987 AP BGB § 620 Altersgrenze Nr. 2).

83 Vorstehende Entscheidung scheint anzunehmen, daß das Günstigkeitsprinzip nicht nur zwischen einer Betriebsvereinbarungen und einer **ausdrücklichen arbeitsvertraglichen Regelung** gilt, sondern allgemeiner zwischen Betriebsvereinbarungen und der ohne besondere arbeitsvertragliche Vereinbarung bestehenden Situation im Arbeitsverhältnis. Dies weicht von der üblichen Praxis ab, nach der zB kollektivvertragliche Ausschlußfristen zulässig sind, obwohl sie für die AN wesentlich ungünstiger sind als die Verjährungsfristen (dazu richtig *Waltermann* in Hromadka (Hrsg.), Recht und Praxis der Betriebsverfassung, 1996, S. 63). Das BAG hält allerdings Betriebsvereinbarungen, die nicht von ausdrücklichen arbeitsvertraglichen Regelungen abweichen, für unwirksam, wenn sie ausschließlich für die AN ungünstige Regelungen enthalten (aM MünchArbR/*Matthes* § 327 Rn. 54). Beispielsweise: Eine Betriebsvereinbarung, in der für die AN Vertragsstrafen begründet werden, ist jedenfalls dann unwirksam, wenn in der Betriebsvereinbarung bestimmt wird, daß einzelvertragliche Vertragsstrafenversprechen der Betriebsvereinbarung auch dann vorgehen, wenn sie für den AN ungünstiger sind (BAG 6. 8. 1991 AP BetrVG 1972 § 77 Nr. 52). In einer Betriebsvereinbarung, durch die eine einheitliche Arbeitskleidung eingeführt wird, können die Betriebspartner nicht regeln, daß die AN einen Teil der Kosten für die Gestellung der Arbeitskleidung zu tragen haben (BAG 1. 12. 1992 DB 1993, 990 = AP BetrVG § 87 Ordung des Betriebes Nr. 20). Lohnabtretungsverbote und Haftungsausschlüsse wurden für unwirksam erklärt (BAG 5. 3. 1959 AP BGB § 611 Fürsorgepflicht Nr. 26; BAG 5. 9. 1960 AP BGB § 399 Nr. 4; dagegen richtig *Richardi* Rn. 99, 105). Nicht der BR, sondern nur die betroffenen AN können gerichtlich geltend machen, daß eine Betriebsvereinbarung nicht verschlechternd in arbeitsvertragliche Ansprüche eingreifen darf (BAG 13. 1. 1987 AP BetrVG § 87 Lohngestaltung Nr. 26; BAG 24. 11. 1987 AP BetrVG 1972 § 87 Lohngestaltung Nr. 31).

84 Die Bedeutung des kollektiven Günstigkeitsvergleichs wird weiter dadurch gemindert, daß er nur für Ansprüche auf **freiwillige soziale Leistungen** mit kollektivem Bezug gilt. Von einem kollektiven Bezug dieser Art und von einem System, in dem vertragliche Ansprüche zueinander stehen, kann bei

Abreden über das Ende des Arbeitsverhältnisses keine Rede sein. In diesen Fällen läßt sich der Günstigkeitsvergleich ohne Rückgriff auf die Einbindung der Ansprüche in ein System von Leistungen in ein Bezugssystem und in einen Leistungsplan anstellen.

Nach einer Entscheidung des BAG vom 21. 9. 1989 (NJW 1990, 1315 = AP BetrVG 1972 § 77 Nr. 43), kommt ein kollektiver Günstigkeitsvergleich ebenfalls nicht in Betracht, wenn ein Arbeitsvertrag auf bestimmte **Tarifverträge** verweist. Mit einer solchen Vereinbarung würden Ansprüche der AN auf das eigentliche Arbeitsentgelt als Gegenleistung für die geschuldete Arbeitsleistung, Ansprüche auf Bezahlung von Mehrarbeit, Nachtarbeit und Feiertagsarbeit, Ansprüche auf Urlaub und Urlaubsvergütung, Ansprüche auf Fortzahlung des Lohnes bei Arbeitsverhinderung und andere Fragen geregelt, die den Inhalt des Arbeitsverhältnisses bestimmen, auch für die Dauer der wöchentlichen Arbeitszeit oder die Kündigungsfristen. Eine solche Vereinbarung habe einen anderen Inhalt und andere Ansprüche zum Gegenstand als eine arbeitsvertragliche Einheitsregelung, die Ansprüche auf Sozialleistungen begründet, die in einem Bezugssystem zu gleichartigen Ansprüchen anderer AN stehen. Insofern komme kein kollektiver sondern nur ein individueller Günstigkeitsvergleich in Betracht. 85

Nach dieser Entscheidung des BAG vom 21. 9. 1989 kommt der Unterscheidung zwischen als einheitliches Kollektiv zu sehenden Sozialleistungen und sonstigen Abreden noch eine weitere, erhebliche Bedeutung zu. Soweit es sich nämlich nicht um arbeitsvertragliche Ansprüche auf Sozialleistungen handelt, die auf einer arbeitsvertraglichen Einheitsregelung, einer Gesamtzusage oder betrieblichen Übung beruhen, komme einer Betriebsvereinbarung gegenüber arbeitsvertraglichen Vereinbarungen keine ablösende Wirkung in dem Sinne zu, daß die Normen der Betriebsvereinbarung an die Stelle der vertraglichen Vereinbarung treten. Durch eine Betriebsvereinbarung könne der Inhalt des Arbeitsvertrages nicht geändert werden. Daraus folge, daß günstigere Normen einer späteren Betriebsvereinbarung die frühere arbeitsvertragliche Vereinbarung nur solange verdrängen, wie die Betriebsvereinbarung wirkt. Läuft die Betriebsvereinbarung ohne Nachwirkung ab, lebt demnach die frühere arbeitsvertragliche Vereinbarung wieder auf. 86

Es ist zu erwägen, diesen Rechtsgrundsatz auch auf **einheitliche Sozialleistungen** anzuwenden. Zwar spricht der Große Senat in seiner Entscheidung vom 16. 9. 1986 (AP BetrVG 1972 § 77 Nr. 17) in diesem Zusammenhang von ablösender Betriebsvereinbarung, doch dürfte damit nicht abschließend darüber entschieden sein, ob arbeitsvertragliche Regelungen wieder aufleben, wenn spätere günstigere Betriebsvereinbarungen wieder abgelaufen sind. Wenn die spätere Betriebsvereinbarung ausschließlich aufgrund des kollektiven Günstigkeitsprinzips wirksam ist, so darf sie auch nach ihrem Ablauf nicht dazu führen, daß arbeitsvertragliche Regelungen verschlechtert werden oder sogar verschwinden; nur dann ist sie günstig. 87

2. Arbeitsvertragsoffene Betriebsvereinbarungen. Während § 4 III TVG **Öffnungsklauseln** in TV für untertarifliche Arbeitsverträge zuläßt, fehlt eine entsprechende Bestimmung im BetrVG. Es steht aber nichts entgegen, § 4 III TVG (auch) insofern im Betriebsverfassungsrecht entsprechend anzuwenden, zumal das in dieser Bestimmung ebenfalls verankerte Günstigkeitsprinzip vom BAG bereits in die Betriebsverfassung übertragen wurde (Rn. 77, 83). Zudem läßt § 77 IV den nachträglichen Verzicht auf Rechte aus Betriebsvereinbarungen mit Zustimmung des BR zu. 88

3. Betriebsvereinbarungsoffene Arbeitsverträge. Nach dem Beschluß des Großen Senats vom 16. 9. 1986 (AP BetrVG 1972 § 77 Nr. 17) kann eine Betriebsvereinbarung zu Lasten der AN in Arbeitsverträge eingreifen, die den **Vorbehalt der Abänderung** durch Betriebsvereinbarung enthalten, also betriebsvereinbarungsoffen sind. Sollen Rechte der AN durch eine Betriebsvereinbarung beeinträchtigt werden, bedarf es dazu jedenfalls einer ausdrücklichen Regelung in der Betriebsvereinbarung (s. Rn. 75). Im einzelnen hat der Große Senat dargelegt, daß der Vorbehalt späterer Abänderung durch Betriebsvereinbarung ausdrücklich, bei entsprechenden Begleitumständen aber auch stillschweigend erfolgen könne. Dies sei eine Frage der Auslegung der vom AG erteilten Zusage. 89

Die nach der Entscheidung des Großen Senats ergangenen Urteile des BAG haben den Hinweis auf die Möglichkeit eines konkludenten oder stillschweigenden Vorbehalts späterer Änderung durch Betriebsvereinbarung gern aufgenommen und großzügig gehandhabt. Bemerkenswert ist, daß auch das Urteil des 8. Senats vom 3. 11. 1987 (AP BetrVG 1972 § 77 Nr. 25), welches den dem Großen Senat vorgelegten Fall endgültig entschied, nicht vorrangig in einen kollektiven Günstigkeitsvergleich eintrat, sondern von einer Betriebsvereinbarungsoffenheit der umstrittenen Jubiläumsrichtlinien ausging weil sie mit dem KonzernBR abgestimmt waren. Eine in dieser Hinsicht besonders weitgehende Entscheidung des LAG Köln (10. 8. 1989 DB 1990, 130 ff.) ist vom BAG (20. 11. 1990 AP BetrVG § 1 Ablösung Nr. 14) allerdings korrigiert worden. Das BAG legt hier dar, daß sich aus der Vereinbarung der steuerlichen Mustervorbehalte nicht schon die Annahme ableiten lasse, die Versorgungsordnung sei betriebsvereinbarungsoffen. Dies könne auch nicht daraus abgeleitet werden, daß die Versorgungsordnung die Mitwirkung des BR in einem Einspruchsausschuß vorsehe. Die Beteiligung der Interessenvertretung der AN an Streitigkeiten über betriebliche Versorgungsleistungen im Einzelfall könne als vertrauensbildende Maßnahme verstanden werden, nicht aber als Vorbehalt der Ablösung durch Betriebsvereinbarung. 90

91 Davon abgesehen begnügt sich die Rspr. aber mit recht knappen Hinweisen auf eine Änderungsmöglichkeit durch Betriebsvereinbarung (BAG 17. 3. 1987 AP BetrAVG § 1 Ablösung Nr. 9; BAG 20. 11. 1987 AP BGB § 620 Altersgrenze Nr. 2).

92 Wesentlich ist stets, daß der Hinweis auf eine spätere Betriebsvereinbarung oder eine frühere Beteiligung des BR seinerzeit dem einzelnen AN erkennbar war. Es reicht mithin nicht aus, daß es eine Abstimmung zwischen dem AG und dem BR gegeben hat. Sie muß auch in geeigneter Weise im Betrieb veröffentlicht worden sein oder durch einen entsprechenden Hinweis bei den Arbeitsvertragsverhandlungen. Der Inhalt von Betriebsvereinbarungen gilt dagegen stets als bekannt. Wenn die Richtlinien den AN nicht ausgehändigt, sondern nur durch Mitteilungen auf Betriebsversammlungen oder an anderer Stelle bekannt gemacht wurden, muß es auch heute noch darauf ankommen, wie die damaligen Mitteilungen zu verstehen waren. Unterrichtet der BR die AN auf einer Betriebsversammlung über eine Regelung oder ihre Änderung, ist dies ein Indiz dafür, daß auch zukünftige Gestaltungen mit dem BR möglich sein sollen.

93 Bisweilen verweisen Arbeitsverträge nicht auf die jeweiligen, sondern auf die gerade im Betrieb geltenden Betriebsvereinbarungen. Dies bedeutet aber nicht notwendig, daß es sich wirklich um eine **statische Verweisung** handelt. Vielmehr sind arbeitsvertragliche Verweisungen auf Kollektivverträge idR als dynamisch, spätere Änderungen einbeziehend zu verstehen, da dies den Interessen der Parteien eher gerecht wird als eine Verweisung auf einen im Zeitpunkt des Vertragsabschlusses bestehenden Rechtszustand. Soll nur die im Zeitpunkt der Verweisung geltende Ordnung in Bezug genommen werden, muß dies deutlich zum Ausdruck gebracht werden (BAG 16. 8. 1988 AP BetrAVG § 1 Beamtenversorgung Nr. 8; BAG 23. 9. 1997 ZIP 1998, 517; ebenso für Verweisungen auf TV BAG 24. 8. 1993 AP BetrAVG § 1 Ablösung Nr. 19). Folgerichtig hat das BAG in der oben behandelten Entscheidung vom 20. 11. 1987 (AP BGB § 620 Altersgrenze Nr. 2), die schlichte Verweisung auf die „Betriebsvereinbarung" ohne weiteres als dynamisch aufgefaßt.

94 Auslegungszweifel können auch entstehen, wenn es im Arbeitsvertrag heißt, „für alle übrigen Fragen" oder „im übrigen" sollten die im Betrieb geltenden Betriebsvereinbarung maßgeblich sein. Dies könnte bedeuten, daß sich **die Bezugnahme** gar nicht auf die in den Arbeitsverträgen zuvor geregelten Angelegenheiten, also etwa betriebliche Altersversorgung, sondern nur auf sonstige Angelegenheiten bezieht. Eine solche Auslegung kommt aber nur in Betracht, wenn ein Anhaltspunkt dafür vorliegt, daß in einem Arbeitsvertrag geregelte Angelegenheiten abweichend oder unabhängig von der Regelung derselben Angelegenheit in späteren Betriebsvereinbarungen geregelt werden sollen. So liegt es nur, wenn ein AN annehmen konnte und mußte, ihm solle eine individuelle, nicht betriebseinheitlich geregelte Zusage gemacht werden. Sonst können und müssen die AN durch die Verweisung auf die Betriebsvereinbarung erkennen, daß es sich nicht um einen individuelle Zusage, sondern um eine betriebseinheitliche Regelung handeln soll. Meist wird sich auch aus der arbeitsvertraglichen Regelung ergeben, daß sie im ganzen, nicht nur im übrigen, im Zusammenhang mit den Betriebsvereinbarungen steht.

95 Schließlich gibt es Fälle, in denen eine arbeitsvertragliche Ordnung zwar nicht erkennbar betriebsvereinbarungsoffen war, später aber durch Betriebsvereinbarung verbössert wurde, ohne daß die AN widersprachen. Denkbar ist auch, daß die Abänderung nicht gleich durch Betriebsvereinbarung, sondern erst durch eine weitere Einheitsregelung erfolgt, die den Vorbehalt der Betriebsvereinbarungsoffenheit enthält. Stets fragt es sich, ob die AN einer entsprechenden Änderung der ursprünglichen Versorgungsordnung zugestimmt haben.

96 Werden einem AN geänderte Vertragsbedingungen angeboten, kann die **widerspruchslose Fortsetzung der Arbeit** als Einverständnis mit der angetragenen Vertragsänderung angesehen werden. Die Rspr. nimmt dies regelmäßig an, wenn neue Bedingungen für die eigentliche Arbeitsleistung (zB Lohn, Zuschläge usw.) angeboten werden oder es sich um sonstige Arbeitsbedingungen handele, die unmittelbar und sogleich bei der Arbeit praktisch werden. Dagegen wird eine konkludente Annahmeerklärung grds. abgelehnt, wenn es sich um Vertragsänderungen handelt, die erst später wirksam werden, wie es für die betriebliche Altersversorgung typisch ist (BAG 8. 7. 1960 AP BGB § 305 Nr. 2; BAG 30. 7. 1985 NZA 1986, 474). Es bedarf deshalb besonderer Umstände, um eine nachträgliche Vereinbarung der Betriebsvereinbarungsoffenheit anzunehmen. Deshalb wird sich auch die weitere Frage gar nicht stellen, wieweit in einer Betriebsvereinbarung ein Angebot zur Änderung vertraglicher Arbeitsbedingungen liegen kann. BAG 26. 3. 1997 DB 1997, 1672, läßt allerdings bei Gratifikationen einen Widerrufsvorbehalt durch dreimalige Wiederholung wirksam werden.

97 Die Betriebsvereinbarungsoffenheit von Arbeitsverträgen kann sich nicht nur auf die Regelung von Arbeitsentgelten, sondern auch auf der **Arbeitszeiten** beziehen. Dies ist eine wichtige Grundlage für die Flexibilisierung und Verkürzung von Arbeitszeiten durch Betriebsvereinbarung.

98 Beispiel nach einem Urteil des BAG vom 23. 6. 1992 (NZA 1991, 89 = AP BGB § 611 Arbeitszeit Nr. 1): Vereinbaren die Arbeitsvertragsparteien bei Abschluß des Arbeitsvertrages die zu diesem Zeitpunkt im Betrieb geltende Regelung über Beginn und Ende der täglichen **Arbeitszeit** und die Verteilung der Arbeitszeit auf die einzelnen Wochentage, liegt darin keine individuelle Arbeitszeitvereinbarung, die gegenüber einer späteren Veränderung der betrieblichen Arbeitszeit durch Betriebsvereinbarung Bestand hat. Ein AN, der aus persönlichen Gründen an einer bestimmten, von der betriebsüblichen Arbeitszeit unabhängigen Lage der Arbeitszeit Interesse hat, muß diese Unabhängigkeit mit dem AG auch dann vereinbaren, wenn die zur Zeit des Abschlusses des Arbeitsvertrages geltende betriebliche Arbeitszeit seine Interessen bestimmt.

Noch weiter geht ein Urteil des LAG Baden-Württemberg vom 28. 10. 1991, nach dem die **be-** 99 **triebsübliche Arbeitszeit,** auch wenn sie 7 Jahre bestanden hat, individualrechtlich noch gar nicht verfestigt ist, so daß sie ohne weiteres durch Betriebsvereinbarung geändert werden kann (LAGE BetrVG 1972 § 77 Nr. 16). Ein Günstigkeitsvergleich gegenüber einer einzelvertraglichen Regelung finde gar nicht statt, da eine Konkurrenz nicht bestehe.

Diese Entscheidungen beziehen sich in erster Linie auf die Lage der Arbeitszeit. Hier kann der AN 100 in der Tat nicht damit rechnen, daß ihm der Fortbestand der betriebsüblichen Arbeitszeitlage arbeitsvertraglich zugesichert werden solle. Er muß vielmehr damit rechnen, daß die betriebsübliche Arbeitszeit geändert wird und der BR daran mitwirkt. Fraglich ist, ob dies auch für die **Dauer der Arbeitszeit** gilt. Hier ist anerkannt, daß die arbeitsvertragliche Festlegung einer bestimmten Arbeitszeitdauer keinen arbeitsvertraglichen Ausschluß vorübergehender Mehrarbeit enthält, so daß entsprechende Betriebsvereinbarungen ohne Verstoß gegen das Günstigkeitsprinzip wirksam sind; davon geht BAG (14. 2. 1991 DB 1991, 1990 = AP BGB § 615 Kurzarbeit Nr. 4) aus. In Bezug auf die regelmäßige Dauer der Arbeitszeit ist den AN bekannt, daß sie regelmäßig durch TV festgelegt wird. Deckt sich die betriebsübliche Arbeitszeitdauer mit der tariflichen, liegt entweder gar keine arbeitsvertraglich bindende Regelung vor oder sie ist jedenfalls tarifvertragsoffen. Eine Veränderung der regelmäßigen betrieblichen Arbeitszeit durch Betriebsvereinbarung ist dann möglich, wenn ein TV dazu ermächtigt. Fehlt es an einer solchen Ermächtigung, ist die Änderung der im TV vorgesehenen regelmäßigen Dauer der Arbeitszeit durch Betriebsvereinbarung schon nach § 77 III unzulässig. Soweit allerdings den AN ersichtlich die betriebliche Arbeitszeit nicht auf TV, sondern auf Betriebsvereinbarung oder jedenfalls Abstimmung mit dem BR beruht, ist eine betriebsvereinbarungsoffene Regelung anzunehmen, die durch Betriebsvereinbarung auch wieder geändert werden kann.

4. Abbau von Leistungen durch ablösende Betriebsvereinbarung bei Widerrufsvorbehalt oder 101 **Änderung der Geschäftsgrundlage.** Die Vereinbarung der Betriebsvereinbarungsoffenheit einer arbeitsvertraglichen Leistungsordnung bildet einen speziellen Änderungsvorbehalt. Betriebsvereinbarungsoffenheit kann sich auch aus weitergehenden vertraglichen oder gesetzlichen Änderungsvorbehalten ergeben. In Leitsatz 2 des Beschlusses des Großen Senats des BAG vom 16. 9. 1986 (AP BetrVG 1972 § 77 Nr. 17) wird dazu festgestellt, daß eine verschlechternde Betriebsvereinbarung zulässig ist, soweit der AG wegen eines vorbehaltenen Widerrufs oder Wegfalls der Geschäftsgrundlage die Kürzung oder Streichung der Sozialleistung verlangen kann. Soweit der Widerruf oder der Wegfall der Geschäftsgrundlage zu einer Anpassung von Leistungsordnungen führen, muß der AG sogar nach § 87 I Nr. 10 den BR beteiligen, wenn die Leistung nicht nur insgesamt gemindert, sondern auch nach einem neuen Schlüssel verteilt wird.

Praktisch wichtig ist, daß der Große Senat diese Überlegungen auch **prozessual** umsetzt. Die 102 Rechtsfrage, ob und in welchem Umfang vertraglich begründete Ansprüche an eine veränderte Geschäftsgrundlage anzupassen sind, könne nicht nur in einem Urteilsverfahren zwischen den Parteien des Arbeitsvertrags geklärt werden, sondern auch in einem Beschlußverfahren unter den Betriebspartnern. Der freiwillige Abschluß einer Betriebsvereinbarung, in der der BR die Notwendigkeit einer Anpassung infolge des Wegfalls der Geschäftsgrundlage anerkennt, werde vielfach ein maßgebliches Indiz dafür sein, daß die gesetzlichen Voraussetzungen für eine notwendig werdende Anpassung der Leistungen erfüllt sind. Andererseits könne der BR die Verantwortung für die Beurteilung der Rechtslage ablehnen und die gerichtliche Klärung der vertragsrechtlichen Anpassungsbefugnis dem AG zuweisen. Das führe aber nicht dazu, daß er seine Mitwirkung völlig verweigern dürfe. Vielmehr müsse der BR in einem solchen Fall über die Modalitäten der Neuregelung unter dem Vorbehalt ihrer vertragsrechtlichen Zulässigkeit verhandeln und mitbestimmen. Bestätigt durch BAG 23. 9. 1997 AP BetrAVG § 1 Ablösung Nr. 26.

Rn. 103, 104 nicht belegt

5. Umdeutung unwirksamer Betriebsvereinbarungen in arbeitsvertraglichen Abreden. Eine 105 unwirksame Betriebsvereinbarung kann durch Umdeutung analog § 140 BGB zum **Inhalt der Einzelverträge** der AN werden. Das setzt jedoch voraus, daß besondere tatsächliche Umstände vorliegen, aus denen die AN nach Treu und Glauben schließen durften, daß der AG über die betriebsverfassungsrechtliche Verpflichtung hinaus sich für eine bestimmte Leistung binden wollte (BAG 23. 8. 1989 BB 1989, 2330 = AP BetrVG 1972 § 77 Nr. 42; LAG Köln 12. 6. 1998 NZA-RR 1999, 30; LAG Niedersachsen 11. 2. 1998 LAGE § 77 BetrVG Nr. 23). Also nicht bei für die AN ungünstiger Betriebsvereinbarung (LAG Hamm 22. 10. 1998 NZA-RR 2000, 27). Zur Umdeutung in Regelungsabreden Rn. 45.

Die Erklärung des AG, die zu einer nach § 77 III nichtigen Betriebsvereinbarung geführt hat, kann 106 ausnahmsweise in ein entsprechendes Vertragsangebot an die AN umgedeutet werden, wenn besondere Umstände darauf schließen lassen, daß der AG sich unabhängig von der betriebsverfassungsrechtlichen Regelungsform binden wollte. Dieses Angebot können die AN annehmen, ohne daß es einer ausdrücklichen Annahmeerklärung bedarf (§ 151 BGB – BAG 24. 1. 1996 AP BetrVG 1972 § 77 Tarifvorbehalt Nr. 8; BAG 5. 3. 1997 AP BetrVG 1972 § 77 Tarifvorbehalt Nr. 10).

107 Für die Umdeutung maßgeblich war hier, daß es sich um eine tarifvertragsersetzende und zudem **zeitlich begrenzte** Regelung handelte (ähnlich LAG Niedersachsen LAGE § 77 BetrVG Nr. 23). Da das BAG wegen der zeitlichen Begrenzung einen konkludenten Ausschluß der ordentlichen Kündigung der Betriebsvereinbarung annahm, mußte es sich nicht mit der Frage auseinandersetzen, ob die Umdeutung einer ohne Nachwirkung kündbaren Betriebsvereinbarung nur in eine widerrufliche arbeitsvertragliche Zusage in Betracht kommt. Dies ist idR zu bejahen (s. auch *Hromadka*, FS für Schaub, 1998, S. 337 der einen an die Drei-Monats-Frist gebundenen Widerrufsvorbehalt empfiehlt).

108 **6. Arbeitsvertraglicher Verzicht auf Anspruch aus Betriebsvereinbarung.** (Dazu unten Rn. 141).

VI. Verhältnis Regelungsabrede/Arbeitsverhältnis

109 Da die Regelungsabrede im Gegensatz zur Betriebsvereinbarung keine normative Wirkung hat, bedarf es zu ihrer Ausführung idR Maßnahmen auf der Ebene des Arbeitsvertrages, sei es eine Vertragsänderung, sei es eine Weisung im Rahmen des Direktionsrechts.

110 Bei einer die AN **begünstigenden** Regelungsabrede, durch die sich der AG gegenüber dem BR zu Leistungen oder sonstigen begünstigenden Maßnahmen (zB Unterlassung von Betriebsänderungen) verpflichtet, stellt sich die Frage, ob die Regelungsabrede zugleich arbeitsvertragliche Wirkung hat, also nicht noch durch Erklärungen des AG gegenüber den AN umgesetzt werden muß. BAG 9. 12. 1997 (s. schon Rn. 26) lehnt ua. ab, weil sonst § 77 III unterlaufen würde. Dagegen wurde aber die analoge Anwendung des § 77 III helfen (dazu Rn. 45), so daß ein völliger Ausschluß der Regelungsabrede zugunsten Dritter so nicht begründet werden kann. Dagegen handelt der BR im Regelfall als betriebsverfassungsrechtliches Organ nicht als Stellvertreter für einzelne Beschäftigte (LAG Hamm 28. 10. 1991 EWiR § 42 BetrVG 1/92, 127 – *Däubler*).

111 Stets ist der Sachzusammenhang zwischen der betriebsverfassungsrechtlichen Regelungsabrede und ihrer arbeitsvertraglichen Umsetzung zu beachten, wenn Inhalt und Vollstreckung einer verpflichtenden Regelungsabrede näher bestimmt werden. Verpflichtet sich der AG gegenüber dem BR in einer Regelungsabrede zu bestimmten Leistungen an die AN, kann er im Beschlußverfahren beantragen, daß der AG entsprechende Angebote an die AN abgibt. Für die **Zwangsvollstreckung** gilt dann § 894 ZPO iVm. § 85 ArbGG. Die abw. Rspr. des BAG zu der Betriebsvereinbarung (Rn. 12) kann hier nicht eingreifen, da bei der Regelungsabrede nicht die alternative Möglichkeit zur Geltendmachung der Ansprüche durch die AN aufgrund normativer Wirkung besteht.

VII. Beendigung von Betriebsvereinbarungen und Regelungsabreden

112 **1. Aufhebungsvertrag.** Eine Betriebsvereinbarung kann durch eine spätere Betriebsvereinbarung aufgehoben werden, auch zu Lasten der AN (Rn. 75); zur Nachwirkung Rn. 121.

113 Nach der Rspr. des BAG (20. 11. 1990 AP BetrVG 1972 § 77 Nr. 46) kann eine Betriebsvereinbarung nicht durch eine Regelungsabrede abgelöst werden. Ob die formlosen Regelungsabrede zugleich ein Aufhebungsvertrag hinsichtlich einer entgegenstehenden Betriebsvereinbarung gesehen werden könne, blieb unentschieden. Eine völlige Beseitigung oder Ersetzung einer Betriebsvereinbarung einschließlich ihrer normativen Wirkung durch eine der Schriftform des § 77 II nicht entsprechende Regelungsabrede kommt von vornherein nur in Betracht, wenn die für den Abschluß von Betriebsvereinbarungen geltende Schriftform nicht auch für ihre Aufhebung gilt. Für TV hat das BAG (8. 9. 1976 AP TVG § 1 Form Nr. 5) entschieden, daß zwar ihre Änderung, aber nicht ihre Aufhebung der Schriftform des § 1 II TVG unterliege. Das BAG (20. 11. 1990 AP BetrVG 1972 § 77 Nr. 46) bezweifelt aber, daß eine Betriebsvereinbarung formlos, dh. auch durch eine Regelungsabrede, aufgehoben werden könne.

114 Diese Frage betrifft also weniger das Verhältnis von Betriebsvereinbarung und Regelungsabrede als **die inhaltliche Reichweite des Schriftformerfordernisses** für TV und Betriebsvereinbarung. Dazu wird das BAG noch abschließend Stellung nehmen müssen. Für das Verhältnis der beiden betriebsverfassungsrechtlichen Regelungsinstrumente interessanter ist, ob durch eine Regelungsabrede die Geltung der Betriebsvereinbarung zwischen den Betriebsparteien aufgehoben werden kann, während ihre normative Wirkung auf die Arbeitsverhältnisse einstweilen bestehen bleibt. Daran können die Betriebsparteien interessiert sein, wenn sie ein neues Mitbestimmungsverfahren über eine durch Betriebsvereinbarung geregelte Angelegenheit in Gang setzen, bis zu dessen Abschluß aber an der bisherigen Regelung festhalten wollen.

Rn. 115 nicht belegt

116 Dies führt zu der Aussage, daß **Betriebsvereinbarungen durch Regelungsabrede geändert und aufgehoben werden können, die sich nicht auf die normative Wirkung, sondern auf ihre Wirkung unter den Betriebsparteien, insb. den Ausschluß von Mitbestimmungsrechten beziehen.** Hier kann es auch bei der Formlosigkeit der Regelungsabrede bleiben, da der Grund für das Schriftformerfordernis, die Klarstellung der Rechtslage gegenüber den AN, nicht berührt wird.

VII. Beendigung von Betriebsvereinbarungen und Regelungsabreden § 77 BetrVG 210

2. Kündigung von Betriebsvereinbarungen. Nach § 77 V können Betriebsvereinbarungen, soweit 117
nichts anderes vereinbart ist, mit einer Frist von drei Monaten gekündigt werden. Ein Grund ist nicht
erforderlich (BAG 11. 5. u. 17. 8. 1999, AP BetrAVG § 1 Betriebsvereinbarung Nr. 6, BetrVG § 77
Nr. 79). In der Betriebsvereinbarung und in Sprüchen von Einigungsstellen (GK-BetrVG/*Kreutz*
Rn. 30; s. auch Rn. 46) kann eine kürzere oder längere (nicht in der Insolvenz, § 120 I S. 2 InsO)
Kündigungsfrist festgelegt oder die ordentliche Kündigung für eine bestimmte Zeitspanne ausgeschlossen werden. Für den Ausschluß der ordentlichen Kündigung oder eine Änderung der Kündigungsfrist verlangt das BAG eine ausdrückliche Abrede in der Betriebsvereinbarung oder einer Änderungsvereinbarung (10. 3. 1992 NZA 1993, 234 = AP BetrAVG § 1 Betriebsvereinbarung Nr. 5). Im
Zweifel schließt eine Befristung die Kündigung aus (Münch ArbR/*Matthes* § 328 Rn. 39). Enthält eine
Betriebsvereinbarung einschränkende Regelungen für den Widerruf der in ihr vorgesehenen Leistungen, wie es in der betrieblichen Altersversorgung die Regel ist, wird dies vom BAG nicht als Beschränkung des Kündigungsrechts angesehen. Eine Kündigungsbeschränkung wird auch nicht angenommen,
wenn die Betriebsvereinbarung eine frühere, nur beschränkt kündbare arbeitsvertragliche Regelung
übernimmt und fortbildet (18. 4. 1989 AP BetrAVG § 1 Betriebsvereinbarung Nr. 2; BAG 10. 3. 1992,
AP BetrAVG § 1 Betriebsvereinbarung Nr. 5). Auch die Bestimmung in einer Betriebsvereinbarung,
daß ältere Besitzstände erhalten bleiben sollen, bedeutet nach Auffassung des BAG noch nicht, daß die
ordentliche Kündbarkeit ausgeschlossen sein soll (17. 1. 1995 NZA 1995, 1010 = AP BetrVG 1972
§ 77 Nachwirkung Nr. 7). In Ausnahmefällen kommt auch eine **außerordentliche Kündigung** in
Betracht. Wie jedes Dauerrechtsverhältnis kann die Betriebsvereinbarung durch außerordentliche
fristlose Kündigung beendet werden, wenn ihre Fortsetzung bis zum vereinbarten Ende oder zum
Ablauf der ordentlichen Kündigungsfrist einer Seite nicht zugemutet werden kann (BAG 28. 4. 1992
AP BetrVG § 50 Nr. 11 = NZA 1993, 31).

3. Nachwirkung von Betriebsvereinbarungen. Dazu Wollgast, Geltung, Wirkung und Nachwir- 118
kung von Betriebsvereinbarungen, 1999. Zur Antragsbefugnis des BR Rn. 8.

a) In mitbestimmten Angelegenheiten. In mitbestimmten Angelegenheiten tritt nach § 77 VI
Nachwirkung ein, wenn die Betriebsvereinbarung abgelaufen ist. Als andere Abmachung kommt in
erster Linie eine neue Betriebsvereinbarung in Betracht (zur Ablösung von Betriebsvereinbarungen
durch Regelungsabrede Rn. 113). Zwar fallen auch Arbeitsverträge unter den Begriff der Abmachung,
doch sind in mitbestimmten Angelegenheiten Arbeitsverträge nur zulässig, soweit sie mit dem Mitbestimmungsrecht vereinbar sind (GK-BetrVG/*Kreutz* Rn. 345; *Fitting* Rn. 62). Deshalb müssen nachwirkende Betriebsvereinbarungen in mitbestimmten Angelegenheiten auch für neueingestellte AN
gelten, da sie nur so in die mitbestimmte Ordnung einbezogen werden können (*Richardi* Rn. 153,
anders für TV BAG 22. 7. 1998 AP TVG § 4 Nachwirkung Nr. 32).

Entfällt der BR, gibt es in dem Betrieb keine mitbestimmungspflichtige Angelegenheit mehr. Folge- 119
richtig muß die Nachwirkung von Betriebsvereinbarungen über bisher mitbestimmte Angelegenheiten
mit dem Wegfall des BR enden.

Strittig ist, ob die außerordentliche Kündigung eines Kollektivvertrages Nachwirkung auslösen 120
kann. Dies wird vor allem im TVRecht diskutiert (*Buchner* NZA 1993, 93) und dürfte im Betriebsverfassungsrecht wesentlich geringere Bedeutung haben, da die Laufzeit von Betriebsvereinbarungen
kürzer und die Nachwirkung seltener ist als bei TV. Grds. dürfte es widersprüchlich sein, zunächst die
außerordentliche Kündigung eines Kollektivvertrages zu bejahen, weil seine Fortsetzung unzumutbar
sei, und trotzdem Nachwirkung anzunehmen.

Ebenso wie die Kündigung unterliegt die Nachwirkung der Betriebsvereinbarung der kollektiven 121
Vertragsfreiheit der Betriebsparteien und der Einigungsstellen. § 77 VI enthält nach allgemeiner Auffassung kein zwingendes Recht, vielmehr ist der Ausschluß der Nachwirkung in der Betriebsvereinbarung selbst oder einer späteren Vereinbarung der Betriebspartner möglich (BAG 9. 2. 1984 NZA
1984, 96 = AP BetrVG 1972 § 77 Nr. 9). Allerdings muß der Ausschluß der Nachwirkung ausdrücklich und unzweideutig erfolgen. Ein vertraglicher Ausschluß der Nachwirkung kommt insb. in
Betracht, wenn eine Betriebsvereinbarung die Erbringung einer Leistung nur während eines bestimmten Zeitraumes vorsieht (*Fitting* Rn. 61). Nach einem Beschluß des BAG vom 25. 8. 1983 (DB 1984,
1302 = AP BetrVG 1972 § 77 Nr. 7) ist eine Betriebsvereinbarung, die als Ergänzung zu einem TV
abgeschlossen wird, grds. in ihrer Laufzeit auf die Dauer des TV sowie ggf. dessen Nachwirkungszeitraum beschränkt. Durch Regelungen in einem nachfolgenden TV kann danach die Geltung von
ergänzenden Betriebsvereinbarungen nicht zeitlich erweitert werden. Ist eine ergänzende Betriebsvereinbarung auch im Hinblick auf einen künftigen TV geschlossen, hängt ihre Weitergeltung vom Inhalt
dieses TV ab. Ähnlich ein Beschluß des BAG vom 12. 8. 1982 (DB 1982, 2301 = AP BetrVG 1972 § 77
Nr. 5): Eröffnet ein TV den Betriebspartnern die Möglichkeit, durch freiwillige Betriebsvereinbarung
statt des tariflich geregelten summarischen Verfahrens der Lohnfindung die analytische Arbeitsbewertung einzuführen, gilt nach Ablauf der Kündigungsfrist für eine derartige Betriebsvereinbarung ohne
weiteres wieder die tarifliche Regelung über das summarische Verfahren.

b) Bei freiwilligen Regelungen. Ganz freiwillige, in keiner Hinsicht mitbestimmte Betriebsverein- 122
barungen haben nach § 77 VI keine Nachwirkung. Sie kann allerdings vereinbart werden; anders GK-

210 BetrVG § 77 Durchführung gemeinsamer Beschlüsse, Betriebsvereinbarungen

BetrVG/*Kreutz* Rn. 340 mwN.; *Loritz* DB 1997, 2074; *Schöne/Klaes* BB 1997, 2374, weil der AG zu sehr gebunden werde. Das trifft aber nicht zu, da die vereinbarte Nachwirkung nicht stärker bindet als jeder Arbeitsvertrag. Auch wenn „Nachwirkung bis zu einer neuen Betriebsvereinbarung" vereinbart wird, ist angesichts der eindeutigen Regelung der Nachwirkung in § 77 VI, § 4 V TVG anzunehmen, daß eine Änderung auch durch Arbeitsvertrag möglich ist. „Bis zu einer neuen Betriebsvereinbarung" bedeutet im Zweifel nur, daß die Nachwirkung dann wieder in Vollwirkung der Betriebsvereinbarung übergeht. Im Zweifel kann die Vereinbarung einer Nachwirkung zugleich als Vereinbarung der **Zuständigkeit der Einigungsstelle** angesehen werden kann, weil bei der gesetzlich vorgesehenen Nachwirkung in mitbestimmten Angelegenheiten ebenfalls nach § 87 II die Zuständigkeit der Einigungsstelle gegeben ist (so BAG 28. 4. 1998 DB 1998, 1040; LAG Düsseldorf 23. 2. 1988 LAGE BetrVG § 77 Nr. 4; LAG Frankfurt/M 22. 3. u. 5. 5. 1994 LAGE BetrVG § 77 Nr. 17, 18; LAG Sachsen-Anhalt 19. 1. 1992 LAGE BetrVG § 77 Nachwirkung Nr. 3; Einzelheiten *Boemke/Kursawe* DB 2000, 1405). Denkbar wäre es, Nachwirkung bis zu einem Widerruf durch den AG vorzusehen.

123 c) **Bei Regelungen mit teilweise mitbestimmungspflichtigem Inhalt.** Bei Regelungen mit tlw. mitbestimumgspflichtigem Inhalt, insb. bei Betriebsvereinbarungen über freiwillige AGLeistungen, bei denen nach § 87 I Nr. 10 nur der Verteilungsschlüssel der Mitbestimmung unterliegt, tritt bei **Beendigungskündigungen** keine Nachwirkung ein. Dies hat das BAG in einer ganzen Reihe von Entscheidungen ausgesprochen und damit einen leichten Weg zur Beseitigung zusätzlicher AGLeistungen eröffnet (9. 2. 1989 NZA 1989, 765 = AP BetrVG § 77 1972 Nr. 40; BAG 26. 4. 1990 NZA 1990, 814 = AP BetrVG § 77 1972 Nr. 4; BAG 21. 8. 1990 NZA 1991, 190 = AP BetrVG § 77 Nachwirkung Nr. 5; BAG 9. 12. 1997 AP BetrVG § 77 Tarifvorbehalt Nr. 11). Bei Ablauf der Betriebsvereinbarung bereits fällige Ansprüche und feste Anwartschaften, insb. auf betriebliche Altersversorgung, bleiben allerdings auch ohne Nachwirkung der Betriebsvereinbarung zwingend bestehen (BAG 11. 5. u. 17. 8. 1999 aaO Rn. 117).

124 Unklar war lange, wie weit die Mitbestimmung geht und welche Rechtsfolgen eintreten, wenn eine Betriebsvereinbarung nicht zum Zweck ihrer Beendigung, sondern zum Zweck ihrer **Änderung** gekündigt wird. Bis vor kurzem neigte die Rspr. in solchen Fällen dazu, das ändernde Rechtsgeschäft auch dann der Mitbestimmung zu unterwerfen, wenn es gar nicht den mitbestimmungspflichtigen Verteilungsschlüssel ändern, sondern nur die Gesamtdotierung herabsetzen sollte. Denn, so wurde argumentiert, eine Änderung des Verteilungsschlüssels sei immerhin möglich gewesen, so daß seine Beibehaltung gleichsam nur ein Grenzfall der mitbestimmten Änderung sei (so BAG 3. 8. 1982 in Bezug auf Widerruf freiwilliger Leistungen; 31. 1. 1984 in Bezug auf die Änderungskündigung eines Vergütungsgruppensystems; 13. 1. 1987 in Bezug auf die Anrechnung zusätzlicher Leistungen bei Tariflohnerhöhungen; 10. 2. 1988 für den Widerruf freiwilliger Leistungen; 26. 4. 1988 in Bezug auf den Widerruf von Unterstützungskassenleistungen, AP BetrVG § 87 Lohngestaltung Nr. 12, 15, 26, 33, 36). Nunmehr haben aber die Rspr. zur teilweisen Anrechnung übertariflicher Leistungen auf Tariflohnerhöhungen (Rn. 56) und insb. die Entscheidung des BAG vom 26. 10. 1993 zur Änderungskündigung einer Betriebsvereinbarung (26. 10. 1993 NZA 1994, 572 = AP BetrVG 1972 § 77 Nachwirkung Nr. 6), herausgearbeitet, daß das Mitbestimmungsrecht nach § 87 I Nr. 10 nur eingreifen kann, wenn der AG nicht nur die Gesamtdotierung, sondern auch den Verteilungsschlüssel der Leistung ändern will. Daraus hat das Urteil vom 26. 10. 1993 dann die folgenden Leitsätze abgeleitet:

125 „Die Regelungen einer teilmitbestimmten Betriebsvereinbarung gelten nach Ablauf der Kündigungsfrist nicht weiter, wenn der AG mit der Kündigung beabsichtigt, die freiwillige Leistung vollständig entfallen zu lassen. Die teilmitbestimmte Betriebsvereinbarung über freiwillige Leistungen (hier zusätzliches Weihnachtsgeld) wirkt gem § 77 VI BetrVG nach, wenn der AG mit der Kündigung beabsichtigt, das zur Verfügung gestellte Volumen zu reduzieren und den Verteilungsschlüssel zu ändern."

Rn. 126 nicht belegt

127 Dies wird abgeschwächt in einer Entscheidung des BAG vom 17. 1. 1995 (NZA 1995, 1010 = AP BetrVG 1972 § 77 Nachwirkung Nr. 7). Danach kann die bloße **Möglichkeit** einer späteren Wiederaufnahme der übertariflichen Leistung keine Nachwirkung erzeugen. Stehe überhaupt nicht fest, ob, wann und in welcher Weise zukünftig eine mitbestimmungspflichtige Regelungsfrage in Bezug auf Weihnachtsgratifikationen wieder entstehen kann, habe die gekündigte Betriebsvereinbarung ihre Bedeutung als kollektivrechtliche Verhandlungsgrundlage verloren. Ebenso BAG 19. 9. 1995 AP BetrVG 1972 § 77 Nr. 61: Der AG kann mitbestimmungsfrei das Zulagenvolumen kürzen und gleichzeitig eine Betriebsvereinbarung anstreben, die den Verteilungsschlüssel rückwirkend ändert (s. l.) auch § 87 Rn. 111 ff BAG 11. 5. 1999 EzA BetrAVG § 1 Betriebsvereinbarung Nr. 1 läßt offen, ob eine geplante Änderung des Verteilungsschlüssels auch im Bereich der betrieblichen Altersversorgung zur Nachwirkung führt. Eine so begründete Nachwirkung kommt jedenfalls nur dann in Betracht, wenn der AG nicht nur vorübergehend bereit ist, über eine Abmilderung der mit der Kündigung verbundenen Nachteile zu verhandeln, sondern schon mit seiner Kündigung die auch später nicht aufgegebene Absicht verfolgt, an die Stelle der bisherigen Versorgungsregelung ein anderes Versorgungswerk zu setzen mit zwar verringertem, aber einer mitbestimmungspflichtigen Umverteilung

VII. Beendigung von Betriebsvereinbarungen und Regelungsabreden § 77 BetrVG

zugänglichem Dotierungsrahmen. Die Wirkung der Kündigung einer Betriebsveinbarung über betriebliche Altersversorgung sei aber mit Hilfe der Grundsätze des Vertrauensschutzes und der Verhältnismäßigkeit zu begrenzen. Je weiter der AG mit seiner Kündigung in Besitzstände und Erwerbschancen eingreifen will, um so gewichtigere Eingriffsgründe braucht er. Dabei sei auf das Prüfungsschema zurückzugreifen, das der Senat für ablösende Betriebsvereinbarungen entwickelt hat (s. 76). Soweit hiernach die Wirkungen der Kündigung einer Betriebsvereinbarung über betriebliche Altersversorgung beschränkt sind, bleibe die Betriebsvereinbarung als Rechtsgrundlage erhalten. Die nach Kündigung der Betriebsvereinbarung verbleibenden Rechtspositionen genießen unverändert den Schutz des § 77 IV. BAG 17. 8. 1999 – 3 ABR 55/98 – hat dies bestätigt und daraus abgeleitet, daß der BR befugt war.

Haben die Betriebsparteien in einer Betriebsvereinbarung eine bestimmte Belegschaftsstärke für **128** einen bestimmten Arbeitsbereich festgelegt und zugleich vereinbart, dies solle zusammen mit einer mibestimmungspflichtigen Angelegenheit der Arbeitszeit in einer einzigen Betriebsvereinbarung geregelt werden, bildet diese Folgevereinbarung eine untrennbare Einheit mit der Konsequenz einer einheitlichen Nachwirkung auch für den mitbestimmungsfreien Bestandteil (Belegschaftsstärke), solange die Ausgangsvereinbarung ungekündigt und verändert fortbesteht und die Folgevereinbarung vom AG ausdrücklich nur zum Zweck der Herabsetzung der Belegschaftsstärke gekündigt worden ist (LAG Köln 27. 4. 1995 NZA-RR 1996, 172).

Die Nachwirkung einer gekündigten Betriebsvereinbarung über betriebliche Altersversorgung ist **129** nicht nur ausgeschlossen, wenn der Arbeitgeber mit der Kündigung die Ansprüche der Arbeitnehmer völlig beseitigen will. Nichts anderes gilt auch dann, wenn der Arbeitgeber lediglich bestimmte Besitzstände der Arbeitnehmer entfallen lassen will und innerhalb des auf diese Weise mitbestimmungsfrei verringerten Dotierungsrahmens kein Raum für eine Neuverteilung bleibt. Der danach verbliebene Dotierungsrahmen könnte nur umverteilt werden, indem bei einer Arbeitnehmergruppe in erdiente Besitzstände eingegriffen würde, um anderen Arbeitnehmern die Aussicht zu erhalten, weiterhin Steigerungen ihrer Versorgungsanwartschaften zu erdienen. Für einen solchen Eingriff fehlen der Beklagten und damit auch den Betriebsparteien aber die erforderlichen besonderen Rechtfertigungsgründe. Eine mitbestimmungspflichtige Neuverteilung des mitbestimmungsfrei verringerten Dotierungsrahmens ist damit von Rechts wegen ausgeschlossen (BAG 11. 5. 1999 AP BetrAVG § 1 Betriebsvereinbarung Nr. 6). Die Kündigungserklärung muß erkennen lassen, ob sie nur für neue Arbeitnehmer gelten oder auch in Besitzstände eingreifen soll. Kündigung der Anwartschaften auf Altersversorgung soweit zulässig, reicht (BAG 17. 8. 1999 AP BetrVG § 77 Nr. 79).

4. Kündigung und Nachwirkung von Regelungsabreden. a) Angelegenheiten der Mitbestim- 130 mung des BR. Hierzu liegen zwei Entscheidungen des BAG vor, welche § 77 V und VI analog auf die Regelungsabrede anwenden. Nach einem Beschluß vom 10. 3. 1992 (NZA 1992, 952 = AP BetrVG § 87 Regelungsabrede Nr. 1) können die Betriebsparteien eine formlose Abrede, durch die für einen längeren Zeitraum eine mitbestimmungspflichtige Angelegenheit iSv. § 87 I geregelt wird, ordentlich mit einer Frist von drei Monaten (analog § 77 V) **kündigen**, sofern keine andere Kündigungsfrist vereinbart worden ist. Beschränke sich der Inhalt der Regelungsabrede über die Ausübung des Mitbestimmungsrechts nicht auf einen Einzelfall, sondern solle die Regelung die Tarifparteien für längere Zeit binden, müsse jede Partei wie bei jedem anderen Dauerstreitverhältnis durch Kündigung von dem schuldrechtlichen Vertrag lösen können. Dies bedeutet vor allem, daß durch eine Regelungsabrede gestaltete Mitbestimmungsrecht des BR nicht vor ihrem Ablauf ausgeübt werden könne.

Dies ist eine sinnvolle Konsequenz aus dem anerkannten Grundsatz (Rn. 16), daß die Mitbestim- **131** mung verbraucht ist, solange eine sie regelnde Vereinbarung besteht. Die analoge Anwendung des § 77 V auf die Regelungsabrede rechtfertigt sich daraus, daß die Regelungsabrede ebenso wie die Betriebsvereinbarung die Beziehungen zwischen den Betriebsparteien, insb. das Mitbestimmungsrecht, gestaltet.

Es ist dann nur folgerichtig, daß nach einem Beschluß des BAG vom 23. 6. 1992 (NZA 1992, 1098 = **132** AP BetrVG § 87 Arbeitszeit Nr. 51) auch § 77 VI analog auf Regelungsabreden anzuwenden ist. Soweit die Regelungsabrede die mitbestimmungspflichtige Ordnung gestaltet, können sich beide Seiten nicht einseitig von ihr lösen (aM *Richardi* Rn. 218).

b) Bei freiwilligen und teilmitbestimmten Regelungen. Aus der analogen Anwendung des § 77 V, **133** VI folgt, daß auch freiwillige Regelungsabreden nach Maßgabe des § 77 V kündbar sind, Nachwirkung aber nur eintritt, soweit sie teilmitbestimmt sind und der AG eine einseitige Änderung der teilmitbestimmten Angelegenheit vornehmen will.

5. Betriebsinhaberwechsel. Zum Schicksal von Betriebsvereinbarung und Regelungsabrede nach **134** dem Wechsel eines Betriebs- oder Betriebsteilinhabers s. die Kommentierung des § 613 a BGB.

6. Beendigung der Wirkung einer Betriebsvereinbarung/Gesamtbetriebsvereinbarung/Rege- 135 lungsabrede bei Untergang des BR/Gesamtbetriebsrats oder Ausscheiden aus seiner Zuständig-

210 BetrVG § 77 Durchführung gemeinsamer Beschlüsse, Betriebsvereinbarungen

keit? Mit den Rechtsfolgen der ersatzlosen Auflösung einer TVPartei befaßt sich ein Urteil des BAG vom 15. 10. 1986 (AP TVG § 3 Nr. 4; ebenso 28. 5. 1997 NZA 1998, 40) während zu den Rechtsfolgen eine Auflösung von BR noch keine Rspr. vorliegt. Diese Entscheidung des BAG erwägt die analoge Anwendung des § 613 a I 2 bis 4 BGB, lehnt sie aber ab und geht stattdessen davon aus, daß mit dem Wegfall der TVPartei auch der TV einem Ende zugeführt werden müsse, solange eine gesetzliche Regelung einer ggf. beschränkten Fortgeltung nicht besteht und auf andere Weise eine Aufhebung des TV nach Fortfall einer Partei nicht mehr herbeigeführt werden könne. Der TV wirke aber nach.

136   Die beiden zentralen Erwägungen des BAG, einerseits dürfe die Regelung nicht durch den Ausfall einer Partei versteinern, andererseits sei der Schutz der AN zu gewährleisten, passen nicht nur für die tarifliche, sondern auch für die **betriebliche Ordnung**. Im einzelnen sind sie allerdings zu modifizieren, da für Gesamtbetriebsvereinbarungen, Betriebsvereinbarung und Regelungsabrede nicht notwendig das gleiche gilt und der Ablauf von Betriebsvereinbarungen nicht notwendig zur Nachwirkung führt.

137   Entfällt ein GesamtBR (oder KonzernBR) oder scheidet ein Betrieb aus seiner Zuständigkeit aus, wird man den beiden maßgeblichen Erwägungen am besten gerecht, wenn man eine **Fortgeltung der bisherigen Gesamtbetriebsvereinbarungen als Einzelbetriebsvereinbarungen** annimmt. Dann bleibt die Rechtsstellung der AN erhalten, ohne daß eine Versteinerung droht, da der AG dann mit jedem EinzelBR eine Änderung oder Beendigung der bisherigen Gesamtbetriebsvereinbarung beschließen kann. Scheidet ein Betrieb durch Betriebsinhaberwechsel aus einem Unternehmen aus oder ein Unternehmen aus einem Konzern, wird häufig vertreten, daß Gesamt- oder Konzern-BV nicht normativ fortgelten könnten, sondern nur als Bestandteil der übergegangenen Arbeitsverhältnisse nach § 613 I 2 BGB (Gussen/Dauck, Die Weitergeltung von Betriebsvereinbarung und TV beim Betriebsübergang, 1997, S. 65; KR/*Pfeiffer* § 613 a Rn. 95 f.; MünchArbR/*Wank* § 120 Rn. 192). Dies überzeugt aber nur, soweit die bisherige Regelung mit Besonderheiten des bisherigen Unternehmens oder Konzerns verknüpft ist (ähnlich *Röder/Haußmann* zur Geltung von Gesamtbetriebsvereinbarungen nach einer Umwandlung, DB 1999, 1754).

138   Entfällt ein BR durch Betriebsübergang ersatzlos (dazu sind heute die Bestimmungen des UmwG § 321 beachten), gelten die Betriebsvereinbarungen nach § 613 a I 2 BGB ein Jahr lang zwingend fort. Der Gesetzgeber hat damit in Kauf genommen, daß die Betriebsvereinbarungen für eine gewisse Zeit versteinern, da die Fortgeltung ohne Rücksicht darauf besteht, ob beim Übernehmer ein BR vorhanden ist, der zu einer Änderung oder Aufhebung der fortgeltenden Betriebsvereinbarung berechtigt ist. Allerdings dürfte die zwingende Wirkung der Betriebsvereinbarung früher enden, wenn sie auch ohne den Betriebsübergang durch Zeitablauf oder Kündigung beendet werden konnte (nach Wegfall des BR kann die Kündigung der Betriebsvereinbarung gegenüber den AN erklärt werden, GK-BetrVG/*Kreutz* Rn. 324; MünchArbR/*Matthes* § 328 Rn. 45). Eine § 77 VI entsprechende Nachwirkung nach Ablauf der Betriebsvereinbarung kommt nach Wegfall des BR nicht in Betracht, da diese Nachwirkung der Sicherung von Mitbestimmungsrechten dient, die notwendig einen BR voraussetzen (GK-BetrVG/*Kreutz* Rn. 334).

139   UE liegt es nahe, **die für den Betriebsübergang in § 613 a I 2 BGB getroffene Regelung auf alle Fälle des Wegfalls von BR zu übertragen.** Die vom BAG zum TVRecht vertretene abw. Auffassung paßt für das Betriebsverfassungsrecht nicht. Denn hier ist die Versteinerungsgefahr wegen der kurzen Kündigungsfrist des § 77 V und der fehlenden Nachwirkungen von Betriebsvereinbarung und BR viel geringer.

140   Regelungsabreden entfallen dagegen mit dem **Wegfall des BR** ersatzlos, da ihre beiden Funktionen – Begründung von Rechten und Pflichten zwischen den Betriebsparteien; Ausübung der Mitbestimmung – mit den BR entfallen. Den BR überdauern kann nur die normative, nicht die schuldrechtliche und betriebsverfassungsrechtliche Wirkung einer Vereinbarung zwischen den Betriebsparteien.

141   **7. Verzicht, Verwirkung, Verfristung.** Ein arbeitsvertraglicher Verzicht auf Ansprüche aus Betriebsvereinbarung ist nach § 77 IV 2 nur mit Zustimmung des BR zulässig; ohne sie ist der Verzicht unwirksam. Bloße Duldungen durch den BR, der sich heraushalten will, reicht nach BAG 3. 6. 1997 AP BetrVG 1972 § 77 Nr. 69, nicht aus. Dies ist mE unzutreffend, da der BR dem AG mit einer solchen Haltung freie Hand für Vereinbarungen mit dem AN gibt; mehr kann für seine Zustimmung nicht verlangt werden (aM LAG Köln EWiR § 77 BetrVG 1/2000, 211 mit krit. Anm. *Blomeyer*). Anders nachdem die Betriebsvereinbarung ihre zwingende Wirkung durch Ablauf (Rn. 46), Betriebsinhaberwechsel (§ 613 a I 2 BGB) oder Wegfall des BR (oben Rn. 133) verloren hat. Anders auch, wenn die Betriebsvereinbarung von vornherein eine entsprechende Öffnungsklausel enthielt (Rn. 87). Anders auch bei einem Vergleich über die tatsächlichen Grundlagen des Anspruchs, BAG 31. 7. 1996 AP BetrVG 1972 § 77 Nr. 63. Fraglich ist, ob ein zunächst unwirksamer Verzicht wirksam wird, wenn die zwingende Wirkung der Betriebsvereinbarung entfällt. Bei den TV ist das strittig (s. § 4 TVG Rn. 32; BAG 28. 5. 1997 NZA 1998, 40 verneint). Zu Verwirkung und Verfristung s. § 4 TVG Rn. 92 ff.

§ 78 Schutzbestimmungen

¹ Die Mitglieder des Betriebsrats, des Gesamtbetriebsrats, des Konzernbetriebsrats, der Jugend- und Auszubildendenvertretung, der Gesamt-Jugend- und Auszubildendenvertretung, des Wirtschaftsausschusses, der Bordvertretung, des Seebetriebsrats, der in § 3 Abs. 1 Nr. 1 und 2 genannten Vertretungen der Arbeitnehmer, der Einigungsstelle, einer tariflichen Schlichtungsstelle (§ 76 Abs. 8) und einer betrieblichen Beschwerdestelle (§ 86) dürfen in der Ausübung ihrer Tätigkeit nicht gestört oder behindert werden. ² Sie dürfen wegen ihrer Tätigkeit nicht benachteiligt oder begünstigt werden; dies gilt auch für ihre berufliche Entwicklung.

I. Vorbemerkung

Die Vorschrift soll die **Unabhängigkeit** der betriebsverfassungsrechtlichen Funktionsträger (einschließlich der Ersatzmitglieder) sichern (GK-BetrVG/*Kreutz* Rn. 1). Für die **ANVertreter im Aufsichtsrat** nach BetrVG 1952 gilt die Vorschrift entsprechend (§ 76 BetrVG 1952 iVm. § 129); vergleichbaren Schutz gewähren § 26 MitbestG sowie §§ 26 und 27 SchwbG für die Mitglieder der Schwerbehindertenvertretung. § 78 ist **zwingend**: Eine Abbedingung ist weder tarifvertraglich noch mittels Betriebsvereinbarung oder im Einzelvertrag möglich (hM, HSG/*Hess* Rn. 3; *Fitting* Rn. 4; GK-BetrVG/*Kreutz* Rn. 18). 1

II. Schutz der Tätigkeit der Betriebsverfassungsorgane und ihrer Mitglieder (S. 1)

Durch das **Behinderungsverbot** des S. 1 ist sowohl die vorschriftsmäßige Tätigkeit der genannten betriebsverfassungsrechtlichen Organe als auch die der einzelnen Mitglieder geschützt. Eine Behinderung ist jede Störung, Erschwerung oder Verhinderung der BRTätigkeit (BAG 1. 8. 1990 DB 1991, 47) durch jedermann, also sowohl seitens des AG als auch durch AN oder außerbetriebliche Stellen (hM, GK-BetrVG/*Kreutz* Rn. 17; *Fitting* Rn. 6). 2

Behinderungen können durch positives **Tun** und durch **Unterlassen** bei entsprechenden Mitwirkungspflichten erfolgen (GK-BetrVG/*Kreutz* Rn. 24). 3

Vom Verbot erfaßt wird **jede objektive Behinderung**, unabhängig davon, ob sie tatsächlich mit der Zielrichtung der Behinderung begangen wurde. Anders als bei einer Bestrafung nach § 119 kommt es bei § 78 auf ein Verschulden nicht an (GK-BetrVG/*Kreutz* Rn. 25; *Fitting* Rn. 10; DKK/*Buschmann* Rn. 10; aM HSG/*Hess* Rn. 8). So darf der AG nicht dem BR die für dessen Tätigkeit erforderlichen Räume und Sachmittel verweigern, eigenmächtig dessen Anschläge vom schwarzen Brett entfernen oder ein BRMitglied von den Sitzungen unberechtigt fernhalten (*Löwisch* BetrVG § 78 Rn. 2; *Wlotzke* Nr. 2). Auch der Hinweis des AG auf die Kosten der BRTätigkeit kann eine Behinderung sein, wenn nicht erkennbar wird, daß es sich um für die BRTätigkeit erforderliche und verhältnismäßige Kosten handeln kann, für die der AG von Gesetzes wegen einzustehen hat (BAG 12. 11. 1997 AP BetrVG 1972 § 23 Nr. 27 = BB 1998, 1006). 4

Verstößt der AG gegen das Behinderungsverbot, können sowohl der BR als auch die betroffenen Mitglieder **Unterlassungsansprüche** geltend machen (BAG 12. 11. 1997 AP BetrVG 1972 § 23 Nr. 27); möglich ist auch das Erwirken einer einstweiligen Verfügung sowie bei groben Verstößen ein Vorgehen gegen den AG aus § 23 III. Wird **vorsätzlich** gegen das Behinderungsverbot verstoßen, ist dies gem. § 119 I Nr. 2 strafbar (*Löwisch* BetrVG § 78 Rn. 3, dazu § 119 Rn. 3). 5

III. Benachteiligungs- und Begünstigungsverbot (S. 2)

Um die unabhängige, unparteiische Amtsführung der Mitglieder betriebsverfassungsrechtlicher Organe zu gewährleisten, werden durch S. 2 sachlich nicht gerechtfertigte Benachteiligungen und Begünstigungen **wegen der BRTätigkeit** verboten. Hiermit soll sichergestellt werden, daß die BRMitglieder bei ordnungsgemäßer Tätigkeit nicht anders behandelt werden als die anderen AN (*Fitting* Rn. 12). Wie bei S. 1 genügt das **objektive** Vorliegen einer Begünstigung bzw. Benachteiligung, auf eine entsprechende Absicht des Handelnden kommt es nicht an (*Löwisch* BetrVG § 78 Rn. 4). Das Verbot richtet sich auch hier nicht nur gegen den AG, sondern gegen **jedermann** (HSG/*Hess* Rn. 10). 6

Eine **Benachteiligung** ist jede Schlechterstellung im Verhältnis zu anderen vergleichbaren AN, die nicht aus sachlichen Erwägungen, sondern wegen der Amtstätigkeit erfolgt (*Wlotzke* Nr. 3): In Frage kommen ua. Kündigung, Versetzung auf einen geringer bezahlten Arbeitsplatz (BAG 9. 6. 1982 AP BPersVG § 107 Nr. 1) und Zuweisung einer weniger angenehmen Arbeit (LAG Bremen 12. 8. 1982 AP BetrVG § 99 Nr. 15). Zur Versetzung in einen anderen Betrieb § 103 Rn. 6. Das Benachteiligungsverbot erfaßt ebenfalls die **berufliche Entwicklung:** Beispielsweise muß einem BRMitglied nach Beendigung seiner Amtszeit die Möglichkeit zur beruflichen Fortbildung im Rahmen der allgemeinen Möglichkeiten gegeben werden (GK-BetrVG/*Kreutz* Rn. 44). Bei Beförderungen darf eine Freistellung nicht nachteilig berücksichtigt werden, BAG 29. 10. 1998 AuR 1999, 241 zum Personalvertretungsrecht. Ob zwischen der betriebsverfassungsrechtlichen Amtsausübung und der Benachteiligung 7 oder Begünstigung ein **Kausalzusammenhang** besteht, muß für den Einzelfall festgestellt werden; die Beweislast trägt der AN (*Löwisch* BetrVG § 78 Rn. 5). Zur Entgeltpauschalierung *Kehrmann*, FS für Wlotzke, 1996, S. 357.

8   Wird gegen das Benachteiligungsverbot verstoßen, hat dies die **Nichtigkeit** des Rechtsgeschäfts nach § 134 BGB zur Folge. Bei schuldhaftem Verstoß können Schadenersatzansprüche aus **§ 823 II BGB** in Betracht kommen, da § 78 S. 2 Schutzgesetz im Sinne dieser Bestimmung ist (BAG 9. 6. 1982 AP BPersVG § 107 Nr. 1).

9   Auch eine **Begünstigung** der AN wegen ihrer BRTätigkeit ist unzulässig, so beispielsweise die über § 38 I hinausgehende, nicht erforderliche Freistellung eines BRMitglieds, eine sachlich unbegründete tarifliche Höhergruppierung oder eine höhere Sozialplanabfindung für BRMitglieder (ArbG Nürnberg 27. 1. 1997 BB 1997, 2165). **Vereinbarungen** hierüber sind gem. § 134 BGB **nichtig** (*Fitting* Rn. 19, 20).

10 Vorsätzliche Verstöße gegen S. 2 werden auf Antrag der geschützten Betriebsverfassungsorgane, des Unternehmers oder der Gewerkschaft gem. **§ 119 I Nr. 3** strafrechtlich verfolgt. Ebenfalls möglich ist ein Antrag nach **§ 23 III**.

§ 78 a Schutz Auszubildender in besonderen Fällen

(1) Beabsichtigt der Arbeitgeber, einen Auszubildenden, der Mitglied der Jugend- und Auszubildendenvertretung, des Betriebsrats, der Bordvertretung oder des Seebetriebsrats ist, nach Beendigung des Berufsausbildungsverhältnisses nicht in ein Arbeitsverhältnis auf unbestimmte Zeit zu übernehmen, so hat er dies drei Monate vor Beendigung des Berufsausbildungsverhältnisses dem Auszubildenden schriftlich mitzuteilen.

(2) ¹ Verlangt ein in Absatz 1 genannter Auszubildender innerhalb der letzten drei Monate vor Beendigung des Berufsausbildungsverhältnisses schriftlich vom Arbeitgeber die Weiterbeschäftigung, so gilt zwischen Auszubildendem und Arbeitgeber im Anschluß an das Berufsausbildungsverhältnis ein Arbeitsverhältnis auf unbestimmte Zeit als begründet. ² Auf dieses Arbeitsverhältnis ist insbesondere § 37 Abs. 4 und 5 entsprechend anzuwenden.

(3) Die Absätze 1 und 2 gelten auch, wenn das Berufsausbildungsverhältnis vor Ablauf eines Jahres nach Beendigung der Amtszeit der Jugend- und Auszubildendenvertretung, des Betriebsrats, der Bordvertretung oder des Seebetriebsrats endet.

(4) ¹ Der Arbeitgeber kann spätestens bis zum Ablauf von zwei Wochen nach Beendigung des Berufsausbildungsverhältnisses beim Arbeitsgericht beantragen,
1. festzustellen, daß ein Arbeitsverhältnis nach Absatz 2 oder 3 nicht begründet wird, oder
2. das bereits nach Absatz 2 und 3 begründete Arbeitsverhältnis aufzulösen, wenn Tatsachen vorliegen, auf Grund derer dem Arbeitgeber unter Berücksichtigung aller Umstände die Weiterbeschäftigung nicht zugemutet werden kann.

² In dem Verfahren vor dem Arbeitsgericht sind der Betriebsrat, die Bordvertretung, der Seebetriebsrat, bei Mitgliedern der Jugend- und Auszubildendenvertretung auch diese Beteiligte.

(5) Die Absätze 2 bis 4 finden unabhängig davon Anwendung, ob der Arbeitgeber seiner Mitteilungspflicht nach Absatz 1 nachgekommen ist.

I. Zweck

1   Grds. endet das Ausbildungsverhältnis gem. § 14 BBiG mit Ablauf der Ausbildungszeit, ohne daß es einer Kündigung bedarf. Dem AG steht es vorbehaltlich des § 75 frei, ob er einen Auszubildenden nach Beendigung des Ausbildungsverhältnisses übernimmt oder nicht. Mitglieder betriebsverfassungsrechtlicher Gremien sind damit der Gefahr ausgesetzt, daß sie wegen ihres Amtes nicht in ein Arbeitsverhältnis übernommen werden. Davor will die Regelung des § 78 a schützen, indem die durch die automatische Beendigung des Ausbildungsverhältnisses entstandene Lücke im amtsbezogenen Schutz der §§ 103 BetrVG und 15 KSchG geschlossen wird.

II. Persönlicher Schutzbereich

2   Die Vorschrift erfaßt nach Abs. 1 alle Auszubildenden, die Mitglied der Jugend- und Auszubildendenvertretung, des BR, der Bordvertretung oder des SeeBR sind. Sie gilt ausschließlich für **Ausbildungsverhältnisse** und nicht für andere Berufsbildungsverhältnisse wie die berufliche Fortbildung und Umschulung, auch nicht die Umschulung zu einem anerkannten Ausbildungsberuf (*Löwisch* BetrVG § 78 a Rn. 2). Für den Beginn des Schutzes nach § 78 a ist nicht auf den Beginn der Amtszeit, sondern auf den Erwerb der Mitgliedschaft abzustellen (BAG 22. 9. 1983 AP BetrVG 1972 § 78 a Nr. 11). Nach Abs. 3 gilt der Schutz auch für **ausgeschiedene Mitglieder** der Betriebsverfassungsorgane während des ersten Jahres nach Ablauf der Amtszeit. Auf **Ersatzmitglieder** findet die Vorschrift Anwendung, soweit sie im letzten Vierteljahr des Berufsausbildungsverhältnisses einem Be-

triebsverfassungsorgan angehören und in diesem Zeitraum die Weiterbeschäftigung verlangen (BAG 15. 1. 1980 AP BetrVG 1972 § 78 a Nr. 8). Ersatzmitglieder genießen auch den nachwirkenden Schutz nach Abs. 3, sofern das Ausbildungsverhältnis innerhalb eines Jahres nach der Vertretung erfolgreich abgeschlossen wird und der Auszubildende innerhalb von drei Monaten nach Beendigung des Ausbildungsverhältnisses seine Weiterbeschäftigung verlangt (BAG 13. 3. 1986 AP BPersVG § 9 Nr. 3).

III. Ablehnung der Weiterbeschäftigung

Beabsichtigt der AG, einen der geschützten Auszubildenden nach Beendigung des Berufsausbildungsverhältnisses nicht in ein Arbeitsverhältnis auf unbestimmte Zeit zu übernehmen, so muß er dies gem. § 78 a I spätestens **drei Monate vor dem normalen Ende** des Berufsausbildungsverhältnisses dem Auszubildenden schriftlich mitteilen. Ist infolge vorzeitiger Ablegung der Prüfung ein früheres Ende vorauszusehen, muß die Mitteilung drei Monate vor diesem Zeitpunkt erfolgen (BAG 31. 10. 1985 AP BetrVG 1972 § 78 a Nr. 15). Unterläßt der AG diese Mitteilung, so führt dies nicht automatisch zur Begründung eines Arbeitsverhältnisses, wie Abs. 5 verdeutlicht. Vielmehr muß der Auszubildende in jedem Fall seine Weiterbeschäftigung verlangen. Der AG kann jedoch uU schadensersatzpflichtig sein, so zB wenn der Auszubildende infolge der verspäteten Mitteilung durch den AG ein anderes Arbeitsverhältnis ausschlägt (BAG 31. 10. 1985 AP BetrVG 1972 § 78 a Nr. 15; *Fitting* Rn. 14 a). Wird der Auszubildende nach Ablauf des Ausbildungsverhältnisses dagegen tatsächlich weiterbeschäftigt und ist eine fristgemäße Mitteilung nicht erfolgt, so gilt nach § 17 BBiG ein Arbeitsverhältnis auf unbestimmte Zeit als begründet, auch wenn nichts ausdrücklich vereinbart wird.

IV. Weiterbeschäftigungsanspruch des Auszubildenden

Möchte der Auszubildende über das Ende des Ausbildungsverhältnisses hinaus weiterbeschäftigt werden, muß er dies gem. § 78 a II 1 innerhalb der letzten drei Monate vor der vertraglichen Beendigung des Ausbildungsverhältnisses schriftlich vom AG **verlangen,** und zwar auch dann, wenn der AG seine Mitteilungspflicht aus Abs. 1 versäumt hat (vgl. § 78 a V). Mit der Ausübung dieses gesetzlichen Gestaltungsrechtes gilt kraft gesetzlicher Fiktion ein Arbeitsverhältnis als auf unbestimmte Zeit begründet (*Fitting* Rn. 22). Ein vor diesem Zeitraum erfolgtes Weiterbeschäftigungsverlangen ist unwirksam und muß innerhalb der Drei-Monats-Frist wiederholt werden (vgl. § 5 BBiG; BAG 15. 1. 1980 AP BetrVG 1972 § 78 a Nr. 7).

Auf das durch das Weiterbeschäftigungsverlangen des Auszubildenden **zustandegekommene Arbeitsverhältnis** findet nach Abs. 2 S. 2 § 37 IV und V entsprechende Anwendung. Der AN darf also während seiner Amtstätigkeit und des darauffolgenden Jahres nur mit Tätigkeiten beschäftigt werden, die den Tätigkeiten vergleichbarer AN mit betriebsüblicher beruflicher Entwicklung gleichwertig sind; sein Arbeitsentgelt muß dem vergleichbarer AN entsprechen (vgl. § 37 Rn. 14). Ein befristetes Arbeitsverhältnis kann kraft Gesetzes nicht begründet werden; insofern bedarf es einer vertraglichen Vereinbarung (BAG 24. 7. 1991 AP BetrVG 1972 § 78 a Nr. 23; aA *Fitting* Rn. 47 mwN für den Fall der Unmöglichkeit einer unbefristeten Weiterbeschäftigung). Dasselbe gilt für ein Arbeitsverhältnis zu geänderten Bedingungen. Allerdings ist der AG nach Auffassung des BAG verpflichtet zu prüfen, ob eine anderweitige Beschäftigung des Auszubildenden möglich und zumutbar ist. Unterläßt er die Prüfung oder verneint er zu Unrecht die Möglichkeit und die Zumutbarkeit, so kann das nach § 78 a II entstandene Arbeitsverhältnis nicht nach § 78 a IV aufgelöst werden. Dies gilt allerdings nur dann, wenn der Auszubildende seine Bereitschaft, ggf. zu anderen als den sich aus § 78 a ergebenden Arbeitsbedingungen übernommen zu werden, unverzüglich nach der Erklärung des AG gem. § 78 a I, spätestens mit seinem Übernahmeverlangen nach § 78 a II erklärt (BAG 6. 11. 1996 DB 1997, 1520).

V. Entbindung von der Weiterbeschäftigungspflicht (Abs. 4)

Ist im Zeitpunkt der Beendigung des Ausbildungsverhältnisses über einen Feststellungsantrag des AG noch nicht rechtskräftig entschieden, wandelt sich nach neuerer Rspr. des BAG der Feststellungsantrag automatisch in einen Auflösungsantrag nach Abs. 4 Nr. 2 um, ohne daß es einer Antragsänderung bedarf (BAG 29. 11. 1989 AP BetrVG 1972 § 78 a Nr. 20 unter Abkehr von der früheren Rspr., insb. BAG 14. 5. 1987 AP BPersVG § 9 Nr. 4).

Der AG muß **Tatsachen geltend machen**, aufgrund derer ihm unter Berücksichtigung aller Umstände die Weiterbeschäftigung des Auszubildenden nicht zugemutet werden kann. Da es um die Zumutbarkeit der Beschäftigung eines AN in einem Dauerarbeitsverhältnis und nicht um die Zumutbarkeit der Beschäftigung bis zu einem bestimmten Zeitpunkt geht, können die zum Begriff der Unzumutbarkeit in § 626 I BGB entwickelten Grundsätze nicht auf den Auflösungstatbestand des § 78 a IV übertragen werden (BAG 6. 11. 1996 DB 1997, 1520).

Die **Unzumutbarkeit der Beschäftigung** kann zunächst aus in der Person des Auszubildenden liegenden Gründen folgen, zB bei wiederholtem Nichtbestehen der Abschlußprüfung (LAG Niedersachsen 8. 4. 1975 DB 1975, 1224). Allein das schlechtere Abschneiden bei der Abschlußprüfung im

Vergleich zu anderen Ausgebildeten reicht hingegen nicht aus (LAG Hamm 21. 10. 1992 DB 1993, 439; GK-BetrVG/*Kreutz* Rn. 70; aA *Löwisch* BetrVG § 78 a Rn. 8).

9   **Dringende betriebliche Gründe** können eine Entbindung von der Weiterbeschäftigungspflicht rechtfertigen, etwa wenn zum Zeitpunkt der Übernahme keine freien Arbeitsplätze vorhanden sind (BAG 16. 1. 1979 AP BetrVG 1972 § 78 a Nr. 5; LAG Schleswig-Holstein 26. 11. 1976 DB 1977, 777; LAG Hamm 13. 5. 1977 DB 1978, 260; LAG Niedersachsen 11. 3. 1994 AuR 1995, 225). Innerhalb von drei Monaten vor Beendigung des Ausbildungsverhältnisses frei werdende Stellen stehen freien Stellen im Zeitpunkt der Übernahme gleich, wenn eine sofortige Neubesetzung nicht durch dringende betriebliche Gründe geboten ist (BAG 12. 11. 1997 DB 1998, 1423, anders bei 5 Monaten BAG 12. 12. 1997 EzA BetrVG 1972 § 78 a Nr. 26). Dabei ist auf die Weiterbeschäftigungsmöglichkeit im Unternehmen und nicht nur im Betrieb abzustellen. Eine Beschränkung auf den Betrieb, in dem der Auszubildende Mitglied des betriebsverfassungsrechtlichen Gremiums war, widerspricht der Wertung des Gesetzgebers im Verhältnis zu den §§ 1 II Nr. 1 b, 15 IV KSchG (LAG Niedersachsen 26. 4. 1996 NZA-RR 1997, 14; LAG Hamm 26. 4. 1996 – 16 (4) TaBV 111/95 –). Allerdings kann vom AG nicht die Schaffung zusätzlicher Arbeitsplätze oder die Entlassung anderer AN verlangt werden (BAG 16. 1. 1979 AP BetrVG 1972 § 78 a Nr. 5; *Fitting* Rn. 46; in der Regel auch nicht der Abbau von Überstunden, LAG Brandenburg 18. 3. 1998 LAGE § 78 a BetrVG Nr. 16). Auf geplante Einsparmaßnahmen, die erst künftig möglicherweise einen Wegfall von Arbeitsplätzen zur Folge haben, kann sich der AG zur Begründung der Unzumutbarkeit nicht berufen (BAG 16. 8. 1995 AP BetrVG 1972 § 78 a Nr. 25).

10   Genauso wie der Auflösungsantrag nach § 78 a IV 2 zielt auch der Feststellungsantrag auf eine **rechtsgestaltende gerichtliche Entscheidung**, die ihre Wirkung erst mit ihrer Rechtskraft für die Zukunft entfaltet (BAG 29. 11. 1989 AP BetrVG 1972 § 78 a Nr. 20). Solange eine rechtskräftige Entscheidung nicht vorliegt, verhindert daher auch ein vom AG vor Ende des Ausbildungsverhältnisses eingeleitetes Verfahren gem. § 78 a IV 1 nicht die Begründung eines Arbeitsverhältnisses nach § 78 a II oder III. Der geschützte Auszubildende ist deshalb grds. bis zu einer rechtskräftigen Entscheidung entsprechend seiner Ausbildung im Betrieb zu beschäftigen (BAG 15. 1. 1980 AP BetrVG 1972 § 78 a Nr. 7). Etwas anderes gilt, wenn sich die gerichtliche Feststellung darauf bezieht, daß wegen Fehlens der Voraussetzungen nach § 78 a II und III ein Arbeitsverhältnis überhaupt nicht begründet wurde. Einen derartigen Feststellungsanspruch kann nach einem erneuten Schwenk der Rspr. der AG in einem einheitlichen Beschlußverfahren mit dem Antrag gem. § 78 a IV verbinden (BAG 11. 1. 1995 AP BetrVG 1972 § 78 a Nr. 24; insoweit unter Aufgabe von BAG 29. 11. 1989 AP BetrVG 1972 § 78 a Nr. 20; s. auch unten Rn. 11).

VI. Streitigkeiten

11   Die Entscheidung darüber, ob dem AG gem. § 78 a IV die Weiterbeschäftigung des Auszubildenden nicht zugemutet werden kann, ist im arbeitsgerichtlichen **Beschlußverfahren** zu treffen (BAG 5. 4. 1984 AP BetrVG 1972 § 78 a Nr. 13; BAG 29. 11. 1989 AP BetrVG 1972 § 78 a Nr. 20). Für die Klärung der Frage nach der Zumutbarkeit ist eine vorherige Feststellung der Begründung eines Arbeitsverhältnisses unter den Voraussetzungen der Abs. 2 und 3 nicht notwendig (BAG 29. 11. 1987 AP BetrVG 1972 § 78 a Nr. 20). Demgegenüber hat der Auszubildende seinen Anspruch auf Feststellung des Bestehens eines Arbeitsverhältnisses und dessen Inhalt im **Urteilsverfahren** zu verfolgen (BAG 13. 11. 1987 AP BetrVG 1972 § 78 a Nr. 18; BAG 22. 9. 1983 AP BetrVG 1972 § 78 a Nr. 11). Das gleiche galt nach bisheriger Rspr. für einen Antrag des AG, mit dem dieser die Feststellung begehrt, daß ein Arbeitsverhältnis deswegen nicht zustandegekommen ist, weil die Voraussetzung nach Abs. 2 oder Abs. 3 nicht vorlagen (BAG 29. 11. 1989 AP BetrVG 1972 § 78 a Nr. 20). Anders jetzt BAG 11. 1. 1995 AP BetrVG 1972 § 78 a Nr. 24 (dazu oben Rn. 10).

12   Im Wege der **einstweiligen Verfügung** können sowohl die vorläufige Weiterbeschäftigung als auch umgekehrt die Entbindung von der tatsächlichen Weiterbeschäftigungspflicht, nicht aber die Vertragsauflösung geltend gemacht werden (LAG Berlin 22. 2. 1991 NZA 1991, 472; *Fitting* Rn. 38, 52; aA im Hinblick auf die Entbindung von der Weiterbeschäftigungspflicht DKK/*Kittner* Rn. 46).

§ 79 Geheimhaltungspflicht

(1) [1] Die Mitglieder und Ersatzmitglieder des Betriebsrats sind verpflichtet, Betriebs- oder Geschäftsgeheimnisse, die ihnen wegen ihrer Zugehörigkeit zum Betriebsrat bekanntgeworden und vom Arbeitgeber ausdrücklich als geheimhaltungsbedürftig bezeichnet worden sind, nicht zu offenbaren und nicht zu verwerten. [2] Dies gilt auch nach dem Ausscheiden aus dem Betriebsrat. [3] Die Verpflichtung gilt nicht gegenüber Mitgliedern des Betriebsrats. [4] Sie gilt ferner nicht gegenüber dem Gesamtbetriebsrat, dem Konzernbetriebsrat, der Bordvertretung, dem Seebetriebsrat und den Arbeitnehmervertretern im Aufsichtsrat sowie im Verfahren vor der Einigungsstelle, der tariflichen Schlichtungsstelle (§ 76 Abs. 8) oder einer betrieblichen Beschwerdestelle (§ 86).

(2) Absatz 1 gilt sinngemäß für die Mitglieder und Ersatzmitglieder des Gesamtbetriebsrats, des Konzernbetriebsrats, der Jugend- und Auszubildendenvertretung, der Gesamt- Jugend- und Auszubildendenvertretung, des Wirtschaftsausschusses, der Bordvertretung, des Seebetriebsrates, der gemäß § 3 Abs. 1 Nr. 1 und 2 gebildeten Vertretungen der Arbeitnehmer, der Einigungsstelle, der tariflichen Schlichtungsstelle (§ 76 Abs. 8) und einer betrieblichen Beschwerdestelle (§ 86) sowie für die Vertreter von Gewerkschaften oder von Arbeitgebervereinigungen.

I. Normzweck und Rechtsnatur

Zum einen besteht ein Interesse des AG an der Geheimhaltung von Daten, die ihm gegenüber 1 Konkurrenten einen Wettbewerbsvorsprung verschaffen, zum anderen besteht ein Informationsbedürfnis der Belegschaft und vor allem der Mitglieder betriebsverfassungsrechtlicher Einrichtungen, weil eine effektive und sachgerechte Wahrnehmung der Mitbestimmungsbefugnisse Kenntnisse über alle betrieblichen und unternehmerischen Vorgänge voraussetzt. Diesem Interessenkonflikt wird durch ein Verbot der Offenbarung (dh. Weitergabe an unbefugte Dritte) und Verwertung (dh. Ausnutzung der Kenntnisse zum eigenen Vorteil) geheimhaltungspflichtiger Tatsachen in § 79 Rechnung getragen. Der AG soll Informationen nicht aus Furcht vor Weitergabe an Dritte verschweigen müssen. § 79 betrifft nur die betriebsverfassungsrechtliche Amtspflicht. Davon unabhängig bestehen die arbeitsvertraglichen und deliktsrechtlichen Schweigepflichten, die die BRMitglieder wie alle anderen AN treffen.

II. Gegenstand und Umfang der Schweigepflicht

1. Geheimhaltungspflicht. Geheimhaltungspflichtig sind Betriebs- und Geschäftsgeheimnisse. Das 2 sind Tatsachen, Erkenntnisse und Unterlagen, die im Zusammenhang mit dem technischen Betrieb oder der wirtschaftlichen Betätigung des Unternehmens stehen, nur einem eng begrenzten Personenkreis bekannt, also nicht offenkundig sind, nach dem bekundeten Willen des AG (Unternehmers) geheimgehalten werden sollen und deren Geheimhaltung – insb. vor Konkurrenten – für den Betrieb oder das Unternehmen wichtig ist (sog. **materielles Geheimnis**; BAG 26. 2. 1987 AP BetrVG 1972 § 79 Nr. 2; BAG 16. 3. 1982 AP BGB § 611 Betriebsgeheimnis Nr. 1; *Richardi* Rn. 4; GK-BetrVG/ *Wiese* Rn. 7).

Betriebsgeheimnisse liegen meist auf technischem Gebiet, zB technische Geräte und Maschinen, 3 Diensterfindungen, Konstruktionspläne, Aufzeichnungen über neue technische Verfahren oder Mängel der hergestellten Ware, Rezepturen usw., auch die Tatsache, daß ein bestimmtes Verfahren in einem Betrieb angewendet wird (BAG 16. 3. 1982 AP BGB § 611 Betriebsgeheimnis Nr. 1; LAG Köln 16. 12. 1987 LAGE BGB § 611 Betriebsgeheimnis Nr. 1). Zu geplanten Betriebsänderungen und -übertragungen s. § 111 Rn. 5 ff.

Geschäftsgeheimnisse betreffen regelmäßig wirtschaftliche und kaufmännische Tatsachen, zB Ab- 4 satzplanung, Vorzugspreise, Kalkulation, unveröffentlichte Jahresabschlüsse, Liquidität des Unternehmens, Auftragslage, Umsatzhöhe, uU wichtige Verträge oder Vertragsverhandlungen (vgl. *Thomas Schmidt* AiB 1980, 3), Kundenlisten und -karteien.

Ob auch **Lohn- und Gehaltsdaten** unter die Betriebs- und Geschäftsgeheimnisse iSd. § 79 fallen, 5 läßt sich nicht generell, sondern nur unter Berücksichtigung der Besonderheiten des betroffenen Unternehmens beantworten. Entscheidend ist, ob die Geheimhaltung der Daten gerade dieses Betriebes für den wirtschaftlichen Erfolg des Betriebes insofern von Vorteil ist, als die Konkurrenz mit deren Kenntnis ihre eigene Wettbewerbsfähigkeit steigern könnte (BAG 26. 2. 1987 AP BetrVG 1972 § 79 Nr. 2 mit zust. Anm. *Teplitzky* = EzA BetrVG § 79 Nr. 1 mit zust. Anm. *v. Hoyningen-Huene* = SAE 1988, 58 mit zust. Anm. *Kort*; vgl. auch *Galperin/Löwisch* BetrVG Rn. 6; DKK/*Buschmann* Rn. 10; aA *Bobke* Anm. zu BAG 26. 2. 1987 AiB 1988, 69; vgl. auch *Friesen* AuR 1982, 246 und dort Fn. 10). Das ist beispielsweise anzunehmen, wenn die Gehaltsdaten weitgehend mit den Produktionskosten identisch und daher wesentlicher Kalkulationsfaktor der Gesamtkosten sind.

Ausgeschlossen aus dem Kreis der schützenswerten Tatsachen sind unlautere und gesetzeswidrige 6 Vorgänge, zB Steuerhinterziehungen (GK-BetrVG/*Wiese* Rn. 7; *Preis/Reinfeld* AuR 1989, 361, 363). Die Verschwiegenheitspflicht des AN, die aus seiner Treuepflicht herrührt, bleibt von § 79 unberührt, ebenso die §§ 17 ff. UWG (Rn. 17). Ferner unterliegen **persönliche Angelegenheiten der AN** des Betriebs nicht der Schweigepflicht, da es sich hier nicht um Betriebs- und Geschäftsgeheimnisse handelt (LAG Hamburg 24. 5. 1988 CR 1989, 409). Insofern kommt allerdings ein Schutz über §§ 99 I 3, 102 II 5 in Betracht.

2. Erklärung des Arbeitgebers. Der AG muß durch ausdrückliche Erklärung darauf hingewiesen 7 haben, daß er die betreffende Angelegenheit als Geschäfts- oder Betriebsgeheimnis ansieht, über das Stillschweigen zu halten ist (sog. **formelles Geheimnis**). Die Erklärung ist formfrei, muß jedoch hinsichtlich des Gegenstandes und des Umfangs der Geheimhaltung klar und eindeutig sein (ArbG Düsseldorf 8. 6. 1953 BB 1953, 915; DKK/*Buschmann* Rn. 11; *Fitting* Rn. 5; GK-BetrVG/*Wiese* Rn. 11; HSG/*Hess* Rn. 4). Es genügt nicht, daß sich die Geheimhaltungsbedürftigkeit aus den Umständen ergibt (GK-BetrVG/*Wiese* Rn. 11, *Richardi* Rn. 6; *Galperin/Löwisch* BetrVG Rn. 8, HSG/ *Hess* Rn. 4, aA *Zöllner/Loritz* § 48 III 8 h). Für den Erklärungsempfänger muß der Wille des AG über die Geheimhaltungsbedürftigkeit klar erkennbar sein. Dazu reicht die bloße Bezeichnung einer Mitteilung als „vertraulich" aus (GK-BetrVG/*Wiese* Rn. 12; MünchArbR/*Joost* § 300 Rn. 202; **aA** *Fitting* Rn. 5). Eine Angelegenheit kann jedoch nicht willkürlich zum Geschäftsgeheimnis gemacht werden, vielmehr ist ein objektives Geheimhaltungsinteresse erforderlich (*Fitting* Rn. 3; GK-BetrVG/*Wiese* Rn. 9; *Galperin/Löwisch* BetrVG Rn. 9; DKK/*Buschmann* Rn. 6). Das Geheimhaltungsinteresse muß legal und legitim sein (vgl. BAG 26. 2. 1987 AP BetrVG 1972 § 79 Nr. 2: „berechtigtes wirtschaftliches Interesse").

8 Es ist erforderlich, daß der AG selbst oder ein Vertreter die Geheimhaltungspflichtigkeit gegenüber dem BR erklärt (*Fitting* Rn. 7; Galperin/*Löwisch* BetrVG Rn. 10; HSG/*Hess* Rn. 4; DKK/*Buschmann* Rn. 11; *Richardi* Rn. 7). Auch wenn dem BR im Rahmen seiner Amtstätigkeit das Geheimnis als solches aus einer anderen Quelle bekanntgeworden war und der AG erst nachträglich die Geheimhaltung anordnet, greift § 79 ein (GK-BetrVG/*Wiese* Rn. 13; DKK/*Buschmann* Rn. 12; *Richardi* Rn. 7). Die Vorschrift ist auch bei Mitteilung des Geheimnisses und der vom AG ausgehenden Anordnung der Geheimhaltung durch Dritte anwendbar.

9 **3. Kenntniserlangung.** Die geheimhaltungspflichtige Tatsache muß dem zur Verschwiegenheit Verpflichteten in seiner Eigenschaft als Amtsträger oder aufgrund seiner betriebsverfassungsrechtlichen Funktion bekanntgeworden sein (*Fitting* Rn. 7; DKK/*Buschmann* Rn. 12). Wie die Kenntniserlangung im übrigen erfolgt, ist ohne Belang, insb. dürfen auch rechtswidrig erlangte Kenntnisse weder verwertet noch weitergegeben werden (GK-BetrVG/*Wiese* Rn. 16). Erfolgt die Kenntniserlangung ohne Zusammenhang mit der Amtstätigkeit, unterliegt sie der Geheimhaltungspflicht nicht, die Verwertung oder Weitergabe kann dann allenfalls als Amtspflichtverletzung einen Verstoß gegen § 2 I darstellen und ist arbeitsvertraglich nach den allgemeinen Grundsätzen zu beurteilen. Eine Erweiterung des Geheimhaltungsgebots über § 79 hinaus ist nicht zulässig (vgl. auch BGH 5. 6. 1975 DB 1975, 1308).

10 **4. Adressatenkreis.** Zur Verschwiegenheit verpflichtet sind die in der Vorschrift genannten Stellen und Personen, insb. auch die Stellvertreter verhinderter BRMitglieder hinsichtlich während der Dauer der Verhinderung erfahrener Geheimnisse. Diese haben wiederum ihrerseits dafür Sorge zu tragen, daß andere Mitglieder, die von der Erklärung der Geheimhaltungspflichtigkeit bisher keine Kenntnis hatten, von der Geheimhaltungspflicht unterrichtet werden (DKK/*Buschmann* Rn. 11; *Fitting* Rn. 6). Ferner unterliegt der **BR** selbst **als Organ** der Betriebsverfassung der Geheimhaltungspflicht (BAG 26. 2. 1987 AP BetrVG 1972 § 79 Nr. 2).

11 Die Aufzählung in § 79 ist nicht abschließend. §§ 80 III 2, 107 III 4, 108 II 3, 109 S. 3 sind ergänzende Bestimmungen für **Sachverständige** und **AN,** die zur Durchführung betriebsverfassungsrechtlicher Aufgaben hinzugezogen werden. Die Schweigpflicht der **ANVertreter im Aufsichtsrat** ergibt sich nicht aus § 79 BetrVG, sondern aus dem Gesellschaftsrecht (GK-BetrVG/*Wiese* Rn. 22).

12 **5. Dauer.** Die Geheimhaltungspflicht **beginnt** mit dem Amtsantritt. Sie **endet** erst, wenn die Tatsache entweder kein Betriebs- oder Geschäftsgeheimnis mehr ist oder vom AG als nicht mehr geheimhaltungsbedürftig erklärt wird (hM, vgl. BAG 15. 12. 1987 AP BGB § 611 Betriebsgeheimnis Nr. 5; BAG 16. 3. 1982 AP BGB § 611 Betriebsgeheimnis Nr. 1; *Richardi* Rn. 15, 30; *Fitting* Rn. 16; GK-BetrVG/*Wiese* Rn. 25; HSG/*Hess* Rn. 13) und geht somit über die Mitgliedschaft im BR und über die Dauer des Arbeitsverhältnisses hinaus. In der nachvertraglichen Phase verringert sich aber das Gewicht der schutzwürdigen Interessen des AG (BGH 20. 1. 1981 AP BGB § 611 Schweigpflicht Nr. 4; restriktiv *Fezer* Anm. zu BGH 4. 2. 1993 JZ 1993, 956 mwN).

13 **6. Ausnahmen.** Die Schweigepflicht besteht nicht im Innenverhältnis zwischen den BRMitgliedern und nach Abs. 2 hinsichtlich der **internen** Kommunikation innerhalb der in Abs. 2 genannten Institutionen. Nach dem Zweck der Vorschrift muß die Ausnahme auf Mitteilungen mit betriebsverfassungsrechtlicher Relevanz beschränkt werden. Ferner gilt die Schweigpflicht nicht im Verfahren vor der Einigungsstelle, der tariflichen Schlichtungsstelle oder einer betrieblichen Beschwerdestelle, soweit die Kenntnis für diese Stellen von Belang ist. **Unzulässig** ist die Offenbarung von Geheimnissen durch (Gesamt/Konzern)BR, Bordvertretung und SeeBR an die Stellen und Personen, die nur in Abs. 2, nicht aber in Abs. 1 genannt sind (GK-BetrVG/*Wiese* Rn. 30, 31). Somit ist die Offenbarung gegenüber der Gesamt-, Jugend- und Auszubildendenvertretung, dem Wirtschaftsausschuß, den zusätzlichen Vertretern nach § 3 I Nr. 1 und den Vertretern der Gewerkschaften und AGVerbänden nicht gestattet (*Fitting* Rn. 24; GK-BetrVG/*Wiese* Rn. 30; kritisch DKK/*Buschmann* Rn. 22). Die anderen Vertreter nach § 3 I Nr. 2 sind zwar ebenfalls nicht in Abs. 1 genannt, dennoch dürfen ihnen gegenüber Geheimnisse offenbart werden, da sie an die Stelle des BR treten (*Fitting* Rn. 25; GK-BetrVG/ *Wiese* Rn. 31; aA HSG/*Hess* Rn. 11). Ferner kann die Schweigpflicht gegenüber Redepflichten weichen, zB Zeugenaussagen vor Gericht, Anzeigepflichten zur Verhütung strafbarer Handlungen und Auskunftserteilung im Rahmen des Arbeitsschutzes (DKK/*Buschmann* Rn. 25; *Fitting* Rn. 27).

IV. Rechtsfolgen der Verletzung der Schweigepflicht § 79 BetrVG 210

7. Verbot der Offenbarung und Verwertung. Die Vorschrift verbietet die Offenbarung und 14
Verwertung von Betriebs- und Geschäftsgeheimnissen. Ein **Offenbaren** liegt dabei in der Weitergabe
des Geheimnisses an (unberechtigte) andere; ein **Verwerten** liegt vor, wenn ein Geheimnis zum Zweck
der eigenen Gewinnerzielung wirtschaftlich ausgenutzt wird (GK-BetrVG/*Wiese* Rn. 23).

III. Sonstige Schweigepflichten

1. Betriebsverfassungsrechtlicher Art. Die BRMitglieder trifft eine besondere Verschwiegenheits- 15
pflicht aus §§ 82 II, 83 I, 99 I 3 und 102 II 5 (*Richardi* Rn. 31; *Fitting* Rn. 30; GK-BetrVG/*Wiese*,
Rn. 42 ff.; DKK/*Buschmann* Rn. 28) hinsichtlich persönlicher Geheimnisse von AN. Zudem kann,
auch wenn grds. keine Schweigepflicht hinsichtlich des Inhalts der BRSitzungen besteht (LAG München 15. 11. 1977 DB 1978, 894), doch die Aufgabenstellung des BR dem AG gegenüber eine Schweigepflicht auslösen, wenn durch die Preisgabe der Informationen die Tätigkeit des BR ernstlich beeinträchtigt wird (LAG München 15. 11. 1977 DB 1978, 894). Nach *Dieterich* GG Art. 5 Rn. 40 hat der
BR aus Art. 5 GG ein Recht auf ungehinderte Öffentlichkeitsarbeit.

2. Allgemeiner Geheimnisschutz. Regelmäßig verstößt der AN mit der Offenbarung von geheim- 16
haltungspflichtigen Tatsachen gegen seine Schweigepflicht, die aus der **arbeitsvertraglichen Treuepflicht** herrührt (BGH 20. 1. 1981 AP BGB § 611 Schweigepflicht Nr. 4; BAG 25. 8. 1966 AP BGB
§ 611 Schweigepflicht Nr. 1; BAG 13. 2. 1969 AP BGB § 611 Schweigepflicht Nr. 3; BAG 16. 3. 1982
AP BGB § 611 Betriebsgeheimnis Nr. 1; BAG 15. 12. 1987 AP BGB § 611 Betriebsgeheimnis Nr. 5;
LAG Frankfurt 1. 6. 1967 AP BGB § 611 Schweigepflicht Nr. 2; aA DKK/*Buschmann* Rn. 32, der in
§ 79 eine abschließende Sonderregelung sieht). Diese Schweigepflicht umfaßt über den Geheimnisbegriff des § 79 hinaus alle Geheimnisse, vertrauliche und schützenswerte betriebliche und persönliche
Angelegenheiten und gilt gegenüber jedermann. Die Art und Weise der Kenntniserlangung ist unerheblich; auch ist ein ausdrücklicher Hinweis des AG nicht erforderlich (GK-BetrVG/*Wiese* Rn. 47).
Darüber hinaus ist der BR aufgrund des **Persönlichkeitsschutzes** (Grundrecht auf informationelle
Selbstbestimmung nach Art. 1 GG, vgl. BVerfG 15. 12. 1983 DB 1984, 36, „Volkszählungsurteil") zur
Geheimhaltung vertraulicher Informationen über AN, von denen er im Rahmen seiner Tätigkeit
Kenntnis erlangt hat, verpflichtet. Über § 823 BGB erfahren Betriebs- und Geschäftsgeheimnisse
Schutz im Rahmen des **eingerichteten und ausgeübten Gewerbebetriebes** (vgl. BGH 25. 1. 1955 AP
UnlWG § 17 Nr. 4; BGH 18. 3. 1955 BGHZ 17, 41, 51).

§ 17 **UWG** unterstellt Betriebs- und Geschäftsgeheimnisse strafrechtlichem Schutz, nach § 19 17
UWG besteht eine Schadensersatzpflicht. Von der Norm erfaßt sind alle AN und Auszubildende eines
Geschäftsbetriebs. Das Geheimnis muß ihnen aufgrund ihres Arbeitsverhältnisses anvertraut oder
zugänglich gemacht worden sein (GK-BetrVG/*Wiese* Rn. 50).

Wird ein BRMitglied gem. § 83 I 2 zur Einsicht in **personenbezogene Daten** herbeigezogen, gilt 18
für die Schweigepflicht § 83 I 3. Diese Vorschrift geht gem. § 1 IV BDSG dem § 5 BDSG vor. Da sich
die betriebsverfassungsrechtlichen Verschwiegenheitspflichten jedoch im wesentlichen auf Daten mit
Intimcharakter sowie Betriebs- und Geschäftsgeheimnisse beziehen, ist § 5 BDSG, der sämtliche
personenbezogenen Daten erfaßt, im übrigen für den BR anwendbar, da dieser als solcher Teil der
speichernden Stelle Betrieb oder Unternehmen ist (GK-BetrVG/*Wiese* Rn. 52): § 5 BDSG verbietet,
geschützte personenbezogene Daten anderweitig als zu dem zur jeweiligen rechtmäßigen Aufgabenerfüllung gehörenden Zweck zu nutzen.

IV. Rechtsfolgen der Verletzung der Schweigepflicht

1. Sanktionen nach § 23 I. Bei groben Verletzungen der Verschwiegenheitspflicht aus § 79 kann 19
das BRMitglied gem. § 23 I aus dem BR **ausgeschlossen** werden. Eine gerichtliche **Auflösung** des
gesamten BR mit der Konsequenz von Neuwahlen (vgl. § 13 II Nr. 5) ist regelmäßig ausgeschlossen,
da es sich bei der Verschwiegenheitspflicht um die Amtspflicht des einzelnen Funktionsträgers handelt
(DKK/*Buschmann* Rn. 34). Eine Ausnahme von diesem Grundsatz liegt dann vor, wenn der Verstoß
dem BR als Kollegialorgan zuzuordnen ist (vgl. BAG 26. 2. 1987 AP BetrVG 1972 § 79 Nr. 2; BAG
14. 5. 1987 DB 1987, 2569; DKK/*Buschmann* Rn. 34; *Richardi* Rn. 36; GK-BetrVG/*Wiese*, Rn. 36;
Galperin/Löwisch BetrVG Rn. 21; HSG/*Hess* Rn. 15; aA *Brecht* Rn. 8).

2. Außerordentliche Kündigung. Im Einzelfall kann wegen der Verletzung der Schweigepflicht 20
auch eine außerordentliche Kündigung in Betracht kommen, wenn gleichzeitig Pflichten aus dem
Arbeitsvertrag derart verletzt wurden, daß eine Fortführung des Arbeitsverhältnisses unzumutbar
geworden ist (*Richardi* Rn. 37; *Fitting* Rn. 38; *Galperin/Löwisch* BetrVG Rn. 22; einschränkend GK-BetrVG/*Wiese* Rn. 40, vgl. aber auch Rn. 43; aA DKK/*Buschmann* Rn. 35).

3. Schadensersatzansprüche. Ferner ist § 79 ein Schutzgesetz iSv. § 823 II BGB, so daß ein Verstoß 21
Schadensersatzansprüche des AG begründen kann (DKK/*Buschmann* Rn. 36; *Richardi* Rn. 38 f.; *Fitting* Rn. 40; GK-BetrVG/*Wiese* Rn. 37; HSG/*Hess* Rn. 17). Soweit ihm gegenüber eine Schweigepflicht verletzt ist, kann auch ein AN Schadensersatzansprüche geltend machen, Schutzgesetze sind

210 BetrVG § 80 Allgemeine Aufgaben

insoweit §§ 99 I 3, 102 II 5. Nicht von § 79 berührt sind der allgemeine Geheimnisschutz im Rahmen der arbeitsvertraglichen Treuepflicht und die Ansprüche aus §§ 823, 826 BGB.

22 **4. Unterlassung.** Aus dem Sinn und Zweck der Vorschrift ergibt sich ferner ein Anspruch des AG auf Unterlassung der Offenbarung und Verwertung geheimhaltungspflichtiger Informationen (BAG 26. 2. 1987 AP BetrVG 1972 § 79 Nr. 2; GK-BetrVG/*Wiese* Rn. 39), der idR im Wege der einstweiligen Verfügung gem. §§ 85 ArbGG, 935 ff. ZPO durchgesetzt werden kann.

23 **5. Strafrechtliche Sanktionen.** § 120 stellt die vorsätzliche Verletzung der betrieblichen Verschwiegenheitspflicht unter **Strafe**.

V. Streitigkeiten

24 Über Streitigkeiten hinsichtlich des Bestehens und des Umfangs der Schweigepflicht aus § 79 entscheiden die AG im **Beschlußverfahren** (§ 2 a I Nr. 1, II, §§ 80 ff. ArbGG).

§ 80 Allgemeine Aufgaben

(1) Der Betriebsrat hat folgende allgemeine Aufgaben:
1. Darüber zu wachen, daß die zugunsten der Arbeitnehmer geltenden Gesetze, Verordnungen, Unfallverhütungsvorschriften, Tarifverträge und Betriebsvereinbarungen durchgeführt werden;
2. Maßnahmen, die dem Betrieb und der Belegschaft dienen, beim Arbeitgeber zu beantragen;
2 a. die Durchsetzung der tatsächlichen Gleichberechtigung von Frauen und Männern, insbesondere bei der Einstellung, Beschäftigung, Aus-, Fort- und Weiterbildung und dem beruflichen Aufstieg, zu fördern;
3. Anregungen von Arbeitnehmern und der Jugend- und Auszubildendenvertretung entgegenzunehmen und, falls sie berechtigt erscheinen, durch Verhandlungen mit dem Arbeitgeber auf eine Erledigung hinzuwirken; er hat die betreffenden Arbeitnehmer über den Stand und das Ergebnis der Verhandlungen zu unterrichten;
4. die Eingliederung Schwerbehinderter und sonstiger besonders schutzbedürftiger Personen zu fördern;
5. die Wahl einer Jugend- und Auszubildendenvertretung vorzubereiten und durchzuführen und mit dieser zur Förderung der Belange der in § 60 Abs. 1 genannten Arbeitnehmer eng zusammenzuarbeiten; er kann von der Jugend- und Auszubildendenvertretung Vorschläge und Stellungnahmen anfordern;
6. die Beschäftigung älterer Arbeitnehmer im Betrieb zu fördern;
7. die Eingliederung ausländischer Arbeitnehmer im Betrieb und das Verständnis zwischen ihnen und den deutschen Arbeitnehmern zu fördern.

(2) ¹Zur Durchführung seiner Aufgaben nach diesem Gesetz ist der Betriebsrat rechtzeitig und umfassend vom Arbeitgeber zu unterrichten. ²Ihm sind auf Verlangen jederzeit die zur Durchführung seiner Aufgaben erforderlichen Unterlagen zur Verfügung zu stellen; in diesem Rahmen ist der Betriebsausschuß oder ein nach § 28 gebildeter Ausschuß berechtigt, in die Listen über die Bruttolöhne und -gehälter Einblick zu nehmen.

(3) ¹Der Betriebsrat kann bei der Durchführung seiner Aufgaben nach näherer Vereinbarung mit dem Arbeitgeber Sachverständige hinzuziehen, soweit dies zur ordnungsgemäßen Erfüllung seiner Aufgaben erforderlich ist. ²Für die Geheimhaltungspflicht der Sachverständigen gilt § 79 entsprechend.

I. Vorbemerkung

1 Abs. 1 der Vorschrift enthält eine Aufzählung allgemeiner Aufgaben und Rechte des BR. Der BR ist bei der Ausübung seiner Aufgaben nicht auf diejenigen Gebiete beschränkt, in denen ihm Beteiligungsrechte zustehen (GK-BetrVG/*Kraft* Rn. 1). Die **allgemeinen Aufgaben** bestehen unabhängig von den Mitwirkungs- und Mitbestimmungsbefugnissen der §§ 87 bis 113, auch wenn sie oftmals die Grundlage für die Ausübung der einzelnen Beteiligungsrechte bilden (*Fitting* Rn. 1). Der BR ist zur Wahrnehmung der ihm übertragenen Kompetenzen verpflichtet. Seine Grenze findet die BRTätigkeit in den für alle natürlichen Personen geltenden straf- oder zivilrechtlichen Beschränkungen, in dem Verbot von Arbeitskampfmaßnahmen (§ 74 II), dem Verbot einseitiger Handlungen (§ 77 I 2) sowie des Rechtsmißbrauchs (BAG 11. 7. 1972 AP BetrVG 1972 § 80 Nr. 1). Der AG hat alle Maßnahmen, die der Wahrnehmung der Befugnisse des BR dienen, zu tolerieren (GK-BetrVG/*Kraft* Rn. 24). Die allgemeinen Aufgaben des Abs. 1 räumen dem BR jedoch weder ein Mitbestimmungsrecht noch einen gerichtlich durchsetzbaren Anspruch gegen den AG auf bestimmte Handlungen ein (GK-BetrVG/*Kraft* Rn. 8). Sie bezeichnen und begrenzen vielmehr die Angelegenheiten, über die der AG den BR zu unterrichten und die er mit ihm zu besprechen hat. Insoweit steht die Vorschrift in engem

II. Allgemeine Aufgaben des Betriebsrats (Abs. 1) § 80 BetrVG 210

Zusammenhang mit der Pflicht zu vertrauensvoller Zusammenarbeit (§ 2 I) und zu regelmäßigen Besprechungen (§ 74 I). Die Vorschrift kann auch als Ermächtigungsgrundlage für Regelungsabreden (s. § 77 Rn. 32 ff.) zwischen AG und BR herangezogen werden.

Die Vorschrift gilt für den **GesamtBR** sowie den **KonzernBR** im Rahmen ihrer Zuständigkeit 2 entsprechend. Nicht zuständig ist der GesamtBR jedoch für die Überwachung von Betriebsvereinbarungen, auch wenn er sie selbst abgeschlossen hat (BAG 20. 12. 1988 AP ArbGG 1979 § 92 Nr. 5). Die Vorschrift regelt außerdem die Informationspflichten des AG gegenüber dem BR (Abs. 2) und die Möglichkeit der Hinzuziehung von Sachverständigen (Abs. 3). § 70 enthält eine Sonderregelung für die JAV, § 25 SchwbG eine entsprechende Vorschrift für den Vertrauensmann der Schwerbehinderten und § 37 II und III ZDG für den Vertrauensmann der Zivildienstleistenden. Deren Aufgaben und Zuständigkeiten lassen diejenigen des BR unberührt (DKK/*Buschmann* Rn. 3). Die in der Vorschrift genannten Aufgaben hat der BR für AN im Sinne des § 5 I wahrzunehmen, sie beziehen sich jedoch nicht auf leitende Angestellte im Sinne des § 5 III. Die in § 80 I geregelten Aufgaben können Gegenstand von Schulungsveranstaltungen sein (s. § 37 Rn. 17).

II. Allgemeine Aufgaben des Betriebsrats (Abs. 1)

1. Überwachung von Rechtsnormen. Die Überwachungspflicht des BR über die Einhaltung der in 3 § 80 I 1 aufgeführten Normen soll sicherstellen, daß die Schutzvorschriften zugunsten der AN auch tatsächlich eingehalten werden (GK-BetrVG/*Kraft* Rn. 9). Der BR ist dabei nicht als ein dem AG übergeordnetes Kontrollorgan zu verstehen. Seine Befugnisse bestehen lediglich im Interesse der Rechtskontrolle (*Fitting* Rn. 8 a). Der Begriff der zugunsten der AN geltenden **Gesetze und Verordnungen** ist weit zu verstehen. Er umfaßt neben dem Richterrecht alle Rechtsvorschriften, die sich zugunsten der AN im Betrieb auswirken können (*Fitting* Rn. 3). Hierzu zählen insb.: Grundrechte der AN; arbeitsrechtliche Gesetze und Verordungen, zB MuSchG (BAG 27. 2. 1968 AP BetrVG 1972 § 58 Nr. 1), BetrVG, ArbZG, KSchG, UrlaubsG, EFZG, AÜG, JArbSchG, arbeitsrechtliche Vorschriften in BGB, HGB und GewO, Bestimmungen des Arbeitsschutzes im Betrieb, NachwG (BAG 19. 10. 1999 EzA § 80 BetrVG Nr. 45) sowie die UVV der Berufsgenossenschaften; ferner die gesetzlichen Bestimmungen über Leiharbeit, Teilzeitarbeit und Schwarzarbeit; allgemeine arbeitsrechtliche Grundsätze, zB Gleichbehandlungsgrundsatz, Grundsatz von Recht und Billigkeit (BAG 11. 7. 1972 AP BetrVG 1972 § 80 Nr. 1), Fürsorgepflicht; europarechtliche Vorschriften, zB Art. 48, 100 a, 118 a, 119 EGV; das BDSG, soweit seine Vorschriften auf die AN des Betriebs Anwendung finden (BAG 17. 3. 1987 AP BetrVG 1972 § 80 Nr. 29); sozialversicherungsrechtliche Vorschriften, zB die Pflicht des AG zur richtigen Berechnung und Abführung von Lohnsteuer und Sozialversicherungsbeiträgen (BAG 17. 3. 1960 AP BGB § 670 Nr. 8); Gesetze und Verordnungen zum Umweltschutz, soweit sie arbeitnehmerschützende Wirkung haben, zB BImSchG, ChemikalienG, AtomG, StrahlenschutzVO, GefStoffVO, UmweltauditG und Gesetze, die dem BR weitere Zuständigkeiten zuweisen, zB ArbNErfG; ASiG, MitbG, SchiedsstellenG, SchwbG, SpTrUG, UmwG, VermBG, VermG, ZDVG.

Die Überwachungspflicht hinsichtlich der **Tarifverträge** bezieht sich sowohl auf Normen über die 4 Arbeitsverhältnisse als auch auf betriebliche und betriebsverfassungsrechtliche Normen im Sinne des § 4 I 2 TVG. Sie besteht ebenso bezüglich schuldrechtlicher Regelungen eines TV, die sich zugunsten der AN auswirken (BAG 11. 7. 1972 AP BetrVG 1972 § 80 Nr. 1) und für nachwirkende Tarifnormen (*Oetker*, FS für Schaub, 1998, S. 542). Voraussetzung ist, daß die TV kraft Allgemeinverbindlicherklärung oder als Firmentarif oder Mitgliedschaft des AG im tarifschließenden AGVerband für den betroffenen Betrieb gelten. Liegt keine Allgemeinverbindlichkeit vor, ist bei Abschluß-, Inhalts- und Beendigungsnormen zusätzlich erforderlich, daß der AN tarifgebunden ist oder die Anwendung des TV einzelvertraglich vereinbart wurde (BAG 18. 9. 1973 AP BetrVG 1972 § 80 Nr. 3) sowie stets, daß der TV kraft seines persönlichen und fachlichen Geltungsbereichs für den AN gilt. Die bindenden Festsetzungen der Arbeitsbedingungen nach §§ 19, 22 HAG sowie die Mindestarbeitsbedingungen nach § 8 MindArbBedG stehen dem TV gleich.

Dem BR obliegt auch die Überwachungspflicht bezüglich der Einhaltung von **Betriebsvereinba-** 5 **rungen und Regelungsabreden,** deren Durchführung aber gem. § 77 I Aufgabe des AG ist. Die originäre Zuständigkeit des örtlichen BR ist auch dann gegeben, wenn es um eine Betriebsvereinbarung geht, die der GesamtBR oder der KonzernBR abgeschlossen hat (BAG 20. 12. 1988 AP ArbGG § 92 Nr. 5). Es besteht kein eigenständiges Überwachungsrecht bezüglich der Ausgestaltung einzelner Arbeitsverträge. Jedoch hat der BR zu prüfen, ob zwingende ANSchutzbestimmungen verletzt wurden (*Fitting* Rn. 8).

Zur **Prüfung der Einhaltung der Vorschriften** kann der BR auch ohne Darlegung eines Verstoßes 6 gegen eine der in Nr. 1 genannten Vorschriften Betriebsbegehungen durchführen (BAG 21. 1. 1982 AP BetrVG 1972 § 70 Nr. 1). Der BR hat auch die Möglichkeit, AN aufzusuchen, die außerhalb des Betriebs tätig sind (BAG 13. 6. 1989 AP BetrVG 1972 § 80 Nr. 36). Diese Rechte bleiben auch während eines Arbeitskampfes bestehen (DKK/*Buschmann* Rn. 9). Nach dem Gebot der vertrauensvollen Zusammenarbeit sollte der BR dem AG den Grund für die Betriebsbegehung in allgemeiner Form angeben (LAG Nürnberg 18. 10. 1993 DB 1994, 52).

7   Eine Durchsetzung der Rechtsnormen zugunsten der AN im arbeitsgerichtlichen Beschlußverfahren ist dem BR nur bei Betriebsvereinbarungen und Regelungsabreden möglich (st. Rspr., BAG 25. 5. 1982 AP BetrVG 1972 § 87 Nr. 2; BAG 10. 6. 1986 AP BetrVG 1972 § 80 Nr. 26; BAG 5. 5. 1992 AP BetrVG 1972 § 99 Nr. 97; LAG Niedersachsen LAGE TVG § 1 Betriebsnorm Nr. 2; zu Betriebsvereinbarungen § 77 Rn. 9 ff.). Der BR ist lediglich gehalten, dem AG Verstöße gegen gesetzliche Bestimmungen und Verordnungen anzuzeigen und auf Beseitigung des Mißstands hinzuwirken (BAG 10. 6. 1986 AP BetrVG 1972 § 80 Nr. 26). Ferner kann er das AA unterrichten, falls der AG seiner Anzeigepflicht bei Massenentlassungen nicht nachkommt (DKK/*Buschmann* Rn. 13). Es ist auch nicht die Aufgabe des BR, für die AN die Prozeßvertretung zu übernehmen (GK-BetrVG/*Kraft* Rn. 27). Bei der Erteilung von Rechtsauskünften ist er zur Zurückhaltung und Verweisung auf die im Betrieb vertretenen Gewerkschaften angehalten (*Fitting* Rn. 9).

8   **2. Antragsrecht gegenüber dem Arbeitgeber.** Abs. 1 Nr. 2 spricht dem BR ein **Initiativrecht** bezüglich der Beantragung aller Maßnahmen zu, die dem Wohl des Betriebes, der gesamten Belegschaft oder des einzelnen AN dienen. Das Initiativrecht besteht unabhängig von einem Beteiligungsrecht bei den einzelnen Maßnahmen (BAG 27. 6. 1989 AP BetrVG 1972 § 80 Nr. 37). Voraussetzung für die Antragstellung ist ein konkreter Bezug zum Betrieb und seinen AN (*Fitting* Rn. 12).

9   Auf **sozialem Gebiet** kann der BR zB die Einführung von Ausgleichszahlungen, die Gewährung von Vorschüssen oder außertariflichen Lohnerhöhungen anregen (BAG 26. 1. 1962 AP BGB § 626 Druckkündigung Nr. 8). Auf **personellem Gebiet** sind als Antragsgegenstand insb. die Umgruppierung, Versetzung oder Neuanstellung von Mitarbeitern zu nennen (*Fitting* Rn. 14), auf **wirtschaftlichem Gebiet** die humanere Gestaltung der Arbeit, die Verbesserung der Arbeitsmethoden sowie Rationalisierungsmaßnahmen und andere unternehmerische Entscheidungen (GK-BetrVG/*Kraft* Rn. 31).

10 Der AG ist nach §§ 2 I, 74 I verpflichtet, sich mit den Anträgen des BR **ernsthaft zu befassen.** Eine Pflicht zur Umsetzung besteht aber nur in den im Gesetz ausdrücklich genannten Fällen (§§ 85 II, 87, 91, 93, 95 II, 98 V, 103 I, 104, 109, 112 IV iVm. 112 a).

11 **3. Durchsetzung der tatsächlichen Gleichberechtigung von Männern und Frauen.** Nr. 2 a wurde durch Art. 6 des 2. Gleichberechtigungsgesetzes v. 24. 4. 1994 (BGBl. I S. 1406) in das BetrVG neu eingefügt. Die Vorschrift verleiht dem in Art. 3 II 2 GG verankerten Staatsziel Ausdruck, die tatsächliche Gleichberechtigung der Geschlechter zu fördern. Hauptsächlich wird es dabei um ausgleichende Maßnahmen zugunsten weiblicher AN gehen. Nr. 2 a ist als Aufforderung an den BR zu verstehen, durch Anträge und Vorschläge an den AG auf den Abbau von Benachteiligungen bei der Einstellung, Beschäftigung, Aus-, Fort- und Weiterbildung sowie dem beruflichen Aufstieg hinzuwirken (GK-BetrVG/*Kraft* Rn. 30). Auch hier kann der BR ein Tätigwerden des AG nur im Rahmen einzelner Mitbestimmungsrechte, insb. der §§ 92 ff., erzwingen (GK-BetrVG/*Kraft* Rn. 33).

12 **4. Behandlung von Anregungen der Arbeitnehmer und der Jugend- und Auszubildendenvertretung.** Nr. 3 ergänzt die Befugnisse des BR aus Abs. 1 Nr. 2. Der BR soll nicht nur aus eigenem Antrieb auf den AG einwirken, sondern auch Anregungen der AN und der JAV entgegennehmen und sich sachlich mit ihnen befassen (*Fitting* Rn. 17). Unter Anregungen sind Vorschläge und Beschwerden zu verstehen (GK-BetrVG/*Kraft* Rn. 35). Unabhängig davon besteht für den einzelnen AN, nicht aber für die JAV, die Möglichkeit, sich direkt an den AG zu wenden (GK-BetrVG/*Kraft* Rn. 34). Hält die Mehrheit des BR die Anregung für gerechtfertigt, ist der BR berechtigt und verpflichtet, mit dem AG über die Umsetzung zu verhandeln (GK-BetrVG/*Kraft* Rn. 36). Bei Meinungsverschiedenheiten über Beschwerden kann das Einigungsverfahren nach § 85 eingeleitet werden. Über das Ergebnis der Verhandlungen hat der BR den AN bzw. die JAV zu informieren (*Fitting* Rn. 17).

13 **5. Eingliederung besonders schutzbedürftiger Personen.** Zu den besonders schutzbedürftigen Personen zählen neben den in Nr. 4 ausdrücklich erwähnten Schwerbehinderten auch sonstige körperlich, geistig oder seelisch Behinderte. Die Schutzpflicht erstreckt sich weiterhin auf sonstige AN, die auf dem Arbeitsmarkt nur unter erschwerten Bedingungen zu vermitteln sind (§§ 18, 19 SGB III). Soweit gesetzliche Vorschriften zum Schutz der besonders schutzbedürftigen Personen bestehen, hat der BR deren Umsetzung mit besonderer Aufmerksamkeit zu überwachen. Dies gilt beispielsweise für die Förderungspflicht des AG nach § 14 II SchwbG sowie die Pflicht zur Einstellung Schwerbehinderter gem. §§ 5, 6 SchwbG (BAG 14. 11. 1989 AP BetrVG 1972 § 99 Nr. 77). Dabei hat der BR mit der Schwerbehindertenvertretung zusammenzuarbeiten (GK-BetrVG/*Kraft* Rn. 40). Neben diesen Überwachungspflichten ist es Aufgabe des BR, die schutzbedürftigen Personen in den Betrieb zu integrieren, auf eine ihren Kräften und Fähigkeiten entsprechende Beschäftigung hinzuwirken und bei der übrigen Belegschaft um Verständnis für sie zu werben (*Fitting* Rn. 18).

14 **6. Wahl und Zusammenarbeit mit der Jugend- und Auszubildendenvertretung.** Nr. 5 erweitert die Pflicht des BR gem. § 63 II zur Vorbereitung der Wahl zur JAV. Dem BR wird es zur Aufgabe gemacht, die Information der Betroffenen, die Vermittlung von Kenntnissen und Erfahrungen und die Bereitstellung der sächlichen Mittel zu übernehmen (GK-BetrVG/*Kraft* Rn. 43). Nach der Wahl einer

JAV hat der BR mit dieser zur Förderung der in § 60 I genannten Belange eng zusammenzuarbeiten und der Vertretung Unterstützung anzubieten (GK-BetrVG/*Kraft* Rn. 44). Interessenvertreter gegenüber dem AG ist allein der BR (*Fitting* Rn. 22).

7. Förderung der Beschäftigung älterer Arbeitnehmer. Die Förderungspflicht der Nr. 6 stellt eine 15 Ergänzung zu den §§ 75 I 2, 96 II dar. Handlungsbedarf besteht insb. in bezug auf die berufliche Weiterentwicklung, die Anpassung an veränderte wirtschaftliche und technische Gegebenheiten sowie die Neueinstellung älterer AN (*Fitting* Rn. 23).

8. Eingliederung und Förderung ausländischer Arbeitnehmer. Nr. 7 zielt primär auf die Integra- 16 tion bereits beschäftigter ausländischer AN (*Fitting* Rn. 24) sowie die Durchsetzung des in § 75 verankerten Gleichbehandlungsgebotes ab. Dazu gehört auch, gegen Ausländerfeindlichkeit im Betrieb vorzugehen und ausländische AN vor Ausbeutung durch illegale Beschäftigung zu schützen (*Fitting* Rn. 24).

III. Pflicht des Arbeitgebers zur Information und zum Verfügungstellen von Unterlagen

1. Informationspflicht. Abs. 2 S. 1 statuiert eine allgemeine Informationspflicht des AG, sofern der 17 BR Informationen zur Durchführung der ihm obliegenden Aufgaben benötigt. Durch diese Unterrichtung soll dem BR die sachgerechte und wirksame Wahrnehmung seiner gesetzlichen Aufgaben ermöglicht werden (BAG 26. 1. 1988 AP BetrVG 1972 § 80 Nr. 31; BAG 10. 2. 1987 AP BetrVG 1972 § 80 Nr. 27). Unter Aufgaben in diesem Sinne sind sämtliche Mitbestimmungs- und Beteiligungsrechte sowie die Aufgaben aus Abs. 1 zu fassen (*Fitting* Rn. 25). Gegenüber den speziellen Informationspflichten des AG in Zusammenhang mit der Durchführung konkreter Aufgaben (§§ 43, 53, 89, 90, 92, 96, 97, 99, 100, 102, 106, 111, 115) tritt die Generalklausel des Abs. 2 S. 2 zurück (GK-BetrVG/*Kraft* Rn. 50).

Das Gebot der vertrauensvollen Zusammenarbeit bedingt ein **hohes Maß an Offenheit** (*Fitting* 18 Rn. 25). Die dem AG obliegende Unterrichtungspflicht soll den BR in die Lage versetzen, in eigener Verantwortung zu prüfen, ob er tätig werden kann und soll. Das Informationsrecht besteht also nicht erst dann, wenn bereits feststeht, daß Aufgaben des BR vorliegen (BAG 26. 1. 1988 AP BetrVG 1972 § 80 Nr. 31; BAG 9. 7. 1991 AP BetrVG 1972 § 99 Nr. 94). Der BR muß aber darlegen, wozu er die gewünschten Informationen braucht (*Fitting* Rn. 29). Er kann nicht ohne Bezug auf eine konkrete Aufgabe jede Auskunft verlangen (BAG 5. 2. 1991 AP BGB § 613 a Nr. 89). In bezug auf mitbestimmungspflichtige Angelegenheiten besteht ein Informationsanspruch, wenn zumindest eine gewisse Wahrscheinlichkeit für ein Mitbestimmungsrecht besteht (BAG 15. 12. 1998 AP BetrVG 1972 § 80 Nr. 56). Soweit es um die in Abs. 1 Nr. 1 genannten Überwachungsaufgaben geht, kann der BR seinen Informationsanspruch geltend machen, ohne daß es eines konkreten Anlasses bedarf (BAG 11. 7. 1972 AP BetrVG 1972 § 80 Nr. 1; BAG 18. 9. 1973 AP BetrVG 1972 § 80 Nr. 3; einschränkend GK-BetrVG/*Kraft* Rn. 69).

Die Information des BR hat **rechtzeitig und umfassend** zu erfolgen. Rechtzeitig bedeutet so früh- 19 zeitig, daß der BR die entsprechende gesetzliche Aufgabe ordnungsgemäß erfüllen kann (GK-BetrVG/*Kraft* Rn. 65). Umfassend ist die Information, wenn der BR von allen Angaben Kenntnis erlangt, die er zur ordnungsgemäßen Erfüllung seiner Aufgaben benötigt (GK-BetrVG/*Kraft* Rn. 66). Der AG hat den BR ohne vorherige Aufforderung zu unterrichten. Das begründet die Pflicht des AG zu prüfen, ob er Informationen besitzt, auf die der BR zur Erfüllung seiner gesetzlichen Aufgaben angewiesen ist (GK-BetrVG/*Kraft* Rn. 64). Darüber hinaus ist es Aufgabe des BR, von ihm benötigte Informationen beim AG anzufordern und sich beispielsweise durch eine Betriebsbegehung eigenständig Informationen zu beschaffen (BAG 13. 6. 1989 AP BetrVG 1972 § 80 Nr. 36). Der Informationsanspruch ist auf diejenigen Informationen beschränkt, die der AG selbst im Besitz hat. Er ist nicht verpflichtet, sich weitere Informationen zu beschaffen (GK-BetrVG/*Kraft* Rn. 67). Der AG ist nicht berechtigt, Informationen mit der Begründung zurückzuhalten, sie stellten Betriebs- oder Geschäftsgeheimnisse dar (BAG 5. 2. 1991 AP BGB § 613 a Nr. 89). Der BR ist aber zur Geheimhaltung nach § 79 verpflichtet (GK-BetrVG/*Kraft* Rn. 73).

Der AG muß **beispielsweise** unterrichten über: die Merkmale, nach denen Zulagen oder Einmalzah- 20 lungen geleistet werden (DKK/*Buschmann* Rn. 35); die Konditionen der Beschäftigung von freien Mitarbeitern (BAG 15. 12. 1998 AP BetrVG 1972 § 80 Nr. 56 = NZA 1999, 722); die der Beschäftigung von AN aus Fremdfirmen zugrundeliegenden Verträge (BAG 31. 1. 1989 AP BetrVG 1972 § 80 Nr. 33); einen geplanten Betriebsübergang oder den vollständigen Gesellschafterwechsel (BAG 22. 1. 1991 AP BetrVG 1972 § 106 Nr. 9) die Auswertung einer im Betrieb durchgeführte Befragung, wenn hinreichende Wahrscheinlichkeit besteht, daß die dabei gewonnenen Erkenntnisse Aufgaben des Betriebsrats betreffen (BAG 8. 6. 1999 AP BetrVG 1972 § 80 Nr. 57) und die geplante Einführung und Änderung von EDV-Systemen (BAG 17. 3. 1987 AP BetrVG 1972 § 80 Nr. 29).

Der AG kann sich bei der Informationserteilung durch dazu beauftragte AN **vertreten** lassen. 21 Voraussetzung für eine Vertretung ist, daß die betreffenden Vertreter über die erforderlichen Kenntnisse und Vollmachten verfügen (*Fitting* Rn. 34). Die Unterrichtungspflicht bleibt aber in der Person

210 BetrVG § 80 — Allgemeine Aufgaben

des AG bestehen (GK-BetrVG/*Kraft* Rn. 52). Anspruchsberechtigt ist der BR als Gesamtgremium und, soweit eine gesetzliche Verweisung vorliegt, auch der Gesamt- oder KonzernBR im Rahmen seiner Zuständigkeit (GK-BetrVG/*Kraft* Rn. 53).

22 Der Unterrichtungspflicht des AG wird durch das **BDSG** nicht eingeschränkt. § 80 II 1 geht dem BDSG insoweit vor (GK-BetrVG/*Kraft* Rn. 72).

23 Die Unterrichtung unterliegt **keiner gesetzlichen Formvorschrift.** Auskünfte und die Beantwortung einzelner Fragen sind ebenso denkbar wie die Aushändigung fotokopierter Unterlagen (DKK/*Buschmann* Rn. 43). Notwendig ist aber, daß die Unterrichtung in verständlicher Weise erfolgt (*Fitting* Rn. 34 a). Ein Schriftformerfordernis kann sich aus § 2 I ergeben (*Fitting* Rn. 34 a). Die Unterrichtung des BR hat grundsätzlich in deutscher Sprache zu erfolgen (LAG Frankfurt aM 19. 8. 1993, NZA 1995, 285). Die Unterrichtung in einer Fremdsprache kommt in Betracht, wenn im BR ausreichende Kenntnisse der betreffenden Fremdsprache vorhanden sind (*Diller/Powietzka* DB 2000, 718).

24 **2. Vorlage von Unterlagen.** Der AG hat dem BR auf dessen Verlangen Unterlagen zur Verfügung zu stellen, soweit diese zur Durchführung der gesetzlichen Aufgaben des BR **erforderlich** sind (GK-BetrVG/*Kraft* Rn. 75). Der BR kann auch die regelmäßige Vorlage bestimmter Unterlagen verlangen, die er zur Durchführung seiner Aufgaben benötigt, wie etwa Statistiken über Arbeitsunfälle sowie über Mehr- und Nachtarbeit (*Fitting* Rn. 35). Der AG hat dem BR entweder das Original, eine Durchschrift oder Fotokopie für eine angemessene Zeit auszuhändigen (GK-BetrVG/*Kraft* Rn. 83). Unterlagen iSd. Vorschrift sind alle Schriftstücke, die der AG im Besitz hat und die Angaben enthalten, die für die Aufgaben des BR von Belang sind (GK-BetrVG/*Kraft* Rn. 78). Dazu zählen auch Betriebs- und Geschäftsgeheimnisse (*Fitting* Rn. 36). Die Form der Unterlagen ist unerheblich; es kommt auch die Vorlage von Tonträgern, Fotos oder Werkstücken in Betracht (BAG 7. 8. 1986 AP BetrVG 1972 § 80 Nr. 25). Der BR kann auch verlangen, daß ihm im Einzelfall eine konkrete Information aus den Personalakten zugänglich gemacht wird (BAG 18. 10. 1988 AP BetrVG 1972 § 80 Nr. 25). Aus § 83 I ergibt sich jedoch, daß ihm die Vorlage der Personalakten grds. verwehrt ist. Die Vorlagepflicht des AG beschränkt sich auf bereits **vorhandene Unterlagen** (BAG 17. 3. 1983 AP BetrVG 1972 § 80 Nr. 18). Der BR hat keinen Anspruch darauf, daß der AG bestimmte Unterlagen beschafft oder Anlagen installiert, die die geforderten Unterlagen erst herstellen (BAG 7. 8. 1986 AP BetrVG 1972 § 80 Nr. 25). Jedoch muß der AG Unterlagen erstellen, soweit die Informationen von einem Datenspeicher abgerufen werden können (BAG 17. 3. 1983 AP BetrVG 1972 § 80 Nr. 18). Nach der Rspr. des BAG ist die Vorlagepflicht auch gegeben, wenn kein Verdacht eines drohenden Verstoßes des AG gegen zugunsten der AN geltende Vorschriften besteht (BAG 11. 7. 1972 AP BetrVG 1972 § 80 Nr. 1; BAG 18. 9. 1973 AP BetrVG 1972 § 80 Nr. 3; einschränkend BAG 19. 10. 1999 EzA § 80 BetrVG Nr. 45 betr. Vorlage von Arbeitsverträgen, deren Muster mit dem Betriebsrat abgestimmt ist). Der AG hat das Recht, die Vorlage von Unterlagen zu verweigern, wenn das Verlangen des BR rechtsmißbräuchlich ist (BAG 10. 6. 1974 AP BetrVG 1972 § 80 Nr. 8).

25 **3. Einblicksrecht in Lohn- und Gehaltslisten.** Nach Abs. 2 S. 2 Halbs. 2 hat der BR das Recht zur Einsicht in die Listen der Bruttolöhne und -gehälter, soweit dies zur Erfüllung seiner Aufgaben erforderlich ist. Unter „Listen" ist auch die Speicherung in Datenanlagen zu verstehen (BAG 17. 3. 1983 AP BetrVG 1972 § 80 Nr. 18). Das Einblicksrecht dient insb. dazu, dem BR die Überprüfung zu ermöglichen, ob die TV und die Grundsätze des § 75 I eingehalten wurden.

26 Das Einblicksrecht in Lohn- und Gehaltslisten bezieht sich auf **alle Lohnbestandteile** (BAG 10. 2. 1987 AP BetrVG 1972 § 80 Nr. 27). Nach Auffassung des BAG erstreckt sich das Einblicksrecht auch auf individuell ausgehandelte Vergütungen (BAG 10. 2. 1987 AP BetrVG 1972 § 80 Nr. 27; aA GK-BetrVG/*Kraft* Rn. 87). Auch bei übertariflichen Zahlungen einschließlich von Prämien und Gratifikationen ist die Einsichtnahme möglich, ohne daß der BR darlegen müßte, daß diese auf einer kollektiven oder kollektivähnlichen Regelung beruhen (BAG 28. 5. 1974, 12. 2. 1980, 30. 6. 1981, 3. 12. 1982 AP BetrVG 1972 § 80 Nr. 7, 12, 15, 16).

27 Von dem Einblicksrecht umfaßt sind die Lohn- und Gehaltslisten aller **AN** iSd. BetrVG. Ausgenommen sind also lediglich die Gehälter der leitenden Angestellten, nicht aber die der AT-Angestellten (*Fitting* Rn. 42). Die Beschränkung der Einsichtnahme auf die Bruttolisten dient dazu, die persönlichen Verhältnisse der AN vor dem Einblick Dritter zu schützen (BAG 17. 3. 1983 AP BetrVG 1972 § 80 Nr. 18). Zur Durchsetzung der tatsächlichen Gleichberechtigung von Männern und Frauen kann der BR verlangen, daß die Gehälter geschlechtsspezifisch aufgeschlüsselt werden (*Fitting* 42). Das Einsichtsrecht besteht in gleichem Umfang in Tendenzbetrieben hinsichtlich der Einsichtnahme in die Gehälter von Tendenzträgern (BAG 30. 4. 1974 AP BetrVG 1972 § 118 Nr. 1). Da die Individualrechte gegenüber dem kollektiven Recht des BR zurückzutreten haben, besteht das Einblicksrecht unabhängig vom Einverständnis des AN (BAG 20. 12. 1988 AP ArbGG 1979 § 92 Nr. 5).

28 Einblick iSd. Vorschrift bedeutet **Vorlage zur Ansicht.** Der BR hat darüber hinaus das Recht, sich Notizen zu machen, er kann aber nicht die Aushändigung der Listen verlangen (BAG 15. 6. 1976 AP BetrVG 1972 § 80 Nr. 9) und ebensowenig Abschriften oder Fotokopien anfertigen (BAG 3. 12. 1981 AP BetrVG 1972 § 80 Nr. 17).

Zur Einsichtnahme berechtigt sind nach dem Wortlaut der Vorschrift der Betriebsausschuß (§ 27) **29** sowie ein nach § 28 gebildeter Ausschuß. Damit ist die Ausübung des Einsichtsrechts Betrieben mit mehr als 300 AN vorbehalten. Das BAG sieht darin einen Widerspruch zu dem Gesamtsinn der Regelung und erkennt ein Einblicksrecht auch in kleineren Betrieben an. Das Einsichtsrecht in kleineren Betrieben steht danach den in § 27 IV erwähnten Personen zu, also dem BRVorsitzenden oder einem anderen BRMitglied, dem die laufenden Geschäfte übertragen wurden, nicht aber dem ganzen BR (BAG 23. 3. 1973 AP BetrVG 1972 § 80 Nr. 2; BAG 18. 9. 1973 AP BetrVG 1972 § 80 Nr. 3; weitergehend GK-BetrVG/*Kraft* Rn. 93).

Die **Weitergabe** der durch die Einsichtnahme erlangten Kenntnisse ist unzulässig, soweit die Listen **30** Betriebs- oder Geschäftsgeheimnisse iSd. § 79 darstellen (BAG 23. 2. 1973 AP BetrVG 1972 § 79 Nr. 2). Trotzdem ist der BR berechtigt, benachteiligte AN über seinen besonderen Kenntnisstand zu unterrichten (*Fitting* Rn. 45).

IV. Hinzuziehung von Sachverständigen

Der BR hat die Möglichkeit, bei der Durchführung seiner Aufgaben Sachverständige hinzuzuziehen. **31** Sachverständige sind Personen, die dem BR die ihm fehlenden Kenntnisse fachlicher oder rechtlicher Art vermitteln, damit sie ihre Aufgaben in Zusammenarbeit mit dem AG ordnungsgemäß erfüllen können (BAG 19. 4. 1989 AP BetrVG 1972 § 80 Rn. 35). Die Sachverständigen unterliegen der Geheimhaltungspflicht des § 79. Die Kosten für die Einschaltung von Sachverständigen trägt der AG (BAG 26. 2. 1992 AuR 1993, 95). Der Anspruch kann vom Betriebsrat an den Sachverständigen abgetreten werden (BAG 13. 5. 1998 AP § 80 BetrVG Nr. 55).

Sachverständige müssen bei ihrer Beratungstätigkeit **keine „neutrale" Haltung** einnehmen, sondern **32** können den BR bei der Geltendmachung seiner Interessen mit ihrem Fachwissen unterstützen (BAG 26. 2. 1992 AP BetrVG 1972 § 80 Nr. 48). Gewerkschaftsvertreter können ebenfalls als Sachverständige fungieren. Das gleiche gilt für Rechtsanwälte, sofern sie nicht den BR in einem gerichtlichen Verfahren oder in einem Verfahren vor der Einigungsstelle vertreten (GK-BetrVG/*Kraft* Rn. 112). Die Finanzierung der Vertretung in einem solchen Verfahren beurteilt sich unmittelbar nach § 40. Eine Vereinbarung mit dem AG gem. § 80 III ist in diesen Fällen nicht erforderlich (*Fitting* Rn. 60).

Nicht als Sachverständige gelten **Auskunftspersonen**, die den BR im Rahmen ihrer beruflichen **33** Tätigkeit ohne Gebührenanspruch informieren, wie etwa Bedienstete der Betriebskrankenkasse, Werksärzte, andere BR desselben Unternehmens oder Beamte der Gewerbeaufsicht (GK-BetrVG/ *Kraft* Rn. 113). Die Teilnahme von Sachverständigen an Betriebsversammlungen und BRSitzungen verstößt nicht gegen den Grundsatz der Nichtöffentlichkeit (BAG 13. 9. 1977 AP BetrVG 1972 § 42 Nr. 1).

Voraussetzung für die Konsultation eines Sachverständigen ist die **Erforderlichkeit.** Diese ist in **34** Bezug auf Rechtsanwälte zB zu bejahen bei schwierigen Rechtsfragen sowie Vorbereitungen für einen Interessenausgleich und Sozialplan (BAG 5. 11. 1981 AP BetrVG 1972 § 76 Nr. 9). Bei der Unterrichtung des BR über EDV-Systeme darf ein außerbetrieblicher Sachverständiger erst dann herangezogen werden, wenn der Informationsbedarf des BR mit den im Betrieb zur Verfügung stehenden Mitteln, etwa die Unterrichtung durch Fachkräfte des Betriebs oder das Studium von Fachliteratur, nicht befriedigt werden kann (BAG 4. 6. 1987 AP BetrVG 1972 § 80 Nr. 30). Sachverständige dürfen nur in Zusammenhang mit einer zu erledigenden Aufgabe angehört werden (BAG 17. 3. 1987 AP BetrVG 1972 § 80 Nr. 29).

Wird die Erforderlichkeit bejaht, begründet sie einen **Anspruch des BR** auf Hinzuziehung (*Fitting* **35** Rn. 60 a). Die Ausübung des Rechts auf Hinzuziehung eines Sachverständigen bedarf einer formlosen „näheren Vereinbarung" mit dem AG hinsichtlich der Modalitäten, etwa der Person des Sachverständigen, seines Honorars und des Gegenstandes der Sachverständigentätigkeit (BAG 19. 4. 1989 AP BetrVG 1972 § 80 Nr. 35). Ggf. muß der BR den AG auf Zustimmung zu diesen Modalitäten verklagen. Er kann notfalls eine einstweilige Verfügung erwirken (*Fitting* Rn. 60 b). Unter den Voraussetzungen des § 76 VI kann eine Einigung auch mit Hilfe der Einigungsstelle betrieben werden. Kommt eine Einigung nicht zustande, sind die Kosten für den Sachverständigen nicht vom AG zu erstatten (BAG 19. 4. 1989 EzA BetrVG § 80 Nr. 35).

V. Streitigkeiten

Meinungsverschiedenheiten über das Bestehen und den Umfang der Informationspflichten sind im **36** Beschlußverfahren beizulegen. Ebenfalls im Beschlußverfahren ist darüber zu entscheiden, ob die Hinzuziehung eines Sachverständigen erforderlich ist (BAG 18. 7. 1978 AP BetrVG 1972 § 108 Nr. 1; BAG 25. 4. 1978 AP BetrVG 1972 § 80 Nr. 11). Die Entscheidung des ArbG ersetzt die „nähere Vereinbarung" nach Abs. 3. Einstweiliger Rechtsschutz kann nach § 85 ArbGG gewährt werden. Die Zwangsvollstreckung zur Einsichtgewährung in Lohn- und Gehaltslisten erfolgt nach § 888 ZPO durch die Verhängung von Zwangsgeld (BAG 17. 5. 1983 AP BetrVG 1972 § 80 Nr. 19).

37 Verletzt der AG grob seine in § 80 geregelten Pflichten, kommt ein Verfahren nach § 23 III in Frage. Die Vorschrift enthält dagegen kein Schutzgesetz iSv. § 823 II BGB, da sie keine konkreten Interessen schützt. Der Sachverständige hat keinen eigenen Anspruch, BAG 13. 5. 1998 EzA BetrVG § 80 Nr. 42.

Zweiter Abschnitt. Mitwirkungs- und Beschwerderecht des Arbeitnehmers

§ 81 Unterrichtungs- und Erörterungspflicht des Arbeitgebers

(1) ¹ Der Arbeitgeber hat den Arbeitnehmer über dessen Aufgabe und Verantwortung sowie über die Art seiner Tätigkeit und ihre Einordnung in den Arbeitsablauf des Betriebs zu unterrichten. ² Er hat den Arbeitnehmer vor Beginn der Beschäftigung über die Unfall- und Gesundheitsgefahren, denen dieser bei der Beschäftigung ausgesetzt ist, sowie über die Maßnahmen und Einrichtungen zur Abwendung dieser Gefahren und die nach § 10 Abs. 2 des Arbeitsschutzgesetzes getroffenen Maßnahmen zu belehren.

(2) ¹ Über Veränderungen in seinem Arbeitsbereich ist der Arbeitnehmer rechtzeitig zu unterrichten. ² Absatz 1 gilt entsprechend.

(3) In Betrieben, in denen kein Betriebsrat besteht, hat der Arbeitgeber die Arbeitnehmer zu allen Maßnahmen zu hören, die Auswirkungen auf Sicherheit und Gesundheit der Arbeitnehmer haben können.

(4) ¹ Der Arbeitgeber hat den Arbeitnehmer über die auf Grund einer Planung von technischen Anlagen, von Arbeitsverfahren und Arbeitsabläufen oder der Arbeitsplätze vorgesehenen Maßnahmen und ihre Auswirkungen auf seinen Arbeitsplatz, die Arbeitsumgebung sowie auf Inhalt und Art seiner Tätigkeit zu unterrichten. ² Sobald feststeht, daß sich die Tätigkeit des Arbeitnehmers ändern wird und seine beruflichen Kenntnisse und Fähigkeiten zur Erfüllung seiner Aufgaben nicht ausreichen, hat der Arbeitgeber mit dem Arbeitnehmer zu erörtern, wie dessen berufliche Kenntnisse und Fähigkeiten im Rahmen der betrieblichen Möglichkeiten den künftigen Anforderungen angepaßt werden können. ³ Der Arbeitnehmer kann bei der Erörterung ein Mitglied des Betriebsrats hinzuziehen.

I. Vorbemerkung

1 Die in §§ 81 bis 86 festgelegten Einzelrechte des AN stehen im Zusammenhang mit dem Schutz des Persönlichkeitsrechts, § 75 II (*Fitting* Rn. 1). Diese ANRechte ergeben sich bereits aus der arbeitsvertraglichen Fürsorgepflicht des AG (DKK/*Buschmann* Rn. 1; *Fitting* Rn. 1) und bestehen deshalb auch in betriebsratslosen Betrieben. BPersVG und SprAuG enthalten keine entsprechende Vorschrift.

II. Unterrichtung des Arbeitnehmers über Aufgaben, Verantwortung und Tätigkeitsbereich

2 Die vorgeschriebene **Unterrichtung** des AN über Aufgaben, Tätigkeiten und Verantwortung dient dem Zweck, dem AN ein rechtzeitiges Vertrautmachen und Einstellen auf seine Arbeit zu ermöglichen. Zweckwahrend erfolgt sie daher insgesamt *vor* der Arbeitsaufnahme (hM GK-BetrVG/*Wiese* Rn. 6; DKK/*Buschmann* Rn. 5; aA *Löwisch* BetrVG § 81 Rn. 1), auch wenn dies vom Gesetz ausdrücklich nur für die Unfall- und Gesundheitsgefahren angeordnet wird. Die individualrechtliche Verpflichtung zur Unterrichtung ist von den Berufsbildungsmaßnahmen nach §§ 96 ff. abzugrenzen (BAG 5. 11. 1985 AP BetrVG 1972 § 98 Nr. 2; s. auch § 96 Rn. 9). Danach erfordert § 81, daß der AN bereits die für die Ausübung der Tätigkeit am vorgesehenen Arbeitsplatz erforderlichen beruflichen Kenntnisse und Fähigkeiten besitzt (BAG 23. 4. 1991 AP BetrVG 1972 § 98 Nr. 7). § 81 ist erfüllt, wenn in einer vom AG organisierten Veranstaltung die Kundenfreundlichkeit des Verkaufspersonals verbessert werden soll (BAG 28. 1. 1992 AP BetrVG 1972 § 96 Nr. 1).

3 **Pauschale,** allgemeine **Information** zB im Rahmen eines Vorstellungsgesprächs reicht dabei nicht; es muß vielmehr präzise und individuell auf den einzelnen AN und seinen Arbeitsplatz abgestellt werden (HSG/*Hess* Rn. 1; *Stege/Weinspach* Rn. 4).

4 Dazu gehören die Unterrichtung über die Beschaffenheit des Arbeitsplatzes und der Arbeitsgeräte, die Art der Tätigkeit sowie der Werkstoffe, mit denen der AN umgeht. Ebenso sollen die Verantwortung des AN für sein Arbeitsergebnis sowie etwaige Leitungsaufgaben gegenüber seinen Mitarbeitern und ggf. besondere Verhaltensweisen erläutert werden.

5 Nicht erforderlich ist ein **persönliches Tätigwerden** des AG ausreichend ist vielmehr eine Übertragung der Aufgaben an die organisatorisch zuständige Person, wie zB den Abteilungsleiter (HSG/*Hess* Rn. 4; GK-BetrVG/*Wiese* Rn. 10). Allerdings ist der AG für eine ordnungsgemäße Unterrichtung verantwortlich.

Bei **ausländischen AN** hat eine Unterrichtung erforderlichenfalls in ihrer Heimatsprache zu erfolgen (HSG/*Hess* Rn. 6). 6

III. Belehrung über Unfall- und Gesundheitsgefahren

Ebenfalls vor Beginn der Beschäftigung hat eine **Belehrung** über Unfall- und Gesundheitsgefahren, 7
die im Zusammenhang mit der aufzunehmenden Beschäftigung stehen, zu erfolgen. Hierunter versteht man eine besonders intensive Form der Unterrichtung (HSG/*Hess* Rn. 2; DKK/*Buschmann* Rn. 9).

In diesem Zusammenhang müssen **Schutzmaßnahmen und -ausrüstungen** (Helme, Brillen, Hand- 8
schuhe, Masken, Rettungsgeräte) detailliert erläutert und demonstriert werden, insb. auch solche für den Betrieb gefährlicher Maschinen im Tätigkeitsbereich des AN (DKK/*Buschmann* Rn. 9).

Erforderlich sind auch: Erläuterung von Warnsignalen, Informationen über Unfallhilfsstellen und 9
Sanitätskästen sowie Benennung der bei Unfällen und Gefahrenlagen zu unterrichtenden Personen.

Soll ein Einsatz in gesundheitsgefährdenden Arbeitszeitsystemen wie **Nachtarbeit** erfolgen, die für 10
einzelne ANGruppen verboten sind, ist eine besondere Belehrung erforderlich (BVerfG 28. 1. 1992 NJW 1992, 964).

Eine weitere **Konkretisierung** der Belehrungspflicht erfolgt durch Vorschriften des gesetzlichen 11
Arbeitsschutzes wie zB § 12 ArbSchG, § 29 JArbSchG, § 7 a HAG, §§ 20, 21 GefStoffV, § 6 StörfallVO.

Nicht ausreichend ist die Aushändigung eines **Merkblattes** an die AN (*Bächle* DB 1973, 1400, 12
1402). Das zu den ausländischen AN Rn. 6 Gesagte gilt entsprechend.

IV. Unterrichtung bei Veränderungen im Arbeitsbereich

Über Veränderungen in seinem **Arbeitsbereich** (der Arbeitsplatz und seine Beziehung zur betrieb- 13
lichen Umgebung in räumlicher, technischer und organisatorischer Hinsicht) ist der AN während seiner Tätigkeit zu unterrichten. Dies betrifft organisatorische und technische Veränderungen am gleichen Arbeitsplatz oder in der Arbeitsumgebung (zB neues Arbeitsgerät, neue betriebliche Räume, auch neue Produktionsmethoden) wie auch Versetzungen an einen anderen Arbeitsplatz mit anderen Tätigkeiten oder die Einordung in einen anderen Arbeitsablauf. Auch bei vorübergehender Zuweisung einer anderen Arbeit ist eine erneute Unterrichtung bzw. Belehrung insb. bzgl. der Sicherheit am Arbeitsplatz erforderlich (*Wlotzke* Rn. 2 c).

V. Unterrichtungs- und Erörterungspflicht des Arbeitgebers bei Planung von Maßnahmen und deren Auswirkungen auf Arbeitplätze, Arbeitsumgebung und Tätigkeit

Abs. 3 beinhaltet zwei Verpflichtungen des AG gegenüber dem einzelnen AN: zunächst muß der 14
AG über die Planung von technischen Anlagen, Arbeitsverfahren und Arbeitsplätzen **unterrichten** (S. 1). Die Unterrichtung hat umfassend dann zu erfolgen, wenn sich bereits konkrete Maßnahmen abzeichnen; sie beinhaltet sämtliche Auswirkungen auf die Tätigkeit des AN, insb. auf seinen Arbeitsplatz und die Arbeitsmethode. Sinn dieser Regelung ist die Einbeziehung des AN in den Informationsprozeß bei der Planung und Einführung neuer Techniken.

Die zweite Verpflichtung des AG besteht in der frühzeitigen **Erörterung** der Möglichkeiten des 15
AN seine bisherigen beruflichen Kenntnisse und Fähigkeiten an die nun geänderten Anforderungen anzupassen; möglich sind Umschulung sowie betriebs- und unternehmensinterne Weiterbildung (s. dazu §§ 96 ff.). Die Verpflichtung des AG bezieht sich dabei nur auf die Erörterung; der AN hat keinen Anspruch auf Umschulung und Weiterbildung bzw. auf Kostenübernahme durch den AG bei entsprechenden Maßnahmen. Im Falle einer Kündigung wegen mangelnder Qualifikation ist allerdings § 1 II 3 KSchG, § 102 III 4 BetrVG zu beachten.

Zur Erörterung kann der AN ein BRMitglied hinzuziehen (S. 3). Als Folge einer **versäumten** 16
Erörterung ist der AG verpflichtet, vor einer personenbedingten Kündigung (gem. § 1 II KSchG) wegen unzureichender Kenntnisse und Fähigkeiten für die neue Aufgabe dem AN einen längeren Anpassungszeitraum an die neuen Anforderungen einzuräumen. Gleiches gilt auch bei der Unterlassung zumutbarer Förderungsmaßnahmen durch den AG.

VI. Sanktionen

Bei Nichterfüllung der AGPflichten kann der AN das ArbG anrufen, das im **Urteilsverfahren** 17
entscheidet. Zudem kann der AN ein Leistungsverweigerungsrecht gem. § 273 BGB ausüben (*Fitting* Rn. 17; GK-BetrVG/*Wiese* vor § 81 Rn. 34), wodurch der AG in Annahmeverzug gerät. Schadenersatzansprüche können sich aus pVV und, wenn eine Verletzung der Belehrungspflichten zu Verletzungen von Körper, Gesundheit und Eigentum geführt hat, auch aus § 823 I BGB ergeben (GK-BetrVG/*Wiese* vor § 81 Rn. 33; DKK/*Buschmann* Rn. 15).

§ 82 Anhörungs- und Erörterungsrecht des Arbeitnehmers

(1) ¹Der Arbeitnehmer hat das Recht, in betrieblichen Angelegenheiten, die seine Person betreffen, von den nach Maßgabe des organisatorischen Aufbaus des Betriebs hierfür zuständigen Personen gehört zu werden. ²Er ist berechtigt, zu Maßnahmen des Arbeitgebers, die ihn betreffen, Stellung zu nehmen sowie Vorschläge für die Gestaltung des Arbeitsplatzes und des Arbeitsablaufs zu machen.

(2) ¹Der Arbeitnehmer kann verlangen, daß ihm die Berechnung und Zusammensetzung seines Arbeitsentgelts erläutert und daß mit ihm die Beurteilung seiner Leistungen sowie die Möglichkeiten seiner beruflichen Entwicklung im Betrieb erörtert werden. ²Er kann ein Mitglied des Betriebsrats hinzuziehen. ³Das Mitglied des Betriebsrats hat über den Inhalt dieser Verhandlungen Stillschweigen zu bewahren, soweit es vom Arbeitnehmer im Einzelfall nicht von dieser Verpflichtung entbunden wird.

I. Vorbemerkung

1 In Ergänzung zu § 81 räumt § 82 I dem AN das Recht ein, selbst die Initiative zu ergreifen, um für ihn wichtige Auskünfte zu erlangen und durch Vorschläge oder Stellungnahmen an der Gestaltung des Arbeitsplatzes oder -ablaufs mitzuwirken. Weiterhin ist dem AN nach § 82 II jederzeit die Berechnung und Zusammensetzung seines Arbeitsentgelts zu erläutern. Diese Anhörungs- und Erörterungsrechte ergeben sich aus der Treue- und Fürsorgepflicht des AG Die Vorschrift gilt auch für Betriebe ohne BR (*Fitting* Rn. 1).

2 Der AN kann seine Rechte grds. im angemessenen Rahmen **während der Arbeitszeit** wahrnehmen. In Analogie zu §§ 20 III 2, 39 III, 44 I 2 ist der AG in diesem Fall nicht berechtigt, das Arbeitsentgelt zu kürzen (*Fitting* Rn. 2; GK-BetrVG/*Wiese* Rn. 3).

II. Recht des Arbeitnehmers auf Anhörung und Stellungnahme

3 § 82 I 1 gibt dem AN das Recht, in **allen betrieblichen Angelegenheiten,** die ihn persönlich betreffen, gehört zu werden. Er hat sich zunächst an den jeweiligen unmittelbaren Vorgesetzten zu wenden (GK-BetrVG/*Wiese* Rn. 7). „Betriebliche Angelegenheiten" iSd. § 82 I sind vor allem solche, die mit der Arbeitsleistung der Person in Zusammenhang stehen. Des weiteren fallen darunter wesentliche Fragen der betrieblichen Organisation und der Arbeitsabläufe. Diese müssen die Tätigkeit des AN in seinem Arbeitsbereich betreffen, ohne jedoch zwingend unmittelbar auf den Arbeitsplatz gerichtet zu sein (HSG/*Hess* Rn. 2; *Fitting* Rn. 4). Der Begriff „Betriebliche Angelegenheiten" ist extensiv auszulegen und muß daher nicht räumlich auf den Betrieb beschränkt sein (GK-BetrVG/ *Wiese* Rn. 6). Soweit der AN sich durch betriebliche Maßnahmen beeinträchtigt fühlt und Abhilfe wünscht, kann das Vorbringen gegenüber einer zuständigen Person als **Beschwerde** iSd. § 84 zu sehen sein (*Galperin*/*Löwisch* BetrVG § 82 Rn. 5).

4 Ferner hat der AN gem. § 82 I 2 das Recht, zu ihn betreffenden Maßnahmen **Stellung zu nehmen** und **Vorschläge** für die **Gestaltung** von **Arbeitsplatz** und **Arbeitsablauf** zu machen. Ein **Mitbestimmungsrecht** wird dem AN dadurch allerdings nicht eingeräumt.

5 Die in § 82 I normierten Rechte setzen nicht voraus, daß sich der AN beeinträchtigt fühlt (GK-BetrVG/*Wiese* Rn. 5, Rn. 10).

III. Erläuterung des Arbeitsentgelts, Erörterung der Leistungen und der beruflichen Entwicklung

6 § 82 II 1 1. Halbs. gewährt dem AN das Recht, die Berechnung und Zusammensetzung seines Arbeitsentgelts erläutert zu bekommen. Dieser Erläuterungsanspruch kann unabhängig von einem konkreten Anlaß geltend gemacht werden (GK-BetrVG/*Wiese* Rn. 12). Unter Arbeitsentgelt ist die Gesamtheit der dem AN zustehenden Bezüge zu verstehen. Der AN kann demnach eine detaillierte Darstellung der **Zusammensetzung** des Arbeitsentgelts (Gehalt, Zulagen, Prämien, Provision etc.), sowie dessen **Höhe** (Brutto- und Nettobezüge einschließlich der Aufgliederung der verschiedenen Abzüge) verlangen (GK-BetrVG/*Wiese* Rn. 12; DKK/*Buschmann* Rn. 6). Dieses Recht gewinnt angesichts der Verwendung von **Datenverarbeitungsanlagen** immer größere Bedeutung, da aufgrund verschlüsselter Angaben dem AN die Nachvollziehbarkeit der Berechnung erschwert wird. Im übrigen steht § 82 II 1 1. Halbs. dem Recht des BR, nach Maßgabe des § 80 II in die Listen der Bruttolöhne und -gehälter Einblick zu nehmen, nicht entgegen (BAG 18. 9. 1973 AP BetrVG 1972 § 80 Nr. 3).

7 Nach § 80 II 1 2. Halbs. soll sich der AN sowohl über die Beurteilung seiner Leistung als auch über Möglichkeiten des beruflichen Aufstiegs Gewißheit verschaffen können. Das Verlangen kann grds. unabhängig von einem konkreten Anlaß in angemessenen Zeitabständen geltend gemacht werden,

wobei der AN allerdings aufgrund seiner Treuepflicht auf die betrieblichen Bedürfnisse Rücksicht zu nehmen hat (GK-BetrVG/*Wiese* Rn. 17).

In Bezug auf die Beurteilung muß der AN zunächst **Kenntnis** von solchen Beurteilungen haben. 8 Soweit schriftliche Beurteilungen vorliegen, kann der AN diese nach § 83 einsehen und schriftlich dazu Stellung nehmen. Weiterhin ist dem AN mündlich Auskunft über seine Beurteilung durch den AG zu geben, wobei ihm sowohl die Beurteilung angemessen zu erläutern als auch auf seine Fragen einzugehen ist. Dagegen hat der AN auf der Grundlage eines Gespräches keinen Anspruch auf Aushändigung einer schriftlichen **Leistungsbescheinigung** (GK-BetrVG/*Wiese* Rn. 16).

Im übrigen müssen mit dem AN auf sein Verlangen hin auch die Möglichkeiten seiner beruflichen 9 Entwicklung erörtert werden. Gesprächspartner ist hierfür idR nicht der unmittelbare Vorgesetzte, sondern ein Abteilungsleiter oder eine für betriebliche Bildungsmaßnahmen zuständige Stelle (*Löwisch* BetrVG Rn. 3). Der AN hat keinen Anspruch auf bestimmte **Zusagen** hinsichtlich der weiteren beruflichen Entwicklung im Betrieb (GK-BetrVG/*Wiese* Rn. 19).

IV. Beteiligung eines Betriebsratsmitglieds

Zur Ausübung der Erörterungsrechte nach § 82 II kann der AN ein Mitglied des BR als **Vertrauensperson** hinzuziehen. „Hinzuziehen" bedeutet über die Anwesenheit hinaus, daß das BRMitglied auch selbst Fragen stellen und Vorschläge machen darf (GK-BetrVG/*Wiese* Rn. 21). Dieses Recht auf Beteiligung besteht nicht nur in den Fällen, in denen die Initiative zur Erörterung vom AN ausging, sondern auch dann, wenn der **AG** die Erörterung mit den AN sucht (BAG 24. 4. 1979 AP BetrVG 1972 § 82 Nr. 1; aA *Ehmann*, ZfA 1980, 683, 735). Das BRMitglied **selbst** hat dagegen keinen Anspruch darauf, zu den Gesprächen hinzugezogen zu werden (BAG 23. 2. 1984 AP BetrVG 1972 § 82 Nr. 2). Weiterhin muß der AG die Wahl eines vom AN bestimmten BRMitglied hinnehmen. Ebenso muß das BRMitglied dem Verlangen des AN entsprechen (*Fitting* Rn. 11; GK-BetrVG/*Wiese* Rn. 20). 10

Über den Inhalt der Verhandlungen hat das BRMitglied **Stillschweigen** zu bewahren, soweit es vom 11 AN im Einzelfall nicht von dieser Pflicht entbunden wird. Die Verschwiegenheitspflicht gilt auch dem BR und den anderen BRMitgliedern gegenüber, weil nicht der BR als solcher, sondern das BRMitglied **persönlich** hinzugezogen wird (GK-BetrVG/*Wiese* Rn. 23).

V. Streitigkeiten

Eine Verletzung der sich aus § 82 ergebenden Rechte kann der AN im **Urteilsverfahren** geltend 12 machen (DKK/*Buschmann* Rn. 13; *Fitting* Rn. 13). Ebenso handelt es sich bei einem Streit über die Beteiligung eines BRMitglieds um einen individualrechtlichen Anspruch, über den im Urteilsverfahren zu entscheiden ist (BAG 24. 4. 1979 AP BetrVG 1972 § 82 Nr. 1; *Fitting* Rn. 14; DKK/*Buschmann* Rn. 15; aA GK-BetrVG/*Wiese* Rn. 25; HSG/*Hess* Rn. 10). Dagegen hat das BRMitglied keinen selbständig geltend zu machenden Anspruch auf Teilnahme (BAG 3. 2. 1984 AP BetrVG 1972 § 82 Nr. 2).

§ 83 Einsicht in die Personalakten

(1) ¹Der Arbeitnehmer hat das Recht, in die über ihn geführten Personalakten Einsicht zu nehmen. ²Er kann hierzu ein Mitglied des Betriebsrats hinzuziehen. ³Das Mitglied des Betriebsrats hat über den Inhalt der Personalakte Stillschweigen zu bewahren, soweit es vom Arbeitnehmer im Einzelfall nicht von dieser Verpflichtung entbunden wird.

(2) Erklärungen des Arbeitnehmers zum Inhalt der Personalakte sind dieser auf sein Verlangen beizufügen.

I. Vorbemerkungen

Die in § 83 I 1 und II garantierten Rechte des AN auf Einsicht in die über ihn geführte Personalakte 1 und auf Aufnahme von Erklärungen in diese sind **individualrechtlicher Natur**. Sie bestehen daher unabhängig von der Existenz eines BR und der BRFähigkeit (*Fitting* Rn. 1). Nicht auf diese Vorschrift berufen können sich Personen, für die das BetrVG keine Gültigkeit besitzt; jedoch läßt sich für diese Personengruppe ein Anspruch aus den vertraglichen Nebenpflichten herleiten (DKK/*Buschmann* Rn. 1). § 83 enthält keine abschließende Regelung. Für Beamte ergibt sich das Recht auf Akteneinsicht aus § 90 BBG; für AN des öffentlichen Dienstes aus § 13 BAT. § 26 II SprAuG enthält eine Sonderbestimmung für leitende Angestellte.

II. Personalakten

Personalakte iSd. § 83 ist jede Sammlung von Unterlagen, die sich auf die Person des AN bezieht, 2 unabhängig von deren Form, Material sowie der Stelle, an der die Sammlung geführt wird (DKK/

Buschmann Rn. 2). Erfaßt werden daher auch die in elektronischen Datenbanken gespeicherten Personaldaten. Als Personalakten gelten nicht nur Dokumente, die der AG als solche gekennzeichnet hat. Maßgeblich ist der Begriff der **Personalakte im materiellen Sinn**, der sich auf alle Dokumente bezieht, die mit dem Arbeitsverhältnis in innerem Zusammenhang stehen (BAG 7. 5. 1980 AuR 1981, 124). Geheimakten sind nicht zulässig. Die in Personalakten enthaltenen Angaben muß der AG rechtmäßig erlangt haben; zudem muß er an ihnen ein sachliches Interesse haben (LAG Niedersachsen 10. 7. 1980 AP BGB § 611 Fürsorgepflicht Nr. 85). IdR enthalten Personalakten den Arbeitsvertrag, Beurteilungen, (Zwischen-)Zeugnisse, Personalfragebögen, Testergebnisse und abgeschlossene Ermittlungsakten in Disziplinarsachen (LAG Bremen 4. 3. 1977 BB 1977, 648). Ferner werden typischerweise erfaßt: Angaben zum Personenstand, zum beruflichen Werdegang, Abmahnungen, Lohn- und Gehaltsänderungen, Darlehen sowie Schriftwechsel zwischen AG und AN. Das Einsichtsrecht bezieht sich auch auf Sonder- und Nebenakten, beispielsweise Aufzeichnungen des Werkschutzes oder bei Vorgesetzten (LAG Bremen 4. 3. 1977 BB 1977, 648).

3   Nicht zu den Personalakten zählen Aufzeichnungen des Betriebsarztes, sogenannte „Befundbogen", die dem AG aufgrund der in § 8 I 2 ASiG normierten ärztlichen Schweigepflicht nicht zugänglich sind. Ebenfalls nicht zu den Personalakten gehören Prozeßakten aus anhängigen Rechtsstreitigkeiten zwischen AG und AN (BAG 8. 4. 1992 RDV 1993, 171) sowie Erfassungen von Personaldaten mehrerer AN in Form von Statistiken (*Fitting* Rn. 6).

III. Einsichtsrecht des Arbeitnehmers

4   Abs. 1 gewährt ein Recht auf persönliche Kenntnisnahme. Der AN kann aber auch einen Dritten bevollmächtigen, das Einsichtsrecht für ihn auszuüben. Eine Bevollmächtigung des BR als Organ scheidet dagegen aus (*Fitting* Rn. 12). Einen Anspruch des BR auf Vorlage der Personalakten enthält § 83 nicht (BAG 20. 12. 1988 AP ArbGG 1979 § 92 Nr. 5). Das Einsichtsrecht darf der AN **während der Arbeitszeit** ausüben. Eine Entgeltkürzung ist unzulässig. Der AN hat die Möglichkeit, sich bei der Einsichtnahme Notizen zu machen und auf eigene Kosten Kopien aus der Personalakte anzufertigen (*Löwisch* BetrVG Rn. 2). Davon abgesehen ist die Einsichtnahme kostenlos, und zwar auch dann, wenn dem AG Kosten entstehen. Die weiteren Einzelheiten, beispielsweise Häufigkeit oder Löschungsfristen bestimmter Vorgänge, können freiwillig durch Betriebsvereinbarung geregelt werden (aM *Fitting* Rn. 13: erzwingbar nach § 87 I Nr. 1).

5   Der AG hat Personalakten sorgfältig zu verwahren und den Kreis der mit Personalakten befaßten Personen so weit wie möglich zu begrenzen (BAG 15. 7. 1987 AP BGB § 611 Persönlichkeitsrecht Nr. 14). Ohne Einverständnis des AN ist eine **Weitergabe der Personalakten** an Betriebsfremde unzulässig (BAG 18. 12. 1984 AP BGB § 611 Persönlichkeitsrecht Nr. 8). Weiterhin obliegt dem AG die Pflicht, dem AN die in seiner Personalakte enthaltenen Informationen zugänglich zu machen. Kodierte Angaben hat er soweit zu entschlüsseln, daß sie für den AN ohne weiteres verständlich sind. Soweit die Informationen auf elektronischen Datenträgern gespeichert sind, muß der AG sie lesbar machen (*Löwisch* BetrVG Rn. 2).

IV. Erklärungen

6   Gem. Abs. 2 hat der AN das Recht, der Personalakte schriftliche Erklärungen und sonstige ergänzende Unterlagen zu einem bestimmten Vorgang beizufügen. Dieses Recht besteht auch dann, wenn der AG die Erklärungen für fehlerhaft oder nicht in die Personalakte gehörend erachtet (DKK/*Buschmann* Rn. 12). Ein Anspruch des AN auf Berichtigung der Personalakte oder **Entfernung unrichtiger Angaben** aus dieser enthält Abs. 2 nicht. Ein solches Recht ergibt sich aber aus der arbeitsvertraglichen Fürsorgepflicht (BAG 15. 1. 1986 AP BGB § 611 Fürsorgepflicht Nr. 96). Der Berichtigungsanspruch ist dann gegeben, wenn die Personalakte unzutreffende Tatsachenbehauptungen enthält, die den AN in seiner Rechtsstellung und in seinem beruflichen Fortkommen beeinträchtigen können (BAG 25. 4. 1972 AP BGB § 611 Öffentlicher Dienst Nr. 9). Die Entfernung einer schriftlichen Abmahnung, die wegen Verletzung arbeitsvertraglicher Pflichten erfolgte, kann der AN verlangen, soweit die Abmahnung unbegründet oder unverhältnismäßig war oder ohne vorherige Anhörung des AN in die Personalakte aufgenommen wurde (BAG 5. 8. 1992 AP BGB § 611 Abmahnung Nr. 8; BAG 13. 4. 1988 AP BGB § 611 Fürsorgepflicht Nr. 100). Auch bei nur tlw. unzutreffenden Angaben besteht ein Anspruch auf die Beseitigung der vollständigen Abmahnung (BAG 13. 3. 1991 NZA 1991, 768). Der Entfernungsanspruch besteht regelmäßig nur bis zur Beendigung des Arbeitsverhältnisses.

V. Hinzuziehung eines Betriebsratsmitglieds

7   Gem. Abs. 1 S. 2 kann der AN zur Einsichtnahme in die Personalakte ein BRMitglied seiner Wahl hinzuziehen. Ablehnen kann das BRMitglied diese unterstützende Funktion nur aus wichtigen Gründen (DKK/*Buschmann* Rn. 9). S. 3 stellt die beteiligte Person unter eine **Schweigepflicht**, von welcher sie aber im Einzelfall durch eine ausdrückliche Erklärung des AN befreit werden kann. Die Rege-

lungen im BetrVG über die Schweigepflicht gehen dem BDSG gem. § 1 IV BDSG insoweit vor. Das Einsichtsrecht steht dem BRMitglied in demselben Umfang zu wie dem AN (*Fitting* Rn. 39). Schwerbehinderte AN haben nach § 25 III SchwbG die Möglichkeit, die Schwerbehindertenvertretung hinzuzuziehen.

VI. § 83 und das Bundesdatenschutzgesetz

Der Anwendungsbereich des BDSG erstreckt sich auf Daten, die in Dateien verarbeitet werden. **8** Eine **Datei** ist gem. § 3 II BDSG jede Sammlung personenbezogener Daten, die durch automatisierte Verfahren nach bestimmten Merkmalen ausgewertet werden kann (automatisierte Datei) oder die gleichartig aufgebaut ist und nach bestimmten Merkmalen geordnet, umgeordnet und ausgewertet werden kann (nicht-automatisierte Datei). Die Personalakte im formellen Sinn unterfällt idR, wie allgemein Akten und Aktensammlungen, nicht den Schutzvorschriften des BDSG (BAG 6. 6. 1984 AP BGB § 611 Persönlichkeitsrecht Nr. 7).

Das BDSG gilt nur, sofern die Daten **geschäftsmäßig** genutzt oder verarbeitet werden, was bei der **9** Verarbeitung von ANDaten stets der Fall ist; ferner setzt die volle Anwendbarkeit des BDSG hinsichtlich nicht-automatisierter Dateien voraus, daß deren Daten für die **Übermittlung an Dritte** bestimmt sind. Der die Unternehmensgrenzen überschreitende Datenfluß innerhalb des Konzerns stellt eine Übermittlung an Dritte dar (*Fitting* Rn. 19).

Das BDSG gestattet die **Nutzung und Verarbeitung** (Speicherung, Veränderung, Übermittlung, **10** Sperrung und Löschung) personenbezogener Daten gem. § 4 I nur in solchen Fällen, in denen eine **Norm des BDSG** oder eine andere Rechtsvorschrift dies vorsieht, oder in denen eine ausdrückliche schriftliche Einwilligung des Betroffenen vorliegt. Das BDSG selbst erlaubt in § 28 I Nr. 1 das Speichern, Verändern oder Übermitteln personenbezogener Daten oder ihre Nutzung für eigene Geschäftszwecke im Rahmen der Zweckbestimmung eines Vertragsverhältnisses oder vertragsähnlichen Vertrauensverhältnisses mit dem Betroffenen. Außerdem enthält § 28 I Nr. 2 BDSG eine Erlaubnis, soweit es zur Wahrung berechtigter Interessen der speichernden Stelle erforderlich ist und kein Grund zu der Annahme besteht, daß das schutzwürdige Interesse des Betroffenen an dem Ausschluß der Verarbeitung oder Nutzung überwiegt. Weitere Erlaubnistatbestände enthalten § 28 I Nr. 3 und 4 sowie § 28 II BDSG. § 29 BDSG regelt die geschäftsmäßige Datenspeicherung zum Zwecke der Übermittlung. Im Hinblick auf das Grundrecht der informationellen Selbstbestimmung sind diese Verarbeitungsvoraussetzungen restriktiv zu interpretieren (LAG Baden-Württemberg 11. 7. 1985 DB 1985, 2567 f.).

Zu den **Rechtsvorschriften außerhalb des BDSG,** die eine Verarbeitung und Nutzung von Daten **11** zulassen, zählen die dem AG obliegenden Auskunfts- und Meldepflichten (*Fitting* Rn. 28) sowie TV und Betriebsvereinbarungen (BAG 27. 5. 1986 AP BetrVG 1972 § 87 Überwachung Nr. 15). Letztere können auch die im BDSG normierten Zulässigkeitsvoraussetzungen der Datenverarbeitung weiter einschränken, sofern dies nach eigenen, an sachlichen Gesichtspunkten orientierten Zulässigkeitsvoraussetzungen erfolgt (*Fitting* Rn. 29).

Die **Einwilligung des Betroffenen** kann nur eine rechtliche Grundlage für die Verarbeitung oder **12** Nutzung solcher Daten schaffen, die in objektivem Zusammenhang mit dem Arbeitsverhältnis stehen und an deren Kenntnis der AG ein objektiv gerechtfertigtes Interesse hat (*Fitting* Rn. 23). Auch läßt die Einwilligung ein in einer höherrangigen Norm enthaltenes Verbot der Verarbeitung von Daten unberührt.

Das BDSG gewährt dem Betroffenen in Zusammenhang mit der Verarbeitung seiner Daten be- **13** stimmte **Schutzrechte.** § 34 I Nr. 1 und 2 enthalten Ansprüche des AN auf Auskunft über die zu seiner Person gespeicherten Daten und den Zweck der Speicherung, denen allerdings das Einsichtsrecht aus § 83 vorgeht (ArbG Berlin 24. 9. 1987 BB 1988, 70). Dagegen stehen neben § 83 die Rechte auf Benachrichtigung des Betroffenen von der erstmaligen Speicherung und der Art der Daten (§ 33 I BDSG), auf Korrektur unrichtiger personenbezogener Daten (§ 35 I BDSG) sowie auf Löschung in den Fällen des § 35 II Nr. 1 bis 4 BDSG bzw. auf Sperrung gem. § 35 III und IV BDSG, wenn eine Löschung ausnahmsweise ausscheidet.

VII. Streitigkeiten

Streitigkeiten zwischen AG und AN über die in § 83 gewährten Rechte sind im arbeitsgerichtlichen **14** Urteilsverfahren auszutragen (*Fitting* Rn. 40). Das Urteilsverfahren ist auch maßgeblich bei Auseinandersetzungen über die Rechte des AN aus dem BDSG, sowie wenn dieser die Entfernung unrichtiger Angaben aus der Personalakte verlangt. Den Anspruch auf Hinzuziehung eines BRMitglieds bei der Einsichtnahme kann der AN nicht gerichtlich durchsetzen (*Fitting* Rn. 41). Streitigkeiten zwischen dem BR und dem AG über eine Betriebsvereinbarung zum Zwecke der weiteren Ausgestaltung des § 83 sind im Beschlußverfahren auszutragen.

§ 84 Beschwerderecht

(1) ¹ Jeder Arbeitnehmer hat das Recht, sich bei den zuständigen Stellen des Betriebs zu beschweren, wenn er sich vom Arbeitgeber oder von Arbeitnehmern des Betriebs benachteiligt oder ungerecht behandelt oder in sonstiger Weise beeinträchtigt fühlt. ² Er kann ein Mitglied des Betriebsrats zur Unterstützung oder Vermittlung hinzuziehen.

(2) Der Arbeitgeber hat den Arbeitnehmer über die Behandlung der Beschwerde zu bescheiden und, soweit er die Beschwerde für berechtigt erachtet, ihr abzuhelfen.

(3) Wegen der Erhebung einer Beschwerde dürfen dem Arbeitnehmer keine Nachteile entstehen.

I. Vorbemerkung

1   Das Recht des AN zur Beschwerde und die Pflicht des AG, den AN über die Behandlung der Beschwerde zu bescheiden, ergibt sich unabhängig von der gesetzlichen Anordnung aus der **arbeitsvertraglichen Fürsorgepflicht**. Aus diesem individualrechtlichen Charakter folgt, daß das Beschwerderecht auch für nicht betriebsratsfähige und betriebsratslose Betriebe gilt (*Fitting* Rn. 1; DKK/*Buschmann* Rn. 2; aA *Worzalla* NZA 1994, 1019). Einen betriebsverfassungsrechtlichen Bezug erhält das Beschwerderecht nur durch die Möglichkeit der Zuziehung eines Mitglieds des BR gem. § 84 I 2 und das besondere Beschwerdeverfahren gem. § 85. Für leitende Angestellte gilt § 26 SprAuG. Die Beschwerdemöglichkeit besteht unabhängig von einem Klagerecht des einzelnen AN vor den ArbG. Bei einer Klage ohne vorherige Beschwerde oder anderweitige Geltendmachung droht allerdings bei sofortigem Anerkenntnis die Kostenfolge des § 93 ZPO. Andererseits werden gesetzliche Fristen durch die Beschwerde nicht gehemmt. Zur Wahrung tariflicher Ausschlußfristen genügt die Beschwerde, wenn lediglich eine schlichte Geltendmachung des Anspruchs verlangt wird (GK-BetrVG/*Wiese* Rn. 16; DKK/*Buschmann* Rn. 2).

2   Abgesehen von der klageweisen Geltendmachung von Rechtsansprüchen sind Vorstellungen oder Beschwerden bei **außerbetrieblichen Stellen** regelmäßig erst nach Erschöpfung der betrieblichen Beschwerdemöglichkeiten zulässig (GK-BetrVG/*Wiese* Rn. 7; *Fitting* Rn. 1; aA DKK/*Buschmann* Rn. 3 f.). § 17 II ArbSchG bestimmt dies für seinen Anwendungsbereich ausdrücklich. Ausnahmen sind denkbar, wenn Straftaten des AG oder sonstige erhebliche Gefährdungen unmittelbar bevorstehen und ohnehin nicht mit einer Abhilfe seitens des AG zu rechnen ist (vgl. auch *Preis/Reinfeld* AuR 1989, 361, 372).

3   Neben dem betriebsverfassungsrechtlichen Beschwerderecht räumt § 3 des Gesetzes zum Schutze der Beschäftigten vor sexueller Belästigung am Arbeitsplatz (BeschSchG) vom 24. 6. 1994 AN das Recht ein, sich bei den zuständigen Stellen des Betriebs oder der Dienststelle zu beschweren, wenn sie sich vom AG, von Vorgesetzen, von anderen Beschäftigten oder von Dritten am Arbeitsplatz **sexuell belästigt** fühlen. Gem. S. 2 der Vorschrift bleiben §§ 84, 85 BetrVG unberührt. Der sich sexuell belästigt fühlende AN kann deshalb auch eine Beschwerde nach §§ 84 ff. BetrVG erheben und auf diese Weise die im BeschSchG nicht vorgesehene Möglichkeit der Beteiligung des BR ausschöpfen. Dazu *Linde* AuR 1995, 398; *Worzalla* N2A 1994, 1016.

II. Beschwerdegegenstand

4   Gegenstand der Beschwerde kann jede Benachteiligung, ungerechte Behandlung oder sonstige Beeinträchtigung des einzelnen AN sein. Nach dem eindeutigen Wortlaut der Vorschrift („beeinträchtigt fühlt") kommt es allein auf das **subjektive Empfinden** des AN an. Voraussetzung für die Beschwerdemöglichkeit ist, daß eine individuelle Position des einzelnen AN berührt ist. Ausgeschlossen ist deshalb die sogenannte **Popularbeschwerde** (LAG Schleswig-Holstein 21. 12. 1989 NZA 1990, 703; *Nebendahl/Lunk* NZA 1990, 676). Allein die Tatsache, daß eine Beschwerde von mehreren AN gleichzeitig vorgetragen wird, begründet noch nicht das Vorliegen einer unzulässigen Popularbeschwerde. Die Grenze ist erst dann erreicht, wenn der gerügte Mißstand keinen Bezug zur individuellen Stellung des jeweiligen einzelnen Beschwerdeführers im Betrieb aufweist, etwa wenn lediglich das allgemeine Betriebsklima oder das unzureichende Sicherheitsniveau gerügt werden (*Nebendahl/Lunk* NZA 1990, 676, 677).

5   Soweit keine unzulässige Popularbeschwerde vorliegt, kann die **Beeinträchtigung des AN** in einer vermeintlichen Vereitelung von Rechtsansprüchen bestehen (zB Verstoß gegen die Grundsätze des § 75, insb. den Gleichbehandlungsgrundsatz, falsche Eingruppierung, unberechtigte Abmahnung); die Beeinträchtigung kann sich auch auf betriebsverfassungsrechtliche Regelungsfragen beziehen (Lage der Arbeitszeit, Rauchverbot am Arbeitsplatz, Essensqualität in der Werkskantine) oder rein tatsächliche Beeinträchtigungen zum Gegenstand haben (ständige Zuweisung besonders unangenehmer Arbeiten, Arbeitsüberlastung, Mobbing). Diese Beeinträchtigungen werden vielfach vom AG oder anderen Vorgesetzten des AN ausgehen. Gerügt werden können aber auch Beeinträchtigungen von Arbeitskollegen (zB Intrigen, Übergriffe in fremde Arbeitsbereiche, Schikane; sonstiges Mobbing). Es

muß stets um die Abstellung negativ bewerteter Zustände gehen. Das Ausbleiben von Vorteilen kann nur Beschwerdegegenstand sein, wenn auf sie ein Rechtsanspruch besteht, insb. unter dem Aspekt der Gleichbehandlung. Nicht von § 84 erfaßt werden Beschwerden gegen den BR oder einzelne BRMitglieder. Insoweit ist nur ein Antrag nach § 23 I möglich (*Fitting* Rn. 12; GK-BetrVG/*Wiese* Rn. 11).

III. Beschwerdeverfahren

Die Beschwerde ist bei der zuständigen Stelle des Betriebes einzulegen. Dies ist regelmäßig der 6 unmittelbare Vorgesetzte, soweit keine besondere Regelung gem. § 86 S. 1 durch Betriebsvereinbarung oder TV getroffen ist. Gem. § 84 I 2 kann der AN ein Mitglied des BR zur Unterstützung oder Vermittlung hinzuziehen. Weigert sich das vom AN ausgewählte BRMitglied, kann der AN dessen Unterstützung nicht gerichtlich erzwingen; außer bei querulatorischen Beschwerden liegt jedoch eine Verletzung der gesetzlichen Pflichten des BRMitglieds vor, so daß ein Verfahren nach § 23 I in Betracht kommt.

Die **Prüfung der Beschwerde** obliegt gem. § 84 II dem AG. Dieser hat selbst oder durch einen 7 bevollmächtigten Vertreter die Berechtigung der Beschwerde zu prüfen und den AN über das Ergebnis zu unterrichten. Bei längerer Dauer der Prüfung ist ein Zwischenbescheid zu geben (*Fitting* Rn. 15; GK-BetrVG/*Wiese* Rn. 24; DKK/*Buschmann* Rn. 15). Mit durch die Sache nicht gerechtfertigten Beleidigungen vorgebrachte Beschwerden sind rechtsmißbräuchlich; sie müssen nicht beschieden werden. Erkennt der AG die Berechtigung der Beschwerde an, so ist er durch diese Selbstbindung zur Abhilfe verpflichtet, soweit die Möglichkeit der Abhilfe in seinem Einflußbereich liegt. Der AG geht insofern eine vertragliche Verpflichtung ein, aus der ein **Rechtsanspruch des AN** erwächst (*Fitting* Rn. 18; *v. Hoyningen-Huene* BB 1991, 2217). Hilft der AG der Beschwerde nicht ab, so ist er dem AN gegenüber verpflichtet, seine Entscheidung zu begründen (*Fitting* Rn. 16). Der AN hat die Entscheidung des AG hinzunehmen, vorbehaltlich einer Anrufung der Einigungsstelle gem. § 85. Nur wenn Gegenstand der Beschwerde ein Rechtsanspruch war, bleibt dem AN die Möglichkeit, seinen Anspruch im Klageweg weiter zu verfolgen.

IV. Benachteiligungsverbot

Gem. § 84 III dürfen dem AN wegen der Erhebung einer Beschwerde keine Nachteile entstehen, 8 auch keine Entgeltminderung (*Hallmen*, Die Beschwerde des AN als Instrument innerbetrieblicher Konfliktsregelung, 1997, 26 ff.). Die Vorschrift stellt eine Spezialregelung des allgemeinen Maßregelungsverbots gem. § 612 a BGB dar. Eine Kündigung oder andere Sanktion allein für die Beschwerdeerhebung ist unwirksam (*Fitting* § 85 Rn. 21). Etwas anderes kann sich allerdings aus den Begleitumständen der Beschwerde ergeben. Haltlose Vorwürfe, insb. wenn sie in beleidigender Form vorgetragen sind, können ggf. eine Abmahnung oder auch Kündigung rechtfertigen (DKK/*Buschmann* Rn. 20; GK-BetrVG/*Wiese* Rn. 14 a). § 84 III ist Schutzgesetz im Sinne des § 823 II BGB. Maßnahmen des AG, die gegen das Benachteiligungsverbot verstoßen, können deshalb Schadensersatzansprüche auslösen (*Fitting* Rn. 21).

V. Streitigkeiten

Der **AN** kann auf Entgegennahme und Bescheidung seiner Beschwerde klagen, jedoch keine 9 konkrete Beschwerdeentscheidung erzwingen. Erkennt der AG eine Beschwerde an, kann der AN bei Weigerung zur Abhilfe auch diese gerichtlich erzwingen. Bei der Zuziehung von BRMitgliedern ist zu unterscheiden: Weigert sich ein BRMitglied, die Beschwerde eines AN zu unterstützen, kann dessen Mitwirkung gerichtlich nicht erzwungen werden (oben Rn. 6). Weigert sich dagegen der AG, ein vom AN ausgewähltes BRMitglied zu beteiligen, steht dem AN die Möglichkeit offen, dessen Hinzuziehung gerichtlich zu erzwingen (*Fitting* Rn. 22). Sämtliche Ansprüche, auch der Anspruch auf Hinzuziehung eines BRMitglieds (BAG 24. 4. 1979 AP BetrVG 1972 § 82 Nr. 1), sind im Urteilsverfahren geltend zu machen.

Bei einer Beschwerde eines AN über einen anderen ist fraglich, ob der AG gegenüber dem 10 Beschuldigten die Person des Beschwerdeführers „outen" muß. Dies ist jedenfalls dann zu bejahen, wenn der AG aufgrund der Vorwürfe die Verhängung konkreter Maßnahmen wie Abmahnung oder Kündigung plant (ausf. *Hallmen*, Die Beschwerde des AN als Instrument innerbetrieblicher Konfliktregelung, 1997, S. 45 ff.).

§ 85 Behandlung von Beschwerden durch den Betriebsrat

(1) **Der Betriebsrat hat Beschwerden von Arbeitnehmern entgegenzunehmen und, falls er sie für berechtigt erachtet, beim Arbeitgeber auf Abhilfe hinzuwirken.**

(2) **¹Bestehen zwischen Betriebsrat und Arbeitgeber Meinungsverschiedenheiten über die Berechtigung der Beschwerde, so kann der Betriebsrat die Einigungsstelle anrufen. ²Der Spruch der**

210 BetrVG § 85

Einigungsstelle ersetzt die Einigung zwischen Arbeitgeber und Betriebsrat. ³ Dies gilt nicht, soweit Gegenstand der Beschwerde ein Rechtsanspruch ist.

(3) ¹ Der Arbeitgeber hat den Betriebsrat über die Behandlung der Beschwerde zu unterrichten. ² § 84 Abs. 2 bleibt unberührt.

I. Verhältnis zu § 84

1   Die Vorschrift des § 85 ergänzt die des § 84, dessen Voraussetzungen gegeben sein müssen. Dem AN steht es frei, zunächst ein eigenes Beschwerdeverfahren gem. § 84 einzulegen oder unmittelbar die Beschwerde in die Hand des BR zu geben. Wählt der AN den Weg über § 85, wird das individuelle zum kollektiven, betriebsverfassungsrechtlichen Beschwerdeverfahren (*Fitting* Rn. 1; *Richardi* Rn. 2; aA GK-BetrVG/*Wiese* Rn. 4).

II. Einlegung und Annahme der Beschwerde

2   Die Beschwerde ist grds. an den BR als Gremium zu richten. Etwas anderes gilt, wenn der BR gem. § 28 einen besonderen (Beschwerde-)Ausschuß gebildet hat. Der BR bzw. der Ausschuß muß sich mit der Beschwerde befassen und über ihre Berechtigung einen Beschluß fassen. Ist der BR der Ansicht, die Beschwerde sei nicht berechtigt, hat er den AN mit Begründung zu unterrichten (*Fitting* Rn. 2). Ein weiteres Tätigwerden des BR kann vom AN nicht erzwungen werden. Auch hier bleibt nur die Möglichkeit, ggf. ein Verfahren nach § 23 I einzuleiten (DKK/*Buschmann* Rn. 4; *Fitting* Rn. 2; aA GK-BetrVG/*Wiese* Rn. 29).

3   **Nimmt der BR die Beschwerde an,** hat er zunächst beim AG auf Abhilfe hinzuwirken (Abs. 1). Der AG hat mit dem BR über die Erledigung der Beschwerde zu **verhandeln.** Kommt es dabei nicht zu einer Einigung über die Berechtigung oder Nichtberechtigung der Beschwerde, bleibt ggf. die Möglichkeit der Anrufung der **Einigungsstelle** gem. Abs. 2, wobei das Gesetz danach unterscheide, ob Beschwerdegegenstand ein Rechtsanspruch oder eine sonstige Beeinträchtigung des AN ist. Die Anrufung der Einigungsstelle ist nicht von der ausdrücklichen Zustimmung des betroffenen AN abhängig. Dieser sollte in die Verhandlung zwischen AG und BR einbezogen werden; zwingend vorgeschrieben ist dies nicht (*Fitting* Rn. 3). Allerdings behält der betroffene AN insofern die Herrschaft über das Verfahren, als er jederzeit seine Beschwerde zurücknehmen und damit das weitere Verfahren hinfällig machen kann (MünchArbR/*v. Hoyningen-Huene* § 295 Rn. 31; *Fitting* Rn. 3). Sein Name muß dem AG auf Verlangen offenbart werden (*Hallmen*, Die Beschwerde des AN als Instrument innerbetrieblicher Konfliktregelung, 1997, 91).

III. Zuständigkeit der Einigungsstelle

4   Soweit Gegenstand der Beschwerde ein **Rechtsanspruch** ist, ergibt sich aus Abs. 2 S. 3 eindeutig, daß eine Einigung der Betriebspartner ersetzender Spruch der Einigungsstelle nicht ergehen kann. Umstritten ist dagegen, ob beim Streit um Rechtsansprüche dem BR schon die Möglichkeit der einseitigen Anrufung der Einigungsstelle verwehrt ist. *Buschmann* (DKK/*Buschmann* Rn. 10) bejaht diese Möglichkeit. Zur Begründung macht er geltend, daß sich Abs. 2 S. 3 nur auf S. 2 der Regelung beziehe, und verweist auf das erzwingbare Einigungsstellenverfahren mit nicht verbindlichem Spruch der Einigungsstelle beim Interessenausgleich (§ 112 III). Das Einigungsstellenverfahren beim Interessenausgleich macht aber deswegen Sinn, weil dem BR ausschließlich diese (verfahrensmäßige) Möglichkeit der Einflußnahme auf die geplante Betriebsänderung offen steht. Soweit es im Rahmen des § 85 um Rechtsansprüche geht, ist eine solche Einflußnahmemöglichkeit dagegen überflüssig, weil der betroffene AN seine Rechtsansprüche gerichtlich geltend machen kann. Die hM verneint deswegen zu Recht schon die Möglichkeit der einseitigen Anrufung der Einigungsstelle (BAG 28. 6. 1984 AP BetrVG 1972 § 85 Nr. 1; LAG München 6. 3. 1997 LAGE BetrVG § 85 Nr. 4).

5   Der **Ausschluß des erzwingbaren Einigungsstellenverfahrens** betrifft zunächst eindeutig in Gesetzen, TV, Betriebsvereinbarungen oder individualvertraglichen Regelungen festgeschriebene Ansprüche und Rechte, etwa wenn sich ein AN beschwert, weil der AG den vereinbarten Lohn nicht zahlt, die Kündigung erklärt oder den tariflichen Urlaub nicht gewährt. Dasselbe gilt für Rechtsansprüche, die von der Rspr. entwickelt und anerkannt sind. Beispiel hierfür ist etwa der Anspruch auf Rücknahme einer unberechtigten Abmahnung (LAG Rheinland-Pfalz 17. 1. 1985 NZA 1985, 190; LAG Berlin 19. 8. 1988 BB 1988, 2040; aA LAG Köln 16. 11. 1984 BB 1985, 524; LAG Hamburg 10. 7. 1985 BB 1985, 1729) oder Gleichbehandlung (LAG München LAGE BetrVG § 85 Nr. 4). **Eindeutig zuständig** ist dagegen die Einigungsstelle, soweit es um rein tatsächliche Beschwerdegegenstände geht, wie die ständige Zuweisung besonders schmutziger oder unangenehmer Arbeiten, die subjektiv empfundene Unwürdigkeit von Arbeiten oder Arbeitsüberlastung. Den **Grenzfall** bilden Beschwerdegegenstände, die zwar möglicherweise unter dem Gesichtspunkt der „Fürsorgepflicht" Nebenpflichten des AG und damit eventuell auch Rechtsansprüche des AN begründen, bei denen es aber bislang an der notwendigen Konkretisierung und Absicherung durch die Rspr. fehlt. Würde man auch in diesen

Fällen den AN auf den (unsicheren) Weg vor den Arbeitsgerichten verweisen, würde das durch die Einigungsstelle durchsetzbare Beschwerderecht des AN weitgehend leerlaufen. Deshalb ist die Einigungsstelle schon dann zu bilden, wenn zweifelhaft oder nicht ganz sicher ist, daß aus dem vom AN vorgetragenen Beschwerdegrund an diesen beseitigender Rechtsanspruch entspringen kann. Nur wenn offensichtlich (Rechtsgedanke des § 98 I ArbGG) ein Rechtsanspruch besteht, ist die Einigungsstelle unzuständig (LAG Düsseldorf NZA 1994, 767; Hess. LAG DB 1993, 1248; *Hallmen* S. 116 ff.; *Fitting* Rn. 4; aA *Hunold* DB 1993, 2282, 2285). Mobbing kann deshalb Gegenstand des Verfahrens sein (so BAG 15. 1. 1997 NZA 1997, 781 zu § 37 VI, allerdings ohne Auseinandersetzung mit einem Ausschluß des Verfahrens wegen bestehenden Rechtsanspruchs; ebenso ArbG Kiel 27. 2. 1997 NZA-RR 1998, 212; *Däubler* DB 1995, 1347). Ein Ausschluß des Verfahrens kann sich auch aus der Sonderregelung der einzelnen Mitbestimmungsrechte ergeben, *Hallmen*, aaO, S. 128 ff.

IV. Rechtsfolgen

Erkennt der AG entweder nach Verhandlung mit dem BR die Berechtigung der Beschwerde an oder 6 ersetzt die Einigungsstelle die Einigung zwischen BR und AG dahin, daß die Beschwerde als berechtigt gilt, so hat der AG der Beschwerde **abzuhelfen,** wenn dies im Rahmen seiner Einflußmöglichkeiten liegt. Ebenso wie im Fall der Anerkennung der Berechtigung der Beschwerde nach § 84 entsteht ein ggf. im Klagewege durchsetzbarer Rechtsanspruch des einzelnen AN (DKK/*Buschmann* Rn. 16; *Fitting* Rn. 5). Die Art und Weise der Abhilfe bestimmt der AG. Der BR kann die Abhilfe der Beschwerde nicht verlangen. § 77 I bildet insofern keine Anspruchsgrundlage, denn der aus dem Einigungsstellenspruch folgende Abhilfeanspruch ist individualrechtlicher Natur (*Fitting* Rn. 9; aA DKK/*Buschmann* Rn. 16). Die Einigungsstelle ist insoweit offensichtlich unzuständig (LAG Düsseldorf 29. 6. 2000, 5 TaBV 42/00).

Über die Behandlung der Beschwerde, insb. über die Art der Abhilfe, hat der AG den BR (§ 85 7 III 1) und den betreffenden AN zu **unterrichten.** Dies gilt auch bei Ablehnung der Beschwerde im Einvernehmen von AG und BR oder durch Spruch der Einigungsstelle (*Fitting* Rn. 6).

§ 86 Ergänzende Vereinbarungen

¹ Durch Tarifvertrag oder Betriebsvereinbarung können die Einzelheiten des Beschwerdeverfahrens geregelt werden. ² Hierbei kann bestimmt werden, daß in den Fällen des § 85 Abs. 2 an die Stelle der Einigungsstelle eine betriebliche Beschwerdestelle tritt.

Die durch § 86 eingeräumte Möglichkeit, durch TV oder Betriebsvereinbarung Einzelheiten des 1 Beschwerdeverfahrens zu regeln, bezieht sich sowohl auf das Verfahren nach § 84 als auch auf das nach § 85. Betriebsvereinbarungen oder TV können etwa **Regelungen** enthalten über die Festlegung der „zuständigen Stelle" im Sinne des § 84 I, die Bestimmung von Formen oder Fristen für die Behandlung von Beschwerden, die Einrichtung eines betrieblichen Instanzenzuges oder Besetzung und Geschäftsordnung der Einigungsstelle nach § 85 II. Ausdrücklich räumt S. 2 darüber hinaus die Möglichkeit ein, anstelle der in § 85 II vorgesehenen Einigungsstelle eine **betriebliche Beschwerdestelle** einzurichten. Soweit deren Zusammensetzung, Verfahrens- und Geschäftsordnung geregelt werden, muß gewährleistet sein, daß BR und AG ein gleichgewichtiger Einfluß eingeräumt ist (*Fitting* Rn. 2). Die Möglichkeit der Einrichtung einer betrieblichen Beschwerdestelle nach S. 2 schließt nicht die Ersetzung der Einigungsstelle durch eine **tarifliche Schlichtungsstelle** gem. § 76 VIII aus. S. 2 will nur eine zusätzliche (dritte) Möglichkeit für die Entscheidung über die Beschwerde schaffen (DKK/*Buschmann* Rn. 4; *Fitting* Rn. 4; aA *Richardi* Rn. 9; GK-BetrVG/*Wiese* Rn. 7). Da sich die durch § 86 eingeräumte Regelungsmacht nur auf die „Einzelheiten des Beschwerdeverfahrens" erstreckt, kann die Zuständigkeit der Einigungs-, Schlichtungs- oder Beschwerdestelle nicht durch TV oder Betriebsvereinbarung verändert werden (DKK/*Buschmann* Rn. 4). Unzulässig ist es auch, durch Betriebsvereinbarung oder TV zwingend festzulegen, daß der AN vor Anrufung des ArbG den betrieblichen Beschwerdeweg ausgeschöpft haben muß (*Moll/Klunker* RdA 1973, 361, 368).

TV nach § 86 enthalten Rechtsnormen über betriebliche und betriebsverfassungsrechtliche Fragen 2 im Sinne des § 1 I TVG und gelten deshalb gem. § 3 II TVG für alle AN des Betriebs, auch die Außenseiter. Voraussetzung für die Geltung ist allein die Tarifgebundenheit des AG. Für den Abschluß von Betriebsvereinbarungen räumt § 86 kein erzwingbares Mitbestimmungsrecht ein. Besteht sowohl eine (freiwillige) Betriebsvereinbarung nach § 86 als auch eine tarifliche Regelung, geht diese vor. Bloße **Tariffüblichkeit** sperrt dagegen den Abschluß einer Betriebsvereinbarung nicht, da es sich bei Regelungen nach § 86 nicht um Arbeitsbedingungen im Sinne des § 77 III handelt (*Fitting* Rn. 1 a). Deshalb kann eine Betriebsvereinbarung auch dann das Beschwerdeverfahren näher regeln, wenn ein entsprechender TV nur noch kraft Nachwirkung gilt (*Fitting* Rn. 1 a; DKK/*Buschmann* Rn. 3).

Dritter Abschnitt. Soziale Angelegenheiten

§ 87 Mitbestimmungsrechte

(1) Der Betriebsrat hat, soweit eine gesetzliche oder tarifliche Regelung nicht besteht, in folgenden Angelegenheiten mitzubestimmen:
1. Fragen der Ordnung des Betriebs und des Verhaltens der Arbeitnehmer im Betrieb;
2. Beginn und Ende der täglichen Arbeitszeit einschließlich der Pausen sowie Verteilung der Arbeitszeit auf die einzelnen Wochentage;
3. Vorübergehende Verkürzung oder Verlängerung der betriebsüblichen Arbeitszeit;
4. Zeit, Ort und Art der Auszahlung der Arbeitsentgelte;
5. Aufstellung allgemeiner Urlaubsgrundsätze und des Urlaubsplans sowie die Festsetzung der zeitlichen Lage des Urlaubs für einzelne Arbeitnehmer, wenn zwischen dem Arbeitgeber und den beteiligten Arbeitnehmern kein Einverständnis erzielt wird;
6. Einführung und Anwendung von technischen Einrichtungen, die dazu bestimmt sind, das Verhalten oder die Leistung der Arbeitnehmer zu überwachen;
7. Regelungen über die Verhütung von Arbeitsunfällen und Berufskrankheiten sowie über den Gesundheitsschutz im Rahmen der gesetzlichen Vorschriften oder der Unfallverhütungsvorschriften;
8. Form, Ausgestaltung und Verwaltung von Sozialeinrichtungen, deren Wirkungsbereich auf den Betrieb, das Unternehmen oder den Konzern beschränkt ist;
9. Zuweisung und Kündigung von Wohnräumen, die den Arbeitnehmern mit Rücksicht auf das Bestehen eines Arbeitsverhältnisses vermietet werden, sowie die allgemeine Festlegung der Nutzungsbedingungen;
10. Fragen der betrieblichen Lohngestaltung, insbesondere die Aufstellung von Entlohnungsgrundsätzen und die Einführung und Anwendung von neuen Entlohnungsmethoden sowie deren Änderung;
11. Festsetzung der Akkord- und Prämiensätze und vergleichbarer leistungsbezogener Entgelte, einschließlich der Geldfaktoren;
12. Grundsätze über das betriebliche Vorschlagswesen.

(2) ¹Kommt eine Einigung über eine Angelegenheit nach Absatz 1 nicht zustande, so entscheidet die Einigungsstelle. ²Der Spruch der Einigungsstelle ersetzt die Einigung zwischen Arbeitgeber und Betriebsrat.

Übersicht

	Rn.		Rn.
I. Vorbemerkung	1	b) Verhalten oder Leistung der Arbeitnehmer	50
II. Allgemeine Voraussetzungen	4	c) Bestimmung zur Überwachung	55
1. Anwendungsbereich	4	d) Einführung, Anwendung und Abschaffung technischer Einrichtungen	58
2. Kollektive Regelung und Einzelfall	6	e) Verhältnis zum Bundesdatenschutzgesetz	61
3. Eil- und Notfälle	7	f) Beispiele technischer Überwachungseinrichtungen	62
4. Initiativrecht des Betriebsrats	9	7. Regelungen zum Arbeitsschutz	63
5. Gesetzes- und Tarifvorrang	10	a) Grundsatz	63
a) Gesetzliche Regelungen	10	b) Anwendungsfälle	65
b) Tarifliche Regelungen	14	8. Sozialeinrichtungen	68
III. Mitbestimmungstatbestände	18	a) Begriff	68
1. Ordnung im Betrieb	18	b) Umfang des Mitbestimmungsrechts	73
a) Ordnungs- und Arbeitsverhalten	18	9. Zuweisung und Kündigung von Wohnraum	83
b) Betriebsbußen	22	a) Wohnraum iSd. Nr. 8	83
2. Verteilung der Arbeitszeit	25	b) Umfang des Mitbestimmungsrechts	86
a) Umfang der Mitbestimmung	25	aa) Alleinentscheidungsrecht des Arbeitgebers	86
b) Einzelfälle	27	bb) Zuweisung und Kündigung von Wohnraum	87
3. Vorübergehende Verkürzung oder Verlängerung der Arbeitszeit	31	cc) Nutzungsbedingungen	91
a) Grundsatz	31	10. Betriebliche Lohngestaltung	96
b) Überstunden	34	a) Lohn	96
c) Kurzarbeit	35		
d) Vergütung	37		
e) Besonderheiten im Arbeitskampf	38		
4. Auszahlung der Arbeitsentgelte	39		
5. Urlaub	42		
6. Überwachung durch technische Einrichtungen	48		
a) Technische Einrichtungen	48		

	Rn.		Rn.
b) Umfang des Mitbestimmungsrechts	99	cc) Freiwillige übertarifliche Leistungen	107
aa) Lohngestaltung	99	11. Leistungsbezogene Entgelte	117
bb) Tarifvertragsergänzende und -ersetzende Regelungen	104	12. Betriebliches Vorschlagswesen	128

(Zu Abs. 2 s. die Kommentierung des § 76)

I. Vorbemerkung

Die Vorschrift betrifft den **Kernbereich der Mitbestimmung** der AN nach dem BetrVG. In den in 1 Nr. 1 bis 12 geregelten Angelegenheiten hat der BR ein erzwingbares Mitbestimmungsrecht. Dadurch sollen die AN vor allem in den zentralen Angelegenheiten des § 87 I vor einseitigen Anordnungen im Wege des Direktionsrechts durch den AG geschützt werden; die einseitige Anordnung wird durch die einverständliche Regelung zwischen BR und AG ersetzt, die ggf. über die Einigungsstelle erzwungen werden kann.

Der Katalog der Mitbestimmungstatbestände, in denen das erzwingbare Mitbestimmungsrecht 2 besteht, ist abschließend. Die Vorschrift erweitert die Mitbestimmung in sozialen Angelegenheiten gegenüber der Vorgängerregelung in § 56 BetrVG 1952 erheblich. Gleichzeitig ist durch die Neuregelung die früher kontrovers diskutierte Frage, ob sich die Mitbestimmungsrechte nur auf **formelle oder auch auf materielle Arbeitsbedingungen** erstrecken, gegenstandslos geworden. Ob materielle oder formelle Arbeitsbedingungen Gegenstand des Mitbestimmungsrechts sind, hängt von dem einzelnen Mitbestimmungstatbestand ab (BAG 13. 3. 1973 AP BetrVG 1972 § 87 Werkmietwohnungen Nr. 8 und 9; BAG 29. 3. 1977 AP BetrVG 1972 § 87 Provision Nr. 1; *Fitting* Rn. 18). Die Erweiterung erzwingbarer Mitbestimmungsrechte in sozialen Angelegenheiten durch TV ist zulässig (dazu vor § 74 Rn. 4).

Zentrales **Mittel zur Ausübung der Mitbestimmung** nach § 87 ist die Betriebsvereinbarung, da nur 3 durch sie unmittelbare Rechte und Pflichten für AG und AN ausgelöst werden (§ 77 IV). Zwingend ist der Abschluß einer Betriebsvereinbarung nicht. Soweit es nur um die Wahrung des Mitbestimmungsrechts und nicht um die Einräumung unmittelbar und zwingend geltender Rechte und Pflichten geht, kann auch die formlose Regelungsabrede (näher dazu § 77 Rn. 26) das geeignete Mittel sein. Kommt zwischen AG und BR eine Einigung über eine Angelegenheit nach Abs. 1 nicht zustande, entscheidet die **Einigungsstelle,** deren Spruch die Einigung zwischen AG und BR ersetzt (Abs. 2). Mißachtet der AG die erzwingbaren Mitbestimmungsrechte nach Abs. 1, sind einseitige den AN belastende Maßnahmen unwirksam (sog. Theorie der Wirksamkeitsvoraussetzung). Gleichzeitig besteht nach der neueren Rspr. des BAG (3. 5. 1994 AP BetrVG 1972 § 23 Nr. 23) für den BR die Möglichkeit, vom AG die Unterlassung einseitiger mitbestimmungspflichtiger Maßnahmen zu verlangen; dieser Unterlassungsanspruch kann ggf. auch im Wege der einstweiligen Verfügung geltend gemacht werden. Näheres zu den Rechtsfolgen mitbestimmungswidrigen Verhaltens vor § 74 Rn. 14 ff. Auch soweit die Mitbestimmungstatbestände im AGInteresse beschränkt sind, darf die Einigungsstelle nicht mit Zustimmung des AG, aber gegen den Willen des BR regeln (BAG 20. 7. 1999 EzA BetrVG § 87 Betriebliche Lohngestaltung Nr. 67 betr. die Festsetzung der Lohnhöhe im Rahmen des § 87 I Nr. 10).

II. Allgemeine Voraussetzungen

1. Anwendungsbereich. Persönlich gilt das Mitbestimmungsrecht gem. § 87 für alle **AN** im Sinne 4 des § 5 I, also auch für außertarifliche Angestellte (AT-Angestellte). Im Hinblick auf das definitionsmäßige Fehlen einschlägiger tariflicher Regelungen besteht insofern sogar ein erweitertes Mitbestimmungsrecht. Für eine Einschränkung der Mitbestimmungsrechte gegenüber AT-Angestellten findet sich im Gesetz keine Stütze (BAG 11. 2. 1992 AP BetrVG 1972 § 76 Nr. 50; GK-BetrVG/*Wiese* Rn. 55). Kein Mitbestimmungsrecht besteht gegenüber leitenden Angestellten gem. § 5 III.

LeihAN gelten an sich betriebsverfassungsrechtlich nicht als AN des Entleiherbetriebs; sie bleiben 5 auch während der Zeit ihrer Arbeitsleistung bei einem Entleiher Angehörige des entsendenden Betriebs und sind bei der BRWahl im Entleiherbetrieb weder wahlberechtigt noch wählbar (§ 14 I und II AÜG). Gleichwohl können sich Mitbestimmungsrechte gem. § 87 I auch auf LeihAN erstrecken, wenn der Normzweck und das dem Entleiher zustehende Weisungsrecht eine betriebsverfassungsrechtliche Zuordnung der LeihAN auch zum Entleiherbetrieb erforderlich machen, weil ansonsten diese AN ohne kollektiven Schutz durch eine Interessenvertretung der AN blieben (*Fitting* Rn. 10). Das BAG hat eine Erstreckung des Mitbestimmungsrechts nach § 87 I Nr. 2 auf LeihAN bejaht (BAG 15. 12. 1992 AP AÜG § 14 Nr. 7).

6 **2. Kollektive Regelung und Einzelfall.** Grds. beziehen sich die Mitbestimmungsrechte nach Abs. 1 nur auf generelle, kollektive Angelegenheiten. Ausnahmen, in denen auch die Regelung eines Einzelfalles mitbestimmungspflichtig ist, bilden nur Nr. 5 (Urlaub für einzelne AN) und Nr. 9 (Zuweisung und Kündigung von Wohnräumen). Soweit der **kollektive Bezug** Voraussetzung für das Eingreifen des Mitbestimmungsrechts ist, kommt es für die Abgrenzung maßgeblich darauf an, inwiefern sich eine Maßnahme abstrakt auf den ganzen Betrieb oder eine Gruppe von AN oder einen Arbeitsplatz, nicht aber auf einen AN persönlich bezieht (*Fitting* Rn. 13). Ob Maßnahmen oder Entscheidungen des AG einen kollektiven Bezug haben, richtet sich nicht nach der Zahl der betroffenen AN; die Zahl ist lediglich ein Indiz. Nur Vereinbarungen, die den **individuellen Besonderheiten** einzelner Arbeitsverhältnisse Rechnung tragen und deren Auswirkungen sich auf das Arbeitsverhältnis dieses AN beschränken, sind mitbestimmungsfrei (BAG GS 3. 12. 1991 AP BetrVG 1972 § 87 Lohngestaltung Nr. 51, 52; BAG 22. 9. 1992 AP BetrVG § 87 Lohngestaltung Nr. 56, 60). Dazu *Röckl*, Eine generelle Maßnahme als Voraussetzung für die Mitbestimmung des BR in sozialen Angelegenheiten, 1995; *Wank*, FS für Wiese, 1998, S. 617; zu Entgelten Rn. 99.

7 **3. Eil- und Notfälle.** Da im Bereich der sozialen Angelegenheiten anders als zB in § 100 keine Regelungen für vorläufige Maßnahmen existieren, schränkt die Rspr. des BAG das Mitbestimmungsrecht des BR auch in sogenannten **Eilfällen** nicht ein, in denen eine Regelung umgehend getroffen werden muß (BAG 5. 3. 1974 AP BetrVG 1972 § 87 Kurzarbeit Nr. 1; BAG 19. 2. 1991 AP BetrVG 1972 § 87 Arbeitszeit Nr. 42; BAG 17. 11. 1998 AP BetrVG 1972 § 87 Arbeitszeit Nr. 79 = NZA 1999, 662; GK-BetrVG/*Wiese* Rn. 112). Beispiel ist etwa der plötzliche Bedarf der Anordnung von Überstunden wegen eines unerwarteten und eilig zu erledigenden Auftrags. Um das Mitbestimmungsrecht zu wahren, ist der AG auf eine sofortige Einigung mit dem BR angewiesen. Insb. genügt in solchen Fällen eine formlose Regelungsabrede zur Wahrung des Mitbestimmungsrechts. Gelingt eine solche Einigung nicht, ist der AG nicht berechtigt, vorläufig einseitige Anordnungen zu treffen (*Fitting* Rn. 22; aA *Richardi* Rn. 61). Die eingetretene Zwangslage wird als Ergebnis mangelhafter Organisation des AG gewertet, das dieser durch den frühzeitigen Abschluß von **Rahmenbetriebsvereinbarungen** hätte abfangen können (zu diesen Rn. 11 vor § 74; insbes. *Henssler* FS Hanau, 1999, 413 zum Anspruch auf eine solche Betriebsvereinbarung). Allerdings kann die Eilsituation bei der Beurteilung des Verfügungsgrundes berücksichtigt werden, wenn der BR einstweiligen Rechtsschutz beantragt (s. vor § 74 Rn. 29).

8 Die Mitbestimmungsrechte nach Abs. 1 entfallen dagegen in sogenannten **echten Notfällen** (LAG Hamm 23. 4. 1975 DB 1975, 1515; GK-BetrVG/*Wiese* Rn. 117; *Fitting* Rn. 23). Unter einem Notfall kann in Abgrenzung gegenüber dem Eilfall eine plötzliche, nicht voraussehbare und schwerwiegende Situation verstanden werden, die zur Verhinderung nicht wieder gutzumachender Schäden zu unaufschiebbaren Maßnahmen zwingt; es muß eine Extremsituation vorliegen (so BAG 2. 3. 1982 DB 1982, 1115, 1116). Beispiele hierfür sind etwa Brände, Überschwemmungen oder andere Katastrophen. Ein **rechtlicher Notfall** ist anzuerkennen, wenn eine mitbestimmte Regelung fehlt, die von Rechts wegen erforderlich ist, wie zB die Festlegung der Arbeitszeit.

9 **4. Initiativrecht des Betriebsrats.** Da § 87 I erzwingbare Mitbestimmungsrechte normiert, steht grds. auch dem BR ein Initiativrecht zu; er kann von sich aus die Regelung einer Angelegenheit anstreben und ggf. die Einigungsstelle anrufen (BAG 14. 11. 1974 AP BetrVG 1972 § 87 Nr. 1). Tlw. wird ein Initiativrecht abgelehnt, wenn der BR mit seiner Initiative unmittelbar in die unternehmerische und wirtschaftliche Führung des Betriebes eingreifen würde (*Rüthers* ZfA 1973, 411 ff.; GK-BetrVG/*Wiese* Rn. 20). Das BAG hat jedoch entschieden, daß Mitbestimmungsrechte des BR nicht unter dem Vorbehalt stehen, daß durch sie nicht in die unternehmerische Entscheidungsfreiheit eingegriffen werden dürfe, so daß aus diesem Grund auch eine Einschränkung des Initiativrechts nicht möglich ist (BAG 31. 8. 1982 AP BetrVG 1972 § 87 Arbeitszeit Nr. 8; BAG 4. 3. 1986 AP BetrVG 1972 § 87 Kurzarbeit Nr. 3; BAG 24. 11. 1987 AP BetrVG § 87 Akkord Nr. 6). Der BR kann deshalb auch zB die Initiative zur Einführung von Kurzarbeit oder zur Anordnung von Überstunden ergreifen (vgl. BAG 4. 3. 1986 AP BetrVG 1972 § 87 Kurzarbeit Nr. 3). Eine Einschränkung des Initiativrechts kann sich aus dem Inhalt des Mitbestimmungsrechts selbst ergeben, soweit dies nur eine abwehrende Funktion hat. Deshalb ist der BR nicht berechtigt, die Einführung einer technischen Überwachungseinrichtung zu verlangen, da sein Mitbestimmungsrecht nach Nr. 6 allein dem Schutz der AN vor den Gefahren einer technischen Überwachung dient (BAG 28. 11. 1989 AP BetrVG § 87 Initiativrecht Nr. 4). Zur Einführung von Leistungslohn Rn. 100 ff.

10 **5. Gesetzes- und Tarifvorrang. a) Gesetzliche Regelungen.** Nach § 87 I Eingangssatz bestehen die Mitbestimmungsrechte nach Abs. 1 nur, soweit eine gesetzliche oder tarifliche Regelung nicht besteht. Besteht eine gesetzliche Regelung, sind die Interessen der AN hinreichend durch das Gesetz geschützt; für einen weiteren Schutz durch Mitbestimmungsrechte besteht kein Bedürfnis. Wenn der AG keinen Entscheidungsspielraum hat, braucht auch der BR nicht mitzuentscheiden (BAG 24. 2. 1987 AP BetrVG 1972 § 77 Nr. 21; *Fitting* Rn. 24).

II. Allgemeine Voraussetzungen § 87 BetrVG 210

Zu den **gesetzlichen Regelungen** im Sinne des § 87 gehören alle Gesetze im materiellen Sinne, 11 solange es sich um zwingendes Recht handelt; dispositive Gesetzesvorschriften entfalten nach hM keine Sperrwirkung (BAG 13. 3. 1973 AP BetrVG 1972 § 87 Werkmietwohnungen Nr. 1; BAG 26. 5. 1988 AP BetrVG 1972 § 87 Ordnung des Betriebes Nr. 14). Dagegen spricht, daß zwingendes Recht ohnehin unabänderlich ist, so daß die besondere Sperrwirkung gegenüber der Mitbestimmung hier sinnlos ist. Nicht zum Gesetzesrecht zählt gesetzesvertretendes Richterrecht, (*Fitting* Rn. 24; *Schaub* § 235 V 1; aA GK-BetrVG/*Wiese* Rn. 42), doch ist es im Zusammenhang mit der jeweils betroffenen Norm bedeutsam. Zu § 6 V ArbZG Rn. 65.

Verwaltungsakte und Anordnungen aufgrund gesetzlicher Vorschriften oder Ermächtigungen, 12 insb. im Bereich des öffentlichen Rechts, stehen nach Sinn und Zweck des Gesetzes in ihrer Wirkung einer gesetzlichen Regelung gleich (*Fitting* Rn. 26). Nur mittelbarer Zwang auf den AG läßt dagegen das Mitbestimmungsrecht nicht entfallen. So bleibt zB das Mitbestimmungsrecht erhalten, wenn die öffentliche Hand als Zuwendungsgeber für private Forschungseinrichtungen lediglich Auflagen für die Vergütung der AN macht (BAG 27. 1. 1987 AP BetrVG 1972 § 99 Nr. 42; BAG 24. 11. 1987 AP BetrVG 1972 § 87 Auszahlung Nr. 6). Im Einzelfall kann freilich eine solche faktische Zwangslage das Direktionsrecht des AG ebenso beschränken wie eine gesetzliche oder tarifliche Regelung. **Eine Berücksichtigung einer solchen Zwangslage erfolgt dann zumindest durch eine entsprechende Ermessensbindung der Einigungsstelle**; im Einzelfall kann eine Ausübung des Beteiligungsrechts des BR rechtsmißbräuchlich sein. Beispiel für eine solche faktische Zwangslage ist es etwa, wenn in einem Einkaufszentrum die Vergabe von Ladenlokalen an die Einhaltung bestimmter Ladenöffnungszeiten gekoppelt wird.

Ausgeschlossen ist das Mitbestimmungsrecht stets nur, **„soweit" eine gesetzliche oder gesetzes-** 13 **vertretende Regelung besteht.** Wenn trotz einer gesetzlichen Regelung noch ein Gestaltungsspielraum verbleibt, den der AG durch sein Direktionsrecht ausfüllen könnte, bleibt in gleichem Umfang auch das Mitbestimmungsrecht erhalten. So steckt zB das LadenschlußG nur die äußersten Ladenöffnungszeiten und damit Arbeitszeiten ab, steht aber – jedenfalls nach Auffassung des BAG – nicht einer Ausgestaltung der Arbeitszeiten in diesem Rahmen nach § 87 I Nr. 2 entgegen (BAG 31. 8. 1982 AP BetrVG 1972 § 87 Arbeitszeit Nr. 8). Ebenso sperrt die behördliche Auflage, die den Betreiber einer kerntechnischen Anlage zur stichprobenartigen Sicherheitsüberprüfung der AN verpflichtet, die Auswahl der AN aber nicht im einzelnen regelt, nicht das Mitbestimmungsrecht des BR nach § 87 I Nr. 1 hinsichtlich der Modalitäten der Auswahl der zu überprüfenden Personen (BAG 9. 7. 1991 AP BetrVG § 87 Ordnung des Betriebs Nr. 19). Zur Mitbestimmung über die Einführung gesetzlich oder behördlich genehmigter Sonntagsarbeit *Kappus* DB 1990, 478, zur Lage der Altersteilzeit *Stindt* DB 1996, 2286. Nach BAG 25. 1. 2000 BB 2000, 362 schließt auch § 5 I S. 3 EFZG, wonach dem der AG jederzeitdie Vorlage einer Arbeitsunfähigkeitsbescheinigung verlangen kann, die Mitbestimmung nicht aus (s. auch Rn. 21). Nach dieser Logik müßte sich die Mitbestimmung auch darauf beziehen, ob der AG die Bescheinigung nach 3 Tagen fordern kann, wie es § 5 I 2 EFZG als Regel vorsieht. Durch diese Rspr. läuft der Gesetzesvorbehalt leer.

b) **Tarifliche Regelungen.** Ausgeschlossen sind die Mitbestimmungsrechte nach Abs. 1 weiter, so- 14 weit eine tarifliche Regelung besteht. Der tariflichen Regelung gleichgestellt ist die bindende Festsetzung nach § 19 HAG für Heimarbeiter. Ebenso wie der Ausschluß der Mitbestimmungsrechte bei Bestehen einer abschließenden gesetzlichen Regelung basiert auch der Vorrang des TV auf der Überlegung, daß bei Eingreifen einer tariflichen Regelung ein weitergehender Schutz der AN durch Mitbestimmungsrechte nicht erforderlich ist (*Fitting* Rn. 32). Die Zielrichtung des Tarifvorrangs nach § 87 ist also eine andere als die des Tarifvorbehalts nach § 77 III, welcher die Gewerkschaften vor einer Konkurrenz durch BR als „beitragsfreie Ersatzgewerkschaften" schützen will. § 77 III bildet im Bereich des § 87 keine zusätzliche Schranke der Mitbestimmungsrechte (vgl. zur Abgrenzung § 77 Rn. 52).

Der Tarifvorrang wird nur ausgelöst, soweit eine **tarifliche Regelung „besteht".** Voraussetzung 15 hierfür ist, daß der jeweilige TV im Betrieb mit unmittelbarer und zwingender Wirkung gem. § 4 I TVG gilt. Das bedeutet, daß er bereits in Kraft getreten und noch nicht abgelaufen ist; ein bloß nachwirkender TV iSd. § 4 V TVG sperrt die Mitbestimmungsrechte nicht (BAG 13. 7. 1977 AP BetrVG 1972 § 87 Kurzarbeit Nr. 2; BAG 24. 2. 1987 AP BetrVG 1972 § 77 Nr. 21; BAG 14. 2. 1989 AP BetrVG 1972 § 87 Akkord Nr. 8). Dasselbe gilt für einen TV, der gem. § 613a I 2 BGB als Bestandteil des Einzelarbeitsvertrags weitergilt (*Kania* DB 1995, 625, 626). Weiter muß der Betrieb dem räumlichen und fachlich-betrieblichen Geltungsbereich des TV unterfallen, und schließlich muß der AG die persönlichen Voraussetzungen der Tarifgebundenheit erfüllen, dh. beim VerbandsTV, daß der AG grds. Mitglied (§ 3 I TVG) bzw. ehemaliges Mitglied (§ 3 III TVG) des tarifschließenden AGVerbands sein muß, soweit der TV nicht ausnahmsweise gem. § 5 TVG für allgemeinverbindlich erklärt ist. **Tarifbindung der AN ist nicht erforderlich**; vielfach kommt es hierauf schon deshalb nicht an, weil es sich bei den mitbestimmungspflichtigen sozialen Angelegenheiten iSd. § 87 I um betriebliche Fragen handelt, deren Regelung im TV gem. § 3 II TVG bereits bei einseitiger Tarifbindung des AG für alle AN des Betriebs verbindlich ist. Aber auch unabhängig davon entfällt ein Bedürfnis für das Aufleben der Mitbestimmungsrechte nach Abs. 1 bei Bestehen eines TV im Betrieb, weil der AG ohnehin Außenseiter und Gewerkschaftsmitglieder gleichbehandeln wird, um die Außenseiter nicht in die Arme der Gewerkschaft zu treiben (BAG 24. 2. 1987 AP BetrVG 1972 § 77 Nr. 21; BAG 10. 8. 1993 AP BetrVG 1972 § 87 Auszahlung Nr. 12; *Fitting* Rn. 34; aA für beiderseitige Tarifgebundenheit GK-BetrVG/*Wiese* Rn. 61; *Löwisch/Rieble* § 4 Rn. 290 ff.).

16 Inhaltlich muß der TV – ebenso wie eine gesetzliche Regelung – eine **abschließende Regelung** der mitbestimmungspflichtigen Angelegenheit enthalten, damit das Mitbestimmungsrecht vollständig entfällt (BAG GS 3. 12. 1991 AP BetrVG § 87 Lohngestaltung Nr. 51, 52; BAG 17. 11. 1998 BetrVG § 87 Arbeitszeit Nr. 79). Voraussetzung hierfür ist, daß der TV selbst eine ausreichende materielle Regelung der Angelegenheit enthält. Wenn die TVParteien über eine bestimmte Angelegenheit im TV überhaupt keine Regelung treffen, bleibt es beim Mitbestimmungsrecht des BR (BAG 18. 4. 1989 AP BetrVG 1972 § 87 Tarifvorrang Nr. 18; BAG 21. 9. 1993 AP BetrVG 1972 § 87 Arbeitszeit Nr. 62). Ebensowenig können die TVParteien die Mitbestimmungsrechte nach § 87 durch eine ausdrückliche Negativregelung ausschließen.

17 Möglich und vielfach üblich sind tarifliche Regelungen, die ausdrücklich zu dem **verbleibenden Raum für Mitbestimmungsrechte** Stellung nehmen: Dies gilt zum einen für Tarifnormen, die den Betriebspartnern aufgeben, die tariflichen Regelungen näher auszugestalten. Beispiel ist etwa ein TV, der Regelungen für Zuschläge über Nachtarbeit vorsieht, es dem AG und BR aber überläßt, die zuschlagspflichtige Zeitspanne innerhalb eines zeitlichen Rahmens festzulegen (BAG 21. 9. 1993 AP BetrVG 1972 § 87 Arbeitszeit Nr. 62). Zum anderen sind dies ausdrückliche **tarifliche Öffnungsklauseln**, mit denen den Betriebspartnern vom TV abw. Regelungen ermöglicht werden (BAG 24. 11. 1987 AP BetrVG 1972 § 87 Akkord Nr. 6). Ein Übergehen des BR durch eine tarifliche Öffnungsklausel, die dem AG ein einseitiges Bestimmungsrecht einräumt, ist nicht möglich. Bei einer solchen tariflichen Regelung bleibt es beim Mitbestimmungsrecht des BR. Überläßt zB ein TV den Parteien des Arbeitsvertrags die Vereinbarung über die Höhe des Entgelts, ohne selbst eine Entgeltordnung aufzustellen, unterliegt die Feststellung und Gewichtung von Kriterien für eine betriebliche Lohnstruktur dem Mitbestimmungsrecht des BR (BAG 14. 12. 1993 AP BetrVG 1972 § 87 Lohngestaltung Nr. 65).

III. Mitbestimmungstatbestände

18 **1. Ordnung im Betrieb. a) Ordnungs- und Arbeitsverhalten.** Das Mitbestimmungsrecht nach Nr. 1 bezieht sich auf die Gestaltung des Zusammenlebens und Zusammenwirkens der AN im Betrieb. Es erfaßt die allgemeine betriebliche Ordnung und das Verhalten der AN, soweit deren Zusammenleben und Zusammenwirken berührt wird und damit ein Bezug zur betrieblichen Ordnung besteht. Das BAG unterscheidet dieses sogenannte **Ordnungsverhalten** vom nicht mitbestimmten **Arbeitsverhalten**. Hierbei geht es um Maßnahmen, mit denen die Arbeitspflicht im Verhältnis zwischen AG und AN unmittelbar konkretisiert wird (BAG 24. 3. 1981 AP BetrVG 1972 § 87 Arbeitssicherheit Nr. 2; BAG 23. 10. 1984, 14. 1. 1986, 1. 12. 1992, 8. 11. 1994 AP BetrVG 1972 § 87 Ordnung des Betriebes Nr. 8, 10, 20, 24). Dem Ordnungsverhalten zuzuordnen ist auch die Vorfrage, in welcher Sprache (deutsch, englisch usw.) innerbetrieblich und zwischen den Betriebspartnern kommuniziert werden soll (*Diller/Powietzka*, DB 2000, 718).

19 **Mitbestimmungspflichtig** sind danach zunächst **verbindliche Verhaltensvorschriften** für die AN des Betriebs, beispielsweise Vorschriften über eine bestimmte Arbeitskleidung (BAG 8. 8. 1989 AP BetrVG 1972 § 87 Ordnung des Betriebes Nr. 15; BAG 1. 12. 1993 AP BetrVG 1972 § 87 Ordnung des Betriebes Nr. 20), den Erlaß eines Alkoholverbotes (BAG 23. 9. 1986 AP BPersVG § 75 Nr. 20) oder eines Rauchverbots (BAG 19. 1. 1999 AP BetrVG 1972 § 87 Ordnung des Betriebes Nr. 28; LAG München 27. 11. 1990 NZA 1991, 521), Regelungen über die Benutzung des Telefons oder des Computers mit Internet-Zugang für private Zwecke (LAG Nürnberg 29. 1. 1987 NZA 1987, 572) sowie Vorschriften über das Radiohören im Betrieb (BAG 14. 1. 1986 AP BetrVG 1972 § 87 Ordnung des Betriebes Nr. 10).

20 Erfaßt werden weiter **Kontrollregelungen**, mit deren Hilfe die Ordnung im Betrieb durchgesetzt werden soll. Darunter fallen Vorschriften über Kontrollsysteme aller Art, etwa über die Benutzung von Werksausweisen (BAG 16. 12. 1986 AP BetrVG 1972 § 87 Ordnung des Betriebes Nr. 13) über die Torkontrolle einschließlich des Durchleuchtens von Taschen (BAG 26. 5. 1988 AP BetrVG § 87 Ordnung des Betriebs Nr. 14; 12. 8. 1999 – 2 AZR 923/98 –) über die Einführung von Stechuhren und Zeitstemplern sowie über körperliche Untersuchungen, Leibesvisitationen und stichprobenartige Taschenkontrollen im Betrieb (BAG 12. 8. 1999 NZA 2000, 421). Soweit es sich hierbei um technische Überwachungseinrichtungen handelt, besteht das Mitbestimmungsrecht nach Nr. 1 neben dem Mitbestimmungsrecht nach Nr. 6 (dazu unten Rn. 48 ff.).

21 Zum **nicht mitbestimmungspflichtigen Arbeitsverhalten** zählen alle Maßnahmen, die keinen Bezug zur betrieblichen Ordnung aufweisen, sondern sich ausschließlich auf die arbeitsvertragliche Leistungsverpflichtung des AN beziehen. Beispiele hierfür sind etwa Arbeitsanweisungen, mit denen der AG die Arbeitspflicht seines AN konkretisiert, etwa die Weisung an einen Krankenpfleger, an

III. Mitbestimmungstatbestände

Arzneimittelprüfungen teilzunehmen (BAG 10. 3. 1998 AP ArbGG 1979 § 84 Nr. 5) oder Vornamen in Geschäftsbriefen anzugeben (BAG 8. 6. 1999 AP BetrVG 1972 Ordnung des Betriebes § 87 Nr. 31 = DB 1999, 2218). Weitere Beispiele sind Anordnungen über die Führung und Ablieferung arbeitsbegleitender Papiere (Tätigkeitsberichte) (BAG 24. 11. 1987 AP BetrVG 1972 § 87 Ordnung des Betriebes Nr. 3), die Einführung oder Änderung von Führungsrichtlinien, das Ausfüllen von Überstundennachweisen (BAG 9. 12. 1980 AP BetrVG 1972 § 87 Ordnung des Betriebes Nr. 2), der Erlaß einer Dienstreiseordnung mit Regelungen zum Aufwendungsersatz (BAG 8. 12. 1981 AP BetrVG 1972 § 87 Lohngestaltung Nr. 6; vgl. auch BAG 23. 7. 1996 NZA 1997, 216; BAG 27. 10. 1998 NZA 1999, 381), die Ausarbeitung von Formulararbeitsverträgen und von formalisierten Anweisungen für Vorgesetzte zur Ab- und Rückmeldung von BRMitgliedern (BAG 13. 5. 1997 DB 1997, 2131) und die Überwachung von Arbeitnehmern durch Privatdetektive (BAG 26. 3. 1991, DB 1991, 1834) oder sonstige „Ehrlichkeitskontrollen" (BAG 18. 11. 1999, DB 2000, 726) bei konkretem Verdacht arbeitsvertragswidrigen Verhaltens. Den **Grenzfall** markiert das formalisierte Führen von Krankengesprächen. Das BAG hat die Führung formalisierter Krankengespräche zur Aufklärung eines überdurchschnittlichen Krankenstandes mit einer nach abstrakten Kriterien ermittelten Mehrzahl von AN als mitbestimmungspflichtig eingeordnet (BAG 8. 11. 1994 AP BetrVG 1972 § 87 Ordnung des Betriebes Nr. 24; zum Streitstand *Raab* NZA 1993, 193). Dasselbe gilt jetzt auch für die Einführung eines Formulars, auf dem die AN die Notwendigkeit eines Arztbesuchs während der Arbeitszeit vom Arzt bescheinigen lassen sollen (BAG 21. 1. 1997 NZA 1997, 785) und für eine Forderung auf frühe Arbeitsunfähigkeitsbescheinigung (BAG 25. 1. 2000 BB 2000, 362; s. auch Rn. 13), nach VGH Baden-Württemberg 9. 5. 2000, Personalrat 2000, 291, auch für Mitarbeitergespräche mit Zielvereinbarungen, zweifelhaft, ob in die Betriebsverfassung übertragbar, da der Bezug zum Arbeitsverhalten überwiegen dürfte, das Mitarbeitergespräch zudem in § 82 BetrVG gesondert geregelt ist. S. auch § 94 Rn. 4.

b) **Betriebsbußen.** Schließlich erstreckt sich das Mitbestimmungsrecht nach Nr. 1 noch auf betriebliche Bußordnungen, die aufgestellt werden, um Verhaltens- bzw. Ordnungsvorschriften iSd. Nr. 1 durchzusetzen (BAG 17. 10. 1989 BB 1990, 507). Das Mitbestimmungsrecht erstreckt sich sowohl auf die **Aufstellung der Bußordnung** als auch auf die **Verhängung der Buße im Einzelfall** (BAG 5. 12. 1975 AP BetrVG 1972 § 87 Nr. 1; BAG 17. 10. 1989 AP BetrVG 1972 § 87 Betriebsbuße Nr. 12). Will der AG eine Bußordnung aufstellen, ist er auf die Mitwirkung des BR angewiesen. Der Arbeitsvertrag und das auf ihm beruhende Direktionsrecht des AG scheiden als Rechtsgrundlage für die Verhängung einer Betriebsbuße aus (*Fitting* Rn. 69). 22

Geahndet werden können durch eine betriebliche Bußordnung nur **Verstöße des AN gegen die kollektive betriebliche Ordnung**. Verstößt ein AN gegen seine arbeitsvertraglichen Pflichten, ist auf das individualarbeitsrechtliche Sanktionsinstrumentarium zurückzugreifen: In Betracht kommt insofern eine Abmahnung bzw. der Ausspruch einer verhaltensbedingten Kündigung; bei entsprechender vertraglicher Regelung ist auch die Verhängung einer Vertragsstrafe möglich. Abmahnung und Vertragsstrafe unterscheiden sich danach, daß der AG bei der Vertragsstrafe den vergangenen Vertragsverstoß ahndet, während bei der Abmahnung die Mahn- und Warnfunktion für die Zukunft im Vordergrund steht. Von den durch eine betriebliche Bußordnung zu ahndenden Verstößen gegen die betriebliche Ordnung sind auch Verstöße gegen betriebsverfassungsrechtliche Pflichten von BRMitgliedern zu unterscheiden. Auch insofern kommt die Verhängung einer Betriebsbuße nicht in Betracht; vielmehr besteht hier bei schweren Verstößen die Möglichkeit des gerichtlichen Ausschlusses aus dem BR nach § 23 I und bei minderschweren Verstößen die Möglichkeit der Verhängung einer betriebsverfassungsrechtlichen Abmahnung (streitig, vgl. *Kania* DB 1996, 374). 23

Hinsichtlich der **Sanktionsmittel** ist es üblich, in der betrieblichen Bußordnung eine Stufenfolge verschiedener Sanktionen je nach der Schwere und Häufigkeit ihres Vorkommens vorzusehen; in Betracht kommen etwa Verwarnung, Verweis und bei besonders schweren Verstößen auch Geldbußen. Eine Kündigung oder Rückgruppierung ist als Disziplinarmaßnahme nicht zulässig. Diese Maßnahmen sind mit dem zwingenden Kündigungsrecht nicht vereinbar (*Fitting* Rn. 79). Das Verfahren, das zur Verhängung einer Betriebsbuße führen soll, muß **rechtsstaatlichen Grundsätzen** entsprechen. Dazu gehört die Wahrung des Grundsatzes des rechtlichen Gehörs, die Bildung eines paritätisch aus Vertretern des AG und des BR zusammengesetzten Ausschusses und die schriftliche Begründung der Entscheidung (*Fitting* Rn. 83). Im übrigen ist nach Ansicht des BAG die Angemessenheit der verhängten Sanktion im Einzelfall gerichtlich nachprüfbar; die gerichtliche Nachprüfung kann auch nicht im Rahmen der Bußordnung von vornherein ausgeschlossen werden (BAG 12. 9. 1967 AP BetrVG 1952 § 56 Betriebsbuße Nr. 1; BAG 11. 11. 1971 AP BetrVG 1952 § 56 Betriebsbuße Nr. 2; GK-BetrVG/ *Wiese* Rn. 193). 24

2. **Verteilung der Arbeitszeit. a) Umfang der Mitbestimmung.** Zweck des Mitbestimmungsrechts nach Nr. 2 ist es, die Interessen der AN an der Lage ihrer Arbeitszeit und damit zugleich der Freizeit für die Gestaltung ihres Privatlebens zur Geltung zu bringen (BAG 15. 12. 1992 AP AÜG § 14 Nr. 7; *Fitting* Rn. 87). Das Mitbestimmungsrecht erstreckt sich einmal auf die **Verteilung der wöchentlichen Arbeitszeit** auf die einzelnen Wochentage, also auf die Frage, an welchen Tagen der 25

Woche überhaupt gearbeitet werden soll und an welchen Tagen wie lange. Mitbestimmt ist nach dem ausdrücklichen Wortlaut der Vorschrift weiter die Regelung von Beginn und Ende der täglichen Arbeitszeit. **Nicht dem Mitbestimmungsrecht unterliegt dagegen die Dauer der wöchentlichen Arbeitszeit.** Dies ergibt sich insb. aus einem Gegenschluß zu § 87 I Nr. 3, der nur für den Sonderfall der vorübergehenden Verkürzung oder Verlängerung der betriebsüblichen Arbeitszeit ein Mitbestimmungsrecht über die Dauer der Arbeitszeit einräumt (BAG 13. 10. 1987 AP BetrVG 1972 § 87 Arbeitszeit Nr. 24; BAG 28. 9. 1988 AP BetrVG 1972 § 87 Arbeitszeit Nr. 29; BAG 22. 6. 1993 AP BetrVG 1972 § 23 Nr. 22; neuestens BAG 27. 1. 1998 BB 1998, 1419, zur Anrechnung von Betriebsausflügen auf Arbeitszeitkonten). Das Mitbestimmungsrecht hinsichtlich der **Pausen** erstreckt sich nicht nur auf deren Lage, sondern auch auf deren Dauer. Allerdings ist der Begriff der Pausen eng auszulegen. Gemeint sind nur unbezahlte Pausen, in denen der AN weder Arbeit leisten noch sich zur Arbeit bereithalten muß (BAG 23. 9. 1992 AP AZO § 3 Nr. 6). Sollen auch Zeiten der Arbeitsunterbrechung bezahlt werden, handelt es sich nicht um Pausen iSd. Nr. 2, sondern um Arbeitszeit, so daß sich das Mitbestimmungsrecht nur auf die Lage, nicht aber die Dauer erstreckt.

26 Im übrigen wird das Mitbestimmungsrecht nach Nr. 2 durch vielfältige **gesetzliche und tarifliche Vorschriften** eingeschränkt. So handelt es sich bei der Dauer der wöchentlichen Arbeitszeit um eine Regelung, die typischerweise in jedem TV enthalten ist. Gesetzliche Vorschriften, die das Mitbestimmungsrecht nach Nr. 2 einschränken, finden sich insb. im ArbZG, in den §§ 8 ff. JArbSchG, § 8 MuSchG und den Bestimmungen des LadSchlG. Allerdings führt das LadSchlG nicht zu einer vollen Sperre des Mitbestimmungsrechts; nach Auffassung des BAG markiert es nur die äußerste Grenze einer betrieblichen Regelung, so daß auch eine Betriebsvereinbarung, die kürzere Arbeitszeiten und damit faktisch eine kürzere Geschäftsöffnungszeit vorsieht, möglich sein soll (BAG 13. 10. 1987 AP BetrVG 1972 § 87 Arbeitszeit Nr. 24). Dazu Rn. 11, 13.

27 **b) Einzelfälle.** Vom Mitbestimmungsrecht über die **Verteilung der Arbeitszeit auf die einzelnen Wochentage** werden zB Regelungen erfaßt über die Anzahl der arbeitsfreien Tage in der Woche (BAG 13. 10. 1987 AP BetrVG 1972 § 87 Arbeitszeit Nr. 24), über die Einführung eines rollierenden Systems, nach dem der arbeitsfreien Tage in verschiedenen Wochen auf verschiedene Wochentage gelegt werden (BAG 31. 1. 1989 AP BetrVG 1972 § 87 Arbeitszeit Nr. 31; BAG 25. 7. 1989 AP BetrVG 1972 § 87 Arbeitszeit Nr. 38) oder über die Beschäftigung von AN im Sonntagsverkauf, soweit dieser gesetzlich zulässig ist (BAG 25. 2. 1997 BB 1997, 2003; dazu *Kappus* DB 1990, 478); Ersatzruhetage gem. § 11 III AZG (LAG Köln 24. 9. 1998 AiB 1999, 467; *Fitting* Rn. 111), doch kann dadurch nicht ihre Lage an einem Arbeitstag erzwungen werden.

28 Zur Mitbestimmung über **Beginn und Ende der täglichen Arbeitszeit** zählen etwa die Einführung oder der Abbau von Schichtarbeit für den ganzen Betrieb, bestimmte Betriebsabteilungen oder Arbeitsplätze (BAG 28. 10. 1986 AP BetrVG 1972 § 87 Arbeitszeit Nr. 20). Das Mitbestimmungsrecht erstreckt sich insofern auf die Entscheidung, ob überhaupt in Schichten gearbeitet werden soll, auf die Anzahl der Schichten und deren Änderung (zB Umstellung von drei auf ein zwei-Schichtensystem), auf die Grundsätze, nach denen die AN den einzelnen Schichten zugeordnet werden sollen und auf die Aufstellung des einzelnen Schichtplans (BAG 27. 6. 1989 AP BetrVG 1972 § 87 Arbeitszeit Nr. 35; BAG 8. 8. 1989 AP BetrVG 1972 § 23 Nr. 11). Ein **unzulässiges Koppelungsgeschäft** liegt vor, wenn der BR seine Zustimmung zur Einführung von Schichtarbeit davon abhängig macht, daß der AG zusätzliche Zuschläge zahlt (ArbG Bielefeld 29. 10. 1982 DB 1983, 1880; *Löwisch* BetrVG § 87 Rn. 47; dazu vor § 74 Rn. 37).

29 Auch die Einführung und Ausgestaltung **sonstiger Arbeitszeitmodelle** ist – im Rahmen der tariflichen Vorgaben – mitbestimmt, etwa die Einführung der sogenannten gleitenden Arbeitszeit (BAG 18. 4. 1989 AP BetrVG § 87 Arbeitszeit Nr. 33), die Frage, ob AN nach Bedarf (sog. KAPOVAZ) oder zu festen Arbeitszeiten beschäftigt werden sollen (BAG 28. 9. 1988 AP BetrVG 1972 § 87 Arbeitszeit Nr. 29), die Einführung von Bereitschaftsdiensten oder die Errichtung einer Rufbereitschaft (BAG 21. 12. 1982 AP BetrVG 1972 § 87 Arbeitszeit Nr. 9), dagegen nicht die Nutzung freier Tage durch den Arbeitnehmer (BAG 27. 1. 1998 AP BetrVG § 87 Sozialeinrichtung Nr. 14). Zu Brückentagen *Wirges* DB 1997, 2488.

30 Für **Teilzeitbeschäftigte** gilt das Mitbestimmungsrecht entsprechend. Das bedeutet, der BR hat über die Dauer der vereinbarten oder tariflich festgelegten wöchentlichen Arbeitszeit ebensowenig mitzubestimmen wie über die Anzahl der wöchentlich einzusetzenden AN; das Mitbestimmungsrecht setzt erst ein, soweit es um die Lage der vorgegebenen wöchentlichen Arbeitszeit geht; es erstreckt sich auf die Verteilung der Arbeitszeit auf die einzelnen Wochentage, auf die Frage, ob an einem Arbeitstag zusammenhängend oder in mehreren Schichten gearbeitet werden soll und insb. auf die Festlegung der Mindestdauer der täglichen Arbeitszeit (BAG 13. 10. 1987, 28. 9. 1988, 16. 7. 1991 AP BetrVG 1972 § 87 Arbeitszeit Nr. 24, 29, 44; *Fitting* Rn. 102).

31 **3. Vorübergehende Verkürzung oder Verlängerung der Arbeitszeit. a) Grundsatz.** Nr. 3 ergänzt Nr. 2 für den Sonderfall der vorübergehenden Verkürzung oder Verlängerung der betriebsüblichen Arbeitszeit. Die Vorschrift verfolgt einen doppelten **Zweck:** Einerseits bindet sie im Hinblick auf die

III. Mitbestimmungstatbestände § 87 BetrVG 210

sogenannte Theorie der Wirksamkeitsvoraussetzung (dazu vor § 74 Rn. 19) den AG bei der Einführung von Überstunden oder Kurzarbeit an die Mitwirkung des BR; andererseits dient das Mitbestimmungsrecht der Schaffung einer Ermächtigungsgrundlage, was insb. bei der Einführung von Kurzarbeit auch im Interesse des AG liegt. Ohne die Beteiligung des BR wäre der AG bei Anordnung von Kurzarbeit auf die Zustimmung jedes einzelnen AN bzw. – in den engen Grenzen des § 19 KSchG – an die Zulassung durch das Landesarbeitsamt gebunden.

Das Mitbestimmungsrecht bezieht sich auf die **Veränderung der „betriebsüblichen" Arbeitszeit**. 32
Betriebsüblich ist die regelmäßige betriebliche Arbeitszeit (BAG 21. 11. 1978 AP BetrVG 1972 § 87 Arbeitszeit Nr. 2). Diese muß nicht für alle AN identisch sein, sondern kann zwischen verschiedenen Arbeitsplätzen und ANGruppen differieren. Es kann also in einem Betrieb mehrere betriebsübliche Arbeitszeiten geben mit der Folge, daß zB auch die vorübergehende Verlängerung oder Verkürzung der Arbeitszeit von Teilzeitbeschäftigten mitbestimmungspflichtig ist (BAG 16. 7. 1991 AP BetrVG 1972 § 87 Arbeitszeit Nr. 44). Bei Gleitzeitregelungen beschreibt der „Gleitzeit-Korridor" die betriebsübliche Arbeitszeit (*Löwisch* BetrVG § 87 Rn. 54).

Weiter ist für das Eingreifen des Mitbestimmungsrechts die **„vorübergehende" Verkürzung oder** 33
Verlängerung erforderlich. Eine vorübergehende Veränderung der Arbeitszeit liegt vor, wenn diese lediglich einen überschaubaren Zeitraum betrifft und nicht auf Dauer erfolgen soll (BAG 21. 11. 1978 AP BetrVG 1972 § 87 Arbeitszeit Nr. 2; BAG 28. 2. 2000 EzA § 87 BetrVG Arbeitszeit Nr. 61 betr. Bereitschaftsdienst). Der Endzeitpunkt muß nicht feststehen; es reicht die Absicht, nach Fortfall des Anlasses der Verkürzung oder Verlängerung der betrieblichen Arbeitszeit zur bisherigen betrieblichen Arbeitszeit zurückzukehren (GK-BetrVG/*Wiese* Rn. 264; DKK/*Klebe* Rn. 88). Nicht mehr vorübergehend ist die Veränderung der Arbeitszeit im Hinblick auf den Ausnahmecharakter der Nr. 3, wenn die Verkürzung oder Verlängerung von vornherein für mehrere Jahre festgeschrieben wird. Vorübergehend iSv. Nr. 3 wird die Arbeitszeit auch verändert, wenn die Arbeit aus einem besonderen Anlaß (Rosenmontagszug) an einem Tag ausfällt oder einmalig eine Sonderschicht eingelegt wird (BAG 14. 2. 1991 NZA 1991, 607; DKK/*Klebe* Rn. 88). Keine vorübergehende Veränderung der Arbeitszeit liegt dagegen vor, wenn stets AN zum Sonntagsverkauf herangezogen werden; insofern handelt es sich um eine regelmäßige Arbeitszeit iSd. Nr. 2 (BAG 25. 9. 1997 BB 1997, 2003).

b) Überstunden. Bei Überstunden bezieht sich das Mitbestimmungsrecht auf die Frage, ob und in 34
welchem Umfang Überstunden zu leisten sind und welche AN diese Überstunden leisten sollen. Das Mitbestimmungsrecht greift nicht nur bei der ausdrücklichen Anordnung von Überstunden ein, sondern auch, wenn der AG freiwillig geleistete Überstunden duldend entgegennimmt (BAG 27. 11. 1990 AP BetrVG 1972 § 87 Arbeitszeit Nr. 41; BAG 16. 7. 1991 AP BetrVG 1972 § 87 Arbeitszeit Nr. 41, 44). Mitbestimmt sind zwar nur kollektive Regelungen von Überstunden und Kurzarbeit (vgl. dazu schon oben Rn. 6); auf die Zahl der betroffenen AN kommt es aber nicht entscheidend an, deswegen kann auch bei der Anordnung von Überstunden gegenüber einem einzigen AN ein kollektiver Tatbestand gegeben sein, solange die Anordnung nicht auf der Berücksichtigung individueller Interessen dieses AN beruht (*Fitting* Rn. 110). Eine Vereinbarung zwischen den Betriebspartnern, die den AG lediglich pauschal zur Anordnung von Überstunden ermächtigt, verbraucht das Mitbestimmungsrecht nicht (BAG 17. 11. 1998 AP BetrVG 1972 § 87 Arbeitszeit Nr. 79 = NZA 1999, 662). Es müssen zumindest die tatbestandlichen Vorgaben vorgezeichnet werden, innerhalb derer dem AG dann ein gewisser Freiraum bei der Einzelfallregelung zustehen kann (LAG Berlin 29. 10. 1998 – 10 Sa 95/98); die Festsetzung von Durchschnittswerten reicht aus, BAG aaO Nr. 80. Zu Eilfällen *Henssler* FS Hanau, 1999, 413.

c) Kurzarbeit. Das Mitbestimmungsrecht bei der Kurzarbeit erstreckt sich auf die Frage, ob und in 35
welchem Umfang Kurzarbeit eingeführt werden soll und wie die geänderte Arbeitszeit auf die einzelnen Wochentage zu verteilen ist (*Fitting* Rn. 121). Auch hinsichtlich der Einführung von Kurzarbeit steht dem BR ein **Initiativrecht** zu und damit ein effektives Mittel zur Verfügung, Entlassungen aus betriebsbedingten Gründen überflüssig zu machen (BAG 4. 3. 1986 AP BetrVG 1972 § 87 Kurzarbeit Nr. 3; *Fitting* Rn. 127; *Löwisch*, FS für Wiese, 1998, 249). Bejaht man ein Initiativrecht des BR, muß grds. nicht nur die Einführung von Kurzarbeit, sondern auch die Rückkehr zur Normalarbeitszeit der Mitbestimmung des BR unterliegen (aA BAG 21. 11. 1978 AP BetrVG 1972 § 87 Arbeitszeit Nr. 2; wie hier *Fitting* Rn. 128). Das Mitbestimmungsrecht bei der Rückkehr zur Normalarbeitszeit entfällt freilich dann, wenn der Zeitraum der Anordnung von Kurzarbeit von vornherein befristet oder auflösend bedingt festgelegt war, da insofern das Einverständnis des BR bereits vorweggenommen ist.

Für die **Einführung von Kurzarbeit** ist eine förmliche Betriebsvereinbarung zu empfehlen, da nur 36
diese unmittelbare und zwingende Wirkung gegenüber den AN entfaltet und damit eine verbindliche Rechtsgrundlage für die Einführung von Kurzarbeit schafft; bei Ausübung der Mitbestimmung in Form einer bloßen Regelungsabrede bleibt der AG auf die Zustimmung jedes einzelnen AN bzw. – in den engen Grenzen des § 19 KSchG – auf die Zulassung durch das LAA angewiesen, wenn er Kurzarbeit wirksam einführen will. Der Tarifvorrang nach § 87 I Eingangssatz setzt vielfach der Einführung von Kurzarbeit bzw. der Mitbestimmung des BR Grenzen, da viele TV für die Ein-

führung von Kurzarbeit Ankündigungsfristen vorsehen, die von den Betriebspartnern nicht unterschritten werden dürfen (vgl. BAG 10. 12. 1994 AP BetrVG 1972 § 87 Arbeitszeit Nr. 63). Das Günstigkeitsprinzip steht der Einführung von Kurzarbeit durch Betriebsvereinbarung regelmäßig schon deshalb nicht entgegen, weil Arbeitsverträge für die vorübergehende Verkürzung der Arbeitszeit idR keine Vorschriften enthalten, so daß ein Günstigkeitsvergleich überhaupt nicht angestellt werden kann.

37 **d) Vergütung.** Das Mitbestimmungsrecht des BR erstreckt sich nicht auf das während der verkürzten oder verlängerten Arbeitszeit zu zahlende Entgelt. Insb. ist der BR nicht berechtigt, seine Zustimmung zur Einführung von Kurzarbeit davon abhängig zu machen, daß der AG den AN das volle Entgelt zahlt bzw. die Differenz zwischen vollem Entgelt und Kurzarbeitergeld ausgleicht (LAG Köln 14. 6. 1989 NZA 1989, 939; *Fitting* Rn. 122; aA DKK/*Klebe* Rn. 102; s. zu diesem Problem der Annexregelungen vor § 74 Rn. 35). Wird Kurzarbeit wirksam eingeführt, hat der AN neben der Vergütung für seine kürzere Arbeitszeit nur Anspruch auf **Kurzarbeitergeld,** falls die Voraussetzungen der §§ 169 ff. SGB III erfüllt sind. Ein Widerruf der Zusage des AA, Kurzarbeitergeld zu zahlen, läßt den Entgeltanspruch in Höhe des Kurzarbeitergeldes aufleben, wenn die Kurzarbeit in einer Betriebsvereinbarung mit dem BR vereinbart worden war (BAG 11. 7. 1990 AP BGB § 615 Betriebsrisiko Nr. 32; *Löwisch* BetrVG § 87 Rn. 60). Die weitergehende Zahlung eines Ausgleichs zwischen Kurzarbeitergeld und voller Vergütung erfolgt auf freiwilliger Basis. Hat sich allerdings der AG hierzu entschlossen, greift hinsichtlich der Verteilungsgrundsätze das Mitbestimmungsrecht des BR nach Nr. 10 ein (dazu unten Rn. 96 ff.). Fehlt es an einer wirksamen Rechtsgrundlage zur Einführung von Kurzarbeit, haben die AN für die ausgefallene Arbeit nach Maßgabe des § 615 BGB Anspruch auf das volle Arbeitsentgelt.

38 **e) Besonderheiten im Arbeitskampf.** Im Arbeitskampf kollidiert das Mitbestimmungsrecht des BR mit dessen Neutralitätspflicht (vgl. schon vor § 74 Rn. 13). Ist der AG in seinem Betrieb **unmittelbar vom Streik betroffen,** hat der BR weder bei der Anordnung von Überstunden zur Aufrechterhaltung der Produktion noch bei der Anordnung von Kurzarbeit zum Zwecke einer (tlw.) Betriebsschließung mitzubestimmen (BAG 22. 12. 1980 AP GG Art. 9 Arbeitskampf Nr. 70, 71; BAG 24. 4. 1979 AP GG Art. 9 Arbeitskampf Nr. 63; s. auch BVerfG 7. 4. 1997 EzA BetrVG 1972 § 99 Einstellung Nr. 2). Bei **mittelbar kampfbetroffenen Betrieben** ist Kurzarbeit mitbestimmungsfrei, wenn eine Beeinträchtigung der Kampfparität droht, etwa wenn für mittelbar betroffene Betriebe in derselben Branche dieselben Verbände zuständig sind oder eine enge wirtschaftliche Verflechtung (Konzern) besteht. Allerdings hat der BR bei dem „Wie", dh. bei den Modalitäten mitzubestimmen, soweit noch etwas zu regeln ist (BAG 22. 12. 1980 AP GG Art. 9 Arbeitskampf Nr. 71; weitergehend *Fitting* Rn. 135). Beide Seiten müssen sich dann auf sofortige Verhandlungen einlassen. Kann keine rechtzeitige Einigung (ggf. über die Einigungsstelle) erreicht werden, liegt für den AG ein „Notfall" vor, der ihn zur alleinigen Anordnung arbeitskampfbedingter Kurzarbeit ermächtigt (ähnlich GK-BetrVG/*Wiese* Rn. 360).

39 **4. Auszahlung der Arbeitsentgelte.** Arbeitsentgelt iSv. Nr. 4 ist im weitesten Sinne zu verstehen; hierunter fällt jede Gegenleistung des AG für die Arbeitsleistung des AN unabhängig von ihrer Bezeichnung (Lohn, Gehalt, Tantieme, Provision, Urlaubsgeld, Gratifikation).

40 Das Mitbestimmungsrecht erstreckt sich auf Zeit, Ort und Art der Auszahlung, **nicht aber auf die Höhe** der jeweils zu zahlenden Vergütung. Der Mitbestimmung unterliegen die Festlegung der Lohnzahlungsperiode (wöchentlich, monatlich), die Bestimmung des Zahlungszeitpunkts, Tag und Stunde der Entgeltzahlung, der Ort der Zahlung (zB im Betrieb oder auf auswärtigen Arbeitsstellen) sowie die Art der Entgeltzahlung, also Auszahlung in bar, durch Scheck oder bargeldlos durch Überweisung auf ein Bankkonto. Soweit die bargeldlose Zahlung vorgesehen ist, ergibt sich für den BR eine **Annex-Kompetenz** für die Regelung der Fragen, wer die Kosten der bargeldlosen Zahlung zu tragen hat und ob und in welchem Umfang Zeitaufwand vergütet werden soll, der den AN entsteht, um das Geld bei der Bank abzuholen (BAG 8. 3. 1977, 5. 3. 1991, 10. 8. 1993 AP BetrVG 1972 § 87 Auszahlung Nr. 1, 11, 12; *Fitting* Rn. 146; aA GK-BetrVG/*Wiese* Rn. 302 f.). In einer Betriebsvereinbarung kann deshalb dem AG auferlegt werden, die Kontoführungsgebühren zu tragen, soweit sie durch die Überweisung des Arbeitsentgelts verursacht werden (BAG 24. 11. 1987 AP BetrVG 1972 § 87 Auszahlung Nr. 6); zwingend ist dies nicht, insb. wenn der AG kein Interesse an der bargeldlosen Lohnzahlung hat. Für Einigungsstellensprüche gilt die Grenze billigen Ermessens nach § 76 V. Diese Grenze ist überschritten, wenn ein Einigungsstellenspruch den AG verpflichtet, alle AN monatlich eine Stunde von der Arbeit freizustellen, um den Zeitaufwand für das Abholen des Geldes von der Bank auszugleichen, obwohl der AG die Zahlung per Scheck im Betrieb angeboten hat (BAG 10. 8. 1993 AP BetrVG § 87 Auszahlung Nr. 12).

41 Stets sind bei Mitbestimmung nach Nr. 4 **vorrangige tarifliche und gesetzliche Vorschriften** zu beachten. So darf das Arbeitsentgelt nicht in Gastwirtschaften ausgezahlt werden (§ 115 a GewO, § 35 II SeemG). § 64 HGB schreibt vor, daß das Gehalt für kaufmännische Angestellte zwingend am Ende jedes Monats ausgezahlt werden muß. Nach § 87 c I 1 HGB darf der Abrech-

III. Mitbestimmungstatbestände   § 87   BetrVG 210

nungszeitraum bei auf Provisionsbasis bezahlten kaufmännischen Angestellten drei Monate nicht überschreiten.

5. Urlaub. Das Mitbestimmungsrecht nach Nr. 4 beschränkt das dem AG bei der Festlegung der 42 Lage des Urlaubs zustehende Gestaltungsrecht, um einen Ausgleich der unterschiedlichen Interessen der einzelnen AN und des Interesses des AG an einem ungestörten Betriebsablauf unter Beteiligung des BR zu ermöglichen (*Fitting* Rn. 148; GK-BetrVG/*Wiese* Rn. 312).

Von dem **Begriff Urlaub** iSd. Nr. 5 wird jede Form bezahlten und unbezahlten Urlaubs erfaßt, also 43 gesetzlicher Mindesturlaub gem. § 1 BUrlG, zusätzlicher Erholungsurlaub nach Tarif- oder Einzelarbeitsvertrag, Zusatzurlaub für Schwerbehinderte (LAG Frankfurt 16. 2. 1987 BB 1987, 1461), Bildungsurlaub nach den Landesgesetzen zur ANWeiterbildung (GK-BetrVG/*Wiese* Rn. 313) sowie bezahlter oder unbezahlter Sonderurlaub (BAG 18. 6. 1974 AP BetrVG 1972 § 87 Urlaub Nr. 1; BAG 17. 11. 1977 AP BUrlG § 9 Nr. 8). Nicht erfaßt wird dagegen die vorübergehende oder dauerhafte **Suspendierung** von der Arbeitspflicht; diese kann, wenn die individualrechtlichen Voraussetzungen vorliegen, mitbestimmungsfrei ausgesprochen werden.

Das Mitbestimmungsrecht nach Nr. 5 erstreckt sich zunächst auf die **Aufstellung allgemeiner** 44 **Urlaubsgrundsätze.** Urlaubsgrundsätze sind Regeln, die festlegen, nach welchen Grundsätzen der AG den AN Urlaub gewähren soll. Hierunter fallen etwa Vereinbarungen über die Aufteilung des Urlaubsanspruchs und die Verteilung des Urlaubs innerhalb des Kalenderjahres, über Sperrzeiten zB während des Schlußverkaufs im Einzelhandel, über Auswirkungen von Familienstand und Vorhandensein schulpflichtiger Kinder auf die zeitliche Lage des Urlaubs und über die Einführung und zeitliche Lage von Betriebsferien (BAG 16. 3. 1972 AP BUrlG § 9 Nr. 3; BAG 28. 7. 1981 AP BetrVG 1972 § 87 Urlaub Nr. 2). Da dem BR auch im Rahmen der Nr. 5 ein Initiativrecht zusteht, kann dieser auch von sich aus die Einführung allgemeiner Betriebsferien verlangen (*Fitting* Rn. 154; aA GK-BetrVG/*Wiese* Rn. 320). Soweit dem berechtigte betriebliche Belange entgegenstehen, dürfen allerdings die Betriebsferien nicht durch einen Einigungsstellenspruch gegen den Willen des AG eingeführt werden.

Auf Basis der allgemeinen Urlaubsgrundsätze ist der gleichfalls nach Nr. 5 mitbestimmte **Urlaubs-** 45 **plan** aufzustellen. In diesem werden die Zeiten festgelegt, in denen den einzelnen AN der Urlaub im Laufe des Kalenderjahres gewährt werden soll. Der Urlaubsplan ist zu unterscheiden von der Urlaubsliste, in die AN ihre Urlaubswünsche eintragen. Die Aufstellung der Urlaubsliste ist mitbestimmungsfrei (*Löwisch* BetrVG § 87 Rn. 67).

Schließlich eröffnet Nr. 5 ausnahmsweise (vgl. oben Rn. 6) auch ein **Mitbestimmungsrecht im** 46 **Einzelfall:** Mitbestimmt ist auch die Festsetzung der zeitlichen Lage des Urlaubs für einzelne AN, wenn zwischen dem AG und den beteiligten AN kein Einverständnis erzielt wird. AG und BR haben von den Grundsätzen auszugehen, die § 7 I BUrlG aufstellt. Die Urlaubswünsche der betroffenen AN die berechtigten konkurrierenden Urlaubswünsche anderer AN und dringende betriebliche Erfordernisse sind nach billigem Ermessen gegeneinander abzuwägen (BAG 4. 12. 1970 AP BUrlG § 7 Nr. 5; *Fitting* Rn. 160). Gelingt eine Einigung zwischen AG und BR nicht, entscheidet die Einigungsstelle. Nr. 5 bezweckt insofern, dem einzelnen AN eine zusätzliche Möglichkeit einzuräumen, seinen sich aus § 7 I BUrlG ergebenden Rechtsanspruch auf Berücksichtigung seiner Urlaubswünsche wirksam durchzusetzen; die Vorschrift soll dagegen nicht die individualarbeitsrechtliche Stellung des einzelnen AN schmälern (*Fitting* Rn. 160 f.; *Löwisch* BetrVG § 87 Rn. 68; aA GK-BetrVG/*Wiese* Rn. 411 f.). Trotz einer für den AN ungünstigen Einigung der Betriebspartner bzw. eines ungünstigen Einigungsstellenspruchs kann deshalb der AN auf Erteilung des Urlaubs für einen bestimmten Zeitraum unter Berufung auf § 7 I BUrlG im Urteilsverfahren klagen.

Kein Mitbestimmungsrecht räumt Nr. 5 hinsichtlich der **Dauer des Urlaubs** und hinsichtlich der 47 **Gewährung von zusätzlichem Urlaubsgeld** ein. Daraus ergibt sich, daß der BR zB nicht darüber mitzubestimmen hat, ob eine Schonzeit auf den Urlaubsanspruch anzurechnen ist oder nicht (BAG 26. 11. 1964 AP BUrlG § 10 Schonzeit Nr. 1). Da die mitbestimmten Tatbestände in Nr. 5 abschließend aufgezählt sind, ist auch der Widerruf eines gewährten Urlaubs im Einzelfall aus dringenden betrieblichen Gründen mitbestimmungsfrei (GK-BetrVG/*Wiese* Rn. 329; *Fitting* Rn. 159).

6. Überwachung durch technische Einrichtungen. a) Technische Einrichtungen. Nr. 6 dient 48 dem Schutz des allgemeinen Persönlichkeitsrechts der AN vor Eingriffen durch anonyme technische Kontrolleinrichtungen. Dabei soll die Mitbestimmung nicht zur Verhinderung, sondern zu einer angemessenen, die Interessen beider Seiten berücksichtigenden Ausgestaltung der Maßnahmen führen (BAG 6. 12. 1983, 14. 9. 1984, 27. 5. 1986 AP BetrVG 1972 § 87 Überwachung Nr. 7, 9, 15). Eine technische Einrichtung stellt **jedes optische, mechanische, akustische oder elektronische Gerät** dar (BAG 8. 11. 1994 AP BetrVG 1972 § 87 Überwachung Nr. 27; DKK/*Klebe* Rn. 137; *Fitting* Rn. 219). Unter den Begriff der Überwachung fällt zunächst die **Erhebung von Daten.** Beispiele hierfür sind die Überwachung der AN durch Film- oder Fernsehkameras, Abhörgeräte, Stechuhr, Produktographen, Fahrtenschreiber und ähnliche Geräte. Unerheblich ist dabei, auf welche Weise der Überwachungsdaten dem AG von der technischen Einrichtung zugänglich gemacht werden. Dies wird im Regelfall durch eine Aufzeichnung geschehen (BAG 6. 12. 1983 AP BetrVG 1972 § 87 Überwachung Nr. 7). Möglich und ausreichend ist aber auch die direkte Übermittlung der Informationen (BVerwG

31. 8. 1988 AP BPersVG § 75 Nr. 25). Eine Auswertung muß die Einrichtung nicht vornehmen (*Kraft* ZfA 1985, 141, 150; aA *Goos* BB 1983, 581, 585).

49   Über die Datenerhebung hinaus unterliegt nach Ansicht des BAG und des überwiegenden Teils des Schrifttums auch die alleinige **Datenauswertung** dem Mitbestimmungsrecht des BR nach Nr. 6 (BAG 14. 9. 1984 AP BetrVG 1972 § 87 Überwachung Nr. 9; DKK/*Klebe* Rn. 137; GK-BetrVG/*Wiese* Rn. 527 mwN). Dies bedeutet, daß Daten, die auf nichttechnischem Wege gewonnen und erst im Anschluß daran in eine Datenverarbeitungsanlage zur weiteren Verarbeitung eingespeist wurden, der Mitbestimmung unterworfen sind. Eine Auswertung liegt vor, wenn verhaltens- oder leistungsbezogene Daten gegebenenfalls mit anderen Daten programmgemäß gesichtet, sortiert, zusammengestellt oder miteinander in Beziehung gesetzt und damit zu Aussagen über Verhalten oder Leistung von AN verarbeitet werden. Die Durchführung eines Soll-Ist-Vergleichs ist nicht erforderlich. Dieser extensiven Auslegung des Überwachungsbegriffs widersprechen HSG/*Glaubitz* (Rn. 314 ff.), *Kraft* (ZfA 1985, 141, 152 ff.) und *Zöllner* (DB 1984, 241, 244 f.). Sie verneinen insb. einen vergleichbaren Eingriff in das Persönlichkeitsrecht der AN durch die reine Datenauswertung (*Weng* DB 1985, 1341, 1345; *Kraft* ZfA 1985, 141, 154). Dem ist entgegenzuhalten, daß die reine Datenauswertung vor allen Dingen durch ihre vielfältigen Verknüpfungsmöglichkeiten und die Unübersichtlichkeit für den einzelnen AN eine zumindest vergleichbare technik-spezifische Gefährdung des Persönlichkeitsrechts mit sich bringt. Zumeist wird der Überwachungsdruck auf den AN stärker sein als bei der Datenerfassung, da er nicht selber beurteilen kann, welche Ergebnisse die Datenverarbeitung über ihn zu Tage fördert.

50   b) **Verhalten oder Leistung der Arbeitnehmer.** Die Überwachung muß sich auf ein Verhalten oder die Leistung der AN beziehen. Unter dem Begriff „Verhalten" wird ein individuell steuerbares **Tun oder Unterlassen** verstanden (BAG 11. 3. 1986 AP BetrVG 1972 § 87 Überwachung Nr. 14; *Däubler*, Gläserne Belegschaften, Rn. 427; weitergehend GK-BetrVG/*Wiese* Rn. 537, der jedes Tun oder Unterlassen unabhängig von einer willentlichen Steuerung unter den Begriff des Verhaltens subsumiert). Eine Unterscheidung danach, ob die Verhaltensweisen auf die **Erbringung der Arbeitsleistung** gerichtet sind oder sich **außerhalb des Betriebes** abspielen, erfolgt nicht (GK-BetrVG/*Wiese* Rn. 540; DKK/*Klebe* Rn. 149; aA BAG 11. 3. 1986 AP BetrVG 1972 § 87 Überwachung Nr. 14). Allerdings müssen sie für das Arbeitsverhältnis relevant sein (GK-BetrVG/*Wiese* Rn. 536; MünchArbR/*Matthes* § 338 Rn. 25). Auf die Art der verarbeiteten Daten kommt es nicht an (MünchArbR/*Matthes* § 338 Rn. 25). Dem **Leistungsbegriff** kommt neben dem weit verstandenen Verhaltensbegriff keine selbständige Bedeutung zu. Er wird von dem Verhaltensbegriff eingeschlossen. Das Arbeitsergebnis, welches nicht in Beziehung zu anderen Daten gesetzt wird, stellt kein Leistungsdatum dar.

51   Nicht mitbestimmt ist die **Erhebung sogenannter Status- oder Betriebsdaten.** Statusdaten umschreiben persönliche Eigenschaften des AN und betreffen damit weder das Verhalten noch die Leistung des AN. Etwas anderes gilt jedoch, wenn diese Daten durch **Verknüpfung** mit anderen Daten zu Aussagen über das Verhalten oder die Leistung von AN führen (BAG 11. 3. 1986 AP BetrVG 1972 § 87 Überwachung Nr. 14; *Fitting* Rn. 231; *Simitis* NJW 1985, 401, 406; *Kort* CR 1992, 611, 617; aA BAG 22. 10. 1986 AP BDSG § 23 Nr. 2 ohne Begründung).

52   **Betriebsdaten** sind Daten, die Auskunft über die Produktion, Nutzung von Maschinen, Lagerhaltung, etc. geben. Die Verarbeitung von Betriebsdaten ist grds. mitbestimmungsfrei nach Nr. 6. Auch dies ändert sich jedoch, wenn sie Rückschlüsse auf das Verhalten oder die Leistung von AN zulassen.

53   Weiterhin muß zumindest die Möglichkeit der Zuordnung der Daten zu einzelnen AN (**Individualisierbarkeit**) bestehen (BAG 6. 12. 1983 AP BetrVG 1972 § 87 Überwachung Nr. 7; GK-BetrVG/*Wiese* Rn. 546). Ausreichend ist insoweit, daß der jeweilige AN durch seinen Namen, seine Personalnummer etc. bestimmt ist oder über Schichtpläne mit vertretbarem Aufwand bestimmbar ist (MünchArbR/*Matthes* § 338 Rn. 27). Die technische Einrichtung muß die Individualisierung hierbei nicht selbst vornehmen (GK-BetrVG/*Wiese* Rn. 546). Es genügt bereits, wenn die erfaßten oder ermittelten Daten durch Hinzuziehung anderer Informationen einem bestimmten AN zugeordnet werden können. Die Erhebung oder Verarbeitung anonymisierter Daten unterliegt demnach nicht der Mitbestimmung nach Nr. 6. Voraussetzung ist jedoch, daß die **Anonymisierung** der Daten nicht aufgehoben werden kann (vgl. hierzu eingehend *Gebhardt/Umnuß* NZA 1995, 103 ff.; *Däubler*, Gläserne Belegschaften, Rn. 438).

54   Das BAG macht seit dem Beschluß vom 18. 2. 1986 (AP BetrVG 1972 § 87 Überwachung Nr. 13) von dem Grundsatz der Individualisierbarkeit eine Ausnahme für den Fall der Überwachung einer **Arbeitsgruppe.** Voraussetzung ist, daß die ganze Gruppe für eine bestimmte Leistung oder ein bestimmtes Verhalten gemeinsam verantwortlich und daneben klein und überschaubar ist. Ferner müsse der von der technischen Einrichtung ausgehende Überwachungsdruck von der Gruppe auf den einzelnen AN durchschlagen (vgl. auch BAG 26. 7. 1994 DB 1995, 147, 148. Zustimmung *Fitting* Rn. 215; GK-BetrVG/*Wiese* Rn. 549). Dem ist nicht zu folgen, denn der Druck auf die einzelnen Gruppenmitglieder wird nicht durch die technische Einrichtung, sondern durch die anderen Gruppenmitglieder verursacht (*Hunold* Anmerkung zu BAG 26. 7. 1994 DB 1995, 147, 150; *Ehmann* ZfA

III. Mitbestimmungstatbestände

§ 87 BetrVG 210

1986, 357, 381; *Kort* CR 1987, 300, 307). Der von der Gruppe auf den einzelnen AN ausgeübte Druck ist ein Spezifikum des Gruppenakkordsystems, dessen Ausgestaltung gem. Nr. 10, 11 der Mitbestimmung des BR unterliegt.

c) **Bestimmung zur Überwachung.** Weiterhin erfordert der Tatbestand der Nr. 6, daß die technische Einrichtung dazu bestimmt ist, die Leistung oder das Verhalten von AN zu überwachen. Dies ist trotz des insoweit mißverständlichen Wortlauts bereits in dem Fall, wenn die technische Einrichtung **objektiv geeignet** ist, das Verhalten oder die Leistung von AN zu überwachen (st. Rspr. seit BAG 9. 9. 1975 AP BetrVG 1972 § 87 Überwachung Nr. 2; BAG 23. 4. 1985 AP BetrVG 1972 § 87 Überwachung Nr. 11; GK-BetrVG/*Wiese* Rn. 507; *Fitting* Rn. 221 mwN). Hiervon zu unterscheiden ist die bloße (theoretische) Möglichkeit bestimmter technischer Einrichtungen, aufgrund ihrer technischen Voraussetzungen ANDaten zu verarbeiten. Erst wenn eine solche Einrichtung konkrete Funktionen beinhaltet, um das Verhalten oder die Leistung von AN zu überwachen, wird ein Mitbestimmungsrecht des BR begründet (BAG 6. 12. 1983 AP BetrVG 1972 § 87 Überwachung Nr. 7; MünchArbR/ *Matthes* § 338 Rn. 31). In bezug auf eine moderne PC-Anlage bedeutet dies, daß die Anschaffung der **Hardware** den AG zwar theoretisch in die Lage versetzt, ANDaten zu verarbeiten, eine Mitbestimmungspflichtigkeit indes erst durch das Aufspielen der entsprechenden **Software** (=Anwendungsprogramme) begründet wird. Nur dann ist der AG tatsächlich in der Lage, AN zu überwachen. Ob er diese Möglichkeit dann wahrnimmt oder nicht, ist unerheblich. Weiterhin ist es nicht erforderlich, daß die Einrichtung ausschließlich oder überwiegend der Überwachung von AN dient (*Fitting* Rn. 237). 55

Des weiteren sind „**absolute Systeme**" zur Überwachung von AN bestimmt (*Däubler*, Gläserne Belegschaften, Rn. 518; *Klebe* NZA 1985, 44, 46 f.; *Fitting* Rn. 237; *Ehmann* SAE 1985, 181, 189; aA HSG/*Glaubitz* Rn. 318). Ein „absolutes System" liegt vor, wenn eine technische Einrichtung Verhaltens- oder Leistungsdaten nicht aufgrund eines festen Programmes, sondern durch die Anwendung von **Abfragesprachen** zu Aussagen über Verhalten oder Leistung von AN verarbeitet (BAG 14. 9. 1984 AP BetrVG 1972 § 87 Überwachung Nr. 9). Der Unterschied zu herkömmlichen Programmen besteht darin, daß bei einer Abfragesprache die Parameter zur Verknüpfung und Auswahl von Daten (in einem bestimmten Rahmen) frei gewählt werden können. Der AG kann nach seinen Anforderungen die im System vorhandenen ANDaten unterschiedlich miteinander verknüpfen und zu immer neuen Aussagen verbinden. Eine objektive Eignung zur ANÜberwachung ist folglich bereits dann gegeben, wenn die im System vorhandenen Daten zu Aussagen über Verhalten oder Leistung von AN verknüpft werden können. **Probleme** ergeben sich bei diesen Systemen auf der Ebene der Ausübung der Mitbestimmung. Durch die Flexibilisierung der Abfrage ist der BR bei Anschaffung eines solchen Systems kaum in der Lage zu erkennen, welche Möglichkeiten der Verknüpfung und Auswertung von ANDaten bestehen. 56

Um eine zu breite Anwendung des Tatbestandes zu verhindern, hatte das BAG bei den Entscheidungen bezüglich traditioneller Überwachungsinstrumente (Produktograph, Filmkamera etc.) verlangt, daß die technische Einrichtung unmittelbar, dh. in ihrem **Kern** schon selbst die Überwachung bewerkstellige. In neueren Entscheidungen zu Datenverarbeitungsanlagen wird dieses Kriterium nicht mehr erwähnt. Im allgemeinen wird dies als Aufgabe der bisherigen Rspr. gedeutet (GK-BetrVG/ *Wiese* Rn. 511; *Gaul* RDV 1987, 109, 112; *Klebe* NZA 1985, 44, 45; *Däubler*, Gläserne Belegschaften, Rn. 450; *Ehmann* SAE 1985, 273, 276). Tatsächlich ist das Unmittelbarkeitserfordernis lediglich in einem neuen Verständnis des Begriffes „zur Überwachung bestimmt" aufgegangen. Die Rspr. geht nunmehr davon aus, daß die technische Einrichtung eine **objektiv eigenständige Überwachungswirkung** haben müsse, um zur Überwachung bestimmt zu sein (BAG 6. 12. 1983 AP BetrVG 1972 § 87 Überwachung Nr. 7; BAG 14. 9. 1984 AP BetrVG 1972 § 87 Überwachung Nr. 9). Eine gesonderte Prüfung des Unmittelbarkeitserfordernisses erübrigt sich folglich (*Matthes* ArbRGegw. Bd. 23 (1985), 19, 26; vgl. auch GK-BetrVG/*Wiese* Rn. 511 mwN). 57

d) **Einführung, Anwendung und Abschaffung technischer Einrichtungen.** Das Mitbestimmungsrecht des BR besteht gleichermaßen bei der Einführung und der Anwendung einer technischen Einrichtung. Die Mitbestimmung bei der **Einführung** einer technischen Einrichtung umfaßt das „Ob" der Anschaffung sowie die hierzu erforderlichen näheren Modalitäten. Die Einführungsphase beginnt, sobald der AG die Entscheidung getroffen hat, eine Überwachungseinrichtung einzuführen. Die diesbezüglich vorgelagerte Planung kann lediglich dem Beratungsrecht gem. § 90 oder § 111 unterliegen. Der Mitbestimmung bei der Einführung unterliegen insb. die Modalitäten über die Zweckbestimmung, die Art und Anzahl einzelner Komponenten, der Zeitpunkt der Einführung, der Ort der Verwendung, die Art der Installation, ggf. die Wirkungsweise ihrer Verwendung, sowie unmittelbar auf die Einführung bezogene Vorbereitungsmaßnahmen (Veränderung des Arbeitsplatzes, bzw. Arbeitsablaufs). Auch der Betrieb einer neuen Anlage zur **Probe** mit realen ANDaten fällt unter den Tatbestand der Nr. 6 (LAG Berlin 12. 8. 1986 DB 1987, 544). Sofern eine Einigung über die Einführung einer Überwachungseinrichtung zwischen AG und BR erzielt wurde, obliegt die Auswahl des Herstellers, des Modells sowie die Installation allein dem AG. 58

Unter **Anwendung** iSv. Nr. 6 ist zunächst die allgemeine Handhabung der eingeführten Überwachungseinrichtung zu verstehen. Diese umfaßt die Art und Weise, in der die Einrichtung tatsächlich 59 zur Überwachung verwendet wird. Dazu gehört zB die Entscheidung über die Einschaltzeiten, die Festlegung des zu überwachenden Teils der AN oder die Festlegung des Aufstellungsortes (vgl. GK-BetrVG/*Wiese* Rn. 569). Die **Veränderung der Einrichtung** fällt ebenfalls unter den Begriff der Anwendung. Eine solche liegt etwa vor, wenn der Kreis der betroffenen AN oder die Zahl der erfaßten Daten vergrößert wird. Damit eine Veränderung der technischen Einrichtung mitbestimmungspflichtig iSv. Nr. 6 ist, ist es erforderlich, daß zumindest die Möglichkeit besteht, daß durch die Veränderung eine Intensivierung der Überwachung stattfindet oder diese eine neue Qualität bekommt (ebenso *Däubler*, Gläserne Belegschaften, Rn. 465; aA *Schwarz* Arbeitnehmerüberwachung S. 125; DKK/*Klebe* Rn. 156). Ansonsten ändert sich zwar die technische Einrichtung, nicht aber die Überwachung der AN. Der alleinige Austausch der Computerhardware genügt folglich nicht, um ein Mitbestimmungsrecht des BR auszulösen. Die Vergabe der Überwachungstätigkeit an ein **Drittunternehmen** schließt die Mitbestimmungspflichtigkeit nicht aus (LAG Hamburg 20. 6. 1985 BB 1985, 2110, 2111). Der AG muß durch eine entsprechende Vertragsgestaltung dafür Sorge tragen, daß die ordnungsgemäße Wahrnehmung des Mitbestimmungsrechts gewährleistet ist. Zu beachten ist auch die Vorschrift des § 11 BDSG.

60 Maßnahmen, die der AG aufgrund der erlangten Überwachungsergebnisse trifft, sind nicht mehr Gegenstand der Überwachung (*Ehmann* ZfA 1986, 357, 396). Sie unterliegen nicht mehr dem Mitbestimmungsrecht nach Nr. 6. Zu solchen Maßnahmen gehört beispielsweise die Versetzung, Abmahnung oder Kündigung. Dasselbe gilt für die vom AG initiierte **Abschaffung einer technischen Einrichtung** in seinem Betrieb (BAG 28. 11. 1989 NZA 1990, 406, 407 f.; MünchArbR/*Matthes* § 338 Rn. 54; HSG/*Glaubitz* Rn. 292 a; *Kort* CR 1992, 611, 614; aA *Fitting* Rn. 245; *Schlömp-Röder* CR 1990, 477, 479; DKK/*Klebe* Rn. 135, 157). Dies ergibt sich aus der Zwecksetzung von Nr. 6 und dem insoweit eingeschränkten Initiativrecht des BR (vgl. oben Rn. 9).

61 e) **Verhältnis zum Bundesdatenschutzgesetz.** Problematisch ist, ob sich Beschränkungen im Hinblick auf den Regelungsspielraum der Parteien aus dem Bundesdatenschutzgesetz ergeben. Eine solche Beschränkung könnte § 28 BDSG darstellen. Dort ist geregelt in welchen Fällen das Speichern, Verändern, Übermitteln oder Nutzen personenbezogener Daten als Mittel zur Erfüllung eigener Geschäftszwecke zulässig ist. Ob diese Regelung einen **Mindeststandard** für den Inhalt von Betriebsvereinbarungen darstellt, wird in Rspr. und Schrifttum kontrovers diskutiert (dagegen: BAG 27. 5. 1986 DB 1986, 2080, 2082; *Fitting* Rn. 34; *Auernhammer* BDSG § 4 Rn. 7; dafür: *Wohlgemuth* Datenschutzrecht Rn. 321; *Kort* RdA 1992, 378, 385; DKK/*Klebe* Rn. 163). Mit der Rspr. ist davon auszugehen, daß die Betriebspartner auch negativ von dem durch § 28 BDSG gesetzten Standard abweichen dürfen. Dies folgt aus § 4 I BDSG. Danach ist die Verarbeitung personenbezogener Daten auch zulässig, wenn eine andere Rechtsvorschrift sie erlaubt. Eine Betriebsvereinbarung stellt eine Rechtsvorschrift iSd. § 4 I BDSG dar (*Kort* RdA 1992, 378, 385). Folglich ist die Verarbeitung personenbezogener Daten zulässig, sofern die Betriebsvereinbarung sie erlaubt, unabhängig davon, ob ein Verstoß gegen § 28 BDSG vorliegt. Die Betriebsvereinbarung darf indes nicht gegen **höherrangiges Recht** verstoßen, insb. ist § 75 II zu beachten. Aus diesem Grunde sind in der Praxis kaum Fälle denkbar, die gegenüber der Bewertung nach § 28 BDSG zu anderen Ergebnissen führen (ebenso: *Gola/Schomerus* BDSG § 4 2.5).

62 f) **Beispiele technischer Überwachungseinrichtungen.** Abhörgeräte, maschinelle Arbeitszeiterfassung, Fahrtenschreiber, Fernseh- oder Videokameras, Fotoapparate, Multimomentkameras, Stempeluhren, Zugangskontrollsysteme, dazu GK-BetrVG/*Wiese* Rn. 551 ff.; *Fitting* Rn. 239 ff.; DKK/*Klebe* Rn. 164 ff. **ISDN-Telefone und Telefonanlagen.** Hierzu *Fangmann* AiB 1994, 135 ff.; *Roßnagel* CR 1993, 507 ff.; GK-BetrVG/*Wiese* Rn. 554. **Telefondatenerfassung.** Hier ist zwischen dienstlichen und privaten Gesprächen zu unterscheiden. Vgl. *Däubler*, Gläserne Belegschaften, Rn. 485 ff.; GK-BetrVG/*Wiese* Rn. 555 ff. mwN. **Datenverarbeitungssysteme.** S. oben Rn. 55 und GK-BetrVG/*Wiese* Rn. 456 mwN. **Arbeitsplatzrechner.** Hierzu *Däubler*, Gläserne Belegschaften, Rn. 520 ff., ggf. mit entsprechender **Office Software.** Die aktuelle Version von **Microsoft Office 97** speichert für jede mit dem Office-Paket bearbeitete Datei den Bearbeitungszeitpunkt und die Bearbeitungsdauer in einer Log-Datei, die eingesehen werden kann. Ihre Einführung oder Anwendung ist deshalb mitbestimmt. **Mobiltelefone.** Ausf. *Wedde* CR 1995, 41, 44 f. Der AG kann bei von seinen AN benutzten Mobiltelefonen (C-, D- oder E-Netz) anhand eines Einzelgesprächsnachweises ebenso wie bei einer festen Telefonanlage überprüfen, mit wem, wie lange und wann der AN telefoniert hat. Darüber hinaus kann der AG durch Anruf auf dem Mobiltelefon ständig mit dem AN in Kontakt bleiben und so feststellen, ob er seiner Arbeitspflicht ordnungsgemäß nachkommt. Nr. 6 greift somit ein. **Personalabrechnungs- und Informationssysteme** (PAISY). BAG 23. 4. 1985 AP BetrVG 1972 § 87 Überwachung Nr. 12. **Tele-Arbeit.** *Fangmann* AiB 1994, 203 ff. Standard-**Internet**programme (zB MS Internet Explorer, Netscape Communicator oder Navigator, MS Outlook Express) enthalten Überwachungskomponenten (History bzw. Verlaufsfunktion, Cache) und unterfallen somit Nr. 6. Daneben unterfallen Programme zur Überwachung des Datenverkehrs mit dem Internet der Nr. 6. Eine Überwachung geschäftlicher E-Mails ist in vollem Umfang (inhaltlich und Verbindungsdaten) zulässig. Die Überwachung privater E-Mails ist nur im Hinblick auf die äußeren Verbindungsdaten gestattet. Dabei dürfen jedoch weder Empfänger- noch Absenderadresse überwacht werden, da hieran kein betriebliches Interesse besteht. Diese Daten sind im Hinblick auf eine Abrechnung irrelevant. Vgl. zu diesem Themenkreis *Andres*, Die Integration moderner Technologien in den Betrieb, 2000, S. 204 ff.

7. Regelungen zum Arbeitsschutz. a) Grundsatz. Aus der Formulierung „im Rahmen der gesetz- 63 lichen Vorschriften oder der Unfallverhütungsvorschriften" folgt eine Begrenzung des Mitbestimmungsrechts, die über den „normalen" Gesetzesvorbehalt nach § 87 I Eingangssatz hinausgeht. Einmal folgt aus der Formulierung „im Rahmen", daß Nr. 7 nur eingreift, soweit **Rahmenvorschriften des öffentlich-rechtlichen Arbeitsschutzes** bestehen, die dem AG einen Ermessensspielraum einräumen, innerhalb dessen der geeignete Weg zum Erreichen des Ziels der jeweiligen Rahmenvorschrift nach Zweckmäßigkeitsgesichtspunkten ausgewählt werden kann (BAG 28. 7. 1981 AP BetrVG 1972 § 87 Arbeitssicherheit Nr. 3; BAG 2. 4. 1996 AP BetrVG 1972 § 87 Gesundheitsschutz Nr. 5; *Fitting* Rn. 206). Zum zweiten folgt aus der Formulierung „im Rahmen", daß sich die obligatorische Mitbestimmung nach Nr. 7 auf die **Konkretisierung**, nicht aber auf die Anhebung des Schutzniveaus der Rahmenvorschriften erstreckt (BAG 28. 7. 1981 AP BetrVG 1972 § 87 Arbeitssicherheit Nr. 3). Zusätzliche Regelungen zur Verhütung von Arbeitsunfällen und Gesundheitsbeschädigungen, die über diesen Rahmen hinausgehen sollen, bleiben freiwilligen Betriebsvereinbarungen nach § 88 vorbehalten. Ob eine Vorschrift unmittelbar oder nur mittelbar dem Arbeits- bzw Gesundheitsschutz dient, ist nach Auffassung des BAG irrelevant (BAG 26. 8. 1997 EzA BetrVG 1972 § 87 Gesundheitsschutz Nr. 1).

Daß der **Anwendungsbereich** für Nr. 7 trotz der vielfältigen Aufgaben des Arbeitsschutzes bisher 64 nicht groß ist, liegt daran, daß ein dichtes Netz öffentlich-rechtlicher Arbeitsschutzvorschriften existiert, die keinen Raum für konkretisierende Regelungen der Betriebspartner mehr lassen. Zu nennen sind insb. die ArbStättV vom 29. 7. 1980 (BGBl. I S. 1071) und die zu ihr ergangenen ArbStättR sowie die vielfältigen UVV der Berufsgenossenschaften, die ihre Rechtsgrundlage früher in § 708 RVO hatten und heute in § 15 SGB VII finden. Auch die UVV sind vielfach wieder durch zT allgemeine, zT branchenspezifische Detailregelungen konkretisiert, die keinen Entscheidungsspielraum für die Betriebspartner lassen, doch kann das auch anders ein, BAG 16. 6. 1998 BetrVG § 37 Gesundheitsschutz Nr. 7.

b) Anwendungsfälle. Ausfüllungsbedürftige und damit mitbestimmte Rahmenvorschriften finden 65 sich insb. im Bereich der **betrieblichen Sicherheitsorganisation.** Maßgeblich ist hier einmal das Gesetz über Betriebsärzte, Sicherheitsingenieure und andere Fachkräfte für Arbeitssicherheit (ASiG). § 9 III ASiG räumt dem BR bei der Bestellung und Abberufung der Betriebsärzte und Fachkräfte für Arbeitssicherheit sowie bei der Erweiterung oder Einschränkung ihrer Aufgaben ein ausdrückliches Mitbestimmungsrecht ein. Dieses Mitbestimmungsrecht erstreckt sich auf die Auswahlentscheidung darüber, ob und wie viele Ärzte bzw. Fachkräfte für Arbeitssicherheit zu bestellen sind, auf die Frage, ob hauptberufliche oder freiberufliche Kräfte bestellt werden sollen oder ob ein überbetrieblicher Dienst in Anspruch genommen soll (BAG 10. 4. 1979 AP BetrVG 1972 § 87 Arbeitssicherheit Nr. 1; GK-BetrVG/*Wiese* Rn. 451 f.; aA LAG Hamm 16. 6. 1978 EzA BetrVG § 87 Arbeitssicherheit Nr. 1; LAG Berlin 10. 2. 1997 BB 77, 1399) und auf die Konkretisierung der Aufgabenkataloge der §§ 3, 6 ASiG (*Fitting* Rn. 220). Beteiligungsrechte des BR ergeben sich weiter hinsichtlich der näheren Ausgestaltung der Aufgaben der Sicherheitsbeauftragten, § 6 V ArbZG begründet Mitbestimmung über die Art, nicht den Umfang des Ausgleichs für Nachtarbeit, BAG 28. 8. 1997 – 1 ABR 16/97 –.

Erweitert hat sich der Anwendungsbereich durch das am 21. 8. 1996 in Kraft getretene **ArbSchG** 66 (dazu *Merten/Klein* DB 1998, 673 ff.). Zum einen enthält das Gesetz selbst eine Fülle von Vorschriften, die den Betriebspartnern Gestaltungsspielraum belassen. Die gilt insb. für die Generalklausel des § 3 I ArbSchG, der die Grundpflichten des AG beim Arbeitsschutz umschreibt. Daß auch Generalklauseln als ausfüllungsbedürftige Rahmenvorschriften iSd. Nr. 7 in Betracht kommen, hat das BAG ausdrücklich entschieden (BAG 2. 4. 1996 AP BetrVG 1972 § 87 Gesundheitsschutz Nr. 5 zu § 120 a GewO; BAG 16. 6. 1998 DB 1999, 438 zu § 2 I VBG 1; ebenso ArbG Mannheim 2. 2. 1999 – 9 BV 1/99 – zu Gefährdungsanalysen nach § 5 ArbSchG). Zum anderen finden sich ausfüllungsbedürftige Rahmenvorschriften in drei **Verordnungen zur Umsetzung von EG-Einzelrichtlinien zur EG-Rahmenrichtlinie Arbeitsschutz,** die aufgrund der Verordnungsermächtigung in § 18 ArbSchG am 4. 12. 1996 zur Konkretisierung des § 3 ArbSchG in Kraft getreten sind (BGBl. I S. 1841 ff.; vgl. ausf. dazu *Fabricius* BB 1997, 1254 ff.; speziell zur BildschirmarbeitsplatzVO *Siemes* NZA 1998, 232 ff.). So ist zum Beispiel gem. § 2 der LasthandhabungsVO der AG verpflichtet, geeignete organisatorische Maßnahmen zu treffen oder geeignete Arbeitsmittel einzusetzen, um Belastungen der Lendenwirbelsäule zu verringern. § 5 der BildschirmarbeitsplatzVO begründet die Pflicht des AG, mittels Pausen oder anderer Tätigkeiten die Belastung der Beschäftigten durch die Arbeit am Bildschirmgerät zu verringern. In beiden Fällen bleibt dem AG Gestaltungsspielraum und damit dem BR ein Mitbestimmungsrecht nach Nr. 7. Kein Mitbestimmungsrecht besteht hingegen hinsichtlich der Verpflichtung des AG, seinen Beschäftigten Seehilfen zur Verfügung zu stellen, da sich dieser Anspruch unmittelbar und abschließend aus § 6 II BildschirmarbeitsplatzVO ergibt (BAG 2. 4. 1996 AP BetrVG 1972 § 87

Gesundheitsschutz Nr. 5). Neuestens *Merten*, Gesundheitsschutz und Mitbestimmung bei der Bildschirmarbeit, 2000; *Wagner* DB 1998, 2366.

67 Aus dem Mitbestimmungsrecht nach Nr. 7 folgt **keine Annex-Kompetenz** (vgl. dazu allgemein vor § 74 Rn. 35) des BR und damit der Einigungsstelle dazu, wer die Kosten für Schutzeinrichtungen zu tragen hat. Da der AG verpflichtet ist, Schutzausrüstungen zur Verfügung zu stellen, trägt er automatisch auch die daraus entstehenden Kosten (GK-BetrVG/*Wiese* Rn. 527; aA *Löwisch* BetrVG § 87 Rn. 84).

68 **8. Sozialeinrichtungen. a) Begriff.** Mit dem Begriff Sozialeinrichtungen in Nr. 8 hat der Gesetzgeber eine inhaltsgleiche, aber zeitgemäßere Umschreibung des Begriffs Wohlfahrtseinrichtungen in § 56 I BetrVG 1952 getroffen. Da das Mitbestimmungsrecht nach Nr. 8 eine gemeinsame Verwaltung von BR und AG ermöglichen soll, kann es nur eingreifen, wenn etwas zu verwalten ist. Von einer „Einrichtung" iSd. Nr. 8 kann deshalb nur gesprochen werden, wenn die Mittel für die Sozialleistungen vom übrigen Betriebsvermögen abgrenzbar sind und ein gewisses Maß an **organisatorischer Eigenständigkeit** gewahrt ist. Eingebürgert hat sich hierfür der Begriff des „zweckgebundenen Sondervermögens" (BAG 15. 9. 1987 AP BetrVG 1972 § 87 Sozialeinrichtung Nr. 9; DKK/*Klebe* Rn. 207; *Fitting* Rn. 230). Dieses zweckgebundene Sondervermögen darf nicht nur für die Gewährung einer Leistung in einem Einzelfall vorgehalten werden und muß auf eine gewisse Dauer gerichtet sein (BAG 9. 7. 1985 AP BPersVG § 75 Nr. 16; *Fitting* Rn. 231).

69 Daß die Einrichtung „sozial" sein muß, bedeutet nicht, daß der AG mit ihr altruistische Zwecke verfolgen muß. Der soziale Charakter setzt lediglich voraus, daß den AN des Betriebs und eventuell deren Familienangehörigen über das unmittelbare Arbeitsentgelt für die Arbeitsleistung hinaus weitere Vorteile gewährt werden (*Fitting* Rn. 226). Damit handelt es sich bei den durch eine Sozialeinrichtung gewährten Vergünstigungen um Arbeitsentgelt iwS; insofern überschneiden sich die Mitbestimmungstatbestände nach Nr. 8 und Nr. 10. Nr. 8 ist im Vergleich zu Nr. 10 der speziellere Tatbestand (MünchArbR/*Matthes* § 331 Rn. 3).

70 Nr. 8 setzt für ein Eingreifen des Mitbestimmungsrechts weiter voraus, daß der Wirkungsbereich der Sozialeinrichtung **auf den Betrieb, das Unternehmen oder den Konzern beschränkt** ist. Unter den Begriff Konzern fallen in Übereinstimmung mit § 54 nur Unterordnungskonzerne (*Richardi* Rn. 665; *Löwisch* BetrVG § 87 Rn. 89; aA *Fitting* Rn. 233). Nicht zu den Sozialeinrichtungen iSd. Nr. 8 gehören deshalb zB Unterstützungskassen, die konzernübergreifend oder für mehrere Unternehmen eines Gleichordnungskonzerns eingerichtet sind (BAG 22. 4. 1986 AP BetrVG 1972 § 87 Altersversorgung Nr. 13). Möglich ist allerdings, daß bei konzernübergreifenden Sozialeinrichtungen das Mitbestimmungsrecht nach Nr. 10 eingreift, bezogen auf das Abstimmungsverhalten des einzelnen Unternehmers (BAG 9. 5. 1989 AP BetrVG 1972 § 87 Altersversorgung Nr. 18; BAG 14. 12. 1993 NZA 1994, 554). Nach einer nicht rechtskräftigen Entscheidung des LAG Hamm v. 10. 8. 1999 DB 1999, 237, kann die Verletzung des Mitbestimmungsrechts in einem Unternehmen zur Unwirksamkeit eines Beschlusses einer Gruppenkasse führen, wenn mit einiger Wahrscheinlichkeit anzunehmen sei. daß es sonst zu einem anderen Beschluß gekommen wäre. Unschädlich ist es dagegen, wenn Sozialleistungen auch Personen zugute kommen, die dem Unternehmen oder Konzern nicht mehr angehören wie zB Pensionäre (BAG 21. 6. 1979 AP BetrVG 1972 § 87 Sozialeinrichtung Nr. 1) oder noch nie angehörten, aber mit dem Unternehmen verbunden sind (GK-BetrVG/*Wiese* Rn. 496 zu Familienangehörigen von AN). Ebensowenig nimmt der Mitbenutzungsmöglichkeit der Einrichtung durch **leitende Angestellte** iSd. § 5 III das Mitbestimmungsrecht nach Nr. 8. Anders ist es jedoch wegen fehlender Zuständigkeit des BR, wenn eine Sozialeinrichtung ausschließlich für leitende Angestellte und Organmitglieder errichtet wird (BAG 30. 4. 1974 BB 1974, 1070; LAG Düsseldorf 20. 6. 1978 DB 1979, 115).

71 **Beispiele für Sozialeinrichtungen** iSd. Nr. 8 sind etwa Pensions- und Unterstützungskassen (BAG 18. 3. 1976 AP BetrVG 1972 § 87 Altersversorgung Nr. 4), Kantinen (BAG 15. 9. 1987 AP BetrVG 1972 § 87 Sozialeinrichtung Nr. 9), betriebliche Sportanlagen, Kindergärten (BAG 22. 10. 1981 AP BetrVG 1972 § 76 Nr. 10), eigene Werksbusse (BAG 9. 7. 1985 AP BPersVG § 75 Nr. 16), Werksbüchereien, Lehrlingsheime, Werkskrankenhäuser usw. Das Mitbestimmungsrecht bei Werkmietwohnungen ist in Nr. 9 eigenständig geregelt (dazu unten Rn. 83 ff.).

72 **Nicht zu den Sozialeinrichtungen** iSd. Nr. 8 zählen wegen fehlender organisatorischer Eigenständigkeit zB unmittelbare Versorgungszusagen des AG, selbst wenn zur Finanzierung der Pensionsleistungen eine Rückdeckungsversicherung besteht (BAG 18. 3. 1976 AP BetrVG 1972 § 87 Altersversorgung Nr. 4; BAG 16. 2. 1993 AP BetrVG 1972 § 87 Altersversorgung Nr. 19), die Vergabe von zinsvergünstigten AGDarlehen, selbst wenn sie nach vom AG festgelegten und bekanntgegebenen Richtlinien erfolgt (BAG 9. 12. 1980 AP BetrVG 1972 § 87 Lohngestaltung Nr. 5), die Gewährung von Warenbezug unter Einräumung eines Personalrabatts (BAG 18. 5. 1965 AP BetrVG 1972 § 56 Nr. 26) und die Ausgabe von Essensmarken unmittelbar an die AN (BAG 15. 1. 1987 AP BPersVG § 75 Nr. 21). Wegen fehlender Dauerhaftigkeit nicht von Nr. 8 erfaßt wird zB die Veranstaltung von Betriebsfeiern und Betriebsausflügen, BAG 27. 1. 1998 BB 1998, 1419 = AP BetrVG § 87 Sozialeinrichtung Nr. 14.

III. Mitbestimmungstatbestände § 87 BetrVG 210

b) **Umfang des Mitbestimmungsrechts.** Das Mitbestimmungsrecht erstreckt sich auf Form, Aus- 73
gestaltung und Verwaltung. **Nicht mitbestimmt** ist dagegen, wie sich aus § 88 Nr. 2 ergibt, die
Entscheidung über die **Errichtung einer Sozialeinrichtung.** Der AG kann deshalb autonom entscheiden, ob er eine Sozialeinrichtung errichten, mit welchen finanziellen Mitteln er sie ausstatten will,
welchem Zweck die Einrichtung dienen und ob sie wieder geschlossen werden soll. Zum mitbestimmungsfreien „Ob" zählt etwa die Entscheidung, eine geplante betriebliche Altersversorgung über eine
Pensions- bzw. Unterstützungskasse oder über eine Gruppen-Lebensversicherung und damit ohne
Sozialeinrichtung abzuwickeln. Entscheidet sich der AG für die Sozialeinrichtung, kann er weiter
autonom die finanzielle Ausstattung, die „Dotierung" der Einrichtung, festlegen (BAG 12. 6. 1975 AP
BetrVG 1972 § 87 Altersversorgung Nr. 3; BAG 26. 4. 1988 AP BetrVG 1972 § 87 Altersversorgung
Nr. 16). Weiter zählen zur mitbestimmungsfreien „Errichtung" die Festlegung des Zwecks und die
(abstrakte) Bestimmung des begünstigten Personenkreises. Der AG kann deshalb zB allein entscheiden, ob er eine Kantine oder ein Erholungsheim oder eine Unterstützungskasse zur Durchführung
einer Altersversorgung einrichten will (GK-BetrVG/*Wiese* Rn. 505; MünchArbR/*Matthes* § 331
Rn. 23).

Bei der – vom AG autonom vorzunehmenden – Festlegung des Personenkreises kann die **Abgren-** 74
zung zur mitbestimmten „Ausgestaltung" der Sozialeinrichtung schwierig werden. Der AG darf
nicht unter dem Mantel der Zweckbestimmung die Ausgestaltung der Sozialeinrichtung allein bestimmen; er darf umgekehrt aber auch nicht über die Ausgestaltungsmitbestimmung des BR in seiner
Zweckbestimmung eingeschränkt werden. Grds. läßt sich sagen, daß die Abgrenzung der bezugs-
berechtigten AN nach generellen Merkmalen, etwa die Begünstigung nur der Angestellten, nicht
der Arbeitnehmerinnen, nur der älteren AN oder nur der AN bestimmter Betriebsabteilungen zur Zweckbestimmung gehört, während die Bestimmung der Leistungsvoraussetzungen im einzelnen, etwa die
Festlegung von Wartezeiten und anrechnungsfähigen Dienstzeiten bei einer betrieblichen Ruhegeld-
einrichtung, die Sozialeinrichtung näher ausgestaltet (*Löwisch* BetrVG § 87 Rn. 99; GK-BetrVG/
Wiese Rn. 624). Stets ist bei der Beschränkung des begünstigten Personenkreises der Gleichbehandlungsgrundsatz gem. § 75 zu beachten.

Schließlich besteht **kein Mitbestimmungsrecht** bei der **Kürzung oder vollständigen Streichung** 75
einer einmal durch den AG gewährten finanziellen Ausstattung (BAG 15. 1. 1987 AP BPersVG § 75
Nr. 21; BAG 10. 3. 1992 AP BetrAVG § 1 Unterstützungskasse Nr. 34; BAG 13. 3. 1972 AP BetrVG
1972 § 87 Werkmietwohnungen Nr. 1). Entschließt sich der AG nicht zur vollständigen Schließung,
sondern nur zur Kürzung der finanziellen Mittel, hat allerdings der BR regelmäßig über die Grundsätze der Neuverteilung der reduzierten Mittel mitzubestimmen, soweit nicht ausnahmsweise jeglicher
Regelungsspielraum für die Verteilung der verbleibenden Mittel entfällt (BAG 10. 3. 1992 AP Betr-
AVG § 1 Unterstützungskasse Nr. 34). Da insofern zumindest tlw. ein Mitbestimmungsrecht eingreift,
gilt § 77 VI, so daß die bisherige Regelung bis zu einer Einigung der Betriebspartner über die Neuverteilung nachwirkt (zur Nachwirkung im Bereich teilmitbestimmter Betriebsvereinbarungen § 77
Rn. 123).

Das **Mitbestimmungsrecht beginnt** bei der Frage, in welcher **Form die Sozialeinrichtung** errichtet 76
werden soll. Gemeint ist die Rechtsform. AG und BR haben deshalb gemeinsam über die Frage zu
bestimmen, ob eine Sozialeinrichtung als unselbständiger Teil des Betriebs, Unternehmens oder
Konzerns oder als selbständige juristische Person (zB GmbH, AG, VaG) betrieben werden soll.

Weiter erstreckt sich das Mitbestimmungsrecht nach Nr. 8 auf die **Ausgestaltung der Sozialein-** 77
richtung, dh. auf die Maßnahmen, die zeitlich und ihrer Bedeutung nach zwischen der Festlegung der
Form und der laufenden Verwaltung der Sozialeinrichtung liegen (BAG 13. 3. 1973 AP BetrVG 1972
§ 87 Werkmietwohnungen Nr. 1). Zur Ausgestaltung gehört die Aufstellung von Benutzungsordnun-
gen (BAG 15. 9. 1997 AP BetrVG 1972 § 87 Sozialeinrichtung Nr. 9) oder von Grundsätzen über die
Ausstattung der Einrichtung (zB Plastikgeschirr in der Kantine, Verwendung von Automaten und
ähnliches). Ferner die Aufstellung von Verteilungsgrundsätzen oder Leistungsplänen (*Fitting* Rn. 246),
etwa die Voraussetzungen, unter denen Anwartschaften entstehen und Ansprüche auf betriebliche
Altersversorgung gegen eine Unterstützungskasse erworben werden können, die Festsetzung von
Kantinenpreisen oder die Aufstellung eines Fahrplans für den Werksbusverkehr.

Mitbestimmt ist schließlich die **Verwaltung der sozialen Einrichtung.** Ihre Abgrenzung zur Aus- 78
gestaltung ist fließend. Zur Verwaltung zählt die gesamte innerbetriebliche Organisation bis hin zur
Geschäftsführung ebenso wie die Entscheidungsfindung im Einzelfall, ob und wie Leistungen der
Sozialeinrichtung gewährt werden sollen (DKK/*Klebe* Rn. 217; GK-BetrVG/*Wiese* Rn. 529). Je nach
dem Gegenstand der sozialen Einrichtung kann die Notwendigkeit der Übereinkunft zwischen AG
und BR in jedem Einzelfall hinderlich sein. Insofern empfiehlt es sich, entweder im Rahmen des
Mitbestimmungsrechts bei der Ausgestaltung Einzelheiten der Leistungsgewährung bzw. Benutzung
in einer Betriebsvereinbarung festzulegen oder einen paritätisch besetzten gemeinsamen Ausschuß von
BR und AG gem. § 28 III zu errichten.

Entschließen sich AG und BR, eine Sozialeinrichtung **auf einen Dritten zu übertragen** (zB 79
Verpachtung einer Kantine), hat der BR sowohl über das Ob als auch über das Wie der Übertragung
mitzubestimmen. Einigen sich AG und BR auf die Übertragung, wird Vertragspartner des Dritten nur

Hanau/Kania

der AG, da der BR nicht rechtsfähig ist. Dessen Mitbestimmungsrecht beschränkt sich während der Laufzeit des Vertrages darauf, auf den AG als Vertragspartner des Dritten Einfluß zu nehmen. Der AG muß seine vertraglichen Befugnisse gegenüber dem Dritten in Übereinstimmung mit dem BR ausüben (BAG 18. 7. 1978 AP BetrVG 1972 § 87 Werksmietwohnungen Nr. 4; *Löwisch* BetrVG § 87 Rn. 94).

80 Bei **Sozialeinrichtungen mit eigener Rechtspersönlichkeit** ergeben sich im Grundsatz zwei Modelle, um die Mitbestimmung bei der Verwaltung zu verwirklichen. Einmal können AG und BR vereinbaren, daß der BR gleichberechtigte Vertreter in die Organe der Sozialeinrichtung entsendet und daß mitbestimmungspflichtige Fragen in den Beschlußgremien der Sozialeinrichtung nicht gegen den Widerspruch der Vertreter des BR entschieden werden dürfen. Bei diesem organschaftlichen Modell ist eine paritätische Beteiligung des BR Voraussetzung (BAG 13. 7. 1978 AP BetrVG 1972 § 87 Altersversorgung Nr. 5; *Fitting* Rn. 255). Das **organschaftliche Modell** schließt grds. eine Mitbestimmung des BR außerhalb des Organs der juristischen Person aus; nur bei Entstehen einer Pattsituation müssen AG und BR die zu entscheidende Frage selbst, notfalls unter Einschaltung der Einigungsstelle entscheiden (*Hanau* BB 1973, 1274, 1277; GK-BetrVG/*Wiese* Rn. 548).

81 Fehlt es an einer solchen organschaftlichen Regelung, müssen alle mitbestimmungspflichtigen Fragen zwischen AG und BR ausgehandelt werden. Die Umsetzung der Einigung, sei es im Einzelfall, sei es nach Maßgabe einer Betriebsvereinbarung (vgl. § 77), obliegt dem AG (**zweistufiges Modell**). Dieser muß sich maßgebenden Einfluß auf die Verwaltung der Sozialeinrichtung sichern, damit die zwischen AG und BR vereinbarten Regelungen in der Sozialeinrichtung auch durchgeführt werden können (BAG 13. 7. 1978 AP BetrVG 1972 § 87 Altersversorgung Nr. 5; BAG 10. 3. 1992 AP BetrAVG § 1 Unterstützungskassen Nr. 34; *Fitting* Rn. 254). Die Mitbestimmung erfolgt hier ähnlich wie bei der Übertragung einer Sozialeinrichtung auf einen Dritten.

82 **Zuständig** für die Ausübung des Mitbestimmungsrechtes nach Nr. 8 ist grds. der BR des begünstigten Betriebes. Soweit in dem Betrieb der Sozialeinrichtung ein eigener BR besteht, ist dieser nur für die eigenen Angelegenheiten der dort beschäftigten AN zuständig (*Fitting* Rn. 251; differenzierend GK-BetrVG/*Wiese* Rn. 552). Allerdings ist, wenn die Sozialeinrichtung in einem eigenen Betrieb geführt wird, die Ausübung des Mitbestimmungsrechts nach Nr. 8 stets betriebsübergreifend, so daß die Zuständigkeit eines GesamtBR bzw. bei rechtlicher Verselbständigung der sozialen Einrichtung eines KonzernBR gegeben ist, falls dieser existiert.

83 **9. Zuweisung und Kündigung von Wohnraum. a) Wohnraum iSd. Nr. 8.** Das Mitbestimmungsrecht dient der gerechten Verteilung der vom AG zur Verfügung gestellten Wohnräume. Eigentümer muß der AG nicht sein; es genügt, wenn er ein Belegungs- oder Vorschlagsrecht für die Nutzung der Räume hat (BAG 18. 7. 1978 AP BetrVG § 87 Werkmietwohnungen Nr. 4). Das Gesetz spricht von **Wohnraum** und nicht von Wohnung. Darunter fällt jede Art von Räumen, die zum Wohnen geeignet und bestimmt ist (*Fitting* Rn. 260). Das Mitbestimmungsrecht besteht deshalb auch bei der Belegung einzelner Zimmer, von Behelfsheimen, Baracken, Wohnwagen und anderen Schlafstätten (GK-BetrVG/*Wiese* Rn. 566; *Fitting* Rn. 260).

84 Voraussetzung für das Eingreifen des Mitbestimmungsrechts ist allerdings, daß die Wohnräume „mit Rücksicht auf das Bestehen eines Arbeitsverhältnisses vermietet werden". Das bedeutet, daß zwischen Arbeitsverhältnis und Mietverhältnis ein **innerer Zusammenhang** bestehen muß (DKK/*Klebe* Rn. 260). Im Regelfall wird dieser dadurch hergestellt, daß Werkswohnungen nur an AN und ihre Angehörige vermietet werden. Besonders günstige Mietkonditionen sind häufig, aber nicht notwendig. Der erforderliche innere Zusammenhang mit dem Arbeitsverhältnis besteht auch, wenn AN zwar zu Marktpreisen, aber bevorzugt die Nutzung eingeräumt wird. Kein Mitbestimmungsrecht besteht dagegen, wenn der AG AN Wohnungen wie jedem beliebigen Dritten vermietet, etwa wenn eine Versicherungsgesellschaft Wohnungen zur Vermögensanlage baut und diese zu den üblichen Bedingungen ua. auch an ihre AN vermietet (BAG 18. 7. 1978 AP BetrVG 1972 § 87 Werkmietwohnungen Nr. 4). Aus dieser Abgrenzung ergibt sich, daß jede mitbestimmungspflichtige Werkmietwohnung zugleich eine Sozialeinrichtung iSd. Nr. 8 darstellt. Das Mitbestimmungsrecht nach Nr. 9 ist deshalb ein Spezialfall der Nr. 8 (aA wohl GK-BetrVG/*Wiese* Rn. 556).

85 **Kein Mitbestimmungsrecht** besteht bei **Werkdienstwohnungen**. Diese unterscheiden sich von den (mitbestimmten) Werkmietwohnungen dadurch, daß die Wohnräume dem AN im Rahmen seines Arbeitsverhältnisses aus dienstlichen Gründen überlassen werden, ohne daß neben dem Arbeitsvertrag ein besonderer Mietvertrag abgeschlossen wird. Beispiele sind Wohnräume von Hausmeistern, Pförtnern oder Wachdienstpersonal.

86 **b) Umfang des Mitbestimmungsrechts. aa) Alleinentscheidungsrecht des Arbeitgebers.** Ebenso wie nach Nr. 8 ist die Entscheidung über das „**Ob**" mitbestimmungsfrei. Der AG kann deshalb autonom darüber entscheiden, ob er Wohnräume im Zusammenhang mit dem Arbeitsverhältnis zur Verfügung stellt oder dies wieder einstellt (BAG 23. 3. 1993 AP BetrVG 1972 § 87 Werkmietwohnungen Nr. 8), in welchem Umfang er finanzielle Mittel für die Beschaffung von Wohnräumen bzw. zur Gewährung von Mietzuschüssen zur Verfügung stellt und wie der begünstigte Personenkreis (zB

III. Mitbestimmungstatbestände   § 87 BetrVG 210

Gastarbeiter, Monteure) abstrakt abgegrenzt werden soll (*Fitting* Rn. 264; GK-BetrVG/*Wiese* Rn. 571; aA DKK/*Klebe* Rn. 232).

bb) Zuweisung und Kündigung von Wohnraum. Mitbestimmt ist nach Nr. 9 zunächst die „Zu- 87 weisung und Kündigung von Wohnräumen". Insofern erstreckt sich das Mitbestimmungsrecht auf jeden Einzelfall (*Fitting* Rn. 265). Der BR soll stets bei der Zuweisung der Werkswohnung die sozialen Belange aller Bewerber und bei der Kündigung die des betroffenen AN in die Entscheidung einbringen können.

Hinsichtlich der **Zuweisung einer Werkswohnung an NichtAN** ist zu unterscheiden: Zählen nur 88 Personen, die nicht zu den AN iSd. § 5 I zählen, zu dem begünstigten Personenkreis, besteht wegen fehlender Zuständigkeit des BR kein Mitbestimmungsrecht. Dies ist etwa der Fall, wenn der AG nur leitenden Angestellten iSd. § 5 III Werkswohnungen zur Verfügung stellt (GK-BetrVG/*Wiese* Rn. 266). Werden allerdings Werkswohnungen aus einem einheitlichen Bestand sowohl AN iSd. § 5 I als auch Dritten zur Verfügung gestellt, bleibt das Mitbestimmungsrecht bestehen, und zwar für alle Wohnungen. Denn jede Zuweisung einer Werkswohnung an einen Dritten verhindert die Zuweisung an die AN iSd. § 5 I. Es ist deshalb unter Mitwirkung des BR eine gerechte Auswahl unter den potentiellen Benutzern zu treffen (BAG 28. 7. 1992 AP BetrVG 1972 § 87 Werkmietwohnungen Nr. 7; BAG 23. 3. 1993 AP BetrVG 1972 § 87 Werkmietwohnungen Nr. 8; *Fitting* Rn. 266).

Umstritten ist, inwiefern die Beteiligung des BR **Wirksamkeitsvoraussetzung für Abschluß und** 89 **Kündigung eines Mietvertrages** ist. Richtigerweise ist zu differenzieren: Die „Zuweisung" betrifft die Entscheidung über die Person des Begünstigten, die dem Abschluß des Mietvertrages vorgelagert ist, nicht aber den Abschluß des Mietvertrages selbst. Das Mitbestimmungsrecht läuft bei diesem Verständnis nicht leer, denn der BR kann ggf. Beseitigung der Folgen der unzulässigen Zuweisung und damit die Kündigung des Mietverhältnisses verlangen (GK-BetrVG/*Wiese* Rn. 575; MünchArbR/ *Matthes* § 332 Rn. 40).

Anders ist es dagegen bei der **Kündigung:** Hier ergibt sich aus dem eindeutigen Wortlaut von Nr. 9, 90 daß die Kündigung selbst und nicht nur ein vorgelagerter Entscheidungsakt der Zustimmung des BR unterliegt (*Fitting* Rn. 268). Hinsichtlich der zivilrechtlichen Wirksamkeit der Kündigung sind die Spezialregelungen in §§ 565 b ff. BGB zu beachten. Danach ist eine ordentliche Kündigung idR nur möglich, wenn das Arbeitsverhältnis beendet wird. Eine automatische Koppelung zwischen Kündigung des Arbeitsverhältnisses und des Mietverhältnisses scheidet nach § 565 a II BGB aus (*Fitting* Rn. 269). Das Mitbestimmungsrecht des BR besteht auch **nach wirksamer Beendigung des Arbeitsverhältnisses** fort, obwohl die Mieter nun nicht mehr zum Kreis der AN iSd. § 5 I gehören. Denn das Interesse der vom BR repräsentierten Belegschaft ist bei fortbestehender Belegung einer Wohnung mit einem NichtAN dadurch berührt, daß diese Wohnung nicht an einen gegenwärtigen AN vergeben werden kann (BAG 28. 7. 1992 AP BetrVG 1972 § 87 Werkmietwohnungen Nr. 7).

cc) Nutzungsbedingungen. Die „allgemeine Festlegung der Nutzungsbedingungen" betrifft zu- 91 nächst die **Modalitäten der Wohnraumnutzung**, wie sie in Formularmietverträgen und Hausordnungen niedergelegt werden, etwa Regelungen über Schönheitsreparaturen, Reinigung des Treppenhauses, Anbringen von Antennen usw. (*Fitting* Rn. 274). Die Durchführung von Modernisierungs- und Instandsetzungsarbeiten ist teilmitbestimmt. Der BR kann vom AG nicht verlangen, solche Arbeiten durchzuführen, da dies finanzielle Aufwendungen des AG erforderte. Er hat aber ein Zustimmungsrecht wenn der AG von sich aus solche Maßnahmen durchführen will und es darum geht, ob, in welchem Umfang, und zu welchen Zeiten die Mieter diese Arbeiten dulden müssen (*Röder*, Das betriebliche Wohnungswesen im Spannungsfeld von Betriebsverfassungsrecht und Wohnungsmietrecht 1983, S. 57 f.).

Zu den allgemeinen Nutzungsbedingungen gehört auch die **Festlegung der Grundsätze über die** 92 **Mietzinsbildung** (BAG 13. 3. 1973 AP BetrVG 1972 § 87 Werkmietwohnungen Nr. 1; BAG 28. 7. 1992 AP BetrVG 1972 § 87 Werkmietwohnungen Nr. 7). Mitbestimmungspflichtig ist insofern die Festlegung von Kriterien, nach denen die Höhe des Mietzins gebildet werden soll. Nicht zu beteiligen ist der BR dagegen, wenn der konkrete Mietzins anhand der mitbestimmten Grundsätze für die einzelne Werkmietwohnung festgesetzt wird (*Löwisch* BetrVG § 87 Rn. 107). Da der AG den Dotierungsrahmen vorgibt, kann er nicht über das Mitbestimmungsrecht bei den Nutzungsbedingungen gezwungen werden, seinen finanziellen Beitrag zur Schaffung und Erhaltung eines Wohnungsbestandes zu erhöhen (*Fitting* Rn. 275).

Hat der AG als **Vermieter eine selbständige juristische Person** eingeschaltet, gelten für das Mitbe- 93 stimmungsrecht des BR nach Nr. 9 dieselben Grundsätze wie für das Mitbestimmungsrecht bei Sozialeinrichtungen nach Nr. 8 (vgl. dort Rn. 80). Der BR muß entweder in den Organen der juristischen Person mindestens paritätisch vertreten sein oder über die Art und Weise, in der der AG auf die juristische Person Einfluß nimmt, mitbestimmen können.

Das Mitbestimmungsrecht des BR kann stets nur so weit reichen, wie die Rechte des AG gegenüber 94 dem Vermieter (BAG 18. 7. 1978 AP BetrVG 1972 § 87 Werkmietwohnungen Nr. 4). Relevant wird dieser Grundsatz bei sogenannten **werksgeförderten Wohnungen,** bei denen sich die Leistung des AG auf die Bezuschussung des Baus von Wohnungen beschränkt, in denen ihm als Gegenleistung dingliche oder schuldrechtliche Wohnungsbesetzungsrechte eingeräumt werden. Beschränken sich die Möglichkeiten des AG darauf, dem Vermieter AN zur Auswahl vorzuschlagen, kann auch der BR nur an der Ausübung des Vorschlagsrechts beteiligt werden.

95 Anders als bei Zuweisung und Kündigung von Wohnräumen gilt das Mitbestimmungsrecht bei der Festlegung der Nutzungsbedingungen nur, soweit die Wohnungen an **AN** des Betriebs iSd. § 5 I vermietet werden (BAG 28. 7. 1992 AP BetrVG 1972 § 87 Werkmietwohnungen Nr. 7).

96 **10. Betriebliche Lohngestaltung. a) Lohn.** Der Lohnbegriff gem. Nr. 10 ist vom Sinn und Zweck des Mitbestimmungsrechts her zu bestimmen. Das Mitbestimmungsrecht soll die AN vor einer einseitig an den Interessen des AG orientierten oder willkürlichen Lohngestaltung schützen. Es soll die **Angemessenheit und Durchsichtigkeit des innerbetrieblichen Lohngefüges** und die innerbetriebliche Lohngerechtigkeit sichern (BAG GS 3. 12. 1991 AP BetrVG 1972 § 87 Lohngestaltung Nr. 51; *Fitting* Rn. 282; GK-BetrVG/*Wiese* Rn. 593). Um diesem Zweck gerecht zu werden, ist der Begriff „**Lohn**" im **weitesten Sinne** zu verstehen. Darunter fallen unabhängig von ihrer Bezeichnung alle Leistungen des AG, die als Gegenwert für die von den AN erbrachten Leistungen gewährt werden, gleichgültig ob es sich hierbei um leistungsbezogene Vergütungen oder Gratifikationen, um einmalige oder laufende Zahlungen, um Geld oder Sachleistungen handelt (BAG GS 16. 9. 1986 AP BetrVG 1972 § 77 Nr. 17; GK-BetrVG/*Wiese* Rn. 608; *Fitting* Rn. 285). Dies dürfte sich mit dem Lohnsteuerrecht decken.

97 **Lohn iSd. Nr. 10** sind danach zB alle leistungs- und tätigkeitsbezogene Vergütungsbestandteile wie Provisionen (BAG 26. 7. 1988 AP BetrVG 1972 § 87 Provision Nr. 6), Leistungsprämien (BAG 8. 12. 1981 AP BetrVG 1972 § 87 Prämie Nr. 1) oder Erschwerniszulagen (BAG 22. 12. 1981 AP BetrVG 1972 § 87 Lohngestaltung Nr. 7), Gratifikationen wie Weihnachtsgeld, Treueprämien, Jubiläumsgelder, Anwesenheitsprämien und Urlaubsgeld (BAG 31. 1. 1984 AP BetrVG 1972 § 87 Lohngestaltung Nr. 15; BAG 30. 3. 1982 AP BetrVG 1972 § 87 Lohngestaltung Nr. 10), sonstige freiwillige Leistungen wie AGDarlehen (BAG 9. 12. 1980 AP BetrVG 1972 § 87 Lohngestaltung Nr. 5), Leistungen der betrieblichen Altersversorgung (BAG 16. 2. 1993 AP BetrVG 1972 § 87 Altersversorgung Nr. 19) oder übertarifliche Zulagen aller Art (BAG GS 3. 12. 1991 AP BetrVG 1972 § 87 Lohngestaltung Nr. 51) und Sachleistungen wie etwa verbilligtes Heizgas aus eigener Produktion (BAG 22. 10. 1985 AP BetrVG 1972 § 87 Werkmietwohnungen Nr. 5), „Haustrunk" in einer Brauerei oder verbilligte bzw. kostenlose Personalfahrten von der Wohnung zur Arbeitsstätte (BAG 9. 7. 1985 AP BPersVG § 75 Nr. 16), uU Liquidationspool, BAG 16. 6. 1998 AP BetrVG 1972 § 87 Lohngestaltung Nr. 92, und Zeitgutschriften, BAG 27. 1. 1998 BB 1998, 1419.

98 **Nicht zum Lohn** iSd. Nr. 10 zählen Leistungen, die ohne jeden Vergütungscharakter allein dem Ersatz von Aufwendungen oder Schäden dienen. Beispiele sind etwa die Erstattung von Kontoführungsgebühren, Tage- und Übernachtungsgelder, Umzugskosten oder Aufwandsentschädigungen für den Einsatz des privaten Pkw für Dienstfahrten (BAG 8. 12. 1981 AP BetrVG 1972 § 87 Lohngestaltung Nr. 6; BAG 10. 6. 1986 AP BetrVG 1972 § 87 Lohngestaltung Nr. 22; BAG 27. 10. 1998 NZA 1999, 381; *Fitting* Rn. 288). Auch Abfindungen zählen nicht dazu.

99 **b) Umfang des Mitbestimmungsrechts. aa) Lohngestaltung.** Das Mitbestimmungsrecht bezieht sich, wie die beispielhaft aufgeführten Tatbestände „Entlohnungsgrundsätze" und „Entlohnungsmethoden" dokumentieren, nur auf **kollektive Tatbestände**. Ein kollektiver Tatbestand liegt vor, wenn Grund und Höhe der Zahlung von allgemeinen Merkmalen abhängig gemacht werden, die von einer Mehrzahl der AN des Betriebs erfüllt werden können (*Fitting* Rn. 291). Die Anzahl der betroffenen AN ist nur ein Indiz; auch bei der Zahlung einer Vergütung nur an einen AN kann ein kollektiver Tatbestand vorliegen. Dies ist stets der Fall, wenn die Zahlung einer **Vergütung nach Leistung** erfolgt, da das Kriterium der Leistung notwendig den Vergleich mit einer Normal-, Mindest- oder Minderleistung anderer AN voraussetzt (BAG 22. 9. 1992, 27. 10. 1992, 14. 6. 1994 AP BetrVG 1972 § 87 Lohngestaltung Nr. 56, 61, 69). Dasselbe gilt für Lohnbestandteile, die nach der Anzahl der Fehlzeiten, nach der Dauer der Betriebszugehörigkeit oder nach allgemeinen Erwägungen sozialer Art, die mehrere AN betreffen können, vergeben werden (*Fitting* Rn. 291). Dem AG ist so die Möglichkeit abgeschnitten, das Mitbestimmungsrecht durch den Abschluß einer Vielzahl vermeintlicher Einzelvereinbarungen zu umgehen (BAG GS 3. 12. 1991, 23. 3. 1993, 18. 10. 1994 AP BetrVG 1972 § 87 Lohngestaltung Nr. 51, 64, 70). Ein **nicht mitbestimmter Einzelfall** liegt danach nur vor, soweit besondere Umstände des einzelnen AN für die Zahlung eines Vergütungsbestandteils eine Rolle spielen, die keinen inneren Zusammenhang mit Leistungen anderer AN haben (BAG GS 3. 12. 1991 AP BetrVG 1972 § 87 Lohngestaltung Nr. 51), zB wenn für die Lohnbemessung der Wunsch eines einzelnen AN maßgebend ist, der steuerliche Nachteile vermeiden will (BAG 27. 10. 1992 AP BetrVG 1972 § 87 Lohngestaltung Nr. 61) oder wenn ein AN ein konkretes anderweitiges Arbeitsangebot hat und nur durch das Angebot einer zusätzlichen Vergütung zum Verbleib bewegt werden kann (*Fitting* Rn. 293) oder eine nachträgliche Sonderzahlung, LAG Köln 8. 1. 1999 LAGE BetrVG § 87 Betriebliche Lohngestaltung Nr. 15, differenzierend BAG 29. 2. 2000 EzA § 87 BetrVG Betr. Lohngestaltung Nr. 69.

100 **Mitbestimmte Entlohnungsgrundsätze** sind die übergeordneten allgemeinen Regelungen, nach denen das Entgelt für den Betrieb, bestimmte Betriebsabteilungen oder Gruppen von AN ermittelt

werden soll. Es geht um die Aufstellung von Vergütungssystemen. Mitbestimmt sind etwa die Fragen, ob im Zeitlohnsystem, im Prämienlohnsystem oder im Akkordlohnsystem, ob im Gruppenakkord oder im Einzelakkord gearbeitet werden soll, ob Gruppenprämien oder Einzelprämien zu zahlen sind, ob entgeltrelevante Zielvereinbarungen getroffen werden sollen, nicht dagegen die einzelne Zielvereinbarung da Einzelregelungen grds. mitbestimmungsfrei sin (Rn. 99), mit Ausnahme der in Nr. 11 geregelten Leistungsentgelte. Ein Initiativrecht auf Einführung von Leistungslohn steht dem BR aber nicht zu, denn dann ließe sich der Dotierungsrahmen nicht mitbestimmungsfrei festlegen; außerdem würden die tarifvertraglichen Zeitlohnregelungen entwertet, wenn alternativ oder kumulativ im Wege der Mitbestimmung Leistungsentgelte festgelegt werden könnten. Will der AG dagegen selbst Leistungslohn, ist seine Ausgestaltung mitbestimmt. Zu den Entlohnungsgrundsätzen zählen weiter die Gesichtspunkte, nach denen Vergütungsbestandteile berechnet und bemessen werden sollen, etwa die Aufstellung der Progressionsstufen bei erfolgsabhängigen Vergütungen (BAG 29. 3. 1977 AP BetrVG 1972 § 87 Provision Nr. 1) oder die Festlegung der Zahl der Provisionspunkte je Geschäft (BAG 13. 3. 1984 AP BetrVG 1972 § 87 Provisionen Nr. 4). Zum Mitbestimmungsrecht bei der Aufstellung der Entlohnungsgrundsätze für die Zahlung zusätzlicher freiwilliger Vergütungsbestandteile s. Rn. 107 ff.

Entlohnungsmethoden betreffen das Verfahren, also die Art und Weise, in der die zwischen AG **101** und BR ausgehandelten Entlohnungsgrundsätze ausgeführt werden sollen. Dabei geht es einmal um die Ermittlung des Arbeitswertes, dh. um die Feststellung des Schwierigkeitsgrades einer Arbeit, von dem die Zuordnung einer bestimmten Arbeit zu einer Entgeltgruppe abhängt (*Löwisch* BetrVG § 87 Rn. 118). **Beispiele** sind Punktbewertungssysteme, die die Schwierigkeitsgrade jeder Arbeit durch Punkte ausdrücken, sowie Leistungsgruppensysteme, bei denen näher definierte Typen von Arbeiten bestimmten Entgeltgruppen zugeordnet werden. Zum anderen hat der BR mitzubestimmen über die Frage, wie der Leistungsgrad der einzelnen AN insb. beim Akkord- und Prämienlohn zu ermitteln ist. Mitbestimmt sind etwa beim Prämienlohn die Bestimmung der Normalleistung, der Bezugsgröße sowie des Prämienansatzes und der Prämienkurve, beim Akkordlohn die Frage, nach welchem System die Vorgabezeiten zu ermitteln sind (zB Refa- oder Bedaux-System) sowie die Zuordnung von bestimmten Provisionssätzen zu bestimmten Geschäftsabschlüssen bei Vereinbarung einer Abschlußprovision (BAG 26. 7. 1988 AP BetrVG 1972 § 87 Provision Nr. 6; vgl. auch *Löwisch* BetrVG § 87 Rn. 119; *Fitting* Rn. 304). (Noch) **nicht mitbestimmt** sind dagegen Zeitstudien und sonstige Maßnahmen, die der Erprobung und Vorbereitung der Einführung von Entlohnungsmethoden dienen (GK-BetrVG/*Wiese* Rn. 803). Beispiele sind etwa die Einführung von Funktionsbeschreibungen ohne Bezug zu einer konkreten Vergütungsregelung (BAG 14. 1. 1986 AP BetrVG 1972 § 87 Lohngestaltung Nr. 21), die Festlegung der Bandgeschwindigkeit (*Fitting* Rn. 303) oder die Durchführung von Refa-Zeitmessungen mittels einer Stoppuhr (BAG 8. 11. 1994 AP BetrVG 1972 § 87 Überwachung Nr. 27). Keinen mitbestimmten Teil der Entlohnungsmethode stellt auch die Zuteilung von Arbeitsgebieten für Außendienstmitarbeiter dar; hierbei handelt es sich um eine der Lohngestaltung vorgelagerte Frage, die dem Direktionsrecht des AG unterfällt (BAG 16. 7. 1991 DB 1991, 2677). Allerdings kann eine gem. § 99 mitbestimmte Versetzung vorliegen (näheres § 99 Rn. 13).

Das Mitbestimmungsrecht erstreckt sich nach dem Wortlaut von Nr. 10 auf die „Aufstellung" von **102** Entlohnungsgrundsätzen und die „Einführung und Anwendung" von neuen Entlohnungsmethoden sowie deren „Änderung". In der Sache besteht zwischen der Mitbestimmung bei Entlohnungsgrundsätzen und bei Entlohnungsmethoden kein Unterschied: in beiden Fällen sind sowohl **Einführung als auch Änderung mitbestimmt.** Soweit hinsichtlich der Entlohnungsmethoden auch die „Anwendung" mitbestimmt ist, trägt dies dem Umstand Rechnung, daß bei jeder Entlohnungsmethode, mag sie auch bis in die Einzelheiten bestimmt sein, immer wieder Fragen auftreten, die durch eine Auslegung oder Weiterentwicklung der gewählten Methode gelöst werden müssen (*Löwisch* BetrVG § 87 Rn. 121).

Nicht mitbestimmt ist nach Nr. 10 die **Lohnhöhe.** Die gegenteilige Auffassung (DKK/*Klebe* **103** Rn. 255) steht zum einen im Widerspruch zum Mitbestimmungsrecht nach Nr. 11, in dem unter den dort genannten engeren Voraussetzungen ausnahmsweise auch die Höhe des Entgelts als mitbestimmungspflichtig eingestuft wurde (dazu unten Rn. 117 ff.), und widerspricht zum anderen der Grundkonzeption des BetrVG; könnte nämlich der BR über sein Initiativrecht und die Einschaltung einer Einigungsstelle die Höhe der Lohnsumme beeinflussen, wäre dies unvereinbar mit der vom Gesetzgeber anerkannten Verantwortung des AG für den wirtschaftlichen Erfolg des Unternehmens und dessen damit verbundene Verpflichtung, das Risiko für den Einsatz der Produktionsmittel zu tragen (BAG GS 3. 12. 1991 AP BetrVG 1972 § 87 Lohngestaltung Nr. 51; *Fitting* Rn. 305). Aber auch wenn der AG zustimmt, darf die Einigungsstelle die Lohnsätze nicht gegen den Willen des BR festsetzen (BAG 20. 7. 1999 EzA BetrVG § 87 Betriebliche Lohngestaltung Nr. 67). Die Trennung von mitbestimmten abstrakten Verteilungsgrundsätzen und im übrigen mitbestimmungsfreien konkreten Regelungen kann es im Hinblick auf §§ 77 III, V zweckmäßig sein, aber auch zu praktischen Schwierigkeiten führen und dann die Befriedungsfunktion der betrieblichen Zusammenarbeit gefährden. Sie entspricht auch nicht dem Wortlaut des § 87 I Nr. 10, der ganz allgemein die Lohngestaltung betrifft und nur im AG-Interesse einschränkend ausgelegt wird. So LAG Köln 16. 3. 1999 NZA-RR 1999, 481.

104 **bb) Tarifvertragsergänzende und -ersetzende Regelungen.** Vergütungsregelungen sind typischer Kernbestandteil von TV. Insofern finden sich in den einschlägigen Lohn- und GehaltsTV vielfach abschließende Regelungen, die keinen Raum für abw. oder ergänzende Betriebsvereinbarungen lassen. Soweit derartige VergütungsTV im Betrieb gelten oder zumindest üblich sind (vgl. § 77 III), scheidet ein Mitbestimmungsrecht aus. Vielfach beschränken sich die TV aber darauf, Entgelthöhe und bestimmte Entgeltzahlungssysteme (zB Zeitlohn, Akkordlohn, Prämienlohn) festzusetzen, regeln aber nicht, welches System in welchem Betrieb für welche Arbeit angewandt und wie es dort **näher ausgestaltet** werden soll. Dann greift das Mitbestimmungsrecht nach Nr. 10 ein (*Löwisch* BetrVG § 87 Rn. 113). So hat der BR zB über die Festlegung und Gewichtung der Kriterien für eine betriebliche Lohnstruktur mitzubestimmen, wenn ein TV den Arbeitsvertragsparteien die Vereinbarung der Höhe des Entgelts überläßt, ohne selbst eine Entgeltordnung aufzustellen (BAG 14. 12. 1993 AP BetrVG 1972 § 87 Lohngestaltung Nr. 65). Sieht der TV für einen tariflichen Nachtarbeitszuschlag nur einen Zeitrahmen vor, ist die Festlegung der Zeitspanne, für die der Nachtzuschlag gezahlt werden soll, mitbestimmungspflichtig (BAG 21. 9. 1993 AP BetrVG 1972 § 87 Arbeitszeit Nr. 62).

105 Ein **umfassendes Mitbestimmungsrecht** im Bereich der „normalen" Vergütung hat der BR nur, wenn ein Betrieb ausnahmsweise überhaupt nicht unter den betrieblich-fachlichen Geltungsbereich eines einschlägigen Tarifwerks fällt. In diesem Fall schlüpft der BR in die Rolle der Gewerkschaft und hat mit dem AG ein vollständiges Vergütungssystem auszuhandeln. Im Unterschied zur Gewerkschaft hat allerdings der BR auch in diesem Fall das vom AG vorgesehene Gesamtvolumen der Vergütung hinzunehmen; eine höhere Dotierung kann weder durch die Einigungsstelle noch durch Arbeitskampf (§ 74 II 1) erzwungen werden.

106 **AT-Angestellte** sind nach ihrer Definition AN, deren Vergütung gerade nicht durch TV geregelt wird, weil ihre Tätigkeit höher zu bewerten ist als die Tätigkeit in der obersten Tarifgruppe. Insofern wird das Mitbestimmungsrecht des BR nicht durch den Tarifvorrang gem. § 77 III eingeschränkt, so daß der BR nach den eben dargelegten Grundsätzen über die Aufstellung eines Vergütungssystems mitzubestimmen hat. Der BR hat gemeinsam mit dem AG Gehaltsgruppen zu bilden und ihre Wertigkeit zueinander festzulegen (BAG 28. 9. 1994 AP BetrVG 1972 § 87 Lohngestaltung Nr. 68). Das Mitbestimmungsrecht erstreckt sich auf die Festlegung der generellen Grundsätze der Gehaltsfindung, etwa auf die Findung von Gehaltsgruppen, die Festlegung der Wertunterschiede zwischen diesen oder die Bestimmung der Kriterien für Gehaltserhöhungen (BAG 22. 1. 1980 AP BetrVG 1972 § 87 Lohngestaltung Nr. 3; BAG 21. 8. 1990 NZA 1991, 434; BAG 27. 10. 1992 AP BetrVG 1972 § 87 Lohngestaltung Nr. 61; *Wohlgemuth* BB 1993, 286, 288). Voraussetzung für ein Mitbestimmungsrecht ist allerdings, daß der AG die Vergütungsstruktur der AT-Angestellten nach abstrakt generellen Kriterien festlegt. Daß ein AT-Gehaltsgruppensystem innerhalb einer gewissen Bandbreite Spielraum für individuelle Gehaltsvereinbarungen läßt, steht der Anwendung von Nr. 10 nicht entgegen (BAG 28. 9. 1994 AP BetrVG 1972 § 87 Lohngestaltung Nr. 68). Kein Mitbestimmungsrecht besteht hinsichtlich der Festlegung der Abstände zur höchsten Tarifgruppe, weil damit gleichzeitig die Gehaltshöhe festgelegt wäre, was dem AG allein vorbehalten bleiben soll (BAG 21. 8. 1990 NZA 1991, 434, 436; BAG 27. 10. 1992 AP BetrVG 1972 § 87 Lohngestaltung Nr. 61; aA *Fitting* Rn. 330; unklar BAG 28. 9. 1994 AP BetrVG 1972 § 87 Lohngestaltung Nr. 68).

107 **cc) Freiwillige übertarifliche Leistungen.** Freiwillige Leistungen sind solche, zu deren Gewährung der AG weder durch Gesetz noch durch TV verpflichtet ist. Im Hinblick auf die Freiwilligkeit ergibt sich die Notwendigkeit der Abgrenzung zwischen mitbestimmungsfreier Lohnpolitik des AG und mitbestimmungspflichtiger Lohngestaltung. Anerkannt ist, daß die Freiwilligkeit einer Leistung Mitbestimmungsrechte nicht ausschließt, sondern nur insoweit einschränkt, als es erforderlich ist, um die Entscheidungsfreiheit des AG darüber zu erhalten, in welchem Umfang er finanzielle Mittel für die Leistung zur Verfügung stellen will, zu welchem Zweck er die Leistung erbringen und welchen Personenkreis er mit der Leistung begünstigen will (BAG 8. 12. 1981 AP BetrVG 1972 § 87 Lohngestaltung Nr. 6; MünchArbR/*Matthes* § 333 Rn. 26). Trotzdem krit. *Wittgruber*, Die Abkehr des Arbeitsrechts von der Vertragsfreiheit am Beispiel betrieblicher Mitbestimmung übertariflicher Zulagen, 1999.

108 Zur **mitbestimmungsfreien Lohnpolitik** gehört danach zunächst die Frage, ob überhaupt und mit welchem finanziellen Aufwand eine übertarifliche Leistung eingeführt werden soll. Der AG bestimmt allein über den sogenannten **„Dotierungsrahmen"**. Dieser kann allerdings dann überschritten werden, wenn der AG bereits vor Beteiligung des BR freiwillige Leistungen auf einzelvertraglicher Grundlage erbracht bzw. sich einzelvertraglich zu deren zukünftiger Zahlung verpflichtet hat. Die Möglichkeit der Entstehung von Mehrkosten des AG begrenzt bei einem solchen mitbestimmungswidrigen Vorgehen nicht den Entscheidungsspielraum der Einigungsstelle bei der Aufstellung von Verteilungsgrundsätzen (BAG 14. 6. 1994 AP BetrVG 1972 § 87 Lohngestaltung Nr. 69). Zur Forderung des BAG nach ausdrücklicher Trennung von Dotierungsrahmen und Verteilungsgrundsätzen Rn. 103 aE.

109 **Mitbestimmungsfrei** ist weiter die Entscheidung, welchen **abstrakten Zweck** der AG mit der freiwilligen Leistung verfolgen will. Dieser kann allein entscheiden, ob er eine Weihnachtsgratifikation, ein zusätzliches Urlaubsgeld, Leistungen der betrieblichen Altersversorgung oder sonstige über-

III. Mitbestimmungstatbestände   § 87   BetrVG 210

tarifliche Zulagen zahlen will (*Fitting* Rn. 313). Mit der Bestimmung des Zwecks hängt wiederum die
Bestimmung zusammen, für welchen Personenkreis die geplanten Leistungen gedacht sind (BAG
8. 12. 1981 AP BetrVG 1972 § 87 Prämie Nr. 1). Der AG darf deshalb auch darüber allein entscheiden,
für welchen Kreis der AN er eine zusätzliche Leistung bereitstellen will, etwa nur für die Arbeiter, nur
die Angestellten oder nur die AN im Außendienst. Bei der Abgrenzung des Personenkreises werden
freilich Grenzen durch den Gleichbehandlungsgrundsatz gesetzt (näheres dazu § 75 Rn. 5 f.). Will der
AG von der durch § 4b EFZG eingeräumten Möglichkeit Gebrauch machen, Sondervergütungen
wegen Krankheit überproportional zu kürzen, sind sowohl der Dotierungsrahmen als auch der Zweck
der Leistung betroffen, deshalb uE mitbestimmungsfrei (s. *Hanau* RdA 1997, 208). In seiner Rspr. zur
Anrechnung übertariflicher Entgelte bei Tariflohnerhöhungen hat das BAG die Nichtanrechnung
wegen Krankheit der Mitbestimmung nach § 87 I Nr. 10 unterworfen, ohne auf die Frage einzugehen,
ob die Differenzierung zwischen Gesunden und Kranken zum mitbestimmungsfreien Bereich der
Entgeltgestaltung gehört (27. 10. 1992 AP BetrVG 1972 § 87 Lohngestaltung Nr. 61; dazu jetzt
Thüsing DB 1997, 1130).

Mitzubestimmen hat der BR dagegen bei der **näheren Ausgestaltung der übertariflichen Entgelte** 110
in dem vom AG vorgegebenen Rahmen, insb. bei der Aufstellung der **Verteilungsgrundsätze.** Da
keine übertarifliche Leistung ohne eine nähere Ausgestaltung eingeführt werden kann, hat der BR
mittelbar auch Einfluß auf die Einführung übertariflicher Entgelte. Allerdings kann der BR die Einführung unliebsamer Zusatzleistungen, insb. von Streikbruchprämien, nicht endgültig verhindern (so
aber *Fitting* Rn. 316), sondern nur bis in die Einigungsstelle blockieren (GK-BetrVG/*Wiese* Rn. 622).
Umgekehrt kann der AG auch nicht durch die Einigungsstelle zur Einführung einer freiwilligen
Leistung gezwungen werden. War der AG eigentlich zur Zahlung einer freiwilligen Leistung bereit, ist
er aber mit den von der Einigungsstelle vorgesehenen Verteilungsgrundsätzen nicht einverstanden,
kann er trotz des Spruchs der Einigungsstelle noch immer von der Gewährung der Leistung absehen
(BAG 13. 9. 1983 AP BetrVG 1972 § 87 Prämie Nr. 3; anders möglicherweise BAG 26. 5. 1998 AP
BetrVG 1972 § 87 Lohngestaltung Nr. 98).

Bei der **Kürzung und Einstellung freiwilliger Leistungen** ist zwischen der individualrechtlichen 111
und der kollektivrechtlichen Ebene zu unterscheiden. Ob der AG übertarifliche Zulagen einstellen,
kürzen oder auf Tariflohnerhöhungen anrechnen darf, hängt, soweit die übertarifliche Zulage nicht
ausschließlich in einer Betriebsvereinbarung geregelt ist, von der zugrundeliegenden arbeitsvertraglichen Regelung ab. Erforderlich ist grds. ein **Widerrufs- oder Freiwilligkeitsvorbehalt**, um eine
Kürzung oder Einstellung vornehmen zu können. Hinsichtlich der **Anrechenbarkeit von Tariflohnerhöhungen** auf übertarifliche Zulagen ist dagegen auch ohne ausdrückliche vertragliche Regelung
von einer Anrechnungsmöglichkeit auszugehen (BAG 22. 9. 1992 NZA 1993, 232; BAG 7. 2. 1995 AP
TVG § 4 Verdienstsicherung Nr. 6). Etwa anderes gilt nur dann, wenn der individuelle Arbeitsvertrag
ein Anrechnungsverbot enthält, etwa indem eine Zulage als „tariffest" oder „nicht anrechenbar"
bezeichnet wird oder wenn es sich um eine zweckbestimmte Zulage (zB Leistungs- oder Erschwerniszulage) handelt, da die Zweckbestimmung als konkludentes Anrechnungsverbot zu verstehen ist
(BAG 23. 3. 1993 NZA 1993, 806).

Das Mitbestimmungsrecht des BR hängt davon ab, inwiefern nach einer Anrechnungs- oder Kür- 112
zungsentscheidung des AG noch **Spielraum für eine Neuverteilung** des verbleibenden Zulagenvolumens bleibt. Die Einzelheiten waren früher auch zwischen den verschiedenen Senaten des BAG
umstritten, bis der Große Senat des BAG mit seinem Beschluß vom 3. 12. 1991 (NZA 1992, 749 ff.)
die Problematik einer grds. Klärung zugeführt hat. Die Entscheidung des Großen Senats ist im Schrifttum zum Teil kritisch aufgenommen worden (vgl. *Richardi* NZA 1992, 961; *Hromadka* DB 1992,
1573). Die einzelnen Senate des BAG halten jedoch an der Entscheidung fest und entwickeln die dort
aufgestellten Grundsätze konsequent fort, so daß heute in der Praxis allein von den **Grundsätzen des
Großen Senats** auszugehen ist. Im einzelnen gilt folgendes:

Da das Mitbestimmungsrecht nach Nr. 10 nicht dazu führen darf, daß ursprünglich freiwillige Leistun- 113
gen in zwingende Leistungen umgewandelt werden, ist der **vollständige Widerruf** einer freiwilligen
Leistung mitbestimmungsfrei, sofern die endgültige Einstellung der Leistung beabsichtigt ist (BAG
13. 1. 1987 AP BetrVG 1972 § 87 Lohngestaltung Nr. 26). Das Mitbestimmungsrecht nach Nr. 10 kommt
dagegen in Betracht, entweder wenn eine freiwillige Leistung nur **teilw. widerrufen** wird bzw. bei einer
unter Freiwilligkeitsvorbehalt gezahlten Leistung die weitere Zahlung teilw. eingestellt wird oder wenn
eine übertarifliche Leistung teilw. auf eine Tariflohnerhöhung angerechnet wird (BAG 14. 2. 1995 AP
BetrVG 1972 § 87 Lohngestaltung Nr. 73) oder wenn eine übertarifliche Leistung zwar vollständig
widerrufen wird, aber im Zusammenhang mit dem Widerruf eine Neuverteilung eines ggf. gekürzten
Zulagenvolumens vom AG geplant ist. Zwar unterliegen auch in diesen Fällen der Widerruf als solcher
bzw. die Anrechnungsentscheidung als solche nicht der Mitbestimmung, wohl aber die im Zusammenhang damit geplante Neuverteilung der Leistung (BAG GS 3. 12. 1991 NZA 1992, 757). Der teilweisen
Einstellung gleichzustellen ist der Fall, daß der AG dem BR verbindliche Verteilungsgrundsätze vorgibt
und bei deren Ablehnung die Wirkung vollständig widerruft (BAG 26. 5. 1998 DB 1998, 2119).

Das **Mitbestimmungsrecht entfällt** unter zwei Voraussetzungen: einmal, wenn der Widerruf bzw. 114
die Anrechnungsentscheidung **nicht zu einer Änderung der Verteilungsgrundsätze** führt (BAG GS

3. 12. 1991 NZA 1992, 758). Dies ist der Fall, wenn der AG bislang eine für alle AN prozentual zum jeweiligen Tariflohn gleiche Zulage gezahlt hat und diese nunmehr in gleichem prozentualen Umfang angerechnet bzw. gekürzt wird. Bei der üblichen differenzierten Zulagengestaltung liegt dagegen regelmäßig eine Änderung der Verteilungsgrundsätze, dh. eine Verschiebung des Verhältnisses der Zulagen verschiedener AN zueinander, vor. Und selbst bei einer summenmäßig oder prozentual gleichen Anrechnung führt allein eine bislang unterschiedliche Zulagenhöhe bei einzelnen AN zu einer Änderung des Verteilungsschlüssels im Verhältnis der Zulagen untereinander (BAG 14. 2. 1995 AP BetrVG 1972 § 87 Lohngestaltung Nr. 73).

115 Zum zweiten scheidet ein Mitbestimmungsrecht aus, wenn trotz der Anrechnung bzw. Kürzung der Zulage für den AG **kein Regelungsspielraum** verbleibt. In tatsächlicher Hinsicht scheidet ein Mitbestimmungsrecht aus, wenn die Anrechnung so weitgehend ist, daß sie insgesamt zum Wegfall der Zulage führt. Ohne verbleibendes Zulagenvolumen scheidet eine Verteilung und damit gleichzeitig jede dahingehende Mitwirkungshandlung des BR aus. In rechtlicher Hinsicht sind nach der Rspr. des Großen Senats die Mitbestimmungsgrenzen dann erreicht, wenn der AG eine Tariflohnerhöhung vollständig auf alle Zulagen anrechnet, unabhängig davon, ob hierdurch eine Änderung der Verteilungsgrundsätze bewirkt wird (BAG 22. 9. 1992 AP BetrVG 1972 § 87 Lohngestaltung Nr. 55; BAG 3. 3. 1993 AP BGB § 611 Gratifikation Nr. 151; 21. 9. 1999 NZA 2000, 898).

116 Mißachtet der AG ein nach diesen Grundsätzen bestehendes Mitbestimmungsrecht in Bezug auf die Änderung der Verteilungsgrundsätze, soll der – an sich nicht mitbestimmte – Widerruf gegenüber dem einzelnen AN unwirksam sein, mit der **Folge**, daß bis zur Einigung mit dem BR ein Anspruch auf die Zulage in bisheriger Höhe erhalten bleibt (BAG GS 3. 12. 1991 NZA 1992, 759). Allerdings besteht die Möglichkeit, durch eine Betriebsvereinbarung die Neuverteilung der Zulage rückwirkend auf den Zeitpunkt der Ausübung des Widerrufsrechts zu regeln (BAG 19. 9. 1995 AP BetrVG 1972 § 77 Nr. 61). Die Verletzung des Mitbestimmungsrechts ist nicht geeignet, Ansprüche der AN zu begründen, die vor der mitbestimmungspflichtigen Maßnahme nicht bestanden und bei Beachtung des Mitbestimmungsrechts nicht entstanden wären (BAG 28. 9. 1994 AP BetrVG 1972 § 87 Lohngestaltung Nr. 68).

117 **11. Leistungsbezogene Entgelte.** Nr. 11 unterstellt leistungsbezogene Entgelte einem verstärkten Mitbestimmungsrecht, indem der BR über alle Bezugsgrößen des Lohns einschließlich des Geldfaktors und damit **auch über die Lohnhöhe** mitzubestimmen hat. Der Sinn des erweiterten Mitbestimmungsrechts liegt in der besonderen Belastung der AN durch leistungsbezogene Vergütung (BAG 29. 3. 1977 AP BetrVG 1972 § 87 Provision Nr. 1; BAG 10. 7. 1979 AP BetrVG 1972 § 87 Provision Nr. 2; BAG 28. 7. 1981 AP BetrVG 1972 § 87 Lohngestaltung Nr. 2; GK-BetrVG/*Wiese* Rn. 691.

118 Mitbestimmt sind zunächst die **Akkordsätze**. Beim Akkordlohn erfolgt die Bezahlung ausschließlich nach der in einer bestimmten Zeit erreichten Arbeitsmenge, wobei zwischen Geld- bzw. Stückakkord und Zeitakkord zu unterscheiden ist. Alle anderen Formen des Akkords, zB der Gruppenakkord (dazu BAG 26. 4. 1961 AP BGB § 611 Akkordlohn Nr. 14), sind Unterarten von Geld- oder Zeitakkord.

119 Beim **Geldakkord** richtet sich der Verdienst nach der Anzahl der erbrachten Leistungseinheiten (zB Anzahl der bearbeiteten Stücke) und dem pro Leistungseinheit vorgegebenen Geldbetrag (Geldfaktor). Beim **Zeitakkord** wird pro Leistungseinheit (zu bearbeitendes Stück) ein bestimmter – meist in Minuten ausgedrückter – Zeitwert vorgegeben. Jeder Akkordminute wird dann ein bestimmter Geldbetrag zugerechnet. Die pro Leistungseinheit vorgegebene Minutenzahl (Zeitfaktor) ergibt in Verbindung mit dem vorgegebenen Geldbetrag (Geldfaktor) und den erbrachten Leistungseinheiten den Verdienst. Den beim Geldakkord für die Leistungseinheit festgesetzten Geldwert und die beim Zeitakkord für die Leistungseinheit vorgesehene Bearbeitungszeit bezeichnet man als Akkordvorgabe. Die Festlegung der Akkordvorgabe erfolgt unter Berücksichtigung des sogenannten Akkordrichtsatzes, mit dem festgelegt wird, welchen Verdienst ein Akkordarbeiter bei normaler Leistung pro Stunde erreichen soll. Der Akkordrichtsatz ist regelmäßig im einschlägigen TV geregelt (ausf. *Fitting* Rn. 340 ff.).

120 Zur Verdeutlichung folgende **Beispiele** (nach DKK/*Klebe* Rn. 276): Ist beim Geldakkord der Akkordrichtsatz auf 24,00 DM im TV festgesetzt, muß die Vergütung (Akkordvorgabe) für eine Leistungseinheit (zu bearbeitendes Stück) so festgesetzt werden, daß der AN pro Stunde bei einer normalen Arbeitsleistung den Akkordrichtsatz erreicht. Beträgt die Vergütung für eine Leistungseinheit 4,00 DM muß der AN bei normaler Leistung in der Stunde wenigstens 6 Leistungseinheiten erbringen. Dann macht die Vergütung pro Stunde 24,00 DM (Akkordrichtsatz) aus (4,00 DM × 6 Leistungseinheiten = 24,00 DM). Werden aber durch Mehrleistung des AN in einer Stunde zB 7 Leistungseinheiten erbracht, beträgt die Vergütung dann 28,00 DM (4,00 DM × 7 Leistungseinheiten = 28,00 DM). Beträgt beim Zeitakkord der Akkordrichtsatz 24,00 DM, muß die je Leistungseinheit vorgegebene Minutenzahl (Zeitfaktor) so festgesetzt werden, daß in Verbindung mit einem festzusetzenden Geldbetrag (Geldfaktor: 1/60 des Akkordrichtsatzes von 24,00 DM = 0,40 DM), der AN bei normaler Arbeitsleistung in einer Stunde den Akkordrichtsatz erreicht. Ist die Minutenzahl für eine Leistungseinheit mit 10 festgesetzt, muß der AN in einer Stunde 6 Leistungseinheiten erbringen, wenn

III. Mitbestimmungstatbestände § 87 BetrVG 210

der Akkordrichtsatz erreicht werden soll. Die Berechnung ist wie folgt vorzunehmen: 6 Leistungseinheiten × 10 Minuten (Zeitfaktor) × 0,40 DM (Geldfaktor) = 24,00 DM. Erbringt der AN durch Mehrleistung in der Stunde 7 Leistungseinheiten, ergibt sich folgende Berechnung: 7 × 10 × 0,40 DM = 28,00 DM.

Mitbestimmt ist die Festsetzung der Akkordsätze. Darunter fallen **alle Bezugsgrößen,** die für die **121** Berechnung des Akkordlohnes von Bedeutung sind, also zB die Festsetzung des Geldwerts beim Geldakkord für die jeweilige Leistungseinheit, die Bestimmung des Zeit- und Geldfaktors beim Zeitakkord sowie die Festlegung von Erholungs-, Verteil-, Rüst- und ähnlichen Zeiten (DKK/*Klebe* Rn. 283). Die „Festsetzung" betrifft nicht nur die generellen Akkordvorgaben, sondern auch die **Festsetzung jedes einzelnen Akkordsatzes** (BAG 28. 7. 1981 AP BetrVG 1972 § 87 Provision Nr. 2). Darunter fällt allerdings nicht die individuelle Lohnberechnung für einzelne AN, sondern lediglich abstrakt die Berechnung des Akkordsatzes für ein bestimmtes Arbeitsvorhaben und einen bestimmten Arbeitsplatz. Ist für ein bestimmtes Arbeitsvorhaben bzw. ein bestimmter Arbeitsplatz einmal ein Akkordsatz festgelegt worden, löst nur eine Änderung dieses Akkordsatzes, nicht aber der Wechsel des Arbeitsplatzinhabers das Mitbestimmungsrecht des BR nach Nr. 11 erneut aus (*Löwisch* BetrVG § 87 Rn. 138).

Durch das Mitbestimmungsrecht über den Geldfaktor kann der BR unmittelbar **Einfluß auf die 122 Lohnhöhe** nehmen (BAG 29. 3. 1977 AP BetrVG 1972 § 87 Provision Nr. 1; BAG 14. 2. 1989 AP BetrVG 1972 § 87 Akkord Nr. 8; BAG 20. 11. 1990 AP BetrVG 1972 § 77 Nr. 48; GK-BetrVG/*Wiese* Rn. 717; aA *Joost* ZfA 1993, 257, 271). Ebenso wie bei Nr. 10 ergibt sich aber auch aus Nr. 11 nicht das Recht des BR, vom AG die Zahlung zusätzlicher leistungsbezogener Entgelte zu verlangen und deren Zahlung über die Einigungsstelle zu erzwingen (s. oben Rn. 110). Deswegen ist der AG an einen Spruch der Einigungsstelle über den Geldfaktor nur so lange gebunden, wie er überhaupt Leistungslohn gewährt (BAG 16. 12. 1986 AP BetrVG 1972 § 87 Prämie Nr. 8). Praktisch kann sich der AG der Mitbestimmung des BR über den Geldfaktor dadurch entziehen, daß er statt des Leistungslohnsystems ein Zeitlohnsystem einführt (*Löwisch* BetrVG § 87 Rn. 137).

Beim Zeitfaktor erstreckt sich das Mitbestimmungsrecht auch auf die Frage, ob und nach welcher **123 arbeitswissenschaftlichen Methode** (zB Refa oder Bedaux-Verfahren) die Zeitvorgabe ermittelt werden soll. Da keine arbeitswissenschaftliche Methode eine objektiv „richtige" Zeitvorgabe auswirft, muß der BR über den Weg der Entscheidungsfindung mitbeschließen können. Den Betriebspartnern steht es insofern auch frei, ein anerkanntes Zeitermittlungssystem den konkreten Bedürfnissen abzuändern (BAG 24. 2. 1987 AP BetrVG 1972 § 77 Nr. 21; BAG 24. 11. 1987 AP BetrVG 1972 § 87 Akkord Nr. 6; *Fitting* Rn. 348).

Nicht mitbestimmt sind dagegen vom AG durchgeführte **Zeitstudien,** die lediglich der eigenen **124** Information oder als Hilfe zur eigenen Entschließung über die Einführung eines Leistungslohnsystems dienen (BAG 10. 7. 1979 AP BetrVG 1972 § 87 Überwachung Nr. 4; BAG 24. 11. 1981 AP BetrVG 1972 § 87 Ordnung des Betriebs Nr. 3; aA *Fitting* Rn. 348; GK-BetrVG/*Wiese* Rn. 724). Der AG kann deshalb ohne Mitwirkung des BR Erfassungsbögen einführen, in die die AN die für jedes laufende Arbeitsprojekt aufgewendeten Arbeitsstunden einzutragen haben (BAG 24. 11. 1981 AP BetrVG 1972 § 87 Ordnung des Betriebs Nr. 3) oder Refa-Zeitmessungen durchführen lassen (BAG 8. 11. 1994 AP BetrVG 1972 § 87 Überwachung Nr. 27). Soweit die vorbereitenden Studien mittels technischer Einrichtungen erfolgen, ist ggf. das Mitbestimmungsrecht nach Nr. 6 zu beachten (vgl. BAG 10. 7. 1979 AP BetrVG 1972 § 87 Überwachung Nr. 4).

Der nach Nr. 11 gleichfalls mitbestimmte **Prämienlohn** unterscheidet sich vom Akkordlohn da- **125** durch, daß beim Prämienlohn die vom AN pro Zeiteinheit erwirtschaftete Leistungsmenge nicht die einzige Bezugsgröße darstellt, um die Arbeitsleistung des AN zu berechnen. Hinzu kommen weitere Gesichtspunkte wie Qualität, Materialausnutzung oder Maschinennutzung. Ebenso wie beim Akkord wird aber auch beim Prämienlohn die Leistung des AN gemessen und mit einer Bezugsleistung verglichen, so daß die Höhe der Vergütung nach dem Verhältnis von tatsächlicher Leistung und Bezugsleistung ermittelt werden kann (BAG 28. 7. 1981 AP BetrVG 1972 § 87 Provision Nr. 2; BAG 25. 5. 1982 AP BetrVG 1972 § 87 Prämie Nr. 2). Die arbeitswissenschaftliche und arbeitstechnische Gestaltung des Prämienverfahrens, also Bestimmung von Prämienart, Bezugsgröße, Leistungsmaßstab, Verteilungsschlüssel, Prämienkurve usw., sind bereits nach Nr. 10 mitbestimmt; Nr. 11 dehnt das Mitbestimmungsrecht des BR auf die Festsetzung der zugrunde zu legenden Entgelteinheit (Prämienausgangslohn, Leistungsstufen, Höchstprämienlohn) aus, welche dem Geldfaktor beim Akkord entspricht (BAG 16. 12. 1986 AP BetrVG 1972 § 87 Prämie Nr. 8; *Fitting* Rn. 359, 360).

Nach dem Wortlaut von Nr. 11 erstreckt sich das Mitbestimmungsrecht auch auf „**vergleichbare 126 leistungsbezogene Entgelte".** Allerdings sind die Anforderungen, die das BAG an die Ähnlichkeit zu Akkord und Prämie stellt, hoch: Einmal muß ebenso wie bei Akkord und Prämie die Höhe der Vergütung **unmittelbar** durch das vom AN erzielte konkrete Arbeitsergebnis beeinflußt werden können (BAG 28. 7. 1981 AP BetrVG 1972 § 87 Provision Nr. 2). Daran fehlt es zB, wenn der AG die Arbeitsleistung der AN in bestimmten Abständen beurteilt und entsprechend dieser Beurteilung Zulagen gewährt, da zwischen Leistung und Vergütung die AGEntscheidung geschaltet ist (BAG

Hanau/Kania 1145

22. 10. 1985 AP BetrVG 1972 § 87 Leistungslohn Nr. 3). Dasselbe gilt für eine Gewinnbeteiligung, bei der der Ertrag des ganzen Unternehmens und nicht die Arbeitsleistung des einzelnen AN darüber bestimmt, in welcher Höhe der AN ein zusätzliches Entgelt erhält (LAG Bremen 7. 10. 1978 BB 1978, 1668; *Löwisch* BetrVG § 87 Rn. 141).

127 Zum anderen verlangt das BAG für die Vergleichbarkeit mit Akkord und Prämienlohn, daß eine Vergütungsform vorliegt, bei der eine Leistung des AN **mit einer Bezugs- oder Normalleistung verglichen wird** und bei der sich die Höhe der Vergütung in irgendeiner Weise nach dem Verhältnis der Leistung des AN zur Bezugsleistung bemißt (BAG 13. 3. 1984 AP BetrVG 1972 § 87 Provision Nr. 4; BAG 26. 7. 1988 AP BetrVG 1972 § 87 Provision Nr. 6). Nicht von Nr. 11 erfaßt werden danach all die sogenannten Leistungszulagen, die ohne weitere Anforderungen gleichbleibend, wenn auch in Erwartung besonderer Leistungen den AN gewährt werden wie zB Gratifikation, Jahresabschlußvergütungen, Zulagen für die Erfüllung ohnehin bestehender vertraglicher Pflichten, Nachtschicht- und Erschwerniszulagen, Überstundenvergütung und Ergebnisbeteiligung (*Fitting* Rn. 364). Aber auch bei Provisionen, gleichgültig ob sie als Abschluß-, Anteils- oder Leistungsprovisionen vereinbart werden, fehlt es regelmäßig an der Verknüpfung mit einer Bezugsleistung (BAG 28. 7. 1981 AP BetrVG 1972 § 87 Provision Nr. 2; BAG 13. 3. 1984 AP BetrVG 1972 § 87 Provision Nr. 4); ebenso bei Zielvorgaben, soweit zur Beurteilung dienend. Im Ergebnis verlangt das BAG danach weniger eine „Vergleichbarkeit" als eine „Gleichheit" mit Akkord und Prämie (*Hanau*, FS für G. Müller, 1981, S. 69, 85). Diese dürfte bei dem Programmlohn gegeben sein, bei dem Abweichungen von einer Normalleistung nicht in Geld, sondern in Zeit verrechnet werden.

128 **12. Betriebliches Vorschlagswesen.** Das Mitbestimmungsrecht nach Nr. 12 dient der gerechten Bewertung der Vorschläge sowie der Entfaltung der Persönlichkeit der AN; diese sollen durch ein betriebliches Vorschlagswesen zum Mitdenken und zur Teilnahme an der Gestaltung der Arbeit und der Entwicklung des Betriebs motiviert werden (BAG 28. 4. 1981 AP BetrVG 1972 § 87 Vorschlagswesen Nr. 1; BAG 16. 3. 1982 AP BetrVG 1972 § 87 Vorschlagswesen Nr. 2).

129 Unter den **Begriff „betriebliches Vorschlagswesen"** fallen alle Systeme und Methoden, durch die Vorschläge der AN zur Verbesserung der betrieblichen Arbeit angeregt, gesammelt, ausgewertet und belohnt werden. Dabei ist gleichgültig, ob die Verbesserungsvorschläge den organisatorischen, kaufmännischen, sozialen oder technischen Bereich betreffen (*Fitting* Rn. 371; DKK/*Klebe* Rn. 290 ff.). Allerdings werden dem Mitbestimmungsrecht im Bereich der technischen Verbesserungsvorschläge durch die gesetzliche Regelung im **ArbnErfG** Grenzen gesetzt. Für Erfindungen, die patent- oder gebrauchsmusterfähig sind (§ 2 ArbnErfG) enthält das Gesetz eine abschließende gesetzliche Regelung sowohl für die organisatorische Behandlung als auch für die Vergütung der Erfindung, welche keinen Raum für eine Mitbestimmung des BR läßt. Für technische Verbesserungsvorschläge, die nicht patent- oder gebrauchsmusterfähig sind, aber dem AG eine ähnliche Vorzugsstellung gewähren wie ein gewerbliches Schutzrecht, gelten gem. § 20 I ArbnErfG die Bestimmungen der §§ 9 und 12 ArbnErfG über die Vergütung sinngemäß. Insofern läßt die gesetzliche Regelung Raum für eine betriebliche Mitbestimmung über die organisatorische Behandlung der Verbesserungsvorschläge. Für einfache Verbesserungsvorschläge bleibt die nähere Ausgestaltung gem. § 20 II ArbnErfG der Regelung durch TV oder Betriebsvereinbarung überlassen. Soweit also keine einschlägige tarifliche Regelung existiert, besteht insofern ein volles Mitbestimmungsrecht nach Nr. 12.

130 **Nicht mitbestimmt** sind sogenannte **dienstliche Verbesserungsvorschläge**, dh. Verbesserungsvorschläge von AN, deren arbeitsvertragliche Tätigkeit darin besteht, durch das Einbringen von Verbesserungsvorschlägen zur Rationalisierung oder sonstigen Verbesserung des Arbeitslaufs im Betriebs beizutragen. Das (mitbestimmte) betriebliche Vorschlagswesen iSd. Nr. 12 betrifft nur die sogenannten freien Verbesserungsvorschläge, die nicht auf einer entsprechenden Verpflichtung des AN aus dem Arbeitsverhältnis beruhen (ArbG Heilbronn 15. 5. 1986 DB 1987, 541; DKK/*Klebe* Rn. 293).

131 Das **Mitbestimmungsrecht** des BR besteht bei der Aufstellung von **Grundsätzen über das betriebliche Vorschlagswesen.** Der Umfang des Mitbestimmungsrechts ähnelt der Differenzierung bei den Entlohnungsgrundsätzen nach Nr. 10. Ebenso wie in Nr. 10 die betriebliche Lohngestaltung die Festlegung abstrakt-genereller Grundsätze zur Lohnfindung, die Strukturformen des Arbeitsentgelts und deren nähere Vollziehungsformen betrifft, geht es bei den Grundsätzen für das betriebliche Vorschlagswesen um die abstrakt-generelle Regelung des Erbringens von Verbesserungsvorschlägen und deren Bewertung sowie um die Festlegung der Grundsätze zur Bemessung der Vergütung für einen verwerteten Verbesserungsvorschlag; **nicht mitbestimmt** ist dagegen die Entscheidung des AG, **ob und in welcher Höhe überhaupt Verbesserungsvorschläge vergütet werden sollen** (BAG 28. 4. 1981 AP BetrVG 1972 § 87 Vorschlagswesen Nr. 1; *Fitting* Rn. 379; GK-BetrVG/*Wiese* Rn. 741). Deshalb kann der AG nicht über die Einigungsstelle gezwungen werden, als Prämie einen bestimmten Prozentsatz des Nutzwerts eines Verbesserungsvorschlages zu zahlen (BAG 24. 8. 1981 AP BetrVG 1972 § 87 Vorschlagswesen Nr. 1). Ebenfalls nicht mitbestimmt ist die Entscheidung über die Annahme von Verbesserungsvorschlägen. Da der AG für angenommene Verbesserungsvorschläge individualrechtlich grds. zur Zahlung einer Vergütung aus Treu und Glauben verpflichtet ist (BAG 30. 4. 1965 AP ArbnErfG § 20 Nr. 1), würde der AG durch eine Annahmeverpflichtung mittelbar zur

Zahlung einer Vergütung gezwungen. Noch weitergehend ist die Einflußnahme auf das mitbestimmungsfreie „Ob" bei der Zahlung einer Anerkennungsprämie für nicht verwertete Verbesserungsvorschläge; auch insofern fehlt es an einem erzwingbaren Mitbestimmungsrecht (BAG 16. 3. 1982 AP BetrVG 1972 § 87 Vorschlagswesen Nr. 2; *Fitting* Rn. 380; aA DKK/*Klebe* Rn. 297).

Mitbestimmungsfrei ist die Entscheidung über das „Ob" einer Vergütung von Verbesserungsvorschlägen, nicht aber über das **„Ob" eines betrieblichen Vorschlagswesens**. Das Mitbestimmungsrecht nach Nr. 12 ist nicht davon abhängig, daß der AG zuvor ein betriebliches Vorschlagswesen „errichtet" oder dafür Mittel bereitstellt. Der BR hat vielmehr ein Initiativrecht, sobald für eine allgemeine Regelung ein Bedürfnis besteht (BAG 24. 8. 1981 AP BetrVG 1972 § 87 Vorschlagswesen Nr. 1). Ist dies der Fall, sind die Grundsätze über das betriebliche Vorschlagswesen mitbestimmungspflichtig. Darunter fallen insb. Fragen der **Organisation und des durchzuführenden Verfahrens**. Festzulegen ist im einzelnen, wie eingereichte Verbesserungsvorschläge zu behandeln sind, wie die Prüfung vorzunehmen ist, welche Bewertungsmethoden Anwendung finden sollen und welche Organe einzusetzen sind, etwa ein Beauftragter für das betriebliche Vorschlagswesen oder ein paritätisch besetzter Ausschuß (DKK/*Klebe* Rn. 297; *Fitting* Rn. 381 ff.). Daneben umfaßt das Mitbestimmungsrecht auch **generelle Regelungen über die Bestimmung der zu gewährenden Vergütung**. Der BR hat mitzubestimmen, nach welchen Grundsätzen und Methoden die Prämie bemessen werden soll, wie der Nutzen eines Verbesserungsvorschlags zu ermitteln ist, welche Grundsätze für die Höhe und Art der Prämie und die Verteilung einer Prämie bei Gruppenvorschlägen gelten, sowie darüber, wie eine Prämie für einen Verbesserungsvorschlag bestimmt werden soll, dessen Nutzen nicht zu ermitteln ist (BAG 28. 4. 1981 AP BetrVG 1972 § 87 Vorschlagswesen Nr. 1; BAG 16. 3. 1982 AP BetrVG 1972 § 87 Vorschlagswesen Nr. 2).

Nicht (mehr) mitbestimmt ist dagegen die **Ausführung** der von BR und AG ausgehandelten Grundsätze über das Vorschlagswesen; diese obliegt, wie sich aus § 77 I ergibt, allein dem AG. Der AG entscheidet deshalb allein über die Annahme eines einzelnen Verbesserungsvorschlags und über die Höhe der Prämie im Einzelfall, auch wenn diese im Rahmen der vereinbarten Bewertungsgrundsätze getroffen werden soll (BAG 16. 3. 1982 AP BetrVG 1972 § 87 Vorschlagswesen Nr. 2). Ebenso wenig besteht ein Mitbestimmungsrecht bei der Bestellung eines Beauftragten für das betriebliche Vorschlagswesen in Ausführung (mitbestimmter) Richtlinien über Aufgaben und persönliche und fachliche Voraussetzungen der Person des Beauftragten. Ein weitergehendes Mitbestimmungsrecht des BR bei der konkreten Besetzung der Stelle kann sich nur unter den Voraussetzungen des § 99 ergeben, wenn für die Besetzung eine Einstellung oder Versetzung erforderlich ist (BAG 16. 3. 1982 AP BetrVG 1972 § 87 Vorschlagswesen Nr. 2).

§ 88 Freiwillige Betriebsvereinbarungen

Durch Betriebsvereinbarung können insbesondere geregelt werden:
1. zusätzliche Maßnahmen zur Verhütung von Arbeitsunfällen und Gesundheitsschädigungen;
2. die Errichtung von Sozialeinrichtungen, deren Wirkungsbereich auf den Betrieb, das Unternehmen oder den Konzern beschränkt ist;
3. Maßnahmen zur Förderung der Vermögensbildung.

I. Anwendungsbereich

Während die Vorschrift des § 87 diejenigen sozialen Angelegenheiten, in denen dem BR ein erzwingbares Mitbestimmungsrecht zusteht, abschließend aufführt, können nach § 88 darüber hinaus in allen anderen sozialen Angelegenheiten, die nicht mitbestimmungspflichtig sind, Betriebsvereinbarungen freiwillig geschlossen werden (*Fitting* Rn. 1; GK-BetrVG/*Wiese* Rn. 3). Die Vorschrift enthält **keine abschließende** Aufzählung der Regelungsgegenstände, sondern gibt lediglich Beispiele für denkbare freiwillige Betriebsvereinbarungen (vgl. BAG 18. 8. 1987 AP BetrVG 1972 § 77 Nr. 23; BAG GS 7. 11. 1989 AP BetrVG 1972 § 77 Nr. 46). Zu den sozialen werden alle durch TV regelbaren Angelegenheiten gerechnet (BAG GS 7. 11. 1989 BetrVG 1972 § 77 Nr. 46; *Fitting* Rn. 3; DKK/*Berg* Rn. 1; s. auch § 77 Rn. 3; aA GK-BetrVG/*Wiese* Rn. 10). Die Annahme einer umfassenden Regelungskompetenz steht in Übereinstimmung mit dem Gesetzentwurf (vgl. BT-Drucks. VI/1786, S. 47). Schließlich wird sie auch durch die Vorschrift des § 28 SprAuG verdeutlicht. Nach § 28 I SprAuG können AG und SprAu Richtlinien über den Inhalt, Abschluß und die Beendigung von Arbeitsverhältnissen der leitenden Angestellten schriftlich vereinbaren. Der Inhalt der Richtlinien entfaltet unmittelbare und zwingende Wirkung für die Arbeitsverhältnisse, soweit dies zwischen AG und SprAu vereinbart wird (§ 28 II 1 SprAuG). Da nicht davon auszugehen ist, daß der Gesetzgeber dem SprAu eine größere Regelungskompetenz als dem BR einräumen wollte, wird daher durch § 28 SprAuG eine umfassende Regelungsbefugnis des BR zum Abschluß freiwilliger Betriebsvereinbarungen bestätigt (BAG GS 7. 11. 1989 AP BetrVG 1972 § 77 Nr. 46). Allerdings werden freiwillige Betriebsvereinbarungen im besonderen auch durch TV eingeschränkt (s. § 77 Rn. 49 ff.).

2   Zu den möglichen Anwendungsfällen der Vorschrift gehören Regelungen über freiwillige Sozialleistungen (Gratifikationszahlungen, Treueprämien, Beihilfen zu Familienereignissen, Weihnachtsgelder), Regelungen über Angelegenheiten des betrieblichen Umweltschutzes, sowie Regelungen über Dauer der wöchentlichen **Arbeitszeit** und Art und Höhe des **Arbeitsentgelts**, soweit der Tarifvorbehalt gem. § 77 III nicht entgegensteht.

II. Die ausdrücklich genannten Angelegenheiten

3   **1. Verhütung von Unfällen und Gesundheitsbeschädigungen.** Soweit gesetzliche Regelungen zur Verhütung von Arbeitsunfällen und Gesundheitsschädigungen nicht bestehen, können in freiwilligen Betriebsvereinbarungen zusätzliche Maßnahmen zur Verhütung dieser Gefahren abgeschlossen werden. Die Vorschrift ergänzt die sich aus § 87 I Nr. 7 und § 89 ergebenden Mitwirkungs- und Mitbestimmungsrechte. **Beispiele** für zusätzliche Maßnahmen sind etwa Vereinbarungen zur Verbesserung der Arbeitshygiene, zur Einrichtung einer Unfallstation, zur Einführung von freiwilligen Reihenuntersuchungen (*Löwisch* DB 1987, 938), zur Durchführung von Vorsorge- und Rehabilitationsmaßnahmen, zur Verbesserung der Licht- und Luftverhältnisse oder zur Verbesserung der Schutzvorrichtungen an Maschinen. Erfüllen zusätzliche Maßnahmen zur Verhütung von Arbeitsunfällen und Gesundheitsschädigungen die tatbestandlichen Voraussetzungen einer nach § 87 I mitbestimmungspflichtigen Angelegenheit, insb. von Nr. 1 und Nr. 6, unterliegen sie insoweit auch dem erzwingbaren Mitbestimmungsrecht des BR (GK-BetrVG/*Wiese* Rn. 15).

4   **2. Errichtung von Sozialeinrichtungen.** § 88 Nr. 2 ergänzt § 87 I Nr. 8, der die Form, Ausgestaltung und Verwaltung von Sozialeinrichtungen der Mitbestimmung des BR unterwirft. Die nicht mitbestimmungspflichtige Errichtung einer Sozialeinrichtung soll von den Betriebsparteien freiwillig vereinbart werden können. Beide Regelungsbereiche, der nach § 87 I Nr. 8 erzwingbare und der freiwillige Teil der Angelegenheit, können in einer Betriebsvereinbarung geregelt werden. Gegenstand einer Betriebsvereinbarung nach § 88 Nr. 2 kann die **Zweckbestimmung** und die **Dotierung** der Sozialeinrichtung sein (*Fitting* Rn. 11). Der Wirkungskreis kann sich, wie bei § 87 I Nr. 8, auf den Betrieb, das Unternehmen oder den Konzern erstrecken. Ist der Errichtung einer Sozialeinrichtung in einer Betriebsvereinbarung festgelegt, so kann der AG diese nicht einfach schließen, sondern muß die Betriebsvereinbarung zunächst kündigen. Gleiches gilt, wenn der AG die Zweckbestimmung oder Dotierung aufheben oder ändern will (*Löwisch* BetrVG Rn. 3).

5   **3. Förderung der Vermögensbildung.** § 88 Nr. 3 erwähnt weiterhin als Gegenstand einer Betriebsvereinbarung Angelegenheiten zur Förderung der Vermögensbildung. Dadurch wird klargestellt, daß die Betriebsparteien auch andere Formen der Vermögensbildung, als die im VermBG geregelten, vereinbaren können, zB die Ausgabe von Beteiligungspapieren wie Belegschaftsaktien (BAG 28. 11. 89 AP BetrVG 1972 § 88 Nr. 6). Soweit TV Fragen der Vermögensbildung regeln, greift der Tarifvorrang gem. § 77 III (GK-BetrVG/*Wiese* Rn. 25; HSG/*Glaubitz* Rn. 11; aA *Fitting* Rn. 13). Für eine tlw. vorgeschlagene restriktive Auslegung der Vorschrift fehlt es an hinreichenden Anhaltspunkten.

III. Streitigkeiten

6   Weder der AG noch der BR können den Abschluß einer Betriebsvereinbarung nach § 88 über die Einigungsstelle erzwingen. Es besteht jedoch die Möglichkeit, die Einigungsstelle freiwillig gem. § 76 VI einzuschalten. Streitigkeiten über Zulässigkeit, Bestehen, Inhalt und Durchführung von freiwilligen Betriebsvereinbarung entscheidet gem. § 2 a ArbGG das ArbG im **Beschlußverfahren**. Ebenfalls ist im Beschlußverfahren darüber zu entscheiden, ob eine Angelegenheit durch Betriebsvereinbarung geregelt werden kann (BAG GS 7. 11. 1989 AP BetrVG 1972 § 77 Nr. 46). Ansprüche eines einzelnen AN aus freiwilliger Betriebsvereinbarung sind gegen den AG nach § 2 I Nr. 3 ArbGG im Urteilsverfahren geltend zu machen.

§ 89 Arbeitsschutz

(1) Der Betriebsrat hat bei der Bekämpfung von Unfall- und Gesundheitsgefahren die für den Arbeitsschutz zuständigen Behörden, die Träger der gesetzlichen Unfallversicherung und die sonstigen in Betracht kommenden Stellen durch Anregung, Beratung und Auskunft zu unterstützen sowie sich für die Durchführung der Vorschriften über den Arbeitsschutz und die Unfallverhütung im Betrieb einzusetzen.

(2) ¹Der Arbeitgeber und die in Absatz 1 genannten Stellen sind verpflichtet, den Betriebsrat oder die von ihm bestimmten Mitglieder des Betriebsrats bei allen im Zusammenhang mit dem Arbeitsschutz oder der Unfallverhütung stehenden Besichtigungen und Fragen und bei Unfalluntersuchungen hinzuzuziehen. ²Der Arbeitgeber hat dem Betriebsrat unverzüglich die den Arbeitsschutz und die Unfallverhütung betreffenden Auflagen und Anordnungen der in Absatz 1 genannten Stellen mitzuteilen.

III. Beteiligung des Betriebsrats　　　　　　　　　　　　　　　　§ 89　**BetrVG 210**

(3) An Besprechungen des Arbeitgebers mit den Sicherheitsbeauftragten im Rahmen des § 22 Abs. 2 des Siebten Buches Sozialgesetzbuch nehmen vom Betriebsrat beauftragte Betriebsratsmitglieder teil.

(4) Der Betriebsrat erhält die Niederschriften über Untersuchungen, Besichtigungen und Besprechungen, zu denen er nach den Absätzen 2 und 3 hinzuzuziehen ist.

(5) Der Arbeitgeber hat dem Betriebsrat eine Durchschrift der nach § 193 Abs. 5 des Siebten Buches Sozialgesetzbuch vom Betriebsrat zu unterschreibenden Unfallanzeige auszuhändigen.

I. Normzweck

Die Vorschrift regelt die Rolle und Beteiligung des BR bei der **Durchführung** der gesetzlichen 1
Vorschriften über den Arbeitsschutz. Sie **ergänzt** die in anderen Bereichen des BetrVG vorhandenen Regelungen zum Arbeitsschutz (§ 80 I Nr. 1, § 87 I Nr. 7, § 88 Nr. 1, §§ 90, 91, § 115 VII Nr. 7). Weitere Aufgaben des BR für den Bereich des Arbeitsschutzes ergeben sich aus **speziellen Arbeitsschutzvorschriften** außerhalb des BetrVG (vgl. hierzu insb. die Kommentierungen zum ArbSchG, zur ArbStättV und zum ASiG). Der von § 89 erfaßte Bereich des Arbeitsschutzes ist **weit** zu verstehen. Unter den Begriff fällt nicht nur die Verhütung von Arbeitsunfällen oder arbeitsbedingten Erkrankungen, sondern jede Vorschrift, die der Gesunderhaltung der AN dient. Der Begriff knüpft nicht an das einzelne Arbeitsverhältnis an. Der BR ist demnach im Rahmen des § 89 auch für AN fremder AG, LeihAN sowie Selbständige zuständig, sofern sie im Unternehmen tätig sind (DKK/*Buschmann* Rn. 2).

II. Unterstützung und Überwachung

Dem BR obliegt aufgrund von Abs. 1 die Verpflichtung, alle für den gesetzlichen Arbeitsschutz 2
zuständigen Stellen durch Anregung, Beratung und Auskunft in bezug auf den Arbeitsschutz im Betrieb zu unterstützen. Als staatliche Stellen kommen Gewerbeaufsichtsämter, Gewerbeärzte, in Hessen und NRW Ämter für Arbeitssicherheit und Sicherheitstechnik, Gesundheitsbehörden, die Stellen für vorbeugenden Brandschutz, TÜV, Immissionsschutzbehörden, die Technischen Aufsichtsbeamten der Berufsgenossenschaften (TAB), Umweltschutzbehörden etc. in Betracht (ausf. Übersicht bei GK-BetrVG/*Wiese* Rn. 9). Träger der gesetzlichen Unfallversicherung sind vorwiegend die Berufsgenossenschaften, vgl. hierzu § 114 I SGB VII. Im Rahmen seiner Unterstützungspflicht ist der **BR verpflichtet**, den entsprechenden Stellen über Mißstände im Betrieb zu berichten und ggf. Kontrollen anzuregen. Insoweit ist er von seiner **Schweigepflicht** nach § 79 entbunden (GK-BetrVG/*Wiese* Rn. 8 mwN). Der BR muß in diesem Rahmen aber die Grundsätze der § 2 I und § 74 I 2 beachten. Das bedeutet, daß er im Regelfall zunächst versuchen muß, durch den AG eine Beseitigung der Mängel zu erreichen (MünchArbR/*Matthes* § 336 Rn. 10; *Fitting* Rn. 8). Die **Durchführung** der Maßnahmen des Arbeitsschutzes obliegt ausschließlich dem AG (DKK/*Buschmann* Rn. 19).

Gem. Abs. 1 2. Halbs. hat der BR die **Pflicht zu überwachen**, daß die im Betrieb geltenden 3
Arbeitsschutzvorschriften eingehalten werden. Hierfür muß er sich nicht nur beim AG, sondern auch bei den AN einsetzen (*Fitting* Rn. 4). Daraus folgt indes nicht, daß er die Befugnis besitzt, entsprechende Maßnahmen selbst zu ergreifen (vgl. oben Rn. 2). Der BR hat jedoch das Recht, alle zur Erfüllung seiner Überwachungsverpflichtung erforderlichen Maßnahmen ohne vorherige Überprüfung durch den AG vorzunehmen. Der BR kann allgemeine Maßnahmen oder auch unangekündigte Stichproben durchführen. Hierfür darf er sogar Bereiche des Betriebes betreten, die aufgrund entsprechender Arbeitsschutz- oder UVV mit dem Schild „Unbefugten ist der Zutritt verboten" gekennzeichnet sind. Er muß jedoch die einschlägigen Sicherheitsvorschriften beachten (GK-BetrVG/*Wiese* Rn. 15; DKK/*Buschmann* Rn. 21).

Der BR muß vom AG **rechtzeitig** und **umfassend unterrichtet** werden, um seine Aufgaben 4
ordnungsgem. durchführen zu können. Hierzu gehört auch, daß dem BR die entsprechenden Gesetzestexte und Kommentare zur Verfügung gestellt werden, §§ 40 II, 80 II 2.

III. Beteiligung des Betriebsrats

Durch Abs. 2 der Vorschrift werden AG und die für den Arbeitsschutz zuständigen Stellen verpflichtet, 5
den BR bei allen im Zusammenhang mit dem Arbeitsschutz und der Unfallverhütung stehenden Maßnahmen **hinzuzuziehen**. Dies beinhaltet, daß der BR rechtzeitig und umfassend unterrichtet und informiert wird (vgl. oben Rn. 3). Der AG muß den BR über Auflagen oder Anordnungen der in Abs. 1 genannten Stellen informieren, sofern sie den Arbeitsschutz oder die Unfallverhütung betreffen. Diese Information kann auch durch die mit der entsprechenden Anordnung befaßte Stelle erfolgen. Bei der Einführung und Prüfung von Arbeitsschutzeinrichtungen ist der BR ferner so rechtzeitig in Kenntnis zu setzen, daß er die Entscheidung des AG noch beeinflussen kann (DKK/*Buschmann* Rn. 29).

6 Bei der **Unfalluntersuchung** ist der BR unabhängig von etwaigen Personenschäden hinzuzuziehen. Unerheblich ist auch, ob sich der Unfall innerhalb der betrieblichen Räume oder bei Außenarbeiten ereignet hat. Er ist von Beginn der Untersuchung an zu beteiligen. Ebenso kann er Einsicht in die vom AG erstellten Unfallberichte und **Gefährdungsanalysen** (§ 45 VBG 1) verlangen.

IV. Teilnahmerecht des Betriebsrats

7 Das in Abs. 3 normierte Recht des BR, an **Besprechungen des AG mit den Sicherheitsbeauftragten teilzunehmen,** erweitert den in Abs. 2 begründeten Informationsanspruch des BR. Zur Bestellung des/der Sicherheitsbeauftragten vgl. § 22 I SGB VII. Der BR ist bei der Auswahl und der Festlegung der Anzahl der Sicherheitsbeauftragten zu beteiligen. Den Sicherheitsbeauftragten obliegt die Aufgabe, den AG bei der Durchführung der Maßnahmen zur Verhütung von Arbeitsunfällen und Berufskrankheiten zu unterstützen und auf Risiken im Betrieb aufmerksam zu machen. Die früher in § 719 IV RVO vorgesehene Bildung eines Sicherheitsausschusses bei Bestellung von mehr als drei Sicherheitsbeauftragten im Betrieb sowie das dort vorgeschriebene monatliche Treffen des AG mit den Sicherheitsbeauftragten und dem BR zum Erfahrungsaustausch wurde nicht in § 22 SGB VII übernommen. Sofern dennoch Besprechungen stattfinden und der BR an einer Besprechung des AG mit den Sicherheitsbeauftragten **nicht** teilgenommen hat, hat er nichtsdestotrotz einen Anspruch auf Aushändigung der Besprechungsniederschriften. Dieser Anspruch richtet sich gegen denjenigen, der die Niederschrift angefertigt hat. Dies kann auch die für den Arbeitsschutz zuständige Stelle sein (*Fitting* Rn. 17; GK-BetrVG/*Wiese* Rn. 29; aA *Leube* DB 1973, 236). Eine Verpflichtung zur Aushändigung einer Niederschrift besteht indes nur, sofern eine andere Norm die Anfertigung einer Niederschrift vorschreibt oder diese freiwillig angefertigt wurde (DKK/*Buschmann* Rn. 38).

8 Die in Abs. 5 geregelte Verpflichtung des BR, vom AG angefertigte Unfallanzeigen zu unterschreiben, soll den BR in die Lage versetzen, Einwendungen gegen die Schilderung des Unfalls geltend zu machen.

V. Verstöße und Streitigkeiten

9 Sofern der AG den BR bei der Wahrnehmung seiner Aufgaben nach § 89 stört, kann der BR oder eine im Betrieb vertretene Gewerkschaft gegen ihn gem. § 23 III vorgehen. Erfolgt die Störung durch den AG vorsätzlich, macht der AG sich gem. § 119 I 2 strafbar. Verletzt der BR seine Verpflichtungen nach § 89 gröblich, so kommt ein Verfahren nach § 23 I in Betracht.

10 Über Streitigkeiten zwischen BR und AG sowie BR und der für den Arbeitsschutz zuständigen außerbetrieblichen Stelle entscheidet das ArbG im **Beschlußverfahren** gem. §§ 2 a I Nr. 1, II, 80 ff. ArbGG. Den Ersatz von Aufwendungen, die im Rahmen der Tätigkeit nach § 89 entstanden sind, kann ein BRMitglied ebenfalls im Beschlußverfahren geltend machen.

Vierter Abschnitt. Gestaltung von Arbeitsplatz, Arbeitsablauf und Arbeitsumgebung

§ 90 Unterrichtungs- und Beratungsrechte

(1) **Der Arbeitgeber hat den Betriebsrat über die Planung**
1. von Neu-, Um- und Erweiterungsbauten von Fabrikations-, Verwaltungs- und sonstigen betrieblichen Räumen,
2. von technischen Anlagen,
3. von Arbeitsverfahren und Arbeitsabläufen oder
4. der Arbeitsplätzerechtzeitig unter Vorlage der erforderliche Unterlagen zu unterrichten.

(2) ¹Der Arbeitgeber hat mit dem Betriebsrat die vorgesehenen Maßnahmen und ihre Auswirkungen auf die Arbeitnehmer, insbesondere auf die Art ihrer Arbeit sowie die sich daraus ergebenden Anforderungen an die Arbeitnehmer so rechtzeitig zu beraten, daß Vorschläge und Bedenken des Betriebsrats bei der Planung berücksichtigt werden können. ²Arbeitgeber und Betriebsrat sollen dabei auch die gesicherten arbeitswissenschaftlichen Erkenntnisse über die menschengerechte Gestaltung der Arbeit berücksichtigen.

I. Normzweck

1 Der Gesetzgeber hat dem BR den konkreten Auftrag gegeben, im betrieblichen Bereich bereits im Planungsstadium (BT-Drucks. VI/1786 S. 49) darauf Einfluß zu nehmen, daß **Grundrechte** wie der Schutz der Menschenwürde, die freie Entfaltung der Persönlichkeit und das Recht auf körperliche Unversehrtheit beachtet werden (*Fitting* vor § 89 Rn. 86). Das Beteiligungsrecht dient damit nicht nur dem Arbeits- und Gesundheitsschutz, sondern zielt auch auf die Förderung der Selbstbestimmung des AN, den Abbau der Entfremdung der Arbeit, die Erhöhung der Qualifikation sowie die Verbesserung der Aufstiegs- und Entfaltungschancen (DKK/*Klebe* Rn. 1). Die Rechte des BR können weder durch TV noch durch Betriebsvereinbarung eingeschränkt werden (DKK/*Klebe* Rn. 6). Ein Verzicht des BR auf zukünftige Mitwirkungs- und Mitbestimmungsrechte ist unzulässig (BAG 29. 11. 1983 AP BetrVG 1972 § 113 Nr. 10; BAG 23. 6. 1992 AP BetrVG 1972 § 77 Nr. 55).

II. Unterrichtung

1. Gegenstand der Unterrichtung. Die Unterrichtung bezieht sich abschließend auf die in Abs. 1 **2** genannten Unterrrichtungsgegenstände; **Neu-, Um- und Erweiterungsbauten** iSd. Nr. 1 sind alle Veränderungen der baulichen Substanz an Fabrikations-, Verwaltungs- und sonstigen betrieblichen Räumen. Erfaßt werden Veränderungen der baulichen Substanz an Laboratorien, Ausbildungsstätten, Lagerhallen und Verwaltungsgebäuden sowie sonstigen betrieblichen Räume wie Kantinen, Aufenthaltsräumen und Toiletten (HSG/*Schlochauer* Rn. 5). Betrieblich ist allerdings nur ein Ort, an dem AN tätig werden, also nicht die Errichtung von Park- oder Fußballplätzen (*Fitting* Rn. 11; HSG/*Schlochauer* Rn. 5; aA für Sport- und Spielräume *Stege/Weinspach* Rn. 6). Renovierungs- und Reparaturarbeiten werden nicht erfaßt (*Fitting* Rn. 11). Auch das Brechen neuer Türen löst keine Unterrichtungspflicht nach dieser Vorschrift aus (*Fitting* Rn. 11; HSG/*Schlochauer* Rn. 7; aA *Galperin/Löwisch* Rn. 1; DKK/*Klebe* Rn. 7).

Technische Anlagen iSd. Nr. 2 sind Maschinen und sonstige Geräte, die dem Betriebszweck und **3** damit dem Arbeitsablauf dienen (DKK/*Klebe* Rn. 8). Beispiele: numerisch gesteuerte (NC), computergesteuerte (CNC) und zentralcomputergesteuerte Maschinen; Geräte zum computergestützen Konstruieren (CAD) oder Fertigen (CAM); Förderbänder, Fahrstühle; EDV-gestützte Personalabrechnungssysteme (BAG 17. 3. 1987 AP BetrVG 1972 § 80 Nr. 29). Die bloße Ersatzbeschaffung ohne nachhaltige Veränderung der gegebenen Bedingungen wird nicht erfaßt (GK-BetrVG/*Wiese* Rn. 14).

Arbeitsverfahren und Arbeitsablauf. Arbeitsablauf ist die räumliche und zeitliche Folge des **4** Zusammenwirkens von Mensch und Betriebsmitteln (HSG/*Schlochauer* Rn. 7). Beispiele: Fließbandarbeit, Gruppen- oder Einzelarbeit, Arbeit im Freien oder unter Tage und Spät- oder Nachtschicht, Bandgeschwindigkeit bei taktgebundenen Produktionsanlagen und Rationalisierungsmaßnahmen. Das **Arbeitsverfahren** bezieht sich dagegen auf die nähere Beschreibung des Arbeitsablaufs in einem Teilabschnitt (HSG/*Schlochauer* Rn. 7). Damit ist der Einsatz technischer Mittel gemeint, mit denen auf den Arbeitsgegenstand eingewirkt wird (DKK/*Klebe* Rn. 12). Es wird allerdings **nicht jede Anweisung** des AG erfaßt, auch wenn sie den Arbeitsablauf betrifft. Gegenstand des Beteiligungsrechts ist nur die Schaffung, Gestaltung oder generelle Änderung von Arbeitsaufgaben, nicht aber die Einzelanweisung innerhalb einer unveränderten Aufgabenstellung (LAG Hamm 3. 12. 1976 DB 1977, 2190; HSG/*Schlochauer* Rn. 8).

Arbeitsplätze. Nr. 4 stellt eine Art begrenzte Generalklausel dar. Sie erstreckt das Beteiligungsrecht **5** auf die Ausgestaltung der einzelnen Arbeitsplätze und damit zugleich auf die Ausschaltung schädigender Einflüsse aus der Arbeitsumgebung (DKK/*Klebe* Rn. 15). **Arbeitsplatz** ist der räumlich-funktionale Bereich, in dem der AN im Rahmen seiner Arbeitsaufgabe in einem bestimmten Arbeitssystem tätig wird (GK-BetrVG/*Wiese* Rn. 19). Unterrichtungspflichtig ist hierbei insb. die Gestaltung der Arbeitsbedingungen, der Arbeitsmethode, des Arbeitsverfahrens und der Einflüsse der Arbeitsumgebung (*Fitting* Rn. 14; HSG/*Schlochauer* Rn. 9). Beispiele: Räumliche Anordung und Gestaltung der Maschinen; Raumbedarf des AN entsprechend der Arbeitssituation; Ausschaltung schädigender Einflüsse wie Staub, Gas oder Lärm; Umzug von Abteilungen. Häufig sind mehrere Alternativen des Abs. 1 erfüllt.

2. Zeitpunkt der Unterrichtung. Die genannten Maßnahmen müssen rechtzeitig mitgeteilt werden, **6** also bereits im Planungsstadium, dabei so früh wie möglich (BAG 18. 7. 1972 AP BetrVG 1952 § 72 Nr. 10) und spätestens zu dem Zeitpunkt, zu dem der AG noch Alternativen überlegt (BAG 11. 12. 1991 AP BetrVG 1972 § 90 Nr. 2; LAG Hamburg 20. 6. 1985 DB 1985, 2308; DKK/*Klebe* Rn. 19; GK-BetrVG/*Wiese* Rn. 5).

3. Art der Unterrichtung. Die Unterrichtung hat unter Vorlage der erforderlichen Unterlagen und **7** umfassend zu geschehen. Der AG muß dem BR die erforderlichen Unterlagen vorlegen. Dies bedeutet wie in § 106 II Einsichtnahme und Überlassung auf Zeit und nicht auf Dauer (BAG 20. 11. 1984 AP BetrVG 1972 § 106 Nr. 3; aA DKK/*Klebe* Rn. 24 f mwN).

III. Beratung

1. Zeitpunkt und Inhalt. Die Beratungen müssen ebenso rechtzeitig erfolgen, wie dies für die **8** Unterrichtung gilt, sie sind aber dennoch klar von dieser zu trennen (DKK/*Klebe* Rn. 26). Erst nach ausreichender Information finden die Beratungen statt, wobei der BR das betriebliche Vorhaben im Sinne einer sozialen Gestaltung beeinflussen soll. Bei der Beratung können sämtliche Gesichtspunkte erörtert werden. Die Formulierung „insb." soll dabei nicht als Einschränkung gegenüber anderen Überlegungen angesehen werden. Sie soll vielmehr für einen besonders wichtigen Bereich den Beratungsgegenstand konkretisieren (*Fitting* Rn. 16; GK-BetrVG/*Wiese* Rn. 22).

9 **2. Auswirkungen** auf Art der Arbeit und Anforderungen an die AN sind zu beraten. In Betracht kommen dabei der Grad der Arbeitsteilung, der Mechanisierung und Automatisierung und der daraus folgenden Veränderung des Arbeitstempos und der Arbeitsqualität (DKK/*Klebe* Rn. 28). **Beispiele** für sich auf AN beziehende Auswirkungen: höhere Anforderungen an Ausbildung, Erfahrung, Geschicklichkeit, Körpergewandheit, Verantwortung, Aufmerksamkeit; oder aus dem **Umfeld:** höhere Belastungen durch Schmutz, Nässe, Gase, Lärm oder Erschütterung.

10 **3. Menschengerechte Arbeitsgestaltung.** § 90 II verpflichtet AG und BR, bei ihren Beratungen nicht nur die gesicherten arbeitswissenschaftlichen Erkenntnisse über die menschengerechte Arbeitsgestaltung zu berücksichtigen, sondern auch **sonstigen Gesichtspunkten** personeller, wirtschaftlicher und sozialer Art Rechnung zu tragen (GK-BetrVG/*Wiese* Rn. 27). IdR ergeben sich Zielkonflikte zwischen **Rentabilität** und oben genannten Prinzipien. Diesen Konflikt müssen AG und BR zu lösen versuchen (DKK/*Klebe* Rn. 30).

11 Die menschengerechte Arbeitsgestaltung richtet sich nach dem **Maßstab Mensch** und nach der **Arbeitswissenschaft.** Maßstab Mensch bedeutet, daß die Arbeit den Bedingungen, Bedürfnissen und Interessen der AN gerecht werden muß. Dabei sind folgende Gesichtspunkte zu beachten: Ausführbarkeit der Tätigkeit auf Dauer, nur kurzfristige Höchstbelastungen, Zumutbarkeit, keine Gesundheitsschäden, möglichst Hervorrufen von Wohlbefinden und Zufriedenheit, Anerkennung und Förderung der Kreativität (*Fitting* vor § 89 Rn. 86; DKK/*Klebe* Rn. 32).

12 Von dem Begriff **Arbeitswissenschaft** sind Bereiche der Wissenschaft wie Arbeitsmedizin, Arbeitsphysiologie und Arbeitspsychologie erfaßt (*Fitting* Rn. 8; GK-BetrVG/*Wiese* Rn. 34). Allgemein umfaßt die Arbeitswissenschaft die Voraussetzungen und Bedingungen, unter denen sich Arbeit vollzieht, die Wechselwirkungen und Folgen, die sie auf die Menschen, ihr Verhalten und somit auch auf ihre Leistungsfähigkeit hat, sowie die Faktoren, durch die die Arbeit, ihre Bedingungen und Wirkungen menschengerecht beeinflußt werden können. **Quellen:** Arbeitsschutzgesetze wie ArbStättVO, UVV, TV, DIN-Normen, VDI-Richtlinien und die überwiegende Meinung in Fachkreisen (GK-BetrVG/*Wiese* Rn. 31 ff) **Beispiele: ergonomische** Fragen wie Anpassung von Büromöbeln auf Körpermaße, optimale Gestaltung von Umwelteinflüssen wie Licht, Lärm, Temperatur und Ähnliches, aber auch **soziale** Fragen wie Abbau von autoritären Führungsstrukturen oder bessere innerbetriebliche Kommunikation.

IV. Streitigkeiten

13 Bei § 90 handelt es sich um eine Norm iSd. § 121, so daß der AG bei verspäteter, unvollständiger oder wahrheitswidriger Information mit einer Geldbuße bis zu 20 000 DM bestraft werden kann. Bei Streitigkeiten über die Voraussetzungen der Beratungs- und Informationspflicht entscheidet das ArbG im Beschlußverfahren nach §§ 2 a, 80 ff ArbGG. Der BR kann seine Rechte auf Information und Beratung auch mit einer einstweiligen Verfügung durchsetzen, wenn die erforderliche Eilbedürftigkeit gegeben ist (DKK/*Klebe* Rn. 37; *Fitting* Rn. 33). § 90 gibt dem BR nicht das Recht, eine geplante Maßnahme des AG durch einstweilige Verfügung zu stoppen (*Fitting* Rn. 19; HSG/*Schlochauer* Rn. 22; s. auch Rn. 28 vor § 74). Ist dem ArbG allerdings im Zeitpunkt des Erlasses der einstweiligen Verfügung bekannt, daß die vom AG geplante Maßnahme offensichtlich den arbeitswissenschaftlichen Erkenntnissen über die menschengerechte Gestaltung der Arbeit widerspricht und die AN hierdurch besonders belastet werden, also ein Mitbestimmungsrecht nach § 91 vorliegt, kann auch eine Untersagung der Durchführung der geplanten Maßnahme nach § 938 ZPO in Betracht kommen (*Fitting* Rn. 19). Bei groben Verstößen gegen die Pflichten des § 90 kann der BR gem. § 23 III vorgehen.

§ 91 Mitbestimmungsrecht

¹Werden die Arbeitnehmer durch Änderungen der Arbeitsplätze, des Arbeitsablaufs oder der Arbeitsumgebung, die den gesicherten arbeitswissenschaftlichen Erkenntnissen über die menschengerechte Gestaltung der Arbeit offensichtlich widersprechen, in besonderer Weise belastet, so kann der Betriebsrat angemessene Maßnahmen zur Abwendung, Milderung oder zum Ausgleich der Belastung verlangen. ²Kommt eine Einigung nicht zustande, so entscheidet die Einigungsstelle. ³Der Spruch der Einigungsstelle ersetzt die Einigung zwischen Arbeitgeber und Betriebsrat.

I. Voraussetzungen

1 Die Begriffe **Arbeitsplatz** und **Arbeitsablauf** sind identisch mit den Begriffen in § 90 I Nr. 3. Unter **Arbeitsumgebung** sind die durch die Umwelt und den Betriebsablauf bedingten Einflüsse zu verstehen, die auf den Arbeitsablauf und den Arbeitsplatz einwirken (*Löwisch* BetrVG Rn. 1). **Beispiele:** Hitze, Kälte, Trockenheit, Nässe, Temperaturschwankungen, Lärm, Erschütterungen, Blendungen, Lichtmangel, Laugen, Gase, Dämpfe, Staub, Schmutz, Öl, Fett. Das Mitbestimmungsrecht wird nur bei einer **Änderung** von Arbeitsplatz, Arbeitsablauf oder Arbeitsumgebung ausgelöst; bestehende

Anlagen und gleichbleibende Verhältnisse fallen auch dann nicht unter § 91, wenn die menschengerechte Gestaltung der Arbeit nicht gewährleistet ist (BAG 28. 7. 1981 AP BetrVG 1972 § 87 Arbeitssicherheit Nr. 3; DKK/*Klebe* Rn. 4; LAG Düsseldorf 3. 7. 1981 DB 81, 1676; GK-BetrVG/*Wiese* Rn. 6; MünchArbR/*Matthes* § 337 Rn. 31). Allerdings kann bereits während des Planungsstadiums gegen die Maßnahme vorgegangen werden, wenn die anderen Voraussetzungen der Norm erfüllt sind (BAG 6. 12. 1983 AP BetrVG 1972 § 87 Überwachung Nr. 7; DKK/*Klebe* Rn. 7; enger GK-BetrVG/*Wiese* Rn. 8, der den Abschluß der Planung verlangt). Die Änderung muß den **arbeitswissenschaftlichen Erkenntnissen offensichtlich widersprechen.** Arbeitswissenschaftliche Erkenntnisse im Rahmen des § 91 sind genauso zu verstehen wie in § 90 (s. dort Rn. 12). Ein offensichtlicher Widerspruch liegt vor, wenn der Widerspruch für einen Fachmann, der mit dem konkreten Lebenssachverhalt vertraut ist, ohne weiteres erkennbar ist (DKK/*Klebe* Rn. 14; *Fitting* Rn. 7; *Löwisch* BetrVG Rn. 5; aA LAG Baden-Württemberg 18. 2. 1981 BB 1981, 1577, 1578; das auf einen sachkundigen Betriebspraktiker abstellt oder LAG Niedersachsen 25. 3. 1982 DB 1982, 2039, 2041, das auf einen einigermaßen Fachkundigen abstellt). Eine **besondere Belastung** liegt vor, wenn das normale Maß der Belastung nicht nur unwesentlich überschritten wird (DKK/*Klebe* Rn. 17; GK-BetrVG/*Wiese* Rn. 15) Es genügt dabei entgegen dem Wortlaut, daß die Belastung für einen einzelnen AN besonders belastend ist, auch wenn dies nur wegen besonderer persönlicher Verhältnisse der Fall ist (*Fitting* Rn. 2; GK-BetrVG/*Wiese* Rn. 17).

II. Angemessene Abhilfemaßnahme

Der BR kann Abwendung und Milderung der Belastung oder aber einen Ausgleich für den belasteten AN verlangen. **Abwendung** ist die Korrektur der Belastung, so daß der AN dieser nicht mehr ausgesetzt ist. Diese Maßnahmen müssen allerdings **angemessen,** also wirtschaftlich vertretbar und technisch möglich sein (DKK/*Klebe* Rn. 19; s. auch BT-Drucks. VI/1786 S. 50). Aus der gesetzlichen Reihenfolge der Abwehrmaßnahmen ergibt sich, daß der BR zuerst Abhilfe verlangen kann und erst dann, wenn diese Abhilfe unangemessen wäre, zur Milderung bzw. zum Ausgleich übergehen muß (*Fitting* Rn. 11; DKK/*Klebe* Rn. 19). **Milderung** der Belastung kann beispielsweise durch Schutzeinrichtungen, Herabsetzung des Arbeitstempos, durch die Einführung von Mischarbeit oder durch häufige Vorsorgeuntersuchungen erreicht werden (BAG 6. 2. 1983 AP BetrVG 1972 § 87 Überwachung Nr. 7.; weitere Beispiele bei *Löwisch* BetrVG Rn. 10). Erst dann muß sich der BR auf einen **Ausgleich** der Belastung verweisen lassen. Ausgleich ist hierbei die nachträgliche Kompensierung der konkreten Belastung. **Beispiele** für einen Ausgleich sind: Herabsetzung der Arbeitszeit, zusätzlich bezahlte Arbeitsunterbrechungen, Versorgung mit Getränken bei großer Hitze, Duschen und Bäder bei schmutziger Arbeit, Ruheräume oder Sonderurlaub (DKK/*Klebe* Rn. 20; *Löwisch* BetrVG Rn. 11). 2

III. Streitigkeiten

Bei Streitigkeiten entscheidet die Einigungsstelle verbindlich gem. § 76. Häufig begründet der Spruch der Einigungsstelle Ansprüche des AN die dieser dann im Urteilsverfahren durchsetzen kann (*Fitting* Rn. 16). Daneben kommen auch Leistungsverweigerungsrechte des AN nach § 273 BGB in Betracht, einmal wenn der AG die ihm obliegenden Maßnahmen nicht vornimmt und dadurch dem AN die Arbeitsleistung unzumutbar wird, zum anderen wenn in einer Betriebsvereinbarung bzw. einem Einigungsstellenspruch dem AN eigene Individualansprüche eingeräumt sind. Die Rechtsfrage, ob überhaupt die Voraussetzungen des § 91 erfüllt sind, kann unabhängig von einem Einigungsstellenverfahren im arbeitsgerichtlichen Beschlußverfahren geklärt werden (GK-BetrVG/*Wiese* Rn. 31). Zur Möglichkeit einer einstweiligen Verfügung des BR s. vor § 74 Rn. 28. 3

Fünfter Abschnitt. Personelle Angelegenheiten

Erster Unterabschnitt. Allgemeine personelle Angelegenheiten

§ 92 Personalplanung

(1) ¹Der Arbeitgeber hat den Betriebsrat über die Personalplanung, insbesondere über den gegenwärtigen und künftigen Personalbedarf sowie über die sich daraus ergebenden personellen Maßnahmen und Maßnahmen der Berufsbildung anhand von Unterlagen rechtzeitig und umfassend zu unterrichten. ²Er hat mit dem Betriebsrat über Art und Umfang der erforderlichen Maßnahmen und über die Vermeidung von Härten zu beraten.

(2) Der Betriebsrat kann dem Arbeitgeber Vorschläge für die Einführung einer Personalplanung einschließlich Maßnahmen im Sinne des § 80 Abs. 1 Nr. 2a und ihrer Durchführung machen.

Schrifttum: *Heinze,* Personalplanung, Einstellung und Kündigung, 1982; *Rumpff/Boewer,* Mitbestimmung in wirtschaftlichen Angelegenheiten und bei der Unternehmensplanung und Personalplanung, 3. Aufl., 1990.

I. Vorbemerkung zu §§ 92 ff.

1   Im Rahmen der Bestrebungen, wirtschaftliche und soziale Probleme in einem Unternehmen vorausschauend zu regeln, gewinnt die **Personalplanung** (§ 92) Bedeutung. Unter Personalplanung versteht man im allgemeinen die methodische Planung zu einer weitgehenden Egalisierung zwischen den künftigen Arbeitsanforderungen in qualitativer und quantitativer Hinsicht und dem dann einsetzbaren Personal nach Qualifikation und Anzahl. Hierbei sind die Interessen von AG und AN weitgehend in Einklang zu bringen (DKK/*Schneider* Rn. 1). Mithin ist eine Mitarbeit des BR bereits im Planungsstadium von besonderer Bedeutung, denn hier können die Entscheidungen des Unternehmers durch den BR beeinflußt werden. Weiter soll die Personalplanung eine Objektivierung und bessere Durchschaubarkeit personeller Maßnahmen für alle Parteien ermöglichen. Auf die Personalplanung aufbauend folgen Regelungen über die Mitbestimmungsrechte bei Ausschreibung von Arbeitsplätzen (§ 93), die Aufstellung von Personalfragebögen und Beurteilungsgrundsätzen (§ 94), sowie den Erlaß von Auswahlrichtlinien (§ 95). Diese allgemeinen Grundsätze stehen in einem engen Zusammenhang zu den Regelungen zur betrieblichen Berufsbildung (§ 96 bis 98) und den personellen Einzelmaßnahmen (§§ 99 bis 105).

2   Die Mitbestimmungsrechte des BR in personellen Angelegenheiten und bei der Berufsbildung sind **durch TV erweiterbar.** Einzige Ausnahme bildet hier die Personalplanung (§ 92). Die Personalplanung des § 92 stellt kein bloßes Modell, sondern die vom Gesetzgeber für angemessen erachtete Lösung dar, welche auch nicht durch Betriebsvereinbarung oder TV in ihrer Struktur verändert werden soll (*Löwisch* BetrVG vor § 92 Rn. 2). Näheres zur Erweiterung der Mitbestimmungsrechte durch TV vor § 74 Rn. 4.

II. Personalplanung

3   Gem. § 92 hat der AG den BR an der Personalplanung zu beteiligen. Inhalt der Personalplanung ist ein Abgleich zwischen dem momentanen und dem künftigen Personalbestand unter Berücksichtigung absehbarer Veränderungen (Pensionierungen, Erziehungsurlaub oder notwendigen Rationalisierungsmaßnahmen) und dem voraussichtlich zukünftig notwendigen Personalbedarf sowohl in qualitativer wie quantitativer Hinsicht.

4   Die Personalplanung stellt einen zentralen Bereich der Unternehmensplanung dar und steht folglich in engem Zusammenhang mit Bereichen der **Absatz-, Produktions- und Investitionsplanung** des Unternehmens. Jedoch werden diese Bereiche nicht von der Unterrichtungspflicht des § 92 erfaßt. Ein Informations- und Mitwirkungsrecht in diesen wirtschaftlichen Bereichen kommt gem. §§ 106 ff. dem **Wirtschaftsausschuß** zu. Stützt sich der AG bei seiner Personalplanung allerdings auf Daten der Unternehmensplanung, so sind auch diese dem BR gem. Abs. 1 S. 1 mitzuteilen (BAG 19. 6. 1984 BB 1984, 2265).

5   Im einzelnen setzt sich die Personalplanung aus verschiedenen Komponenten zusammen: Ausgangspunkt ist die **Personalbedarfsplanung,** dh. die Ermittlung, wie viele Arbeitskräfte mit welcher Qualifikation an welchem Ort zu einem bestimmten Zeitpunkt gebraucht werden (BAG 6. 11. 1990 AP BetrVG 1972 § 92 Nr. 4; DKK/*Schneider* Rn. 15). An die Bedarfsplanung schließt sich die **Personaldeckungsplanung,** an, dh. die Planung, wie der zuvor ermittelte Bedarf gedeckt werden kann, sei es durch Personalbeschaffung oder Personalabbau (*Fitting* Rn. 13). Hier muß untersucht werden, inwieweit Neueinstellungen bzw. die Beschäftigung von LeihAN notwendig sind oder ob der Bedarf durch interne Umsetzung bzw. Fortbildung oder Ausbildung **(Personalentwicklungsplanung)** gedeckt werden kann. Bei Neueinstellungen ist festzulegen, nach welchen Kriterien diese ausgewählt werden sollen (Zusammenstellung von Auswahlkriterien, Einsatz von Personalfragebögen). Insofern greifen die speziellen Mitbestimmungsrechte der §§ 93 bis 95 ein. Bei Personalabbauplanung sind insb. Fluktuationen im Personalbereich mit in die Überlegungen einzubeziehen. An die Personaldeckungsplanung schließt sich die **Personaleinsatzplanung** an, die die optimale Verknüpfung von Arbeitskräften und Arbeitsplätzen bewirken soll. Der Einsatz einzelner AN auf einen bestimmten Arbeitsplatz fällt jedoch nicht unter § 92, sondern wird von § 99 erfaßt. Auch die **Kostenplanung,** also die Planung hinsichtlich der Kosten, die bei der Durchsetzung des Planzieles entstehen, wird von § 92 erfaßt (*Fitting* Rn. 20, 21; DKK/*Schneider* Rn. 30; aA GK-BetrVG/*Kraft* Rn. 18; HSG/*Schlochauer* Rn. 21 b).

III. Unterrichtungs- und Beratungsrechte des Betriebsrats

6   Der AG hat den BR über die gesamte Personalplanung rechtzeitig und umfassend zu unterrichten und mit ihm über erforderliche Maßnahmen zu beraten. Das Beteiligungsrecht des BR wird durch den

Umfang der vom AG durchgeführten Personalplanung begrenzt. Ist keine **Personalplanung** vorhanden, kann sie vom BR nicht erzwungen werden; allerdings kann er ihre Einführung gem. Abs. 2 vorschlagen (*Fitting* Rn. 22). Wenn konkrete Vorstellungen über eine der oben genannten Komponenten der Personalplanung bestehen und der Unternehmer diese zur Basis seiner Handlungen macht, ist der BR in Kenntnis zu setzten. (BAG 19. 6. 1984 AP BetrVG 1972 § 92 Nr. 2). Bei bloßen Vorüberlegungen des AG im Hinblick auf den künftigen Arbeitskräftebedarf entsteht noch kein Informationsrecht des BR (*Löwisch* BetrVG Rn. 4). Der BR ist vom Unternehmer, unabhängig von der Ursache, die ihn zur Personalplanung motiviert hat, zu beteiligen (OLG Hamm 7. 12. 1977 DB 1978, 748).

Der BR ist **umfassend** zu unterrichten. Dieses Recht auf Vollständigkeit ist auch nicht durch einen 7
Hinweis auf den Tendenzcharakter des Betriebes oder die Gefährdung von Betriebsgeheimnissen einzuschränken (BAG 6. 11. 1990 AP BetrVG 1972 § 92 Nr. 4; *Fitting* Rn. 31; aA *Löwisch* BetrVG Rn. 6). Gem. Abs. 1 S. 1 bedarf es zur Vollständigkeit der Vorlage der zugrundegelegten Unterlagen, wie etwa Statistiken über Beschäftigte, Fluktuation, Krankenstand etc. Davon werden auch Personalunterlagen, Statistiken oder ähnliches, die durch EDV-Anlagen ermittelt oder berechnet wurden und möglicherweise nur als Datei bestehen, erfaßt (*Fitting* Rn. 25). Die Unterlagen müssen im Gegensatz zu § 80 II dem BR nicht zur Verfügung gestellt und für eine bestimmte Zeit überlassen werden, sondern es reicht aus, ihm **Einblick** zu gewähren (*Löwisch* BetrVG § 92 Rn. 6; GK-BetrVG/*Kraft* Rn. 26; LAG München 6. 8. 1986 BB 1987, 615; aA *Fitting* Rn. 30).

Es bedarf einer **rechtzeitigen** Unterrichtung des BR, was bedeutet, daß er bereits in einem 8
möglichst frühen Stadium der Planung hinzugezogen werden muß, um eine Einflußnahme überhaupt möglich zu machen.

Nach Abs. 1 S. 2 hat der AG mit dem BR über Art und Umfang und über die Vermeidung von 9
Härten zu beraten. Somit erstreckt sich nach dem Wortlaut das Beratungsrecht lediglich auf den Bereich der Personaldeckungsplanung. In den anderen Bereichen der Personalplanung ist der BR auf die Unterrichtung durch den AG und auf das Recht zur Unterbreitung von Vorschlägen an den AG beschränkt (GK-BetrVG/*Kraft* Rn. 29; *Heinze* Personalplanung Rn. 39; aA *Fitting* Rn. 34; DKK/*Schneider* Rn. 43). Bestehen im Bereich der **Personaldeckungsplanung** und demzufolge auch im Rahmen der Personalentwicklungs- bzw. Personaleinsatzplanung Uneinigkeiten oder sollen in diesen Bereichen Maßnahmen folgen, so haben die Parteien darüber mit ernstem Willen zur Einigung (Grundgedanke der §§ 2 und 74 I 2) zu beratschlagen. Freiwillig kann der AG natürlich auch über die anderen Komponenten der Personalplanung mit dem BR verhandeln. Eine Einigung kann vom BR jedoch nicht erzwungen werden. Es besteht zwar die Möglichkeit, eine Einigungsstelle einzuschalten oder ggf. zu errichten; diese kann allerdings nur mit dem Einverständnis beider Parteien angerufen werden (GK-BetrVG/*Kraft* Rn. 30).

Für den BR besteht gem. Abs. 2 die Möglichkeit, **Vorschläge für die Personalplanung** einzubrin- 10
gen. Einerseits ist der AG zwar nicht verpflichtet diese Vorschläge umzusetzen oder zu übernehmen, andererseits hat er diese ernsthaft in seine Überlegungen einzubeziehen (Grundgedanke des § 74 Abs. 1 iVm. § 2 I).

In Unternehmen, in denen eine Personalplanung für **mehrere Betriebe** durchgeführt wird, ist der 11
GesamtBR zuständig. Bei einer unternehmensübergreifenden Personalplanung ergibt sich die Zuständigkeit des KonzernBR (§ 58) für eine Personalplanung im Konzern.

IV. Sanktionen und Streitigkeiten

Kommt der Unternehmer seiner Unterrichtungspflicht nicht nach, droht ihm ein **Bußgeld** bis zu 12
20 000 DM gem. § 92 I 1 iVm. § 121. Verstöße gegen § 92 haben keinen Einfluß auf die Wirksamkeit der Personalplanung oder Maßnahmen bei Vollzug der Planung (HSG/*Schlochauer* Rn. 32). Im Falle von groben Verstößen des AG kommt ein Verfahren gem. § 23 III in Betracht. Bei **Streitigkeiten** über das Bestehen und den Umfang der in § 92 zuerkannten Rechte und über die aus § 92 entstehenden Pflichten entscheidet das ArbG im Beschlußverfahren (§ 2, §§ 80 ff. ArbGG).

§ 93 Ausschreibung von Arbeitsplätzen

¹ Der Betriebsrat kann verlangen, daß Arbeitsplätze, die besetzt werden sollen, allgemein oder für bestimmte Arten von Tätigkeiten vor ihrer Besetzung innerhalb des Betriebs ausgeschrieben werden. ² Er kann anregen, daß sie auch als Teilzeitarbeitsplätze ausgeschrieben werden. ³ Ist der Arbeitgeber bereit, Arbeitsplätze auch mit Teilzeitbeschäftigten zu besetzen, ist hierauf in der Ausschreibung hinzuweisen.

I. Normzweck

Die Vorschrift dient nach dem erklärten Willen des Gesetzgebers (BT-Drucks. VI/1786 S. 50) der 1
Aktivierung des innerbetrieblichen Arbeitsmarktes und damit zugleich auch der Transparenz betrieblicher Vorgänge und der Vermeidung von Verstimmungen über die Einstellung externer AN trotz eines

qualifizierten internen Angebots (BAG 23. 2. 1988 AP BetrVG 1972 § 93 Nr. 2; LAG Chemnitz 13. 8. 1993 AuA 1994, 26). Sie wahrt damit zwar allein die Interessen der Belegschaft (BAG 27. 7. 1993 AP BetrVG 1972 § 93 Nr. 3), geht indes nicht so weit, den Kreis der für eine Einstellung in Frage kommenden AN auf die innerbetrieblichen Bewerber zu beschränken (s. dazu unten Rn. 8). Ihnen sollen lediglich gleiche Chancen im Bewerbungsverfahren eingeräumt werden (HSG/*Schlochauer* § 93 Rn. 2).

II. Regelungsinhalt

2   **1. Begriff der Ausschreibung.** Eine Ausschreibung ist die schriftliche Aufforderung an alle AN oder eine bestimmte Gruppe von AN des Betriebs, sich um bestimmte Arbeitsplätze im Betrieb zu bewerben (BAG 23. 2. 1988 AP BetrVG 1972 § 93 Nr. 2; *Fitting* Rn. 5). Um eine Ausschreibung iSd. Gesetzes handelt es sich dabei nur, wenn aus ihr hervorgeht, um welchen Arbeitsplatz es sich handelt und welche Anforderungen der Bewerber erfüllen muß (BAG 23. 2. 1988 AP BetrVG 1972 § 93 Nr. 2; BAG 27. 10. 1992 AP BetrVG 1972 § 95 Nr. 29). Darüber hinaus schreibt das Gesetz keinen bestimmten **Inhalt der innerbetrieblichen Stellenausschreibung** vor. Aus Sinn und Zweck der Vorschrift ergibt sich jedoch, daß eine innerbetriebliche Ausschreibung denselben Inhalt aufweisen muß wie eine externe Ausschreibung, da andernfalls keine Chancengleichheit zwischen externen und internen Bewerbern bestünde (vgl. dazu unten Rn. 8 sowie § 99 Rn. 34).

3   **2. Zulässiger Inhalt des Ausschreibungsverlangens.** Der BR kann die Ausschreibung frei werdender oder neu geschaffener Arbeitsplätze allgemein oder nur für bestimmte Arten von Tätigkeiten verlangen. Diese Formulierung verdeutlicht zugleich, daß eine Ausschreibungspflicht **nicht für konkrete einzelne Arbeitsplätze** begründet werden kann (LAG Köln 1. 4. 1993 LAGE BetrVG 1972 § 93 Nr. 2; GK-BetrVG/*Kraft* Rn. 3; *Fitting* Rn. 3; aA DKK/*Buschmann* Rn. 3; *Kuhn/Wedde* AiB 1992, 546, 548). Ein auf einen bestimmten einzelnen Arbeitsplatz bezogenes Ausschreibungsverlangen kann daher nur ausgesprochen werden, wenn damit lediglich deklaratorisch auf eine bereits begründete allgemeine Ausschreibungsverpflichtung nach § 93, der im Einzelfall nachgekommen werden soll, hingewiesen wird. Zu besetzende Arbeitsplätze leitender Angestellter werden von der Ausschreibungspflicht nicht erfaßt (GK-BetrVG/*Kraft* Rn. 5; HSG/*Schlochauer* Rn. 3). Die Ausschreibungspflicht erstreckt sich nach einer Entscheidung des BAG vom 27. 7. 1993 (AP BetrVG 1972 § 93 Nr. 3) auch auf Arbeitsplätze, die nach dem Willen des AG mit freien Mitarbeitern besetzt werden sollen, wenn es sich bei der vorgesehenen Beschäftigung um eine Einstellung iSd. § 99 handelt. Dies ist jedoch nach der neuen Rspr. des BAG zu § 99 bei der Beschäftigung freier Mitarbeiter regelmäßig nicht der Fall (s. § 99 Rn. 8).

4   Das Ausschreibungsverlangen ist nur dann verbindlich, wenn es **zeitlich vor der Besetzung** eines Arbeitsplatzes allgemein oder für diese Art von Arbeitsplätzen ausgesprochen wurde. Ist dies nicht der Fall, so kann der Einstellung eines AN nicht mit Hinweis auf § 99 II Nr. 5 die Zustimmung verweigert werden (*Fitting* Rn. 3).

5   § 93 berechtigt den BR nicht, im Hinblick auf **Form und Inhalt** der Ausschreibung ein zwingendes Mitbestimmungsrecht geltend zu machen (BAG 27. 10. 1992 AP BetrVG 1972 § 95 Nr. 29; BAG 23. 2. 1988 AP BetrVG 1972 § 93 Nr. 2; GK-BetrVG/*Kraft* Rn. 11; HSG/*Schlochauer* Rn. 4; aA DKK/*Buschmann* Rn. 4; *Fitting* Rn. 4). Alles andere liefe auf die Begründung von Mitbestimmungsrechten bei der Bestimmung von Anforderungsprofilen für Arbeitsplätze hinaus (vgl. die Nachweise zur st. Rspr. bei BAG 23. 2. 1988 AP BetrVG 1972 § 93 Nr. 2). Daß die Ausschreibung einen bestimmten Mindestinhalt aufweisen muß, bedeutet daher nicht, daß dieser Inhalt auch mitbestimmungspflichtig ist. Es bleibt den Betriebspartnern unbenommen, über die Einzelheiten der Durchführung einer Ausschreibung eine freiwillige Betriebsvereinbarung zu schließen.

6   Mittelbar kann der BR lediglich im Fall des § 93 S. 2, 3 Einfluß auf den Inhalt der Ausschreibung nehmen. Danach ist der AG – sofern er der Anregung des BR auf Ausschreibung des Arbeitsplatzes auch als **Teilzeitarbeitsplatz** nachkommt – verpflichtet, auf die Möglichkeit der Besetzung des Arbeitsplatzes mit Teilzeitbeschäftigten hinzuweisen. Dieses „Anregungsrecht" verpflichtet den AG im übrigen lediglich, die Vorschläge des BR hinsichtlich der Beschäftigung von Teilzeitarbeitskräften zu überprüfen und mit ihm zu diskutieren; zur Schaffung derartiger Arbeitsplätze ist er nicht verpflichtet (*Fitting* Rn. 6a).

7   Dem Wortlaut der Vorschrift zufolge, kann nur eine **betriebsweite Ausschreibung** verlangt werden. Nach hM kann jedoch der Gesamt- bzw. KonzernBR in seinem Zuständigkeitsbereich eine **unternehmens- bzw. konzernweite Ausschreibung** verlangen (GK-BetrVG/*Kraft* Rn. 9; *Fitting* Rn. 5; aA HSG/*Schlochauer* Rn. 12). Das BAG hat die durch einen GesamtBR begründete Ausschreibungsverpflichtung nicht beanstandet (BAG 18. 11. 1980 AP BetrVG 1972 § 93 Nr. 1). Tatsächlich entspricht es der auch sonst im BetrVG üblichen Gesetzgebungstechnik, Beteiligungsrechte des BR zunächst nur im Hinblick auf einen Betrieb zu normieren. Ob eine Ausübung des Beteiligungsrechts durch den Gesamt- oder KonzernBR sinnvoll, praktikabel oder erforderlich ist, ist eine andere – nach den einschlägigen Zuständigkeitsvorschriften – zu beantwortende Frage.

III. Rechtsfolgen der Ausschreibungspflicht

Auch bei Bestehen einer innerbetrieblichen Ausschreibungsverpflichtung bleibt der AG berechtigt, 8 die Stelle **außerbetrieblich auszuschreiben** (GK-BetrVG/*Kraft* Rn. 12). Allerdings darf er in dieser Ausschreibung nicht geringere Anforderungen an den Bewerber stellen als in der betriebsinternen Ausschreibung (BAG 23. 2. 1988 AP BetrVG 1972 § 93 Nr. 2; vgl. auch § 99 Rn. 34). Der BR kann in diesem Fall der auf der Grundlage der externen Stellenausschreibung erfolgenden Einstellung gem. § 99 II Nr. 5 die **Zustimmung verweigern.** Darüber hinaus ist der BR berechtigt, seine Zustimmung zu verweigern, wenn die vermeintliche Ausschreibung nicht den oben (Rn. 3 ff.) angesprochenen Mindestinhalt aufweist und den AN eine sinnvolle Bewerbung daher nicht möglich ist.

§ 93 verpflichtet den AG nicht, einen Bewerber aus dem Betrieb vorrangig zu berücksichtigen 9 (BAG 18. 11. 1980 AP BetrVG 1972 § 93 Nr. 1). Die **Auswahlentscheidung** liegt – vorbehaltlich etwaiger Auswahlrichtlinien gem. § 95 sowie zwingender gesetzlicher Vorschriften – in seinem Ermessen.

IV. Streitigkeiten und Sanktionen

Schreibt der AG die Stelle entgegen der rechtzeitig begründeten Verpflichtung durch den BR nicht 10 aus, so kann dieser der daraufhin beabsichtigten Einstellung die Zustimmung gem. § 99 II Nr. 5 verweigern. Bei Streitigkeiten über den Inhalt und den Umfang der Ausschreibungspflicht entscheidet das ArbG im **Beschlußverfahren** (§§ 2 a I Nr. 1, 80 ff. ArbGG). Die trotz bestehender Verpflichtung wiederholte Weigerung, eine innerbetriebliche Ausschreibung durchzuführen, kann eine grobe Pflichtverletzung iSd. § 23 III darstellen.

§ 94 Personalfragebogen, Beurteilungsgrundsätze

(1) ¹Personalfragebogen bedürfen der Zustimmung des Betriebsrats. ²Kommt eine Einigung über ihren Inhalt nicht zustande, so entscheidet die Einigungsstelle. ³Der Spruch der Einigungsstelle ersetzt die Einigung zwischen Arbeitgeber und Betriebsrat.

(2) Absatz 1 gilt entsprechend für persönliche Angaben in schriftlichen Arbeitsverträgen, die allgemein für den Betrieb verwendet werden sollen, sowie für die Aufstellung allgemeiner Beurteilungsgrundsätze.

I. Normzweck

Die Mitbestimmung des BR bei Personalfragebogen dient dem Schutz des AN in seiner Menschen- 1 würde, seinem Persönlichkeitsrechts und seinem **Recht auf informationelle Selbstbestimmung** (BAG 9. 7. 1991 AP BetrVG 1972 § 87 Ordnung des Betriebs Nr. 19; BAG 21. 9. 1993 AP BetrVG 1972 § 94 Nr. 4; *Fitting* Rn. 2;). Dies geschieht dadurch, daß das Fragerecht des AG auf die Gegenstände beschränkt bleibt, an denen ein berechtigtes Interesse besteht (BT-Drucks. VI/1786 S. 50).

II. Personalbogen und persönliche Angaben in schriftlichen Arbeitsverträgen

1. Begriffe. Personalfragebogen ist dem Wortlaut nach ein Formular, in dem personenbezogene 2 Fragen nach einem bestimmten Schema zusammengestellt sind, die ein AN oder ein Bewerber um einen Arbeitsplatz schriftlich beantworten soll, um dem AG Aufschluß über seine Person und Qualifikation zu geben (BAG 21. 9. 1993 AP BetrVG 1972 § 94 Nr. 4; *Löwisch* BetrVG Rn. 3). Darüber hinaus werden wegen der Zielrichtung des § 94 alle formalisierten und standardisierten Informationserhebungen des AG über ANDaten vom Begriff des Personalfragebogens erfaßt (DKK/*Klebe* Rn. 3). Daraus ergibt sich, daß auch eine **mündliche Befragung** in der Form eines Tests oder Interviews, die anhand einer Checkliste und einer anschließenden schriftlichen Fixierung der Antworten erfolgt, unter § 94 fällt (BAG 21. 9. 1993 AP BetrVG 1972 § 94 Nr. 4; *Hanau* BB 1972, 451, 453). **Persönliche Angaben in schriftlichen Arbeitsverträgen** sind Angaben in allgemein und nicht nur individuell im Betrieb verwandten Arbeitsverträgen, wobei nur die Angaben zur Person erfaßt werden (GK-BetrVG/*Kraft* Rn. 9; DKK/*Klebe* Rn. 27).

2. Rechte des Betriebsrats. § 94 enthält ein Mitbestimmungsrecht und kein Initiativrecht (LAG 3 Düsseldorf 24. 7. 1984 DB 1985, 134, 135; LAG Frankfurt 8. 1. 1991 DB 1992, 534; DKK/*Klebe* Rn. 2). Dieses Mitbestimmungsrecht betrifft zunächst die bereits im Betrieb tätigen AN, aber auch die noch nicht beschäftigten Bewerber. Dagegen ist die Einholung von Informationen über den AN bei Dritten etwa einem früheren AG, einer Detektei oder beim MfS, nicht mitbestimmt (BAG 9. 7. 1991 AP BetrVG 1972 § 87 Ordnung des Betriebs Nr. 19; GK-BetrVG/*Kraft* Rn. 17; aA DKK/*Klebe* Rn. 5). Das Mitbestimmungsrecht bezieht sich auch auf die Frage, ob überhaupt ein Fragebogen eingeführt wird (DKK/*Klebe* Rn. 6; *Fitting* Rn. 6; aA *Löwisch* BetrVG Rn. 4). Die **Verwendung** der durch Fragebogen erhobenen Daten ist nicht im Rahmen des § 94 mitbestimmt, da die Art und Weise der Verwendung bereits durch § 87 I Nr. 6, die arbeitsvertragliche Treupflicht und gesetzliche Normen (wie das BDSG) geschützt ist und ein darüber hinausgehender Schutzzweck nicht aus der Norm des § 94 hervorgeht (GK-BetrVG/*Kraft* Rn. 16, *Löwisch* BetrVG Rn. 5; aA DKK/*Klebe* Rn. 7; *Fitting* Rn. 7). Ebenfalls **nicht mitbestimmt** sind **ärztliche Fragebogen** für die Einstellungsuntersuchung, da die Formulierung des Fragebogens vom Weisungsrecht des AG unabhängig ist und die Beantwortung der Fragen der ärztlichen Schweigepflicht unterliegt. Weiter gilt § 94 nicht für **Beurteilungsgrundsätze,** die unmittelbar auf die Höhe des Entgelts Einfluß haben (insofern greift aber evtl. § 87 I Nr. 10, 11), sowie **Stellenbeschreibungen** und Anforderungsprofile, da sich diese auf den Arbeitsplatz und nicht auf die Person der AN beziehen (GK-BetrVG/*Kraft* Rn. 11 ff. mwN). Bzgl. des **zulässigen Inhalts** von Fragebogen und den Rechtsfolgen bei falscher Beantwortung wird auf die Ausführungen zum Fragerecht des AG verwiesen (vgl. § 611 BGB Rn. 359 ff.). Bei Fragebogen, denen der BR nicht zugestimmt hat, ist die **Anfechtung** des Arbeitsverhältnisses durch den AG bei falscher Beantwortung zulässiger Fragen durch den Bewerber nicht ausgeschlossen, da § 94 lediglich das Verhältnis AG/BR und nicht das Verhältnis AG/AN regelt (GK-BetrVG/*Kraft* Rn. 32; HSG/*Schlochauer* Rn. 32; jetzt auch BAG 2. 12. 1999 DB 2000, 1418).

III. Beurteilungsgrundsätze

4   Beurteilungsgrundsätze sind Grundsätze, die der Beurteilung von Leistung und Verhalten der AN dienen und für eine bestimmte Gruppe von AN und nicht nur individuell gelten (GK-BetrVG/*Kraft* Rn. 10 mwN). **Beispiele** sind Grundsätze über die Effektivität der Arbeit, die Sorgfalt der Ausführung der Arbeit, über Selbständigkeit und Belastbarkeit, Zusammenarbeit und Anpassungsfähigkeit der AN (weitere Beispiele GK-BetrVG/*Kraft* Rn. 28, mehr und mehr auch allg. Grundsätze für Zielvorgaben (s. § 87 Rn. 21). Voraussetzung des Mitbestimmungsrechts ist die Verfestigung durch schriftliche Fixierung der Grundsätze und eine Anwendung nach einer bestimmten Verfahrensweise, die nicht nur konkret individuell erfolgt (GK-BetrVG/*Kraft* Rn. 10; DKK/*Klebe* Rn. 29). **Nicht mitbestimmt** sind Fähigkeitsprofile in bezug auf einzelne AN, Kriterien der Arbeitsplatzbewertung, Arbeitsplatzbeschreibung und sog. Funktionsbeschreibungen (GK-BetrVG/*Kraft* Rn. 27). Zu Beurteilungsgrundsätzen, die unmittelbar auf die Lohnhöhe Einfluß haben, s. oben Rn. 3.

IV. Streitigkeiten

5   Beim Streit über den Inhalt entscheidet gem. § 94 die Einigungsstelle verbindlich. Bei Anwendung des Personalfragebogens ohne Zustimmung des BR kann der BR ggf. gem. § 23 III vorgehen (GK-BetrVG/*Kraft* Rn. 38; DKK/*Klebe* Rn. 44). Einer Beurteilung, der der BR nicht zugestimmt hat, kann der AN widersprechen und verlangen, daß die Beurteilung nicht verwandt wird oder daß sie ggf. aus der Personalakte gestrichen wird (GK-BetrVG/*Kraft* Rn. 38).

§ 95 Auswahlrichtlinien

(1) ¹Richtlinien über die personelle Auswahl bei Einstellungen, Versetzungen, Umgruppierungen und Kündigungen bedürfen der Zustimmung des Betriebsrats. ²Kommt eine Einigung über die Richtlinien oder ihren Inhalt nicht zustande, so entscheidet auf Antrag des Arbeitgebers die Einigungsstelle. ³Der Spruch der Einigungsstelle ersetzt die Einigung zwischen Arbeitgeber und Betriebsrat.

(2) ¹In Betrieben mit mehr als 1000 Arbeitnehmern kann der Betriebsrat die Aufstellung von Richtlinien über die bei Maßnahmen des Absatzes 1 Satz 1 zu beachtenden fachlichen und persönlichen Voraussetzungen und sozialen Gesichtspunkte verlangen. ²Kommt eine Einigung über die Richtlinien oder ihren Inhalt nicht zustande, so entscheidet die Einigungsstelle. ³Der Spruch der Einigungsstelle ersetzt die Einigung zwischen Arbeitgeber und Betriebsrat.

(3) ¹Versetzung im Sinne dieses Gesetzes ist die Zuweisung eines anderen Arbeitsbereichs, die voraussichtlich die Dauer von einem Monat überschreitet, oder die mit einer erheblichen Änderung der Umstände verbunden ist, unter denen die Arbeit zu leisten ist. ²Werden Arbeitnehmer nach der Eigenart ihres Arbeitsverhältnisses üblicherweise nicht ständig an einem bestimmten Arbeitsplatz beschäftigt, so gilt die Bestimmung des jeweiligen Arbeitsplatzes nicht als Versetzung.

I. Vorbemerkung

1   § 95 dient dem Zweck, die erforderlichen **personellen Entscheidungen** des AG durchschaubarer zu machen und zu versachlichen; der Betriebsfrieden und eine gerechtere Behandlung der AN wird dadurch gefördert, daß die Entscheidung des AG an **objektive Kriterien** gebunden wird (GK-BetrVG/*Kraft* Rn. 1). Willkürliche Personalveränderungen sollen dem AG so unmöglich gemacht werden.

Zu beachten ist die Größe des jeweiligen Betriebes: Sind **bis zu 1000 AN** beschäftigt, steht dem AG 2
die Einführung von Auswahlrichtlinien frei. Entscheidet er sich jedoch dafür, bedürfen diese der
Zustimmung des BR (Abs. 1). Demgegenüber kann der BR in Betrieben mit **mehr als 1000 AN** gem.
Abs. 2 die Aufstellung von Auswahlrichtlinien verlangen, da hier angesichts der häufiger anfallenden
gleichartigen personellen Maßnahmen eine Objektivierung besonders notwendig ist (HSG/*Schlochauer* Rn. 2; *Fitting* Rn. 2). § 95 verstärkt somit die Mitwirkungsrechte des BR in der Personaldeckungsplanung erheblich (GK-BetrVG/*Kraft* Rn. 1).

II. Auswahlrichtlinien

Auswahlrichtlinien sind Grundsätze, die der Entscheidungsfindung bei personellen Einzelmaßnah- 3
men dienen sollen, wenn für diese mehrere AN und Bewerber in Frage kommen (HSG/*Schlochauer*
Rn. 4). Durch sie können, wie sich aus Abs. 2 S. 1 ergibt, die zu beachtenden **fachlichen, persönlichen
und sozialen Voraussetzungen** festgelegt werden (*Löwisch* BetrVG Rn. 3, 4). Auswahlrichtlinien
tragen somit abhängig von ihrer Vollständigkeit mehr oder weniger dazu bei, personelle Einzelmaßnahmen vorherzubestimmen und so zu objektivieren (*Fitting* Rn. 4).

Auswahlrichtlinien setzen voraus, daß sie **nicht nur für einen Einzelfall,** sondern für alle zukünfti- 4
gen personellen Einzelmaßnahmen gelten sollen. Ein für eine konkrete Betriebsänderung aufgestelltes
Punkteschema zur Sozialauswahl bei betriebsbedingten Kündigungen ist deshalb keine Auswahlrichtlinie, die der Zustimmung des BR bedarf (LAG Niedersachsen 18. 10. 1994 DB 1995, 2375; *Löwisch*
BetrVG Rn. 2). Dies hindert die Betriebspartner nicht, eine konkrete Betriebsänderung zum Anlaß für
die Aufstellung dauerhaft geltender Richtlinien zu nehmen.

Schriftlich abgeschlossene Auswahlrichtlinien bzw. solche, die auf einem Spruch der Einigungsstelle 5
beruhen, sind regelmäßig **Betriebsvereinbarungen** (GK-BetrVG/*Kraft* Rn. 6; *Fitting* Rn. 6). Davon
ist jedenfalls seit der Neufassung von § 1 IV KSchG durch das Arbeitsrechtliche Beschäftigungsförderungsgesetz 1996 auszugehen. **Schriftform** ist allerdings nicht vorgeschrieben, so daß Auswahlrichtlinien auch als formlose Regelungsabreden vereinbart werden können. Anerkannt ist, daß auch in
diesem Fall § 77 V entsprechend gilt, so daß ein einseitiger Widerruf der Richtlinien ohne Wahrung
der Kündigungsfrist nicht möglich ist (GK-BetrVG/*Kraft* Rn. 5). **Nachwirkung** entfalten Auswahlrichtlinien nur im Anwendungsbereich von § 95 II (*Fitting* Rn. 12; GK-BetrVG/*Kraft* Rn. 8; aA
DKK/*Klebe* Rn. 13).

III. Mitbestimmung des Betriebsrats

Abs. 1 sieht ein Mitbestimmungsrecht des BR bei Betrieben mit bis zu 1000 AN nur vor, wenn der 6
AG, der hier nach seinem Ermessen handeln kann und das alleinige **Initiativrecht** hat (*Fitting* Rn. 12),
Auswahlrichtlinien aufstellen will. Entschließt sich der AG dafür, bedarf sowohl die Aufstellung an
sich als auch der Inhalt der Richtlinien der Zustimmung des BR (HSG/*Schlochauer* Rn. 38). Für die
Feststellung der erforderlichen Betriebsgröße ist dabei auf die **„regelmäßige" Zahl von AN** abzustellen (GK-BetrVG/*Kraft* Rn. 22; DKK/*Klebe* Rn. 15).

Bei Richtlinien, die nach Abs. 1 zustandekommen, kann über die in Abs. 2 genannten fachlichen 7
und persönlichen Voraussetzungen und sozialen Gesichtspunkte hinaus auch die **Regelung des Auswahlverfahrens** selbst Gegenstand sein, da hier umfassender von „Richtlinien über die personelle
Auswahl" die Rede ist (GK-BetrVG/*Kraft* Rn. 19).

Abs. 2 sieht anders als Abs. 1 für Betriebe mit mehr als 1000 AN ein **Initiativrecht des BR** vor, so 8
daß im Falle der Nichteinigung Auswahlrichtlinien über die Einigungsstelle erzwungen werden
können.

Wird vom AG die Aufstellung von einheitlichen Auswahlrichtlinien für alle Betriebe eines Unter- 9
nehmens gewünscht und besteht hierzu eine zwingende Notwendigkeit, kann eine Zuständigkeit des
GesamtBR gegeben sein; dieser besitzt allerdings nur für die Betriebe das Initiativrecht nach Abs. 2,
die mehr als 1000 AN beschäftigen (GK-BetrVG/*Kraft* Rn. 24; HSG/*Schlochauer* Rn. 42; aM *Fitting*
Rn. 14; DKK/*Klebe* Rn. 20).

IV. Auswahlgesichtspunkte

Gem. Abs. 2 S. 1 sollen sich die Auswahlrichtlinien auf die fachlichen und persönlichen Voraus- 10
setzungen und sozialen Gesichtspunkte der aufgezählten personellen Einzelmaßnahmen erstrecken.

Bei **Einstellungen** und **Versetzungen** (vgl. hierzu die Anm. bei § 99 Rn. 4 ff.) hat der AG, sofern 11
nicht ein individueller Rechtsanspruch des AN gegeben ist, einen verhältnismäßig weiten Ermessensspielraum, der durch Richtlinien kanalisiert und konkretisiert werden kann (*Fitting* Rn. 16). Bei
Versetzungen kann die Einigungsstelle bei der Aufstellung von Auswahlrichtlinien eine Bewertung in
Form eines **Punktesystems** beschließen, wobei dem AG noch ein Entscheidungsspielraum verbleiben
muß (BAG 27. 10. 1992 AP BetrVG 1972 § 95 Nr. 29; dazu *Hanau,* FS für Beusch, 1993, S. 361).

In Form von Auswahlrichtlinien können **fachliche Voraussetzungen** vorgegeben werden, um eine 12
Auswahl unter mehreren Bewerbern zu ermöglichen, die alle der Mindestanforderung eines erstellten

Anforderungsprofils genügen. Bei den auf der Grundlage von Stellenbeschreibungen erstellten Anforderungsprofilen selbst, die die generellen Anforderungen an den Inhaber der zu besetzenden Stelle festlegen, handelt es sich jedoch noch nicht um Auswahlrichtlininen, solange sie nicht als Gesichtspunkte für die konkrete Auswahl bestimmt sind (BAG 31. 5. 1983 AP BetrVG 1972 § 95 Nr. 2; GK-BetrVG/*Kraft* Rn. 30; aM *Fitting* Rn. 16).

13 Mögliche Auswahlkriterien im **persönlichen Bereich** sind beispielsweise das Alter, Gesundheitszustand, Belastbarkeit und Führungsverhalten (*Fitting* Rn. 16).

14 Zu den **sozialen Gesichtspunkte** zählen etwa der Familienstand, die Dauer der Betriebszugehörigkeit und Unterhaltspflichten.

15 Bei Kündigungen liegt der Reiz der Aufstellung von Auswahlkriterien in der Sonderregelung des § 1 IV KSchG. § 1 IV ist zum 1. 10. 1996 eingeführt und zum 1. 1. 1999 geändert worden. Nach der Neufassung der Vorschrift kann in einer Kündigungsrichtlinie auch festgelegt werden, „welche sozialen Gesichtspunkte nach Absatz 3 S. 1 zu berücksichtigen sind". Damit eröffnet die Vorschrift den Betriebspartnern die Mögigkeit, den seit Neufassung von § 1 IV KSchG wieder offenen Katalog der Sozialauswahlkriterien auf eine abschließende (und praktisch handhabbare) Zahl von Kriterien zurückzuschrauben und damit die Sozialauswahl der Rechtslage zwischen dem 1. 10. 1996 und dem 31. 12. 1998 anzunähern. Die auf der Grundlage einer solchen Richtlinie erfolgte Sozialauswahl kann nur auf grobe Fehlerhaftigkeit überprüft werden. Raum für eine abschließende Einzelfallentscheidung des AG braucht bei verbindlicher Festlegung der Sozialauswahlkriterien und der Bewertungsgesichtspunkte nicht belassen zu werden (LAG Düsseldorf 17. 3. 2000 NZA-RR 2000, 421).

16 Die Aufstellung von Richtlinien für **verhaltensbedingte** Kündigungen ist mangels Voraussehbarkeit der möglichen Tatbestände praktisch nicht möglich (*Fitting* Rn. 20). Dasselbe gilt für Umgruppierungen, da hier keine Auswahlmöglichkeit für den AG besteht (GK-BetrVG/*Kraft* Rn. 34).

V. Begriff der Versetzung (Abs. 3)

17 Der Begriff der Versetzung wird wegen des Sachzusammenhangs bei § 99 Rn. 13 erläutert.

VI. Streitigkeiten

18 Bestehen Streitigkeiten über Inhalt und Umfang des Mitbestimmungsrechts, werden diese vom ArbG im **Beschlußverfahren** nach §§ 2a, 80 ff. ArbGG entschieden. Bleibt eine Einigung zwischen AG und BR über den zweckmäßigen Inhalt der Auswahlrichtlinien im Rahmen der gesetzlichen Vorschriften aus, entscheidet die **Einigungsstelle** verbindlich. Diese kann im Fall des Abs. 1 nur durch den AG, im Fall des Abs. 2 sowohl durch den AG als auch durch den BR angerufen werden.

Zweiter Unterabschnitt. Berufsbildung

§ 96 Förderung der Berufsbildung

(1) ¹Arbeitgeber und Betriebsrat haben im Rahmen der betrieblichen Personalplanung und in Zusammenarbeit mit den für die Berufsbildung und den für die Förderung der Berufsbildung zuständigen Stellen die Berufsbildung der Arbeitnehmer zu fördern. ²Der Arbeitgeber hat auf Verlangen des Betriebsrats mit diesem Fragen der Berufsbildung der Arbeitnehmer des Betriebs zu beraten. ³Hierzu kann der Betriebsrat Vorschläge machen.

(2) ¹Arbeitgeber und Betriebsrat haben darauf zu achten, daß unter Berücksichtigung der betrieblichen Notwendigkeiten den Arbeitnehmern die Teilnahme an betrieblichen oder außerbetrieblichen Maßnahmen der Berufsbildung ermöglicht wird. ²Sie haben dabei auch die Belange älterer Arbeitnehmer, Teilzeitbeschäftigter und von Arbeitnehmern mit Familienpflichten zu berücksichtigen.

I. Vorbemerkung

1 Ein **Wandel der Berufsbildung** vollzieht sich sowohl im Bereich beruflicher Ausbildung wie beruflicher Weiterbildung infolge des Erfordernisses lebenslangen Lernens (dazu BVerfG 15. 12. 1987 AP GG Art. 12 Nr. 62). Voraussetzungen dafür werden in der Berufsausbildung geschaffen, indem ein Großteil der Berufsausbildungsordnungen reformiert und neue Berufsbilder geschaffen werden (s. ArbRGegw. 33 (1996), S. 119 ff.; Berufsbildungsbericht 1998, S. 73 f.). Berufliche Weiterbildung ist gekennzeichnet durch Bemühungen um Qualitätssicherung, Lean Management, Outsourcing und informelles Lernen im Arbeitsprozeß, häufig mit Hilfe von Multimediaanwendungen (Berufsbildungsbericht 1996, S. 115 ff.). An beruflicher Weiterbildung nahmen 1994 24% der Deutschen zwischen 19 bis 64 Jahren teil. Geschlechtsspezifische Unterschiede sind ebenso minimal wie die Abweichungen im Ost-West-Vergleich (Berichtssystem Weiterbildung VI, Bonn 1996). Die Aufwendungen der privaten gewerblichen Wirtschaft haben 1992 für berufliche Weiterbildung 36,5 Mrd. DM be-

II. Begriff der Berufsbildung § 96 BetrVG 210

tragen, für alle Bereiche beruflicher Weiterbildung etwa 100 Mrd. DM (Berufsbildungsbericht 1996, S. 115).

Allgemein wird die Bedeutung der Berufsbildung sowie die **hohe Relevanz der Beteiligungsrechte** 2 hieran betont (*Fitting* Rn. 2 mwN). In der Praxis wirken die BR allerdings vergleichsweise selten entscheidend an Berufsbildungsmaßnahmen mit (*Oetker*, Die Mitbestimmung der Betriebs- und Personalräte bei der Durchführung von Berufsbildungsmaßnahmen, 1986, S. 263 ff.).

Normzweck der §§ 96 ff. ist die Berücksichtigung der Belegschaftsinteressen im Rahmen der Be- 3 rufsbildung, insb. eine ordnungsgemäße Durchführung der Bildungsmaßnahme sowie eine gerechte Beteiligung der AN an den bestehenden Bildungsmöglichkeiten (MünchArb/*Matthes* 343 Rn. 1 ff.; GK-BetrVG/*Kraft* Rn. 1). Zudem sollen alle Maßnahmen in den Betrieben der Mitbestimmung des BR unterworfen sein, die den AN diejenigen Kenntnisse und Erfahrungen verschaffen, die der Ausfüllung ihres Arbeitsplatzes und ihrer beruflichen Tätigkeit dienen (BAG 31. 1. 1969 AP BetrVG 1952 § 56 Berufsausbildung Nr. 1; BAG 5. 11. 1985 AP BetrVG 1972 § 98 Nr. 2). Der **gesetzliche Normzusammenhang** von §§ 96 bis 98 mit § 92 im Abschnitt „Personelle Angelegenheiten" ergibt, daß Berufsbildung in engem Bezug zur Personalplanung steht. Berufsbildung trägt dazu bei, einen bestehenden Personalbedarf innerbetrieblich durch Qualifikation zu decken, wobei dies unter Berücksichtigung der §§ 96 ff. zu erfolgen hat (GK-BetrVG/*Kraft* § 92 Rn. 15, § 96 Rn. 1). Ein Mitbestimmungsrecht ist dem BR lediglich zu den in § 98 erfaßten Gegenständen eingeräumt, die Rechte aus §§ 96, 97 beinhalten Beratungs-, Vorschlags- und Förderungsrechte.

II. Begriff der Berufsbildung

1. **Persönlicher Geltungsbereich** von § 96 ist ebenso wie von §§ 97, 98 die Berufsbildung der AN 4 iSd. §§ 5, 6. Berufsbildung **für leitende Angestellte** ist mitbestimmungsfrei (DKK/*Buschmann* § 98 Rn. 25). Berufsbildung **zum leitenden Angestellten** oder für eine Aufgabe, die leitende Angestellte idR wahrnehmen, ist nach hM mitbestimmungspflichtig (*Fitting* § 98 Rn. 36; DKK/*Buschmann* § 98 Rn. 25; GK-BetrVG/*Kraft* § 98 Rn. 37 hält nicht die Durchführung, wohl aber die Teilnehmerauswahl für mitbestimmungspflichtig).

2. **Sachlicher Geltungsbereich.** Das Gesetz definiert den **Begriff** der Berufsbildung nicht. In Rspr. 5 und Literatur wird von einem weiten Verständnis ausgegangen, das zumindest alle Maßnahmen gem. § 1 I BBiG umfaßt, also **Berufsausbildung, berufliche Fortbildung** und **berufliche Umschulung** (BAG 5. 11. 1985 AP BetrVG 1972 § 98 Nr. 2; BAG 23. 4. 1991 AP BetrVG 1972 § 98 Nr. 7; BAG 28. 1. 1992 AP BetrVG 1972 § 96 Nr. 1; *Fitting* Rn. 12 f.; GK-BetrVG/*Kraft* Rn. 4).

Die im BBiG vorzufindende Differenzierung war auch in den bis 1997 geltenden §§ 33 bis 52 AFG 6 verankert, was als Beleg dafür angesehen wurde, daß der Gesetzgeber den in verschiedenen Gesetzen normierten Begriff der Berufsbildung gleich verwandt habe (GK-BetrVG/*Kraft* Rn. 4). Zumindest für das Arbeitsförderungsrecht fällt dieser Beleg jetzt weg, da das ab dem 1. 1. 1998 geltende SGB III zwischen Förderung der Berufsausbildung (Fünfter Abschnitt, §§ 59 ff. SGB III) und Förderung der beruflichen Weiterbildung (Sechster Abschnitt, §§ 77 ff. SGB III) unterscheidet. Indes wird dadurch der Begriff der Berufsbildung für das BetrVG nicht enger. Weder die Dreiteilung des Berufsbildungsbegriffes im BBiG noch die neue Zweiteilung im SGB III vermögen den Begriff der Berufsbildung zu erschöpfen. Der gesetzliche Normzweck (s. o. Rn. 3) erfordert über die Definition der Begriffe in BBiG und AFG/SGB III hinaus, daß **jede Maßnahme, die den AN diejenigen Kenntisse und Erfahrungen verschaffen soll, die zur Ausfüllung ihres Arbeitsplatzes und ihrer beruflichen Tätigkeiten dienen**, den Beteiligungsrechten aus §§ 96 ff. unterfällt (hM, BAG 23. 4. 1991 AP BetrVG 1972 § 98 Nr. 7; BAG 20. 4. 1993 AP BetrVG 1972 § 99 Nr. 106; *Fitting* Rn. 13.; GK-BetrVG/*Kraft* Rn. 8; aA *Eich* DB 1974, 2154, 2155 und HSG/*Glaubitz* Rn. 4, die den Begriff der Berufsbildung des BBiG für das BetrVG übernehmen wollen). Vonnöten ist eine systematische Vermittlung der Kenntnisse und Fähigkeiten (BAG 5. 11. 1985 AP BetrVG 1972 § 98 Nr. 2; zuletzt BAG 28. 1. 1992 AP BetrVG 1972 § 96 Nr. 1; *Fitting* Rn. 13).

Von § 1 I BBiG nicht erfaßte **Bildungsmaßnahmen,** die aber den Beteiligungsrechten der §§ 96 ff. 7 unterfallen, sind Maßnahmen gem. § 19 BBiG; dazu gehören relativ kurzzeitig durchgeführte Ausbildungsmaßnahmen für Anlernlinge und Praktikanten, sofern ihnen ein gewisser Plan zugrundeliegt (GK-BetrVG/*Kraft* Rn. 8; *Fitting* Rn. 14; aA HSG/*Glaubitz* Rn. 5, die diese Maßnahmen nur § 98 VI unterwerfen). Die Art der Maßnahme ist unerheblich, solange die Voraussetzung der **berufsbezogenen systematischen Vermittlung** erfüllt ist. Betriebliche Lehrgänge (BAG 4. 12. 1990 AP BetrVG 1972 § 97 Nr. 1), Seminare, Bildungsprogramme, Veranstaltungen zum Zweck des Erfahrungsaustausches, Besuch von Ausstellungen, Messen, Kongressen und Traineeprogramme können daher Berufsbildungsmaßnahmen sein (*Fitting* Rn. 13; DKK/*Buschmann* Rn. 7). Qualitätszirkel nur, soweit sie berufsbildende Elemente haben (*Fitting* Rn. 30; DKK/*Buschmann* Rn. 9; generell dagegen GK-BetrVG/ *Kraft* Rn. 18). Assessment-Center gehören nicht zu Maßnahmen der Berufsbildung, da sie zur Personalauswahl außerbetrieblicher Bewerber dienen; allerdings unterliegt eine Einweisung in den Arbeitsplatz, die nur als Assessment-Center bezeichnet wird, den Rechten aus § 98 (BAG 20. 4. 1993 AP

BetrVG 1972 § 99 Nr. 106 unter B.II.2.) Sonstige Maßnahmen iSv. § 98 VI (s. dort) gehören nicht zur Berufsbildung, da der berufliche Bezug fehlt (*Fitting* Rn. 13; aA *Natzel* S. 514 f.). Ausf. zum Begriff der Berufsbildung *Gilberg*, Die Mitwirkung des BR bei der Berufsbildung, 1999.

8 Die Beteiligung des BR bezieht sich auf **betriebliche Maßnahmen**. Eine solche liegt nach herrschendem funktionalen Verständnis immer dann vor, wenn der AG Träger bzw. Veranstalter der Bildungsmaßnahme ist, unabhängig von der örtlichen Durchführung. Dabei muß die Maßnahme für die eigenen AN durchgeführt werden, zumindest müssen sie anteilmäßigen Vorrang haben (BAG 4. 12. 1990 AP BetrVG 1972 § 97 Nr. 1; BAG 12. 11. 1991 AP BetrVG 1972 § 98 Nr. 8). Träger oder Veranstalter ist der AG, wenn er auf Inhalt und Organisation rechtlich einen beherrschenden Einfluß hat (BAG 4. 12. 1990 AP BetrVG 1972 § 97 Nr. 1; BAG 12. 11. 1991 AP BetrVG 1972 § 98 Nr. 8).

9 Das **Verhältnis zwischen Berufsbildungsmaßnahmen und Unterrichtung gem. § 81 I** wirft Probleme auf. Die hM trennt scharf zwischen Berufsbildungsmaßnahmen und Unterrichtung gem. § 81 I 1 (BAG 5. 11. 1985 AP BetrVG 1972 § 98 Nr. 2; BAG 23. 4. 1991 AP BetrVG 1972 § 98 Nr. 7; *Fitting* Rn. 14; nach aA sind Überschneidungen möglich, GK-BetrVG/*Kraft* Rn. 11 mwN). Eine Unterrichtung gem. § 81 soll nur vorliegen können, wenn der AN die für die Ausübung der Tätigkeit am vorgesehenen Arbeitsplatz erforderlichen beruflichen Kenntnisse und Fähigkeiten bereits besitzt (BAG 23. 4. 1991 AP BetrVG 1972 § 98 Nr. 7), insb. wenn er die Voraussetzungen der Stellenbeschreibung des konkreten Arbeitsplatzes erfüllt (GK-BetrVG/*Kraft* Rn. 14). Auch bei kollektiven Veranstaltungen können die Voraussetzungen des § 81 erfüllt sein. Findet eine organisierte Veranstaltung zur Verbesserung der Freundlichkeit und Hilfsbereitschaft Kunden gegenüber statt, so liegt eine Einweisung gem. § 81 vor (BAG 28. 1. 1992 AP BetrVG 1972 § 96 Nr. 1; krit. *Fitting* Rn. 29).

III. Normgehalt

10 **1. Förderungspflicht.** Abs. 1 S. 1 verpflichtet AG und BR zur Förderung der Berufsbildung, beläßt Planung und Konzeption aber in der Zuständigkeit des AG. Inhaltlich soll die Förderungspflicht unter Anwendung der Maßstäbe von § 75 I allen AN des Betriebs die gleiche Möglichkeit zur Teilnahme an Berufsbildung sichern (DKK/*Buschmann* Rn. 21). Ein Mitbestimmungsrecht besteht ausschließlich in § 98, dh. der AG entscheidet frei über die Einführung betrieblicher Bildungsmaßnahmen (*Fitting* Rn. 31; GK-BetrVG/*Kraft* Rn. 19; im Einzelfall für eine Pflicht zur Einführung von Berufsbildungsmaßnahmen *Hamm* AuR 1992, 326, 328). Dem AN erwächst kein Individualanspruch auf Förderung, dieser kann sich aber zB aus den ANWeiterbildungsgesetzen der Länder ergeben (*Fitting* Rn. 31; GK-BetrVG/*Kraft* Rn. 19). Die Förderung hat im Rahmen der betrieblichen Personalplanung und **in Zusammenarbeit mit den für die Berufsbildung und den für die Förderung der Berufsbildung zuständigen Stellen** zu erfolgen. Zuständig für die Berufsbildung sind verschiedene Kammern (§§ 74, 75, 79, 87, 89, 91 BBiG), die nach § 97 BBiG durch Rechtsverordnung bestimmten Stellen sowie jeweilige Landesausschüsse und der Berufsbildungsausschuß (§§ 55 ff. BBiG). Für die Förderung der Berufsbildung zuständig ist die BA sowie die ihr nachgeordneten Stellen, berufs- und weiterbildende Schulen, AGVerbände und Gewerkschaften, soweit sie sich mit Berufsbildung und ihrer Förderung befassen (GK-BetrVG/*Kraft* Rn. 24).

11 **2. Beratungsanspruch und Vorschlagsrecht (Abs. 1 S. 2, 3)** des BR bestehen unabhängig von der nach § 92 I vorausgesetzten Personalplanung. Der BR muß die Beratung fordern; nur für die von § 97 erfaßten Angelegenheiten kommt es auf das Verlangen des BR nicht an (GK-BetrVG/*Kraft* Rn. 26; *Fitting* Rn. 40). **Beratungsgegenstand** sind alle mit der Berufsbildung im Zusammenhang stehenden Themen. So gehören etwa konkrete Einzelfragen im Rahmen einer laufenden Berufsbildungmaßnahme ebenso dazu wie Fragen der Aufgabe und Einstellung von Berufsbildungsmaßnahmen (MünchArb/*Matthes* § 343 Rn. 6). Gleiches gilt für das **Vorschlagsrecht**, das im Falle seiner Ausübung dazu führt, daß die Betriebspartner mit dem Ziel einer Verständigung beraten müssen (vgl. § 74 I 2). Vorschläge des BR können sich zB auf die Erhebung des Bildungsbedarfs oder die Einführung einer Bildungsplanung beziehen.

12 **3. Ermöglichung der Berufsbildungsteilnahme.** Abs. 2 verpflichtet die Betriebspartner, unter Berücksichtigung der betrieblichen Notwendigkeiten den AN Berufsbildung zu ermöglichen, wobei S. 2 besonders die Berücksichtigung von benachteiligten Gruppen fordert. Abs. 2 gewährt ebenso wie Abs. 1 keinen Rechtsanspruch einzelner AN, keine Kostentragungspflicht des AG und keinen Freistellungsanspruch des AN (HSG/*Glaubitz* Rn. 16; GK-BetrVG/*Kraft* Rn. 29). Die ausdrückliche Erwähnung von älteren AN, Teilzeitbeschäftigten und AN mit Familienpflichten ergänzt § 75 I 1 und 2 sowie § 80 I Nr. 2 a und 6 und **dient der Chancengleichheit.** Zumindest bezüglich älterer AN ist das Ziel gleichberechtigter Teilhabe an Berufsbildung noch nicht erreicht worden. Teilzeitbeschäftigte und AN mit Familienpflichten sind häufig Frauen, so daß die Vorschrift auch mittelbarer Diskriminierung entgegenwirken soll (vgl. GK-BetrVG/*Kraft* Rn. 30). Dazu sollen zB Veranstaltungen mit geringerem zeitlichen Umfang oder Tagesveranstaltungen mit Kinderbetreuung angeboten werden (*Fitting* Rn. 37 a).

IV. Streitigkeiten

Streitigkeiten über Informations-, Beratungs- oder Vorschlagsrechte entscheiden die ArbG im 13 Beschlußverfahren, §§ 2 a, 80 ff. ArbGG. Weigert sich der AG, Fragen der Berufsbildung zu beraten, kann auch die Einleitung eines Verfahrens nach § 23 III in Betracht kommen, wenn ein „grober Verstoß" gegen die Pflichten vorliegt. Bei groben Pflichtverletzungen des BR kommt ein Verfahren nach § 23 I in Betracht.

§ 97 Einrichtungen und Maßnahmen der Berufsbildung

Der Arbeitgeber hat mit dem Betriebsrat über die Errichtung und Ausstattung betrieblicher Einrichtungen zur Berufsbildung, die Einführung betrieblicher Berufsbildungsmaßnahmen und die Teilnahme an außerbetrieblichen Berufsbildungsmaßnahmen zu beraten.

I. Verhältnis zu den Rechten aus § 96

§ 97 ergänzt § 96 um ein besonderes Beratungsrecht und statuiert im Gegensatz zu § 96 eine von 1 dem Verlangen des BR unabhängige Beratungspflicht (*Fitting* Rn. 1). Im übrigen gilt das zu § 96 Gesagte, dh. der Begriff der Berufsbildung ist gleich und die freie unternehmerische Entscheidung bleibt auch bei § 97 unangetastet (GK-BetrVG/*Kraft* Rn. 3). Zu Streitigkeiten s. § 96 Rn. 13.

II. Beratungsrechte

Die Errichtung und Ausstattung **betrieblicher Einrichtungen zur Berufsbildung** erfaßt solche 2 Einrichtungen, die ohne das Erfordernis einer organisatorischen Verselbständigung dauerhaft den Zweck der Berufsbildung zumindest auch der betriebsangehörigen AN verfolgen (GK-BetrVG/*Kraft* Rn. 4). Als solche kommen in Betracht: zB Lehrwerkstätten, Lehrlingsecken, Unterrichtsräume, Umschulungswerkstatt, Betriebliches Bildungszentrum, Ausbildungslabors und -büros (*Fitting* Rn. 3). Die Einbeziehung einer Beschäftigungs- und Qualifizierungsgesellschaft (dafür DKK/*Buschmann* Rn. 1) sollte davon abhängig gemacht werden, in welchem Umfang sie für den Betrieb tätig wird. Sofern die Voraussetzungen einer Sozialeinrichtung erfüllt sind, besteht für Form, Ausgestaltung und Verwaltung der Berufsbildungseinrichtung ein Mitbestimmungsrecht nach § 87 I Nr. 8 (GK-BetrVG/*Kraft* Rn. 5).

Gegenstand des Beratungsrechts ist die **Errichtung und Ausstattung.** Wenn der AG die Errichtung 3 von Berufsbildungseinrichtungen plant, muß er die Beratungsinitiative ergreifen (dazu *Fitting* Rn. 3). Die Ausstattung bezieht sich auf die sachliche, finanzielle und personelle Ausstattung; bei letzterer ist zusätzlich § 98 II und V zu beachten. Zur sachlichen Ausstattung zählen etwa die Anschaffung technischer Anlagen, Maschinen, Werkzeug und Lehrmaterial (DKK/*Buschmann* Rn. 2; GK-BetrVG/*Kraft* Rn. 5) Daneben ist Beratungsgegenstand auch die **Änderung** (hM *Fitting* Rn. 3; GK-BetrVG/*Kraft* Rn. 4; aA HSG/*Glaubitz* Rn. 3) und **Schließung bzw. Beseitigung** von Einrichtungen (hM *Galperin/Löwisch* BetrVG Rn. 17; *Hamm* AuR 1992, 326, 328; *Natzel* Berufsbildungsrecht S. 521; aA GK-BetrVG/*Kraft* Rn. 4).

Die **Einführung betrieblicher Berufsbildungsmaßnahmen** bezieht sich auf alle betrieblichen 4 Maßnahmen, die der Berufsbildung dienen (vgl. zum Begriff der Berufsbildung § 96 Rn. 4 ff.). Dazu können zB Fortbildungskurse, Traineemaßnahmen, betrieblicher Zusatzunterricht für Auszubildende, Einführung in neue technische Verfahren oder Werkstoffe gehören (DKK/*Buschmann* Rn. 3; *Fitting* Rn. 5). Ebenso wie im Rahmen von § 96 muß hier der Berufsbildungsbegriff gegen Maßnahmen abgegrenzt werden, die sich aus dem Individualanspruch des AN gem. § 81 I und II auf Unterrichtung ergeben (vgl. § 96 Rn. 9). Bei der Durchführung betrieblicher Berufsbildungsmaßnahmen besteht das Mitbestimmungsrecht aus § 98 I.

Die **Teilnahme an außerbetrieblichen Berufsbildungsmaßnahmen** erfaßt die von betriebsfremden 5 Trägern der Berufsbildung, etwa von Kammern und AA, überbetrieblichen Einrichtungen, Gewerkschaften oder AG durchgeführten Maßnahmen (GK-BetrVG/*Kraft* Rn. 7). Das Beratungsrecht erstreckt sich auf die Frage, ob der AG sich an solchen Maßnahmen beteiligen soll und welchen AN er die Teilnahme ermöglichen soll, auf Themen, Kurse, Träger, Zeitpunkt und Dauer der Maßnahme (DKK/*Buschmann* Rn. 4, GK-BetrVG/*Kraft* Rn. 7). Die Mitbestimmungsrechte nach § 98 sind zu beachten, da sie weitergehende Rechte bezüglich der Beratungsgegenstände eröffnen.

§ 98 Durchführung betrieblicher Bildungsmaßnahmen

(1) **Der Betriebsrat hat bei der Durchführung von Maßnahmen der betrieblichen Berufsbildung mitzubestimmen.**

(2) **Der Betriebsrat kann der Bestellung einer mit der Durchführung der betrieblichen Berufsbildung beauftragten Person widersprechen oder ihre Abberufung verlangen, wenn diese die**

persönliche oder fachliche, insbesondere die berufs- und arbeitspädagogische Eignung im Sinne des Berufsbildungsgesetzes nicht besitzt oder ihre Aufgaben vernachlässigt.

(3) Führt der Arbeitgeber betriebliche Maßnahmen der Berufsbildung durch oder stellt er für außerbetriebliche Maßnahmen der Berufsbildung Arbeitnehmer frei oder trägt er die durch die Teilnahme von Arbeitnehmern an solchen Maßnahmen entstehenden Kosten ganz oder teilweise, so kann der Betriebsrat Vorschläge für die Teilnahme von Arbeitnehmern oder Gruppen von Arbeitnehmern des Betriebs an diesen Maßnahmen der beruflichen Bildung machen.

(4) [1] Kommt im Fall des Absatzes 1 oder über die nach Absatz 3 vom Betriebsrat vorgeschlagenen Teilnehmer eine Einigung nicht zustande, so entscheidet die Einigungsstelle. [2] Der Spruch der Einigungsstelle ersetzt die Einigung zwischen Arbeitgeber und Betriebsrat.

(5) [1] Kommt im Fall des Absatzes 2 eine Einigung nicht zustande, so kann der Betriebsrat beim Arbeitsgericht beantragen, dem Arbeitgeber aufzugeben, die Bestellung zu unterlassen oder die Abberufung durchzuführen. [2] Führt der Arbeitgeber die Bestellung einer rechtskräftigen gerichtlichen Entscheidung zuwider durch, so ist er auf Antrag des Betriebsrats vom Arbeitsgericht wegen der Bestellung nach vorheriger Androhung zu einem Ordnungsgeld zu verurteilen; das Höchstmaß des Ordnungsgeldes beträgt 20 000 Deutsche Mark. [3] Führt der Arbeitgeber die Abberufung einer rechtskräftigen gerichtlichen Entscheidung zuwider nicht durch, so ist auf Antrag des Betriebsrats vom Arbeitsgericht zu erkennen, daß der Arbeitgeber zur Abberufung durch Zwangsgeld anzuhalten sei; das Höchstmaß des Zwangsgeldes beträgt für jeden Tag der Zuwiderhandlung 500 Deutsche Mark. [4] Die Vorschriften des Berufsbildungsgesetzes über die Ordnung der Berufsbildung bleiben unberührt.

(6) Die Absätze 1 bis 5 gelten entsprechend, wenn der Arbeitgeber sonstige Bildungsmaßnahmen im Betrieb durchführt.

I. Vorbemerkung

1 Der AG ist grds. in seiner **Entscheidung frei, ob** er Maßnahmen der betrieblichen Berufsbildung durchführt (BAG 8. 12. 1987 AP BetrVG 1972 § 98 Nr. 4). Wenn er dies tut, greift § 98 ein, der drei verschiedene Mitbestimmungstatbestände enthält, die unterschiedlich ausgestaltet sind: Abs. 1 gibt dem BR ein Mitbestimmungsrecht ohne Initiativrecht; Abs. 2 ist als Widerspruchs- und Abberufungsrecht ausgestaltet; Abs. 3 gewährt dem BR ein Vorschlagsrecht. **Ausnahmen** vom Grundsatz der freien Entscheidung über das „Ob" von Berufsbildungsmaßnahmen können sich aus § 102 III Nr. 4 BetrVG ergeben, wenn zumutbare Umschulungs- und Fortbildungsmaßnahmen zur Weiterbeschäftigung des AN führen können und dem BR deshalb ein Widerspruchsrecht gegen die Kündigung zusteht (*Fitting* Rn. 2; GK-BetrVG/*Kraft* Rn. 6; DKK/*Buschmann* Rn. 1). Ebenso ist es, wenn aufgrund eines TV, einer Betriebsvereinbarung oder einer arbeitsvertraglichen Regelung Ansprüche auf Maßnahmen der Berufsbildung bestehen. § 98 erfaßt nicht die Einstellung von Auszubildenden, insofern greift § 99 ein.

II. Durchführung von Maßnahmen der betrieblichen Berufsbildung

2 Der Begriff Berufsbildung entspricht dem in §§ 96, 97 verwandten umfassenden Verständnis (vgl. oben zu § 96 Rn. 4 ff.). Die Berufsbildung ist betrieblich, wenn der AG auf die Maßnahmen einen beherrschenden Einfluß hat (s. § 96 Rn. 8).

3 Die nach Abs. 1 mitbestimmte **Durchführung** erfaßt die Ausgestaltung von generell-abstrakten Maßnahmen hinsichtlich Inhalt, Umfang und Methode der Vermittlung sowie Ausgestaltung der Prüfung (vgl. BAG 5. 11. 1985 AP BetrVG 1972 § 98 Nr. 2; *Fitting* Rn. 7, 11; GK-BetrVG/*Kraft* Rn. 6 f.; für eine enge Auslegung ohne Berücksichtigung des Maßnahmeninhalts HSG/*Glaubitz* Rn. 7 ff.).

4 Gesperrt ist das Mitbestimmungsrecht durch Gesetz oder TV. Insb. im Bereich der **Berufsausbildung** sind zwingende gesetzliche Regelungen häufig. Dennoch verbleibt ein Gestaltungsspielraum, der sich auf die Ausfüllung und Anpassung an die betrieblichen Verhältnisse erstreckt (*Fitting* Rn. 6; GK-BetrVG/*Kraft* Rn. 7 f.). Die Inhalte der Berufsausbildungsordnungen stellen allerdings idR nur Mindestnormen dar, so daß der BR über ihre mögliche Erweiterung freiwillige Betriebsvereinbarungen mit dem AG abschließen kann. Zudem enthalten die Ausbildungsordnung weitere dispositive Vorschriften, etwa bzgl. der sachlichen und zeitlichen Gliederung, die Regelungsspielräume für die Betriebspartner eröffnen. Im Bereich **beruflicher Weiterbildung** ist aufgrund weitgehend fehlender gesetzlicher Normierung (vgl. §§ 46, 47 BBiG) ein entsprechend großer Gestaltungsspielraum gegeben. Tarifliche Regelungen zur Berufsbildung finden sich nur vereinzelt und führen im Falle des Fehlens zwingender Regelung nicht zur Mitbestimmungssperre des BR (*Oetker*, Die Mitbestimmung der Betriebs- und Personalräte bei der Durchführung von Berufsbildungsmaßnahmen, S. 209 ff., 230 ff.).

Als Gegenstand der Mitbestimmung nach § 98 I sind **beispielsweise** zu nennen Führung und Über- 5
wachung von Berichtsheften (vgl. § 6 I Nr. 4 BBiG), Regeln über die Aufstellung von Erziehungs-
maßnahmen (vgl. § 6 I Nr. 5 BBiG), Pläne für die Reihenfolge der zu durchlaufenden Stationen, Zeit
und Ort von Veranstaltungen (bei der Berufsausbildung regelt § 7 BBiG die Freistellung der Auszubildenden), Aufstellung von Lehrplänen, Einführung von betrieblichen Zwischenprüfungen (vgl.
BAG 5. 11. 1985 AP BetrVG 1972 § 98 Nr. 2; LAG Köln 12. 4. 1983 EzA BetrVG § 98 Nr. 1; GK-
BetrVG/*Kraft* Rn. 7; *Fitting* Rn. 6).

§ 98 I erfaßt weder konkrete Einzelmaßnahmen oder Einzelunterweisungen noch die Inhaltsgestal- 6
tung von Ausbildungsverträgen (*Fitting* Rn. 7f.). Daher kommt auch **kein Mitbestimmungsrecht** bei
der Ausgestaltung von Klauseln über die Rückzahlung von Ausbildungskosten nach Maßnahmenbeen-
digung in Betracht (vgl. zur individualrechtlichen Zulässigkeit BAG 16. 3. 1994 AP BGB § 611
Ausbildungsbeihilfe Nr. 18 m. Anm. *Wiedemann*; BAG 6. 9. 1995 AP BGB § 611 Ausbildungsbeihilfe
Nr. 23). Allein der inhaltliche Zusammenhang mit der Ausbildung stellt noch nicht den notwendigen
Zusammenhang zur Durchführung der Maßnahme her (ebenso GK-BetrVG/*Kraft* Rn. 8; aA DKK/
Buschmann Rn. 4; *Küttner/Reinecke* Betriebliche Bildung Rn. 9).

Im Falle, daß sich AG und BR nicht über die mitbestimmungspflichtige Durchführung der Maßnah- 7
men einigen können, entscheidet gem. Abs. 4 die **Einigungsstelle,** deren Spruch die Einigung der
Betriebspartner ersetzt. Für den Spruch sind die rechtlichen Grenzen der Mitbestimmung ebenso zu
beachten wie für die Betriebspartner. Das Initiativrecht zur Einschaltung der Einigungsstelle kommt
sowohl AG wie BR zu.

III. Bestellung und Abberufung von Ausbildern

Im Regelfall führt nicht der AG in Person Berufsbildung im Betrieb durch, sondern ein von ihm 8
beauftragter Ausbilder. Liegt doch Berufsbildung durch die Person des AG vor, findet Abs. 2 keine
Anwendung; vielmehr hat die zuständige Verwaltungsbehörde gem. § 27 I BBiG vorzugehen. Gem.
§ 20 I muß derjenige, der Auszubildende nur einstellt, persönlich, aber nicht fachlich geeignet sein.
Für den Regelfall, daß beauftragte Ausbilder berufliche Bildung vermitteln, regelt Abs. 2, daß der BR
ein Mitbestimmungsrecht hinsichtlich Bestellung und Abberufung der mit der Durchführung der
betrieblichen Berufsbildung beauftragten Personen hat.

Mit der betrieblichen Berufsbildung beauftragte Personen sind zunächst Ausbilder iSd. § 6 I Nr. 2 9
BBiG. Diese führen die Berufsausbildung im Betrieb persönlich durch. Das Widerspruchsrecht und das
rechtmäßige Verlangen der Abberufung kann nach Abs. 2 aus zwei Gründen geltend gemacht werden.
Erstens kann die persönliche oder fachliche, insb. die berufs- und arbeitspädagogische Eignung iSd.
BBiG fehlen. Zweitens kann der Ausbilder seine Aufgaben vernachlässigt haben. Die **persönliche
Eignung** ist anhand von § 20 II BBiG bzw. § 21 II HandwO zu beurteilen. Sie fehlt, wenn der Ausbilder Kinder und Jugendliche nicht beschäftigen darf oder wiederholt oder schwer gegen das BBiG
bzw. die HandwO oder die aufgrund dieser Gesetze erlassenen Vorschriften oder Bestimmungen
verstoßen hat. Die **fachliche Eignung** fehlt gem. § 20 III BBiG, wenn der Ausbilder die erforderlichen
beruflichen Fertigkeiten und Kenntnisse oder die erforderlichen berufs- und arbeitspädagogischen
Kenntnisse nicht besitzt (vgl. dazu §§ 21 f. HandwO sowie 76 bis 97 BBiG). Im Handwerk ist nach
§ 21 III HandwO fachlich geeignet, wer die Meisterprüfung in dem Handwerk, in dem ausgebildet
werden soll, bestanden hat. Weitere Möglichkeiten fachlicher Eignung regelt § 22 HandwO. Für den
Bereich der gewerblichen Wirtschaft regeln besondere Prüfungen zum Nachweis der berufs- und
arbeitspädagogischen Kenntnisse gem. § 21 BBiG die Ausbildereignungsverordnung.

Die **Vernachlässigung seiner Aufgaben** durch den Ausbilder erfaßt den objektiven Mangel der 10
erforderlichen Gründlichkeit und Gewissenhaftigkeit, so daß befürchtet werden muß, daß die Auszubildenden das Ziel der Ausbildung verfehlen (*Fitting* Rn. 17; GK-BetrVG/*Kraft* Rn. 15; HSG/
Glaubitz Rn. 22). Die subjektive Vorwerfbarkeit ist aufgrund des gesetzlichen Zwecks der Verhinderung von Schaden für die Auszubildenden irrelevant (*Galperin/Löwisch* BetrVG Rn. 13).

Umstritten ist, inwieweit das Mitbestimmungsrecht nach Abs. 2 auch für die **berufliche Weiterbil-** 11
dung eingreift. Für die Umschulung regelt § 47 IV iVm. §§ 23 f. BBiG, daß der BR die Einschaltung der
Verwaltungsbehörde verlangen kann. Für den Bereich beruflicher Fortbildung wird tlw. angenommen,
daß mangels geeigneter Maßstäbe für die Entscheidung nach Abs. 5 davon auszugehen sei, daß § 98 nicht
anwendbar ist (*Galperin/Löwisch* BetrVG Rn. 12; HSG/*Glaubitz* Rn. 28, 30). Richtigerweise kann
jedoch auf allgemeine Maßstäbe zurückgegriffen werden. Denn das Wort „insb." legt nahe, daß der
Gesetzgeber nicht alleine auf das BBiG abstellen wollte. Zudem erfordert die hohe Bedeutung beruflicher
Weiterbildung für das persönliche und betriebliche Arbeitsergebnis ähnlich hohe Ansprüche an die
Qualität der Weiterbildung wie an die der Berufsausbildung (GK-BetrVG/*Kraft* Rn. 14; DKK/*Buschmann* Rn. 12; *Fitting* Rn. 18; *Küttner/Reinecke* Betriebliche Bildung Rn. 11; *Ehrich* RdA 1993, 220, 221).

Können sich AG und BR nicht über Bestellung oder Abberufung einigen, kann das **Arbeitsgericht** 12
mit dem Antrag des BR angerufen werden, dem AG aufzugeben, die Bestellung zu unterlassen bzw.
die Abberufung durchzuführen. Der AG kann beantragen, die Rechtmäßigkeit des BRWiderspruches
feststellen zu lassen (*Fitting* Rn. 20 f.) Strittig ist, ob der AG den Ausbilder ohne Anrufung des ArbG

wirksam bestellen kann, wenn der BR widersprochen hat (so *Galperin/Löwisch* BetrVG Rn. 16; GK-BetrVG/*Kraft* Rn. 23; HSG/*Glaubitz* Rn. 27). Mit Rücksicht auf den gesetzlich bezweckten Schutz der Auszubildenden durch fachlich und persönlich geeignete Ausbilder ist davon auszugehen, daß eine einseitige Bestellung nicht möglich ist (*Fitting* Rn. 21; DKK/*Buschmann* Rn. 16). Zu den Folgen einer rechtskräftigen Entscheidung des ArbG vgl. Abs. 5 S. 2, 3. Die gem. § 890 II ZPO notwendige Androhung im Falle der Unterlassungserzwingung kann schon mit dem Bestellungsverbot des Ausbilders in einem Beschluß verbunden werden (*Fitting* Rn. 24), so daß der BR beide Anträge zugleich stellen kann. Nach LAG Berlin 6. 1. 2000 kann der AN selbst die Berechtigung des Widerspruchs gerichtlich überprüfen lassen (10 Ta BV 2213/99).

13 Abzugrenzen von der Bestellung und Abberufung eines Ausbilders sind die **personellen Einzelmaßnahmen** aufgrund §§ 99, 102. § 98 II und V stellt einen Sondertatbestand zu § 99 und § 23 III dar (DKK/*Buschmann* Rn. 15; *Fitting* Rn. 23; GK-BetrVG/*Kraft* Rn. 27) Ungeeignetheit iSd. § 98 II bedeutet nicht das Vorliegen eines Zustimmungsverweigerungsrechts gem. § 99 II; ebensowenig ersetzt die gerichtliche Abberufungsentscheidung eine Kündigung des AG Wird eine solche durch den AG ausgesprochen, kommen Widerspruchsrechte des BR gem. § 102 III nur noch nach Nr. 3 und 5 in Betracht (GK-BetrVG/*Kraft* Rn. 31; *Fitting* Rn. 23; *Ehrich* RdA 1993, 220, 230). Beim gekündigten Ausbilder ist ein Weiterbeschäftigungsanspruch nach § 102 V 1 ausgeschlossen, weil die Weiterbeschäftigung am bisherigen Arbeitsplatz im Widerspruch zum Abberufungsverlangen des BR steht (GK-BetrVG/*Kraft* Rn. 31; *Ehrich* RdA 1993, 220, 230).

14 Dem BR fällt nach Abs. 2 eine **Überwachungsfunktion** zu, die gem. Abs. 5 S. 4 neben den zuständigen Stellen bzw. der zuständigen Behörde gem. §§ 24, 47 IV BBiG wahrzunehmen ist (vgl. GK-BetrVG/*Kraft* Rn. 11; DKK/*Buschmann* Rn. 14). § 80 II verpflichtet den AG zur rechtzeitigen Information über die Ausbilderbestellung (*Galperin/Löwisch* BetrVG Rn. 15), wodurch die Überwachung gesichert werden kann. Die doppelte Zuständigkeit von BR und zuständiger Stelle gem. §§ 20 ff. BBiG, 23 a, 24 HandwO für die Eignung der Ausbilder ist auch dann hinzunehmen, wenn eine divergierende Entscheidung zwischen Verwaltungsbehörde bzw. -gericht und ArbG möglich ist. Sie wird praktisch kaum in Betracht kommen, da zum einen die berufliche Fortbildung nicht unter § 24 BBiG fällt und die Norm zum anderen nicht unmittelbar Bestellung und Abberufung regelt (*Fitting* Rn. 27; *Ehrich* RdA 1993, 220, 225).

IV. Teilnahmevorschläge des Betriebsrats für Maßnahmen der Berufsbildung

15 Abs. 3 verfolgt den Zweck, die Chancengleichheit der AN beim beruflichen Fortkommen zu fördern, dh. die Verwirklichung des Gleichberechtigungsgrundsatzes im Berufsbildungsbereich (HSG/*Glaubitz* Rn. 53). Nicht nur der BR, sondern auch ein paritätisch besetzter Bildungsausschuß gem. § 28 III kann sich mit dem AG über die Teilnehmer einigen (*Fitting* Rn. 29). In den drei Fällen des Abs. 3 greift das Vorschlagsrecht ein: Durchführung betrieblicher Maßnahmen der Berufsbildung (s. § 96 Rn. 5 ff.), Freistellung für außerbetriebliche Maßnahmen der Berufsbildung, vollständige oder tlw. Kostentragung des AG für die Teilnahme an Maßnahmen der Berufsbildung. Die **freie Entscheidung des AG** bleibt erhalten bezüglich der Entscheidung über das „Ob" der Durchführung, der Freistellung bzw. der Kostenübernahme; ebenso bezüglich der Festlegung der Ausbildungsziele und der Teilnehmerzahl (GK-BetrVG/*Kraft* Rn. 18; *Fitting* Rn. 31 f.).

16 Aus der Verbindung mit Abs. 4 ergibt sich die **Erzwingbarkeit des Vorschlagsrechts**. Allerdings bedeutet dies nicht, daß immer über alle Teilnehmer Einigung erzielt werden müßte. Denn grds. entscheidet die Einigungsstelle nur dann, wenn AG und BR zusammen mehr AN vorschlagen als Ausbildungsplätze zur Verfügung stehen. In diesem Fall werden auch die vom AG vorgeschlagenen AN nach den Kriterien der Einigungsstelle beurteilt (BAG 8. 12. 1987 AP BetrVG 1972 § 98 Nr. 4). Macht der BR dagegen nicht von seinem Vorschlagsrecht gem. § 98 III Gebrauch, kommt auch kein Einigungsstellenverfahren in Betracht (BAG 8. 12. 1987 AP BetrVG 1972 § 98 Nr. 4; BAG 10. 2. 1988 AP BetrVG 1972 § 98 Nr. 5), dh. er kann in diesem Fall nicht die Teilnahme der vom AG benannten AN verhindern. **Das Mitbestimmungsrecht greift damit nur ein, wenn der BR Teilnehmer vorschlägt.** Die Einigungsstelle entscheidet unter Berücksichtigung der Grundsätze des § 96 II im Rahmen der vom AG nach Beratung mit dem BR gem. § 97 festgesetzten Aufnahmekapazität und den Teilnahmeanforderungen gem. Abs. 4 verbindlich (*Fitting* Rn. 33).

17 Den Betriebspartnern ist es möglich, objektive Auswahlgesichtspunkte aufzustellen, die das Vorschlagsrecht des BR präjudizieren, aber keine Auswahlrichtlinien iSd. § 95 darstellen (DKK/*Buschmann* Rn. 24; HSG/*Glaubitz* § 98 Rn. 61).

V. Durchführung sonstiger Bildungsmaßnahmen im Betrieb

18 Abs. 6 ordnet die entsprechende Geltung der Abs. 1 bis 5 für die Durchführung sonstiger Bildungsmaßnahmen im Betrieb an. Zur Betrieblichkeit von Bildungsmaßnahmen s. die Erl. zu §§ 96, 98 I. Im übrigen gelten die Erl. zu Abs. 1 bis 5 auch hier.

Die Vorschrift erfaßt alle Bildungsmaßnahmen, die nicht Berufsbildungsmaßnahmen sind, dh. sich **19** nicht auf die aktuelle oder zukünftige berufliche Tätigkeit von AN beziehen (DKK/*Buschmann* Rn. 27; GK-BetrVG/*Kraft* Rn. 35). **Erfaßt werden alle Veranstaltungen, die zur Vermittlung von Kenntnissen führen, um einen Lernprozeß herbeizuführen** (vgl. GK-BetrVG/*Kraft* Rn. 35). Beispiele dafür sind Kurse zur ersten Hilfe, zur Unfallverhütung, Veranstaltungen über staatsbürgerliche, sozialkundliche, gesundheits- oder kunsterzieherische Themen (vgl. DKK/*Buschmann* Rn. 27; HSG/*Glaubitz* Rn. 65). Soweit Programmiererkurse, Sprachkurse oder Lehrgänge über elektronische Datenverarbeitung unter Abs. 6 gefaßt werden (GK-BetrVG/*Kraft* Rn. 35; HSG/*Glaubitz* Rn. 65), kann dies nur unter Ermittlung des jetzigen und absehbaren Betätigungsfeldes des AN festgestellt werden, da bei der wachsenden Verbreitung von computerisierten Arbeitsplätzen hier oftmals berufliche Bildung vorliegen wird.

Nicht unter Abs. 6 fallen die betriebliche Berufsbildung des AN, die Unterrichtung des AN nach **20** § 81 I, die Information über das Unternehmen und Veranstaltungen zum Erfahrungsaustausch zwischen den AN (ähnlich GK-BetrVG/*Kraft* Rn. 36). Ferner scheiden zB aus Malkurse, betriebliche Sportvereine und Schachclubs, Werksorchester oder Vergnügungsveranstaltungen, Betriebsausflüge und Jubilarehrungen (vgl. DKK/*Buschmann* Rn. 28; HSG/*Glaubitz* Rn. 66).

VI. Streitigkeiten

Hat ein AN trotz besonderer Schulung Schaden verursacht, kann sich der AG nicht auf eine unter **21** Verletzung des § 98 I durchgeführte Schulungsveranstaltung zum Nachweis groben Verschuldens berufen (BAG 23. 6. 94 – 8 AZR 599/92 – n v.; aA LAG Hamm 29. 9. 1992 BB 1992, 2223). Die **Einigungsstelle** entscheidet verbindlich über Streitigkeiten über die Durchführung von Berufsbildung oder sonstigen Bildungsmaßnahmen und über die Vorschläge des BR bezüglich der ArbNTeilnahme an Maßnahmen iSv. Abs. 3. Das **ArbG** entscheidet im Wege des Beschlußverfahrens über Streitigkeiten bei der Bestellung und Abberufung von Ausbildern, zudem über die Frage, ob eine Maßnahme der Mitbestimmung unterliegt (*Fitting* Rn. 43).

Dritter Unterabschnitt. Personelle Einzelmaßnahmen

§ 99 Mitbestimmung bei personellen Einzelmaßnahmen

(1) ¹ In Betrieben mit in der Regel mehr als 20 wahlberechtigten Arbeitnehmern hat der Arbeitgeber den Betriebsrat vor jeder Einstellung, Eingruppierung, Umgruppierung und Versetzung zu unterrichten, ihm die erforderlichen Bewerbungsunterlagen vorzulegen und Auskunft über die Person der Beteiligten zu geben; er hat dem Betriebsrat unter Vorlage der erforderlichen Unterlagen Auskunft über die Auswirkungen der geplanten Maßnahme zu geben und die Zustimmung des Betriebsrats zu der geplanten Maßnahme einzuholen. ² Bei Einstellungen und Versetzungen hat der Arbeitgeber insbesondere den in Aussicht genommenen Arbeitsplatz und die vorgesehene Eingruppierung mitzuteilen. ³ Die Mitglieder des Betriebsrats sind verpflichtet, über die ihnen im Rahmen der personellen Maßnahmen nach den Sätzen 1 und 2 bekannt gewordenen persönlichen Verhältnisse und Angelegenheiten der Arbeitnehmer, die ihrer Bedeutung oder ihrem Inhalt nach einer vertraulichen Behandlung bedürfen, Stillschweigen zu bewahren; § 79 Abs. 1 Satz 2 bis 4 gilt entsprechend.

(2) Der Betriebsrat kann die Zustimmung verweigern, wenn
1. die personelle Maßnahme gegen ein Gesetz, eine Verordnung, eine Unfallverhütungsvorschrift oder gegen eine Bestimmung in einem Tarifvertrag oder in einer Betriebsvereinbarung oder gegen eine gerichtliche Entscheidung oder eine behördliche Anordnung verstoßen würde,
2. die personelle Maßnahme gegen eine Richtlinie nach § 95 verstoßen würde,
3. die durch Tatsachen begründete Besorgnis besteht, daß infolge der personellen Maßnahme im Betrieb beschäftigte Arbeitnehmer gekündigt werden oder sonstige Nachteile erleiden, ohne daß dies aus betrieblichen oder persönlichen Gründen gerechtfertigt ist,
4. der betroffene Arbeitnehmer durch die personelle Maßnahme benachteiligt wird, ohne daß dies aus betrieblichen oder in der Person des Arbeitnehmers liegenden Gründen gerechtfertigt ist,
5. eine nach § 93 erforderliche Ausschreibung im Betrieb unterblieben ist oder
6. die durch Tatsachen begründete Besorgnis besteht, daß der für die personelle Maßnahme in Aussicht genommene Bewerber oder Arbeitnehmer den Betriebsfrieden durch gesetzwidriges Verhalten oder durch grobe Verletzung der in § 75 Abs. 1 enthaltenen Grundsätze stören werde.

(3) ¹ Verweigert der Betriebsrat seine Zustimmung, so hat er dies unter Angabe von Gründen innerhalb einer Woche nach Unterrichtung durch den Arbeitgeber diesem schriftlich mitzuteilen. ² Teilt der Betriebsrat dem Arbeitgeber die Verweigerung seiner Zustimmung nicht innerhalb der Frist schriftlich mit, so gilt die Zustimmung als erteilt.

(4) **Verweigert der Betriebsrat seine Zustimmung, so kann der Arbeitgeber beim Arbeitsgericht beantragen, die Zustimmung zu ersetzen.**

I. Anwendungsbereich

1 §§ 99 ff. regeln die Mitbestimmungsrechte bei personellen Einzelmaßnahmen. Dabei sind drei der vier zentralen personellen Einzelmaßnahmen (Einstellung, Versetzung, Ein- und Umgruppierung) in §§ 99 bis 101 einem Zustimmungserfordernis seitens des BR unterworfen, während bei der Kündigung gem. § 102 nur die Anhörung des BR vorgesehen ist. Auf der anderen Seite reicht das Mitbestimmungsrecht des BR bei der Kündigung gem. § 102 insoweit weiter, als die Beteiligung des BR in jedem betriebsratsfähigen Betrieb erforderlich ist, während § 99 nur in Betrieben mit idR mehr als 20 wahlberechtigten AN eingreift. Bei der **Ermittlung der regelmäßigen ANZahl** ist nicht die zufällige tatsächliche Beschäftigtenzahl zum Zeitpunkt der vorgesehenen personellen Einzelmaßnahme maßgeblich, sondern die normale ANZahl des Betriebes, dh. diejenige Personalstärke, die für den Betrieb im allgemeinen kennzeichnend ist. Insofern bedarf es eines Rückblicks auf die bisherige personelle Stärke des Betriebs und einer Einschätzung der künftigen Entwicklung (näher dazu § 111 Rn. 5). Ein einzustellender AN, durch dessen Einstellung die Mindestzahl von mehr als 20 wahlberechtigten AN erst erreicht würde, ist nicht mitzuzählen (*Fitting* Rn. 4). Auf die Zahl der Arbeitnehmer im Unternehmen kommt es hier nicht an (BAG 8. 6. 1999 AP § 111 BetrVG Nr. 47).

2 Für **leitende Angestellte** gelten weder §§ 99 bis 101 noch § 102; insofern ist lediglich einheitlich für alle personellen Einzelmaßnahmen eine Mitteilungspflicht gegenüber dem BR in § 105 vorgesehen. Nur § 105 greift auch dann ein, wenn ein AN zum leitenden Angestellten befördert werden soll (BAG 29. 1. 1980 AP BetrVG 1972 § 5 Nr. 24). Hat der AG einen AN fälschlich als leitenden Angestellten angesehen und den BR bei einer personellen Einzelmaßnahme nur nach § 105 beteiligt, kann die Mitteilung nach § 105 idR nicht in eine Unterrichtung nach § 99 umgedeutet werden (*Löwisch* BetrVG Rn. 2). Zu den der Deutschen Bahn AG zugewiesenen Beamten BAG 12. 12. 1995 AP BetrVG 1972 § 99 Versetzung Nr. 8; 26. 6. 1996 AP § 20 ArbGG 1979 Nr. 12; zur Post AG BAG 12. 8. 1999 AP BetrVG 1972 § 99 Versetzung Nr. 15.

3 Eingeschränkt ist das Mitbestimmungsrecht gem. § 99 im **Arbeitskampf**, soweit seine Ausübung unmittelbar und zwangsläufig zur Folge hätte, daß die Freiheit des AG, Arbeitskampfmaßnahmen zu ergreifen oder Folgen eines Arbeitskampfes zu begegnen, in ihrem Kernbereich beeinträchtigt würde (BVerfG 7. 4. 1997 AP GG Art. 100 Nr. 11; BAG 10. 2. 1988 AP BetrVG 1972 § 98 Nr. 5; BAG 19. 2. 1991 AP BetrVG 1972 § 95 Nr. 26). Eine solche Beeinträchtigung setzt voraus, daß sich der AG selbst im Arbeitskampf befindet und die betreffende personelle Maßnahme unmittelbar arbeitskampfbezogen ist (*Fitting* Rn. 8 a). Beispiele sind etwa die Einstellung von Streikbrechern oder die Versetzung arbeitswilliger AN auf Arbeitsplätze streikender AN. Bei Maßnahmen, die nicht wegen, sondern nur während des Arbeitskampfes durchgeführt werden, bleibt das Mitbestimmungsrecht dagegen bestehen (BAG 6. 3. 1979 AP BetrVG 1972 § 102 Nr. 20). In jedem Fall bleibt wegen mangelnder Arbeitskampfrelevanz die Unterrichtungspflicht des AG erhalten (GK-BetrVG/*Kraft* Rn. 13; *Fitting* Rn. 8 d).

II. Mitbestimmungspflichtige Angelegenheiten

4 **1. Einstellung.** Darunter kann man sowohl die Begründung des Arbeitsverhältnisses durch Abschluß des Arbeitsvertrages als auch die tatsächliche Eingliederung in den Betrieb verstehen. Während das BAG zunächst in Übereinstimmung mit der überwiegenden Auffassung in der Literatur (*Fitting* Rn. 10; GK-BetrVG/*Kraft* Rn. 18) davon ausging, daß die jeweils zeitlich erste Maßnahme mitbestimmungspflichtig sei, stellt das Gericht nunmehr allein auf die tatsächliche Beschäftigung im Betrieb ab (BAG 28. 4. 1992 AP BetrVG 1972 § 99 Nr. 98; BAG 27. 7. 1993 AP BetrVG 1972 § 93 Nr. 3). Diese liegt vor, wenn Personen **in den Betrieb eingegliedert** werden, um zusammen mit den im Betrieb schon beschäftigten AN den arbeitstechnischen Zweck des Betriebes durch weisungsgebundene Tätigkeit zu verwirklichen (BAG 27. 7. 1993 AP BetrVG 1972 § 93 Nr. 3). Auf das Rechtsverhältnis zum Betriebsinhaber soll es nicht ankommen. Die Rspr. des BAG wird kritisiert, weil die unternehmerische Entscheidung des Einschaltens von Drittfirmen systematisch eher dem Mitbestimmungsrecht in wirtschaftlichen Angelegenheiten gem. §§ 106 ff. unterfalle (vgl. MünchArbR/*Buchner* § 39 Rn. 16; *Hunold* NZA 1990, 461). Diese Kritik ist berechtigt, soweit das BAG das Eingliederungserfordernis nicht konsequent durchgehalten hat. Dazu das folgende:

5 Beteiligungspflichtig ist zunächst jede **Einstellung aufgrund eines wirksamen Arbeitsvertrages**, gleichgültig ob der AN unbefristet, befristet, zur Probe oder zur Aushilfe eingestellt wird. Gleichgestellt ist die Ausgabe von Arbeit an in Heimarbeit Beschäftigte gem. § 6 und grds. auch die Begründung von Berufsausbildungsverhältnissen. Insoweit gilt eine Ausnahme für den Fall der Einstellung eines Auszubildenden in einem reinen Ausbildungsbetrieb, da es hier an der notwendigen Eingliederung fehlt (vgl. BAG 21. 7. 1993 AP BetrVG 1972 § 5 Ausbildung Nr. 8). Allerdings soll der BR bereits **vor Abschluß des Arbeitsvertrages** zu beteiligen und seine Zustimmung zu der geplanten Beschäftigung einzuholen sein (BAG 28. 4. 1992 AP BetrVG 1972 § 99 Nr. 98). Insofern befindet sich

das BAG in Übereinstimmung mit der herrschenden Meinung und seiner früheren Rspr., wonach bei zeitlichem Auseinanderfallen von Vertragsschluß und Eingliederung jeweils die zeitlich erste Maßnahme des AG mitbestimmungspflichtig sein soll (*Fitting* Rn. 10; DKK/*Kittner* Rn. 37; BAG 14. 5. 1974 AP BetrVG 1972 § 99 Nr. 2; BAG 18. 7. 1978 AP BetrVG 1972 § 99 Nr. 7). Die Mitbestimmung bei einem Rahmenvertrag deckt auch die späteren Vereinbarungen über die einzelnen Arbeitseinsätze ab, BAG 28. 4. 1992 aaO.

Bei der **Fortsetzung eines Arbeitsverhältnisses** wird eine mitbestimmungspflichtige Einstellung **6** angenommen, wenn der Fortsetzung jeweils eine neue AGEntscheidung zugrundeliegt. Dies gilt etwa für die Beschäftigung über die vertraglich vereinbarte oder tarifliche Altersgrenze hinaus (BAG 10. 3. 1992 AP BetrVG 1972 § 99 Nr. 96), die vorübergehende Beschäftigung von AN im Betrieb aus einem anderen Konzernunternehmen, die Übernahme in ein Arbeitsverhältnis nach Beendigung des Berufsausbildungsverhältnisses (BAG 22. 1. 1991 AP BetrVG 1972 § 99 Nr. 86), die Teilzeitbeschäftigung eines AN während des Erziehungsurlaubs (BAG 28. 4. 1998 AP BetrVG 1972 § 99 Einstellung Nr. 22 = NZA 98, 1352) nach BVerwG 23. 3. 1999, BVerwGE 108, 347 = AP § 75 BPersVG Nr. 73 auch eine nicht nur vorübergehende oder geringfügige Aufstockung eines Teilzeitbeschäftigungsverhältnisses, aA, weil die Dauer der Arbeitszeit nach § 87 I Nr. 2 mitbestimmungsfrei ist, BAG 16. 7. 1991 § 95 BetrVG Nr. 28, oder die **Verlängerung von zunächst befristet abgeschlossenen Arbeitsverträgen** (BAG 28. 10. 1986 AP BetrVG 1972 § 118 Nr. 32). Eine Ausnahme gilt für die Verlängerung eines befristeten Probearbeitsverhältnisses, sofern dem BR vor der Einstellung zur Probe mitgeteilt worden ist, der AN solle bei Bewährung weiterbeschäftigt werden (BAG 7. 8. 1990 AP BetrVG 1972 § 99 Nr. 82), angesichts des Zwecks des Probearbeitsverhältnisses ein überflüssiger und lebensfremder Formalismus. Darüber hinaus widerspricht es dem Wortlaut des Gesetzes und der Grundkonzeption des BAG, die Verlängerung einer Beschäftigung im Betrieb als Einstellung anzusehen, geht es hier doch nur um die Dauer der Beschäftigung, die auch nach der Auffassung des BAG (s. Rn. 23) der Mitbestimmung nicht unterliegt. Mangels erforderlicher AGEntscheidung entfällt die Mitbestimmung gem. § 99 bei der Wiederaufnahme eines ruhenden Arbeitsverhältnisses, zB nach Ableistung des Wehr- bzw. Zivildienstes (*Fitting* Rn. 13) oder bei Übergang des Arbeitsverhältnisses im Wege des Betriebsübergangs nach § 613 a BGB (BAG 17. 11. 1975 BB 1976, 134).

Eine Einstellung kann auch vorliegen, wenn der Arbeitsvertrag unwirksam ist oder ein solcher gar **7** nicht existiert. Auch die Eingliederung von NichtAN in die betriebliche Tätigkeit wird erfaßt, da das kollektive Interesse des Belegschaft unabhängig davon berührt wird, auf welcher vertraglichen Grundlage die in die betriebliche Arbeit eingeschalteten Personen tätig werden (BAG 27. 7. 1993 AP BetrVG 1972 § 93 Nr. 3; BAG 22. 4. 1997, NZA 1997, 1297 zu Rote-Kreuz-Schwestern). Entscheidend ist allein, ob „Personen in den Betrieb eingegliedert werden, um zusammen mit den im Betrieb schon beschäftigten AN den arbeitstechnischen Zweck des Betriebes durch weisungsgebundene Tätigkeit zu verwirklichen" (BAG 20. 4. 1993 AP BetrVG 1972 § 99 Nr. 106; BAG 17. 7. 1993 AP BetrVG 1972 § 93 Nr. 3).

Dementsprechend hat das BAG die **Arbeitsaufnahme von LeihAN** als Einstellung angesehen **8** (BAG 14. 5. 1974 AP BetrVG 1972 § 99 Nr. 2). Dies ist heute durch § 14 III AÜG ausdrücklich klargestellt. Inkonsequent war, daß die **Beschäftigung von freien Mitarbeitern**, uU sogar von selbständigen Unternehmern (BAG 15. 4. 1986 AP BetrVG 1972 § 99 Nr. 35), nach der früheren Rspr. des BAG eine Einstellung iSd. § 99 BetrVG darstellen konnte. Darauf, ob tatsächlich im Einzelfall Weisungen gegeben werden, komme es nicht an (BAG 27. 7. 1993 AP BetrVG 1972 § 93 Nr. 3; BAG 18. 10. 1994 AP BetrVG 1972 § 99 Einstellung Nr. 5). Es ist aber widersprüchlich, einerseits freie Mitarbeit, andererseits Eingliederung anzunehmen. Jetzt hat das Gericht klargestellt, daß normalerweise die Beschäftigung freier Mitarbeiter keine Einstellung iSd. § 99 BetrVG darstellt. Nur wenn sich die Tätigkeit nicht nennenswert von der weisungsabhängigen Tätigkeit vergleichbarer AN desselben Betriebes unterscheidet und eine arbeitnehmertypische teilweise Einbindung in die betriebliche Organisation vorliegt, könne ausnahmsweise bei der Beschäftigung freier Mitarbeiter oder Selbständiger eine Einstellung vorliegen (BAG 30. 8. 1994 NZA 1995, 649). In Wirklichkeit handelt es sich dann aber nicht um freie Mitarbeiter. Um das Eingreifen des Mitbestimmungsrechts prüfen zu können, hat der BR auch hinsichtlich der Beschäftigung freier Mitarbeiter Anspruch auf Unterrichtung gem. § 80 II (BAG 15. 12. 1998 AP BetrVG 1972 § 80 Nr. 56 = NZA 1999, 722).

Auch in bezug auf **werk- oder dienstvertragliche Tätigkeit** hat das BAG erst nach längerem **9** Schwanken zu einer einheitlichen Linie gefunden. Tlw. hatte das Gericht darauf abgestellt, ob sich die Aufgaben von Fremdfirmen auf „absonderbare Tätigkeitsbereiche", die nicht unmittelbar der Verwirklichung des Betriebszwecks dienten, beziehen (BAG 28. 11. 1989 AP AÜG § 14 Nr. 5). Auch sollte es für die Anwendung des § 99 ausreichen, wenn die von FremdfirmenAN ausgeübte Tätigkeit ihrer Art nach weisungsgebunden sei, gleichgültig, von wem die FremdfirmenAN tatsächlich ihre Weisungen erhalten (BAG 1. 8. 1989 AP BetrVG 1972 § 99 Nr. 68). Die Wende zu einer folgerichtigen Anwendung des § 99 vollzog das BAG mit Urteil vom 5. 3. 1991 (AP BetrVG 1972 § 99 Nr. 90). Danach kommt es für die Anwendung des § 99 maßgeblich darauf an, ob Personen, die als Erfüllungsgehilfen eines Dienst- oder Werknehmers im Betrieb des Auftraggebers tätig werden, so in die Arbeitsorganisation des Auftraggebers eingegliedert werden, daß dieser **die für ein Arbeitsverhältnis typi-**

schen Entscheidungen über deren Arbeitseinsatz auch nach Zeit und Ort zu treffen hat (ebenso BAG 5. 5. 1992 AP BetrVG 1972 § 99 Nr. 97; BAG 18. 10. 1994 AP BetrVG 1972 § 99 Einstellung Nr. 5). Typische Weisungen über den Arbeitseinsatz sind solche, mit denen die individuelle Arbeitspflicht nach Gegenstand, Ort und Zeit konkretisiert wird, etwa die Bestimmung des täglichen Arbeitsbeginns, die Zuweisung einer bestimmten Aufgabe oder die Reihenfolge der Arbeitsschritte. Nicht den konkreten Arbeitseinsatz betreffen dagegen Weisungen, die sich auf die Person des AN beziehen, etwa die Gewährung von Freizeiten oder die Festlegung des Urlaubs. Auch wenn solche Weisungen beim VertragsAG bleiben, steht dies einer Einstellung iSd. § 99 BetrVG nicht entgegen (vgl. ausf. zu dieser Differenzierung *Schüren* AÜG § 1 Rn. 162 ff.). Im Ergebnis trifft damit das BAG mitbestimmungsrechtlich dieselbe Abgrenzung wie individualrechtlich zur ANÜberlassung.

10   **2. Eingruppierung.** Unter Eingruppierung versteht man die erstmalige Festsetzung der für die Entlohnung des AN maßgebenden Lohn- bzw. Gehaltsgruppe. Die Eingruppierung erfolgt zwingend nach der ausgeübten bzw. vertraglich auszuübenden Tätigkeit, ohne Rücksicht auf die Entgeltvereinbarung, BAG 18. 6. 1991 BetrVG 1972 § 99 Eingruppierung Nr. 15. Folge ist, daß dem BR über § 99 kein Gestaltungs-, sondern lediglich ein **Mitbeurteilungsrecht** zusteht, welches eine größere Gewähr für die Richtigkeit der vorgenommenen Eingruppierung bieten soll (BAG 18. 6. 1991 AP BetrVG 1972 § 99 Nr. 103; BAG 9. 2. 1993 AP BetrVG 1972 § 99 Nr. 105). Dabei kann der BR nach Auffassung des BAG nicht nur einer zu niedrigen, sondern auch einer zu hohen Eingruppierung widersprechen (BAG 28. 4. 1998 AP BetrVG 1972 § 99 Eingruppierung Nr. 18 = DB 1998, 552). Die Eingruppierung fällt zeitlich mit der Einstellung zusammen, stellt jedoch einen davon zu trennenden Mitbestimmtatbestand dar. Deshalb kann der BR der Einstellung nicht deshalb widersprechen, weil um die richtige oder fehlende Eingruppierung gestritten wird (BAG 20. 12. 1988 AP BetrVG 1972 § 99 Nr. 62; 9. 7. 1996 AP BetrVG 1972 Einstellung Nr. 9).

11   Die Eingruppierung erfolgt in der Praxis meist unter die jeweilige **Lohn- bzw. Gehaltsgruppe** des einschlägigen TV. Dabei ist es gleichgültig, ob der TV kraft beiderseitiger Tarifbindung oder aufgrund einzelvertraglicher Vereinbarung bzw. betrieblicher Übung gilt (*Fitting* Rn. 14). Soweit die Entlohnung nicht nach Tarif erfolgt, ist unter Eingruppierung die Festlegung der betriebsüblichen Entlohnung in einer Betriebsvereinbarung, Richtlinie oder einseitig vom AG geschaffenen Vergütungsordnung zu verstehen (BAG 28. 1. 1986 AP BetrVG 1972 § 99 Nr. 32; BAG 23. 11. 1993 AP BetrVG 1972 § 99 Nr. 111). Die Gewährung von Zulagen macht eine Eingruppierung nur dann erforderlich, wenn die Zulage an Tätigkeitsmerkmale anknüpft, die für die Eingruppierung in die Vergütungsgruppe nicht maßgebend waren (BAG 24. 6. 1986 AP BetrVG 1972 § 99 Nr. 37; BAG 2. 4. 1996 AP BetrVG 1972 § 99 Eingruppierung Nr. 7). Voraussetzung für die Entstehung des Mitbestimmungsrechts ist aber stets, daß überhaupt eine Lohn- oder Gehaltsgruppenordnung besteht (BAG 20. 12. 1988 AP BetrVG 1972 § 99 Nr. 62). Ist dies der Fall, gilt das Mitbestimmungsrecht für alle AN mit Ausnahme der Leitenden, also auch für AT-Angestellte. Ist dies nicht der Fall, kann der BR nach § 87 I Nr. 10 die Einführung betrieblicher Entgeltgruppen betreiben. Enthält eine Vergütungsgruppe auch abstrakt personenbezogene Voraussetzungen (zB § 22 II a aE BAT) gehört auch deren Feststellung zu der Eingruppierung, dagegen nicht die konkrete Beurteilung der Leistung einzelner AN (LAG Düsseldorf 21. 6. 1999 – 18 TaBV 26/99 –), denn insoweit sieht § 94 nur die Mitbestimmung bei allgemeinen Beurteilungsgrundsätzen vor. Die unveränderte Fortsetzung eines befristeten Arbeitsverhältnisses erfordert keine neue Eingruppierung, BAG 1. 11. 1997 BAG BetrVG 1972 § 99 Eingruppierung Nr. 17.

12   **3. Umgruppierung.** Unter Umgruppierung versteht man jede **Änderung der Zuordnung** eines AN zu der für ihn maßgeblichen tariflichen oder betrieblichen Lohn- bzw. Gehaltsgruppenordnung. Während die Eingruppierung regelmäßig zusammen mit einer Einstellung anfällt, besteht keine vergleichbare Verknüpfung zwischen Umgruppierung und Versetzung. Die Versetzung auf einen höher oder niedriger eingestuften Arbeitsplatz ist nur eine Möglichkeit, bei der eine Umgruppierung erforderlich wird. Denkbar ist weiter, daß eine Umgruppierung erforderlich wird, weil sich die dem AN übertragenen Aufgaben auf demselben Arbeitsplatz in ihrem Verhältnis zueinander ändern und der AN damit in eine andere Vergütungsgruppe „hineinwächst" (GK-BetrVG/*Kraft* Rn. 42; *Fitting* Rn. 16; aA BAG 7. 10. 1981 AP BAT 1975 §§ 22, 23 Nr. 49). Das Erfordernis der Umgruppierung kann sich auch bei unverändertem Tätigkeitsbereich des AN ergeben, wenn die einschlägige Vergütungsgruppenordnung etwa durch Änderung der Zahl der Vergütungsgruppen oder durch Neufassung der Tätigkeitsmerkmale geändert wird (BAG 12. 1. 1993 AP BetrVG 1972 § 99 Nr. 101; BAG 9. 3. 1993 AP BetrVG 1972 § 99 Nr. 104; ebenso BAG 12. 8. 1997 AP BetrVG 1972 § 99 Eingruppierung Nr. 14), oder wenn die bisherige Eingruppierung für falsch gehalten und deshalb korrigiert wird. Eine **Umgruppierung liegt nicht vor,** wenn der einzelne AN mit dem AG individualvertraglich eine Änderung seines Arbeitsentgelts, insb. eine übertarifliche Bezahlung vereinbart. Dies gilt auch dann, wenn vereinbart wird, daß der AN in eine höhere Tarifgruppe eingestuft wird, als dies seiner Tätigkeit entspricht. Denn auch dann handelt es sich um ein einzelvertraglich vereinbartes Entgelt, für das auf den TV lediglich Bezug genommen wird (LAG Hamburg 30. 4. 1975 BB 1975, 1015; *Löwisch* BetrVG Rn. 25).

4. Versetzung. Der betriebsverfassungsrechtliche Begriff der Versetzung ist in § 95 III legal definiert. Der „**Arbeitsbereich**" iSd. § 95 III ist der konkrete Arbeitsplatz und seine Beziehung zur betrieblichen Umgebung in räumlicher, technischer und organisatorischer Hinsicht (BAG 19. 2. 1991 AP BetrVG 1972 § 95 Nr. 25; BAG 23. 11. 1993 AP BetrVG 1972 § 95 Nr. 33). Die Zuweisung eines anderen Arbeitsbereichs kann darin liegen, daß der AN mit einer Tätigkeit betraut wird, die sich inhaltlich erheblich von seiner früheren Aufgabe unterscheidet (BAG 10. 4. 1984 AP BetrVG 1972 § 95 Nr. 4). Dies ist etwa der Fall, wenn der Tätigkeitsbereich durch das Hinzufügen oder die Wegnahme von Teilfunktionen erweitert oder verkleinert wird und sich dadurch das Gesamtbild der Tätigkeit ändert (BAG 2. 4. 1996 AP BetrVG 1972 § 95 Nr. 34). Beispiele sind der Einsatz eines Sachbearbeiters als Abteilungsleiter, einer Stenotypistin als Chefsekretärin oder eines Arbeiters als Lagerverwalter (*Löwisch* BetrVG Rn. 14). Die bloße **Veränderung von Lage und Dauer der Arbeitszeit** stellt keine Versetzung dar. Nicht mitbestimmungspflichtig ist deshalb etwa die Verlängerung oder Verkürzung der normalen Wochenarbeitszeit von VollzeitAN, der Mindestwochenarbeitszeit von Teilzeitbeschäftigten mit variabler Arbeitszeit, die Umsetzung von Normal- in Wechselschicht oder von Tag- in Nachtschicht (BAG 19. 2. 1991, 16. 7. 1991, 23. 11. 1993 AP BetrVG, § 95 Nr. 25, 28, 33; *Fitting* Rn. 25 a).

13

Die Zuweisung einer anderen Arbeitsaufgabe kann, muß aber nicht mit einem **Wechsel des Arbeitsplatzes** verbunden sein. Kommt es zu einem Wechsel des Arbeitsplatzes, liegt regelmäßig eine mitbestimmungspflichtige Versetzung vor. Beispiele sind etwa der Wechsel eines AN von der Forschungsabteilung in die Produktion, von der einen in die andere Abteilung eines Warenhauses, soweit grdl. andere Warenkenntnisse erforderlich sind (LAG Düsseldorf 28. 1. 1987 NZA 1988, 69; s. auch BAG 29. 2. 2000 EzA § 95 BetrVG Nr. 31 betr. verschiedene Abteilungen eines Seniorenheims) und evtl. auch der Wechsel von Einzel- in Gruppenarbeit oder umgekehrt (BAG 22. 4. 1997 DB 1998, 208; LAG Köln 26. 7. 1996 NZA 1997, 280). BAG 29. 2. 2000 DB 2000, 578 zählt sogar die Umsetzung auf eine andere Station eines Seniorenheimes dazu. Bleibt der AN dagegen an seinem bisherigen Arbeitsplatz tätig, ohne daß sich die ihm zugewiesenen Aufgaben wenigstens tlw. verändern, und kommt es lediglich zu **organisatorischen Umstrukturierungen** innerhalb der Abteilung, liegt keine Versetzung vor. Beispiele hierfür sind die Zuordnung eines Betriebsteils zu einer anderen Leitungsstelle im Unternehmen (BAG 10. 4. 1984 AP BetrVG 1972 § 95 Nr. 4), die Veränderung der Zuordnung von AN zu bestimmten Vorgesetzten oder die Vervollständigung einer Arbeitsgruppe durch neueingestellte AN. Wird dem AN überhaupt kein Arbeitsbereich zugewiesen, stellt dies nicht die Zuweisung eines anderen Arbeitsbereichs dar; die Suspendierung eines AN ist deshalb keine Versetzung (BAG 28. 3. 2000 DB 2000, 728).

14

Wird einem AN ein **Arbeitsplatz an einem anderen Ort** zugewiesen, liegt regelmäßig eine mitbestimmungspflichtige Versetzung vor. Es handelt sich hierbei um die Zuweisung eines anderen „Arbeitsbereichs" auch dann, wenn die an dem anderen Arbeitsort zu erbringende Arbeitsleistung inhaltlich unverändert ist (BAG 18. 2. 1986 AP BetrVG 1972 § 99 Nr. 33; BAG 18. 10. 1988 AP BetrVG 1972 § 99 Nr. 56). Das Mitbestimmungsrecht entfällt grds. auch dann nicht, wenn der Ortswechsel mit dem **Wechsel in einen anderen Betrieb** desselben Unternehmens oder auch in den Betrieb eines anderen Unternehmens verbunden ist (BAG 19. 2. 1991 AP BetrVG 1972 § 95 Nr. 26). In diesen Fällen sind sowohl der BR des abgebenden als auch der BR des aufnehmenden Betriebes zu beteiligen; aus der Sicht des abgebenden Betriebes handelt es sich um eine Versetzung, aus der des aufnehmenden Betriebes um eine Einstellung. Das Mitbestimmungsrecht (nicht die Informationspflicht) im abgebenden Betrieb entfällt nur dann, wenn der Wechsel des Arbeitsplatzes dem Wunsch des AN entspricht. Zwar können auch in diesen Fällen die Interessen der Belegschaft des abgebenden Betriebes durch die geplante Versetzung berührt sein, etwa wenn sich mehrere AN für den Wechsel in einen anderen Betrieb interessiert haben. Allerdings kann § 99 hier keinen wirksamen Schutz der Belegschaft gewährleisten; denn bei Einverständnis des wechselnden AN kann der Wechsel in den neuen Betrieb jederzeit durch Beendigung des Arbeitsverhältnisses und Neubegründung eines Arbeitsverhältnisses im aufnehmenden Betrieb erreicht werden (BAG 20. 9. 1990 AP BetrVG 1972 § 99 Nr. 84). Diese Ausnahme gilt nur für den auf Dauer vorgesehenen Wechsel in einen anderen Betrieb. Ist die Rückkehr des AN in den abgebenden Betrieb beabsichtigt, handelt es sich um eine einheitliche Maßnahme des Ausscheidens aus und der Wiedereingliederung in den abgebenden Betrieb, die – auch bei Einverständnis des AN – insgesamt der Mitwirkung des BR bedarf (BAG 18. 2. 1986 AP BetrVG 1972 § 99 Nr. 33; BAG 14. 11. 1989 AP BetrVG 1972 § 99 Nr. 76).

15

In allen genannten Fällen setzt das Mitbestimmungsrecht grds. erst dann ein, wenn die Zuweisung des anderen Arbeitsbereichs **voraussichtlich die Dauer von einem Monat** überschreiten wird. Ziel dieser gesetzlichen Regelung ist es, insb. kurzfristige Krankheits- und Urlaubsvertretungen aus der Mitbestimmungspflicht herauszuhalten. Plant der AG die Versetzung des AN auf Dauer, muß der BR der Versetzung auch dann zustimmen, wenn der AG den AN zunächst nur für den neuen Arbeitsplatz einsetzt (LAG Schleswig-Holstein 5. 6. 1992 LAGE BetrVG § 95 Nr. 14). Die einen Monat oder kürzer dauernde Zuweisung eines anderen Arbeitsbereichs ist nur dann mitbestimmungspflichtig, wenn sie mit einer **erheblichen Änderung der Umstände** verbunden ist, unter denen die Arbeit zu leisten ist. Eine solche erhebliche Änderung der Arbeitsumstände kann etwa vorliegen,

16

wenn ein AN aus einer normalen Arbeitsumgebung auf einen Arbeitsplatz mit starken Umwelteinflüssen (Hitze, Nässe, Lärm usw.) wechselt (*Löwisch* BetrVG Rn. 17). Ob die Verpflichtung zur Arbeitsleistung an einem anderen Ort eine erhebliche Veränderung der Arbeitsumstände mit sich bringt, hängt von der Entfernung und den Verkehrsverbindungen im Einzelfall ab (*Fitting* Rn. 27 a). Die Rspr. ist hierbei sehr großzügig. Eine erhebliche Änderung der Arbeitsumstände soll etwa vorliegen bei der zweitägigen Abordnung eines Croupiers von Berlin zur Kölner Messe (BAG 1. 8. 1989 AP BetrVG 1972 § 95 Nr. 17), bei der mehrfachen Entsendung eines Qualitätskontrolleurs für jeweils 4 bis 9 Tage in einen 160 km entfernt liegenden Schokoladenbetrieb (BAG 8. 8. 1989 AP BetrVG 1972 § 95 Nr. 18), bei der kurzzeitigen Versetzung in eine weit entfernte Filiale (BAG 28. 9. 1988 AP BetrVG 1972 § 99 Nr. 55) oder der Verpflichtung zu einem Arbeitseinsatz an einem anderen Ort verbunden mit der einmaligen Pflicht zur auswärtigen Übernachtung (LAG Brandenburg 7. 11. 1994 AiB 1996, 123). Einschränkend jetzt aber BAG 21. 9. 1999 BB 1999, 2085 = AP § 99 BetrVG Versetzung Nr. 21: Nicht jede Auslandsdienstreise mit Übernachtung. Maßgebend seien die Umstände des Einzelfalls.

17 **Keine mitbestimmungspflichtige Versetzung** liegt gem. § 95 III 2 vor, wenn AN nach der Eigenart ihres Arbeitsverhältnisses üblicherweise nicht ständig an einem bestimmten Arbeitsplatz beschäftigt werden. Der ständige Wechsel des Arbeitsplatzes muß für das Arbeitsverhältnis typisch sein (BAG 18. 2. 1986 AP BetrVG 1972 § 99 Nr. 33; BAG 8. 8. 1989 AP BetrVG 1972 § 95 Nr. 18). Beispiele hierfür sind AN im Baugewerbe, angestellte Reisende, Montagearbeiter und sogenannte „Springer". Erfaßt werden ggf. auch Auszubildende, wenn der ständige Wechsel, wie etwa bei Trainees, üblich und zur Erreichung des Ausbildungsziels erforderlich ist (BAG 3. 12. 1985 AP BetrVG 1972 § 95 Nr. 8). Allein eine arbeitsvertragliche Vereinbarung, in der die jederzeitige Möglichkeit der Versetzung an einen anderen Ort oder auf eine andere Tätigkeit vorgesehen ist, führt nicht zum Ausschluß des Mitbestimmungsrechts nach § 99, wenn der ständige Wechsel nicht in der Tätigkeit als solcher angelegt ist (*Fitting* Rn. 29; *Künzl* BB 1995, 824; aA *Gerauer* BB 1995, 406). Dies wird aber idR der Fall sein, wenn von der vertraglichen Versetzungsmöglichkeit ständig Gebrauch gemacht wird, wie bei job rotation. Gelegentliche Auslandsreisen reichen nicht, BAG 21. 9. 2000 AP § 99 BetrVG Versetzung Nr. 21.

18 Ebenso wie bei der Einstellung ist auch bei der Versetzung zwischen der tatsächlichen Beschäftigung und der zugrundeliegenden individualarbeitsvertraglichen Vereinbarung zu differenzieren. Das Mitbestimmungsrecht gem. § 99 bezieht sich nur auf die **tatsächliche Zuweisung** eines anderen Arbeitsbereichs (BAG 30. 9. 1993 AP KSchG 1969 § 2 Nr. 33). Ob diese Zuweisung eines anderen Arbeitsbereichs individualrechtlich zulässig ist, hängt von der getroffenen vertraglichen Vereinbarung und der Qualität des neuen Arbeitsplatzes ab (Einzelheiten unten Rn. 44 ff.).

III. Unterrichtungspflicht des Arbeitgebers

19 Liegt eine mitbestimmungspflichtige Einstellung, Eingruppierung, Umgruppierung oder Versetzung vor, ist der AG verpflichtet, den BR vor der betreffenden Maßnahme zu unterrichten und unter Vorlage der erforderlichen Bewerbungsunterlagen Auskunft über die Person der Beteiligten zu geben. Die Unterrichtungspflicht beschränkt sich nicht auf die Person des unmittelbar betroffenen AN Bei der Einstellung ist deshalb nicht nur über die **Person des Bewerbers**, den der AG einstellen möchte, Auskunft zu geben, sondern auch über diejenigen Bewerber, die er nicht berücksichtigen will (BAG 18. 7. 1978 AP BetrVG 1972 § 99 Nr. 7; BAG 19. 5. 1981 AP BetrVG 1972 § 118 Nr. 18). Allerdings müssen sich die AN um den konkret in Rede stehenden Arbeitsplatz beworben haben. An sich geeignete AN, die sich für einen anderen Arbeitsplatz beworben haben, sind nicht zu berücksichtigen (BAG 10. 11. 1992 AP BetrVG 1972 § 99 Nr. 100). Werden Einstellungen durch ein **Personalberatungsunternehmen** vorbereitet und ist es mit einer Vorauswahl von Bewerbern beauftragt, so hat der AG den BR nach Auffassung des BAG nur über die Bewerber zu informieren, die ihm selbst von dem Beratungsunternehmen benannt werden (BAG 18. 12. 1990 AP BetrVG 1972 § 99 Nr. 85; *Fitting* Rn. 31). Dies erscheint zweifelhaft, weil sich der AG so durch die Einschaltung Dritter von seinen Pflichten befreien kann (DKK/*Kittner* § 95 Rn. 130).

20 **Inhaltlich** sind im Rahmen der Unterrichtung die genauen Personalien, der Zeitpunkt der Maßnahme und alle persönlichen Tatsachen über den Bewerber bzw. betroffenen AN mitzuteilen, die den BR nach Abs. 2 zur Verweigerung der Zustimmung berechtigen könnten, also alle Umstände über die fachliche und persönliche Eignung für den vorgesehenen Arbeitsplatz (BAG 10. 11. 1992 AP BetrVG 1972 § 99 Nr. 100; *Fitting* Rn. 33; *Reiserer* BB 1992, 2499). Dazu gehören auch sonstige persönliche Umstände wie Schwerbehinderteneigenschaft und Schwangerschaft (GK-BetrVG/*Kraft* Rn. 72). Die Auskunft hat sich auch auf die **Auswirkungen der geplanten Maßnahme** zu erstrecken. Bei Einstellungen und Versetzungen hat der AG insb. den in Aussicht genommenen Arbeitsplatz und die vorgesehene Eingruppierung mitzuteilen (vgl. § 99 I 2. Halbs., S. 2). Ausreichend sind die Angaben des AG, wenn der BR in die Lage versetzt wird, die Berechtigung der vorgesehenen personellen Einzelmaßnahme und das Eingreifen von Zustimmungsverweigerungsgründen zu prüfen (*Fitting* Rn. 35; *Löwisch* BetrVG Rn. 34). Deshalb sind bei Ein- und Umgruppierungen die Anforderungen an

die Auskunftspflicht herabzusetzen. Der AG muß dem BR neben dem Namen des betroffenen AN und der nach seiner Ansicht zutreffenden Vergütungsgruppe nur mitteilen, aus welchen Tatsachen er zu der konkreten Eingruppierung gelangt. Nähere Angaben über die Person der beteiligten AN sind dagegen nicht erforderlich (*Löwisch* BetrVG Rn. 37). Im übrigen ist der AG nicht verpflichtet, sich **Informationen zu beschaffen,** die er selbst nicht hat. Hinsichtlich der persönlichen Angelegenheiten der AN, die den BRMitgliedern bei Wahrnehmung des Mitbestimmungsrechts gem. § 99 bekannt werden, unterliegen diese einer besonderen Schweigepflicht, für die § 79 I 2 entsprechend gilt.

Die Unterrichtung des BR hat unter Vorlage der erforderlichen, dh. der für die Meinungsbildung 21 des BR notwendigen Bewerbungsunterlagen zu erfolgen. Auch die Auswirkungen der geplanten Maßnahme sind dem BR durch **Vorlage der erforderlichen Unterlagen** zu verdeutlichen. Zu den Bewerbungsunterlagen zählen einmal die vom Bewerber eingereichten Unterlagen wie Bewerbungsschreiben, Zeugnisse, Lebenslauf, Lichtbild usw. Weiter zählen zu den Bewerbungsunterlagen aber auch die Unterlagen, die der AG anläßlich der Bewerbung erstellt, also insb. ausgefüllte Personalfragebogen, Ergebnisse von Einstellungsprüfungen und Tests, Aufzeichnungen über Einstellungsgespräche und ähnliches (*Löwisch* BetrVG Rn. 30). Nicht zu den Bewerbungsunterlagen zählt der Arbeitsvertrag als solcher (BAG 18. 10. 1988 AP BetrVG 1972 § 99 Nr. 57). Dieser ist dem BR nicht vorzulegen. Ebensowenig kann er die Vorlage der gesamten Personalakten verlangen (*Fitting* Rn. 38). Soweit Unterlagen dem BR „vorzulegen" sind, müssen diese dem BR ausgehändigt werden, allerdings längstens für eine Woche. Der BR kann in dieser Zeit Einsicht in die Unterlagen nehmen, ist aber nicht berechtigt, Kopien oder Abschriften zu fertigen (BAG 3. 12. 1985 AP BetrVG 1972 § 99 Nr. 29; *DKK/Kittner* Rn. 146). Eine Verpflichtung des AN Unterlagen die er selbst nicht hat, für den BR zu erstellen, folgt aus § 99 nicht. Weiter folgt aus § 99 kein Recht des BR bzw. einzelner BRMitglieder, an persönlichen Vorstellungsgesprächen von Bewerbern beim AG teilzunehmen (BAG 18. 7. 1978 AP BetrVG 1972 § 99 Nr. 7).

Hinsichtlich des **Zeitpunkts der Unterrichtung** verlangt § 99 I ausdrücklich nur, daß die Unterrichtung „vor" der jeweiligen Maßnahme zu erfolgen hat. Zweckmäßig kann es sein, den BR so früh wie möglich einzuschalten. Spätestens hat die Information wegen der Frist des Abs. 3 eine Woche vor der Durchführung der Maßnahme zu erfolgen. Erfolgt innerhalb dieser Frist die Information nicht vollständig oder unterbleibt sie ganz, hat dies zur Folge, daß die Wochenfrist des Abs. 3 nicht zu laufen beginnt (BAG 10. 8. 1993 NZA 1994, 187). Der AG darf dann – außer bei einem Vorgehen nach § 100 – die Maßnahme nicht durchführen. Eine gerichtliche Ersetzung der Zustimmung gem. § 99 IV kommt nicht in Betracht. Allerdings ist der BR verpflichtet, den AG auf die **ihm bekannten Mängel der Unterrichtung hinzuweisen.** Ergänzt der AG seine Unterrichtung, setzt er damit eine neue Wochenfrist in Lauf. Hat der BR schon auf eine unvollständige Unterrichtung hin die Zustimmung verweigert, kann der AG noch im Zustimmungsersetzungsverfahren die fehlende Unterrichtung nachholen. Der BR kann dann innerhalb einer Woche weitere, sich aus der nachgeschobenen Unterrichtung ergebende Zustimmungsverweigerungsgründe geltend machen. Nach Ablauf dieses Zeitraums kann dann das schon eingeleitete Zustimmungsersetzungsverfahren fortgeführt werden (BAG 10. 8. 1993 NZA 1994, 187, 188).

IV. Gründe für die Zustimmungsverweigerung

1. Verstoß gegen Rechtsvorschriften. Zu beachten ist bei Nr. 1, daß ein Zustimmungsverweigerungsgrund nur dann besteht, wenn die **personelle Maßnahme als solche** gegen eine Rechtsvorschrift verstößt. Insb. bei der Einstellung bedeutet dies, daß Nr. 1 dem BR **kein Mittel zu einer Inhaltskontrolle** einzelner Arbeitsvertragsbestimmungen an die Hand gibt (BAG 28. 6. 1994 AP BetrVG 1972 § 99 Einstellung Nr. 4). Der BR wird über Nr. 1 nicht zum betrieblichen „Hüter des zwingenden Rechts" (BAG 9. 7. 1996 AP BetrVG 1972 § 99 Einstellung Nr. 9). Nach Nr. 1 zum Widerspruch berechtigende Gesetzesverstöße betreffen deshalb in erster Linie gesetzliche Beschäftigungsverbote, etwa die Verbote der Beschäftigung von Frauen gem. §§ 3, 4, 8 MuSchG, die gesundheitsschutzrechtlichen Vorschriften der §§ 3 ff. ArbZG, die Bestimmungen zum Jugendschutz in §§ 22 ff. JArbSchG, das Verbot der Beschäftigung von Nicht-EG-Ausländern ohne Arbeitserlaubnis bzw. Arbeitsberechtigung gem. §§ 284 bis 288 SGB III (BAG 22. 1. 1991 AP BetrVG 1972 § 99 Nr. 86 zu § 19 AFG) oder die Mißachtung der notwendigen Qualifikation eines Datenschutzbeauftragten gem. § 36 III BDSG (BAG 22. 3. 1994 AP BetrVG 1972 § 99 Versetzung Nr. 4).

Nach Auffassung des BAG muß allerdings die tatsächliche Beschäftigung nicht zwingend als solche 24 verboten sein. Ausreichend soll es sein, wenn die personelle Maßnahme unter **Verstoß gegen eine vom Gesetzgeber erwünschte Verhaltensweise** erfolgt, so daß etwa die Einstellung unter Verstoß gegen ein gesetzliches Diskriminierungsverbot (zB § 611 a BGB, Art. 9 III GG, BAG 28. 3. 2000 DB 2000, 723) oder auch die Einstellung eines gesunden AN ohne die gem. § 14 I 1 SchwbG erforderliche Prüfung der Einstellung von Schwerbehinderten zum Widerspruch nach Nr. 1 berechtigt (BAG 14. 11. 1989 AP BetrVG 1972 § 99 Nr. 77; BAG 10. 11. 1992 AP BetrVG 1972 § 99 Nr. 100; DKK/*Kittner* Rn. 174; aA *Fitting* Rn. 45 a). Dagegen berechtigt der Umstand, daß der mit einem einzustellenden AN abgeschlossene Arbeitsvertrag unzulässig befristet ist, nicht zum Widerspruch, da die personelle Maßnahme als solche (Einstellung) gesetzlich nicht untersagt ist und Nr. 1 – wie dargelegt – kein Instrument für eine umfassende „Rechtsaufsicht" des BR liefert (BAG 10. 2. 1988 AP ArbGG 1979 § 92a Nr. 6; BAG 28. 6. 1994 AP BetrVG 1972 § 99 Einstellung Nr. 4; aA DKK/*Kittner* Rn. 172).

25 **Verstöße gegen TV** kommen in erster Linie bei Ein- und Umgruppierungen unter Verkennung der zutreffenden tariflichen Vergütungsregelung in Betracht. Voraussetzung ist stets, daß der TV auf den betreffenden AN anwendbar ist, wobei in seinem Geltungsbereich auch die arbeitsvertragliche Bezugnahme ausreichen dürfte, soweit nicht im Einzelfall abbedungen. S. auch Rn. 33 zu nachwirkenden TV. Daneben besteht die Möglichkeit der Zustimmungsverweigerung, wenn tarifvertragliche Abschlußverbote (zB Ausschluß von Jugendlichen, Kindern oder von ungelernten Arbeitern von der Beschäftigung an bestimmten Arbeitsplätzen) oder Abschlußgebote (zB Wiedereinstellungsklauseln in tariflichen „Sozialplänen", Besetzungsregeln, vgl. BAG 22. 1. 1991 AP GG Art. 12 Nr. 67 zu TV der Druckindustrie) mißachtet werden. Das BAG zählt hierzu auch Einstellungen unter Verletzung tariflicher Vorschriften über Mindestarbeitszeiten, BAG 28. 1. 1992 AP BetrVG 1972 § 99 Nr. 95, bedenklich, s. *Rieble* SAE 1992, 178, da es den AN um jede Arbeitszeit bringt; es handelt sich um tarifliche Inhaltsnormen, die sich von selbst durchsetzen; richtig jetzt BAG 28. 3. 2000, DB 2000, 722: Untertarifliche Bezahlung kein Grund für die Verweigerung der Zustimmung zu einer Einstellung; kein Grund auch Überschreitung betrieblicher Höchstarbeitszeiten, BAG 17. 6. 1997 AP § 3 TVG Betriebsnormen Nr. 2 = DB 1998, 86, anders unter dem Aspekt der Eingruppierung LAG Hamburg 2. 12. 1999 (n. rkr.) AuR 2000, 197.

26 Für **Betriebsvereinbarungen** gilt im Prinzip nichts anderes. Nur ist deren Anwendungsbereich durch §§ 77 III, 87 I erheblich eingeschränkt. Von besonderer Bedeutung sind deshalb insb. in Sozialplänen enthaltene Wiedereinstellungsklauseln (BAG 18. 12. 1990 AP BetrVG 1972 § 99 Nr. 85). Bei den **gerichtlichen Entscheidungen** ist einmal an vom Gericht verhängte Berufsverbote (zB § 70 StGB für Ärzte, § 44 StGB für Kraftfahrer) und zum anderen an rechtskräftige Gerichtsentscheidungen gem. §§ 100 III, 101 zu denken, die gerade die Durchführung der geplanten personellen Maßnahme betreffen. Als behördliche Anordnungen, die eine Zustimmungsverweigerung auslösen können, kommen etwa die Untersagung des Einstellens und des Ausbildens von Auszubildenden gem. §§ 22, 24 BBiG oder das Verbot der Beschäftigung von Jugendlichen gem. § 27 JArbSchG in Betracht.

27 **2. Verstoß gegen eine Auswahlrichtlinie.** Der Widerspruchsgrund nach Nr. 2 besteht unabhängig davon, ob die Aufstellung der Auswahlrichtlinie gem. § 95 II vom BR über die Einigungsstelle erzwungen werden konnte oder ob sie gem. § 95 I vom AG freiwillig eingeführt wurde. Allerdings greift Nr. 2 nicht ein, soweit es um einseitig vom AG verfügte und angewandte Richtlinien geht; das Vorliegen des Mitbestimmungstatbestands des § 95 und der ausdrücklichen Zustimmung des BR ist unerläßlich (LAG Frankfurt 16. 10. 1984 DB 1985, 1534).

28 **3. Benachteiligung anderer Arbeitnehmer.** Nr. 3 nennt zwei mögliche Widerspruchsgründe: Einmal die Besorgnis, daß infolge der personellen Maßnahme im Betrieb beschäftigte AN gekündigt werden zum anderen die Besorgnis, daß im Betrieb beschäftigte AN sonstige Nachteile erleiden, ohne daß dies aus betrieblichen oder persönlichen Gründen gerechtfertigt ist. In beiden Fällen wird vom Gesetzgeber gefordert, daß die Besorgnis „durch Tatsachen begründet" ist. Bloße Vermutungen und Befürchtungen des BR genügen nicht; vielmehr muß dieser Tatsachen vortragen, die seine Besorgnis schlüssig erscheinen lassen (LAG Düsseldorf 19. 10. 1976 EzA BetrVG § 99 Nr. 11). Da die Mitbestimmung hier direkt in die durch Art. 12 GG geschützte Betriebsführung des AG eingreift, kann sie nur durch **erhebliche** Nachteile der AN gerechtfertigt werden.

29 Die **Besorgnis der Kündigung eines anderen AN** besteht dann, wenn ein AN, dessen Arbeitsplatz wegfällt, auf einen bereits besetzten Arbeitsplatz versetzt wird, soweit nach den Grundsätzen der Sozialauswahl dem versetzten AN gekündigt werden müßte (BAG 15. 9. 1987 AP BetrVG 1972 § 99 Nr. 45). Nach Auffassung des BAG (s. auch 2. 4. 1996 AP BetrVG 1972 § 99 Versetzung Nr. 9) besteht ein Widerspruchsgrund nach Nr. 3 auch, wenn mehrere vergleichbare Arbeitsplätze wegfallen, gleichzeitig nur für einen Teil der betroffenen AN andere Beschäftigungsmöglichkeiten zur Verfügung stehen, so daß eine **Sozialauswahl** vorzunehmen ist, und dann ein AN auf einen der freien Arbeitsplätze versetzt wird. Dies überdehnt den Anwendungsbereich der Vorschrift: Das Zustimmungsverweigerungsrecht des BR soll lediglich den Arbeitsplatzinhaber davor schützen, daß durch die Einstellung oder Versetzung eines anderen AN der Kreis der mit ihm iSd. § 1 III KSchG vergleichbaren AN erweitert und dadurch die Gefahr einer Kündigung erhöht wird. Wird dagegen einer von mehreren ohnehin vergleichbaren AN auf einen freien Arbeitsplatz versetzt, verschlechtert sich die Rechtsstellung der konkurrierenden AN nicht, da sie sich der Sozialauswahl mit dem versetzten AN ohnehin stellen müssen. Die Richtigkeit der Sozialauswahl ist dann nicht im Zustimmungsverweigerungsverfahren nach § 99, sondern im Anhörungsverfahren nach § 102 bzw. im Kündigungsschutzprozeß nachzuprüfen (so *Löwisch* Anm. zu BAG 30. 8. 1995 EzA BetrVG § 99 Nr. 130).

30 Zu den **sonstigen, zum Widerspruch berechtigenden Nachteilen** zählen auch tatsächliche, nicht unerhebliche Erschwerungen der Arbeit, etwa die Verdoppelung des Verantwortungsbereichs für einen Schichtleiter durch Versetzung des zweiten Schichtleiters der Abteilung (BAG 15. 9. 1987 AP

IV. Gründe für die Zustimmungsverweigerung § 99 BetrVG 210

BetrVG 1972 § 99 Nr. 46) oder andere Formen der Leistungsverdichtung (*Fitting* Rn. 51). Dies steht allerdings in Widerspruch dazu, daß § 91 eine Mitbestimmung über den Arbeitsablauf nur unter bestimmten Voraussetzungen vorsieht und auch bei der Anwendung von § 1 KSchG die Einsparung von Arbeitsplätzen durch Leistungsverdichtung zu den gerichtlich unüberprüfbaren Unternehmerentscheidungen gerechnet wird. „Nachteil" ist allerdings nicht gleichzusetzen mit „ausgebliebener Vorteil". Infolge einer personellen Maßnahme vereitelte Aussichten auf Beförderung oder sonstige berufliche Entwicklungsmöglichkeiten stellen deshalb nur dann einen relevanten Nachteil dar, wenn auf die Beförderung ein Rechtsanspruch oder mindestens eine rechtserhebliche Anwartschaft besteht (BAG 7. 11. 1977 AP BetrVG 1972 § 100 Nr. 1; BAG 13. 6. 1989 AP BetrVG 1972 § 99 Nr. 66; *Fitting* Rn. 51; aA DKK/*Kittner* Rn. 186). Weitergehende Mitwirkungsrechte des BR ergeben sich nur bei Bestehen von Auswahlrichtlinien.

Auch wenn ein rechtserheblicher Nachteil iSd. Nr. 3 vorliegt, berechtigt dieser nicht zum Widerspruch, wenn dies aus betrieblichen oder persönlichen Gründen gerechtfertigt ist. Beispiele sind etwa die Notwendigkeit, einen besonders qualifizierten AN auf einer bestimmten Position zu beschäftigen oder die Ungeeignetheit des bisherigen Inhabers des Arbeitsplatzes (*Fitting* Rn. 52). Die Darlegungslast für das Vorliegen betrieblicher oder persönlicher Gründe trägt der AG. 31

4. Benachteiligung des betroffenen Arbeitnehmers. Der Widerspruchsgrund der Nr. 4 ist grds. 32 nur für **Versetzungen** relevant. Eine zum Widerspruch berechtigende Benachteiligung des betroffenen AN kann sowohl in der Versetzung bedingten Verschlechterung der äußeren Arbeitsbedingungen (zB Schmutz, Lärm, längere Wege) als auch der materiellen Arbeitsbedingungen liegen (*Fitting* Rn. 54; DKK/*Kittner* Rn. 195). Verlust des Betriebsratsamts nicht einschlägig, BAG 11. 7. 2000, 1 ABR 39/99. Wie bei Nr. 3 ist der Widerspruch nur berechtigt, wenn die Benachteiligung erfolgt, ohne daß dies aus betrieblichen oder in der Person des AN liegenden Gründen gerechtfertigt ist. Da Nr. 4 allein der Wahrung der Interessen des betroffenen AN dient, scheidet ein Widerspruch auch dann aus, wenn die Versetzung dem **Wunsch des betreffenden AN** entspricht (BAG 6. 10. 1978 AP BetrVG 1972 § 99 Nr. 10; BAG 20. 7. 1990 AP BetrVG 1972 § 99 Nr. 84; GK-BetrVG/*Kraft* Rn. 143; aA *Fitting* Rn. 55; DKK/*Kittner* Rn. 194). Allein der Verzicht auf die Erhebung einer Klage gegen eine mit der betreffenden Versetzung einhergehende Änderungskündigung soll jedoch nicht genügen um auf einen solchen Wunsch schließen zu können (BAG 2. 4. 1996 AP BetrVG 1972 § 99 Versetzung Nr. 9).

Bei anderen personellen Maßnahmen entfaltet Nr. 4 regelmäßig keine Bedeutung: Eine benachteiligende Ein- bzw. Umgruppierung wird bereits von dem Widerspruchsgrund nach Nr. 1 erfaßt. Relevante Benachteiligungen bei Einstellungen scheiden von vornherein aus; insb. können ungerechtfertigte Schlechterstellungen bei Arbeitsbedingungen, die nicht als Eingruppierungsproblem faßbar sind, nicht über Nr. 4 zum Widerspruchsgrund erhoben werden. Dies hat seinen Grund darin, daß auch der Widerspruchsgrund nach **Nr. 4 kein Instrument zu einer allgemeinen Inhaltskontrolle** der arbeitsvertraglichen Bedingungen ist (BAG 9. 7. 1996 AP BetrVG 1972 § 99 Einstellung Nr. 9; aA *Fitting* Rn. 55; DKK/*Kittner* Rn. 193). Deshalb kann der BR, wenn ein AG nach der Kündigung des maßgebenden TV im Nachwirkungszeitraum des § 4 V TVG einen AN zu untertariflichen Bedingungen einstellt, dieser Einstellung nicht unter Berufung auf § 99 II Nr. 4 die Zustimmung verweigern (BAG 9. 7. 1996 AP BetrVG 1972 § 99 Einstellung Nr. 9). 33

5. Unterbliebene Ausschreibung im Betrieb. Nach Nr. 5 kann der BR auch dann einer vorgesehenen personellen Maßnahme widersprechen, wenn eine nach § 93 erforderliche Ausschreibung im Betrieb unterblieben ist. Der unterbliebenen Ausschreibung gleichzusetzen ist der Fall, daß eine erfolgte Ausschreibung inhaltlich gegen vereinbarte Ausschreibungsgrundsätze oder gegen geltendes Recht verstößt (*Fitting* Rn. 56a; DKK/*Kittner* Rn. 198). Zum Widerspruch berechtigt deshalb eine nicht geschlechtsneutrale, gegen § 611b BGB verstoßende Stellenausschreibung (LAG Frankfurt/Main 13. 7. 1999 AuR 2000, 35; *Fitting* Rn. 56a; aA GK-BetrVG/*Kraft* Rn. 134). Schreibt der AG zwar eine bestimmte Stelle im Betrieb aus, schaltet aber gleichzeitig eine Stellenanzeige in der Tageszeitung, in der geringere Anforderungen für den Bewerber verlangt werden, kann der BR der Einstellung eines Bewerbers, der sich auf die Zeitungsanzeige hin bewirbt, unter Berufung auf Nr. 5 widersprechen; denn die in der Tageszeitung ausgeschriebene Stelle (mit den geringeren Anforderungen) ist im Betrieb noch nicht ausgeschrieben worden (BAG 23. 2. 1988 AP BetrVG 1972 § 93 Nr. 2). 34

Unzulässig ist ein Widerspruch, wenn von vornherein feststeht, daß kein AN des Betriebs für die ausgeschriebene Stelle in Betracht kommt. Bestünde der BR in einem solchen Fall auf der Ausschreibung, wäre das ein Formalismus, der sich mit dem Grundsatz der vertrauensvollen Zusammenarbeit (§ 2) nicht verträgt (GK-BetrVG/*Kraft* Rn. 123; *Löwisch* BetrVG Rn. 58; aA DKK/*Kittner* Rn. 201; LAG Frankfurt/M 2. 11. 1999 4 Ta BV 31/99). Widersprüchlich und deshalb unzulässig ist es weiter, wenn der BR zunächst gebilligt hat, daß eine Stelle innerbetrieblich nicht ausgeschrieben wird, und später hiervon abrückt (LAG Berlin 11. 2. 1985 DB 1986, 49; *Löwisch* BetrVG Rn. 58). Schließlich steht die fehlende Ausschreibung einer vorläufigen Einstellung nach § 100 nicht entgegen, wenn die Einstellung so dringend war, daß eine Ausschreibung vor Besetzung der Stelle ohnehin keinen innerbetrieblichen Bewerber mehr erreicht hätte (DKK/*Kittner* Rn. 200). Im übrigen genügt für die Er- 35 hebung des Widerspruchs nach Nr. 5 der bloße Hinweis auf die unterbliebene Ausschreibung, ohne daß es einer weitergehenden Begründung seitens des BR bedarf (LAG Hamm 24. 3. 1992 DB 1992, 2639; *Fitting* Rn. 56).

36 **6. Gefahr für den Betriebsfrieden.** Nr. 6 stellt das Gegenstück zu § 104 dar. Während nach § 104 der BR vom AG die Entlassung oder Versetzung eines AN verlangen kann, der durch gesetzwidriges Verhalten oder durch grobe Verletzung der in § 75 I enthaltenen Grundsätze den Betriebsfrieden wiederholt ernstlich gestört hat, sieht Nr. 6 das Recht des BR vor, von vornherein eine Einstellung oder Versetzung eines AN aus diesen Gründen zu unterbinden. Anders als bei § 104 kann der BR bei Nr. 6 nur eine **Prognose für die Zukunft** anstellen, die auf Ereignisse in der Vergangenheit gestützt wird. Da dem AN zukünftiges rechtswidriges Verhalten unterstellt werden muß, sind an die Widerspruchsgründe nach Nr. 6 strenge Anforderungen zu stellen (*Fitting* Rn. 57; DKK/*Kittner* Rn. 202). Denkbare Fälle für einen Widerspruch nach Nr. 6 sind etwa Diebstahl an Kollegen, Beleidigungen, Mobbing, Raufereien am Arbeitsplatz, Denunziation oder sexuelle Belästigung am Arbeitsplatz (*Fitting* Rn. 58), vorausgesetzt, daß diese Vorfälle aus der jüngsten Vergangenheit stammen und eine ernstliche (vgl. § 104) Störung des Betriebsfriedens zu besorgen ist.

V. Entscheidung über die Zustimmung

37 Ist der BR vom AG über die geplante personelle Einzelmaßnahme unterrichtet worden, hat er gem. Abs. 3 **eine Woche** Zeit, über die Zustimmung zu der Maßnahme zu entscheiden. Geht es um die personelle Maßnahme gegenüber einem BRMitglied, ist dieses wegen Befangenheit sowohl von der Beschlußfassung als auch von der vorangehenden Beratung auszuschließen (BAG 3. 8. 1999, DB 2000, 626). Für die Berechnung der Wochenfrist gem. Abs. 3 gelten §§ 187 I, 188 II BGB. Das bedeutet, der Tag, an dem dem BR die Auskunft zugegangen ist, ist bei der Fristberechnung nicht mitzurechnen. Fällt das Fristende auf einen Samstag, Sonntag oder Feiertag, endet die Frist am folgenden Werktag. Eine Verkürzung der Frist ist unzulässig, eine Verlängerung durch Vereinbarung zwischen BR und AG hingegen möglich (BAG 17. 5. 1983 AP BetrVG 1972 § 99 Nr. 18; GK-BetrVG/*Kraft* Rn. 98; DKK/*Kittner* Rn. 157; aA *Richardi* Rn. 246).

38 Innerhalb der Frist des Abs. 3 hat der BR **drei Reaktionsmöglichkeiten:** er kann zunächst der geplanten personellen Maßnahme **ausdrücklich zustimmen.** Anders als für die Ablehnung ist hierfür keine bestimmte Form vorgesehen. Allerdings sollte die Schriftform aus Beweisgründen gewahrt werden. Rücknahme bzw. Widerruf der ausdrücklichen Zustimmung sind nicht möglich (*Fitting* Rn. 62; *Schreiber* RdA 1987, 257; einschränkend DKK/*Kittner* Rn. 159). Eine Anfechtung wegen Irrtums oder arglistiger Täuschung (zB Vorenthalten von Informationen) ist möglich, allerdings nur bis zum Vollzug der personellen Einzelmaßnahme.

39 Die zweite Reaktionsmöglichkeit des BR besteht in der **ausdrücklichen Verweigerung der Zustimmung.** Diese hat nach § 99 III 1 zum einen schriftlich und zum anderen „unter Angabe von Gründen" zu erfolgen. Hierfür reicht eine formelhafte, nicht dem Einzelfall angepaßte Begründung, insb. die bloße Wiederholung des Wortlautes einer der Nummern des Abs. 2 nicht aus (BAG 24. 7. 1979 AP BetrVG 1972 § 99 Nr. 11). Ebenso wenig genügt eine Begründung, die offensichtlich keinen Bezug zu einem der Verweigerungsgründe des Gesetzes aufweist (*Fitting* Rn. 59; s. auch HessVGH 16. 3. 1995 ZTR 1995, 379). Ausreichend ist eine Begründung, die es als möglich erscheinen läßt, daß mit der gegebenen Begründung ein gesetzlicher Widerspruchstatbestand geltend gemacht wird, ohne daß ausdrücklich auf eine der Nummern des Abs. 2 Bezug genommen wird (BAG 26. 1. 1988 AP BetrVG 1972 § 99 Nr. 50; BAG 18. 10. 1988 AP BetrVG 1972 § 99 Nr. 57; BAG 20. 11. 1990 AP BetrVG 1972 § 118 Nr. 47; *Fitting* Rn. 59). Ist durch die Rspr. des BAG geklärt, daß ein bestimmter Grund (zB Befristung) nicht dem Gesetz entspricht, ist seine Angabe nicht ausreichend. Ein **Nachschieben neuer Widerspruchsgründe** nach Ablauf der Wochenfrist des Abs. 3 ist nach der Rspr. des BAG nicht zulässig (BAG 3. 7. 1984 AP BetrVG 1972 § 99 Nr. 20; BAG 15. 4. 1986 AP BetrVG 1972 § 99 Nr. 36; BAG 10. 8. 1993 NZA 1994, 187; aA *Fitting* Rn. 70; DKK/*Kittner* Rn. 167). Zulässig ist es allerdings, bereits mitgeteilte Widerspruchsgründe rechtlich zu vertiefen, BAG 28. 4. 1998 aaO (Rn. 10).

40 Schließlich kann der BR als dritte Reaktion die **Frist des Abs. 3 schlicht verstreichen lassen.** In diesem Fall gilt gem. § 99 III 2 die Zustimmung des BR als erteilt. Dies gilt auch, wenn die Verweigerung der Zustimmung nicht schriftlich oder ohne die Angabe konkreter, dem Gesetz entsprechender Gründe ausgesprochen wurde. Diese Zustimmungsfiktion tritt allerdings in zwei Fällen nicht ein: einmal bei unzureichender Information des BR (vgl. hierzu oben Rn. 19 ff.); zum anderen, wenn der BR die Frist ohne sein Verschulden nicht einhalten konnte („höhere Gewalt"): In diesem Fall bleibt dem BR die Möglichkeit, seine Zustimmung alsbald nach Wegfall des Hindernisses zur Abgabe einer Erklärung noch nachträglich zu verweigern (*Fitting* Rn. 62; aA MünchArbR/*Matthes* § 344 Rn. 94). Mit Ablauf der Wochenfrist gilt die Zustimmung (hier zu einer Umgruppierung) als erteilt, wenn für ein wegen eigener Betroffenheit von Beratung und Entscheidung ausgeschlossenes BR-Mitglied kein Ersatzmitglied geladen wird, BAG 3. 8. 1999 EzA BetrVG 1972 § 33 Nr. 1.

VI. Gerichtliches Zustimmungsersetzungsverfahren

Verweigert der BR frist- und formgerecht mit der erforderlichen Begründung die Zustimmung zu 41 einer personellen Einzelmaßnahme, ist der AG, soweit er nicht nach § 100 vorgeht, zunächst rechtlich gehindert, die geplante Maßnahme durchzuführen. Er kann allerdings gem. § 99 IV beim ArbG beantragen, die fehlende Zustimmung des BR zu ersetzen. Die Möglichkeit, stattdessen **von der geplanten Maßnahme gänzlich abzusehen**, besteht nur bei einer geplanten Einstellung oder Versetzung. Anders ist es bei Ein- bzw. Umgruppierung: Wenn der AG den AN tatsächlich beschäftigt, muß er ihn auch entsprechend der zugewiesenen Tätigkeit vergüten und dementsprechend eingruppieren. Da dies nicht ohne Zustimmung des BR möglich ist, muß er das Verfahren nach Abs. 4 einleiten. Der BR kann den AG hierzu über § 101 – ggf. auch mehrfach – zwingen, bis die richtige Vergütungsgruppe ermittelt ist (BAG 3. 5. 1994 AP BetrVG 1972 § 99 Eingruppierung Nr. 2). Der Rechtsstreit erledigt sich bei Wegfall der Maßnahme (BAG AP § 83 a ArbGG 1979 Nr. 3–6).

Über den Zustimmungsersetzungsantrag des AG entscheidet das ArbG im **Beschlußverfahren**. 42 Dabei sind die von der geplanten personellen Maßnahme betroffenen AN nicht Beteiligte (BAG 27. 5. 1982 AP ArbGG 1979 § 80 Nr. 3; BAG 17. 5. 1983 AP BetrVG 1972 § 99 Nr. 18; BAG 22. 3. 1983 AP BetrVG 1972 § 101 Nr. 6). Im Verfahren hat der BR nur die frist- und formgerechte Verweigerung der Zustimmung darzulegen. Im übrigen trifft die **Darlegungslast** den AG, insb. für das Nichtvorliegen der vom BR vorgetragenen Verweigerungsgründe. Im Rahmen der gerichtlichen Amtsermittlung nicht aufgeklärte Tatsachen gehen insoweit zu Lasten des AG. Das Amtsermittlungsprinzip ändert nichts daran, daß sich der Prüfungsumfang des Gerichts nur auf die vom BR vorgetragenen Widerspruchsgründe erstreckt (*Fitting* Rn. 69; vgl. zum Nachschieben von Widerspruchsgründen oben Rn. 39).

Haben AG oder BR **Zweifel, ob überhaupt eine mitbestimmte personelle Maßnahme vorliegt,** 43 kann dies in einem gerichtlichen Feststellungsverfahren geklärt werden. Hält der AG die Zustimmungsverweigerung des BR für unbeachtlich, kann er die Feststellung beantragen, daß die Zustimmung des BR nach dessen ordnungsgemäßer Unterrichtung wegen Fristablaufs als erteilt gilt (BAG 28. 1. 1986 AP BetrVG 1972 § 99 Nr. 34). Mit diesem Antrag kann hilfsweise der Antrag auf Zustimmungsersetzung verbunden werden. Ggf. hat das ArbG aber auch ohne ausdrücklichen Antrag statt auf Ersetzung der Zustimmung auf die Feststellung zu erkennen, daß die Zustimmung als erteilt gilt (BAG 18. 10. 1988 AP BetrVG 1972 § 99 Nr. 57).

VII. Rechtsstellung des einzelnen Arbeitnehmers

Grdl. für die Auswirkungen der (fehlenden) Mitbestimmung gem. § 99 auf die Rechtsstellung des 44 einzelnen AN ist das **Prinzip der Trennung von personeller Einzelmaßnahme einerseits und zugrundeliegender Arbeitsvertragsgestaltung** andererseits.

Bei der **Einstellung** bedeutet dies, daß ohne Zustimmung des BR zwar die tatsächliche Eingliede- 45 rung des AN in den Betrieb, also dessen Beschäftigung untersagt ist; der zugrundeliegende Arbeitsvertrag kann dagegen auch vor Einholung der Zustimmung oder während eines schwebenden Mitbestimmungsverfahrens abgeschlossen werden und bleibt selbst bei endgültiger Ablehnung der Zustimmung wirksam (BAG 2. 7. 1980 AP BetrVG 1972 § 101 Nr. 3; BAG 25. 6. 1987 AP BGB § 620 Bedingung Nr. 14; DKK/*Kittner* Rn. 216; aA *Fitting* Rn. 64 a; GK-BetrVG/*Kraft* Rn. 109). Der AG kann allerdings bei Verweigerung der Zustimmung das Arbeitsverhältnis aus betriebsbedingten Gründen fristgerecht **kündigen**, soweit der AN bei Abschluß des Arbeitsvertrags über das Fehlen der Betriebsratszustimmung informiert wurde, auch fristlos (HSG/*Schlochauer* § 100 Rn. 41; DKK/*Kittner* § 100 Rn. 41). Zulässig ist es auch, das Arbeitsverhältnis auflösend bedingt an eine Verweigerung der Zustimmung des BR/ablehnende Gerichtsentscheidung zu knüpfen bzw. das Arbeitsverhältnis unter die aufschiebende Bedingung der Zustimmung des BR/gerichtliche Ersetzung der Zustimmung zu stellen. Eine Beschäftigung vor Ersetzung einer verweigerten Zustimmung durch das ArbG ist nur in dem Fall des § 100 II 3 zulässig, sonst unzulässig und damit rechtlich unmöglich (*Rixecker* AuR 1983, 238). Die Beschäftigung wird (rechtlich) unmöglich, wenn sie dem AG auf Antrag des BR untersagt wird. Hat der AG das zu vertreten, haftet er nach § 324 BGB auf das Entgelt; sonst nur aus Verschulden bei Vertragsschluß auf das Vertrauensinteresse, wenn der AG den AN nicht auf die fehlende Zustimmung des BR hinwies. Das BAG (2. 7. 1980 AP BetrVG 1972 § 101 Nr. 5) nimmt allerdings Annahmeverzug (§ 615 BGB) an, doch hindert das Verbot des § 100 II 2 AG und AN an der Beschäftigung. Es ist auch nicht gerechtfertigt, das Risiko einer vom AG nicht verschuldeten Zustimmungsverweigerung diesem aufzuerlegen.

Ebenso wie bei der Einstellung führt auch bei der **Versetzung** die fehlende Zustimmung des BR 46 gem. § 99 nur zur Unzulässigkeit der tatsächlichen Zuweisung eines anderen Arbeitsbereichs. Die Rechtmäßigkeit einer mit der Versetzung einhergehenden Änderungskündigung wird nach der Rspr. des BAG durch die fehlende Zustimmung nicht tangiert (BAG 30. 9. 1993 AP KSchG 1969 § 2 Nr. 33). Gleichwohl soll der betroffene AN bis zur Erteilung der Zustimmung gem. § 99 zur Weiterarbeit auf seinem bisherigen Arbeitsplatz berechtigt bleiben, selbst wenn er die Änderungskündigung unter Vorbehalt angenommen hat. Dies spricht aber für eine die Wirksamkeit der Änderungskündigung suspendierende Wirkung der Mitbestimmung nach § 99 (vgl. *Kania* Anm. zu BAG 30. 9. 1993 EzA BetrVG § 99 Nr. 18).

47 Bei **Ein- und Umgruppierungen** führt schließlich das Prinzip der Trennung zwischen gem. § 99 mitbestimmter Maßnahme und zugrundeliegender Vertragsgestaltung dazu, daß der Vergütungsanspruch des betreffenden AN grds. unabhängig von der Reaktion des BR im Verfahren nach § 99 ist. Wenn der AG eine Ein- bzw. Umgruppierung zwar ohne Beteiligung des BR, aber tarifrechtlich zutreffend vorgenommen hat, steht dem AN die tarifvertragliche Vergütung zu (BAG 14. 6. 1972 AP BAT §§ 22, 23 Nr. 54; BAG 19. 7. 1978 AP BAT 1975 §§ 22, 23 Nr. 8). Der einzelne AN kann unabhängig von einem Beschlußverfahren über die Ersetzung der Zustimmung zur Eingruppierung die seines Erachtens richtige Vergütungsgruppe einklagen (BAG 13. 5. 1981 AP HGB § 59 Nr. 24; *Fitting* Rn. 65). Ist allerdings im Verfahren nach § 99 die anzuwendende Vergütungsgruppe festgestellt worden, kann der AN seinen Vergütungsanspruch unmittelbar auf die gerichtliche Entscheidung stützen. Insoweit ist ein Anspruch nicht von einer weiteren Prüfung der tariflichen Eingruppierungsvoraussetzungen abhängig (BAG 3. 5. 1994 AP BetrVG 1972 § 99 Eingruppierung Nr. 2). Dies gilt aber nur zugunsten, nicht zu Lasten des am Beschlußverfahren nicht beteiligten AN.

§ 100 Vorläufige personelle Maßnahmen

(1) [1] Der Arbeitgeber kann, wenn dies aus sachlichen Gründen dringend erforderlich ist, die personelle Maßnahme im Sinne des § 99 Abs. 1 Satz 1 vorläufig durchführen, bevor der Betriebsrat sich geäußert oder wenn er die Zustimmung verweigert hat. [2] Der Arbeitgeber hat den AN über die Sach- und Rechtslage aufzuklären.

(2) [1] Der Arbeitgeber hat den Betriebsrat unverzüglich von der vorläufigen personellen Maßnahme zu unterrichten. [2] Bestreitet der Betriebsrat, daß die Maßnahme aus sachlichen Gründen dringend erforderlich ist, so hat er dies dem Arbeitgeber unverzüglich mitzuteilen. [3] In diesem Fall darf der Arbeitgeber die vorläufige personelle Maßnahme nur aufrechterhalten, wenn er innerhalb von drei Tagen beim Arbeitsgericht die Ersetzung der Zustimmung des Betriebsrats und die Feststellung beantragt, daß die Maßnahme aus sachlichen Gründen dringend erforderlich war.

(3) [1] Lehnt das Gericht durch rechtskräftige Entscheidung die Ersetzung der Zustimmung des Betriebsrats ab oder stellt es rechtskräftig fest, daß offensichtlich die Maßnahme aus sachlichen Gründen nicht dringend erforderlich war, so endet die vorläufige personelle Maßnahme mit Ablauf von zwei Wochen nach Rechtskraft der Entscheidung. [2] Von diesem Zeitpunkt an darf die personelle Maßnahme nicht aufrechterhalten werden.

I. Vorläufige Durchführung der Maßnahme

1 Um aus dem Zustimmungserfordernis gem. § 99 entstehende Unzuträglichkeiten für den Betrieb zu vermeiden, ermöglicht § 100 die vorläufige Durchführung der geplanten personellen Maßnahme, wenn dies **aus sachlichen Gründen dringend erforderlich** ist. Ein solches Erfordernis liegt vor, wenn ein verantwortungsbewußter AG im Interesse des Betriebes alsbald handeln müßte, die geplante Maßnahme also keinen Aufschub verträgt (*Fitting* Rn. 3). Allein der Umstand, daß im Betrieb AN fehlen, stellt noch keinen Grund iSd. Vorschrift dar, weil dies die geplanten Einstellungen die Regel ist. Daß Einstellungen verzögert werden, kann aber nicht hingenommen werden, wenn dadurch der ordnungsgemäße betriebliche Ablauf gestört wird (BAG 6. 10. 1978 BetrVG 1972 § 99 Nr. 10; *Löwisch* BetrVG Rn. 2). Ein typischer Grund für eine vorläufige Maßnahme liegt vor, wenn eine für den Betrieb wichtige Person mit besonderen Qualifikationen nur bei sofortigem Handeln gewonnen werden kann (LAG Berlin 27. 9. 1982 BB 1983, 574; *Fitting* Rn. 3). Für das Vorliegen des sachlichen Grundes kommt es allein auf die Verhältnisse im Zeitpunkt der Durchführung der Maßnahme an; entfällt nachträglich der Grund, so ist der AG nicht verpflichtet, die Maßnahme vor Abschluß des Zustimmungsersetzungsverfahrens wieder aufzuheben (BAG 6. 10. 1978 AP BetrVG 1972 § 99 Nr. 10). Denkbar sind vorläufige personelle Maßnahmen nur bei Einstellung und Versetzung, nicht aber bei Ein- und Umgruppierung (vgl. DKK/*Kittner* Rn. 7).

II. Unterrichtungspflichten des Arbeitgebers

2 **1. Unterrichtung des Arbeitnehmers.** Gem. § 100 I 2 hat der AG den AN über die Sach- und Rechtslage aufzuklären, dh. hinzuweisen auf die Vorläufigkeit der Maßnahme, einen eventuellen Widerspruch des BR und die Möglichkeit, daß die Maßnahme kraft gerichtlicher Entscheidung rückgängig gemacht werden muß. Die Unterrichtung des AN durch den AG ist **keine Wirksamkeitsvoraussetzung** für die vorläufige Durchführung der Maßnahme, sondern dient zur Vermeidung von Schadensersatzansprüchen wegen Verschuldens bei Vertragsschluß bei Rückgängigmachung der Maßnahme (BAG 14. 6. 1972 AP BAT §§ 22, 23 Nr. 54; *Fitting* Rn. 4). Der AN ist seinerseits verpflichtet, den AG auf persönliche Umstände hinzuweisen, die zu einer Verweigerung der Zustimmung des BR

führen könnten. Eine Verletzung dieser Pflicht kann ihn ebenfalls schadensersatzpflichtig gegenüber dem AG machen, und einen eigenen Schadensersatzanspruch aus dem Gesichtspunkt des Mitverschuldens (§ 254 BGB) mindern (DKK/*Kittner* Rn. 19). Insb. bei der vorläufigen Einstellung empfiehlt es sich, den Arbeitsvertrag unter der **auflösenden Bedingung** einer negativen arbeitsgerichtlichen Entscheidung abzuschließen, um Kündigungs- und Schadensersatzprobleme zu vermeiden (vgl. zu den Auswirkungen der verweigerten Zustimmung des BR auf den zugrundeliegenden Arbeitsvertrag § 99 Rn. 44 ff.).

2. Unterrichtung des Betriebsrats. Gem. § 100 II 1 hat der AG den BR unverzüglich, also „ohne schuldhaftes Zögern" (§ 121 I BGB), von der vorläufigen personellen Maßnahme zu unterrichten. Die Unterrichtung kann sowohl vor als notfalls auch unmittelbar nach Durchführung der Maßnahme erfolgen (BAG 7. 11. 1977 AP BetrVG 1972 § 100 Nr. 1). Eine Form ist für die Unterrichtung nicht vorgeschrieben; aus Beweisgründen empfiehlt sich jedoch die Einhaltung der Schriftform. Inhaltlich muß die Information alle Angaben enthalten, die den BR in die Lage versetzen, die vorläufige Maßnahme und ihre Erforderlichkeit, insb. das Vorliegen eines sachlichen Grundes, zu beurteilen (DKK/ *Kittner* Rn. 15). Ist der BR noch nicht nach § 99 I unterrichtet, kann die Unterrichtung nach § 99 zusammen mit der nach § 100 II 1 erfolgen (*Fitting* Rn. 5). Erfüllt der AG seine Verpflichtung nach Abs. 2 S. 1 nicht oder nicht ordnungsgemäß, fehlt es an einer Wirksamkeitsvoraussetzung für die vorläufige personelle Maßnahme. Der BR kann deren Aufhebung über § 101 verlangen (*Fitting* § 101 Rn. 2; DKK/*Kittner* Rn. 16; aA HSG/*Schlochauer* Rn. 16). 3

III. Reaktionen des Betriebsrats und Konsequenzen für den Arbeitgeber

Gem. § 100 II 2 ist der BR verpflichtet, dem AG unverzüglich zu antworten. Für den BR ergeben sich folgende Reaktionsmöglichkeiten: Er kann der vorläufigen Maßnahme **zustimmen bzw. auf die Unterrichtung des AG schweigen:** In beiden Fällen ist bzw. gilt die Maßnahme vorläufig als gebilligt. Dem gleichzustellen ist der Fall, daß der BR der endgültigen Maßnahme gem. § 99 III zustimmt, aber deren Dringlichkeit bestreitet. Ein solches Bestreiten geht ins Leere und ist gegenstandslos (DKK/ *Kittner* Rn. 24). Stimmt der BR dagegen nur der vorläufigen Maßnahme zu, verweigert aber die Zustimmung zur endgültigen Durchführung, muß der AG das Zustimmungsersetzungsverfahren nach § 99 IV einleiten, wenn er eine Aufhebung der vorläufigen Maßnahme über § 101 verhindern will. Eine Frist für die Einleitung des Verfahrens nach § 99 IV in diesem Fall nennt das Gesetz nicht; es bietet sich jedoch die analoge Anwendung der Frist des § 100 II 3 an (*Matthes* DB 1989, 1287; DKK/ *Kittner* Rn. 20). 4

Bestreitet der BR, daß die Maßnahme aus sachlichen Gründen dringend erforderlich ist, darf sie der AG gem. § 100 II 3 nur aufrechterhalten, wenn er innerhalb von drei Tagen beim ArbG die Ersetzung der Zustimmung des BR und die Feststellung beantragt, daß die Maßnahme aus sachlichen Gründen dringend erforderlich war. Wie sich aus dem Gesetzeswortlaut ergibt, muß der AG beide Anträge innerhalb der **Drei-Tage-Frist** stellen. Beide Verfahren werden zwingend miteinander verbunden, um zu verhindern, daß der AG den Streit auf die Wirksamkeit der vorläufigen Maßnahme beschränkt und das Verfahren gem. § 99 IV in der Schwebe hält (BAG 15. 9. 1987 AP BetrVG 1972 § 99 Nr. 46; *Fitting* Rn. 7). Stellt der AG innerhalb der Drei-Tage-Frist nur den Feststellungsantrag zur vorläufigen personellen Maßnahme, ist dieser unzulässig (*Matthes* DB 1989, 1287; DKK/*Kittner* Rn. 28). 5

Bei der **Berechnung der Frist** von drei Tagen ist zu beachten, daß es sich um Kalendertage und nicht Werktage handelt. Der Tag des Zugangs wird nicht mitgerechnet (§ 187 BGB). Bei einem Widerspruch des BR am Freitag muß also das ArbG am folgenden Montag angerufen werden. Nur wenn der letzte Tag der Frist ein Samstag, Sonntag oder gesetzlicher Feiertag ist, verlängert sich die Frist bis zum Ablauf des nächsten Werktages (§ 193 BGB). 6

IV. Entscheidung des Arbeitsgerichts

Das ArbG entscheidet im **Beschlußverfahren,** wobei der AN – wie beim isolierten Verfahren gem. § 99 – nicht Beteiligter ist. Das Gericht hat stets über zwei Anträge, den Antrag auf Feststellung der Dringlichkeit einer vorläufigen Maßnahme und den Antrag auf Ersetzung der Zustimmung des BR zur endgültigen Maßnahme, zu entscheiden. Umstritten ist, ob über diese Anträge gemeinsam (LAG Schleswig-Holstein 27. 9. 1977 BB 1978, 611), über den Feststellungsantrag vorrangig (*Matthes* DB 1989, 1285, 1288) oder nach freiem Ermessen des Gerichts (DKK/*Kittner* Rn. 32) zu entscheiden ist. Das BAG (18. 10. 1988 NZA 1989, 183) empfiehlt den Instanzgerichten die vorgezogene Entscheidung über den Feststellungsantrag. 7

Die Kombination von Feststellungs- und Zustimmungsersetzungsantrag ergibt **vier mögliche Entscheidungen des ArbG:** Einmal ist es möglich, daß das ArbG die Maßnahme für dringlich und keinen Zustimmungsverweigerungsgrund iSd. § 99 II für gegeben hält. In diesem Fall obsiegt der AG und kann die Maßnahme endgültig durchführen. Zum zweiten kann das ArbG sowohl die Dringlichkeit der vorläufigen Maßnahme verneinen als auch die Zustimmungsverweigerungsgründe des BR anerkennen. In diesem Fall unterliegt der AG voll und darf die Maßnahme weder vorläufig noch endgültig 8 aufrechterhalten. Die dritte Möglichkeit besteht darin, daß das ArbG zwar die Dringlichkeit der Maßnahme anerkennt, aber die Zustimmung (auf Dauer) nicht ersetzt. Der AG obsiegt dann zwar mit dem Feststellungsantrag; mit Rechtskraft der Entscheidung über die Verweigerung der Zustimmung werden aber die Rechtsfolgen des § 100 III ausgelöst; das bedeutet, die vorläufige personelle Maßnahme endet mit Ablauf von zwei Wochen nach Rechtskraft der Entscheidung; von diesem Zeitpunkt an darf sie nicht aufrechterhalten werden. Als viertes bleibt die Möglichkeit, daß das ArbG zwar die Verweigerung der Zustimmung durch den BR nicht für gerechtfertigt hält, aber auch keinen sachlichen Grund für die vorläufige Durchführung der Maßnahme sieht. Gem. § 100 III ist in diesem Fall der Feststellungsantrag aber nur abzuweisen, wenn ein sachlicher Grund „offensichtlich", dh. auf den ersten Blick und eindeutig ersichtlich, nicht gegeben war. Wird eine solche Offensichtlichkeit rechtskräftig festgestellt, darf der AG die Maßnahme nicht über einen Zeitraum von zwei Wochen nach Rechtskraft aufrechterhalten (§ 100 III 2). Relevant wird diese Entscheidungsvariante nur, wenn das ArbG über den Feststellungsantrag vorab entschieden hat. Denn mit der gerichtlichen Ersetzung der Zustimmung des BR endet die Rechtshängigkeit des Feststellungsantrages; über diesen ist dann nicht mehr zu entscheiden; vielmehr ist das Verfahren in entsprechender Anwendung von § 83 a II 1 ArbGG einzustellen (BAG 27. 1. 1987 AP BetrVG 1972 § 99 Nr. 42; BAG 18. 10. 1988 AP BetrVG 1972 § 100 Nr. 4; aA *Fitting* Rn. 8 b).

9   Soweit gem. § 100 III vorläufige personelle Maßnahmen **zwei Wochen nach Rechtskraft** „enden" und „nicht aufrechterhalten werden" dürfen, bedeutet dies, daß eine (vorläufige) Einstellung oder Versetzung in diesem Moment ihre betriebsverfassungsrechtliche Zulässigkeit verliert: Der vorläufig eingestellte AN darf nicht mehr beschäftigt werden; ist der Bestand des zugrundeliegenden Arbeitsvertrages nicht an die negative Gerichtsentscheidung als auflösende Bedingung geknüpft, wird die Leistung des AN rechtlich unmöglich (vgl. näher § 99 Rn. 45). Bei der Versetzung ist der AN auf seinen bisherigen Arbeitsplatz „zurückzuversetzen" (*Fitting* Rn. 11). Die tatsächliche Durchführung des Beschlusses des ArbG über die Beendigung der vorläufigen personellen Maßnahme kann der BR gem. § 101 erzwingen.

§ 101 Zwangsgeld

¹ Führt der Arbeitgeber eine personelle Maßnahme im Sinne des § 99 Abs. 1 Satz 1 ohne Zustimmung des Betriebsrats durch oder hält er eine vorläufige personelle Maßnahme entgegen § 100 Abs. 2 Satz 3 oder Abs. 3 aufrecht, so kann der Betriebsrat beim Arbeitsgericht beantragen, dem Arbeitgeber aufzugeben, die personelle Maßnahme aufzuheben. ² Hebt der Arbeitgeber entgegen einer rechtskräftigen gerichtlichen Entscheidung die personelle Maßnahme nicht auf, so ist auf Antrag des Betriebsrats vom Arbeitsgericht zu erkennen, daß der Arbeitgeber zur Aufhebung der Maßnahme durch Zwangsgeld anzuhalten sei. ³ Das Höchstmaß des Zwangsgeldes beträgt für jeden Tag der Zuwiderhandlung 500 Deutsche Mark.

I. Anwendungsbereich von Satz 1

1   § 101 dient der Sicherung der Mitbestimmungsrechte des BR gem. §§ 99, 100. Den Antrag nach S. 1 kann der BR **in drei Fällen** stellen:
– wenn der AG eine endgültige personelle Maßnahme entgegen § 99 ohne Zustimmung des BR durchgeführt hat, also die Zustimmung weder ausdrücklich erteilt worden ist noch wegen Ablauf der Wochenfrist nach § 99 III 2 als erteilt gilt noch durch das ArbG rechtskräftig im Verfahren nach § 99 IV ersetzt worden ist,
– wenn der AG eine vorläufige personelle Maßnahme aufrechterhält, obwohl er den BR überhaupt nicht bzw. nicht unverzüglich unterrichtet hat oder – nach unverzüglicher Unterrichtung – nicht innerhalb von drei Tagen nach einem Bestreiten der Dringlichkeit durch den BR das ArbG angerufen hat,
– wenn der AG den AN noch länger als zwei Wochen nach einer negativen rechtskräftigen Entscheidung des ArbG über die Ersetzung der Zustimmung bzw. die Dringlichkeit der Maßnahme faktisch weiterbeschäftigt.

2   Der in § 101 S. 1 vorgesehene **Aufhebungsantrag paßt nur auf Einstellung und Versetzung**, nicht aber auf Ein- und Umgruppierung. Da die Eingruppierung selbst zu keiner tatsächlichen Veränderung der Verhältnisse im Betrieb führt, kann auch eine betriebsverfassungswidrige **Eingruppierung** nicht aufgehoben werden. Der BR kann aber über § 101 verlangen, dem AG aufzugeben, die Zustimmung des BR zur vorgesehenen Eingruppierung nachträglich einzuholen und im Verweigerungsfalle durch das ArbG ersetzen zu lassen (BAG 22. 3. 1983 AP BetrVG 1972 § 101 Nr. 6; 12. 8. 1997 AP BetrVG 1972 § 99 Eingruppierung Nr. 14). Bleibt der AG im Zustimmungsersetzungsverfahren mit der von ihm vorgeschlagenen Vergütungsgruppe erfolglos, kann der BR über § 101 beantragen, dem AG aufzugeben, ein erneutes Beteiligungsverfahren einzuleiten, das die Eingruppierung in eine andere Vergütungsgruppe vorsieht (BAG 3. 5. 1994 AP BetrVG 1972 Eingruppierung Nr. 2). Dies ist aber gekünstelt, wenn sich aus dem Beschluß die richtige Gruppe ergibt, entspricht es dem Sinn des § 101, dem BR dann einen Anspruch auf die richtige Eingruppierung zu erlauben.

Das ArbG entscheidet im Beschlußverfahren; eine auf § 101 gestützte einstweilige Verfügung ist, da 3 Rechtskraft erforderlich, nicht möglich (LAG Frankfurt 15. 12. 1987 DB 1995, 915; MünchArb/ *Matthes* § 346 Rn. 25; zu anderen Rechtsschutzmöglichkeiten außerhalb des § 101 unten Rn. 7 ff.). **Beteiligte** sind der BR und der AG, nicht der betroffene AN (BAG 27. 5. 1982 AP ArbGG 1979 § 80 Nr. 3). Hat der AG ein **Verfahren** auf Ersetzung der Zustimmung und Feststellung der Dringlichkeit nach § 100 II 3 eingeleitet, kann der BR bereits in diesem Verfahren seinen Abweisungsantrag mit dem Antrag verbinden, daß dem AG aufgegeben wird, die vorläufige personelle Maßnahme aufzuheben (*Fitting* Rn. 3; DKK/*Kittner* Rn. 11). Demgegenüber kann der AG seinen Abweisungsantrag gegenüber einem BRAntrag nach § 101 nicht mit einem Hilfsantrag verbinden, die fehlende Zustimmung des BR zu ersetzen. Zudem kann er grds. in einem Verfahren nach § 101 nicht geltend machen, in Wahrheit fehle ein Zustimmungsverweigerungsgrund (BAG 18. 7. 1978 AP BetrVG 1972 § 101 Nr. 1; BAG 21. 11. 1978 AP BetrVG 1972 § 101 Nr. 3; BAG 16. 7. 1985 AP BetrVG 1972 § 99 Nr. 21 *Fitting* Rn. 2a). Möglich ist dagegen der Einwand des AG, die vorgesehene Maßnahme sei gar nicht mitbestimmungspflichtig bzw. der Widerspruch des BR entbehre der erforderlichen Begründung (ähnlich *Richardi* Anm. zu BAG AP BetrVG 1972 § 101 Nr. 3; wohl auch DKK/*Kittner* Rn. 12). Beispiele sind etwa der Widerspruch gegen die geplante Beschäftigung freier Mitarbeiter oder der ohne jede Begründung erfolgende bzw. abwegige Widerspruch gegen eine Einstellung oder Versetzung eines AN.

Hebt der AG die Maßnahme während des Verfahrens nach § 101 auf oder endet sie auf andere 4 Weise, muß der Antrag als unbegründet abgewiesen werden, wenn er nicht zuvor für erledigt erklärt wird (DKK/*Kittner* Rn. 10).

II. Zwangsgeldverfahren

Ergeht ein Beschluß nach S. 1 in **Rechtskraft**, kann der AG bei der Einstellung und Versetzung zur 5 tatsächlichen Aufhebung bzw. Rückgängigmachung der Maßnahme angehalten werden; bei einer mitbestimmungswidrigen Ein- oder Umgruppierung muß er der Verpflichtung zur Einleitung eines neuen Zustimmungsverfahrens nachkommen. Eine ausdrückliche Frist hierfür nennt das Gesetz nicht; die hM gewährt dem AG in entsprechender Anwendung von § 100 III 1 eine **Frist von zwei Wochen ab Rechtskraft zur Umsetzung des Beschlusses** (*Fitting* Rn. 4; GK-BetrVG/*Kraft* Rn. 11; aA DKK/ *Kittner* Rn. 13).

Leistet der AG einem Beschluß nach S. 1 nicht Folge, kann der BR nach Rechtskraft der Entschei- 6 dung (BAG 18. 6. 1991 AP BetrVG 1972 § 99 Nr. 92) beim ArbG beantragen, den AG durch **Zwangsgeld** zur Befolgung der gerichtlichen Anordnung anzuhalten. Da der AG zur Zahlung von „Zwangsgeld" und nicht von „Ordnungsgeld" (vgl. § 890 ZPO) verpflichtet wird, kommt es auf ein Verschulden nicht an (*Fitting* § 101 Rn. 5). Zwangsgelder sind als Beugemaßnahme nicht mehr festzusetzen oder zu vollstrecken, wenn der BR seinen Antrag zurücknimmt oder der AG die ihm verbotene personelle Maßnahme vor Verhängung oder Vollstreckung des Zwangsgeldes aufhebt (GK-BetrVG/ *Kraft* Rn. 13; *Fitting* Rn. 5). Das Zwangsgeld beträgt gem. § 101 S. 3 höchstens 500,00 DM für jeden Tag der Zuwiderhandlung. Die Bestimmung der Höhe liegt im Ermessen des Gerichts. Zuständig ist der Kammervorsitzende allein (§ 53 ArbGG). Die Entscheidung ergeht ohne mündliche Verhandlung und ohne erneute Sachprüfung. Allerdings ist dem AG Gelegenheit zur mündlichen oder schriftlichen Äußerung zu geben (§ 891 ZPO). Einwendungen können sich nur darauf erstrecken, daß die Maßnahme in der Zwischenzeit bereits beendet wurde oder der BR seinen Antrag zurückgenommen hat (DKK/*Kittner* Rn. 16).

III. Weitere Rechtsschutzmöglichkeiten

Neben einem Vorgehen nach § 101 kann der BR bei Vorliegen eines entsprechenden Rechtsschutz- 7 bedürfnisses **Beteiligungsrechte gerichtlich für die Zukunft feststellen lassen.** Zu bejahen ist ein Rechtsschutzbedürfnis, wenn es um häufig im Betrieb wiederkehrende Rechtsfragen geht (vgl. BAG 30. 4. 1981 AP BetrVG 1972 § 99 Nr. 12 zu der Frage, ob die Versetzung von einem Betrieb in den anderen mitbestimmungspflichtig ist; BAG 16. 7. 1985 AP BetrVG 1972 § 99 Nr. 21 zu der Frage, ob die Befristung eines Arbeitsverhältnisses zum Widerspruch berechtigt). Unzulässig ist dagegen ein Antrag auf Feststellung, daß die Einstellung bestimmter, inzwischen wieder entlassener AN mitbestimmungswidrig war (BAG 16. 7. 1985 AP BetrVG 1972 § 99 Nr. 21).

Weiter kann der BR **bei groben Verstößen** des AG gegen das Mitbestimmungsrecht des BR aus 8 §§ 99, 100 nach § 23 III deren **Unterlassung für die Zukunft** beantragen. Insoweit wird § 23 III nicht durch § 101 verdrängt (BAG 17. 3. 1987 AP BetrVG 1972 § 23 Nr. 7; *Fitting* Rn. 5a). Der Unterlassungsantrag muß diejenige Handlung genau bezeichnen, deren Unterlassung dem AG aufgegeben werden soll. Ein Antrag ist unbegründet, wenn das umstrittene Beteiligungsrecht nicht für alle von ihm erfaßten Vorgänge bejaht oder verneint werden kann (BAG 6. 12. 1994 NZA 1995, 488).

Umstritten ist, ob daneben ein ggf. im Wege der einstweiligen Verfügung zu verfolgender **allgemei-** 9 **ner Unterlassungsanspruch** des BR besteht (vgl. ausf. DKK/*Kittner* Rn. 23 ff.). Die Rspr. des BAG zum allgemeinen Unterlassungsanspruch im Bereich des § 87 (vgl. BAG 3. 5. 1994 NZA 1995, 40) läßt sich nicht auf die §§ 99, 100 übertragen. Anders als im Bereich der §§ 87 ff. (und auch anders als im Bereich der wirtschaftlichen Mitbestimmung gem. §§ 111 ff.) hat der Gesetzgeber mit § 101 eine ausdrückliche kollektivrechtliche Sanktion für mitbestimmungswidriges Verhalten des AG angeordnet. Der erste Senat des BAG hat in einem Beschluß vom 6. 12. 1994 (NZA 1995, 488) ausdrücklich offengelassen, ob die trotz § 101 verbleibende Rechtsschutzlücke so groß ist, daß ergänzend ein allgemeiner Unterlassungsanspruch in Betracht kommt. Dies ist zu verneinen. Die Rechtsschutzlücke bezieht sich im wesentlichen auf die Einstellung kurzfristiger Aushilfen, bei denen ein Verfahren nach § 101 regelmäßig zu spät kommt. Ungeahndet bleibt dieses Vorgehen aber nur, soweit es sich um einen Einzelfall handelt. Handelt es sich um eine ständige Praxis des AG, kann der BR nach § 23 III vorgehen, da ein grober Verstoß gegen die betriebsverfassungsrechtlichen Pflichten des AG anzunehmen ist (s. auch vor § 74 Rn. 28). Zudem hat der Gesetzgeber etwaige Rechtsschutzlücken bewußt in Kauf genommen, wie die eingehende, aber vielfach eingeschränkte Regelung der §§ 101, 23 III zeigt.

§ 102 Mitbestimmung bei Kündigungen

(1) [1] Der Betriebsrat ist vor jeder Kündigung zu hören. [2] Der Arbeitgeber hat ihm die Gründe für die Kündigung mitzuteilen. [3] Eine ohne Anhörung des Betriebsrats ausgesprochene Kündigung ist unwirksam.

(2) [1] Hat der Betriebsrat gegen eine ordentliche Kündigung Bedenken, so hat er diese unter Angabe der Gründe dem Arbeitgeber spätestens innerhalb einer Woche schriftlich mitzuteilen. [2] Äußert er sich innerhalb dieser Frist nicht, gilt seine Zustimmung zur Kündigung als erteilt. [3] Hat der Betriebsrat gegen eine außerordentliche Kündigung Bedenken, so hat er diese unter Angabe der Gründe dem Arbeitgeber unverzüglich, spätestens jedoch innerhalb von drei Tagen, schriftlich mitzuteilen. [4] Der Betriebsrat soll, soweit dies erforderlich erscheint, vor seiner Stellungnahme den betroffenen Arbeitnehmer hören. [5] § 99 Abs. 1 Satz 3 gilt entsprechend.

(3) Der Betriebsrat kann innerhalb der Frist des Absatzes 2 Satz 1 der ordentlichen Kündigung widersprechen, wenn
1. der Arbeitgeber bei der Auswahl des zu kündigenden Arbeitnehmers soziale Gesichtspunkte nicht oder nicht ausreichend berücksichtigt hat,
2. die Kündigung gegen eine Richtlinie nach § 95 verstößt,
3. der zu kündigende Arbeitnehmer an einem anderen Arbeitsplatz im selben Betrieb oder in einem anderen Betrieb des Unternehmens weiterbeschäftigt werden kann,
4. die Weiterbeschäftigung des Arbeitnehmers nach zumutbaren Umschulungs- oder Fortbildungsmaßnahmen möglich ist oder
5. eine Weiterbeschäftigung des Arbeitnehmers unter geänderten Vertragsbedingungen möglich ist und der Arbeitnehmer sein Einverständnis hiermit erklärt hat.

(4) Kündigt der Arbeitgeber, obwohl der Betriebsrat nach Absatz 3 der Kündigung widersprochen hat, so hat er dem Arbeitnehmer mit der Kündigung eine Abschrift der Stellungnahme des Betriebsrats zuzuleiten.

(5) [1] Hat der Betriebsrat einer ordentlichen Kündigung frist- und ordnungsgemäß widersprochen, und hat der Arbeitnehmer nach dem Kündigungsschutzgesetz Klage auf Feststellung erhoben, daß das Arbeitsverhältnis durch die Kündigung nicht aufgelöst ist, so muß der Arbeitgeber auf Verlangen des Arbeitnehmers diesen nach Ablauf der Kündigungsfrist bis zum rechtskräftigen Abschluß des Rechtsstreits bei unveränderten Arbeitsbedingungen weiterbeschäftigen. [2] Auf Antrag des Arbeitgebers kann das Gericht ihn durch einstweilige Verfügung von der Verpflichtung zur Weiterbeschäftigung nach Satz 1 entbinden, wenn
1. die Klage des Arbeitnehmers keine hinreichende Aussicht auf Erfolg bietet oder mutwillig erscheint oder
2. die Weiterbeschäftigung des Arbeitnehmers zu einer unzumutbaren wirtschaftlichen Belastung des Arbeitgebers führen würde oder
3. der Widerspruch des Betriebsrats offensichtlich unbegründet war.

(6) Arbeitgeber und Betriebsrat können vereinbaren, daß Kündigungen der Zustimmung des Betriebsrats bedürfen und daß bei Meinungsverschiedenheiten über die Berechtigung der Nichterteilung der Zustimmung die Einigungsstelle entscheidet.

(7) Die Vorschriften über die Beteiligung des Betriebsrats nach dem Kündigungsschutzgesetz bleiben unberührt.

I. Anwendungsbereich

1   Gem. § 102 I 1 ist der **BR** vor jeder Kündigung zu hören. Stichtag ist die Konstituierung eines neugewählten BR gem. § 29 (BAG 23. 8. 1984 AP BetrVG 1972 § 102 Nr. 36). Soweit einem BR ein Übergangsmandat, etwa gem. § 321 UmwG, zusteht, ist dieser zu beteiligen (zum Übergangsmandat

II. Unterrichtung des Betriebsrats

vgl. § 21 Rn. 7 ff.). Ist der BR tlw. verhindert, sind die im Betrieb anwesenden Mitglieder des BR in entsprechender Anwendung von § 22 vor Ausspruch einer Kündigung anzuhören (BAG 18. 8. 1982 AP BetrVG 1972 § 102 Nr. 24). Sind sämtliche BRMitglieder verhindert, etwa durch einen längeren Urlaub oder Auslandstätigkeit, entfällt grds. die Anhörungspflicht; allerdings darf der AG die Zeit der Funktionsunfähigkeit des BR nicht mißbrauchen, etwa indem er mit einer Kündigung bis zum Eintritt einer vorhersehbaren Verhinderung des BR (zB Betriebsferien) wartet (KR/*Etzel* Rn. 24 c ff.; aA DKK/*Kittner* Rn. 35; *Fitting* Rn. 4). Die Erkrankung eines BRMitglieds führt nicht regelmäßig zu dessen Amtsunfähigkeit. Ist das einzige BRMitglied arbeitsunfähig erkrankt und hat der AG ihn gleichwohl schon in anderen Angelegenheiten beteiligt, muß er ihn auch vor dem beabsichtigten Ausspruch einer Kündigung anhören (BAG 15. 11. 1984 AP BetrVG 1972 § 25 Nr. 2).

Die Anhörungspflicht besteht bei jeder **Kündigung eines AN** iSd. § 5 I bzw. gleichgestellter Heim- **2** arbeiter iSd. § 6. Ob das KSchG Anwendung findet, ist ebenso irrelevant wie die Geltung deutschen Arbeitsvertragsrechts (BAG 13. 7. 1978, 28. 9. 1978, 8. 9. 1988 AP BetrVG 1972 § 102 Nr. 17, 18, 19, 49; BAG 9. 11. 1977 AP Internationales Privatrecht, Arbeitsrecht Nr. 13); erforderlich ist immer Betriebszugehörigkeit. Die Anhörungspflicht besteht **bei allen Arten der Kündigung:** ordentlichen und außerordentlichen, Beendigungs- und Änderungskündigungen. Die Anhörungspflicht entfällt auch dann nicht, wenn der AG den BR zu einem bestimmten Sachverhalt bereits angehört hat und im Hinblick auf mögliche Verfahrensfehler (vorsorglich) eine Wiederholungskündigung ausspricht (BAG 31. 1. 1996 AP BetrVG 1972 § 102 Nr. 80; eine förmliche nicht teleologische Auslegung). Selbst bei Aufnahme zu kündigender AN in eine Namensliste gem. § 125 InsO bleibt die Pflicht zur Durchführung des Anhörungsverfahrens gem. § 102 bestehen (BAG 20. 5. 1999 NZA 1999, 1023 zu § 1 IV KSchG aF) Nicht erneut angehört werden muß der BR, wenn eine Kündigung, zu der der BR bereits ordnungsgemäß angehört wurde, nur am fehlenden Zugang beim AN scheitert und daraufhin sofort eine auf denselben Sachverhalt gestützte zweite Kündigung ausgesprochen wird; in diesem Fall liegt der zweiten Kündigung kein eigenständiger Kündigungsentschluß des AG zugrunde (BAG 11. 10. 1989 AP BetrVG 1972 § 102 Nr. 55). Da sich die Anhörungspflicht nur auf Kündigungen bezieht, ist der BR nicht zu beteiligen, wenn das Arbeitsverhältnis aus anderen Gründen endet, etwa durch Aufhebungsvertrag oder Zeitablauf beim befristeten Arbeitsverhältnis (BAG 28. 10. 1986 AP BetrVG 1972 § 118 Nr. 32; *Fitting* Nr. 10) oder durch fristlose Lösung eines Eingliederungsvertrages gem. §§ 231 bis 234 SGB III (*Hanau* DB 1997, 1278, 1280).

II. Unterrichtung des Betriebsrats

1. Zeitpunkt und Form der Unterrichtung. Gem. § 102 I 2 hat der AG dem BR die Gründe für **3** die Kündigung mitzuteilen. Die Mitteilung muß in jedem Fall **vor Ausspruch der Kündigung** erfolgen. „Ausspruch" bedeutet bei der schriftlichen Kündigung, daß das Kündigungsschreiben den Machtbereich des AG verlassen hat, insb. zur Post gegeben ist (BAG 13. 11. 1975 AP BetrVG 1972 § 102 Nr. 7). Der vom AG zu wahrende **Mindestzeitraum** zwischen Unterrichtung des BR und geplantem Ausspruch der Kündigung ergibt sich mittelbar aus den Stellungnahmefristen des BR gem. § 102 II: Danach hat der BR bei der ordentlichen Kündigung dem AG Bedenken gegen die geplante Kündigung innerhalb einer Woche, bei der außerordentlichen Kündigung innerhalb von drei Tagen mitzuteilen (vgl. zur Fristberechnung unten Rn. 11). Erfolgt die Anhörung erheblich vor dem geplanten Ausspruch der Kündigung, ist eine erneute Anhörung des BR nur erforderlich, falls sich inzwischen der Kündigungssachverhalt geändert hat (BAG 26. 5. 1977 AP BetrVG 1972 § 102 Nr. 14; *Fitting* Rn. 28). Bei Schwerbehinderten hat der AG die Wahl, ob er den BR schon vor oder erst nach dem Verfahren vor der Hauptfürsorgestelle anhört. Bei vorheriger Anhörung braucht das Anhörungsverfahren auch dann nicht wiederholt zu werden, wenn die Zustimmung der Hauptfürsorgestelle erst nach einem jahrelangen Verwaltungsgerichtsverfahren erteilt wird (BAG 18. 5. 1994 AP BPersVG § 108 Nr. 3). Bei außerordentlichen Kündigungen ist zu beachten, daß die Drei-Tage-Frist für die Anhörung des BR auf die Zwei-Wochen-Frist nach § 626 II 1 BGB angerechnet wird. Eilfälle, in denen eine Anhörung des BR unterbehrlich würde, werden nicht anerkannt (BAG 13. 11. 1975 AP BetrVG 1972 § 102 Nr. 7; BAG, 29. 3. 1977 AP BetrVG 1972 § 102 Nr. 11; *Fitting* Rn. 28; GK-BetrVG/*Kraft* Rn. 33; aA *Richardi* Rn. 95). Ist dem AG die Weiterbeschäftigung nach Kenntnis des Kündigungsgrundes unzumutbar, bleibt ihm die Möglichkeit der Suspendierung von der Arbeit, in schweren Fällen sogar ohne Vergütung (näheres zur Suspendierung § 611 BGB Rn. 829).

Eine **Form für die Unterrichtung** ist nicht zwingend vorgeschrieben; sie kann mündlich oder **4** schriftlich erfolgen, wobei die zumindest auch schriftliche Mitteilung aus Beweisgründen zu empfehlen ist. Schriftform ist auch dann nicht zwingend erforderlich, wenn der Kündigungssachverhalt ungewöhnlich komplex ist (BAG 6. 2. 1997 NZA 1997, 656). Die Unterrichtung hat zu Händen des BRVorsitzenden bzw. bei dessen Verhinderung zu Händen seines Stellvertreters zu erfolgen (§ 26 III). Die Information eines anderen BRMitglieds genügt, wenn dieses vom BR oder BRVorsitzenden zur Entgegennahme der Mitteilung ermächtigt worden ist (BAG 27. 6. 1985 AP BetrVG 1972 § 102 Nr. 37) oder wenn es der BR versäumt hat, Vorkehrungen für den Fall zu treffen, daß sowohl der BRVorsitzende als auch sein Stellvertreter verhindert sind (LAG Frankfurt 23. 3. 1976 BB 1977, 1048).

Ist das Beteiligungsrecht nach § 102 dem Betriebsausschuß (§ 27 III) oder einem weiteren Ausschuß (§ 28 I) übertragen, was zulässig ist (BAG 4. 8. 1975 EzA BetrVG § 102 Nr. 57), muß der Ausschußvorsitzende bzw. dessen Stellvertreter informiert werden (BAG 4. 8. 1975 EzA BetrVG § 102 Nr. 14). Die Information von BR bzw. Ausschuß hat grds. während der Arbeitszeit des empfangsberechtigten BRMitglieds und innerhalb der Arbeitsräume zu erfolgen (DKK/*Kittner* Rn. 138; *Löwisch* BetrVG Rn. 19). Nimmt allerdings ein Empfangsberechtigter die Mitteilung außerhalb der Arbeitsräume oder außerhalb seiner persönlichen Arbeitszeit entgegen, gilt dies als wirksame Einleitung des Anhörungsverfahrens (BAG 27. 8. 1982 AP BetrVG 1972 § 102 Nr. 25). Der AG ist nicht verpflichtet, der Unterrichtung weitere Unterlagen oder Beweismaterial beizufügen (BAG 26. 1. 1995 AP BetrVG 1972 § 102 Nr. 69; aA *Fitting* Rn. 16 a; DKK/*Kittner* Rn. 47).

5   **2. Inhalt der Unterrichtung.** Nach § 102 I 2 hat der AG dem BR die Gründe der Kündigung mitzuteilen, zunächst die Personalien des betreffenden AN (BAG 16. 3. 1993 EzA BetrVG 1972 § 102 Nr. 84) und die Art der Kündigung, also ob es sich um eine Änderungs- oder Beendigungskündigung handelt, um eine ordentliche oder außerordentliche, um eine außerordentliche fristlose oder eine außerordentliche mit Auslauffrist (BAG 12. 8. 1976 AP BetrVG 1972 § 102 Nr. 10; BAG 29. 8. 1991 AP BetrVG 1972 § 102 Nr. 58; *Fitting* Rn. 16). Hält der AG eine Sozialauswahl für entbehrlich (ansonsten Rn. 9), müssen dem BR nur Lebensalter und Dauer der Betriebszugehörigkeit, nicht aber Unterhaltpflichten und Familienstand mitgeteilt werden (BAG 22. 1. 1998 EzA § 613a BGB Nr. 161). Hat der AG den BR nur zu einer beabsichtigten ordentlichen Kündigung angehört, kann er keine außerordentliche Kündigung aussprechen (BAG 12. 8. 1976 AP BetrVG 1972 § 102 Nr. 10). Erfolgte die Anhörung nur zu einer außerordentlichen Kündigung, kommt eine Umdeutung in eine ordentliche Kündigung, auch wenn diese nach materiellem Kündigungsschutzrecht zulässig wäre, nicht in Betracht (BAG 16. 3. 1978 AP BetrVG 1972 § 102 Nr. 15; BAG 20. 9. 1984 AP BGB § 626 Nr. 80). Eine Ausnahme gilt, wenn der BR der außerordentlichen Kündigung ausdrücklich zugestimmt hat (BAG 20. 9. 1984 AP BGB § 626 Nr. 80; KR/*Etzel* Rn. 182 a). Mitgeteilt werden müssen auch Kündigungsfrist und Kündigungstermin (BAG 29. 3. 1990 AP BetrVG 1972 § 102 Nr. 56; BAG 16. 9. 1993 AP BetrVG 1972 § 102 Nr. 62; BAG 15. 12. 1994 AP KSchG 1969 § 1 Betriebsbedingte Kündigung Nr. 67). Allerdings führt die unrichtige Angabe des Kündigungstermins alleine nicht zur Unwirksamkeit der Kündigung (BAG 29. 1. 1986 AP BetrVG 1972 § 102 Nr. 42; *Fitting* Rn. 16).

6   Hinsichtlich der Kündigungsgründe gilt für die Unterrichtungspflicht des AG der sogenannte **Grundsatz der subjektiven Determinierung.** Das bedeutet, daß der AG nur diejenigen Kündigungsgründe dem BR mitteilen muß, auf die er die Kündigung stützen will; es müssen dem BR also nicht alle objektiv kündigungsrechtlich erheblichen Tatsachen mitgeteilt werden, sondern nur die vom AG für die Kündigung als ausschlaggebend angesehenen Umstände mitgeteilt werden (BAG 11. 7. 1991 AP BetrVG 1972 § 102 Nr. 57; BAG 22. 9. 1994 AP BetrVG 1972 § 102 Nr. 68; 24. 2. 2000 DB 2000, 1420, entsprechend für die Sozialauswahl BAG 24. 2. 2000 EzA § 102 BetrVG Nr. 104), diese allerdings vollständig, also auch unter Einbeziehung der entlastenden Momente. Diese Kündigungsgründe müssen vom AG so detailliert dargelegt werden, daß sich der BR ohne zusätzliche eigene Nachforschungen ein Bild über ihre Stichhaltigkeit machen und beurteilen kann, ob es sinnvoll ist, Bedenken zu erheben oder Widerspruch gegen die Kündigung einzulegen (*Löwisch* BetrVG Rn. 10). Soweit diesen Anforderungen Genüge getan ist, bleibt die Möglichkeit einer weiteren Erläuterung oder Konkretisierung der dem BR mitgeteilten Kündigungsgründe im Kündigungsschutzprozeß. Die Einführung eines neuen Kündigungssachverhaltes ist dagegen nicht mehr möglich (vgl. zum Problem des Nachschiebens von Kündigungsgründen unten Rn. 27).

7   Die Verpflichtung des AG zu einer genauen und umfassenden Unterrichtung des BR entfällt, wenn der AG den BR bereits vor Beginn des Anhörungsverfahrens, etwa wegen einer geplanten Betriebsänderung, erschöpfend über die Kündigungsgründe unterrichtet hatte. Der AG genügt seiner Mitteilungsverpflichtung in einem solchen Fall, wenn er im Anhörungsverfahren pauschal auf die **bereits mitgeteilten Gründe** verweist (BAG 19. 5. 1993 AP KSchG 1969 § 2 Nr. 31). Das gleiche gilt, wenn dem BR die Gründe für die Kündigung ohnehin bekannt sind (BAG 24. 11. 1983 AP BetrVG 1972 § 102 Nr. 30). Hat der AG keinen durch Tatsachen begründeten Kündigungsgrund und bedarf es eines solchen auch nicht (zB Kündigung während der ersten 6 Monate eines Arbeitsverhältnisses), genügt der AG ausnahmsweise seiner Unterrichtungspflicht auch durch die Mitteilung eines Werturteils, wenn dieses Werturteil das Motiv der Kündigung darstellt (BAG 18. 5. 1994 AP BetrVG 1972 § 102 Nr. 64; BAG 3. 12. 1998 AP BetrVG 1972 § 102 Nr. 99 = NZA 1999, 477). Ebenso reicht bei einer Kündigung vor Ablauf der Wartefrist nach § 1 I KSchG die Mitteilung, der AN „genügt nach unserer allgemeinen, subjektiven Einschätzung unseren Anforderungen nicht" (LAG Berlin 22. 1. 1998 LAGE BetrVG 1972 § 102 Nr. 68).

8   Schildert der AG dem BR den **Sachverhalt bewußt unrichtig** oder irreführend – etwa durch Verschweigen wesentlicher Umstände – macht dies wie eine Nichtinformation die Anhörung unwirksam; dafür, daß der AG den BR nicht bewußt irregeführt hat, ist der AG darlegungs- und beweispflichtig (BAG 22. 9. 1994 AP BetrVG 1972 § 102 Nr. 68; BAG 9. 3. 1995 NZA 1995, 678), zur irrtümlichen Irreführung Rn. 11 aE.

Beispiele aus der Rspr. zu einzelnen Kündigungsgründen: Bei einer betriebsbedingten Kündigung muß dem BR im einzelnen mitgeteilt werden, inwiefern der Arbeitsplatz des zu kündigenden AN wegfällt; Pauschalhinweise auf Auftragsmangel, Arbeitsmangel oder Rationalisierungsmaßnahmen genügen nicht, auf fehlende Weiterbeschäftigungsmöglichkeit auf einem anderen Arbeitsplatz nicht, wenn der Betriebsrat danach fragt (BAG 17. 2. 2000, EzA § 102 BetrVG Nr. 103). Kommt es auf die soziale Auswahl unter mehreren AN an, so sind auch die hierfür maßgeblichen Gesichtspunkte Lebensalter, Dauer der Betriebszugehörigkeit und Unterhaltspflichten mitzuteilen, und zwar nicht nur für den betroffenen, sondern auch für andere AN mit vergleichbarer Tätigkeit, die der AG in seine Erwägungen einbezogen hat (BAG 29. 3. 1984 AP BetrVG 1972 § 102 Nr. 31; BAG 16. 9. 1993 AP BetrVG 1972 § 102 Nr. 62). Die Anforderungen an die Mitteilungspflicht reduzieren sich nicht bei Massenentlassungen (BAG 16. 9. 1993 AP BetrVG 1972 § 102 Nr. 62). Bei einer verhaltensbedingten Kündigung müssen dem BR auch etwaige entlastende Umstände mitgeteilt werden, zB die Nichtbestätigung eines Diebstahlsverdachts durch einen Tatzeugen (BAG 2. 11. 1983 AP BetrVG 1972 § 102 Nr. 29) oder Gegenvorstellungen des AN gegenüber einer Abmahnung (BAG 31. 8. 1989 AP LPVG Schleswig-Holstein § 77 Nr. 1). Bei der krankheitsbedingten Kündigung wegen häufiger Kurzerkrankungen sind dem BR Fehlzeiten, Zukunftsprognose und wirtschaftliche Belastungen für den Betrieb mitzuteilen (BAG 25. 11. 1982 AP KSchG 1969 § 1 Krankheit Nr. 30; BAG 21. 5. 1992 AP KSchG 1969 § 1 Krankheit § 1 Nr. 30; BAG 24. 11. 1983 AP BetrVG 1972 § 102 Nr. 7; BAG 18. 5. 1994 AP BetrVG 1972 § 102 Nr. 64). Bei der Kündigung wegen dauernder Arbeitsunfähigkeit entfällt die Mitteilungspflicht hinsichtlich der wirtschaftlichen Beeinträchtigung (BAG 30. 1. 1986 NZA 1997, 555). Bei einer Änderungskündigung müssen dem BR der Inhalt des Änderungsangebots und die Gründe für die beabsichtigte Beendigung des Arbeitsverhältnisses mitgeteilt werden (BAG 30. 11. 1989 AP BetrVG 1972 § 102 Nr. 53).

III. Reaktionen des Betriebsrats

1. Ausdrückliche oder fingierte Zustimmung. Der BR kann auf eine entsprechende Mitteilung des AG ausdrücklich seine Zustimmung zu der geplanten Kündigung erklären. Hierzu hat er bei der ordentlichen Kündigung gem. § 102 II 1 eine Woche und bei der außerordentlichen Kündigung gem. § 102 II 3 drei Tage Zeit. Äußert er sich innerhalb der Wochenfrist zu einer ordentlichen Kündigung nicht, gilt gem. § 102 II 2 seine Zustimmung als erteilt. Für die außerordentliche Kündigung fehlt es im Gesetz an einer Zustimmungsfiktion; diese ist nicht erforderlich, da das Gesetz an einen frist- und ordnungsgemäßen Widerspruch gegen eine außerordentliche Kündigung keine besonderen Rechtsfolgen knüpft.

Für die **Fristberechnung** gelten §§ 187, 188, 193 BGB. Die Frist beginnt am Tag nach Zugang der Mitteilung des AG beim BR; der Zugangstag ist nicht mitzurechnen. Will der BR zustimmen, muß seine schriftliche Zustimmung an dem Wochentag der folgenden Woche beim AG eingehen, der in seiner Bezeichnung dem Tage entspricht, an dem beim BR die vollständige Mitteilung des AG einging. Bei Eingang der AGMitteilung am Montag endet also die Drei-Tages-Frist am Donnerstag, die Wochenfrist am Montag der folgenden Woche. Fällt der letzte Tag der Frist auf einen Samstag, Sonntag oder gesetzlichen Feiertag, so endet die Frist mit Ablauf des nächsten Werktages (§ 193 BGB). Ob die **Frist am Tage des Fristablaufs** bis Mitternacht ausgeschöpft werden kann, hängt von den Verhältnissen im Betrieb ab: Grds. endet die Frist mit normalem Dienstschluß der Personalverwaltung; Fristende 24.00 Uhr gilt nur, wenn der AG entsprechende Vorrichtungen (zB Nachtbriefkasten) getroffen hat (LAG Hamm 11. 2. 1992 LAGE BetrVG 1972 § 102 Nr. 33; DKK/*Kittner* Rn. 170). Im übrigen ist der BR aber berechtigt, die Wochen- bzw. Drei-Tages-Frist voll auszuschöpfen. Dies gilt auch in Eilfällen. Eine **Verkürzung der Frist** kommt weder einseitig durch den AG noch durch Vereinbarung zwischen AG und BR in Betracht (BAG 29. 3. 1977 AP BetrVG 1972 § 102 Nr. 11; GK-BetrVG/*Kraft* Rn. 94; KR/*Etzel* Rn. 88; aA für Eilfälle *Löwisch* BetrVG Rn. 22). Eine Fristverlängerung kann dagegen zwischen AG und BR vereinbart werden (BAG 14. 8. 1986 AP BetrVG 1972 § 102 Nr. 43; *Fitting* Rn. 32). Automatisch tritt eine Fristverlängerung allerdings auch bei Massenkündigungen nicht ein; die Verweigerung einer Fristverlängerung durch den AG kann in diesen Fällen jedoch rechtsmißbräuchlich sein (BAG 14. 8. 1986 AP BetrVG 1972 § 102 Nr. 43). Ändert sich der Sachverhalt oder der Informationsstand des Arbeitgebers darüber während der Anhörungsfrist, muß der Arbeitgeber die Anhörung ergänzen (BAG 17. 2. 2000 EzA § 102 BetrVG Nr. 103); dadurch dürfte eine neue Anhörungsfrist ausgelöst werden.

2. Mitteilung von Bedenken. Innerhalb der Wochen- bzw. Drei-Tages-Frist kann der BR – wie es in § 102 II 1, 3 heißt – „Bedenken" gegen die beabsichtigte Kündigung äußern. Die Geltendmachung von Bedenken nach Abs. 2 ist der generelle Auffangtatbestand für alle ablehnenden Stellungnahmen des BR. Sie ist das geeignete Mittel, wenn der BR mit einer geplanten Kündigung nicht einverstanden ist, ohne daß einer der ausdrücklich in § 102 III genannten Widerspruchsgründe eingreifen würde. Bei der außerordentlichen Kündigung besteht ohnehin keine Möglichkeit eines Widerspruchs iSd. § 102 III.

13 Konkrete Rechtswirkungen kommen der Geltendmachung von Bedenken nicht zu. Der AG kann sich ihnen anschließen oder nicht; überzeugen ihn die Bedenken nicht, kann er die Kündigung aussprechen. Auch im anschließenden Kündigungsrechtsstreit entfalten die „Bedenken" keine unmittelbare Wirkung, sondern stärken allenfalls mittelbar die Rechtsstellung des AN. Die einzige unmittelbare Rechtswirkung ist, daß eine Stellungnahme des BR, in der dieser Bedenken gegen die bevorstehende Kündigung äußert, als **abschließende Erklärung** des BR in Betracht kommt, so daß der AG nach ihrem Eingang auch schon vor Ablauf der Wochen- bzw. Drei-Tages-Frist die Kündigung aussprechen darf. Dies ist allerdings nur der Fall, wenn die Schriftform gem. § 102 II 1, 3 gewahrt ist und sich aus dem Inhalt der Erklärung deutlich ergibt, daß es sich um eine abschließende Äußerung des BR handeln soll. Eine solche liegt regelmäßig vor, wenn der BR erklärt, er nehme die Kündigung zur Kenntnis und beabsichtige, keine Stellungnahme abzugeben. Ob die bloße Mitteilung des BR, er nehme die Kündigung zur Kenntnis, reicht, hängt insb. von der Übung des BR ab (BAG 12. 3. 1987 AP BetrVG 1972 § 102 Nr. 47). S. auch LAG Berlin 12. 7. 1999 NZA-RR 1999, 485.

14 **3. Widerspruch des Betriebsrats. a) Allgemeines.** Bei einer geplanten ordentlichen Kündigung hat der BR die Möglichkeit, innerhalb der Wochenfrist nach Abs. 2 S. 1 gestützt auf einen der Widerspruchsgründe gem. Abs. 3 ausdrücklich zu widersprechen. **Bei der außerordentlichen Kündigung** besteht diese Möglichkeit grds. nicht. Eine Ausnahme ist anerkannt für die außerordentliche Kündigung mit sozialer Auslauffrist eines tariflich oder arbeitsvertraglich ordentlich nicht mehr kündbaren AN; ansonsten würde der besondere Kündigungsschutz im Rahmen des § 102 in sein Gegenteil umschlagen (BAG 4. 3. 1993 EzA BGB § 626 nF Nr. 144).

15 Wie sich aus § 102 V ergibt, muß der Widerspruch nicht nur frist- sondern auch **ordnungsgemäß** erfolgen. Das bedeutet nach hM schriftlich und unter Angabe von Gründen. Im Rahmen der Begründung muß der BR auf wenigstens einen der in Abs. 3 abschließend (hM: vgl. *Fitting* Rn. 38) aufgezählten Widerspruchsgründe Bezug nehmen. An die Begründung sind keine zu hohen Anforderungen zu stellen, wie sich mittelbar aus Abs. 5 Nr. 3 ergibt, wonach die Entbindung von der Weiterbeschäftigungspflicht einen „offensichtlich" unbegründeten Widerspruch verlangt. Ausreichend ist eine Begründung, die es als möglich erscheinen läßt, daß mit der gegebenen Begründung ein gesetzlicher Widerspruchstatbestand geltend gemacht wird; die bloße Wiederholung des Gesetzeswortlauts allein reicht nicht (BAG 17. 6. 1999 AP § 102 BetrVG Weiterbeschäftigung Nr. 11; LAG Schleswig-Holstein 22. 11. 1999 AP § 102 BetrVG Weiterbeschäftigung Nr. 12; *Fitting* Rn. 38; DKK/*Kittner* Rn. 181). Nach Ablauf der Wochenfrist kann der BR keine neuen Widerspruchsgründe nachschieben (DKK/*Kittner* Rn. 178).

16 Hinsichtlich der **Rechtsfolgen des Widerspruchs** ist zu unterscheiden: Ist der Widerspruch frist- und ordnungsgemäß eingereicht, hindert dies den AG nicht am Ausspruch der vorgesehenen Kündigung; der betroffene AN kann allerdings unter den weiteren Voraussetzungen des § 102 V einen Weiterbeschäftigungsanspruch geltend machen. Ist der Widerspruch nicht nur frist- und ordnungsgemäß eingelegt, sondern liegt auch der behauptete Widerspruchsgrund tatsächlich vor, ist die Kündigung, soweit der AN dem KSchG unterliegt, nach § 1 II KSchG sozial ungerechtfertigt. Es liegt dann ein absoluter Sozialwidrigkeitsgrund vor; die Rechtsstellung des AN wird insofern verstärkt, als keine gerichtliche Interessenabwägung mehr erforderlich ist (BAG 6. 6. 1984 AP KSchG 1969 § 1 Betriebsbedingte Kündigung Nr. 16; BAG 13. 9. 1971 AP KSchG 1969 § 1 Nr. 2).

17 **b) Einzelne Widerspruchsgründe.** Bei den Widerspruchsgründen nach Abs. 3 handelt es sich in erster Linie – aber nicht nur – um Gesichtspunkte betriebsbedingter Kündigungen mit kollektivem Einschlag, die der BR wegen seines besseren Überblicks über die betrieblichen Geschehnisse leichter geltend machen kann als der einzelne AN (*Fitting* Rn. 39).

18 Nach Abs. 3 Nr. 1 kann der BR widersprechen, wenn der AG bei der Auswahl des zu kündigenden AN **soziale Gesichtspunkte** nicht oder nicht ausreichend berücksichtigt hat. Dieser Widerspruchsgrund kommt nur bei betriebsbedingten Kündigungen in Betracht. Die Vorschrift knüpft an § 1 III KSchG an. Nach der Neufassung der Vorschrift durch das Arbeitsrechtliche Beschäftigungsförderungsgesetz 96 hat der AG bei der Sozialauswahl nur noch die Kriterien Dauer der Betriebszugehörigkeit, Lebensalter und Unterhaltspflichten des AN zu berücksichtigen. Daraus folgt, daß auch der BR seinen Widerspruch nur noch auf die Nichtbeachtung bzw. nicht ausreichende Beachtung eines dieser drei Kriterien stützen darf.

19 Nach Abs. 3 Nr. 2 kann der BR widersprechen, wenn die Kündigung gegen eine **Richtlinie nach § 95** verstößt. Die Bedeutung dieser Vorschrift ist dadurch erhöht, daß der Gesetzgeber durch die Neufassung von § 1 IV KSchG im Rahmen des Arbeitsrechtlichen Beschäftigungsförderungsgesetzes Auswahlrichtlinien bei Kündigungen aufgewertet hat (näheres § 95 Rn. 15 und § 1 KSchG Rn. 563 ff.).

20 Nach Nr. 3 besteht ein Widerspruchsrecht, wenn der zu kündigende AN an einem anderen Arbeitsplatz in demselben Betrieb oder in einem anderen Betrieb des Unternehmens **weiterbeschäftigt** werden kann. Dabei ist die anderweitige Beschäftigungsmöglichkeit vom BR in bestimmbarer Weise anzugeben (BAG 17. 6. 1999 DB 1999, 2012). Die Möglichkeit, den AN in einem anderen Unternehmen desselben Konzerns weiterzubeschäftigen, rechtfertigt den Widerspruch grds. nicht; etwas anderes gilt nur dann ausnahmsweise, wenn der konzernweite Einsatz des AN ohnehin arbeitsvertraglich vorgesehen ist (vgl. zur Erweiterung des Kündigungsschutzes in diesem Fall BAG 14. 10. 1982, 22. 5. 1986, 27. 11. 1991 AP KSchG 1969 § 1 Konzern Nr. 1, 4, 6). Nicht zum Widerspruch berechtigt die Möglichkeit der Weiterbeschäftigung des AN auf seinem bisherigen Arbeitsplatz, etwa weil krankheitsbedingte Ausfälle des AN durch Vertretungen ausgeglichen werden könnten. Ansonsten liefe der Widerspruchsgrund nach Abs. 3 darauf hinaus, dem BR die Möglichkeit einzuräumen, den betriebs- oder personenbedingten Kündigungsgrund überhaupt zu bestreiten (BAG 12. 9. 1985 AP BetrVG 1972 § 102 Weiterbeschäftigung Nr. 7; *Löwisch* BetrVG Rn. 33; aA *Fitting* Rn. 47).

Nr. 4 läßt den Widerspruch des BR zu, wenn die Weiterbeschäftigung des AN nach **zumutbaren** **21** **Umschulungs- oder Fortbildungsmaßnahmen** möglich ist. Nr. 4 ergänzt Nr. 3. Der AG soll dem AN Gelegenheit zur Einarbeitung in (technisch) geänderte Arbeitsbedingungen geben. Nur wenn dem AG die Umschulung nicht zumutbar ist, weil sie in angemessener Zeit offenkeinen Erfolg verspricht, der AN nicht zustimmt oder zum Zeitpunkt der Beendigung der Umschulung voraussichtlich kein freier Arbeitsplatz vorhanden sein wird, kann davon abgesehen werden (*Fitting* Rn. 48).

Ist die Weiterbeschäftigung des AN zu seinen bisherigen Vertragsbedingungen nicht möglich, gibt **22** schließlich Nr. 5 einen Widerspruchsgrund, wenn eine **Weiterbeschäftigung des AN unter geänderten Vertragsbedingungen** möglich ist. Anders als bei Nr. 3 oder Nr. 4 ist hier das Widerspruchsrecht des BR von dem vorherigen Einverständnis des AN mit dem vom BR vorgeschlagenen Kompromiß abhängig. Der AN kann sein Einverständnis allerdings unter der Bedingung erklären, daß die vorgeschlagene Vertragsänderung einer gerichtlichen Nachprüfung auf ihre soziale Rechtfertigung standhält. Der AG ist dann zum Ausspruch einer Änderungskündigung verpflichtet, um die Weiterbeschäftigung zu geänderten Arbeitsbedingungen durchzusetzen (*Fitting* Rn. 50; GK-BetrVG/*Kraft* Rn. 96; aA HSG/*Schlochauer* Rn. 135). Die Möglichkeit der **Einführung von Kurzarbeit** berechtigt nicht zum Widerspruch (LAG Hamm 8. 3. 1983 BB 1983, 1349; *Fitting* Rn. 50a; aA DKK/*Kittner* Rn. 219). Ihre Einführung kann aber ggf. vom BR über § 87 I Nr. 3 erzwungen werden und damit betriebsbedingte Kündigungen überflüssig machen.

4. Wahrung der Arbeitnehmerinteressen. Gem. Abs. 2 S. 4 soll der BR, soweit dies erforderlich **23** erscheint, vor seiner Stellungnahme den betroffenen AN hören. Der BR entscheidet hierüber nach pflichtgemäßen Ermessen. Insb. bei Geltendmachung der Widerspruchsgründe nach Nr. 4 und 5 ist die Anhörung des AN durchweg angezeigt. Die Ordnungsmäßigkeit des Anhörungsverfahrens wird durch pflichtwidriges Übergehen des AN nicht gefährdet (BAG 2. 4. 1976 AP BetrVG 1972 § 102 Nr. 9); allerdings droht im Wiederholungsfall ein Verfahren gem. § 23.

Hinsichtlich der persönlichen Verhältnisse und Angelegenheiten der AN, die den BRMitgliedern im **24** Rahmen des Anhörungsverfahrens gem. § 102 bekannt werden, besteht Schweigepflicht (vgl. § 102 II 5 iVm. § 99 I 3).

IV. Folgen wirksamer, fehlender oder fehlerhafter Anhörung

1. Wirksame Anhörung. Hat der AG das Anhörungsverfahren wirksam durchgeführt, kann er **25** nach Ablauf der Frist gem. Abs. 2 die **beabsichtigte Kündigung aussprechen**, gleichgültig ob der BR der Kündigung zugestimmt hat, Bedenken geäußert oder ausdrücklichen Widerspruch gem. Abs. 3 erhoben hat. Will der AG vor Ablauf der Frist gem. Abs. 2 die Kündigung aussprechen, setzt dies das Vorliegen einer abschließenden Stellungnahme des BR voraus (vgl. dazu oben Rn. 13). Ob die vom AG dem BR mitgeteilten Gründe eine Kündigung sachlich rechtfertigen, ist eine erst im Kündigungsschutzprozeß nachzuprüfende Frage der Begründetheit der Kündigung (BAG 24. 3. 1977 AP BetrVG 1972 § 102 Nr. 12).

Der wirksamen Anhörung gleichzusetzen ist die Anhörung, die mit **Mängeln aus der Sphäre des** **26** **BR** behaftet ist (BAG 4. 8. 1975 AP BetrVG 1972 § 102 Nr. 4; BAG 24. 3. 1977 AP BetrVG 1972 § 102 Nr. 12; *Fitting* Rn. 22; aA DKK/*Kittner* Rn. 229). Der AG ist nur zur wirksamen Einleitung des Anhörungsverfahrens, der vollständigen Unterrichtung des BR und ggf. der Wahrung der Fristen gem. Abs. 2 verpflichtet. Ist aber zB der BR bei der Beschlußfassung nicht ordnungsgemäß zusammengesetzt, erfolgt die Beschlußfassung im Umlaufverfahren oder wird der BR durch einen eigenmächtigen BRVorsitzenden überhaupt nicht unterrichtet, fällt dies in den Verantwortungsbereich des BR – allerdings mit Drittwirkung für den betroffenen AN, der diese Verfahrensfehler aus der Sphäre des BR im Kündigungsschutzprozeß nicht mit Erfolg rügen kann. Durchbrochen wird die **Sphärentheorie**, wenn der AG von dem Verfahrensmangel weiß oder nach den Umständen wissen muß (BAG 28. 2. 1974 AP BetrVG 1972 § 102 Nr. 2). Nach der Legaldefinition des Begriffs „kennen müssen" in § 122 II BGB geht damit auch die Nichtkenntnis des Verfahrensmangels infolge von Fahrlässigkeit zu Lasten des AG.

Folge eines wirksamen Anhörungsverfahrens ist neben der Möglichkeit des Ausspruchs der Kündi- **27** gung eine **Begrenzung der Kündigungsgründe** im Rahmen eines nachfolgenden Kündigungsschutzprozesses. Denn ein „Nachschieben" von Kündigungsgründen, die der AG dem BR im Rahmen der Anhörung nach § 102 nicht mitgeteilt hat, ist grds. nicht möglich. So kann zB bei einer Anhörung des

BR wegen einer strafbaren Handlung im Kündigungsschutzprozeß die Kündigung nicht auf den Verdacht einer Straftat wegen desselben Sachverhalts gestützt werden (BAG 3. 4. 1986 AP BGB § 626 Verdacht strafbarer Handlung Nr. 18; *Fitting* Rn. 18 b). Eine Ausnahme gilt nur, wenn Kündigungsgründe, die zum Zeitpunkt der Kündigung bereits vorlagen, dem AG noch nicht bekannt waren. In diesem Falle darf der AG die ausgesprochene Kündigung zusätzlich auf diese Gesichtspunkte stützen, muß aber den BR erneut anhören, bevor er die Gründe im Kündigungsschutzprozeß einführt; einer erneuten Kündigung bedarf es nicht (BAG 11. 4. 1985 AP BetrVG 1972 § 102 Nr. 39; *Fitting* Rn. 18 a; aA DKK/*Kittner* Rn. 116; LAG Hamm 28. 1. 1999, 8 Sa 2195/97).

28 Hat der BR nach Abs. 3 der Kündigung widersprochen, muß der AG bei Ausspruch der Kündigung § 102 IV beachten: Er hat dem AN mit der Kündigung eine **Abschrift der Stellungnahme des BR** zuzuleiten. Unterläßt der AG dies, wird die Wirksamkeit der Kündigung dadurch nicht angetastet; in Betracht kommen aber Schadensersatzansprüche des AN, zB wenn er von einer Klageerhebung abgesehen hätte und nun Prozeß- und Rechtsanwaltskosten zu tragen hat (*Fitting* Rn. 53).

29 **2. Fehlende oder fehlerhafte Anhörung.** Eine ohne Anhörung des BR ausgesprochene **Kündigung ist gem. § 102 I 3 unwirksam.** Dasselbe gilt auch für die fehlerhafte Anhörung des BR, etwa wenn der AG seine Mitteilungspflichten nicht ausreichend erfüllt hat (BAG 16. 9. 1993 AP BetrVG 1972 § 102 Nr. 62). Zur Ausnahme bei Fehlern aus der Sphäre des BR s. oben Rn. 26. Eine nachträgliche Heilung von Anhörungsmängeln durch Äußerungen des BR ist nicht möglich. Selbst die nachträgliche Zustimmung des BR ändert nichts an der Unwirksamkeit der ausgesprochenen Kündigung (BAG 28. 2. 1974 AP BetrVG 1972 § 102 Nr. 2; BAG 18. 9. 1975 AP BetrVG 1972 § 102 Nr. 6; GK-BetrVG/*Kraft* Rn. 37; *Fitting* Rn. 27).

30 Dafür, daß das Anhörungsverfahren nach § 102 I eingehalten wurde, trägt im Prozeß der AG die **Darlegungs- und Beweislast** (BAG 19. 8. 1975 AP BetrVG 1972 § 102 Nr. 5; BAG 7. 11. 1975 AP BetrVG 1972 § 130 Nr. 1; GK-BetrVG/*Kraft* Rn. 49). Der AN hat aber darzulegen und zu beweisen, daß überhaupt ein wirksam gewählter BR im Betrieb existiert, der hätte angehört werden können (*Fitting* Rn. 25 a). Im Detail schlüssig Darlegungen des AG muß der AN substantiiert bestreiten (BAG 16. 3. 2000 DB 2000, 1524). Die Geltendmachung der Unwirksamkeit einer Kündigung wegen fehlender Anhörung nach § 102 ist nicht an die Klagefrist gem. § 4 KSchG gebunden; sie kann gem. § 13 III KSchG jederzeit und in jedem Verfahren geltend gemacht werden (ArbG Mainz 25. 9. 1997 BB 1998, 106; *Fitting* Rn. 25 a).

V. Weiterbeschäftigungsanspruch

31 **1. Voraussetzungen.** Nach Abs. 5 steht dem AN ein besonderer Weiterbeschäftigungsanspruch für den Zeitraum von der Beendigung der Kündigungsfrist bis zum rechtskräftigen Abschluß des Kündigungsschutzprozesses zu. **Drei Voraussetzungen** müssen kumulativ erfüllt sein:

32 Erstens muß der BR **einer ordentlichen Kündigung frist- und ordnungsgemäß widersprochen** haben. Nicht ausgelöst wird die Weiterbeschäftigungspflicht danach bei Ausspruch einer außerordentlichen Kündigung, und zwar selbst dann nicht, wenn hilfsweise zugleich ordentlich gekündigt wird (LAG Hamm 18. 5. 1982 DB 1982, 1679; *Richardi* Rn. 198; *Stahlhacke/Preis/Vossen* Rn. 1275; aA *Fitting* Rn. 57). Eine Ausnahme besteht nur in dem Fall, daß einem ordentlich unkündbaren AN eine befristete außerordentliche Kündigung ausgesprochen wird. In diesem Fall ist § 102 V entsprechend anwendbar (BAG 4. 2. 1993 EzA BGB § 626 nF Nr. 144; *Kania/Kramer* RdA 1995, 286). Im Falle einer **Änderungskündigung** besteht ein Weiterbeschäftigungsanspruch zu den alten Bedingungen nur dann, wenn der AN die Änderung ohne Vorbehalt ablehnt und Klage erhebt, da sich die Änderungskündigung insofern in eine Beendigungskündigung gewandelt hat. Kein Weiterbeschäftigungsanspruch zu den alten Bedingungen besteht dagegen, soweit sich der AN unter Vorbehalt gem. § 2 KSchG mit der Vertragsänderung einverstanden erklärt hat (*Stahlhacke/Preis/Vossen* Rn. 1276). Anders ist es jedoch, wenn mit der Änderungskündigung eine Versetzung iSd. § 99 einhergeht und die Zustimmung des BR noch nicht vorliegt. In diesem Fall ist die Wirkung der Änderungskündigung nach § 99 gem. § 99 suspendiert (BAG 30. 9. 1993 EzA BetrVG § 99 Nr. 118 m. Anm. *Kania*), so daß der AN Weiterbeschäftigung auf seinem alten Arbeitsplatz verlangen kann, solange er noch nicht auf dem neuen Arbeitsplatz beschäftigt werden darf (*Griese* BB 1995, 458, 463). Zu Frist und Verfahren beim Widerspruch vgl. oben Rn. 10 ff.

33 Zweite Voraussetzung für das Entstehen des Weiterbeschäftigungsanspruchs ist, daß der AN nach dem KSchG **Klage auf Feststellung** erhoben hat, daß das Arbeitsverhältnis durch die Kündigung nicht aufgelöst ist. Der AN muß also dem persönlichen und sachlichen Geltungsbereich des KSchG unterliegen (§§ 1, 23 KSchG). Er muß weiter innerhalb der Frist des § 4 KSchG Klage erheben und diese zumindest auch auf die Sozialwidrigkeit iSd. § 1 KSchG stützen. Hat der AN innerhalb der Drei-Wochen-Frist die Kündigung zunächst nur aus anderen Gründen angegriffen und erfolgt die Rüge der Sozialwidrigkeit gem. § 6 KSchG erst später, entsteht erst ab diesem Zeitpunkt der Weiterbeschäftigungsanspruch. Wird eine verspätete Klage gem. § 5 KSchG zugelassen, entsteht der Weiterbeschäftigungsanspruch erst mit Rechtskraft des Beschlusses über die nachträgliche Zulassung der Klage

V. Weiterbeschäftigungsanspruch
§ 102 BetrVG 210

(KR/*Etzel* Rn. 207; GK-BetrVG/*Kraft* Rn. 124; aA *Fitting* Rn. 61). Der Weiterbeschäftigungsanspruch entfällt, wenn die Klage zurückgenommen wird oder vom AN ein Antrag auf Auflösung des Arbeitsverhältnisses gegen Zahlung einer Abfindung gestellt wird (KR/*Etzel* Rn. 208).

Drittens entsteht der Weiterbeschäftigungsanspruch nur, wenn der AN gegenüber dem AG **aus- 34 drücklich die Weiterbeschäftigung verlangt**, also erklärt, daß er bis zur rechtskräftigen Entscheidung des Kündigungsrechtsstreites weiterbeschäftigt werden will. In der Literatur wird überwiegend vertreten, daß das Weiterbeschäftigungsverlangen innerhalb der Kündigungsfrist bzw. spätestens bei Klageerhebung zu stellen ist (*Fitting* Rn. 58; KR/*Etzel* Rn. 209; *Stahlhacke/Preis/Vossen* Rn. 1277). Das BAG räumt dagegen dem AN nach einer jetzt vom 2. Senat in Frage gestellten Rspr. die Möglichkeit, die Weiterbeschäftigung zu verlangen, unbegrenzt ein (BAG 31. 8. 1978 AP BetrVG 1972 § 102 Weiterbeschäftigung Nr. 1; DKK/*Kittner* Rn. 261; ausdrücklich offengelassen von BAG 17. 6. 1999 AP BetrVG 1972 § 102 Weiterbeschäftigung Nr. 11 = DB 1999, 2012). Unabhängig von den Voraussetzungen des § 102 V bleibt die Möglichkeit, den vom Großen Senat des BAG im Beschluß vom 27. 2. 1985 (AP BGB § 611 Beschäftigungspflicht Nr. 14) entwickelten sogenannten allgemeinen Weiterbeschäftigungsanspruch geltend zu machen (zu dessen Voraussetzungen vgl. § 4 KSchG Rn. 94 ff.).

2. Inhalt und Durchsetzung. Liegen die Voraussetzungen des § 102 V 1 vor, muß der AG den AN 35 für die Zeit nach Ablauf der Kündigungsfrist bis zum rechtskräftigen Abschluß des Kündigungsrechtsstreits bei unveränderten Arbeitsbedingungen weiterbeschäftigen; in dieser Zeit besteht das ursprüngliche Arbeitsverhältnis unverändert mit dem bei Ablauf der Kündigungsfrist bestehenden Inhalt und der zu diesem Zeitpunkt gegebenen Dauer der Betriebszugehörigkeit fort, und zwar auflösend bedingt durch die rechtskräftige Abweisung der Kündigungsschutzklage (BAG 12. 9. 1985 AP BetrVG 1972 § 102 Weiterbeschäftigung Nr. 7; KR/*Etzel* Rn. 215). Wird dagegen der Kündigungsschutzklage rechtskräftig stattgegeben, steht damit fest, daß das ursprüngliche Arbeitsverhältnis unbefristet fortbesteht. Beschäftigt der AG den AN nicht, gerät er gem. § 615 BGB in Annahmeverzug. Nur soweit arbeitsvertraglich zulässig, sind Versetzungen auf einen gleichwertigen Arbeitsplatz möglich (BAG 27. 1. 1994 AP KSchG § 2 Nr. 32). Die bisherige Vergütung einschließlich aller Neben- und Sonderleistungen ist weiter zu gewähren. Der AN hat keinen Anspruch auf erst entstehende Leistungen, die an die ununterbrochene Betriebszugehörigkeit anknüpfen, wie zB Gratifikationen, Jubiläumsgelder, „Unkündbarkeit" oder Ruhegeld. Auch besteht kein Anspruch auf Lohnerhöhungen. Denn der AN ist zu unveränderten Arbeitsbedingungen zu beschäftigen (aA *Fitting* Rn. 65). Diese sind ggf. nachzuzahlen, wenn der Kündigungsschutzprozeß gewonnen wird (*Fitting* Rn. 65). Widersprüchlich ist, daß unveränderte Weiterbeschäftigung auch geboten ist, wenn der BR veränderte verlangt. Deren Angebot muß dann reichen.

Durchsetzen kann der AN den Weiterbeschäftigungsanspruch sowohl durch Klage als auch im 36 Wege der **einstweiligen Verfügung**. Der Darlegung eines besonderen Verfügungsgrundes bedarf es nicht. Das nach § 935 ZPO erforderliche besondere Sicherungsinteresse ergibt sich schon aus der Rechtsnatur des Verfügungsanspruchs. § 102 V will verhindern, daß die Reintegration eines AN nach Obsiegen im Kündigungsschutzprozeß durch die faktische Ausgliederung während des Rechtsstreits erschwert wird. Damit folgt allein aus dem Bestehen dieses Anspruchs die Aussage, daß jede Zeitspanne der Nichtbeschäftigung eine Gefährdung des Beschäftigungsanspruchs des AN bedeutet (wie hier LAG Hamburg 14. 9. 1992 NZA 1993, 140; GK-BetrVG/*Kraft* Rn. 176; aA LAG Düsseldorf 25. 1. 1993 DB 1993, 1680; LAG München 16. 8. 1995 LAGE BetrVG § 102 Beschäftigungspflicht Nr. 22; LAG Baden-Württemberg 30. 8. 1993 NZA 1995, 683). Die Voraussetzungen für das Vorliegen des Weiterbeschäftigungsanspruchs sind vom AN darzulegen und ggf. zu beweisen bzw. glaubhaft zu machen (ArbG Hamm 18. 1. 1990 DB 1990, 944). Der AG kann sich nicht im Wege der Einrede auf solche Gründe berufen, die eine Entbindung von der Weiterbeschäftigungspflicht rechtfertigen könnten, da hierfür das besondere Verfahren nach § 102 V 2 vorgesehen ist (LAG Schleswig-Holstein 5. 3. 1996 LAGE § 102 BetrVG Beschäftigungspflicht Nr. 23; LAG Hamm 24. 1. 1994 AuR 1994, 310; LAG München 10. 2. 1994 NZA 1994, 997). Die Vollstreckung erfolgt gem. § 888 ZPO durch Verhängung von Zwangsgeld oder Zwangshaft gegenüber dem AG. Will der AN neben oder unabhängig von der tatsächlichen Weiterbeschäftigung die Fortzahlung des Entgelts erreichen, darf er sich nicht auf den Weiterbeschäftigungsantrag beschränken, sondern muß Antrag auf Entgeltzahlung stellen.

3. Entbindung von der Weiterbeschäftigungspflicht. Aufgrund einer vom AG beantragten einst- 37 weiligen Verfügung im Urteilsverfahren kann der AG von der Verpflichtung zur Weiterbeschäftigung gem. § 102 V entbunden werden. Dies hat nicht nur den Wegfall des Weiterbeschäftigungsanspruchs, sondern auch den unveränderten Fortbestand des Arbeitsverhältnisses zur Folge.

Die Klage des AN hat dann **keine hinreichende Aussicht auf Erfolg**, wenn sie offensichtlich oder 38 mit erheblicher Wahrscheinlichkeit abgewiesen wird. Der AG hat die entsprechenden Kündigungsgründe darzulegen und glaubhaft zu machen. Haben beide Seiten hinreichende Erfolgsaussichten glaubhaft gemacht, kommt eine Befreiung von der Weiterbeschäftigungspflicht nicht in Betracht (LAG Düsseldorf/Köln 23. 5. 1975 EzA BetrVG § 102 Beschäftigungspflicht Nr. 4).

39 Eine **unzumutbare wirtschaftliche Belastung** nach Nr. 2 kommt in Betracht, wenn die wirtschaftlichen Belastungen für den AG so schwerwiegend sind, daß sie seine Existenz gefährden (KR/*Etzel* Rn. 226). Dies ist insb. bei der Stillegung von Betrieben oder Betriebsabteilungen der Fall (*Fitting* Rn. 68; weitergehend *Willemsen/Hohenstatt* DB 1995, 215 ff., die insofern Unmöglichkeit iSd. § 275 BGB annehmen, so daß es einer gerichtlichen Entbindung von der Weiterbeschäftigungspflicht nicht bedarf).

40 Schließlich ist der AG auch dann von der Weiterbeschäftigung zu entbinden, wenn der **Widerspruch des BR offensichtlich unbegründet** war. Dies ist der Fall, wenn sich die Grundlosigkeit geradezu aufdrängt (*Fitting* Rn. 68). Beispiele sind etwa die Rüge der mangelnden Sozialauswahl bei personen- oder verhaltensbedingter Kündigung (LAG Düsseldorf 2. 9. 1975 DB 1975, 1995) oder die Rüge eines Verstoßes gegen Auswahlrichtlinien, obwohl solche überhaupt nicht bestehen. Offensichtlich unbegründet ist ein Widerspruch auch dann, wenn die tatsächlichen Voraussetzungen für den geltend gemachten Widerspruch offensichtlich nicht gegeben sind, was vom AG mit den eingeschränkten Beweismitteln des einstweiligen Verfügungsverfahrens glaubhaft zu machen ist. Zumindest entsprechend heranzuziehen ist § 102 V 2 für den Fall, daß bereits kein ordnungsgemäßer Widerspruch vorliegt und deshalb überhaupt kein Weiterbeschäftigungsanspruch entstanden ist (LAG Düsseldorf 15. 3. 1978 DB 1979, 1293; *Fitting* Rn. 68 a; aA LAG Berlin 11. 6. 1974 DB 1974, 1629).

41 Wurde ein Antrag des AG auf Entbindung von der Weiterbeschäftigungspflicht rechtskräftig abgewiesen, so kann er wiederholt werden, wenn er sich auf **neue Tatsachen** stützt (LAG Köln 19. 5. 1983 DB 1983, 2368), die auch während des Verfahrens nachgeschoben werden können; zB Abweisung der Kündigungsschutzklage in 1. Instanz (LAG München 16. 8. 1995 LAGE BetrVG § 102 Beschäftigungspflicht Nr. 22). Wird einem Antrag des AG auf Entbindung von der Weiterbeschäftigungspflicht stattgegeben, läßt dies für die Zeit bis zur Entbindungsentscheidung angefallene Vergütungsansprüche unberührt (BAG 7. 3. 1996 DB 1996, 1985).

VI. Erweiterung der Mitbestimmung

42 Gem. § 102 VI können AG und BR vereinbaren, daß Kündigungen der Zustimmung des BR bedürfen und bei Meinungsverschiedenheiten über die Berechtigung der Nichterteilung der Zustimmung die Einigungsstelle entscheidet. Erforderlich ist der Abschluß einer schriftlichen Betriebsvereinbarung; eine formlose Regelungsabrede genügt nicht (BAG 14. 2. 1978 AP TVG § 9 Arbeitskampf Nr. 60; *Fitting* Rn. 69). Abs. 6 erfaßt jede Kündigung, also auch die außerordentliche (LAG Düsseldorf 25. 8. 1995 BB 1996, 1277).

43 Inhaltlich bezweckt Abs. 6 lediglich eine **verfahrensmäßige Absicherung des individuellen Kündigungsschutzes auf der kollektiven Ebene**. Dagegen ermöglicht die Vorschrift nicht eine Erweiterung oder Beschränkung der individualrechtlichen Kündigungsmöglichkeiten des AG: Abs. 6 verstärkt die Beteiligungsrechte des BR im Verhältnis zur bloßen Anhörung nach Abs. 1 und dem Widerspruchsrecht nach Abs. 3 durch eine zusätzliche verfahrensmäßige Hürde. Die Anerkennung eines vom materiellen Kündigungsrecht unabhängigen paritätischen Mitbestimmungsrechtes würde demgegenüber einen systematischen Bruch zu den Mitwirkungsrechten des BR nach Abs. 1, 3 darstellen, für die es einer eindeutigen gesetzgeberischen Entscheidung bedurft hätte (GK-BetrVG/*Kraft* Rn. 192; *Henssler* RdA 1991, 268, 273; *Löwisch* BetrVG Rn. 62; aA DKK/*Kittner* Rn. 311 ff.).

44 Wird eine Betriebsvereinbarung über das Zustimmungserfordernis bei Kündigungen gem. Abs. 6 eingeführt, tritt dieses Verfahren **anstelle des Anhörungsverfahrens gem. § 102 I**. Eine Anhörung neben diesem Verfahren ist nicht erforderlich (GK-BetrVG/*Kraft* Rn. 194). Für den Fall der Verweigerung der Zustimmung durch den BR kann die Möglichkeit der verbindlichen Entscheidung der Einigungsstelle vorgesehen werden. Zwingend ist dies nicht. Möglich ist es auch, die sofortige Entscheidung des ArbG über die Zustimmungsersetzung zu vereinbaren (GK-BetrVG/*Kraft* Rn. 200; KR/*Etzel* Rn. 252, 256; aA *Fitting* Rn. 71). Unwirksam wäre dagegen eine Betriebsvereinbarung, die zwar das Zustimmungsrecht für den BR einführt, aber keine Überprüfung seiner Entscheidung ermöglicht (GK-BetrVG/*Kraft* Rn. 99; *Hanau* BB 1971, 485, 490; aA MünchArbR/*Matthes* § 349 Rn. 5). Wird keine Zustimmungs-, sondern nur eine Beratungspflicht eingeführt, bedarf es einer ausdrücklichen Klarstellung, daß die Verletzung dieser Pflicht die Unwirksamkeit der Kündigung zur Folge haben soll (BAG 6. 2. 1997 DB 1997, 2081).

45 Daraus ergeben sich **folgende Entscheidungsvarianten:** Stimmt der BR einer beabsichtigten Kündigung zu, kann der AG die Kündigung aussprechen. Verweigert der BR die Zustimmung und ist die Einschaltung der Einigungsstelle vorgesehen, kann der AG diese anrufen mit dem Antrag der Ersetzung der Zustimmung. Bei der außerordentlichen Kündigung hat der AG die Frist des § 626 II BGB zu beachten. Der AG muß innerhalb der Zwei-Wochen-Frist den Antrag auf Zustimmung beim BR stellen und, falls dieser ihn ablehnt, innerhalb der Frist auch noch die Einigungsstelle anrufen (GK-BetrVG/*Kraft* Rn. 196; aA *Fitting* Rn. 69). Sowohl Einigungsstelle als auch BR steht bei der Entscheidung über die Zustimmung zur Kündigung kein Ermessens-, sondern nur ein Beurteilungsspielraum zu, da sie über eine Rechtsfrage zu entscheiden haben. Einigungsstelle bzw. BR haben deshalb die Zustimmung zu erteilen, wenn die Voraussetzungen des § 1 II KSchG für die ordentliche

bzw. des § 626 I BGB für die außerordentliche Kündigung erfüllt sind (GK-BetrVG/*Kraft* Rn. 202; KR/*Etzel* Rn. 257; aA DKK/*Kittner* Rn. 310; *Rieble* AuR 1993, 39, 41 ff.).

Ersetzt die Einigungsstelle die Zustimmung, kann der AG unmittelbar die Kündigung ausspre- 46 chen. Daß die Entscheidung der Einigungsstelle vom BR noch vor dem ArbG angefochten werden kann, steht dem nicht entgegen, weil diese Anfechtung ohne Bindung an eine Frist möglich ist und der BR die Kündigungsmöglichkeit des AG ansonsten beliebig hinauszögern könnte (*Löwisch* BetrVG Rn. 63). Bei der außerordentlichen Kündigung muß der AG die Kündigung unverzüglich aussprechen (§ 21 V SchwbG analog), um die Ausschlußfrist des § 626 II BGB zu wahren. **Verweigert die Einigungsstelle die Zustimmung,** darf der AG die Kündigung nicht durchführen. Eine gleichwohl ausgesprochene Kündigung ist unwirksam (*Fitting* Rn. 71). Allerdings unterliegt die Entscheidung der Einigungsstelle der vollen Überprüfung durch das ArbG. Der betroffene AN ist – anders als im außergerichtlichen Verfahren vor der Einigungsstelle – im arbeitsgerichtlichen Verfahren zur Überprüfung eines Einigungsstellenspruchs Beteiligter iSd. § 83 ArbGG. Dasselbe gilt in einem ohne vorhergehende Einschaltung der Einigungsstelle vorgesehenen gerichtlichen Verfahren über die Ersetzung der Zustimmung (*Fitting* Rn. 73; KR/*Etzel* Rn. 261; aA GK-BetrVG/*Kraft* Rn. 203). Eine gerichtliche Entscheidung über die Ersetzung der Zustimmung zur Kündigung nimmt dem AN nicht die Möglichkeit, anschließend Kündigungsschutzklage zu erheben. Allerdings ist er in diesem Verfahren mit solchen Einwendungen präkludiert, die schon Gegenstand des Beschlußverfahrens über die Zustimmungsersetzung waren (*Fitting* Rn. 73; aA GK-BetrVG/*Kraft* Rn. 204).

Besteht eine Betriebsvereinbarung nach Abs. 6 für ordentliche Kündigungen, entfällt die Möglich- 47 keit des Widerspruchs des BR gem. Abs. 3 und damit eine Weiterbeschäftigungspflicht nach Abs. 5 (*Fitting* Rn. 70; KR/*Etzel* Rn. 248, 251; aA DKK/*Kittner* Rn. 313). Bei einem Widerspruch des BR ist die einstweilige Weiterbeschäftigung durch das vorstehend beschriebene Verfahren gesichert.

VII. Anderweitige Beteiligungsrechte

Gem. § 102 VII bleiben durch die Regelung des § 102 I bis VI die Vorschriften über die Beteiligung 48 des BR nach dem KSchG unberührt. Das betrifft das Recht des betroffenen AN, binnen einer Woche nach der Kündigung Einspruch beim BR einzulegen (§ 3 KSchG), ferner die besonderen Beteiligungsrechte bei Massenentlassungen gem. § 17 KSchG. Der bis zum 31. 12. 1997 im Gesetz enthaltene Verweis auf § 8 AFG ist durch das Inkrafttreten des SGB III, in das eine § 8 AFG vergleichbare Vorschrift nicht aufgenommen wurde, erledigt.

§ 103 Außerordentliche Kündigung in besonderen Fällen

(1) **Die außerordentliche Kündigung von Mitgliedern des Betriebsrats, der Jugend- und Auszubildendenvertretung, der Bordvertretung und des Seebetriebsrats, des Wahlvorstands sowie von Wahlbewerbern bedarf der Zustimmung des Betriebsrats.**

(2) ¹**Verweigert der Betriebsrat seine Zustimmung, so kann das Arbeitsgericht sie auf Antrag des Arbeitgebers ersetzen, wenn die außerordentliche Kündigung unter Berücksichtigung aller Umstände gerechtfertigt ist.** ²**In dem Verfahren vor dem Arbeitsgericht ist der betroffene AN Beteiligter.**

I. Zweck der Vorschrift

Durch den grds. Ausschluß der ordentlichen Kündigung gem. § 15 KSchG und das Zustimmungs- 1 erfordernis bei der außerordentlichen Kündigung gem. § 103 soll im Interesse der **Funktionsfähigkeit der Betriebsverfassungsorgane** die unbefangene Amtsausübung der gewählten Organmitglieder bzw. die unbefangene Bewerbung um derartige Ämter gesichert werden (BAG 17. 9. 1981 AP BetrVG 1972 § 103 Nr. 14; GK-BetrVG/*Kraft* Rn. 2). Das Zustimmungserfordernis des § 103 gewährleistet zudem, daß bis zu einer gerichtlichen Klärung das Organmitglied seine betriebsverfassungsrechtlichen Funktionen ausüben kann. Die Vorschrift dient damit gleichzeitig dem Schutz der AN vor Ausschaltung ihrer gewählten Vertreter (GK-BetrVG/*Kraft* Rn. 2; *Stahlhacke/Preis/Vossen* Rn. 967). Zum ganzen *Weber/Lohr* BB 1999, 2350.

II. Anwendungsbereich

1. Der geschützte Personenkreis ist in Abs. 1 aufgezählt. Gleichgestellt sind gem. § 29a HAG in 2 Heimarbeit Beschäftigte, die nach § 103 geschützte betriebsverfassungsrechtliche Funktionen ausüben, sowie gem. § 26 III SchwbG Mitglieder der Schwerbehinderten- und Gesamtschwerbehindertenvertretung sowie die Wahlbewerber für diese Ämter. Damit bleibt der durch § 103 geschützte Personenkreis deutlich hinter dem in der allgemeinen Schutznorm des § 78 genannten Personenkreis zurück. Keinen besonderen Kündigungsschutz nach § 103 genießen etwa Mitglieder der Einigungsstelle, einer tariflichen Beschwerdestelle nach § 86 oder des Wirtschaftsausschusses. Eine Kündigung **wegen der**

betriebsverfassungsrechtlichen Tätigkeit ist nicht nur sozialwidrig, sondern gem. § 78 iVm. § 134 BGB nichtig (vgl. BAG 22. 2. 1979 DB 1979, 1659; *Fitting* Rn. 6).

3 § 103 gewährt anders als § 15 KSchG **keinen nachwirkenden Kündigungsschutz**; das Zustimmungserfordernis besteht für die außerordentliche Kündigung nur während der Amtszeit der Mitglieder des BR bzw. der JAV, der Bordvertretung oder des SeeBR. Für Ersatzmitglieder gilt der besondere Kündigungsschutz für die Zeit ihrer Vertretung im BR einschließlich einer kurzfristigen eigenen Verhinderung während der Vertretungszeit (BAG 9. 11. 1977 AP KSchG 1969 § 15 Nr. 3).

4 Für **Mitglieder des Wahlvorstands** beginnt der Sonderkündigungsschutz mit dem Zeitpunkt ihrer Bestellung (§§ 16, 17), für Wahlbewerber mit dem Zeitpunkt der Aufstellung des Wahlvorschlages (§ 15 III 1 KSchG analog). Für den Beginn des Kündigungsschutzes eines Wahlbewerbers genügt bereits die Unterzeichnung eines Wahlvorschlages durch die in § 14 V vorgesehene Mindestzahl von AN (BAG 4. 3. 1976 AP KSchG 1969 Wahlbewerber Nr. 1; BAG 5. 12. 1980 AP KSchG 1969 § 15 Nr. 9). Der Schutz der Wahlvorstandsmitglieder und der nicht gewählten Wahlbewerber bei außerordentlichen Kündigungen nach § 103 endet mit der Bekanntgabe des Wahlergebnisses durch den Wahlvorstand (BAG 30. 5. 1978 AP KSchG 1969 § 15 Nr. 4). Der Schutz der Wahlvorstandsmitglieder und Wahlbewerber besteht auch bei der erstmaligen Wahl eines BR im Betrieb. Da bei einer beabsichtigten Kündigung kein BR existiert, der zustimmen könnte, hat der AG unmittelbar die Erteilung der Zustimmung beim ArbG zu beantragen (BAG 12. 8. 1976 AP KSchG 1969 § 15 Nr. 2; BAG 30. 5. 1978 AP KSchG 1969 § 15 Nr. 4; *Fitting* Rn. 9; aA KR/*Etzel* Rn. 53 ff.).

5 Bei **Anfechtung einer BRWahl** endet der Sonderkündigungsschutz sowohl gem. § 15 KSchG als auch gem. § 103 mit Rechtskraft eines der Anfechtung stattgebenden arbeitsgerichtlichen Beschlusses (LAG Niedersachsen 15. 5. 1991 DB 1991, 2248), ebenso mit Amtsende. Erneute Anhörung des BR ist nicht notwendig, BAG 8. 6. 2000, EzA § 102 BetrVG Nr. 106. Die in einer nichtigen Wahl bestimmten Organmitglieder genießen keinen besonderen Kündigungsschutz (BAG 7. 5. 1986 AP KSchG 1969 § 15 Nr. 18).

6 **2. Kündigung und andere Beendigungsformen.** Kein Zustimmungserfordernis besteht, wenn das Arbeitsverhältnis auf anderer Weise, also etwa durch Ablauf eines befristeten Arbeitsverhältnisses, durch einen Aufhebungsvertrag oder durch eine ausnahmsweise zulässige ordentliche Kündigung gem. § 15 IV und V KSchG endet; auch bei tariflicher Unkündbarkeit bedarf es für die betriebsbedingte Kündigung nach § 15 IV, V KSchG nicht der Zustimmung des BR (BAG 18. 9. 1997 NZA 1998, 189). Andererseits besteht das Zustimmungserfordernis für jede außerordentliche Kündigung, also auch die Änderungskündigung und auch die Massenänderungskündigung (BAG 6. 3. 1986 AP KSchG 1969 § 15 Nr. 19; BAG 21. 6. 1995 AP KSchG 1969 § 15 Nr. 36; GK-BetrVG/*Kraft* Rn. 23; aA *Fitting* Rn. 10). Keine analoge Anwendung auf Versetzungen, BAG 11. 7. 2000, DB 2000, 1522; *Oetker* RdA 1990, 343; aM KR/*Etzel* Rn. 60).

III. Zustimmung des Betriebsrats

7 **1. Verfahren.** Will der AG eine außerordentliche Kündigung nach § 103 aussprechen, bedarf er hierzu der vorherigen Zustimmung des BR. Die Kündigung vor Zustimmung ist nichtig; eine Heilung durch spätere Zustimmung des BR nicht möglich (BAG 22. 8. 1974, 20. 3. 1975, 25. 3. 1976 AP BetrVG 1972 § 103 Nr. 1, 2, 6; *Fitting* Rn. 17; GK-BetrVG/*Kraft* Rn. 33; aA *Richardi* Rn. 45 ff.). Eine Delegation der Entscheidung über die Zustimmung auf einen Ausschuß ist wegen der Bedeutung der Sache nicht zulässig (DKK/*Kittner* Rn. 33; aA *Fitting* Rn. 20). Das zu kündigende BRMitglied ist wegen **Befangenheit** von der Beratung und der Beschlußfassung über die Zustimmung ausgeschlossen; es gilt als zeitweilig verhindert iSd. § 25 I 2 und wird durch ein Ersatzmitglied vertreten (s. auch § 99 Rn. 40). Besteht der BR nur aus einem einzigen BRMitglied, entscheidet das Ersatzmitglied. Ist ein Ersatzmitglied nicht vorhanden oder nicht erreichbar, muß der AG gem. § 103 II analog unmittelbar die Zustimmung des ArbG einholen (BAG 14. 9. 1994 EzA BetrVG § 103 Nr. 36). Dasselbe gilt für die Kündigung von Wahlbewerbern und Wahlvorstandsmitgliedern in einem bisher betriebsratslosen Betrieb (BAG 30. 5. 1978 AP KSchG 1969 § 15 Nr. 4). Sollen mehrere BRMitglieder wegen des gleichen Vorfalls gekündigt werden, ist nach Auffassung des BAG jedes Mitglied nur von der Teilnahme an der Beratung und Abstimmung über seine eigene Kündigung ausgeschlossen (BAG 25. 3. 1976 AP BetrVG 1972 § 103 Nr. 6). Richtigerweise ist von einem Ausschluß aller beteiligten BRMitglieder auszugehen, da ansonsten eine auch nur annähernd objektive Entscheidung nicht zu erwarten ist.

8 Ist der **Beschluß über die Zustimmung fehlerhaft** zustandegekommen oder basiert er auf einer unzureichenden Unterrichtung (BAG 5. 2. 1981 AP LPVG NW § 72 Nr. 1), kann der AG grds. keine wirksame Kündigung aussprechen. Problematisch ist die Behandlung von Verfahrensmängeln, die durch den BR veranlaßt sind. Die für § 102 weitgehend anerkannte „Sphärentheorie" wird im Rahmen des § 103 überwiegend – auch vom BAG – abgelehnt (BAG 23. 8. 1984 AP BetrVG 1972 § 103 Nr. 17; *Fitting* Rn. 25; DKK/*Kittner* Rn. 34; KR/*Etzel* Rn. 107; aA *Richardi* Rn. 44). Gleichzeitig gewährt das BAG dem AG aber dann Vertrauensschutz, wenn dieser die Tatsachen, aus denen die Unwirksam-

III. Zustimmung des Betriebsrats

§ 103 BetrVG 210

keit des Beschlusses folgt, nicht kennt oder kennen muß (BAG 23. 8. 1984 AP BetrVG 1972 § 103 Nr. 17). Damit gilt im Ergebnis über das Argument des Vertrauensschutzes nichts anderes als nach der Sphärentheorie im Rahmen des § 102. BAG 3. 5. 1999 EzA BetrVG § 33 Nr. 1 erwägt, daß die unzulässige Beteiligung des betroffenen BR-Mitgliedes an einem ihm ungünstigen Beschluß unerheblich sein könne.

Bei der Einholung der Zustimmung hat der AG zwei **Fristen** zu beachten: Einmal die Frist zum **9** Ausspruch der außerordentlichen Kündigung gem. § 626 II BGB, zum anderen die Frist für die Zustimmung des BR, die sich aus einer entsprechenden Anwendung von § 102 II 3 ergibt (*Fitting* Rn. 21). Im einzelnen ergibt sich daraus folgendes: Erlangt der AG bzw. ein sonstiger Kündigungsberechtigter Kenntnis vom potentiellen Kündigungsgrund, beginnt der Lauf der Zwei-Wochen-Frist gem. § 626 BGB. Innerhalb dieser Frist ist der BR um Zustimmung zu ersuchen. Diesem steht eine Frist von drei Tagen zur Entscheidung über die Erteilung der Zustimmung zu. Keine entsprechende Anwendung findet im Rahmen des § 103 die Zustimmungsfiktion gem. § 102 II 2. Gibt der BR also innerhalb der Drei-Tages-Frist keine Erklärung ab, so **gilt die Zustimmung als verweigert** (BAG 18. 8. 1977 AP BetrVG 1972 § 103 Nr. 10; *Fitting* Rn. 21; HSG/*Schlochauer* Rn. 38). Stimmt der BR innerhalb der Drei-Tages-Frist ausdrücklich der beabsichtigten außerordentlichen Kündigung zu, kann der AG nunmehr die Kündigung aussprechen. Der Ausspruch der Kündigung hat innerhalb der durch das Zustimmungsverfahren nicht gehemmten Frist des § 626 II BGB zu erfolgen. Verweigert der BR ausdrücklich die Zustimmung oder äußert er sich innerhalb der Drei-Tages-Frist nicht, muß der AG, wenn er an seinem Kündigungsentschluß festhält, innerhalb der Zwei-Wochen-Frist des § 626 II BGB beim ArbG die **Ersetzung der Zustimmung** beantragen (BAG 18. 8. 1977 AP BetrVG 1972 § 103 Nr. 10). Eine nachträgliche, also nach Ablauf der Drei-Tages-Frist erfolgende Zustimmung des BR bleibt möglich (*Fitting* Rn. 23; KR/*Etzel* Rn. 99). Soweit zum Zeitpunkt der Zustimmungserteilung vom AG bereits ein gerichtliches Zustimmungsersetzungsverfahren eingeleitet ist, wird dieses gegenstandslos und ist einzustellen (BAG 10. 12. 1992 AP ArbGG 1979 § 87 Nr. 4; BAG 23. 6. 1993 AP ArbGG 1979 § 83 a Nr. 2). Hat der AG allerdings bereits vor der Zustimmung die Kündigung ausgesprochen, ist diese unheilbar nichtig (vgl. oben Rn. 7). Wird eine Kündigung wegen rechtlicher Bedenken wiederholt, ist eine erneute Zustimmung erorderlich (BAG 24. 10. 1996 AP BetrVG 1972 § 103 Nr. 32; s. auch § 102 Rn. 2).

Ist das zu kündigende **BRMitglied schwerbehindert** iSd. SchwbG, ist zusätzlich zu dem Zustim- **10** mungsverfahren das Verfahren vor der Hauptfürsorgestelle einzuhalten. Der AG kann wählen, ob er zunächst das Verfahren nach § 103 einleitet oder das Verfahren vor der Hauptfürsorgestelle durchführt. Wird zweckmäßigerweise erst das Verfahren vor der Hauptfürsorgestelle durchgeführt, hat der AG nach erteilter oder fingierter Zustimmung unverzüglich das Verfahren nach § 103 einzuleiten (BAG 22. 1. 1987 AP BetrVG 1972 § 103 Nr. 24).

2. Verweigerungsgründe. Der BR trifft im Rahmen des § 103 I – ebenso wie das ArbG beim **11** Verfahren nach § 103 II – **keine Ermessensentscheidung,** in die er Gesichtspunkte einfließen lassen könnte, die nichts mit dem vom AG dargelegten Kündigungsgrund zu tun haben. Der BR darf seine Zustimmung zur außerordentlichen Kündigung deswegen nur mit der Begründung verweigern, die Kündigung sei unwirksam, weil entweder ein wichtiger Grund fehle oder die Kündigung aus anderen Gründen, etwa wegen Nichteinhaltung der Zwei-Wochen-Frist des § 626 II BGB, nichtig sei (BAG 25. 3. 1976 AP BetrVG 1972 § 103 Nr. 6; *Löwisch* BetrVG Rn. 15). Für die Frage der Zumutbarkeit der Fortsetzung des Arbeitsverhältnisses ist entgegen der früheren Rspr. des BAG (6. 3. 1986 AP KSchG 1969 § 15 Nr. 19) nicht auf eine „fiktive Kündigungsfrist" abzustellen, die gelten würde, wenn das BRMitglied normaler AN wäre. Maßgeblich für die Zumutbarkeit ist vielmehr der Zeitraum, in dem tatsächlich (voraussichtlich) die Möglichkeit der ordentlichen Kündigung ausgeschlossen ist, also die ablaufende Amtszeit einschließlich des nachwirkenden Kündigungsschutzes gem. § 15 KSchG (so BAG 21. 6. 1995 AP KSchG 1969 § 15 Nr. 36), anders wieder BAG 10. 2. 1999 NZA 1999, 708.

Hinsichtlich des Kündigungsgrundes gilt im Grundsatz nichts anderes als für die außerordentliche **12** Kündigung „normaler" AN. Allerdings ist zu berücksichtigen, daß für Amtspflichtverstöße das besondere Verfahren gem. § 23 I vorgesehen ist. Eindeutig ergibt sich daraus, daß **für reine Amtspflichtverletzungen** nur die Möglichkeit des Ausschlusses aus dem BR in Betracht kommt. Begeht das BRMitglied dagegen im Zusammenhang mit seinen Amtspflichten zugleich auch (gravierende) **Verstöße gegen seine arbeitsvertraglichen Pflichten,** ist im Hinblick auf die besondere Konfliktsituation des BRMitglieds ein „strengerer Maßstab" an den Ausspruch der außerordentlichen Kündigung anzulegen (BAG 16. 10. 1986 AP BGB § 626 Nr. 95; *Fitting* Rn. 18 a). Insb. ist, da die außerordentliche Kündigung stets ultima ratio ist, zu prüfen, ob bei Ausschluß des BRMitglieds aus dem BR weitere vergleichbare Arbeitsvertragsverletzungen drohen und inwiefern das Vertrauensverhältnis zum AG nachhaltig gestört ist. Vorbehaltlich der Umstände des Einzelfalls kommt nach der Rspr. eine außerordentliche Kündigung in Betracht zB bei Unterschlagungen und Veruntreuungen (BAG 22. 8. 1974 AP BetrVG 1972 § 103 Nr. 1), der Bereitschaft, in einem Rechtsstreit gegen den AG vorsätzlich falsch auszusagen (BAG 16. 10. 1986 AP BGB § 626 Nr. 95) und der verunglimpfenden und aufhetzenden Wahlwerbung bei einer BRWahl (BAG 15. 12. 1977 AP BGB § 626 Nr. 69). Eine außerordentliche Änderungskündigung (mit sozialer Auslauffrist) hat das BAG anerkannt bei der Auflösung einer Leitungsebene in einem Unternehmen bei gleichzeitiger Rückstufung aller Mitarbeiter, von denen einer BRMitglied war (BAG 21. 6. 1995 KSchG 1969 § 15 Nr. 36). Der Gedanke der Gleichbehandlung rechtfertigt dagegen keine Änderungskündigung mit dem Ziel der Lohnreduzierung (BAG 20. 1. 2000, NZA 2000, 592).

IV. Gerichtliche Zustimmungsersetzung

13 Wenn der BR die Zustimmung verweigert bzw. sich innerhalb der Drei-Tages-Frist nicht äußert, kann der AG gem. Abs. 2 beim ArbG Antrag auf gerichtliche Zustimmungsersetzung stellen. Dieser **Antrag** muß – wie dargelegt – noch innerhalb der Zwei-Wochen-Frist gem. § 626 II BGB, darf aber nicht vor Ablauf der Drei-Tages-Frist bzw. der Zustimmungsverweigerung gestellt werden (BAG 7. 5. 1986 AP BetrVG 1972 § 103 Nr. 18; BAG 24. 10. 1996 AP BetrVG 1972 § 103 Nr. 32).

14 Das **Arbeitsgericht** hat in vollem Umfang nachzuprüfen, ob die beantragte Kündigung wirksam ist oder nicht, insb. ob sie durch einen wichtigen Grund iSd. § 626 I BGB gerechtfertigt ist und ob die Ausschlußfrist des § 626 II BGB eingehalten worden ist. Nach Ablauf der Frist des § 626 II BGB bekannt werdende neue Kündigungsgründe kann der AG in das Zustimmungsverfahren einführen, wenn es sie vorher dem BR mitgeteilt und ihm Gelegenheit zur Stellungnahme gegeben hat (BAG 16. 9. 1999 BB 1999, 2197). Der betroffene AN ist gem. § 103 II 2 Beteiligter und berechtigt, gegen für ihn ungünstige Entscheidungen Rechtsmittel einzulegen (BAG 10. 12. 1992 AP ArbGG 1979 § 87 Nr. 4; BAG 23. 6. 1993 AP ArbGG 1979 § 83 a Nr. 2). Zum **Ausspruch der Kündigung** ist der AG grds. erst dann berechtigt, wenn eine die Zustimmung ersetzende Entscheidung des ArbG rechtskräftig wird (BAG 11. 11. 1976 AP BetrVG 1972 § 103 Nr. 8; BAG 9. 7. 1998 AP BetrVG 1972 § 103 Nr. 36 = BB 1998, 2317). Anders, wenn sich aus den Gründen der zugestellten Entscheidung ergibt, daß eine Nichtzulassungsbeschwerde offensichtlich unstatthaft ist (BAG 25. 1. 1979 AP BetrVG 1972 § 103 Nr. 12). Der AG ist aber nicht zu einer unsicheren Prognose über die offensichtliche Unstatthaftigkeit einer Nichtzulassungsbeschwerde gezwungen; er kann stets aus Gründen der Rechtssicherheit die Rechtskraft abwarten (klarstellend jetzt BAG 9. 7. 1998 AP BetrVG 1972 § 103 Nr. 36 = BB 1998, 2317). Nach Rechtskraft muß der AG entsprechend § 21 SchwbG die Kündigung unverzüglich aussprechen (BAG 24. 4. 1975, 18. 8. 1977, 25. 1. 1979 AP BetrVG 1972 § 103 Nr. 3, 10, 12; GK-BetrVG/ *Kraft* Rn. 48; aA *Fitting* Rn. 29). Bis zur Rechtskraft der Entscheidung kann der AG je nach den Umständen des Einzelfalles, insb. nach dem Gewicht des angeführten Kündigungsgrundes, zur Suspendierung des AN von der Arbeitspflicht (s. § 611 Rn. 829) berechtigt sein, wobei grds. die Pflicht zur Vergütungsfortzahlung nicht tangiert wird, es sei denn, daß die Weiterbezahlung unzumutbar ist (BAG 11. 11. 1976 AP BetrVG 1972 § 103 Nr. 8). Auch bei einer individualarbeitsrechtlich zulässigen Suspendierung bleibt der AN aber grds. berechtigt, den Betrieb weiterhin aufzusuchen, um sein BRamt auszuüben. Nur wenn das zu kündigende BRMitglied sein Zutrittsrecht rechtsmißbräuchlich ausübt, etwa den Betriebsfrieden unmittelbar und konkret gefährdet, endet trotz fortbestehender Mitgliedschaft im BR auch dieses Recht, so daß ein Ersatzmitglied nachzurücken hat (LAG Düsseldorf 22. 2. 1977 DB 1977, 1053; *Löwisch* BetrVG Rn. 25). In diesem Fall entfällt auch der Entgeltanspruch.

15 **Ersetzt das ArbG rechtskräftig die Zustimmung** und spricht daraufhin der AG die außerordentliche Kündigung aus, kann der AN Kündigungsschutzklage erheben. Allerdings hat die Entscheidung im Beschlußverfahren insofern präjudizielle Wirkung für den nachfolgenden Kündigungsrechtsstreit, als über das Vorliegen eines wichtigen Grundes zur außerordentlichen Kündigung bereits rechtskräftig entschieden wurde (BAG 10. 12. 1992 AP ArbGG 1979 § 87 Nr. 4; BAG 23. 6. 1993 AP ArbGG 1979 § 83 a Nr. 2). Anders wenn der AN Neues vorbringen kann. Beispiele sind etwa neue Tatsachen, welche die früheren Kündigungsgründe in einem anderen Licht erscheinen lassen, oder formelle Mängel beim Ausspruch der Kündigung (BAG 24. 4. 1975 AP BetrVG 1972 § 103 Nr. 3; BAG 9. 1. 1986 AP BGB § 626 Ausschlußfrist Nr. 20; *Fitting* Rn. 30). Lehnt das ArbG rechtskräftig die Zustimmung ab, kann die Zustimmungsersetzung in einem neuen Verfahren geboten sein, wenn das BRMitglied wegen des Tatvorwurfs zwischenzeitlich strafrechtlich rechtskräftig verurteilt wurde, BAG 16. 9. 1999 DB 2000, 229.

16 Die dem AN durch seine Beteiligung am Zustimmungsersetzungsverfahren gem. § 103 II entstehenden **Kosten** sind keine Kosten der BRTätigkeit iSd. § 40 I, da er hier keine kollektivrechtlichen, sondern lediglich persönliche Interessen aus dem Arbeitsverhältnis wahrnimmt. Aus dem Benachteiligungsverbot des § 78 S. 2 folgt allerdings eine Pflicht zur Kostenerstattung, wenn nur das betroffene BRMitglied gegen einen zustimmungsersetzende Entscheidung des ArbG Beschwerde einlegt und gewinnt (BAG 31. 1. 1990 AP BetrVG 1972 § 103 Nr. 28).

§ 104 Entfernung betriebsstörender Arbeitnehmer

[1] Hat ein Arbeitnehmer durch gesetzwidriges Verhalten oder durch grobe Verletzung der in § 75 Abs. 1 enthaltenen Grundsätze den Betriebsfrieden wiederholt ernstlich gestört, so kann der

IV. Anrufung und Entscheidung des Arbeitsgerichts § 104 BetrVG 210

Betriebsrat vom Arbeitgeber die Entlassung oder Versetzung verlangen. ²Gibt das Arbeitsgericht einem Antrag des Betriebsrats statt, dem Arbeitgeber aufzugeben, die Entlassung oder Versetzung durchzuführen, und führt der Arbeitgeber die Entlassung oder Versetzung einer rechtskräftigen gerichtlichen Entscheidung zuwider nicht durch, so ist auf Antrag des Betriebsrats vom Arbeitsgericht zu erkennen, daß er zur Vornahme der Entlassung oder Versetzung durch Zwangsgeld anzuhalten sei. ³Das Höchstmaß des Zwangsgeldes beträgt für jeden Tag der Zuwiderhandlung 500 Deutsche Mark.

I. Normzweck

§ 104 ist eine Ergänzung des § 99 II 6 und des § 75 I und konkretisiert die dem BR obliegende 1 Pflicht, den Betriebsfrieden zu wahren (*Galperin/Löwisch* BetrVG Rn. 1; KR/*Etzel* Rn. 3).

II. Voraussetzungen

Vom **Personenkreis** erfaßt sind alle AN gem. § 5 I und § 6. Gegenüber der Versetzung oder 2 Entlassung anderer Personen (wie etwa leitender Angestellte gem. § 5 III) hat der BR lediglich ein Antragsrecht gem. § 80 I Nr. 2 (*Fitting* Rn. 2; aA MünchArbR/*Matthes* § 350 Rn. 5, wonach alle potentiellen Gefährder des Betriebsfriedens zum Personenkreis des § 104 gehören). Die Vorschrift findet auch in Tendenzbetrieben und gegenüber Tendenzträgern Anwendung. Für **gesetzwidriges Verhalten** kommen zB Verletzungen des StGB (Beleidigung, Verleumdung, Körperverletzung und Diebstahl), von Arbeitsschutzvorschriften (*Galperin/Löwisch* BetrVG Rn. 3) von TV oder Betriebsvereinbarungen (MünchArbR/*Matthes* § 350 Rn. 2) in Betracht. Verstöße gegen arbeitsvertragliche Pflichten als solche sind nicht gesetzwidrig, können aber im Einzelfall andere Gesetzesvorschriften verletzen (KR/*Etzel* Rn. 8; aA GK-BetrVG/*Kraft* Rn. 6). Außerhalb des Betriebs sind Verstöße nur dann relevant, wenn sich das gesetzwidrige Verhalten **unmittelbar störend** auf den Betriebsfrieden auswirkt.

Grobe Verstöße gegen § 75 I. Grob ist ein Verstoß, wenn er besonders schwerwiegend ist. Dies ist 3 zB der Fall bei besonders auffälligen Diskriminierungen wegen Abstammung, Religion, Nationalität, Herkunft, politischer oder gewerkschaftlicher Betätigung oder wegen des Geschlechts (KR/*Etzel* Rn. 9). Weiterhin muß es sich um eine **ernstliche und wiederholte Störung des Betriebsfriedens** handeln. Der AN muß mindestens zweimal den Betriebsfrieden gestört haben (*Fitting* Rn. 5). Zwischen diesen Handlungen braucht kein innerer Zusammenhang zu bestehen (GK-BetrVG/*Kraft* Rn. 9), wohl aber ein **ursächlicher Zusammenhang** zwischen Handlung und Störung des Betriebsfriedens (*Fitting* Rn. 5). Für eine ernstliche Störung reicht die bloße Gefährdung des Betriebsfriedens nicht aus. Ernstlich ist der Betriebsfrieden dann gestört, wenn eine erhebliche Beunruhigung einer beachtlichen Anzahl von AN eingetreten ist (LAG Köln 15. 10. 1993 NZA 1994, 431; LAG Hamm 11. 11. 1994 BB 1995, 678). Das Verhalten des AN muß **verschuldet,** also zumindest fahrlässig sein (GK-BetrVG/*Kraft* Rn. 10; *Fitting* Rn. 6). Im Falle der Schuldunfähigkeit genügt auch die objektive Herbeiführung der Störung des Betriebsfriedens.

III. Verlangen des Betriebsrats

Für sein Verlangen muß der BR einen **Beschluß** gem. § 33 fassen, den der AG nochmals zu prüfen 4 hat. Der BR kann allein Versetzung oder Entlassung verlangen, nicht jedoch unmittelbar eine Änderungskündigung (KR/*Etzel* Rn. 21). Eine Änderungskündigung kann aber erforderlich werden, wenn der BR die Versetzung verlangt und der AG diesem Verlangen nachkommen will, dies aber mangels Direktionsrecht nur durch eine Änderungskündigung möglich ist. Das Verlangen des BR muß den Grundsätzen der **Verhältnismäßigkeit** entsprechen. Genügt also eine Versetzung der Wahrung des Betriebsfriedens, so ist diese als weniger einschneidend als eine Kündigung vorzuziehen (GK-BetrVG/*Kraft* Rn. 4). Dasselbe gilt im Verhältnis von außerordentlicher und ordentlicher Kündigung. Der **AG** hat den Sachverhalt in eigener Verantwortung zu prüfen. Dabei schafft das Verlangen des BR keinen neuen Kündigungsgrund, sondern setzt einen solchen voraus (DKK/*Kittner* Rn. 3). Ist das Verlangen des BR sachlich nicht berechtigt, muß der AG sich in **zumutbarer** Weise wegen seiner Fürsorgepflicht vor den betroffenen AN stellen (BAG 18. 9. 1975 AP BGB § 626 Druckkündigung Nr. 10; ArbG Berlin 16. 6. 1987 NZA 1987, 637; *Fitting* Rn. 8). Entspricht der AG dem Verlangen, so kann der betroffene AN Kündigungsschutzklage erheben. Bei einer Versetzung ist der **BR zu beteiligen,** falls er nicht bereits Vorschläge zum neuen Arbeitsplatz des störenden AN unterbreitet hat. Bei der Kündigung wird die erforderliche Anhörung gem. § 102 durch das Entlassungsverlangen ersetzt (BAG 15. 5. 1997 NZA 1997, 1106).

IV. Anrufung und Entscheidung des Arbeitsgerichts

Der Antrag des BR ist bei Ablehnung durch den AG im Beschlußverfahren geltend zu machen. Eine 5 Frist besteht dafür nicht. Als Richtlinie gelten **3 Monate** (DKK/*Kittner* Rn. 12; KR/*Etzel* Rn. 40; aA

Galperin/Löwisch BetrVG Rn. 16, der eine Frist ablehnt). Bei einer vorgesehenen Versetzung kann das Gericht **nicht** den neuen Arbeitsplatz genau bestimmen. Die Möglichkeit der **fristlosen Kündigung** wird regelmäßig in Hinsicht auf die Frist des § 626 II 1 BGB verwirkt sein.

V. Zwangsgeldverfahren

6 Kommt der AG der rechtskräftigen gerichtlichen Entscheidung nicht nach, so ist er auf Antrag des BR durch die Verhängung von Zwangsgeld (§ 888 ZPO) zur Vornahme der Entlassung oder Versetzung anzuhalten. Eine vorherige Androhung ist nicht erforderlich (GK-BetrVG/*Kraft* Rn. 13). Die in S. 2 vorgesehene Regelung über die Verhängung eines Zwangsgeldes stellt gegenüber § 23 III eine Sondervorschrift dar (DKK/*Kittner* Rn. 16).

§ 105 Leitende Angestellte

Eine beabsichtigte Einstellung oder personelle Veränderung eines in § 5 Abs. 3 genannten leitenden Angestellten ist dem Betriebsrat rechtzeitig mitzuteilen.

I. Normzweck

1 Mit der Vorschrift wird der Zweck verfolgt, den BR über die Verteilung der Führungsaufgaben im Betrieb zu unterrichten und ihm die Möglichkeit zu geben, Bedenken gegen eine personelle Maßnahme im Bereich der leitenden Angestellten geltend zu machen (KR/*Etzel* Rn. 2; *Galperin/Löwisch* BetrVG Rn. 1).

II. Voraussetzungen

2 Von der Norm erfaßt sind alle **Personen,** die unter § 5 III fallen (s. § 5 Rn. 30 ff.). Weiterhin fallen auch AN unter die Bestimmung, die zum leitenden Angestellten befördert werden, sowie leitende Angestellte, die infolge einer personellen Maßnahme aus dem Kreis des § 5 III ausscheiden (GK-BetrVG/*Kraft* Rn. 3; DKK/*Kittner* Rn. 2). **Nicht** von § 105 **erfaßt** sind Personen iSd. § 5 II (s. § 5 Rn. 24 ff.). In Zweifelsfällen empfiehlt es sich, vorsorglich das Anhörungsverfahren gem. § 102 durchzuführen, da eine Information gem. § 105 nicht ohne weiteres in eine Anhörung gem. § 102 umgedeutet werden kann (BAG 19. 8. 1975 AP BetrVG 1972 § 105 Nr. 1; BAG 7. 12. 1979 AP BetrVG 1972 § 102 Nr. 21; *Fitting* Rn. 1).

III. Mitteilungspflicht

3 **Personelle Veränderung** ist jede Änderung der Führungsfunktion des leitenden Angestellten, seiner Stellung in der Organisation, eine Suspendierung, ein Ausscheiden im gegenseitigen Einvernehmen oder eine Kündigung auch durch den Angestellten selbst (*Fitting* Rn. 2; einschränkend GK-BetrVG/*Kraft* Rn. 8; KR/*Etzel* Rn. 24). Die Information ist dem BR oder dem gem. §§ 27, 28 zuständigen Ausschuß zu geben. Sind mehrere Betriebe innerhalb eines Unternehmens durch die Maßnahme betroffen, sind alle BR zu benachrichtigen (GK-BetrVG/*Kraft* Rn. 5). Bestehen Gesamt- oder KonzernBR, so sind auch diese zu benachrichtigen, wenn der leitende Angestellte mit Funktionen im Unternehmens- oder Konzernbereich eingesetzt wird (KR/*Etzel* Rn. 31; HSG/*Schlochauer* Rn. 13; **aA** *Fitting* Rn. 5 a). Der **AG** ist lediglich verpflichtet, die Bedenken des BR in seine Überlegungen aufzunehmen, erörtern muß er sie nicht. Es bleibt ihm frei, seine Entscheidung **unabhängig** zu treffen. **Rechtzeitig** ist die Mitteilung dann, wenn dem BR die Möglichkeit bleibt, sich zu der Maßnahme zu äußern und die AN zu unterrichten (*Fitting* Rn. 4; GK-BetrVG/*Kraft* Rn. 10; aA KR/*Etzel* Rn. 29, der in Anlehnung an § 99 III und § 102 II eine Unterrichtung mindestens eine Woche vor der geplanten Maßnahme für erforderlich hält).

IV. Sanktionen

4 Verstöße gegen § 105 sind nicht als Ordnungswidrigkeit zu ahnden, da die Aufzählung in § 121 I, bei deren Verletzung Geldbußen möglich sind, erschöpfend ist. Allenfalls käme ein Verfahren gem. § 23 III in Betracht, dies aber sicherlich noch nicht bei einmaligem Verstoß gegen die Vorschrift (GK-BetrVG/*Kraft* Rn. 15; HSG/*Schlochauer* Rn. 14).

Sechster Abschnitt. Wirtschaftliche Angelegenheiten

Erster Unterabschnitt. Unterrichtung in wirtschaftlichen Angelegenheiten

§ 106 Wirtschaftsausschuß

(1) ¹In allen Unternehmen mit in der Regel mehr als einhundert ständig beschäftigten Arbeitnehmern ist ein Wirtschaftsausschuß zu bilden. ²Der Wirtschaftsausschuß hat die Aufgabe, wirtschaftliche Angelegenheiten mit dem Unternehmer zu beraten und den Betriebsrat zu unterrichten.

(2) Der Unternehmer hat den Wirtschaftsausschuß rechtzeitig und umfassend über die wirtschaftlichen Angelegenheiten des Unternehmens unter Vorlage der erforderlichen Unterlagen zu unterrichten, soweit dadurch nicht die Betriebs- und Geschäftsgeheimnisse des Unternehmens gefährdet werden, sowie die sich daraus ergebenden Auswirkungen auf die Personalplanung darzustellen.

(3) Zu den wirtschaftlichen Angelegenheiten im Sinne dieser Vorschrift gehören insbesondere
1. die wirtschaftliche und finanzielle Lage des Unternehmens;
2. die Produktions- und Absatzlage;
3. das Produktions- und Investitionsprogramm;
4. Rationalisierungsvorhaben;
5. Fabrikations- und Arbeitsmethoden, insbesondere die Einführung neuer Arbeitsmethoden;
6. die Einschränkung oder Stillegung von Betrieben oder von Betriebsteilen;
7. die Verlegung von Betrieben oder Betriebsteilen;
8. der Zusammenschluß oder die Spaltung von Unternehmen oder Betrieben;
9. die Änderung der Betriebsorganisation oder des Betriebszwecks sowie
10. sonstige Vorgänge und Vorhaben, welche die Interessen der Arbeitnehmer des Unternehmens wesentlich berühren können.

I. Normzweck

Der Wirtschaftsausschuß ist nicht Mitbestimmungsorgan, sondern Hilfsorgan des BR. Seine Aufgabe besteht darin, wirtschaftliche Angelegenheiten zu beraten und den BR darüber zu informieren (DKK/*Däubler* Rn. 2). § 106 steht unabhängig neben dem Anspruch aus § 80 II (BAG 5. 2. 1991 AP BetrVG 1972 § 106 Nr. 10). 1

II. Voraussetzungen

Die Errichtung des Wirtschaftsausschusses erfordert die ständige Beschäftigung von idR (vgl. § 1 Rn. 14) mehr als 100 AN im Unternehmen, also mindestens 101 AN. Es gilt der betriebsverfassungsrechtliche ANBegriff (DKK/*Däubler* Rn. 5), so daß leitende Angestellte nicht mitgezählt werden. Der Wirtschaftsausschuß wird für das gesamte Unternehmen unabhängig von der Zahl der Betriebe und BR gebildet (*Fitting* Rn. 7). Bilden mehrere Unternehmen einen Gemeinschaftsbetrieb mit zusammen mehr als 100 AN, so ist ein Wirtschaftsausschuß zu bilden, obwohl die Unternehmen rechtlich selbständig sind (BAG 1. 8. 1990 AP BertrVG § 106 Nr. 8; DKK/*Däubler* Rn. 19). Bei Unternehmen mit Betrieben **im Ausland** zählen lediglich die inländischen AN (*Fitting* Rn. 4; *Galperin/Löwisch* BetrVG Rn. 14; aA DKK/*Däubler* Rn. 23; GK-BetrVG/*Fabricius* Rn. 36). Bei Unternehmen mit **Hauptsitz im Ausland** wird ein Wirtschaftsausschuß gebildet, wenn die im Inland angesiedelten Betriebe organisatorisch zusammengefaßt sind und die erforderliche Anzahl von AN beschäftigen (BAG 1. 10. 1974 AP BetrVG 1972 § 106 Nr. 1; BAG 31. 10. 1975 AP BetrVG 1972 § 106 Nr. 2; *Fitting* Rn. 9). Die Norm ist **zwingend** und kann nicht entsprechend auf kleinere Betriebe angewandt werden (BAG 5. 2. 1991 AP BetrVG 1972 § 106 Nr. 10; *Fitting* Rn. 10; aA GK-BetrVG/*Fabricius* Rn. 11). Ausschüsse, die aufgrund freiwilliger Betriebsvereinbarung in kleineren Betrieben gebildet werden, haben nicht die gesetzlichen Befugnisse des Wirtschaftsausschusses (*Fitting* Rn. 10). Daraus folgt, daß der BR in Unternehmen mit 100 und weniger AN keinen Anspruch auf Einblick in die Jahresbilanz (LAG Köln 8. 9. 1987 NZA 1988, 210) oder den Wirtschaftsprüfungsbericht zum Jahresabschluß (BAG 5. 2. 1991 AP BetrVG 1972 § 106 Nr. 10) hat. Der KonzernBR kann keinen Wirtschaftsausschuß errichten (BAG 23. 8. 1989 BetrVG § 106 Nr. 7). Doch besteht die Unterrichtungspflicht unabhängig davon, ob es um Entscheidungen des Unternehmens selbst oder eines es beherrschenden Unternehmens geht. 2

III. Allgemeine Aufgaben

§ 106 nennt die **Beratung** wirtschaftlicher Angelegenheiten mit dem Unternehmer und die **Unterrichtung** des BR über das Ergebnis der Beratungen. Beratung ist hierbei nicht nur ein der Vorberei- 3 tung dienender Meinungsaustausch; es können vielmehr auch neue Vorschläge und Initiativen vom Wirtschaftsausschuß eingebracht werden (DKK/*Däubler* Rn. 33). Die Unterrichtungspflicht bezieht sich auf den Verlauf und das Ergebnis der Beratungen und die vom AG gegebenen Informationen und ist näher in § 108 III beschrieben.

IV. Unterrichtungspflicht des Unternehmers

4 **Rechtzeitig** erfolgt die Unterrichtung durch den Unternehmer (=AG), wenn sie vor der Entscheidung des Unternehmers stattfindet und vor der Beratung im BR. Die Pflicht entsteht mit dem Entschluß zur Planung. Verspätet ist die Unterrichtung, wenn die Entscheidung im betreffenden Unternehmensorgan bereits gefallen ist (*Fitting* Rn. 15).

5 **Umfassend** ist die Unterrichtung, wenn der Wirtschaftsausschuß alle Informationen erhält, die für eine sinnvolle Beratung erforderlich sind (*Fitting* Rn. 16). Diese Informationen müssen verständlich und glaubwürdig sein (BAG 17. 3. 1987 AP BetrVG 1972 § 80 Nr. 29). Im Rahmen der umfassenden Unterrichtung sind die Auswirkungen auf die **Personalplanung** darzustellen. Dabei ist die Personalplanung selbst nicht Gegenstand der Unterrichtung sondern lediglich deren Auswirkungen (*Richardi* Rn. 23; GK-BetrVG/*Fabricius* Rn. 85; aA DKK/*Däubler* Rn. 54).

6 Der Unternehmer muß dem Ausschuß die **erforderlichen Unterlagen zur Einsicht vorlegen,** vgl. § 108 III. Diese Vorlage erfordert ein Zurverfügungstellen rechtzeitig vor der Sitzung und bis zu deren Ende in Form von Originalen, Fotokopien oder Abschriften, da deren Auswertung und sofortige Beratung im zeitlichen Rahmen einer Sitzung gar nicht möglich ist (BAG 20. 11. 1984 AP BetrVG 1972 § 106 Nr. 3; *Fitting* Rn. 19; aA *Galperin/Löwisch* BetrVG Rn. 29). Der Wirtschaftsausschuß kann gegebenenfalls zu einer vorbereitenden Sitzung zusammentreten (BAG 16. 3. 1982 AP BetrVG 1972 § 108 Nr. 3). Ohne Zustimmung des Unternehmers dürfen sich Mitglieder des Wirtschaftsausschusses aus Gründen der Vertraulichkeit keine Ablichtungen anfertigen (BAG 20. 11. 1994 AP BetrVG 1972 § 106 Nr. 3); dagegen sind schriftliche Aufzeichnungen und Notizen grds. zulässig (*Fitting* Rn. 19). Beschränkt wird die Unterrichtungspflicht durch das Recht des Unternehmers, die Auskunftserteilung zu verweigern, soweit **Betriebs- und Geschäftsgeheimnisse** gefährdet werden (*Fitting* Rn. 21; aA GK-BetrVG/*Fabricius* Rn. 78 ff., der § 106 II 2. Halbs. als ein Redaktionsversehen bewertet). Der Unternehmer muß nach pflichtgemäßer Prüfung der objektiv begründeten Ansicht sein, daß trotz § 79 II eine Gefährdung der Betriebs- und Geschäftsgeheimnisse eintreten könnte (DKK/*Däubler* Rn. 58). Eine solche Gefährdung kommt nur in Ausnahmefällen in Betracht, etwa wegen der besonderen Bedeutung einer Tatsache für Bestand oder Entwicklung des Unternehmens oder wegen persönlicher Umstände eines Mitglieds des Wirtschaftsausschusses (*Fitting* Rn. 21 mwN). Erforderlich sind die Unterlagen, die für die in Abs. 3 genannten wirtschaftlichen Angelegenheiten jeweils von Bedeutung sind (DKK/*Däubler* Rn. 48). Beispiele: Jahresabschluß (BAG 8. 8. 1989 AP BetrVG 1972 § 106 Nr. 6); Wirtschaftsprüfungsbericht nach § 321 HGB (BAG 8. 8. 1989 AP BetrVG 1972 § 106 Nr. 6); Bericht einer Unternehmensberatungsfirma (LAG Frankfurt 1. 9. 1988 NZA 1989, 193); Marktanalysen (OLG Karlsruhe 7. 6. 1985 NZA 1985, 570 f.); Vertrag über die Veräußerung sämtlicher Geschäftsanteile (BAG 21. 1. 1991 AP BetrVG 1972 § 106 Nr. 9 = BB 1991, 1191; uU Betriebsabrechnungsbögen BAG 17. 9. 1991 AP BetrVG 1972 § 106 Nr. 13). Bei Auskunftsverweigerung des Unternehmers kann gem. § 109 die Einigungsstelle angerufen werden. Bei weiterer Verweigerung des Unternehmers trotz Verpflichtung durch die Einigungsstelle kann eine Geldbuße gem. § 121 verhängt werden. Zur Beschränkung auf bei dem Unternehmer vorhandene Unterlagen § 80 Rn. 24.

V. Wirtschaftliche Angelegenheiten

7 Der Katalog in Abs. 3 ist nach hM **nicht erschöpfend,** er zählt lediglich beispielhaft die wichtigsten wirtschaftlichen Angelegenheiten auf; Nr. 10 stellt unter den Beispielen eine beschränkte Generalklausel dar (*Fitting* Rn. 23; GK-BetrVG/*Fabricius* Rn. 88 f; aA *Galperin/Löwisch* BetrVG Rn. 42). Von Abs. 3 werden auch Dienstleistungsunternehmen erfaßt, auch wenn in Nr. 2, 3 und 5 von „Fabrikation" bzw. „Produktion" gesprochen wird (*Fitting* Rn. 23). Zu den wirtschaftlichen Angelegenheiten gehört nicht die laufende Geschäftsführung. Andererseits muß der Unternehmer aber auch über solche Angelegenheiten unterrichten, die er zur Durchführung auf nachgeordnete Teilebenen delegiert hat (*Fitting* Rn. 25).

8 Zur **wirtschaftlichen und finanziellen Lage des Unternehmens** nach Nr. 1 gehören alle auf das Unternehmen einwirkenden Gegebenheiten, die für die unternehmerische Planung von Bedeutung sind (*Fitting* Rn. 26). **Beispiele:** Verluste, Gewinne, Risikolage, dh. die Frage, ob die Produktion in der Zukunft mit besonderen kaufmännischen Risiken behaftet ist, Versorgungslage mit Energie, Roh- und Betriebsstoffen, Preisgestaltung und deren Kalkulationsgrundlage (GK-BetrVG/*Fabricius* Rn. 87 ff.; *Fitting* Rn. 26; aA zur Preisgestaltung HSG/*Hess* Rn. 31); steuerliche Belastung, Konjunktur, soziale Aufwendungen, Konkurrenz, wirtschaftliche Entwicklung der Branche, Wechselkurse und Exportabhängigkeit, Auftragsbestand, monatliche Erfolgsrechnung (BAG 18. 9. 1991 AP BetrVG 1972 § 106

Nr. 13), Lieferzeiten und Liquidität, beabsichtigte Stellung eines Insolvenzantrags (DKK/*Däubler* Rn. 64; *Fitting* Rn. 26).

Nr. 2 erfaßt zunächst die Darstellung der **Absatzlage** der Erzeugnisse oder Dienstleistungen anhand der Verkaufs- und Umsatzstatistiken des Unternehmens und der Unterlagen der Marktforschung. Dabei kommt insb. die Abhängigkeit von einigen wenigen Großbetrieben in Betracht (GK-BetrVG/ *Fabricius* Rn. 101). Die **Produktionslage** ist die auf der Absatzlage basierende Analyse des Kapazitätsbestands bzw. der Auslastung des Betriebs, der Höhe der Lagerbestände und ggf. der Bedarf an Personal, Betriebsmitteln und Roh- oder Hilfsstoffen (*Fitting* Rn. 27). Die Produktionslage als Grundlage zur Erstellung des Produktionsprogramms stellt das Verhältnis dar zwischen der Produktionskapazität und der tatsächlichen Produktion, die eventuell durch Hemmnisse wie gewerbliche Auflagen, Streik oder höhere Gewalt gemindert ist (*Fitting* Rn. 27). 9

Das **Produktionsprogramm** gem. Nr. 3 legt im Hinblick auf Produktions- und Marktkapazität fest, welche Waren oder Dienstleistungen mittel- und langfristig erzeugt werden (GK-BetrVG/*Fabricius* Rn. 102). Basierend auf dem Absatzprogramm legt es die zu erbringende arbeitstechnische Leistung der Betriebe fest. Im **Investitionsprogramm** wird festgelegt, welche Investitionsprojekte oder Einzelinvestitionen durchgeführt werden sollen. 10

Rationalisierungsvorhaben iSd. Nr. 4 sind Vorhaben zur zweckmäßigeren Gestaltung der Arbeitsvorgänge bzw. zur Steigerung der Wirtschaftlichkeit durch Normung oder Typisierung der Produkte oder des Arbeitsablaufs (*Löwisch* BetrVG Rn. 19; *Fitting* Rn. 29). Die Mitteilungspflicht des Unternehmers erstreckt sich auf solche Vorhaben, die über das bereits in den Betrieben eingeführten Methoden hinausgehen oder diese ändern (*Fitting* Rn. 29). Bei Veränderungen des Personalbedarfs ist Abs. 2 anzuwenden. Die Mitteilungspflicht über Rationalisierungsvorhaben besteht neben den Rechten des BR aus §§ 90, 92 oder bei geplanten Betriebsänderungen nach §§ 111 ff. 11

Fabrikationsmethode gem. Nr. 5 ist das planmäßige Vorgehen bei der Gütererzeugung unter technischen Gesichtspunkten (GK-BetrVG/*Fabricius* Rn. 108). **Arbeitsmethode** beschreibt dagegen die Erzeugung von Gütern bzw. die Ausführung von Dienstleistungen unter dem Gesichtspunkt der menschlichen Arbeitskraft (GK-BetrVG/*Fabricius* Rn. 109). Bedeutend sind hierbei der Umfang des Maschineneinsatzes, Einzel- oder Massenfertigung, Sorten- oder Serienfertigung. Der Wirtschaftsausschuß berät auch Methoden, die im Betrieb entwickelt werden sollen (*Fitting* Rn. 31). 12

Die Einschränkung oder Stillegung von Betrieben oder von Betriebsteilen gem. Nr. 6 entspricht weitgehend § 111 Nr. 1, wobei der Wirtschaftsausschuß auch dann zu unterrichten ist, wenn es sich um kleine Betriebsteile handelt oder der Betrieb(steil) keinen BR besitzt (BAG 9. 5. 1995 BetrVG § 106 Nr. 12). 13

Für die Verlegung von Betrieben oder Betriebsteilen gilt dasselbe, da Nr. 7 anders als § 111 Nr. 2 keine Beschränkung auf „wesentliche" Betriebsteile enthält. 14

Der Zusammenschluß oder die Spaltung von Betrieben gem. Nr. 8 entspricht § 111 Nr. 3, während die ebenfalls unter Nr. 8 fallende Spaltung von **Unternehmen,** zB in Besitz- und Betriebsgesellschaften, weitergeht. Die Vorschrift stammt aus dem UmwG, gilt aber auch für Spaltungen durch Einzelrechtsnachfolger. 15

Nr. 9 erfaßt anders als § 111 Nr. 4 jede **Änderung der Betriebsorganisation oder des Betriebszwecks** und nicht nur grdl. Änderungen. Im übrigen wird wegen der Einzelheiten der Begriffe in Nr. 6 bis 9 auf die Kommentierung zu § 111 Nr. 1 bis 4 verwiesen (vgl. § 111 Rn. 9 ff.). 16

Sonstige für den AN bedeutsame Vorgänge und Vorhaben iSd. Nr. 10 sind alle Vorgänge und Vorhaben, die die Interessen des AN im sozialen, karitativen, kulturellen, politischen oder wirtschaftlichen Bereichs wesentlich berühren können (GK-BetrVG/*Fabricius* Rn. 119). Nr. 10 bildet aufgrund seiner weiten Fassung eine beschränkte Generalklausel. **Beispiele:** Errichtung medizinisch-hygienischer Zentren; Werkstheater; Rechtsstreitigkeiten von grdl. Bedeutung, Auswirkungen der Steuerpolitik und andere Maßnahmen der Öffentlichen Hand, allgemeine wirtschaftliche Lage der Branche, Verlagerung der Produktion ins Ausland, Umstrukturierung und Entflechtung in den neuen Bundesländern (*Fitting* Rn. 39). 17

VI. Streitigkeiten

Bei dem Streit um eine Auskunft ist zunächst die Einigungsstelle gem. § 109 zuständig. Auf der ANSeite ist der BR beteiligt und nicht der Wirtschaftsausschuß. Bei weiterer Verweigerung des Unternehmers trotz Verpflichtung durch die Einigungsstelle kann gem. § 111 eine Geldbuße verhängt werden. Ob es sich bei der Angelegenheit um eine wirtschaftliche iSd. § 106 handelt, entscheidet das ArbG im Beschlußverfahren nach § 2 a ArbGG. Dabei ist der Wirtschaftsausschuß nicht Beteiligter im Sinne dieser Vorschrift (vgl. § 107 Rn. 19). 18

§ 107 Bestellung und Zusammensetzung des Wirtschaftsausschusses

(1) ¹Der Wirtschaftsausschuß besteht aus mindestens drei und höchstens sieben Mitgliedern, die dem Unternehmen angehören müssen, darunter mindestens einem Betriebsratsmitglied. ²Zu

Mitgliedern des Wirtschaftsausschusses können auch die in § 5 Abs. 3 genannten Angestellten bestimmt werden. ³ Die Mitglieder sollen die zur Erfüllung ihrer Aufgaben erforderliche fachliche und persönliche Eignung besitzen.

(2) ¹ Die Mitglieder des Wirtschaftsausschusses werden vom Betriebsrat für die Dauer seiner Amtszeit bestimmt. ² Besteht ein Gesamtbetriebsrat, so bestimmt dieser die Mitglieder des Wirtschaftsausschusses; die Amtszeit der Mitglieder endet in diesem Fall in dem Zeitpunkt, in dem die Amtszeit der Mehrheit der Mitglieder des Gesamtbetriebsrats, die an der Bestimmung mitzuwirken berechtigt waren, abgelaufen ist. ³ Die Mitglieder des Wirtschaftsausschusses können jederzeit abberufen werden; auf die Abberufung sind die Sätze 1 und 2 entsprechend anzuwenden.

(3) ¹ Der Betriebsrat kann mit der Mehrheit der Stimmen seiner Mitglieder beschließen, die Aufgaben des Wirtschaftsausschusses einem Ausschuß des Betriebsrats zu übertragen. ² Die Zahl der Mitglieder des Ausschusses darf die Zahl der Mitglieder des Betriebsausschusses nicht überschreiten. ³ Der Betriebsrat kann jedoch weitere Arbeitnehmer einschließlich der in § 5 Abs. 3 genannten leitenden Angestellten bis zur selben Zahl, wie der Ausschuß Mitglieder hat, in den Ausschuß berufen; für die Beschlußfassung gilt Satz 1. ⁴ Für die Verschwiegenheitspflicht der in Satz 3 bezeichneten weiteren Arbeitnehmer gilt § 79 entsprechend. ⁵ Für die Abänderung und den Widerruf der Beschlüsse nach den Sätzen 1 bis 3 sind die gleichen Stimmenmehrheiten erforderlich wie für die Beschlüsse nach den Sätzen 1 bis 3. ⁶ Ist in einem Unternehmen ein Gesamtbetriebsrat errichtet, so beschließt dieser über die anderweitige Wahrnehmung der Aufgaben des Wirtschaftsausschusses; die Sätze 1 bis 5 gelten entsprechend.

I. Zusammensetzung des Wirtschaftsausschusses

1   Die **Anzahl** der Mitglieder beträgt mindestens drei und höchstens sieben. Die Anzahl ist unabhängig von der Größe des Unternehmens. Die konkrete Mitgliederzahl wird vom BR bzw. GesamtBR festgelegt. Hierbei ist eine Abstimmung mit dem Unternehmen nicht erforderlich (*Richardi* Rn. 2).

2   Die Mitgliederanzahl kann auch gerade sein; allein aus der Festlegung ungerader Mindest- und Höchstgrenzen kann nicht das Gegenteil geschlossen werden, zumal keine formellen Beschlüsse zu fassen sind (HSG/*Hess* Rn. 4). Das Amt eines Vorsitzenden ist vom Gesetz nicht vorgesehen; jedoch ist es sinnvoll, wenn ein Mitglied Geschäftsführungsaufgaben übernimmt (*Fitting* Rn. 3). Der Wirtschaftsausschuß kennt **kein Gruppenprinzip** (GK-BetrVG/*Fabricius* Rn. 2).

3   Die Mitglieder müssen als AN im Unternehmens tätig sein. Auch **Leitende Angestellte** können gem. § 107 I 2 Mitglied des Ausschusses werden (LAG Düsseldorf 25. 3. 1975 DB 1975, 1418; *Fitting* Rn. 4). Ebenfalls kommen **AN ausländischer Betriebe** des Unternehmens als Mitglieder des Wirtschaftsausschuß in Betracht (HSG/*Hess* Rn. 6). Als mitgliederuntauglich müssen der Unternehmer selbst, sein Vertreter, sowie die in § 5 II Nr. 1 und 2 genannten Personen angesehen werden (DKK/*Däubler* Rn. 8). Mindestens ein Mitglied des Ausschusses muß zugleich dem BR des Unternehmens angehören. Besteht ein GesamtBR, so kann dieser entscheiden, ob ein Mitglied aus seinen Reihen oder eines EinzelBR entsandt wird (*Richardi* Rn. 7, aA GK-BetrVG/*Fabricius* Rn. 12).

4   Die **fachliche Eignung** ist in der Fähigkeit zu sehen, die vom Unternehmer gegebenen Informationen in ihrem gesamtwirtschaftlichen Zusammenhang zu verstehen, um im Wirtschaftsausschuß sinnvoll mitarbeiten zu können. Somit geht es weniger um die Beherrschung des Bilanzwesens oder besonderer betriebswirtschaftlicher Kenntnisse als um Erfahrungen im Betrieb, die zum Verständnis der wirtschaftlichen, finanziellen und technischen Gegebenheiten des Unternehmens ausreichen (*Fitting* Rn. 7). Das BAG verlangt von Mitgliedern des Wirtschaftsausschusses die Fähigkeit, den Jahresabschluß anhand der gegebenen Erläuterungen zu verstehen und gezielte Fragen zu stellen (BAG 18. 7. 1978 AP BetrVG 1972 § 108 Nr. 1). Damit drückt es der Sollvorschrift des Abs. 1 S. 3 den Charakter einer Mußvorschrift auf (*Fitting* Rn. 7). Die **persönliche Eignung** meint vorrangig Loyalität und Diskretion. Die genauen Voraussetzungen sind weitgehend umstritten. So wird tlw. Anständigkeit und Zuverlässigkeit, jedoch keine besondere Charaktereigenschaft gefordert (*Fitting* Rn. 8). Die letztendliche Entscheidung, wer für geeignet erachtet wird, obliegt allein dem (Gesamt-)BR. Der Vorschrift kommt nur die Bedeutung eines Hinweises zu, in das Gremium allein fachlich und persönlich geeignete Personen zu entsenden.

II. Bestellung, Berufung und Amtszeit der Mitglieder

5   In Unternehmen mit einem Betrieb bestimmt der **BR** mit einfacher Stimmenmehrheit die Mitglieder im Wirtschaftsausschuß. Besteht ein GesamtBR, liegt die alleinige Zuständigkeit für die **Auswahl** bei diesem. Ist ein **GesamtBR** entgegen der gesetzlichen Verpflichtung nicht errichtet, kann kein Wirtschaftsausschuß gebildet werden (*Fitting* Rn. 16; aA GK-BetrVG/*Fabricius* Rn. 25, der eine analoge Anwendung des § 68 II 3 BetrVG 1952 vorschlägt). Sind einzelne Betriebe, die keinen BR gewählt haben, nicht im GesamtBR vertreten, so ist dies unbeachtlich. Ebenfalls steht der Bildung des Aus-

schusses nicht entgegen, daß nur in einem Betrieb ein BR besteht, soweit die allgemeinen Voraussetzungen des § 106 I vorliegen. Eine gerichtliche Überprüfung der Auswahl von Mitgliedern ist nicht möglich (GK-BetrVG/*Fabricius* Rn. 19).

Die **Amtszeit** des Wirtschaftsausschusses verhält sich **akzessorisch zu der des BR.** Sie beträgt somit im Regelfall 4 Jahre (Abs. 2 S. 1). Wird die Amtszeit des BR vorzeitig beendet, wirkt sich dies auch auf den Wirtschaftsausschuß aus. Unbeachtlich ist, wenn nach Rücktritt oder Ausscheiden einzelner BRMitglieder Ersatzmitglieder nachrücken, da der BR als solcher bestehen bleibt (DKK/*Däubler* Rn. 23). 6

In dem Fall des § 13 II Nr. 1 endet die Amtszeit nicht bereits mit einem **erheblichen Absinken der ANZahl,** sondern erst mit Beendigung der Amtszeit des BR, der den Wirtschaftsausschuß bestellt hat, also mit Bekanntgabe des Wahlergebnisses einer gem. § 13 II vorgenommenen Neuwahl (*Fitting* Rn. 11). Wurde der Wirtschaftsausschuß von einem GesamtBR bestellt, endet die Amtszeit seiner Mitglieder, wenn die Amtszeit der Mehrheit der Mitglieder des GesamtBR, die **berechtigt** waren, an der Wahl mitzuwirken, abgelaufen ist (Abs. 2 S. 2, 2. Halbs.). Dabei endet die Amtszeit eines Gesamtbetriebsratsmitglieds mit der Amtszeit des BR, der ihn entsandt hat (*Fitting* Rn. 15). Zu beachten ist hierbei, daß es auf die Amtszeit und nicht auf das dem Mitglied zukommende Stimmengewicht ankommt (*Richardi* Rn. 19). 7

Vor Ablauf der Amtszeit endet die Mitgliedschaft durch Niederlegung des Amtes oder durch Abberufung. 8

Die Möglichkeit zur Beendigung des Amtes durch **Rücktritt** ergibt sich aus der Freiwilligkeit der Übernahme des Amtes in entsprechender Anwendung des § 24 I Nr. 2 (GK-BetrVG/*Fabricius* Rn. 30). 9

Für die **Abberufung** ist dasselbe Verfahren wie für die Wahl vorgesehen, dh. ein Mitglied kann jederzeit und ohne besonderen Grund durch einfachen Mehrheitsbeschluß des bestellenden BR seines Amtes im Wirtschaftsausschuß enthoben werden. Der vom ArbG Hamburg (11. 9. 1975 DB 75, 2331) vertretenen Auffassung, daß eine Abberufung nur erfolgen könne, wenn die erforderliche persönliche und fachliche Eignung fehle, ist nicht zuzustimmen. In Anbetracht der engen Bindung des Wirtschaftsausschusses an den (Gesamt-)BR scheint es nicht sinnvoll, ein Mitglied des Wirtschaftsausschusses im Amt zu belassen, obwohl bei der Mehrheit des BR kein Vertrauen mehr zu diesem besteht. (DKK/*Däubler* Rn. 24). Scheidet ein Mitglied aus dem Unternehmen aus, verliert es die Wählbarkeitsvoraussetzungen des Abs. 1 S. 1, demzufolge endet in diesem Moment auch sein Amt im Ausschuß. 10

Im Falle des Ausscheidens eines Mitgliedes ist für den Rest der Amtszeit vom BR ein neues Mitglied zu bestellen. Daher ist es zweckmäßig, **Ersatzmitglieder** für den Fall der zeitweiligen oder dauerhaften Verhinderung eines ordentlichen Mitglieds zu bestimmen (*Fitting* Rn. 13). 11

III. Rechtsstellung der Mitglieder

Für die Rechtsstellung der Ausschußmitglieder gelten die §§ 78 und 79 ausdrücklich. Inwieweit sonstige Vorschriften über die Mitglieder des BR analog die Mitglieder des Wirtschaftsausschusses anwendbar sind, ist in den Einzelheiten umstritten (vgl. HSG/*Hess* Rn. 23; GK-BetrVG/*Fabricius* Rn. 42 ff.; DKK/*Däubler* Rn. 29; Galperin/Löwisch BetrVG Rn. 20). Praktische Bedeutung hat dies für alle Mitglieder des Wirtschaftsausschusses, die nicht zugleich im BR tätig sind. 12

Versäumnisse von Arbeitszeit aufgrund der Teilnahme an Beratungen des Wirtschaftsausschusses berechtigen den AG nicht zur Minderung des Arbeitsentgelts (§ 37 II/III analog). Des weiteren sind die durch die Tätigkeit im Wirtschaftsausschuß entstandenen **Kosten** vom AG zu tragen, da diese Kosten durch die Tätigkeit des BR erforderlich werden (BAG 17. 10. 1990 AP BetrVG 1972 § 108 Nr. 8). Umstritten ist, ob bzw. inwieweit die Mitglieder des Wirtschaftsausschusses (soweit sie nicht Mitglieder des BR sind) analog § 37 VI an **Schulungs- und Bildungsveranstaltungen** teilnehmen können, die Kenntnisse für die Arbeit im Ausschuß vermitteln und so dessen Funktionsfähigkeit dienen. Dies befürworten das LAG Bremen (17. 1. 1984 AuR 1985, 132) sowie die hM in der Literatur (DKK/*Däubler* Rn. 32; *Richardi* Rn. 27; GK-BetrVG/*Fabricius* Rn. 44). Anders das BAG (28. 4. 1988 NZA 1989, 221; BAG 11. 11. 1998 AP BetrVG 1972 § 37 Nr. 129), welches eine entsprechende Anwendung des § 37 VI nur in besonderen, jedoch nicht näher umschriebenen Ausnahmesituationen gelten läßt, und ein Teil der Literatur, der die Anwendung des § 37 VI nur für Mitglieder des Wirtschaftsausschusses, die auch zugleich Mitglieder des BR sind, zuläßt (Galperin/Löwisch BetrVG Rn. 23; HSG/*Hess* Rn. 28; MünchArbR/*Joost* § 311 Rn. 116). 13

Gem. der §§ 78 und 119 I Nr. 2 besteht ein Verbot, die Mitglieder des Ausschusses aufgrund ihrer Tätigkeit **zu benachteiligen oder zu begünstigen.** Die Mitglieder genießen keinen Kündigungsschutz aus § 15 KSchG (*Richardi* Rn. 28; *Fitting* Rn. 13 a; HSG/*Hess* Rn. 30; aA GK-BetrVG/*Fabricius* Rn. 42 ff.). Nach § 79 II unterliegen die Mitglieder des Wirtschaftsausschusses einer **Geheimhaltungspflicht** hinsichtlich Betriebs- und Geschäftsgeheimnissen. 14

IV. Übertragung der Aufgaben auf einen Ausschuß des Betriebsrats (Abs. 3)

15 Um eine **Anpassung** an die besonderen Verhältnisse einzelner Unternehmen zu gewährleisten, bietet Abs. 3 die Möglichkeit, von der Bildung eines Wirtschaftsausschusses abzusehen und statt dessen die Aufgaben einem besonderen Ausschuß des BR (§ 28) bzw. GesamtBR (§ 51 I) oder dem Betriebsausschuß (§ 27) zu übertragen. Aufgrund der Tragweite dieser Entscheidung bedarf es eines Beschlusses mit absoluter Stimmenmehrheit (DKK/*Däubler* Rn. 37).

16 Eine **Ersetzung des Wirtschaftsausschusses** kommt nur in Betracht, wenn ein Betriebsausschuß gebildet wurde. Dies ergibt sich mittelbar aus Abs. 3 S. 2 (*Richardi* Rn. 35; GK-BetrVG/*Fabricius* Rn. 58). Für die Zusammensetzung des gesonderten Ausschusses gilt § 28 I und II entsprechend. Die Zahl der Mitglieder des Ausschusses darf die des Betriebsausschusses nicht übersteigen. Der (Gesamt-)BR hat auch das Recht, bis zu dieser Zahl weitere AN oder leitende Angestellte (§ 5 III) in den Ausschuß zu berufen. Mithin beträgt die Höchstzahl der Mitglieder des Ausschusses 22. Diese Möglichkeit dient dazu, Sachkunde von AN außerhalb des BR für das Unternehmen nutzbar zu machen.

17 In kleineren Unternehmen die nicht die ANZahl von 301, welche zur Bildung eines Betriebsausschusses notwendig ist, erreichen, kann von der Möglichkeit des Abs. 3 kein Gebrauch gemacht werden. Dann kann zwar der BR die Aufgaben des Wirtschaftsausschusses nicht selber übernehmen, aber ihm steht es offen, in den Wirtschaftsausschuß nur eigene Mitglieder zu wählen, was letztlich zum selben Ergebnis führt (DKK/*Däubler* Rn. 42).

18 Der berufende BR kann jederzeit die Übertragung der Aufgaben an den besonderen Ausschuß widerrufen sowie die Mitgliederzahl innerhalb der vorgeschriebenen Höchstgrenzen ändern. Zu einer solchen Beschlußfassung bedarf es der absoluten Stimmenmehrheit.

V. Streitigkeiten

19 Alle Streitigkeiten über die Errichtung, Zusammensetzung, Amtszeit und Größe des Wirtschaftsausschusses entscheidet das ArbG im **Beschlußverfahren** gem. § 2 a ArbGG. Antragsbefugt ist jedenfalls der (Gesamt-)BR (§ 109). Dem Wirtschaftsausschuß wird überwiegend eine Antragsbefugnis verweigert (BAG 7. 4. 1981 AP BetrVG 1972 § 118 Nr. 16; BAG 8. 3. 1983 AP BetrVG 1972 § 118 Nr. 26; BAG 8. 8. 1989 AP BetrVG 1972 § 106 Nr. 5; *Fitting* Rn. 27). Streitigkeiten über Lohn- und Gehaltsfortzahlung sind im Urteilsverfahren zu entscheiden. Die Behinderung und Störung des Ausschusses ist gem. § 119 I Nr. 3 strafbar. Die Verletzung von Betriebs- und Geschäftsgeheimnissen durch Mitglieder des Wirtschaftsausschusses wird nach § 120 verfolgt.

§ 108 Sitzungen

(1) Der Wirtschaftsausschuß soll monatlich einmal zusammentreten.

(2) ¹An den Sitzungen des Wirtschaftsausschusses hat der Unternehmer oder sein Vertreter teilzunehmen. ²Er kann sachkundige Arbeitnehmer des Unternehmens einschließlich der in § 5 Abs. 3 genannten Angestellten hinzuziehen. ³Für die Hinzuziehung und die Verschwiegenheitspflicht von Sachverständigen gilt § 80 Abs. 3 entsprechend.

(3) Die Mitglieder des Wirtschaftsausschusses sind berechtigt, in die nach § 106 Abs. 2 vorzulegenden Unterlagen Einsicht zu nehmen.

(4) Der Wirtschaftsausschuß hat über jede Sitzung dem Betriebsrat unverzüglich und vollständig zu berichten.

(5) Der Jahresabschluß ist dem Wirtschaftsausschuß unter Beteiligung des Betriebsrats zu erläutern.

(6) Hat der Betriebsrat oder der Gesamtbetriebsrat eine anderweitige Wahrnehmung der Aufgaben des Wirtschaftsausschusses beschlossen, so gelten die Absätze 1 bis 5 entsprechend.

I. Sitzungen

1 Die Vorschrift legt **Rechte und Pflichten** im Zusammenhang mit der Tätigkeit des Wirtschaftsausschusses fest. Abs. 1 bestimmt, daß die Sitzungen des Wirtschaftsausschusses **einmal im Monat** stattfinden **sollen:** Die Verpflichtung ist flexibel gestaltet, nach Bedarf kann der Wirtschaftsausschuß auch in längeren oder kürzeren Zeitabständen tagen, beispielsweise wegen mangelnden Beratungsstoffs bzw. dringender wirtschaftlicher Entscheidungen (*Fitting* Rn. 3). In der Praxis finden mehrheitlich vier Sitzungen pro Jahr statt (GK-BetrVG/*Fabricius* Rn. 3).

2 Gesetzlich nicht geregelt ist die Frage, wie die Sitzungen veranlaßt, vorbereitet und durchgeführt werden. IdR wird der Wirtschaftsausschuß bestimmte **geschäftsleitende Aufgaben** auf einzelne Mitglieder **übertragen,** beispielsweise die Festlegung der Tagesordnung, die Einladung zu den Sitzungen und ggf. die Vorsitzübernahme, die jedoch bei dem nur beratenden Wirtschaftsausschuß nicht er-

forderlich sein soll (*Fitting* Rn. 5). Zur Ausfüllung von Lücken sind die Vorschriften über die Geschäftsführung des BR analog heranzuziehen (GK-BetrVG/*Fabricius* Rn. 6), da der Wirtschaftsausschuß ein Hilfsorgan bzw. ein besonderer Ausschuß des BR bzw. des GesamtBR ist (BAG 18. 11. 1980 AP BetrVG 1972 § 108 Nr. 2).

Die **Sitzungstermine** sind mit dem Unternehmer, dessen Teilnahme vorgeschrieben ist, bzw. der 3 Unternehmensleitung **abzustimmen,** um diesen eine ausreichende Vorbereitung auf die Sitzung zu ermöglichen (HSG/*Hess* Rn. 2; DKK/*Däubler* Rn. 6).

Die **Tagesordnungspunkte** der Sitzungen sind weitgehend bestimmt durch die in § 106 II und III 4 genannten Gegenstände, über die der Unternehmer unaufgefordert rechtzeitig und umfassend zu berichten hat (*Fitting* Rn. 3).

Die Sitzungen sind **nicht öffentlich,** was aus der Vertraulichkeit der zu behandelnden Beratungs- 5 gegenstände und der analogen Anwendung des § 30 folgt (DKK/*Däubler* Rn. 7; *Löwisch* BetrVG Rn. 2) und finden regelmäßig während der Arbeitszeit unter Fortzahlung des Arbeitsentgelts statt.

II. Teilnahme des Unternehmers und anderer Personen (Abs. 2)

Der Unternehmer bzw. dessen Vertreter in unternehmerischen Funktionen ist verpflichtet, an den 6 Sitzungen des Wirtschaftsausschusses teilzunehmen, um seine **Informationspflicht** ordnungsgemäß zu erfüllen. Dies bedeutet jedoch nicht, daß ohne das Hinzutreten des Unternehmers keine Wirtschaftsausschußsitzung stattfinden könnte: Zur Vorbereitung der Sitzung mit dem Unternehmer kann der Wirtschaftsausschuß auch ohne diesen zusammentreten (BAG 16. 3. 1982 AP BetrVG 1972 § 108 Nr. 3; GK-BetrVG/*Fabricius* Rn. 16). Gleiches gilt, wenn der Unternehmer sich weigert, an den Sitzungen teilzunehmen, da er anderenfalls die Arbeit des Wirtschaftsausschusses lahmlegen könnte. Ein solches Verhalten des Unternehmers kann einen groben Pflichtverstoß iSd. § 23 III darstellen (DKK/*Däubler* Rn. 8).

Abs. 2 gestattet dem Unternehmer, weitere **sachkundige AN** einschließlich leitender Angestellter 7 hinzuzuziehen (GK-BetrVG/*Fabricius* Rn. 23 f.). Anzahl und Auswahl stehen dabei im Ermessen des Unternehmers bzw. seines Vertreters. Zahlenmäßige Parität ist anders als bei einem Entscheidungsgremium nicht erforderlich (*Fitting* Rn. 10; DKK/*Däubler* Rn. 20).

Auch **Sachverständige** können sowohl durch den Unternehmer als auch durch den Wirtschaftsaus- 8 schuß hinzugezogen werden (Abs. 2 S. 3). Hierüber muß nach hM insb. bei externen Sachverständigen eine Vereinbarung zwischen Wirtschaftsausschuß und Unternehmer getroffen werden (vgl. § 80 III; BAG 18. 7. 1978 AP BetrVG 1972 § 108 Nr. 1; DKK/*Kittner* Rn. 24; GK-BetrVG/*Fabricius* Rn. 28). Die Hinzuziehung eines Sachverständigen soll die Ausnahme bleiben, da grds. die Mitglieder des Wirtschaftsausschusses selbst die fachliche Eignung besitzen müssen (HSG/*Hess* Rn. 9). Auch für die sachlichen Voraussetzungen der Zuziehung gilt § 80 III entsprechend: Erforderlich ist, daß der Wirtschaftsausschuß ohne die Heranziehung der Sachverständigen seine Aufgaben nicht erfüllen könnte.

Gewerkschaftsbeauftragte dürfen ebenfalls analog § 31 hinzugezogen werden (BAG 18. 11. 1980 9 AP BetrVG 1972 § 108 Nr. 2; aM HSG/*Hess* § 31 Rn. 21). Ihre Teilnahme kann jeweils **nur für eine bestimmte Sitzung** des Wirtschaftsausschusses beschlossen werden, wenn die Sachkunde der Wirtschaftsausschußmitglieder nicht ausreicht; generelle Einladung zu allen künftigen Sitzungen unzulässig (BAG 8. 3. 1983 AP BetrVG 1972 § 108 Nr. 4). Die Rspr. bejaht zudem ein Teilnahmerecht des **Schwerbehindertenvertreters** aufgrund § 25 IV SchwbG (BAG 4. 6. 1987 AP SchwbG § 22 Nr. 2) sowie die Möglichkeit des AG, analog § 29 IV 2 einen **Verbandsvertreter** zuzuziehen (BAG 18. 11. 1980 AP BetrVG 1972 § 108 Nr. 2; aA DKK/*Däubler* Rn. 19).

III. Einsicht in Unterlagen (Abs. 3)

Abs. 3 gewährt in Ergänzung zu § 106 II den Mitgliedern des Wirtschaftsausschusses ein umfassen- 10 des Einsichtsrecht in Unterlagen, die wirtschaftliche Angelegenheiten betreffen. Je nach Umfang müssen diese schon vor der Sitzung zugänglich gemacht werden, um ausreichende Zeit zur Einsichtnahme zu gewähren. Näheres s. § 106 Rn. 6.

IV. Bericht an den Betriebsrat (Abs. 4)

Der Wirtschaftsausschuß hat unverzüglich nach jeder Sitzung dem zuständigen **BR** vollständig über 11 die Sitzung **zu berichten** und auf die Geheimhaltungspflicht (auch bezüglich mitgeteilter Betriebs- und Geschäftsgeheimnisse) hinzuweisen. Sinn dieser Unterrichtungspflicht ist es, den BR ständig über die aktuelle wirtschaftliche Lage des Unternehmens zu informieren. Mit Zustimmung des BR ist es ausreichend, daß lediglich ein Mitglied des Wirtschaftsausschusses unterrichtet wird (*Fitting* Rn. 18; HSG/*Hess* Rn. 25; aA GK-BetrVG/*Fabricius* Rn. 46: keine Zustimmung erforderlich). **Nicht ausreichend** ist allein die Übergabe der **Sitzungsprotokolle** (*Fitting* Rn. 10; aA HSG/*Hess* Rn. 24).

V. Erläuterung des Jahresabschlusses (Abs. 5)

12 Gem. Abs. 5 hat der Unternehmer dem Wirtschaftsausschuß unter Beteiligung des BR den Jahresabschluß zu erläutern. Dieser umfaßt gem. § 242 III HGB die **Bilanz** und die **Gewinn- und Verlustrechnung** sowie den bei Kapitalgesellschaften aufzustellenden **Anhang** (§§ 264 bis 288 HGB); bei letztgenannten ist dem Wirtschaftsausschuß zusätzlich auch noch der **Lagebericht** zugänglich zu machen (§ 289 HGB; *Fitting* Rn. 20; DKK/*Däubler* Rn. 35).

13 Da die ANSeite möglichst früh in den Willensbildungsprozeß eingeschaltet werden soll, hat der Unternehmer seiner Erörterungspflicht *nach* der gesetzlichen Prüfung des Jahresabschlusses aber *vor* seiner Festellung nachzukommen (*Fitting* Rn. 21; DKK/*Däubler* Rn. 38; GK-BetrVG/*Fabricius* Rn. 85 ff.; aM *Löwisch* BetrVG Rn. 9: nach Feststellung).

14 Vorzulegen sind auch: der Prüfungsbericht des Abschußprüfers gem. § 106 II (diese Vorschrift ist neben § 108 V anwendbar, GK-BetrVG/*Fabricius* Rn. 88) sowie die Steuerbilanz, wenn sie von der Handelsbilanz abweicht (GK-BetrVG/*Fabricius* Rn. 56; DKK/*Däubler* Rn. 37; aM HSG/*Hess* Rn. 17). Der Unternehmer hat die Bedeutung der einzelnen Bilanzposten zu erklären (ggf. mit Unterstützung von sachkundigen Mitarbeitern), die Zusammenhänge darzustellen und Fragen von Mitgliedern des Wirtschaftsausschusses sachgemäß zu beantworten (BAG 18. 7. 1978 AP BetrVG 1972 § 108 Nr. 1). Den Wirtschaftsausschußmitgliedern ist es gestattet, sich Notizen und Aufzeichnungen zu machen (DKK/*Däubler* Rn. 39).

VI. Entsprechende Anwendung für den Betriebsratsausschuß

15 Gem. Abs. 6 sind die § 108 I bis V entsprechend anwendbar, wenn die Aufgaben des Wirtschaftsausschusses gem. § 107 III von einem BR- bzw. Gesamtbetriebsratsausschuß wahrgenommen werden.

VII. Streitigkeiten

16 Streitigkeiten, die die Zuständigkeit und Geschäftsführung des Wirtschaftsausschusses oder eines nach § 107 III gebildeten anderen Ausschusses, die Ordnungsmäßigkeit der Unterrichtung durch den Unternehmer oder die Frage der Hinzuziehung eines Sachverständigen betreffen, werden vom ArbG im Beschlußverfahren entschieden (BAG 18. 7. 1978 AP BetrVG 1972 § 108 Nr. 1). Dasselbe gilt für Streitigkeiten über das Einsichtsrecht nach Abs. 3 und die Erläuterung des Jahresabschlusses nach Abs. 5 (*Fitting* Rn. 27). Antragsberechtigt sind jedenfalls Unternehmer und BR bzw. GesamtBR; dem Wirtschaftsausschuß wird überwiegend eine Antrags- und Beteiligungsbefugnis abgesprochen (HSG/*Hess* § 107 Rn. 39; *Fitting* § 107 Rn. 27; nur Antragsbefugnis abl. GK-BetrVG/*Fabricius* § 107 Rn. 73), jedoch soll der Wirtschaftsausschuß zur Vermeidung einer Rechtsschutzverweigerung im Ausnahmefall seine Ansprüche im Beschlußverfahren geltend machen dürfen (DKK/*Däubler* § 107 Rn. 44).

§ 109 Beilegung von Meinungsverschiedenheiten

[1] Wird eine Auskunft über wirtschaftliche Angelegenheiten des Unternehmens im Sinne des § 106 entgegen dem Verlangen des Wirtschaftsausschusses nicht, nicht rechtzeitig oder nur ungenügend erteilt und kommt hierüber zwischen Unternehmer und Betriebsrat eine Einigung nicht zustande, so entscheidet die Einigungsstelle. [2] Der Spruch der Einigungsstelle ersetzt die Einigung zwischen Arbeitgeber und Betriebsrat. [3] Die Einigungsstelle kann, wenn dies für ihre Entscheidung erforderlich ist, Sachverständige anhören; § 80 Abs. 3 Satz 2 gilt entsprechend. [4] Hat der Betriebsrat oder der Gesamtbetriebsrat eine anderweitige Wahrnehmung der Aufgaben des Wirtschaftsausschusses beschlossen, so gilt Satz 1 entsprechend.

I. Vorbemerkung

1 Gegenstand des Verfahrens nach § 109 ist die Beilegung von Meinungsverschiedenheiten zwischen Wirtschaftsausschuß und Unternehmer über dessen Auskunftspflicht nach § 106. Die Einigungsstelle als innerbetriebliche Schlichtungsstelle **entscheidet dabei über Rechtsfragen** (*Fitting* Rn. 1). Überprüft wird die Auskunftspflicht des Unternehmers im konkreten Fall (BAG 17. 9. 1991 AP BetrVG 1972 § 106 Nr. 13). Die grds. Frage, ob ein bestimmter Sachverhalt eine wirtschaftliche Angelegenheit iSd. § 106 III darstellt, ist von den ArbG zu klären (BAG 27. 9. 1991 AP BetrVG 1972 § 106 Nr. 13). § 109 findet auch Anwendung, soweit Umfang und Zeitpunkt der Auskunftserteilung in Frage stehen, bei Streitigkeiten über die Erläuterung des Jahresabschlusses nach § 108 V, über das Einsichtsrecht in Unterlagen nach § 108 III und über die Verpflichtung des AG zur Vorlage des Wirtschaftsprüferberichts (BAG 8. 8. 1978 DB 1978, 1695). Im Verfahren nach § 109 ist zudem die Frage zu klären, ob Auskunft deshalb verweigert werden kann, weil sonst Betriebs- oder Geschäftsgeheimnisse gefährdet würden (LAG Düsseldorf 13. 3. 1978 DB 1978, 1695).

II. Zuständigkeit der Einigungsstelle

Ein Vorgehen nach § 109 setzt voraus, daß der Unternehmer die Auskunft auf ein **ausdrückliches** 2
Verlangen des Wirtschaftsausschusses oder des nach § 107 III gebildeten Ausschusses bezüglich bestimmter wirtschaftlicher Fragen iSd. § 106 III verweigert oder nur unzureichend oder verspätet erteilt hat (*Fitting* Rn. 5). Unzureichend ist die Auskunftserteilung auch dann, wenn der Unternehmer die erforderlichen Unterlagen iSd. § 106 nicht offengelegt hat (DKK/*Däubler* Rn. 2).

Hat der Unternehmer nach Auffassung des Wirtschaftsausschusses seine Auskunftspflicht verletzt, 3
muß dieser zunächst den BR einschalten. Hält der BR bzw. der GesamtBR seinerseits den Auskunftsanspruch für gegeben, so tritt er mit dem Unternehmer in Verhandlungen. Erzielen beide Parteien eine Einigung, dann sind beide Seiten und auch der Wirtschaftsausschuß an sie gebunden. Scheitern die Verhandlungen, können beide Parteien die Einigungsstelle anrufen. Aufgrund der Primärzuständigkeit der Einigungsstelle ist es dem BR nicht möglich, eine Entscheidung im Beschlußverfahren unter Umgehung des Verfahrens nach § 109 herbeizuführen (BAG 8. 8. 1989 AP BetrVG 1972 § 106 Nr. 6).

III. Verfahren der Einigungsstelle

Das Verfahren der Einigungsstelle **unterliegt den in § 76 normierten allgemeinen Vorschriften.** 4
Bevor sie Verhandlungen mit dem Unternehmer aufnimmt, hat sie gegebenfalls in einer Vorprüfung festzustellen, ob eine wirtschaftliche Angelegenheit iSd. § 106 III vorliegt. § 109 III gewährt der Einigungsstelle das Recht, ohne vorherige Absprache mit dem Unternehmer Sachverständige anzuhören. Diese unterliegen der Verschwiegenheitspflicht des § 79. Streitigkeiten über die Erforderlichkeit von Sachverständigen sind im Beschlußverfahren beizulegen (*Fitting* Rn. 9). Die Einigungsstelle kann ihre Kompetenz auch an eine tarifliche Schlichtungsstelle übertragen (*Fitting* Rn. 10; einschränkend GK-BetrVG/*Fabricius* Rn. 49).

Der Spruch der Einigungsstelle ersetzt die Einigung zwischen Unternehmer und BR. Einigen sich 5
BR und Unternehmer oder erläßt die Einigungsstelle einen Spruch, sind beide Parteien gem. § 109 II daran gebunden.

IV. Anrufung der Arbeitsgerichte

Hat die Einigungsstelle dem Auskunftsbegehren stattgegeben und kommt der Unternehmer seiner 6
Verpflichtung nicht nach, macht er sich gem. § 121 einer **Ordnungswidrigkeit** schuldig. Der BR kann die Auskunftserteilung im Beschlußverfahren erzwingen. Gem. § 85 I ArbGG kann aus dem rechtskräftigen Beschluß die Zwangsvollstreckung betrieben werden. Das ArbG hat den Unternehmer auf Antrag gem. § 888 I ZPO durch Zwangsgeld zur Auskunftserteilung anzuhalten.

Gegen einen Spruch der Einigungsstelle können BR und Unternehmer gerichtlichen Rechtsschutz 7
in Anspruch nehmen. Nach Auffassung des BAG ist den Gerichten eine volle Überprüfung verwehrt. Eine richterliche Kontrolle dürfe nur hinsichtlich der Ermessensausübung und der Zuständigkeit der Einigungsstelle stattfinden (BAG 8. 8. 1989 AP BetrVG 1972 § 106 Nr. 6; *Löwisch* BetrVG Rn. 9). In der Literatur spricht man dagegen tlw. für eine volle Überprüfung des Spruchs der Einigungsstelle aus (*Fitting* Rn. 3; DKK/*Däubler* Rn. 14).

Kommt die Einigungsstelle nicht rechtzeitig zu einer Entscheidung oder wird eine von der Eini- 8
gungsstelle gefällte Entscheidung nicht umgesetzt, so kann in **Eilfällen** eine einstweilige Verfügung im Beschlußverfahren ergehen (DKK/*Däubler* Rn. 16; aA ArbG Wetzlar 28. 2. 1989 NZA 1989, 443).

§ 110 Unterrichtung der Arbeitnehmer

(1) In Unternehmen mit in der Regel mehr als 1000 ständig beschäftigten Arbeitnehmern hat der Unternehmer mindestens einmal in jedem Kalendervierteljahr nach vorheriger Abstimmung mit dem Wirtschaftsausschuß oder den in § 107 Abs. 3 genannten Stellen und dem Betriebsrat die Arbeitnehmer schriftlich über die wirtschaftliche Lage und Entwicklung des Unternehmens zu unterrichten.

(2) ¹In Unternehmen, die die Voraussetzungen des Absatzes 1 nicht erfüllen, aber in der Regel mehr als 20 wahlberechtigte ständige Arbeitnehmer beschäftigen, gilt Absatz 1 mit der Maßgabe, daß die Unterrichtung der Arbeitnehmer mündlich erfolgen kann. ²Ist in diesen Unternehmen ein Wirtschaftsausschuß nicht zu errichten, so erfolgt die Unterrichtung nach vorheriger Abstimmung mit dem Betriebsrat.

I. Vorbemerkung

Zweck der in dieser Vorschrift normierten vierteljährlichen Unterrichtung der AN ist, die Infor- 1
mation des einzelnen Belegschaftsmitglieds über die wirtschaftliche Situation und Entwicklung des

Unternehmens zu gewährleisten. Der AN soll in die Lage versetzt werden, in der Betriebsversammlung sachgerechte Fragen zu stellen (DKK/*Däubler* Rn. 6).

2 Unberührt von der Auskunftspflicht des § 110 bleibt die Verpflichtung des AG aus § 43 II 3, einmal im Kalenderjahr in einer Betriebsversammlung über die wirtschaftliche Lage und Entwicklung des Betriebs zu berichten (*Fitting* Rn. 1).

II. Der Vierteljahresbericht in Unternehmen mit über 1000 Beschäftigten

3 § 110 I schreibt für Unternehmen mit idR mehr als 1000 ständig beschäftigten AN eine Unterrichtung in schriftlicher Form vor. Der AG hat dafür zu sorgen, daß jedes Belegschaftsmitglied von den betreffenden Informationen **mühelos Kenntnis nehmen** kann (*Fitting* Rn. 4). In Betracht kommt insb. die Veröffentlichung des Berichts in der Werkszeitung, dessen Vervielfältigung und Verteilung mit der Hauspost oder auf einer Betriebsversammlung sowie eine Zusendung an die Privatanschrift (DKK/*Däubler* Rn. 9). Nicht ausreichend ist eine Bekanntmachung am Schwarzen Brett, da sich die eventuell komplizierten wirtschaftlichen Zusammenhänge nicht für eine Lektüre im Vorübergehen eignen (GK-BetrVG/*Fabricius* Rn. 5; DKK/*Däubler* Rn. 9; aA *Fitting* Rn. 4). Der Unternehmer hat den Bericht in verständlicher Sprache abzufassen. Sind im Unternehmen in größerem Umfang der deutschen Sprache nicht mächtige Ausländer beschäftigt, muß der Vierteljahresbericht in die entsprechende Sprache übersetzt werden (*Richardi* Rn. 7).

4 Der **Lagebericht** soll einen groben Überblick über die wirtschaftliche Situation des Unternehmens gewähren. Dazu gehören sowohl die Veränderungen, die sich seit dem letzten Bericht ergeben haben, als auch eine Prognose für die weitere Entwicklung (*Fitting* Rn. 6). Der Bericht hat insb. Stellung zu nehmen zu geplanten und bereits getätigten Investitionen, die sich auf die Lage der AN auswirken können. Der Umfang der erforderlichen Unterrichtung ist abhängig von den Umständen des Einzelfalles. Die Informationspflicht des Unternehmers erstreckt sich nicht auf Angaben, durch die Betriebs- oder Geschäftsgeheimnisse gefährdet werden könnten (DKK/*Däubler* Rn. 7). Auch kann der Unternehmer solche Informationen zurückhalten, die die Wettbewerbs- und Finanzsituation des Unternehmens beeinträchtigen könnten (*Fitting* Rn. 6; aA DKK/*Däubler* Rn. 7).

5 § 110 schreibt eine Unterrichtung **mindestens einmal im Kalendervierteljahr** vor. Bei ausreichendem Anlaß muß der AG die Belegschaft aber auch mehrmals innerhalb eines Kalendervierteljahres informieren (DKK/*Däubler* Rn. 8).

6 Vor der Verbreitung des Vierteljahresberichtes ist der Unternehmer verpflichtet, dem BR und, sofern vorhanden, dem Wirtschaftsausschuß **Gelegenheit zur Stellungnahme** zu geben. Besteht in dem Unternehmen ein GesamtBR, so ist dieser zu beteiligen. Gemäß dem Gebot der vertrauensvollen Zusammenarbeit nach § 2 I hat der Unternehmer bei der endgültigen Fassung des Berichts abw. Ansichten von BR und Wirtschaftsausschuß zu berücksichtigen. Jedoch ist der Unternehmer nicht verpflichtet, sich der Auffassung des Wirtschaftsausschusses anzuschließen. Er bleibt für die Berichterstattung verantwortlich (BAG 1. 3. 1966 AP BetrVG 1952 § 69 Nr. 1). Wirtschaftsausschuß und BR können auch nicht verlangen, daß ihr abw. Standpunkt in den Vierteljahresbericht mit aufgenommen wird. Sie haben die Möglichkeit, einen eigenen Alternativbericht in Umlauf zu bringen (DKK/*Däubler* Rn. 12). Andernfalls wäre die Einschaltung des Wirtschaftsausschusses und des BR eine reine Formalität (*Fitting* Rn. 3).

III. Der Vierteljahresbericht in kleineren Unternehmen

7 § 110 II beschränkt die Unterrichtungspflicht für Unternehmen, die nicht die in Abs. 1 vorgeschriebene ANZahl aufweisen, aber idR mehr als **20 wahlberechtigte, ständige AN** beschäftigen, auf eine mündliche Stellungnahme. Der Inhalt der Auskunftspflicht entspricht derjenigen des Abs. 1 (*Fitting* Rn. 1). Insofern gelten die Ausführungen zu Abs. 1 entsprechend. Falls in dem Unternehmen kein Wirtschaftsausschuß besteht, hat der Unternehmer nach § 110 II 2 lediglich den BR zu konsultieren. Der Unternehmer kann sich bei der Berichterstattung vertreten lassen (DKK/*Däubler* Rn. 14). Für Unternehmen mit bis zu 20 AN hat § 110 keine Gültigkeit; auch nicht für Unternehmen ohne BR.

IV. Streitigkeiten

8 Meinungsverschiedenheiten zwischen BR und Wirtschaftsausschuß einerseits und dem Unternehmer andererseits über den Inhalt des Berichts, die Einbeziehung des BR oder die Pflicht zur Berichterstattung sind im arbeitsgerichtlichen **Beschlußverfahren** beizulegen (*Fitting* Rn. 9). Antragsbefugt sind der AG und der BR bzw. der GesamtBR. Kommt der Unternehmer seiner Pflicht zur Unterrichtung der AN nicht nach oder informiert er diese falsch, unvollständig oder verspätet, so macht er sich einer Ordnungswidrigkeit gem. § 121 schuldig, die mit einer Geldbuße geahndet werden kann. Für den **einzelnen AN** besteht die Möglichkeit, seine Informationsrechte im Urteilsverfahren durchzusetzen (DKK/*Däubler* Rn. 18).

Zweiter Unterabschnitt. Betriebsänderungen

§ 111 Betriebsänderungen

¹ Der Unternehmer hat in Betrieben mit in der Regel mehr als 20 wahlberechtigten Arbeitnehmern den Betriebsrat über geplante Betriebsänderungen, die wesentliche Nachteile für die Belegschaft oder erhebliche Teile der Belegschaft zur Folge haben können, rechtzeitig und umfassend zu unterrichten und die geplanten Betriebsänderungen mit dem Betriebsrat zu beraten.
² Als Betriebsänderungen im Sinne des Satzes 1 gelten
1. Einschränkung und Stillegung des ganzen Betriebs oder von wesentlichen Betriebsteilen,
2. Verlegung des ganzen Betriebs oder von wesentlichen Betriebsteilen,
3. Zusammenschluß mit anderen Betrieben oder die Spaltung von Betrieben,
4. grundlegende Änderungen der Betriebsorganisation, des Betriebszwecks oder der Betriebsanlagen,
5. Einführung grundlegend neuer Arbeitsmethoden und Fertigungsverfahren.

Schrifttum: *Bauer*, Betriebsänderungen, 1992; *Engelen*, Sozialplan bei Betriebsaufspaltung? Eine Untersuchung unter besonderer Berücksichtigung des Gemeinschaftsbetriebes mehrerer Unternehmen, 1992; *Konzen*, Unternehmensaufspaltung und Organisationsänderungen im Betriebsverfassungsrecht, 1986; *Steffan*, Die Rechtsprechung des BAG zur Mitbestimmung bei Betriebsänderungen nach §§ 111 ff. BetrVG, NZA-RR 2000, 33 f.

I. Vorbemerkung

Die Mitbestimmung des BR bei Betriebsänderungen stellt den Kernbereich der Mitbestimmung in wirtschaftlichen Angelegenheiten dar. § 111 stellt hierbei die **Grundnorm** dar; sie steckt den tatbestandlichen Rahmen ab, in dem festgelegt wird, in welchen Fällen eine betriebsverfassungsrechtlich relevante Betriebsänderung vorliegt. Gleichzeitig normiert die Vorschrift die erste betriebsverfassungsrechtliche Konsequenz, nämlich die Pflicht des AG, den BR rechtzeitig und umfassend über eine geplante Betriebsänderung zu unterrichten und diese mit dem BR zu beraten. Die weiteren Rechte und Pflichten, die sich aus dem Vorliegen einer Betriebsänderung ergeben, sind insb. in §§ 112, 112 a und 113 geregelt. 1

Gem. § 112 I bis III haben AG und BR den Abschluß eines **Interessenausgleichs** zu versuchen. Dessen Ziel ist es, Einigkeit über das Ob, Wann, Wieviel und Wie der durchzuführenden Maßnahme zu erreichen. 2

Die sozialen Auswirkungen der Betriebsänderung sind durch einen **Sozialplan** abzumildern. Anders als der Interessenausgleich ist der Sozialplan erzwingbar. Der Spruch der Einigungsstelle ersetzt die Einigung zwischen BR und AG (§ 112 IV). § 112 a regelt zwei Ausnahmen von der Erzwingbarkeit des Sozialplanes: Einmal wird als Voraussetzung für die Erzwingbarkeit des Sozialplanes bei einem reinen Personalabbau das Erreichen bestimmter Zahlengrenzen verlangt; zum anderen sollen neu gegründete Unternehmen in den ersten vier Jahren nach ihrer Gründung von (erzwingbaren) Sozialplänen verschont bleiben. § 113 schließlich gewährt dem einzelnen AN Nachteilsausgleichsansprüche, wenn der AG ohne zwingenden Grund von einem vereinbarten Interessenausgleich abweicht bzw. überhaupt keinen Interessenausgleich mit dem BR versucht hat. Ob in diesem Fall der BR im Wege der einstweiligen Verfügung die geplante Betriebsänderung stoppen kann, ist umstritten (Einzelheiten unten Rn. 24). 3

Neben den ausdrücklichen Beteiligungsrechten des BR gem. §§ 111 ff. können durch eine Betriebsänderung **weitere Beteiligungsrechte** des BR bzw. sonstiger betriebsverfassungsrechtlicher Gremien ausgelöst werden, welche innerhalb und außerhalb des BetrVG geregelt sind: Soweit im Unternehmen ein Wirtschaftsausschuß existiert, ist dieser im Regelfall vor einer Betriebsänderung zu unterrichten, da die in § 106 III genannten wirtschaftlichen Angelegenheiten weitgehend mit den in § 111 aufgezählten Betriebsänderungen identisch sind. Weiter ist bei Massenentlassungen der BR im Rahmen der Anzeige gem. § 17 KSchG zu beteiligen. Das UmwG verpflichtet die Unternehmer, die BR über die Folgen der Umwandlung für die AN und ihre Vertreter sowie die insoweit vorgesehenen Maßnahmen zu unterrichten (vgl. §§ 5 I Nr. 9, 126 I Nr. 11, 136, 176, 177, 194 I Nr. 7 UmwG). Zu einer Überschneidung mit den Beteiligungsrechten gem. §§ 111 ff. kommt es, wenn sich infolge der Unternehmensumwandlung auch die Betriebsstrukturen ändern, etwa durch Aufspaltung oder Fusion von Betrieben (dazu unten Rn. 13). Schließlich sind ggf. Mitbestimmungsrechte bei sozialen Angelegenheiten und personellen Einzelmaßnahmen neben den Beteiligungsrechten gem. §§ 111 ff. zu beachten. 4

II. Begriff der Betriebsänderung

1. Allgemeine Voraussetzungen. a) Existenz eines Betriebsrats und Betriebsgröße. Die Beteiligungsrechte gem. §§ 111 ff. gelten gem. § 111 S. 1 nur für Betriebe mit idR mehr als 20 wahlberechtig- 5 ten AN. Kleinbetriebe in Großunternehmen können allerdings unter Umständen in die Mitbestimmung gem. § 111 ff. einbezogen werden, um eine verfassungswidrige Ungleichbehandlung zu vermeiden. Dies gilt nach Auffassung des BAG jedenfalls dann, wenn sich eine wirtschaftliche Maßnahme betriebsübergreifend auf mehrere (Klein-) Betriebe erstreckt und in die Zuständigkeit des GesamtBR fällt. Für die Berechnung des Schwellenwertes ist in diesem Fall auf die Zahl der AN des Unternehmens abzustellen (BAG 8. 6. 1999 NZA 1999, 1168; LAG Köln 2. 8. 1998 NZA-RR 1999, 529; s. § 50 Rn. 3; ablehnend *Löwisch* SAE 2000, 175). Die Entscheidung läßt ausdrücklich offen, ob an der Rspr. (BAG 16. 8. 1983 AP BetrVG 1972 § 50 Nr. 5) festzuhalten ist, nach der sich die Zuständigkeit des GBR nicht auf betriebsratslose, aber betriebsratsfähige Betriebe erstreckt. Die Entscheidung geht nicht auf die Frage ein, ob auch dann auf die Anzahl im Unternehmen und nicht im Betrieb abzustellen ist, wenn sich eine Betriebsänderung nur auf einen Betrieb bezieht (bejahend *Jacobs* EzA § 111 BetrVG Nr. 37). Die zu dem gleichen Problem in § 23 KSchG ergangene Entscheidung des BVerfG 27. 1. 1998 BVerfGE 97, 169, legt es nahe, dem BVerfG die Frage vorzulegen, ob die Sonderregelung gegen Art. 3 I GG verstößt, soweit sie sich auf kleine Betriebe in größeren Unternehmen bezieht. Zur Bestimmung des ANBegriffs gilt § 5 I. Wahlberechtigt sind alle AN, die das 18. Lebensjahr vollendet haben (§ 7). Auf den zeitlichen Umfang der Beschäftigung kommt es nicht an, so daß auch teilzeitbeschäftigte AN mitzuzählen sind (BAG 22. 2. 1983 AP BetrVG 1972 § 113 Nr. 7). Bei der Ermittlung der **regelmäßigen Beschäftigtenzahl** des Betriebs ist auf den Zeitpunkt abzustellen, in dem die Beteiligungsrechte des BR nach den §§ 111, 112 entstehen. Maßgeblich ist nicht die zufällige tatsächliche Beschäftigtenzahl zu diesem Zeitpunkt, sondern die normale Beschäftigtenzahl des Betriebes, dh. diejenige Personalstärke, die für den Betrieb im allgemeinen kennzeichnend ist. Insofern bedarf es eines Rückblicks auf die bisherige personelle Stärke des Betriebs und – außer im Falle der Betriebsstillegung – auch einer Einschätzung der künftigen Entwicklung (BAG 22. 2. 1983 AP BetrVG 1972 § 113 Nr. 7). Geht der Stillegung eines Betriebes ein Personalabbau voraus, der sich über einen längeren Zeitraum erstreckt, so richtet sich die Zahl der regelmäßig beschäftigten AN danach, wie sich der Personalabbau im Zeitablauf darstellt. Erweist er sich im Zeitpunkt des Stillegungsbeschlusses rückblickend als Vorstufe der Betriebsstillegung, die damit in der Form eines gleitenden Überganges eingeleitet wurde, so bleibt er außer Betracht; maßgebend ist die ursprüngliche Beschäftigtenzahl. Sollte die Personalverminderung dagegen eine Fortführung des Betriebs ermöglichen und hat sie für eine nicht unerhebliche Zeit zu einer Stabilisierung der Belegschaft auf niedrigerem Niveau geführt, so ergibt sich die Zahl der idR Beschäftigten aus der Belegschaftsstärke dieser Zwischenstufe (BAG 9. 5. 1995 AP BetrVG 1972 § 111 Nr. 33). Ist die Betriebsstillegung nicht mit einem Personalabbau verbunden, so kann sich die erforderliche Würdigung nur auf die vorangehende Entwicklung beziehen. Als die zur Zeit eines Stillegungsbeschlusses maßgebliche Zahl der idR Beschäftigten kann auch eine erst zwei Monate vorher erreichte Belegschaftsstärke anzusehen sein, wenn diese das Ergebnis längerfristiger personalwirtschaftlicher Entscheidungen des AG ist (BAG 10. 12. 1996 AP BetrVG 1972 § 111 Nr. 37). In einem gemeinsamen Betrieb mehrerer Unternehmen ist die Gesamtzahl maßgeblich (BAG 11. 11. 1997 ZIP 1998, 1320).

6   Weitere zwingende Voraussetzung für die Auslösung der Beteiligungsrechte gem. §§ 111 ff. ist das **Bestehen eines BR** in dem von der Maßnahme betroffenen Betrieb. Wird der BR erst gewählt, wenn der Unternehmer schon mit der Betriebsänderung begonnen hatte, stehen dem neu gewählten BR keine Beteiligungsrechte hinsichtlich dieser Betriebsänderung mehr zu (BAG 20. 4. 1982 AP BetrVG 1972 § 112 Nr. 15). Dies gilt selbst dann, wenn dem Unternehmer im Zeitpunkt seines Beschlusses bekannt war, daß ein BR gewählt werden soll (BAG 28. 10. 1992 AP BetrVG 1972 § 111 Nr. 63; aA *Fitting* Rn. 21; *Bauer* DB 1994, 217, die erst den Beginn der Durchführung einer geplanten Betriebsänderung für maßgeblich halten; noch weitergehend ArbG Reutlingen 29. 10. 1998 LAGE BetrVG § 112 Nr. 100, *Kraushaar* AuR 2000, 245: Bildung des BR müsse bei dem Stillegungsbeschluß greifbare Formen angenommen haben). Führt die Betriebsänderung selbst zur Auflösung des BR, etwa bei einer Betriebsaufspaltung oder Betriebsschließung, so werden dadurch die Beteiligungsrechte des BR nicht tangiert. Trotz der an sich gegebenen Beendigung der Amtszeit bleibt ein Restmandat (BAG 16. 6. 1987 AP BetrVG 1972 § 111 Nr. 19; 12. 1. 2000 BB 2000, 1088).

7   **b) Wesentlicher Nachteil.** Wesentliche Nachteile iSd. § 111 können materieller und immaterieller Art sein (*Fitting* Rn. 32). Zu den Nachteilen materieller Art zählen etwa der Verlust des Arbeitsplatzes, ein geringerer Verdienst aufgrund einer Versetzung oder höhere Fahrtkosten. Nachteile immaterieller Art sind etwa Leistungsverdichtung, Qualifikationsverluste, psychische Belastung durch zusätzliche Kontrolle oder schlechteres Betriebsklima (DKK/*Däubler* Rn. 86). Die Bedeutung des Tatbestandsmerkmals „wesentlicher Nachteil" ist allerdings durch die Rspr. des BAG nahezu bedeutungslos geworden. Zum einen weist das BAG darauf hin, daß es nach dem Gesetzeswortlaut nicht auf den tatsächlichen Nachteilseintritt, sondern allein auf dessen Möglichkeit ankomme (BAG 16. 6. 1987 AP BetrVG 1972 § 111 Nr. 19). Zum anderen geht das Gericht davon aus, daß jedenfalls hinsichtlich der in § 111 S. 2 aufgeführten Betriebsänderungen ein wesentlicher Nachteil fingiert wird. Dies ergibt sich deutlich aus dem Wortlaut der Vorschrift. Denn S. 2 definiert nicht den Begriff der „Betriebsänderung" schlechthin, sondern den der „Betriebsänderung iSd. S. 1", dh. derjenigen Be-

II. Begriff der Betriebsänderung § 111 BetrVG 210

triebsänderung, bei der alle Voraussetzungen des S. 1 über die Auswirkungen auf die AN als erfüllt gelten (BAG 17. 8. 1982, 26. 10. 1982, 17. 12. 1985 AP BetrVG 1972 § 111 Nr. 10, 11, 15; BAG 10. 12. 1996 AP BetrVG 1972 § 112 Nr. 110; 25. 1. 2000 EzA § 112 BetrVG 1972 Nr. 106).

c) **Belegschaft oder erhebliche Teile der Belegschaft.** § 111 S. 1 verlangt weiter, daß von einer **8** geplanten Betriebsänderung „die Belegschaft oder erhebliche Teile der Belegschaft" betroffen sind. Ob ein erheblicher Teil der Belegschaft betroffen ist, richtet sich nach der Anzahl der von der Maßnahme betroffenen AN. Maßgeblich sind nach st. Rspr. des BAG die **Zahlenangaben des § 17 I KSchG** (BAG 6. 12. 1988 AP BetrVG 1972 § 111 Nr. 26; BAG 7. 8. 1990 AP BetrVG 1972 § 111 Nr. 30). Zusätzlich verlangt das BAG, daß mindestens 5% der Belegschaft von der Maßnahme betroffen sind (BAG 7. 8. 1990 AP BetrVG 1972 § 111 Nr. 30). Eine starre Frist für die Berechnung der maßgeblichen ANZahl nach den Vorgaben des § 17 KSchG existiert nicht. Insb. ist der 4-Wochen-Zeitraum nach § 17 I KSchG nicht übertragbar (BAG 22. 5. 1979 AP BetrVG 1972 § 111 Nr. 3). Soweit zwischen mehreren „Wellen" von Personalabbau- und (oder) Versetzungsmaßnahmen nur ein Zeitraum von wenigen Wochen oder Monaten liegt, spricht eine tatsächliche Vermutung dafür, daß diese Maßnahmen auf einer einheitlichen unternehmerischen Planung beruhen. Der Unternehmer, der das Vorliegen einer einheitlichen Betriebsänderung, welche die Zahlengrenzen des § 17 KSchG überschreitet, bestreitet, muß dann darlegen und beweisen, daß verschiedene Maßnahmen nicht Teil einer einheitlichen Unternehmerentscheidung sind (*Fitting* Rn. 35; vgl. auch BAG 9. 5. 1995 AP BetrVG 1972 § 111 Nr. 33; LAG Köln 21. 2. 1997 NZA-RR 1998, 24).

2. **Betriebsänderungen iSd. Satzes 2. a) Einschränkung und Stillegung des ganzen Betriebs oder** **9** **von wesentlichen Betriebsteilen.** Unter einer **Betriebsstillegung** ist die Aufgabe des Betriebszwecks unter gleichzeitiger Auflösung der Betriebsorganisation aufgrund eines ernstlichen und endgültigen Willensentschluß des Unternehmers für unbestimmte, nicht nur vorübergehende Zeit zu verstehen (BAG 19. 6. 1991 KSchG 1969 § 1 Betriebsbedingte Kündigung Nr. 53; *Fitting* Rn. 52). Die Weiterbeschäftigung weniger AN mit Abwicklungsarbeiten steht der Annahme einer Stillegung nicht entgegen (BAG 14. 10. 1982 AP KSchG 1969 § 1 Konzern Nr. 1). Demgegenüber liegt eine **Betriebseinschränkung** vor, wenn der Betriebszweck zwar weiterverfolgt wird, dies jedoch unter einer nicht nur vorübergehenden Herabsetzung der Betriebsleistung geschieht, etwa durch die Außerbetriebnahme von Anlagen und Maschinen oder durch die Herabsetzung der Zahl der idR beschäftigten AN. Eine nur vorübergehende geringere Auslastung der Betriebsanlagen ohne nennenswerte Verminderung des Personals genügt jedoch nicht (*Wlotzke* Anm. 4a). Die Stillegung oder Einschränkung eines Betriebsteils ist dann eine Betriebsänderung iSd. Satzes 1, wenn ein wesentlicher Betriebsteil betroffen ist. Ebenso wie für den Begriff „erhebliche Teile der Belegschaft" ist auch für den Begriff „wesentlicher Betriebsteil" auf die **Zahlengrenzen des § 17 I KSchG** zurückzugreifen. Werden diese Zahlengrenzen (annähernd) erreicht, kann auch der bloße Personalabbau als Einschränkung des ganzen Betriebes oder von wesentlichen Betriebsteilen einzustufen sein. Die in § 112a I 1 angegebenen höheren Zahlengrenzen sind für das Vorliegen einer Betriebsänderung irrelevant; sie sind nur maßgeblich für die Frage, ob beim Personalabbau ein Sozialplan über die Einigungsstelle erzwungen werden kann (*Fitting* Rn. 60; *Wlotzke* Anm. 4a). Für die Frage, ob beim Personalabbau die maßgeblichen Zahlengrenzen des § 17 KSchG erreicht werden, kommt es auf den wahren Auflösungsgrund an, nicht auf die Form der Beendigung des Arbeitsverhältnisses. Mitzuzählen sind deshalb nicht nur AN, die durch betriebsbedingte Kündigungen ihren Arbeitsplatz verlieren, sondern auch solche, die sich **auf Veranlassung des AG** zu Aufhebungsverträgen bzw. Eigenkündigungen entschließen (BAG 23. 8. 1988 AP BetrVG 1972 § 113 Nr. 17; BAG 28. 10. 1992 AP BetrVG § 112 Nr. 65; *Fitting* Rn. 62; DKK/*Däubler* Rn. 54). Dasselbe gilt grds. für AN, die nur deshalb gekündigt werden müssen, weil die AN dem Übergang auf einen Teilbetriebserwerber (§ 613a BGB) widersprochen hatten und eine Beschäftigungsmöglichkeit im Restbetrieb nicht besteht (BAG 10. 12. 1996 NZA 1996, 787).

Zu differenzieren ist beim **Betriebsübergang:** Wird ein **Betrieb als ganzes** im Wege der Einzelrechts- **10** nachfolge gem. § 613a BGB oder im Wege der Gesamtrechtsnachfolge insb. nach dem UmwG auf einen neuen Inhaber übertragen, liegt nach ganz hM keine Betriebsänderung vor (BAG 17. 2. 1981 AP BetrVG 1972 § 111 Nr. 9; BAG 17. 3. 1987 AP BetrVG 1972 § 111 Nr. 18; *Richardi* Rn. 117 ff.; *Fitting* Rn. 38; aA DKK/*Däubler* Rn. 94). Dies wird tlw. damit begründet, daß § 613a BGB eine abschließende Sonderregelung für den ANSchutz darstelle; entscheidend ist aber, daß eine Betriebsänderung immer greifbare Änderungen der betrieblichen Arbeitsorganisation voraussetzt; wechselt jedoch nur der Inhaber eines Betriebes, ändert sich an der Betriebsorganisation als solcher nichts (*Fitting* Rn. 38). Zu Recht ist deshalb vom BAG anerkannt, daß § 613a BGB die Mitbestimmungsrechte gem. § 111 ff. dann nicht ausschließt, wenn es anläßlich eines Betriebsübergangs zu einer damit verbundenen Betriebsänderung kommt (BAG 25. 1. 2000 EzA § 112 BetrVG 1972 Nr. 106). Denkbar ist etwa, daß Veräußerer oder Erwerber anläßlich eines Betriebsübergangs grds. neue Arbeitsmethoden einführen wollen (Nr. 5) oder einen Personalabbau durchführen (Nr. 1). Ausreichend ist aber nach dem eindeutigen Wortlaut von § 111 S. 2 Nr. 3 auch der bloße Zusammenschluß mit einem anderen Betrieb. Das BAG stuft auch die **Veräußerung eines Betriebsteils** als solche nicht als Betriebsänderung ein (BAG 16. 6. 1987 AP BetrVG 1972 § 111 Nr. 19). Allerdings stellt die Betriebsteilveräußerung regelmäßig eine Spaltung von

Hanau/Kania 1209

Betrieben dar, die gem. § 111 S. 2 Nr. 3 ausdrücklich als Betriebsänderung eingestuft wird (vgl. dazu noch unten Rn. 14). Entläßt ein AG alle AN und löst er damit die betriebliche Organisation auf, so kann er einen Sozialplan nicht später mit der Begründung verweigern, die Kündigungen seien unwirksam gewesen, weil in Wirklichkeit ein Betriebsübergang vorgelegen habe. Ein solches Verhalten ist rechtsmißbräuchlich (BAG 27. 6. 1995 AP BetrVG 1972 § 4 Nr. 7).

11 Der **Betriebsbegriff** im Rahmen des § 111 ist der allgemeine Betriebsbegriff des BetrVG, wie er in §§ 1, 4 konkretisiert ist. Folglich gilt auch ein betriebsratsfähiger Betriebsteil iSd. § 4 als selbständiger Betrieb iSd. § 111, bei dessen Schließung unabhängig von den Zahlen des § 17 KSchG eine „Betriebsstillegung" anzunehmen ist. Dies gilt selbst dann, wenn der Betriebsbegriff bei BRWahlen verkannt wurde, aber eine fehlerhaft erfolgte Wahl des BR nicht angefochten wurde (BAG 27. 6. 1995 AP BetrVG 1972 § 4 Nr. 7).

12 b) **Verlegung des ganzen Betriebs oder von wesentlichen Betriebsteilen.** Unter Verlegung versteht man jede **wesentliche Veränderung der örtlichen Lage** des Betriebs. Nur geringfügige Veränderungen der örtlichen Lage oder solche ohne wirtschaftliche Auswirkung auf die betroffenen AN scheiden aus, etwa der Umzug in einem Gebäude oder in ein Gebäude in der Nähe der alten Betriebsstätte. Ausreichend ist nach der Rspr. etwa eine Verlegung des Betriebs vom Zentrum einer Großstadt an den Stadtrand mit 4,3 km Entfernung (BAG 17. 8. 1982 AP BetrVG 1972 § 111 Nr. 11) bzw. innerhalb einer Großstadt mit einem Entfernungsunterschied von 5,5 km (LAG Frankfurt 28. 10. 1986 AiB 1987, 292). Nr. 2 gilt von vornherein nur für ortsgebundene Betriebe oder Betriebsteile, also zB nicht für Baustellen (*Fitting* Rn. 63). Abzugrenzen ist die Betriebsverlegung von der Betriebsstillegung. Nach Auffassung des BAG stellt eine erhebliche räumliche Verlegung des Betriebs eine Betriebsstillegung dar, wenn die alte Betriebsgemeinschaft aufgelöst wird und der Aufbau einer im wesentlichen neuen Betriebsgemeinschaft am neuen Betriebssitz erfolgt (BAG 12. 2. 1987 AP BGB § 613a Nr. 67). Dies wird bei Verlegung eines Betriebs in eine andere Gegend oder ins Ausland vielfach der Fall sein, wenn sich die AN weigern, am neuen Betriebssitz zu arbeiten.

13 c) **Zusammenschluß mit anderen Betrieben oder die Spaltung von Betrieben.** Der Zusammenschluß zweier Betriebe kann auf zweierlei Weise erfolgen, einmal dadurch, daß sich zwei Betriebe zu einer neuen Einheit vereinigen, zum anderen dadurch, daß ein Betrieb einen anderen aufnimmt (DKK/*Däubler* Rn. 70; *Fitting* Rn. 65). Maßgeblich ist allein die entsprechende **Änderung der Leitungsorganisation** der bisher selbständigen Betriebe. IdR wird sich diese organisatorische Änderung innerhalb eines Unternehmens abspielen; der Betriebszusammenschluß kann allerdings auch unternehmensübergreifend erfolgen durch Bildung eines sogenannten Gemeinschaftsbetriebs (vgl. dazu oben § 14 Rn. 7). Der Zusammenschluß von Betriebsteilen unterfällt dann Nr. 3, wenn die beteiligten Betriebsteile gem. § 4 als selbständige Betriebe gelten. Nicht von Nr. 3 erfaßt wird der Zusammenschluß sonstiger Betriebsteile. Insofern kann eine Betriebsänderung aber zB unter dem Gesichtspunkt von Nr. 1 und Nr. 4 vorliegen (streitig, wie hier GK-BetrVG/*Fabricius* Rn. 177 f. mwN).

14 Die Aufnahme der **Spaltung von Betrieben** in den Katalog des § 111 erfolgte im Rahmen der Neuregelung des Umwandlungsrechts zum 1. 1. 1995. Erfaßt wird von der Vorschrift sowohl die unternehmensinterne Betriebsaufspaltung durch Änderung der Organisationsstrukturen als auch die unternehmensübergreifende Betriebsaufspaltung durch Übertragung eines Betriebsteils auf einen anderen Inhaber. Nicht erfaßt ist die in §§ 133 UmwG, 106 BetrVG geregelte Aufspaltung von Unternehmen in Besitz- und Betriebsgesellschaft. Irrelevant ist, ob sich die Übertragung des Betriebsteils im Wege der Einzelrechtsnachfolge unmittelbar gem. § 613a BGB oder im Wege der Gesamtrechtsnachfolge nach dem UmwG (Spaltung gem. §§ 123 ff. UmwG) vollzieht. § 322 UmwG geht davon aus, daß eine Betriebsaufspaltung auch vorliegt, wenn der Betrieb als gemeinsamer Betrieb mit dem Erwerber eines Betriebsteils unverändert fortgeführt wird. Auf § 111 kann diese Wertung nicht übertragen werden, da die Betriebsspaltung im Sinne dieser Vorschrift gerade an eine organisatorische Änderung anknüpft. Ungeklärt ist, ob die Abspaltung kleiner und kleinster Betriebsteile die Beteiligungsrechte gem. §§ 111 ff. auslöst (offen gelassen von BAG 10. 12. 1996 AP BetrVG 1972 § 112 Nr. 110). Ein Vergleich mit den anderen Fällen der Betriebsänderung in § 111, in denen das Betroffensein „wesentlicher" Betriebsteile bzw. „grundlegender" Änderungen verlangt werden, spricht dafür, auch im Rahmen der Nr. 3 eine gewisse Bedeutung des abgespaltenen Betriebsteils zu verlangen. Einen Rückgriff auf die Zahlengrenze des § 17 KSchG hat das BAG in der Entscheidung vom 10. 12. 1996 (AP BetrVG 1972 § 112 Nr. 110 abgelehnt; jedenfalls bei Unterschreitung der Zahlungsgrenze des § 1 dürfte aber eine nicht mitbestimmungspflichtige Bagatellspaltung anzunehmen sein. Zu den berücksichtigungsfähigen Nachteilsfolgen gehören nicht etwa Verringerung der Haftungsmasse beim Betriebserwerber sowie dessen befristete Befreiung von der Sozialplanpflicht nach § 112a II (BAG 10. 12. 1996 AP BetrVG 1972 § 112 Nr. 110; ebenso BAG 5. 2. 1997 AP BetrVG 1972 § 112 Nr. 92, 25. 1. 2000 EzA § 112 BetrVG 1972 Nr. 106 zum Wegfall von Leistungen beim Erwerber). Bei einer Betriebsspaltung kann es nach § 321 UmwG und allgemeinen Grundsätzen (BAG 31. 5. 2000 DB 2000, 1232) zu einem Übergangsmandat des BR gegenüber dem Inhaber des abgespaltenen Betriebsteils kommen. Trotzdem richten sich die Rechte an §§ 111 bis 113 wegen der Betriebsspaltung zunächst gegen den bisherigen Betriebsinhaber (s. auch §§ 112, 112a Rn. 22).

d) Grundlegende Änderungen der Betriebsorganisation, des Betriebszwecks oder der Betriebs- 15
anlagen. Eine grdl. **Änderung der Betriebsorganisation** liegt vor bei einer vollständigen Änderung des Betriebsaufbaus bzw. der Gliederung des Betriebes oder der Zuständigkeiten (*Fitting* Rn. 68). Beispiele sind etwa die Verlagerung von Entscheidungsbefugnissen „nach unten" (Dezentralisierung), die Organisation nach Sparten bzw. Geschäftsbereichen (DKK/*Däubler* Rn. 75), der Übergang zur Gruppenarbeit, die Einführung „flacher Hierarchien", Verringerung der Fertigungstiefe, Outsourcing und ähnliche Maßnahmen, die unter dem Schlagwort „lean production" geführt werden (*Hunold* NZA 1993, 723; *Fitting* Rn. 68).

Die grdl. **Änderung des Betriebszwecks** (dazu *Schwanecke*, 1989) setzt eine nachhaltige Verän- 16 derung der arbeitstechnischen und nicht nur wirtschaftlichen Zwecksetzung des Betriebes voraus (BAG 17. 12. 1985 AP BetrVG 1972 § 111 Nr. 15). Erforderlich ist die Umstellung oder zumindest nachhaltige Ergänzung der bisherigen Produktion bzw. des bisherigen Gegenstandes der Betriebstätigkeit. Dies ist etwa der Fall, wenn von der Motorrad- auf die Kraftwagenproduktion übergegangen wird, nicht aber wenn lediglich ein verbesserter Typ eines Motorrads hergestellt wird (*Fitting* Rn. 69). Das BAG hat eine grdl. Änderung des Betriebszwecks verneint, wenn in einem Schlachthof dazu übergegangen wird, nur noch Schweine zu schlachten (BAG 28. 4. 1993 NZA 1993, 1142). Andererseits hat das Gericht eine grdl. Änderung des Betriebszwecks bejaht, wenn in einem Spielkasino neben dem herkömmlichen Glücksspiel an Spieltischen in einem besonderen Saal mit eigenem Zugang das Spiel an Automaten angeboten wird (BAG 17. 12. 1985 AP BetrVG 1972 § 111 Nr. 15).

Die **Änderung der Betriebsanlagen** betrifft die Betriebsmittel iwS. Beispiele sind etwa die Ein- 17 führung völlig neuer Maschinen, die Einführung eines EDV-Systems (LAG Hamburg 5. 2. 1986 LAGE BetrVG § 23 Nr. 5), der Bau neuer Werkshallen, der Übergang zur Selbstbedienung in einem Einzelhandelsgeschäft, Schaffung von Bildschirm- oder Telearbeitsplätzen (BAG 26. 10. 1982 AP BetrVG 1972 § 111 Nr. 10) und Ähnliches.

e) Einführung grundlegend neuer Arbeitsmethoden und Fertigungsverfahren. Die Abgrenzung 18 von Nr. 5 zu den Tatbeständen unter Nr. 4 ist im Einzelfall schwierig. Der Unterschied ist nur ein gradueller; Nr. 5 stellt mehr als Nr. 4 auf die Art der Verwertung der menschlichen Arbeitskraft ab (*Fitting* Rn. 71). Insofern kommen auch bei Nr. 5 Maßnahmen der Rationalisierung und der Einsatz neuer Technologien in Betracht, soweit es sich hierbei nicht nur um die übliche laufende Anpassung der Arbeitsmethoden und Fertigungsverfahren handelt. Ob eine Arbeitsmethode oder ein Fertigungsverfahren „grundlegend neu" ist, richtet sich nach den Verhältnissen im einzelnen Betrieb oder in der betroffenen Betriebsabteilung, nicht dagegen nach dem technischen oder organisatorischen Standard in der Branche (DKK/*Däubler* Rn. 83; GK-BetrVG/*Fabricius* Rn. 200).

f) Sonstige Betriebsänderungen. Umstritten ist, ob die Aufzählung in § 111 S. 2 abschließend ist. 19 Der Wortlaut ist nicht eindeutig. Die wohl überwiegende Meinung geht davon aus, daß neben den ausdrücklich aufgezählten Fällen einer Betriebsänderung auch sonstige Betriebsänderungen denkbar sind, die lediglich die allgemeinen Voraussetzungen des S. 1 erfüllen (*Fitting* Rn. 31; GK-BetrVG/*Fabricius* Rn. 111; DKK/*Däubler* Rn. 88; v. *Hoynigen-Huene* Betriebsverfassungsrecht S. 304; aA *Dietz/Richardi* Rn. 40 ff.; *Galperin/Löwisch* BetrVG Rn. 19; HSG/*Hess* Rn. 15). Die wesentlichen Fälle werden von S. 2 erfaßt, so daß der Streit hauptsächlich theoretische Bedeutung hat.

III. Unterrichtung und Beratung

Liegt eine (geplante) Betriebsänderung iSd. § 111 vor, hat der Unternehmer (= AG: BAG 15. 1. 20 1991 DB 1991, 1472) den BR rechtzeitig und umfassend zu unterrichten und die geplanten Betriebsänderungen mit ihm zu beraten. Der Begriff „**rechtzeitig**" ist vom Ziel des Beteiligungsrechts her zu bestimmen. Der BR soll aufgrund der vom AG gegebenen Informationen in die Lage versetzt werden, auf das Ob und Wie der geplanten Betriebsänderung Einfluß nehmen zu können (BAG 14. 9. 1976 AP BetrVG 1972 § 113 Nr. 2). Daraus folgt, daß eine rechtzeitige Information nicht mehr vorliegt, wenn sich die Unternehmensleitung bereits auf eine konkrete Maßnahme in allen Einzelheiten festgelegt und die Zustimmung des Aufsichtsrats, der Gesellschafterversammlung, eines Beirats oder ähnlicher Gremien eingeholt hat (BAG 14. 9. 1976 AP BetrVG § 113 Nr. 2; LAG Düsseldorf 27. 8. 1985 NZA 1986, 371; DKK/*Däubler* Rn. 129; GK-BetrVG/*Fabricius* Rn. 78; aA *Richardi* Rn. 139). Auf der anderen Seite braucht der BR nicht an sämtlichen Vorüberlegungen der Unternehmensleitung zu partizipieren; dem Unternehmer steht es frei, von sich aus abzuklären, ob überhaupt Handlungsbedarf besteht (LAG Düsseldorf 27. 8. 1985 NZA 1986, 371). Ausreichend ist es, wenn der AG den BR informiert, nachdem sich seine allgemeinen Vorüberlegungen zu einem konkreten Konzept verdichtet haben, ohne daß die Überlegungen über die Umsetzung der Maßnahme und ihre Details abgeschlossen sind.

Umfassend ist die Unterrichtung dann, wenn sich der BR aus den gegebenen Informationen ein 21 vollständiges Bild von der geplanten Maßnahme und deren Auswirkungen machen kann (*Fitting* Rn. 80). Notwendig ist stets die Darlegung der wirtschaftlichen und sozialen Gründe, die nach

210 BetrVG   § 111   Betriebsänderungen

Auffassung des Unternehmens für die Betriebsänderung sprechen. Auch bei reinen Personalabbaumaßnahmen reichen die in § 17 II KSchG vorgeschriebenen Informationen nicht aus (Zur Abgrenzung *Wißmann* RdA 98, 225). Gem. § 80 II sind dem BR idR Unterlagen zur Verfügung zu stellen, die er auswerten kann. Hierzu zählen etwa Gutachten von Unternehmensberatungen, Wirtschaftsprüferberichte und Bilanzen. Auch hier gilt, daß der Unternehmer nur die Unterlagen zur Verfügung stellen muß, die er selbst zur Verfügung hat (s. § 80 Rn. 24). Geschäfts- und Betriebsgeheimnisse schränken die Unterrichtungspflichten nicht ein; die Verpflichtung besteht ohne Vorbehalt (*Fitting* Rn. 80; GK-BetrVG/*Fabricius* Rn. 81; *Richardi* Rn. 144). Die Informationspflicht gegenüber dem BR besteht auch dann, wenn der Unternehmer den Wirtschaftsausschuß bereits unterrichtet hat (DKK/*Däubler* Rn. 131; *Fitting* Rn. 80).

22   Neben der Unterrichtung verpflichtet § 111 den AG zur **Beratung** mit dem BR über die geplante Betriebsänderung. Ziel der Beratung sind der Versuch eines Interessenausgleichs sowie der Abschluß eines Sozialplans (vgl. dazu die Ausführungen zu §§ 112, 112 a).

IV. Streitigkeiten

23   Besteht Streit über die Frage, **ob eine Betriebsänderung** iSd. § 111 vorliegt, kann der BR die gerichtliche Feststellung beantragen, daß die geplante Maßnahme eine Betriebsänderung sei, die den Unternehmer zu Verhandlungen über einen Interessenausgleich und Sozialplan verpflichte. Der gerichtliche Beschluß bindet nicht nur AG und BR, sondern entfaltet darüber hinaus auch Bindungswirkung im Verhältnis zu einzelnen AN, die einen Anspruch auf Nachteilsausgleich nach § 113 geltend machen (BAG 10. 11. 1987 AP BetrVG 1972 § 113 Nr. 15). Kommt der AG seiner Pflicht zur rechtzeitigen Unterrichtung und Beratung nicht nach, besteht einmal die Möglichkeit, **Antrag auf Erfüllung der Unterrichtungspflichten** zu stellen; dieser Anspruch kann auch im Wege der einstweiligen Verfügung geltend gemacht werden. Die Vollstreckung richtet sich nach § 85 ArbGG iVm. § 888 ZPO (*Fitting* Rn. 82). Bei schweren (wiederholten) Verstößen des Unternehmers gegen die Pflicht zur Unterrichtung und Beratung kommt ein Verfahren nach § 23 III in Betracht. Daneben kann eine Ordnungswidrigkeit gem. § 121 vorliegen, die mit einer Geldbuße bis zu 20 000,00 DM geahndet wird (§ 121 II).

24   **Umstritten** ist, ob der BR, um seine Mitwirkungsrechte nach §§ 111 ff. zu sichern, dem AG durch einstweilige Verfügung untersagen kann, eine Betriebsänderung durchzuführen, insb. bei einer Betriebsstillegung betriebsbedingte Kündigungen auszusprechen, bis das Interessenausgleichsverfahren abgeschlossen ist. Gegen einen solchen **Unterlassungsanspruch** spricht, daß der Gesetzgeber mit dem Nachteilsausgleich gem. § 113 III anders als bei der Mitbestimmung gem. § 87 eine ausdrückliche Sanktion für die Nichtbeachtung der Beteiligungsrechte des BR vorgesehen hat. Allerdings betrifft die Regelung nur eine Sanktion des einzelnen AN, die zudem nach der Rspr. des BAG vielfach leerläuft, da Zahlungen aus einem Sozialplan auf Nachteilsausgleichsansprüche angerechnet werden können (BAG 13. 6. 1989 AP BetrVG 1972 § 113 Nr. 19). Der Gesetzgeber hat aber in § 122 I S. 2 InsO und dem früheren § 113 III S. 2 BetrVG wieder nur § 113 III als Sanktion eines unterbliebenen Interessenausgleichsversuchs in Betracht gezogen. Die Meinungen der Instanzgerichte und der Literatur hierzu sind geteilt (dafür LAG Hamburg 26. 6. 1997 NZA-RR 1997, 196; LAG Berlin 7. 9. 1995 AuR 1996, 254; LAG Hamburg 13. 11. 1981 DB 1982, 1522; LAG Frankfurt 21. 9. 1982 DB 1983, 613; LAG Frankfurt 30. 8. 1984 DB 1985, 178; LAG Hamm 23. 3. 1983 AuR 1984, 54; ArbG Kaiserslautern 19. 12. 1996 AiB 1997, 178; zusammenfassend Christian *Schulze*, Die Zulässigkeit einstweiliger Verfügungen gegen Betriebsänderungen, 1998; dagegen LAG Düsseldorf 19. 11. 1996 NZA-RR 1997, 297; LAG Düsseldorf 14. 11. 1983 DB 1984, 511; LAG Baden-Württemberg 28. 8. 1985 DB 1986, 805; LAG Schleswig-Holstein 13. 1. 1992 DB 1992, 1788; ArbG Kiel 13. 12. 1996 NZA-RR 1997, 298; *Bauer* DB 1994, 224). S. weiter § 23 Rn. 34; Rn. 32 vor § 74; § 113 Rn. 8.

25   Unabhängig von den umstrittenen kollektivrechtlichen Möglichkeiten besteht – wie dargelegt – die Möglichkeit der Geltendmachung von **Nachteilsausgleichsansprüchen** durch den einzelnen AN, wenn der AG die Beteiligungsrechte des BR bei einer Betriebsänderung nicht hinreichend beachtet (vgl. dazu § 113 Rn. 1 ff.). Eine weitere individualrechtliche Sanktion ergibt sich jedenfalls dann, wenn die Betriebsänderung zum Ausspruch von Kündigungen führt, aus §§ 17 f. KSchG. § 17 II KSchG verpflichtet den AG, den BR von der Absicht einer Massenentlassung vorab schriftlich zu informieren und mit diesem über die geplante Maßnahme zu beraten. Nach § 17 III 3 KSchG ist der Massenentlassungsanzeige die Stellungnahme des BR beizufügen. Die Sanktion besteht darin, daß mangels ausreichender Information und Beratung mit dem BR Sperr- und Freifrist des § 18 I und IV KSchG nicht zu laufen beginnen und deshalb die Entlassungen nicht wirksam werden können (*Löwisch* RdA 1997, 80, 84). Schließlich scheidet in dem Fall, daß ein Interessenausgleich nicht versucht wurde, die Möglichkeit der Bezuschussung von Sozialplänen durch die BA gem. §§ 254 ff. SGB III aus (§ 255 I Nr. 1 SGB III).

§ 112 Interessenausgleich über die Betriebsänderung, Sozialplan

(1) ¹Kommt zwischen Unternehmer und Betriebsrat ein Interessenausgleich über die geplante Betriebsänderung zustande, so ist dieser schriftlich niederzulegen und vom Unternehmer und Betriebsrat zu unterschreiben. ²Das gleiche gilt für eine Einigung über den Ausgleich oder die Milderung der wirtschaftlichen Nachteile, die den Arbeitnehmern infolge der geplanten Betriebsänderung entstehen (Sozialplan). ³Der Sozialplan hat die Wirkung einer Betriebsvereinbarung. ⁴§ 77 Abs. 3 ist auf den Sozialplan nicht anzuwenden.

(2) ¹Kommt ein Interessenausgleich über die geplante Betriebsänderung oder eine Einigung über den Sozialplan nicht zustande, so können der Unternehmer oder der Betriebsrat den Präsidenten des Landesarbeitsamtes um Vermittlung ersuchen. ²Geschieht dies nicht oder bleibt der Vermittlungsversuch ergebnislos, so können der Unternehmer oder der Betriebsrat die Einigungsstelle anrufen. ³Auf Ersuchen des Vorsitzenden der Einigungsstelle nimmt der Präsident des Landesarbeitsamtes an der Verhandlung teil.

(3) ¹Unternehmer und Betriebsrat sollen der Einigungsstelle Vorschläge zur Beilegung der Meinungsverschiedenheiten über den Interessenausgleich und den Sozialplan machen. ²Die Einigungsstelle hat eine Einigung der Parteien zu versuchen. ³Kommt eine Einigung zustande, so ist sie schriftlich niederzulegen und von den Parteien und vom Vorsitzenden zu unterschreiben.

(4) ¹Kommt eine Einigung über den Sozialplan nicht zustande, so entscheidet die Einigungsstelle über die Aufstellung eines Sozialplans. ²Der Spruch der Einigungsstelle ersetzt die Einigung zwischen Arbeitgeber und Betriebsrat.

(5) ¹Die Einigungsstelle hat bei ihrer Entscheidung nach Absatz 4 sowohl die sozialen Belange der betroffenen Arbeitnehmer zu berücksichtigen als auch auf die wirtschaftliche Vertretbarkeit ihrer Entscheidung für das Unternehmen zu achten. ²Dabei hat die Einigungsstelle sich im Rahmen billigen Ermessens insbesondere von folgenden Grundsätzen leiten zu lassen:
1. Sie soll beim Ausgleich oder bei der Milderung wirtschaftlicher Nachteile, insbesondere durch Einkommensminderung, Wegfall von Sonderleistungen oder Verlust von Anwartschaften auf betriebliche Altersversorgung, Umzugskosten oder erhöhte Fahrtkosten, Leistungen vorsehen, die in der Regel den Gegebenheiten des Einzelfalles Rechnung tragen.
2. Sie hat die Aussichten der betroffenen Arbeitnehmer auf dem Arbeitsmarkt zu berücksichtigen. Sie soll Arbeitnehmer von Leistungen ausschließen, die in einem zumutbaren Arbeitsverhältnis im selben Betrieb oder in einem anderen Betrieb des Unternehmens oder eines zum Konzern gehörenden Unternehmens weiterbeschäftigt werden können und die Weiterbeschäftigung ablehnen; die mögliche Weiterbeschäftigung an einem anderen Ort begründet für sich allein nicht die Unzumutbarkeit.
3. Sie hat bei der Bemessung des Gesamtbetrages der Sozialplanleistungen darauf zu achten, daß der Fortbestand des Unternehmens oder die nach Durchführung der Betriebsänderung verbleibenden Arbeitsplätze nicht gefährdet werden.

§ 112 a Erzwingbarer Sozialplan bei Personalabbau, Neugründungen

(1) ¹Besteht eine geplante Betriebsänderung im Sinne des § 111 Satz 2 Nr. 1 allein in der Entlassung von Arbeitnehmern, so findet § 112 Abs. 4 und 5 nur Anwendung, wenn
1. in Betrieben mit in der Regel mehr als 20 und weniger als 60 Arbeitnehmern 20 vom Hundert der regelmäßig beschäftigten Arbeitnehmer, aber mindestens 6 Arbeitnehmer,
2. in Betrieben mit in der Regel mindestens 60 und weniger als 250 Arbeitnehmern 20 vom Hundert der regelmäßig beschäftigten Arbeitnehmer oder mindestens 37 Arbeitnehmer,
3. in Betrieben mit in der Regel mindestens 250 und weniger als 500 Arbeitnehmern 15 vom Hundert der regelmäßig beschäftigten Arbeitnehmer oder mindestens 60 Arbeitnehmer,
4. in Betrieben mit in der Regel mindestens 500 Arbeitnehmern 10 vom Hundert der regelmäßig beschäftigten Arbeitnehmer, aber mindestens 60 Arbeitnehmer aus betriebsbedingten Gründen entlassen werden sollen.

²Als Entlassung gilt auch das vom Arbeitgeber aus Gründen der Betriebsänderung veranlaßte Ausscheiden von Arbeitnehmern auf Grund von Aufhebungsverträgen.

(2) ¹§ 112 Abs. 4 und 5 findet keine Anwendung auf Betriebe eines Unternehmens in den ersten vier Jahren nach seiner Gründung. ²Dies gilt nicht für Neugründungen im Zusammenhang mit der rechtlichen Umstrukturierung von Unternehmen und Konzernen. ³Maßgebend für den Zeitpunkt der Gründung ist die Aufnahme einer Erwerbstätigkeit, die nach § 138 der Abgabenordnung dem Finanzamt mitzuteilen ist.

I. Interessenausgleich

1 **1. Zweck und Inhalt.** Ziel der nach § 111 vorgeschriebenen Beratung zwischen Unternehmer und BR ist der Versuch, einen Interessenausgleich zu vereinbaren. Gegenstand des Interessenausgleichs ist das **Ob, Wann und Wie der geplanten Betriebsänderung** (BAG 27. 10. 1987 AP BetrVG § 112 Nr. 41; BAG 17. 9. 1991 AP BetrVG § 112 Nr. 59). Anders als der Sozialplan soll der Interessenausgleich nicht entstandene wirtschaftliche Nachteile ausgleichen, sondern nach Möglichkeit deren Entstehung verhindern bzw. abmildern. Zwischen Interessenausgleich und Sozialplan besteht ein Ausschließlichkeitsverhältnis: All das, was **Gegenstand des Interessenausgleichs** ist, kann nicht Gegenstand des Sozialplans sein und umgekehrt (BAG 17. 9. 1991 AP BetrVG 1972 § 112 Nr. 59). Typische Regelungen im Interessenausgleich sind etwa Vereinbarungen über die Modalitäten der Betriebsänderung einschließlich der Termine für Entlassungen und Freistellungen bei Betriebsstillegungen, Regelungen zur Einführung von Kurzarbeit; zur (zeitweisen) Vermeidung einer geplanten Betriebsänderung, Vereinbarungen von Qualifikationsmaßnahmen der AN zum Umgang mit neuen Produktionen oder Techniken, sonstige Maßnahmen der menschengerechten Arbeitsgestaltung, die Vereinbarung von Auswahlrichtlinien für Versetzungen oder Entlassungen (vgl. *Fitting* Rn. 8; DKK/*Däubler* Rn. 14). Problematisch ist, inwiefern auch Umschulungs- und Fortbildungsmaßnahmen, die die Versetzung von AN auf einen anderen Arbeitsplatz im Unternehmen ermöglichen sollen, Gegenstand eines Interessenausgleichs sind. Das BAG bejaht dies mit der Folge, daß derartige Maßnahmen nicht in einem Sozialplan geregelt werden dürfen und deshalb nicht über die Einigungsstelle erzwungen werden können (BAG 17. 9. 1991 AP BetrVG 1972 § 112 Nr. 59). Entfällt aber der bisherige Arbeitsplatz infolge einer Betriebsänderung, liegt ein wirtschaftlicher Nachteil durch den Verlust des bisherigen Arbeitsplatzes unzweifelhaft vor. Umschulungs- bzw. Fortbildungsmaßnahmen, die die Weiterbeschäftigung auf einem anderen freien Arbeitsplatz ermöglichen sollen, dienen deshalb in Wirklichkeit der Abmilderung entstandener Nachteile und gehören somit in den Sozialplan. Davon geht jetzt auch § 254 SGB III aus, der Zuschüsse der BA ermöglicht, für in einem Sozialplan vorgesehene Maßnahmen, die die Eingliederung in den Arbeitsmarkt dienen. Der dazu ergangene Runderlaß der BA erwähnt ausdrücklich Maßnahmen der beruflichen Weiterbildung (s. *Löwisch* RdA 1997, 287; *Meyer* NZA 1998, 403, 513).

2 In zwei Fällen sieht der Gesetzgeber die Möglichkeit der Vereinbarung eines **stellenscharfen Interessenausgleichs** mit besonderen Rechtsfolgen vor: Kommt es bei einer Verschmelzung, Spaltung oder Vermögensübertragung nach dem UmwG zugleich zu einer Betriebsänderung, insb. in Form der Betriebsaufspaltung gem. § 111 Nr. 3, sieht **§ 323 II UmwG** die Möglichkeit vor, im Interessenausgleich diejenigen AN namentlich zu bezeichnen, die bei der Umwandlung einem bestimmten Betrieb oder Betriebsteil zugeordnet werden sollen. Liegt ein solcher Interessenausgleich vor, so kann die Zuordnung der AN durch das ArbG nur auf grobe Fehlerhaftigkeit überprüft werden. Der Vorschrift kommt jedoch nur geringe Bedeutung zu, da über § 324 UmwG zugleich auch § 613a BGB anwendbar ist und mit einer Zuordnung nach § 323 II UmwG nicht die gesetzliche Regelung des § 613a BGB außer Kraft gesetzt werden kann (*Kreßel* BB 1995, 925; *Wlotzke* DB 1995, 40; *Bachner* NJW 1995, 2181). Ein Anwendungsbereich verbleibt für § 323 II UmwG deshalb nur bei den problematischen Zuordnungsfällen im Rahmen des § 613a BGB (Springer, Overheadfunktionen). Deren Zuordnung kann im Interessenausgleich mit der nach § 323 II UmwG eingeschränkten gerichtlichen Kontrolle vorgenommen werden, da insoweit § 613a BGB keinen Lösungsmechanismus anbietet (*Kreitner* NZA 1990, 429; aA wohl *Lieb* ZfA 1995, 229).

3 Eine Sonderregelung für Kündigungen, die im Rahmen einer Betriebsänderung in der Insolvenz ausgesprochen werden sollen, sieht **§ 125 InsO** vor. Sind die AN, denen gekündigt werden soll, in einem Interessenausgleich zwischen AG und BR namentlich bezeichnet, so wird vermutet, daß die Kündigung durch dringende betriebliche Erfordernisse iSd. § 1 II KSchG bedingt ist. Die soziale Auswahl der AN kann dann nur auf grobe Fehlerhaftigkeit überprüft werden (dazu unten Rn. 10). All diese Regelungen setzen eine Betriebsänderung iSd. § 111 voraus. Es dürfte allerdings ausreichen, daß die Betriebspartner vertretbar vom Vorliegen einer Betriebsänderung iSd. § 111 ausgingen.

4 **2. Erforderlichkeit eines Interessenausgleichs.** Die Verpflichtung zur Aufnahme von Verhandlungen über einen Interessenausgleich besteht **bei jeder Betriebsänderung** iSd. § 111. Dies gilt auch dann, wenn gem. § 112a ein Sozialplan wegen Nichterreichung der in § 112a I genannten Zahlengrenzen oder in neu gegründeten Unternehmen (§ 112a II) nicht erzwingbar ist. In diesen Fällen kommt den Verhandlungen über einen Interessenausgleich sogar besondere Bedeutung zu, da infolge des Fehlens eines erzwingbaren Ausgleichs entstandener wirtschaftlicher Nachteile der BR sein Augenmerk ganz auf die (tlw.) Vermeidung wirtschaftlicher Nachteile lenken muß. Erforderlich ist, daß über konkret geplante Maßnahmen mit dem BR verhandelt wird und schon eine Einigung über das Ob und Wie angestrebt werden kann (BAG 19. 1. 1999 NZA 1999, 949). Ein früherer Rahmeninteressenausgleich befreit nicht über der Notwendigkeit eines weiteren Interessenausgleichsversuchs, wenn sich später eine Betriebsänderung konkretisiert. Er dürfte aber Bindungswirkung haben, soweit sie für den Interessenausgleich überhaupt besteht (s. Rn. 12). Zum Rahmensozialplan Rn. 15. Ein mit dem BR vereinbarter, zeitlich unbefristeter Sozialplan entbindet den AG nicht von seiner Pflicht, bei später von ihm geplanten Betriebsänderungen jeweils einen neuen Interessenausgleich mit dem BR zu versuchen (BAG 29. 11. 1983 AP BetrVG 1972 § 113 Nr. 10). In Tendenzbetrieben gem. § 118 I finden die §§ 111 bis 113 nur insoweit Anwendung, als sie den Ausgleich oder die Milderung wirtschaftlicher Nachteile für die AN infolge von Betriebsänderungen regeln. Die Pflicht zur Verhandlung über einen Interessenausgleich entfällt also (s. § 118 Rn. 18).

3. Form des Interessenausgleichs. Der Interessenausgleich ist gem. § 112 I **schriftlich** niederzulegen und vom Unternehmer und BR zu unterschreiben. Dies gilt auch für die im Interessenausgleich enthaltenen Regeln über Zuordnung und Kündigung von AN (s. oben Rn. 2, 3). Wird der Interessenausgleich in der Einigungsstelle abgeschlossen, muß gem. § 112 III 3 auch der Vorsitzende unterschreiben. Besteht der Interessenausgleich aus mehreren Blättern, die zB durch eine Heftklammer fest verbunden sind, genügt die Unterschrift auf einem Blatt (BAG 11. 11. 1986 DB 1987, 994). Fehlt es an einer festen körperlichen Verbindung der einzelnen Blätter, ist die Unterschrift jeder einzelnen Seite nur dann entbehrlich, wenn sich die Einheitlichkeit der Urkunde aus fortlaufenden Paginierung, fortlaufender Nummerierung der einzelnen Bestimmungen, einheitlicher graphischer Gestaltung, inhaltlichen Zusammenhang des Textes oder vergleichbaren Merkmale zweifelsfrei ergibt (BGH 24. 9. 1997 ZIP 1997, 2085 zum Mietvertrag). Die **Unterschriftsberechtigung** richtet sich auf AGSeite nach den Vertretungsbefugnissen im Unternehmen. Auf BRSeite ist gem. § 26 III 1 der BRVorsitzende und im Falle seiner Verhinderung der Stellvertreter unterschriftsbefugt. Eine Delegation des Abschlusses eines Interessenausgleichs vom BR auf einen Ausschuß ist nicht möglich. § 27 III 2 gilt insofern entsprechend (DKK/*Däubler* Rn. 12). In der Praxis werden vielfach **Interessenausgleich und Sozialplan in einer gemeinsamen Urkunde** niedergelegt. Die Rechtswirksamkeit von Interessenausgleich und Sozialplan werden dadurch nicht angetastet (*Fitting* Rn. 12). Werden Regelungen, die zum Interessenausgleich gehören, in den Sozialplan aufgenommen, liegt eine unschädliche falsa demonstratio vor. Sie führt nicht zur Unwirksamkeit der Regelung, sondern kann im Gegenteil zu gesteigerter Wirksamkeit führen, wenn sich aus der Aufnahme in den Sozialplan der Wille ergibt, ein Klagerecht für AN und/oder BR zu begründen (s. Rn. 9). Wird umgekehrt eine Regelung, die in den Sozialplan gehört, in den Interessenausgleich aufgenommen, kann sich der Wille zu einem Klageausschluß ergeben. Dies erfordert aber besondere Anhaltspunkte. **Formmängel**, die der wirksamen Vereinbarung eines Interessenausgleichs entgegenstehen, liegen etwa vor bei einem gemeinsam vom AG und BR unterzeichneten Rundschreiben (LAG Düsseldorf 3. 2. 1977 DB 1977, 1954), bei einem bloßen Protokoll über die Verhandlung des Interessenausgleichs (*Küttner/Eisemann* Interessenausgleich Rn. 9) und bei einer gemeinsamen Unterschrift unter einer Massenentlassungsanzeige nach § 17 III KSchG (DKK/*Däubler* Rn. 11). Die Massenentlassungsanzeige schafft nur die kündigungsrechtlichen Voraussetzungen für die geplanten Entlassungen. Werden aber umgekehrt im Interessenausgleich die AN namentlich benannt, denen aufgrund der Betriebsänderung gekündigt werden soll, ersetzt dies nach § 1 III 4 KSchG die Stellungnahme des BR nach § 17 III KSchG.

4. Verfahren. Das BetrVG sieht für den Interessenausgleich ein obligatorisches Verfahren ohne erzwingbare Einigung vor. Um Nachteilsausgleichsansprüche und ggf. Unterlassungsverfügungen seitens des BR (vgl. dazu § 111 Rn. 24) abzuwenden, hat der Unternehmer den **Abschluß eines Interessenausgleichs zu versuchen** (§§ 112 III 2, 113 III). Insofern trifft den Unternehmer die Initiativlast. Er ist verpflichtet, den BR gem. § 111 rechtzeitig und umfassend zu unterrichten und Beratungen mit ihm aufzunehmen. Und er ist auch verpflichtet, den richtigen Verhandlungspartner zu ermitteln. Bei Zweifeln darüber, welcher BR oder ob der GesamtBR zuständig ist, muß der AG die in Betracht kommenden ANVertretungen zur Klärung der Zuständigkeitsfrage auffordern. Einigen sich die ANVertretungen, wer zuständig sein soll, ist durch Verhandlung mit diesen Gremien der Interessenausgleich „versucht". Einigen sich die Mitbestimmungsorgane nicht auf einen Verhandlungspartner, darf der AG mit der Vertretung verhandeln, deren Herausgreifen nachvollziehbar erscheint (BAG 24. 1. 1996 AP BetrVG 1972 § 50 Nr. 16 = BB 1996, 2093; *Küttner/Eisemann* Interessenausgleich Rn. 15).

Scheitern innerbetriebliche Interessenausgleichsverhandlungen, so kann nach § 112 II jede Seite den **Präsidenten des LAA** um Vermittlung ersuchen. Dieser braucht nicht persönlich zu erscheinen, sondern kann einen Vertreter entsenden. Verweigern darf der Präsident des LAA seine Mitwirkung nicht. Da die Einschaltung des Präsidenten des LAA fakultativ ist, hat ihr Unterbleiben keine Rechtsfolgen nach § 113 (*Fitting* Rn. 15).

Kommt es nicht zu einem Vermittlungsversuch durch den Präsidenten des LAA oder bleibt die Vermittlung erfolglos, muß der Unternehmer von sich aus die Einigungsstelle anrufen, wenn er Ansprüche der AN auf Nachteilsausgleich vermeiden will (BAG 18. 12. 1984 AP BetrVG 1972 § 113 Nr. 11). Nur wenn in der Einigungsstelle das Scheitern der Verhandlungen festgestellt wird, sollte ein hinreichender Versuch des Interessenausgleichs vorliegen, wobei allerdings umstritten ist, wer wann das Scheitern bestimmt. *Fitting* (§§ 112, 112 a Rn. 45) weist die Zuständigkeit für die Feststellung des Scheiterns dem Vorsitzenden der Einigungsstelle zu, *Dietz/Richardi* (§ 112, Rn. 169) der Einigungsstelle selbst. Nach einer vielfach vertretenen Auffassung kann der BR seine Zustimmung zur Betriebsänderung von der Aufstellung eines Sozialplans abhängig machen (BAG 17. 9. 1974 AP BetrVG 1972 § 113 Nr. 1; *Fitting* Rn. 23; *Richardi* § 112 Rn. 28 f.; aA *Galperin/Löwisch*, BetrVG, 6. Aufl. 1982, § 113 Rn. 45; HSG/*Hess* § 112 Rn. 6; vermittelnd *Hanau* ZfA 1974, 89, 111: die Einigungsstelle kann nach ihrem Ermessen die Verhandlung über Interessenausgleich und Sozialplan verbinden oder auch nicht). Nach BAG 14. 9. 1976 AP BetrVG 1972 § 113 Nr. 2 und DKK/*Däubler* § 112, 112 a Rn. 7 kann der AG auch dann nicht unmittelbar zur Fortsetzung des Interessenausgleichsversuchs gezwungen werden, wenn er ihn gar nicht oder zu spät beginnt oder vorzeitig abbricht; er sei dann jedoch den Ansprüchen aus § 113 ausgesetzt. Die Regelung des Interessenausgleichsversuchs setzt den Willen des AG voraus, mit dem ernsten Willen zur Einigung zu verhandeln („to bargain in good faith"); sonst wäre sie sinnlos. Einen ungefähren Anhalt für die Dauer des Verfahrens gibt der Gesetzgeber durch die Abschaffung der bisherigen Fristenregelung. Nach seiner Auffassung reichen jedenfalls in komplexen Fällen zwei Monate für die Verhandlungen zwischen den Betriebspartnern und ein weiterer Monat für die Einigungsstelle idR nicht aus. Dies bedeutet aber nicht, daß sich die Verhandlungen beliebig hinziehen könnten. Der AG hat jederzeit die Möglichkeit, das Verfahren voranzubringen, indem er für die Bildung einer Einigungsstelle sorgt und das Verfahren in ihr betreibt. Auch die Einigungsstelle kann das Verfahren nicht beliebig hinauszögern. Im Rahmen von einstweiligen Verfügungen auf Unterlassung von Betriebsänderungen vor Abschluß des Interessenausgleichsversuchs haben die Gerichte auch schon unter der früheren, jetzt wiederhergestellten Rechtslage Fristen gesetzt. Nach LAG Frankfurt 6. 4. 1993 (LAGE BetrVG § 111 Nr. 12; ähnlich LAG Berlin LAGE BetrVG § 111 Nr. 13) kann bei der Bestimmung der Dauer der Unterlassungspflicht ua. berücksichtigt werden, daß der BR die Interessenausgleichsverhandlungen bis hin zur Bildung der Einigungsstelle aktiv betreiben kann und das von ihm regelmäßig zu erwarten ist. Es sei dann darauf abzustellen und abzuschätzen, bis wann die Einigungsstelle – unter Annahme eines zügigen und komplikationslosen Verlaufs der Vorgänge – hätte gebildet werden, verhandeln und die Verhandlungen abschließen können. Für die notwendige und zulässige Dauer des Verfahrens bei der Einigungsstelle wird es auch eine Rolle spielen, wie lange und wie ernsthaft sich schon die Betriebspartner selbst um einen Interessenausgleich bemüht haben. Allerdings wird die Entscheidung der Einigungsstelle über das Scheitern bzw. Nichtscheitern des Interessenausgleichsversuchs nicht unbeschränkt gerichtlich überprüfbar sein. Nur im Falle einer Überschreitung ihres Ermessens ist eine nachträgliche gerichtliche Inzidentprüfung geboten. Im Ermessen der Einigungsstelle steht es auch, ob sie den Interessenausgleichsversuch bis zur Einigung über den Sozialplan fortsetzt, doch darf dies nicht dazu führen, daß wegen Verzögerung der Betriebsänderung drohende Verluste den AG bei dem Sozialplan zu ungerechtfertigten Konzessionen zwingen. Bei den präventiven Unterlassungsverfügungen kann sich das Gericht an Erfahrungswerten orientieren und gegebenenfalls bei einem erneuten Antrag auf einstweilige Verfügung oder ihre Aufhebung den bisherigen Verfahrensstand einbeziehen. Für die Feststellung des Scheiterns oder Nichtscheiterns dürfte angesichts der Bedeutung dieser Entscheidung nicht der Vorsitzende allein sondern nur die Einigungsstelle im ganzen zuständig zuständig sein, die allerdings mit Mehrheit entscheiden kann.

9   **5. Bindungswirkung.** Die Wirkung des Interessenausgleichs hängt von seiner Rechtsnatur ab, zu der sich das BetrVG nicht ausdrücklich äußert. Aus einem Umkehrschluß zu § 112 I 3 ergibt sich, daß es sich beim Interessenausgleich anders als beim Sozialplan nicht um eine Betriebsvereinbarung handelt. Das bedeutet, daß der Interessenausgleich keine unmittelbare und zwingende Wirkung für die einzelnen AN entfaltet. Es handelt sich bei ihm um eine kollektive Vereinbarung besonderer Art (GK-BetrVG/*Fabricius* Rn. 22; MünchArbR/*Matthes* § 352 Rn. 16). Aus der Einstufung als „Vereinbarung" kann jedoch nicht der Schluß gezogen werden, daß der BR einen klagbaren Anspruch auf Einhaltung hat. Das Argument, Verträge seien einzuhalten (*Fitting* Rn. 13), greift zu kurz; denn in § 113 I hat der Gesetzgeber ausdrücklich Sanktionen für den Fall der Abweichung des Unternehmers von einem vereinbarten Interessenausgleich vorgesehen (BAG 28. 8. 1991 AP ArbGG 1979 § 85 Nr. 2; GK-BetrVG/*Fabricius* Rn. 22; aA MünchArbR/*Matthes* § 352 Rn. 16 *Fitting* Rn. 13; *Siemes* ZfA 1998, 183; LAG München 30. 7. 1997 LAGE § 112 BetrVG Interessenausgleich Nr. 1). Im Hinblick auf die Regelung in § 113 ist der Interessenausgleich deshalb als unvollkommene Verbindlichkeit einzustufen, die auch sonst der Privatrechtsordnung nicht fremd ist. BR und AG steht es aber frei, den Interessenausgleich ausdrücklich als Regelungsabrede oder sogar Betriebsvereinbarung zu vereinbaren, um dem BR einen Anspruch auf dessen Einhaltung oder sogar den AN eigene unabdingbare Rechte einzuräumen, soweit die einheitlichen Voraussetzungen dieser Vereinbarung gegeben sind (*Fitting* Rn. 13; *Molkenbur/Schulte* DB 1995, 270). Der Regelung des Interessenausgleichsverfahrens kann nicht der Wille des Gesetzgebers entnommen werden, die allgemein gegebenen Regelungsmöglichkeiten der Betriebsparteien einzuschränken; angesichts der Sondernorm des § 112 wären hierfür besondere Anhaltspunkte nötig. Ein erzwingbares Mitbestimmungsrecht besteht insofern freilich nicht. Weitergehende Bindungswirkung kommt allerdings dem stellenscharfen Interessenausgleich gem. § 125 InsO, § 323 II UmwG zu. Dieser entfaltet insofern unmittelbare Rechtswirkung gegenüber den einzelnen betroffenen AN, als durch die eingeschränkten gerichtlichen Kontrollmaßstab dessen Rechtsschutzmöglichkeiten verringert werden. Außerdem dürfte ein solcher Interessenausgleich idR dahingehend zu verstehen sein, daß der AG sich rechtswirksam und klagbar verpflichtet, die im

Interessenausgleich nicht aufgeführten AN, nach Maßgabe des Interessenausgleichs nicht zu entlassen. S. auch Rn. 4.

6. Sonderregeln in der Insolvenz. Die am 21. 4. 1994 verabschiedete InsO ist zum 1. 1. 1999 in 10 Kraft getreten und hat zu diesem Zeitpunkt KO, VerglO und die GesO für die neuen Bundesländer abgelöst. Die zentralen arbeitsrechtlichen Neuregelungen der InsO sind allerdings gem. Art. 6 des Arbeitsrechtlichen Beschäftigungsförderungsgesetzes (Sparpaket) bereits zum 1. 10. 1996 in Kraft gesetzt worden. Für den **Interessenausgleich** sind folgende Regelungen maßgeblich: §§ 121, 122 InsO sollen der Beschleunigung des Interessenausgleichsverfahrens dienen. Ein Vermittlungsversuch des Präsidenten des LAA findet nur dann statt, wenn Insolvenzverwalter und BR gemeinsam um eine solche Vermittlung ersuchen. Ansonsten können beide Parteien sofort die Einigungsstelle anrufen. Erscheint dem Insolvenzverwalter auch die Anrufung der Einigungsstelle zu langwierig, kann er gem. § 122 I InsO die Zustimmung des ArbG zur Betriebsänderung ohne Durchführung eines Einigungsstellenverfahrens beantragen, wenn innerhalb von drei Wochen nach Verhandlungsbeginn bzw. nach Aufforderung zur Aufnahme von Verhandlungen ein Interessenausgleich nicht zustande gekommen ist. Die Frist muß erst bei dem Anhörungstermin abgelaufen sein, ArbG Lingen 9. 7. 1999 ZIP 1999, 1892. Das ArbG hat die Zustimmung zu erteilen, wenn dies die wirtschaftliche Lage des Unternehmens auch unter Berücksichtigung der sozialen Belange des AN erfordert (§ 122 II InsO). Im Rahmen des § 158 II InsO ist das ArbG an die Entscheidung nicht gebunden. Der Beschluß des ArbG wird grds. sofort rechtskräftig, es sei denn, das ArbG läßt die Rechtsbeschwerde zum BAG zu. Ein Beschwerdeverfahren beim LAG gibt es nicht (§ 122 III InsO). Die entsprechende Anwendung des § 72 II Nr. 2 ArbGG ist auf abweichende ArbGentscheidungen zu beziehen.

Da § 122 II allgemein auf das Beschlußverfahren verweist, gilt auch der einstweilige Rechtsschutz 11 gem. § 85 ArbGG (so der Rechtsausschuß des BT, BT-Drucksache 12/7302 S. 171; ArbG Hamburg 4. 2. 1997 ZIP 1997, 474; aM *D/K/K* § 122 InsO Rn. 13; *Lakies*, RdA 1997, 145, 153). Während des Verfahrens nach § 122 besteht kein zusätzliches Hindernis für die Durchführung der Betriebsänderung, da es diese erleichtern soll. Zu Sonderregeln des Interessenausgleichs in §§ 125 ff. InsO s. dort.

II. Sozialplan

1. Zweck und Wirkung. Der Sozialplan dient gem. § 112 I 2 dem **Ausgleich bzw. der Milderung** 12 **der wirtschaftlichen Nachteile,** die den AN infolge einer Betriebsänderung entstehen. Immaterielle Nachteile, die AN ggf. stärker belasten können als wirtschaftliche (zB Verlust sozialer Beziehungen, Entwertung speziellen Wissens) sind nicht ausgleichspflichtig (*Fitting* Rn. 39; *Hanau* ZfA 1974, 101). Umstritten ist, ob der Sozialplan (vergangenheitsbezogen) einen Ausgleich für den Verlust des Arbeitsplatzes oder (zukunftsbezogen) eine Überbrückungshilfe bis zu einem neuen Arbeitsverhältnis bzw. dem Bezug des gesetzlichen Altersruhegeldes leisten soll. Das BAG neigte zunächst zu einer Kombination beider Zwecke (BAG GS 13. 12. 1978 AP BetrVG 1972 § 112 Nr. 6), betont jetzt aber aufgrund des 1985 eingefügten § 112a vor allem die **Überleitungs- und Vorsorgefunktion** des Sozialplans (BAG 11. 8. 1993 AP BetrVG 1972 § 112 Nr. 71; BAG 9. 11. 1994 AP BetrVG 1972 § 112 Nr. 85; BAG 31. 7. 1996 AP BetrVG 1972 § 112 Nr. 103). Daraus folgt, daß für die Betriebspartner und ggf. die Einigungsstelle die rechtliche Möglichkeit besteht, AN, die unmittelbar im Anschluß an ihr Ausscheiden einen neuen Arbeitsplatz finden, von Sozialplanansprüchen auszunehmen (BAG 30. 11. 1994 AP BGB § 611 Ausbildungshilfe Nr. 20 = DB 1995, 1283), verminderte Leistungen für AN vorzusehen, die kurz vor Erreichen des Rentenalters stehen (BAG 26. 7. 1988 AP BetrVG 1972 § 112 Nr. 45 = DB 1988, 2464) oder prinzipiell die Betriebszugehörigkeit bei der Bemessung von Sozialplanleistungen unberücksichtigt zu lassen (*Fitting* Rn. 45). Andererseits behalten die Betriebszugehörigkeit und das damit verbundene höhere Lebensalter ihre Bedeutung als Prognosegrundlage für die Aussichten auf dem Arbeitsmarkt, sowie als Kriterium für die Abfindung, wenn nicht als zukünftige Nachteile berücksichtigt werden können. Insofern ist es, auch wenn die Überbrückungsfunktion des Sozialplans betont, nach wie vor möglich, die Betriebszugehörigkeit als Faktor für die Berechnung von Sozialplanleistungen einfließen zu lassen. Sozialplanabfindungen aber allein nach der Betriebszugehörigkeit zu bemessen und auf diese Weise eine zusätzliche Belohnung für geleistete Betriebstreue auszuwerfen, ist mit dem vom BAG angenommenen Zweck des Sozialplans nicht vereinbar. Die Möglichkeit der freiwilligen Leistung derartiger Zahlungen bleibt davon unberührt. S. auch § 77 Rn. 72 f.; unten Rn. 31 ff.

Der Sozialplan hat nicht nur die **Wirkung einer Betriebsvereinbarung** (vgl. § 112 I 3), sondern er 13 ist eine (BAG 18. 12. 1990 AP BetrVG 1972 § 99 Nr. 85 = DB 1991, 969). Er enthält gem. § 77 IV 1 unabdingbare Rechtsansprüche der AN, die diese im Urteilsverfahren einklagen können. Ein Verzicht ist nur mit Zustimmung des BR zulässig. Anders als bei sonstigen Betriebsvereinbarungen gilt der Tarifvorbehalt des § 77 III nicht (§ 112 I 4). Sozialpläne können daher auch abgeschlossen werden, wenn entsprechende tarifliche Regelungen (Rationalisierungsschutzabkommen) für den Geltungsbereich des Sozialplans vorliegen oder üblich sind. Zwischen tariflichem Rationalisierungsschutzabkommen und Sozialplan gilt das Günstigkeitsprinzip (BAG 27. 8. 1975 AP BetrVG 1972 § 112 Nr. 2). Der AG ist deshalb verpflichtet, die jeweils für den betroffenen AN bessere Leistung zu erbringen, soweit im TV nicht ausdrücklich etwas anderes vereinbart ist. S. auch § 77 Rn. 72 f.

14 **2. Erforderlichkeit eines Sozialplans.** Grds. kann **bei jeder Betriebsänderung** iSd. § 111 ein Sozialplan verlangt werden. Dies gilt auch dann, wenn der Unternehmer einen Interessenausgleich mit dem BR weder erreicht noch versucht hat und deshalb zur Leistung von Nachteilsausgleichsansprüchen an die einzelnen AN gem. § 113 verpflichtet ist. Auch der Sozialplan sollte grds. vor der Betriebsänderung vereinbart werden. Der Unternehmer kann sich jedoch durch eine rasche Durchführung der Betriebsänderung seiner Sozialplanpflicht nicht entziehen. Der Sozialplan kann auch nach Durchführung der Betriebsänderung noch vereinbart werden. Dies gilt selbst dann, wenn etwa bei einer Betriebsschließung oder Betriebsaufspaltung die Amtszeit des BR eigentlich beendet wäre; der BR behält für den Abschluß des Sozialplans ein Restmandat (BAG 20. 4. 1982 AP BetrVG 1972 § 112 Nr. 15 = DB 1982, 1727).

15 Die Sozialplanpflicht besteht bei **jeder** einzelnen Betriebsänderung. **Rahmensozialpläne,** für mögliche, aber noch nicht geplanter konkrete Betriebsänderungen. verbrauchen das Mitbestimmungsrecht, wenn die geahnte bzw. befürchtete Betriebsänderung eintritt (BAG 26. 8. 1997 AP BetrVG 1972 § 112 Nr. 117; BAG 19. 1. 1999 NZA 1999, 949 mit Abgrenzung zum Rahmeninteressenausgleich (Rn. 4).

16 **Einschränkungen von der Erzwingbarkeit des Sozialplans** macht der 1985 in das Gesetz eingefügte § 112 a. § 112 a I bezieht sich auf den Fall, wenn die geplante Betriebsänderung allein in einem **Personalabbau** besteht. In diesem Fall kann der Sozialplan nur erzwungen werden, wenn die Zahl der aus betriebsbedingten Gründen entlassenen AN die in Nr. 1 bis 4 genannten Grenzen erreicht. Die in § 112 a I genannten Zahlen und Prozentsätze liegen über den Zahlengrenzen des § 17 KSchG, welche das BAG zur Bestimmung der Begriffe „erhebliche Teile der Belegschaft" bzw. „wesentliche Betriebsteile" iSd. § 111 heranzieht. Folge ist, daß bei einem Personalabbau, der die Zahlengrenzen des § 17 KSchG überschreitet, die Grenzen des § 112 a I dagegen nicht erreicht, der Unternehmer lediglich einen Interessenausgleich mit dem BR versuchen muß, ohne zum Abschluß eines Sozialplans über die Einigungsstelle gezwungen werden zu können. Besteht eine Betriebsänderung nicht nur aus einem Personalabbau, sondern sind zugleich weitere ausdrücklich in § 111 S. 2 aufgeführte Tatbestände einer Betriebsänderung erfüllt, greift die Ausnahmevorschrift des § 112 a I nicht ein. Als Entlassung aus betriebsbedingten Gründen gilt gem. § 112 a I 2 auch das vom AG aus Gründen der Betriebsänderung veranlaßte Ausscheiden von AN aufgrund von Aufhebungsverträgen. Dem ist der Fall gleichzustellen, daß der AG AN zu Eigenkündigungen veranlaßt hat (BAG 4. 7. 1989 AP BetrVG 1972 § 111 Nr. 27 = DB 1990, 485; *Küttner/Eisemann* Sozialplan Rn. 15). Zum Begriff der „Veranlassung" unten Rn. 20.

17 § 112 a II stellt **neu gegründete Unternehmen** in den ersten vier Jahren nach ihrer Gründung von der Verpflichtung zum Abschluß von Sozialplänen frei, um ihnen die schwierige Anfangsphase des Aufbaus zu erleichtern. Der Unternehmer soll von dem Risiko befreit werden, im Falle des Scheiterns seiner Neugründung mit Sozialplanverpflichtungen belastet zu werden (*Fitting* Rn. 30). Privilegiert werden soll der „junge Unternehmer", so daß das Alter der unternehmenszugehörigen Betriebe irrelevant ist. Unternehmen, die länger als vier Jahre bestehen, können sich deshalb nicht auf die begünstigende Vorschrift berufen, wenn sie einen neuen Betrieb gründen (*Wlotzke* NZA 1984, 217; *Fitting* Rn. 31). Umgekehrt ist ein neu gegründetes Unternehmen in den ersten vier Jahren nach seiner Gründung auch dann von der Sozialplanpflicht für eine Betriebsänderung befreit, wenn diese Betriebsänderung in einem Betrieb erfolgt, den das Unternehmen übernommen hat und der selbst schon länger als vier Jahre besteht (BAG 13. 6. 1989 AP BetrVG 1972 § 112 a Nr. 3; aA *Fitting* Rn. 36; DKK/*Däubler* Rn. 35 unter Hinweis auf die EG-Richtlinie vom 14. 2. 1977 über die Wahrung erworbener Rechte beim Übergang von Unternehmen, Betrieben oder Betriebsteilen. Insoweit dürfte in der Tat eine Vorlage an den EuGH geboten sein. Dazu, daß das BAG insoweit auch keine Sozialplanpflicht des früheren AG vorsieht, § 111 Rn. 14).

18 Die Privilegierung gilt nicht für **Neugründungen im Zusammenhang mit der rechtlichen Umstrukturierung von Unternehmen und Konzernen** (§ 112 a II 2). Sozialplanpflicht besteht deshalb etwa, wenn zwei Unternehmen einzelne Betriebe einem neugegründeten Unternehmen übertragen, das diese Betriebe mit einer auf dem Zusammenschluß beruhenden unternehmerischen Zielsetzung fortführen soll (BAG 22. 2. 1995 AP BetrVG 1972 § 112 a Nr. 8) oder wenn der Alleingesellschafter und Geschäftsführer der Komplementär-GmbH einer KG eine neue GmbH gründet und diese von der KG einen Betrieb übernimmt (BAG 22. 2. 1995 AP BetrVG 1972 § 112 a Nr. 7).

19 **3. Erfaßter Personenkreis.** Vom persönlichen Anwendungsbereich her werden **alle AN** iSd. § 5 I vom Sozialplan erfaßt, die durch die geplante Betriebsänderung Nachteile erleiden. Dies gilt auch für **Teilzeitbeschäftigte;** sie dürfen wegen des Verbots unterschiedlicher Behandlung in § 2 BeschFG von Sozialplanleistungen nicht ausgenommen werden, können aber mit Leistungen bedacht werden, die entsprechend ihrer persönlichen Arbeitszeit im Verhältnis zur üblichen Arbeitszeit herabgesetzt sind (BAG 28. 10. 1992 NZA 1993, 515). Nicht vom Sozialplan erfaßt werden die in § 5 II aufgeführten Personen sowie **leitende Angestellte** (BAG 31. 1. 1979 AP BetrVG 1972 § 112 Nr. 8). Dies ergibt sich

II. Sozialplan

jetzt eindeutig aus § 32 II SprAuG, der lediglich eine Beratungspflicht wegen wirtschaftlicher Nachteile für leitende Angestellte durch Betriebsänderungen vorsieht. Leitende Angestellte haben auch aufgrund des Gleichbehandlungsgrundsatzes keinen Anspruch gegen den Unternehmer auf Sozialplanleistungen (BAG 16. 7. 1985 AP BetrVG 1972 § 112 Nr. 32). Zulässig ist es dagegen, mit leitenden Angestellten in Einzelvereinbarungen Ansprüche in Anlehnung an den Sozialplan vorzusehen (*Fitting* Rn. 74). Problematisch ist der Ausschluß leitender Angestellter, wenn ein zuvor über Jahre als „normaler" AN Beschäftigter kurz vor der Betriebsänderung zum leitenden Angestellten befördert wurde. In diesem Fall ist zu prüfen, ob die Beförderung rechtsmißbräuchlich gerade zum Zwecke des Ausschlusses von Sozialplanansprüchen erfolgte.

Da der AG seine Pflichten nicht durch Hinauszögern des Sozialplans umgehen kann, werden auch 20 **ausgeschiedene Mitarbeiter** vom Sozialplan erfaßt (LAG Hamm 1. 3. 1972 DB 1972, 632, 648). Grds. zulässig ist es, wenn die Betriebspartner bei der Zuerkennung von Ansprüchen auf eine Abfindung in einem Sozialplan unterscheiden zwischen AN, denen infolge der Betriebsänderung gekündigt worden ist und solchen, die ihr Arbeitsverhältnis (vorher) durch eine Eigenkündigung oder einen Aufhebungsvertrag beendet haben. Eine Ausnahme von diesem Grundsatz gilt dann, wenn die Eigenkündigung oder der Aufhebungsvertrag vom AG **veranlaßt** worden ist. In einem solchen Fall sind gekündigte AN und AN die aufgrund einer Eigenkündigung oder eines Aufhebungsvertrages ausgeschieden sind, gleich zu behandeln (BAG 11. 8. 1993, 20. 4. 1994, 8. 11. 1994 AP BetrVG § 112 Nr. 71, 77, 85; BAG 13. 11. 1996 AP BGB § 620 Aufhebungsvertrag Nr. 4). Eine Veranlassung in diesem Sinne liegt nach Auffassung des BAG nur dann vor, wenn der AG den AN im Hinblick auf eine konkret geplante Betriebsänderung bestimmt, selbst zu kündigen oder einen Aufhebungsvertrag zu schließen, um so eine sonst notwendig werdende Kündigung zu vermeiden. Ein bloßer Hinweis des AG auf eine unsichere Lage des Unternehmens, auf notwendig werdende Betriebsänderungen oder der Rat, sich eine neue Stelle zu suchen, genüge nicht (BAG 19. 7. 1995 AP BetrVG 1972 § 112 Nr. 96). Der AG wird aufgrund dieser Rspr. in die Lage versetzt, durch eine blumige Darstellung der schlechten Ertragslage des Unternehmens den AN „bange zu machen" und ihm auf diese Weise eine Eigenkündigung nahezulegen, ohne daß von einer „Veranlassung" gesprochen werden könnte, die zu einer Einbeziehung in den Sozialplan verpflichten würde.

4. Verfahren. Das Verfahren entspricht grds. dem der Verhandlungen über den Interessenausgleich 21 (vgl. oben Rn. 6). Im Unterschied zum Interessenausgleich kann aber der Sozialplan **vor der Einigungsstelle** erzwungen werden. Der Spruch der Einigungsstelle ersetzt die Einigung zwischen AG und BR (§ 112 IV 2). Die Verfahren von Interessenausgleich und Sozialplan werden in der Praxis häufig miteinander verbunden; notwendig ist dies nicht. Kommt ein Interessenausgleich nicht zustande, braucht mit dem Abschluß des Sozialplans nicht gewartet zu werden, bis der Unternehmer die Betriebsänderung tatsächlich durchgeführt hat. Die Regelungen des Sozialplans haben sich danach zu richten, wie der Unternehmer seiner erklärten Absicht nach die Betriebsänderung durchführen will. Ändert er nachträglich seinen Entschluß, beginnt das Verfahren nach §§ 111 ff. von neuem mit der Folge, daß ggf. auch ein neuer Sozialplan aufzustellen ist, der den alten ganz oder tlw. ersetzen kann (*Fitting* Rn. 48).

Bei **Betriebsänderungen im Zusammenhang mit einem Betriebsübergang** ist fraglich, wer Ver- 22 tragspartner des BR ist; dabei ist zu differenzieren: Liegt die Betriebsänderung in dem Betriebsübergang selbst (Betriebsaufspaltung gem. § 111 S. 2 Nr. 3) oder beruht sie auf einem interessenausgleichspflichtigen Entschluß des Veräußerers, bleibt dieser auch nach dem Betriebsübergang zuständig für die Sozialplanverhandlungen. Beruht die Betriebsänderung dagegen auf einem Entschluß des Erwerbers (zB Personalabbau nach Betriebsübergang), ist dieser Verhandlungspartner des nunmehr zuständigen BR (tlw. aA *Bauer* DB 1994, 217, 221; *Fitting* Rn. 49; zur Betriebsspaltung § 111 Rn. 14). Bei Zweifeln kann ein Sozialplan für den Fall vereinbart werden, daß kein Betriebsübergang vorliegt (BAG 1. 4. 1998 AP BetrVG 1972 § 112 Nr. 123).

5. Inhalt des vereinbarten Sozialplans. (s. *Hauck*, Der Inhalt von Sozialplänen auf dem Prüfstand 23 des BAG, AuA 1998, 69). **Rechtliche Grenzen** des zulässigen Inhalts eines zwischen BR und AG vereinbarten Sozialplans ergeben sich zunächst **aus seinem Zweck**, durch eine Betriebsänderung entstehende wirtschaftliche Nachteile der AN auszugleichen oder zu mildern. Mit diesem Zweck nicht zu vereinbaren sind solche Regelungen, die ausschließlich zu Lasten der betroffenen AN gehen. Unzulässig sind etwa Vereinbarungen über die Kürzung entstandener Lohnansprüche (*Fitting* Rn. 46), über die Aufhebung oder Kapitalisierung unverfallbarer Versorgungsanwartschaften (BAG 24. 3. 1981 AP BetrVG 1972 § 112 Nr. 12) oder Regelungen über eine ungünstigere Zahlungsweise von ausstehendem Lohn (LAG München 22. 11. 1987 LAGE BetrVG § 112 Nr. 10). Weiter darf die Zahlung einer Sozialplanabfindung nicht davon abhängig gemacht werden, daß ein ausländischer AN in seine Heimat zurückkehrt (BAG 7. 5. 1987 AP KSchG 1969 § 9 Nr. 19 = DB 1988, 450) oder daß ein AN keine Kündigungsschutzklage erhebt bzw. eine bereits erhobene Klage wieder zurücknimmt (BAG 20. 12. 1983 AP BetrVG § 112 Nr. 17). Zulässig ist es dagegen, die Fälligkeit von Ansprüchen aus dem Sozialplan bis zum Abschluß des Kündigungsschutzverfahrens hinauszuschieben und im Sozialplan zu vereinbaren, daß eine Abfindung nach den §§ 9, 10 KSchG auf die Sozialplanabfindung anzurechnen ist (BAG 20. 6. 1985 AP BetrVG 1972 § 112 Nr. 33 = DB 1985, 2357) bzw. daß eine Sozialplanabfindung bei Zahlung einer Abfindung gem. §§ 9, 10 KSchG ganz entfällt. Knüpft die Abfindung an die Differenz zwischen Entgelt und Arbeitslosengeld an, muß der AN den AG-Anspruch durch Wahl der günstigsten Steuerklasse ausschöpfen, LAG Sachsen-Anhalt 29. 9. 1995, BB 1999, 1713 LS.

24 Im übrigen ist der Sozialplan wie jede Betriebsvereinbarung an **zwingendes staatliches Recht** gebunden. Besondere Bedeutung kommt hier § 75 zu, der die Betriebspartner zur Behandlung der AN nach Recht und Billigkeit und insb. zur Wahrung des allgemeinen **Gleichbehandlungsgrundsatzes** verpflichtet.

25 **Mit § 75 zu vereinbaren** ist es, bei Ausgleichsleistungen anspruchsmindernd zu berücksichtigen, daß ältere AN vorgezogenes Altersruhegeld beziehen können (BAG 28. 10. 1992 EzA BetrVG § 112 Nr. 66), ältere AN von Sozialplanleistungen ganz auszunehmen, wenn sie nach Beendigung des Arbeitsverhältnisses Arbeitslosengeld und im unmittelbaren Anschluß daran Rente erhalten können (BAG 31. 7. 1996 AP BetrVG 1972 § 112 Nr. 103; LAG Köln 25. 11. 1998 NZA-RR 1999, 888). Weiter können AN ausgeschlossen werden, die auf Vermittlung des AG einen neuen zumutbaren Arbeitsplatz erhalten (BAG 19. 6. 1996 AP BetrVG 1972 § 112 Nr. 102 = DB 1996, 2083). Dabei kommt es weniger auf die Vermittlungstätigkeit, als auf die Qualität des neuen Arbeitsplatzes an; im Hinblick auf die durch die Wartefrist des § 1 I KSchG verursachte Unsicherheit über den Bestand des neuen Arbeitsverhältnisses dürfte es etwa zulässig sein, den Ausschluß von Abfindungszahlungen aus einem Sozialplan an einen mehr als sechsmonatigen Bestand des neuen Arbeitsverhältnisses zu knüpfen. Zulässig ist weiter der Ausschluß von Abfindungszahlungen bei Weigerung, einen zumutbaren Arbeitsplatz im Betrieb, Unternehmen oder Konzern anzunehmen (BAG 28. 9. 1988 AP BetrVG 1972 § 112 Nr. 47 = DB 1989, 48) oder bei unbegründetem Widerspruch gegen den Übergang des Arbeitsverhältnisses nach § 613 a BGB (BAG 10. 11. 1993 AP TVG § 1 Tarifverträge: Einzelhandel Nr. 43; BAG 5. 2. 1997 DB 1997, 1623; BAG 19. 2. 1998 AP TVG § 4 Rationalisierungsschutz Nr. 25 = DB 1998, 2224), entspr. Klarstellung nötig, BAG 15. 12. 1998 DB 1999, 1402. Nicht gleichheitswidrig ist es grds., AN von der Zahlung von Sozialplanleistungen auszuschließen, die ihr Arbeitsverhältnis durch Aufhebungsvertrag oder Eigenkündigung selbst gekündigt haben (BAG 20. 4. 1994, 9. 11. 1994, 30. 11. 1994 AP BetrVG 1972 § 112 Nr. 77, 85, 89), es sei denn, Eigenkündigung oder Aufhebungsvertrag sind vom AG „veranlaßt" (dazu oben Rn. 20). Bei teilzeitbeschäftigten AN ist es gerechtfertigt, die Höhe von Sozialplanleistungen im Verhältnis der persönlichen Arbeitszeit zur üblichen Arbeitszeit herabzusetzen (BAG 28. 10. 1992 AP BetrVG 1972 § 112 Nr. 67 = NZA 1993, 515). Zulässig ist es schließlich auch, im Sozialplan festzulegen, daß er zu einem bestimmten Stichtag in Kraft tritt und daß er für eine bestimmte Zeit gilt, also nur solche Kündigungen und andere Formen des Ausscheidens erfaßt, die sich innerhalb dieses Geltungszeitraums vollziehen (BAG 24. 1. 1996 NZA 1996, 834; DKK/*Däubler* Rn. 133; *Küttner*, FS für Stahlhacke, S. 292). Der AG ist bei dem Angebot eines Aufhebungsvertrages grds. nicht verpflichtet, den AN von sich aus darüber aufzuklären, daß er weitere Entlassungen beabsichtigt, die uU zu einer sozialplanpflichtige Betriebseinschränkung führen können (BAG 13. 11. 1996 AP BGB § 620 Aufhebungsvertrag Nr. 4). S. auch § 75 Rn. 8.

26 **Unbillig bzw. unvereinbar mit dem allgemeinen Gleichbehandlungsgrundsatz** ist es dagegenüber, wenn bei Stillegung des Betriebs diejenigen AN im Sozialplan nicht berücksichtigt werden, die aus einem vorhergehenden, für die ursprünglich beabsichtigte Teilstillegung aufgestellten Sozialplan wesentlich geringere Abfindungen erhalten hatten (BAG 9. 12. 1981 AP BetrVG 1972 § 112 Nr. 14; BAG 11. 2. 1998 ZIP 1998, 802; *Löwisch* BetrVG § 112 Rn. 38). Unzulässig ist es weiter, wenn die vom AG der BA nach § 147 a SGB III zu erstattenden Beträge zur Hälfte auf die Abfindung angerechnet werden; dies benachteilt ohne sachlichen Grund langjährig beschäftigte gegenüber älteren AN mit relativ kurzer Betriebszugehörigkeit (BAG 16. 6. 1990 NZA 1991, 111). Gleichheitswidrig wären weiter zB die Schlechterstellung von Ausländern im Sozialplan oder die pauschale Differenzierung zwischen Arbeitern und Angestellten (DKK/*Däubler* Rn. 49). Mit dem Gleichbehandlungsgrundsatz unvereinbar ist schließlich auch die Ausschüttung einer Einheitsabfindung an alle AN im Sozialplan (zB 5000,00 DM für jeden AN); denn der Gleichbehandlungsgrundsatz verlangt nicht nur, Gleiches gleich, sondern auch Ungleiches seiner Eigenart entsprechend unterschiedlich zu behandeln. Konsequenterweise ist dann auch die Berechnung von Sozialplanabfindungen allein nach der Anzahl der Jahre der Betriebszugehörigkeit unzulässig. Das BAG hat dies bislang nur für einen Sozialplan, der auf einem Spruch der Einigungsstelle beruhte, ausgesprochen, in dem als Abfindung 75% des Monatsgehalts eines AN pro Beschäftigungsjahr vorgesehen war (BAG 14. 9. 1994 AP BetrVG 1972 § 112 Nr. 87 = NZA 1995, 440). Auch wenn die Betriebspartner beim vereinbarten Sozialplan nicht an die Ermessensgrundsätze des § 112 V gebunden sind, kann nichts anderes gelten, zumal neben dem Verstoß gegen den Gleichbehandlungsgrundsatz die Berücksichtigung allein der Betriebszugehörigkeit nicht mit dem vom BAG betonten Zweck des Sozialplans, eine Überbrückungshilfe für die Zukunft zu leisten, zu vereinbaren ist.

27 Abgesehen von diesen rechtlichen Grenzen sind die Betriebspartner frei in ihrer Entscheidung, **welche wirtschaftlichen Nachteile** sie ausgleichen oder mildern wollen (BAG 29. 11. 1978, 27. 10. 1987, 28. 9. 1988 AP BetrVG 1972 § 112 Nr. 7, 41, 47; BAG 14. 9. 1994 NZA 1995, 440). Soweit als Folge einer Betriebsänderung Entlassungen von AN vorzunehmen sind, steht in der Praxis die

Zahlung von Abfindungen im Vordergrund. Da jedenfalls beim vereinbarten Sozialplan Pauschalierungen in weitem Umfang möglich sind, erfolgt die Berechnung der Abfindungen häufig auf der Grundlage von Punktesystemen. Eine gängige Formel für die Berechnung von Abfindungen lautet: Dauer der Betriebszugehörigkeit × Lebensalter × Bruttomonatsvergütung geteilt durch einen von den Betriebspartnern ausgehandelten Divisor = Abfindung. Je kleiner dieser Divisor ist, desto höher ist die einzelne Abfindung und damit das Volumen des Sozialplanes, welches sich nur als rechnerische Größe aus der Gesamtsumme der Abfindungen ergibt (*Küttner/Eisemann* Sozialplan Rn. 28). Als Faustregel gilt ein halbes (letztes) Monatsgehalt pro Dienstjahr. Um dem Zweck des Sozialplans als Überbrückungshilfe gerecht zu werden, empfiehlt es sich, nicht bei dieser Formel stehen zu bleiben. Für besonders schwer auf dem Arbeitsmarkt zu vermittelnde Personen, etwa Schwerbehinderte, sollten zusätzliche Zahlungen vorgesehen werden. Ebenso empfiehlt sich eine Berücksichtigung der unterschiedlichen Unterhaltspflichten der betroffenen AN. Die Zahlung geringerer Abfindungen für ältere AN in Rentennähe ist nicht nur mit dem Gleichbehandlungsgrundsatz vereinbar (BAG 26. 7. 1988 AP BetrVG 1972 § 112 Nr. 45 = DB 1988, 2464), sondern auch im Hinblick auf die Überleitungs- und Vorsorgefunktion des Sozialplans geboten.

Entgegen der Auffassung des BAG (17. 9. 1991 AP BetrVG 1972 § 112 Nr. 59) ist es auch möglich, **28** im Sozialplan anstelle oder ergänzend zu Abfindungsleistungen **Umschulungs- oder Fortbildungsmaßnahmen** vorzusehen, die eine Anschlußtätigkeit innerhalb oder außerhalb des Unternehmens ermöglichen bzw. erleichtern (vgl. oben § 111 Rn. 11).

Bestehen die wirtschaftlichen Nachteile einer Betriebsänderung nicht in Entlassungen, kommen als **29** **Ausgleichsmaßnahmen** in Sozialplänen etwa in Betracht: Zahlungen von Lohnausgleich oder Auslösung bei Versetzungen, Beihilfen für Umschulungs- oder Weiterbildungsmaßnahmen, Übernahme von Bewerbungs- und Fahrtkosten, Aufrechterhaltung von Pensionsanwartschaften, Übernahme von Umzugskosten und vieles mehr.

Geregelt werden sollte im Sozialplan schließlich die **Fälligkeit** etwaiger Ansprüche. Fehlt es an einer **30** ausdrücklichen Regelung, sind Ansprüche mit ihrer Entstehung, dh. in dem Moment, in dem sämtliche Tatbestandsvoraussetzungen erfüllt sind, fällig (*Fitting* Rn. 78). Für Ansprüche auf Abfindungen ist dies regelmäßig der Zeitpunkt der rechtlichen Beendigung des Arbeitsverhältnisses. Die Fälligkeit kann aber auch auf einen späteren Zeitpunkt hinausgeschoben werden. Üblich und zulässig ist es, die Fälligkeit von Ansprüchen aus dem Sozialplan bis zum Abschluß eines Kündigungsschutzverfahrens hinauszuschieben (*Fitting* Rn. 46). Darüber hinaus können Ausschlußfristen für Abfindungen (und andere Leistungen) im Sozialplan vereinbart werden. Nach Auffassung des BAG werden Abfindungsansprüche aus Sozialplänen von den üblichen tariflichen Ausschlußklauseln erfaßt, soweit diese „Ansprüche aus dem Arbeitsverhältnis" erfassen (BAG 30. 11. 1994 AP BetrVG § 112 Nr. 89). Ob eine tarifliche Ausschlußklausel im Einzelfall eingreift, ist im Wege der Auslegung der jeweiligen tariflichen Bestimmung zu ermitteln (*Fitting* Rn. 80; vgl. auch BAG 3. 4. 1990 EzA TVG § 4 Ausschlußfrist Nr. 94 = SAE 1991, 84).

6. Ermessensrichtlinien beim erzwungenen Sozialplan. a) Grundsatz. Die Entscheidung der **31** Einigungsstelle ersetzt die Einigung zwischen Unternehmer und BR (Abs. 4). Die Einigungsstelle darf nur solche Nachteile ausgleichen, die unmittelbar durch die Betriebsänderung verursacht sind (BAG 10. 12. 1996 NZA 1996, 787). Die Einigungsstelle hat wie auch in den anderen Fällen des § 76 V 3 ihre Entscheidung nach billigem Ermessen zu treffen. Dabei wird der Begriff des billigen Ermessens durch § 112 V konkretisiert: Die Einigungsstelle hat sowohl die sozialen Belange der betroffenen AN zu berücksichtigen als auch auf die wirtschaftliche Vertretbarkeit ihrer Entscheidung für das Unternehmen zu achten und dabei die Leitlinien gem. § 112 V Nr. 1 bis 3 einzuhalten. Werden diese Leitlinien nicht eingehalten, liegt eine Ermessensüberschreitung vor, die den Sozialplan anfechtbar (s. Rn. 50) macht (BAG 14. 9. 1994 AP BetrVG 1972 § 112 Nr. 87 zu einer ausschließlich an der Betriebszugehörigkeit anknüpfenden Abfindungsregelung). Eine weitere Ermessensrichtlinie ergibt sich uE aus § 2 SGB III, der AG und AN zur Vermeidung von Arbeitslosigkeit anhält. Dem entsprechen der „Transfer-Sozialplan" der Chemischen Industrie (dazu *Wolff* NZA 1999, 623) und die Förderung nach §§ 254 ff. SGB III (s. Rn. 1; s. *Preis* NZA 1998, 449; *Gagel*, FS für Dieterich, 1999, 169, 176; dagegen *Rüthers* NJW 1998, 283; *Heinze* NZA 2000, 5).

b) Gegebenheiten des Einzelfalls. Die in Nr. 1 angesprochenen wirtschaftlichen Nachteile sind in **32** erster Linie solche, die entstehen, obwohl die betroffenen AN weiterbeschäftigt werden können. Die Verpflichtung der Einigungsstelle, die Gegebenheiten des Einzelfalls zu beachten, gilt aber über die beispielhafte Aufzählung hinaus auch für Sozialplanleistungen, die an den Verlust des Arbeitsplatzes anknüpfen (BAG 14. 9. 1994 AP BetrVG 1972 § 112 Nr. 87; aA *Fitting* Rn. 99). Die Verpflichtung, den Gegebenheiten des Einzelfalls Rechnung zu tragen, bedeutet nicht, daß die Einigungsstelle ihr Verfahren so lange hinauszögern muß, bis die konkreten Nachteile für jeden einzelnen AN feststehen. **Pauschalierende Prognosen** und Beträge sind im Interesse einer zügigen Abwicklung der Sozialplanverhandlungen meist unvermeidbar (*Berenz* NZA 1993, 538). Insofern bestehen keine Bedenken gegen das Abstellen auf die „Grunddaten" Lebensalter, Dauer der Betriebszugehörigkeit und Unterhaltspflichten sowie die Bemessung von Abfindungen nach einem Punktesystem (*Fitting* Rn. 100). Allerdings muß bei einem solchen Vorgehen Raum bleiben für die Erfassung (typischer) Sonderfälle wie zB der Schwerbehinderteneigenschaft zugunsten oder einem unmittelbaren Anschlußarbeitsverhältnis (vgl. Nr. 2) zulasten des jeweiligen AN. Unzulässig ist es jedenfalls, Abfindungen für alle Betroffenen in gleicher Höhe für jedes Beschäftigungsjahr ohne weitere Differenzierung, zB nach Alter und Beruf, familiären Belastungen, Schwerbehinderteneigenschaften usw. auszuwerfen (BAG 14. 9. 1994 AP BetrVG 1972 § 112 Nr. 87; *Fitting* Rn. 100).

33   c) **Aussichten auf dem Arbeitsmarkt.** Nach § 112 V Nr. 2 S. 1 **hat** die Einigungsstelle die Aussichten der betroffenen AN auf dem Arbeitsmarkt zu berücksichtigen. S. 1 bezieht sich auf AN, die infolge einer Betriebsänderung ihren Arbeitsplatz verlieren und – wie sich aus einem Gegenschluß zu S. 2 ergibt – keinen zumutbaren Arbeitsplatz innerhalb des Konzerns angeboten bekommen. Die Einigungsstelle kommt ihrer zwingenden gesetzlichen Verpflichtung nicht nach, wenn sie die Aussichten auf dem Arbeitsmarkt völlig außer Acht läßt und zB auch solchen AN, die außerhalb des Konzerns im Zeitpunkt des Sozialplanabschlusses ein Anschlußarbeitsverhältnis gefunden haben, die volle Abfindung zuspricht. Denn gute Aussichten auf dem Arbeitsmarkt werden insb. dadurch belegt, daß der AN bereits einen neuen Arbeitsplatz gefunden hat. Im übrigen ist die Einigungsstelle frei, wie sie die Aussichten auf dem Arbeitsmarkt berücksichtigt. Läßt sich noch nicht sicher beurteilen, ob ein neuer Arbeitsplatz zur Verfügung steht, kann der Sozialplan sich auch auf eine Vermutung in der einen oder anderen Richtung stützen (BAG 24. 11. 1993 AP BetrVG § 112 Nr. 72; BAG 9. 11. 1994 AP BetrVG § 112 Nr. 85). Maßgeblich sind eben nach § 112 V die **Aussichten** auf dem Arbeitsmarkt, nicht nur die bereits feststehenden Umstände. BAG 24. 11. 1993 (AP BetrVG § 112 Nr. 72) spricht in diesem Zusammenhang von **typischerweise** zu erwartenden Vorteilen und Nachteilen. Stellt sich eine Vermutung als falsch heraus, ist eine Korrektur des Sozialplans nicht geboten. Es besteht aber auch kein Zwang zu Vorhersagen, sondern es kann, insb. in Härteregelungen, auch auf die konkrete Dauer der Arbeitslosigkeit abgestellt werden (BAG 31. 7. 1996 AP BetrVG § 77 Nr. 63; auch BAG 11. 2. 1998 AP BetrVG § 112 Nr. 121). Die Einigungsstelle hat die Aussichten der AN auf dem Arbeitsmarkt nicht nur zu berücksichtigen, sondern auch zu fördern (Rn. 31). Dem entspricht, daß § 112 II die Vermittlung des LAA-Präsidenten nicht nur beim Interessenausgleich, sondern auch beim Sozialplan vorsieht. Nach § 255 II Nr. 3 SGB III ist eine Förderung von Eingliederungssozialplänen ausgeschlossen, wenn der Sozialplan ein Wahlrecht für den einzelnen AN zwischen Abfindung und Eingliederungsmaßnahmen vorsieht. Dies ist für die Einigungsstelle nicht unmittelbar verbindlich, gibt aber einen Hinweis, daß Eingliederungsmaßnahmen und Abfindungen nicht gleichwertig sind, vielmehr nur Eingliederungsmaßnahmen besonders förderungswürdig sind. In die gleiche Richtung geht die Feststellung der Amtlichen Begründung des § 254 SGB II (BT-Drucks. 13/9741, S. 197), mit dem neuen Instrument der Zuschüsse zu Sozialplanmaßnahmen sollten Sozialpläne beschäftigungswirksam genutzt werden können. Der Anreiz für die Sozialpartner, in Sozialplänen beschäftigungswirksame Maßnahmen anstelle von Abfindungen zu gewähren, werde hierdurch erhöht. Bei der Abwägung zwischen Transfermaßnahmen und Abfindungen kommt es weiterhin auf die Erfolgsaussichten der Transfermaßnahmen an. § 255 I Nr. 4 SGB III stellt insoweit auf die arbeitsmarktliche Zweckmäßigkeit der Maßnahme ab. Die bedeutet, daß wenig erfolgsprechende Maßnahmen von einer Förderung ausgeschlossen sind (so die Amtliche Begründung aaO S. 198). Die ist auch für die Ermessensausübung der Einigungsstellen bedeutsam. Je höher die Erfolgsaussichten einer Maßnahme sind, desto eher gebietet es das Ermessen, Transfermaßnahmen statt Abfindungen vorzusehen. Kann und muß die Einigungsstelle davon ausgehen, daß Transfermaßnahmen mit hoher Wahrscheinlichkeit zu neuen, zumutbaren Arbeitsplätzen führen, muß sie Abfindungen ganz ausschließen oder in beschränkter Höhe festsetzen, um die mit neuen Arbeitsplätzen gegebenenfalls verbundenen Nachteile auszugleichen. Insofern kann auf die vorstehend geschilderte Rspr. verwiesen werden. Sind Erfolgsaussichten von Transfermaßnahmen ungewiß, wenn auch nicht unmöglich, sind zusätzliche Erwägungen anzustellen. In diesem Fall ist den AN die Verweisung auf Transfermaßnahmen (nur) zumutbar, wenn sie bei einem Fehlschlag, den sie nicht selbst zu vertreten haben, Abfindungen zum Ausgleich oder zur Milderung des Arbeitsplatzverlustes erhalten. Dies bringt freilich für das Unternehmen das Risiko mit sich, erst den Transfer finanzieren oder – jedenfalls neben der Arbeitsverwaltung – mitfinanzieren zu müssen und dann doch Abfindungen, ggf. im Rahmen eines Härtefonds zahlen zu müssen. Eine solche Regelung wird deshalb nur mit dem Einverständnis des Unternehmens getroffen werden können. S. neuestens *Kraushaar* BB 2000, 1622.

34   Die Einigungsstelle **soll** nach S. 2 AN von Leistungen ausschließen, die in einem **zumutbaren Arbeitsverhältnis** im selben Betrieb oder in einem anderen Betrieb des Unternehmens oder eines zum Konzern gehörenden Unternehmens weiterbeschäftigt werden können und die Weiterbeschäftigung ablehnen. Die Formulierung „soll" in S. 2 ist so zu verstehen, daß die Einigungsstelle den Gesichtspunkt des zumutbaren Arbeitsverhältnisses grds. berücksichtigen muß, es sei denn, daß besondere Umstände eine abw. Wertung gebieten. Die Pflicht zur Berücksichtigung kann sich zu einer Pflicht zum Ausschluß aus dem Sozialplan steigern, wenn der AN einen gleichwertigen Arbeitsplatz gefunden hat. Ein Arbeitsplatz im selben Betrieb liegt auch vor, wenn dessen Inhaber gewechselt hat. Fraglich ist, inwiefern ein anderer Arbeitsplatz im Konzern den Ausschluß von Sozialplanleistungen nach sich

zieht, wenn dieser Arbeitsplatz den **Zumutbarkeitskriterien des § 121 SGB III** entspricht. Diese Frage war für die frühere Rechtslage auf der Basis der Zumutbarkeitsanordnung der BA vom 15. 4. 1982 (ANBA 1982, S. 523) umstritten (für Übertragbarkeit der Wertungen: *Löwisch* BB 1985, 1200, 1205; *ders.* BetrVG § 112 Rn. 16; aA LAG Düsseldorf 23. 10. 1986 DB 1987, 1254; LAG Hamm 25. 1. 1990 LAGE BetrVG § 112 Nr. 15; *Fitting* Rn. 107). Grds. scheidet eine Heranziehung der Wertungen des § 121 SGB III zur Ausfüllung des Merkmals „zumutbares Arbeitsverhältnis" iSd. Nr. 2 aus; § 121 SGB III stellt allein auf arbeitsmarktpolitische Gesichtspunkte ab und kann kaum auf die nach dem BetrVG entscheidende Situation des einzelnen Rücksicht nehmen (BAG 18. 4. 1996 NZA 1996, 553; LAG Hamm 25. 1. 1990 LAGE BetrVG § 112 Nr. 15 zur früheren Rechtslage). Allerdings kann die **Einigungsstelle selbst beurteilen** und in ihrem Spruch festlegen, welche anderen Arbeitsplätze als „zumutbar" einzustufen sind (BAG 25. 10. 1983, 27. 10. 1987, 28. 9. 1988 AP BetrVG 1972 § 112 Nr. 18, 41, 47). Damit ergibt sich für die Einigungsstelle die Möglichkeit, den Begriff des zumutbaren Arbeitsverhältnisses im Sozialplan ausdrücklich anhand der Kriterien des § 121 SGB III zu umschreiben. Andererseits dürfte die Einigungsstelle den ihr zustehenden Ermessensspielraum dann überschreiten, wenn sie auch solche andere Beschäftigungen für zumutbar erklärt, die nicht einmal von einem Arbeitslosen gem. § 121 SGB III angenommen werden müßten. Beispiele sind etwa Arbeitsverhältnisse, in denen das Arbeitsentgelt um mehr als 20% unter der bisherigen Vergütung liegt (§ 121 III SGB III) oder die (bei einer Vollzeitbeschäftigung) eine tägliche An- und Abfahrtszeit zum Arbeitsplatz von mehr als drei Stunden verlangt (§ 121 IV SGB III).

Sieht die Einigungsstelle von einer eigenen Definition des „zumutbaren Arbeitsverhältnisses" ab, **35** ging die Rspr. und die hM bis vor kurzem davon aus, daß zumutbar nur solche Arbeitsverhältnisse sind, in denen **in etwa gleichwertige Arbeitsbedingungen** im Verhältnis zu dem bisherigen Arbeitsplatz gewährleistet sind. Die Gleichwertigkeit sollte einmal in finanzieller Hinsicht gegeben sein. Dies ist jedenfalls dann der Fall, wenn die neue Tätigkeit der Vorbildung und der Berufserfahrung des AN entspricht und keine niedrigere tarifliche Eingruppierung erfolgt (BAG 25. 10. 1983 AP BetrVG 1972 § 112 Nr. 18). Auch eine etwas geringere Vergütung oder der bloße Wegfall von Überstunden stehen der Zumutbarkeit nicht entgegen (BAG 28. 9. 1988 AP BetrVG 1972 § 112 Nr. 47; *Fitting* Rn. 107). Darüber hinaus muß auch die bisherige kündigungsschutzrechtliche Stellung des AN gewahrt bleiben. Gleichwertigkeit verlangt deshalb, daß auch die bisherige Betriebszugehörigkeit angerechnet wird und damit die Wartefrist gem. § 1 I KSchG entfällt (*Fitting* Rn. 105, 107). Von dieser Betonung der Gleichwertigkeit ist das BAG in jüngster Zeit abgerückt. Zum einen hat das Gericht für den Fall des Betriebsübergangs (vgl. § 111 dazu Rn. 14) die Möglichkeit der Weiterarbeit beim Betriebserwerber idR für zumutbar erklärt, auch wenn dort ein ungünstiger Tarif gilt (BAG 5. 2. 1997 BB 1997, 2167). Zum anderen hat das BAG – allerdings bezogen auf einen tariflichen Sozialplan – auch das Angebot einer Teilzeitbeschäftigung mit 3/4 der Arbeitszeit einer Vollbeschäftigten nicht für unzumutbar erklärt (BAG 18. 4. 1996 NZA 1997, S. 553). Dies entspricht § 2 SGB III, der auch von den AN Zugeständnisse bei der Vermeidung von Arbeitslosigkeit verlangt.

Die mögliche **Weiterbeschäftigung an einem anderen Ort** begründet gem. § 112 V Nr. 2 S. 2 **36** 2. Halbs. für sich allein nicht die Unzumutbarkeit. Unzumutbarkeit kann sich aber aus weiteren Umständen ergeben, zB einem hohen Lebensalter des AN, der Schwerbehinderteneigenschaft, der Pflege von Familienangehörigen, der erforderlichen Umschulung von Kindern oder auch der weiten Entfernung des neuen vom alten Beschäftigungsort (*Fitting* Rn. 109; GK-BetrVG/*Fabricius* Rn. 105). Ein solcher die Zumutbarkeit nehmender Umstand ist insb. eine An- bzw. Abfahrtzeit von mehr als drei Stunden täglich (vgl. § 121 IV SGB III). Können nach den dargelegten Gesichtspunkten dem AN nur Arbeitsplätze angeboten werden, die nicht mehr als zumutbar einzustufen sind, sind diese Arbeitsplätze auch im Rahmen der „Generalklausel" des S. 1 zu berücksichtigen.

Beim **Betriebsübergang** ist zu unterscheiden. Geht ein Betrieb als ganzes auf den Erwerber über, liegt **37** grds. überhaupt keine sozialplanpflichtige Betriebsänderung vor (vgl. § 111 Rn. 10). Bei der Betriebsaufspaltung, die gem. § 111 Nr. 3 regelmäßig eine Betriebsänderung darstellt, ist grds. davon auszugehen, daß aufgrund der Regelung des § 613 a BGB der Arbeitsplatz beim Erwerber gleichwertig mit dem bisherigen Arbeitsplatz und damit als zumutbar iSd. § 112 V einzustufen ist, und zwar auch, wenn dort ein ungünstigerer Tarif gilt (BAG 5. 2. 1997 BB 1997, 2167; BAG 19. 2. 1998 DB 1998, 2224; *Fitting* Rn. 105). Ausnahmen sind jedoch dann anzuerkennen, wenn für den Widerspruch des AN gegen den Betriebsübergang ein sachlicher Grund vorliegt, der nach der Rspr. den Veräußerer verpflichtet, den widersprechenden AN bei einer beabsichtigten Kündigung in die Sozialauswahl mit den übrigen (vergleichbaren) AN einzubeziehen (BAG 7. 4. 1993 AP KSchG 1969 § 1 Nr. 22). Ein solcher sachlicher Grund liegt etwa vor, wenn ein AN dem Übergang seines Arbeitsverhältnisses von einem mittelständischen Unternehmen zu einem nicht sozialplanpflichtigen Kleinbetrieb widerspricht (LAG Hamm 21. 6. 1994 NZA 1995, 471; LAG Hamm 19. 7. 1994 DB 1994, 2242). Ist in einem Sozialplan versäumt worden, AN, die nach einem Widerspruch gegen den Betriebsübergang gekündigt werden, von Abfindungsansprüchen auszunehmen, sind sie wie sonstige gekündigte AN zu behandeln (BAG 15. 12. 1998 AP BetrVG 1972 § 112 Nr. 126 = DB 1999, 1402). Jedoch gehören nicht zu den berücksichtigungspflichtigen Nachteilen eine Verringerung der Haftungsmasse bei dem Betriebserwerber sowie dessen befristete Befreiung von der Sozialplanpflicht nach § 112 a II (BAG 10. 12. 1996 AP BetrVG § 112 Nr. 110).

38 **d) Bemessung des Gesamtbetrages.** Nach Nr. 3 hat die Einigungsstelle bei der Bemessung des Gesamtbetrages der Sozialplanleistungen darauf zu achten, daß der Fortbestand des Unternehmens oder die nach Durchführung der Betriebsänderung verbleibenden Arbeitsplätze nicht gefährdet werden. Was **wirtschaftlich vertretbar** ist, kann nicht allgemein beurteilt werden. Die Vertretbarkeit hängt davon ab, welche Nachteile die betroffenen AN erleiden (BAG 14. 9. 1994 AP BetrVG 1972 § 112 Nr. 87; GK-BetrVG/*Fabricius* Rn. 113). Nach der Rspr. des BAG kann die Belastung durch ein Sozialplan für das Unternehmen durchaus „einschneidend" sein (BAG 17. 10. 1989 AP BetrVG 1972 § 111 Nr. 29). Daß Sozialplanmittel anderen Investitionen nicht mehr zur Verfügung stehen, spielt für sich allein keine Rolle (BAG 22. 5. 1979 AP BetrVG 1972 § 111 Nr. 4). Allerdings muß das Unternehmen trotz des Sozialplans zu notwendigen Investitionen in der Lage bleiben (*v. Hoyningen-Huene* RdA 1986, 106). Auch ein Sozialplan, der durch die Betriebsänderung begründete Einsparungen für ein Jahr aufzehrt, ist nicht zu beanstanden (BAG 27. 10. 1987 AP BetrVG 1972 § 112 Nr. 41). Vertretbar ist in jedem Fall ein Sozialplanvolumen, das den in der Bilanz hierfür ausgewiesenen Rückstellungen entspricht, wobei die Rspr. davon ausgeht, daß entsprechende „Rücklagen" gebildet werden (BAG 13. 6. 1989 AP BetrVG 1972 § 112a Nr. 3). Bei Zweifeln über die wirtschaftliche Vertretbarkeit können der BR oder auch die Einigungsstelle einen Sachverständigen hinzuziehen (DKK/*Däubler* Rn. 91; *Fitting* Rn. 110). Bei einer Unternehmensspaltung nach dem UmwG in Besitz- und Betriebsgesellschaft kann sich aus § 134 UmwG eine nachwirkende Haftung für Sozialpläne ergeben Dabei dürfte mit dem Haftungs- ein Bemessungsdurchgriff verbunden sein, so daß sich das Volumen des Sozialplans nach der gesamten Vermögenslage beider Gesellschaften richtet. Zu einer Mithaftung für Sozialpläne kann es auch in **Konzernen** kommen. Im Anschluß an den BGH hat das BAG die Haftung von Obergesellschaften in qualifiziert-faktischen Konzernen in entsprechender Anwendung des § 303 AktG ausgedehnt (s. AP zu § 303 AktG). Für Sozialpläne besonders wichtig ist die zu § 16 BetrAVG ergangene Entscheidung des BAG vom 14. 12. 1993 (DB 1994, 1147), nach der in solchen Fällen aus dem Haftungs- ein Bemessungsdurchgriff folgt. Dies wird auch für Sozialpläne gelten.

39 **7. Änderung und Kündigung.** Der Sozialplan endet normalerweise mit Erreichen des verfolgten Zwecks, dh. wenn die vorgesehenen Ausgleichsleistungen den betroffenen AN gewährt worden sind. Den Betriebspartnern steht es frei, den Sozialplan für die Zukunft **einvernehmlich aufzuheben** oder abzuändern, insb. durch einen neuen Sozialplan abzulösen (BAG 24. 3. 1981 AP BetrVG 1972 § 112 Nr. 12; BAG 10. 8. 1994 AP BetrVG 1972 § 112 Nr. 86). Eine rückwirkende Abänderung mit der Folge, daß in fällige (BAG 24. 3. 1981 AP BetrVG 1972 § 112 Nr. 12) bzw. noch nicht fällige, aber bereits entstandene Ansprüche (BAG 10. 8. 1994 AP BetrVG 1972 § 112 Nr. 86) zulasten der AN eingegriffen wird, ist dagegen grds. nicht zulässig (s. aber Rn. 41).

40 Hinsichtlich der **Möglichkeit der Kündigung** eines Sozialplanes ist zu unterscheiden: Zulässig ist es stets, die ordentliche Kündigung eines Sozialplans ausdrücklich zu **vereinbaren.** Fehlt es an einer solchen Vereinbarung, kann ein Sozialplan, der nur für eine bestimmte Betriebsänderung vereinbart wurde, grds. nicht ordentlich gekündigt werden. Etwas anderes gilt, wenn der Sozialplan Dauerregelungen enthält, wobei Dauerregelungen nur solche Bestimmungen sind, nach denen ein bestimmter wirtschaftlicher Nachteil durch auf bestimmte oder unbestimmte Zeit laufende Leistungen ausgeglichen oder gemildert werden soll (BAG 10. 8. 1994 AP BetrVG 1972 § 112 Nr. 86). Ob eine **außerordentliche Kündigung** aus wichtigem Grund zulässig ist, hat das BAG in der Entscheidung vom 10. 8. 1994 (AP BetrVG 1972 § 112 Nr. 86) ausdrücklich offengelassen. Auch hier bietet es sich an, danach zu unterscheiden, ob der betreffende Sozialplan Dauerregelungen enthält oder nicht. Enthält er Dauerregelungen, ist nach allgemeinen Grundsätzen wie bei jedem Dauerschuldverhältnis von der Möglichkeit einer außerordentlichen Kündigung auszugehen (*v. Hoyningen-Huene* Anm. zu BAG 10. 8. 1994 AP BetrVG 1972 § 112 Nr. 86). Sowohl bei der ordentlichen als auch bei der außerordentlichen Kündigung wirken die Regelungen des Sozialplans gem. § 77 VI nach, bis sie durch eine neue Regelung ersetzt werden (BAG 10. 8. 1994 AP BetrVG 1972 § 112 Nr. 86; MünchArbR/*Matthes* § 319 Rn. 52; *Fitting* Rn. 92).

41 Ein Eingriff in entstandene Sozialplananspüche kommt nur dann ausnahmsweise in Betracht, wenn die **Geschäftsgrundlage** eines Sozialplans wegfällt und eine ggf. rückwirkende Vertragsanpassung erforderlich wird. Voraussetzung für eine Anwendung der Lehre vom Wegfall der Geschäftsgrundlage ist, daß AG und BR bei Abschluß eines Sozialplans von Vorstellungen ausgehen, die sich später als nicht zutreffend erweisen, und das Festhalten an der Vereinbarung für eine Seite unzumutbar wird (*Fitting* Rn. 93). Von einem Wegfall der Geschäftsgrundlage ist etwa auszugehen, wenn beide Parteien bei Abschluß des Sozialplans von der Vorstellung ausgingen, die Treuhandanstalt werde die für die Erfüllung des Sozialplans benötigten Mittel ganz oder tlw. zur Verfügung stellen (BAG 10. 8. 1994 AP BetrVG 1972 § 112 Nr. 86; *Däubler* NZA 1985, 541) oder wenn nach Abschluß eines Sozialplans ein Betrieb von einem Erwerber übernommen wird, der eigentlich stillgelegt werden sollte (BAG 28. 8. 1996 AP BetrVG 1972 § 112 Nr. 104).

42 Die bei Wegfall der Geschäftsgrundlage notwendige **Anpassung des Sozialplans** müssen die Betriebspartner vereinbaren. Die Partei, die sich auf den Wegfall beruft, hat gegenüber der anderen

Partei einen Anspruch auf Aufnahme von Verhandlungen. Verweigert die andere Partei die Anpassung oder kommt es nicht zu einer Einigung, kann sie die Einigungsstelle anrufen, die dann entscheidet, und zwar sowohl über die Rechtsfrage, ob die Geschäftsgrundlage weggefallen ist, als auch über die notwendig werdende Neuregelung (BAG 10. 8. 1994 AP BetrVG 1972 § 112 Nr. 86; *Fitting* Rn. 94).

Zum 1. 1. 1999 wurde das SozPlG ersetzt durch **§§ 123, 124 InsO.** § 123 I, II InsO entspricht 43 wörtlich § 2 SozPlG und begrenzt das Sozialplanvolumen auf einen Gesamtbetrag von 2 1/2 Monatsverdiensten der von der Entlassung betroffenen AN. Zudem darf für Sozialplanforderungen nicht mehr als 1/3 der Masse verwendet werden, die ohne einen Sozialplan für die Insolvenzgläubiger zur Verfügung stünde. Die einzelnen Forderungen sind anteilig zu kürzen, wenn das Sozialplanvolumen diese Grenze übersteigt. Grdl. neu ist dagegen die insolvenzrechtliche Einordnung der Sozialplanforderungen: Anders als nach § 4 S. 1 SozPlG handelt es sich nicht nur um bevorrechtigte Konkursforderungen, sondern um Masseverbindlichkeiten (§ 123 II 1 InsO). Kein „Sozialplan" ohne BR (BAG 21. 9. 1999 DB 1999, 2014).

Sozialpläne aus den letzten drei Monaten vor dem Antrag auf Eröffnung des Insolvenzverfah- 44 rens haben in § 124 InsO eine von § 3 SozPlG abw. Regelung erfahren: Anders als § 3 SozPlG sieht § 124 InsO keine Begrenzung des Sozialplanvolumens vor, sondern gibt sowohl dem Insolvenzverwalter als auch dem BR ein Widerrufsrecht. Unterbleibt der Widerruf, so werden die Ansprüche unabhängig von ihrer Höhe Masseschulden, da auch ein Unterlassen durch den Insolvenzverwalter eine Masseschuld begründen kann. (*Lakies* BB 1999, 206, 210; *Warrikoff* BB 1994, 2338, 2344; aA *Boemke/Tietze* DB 1999, 1389, 1395). Gem. § 124 II InsO können AN, deren Sozialplanansprüche vom Widerruf betroffen sind, in dem Sozialplan gem. § 123 InsO berücksichtigt werden (*Warrikoff* BB 1994, 2338, 2344). Der Insolvenzverwalter kann mit vor Verfahrenseröffnung gekündigten AN vereinbaren, daß sie die Kündigungsschutzklage gegen Abfindung zurückziehen (BAG 27. 10. 1998 EzA BetrVG 1972 § 112 Nr. 102).

III. Streitigkeiten

Ist streitig, **ob** überhaupt eine interessenausgleichs- und ggf. sozialplanpflichtige Betriebsänderung 45 vorliegt, kann dies im Wege des Beschlußverfahrens geklärt werden. Die rechtskräftige Entscheidung des ArbG ist für die Einigungsstelle bindend (BAG 15. 10. 1979 AP BetrVG 1972 § 111 Nr. 5; BAG 22. 1. 1980 AP BetrVG 1972 § 111 Nr. 7). Die Einigungsstelle hat ihr Verfahren einzustellen; ein von der Einigungsstelle bereits beschlossener Sozialplan verliert seine Wirkung (DKK/*Däubler* Rn. 150). Keine Bindungswirkung entfaltet dagegen eine Entscheidung des ArbG im Verfahren nach § 98 ArbGG über die Besetzung der Einigungsstelle, da eine Zurückweisung des Antrags nur bei „offensichtlicher Unzuständigkeit" der Einigungsstelle in Betracht kommt. Zu den Rechtsmitteln des BR bei Weigerung des AG, einen Interessenausgleich mit dem BR zu versuchen, s. § 111 Rn. 23.

Sind AG oder BR der Ansicht, daß die Einigungsstelle bei ihrem Spruch über die Aufstellung eines 46 Sozialplans **Rechtsfehler** begangen hat, kann – gleichfalls im Wege des Beschlußverfahrens – die Feststellung der Unwirksamkeit des Spruchs geltend gemacht werden. Wird eine Überschreitung der Ermessensgrenzen des § 112 V gerügt, kann der Antrag nur binnen zwei Wochen vom Tage der Zustellung des Spruchs an gestellt werden (§ 76 V 4). Für sonstige Rechtsfehler, etwa den Verstoß gegen die Grundsätze des § 75, gilt diese Frist nicht.

Der **einzelne AN** kann die ihm aus einem Sozialplan zustehenden Ansprüche im Urteilsverfahren 47 vor den ArbG einklagen. Er kann auch gerichtlich geltend machen, daß er zu Unrecht, insb. wegen Verstoß gegen § 75, von Sozialplanleistungen ausgenommen wurde (BAG 25. 10. 1983 AP BetrVG 1972 § 112 Nr. 18; BAG 12. 4. 1996 NZA 1996, 1113). Liegt ein Verstoß gegen den Gleichbehandlungsgrundsatz vor und erhöht sich durch einen Anspruch des diskriminierten AN das Gesamtvolumen des Sozialplans, führt dies nach Auffassung des BAG nicht zur Unwirksamkeit des Sozialplans, „solange nur einzelne AN benachteiligt worden sind und die Mehrbelastung des AG durch die Korrektur im Verhältnis zum Gesamtvolumen des Sozialplans nicht ins Gewicht fällt" (BAG 26. 6. 1990 NZA 1991, 111, 113). Fällt die Erhöhung des Gesamtvolumens ins Gewicht, insb. weil eine Vielzahl von AN gleichheitswidrig benachteiligt wurde und Ansprüche aus § 75 herleitet, kann es dagegen zu einem Wegfall der Geschäftsgrundlage des Sozialplans führen mit der Folge, daß ein neuer Sozialplan verhandelt werden muß (*Fitting* Rn. 127). Hält sich der Sozialplan im Rahmen billigen Ermessens und verstößt er auch nicht gegen höherrangige Rechtsnormen, kann der einzelne AN nicht geltend machen, die Festlegung des Gesamtvolumens des Sozialplans durch die Betriebspartner bzw. die Einigungsstelle sei nicht angemessen (BAG 17. 2. 1981, 14. 2. 1984, 26. 7. 1988 AP BetrVG 1972 § 112 Nr. 11, 21, 45). Die Individualansprüche des einzelnen AN aus dem Sozialplan können nicht vom BR „eingeklagt" werden (BAG 17. 10. 1989 AP BetrVG 1972 § 112 Nr. 53), s. § 77 Rn. 12.

§ 113 Nachteilsausgleich

(1) **Weicht der Unternehmer von einem Interessenausgleich über die geplante Betriebsänderung ohne zwingenden Grund ab, so können Arbeitnehmer, die infolge dieser Abweichung entlassen werden, beim Arbeitsgericht Klage erheben mit dem Antrag, den Arbeitgeber zur Zahlung von Abfindungen zu verurteilen; § 10 des Kündigungsschutzgesetzes gilt entsprechend.**

(2) Erleiden Arbeitnehmer infolge einer Abweichung nach Absatz 1 andere wirtschaftliche Nachteile, so hat der Unternehmer diese Nachteile bis zu einem Zeitraum von 12 Monaten auszugleichen.

(3) ¹Die Absätze 1 und 2 gelten entsprechend, wenn der Unternehmer eine geplante Betriebsänderung nach § 111 durchführt, ohne über sie einen Interessenausgleich mit dem Betriebsrat versucht zu haben, und infolge der Maßnahme Arbeitnehmer entlassen werden oder andere wirtschaftliche Nachteile erleiden. ²

I. Normzweck

1   Die Vorschrift verfolgt in erster Linie den Zweck, den Unternehmer durch Androhung einer finanziellen **Sanktion** zur Durchführung des vorgesehenen Interessenausgleichsverfahrens bzw. zur Einhaltung eines vereinbarten Interessenausgleichs anzuhalten. Sanktioniert wird ein betriebsverfassungswidriges Verhalten des AG, unabhängig davon, ob den AG ein Verschulden trifft. Ansprüche auf Nachteilsausgleich entstehen auch dann, wenn der AG in entschuldbarer Unkenntnis seiner gesetzlichen Pflichten aus § 112 handelte (BAG 4. 12. 1979 AP BetrVG 1972 § 111 Nr. 6; BAG 29. 11. 1983 AP BetrVG 1972 § 113 Nr. 10). Als Sanktionsmittel werden dem einzelnen AN unter den Voraussetzungen des § 113 I bis III individuelle Ausgleichsansprüche eingeräumt, die der AN im Urteilsverfahren einklagen kann. Der BR kann auf Nachteilsausgleichsansprüche nicht zulasten der betroffenen AN verzichten. Seine Erklärung, keine rechtlichen Schritte gegen den AG wegen eines unterbliebenen Interessenausgleichsverfahrens bzw. wegen einer Abweichung von einem vereinbarten Interessenausgleich unternehmen zu wollen, ist ohne Bedeutung (BAG 14. 9. 1976 AP BetrVG 1972 § 113 Nr. 2). Zu der Frage, ob der BR die Einhaltung des Interessenausgleichs gerichtlich durchsetzen kann §§ 112, 112 a Rn. 9.

2   Wegen des Sanktionscharakters des § 113 sind Ansprüche auf Nachteilsausgleich grds. **unabhängig von eventuellen finanziellen Leistungen aufgrund eines Sozialplans** (*Fitting* Rn. 30). Umstritten ist die Frage, ob Nachteilsausgleichsansprüche auf Sozialplanleistungen anzurechnen sind. Das BAG hat die automatische **Anrechenbarkeit** des erfolgreich eingeklagten Nachteilsausgleichs auf Sozialplanansprüche bejaht (BAG 13. 12. 1978 AP BetrVG 1972 § 112 Nr. 6; BAG 15. 10. 1979 AP BetrVG 1972 § 111 Nr. 5). Mit dem Sanktionscharakter des § 113 ist dies kaum zu vereinbaren; § 113 würde nämlich in all den Fällen weitgehend leerlaufen, in denen Sozialplanleistungen den Nachteilsausgleichsansprüchen entsprechen bzw. diese übersteigen (DKK/*Däubler* §§ 112, 112 a Rn. 60; *Küttner*, FS für Stahlhacke, S. 304).

3   Die **Pflicht zum Nachteilsausgleich** unter den Voraussetzungen des § 113 entsteht unabhängig davon, ob ein Sozialplan abgeschlossen werden muß, also auch in den Fällen des § 112 a. Weicht der AG von einem Sozialplan ab bzw. weigert er sich, einen Sozialplan abzuschließen, greift § 113 nicht ein: Der Sozialplan kann über die Einigungsstelle erzwungen werden; Rechte aus dem Sozialplan müssen vom einzelnen AN eingeklagt werden (vgl. §§ 112, 112 a Rn. 51).

II. Abweichungen vom Interessenausgleich

4   **1. Abfindungen bei Entlassungen (Abs. 1).** Voraussetzung für das Entstehen von Nachteilsausgleichsansprüchen nach Abs. 1 ist, daß der Unternehmer von einem Interessenausgleich über die geplante Betriebsänderung ohne zwingenden Grund abweicht. Eine **Abweichung** liegt etwa vor, wenn der Unternehmer eine Betriebsänderung, auf die er im Interessenausgleich verzichtet hat, doch durchführt oder sich nicht an die vereinbarten Modifikationen der Betriebsänderung hält, diese etwa nicht zeitlich hinausschiebt oder umfangmäßig beschränkt. Ohne Sanktion ist eine solche Abweichung nur dann zulässig, wenn hierfür ein **zwingender Grund** vorliegt. Zwingend können nur nachträglich entstandene oder nachträglich erkennbar gewordenen Umstände sein; es darf sich nicht um einen Grund handeln, der allein in den ursprünglichen Gründen für die Betriebsänderung liegt (BAG 17. 9. 1974 AP BetrVG 1972 § 113 Nr. 1). Vom Standpunkt eines verständigen Unternehmers aus darf diesem praktisch keine andere Wahl bleiben, als vom Interessenausgleich abzuweichen (*Fitting* Rn. 3). Beispiele sind etwa die Entziehung eines entscheidenden Bankkredits, plötzlicher Verlust von Großaufträgen, Konkurs eines Hauptkunden oder ein schwerwiegender Rohstoff- oder Energiemangel, die zu einer sofortigen Anpassung des Betriebs an die veränderten Umstände zwingen. Beruht die Abweichung vom Interessenausgleich auf einem freien Entschluß des Unternehmers, liegt kein zwingender Grund vor (*Fitting* Rn. 3). Der AG ist für das Vorliegen des zwingenden Grundes darlegungs- und beweispflichtig (*Löwisch* BetrVG Rn. 3).

III. Unterbliebener Versuch eines Interessenausgleichs

Liegen keine zwingenden Gründe in diesem Sinne vor, kann der AN beim ArbG Klage auf Zahlung 5 von Abfindungen erheben, wenn er infolge der Abweichung vom Interessenausgleich **entlassen** wird (zu den Rechtsbehelfen des BR §§ 112, 112 a Rn. 9). Der Begriff „Entlassung" ist genauso zu verstehen wie im Rahmen der Betriebsänderung durch Personalabbau. Erfaßt werden danach nicht nur (betriebsbedingte) Kündigungen, sondern auch die Beendigung des Arbeitsverhältnisses durch **vom AG veranlaßte Aufhebungsverträge und Eigenkündigungen** (DKK/*Däubler* Rn. 14; *Fitting* Rn. 14). Ansprüche entstehen nur dann, wenn ausgesprochene Kündigungen rechtswirksam sind. Gegenüber unwirksamen Kündigungen ist der AN durch das Kündigungsschutzrecht hinreichend geschützt (BAG 31. 10. 1995 AP ArbGG 1979 § 72 Nr. 29; *Löwisch* BetrVG Rn. 5; aA GK-BetrVG/*Fabricius* Rn. 50; *Fitting* Rn. 15). Bei Zweifeln über die Rechtswirksamkeit einer Kündigung kann der AN den Nachteilsausgleichsanspruch nach Abs. 1 im Kündigungsschutzprozeß hilfsweise für den Fall geltend machen, daß die Rechtswirksamkeit der Kündigung festgestellt wird. Nicht nachteilsausgleichspflichtig sind Entlassungen, die von vornherein im Interessenausgleich vorgesehen sind, insb. solche, die auf einem stellenscharfen Interessenausgleich iSd. § 1 V KSchG beruhen.

Für die **Höhe des Abfindungsanspruchs** gilt § 10 KSchG entsprechend. § 10 KSchG sieht nur 6 Höchstbeträge vor. Innerhalb dieser Höchstbeträge entscheidet das ArbG nach pflichtgemäßem Ermessen. Dabei sind insb. Lebensalter und Betriebszugehörigkeit, die Aussichten des AN auf dem Arbeitsmarkt, aber auch der Grad der Zuwiderhandlung gegen betriebsverfassungsrechtliche Pflichten von Bedeutung (BAG 29. 2. 1972 AP BetrVG 1952 § 72 Nr. 9; *Fitting* Rn. 23). Wegen des Sanktionscharakters des § 113 spielt die wirtschaftliche Vertretbarkeit für das Unternehmen nur eine untergeordnete Rolle (GK-BetrVG/*Fabricius* Rn. 75; DKK/*Däubler* Rn. 16). Der AN braucht keinen bezifferten **Klageantrag** zu stellen. Es genügt der Antrag, „den Beklagten zur Zahlung einer Abfindung zu verurteilen, deren Höhe das Gericht gem. § 10 KSchG festsetzt" (BAG 22. 2. 1983 AP BetrVG 1972 § 113 Nr 7). Vorzutragen sind aber die für die Bemessung der Abfindung maßgeblichen Umstände.

2. Ausgleich sonstiger Nachteile (Abs. 2). Abs. 2 betrifft Nachteile von AN, die infolge einer 7 Betriebsänderung nicht entlassen werden. Derartige Nachteile sind bis zu einem Zeitraum von 12 Monaten auszugleichen. Dabei ist **grds. voller Ausgleich** zu gewähren, dessen Höhe vom ArbG gem. § 287 ZPO zu schätzen ist, wenn ein genauer Betrag nicht ermittelt werden kann (*Fitting* Rn. 24). Der in der Vorschrift genannte Zeitraum von 12 Monaten stellt die äußerste Grenze dar; entfällt der wirtschaftliche Nachteil zu einem früheren Zeitraum, ist der Ausgleichsanspruch entsprechend zu verkürzen. Beispiele für Ausgleichsleistungen sind etwa Fahrtkostenersatz, Ersatz von Umzugskosten, Trennungsentschädigungen oder Lohnausgleichszahlungen.

III. Unterbliebener Versuch eines Interessenausgleichs

Abs. 1 und Abs. 2 gelten entsprechend, wenn der Unternehmer eine geplante Betriebsänderung 8 nach § 111 durchführt, ohne sie über einen Interessenausgleich mit dem BR versucht zu haben. Nachdem die zum 1. 10. 1996 eingeführten Definitionen des „Versuchs" eines Interessenausgleichs in § 113 III 2 BetrVG aF zum 31. 12. 1999 wieder aufgehoben wurden, ist heute wieder auf die Rspr. des BAG vor dem 1. 10. 1996 zurückzugreifen, wonach vom AG verlangt wird, von sich aus die Einigungsstelle anzurufen und bis zu einer Feststellung des Scheiterns der Verhandlungen in der Einigungsstelle mit dem Betriebsrat zu verhandeln (BAG 18. 12. 1984 AP BetrVG 1972 § 113 Nr. 11; näheres s. §§ 112, 112 a Rn. 8). Die Problematik wird dadurch gemildert, daß die Einigungsstelle gleich nach Beginn des Interessenausgleichsversuchs gebildet werden kann (§ 76 Rn. 3).

Der Verweis auf die Abs. 1 und 2 betrifft nur die Rechtsfolgen, nicht auch die Anspruchsvoraus- 9 setzungen (BAG 17. 9. 1974 AP BetrVG 1972 § 113 Nr. 1; BAG 18. 12. 1984 AP BetrVG 1972 § 113 Nr. 11). Die **Anspruchsvoraussetzungen** richten sich allein nach Abs. 3; danach setzt der Nachteilsausgleich nur voraus, daß die Betriebsänderung für die Entlassung oder den sonstigen Nachteil der AN kausal geworden ist (*Löwisch* BetrVG Rn. 12). Ob diese Nachteile auch entstanden wären, wenn der AG einen Interessenausgleich rechtzeitig versucht hätte, spielt keine Rolle. Ebenso entstehen Ansprüche auf Nachteilsausgleich auch dann, wenn der Unternehmer nachweisen kann, daß für die geplante Betriebsänderung ein zwingender Grund bestanden hat, welcher ein Abweichen vom Interessenausgleich iSd. Abs. 1 gerechtfertigt hätte (BAG 22. 5. 1979 AP BetrVG 1972 § 111 Nr. 3; GK-BetrVG/*Fabricius* Rn. 26; *Fitting* Rn. 7). S. auch BAG 10. 12. 1996 NZA 1996, 787. Das ist bedenklich, soweit der Unternehmer das noch Mögliche getan hat. Entsteht durch eine Betriebsänderung überhaupt kein Nachteil (zB Betriebsaufspaltung), gibt es auch keinen Nachteilsausgleich (LAG Düsseldorf 8. 7. 1998 – 4 Sa 735/98 – nv.). Zu einem Unterlassungsanspruch des Betriebsrats § 111 Rn. 24.

Fünfter Teil. Besondere Vorschriften für einzelne Betriebsarten

Erster Abschnitt. Seeschiffahrt

§ 114 Grundsätze

(1) Auf Seeschiffahrtsunternehmen und ihre Betriebe ist dieses Gesetz anzuwenden, soweit sich aus den Vorschriften dieses Abschnitts nichts anderes ergibt.

(2) ¹Seeschiffahrtsunternehmen im Sinne dieses Gesetzes ist ein Unternehmen, das Handelsschiffahrt betreibt und seinen Sitz im Geltungsbereich dieses Gesetzes hat. ²Ein Seeschiffahrtsunternehmen im Sinne dieses Abschnitts betreibt auch, wer als Korrespondentreeder, Vertragsreeder, Ausrüster oder auf Grund eines ähnlichen Rechtsverhältnisses Schiffe zum Erwerb durch die Seeschiffahrt verwendet, wenn er Arbeitgeber des Kapitäns und der Besatzungsmitglieder ist oder überwiegend die Befugnisse des Arbeitgebers ausübt.

(3) Als Seebetrieb im Sinne dieses Gesetzes gilt die Gesamtheit der Schiffe eines Seeschiffahrtsunternehmens einschließlich der in Absatz 2 Satz 2 genannten Schiffe.

(4) ¹Schiffe im Sinne dieses Gesetzes sind Kauffahrteischiffe, die nach dem Flaggenrechtsgesetz die Bundesflagge führen. ²Schiffe, die in der Regel binnen 24 Stunden nach dem Auslaufen an den Sitz eines Landbetriebs zurückkehren, gelten als Teil dieses Landbetriebs des Seeschiffahrtsunternehmens.

(5) Jugend- und Auszubildendenvertretungen werden nur für die Landbetriebe von Seeschiffahrtsunternehmen gebildet.

(6) ¹Besatzungsmitglieder sind die in § 3 des Seemannsgesetzes genannten Personen. ²Leitende Angestellte im Sinne des § 5 Abs. 3 dieses Gesetzes sind nur die Kapitäne. ³Die Zuordnung der Besatzungsmitglieder zu den Gruppen der Arbeiter und Angestellten bestimmt sich, abweichend von den §§ 4 bis 6 des Seemannsgesetzes, nach § 6 dieses Gesetzes.

§ 115 Bordvertretung

(1) ¹Auf Schiffen, die mit in der Regel mindestens fünf wahlberechtigten Besatzungsmitgliedern besetzt sind, von denen drei wählbar sind, wird eine Bordvertretung gewählt. ²Auf die Bordvertretung finden, soweit sich aus diesem Gesetz oder aus anderen gesetzlichen Vorschriften nicht etwas anderes ergibt, die Vorschriften über die Rechte und Pflichten des Betriebsrats und die Rechtsstellung seiner Mitglieder Anwendung.

(2) Die Vorschriften über die Wahl und Zusammensetzung des Betriebsrats finden mit folgender Maßgabe Anwendung:
1. Wahlberechtigt sind alle Besatzungsmitglieder des Schiffes.
2. Wählbar sind die Besatzungsmitglieder des Schiffes, die am Wahltag das 18. Lebensjahr vollendet haben und ein Jahr Besatzungsmitglied eines Schiffes waren, das nach dem Flaggenrechtsgesetz die Bundesflagge führt. § 8 Abs. 1 Satz 3 bleibt unberührt.
3. Die Bordvertretung besteht auf Schiffen mit in der Regel 5 bis 20 wahlberechtigten Besatzungsmitgliedern aus einer Person, 21 bis 75 wahlberechtigten Besatzungsmitgliedern aus drei Mitgliedern, über 75 wahlberechtigten Besatzungsmitgliedern aus fünf Mitgliedern.
4. Die Minderheitsgruppe erhält, abweichend von § 10 Abs. 2 in einer Bordvertretung, die aus mehr als einer Person besteht, bei bis zu 75 Gruppenangehörigen mindestens einen Vertreter, bei mehr als 75 Gruppenangehörigen mindestens zwei Vertreter.
5. § 13 Abs. 1 und 3 findet keine Anwendung. Die Bordvertretung ist vor Ablauf ihrer Amtszeit unter den in § 13 Abs. 2 Nr. 2 bis 5 genannten Voraussetzungen neu zu wählen.
6. Die wahlberechtigten Besatzungsmitglieder können mit der Mehrheit aller Stimmen beschließen, die Wahl der Bordvertretung binnen 24 Stunden durchzuführen.
7. Die in § 16 Abs. 1 Satz 1 genannte Frist wird auf zwei Wochen, die in § 16 Abs. 2 Satz 1 genannte Frist wird auf eine Woche verkürzt.
8. Bestellt die im Amt befindliche Bordvertretung nicht rechtzeitig einen Wahlvorstand oder besteht keine Bordvertretung, findet § 17 Abs. 1 und 2 entsprechende Anwendung. Kann aus Gründen der Aufrechterhaltung des ordnungsgemäßen Schiffsbetriebs eine Bordversammlung nicht stattfinden, so kann der Kapitän auf Antrag von drei Wahlberechtigten den Wahlvorstand bestellen. Bestellt der Kapitän den Wahlvorstand nicht, so ist der Seebetriebsrat berechtigt, den Wahlvorstand zu bestellen. Die Vorschriften über die Bestellung des Wahlvorstandes durch das Arbeitsgericht bleiben unberührt.
9. Die Frist für die Wahlanfechtung beginnt für Besatzungsmitglieder an Bord, wenn das Schiff nach Bekanntgabe des Wahlergebnisses erstmalig einen Hafen im Geltungsbereich dieses Ge-

setzes oder einen Hafen, in dem ein Seemannsamt seinen Sitz hat, anläuft. Die Wahlanfechtung kann auch zu Protokoll des Seemannsamtes erklärt werden. Wird die Wahl zur Bordvertretung angefochten, zieht das Seemannsamt die an Bord befindlichen Wahlunterlagen ein. Die Anfechtungserklärung und die eingezogenen Wahlunterlagen sind vom Seemannsamt unverzüglich an das für die Anfechtung zuständige Arbeitsgericht weiterzuleiten.

(3) Auf die Amtszeit der Bordvertretung finden die §§ 21 bis 25 mit der Maßgabe Anwendung, daß
1. die Amtszeit ein Jahr beträgt,
2. die Mitgliedschaft in der Bordvertretung auch endet, wenn das Besatzungsmitglied den Dienst an Bord beendet, es sei denn, daß es den Dienst an Bord vor Ablauf der Amtszeit nach Nummer 1 wieder antritt.

(4) ¹Für die Geschäftsführung der Bordvertretung gelten die §§ 26 bis 36, § 37 Abs. 1 bis 3 sowie die §§ 39 bis 41 entsprechend. ²§ 40 Abs. 2 ist mit der Maßgabe anzuwenden, daß die Bordvertretung in dem für ihre Tätigkeit erforderlichen Umfang auch die für die Verbindung des Schiffes zur Reederei eingerichteten Mittel zur beschleunigten Übermittlung von Nachrichten in Anspruch nehmen kann.

(5) ¹Die §§ 42 bis 46 über die Betriebsversammlung finden für die Versammlung der Besatzungsmitglieder eines Schiffes (Bordversammlung) entsprechende Anwendung. ²Auf Verlangen der Bordvertretung hat der Kapitän der Bordversammlung einen Bericht über die Schiffsreise und die damit zusammenhängenden Angelegenheiten zu erstatten. ³Er hat Fragen, die den Schiffsbetrieb, die Schiffsreise und die Schiffssicherheit betreffen, zu beantworten.

(6) Die §§ 47 bis 59 über den Gesamtbetriebsrat und den Konzernbetriebsrat finden für die Bordvertretung keine Anwendung.

(7) Die §§ 74 bis 105 über die Mitwirkung und Mitbestimmung der Arbeitnehmer finden auf die Bordvertretung mit folgender Maßgabe Anwendung:
1. Die Bordvertretung ist zuständig für die Behandlung derjenigen nach diesem Gesetz der Mitwirkung und Mitbestimmung des Betriebsrats unterliegenden Angelegenheiten, die den Bordbetrieb oder die Besatzungsmitglieder des Schiffes betreffen und deren Regelung dem Kapitän auf Grund gesetzlicher Vorschriften oder der ihm von der Reederei übertragenen Befugnisse obliegt.
2. Kommt es zwischen Kapitän und Bordvertretung in einer der Mitwirkung oder Mitbestimmung der Bordvertretung unterliegenden Angelegenheit nicht zu einer Einigung, so kann die Angelegenheit von der Bordvertretung an den Seebetriebsrat abgegeben werden. Der Seebetriebsrat hat die Bordvertretung über die weitere Behandlung der Angelegenheit zu unterrichten. Bordvertretung und Kapitän dürfen die Einigungsstelle oder das Arbeitsgericht nur anrufen, wenn ein Seebetriebsrat nicht gewählt ist.
3. Bordvertretung und Kapitän können im Rahmen ihrer Zuständigkeiten Bordvereinbarungen abschließen. Die Vorschriften über Betriebsvereinbarungen gelten für Bordvereinbarungen entsprechend. Bordvereinbarungen sind unzulässig, soweit eine Angelegenheit durch eine Betriebsvereinbarung zwischen Seebetriebsrat und Arbeitgeber geregelt ist.
4. In Angelegenheiten, die der Mitbestimmung der Bordvertretung unterliegen, kann der Kapitän, auch wenn eine Einigung mit der Bordvertretung noch nicht erzielt ist, vorläufige Regelungen treffen, wenn dies zur Aufrechterhaltung des ordnungsgemäßen Schiffsbetriebs dringend erforderlich ist. Den von der Anordnung betroffenen Besatzungsmitgliedern ist die Vorläufigkeit der Regelung bekanntzugeben. Soweit die vorläufige Regelung der endgültigen Regelung nicht entspricht, hat das Schiffahrtsunternehmen Nachteile auszugleichen, die den Besatzungsmitgliedern durch die vorläufige Regelung entstanden sind.
5. Die Bordvertretung hat das Recht auf regelmäßige und umfassende Unterrichtung über den Schiffsbetrieb. Die erforderlichen Unterlagen sind der Bordvertretung vorzulegen. Zum Schiffsbetrieb gehören insbesondere die Schiffssicherheit, die Reiserouten, die voraussichtlichen Ankunfts- und Abfahrtszeiten sowie die zu befördernde Ladung.
6. Auf Verlangen der Bordvertretung hat der Kapitän ihr Einsicht in die an Bord befindlichen Schiffstagebücher zu gewähren. In den Fällen, in denen der Kapitän eine Eintragung über Angelegenheiten macht, die der Mitwirkung oder Mitbestimmung der Bordvertretung unterliegen, kann diese eine Abschrift der Eintragung verlangen und Erklärungen zum Schiffstagebuch abgeben. In den Fällen, in denen über eine der Mitwirkung oder Mitbestimmung der Bordvertretung unterliegenden Angelegenheit eine Einigung zwischen Kapitän und Bordvertretung nicht erzielt wird, kann die Bordvertretung dies zum Schiffstagebuch erklären und eine Abschrift dieser Eintragung verlangen.
7. Die Zuständigkeit der Bordvertretung im Rahmen des Arbeitsschutzes bezieht sich auch auf die Schiffssicherheit und die Zusammenarbeit mit den insoweit zuständigen Behörden und sonstigen in Betracht kommenden Stellen.

§ 116 Seebetriebsrat

(1) ¹In Seebetrieben werden Seebetriebsräte gewählt. ²Auf die Seebetriebsräte finden, soweit sich aus diesem Gesetz oder aus anderen gesetzlichen Vorschriften nicht etwas anderes ergibt, die Vorschriften über die Rechte und Pflichten des Betriebsrats und die Rechtsstellung seiner Mitglieder Anwendung.

(2) Die Vorschriften über die Wahl, Zusammensetzung und Amtszeit des Betriebsrats finden mit folgender Maßgabe Anwendung:
1. Wahlberechtigt zum Seebetriebsrat sind alle zum Seeschiffahrtsunternehmen gehörenden Besatzungsmitglieder.
2. Für die Wählbarkeit zum Seebetriebsrat gilt § 8 mit der Maßgabe, daß
   a) in Seeschiffahrtsunternehmen, zu denen mehr als acht Schiffe gehören oder in denen in der Regel mehr als 250 Besatzungsmitglieder beschäftigt sind, nur nach § 115 Abs. 2 Nr. 2 wählbare Besatzungsmitglieder wählbar sind;
   b) in den Fällen, in denen die Voraussetzungen des Buchstabens a nicht vorliegen, nur Arbeitnehmer wählbar sind, die nach § 8 die Wählbarkeit im Landbetrieb des Seeschiffahrtsunternehmens besitzen, es sei denn, daß der Arbeitgeber mit der Wahl von Besatzungsmitgliedern einverstanden ist.
3. Der Betriebsrat besteht in Seebetrieben mit in der Regel 5 bis 500 wahlberechtigten Besatzungsmitgliedern aus einer Person, 501 bis 1000 wahlberechtigten Besatzungsmitgliedern aus drei Mitgliedern, über 1000 wahlberechtigten Besatzungsmitgliedern aus fünf Mitgliedern.
4. Die Minderheitsgruppe erhält, abweichend von § 10 Abs. 2, in einem Seebetriebsrat, der aus mehr als einer Person besteht, bei bis zu 500 Gruppenangehörigen mindestens einen Vertreter, bei mehr als 500 Gruppenangehörigen mindestens zwei Vertreter.
5. Ein Wahlvorschlag ist gültig, wenn er im Fall des § 14 Abs. 6 Satz 1 erster Halbsatz und Satz 2 mindestens von drei wahlberechtigten gruppenangehörigen Besatzungsmitgliedern und im Fall des § 14 Abs. 7 mindestens von drei wahlberechtigten Besatzungsmitgliedern unterschrieben ist.
6. Die in § 16 Abs. 1 Satz 1 genannte Frist wird auf drei Monate, die in § 16 Abs. 2 Satz 1 genannte Frist auf zwei Monate verlängert.
7. Zu Mitgliedern des Wahlvorstands können auch im Landbetrieb des Seeschiffahrtsunternehmens beschäftigte Arbeitnehmer bestellt werden. § 17 Abs. 1 und 2 findet keine Anwendung. Besteht in einem Seebetrieb kein Seebetriebsrat, so wird der Wahlvorstand gemeinsam vom Arbeitgeber und den im Seebetrieb vertretenen Gewerkschaften bestellt. Einigen sich Arbeitgeber und Gewerkschaften nicht, so bestellt ihn das Arbeitsgericht auf Antrag des Arbeitgebers, einer im Seebetrieb vertretenen Gewerkschaft oder von mindestens drei wahlberechtigten Besatzungsmitgliedern. § 16 Abs. 2 Satz 2 und 3 gilt entsprechend.
8. Die Frist für die Wahlanfechtung nach § 19 Abs. 2 beginnt für Besatzungsmitglieder an Bord, wenn das Schiff nach Bekanntgabe des Wahlergebnisses erstmalig einen Hafen im Geltungsbereich dieses Gesetzes oder einen Hafen, in dem ein Seemannsamt seinen Sitz hat, anläuft. Nach Ablauf von drei Monaten seit Bekanntgabe des Wahlergebnisses ist eine Wahlanfechtung unzulässig. Die Wahlanfechtung kann auch zu Protokoll des Seemannsamtes erklärt werden. Die Anfechtungserklärung ist vom Seemannsamt unverzüglich an das für die Anfechtung zuständige Arbeitsgericht weiterzuleiten.
9. Die Mitgliedschaft im Seebetriebsrat endet, wenn der Seebetriebsrat aus Besatzungsmitgliedern besteht, auch, wenn das Mitglied des Seebetriebsrats nicht mehr Besatzungsmitglied ist. Die Eigenschaft als Besatzungsmitglied wird durch die Tätigkeit im Seebetriebsrat oder durch eine Beschäftigung gemäß Absatz 3 Nr. 2 nicht berührt.

(3) Die §§ 26 bis 41 über die Geschäftsführung des Betriebsrats finden auf den Seebetriebsrat mit folgender Maßgabe Anwendung:
1. In Angelegenheiten, in denen der Seebetriebsrat nach diesem Gesetz innerhalb einer bestimmten Frist Stellung zu nehmen hat, kann er, abweichend von § 33 Abs. 2, ohne Rücksicht auf die Zahl der zur Sitzung erschienenen Mitglieder einen Beschluß fassen, wenn die Mitglieder ordnungsgemäß geladen worden sind.
2. Soweit die Mitglieder des Seebetriebsrats nicht freizustellen sind, sind sie so zu beschäftigen, daß sie durch ihre Tätigkeit nicht gehindert sind, die Aufgaben des Seebetriebsrats wahrzunehmen. Der Arbeitsplatz soll den Fähigkeiten und Kenntnissen des Mitglieds des Seebetriebsrats und seiner bisherigen beruflichen Stellung entsprechen. Der Arbeitsplatz ist im Einvernehmen mit dem Seebetriebsrat zu bestimmen. Kommt eine Einigung über die Bestimmung des Arbeitsplatzes nicht zustande, so entscheidet die Einigungsstelle. Der Spruch der Einigungsstelle ersetzt die Einigung zwischen Arbeitgeber und Seebetriebsrat.
3. Den Mitgliedern des Seebetriebsrats, die Besatzungsmitglieder sind, ist die Heuer auch dann fortzuzahlen, wenn sie im Landbetrieb beschäftigt werden. Sachbezüge sind angemessen ab-

zugelten. Ist der neue Arbeitsplatz höherwertig, so ist das diesem Arbeitsplatz entsprechende Arbeitsentgelt zu zahlen.
4. Unter Berücksichtigung der örtlichen Verhältnisse ist über die Unterkunft der in den Seebetriebsrat gewählten Besatzungsmitglieder eine Regelung zwischen dem Seebetriebsrat und dem Arbeitgeber zu treffen, wenn der Arbeitsplatz sich nicht am Wohnort befindet. Kommt eine Einigung nicht zustande, so entscheidet die Einigungsstelle. Der Spruch der Einigungsstelle ersetzt die Einigung zwischen Arbeitgeber und Seebetriebsrat.
5. Der Seebetriebsrat hat das Recht, jedes zum Seebetrieb gehörende Schiff zu betreten, dort im Rahmen seiner Aufgaben tätig zu werden sowie an den Sitzungen der Bordvertretung teilzunehmen. § 115 Abs. 7 Nr. 5 Satz 1 gilt entsprechend.
6. Liegt ein Schiff in einem Hafen innerhalb des Geltungsbereichs dieses Gesetzes, so kann der Seebetriebsrat nach Unterrichtung des Kapitäns Sprechstunden an Bord abhalten und Bordversammlungen der Besatzungsmitglieder durchführen.
7. Läuft ein Schiff innerhalb eines Kalenderjahres keinen Hafen im Geltungsbereich dieses Gesetzes an, so gelten die Nummern 5 und 6 für europäische Häfen. Die Schleusen des Nordostseekanals gelten nicht als Häfen.
8. Im Einvernehmen mit dem Arbeitgeber können Sprechstunden und Bordversammlungen, abweichend von den Nummern 6 und 7, auch in anderen Liegehäfen des Schiffes durchgeführt werden, wenn ein dringendes Bedürfnis hierfür besteht. Kommt eine Einigung nicht zustande, so entscheidet die Einigungsstelle. Der Spruch der Einigungsstelle ersetzt die Einigung zwischen Arbeitgeber und Seebetriebsrat.

(4) Die §§ 42 bis 46 über die Betriebsversammlung finden auf den Seebetrieb keine Anwendung.

(5) Für den Seebetrieb nimmt der Seebetriebsrat die in den §§ 47 bis 59 dem Betriebsrat übertragenen Aufgaben, Befugnisse und Pflichten wahr.

(6) Die §§ 74 bis 113 über die Mitwirkung und Mitbestimmung der Arbeitnehmer finden auf den Seebetriebsrat mit folgender Maßgabe Anwendung:
1. Der Seebetriebsrat ist zuständig für die Behandlung derjenigen nach diesem Gesetz der Mitwirkung oder Mitbestimmung des Betriebsrats unterliegenden Angelegenheiten,
    a) die alle oder mehrere Schiffe des Seebetriebs oder die Besatzungsmitglieder aller oder mehrerer Schiffe des Seebetriebs betreffen,
    b) die nach § 115 Abs. 7 Nr. 2 von der Bordvertretung abgegeben worden sind oder
    c) für die nicht die Zuständigkeit der Bordvertretung nach § 115 Abs. 7 Nr. 1 gegeben ist.
2. Der Seebetriebsrat ist regelmäßig und umfassend über den Schiffsbetrieb des Seeschiffahrtsunternehmens zu unterrichten. Die erforderlichen Unterlagen sind ihm vorzulegen.

Von einer Kommentierung der §§ 114 bis 116 wird abgesehen, weil die Besonderheiten der BR in 1 der Seeschiffahrt im Rahmen einer Kurzkommentierung kaum dargestellt werden können und ohne die Einbindung in die komplexen Zusammenhänge des sonstigen Seearbeitsrechts ohnehin unvollständig blieben. Insoweit wird verwiesen auf die ausf. Kommentierung bei GK-BetrVG/*Wiese* und bei *Richardi*, jeweils zu §§ 114 bis 116.

Zweiter Abschnitt. Luftfahrt

§ 117 Geltung für die Luftfahrt

(1) Auf Landbetriebe von Luftfahrtunternehmen ist dieses Gesetzes anzuwenden.

(2) ¹Für im Flugbetrieb beschäftigte Arbeitnehmer von Luftfahrtunternehmen kann durch Tarifvertrag eine Vertretung errichtet werden. ²Über die Zusammenarbeit dieser Vertretung mit den nach diesem Gesetz zu errichtenden Vertretungen der Arbeitnehmer der Landbetriebe des Luftfahrtunternehmens kann der Tarifvertrag von diesem Gesetz abweichende Regelungen vorsehen; § 3 Abs. 2 ist entsprechend anzuwenden.

Nach Abs. 1 gilt das Gesetz nur für die **Landbetriebe** privatrechtlich organisierter Luftfahrtunter- 1 nehmen iSd. § 20 I 1 LuftVG, zu denen auch Zweigniederlassungen ausländischer Unternehmen zählen (BAG 6. 4. 1973 AP BetrVG 1972 § 99 Nr. 1). Die im **Flugbetrieb** beschäftigten AN sind dagegen vom Geltungsbereich des Gesetzes ausgenommen. Grund dafür sind die besonderen Schwierigkeiten, die sich aus der nicht ortsgebundenen Tätigkeit im Hinblick auf die Bildung einer betrieblichen Vertretung ergeben. Zu dem sogenannten „fliegenden Personal" zählen AN, bei denen die fliegerische Tätigkeit der arbeitsvertraglich geschuldeten Gesamttätigkeit das Gepräge geben (BAG 14. 10. 1986 AP BetrVG 1972 § 117 Nr. 5), ua. Piloten, Co-Piloten, Flugingenieure, Navigatoren, Stewards und Stewardessen. Diese Regelung ist verfassungskonform (BAG 5. 11. 1985 AP BetrVG 1972 § 117 Nr. 4).

2 Abs. 2 S. 1 ermöglicht aber für die im Flugbetrieb beschäftigten AN die **Bildung einer besonderen Vertretung durch TV.** Errichtung und Wahl der besonderen Vertretung können in dem TV abw. vom BetrVG geregelt werden; ebenso zulässig sind vom BetrVG abw. Bestimmungen über die Beteiligungsrechte der Vertretungen (BAG 5. 11. 1985 AP BetrVG 1972 § 117 Nr. 4). Da es sich hier um betriebsverfassungsrechtliche Normen iSv. § 3 II TVG handelt, gelten diese TV für alle Betriebe, deren AG tarifgebunden ist (Fitting Rn. 2). TV nach Abs. 2 S. 1 bedürfen keiner behördlichen Genehmigung nach § 3 II. Es existieren mehr als 10 derartige TV; hervorzuheben ist der TV für das gesamte Bordpersonal der Deutschen Lufthansa. Der Geltungsbereich des TV kann sich auf die vom Unternehmen betriebenen Flugzeuge erstrecken, auch auf ausländischen Teilstrecken; insofern liegt eine sogenannte „Ausstrahlung" des Betriebes vor (BAG 10. 9. 1985 AP BetrVG 1972 § 117 Nr. 3).

3 Neben einem TV nach Abs. 2 S. 1 kann nach Abs. 2 S. 2 auch ein **TV über die Zusammenarbeit der Vertretungen** für das fliegende Personal mit dem gesetzlichen BR der Landbetriebe abgeschlossen werden. Ein solcher TV bedarf der Zustimmung der zuständigen obersten Arbeitsbehörde im Verfahren nach § 3 II. Die Genehmigungspflicht soll gemeinsame Beschlüsse dieser Vertretungen ermöglichen und gewährleisten, daß die verschiedenen organisatorischen Voraussetzungen und Stimmgewichte sinnvoll aufeinander abgestimmt werden (Fitting Rn. 3). Auf Bundesebene wurde bisher nur ein TV iSv. Abs. 2 S. 2 geschlossen.

4 Für die Frage der **Anwendung des KSchG** behandelt die Sondervorschrift des § 24 I 2 KSchG die Gesamtheit der Luftfahrzeuge als einheitlichen Betrieb (BAG 28. 12. 1956 AP KSchG § 22 Nr. 1).

Dritter Abschnitt. Tendenzbetriebe und Religionsgemeinschaften

§ 118 Geltung für Tendenzbetriebe und Religionsgemeinschaften

(1) ¹ Auf Unternehmen und Betriebe, die unmittelbar und überwiegend
1. politischen, koalitionspolitischen, konfessionellen, karitativen, erzieherischen, wissenschaftlichen oder künstlerischen Bestimmungen oder
2. Zwecken der Berichterstattung oder Meinungsäußerung, auf die Artikel 5 Abs. 1 Satz 2 des Grundgesetzes Anwendung findet, dienen, finden die Vorschriften dieses Gesetzes keine Anwendung, soweit die Eigenart des Unternehmens oder des Betriebs dem entgegensteht.
² Die §§ 106 bis 110 sind nicht, die §§ 111 bis 113 nur insoweit anzuwenden, als sie den Ausgleich oder die Milderung wirtschaftlicher Nachteile für die Arbeitnehmer infolge von Betriebsänderungen regeln.

(2) Dieses Gesetz findet keine Anwendung auf Religionsgemeinschaften und ihre karitativen und erzieherischen Einrichtungen unbeschadet deren Rechtsform.

A. Tendenzbetriebe

I. Normzweck und Normcharakter

1 Die Vorschrift ordnet eine nur eingeschränkte Anwendbarkeit des BetrVG auf Unternehmen und Betriebe, die die aufgeführten geistig-ideellen Zielsetzungen verfolgen, an. Grund dieser Privilegierung ist nach der nunmehr in st. Rspr. geäußerten Ansicht des BAG sowie der hL, ein ausgewogenes Verhältnis „zwischen den **Freiheitsrechten** der Tendenzträger und dem **Sozialstaatsprinzip**" zu schaffen (BAG 22. 4. 1975, 7. 11. 1975, 22. 5. 1979, 19. 5. 1981, 21. 6. 1989 AP BetrVG 1972 § 118 Nr. 2, 4, 13, 18, 43; Richardi Rn. 17 ff.; Fitting Rn. 4). Demnach soll die Vorschrift dem Unternehmer einen gegenüber der Beteiligung des BR möglichst breiten Raum bei der Ausübung seiner speziellen Grundrechte gewährleisten. In entsprechender Weise hat sich auch das BVerfG zur Funktion des § 118 I bei Pressebetrieben geäußert (BVerfG 6. 11. 1979 AP BetrVG 1972 § 118 Nr. 14).

2 Dem steht die von einem Teil der Lehre vertretene Auffassung gegenüber, der Normzweck des § 118 I bestehe in der **Privilegierung nichtwirtschaftlicher Unternehmen** (GK-BetrVG/Fabricius Rn. 82 ff., 102 ff.). Diese Überzeugung erweist sich jedoch bereits durch einen Blick auf die Gesetzgebungsgeschichte als unzutreffend, denn Idealtypus eines Tendenzbetriebes und primäres Schutzobjekt der Regelung sollten Presseunternehmen sein, die regelmäßig auch im wirtschaftlichen Interesse betrieben werden. Zugleich reduzierte diese Auffassung den Anwendungsbereich der Norm auf ein Maß, das selbst mit ihrem Charakter als Ausnahmebestimmung nicht gerechtfertigt werden könnte. Die hM geht vielmehr zutreffend davon aus, daß ein **Erwerbs- oder** gar **Gewinnstreben** des Unternehmers der Anwendbarkeit des § 118 I **nicht entgegensteht** (BAG 14. 11. 1975 AP BetrVG 1972 § 118 Nr. 5; BAG 27. 7. 1993 AP BetrVG 1972 § 118 Nr. 51; Richardi Rn. 41 ff.). Eine Ausnahme besteht bei karitativen Zwecken (BAG 29. 6. 1988 AP BetrVG 1972 § 118 Nr. 37; s. dazu unten Rn. 11).

3 Dennoch weist auch die Ansicht der hM, insb. wegen der stereotypen Übernahme der Gesetzesbegründung, Schwächen auf. Es fehlt an einer klaren und genauen Einordnung der Vorschrift in die

Grundrechtsdogmatik, die ihre Auslegung wesentlich erleichtern würde. So bleibt fraglich, welche Schutzrichtung des Grundrechts im Vordergrund steht. Bedeutung hat dies vor allem für die in einer neueren Entscheidung des BAG aufgeworfene Frage (BAG 31. 1. 1995 AP BetrVG 1972 § 118 Nr. 56) der **Abdingbarkeit des § 118.** Im Widerspruch zur früheren Rspr. betont das Gericht dort die individuelle Schutzrichtung der Vorschrift sowie ihren fehlenden Grundrechtsbezug, soweit sie erzieherische und karitative Unternehmen und Betriebe betrifft (ebenso wieder BAG 5. 10. 2000, 1 ABR 14/00). Inwieweit dies eine Abkehr von der bisherigen Überzeugung des Grundrechtsbezugs einleiten soll, bleibt angesichts der knappen Ausführungen abzuwarten (vgl. Rn. 18).

Der Charakter der Norm als **Ausnahmebestimmung** ist hingegen unbestritten (BAG 31. 10. 1975 **4** AP BetrVG 1972 § 118 Nr. 3 zu BT-Drucks. VI/2729 S. 17; GK-BetrVG/*Fabricius* Rn. 364). Streit besteht lediglich darüber, welche Auswirkungen dies auf die **Analogiefähigkeit** der Vorschrift hat (für die analoge Anwendung des § 118 I: ArbG Berlin 25. 11. 1977 AP BetrVG 1972 § 118 Nr. 9; GK-BetrVG/*Fabricius* Rn. 361 ff.; *Richardi* Rn. 48; dagegen: BAG 23. 3. 1999 AP BetrVG 1972 § 118 Nr. 66; *Fitting* Rn. 5; DKK/*Blanke* Rn. 20). Letztlich gelangen beide Meinungen einerseits durch Auslegung andererseits durch Analogie zu identischen Ergebnissen (vgl. BAG 7. 4. 1981 AP BetrVG 1972 § 118 Nr. 16 und ArbG Berlin 25. 11. 1977 AP BetrVG 1972 § 118 Nr. 9). Zu bedenken ist darüber hinaus aber, daß es einen allgemeinen Rechtsgrundsatz, Ausnahmevorschriften seien einer Analogie nicht zugänglich, nicht gibt.

II. Tatbestandsvoraussetzungen

1. Betrieb und Unternehmen. Die Erwähnung beider Begriffe dient – als Reaktion auf die Kontro- **5** versen bei Geltung des § 81 BetrVG 1952 – der Klarstellung, daß ein überwiegend tendenzfreies Unternehmen Tendenzbetriebe und vice versa ein Tendenzunternehmen auch überwiegend tendenzfreie Betriebe unterhalten kann. Die häufig anzutreffende Formulierung, Tendenzschutz bestehe nur, wenn das Unternehmen und der jeweilige Betrieb unmittelbar und überwiegend den in § 118 I genannten Zielsetzungen dienten, ist daher mißverständlich (so aber BAG 27. 7. 1993 AP BetrVG 1972 § 118 Nr. 51; *Weber* NZA 1989, Beil. 3, S. 2).

2. Unmittelbarkeit des Dienens. Das Merkmal der Unmittelbarkeit dient als Neuerung gegenüber **6** der Regelung in § 81 BetrVG 1952 der Betonung des Ausnahmecharakters der Vorschrift (zu BT-Drucks. VI/2729 S. 17). Die in Rspr. und Literatur weit verbreitete Umschreibung mit den Worten „der Unternehmenszweck selbst müsse auf die Tendenz ausgerichtet sein" (BAG 31. 10. 1975 AP BetrVG 1972 § 118 Nr. 3; *Fitting* Rn. 15) erleichtert die Anwendung der Vorschrift im Einzelfall kaum. Aus diesem Grund sollten die übrigen von der Rspr. entwickelten Auslegungshilfen herangezogen werden. Danach müssen die AN selbst die Tendenz „erarbeiten" und beeinflussen können, die **Tendenz** muß also im Unternehmen **selbst verwirklicht** werden. Es genügt nicht, wenn der Unternehmenszweck nach seiner wirtschaftlichen Tätigkeit geeignet ist, das eigentliche Tendenzunternehmen zu unterstützen (BAG 31. 10. 1975 AP BetrVG 1972 § 118 Nr. 3). Diese Definition legt auch der oben (Rn. 1 ff.) aufgezeigte Normzweck nahe. Denn eine tendenzschutzbedingte Besserstellung ist nur gerechtfertigt, sofern Ziele angestrebt werden, die dem Schutzbereich des jeweiligen Grundrechts unterfallen. Nur Unternehmen und Betriebe, in denen die AN selbst erzieherisch, wissenschaftlich, künstlerisch usw. tätig werden, können Tendenzschutz genießen. Das Merkmal „unmittelbar" geht jedoch – wie das Beispiel der Lohndruckereien (s. dazu unten Rn. 15) zeigt – noch darüber hinaus, indem auch an sich grundrechtlich geschützte Bestrebungen aus dem Tendenzschutz wegen fehlender Unmittelbarkeit ausgeklammert werden. Demgegenüber kann der vom BAG (21. 6. 1989 AP BetrVG 1972 § 118 Nr. 43) am Beispiel der Forschungsabteilung eines Pharmakonzerns entwickelten weitergehenden Einschränkung nicht zugestimmt werden. Nach Ansicht des Gerichts wird den Anforderungen an die Unmittelbarkeit nicht genügt, wenn die geistig-ideellen Aufgaben lediglich dazu dienen, einen anderen, nicht tendenzgeschützten Unternehmenszweck zu fördern. Damit setzt es sich in Widerspruch zu seiner – zutreffenden – Überzeugung, ein Erwerbs- oder Gewinnstreben schade der Tendenzfähigkeit nicht.

3. Überwiegendes Dienen. ISd. vorherrschenden sog. **Theorie vom quantitativ-numerischen 7 Prinzip** muß ein quantitatives Übergewicht unmittelbar tendenzbezogener Tätigkeiten vorliegen (BAG 21. 6. 1989 AP BetrVG 1972 § 118 Nr. 43; *Fitting* Rn. 15; DKK/*Blanke* Rn. 9). Der früher herrschenden sog. **Geprägetheorie** wurde damit eine Absage erteilt (vgl. dazu BAG 29. 5. 1970 AP BetrVG 1952 § 81 Nr. 13; *Galperin/Löwisch* BetrVG Rn. 46). Abzustellen ist weniger auf die – zu Recht – als unzuverlässig geltenden Umsatz- und Gewinnzahlen. Vielmehr ist festzustellen, in welcher Größenordnung das Unternehmen seine personellen und sonstigen Mittel zur Verwirklichung seiner tendenzgeschützten und nicht-tendenzgeschützten Ziele einsetzt. Bei personalintensiven Unternehmen liegt dabei das Hauptaugenmerk auf dem Umfang der für die geschützten Ziele eingesetzten Arbeitszeit aller AN, dh. nicht nur der sog. Tendenzträger (BAG 21. 6. 1989 AP BetrVG 1972 § 118 Nr. 43).

8   **4. Geistig-ideelle Bestimmungen.** Besonderen Schutz sollen zunächst Betriebe erfahren, die **politischen Zwecken** dienen. Erfaßt werden davon nicht nur parteipolitische Zielsetzungen verfolgende Unternehmen und Betriebe wie der Verwaltungsapparat politischer Parteien, sondern auch wirtschafts- und sozialpolitische Vereinigungen wie Behindertenverbände oder Wirtschaftsverbände (zu BT-Drucks. VI/2729 S. 17), nicht die Erfüllung staatlicher Aufgaben (BAG 21. 7. 1998 BB 1999, 1116; vgl. auch *Kohte* BB 1999, 1110).

9   **Koalitionspolitischen Bestimmungen** dienen Gewerkschaften und AGVerbände, sofern in ihren Unternehmen oder Betrieben Aufgaben wahrgenommen werden, die den Koalitionen durch Art. 9 III GG zugewiesen sind. Ihr Zweck muß also auf das Gestalten von Arbeits- und Wirtschaftsbedingungen gerichtet sein (BAG 3. 7. 1990 AP BetrVG 1972 § 99 Nr. 81). Bildungs- und Schulungseinrichtungen erfüllen diese Voraussetzungen nur, sofern sie über die Weiterbildung der Mitglieder zur Förderung und Stärkung der gewerkschaftlichen Tätigkeit dienen (zu pauschal daher *Fitting* Rn. 17). Dementsprechend werden rechtlich selbständige, wirtschaftliche Unternehmen der Koalitionen nicht erfaßt.

10   Einer genauen Abgrenzung bedürfen wegen der differierenden Rechtsfolgen von § 118 I und II die **konfessionellen Bestimmungen** dienenden Unternehmen und Betriebe. Damit scheiden im Rahmen des Abs. 1 zunächst alle Einrichtungen aus, die von Abs. 2 erfaßt werden. Darüber hinaus ist wegen der staatlichen Neutralitätspflicht und der in Art. 4 I GG verankerten Freiheit des religiösen und weltanschaulichen Bekenntnisses eine weite Auslegung des Konfessionsbegriffs geboten. Erfaßt werden daher Einrichtungen, deren Aufgaben und Ziele durch eine bestimmte religiöse oder weltanschauliche Überzeugung geprägt sind, wie zB antroposophische Vereinigungen, Freidenkerverbände, Pfadfinder (*Müller* ArbRGeg. Bd. 19, 50 f.; *Fitting* Rn. 18; DKK/*Blanke* Rn. 26; GK-BetrVG/*Fabricius* Rn. 179 ff.; einschränkend *Richardi* Rn. 5).

11   **Karitativen Bestimmungen** dient ein Unternehmen, wenn es sich ohne die Absicht der Gewinnerzielung und ohne eine unmittelbare gesetzliche Verpflichtung zur Aufgabe gemacht hat, körperlich, geistig oder seelisch leidenden Menschen zu helfen (BAG 7. 4. 1971, 29. 6. 1988, 8. 11. 1988, 22. 11. 1995 AP BetrVG 1972 § 118 Nr. 16, 37, 38, 58). Erforderlich ist nicht, daß die Hilfeleistung unentgeltlich erfolgt. Kostendeckende Einnahmen dürfen erzielt werden (BAG 24. 5. 1995 AP BetrVG 1972 § 118 Nr. 57; aA GK-BetrVG/*Fabricius* Rn. 197 ff., dessen Begründung indessen maßgeblich auf seiner – oben abgelehnten – Grundthese nicht zu vereinbarenden Gegensatz zwischen der Verfolgung geistig-ideeller und wirtschaftlicher Zwecke beruht; ebenso DKK/*Blanke* Rn. 27). Unerheblich ist, wer rechtlich oder wirtschaftlich an dem Unternehmen beteiligt ist oder einen beherrschenden Einfluß ausübt (BAG 29. 6. 1988 AP BetrVG 1972 § 118 Nr. 37). Von einer *unmittelbaren* gesetzlichen Verpflichtung kann jedoch selbst dann nicht ausgegangen werden, wenn die gesamten Anteile in den Händen einer gesetzlich verpflichteten Gebietskörperschaft liegen (BAG 24. 5. 1995 AP BetrVG 1972 § 118 Nr. 57). Hiergegen spricht sich zu Recht *Löwisch* (FS für Wlotzke, 1996, S. 386 ff.), der auf die fehlende Freiwilligkeit des Unternehmens hinweist, aus. Karitative Unternehmen sind demzufolge beispielsweise das Deutsche Rote Kreuz, Krankenhäuser unter den oben dargelegten Voraussetzungen, Berufsförderungswerke für Behinderte, Drogenberatungsstellen, Altenheime.

12   Für die Verfolgung **erzieherischer Zielsetzungen** genügt es nicht allein, bestimmte Fertigkeiten vermitteln zu wollen. Vielmehr muß außerdem bezweckt werden, durch planmäßige und methodische Unterweisung in einer Mehrzahl allgemeinbildender oder berufsbildender Fächer die Persönlichkeit zu formen, sofern dies mit einer gewissen Nachhaltigkeit geschieht (BAG 21. 6. 1989, 13. 1. 1987, 14. 4. 1988, 22. 5. 1979 AP BetrVG 1972 § 118 Nr. 43, 33, 36, 12; BAG 3. 12. 1987 NZA 1988, 507; *Oldenburg* NZA 1989, 412). Wegen der nur kurzen Einwirkungsmöglichkeit auf die zu erziehenden Menschen dienen zoologische Gärten nicht erzieherischen Bestimmungen (BAG 21. 6. 1989 AP BetrVG 1972 § 118 Nr. 43). Auch Erwachsene können in diesem Sinne noch in ihrer Persönlichkeit geformt und ihre Entwicklung zu einem Glied der menschlichen Gesellschaft gefördert werden (BAG 3. 7. 1990 AP BetrVG 1972 § 99 Nr. 81). Erzieherische Tendenzbetriebe sind daher zB Privatschulen und Berufsbildungswerke, nicht Landessportverband, BAG 23. 3. 1999 BB 1999, 1118.

13   Zur Bestimmung des Begriffs der **Wissenschaft** greift die Rspr. zutreffend auf die zu Art. 5 III GG entwickelte Definition zurück (BAG 21. 6. 1989 AP BetrVG 1972 § 118 Nr. 43; BAG 20. 10. 1990 AP BetrVG 1972 § 118 Nr. 47; aA *Wendeling-Schröder* AuR 1984, 328), derzufolge alles, was nach Inhalt und Form als ernsthafter, planmäßiger Versuch zur Ermittlung der Wahrheit anzusehen ist, Wissenschaft ist (BVerfG 29. 5. 1973 BVerfGE 35, 79). Diese Erfordernisse erfüllen Einrichtungen, die auf dem Gebiet der Grundlagen- oder der anwendungsorientierten Forschung tätig werden, wie die Max-Planck-Gesellschaft, die Fraunhofergesellschaft, Großforschungseinrichtungen, Meinungsforschungsinstitute, Wirtschaftsforschungsinstitute und im Hinblick auf den Normzweck des § 118 I auch industrielle Forschungsbetriebe (aA *Fitting* Rn. 22; DKK/*Blanke* Rn. 34). Auch ein zoologischer Garten kann wissenschaftlichen Bestimmungen dienen, soweit er dazu bestimmt ist, Erkenntnisse über Tierbiologie zu gewinnen oder Methoden der Arterhaltung zu erforschen (BAG 21. 6. 1989 AP BetrVG 1972 § 118 Nr. 43). Umfassend *Poeche*, Mitbestimmung in wissenschaftlichen Tendenzbetrieben, 1999.

14   Ebenso stellt die Rspr. zur Definition „**künstlerischer Bestimmungen**" auf den Inhalt von Art. 5 III GG ab (BAG 8. 3. 1983 AP BetrVG 1972 § 118 Nr. 26; BAG 15. 2. 1989 AP BetrVG 1972

§ 118 Nr. 39), mit der Folge, daß sowohl Betätigungen im sog. Werkbereich als auch im sog. Wirkbereich Tendenzcharakter vermitteln können. Letzterem unterfällt aber nicht die Gesellschaft für musikalische Aufführungs- und mechanische Vervielfältigungsrechte (GEMA), da sie lediglich der wirtschaftlichen Verwertung musikalischer Urheberrechte dient (BAG 8. 3. 1983 AP BetrVG 1972 § 118 Nr. 26). Unternehmen mit künstlerischer Zielsetzung sind daher Orchester (BAG 3. 11. 1982 DB 1983, 830), Theater (BAG 4. 8. 1981 AP BetrVG 1972 § 87 Arbeitszeit Nr. 5; BAG 28. 10. 1986 AP BetrVG 1972 § 118 Nr. 32), belletristische Buchverlage (BAG 15. 2. 1989 AP BetrVG 1972 § 118 Nr. 39). Str. ist die Tendenzeigenschaft von Revuen und Zirkusunternehmen (dagegen *Fitting* Rn. 23; dafür *Galperin/Löwisch* BetrVG Rn. 24) sowie Profisportvereinen (dazu *Kania* SpuRt 1994, 121, 125).

Zwecke der Berichterstattung oder Meinungsäußerung nach § 118 I Nr. 2 können beispielsweise 15 Zeitungs- und Zeitschriftenverlage (BAG 7. 11. 1975, 30. 1. 1979, 22. 5. 1979, 19. 5. 1981, 30. 1. 1990, 14. 1. 1992 AP BetrVG 1972 § 118 Nr. 4, 11, 13, 18, 21, 44, 49); Rundfunk- und Fernsehsender, auch wenn sie nur zu 10% Wortbeiträge senden (BAG 11. 2. 1992 AP BetrVG 1972 § 118 Nr. 50; BAG 27. 3. 1993 NZA 1994, 329); Presse- und Nachrichtenagenturen (DKK/*Blanke* Rn. 44) verfolgen. Buchverlage können sowohl Bestimmungen nach Nr. 1 als auch Zwecken iSv. Nr. 2 dienen (BAG 14. 11. 1975 AP BetrVG 1972 § 118 Nr. 5; BAG 15. 2. 1989 AP BetrVG 1972 § 118 Nr. 39). Das Fehlen der in Art. 5 I 2 GG aufgeführten Presse hat also nicht zur Folge, daß Presseunternehmen keinen Tendenzschutz genießen. Gleichwohl läßt sich dieser Abweichung vom Grundrechtswortlaut entnehmen, daß diese eben nur dem Anwendungsbereich des § 118 I unterfallen, sofern sie Zwecken der Berichterstattung (Weitergabe von Tatsachen) und der Meinungsäußerung (Abgabe von wertenden Stellungnahmen) dienen. Adreßbuch- oder Telefonbuchverlage, die zwar durch Art. 5 GG geschützt sind, sind damit keine Tendenzunternehmen (BAG 27. 8. 1968 AP BetrVG 1952 § 81 Nr. 10; aA *Galperin/Löwisch* BetrVG Rn. 25 ff.).

Druckereien sind nach Ansicht des BAG ebenfalls im Regelfall keine Tendenzunternehmen (BAG 16 22. 2. 1966, 27. 8. 1968, 29. 5. 1970, AP BetrVG 1952 § 81 Nr. 4, 11, 13; BAG 31. 10. 1975, 30. 6. 1981 AP BetrVG 1972 § 118 Nr. 3, 20). Entgegen anderer Aussagen in der Kommentarliteratur (*Fitting* Rn. 27; DKK/*Blanke* Rn. 45) verneint die Rspr. auch dann den Tendenzcharakter, wenn die Druckerei ein selbständiges Unternehmen oder einen selbständigen Betrieb darstellt, überwiegend aber eine verlagseigene Zeitung druckt (vgl. BAG 31. 10. 1975 AP BetrVG 1972 § 118 Nr. 3). Etwas anderes soll dann gelten, wenn das Druckunternehmen selbst Einfluß auf die Tendenzverwirklichung nehmen kann oder wenn es die wirtschaftliche Existenz des Verlagsunternehmens sichern soll, was indessen auch dann nicht der Fall ist, wenn das Druckunternehmen abhängiges Unternehmen in einem sog. Tendenzkonzern ist (BAG 30. 6. 1981 AP BetrVG 1972 § 118 Nr. 20). Die Diskussion der Problematik an dieser Stelle offenbart eine allgemeine Schwäche bei der Auslegung der Vorschrift durch Rspr. und Lehre, die Grenzen zwischen den einzelnen Tatbestandsmerkmalen zu verwischen. Denn an sich stellt sich nicht die Frage, ob Druckereien den genannten Zwecken dienen, sondern ob sie ihnen *unmittelbar* dienen.

III. Rechtsfolgen

1. Absoluter Ausschluß der §§ 106 bis 110. § 118 I S. 2, 1. Halbs. ordnet die Unanwendbarkeit der 17 §§ 106 bis 110 an. Da es sich um Vorschriften handelt, die nur auf Unternehmensebene relevant werden, kommt es hier auf die Tendenzeigenschaft des Unternehmens an. In Tendenzunternehmen entfällt damit die Pflicht zur Errichtung eines Wirtschaftsausschusses sowie zur Unterrichtung der AN über die wirtschaftliche Lage und Entwicklung des Unternehmens gem. § 110. Dagegen findet nach Ansicht der Rspr. § 43 II S. 3 uneingeschränkt Anwendung (BAG 8. 3. 1977 AP BetrVG 1972 § 43 Nr. 1; aA HSG/*Hess* Rn. 53). Das BAG hat die Verfassungsmäßigkeit des Ausschlusses entgegen anderslautender Literaturmeinungen bestätigt (BAG 14. 11. 1975 AP BetrVG 1972 § 118 Nr. 5; BAG 7. 4. 1981 AP BetrVG 1972 § 118 Nr. 16; aA ArbG Berlin 25. 11. 1977 AP BetrVG 1972 § 118 Nr. 9; DKK/*Blanke* Rn. 56; *Ihlefeld* RdA 1977, 233). BVerfG 15. 12. 1999 EzA BetrVG 1972 § 118 Nr. 70, 71 (Kammerentscheidung) bestätigt ausdrücklich, daß Mitbestimmungsrechte von Verfassungs wegen ausgeschlossen sind, soweit durch sie die von der Pressefreiheit geschützte Tendenzentscheidung und ihre Durchführung einschränken. Dies muß für andere „Tendenzen" als Presse ebenso gelten.

2. Eingeschränkter Ausschluß der §§ 111 bis 113. § 118 I 2, 2. Halbs. erklärt die §§ 111 bis 113 18 nur insoweit für anwendbar, als sie den Ausgleich und die Milderung wirtschaftlicher Nachteile für die AN infolge von Betriebsänderungen regeln. Mit dieser Formulierung nimmt die Vorschrift auf die Definition des Sozialplanes in § 112 I 2 Bezug, so daß in Tendenzbetrieben nach überwiegender Ansicht nur die ihn betreffenden Vorschriften anwendbar bleiben (BAG 17. 8. 1982 AP BetrVG 1972 § 111 Nr. 11; ArbG Frankfurt 26. 9. 1995 BB 1996, 1063; *Richardi* Rn. 171; *Hanau* BB 1973, 903). Der Abschluß eines Interessenausgleiches muß dagegen nicht angestrebt werden (str., aA DKK/*Blanke* Rn. 61). Allerdings bleibt die Pflicht des AG, gem. § 17 II S. 2 KSchG mit dem BR über die Vermeidung und Einschränkung von Entlassungen sowie die Milderung ihrer Folgen zu beraten, bestehen. Der Ausschluß des Interessenausgleichs schließt auch § 125 InsO aus, doch dürfte die Vorschrift anwendbar sein, wenn der Unternehmer auf den Ausschluß des Interessenausgleichs verzichtet. Dies kann allgemein oder im Einzelfall geschehen. Anderfalls wäre der beabsichtigte Schutz des Tendenzunternehmers verfehlt. Zu Nachteilsausgleichsansprüchen gem. § 113 III BetrVG kann es nach Auffassung des BAG kommen, wenn der AG eine Betriebsänderung durchführt, ohne den BR rechtzeitig unterrichtet und Verhandlungen über einen Sozialplan ermöglicht zu haben (BAG 27. 10. 1998 AP BetrVG 1972 § 118 Nr. 65).

19   **3. Relativer Ausschluß der übrigen Vorschriften.** Die übrigen Vorschriften finden laut § 118 I 1 keine Anwendung, „soweit die Eigenart des Unternehmens oder des Betriebs dem entgegensteht".

20   **a) Allgemeines.** Die sog. Eigenartsklausel ermöglicht eine tendenzrelative Anwendung der betriebsverfassungsrechtlichen Vorschriften, indem sie die Möglichkeit offenhält, zum einen bestimmte Vorschriften uneingeschränkt bestehenzulassen und zum anderen Regelungen auch nur tlw. anzuwenden. So entspricht es übereinstimmender Auffassung, Anhörungs-, Beratungs- und Informationsrechte des BR als grds. tendenzunschädlich anzusehen und echte Mitbestimmungsrechte auf diese Beteiligungsrechte zu reduzieren (BAG 22. 4. 1975 AP BetrVG 1972 § 118 Nr. 2; BAG 31. 5. 1983 AP BetrVG 1972 § 118 Nr. 27; *Fitting* Rn. 38). Diesen Beteiligungsrechten wird die Wirkung abgesprochen, der Eigenart des Tendenzunternehmens bzw. -betriebes entgegenstehen zu können. Denn „entgegenstehen" erfordert nach st. Rspr. des BAG mehr als nur ein Beeinträchtigen, Berühren oder Erschweren. Entscheidend ist vielmehr, ob die Alleinentscheidung des AG aus Tendenzschutzgründen notwendig ist (BAG 22. 4. 1975 AP BetrVG 1972 § 118 Nr. 2; BAG 19. 5. 1981 AP BetrVG 1972 § 118 Nr. 18). Zur Feststellung, ob eine Vorschrift der „Eigenart" eines Betriebs oder Unternehmens entgegensteht, haben Rspr. und Lehre eine - insb. für den Bereich der personellen Mitbestimmung bedeutsame - Systematik entwickelt. Zunächst muß es sich um eine einen **Tendenzträger** betreffende Maßnahme handeln. Des weiteren muß diese Maßnahme einen Tendenzbezug aufweisen, also **aus tendenzbedingten Gründen** erfolgen (sog. Maßnahmetheorie: BAG 30. 1. 1979, 28. 10. 1986, 8. 5. 1990, 27. 7. 1993 AP BetrVG 1972 § 118 Nr. 11, 32, 46, 51; *Fitting* Rn. 31, 37; HSG/*Hess* Rn. 28). Tendenzträger ist derjenige AN, für dessen Tätigkeit die Bestimmungen und Zwecke der in § 118 I genannten Unternehmen und Betriebe prägend sind und der daher die Möglichkeit der inhaltlichen Einflußnahme auf die Tendenzverwirklichung hat, wobei es unschädlich ist, wenn er im Einzelfall nach gewissen Richtlinien oder Weisungen arbeitet (BAG 28. 10. 1986 AP BetrVG 1972 § 118 Nr. 32). Als Tendenzträger wurden bisher anerkannt: Redakteure bei Tageszeitungen (BAG 7. 11. 1975 AP BetrVG 1972 § 118 Nr. 4), Sportredakteure (BAG 9. 12. 1975 AP BetrVG 1972 § 118 Nr. 7), Redakteure eines Rundfunksenders (BAG 11. 2. 1992 NZA 1992, 705), hauptamtliche Funktionäre in Koalitionen und politischen Parteien (BAG 6. 12. 1979 AP KSchG 1969 § 1 Verhaltensbedingte Kündigung Nr. 2), Lehrer und Erzieher einer privaten Ersatzschule (BAG 22. 5. 1979 AP BetrVG 1972 § 118 Nr. 12), Redaktionsvolontäre (BAG 19. 5. 1981 AP BetrVG 1972 § 118 Nr. 21), Solo- und Erster Hornist eines Orchesters (BAG 3. 11. 1982 AP BetrVG 1972 § 118 Nr. 25), Psychologen eines Berufsförderungswerks (BAG 8. 11. 1988 AP BetrVG 1972 § 118 Nr. 38), Wissenschaftler mit Forschungsaufgaben (BAG 20. 11. 1990 AP BetrVG 1972 § 118 Nr. 47; LAG Berlin 18. 10. 1982 BB 1983, 502).

21   **b) Organisatorische Vorschriften, §§ 1 bis 73.** Die Organisation der Betriebsverfassung unterliegt im Regelfall keinen tendenzschutzbedingten Einschränkungen. Dies gilt auch für das durch § 2 II eingeräumte Zutrittsrecht der Gewerkschaften (BAG 14. 2. 1978 AP GG Art. 9 Nr. 26), es sei denn, es handelt sich um einen AGVerband oder um eine andere Gewerkschaft (*Fitting* Rn. 32). Ebenfalls keine Einschränkung erfährt nach umstrittener Auffassung des BAG die Verpflichtung des AG zur Erstattung des Jahresberichts nach § 43 II (s. o. Rn. 17).

22   **c) Allgemeine Vorschriften der Mitwirkung und Mitbestimmung, §§ 74 bis 80 sowie §§ 81 bis 86.** Tendenzschutzbedingten Einschränkungen unterliegen hier lediglich die durch § 75 aufgestellten Grundsätze über die Behandlung der Betriebsangehörigen, so daß zB in Betrieben politischer Parteien ein tendenzentsprechendes Auftreten und Verhalten verlangt werden kann. Die Tendenzeigenschaft eines Betriebs oder Unternehmens steht auch nicht dem durch § 80 II 2 gewährten Einblicksrecht des BR in die Gehaltslisten entgegen (BAG 22. 5. 1979 AP BetrVG 1972 § 118 Nr. 12; BAG 30. 6. 1981 AP BetrVG 1972 § 80 Nr. 15). Unberührt bleiben auch die §§ 81 bis 86.

23   **d) Soziale Angelegenheiten, §§ 87 bis 89.** Eine Einschränkung der Mitbestimmungsrechte in sozialen Angelegenheiten kommt idR nicht in Betracht, da mit ihnen meist der tendenzneutrale Arbeitsablauf im Betrieb geregelt wird (BAG 30. 1. 1990 AP BetrVG 1972 § 118 Nr. 44; BAG 13. 2. 1990 AP BetrVG 1972 § 118 Nr. 45; *Fitting* Rn. 33). Bedeutung kann der Tendenzschutz allerdings bei der Festlegung der **Arbeitszeit** gem. § 87 I Nrn. 2, 3 erlangen. Dies gilt beispielsweise für die Entscheidung des Schulträgers einer privaten Ersatzschule über die Einrichtung von Nachmittagsunterricht (BAG 13. 1. 1987 AP BetrVG 1972 § 118 Nr. 33); die Bestimmung von Probenbeginn und -ende in Theaterunternehmen, soweit der BR dabei über die Gesamtdauer der Proben mitbestimmen und damit die künstlerische Qualität der Aufführung beeinflussen kann (BAG 4. 8. 1981 AP BetrVG 1972 § 87 Arbeitszeit Nr. 5); Beginn und Ende der täglichen Arbeitszeit von Redakteuren, sofern deren Festlegung nicht nur aus technisch-organisatorischen Gründen, sondern wegen der Aktualität oder der

inhaltlichen Ausgestaltung der Berichterstattung erfolgt (BAG 22. 5. 1979, 14. 1. 1992, 11. 2. 1992 AP BetrVG 1972 § 118 Nr. 13, 49, 50). BVerfG 15. 12. 1999 (Rn. 17) nennt als mitbestimmungsfreie Entscheidungen: Erscheinungstermin, regelmäßige Wochenarbeitszeit, Redaktionsschluß, Einführung und zeitlicher Umfang von Redaktionskonferenzen, Einsatz von Redakteuren, Zeitvorgaben zur Berichterstattung über ein Großereignis, nicht dagegen regelmäßige Verteilung der Arbeitszeit auf die Wochentage, nach BVerfG 15. 12. 1999 (NZA 2000, 264) auch nicht Sollandruckzeiten. Gleiches muß für die Arbeitszeit von Wissenschaftlern in Forschungseinrichtungen gelten, deren arbeitszeitrechtlicher Sonderstatus bereits eine Anerkennung in § 14 II ArbZG gefunden hat. Soweit EDV-Systeme in die Forschung eines wissenschaftlichen Tendenzbetriebes integriert werden, bestehen keine Mitbestimmungsrechte nach § 87 I Nr. 6, wohl aber, wenn sie zu Überwachungszwecken eingesetzt werden (LAG München 17. 9. 1987 CR 1988, 562). Das Mitbestimmungsrecht gem. § 87 I Nr. 10 kann entfallen, sofern die Regelung Entgeltformen betrifft, die gerade die Tendenz fördern sollen, indem sie etwa die AN zu besonderen Leistungen für die Tendenzverwirklichung anspornen und sie dafür honorieren sollen (BAG 31. 1. 1984 AP BetrVG 1972 § 87 Lohngestaltung Nr. 15; BAG 13. 2. 1990 AP BetrVG 1972 § 118 Nr. 45; verkannt von BAG 17. 12. 1980 AP BetrVG 1972 § 87 Lohngestaltung Nr. 4, wo die Zulagen die Gewinnung und Bindung besonders qualifizierter wissenschaftlicher Mitarbeiter bezweckten; ebenfalls verkannt von BAG 3. 8. 1982 AP BetrVG 1972 § 87 Lohngestaltung Nr. 12; *Endlich* NZA 1990, 12).

e) **Personelle Angelegenheiten, §§ 92 bis 105.** Die Unterrichtungs- und Beratungsverpflichtungen **24** des AG über die Personalplanungen gem. § 92 bestehen nach Auffassung des BAG in einem Tendenzbetrieb auch hinsichtlich der Tendenzträger fort (BAG 6. 11. 1990 AP BetrVG 1972 § 92 Nr. 3; aA unter Hinweis auf die dann vorhandenen Unstimmigkeiten mit der Regelung des § 118 I 2: *Hanau* BB 1973, 901; *Richardi* Rn. 153). Dem Verlangen des BR, gem. § 93 vakante Arbeitsplätze innerbetrieblich auszuschreiben, steht die Eigenart des Tendenzunternehmens idR auch dann nicht entgegen, wenn sich die Ausschreibung auf sog. Tendenzträger erstrecken soll, da dem AG auch dann die Auswahl freisteht (BAG 30. 1. 1979 AP BetrVG 1972 § 118 Nr. 11; *Fitting* Rn. 34; krit. wissenschaftlichen Tendenzbetrieben, die auf den Zulauf externer Wissenschaftler angewiesen sind: *Hanau* BB 1973, 901). Dagegen entfällt das Zustimmungserfordernis nach § 94 I bei in Einstellungsfragebögen eines wissenschaftlichen Tendenzbetriebes enthaltenen Fragen nach einem Engagement im früheren Ministerium für Staatssicherheit (BAG 21. 9. 1993 AP BetrVG 1972 § 94 Nr. 4). Entsprechende Einschränkungen müssen bei der Aufstellung von Beurteilungsgrundsätzen nach § 94 II sowie von Auswahlrichtlinien iSd. § 95 gemacht werden (*Fitting* Rn. 34). Keiner Einschränkung unterliegen die Vorschlags- und Beratungsrechte des BR im Rahmen der **betrieblichen Berufsbildung gem. §§ 96, 97**. Anderes gilt hingegen für die Rechte aus § 98, soweit es sich um die Ausbildung von Tendenzträgern handelt, denn hinsichtlich ihrer Auswahl und der Auswahl des Ausbilders trifft der AG eine tendenzrelevante Entscheidung (*Galperin/Löwisch* BetrVG Rn. 70; aA DKK/*Blanke* Rn. 87).

Im Rahmen der **personellen Einzelmaßnahmen** findet der Tendenzschutz nach § 118 I sein Haupt- **25** anwendungsgebiet. Wiederum gelten hier die oben dargelegten (Rn. 20) Voraussetzungen, nach denen die Maßnahme zunächst einen sog. Tendenzträger betreffen und außerdem aus tendenzbedingten Gründen erfolgen muß. Letzteres wird bei **Einstellungen** und **Versetzungen** eines Tendenzträgers grds. vermutet (BAG 9. 12. 1975, 19. 5. 1981, 28. 10. 1986 AP BetrVG 1972 § 118 Nr. 7, 18, 32). Entsprechend entfällt hier das Zustimmungsverweigerungsrecht des BR gem. § 99 II und zwar unabhängig davon, ob der BR die Zustimmung aus tendenzbedingten oder tendenzneutralen Gründen verweigern möchte (so ausdrücklich BAG 27. 7. 1993 AP BetrVG 1972 § 118 Nr. 51; noch zweifelnd BAG 28. 10. 1986 AP BetrVG 1972 § 118 Nr. 32; aA LAG Düsseldorf 14. 11. 1990 LAGE BetrVG 1972 § 118 Nr. 15; DKK/*Blanke* Rn. 88 ff.). Dagegen bleiben die Rechte auf Information, Vorlage der Bewerbungsunterlagen, Beratung und Äußerung von Bedenken bestehen (BAG 9. 12. 1975, 19. 5. 1981 AP BetrVG 1972 § 118 Nr. 7, 18, 21). Bei **Eingruppierungsmaßnahmen** bestehen die Rechte des BR unvermindert fort, da es sich hierbei nicht um rechtsgestaltende, sondern um rechtsbeurteilende Maßnahmen handelt (BAG 31. 5. 1983 AP BetrVG 1972 § 118 Nr. 27; aA *Meusel* NZA 1987, 658). Verletzt der AG die auch im Tendenzbetrieb weiterhin bestehenden Rechte aus § 99, so trifft ihn die Rechtsfolge des § 101 (BAG 8. 5. 1990 AP BetrVG 1972 § 118 Nr. 46).

Ähnliches gilt für die **Beteiligung des BR nach § 102**. Wird einem Tendenzträger aus tendenz- **26** bedingten Gründen gekündigt, so entfällt nach hM das Widerspruchsrecht des BR gem. § 102 III und infolge dessen auch die Weiterbeschäftigungsverpflichtung nach § 102 V. Der BR ist indessen anzuhören, ihm sind also alle Kündigungsgründe – auch die nicht tendenzbezogenen – mitzuteilen (BVerfG 7. 11. 1975 AP BetrVG 1972 § 118 Nr. 4; BAG 6. 11. 1979 AP BetrVG 1972 § 118 Nr. 14). Der BR kann Einwendungen gegen die Kündigung aus sozialen Gesichtspunkten erheben (BAG 7. 11. 1975 AP BetrVG 1972 § 118 Nr. 4, wobei unklar bleibt, mit welcher Folge; DKK/*Blanke* Rn. 95 für die Folge der Weiterbeschäftigung). Eine Stellungnahme des BR zu tendenzbezogenen Kündigungsgründen ist mit § 118 unvereinbar, BVerfG 15. 12. 1999 (NZA 2000, 264). Eine Kündigung wegen Leistungsmängeln muß nicht notwendig tendenzbedingt sein (BAG 3. 11. 1982 AP KSchG § 15 Nr. 12).

27 Im **Streitfall** trifft den AG die Beweislast dafür, daß sein Betrieb ein Tendenzbetrieb ist und die Ausübung der Mitbestimmungsrechte der Eigenart des Betriebs entgegensteht (DKK/*Blanke* Rn. 115; *Prütting*, Gegenwartsprobleme der Beweislast, 1983, S. 317 ff.).

B. Religionsgemeinschaften

I. Normzweck

28 Im Unterschied zur Regelung des § 118 I schließt § 118 II Religionsgemeinschaften und ihre karitativen und erzieherischen Einrichtungen insgesamt aus dem Anwendungsbereich des BetrVG aus. Damit wird nach Ansicht der Rspr. den in Art. 140 GG iVm. Art. 137 III WRV zum Ausdruck kommenden verfassungsrechtlichen Geboten, den „Religionsgesellschaften" die selbständige Regelung ihrer Angelegenheiten innerhalb der Schranken des für alle geltenden Gesetzes, entsprochen (BVerfG 11. 10. 1977 AP GG Art. 140 Nr. 1; BAG 9. 2. 1982, 14. 4. 1988, 24. 7. 1991 AP BetrVG 1972 § 118 Nr. 24, 36, 48; aA DKK/*Blanke* Rn. 105).

29 Der Ausnahmetatbestand umfaßt nicht die öffentlich-rechtlich organisierten Kirchen. Sie werden bereits durch § 130 aus dem BetrVG ausgeklammert (s. § 130 Rn. 4). § 118 II betrifft daher nur privatrechtlich organisierte Religionsgemeinschaften sowie ihre karitativen und erzieherischen Einrichtungen.

II. Tatbestandsvoraussetzungen

30 **1. Der Begriff der Religionsgemeinschaft** in § 118 II ist ebenso zu verstehen wie der Begriff der Religionsgesellschaft iSd. Art. 137 III WRV (BAG 24. 7. 1991 AP BetrVG 1972 § 118 Nr. 48). Damit werden von der Regelung Weltanschauungsgesellschaften nicht erfaßt. Indessen stellt Art. 137 VII WRV diese den „Religionsgesellschaften" gleich. Entsprechend erstreckt ein großer Teil der Lehre § 118 II auch auf diese Gemeinschaften (*Fitting* Rn. 56; DKK/*Blanke* Rn. 106; zu Recht aA GK-BetrVG/*Fabricius* Rn. 768 f.). Über ihre Einbeziehung ist wegen des Wortlauts von § 118 II – trotz bestehender verfassungsrechtlicher Bedenken hinsichtlich der Regelung des Art. 137 VII WRV – nur im Wege einer verfassungskonformen Auslegung oder einer analogen Anwendung zu entscheiden (für eine freilich nicht näher konkretisierte „weite" Auslegung: BAG 21. 11. 1975 AP BetrVG 1972 § 118 Nr. 6). Keine Religionsgemeinschaft ist die Scientology-Kirche (BAG 22. 3. 1995 AP ArbGG 1979 § 5 Nr. 21). Von § 118 II wird der gesamte Verwaltungsapparat, einschließlich der örtlichen und überörtlichen Dienststellen unabhängig von deren Rechtsform und Selbständigkeit (*Fitting* Rn. 56) erfaßt. Andere Einrichtungen können wegen der expliziten Aufzählung der karitativen und erzieherischen Einrichtungen nicht unter den Begriff der Religionsgemeinschaften subsumiert werden. In Betracht kommt nur die Anwendung des § 118 I (ebenso *Fitting* Rn. 57; vgl. aber zur abw. Rechtsentwicklung unten Rn. 32).

31 **2. Das Vorliegen karitativer und erzieherischer Einrichtungen** ist anhand der oben (Rn. 11 f.) zu § 118 I dargelegten Kriterien festzustellen (ebenso BAG 14. 4. 1988 AP BetrVG 1972 § 118 Nr. 36; im Widerspruch dazu BAG 24. 11. 1981 AP ArbGG 1979 § 72 a Divergenz Nr. 10, wonach es Inhalt des Selbstbestimmungsrechts der Kirche sei, darüber zu entscheiden, ob eine Einrichtung „karitativ" tätig ist; wie hier GK-BetrVG/*Fabricius* Rn. 772 f.).

32 Die ausdrückliche gesetzliche Beschränkung auf diese Arten von Einrichtungen wird durch die weitgehend uferlose verfassungsrechtliche Definition des Selbstbestimmungsrechts der Religionsgemeinschaften stark verwässert. Das BAG geht soweit, auch die Definition dessen, was karitativ bzw. erzieherisch ist, dem verfassungsrechtlich garantierten Selbstbestimmungsrecht zuzuordnen und damit diesen selbst zu überlassen (BAG 24. 11. 1981 AP ArbGG 1979 § 72 a Divergenz Nr. 10). Die Folge ist eine anhand des Gesetzeswortlauts und der Gesetzessystematik nicht mehr nachvollziehbare Subsumtionspraxis der Rspr., die nunmehr ohne nähere Begründung selbst den rechtlich selbständigen evangelischen Presseverband über die Vorschrift des § 118 II von der Anwendung des BetrVG freistellt (BAG 24. 7. 1991 AP BetrVG 1972 § 118 Nr. 48; krit. auch *Fitting* Rn. 57 b sowie gegen die Aufnahme sonstiger Einrichtungen GK-BetrVG/*Fabricius* Rn. 784 ff.). Darüber hinaus wurden als Einrichtungen iSd. Vorschrift Kindergärten (BAG 9. 2. 1982 AP BetrVG 1972 § 118 Nr. 24) sowie Altersheime, Schulen und Krankenhäuser (BAG 21. 11. 1975 AP BetrVG 1972 § 118 Nr. 6; BAG 6. 12. 1977 AP BetrVG 1972 § 118 Nr. 10) anerkannt.

33 **3. „Ihre" Einrichtungen.** Während die Rspr. früher zur Feststellung einer hinreichenden Zuordnung zu der Religionsgemeinschaft darauf abstellte, ob die Einrichtung unter Verwaltung und Aufsicht kirchlicher Organe steht (BAG 21. 11. 1975 AP BetrVG 1972 § 118 Nr. 6), genügt nach heutiger Auffassung allein, ob die Gemeinschaft nach ihrem Selbstverständnis die Einrichtung als die ihrige begreift (BAG 6. 12. 1977 AP BetrVG 1972 § 118 Nr. 10; einschränkend und mit ausf. Begründung allerdings BAG 14. 4. 1988 AP BetrVG 1972 § 118 Nr. 36; BAG 30. 4. 1997 AP BetrVG 1972 § 118 Nr. 60 wonach ein – nicht notwendig satzungsmäßig abgesicherter – ordnender und verwaltender

Einfluß der Kirche erforderlich ist). Wiederum wird damit die Anwendung der Vorschrift weitgehend in das Belieben der Religionsgemeinschaften gestellt. Dieser Entwicklung scheint BAG 14. 4. 1988 (AP BetrVG 1972 § 118 Nr. 36) entgegenzusteuern, auch wenn sich die Auslegungskriterien weiterhin im Bereich des Vagen bewegen.

Sechster Teil. Straf- und Bußgeldvorschriften

§ 119 Straftaten gegen Betriebsverfassungsorgane und ihre Mitglieder

(1) Mit Freiheitsstrafe bis zu einem Jahr oder mit Geldstrafe wird bestraft, wer
1. eine Wahl des Betriebsrats, der Jugend- und Auszubildendenvertretung, der Bordvertretung, des Seebetriebsrats oder der in § 3 Abs. 1 Nr. 1 oder 2 bezeichneten Vertretungen der Arbeitnehmer behindert oder durch Zufügung oder Androhung von Nachteilen oder durch Gewährung oder Versprechen von Vorteilen beeinflußt,
2. die Tätigkeit des Betriebsrats, des Gesamtbetriebsrats, des Konzernbetriebsrats, der Jugend- und Auszubildendenvertretung, der Gesamt-Jugend- und Auszubildendenvertretung, der Bordvertretung, des Seebetriebsrats, der in § 3 Abs. 1 Nr. 1 oder 2 bezeichneten Vertretungen der Arbeitnehmer, der Einigungsstelle, der in § 76 Abs. 8 bezeichneten tariflichen Schlichtungsstelle, der in § 86 bezeichneten betrieblichen Beschwerdestelle oder des Wirtschaftsausschusses behindert oder stört oder
3. ein Mitglied oder ein Ersatzmitglied des Betriebsrats, des Gesamtbetriebsrats, des Konzernbetriebsrats, der Jugend- und Auszubildendenvertretung, der Gesamt-Jugend- und Auszubildendenvertretung, der Bordvertretung, des Seebetriebsrats, der in § 3 Abs. 1 Nr. 1 oder 2 bezeichneten Vertretungen der Arbeitnehmer, der Einigungsstelle, der in § 76 Abs. 8 bezeichneten Schlichtungsstelle, der in § 86 bezeichneten betrieblichen Beschwerdestelle oder des Wirtschaftsausschusses um seiner Tätigkeit willen benachteiligt oder begünstigt.

(2) Die Tat wird nur auf Antrag des Betriebsrats, des Gesamtbetriebsrats, des Konzernbetriebsrats, der Bordvertretung, des Seebetriebsrats, des Wahlvorstandes, des Unternehmers oder einer im Betrieb vertretenen Gewerkschaft verfolgt.

I. Vorbemerkung

Die Strafvorschriften des § 119 richten sich **gegen jedermann**, somit nicht nur gegen den AG und 1
dessen Vertreter, sondern auch gegen AN, Betriebsangehörige, die nach § 5 II nicht als AN gelten, leitende Angestellte, sowie außenstehende Dritte wie Funktionäre der AGVerbände und Gewerkschaften (*Fitting* Rn. 1). Strafbar sind alle Formen der Tatbegehung gem. den §§ 25, 26, 27 StGB. Eine Strafbarkeit durch Unterlassen kann nur bei einer Garantenstellung relevant sein. Eine solche kann sich für den AG aus einer gesetzlich normierten Duldungs-, Auskunfts- und Unterstützungspflicht ergeben. Aus § 15 StGB ergibt sich, daß nur die vorsätzliche Begehung strafbar ist. Der Versuch ist mangels einer ausdrücklichen Regelung, da § 119 lediglich ein Vergehen darstellt (§ 23 I StGB), nicht strafbar.

II. Die Tatbestände

1. Tatbestand Nr. 1. Schutzgut ist die **unbeeinflußte Wahl** des BR oder der anderen hier abschlie- 2
ßend genannten ANVertretungen. Es gelten die Grundsätze des § 20, die durch die Strafsanktion des § 119 I Nr. 1 verstärkt werden sollen. Unzulässig ist alles, was in sittlich anstößiger Weise durch Zufügung oder Androhung von Nachteilen oder durch Gewährung oder Versprechung von Vorteilen die Stimmabgabe und das Wahlergebnis beeinflussen kann (BAG 8. 3. 1957 AP BetrVG 1972 § 119 Nr. 1). Wahlschutz genießt somit auch der Wahlberechtigte. Unter den Schutz der Nr. 1 fallen auch vorbereitende Maßnahmen (BayObLG 29. 7. 1980 AP BetrVG 1972 § 119 Nr. 1). Vom Schutz nicht umfaßt ist die Wahl der ANVertretung zum Aufsichtsrat. Zulässig bleibt Wahlpropaganda seitens der Gewerkschaften (BAG 2. 12. 1960 AP BetrVG 1972 § 119 Nr. 2). Die Zulässigkeit von Wahlpropaganda des AG muß in Anbetracht seiner Verpflichtung zur absoluten Neutralität verneint werden (*Richardi* § 20 Rn. 12; *G. Müller*, FS für Kunze, S. 257). Basierend darauf, daß ein Wahlrecht und keine Wahlpflicht besteht, stellt eine Stimmenthaltung von AN, keine Behinderung der Wahl dar.

2. Tatbestand Nr. 2. Nr. 2 schützt die **Tätigkeit der** in dieser Bestimmung genannten **Organe** der 3
Betriebsverfassung und stellt deren Behinderung bzw. Störung unter Strafe. Eine solche Behinderung oder Störung kann gesehen werden: in der Aufforderung des AG an den BR zurückzutreten verbunden mit der Androhung, daß ansonsten Zulagen gestrichen würden (BayObLG 29. 7. 1980 AP BetrVG 1972 § 119 Nr. 1); in der Weigerung des AG, die zur Amtsführung notwendigen Kosten zu tragen oder Mittel zur Verfügung zu stellen (DKK/*Trümner* Rn. 12); in dem Verbot des AG, sich an den BR zu wenden (*Fitting* Rn. 6); in der beharrlichen Weigerung, überhaupt mit dem BR zusammenzuar-

beiten (DKK/*Trümner* Rn. 12). Hingegen nicht strafbar ist es, wenn der AG pflichtwidrig, jedoch unbewußt versäumt, den BR in mitbestimmungspflichtigen Angelegenheiten zu beteiligen (DKK/ *Trümner* Rn. 13). Die Strafandrohung richtet sich nicht gegen die Mitglieder der Organe selbst. Für diesen Fall kann die Möglichkeit eines Ausschlußverfahrens gem. § 23 I gegeben sein (*Richardi* Rn. 18).

4   **3. Tatbestand Nr. 3.** Geschützt wird hier die **Betätigung der Mitglieder** der betriebsverfassungsrechtlichen Organe. Diese dürfen nicht um ihrer Amtstätigkeit willen benachteiligt oder begünstigt werden. In den Schutzbereich fallen auch die Ersatzmitglieder (*Löwisch* BetrVG Rn. 4). Das begünstigte Mitglied selber steht nach § 119 nicht unter Strafandrohung. In Betracht kommt jedoch eine Amtsenthebung von BRMitgliedern gem. § 23 I wegen grober Verletzung der gesetzlichen Pflichten (*Fitting* Rn. 7).

III. Strafantrag

5   Sämtliche Verstöße gegen § 119 sind Antragsdelikte (Abs. 2). Der Antrag ist gem. § 158 StPO schriftlich bei einem Gericht oder der Staatsanwaltschaft oder zu Protokoll bei einer anderen Behörde anzubringen. Antragsberechtigt ist aufgrund eines Beschlusses gem. § 33 der BR, alle anderen in Abs. 2 genannten ANVertretungen, der Wahlvorstand, der Unternehmer, sowie jede im Betrieb vertretene Gewerkschaft. Der Antrag unterliegt einer dreimonatigen Frist (§ 77 b StGB), welche mit dem Tag beginnt, an dem der Antragstellende von der Handlung bzw. Unterlassung und der Identität des Täters Kenntnis erlangt hat. Mit Ablauf der Frist entfällt eine Strafverfolgung. Die Tat verjährt nach fünf Jahren (§ 67 IV StGB). Eine Rücknahme des Antrags ist bis zur rechtskräftigen Verurteilung möglich (§ 77 I 1 StGB).

§ 120 Verletzung von Geheimnissen

(1) Wer unbefugt ein fremdes Betriebs- oder Geschäftsgeheimnis offenbart, das ihm in seiner Eigenschaft als
1. Mitglied oder Ersatzmitglied des Betriebsrats oder einer der in § 79 Abs. 2 bezeichneten Stellen,
2. Vertreter einer Gewerkschaft oder Arbeitgebervereinigung,
3. Sachverständiger, der vom Betriebsrat nach § 80 Abs. 3 hinzugezogen oder von der Einigungsstelle nach § 109 Satz 3 angehört worden ist, oder
4. Arbeitnehmer, der vom Betriebsrat nach § 107 Abs. 3 Satz 3 oder vom Wirtschaftsausschuß nach § 108 Abs. 2 Satz 2 hinzugezogen worden ist,
bekanntgeworden und das vom Arbeitgeber ausdrücklich als geheimhaltungsbedürftig bezeichnet worden ist, wird mit Freiheitsstrafe bis zu einem Jahr oder mit Geldstrafe bestraft.

(2) Ebenso wird bestraft, wer unbefugt ein fremdes Geheimnis eines Arbeitnehmers, namentlich ein zu dessen persönlichen Lebensbereich gehörendes Geheimnis, offenbart, das ihm in seiner Eigenschaft als Mitglied oder Ersatzmitglied des Betriebsrats oder einer der in § 79 Abs. 2 bezeichneten Stellen bekanntgeworden ist und über das nach den Vorschriften dieses Gesetzes Stillschweigen zu bewahren ist.

(3) [1] Handelt der Täter gegen Entgelt oder in der Absicht, sich oder einen anderen zu bereichern oder einen anderen zu schädigen, so ist die Strafe Freiheitsstrafe bis zu zwei Jahren oder Geldstrafe. [2] Ebenso wird bestraft, wer unbefugt ein fremdes Geheimnis, namentlich ein Betriebs- oder Geschäftsgeheimnis, zu dessen Geheimhaltung er nach den Absätzen 1 oder 2 verpflichtet ist, verwertet.

(4) Die Absätze 1 bis 3 sind auch anzuwenden, wenn der Täter das fremde Geheimnis nach dem Tode des Betroffenen unbefugt offenbart oder verwertet.

(5) [1] Die Tat wird nur auf Antrag des Verletzten verfolgt. [2] Stirbt der Verletzte, so geht das Antragsrecht nach § 77 Abs. 2 des Strafgesetzbuches auf die Angehörigen über, wenn das Geheimnis zum persönlichen Lebensbereich des Verletzten gehört; in anderen Fällen geht es auf die Erben über. [3] Offenbart der Täter das Geheimnis nach dem Tode des Betroffenen, so gilt Satz 2 sinngemäß.

I. Vorbemerkung

1   **Schutzgut** des § 120 ist ausschließlich das **Individualinteresse** an der Geheimhaltung bestimmter Tatsachen. Ein Schutz der Allgemeinheit kommt somit nicht in Betracht (GK-BetrVG/*Oetker* Rn. 7). Zur Strafbarkeit nach den hier geregelten Tatbeständen ist vorsätzliches Handeln erforderlich. Der Versuch bleibt, da § 120 gem. seiner Strafandrohung Vergehen ist und es an einer ausdrücklichen Regelung fehlt, straflos (§ 23 I iVm. § 12 II StGB). Dies gilt insb. für den in § 120 III 1 aufgeführten Qualifikationstatbestand. Eine Strafbarkeit kommt grds. in allen Formen der Tatbegehung in Frage, wobei der Mittäter die persönlichen Merkmale des Abs. 1 bzw. 2 erfüllen muß. Besteht für den

Teilnehmer keine Pflicht zur Geheimniswahrung, so ist seine Strafe gem. § 49 I zu mildern (§ 28 I StGB).

II. Die Tatbestände

1. Offenbarung von Betriebs- oder Geschäftsgeheimnissen. Es handelt sich bei Abs. 1 um ein echtes Sonderdelikt. **Täter** können somit nur die in den Nr. 1 bis 4 abschließend aufgezählten Personen sein. Unter die in Nr. 1 genannten Mitglieder des BR fallen auch die Mitglieder des Gesamt- bzw. KonzernBR, sowie die Mitglieder eines SeeBR, der Bordvertretung und einer gem. § 3 I Nr. 1 und 2 errichteten ANVertretung (DKK/*Trümner* Rn. 6). Als Täter kommen gem. Abs. 1 Nr. 1 auch die Mitglieder der in § 74 II genannten „Stellen" in Betracht. Hierunter sind nur die Einigungs-, die tarifliche Schlichtungs- und die betriebliche Beschwerdestelle zu verstehen (DKK/*Trümner* Rn. 6; GK-BetrVG/*Oetker* Rn. 23). Demnach entfällt beispielsweise eine Strafverfolgung eines Mitglieds der JAV. Des weiteren werden in Abs. 1 Nr. 4 AN, die vom „Wirtschaftsausschuß nach § 108 Abs. 2 S. 2 hinzugezogen worden sind" zum Täterkreis gezählt. Nicht in den Täterkreis fallen ANVertreter im Aufsichtsrat. Sie unterfallen der Strafbestimmung des § 404 AktG (*Fitting* Rn. 4). 2

Tathandlung ist die **unbefugte Offenbarung**, dh. die ohne Zustimmung des Geheimnisträgers erfolgte Mitteilung an Dritte, die nicht einem der in § 79 genannten Betriebsverfassungsorgane angehören und denen das Geheimnis nicht bekannt gewesen ist (*Fitting* Rn. 3). Das offenbarte Geheimnis muß dem Täter in seiner amtlichen Tätigkeit bekannt geworden sein. Unbefugt bedeutet ohne Rechtfertigung, also nicht schon, wenn der Geheimnisträger nicht eingewilligt hat. Unbefugt stellt kein Tatbestandsmerkmal, sondern einen Rechtfertigungsgrund im strafrechtlichen Sinne dar (hM; *Dreher/Tröndle* StGB § 203 Rn. 27, DKK/*Trümner* Rn. 8). Bei dem offenbarten Umstand muß es sich objektiv um ein Betriebs- oder Geschäftsgeheimnis handeln, welches der AG ausdrücklich als geheimhaltungsbedürftig bezeichnet haben muß (vgl. dazu § 79 Rn. 2 ff.). 3

2. Offenbarung persönlicher Geheimnisse eines Arbeitnehmers. Diese Vorschrift stellt eine Norm des „**Intimschutzes**" dar. Dieser erstreckt sich, auf die Weitergabe von Geheimnissen aus dem persönlichen Lebensbereich des AN. Darunter fallen solche Umstände, die geheim, somit nur einem beschränkten Personenkreis vorbehalten, sind und deren Geheimhaltung der AN möchte bzw. an der er ein berechtigtes Interesse hat wie zB Familienverhältnisse, Vorstrafen, Krankheiten, Beurteilungen, Lohnhöhe (*Fitting* Rn. 5). Für eine Strafbarkeit nach Abs. 2 bedarf es des weiteren einer ausdrücklichen Regelung im BetrVG, daß Stillschweigen zu bewahren ist. Dies sieht das Gesetz in den §§ 82 II 3; 83 I 3, 99 I 3, 102 II 5 vor. § 43 BDSG findet keine Anwendung. Er wird von § 83 BetrVG im Rahmen der Spezialität verdrängt (GK-BetrVG/*Oetker* Rn. 62). 4

3. Strafschärfung, Strafantrag. Abs. 3 enthält Qualifikationen der Straftaten nach Abs. 1 und 2. Danach wird schwerer bestraft, wer gegen Entgelt, in Bereicherungs- oder Schädigungsabsicht agiert (S. 1) oder das fremde Geheimnis verwertet hat (S. 2.). Unter Verwerten ist das wirtschaftliche Ausnutzen des Geheimnisses zu verstehen (*Löwisch* BetrVG Rn. 3). 5

Die Tat wird nur auf **Antrag** des Verletzten verfolgt, also insb. des AG oder AN (Abs. 4 S. 1). Nach dem Tod des Verletzten geht das Antragsrecht wegen Offenbarung von Betriebs- oder Geschäftsgeheimnissen auf die Erben (Abs. 5 S. 2, 2. Alt.), bei Verrat persönlicher Geheimnisse auf die Angehörigen (Abs. 5 S. 2, 1. Alt.) über. Die Antragsfrist endet in diesen Fällen frühestens 3 Monate nach dem Tod des Verletzten (§ 77 b IV StGB). 6

§ 121 Bußgeldvorschriften

(1) **Ordnungswidrig handelt, wer eine der in § 90 Abs. 1, 2 Satz 1, § 92 Abs. 1 Satz 1, § 99 Abs. 1, § 106 Abs. 2, § 108 Abs. 5, § 110 oder § 111 bezeichneten Aufklärungs- oder Auskunftspflichten nicht, wahrheitswidrig, unvollständig oder verspätet erfüllt.**

(2) **Die Ordnungswidrigkeit kann mit einer Geldbuße bis zu 20 000 Deutsche Mark geahndet werden.**

I. Verletzung von Aufklärungs- oder Auskunftspflichten

Die Vorschrift dient insb. der Durchsetzung von Informationsrechten des BR in Fällen, in denen ihm kein erzwingbares Mitbestimmungsrecht zukommt und er somit auf die Unterrichtung durch den AG angewiesen ist (BAG 7. 11. 1975 AP BetrVG 1972 § 99 Nr. 3). 1

Die Pflichten, deren Verletzung ordnungswidrig ist, sind in § 121 **abschließend** aufgezählt. Es besteht jedoch die Möglichkeit, daß Aufklärungs- oder Unterrichtungspflichten, soweit sie in den genannten Paragraphen nicht ausdrücklich erwähnt sind, gem. § 119 I Nr. 2 geahndet werden. 2

Ordnungswidrig können nur der **AG** oder die von ihm **beauftragten Personen** handeln (§ 9 II OWiG), da nur sie unterrichtungspflichtig sind. Die Festsetzung einer Geldbuße kann bei juristischen Personen nicht nur gegen deren Organe bzw. vertretungsberechtigte Gesellschafter, sondern auch 3 gegen sie selbst erfolgen (§ 30 IV OWiG). Nicht ordnungswidrig handelt jedoch, wer im Einzelfall vom AG beauftragt ist, eine bestimmte Auskunft zu erteilen, und dies nicht oder nicht ordnungsgemäß tut (DKK/*Trümner* Rn. 6, aA *Richardi* Rn. 4). Eine Verhängung von Geldbußen ist nicht nur möglich bei Nichterfüllung der Aufklärungs-, Auskunfts- oder Unterrichtungspflicht, sondern auch, wenn dies in wahrheitswidriger, unvollständiger oder verspäteter Weise geschieht. Die Art und Weise, wie der AG die geschuldete Pflicht zu erfüllen hat, ergibt sich aus den in Abs. 1 genannten Vorschriften. Es ist grds. davon auszugehen, daß der AG keine Information zurückhalten darf.

4   Als ordnungswidrig kommen **beispielsweise** folgende Verstöße in Betracht: keine rechtzeitige Information des BR über Planung von Neu-, Um-, und Erweiterungsbauten von Fabrikations-, Verwaltungs- und sonstigen betrieblichen Räumen, von technischen Anlagen, von Arbeitsverfahren und Arbeitsabläufen oder von Arbeitsplätzen (OLG Düsseldorf 8. 4. 1982 BB 1982, 1113); Nichtunterrichten des BR über die Personalplanung, insb. über den gegenwärtigen und künftigen Personalbedarf (OLG Hamm 7. 12. 1977 DB 1978, 748); unterlassene Unterrichtung des BR vor einer Einstellung, Eingruppierung oder Versetzung (OLG Stuttgart 21. 12. 1977 DB 1978, 592).

5   Grds. wird nur **vorsätzliches Handeln** geahndet. Die fahrlässige Verletzung von Aufsichtspflichten kann jedoch gem. § 130 OWiG zur Verhängung von Geldbußen führen (GK-BetrVG/*Oetker* Rn. 23). Das fehlende Unrechtsbewußtsein schließt die Ordnungswidrigkeit nur für den Fall aus, daß der Irrtum nicht vorwerfbar ist (§ 11 II OWiG). Dem AG wird man regelmäßig die Unkenntnis der gesetzlichen Aufklärungs- und Auskunftspflichten zum Vorwurf machen müssen (*Fitting* Rn. 5). Der Versuch wird nicht geahndet (§ 13 II OWiG).

II. Verfahren

6   Prinzipiell können Anzeigen wegen einer Ordnungswidrigkeit von jedermann getätigt werden, somit auch vom einzelnen AN. Dabei ist jedoch Vorsicht geboten, da dies nach Ansicht der Rspr. den AG unter Umständen zur fristlosen Kündigung berechtigen kann (BAG 5. 2. 1959 AP HGB § 70 Nr. 2; LAG Frankfurt 12. 2. 1987 LAGE BGB § 626 Nr. 28). Demnach ist es sinnvoll, eine Anzeige durch die im Betrieb vertretene Gewerkschaft oder den BR zu erstatten (DKK/*Trümner* Rn. 22). Die Verfolgung der Ordnungswidrigkeit erfolgt von Amts wegen. Die örtliche Zuständigkeit richtet sich nach § 37 OWiG. Bei Einstellung des Verfahrens ist dies dem Anzeigenden mitzuteilen. Über die Frage, ob dem Anzeigenden auch die Begründung für die Einstellung mitzuteilen ist, herrscht Uneinigkeit (zust. DKK/*Trümner* Rn. 26; abl. *Fitting* Rn. 5; GK-BetrVG/*Oetker* Rn. 33). Die Verfolgung der Ordnungswidrigkeit verjährt in zwei Jahren nach Begehung der Tat (§ 31 II Nr. 2 OWiG).

III. Geldbuße

7   Die Höhe der zu verhängenden Geldbuße beträgt mindestens fünf DM (§ 17 I OWiG) und höchstens 20 000 DM (§ 121 II). Bei der Feststellung der Höhe sind die Bedeutung der Ordnungswidrigkeit, die Schwere des Vorwurfs und die wirtschaftlichen Verhältnisse des Täters zu berücksichtigen (§ 17 III OWiG). Erfolgt gleichzeitig die Bestrafung einer strafbaren Handlung, insb. gem. § 119 I Nr. 2, so ist von einer Geldbuße abzusehen (§ 21 OWiG). Gegen einen Bußgeldbescheid (§§ 65, 66 OWiG) kann binnen einer Woche nach Zustellung schriftlich oder zur Niederschrift der Behörde, die den Bescheid erlassen hat, Einspruch eingelegt werden. Dann entscheidet das Amtsgericht (§§ 67 ff. OWiG).

Siebenter Teil. Änderung von Gesetzen

§ 122 Änderung des Bürgerlichen Gesetzbuchs

§ 123 Änderung des Kündigungsschutzgesetzes

§ 124 Änderung des Arbeitsgerichtsgesetzes

(§§ 122–124 sind heute überholt; auf ihren Abdruck kann daher verzichtet werden)

Achter Teil. Übergangs- und Schlußvorschriften

§ 125 Erstmalige Wahl nach diesem Gesetz

(1) Die erstmaligen Betriebsratswahlen nach § 13 Abs. 1 finden im Jahre 1972 statt.

(2) ¹Die erstmaligen Wahlen der Jugend- und Auszubildendenvertretung nach § 64 Abs. 1 Satz 1 finden im Jahre 1988 statt. ²Die Amtszeit der Jugendvertretung endet mit der Bekanntgabe des Wahlergebnisses der neugewählten Jugend- und Auszubildendenvertretung, spätestens am 30. November 1988.

(3) § 13 Abs. 1 Satz 1 und Abs. 2 Nr. 1, § 21 Satz 1, § 26 Abs. 2 Satz 1, § 27 Abs. 1 und 2, die §§ 28, 38 Abs. 2, § 47 Abs. 2 Satz 3, § 51 Abs. 2 und § 55 Abs. 1 Satz 3 sind in geänderter Fassung erstmalig anzuwenden, wenn Betriebsräte nach dem 31. Dezember 1988 gewählt worden sind.

Die Vorschrift hat nur noch insofern Bedeutung, als in ihr der Ausgangspunkt für die Festlegung 1 des Jahres der regelmäßigen Betriebsratswahlen bzw. Wahlen zur Jugend- und Auszubildendenvertretung bestimmt ist.

§ 126 Ermächtigung zum Erlaß von Wahlordnungen

Der Bundesminister für Arbeit und Sozialordnung wird ermächtigt, mit Zustimmung des Bundesrates Rechtsverordnungen zu erlassen zur Regelung der in den §§ 7 bis 20, 60 bis 63, 115 und 116 bezeichneten Wahlen über
1. die Vorbereitung der Wahl, insbesondere die Aufstellung der Wählerlisten und die Errechnung der Vertreterzahl;
2. die Frist für die Einsichtnahme in die Wählerlisten und die Erhebung von Einsprüchen gegen sie;
3. die Vorschlagslisten und die Frist für ihre Einreichung;
4. das Wahlausschreiben und die Fristen für seine Bekanntmachung;
5. die Stimmabgabe;
6. die Feststellung des Wahlergebnisses und die Fristen für seine Bekanntmachung;
7. die Aufbewahrung der Wahlakten.

Die Ermächtigung des § 126 erstreckt sich auf die nähere Regelung der Wahlen zum BR (§§ 7 bis 1 20), zur JAV (§§ 60 bis 63), zur Bordvertretung (§ 115) und zum SeeBR (§ 116). Für die Wahl des BR und der JAV gilt die erste VO zur Durchführung des BetrVG v. 16. 1. 1972 (BGBl. I S. 49), zuletzt geändert durch die dritte ÄnderungsVO v. 16. 1. 1995 (BGBl. I S. 43). Für die Wahl der Bordvertretung und des SeeBR gilt die zweite VO zur Durchführung des BetrVG v. 24. 10. 1972 (BGBl. I S. 2029), zuletzt geändert durch die erste VO zur Änderung der zweiten VO zur Durchführung des BetrVG v. 28. 9. 1989 (BGBl. I S. 1792).

Nicht auf § 126, sondern auf § 34 PostPersRG gestützt ist die VO v. 26. 6. 1996 (BGBl. I S. 871), 2 welche das Wahlverfahren bei den privatisierten Postunternehmen in spezieller Form regelt. Für die Wahl der ANVertreter in den Aufsichtsrat nach den §§ 76 f. BetrVG 1952 gilt die aufgrund von § 87 BetrVG 1952 erlassene Wahlordnung v. 18. 3. 1953 (BGBl. I S. 58).

§ 127 Verweisungen

Soweit in anderen Vorschriften auf Vorschriften verwiesen wird oder Bezeichnungen verwendet werden, die durch dieses Gesetz aufgehoben oder geändert werden, treten an ihre Stelle die entsprechenden Vorschriften oder Bezeichnungen dieses Gesetzes.

Durch § 127 wird klargestellt, daß gesetzliche Regelungen oder sonstige Vorschriften, die auf 1 Vorschriften des BetrVG 1952 verweisen, durch die Neufassung des Gesetzes 1972 nicht ihre Bedeutung verloren haben. Vielmehr gelten als Gegenstand der Verweisung nunmehr die entsprechenden Vorschriften des BetrVG. Auf die fortgeltenden Regelungen des BetrVG 1952 findet die Vorschrift keine Anwendung; insofern gilt § 129 II.

§ 128 Bestehende abweichende Tarifverträge

Die im Zeitpunkt des Inkrafttretens dieses Gesetzes nach § 20 Abs. 3 des Betriebsverfassungsgesetzes vom 11. Oktober 1952 geltenden Tarifverträge über die Errichtung einer anderen Vertretung der Arbeitnehmer für Betriebe, in denen wegen ihrer Eigenart der Errichtung von Betriebsräten besondere Schwierigkeiten entgegenstehen, werden durch dieses Gesetz nicht berührt.

1   Nach § 20 III BetrVG 1952 konnte ebenso wie heute nach § 3 I Nr. 2 in bestimmten Betrieben eine andere ANVertretung anstelle von BR vorgesehen werden. TV, die auf der Grundlage von § 20 III BetrVG 1952 abgeschlossen wurden, sollten durch die Neufassung des Gesetzes 1972 nicht tangiert werden. Heute kommt der Vorschrift keine wesentliche Bedeutung mehr zu.

§ 129 Außerkrafttreten von Vorschriften

(1) ¹Mit dem Inkrafttreten dieses Gesetzes tritt das Betriebsverfassungsgesetz vom 11. Oktober 1952 (BGBl. I S. 681), zuletzt geändert durch das Erste Arbeitsrechtsbereinigungsgesetz vom 14. August 1969 (BGBl. I S. 1106) mit Ausnahme der §§ 76–77 a, 81, 85 und 87 außer Kraft. ²In § 81 Abs. 1 Satz 1 werden die Worte „in §§ 67–77" durch die Worte „§§ 76 und 77" ersetzt; Satz 2 wird gestrichen. ³In § 87 werden die Worte „6–20, 46 und 47," gestrichen. ⁴Das Betriebsverfassungsgesetz vom 11. Oktober 1952 erhält die Bezeichnung „Betriebsverfassungsgesetz 1952".

(2) Soweit in den nicht aufgehobenen Vorschriften des Betriebsverfassungsgesetzes 1952 auf Vorschriften verwiesen wird, die nach Abs. 1 aufgehoben sind, treten an ihre Stelle die entsprechenden Vorschriften dieses Gesetzes.

1   § 129 I stellt klar, daß die Vorschriften über die Beteiligung der AN im Aufsichtsrat des BetrVG 1952 weitergelten. Abs. 2 stellt sicher, daß in den fortgeltenden Bestimmungen des BetrVG 1952 an die Stelle der Verweisung auf aufgehobene Vorschriften die auf die „entsprechenden Vorschriften des BetrVG tritt". Die neuen Vorschriften sind auch dann anwendbar, wenn sie mit den bisherigen inhaltlich nicht voll übereinstimmen, aber den gleichen Sachverhalt regeln (*Fitting* Rn. 3).

§ 130 Öffentlicher Dienst

Diese Gesetz findet keine Anwendung auf Verwaltungen und Betriebe des Bundes, der Länder, der Gemeinden und sonstiger Körperschaften, Anstalten und Stiftungen des öffentlichen Rechts.

I. Normzweck

1   Zweck des § 130 ist die lückenlose Abgrenzung zwischen dem Anwendungsbereich der Personalvertretungsgesetze und dem BetrVG. Dem BetrVG wird im Rahmen dieser Abgrenzung keine Auffangfunktion beigemessen, auch wenn das BPersVG nicht anwendbar ist (BAG 30. 7. 1987 AP BetrVG 1972 § 130 Nr. 3).

II. Abgrenzung

2   Allgemein hängt die Unterscheidung zwischen öffentlichem Dienst und Privatwirtschaft vom **formellen rechtlichen Charakter** des Inhabers als Rechtsträger ab. Auf Betriebe, deren Inhaber entweder eine natürliche oder juristische Person oder eine Gesellschaft des Privatrechts sind, findet das BetrVG Anwendung (BAG 18. 4. 1967 AP BetrVG 1972 § 63 Nr. 3; BAG 7. 11. 1975 AP BetrVG 1972 § 130 Nr. 1). Dabei spielt es keine Rolle, ob sämtliche Geschäftsanteile oder Aktien an einer GmbH oder AG von der öffentlichen Hand gehalten werden, da allein der formelle Charakter entscheidet (*Fitting* Rn. 4) Genauso ist der Fall zu beurteilen, wenn zwei Körperschaften öffentlichen Rechts gemeinsam eine juristische Person des Privatrechts gründen (BAG 8. 3. 1977 AP BetrVG 1972 § 43 Nr. 1; DKK/*Trümner* Rn. 2). Die Anwendung eines TV des öffentlichen Dienst auf einen Betrieb ist für die Abgrenzung unerheblich (BAG 3. 12. 1985 AP BAT § 74 Nr. 2; *Fitting* Rn. 4).

3   Nicht anwendbar ist das BetrVG dagegen bei **Eigen- und Regiebetrieben** (BAG 18. 1. 1989 AP AÜG § 14 Nr. 2). Als **Eigenbetrieb** bezeichnet man ein wirtschaftliches Unternehmen einer Gebietskörperschaft, das zwar Teil der Körperschaft bleibt, von der sonstigen Verwaltung aber deutlich abgesetzt ist. Der Eigenbetrieb hat ein abgegrenztes Sondervermögen und arbeitet nach eigenem Wirtschaftsplan unter kaufmännischer Buchführung (DKK/*Trümner* Rn. 2a). Entscheidend ist, daß der Eigenbetrieb keine Rechtsfähigkeit erlangt und damit die jeweilige Körperschaft des Öffentlichen Rechts AG der im Eigenbetrieb Beschäftigten bleibt (DKK/*Trümner* Rn. 2a). **Regiebetrieb** ist eine besondere Abteilung der Kommunalverwaltung ohne abgegrenztes Sondervermögen und ohne eigenen Wirtschaftsplan. Er bleibt Teil des Gemeindehaushalts und wird idR nach kameralistischen Haushaltsgrundsätzen geführt (DKK/*Trümner* Rn. 2b).

III. Einzelfälle

4   **Betriebskrankenkassen** unterfallen dem BPersVG, da es auf die formelle Rechtsnatur des Betriebsinhabers ankommt und sie nach § 29 I SGB IV Körperschaften öffentlichen Rechts sind (*Fitting* Rn. 4; aA *Neumann* BB 1980, 1696). **Betriebe ausländischer oder internationaler Organisationen**, die auf dem Gebiet der BRD liegen, unterfallen dem BetrVG, selbst wenn der Träger eine ausländische juristische Person öffentlichen Rechts ist und keine abw. Vereinbarungen getroffen worden sind (LAG

Berlin 31. 8. 1992 BB 1993, 141; DKK/*Trümner* Rn. 5; *Fitting* Rn. 6). Dies gilt **nicht** für Betriebe der **EG,** für die weder das BPersVG noch das BetrVG, sondern Gemeinschaftsrecht gelten soll (GK-BetrVG/*Kraft* Rn. 4). Eine **Klosterbrauerei,** die den Status einer Körperschaft öffentlichen Rechts innehat, fällt nicht unter das BetrVG, auch wenn für diese das BPersVG wegen des kirchenrechtlichen Status keine Anwendung findet (BAG 30. 7. 1987 AP BetrVG 1972 § 130 Nr. 3; aA DKK/*Trümner* Rn. 3). Sind an einem **gemeinschaftlichen Betrieb** sowohl eine juristische Person des Privatrechts als auch eine Körperschaft des öffentlichen Rechts beteiligt, findet das BetrVG Anwendung, wenn sich die Betriebsführung mangels entgegenstehender Anhaltspunkte auf der Grundlage einer privatrechtlichen Vereinbarung in der Rechtsform einer BGB-Gesellschaft vollzieht (BAG 24. 1. 1996 AP BetrVG 1972 § 1 Gemeinsamer Betrieb Nr. 8). Die öffentlichrechtlichen Krichen haben eigene Mitarbeitervertretungsordnungen erlassen (s. *Richardi,* Arbeitsrecht in der Kirche, 1992, S. 239 ff.).

§ 131 Berlin-Klausel *(gegenstandslos)*

§ 132 Inkrafttreten

Dieses Gesetz tritt am Tage nach seiner Verkündung in Kraft.

Das Gesetz ist am 18. 1. 1972 im BGBl. (1972 I, S. 13 ff.) verkündet worden und somit in seiner ursprünglichen Fassung am 19. 1. 1972 in Kraft getreten.

220. Betriebsverfassungsgesetz 1952

Vom 11. Oktober 1952 (BGBl. I S. 681)

Zuletzt geändert durch Gesetz vom 2. August 1994 (BGBl. I S. 1961)

(BGBl. III/FNA 801–1)

– Auszug –

Schrifttum: *Köstler,* Rechtsleitfaden für Aufsichtsratsmitglieder nach dem Betriebsverfassungsgesetz 52, 1990; *Wienke,* Die Aufsichtsratswahlen nach dem Betriebsverfassungsgesetz, 1988.

Einleitung

1   Das BetrVG 1952 führte Bestrebungen zur **Beteiligung der AN** an Entscheidungen auf betrieblicher und Unternehmensebene fort und schuf die gesetzliche Grundlage für die Beteiligung der AN in den Unternehmensorganen als Mittel der Unternehmensmitbestimmung. Es knüpfte an Bestimmungen an, die bereits im **Gesetz zur Entsendung von Betriebsratsmitgliedern in den Aufsichtsrat vom 15. 2. 1922** (RGBl. I S. 209) sowie im **Montan-MitbestG vom 21. 5. 1951** (BGBl. I S. 347) vorgesehen waren, das eine Beteiligung der AN im Aufsichtsrat sowie einen Arbeitsdirektor als Vorstandsmitglied in Unternehmen des Bergbaus und der Eisen und Stahl erzeugenden Industrie festschrieb. Damit schloß das BetrVG 1952 für die Unternehmensmitbestimmung die Lücke, die bei Ablehnung der Voraussetzungen des Montan-MitbestG die gänzliche Versagung des ANEinflusses auf die Unternehmensleitung zur Folge hatte.

2   Das BetrVG vom 15. 1. 1972 (BGBl. I S. 13) enthält keine Vorschriften über die Beteiligung von ANVertretern in Gesellschaftsorganen. Zwar wurde bei seiner Entstehung auf die Notwendigkeit einer derartigen Beteiligung hingewiesen (zu BT-Drucks. VI/2729, 18), ein entsprechender Gesetzentwurf der CDU/CSU-Fraktion (vgl. die §§ 123 bis 127, BT-Drucks. VI/1806, 24) verfehlte aber die erforderliche Mehrheit, da dieser mit der **rein arbeitsrechtlichen Konzeption des novellierten BetrVG** nicht vereinbar gewesen wäre (dazu BT-Drucks. VI/2729, 18). Daher ordnet § 129 I BetrVG die **Weitergeltung** der Vorschriften des **BetrVG 1952** über die Entsendung von ANVertretern in Unternehmensorgane (§§ 76 bis 77 a, 81, 85 und 87 BetrVG 1952) an. An die Stelle von aufgehobenen Vorschriften des BetrVG, auf die weitergeltenden Normen verweisen, treten gem. § 129 II BetrVG die entsprechenden Bestimmungen dieses Gesetzes. Das betrifft nicht nur inhaltlich oder wörtlich gleiche Vorschriften, bezüglich derer sich dann nur die Numerierung ändert, sondern auch solche, die zum Teil einen gegenüber dem BetrVG 1952 abweichenden Inhalt haben (*Fitting* vor BetrVG 1952 Rn. 7). So sind zB für das Verständnis und die Anwendung der Begriffe leitender Angestellter und Betrieb nunmehr die §§ 5 III und IV sowie § 4 BetrVG maßgebend (*Fitting* vor BetrVG 1952 Rn. 7).

3   Neben den anderen Gesetzen zur Unternehmensmitbestimmung (Montan-MitbestG, MitbestErgG, MitbestG) besitzen die weitergeltenden Vorschriften des BetrVG 1952 einen **eigenen Anwendungsbereich** für diejenigen Unternehmen, die von keinem dieser Gesetze erfaßt werden. Es handelt sich insb. um Unternehmen, die in der Rechtsform einer **AG** oder einer **KGaA** betrieben werden, mit idR nicht mehr als 2000 AN oder **Familiengesellschaften** mit mehr als 500, aber weniger als 2000 AN (vgl. § 76 I und VI BetrVG 1952). Weiterhin fallen darunter **GmbH** und **Erwerbs- und Wirtschaftsgenossenschaften** mit mehr als 500, aber idR weniger als 2000 AN sowie **VVaG** mit mehr als 500 AN (vgl. § 77 BetrVG 1952). Die Obergrenze von 2000 AN ist für die letztgenannten Gesellschaften ohne Bedeutung, da sie vom MitbestG nicht erfaßt werden.

4   Das BetrVG 1952 verzichtet darauf, neue gesellschaftsrechtliche Organisationsformen zu entwickeln. Die Vorschriften über die geänderte Zusammensetzung des Aufsichtsrats modifizieren die ursprünglichen Rechtsformen lediglich in ihrer Ausprägung (*Kötter* JZ 1953, 199, 203). Die Besonderheiten der spezifischen Rechtsformen beanspruchen auch weiterhin Geltung, soweit dies der AN-Mitbestimmung nicht zuwiderläuft (*Kötter* JZ 1953, 199, 204; näher § 77 Rn. 9 ff.).

5   Das BetrVG 1952 findet nur auf **inländische Unternehmen** Anwendung. Dies beurteilt sich nach dem effektiven Verwaltungssitz der Gesellschaft, der im Bundesgebiet liegen muß – sog. Sitztheorie (im Gegensatz zur Gründungstheorie, nach der der statutarische Sitz der Gesellschaft maßgebend sein soll; vgl. für die hM GK-BetrVG/*Kraft* Rn. 20; *Dietz/Richardi* Rn. 26 mwN). AN von im Ausland gelegenen Betrieben eines inländischen Unternehmens sind nicht in das BetrVG 1952 einbezogen,

insb. auch nicht an den Aufsichtsratswahlen zu beteiligen (GK-BetrVG/*Kraft* Rn. 21 f.; *Dietz/Richardi* Rn. 27 ff.; *Marienhagen* BB 1973, 293, 294).

Ausnahmeregelungen gelten für die **deutschen AG, die zum Betrieb von deutsch-schweizerischen** 6 **Grenzkraftwerken am Oberrhein** gegründet worden sind, sofern die Anwendung des BetrVG 1952 ihrer ANZahl nach in Betracht zu ziehen wäre. Auf sie ist das Gesetz nach Art. 1 des deutsch-schweizerischen Vertrages vom 6. 12. 1955 (BGBl. II S. 264) nicht anzuwenden. Nach Art. 2 § 1 dieses Vertrages können allerdings ANVertreter beratend und ohne Stimmrecht an den Aufsichtsratssitzungen teilnehmen (vgl. Gesetz vom 13. 5. 1957, BGBl. II S. 262; näher dazu *Neumann* RdA 1957, 281 f.).

Bei den vom BetrVG 1952 erfaßten Unternehmen bestehen die zu bildenden Aufsichtsräte **zu einem** 7 **Drittel** aus ANVertretern (§§ 76 I, 77 I). Die Beteiligung der AN kann nach hM **nicht** durch Satzung, TV oder Betriebsvereinbarung **erweitert** werden (*Dietz/Richardi* Rn. 45; *A. Hueck* BB 1952, 781, 783; *Hensche* AuR 1971, 33, 34 ff.; *Kötter* JZ 1953, 199, 200); die gesetzlichen Bestimmungen sind **zwingendes Recht** (*Fitting* § 76 BetrVG 1952 Rn. 8; *Dietz/Richardi* Rn. 10; GK-BetrVG/*Kraft* Rn. 7). Für die AG und die KGaA, die zwingend Aufsichtsräte bilden müssen (§§ 95 ff., 278 III, 287 AktG), können keine abw. Vereinbarungen zum zahlenmäßigen Verhältnis der Aufsichtsratsmitglieder untereinander oder zur Zahl der ANVertreter im Aufsichtsrat getroffen werden (*Dietz/Richardi* Rn. 11 und 14; *Fitting* § 76 BetrVG 1952 Rn. 7; GK-BetrVG/*Kraft* Rn. 8; *Hensche* AuR 1971, 33, 34; *Biedenkopf/Säcker* ZfA 1971, 211, 262; aA *Fabricius*, FS für Hilger/Stumpf, 1983, S. 155, 158 ff.). Gleiches gilt für VVaG und Genossenschaften (*Dietz/Richardi* Rn. 12 f. mwN).

Das zur Bestellung der Aufsichtsratsmitglieder der Anteilseignervertreter zuständige Organ der 8 Gesellschaft kann aber AN des Unternehmens oder **von ANSeite** (BR, Gewerkschaft) benannte Personen **als Anteilseignervertreter** in den Aufsichtsrat bestellen (BGH 3. 7. 1975 AP AktG § 96 Nr. 1; *Fitting* § 76 BetrVG 1952 Rn. 9; GK-BetrVG/*Kraft* Rn. 10; aA *Claussen* AG 1971, 385, 387; *v. Godin/Wilhelmi* § 105 Anm. 3, nach denen AN des Unternehmens nicht in dessen Aufsichtsrat gewählt werden können). Ebenso ist ein **Stimmbindungsvertrag** zulässig, nach dem sich Aktionäre verpflichten, in der Hauptversammlung weitere AN als Vertreter der Anteilseigner in den Aufsichtsrat zu wählen (*Fitting* § 76 BetrVG 1952 Rn. 9; *Dietz/Richardi* Rn. 11; *Hensche* AuR 1971, 33, 39 ff.; *Biedenkopf/Säcker* ZfA 1971, 211, 262 f.; *Raiser* RdA 1972, 65, 69 ff.).

Bei der **GmbH** ist ein Aufsichtsrat zwingend zu bilden, wenn mehr als 500 AN beschäftigt werden 9 (§ 77 I); anderenfalls ist seine Errichtung gem. § 52 GmbHG **fakultativ** möglich. Die Gesellschafterversammlung ist in dieser Konstellation nach einhelliger Meinung in der Zusammensetzung des Aufsichtsrates frei und nicht an eine Drittelbeteiligung der AN als Höchst- oder Mindestgrenze gebunden (*Dietz/Richardi* Rn. 15; GK-BetrVG/*Kraft* Rn. 12).

Bei einer GmbH mit **mehr als 500 AN** kann dem Aufsichtsrat nach hM eine höhere Anzahl von 10 Aufsichtsratsmitgliedern der AN als **gesetzlich vorgesehen** angehören (BGH 3. 7. 1975 AP AktG § 96 Nr. 1; *Hensche* AuR 1971, 33, 36; *Biedenkopf/Säcker* ZfA 1971, 211, 262 Fn. 81; *Raiser* ZGR 1976, 105, 107 f.). Hiergegen spricht, daß der im GmbH-Recht an sich geltende Grundsatz der Satzungsfreiheit nur im Hinblick auf den nach § 52 GmbHG fakultativ gebildeten Aufsichtsrat Anwendung finden kann (*Dietz/Richardi* Rn. 13). Der Satzungsvorbehalt § 52 GmbHG kann auch nicht in § 77 I hinein interpretiert werden (*Dietz/Richardi* Rn. 13 gegen *Hensche* AuR 1971, 33, 36 f.). Ferner wollte der Gesetzgeber die dem BetrVG 1952 unterfallenden Gesellschaften hinsichtlich der ANBeteiligung im Aufsichtsrat gleichbehandeln (*Dietz/Richardi* Rn. 13). Ein **Satzungsvorbehalt,** wie er für die GmbH angenommen wird, steht für die übrigen Gesellschaften nicht zur Diskussion (*Dietz/Richardi* Rn. 13).

AG und GmbH, deren Anteile sich in der Hand einer oder mehrerer **juristischer Personen des** 11 **öffentlichen Rechts** befinden, können sich den Bindungen des öffentlichen Rechts nicht dadurch entziehen, indem sie ihre Aufgaben in den Formen des Privatrechts erfüllen. So darf durch eine Erweiterung der Mitbestimmung nicht die **demokratische Legitimation der Entscheidungskompetenz** beseitigt werden (*Dietz/Richardi* Rn. 47; *Biedenkopf/Säcker* ZfA 1971, 211, 212; aA *Fitting* § 76 BetrVG 1952 Rn. 9, nach denen nicht einzusehen sei, warum die Benutzung privatrechtlicher Rechtsformen einerseits zulässig sein soll, andererseits aber keine vollkommene Gleichstellung mit privaten Aktionären erfolgen kann; ebenso *Hensche* AuR 1971, 33, 41 ff.; näher auch *Raiser* RdA 1972, 65, 69).

§ 76 Vertretungen der Arbeitnehmer im Aufsichtsrat

(1) Der Aufsichtsrat einer Aktiengesellschaft oder einer Kommanditgesellschaft auf Aktien muß zu einem Drittel aus Vertretern der Arbeitnehmer bestehen.

(2) ¹Die Vertreter der Arbeitnehmer werden in allgemeiner, geheimer, gleicher und unmittelbarer Wahl von allen nach § 6 wahlberechtigten Arbeitnehmern der Betriebe des Unternehmens für die Zeit gewählt, die im Gesetz oder in der Satzung für die von der Hauptversammlung zu wählenden Aufsichtsratsmitglieder bestimmt ist. ²Ist ein Vertreter der Arbeitnehmer zu wählen, so muß dieser in einem Betrieb des Unternehmens als Arbeitnehmer beschäftigt sein. ³Sind zwei oder mehr Vertreter der Arbeitnehmer zu wählen, so müssen sich unter diesen mindestens zwei

Arbeitnehmer aus den Betrieben des Unternehmens, darunter ein Arbeiter und ein Angestellter, befinden; § 10 Abs. 3 gilt entsprechend. ⁴ Sind in den Betrieben des Unternehmens mehr als die Hälfte der Arbeitnehmer Frauen, so soll mindestens eine von ihnen Arbeitnehmervertreter im Aufsichtsrat sein. ⁵ Für die Vertreter der Arbeitnehmer gilt § 53 entsprechend.

(3) ¹ Die Betriebsräte und die Arbeitnehmer können Wahlvorschläge machen. ² Die Wahlvorschläge der Arbeitnehmer müssen von mindestens einem Zehntel der wahlberechtigten Arbeitnehmer der Betriebe des Unternehmens oder von mindestens einhundert wahlberechtigten Arbeitnehmern unterzeichnet sein.

(4) ¹ An der Wahl der Vertreter der Arbeitnehmer für den Aufsichtsrat des herrschenden Unternehmens eines Konzerns (§ 18 Abs. 1 Satz 1 und 2 des Aktiengesetzes) nehmen auch die Arbeitnehmer der Betriebe der übrigen Konzernunternehmen teil. ² In diesen Fällen kann die Wahl durch Delegierte erfolgen.

(5) ¹ Die Bestellung eines Vertreters der Arbeitnehmer zum Aufsichtsratsmitglied kann vor Ablauf der Wahlzeit auf Antrag der Betriebsräte oder von mindestens einem Fünftel der wahlberechtigten Arbeitnehmer der Betriebe des Unternehmens durch Beschluß der wahlberechtigten Arbeitnehmer widerrufen werden. ² Der Beschluß bedarf einer Mehrheit, die mindestens drei Viertel der abgegebenen Stimmen umfaßt. ³ Auf die Beschlußfassung finden die Vorschriften der Absätze 2 und 4 Anwendung.

(6) ¹ Auf Aktiengesellschaften, die weniger als fünfhundert Arbeitnehmer beschäftigen, finden die Vorschriften über die Beteiligung der Arbeitnehmer im Aufsichtsrat keine Anwendung; für Aktiengesellschaften, die vor dem 10. August 1994 eingetragen worden sind, gilt dies nur, wenn sie Familiengesellschaften sind. ² Als Familiengesellschaften gelten solche Aktiengesellschaften, deren Aktionär eine einzelne natürliche Person ist oder deren Aktionäre untereinander im Sinne von § 15 Abs. 1 Nr. 2 bis 8, Abs. 2 der Abgabenordnung verwandt oder verschwägert sind. ³ Dies gilt entsprechend für Kommanditgesellschaften auf Aktien.

I. Anwendungsbereich

1 **1. Allgemeines.** Ein Aufsichtsrat mit Drittelbeteiligung der AN ist grds. in allen Unternehmen zu bilden, die die Voraussetzungen des § 76 hinsichtlich ihrer Rechtsform (dazu Rn. 3) und der ANZahl (dazu Rn. 4 ff.) erfüllen. Trotz des Standorts des § 76 im BetrVG 1952 handelt es sich nicht um eine betriebsverfassungsrechtliche, sondern um eine **unternehmensverfassungsrechtliche Norm**. Sie ist deshalb unabhängig vom Bestehen eines BR in dem betreffenden Unternehmen anzuwenden (*Fitting* Rn. 11; *Marienhagen* BB 1973, 293). Die Pflicht zur Beteiligung der AN im Aufsichtsrat wird durch **Ausnahmeregelungen** eingeschränkt. Solche bestehen für Familiengesellschaften (dazu Rn. 9 ff.) und Tendenzbetriebe (dazu § 81).

2 Sind die Voraussetzungen für eine ANBeteiligung im Aufsichtsrat nicht erfüllt oder greift eine der Ausnahmeregelungen ein, so sind sämtliche Aufsichtsratsmitglieder einer AG nach § 101 I AktG (iVm. § 278 III AktG für die KGaA) von der Hauptversammlung zu wählen bzw. werden nach § 101 II AktG (bzw. iVm. § 278 III AktG) von ihr entsandt.

3 **2. Rechtsform.** Nach § 76 I sind in einer AG oder KGaA Aufsichtsräte zu bilden, an denen ANVertreter zu einem Drittel beteiligt sind. Dabei wird die **Pflicht** zur **Aufsichtsratsbildung** für Unternehmen dieser Rechtsformen an sich bereits durch die §§ 95 ff., §§ 278 III, 287 AktG begründet. Maßgeblicher Regelungsinhalt des § 76 I ist bei ihnen die **Beteiligung von ANVertretern** im Aufsichtsrat **zu einem Drittel**.

4 **3. ANZahl.** Nach dem durch das Gesetz vom 2. 8. 1994 (BGBl. I S. 1961) geänderten § 76 VI 1 1. Halbs. sind in Unternehmen der betreffenden Rechtsformen (vgl. oben Rn. 3) die AN grds. nicht zu einem Drittel an den Aufsichtsräten zu beteiligen, wenn sie **weniger als 500 AN** beschäftigen. Damit wollte der Gesetzgeber die bis dahin bestehende Ungleichbehandlung zwischen der AG (gleiches gilt für KGaA) und der GmbH, in denen eine Mindestzahl von mehr als 500 AN beschäftigt sein muß (vgl. § 77 I), beseitigen (dazu *Blanke* BB 1994, 1505, 1510 f.).

5 Zuvor war die ANBeteiligung nach dem BetrVG 1952 in AG und KGaA nicht vom Vorliegen einer **bestimmten ANZahl** abhängig (vgl. *Fuchs/Köstler* Rn. 45; *Gaul* AuR 1966, 366, 368; *Kirschner* DB 1971, 2063, 2064, sofern wenigstens so viele AN im Unternehmen beschäftigt sind, wie dem Aufsichtsrat anzugehören haben) oder es wurde eine Mindestanzahl von drei (so *Dietz*, BetrVG, 4. Aufl., 1967, Anm. 2 b; *Radke* AuR 1958, 161, 166) bzw. fünf AN gefordert (so GK-BetrVG/*Kraft* Rn. 5 ff., insb. Rn. 8; *Dietz/Richardi* Anm. 8 f.; *Rüthers* BB 1977, 605 f.), sofern es sich nicht um Familiengesellschaften handelte und das Unternehmern überhaupt AN beschäftigte (**keine Anwendung** des BetrVG 1952 **bei völliger ANLosigkeit**: GK-BetrVG/*Kraft* Rn. 5; MünchArbR/*Wißmann* § 373 Rn. 3; so auch BAG 24. 5. 1957 AP BetrVG 1952 § 76 Nr. 7, wonach im Rahmen von Abs. IV eine Teilnahme der AN in Konzernunternehmen an der Wahl zum Aufsichtsrat des herrschenden Unternehmens nicht

I. Anwendungsbereich § 76 BetrVG 1952 220

möglich sei, wenn im herrschenden Unternehmen keine AN zur Durchführung der Wahl vorhanden sind; aA *Radke* AuR 1958, 161, 166 f.).

Das Erfordernis von mindestens 500 AN gilt nur für eine AG und KGaA, die **nach dem 9. 8. 1994** 6 **eingetragen** worden ist. Gesellschaften, die vor dem Stichtag eingetragen waren und weniger als 500 AN beschäftigen, sind nach § 76 VI 1 2. Halbs. von der Verpflichtung, die AN zu einem Drittel am Aufsichtsrat zu beteiligen, nur befreit, wenn sie Familiengesellschaften (dazu Rn. 9) sind. Dies entspricht für sie der bis zum Gesetz vom 2. 8. 1994 (BGBl. I S. 1961) geltenden Rechtslage.

Für die maßgebliche ANZahl ist der **regelmäßige Beschäftigungsstand** im Unternehmen heranzu- 7 ziehen (*Fitting* Rn. 12; *MünchArbR/Wißmann* § 373 Rn. 4), nicht die – uU zufällige – konkrete Zahl der Beschäftigten im Zeitpunkt der Wahl (GK-BetrVG/*Kraft* Rn. 146; *Dietz/Richardi* Rn. 208).

Der **ANBegriff** bestimmt sich nach den §§ 5 und 6 BetrVG (GK-BetrVG/*Kraft* Rn. 145; vgl. dazu 8 §§ 5 Rn. 2, 6 BetrVG Rn. 2). Einzurechnen sind **teilzeitbeschäftigte AN** (*Fitting* Rn. 12; GK-BetrVG/*Kraft* Rn. 146). Gleiches gilt für nicht zum BR wahlberechtigte AN wie **leitende Angestellte** (*Fitting* Rn. 12; aA GK-BetrVG/*Kraft* Rn. 145; *MünchArbR/Wißmann* § 373 Rn. 2), da es für die Ermittlung der regelmäßig im Betrieb beschäftigten AN nicht auf das aktive oder passive Wahlrecht dieser AN, das den leitenden Angestellten nach § 5 III BetrVG 1972 nicht zusteht, ankommt. LeihAN sind nur mitzuzählen, wenn sie auf Arbeitsplätzen beschäftigt werden, die regelmäßig von AN des betreffenden Unternehmens besetzt sind (GK-BetrVG/*Kraft* Rn. 146). Hinsichtlich der AN von Konzernunternehmen s. § 77 a BetrVG 1952.

4. Familiengesellschaften. Nach § 76 VI sind Familiengesellschaften zunächst diejenigen Unter- 9 nehmen, deren Aktionär eine einzelne natürliche Person (**Einmanngesellschaft**) ist, wobei sich sämtliche Aktien in der Hand einer natürlichen Person befinden müssen; eine Mehrheitsbeteiligung reicht nicht aus (GK-BetrVG/*Kraft* Rn. 139; *Dietz/Richardi* Rn. 213; *MünchArbR/Wißmann* § 373 Rn. 4).

Eine Familiengesellschaft liegt auch vor, wenn **alle Aktionäre** untereinander iSd. § 15 I Nr. 2 bis 8, 10 II AO miteinander **verwandt oder verschwägert** sind. Auch in diesem Fall müssen sich alle Aktien in der Hand dieser Personen befinden, eine bloße Mehrheitsbeteiligung reicht nicht aus (*Dietz/Richardi* Rn. 214; *MünchArbR/Wißmann* § 373 Rn. 4; aA *Fiegle* BB 1953, 594 f., nach dem es ausreichen soll, daß die untereinander verwandte/verschwägerte Aktionärsgruppe eine gesicherte beherrschende Stellung und Kontrolle über die Gesellschaft hat).

Erforderlich ist, daß alle Aktionäre miteinander verwandt oder verschwägert sind. Ausrei- 11 chend ist, daß ein Aktionär jeweils mit mindestens einem anderen verwandt oder verschwägert ist, der wiederum in dieser Beziehung zu einem weiterem Aktionär steht, so daß letztlich **alle Aktionäre** durch **familienrechtliche Verhältnisse** miteinander verbunden sind (GK-BetrVG/*Kraft* Rn. 141; *Dietz/Richardi* Rn. 221; *Fitting* Rn. 32; *MünchArbR/Wißmann* § 373 Rn. 4). Erfaßt ist insb. das Verhältnis unter Ehegatten (§ 15 I Nr. 2 AO), das nach Auflösung der Ehe bestehen bleibt (§ 15 II Nr. 1 AO).

Weiterhin können die Beziehungen zwischen Verwandten und Verschwägerten in gerader Linie 12 (§ 15 I Nr. 3 AO; §§ 1589 S. 1, 1590 BGB) sowie Verwandten 2. und 3. Grades in der Seitenlinie und Verschwägerten 2. Grades in der Seitenlinie (§ 15 I Nr. 4 AO; §§ 1589 S. 2 und 3, 1590 BGB) eine Familiengesellschaft begründen. **Verwandte und Verschwägerte in gerader Linie** sind zB Eltern und Kinder, Großeltern und Enkel, Schwiegereltern und Schwiegerkinder, Stiefeltern und Stiefkinder. Als **Verwandte 2. und 3. Grades** in der Seitenlinie und **Verschwägerte 2. Grades** in der Seitenlinie sind zB Geschwister und Kinder von Geschwistern, Ehegatten der Geschwister, Geschwister der Ehegatten, Geschwister der Eltern einbezogen.

Pflegeeltern und **Pflegekinder**, dh. nach § 15 I Nr. 8 AO Personen, die aufgrund eines auf längere 13 Dauer angelegten Pflegeverhältnisses in häuslicher Gemeinschaft wie Eltern und Kinder zusammen leben, sind ebenfalls erfaßt. Das für die Annahme einer Familiengesellschaft erforderliche Verwandtschaftsverhältnis endet nicht, weil die Verwandtschaft oder Schwägerschaft durch Annahme an Kindes Statt erloschen oder die häusliche Gemeinschaft mit Pflegekindern aufgehoben ist, sofern die betreffenden Personen aber weiterhin wie Eltern und Kinder verbunden bleiben (§ 15 II Nr. 2 und 3 AO), sofern es nur vorher bestanden hatte.

Eine AG ist ebenfalls Familiengesellschaft, wenn deren sämtliche Aktien einer Personengesellschaft 14 oder Kapitalgesellschaft gehören, die eine Familiengesellschaft ist (BAG 6. 4. 1955 AP BetrVG 1952 § 76 Nr. 5; GK-BetrVG/*Kraft* Rn. 142; *Dietz/Richardi* Rn. 223; *Fitting* Rn. 32; *MünchArbR/Wißmann* § 373 Rn. 4); die **mittelbare Beteiligung der familiär verbundenen Anteilseigner** reicht aus (*Spethmann/Schnorr* RdA 1953, 448, 449; *Vieweg* NJW 1953, 1615; aA *Schnorr* AuR 1953, 34). Eine Familiengesellschaft liegt auch dann vor, wenn an einer AG außer den miteinander verwandten oder verschwägerten Personen iSv. § 15 I Nr. 2 bis 8, II AO eine AG beteiligt ist, deren Aktionäre ausschließlich dem gleichen Verwandtenkreis wie diese Personen angehören (*Dietz/Richardi* Rn. 223).

Damit eine **KGaA** als Familiengesellschaft behandelt werden kann, müssen neben den Kommandit- 15 aktionären auch die **persönlich haftenden Komplementäre** in die familienrechtlichen Verbindungen einbezogen sein (GK-BetrVG/*Kraft* Rn. 143; *Dietz/Richardi* Rn. 222; *Fitting* Rn. 33; *MünchArbR/Wißmann* § 373 Rn. 4).

Oetker 1249

II. Zusammensetzung, Aufgaben und Organisation des Aufsichtsrats

16 **1. Zahl der Aufsichtsratsmitglieder.** § 76 I schreibt für den Aufsichtsrat eine Beteiligung von ANVertretern zu einem Drittel vor. Zur Gesamtzahl von Aufsichtsratsmitgliedern enthält das BetrVG 1952 keine Bestimmung, für diese ist auf **das AktG** zurückzugreifen und muß gem. § 95 I 3 AktG **durch drei teilbar** sein. Soweit die Satzung keine höhere Zahl festsetzt, besteht der Aufsichtsrat aus drei Mitgliedern.

17 Die **durch Satzung festlegbare zulässige Höchstzahl** von Aufsichtsratsmitgliedern richtet sich nach § 95 AktG nicht nach der Zahl der Beschäftigten, sondern nach der Höhe des Grundkapitals der Gesellschaft. Danach sind maximal 9, 15 bzw. 21 Aufsichtsratsmitglieder zulässig. In der durch § 95 AktG vorgegebenen Spanne muß die Satzung eine **genau bestimmte Zahl** von Aufsichtsratsmitgliedern festsetzen, die Festlegung einer **Mindest- und/oder Höchstzahl** reicht **nicht aus** (GK-BetrVG/ *Kraft* Rn. 11; *Dietz/Richardi* Rn. 11; *Fitting* Rn. 146; MünchArbR/*Wißmann* § 373 Rn. 9). Die damit bestimmte Zahl von Aufsichtsratsmitgliedern muß überdies den gesetzlichen Erfordernissen – wie Teilbarkeit durch drei – genügen, eine entgegenstehende Satzungsbestimmung ist nichtig. In diesem Fall besteht der Aufsichtsrat aus der gesetzlich vorgesehenen Zahl von drei Mitgliedern (*Vieweg* NJW 1953, 1615; aA *Bärmann* BB 1953, 534, 535, nach dem die Abrundung auf die nächst zulässige Zahl möglich sein soll).

18 Eine Satzungsbestimmung, die vorsieht, daß bei **Ausscheiden eines Mitglieds** der Aufsichtsrat für den Rest der Wahlperiode nur aus den **verbleibenden Mitgliedern** besteht, ist **unwirksam**. Sie widerspricht sowohl dem Grundsatz, daß eine bestimmte Zahl von Aufsichtsratsmitgliedern festzulegen ist, als auch dem Erfordernis der Teilbarkeit durch drei (BAG 3. 10. 1989 AP BetrVG 1952 § 76 Nr. 28; *Dietz/Richardi* Rn. 11; *Fitting* Rn. 147; GK-BetrVG/*Kraft* Rn. 12; MünchArbR/*Wißmann* § 373 Rn. 9).

19 Eine **Erhöhung oder Verringerung** der Zahl der Aufsichtsratsmitglieder durch eine Satzungsänderung ist im Rahmen des § 95 AktG möglich (GK-BetrVG/*Kraft* Rn. 23). Eine Verkleinerung des Aufsichtsrats wirkt nach hM grds. erst **zum Ende der regulären Amtszeit** des Aufsichtsrats aus (OLG Dresden 18. 2. 1997 ZIP 1997, 589, 591; GK-BetrVG/*Kraft* Rn. 25; *Fitting* Rn. 148; MünchArbR/*Wißmann* § 373 Rn. 12). Nur so kann der Aktionärsmehrheit im Aufsichtsrat ein Einfluß auf die Rechtsstellung der ANVertreter während der laufenden Amtszeit versagt bleiben (GK-BetrVG/ *Kraft* Rn. 25; *Kirschner* DB 1971, 2063, 2064).

20 Die Satzungsänderung wird **nicht bereits mit Eintragung** derselben **im Handelsregister** (§§ 181 III, 224, 229 III, 238 I AktG) **wirksam** (so aber *Fuchs/Köstler* Rn. 74; im Ergebnis auch *Spethmann/Schnorr* RdA 1953, 448, 452; ähnlich *Dietz/Richardi* Rn. 125, wonach die mit der geringsten Stimmenzahl gewählten Aufsichtsratsmitglieder automatisch ausscheiden, ebenso *Schmitt* BB 1953, 474 f.; *Seydel* BB 1953, 475 f.). Die Annahme eines automatischen Ausscheidens der nach der Satzungsänderung überzähligen Aufsichtsratsmitglieder läßt sich gesetzlich nicht begründen (GK-BetrVG/*Kraft* Rn. 25), da ein automatisches Ende eines Aufsichtsratsmandats nicht vorgesehen ist und die Gefahr besteht, daß der Aufsichtsrat in Folge des Ausscheidens **nicht mehr ordnungsgemäß** mit einer **Drittelbeteiligung der AN** zusammengesetzt ist (*Fitting* Rn. 148; GK-BetrVG/*Kraft* Rn. 25).

21 Nach einer beschlossenen Verkleinerung des Aufsichtsrats ist der bestehende Aufsichtsrat nicht mehr nach den maßgeblichen Satzungsbestimmungen zusammengesetzt. In diesem Fall ist die **entsprechende Anwendung der §§ 97 ff. AktG** geboten (BAG 3. 10. 1989 AP BetrVG 1952 § 76 Nr. 28; MünchArbR/*Wißmann* § 373 Rn. 12; GK-BetrVG/*Kraft* Rn. 26; *Oetker* ZHR 149 [1985], 575, 578 ff.; aA OLG Hamburg 26. 8. 1988 DB 1988, 1941, 1942; s. auch § 97 AktG Rn. 5). Die Aktionärsmehrheit gewinnt damit **keinen Einfluß** auf die Zusammensetzung der **ANVertreter** im Aufsichtsrat, da diese durch die AN **im Rahmen der Neuwahl bestimmt** werden (*Oetker* ZHR 149 [1985], 575, 585). Bei freiwilligem Ausscheiden von Aufsichtsratsmitgliedern nach der Satzungsänderung ist die Durchführung des Statusverfahrens nur möglich, wenn sich dadurch die Zusammensetzung des Aufsichtsrats ändert, so daß sie nicht mehr den gesetzlichen Vorschriften entspricht (GK-BetrVG/*Kraft* Rn. 26). Bei einer **Vergrößerung** des Aufsichtsrats findet eine **Nachwahl von Aufsichtsratsmitgliedern** statt (BAG 3. 10. 1989 AP BetrVG 1952 § 76 Nr. 28). Dabei ist das Erfordernis der Drittelbeteiligung von ANVertretern nach Abs. 1 zu beachten (*Dietz/Richardi* Rn. 126; GK-BetrVG/*Kraft* Rn. 24; *Seydel* BB 1953, 475, 476).

22 **2. Beschlußfähigkeit des Aufsichtsrats.** Die Beschlußfähigkeit des nicht entsprechend den gesetzlichen Vorschriften zusammengesetzten Aufsichtsrats beurteilt sich nach **allgemeinem Aktienrecht**. Gemäß **§ 108 II 4 AktG** ist es grds. unerheblich, wenn dem Aufsichtsrat weniger Mitglieder als vorgeschrieben angehören und/oder die Drittelbeteiligung von ANVertretern nicht gewahrt ist. Das gilt selbst dann, wenn keine ANVertreter dem Aufsichtsrat angehören oder an der Beschlußfassung teilnehmen, es sei denn, die Satzung sieht eine andere Regelung vor (GK-BetrVG/*Kraft* Rn. 14; *Dietz/ Richardi* Rn. 19; *Köstler/Kittner/Zachert* Rn. 342; aA noch *Möhring/Reichl* DB 1953, 637, 638: Drittelbeteiligung der AN muß stets gewahrt werden). Stets müssen **mindestens die Hälfte der Mitglieder,**

aus denen der Aufsichtsrat nach Gesetz oder Satzung insgesamt zu bestehen hat, mindestens aber drei Mitglieder an der Beschlußfassung teilnehmen (§ 108 II 2 und 3).

Die **Satzung** kann die Voraussetzungen für die Beschlußfähigkeit **abw. vom Gesetz** regeln. Als **Bezugsgröße** für die mindestens erforderliche Teilnehmerzahl an der Beschlußfassung ist die **satzungsmäßige Gesamtmitgliederzahl,** nicht aber die Zahl der sich im Amt befindenden Aufsichtsratsmitglieder heranzuziehen (BGH 15. 12. 1951 Z 4, 224, 228; GK-BetrVG/*Kraft* Rn. 15; *Dietz/Richardi* Rn. 16). Dabei erfordert die Teilnahme an der Beschlußfassung nicht die persönliche Anwesenheit, die schriftliche Teilnahme ist nach § 108 III und IV AktG grds. zulässig (*Fitting* Rn. 149). 23

Als Voraussetzung für die Beschlußfähigkeit kann die Satzung auch bestimmen, daß eine **gleich große Zahl von Vertretern beider Gruppen** anwesend sein muß (GK-BetrVG/*Kraft* Rn. 16). Dabei müssen die allgemeinen Grundsätze über die Behandlung und Rechtsstellung der Aufsichtsratsmitglieder beachtet werden, insb. müssen sie gleich behandelt und ihnen müssen die gleichen Rechte gewährt werden (GK-BetrVG/*Kraft* Rn. 16; *Dietz/Richardi* Rn. 17). Hiergegen verstößt eine Satzungsbestimmung, die die Beschlußfähigkeit von der **Anwesenheit eines bestimmten Aufsichtsratsmitglieds** oder **von einer bestimmten Zahl von Vertretern** der Anteilseigner abhängig macht (BGH 25. 1. 1982 Z 83, 151 ff.; GK-BetrVG/*Kraft* Rn. 16; *Dietz/Richardi* Rn. 17; *Köstler/Kittner/Zachert* Rn. 342). 24

3. Ergänzung des Aufsichtsrats. Gehören dem Aufsichtsrat nicht die für die Beschlußfähigkeit erforderlichen Mitglieder an, so hat das **Registergericht** (AG am Sitz der Gesellschaft, vgl. § 14 AktG, §§ 125 I, 145 FGG) nach § 104 I AktG auf Antrag den Aufsichtsrat **auf die betreffende Mitgliederanzahl** zu **ergänzen** (Ersatzbestellung). Gleiches gilt, wenn die Beschlußunfähigkeit des Aufsichtsrats auf einer längeren Verhinderung eines oder mehrerer seiner Mitglieder beruht (*Dietz/Richardi* Rn. 22). Eine bestimmte **Dauer** der Beschlußunfähigkeit ist nicht erforderlich. Im übrigen s. die Erl. zu § 104 AktG. 25

4. Organisation des Aufsichtsrats. Für die innere Ordnung des Aufsichtsrats sind die **§§ 107 ff. AktG** maßgebend (*Dietz/Richardi* Rn. 43). Danach hat der Aufsichtsrat einen **Vorsitzenden** und mindestens einen **Stellvertreter** zu wählen (§ 107 I AktG). Dem Vorsitzenden können außer den vom Gesetz zugewiesenen durch Satzung weitere Aufgaben übertragen werden. Die Grenze wird durch die dem Gesamtorgan kraft Gesetzes zugewiesenen Aufgaben gebildet, wie zB die Bestellung des Vorstands nach § 84 AktG oder die Überwachungs- und Vertretungsbefugnis nach §§ 111 f. AktG (GK-BetrVG/*Kraft* Rn. 31; *Dietz/Richardi* Rn. 44). Dem Vorsitzenden kann durch Satzung das **Recht der Stichentscheidung** bei Stimmengleichheit eingeräumt werden (GK-BetrVG/*Kraft* Rn. 31 mwN). Nach § 107 III AktG kann der Aufsichtsrat **Ausschüsse** bestellen (dazu näher § 107 AktG Rn. 15 ff.). 26

5. Aufgaben des Aufsichtsrats. Die Aufgaben des Aufsichtsrats bestimmen sich **ausschließlich** nach **Aktienrecht** (insb. §§ 95 ff., 278 III, 287 AktG). Er hat insb. die Vorstandsmitglieder zu berufen und abzuberufen (§ 84 AktG) sowie die Geschäftsführung des Vorstands zu überwachen. Dagegen kann ihm nicht die Geschäftsführung als solche übertragen werden, sie ist ausschließlich Aufgabe des Vorstands (*Dietz/Richardi* Rn. 53). 27

6. Aufsichtsrat im Gründungsstadium. Der Aufsichtsrat einer AG im Gründungsstadium muß grds. nicht zu einem Drittel aus Vertretern der Arbeitnehmer bestehen (§ 30 II AktG), da die bis zu ihrer Eintragung in das Handelsregister nicht bestehende Gesellschaft (§ 41 AktG) **noch keine Betriebe** haben kann (*Dietz/Richardi* Rn. 37; *Fitting* Rn. 123). Etwas **anderes** gilt bei einer **Sachgründung,** bei der die Sacheinlage oder Sachübernahme in der Einbringung eines Unternehmens oder des Teils eines solchen besteht (§ 31 AktG; näher GK-BetrVG/*Kraft* Rn. 28 f.; *Dietz/Richardi* Rn. 39 f.; *Röder/Gneiting* DB 1993, 1618; *Fuchs/Köstler* Rn. 205 ff.; *Oetker* ZGR 2000, 19, 40 ff.). 28

III. Bestellung der Arbeitnehmervertreter

Das BetrVG 1952 regelt lediglich die Bestellung der ANVertreter. Für die **Bestellung der Anteilseignervertreter** bleibt es bei den Vorschriften des **AktG.** Sie werden grds. von der Hauptversammlung der Gesellschaft gewählt (§ 101 I AktG). Auch die Aktionäre können AN in den Aufsichtsrat wählen (s. vor § 76 Rn. 8). 29

1. Wahlberechtigung. a) Aktives Wahlrecht. Die Berechtigung zur Wahl der ANVertreter richtet sich nach den **Regeln** zur **BRWahl** (§ 76 II 1 iVm. § 7 BetrVG, der nach § 129 II BetrVG an die Stelle von § 6 BetrVG 1952 tritt, vgl. vor § 76 Rn. 2). Aktiv wahlberechtigt sind alle AN des Unternehmens, die das **18. Lebensjahr vollendet** haben (näher § 7 BetrVG Rn. 6). Zur Beteiligung der AN von Konzernunternehmen s. Rn. 56. Formell richtet sich die Wahlberechtigung nach der Eintragung in der Wählerliste (vgl. § 31 V WO 1953). 30

b) Passives Wahlrecht. Für die Wählbarkeit stellt das BetrVG 1952 **keine besonderen Anforderungen** auf; § 8 BetrVG ist nicht anzuwenden (*Fitting* Rn. 65; GK-BetrVG/*Kraft* Rn. 41). Es gelten die allgemeinen aktienrechtlichen Anforderungen, die bei der Wahl von Anteilseignervertretern zu wahren sind (*Dietz/Richardi* Rn. 69; *A. Hueck* RdA 1965, 321, 323). 31

32 Nach § 105 I AktG kann ein **Prokurist** oder **ein zum gesamten Geschäftsbetrieb ermächtigter Handlungsbevollmächtigter** der Gesellschaft nicht zugleich Aufsichtsratsmitglied der Gesellschaft sein. Die Sonderregelung in § 6 II 1 MitbestG (dazu § 6 MitbestG Rn. 6) findet im Rahmen des BetrVG 1952 keine entsprechende Anwendung (*Dietz/Richardi* Rn. 70; *Fitting* Rn. 66; GK-BetrVG/ *Kraft* Rn. 44; MünchArbR/*Wißmann* § 373 Rn. 22). Gemäß **§ 100 I AktG** kann Aufsichtsratsmitglied nur eine **unbeschränkt geschäftsfähige Person** sein. **Sonstige persönliche Voraussetzungen,** die die Satzung vorsieht, gelten nach **§ 100 IV AktG** nicht für die ANVertreter im Aufsichtsrat, da die Bestimmungen des BetrVG 1952 ansonsten **eingeschränkt** würden (BGH 21. 2. 1963 AP BetrVG 1952 § 76 Nr. 12; *Fitting* Rn. 65; *A. Hueck* RdA 1965, 321, 323).

33 Besondere Voraussetzungen stellt das BetrVG 1952 hinsichtlich der **Zusammensetzung der AN-Vertreter** auf. Gemäß § 76 II 2 und 3 müssen sie **AN eines Betriebs des Unternehmens** sein, wenn nur **ein oder zwei ANVertreter** zu wählen sind. Sind **mehr als zwei ANVertreter** zu wählen, so müssen von ihnen mindestens zwei AN eines Betriebs des Unternehmens sein (§ 76 II 3). Diese Vorschrift ist zwingend (*Marienhagen* BB 1973, 293, 294).

34 Müssen Aufsichtsratsmitglieder einem Betrieb des Unternehmens als AN angehören (*Dietz/Richardi* Rn. 73), werden nur **AN im betriebsverfassungsrechtlichen Sinn** erfaßt (*Dietz/Richardi* Rn. 74). Deshalb können zu ihnen keine **leitende Angestellte** gehören (LAG Bremen 15. 7. 1959 AP BetrVG 1952 § 76 Nr. 9; *Dietz/Richardi* Rn. 74; GK-BetrVG/*Kraft* Rn. 41; *Fitting* Rn. 67).

35 Bei zwei und mehr zu wählenden ANVertretern muß mindestens einer **Arbeiter** und einer **Angestellter** sein (§ 76 II 3). Entsprechend § 10 III BetrVG 1952 gilt dies nur dann nicht, wenn die **Minderheitsgruppe** keine fünf AN umfaßt oder diese weniger als ein Zwanzigstel der Gesamtbelegschaft ausmacht (MünchArbR/*Wißmann* § 373 Rn. 10; *Dietz/Richardi* Rn. 75; *Fuchs/Köstler* Rn. 76). Wird von einer Gruppe kein Mitglied vorgeschlagen, so nimmt den Platz im Aufsichtsrat ein Mitglied der anderen Gruppe ein (*Dietz/Richardi* Rn. 75; *Fitting* Rn. 49 a; *Fuchs/Köstler* Rn. 76).

36 Ist in den Aufsichtsrat nur **ein ANVertreter** zu wählen, so kann er Arbeiter oder Angestellter sein (GK-BetrVG/*Kraft* Rn. 41). Bei mehr als zwei zu wählenden ANVertretern müssen nicht die **ersten zwei Plätze im Aufsichtsrat** mit betriebsangehörigen AN verschiedener Gruppen besetzt werden (*Dietz/Richardi* Rn. 77). Es reicht aus, wenn überhaupt zwei Vertreter betriebsangehörige AN, ein Angestellter und ein Arbeiter, sind.

37 Hinsichtlich der **weiteren ANVertreter** bestehen **keine besonderen Voraussetzungen,** sie müssen weder Angehörige des Unternehmens, noch AN mit einer bestimmten Gruppenzugehörigkeit sein (*Dietz/Richardi* Rn. 78). Daher können auch **leitende Angestellte** als ANVertreter gewählt werden, soweit nicht § 105 I AktG entgegensteht (dazu vorstehend Rn. 32; *Dietz/Richardi* Rn. 78; *Fitting* Rn. 71). Im Hinblick auf die Wahl von Frauen in den Aufsichtsrat ist § 76 II 4 eine **Sollvorschrift,** die erfüllt werden kann, aber nicht muß (GK-BetrVG/*Kraft* Rn. 41 und 46; *Dietz/Richardi* Rn. 79).

38 **2. Wahl der ANVertreter. a) Wahlgrundsätze.** Die ANVertreter werden durch die **Gesamtheit der wahlberechtigten AN** der Betriebe des Unternehmens gewählt. Ihre Wahl erfolgt **einheitlich für das gesamte Unternehmen** und nicht getrennt nach einzelnen Betrieben (GK-BetrVG/*Kraft* Rn. 53; vgl. auch *Dietz/Richardi* Rn. 92, 94). Das BetrVG 1952 steht damit im Gegensatz zu § 70 BRG iVm. dem Gesetz über die Entsendung von BRMitgliedern in den Aufsichtsrat vom 15. 2. 1922 (RGBl. I S. 209), nach dem die ANVertreter von den BR bzw. gegebenenfalls auch von dem GesamtBR gewählt wurden.

39 Das Wahlverfahren regelt die **Wahlordnung vom 18. 3. 1953,** die nach § 34 II WO zum BetrVG 1972 für die Wahl der ANVertreter in den Aufsichtsrat nach dem BetrVG 1952 weiter gilt (siehe auch § 87; dazu insb. *Dietz/Richardi* Rn. 85 ff.; GK-BetrVG/*Kraft* Rn. 54 ff.; *Fitting* Rn. 76 ff.). Das BetrVG 1952 regelt nur die Grundzüge über die Durchführung der Wahl.

40 Nach § 76 II 1 muß die Wahl **allgemein, gleich, geheim und unmittelbar** sein. Alle AN der Betriebe haben das Recht, sich an der Wahl zu beteiligen, sofern sie die Voraussetzungen für ihre Wahlberechtigung erfüllen (*Dietz/Richardi* Rn. 81; GK-BetrVG/*Kraft* Rn. 48). Eine öffentliche Stimmabgabe ist ausgeschlossen, sie erfolgt durch Wahlzettel (*Dietz/Richardi* Rn. 82; GK-BetrVG/ *Kraft* Rn. 50). Die Stimme jedes AN ist gleichgewichtig in die Auswertung der abgegebenen Stimmen einzubeziehen. Jeder Wahlberechtigte kann so viele Bewerber ankreuzen, wie Vertreter der AN in den Aufsichtsrat zu wählen sind (§ 33 II WO 1953; GK-BetrVG/*Kraft* Rn. 49; *Dietz/Richardi* Rn. 83). Die Stimme ist für diejenigen Kandidaten abzugeben, die direkt in den Aufsichtsrat gewählt werden sollen. Die Zwischenschaltung von Wahlmännern ist nach § 76 IV nur bei der Wahl zum Aufsichtsrat bei der herrschenden Gesellschaft eines Konzerns möglich (GK-BetrVG/*Kraft* Rn. 47; *Dietz/Richardi* Rn. 84; dazu Rn. 56 ff.).

41 **b) Wahlvorschläge.** Die ANVertreter werden gem. § 76 III aufgrund von Wahlvorschlägen gewählt, die von den **BR** oder jeweils entweder mindestens von einem **Zehntel der wahlberechtigten AN** der Betriebe des Unternehmens oder mindestens von **100 wahlberechtigten AN** aufgestellt werden. Die BR des Unternehmens müssen sich nicht auf einen gemeinsamen Wahlvorschlag einigen (*Dietz/Richardi* Rn. 88). Einzelne BRMitglieder können sich nur an einem einzigen Wahlvorschlag der AN beteiligen (*Dietz/Richardi* Rn. 88). Auch der **GesamtBR** kann einen Wahlvorschlag aufstellen,

III. Bestellung der Arbeitnehmervertreter § 76 BetrVG 1952 220

allerdings nur neben den BR (*Dietz/Richardi* Rn. 88; GK-BetrVG/*Kraft* Rn. 63; MünchArbR/*Wißmann* § 373 Rn. 23; *Fuchs/Köstler* Rn. 501; *Fitting* Rn. 83). **Weder der AG** noch die **Gewerkschaften** sind berechtigt, Wahlvorschläge aufzustellen (*Dietz/Richardi* Rn. 90; GK-BetrVG/*Kraft* Rn. 57).

c) **Wahlsystem.** Die Wahl erfolgt als **Mehrheits-**, nicht als **Verhältniswahl** (*Dietz/Richardi* Rn. 94; 42 GK-BetrVG/*Kraft* Rn. 51; *Fitting* Rn. 64). Es findet keine nach den Gruppen der Arbeiter oder Angestellten getrennte, sondern eine **gemeinsame Wahl** statt (BAG 8. 12. 1970 AP BetrVG 1952 § 76 Nr. 21). Selbst ein übereinstimmender Beschluß beider Gruppen (entsprechend § 14 II BetrVG) kann eine Gruppenwahl nicht herbeiführen (*Dietz/Richardi* Rn. 95; *Fitting* Rn. 86; *Fuchs/Köstler* Rn. 454).

Gewählt ist grds., wer die meisten Stimmen auf sich vereinigt (**Mehrheitsprinzip**). Modifizierungen 43 ergeben sich für die Unternehmens- und Gruppenzugehörigkeit, die **hinsichtlich des einzigen bzw. von mindestens zwei Aufsichtsratsmitgliedern** der AN zu beachten ist (§ 34 Satz 2 WO 1953 iVm. § 76 II 2 und 3; dazu Rn. 33), das reine Mehrheitsprinzip gilt nur für die weiteren Aufsichtsratsmitglieder (*Marienhagen* BB 1973, 293, 296). Daraus ist aber keine Verpflichtung des Einzelnen abzuleiten, bei der Wahl beide ANGruppen zu berücksichtigen. Jeder Wahlberechtigte hat die Möglichkeit, jeden Kandidaten zu wählen (BAG 8. 12. 1970 AP BetrVG 1952 § 76 Nr. 21; *Fitting* Rn. 87; GK-BetrVG/*Kraft* Rn. 51).

Gehören dem Aufsichtsrat drei Mitglieder an, so ist als **einziger** ihm angehörende **ANVertreter** 44 derjenige Kandidat gewählt, der als dem Betrieb des Unternehmens angehöriger AN die meisten Stimmen erhalten hat (vgl. *Dietz/Richardi* Rn. 106). Sind **zwei ANVertreter** zu wählen, so ist jeweils der belegschaftsangehörige Arbeiter bzw. Angestellte mit den meisten Stimmen gewählt. Das gilt auch, wenn auf den **Vertreter einer Gruppe mit der zweithöchsten Stimmenzahl** mehr Stimmen entfallen als auf den Vertreter der anderen Gruppe mit der dort höchsten Stimmenzahl (*Dietz/Richardi* Rn. 107). Sind **mehr als zwei ANVertreter** in den Aufsichtsrat zu wählen, so müssen nach diesem System zunächst die ersten beiden Aufsichtsratsmitglieder der AN bestimmt werden; hinsichtlich der **übrigen Sitze** ist das Mehrheitssystem uneingeschränkt anzuwenden (*Dietz/Richardi* Rn. 108).

Falls der nach Rn. 44 Gewählte die Wahl ablehnt, gelten die vorstehenden Ausführungen entspre- 45 chend für den Eintritt des Bewerbers mit der nächsthöchsten Stimmenzahl (§ 25 III WO 1953), nicht jedoch, wenn ein gewähltes Aufsichtsratsmitglied nachträglich aus dem Aufsichtsrat ausscheidet (*Fitting* Rn. 88; GK-BetrVG/*Kraft* Rn. 69).

d) **Wahl von Ersatzmitgliedern.** Für Aufsichtsratsmitglieder kann nach § 101 III 2 AktG ein 46 Ersatzmitglied bestellt werden. Die Bestellung muß **gleichzeitig mit der Aufsichtsratswahl** erfolgen. Sie kann nicht nachgeholt werden (*Faude* DB 1983, 485; aA *Gleichenstein* AG 1970, 1 f.). Bei Ausscheiden eines sich im Amt befindlichen Aufsichtsratsmitglieds rückt nicht der Bewerber mit der nächsthöheren Stimmenzahl automatisch nach, sofern er nicht als Ersatzmitglied gewählt worden war (BAG 12. 12. 1965 AP BetrVG 1952 § 76 Nr. 14). Nicht zulässig ist nach § 101 III 1 AktG die **Wahl von stellvertretenden Aufsichtsratsmitgliedern** (vgl. *Dietz/Richardi* Rn. 151).

Die Ersatzmitglieder müssen grds. **nicht die gleichen persönlichen Voraussetzungen** erfüllen, wie 47 das Aufsichtsratsmitglied, dem sie zugeordnet sind (GK-BetrVG/*Kraft* Rn. 67; aA *Fitting* Rn. 142). Nur wenn ein nach § 76 II 2 und 3 erforderliches Aufsichtsratsmitglied der AN ausscheidet, muß das nachrückende Ersatzmitglied die entsprechenden persönlichen Voraussetzungen erfüllen (GK-BetrVG/*Kraft* Rn. 67; *Fitting* Rn. 143; *Dietz/Richardi* Rn. 154).

3. **Anfechtung und Nichtigkeit der Wahl. a) Wahlanfechtung.** Gemäß § 87 lit. g sollten für die 48 Anfechtung der Wahlen von ANVertretern **Regelungen durch die Bundesregierung** geschaffen werden. Deren Fehlen steht einer Wahlanfechtung nicht entgegen (vgl. BAG 21. 12. 1965 AP BetrVG 1952 § 76 Nr. 14); die **Gesetzeslücke** ist durch **analoge Anwendung des § 19 BetrVG** zu schließen (BAG 21. 12. 1965 AP BetrVG 1952 § 76 Nr. 14; GK-BetrVG/*Kraft* Rn. 71; *Dietz/Richardi* Rn. 111; *Fitting* Rn. 94; MünchArbR/*Wißmann* § 373 Rn. 31). **Gegenstand** der Wahlanfechtung ist entweder die Wahl einzelner ANVertreter oder der ANVertreter insgesamt (BAG 21. 12. 1965 AP BetrVG 1952 § 76 Nr. 14; BAG 12. 8. 1970 AP BetrVG 1952 § 76 Nr. 21; GK-BetrVG/*Kraft* Rn. 71). Allerdings ist eine auf ein einzelnes Aufsichtsratsmitglied beschränkte Teilanfechtung nur zulässig, wenn sich der Anfechtungsgrund auf dieses beschränkt (so zu § 22 MitbestG BAG 11. 6. 1997 AP MitbestG § 22 Nr. 1). Mit der Anfechtung kann auch geltend gemacht werden, daß ein Sitz nicht richtig besetzt ist (BAG 12. 8. 1970 AP BetrVG 1952 § 76 Nr. 18; GK-BetrVG/*Kraft* Rn. 77; *Dietz/Richardi* Rn. 116; *Fitting* Rn. 94).

Anfechtungsberechtigt sind analog § 19 BetrVG drei wahlberechtigte AN des Unternehmens 49 (dazu BAG 12. 2. 1985 AP BetrVG 1952 § 76 Nr. 27) sowie das gesetzliche Vertretungsorgan der Gesellschaft, dh. der Vorstand einer AG und die Komplementäre einer KGaA (*Dietz/Richardi* Rn. 112; GK-BetrVG/*Kraft* Rn. 72; *Fitting* Rn. 95). Abw. von § 19 BetrVG sind auch die **(Gesamt-) BR** antragsberechtigt (BAG 26. 11. 1968 AP BetrVG 1952 § 76 Nr. 18; BAG 8. 12. 1981 AP BetrVG 1952 § 76 Nr. 25; BAG 27. 1. 1993 AP BetrVG 1952 § 76 Nr. 29; GK-BetrVG/*Kraft* Rn. 72; *Dietz/Richardi* Rn. 114 unter Hinweis auf § 98 II Nr. 4 AktG; *Fitting* Rn. 96), die nach § 76 III vorschlagsberechtigt sind.

50 Eine im Betrieb vertretene **Gewerkschaft** kann nach dem Rechtsgedanken des § 98 II Nr. 7 und 8 AktG die Aufsichtsratswahl anfechten (BAG 12. 8. 1970 AP BetrVG 1952 § 76 Nr. 21; BAG 20. 7. 1982 AP BetrVG 1952 § 76 Nr. 26; BAG 27. 1. 1993 AP BetrVG 1952 § 76 Nr. 29; *Dietz/Richardi* Rn. 113; *Fitting* Rn. 95 a; *MünchArbR/Wißmann* § 373 Rn. 31). Die Gewerkschaften würden anderenfalls erheblich in der Erfüllung ihrer Aufgaben bei der **Mitgestaltung der betriebs- und unternehmensverfassungsrechtlichen Ordnung** beeinträchtigt (aA ArbG Düsseldorf 22. 4. 1953 BB 1953, 443 sowie GK-BetrVG/*Kraft* Rn. 73 f., da antragsberechtigt nur jemand sein könne, der in seinen Rechten unmittelbar betroffen werde, dies sei bei den Gewerkschaften nicht der Fall; ebenso *Vieweg* NJW 1953, 1615, 1616).

51 **Zu beteiligen** sind im **Anfechtungsverfahren** nur die Personen, denen das Gesetz ein Antragsrecht zuerkennt oder deren Rechtsposition durch die gerichtliche Entscheidung beeinträchtigt werden kann (vgl. GK-BetrVG/*Kraft* Rn. 74). Die **Gewerkschaft** im Betrieb ist trotz ihres Anfechtungsrechts nicht am Anfechtungsverfahren zu beteiligen, wenn sie nicht selbst den Anfechtungsantrag gestellt hat (BAG 27. 1. 1993 AP BetrVG 1952 § 76 Nr. 29; vgl. dazu auch BAG 19. 9. 1985 AP BetrVG 1972 § 19 Nr. 12; aA *Fitting* Rn. 98 sowie noch BAG 20. 7. 1982 AP BetrVG 1952 § 76 Nr. 26). Auch der **BR** ist nur zu beteiligen, wenn er selbst die Wahl angefochten hat (BAG 12. 2. 1985 AP BetrVG 1952 § 76 Nr. 27). Die **Anfechtungsfrist** beträgt entsprechend § 35 II 2 iVm. § 19 WO 1953 zwei Wochen, beginnend mit dem Tag der Bekanntgabe des Wahlergebnisses (vgl. BAG 3. 12. 1954 AP BetrVG 1952 § 76 Nr. 3; BAG 15. 7. 1960 AP BetrVG 1952 § 76 Nr. 10; GK-BetrVG/*Kraft* Rn. 75; *Dietz/Richardi* Rn. 111; *Fitting* Rn. 97).

52 Die Anfechtung der Aufsichtsratswahl kann nur darauf gestützt werden, daß bei ihrer Durchführung gegen **wesentliche Vorschriften** über das **Wahlrecht**, die **Wählbarkeit** oder das **Wahlverfahren** verstoßen wurde, keine Berichtigung erfolgt ist und der Verstoß für das ermittelte Wahlergebnis ursächlich war (BAG 20. 7. 1982 AP BetrVG 1952 § 76 Nr. 26; BAG 27. 1. 1993 AP BetrVG 1952 § 76 Nr. 29; GK-BetrVG/*Kraft* Rn. 76). Das **Amt der von der Anfechtung betroffenen Aufsichtsratsmitglieder endet** mit Rechtskraft der der Anfechtung stattgebenden Entscheidung (MünchArbR/*Wißmann* § 373 Rn. 31; GK-BetrVG/*Kraft* Rn. 78; *Dietz/Richardi* Rn. 118; *Fuchs/Köstler* Rn. 632). An ihre Stelle rücken, so vorhanden, die Bewerber, die die persönlichen Voraussetzungen des ursprünglich Gewählten ebenfalls erfüllen, mit der nächsthöchsten Stimmenzahl nach, anderenfalls die für den oder die Ausscheidenden gewählten Ersatzmitglieder (GK-BetrVG/*Kraft* Rn. 78). Fehlen diese, so wird eine Nachwahl erforderlich (BAG 21. 12. 1965 AP BetrVG 1952 § 76 Nr. 14; GK-BetrVG/*Kraft* Rn. 78; *Dietz/Richardi* Rn. 118). Die **zwischenzeitlich gefaßten Beschlüsse des Aufsichtsrats** bleiben infolge der ex-nunc Wirkung der Anfechtung (*Kuhlendahl* BB 1963, 690, 692; aA *Schwela* BB 1963, 1375) wirksam. Das im Rahmen einer anfechtbaren Wahl gewählte Aufsichtsratsmitglied besitzt bis zu einer rechtskräftigen Entscheidung, die der Anfechtung stattgibt, alle Rechte und Pflichten eines vollgültigen Aufsichtsratsmitglieds (*Kuhlendahl* BB 1963, 690, 692).

53 b) **Nichtigkeit der Wahl.** Neben einer entsprechenden Anwendung von § 19 BetrVG kann die Wahl der ANVertreter nichtig sein, wenn die **Voraussetzungen einer Wahl nicht vorlagen** oder **gegen fundamentale Wahlgrundsätze** derart **verstoßen** wurde, daß nicht einmal mehr der Anschein einer Wahl gegeben ist (GK-BetrVG/*Kraft* Rn. 79; *Dietz/Richardi* Rn. 119; *Fitting* Rn. 100). Die Nichtigkeit der Wahl kann jederzeit, von jedermann und in jedem Verfahren geltend gemacht werden (GK-BetrVG/*Kraft* Rn. 79). Zur Feststellung der Nichtigkeit ist auch ein Antrag an das ArbG zulässig, das darüber im Beschlußverfahren (vgl. § 2 a I Nr. 3 ArbGG) entscheidet (GK-BetrVG/*Kraft* Rn. 79; *Dietz/Richardi* Rn. 119).

54 **4. Kosten der Wahl.** Das BetrVG 1952 regelt nicht, wer die Kosten für die Durchführung der Wahl der ANVertreter in den Aufsichtsrat trägt. § 20 III BetrVG ist deshalb entsprechend anzuwenden, so daß die Kosten, die für die dem Gesetz entsprechende Durchführung der Wahl nach pflichtgemäßem Ermessen des Wahlvorstands anfallen, das **Unternehmen** zu tragen hat, **dessen Aufsichtsrat zu wählen ist** (*Fitting* Rn. 75; *Dietz/Richardi* Rn. 120; GK-BetrVG/*Kraft* Rn. 80). Dazu gehören auch die **Kosten eines Wahlanfechtungsverfahrens** oder eines **Verfahrens zur Feststellung der Nichtigkeit** der Wahl, soweit die Kosten erforderlich waren (GK-BetrVG/*Kraft* Rn. 81; *Dietz/Richardi* Rn. 120; aA LAG Frankfurt aM 23. 9. 1980 – 4 TaBV 45/80 unveröffentlicht). Es besteht keine Kostentragungspflicht des Unternehmens, wenn die Verfahrenseinleitung offensichtlich unbegründet oder mutwillig war (GK-BetrVG/*Kraft* Rn. 81; *Dietz/Richardi* Rn. 120).

55 **5. Verbot der Wahlbehinderung.** Nach § 78 I lit. a war die **vorsätzliche Behinderung oder sachwidrige Beeinflussung der Wahl** der Aufsichtsratsmitglieder der AN strafbar. Die Weitergeltung des § 78 wurde indes nicht durch § 129 I BetrVG angeordnet. Die eine Wahlbehinderung unter Strafe stellende Vorschrift in **§ 119 BetrVG** bezieht sich nicht auf die Wahlen zum Aufsichtsrat und kann diesbezüglich **nicht analog** angewendet werden (vgl. Art. 103 II GG, § 1 StGB). Die durch das Fehlen einer dem § 20 I und II BetrVG entsprechenden Regelung bestehende Lücke ist durch eine analoge Anwendung dieser Vorschrift zu schließen (GK-BetrVG/*Kraft* Rn. 70; *Fitting* Rn. 75). Ein Verstoß

gegen diese Grundsätze kann uU zu einer **anfechtbaren oder nichtigen Wahl** führen (GK-BetrVG/ *Kraft* Rn. 70; *Fitting* Rn. 75).

IV. Wahl zum Aufsichtsrat eines herrschenden Konzernunternehmens

1. Konzernbegriff. a) Allgemeines. Das BetrVG 1952 verwendet **keinen eigenen Konzernbegriff,** 56 sondern verweist in Abs. IV auf § 18 I 1 und 2 AktG. Danach muß es sich um ein oder mehrere abhängige Unternehmen handeln, die unter der einheitlichen Leitung eines herrschenden Unternehmens zusammengefaßt sind **(Unterordnungskonzern).** Dies ist nach § 18 I 2 AktG insb. anzunehmen, wenn zwischen den Unternehmen ein Beherrschungsvertrag besteht.

§ 76 IV verweist nicht auf **§ 18 I 3 AktG,** nach dem von abhängigen Unternehmen iSv. § 17 AktG 57 vermutet wird, daß sie mit dem herrschenden Unternehmen einen Konzern bilden. Die Vermutung findet daher im Rahmen von § 76 IV keine Anwendung (BAG 16. 8. 1995 AP BetrVG 1952 § 76 Nr. 30; *Dietz/Richardi* Rn. 184; *Fitting* Rn. 103; GK-BetrVG/*Kraft* Rn. 150; *Köstler/Kittner/Zachert* Rn. 219; aA *Klinkhammer,* Mitbestimmung in Gemeinschaftsunternehmen, 1977, S. 88 ff.). Deshalb hat, soweit § 18 I 2 AktG nicht eingreift, derjenige, der das Bestehen eines Konzernverhältnisses geltend macht, dieses zu **beweisen** (*Fitting* Rn. 103; GK-BetrVG/*Kraft* Rn. 149; *Köstler/Kittner/ Zachert* Rn. 219).

b) Abhängiges Unternehmen. Für die Anwendung des § 76 IV kommt es nicht auf die **Rechts-** 58 **form des oder der abhängigen Unternehmen** oder deren **BRFähigkeit** an (*Fitting* Rn. 110; GK-BetrVG/*Kraft* Rn. 151; GK-BetrVG/*Kraft* Rn. 151; aA *A. Hueck* BB 1953, 326). Wenn auf das abhängige Unternehmen das BetrVG 1952 wegen **§ 81** keine Anwendung findet, können die AN dieses Unternehmens gleichwohl an der Wahl der ANVertreter zum Aufsichtsrat des herrschenden Unternehmens teilnehmen (*Fitting* Rn. 111; GK-BetrVG/*Kraft* Rn. 156; MünchArbR/*Wißmann* § 373 Rn. 16). Das Wahlrecht zum Aufsichtsrat nach Abs. IV besteht auch für die AN abhängiger Konzernunternehmen, deren Aufsichtsrat nach dem **Montan-MitbestG** gebildet wird (BAG 18. 6. 1970 AP BetrVG 1952 § 76 Nr. 20; *Dietz/Richardi* Rn. 187; GK-BetrVG/*Kraft* Rn. 156; *Fitting* Rn. 107).

c) Herrschendes Unternehmen. Anders als nach der Zurechnungsvorschrift des § 77 a muß im 59 Rahmen von § 76 IV bei dem **herrschenden Unternehmen** ein Aufsichtsrat nach dem BetrVG 1952 zu bilden sein. Dieses muß in einer der vom Gesetz erfaßten Rechtsformen betrieben werden und selbst eine **ausreichende Anzahl von AN** beschäftigen (vgl. Rn. 4 ff.). Hat das herrschende Unternehmen keine AN, so entfällt auch eine Beteiligung der AN an der Konzernunternehmen an der Wahl (BAG 24. 5. 1957 AP BetrVG 1952 § 76 Nr. 7; GK-BetrVG/*Kraft* Rn. 148; MünchArbR/*Wißmann* § 373 Rn. 3; aA *Fitting* Rn. 62, 115; *Köstler/Kittner/Zachert* Rn. 221). Etwas anderes kommt nur in Betracht, wenn in einer vor dem 10. 8. 1994 eingetragenen AG als herrschendem Unternehmen die Beschäftigung eigener AN geboten ist (BAG 24. 5. 1957 AP BetrVG 1952 § 76 Nr. 7).

d) Konzerntatbestand. Zwischen dem herrschenden und dem oder den abhängigen Unternehmen 60 muß ein Abhängigkeitsverhältnis iSv. § 17 AktG vorliegen. Ausreichend ist hierfür die Koordination der Konzernunternehmen im finanziellen Bereich (GK-BetrVG/*Kraft* Rn. 150 mwN), nicht hingegen die Personenidentität der Vorstände der beteiligten Unternehmen (BAG 16. 8. 1995 AP BetrVG 1952 § 76 Nr. 30). Die einheitliche Leitung muß tatsächlich ausgeübt werden, das **potentielle Bestehen** einer einheitlichen Leitung reicht nicht aus (*Frisinger/Lehmann* DB 1972, 2337, 2338). Unbeachtlich ist, ob es sich um einen **Vertragskonzern** oder um einen **faktischen Konzern** handelt, ob also die einheitliche Leitung aufgrund eines Beherrschungsvertrags (§ 291 AktG) bzw. einer Eingliederung (§ 319 AktG) oder allein aufgrund einer Mehrheitsbeteiligung oder sonstigen Gründen ausgeübt wird (GK-BetrVG/*Kraft* Rn. 152; *Fitting* § 54 BetrVG Rn. 15; näher dazu *Frisinger/Lehmann* DB 1972, 2337 f.).

Im **mehrstufigen Konzern** haben die AN des Tochter- wie auch des Enkelunternehmens ein Wahl- 61 recht jedenfalls hinsichtlich der ANVertreter, die in den Aufsichtsrat des herrschenden Unternehmens zu wählen sind (BAG 18. 6. 1970 AP BetrVG 1952 § 76 Nr. 20; GK-BetrVG/*Kraft* Rn. 153; *Dietz/ Richardi* Rn. 185). Sofern das **Tochterunternehmen** bezüglich der Enkelunternehmen **eigene wesentliche Leitungsbefugnisse** besitzt, ist auch dieses als herrschendes Unternehmen iSv. § 76 IV (§ 18 I AktG) anzusehen. Es bildet mit dem betreffenden Enkelunternehmen einen „**Konzern im Konzern**" (vgl. dazu § 18 AktG Rn. 4). In diesem Fall haben die AN des Enkelunternehmens auch die Möglichkeit, sich an der Wahl der ANVertreter zum Aufsichtsrat des Tochterunternehmens zu beteiligen (ebenso *Fitting* Rn. 105; *W. Bayer* DB 1975, 1167, 1168; *ders.* ZGR 1977, 173, 182; im Grundsatz ebenso *Frisinger/Lehmann* DB 1972, 2337, 2340; *Köstler/Kittner/Zachert* Rn. 196; MünchArbR/*Wißmann* § 373 Rn. 16; aA *Dietz/Richardi* Rn. 186; GK-BetrVG/*Kraft* Rn. 154; *Lutter* ZGR 1977, 195, 211; *Schilling* ZHR Bd. 140 [1976], 528, 533 f.). Von Bedeutung ist dies insb., wenn bei dem herrschenden Unternehmen wegen seiner Rechtsform oder des Sitzes im Ausland kein Aufsichtsrat unter ANBeteiligung nach dem BetrVG 1952 gebildet werden kann (*Fitting* Rn. 105). In diesem Fall sind die

Grundsätze über den Konzern im Konzern anzuwenden, obwohl die Fiktion in § 5 III MitbestG für das BetrVG 1952 nicht gilt (*Fitting* Rn. 105).

62 Ein Unternehmen kann von zwei oder mehreren Muttergesellschaften beherrscht werden (**Gemeinschaftsunternehmen**). Ein Konzernverhältnis des beherrschten Unternehmens zu jeder Obergesellschaft kann bestehen, wenn die Obergesellschaften den Konzern aufgrund gemeinsamer Willensbildung leiten (BAG 18. 6. 1970 AP BetrVG 1952 § 76 Nr. 20; BAG 16. 8. 1995 AP BetrVG 1952 § 76 Nr. 30). In diesem Fall können die AN des abhängigen Unternehmens an der Wahl der ANVertreter zu den Aufsichtsräten beider Obergesellschaften teilnehmen (BAG 18. 6. 1970 AP BetrVG 1952 § 76 Nr. 20; *Fitting* Rn. 106; aA GK-BetrVG/*Kraft* Rn. 157 ff.).

63 **2. Wahlrecht der AN der abhängigen Gesellschaften. a) Aktives Wahlrecht.** Die AN des abhängigen Unternehmens können sich nach § 76 IV an der Wahl der ANVertreter in den Aufsichtsrat des herrschenden Unternehmens beteiligen, sie sind **ebenso wie die AN des herrschenden Unternehmens** aktiv wahlberechtigt (*Fitting* Rn. 112; GK-BetrVG/*Kraft* Rn. 160).

64 **b) Passives Wahlrecht.** Das passive Wahlrecht steht den AN der abhängigen Konzernunternehmen **wie den AN der Obergesellschaft im gleichen Umfange** zu. Deshalb ist den AN des herrschenden Unternehmens keine bestimmte Anzahl von Sitzen vorbehalten (BAG 24. 11. 1981 AP BetrVG 1952 § 76 Nr. 24; BAG 8. 12. 1981 AP BetrVG 1952 § 76 Nr. 25; *Fitting* Rn. 112 f.; MünchArbR/*Wißmann* § 373 Rn. 16; GK-BetrVG/*Kraft* Rn. 160; *Köstler/Kittner/Zachert* Rn. 222). Damit bilden die AN aller Konzernunternehmen eine **einheitliche Konzernbelegschaft,** die ihre Vertreter in den Aufsichtsrat wählt (GK-BetrVG/*Kraft* Rn. 160). Auch hierbei muß die nach § 76 II 3 vorgeschriebene Gruppenzugehörigkeit gewahrt werden (*Konow* JR 1967, 205, 206).

65 **3. Wahlverfahren.** Auf die Wahl der ANVertreter sind die gleichen Grundsätze wie auf die Wahlen in einem Unternehmen mit mehreren Betrieben nach § 76 II anzuwenden. Allerdings kann die Wahl auch durch **Wahlmänner** erfolgen (§ 76 IV 2; dazu BAG 6. 2. 1968 AP BetrVG 1952 § 76 Nr. 16). Die Wahl wird durch einen bei dem herrschenden Unternehmen zu bestellenden Wahlvorstand geleitet, dem AN aus allen Konzernunternehmen angehören können (GK-BetrVG/*Kraft* Rn. 163).

66 Eine Wahl durch Delegierte findet statt, wenn die wahlberechtigten AN aller Konzernunternehmen dies beschließen (GK-BetrVG/*Kraft* Rn. 164). Der **Beschluß ist nach den allgemein geltenden rechtsstaatlichen Wahlgrundsätzen** (s. Rn. 40) zu fassen, da gesetzliche Regelungen diesbezüglich fehlen (BAG 6. 2. 1968 AP BetrVG 1952 § 76 Nr. 16; GK-BetrVG/*Kraft* Rn. 164; *Dietz/Richardi* Rn. 199; *Fitting* Rn. 118). Analog § 76 III muß eine Beschlußfassung über die Wahl durch Delegierte herbeigeführt werden, wenn ein (Gesamt- oder Konzern-) BR oder der zehnte Teil aller wahlberechtigten AN oder mindestens 100 der wahlberechtigten AN ungeachtet ihres Verhältnisses zur Gesamtbelegschaft einen entsprechenden Antrag stellen (BAG 6. 2. 1968 AP BetrVG 1952 § 76 Nr. 16; *Dietz/Richardi* Rn. 200; GK-BetrVG/*Kraft* Rn. 165; *Fitting* Rn. 119). **Stets** ist eine **Abstimmung** der wahlberechtigten AN **erforderlich;** die (Gesamt- oder Konzern-) BR können dies nicht von sich aus beschließen (GK-BetrVG/*Kraft* Rn. 165). Auch der Hauptwahlvorstand hat das Recht, eine entsprechende Abstimmung durchführen zu lassen (*Dietz/Richardi* Rn. 200; GK-BetrVG/*Kraft* Rn. 165; für eine ausschließliche Zuständigkeit des Hauptwahlvorstandes *Fitting* Rn. 119). Für die Wahl durch Delegierte muß sich die **Mehrheit** der **teilnehmenden wahlberechtigten AN** entscheiden. Nicht erforderlich ist die Zustimmung durch die Mehrheit aller wahlberechtigten AN (BAG 6. 2. 1968 AP BetrVG 1952 § 76 Nr. 16; GK-BetrVG/*Kraft* Rn. 166; *Fitting* Rn. 119; MünchArbR/*Wißmann* § 373 Rn. 27; aA *Dietz/Richardi* Rn. 200).

67 Die vom Hauptwahlvorstand für eine Delegiertenwahl zu erlassende **Wahlordnung** (näher dazu *Fitting* DB 1962, 1339) muß sich an rechtsstaatliche Grundsätze des Wahlverfahrens halten und daraufhin gerichtlich überprüfbar sein (BAG 6. 2. 1968 AP BetrVG 1952 § 76 Nr. 16; GK-BetrVG/ *Kraft* Rn. 166; *Dietz/Richardi* Rn. 201). Sie kann die Wahl durch Delegierte nur **einheitlich für alle Konzernunternehmen** vorsehen. Jeder Delegierte muß dabei die gleiche Anzahl von AN repräsentieren (GK-BetrVG/*Kraft* Rn. 167). Die Delegierten selbst sind von den wahlberechtigten AN der Konzernunternehmen durch Mehrheitswahl zu wählen, eine Gruppenwahl ist unzulässig (*Dietz/ Richardi* Rn. 201; *Fitting* Rn. 120; GK-BetrVG/*Kraft* Rn. 167; näher *Fitting* DB 1962, 1339 ff.).

V. Amtszeit der Arbeitnehmervertreter

68 **1. Amtszeit des einzelnen Aufsichtsratsmitglieds.** Die ANVertreter werden nach § 76 II 1 für die Zeit gewählt, die **das Gesetz** oder **die Satzung** des Unternehmens **bestimmt.** Die **maximale Amtszeit** endet vorbehaltlich einer abw. Regelung nach § 102 I AktG mit der Beendigung der Hauptversammlung, die über die Entlastung des Aufsichtsrats für das vierte Geschäftsjahr seit Beginn der Amtszeit beschließt. Das Ergebnis der Beschlußfassung hinsichtlich der Entlastung ist unbeachtlich (GK-BetrVG/*Kraft* Rn. 83). Die Amtszeit beginnt grds. mit der Annahme der Wahl (GK-BetrVG/*Kraft* Rn. 83). Werden die **ANVertreter** in einem **früheren Geschäftsjahr** als die übrigen Aufsichtsratsmitglieder gewählt, so beginnt ihr Amt erst mit dem Ablauf der Hauptversammlung, in der die Anteilseignervertreter gewählt werden (*Dopfer* DB 1957, 93; *Geßler* DB 1957, 214).

V. Amtszeit der Arbeitnehmervertreter

Die **Satzung** kann für alle Aufsichtsratsmitglieder eine **kürzere Amtszeit** vorsehen. Sie gilt auch für **69** die ANVertreter (GK-BetrVG/*Kraft* Rn. 85). Demgegenüber kann eine Bestimmung im Wahlausschreiben, wonach die Amtszeit mit dem Ausscheiden aus dem aktiven Dienst endet, die Amtszeit der ANVertreter nicht wirksam verkürzen (GK-BetrVG/*Kraft* Rn. 85 mwN; aA BAG 31. 1. 1969 AP BetrVG 1952 § 76 Nr. 19). Wird **nachträglich** durch eine **Satzungsänderung** die Amtszeit aller Aufsichtsratsmitglieder verkürzt, so gilt dies auch für die **ANVertreter** (GK-BetrVG/*Kraft* Rn. 85; *Dietz/Richardi* Rn. 124; *Fitting* Rn. 121; aA MünchArbR/*Wißmann* § 373 Rn. 14).

Werden die ANVertreter in einem **späteren Geschäftsjahr** als die Aktionärsvertreter in den Auf- **70** sichtsrat gewählt, so erlischt ihr Amt gleichzeitig mit dem der Aktionärsvertreter (GK-BetrVG/*Kraft* Rn. 86; *Fitting* Rn. 121; aA *Fuchs/Köstler* Rn. 233). Auch nachgewählte Ersatzmitglieder werden idR nur für den Rest der Amtszeit gewählt (GK-BetrVG/*Kraft* Rn. 86).

Die Satzung kann vorschreiben, daß die Aufsichtsratsmitglieder **turnusmäßig** aus dem Aufsichtsrat **71** ausscheiden. Von einer solchen Regelung sind die **ANVertreter** ebenso **wie die Anteilseignervertreter** betroffen (GK-BetrVG/*Kraft* Rn. 87; *Fitting* Rn. 122; *Fuchs/Köstler* Rn. 231).

2. Vorzeitige Beendigung der Amtszeit aller Aufsichtsratsmitglieder bzw. der ANVertreter. 72 Fällt die Gesellschaft, für die der Aufsichtsrat bestand, weg, so erlischt auch das Amt der Aufsichtsratsmitglieder (GK-BetrVG/*Kraft* Rn. 88; *Dietz/Richardi* Rn. 128; *Fitting* Rn. 127). Bei Änderungen der Gesellschaft, zB ihrer Rechtsform, der Beschäftigtenzahlen, oder ihres Unternehmenszwecks, die zur Folge haben, daß das Unternehmen daraufhin einem anderen Mitbestimmungsstatut unterliegt, gilt – vorbehaltlich der Sonderregelung in §§ 203, 325 UmwG – § 97 AktG (GK-BetrVG/*Kraft* Rn. 89; *Dietz/Richardi* Rn. 129; *Fitting* Rn. 127). Das gleiche gilt, wenn die Gesellschaft eine **Familiengesellschaft** nach § 76 VI bzw. ein **Tendenzunternehmen** iSv. § 81 BetrVG 1952 wird (GK-BetrVG/*Kraft* Rn. 89; *Fitting* Rn. 127; *Dietz/Richardi* Rn. 130). Damit erlischt das Amt der Aufsichtsratsmitglieder spätestens **mit Ablauf von 6 Monaten nach der Bekanntmachung des Vorstands** bzw. spätestens 6 Monate nach Rechtskraft einer gerichtlichen Entscheidung (GK-BetrVG/*Kraft* Rn. 89; *Fitting* Rn. 54, 126). Das Amt der ANVertreter endet auch, wenn deren Wahl rechtskräftig angefochten worden ist (GK-BetrVG/*Kraft* Rn. 90; *Dietz/Richardi* Rn. 131; *Fitting* Rn. 126).

3. Vorzeitige Beendigung der Amtszeit einzelner Aufsichtsratsmitglieder bzw. einzelner AN- 73 Vertreter. Das Amt eines einzelnen Aufsichtsratsmitglieds kann nach hM durch dessen **vorzeitige Niederlegung** enden. Die durch das betreffende Mitglied abgegebene Niederlegungserklärung ist **unanfechtbar** und **unwiderruflich** (GK-BetrVG/*Kraft* Rn. 91; *Dietz/Richardi* Rn. 132; *Natzel* RdA 1960, 256 ff.). Sie hat – nach bestrittener Ansicht – gegenüber dem Aufsichtsratsvorsitzenden oder dem gesetzlichen Vertreter der Gesellschaft (Vorstand bei einer AG, persönlich haftender Gesellschafter bei einer KGaA) zu erfolgen (GK-BetrVG/*Kraft* Rn. 91). Weiterhin endet das Amt eines einzelnen Aufsichtsratsmitglieds, wenn dessen Wahl **wirksam angefochten** wird, mit Rechtskraft der der Anfechtung stattgebenden Entscheidung (GK-BetrVG/*Kraft* Rn. 92; *Dietz/Richardi* Rn. 133) oder durch Widerruf der Bestellung bzw. gerichtliche Abberufung des Aufsichtsratsmitglieds (GK-BetrVG/*Kraft* Rn. 93; *Dietz/Richardi* Rn. 134 f.; dazu Rn. 78 ff.).

Das Aufsichtsratsamt eines ANVertreters endet im übrigen mit dem **Wegfall einer Voraussetzung 74 für seine Wählbarkeit.** Endet das **Arbeitsverhältnis** eines ANVertreters, der nach § 76 II 2 **notwendig** in einem Betrieb des Unternehmens **beschäftigt** sein muß, mit dem Unternehmen, so folgt daraus auch das Ende seines Aufsichtsratsamts (GK-BetrVG/*Kraft* Rn. 94; *Dietz/Richardi* Rn. 137; *Fitting* Rn. 131; vgl. auch BGH 21. 2. 1963 AP BetrVG 1952 § 76 Nr. 12, zur Kündigung des einzigen Angestellten als ANVertreter im Aufsichtsrat). Der Eintritt in die Freizeitphase der Altersteilzeit mit Blockarbeitszeit soll hierfür nicht ausreichen (LAG Hamburg 1. 3. 2000 DB 2000, 1770). Im Falle der Kündigung des ANVertreters im Aufsichtsrat erlischt dessen Amt erst mit Unanfechtbarkeit der Kündigung (vgl. *Fitting* Rn. 131; GK-BetrVG/*Kraft* Rn. 94). Das Aufsichtsratsamt eines ANVertreters, der dem Aufsichtsrat als AN notwendig angehört und **leitender Angestellter wird**, endet ebenfalls (*Dietz/Richardi* Rn. 137; GK-BetrVG/*Kraft* Rn. 94; *Fitting* Rn. 131).

Diese Grundsätze gelten entsprechend, wenn ein **abhängiges Unternehmen aus dem Konzern 75 ausscheidet.** Danach verliert der ANVertreter, der im abhängigen Unternehmen beschäftigt war, sein Aufsichtsratsamt, wenn dem Aufsichtsrat nunmehr nicht mehr die nach § 76 II 3 erforderlichen zwei in Konzernunternehmen beschäftigtenAN, darunter ein Arbeiter und ein Angestellter, angehören (*Radke* AuR 1958, 161, 169).

Ändert sich die **Gruppenzugehörigkeit** eines ANVertreters, der dem Aufsichtsrat in Wahrung des **76** vorgeschriebenen Gruppenverhältnisses nach § 76 II 3 angehört, so endet das Amt dieses Mitglieds, das nun der anderen Gruppe angehört (GK-BetrVG/*Kraft* Rn. 95; *Dietz/Richardi* Rn. 137). **§ 24 II BetrVG** und **§ 24 II MitbestG**, die für diesen Fall das Fortbestehen des Amts vorsehen, sind nicht entsprechend anwendbar (GK-BetrVG/*Kraft* Rn. 95; *Dietz/Richardi* Rn. 137; *Fitting* Rn. 131; MünchArbR/*Wißmann* § 373 Rn. 15).

Die vorstehenden **Grundsätze** gelten **nicht,** wenn dem Aufsichtsrat mehr unternehmensangehörige **77** oder den jeweiligen Gruppen angehörende ANVertreter angehören, als nach der gesetzlichen Regelung erforderlich sind (GK-BetrVG/*Kraft* Rn. 96; *Dietz/Richardi* Rn. 137; *Fitting* Rn. 132; MünchArbR/*Wißmann* § 373 Rn. 15).

78   **4. Widerruf der Bestellung der ANVertreter.** Die ANVertreter im Aufsichtsrat können vor Ablauf ihrer Amtszeit nach § 76 V nur durch **Beschluß der wahlberechtigten AN des Unternehmens** abberufen werden, nicht jedoch durch die Hauptversammlung (*Dietz/Richardi* Rn. 138; *Fitting* Rn. 133; *Köstler/Kittner/Zachert* Rn. 673; vgl. dazu auch §§ 42 ff. WO 1953). Der Beschluß kann nur ergehen auf Antrag der **Betriebsräte** oder von mindestens einem **Fünftel der wahlberechtigten AN** der Betriebe des Unternehmens. Die Abberufung kann sich auf alle ANVertreter beziehen, sie kann sich aber auch auf einzelne von ihnen beschränken (*Dietz/Richardi* Rn. 144).

79   Ein **gemeinsamer Antrag aller BR** ist nicht erforderlich. Jeder BR hat **einzeln** die Möglichkeit, einen Antrag auf Abberufung von Aufsichtsratsmitgliedern der AN zu stellen (*Dietz/Richardi* Rn. 140; GK-BetrVG/*Kraft* Rn. 101; *Köstler/Kittner/Zachert* Rn. 673; aA *Fitting* Rn. 135, nach denen die dem Antrag zustimmenden BR bzw. der den Antrag stellende BR die Mehrheit aller bzw. der wahlberechtigten AN des Unternehmens vertreten muß). Neben den Betriebsräten kann auch der **GesamtBR** oder der **KonzernBR** einen entsprechenden Antrag stellen (*Dietz/Richardi* Rn. 141; MünchArbR/*Wißmann* § 373 Rn. 34; aA *Fitting* Rn. 135; GK-BetrVG/*Kraft* Rn. 101).

80   Der von mindestens einem Fünftel der wahlberechtigten AN gestellte Antrag ist an den GesamtBR oder, falls dieser nicht besteht, an alle **BR** bzw. den BR des arbeitnehmerstärksten Unternehmens oder gegebenenfalls, wenn im Unternehmen kein BR besteht, an eine einzuberufende **Betriebsversammlung** zu richten (§ 42 WO 1953; dazu GK-BetrVG/*Kraft* Rn. 99 ff.).

81   Der Beschluß zur Abberufung erfordert eine **Mehrheit von mindestens drei Viertel der abgegebenen Stimmen** der wahlberechtigten AN (§ 76 V 2). Es kommt nicht auf die Gesamtzahl der im Unternehmen beschäftigten wahlberechtigten AN an (*Dietz/Richardi* Rn. 147; *Köstler/Kittner/Zachert* Rn. 673). Für die Beschlußfassung gelten die gleichen Grundsätze wie für die Wahl der ANVertreter in den Aufsichtsrat (§ 76 V 3, vgl. *Dietz/Richardi* Rn. 146).

82   Das Amt des abberufenen Aufsichtsratsmitgliedes endet mit **Zugang des Widerrufs** in Form der Mitteilung des Abstimmungsergebnisses durch den Wahlvorstand an das betreffende Mitglied (*Dietz/Richardi* Rn. 148; *Fitting* Rn. 140; GK-BetrVG/*Kraft* Rn. 99; *Fuchs/Köstler* Rn. 557).

83   Die Abstimmung über die Abberufung eines Aufsichtsratsmitglieds der AN kann unter den gleichen Voraussetzungen wie dessen Wahl **angefochten** werden (*Fitting* Rn. 141; *Dietz/Richardi* Rn. 149; GK-BetrVG/*Kraft* Rn. 102).

84   **5. Gerichtliche Abberufung eines Aufsichtsratsmitglieds.** Aufsichtsratsmitglieder der AN können nach **§ 103 III und IV AktG** durch Beschluß des für die Gesellschaft zuständigen **Registergerichts** (§ 145 I FGG, § 14 AktG) abberufen werden, wenn in ihrer Person ein **wichtiger Grund** vorliegt (*Fitting* Rn. 133; GK-BetrVG/*Kraft* Rn. 103; *Dietz/Richardi* Rn. 150; *Köstler/Kittner/Zachert* Rn. 669). Ein wichtiger Grund liegt nur vor, wenn ein **Verbleiben in dem Aufsichtsrat** bei Abwägung aller Umstände für die Gesellschaft **unzumutbar** ist (GK-BetrVG/*Kraft* Rn. 103; *Köstler/Kittner/Zachert* Rn. 701; *Eckardt* NJW 1967, 1010 ff.; *Hofmann* BB 1973, 1081 ff.). Ein Grund, der die fristlose Kündigung eines im Unternehmen beschäftigten ANVertreters im Aufsichtsrat rechtfertigt, muß nicht notwendig einen Grund für eine gerichtliche Abberufung dieses Mitglieds darstellen (BAG 21. 2. 1963 AP BetrVG 1952 § 76 Nr. 12; *Dietz/Richardi* Rn. 150). Gegen die Entscheidung des Registergerichts ist die **sofortige Beschwerde** zum LG statthaft (§ 103 III 4 AktG), gegen dessen Entscheidung die sofortige weitere Beschwerde zum Oberlandesgericht eröffnet ist (§§ 27, 28 I, 29 II FGG).

VI. Schutz der Tätigkeit der Arbeitnehmervertreter

85   Nach § 76 II 5 gilt für die ANVertreter das **Behinderungs-, Benachteiligungs- und Bevorzugungsverbot** des § 78 BetrVG entsprechend (vgl. *Köstler/Kittner/Zachert* Rn. 624 ff.; im Einzelnen dazu § 78 BetrVG). Der AN, der gleichzeitig Aufsichtsratsmitglied ist, darf in seiner beruflichen Entwicklung nicht anders als die übrigen AN behandelt werden (*Fitting* Rn. 180). Eine **Beförderung** aufgrund der durch die Aufsichtsratstätigkeit gewonnenen Kenntnisse und Erfahrungen ist nicht durch § 76 II 5 iVm. § 78 BetrVG untersagt, da das Begünstigungsverbot nur aus unsachlichen Gründen gewährte Vorteile verbietet (*Fitting* Rn. 180).

86   Aufgrund ihrer Mitgliedschaft im Aufsichtsrat steht den ANVertretern kein besonderer **Kündigungsschutz** zu, wie dies § 15 KSchG und § 103 BetrVG für Mitglieder von Betriebsverfassungsorganen vorsehen. Diese Bestimmungen sind nicht entsprechend auf die ANVertreter im Aufsichtsrat anzuwenden (GK-BetrVG/*Kraft* Rn. 129; *Fitting* Rn. 178; *Dietz/Richardi* Rn. 177; MünchArbR/*Wißmann* § 374 Rn. 9, § 370 Rn. 25; aA *Naendrup* AuR 1979, 204 ff.), es sei denn, es handelt sich gleichzeitig um BRMitglieder (BAG 4. 4. 1974 AP BGB § 626 Arbeitnehmervertreter im Aufsichtsrat Nr. 1; *Fitting* Rn. 178; GK-BetrVG/*Kraft* Rn. 129). Allerdings ist eine Kündigung **unwirksam**, die nur deshalb erfolgt, um die Tätigkeit im Aufsichtsrat unmöglich zu machen oder aus diesem Grund zu maßregeln; insoweit besteht ein **relativer Kündigungsschutz**, wenn die Kündigung als Verstoß gegen

§ 78 BetrVG zu bewerten ist (ebenso *Dietz/Richardi* Rn. 177; *Fitting* Rn. 178; GK-BetrVG/*Kraft* Rn. 129; *Köstler/Kittner/Zachert* Rn. 617 ff.).

§ 77 Bildung von Aufsichtsräten bei der GmbH

(1) ¹ Bei Gesellschaften mit beschränkter Haftung und bergrechtlichen Gewerkschaften mit eigener Rechtspersönlichkeit mit mehr als fünfhundert Arbeitnehmern ist ein Aufsichtsrat zu bilden. ² Seine Zusammensetzung sowie seine Rechte und Pflichten bestimmen sich nach § 90 Abs. 3, 4, 5 Satz 1 und 2, §§ 95 bis 114, 116, 118 Abs. 2, § 125 Abs. 3, §§ 171, 268 Abs. 2 des Aktiengesetzes und § 76 dieses Gesetzes.

(2) Besteht bei Versicherungsvereinen auf Gegenseitigkeit mit mehr als fünfhundert Arbeitnehmern ein Aufsichtsrat, so findet § 76 dieses Gesetzes Anwendung.

(3) ¹ Auf Erwerbs- und Wirtschaftsgenossenschaften mit mehr als fünfhundert Arbeitnehmern findet § 76 Anwendung; § 96 Abs. 2 und die §§ 97 bis 99 des Aktiengesetzes sind entsprechend anzuwenden. ² Das Statut kann nur eine durch drei teilbare Zahl von Aufsichtsratsmitgliedern festsetzen. ³ Der Aufsichtsrat muß mindestens einmal im Kalendervierteljahr einberufen werden.

I. Regelungsinhalt

Ergänzend zu § 76, der sich nur auf die AG und die KGaA bezieht, befaßt sich § 77 mit den 1 **übrigen Gesellschaften,** die einen Aufsichtsrat bilden können: GmbH, bergrechtliche Gewerkschaften, VVaG und eingetragene Genossenschaften. Er gilt nach § 81 nicht für Tendenzunternehmen. Die Norm findet nach § 85 II keine Anwendung auf Unternehmen, die dem MitbestG, dem Montan-MitbestG oder dem MitbestErgG unterliegen (dazu § 85).

II. GmbH

1. **ANZahl.** § 52 GmbHG stellt der GmbH die Bildung eines Aufsichtsrats frei. Beschäftigt das 2 Unternehmen aber mehr als 500 AN, dann ist es nach § 77 I **verpflichtet,** einen **Aufsichtsrat zu bilden.** Diese Verpflichtung ergibt sich unmittelbar aus dem Gesetz und hängt nicht davon ab, daß der Gesellschaftsvertrag zuvor geändert und die Bildung eines Aufsichtsrats vorgesehen wird (*Dietz/Richardi* Rn. 10).

Für die Bestimmung der **ANZahl** einer GmbH gelten die gleichen Grundsätze wie für die AG 3 (dazu § 76 Rn. 4 ff.). Maßgeblich ist die Zahl der regelmäßig beschäftigten AN (LG Stuttgart 11. 9. 1984 BB 1984, 2082; *Dietz/Richardi* Rn. 7; GK-BetrVG/*Kraft* Rn. 7; MünchArbR/*Wißmann* § 373 Rn. 5; dazu auch § 76 Rn. 7), unabhängig davon, ob sie wahlberechtigt sind (*Dietz/Richardi* Rn. 7). Es kommt nicht auf die **Zahl der Arbeitsplätze** im Unternehmen an (so aber wohl BAG 1. 12. 1961 AP BetrVG 1952 § 77 Nr. 1; dazu ebenso *Dietz/Richardi* Rn. 8), die von der ANZahl abweichen kann, sofern ein Arbeitsplatz nicht ständig oder aber von mehreren AN besetzt wird (GK-BetrVG/*Kraft* Rn. 7; *Dietz/Richardi* Rn. 8).

Sofern die GmbH ein **herrschendes Konzernunternehmen** ist, kommt es für die Anwendung des 4 BetrVG 1952 auf das Unternehmen allein auf dessen ANZahl an. Unbeachtlich ist die Zahl der AN, die in abhängigen Konzernunternehmen beschäftigt sind (zur vergleichbaren Lage beim VVaG BAG 24. 5. 1957 DB 1957, 750; dazu *Natzel* DB 1957, 1021; ebenso *A. Hueck* BB 1953, 321, 324 f.).

AN sind alle in einem Arbeitsverhältnis oder Berufsausbildungsverhältnis zur Gesellschaft stehenden 5 Personen (vgl. § 76 Rn. 8). LeihAN gehören nach § 14 AÜG zur Belegschaft des Verleihers und sind bei der Ermittlung der Beschäftigtenzahl des Entleihers grds. nicht mitzurechnen (GK-BetrVG/*Kraft* Rn. 9; *Dietz/Richardi* Rn. 8; vgl. § 76 Rn. 8). Ist die Gesellschaft herrschendes Unternehmen eines Konzerns, so können ihr die AN in Konzernunternehmen nach § 77 a zugerechnet werden (siehe § 77 a).

2. **Bildung des Aufsichtsrats.** Beschäftigt die Gesellschaft regelmäßig mehr als 500 AN, so hat sie 6 einen Aufsichtsrat zu bilden. Gegebenenfalls ist der **Gesellschaftsvertrag** zu ändern und die **Gesellschafter** haben die von ihnen zu bestellenden Aufsichtsratsmitglieder zu bestimmen (*Dietz/Richardi* Rn. 11). Kommen sie diesen Verpflichtungen nicht nach, so können die Aufsichtsratsmitglieder nach § 104 AktG gerichtlich bestellt werden. Das gilt auch, soweit die AN ihre Vertreter in den Aufsichtsrat nicht gewählt haben (*Dietz/Richardi* Rn. 11).

Ändern sich die für die Anwendung des BetrVG 1952 erforderlichen Voraussetzungen, so haben die 7 Geschäftsführer dies nach § 97 I AktG bekannt zu machen. Wird gegen die **Bekanntmachung** nicht das zuständige LG angerufen, so ist der dann zu bildende Aufsichtsrat entsprechend den in der Bekanntmachung angegebenen Vorschriften zusammenzusetzen (§§ 97 ff. AktG; *Dietz/Richardi* Rn. 12).

3. **Zusammensetzung und Organisation des Aufsichtsrats.** Für die Zahl der Aufsichtsratsmit- 8 glieder gilt **§ 95 AktG.** Die Verweisung auf § 76 und § 95 AktG ist zwingend. Der Gesellschaftsvertrag der GmbH kann keinen **höheren Anteil an ANVertretern** im Aufsichtsrat vorsehen oder die Zuständigkeit für die Wahl der ANVertreter frei bestimmen (GK-BetrVG/*Kraft* Rn. 16; aA OLG

220 BetrVG 1952 § 77 Bildung von Aufsichtsräten bei der GmbH

Bremen 22. 3. 1977 NJW 1977, 1153 ff., nach dem sich diese Möglichkeit aus der im Gegensatz zum Aktienrecht größeren Flexibilität des GmbH-Rechts ergeben soll). Allerdings kann das zuständige Organ AN in den Aufsichtsrat wählen. Diese sind aber keine ANVertreter (GK-BetrVG/*Kraft* Rn. 16; s. auch vor § 76 Rn. 8).

9 **4. Aufgaben des Aufsichtsrats.** Die Aufgaben des unter Beteiligung von ANVertretern gebildeten Aufsichtsrats einer GmbH richten sich wie bei einer AG nach § 77 I 2 grds. nach allgemeinem Aktienrecht (*Dietz/Richardi* Rn. 21; GK-BetrVG/*Kraft* Rn. 31). **Abweichungen** ergeben sich allerdings aus der bei einer GmbH gegenüber einer AG anderen **Kompetenzverteilung** (eingehend *A. Hueck* BB 1953, 325, 326 ff.; *Vieweg* NJW 1953, 1615, 1617). Danach hat der Aufsichtsrat seine Überwachungspflicht nach § 111 I AktG nur gegenüber den Geschäftsführern auszuüben, soweit ihnen Maßnahmen der Geschäftsführung zustehen. Anders ist es hinsichtlich der **Gesellschafterversammlung**, soweit sie Maßnahmen der Geschäftsführung ergreift. Diesbezüglich hat der Aufsichtsrat kein Überwachungsrecht, § 44 Nr. 6 GmbHG gilt unverändert (GK-BetrVG/*Kraft* Rn. 31; *Dietz/Richardi* Rn. 24 mwN; aA *Bergmann* NJW 1953, 81, 82 f.).

10 Entsprechend **§ 112 AktG**, auf den § 77 I 2 verweist, vertritt der Aufsichtsrat die Gesellschaft gegenüber den Geschäftsführern. Dies gilt aber nur mit **Einschränkungen,** da durch die Anwendung des Aktienrechts die Kompetenzverteilung nach dem GmbHG nicht vollständig geändert werden sollte (GK-BetrVG/*Kraft* Rn. 34). Die Kompetenz zur Bestellung der Geschäftsführer bleibt, sofern sie nicht schon durch den Gesellschaftsvertrag geschieht, auch in einer unter das BetrVG 1952 fallenden GmbH bei der Gesellschafterversammlung (vgl. § 46 Nr. 5 GmbHG), da § 77 I nicht auf § 84 AktG verweist. Damit bleibt die **Gesellschafterversammlung** im Rahmen einer **Annexkompetenz** (vgl. BGH 14. 11. 1983, Z 89, 48 ff. zum MitbestG) auch für den Abschluß der Anstellungsverträge mit den zukünftigen Geschäftsführern zuständig (GK-BetrVG/*Kraft* Rn. 34; *Dietz/Richardi* Rn. 22). Anderes gilt aber für Prozesse der Gesellschaft gegen ihre Geschäftsführer; § 46 Nr. 8 GmbHG gilt nicht, wenn die Gesellschaft unter das BetrVG 1952 fällt (GK-BetrVG/*Kraft* Rn. 34).

11 In der nach dem BetrVG 1952 mitbestimmten GmbH kann die Kompetenz des obligatorisch zu bildenden **Aufsichtsrats**, nach § 111 IV 2 AktG Geschäftsführungsmaßnahmen von seiner **Zustimmung** abhängig zu machen, nicht durch Satzung ausgeschlossen werden, da § 77 I 2 anders als § 52 I GmbHG keinen entsprechenden Vorbehalt enthält (GK-BetrVG/*Kraft* Rn. 36; *Hommelhoff* ZGR 1978, 119, 150 ff.; *Immenga* ZGR 1977, 249, 259 ff.; *Säcker* DB 1977, 1845, 1848; aA *Hölters* BB 1978, 640, 643).

12 Die Gesellschafterversammlung kann ein **Veto des Aufsichtsrats** gegen eine Geschäftsführungsmaßnahme analog § 111 IV 3 und 4 AktG nicht nur auf Verlangen der Geschäftsführer überwinden. Die nach dem GmbHG gewichtigere Stellung der Gesellschafterversammlung wird insoweit durch das BetrVG 1952 nicht berührt (GK-BetrVG/*Kraft* Rn. 37), sie kann durch eine entsprechende Weisung an die Geschäftsführer nach § 37 GmbHG das Veto des Aufsichtsrats von sich aus überwinden (GK-BetrVG/*Kraft* Rn. 37 mwN; *Zöllner* ZGR 1977, 319, 327; aA *Hommelhoff* ZGR 1978, 119, 153; *Säcker* DB 1977, 1845, 1848).

13 Zu den Aufgaben des Aufsichtsrats einer nach dem BetrVG 1952 mitbestimmten GmbH gehört auch die **Prüfung des Jahresabschlusses** nach § 171 AktG. Dagegen bleibt es hinsichtlich der **Feststellung** des Jahresabschlusses bei der Zuständigkeit der Geschäftsführer und der Gesellschafterversammlung nach § 46 Nr. 1 GmbHG, soweit die Satzung keine andere Regelung enthält, da § 77 I 2 nicht auf § 172 AktG verweist (GK-BetrVG/*Kraft* Rn. 32; *Dietz/Richardi* Rn. 23).

14 Die **Informationsrechte** des Aufsichtsrats und seiner Mitglieder richten sich wegen § 77 I 2 nach den §§ 90 III, IV, V 1 und 2, 111 II sowie 125 III AktG. Auch § 125 IV AktG ist, obwohl nicht ausdrücklich in Bezug genommen, entsprechend anzuwenden (GK-BetrVG/*Kraft* Rn. 38). Im übrigen haben die Aufsichtsratsmitglieder analog § 118 II AktG das Recht zur **Teilnahme** an der Gesellschafterversammlung (GK-BetrVG/*Kraft* Rn. 38), allerdings ohne Antragsrecht (GK-BetrVG/*Kraft* Rn. 38).

15 **5. Bestellung der Aufsichtsratsmitglieder.** Für Wahl und Abberufung der ANVertreter einer mitbestimmten GmbH gilt **§ 76 II bis V** entsprechend (s. dazu § 76 Rn. 29 ff.). Hinsichtlich der **Wählbarkeit** ist als **Besonderheit** zu beachten, daß die Mitgliedschaft in einem Beirat der Gesellschaft nicht die Zugehörigkeit zum Aufsichtsrat ausschließt (GK-BetrVG/*Kraft* Rn. 19).

16 Hinsichtlich der Bestellung der **Anteilseignervertreter** bleibt es bei der Zuständigkeit der **Gesellschafterversammlung.** Sofern einzelnen Gesellschaftern ein Entsendungsrecht eingeräumt ist, gilt gem. § 101 II 4 AktG nach dem eindeutigen Wortlaut der Verweisung in § 77 I 2 im Unterschied zu § 52 I GmbHG die Beschränkung auf höchstens ein Drittel der Anteilseignervertreter (GK-BetrVG/ *Kraft* Rn. 21; aA *Dietz/Richardi* Rn. 20, nach denen es für das den AN zu gewährende Mitbestimmungsrecht völlig gleichgültig sei, von wem die von den Gesellschaftern zu bestellenden Aufsichtsratsmitglieder bestimmt werden).

III. Bergrechtliche Gewerkschaften mit eigener Rechtspersönlichkeit

17 Ursprünglich waren in bergrechtlichen Gewerkschaften unter den gleichen Voraussetzungen wie bei einer GmbH die AN in den Aufsichtsräten zu beteiligen. Nach **§ 163 BBergG** vom 13. 8. 1980

(BGBl. I S. 1310 ff.) mußten die noch bestehenden bergrechtlichen Gewerkschaften in andere Rechtsformen umgewandelt werden, ansonsten waren sie mit Ablauf des 1. 1. 1994, auf den die ursprünglich bis zum 1. 1. 1986 laufende Frist durch Gesetz vom 20. 12. 1988 (BGBl. I S. 2450) verlängert wurde, aufgelöst. Seitdem hat die Rechtsform der bergrechtlichen Gewerkschaft **keinen eigenen Anwendungsbereich** mehr, die Unternehmen können nur noch in der Rechtsform der AG, KGaA oder GmbH weitergeführt werden und unterliegen dem BetrVG 1952 nach Maßgabe der §§ 76 und 77 I.

IV. VVaG

Abhängig davon, ob der Wirkungskreis eines VVaG nach seiner Satzung in sachlicher, örtlicher oder 18 personeller Hinsicht beschränkt ist (sog. kleiner VVaG im Gegensatz zu großen Versicherungsvereinen), schreibt **§ 35 VAG** die **zwingende** Bildung eines Aufsichtsrats für große Versicherungsvereine vor, während in kleinen Versicherungsvereinen nach § 35 III VAG die Bildung eines Aufsichtsrats **fakultativ** ist.

Sofern ein **großer VVaG** mehr als 500 AN beschäftigt, unterfällt er nach § 77 II dem BetrVG 1952. 19 Auf den nach § 35 VAG zwingend zu bildenden Aufsichtsrat ist **§ 76 entsprechend** anzuwenden. Er muß zu einem Drittel aus Vertretern der AN bestehen, die die gleiche Rechtsstellung wie die übrigen Aufsichtsratsmitglieder haben. Im übrigen finden auf den Aufsichtsrat die allgemeinen aktienrechtlichen Regeln Anwendung (GK-BetrVG/*Kraft* Rn. 42). Das BetrVG 1952 findet auch Anwendung, wenn mehr als 2000 AN im Unternehmen beschäftigt werden, da § 1 I Nr. 1 MitbestG den VVaG nicht erfaßt.

Beschäftigt ein **kleiner VVaG** mehr als 500 AN und ist in diesem Unternehmen von der Möglich- 20 keit Gebrauch gemacht worden, nach § 35 VAG einen **Aufsichtsrat** zu bilden, so hat dieser den Anforderungen des § 76 zu genügen. Auch hier müssen ANVertreter zu einem Drittel am Aufsichtsrat beteiligt werden, deren Bestellung durch die AN des Unternehmens erfolgt und deren Zusammensetzung sich nach § 76 richtet.

Besteht in einem **kleinen VVaG** kein Aufsichtsrat, so folgt aus der Anwendung des BetrVG 1952, 21 sofern mehr als 500 AN beschäftigt werden, **kein Zwang** zur Bildung eines Aufsichtsrates. Besitzt er zwar einen Aufsichtsrat, beschäftigt aber weniger als 500 AN, dann findet § 76 ebenfalls keine Anwendung.

V. Erwerbs- und Wirtschaftsgenossenschaften

Für eingetragene Genossenschaften ist nach **§ 36 GenG** die Bildung eines Aufsichtsrats zwingend 22 vorgeschrieben. In diesem sind nach § 77 III die AN nach § 76 zu beteiligen, sofern **mehr als 500 AN** beschäftigt werden. Stellung und Aufgaben des Aufsichtsrats richten sich aber im Gegensatz zur GmbH und zum VVaG nicht nach dem Aktienrecht, sondern vorbehaltlich einer anderen Regelung durch das BetrVG 1952 (vgl. § 85 I) nach den **§§ 36 bis 41 GenG**. Da dort eine § 95 I 3 AktG entsprechende Regelung fehlt, schreibt § 77 III 2 zur Vermeidung rechnerischer Schwierigkeiten bei der Besetzung der zu vergebenden Aufsichtsratssitze mit einem Drittel ANVertretern vor, daß die **Gesamtanzahl** der Aufsichtsratsmitglieder **durch drei teilbar** sein muß. Eine Höchstbegrenzung gibt es nicht (vgl. § 36 I 1 GenG). Im übrigen legt § 77 III 3 fest, daß der Aufsichtsrat anders als nach § 110 III AktG mindestens einmal im Kalenderjahr einzuberufen ist. Sofern sich die Voraussetzungen für die Anwendung des BetrVG 1952 geändert haben, ist nach § 96 II iVm. §§ 97 ff. AktG das Statusverfahren einzuleiten.

§ 77 a Zurechnung von Konzernunternehmen

Soweit nach §§ 76 oder 77 die Beteiligung von Arbeitnehmern im Aufsichtsrat eines herrschenden Unternehmens von dem Vorhandensein oder der Zahl von Arbeitnehmern abhängt, gelten die Arbeitnehmer der Betriebe eines Konzernunternehmens als Arbeitnehmer des herrschenden Unternehmens, wenn zwischen den Unternehmen ein Beherrschungsvertrag besteht oder das abhängige Unternehmen in das herrschende Unternehmen eingegliedert ist.

I. Normzweck

Für die Anwendung des BetrVG 1952 auf ein Unternehmen kommt es u. a. auf die Beschäftigtenzahl 1 in diesem Unternehmen an. Nach der durch § 40 I Nr. 6 EGAktG mit Wirkung zum 1. 1. 1966 eingefügten Bestimmung des § 77 a können einem herrschenden Unternehmen, das die Anforderungen hinsichtlich seiner Beschäftigtenzahl selbst nicht erfüllt, die **AN der Konzernunternehmen** unter engen Voraussetzungen zugerechnet werden. Zu unterscheiden davon ist die Frage des Wahlrechts der AN von Konzernunternehmen zum Aufsichtsrat des herrschenden Unternehmens, die ausschließlich nach § 76 IV zu beantworten ist (vgl. GroßKomm/*Oetker* § 77 a Rn. 7 mwN). Die Zurechnung der AN der Konzernunternehmen zum herrschenden Unternehmen setzt voraus, daß zwischen den

Unternehmen ein Beherrschungsvertrag besteht oder das abhängige Unternehmen in das herrschende Unternehmen eingegliedert ist.

II. Zurechnung der AN

2   **1. Beherrschungsvertrag.** Das Vorliegen eines Beherrschungsvertrages richtet sich nach **§ 291 AktG** und setzt damit an sich voraus, daß das **abhängige Unternehmen** in der Rechtsform einer AG oder KGaA betrieben wird, während es auf die Rechtsform des herrschenden Unternehmens nicht ankommt. Allerdings kann § 77 a nur auf Unternehmen, die ihrer Rechtsform nach dem BetrVG 1952 unterliegen, angewandt werden. In Betracht kommt daher nur ein herrschendes Unternehmen, das in der Rechtsform einer AG oder KGaA (§ 76) bzw. einer GmbH, eines VVaG oder einer eingetragenen Genossenschaft (§ 77) betrieben wird. Zur bergrechtlichen Gewerkschaft § 77 Rn. 17.

3   Für § 77 a ist abw. von § 291 AktG die **Rechtsform** des abhängigen Unternehmens **gleichgültig** (GK-BetrVG/*Kraft* Rn. 7; *Dietz/Richardi* Rn. 3; *Köstler/Kittner/Zachert* Rn. 220; *Fitting* § 77 Rn. 6; MünchArbR/*Wißmann* § 373 Rn. 6). Voraussetzung ist lediglich ein Vertrag, der die Leitung des beherrschten Unternehmens auf das herrschende Unternehmen überträgt und damit den inhaltlichen Anforderungen des § 291 AktG genügt. Ein bloßer Ergebnisabführungsvertrag mit einem ohnehin weisungsabhängigen 100%-igen Tochterunternehmen reicht hierfür nicht (OLG Düsseldorf 27. 12. 1996 ZIP 1997, 546, 548).

4   **2. Eingliederung.** Nach § 319 AktG ist eine Eingliederung nur zwischen **AG** möglich. Diese Einschränkung ist für § 77 a zu übernehmen, da die rechtstechnische Ausgestaltung ausschließlich auf die AG zugeschnitten ist (OLG Düsseldorf 27. 12. 1996 ZIP 1997, 546, 548; GK-BetrVG/*Kraft* Rn. 8; *Fitting* § 77 Rn. 5; MünchArbR/*Wißmann* § 373 Rn. 6; *Dietz/Richardi* Rn. 3; *Köstler/Kittner/Zachert* Rn. 220).

5   **3. Faktischer Konzern.** Nicht nach § 77 a dem herrschenden Unternehmen zugerechnet werden können die AN nur faktisch oder aufgrund anderer als Beherrschungsverträge abhängiger Unternehmen (BayObLG 10. 12. 1992 AP BetrVG 1952 § 77 a Nr. 1; OLG Düsseldorf 27. 12. 1996 ZIP 1997, 546, 548; GK-BetrVG/*Kraft* Rn. 5; *Dietz/Richardi* Rn. 3; *Fitting* § 76 Rn. 114; MünchArbR/ *Wißmann* § 373 Rn. 6; *Köstler/Kittner/Zachert* Rn. 220). Anders ist die Rechtslage nach **§ 5 MitbestG**.

§ 81 Ausnahmen für Tendenzbetriebe

(1) **Auf Betriebe, die politischen, gewerkschaftlichen, konfessionellen, karitativen, erzieherischen, wissenschaftlichen, künstlerischen und ähnlichen Bestimmungen dienen, finden die §§ 76 und 77 keine Anwendung.**

(2) **Dieses Gesetz findet keine Anwendung auf Religionsgemeinschaften und ihre karitativen und erzieherischen Einrichtungen unbeschadet deren Rechtsform.**

I. Normzweck

1   Die Beteiligung der AN in Aufsichtsräten nach dem BetrVG 1952 entfällt bei **Tendenzunternehmen** und Religionsgemeinschaften sowie deren karitativen und erzieherischen Einrichtungen. Die Aufrechterhaltung von § 81 im Hinblick auf die Unternehmensmitbestimmung der AN in Aufsichtsräten war erforderlich, da sich **§ 118 BetrVG** auf den Tendenzschutz im Rahmen der betrieblichen Mitbestimmung beschränkt (*Dietz/Richardi* Rn. 1). Die von § 81 erfaßten Betriebe sind aus dem Anwendungsbereich der Unternehmensmitbestimmung wegen der **grundrechtlichen Gewährleistung** der betroffenen Zwecke und ihrer Verwirklichung herauszunehmen. Dies wird hinsichtlich der Religionsgemeinschaften zusätzlich von Art. 140 GG gefordert, da ihnen hiernach die Freiheit zusteht, ihre Angelegenheiten selbständig zu regeln (*Dietz/Richardi* Rn. 5; GK-BetrVG/*Kraft* Rn. 3). Sofern die Voraussetzungen des § 81 gegeben sind, sind die **AN nicht** am Aufsichtsrat des betreffenden Unternehmens **zu beteiligen.**

II. Verhältnis zu § 118 BetrVG

2   § 118 BetrVG regelt ausschließlich den Tendenzschutz im Hinblick auf die betriebliche Mitbestimmung der AN in Betrieben, während die wörtlich nicht identische Bestimmung in § 81 ausschließlich die Unternehmensmitbestimmung regelt. Allerdings ist davon auszugehen, daß § 81 **inhaltlich § 118 BetrVG 1972 entspricht** (GK-BetrVG/*Kraft* Rn. 5; *Dietz/Richardi* Rn. 3; aA *Fuchs/Köstler* Rn. 53), so daß unter Berücksichtigung des § 1 IV MitbestG praktisch kaum Unterschiede bestehen bleiben (MünchArbR/*Wißmann* § 373 Rn. 7; *Fitting* § 118 BetrVG 1972 Rn. 3). Damit kann im einzelnen auf die Ausführungen zu § 118 BetrVG verwiesen werden.

III. Tendenzschutz im Konzern

Für die Beteiligung der AN im Aufsichtsrat des **herrschenden Unternehmens** ist maßgebend, ob 3
dieses selbst die **Voraussetzungen** des § 81 erfüllt. Sofern danach die §§ 76, 77 für das herrschende
Unternehmen nicht gelten, folgt daraus nicht automatisch auch die völlige Mitbestimmungsfreiheit der
Konzernunternehmen. Für diese ist jeweils maßgebend, ob bei ihnen die Voraussetzungen des § 81
vorliegen.

Erfüllt ein Konzernunternehmen die Anforderungen des § 81, so gelten für dieses die §§ 76, 77 4
nicht. Danach sind die AN nicht an dem bei diesem Konzernunternehmen gebildeten Aufsichtsrat zu
beteiligen. Allerdings können die AN des Konzernunternehmens nach Maßgabe des **§ 76 IV** an der
Wahl zum Aufsichtsrat des herrschenden Unternehmens zu beteiligen sein (GK-BetrVG/*Kraft* Rn. 15;
Fitting § 76 Rn. 111; vgl. auch MünchArbR/*Wißmann* § 367 Rn. 34 f.).

§ 85 Anwendung des Genossenschaftsgesetzes und anderer Gesetze

(1) **Die Vorschriften des Genossenschaftsgesetzes über die Zusammensetzung des Aufsichtsrats sowie über die Wahl und die Abberufung von Aufsichtsratsmitgliedern gelten insoweit nicht, als sie den Vorschriften dieses Gesetzes widersprechen.**

(2) **Die Vorschriften dieses Gesetzes über Vertreter der Arbeitnehmer im Aufsichtsrat finden keine Anwendung auf die in § 1 Abs. 1 des Mitbestimmungsgesetzes, die in § 1 des Montan-Mitbestimmungsgesetzes und die in den §§ 1 und 3 Abs. 1 des Mitbestimmungsergänzungsgesetzes bezeichneten Unternehmen.**

Die Vorschrift grenzt den **Anwendungsbereich** des BetrVG 1952 zum GenG sowie den übrigen 1
Gesetzen über die Beteiligung der AN im Aufsichtsrat ab. Für Genossenschaften wird die zwingende
Natur der §§ 77, 76 betont. Zugleich verdeutlicht § 85 I, daß die übrigen Normen des GenG hinsichtlich der Aufgaben, Rechtsstellung und inneren Ordnung des Aufsichtsrats unberührt bleiben (vgl.
Fitting Rn. 1; näher insb. GK-BetrVG/*Kraft* Rn. 2 ff.; *Dietz/Richardi* Rn. 2).

Nach § 85 II werden Gesellschaften, die unter das Montan-MitbestG, das MitbestErgG oder das 2
MitbestG fallen, vom BetrVG 1952 nicht erfaßt. Es handelt sich um eine § 1 III MitbestG entsprechende **Abgrenzungsregelung**.

§ 87 Erlaß einer Wahlordnung

Die Bundesregierung erläßt mit Zustimmung des Bundesrates Rechtsverordnungen zur Regelung der in den §§ 76 und 77 bezeichneten Wahlen über
a) **die Vorbereitung der Wahl, insbesondere die Aufstellung der Wählerlisten und die Errechnung der Vertreterzahl;**
b) **die Frist für die Einsichtnahme in die Wählerlisten und die Erhebung von Einsprüchen gegen sie;**
c) **die Vorschlagslisten und die Frist für ihre Einreichung;**
d) **das Wahlausschreiben und die Frist für seine Bekanntmachung;**
e) **die Stimmabgabe;**
f) **die Feststellung des Wahlergebnisses und die Fristen für seine Bekanntmachung;**
g) **die Anfechtung der Wahl;**
h) **die Aufbewahrung der Wahlakten;**
i) **den Widerruf der Bestellung der Arbeitnehmervertreter im Aufsichtsrat.**

Das BetrVG 1972 enthält in § 126 eine an den BMA gerichtete Ermächtigungsnorm zum Erlaß von 1
Rechtsverordnungen für die BRWahlen. Aus diesem Grund erhält § 129 BetrVG die Ermächtigung in
§ 87 aufrecht und paßt diese lediglich der veränderten Rechtslage an. Sie bezieht sich nur noch auf
Wahlordnungen für die in den §§ 76 und 77 geregelten Wahlen und Abstimmungen. Aufgrund der
Ermächtigung in § 87 ist die **Erste Rechtsverordnung zur Durchführung des Betriebsverfassungsgesetzes vom 18. 3. 1953** (BGBl. I S. 58; sog. Wahlordnung 1953) erlassen worden, deren Vorschriften
gem. § 34 II WO zum BetrVG 1972 für die Wahlen der ANVertreter zum Aufsichtsrat weitergelten.

230. Bürgerliches Gesetzbuch

Vom 18. August 1896 (RGBl. S. 195)

Zuletzt geändert durch Gesetz vom 27. 6. 2000 (BGBl. I S. 897, ber. S. 1139)

(BGBl. III/FNA 400–2)

– Auszug –

Erstes Buch. Allgemeiner Teil

Dritter Abschnitt. Rechtsgeschäfte

§ 104 [Geschäftsunfähigkeit]

Geschäftsunfähig ist:
1. wer nicht das siebente Lebensjahr vollendet hat;
2. wer sich in einem die freie Willensbestimmung ausschließenden Zustande krankhafter Störung der Geistestätigkeit befindet, sofern nicht der Zustand seiner Natur nach ein vorübergehender ist.

§ 105 [Nichtigkeit der Willenserklärung]

(1) Die Willenserklärung eines Geschäftsunfähigen ist nichtig.

(2) Nichtig ist auch eine Willenserklärung, die im Zustande der Bewußtlosigkeit oder vorübergehender Störung der Geistestätigkeit abgegeben wird.

§ 106 [Beschränkte Geschäftsfähigkeit Minderjähriger]

Ein Minderjähriger, der das siebente Lebensjahr vollendet hat, ist nach Maßgabe der §§ 107 bis 113 in der Geschäftsfähigkeit beschränkt.

§ 107 [Einwilligung des gesetzlichen Vertreters]

Der Minderjährige bedarf zu einer Willenserklärung, durch die er nicht lediglich einen rechtlichen Vorteil erlangt, der Einwilligung seines gesetzlichen Vertreters.

§ 108 [Vertragsschluß ohne Einwilligung]

(1) Schließt der Minderjährige einen Vertrag ohne die erforderliche Einwilligung des gesetzlichen Vertreters, so hängt die Wirksamkeit des Vertrags von der Genehmigung des Vertreters ab.

(2) [1] Fordert der andere Teil den Vertreter zur Erklärung über die Genehmigung auf, so kann die Erklärung nur ihm gegenüber erfolgen; eine vor der Aufforderung dem Minderjährigen gegenüber erklärte Genehmigung oder Verweigerung der Genehmigung wird unwirksam. [2] Die Genehmigung kann nur bis zum Ablaufe von zwei Wochen nach dem Empfange der Aufforderung erklärt werden; wird sie nicht erklärt, so gilt sie als verweigert.

(3) Ist der Minderjährige unbeschränkt geschäftsfähig geworden, so tritt seine Genehmigung an die Stelle der Genehmigung des Vertreters.

§ 109 [Widerrufsrecht des anderen Teils]

(1) [1] Bis zur Genehmigung des Vertrags ist der andere Teil zum Widerrufe berechtigt. [2] Der Widerruf kann auch dem Minderjährigen gegenüber erklärt werden.

(2) Hat der andere Teil die Minderjährigkeit gekannt, so kann er nur widerrufen, wenn der Minderjährige der Wahrheit zuwider die Einwilligung des Vertreters behauptet hat; er kann auch in diesem Falle nicht widerrufen, wenn ihm das Fehlen der Einwilligung bei dem Abschlusse des Vertrags bekannt war.

§ 110 [„Taschengeldparagraph"]

Ein von dem Minderjährigen ohne Zustimmung des gesetzlichen Vertreters geschlossener Vertrag gilt als von Anfang an wirksam, wenn der Minderjährige die vertragsmäßige Leistung mit Mitteln bewirkt, die ihm zu diesem Zwecke oder zu freier Verfügung von dem Vertreter oder mit dessen Zustimmung von einem Dritten überlassen worden sind.

§ 111 [Einseitige Rechtsgeschäfte]

[1] Ein einseitiges Rechtsgeschäft, das der Minderjährige ohne die erforderliche Einwilligung des gesetzlichen Vertreters vornimmt, ist unwirksam. [2] Nimmt der Minderjährige mit dieser Einwilligung ein solches Rechtsgeschäft einem anderen gegenüber vor, so ist das Rechtsgeschäft unwirksam, wenn der Minderjährige die Einwilligung nicht in schriftlicher Form vorlegt und der andere das Rechtsgeschäft aus diesem Grunde unverzüglich zurückweist. [3] Die Zurückweisung ist ausgeschlossen, wenn der Vertreter den anderen von der Einwilligung in Kenntnis gesetzt hatte.

§ 112 [Selbständiger Betrieb eines Erwerbsgeschäfts]

(1) [1] Ermächtigt der gesetzliche Vertreter mit Genehmigung des Vormundschaftsgerichts den Minderjährigen zum selbständigen Betrieb eines Erwerbsgeschäfts, so ist der Minderjährige für solche Rechtsgeschäfte unbeschränkt geschäftsfähig, welche der Geschäftsbetrieb mit sich bringt. [2] Ausgenommen sind Rechtsgeschäfte, zu denen der Vertreter der Genehmigung des Vormundschaftsgerichts bedarf.

(2) Die Ermächtigung kann von dem Vertreter nur mit Genehmigung des Vormundschaftsgerichts zurückgenommen werden.

§ 113 [Dienst- oder Arbeitsverhältnis]

(1) [1] Ermächtigt der gesetzliche Vertreter den Minderjährigen, in Dienst oder in Arbeit zu treten, so ist der Minderjährige für solche Rechtsgeschäfte unbeschränkt geschäftsfähig, welche die Eingehung oder Aufhebung eines Dienst- oder Arbeitsverhältnisses der gestatteten Art oder die Erfüllung der sich aus einem solchen Verhältnis ergebenden Verpflichtungen betreffen. [2] Ausgenommen sind Verträge, zu denen der Vertreter der Genehmigung des Vormundschaftsgerichts bedarf.

(2) Die Ermächtigung kann von dem Vertreter zurückgenommen oder eingeschränkt werden.

(3) [1] Ist der gesetzliche Vertreter ein Vormund, so kann die Ermächtigung, wenn sie von ihm verweigert wird, auf Antrag des Minderjährigen durch das Vormundschaftsgericht ersetzt werden. [2] Das Vormundschaftsgericht hat die Ermächtigung zu ersetzen, wenn sie im Interesse des Mündels liegt.

(4) Die für einen einzelnen Fall erteilte Ermächtigung gilt im Zweifel als allgemeine Ermächtigung zur Eingehung von Verhältnissen derselben Art.

I. Zweck der Norm

§ 113 bietet die Möglichkeit, einen Minderjährigen in begrenztem Umfang von den Beschränkungen 1
der §§ 107 bis 111 zu befreien. Will ein Minderjähriger eine Tätigkeit gegen Entgelt aufnehmen, so kann er grundsätzlich einen Dienst- oder Arbeitsvertrag nicht selbständig schließen, da er in der Geschäftsfähigkeit beschränkt ist (§ 106). Er bedarf gem. § 107 zum Abschluß eines derartigen Vertrages der Einwilligung des gesetzlichen Vertreters, da er hierdurch nicht lediglich einen rechtlichen Vorteil erlangt. Schließt ein Jugendlicher unter 18 Jahren einen Arbeitsvertrag ohne die Zustimmung seines gesetzlichen Vertreters, ist der Vertrag zunächst schwebend, nach der Verweigerung der Genehmigung endgültig unwirksam (§ 108).

§ 113 **erweitert** die Geschäftsfähigkeit des Minderjährigen. Nach dieser Vorschrift kann der gesetz- 2
liche Vertreter den Minderjährigen ermächtigen, in Dienst oder Arbeit zu treten. Hierdurch wird der Minderjährige für solche Rechtsgeschäfte **unbeschränkt geschäftsfähig**, die die Eingehung oder Aufhebung eines Dienst- oder Arbeitsverhältnisses oder die Erfüllung der sich aus einem solchen Verhältnis ergebenden Verpflichtungen betreffen. Durch diese Ermächtigung erlangt der Minderjährige eine Teilgeschäftsfähigkeit („Arbeitsmündigkeit"), die ein Handeln des gesetzlichen Vertreters für den Minderjährigen in diesem Bereich ausschließt, solange die Ermächtigung besteht. Anders als in dem Fall eines Generalkonsenses iSv. § 107 kann der gesetzliche Vertreter in diesem Bereich für den

Preis

Minderjährigen keine Rechtsgeschäfte mehr tätigen, seine gesetzliche Vertretungsmacht ruht (*Palandt/ Heinrichs* § 112 Rn. 1). Durch die Herabsetzung des Volljährigkeitsalters hat sich die praktische Bedeutung des § 113 verringert, stehen doch die meisten Jugendlichen bis zur Vollendung ihres 18. Lebensjahres in einem Lehr-, Anlern- oder Volontärverhältnis, die wegen ihres Ausbildungscharakters nicht unter § 113 fallen (Rn. 6). § 113 spielt aber nach wie vor bei der entgeltlichen Tätigkeit von Jugendlichen zur Aufbesserung des Taschengeldes eine Rolle.

II. Voraussetzungen

3 1. Die **Ermächtigung** ist eine einseitige, formfreie, an den Minderjährigen zu richtende Erklärung. Teilweise wird vertreten, der AG sei der richtige Erklärungsempfänger (*Feller* FamRZ 1961, 420; ArbG Bremen 17. 3. 1959 DB 1959, 863). Dagegen spricht jedoch der Wortlaut der Vorschrift, die davon ausgeht, daß die Ermächtigung vor Eingehung eines Arbeitsverhältnisses erteilt wird, damit der Minderjährige selbständig abschließen kann; richtiger Erklärungsempfänger ist deshalb der Minderjährige (LAG Düsseldorf 28. 2. 1968 DB 1968, 2221; MünchKommBGB/*Gitter* Rn. 3).

4 Anders als bei § 112 bedarf die Ermächtigung nicht der Genehmigung des Vormundschaftsgerichts und kann deshalb auch **konkludent** erteilt werden (ArbG Wilhelmshaven 8. 5. 1964 ARSt. 68, 94; LAG Bayern 16. 10. 1967 ARSt. 68, 163); „resignierendes Dulden" reicht aber nicht aus (BAG 19. 7. 1974 AP BGB § 113 Nr. 6). Nur der **Vormund** bedarf gem. § 1822 Nr. 7 einer vormundschaftlichen Genehmigung, wenn der Mündel zu persönlichen Leistungen für eine längere Zeit als ein Jahr verpflichtet werden soll. Es liegt beim gesetzlichen Vertreter, den Umfang der Ermächtigung („Dienstoder Arbeitsverhältnis der gestatteten Art") im einzelnen zu bestimmen. So kann zB die Ermächtigung auf die Eingehung eines Arbeitsverhältnisses in einer bestimmten Firma beschränkt sein oder ganz allgemein für einen bestimmten Gewerbezweig ausgesprochen werden. Die Ermächtigung kann jederzeit eingeschränkt oder widerrufen werden, § 113 II (Rn. 12 ff.).

5 § 113 führt nicht zu einem wirksamen Arbeits- oder Dienstverhältnis, das der Minderjährige aufgrund einer vom **gesetzlichen Vertreter** erteilten Ermächtigung mit diesem eingeht. Auf diese Konstellation ist § 181 wegen der Gefahr des Interessenkonflikts zumindest analog anwendbar (MünchKommBGB/*Gitter* Rn. 3 c). Der BFH hat einem Arbeitsverhältnis eines Minderjährigen mit seinem gesetzlichen Vertreter ebenfalls die **steuerliche Anerkennung** mit der Begründung versagt, es fehle an ihrer zivilrechtlichen Wirksamkeit (BFH 17. 3. 1988 NJW 1989, 319). Die Wirksamkeit eines Dienst- oder Arbeitsvertrages kann durch die Bestellung eines Ergänzungspflegers erreicht werden (§ 1909 I 1). Ob dies zu einer steuerrechtlichen Anerkennung führt, ist im Hinblick auf die §§ 12 EStG, 42 AO zweifelhaft.

6 2. Die Ermächtigung muß sich auf die entgeltliche Verrichtung von **Diensten oder Arbeit** beziehen. Erfaßt sind alle Dienst- oder Arbeitsverträge, aber auch Werkverträge. Voraussetzung ist entgegen LAG Stuttgart (28. 3. 1963 BB 1963, 1193) nicht das Vorliegen einer wirtschaftlichen Abhängigkeit oder einer **un**selbständigen Tätigkeit des Minderjährigen. Deshalb fällt auch der selbständige **Handelsvertreter** iSv. § 184 I HGB unter § 113 (BAG 20. 4. 1964 AP HGB § 90 a Nr. 1). Daß er auch von § 112 erfaßt ist, ist unerheblich, da sich beiden Vorschriften nicht gegenseitig ausschließen, sondern ergänzen: So regelt § 113 die von § 112 offengelassene Frage, ob der minderjährige selbständige Handelsvertreter den Unternehmer wechseln kann (BAG 20. 4. 1964 AP HGB § 90 a Nr. 1; MünchKommBGB/*Gitter* Rn. 6). **Berufsausbildungsverträge** fallen nicht unter § 113, da bei ihnen nicht die Leistung von Diensten und Arbeit, sondern der Ausbildungszweck als solcher im Vordergrund steht (MünchKommBGB/*Gitter* Rn. 7; *Staudinger/Dilcher* Rn. 5; hM). Dies gilt auch für Volontärverhältnisse gem. § 82 a HGB und Anlernverträge (LAG Düsseldorf 1. 1955 AP HandwO § 21 Nr. 1). Auf **öffentlich-rechtliche Dienstverhältnisse**, zB den Dienst im Bundesgrenzschutz (BVerwG 6. 11. 1969 E 34, 168) oder den Dienst als Zeitsoldaten (OVG Münster 14. 12. 1961 NJW 62, 758) ist § 113 analog anwendbar.

III. Rechtsfolge: Erweiterte Geschäftsfähigkeit

7 1. Grundsätzlich wird der Minderjährige partiell unbeschränkt geschäfts- und prozeßfähig (§ 52 ZPO) für alle Geschäfte, welche die Eingehung, Aufhebung oder Erfüllung eines Dienst- oder Arbeitsverhältnisses der gestatteten Art betreffen. § 113 I 1 erstreckt sich nach allgA auch auf die verkehrsübliche Ausgestaltung der Rechte und Pflichten eines Arbeitsverhältnisses. Tarifvertraglich vorgesehene Gestaltungsmöglichkeiten sind idR als verkehrsüblich anzusehen (BAG 8. 6. 1999 EzA BGB § 113 Nr. 2). Dies gilt aber nicht für **außergewöhnliche, den Minderjährigen übermäßig belastende** Vereinbarungen: Sie sind unter Berücksichtigung des Minderjährigenschutzes nicht von der partiellen Geschäftsfähigkeit gedeckt (*Brill* BB 1975, 287; hM). Die Ermächtigung umfaßt niemals Rechtsgeschäfte, zu deren Vornahme der Vertreter der Genehmigung des Vormundschaftsgerichts (§§ 1643, 1821 f.) bedarf, § 113 I 2.

2. Die Teilgeschäftsfähigkeit erfaßt im einzelnen: a) **Die Eingehung des gestatteten Dienst- oder** 8
Arbeitsverhältnisses (§ 113 I 1 Alt. 1). Der Minderjährige kann den Vertrag selbständig schließen, Arbeitsbedingungen vereinbaren und Nebenabreden treffen. Wahlrechte bei der Durchführung der **betrieblichen Altersversorgung** sind verkehrsüblich (BAG 8. 6. 1999 AP BGB § 113 Nr. 7). **Wettbewerbsverbote** und **Vertragsstrafen** sind nur wirksam, wenn sie branchenüblich sind (BAG 20. 4. 1964 AP HGB § 90 a Nr. 1 zum **Handelsvertreter;** LAG Berlin 28. 3. 1963 AP BGB § 113 Nr. 1 und Rn. 7). Nachvertragliche Wettbewerbsverbote gegenüber einem minderjährigen **Gewerbe-** oder **Handlungsgehilfen** sind bereits nach §§ 133 f. II GewO, 74 a II 2 HGB unwirksam.

b) **Die Erfüllung des Dienst- oder Arbeitsverhältnisses (§ 113 I 1 Alt. 3).** Der Minderjährige ist 9
ermächtigt, den Lohn mit Erfüllungswirkung anzunehmen, ein Gehaltskonto zu eröffnen und Geld in bar abzuheben, nicht aber zu Überweisungen, Scheckbegebungen zu Lasten des Kontos und sonstigen Verfügungen über sein Arbeitseinkommen (ArbG Bremen 17. 3. 1959 DB 1959, 583; *Hagemeister* JuS 1992, 839, 842; *Vortmann* WM 1994, 965, 967). Der Minderjährige kann also keine Leistungsklage gegen den AG erheben; er muß zur Prozeßführung eine besondere Zustimmung des gesetzlichen Vertreters einholen (ArbG Wilhelmshaven 21. 3. 1961 AuR 1963, 347). Lohnverzicht, Stundung und der Abschluß eines Vergleichs durch den Minderjährigen sind möglich. Ist zur Aufnahme der gestatteten Tätigkeit ein Wohnungswechsel (vgl. LG Mannheim 30. 10. 1968 NJW 1969, 239) und die Verköstigung am Arbeitsort (vgl. OLG Karlsruhe 28. 11. 1904 OLGE 12, 11 f.) nötig, so sind auch Miet- und Kaufverträge in notwendigem Rahmen von der Ermächtigung gedeckt. Gleiches gilt für die Anschaffung von Arbeitskleidung, Werkzeug und Arbeitsmaterial, soweit dies nicht branchenüblich vom AG gestellt wird. Nach LAG Hamm (8. 9. 1970 DB 1971, 779) soll der Minderjährige gegenüber dem AG eine **Ausgleichsquittung** (hierzu § 611 Rn. 604 ff.; § 4 KSchG Rn. 72) erteilen können. Dies ist abzulehnen, da eine derartige Erklärung, deren Bedeutung auch zahlreiche volljährige AN nur unzureichend einschätzen können, als außergewöhnliches Geschäft zu werten sein dürfte und deshalb nicht von § 113 gedeckt ist (Rn. 7). Die Ermächtigung umfaßt den **Beitritt zu einer Gewerkschaft,** da er heute für die Regelungen der Arbeitsbedingungen erheblich größere Bedeutung besitzt als das individuelle Aushandeln zwischen Minderjährigem und AG (LG Essen 18. 3. 1965 AP BGB § 113 Nr. 3, LG Frankfurt 5. 4. 1967 FamRZ 1967, 680; *Gilles/Westphal* JuS 1981, 899; jetzt ganz hM), nicht aber die Aufnahme eines Darlehens bei der Gewerkschaft (LG Münster 10. 10. 1967 MDR 68, 146). Gem. § 36 SGB I können Minderjährige mit Vollendung des 15. Lebensjahres Anträge auf Sozialleistungen stellen und diese entgegennehmen (*Coester* FamRZ 1985, 982). Der Wechsel von einer Ortskrankenkasse in eine Ersatzkrankenkasse ist von § 113, aber nicht von § 36 SGB I gedeckt (*Woltereck* SGb 1965, 161; str.). Nach § 71 SGG, der Minderjährige in eigener Sache für prozeßfähig erklärt, soweit sie durch eine materielle Rechtsvorschrift für den Gegenstand des Verfahrens als Geschäftsfähig anerkannt sind, kann der Minderjährige sozialrechtliche Ansprüche auch gerichtlich verfolgen.

c) **Die Änderung und Aufhebung des Dienst- oder Arbeitsverhältnisses.** Der Minderjährige kann 10
selbständig Änderungen des Dienst- oder Arbeitsvertrages vereinbaren oder den Vertrag fristgerecht oder fristlos **kündigen** (ArbG Wilhelmshafen 3. 5. 1965 DB 1965, 1864). Genauso kann ihm gegenüber gekündigt werden (BAG 18. 2. 1977 AP BGB § 130 Nr. 10). Eine minderjährige Schwangere kann jedoch nicht durch Abschluß eines Aufhebungsvertrages wirksam auf die Vorteile des Mutterschutzes verzichten, wenn ihr diese vorher nicht bekannt waren (LAG Bremen 15. 10. 1971 DB 1971, 2318 und Rn. 7).

d) **Den Abschluß eines neuen Dienst- oder Arbeitsvertrages (§ 113 I 1 Alt. 2).** Gem. § 113 IV 11
erstreckt sich die für einen Vertrag erteilte Ermächtigung **im Zweifel** auch auf Verträge gleicher Art. Der Minderjährige kann daher im Zweifel nach Beendigung des ursprünglichen Arbeitsverhältnisses ein anderes **gleichartiges Arbeitsverhältnis** eingehen. Ob Gleichartigkeit vorliegt, entscheidet die Verkehrsauffassung. Auch Tätigkeiten in verwandten Berufszweigen können gleichartig sein. Unter diesen Voraussetzungen erfaßt die Ermächtigung zur Arbeit als Hausgehilfin somit nicht die Tätigkeit als Kellnerin, Bardame oder kaufmännische Angestellte (KG 8. 1. 1906 DJZ 1906, 322; LAG Altona 27. 1. 1931 DRiZR 1931 Nr. 514). Ebensowenig ist die Tätigkeit in einer Wäscherei mit der Arbeit als Bedienung vergleichbar (LAG Bayern 16. 10. 1967 ARSt. 1968, 163). Die Ermächtigung einer minderjährigen Tochter zur Arbeit als Fotomodell für Werbeaufnahmen erfaßt nicht die Möglichkeit, einen Vertrag zum Aufnehmen von Nacktaufnahmen abzuschließen (BGH 2. 7. 1974 NJW 1974, 1947, 1949).

IV. Einschränkung und Rücknahme der Ermächtigung

1. Durch die Ermächtigung wird der Minderjährige nicht endgültig aus dem Schutz der elterlichen 12
bzw. vormundschaftlichen Sorge entlassen: Die Ermächtigung kann – anders als bei § 112 – jederzeit auch ohne besonderen Grund aufgehoben oder eingeschränkt werden. Nur im Fall des § 113 III 2 ist dies dem Vormundschaftsgericht vorbehalten, damit dessen Entscheidung nicht durch den Vormund unterlaufen werden kann (Rn. 14).

13 2. **Einschränkung und Rücknahme** sind wie die Erteilung einseitige empfangsbedürftige an den Minderjährigen zu richtende Willenserklärungen (BAG 19. 7. 1974 AP BGB § 113 Nr. 6; Münch-KommBGB/*Gitter* Rn. 24). Widerspricht der gesetzliche Vertreter einem vom Minderjährigen beabsichtigten Rechtsgeschäft, so liegt darin **konkludent** die nachträgliche Einschränkung der Ermächtigung. Sie wirkt **ex nunc**, läßt also zuvor im Rahmen der Ermächtigung getroffene Vereinbarungen des Minderjährigen unberührt (BAG 8. 6. 1999 AP BGB § 113 Nr. 7).

V. Ersetzung der Ermächtigung

14 Das Vormundschaftsgericht kann eine vom **Vormund** verweigerte Ermächtigung ersetzen, wenn dies im Interesse des Mündels liegt. Das Verfahren richtet sich nach §§ 18, 53 55, 59 FGG. Der Ersetzungsbeschluß wird mit Zustellung an den Minderjährigen wirksam, § 16 II FGG. Hiergegen hat der Vormund des Rechtsmittel der Beschwerde, § 60 Nr. 6 FGG. Haben die **Eltern** die Ermächtigung verweigert, darf das Gericht nur unter den Voraussetzungen des § 1631 a II eingreifen.

VI. Beweislast

15 Beweispflichtig für das Vorliegen der Ermächtigung, ihre Rücknahme oder Einschränkung ist derjenige, der sich darauf beruft. Wer vorträgt, die Ermächtigung sei nur für einen Einzelfall erteilt, muß dies wegen der Zweifelsregelung des § 113 IV beweisen.

§ 125 [Nichtigkeit wegen Formmangels]

Ein Rechtsgeschäft, welches der durch Gesetz vorgeschriebenen Form ermangelt, ist nichtig. Der Mangel der durch Rechtsgeschäft bestimmten Form hat im Zweifel gleichfalls Nichtigkeit zur Folge.

§ 126 [Gesetzliche Schriftform]

(1) Ist durch Gesetz schriftliche Form vorgeschrieben, so muß die Urkunde von dem Aussteller eigenhändig durch Namensunterschrift oder mittels notariell beglaubigten Handzeichens unterzeichnet werden.

(2) [1] Bei einem Vertrage muß die Unterzeichnung der Parteien auf derselben Urkunde erfolgen. [2] Werden über den Vertrag mehrere gleichlautende Urkunden aufgenommen, so genügt es, wenn jede Partei die für die andere Partei bestimmte Urkunde unterzeichnet.

(3) Die schriftliche Form wird durch die notarielle Beurkundung ersetzt.

§ 127 [Gewillkürte Schriftform]

[1] Die Vorschriften des § 126 gelten im Zweifel auch für die durch Rechtsgeschäft bestimmte schriftliche Form. [2] Zur Wahrung der Form genügt jedoch, soweit nicht ein anderer Wille anzunehmen ist, telegraphische Übermittlung und bei einem Vertrage Briefwechsel; wird eine solche Form gewählt, so kann nachträglich eine dem § 126 entsprechende Beurkundung verlangt werden.

Schrifttum: *Bernard*, Formbedürftige Rechtsgeschäfte, 1979; *Kliemt*, Formerfordernisse im Arbeitsverhältnis, 1995; *Reinicke*, Rechtsfolgen formwidrig abgeschlossener Verträge, 1969.

A. Allgemeines

I. Bedeutung der Formvorschriften

1 Rechtsgeschäfte bedürfen grds. keiner Form. Dieser allgemeine **Grundsatz der Formfreiheit** gilt auch im Arbeitsrecht. Arbeitsrechtliche Abreden können deshalb wirksam mündlich, schriftlich, ausdrücklich oder durch schlüssiges Verhalten getroffen werden. Es existieren jedoch für das Arbeitsverhältnis eine Vielzahl von besonderen Formvorschriften. Neben vereinzelten gesetzlichen Formbestimmungen (vgl. nunmehr § 623 BGB für Kündigung, Befristung und Auflösungsverträge) enthalten TV und Betriebsvereinbarungen regelmäßig Bestimmungen, die die Wahrung einer bestimmten Form, in der Regel der Schriftform, für unterschiedliche Rechtsgeschäfte vorsehen (zB Änderungsverträge).

II. Zwecke der Formvorschriften

Im wesentlichen dient der Formzwang der **Beweiserleichterung** (hierzu Rn. 20) und dem Schutz 2 des Erklärenden vor übereilten Entscheidungen (**Warnfunktion**). Die Form kann der **Inhaltsklarheit** dienen und Gewißheit darüber schaffen, was die Parteien vereinbart haben. Aber auch die Endgültigkeit des wirklichen Vertragsschlusses wird so von noch unverbindlichen Vorverhandlungen abgehoben (**Abschlußklarheit**). Ausnahmsweise können Formvorschriften auch den Zweck haben, eine wirksame behördliche Überwachung zu gewährleisten (**Kontrollfunktion**) oder der **Normenklarheit** dienen (BAG 9. 7. 1980 AP TVG § 1 Nr. 7).

III. Formarten

Das **BGB** kennt drei Arten der Form: Die Schriftform (§ 126, hierzu Rn. 13 ff.), die öffentliche 3 Beglaubigung der Unterschrift (§ 129) und die notarielle Beurkundung (§ 128). Für bestimmte Fälle bestehen besondere Formerfordernisse, so zB für die Auflassung (§ 925), das eigenhändige Testament (§ 2231) und die Eheschließung (§ 1311). Bei dem **gewillkürten** Formzwang können die Parteien die einzuhaltende Form frei bestimmen. In der Praxis wird regelmäßig eine der gesetzlichen Formen gewählt. Im Bereich des **Arbeitsrechts** greifen sowohl der Gesetzgeber als auch die Parteien fast ausschließlich auf die **Schriftform** (§ 126) zurück.

IV. Anwendungsbereich

§ 125 gilt für alle Formvorschriften des Privatrechts und ist im öffentlichen Recht entsprechend 4 anwendbar.

Die Länder sehen in ihren **Gemeindeordnungen** regelmäßig die Schriftform, eigenhändige Unter- 5 zeichnung durch einen oder zwei Organwalter, die Beifügung eines Dienstsiegels oder der Amtsbezeichnung für Verpflichtungserklärungen, die nicht lediglich die laufende Verwaltung betreffen, vor. Diese Bestimmungen sind keine Formvorschriften, sondern ausschließlich **Zuständigkeits- bzw. Vertretungsregeln**. Dem Landesgesetzgeber fehlt nämlich die Kompetenz zum Erlaß von Formvorschriften, vgl. Art. 55 EGBGB. Halten der bzw. die Vertreter diese Vorschriften nicht ein, so ist das Geschäft nicht wegen Formmangels nach § 125 S. 1 nichtig, sondern bindet, falls nicht die Grundsätze über Anscheins- oder Duldungsvollmacht eingreifen, die Gemeinde wegen Überschreitung der Vertretungsmacht gem. §§ 177 ff. nicht (BAG 6. 8. 1970 AP BGB § 125 Nr. 7; BAG 29. 6. 1988 AP BGB § 174 Nr. 6; BGH 20. 6. 1952 BGHZ 6, 330; BGH 6. 3. 1986 BGHZ 97, 224). Zur Anwendbarkeit des Grundsatzes von Treu und Glauben vgl. Rn. 43.

B. Gesetzlicher Formzwang

I. Gesetzliche Formbestimmungen

1. Gesetz. Gesetz iSv. § 125 S. 1 ist **jede** Rechtsnorm. Formbestimmungen in förmlichen Gesetzen 6 sind auf dem Gebiet des Arbeitsrechts relativ selten. Zentrale die Schriftform anordnende Gesetze sind §§ 12 I AÜG, 15 III BBiG, 77 II BetrVG, 623 BGB, 74 HGB, 1 II TVG.

2. Tarifverträge. TV sind zwar keine Gesetze im formellen Sinn, aber Art. 2 EGBGB bestimmt, 7 daß unter Gesetz iSd. BGB jede Rechtsnorm zu verstehen ist. Der **normative** Teil des TV enthält nach §§ 1 I, 4 I TVG solche Rechtsnormen. Tarifvertragliche Formvorschriften gehören, wenn sie sich auf den Inhalt, den Abschluß oder die Beendigung von Arbeitsverhältnissen beziehen, nicht zum schuldrechtlichen, die TVParteien betreffenden Teil des TV, sondern haben normative Wirkungen. Es handelt sich deshalb bei der tarifvertraglich bestimmten konstitutiven Form um eine **gesetzliche Form** iSv. § 125 S. 1 (BAG 12. 10. 1967 AP BGB § 611 Artisten Nr. 1; BAG 6. 11. 1989 AP BAT § 11 Nr. 3 unter III. 1. der Gründe; *Löwisch/Rieble* § 1 TVG Rn. 544).

Tarifvertragliche Formvorschriften unterliegen keiner **Inhaltskontrolle** nach den in §§ 5, 9, 11 8 Nr. 15, 16 AGBG zutage tretenden Rechtsgedanken. Das BAG kontrolliert TV nur auf Verstöße gegen Verfassungsrecht, zwingendes Gesetzesrecht, gute Sitten und tragende Grundsätze des Arbeitsrechts, während es eine darüber hinausgehende Kontrolle ablehnt (BAG 31. 3. 1966 AP BGB § 611 Gratifikation Nr. 54; BAG 30. 9. 1971 AP BGB § 620 Befristeter Arbeitsvertrag Nr. 36).

3. Betriebsvereinbarungen. Soweit Betriebsvereinbarungen Formerfordernisse enthalten, handelt 9 es sich gem. § 77 IV 1 BetrVG um unmittelbar und zwingend geltende Bestimmungen, die Rechtsnormcharakter iSv. Art. 2 EGBGB besitzen. In Betriebsvereinbarungen angeordnete Formerfordernisse begründen daher einen **gesetzlichen** Formzwang iSv. § 125 S. 1 (BAG 1. 3. 1972 AP BetrVG § 57 Nr. 5; *Schaub* § 32 III 4 b).

10   **4. Arbeitsvertragsrichtlinien.** Sie können keinen gesetzlichen Formzwang begründen. Sie stehen vertraglichen Formvorschriften gleich (BAG 28. 10. 1987 AP AVR § 7 Caritasverband Nr. 1).

11   **5. Betriebsübung.** Eine **Betriebsübung** stellt ebenfalls keine Rechtsquelle eigener Art dar, die ein gesetzliches Formerfordernis iSv. § 125 S. 1 begründen könnte. Nach ganz hM wird sie als schuldrechtlicher Verpflichtungstatbestand eingeordnet, die den Inhalt des einzelnen Arbeitsverhältnisses gestaltet (BAG 5. 2. 1971 AP BGB § 242 Betriebliche Übung Nr. 10; BAG 28. 10. 1987 AP § 7 Caritasverband Nr. 1; § 611 Rn. 276 ff.).

12   **6. Bezugnahme auf Tarifvertrag.** Von Tarifungebundenen **einzelvertraglich** in Bezug genommene tarifvertragliche Formvorschriften gelten nicht als gesetzliche Formvorschriften iSv. § 125 S. 2 BGB, da der Rechtsgrund für ihre Geltung nicht der TV, sondern die vertragliche Abrede der Arbeitsvertragsparteien ist (BAG 28. 1. 1981 AP TV Arb.Bundespost § 19 Nr. 3; *Brox*, Anm. zu BAG 9. 12. 1981 AP BAT § 4 II Nr. 8). Sie entfalten die Wirkung individualvertraglicher Formerfordernisse (dazu Rn. 28 ff.).

II. Gesetzliche Schriftform

13   **1. Schriftform.** Die wichtigste im Arbeitsverhältnis durch Gesetz, TV oder Betriebsvereinbarung angeordnete Form ist die Schriftform. In der Praxis findet sich die Anordnung der Schriftform für den Arbeitsvertrag, für bestimmte Arbeitsvertragsbedingungen oder das Arbeitsverhältnis betreffende Erklärungen. Soweit die einzelne Formvorschrift keine Sonderregelung enthält, gilt § 126 auch für den Bereich des Arbeitsrechts (*Staudinger/Dilcher* § 126 Rn. 2), insbesondere den TV (BAG 9. 2. 1972 AP BAT § 4 Nr. 1) und die Betriebsvereinbarung.

14   **2. Einseitige Rechtsgeschäfte, § 126 I. a) Urkunde.** Nach § 126 muß die jeweilige formbedürftige Erklärung in einer Urkunde niedergelegt werden. Gleichgültig ist, wie sie hergestellt wird. Sie muß insb. im Gegensatz zur Unterschrift (hierzu Rn. 15) nicht eigenhändig geschrieben, sondern kann vorgedruckt, fotokopiert, oder von einem Dritten gefertigt werden. Die Angabe von Ort und Zeit der Urkundenerstellung ist nicht erforderlich und auch in keiner arbeitsrechtlichen Formvorschrift vorgesehen. Die Urkunde muß nicht in der Landessprache, sondern kann auch in jeder anderen lebenden oder toten Kultursprache errichtet werden (LAG Berlin 4. 10. 1977 AuR 1978, 281).

15   Die Urkunde muß das **gesamte Rechtsgeschäft**, soweit es formbedürftig ist, vollständig enthalten. Die Verweisung auf mündliche Abreden ist nicht ausreichend. Die Urkunde kann grds. außer der formbedürftigen Erklärung auch andere Mitteilungen enthalten.

16   Für den Abschluß eines formwirksamen Aufhebungsvertrages ist der **Grundsatz der Urkundeneinheit** zu beachten. Die Schriftform des § 126 verlangt dabei keine körperliche Verbindung der einzelnen Blätter der Urkunde, wenn sich deren Einheit aus fortlaufender Paginierung, fortlaufender Numerierung der einzelnen Bestimmungen, einheitlicher graphischer Gestaltung, inhaltlichem Zusammenhang des Textes oder vergleichbaren Merkmalen zweifelsfrei ergibt (BAG 7. 5. 1998 NZA 1998, 1110, 1111; BGH 24. 9. 1997 BGHZ 136, 357, 369 f.; BGH 21. 1. 1999 NJW 1999, 1104, 1105). Nehmen die Parteien Bestimmungen, die wesentliche Bestandteile des Vertrages sein sollen, nicht in den Vertrag selbst auf, sondern lagern sie diese in andere Schriftstücke, zB als Anlage, aus, so daß sich der Gesamtinhalt erst aus dem Zusammenspiel der Bestimmungen ergibt, müssen sie zur Wahrung der Urkundeneinheit die Zusammengehörigkeit dieser Schriftstücke in geeigneter Weise zweifelsfrei kenntlich machen. Dies kann durch eine körperliche Verbindung aber auch durch Verweisung im Vertrag sowie Unterzeichnung der Parteien auf jedem Blatt der Anlage geschehen (BGH 30. 6. 1999 NJW 1999, 2591, 2592; BGH 21. 1. 1999 NJW 1999, 1104, 1105; sogar eine bloße Paraphierung der Anlagen erwägend BGH 29. 9. 1999 NJW 2000, 354, 357). Eine Abweichung von dieser Rspr. bei arbeitsrechtlichen Aufhebungsverträgen ist nicht angezeigt.

17   Für die **Änderungen** eines formbedürftigen Geschäfts wird der Grundsatz der Urkundeneinheit aus praktischen Erwägungen nicht gänzlich durchgehalten. Zur Wahrung der gesetzlichen Form genügt es, wenn der von den Parteien unterzeichnete Änderungsvertrag auf den ursprünglichen Vertrag Bezug nimmt und klarstellt, daß es hinsichtlich nicht angesprochener Vertragsbestandteile bei dem ursprünglich vereinbarten bleiben soll (BGH 26. 2. 1992 NJW 1992, 2283). Eine Ausnahme macht die Rspr. auch bei **TV** und **Betriebsvereinbarungen.** Diese wahren die nach § 1 II TVG bzw. § 77 II 1 BetrVG erforderliche Schriftform durch einfache Bezugnahme auf nicht beigefügte Regelungen eines anderen TV, da diese gleich einem Gesetz Normsetzungscharakter haben und deshalb wie Gesetze ohne Wiederholung des Normtextes auf eine andere Rechtsvorschrift verweisen können (BAG 8. 10. 1959 AP BetrVG § 56 Nr. 14; BAG 9. 7. 1980 AP TVG § 1 Nr. 7).

18   **b) Unterschrift.** Die Unterschrift muß die voranstehende Erklärung decken und deshalb unterhalb des Textes stehen, diesen also **räumlich abschließen** (BGH 20. 11. 1990 NJW 1991, 487; BAG 7. 5. 1998 NZA 1998, 1110, 1112). Dies ist nicht gewährleistet, wenn die Unterschrift an einer anderen Stelle der Urkunde oder nur auf dem die Urkunde enthaltenen Briefumschlag plaziert wird. Eine Blankounterschrift ist zulässig (BGH 20. 11. 1990 NJW 1991, 487). Die vom Gesetz geforderte

Namensunterschrift soll die Person des Ausstellers erkennbar machen. Bei einem Kaufmann genügt bei unternehmensbezogenen Geschäften die Unterzeichnung mit der Firma (§ 17 HGB). Auf die Lesbarkeit kommt es nicht an, der Schriftzug muß aber Andeutungen von Buchstaben erkennen lassen (BGH 29. 10. 1987 NJW 1987, 1333; 22. 10. 1993 NJW 1994, 55)

Der Aussteller muß die Urkunde **eigenhändig** durch Namensunterschrift unterzeichnen. Unzulässig sind deshalb die Verwendung von Stempeln, Schreibmaschine, Faksimile oder anderen mechanischen Hilfsmitteln. Der handschriftlichen Unterschrift werden jedoch in Zukunft fortgeschrittene elektronische Signaturen gleichgestellt werden müssen (Art. 5 RL 1999/93/EG über gemeinschaftliche Rahmenbedingungen für elektronische Signaturen, ABl. EG Nr. L 13/12 v. 19. 1. 2000). **Empfangsbedürftige** Willenserklärungen müssen in der Form zugehen, die für ihre Abgabe erforderlich ist (BGH 30. 5. 1962 NJW 1962, 1389; BGH 25. 3. 1970 DB 1970, 875; LAG Düsseldorf 23. 2. 1978 EzA BGB § 125 Nr. 4). Ein Telegramm genügt daher trotz eigenhändiger Unterzeichnung des Aufgabetelegramms nicht (BGH 27. 5. 1957 BGHZ 24, 297). Gleiches gilt für die Übermittlung durch Telefax, da die dem Empfänger zugehende Erklärung lediglich eine Kopie des beim Absender verbleibenden Originals ist (BGH 28. 1. 1993 EzA BGB § 126 Nr. 1 zur Bürgschaft; BGH 30. 7. 1997 ZIP 1997, 1694; LAG Düsseldorf 23. 2. 1978 EzA BGB § 125 Nr. 4 zur Kündigung). Die prozeßrechtliche Rspr. zur Wahrung von Rechtsmittel- und Rechtsmittelbegründungsfristen durch Telefax, Computerfax, etc. (GmS-OGB 5. 4. 2000 NJW 2000, 2340 mwN) kann wegen ihrer unterschiedlichen Zielrichtung nicht auf materiellrechtlich angeordnete Schriftformerfordernisse übertragen werden. Derartig formunwirksame Erklärungen führen auch zu keiner Fristwahrung (aA *Schürmann* NJW 1992, 3005). Erfolgt die formbedürftige (§ 623 BGB) Kündigung im Schriftsatz eines Rechtsanwalts, ist ein auf dem zugestellten Exemplar unterzeichneter Beglaubigungsvermerk ausreichend (BGH 4. 7. 1986 NJW-RR 1987, 395).

Ein **Vertreter** kann mit dem Namen des Vollmachtgebers unterschreiben (BGH 3. 3. 1966 BGHZ 45, 195; BAG 21. 9. 1999 NJW 2000, 1060 mit Einschränkungen für das Zeugnisrecht). Unterzeichnet er mit eigenem Namen, so muß die Stellvertretung in der Urkunde zum Ausdruck kommen (RG 30. 9. 1919 RGZ 96, 286, 289).

3. Zweiseitige Rechtsgeschäfte. Für **Verträge** enthält § 126 II Sonderregelungen. Die Unterzeichnung der Parteien muß grds. auf derselben Urkunde erfolgen, § 126 II 1. Damit wird der für die einzelne Willenserklärung geltende Grundsatz der Urkundeneinheit (Rn. 14) auf den Vertrag ausgedehnt. Daher ist es nicht ausreichend, wenn eine Partei ein schriftliches Angebot abgibt und die andere Partei dieses Angebot in einem gesonderten Schreiben annimmt (BAG 24. 10. 1972 AP HGB § 74 Nr. 31; BAG 15. 11. 1957 AP BGB § 125 Nr. 2). Werden Vereinbarungen allein vom AG in Richtlinien festgehalten und veröffentlicht, fehlt es ebenfalls an der Unterzeichnung durch beide Parteien (BAG 9. 12. 1981 AP BAT § 4 Nr. 8). Auch hier gilt, daß die Unterschriften den gesamten Vertragstext decken müssen (Rn. 15). Die Unterzeichnung des Angebots durch die eine Partei und die Annahme durch die andere ist deshalb nicht ausreichend, auch wenn sich beide Erklärungen auf einem Blatt befinden (RG 8. 12. 1925 RGZ 112, 199, 200).

Werden über einen Vertrag **mehrere gleichlautende Urkunden** aufgenommen, läßt es § 126 II 2 ausreichen, wenn jede Partei die für die andere Partei bestimmte Urkunde unterschreibt. Diese Vorschrift ist auf **Betriebsvereinbarungen** nicht anwendbar: Nach § 77 II 3 BetrVG ist die Betriebsvereinbarung im Betrieb auszulegen, was voraussetzt, daß das Original von beiden Parteien unterschrieben wurde. Nur so wird für den normunterworfenen AN eindeutig dokumentiert, daß der Inhalt der Betriebsvereinbarung von den Betriebsparteien übereinstimmend verabschiedet wurde (LAG Berlin 6. 9. 1991 DB 1991, 2593).

4. Gerichtlicher Vergleich. Durch notarielle Beurkundung wird die Schriftform ersetzt, § 126 III. Die Schriftform wird deshalb auch durch einen gerichtlichen Vergleich erfüllt, § 127 a.

5. Beweislast. Ist für ein Rechtsgeschäft gesetzliche Form vorgeschrieben, muß diejenige Partei sämtliche Voraussetzungen der jeweiligen Formvorschrift beweisen, die für sich aus dem Rechtsgeschäft Folgen herleitet (LAG München 11. 11. 1977 ARSt. 1978, 156; *Baumgärtel/Laumen*, Handbuch der Beweislast, Bd. 1, § 125 Rn. 1). Dies gilt auch für § 126 (*Rosenberg* Beweislast S. 253).

Der Inhalt einer **Urkunde** hat die Vermutung der **Richtigkeit und Vollständigkeit** für sich (BGH 14. 10. 1988 NJW 1989, 898; *Hueck/Nipperdey*, Bd. 1, S. 168). Die Vermutung gilt unabhängig davon, ob ein gesetzliches, kollektiv- oder einzelvertragliches Formerfordernis – sei es deklaratorisch oder konstitutiv – besteht (*Schaub* § 32 III 2). Die Vermutung ist widerlegbar, wobei an den Beweis strenge Anforderungen zu stellen sind.

III. Rechtsfolge: Nichtigkeit

Die Nichteinhaltung einer **gesetzlichen** Formvorschrift macht das Rechtsgeschäft grundsätzlich **nichtig, § 125 S. 1.** Jedoch können gesetzliche Formerfordernisse **in Ausnahmefällen** dahin zu verstehen sein, daß die Formwahrung nicht Wirksamkeitsvoraussetzung für das Rechtsgeschäft sein,

Preis

sondern lediglich Ordnungsfunktion haben soll (BAG 11. 7. 1991 AP BGB § 174 Nr. 9). Dies gilt beispielsweise für das **NachweisG** (vgl. die Kommentierung dort). Ein weiteres Beispiel für eine deklaratorische gesetzliche Formvorschrift ist **§ 4 BBiG** (BAG 22. 2. 1972 EzA BBiG § 15 Nr. 1; BAG 21. 8. 1997 NZA 1998, 37).

27 Der Verstoß gegen eine **tarifvertragliche** Formvorschrift löst nicht stets die Nichtigkeitsfolge des § 125 S. 1 aus. Vielmehr ist bei tarifvertraglichen Formvorschriften ebenso wie bei der gewillkürten Schriftform (s. Rn. 30) stets genau zu untersuchen, ob sie **konstitutive** oder nur **deklaratorische** Wirkung haben sollen (BAG 7. 7. 1955 AP AOG § 32 Tarifordnung Nr. 1; BAG 15. 11. 1957 AP BGB § 125 Nr. 2; BAG 16. 7. 1975 AP BMT-G II § 54 Nr. 1; *Schaub* § 32 III 4; *Löwisch/Rieble* TVG § 1 Rn. 544). Eine konstitutive Formvorschrift liegt vor, wenn die Einhaltung der Form als Wirksamkeitserfordernis gewollt ist. Ein Verstoß führt dann gem. § 125 S. 1 zur Nichtigkeit. Bei **vollzogenem Arbeitsverhältnis** wirkt die Geltendmachung der Formnichtigkeit aufgrund einer unbeachteten tarifvertraglichen Schriftformklausel aber nur ex nunc (BAG 15. 11. 1957 NJW 1958, 398; vgl. zum **faktischen Arbeitsverhältnis** § 611 Rn. 170 ff.). Soll der TV lediglich einen Anspruch auf schriftliche Festlegung der getroffenen Vereinbarung begründen und die Wirksamkeit der mündlichen Abrede unberührt lassen, handelt es sich um eine deklaratorische Form.

28 Wie die jeweilige tarifvertragliche Vorschrift gemeint ist, ist unter Heranziehung der allgemeinen Auslegungsgrundsätze zu ermitteln (*Wiedemann/Stumpf* TVG § 1 Rn. 390; vgl. § 1 TVG Rn. 14 ff.). Umstritten ist, ob bei ergebnisloser Auslegung „im Zweifel" von einer deklaratorischen (so *Schaub* § 32 III 4 a) oder einer konstitutiven Form (so LAG Berlin 24. 6. 1985 LAGE § 125 Nr. 3) auszugehen ist. Eine Auslegungsregel dergestalt, daß im Zweifel eine nur deklaratorische Wirkung anzunehmen ist, während für die Schriftform als Wirksamkeitsvoraussetzung eindeutige Umstände sprechen müssen, existiert nicht. Ein tarifvertragliche Formvorschrift wird ähnlich wie bei einer einzelvertraglich aufgenommenen Formabrede von den Parteien diskutiert und dann übereinstimmend in den (Tarif)Vertrag aufgenommen. Es ist deshalb, auch im Hinblick auf § 125 S. 2, davon auszugehen, daß die TVParteien im Zweifel eine Wirksamkeitsvoraussetzung für das formbedürftige Rechtsgeschäft vereinbaren wollten, wenn sie sich zu einer näheren Form in den TV durchgerungen haben.

29 **Beispiele aus der Judikatur. Deklaratorische** Formvorschriften: **Abschluß des Arbeitsvertrages:** BAG 9. 2. 1972 AP BAT § 4 Nr. 1; BAG 7. 5. 1986 AP BAT § 4 Nr. 12; **Nebenabreden:** BAG 15. 3. 1989 AP BGB § 620 Befristeter Arbeitsvertrag Nr. 126. **Konstitutive** Formvorschrift: **Abschluß des Arbeitsvertrages:** LAG Berlin 17. 4. 1978 AP TVG § 4 Formvorschriften Nr. 1, offengelassen BAG 24. 6. 1981 AP TVG § 4 Nr. 2; BAG 12. 10. 1967 AP BGB § 611 Artisten Nr. 1; **Nebenabreden:** BAG 26. 11. 1969 AP BAT § 4 II Nr. 8.

30 Auch bei **Betriebsvereinbarungen** ist durch Auslegung zu ermitteln, ob eine konstitutive oder deklaratorische Formvorschrift gewollt ist. Der auf einer derartigen Abrede beruhende Formzwang führt damit zu denselben Rechtsfolgen wie der tarifliche Formzwang. Eine Betriebsvereinbarung entfaltet jedoch keine normativen Wirkungen für AN, die noch nicht dem Betrieb angehören (LAG Saarbrücken 2. 2. 1966 NJW 1966, 2136; MünchArbR/*Richardi* § 41 Rn. 22). Soweit deshalb in einer Betriebsvereinbarung die Wahrung einer bestimmten Form als Wirksamkeitsvoraussetzung für den Abschluß des Arbeitsvertrages vorgeschrieben ist, hat diese Abschlußnorm keine unmittelbare Rechtswirkung auf den Abschluß des Arbeitsvertrages des neu eintretenden AN. Der formlose Abschluß des Arbeitsvertrages ist wirksam und nicht nach § 125 S. 1 nichtig.

IV. Aufhebung durch die Parteien

31 **Gesetzliche Formerfordernisse** können durch die Arbeitsvertragsparteien nicht beseitigt werden (*Staudinger/Dilcher* § 125 Rn. 28). Nur ausnahmsweise können sie durch Aufhebungsvereinbarung beseitigt werden, wenn es sich nicht um zwingendes Recht handelt. Dies ist zB bei § 22 ArbNErfG der Fall.

32 Für **kollektivvertragliche Formvorschriften** gilt auch unter dem Gesichtspunkt des Günstigkeitsprinzips dasselbe. Nach richtiger Ansicht ist das Günstigkeitsprinzip der Natur der Sache nach nicht auf tarifvertragliche Formvorschriften anwendbar, da sie günstigkeitsneutral sind (BAG 28. 1. 1981 AP TV ArbBundespost § 19 Nr. 3; *Wiedemann/Stumpf* TVG § 4 Rn. 224).

C. Rechtsgeschäftlich begründeter Formzwang

I. Allgemeines

33 Den Arbeitsvertragsparteien steht es nach dem Grundsatz der Privatautonomie grundsätzlich frei, neben den ohnehin geltenden gesetzlichen und kollektivvertraglichen Formvorschriften ihrerseits für die Vornahme bestimmter Rechtsgeschäfte einzelvertraglich die Einhaltung einer bestimmten Form vorzuschreiben (*Schaub* § 32 Rn. 57).

II. Begründung und Rechtsfolgen

Die **Konstituierung** gewillkürter Formerfordernisse wird regelmäßig ausdrücklich vereinbart, kann 34 aber auch stillschweigend erfolgen (OLG Celle 14. 1. 1960 MDR 1960, 398). Nach ganz hM kann ein Formzwang nicht durch die Üblichkeit eines schriftlichen Abschlusses bestimmter Geschäfte begründet werden (BAG 21. 2. 1961 AP TVG § 4 Günstigkeitsprinzip Nr. 8). Die Parteien können die gewillkürte Form nach **Art, Umfang** und **Rechtsfolge** beliebig ausgestalten.

Im Wege der Vertragsauslegung ist zu ermitteln, ob eine konstitutive oder deklaratorische Form 35 (vgl. hierzu bereits Rn. 22) gewollt ist. Ausschlaggebend ist, ob die Einhaltung der Form als Wirksamkeitserfordernis gewollt ist oder ob den Vertragsparteien lediglich zu Beweiszwecken ein Anspruch auf Formwahrung eingeräumt werden soll (LAG Düsseldorf 29. 9. 1966 DB 1966, 1695). Ist nur ein deklaratorisches Formerfordernis gewollt, so läßt seine Verletzung die Wirksamkeit der formlos getroffenen Vereinbarung unberührt. Es besteht dann ein Anspruch auf Nachholung der Form, die durch Klage auf Mitwirkung durchgesetzt werden kann (BAG 4. 6. 1963 AP BGB § 127 Nr. 1). Soll die Einhaltung der Form Wirksamkeitsvoraussetzung sein, führt die Nichteinhaltung der Form zur Nichtigkeit des Rechtsgeschäfts. Ist vertraglich Kündigung durch **eingeschriebenen Brief** vorgesehen, wird man nicht mehr davon ausgehen können, daß die Schriftform im Zweifel konstitutive Bedeutung, die Übermittlungsform dagegen nur Beweisfunktion hat (so BAG 20. 9. 1979 AP BGB § 125 Nr. 8). Da die Kündigung nunmehr zwingend der Schriftform bedarf (§ 623 BGB), kann für die Differenzierung nicht mehr auf § 125 S. 2 abgestellt werden. Welche Bedeutung die Übersendungsklausel hat, bedarf der Auslegung anhand aller Umstände des Einzelfalls. Führt die Auslegung zu keinem eindeutigen Ergebnis, hat nach § 125 S. 2 ein Formmangel die Nichtigkeit des formlos Vereinbarten zur Folge.

Bei der von § 623 verlangten Schriftform handelt es sich um ein **konstitutives Wirksamkeitserfor-** 36 **dernis** (BR-Drucks. 14/626, S. 11). Das gesetzliche Formerfordernis kann weder durch die Arbeitsvertragsparteien (*Staudinger/Dilcher* § 125 Rn. 28), noch durch Betriebsvereinbarung oder TV abbedungen werden. Dies folgt aus dem Grundsatz, daß gesetzliche Formvorschriften zwingend sind (MünchKommBGB/*Voelskow* § 564 a Rn. 10). Nach dem Grundsatz der Privatautonomie steht es den Arbeitsvertragsparteien jedoch frei, neben ohnehin geltenden gesetzlichen Formvorschriften ihrerseits für die Vornahme bestimmter Rechtsgeschäfte oder rechtsgeschäftsähnlicher Handlungen die Einhaltung einer bestimmten Form vorzuschreiben (*Schaub* § 32 Rn. 57), dh. auch strengere Anforderungen als in § 623 vorzusehen (anders die wohl hM zu § 564 a Palandt/*Putzo* § 564 a Rn. 3; MünchKommBGB/*Voelskow* § 564 a Rn. 10; *Erman/Jendrek* § 564 a Rn. 1). In Formulararbeitsverträgen ist jedoch wegen des in § 11 Nr. 16 AGBG zum Ausdruck kommenden allgemeinen Rechtsgedankens die Vereinbarung einer strengeren Form als der Schriftform oder das Aufstellen besonderer Zugangserfordernisse unzulässig (*Preis* Vertragsgestaltung S. 412 f.; *Kliemt* S. 431 f.). Betriebsvereinbarungen oder TV können jedoch strengere Formvorschriften vorsehen. Für die Kündigung gilt darüberhinaus, dem Rechtsgedanken des § 622 VI entsprechend, daß einseitige Kündigungserschwerungen für den AN unwirksam sind (BAG 6. 9. 1989 AP BGB § 622 Nr. 27; *Stahlhacke/Preis/Vossen* Rn. 373) und damit auch jegliche Vereinbarung einer strengeren Form nur für die arbeitnehmerseitige Kündigung.

III. Aufhebung

Die Parteien können den vereinbarten Formzwang für **zweiseitige** Rechtsgeschäfte jederzeit **form-** 37 **los aufheben** (BAG 4. 6. 1963 AP BGB § 127 Nr. 1; BGH 15. 5. 1991 NJW 1991, 1750; hM). Dies kann ausdrücklich oder konkludent, insb. auch durch **betriebliche Übung,** geschehen (BAG 7. 9. 1982 AP TV Arb.Bundespost § 3 Nr. 1 hierzu Rn. 34 und § 611 Rn. 276 ff.). Nach einer Auffassung ist eine **konkludente** Aufhebung des Formerfordernisses nur wirksam, wenn in dem mündlich Vereinbarten der ausdrückliche Wille erkennbar ist, das Formerfordernis aufzuheben (LAG Düsseldorf 25. 11. 1980 EzA BGB § 125 Nr. 6; OLG Köln 29. 10. 1975 WM 1976, 362). Nach ganz hM kommt es jedoch nicht darauf an, daß sich die Parteien des Formzwanges bewußt sind. Ausreichend ist, daß die Parteien das formlos Vereinbarte übereinstimmend gewollt haben, da sie gegenüber ihrer eigenen Formbestimmung souverän bleiben müssen (BGH 26. 11. 1964 AP BGB § 127 Nr. 2; BAG 10. 1. 1989 AP HGB § 74 Nr. 57; *Erman/Brox* § 127 Rn. 5).

Das konkludente Aufheben einer Formabrede ist auch dann wirksam, wenn der Vertrag für ihre 38 Aufhebung ausdrücklich Formzwang vorsieht, sog. **qualifizierte Schriftformklausel** (BAG 25. 6. 1985 AP HGB § 74 c Nr. 11; *Brox*, Anm. zu BAG 9. 12. 1981 AP BAT § 4 Nr. 8; Soergel/*Hefermehl* § 125 Rn. 33; *Häsemeyer* JuS 1980, 1; aA BGH 2. 6. 1976 BGHZ 66, 378; offengelassen in BGH 17. 4. 1991 NJW-RR 1991, 1289, 1290). Sich auf zweiseitige Rechtsgeschäfte der Arbeitsvertragsparteien beziehende Formerfordernisse sind damit weitgehend entwertet.

Wird durch Tarifungebundene eine **tarifvertragliche Formvorschrift** in Bezug genommen, so gilt 39 diese nicht als Norm, sondern als Vertragsbestandteil. Die nachträgliche Aufhebung dieser Formklausel folgt damit grds. denselben Regeln wie die Aufhebung einer individuell vereinbarten Formklausel. Nach der Rspr. soll eine stillschweigende Abbedingung einer in Bezug genommenen tarifvertraglichen

Formklausel auf dem Bereich des öffentlichen Dienstes nicht durch **betriebliche Übung** stillschweigend abbedungen werden können (BAG 9. 12. 1981 AP BAT § 4 Nr. 8; BAG 6. 3. 1984 3 AZR 1048/79 nv.; BAG 27. 3. 1987 AP BGB § 242 Betriebliche Übung Nr. 29). Diese Auffassung privilegiert ohne rechtfertigenden Grund Arbeitsverhältnisse des öffentlichen Dienstes (hierzu § 611 Rn. 282).

IV. Gewillkürte Schriftform

40 **1. Allgemeines.** Ist rechtsgeschäftliche **Schriftform** vereinbart, so können die Parteien sowohl strengere als auch schwächere Voraussetzungen an die Wahrung der Form als die gesetzliche Schriftform nach § 126 vorsehen. Wer sich auf die Vereinbarung einer von § 126 abweichenden Form beruft, ist hierfür **beweisbelastet** (MünchKommBGB/*Förschler* § 127 Rn. 13). Haben die Parteien die Anforderungen an die Form eines kraft Gesetzes formlos gültigen Rechtsgeschäfts nicht selbst bestimmt und verläuft die Auslegung ergebnislos, greift die Auslegungsvorschrift des § 127 S. 1 ein: Es gelten für die Wahrung der vereinbarten Form die Regeln über die gesetzliche Schriftform gem. § 126 mit den in § 127 S. 2 gewährten Erleichterungen entsprechend (Rn. 36). In der Mißachtung einer gewillkürten Formvorschrift kann die stillschweigende Aufhebung eines Formzwangs liegen (Rn. 31).

41 **2. Abweichende Vereinbarungen.** Durch § 127 S. 2 werden, soweit keine abweichenden Vereinbarungen getroffen sind, die Anforderungen an die Einhaltung der Schriftform nach § 126 **erleichtert**.

42 Zur Wahrung der Schriftform genügt auch telegrafische Übermittlung. Durch diese Formerleichterung wird auf das Erfordernis der eigenhändigen Unterschrift, nicht aber auf die schriftliche Erteilung der Erklärung im übrigen verzichtet. Deshalb wird die Erklärung erst mit dem Zugang der Ausfertigung beim Empfänger und nicht schon durch die telefonische Durchsage des Telegrammtextes formgerecht erteilt (*Erman/Brox* § 127 Rn. 6; *Soergel/Hefermehl* § 127 Rn. 5; aA *Staudinger/Dilcher* § 127 Rn. 3). Unerheblich ist, ob das Telegramm schriftlich oder telefonisch aufgegeben wurde (*Erman/Brox* § 127 Rn. 6; MünchKommBGB/*Förschler* § 127 Rn. 10). Erklärungen durch Fernschreiber und Telefax genügen ebenfalls der vereinbarten Schriftform (*Ebnet* NJW 1992, 2985; *Erman/Brox* § 127 Rn. 6). Wegen des Verzichts auf die Eigenhändigkeit der Unterschrift sind mechanisch hergestellte Unterschriften – anders als bei Verträgen – als zulässig anzusehen (RG 25. 6. 1929 RGZ 125, 68, 74; *Palandt/Heinrichs* § 127 Rn. 2; str.).

43 Für Verträge ist entgegen § 126 II ein Vertragsschluß auch durch Briefwechsel zulässig. Nach überwiegender Ansicht ist hier die eigenhändige Unterschrift zur Formwahrung notwendig (RG 5. 2. 1923 RGZ 106, 268; MünchKommBGB/*Förschler* § 127 Rn. 11). Beide Formerleichterungen können kombiniert werden, so daß durch den Austausch eines Telegramms und eines Briefes oder zweier Telegramme der Vertrag formgerecht zustande kommt.

44 Wird von den Formerleichterungen Gebrauch gemacht, räumt § 127 S. 2 2. Halbs. jedem Beteiligten das Recht ein, eine dem § 126 entsprechende nachträgliche Beurkundung zu verlangen. Dadurch soll der Nachteil der durch die Erleichterungen ausgelösten geringeren Beweiskraft beseitigt werden können. Die Wirksamkeit des in der erleichterten Form zustandegekommenen Rechtsgeschäfts bleibt hiervon unberührt (MünchKommBGB/*Förschler* § 127 Rn. 12).

V. Beweislast

45 Nach hM trifft denjenigen die Beweislast, der die Vereinbarung einer vom Gesetz nicht verlangten Form behauptet (OLG München 11. 1. 1984 WM 1984, 469; *Rosenberg* Beweislast S. 255, 258). Die Einhaltung der gesetzlich oder rechtsgeschäftlich vereinbarten Form muß diejenige Partei beweisen, die aus dem Rechtsgeschäft Rechtsfolgen für sich herleitet (*Baumgärtel/Laumen*, Handbuch der Beweislast, Bd. 1, § 125 Rn. 9). Wer sich auf die Änderung eines Vertrages beruft, die nicht in der vereinbarten Form vollzogen worden ist, muß die Vertragsänderung und die Aufhebung des Formzwangs beweisen. Es besteht eine tatsächliche Vermutung für den Abschluß eines Änderungsvertrages, wenn ein Vertrag über längere Zeit zu veränderten Bedingungen ohne Beachtung der Schriftformklausel durchgeführt worden ist (BGH 2. 6. 1976 BGHZ 66, 378). Ist zwischen den Parteien streitig, welche Rechtsfolge bei Verletzung eines unstreitig verabredeten Formerfordernisses eintreten soll, ist die Partei beweisbelastet, die entgegen der Auslegungsregel der §§ 125 S. 2, 154 II behauptet, es sei keine konstitutive Form vereinbart. Zum Beweiswert einer Urkunde vgl. bereits Rn. 20.

D. Durchbrechung der Formnichtigkeit

I. Treu und Glauben, § 242 BGB

46 **1. Allgemeines.** Das BAG und der BGH nehmen in st. Rspr. an, daß die Nichtigkeitsfolge des § 125 durch den **Grundsatz von Treu und Glauben (§ 242)** eingeschränkt ist, die Berufung auf die Nichteinhaltung der Form also eine unzulässige Rechtsausübung darstellen kann. Dieser Einwand kann jedoch nur in Ausnahmefällen erfolgreich sein, weil Sinn und Zweck der Formvorschriften sonst

ausgehöhlt würden. Keinesfalls ist die Berufung einer Partei auf die Formnichtigkeit eines Rechtsgeschäfts für sich genommen bereits arglistig oder treuwidrig (BAG 7. 7. 1955 AP AOG Tarifordnung § 32 Nr. 1; BAG 19. 8. 1987 EzBAT § 4 Nebenabrede Nr. 12). Im Grundsatz hat jede Partei die Rechtsnachteile zu tragen, die sich aus der Formnichtigkeit eines Rechtsgeschäfts ergeben. Abweichungen von diesem Grundsatz sind nur zulässig, wenn es nach den Beziehungen der Parteien und den gesamten Umständen mit Treu und Glauben unvereinbar wäre, das Rechtsgeschäft am Formmangel scheitern zu lassen; das Ergebnis muß für die Parteien nicht nur hart, sondern schlechthin untragbar sein (BAG 26. 9. 1957 AP HGB § 74 Nr. 2; BAG 17. 11. 1957 AP BGB § 125 Nr. 2; BAG 22. 2. 1972 EzA BBiG § 15 Nr. 1; BAG 27. 3. 1987 AP BGB § 242 Betriebliche Übung Nr. 29).

2. Anwendungsbereich. Die Rspr. hat den Grundsatz, daß der Formmangel ausnahmsweise gem. **47** § 242 unbeachtlich sein kann, zu § 313 entwickelt. Er gilt jedoch auch im **Arbeitsrecht** und zwar sowohl für **gesetzliche, kollektiv-** als auch **einzelvertragliche Formvorschriften** (BAG 6. 8. 1981 – 2 AZR 351/79 – nv.; BGH 2. 6. 1976 BGHZ 66, 378). Da die Rspr. jedenfalls für zweiseitige Rechtsgeschäfte in einer mündlichen Abrede regelmäßig eine übereinstimmende stillschweigende Aufhebung der Formabrede annimmt (vgl. hierzu Rn. 31), hat der Grundsatz für gewillkürte Formvorschriften nur eine geringe Bedeutung.

Vorschriften in **Kommunalverfassungen,** die rechtsgeschäftliches Handeln der Gemeinde, vertreten **48** durch ihre Organe, an bestimmte Förmlichkeiten knüpft, sind keine **Form- sondern Zuständigkeitsvorschriften** (Rn. 5). Deshalb sind die Grundsätze über die unzulässige Berufung auf Formmängel wegen Verstoßes gegen Treu und Glauben grds. auf diesen Bereich nicht anwendbar. Die Rechtsprechung differenziert jedoch wie folgt:

Sind für eine Körperschaft **unzuständige Organe** aufgetreten, so findet § 242 keine Anwendung, **49** da öffentlich-rechtliche Zuständigkeitsregelungen nicht unter Berufung auf Treu und Glauben ignoriert werden können (BGH 2. 3. 1972 NJW 1972, 940). Nur im Arbeitsrecht kann der Zuständigkeitsmangel ausnahmsweise im Interesse des ANSchutzes gem. § 242 unbeachtlich sein (BAG 28. 10. 1974 AP BAT §§ 22, 23 Nr. 34).

Sind für die Körperschaften zuständige Organe aufgetreten und fehlen lediglich **sonstige Förmlich- 50 keiten,** so sind die Grundsätze von Treu und Glauben wie bei einer Nichtigkeit des Rechtsgeschäfts nach § 125 S. 1 **entsprechend** anwendbar. Zwar regeln die Bestimmungen nicht die Form des Rechtsgeschäfts iSv. § 125. Es liegt jedoch eine vergleichbare Interessenlage, wie sie bei der Mißachtung von Formvorschriften besteht, vor (BGH 13. 10. 1983 NJW 1984, 607).

3. Grenzen für die Anwendung von § 242. Abgesehen vom Formmangel muß ein **gültiges Rechts- 51 geschäft** vorliegen. § 242 ist nicht anwendbar, wenn **anderweitiger Rechtsschutz** erlangt werden kann, zB bei einem nichtigen Vertrag die schutzbedürftige Partei Ansprüche aus cic. oder unerlaubter Handlung geltend machen kann. IdR reicht dieser bestehende Rechtsschutz aus, ein für die Anwendung von § 242 erforderliches schlechthin untragbares Ergebnis zu verhindern.

4. Fallgruppen. Die von der Rspr. verwendete Formel vom „schlechthin untragbaren Ergebnis" **52** bedarf im Interesse der Rechtssicherheit der Bildung von Fallgruppen für die Anwendung des § 242 gegenüber der Berufung auf Formmängel. Es fehlt hier nicht an nützlichen Bemühungen (*Reinicke* S. 41 ff.). Die hier angebotene Einteilung stellt die besonders typischen Fallgruppen dar und berücksichtigt arbeitsrechtliche Besonderheiten. Es darf jedoch nicht verkannt werden, daß es wegen der Vielfalt möglicher Fallgestaltungen unmöglich ist, ein allgemeingültiges Anwendungsschema aufzustellen.

a) **Kenntnis von der Formbedürftigkeit.** § 242 ist nicht anwendbar, wenn **beide Parteien** den **53** Formmangel kannten (BGH 22. 6. 1973 NJW 1973, 1455). Dies gilt auch dann, wenn ein Beteiligter einen formgerechten Abschluß des Vertrages nicht durchsetzt, weil er dies wegen der Rechtschaffenheit oder des Ansehens des Vertragspartners für überflüssig hält (RG 21. 5. 1927 RGZ 117, 121; MünchKommBGB/*Förschler* § 125 Rn. 60; hM). Zu Recht muß von diesem Grundsatz eine Ausnahme gemacht werden, wenn ein Vertragspartner seine Machtstellung dazu ausgenutzt hat, die Formwahrung zu verhindern (BGH 27. 10. 1967 BGHZ 48, 396 mit abl. Anm. *Reinicke* NJW 1968, 39) oder wenn beim Vertragspartner der Eindruck erweckt wird, die Zusage solle auch ohne Rücksicht auf die vorgeschriebene Form erfüllt werden (BAG 10. 9. 1975 AP BAT § 23 a Nr. 12 mit zust. Anm. *Crisolli*).

Bei **beidseitiger Unkenntnis** verbleibt es bei der Rechtsfolge von § 125 S. 1 (BAG 22. 8. 1979 AP **54** BAT § 4 Nr. 6). Dies gilt auch dann, wenn eine Partei bei der anderen die irrige Vorstellung von der Formfreiheit veranlaßt hat (BGH 10. 6. 1977 NJW 1977, 2072).

Eine **einseitige Kenntnis** einer Vertragspartei von der Formbedürftigkeit des Rechtsgeschäfts be- **55** gründet noch keine Anwendung des § 242, erst recht nicht, wenn die den Formmangel kennende Partei bei Vertragsschluß davon ausging, die andere kenne ihn auch (MünchKommBGB/*Förschler* § 125 Rn. 62). Hat jedoch eine Partei die andere über die Formbedürftigkeit des Rechtsgeschäfts getäuscht, um sich später ggf. zu ihrem Vorteil auf die Unwirksamkeit des Rechtsgeschäfts berufen zu können, so ist die Geltendmachung des Formmangels **arglistig** und gem. § 242 verwehrt (BAG 26. 9.

Preis

1957 AP HGB § 74 Nr. 2 mit zust. Anm. *Larenz*; BAG 15. 11. 1957 AP BGB § 125 Nr. 2; BAG 7. 5. 1986 AP BAT § 4 Nr. 12). Daneben scheidet bei Unkenntnis der anderen Partei die Geltendmachung des Formmangels aus, wenn sich die andere Partei hierdurch gröblich in Widerspruch zu ihrem eigenen Verhalten setzt. Dies bejahte das BAG in einem Fall, wo die Bundespost 16 Jahre allen AN eine außertarifliche Zuwendung nach Antragstellung in einem Verwaltungsverfahren gezahlt hatte, ohne daß die tariflich vorgesehene Schriftform für Nebenabreden eingehalten wurde (BAG 7. 9. 1982 AP TV Arb.Bundespost § 3 Nr. 1).

56 **b) Existenzgefährdung.** Würde die Nichterfüllung oder Rückabwicklung eines Vertrages dazu führen, daß die wirtschaftliche Existenz einer Partei, die gutgläubig auf die Rechtswirksamkeit des Geschäfts vertraut hat, gefährdet oder vernichtet würde, tritt der Formmangel hinter § 242 zurück (BGH 15. 11. 1960 WM 1961, 179). Dieser ursprünglich für das Höferecht entwickelte Grundsatz gilt für alle Rechtsgebiete, also auch für das Arbeitsrecht (BGH 19. 11. 1982 BGHZ 85, 315). Das BAG hat eine Existenzgefährdung bei der Einstellung einer formwidrig vereinbarten Zahlung eines Mankogeldes (BAG 27. 10. 1988 ZTR 1989, 109) und der Anhebung der Wochenarbeitszeit von 32 auf 36 Stunden (BAG 3. 2. 1987 AP BGB § 242 Betriebliche Übung Nr. 29) verneint.

57 **c) Erreichung des Formzwecks.** Auch wenn im Einzelfall der Formzweck, zB Schutz vor Übereilung, nicht zum Tragen kommt, weil etwa nach der Persönlichkeit der Beteiligten eine derartige Warnung nicht erforderlich erscheint, ist die Geltendmachung der Formnichtigkeit nicht ausgeschlossen (BGH 18. 12. 1955 BGHZ 16, 334; BGH 6. 2. 1970 BGHZ 53, 189; aA BAG 4. 2. 1997 AP BGB § 626 Nr. 141 für vertragliche Schriftform). Bei dem mit der Form verfolgten Zweck handelt es sich um das Motiv des Gesetzgebers bzw. der Parteien, die das Formerfordernis geschaffen haben. Es ist aber kein Tatbestandsmerkmal der Formvorschrift (*Reinicke* S. 73). Genausowenig muß der Grund, wegen dessen sich eine Partei auf den Formmangel beruft, vom Formzweck her bestimmt sein. Vielmehr darf der Formmangel auch zum Anlaß genommen werden, ein aus vom Formzweck unabhängigen Gründen lästiges Geschäft nicht mehr durchzuführen (BGH 9. 3. 1965 WM 1965, 480). Dient die Formvorschrift jedoch **ausschließlich dem Schutz einer Partei** und will diese trotz des Formmangel zu dem formnichtigen Rechtsgeschäft stehen, ist die Geltendmachung der Formnichtigkeit gem. § 242 ausgeschlossen (BGH 18. 11. 1966 NJW 1967, 245; BGH 5. 11. 1982 NJW 1983, 566).

58 **d) Fürsorgepflicht des Arbeitgebers.** Wäre ein Vertragspartner aufgrund einer besonderen Fürsorgepflicht verpflichtet gewesen, den anderen Vertragspartner auf die Formbedürftigkeit hinzuweisen und bedeutet die Nichtigkeit eine Existenzgefährdung dieser Partei, so bejaht die Rspr. ein Zurücktreten der Nichtigkeitsfolge gegenüber § 242 (BGH 16. 2. 1955 BGHZ 16, 334 „Träger-Siedlervertrag"; BGH 24. 3. 1972 DNotZ 1972, 526 „Behördliche Grundstücksveräußerungszusage"; BGH 21. 4. 1972 NJW 1972, 1189 „öffentlich geförderter Wohnungsbau"). Umstritten ist, ob dem AG gegenüber dem AN gleichfalls eine solche Fürsorgepflicht obliegt, ihn über Formerfordernisse zu belehren und auf eine formgerechte Durchführung des Rechtsgeschäfts hinzuwirken. Eine Ansicht bejaht dies mit dem pauschalen Hinweis auf die allgemeine Fürsorgepflicht des AG (*Beer* AuR 1964, 174; *Tophoven*, Anm. zu LAG Kiel 23. 11. 1954 AP TVG § 4 Ausschlußfristen Nr. 1; *Volmer/Gaul*, ArbNErfG § 12 Rn. 65). Sie übersieht jedoch, daß auf diese Weise bei fehlender Belehrung durch den AG über die Formbedürftigkeit einer formwidrigen Erklärung über den Umweg von Treu und Glauben stets zur Wirksamkeit verholfen werden könnte. Dieses Ergebnis stünde aber im Gegensatz zu dem Grundsatz, daß eine Formdurchbrechung gem. § 242 im Interesse der Rechtssicherheit nur in krassen Ausnahmefällen durchgreifen kann. Eine Fürsorgepflicht, den AN über das Bestehen von Formvorschriften zu belehren, besteht deshalb nicht (RAG 18. 12. 1942 ARS 46, 81 mit Anm. *Hueck*; *Hueck/Nipperdey* Bd. 1, S. 41; *Gamillscheg*, Arbeitsrecht I – Individualarbeitsrecht, S. 119).

59 **e) Erfüllung des formnichtigen Rechtsgeschäfts.** Grds. führt das Erbringen von Leistungen in Erfüllung des formnichtigen Rechtsgeschäfts ohne das Hinzutreten weiterer Umstände nicht dazu, von der Nichtigkeitsfolge des Formmangels nach Treu und Glauben absehen zu können. Eine Heilung tritt nur in den vom Gesetz vorgesehenen Fällen ein. Selbst die langjährige praktische Durchführung einer formnichtigen Vereinbarung hindert die Parteien nicht, sich später auf die Formnichtigkeit zu berufen (BAG 9. 12. 1981 AP BAT § 4 Nr. 8; BAG 9. 7. 1985 AP BPersVG § 75 Nr. 16; BAG 19. 8. 1987 EzBAT BAT § 4 Nebenabrede; BGH 22. 6. 1973 NJW 1973, 1455). Rückforderungsansprüche aus ungerechtfertigter Bereicherung entfallen bei Kenntnis des Leistenden von der Formnichtigkeit, § 814. Die Rspr. behandelt einen formfehlerhaften Vertrag jedoch dann nach § 242 als wirksam, wenn durch die Erfüllung Verhältnisse eingetreten sind, die nicht mehr sachgerecht rückabgewickelt werden können oder wenn jedenfalls ein Teil unwiederbringlich Vorteile aus dem nichtigen Rechtsgeschäft gezogen hat (BGH 30. 10. 1961 WM 1962, 9; MünchKommBGB/*Förschler* § 125 Rn. 64). Zu Recht ist dies vom BAG angenommen worden, wo es dem AG nur durch eine besondere Zusage – idR bestimmter Sozialleistungen oder Zulagen – gelungen ist, den AN zum Abschluß des Arbeitsvertrages zu bewegen (BAG 15. 1. 1987 – 6 AZR 602/85 – nv.; BAG 7. 5. 1986 AP BAT § 4 Nr. 12). Beruft sich der AG erst nach einer längeren Zeit der Erfüllung auf die Formnichtigkeit dieser Zusage, so hat er bereits von dem nur aufgrund der Zusage abgeschlossenen Arbeitsverhältnis profitiert. Dieser Vorteil kann ihm im Rahmen der bereicherungsrechtlichen Rückabwicklung nicht mehr genommen werden.

Fünfter Abschnitt. Verjährung

§ 194 [Gegenstand der Verjährung]

(1) Das Recht, von einem anderen ein Tun oder ein Unterlassen zu verlangen (Anspruch), unterliegt der Verjährung.

(2) Der Anspruch aus einem familienrechtlichen Verhältnis unterliegt der Verjährung nicht, soweit er auf die Herstellung des dem Verhältnis entsprechenden Zustandes für die Zukunft gerichtet ist.

§ 195 [Regelmäßige Verjährungsfrist]

Die regelmäßige Verjährungsfrist beträgt dreißig Jahre.

§ 196 [Zweijährige Verjährungsfrist]

(1) In zwei Jahren verjähren die Ansprüche:
1.–7. ...
   8. derjenigen, welche im Privatdienste stehen, wegen des Gehalts, Lohnes oder anderer Dienstbezüge, mit Einschluß der Auslagen, sowie der Dienstberechtigten wegen der auf solche Ansprüche gewährten Vorschüsse;
   9. der gewerblichen Arbeiter – Gesellen, Gehilfen, Lehrlinge, Fabrikarbeiter –, der Tagelöhner und Handarbeiter wegen des Lohnes und anderer anstelle oder als Teil des Lohnes vereinbarter Leistungen, mit Einschluß der Auslagen, sowie der Arbeitgeber wegen der auf solche Ansprüche gewährten Vorschüsse;
  10. der Lehrherren und Lehrmeister wegen des Lehrgeldes und anderer im Lehrvertrage vereinbarter Leistungen sowie wegen der für die Lehrlinge bestrittenen Auslagen;
11.–17. ...

(2) Soweit die im Absatz 1 Nr. 1, 2, 5 bezeichneten Ansprüche nicht der Verjährung von zwei Jahren unterliegen, verjähren sie in vier Jahren.

§ 198 [Regelmäßiger Verjährungsbeginn]

¹Die Verjährung beginnt mit der Entstehung des Anspruchs. ²Geht der Anspruch auf ein Unterlassen, so beginnt die Verjährung mit der Zuwiderhandlung.

§ 201 [Beginn der kurzen Verjährung]

¹Die Verjährung der in den §§ 196, 197 bezeichneten Ansprüche beginnt mit dem Schlusse des Jahres, in welchem der nach den §§ 198 bis 200 maßgebende Zeitpunkt eintritt. ²Kann die Leistung erst nach dem Ablauf einer über diesen Zeitpunkt hinausreichenden Frist verlangt werden, so beginnt die Verjährung mit dem Schlusse des Jahres, in welchem die Frist abläuft.

§ 202 [Hemmung der Verjährung aus Rechtsgründen]

(1) Die Verjährung ist gehemmt, solange die Leistung gestundet oder der Verpflichtete aus einem anderen Grunde vorübergehend zur Verweigerung der Leistung berechtigt ist.

(2) Diese Vorschrift findet keine Anwendung auf die Einrede des Zurückbehaltungsrechts, des nicht erfüllten Vertrags, der mangelnden Sicherheitsleistung, der Vorausklage sowie auf die nach § 770 dem Bürgen und nach den §§ 2014, 2015 dem Erben zustehenden Einreden.

§ 205 [Wirkung der Hemmung]

Der Zeitraum, während dessen die Verjährung gehemmt ist, wird in die Verjährungsfrist nicht eingerechnet.

§ 208 [Unterbrechung der Verjährung durch Anerkenntnis]

Die Verjährung wird unterbrochen, wenn der Verpflichtete dem Berechtigten gegenüber den Anspruch durch Abschlagzahlung, Zinszahlung, Sicherheitsleistung oder in anderer Weise anerkennt.

Preis

§ 209 [Unterbrechung durch gerichtliche Geltendmachung]

(1) Die Verjährung wird unterbrochen, wenn der Berechtigte auf Befriedigung oder auf Feststellung des Anspruchs, auf Erteilung der Vollstreckungsklausel oder auf Erlassung des Vollstreckungsurteils Klage erhebt.

(2) Der Erhebung der Klage stehen gleich:
1. die Zustellung eines Mahnbescheids im Mahnverfahren;
1 a. die Geltendmachung eines Anspruchs durch Anbringung eines Güteantrags bei einer Gütestelle der im § 794 Abs. 1 Nr. 1 der Zivilprozeßordnung bezeichneten Art;
1 b. die Zustellung eines Antrags im vereinfachten Verfahren zur Festsetzung von Unterhalt;
2. die Anmeldung des Anspruchs im Insolvenzverfahren oder im Schiffahrtsrechtlichen Verteilungsverfahren;
3. die Geltendmachung der Aufrechnung des Anspruchs im Prozesse;
4. die Streitverkündung in dem Prozesse, von dessen Ausgange der Anspruch abhängt;
5. die Vornahme einer Vollstreckungshandlung und, soweit die Zwangsvollstreckung den Gerichten oder anderen Behörden zugewiesen ist, die Stellung des Antrags auf Zwangsvollstreckung.

§ 211 [Dauer und Ende der Unterbrechung bei Klage]

(1) Die Unterbrechung durch Klageerhebung dauert fort, bis der Prozeß rechtskräftig entschieden oder anderweit erledigt ist.

(2) [1] Gerät der Prozeß infolge einer Vereinbarung oder dadurch, daß er nicht betrieben wird, in Stillstand, so endigt die Unterbrechung mit der letzten Prozeßhandlung der Parteien oder des Gerichts. [2] Die nach der Beendigung der Unterbrechung beginnende neue Verjährung wird dadurch, daß eine der Parteien den Prozeß weiter betreibt, in gleicher Weise wie durch Klageerhebung unterbrochen.

§ 212 [Unterbrechung bei Klagerücknahme]

(1) Die Unterbrechung durch Klageerhebung gilt als nicht erfolgt, wenn die Klage zurückgenommen oder durch ein nicht in der Sache selbst entscheidendes Urteil rechtskräftig abgewiesen wird.

(2) [1] Erhebt der Berechtigte binnen sechs Monaten von neuem Klage, so gilt die Verjährung als durch die Erhebung der ersten Klage unterbrochen. [2] Auf diese Frist finden die Vorschriften der §§ 203, 206, 207 entsprechende Anwendung.

§ 212 a [Dauer der Unterbrechung bei Güteantrag]

[1] Die Unterbrechung durch Anbringung des Güteantrags dauert bis zur Erledigung des Güteverfahrens und, wenn an dieses Verfahren sich ein Streitverfahren unmittelbar anschließt, nach Maßgabe der §§ 211, 212 fort. [2] Gerät das Güteverfahren dadurch, daß es nicht betrieben wird, in Stillstand, so finden die Vorschriften des § 211 Abs. 2 entsprechende Anwendung. [3] Wird der Güteantrag zurückgenommen, so gilt die Unterbrechung der Verjährung als nicht erfolgt.

§ 213 [Dauer der Unterbrechung bei Mahnbescheid]

[1] Auf die Unterbrechung durch Zustellung eines Mahnbescheids im Mahnverfahren finden die Vorschriften des § 212 a entsprechende Anwendung. [2] Die Unterbrechung gilt als nicht erfolgt, wenn der Mahnbescheid seine Kraft verliert (§ 701 der Zivilprozeßordnung).

§ 217 [Wirkung der Unterbrechung]

Wird die Verjährung unterbrochen, so kommt die bis zur Unterbrechung verstrichene Zeit nicht in Betracht; eine neue Verjährung kann erst nach der Beendigung der Unterbrechung beginnen.

§ 222 [Wirkung der Verjährung]

(1) Nach der Vollendung der Verjährung ist der Verpflichtete berechtigt, die Leistung zu verweigern.

(2) ¹Das zur Befriedigung eines verjährten Anspruchs Geleistete kann nicht zurückgefordert werden, auch wenn die Leistung in Unkenntnis der Verjährung bewirkt worden ist. ²Das gleiche gilt von einem vertragsmäßigen Anerkenntnisse sowie einer Sicherheitsleistung des Verpflichteten.

§ 225 [Vereinbarungen über die Verjährung]

¹Die Verjährung kann durch Rechtsgeschäft weder ausgeschlossen noch erschwert werden. ²Erleichterung der Verjährung, insbesondere Abkürzung der Verjährungsfrist, ist zulässig.

Schrifttum: *Weber,* Die Ausschlußfrist im Arbeitsrecht, 1983; *Weyand,* Die tariflichen Ausschlußfristen in Arbeitsrechtsstreitigkeiten, 2. Aufl., 1995.

A. Verjährung

I. Allgemeines

Verjährung ist die Entkräftung eines Anspruchs durch Zeitablauf. Wird die Einrede der Verjährung 1 vom Schuldner erhoben, so ist er berechtigt, die Leistung dauernd zu verweigern, § 222 I. Sie gibt dem Schuldner eine **Einrede;** diese muß geltend gemacht werden. Nur ein Anspruch kann Gegenstand der Verjährung sein (vgl. *Zimmermann* JuS 1984, 409).

Im Prozeß darf das Gericht sie nur beachten, wenn die Voraussetzungen des Einrederechts gegeben 2 sind und sich der Berechtigte auf die Einrede berufen hat; von Amts wegen prüft der Richter die Verjährung nicht. Der Richter darf dem Schuldner jedoch nicht raten, die Einrede der Verjährung zu erheben, ohne sich befangen zu machen (*Baumbach/Hartmann* § 139 ZPO Rn. 11; anders bei Ausschlußfristen, vgl. Rn. 29). Da es sich um einen tatsächlichen Vorgang handelt, kann sich der Schuldner nicht erstmals in der Revisionsinstanz auf die Verjährung berufen (BGH 1. 3. 1951 BGHZ 1, 234).

Der Anspruch bleibt trotz Fristablauf bestehen (anders als bei der Ausschlußfrist, vgl. Rn. 29), so 3 daß der Anspruch noch freiwillig erfüllt werden kann. Wer eine schon verjährte Forderung erfüllt hat, kann das Geleistete nicht mehr zurückfordern, selbst wenn ihm die Verjährung nicht bekannt war, § 222 II 1.

Die Verjährung bezweckt den Schutz des Schuldners vor der Geltendmachung veralteter Ansprüche, 4 da er infolge der verflossenen Zeit oft nicht oder nur schwer in der Lage ist, sich gegenüber der Inanspruchnahme durch den Gläubiger zu verteidigen. Die Verjährung dient auch der Erhaltung der Rechtssicherheit und des Rechtsfriedens (BGH 16. 6. 1972 BGHZ 59, 72, 74). Sie kann deshalb durch Rechtsgeschäft weder ausgeschlossen noch erschwert werden, § 225 S. 1. Erleichterungen der Verjährung, insbesondere eine Abkürzung der Verjährungsfrist, sind dagegen zulässig, § 225 S. 2 (Rn. 24). Dem besonderen Bedürfnis der Arbeitsvertragsparteien, innerhalb einer angemessenen Frist ihre Ansprüche aus dem Arbeitsverhältnis geltend machen zu müssen, wird regelmäßig durch die Vereinbarung von Ausschlußfristen Rechnung getragen (Rn. 28 ff.).

II. Verjährungsfristen

1. Zweijährige Verjährungsfrist, § 196 I Nr. 8 und 9. Die Länge der Verjährungsfrist richtet sich 5 nach Inhalt und Rechtsnatur des Anspruchs aus dem Arbeitsverhältnis (BAG 20. 9. 1972 AP BGB § 195 Nr. 5). Der **Vergütungsanspruch** aus Arbeitsverträgen unterliegt der zweijährigen Verjährungsfrist. Nach dem Gesetzeswortlaut werden nur Ansprüche auf Lohn, Gehalt, andere Dienstbezüge und die Rückzahlung von Vorschüssen erfaßt. Das BAG legt die Vorschrift nach ihrem Sinn und Zweck jedoch weit aus. § 196 I Nr. 8, 9 erfasse schon nach dem Wortlaut Ansprüche auf **Auslagenersatz** (BAG 15. 10. 1965 AP BGB § 196 Nr. 5) und damit auch Ansprüche, deren Inhalt nicht Arbeitsentgelt im engeren Sinn sei. Damit bringe der Gesetzgeber zum Ausdruck, daß die kurze zweijährige Verjährungsfrist grundsätzlich für alle Ansprüche gelten soll, die in einem **weiteren Sinne Arbeitsentgelt** oder auch **sonstige regelmäßig** nach dem Vertrag geschuldete **Leistungen** betreffen (BAG 7. 5. 1986 AP BAT § 4 Nr. 12). Demgemäß hat das BAG die Norm auch auf den Anspruch auf **Verzugslohn** gem. §§ 615, 293 (BAG 7. 11. 1991 AP BGB § 209 Nr. 6) und auf **Lohnfortzahlung wegen Arbeitsunfähigkeit** (BAG 29. 1. 1975 AP BGB § 242 Unzulässige Rechtsausübung-Verwirkung Nr. 11) erstreckt. Gleiches gilt für den Lohnanspruch, wenn er unter dem Gesichtspunkt der **ungerechtfertigten Bereicherung** oder aus **Geschäftsführung ohne Auftrag** (BAG 31. 7. 1964 AP BGB § 196 Nr. 1; BAG 15. 10. 1965 AP BGB § 196 Nr. 5) geltend gemacht wird, aber auch für einen an die Stelle einer Lohnforderung getretenen Schadensersatzanspruch (BAG 16. 12. 1959 AP ZPO § 256 Nr. 25). Unter den sonstigen nach dem Arbeitsvertrag als Äquivalent für die Arbeit geschuldeten geldwerten Leistungen hat das BAG ua. verstanden: **Abfindung** wegen Verlustes des Arbeitsplatzes (BAG 7. 5. 1986 AP

Preis

BAT § 4 Nr. 12 unter 3.), **Betriebsrente,** soweit es die einzelnen Raten (BAG 5. 2. 1971 AP BGB § 242 Betriebliche Übung Nr. 10; BAG 27. 1. 1998 AP BetrAVG § 1 Zusatzversorgungskassen 1 Nr. 45; BAG 25. 1. 2000 – 3 AZR 779/98 –) oder ihre Erhöhung wegen unterlassener Anpassung betrifft (BAG 19. 3. 1991 NZA 1991, 164) und **Vorruhestandsleistungen** (BAG 14. 6. 1994 AP BGB § 196 Nr. 15), Naturalien, Gewinnanteile und **Gratifikationen** (BAG 31. 3. 1960 BB 1960, 663 = AP AOGÖ § 16 Nr. 15; LAG Köln 28. 5. 1999 MDR 2000, 92), **Jahresumsatzprämie** (BAG 10. 12. 1973 AP BGB § 196 Nr. 7), **Provision** des Handlungsgehilfen (BAG 5. 9. 1995 AP BGB § 196 Nr. 16), **Karenzentschädigung** (BAG 3. 4. 1984 AP BGB § 196 Nr. 9), **Ruhegeld** (BAG 10. 5. 1955 AP BGB § 242 Ruhegehalt Nr. 2), **Streikbruchprämie** (BAG 17. 9. 1991 AP GG Art. 9 Arbeitskampf Nr. 120), **Vorstellungskosten,** auch wenn der Bewerber nicht eingestellt wird (BAG 14. 2. 1977 AP BGB § 196 Nr. 8), **Zulagen** für besondere Erschwernisse (BAG 7. 5. 1986 AP BGB § 196 Nr. 12).

6   Unter § 196 Nr. 8, 9 fallen **nicht** der **Beihilfeanspruch** (BAG 17. 2. 1993 AP BGB § 196 Nr. 14), einmalige **Kapitalzahlung** anstelle von Ruhegehalt (BAG 7. 11. 1989 AP BetrVG § 9 Nr. 10), ein Anspruch des AG wegen versehentlicher **Lohnüberzahlung** (BAG 20. 9. 1992 AP BGB § 195 Nr. 5), da sie kein Äquivalent für die erbrachte Arbeitsleistung darstellen.

7   **2. Vierjährige Verjährungsfrist, § 197.** Erfaßt werden die Beitragsansprüche der Zusatzversorgungskassen aus Sozialtarifen Baugewerbe (BAG 26. 5. 1971 AP BGB § 197 Nr. 3; 20. 10. 1982 AP TVG § 4 Tarifverträge Bau Nr. 45).

8   **3. Regelmäßige Verjährung, § 195.** In dreißig Jahren verjähren die Ansprüche aus **culpa in contrahendo,** soweit sie nicht ausnahmsweise auf das Erfüllungsinteresse gerichtet sind (BAG 14. 10. 1970 AP BGB § 611 Haftung des AN Nr. 60; 23. 2. 1983 DB 1983, 981; BGH 16. 11. 1967 AP BGB § 195 Nr. 3), auf **Erteilung einer Pensionszusage** (BAG 5. 2. 1971 AP BGB § 242 Betriebliche Übung Nr. 10; BAG 26. 1. 1999 AP BetrAVG § 1 Zusatzversorgungskassen Nr. 48), **Beihilfeansprüche** (BAG 26. 10. 1998 BB 1999, 1334), aus **positiver Forderungsverletzung** bei Haftung des AN (BAG 27. 3. 1990 AP BetrVG § 1 Überzahlung Nr. 1), aus **nachvertraglicher positiver Vertragsverletzung** des AG (LAG Bremen 27. 8. 1998 LAGE BGB § 611 Fürsorgepflicht Nr. 25), auf Rückforderung des AG wegen **Lohn- und Ruhegeldüberzahlung** (BAG 20. 9. 1972 AP BGB § 195 Nr. 5; BAG 14. 3. 2000 AP BGB § 611 Lohnrückzahlung Nr. 6; *Graf* ArbuR 2000, 249), auf **Schadensersatz** aus § 618 III wegen unterlassener Schutzmaßnahmen (BAG 31. 3. 1960 BB 1960, 663 = AP AOGÖ § 16 Nr. 15), auf das Zeugnis (BAG 31. 3. 1960 BB 1960, 663 = AP AOGÖ § 16 Nr. 15).

III. Beginn

9   Die Verjährung der von § 196 Nr. 8, 9 erfaßten Ansprüche beginnt mit dem Ende des Jahres, in dem die Ansprüche **entstanden** sind, §§ 201, 198 (BAG 6. 12. 1961 AP BGB § 202 Nr. 1). Das ist der Fall, sobald die Befriedigung des Anspruchs rechtlich verlangt und notfalls klagweise geltend gemacht werden kann (BGH 17. 2. 1971 NJW 1971, 979). Hierfür muß der Anspruch **fällig** sein, § 271 (BGH 19. 9. 1990 BGHZ 113, 188, 193). Für den Beginn der Verjährung ist deshalb in der Regel auf die Fälligkeit abzustellen, insbesondere wenn die Entstehung des Anspruchs und Fälligkeit auseinanderfallen. Bei **Jahresumsatzprovisionen** beginnt die Verjährung nicht mit dem Ende des für den Umsatz maßgeblichen Jahres, sondern erst mit dem Ende des Folgejahres zu laufen (BAG 10. 12. 1973 AP BGB § 196 Nr. 7).

IV. Hemmung

10   Die Verjährung ist aus den in §§ 202 ff. genannten Gründen gehemmt. Die Hemmung der Verjährung bewirkt, daß der Zeitraum, währenddessen die Hemmung besteht, nicht in die Verjährungsfrist eingerechnet wird, § 205; die Verjährung ruht solange. Nach Wegfall der Hemmung läuft die Verjährungsfrist sofort – § 201 ist nicht anwendbar – weiter und verlängert sich um den Zeitraum der Hemmung. Die in § 202 II aufgeführten Einreden bewirken keine Hemmung, da der Gläubiger nicht nur in der Lage, sondern sogar verpflichtet ist, diese zu beseitigen (MünchKommBGB/*von Feldmann* § 202 Rn. 10).

11   Durch den **Kündigungsschutzprozeß** wird die Entstehung und Fälligkeit des Anspruchs des AN auf Lohnzahlung während des Annahmeverzuges des AG (§ 615) nicht gehemmt; es besteht kein Leistungsverweigerungsrecht des AG (BAG 9. 3. 1966 AP TVG § 4 Ausschlußfristen Nr. 31; *Becker/Bader* BB 1981, 1709, 1715; *Rewolle* DB 1980, 1696, 1698; aA *Lüke* NJW 1960, 1333, 1334). Hemmung der Verjährung von Vergütungsansprüchen durch höherer Gewalt (§ 203 II) nimmt das LAG Düsseldorf (13. 2. 1998 MDR 1998, 784) an bei fehlerhafter Abweisung einer Kündigungsschutzklage und späterer Aufhebung der Entscheidung im Wege des Restitutionsverfahrens.

12   Der Antrag auf **Prozeßkostenhilfe** hemmt die Verjährung analog § 203. Voraussetzung ist aber ein ordnungsgemäß begründetes und vollständiges Prozeßkostenhilfegesuch der armen Partei vor Eintritt der Verjährung (BGH 8. 3. 1989 NJW 1989, 3149), wobei die Einreichung am letzten Tag der Verjährung genügt (BGH 29. 1. 1981 NJW 1981, 1550 f.). Die Hemmung endet mit Erlaß einer

unanfechtbaren gerichtlichen Entscheidung über den Prozeßkostenhilfeantrag, ohne daß es darauf ankommt, ob Prozeßkostenhilfe – richtiger- oder falscherweise – bewilligt oder abgelehnt wird (BGH 7. 5. 1962 BGHZ 37, 113, 119). Danach hat der Antragsteller nach dem Rechtsgedanken des § 234 I ZPO noch zwei Wochen für die Klageerhebung.

Während **Verhandlungen** über einen Anspruch die Verjährung grundsätzlich nicht hemmen, ordnet 13 dies § 852 II für einen Anspruch aus unerlaubter Handlung ausdrücklich bis zur Verweigerung durch eine Partei an.

V. Unterbrechung

1. **Allgemeines.** Die Verjährung wird aus den in den §§ 208 ff. genannten Gründen unterbrochen. 14 Die Unterbrechung der Verjährung bewirkt, daß die bis zur Unterbrechung verstrichene Zeit nicht in Betracht kommt; nach Beendigung der Unterbrechung beginnt die Verjährungsfrist sofort **neu** zu laufen: § 201 ist nicht anwendbar (BAG 29. 3. 1990 AP BGB § 196 Nr. 11; BAG 18. 3. 1997 AP BGB § 217 Nr. 1; MünchKommBGB/*von Feldmann* § 201 Rn. 3).

2. **Unterbrechung durch ein Verhalten des Schuldners.** Unterbrechung der Verjährung tritt ein, 15 wenn der Verpflichtete gegenüber dem Berechtigten den Anspruch durch Abschlagszahlung, Zinszahlung, Sicherheitsleistung oder in andere Weise **anerkennt**, § 208. Ein Anerkenntnis kann durch jedes dem Gläubiger gegenüber an den Tag gelegte Verhalten – auch durch Untätigkeit oder Stillschweigen – begründet werden, wenn sich aus diesem das Bewußtsein vom Bestehen des Anspruchs zumindest dem Grunde nach unzweideutig ergibt (BAG 8. 6. 1983 AP TVG § 4 Ausschlußfristen Nr. 78; BAG 18. 3. 1997 AP BGB § 217 Nr. 1; BGH 30. 9. 1993 NJW-RR 1994, 373).

3. **Unterbrechung durch ein Verhalten des Gläubigers. a) Die Regelungen des § 209.** Die **Klage-** 16 **erhebung** – also die Zustellung der Klagschrift beim Beklagten, § 253 I ZPO – unterbricht hinsichtlich des geltend gemachten Anspruchs die Verjährung, § 209 I. Die Zustellung eines **Mahnbescheids** steht der Klagezustellung gleich, § 209 II Nr. 1. Gleiches gilt für die Anmeldung des Anspruchs im Insolvenzverfahren (§ 209 II Nr. 2), der Geltendmachung der (Eventual)**Aufrechnung** (§ 209 II Nr. 3), der **Streitverkündung** im Prozeß (§ 209 II Nr. 4) und durch weitere in § 209 ff. genannte Gründe. Dagegen unterbricht der Antrag auf Prozeßkostenhilfe für sich alleine die Verjährung nicht (vgl. aber Rn. 12). Auch der Antrag auf Erlaß eines Arrests oder einer einstweiligen Verfügung unterbricht die Verjährung nicht, wohl aber **Vollstreckungshandlungen**, die aufgrund eines Arrests oder einer einstweiligen Verfügung vorgenommen werden, § 209 II Nr. 5. Der **selbständige Beweisantrag** unterbricht die Verjährung nur in den gesetzlich geregelten Spezialfällen.

b) **Klage und Mahnbescheid. aa) Klagearten.** Eine Klage, die die Geltendmachung des Anspruchs 17 nur vorbereitet, unterbricht die Verjährung dieses Anspruches nicht. So unterbrechen weder die Auskunftsklage (BAG 5. 9. 1995 AP BGB § 196 Nr. 16) noch die Klage auf Rechnungslegung (BAG 30. 4. 1971 AP ArbGG 1953 § 9 Nr. 15) die Verjährung der Provisionsansprüche. Der Hauptanspruch muß deshalb in einer **Stufenklage** geltend gemacht werden, da nur so alle Ansprüche sofort rechtshängig werden und die Verjährung unterbrochen wird (BGH 17. 6. 1992 NJW 1992, 2563, 2564). Auch die Klage auf zukünftige Leistung und auf Feststellung unterbricht. Die Unterbrechung erstreckt sich auch auf den **hilfsweise** geltend gemachten Anspruch (BGH 10. 10. 1977 NJW 78, 261).

bb) **Die fehlerhafte Klage.** Eine Klage, die den wesentlichen Formvorschriften des Gesetzes nicht 18 entspricht, ist **unwirksam** und aus diesem Grunde nicht geeignet, die Verjährung zu unterbrechen. Dagegen unterbricht die **unzulässige** Klage die Verjährung (arg. § 212 I 2. Alt.; BGH 3. 7. 1980 NJW 1980, 2461, 2462). Zur Wahrung der Frist des § 4 KSchG durch eine unzulässige Klage siehe § 4 KSchG Rn. 10, 59 ff. Die Verjährung wird ebenfalls durch einen vor Ablauf der Verjährung beim unzuständigen Arbeitsgericht eingereichten Antrag auf Erlaß eines **Mahnbescheids** unterbrochen, wenn auf Antrag das Verfahren an das zuständige Arbeitsgericht abgegeben und der von diesem erlassene Mahnbescheid – nach Ablauf der Verjährung – demnächst zugestellt wird (BAG 13. 5. 1987 AP BGB § 209 Nr. 3).

cc) **Umfang der Unterbrechung.** Die Unterbrechung tritt nur für den geltend gemachten An- 19 spruch, also den Streitgegenstand der erhobenen Klage ein. Deshalb unterbricht die Kündigungsschutzklage nicht hinsichtlich des Lohnanspruches aus §§ 615, 293 ff. (BAG 7. 11. 1991 AP BGB § 209 Nr. 6; aA *Becker/Bader* BB 1981, 1709). Zur Wahrung einer tariflichen Ausschlußfrist vgl. Rn. 59 ff. Eine Teilklage unterbricht nur in Höhe des eingeklagten Betrages.

dd) **Vorwirkung der §§ 270 III, 693 II ZPO.** Soll durch die Zustellung der Klage bzw. des Mahn- 20 bescheids die Verjährung unterbrochen werden, so tritt die Wirkung, sofern die Zustellung demnächst erfolgt, bereits mit der Einreichung oder der Anbringung des Antrags oder der Erklärungen ein, §§ 46 II, 46 a ArbGG iVm. 270 III, 693 II ZPO. Diese Vorwirkung setzt voraus, daß die Klage oder der Mahnantrag vor Ablauf der Frist in die Verfügungsgewalt des Gerichts gelangt, daß es sich um eine Frist handelt und die Zustellung „demnächst" erfolgt. Die hierfür maßgebende angemessene Frist ist – anders als sonst – nicht vom Zeitpunkt des Eingangs bei Gericht, sondern erst vom letzten Tag

Preis

der Verjährungsfrist an zu rechnen (BAG 13. 5. 1987 AP BGB § 209 Nr. 3; BGH 24. 1. 1983 NJW 1983, 1050). Nach der Rechtsprechung ist die Klage bei einem Verschulden des Klägers an einer verzögerten Zustellung bei einer geringen Zeitspanne (2 bis 3 Wochen) zwischen Fristende und Zustellung noch „demnächst" erfolgt. Trifft den Kläger kein Verschulden an der Verzögerung, so hat die Rechtsprechung bis jetzt noch keine absolute zeitliche Grenze festgelegt und eine Zustellung nach neun Monaten seit Fristende noch als demnächst angesehen (BGH 16. 12. 1987 NJW 1988, 1980, 1982). In Betracht kommt aber eine Nachfrageobliegenheit des Klägers.

21 **ee) Dauer der Unterbrechung.** Bei Klage und Mahnbescheid dauert die Unterbrechung grundsätzlich bis zur Erledigung des Verfahrens fort, §§ 211 I, 213, 212 a. Eine Ausnahme davon gilt jeweils dann, wenn das Verfahren durch **Nichtbetreiben der Parteien** in Stillstand gerät, §§ 211 II, 213, 212 a (BAG 29. 3. 1990 AP BGB § 196 Nr. 11). Dies ist zB der Fall, wenn der Prozeß nur auf Antrag einer Partei fortgesetzt werden soll (BAG 18. 2. 1972 AP BGB § 211 Nr. 1). Hat **das Gericht** den Stillstand des Verfahrens herbeigeführt, greift § 211 II nicht ein, unabhängig davon, ob die Untätigkeit des Gerichts zB gem. § 148 ZPO (BAG 29. 3. 1990 AP BGB § 196 Nr. 11) berechtigt oder unberechtigt ist. Etwas anderes gilt nur dann, wenn die Untätigkeit des Gerichts auf ein Verhalten der Parteien zurückzuführen ist, beispielsweise das Ruhen des Verfahrens auf Antrag der Parteien angeordnet wird, § 251 ZPO (BGH 21. 2. 1983 NJW 1983, 2496; BGH 23. 4. 1998 AP BGB § 211 Nr. 2).

22 Für den **Mahnbescheid** verstärkt § 213 S. 2 die Wirkungen des Nichtbetreibens: Beantragt der Antragsteller nicht binnen sechs Monaten nach Zustellung des Mahnbescheids den Erlaß eines Vollstreckungsbescheids, so entfällt die Verjährungsunterbrechung anders als im Fall des § 211 II rückwirkend ganz.

23 **ff) Rücknahme der verjährungsunterbrechenden Maßnahme.** Bei **Klagerücknahme**, Rücknahme des Mahnbescheids oder seiner Wirkungslosigkeit nach § 701 ZPO oder bei rechtskräftiger Abweisung einer Klage durch ein in der Sache selbst nicht entscheidendes Urteil gilt die Verjährung als von Anfang an nicht unterbrochen, § 212 I. Bei teilweiser Klagerücknahme entfällt die Unterbrechung der Verjährung nur für den zurückgenommenen Teil (BAG 14. 10. 1961 DB 1961, 1460, 1588). Bei der Klage bleibt die verjährungsunterbrechende Wirkung nach Rücknahme **erhalten,** wenn der Berechtigte binnen sechs Monaten von neuem die Verjährung unterbricht, § 212 II. Nach §§ 213, 212 a S. 3 gilt die unterbrechungserhaltende Wirkung des § 212 II bei der Rücknahme des Mahnantrags nicht. In Betracht kommt aber eine analoge Anwendung des § 212 II auf die Zurückweisung eines Mahnantrags als unzulässig.

VI. Verkürzung

24 Die Verjährung kann durch Rechtsgeschäft weder ausgeschlossen noch erschwert werden, § 225 S. 1. Deshalb kann auf die Einrede der Verjährung nicht von vornherein wirksam verzichtet werden (BGH 6. 12. 1990 NJW 1991, 974, 975; vgl. aber Rn. 25). Sie kann jedoch durch Vereinbarung grundsätzlich erleichtert, insbesondere die Verjährungsfrist verkürzt werden, § 225 I 2. Ausnahmen ergeben sich aus gesetzlichen Vorschriften. Aus dem Sinn des § 4 IV 3 TVG, der die Vereinbarung von Ausschlußfristen für die Geltendmachung tariflicher Rechte nur durch den Tarifvertrag selbst erlaubt, ergibt sich ein entsprechendes Verbot für die Abkürzung von Verjährungsfristen (*Wiedemann/Stumpf* TVG § 4 Rn. 347, 374; *Hueck/Nipperdey* II/1 § 32 III 3). Für Ansprüche aus Betriebsvereinbarung kann die Verjährungsfrist ebenfalls nur in der Betriebsvereinbarung selbst oder durch Tarifvertrag verkürzt werden, § 77 IV 4 Halbs. 2 BetrVG.

VII. Treu und Glauben

25 Verstößt die Verjährungseinrede gegen Treu und Glauben, so ist sie unbeachtlich. Die Einrede ist mißbräuchlich, wenn der Verpflichtete zuvor den Anschein erweckt hatte, er werde sein Gegenrecht nicht geltend machen, und wenn er dadurch, absichtlich oder unabsichtlich (BAG 24. 5. 1957 AP BGB § 198 Nr. 2), den Berechtigten von der rechtzeitigen Erhebung einer Klage zwecks Verjährungsunterbrechung abgehalten hat (BAG 7. 5. 1986 AP BAT § 4 Nr. 12; BAG 18. 3. 1997 AP BGB § 217 Nr. 1; BAG 4. 11. 1992 – 5 AZR 75/92 – nv.). Die Rechtsprechung hat dies angenommen, wenn der Schuldner dem Gläubiger gegenüber auf die Einrede der **Verjährung verzichtet** (zur Unwirksamkeit dieses Verzichts vgl. Rn. 24) hat (BGH 6. 12. 1990 NJW 1991, 974, 975), wenn der AG die AN nur unzureichend über die **Lohnberechnung** unterrichtet und sie deshalb die rechtzeitige Klageerhebung unterließen (BAG 24. 11. 1958 AP TOA § 3 Nr. 42), oder wenn der AG den AN von einer Klageerhebung durch die Vereinbarung, einen **Musterprozeß** zu führen, von einer Klageerhebung abhielt (BAG 29. 1. 1975 AP BGB § 242 Unzulässige Rechtsausübung Nr. 11).

26 Die Geltendmachung der Verjährungseinrede in Kenntnis des Bestehens der Verpflichtung ist für sich allein noch keine unzulässige Rechtsausübung, weil die Rechtsordnung sie erlaubt. Deswegen ist es dem Schuldner nicht verwehrt, sich auf die Verjährung zu berufen, wenn der Gläubiger mit Rücksicht auf Ansehen und Stellung des Schuldners mit einer pünktlichen Erfüllung seiner Ansprüche rechnen durfte (BAG 29. 7. 1966 AP BGB § 242 Ruhegehalt Nr. 115). Der AG muß den AN nicht auf

die drohende Verjährung seiner Ansprüche aufmerksam machen (BAG 7. 5. 1986 AP BAT § 4 Nr. 12; vgl. für Ausschlußfristen auch Rn. 31).

Der Gläubiger verliert das Recht, sich auf den Einwand der unzulässigen Rechtsausübung berufen **27** zu können, wenn er nicht nach Wegfall der die Klageerhebung verzögernden Umstände den Anspruch innerhalb angemessener Frist geltend macht. Die Rechtsprechung billigt dem Gläubiger eine kurze, in der Mehrzahl der durchschnittlichen Fälle eine vier Wochen nicht übersteigende Überlegungsfrist zu (BAG 24. 11. 1958 AP TOA § 3 Nr. 42; BGH 6. 12. 1990 NJW 1991, 974, 975).

B. Ausschlußfristen

I. Allgemeines

1. Bedeutung. Wie die Verjährung dienen die Ausschlußfristen dem **Rechtsfrieden** und der **Rechts-** **28** **sicherheit** im Vertragsverhältnis. Der Schuldner soll binnen einer angemessenen Frist darauf hingewiesen werden müssen, ob und welche Ansprüche gegen ihn noch geltend gemacht werden. Ferner soll er sich darauf verlassen können, daß nach Fristablauf gegen ihn keine Ansprüche mehr erhoben werden (*Fenski* AuR 1989, 168; *Gaul* ZTR 1988, 123; *Kiefer* NZA 1988, 785; *C. S. Hergenröder* AR-Blattei SD 350 Rn. 4). Dies gilt insbesondere auch nach Beendigung des Arbeitsverhältnisses. Derartige Fristen finden sich regelmäßig in TV, Betriebsvereinbarungen und im Arbeitsvertrag (vgl. hierzu die Untersuchungen *Busse*, Die Ausschlußfrist im Geflecht arbeitsrechtlicher Gestaltungsfaktoren, 1991; *Weber*, Die Ausschlußfrist im Arbeitsrecht, 1983, und *Weyand*, Die tariflichen Ausschlußfristen in Arbeitsrechtsstreitigkeiten, 2. Aufl., 1995).

2. Wirkung. Anders als die als Einrede ausgestaltete **Verjährung** führt die Vereinbarung einer **29** **Ausschlußfrist** zum **Erlöschen des Anspruchs**, sofern er nicht fristgerecht geltend gemacht wird (BAG 30. 3. 1973 AP BGB § 390 Nr. 4). Ausschlußfristen sind vor Gericht **von Amts wegen** zu beachten (BAG 27. 3. 1963 AP BetrVG § 59 Nr. 9). Deshalb muß der Richter sicherstellen, ob ein einschlägiger TV Ausschlußfristen enthält, wenn ihm die Tarifbindung der Parteien bekannt ist. Er ist aber nicht verpflichtet, von sich aus nachzuforschen, ob eine **Tarifbindung** besteht (BAG 15. 6. 1993 AP TVG § 4 Ausschlußfristen Nr. 123).

3. Wirksamkeitsvoraussetzungen. Nach der Entscheidung des BAG 29. 11. 1995 AP AGB-Gesetz **30** § 3 Nr. 1 werden **arbeitsvertragliche Ausschlußfristen** nicht Vertragsinhalt, wenn sie in einem Formular-Arbeitsvertrag ohne besonderen Hinweis und ohne drucktechnische Hervorhebung unter falscher oder mißverständlicher Überschrift plaziert wurden (hierzu § 611 Rn. 555). Tarifvertragliche Ausschlußfristen können durch vertragliche Bezugnahme Gegenstand des Vertrages werden. Dabei kann sich auch eine formlose Bindung durch konkludentes Verhalten der Vertragsparteien oder betriebliche Übung ergeben (BAG 19. 1. 1999 AP TVG § 1 Bezugnahme auf Tarifvertrag Nr. 9). Fraglich ist, ob die Entscheidung im Lichte des NachwG Bestand haben kann (hierzu § 2 NachwG Rn. 26).

Tarifvertragliche Ausschlußfristen laufen auch, wenn sie den Parteien unbekannt sind (BAG 18. 2. **31** 1992 AP TVG § 4 Ausschlußfristen Nr. 115) oder wenn der TV entgegen § 8 TVG nicht im Betrieb ausgehängt wurde (BAG 8. 1. 1970 AP TVG § 4 Ausschlußfristen Nr. 43). Im Einzelfall kann es jedoch rechtsmißbräuchlich sein, sich auf eine Ausschlußfrist im TV zu berufen, die man gesetzeswidrig nicht ausgelegt hat (*Küttner/Eisemann* Ausschlußfrist 79 Rn. 3; *Schaub* § 205 IV). Es besteht aber keine Verpflichtung des AG, die Unkenntnis des AN von der Geltung tariflicher Ausschlußfristen zu beseitigen (BAG 15. 6. 1972 AP BGB § 242 Auskunftspflicht Nr. 14; *Fenski* BB 1987, 2293 ff.). Nach **Konkurseröffnung** sind tarifliche Ausschlußfristen nicht mehr zu beachten (BAG 18. 12. 1984 AP TVG § 4 Ausschlußfristen Nr. 87). Bei Fortführung des Betriebs durch den Konkursverwalter unterfallen jedoch Forderungen, die nach Konkurseröffnung erworben werden, wieder den tariflichen Ausschlußfristen (LAG 20. 3. 1998 EWiR 1999, 121).

II. Reichweite

1. Ausschlußfristen in Tarifverträgen. a) Unabdingbare gesetzliche Ansprüche. Umstritten ist, **32** ob **unabdingbare gesetzliche** Ansprüche **tarifvertraglichen** Ausschlußfristen unterworfen werden können. Das BAG bejaht dies in ständiger Rechtsprechung (BAG 24. 5. 1973 AP TVG § 4 Ausschlußfristen Nr. 52; BAG 20. 4. 1989 AP BUrlG § 7 Abgeltung Nr. 47). Soweit hierfür eine Begründung gegeben wird, verweist die Rechtsprechung darauf, daß die zwingende Natur des gesetzlichen Anspruchs lediglich bedeute, daß er nach Inhalt und Voraussetzungen nicht umgestaltet werden könne. Die zeitliche Begrenzung seiner Geltendmachung durch eine Ausschlußfrist sei jedoch nicht ausgeschlossen (BAG 30. 3. 1962 AP TVG § 4 Ausschlußfristen Nr. 28). Hierfür spricht, daß ansonsten ein nicht auflösbarer Wertungswiderspruch zu § 225 S. 2 bestünde, der die Verkürzung der Verjährung auch für unabdingbare Ansprüche zuläßt; es ist nicht einsichtig, daß für Ausschlußfristen – mit Ausnahme der Regelung in § 4 IV TVG – etwas anderes gelten soll (*Preis* ZIP 1989, 885, 891). Andererseits hat bereits der 6. Senat entschieden, daß zum Inhalt eines Rechts auch die Dauer, innerhalb derer es geltend gemacht werden könne, gehöre (BAG 5. 4. 1984 AP BUrlG § 13 Nr. 16). In der Literatur wird deshalb gefordert, daß Ausschlußfristen in TV für Gesetzesnormen nur dann wirksam vereinbart werden können, wenn der gesetzliche Anspruch tarifdispositiv ausgestaltet ist (*Preis* ZIP 1989, 885, 891; *Küttner/Eisemann* Ausschlußfrist Rn. 11).

33 **b) Betriebsvereinbarungen.** Aus dem Vorrang des TV nach §§ 77, 87 BetrVG gegenüber Betriebsvereinbarungen und aus § 77 IV 4 BetrVG ergibt sich, daß in einem TV für Rechte aus einer **Betriebsvereinbarung** Ausschlußfristen vereinbart werden können. So unterfallen auch Ansprüche aus einem Sozialplan nach der Rspr. des BAG tariflichen Ausschlußfristen (BAG 19. 1. 1999 AP TVG § 1 Bezugnahme auf Tarifvertrag Nr. 9).

34 **c) Arbeitsvertragliche Vereinbarungen.** Beruht ein Recht allein auf **arbeitsvertraglicher Vereinbarung,** so soll es durch eine tarifliche Ausschlußfrist ohne weiteres erfaßt werden. Dies ist unter dem Gesichtspunkt des Günstigkeitsprinzips (§ 4 III TVG) unzutreffend, soweit **einseitig** die ANAnsprüche der Verfallklausel unterworfen werden. Da die Ausschlußfrist im zeitlichen Bestand eines Rechts verkürzt, ist eine unbefristete arbeitsvertragliche Gewährung, die lediglich den Verjährungsvorschriften unterworfen ist, stets günstiger. Gleiches gilt, wenn bestimmte einzelvertragliche Ansprüche von der tariflichen Ausschlußfrist ausdrücklich ausgenommen oder die tarifliche Verfallfrist im Arbeitsvertrag für sie verlängert wurde. Liegt jedoch eine **beiderseitige** auch die AGAnsprüche erfassende Ausschlußfrist vor, so kann über die Günstigkeit keine Aussage gemacht werden (vgl. auch BAG 11. 10. 1979 AP TVG § 4 Ausschlußfristen Nr. 70). Es gilt dann nach allgemeinen Regeln die tarifliche Ausschlußfrist.

35 **2. Ausschlußfristen in Betriebsvereinbarungen. a) Gesetzliche Ansprüche.** Ob gesetzliche Ansprüche von Verfallfristen in Betriebsvereinbarungen auch erfaßt werden, wenn sie unabdingbar sind, hat das BAG bis jetzt nicht entschieden. Die Frage muß aber wie bei der gleichgelagerten Problematik, gesetzlich unabdingbare Rechte durch tarifvertragliche Ausschlußfristen wirksam zu verkürzen, beantwortet werden (vgl. Rn. 32).

36 **b) Tarifvertragliche Ansprüche.** Tarifvertragliche Ansprüche werden wegen § 4 IV 3 TVG nicht berührt.

37 **c) Ansprüche aus Betriebsvereinbarungen.** Ansprüche aus Betriebsvereinbarung können grundsätzlich durch Ausschlußfristen in Betriebsvereinbarungen erfaßt werden, § 77 IV 4 BetrVG. Zu beachten ist aber, daß gem. § 77 III BetrVG Ausschlußfristen nicht in Betriebsvereinbarungen wirksam vereinbart werden können, wenn sie schon im TV enthalten sind oder dort üblicherweise geregelt werden, falls der TV nicht insoweit eine Öffnungsklausel enthält (BAG 9. 4. 1991 AP BetrVG 1972 § 77 Tarifvorbehalt Nr. 1).

38 **d) Einzelvertragliche Ansprüche.** Auch im Verhältnis Einzelarbeitsvertrag und Betriebsverfassung gilt das Günstigkeitsprinzip (BAG GS 7. 11. 1989 AP BetrVG 1972 § 77 Nr. 46). Zur Erfassung **einzelvertraglicher** Ansprüche vgl. Rn. 34.

39 **3. Ausschlußfristen im Arbeitsvertrag. a) Gesetzliche Ansprüche.** Die **einzelvertragliche Vereinbarung** einer Verfallklausel für **abdingbare gesetzliche Ansprüche** ist im Rahmen der Vertragsfreiheit zulässig und wirksam (*Wiedemann/Stumpf* TVG § 4 Rn. 365). Gleiches bejaht der 2. Senat des BAG für **unabdingbare** gesetzliche Ansprüche (BAG 24. 3. 1988 AP BGB § 241 Nr. 1 unter Hinweis auf BAG 25. 7. 1984 – 5 AZR 219/82 – nv.) und zwar unabhängig davon, ob die Klausel ausdrücklich im Einzelfall ausformuliert oder auf eine Verfallklausel in TV verwiesen wird. Die Verfallklausel beträfe nicht den Inhalt des Anspruchs, sondern allein seine Geltendmachung. Damit kommt es zu einer Gleichbehandlung von tarif- und einzelvertraglich vereinbarten Ausschlußfristen bzgl. unabdingbarer gesetzlicher ANRechte (vgl. Rn. 32). Widersprüchlich ist insofern die Entscheidung des 6. Senats vom 5. 4. 1984 AP BUrlG § 13 Nr. 16, die die Wirksamkeit einer einzelvertraglichen Ausschlußfrist für gesetzliche Urlaubsansprüche mit der Begründung verneinte, § 13 I BUrlG sehe eine Abweichung von den Vorschriften des BUrlG zuungunsten des AN nur in **TV** vor. Denn wenn die einzelvertraglich vereinbarte Verfallklausel unabdingbare gesetzliche Ansprüche erfassen soll, so muß dies erst recht für gesetzliche Ansprüche gelten, die der Gesetzgeber bereits mit einer ausdrücklichen Einschränkungsmöglichkeit versehen hat. In der Literatur wird gefordert, daß einzelvertragliche Ausschlußfristen nur gesetzlich abdingbare Ansprüche erfassen können sollen (*Hanau/Preis* II A 150 Rn. 10).

40 **b) Tarifliche Ansprüche.** Tarifliche Ansprüche werden bei **beiderseitiger Tarifbindung** wegen § 4 I 3 TVG von arbeitsvertraglichen Ausschlußfristen nicht erfaßt (§ 4 TVG Rn. 95). Anderes gilt bei **fehlender Tarifbindung:** Die einzelvertragliche Vereinbarung einer Verfallklausel für nicht durch TV begründete Ansprüche ist im Rahmen der Vertragsfreiheit nach §§ 241, 305 zulässig und zwar unabhängig davon, ob auf eine tarifliche Verfallklausel verwiesen oder die Klausel im Einzelarbeitsvertrag ausdrücklich ausformuliert wird (BAG 24. 3. 1988 AP BGB § 241 Nr. 1).

41 **c) Ansprüche aus Betriebsvereinbarungen.** Ansprüche aus **Betriebsvereinbarung** können durch das Verbot des § 77 IV 4 BetrVG nicht durch arbeitsvertragliche Ausschlußfristen verkürzt werden.

III. Inhaltskontrolle

1. Tarifvertragliche Ausschlußfristen. Die Rechtsprechung lehnt eine Inhaltskontrolle tarifvertraglicher Bestimmungen generell ab, da aus der Parität der TVParteien eine weitgehende Richtigkeitsgewähr folgt (BAG 30. 9. 1971 AP BGB § 620 Befristeter Arbeitsvertrag Nr. 36). Das BAG überprüft TV deshalb nur auf Verstöße gegen Verfassungsrecht, zwingendes Gesetzesrecht, gute Sitten und tragende Grundsätze des Arbeitsrechts. Dies gilt auch für tarifvertragliche Ausschlußfristen. So steht die Entscheidung über die Länge tariflicher Ausschlußklauseln grundsätzlich im gerichtlich nicht nachprüfbaren Ermessen der TVParteien (BAG 22. 9. 1999 NZA 2000, 551). Extrem kurze Fristen können allerdings einen Verstoß gegen das von den Gerichten zu berücksichtigende Gebot von Treu und Glauben oder das Verbot der Sittenwidrigkeit darstellen (BAG 16. 11. 1965 AP TVG § 4 Ausschlußfristen Nr. 30; vgl. auch ArbG Hamburg 18. 5. 1998 DB 1998, 1523). Eine zweimonatige tarifliche Ausschlußfrist hat das BAG gebilligt (BAG 22. 9. 1999 NZA 2000, 551). 42

2. Einzelvertragliche Ausschlußfristen. Die Vereinbarung von Ausschlußfristen in (Formular-)Arbeitsverträgen ist im Rahmen der Vertragsfreiheit zulässig (BAG 17. 6. 1997 AP HGB § 74b Nr. 2; LAG Düsseldorf 12. 9. 1980 DB 1981, 590; AR-Blattei/*Leser,* Ausschlußfrist, GV; *Schaub* § 205 I 2). Rechtsprechung und Literatur haben die zu tarifvertraglichen Ausschlußfristen entwickelten Grundsätze zur Inhaltskontrolle für einzelvertragliche Ausschlußfristen übernommen (BAG 24. 3. 1988 AP BGB § 241 Nr. 1; *Bauer* NZA 1987, 440 ff.; *Becker/Bader* BB 1981, 1709, 1712). Problematisch ist dies zumindest für eine im Arbeitsvertrag gestellte vorformulierte Ausschlußfrist, weil im Individualarbeitsrecht hinsichtlich einer Inhaltskontrolle andere Grundsätze als im TVRecht gelten (*Preis* ZIP 1989, 885 ff.). Hinzuweisen ist auch auf die Wertungsdiskrepanz zwischen allgemeinem Privatrecht und dem Arbeitsrecht: Der BGH hat wiederholt vor und nach Inkrafttreten des AGB-Gesetzes Verjährungs- und Ausschlußfristen einer Inhaltskontrolle unterzogen und sechs- bzw. dreimonatige Verjährungsfristen in unterschiedlichen Verträgen als unterschiedliche Verjährungsfristen als unangemessene Benachteiligung nach § 242 des Vertragspartners verworfen (BGH 14. 4. 1975 BGHZ 64, 238 ff.; BGH 20. 3. 1978 BGHZ 71, 167 ff.; BGH 24. 9. 1979 VersR 1980, 40; BGH 19. 5. 1988 DB 1989, 106 ff.). Das BAG hat sich mit dieser Rechtsprechung des BGH noch nicht befaßt, obwohl dies angesichts der weiten Verbreitung von sechs- bis einmonatigen Ausschlußfristen im Arbeitsrecht notwendig wäre (offengelassen in BAG 29. 11. 1995 AP AGB-Gesetz § 3 Nr. 1). Für die Bewertung der Frage, wie kurz eine Ausschlußfrist bemessen sein darf, sind Leitlinien zu entwickeln, die die Interessenlage der Parteien, das dispositive Leitbild des § 196 I Nr. 8, 9, die Zwecke der Frist, die Art des Anspruchs und der Arbeitsvertragsbeziehungen, den Fristbeginn und den Grad der Fristverkürzung einbeziehen (hierzu ausführlich *Preis* ZIP 1989, 885 ff.). Zumindest der Diskussionsentwurf für ein Arbeitsvertragsgesetz hat reagiert und vertragliche Verjährungs- und Ausschlußfristen von weniger als sechs Monaten für unwirksam erklärt (§ 159 ArbVG 92). Der 9. Senat des BAG hält dagegen eine zweimonatige Ausschlußfrist für wirksam (BAG 17. 6. 1997 AP HGB § 74b Nr. 2; s.a. LAG Köln 18. 11. 1996 ARSt. 1997, 91; aA ArbG Hanau 29. 8. 1996 BB 1997, 582; eine einmonatige Ausschlußfrist hält für unwirksam LAG Sachsen-Anhalt 19. 6. 1998 – 2 Sa 64/98 –). 43

IV. Auslegung von Ausschlußfristen

1. Erfaßte Rechte. Welche Rechte eine Ausschlußklausel **erfassen** will, ist eine Frage der Auslegung. Entscheidend kommt es auf Wortlaut und Regelungszusammenhang der Ausschlußfrist an. Typische Ausschlußfristen erfassen **Ansprüche aus dem Arbeitsverhältnis** (§ 70 BAT), oder **alle beiderseitigen Ansprüche aus dem Arbeitsverhältnis und solche, die mit dem Arbeitsverhältnis in Verbindung stehen** (§ 16 BRTV-Bau). Dabei ist insbesondere zum Schutze des AN die Regelung des Anwendungsbereichs **eng** auszulegen (BAG 4. 9. 1991 AP TVG Ausschlußfristen Nr. 113). Grundsätzlich kommt es nicht auf die konkrete materiell-rechtliche Anspruchsgrundlage an, sondern darauf, ob der Entstehungsbereich des Anspruchs im Arbeitsverhältnis liegt (BAG 26. 2. 1992 AP BPersVG § 46 Nr. 18). Entscheidend soll die enge Verknüpfung eines Lebenssachverhaltes mit dem Arbeitsverhältnis sein. Die Kasuistik zu der Frage, welche Ansprüche im einzelnen unter die Ausschlußfrist fallen, die auf Ansprüche aus dem Arbeitsverhältnis abstellt, ist nahezu unüberschaubar und kann deshalb hier nicht vollständig dargestellt werden. Auf folgende wichtige Entscheidungen, in denen das Tatbestandsmerkmal „**Anspruch aus dem Arbeitsverhältnis**" bejaht wurde, soll hier hingewiesen werden: „Alle Ansprüche aus dem Austauschverhältnis" (BAG 27. 11. 1984 AP TVG § 4 Ausschlußfristen Nr. 89); „Rückzahlungsansprüche des AG" (BAG 26. 4. 1978 AP TVG § 4 Ausschlußfristen Nr. 64; BAG 4. 9. 1991 AP TVG § 4 Ausschlußfristen Nr. 113); „Ansprüche aus unerlaubter Handlung" (BAG 6. 5. 1969 AP TVG § 4 Ausschlußfristen Nr. 42; BAG 26. 5. 1981 AP TVG § 4 Ausschlußfristen Nr. 71; **aA** *Löwisch/Rieble,* TVG § 1 Rn. 477); „Anspruch auf Erteilung eines qualifizierten Zeugnisses" (BAG 23. 2. 1983 AP BAT § 70 Nr. 10); „Anspruch auf Abfindung des AN nach § 113 III BetrVG" (BAG 20. 6. 1978 AP BetrVG 1972 Nr. 3); „Sozialplanansprüche" (BAG 19. 1. 1999 – 1 AZR 606/98); „Abfindungsansprüche aus außergerichtlichem Vergleich (LAG Berlin 27. 7. 44

1998 LAGE TVG § 4 Ausschlußfristen Nr. 48); „Ansprüche auf vermögenswirksame Leistungen" (BAG 27. 11. 1991 AP TVG § 4 Nachwirkung Nr. 22); „Urlaubs- und Urlaubsabgeltungsansprüche" (BAG 7. 11. 1985 AP BUrlG § 7 Abgeltung Nr. 25; BAG 19. 1. 1999 AP TVG § 1 Tarifverträge: Druckindustrie Nr. 34); „Vertragliche Erstattungsansprüche" (BAG 1. 12. 1967 AP BGB § 670 Nr. 17; BAG 14. 6. 1974 AP BGB § 670 Nr. 20); „Ansprüche auf Rückzahlung überbezahlter Lohnbeträge" (BAG 6. 4. 1978 AP TVG § 4 Ausschlußfristen Nr. 64); „Ansprüche auf Rückzahlung von Lohn- und Gehaltsvorschüssen" (BAG 18. 6. 1980 AP TVG § 4 Ausschlußfristen Nr. 68); „Entgeltforderungen aus § 10 I AÜG" (BAG 27. 7. 1983 AP AÜG § 10 Nr. 6); „Ansprüche auf Rückzahlung von Ausbildungsbeihilfen" (BAG 12. 12. 1979 AP BGB § 611 Ausbildungsbeihilfe Nr. 4); „Ansprüche aus § 87 c HGB" (BAG 23. 3. 1982 AP HGB § 87 c Nr. 18); „Lohnfortzahlung im Krankheitsfall" (BAG 15. 11. 1973 AP TVG § 4 Ausschlußfristen Nr. 53); „Karenzentschädigung bei vertraglichem Wettbewerbsverbot" (BAG 18. 12. 1984 AP TVG § 4 Ausschlußfristen Nr. 87; BAG 17. 6. 1997 AP HGB § 74 b Nr. 2); „Mehrarbeitsvergütung" (BAG 26. 8. 1960 AP TVG § 4 Ausschlußfristen Nr. 6); „Schadensersatzansprüche wegen Verletzung der Fürsorgepflicht" (BAG 25. 4. 1972 AP BGB § 611 Öffentlicher Dienst Nr. 9); „Vertragsstrafe" (BAG 7. 11. 1969 AP BGB § 340 Nr. 1); „Freizeitausgleich eines Personalratsmitglieds" (BAG 26. 2. 1992 AP BPersVG § 46 Nr. 18); Ablieferung von Nebentätigkeitsvergütungen (LAG Berlin 7. 10. 1998 ZTR 1999, 169).

45   Eine Klausel des Inhalts, die sich auf alle Ansprüche bezieht, die mit dem Arbeitsverhältnis **im Zusammenhang bzw. in Verbindung stehen,** erfaßt trotz ihres weiten Ansatzes nicht solche Ansprüche aus selbständigen neben dem Arbeitsverhältnis geschlossenen anderen bürgerlich-rechtlichen Verträgen, wie zB Forderungen aus Miet- oder Kaufverträgen (BAG 20. 1. 1982 AP TVG § 4 Ausschlußfristen Nr. 72) oder Zinsforderungen aus Arbeitgeberdarlehen (BAG 23. 2. 1999 AP BGB § 611 Arbeitnehmerdarlehen Nr. 4). Oftmals werden strafbare Handlungen und unerlaubte Handlungen ausdrücklich vom Geltungsbereich der Ausschlußfrist ausgenommen. Der Verstoß gegen ein arbeitsrechtliches Schutzgesetz kann dann über § 823 II BGB dazu führen, daß für die Geltendmachung eines arbeitsvertraglichen Anspruchs die Ausschlußfrist nicht gilt (zu § 2 I BeschFG vgl. BAG 12. 6. 1996 AP BGB § 611 Werkstudent Nr. 4).

46   **2. Nicht erfaßte Rechte.** Regelmäßig **nicht erfaßt** von Ausschlußfristen sind das **Statusverhältnis** der AN prägende und andere besonders wichtige Ansprüche, die teilweise aus dem Persönlichkeitsrecht herrühren. Hierzu gehören der Anspruch auf Beseitigung oder Rücknahme einer Abmahnung (BAG 14. 12. 1994 AP BGB § 611 Abmahnung Nr. 15); Schulungskosten eines Betriebsratsmitglieds (BAG 30. 1. 1973 AP BetrVG 1972 § 40 Nr. 3); Stammrechte aus der betrieblichen Altersversorgung (BAG 27. 2. 1990 AP TVG § 4 Ausschlußfristen Nr. 107); einzelne Ruhegeldraten (BAG 3. 4. 1990 EzA TVG § 4 Ausschlußfristen Nr. 94; anders BAG 19. 7. 1983 AP BetrAVG § 1 Zusatzversorgungskasse Nr. 1); der Anspruch auf eine Ruhegeldzusage (BAG 24. 5. 1974 AP BGB § 242 Ruhegehalt – VBL Nr. 5); Unterstützungsleistungen für Angehörige bei Tod des AN (LAG Hessen 13. 1. 1995 NZA-RR 1996, 60 ff.); Vorruhestandsleistungen im Baugewerbe (BAG 5. 9. 1995 AP TVG § 4 Vorruhestand Nr. 24); schöpferische Sonderleistungen des AN (BAG 21. 6. 1979 AP ArbNErfG § 9 Nr. 4); Ansprüche auf Herausgabe des Eigentums (BAG 15. 7. 1987 AP BGB § 611 Persönlichkeitsrecht Nr. 14); Sozialplanansprüche mit Vorsorgecharakter (BAG 3. 4. 1990 EzA TVG § 4 Ausschlußfristen Nr. 94; anders bei einmaligen Leistungen BAG 19. 1. 1999 AP TVG § 1 Bezugnahme auf Tarifvertrag Nr. 9); Ansprüche wegen Eingriffs in Persönlichkeitsrechte (BAG 15. 7. 1987 AP BGB § 611 Persönlichkeitsrecht Nr. 14); Ansprüche auf vertragsgemäße Beschäftigung (BAG 15. 5. 1991 AP BGB § 611 Beschäftigungspflicht Nr. 23); Abfindungsansprüche aus gerichtlichem Vergleich (BAG 13. 1. 1982 AP KSchG 1969 § 9 Nr. 7); Schadensersatzansprüche wegen Versorgungsschäden (BAG 13. 12. 1988 AP BetrVG § 1 Zusatzversorgungskassen Nr. 22). Nicht erfaßt sind Zinsforderungen aus Arbeitgeberdarlehen (BAG 23. 2. 1999 AP BGB § 611 Arbeitnehmerdarlehen Nr. 4) ebenso wie Rückzahlungsforderungen (aA LAG Niedersachsen 9. 11. 1999 DB 2000, 227 n. rkr.).

V. Persönlicher Geltungsbereich

47   Umstritten ist, ob Ausschlußfristen allein für ANAnsprüche statuiert werden können, während es für die AGAnsprüche bei den Verjährungsvorschriften des BGB (§ 196 I Nr. 8 und 9) bleibt, sog. **einseitige Ausschlußfristen.** Die hM (BAG 27. 9. 1967 AP TVG § 1 Tarifverträge Fernverkehr Nr. 1; BAG 28. 6. 1967 AP TVG § 4 Ausschlußfristen Nr. 36; BAG 4. 12. 1997 AP TVG § 4 Ausschlußfristen Nr. 143; *Wiedemann/Stumpf* TVG § 4 Rn. 390; *Löwisch/Rieble* TVG § 1 Rn. 470; *Bauer* NZA 1987, 440; **aA** *Kempen/Zachert* TVG § 4 Rn. 258; für einzelvertragliche Fristen *Kramer* BB 1997, 731, 734) hat in **TV** einseitige Ausschlußfristen gebilligt, weil sie einen beachtlichen sachlichen Unterschied darstellen könne, ob eine Vielzahl von AN ihre Ansprüche gegen den AG rechtzeitig geltend machen muß oder ob der AG einer Vielzahl von einzelnen AN gegenüber kurzfristig Ansprüche geltend machen müsse. Einseitige Ausschlußfristen, auch soweit sie nur für bestimmte ANGruppen gelten, halten idR einer Rechtskontrolle anhand Art. 3 I GG stand (BAG 4. 12. 1997 AP TVG § 4 Ausschlußfristen Nr. 143). Beiderseitige Verfallfristen müssen von AG und AN eingehalten werden (BAG

B. Ausschlußfristen

26. 4. 1978 AP TVG § 4 Ausschlußfristen Nr. 64). Verfallfristen erfassen weder Ansprüche der AN bzw. der AG untereinander noch Ansprüche gegenüber Dritten (BAG 19. 10. 1983 AP BGB § 611 Ärzte, Gehaltsansprüche Nr. 37). Sie wirken aber gegenüber dem Rechtsnachfolger des Anspruchsberechtigten (BAG 24. 5. 1973 AP TVG § 4 Ausschlußfristen Nr. 52), nicht aber gegenüber dem Gläubiger des säumigen Drittschuldners (LAG Köln 9. 7. 1991 NZA 1992, 82).

VI. Zeitlicher Geltungsbereich

Die Wirkung einer Ausschlußfrist beginnt bei TV mit der **Tarifunterworfenheit** des Arbeitsverhältnisses, bei vertraglicher Grundlage mit Vertragsschluß. Bestand die Tarifbindung bereits beim Abschluß des Arbeitsvertrages, so läuft die Ausschlußfrist sofort. Tritt die Tarifbindung erst nach Vertragsschluß ein, so will das BAG von diesem Zeitpunkt an lediglich eine „angemessene Nachfrist" setzten (BAG 24. 4. 1958 AP JugSchG Niedersachsen § 16 Nr. 1). Richtigerweise muß aber den Arbeitsvertragsparteien ab Eintritt der Tarifgebundenheit die volle Ausschlußfrist zustehen (ebenso *Wiedemann/Stumpf* TVG § 4 Rn. 397; *Löwisch/Rieble* TVG § 4 Rn. 471). Ausschlußklauseln können aber auch durch ausdrückliche Verlegung des Wirkungsbeginns vor den Zeitpunkt des Abschlusses des TV **rückwirkend** in Kraft gesetzt werden. Der in der Zukunft liegende Teil der Frist muß jedoch genügend Zeit zur Geltendmachung der Forderung lassen (BAG 14. 7. 1965 AP TVG Tarifverträge BAVAV Nr. 5). Sieht der TV vor, daß Ansprüche dann nicht wegen Versäumung der Ausschlußfrist erlöschen, wenn den AN der TV nicht ausgehändigt wurde, läuft die Ausschlußfrist regelmäßig erst mit Erfüllung dieser Voraussetzung (BAG 11. 11. 1998 AP TVG § 1 Bezugnahme auf Tarifvertrag Nr. 8).

48

VII. Fristbeginn

Die Verfallklausel verlangt vom Gläubiger die fristgemäße Geltendmachung. Häufigster Fall des Fristbeginns ist die **Fälligkeit** des Anspruchs. Nun gibt es im Arbeitsverhältnis eine Anzahl von Ansprüchen „aus dem Arbeitsverhältnis", deren Grund und den Höhe der AN im Zeitpunkt der Fälligkeit nicht kennen kann. Den besonderen Härten, denen der Gläubiger insbesondere durch das Zusammenspiel einer kurzen Verfallfrist (bei zweistufigen Aussschlußfristen mit einer kurzen zweistufigen Ausschlußfrist) mit dem Beginn der Ausschlußfrist ausgesetzt sein kann, begegnet das BAG mit einer **eigenen Definition einer Fälligkeit** im Sinne (tariflicher) Ausschlußfristen (BAG 26. 5. 1981 AP TVG § 4 Ausschlußfristen Nr. 71; BAG 16. 5. 1984 AP TVG § 4 Ausschlußfristen Nr. 85): Für Ansprüche soll die Frist mit dem Zeitpunkt zu laufen beginnen, in dem der Berechtigte den Anspruch **rechtlich und tatsächlich** geltend machen kann. Danach muß der Anspruch zunächst **fällig** sein. Ferner muß der Anspruchsberechtigte – anders als bei der Verjährung – **objektiv** in der Lage sein, die Anspruchshöhe zu beziffern (BAG 17. 10. 1974 AP TVG § 4 Ausschlußfristen Nr. 55). Entsprechend dem Zweck der Ausschlußfristen, Rechtssicherheit und -klarheit zu schaffen, muß der Beginn der Ausschlußfrist nach einem allgemeinen und objektiven Maßstab ermittelt werden (BAG 23. 8. 1990 AP TVG § 1 Tarifverträge Metallindustrie Nr. 93). In dem Bemühen, dem Zusammenspiel von Fristbeginn (Fälligkeit) und kurzen tariflichen Ausschlußfristen die Härte zu nehmen und deshalb im Einzelfall einen neuen Fälligkeitszeitpunkt zu konstruieren, hat sich eine systematisch schwer nachvollziehbare Rechtsprechung entwickelt (kritisch hierzu *Preis* ZIP 1989, 885, 896; *Kiefer* NZA 1988, 785). So läuft trotz der Fälligkeit des Anspruchs eine hieran anknüpfende Ausschußfrist nicht, wenn der AG verpflichtet ist, eine **Abrechnung** zu erteilen, damit der AN seinen Anspruch geltend machen kann. Die Frist beginnt vielmehr mit Rechnungslegung zu laufen (BAG 6. 11. 1985 AP TVG § 4 Ausschlußfristen Nr. 93). Verfällt der Anspruch auf Rechnungslegung, beginnt mit Erlöschen dieses Anspruchs auch die Frist für den abzurechnenden Anspruch zu laufen (BAG 27. 11. 1987 AP TVG § 4 Ausschlußfristen Nr. 89). Die Ausschlußfrist für einen gegen den AG gerichteten **Freistellungsanspruch von der Außenhaftung gegenüber einem Dritten** beginnt erst, wenn der AN von dem Dritten mit Erfolg in Anspruch genommen worden ist (BAG 18. 1. 1966 AP BGB § 611 Haftung des AN Nr. 37). Mit Beendigung des Arbeitsverhältnisses wird der Anspruch auf **Nachteilsausgleich** nach § 113 BetrVG fällig, auch wenn über die Wirksamkeit der Kündigung noch vor dem Arbeitsgericht gestritten wird (BAG 3. 8. 1982 AP BetrVG 1972 § 113 Nr. 5). Der AG darf bei Ansprüchen aus **unerlaubter Handlung** bei nicht leicht aufzuklärenden komplexen Tatbeständen das Ende des Strafverfahrens abwarten, bevor die Fälligkeit eintritt (BAG 26. 5. 1981 AP TVG § 4 Ausschlußfristen Nr. 71). Die Ausschlußfrist für einen **Rückgriffsanspruch** des AG gegen den AN wegen eines vom AN verursachten Schadens beginnt nicht mit Schadensentstehung, sondern mit Inanspruchnahme des AG durch den geschädigten Dritten zu laufen (BAG 16. 3. 1966 AP TVG § 4 Ausschlußfristen Nr. 32). Für Ansprüche auf **Rückzahlung zuviel gezahlten Entgelts** beginnt die Verfallfrist im Regelfall im Zeitpunkt der Überzahlung; auf die Kenntnis des AG von seinem Rückzahlungsanspruch kommt es nicht an. Zu einem späteren Zeitpunkt beginnt die Ausschlußfrist nur dann, wenn der AG die Überzahlung nicht kennen kann (BAG 27. 3. 1996 AP BAT § 70 Nr. 26; LAG Köln 19. 6. 1998 ZTR 1999, 24). Die Ausschlußfrist für einen **Schadensersatzanspruch** beginnt zu laufen, wenn der

49

Geschädigte bei Beachtung der gebotenen Sorgfalt Kenntnis von Schadensfall und -höhe haben kann (BAG 16. 5. 1984 AP TVG § 4 Ausschlußfristen Nr. 85). Für einen **Vertragsstrafeanspruch** wegen Nichterfüllung beginnt die Ausschlußfrist zu laufen, wenn der AG vom AN Erfüllung verlangt. Denn bis zu diesem Zeitpunkt steht dem AG das von der Ausschlußfrist nicht erfaßte Wahlrecht zwischen Erfüllung und Vertragsstrafe zu (BAG 7. 1. 1969 AP BGB § 340 Nr. 1).

50   Hat es der Gläubiger in der Hand, den Anspruch **fällig** zu stellen, beginnt die Verfallfrist erst mit der Fälligstellung zu laufen. Durch die einseitige Erklärung, er zahle „unter Vorbehalt", kann der AG den Beginn der Ausschlußfrist des § 70 BAT für die Geltendmachung von Ansprüchen auf Rückzahlung von gezahltem Arbeitsentgelt nicht hinausschieben. In dieser Erklärung des AG und der widerspruchslosen Entgegennahme des Arbeitsentgelts durch den AN liegt auch keine Vereinbarung des Inhalts, daß der Beginn der Ausschlußfrist des § 70 BAT hinausgeschoben werden soll (BAG 27. 3. 1996 AP BAT § 70 Nr. 26).

51   Ändert der Anspruch seinen Inhalt, wie zum Beispiel bei einem Übergang von einem Freistellungs- in einen Zahlungsanspruch, beeinflußt diese **Inhaltsänderung** den Lauf der Ausschlußfrist nicht; es beginnt insbesondere keine neue Frist zu laufen (BAG 1. 12. 1967 AP BGB § 670 Nr. 17; BAG 16. 3. 1995 AP TVG § 4 Ausschlußfristen Nr. 129).

52   Denkbar ist, daß die Parteien den Fristbeginn an die **Entstehung**, die **Ablehnung** eines Anspruchs oder die **Beendigung** des Arbeitsverhältnisses anknüpfen. Soweit in TV von der Entstehung des Anspruchs die Rede ist, wird oft seine Fälligkeit gemeint sein (BAG 9. 8. 1990 AP BGB § 615 Nr. 46). Soll eine Verfallfrist mit der Beendigung des Arbeitsverhältnisses zu laufen beginnen, ist damit im Zweifel die rechtliche, nicht die tatsächliche Beendigung gemeint. Derartige Verfallfristen laufen deshalb erst ab Rechtskraft des Urteils, das einen Rechtsstreit über die Beendigung des Arbeitsverhältnisses abschließt (BAG 3. 12. 1970 AP TVG § 4 Ausschlußfristen Nr. 45). Knüpft eine Ausschlußfrist an das Ausscheiden aus dem Arbeitsverhältnis an, beginnt sie im Fall des § 613 a mit dem Zeitpunkt des Betriebsübergangs zu laufen (BAG 10. 8. 1994 AP TVG § 4 Ausschlußfristen Nr. 126).

53   Der Fristlauf der zweiten Stufe einer zweistufigen Ausschlußfrist (vgl. hierzu Rn. 59) setzt regelmäßig voraus, daß der Schuldner auf die Anspruchserhebung in der ersten Stufe ablehnend oder nicht fristgerecht reagiert. Genügt für die Geltendmachung in der ersten Stufe eine Kündigungsschutzklage (Rn. 60), ist der Klagabweisungsantrag bereits eine Ablehnung derjenigen Ansprüche, die vom Ausgang des Verfahrens abhängen (BAG 13. 9. 1984 AP TVG § 4 Ausschlußfristen Nr. 86). Nur wenn die Ausschlußfrist eine ausdrückliche Ablehnung fordert, ist eine gesonderte Erklärung erforderlich (BAG 4. 5. 1977 AP TVG § 4 Ausschlußfristen Nr. 60).

VIII. Fristlauf

54   Die Ausschlußfrist läuft, wenn nichts anderes bestimmt ist, nur einmal und nur die genau bestimmte Zeit. Die Vorschriften über Hemmung und Unterbrechung finden keine entsprechende Anwendung. Ist die Ausschlußfrist einmal gewahrt, ist eine weitere Geltendmachung nicht erforderlich (BAG 9. 8. 1990 AP BGB § 615 Nr. 46). Dies gilt auch bei einer durch Anerkenntnis des Schuldners gewahrten Ausschlußfrist (BAG 20. 10. 1982 AP TVG § 4 Ausschlußfristen Nr. 76; aA BAG 29. 5. 1985 AP TVG § 4 Ausschlußfristen Nr. 92 zur erteilten Lohnabrechnung). Die unverschuldete Unkenntnis von Anspruch oder Ausschlußfrist ändert nichts am Rechtsverlust (BAG 28. 2. 1979 AP BAT § 70 Nr. 6). Genausowenig beeinflußt die unverschuldete Fristversäumung den Lauf der Verfallfrist.

55   Eine Grenze für den Lauf der Ausschlußfrist sieht das BAG in höherer Gewalt und wendet § 203 II BGB entsprechend an (BAG 8. 3. 1976 AP ZPO § 496 Nr. 4 mit zustimmender Anm. *Wiedemann*). Sie muß als allgemeingültiges Rechtsprinzip auch für tarifliche Ausschlußklauseln gelten (aA *Löwisch/Rieble* TVG § 1 Rn. 498).

IX. Fristgerechte Geltendmachung

56   **1. Allgemeines.** Die Geltendmachung ist eine **einseitige rechtsgeschäftsähnliche Handlung,** auf die die Vorschriften über Willenserklärungen Anwendung finden, soweit nichts anderes bestimmt ist. Da die Geltendmachung dem Schuldner zugehen muß, genügt eine Anzeige bei der Polizei nicht (BAG 10. 1. 1974 AP TVG § 4 Ausschlußfristen Nr. 54). Der **BR** ist zur Vertretung des AN befugt (BAG 7. 12. 1962 AP HausArbTagsG NRW § 1 Nr. 1; *Däubler* Tarifvertragsrecht Rn. 1362; offengelassen in BAG 5. 4. 1995 AP TVG § 4 Ausschlußfristen Nr. 130).

57   **Geltendmachung** bedeutet, daß der Gläubiger den Anspruch so bestimmt beschreiben muß, daß der Schuldner erkennen kann, um welche Forderung es sich handelt (BAG 30. 5. 1972 AP TVG § 4 Ausschlußfristen Nr. 50). Deshalb muß jede Forderung grundsätzlich nach **Grund und Höhe** angegeben werden. Zur Angabe des Grundes gehört keine rechtliche Begründung. Der Gläubiger muß die Höhe zumindest ungefähr beziffern (BAG 17. 10. 1974 AP TVG § 4 Ausschlußfristen Nr. 55). Ist nur der Anspruchsgrund strittig, ist die Angabe der ungefähren Höhe ausnahmsweise nicht erforderlich (BAG 7. 9. 1982 AP BAT § 44 Nr. 7). Verlangt der Gläubiger erheblich zu wenig, soll dies die Geltendmachung **insgesamt** unwirksam machen, da der Schuldner wissen müsse, in welcher Höhe

eine Forderung auf ihn zukomme (BAG 8. 2. 1972 AP TVG § 4 Ausschlußfrist Nr. 49). Das ist nicht nachvollziehbar, da sich mit dem Ausschluß des fälschlicherweise nicht geltend gemachten Betrages Gläubigerverlangen und Anspruch decken, so daß zumindest dieser nicht verfallen darf. Der Gläubiger muß ferner unmißverständlich zum Ausdruck bringen, daß er die Erfüllung des Anspruchs verlangt. So ist es nicht ausreichend, wenn der AN den AG auffordert, „seinen Standpunkt zu überdenken" (BAG 5. 4. 1995 AP TVG § 4 Ausschlußfristen Nr. 130) oder der AN lediglich mitteilt, sich die Geltendmachung „vorzubehalten" (LAG Köln 24. 7. 1984 EzA TVG § 4 Ausschlußfristen Nr. 59).

Gleichartige Ansprüche müssen für jeden Sachverhalt erneut geltend gemacht werden (BAG 58 26. 10. 1994 AP BAT § 70 Nr. 22). Die Geltendmachung gegenüber dem ursprünglichen Gläubiger wirkt nach einem **Betriebsübergang** auch gegenüber dem neuen Gläubiger (BAG 21. 3. 1991 AP BGB § 615 Nr. 49). Gleiches gilt für einen **Schuldbeitritt** (BAG 11. 11. 1971 AP TVG § 4 Ausschlußfristen Nr. 47). Hat der Schuldner den Anspruch **anerkannt** oder ihn durch Abrechnung **unstreitig** gestellt, können diese Forderungen nicht mehr verfallen (BAG 29. 5. 1985 AP TVG § 4 Ausschlußfristen Nr. 92). Dies gilt auch dann, wenn der AG die Forderung später bestreitet (BAG 21. 4. 1993 AP TVG § 4 Ausschlußfristen Nr. 124).

2. Mehrstufige Ausschlußfristen. Ausschlußklauseln können formlose, schriftliche oder gerichtli- 59 che Geltendmachung vorsehen **(einstufige Ausschlußfrist)**. Bei den sogenannten **zweistufigen Ausschlußfristen** muß der Anspruch nach erfolgloser formloser oder schriftlicher Geltendmachung innerhalb einer bestimmten Frist **gerichtlich** geltend gemacht werden.

a) Erste Stufe. Die Schriftform wird durch eine **Klage** gewahrt. Insbesondere reicht im Kün- 60 digungsfalle für die schriftliche Geltendmachung das Erheben der **Kündigungsschutzklage** auch für die Ansprüche, die vom erfolgreichen Ausgang des Kündigungsschutzprozesses abhängen, wie zB Lohnansprüche (BAG 7. 11. 1991 AP TVG § 4 Ausschlußfristen Nr. 114, st. Rspr.). Der Klageabweisungsantrag des AG reicht allerdings idR nicht für die Wahrung der Ausschlußfrist für denkbare Rückforderungsansprüche. Für Rückforderungsansprüche, die vom Ausgang des Kündigungsrechtsstreits abhängen, beginnt die Ausschlußfrist erst mit Rechtskraft des Urteils im Kündigungsschutzprozeß (BAG 19. 1. 1999 EzA TVG § 4 Ausschlußfristen Nr. 131). Für das Wahren der Schriftform ist es unerheblich, ob die Klage als Prozeßhandlung unzulässig erhoben, später zurückgenommen oder durch die Parteien nicht weiterbetrieben wird; §§ 211, 212 finden keine direkte oder analoge Anwendung (BAG 7. 11. 1991 AP TVG § 4 Ausschlußfristen Nr. 114). Eine allgemeine Statusklage wahrt die Verfallfrist für Zahlungsansprüche aus diesem Arbeitsverhältnis nicht (BAG 25. 10. 1989 AP ArbGG 1979 § 72 a Nr. 39). Ersetzt die Klage die schriftliche Geltendmachung, so muß die Klage rechtzeitig zugestellt sein; **§ 270 III ZPO** findet keine Anwendung (BAG 8. 3. 1976 AP ZPO § 496 Nr. 4; BGH 21. 10. 1981 NJW 1982, 172). Die **verfrühte Geltendmachung** wahrt – anders als in der zweiten Stufe (Rn. 53) – die Ausschlußfrist, was wegen des oft schwierig zu beurteilenden Beginns der Ausschlußfrist sinnvoll ist (BAG 22. 2. 1978 AP TVG § 4 Ausschlußfristen Nr. 63).

b) Zweite Stufe. Verlangt eine zweistufige tarifliche Ausschlußklausel eine fristgebundene Klageer- 61 hebung, so beginnt die Frist für die Klageerhebung nach dem Sinn der Tarifnorm regelmäßig mit dem Bestreiten des Anspruchs (BAG 16. 3. 1995 AP TVG § 4 Ausschlußfristen Nr. 129). Nur eine **zulässige** Klage erfüllt die Anforderungen an eine gerichtliche Geltendmachung in der zweiten Stufe (BAG 29. 6. 1989 AP TVG § 4 Ausschlußfristen Nr. 103). Das BAG läßt aber eine Nachbesserung einer rechtzeitigen, aber unzulässigen Leistungsklage nach Ablauf der Ausschlußfrist für die Wahrung der Verfallfrist zu, wenn die für die Höhe des Anspruchs geltend gemachten Tatsachen so mitgeteilt sind, daß die Errechnung des Betrages jederzeit möglich ist (BAG 30. 3. 1989 EzA TVG § 4 Ausschlußfristen Nr. 79).

Nach der Rechtsprechung des BAG muß der betroffene Anspruch **Streitgegenstand** der Klage sein. 62 Deshalb reicht die **zulässige Feststellungsklage** aus, wenn sie geeignet ist, den gesamten von den Parteien unterschiedlich beurteilten Streitstoff zu klären (BAG 29. 6. 1989 AP TVG § 4 Ausschlußfristen Nr. 103). Die **Kündigungsschutzklage** genügt nicht für die gerichtliche Geltendmachung von Zahlungsansprüchen, welche vom Ergebnis des Kündigungsschutzprozesses abhängen (BAG 22. 2. 1978 AP TVG § 4 Ausschlußfristen Nr. 63; BAG 7. 11. 1991 – 2 AZR 548/79 – nv.; st. Rspr.). Die an die Ablehnung gekoppelte Frist für die gerichtliche Geltendmachung dieser Ansprüche beginnt mit dem **Klagabweisungsantrag** des AG im Kündigungsschutzprozeß zu laufen (BAG 13. 9. 1984 AP TVG § 4 Ausschlußfristen Nr. 86). Diese BAG-Rechtsprechung führt zu dem unökonomischen Ergebnis, daß der AN trotz Rechtshängigkeit des Arbeitsverhältnisses als Grundlage des Lohnanspruchs Ansprüche „aus dem Arbeitsverhältnis" (durch Leistungsklage nach § 259 ZPO oder Feststellungsklage nach § 256 ZPO für einen ungewissen Zeitraum) gerichtlich geltend machen muß, von dem noch gar nicht feststeht, ob es überhaupt noch besteht. Das BAG setzt sich auch inhaltlich in einen Widerspruch: Es läßt die Kündigungsschutzklage zur Wahrung solcher Ausschlußfristen ausreichen, die die schriftliche Geltendmachung der vom Erfolg der Kündigungsschutzklage abhängenden Ansprüche vorsehen, weil auf das Gesamtziel des Kündigungsschutzbegehrens zu achten ist. Dieses Ziel beschränkt sich – jedenfalls im Regelfall – nicht auf die Erhaltung des Arbeitsplatzes, sondern ist auch auf die Sicherung der Ansprüche gerichtet, die durch den Verlust des Arbeitsplatzes möglicherweise verloren gehen (BAG 16. 6. 1976 AP TVG § 4 Nr. 56; vgl. Rn. 60). Offen bleibt, warum dieses Gesamtziel der Kündigungsschutzklage, sich auch die Entgeltansprüche sichern zu wollen, vom BAG bei der Auslegung der Ausschlußfrist für die Geltendmachung in der zweite Stufe keine Berücksichtigung findet. Eine interessen- und zweckgerechte Auslegung führt vielmehr zu dem Ergebnis, daß das Erfordernis gerichtlicher Geltendmachung eines Anspruches, der vom Ausgang des Kündigungsschutzprozesses abhängt, auch durch die Erhebung einer Kündigungsschutzklage gewahrt werden kann (*Preis* ZIP 1989, 885, 897; *Zöllner* Anm. zu BAG AP TVG § 4 Ausschlußfristen Nr. 31). Um den AN nicht zu überflüssigen Lohnklagen zu veranlassen, sehen einige TV vor, daß die Ausschlußfrist erst mit Rechtskraft des den Kündigungsschutzprozeß beendenden Urteils beginnt (vgl. § 16 Nr. 2 S. 2 und 3 BRTV-Bau). Dann muß aber die Kündigungsschutzklage erhoben werden sein, eine allgemeine Feststellungsklage reicht nicht aus (BAG 25. 10. 1989 AP ArbGG 1979 § 72 a Grundsatz Nr. 39). Können Ansprüche erst nach dem Kündigungsschutzprozeß, von dessen Ausgang sie abhängig sind, geltend gemacht werden, ist eine verfrühte Leistungsaufforderung unwirksam (BAG 22. 10. 1988 AP TVG § 4 Ausschlußfristen Nr. 69). Die **unbezifferte Leistungsklage** reicht aus, wenn das Prozeßrecht das zuläßt, wie zB für Ansprüche aus § 113 BetrVG oder §§ 9, 10 KSchG (BAG 29. 11. 1983 AP BetrVG 1972 § 113 Nr. 10; BAG 29. 6. 1989 AP TVG § 4 Ausschlußfristen Nr. 103).

63 Ob zur Fristwahrung die Einreichung der Klage beim Gericht reicht, wenn die Zustellung demnächst erfolgt (§ 270 III ZPO), ist umstritten. Überzeugender erscheint eine Bejahung der Frage, da die Ausschlußklausel mit der Ausgestaltung der Ausschlußfrist als Klagefrist auf das Prozeßrecht Bezug nimmt und die Vorschrift auf materielle Ausschlußfristen (*Zöller/Stephan* ZPO § 270 Rn. 12) anwendbar ist (*Löwisch/Rieble* TVG § 1 Rn. 510; *Bader* NZA 1997, 905, 909; bejaht bei rechtzeitigem Stellen eines Antrags auf Prozeßkostenhilfe LAG Niedersachsen 25. 3. 1999 – 16 a TA 119/99 –).

64 Wird die Klage **zurückgenommen,** so entfällt die fristwahrende Klageerhebung rückwirkend (§ 269 III 1 ZPO iVm. § 212 I). Nach Auffassung des BAG ist § 212 II, der bei einer erneuten Klageerhebung innerhalb von 6 Monaten die Verjährung durch die Erhebung der ersten Klage als unterbrochen fingiert, auf Ausschlußfristen nicht anwendbar (BAG 11. 7. 1990 AP TVG § 4 Ausschlußfristen Nr. 108; beachte auch die Klagerücknahmefiktion des § 54 V 4 ArbGG). Diese Auffassung ist bedenklich. Verjährung und Ausschlußfristen dienen der Schaffung von Rechtssicherheit und Rechtsfrieden, ohne daß eine von ihnen darüber hinausgehende Funktionen hätte (Rn. 4 und 28). Für die Verjährungsfrist hat der Gesetzgeber hingenommen, daß sie durch einseitige Maßnahmen der Partei (durch Erhebung der zweiten Klage) verlängert wird, obwohl hierdurch die von der Verjährungsfrist beabsichtigte Rechtssicherheit beeinträchtigt wird. Im Hinblick auf die Funktionsgleichheit von Verjährung und Ausschlußfristen spricht deshalb nichts gegen eine analoge Anwendung von §§ 211, 212 auf Ausschlußfristen. Allerdings sollte die zweite Klage nicht innerhalb von sechs Monaten sondern eines Zeitraumes erhoben werden, der mit der Ausschlußfrist übereinstimmt (*Grunsky*, FS für Kissel, S. 281, 291).

X. Aufrechnung

65 Schuldner wie Gläubiger können während der Ausschlußfrist aufrechnen. Ist der Anspruch verfallen, besteht diese Möglichkeit nicht mehr (BAG 30. 3. 1973 AP BGB § 390 Nr. 4). In der Aufrechnung des Schuldners gegen einen verfallenen Anspruch kann ein Verzicht auf die eigene Forderung liegen. Die Aufrechnung bedarf nicht der Form, die für die Geltendmachung des Anspruchs erforderlich ist, da ein Aufrechnen nicht mit der üblichen Geltendmachung des Anspruchs gleichzusetzen ist (aA LAG Düsseldorf 22. 7. 1971 DB 1972, 242). Bei unwirksamer Aufrechnung kann die Aufrechnung des Gläubigers als wirksame Geltendmachung die Verfallfrist wahren. Die Aufrechnung des Gläubigers kann ein Anerkenntnis sein.

XI. Treu und Glauben

66 Mit dem Einwand der unzulässigen Rechtsausübung (§ 242) kann der Ablauf der Ausschlußfrist überwunden werden. Die Berufung des **AG** auf eine Ausschlußfrist verstößt gegen das Gebot von Treu und Glauben, wenn er durch positives Tun oder durch pflichtwidriges Unterlassen dem AN die Geltendmachung des Anspruchs erschwert oder unmöglich gemacht hat oder den AN von der Einhaltung der Frist abgehalten oder es pflichtwidrig unterlassen hat, dem Gläubiger die Umstände mitzuteilen, die ihn zur Einhaltung der Ausschlußfrist veranlaßt hätten (BAG 11. 6. 1980 AP BAT § 70 Nr. 7). Gleiches gilt, wenn der AG an objektiven Maßstäben gemessen den Eindruck erweckt hat, der AN könne darauf vertrauen, daß der Anspruch auch ohne Wahrung einer tariflichen Ausschlußfrist erfüllt werde (BAG 6. 9. 1972 AP BAT § 4 Nr. 2; BAG 17. 4. 1986 AP BGB § 615 Nr. 40; BAG 11. 1. 1995 ZTR 1995, 277). Dies ist nicht der Fall, wenn er dem AN eine mündliche **unzutreffende Auskunft** über das Bestehen seines Anspruchs gegeben hat, da der AN nicht an der Geltendmachung seines Anspruchs in irgendeiner Art gehindert wurde, sondern es ihm vielmehr freistand, seine vermeintlichen Ansprüche schriftlich geltend zu machen (BAG 22. 1. 1997 AP BAT § 70 Nr. 27). Treuwidrig verhält sich der AG, der den AN während des Kündigungsschutzprozesses vorsorglich

zur Auskunft über anderweitigen Verdienst auffordert, um nach Beendigung des Arbeitsverhältnisses geschuldete **Karenzentschädigungen** abrechnen zu können, aber nach Obsiegen des Kündigungsschutzprozesses den Ablauf der Ausschlußfrist rügt (BAG 18. 12. 1984 AP TVG § 4 Ausschlußfristen Nr. 87). Nach einer Entscheidung des LAG Berlin (26. 11. 1990 DB 1991, 1286) kommt ein Eingreifen der Verfallfristen nicht in Betracht, wenn der Anspruch unstreitig ist und der AN in eine erhebliche Notlage geraten würde, wenn man den Anspruch zurückweisen würde. Gleichfalls treuwidrig soll es sein, wenn der AG seine AN offensichtlich böswillig unter Tarif entlohnt und sich gegenüber der Nachforderung auf die Ausschlußfrist beruft (BAG 26. 8. 1960 BAGE 10, 1; aA *Löwisch/Rieble* TVG § 4 Rn. 513; *Wiedemann/Stumpf* TVG § 4 Rn. 413).

Der **AN** handelt treuwidrig, wenn er nach einer strafbaren Handlung Ansprüche des AG verschweigt (BAG 6. 5. 1969 AP TVG § 4 Ausschlußfristen Nr. 42). Wurde ein AN in erheblichem Umfang erkennbar überbezahlt und hat er es pflichtwidrig unterlassen, den AG auf die Überbezahlung aufmerksam zu machen bzw. ihm die Umstände mitzuteilen, welche es ihm ermöglicht hätten, den Rückzahlungsanspruch rechtzeitig geltend zu machen, verstößt gegen das Gebot von Treu und Glauben, wenn er sich auf die Ausschlußfrist beruft (BAG 1. 6. 1995 AP BGB § 812 Nr. 6). 67

Als Rechtsfolge der unzulässigen Rechtsausübung gilt die Ausschlußfrist entsprechend dem Rechtsgedanken des § 162 I als endgültig gewahrt (BAG 4. 9. 1985 AP BGB § 611 Gratifikation Nr. 123). 68

Zweites Buch. Recht der Schuldverhältnisse

Zweiter Abschnitt

§ 339 [Verwirkung der Vertragsstrafe]

¹ Verspricht der Schuldner dem Gläubiger für den Fall, daß er seine Verbindlichkeit nicht oder nicht in gehöriger Weise erfüllt, die Zahlung einer Geldsumme als Strafe, so ist die Strafe verwirkt, wenn er in Verzug kommt. ² Besteht die geschuldete Leistung in einem Unterlassen, so tritt die Verwirkung mit der Zuwiderhandlung ein.

§ 340 [Strafversprechen für Nichterfüllung]

(1) ¹ Hat der Schuldner die Strafe für den Fall versprochen, daß er seine Verbindlichkeit nicht erfüllt, so kann der Gläubiger die verwirkte Strafe statt der Erfüllung verlangen. ² Erklärt der Gläubiger dem Schuldner, daß er die Strafe verlange, so ist der Anspruch auf Erfüllung ausgeschlossen.

(2) ¹ Steht dem Gläubiger ein Anspruch auf Schadensersatz wegen Nichterfüllung zu, so kann er die verwirkte Strafe als Mindestbetrag des Schadens verlangen. ² Die Geltendmachung eines weiteren Schadens ist nicht ausgeschlossen.

§ 341 [Strafversprechen für nicht gehörige Erfüllung]

(1) Hat der Schuldner die Strafe für den Fall versprochen, daß er seine Verbindlichkeit nicht in gehöriger Weise, insbesondere nicht zu der bestimmten Zeit, erfüllt, so kann der Gläubiger die verwirkte Strafe neben der Erfüllung verlangen.

(2) Steht dem Gläubiger ein Anspruch auf Schadensersatz wegen der nicht gehörigen Erfüllung zu, so finden die Vorschriften des § 340 Abs. 2 Anwendung.

(3) Nimmt der Gläubiger die Erfüllung an, so kann er die Strafe nur verlangen, wenn er sich das Recht dazu bei der Annahme vorbehält.

§ 342 [Andere als Geldstrafe]

Wird als Strafe eine andere Leistung als die Zahlung einer Geldsumme versprochen, so finden die Vorschriften der §§ 339 bis 341 Anwendung; der Anspruch auf Schadensersatz ist ausgeschlossen, wenn der Gläubiger die Strafe verlangt.

§ 343 [Herabsetzung der Strafe]

(1) ¹ Ist eine verwirkte Strafe unverhältnismäßig hoch, so kann sie auf Antrag des Schuldners durch Urteil auf den angemessenen Betrag herabgesetzt werden. ² Bei der Beurteilung der Ange-

messenheit ist jedes berechtigte Interesse des Gläubigers, nicht bloß das Vermögensinteresse, in Betracht zu ziehen. [3] Nach der Entrichtung der Strafe ist die Herabsetzung ausgeschlossen.

(2) Das gleiche gilt auch außer den Fällen der §§ 339, 342, wenn jemand eine Strafe für den Fall verspricht, daß er eine Handlung vornimmt oder unterläßt.

§ 344 [Unwirksames Strafversprechen]

Erklärt das Gesetz das Versprechen einer Leistung für unwirksam, so ist auch die für den Fall der Nichterfüllung des Versprechens getroffene Vereinbarung einer Strafe unwirksam, selbst wenn die Parteien die Unwirksamkeit des Versprechens gekannt haben.

§ 345 [Beweislast]

Bestreitet der Schuldner die Verwirkung der Strafe, weil er seine Verbindlichkeit erfüllt habe, so hat er die Erfüllung zu beweisen, sofern nicht die geschuldete Leistung in einem Unterlassen besteht.

I. Normzweck

1   1. **Unselbständiges Strafversprechen.** Die Vertragsstrafe ist eine meist in Geld bestehende Leistung, die der Schuldner für den Fall der Nichterfüllung oder nicht gehörigen Erfüllung einer Verbindlichkeit verspricht. Das Strafversprechen ist eine **vertragliche Abrede,** keine einseitige Erklärung. Das Leistungsversprechen steht unter der aufschiebenden Bedingung der Nichterfüllung oder nicht gehörigen Erfüllung der dem Schuldner obliegenden Verbindlichkeit. Die gesetzliche Regelung der Vertragsstrafe in den §§ 339 ff. ist auf das unselbständige Strafversprechen zugeschnitten. „Unselbständigkeit" bezeichnet das Abhängigkeitsverhältnis der Vertragsstrafe zur Hauptverbindlichkeit (Akzessorietät). Der Zweck einer Strafabrede besteht in erster Linie darin, den Schuldner zur ordnungsgemäßen Vertragserfüllung anzuhalten **(Erfüllungssicherungsfunktion).** Kommt es dennoch zu einer vom Schuldner zu vertretenden Störung der Leistungsbeziehung, sichert das unselbständige Strafversprechen dem Gläubiger den Ausgleich seines Schadens (BGH 23. 6. 1988 BGHZ 105, 24 = NJW 1988, 2536).

2   2. **Selbständiges Strafversprechen.** Während die unselbständige Vertragsstrafe an die Nicht- oder nicht gehörige Erfüllung anknüpft, wird das selbständige Strafversprechen für den Fall vereinbart, daß jemand eine Handlung vornimmt oder unterläßt, zu deren Vornahme oder Unterlassung er **rechtlich nicht verpflichtet** ist. Im Arbeitsrecht werden selbständige Strafversprechen ua. vereinbart anläßlich von Vorverhandlungen für den Fall des Nichtabschlusses eines Arbeitsvertrages oder im Rahmen unbefristeter Arbeitsverhältnisse, wenn sie vor Ablauf einer bestimmten Zeit gekündigt werden (vgl. BAG 6. 9. 1989 AP BGB § 622 Nr. 27). Wird für den Fall der Kündigung des Arbeitsverhältnisses die Rückzahlung einer Gratifikation, einer Kaution oder einer ähnlichen Leistung vereinbart, wird hierin ein selbständiges Strafversprechen liegen (*Bötticher* ZfA 1970, 19 ff.; *Schaub* § 60 Rn. 6; aA BAG 31. 5. 1960 AP BGB § 611 Gratifikation Nr. 15; BAG 11. 3. 1971 AP BGB § 622 Nr. 9; *Engel* Konventionalstrafen S. 30 f.; *Westhoff* Inhaltskontrolle S. 46 ff.).

3   Mit der selbständigen Vertragsstrafe befaßt sich nur eine einzige Vorschrift des BGB, nämlich § 343 II. Sie erstreckt das richterliche **Ermäßigungsrecht** ausdrücklich auch auf unverhältnismäßig hohe, nicht akzessorische Vertragsstrafen. Darüber hinaus ist man sich einig, daß § 344 entsprechend anwendbar ist und die Verwirkung der Strafe im Zweifel Verschulden voraussetzt.

4   3. **Verwandte Tatbestände. a) Verfallklausel.** Der Unterschied zwischen Vertragsstrafeversprechen und Verfallklausel **(Verwirkungsabrede)** ist rechtstechnischer Art. Während sich der Schuldner mit der Eingehung eines Vertragsstrafeversprechens verpflichtet, bei Nichterfüllung oder nicht gehöriger Erfüllung seiner Verbindlichkeit eine zur Hauptleistung hinzutretende, meist in Geld bestehende Leistung zu erbringen, sieht die Verwirkungsabrede für diesen Fall den Eintritt eines Rechtsverlustes vor. Die wirtschaftliche Belastung wird idR gleich sein. Die wirtschaftliche und funktionelle Verwandtschaft von Straf- und Verwirkungsabreden spricht dafür, die teils gesetzlich normierten, teils von der Rspr. und Wissenschaft erarbeiteten Wirksamkeitsvoraussetzungen der Vertragsstrafe auch auf Verwirkungsklauseln zu erstrecken (so BAG 18. 11. 1960 AP TVG § 4 Vertragsstrafe Nr. 1; *Staudinger/Rieble* § 339 Rn. 66; zumindest für analoge Anwendung: *Bötticher* ZfA 1970, 39; *Söllner* AuR 1981, 97, 101). Weitere Grenzen ergeben sich aus den Lohnsicherungsvorschriften (insb. §§ 850 ff. ZPO) sowie aus der Sondervorschrift des § 134 I GewO für gewerbliche AN (vgl. *Staudinger/Rieble* § 339 Rn. 66 f.; *Hanau/Preis* II V 70 Rn. 9 f.).

5   **b) Schadenspauschalierung.** Die vertragliche Schadenspauschalierung ist ein eigenständiges, „der Vertragsstrafe ähnliches Rechtsinstitut" (BAG 14. 12. 1966 AP BGB § 138 Nr. 26; BGH 8. 10. 1969 NJW 1970, 29). Für die Abgrenzung kommt es auf den mit der Vereinbarung verfolgten Zweck an.

Soll sie in erster Linie die Erfüllung des Hauptanspruches sichern und auf den Vertragsgegner einen möglichst wirkungsvollen Druck ausüben, liegt der Sache nach eine Vertragsstrafe vor. Um eine Schadenspauschalierung handelt es sich dagegen, wenn sie der **vereinfachten Durchsetzung** eines Schadensersatzanspruches dienen soll (BAG 16. 5. 1984 – 7 AZR 162/81 – nv.). Die Pauschalierung stellt den Versuch einer antizipierten Schadensschätzung dar (BAG 14. 12. 1966 AP BGB § 138 Nr. 26; MünchArbR/*Blomeyer* § 55 Rn. 53). Wegen der Gefahr einer einseitigen, dem Vertragspartner nicht ohne weiteres erkennbaren Bevorzugung ihres Verwenders (ausführlich hierzu *Birkenfeld/Pfeiffer* Schadensersatzpauschalen, 1991, S. 70 ff.) sind die Wertungen des § 11 Nr. 5 AGBG entsprechend heranzuziehen (*Hildebrandt*, Disparität und Inhaltskontrolle im Arbeitsrecht, S. 60; Erman/*Hanau* § 611 Rn. 331; RGRK/*Corts* § 628 Rn. 53). Für Berufsausbildungsverhältnisse verbietet § 5 II Nr. 4 BBiG vertragliche Schadenspauschalierungen.

c) **Betriebsbuße.** Von der Vertragsstrafe sind Betriebsbußen zu unterscheiden (vgl. *Löwisch/Würtenberg* JuS 1970, 261 ff.; *Leinemann* AuR 1970, 134). Die Betriebsbußenordnung als durch Betriebsvereinbarung (vgl. § 87 I Nr. 1 BetrVG) herbeigeführte Regelung hat (nur) **Straf- und Sühnecharakter** und soll als Disziplinarmaßnahme die kollektive Ordnung und Sicherheit aufrechterhalten (BAG 5. 12. 1975 AP BetrVG 1972 § 87 Betriebsbuße Nr. 1; BAG 5. 2. 1986 AP BGB § 339 Nr. 12). Die Verhängung von Betriebsbußen setzt eine einzelvertragliche Unterwerfung des AN unter die Betriebsbußenordnung voraus (*Walker*, FS für Kissel, 1994, S. 1205, 1210 ff.). Die hM läßt aber allein die Betriebsvereinbarung als Ermächtigungsgrundlage ausreichen (BAG 14. 12. 1966 AP BetrVG § 59 Nr. 27; BAG 12. 9. 1967 AP BetrVG § 56 Betriebsbuße Nr. 1; BAG 17. 10. 1989 AP BetrVG 1972 § 87 Betriebsbuße Nr. 12; *Herschel* Betriebsbußen, 1967, S. 28), obgleich die heutige Gesetzeslage keine entsprechende Delegation an die Betriebspartner kennt (vgl. zur historischen Entwicklung: *Walker*, FS für Kissel, 1994, S. 1205, 1208 f.). In jedem Fall müssen die mit Buße bedrohten Handlungen als Tatbestände bestimmt gefaßt sein und das Verfahren der Bußenverhängung rechtsstaatlichen Anforderungen genügen (BAG 12. 9. 1967 AP BetrVG § 56 Betriebsbuße Nr. 1). Der BR hat bei Anwendung der Betriebsbußenordnung im Einzelfall mitzubestimmen (vgl. § 87 I Nr. 1 BetrVG; BAG 17. 10. 1989 AP BetrVG 1972 § 87 Betriebsbuße Nr. 12). Dies kann auch durch Beteiligung an einem paritätisch besetzten Spruchgremium geschehen. Demgegenüber bezieht sich die Vertragsstrafe auf schuldrechtliche Ansprüche aus dem Arbeitsverhältnis und berücksichtigt damit allein das individuelle Interesse des AG als Gläubiger der Arbeitsleistungen (BAG 5. 2. 1986 AP BGB § 339 Nr. 12). Ihre Vereinbarung und Einforderung unterliegen nicht der betrieblichen Mitbestimmung (BAG 5. 2. 1986 AP BGB § 339 Nr. 12).

d) **Belohnung.** Keine Strafe iSd. §§ 339 ff. ist die Versagung einer Belohnung.

e) **Vergleich.** Wird in einem Prozeßvergleich vereinbart, daß bei Leistung bis zu einem bestimmten Termin ein geringerer Betrag zu zahlen ist, fällt diese Absprache nicht unter § 339 (BGH 19. 12. 1979 AP BGB § 779 Nr. 5 = NJW 1980, 1043; BGH 8. 7. 1981 NJW 1981, 2686).

II. Vertragsstrafen in Arbeitsverträgen

1. Grundsatz. Vertragsstrafevereinbarungen finden sich **in nahezu jedem vierten Arbeitsvertrag** (hierzu Hanau/*Preis* I B Rn. 54 ff.). In der Praxis belasten sie durchweg einseitig den AN. Eine Vertragsstrafe wird vor allem für den Fall des Vertragsbruches, der Veranlassung einer außerordentlichen Kündigung oder des Verstoßes gegen ein Wettbewerbsverbot vereinbart. Bisweilen werden auch Verstöße gegen die Verschwiegenheitspflicht oder ein Nebentätigkeitsverbot sanktioniert.

Vertragliche Strafversprechen laufen Gefahr, den Versprechenden über Gebühr zu belasten. Im Arbeitsrecht erhöht sich die Gefahr einer unangemessenen Benachteiligung noch dadurch, daß Strafklauseln dem AN in aller Regel bei Vertragsschluß als Bestandteil eines **Formulararbeitsvertrages** präsentiert werden. Dies kann dazu führen, daß sich AG überhöhte Strafsummen ausbedingen oder die Voraussetzungen für die Verwirkung der Strafe sehr niedrig ansetzen. Gleichwohl ist die grds. Zulässigkeit von Vertragsstrafen zu Lasten des AN anerkannt.

Insb. widerspricht die Vereinbarung von Vertragsstrafen im Arbeitsverhältnis nicht **§ 888 II ZPO**, der die Vollstreckung zur Erwirkung einer Dienstleistung aus einem Dienstverhältnis für unzulässig erklärt (BAG 23. 5. 1984 AP BGB § 339 Nr. 9 = NZA 1984, 255). Die Vertragsstrafe hat nämlich eine Doppelfunktion, sie will nicht nur den AN zur ordnungsgemäßen Erfüllung der vertraglich vereinbarten Leistung anspornen und so die Erfüllungswahrscheinlichkeit erhöhen, sondern zugleich eine vertragliche Schadenspauschalierung begründen, bei der Nachweis eines Schadens und dessen Höhe im Einzelfall entbehrlich werden läßt (BGH 23. 6. 1988 BGHZ 105, 24, 27 = NJW 1988, 2356; LAG Berlin 19. 5. 1980 AP BGB § 339 Nr. 8). Einer analogen Anwendung von **§ 550 a**, der Vertragsstrafevereinbarungen zu Lasten des Wohnraummieters ausschließt, steht entgegen, daß die arbeitsrechtlichen Instrumentarien zum Ausgleich des zwischen den Parteien typischerweise bestehenden sozialen Gefälles von den mietrechtlichen grundverschieden sind; der AN steht also nicht besser oder schlechter, sondern anders als der Mieter (*Popp* NZA 1988, 455, 457; *Söllner* AuR 1981, 97, 102; *Stoffels*, Der Vertragsbruch des Arbeitnehmers, 1994, S. 206; aA *Däubler*, Das Arbeitsrecht 2, S. 417 f.).

12 Ein Verbot von Vertragsstrafen im Arbeitsrecht läßt sich de lege lata nicht begründen und würde auch der Interessenlage nicht gerecht. Die Praxis hat hier gezeigt, daß dem berechtigten Sicherungsbedürfnis des AG in vielen Fällen nur durch Vereinbarung einer Vertragsstrafe entsprochen werden kann (*Engel* Konventionalstrafen S. 114 f.; *Koller* SAE 1985, 156). Die Vertragsstrafe ist ein vom Gesetz zur Verfügung gestelltes Rechtsinstitut des bürgerlichen Rechts für Schuldverhältnisse und kann auch in Arbeitsverhältnissen vereinbart werden. Dies wird durch die besonderen gesetzlichen Regelungen in § 75 c HGB und § 134 I GewO sowie den aus § 5 II Nr. 2 BBiG (vgl. dazu Rn. 14) zu ziehenden Umkehrschluß bestätigt. Durch das spezifische Verbot von Vertragsstrafeabreden in Berufsausbildungsverträgen verdeutlicht der Gesetzgeber die ansonsten auch im Arbeitsrecht gegebene Zulässigkeit solcher Vereinbarungen. Allerdings können Abreden über Vertragsstrafen im Einzelfall gegen Gesetze oder arbeitsrechtliche Schutzprinzipien verstoßen und deshalb unwirksam sein (BAG 23. 6. 1982 AP BBiG § 5 Nr. 4; BAG 23. 5. 1984 AP BGB § 339 Nr. 9; BAG 5. 2. 1986 AP BGB § 339 Nr. 12; BAG 27. 5. 1992 EzA BGB § 339 Nr. 8). Eine Übertragung des in § 11 Nr. 6 AGBG zum Ausdruck gekommenen Rechtsgedankens wird von der arbeitsgerichtlichen Rspr. und der ganz hM zu Recht abgelehnt, weil der das **Vertragsstrafeverbot des § 11 Nr. 6 AGBG** tragende gesetzgeberische Gedanke (Verhinderung des Mißbrauchs insb. bei Kauf- und Werkverträgen) auf den Fall des Arbeitsvertragsbruchs, aber auch auf sonstige typischerweise durch Vertragsstrafen sanktionierte Pflichtverletzungen des AN nicht zutrifft (BAG 9. 3. 1972 AP BGB § 622 Nr. 12; BAG 23. 5. 1984 AP BGB § 339 Nr. 9; BAG 27. 5. 1992 EzA BGB § 339 Nr. 8).

13 **2. Wirksamkeit. a) Vereinbarung in AGB.** Vertragsstrafenregelungen in Arbeitsverträgen müssen, um überhaupt Vertragsbestandteil zu werden, vom Konsens der vertragsschließenden Parteien mitumfaßt sein. Daran kann es fehlen, wenn die Strafklausel in einem Formularvertrag an versteckter Stelle unter einer nichtssagenden Überschrift untergebracht ist. Die Klausel ist dann nicht wirksam in den Arbeitsvertrag einbezogen (ArbG Berlin 1. 9. 1980 NJW 1981, 479; zu Ausschlußfristen BAG 29. 11. 1995 AP AGBG § 3 Nr. 1). Strafversprechen in vorformulierten Arbeitsverträgen sind einer **Inhaltskontrolle** nach AGB-rechtlichen Maßstäben zu unterziehen (vgl. Art. 2 GG Rn. 33, § 611 Rn. 552 ff.).

14 **b) § 5 II Nr. 2 BBiG.** Eine ausdrückliche Verbotsnorm enthält § 5 II Nr. 2 BBiG. Nach dieser Vorschrift sind im Rahmen eines Berufsausbildungsverhältnisses Vereinbarungen über vom Auszubildenden zu zahlende Vertragsstrafen nichtig. Die Vorschrift bezweckt, den **Schutz des Auszubildenden** zu stärken und ihn vom Ausbildungsbetrieb in persönlicher und finanzieller Hinsicht so unabhängig wie möglich zu stellen. Insb. soll verhindert werden, daß der Auszubildende unter dem Druck finanzieller Belastungen an einem Ausbildungsverhältnis festgehalten wird, das er nicht weiter fortführen möchte. Die Schutzvorschrift des § 5 BBiG wird gem. § 19 BBiG auf solche Personen erweitert, die erstmals Kenntnisse, Fähigkeiten oder Erfahrungen in einer der Berufsausbildung angenäherten Form erwerben wollen. Zu diesem Personenkreis zählen insb. Anlernlinge, Volontäre und Praktikanten (BAG 20. 2. 1975 AP BGB § 611 Ausbildungsbeihilfe Nr. 2). § 5 II Nr. 2 BBiG schließt allein solche Vertragsstrafenabreden aus, die sich unmittelbar auf das Berufsausbildungsverhältnis beziehen. In einem Anschlußarbeitsvertrag, der gem. § 5 I 2 BBiG wirksam innerhalb der letzten sechs Monate des Ausbildungsverhältnisses geschlossen werden kann, darf mithin eine Vertragsstrafe für den Fall des Nichtantritts der Arbeit vereinbart werden (BAG 23. 6. 1982 AP BBiG § 5 Nr. 4).

15 **c) Bestimmtheitsgrundsatz.** In einer Strafabrede muß nicht nur die zu leistende **Strafe,** sondern auch die sie auslösende Pflichtverletzung so **klar bezeichnet** sein, daß sich der Versprechende in seinem Verhalten darauf einstellen kann (BAG 14. 12. 1988 – 5 AZR 10/88 – nv.). Dabei wird es für ausreichend erachtet, daß der Verwirkungstatbestand bestimmbar ist, also im Wege der Auslegung ermittelt werden kann (BAG 5. 2. 1986 AP BGB § 339 Nr. 12). Globale Strafversprechen, die auf die Absicherung aller arbeitsvertraglichen Pflichten zielen, sind wegen Verstoßes gegen das Bestimmtheitsgebot unwirksam. Sollen arbeitsvertragliche Nebenpflichten sanktioniert werden, bedarf es einer konkreten Benennung der zu sichernden Pflicht (BAG 4. 9. 1964 AP BGB § 339 Nr. 3). Einen allgemeinen Rechtsgrundsatz, daß das Versprechen im Zweifel eng auszulegen sei, gibt es nicht (BGH 20. 6. 1991 DB 1991, 2483). Aus der Strafhöhe kann sich aber ergeben, daß bloße Vorbereitungshandlungen nicht erfaßt sein sollen (OLG Hamm 26. 10. 1992 NJW-RR 1993, 1383). Einseitige Vertragsstrafeabreden werden von der Rspr. im Zweifel eng ausgelegt (BAG 20. 4. 1989 EzAÜG BGB § 611 Leiharbeitsverhältnis Nr. 7).

16 **d) Keine unzulässige Kündigungserschwerung.** Unzulässig ist eine Strafvereinbarung, die das Kündigungsrecht des AN einseitig beeinträchtigt. **§ 622 VI** verbietet zwar nur, für den AN eine längere Kündigungsfrist als für die Kündigung durch den AG zu vereinbaren. Doch hat die Rspr. diese Vorschrift zu einem allgemeinen Verbot ungleicher Kündigungsbedingungen ausgeweitet (vgl. § 622 Rn. 100 ff.). Längere, für beide Vertragsparteien gleiche Kündigungsfristen können durch Strafversprechen gesichert werden (BAG 27. 5. 1992 EzA BGB § 339 Nr. 8). Die fristgerechte Kündigung des AN darf nicht mit einer Vertragsstrafe sanktioniert werden, auch nicht in der Form eines selbständigen Strafversprechens (BAG 9. 3. 1972 AP BGB § 622 Nr. 12; BAG 6. 9. 1989 AP BGB § 622 Nr. 27;

Kasseler Handbuch/*Künzl* 2.1 Rn. 212). Jedoch kann das Recht zur ordentlichen Kündigung für die Zeit bis zum Dienstantritt ausgeschlossen werden (vgl. § 620 Rn. 225), so daß für den Fall des Nichtantritts des Arbeitsverhältnisses eine Vertragsstrafe wirksam vereinbart werden kann (BAG 17. 7. 1985 – 5 AZR 104/84 – nv.; BAG 13. 6. 1990 – 5 AZR 304/89 – nv.), wenn die ordentliche Kündigung für beide Vertragsparteien ausgeschlossen ist. Das Recht zur außerordentlichen Kündigung nach § 626 darf in keinem Fall durch eine Vertragsstrafe beeinträchtigt werden (BGH 3. 7. 2000 DB 2000, 1807).

e) **Angemessene Höhe der Vertragsstrafe.** Aus der **unverhältnismäßigen Höhe** einer vereinbarten 17 Vertragsstrafe folgt nicht die Nichtigkeit der gesamten Abrede (LAG Baden-Württemberg 14. 5. 1963 AP BGB § 339 Nr. 2; LAG Berlin 19. 5. 1980 AP BGB § 339 Nr. 8), denn in diesem Fall greift § 343 ein.

III. Typische Anwendungsfälle

1. **Arbeitsvertragsbruch. a) Auslegung.** Für den Fall des Vertragsbruches oder der Veranlassung 18 einer fristlosen Kündigung wegen schuldhaft vertragswidrigen Verhaltens kann sich jede Seite durch die **Vereinbarung einer Vertragsstrafe** absichern (BAG 23. 5. 1984 AP BGB § 339 Nr. 9 = NZA 1984, 255; MünchArbR/*Blomeyer* § 55 Rn. 47). Dabei ist unter Vertragsbruch die vom Schuldner einseitig und ohne Willen des Gläubigers herbeigeführte faktische Vertragsauflösung zu verstehen, also auf ANSeite der Fall der Nichtaufnahme der Arbeit oder die rechtswidrige vorzeitige Beendigung des Vertragsverhältnisses (BAG 18. 9. 1991 AP BGB § 339 Nr. 14 = NZA 1992, 215, 216 f.; *Stoffels*, Der Vertragsbruch des Arbeitnehmers, 1994, S. 33 f.). Die vom AN schuldhaft veranlaßte Beendigung des Arbeitsverhältnisses durch Kündigung seitens des AG ist kein Fall des Vertragsbruches (BAG 18. 9. 1991 AP BGB § 339 Nr. 14). Der im Vergleich zum Vertragsbruch umfassendere Tatbestand einer „**rechtswidrigen Beendigung**" setzt ein Verhalten voraus, das auf eine vorzeitige und rechtswidrige Beendigung der Rechtsbeziehung abzielt (BAG 9. 6. 1993 – 5 AZR 470/92 – nv.).

b) **Wirksamkeit.** Im Falle eines arbeitnehmerseitigen Vertragsbruches wird der betroffene AG er- 19 fahrungsgemäß einen nicht unerheblichen Schaden erleiden können, den er aber aufgrund zahlreicher Schwierigkeiten (insb. Beweis) nicht oder nicht in voller Höhe durchzusetzen vermag. Auch von den sonstigen ihm zu Gebote stehenden Rechtsbehelfen kann sich der AG nicht viel versprechen (*Lohr* MDR 2000, 429, 430). Deshalb ist ein berechtigtes Interesse des AG an der Vereinbarung einer Vertragsstrafe anzuerkennen (BAG 23. 5. 1984 AP BGB § 339 Nr. 9; BAG 5. 2. 1986 AP BGB § 339 Nr. 12; *Engel* Konventionalstrafen S. 224 ff.).

Hinsichtlich der Höhe der Strafsumme muß gewährleistet sein, daß die Vertragsstrafe eine fühlbare 20 Bestrafung ermöglicht (BAG 1. 10. 1963 AP HGB § 67 Nr. 2; LAG Berlin 19. 5. 1980 AP BGB § 339 Nr. 8). Andererseits ist zu beachten, daß der Wert der nicht erbrachten Arbeitsleistung im wesentlichen durch den Wegfall der Vergütungspflicht ausgeglichen wird. Den in der Rspr. immer wieder genannten **Betrag von einem Monatsgehalt** wird man daher als generelle Höchstgrenze akzeptieren können (LAG Berlin 19. 5. 1980 AP BGB § 339 Nr. 8; LAG Baden-Württemberg 30. 7. 1985 LAGE BGB § 339 Nr. 1; relativierend BAG 6. 10. 1993 – 5 AZR 636/92 – nv.: „allenfalls als Faustregel zu verstehende Obergrenze"; weniger bei zweiwöchiger Kündigungsfrist: Sächsisches LAG 25. 11. 1997 DB 1998, 684).

2. **Nachvertragliches Wettbewerbsverbot. a) Auslegung.** Wird ein nachvertragliches Wettbe- 21 werbsverbot durch Vertragsstrafe gesichert, bedarf es der Auslegung, ob die Strafe für jeden einzelnen Fall der Zuwiderhandlung während der Karenzzeit, für Zuwiderhandlungen während bestimmter Zeiträume oder nur für einen Dauerverstoß geschuldet sein soll. Ist **die Vertragsstrafe für jeden Fall** der Zuwiderhandlung vereinbart, kann bei einem Dauerverstoß die Auslegung ergeben, daß sie nur für jeden Monat der Zuwiderhandlung geschuldet ist. Eine lückenhafte Klausel ist ggf. im Wege ergänzender Vertragsauslegung zu einer sinnvollen Regelung zu führen (BAG 26. 9. 1963 AP HGB § 75 Nr. 1).

b) **Wirksamkeit.** Wie sich aus § 75 c HGB ergibt, sind Vertragsstrafeabreden zur Sicherung von 22 Wettbewerbsverboten grds. wirksam (BAG 21. 5. 1971 AP BGB § 339 Nr. 5; BAG 25. 9. 1980 AP BGB § 339 Nr. 7; BAG 25. 10. 1994 – 9 AZR 265/93 – nv.). Der AN wird bei Wettbewerbsverstößen vor unangemessenen Benachteiligungen dadurch geschützt, daß der AG mit dem Verlangen der Vertragsstrafe den Anspruch auf Einhaltung der Wettbewerbsabrede für die Zeit verliert, auf die sich die verwirkte Strafe bezieht (§ 75 I HGB, § 340 I 2; BAG 13. 9. 1969 AP BGB § 611 Konkurrenzklausel Nr. 24; BAG 26. 11. 1971 AP BGB § 611 Konkurrenzklausel Nr. 26). Für die verbleibende Zeit bleibt allerdings der Erfüllungsanspruch weiter bestehen (BAG 29. 1. 1981 – 3 AZR 235/78 – nv.; Kasseler Handbuch/*Künzl* 2.1 Rn. 221).

Die mögliche Höhe der Vertragsstrafe ist gesetzlich nicht geregelt, insb. ist kein angemessenes 23 Verhältnis zwischen **Vertragsstrafe und Karenzentschädigung** gefordert (BAG 21. 5. 1971 AP BGB § 339 Nr. 5). Auch gibt es keinen Rechtssatz, daß eine Vertragsstrafe die Höhe des für die Kündigungsfrist zu zahlenden Gehalts nicht übersteigen dürfe (BAG 25. 10. 1994 – 9 AZR 265/93 – nv.). Es ist auf die Umstände des Einzelfalles abzustellen (BAG 21. 5. 1971 AP BGB § 339 Nr. 5; BAG 25. 10. 1994 – 9 AZR 265/93 – nv.) und eine überhöhte Vertragsstrafe gem. § 343 auf ein vertretbares Maß zurückzuführen (BAG 30. 4. 1971 AP BGB § 340 Nr. 2).

24 **3. Verschwiegenheitspflicht.** Auf AGSeite besteht zumeist ein erhebliches Interesse an der Geheimhaltung wichtiger Betriebsinterna (zB Produktionsverfahren, künftige Entwicklungsvorhaben, Kundenlisten etc.), die dem AN im Laufe seiner Arbeit bekanntgeworden sind. Ein entsprechendes Verschwiegenheitsgebot ergibt sich für den AN während der Laufzeit des Arbeitsvertrages als Nebenpflicht aus dem Vertrag. Für den **nachvertraglichen Zeitraum** bedarf es hingegen einer ausdrücklichen Absprache (Kasseler Handbuch/*Künzl* 2.1 Rn. 141 ff.; MünchKommBGB/*Müller-Glöge* § 611 Rn. 487 jeweils mwN). Bei der Mißachtung solcher Geheimhaltungspflichten entstehen Schäden, deren Höhe der AG selten zuverlässig beziffern kann. Hier kann durch eine Vertragsstrafeabrede geholfen werden (*Engel* Konventionalstrafen S. 224; *Staudinger/Rieble* § 339 Rn. 71).

25 **4. Schlechtleistung.** Vertragsstrafeklauseln, die auch Schlechtleistungen (mangelhafte Arbeitsqualität oder -quantität) umfassen, sind unwirksam, wenn sie den von der Rspr. entwickelten, zwingenden **Haftungsbeschränkungen** widersprechen (Kasseler Handbuch/*Künzl* 2.1 Rn. 202; *Weber* AuA 1999, 551, 553).

26 **5. Nebentätigkeitsverbot; Mitteilungspflichten.** Ein berechtigtes Interesse des AG an der Sicherung eines Nebentätigkeitsverbots bzw. entsprechender Anzeigepflichten läßt sich kaum begründen (*Müller-Glöge* FA 2000, 114, 115). Ganz allgemein ist die Absicherung von Nebenpflichten, die eher dem Ordnungsbereich zuzuweisen sind, problematisch (*Söllner* AuR 1981, 97, 104; *Zöllner/Loritz* § 18 X 2). Jedenfalls lösen geringfügige Verletzungen von Nebenpflichten wegen § 242 keine Vertragsstrafe aus (BAG 24. 6. 1987 – 8 AZR 641/85 – nv.). Gleichfalls kritisch sind Vertragsstrafeversprechen zu beurteilen, die die Pflicht, eine Arbeitsverhinderung unverzüglich anzuzeigen, sanktionieren (*Preis/Stoffels* AR-Blattei SD 1710 Rn. 156 ff.).

27 **6. Arbeitspflicht.** Das unentschuldigte **Fernbleiben von der Arbeit** (Blaumachen) kann durch Vertragsstrafe geahndet werden, denn wie beim Arbeitsvertragsbruch besteht ein berechtigtes Interesse des AG an der Sanktionierung dieser Pflichtverletzung (*Engel* Konventionalstrafen S. 232). Entsprechend kann die Unpünktlichkeit mit einer Vertragsstrafe geahndet werden.

28 **7. Sicherung von Ausbildungskosten.** Das BAG hat die für **Rückzahlungsklauseln** entwickelten Zulässigkeitskriterien wegen der Funktionsidentität beider Rechtsinstitute auf solche Vertragsstrafeversprechen übertragen, die ersichtlich dem Zweck dienen, dem AG die Amortisation seiner aufgewendeten Aus- oder Fortbildungskosten zu sichern (BAG 27. 7. 1977 AP BGB § 611 Entwicklungshelfer Nr. 2).

IV. Vertragsstraferegelungen in Kollektivverträgen

29 Die Regelung von Vertragsstrafen in **TV** wird als zulässig angesehen. Vor allem sind Vorschriften denkbar, die Strafabreden ausschließen oder beschränken (*Staudinger/Rieble* § 339 Rn. 59).

30 Vertragsstrafen zu Lasten der AN sollen auch in **Betriebsvereinbarungen** begründet und geregelt werden können (BAG 18. 8. 1987 AP BetrVG 1972 § 77 Nr. 23; BAG 9. 4. 1991 AP BetrVG 1972 § 77 Tarifvorbehalt Nr. 1; BAG 6. 8. 1991 AP BetrVG 1972 § 77 Nr. 52; MünchArbR/*Blomeyer* § 55 Rn. 47; aA *Richardi* BetrVG § 77 Rn. 106). Das BAG ordnet Vereinbarungen über Vertragsstrafen nicht den die Struktur des Arbeitsverhältnisses prägenden materiellen Arbeitsbedingungen zu (BAG 6. 8. 1991 AP BetrVG 1972 § 77 Nr. 52). Die Betriebspartner seien befugt, in einer Betriebsvereinbarung alle Fragen zu regeln, die auch Inhalt des Arbeitsvertrages sein könnten, soweit nicht der Vorbehalt einer tariflichen Regelung nach § 77 III BetrVG eingreife.

31 Ob die Regelungskompetenz der Betriebspartner auch Betriebsvereinbarungen umfaßt, die ausschließlich Bestimmungen zu Lasten der AN enthalten, hat das BAG offen gelassen (BAG 6. 8. 1991 AP BetrVG 1972 § 77 Nr. 52). Jedenfalls bedarf es der sorgfältigen Prüfung, ob überhaupt die von der Betriebsvereinbarung vorausgesetzte und durch die Vertragsstrafe gesicherte Pflicht wirksam begründet worden ist (zB Pflicht zur Teilnahme am Betriebsausflug, Verhinderung einer Pfändung der Arbeitsvergütung; vgl dazu GK-BetrVG/*Kreutz* § 77 Rn. 287 ff.). Eine Grenze markiert darüber hinaus § 4 III TVG. Gegen das dort normierte Günstigkeitsprinzip verstoßen Vertragsstraferegelungen, wenn der einschlägige TV ihre Vereinbarung verbietet bzw. in bestimmter Weise vorgibt (LAG Düsseldorf 13. 10. 1971 DB 1971, 1017; vgl. auch BAG 23. 5. 1984 AP BGB § 339 Nr. 9 zum Verhältnis TV zu einem arbeitsvertraglichen Strafversprechen). Auch dürfen die Betriebspartner die Betriebsvereinbarung nicht zweckwidrig einsetzen. So widerspricht es der Ordnungs- und Schutzfunktion der Betriebsvereinbarung, wenn diese bestimmt, daß einzelvertragliche Strafversprechen der Betriebsvereinbarung auch dann vorgehen, wenn sie für den AN ungünstiger sind. Betriebsvereinbarungen sollen den AN Mindestarbeitsbedingungen gewährleisten, die durch einzelvertragliche Abreden nicht zu Lasten der AN verändert werden können. Eine solche Umkehrung des **Günstigkeitsprinzips** würde zu unterschiedlich ausgestalteten Vertragsstraferegelungen im selben Betrieb führen und damit auch gegen den Grundsatz der gleichmäßigen Behandlung aller AN durch die Betriebspartner verstoßen (§ 75 I BetrVG; BAG 6. 8. 1991 AP BetrVG 1972 § 77 Nr. 52).

V. Verwirkung der Strafe

Die Strafe ist verwirkt, sobald der Schuldner mit der Erfüllung seiner vertraglichen Verpflichtung in **Verzug** gerät oder der ihm obliegenden Unterlassungspflicht zuwiderhandelt (§ 339). Verzug setzt Vertretenmüssen des Schuldners voraus (§ 285). Das **Verschuldenserfordernis** gilt auch für den Fall, daß die gesicherte Hauptverbindlichkeit in einem Unterlassen besteht (BGH 29. 6. 1972 AP BGB § 339 Nr. 6). Der Verschuldensmaßstab ergibt sich bei Fehlen einer Vereinbarung der Parteien aus § 276 I, dh. es genügt auch einfache Fahrlässigkeit (MünchKommBGB/*Gottwald* § 339 Rn. 16; aA Kasseler Handbuch/*Künzl* 2.1 Rn. 225). Ist die Vertragsstrafe für den Fall des Vertragsbruches versprochen, führt diese Vereinbarung dazu, daß Vorsatz vorausgesetzt wird (LAG Berlin 6. 12. 1966 AP BGB § 339 Nr. 4; MünchKommBGB/*Gottwald* § 339 Rn. 16; *Lohr* MDR 2000, 429, 434). Bei nachträglicher, vom Schuldner nicht zu vertretender Unmöglichkeit der Vertragserfüllung entfällt der Anspruch des Gläubigers auf eine vereinbarte Vertragsstrafe (BAG 4. 9. 1964 AP BGB § 339 Nr. 3). Eine für den Fall der Nichterfüllung versprochene Vertragsstrafe ist nicht bereits dann verwirkt, wenn der Schuldner sie nicht gehörig erfüllt (BAG 14. 6. 1975 AP BGB § 340 Nr. 3). 32

Rechtsfolge der Verwirkung ist die Entstehung des Strafanspruchs. **Inhalt und Höhe der Strafe** richten sich nach der getroffenen Abrede. Die Festsetzung kann dem Gläubiger (§ 315; BGH 12. 7. 1984 NJW 1985, 191), einem Dritten (§ 317), einem Schiedsgericht, nicht aber dem staatlichen Gericht übertragen werden (BAG 25. 9. 1980 AP BGB § 339 Nr. 7 = NJW 1981, 1799). In diesen Fällen hat die Herabsetzung gem. §§ 315 III, 319 den Vorrang vor der nach § 343 (BGH 30. 9. 1993 NJW 1994, 45). 33

Die Erfüllung des Tatbestandes löst als **Bedingung** den Vertragsstrafeanspruch aus. Im Falle eines Strafversprechens für **Nichterfüllung** (§ 340) wird dieser erst erfüllbar, wenn der Gläubiger dem Schuldner erklärt, daß er die Strafe verlange (BAG 7. 11. 1969 AP BGB § 340 Nr. 1). 34

VI. Herabsetzung der Strafe (§ 343)

Eine im Einzelfall unverhältnismäßig hohe Vertragsstrafe kann gem. § 343 auf einen angemessenen Betrag herabgesetzt werden. Damit können unbillige Härten für den AN vermieden werden (BAG 23. 5. 1984 AP BGB § 339 Nr. 9 = NZA 1984, 255). Durch § 343 wird dem Richter die Möglichkeit gegeben, aufgrund einer Billigkeitskontrolle rechtsgestaltend tätig zu werden. § 343 gilt auch für andere nicht in der Zahlung einer Geldsumme bestehenden Strafen (§ 342). § 343 ist ebenso auf das selbständige Strafversprechen anwendbar. § 343 ist zwingendes Recht (BGH 13. 2. 1952 BGHZ 5, 133; BGH 22. 5. 1968 NJW 1968, 1625). 35

Bei der Entscheidung, ob eine ausbedungene Strafe „unverhältnismäßig hoch" ist und welcher Betrag als „angemessen" anzusehen ist, ist jedes berechtigte Interesse der Parteien und nicht bloß das Vermögensinteresse des Gläubigers zu berücksichtigen (BAG 26. 9. 1963 AP HGB § 74 a Nr. 1; BAG 30. 11. 1994 AP TVG § 4 Nr. 16). In die Abwägung sind insb. die Schwere und die Dauer der Vertragsverletzung, der Verschuldensgrad sowie die wirtschaftliche Lage und die Einkommensverhältnisse des Schuldners einzubeziehen (MünchKommBGB/*Gottwald* § 343 Rn. 14). Das Fehlen eines Schadens rechtfertigt allein eine Herabsetzung nicht, doch kann dieser Gesichtspunkt im Rahmen der Abwägung durchaus von mittelbarer Bedeutung sein (BAG 30. 11. 1994 AP TVG § 4 Nr. 16; LAG Berlin 19. 5. 1980 AP BGB § 339 Nr. 8; LAG Berlin 24. 6. 1991 LAGE BGB § 339 Nr. 8). Wichtig ist die Feststellung, welchen Schaden die sanktionierte Vertragsverletzung hätte herbeiführen können, wenngleich der mögliche Schaden nicht als Obergrenze angesehen wird (BAG 30. 11. 1994 AP TVG § 4 Nr. 16). Den Tatsacheninstanzen kommt ein Beurteilungsspielraum zu (BAG 6. 10. 1993 – 5 AZR 636/92 – nv.). Maßgebender Zeitpunkt ist die Geltendmachung des Strafanspruchs, denn es handelt sich um eine Kontrolle der Rechtsausübung (str.; vgl. MünchKommBGB/*Gottwald* § 343 Rn. 15). § 343 findet auch Anwendung, wenn die Vertragsstrafe in einem TV oder einer Betriebsvereinbarung geregelt ist (vgl. zum Fall einer Verordnung BGH 29. 1. 1957 BGHZ 23, 175). 36

Die Herabsetzung der Strafe ist erst nach Verwirkung der Strafe möglich, eine vorherige Feststellungsklage ist unzulässig. Ist eine verwirkte Geldstrafe unverhältnismäßig hoch, so kann sie vor ihrer Entrichtung auf **Antrag oder Einrede** des Schuldners herabgesetzt werden. Der Antrag braucht nicht ausdrücklich gestellt zu werden; ausreichend ist jeder Vortrag, aus dem sich ergibt, daß eine Herabsetzung der Vertragsstrafe begehrt wird. Nach der Entrichtung der Strafe ist eine Herabsetzung ausgeschlossen (§ 343 I 3). Ist sie tlw. entrichtet, schließt dies im übrigen eine Herabsetzung nicht aus (MünchKommBGB/*Gottwald* § 343 Rn. 13). 37

VII. Abtretung, Erfüllungsort

Der Strafanspruch kann wegen seiner Akzessorietät vor der Verwirkung der Strafe nicht selbständig abgetreten werden. Er hat den gleichen Erfüllungsort wie der Hauptanspruch. Als **akzessorische Verbindlichkeit** geht der Strafanspruch mit der Hauptforderung über, wenn diese abgetreten wird 38

VIII. Rechtsfolgen

39 Wird der Anspruch auf die Vertragsstrafe geltend gemacht, ist die Erfüllung der gesicherten Hauptverbindlichkeit ausgeschlossen (§ 340 I 2). Damit entfällt für den Gläubiger auch die Möglichkeit, nach § 61 ArbGG vorzugehen. Das gilt nicht, wenn die Vertragsstrafe für den Fall nicht gehöriger Erfüllung vereinbart worden ist (§ 341 I). Hier können **Strafe und Erfüllung nebeneinander** verlangt werden, wenn sich der Gläubiger bei der Annahme der (weiteren) Erfüllung das Recht dazu vorbehalten hat (§ 341 III).

40 Gem. §§ 340 II, 341 II kann die **Vertragsstrafe als Mindestschaden** beansprucht werden. Der Gläubiger ist also der Pflicht enthoben, den Eintritt und die Höhe des Schadens nachweisen zu müssen. Weiteren Schaden kann der Gläubiger ersetzt verlangen. Die Vertragsstrafe ist auf den Schadensersatzanspruch anzurechnen (BAG 23. 5. 1984 AP BGB § 339 Nr. 9 = NZA 1984, 255). Die Kumulation von Vertragsstrafe und Schadensersatz kann nicht wirksam vereinbart werden (MünchArbR/*Blomeyer* § 55 Rn. 48).

IX. Darlegungs- und Beweislast

41 Der Schuldner trägt für die Erfüllung die Beweislast. § 345 bestätigt den **allgemeinen Grundsatz**, daß bei Verpflichtungen zu einem Tun der Schuldner die Erfüllung auch dann zu beweisen hat, wenn der Gläubiger aus der Nichterfüllung Rechte herleitet (BGH 24. 3. 1982 BGHZ 83, 26 = NJW 1982, 1516). Das gilt sowohl für die Tatsache der Leistung als auch dafür, daß die Leistung vertragsgemäß war. Eine Umkehr der Beweislast tritt ein, wenn der Gläubiger die Leistung als Erfüllung angenommen hat (§ 363). Bei der Verpflichtung zu einem Unterlassen hat dagegen der Gläubiger die Zuwiderhandlung zu beweisen. Bei Beratungs- und Aufklärungspflichten trägt der Gläubiger die Beweislast, wenn streitig ist, ob er vom Schuldner richtig und vollständig informiert worden ist (BGH 16. 10. 1984 NJW 1985, 264). Gleiches gilt, wenn der Gläubiger behauptet, das Aufklärungsgespräch habe überhaupt nicht stattgefunden (BGH 4. 6. 1996 NJW 1996, 2571). Die Darlegungs- und Beweislast für die Tatsachen, aus denen sich die **Unverhältnismäßigkeit** der Strafe ergeben soll, trägt der Schuldner (LAG Düsseldorf 7. 9. 1967 DB 1968, 90, 91; LAG Berlin 19. 5. 1980 AP BGB § 339 Nr. 8).

Zweites Buch. Recht der Schuldverhältnisse

Siebenter Abschnitt

§ 611 [Wesen des Dienstvertrags]

(1) Durch den Dienstvertrag wird derjenige, welcher Dienste zusagt, zur Leistung der versprochenen Dienste, der andere Teil zur Gewährung der vereinbarten Vergütung verpflichtet.

(2) Gegenstand des Dienstvertrags können Dienste jeder Art sein.

Übersicht

	Rn.		Rn.
A. Grundlagen des Arbeitsvertragsrechts		1. Begriff, Normzweck	44
I. Anwendbarkeit auf Arbeitsverträge	1	a) Vertrag als Ausgangspunkt	46
II. Wesen des Arbeitsvertrages	4	b) Zweck des Arbeitnehmerbegriffs, Inhaltskontrolle	47
III. Abgrenzung des Arbeitsvertrages zu anderen Vertragstypen	12	c) Tatsächliche Vertragsdurchführung	57
1. Freie Dienstverträge	12	d) Persönliche Abhängigkeit	60
2. Werkverträge (§ 631 BGB)	17	e) Typologische Methode des BAG	65
3. Gesellschaftsverträge	22	f) Neuere Lehre	68
4. Auftrag (§ 662 BGB)	28	g) Zusammenfassende Stellungnahme	73
5. Geschäftsbesorgungsverträge	30	2. Leitlinien der Vertragskontrolle in Zweifelsfällen	80
6. Miete, Pacht	33	a) Modalitäten des Weisungsrechts	82
7. Dienstverschaffungsverträge	34	b) Organisatorische Abhängigkeit, Eingliederung	87
8. Franchising	38	c) Persönliche Bindung	89
9. Eingliederungsvertrag	41	d) Fremdnützigkeit der Leistung; Dauer der Inanspruchnahme	90
10. Wiedereingliederungsverhältnis	42		
B. Geltungsbereich des Arbeitsrechts			
I. Abgrenzung zur selbständigen Tätigkeit (Arbeitnehmerbegriff)	44		

	Rn.
e) Unternehmerische Risiken und Chancen	92
3. Kasuistik und Einzelfälle	94
a) Berufe in Produktions- und Baubetrieben	94
b) Berufe im Dienstleistungsbereich	96
c) Ortsungebundene Tätigkeiten (Außendienst, Telearbeit)	100
d) Freie Berufe (Anwälte, Ärzte, Architekten, Steuerberater)	102
e) Fachlich weisungsfreie Tätigkeiten (Chefärzte, Wissenschaftler, Künstler)	105
f) Dozenten, Lehrer, Volkshochschuldozenten	107
g) Medienmitarbeiter	110
h) Sportler	115
i) Handelsvertreter, Versicherungsvermittler	117
j) Sog. „neue Selbständigkeit"	119
4. Folgen fehlerhafter Vertragstypenzuordnung	121
5. Arbeitnehmerbegriff im Sozialversicherungs- und Steuerrecht	124
II. Abgrenzung der verschiedenen Arbeitnehmergruppen	125
1. Arbeiter – Angestellte	125
2. Leitende Angestellte	127
3. Außertarifliche Angestellte; Führungskräfte	131
4. Arbeitnehmerähnliche Personen	133
a) Begriff	133
b) Einzelfälle	137
III. Arbeitsrechtliche Sonderregelungen für bestimmte Arbeitnehmergruppen	141
1. Gewerbliche Arbeitnehmer	142
2. Kaufmännische Angestellte	143
3. Arbeitnehmer des öffentlichen Dienstes	144
4. Kirchliche Mitarbeiter	146
5. Dienstordnungs-Angestellte	148
6. Schiffsbesatzungen	149
7. Land- und Forstwirtschaft	150
8. Künstler	151
IV. Beschäftigungsverhältnisse außerhalb des Geltungsbereichs des Arbeitsrechts	152
1. Beamten, Richter, Soldaten, Zivildienstleistende	152
2. Entwicklungshelfer	155
3. Strafgefangene	156
4. Familienrechtliche Arbeitsleistung	157
5. Gesellschafter und Organmitglieder juristischer Personen	161
6. Mitglieder religiöser oder gemeinnütziger Gemeinschaften	165
V. Arten des Arbeitsverhältnisses	169
1. Das Vollzeitarbeitsverhältnis auf unbestimmte Zeit („Normalarbeitsverhältnis")	169
2. Faktisches (fehlerhaftes) Arbeitsverhältnis	170
3. Teilzeit- und Nebenarbeitsverhältnisse, Doppelarbeitsverhältnisse	175
a) Begriff	175
b) Geringfügig Beschäftigte	177
c) Job-Sharing	181
d) Altersteilzeit	182
e) Nebentätigkeit	183

	Rn.
4. Probearbeitsverhältnis	184
5. Aushilfsarbeitsverhältnis	187
6. Leiharbeitsverhältnis	193
7. Gruppenarbeitsverhältnis	194
8. Mittelbares Arbeitsverhältnis	202
9. Befristetes Arbeitsverhältnis	206
10. Aus- und Fortbildungsverhältnisse; Werkstudenten	207
11. Arbeitsverhältnis mit Auslandsberührung (internationales Arbeitsrecht)	211
12. Arbeitsverhältnisse in Werkstätten für Behinderte	217
C. Grundbegriffe des Arbeitsrechts	
I. Parteien des Arbeitsvertrages	218
1. Arbeitnehmer	218
2. Arbeitgeber	219
a) Allgemeines	219
b) Prozeßrechtliche Bedeutung	224
c) Einheitliches Arbeitsverhältnis mehrerer Arbeitgeber	232
d) Aufspaltung der Arbeitgeberfunktion	234
II. Betrieb, Betriebsteil, Teilbetrieb, Betriebszugehörigkeit	236
III. Unternehmen	241
IV. Konzern	242
D. Rechtsquellen des Arbeitsrechts	
I. Arbeitsvölkerrecht	246
II. Europäisches Gemeinschaftsrecht	248
1. Grundlagen	248
2. Überblick	249
3. Rspr. des EuGH	255
III. Verfassungsrecht	256
IV. Arbeitsrechtliche Gesetze	257
1. Übersicht	257
2. Einseitig und zweiseitig zwingendes Gesetzesrecht	259
3. Tarifdispositives Gesetzesrecht	260
4. Dispositives Gesetzesrecht	262
V. Rechtsverordnungen	263
VI. Satzungsrecht	265
VII. Tarifverträge	266
VIII. Betriebs- und Dienstvereinbarungen	267
IX. Arbeitsvertrag	268
1. Ausgehandelte Einzelarbeitsverträge	270
2. Formularverträge, vertragliche Einheitsregelungen, allgemeine Arbeitsbedingungen	271
3. Gesamtzusage	273
4. Betriebliche Übung	276
5. Bezugnahme auf Kollektivvertrag	286
X. Weisungsrecht des Arbeitgebers	289
XI. Richterrecht	298
XII. Verhältnis der Rechtsquellen zueinander	301
E. Begründung des Arbeitsverhältnisses	
I. Vertragsanbahnung	307
1. Allgemeines	307
a) Stellenausschreibungen	308
b) Personalfragebögen	314
c) Vorstellungskosten	319

	Rn.
2. Vorverhandlungen, Anbahnungsverhältnis, Vorvertrag	
a) Vorverhandlungen	329
b) Anbahnungsverhältnis	330
c) Vorvertrag	331
3. Vorvertragliche Pflichten	339
a) Culpa in contrahendo	339
b) Diskriminierungsverbote	351
4. Informationsrechte des Arbeitgebers	359
a) Allgemeines	359
b) Einzelne Fragen	365
c) Offenbarungspflichten	393
d) Auskunft durch Dritte	400
5. Untersuchung und Begutachtung des Arbeitnehmers	403
a) Einstellungsuntersuchung	403
b) Genomanalysen	411
c) Testverfahren	414
II. Begründung des Arbeitsverhältnisses	426
1. Abschluß des Arbeitsvertrages	426
a) Vertragsschluß	426
b) Geschäftsfähigkeit	428
c) Formerfordernisse	429
d) Vertretung beim Abschluß des Arbeitsvertrags	430
2. Sonderformen der Begründung eines Arbeitsverhältnisses	431
3. Gesetzliche Abschlußgebote	436
4. Tarifliche und betriebsverfassungsrechtliche Abschlußgebote	440
5. Vertragliche Einstellungsansprüche	443
6. Abschluß- und Beschäftigungsverbote	449
a) Gesetzliche Abschlußverbote	450
b) Kollektivvertragliche Abschlußverbote	452
c) Vertragliche Abschlußverbote	453
III. Mängel des Arbeitsverhältnisses	454
1. Nichtigkeitsgründe	455
a) Verstoß gegen gesetzliche Verbote	456
b) Verstoß gegen die guten Sitten	458
c) Rechtsfolgen der Nichtigkeit	464
2. Anfechtung	467
a) Erklärungs-, Inhalts- und Eigenschaftsirrtum (§ 119)	475
b) Drohungs- und Täuschungsanfechtung (§ 123)	493
c) Anfechtungserklärung	507
d) Rechtsfolge	508
e) Klagefrist	516
IV. Vertragsgestaltung; Inhaltskontrolle	517
1. Gegenstand arbeitsrechtlicher Vertragsgestaltung	517
2. Vertragsauslegung und Vertragsergänzung	520
3. Änderungs- und Fortsetzungsverträge	523
4. Flexibilisierung von Vertragsbedingungen	524
a) Änderung ohne vertragliche Vorbehalte	525
b) Änderungsvorbehalte im Vertrag	528
c) Befristung einzelner Arbeitsbedingungen	543
5. Schranken der Vertragsgestaltungsfreiheit	548
a) Verbotsgesetze; Sittenwidrigkeit; Kollektivverträge	549

	Rn.
b) Verbot der Gesetzesumgehung	550
c) Verbot unangemessen benachteiligender Vertragsbedingungen	552
d) Billigkeitskontrolle bei einseitiger Leistungsbestimmung	569
F. Pflichten des Arbeitgebers	
I. Hauptpflichten des Arbeitgebers	577
1. Vergütungspflicht	577
a) Allgemeines, Begriff des Arbeitsentgelts	577
b) Prinzipien der Entgeltfindung und -berechnung	579
c) Ort, Art und Weise der Lohnzahlung	596
d) Vergütungsrückzahlung/Lohnüberzahlung	610
e) Ein- und Umgruppierung, Versetzung	620
f) Wirkungen von Tariflohnerhöhungen	627
g) Darlehen, Vorschüsse	637
h) Umzugskosten	639
i) Ausbildungs- und Fortbildungskosten	647
j) Entgeltschutz und Entgeltsicherung	660
k) Lohnverzicht	685
l) Lohnverwirkungsabrede	686
m) Verjährung, Ausschlußfristen, Verwirkung, Verzicht	687
n) Widerrufs- und Anrechnungsvorbehalte	691
2. Art und Formen der Vergütung	704
a) Nettolohnvereinbarungen	704
b) Zulagen	711
c) Überstundenvergütung (oder Mehrarbeitsvergütung)	717
d) Provision	725
e) Tantieme	726
f) Heuer	737
g) Bedienungsgelder	739
h) Wegezeiten	746
i) Auslösung	754
j) Naturalvergütung, Truckverbot; Personalrabatt	767
k) Dienstwagen	781
l) Sondervergütungen	786
m) Anwesenheitsprämien	812
n) Vermögenswirksame Leistungen	813
3. Aufwendungsersatz	814
a) Allgemeines	814
b) Einzelfragen	819
c) Nicht ersatzfähige Aufwendungen	824
4. Beschäftigungpflicht	825
a) Allgemeines	825
b) Durchbrechung der Beschäftigungspflicht	828
II. Gleichbehandlung	834
1. Grundlagen	834
2. Inhalt des arbeitsrechtlichen Gleichbehandlungsgrundsatzes	836
a) Allgemeines	836
b) Voraussetzungen	841
3. Einzelfragen	857
a) Arbeitsentgelt	857
b) Gleichbehandlung einzelner Beschäftigtengruppen	864
4. Darlegungs- und Beweislast	871

Preis

	Rn.
5. Rechtsfolgen	872
III. Nebenpflichten des Arbeitgebers	876
1. Grundlagen	876
a) Übersicht und Rechtsquellen der Nebenpflichten	876
b) Sog. Fürsorgepflicht des Arbeitgebers	883
c) Sanktionen	886
2. Allgemeine Schutzpflichten	887
a) Leben und Gesundheit des Arbeitnehmers, öffentlich-rechtliche Schutzpflichten	887
b) Schutz der Persönlichkeit; Schutz vor sexueller Belästigung	888
c) Datenschutz und Personalakten	893
d) Schutz des Arbeitnehmervermögens	895
e) Aufklärungs-, Auskunfts- und Unterrichtungspflichten	904
f) Sonstige Nebenpflichten	908
G. Pflichten des Arbeitnehmers	
I. Hauptpflichten des Arbeitnehmers	912
1. Arbeitsleistung	912
a) Grundlagen	912
b) Art der zu leistenden Arbeit	922
c) Erfüllungsort	929
d) Arbeitszeit	935
e) Leistungsstörungen	958
f) Ruhen der Arbeitspflicht; Sonderurlaub	976
g) Durchsetzung der Arbeitspflicht	980
h) Sanktionen bei Verletzung der Arbeitspflicht	981
II. Nebenpflichten des Arbeitnehmers	992
1. Allgemeines	992
2. Einzelne Nebenpflichten	995
a) Verschwiegenheitspflicht	995
b) Wettbewerbsverbot	1005
c) Verbot der Annahme von Schmiergeldern	1007
d) Nebentätigkeit	1009
e) Außerdienstliches Verhalten	1015
f) Handlungspflichten, Schutzpflichten	1020

	Rn.
3. Sanktionen	1033
H. Haftung im Arbeitsverhältnis	
I. Haftung des Arbeitnehmers	1035
1. Grundsätze der privilegierten Haftung des Arbeitnehmers gegenüber dem Arbeitgeber	1037
a) Fehlende Kodifikation	1037
b) Dogmatische Begründung	1038
c) Betriebliche Tätigkeit	1040
d) Schadensteilung nach dem Grad des Verschuldens	1041
e) Anwendungsbereich	1047
f) Darlegungs- und Beweislast	1049
2. Haftung gegenüber Arbeitskollegen	1050
3. Haftung gegenüber Dritten	1051
4. Mankohaftung	1056
a) Begriff der Mankohaftung	1056
b) Allgemeine Mankohaftung	1057
c) Besondere Mankoabreden	1064
II. Haftung des Arbeitgebers	1079
1. Überblick	1079
2. Verschuldensabhängige Haftung des Arbeitgebers	1082
a) Haftungsgrundlagen	1082
b) Haftungsvoraussetzungen	1091
c) Beweislast	1098
d) Mitverschulden	1103
e) Vereinbarter Haftungsausschluß	1106
f) Inhalt und Umfang der Haftung	1108
3. Verschuldensunabhängige Haftung des Arbeitgebers	1117
a) Rechtsgrundlage einer verschuldensunabhängigen Ersatzpflicht	1118
b) Anspruchsvoraussetzungen	1121
c) Haftungsvereinbarungen	1140
J. Nachwirkungen des Arbeitsverhältnisses	
I. Allgemeines	1141
II. Nachwirkende Nebenpflichten	1144
1. Pflichten des Arbeitgebers	1144
2. Pflichten des Arbeitnehmers	1146

A. Grundlagen des Arbeitsvertragsrechts

I. Anwendbarkeit auf Arbeitsverträge

§ 611, der lediglich den Typus des Dienstvertrages regelt, bildet auch die Grundlage des Arbeitsvertrages. Der Arbeitsvertrag ist ein **Unterfall des Dienstvertrages** nach § 611 (*Preis* Vertragsgestaltung S. 11; MünchArbR/*Richardi* § 6 Rn. 2 ff.). Das Fehlen einer ausdrücklichen Bestimmung über den Arbeitsvertrag beruht auf einem Versäumnis des Gesetzgebers des BGB, der lediglich die höheren Dienste als regelungsbedürftig ansah, jedoch die Problematik der abhängigen Arbeit von Angestellten und Arbeitern ausschloß. Das im Zuge der Verabschiedung des BGB gegebene Versprechen des Reichstages, eine einheitliche Kodifikation des Arbeitsvertragsrechts „baldthunlichst" vorzunehmen, ist bis heute nicht erfüllt. Folgende Kodifikationsvorschläge, die auch die Diskussion um die Inhalte des Arbeitsvertragsrechts belebt haben, sind zu nennen: Entwurf eines Arbeitsgesetzbuches (Allgemeines Arbeitsvertragsrecht, Arbeitsgesetzbuchkommission, Bonn 1977); Diskussionsentwurf des **Arbeitskreises Deutsche Rechtseinheit** im Arbeitsrecht (Gutachten D zum 59. Deutschen Juristentag). Inzwischen haben sowohl der Freistaat Sachsen (BR-Drucks. 293/95) als auch das Land Brandenburg (BR-Drucks. 671/96) Gesetzentwürfe in den Bundesrat eingebracht, deren weiteres Schicksal ungewiß ist. Wie schon zu Ende des 19. Jahrhunderts (Motive II, 455) steht auch der heutige Gesetzgeber noch auf dem Standpunkt, mit zerstückelten, unsystematischen Regelungen das Arbeitsvertragsrecht hinreichend zu erfassen.

2   Das Dienstvertragsrecht unterfällt in zwei Grundtypen: **Der freie, unabhängige Dienstvertrag** und **der Arbeitsvertrag des abhängige Dienste leistenden AN.** Gegenstand der folgenden Kommentierung ist nur der abhängige Arbeitsvertrag. Problematisch ist insb. die Abgrenzung des abhängigen Arbeitsvertrages zum freien Dienstvertrag und anderen selbständigen Vertragstypen über Leistungserbringung.

3   Die Anwendbarkeit der §§ 611 ff. auf das Arbeitsvertragsrecht ergibt sich inzident aus dem Umstand, daß der Gesetzgeber in späteren Regelungen punktuell Normen aufgenommen hat, die ausschließlich für Arbeitsverhältnisse gelten (§§ 611 a, 611 b, 612 III, 613 a, 622, 623).

II. Wesen des Arbeitsvertrages

4   Der Arbeitsvertrag ist wie der Dienstvertrag auf den Austausch von Leistung gegen Vergütung gerichtet. Er ist ein **Austauschvertrag**, dessen Hauptleistungspflichten im Synallagma (hierzu *Söllner* AcP 167, 1967, 132, 137 ff.) stehen. Der Arbeitsvertrag ist als Unterfall des Dienstvertrages ein **schuldrechtlicher Vertrag**, auf den die Regelungen des ersten Buches des BGB, also des allgemeinen Teils (§§ 1 bis 240) grds. Anwendung finden. Auch die Rechtsregeln des zweiten Buches des BGB, also das Recht der Schuldverhältnisse, hat in zahlreichen Fragen des Arbeitsvertragsrechts große Bedeutung. Allerdings werden die Regeln über Schuldverhältnisse aus Verträgen (§§ 305 bis 361) vielfach durch Sonderregelungen des Arbeitsrechts verdrängt.

5   Der **Unterschied zum freien Dienstvertrag** besteht zunächst nur darin, daß der AN sich zur Leistung abhängiger bzw. unselbständiger Arbeit verpflichtet. Der AG verpflichtet sich, die Arbeitsvergütung zu zahlen. Der AN wird regelmäßig, aber nicht notwendig, im Rahmen einer arbeitsteiligen Organisation tätig. Er stellt dem AG seine Arbeitskraft zur Verfügung. Im Unterschied zum freien Dienstvertrag ist es Sache des AG als Dienstherr, diese Arbeitskraft sinnvoll einzusetzen, also dem AN Arbeit zuzuweisen. Vom AG mangels Weisung nicht abgerufene Arbeitskraft geht nicht zu Lasten des AN. Der AN hat umgekehrt einen Anspruch darauf, vertragsgemäß beschäftigt zu werden (zum Beschäftigungsanspruch vgl. Rn. 825 ff.).

6   Die **Regelungen des allgemeinen Schuldrechts** hins. der Leistungsstörungen sind damit grds. anwendbar, wenn sie auch bestimmte Modifikationen erfahren (hierzu Rn. 958 ff.). Daß das konditionelle Synallagma zum Schutze des AN Durchbrechungen erfährt (§§ 615, 616, Betriebsrisikolehre, Entgeltfortzahlung im Krankheitsfall) berührt diese dogmatische Einordnung nicht.

7   Die Betonung des Wesens des Arbeitsvertrages als **Austauschvertrag** ist angesichts der wechselvollen Dogmengeschichte des Arbeitsvertragsrechts weiterhin notwendig. Die Ausklammerung der Kodifikation des Arbeitsvertragsrechts aus dem Gesetzesprogramm des BGB hat zu zahlreichen Versuchen geführt, das Arbeitsrecht „vom allgemeinen bürgerlichen Recht, dessen Geist ihm fremd ist, möglichst zu emanzipieren" (so die Forderung von *Sinzheimer*, Über den Grundgedanken und die Möglichkeit eines einheitlichen Arbeitsrechts für Deutschland, 1914). Die zeitweise Abkopplung von der dogmatischen Entwicklung des BGB wurde auch durch *von Gierke* gefördert, der das Wesen des Dienstvertrages in deutschrechtlichen Ursprüngen sah (*von Gierke*, FS für Brunner, 1914, S. 37 ff.), womit die Einordnung des Dienstvertrages als Treudienstvertrag, der keinen schuldrechtlichen, sondern einen personenrechtlichen Vertrag darstellen sollte, verbunden war. Diese noch nach Beendigung des Nationalsozialismus fortgeführte Lehre des personenrechtlichen Gemeinschaftsverhältnisses (vgl. noch *Hueck/Nipperdey*, Bd. 1, S. 129; BAG 10. 11. 1955 AP BGB § 611 Beschäftigungspflicht Nr. 2) wird nach eingehender Kritik (insb. *Schwerdtner* Fürsorgetheorie 1970) in praktisch allen neueren Darstellungen des Arbeitsrechts nicht mehr vertreten (*Preis* Vertragsgestaltung S. 14 mwN).

8   Wesentlich ist dabei die Grunderkenntnis, sich für die Abgrenzung der typischen Rechtspflichten auf allgemeine **schuldrechtliche Grundsätze** zurückzubesinnen. Diese Betrachtung vermeidet insb. eine Überspannung gemeinschaftsbezogener Rechtspflichten zu Lasten des AG wie des AN. Bei dieser Einstufung des Arbeitsverhältnisses als Austauschverhältnis wird nicht negiert, daß die dem **Dauerschuldverhältnis** zugrunde liegende Pflichtenstruktur weitergehende Nebenpflichten begründen kann als der einmalige Austausch von Leistungen. Die **Nebenpflichten** können um so stärker sein, je intensiver die Leistung des anderen in Anspruch genommen wird (*Erman/Hanau* Rn. 72; *Preis* Vertragsgestaltung S. 15). Auf dieser dogmatischen Grundlage ist es möglich, die personale Struktur des Arbeitsverhältnisses zu berücksichtigen (ausf. *Wiese* ZfA 1996, 439 ff.), ohne das Arbeitsverhältnis aus dem herkömmlichen Vertragsdenken auszuklammern. Die Arbeitsleistung beansprucht den AN als Person vielfach in wesentlich größerem und intensiverem Umfang, als dies bei Gegenleistungen anderer Schuldverträge der Fall ist. Überdies ist der AN vielfach in einen Betrieb eingegliedert, so daß er die Arbeitsleistung nur in Kooperation mit Arbeitskollegen erbringen kann.

9   Diese Besonderheiten rechtfertigen jedoch keine Vermischung der dienstvertraglichen Leistungsstruktur mit **gesellschaftsrechtlichen Elementen** (so aber *Adomeit*, Gesellschaftsrechtliche Elemente im Arbeitsverhältnis, 1986; *Reuter*, Die Stellung des Arbeitsrechts in der Privatrechtsordnung, 1989). Die Annahme eines gemischten Rechtsverhältnisses zwischen Dienstvertrag und Gesellschaftsvertrag ist abzulehnen (*Lieb* Rn. 39; *Preis* Vertragsgestaltung S. 15 ff.).

Der Arbeitsvertrag zwischen AG und AN bedarf als schuldrechtlicher Vertrag zu seinem Zustande- 10
kommen idR eines **Vertragsschlusses** (zu einigen Ausnahmen Rn. 431 ff.). Der Streit um die sog.
Vertragstheorie (zB vertreten von *Hueck/Nipperdey* I § 21 IV) und die sog. **Eingliederungstheorie**
(*Nikisch* I § 19 II) ist als rechtshistorische Kontroverse obsolet. Die heute herrschende Auffassung
bezweifelt nicht mehr, daß für die Begründung eines Arbeitsverhältnisses ein Vertrag notwendig und
ausreichend ist. Nach der sog. Eingliederungstheorie entstand das Arbeitsverhältnis schon dann, wenn
eine nicht notwendig rechtsgeschäftliche Übereinstimmung von AN und AG vorlag und der AG den
AN in seinen Betrieb oder Haushalt eingliederte. In letzterem Fall muß allerdings von einem konkludenten Vertragsschluß ausgegangen werden. Hintergrund des Streits war die Problematik, wie Fälle zu
behandeln sind, in denen der Arbeitsvertrag unwirksam oder angefochten ist, aber gleichwohl eine
Arbeitsleistung erbracht wurde. Die Problematik wird gelöst über die Lehre vom faktischen oder auch
fehlerhaften Arbeitsverhältnis (hierzu Rn. 170). Die Eingliederungstheorie lebt insoweit im geltenden
Arbeitsrecht fort, als die Eingliederung in einen Betrieb durchaus als Merkmal des ANBegriffes noch
Bedeutung hat (Rn. 87). Die Eingliederung spielt daher als Abgrenzung zwischen abhängigem und
freiem Dienstvertrag eine Rolle.

Die Einordnung des Arbeitsvertrages in das Privatrechtssystem negiert nicht die vielfach bestehende 11
reale Ungleichheit der Vertragsparteien. Das klassische bürgerliche Vertragsmodell funktioniert nur,
wenn Selbstbestimmung des einzelnen und damit eine rechtsgeschäftliche Entscheidungsfreiheit gesichert ist. Das Arbeitsrecht ist geprägt von einer Vielzahl zwingender, arbeitnehmerschützender, die
Ungleichgewichtigkeit kompensierender Regelungen. Daß der privatrechtlich einzuordnende Arbeitsvertrag durch zahlreiche öffentlich-rechtliche Schutzvorschriften überlagert wird, spricht nicht gegen
diese Einordnung. Das Arbeitsvertragsrecht unterscheidet sich von zahlreichen Vertragstypen des
allgemeinen Zivilrechts auch nicht durch das Bedürfnis einer Inhaltskontrolle zu Lasten des schwächeren Vertragspartners, insb. bei vorformulierter Vertragsgestaltung (hierzu Rn. 548 ff.).

III. Abgrenzung des Arbeitsvertrages zu anderen Vertragstypen

1. Freie Dienstverträge. Arbeitsvertrag und Dienstvertrag sind gemeinsam im Sechsten Titel 12
„Dienstvertrag" geregelt. Das Gesetz enthält für beide Vertragstypen keine materiellen Abgrenzungskriterien. Es setzt die Existenz von Arbeitsverhältnissen stillschweigend voraus. Dienstverträge, die
kein Arbeitsverhältnis sind (vgl. § 621), werden als „freie Dienstverträge" oder auch „freie Mitarbeiterverträge" bezeichnet. Mit dem Adjektiv „frei" wird zutreffend der Gegensatz zwischen unabhängiger Dienstleistung und abhängiger Arbeitsleistung akzentuiert. In Grenzfällen kann die Abgrenzung äußerst schwierig sein. Entscheidend ist, ob der zur Dienstleistung Verpflichtete als **AN** zu
qualifizieren ist (Rn. 44 ff.).

Unabhängig von dieser Qualifikation steht es den Vertragsparteien nach dem **Grundsatz der** 13
Vertragsfreiheit frei, ein **Arbeitsverhältnis zu begründen,** auch wenn der Abschluß eines freien
Dienstvertrages möglich wäre. Umgekehrt gilt dies nicht: Ist der Dienstverpflichtete entgegen der
gewählten Bezeichnung als freier Dienstnehmer in Wahrheit AN, liegt ein Arbeitsvertrag vor und
findet prinzipiell das gesamte Arbeitsrecht Anwendung. Das Arbeitsverhältnis wandelt sich nicht
schon allein deshalb in ein freies Mitarbeiterverhältnis um, weil der AG sein Weisungsrecht längere
Zeit nicht ausübt (BAG 12. 9. 1996 AP BGB § 611 Freier Mitarbeiter Nr. 1; hierzu näher Rn. 46). Es
bedarf einer ausdrücklichen Vereinbarung und idR der (konkludenten) Aufhebung der zuvor geschlossenen Arbeitsverträge (BAG 13. 5. 1992 ZIP 1992, 1496 = GmbHR 1993, 35).

Gegenstand von Arbeitsverträgen und **freien Dienstverträgen können Dienste jeder Art** sein. Aus 14
der Art der Dienste folgt noch kein taugliches Abgrenzungskriterium (*Zöllner/Loritz* § 4 III 3). Auch
„Dienste" einer Prostituierten können je nach Vertragsgestaltung als abhängige oder als selbständige
Dienstleistung erbracht werden (LAG Hessen 12. 8. 1997 NZA 1998, 221). Freie Dienstverträge liegen
vor, wenn die Dienste in wirtschaftlicher und sozialer Selbständigkeit und Unabhängigkeit geleistet
werden. Das trifft insb. zu, wenn der Dienstverpflichtete unternehmerisch mit Risiken und
Chancen am Markt tätig ist oder einen klassischen freien Beruf ausübt. Das Spektrum der Dienstverträge ist weit. Im Vordergrund stehen insb. Dienstleistungen der klassischen freien Berufe (Ärzte,
Anwälte, Steuerberater, Wirtschaftsprüfer). Weitere Beispiele für freie Dienstverträge sind der Unterrichtsvertrag, Fitnesscenterverträge, Personalberaterverträge und die Partnerschaftsvermittlung. Die
Rechtsprobleme der freien Dienstverträge sind nicht Gegenstand der vorliegenden Kommentierung
(hierzu MünchKommBGB/*Müller-Glöge* Rn. 42 ff.; RGRK/*Anders/Gehle* Rn. 1 bis 790).

Problematisch ist insb. die Vertragssituation, in der freie Dienstnehmer **nur für einen Dienst-** 15
geber tätig ist. Nahezu jede Dienstleistung kann in abhängiger Stellung erbracht werden. Das gilt auch
für die klassischen freien Berufe. So steht der **Chefarzt** idR zum Krankenhaus nicht in einem freien
Dienstverhältnis, sondern trotz fachlicher Weisungsfreiheit in einem Arbeitsverhältnis (Rn. 105 ff.).
Die Tätigkeit eines **Rechtsanwaltes** kann auf unterschiedlicher vertraglicher Basis beruhen. Als Partner einer Anwaltssozietät richtet sich die Rechtsbeziehung zwischen den Sozien nach dem Gesellschaftsvertrag und den maßgebenden Normen der §§ 705 ff. (zum Partnerschaftsgesellschaftsgesetz v.
25. 7. 1994 BGBl. I S. 1744 *Seibert* DB 1994, 2381). Er ist auch dann keine arbeitnehmerähnliche

Person iSd. § 5 I 2 ArbGG, wenn er von der Sozietät wirtschaftlich abhängig ist (BAG 15. 4. 1993 AP ArbGG 1979 § 5 Nr. 12; weitere Nachweise Rn. 139 und 140). Unter Umständen kann jedoch der als freier Mitarbeiter beschäftigte Anwalt als AN zu qualifizieren sein, wenn ein ihn beschäftigender Anwalt oder eine Anwaltssozietät Weisungen hins. der auszuübenden anwaltlichen Tätigkeit nach Zeit, Umfang und Ort vorzunehmen berechtigt ist (hierzu noch Rn. 103). Gegen eine Weisungsgebundenheit spricht nicht eine Selbständigkeit bei fachbezogenen Entscheidungen (vgl. für den Fall eines in einer Anwaltskanzlei beschäftigten Betriebswirts OLG Köln 15. 9. 1993 NJW-RR 1993, 1526). Wichtigstes Kriterium für die Abgrenzung ist, ob der in einem Anwaltsbüro tätige Rechtsanwalt seine gesamte Arbeitskraft zur Verfügung zu stellen hat, selbst keine Mandate haben darf, ein vertraglich fixiertes Arbeitsgebiet hat und auf die Zuweisung und den Entzug von Mandaten keinen Einfluß nehmen kann, weder am Gewinn noch am Verlust der Anwaltspraxis beteiligt ist sowie persönlichen und fachlichen Weisungen unterworfen ist (LAG Frankfurt 16. 3. 1990 LAGE BGB § 611 Arbeitnehmerbegriff Nr. 16; LAG Baden-Württemberg 14. 3. 1985 NZA 1985, 739; LAG Hamm 20. 7. 1989 NZA 1990, 228; LAG Berlin 16. 12. 1986 NZA 1987, 488; BSG 30. 11. 1978 AP BGB § 611 Abhängigkeit Nr. 31).

16 Der **Anstellungsvertrag von Organmitgliedern** juristischer Personen ist Dienstvertrag und kein Arbeitsverhältnis (BAG 21. 2. 1994 AP ArbGG 1979 § 5 Nr. 17; näher Rn. 161 ff.).

17 **2. Werkverträge (§ 631 BGB).** Gegenstand des Werkvertrages ist nach § 631 I die Herstellung eines Werkes. Geschuldet ist damit ein **bestimmtes Arbeitsergebnis** bzw. ein Arbeitserfolg. Im Unterschied hierzu wird in Dienst- und Arbeitsverträgen nur die Tätigkeit als solche geschuldet. Bedeutend ist die Abgrenzung im Hinblick darauf, daß im Unterschied zum Werkvertragsrecht im Dienstvertragsrecht Regelungen über die Gewährleistung fehlen (hierzu Rn. 968 ff.).

18 Durch eine **fehlerhafte Bezeichnung** können die Parteien einen Dienst- oder Arbeitsvertrag nicht zu einem Werkvertrag machen. Entscheidend ist der geschuldete Vertragsinhalt. Ob ein Arbeitsvertrag oder ein freier Dienstvertrag vorliegt, richtet sich nach den Voraussetzungen des ANBegriffes (BAG 13. 11. 1991 AP BGB § 611 Abhängigkeit Nr. 60). Einem persönlich abhängig beschäftigten AN kann nicht durch Auferlegung einer Erfolgsgarantie der arbeitsrechtliche Schutz entzogen werden (*Erman/ Hanau* Rn. 17). Die bloße wirtschaftliche Abhängigkeit schließt allerdings die Vereinbarung eines Werkvertrages nicht aus. Der Werkvertragsunternehmer kann jedoch als arbeitnehmerähnliche Person (§ 12 a TVG, vgl. Rn. 133 ff.) zu behandeln sein.

19 Problematisch ist die Abgrenzung insb. hins. des Weisungsrechts. Auch der Werkbesteller kann nach § 645 I 1 Anweisungen für die Erstellung des Werkes erteilen. Dieses **werkvertragliche Weisungsrecht** ist im Einzelfall von Weisungen arbeitsvertraglicher Art abzugrenzen. Ist die Weisung gegenständlich ausschließlich auf die zu erbringende Werkleistung beschränkt, spricht dies nicht gegen das Vorliegen eines Werkvertrages. Werden jedoch arbeitsvertragliche Weisungen gegeben, also erst der Gegenstand der Werkleistung bestimmt oder auch persönlich bindende Weisungen erteilt, die den Einsatz und die Arbeit unmittelbar und bindend organisieren, spricht dies für das tatsächliche Vorliegen eines Arbeitsverhältnisses oder ggf. einer ANÜberlassung (BAG 30. 1. 1991 AP AÜG § 10 Nr. 8).

20 Die Ähnlichkeit der Leistungserbringung im Rahmen von Arbeits- und Werkverträgen legitimiert unter Umständen die **wechselseitige analoge Anwendung** grdl. Vorschriften. So wurde der Rechtsgedanke des § 645 tlw. zur Begründung der Betriebsrisikolehre herangezogen (hierzu § 615 Rn. 126 ff.). Umgekehrt wird die Schutzpflicht aus § 618 auf Werkverträge analog angewendet, wenn der Besteller des Werkes Räume, Vorrichtungen und Gerätschaften bereitzustellen hat. So hat ein Bauunternehmer neben dem öffentlich-rechtlichen Arbeitsschutz und den Unfallverhütungsvorschriften die Baustelle so einzurichten und zu unterhalten, daß für Subunternehmer und deren Bedienstete keine Gesundheitsgefahren entstehen können (OLG Düsseldorf 21. 10. 1994 NJW-RR 1995, 403).

21 Werden Tätigkeiten durch AN eines Werkunternehmers im Betrieb des Bestellers erbracht, kann zweifelhaft sein, ob die AN im Wege eines **drittbezogenen Personaleinsatzes** für ihren AG, der aufgrund eines Dienst- oder Werkvertrages zur Erreichung eines wirtschaftlichen Erfolges sich seiner AN als Erfüllungsgehilfen bedient, tätig werden, oder ob ein Fall der **ANÜberlassung** vorliegt. Ein Fall der ANÜberlassung liegt vor, wenn der AG dem Dritten lediglich geeignete Arbeitskräfte überläßt, die der Dritte jedoch nach eigenen betrieblichen Erfordernissen in seinem Betrieb nach seinen Weisungen einsetzt (BAG 30. 1. 1991 AP AÜG § 10 Nr. 8; Einzelheiten § 1 AÜG Rn. 14 ff.).

22 **3. Gesellschaftsverträge.** Dienstleistungen können auch auf gesellschaftsvertraglicher Basis geschuldet werden. Insb. Personengesellschafter einer GbR, OHG oder KG können zur **persönlichen Dienstleistung aufgrund des Gesellschaftsvertrages** verpflichtet sein (§ 706 III). Der Gesellschaftsvertrag kann auch die Grundlage für Dienstleistungen sein, die die Gesellschafter im Rahmen ihrer Pflicht zur Förderung des Gesellschaftszwecks erbringen müssen. Grds. ist daher davon auszugehen, daß Personengesellschafter ohne gesonderte Vereinbarung keine Dienst- oder AN der Gesellschaft sind. Auch Gesellschafter einer GmbH können Dienstleistungen auf der Basis des Gesellschaftsvertrages erbringen. Daneben sind arbeitsrechtliche Beziehungen denkbar, jedoch bedarf es hierfür einer gesonderten Vereinbarung.

A. Grundlagen des Arbeitsvertragsrechts § 611 BGB 230

Fehlt es an einer ausdrücklichen Vereinbarung, ist aufgrund einer Gesamtbetrachtung der **tatsächlichen Ausgestaltung der Rechtsverhältnisse** zu prüfen, ob der mitarbeitende Gesellschafter insb. unter Berücksichtigung der Merkmale der persönlichen Abhängigkeit neben seiner gesellschaftsrechtlichen Stellung auch AN ist. Wer an Gewinn und stillen Reserven beteiligt ist, gesellschaftsrechtlichen Bestandsschutz genießt sowie Mitsprache- und Informationsrechte hat, genießt ohne gesonderte Vereinbarung nicht zugleich die Stellung des AN, sondern ist Gesellschafter (hierzu *Loritz*, Die Mitarbeit Unternehmersbeteiligter, 1984, S. 405; *Erman/Hanau* Rn. 20). An einer persönlichen Abhängigkeit des Gesellschafters fehlt es schon dann, wenn der **Gesellschafter weitgehende Mitbestimmungsrechte** hat, so für den Fall mitarbeitender Gesellschafter einer Familien-GmbH, die jeweils über eine Sperrminorität verfügen (BAG 28. 11. 1990 AP TVG § 1 Tarifverträge Nr. 137). Der Gesellschafter einer GmbH, dem mehr als 50% der Stimmen zustehen, kann auch dann kein AN dieser Gesellschaft sein, wenn er nicht Geschäftsführer ist (BAG 6. 5. 1998 AP BGB § 611 Abhängigkeit Nr. 95). Er kann aufgrund seiner gesellschaftsrechtlichen Stellung keinem Weisungsrecht, etwa des Geschäftsführers, unterliegen. Werden in einem **selbstverwalteten, alternativen Betrieb** alle Mitarbeiter Gesellschafter einer GmbH und alle zu deren Geschäftsführer bestellt, so liegt kein Arbeitsverhältnis vor (BAG 10. 4. 1991 AP BGB § 611 Abhängigkeit Nr. 54). 23

Die gesellschaftsrechtliche Rechtsstellung schließt es allerdings nicht aus, daß die Gesellschafter einer GmbH mit der Gesellschaft **ausdrücklich Arbeitsverträge** abschließen (BAG 9. 1. 1990 AP GmbHG § 35 Nr. 5). Auch Kommanditisten einer KG können aufgrund eines Arbeitsvertrages für die Gesellschaft tätig werden. Wird neben dieser gesellschaftsrechtlichen Dienstleistungspflicht noch ein Arbeitsvertrag geschlossen, erlischt hierdurch nicht die aus dem Gesellschaftsverhältnis folgende Dienstverpflichtung und Dienstberechtigung (BAG 11. 5. 1978 AP HGB § 161 Nr. 2). 24

Wird der **Kommanditist** jedoch ohne gesonderte Vereinbarung tätig, kann nicht ohne weiteres davon ausgegangen werden, daß neben der gesellschaftsrechtlichen Stellung ein Dienst- oder Arbeitsverhältnis besteht. Gegenleistung ist im Zweifel nur seine Gewinnbeteiligung (LAG Köln 12. 8. 1994 LAGE BGB § 611 Gewinnbeteiligung Nr. 1). Auch der Kommanditist kann auf der Basis des Gesellschaftsvertrages für die KG arbeiten. Er steht jedoch dann nicht (zusätzlich) in einem Arbeitsverhältnis zu der Gesellschaft, wenn es sich um eine Familiengesellschaft handelt und vereinbarte Gewinnvorabentnahmen nicht vom Umfang der Dienstleistung abhängig sind (BAG 8. 1. 1970 AP ZPO § 528 Nr. 14). Die in einem Gesellschaftsvertrag neben der kapitalmäßigen Beteiligung festgelegten Dienstleistungen haben ihren Grund primär im Gesellschaftsverhältnis. Sie sind als Gesellschafterbeiträge im Sinne von §§ 161 I, 105 II HGB, § 706 III anzusehen. 25

Der Umstand allein, daß das Entgelt ganz oder tlw. aus einer Erfolgs- oder Gewinnbeteiligung („Tantieme") besteht, reicht noch nicht aus, statt eines Dienst- oder Arbeitsvertrages eine gesellschaftsrechtliche Verbindung anzunehmen (BAG 12. 2. 1959 AP HGB § 74 Nr. 1). 26

Einzelfälle: **Mitglieder einer Produktionsgenossenschaft** der früheren DDR waren keine AN (BAG 13. 6. 1996 AP AGB-DDR § 15 Nr. 1; BAG 16. 2. 1995 AP Einigungsvertrag Anlage II zu Kap. VI Nr. 1). Auf sog. **partiarische Arbeitsverhältnisse** findet grds. Arbeitsrecht Anwendung; Analogien zu gesellschaftsrechtlichen Vorschriften sind idR abzulehnen (hierzu *Baier* MDR 1985, 890). 27

4. Auftrag (§ 662 BGB). Dienstleistungen jeder Art können auch Gegenstand eines Auftrages nach § 662 sein. Der Auftrag ist jedoch **unentgeltlich,** während der Arbeitsvertrag ein auf Entgeltzahlung gerichteter Austauschvertrag ist. Fraglich ist, ob das Kriterium der Entgeltlichkeit ein **hinreichendes Abgrenzungsmerkmal** gegenüber Dienstverträgen ist. Richtigerweise ist dies im Hinblick auf § 612 I zu bejahen, weil bei Dienst- und Arbeitsverträgen eine Vergütung als stillschweigend vereinbart gilt, wenn die Leistung nach den Umständen nur gegen eine Vergütung zu erwarten ist. Ein unentgeltlicher selbständiger Dienstvertrag erfüllt das dispositive Leitbild des Auftrags (ähnlich *Erman/Hanau* Rn. 18). Die Entgeltlichkeit ist für den Arbeitsvertrag konstitutives Merkmal. Dies kann nicht mit dem Hinweis bezweifelt werden, daß ein AN bei Ausschluß des Vergütungsanspruchs schutzlos gestellt würde (so *Erman/Hanau* Rn. 18). Wenn nach den objektiven Umständen eine Dienstleistung nur gegen Vergütung zu erwarten, bewirkt § 612 I eine zwingende Vergütungs- und Vertragsbegründungsfiktion (vgl. hier § 612 Rn. 1; ebenso *Erman/Hanau* § 612 Rn. 1). Die aus § 612 I folgende materielle Betrachtung geht dem ausdrücklichen Ausschluß eines Vergütungsanspruches zwingend vor. Dies zeigt sich bei der mißbräuchlichen Beschäftigung als sog. „Gastarzt" (hierzu *Hammerschlag* ZTR 1988, 243) zum Zwecke der Weiterbildung bzw. Erfüllung der Voraussetzungen für die Facharztzulassung. Die in diesem Rahmen erbrachten Dienstleistungen sind nach der Verkehrssitte nur gegen Vergütung zu erwarten. 28

Die Abgrenzung nach dem Merkmal der Entgeltlichkeit wird nicht dadurch unbrauchbar, weil es wenige Vertragsverhältnisse über unentgeltliche Dienstleistungen gibt, auf die arbeits- und dienstvertragliche Regelungen tlw. anwendbar sind (zB Volontär- und Praktikantenverhältnisse; hierzu MünchKommBGB/*Müller-Glöge* Rn. 34; *Schaub* § 16 III und IV). Sie bedürfen jedoch einer besonderen Rechtfertigung. Zu Ausbildungsverhältnissen vgl. § 19 BBiG Rn. 1 ff. Zur Tätigkeit Behinderter in Werkstätten für Behinderte vgl. §§ 54–58 SchwbG. 29

30   **5. Geschäftsbesorgungsverträge.** Die Nähe des Auftragsrechts zum Dienstvertragsrecht zeigt sich an § 675, der verdeutlicht, daß das Merkmal der Entgeltlichkeit ein wichtiges, wenn auch nicht hinreichendes Kriterium für die Abgrenzung ist. Geschäftsbesorgungsverträge können nach § 675 lediglich Dienstverträge oder Werkverträge sein. Gegenüber dem Arbeits- bzw. Dienstvertrag wird zur **Abgrenzung** gegenüber § 675 das Merkmal relevant, ob die **Arbeitsleistung „eine Geschäftsbesorgung zum Gegenstand hat".** Der umfassende rechtsdogmatische Streit um die Geschäftsbesorgungsformel (hierzu ausführlich *Staudinger/Martinek* § 675 Rn. A 11 ff.) hat im Ergebnis keine praktische Relevanz.

31   Kern der Regelung des § 675 ist die Erklärung der Anwendbarkeit der §§ 663, 665 bis 670, 672 bis 674. Im Arbeitsrecht geht man ohne Rücksicht auf den zum Dienst- und Werkvertragsrecht geführten Meinungsstreit weitgehend von einer **analogen Anwendung der in § 675 erwähnten Auftragsregelungen** aus, soweit diese für arbeitsrechtliche Sachverhalte Bedeutung haben (MünchKommBGB/ *Müller-Glöge* Rn. 33; *Reichold* NZA 1994, 488 ff.).

32   **Einzelfragen:** Die **Auskunfts- und Rechenschaftspflicht** des Beauftragten nach § 666 kann analog herangezogen werden (LAG Berlin 15. 6. 1992 NZA 1993, 27; LAG Düsseldorf 31. 7. 1962 BB 1962, 1285). Ebenso trifft den AN in analoger Anwendung des § 667 die **Pflicht zur Herausgabe** des zur und durch das Arbeitsverhältnis Erlangte (BAG 16. 6. 1976 AP BGB § 611 Treuepflicht Nr. 8 = NJW 1977, 646; ArbG Marburg 5. 2. 1969 DB 1969, 2041; BAG 9. 7. 1985 – 3 AZR 428/83 – nv.; BAG 10. 12. 1959 AP BGB § 242 Herausgabepflicht Nr. 1 leitet die entspr. Pflicht aus § 242 ab). Hierzu gehört auch der Anspruch auf **Herausgabe von Schmiergeldern** (BAG 14. 7. 1961 NJW 1961, 2036 = AP BGB § 687 Nr. 1; LAG Chemnitz 19. 9. 1995 – 5 Sa 322/95 – nv.). Wird der AN verpflichtet, besondere Aufwendungen in Ausführung seines Arbeitsvertrages zu leisten, kann er entspr. § 669 einen **Vorschuß** verlangen (LAG Frankfurt 21. 3. 1986 LAGE BGB § 626 Nr. 25). Hervorragende Bedeutung hat die traditionelle analoge Heranziehung des § 670, wonach der AG **Aufwendungen des AN** zu ersetzen hat (zur Anschaffung von Sicherheitsschuhen: BAG 21. 8. 1985 AP BGB § 618 Nr. 19; Reisekosten: ArbG Wetzlar 21. 1. 1993 BB 1993, 1592; hierzu Rn. 819 ff.). Aus einer analogen Anwendung des § 670 kann der Bewerber auch die Erstattung von Vorstellungskosten verlangen, wenn er zur Vorstellung aufgefordert worden ist (hierzu Rn. 319 ff.). Darüber hinaus wird aus § 670 ein Erstattungsanspruch für Sachschäden hergeleitet, die der AN ohne Verschulden des AG bei Ausführung der übertragenen Dienste erleidet (hierzu Rn. 1117 ff.).

33   **6. Miete, Pacht.** Miete und Pacht sind als gegenseitige entgeltliche Verträge gerichtet auf die Überlassung bzw. Nutzung des Miet- und Pachtgegenstandes und damit von der persönlichen Leistungserbringung klar zu unterscheiden. Problematisch kann jedoch die Abgrenzung bei Pachtverträgen sein. Ist der Pächter nach dem Pachtvertrag und der tatsächlichen Gestaltung in der **Nutzung des überlassenen Gegenstandes unabhängig,** liegt ein Pachtvertrag vor. Behält sich aber der Verpächter weitgehende **Weisungsrechte** für die Tätigkeit des Pächters mit dem überlassenen Gegenstand vor, kann unter Umständen nach dem tatsächlichen Vertragsinhalt ein Arbeitsvertrag vorliegen (zur Verpachtung einer Kantine BAG 13. 8. 1980 AP BGB § 611 Abhängigkeit Nr. 37; zur Verpachtung eines Taxis LAG Hamm 16. 5. 1975 ARSt. 1976, 142). Ein Arbeitsvertrag ist nur anzunehmen, wenn die Voraussetzungen des ANBegriffes, insb. die persönliche Abhängigkeit des Pächters, gegeben ist (verneint für einen Tankstellenverwalter von LAG Frankfurt 3. 12. 1975 BB 1976, 1178; BSG 11. 8. 1966 AP BGB § 611 Abhängigkeit Nr. 5).

34   **7. Dienstverschaffungsverträge.** Gegenstand eines Dienstverschaffungsvertrages ist nicht die persönliche Dienstleistung, sondern die **Verpflichtung, der anderen Partei Dienste eines oder mehrerer Personen zu verschaffen.** Dienstverschaffungsverträge können sowohl auf Verschaffung von Diensten im Rahmen eines freien Dienstvertrages als auch im Rahmen eines Arbeitsvertrages gerichtet sein. Im Bereich des Arbeitsrechts ist relevant die Abgrenzung zwischen bloßer Arbeitsvermittlung und dem Anwendungsbereich des AÜG. ANÜberlassungsverträge sind Dienstverschaffungsverträge, die im Falle gewerbsmäßiger ANÜberlassung dem AÜG unterfallen (hierzu § 1 AÜG Rn. 39, 47 ff.). Für die nicht gewerbsmäßige ANÜberlassung (sog. „echte" ANÜberlassung) gilt das AÜG nicht. Für sie sind die allgemeinen Grundsätze über Dienstverschaffungsverträge einschlägig.

35   Der Unternehmer, der aufgrund eines Dienstverschaffungsvertrages Arbeitskräfte zur Verfügung stellt, **haftet** nicht für die ordnungsgemäße Leistungserbringung, allerdings für die **Eignung der Arbeitskräfte** für die vorgesehene Arbeits- bzw. Dienstleistung (BGH 9. 3. 1971 NJW 1971, 1129 = AP BGB § 611 Leiharbeitsverhältnis Nr. 1). Es kommt jedoch eine Haftung nach § 831 für Fehler der Bediensteten in Betracht. Diese Haftung entfällt, wenn die Abhängigkeit vom bisherigen Geschäftsherrn während der Tätigkeit in einem anderen Unternehmen aufgehoben ist. Das ist zu bejahen, wenn die AN vollständig aus dem Unternehmen herausgelöst sind, davon kann jedoch nicht ausgegangen werden, wenn der Dienstverschaffer sein Personal jederzeit zurückziehen und anders verwenden kann (BGH 26. 1. 1995 NJW-RR 1995, 659; BGH 22. 5. 1968 VersR 1968, 779).

36   Als Dienstverschaffungsverträge können auch **Schwestergestellungsverträge** (MünchKommBGB/*Müller-Glöge* Rn. 38; LAG Hamm 9. 9. 1971 DB 1972, 295; **aA** BAG 4. 7. 1979 AP BGB

§ 611 Rotes Kreuz Nr. 10) und Verträge mit einer **Eigengruppe** (Rn. 200; LAG Frankfurt 18. 6. 1952 BB 1952, 691) angesehen werden.

Vom **Arbeitsvertrag** und von der **echten ANÜberlassung** sind Dienstverschaffungsverträge abzugrenzen, bei denen der AG einem Dritten Maschinen mit Bedienungspersonal derart zur Verfügung stellt, daß der Dritte den Einsatz der Maschinen oder Geräte mit dem dazugehörigen Personal nach eigenen betrieblichen Erfordernissen selbst bestimmt und organisiert. Derartige gemischte Verträge werden auch von den Vorschriften des AÜG jedenfalls dann nicht erfaßt, wenn nicht die Überlassung von AN, sondern die Gebrauchsüberlassung des Gerätes oder der Maschine den Inhalt des Vertrages prägt. So ist in der Rspr. anerkannt, daß etwa die Vermietung von Baumaschinen (zB Baggern und Planierraupen) unter Gestellung des Bedienungspersonals begrifflich keine ANÜberlassung im Sinne von § 1 AÜG ist (hierzu § 1 AÜG Rn. 40 ff.). Denn Sinn und Zweck eines solchen gemischten Miet- und Dienstverschaffungsvertrages ist nicht primär, dem Dritten Personal zur Verfügung zu stellen, das er nach seinem Belieben in seinem Betrieb und damit auch an Geräten oder Maschinen, über die er ohnehin verfügt, einsetzen kann, sondern dem Dritten durch die Personalüberlassung überhaupt erst den Einsatz der Geräte oder Maschinen zu ermöglichen, die ihm im Rahmen des gemischten Vertrages zum Gebrauch überlassen werden (BAG 17. 2. 1993 AP AÜG § 10 Nr. 9).

8. Franchising. Franchising bezeichnet die **Gesamtheit von Rechten an** gewerblichem oder geistigem Eigentum, wie Warenzeichen, Handelsnamen, Ladenschilder, Gebrauchsmuster, Geschmacksmuster, Urheberrechten, Know-how oder Patenten, die zum Zwecke des Weiterverkaufs von Waren oder der Erbringung von Dienstleistungen an Endverbraucher genutzt werden (vgl. VO (EWG) 4087/88 v. 30. 11. 1988 ABl. EG 395 S. 46). Auch zwischen Franchisegeber und Franchisenehmer wird ein **Dauerschuldverhältnis** begründet, das dem Franchisenehmer die Erlaubnis einräumt, die genannten Rechte zum Zwecke der Vermarktung von Waren und Dienstleistungen zu nutzen. Der Franchisegeber erhält dafür ein Entgelt. Der Franchisenehmer verpflichtet sich, seine Leistung nach bestimmten Anweisungen des Franchisegebers anzubieten. Rechtsnatur und Inhalt der Franchising-Verträge sind den Vertragshändlerverträgen angenähert. Die Absatztätigkeit erfolgt bei beiden im eigenen Namen und auf eigene Rechnung, jedoch ist der Franchisenehmer stärker in das Vertriebs- und Absatzsystem des Franchisegebers eingegliedert.

Die Abgrenzung zwischen Franchising und Arbeitsverhältnis ist problematisch (hierzu *Bauder* NJW 1989, 78; *Horn/Henssler* ZIP 1998, 589; *Nolting*, Die individualarbeitsrechtliche und betriebsverfassungsrechtliche Beurteilung von Franchisesystemen, 1994; *Weltrich* DB 1988, 806; *Wank* DB 1992, 90 f.). Der Franchisenehmer kann jedenfalls **nicht stets als Selbständiger** eingeordnet werden (so aber MünchArbR/*Richardi* § 23 Rn. 18; *Weltrich* DB 1988, 806; differenzierender HzA/*Worzalla* Gruppe 1 Rn. 237). Weder aus der Bezeichnung noch aus dem „Wesen" des Franchise-Vertrages läßt sich schließen, daß der Franchisenehmer kein AN ist (BAG 16. 7. 1997 AP ArbGG 1979 § 5 Nr. 37; BGH 4. 11. 1998 NZA 1999, 53; **aA** OLG Schleswig 27. 8. 1986 NJW-RR 1987, 220; OLG Düsseldorf 30. 1. 1998 ZIP 1998, 624). Die jeweilige Vertragskonstruktion ist im einzelnen zu prüfen. Zu unterscheiden sind koordinativ und subordinativ strukturierte Franchise-Verträge. Beim Subordinations-Franchising verpflichtet sich der Franchisenehmer zur Absatzförderung nach Richtlinien und Anweisungen des Franchisegebers. Diese im weitesten Sinne fremdbestimmte Tätigkeit ist von der Abhängigkeit als AN zu unterscheiden. Dem Franchise-Vertrag sind intensive Weisungs- und Bindungsrechte des Franchisegebers gegenüber dem Franchisenehmer immanent (vgl. BGH 3. 10. 1984 NJW 1985, 1894; BGH 5. 10. 1981 NJW 1982, 1817). Problematisch ist lediglich der Fall, daß der Franchisenehmer allein ohne eigene Mitarbeiter tätig ist. Die Kontrolle von Abhängigkeiten und unangemessenen Vertragsgestaltungen (hierzu ausführlich *Ekkenga* AG 1989, 301; *Wolf/Horn/Lindacher* AGBG § 9 Rn. F 105 ff.) ist nicht in erster Linie durch die Konstruktion eines Arbeitsverhältnisses, sondern durch die Inhaltskontrolle des Franchise-Vertrages zu gewährleisten (hierzu auch BAG 30. 9. 1998 AP BGB § 611 Abhängigkeit Nr. 103). Nach der Rspr. ist auf den Grad der Weisungsbindung und die persönliche Abhängigkeit des Franchisenehmers abzustellen. Letztere wird verneint, wenn der Franchisenehmer seine Chancen auf dem Markt selbständig und im wesentlichen weisungsfrei suchen kann (BAG 16. 7. 1997 NZA 1997, 1126 = AP ArbGG 1979 § 5 Nr. 37). Wenn der Franchisevertrag die ausschließliche Erwerbsquelle ist, kann dies für eine wirtschaftliche Abhängigkeit sprechen, die den Status einer arbeitnehmerähnlichen Person begründet (BGH 4. 11. 1998 NZA 1999, 53)

Wesentlich ist, ob der sog. Franchisenehmer de facto **lediglich als Verkäufer des Franchisegebers** fungiert und damit in einem Arbeitsverhältnis steht (BGH 4. 11. 1998 NZA 1999, 53). Die Eingliederung in die **Organisation** des Franchisegebers und die fehlende Möglichkeit, anderweitig seine Arbeitskraft einzusetzen, sprechen für die persönliche Abhängigkeit. Für das Vorliegen eines Arbeitsverhältnisses spricht, wenn dem Franchisenehmer **bestimmte Arbeitszeiten vorgegeben** werden, ohne daß dies zwingend für die Ausführung des Geschäfts erforderlich wäre, der Franchisenehmer nur **unwesentlich auf die Höhe des Umsatzes** und die **Gestaltung seiner Tätigkeit** Einfluß nehmen **kann** sowie dem Franchisegeber **umfangreiche Kontrollrechte** eingeräumt werden (LAG Düsseldorf 20. 10. 1987 LAGE BetrVG 1972 § 5 Nr. 16 = NJW 1988, 725; s. LSG Berlin 27. 10. 1993 NZA 1995,

Preis

139 ff.). Dagegen spricht für eine **selbständige Tätigkeit,** daß dem Franchisenehmer über den eigentlichen Vertragszweck des Franchising hinaus keine weiteren Weisungen erteilt werden, insb. hinsichtlich Verkaufszeiten, sondern sich die Vertragspflichten auf den Kern des Franchising beschränken. Darüber hinaus spricht für die Selbständigkeit, daß der Franchisenehmer seinen Betrieb weitgehend selbst organisiert, über Anzahl und Personen, die er zur Erbringung der Dienstleistung einsetzt, frei entscheiden kann (BAG 21. 2. 1990 AP BGB § 611 Abhängigkeit Nr. 57; vgl. zuvor schon BAG 24. 4. 1980 AP BGB § 84 Nr. 1). Abrechnungen, Art und Umfang der Werbung, Mitbestimmung über das Sortiment sprechen ebenfalls gegen ein Arbeitsverhältnis. Der erfolglos operierende Franchisenehmer wird jedoch nicht allein wegen seiner Erfolglosigkeit zum AN (LAG Rheinland-Pfalz 12. 7. 1996 LAGE BGB § 611 Arbeitnehmerbegriff Nr. 32 = BB 1996, 1890).

41 **9. Eingliederungsvertrag.** In §§ 229 ff. SGB III ist neuerdings die Möglichkeit des **Eingliederungsvertrages für förderungsbedürftige Arbeitslose** geregelt. Ziel dieses Beschäftigungsverhältnisses ist, Arbeitslose nach erfolgreichem Abschluß der Eingliederung in ein Arbeitsverhältnis zu überführen. Auf den Eingliederungsvertrag finden die Vorschriften und Grundsätze des Arbeitsrechts nur Anwendung, soweit nicht § 231 SGB III etwas anderes bestimmt. Ist die Geltung arbeitsrechtlicher Vorschriften von der Zahl der AN im Betrieb oder Unternehmen abhängig, werden beschäftigte Arbeitslose auf der Basis eines Eingliederungsvertrages nicht berücksichtigt. Die Möglichkeit des Eingliederungsvertrages ist auf längstens sechs Monate beschränkt (§ 232 I SGB III). Der Vertrag kann ohne Angabe von Gründen jederzeit von beiden Seiten für gescheitert erklärt werden (§ 232 II SGB III). Für Rechtsstreitigkeiten ist der Rechtsweg zu den ArbG eröffnet (§ 232 III SGB III). Die BA erstattet dem AG, der einen Eingliederungsvertrag geschlossen hat, das für Zeiten ohne Arbeitsleistung von ihm zu tragende Arbeitsentgelt, den darauf entfallenden AGAnteil am Beitrag der Kranken-, Pflege- und Rentenversicherung sowie die Beiträge, die er im Rahmen eines Ausgleichssystems für Lohnfortzahlung im Krankheitsfalle (§§ 10 ff. LohnFG) zu leisten hat (ausf. *Hanau* DB 1997, 1279; *Kufer* AR-Blatei SD 625; *Natzel* NZA 1997, 806).

42 **10. Wiedereingliederungsverhältnis.** § 74 SGB V kennt bei arbeitsunfähigen Versicherten die stufenweise Wiederaufnahme ihrer Tätigkeit, wenn sie nach ärztlicher Feststellung ihre bisherige Tätigkeit tlw. verrichten können. Nach Auffassung des BAG stellt das zwischen dem AG und dem AN zum Zwecke der Wiedereingliederung begründete Rechtsverhältnis kein Arbeitsverhältnis, sondern ein **Rechtsverhältnis eigener Art** dar, weil es nicht auf eine Arbeitsleistung im üblichen Sinne gerichtet ist, sondern als Maßnahme der Rehabilitation dem AN ermöglichen soll, die Arbeitsfähigkeit wieder herzustellen. Deshalb stehe dem AN ohne ausdrückliche Zusage **weder aus dem Wiedereingliederungsvertrag noch aus dem Gesetz ein Vergütungsanspruch zu** (BAG 29. 1. 1992 AP SGB V § 74 Nr. 1; in Anlehnung an *v. Hoyningen-Huene* NZA 1992, 49; vgl. auch BAG 19. 4. 1994 AP SGB V § 74 Nr. 2; BAG 28. 7. 1999 AP SGB V § 74 Nr. 3). Das Wiedereingliederungsverhältnis begründet keine arbeitsvertraglichen Pflichten zur Arbeitsleistung, sondern es wird lediglich die Gelegenheit gegeben, sich bei quantitativ verringerter Tätigkeit zu erproben (*Gitter* ZfA 1995, 123 ff.; aA *Glaubitz* BB 1992, 402). Auch sonstige Nebenansprüche aus einem Arbeitsverhältnis, zB Aufwendungsersatz, bestehen ohne besondere Abrede nicht. Allerdings kann es konkludente Zusagen, zB auf Fahrtkostenerstattung, geben (BAG 28. 7. 1999 AP SGB V § 74 Nr. 3). Die Parteien können einverständlich vorübergehend einen Arbeitsvertrag mit verkürzter Arbeitszeit oder verändertem Vertragsgegenstand schließen. Bei einer entspr. Abrede können daher Ansprüche aus dem Arbeitsverhältnis bejaht werden (ausf. *Gitter* ZfA 1995, 125, 135 ff.). Die hM zur Behandlung des Wiedereingliederungsverhältnisses überzeugt nicht durchweg. Aus § 74 SGB V, der lediglich die Ausstellung einer ärztlichen Bescheinigung regelt, läßt sich eine so weitgehende Freistellung von arbeitgeberseitigen Pflichten nicht herleiten. Zu erwägen ist eine Analogie zu § 231 II SGB III. Wenn auf den Eingliederungsvertrag schon die Grundsätze des Arbeitsrechts – vorbehaltlich abweichender Spezialnormen – Anwendung finden, muß dies erst recht beim Wiedereingliederungsvertrag der Fall sein.

43 Die Beschäftigung zur „Wiedereingewöhnung" schließt nach § 5 II Nr. 4 BetrVG die ANEigenschaft aus (hier BAG 25. 10. 1989 AP BetrVG 1972 § 5 Nr. 40).

B. Geltungsbereich des Arbeitsrechts

Schrifttum: *Hanau,* Die Anforderungen an die Selbständigkeit des Versicherungsvertreters nach den §§ 84, 92 HGB, Mannheimer Vorträge zur Versicherungswissenschaft, Band 69, 1997, 7 f.; *Heinze,* Der richtige Vertrag für jede Arbeit – vom Arbeitsvertrag über den Werkvertrag zum Franchising, in: Hromadka (Hrsg.), Möglichkeiten und Grenzen flexibler Vertragsgestaltung, 1991, 93 ff.; *Wank,* Arbeitnehmer und Selbständige, 1988.

I. Abgrenzung zur selbständigen Tätigkeit (Arbeitnehmerbegriff)

44 **1. Begriff, Normzweck.** Zentraler Anknüpfungspunkt für die Anwendbarkeit arbeitsrechtlicher Regelungen ist der Begriff des AN. Von der Qualifizierung der geschuldeten Dienstleistung als

unselbständige Arbeitsleistung, die von AN erbracht wird, hängt das Eingreifen des Rechtsregimes des Arbeitsrechts ab. Die begriffliche Abgrenzung hat daher hervorragende praktische Bedeutung. Dies gilt schon für die richtige **Wahl des Rechtsweges.** Die ArbG sind nur für bürgerliche Rechtsstreitigkeiten zwischen AN (zu denen nach § 5 ArbGG auch die arbeitnehmerähnlichen Personen gehören) und AG zuständig, die ordentlichen Gerichte dagegen für Rechtsstreite aus freien Dienstverträgen (näher § 2 ArbGG Rn. 21 ff., § 5 ArbGG Rn. 2 ff.). Wird ein Vertrag fehlerhaft nicht als Arbeitsvertrag eingeordnet, begründet die gerichtliche Feststellung eines Arbeitsverhältnisses keinen Grund zur (außerordentlichen) Kündigung des Vertrages (BAG 3. 10. 1975 AP BGB § 611 Abhängigkeit Nr. 17; *Wank* S. 112 ff.; MünchArbR/*Richardi* § 26 Rn. 52; aA *Lieb* RdA 1975, 49, 52; zu den Folgen fehlerhafter Einordnung vgl. Rn. 121).

Rspr. und hL greifen auf die von *Alfred Hueck* entwickelte Begriffsbestimmung zurück. Danach ist **45** AN, „wer aufgrund eines privatrechtlichen Vertrages zur Arbeit im Dienste eines anderen verpflichtet ist" (*Hueck/Nipperdey* I § 9 II; vgl. auch BAG 15. 3. 1978 AP BGB § 611 Abhängigkeit Nr. 26). Erforderlich und auch genügend für die Annahme eines Arbeitsverhältnisses ist, daß der Betreffende überhaupt, wenn auch nur in einem geringen Umfang, zur Erbringung von weisungsgebundener Arbeit vertraglich verpflichtet, also ein Verfügungsrecht des AG über einen Teil seiner Arbeitskraft gegeben ist (BAG 14. 2. 1974 AP BGB § 611 Abhängigkeit Nr. 12). So kurz diese Definition ist, so unvollkommen ist sie. Alle drei in ihr enthaltenen Elemente treffen zwar auf viele Arbeitsverhältnisse zu, können aber in Randbereichen kaum Entscheidungshilfe liefern. Die Rechtsentwicklung hat gezeigt, daß sich exakte Definitionen kaum finden lassen (*Hilger* RdA 1989, 1, 6). Dennoch ist von einem für das **Arbeitsrecht einheitlichen Begriff** auszugehen (BAG 25. 3. 1992 AP BetrVG 1972 § 5 Nr. 48). Es geht um die Qualifizierung eines Vertragstyps, auf den – durch den Gesetzgeber vorgegeben – bestimmte Rechtsregeln Anwendung finden sollen. Eine von Gesetz zu Gesetz verschiedene ANDefinition könnte zwar der Gesetzgeber regeln, ist aber de lege lata grds. nicht anzuerkennen (insoweit anders MünchArbR/*Richardi* § 26 Rn. 51; *Heinze* NZA 1997, 1, 3). Dies gilt auch deshalb, weil der Gesetzgeber sich einer allgemeinen Definition entzieht und nur in Randbereichen für bestimmte Zwecke Modifikationen des allgemeinen ANBegriffs durch Einbeziehung oder Ausklammerung von Beschäftigtengruppen vornimmt (vgl. etwa § 5 BetrVG, § 5 ArbGG; § 2 II ArbSchG). Mit einer Vielzahl von Einzelkriterien, mit deren Hilfe das Vorliegen einer **persönlichen Abhängigkeit** festgestellt werden soll, wird in Grenzfällen die ANEigenschaft zu bestimmen versucht. Dabei müssen mehrere Grundvoraussetzungen beachtet werden:

a) **Vertrag als Ausgangspunkt.** Der geschlossene Vertrag über die zu erbringenden Dienste ist **46** Ausgangspunkt der Prüfung. Auch ein Arbeitsverhältnis kann regelmäßig nur durch einen **privatrechtlichen Vertrag** begründet werden (Zu Ausnahmen Rn. 431 ff.; zur Abgrenzung zu anderen Rechtsformen der Dienstleistung Rn. 12 ff.). Wenn die Vertragsparteien **ausdrücklich ein Arbeitsverhältnis** vereinbart haben, ist der zur Dienstleistung Verpflichtete kraft privatautonomer Entscheidung als AN mit allen Rechten und Pflichten anzusehen. Es erfolgt in diesem Fall keine objektive, korrigierende Prüfung, ob das Vertragsverhältnis nicht auch als freier Dienstvertrag hätte ausgestaltet werden können (BAG 13. 3. 1987 AP KSchG 1969 § 1 Betriebsbedingte Kündigung Nr. 37; LAG Thüringen 6. 2. 1998 NZA-RR 1998, 296). Durch bloße **Nichtausübung von Weisungsrechten** oder sonstigem Wegfall der persönlichen Abhängigkeit des AN wandelt sich das Arbeitsverhältnis noch nicht in ein freies Mitarbeiter- oder Dienstverhältnis um (BAG 12. 9. 1996 AP BGB § 611 Freier Mitarbeiter Nr. 1). Die **Umwandlung des vereinbarten Arbeitsverhältnisses in ein freies Dienstverhältnis** bedarf einer klaren und unmißverständlichen Vereinbarung. Denkbar ist, daß zwischen den gleichen Parteien mehrere Vertragsverhältnisse bestehen, so daß neben dem Arbeitsverhältnis durchaus auch – von der Arbeitsleistung getrennt – ein Werkvertrag oder uU auch ein freier Dienstvertrag geschlossen werden kann (Bsp.: Wissenschaftlicher Angestellter fertigt außerhalb seiner vertraglichen Arbeitsleistung ein Gutachten für den AG; s. a. LAG Köln 7. 10. 1998 ARSt. 1999, 111: angestellter Rundfunksprecher übernimmt in freier Mitarbeit Autorenleistungen). Die Aufspaltung in verschiedene Rechtsverhältnisse darf allerdings nicht zur Umgehung arbeitsrechtlicher Schutzvorschriften führen (vgl. *Rumpenhorst* NZA 1993, 1067 ff.).

b) **Zweck des Arbeitnehmerbegriffs, Inhaltskontrolle.** Der ANBegriff ist der **Schlüssel für die 47 Anwendung des Arbeitsrechts.** Er ist ein **Rechtsbegriff,** der in fast allen arbeitsrechtlichen Gesetzen verwandt, aber nicht allgemeingültig definiert wird (Überblick bei RGRK/*Schliemann* Rn. 961 ff.). Sein Zweck ist primär, den abhängigen Arbeitsvertrag von dem unabhängigen (freien) Dienstvertrag abzugrenzen. Diese durch den Gesetzgeber bislang vollzogene allerdings nicht geleistete Abgrenzung ist notwendig, um den Kreis derjenigen zu bestimmen, denen das gesamte ANSchutzrecht zur Verfügung stehen soll und jenen, die dieses Schutzes nicht bedürfen. Hinter der Begriffsabgrenzung steht daher die Globalmaxime der Schutzbedürftigkeit des AN (hierzu *Lieb* § 1 I 2), die aber als solche hier wie in anderen Zusammenhängen nicht geeignet ist, nachvollziehbare Abgrenzungskriterien zu liefern (vgl. *Preis* Vertragsgestaltung S. 283 ff.; MünchArbR/*Richardi* § 23 Rn. 28 ff.).

Mißverständlich ist die verbreitete Aussage, die Klassifizierung des Arbeitsverhältnisses sei als **48 Anwendungsfall** eines **Rechtsformzwangs** anzusehen (LAG Berlin 16. 8. 1983 AP BGB § 611 Abhängigkeit Nr. 44; *Erman/Hanau* Rn. 9 ff.; hierzu auch *Fenn*, FS für Bosch, S. 171 ff.; klarstellend und richtig differenzierend *Jahnke* ZHR 1982, Bd. 146, S. 595 ff.; *Stoffels* NZA 2000, 690 ff.) ebenso wie die Auffassung, der ANBegriff sei ein **Statusbegriff** (krit. hierzu *Staudinger/Richardi* vor § 611 Rn. 176; RGRK/*Schliemann* Rn. 951 ff.). Richtig ist daran nur, daß für eine Wahl der Vertragstypen, insb. zwischen freiem und abhängigem Dienstvertrag, nur ein schmaler Raum besteht (MünchArbR/ *Richardi* § 26 Rn. 55 f.; RGRK/*Schliemann* Rn. 954). Dabei geht es richtigerweise um zwei Fragen: (1) die richtige **Einordnung des Vertragstyps nach dem wahren Inhalt des Vertrages** unabhängig von dessen Bezeichnung und (2) um die Frage nach **Umfang und Grenzen der Privatautonomie bei der Rechtswahl** zwischen freiem Dienstvertrag und (abhängigem) Arbeitsvertrag. Erreicht werden soll durch eine objektivierte Überprüfung einerseits die Anwendung der für den jeweiligen Vertragstyp charakteristischen (auch dispositiven) Rechtsregeln, andererseits soll die Umgehung zwingender arbeitsrechtlicher Normen vermieden werden, wobei unerheblich ist, ob die Abbedingung bewußt oder unbewußt erfolgt (BAG 15. 3. 1978 AP BGB § 611 Abhängigkeit Nr. 26).

49 Dieser Ansatzpunkt geht weitgehend von einer zwingenden, nicht vertragsdispositiven Einordnung aus. Jedoch ist zu unterscheiden: Der **Rechtsbegriff des AN** ist **weder vertrags- noch tarifdispositiv**. Für den gesetzlichen Begriff der arbeitnehmerähnlichen Person hat das BAG dies ausdrücklich erklärt (BAG 2. 10. 1990 AP TVG § 12 a Nr. 1). Davon ist jedoch die grds. **Möglichkeit der Vertragstypenwahl** zu unterscheiden. Die richtige Zuordnung des Vertragstyps ebenso wie die (damit einhergehende) Abbedingung eines bestimmten Rechtsregimes ist dogmatisch als Anwendungsfall einer Inhaltskontrolle zu begreifen. Das zeigt sich auch daran, daß – jedenfalls innerhalb der Typengruppe „Dienstverträge" – bei frei ausgehandelten, nicht paritätsgestörten Vertragsschlüssen der freie Parteiwille Vorrang hat (hierzu *Preis* Vertragsgestaltung S. 381 ff.).

50 Allerdings ist auch hier zu differenzieren. Eine **fehlerhafte Vertragstypenzuordnung** ist stets durch die Rspr. zu korrigieren. Schon das BGB selbst sieht eine bestimmte Vertragstypenzuordnung mit bestimmten Rechtsregeln vor. So kann ein Vertrag, der die konstitutiven Elemente eines Werkvertrages besitzt, nicht durch schlichte Bezeichnung zum freien Dienstvertrag werden. Die anwendbaren Rechtsregeln werden nach dem vereinbarten Vertragstyp objektiv zugeordnet. Die Vertragsparteien haben es in der Hand, die beiderseitigen Rechte und Pflichten so festzulegen, daß ihr Rechtsverhältnis der einen oder anderen Rechtsform entspricht (zutr. *Jahnke* ZHR 1982, Bd. 146, S. 595 ff.). Die fehlerhafte Bezeichnung ist im Kern ein Anwendungsfall der „falsa demonstratio non nocet"-Regel (vgl. auch *Heinze* S. 105; MünchArbR/*Richardi* § 23 Rn. 53; abl. *Stoffels* NZA 2000, 690, 693). Wie die von den Vertragsparteien getroffenen Abreden rechtlich zu qualifizieren sind, entzieht sich deren Belieben. Die Zuordnung erfolgt nach objektiv-rechtlichen Kriterien (BAG 15. 12. 1999 AP HGB § 92 Nr. 5).

51 Geben die Parteien dem geschlossenen Vertrag eine andere Rechtsform, haben aber in der Sache alle Voraussetzungen für die Annahme eines anderen Vertragsverhältnisses erfüllt (Beispiel: ein als „Werkvertrag" oder „freier Mitarbeitervertrag" bezeichneter Vertrag erfüllt alle Voraussetzungen eines Arbeitsvertrages), handelt es sich um den Fall einer **Rechtsformverfehlung**. Die einverständliche konkrete Ausgestaltung des Vertrages als unselbständige, persönliche Abhängigkeit begründende Arbeitsleistung führt zur Anwendung des Arbeitsrechts, selbst wenn die Parteien es nicht wollen (zutr. *Jahnke* ZHR 1982, Bd. 146, S. 595, 620).

52 Ebenso können die Vertragsparteien **nicht die sich zwingend ergebenden Rechtsfolgen** aus dem jeweiligen Vertragstyp abbedingen (RGRK/*Schliemann* Rn. 953). Dies gilt innerhalb wie außerhalb des Arbeitsrechts. Dies zeigt sich etwa in der Behandlung gemischter Vertragstypen, wo objektiv zwischen dienstvertraglichem und werkvertraglichem Element unterschieden wird (zum zahnärztlichen Behandlungsvertrag BGH 9. 12. 1974 NJW 1975, 305). Sofern es um die Auflösung eines gemischten Vertragsverhältnisses geht, ist der Vertragstypus zugrunde zu legen, der wirtschaftlich überwiegt (BAG 6. 2. 1969 AP BGB § 611 Gemischter Vertrag Nr. 1). In zahlreichen Anwendungsfällen hat sich die Zivilrechtsprechung nicht von der Bezeichnung des Vertragstyps durch die Parteien leiten lassen, sondern die **objektive Rechtsnatur des Vertrages** für ausschlaggebend erklärt und die diesem zugeordneten Rechtsregeln angewandt (RG 11. 7. 1924 RGZ 108, 369, 371; BGH 8. 11. 1979 BGHZ 75, 299, 301 = AP AÜG § 10 Nr. 2).

53 Die **Rechtsformwahl** ist **um so eingeschränkter, je mehr der jeweilige Vertragstyp von zwingenden Rechtsregeln geprägt** ist. Deshalb ist es auch unzulässig, in einem Arbeitsvertrag die Kündigungsregelungen freier Dienstverträge oder des Auftragsrechts zugrunde zu legen. Anleihen aus anderen Vertragstypen sind dort möglich, wo der jeweilige Vertragstyp keine zwingenden Rechtsregeln enthält. So wäre es zweifellos zulässig, in freien Dienstverträgen oder Werkverträgen (ggf. mit arbeitnehmerähnlichen Personen) arbeitsrechtliche Rechtsregeln zu vereinbaren (*Jahnke* ZHR 1982, Bd. 146, S. 595, 621). Umgekehrt gilt dies jedoch nur eingeschränkt. Regeln aus dem Auftrags- oder Werkvertragsrecht können nur dann auf Arbeitsverträge angewandt werden, wenn diese Regeln mit den zwingenden Rechtsregeln des Arbeitsrechts vereinbar sind (*Jahnke* ZHR 1982, Bd. 146, S. 595, 620 f.; s. BGH 29. 11. 1959 NJW 1960, 431 zum freien Dienstvertrag). Problematisch ist der Fall, wo das Arbeitsrecht einschlägige Rechtsregeln nicht kennt. So wäre die Vereinbarung der Gewährleistungsregeln des Werkvertragsrechts kaum mit dem Vertragstyp „Arbeitsvertrag" vereinbar. Allerdings

handelt es sich hierbei richtigerweise nicht um eine Frage der Vertragstypenzuordnung, sondern um eine Frage der Inhaltskontrolle des Vertrages, wenn dem AN risikoverlagernde Gewährleistungsregeln bei fehlender Selbständigkeit auferlegt werden. Die Inhaltskontrolle ist bei dispositivem Vertragsrecht eine Erscheinungsform zwingenden Rechts, die eine schrankenlose Vermischung der vertragstypenbezogenen Regeln ausschließt.

Eine **klare Zuordnung** ist hiernach nur im **Bereich der Dienstverträge und verwandter Vertrags-** 54 **typen schwierig.** Für die nahezu ideologische Frage, welcher Dienstvertrag als „frei bzw. unabhängig" und welcher als „unfrei bzw. abhängig" zu bezeichnen ist, fehlt es an einer zweifelsfreien Definition. Es gibt zwar einen **Kerngehalt des Vertragstyps „Arbeitsvertrag"**, der mit dem Begriff der „persönlichen Abhängigkeit" erfaßt zu werden versucht (Rn. 60). Dieser Begriff deckt aber nicht alle Facetten des Abgrenzungsproblems ab. Wenn es darum geht, die fremdbestimmte, unselbständige, von der selbstbestimmten, selbständigen Arbeit abzugrenzen, ist dies nur aus dem Normzweck der arbeitsrechtlichen Schutzvorschriften insgesamt möglich. Der **ANBegriff ist Bestandteil des ANSchutzrechts.** Nur vermittelt durch die Existenz arbeitnehmerschützender Normen ist der „ANBegriff" erklärbar und definierbar. Die fehlende freie Wahlmöglichkeit zwischen freiem Dienstvertrag und Arbeitsvertrag ist der Existenz des zwingenden Arbeitsrechts immanent. Arbeitsvertrag und Dienstvertrag sind deshalb begrifflich scharf voneinander abzugrenzen (*Jahnke* ZHR 1982, Bd. 146, S. 595, 615). Eine funktionale Äquivalenz oder völlige Wahlfreiheit besteht nicht (verkannt von *Heinze* S. 93, 102 ff.).

Das Arbeitsrecht kompensiert ein durch den **Gesetzgeber vermutetes Ungleichgewicht zwischen** 55 **AG und AN.** Dieser Kompensationsgedanke kann nicht dadurch umgangen werden, daß die Definition der Schutzbedürftigkeit zum Nachteil des Unterlegenen von den Vertragsparteien selbst festgelegt wird (zust. *Stoffels* NZA 2000, 690, 694 mwN). Eine **Definitionsmacht im Grenzbereich** zwischen freier und abhängiger Dienstleistung ist allerdings anzunehmen, wenn eine gestörte Vertragsparität nicht anzunehmen ist. Hieraus folgt, daß die Vertragsparteien an der Einordnung des Vertragstyps als Arbeitsverhältnis stets festzuhalten sind, auch wenn sie objektiv einen anderen Vertragstyp mit dienstvertraglichem Zuschnitt hätten wählen können. Innerhalb des Vertragstyps sind die Parteien aber wiederum an bestimmte vertragsimmanente Rechtsregeln gebunden. Denkbar ist, daß sich ein zunächst als abhängiger Arbeitsvertrag darstellendes Vertragsverhältnis im Laufe der Zeit zum freien Dienstvertrag entwickelt. Gegen die ausdrückliche Vereinbarung eines Arbeitsvertrages ist eine Umwandlung in ein freies Mitarbeiterverhältnis nicht möglich; denkbar ist in diesem Fall aber eine Änderungsvereinbarung, die vom beiderseitigen Vertragswillen erkennbar getragen sein muß (BAG 12. 9. 1996 AP BGB § 611 Freier Mitarbeiter Nr. 1; BAG 13. 5. 1992 ZIP 1992, 1496; so bereits *Jahnke* ZHR 1982, Bd. 146, S. 595, 622).

Die in st. Rspr. vom BAG praktizierte objektive Prüfung der Vertragsdurchführung (Rn. 57) ist 56 Bestandteil einer **Vertragsinhaltskontrolle.** Dies wird insb. daran deutlich, daß eine derartige Vertragskontrolle erfolgt, wenn die **Verträge nicht ausgehandelt**, sondern von der einen Partei vorformuliert worden sind (ausdrücklich BAG 12. 9. 1996 AP BGB § 611 Lehrer, Dozenten Nr. 122). Ebenso wird im Schrifttum darauf abgestellt, ob der Mitarbeiter in den „freien" Dienstvertrag **gedrängt** worden ist (RGRK/*Schliemann* Rn. 954; *Wank* S. 104 ff.). Im Rahmen des AGBG mißt der BGH vorformulierten Festlegungen keine Bedeutung für die Rechtsnatur des Vertrages bei. Allgemeine Geschäftsbedingungen könnten nicht die Vertragsart bestimmen (BGH 4. 3. 1997 NJW 1997, 2043, 2045). Dies ist zutreffend, weil nach § 9 II Nr. 2 AGBG gerade solche Vertragsbedingungen, die der objektiven Rechtsnatur des Vertrages widersprechen, unangemessen benachteiligend sein können. Hieran und an der Rechtsprechungspraxis wird deutlich, daß es sich um eine Vertragsinhaltskontrolle zu Gunsten der schwächeren Vertragspartei handelt, der die Vertragsbedingungen einseitig gestellt werden. Andererseits begründen nachteilige Klauseln in Verträgen über selbständige Dienstleistungen noch kein Arbeitsverhältnis. Entscheidend ist die Abgrenzung des Vertragstyps. Ein Schutz der schwächeren Vertragspartei findet bei selbständigen und arbeitnehmerähnlichen Vertragsverhältnissen über die Kontrolle nach dem AGBG statt (BAG 30. 9. 1998 AP BGB § 611 Abhängigkeit Nr. 103; BAG 15. 12. 1999 AP HGB § 92 Nr. 5; s. a. *Rieble* ZfA 1998, 327, 341; *Reinecke*, FS für Dieterich, 1999, 463, 469; vgl. hier Rn. 136). Eine objektive Prüfung des Vertragsverhältnisses erfolgt dann nicht, wenn der AN als die schwächere Partei ausdrücklich auf freien Wunsch auf der Basis eines freien Dienstvertrages tätig wird. Insb. wenn der frühere AN auf eigene Initiative eine Fortsetzung des Vertragsverhältnisses auf freier Mitarbeiterbasis verlangt, findet eine objektive Prüfung der Vertragsdurchführung nicht statt (in der Sache ebenso BAG 11. 12. 1996 AP BGB § 242 Unzulässige Rechtsausübung – Verwirkung Nr. 35, ähnlich *Erman/Hanau* Rn. 11, wo allerdings die nachträgliche Berufung auf den Arbeitnehmerstatus bei selbstgewählter freier Mitarbeit unnötig als „rechtsmißbräuchlich" verworfen wird).

c) **Tatsächliche Vertragsdurchführung.** Mit dieser Erscheinung korreliert, daß nach herrschender 57 Rspr. für die rechtliche Einordnung einer Vertragsbeziehung die darin getroffene **Bezeichnung nicht entscheidend** ist. Es wäre mit dem Grundgedanken des Arbeitsrechts als ANSchutzrecht nicht zu vereinbaren, wenn es der typischerweise wirtschaftlich stärkere AG in der Hand hätte, durch eine von ihm durchgesetzte Formulierung im Vertrag die Zuordnung der betreffenden Person zum Arbeitsrecht zu steuern. Abzustellen ist somit im Zweifel auf die **praktische Durchführung des Vertrages** (BAG 22. 3. 1995 AP ArbGG 1979 § 5 Nr. 21; BAG 19. 11. 1997 AP BGB § 611 Abhängigkeit Nr. 90).

58   Dabei kommt es nicht darauf an, wie die Parteien das Vertragsverhältnis bezeichnen, sondern danach, wie die Rechtsbeziehung nach ihrem Geschäftsinhalt objektiv einzuordnen ist. Denn durch Parteivereinbarung kann die Bewertung einer Rechtsbeziehung als Arbeitsverhältnis nicht abbedungen und der Geltungsbereich des ANSchutzrechts nicht eingeschränkt werden. Der wirkliche Geschäftsinhalt ist den ausdrücklich getroffenen Vereinbarungen und der praktischen Durchführung des Vertrages zu entnehmen. Wird der Vertrag abw. von den ausdrücklichen Vereinbarungen vollzogen, ist die tatsächliche Durchführung maßgebend. Denn die praktische Handhabung läßt Schlüsse darauf zu, von welchen Rechten und Pflichten die Parteien in Wirklichkeit ausgegangen sind (BAG 22. 3. 1995 AP ArbGG 1979 § 5 Nr. 21; BAG 12. 9. 1996 AP BGB § 611 Lehrer, Dozenten Nr. 122).

59   Zur Beurteilung der tatsächlichen Vertragsdurchführung können auch **weitere Indizien der Vertragsgestaltung** und praktischen Durchführung des Arbeitsverhältnisses herangezogen werden. So ist wesentlich, ob der Beschäftigte seine gesamte Arbeitskraft zur Verfügung zu stellen hat und weitere Nebentätigkeiten ausgeschlossen sind. Ferner können die Form der Vergütung (Einzelhonorar oder Monatsentgelt), die Abführung von Steuern und Sozialversicherungsbeiträgen, die Gewährung von Urlaub, die Zurverfügungstellung von Arbeitsgeräten, die Führung von Personalunterlagen, die Anforderung der Lohnsteuerkarte usw. Indizien für das Vorliegen eines Arbeitsverhältnisses darstellen (BAG 8. 6. 1967 AP BGB § 611 Abhängigkeit Nr. 6). Allerdings sind diese Hilfstatsachen nicht wesentlich und können lediglich zu Gunsten des Mitarbeiters herangezogen werden (BAG 26. 5. 1999 AP BGB § 611 Abhängigkeit Nr. 104). Allein aus dem Umstand, daß ein AG (zu Unrecht) Folgerungen aus dem von ihm eingenommenen Rechtsstandpunkt zieht, und auf Vorlage von Attesten, Gewährung von Urlaub, Abführung von Steuer und Sozialversicherung verzichtet, kann nicht bereits auf ein freies Mitarbeiterverhältnis geschlossen werden (BAG 9. 3. 1977 AP BGB § 611 Abhängigkeit Nr. 22).

60   **d) Persönliche Abhängigkeit.** Die Rspr. macht die Unterscheidung zwischen Arbeits- und freiem Dienstvertrag davon abhängig, ob derjenige, der die Dienste erbringt, von seinem Vertragspartner persönlich abhängig ist. Wann ein solches persönliches Abhängigkeitsverhältnis vorliegt, ergibt sich anhand eines Umkehrschlusses aus § 84 HGB. Nach dieser Bestimmung ist selbständig, wer im wesentlichen frei seine Tätigkeit gestalten und seine Arbeitszeit bestimmen kann. Unselbständig und deshalb persönlich abhängig ist derjenige Mitarbeiter, der **nicht im wesentlichen frei seine Tätigkeit gestalten und seine Arbeitszeit bestimmen kann**. Dies ist der **unabdingbare Kern des ANBegriffes** und damit der Vertragstypenzuordnung. In eindeutigen Fällen geht die Rspr. zu Recht von einem Vertragstypenzwang aus. In der Sache bestimmt dies auch der Vorschlag in § 2 E-ArbVG-Brandenburg (BR-Drucks. 293/95), der bei Vorliegen dieser Voraussetzungen die ANEigenschaft unwiderleglich vermutet.

61   Die persönliche Abhängigkeit – und mit ihr die ANEigenschaft – ist anzunehmen, wenn statt der freien Tätigkeitsbestimmung die Einbindung in eine **fremde Arbeitsorganisation** vorliegt, die sich im **Weisungsrecht des AG** bezüglich **Inhalt, Durchführung, Zeit, Dauer und Ort der Tätigkeit** zeigt (BAG 30. 11. 1994 AP BGB § 611 Abhängigkeit Nr. 74).

62   Dabei ist zu unterscheiden zwischen der Weisungsgebundenheit hins. des **Arbeitsortes**, der **Arbeitszeit** und der **Art der** zu leistenden **Arbeit**. Der **Weisungsumfang** kann in allen drei Bereichen unterschiedlich ausgeprägt sein: So können beispielsweise Außendienstmitarbeiter bei der Wahl ihres Einsatzortes relativ frei sein, allerdings wird auch ihnen idR ein bestimmtes räumliches abgegrenztes Gebiet (Kreis oder Stadt, Bundesland, bestimmter Postleitzahlbereich) zugewiesen. Die Wahl der Arbeitszeit kann im Rahmen von Gleitzeitregelungen individuell gestaltet sein, gerade Teilzeitbeschäftigte können hier einen erheblichen Freiraum haben. Auch AN, die zB zu Hause Arbeiten am Bildschirm verrichten (Heim-/Telearbeiter) genießen uU erhebliche Freiheiten. Zahlreiche Tätigkeiten (Ärzte, Künstler, hochqualifizierte Berufe) sind in fachlicher Hinsicht weitgehend weisungsfrei. Dennoch hat die Rspr. auch bei Fehlen einzelner Merkmale die ANEigenschaft durchaus bejaht.

63   Entscheidend sollen die Umstände sein, unter denen die Dienstleistung zu erbringen ist. Der Grad der persönlichen Abhängigkeit hängt von der Eigenart der jeweiligen Tätigkeit ab. Das Bestehen eines Arbeitsverhältnisses kann auch aus der **Art oder Organisation der Tätigkeit** folgen (BAG 30. 11. 1994 AP BGB § 611 Abhängigkeit Nr. 74).

64   Dabei stellt das BAG hins. der Umstände insb. auf die **Eingliederung in eine fremde Arbeitsorganisation** ab (hierzu schon *Zeuner* RdA 1975, 84 f.). Neuerdings akzentuiert die Rspr., daß sich die Eingliederung insb. in dem Weisungsrecht des AG zeige (BAG 30. 11. 1994 AP BGB § 611 Abhängigkeit Nr. 74). Dies hat freilich die merkwürdige Konsequenz, daß die bindende Vertragsgestaltung mit einer **Festlegung der weisungsrelevanten Bereiche** im Vertrag gegen die Annahme eines Arbeitsverhältnisses sprechen soll (BAG 30. 10. 1991 AP BGB § 611 Abhängigkeit Nr. 59). Dies kann schon allein deshalb nicht überzeugen, weil der ANBegriff in der Sache eine Erscheinung der Vertragskontrolle darstellt. Durch geschickte, das Weisungsrecht bis ins Einzelne vertraglich konkretisierende

B. Geltungsbereich des Arbeitsrechts § 611 BGB 230

Vertragsgestaltung kann schwerlich dem Arbeitsrecht ausgewichen werden. Vielmehr kann eine derartige Vertragsgestaltung gerade umgekehrt die Schutzbedürftigkeit begründen (in diese Richtung zutreffend auch *Schliemann* RdA 1997, 322, 327). Wenn die Art der Tätigkeit genau durch Vertragsbestimmungen vorgeschrieben ist, spricht dies für die ANEigenschaft (BAG 30. 9. 1998 AP BGB § 611 Abhängigkeit Nr. 103).

e) **Typologische Methode des BAG.** Vor dem Hintergrund der schwierigen, nicht zweifelsfreien 65 Einstufung auf der Basis des Merkmals der persönlichen Abhängigkeit verneint das BAG die Möglichkeit, abstrakte, für alle Arbeitsverhältnisse geltende Kriterien aufzustellen. Deshalb sei es unvermeidlich, die unselbständige von der selbständigen Arbeit typologisch abzugrenzen (BAG 23. 4. 1980 AP BGB § 611 Abhängigkeit Nr. 34 mit Anm. *Küchenhoff*, *Wank* und *Otto*). Ausgehend vom Normalfall wird der Begriff in Form eines Typus beschrieben. Daraus folge, daß nicht sämtliche Kriterien des Normalfalls zur Erfüllung des ANBegriffes vorliegen müßten. Diese könnten vielmehr in einem unterschiedlichen Maße gegeben sein. Maßgeblich sei das Gesamtbild. Für alle AN geltende Kriterien ließen sich nicht aufstellen; entscheidend seien die Umstände des Einzelfalles. Selbst die Weisungsbindung sei nicht immer typisch (BAG 15. 3. 1978 AP BGB § 611 Abhängigkeit Nr. 26; BAG 13. 1. 1983 AP BGB § 611 Abhängigkeit Nr. 42; BAG 29. 1. 1992 AP BetrVG 1972 § 5 Nr. 47). Diese typologische Methode hat das BVerfG mit dem Hinweis auf die Schwierigkeit der Abgrenzung gebilligt (BVerfG 20. 5. 1996 AP BGB § 611 Abhängigkeit Nr. 82).

Die typologische Methode ist abzulehnen. Im Rahmen der typologischen Methode werden selbst 66 klar handhabbare normative Kriterien zu irrelevanten Topoi (zutr. MünchArbR/*Richardi* § 23 Rn. 42 „Muster ohne Wert"; zur Kritik auch *Wank* S. 23 ff.; *Rüthers* RdA 1985, 129, 131). Nachvollziehbare allgemeingültige Kriterein liefert sie nicht. Nach der typologischen Methode des BAG kann weder aus dem Umstand der Nebenberuflichkeit oder Hauptberuflichkeit etwas für die ANEigenschaft gefolgert werden noch aus dem Umstand, daß es sich um ein auf Dauer angelegtes Rechtsverhältnis handelt (BAG 8. 10. 1975 AP BGB § 611 Abhängigkeit Nr. 18; BAG 30. 10. 1991 AP BGB § 611 Abhängigkeit Nr. 59; BAG 30. 11. 1994 AP BGB § 611 Abhängigkeit Nr. 74). Auch soll nicht schon für ein Arbeitsverhältnis sprechen, daß es sich um ein auf Dauer angelegtes Rechtsverhältnis handelt (BAG 27. 3. 1991 AP BGB § 611 Abhängigkeit Nr. 53; BAG 30. 10. 1991 AP BGB § 611 Abhängigkeit Nr. 59; BAG 30. 11. 1994 AP BGB § 611 Abhängigkeit Nr. 74). Andererseits soll für das Vorliegen eines Arbeitsverhältnisses sprechen, wenn Mitarbeiter mit überwiegend gleicher Funktion im Arbeitsverhältnis beschäftigt werden (BAG 2. 6. 1976 AP BGB § 611 Abhängigkeit Nr. 20). Aber auch diese Typusbetrachtung wird nicht durchgehalten (vgl. etwa die Rspr. zu Lehrkräften Rn. 107 ff.). Wenn es kein Kriterium der Abhängigkeit gibt, das nicht auch bei freien Mitarbeitern erfüllt sein kann (BAG 23. 4. 1980 AP BGB § 611 Abhängigkeit Nr. 34) und auch kein Einzelmerkmal bestehen soll, das unverzichtbar vorliegen muß, um die persönliche Abhängigkeit zu begründen (BAG 3. 10. 1975 AP BGB § 611 Abhängigkeit Nr. 15), sondern maßgeblich die Gesamtschau aller Umstände ist, wobei bei jedem Einzelfall auf die Verkehrsanschauung abgestellt werden muß (BAG 13. 1. 1983 AP BGB § 611 Abhängigkeit Nr. 42), ist der Erkenntniswert der Rspr. gering.

Soweit die „Eigenart der jeweiligen Tätigkeit" durch das BAG gewürdigt wird (BAG 13. 11. 1991 67 AP BGB § 611 Abhängigkeit Nr. 60), hat dieses, die typologische Methode lediglich anders bezeichnende Merkmal nachvollziehbare Erkenntnisse nicht zutage fördern können (s. *Staudinger*/*Richardi* vor § 611 Rn. 164).

f) **Neuere Lehre.** Bedeutung erlangt hat in der Rspr. zur Bestimmung der ANEigenschaft das 68 Kriterium des „Unternehmrrisikos" (*Wank* S. 122 ff.). Dabei wird richtig herausgearbeitet, daß der selbständige Unternehmer typischerweise als Wettbewerber am Markt auftritt (während der AN idR nur seine Arbeitskraft einem AG zur Verfügung stellt und nicht am Markt operiert), mit eigenem oder aufgenommenem Kapital eine eigene Betriebsstätte bzw. Organisation aufbaut, die er idR mit mehreren Mitarbeitern betreibt. Dem **Risiko, keine Aufträge zu erhalten** und **kein Einkommen zu erzielen,** steht die unternehmerische Chance erfolgsabhängiger Gewinne gegenüber. Der AN hingegen erhält von seinem AG Lohn auch dann, wenn der AG für ihn keine Arbeit hat; allerdings muß der AN bei länger andauerndem Auftragsmangel damit rechnen, daß der AG das Arbeitsverhältnis beendet. *Wank* stellt folgende Merkmale als typische ANMerkmale heraus: auf Dauer angelegte Tätigkeit, für nur einen Auftraggeber, in einer Person, ohne Mitarbeiter, im wesentlichen ohne eigenes Kapital und im wesentlichen ohne eigene Organisation.

Wank legt seinem ANBegriff das duale Modell der Erwerbstätigkeit zugrunde, wonach die abhän- 69 gige Tätigkeit einen umfassenden Berufs- und Existenzschutz benötige, während beim Selbständigen Eigenvorsorge unterstellt werden könne (*Wank* S. 94 ff.). Nur bei tatsächlicher Entscheidungsfreiheit des Beschäftigten könne zwischen den Systemen gewählt werden (*Wank* S. 102 ff., 129 ff.). Unternehmer sei daher nur derjenige, der freiwillig ein Unternehmerrisiko übernehme, AN dagegen derjenige, der es nicht oder unfreiwillig auf sich nehme (*Wank* S. 122, 127 ff.).

In mehreren Gesetzentwürfen ist auf die Kriterien der freiwilligen Übernahme des Unternehmerri- 70 sikos abgestellt worden (vgl. Gesetzentwürfe der Länder Brandenburg und Sachsen zum Arbeitsvertragsrecht BR-Drucks 293/95 und 671/96; Gesetzentwurf der SPD zur Bekämpfung der Scheinselbständigkeit BR-Drucks. 793/96; hierzu *Kretschmer* RdA 1997, 327). Einige Instanzgerichte haben sich dieser Sicht angeschlossen (LAG Niedersachsen 7. 9. 1990 LAGE BGB § 611 Arbeitnehmerbegriff Nr. 24, die Nichtzulassungsbeschwerde hat das BAG mit Beschluß v. 1. 9. 1992 – 2 AZN 40/92 – mangels Divergenz verworfen; LAG Köln 30. 6. 1995 LAGE BGB § 611 Arbeitnehmerbegriff Nr. 29; ArbG Nürnberg 31. 7. 1996 EzA BGB § 611 Arbeitnehmerbegriff Nr. 57).

71 Allerdings vermag diese neue Lehre als allein ausschlaggebender Ansatz nicht zu überzeugen (abl. auch LAG Niedersachsen 23. 1. 1995 LAGE ArbGG 1979 § 48 Nr. 10; LAG Düsseldorf 4. 9. 1996 LAGE § 611 BGB Arbeitnehmerbegriff Nr. 33; *Hanau* S. 7 f.; *Buchner* NZA 1998, 1144, 146; *Hromadka* NZA 1997, 569, 576; *Rommé* ZfA 1997, 251 ff.; *Griebeling* RdA 1988, 208, 214; des. NZA 1998, 1137, 1142 ff.; *Reinecke* ZIP 1998, 581; *Rieble* ZfA 1998, 327, 334 ff.). Er vermag die vertragstypenbezogenen, traditionellen Kriterien lediglich zu ergänzen. Dies entspricht im Ansatz auch schon überkommener Rspr. (vgl. etwa BAG 2. 6. 1976 AP BGB § 611 Abhängigkeit Nr. 20; anschaulich LG München I 15. 5. 1997 NZA 1997, 943). Richtig an der Auffassung von *Wank* ist, daß derjenige, der seine Chancen auf dem Markt selbständig verfolgt und insoweit weisungsfrei operieren kann, Selbständiger ist (s. BAG 16. 7. 1997 AP ArbGG 1979 § 5 Nr. 37). Die von *Wank* entwickelten Kriterien stellen jedoch unzureichend auf den Vertragstyp ab, sondern entwickeln einen Typusbegriff, der außerhalb des Vertrages steht, ähnlich der Kategorie des „Verbrauchers" und des „selbständig Erwerbstätigen" (hierzu ausf. *Preis* ZHR 158, 1994, S. 567 ff.), der isoliert, ohne Vertragsbezug keine plausiblen Kriterien liefert, allerdings in Grenzfällen die vertragstypenbezogenen Kriterien unterstützen kann. Dies gilt zunächst einmal für die **personenbezogene Leistung**, die sicher auch charakteristisch für den Arbeitsvertrag ist. Ob die personenbezogene Leistung dagegen **nur für einen Auftraggeber** erfolgt, ist **unerheblich**. Schon angesichts der zunehmenden Verbreitung von Teilzeitarbeitsverhältnissen ist die Tätigkeit in Arbeitsverhältnissen für mehrere Auftraggeber geradezu üblich geworden ist (zur sozialversicherungsrechtlichen Zusammenrechnung vgl. § 8 II SGB IV). Es ist ferner möglich, daß ein (Teilzeit)AN daneben auch als selbständiger Unternehmer in einem anderen Bereich tätig ist. In beiden Fällen ist er nicht für einen Auftraggeber tätig, was aber für die Qualifizierung des jeweiligen Vertragsverhältnisses wenig aussagt. Auch das Kriterium „eigenes Kapital" ist unerheblich, weil es zweifellos Unternehmer gibt, die fast ausschließlich mit Fremdkapital arbeiten, wie auch umgekehrt AN, die über erhebliches Eigenkapital verfügen (so LAG Düsseldorf 4. 9. 1996 LAGE BGB § 611 Arbeitnehmerbegriff Nr. 33). Das Merkmal der Organisation deckt sich demgegenüber mit dem differenziert entwickelten Kriterium der organisatorischen Einbindung (Rn. 87). Das Kriterium „ohne eigene Mitarbeiter" ist sowohl in Abgrenzung zu § 12 a TVG als auch zur (eingeschränkten) Möglichkeit mittelbarer Arbeitsverhältnisse (Rn. 202) problematisch (LAG Düsseldorf 4. 9. 1996 LAGE BGB § 611 Arbeitnehmerbegriff Nr. 33).

72 Im Kern zieht *Wank* die Kriterien zur Füllung seines ANBegriffes heran, die die wirtschaftliche Abhängigkeit der arbeitnehmerähnlichen Person kennzeichnen. Die wirtschaftliche Abhängigkeit ist jedoch ebenfalls nicht vertragstypenbezogen und kann kein plausibles Kriterium zur Abgrenzung der Vertragstypen liefern (aA wohl aus sozialrechtlicher Sicht *Brand* NZS 1997, 552, 555). Auch der wirtschaftliche Einfluß eines Auftraggebers macht diesen noch nicht zum AG seines Vertragspartners (BAG 26. 11. 1975 AP BGB § 611 Abhängigkeit Nr. 19). Zu Recht wird darauf hingewiesen (*Hanau* S. 7 f.), daß sich der traditionelle ANBegriff im Umkehrschluß aus den Vorschriften zu den selbständigen Handels- und Versicherungsvertretern (§§ 84, 92, 92 a HGB) und den arbeitnehmerähnlichen Personen (§§ 12 a TVG, 5 ArbGG, 2 BUrlG) ergebe. Aus den Vorschriften folge, daß weder der Umstand der wirtschaftlichen Abhängigkeit noch die Tätigkeit für nur einen Auftraggeber den ANStatus begründen könne. *Wanks* ANBegriff ist im wesentlichen aus den Kriterien des § 12 a TVG sowie des § 1 II HAG gespeist. Diese Normen schreiben eine Abstufung in der Schutzbedürftigkeit zwischen wirtschaftlich unabhängigen Selbständigen, wirtschaftlich abhängigen Selbständigen (Arbeitnehmerähnliche, Heimarbeiter und Gleichgestellte) und persönlich abhängigen, unselbständigen AN vor. Die gesetzliche Abstufung geht nicht von einem dualen System, sondern von einem dreigeteilten System aus (*Hromadka* NZA 1997, 569, 576). Die mit der Definition von *Wank* vollzogene Abkehr von der arbeitnehmerähnlichen Person mag vernünftig sein, stellt aber eine unzulässige Rechtsfortbildung dar (*Hromadka* NZA 1997, 569, 576). Aus diesen Gründen ist es de lege lata ausgeschlossen, den ANBegriff von *Wank* als zwingende Definition anzuwenden. Überdies hat der Gesetzgeber in § 7 I 2 SGB IV (vgl. die Kommentierung dort) neuerdings die traditionellen Kriterien der Eingliederung und der Weisungsbindung in das Zentrum der Abgrenzung gestellt (hierzu *Preis* NZA 2000, 914).

73 **g) Zusammenfassende Stellungnahme.** Die Abgrenzung des persönlichen Geltungsbereichs des Arbeitsrechts anhand des Begriffs des AN mit einer alle Fallgestaltungen umfassenden Definition kann nicht geleistet werden. Vielmehr ist in mehreren Schritten vorzugehen:

74 Zunächst ist zu prüfen, ob die Ausgestaltung des Rechtsverhältnisses überhaupt unter die **Gruppe der Dienstverträge** zu fassen ist. Wie im gesamten Privatrecht auch kann die fehlerhafte Bezeichnung eines Vertrages, der nach seinem materiellen Inhalt einen anderen Vertragstyp erfüllt, nur nach seinem objektiven Inhalt, nicht aber nach seiner fehlerhaften Bezeichnung rechtlich bewertet werden.

Kann der Vertragstyp der **Gruppe der Dienstverträge im weitesten Sinne** zugeordnet werden, ist 75
anhand der gesetzlich vorhandenen Anhaltspunkte zunächst der Kerngehalt abhängiger und unabhängiger Dienstleistung herauszuarbeiten (so etwa BAG 30. 9. 1998 AP BGB § 611 Abhängigkeit Nr. 103). Wer im wesentlichen frei seine Tätigkeit und seine Arbeitszeit bestimmen kann (§ 84 I 2 HGB), ist selbständig. Bei ihm fehlt das Merkmal der tätigkeits- und arbeitszeitbezogenen Fremdbestimmung. Wer dagegen weder seine Tätigkeit frei gestalten noch seine Arbeitszeit bestimmen kann, ist als AN einzustufen (deutlich BAG 15. 12. 1999 AP HGB § 92 Nr. 5).

In einem weiteren Prüfungsschritt ist zu klären, ob die durch einen Werkvertrag oder freien Dienst- 76
vertrag verpflichtete Person nicht (bloß) als **arbeitnehmerähnliche Person** einzustufen ist. Hierfür genügt die **wirtschaftliche Abhängigkeit,** die Erbringung der geschuldeten Leistungen **in Person, im wesentlichen ohne Mitarbeit von AN** sowie überwiegend für einen Auftraggeber (hierzu Rn. 133).

Ist auf dieser Basis die Qualifizierung eines Rechtsverhältnisses nicht eindeutig als Arbeitsverhältnis 77
möglich und sprechen nach den objektiven Gegebenheiten sowohl für die eine wie die andere Vertragsform Gründe bzw. liegt eine Vertragstypenvermischung vor, kann zunächst der **Wille der Vertragsparteien** den Ausschlag geben, ob die eine oder andere Vertragsform gewollt war (hierzu LAG Hamm 22. 6. 1989 NZA 1990, 193; s. BAG 8. 6. 1967 AP BGB § 611 Abhängigkeit Nr. 6; BAG 12. 4. 1974 AP BGB § 611 Abhängigkeit Nr. 11; MünchArbR/*Richardi* § 26 Rn. 52). Eine derartige Wahlfreiheit ist jedoch nur gerechtfertigt, wenn der **Vertragswille frei gebildet** worden ist (MünchArbR/*Richardi* § 26 Rn. 52; *Wank* S. 104 ff., 107; LAG Köln 7. 4. 1994 NZA 1994, 1090).

Läßt der Auftraggeber (Dienstberechtigte) nicht die Wahl, auch als AN tätig zu werden, kann die 78
oktroyierte Vertragsform nach der Rspr. ein Mißbrauch der Vertragsfreiheit darstellen, wenn sie nicht durch einen sachlichen Grund gerechtfertigt ist (BAG 14. 2. 1974 AP BGB § 611 Abhängigkeit Nr. 12). Es erfolgt in Zweifelsfällen mithin eine **Inhaltskontrolle hins. der Wahl des Vertragstyps.** Diese Vertragsinhaltskontrolle, die man auch als Vertragszuordnungskontrolle begreifen kann, ist gerechtfertigt, wenn der Vertragstyp einseitig durch den Dienstberechtigten gestellt wurde (*Preis* Vertragsgestaltung S. 382).

Zusammenfassend kann festgehalten werden, daß in eindeutigen Fällen fehlerhafter Bezeichnung 79
des Vertrages die Rspr. von einem Vertragstypenzwang ausgeht. In Grenzfällen ist jedoch dem Prinzip der Vertragsfreiheit Rechnung zu tragen, das nur bei Ungleichgewichtslagen durch eine Angemessenheitskontrolle begrenzt wird (*Wank* S. 102 ff., 129 ff.). Bei einer wirklich freien Wahl des selbständigen Status ist der Parteiwille zu respektieren (krit. *Hilger* RdA 1989, 1, 6 f.; offenbar auch *Hromadka* NZA 1997, 569, 577). So sind zahlreiche Fragen der typologischen Einordnung Kernkriterien der Vertragskontrolle. Die persönliche, fachliche und örtliche Weisungsgebundenheit ebenso wie die Prüfung der organisatorischen Weisungsgebundenheit durch Eingliederung in den Betrieb, die Angewiesenheit auf die Materialien des Dienstberechtigten ebenso wie die Verteilung des unternehmerischen Risikos können als Kriterien der Vertragskontrolle in Zweifelsfällen dienen. Der Schwerpunkt der Betrachtung bleibt dabei eindeutig bei **Kriterien,** die das Merkmal der **persönlich abhängigen Leistungserbringung** ausfüllen. Berücksichtigungsfähig sind nur solche Kriterien, die die Vertragstypenzuordnung ermöglichen. Aus diesem Grunde ist mit dem BAG (seit 28. 2. 1962 AP BGB § 611 Abhängigkeit Nr. 1) anzunehmen, daß die **wirtschaftliche Abhängigkeit kein ausschlaggebendes Kriterium** sein kann, weil es **keinen bestimmten Vertragstyp** qualifiziert. Wirtschaftliche Abhängigkeit kann in nahezu allen Vertragsgestaltungen des Privatrechts gegeben sein. Dies wird auch daran deutlich, daß § 12 a TVG für sog. arbeitnehmerähnliche Personen die wirtschaftliche Abhängigkeit voraussetzt, die Tätigkeit dort aber auch auf der Basis eines Werkvertrages erbracht werden kann. Auch der Begriff der **sozialen Schutzbedürftigkeit** ist **nicht vertragstypenbezogen,** so daß aus ihm kein plausibles Abgrenzungskriterium hergeleitet werden kann (s. MünchArbR/*Richardi* § 23 Rn. 15).

2. Leitlinien der Vertragskontrolle in Zweifelsfällen. Auf der Basis der vorstehenden Ausführun- 80
gen sind Leitlinien für die Vertragskontrolle in Zweifelsfällen der vertraglichen Zuordnung zu entwickeln. Des Rückgriffs auf die Leitlinien bedarf es nur, wenn nicht schon eine klare Zuordnung nach den Kernbestandteilen des Arbeitsverhältnisses möglich ist (fehlende fachliche und zeitliche Selbstbestimmung) und nicht ein Fall der nichtparitätsgestörten freien Vereinbarung eines freien Mitarbeiterverhältnisses gegeben ist.

Die verbreitete Bildung von Typenreihen oder die Auflistung von Berufsbildern, bei denen die Rspr. 81
den ANStatus angenommen bzw. verworfen hat (ausführlichst etwa *Küttner/Küttner* Anhang zum Stichwort: AN (Begriff), bringt keinen Erkenntnisaufschluß, weil nahezu jede Tätigkeit bzw. jedes Berufsbild in verschiedenen Vertragsformen geleistet werden kann.

a) Modalitäten des Weisungsrechts. Wichtigstes Prüfungsmerkmal der Abgrenzung ist das typische 82
Weisungsrecht des AG im Unterschied zum freien Dienstvertrag. **Je stärker die Weisungsbindung, um so eher ist ein Arbeitsverhältnis anzunehmen.** Der Grad des Weisungsrechts ist der zentrale Gesichtspunkt bei der Feststellung der persönlichen Abhängigkeit (BAG 30. 11. 1994 AP BGB § 611 Abhängigkeit Nr. 74 = NZA 1995, 622; HzA/*Worzalla* Gruppe 1 Rn. 134 ff.). Das Kriterium wird nicht dadurch entwertet, daß es zunehmend als Arbeitsverhältnisse einzuordnende Vertragsbeziehungen gibt, bei denen die Weisungsbindung gelockert ist (Rn. 105 ff.). Das Weisungsrecht hins. Umfang,

Preis

Inhalt und organisatorischer Einbindung der Arbeitsleistung charakterisiert das Arbeitsverhältnis im Unterschied zu freien Dienstverhältnissen, weil der AN nur fremdbestimmt zur Leistungserbringung in der Lage ist. Fehlt es an jeder Weisungsgebundenheit, liegt idR kein Arbeitsverhältnis vor (BSG 21. 4. 1993 AP BGB § 611 Abhängigkeit Nr. 67).

83   aa) Örtliche Weisungsgebundenheit. Ist der Leistende verpflichtet, die **Dienste an einem bestimmten Ort** zu erbringen, den er nicht selbst bestimmen kann, liegt idR ein Arbeitsverhältnis vor (BAG 13. 1. 1983 AP BGB § 611 Abhängigkeit Nr. 42). Dabei ist die örtliche Weisungsgebundenheit nicht mit der Eingliederung in den Hauptbetrieb des Unternehmens zu verwechseln. Auch im Außenbereich tätige Mitarbeiter (Monteure, Außendienstmitarbeiter; Kundenberater) können hins. des Arbeitsortes engen Bindungen unterliegen (BAG 6. 5. 1998 AP BGB § 611 Abhängigkeit Nr. 102). Bei bestimmten Tätigkeiten (Außendienstmitarbeiter, Journalisten, Telearbeit) entfällt uU die örtliche Weisungsbindung. Für die Qualifizierung dieser Beschäftigungsverhältnisse tritt die zeitliche und fachliche Weisungsgebundenheit sowie die Eingliederung in die Betriebsstruktur in den Vordergrund.

84   bb) Zeitliche Weisungsbindung. Zeitlich weisungsgebunden ist der Dienstleistende dann, wenn der Dienstberechtigte Dauer und zeitliche Lage der zu erbringenden Leistung im Rahmen der arbeits- und tarifvertraglichen Vereinbarungen bestimmen kann. Die nach dem Vertragsinhalt wie auch nach der praktischen Durchführung des Vertragsverhältnisses verlangte ständige Dienstbereitschaft spricht für die ANEigenschaft (BAG 19. 11. 1997 AP BGB § 611 Abhängigkeit Nr. 90). Wenn keine Möglichkeit besteht, nach eigenem Gutdünken Termine wahrzunehmen, spricht dies für eine abhängige Beschäftigung (BAG 6. 5. 1998 AP BGB § 611 Abhängigkeit Nr. 102). Entscheidend ist dabei **nicht**, ob eine **Weisungsausübung im Einzelfall** erfolgt. Die zeitliche Weisungsbindung kann auch bereits vertraglich fixiert sein (mißverständlich deshalb BAG 13. 11. 1991 AP BGB § 611 Abhängigkeit Nr. 60). Ein Arbeitsverhältnis kann idR angenommen werden, wenn der Verpflichtete eine zweck- und zeitbestimmte Arbeitsleistung mit im voraus nicht abgegrenzten Einzelleistungen zugesagt hat (MünchArbR/*Richardi* § 23 Rn. 50). Wesentlich ist die rechtsgeschäftliche Zusage. Zeitliche Weisungsbindung ist auch bei **Teilzeitbeschäftigten,** bei denen die Lage der Arbeitszeit vertraglich konkretisiert ist, erst recht aber bei Abrufverhältnissen zu bejahen. Entscheidend ist, ob der Dienstleistende **bei Begründung** des Dienstverhältnisses oder **während dessen Laufes** die zeitliche Lage **frei bestimmen** kann. Dieses Merkmal ist im Hinblick auf § 84 I 2 HGB für die Qualifizierung des Vertragsverhältnisses wesentlich (BAG 9. 9. 1981 AP BGB § 611 Abhängigkeit Nr. 38). Starkes Indiz für die ANEigenschaft ist die Aufführung in **Dienstplänen** (BAG 16. 3. 1994 AP BGB § 611 Abhängigkeit Nr. 68; BAG 16. 2. 1994 AP BGB § 611 Rundfunk Nr. 15). Unerheblich ist, ob sich der AN darin selbst eintragen kann, wenn der AG vertraglich zur einseitigen Zuweisung befugt ist (BAG 12. 6. 1996 AP BGB § 611 Werkstudent Nr. 4).

85   Allerdings ist die zeitliche Weisungsgebundenheit vielfach durch Arbeitszeitrahmen oder Gleitzeitregelungen gelockert. Jedoch kann auch bei **Flexibilisierung der Arbeitszeiten** eine sehr weitgehende Bindung in zeitlicher Hinsicht vorliegen, weil der AG gerade das Interesse an einer Leistungserbringung zu einer bestimmten Zeit hat. Besonders **eng** ist die **Weisungsbindung** bei allen Formen der **Arbeitsbereitschaft, Rufbereitschaft** und des **Bereitschaftsdienstes** (hierzu Rn. 954 ff.), ebenso wie bei der **Arbeit auf Abruf** (hierzu § 4 BeschFG), wo sich der AN in mehr oder weniger starkem Umfang stets zur Arbeitsleistung bereithalten muß (BAG 12. 6. 1996 AP BGB § 611 Werkstudent Nr. 4; BAG 20. 10. 1993 AfP 1994, 72; LAG Köln 28. 6. 1989 LAGE BGB § 611 Arbeitnehmerbegriff Nr. 10; LAG Düsseldorf 5. 12. 1988 LAGE BGB § 611 Arbeitnehmerbegriff Nr. 8). Die Verweigerung zulässig angeordneter Abrufarbeit stellt eine Vertragsverletzung dar. Bei einem freien Dienstvertrag kann demgegenüber der Dienstberechtigte in aller Regel nicht den genauen Zeitpunkt der Dienste kraft Weisung bestimmen. Die Vorgabe von Zielgrößen führt noch nicht zwingend zu einer zeitlichen Weisungsbindung (BAG 26. 5. 1999 AP BGB § 611 Abhängigkeit Nr. 104). Denkbar ist dies jedoch bei Mindestsollvorgaben, deren Nichterreichen zur Vergütungsminderung und zur Steuerung der Dauer der Arbeitszeit führen (vgl. BAG 15. 12. 1999 AP HGB § 92 Nr. 5).

86   cc) Fachliche Weisungsbindung. Die fachliche Weisungsbindung ist zwar ein typisches Merkmal weisungsgebundener Tätigkeit. Insb. kann der AG im Rahmen seines Direktionsrechts die Art der Tätigkeit bestimmen und auch fachliche Weisungen erteilen (Rn. 289 ff.). In der Realität des Arbeitslebens arbeiten jedoch viele hochqualifizierte Mitarbeiter fachlich weitgehend selbständig (hierzu im einzelnen Rn. 105 ff.). Dennoch ist auch bei den hochqualifizierten Tätigkeiten nur von einer Lockerung der fachlichen Weisungsgebundenheit auszugehen. Die rechtliche Möglichkeit der Weisung besteht vielfach; die rein faktische Unmöglichkeit und das Vertrauen auf die fachgerechte Leistungserbringung durch den AN lassen die Weisungsgebundenheit nicht entfallen (*Hromadka* NZA 1997, 569, 576). Werden jedoch fachliche Weisungen erteilt, ist dies ein gewichtiger Anhaltspunkt für die Annahme eines Arbeitsverhältnisses (BAG 9. 3. 1971 AP BGB § 611 Abhängigkeit Nr. 21).

87   b) Organisatorische Abhängigkeit, Eingliederung. **Organisatorische Abhängigkeit** von den Einrichtungen des Auftraggebers oder die Notwendigkeit der arbeitsorganisatorischen Zusammenarbeit mit anderen AN spricht für eine **Eingliederung in die Betriebsorganisation** des AG und damit für das Vorliegen eines Arbeitsverhältnisses (BAG 13. 8. 1980 AP BGB § 611 Abhängigkeit Nr. 37; BAG

B. Geltungsbereich des Arbeitsrechts   § 611   BGB 230

9. 9. 1981 AP BGB § 611 Abhängigkeit Nr. 38). Dies gilt insb., wenn ähnliche Tätigkeiten im gleichen Organisationszusammenhang von AN erbracht werden (BAG 3. 10. 1975 AP BGB § 611 Abhängigkeit Nr. 17). Aus Art und Organisation der Tätigkeit kann das Bestehen eines Arbeitsverhältnisses gefolgert werden (BAG 30. 11. 1994 NZA 1995, 622 = AP BGB § 611 Abhängigkeit Nr. 74). Ständige Dienstbereitschaft ist ein starkes Indiz für die ANEigenschaft (BAG 19. 11. 1997 AP BGB § 611 Abhängigkeit Nr. 90). Indizien für die organisatorische Eingliederung sind die **Einordnung in Organisations-, Dienst- und Produktionspläne** sowie die **Unterordnung** unter die **Arbeitskontrolle** durch den AG. Die Eingliederung ist ein geradezu klassisches Merkmal, das zum Begriffskern des ANBegriffes gehört (MünchArbR/*Richardi* § 23 Rn. 16 mwN; *Zeuner* RdA 1975, 84 f.). Es wird in seinem normativen Gehalt nicht dadurch entwertet, daß neue Organisationstrukturen die klassische betriebliche Eingliederung zurückdrängen.

Organisatorische Weisungsgebundenheit liegt vor, wenn der AG Anweisungen hins. der Leistung in einer bestimmten **Abteilung** und in **Zusammenarbeit** mit bestimmten Mitarbeitern erteilen kann. Dies ist auch und insb. bei der Anordnung von Gruppenarbeit der Fall (Rn. 198). Für die Eingliederung in die Organisation des AG spricht, wenn der Leistende selbst keine Betriebsstätte hat, andererseits aber auf Arbeitsmittel und Organisation des AG angewiesen ist. Der Kritik in der Literatur an der Tauglichkeit des Merkmals zur Qualifizierung des Vertrages (etwa *Zöllner/Loritz* § 4 III 5 b; MünchArbR/*Richardi* § 23 Rn. 17) kann nicht gefolgt werden (ebenso HzA/*Worzalla* Gruppe 1 Rn. 172). Umgekehrt spricht das Bestehen einer eigenen Betriebsstätte und der Einsatz eigener Arbeitsmittel gegen ein umfassendes Weisungsrecht und damit gegen das Bestehen eines Arbeitsverhältnisses (vgl. auch *Wank* DB 1992, 90; HzA/*Worzalla* Gruppe 1 Rn. 172; LAG Berlin 4. 1. 1994 LAGE BGB § 611 Arbeitnehmerbegriff Nr. 26). 88

c) **Persönliche Bindung.** Die starke persönliche Bindung des Verpflichteten spricht für die ANEigenschaft (MünchKommBGB/*Müller-Glöge* Rn. 138). Zwar ist auch bei freien Dienstverträgen die Leistung im Zweifel in Person zu erbringen (§ 613 S. 1; hierzu BAG 26. 5. 1999 AP BGB § 611 Abhängigkeit Nr. 104), jedoch ist die Abweichung von dieser Auslegungsregel im Arbeitsverhältnis typischerweise nicht gegeben (vgl. § 613 Rn. 3; s. HzA/*Worzalla* Gruppe 1 Rn. 177; hierzu auch LAG Düsseldorf 4. 9. 1996 LAGE § 611 BGB Arbeitnehmerbegriff Nr. 33). Gegen die Annahme eines Arbeitsverhältnisses spricht umgekehrt nicht, daß der Vertragspartner sich der Mithilfe Familienangehöriger oder anderer Personen zur Erfüllung seiner Arbeitsleistung bedienen darf (für den Fall der Zeitungszusteller LAG Düsseldorf 5. 3. 1996 LAGE § 611 Arbeitnehmerbegriff Nr. 30; Frachtführer, für den Fall der Vertretung LAG Niedersachsen 26. 1. 1999 LAGE BGB § 611 Arbeitnehmerbegriff Nr. 38; aA BAG 16. 7. 1997 AP BGB § 611 Zeitungsausträger Nr. 4, sofern das übernommene Arbeitsvolumen nicht durch eine Person erbracht werden kann). 89

d) **Fremdnützigkeit der Leistung; Dauer der Inanspruchnahme.** Wesentlich zur Ausfüllung des Merkmals „Arbeitsleistung im Dienste eines anderen" ist der Aspekt der Fremdnützigkeit der Leistung. Auch nach Auffassung des BAG charakterisiert den AN, daß er seine Arbeitskraft „nicht – wie ein Unternehmer – nach selbst gesetzten Zielen unter eigener Verantwortung und mit eigenem Risiko am Markt verwerten" kann, sondern darauf angewiesen ist, die Arbeitsleistung dem Plan des AG zu überlassen (BAG 15. 3. 1978 AP BGB § 611 Abhängigkeit Nr. 26). Im Anschluß an *Lieb* kann die ANEigenschaft auf (wenn auch nicht abschließend) aus dem „**Verlust eigener Dispositionsmöglichkeit und der daraus resultierenden Unmöglichkeit eigennützigen, unternehmerischen Einsatzes der eigenen Arbeitskraft**" für den Regelfall erklärt werden (*Lieb* § 1 I 2; s. *Wiedemann* S. 15, 19; abl. MünchArbR/*Richardi* § 23 Rn. 28 ff.). Deshalb hat im Unterschied zur Auffassung des BAG (etwa BAG 29. 1. 1992 AP BetrVG 1972 § 5 Nr. 47) die Dauer und der Umfang der Verpflichtung „für einen anderen" tätig zu sein, wesentliche Bedeutung für die Bejahung der ANEigenschaft (*Lieb* § 1 I 2; *Wank* Anm. zu BAG AP BetrVG 1972 § 4 Nr. 47). Gerade das **Ausmaß der dienstvertraglichen Bindung** kennzeichnet die Abhängigkeit. 90

Dagegen kann aus dem Umstand, daß die Arbeitsleistung nur als **Teilzeitarbeit** geleistet wird, nicht auf das Nichtvorliegen eines Arbeitsverhältnisses geschlossen werden. Sowohl das gesetzliche Arbeitsrecht (§ 2 I BeschFG) als auch das Sozialrecht (§§ 7, 8 SGB IV) gehen stillschweigend von der Möglichkeit des Arbeitsverhältnisses aus. Bei bloß nebenberuflicher Beschäftigung, etwa neben einem Hauptarbeitsverhältnis, oder geringfügiger zeitlicher Inanspruchnahme ist allerdings von einem größeren Gestaltungsspielraum der Vertragsparteien zwischen selbständiger und unselbständiger Tätigkeit auszugehen (MünchArbR/*Richardi* § 23 Rn. 67; *Preis* Vertragsgestaltung S. 315), was für die sozialrechtliche Beurteilung jedoch unerheblich ist (§ 8 III SGB IV). 91

e) **Unternehmerische Risiken und Chancen.** Mit der Fremdnützigkeit der erbrachten Arbeitsleistung korreliert die insb. von *Wank* (DB 1992, 90 f.; vgl. oben Rn. 68 ff.) für notwendig gehaltene Prüfung der ausgewogenen Verteilung von Risiken und Chancen im Vertragsverhältnis. Als **zusätzliches Kriterium** kann die Vertragsgestaltung daraufhin überprüft werden, ob sie nicht in der Tat eine weitgehende vertragliche Bindung des Verpflichteten enthält, die einer „persönlichen Abhängigkeit" gleichsteht (im Ansatz auch BAG 23. 4. 1980 AP BGB § 611 Abhängigkeit Nr. 34; BAG 13. 8. 1980 AP BGB § 611 Abhängigkeit Nr. 37). Wichtiger ist jedoch umgekehrt die Beurteilung, ob der Vertrag 92

Preis 1317

tatsächlich noch Chancen für eine eigenständige unternehmerische Tätigkeit ermöglicht. Dies gilt nicht nur hins. der **Entgeltgestaltung**, sondern auch im Blick auf die **zeitliche Disposition über die eigene Arbeitskraft** (s. BSG 13. 7. 1978 AP BGB § 611 Abhängigkeit Nr. 28; ausf. BAG 9. 5. 1996 AP KSchG 1969 § 1 Betriebsbedingte Kündigung Nr. 79). Daß in dieser Beurteilung Aspekte der **Vertragskontrolle** eine Rolle spielen, spricht nicht gegen die Heranziehung des Kriteriums (so aber HzA/ *Worzalla* Gruppe 1 Rn. 175), weil die Kategorisierung des Vertragsverhältnisses in Grenzfällen richtigerweise insgesamt als Vertragskontrolle zu begreifen ist.

93 Lediglich unternehmerische Risiken, nicht aber unternehmerische Chancen sind einer Vertragsgestaltung immanent, wenn mit der Begründung des Vertragsverhältnisses der Leistende verpflichtet ist, eigenes Kapital einzusetzen. Der **Einsatz eigenen Kapitals** kann für die Unausgewogenheit der Vertragsgestaltung sprechen. Er spricht nicht notwendig gegen die Unselbständigkeit der Leistungserbringung (auch insoweit bestehen Bedenken gegen das Merkmal von *Wank*; wie hier HzA/*Worzalla* Gruppe 1 Rn. 188), kann aber in die Gesamtbeurteilung der Vertragsgestaltung einfließen (richtig LG München I 15. 5. 1997 NZA 1997, 943). Wer ohne eigenes Kapital sein Betriebskapital (zB Anmietung eines LKW) vom Auftraggeber gegen Entgelt (Kredit, Miete, Leasing) gestellt bekommt und von der Arbeitsorganisation in zeitlicher und örtlicher Hinsicht weisungsgebunden arbeitet, ohne nach der Vertragslage noch wie ein Unternehmer am Markt auftreten zu können, weil zB konkurrierende Tätigkeit vertraglich untersagt ist, der kann nicht als selbständiger Unternehmer angesehen werden (zutr. LG München I 15. 5. 1997 NZA 1997, 943).

94 **3. Kasuistik und Einzelfälle. a) Berufe in Produktions- und Baubetrieben.** Bei Leistung von Arbeit in Produktionsbetrieben ist in aller Regel vom Vorliegen eines Arbeitsverhältnisses auszugehen. Der **Industriearbeiter** stellt den traditionellen Normaltyp des AN dar, auf dessen Basis der ANBegriff entwickelt wurde (MünchArbR/*Richardi* § 23 Rn. 38). Organisatorische Eingliederung, zeitliche, örtliche und idR fachliche Weisungsbindung liegen hier vor. Die Einstufung dieser Tätigkeitsgruppen machen in aller Regel keine Schwierigkeiten.

95 Beschäftigte in Baubetrieben sind idR zeitlich, örtlich, fachlich und organisatorisch weisungsgebunden und damit AN. Dies gilt auch für **Bauleiter** (BAG 21. 3. 1984 – 5 AZR 462/82 – nv.), die das einzelne Bauvorhaben nach den Planungen des Bauunternehmens umzusetzen haben, in Detailanweisungen gebunden sind, Bauberichte zu fertigen und die Bauarbeiten stetig und regelmäßig zu überwachen haben.

96 **b) Berufe im Dienstleistungsbereich.** Berufsbilder im Dienstleistungsbereich haben dagegen ein äußerst breites Spektrum. Sie können von der vollständigen organisatorischen und zeitlichen Einbindung der AN in einen Betrieb reichen (zB kaufmännischer Angestellter in Versicherungen und Banken), aber auch zeitlich organisatorisch weitgehend weisungsfrei sein. Bei dieser Mitarbeitergruppe macht es daher wenig Sinn, einzelne Berufsbilder zu diskutieren. Maßgebend ist auf Art und Ausmaß der Vertragsbindung abzustellen. Ein wesentlicher Gesichtspunkt ist ferner, ob der Dienstleistende berechtigt ist, die **Übernahme von Aufträgen abzulehnen** (vgl. auch *Bezani* NZA 1997, 856, 861). Ferner hängt es von der Art und Weise der Leistungserbringung ab, ob und inwieweit eine zeitliche und organisatorische Weisungsbindung besteht.

97 **Einzelfälle: Gebäudereiniger** und **Reinigungskräfte** sind in aller Regel AN des Reinigungsunternehmens. Das gilt schon deshalb, weil ihnen idR der Ort der zu reinigenden Räume vorgegeben ist, sie in der zeitlichen Lage der Leistung nicht frei sind und die Reinigungsmittel vom Auftraggeber gestellt werden (HzA/*Worzalla* Gruppe 1 Rn. 264). Gästebetreuer **(Hostessen)**, die regelmäßig zur Betreuung auswärtiger Gäste herangezogen werden, können je nach Vertragsgestaltung in einem freien Mitarbeiterverhältnis oder in einem Arbeitsverhältnis stehen (BAG 29. 11. 1995 RzK I 4a Nr. 74; LAG Düsseldorf 3. 12. 1996 ARSt. 1997, 141; ebenso für Prostituierte: LAG Hessen 12. 8. 1997 NZA 1998, 221). **Kundenberater,** die Kunden ihres Dienstherrn in der Bedienung von Geräten gemäß den terminlichen Wünschen und in den Räumlichkeiten dieser Kunden nach inhaltlichen Vorgaben des Dienstherrn zu unterweisen haben, sind regelmäßig AN (BAG 6. 5. 1998 AP BGB § 611 Abhängigkeit Nr. 102). Ein sog. **Pharmaberater** ist AN, wenn er in dem ihm zugewiesenen Reisegebiet pro Arbeitstag durchschnittlich zehn Arztbesuche auszuführen hat, Einzelnachweise über die geführten Gespräche darzulegen und zweimal wöchentlich Besuchsberichte vorzulegen sind (LAG Hamm 13. 10. 1989 LAGE BGB § 611 Arbeitnehmerbegriff Nr. 14 = DB 1990, 2028). Die willkürliche Differenzierung zwischen Angestellten und „freien" Pharmaberatern bei im wesentlichen gleicher Tätigkeitserfüllung spricht für eine einheitliche arbeitsrechtliche Einordnung aller Mitarbeiter (LAG Hamm 5. 10. 1989 LAGE BGB § 611 Arbeitnehmerbegriff Nr. 13). Anders kann die Situation schon zu beurteilen sein, wenn der Pharmaberater selbständig entscheiden kann, welche Ärzte er wann in einem vorgegebenen Gebiet aufsucht (ArbG München 29. 5. 1990 EzA BGB § 611 Arbeitnehmerbegriff Nr. 33). **Piloten** sind in aller Regel AN (BAG 16. 3. 1994 AP BGB § 611 Abhängigkeit Nr. 68). **Sekretariatsarbeiten** werden typischerweise im Arbeitsverhältnis erbracht (BAG 11. 12. 1996 AP BGB § 242 Unzulässige Rechtsausübung – Verwirkung Nr. 36). **Tankwarte** sind idR AN, weil sie zeitlich und örtlich weisungsgebunden sind. Keine freie Mitarbeit liegt vor, wenn ein als Werkstudent beschäftigter Tankwart über zehn Jahre auf Teilzeitbasis beschäftigt wird, er sich selbst in einem vom AG ausgehängten

Schichtplan eintragen kann, die Vertragsgestaltung dem AG aber das Recht zur einseitigen Schichteinteilung gibt (BAG 12. 6. 1996 AP BGB § 611 Werkstudent Nr. 4). Bei **Taxifahrern** hängt die ANEigenschaft von der Eingliederung in den Betrieb sowie dem Grad der Weisungsgebundenheit ab. Problematisch ist, daß auch als freie Mitarbeiter beschäftigte Taxifahrer idR in gleicher Weise wie fest angestellte Fahrer beschäftigt werden. Das BAG hat bei einer nur aushilfsweisen Eingliederung in den Betrieb den Status als freier Mitarbeiter bejaht (BAG 15. 4. 1986 AP BetrVG 1972 § 99 Nr. 35). Entscheidend ist, ob der AG innerhalb eines bestimmten zeitlichen Rahmens über die Arbeitsleistung des Taxifahrers verfügen darf (BAG 29. 5. 1991 AP BetrVG 1972 § 9 Nr. 2). Die zeitliche Vorgabe oder die Verpflichtung, bestimmte Termine für die Erledigung der übertragenen Aufgabe einzuhalten, führen noch nicht zur Begründung eines Arbeitsverhältnisses. Können Taxifahrer sich jederzeit bei der Zentrale „abmelden" und das Taxi zurückgeben, sind sie nicht zur Einhaltung von Mindest- und Höchstzeiten, Präsenz- oder Bereitschaftszeiten verpflichtet und ergibt sich der Ort der auszuführenden Tätigkeit erst aus dem jeweiligen Fahrauftrag, können sie ferner die Aushilfsfahrer Fahraufträge ablehnen, spricht dies gegen die Annahme eines Arbeitsverhältnisses (BAG 29. 5. 1991 AP BetrVG 1972 § 9 Nr. 2). **Zeitungszusteller** können je nach Umfang und Organisation der übernommenen Tätigkeit AN oder Selbständige sein (BAG 16. 7. 1997 AP BGB § 611 Zeitungsausträger Nr. 4). Bei zeitlicher fester Bindung und/oder Eingliederung sind sie AN (LAG Düsseldorf 5. 3. 1996 LAGE § 611 Arbeitnehmerbegriff Nr. 30; LAG Hamm 8. 9. 1977 EzA BGB § 611 Arbeitnehmerbegriff Nr. 12; LAG Baden-Württemberg 25. 2. 1991 LAGE BGB § 611 Arbeitnehmerbegriff Nr. 19; anders bei geringer zeitlicher Inanspruchnahme ArbG Oldenburg v. 7. 6. 1996 NZA-RR 1997, 162). Die Übernahme eines Arbeitsvolumens, die ein einzelner Zusteller nicht erledigen kann und die Leistung für mehrere Auftraggeber sprechen gegen die ANEigenschaft (BAG 16. 7. 1997 AP BGB § 611 Zeitungsausträger Nr. 4).

Uneinheitlich ist die Beurteilung in **erzieherischen und beratenden Dienstleistungen**. Bei studentischer Mitarbeit in Jugendfreizeitstätten und Jugendheimen hat das BAG trotz vorgegebener Öffnungszeiten den ANStatus abgelehnt, wenn der **Jugendbetreuer** über Art und zeitliche Lage seiner Tätigkeit mitbestimmen kann (BAG 9. 5. 1984 AP BGB § 611 Abhängigkeit Nr. 45). Die Beachtung eines allgemeinen Konzepts für die Jugendarbeit und die örtliche Bindung an die Freizeitstätte begründe keine für ein Arbeitsverhältnis notwendige Abhängigkeit (in der Tendenz anders LAG Frankfurt 6. 11. 1979 AuR 1980, 182). Nach Auffassung des BAG sagt die langjährige Beschäftigungsdauer nichts darüber aus, in welchen Fällen um ein Arbeitsverhältnis oder um ein freies Dienstverhältnis handelt (BAG 9. 5. 1984 – 5 AZR 325/82 – nv.; ferner BAG 20. 10. 1993 ZTR 1994, 255). Auch **Ehe-, Erziehungs- und Familienberater** sind trotz freierer Arbeitszeitgestaltung im Hinblick auf die organisatorische Eingliederung regelmäßig AN (zur Familienhelferin nach § 31 SGB VIII: BAG 6. 5. 1998 AP BGB § 611 Abhängigkeit Nr. 94; ArbG Freiburg 14. 10. 1992 ARSt. 1993, 75; anders bei freier Zeiteinteilung: **Sprach- und Spieltherapeutin** LAG Frankfurt 26. 9. 1991 ZTR 1992, 123; Psychologe in Behindertenbetreuung BAG 9. 9. 1981 AP BGB § 611 Abhängigkeit Nr. 38). 98

Zur ANEigenschaft von **Pflegekräften** ambulanter Pflegedienste LG Hamburg 11. 1. 1995 RsDE Nr. 34, 116; studentischer Hilfspfleger im Krankenhaus BAG 13. 2. 1985 – 7 AZR 345/82 – nv.; **Pförtner** in sog. Kurzzeitarbeitsverhältnissen LAG Köln 27. 8. 1992 LAGE § 620 BGB Nr. 28; **Codierungserfasser** LAG Düsseldorf 5. 12. 1988 LAGE § 611 BGB Arbeitnehmerbegriff Nr. 8. 99

c) Ortsungebundene Tätigkeiten (Außendienst, Telearbeit)

Schrifttum: *Dulle,* Rechtsfragen der Telearbeit, 1999; *Godehardt,* Telearbeit, 1994; *Kappus,* Rechtsfragen der Telearbeit, 1986; *Küfner-Schmitt,* Die soziale Sicherheit der Telearbeitnehmer, 1986; *Preis,* Arbeitsrechtliche Probleme der Telearbeit in: Schriftenreihe des Instituts für Rundfunkrecht der Universität Köln, Bd. 71, 1998, S. 75 ff.; *Wank,* Telearbeit, 1997; *Wedde,* Telearbeit, 2. Aufl., 1994.

Außendienstmitarbeiter (Journalisten, Telearbeiter, Vertreter), die den Ort ihrer Leistungserbringung möglicherweise ganz eigenständig festlegen können, können zwar nicht im Hinblick auf den Ort der Leistungserbringung, jedoch aufgrund anderweitiger Weisungsgebundenheit (fachlich, zeitlich, organisatorisch) als AN einzustufen sein (HzA/*Worzalla* Gruppe 1 Rn. 148, 152). Bei ortsungebundenen Tätigkeiten ist das Weisungsrecht insb. in zeitlicher sowie (nicht notwendig) in örtlicher Hinsicht gelockert. Es läßt sich jedoch keine generelle Klassifizierung dieser Tätigkeiten vornehmen, weil auch solche Mitarbeiter fachlichen und örtlichen Weisungen unterliegen. Die Erbringung kann auch zeitlich gebunden sein (Reporter wird zur Berichterstattung über ein bestimmtes Ereignis eingeteilt). Ferner kann je nach Ausgestaltung eine starke organisatorische Verbundenheit und Angewiesenheit auf die Organisation des AG gegeben sein. Auch die starke Einbindung in das Kundenbetreuungskonzept durch Dienstpläne spricht für die ANEigenschaft (BAG 6. 5. 1998 AP BGB § 611 Abhängigkeit Nr. 102; weitere **Einzelfälle:** LAG Baden-Württemberg 26. 10. 1990 VersR 1991, 1156; LAG Köln 20. 1. 1995 MDR 1995, 934). Wer dem Auftraggeber jedoch nur Rechenschaft schuldet, in der Zeitplanung frei ist und auch anderweitigen Beschäftigungen nachgehen kann, ist freier Mitarbeiter (LAG Düsseldorf 6. 3. 1991 LAGE BGB § 611 Arbeitnehmerbegriff Nr. 18; zu sog. Partnerverträgen BAG 9. 5. 1996 AP KSchG 1969 § 1 Betriebsbedingte Kündigung Nr. 79). 100

101 Verschiedene Organisationsformen der **Telearbeit** sind dadurch charakterisiert, daß die physische Anwesenheit des Telearbeiters im zentralen Betrieb fehlt. Gleichwohl reicht es für die Annahme des Merkmals der **Eingliederung in die betriebliche Organisation** aus, wenn der Telearbeiter für seine Tätigkeit auf die Arbeitsmittel des AG bzw. auf die Zusammenarbeit mit den betrieblichen Mitarbeitern angewiesen ist (*Wedde* S. 59; *Wank* Rn. 314). Dies wird insb. bei Online-Telearbeit der Fall sein. Eine Eingliederung in die Betriebsorganisation ist erst dann zu verneinen, wenn ein zu Hause tätiger Telemitarbeiter bei Verwendung eigener Arbeitsmittel bloße Arbeitsergebnisse beim AG abliefert (*Wedde* S. 60). Bei der Sonderform der **alternierenden Telearbeit** ist regelmäßig nicht nur eine organisatorische, sondern auch eine persönliche Eingliederung zu bejahen. Bezüglich der **örtlichen Weisungsbindung** ist der stetig oder überwiegend Telearbeit Ausübende dem Typus des AußenAN durchaus vergleichbar. Bei einer Tätigkeit zu Hause kann sich diese auch aus der dortigen Installation der notwendigen Arbeitsgeräte ergeben (*Wank* Rn. 314; *Wedde* S. 62). **Zeitliche Weisungsgebundenheit** liegt nicht nur bei einer vorgeschriebenen festen Arbeitszeit, sondern auch dann vor, wenn bei Online-Telearbeit die Möglichkeit der Datenübermittlung zum Zentralrechner nur in begrenzten Zeiträumen möglich ist. Die **fachliche Weisungsgebundenheit** resultiert aus der Vorgabe von Arbeitsinhalten und der dabei zu verwendenden Software durch den AG (ausf. zum AN-Status *Wank* NZA 1999, 225 ff.; ferner *Boemke* BB 2000, 147; *Peter* DB 1998, 573 f.; zur Vertragsgestaltung *Kramer* DB 2000, 1329).

102 **d) Freie Berufe.** Gegenstand der Dienstleistung eines freien Berufes (Anwalt, Arzt, Architekt, Steuerberater) ist idR ein Dienstvertrag (BAG 3. 6. 1998 AP BGB § 611 Abhängigkeit Nr. 97). Hiervon zu unterscheiden ist das Vertragsverhältnis der Freiberufler selbst innerhalb einer Organisation von Freiberuflern. Hier ist zu prüfen, ob die Mitarbeit auf einer gesellschaftsrechtlichen Basis, einem Dienstvertrag oder auf einem Arbeitsvertrag beruht.

103 Ein **Rechtsanwalt,** der in einer Anwaltssozietät auf der Basis eines Gesellschaftsvertrages (§ 705) tätig ist, ist idR weder AN noch arbeitnehmerähnliche Person, selbst wenn er von der Sozietät wirtschaftlich abhängig ist (BAG 15. 4. 1993 AP ArbGG 1979 § 5 Nr. 12). Die tatsächliche Zurverfügungstellung der gesamten Arbeitskraft im Rahmen der Sozietät ist für die Einordnung des Vertragsverhältnisses unerheblich. Anwälte können jedoch auch als **AN** von einer Anwaltskanzlei beschäftigt werden. Für das Bestehen eines Arbeitsverhältnisses spricht, wenn der Rechtsanwalt an feste Dienstzeiten gebunden bzw. jederzeit abrufbar ist, Mandate zugewiesen erhält sowie verpflichtet ist, nur für eine Kanzlei zu arbeiten. Darüber hinaus spricht für das Vorliegen eines Arbeitsverhältnisses, wenn er nicht am Gewinn und Verlust der Kanzlei beteiligt ist, sondern ein festes Entgelt erhält (LAG Thüringen 28. 3. 1996 LAGE BGB § 611 Arbeitnehmerbegriff Nr. 31; LAG Thüringen 6. 2. 1998 NZA-RR 1998, 296; LAG Hamm 20. 7. 1989 NZA 1990, 228; LAG Berlin 16. 12. 1986 NZA 1987, 488; LAG Baden-Württemberg 14. 3. 1985 BB 1985, 1534; LAG Frankfurt 16. 3. 1990 BB 1990, 2492). Unerheblich für die Einstufung ist, daß der Rechtsanwalt inhaltlich nach § 1 BRAO keinen Weisungen unterliegt. Ob bei Nebentätigkeit von **Referendaren** ein Arbeitsverhältnis anzunehmen ist, ist zweifelhaft. Zwar unterliegen Referendare bei ihrer Tätigkeit in erheblichem Maße Weisungen der Rechtsanwaltskanzlei, jedoch sind sie vielfach berechtigt, die Übernahme von Aufträgen auch abzulehnen und in der zeitlichen Lage ihrer Dienstleistung frei (Vorbereitung von Schriftsätzen, Gutachten).

104 Der Mitarbeiter eines **Steuerberaters,** der Vorbereitungsarbeiten für Steuererklärungen und Jahresabschlüsse an selbstgewählten Tagen zu Hause und außerhalb der Kanzlei erledigt, ist regelmäßig als freier Mitarbeiter tätig (LAG Berlin 29. 5. 1989 LAGE BGB § 611 Arbeitnehmerbegriff Nr. 9; LAG Köln 23. 3. 1988 LAGE § 611 BGB Arbeitnehmerbegriff Nr. 7). Das gleiche gilt für einen nur gelegentlich in einer Anwaltskanzlei tätigen **Dolmetscher** (LAG Berlin 11. 4. 1988 LAGE BGB § 611 Arbeitnehmerbegriff Nr. 6).

105 **e) Fachlich weisungsfreie Tätigkeiten (Chefärzte, Wissenschaftler, Künstler).** Der ANEigenschaft steht bei fachlich besonders qualifizierten Tätigkeiten nicht entgegen, daß der AG vielfach gar nicht in der Lage ist, Anweisungen hins. der Art der zu leistenden Arbeit zu erteilen. So steht beispielsweise ein **Chefarzt,** der aufgrund der mangelnden Sachkenntnis des Krankenhausträgers und der Standesethik keine fachbezogenen Weisungen empfangen kann, dennoch in einem abhängigen Beschäftigungsverhältnis (BAG 27. 7. 1961 AP BGB § 611 BGB Ärzte, Gehaltsansprüche Nr. 24). Hier tritt die organisatorische Einbindung in das Krankenhaus in den Vordergrund: die Pflicht zur Behandlung sämtlicher Krankenhauspatienten, die Bindung an Dienststunden sowie die Festlegung von Erholungsurlaub. Der Chefarzt ist insoweit in keiner wesentlich anderen Lage als etwa ein vertraglich mit Forschungsaufgaben beauftragter **Wissenschaftler** (BAG 8. 2. 1962 AP BGB § 611 Erfinder Nr. 1). Zur Rechtsstellung des **Betriebsarztes,** der als freier Mitarbeiter nach Maßgaben des ASiG beschäftigt wird: LAG München 2. 8. 1984 NJW 1985, 696; **Vertragsarzt** eines Gesundheitsamtes LAG Niedersachsen 9. 6. 1989 ZTR 190, 161; vgl. auch LAG Bremen 21. 6. 1967 AP PersVG Bremen § 65 Nr. 2.

106 **Orchestermusiker,** die ständig zu Orchesterdiensten herangezogen werden, sind AN (BAG 7. 5. 1980 AP BGB § 611 Abhängigkeit Nr. 36; BAG 3. 10. 1975 AP BGB § 611 Abhängigkeit Nr. 16), nicht dagegen ein frei agierender **Theaterintendant** (BAG 16. 8. 1977 AP BGB § 611 Abhängigkeit

Nr. 23) oder punktuell im Unternehmen auftretende **Künstler** (BAG 6. 12. 1974 AP BGB § 611 Abhängigkeit Nr. 14); für mehrere Chöre arbeitende **Chorleiter** (ArbG Hanau 2. 1. 1997 ARSt. 1997, 141).

f) **Dozenten, Lehrer, Volkshochschuldozenten.** Die typologische Methode praktiziert das BAG insb. bei der Prüfung der ANEigenschaft von Lehrpersonal. Danach gilt: An **allgemeinbildenden Schulen** Unterrichtende sind in aller Regel AN, auch wenn sie ihren Unterricht nebenberuflich erteilen. Demgegenüber können **Volkshochschuldozenten,** die außerhalb schulischer Lehrgänge unterrichten, auch als freie Mitarbeiter beschäftigt werden, und zwar selbst dann, wenn es sich bei ihrem Unterricht um aufeinander abgestimmte Kurse mit vorher festgelegtem Programm handelt. Gleiches gilt für **Lehrkräfte an Musikschulen.** Volkshochschuldozenten, die außerhalb schulischer Lehrgänge unterrichten, und Musikschullehrer sind nur dann AN, wenn die Parteien dies vereinbart haben oder im Einzelfall festzustellende Umstände vorliegen, aus denen sich ergibt, daß der für das Bestehen eines Arbeitsverhältnisses erforderliche Grad der persönlichen Abhängigkeit gegeben ist, insb. die einseitige Einteilung in Stundenpläne (BAG 24. 6. 1992 AP BGB § 611 Abhängigkeit Nr. 61; BAG 12. 9. 1996 AP BGB § 611 Lehrer, Dozenten Nr. 122; LAG Köln 13. 1. 1994 LAGE BGB § 611 Arbeitnehmerbegriff Nr. 27). Nach der typologischen Betrachtung des BAG stehen auch Lehrkräfte in schulischen Kursen des **zweiten Bildungsweges** den Lehrern an allgemeinbildenden Schulen gleich, so daß sie in aller Regel als AN zu betrachten sind (BAG 12. 9. 1996 AP BGB § 611 Lehrer, Dozenten Nr. 122). Entscheidend ist nach Auffassung des BAG, wie intensiv die Lehrkraft in den Unterrichtsbetrieb eingebunden ist und in welchem Umfang sie den Unterrichtsinhalt, die Art und Weise seiner Erteilung, ihre Arbeitszeit und die sonstigen Umstände der Dienstleistung gestalten kann (BAG 30. 10. 1991 AP BGB § 611 Abhängigkeit Nr. 59). 107

Das BAG rechtfertigt die **typisierende Unterscheidung** zwischen Lehrern an allgemeinbildenden Schulen einerseits und außerhalb schulischer Lehrgänge unterrichtender Volkshochschuldozenten und Musikschullehrer andererseits damit, daß der stärkeren Einbindung von Schülern in ein Schul- oder Ausbildungssystem auch eine stärkere persönliche Abhängigkeit der Lehrkräfte vom Unterrichtsträger entspreche. Dies **kann nicht überzeugen.** Zwar stellt das BAG Lehrkräfte an Volkshochschulen oder privaten Abendgymnasien den Lehrern an allgemeinbildenden Schulen gleich, wenn sie in schulischen Lehrgängen unterrichten (BAG 12. 9. 1996 AP BGB § 611 Lehrer, Dozenten Nr. 122; s. LAG Köln 24. 7. 1991 LAGE § 611 Arbeitnehmerbegriff Nr. 23). Es ist jedoch nicht gerechtfertigt, die Klassifizierung des Vertragsverhältnisses von dem Gegenstand des Unterrichts abhängig zu machen. Zu folgen ist der Auffassung des 7. Senats, der zu Recht darauf abstellt, daß die Bindung an schulrechtliche Vorschriften und Lehrpläne unerheblich ist, sondern entscheidend ist, ob und inwieweit die Lehrkraft in zeitlicher Hinsicht dem Weisungsrecht des Schulträgers unterliegt (BAG 30. 10. 1991 AP BGB § 611 Abhängigkeit Nr. 59; BAG 13. 11. 1991 AP BGB § 611 Abhängigkeit Nr. 60). Nicht überzeugen kann allerdings die Auffassung des 7. Senats, daß die Qualifizierung des Arbeitsverhältnisses wesentlich davon abhängt, ob der Stundenplan bei Vertragsschluß schon feststand bzw. Gegenstand der Vereinbarung war. Dies hat das merkwürdige Resultat, daß eine strikte vertragliche Bindung hins. der Arbeitszeit gegen die Annahme eines Arbeitsverhältnisses spricht, was erkennbar nicht mit den Kernkriterien des ANBegriffes vereinbar ist. 108

Einzelfälle: Dozent in Berufsakademie (LAG Baden-Württemberg 4. 7. 1996 BB 1997, 683); **Dozent an einem Weiterbildungsinstitut** (BAG 11. 4. 1997 AP ArbGG § 5 Nr. 30; BAG 19. 11. 1997 AP BGB § 611 Lehrer, Dozenten Nr. 133 = NZA 1998, 595); **Dozent in einem privaten Lehrinstitut** (LAG Frankfurt 11. 7. 1996 ZTR 1996, 518). 109

g) **Medienmitarbeiter.** Im Hinblick auf die durch Art. 5 GG (vgl. Art. 5 GG Rn. 85) geforderte Flexibilität in der Berichterstattung ist der Status von Medienmitarbeitern sehr umstritten. An der Einstufung der Dienstverhältnisse im Medienbereich sind wesentliche Grundsätze des ANBegriffs entwickelt worden. Zu berücksichtigen ist, daß die auch verfassungsrechtlich erforderliche Flexibilität nicht unbedingt mit dem jeweiligen Vertragstyp gewährleistet werden muß, sondern auch über die Erleichterung der Befristung von Arbeitsverträgen erreicht werden kann (BAG 9. 6. 1993 AP BGB § 611 Abhängigkeit Nr. 66; BVerfG 18. 2. 2000 NZA 2000, 653, 656; hierzu § 620 Rn. 119 ff.). Im Medienbereich war und ist es weithin üblich, die für die Programmgestaltung verantwortlichen Mitarbeiter nicht als AN, sondern als „freie" Mitarbeiter zu beschäftigen, die ihre Dienstleistungen ohne ein festes, dauerndes Beschäftigungsverhältnis erbringen mit der Folge, daß die arbeitsrechtlichen Schutzvorschriften nicht gelten. Das BAG hatte zunächst erkannt, daß die auf diese Weise Beschäftigten *tatsächlich* AN seien (*BAG 22. 6. 1977 AP BGB § 611 Abhängigkeit Nr. 22*). Gegen diese Entscheidungen hatten die Rundfunkanstalten jedoch mit Erfolg Verfassungsbeschwerde eingelegt. Das BVerfG meinte, daß die Rundfunkanstalten wegen der anzubietenden Programmvielfalt auf einen großen Mitarbeiterkreis angewiesen seien, dessen Angehörige folglich nur für die Dauer zu beschäftigen seien, in der sie benötigt werden (BVerfG 13. 1. 1982 AP GG Art. 5 Abs. 1 Rundfunkfreiheit Nr. 1; hierzu näher Art. 5 GG Rn. 107 ff.). 110

Das BAG hat im Anschluß an diese Entscheidung des BVerfG den Erfordernissen der Programmvielfalt in größerem Maße Rechnung getragen (BAG 13. 1. 1983 AP BGB § 611 Abhängigkeit Nr. 42; BAG 111

Preis

30. 11. 1994 AP BGB § 611 Abhängigkeit Nr. 74). Es läßt jetzt freie Mitarbeiterverträge unter bestimmten Voraussetzungen zu, betont aber zugleich, daß ein, ggf. befristetes, **Arbeitsverhältnis** anzunehmen ist, wenn der Sender vom Mitarbeiter **ständige Dienstbereitschaft** erwartet und ihm **Arbeiten** in nicht unerheblichem Umfang **zugewiesen** werden (BAG 9. 6. 1993 AP BGB § 611 Abhängigkeit Nr. 66). Typisierend unterscheidet das BAG zwischen programmgestaltenden und nicht programmgestaltenden Mitarbeitern. Auf diese Typisierung kommt es jedoch für die Frage der Arbeitnehmereigenschaft nicht entscheidend an (ebenso *Bezani* NZA 1997, 856, 860 f.). Die Flexibilität bei programmgestalter Mitarbeit kann durch die insoweit verfassungsrechtlich gebotene Befristung des Arbeitsverhältnisses gewährleistet werden (BVerfG 18. 2. 2000 NZA 2000, 653, 656; näher § 620 Rn. 119 ff.).

112 Bei der Arbeit der **programmgestaltenden Mitarbeiter** wird unterschieden zwischen einem vorbereitenden Teil, einem journalistisch-schöpferischen oder künstlerischen Teil und dem technischen Teil der Ausführung. Je größer die gestalterische Freiheit ist, desto mehr wird die Gesamttätigkeit von der journalistisch-schöpferischen Tätigkeit geprägt. Ein Arbeitsverhältnis liegt dann vor, wenn der Sender innerhalb eines bestimmten zeitlichen Rahmens über die Arbeitsleistung des programmgestaltenden Mitarbeiters verfügen kann. Das ist etwa der Fall, wenn ständige Dienstbereitschaft erwartet wird, der Mitarbeiter in nicht unerheblichem Umfang ohne Abschluß dahingehender Vereinbarung zur Arbeit herangezogen wird, ihm also die Arbeiten letztlich „zugewiesen" werden (BAG 9. 7. 1993 AP BGB § 611 Abhängigkeit Nr. 66). Ein starkes Indiz ist es danach, wenn ein Mitarbeiter in **Dienstplänen** aufgeführt wird, ohne daß die einzelnen Einsätze im voraus abgesprochen werden (BAG 30. 11. 1994 AP BGB § 611 Rundfunk Nr. 15). Die tatsächliche Vertragsdurchführung ist entscheidend (BAG 20. 7. 1994 AP BGB § 611 Abhängigkeit Nr. 73). Programmgestaltende Rundfunk- und Fernsehmitarbeiter sollen jedoch nicht schon allein deswegen AN sein, weil sie vom Apparat und Team des Senders abhängig sind (BAG 30. 11. 1994 AP BGB § 611 Abhängigkeit Nr. 74; unter Aufgabe von BAG 15. 3. 1978 AP BGB § 611 Abhängigkeit Nr. 26).

113 **Einzelfälle programmgestaltender Mitarbeit:** In Sendebetrieb eingliederte **Fernsehreporterin:** BAG 21. 9. 1977 AP BGB § 611 Abhängigkeit Nr. 27; bei fehlender Eingliederung verneinend: BAG 27. 2. 1991 EzA BGB § 611 Arbeitnehmerbegriff Nr. 43; **Fotoreporter** (BAG 16. 6. 1998 AP ArbGG 1979 § 5 Nr. 44); **Hörfunk-Korrespondent** (BAG 7. 5. 1980 AP BGB 611 Abhängigkeit Nr. 35); **Regieassistenten** (LAG Berlin 23. 8. 1982 EzA BGB § 611 Arbeitnehmerbegriff Nr. 23); **Regisseur** (BAG 13. 1. 1983 AP BGB § 611 Abhängigkeit Nr. 43); nebenberuflicher **Sportreporter** (BAG 22. 4. 1998 AP BGB § 611 Abhängigkeit Nr. 96; LAG Köln 30. 1. 1997 NZA-RR 1997, 283).

114 **Nicht programmgestaltende,** aber rundfunk- und fernsehtypische **Mitarbeit** soll dagegen idR nur in einem Arbeitsverhältnis durchgeführt werden können, dies gilt etwa für routinemäßige Tätigkeiten als **Sprecher, Aufnahmeleiter** und **Übersetzer** (BAG 16. 2. 1994 AP BGB § 611 Rundfunk Nr. 15; BAG 30. 11. 1994 AP BGB § 611 Abhängigkeit Nr. 74; LAG Köln 21. 6. 1989 LAGE BGB § 611 Arbeitnehmerbegriff Nr. 10), und zwar auch bei Teilzeitbeschäftigung (BAG 11. 3. 1998 AP BGB § 611 Rundfunk Nr. 23 = NZA 1998, 705). Diese typisierende Betrachtung wird aber nicht durchgehalten. Vielmehr ist auch bei anderen Mitarbeitern im Medienbereich **nach allgemeinen Kriterien** zu entscheiden, ob freie Mitarbeit oder abhängige Arbeitsleistung vorliegt. Dies gilt etwa für die Tätigkeit der Lektoren. Hier kommt es ganz auf die Vertragsgestaltung an, weil Lektoratstätigkeiten auch typischerweise in einem Arbeitsverhältnis erbracht werden können (im konkreten Fall verneinend BAG 27. 3. 1991 AP BGB § 611 Abhängigkeit Nr. 53). Die gleiche Einschätzung gilt im Bereich der journalistischen Tätigkeit, auch der sog. Fotoreporter. Bei einem pauschal bezahlten **Bildberichterstatter,** der einer Zeitungsredaktion monatlich eine bestimmte Anzahl von Bildern zu liefern hat, hat das BAG die ANEigenschaft abgelehnt, wenn er in der Übernahme der Fototermine frei ist (BAG 29. 1. 1992 AP BetrVG 1972 § 5 Nr. 47 mit abl. Anmerkung *Wank*; ebenso BAG 3. 5. 1989 BB 1990, 779; anders bei Einbindung in den täglichen Redaktionsbetrieb BAG 16. 6. 1998 AP ArbGG 1979 § 5 Nr. 44). Weitere Einzelfälle: **Bühnenbildner** (BAG 3. 10. 1975 AP BGB § 611 Abhängigkeit Nr. 17); **Gebührenbeauftragter** (BAG 17. 5. 1978 AP BGB § 611 Abhängigkeit Nr. 28; BAG 2. 10. 1990 AP TVG § 12 a Nr. 1; BAG 26. 5. 1999 BGB § 611 Abhängigkeit Nr. 104); **Kameraassistent** (BAG 22. 4. 1998 AP BGB § 611 Rundfunk Nr. 24 und 25); **Musikbearbeiter** mit freier Arbeitszeiteinteilung (BAG 21. 9. 1977 AP BGB § 611 Abhängigkeit Nr. 27).

115 **h) Sportler. Berufssportler** sind **AN,** wenn sie ihre Leistungen in einem persönlichen Abhängigkeitsverhältnis erbringen, das über die durch die Vereinsmitgliedschaft begründete Weisungsgebundenheit hinausgeht (BAG 10. 5. 1990 AP BGB § 611 Abhängigkeit Nr. 51; BAG 17. 1. 1979 AP BGB § 611 Berufssport Nr. 2; OLG Stuttgart 17. 11. 1977 AuR 1978, 125). **Vertragsamateure** im Sinne des § 15 der Spielordnung des DFB sind dann AN, wenn sie aufgrund der jeweiligen Vertragsgestaltung und -abwicklung ihre Leistung für den Verein in einer für ein Arbeitsverhältnis typischen persönlichen Abhängigkeit erbringen, die ebenfalls über die bereits durch die Vereinsmitgliedschaft begründete Weisungsgebundenheit hinausgeht (BAG 10. 5. 1990 AP BGB § 611 Abhängigkeit Nr. 51; LAG Hamm 30. 8. 1989 BB 1989, 2331). Zum ANStatus einer **Tennisspielerin:** ArbG Bielefeld 12. 7. 1989 NZA 1989, 966; verneint bei nebenberuflichem **Übungsleiter eines Amateurvereins** (LAG Düsseldorf 26. 3. 1992 LAGE BGB § 611 Arbeitnehmerbegriff Nr. 25).

Ein Eishockeyspieler, der lediglich eine Pauschale zur Abdeckung der Fahrtkosten erhält, ist weder 116
AN noch arbeitnehmerähnliche Person (LAG Nürnberg 27. 1. 1995 NZA-RR 1996, 1).

i) Handelsvertreter, Versicherungsvermittler. Die Abgrenzung des selbständigen vom unselbstän- 117
digen Handelsvertreter erfolgt nach dem Leitbild des § 84 I 2 und § 84 II HGB. Trotz der Spezialregelung erfolgt die Abgrenzung nach den allgemeinen Grundsätzen, insb. unter Zugrundelegung des Gesamtbildes der Vertragsgestaltung (BAG 21. 2. 1990 AP BGB § 611 Abhängigkeit Nr. 57; OLG Düsseldorf 5. 12. 1997 NZA-RR 1998, 145). Weitgehende Weisungsfreiheit hins. Arbeitsumfang, Arbeitsgestaltung sowie fehlende örtliche und zeitliche Weisungsgebundenheit sprechen für die **Selbständigkeit des Handelsvertreters** (BAG 21. 1. 1966 AP HGB § 92 Nr. 2; BAG 15. 12. 1999 AP HGB § 92 Nr. 5). Weitere Kriterien zur Annahme weitgehender organisatorischer Weisungsfreiheit sind das Bestehen eines eigenen Unternehmens, insb. eigener Geschäftsräume und Buchführung (OLG München 8. 8. 1957 NJW 1957, 1767), dem Auftreten unter eigener Firma und der Einsatz eigenen Personals (BAG 24. 4. 1980 AP HGB § 84 Nr. 1) sowie die Möglichkeit, mehrere Unternehmen zu vertreten (OLG Celle 27. 2. 1958 BB 1958, 246). Eine nicht vorhandene Betriebsorganisation spricht aber nicht schon gegen die Selbständigkeit (BAG 15. 12. 1999 AP HGB § 84 Nr. 9). Die Freiheit der Gestaltung der Tätigkeit wird nicht dadurch beeinträchtigt, daß Handelsvertretern typischerweise ein bestimmter Bezirk zu Betreuung zugewiesen wird (BAG 26. 5. 1999 AP BGB § 611 Abhängigkeit Nr. 104; BAG 15. 12. 1999 AP HGB § 92 Nr. 5).

Umgekehrt kann der Umstand allein, daß ein Handels- oder Versicherungsvertreter **nur für ein** 118
Unternehmen tätig werden darf, nicht zwingend zur Begründung der ANEigenschaft führen. Dies folgt bereits aus der Regelung des § 92 a HGB, der implizit davon ausgeht, daß Einfirmenvertreter durchaus auch selbständig tätig sein können. Entscheidend sind die Voraussetzungen des § 84 I HGB (hierzu *Hanau* S. 8 ff.). Andererseits ist die Annahme eines Arbeitsverhältnisses durch die Vorschriften der §§ 84, 92 a HGB nicht gesperrt. Einige ArbG (ArbG Nürnberg 31. 7. 1996 EzA BGB § 611 Arbeitnehmerbegriff Nr. 57 = NZA 1997, 37; LAG Nürnberg 25. 2. 1988 ZIP 1998, 617; LAG Niedersachsen 7. 9. 1990 LAGE BGB § 611 Arbeitnehmerbegriff Nr. 24; aA LAG Düsseldorf 6. 3. 1991 LAGE BGB § 611 Arbeitnehmerbegriff Nr. 18) haben jedoch trotz fehlender fachlicher, zeitlicher und organisatorischer Weisungseinbindung die ANEigenschaft von Versicherungsvertretern bejaht, weil das Versicherungsunternehmen die Vertreter ausgebildet hat, ihnen in der Vertragsgestaltung lediglich unternehmerische Risiken, jedoch keine unternehmerische Freiheit eingeräumt hat, sowie die Vertreter nicht in der Lage waren, unter Einsatz eigenen Kapitals eine eigene Organisation mit eigenen Mitarbeitern, mithin ein eigenes Unternehmen, das am Markt operiert, aufzubauen. Das BAG hat jetzt entscheidend darauf abgestellt, ob die zeitliche und gestalterische Freiheit im wesentlichen unberührt geblieben ist und den AN-Status der Versicherungsvermittler weitgehend verneint (BAG 15. 12. 1999 AP HGB § 92 Nr. 5; BAG 15. 12. 1999 AP HGB § 92 Nr. 6; BAG 15. 12. 1999 AP HGB § 84 Nr. 9; ausf. *Hanau/Strick* DB Beilage 14/1998). Nach diesen Grundsatzentscheidungen gilt ferner: Frei in der Arbeitszeitgestaltung ist der Handelsvertreter, wenn er weder hinsichtlich Lage noch Umfang gebunden ist und ein konkretes Mindestsoll (zB durch Bonusregelungen) nicht vorgeschrieben ist. Geringe Anwesenheitszeiten (zB 4 Std. in der Woche) sind unerheblich. Fachliche Weisungen jeder Art sprechen für ein Arbeitsverhältnis. Ob die Tätigkeit im Haupt- oder Nebenberuf erfolgt, ist unerheblich. Frei in der Gestaltung ist der Handelsvertreter, wenn ihm nicht vorgegeben ist, wo und wie er die Arbeit zu verrichten hat, insbesondere kein bestimmter Arbeitsort. Die Zuweisung eines Bezirks oder Kundenkreises ist mit dem Status des Selbständigen ebenso vereinbar (§ 87 II HGB) wie die Geheimhaltungspflicht (§ 90 HGB) und das Wettbewerbsverbot (§ 86 HGB). Die Berichtspflicht ist statusneutral (§ 86 II HGB), soweit sie nicht zu einer umfassenden Kontrolle des Handelsvertreters ausgebaut wird. Das Wettbewerbsverbot gilt auch für selbständige Handelsvertreter und kann daher nicht die ANEigenschaft des Einfirmenvertreters begründen. Ein umfassendes Verbot aller Nebentätigkeiten ist freilich mit dem Selbständigenstatus nicht vereinbar. Im übrigen gilt, daß vertragliche Pflichten, die nicht die geschuldete Tätigkeit, sondern sonstiges Verhalten betreffen, zur Statusabgrenzung ungeeignet sind. Unzulässigen Klauseln ist im Arbeits- wie im Dienstvertragsrecht ggf. durch eine Inhaltskontrolle zu begegnen.

j) Sog. „neue Selbständigkeit". Die besondere Problematik der sog. „neuen Selbständigkeit" ent- 119
springt den Entwicklungen im Erwerbsleben der letzten Jahre, Personen, die früher ihre Arbeitsleistung im Rahmen eines Arbeitsvertrages erbracht haben, in die Selbständigkeit zu entlassen (Verkaufsfahrer mit einem eigenen Fahrzeug als „selbständige Unternehmer", die nur an ein Unternehmen gebunden sind: LAG Düsseldorf 28. 8. 1995 BB 1995, 2275; sog. „Propagandistinnen" in Kaufhäusern LAG Köln 30. 5. 1995 LAGE BGB § 611 Arbeitnehmerbegriff Nr. 29; hierzu BAG 23. 4. 1997 AP ZPO 1977 § 256 Nr. 40; LSG Berlin 14. 8. 1995 AP BGB § 611 Abhängigkeit Nr. 83; Restaurantbedienung in Kaufhäusern LAG Frankfurt 16. 1. 1990 AuR 1991, 187; Regaleinrichter LAG Frankfurt 11. 7. 1989 AiB 1990, 187). Der plakative Begriff der Scheinselbständigkeit weist auf die allgemeine Notwendigkeit einer präziseren juristischen Abgrenzung sowohl für das Arbeits- als auch das Sozialrecht hin (*Kretschmer* RdA 1997, 327, 331).

120   Probleme bereitet die Einstufung der sog. „Ein-Mann-Unternehmen". Hier ist zunächst die richtige Einordnung des Vertragstyps zu prüfen. Handelt es sich um einen Vertrag mit eindeutig dienstvertraglichem Zuschnitt, kommt es auf den Grad der organisatorischen und inhaltlichen Weisungsbindung an. Problematisch ist insb. die Einordnung sog. Frachtführer und Lkw-Fahrer, die zunehmend (von ihren früheren AG) als Selbständige beschäftigt werden. Ein Kleintransportunternehmer, der verpflichtet ist, Transportaufträge zu übernehmen, und berechtigt ist, während maximal 20 Tagen innerhalb eines Jahres die Aufträge abzulehnen und im übrigen zeitlich exakt hins. der einzuhaltenden Zeitoptionen gebunden ist, kann AN (BAG 19. 11. 1997 AP BGB § 611 Abhängigkeit Nr. 90 = NZA 1998, 364; LAG Düsseldorf 4. 9. 1996 LAGE § 611 BGB Arbeitnehmerbegriff Nr. 33), zumindest aber arbeitnehmerähnliche Person nach § 12 a TVG sein (LAG Düsseldorf 28. 8. 1995 BB 1995, 2275). Für die Weisungsgebundenheit und die ANEigenschaft spricht ferner, wenn der Frachtführer nur für einen Vertragspartner zu fahren verpflichtet ist und auch als Repräsentant dieses Auftraggebers auftritt (LSG Berlin 27. 10. 1993 NZA 1995, 139; zum Franchise-Vertrag vgl. oben Rn. 38). Ein Frachtführer, der zwar nur für einen Auftraggeber fährt, ist nicht AN, wenn weder Dauer noch Beginn und Ende der täglichen Arbeitszeit vorgeschrieben sind und er die – nicht nur theoretische – Möglichkeit hat, auch Transporte für eigene Kunden auf eigene Rechnung durchzuführen. Ob er diese Möglichkeit tatsächlich nutzt, ist nicht entscheidend (BAG 30. 9. 1998 AP BGB § 611 Abhängigkeit Nr. 103). **Einzelfälle:** Subunternehmer (ArbG Düsseldorf 20. 5. 1988 AiB 1989, 128) Frachtführer (BAG 19. 11. 1997 AP BGB § 611 Abhängigkeit Nr. 90 = NZA 1998, 364; BAG 30. 9. 1998 AP BGB § 611 Abhängigkeit Nr. 103; LAG Düsseldorf 4. 9. 1996 LAGE § 611 BGB Arbeitnehmerbegriff Nr. 33); Sargträger (LAG Düsseldorf 9. 9. 1997 DB 1998, 207); Fleischzerleger (ArbG Passau 13. 3. 1998 BB 1998, 1266).

121   **4. Folgen fehlerhafter Vertragstypenzuordnung.** Erhebliche Konsequenzen hat die fehlerhafte Einordnung eines in Wahrheit bestehenden Arbeitsverhältnisses als freies Mitarbeiterverhältnis. Sozialversicherungsrechtlich liegt in diesem Fall trotz fehlerhafter Bezeichnung ein Beschäftigungsverhältnis iSd. § 7 I SGB IV vor. Rechtsfolge ist die **rückwirkende Entstehung der Sozialversicherungspflicht**, wobei die Beitragspflicht regelmäßig allein den **AG** trifft, der Schuldner des Gesamtsozialversicherungsbeitrages ist (§ 28 e SGB IV). Das Recht des AG, den ANAnteil der Sozialversicherungsbeiträge vom AN zurückzufordern, ist durch § 28 g SGB IV entscheidend eingeschränkt (ausf. *Hanau/Preis* I D).

122   In **arbeitsrechtlicher Hinsicht** hat die Verkennung des ANStatus zur Folge, daß der zu Unrecht als Nicht-AN Behandelte rückwirkend wie ein AN zu behandeln ist (zum Vergütungsanspruch vgl. § 612 Rn. 7). Die Rechtsformfehlung gestattet dem AG nicht, sich einseitig vom Arbeitsverhältnis zu lösen (BAG 3. 10. 1975 AP BGB § 611 Abhängigkeit Nr. 17; *Fenn*, FS für Bosch, 1976, 171, 182 f.; aA *Lieb* RdA 1975, 49, 42). Ebensowenig besteht ein Anfechtungsrecht nach § 119 I, da es sich um einen unbeachtlichen Rechtsfolgenirrtum handelt (MünchArbR/*Richardi* § 23 Rn. 58). Hins. der einzelnen Ansprüche sind besondere Verjährungs- und Ausschlußfristen zu beachten (vgl. hierzu §§ 194 bis 225). Typischerweise wird ein freier Dienstnehmer oder eine sonst unzutreffend als selbständig bezeichnete Person hins. der Vergütung sowie anderer Sozialleistungen unterschiedlich behandelt. Der in Wahrheit als AN zu Behandelnde kann infolge der Bejahung eines Arbeitsverhältnisses **Ansprüche auf Gleichbehandlung** hins. Entgelt und Sonderleistungen geltend machen (vgl. hierzu Rn. 834 ff.).

123   Bei beiderseitigem Rechtsirrtum der Parteien über die Einordnung des als freien Mitarbeitervertrages geschlossenen Arbeitsverhältnisses soll sich die Anpassung des Vertrages nach den Grundsätzen über den Wegfall der Geschäftsgrundlage richten (BAG 9. 7. 1976 AP BGB § 242 Geschäftsgrundlage Nr. 7 = NZA 1987, 16). Allerdings folgt daraus regelmäßig kein Rückforderungsanspruch des AG, wenn er im freien Mitarbeiterverhältnis eine höhere Vergütung gezahlt hat. Eine Anpassung kann allenfalls für die Zukunft erfolgen; überdies werden die Grundsätze zum Wegfall der Geschäftsgrundlage durch § 626, wonach auch ausnahmsweise das Recht zur fristlosen Änderungskündigung besteht, regelmäßig verdrängt (BAG aaO). Die prinzipielle Anwendbarkeit der Lehre vom Wegfall der Geschäftsgrundlage ist daher zumindest zweifelhaft (abl. LAG Berlin 8. 6. 1993 NZA 1994, 512; krit. auch *Hanau/Preis* II A 60 Rn. 30). Fraglich ist, ob im Hinblick auf eintretende Sozialversicherungspflicht der AG für die Zukunft die Vergütung nach den Grundsätzen für den **Wegfall der Geschäftsgrundlage** herabsetzen kann. Das BAG hat diese Möglichkeit ebenfalls nicht prinzipiell verneint, allerdings im Hinblick auf die zwingenden abschließenden Regelungen des Sozialrechts eine Anpassung des Vertrages und einen Erstattungsanspruch des AG verneint (BAG 14. 1. 1988 NZA 1988, 803; bestätigt durch BVerfG 18. 4. 1989 – 1 BvR 1295/88 – nv.). Ein als „freier Mitarbeiter" eingestellter AN hat nach rechtskräftigem Abschluß einer Statusklage nur Anspruch auf die tarifliche Vergütung und nicht des bisher gezahlten Honorars (LAG Köln 17. 10. 1996 ARSt. 1997, 94).

124   **5. Arbeitnehmerbegriff im Sozialversicherungs- und Steuerrecht.** Der ANBegriff hat auch im Sozialversicherungs- und Steuerrecht Bedeutung. Jedoch bestehen – bezogen auf das jeweilige Rechtsgebiet – Unterschiede, die aber nicht erheblich sind. Das Sozialversicherungsrecht knüpft an den Begriff der Beschäftigung an. Nach der Legaldefinition des § 7 I SGB IV ist Beschäftigung „**die nichtselbständige Arbeit, insb. in einem Arbeitsverhältnis**". Dies zeigt, daß der Begriff nicht deckungs-

gleich mit dem arbeitsrechtlichen Begriff ist, wenn auch das Arbeitsverhältnis der Hauptanwendungsfall des sozialversicherungsrechtlichen Beschäftigungsverhältnisses ist (zu Einzelheiten vgl. Kommentierung zu § 7 SGB IV). Im Steuerrecht ist die Abgrenzung zwischen Einkünften aus selbständiger und nichtselbständiger Arbeit erheblich (§ 19 EStG). § 1 LStDV konstituiert einen eigenständigen ANBegriff, der nicht mit dem arbeits- und sozialversicherungsrechtlichen ANBegriff übereinstimmen muß und umgekehrt (ausf. *Küttner/Huber* Arbeitnehmer Rn. 28 ff.).

II. Abgrenzung der verschiedenen Arbeitnehmergruppen

1. Arbeiter – Angestellte

Schrifttum: *Hromadka* (Hrsg.), Gleichstellung von Arbeitern und Angestellten, 1989; *Wank,* Arbeiter und Angestellte, 1992.

Für die Abgrenzung zwischen Arbeitern und Angestellten stellt die Verkehrsanschauung auf die **125** Natur der ausgeübten Tätigkeit ab. Ursprünglich wurde als **Angestelltentätigkeit die überwiegend geistige Tätigkeit** angesehen und dem Begriff des **Arbeiters die überwiegend körperliche Tätigkeit** zugeordnet. Einige Bereiche – wie die Bürotätigkeit – werden ohne Rücksicht auf die Art der Tätigkeit dem Angestelltenbereich zugeordnet. Diese Unterscheidung hat mit fortschreitender Entwicklung der Technik und der Produktionssysteme an Berechtigung verloren. An den klassischen Arbeiter werden immer höhere geistige Anforderungen gestellt, so daß die Unterscheidung zwischen vorwiegend körperlicher und vorwiegend geistiger Tätigkeit kein vernünftiges Abgrenzungskriterium mehr liefert. Maßgebend ist damit letztlich die Verkehrsanschauung. Als Orientierung kann dabei die in **§ 133 II SGB VI** aufgeführte nicht abschließende Liste typischer Angestelltenberufe dienen. Die Abgrenzung anhand dieser Norm hat nur noch Bedeutung im Betriebsverfassungsrecht (§ 6 BetrVG) und im Personalvertretungsrecht (*Schaub* § 13 I 3).

Im übrigen hat die früher wesentliche Unterscheidung zwischen Arbeitern und Angestellten in den **126** letzten Jahren erheblich an Bedeutung verloren. Im Individualarbeitsrecht spielt sie fast keine Rolle mehr. Dazu hat zuletzt maßgeblich auch das BVerfG beigetragen, das mit Beschluß v. 30. 5. 1990 die unterschiedlichen Kündigungsfristen für Arbeiter und Angestellte (§§ 622 aF, 2 AngKündG) in Ermangelung eines sachlichen Grundes für die Ungleichbehandlung für verfassungswidrig erklärt hat (BVerfG 30. 5. 1990 BVerfGE 82, 126, 148, 152 ff. = AP BGB § 622 Nr. 28). Zuletzt hat das BVerfG eine Entscheidung des BAG (19. 4. 1995 AP BGB § 611 Gratifikation Nr. 172), die bei Gratifikationen zwischen Arbeitern und Angestellten wegen unterschiedlicher Krankenstände Differenzierung zuließ, als verfassungswidrig aufgehoben (BVerfG 1. 9. 1997 NZA 1997, 1339). Zwischen Arbeitern und Angestellten differenzierende Ausschlußfristen in verschiedenen Tarifverträgen werden vom BAG (4. 12. 1997 AP TVG § 4 Ausschlußfristen Nr. 143) gebilligt. Hierzu näher Rn. 866 ff.

2. Leitende Angestellte.

Der Begriff des leitenden Angestellten wird in verschiedenen arbeitsrecht- **127** lichen Gesetzen mit nicht deckungsgleichem Inhalt verwandt. Einen einheitlichen Begriff des leitenden Angestellten gibt es nicht. Als AN ist der leitende Angestellte prinzipiell in den Schutzbereich des Arbeitsrechts einbezogen. Die rechtliche Stellung des leitenden Angestellten wird durch den Umstand bestimmt, daß er zwar selbst in einem **abhängigen Beschäftigungsverhältnis** zu seinem AG steht, seine Aufgaben aber ganz oder überwiegend in der Wahrnehmung typischer **AGFunktionen** wie Personalplanung, Einstellung und Entlassung von AN, Entwicklung von Arbeitsabläufen etc. bestehen.

Deutlich wird die Sonderstellung insb. im Kollektivarbeitsrecht. Der leitende Angestellte ist weit- **128** gehend vom Geltungsbereich des BetrVG ausgenommen (§ 5 III BetrVG vgl. dort); seine Repräsentation obliegt den sog. **Sprecherausschüssen** (vgl. die Kommentierung zum SprAuG), die jedoch erheblich geringere Kompetenzen haben als die BR. Nach § 32 II SprAuG ist im Falle einer Betriebsänderung im Sinne des § 111 BetrVG nur über den Ausgleich von Nachteilen zu beraten, es besteht aber kein erzwingbarer Anspruch auf Abschluß eines Sozialplanes. Das ArbZG findet auf den leitenden Angestellten nach § 18 I Nr. 1 ArbZG keine Anwendung. Sein **Kündigungsschutz** ist schwächer ausgestaltet (§ 14 KSchG) und auch im Mitbestimmungsgesetz finden sich Sonderregelungen (§ 15 II MitbestG).

Die exakte Abgrenzung des Begriffs des leitenden Angestellten bereitet in den jeweiligen Bestim- **129** mungen zum Teil erhebliche Schwierigkeiten, die sogar zu der Frage geführt haben, ob § 5 III BetrVG aF verfassungswidrig, weil nicht justitiabel war (vgl. BAG 29. 1. 1980 AP BetrVG 1972 § 5 Nr. 22). Wesentliche Überlegungen des BAG zur Zuordnung eines AN zur Ebene der leitenden Angestellten sind inzwischen in die BetrVG-Novelle v. 20. 12. 1988 eingeflossen, die § 5 III BetrVG neu gefaßt und Abs. IV hinzugefügt hat (hierzu § 5 BetrVG Rn. 30 ff.). Zur Qualifizierung eines Angestellten als leitend muß er **unternehmerische Führungsaufgaben** von einer **nicht untergeordneten Bedeutung** wahrnehmen (vgl. BAG 11. 1. 1995 AP BetrVG 1972 § 5 Nr. 55).

Im **Individualarbeitsrecht** von besonderer Bedeutung ist, daß der Erste Abschnitt des KSchG **130** gemäß § 14 II KSchG auf „Geschäftsführer, Betriebsleiter und ähnliche leitende Angestellte, soweit diese zur selbständigen Einstellung und Entlassung von AN berechtigt sind", nur eingeschränkt

Anwendung findet. Fraglich ist, ob der leitende Angestellte über die positiv angeordneten Einschränkungen hinaus eines geringeren arbeitsrechtlichen Schutzes bedarf. Zu bejahen ist jedenfalls eine gesteigerte Leistungstreue- und Rücksichtnahmepflicht (*Kaiser* AR-Blattei SD 70.2 Rn. 202; *Schaub* § 14 III 3; LAG Nürnberg 5. 9. 1990 LAGE § 626 BGB Nr. 51). Nach bisheriger Auffassung finden die Grundsätze der privilegierten ANHaftung auch auf leitende Angestellte Anwendung (vgl. Rn. 1047). Dies wird neuerdings bezweifelt, weil Sinn und Zweck der allgemeinen Haftungsprivilegierung bei betrieblicher Tätigkeit nach der neueren Rspr. des BAG auf leitende Angestellte nicht mehr zutreffen, da diese selbst Arbeitsorganisation und Betriebsrisiko steuerten (*Kaiser* AR-Blattei SD 70.2 Rn. 216).

3. Außertarifliche Angestellte; Führungskräfte

Schrifttum: *Blanke* (Hrsg), Außertarifliche Angestellte, 1995; *Franke*, Der außertarifliche Angestellte, 1991.

131 Außertarifliche Angestellte (AT-Angestellte) zeichnen sich dadurch aus, daß sie kraft ihrer Tätigkeitsmerkmale oder ihrer Bezahlung nicht mehr unter den persönlichen Geltungsbereich des einschlägigen TV fallen (BAG 18. 9. 1973 AP BetrVG 1972 § 80 Nr. 3; BAG 28. 5. 1974 AP BetrVG 1972 § 80 Nr. 6). Wesentlich ist insb. die Abgrenzung zu den leitenden Angestellten iSd. § 5 III BetrVG. AT-Angestellte unterfallen dem Betriebsverfassungsrecht. Im übrigen kann bei der Inhaltskontrolle von Arbeitsvertragsbedingungen auf die Rechtsstellung des AT-Angestellten Rücksicht genommen werden.

132 Die betriebsübliche oder tarifliche **Arbeitszeit** findet auf AT-Angestellte nur Anwendung, wenn dies ausdrücklich vereinbart ist (BAG 9. 12. 1987 DB 1988, 657; zur Anwendung des Gleichbehandlungsgrundsatzes vgl. Rn. 864 ff.; zum Mitbestimmungsrecht nach § 87 I Nr. 10 bei Festlegung der Vergütungsgrundsätze vgl. § 87 BetrVG Rn. 96 ff.). **Problematisch** ist die Vereinbarung von **Pauschalabgeltung** hins. der Mehrarbeitsvergütung bei AT-Angestellten, wenn durch diese Vertragsgestaltung im Ergebnis der „AT-Angestellte" unter die höchste Tariflohngruppe sinkt (hierzu *Preis* Vertragsgestaltung S. 437 ff.; *Franke,* Der außertarifliche Angestellte, 1991, S. 99 ff.).

133 **4. Arbeitnehmerähnliche Personen. a) Begriff.** Von den AN abzugrenzen sind die sog. arbeitnehmerähnlichen Personen. Das sind, wenn man die **Legaldefinition des § 12 a I TVG** ein wenig verkürzt, Personen, die (1) wirtschaftlich abhängig und (2) einem AN vergleichbar sozial schutzbedürftig sind, weil sie (3) auf Grund eines Dienst- oder Werkvertrages überwiegend für eine Person tätig sind, (4) die geschuldete Leistung persönlich und (5) im wesentlichen ohne Mitarbeit von AN erbringen (BAG 15. 4. 1993 AP ArbGG 1979 § 5 Nr. 12). Eine arbeitnehmerähnliche Person kann für mehrere Auftraggeber tätig sein; für sie ist jedoch kennzeichnend, daß die Beschäftigung für einen der Auftraggeber wesentlich ist und die daraus fließende Vergütung die entscheidende Existenzgrundlage darstellt (BAG 11. 4. 1997 AP ArbGG 1979 § 5 Nr. 30).

134 Im Gegensatz zu AN fehlt es bei ihnen jedoch an der persönlichen Abhängigkeit. Arbeitnehmerähnliche Personen sind wegen einer fehlenden Eingliederung in eine betriebliche Organisation und im wesentlichen freier Zeitbestimmung **nicht persönlich abhängig wie AN**; an die Stelle der persönlichen Abhängigkeit und Weisungsgebundenheit tritt das Merkmal der **wirtschaftlichen Unselbständigkeit.** Darüber hinaus muß der so wirtschaftlich Abhängige auch seiner gesamten sozialen Stellung nach **einem AN vergleichbar und sozial schutzbedürftig** sein. Wann dies der Fall ist, kann unter Berücksichtigung der Verkehrsanschauung und der gesamten Umständen des Einzelfalles entnommen werden (BAG 15. 4. 1993 AP ArbGG 1979 § 5 Nr. 12). Die Voraussetzungen liegen nicht vor, wenn ein Dienstnehmer über den Umfang und den Ablauf seines Arbeitseinsatzes selbst entscheidet sowie über erhebliche Einkommenschancen sowie anderweitige Einnahmen, die seine Existenz sichern, verfügt (BAG 2. 10. 1990 AP TVG § 12 a Nr. 1; OLG Köln 13. 8. 1993 AP TVG § 12 a Nr. 5).

135 Primäre Rechtsfolge der Einordnung als arbeitnehmerähnliche Person ist die **Zuständigkeit der ArbG** (§ 5 I 2 ArbGG, vgl. § 5 ArbGG Rn. 7). Sie sind zuständig für Rechtsstreitigkeiten aus Dienst- oder Werkverträgen mit arbeitnehmerähnlichen Personen (BAG 17. 10. 1990 AP ArbGG 1979 § 5 Nr. 9). Tlw. werden arbeitsschutzrechtliche Normen ausdrücklich auch auf arbeitnehmerähnliche Personen erstreckt (§ 2 Satz 2 BUrlG; § 5 I 2 ArbGG; § 54 b SchwbG; § 2 II Nr. 3 ArbSchG; § 2 II Nr. 1 BeschSchG). Zum Teil finden Bildungsurlaubsgesetze der Länder auf sie Anwendung (§ 2 AWbG NW). Abw. Definitionen enthalten diese Normen nicht. TV können den **zwingenden Begriff der ANÄhnlichkeit** nicht abw. regeln (BAG 13. 3. 1978 AP BGB § 611 Abhängigkeit Nr. 26).

136 Wichtigste Rechtsfolge der Annahme einer arbeitnehmerähnlichen Person ist die **grds. Nichtanwendbarkeit des Arbeitsrechts.** Nach richtiger, wenn auch heftig umstrittener Auffassung, wird jedoch ein wesentlicher Vertragsschutz durch die unmittelbare **Anwendbarkeit des AGBG** gewährleistet (hierzu BGH 18. 2. 1982 AP AGBG § 23 Nr. 1; *Schaub* § 9 II 1 a; *Preis* Vertragsgestaltung S. 229 mwN). Im übrigen wird eine vorsichtige **Analogie zu einzelnen arbeitsrechtlichen Vorschriften** bejaht (*Schaub* § 9 II 1 a; KR/*Rost*, Arbeitnehmerähnliche Personen, Rn. 32 ff.; MünchArbR/ *Wank* § 120 Rn. 27). **Nicht anwendbar** auf arbeitnehmerähnliche Personen sind insb. das **KSchG** (§ 1 KSchG Rn. 70) sowie die **Sonderkündigungsschutzbestimmungen** (§§ 9 MuSchG, 15 ff.

B. Geltungsbereich des Arbeitsrechts §611 **BGB 230**

SchwbG, 2 ArbPlSchG). Die Fristen des § 621 sind zu wahren, bei befristeten Verträgen nach BAG (7. 1. 1971 AP BGB § 611 Abhängigkeit Nr. 8) eine zweiwöchige Ankündigungsfrist. Auch § 613 a findet keine Anwendung (§ 613 a Rn. 40). Das BAG hat die analoge Anwendung auf Heimarbeitsverhältnisse abgelehnt (BAG 3. 7. 1980 AP BGB § 613 a Nr. 23). Auch die Grundsätze zur privilegierten ANHaftung sollen nicht anwendbar sein (Rn. 1047; für eine Ausweitung der analogiefähigen Grundsätze: *Hromadka* NZA 1997, 569, 579). Im übrigen richten sich die anwendbaren Rechtsvorschriften nach dem **jeweils vereinbarten Vertragstyp** (Dienstvertrag §§ 611 ff., Werkvertrag §§ 631 ff. oder Werklieferungsvertrag § 651). Im Zuge der Diskussion um sog. Scheinselbständigkeit und der Schutzfunktion der Grundrechte wird ein Bestandsschutz aus § 242 BGB gefordert (*Pfarr*, FS für Kehrmann, 1997, S. 75, 92; *Appel/Frantzioch* AuR 1998, 93, 97; *Oetker*, FS LAG Rheinland-Pfalz, 1999, S: 311 ff.).

b) **Einzelfälle.** Bei den arbeitnehmerähnlichen Personen handelt es sich im wesentlichen um zwei **137** Personengruppen: um **Heimarbeiter** und um **Einfirmen-Handelsvertreter.** Die Einordnung dieser Rechtsverhältnisse erfolgt ebenfalls nach dem tatsächlichen Vertragsinhalt (BAG 3. 4. 1990 AP HAG § 2 Nr. 11). Dementsprechend enthält insb. das **HAG** besondere Bestimmungen für diese arbeitnehmerähnlichen Personen. Sonderregelungen finden sich zudem in § 10 I EFZG. Heimarbeiter haben einerseits Anspruch auf Kurzarbeitergeld nach § 176 SGB III, andererseits sind aber die allgemeinen Kündigungsschutzvorschriften auf diesen Personenkreis nicht anwendbar (§ 1 KSchG Rn. 69; LAG Hamm 15. 6. 1989 LAGE KSchG § 23 Nr. 6).

Für das Vertragsverhältnis eines **Einfirmen-Handelsvertreters,** der nur für einen Unternehmer tätig **138** wird, können nach § 92 a HGB Mindestarbeitsbedingungen festgesetzt werden. In einem solchen Fall fallen die Streitigkeiten des Handelsvertreter gemäß § 5 III ArbGG auch unter die Gerichtsbarkeit der Gerichte für Arbeitssachen. § 12 a TVG findet nach dessen Abs. IV keine Anwendung.

Einzelkasuistik gibt es insb. zur Frage der Rechtswegzuständigkeit nach § 5 I 2 ArbGG. Das **139** ArbGG definiert den Begriff nicht, sondern setzt ihn als bekannt voraus. **Einzelfälle,** in denen Vorliegen einer ANÄhnlichkeit **bejaht** wurde: **Dozent am Weiterbildungsinstitut** (BAG 11. 4. 1997 AP ArbGG 1979 § 5 Nr. 30); **Dozent in einem privaten Lehrinstitut** (HessLAG 11. 7. 1996 ZTR 1996, 518); **Frachtführer** (LAG Düsseldorf 28. 8. 1995 BB 1995, 2275); **Franchisenehmer** (BAG 16. 7. 1997 AP ArbGG 1979 § 5 Nr. 37 unter Aufhebung von LAG Rheinland-Pfalz 9. 7. 1996 LAGE BGB § 611 Arbeitnehmerbegriff Nr. 32; BGH 4. 11. 1998 NZA 1999, 53); **freie Mitarbeiter von Rundfunk- und Fernsehanstalten** (BAG 17. 10. 1990 AP ArbGG 1979 § 5 Nr. 9; nicht aber ein Rundfunkgebührenbeauftragter BAG 2. 10. 1990 AP TVG § 12 a Nr. 1); **Geschäftsführer einer GmbH** (LAG 10. 7. 1980 AP ArbGG 1979 § 5 Nr. 1); **Geschäftsführer einer Betriebskrankenkasse** (BAG 25. 7. 1996 AP ArbGG 1979 § 5 Nr. 28); **Rechtsanwalt (Scheinsozius)** (LAG Hessen 1. 6. 1995 NZA-RR 1996, 64; OLG München 24. 11. 1998 EzA ArbGG § 5 Nr. 31 = NZA–RR 1999, 604); **Redakteur** (BAG 23. 9. 1992 AP TVG § 1 Tarifverträge Rundfunk Nr. 21); als **Repetitor** tätiger Jurist (LAG Hamm 22. 8. 1989 AP ArbGG 1979 § 5 Nr. 7); **selbständiger Erfinder** (BAG 13. 9. 1956 BAGE 3, 110 = AP ArbGG 1953 § 5 Nr. 2); **Servicebeauftragter für Fotokopiergeräte** (BAG 28. 9. 1995 RzK I 10 a Nr. 19); **Au-Pair** (ArbG Hanau 8. 2. 1996 DB 1996, 2446); **Testfahrerin im Motorradwerk** (BAG 17. 6. 1999 BB 2000, 98); **Theaterintendant** (BAG 17. 12. 1968 AP ArbGG 1953 § 5 Nr. 17).

Den Status einer arbeitnehmerähnlichen Person hat das BAG grds. **abgelehnt** bei Tätigkeiten auf **140** gesellschafts- und vereinsrechtlicher Basis. Ein **Rechtsanwalt,** der Partner einer Anwaltssozietät ist, ist keine arbeitnehmerähnliche Person, auch wenn er von der Sozietät wirtschaftlich abhängig ist (BAG 15. 4. 1993 AP ArbGG 1979 § 5 Nr. 12). **Rote-Kreuz-Schwestern** betrachtet das BAG ebenfalls nicht als arbeitnehmerähnliche Personen (BAG 6. 7. 1995 AP ArbGG 1979 § 5 Nr. 22). Ferner wurde ANÄhnlichkeit verneint: **Nebenberuflich tätiger Theaterintendant** (BAG 16. 8. 1977 AP BGB § 611 Abhängigkeit Nr. 23); **einmalig tätiger Künstler** (BAG 6. 12. 1974 AP BGB § 611 Abhängigkeit Nr. 14); selbständiger **Frachtführer** (BGH 21. 10. 1998 ArbGG § 5 Nr. 30).

III. Arbeitsrechtliche Sonderregelungen für bestimmte Arbeitnehmergruppen

Die berufsständische Gliederung nach ANGruppen bestimmter Branchen macht in Ansehung des **141** Gleichbehandlungsgrundsatzes wenig Sinn. Berufsständische Sonderregelungen werden an Bedeutung verlieren. Im konkreten Anwendungsbereich gehen die Spezialgesetze (GewO, HGB) den allgemeinen Regelungen der §§ 611 ff. vor; jedoch sind die in den Spezialgesetzen geregelten punktuellen arbeitsrechtlichen Bestimmungen vielfach verallgemeinerungsfähig und finden daher allgemein auf Arbeitsverhältnisse Anwendung. Zunehmend werden Sonderbestimmungen abgebaut.

1. Gewerbliche Arbeitnehmer. Unter gewerblichen AN versteht man im engeren Sinne solche AN, **142** die den Vorschriften der GewO unterfallen. Für sie gelten §§ 105 ff. GewO. Die Vorschriften haben wegen ihres veralteten Charakters eine derart geringe Bedeutung, daß ihre Kommentierung im vorliegenden Kommentar unterbleibt. Von den gewerblichen Arbeitern sind definitorisch noch die gewerblichen technischen Angestellten (§ 133 e GewO) zu unterscheiden. Sofern im allgemeinen

Preis

Sprachgebrauch von gewerblichen AN die Rede ist, sind damit zumeist Arbeiter im Unterschied zu den Angestellten gemeint.

143 **2. Kaufmännische Angestellte.** Unter kaufmännischen Angestellten versteht man die den §§ 59 ff. HGB unterfallenden Regelungen über „Handlungsgehilfen" (vgl. hierzu die Kommentierung zu §§ 59 ff. HGB; ausf. *v. Hoyningen-Huene*, Die kaufmännischen Hilfspersonen, 1996). Besondere Bedeutung für das gesamte Arbeitsrecht haben die im HGB enthaltenen Regelungen über nachvertragliche Wettbewerbsverbote und die Grundregelungen über Provisionen.

144 **3. Arbeitnehmer des öffentlichen Dienstes.** Die AN des öffentlichen Dienstes (zum Begriff § 130 BetrVG) sind AN im klassischen Sinn (ausf. *B. Müller*, Arbeitsrecht im öffentlichen Dienst, 4. Aufl. 1998) deren Rechtsverhältnisse durch **TV** geregelt werden (§ 191 BBG). Diese unterscheiden noch zwischen Arbeitern und Angestellten (BAT, BMT-G, MTL; zur Problematik *Hanau/Kania* Ungleichbehandlung von Arbeitern und Angestellten in den Tarifverträgen des öffentlichen Dienstes, 1994). Im Bereich der öffentlichen Hand steht die Verwaltung, Körperschaft oder Anstalt dem Unternehmen gleich. Der Begriff des Betriebes wird regelmäßig durch den Begriff Dienststelle ersetzt.

145 Die TV für den öffentlichen Dienst enthalten zahlreiche Sonderregelungen, die dem Umstand Rechnung tragen, daß diese Personen mit Beamten zusammenarbeiten, vielfach die gleichen Funktionen erfüllen und ihre Arbeit für einen dem Haushaltsrecht unterliegenden Dienstherrn erbringen. Die Besonderheiten dieses Bereiches drücken sich zB darin aus, daß für den öffentlichen Dienst nicht das BetrVG, sondern ein besonderes Personalvertretungsrecht des Bundes und der Länder gilt.

4. Kirchliche Mitarbeiter

Schrifttum: *Richardi*, Arbeitsrecht in der Kirche, 3. Aufl. 2000.

146 Große Bedeutung hat die Beschäftigung von AN im kirchlichen Dienst. Sie sind zu unterscheiden von den Kirchenbeamten und den kraft mitgliedschaftsrechtlicher Verpflichtung dienstleistenden Personen (hierzu Rn. 165 ff.). Soweit sich die Kirchen wie jedermann der **Privatautonomie** zur Begründung von Arbeitsverhältnissen bedienen, findet auf diese das **staatliche Arbeitsrecht** Anwendung. Das ist schlichte Folge der Rechtswahl (BVerfG 4. 6. 1985 AP GG Art. 140 Nr. 24; BAG 17. 4. 1996 AP BGB § 611 Kirchendienst Nr. 24). Die Rechte und Pflichten kirchlicher AN folgen aus den arbeitsvertraglichen Vereinbarungen. Hins. der **Loyalitätspflichten** besteht jedoch angesichts des verfassungsrechtlich garantierten Selbstbestimmungsrechts der Kirchen eine weitergehende Bindung im Bereich der privaten Lebensgestaltung als bei anderen AN (BVerfG 4. 6. 1985 AP GG Art. 140 Nr. 24; ausführlich *Richardi* (s. o.) S. 68 ff.).

147 Im Bereich der Kirchen werden idR keine TV geschlossen (ausf. Art. 4 GG Rn. 48 ff.). Es bestehen Arbeitsvertrags- oder Anstellungsordnungen und **Arbeitsvertragsrichtlinien**. Auch wenn diese in besonderen Kommissionen verhandelt werden, stellen sie **keine TV** dar (BAG 17. 4. 1996 AP BGB § 611 Kirchendienst Nr. 24). Auch der „BAT-KF", der im Bereich der Evangelischen Kirche gilt, ist kein TV im Rechtssinne (BAG 6. 11. 1996 AP AVR Caritasverband § 10 a Nr. 1). Diese Richtlinien folgen dem allgemeinen Vertragsrecht, dh. sie müssen **durch Vereinbarung Bestandteil des Arbeitsverhältnisses** werden (BAG 14. 6. 1995, 26. 7. 1995 AP AVR Caritasverband § 12 Nr. 7, 8). **Änderungen** dieser Regelwerke auf Basis einer „**Jeweiligkeitsklausel**" durch Arbeitsrechtskommissionen stellen eine **Leistungsbestimmung** durch Dritte iSd. § 317 dar. Die Leistungsbestimmung hat **nach billigem Ermessen** zu erfolgen; sie sind nur dann nicht verbindlich, wenn sie offenbar unbillig sind (§ 319 I 1). Dieser gerichtlichen Billigkeitskontrolle steht das Selbstordnungs- und Selbstverwaltungsrecht der Kirchen nicht entgegen (BAG 17. 4. 1996 AP BGB § 611 Kirchendienst Nr. 24; Art. 4 GG Rn. 52; aA *Thüsing* RdA 1997, 163, 170). Soweit allerdings die kirchlichen Arbeitsvertragsrichtlinien TVRegelungen ganz oder mit im wesentlichen gleichen Inhalten übernehmen, sind für die Inhaltskontrolle die für TV geltenden Maßstäbe heranzuziehen (BAG 6. 11. 1996 AP AVR Caritasverband § 10 a Nr. 1). Auch der Gesetzgeber respektiert tlw. die auf einem „Dritten Weg" durch unabhängige und paritätische Kommissionen entstandenen Regelwerke wie TV (vgl. § 6 III BeschFG, § 21 a ArbSchG, § 7 IV ArbZG). Im Bereich der betrieblichen Mitbestimmung besteht ein besonderes Mitarbeitervertretungsrecht.

148 **5. Dienstordnungs-Angestellte.** Dienstordnungsangestellte sind traditionell die **Beschäftigten der Sozialversicherung** und ihrer Verbände, die selbst keine Beamten ernennen können. Dienstordnungsangestellte werden nach § 354 RVO durch privatrechtlichen Anstellungsvertrag eingestellt (zur Abberufung: *v. Hoyningen-Huene/Boemke* NZA 1994, 481). Das Dienstordnungsrecht ist weitgehend dem Beamtenrecht angeglichen. Die mit Genehmigung der Aufsichtsbehörde als öffentlich-rechtliche Satzung erlassene Dienstordnung (§§ 350 ff. RVO) wirkt auf das Privatvertragsverhältnis maßgebend ein. Die Bedeutung der Dienstordnungs-Angestellten wird sinken, nachdem § 358 RVO für die Krankenkasse neue Vertragsabschlüsse auf dieser Basis ausschließt. Für die Verbände gilt die Möglichkeit nach § 414 b RVO jedoch fort. Im Bereich der Unfallversicherungsträger sind Dienstordnungsverhältnisse auch nach der gesetzlichen Neuordnung noch möglich, allerdings im Unterschied zum früheren Recht nur fakultativ (vgl. § 144 SGB VII).

Preis

B. Geltungsbereich des Arbeitsrechts § 611 **BGB 230**

6. Schiffsbesatzungen. Das Arbeitsrecht der Schiffsbesatzungen unterliegt, soweit überhaupt deut- 149
sches Recht Anwendung findet, einem weitgehend kodifizierten Sonderrecht. Für Kapitäne, Schiffsoffiziere, sonstige Angestellte und „Schiffsmänner" gilt das SeemG v. 26. 7. 1957 (BGBl. II S. 713).
Das Arbeitsverhältnis bezeichnet das Gesetz als „Heuerverhältnis" (§ 23 ff. SeemG). Das Heuerverhältnis wird vorliegend nicht kommentiert. Es wird auf aktuelle Sonderdarstellungen verwiesen (insb.
Franzen Seearbeitsrecht I–V AR-Blattei SD 1450). Zu beachten ist ferner das Binnenschiffahrtsgesetz
v. 15. 6. 1895 (RGBl. I S. 301) sowie das Abkommen über die Arbeitsbedingungen der Rheinschiffer v.
21. 5. 1954 (BGBl. II 1957, S. 217). Keine Bedeutung hat das Gesetz betreffend die privatrechtlichen
Verhältnisse der Flößerei v. 15. 6. 1895 (RGBl. S. 341).

7. Land- und Forstwirtschaft. Für die AN in der Land- und Forstwirtschaft gelten die Vorschriften 150
der §§ 611 ff. Zu beachten sind jedoch einzelne Sonderregelungen für den Bereich der Land- und
Forstwirtschaft (§§ 7 II Nr. 2, 10 I Nr. 12 ArbZG; §§ 8 III, 14 II Nr. 3, 17 II Nr. 2 JArbSchG).

8. Künstler. Künstlerische Leistungen können im Rahmen eines Dienstvertrages oder eines Arbeits- 151
vertrages erbracht werden. Auf das Arbeitsverhältnis, das mit einem Künstler eingegangen wird,
finden die Bestimmungen der §§ 611 ff. Anwendung. Bei Bühnenkünstlern ist im Regelfall vom
Vorliegen eines Arbeitsverhältnisses auszugehen (LAG Berlin 29. 12. 1989 AP BGB § 611 Abhängigkeit Nr. 50). Im Bereich der Bühnenkünstler besteht eine besondere Tarifstruktur und -kultur (hierzu
Vogel AR Blattei SD 1030.2). In den jeweiligen TV sind zahlreiche Sondervorschriften über Inhalt und
Beendigung enthalten. Gleiches gilt für die Berufsgruppen der Musiker und der Artisten (hierzu
ebenfalls *Vogel* AR-Blattei SD 1030.5).

IV. Beschäftigungsverhältnisse außerhalb des Geltungsbereichs des Arbeitsrechts

1. Beamten, Richter, Soldaten, Zivildienstleistende. Beamte, Richter und Soldaten sind **keine AN.** 152
Sie werden aufgrund **durch VA (§ 35 VwVfG) begründeter öffentlich-rechtlicher Dienstverhältnisse** tätig, die jeweils durch Sondergesetze (BBG, BRRG, und die Beamtengesetze der Länder; DRiG,
SoldatenG, ZDG) geregelt sind. Auch die Kirchen haben aufgrund ihres Status als Körperschaften des
öffentlichen Rechts die Möglichkeit, Dienstverhältnisse nach öffentlich-rechtlichen Grundsätzen zu
ordnen. Dies gilt nicht über die geistlichen Amtsträger hinaus (**Kirchenbeamte;** vgl. *Richardi,* Arbeitsrecht in der Kirche, 3. Aufl., 2000, S. 7 ff.). Auch Zivildienstleistende stehen in keinem Arbeitsverhältnis. Im Falle des Ersatz-Zivildienstes nach § 15a ZDG kann allerdings ein Arbeitsverhältnis zum
Träger des Krankenhauses oder der gleichgestellten Einrichtung bestehen.

Von ihnen zu unterscheiden sind die AN (Arbeiter und Angestellte) im öffentlichen Dienst, auf die 153
das Arbeitsvertragsrecht Anwendung findet (Rn. 144). Daneben bestehen besondere öffentlich-rechtliche Dienstverhältnisse insb. im Hochschulbereich. So gilt es, solche keine Arbeitsverhältnisse begründen. **Lehrbeauftragte,** die mit einer bestimmten Lehrverpflichtung im Semester beauftragt werden,
stehen in einem öffentlich-rechtlichen Dienstverhältnis besonderer Art, wenn der Lehrauftrag durch
eine einseitige Maßnahme der Hochschule erteilt wird (BAG 15. 4. 1982 AP BGB § 611 LehrerDozenten Nr. 27; BAG 22. 9. 1995 – 5 AZB 19/95 – nv.; ausf. hierzu *Reinecke* ZTR 1996, 337 ff; zu
Privatdozenten BAG 27. 6. 1984 AP BGB § 611 Lehrer-Dozenten Nr. 42; **Verwalter einer Professorenstelle** BAG 30. 11. 1984 AP BGB § 611 Lehrer-Dozenten Nr. 43). Dies schließt aber nicht aus, daß
im Einzelfall die Hochschule mit dem Lehrbeauftragten ausdrücklich ein (Teilzeit-)Arbeitsverhältnis
abschließt, auf das dann auch die allgemeinen Grundsätze (etwa Gleichbehandlungsgrundsatz,
§ 2 I BeschFG) Anwendung finden (BAG 1. 11. 1995 AP BeschFG 1985 § 2 Nr. 45).

Die ANEigenschaft fehlt den genannten Personen aber nur innerhalb des öffentlich-rechtlichen 154
Dienstverhältnisses. Sie können – soweit ihre Pflichten aus dem Hauptamt dies erlauben – daneben
wie jeder andere auch auf privatrechtlicher Basis einer **Nebentätigkeit als AN** (hierzu Rn. 183, 1009)
ausüben (BAG 13. 3. 1987 AP KSchG 1969 § 1 Betriebsbedingte Kündigung Nr. 37). Dabei kann AG
sogar der Diensther aus dem Beamtenverhältnis sein. In der Rspr. ist anerkannt, daß die Vereinbarung
eines zivilrechtlich ausgestalteten Beschäftigungsverhältnisses mit einem Beamten jedenfalls dann
rechtswirksam ist, wenn es sich um eine verhältnismäßig geringfügige Nebenbeschäftigung handelt,
die nicht zu den Obliegenheiten seines Dienstzweiges gehört, wenn die übernommene Arbeitspflicht
den Beamten nicht über Gebühr in Anspruch nimmt, so daß er seinem Amt gerecht werden kann
(BAG 27. 7. 1994 AP BGB § 611 Abhängigkeit Nr. 72). So ist die Neubegründung eines nach § 10 IV
LBG NW erloschenen Arbeitsverhältnisses zwischen Beamten und Dienstherrn nicht durch diese
Vorschrift gehindert, wenn es sich um einen Beamten auf Widerruf handelt und dieser bei Vertragsabschluß aus dem Arbeitsverhältnis bis zu Beendigung des Beamtenverhältnisses auf Widerruf beurlaubt
wird (BAG 27. 7. 1994 AP BGB § 611 Abhängigkeit Nr. 72). Mit der Ernennung zum Beamten
erlischt ein privatrechtliches Arbeitsverhältnis zum Dienstherrn (vgl. § 10 III BBG). Bei Rücknahme
der Ernennung (§ 12 BBG) lebt das frühere Arbeitsverhältnis nicht wieder auf (BAG 24. 4. 1997 AP
BGB § 611 Ruhendes Arbeitsverhältnis Nr. 2).

Preis 1329

155 **2. Entwicklungshelfer.** Ein Rechtsverhältnis eigener Art wird zwischen dem Träger des Entwicklungsdienstes und dem Entwicklungshelfer nach dem Entwicklungshelfergesetz begründet, allerdings kann das Rechtsverhältnis zwischen dem Entwicklungshelfer und dem ausländischen Projektträger ein Arbeitsverhältnis sein (BAG 27. 4. 1977 AP BGB § 611 Entwicklungshelfer Nr. 1; Einzelheiten bei *Echterhölter* AR-Blattei, Entwicklungshelfer SD 660). Nach § 2 I Nr. 7 ArbGG sind allerdings die ArbG für bürgerliche Rechtsstreitigkeiten der Entwicklungshelfer zuständig.

156 **3. Strafgefangene.** Strafgefangene, Sicherungsverwahrte und andere Personen, die in geschlossene Anstalten eingewiesen sind, sind als solche keine AN (BAG 3. 10. 1978 AP BetrVG 1972 § 5 Nr. 18). Arbeit innerhalb der Haftanstalt wird ihnen gemäß § 37 StVollzG zugewiesen. Auch wenn sie außerhalb der Anstalt in einem privaten Betrieb beschäftigt werden, wird die von ihnen zwangsweise geforderte bzw. ihnen auf Verlangen zugeteilte Arbeit nicht aufgrund eines Arbeitsvertrages geleistet. Allerdings können sie mit einem Dritten im Rahmen der in § 39 StVollzG eröffneten Möglichkeit ein Arbeitsverhältnis begründen (LAG Baden-Württemberg 15. 9. 1988 NZA 1989, 886). Sozialversicherungsrechtlich stehen sie allerdings abhängig Beschäftigten zum Teil gleich (§ 2 II 2 SGB VII; zur Anwendbarkeit §§ 104 ff. SGB VII BGH 9. 11. 1982 LM § 636 RVO Nr. 22).

157 **4. Familienrechtliche Arbeitsleistung.** Bei Dienstleistungen von Familienangehörigen ist zu differenzieren, ob diese auf der Basis eines **privatrechtlichen Arbeitsvertrages** oder auf **familienrechtlicher Grundlage** tätig werden (hierzu *Depping* BB 1991, 1981; *Menken* DB 1993, 161; *Hergenröder* AR-Blattei SD 615.1). Erschöpft sich die Tätigkeit in der üblichen Mitarbeit auf familienrechtlicher Basis, sind Rechtsgrund für die Dienstleistung von Ehepartnern oder Kindern die familienrechtlichen Vorschriften der §§ 1353, 1619. Für Ehegatten besteht – anders als für Kinder (§ 1619) – seit dem 1. EheRG keine ausdrückliche gesetzliche Verpflichtung zur Mitarbeit im Geschäft des Ehepartners. Jedoch kann diese auf der Pflicht zur Unterhaltsleistung nach § 1360 oder der Beistandspflicht innerhalb der ehelichen Lebensgemeinschaft (§ 1353) beruhen. Problematisch ist, wenn die Dienstleistung über das übliche Maß hinausgeht. Zur Frage des **Vergütungsanspruchs** in diesen Fällen vgl. § 612 Rn. 13, 21 ff.

158 Ob die Tätigkeit im Unternehmen eines Ehegatten oder nichtehelichen Lebenspartners ein abhängiges Beschäftigungsverhältnis darstellt **(Ehegattenarbeitsverhältnis)** oder nicht, richtet sich nach den allgemeinen Grundsätzen (Rn. 44 ff.). Der Annahme eines Beschäftigungsverhältnisses steht dabei nicht entgegen, daß die Abhängigkeit unter Ehegatten – wie im übrigen auch unter nichtehelichen Lebenspartnern – im allgemeinen weniger stark ausgeprägt ist und deshalb das Weisungsrecht möglicherweise mit bestimmten Einschränkungen ausgeübt wird (LAG Baden-Württemberg 24. 6. 1975 AuR 1976, 187). Die Grenze zwischen einem abhängigen Beschäftigungsverhältnis mit Entgeltzahlung und einer nicht (sozial-)versicherungspflichtigen Beschäftigung aufgrund eines Gesellschaftsverhältnisses oder der familienhaften Zusammengehörigkeit ist nicht immer leicht zu ziehen und kann nur nach Lage der jeweiligen Umstände entschieden werden. Hierbei sind insb. die Eingliederung des Ehegatten bzw. nichtehelichen Lebenspartners in den Betrieb, die vertragliche Regelung auch der Höhe der Geld- und Sachbezüge und ihr Verhältnis zu Umfang und Art der im Betrieb verrichteten Tätigkeiten sowie zu der Bezahlung vergleichbarer fremder Arbeitskräfte und die steuerliche Behandlung wesentlich (BSG 21. 4. 1993 AP BGB § 611 Abhängigkeit Nr. 67; BSG 23. 6. 1994 AP BGB § 611 Ehegatten-Arbeitsverhältnis Nr. 4; BSG 12. 9. 1996 SGb 1996, 539).

159 Ernstlich vereinbarte, tatsächlich erfüllte und angemessen abgegoltene Ehegattenarbeitsverhältnisse sind auch einkommensteuerrechtlich anzuerkennen. Die **steuerliche Anerkennung** darf nicht lediglich daran scheitern, daß das Gehalt auf ein gemeinsames Konto der Ehegatten überwiesen wird (BVerfG 7. 11. 1995 AP BGB § 611 Ehegatten-Arbeitsverhältnis Nr. 5). Der schriftliche Arbeitsvertrag hat auch beim Ehegattenarbeitsverhältnis die Vermutung der Richtigkeit und Vollständigkeit für sich. Für die Behauptung, es handele sich um ein Scheingeschäft iSd. § 117 I trägt die Partei die Beweislast, die sich darauf beruft (BAG 9. 2. 1995 NZA 1996, 249).

160 Die Scheidung der Ehe begründet idR keinen **Kündigungsgrund** für das Ehegattenarbeitsverhältnis (BAG 9. 2. 1995 NZA 1996, 249; aA LAG Köln 26. 1. 1994 LAGE KSchG § 1 Personenbedingte Kündigung Nr. 11).

5. Gesellschafter und Organmitglieder juristischer Personen
Schrifttum: *Diller*, Gesellschafter und Gesellschaftsorgane als Arbeitnehmer, 1994.

161 Bei Organmitgliedern juristischer Personen fehlt es nicht nur an der persönlichen Abhängigkeit, sie repräsentieren vielmehr die juristische Person unmittelbar als AG. Dies gilt auch für den GmbH-Geschäftsführer, der als Fremdgeschäftsführer oder Minderheitsgesellschafter-Geschäftsführer tätig wird. Die ANEigenschaft von GmbH-Geschäftsführern ist idR abzulehnen (BAG 26. 5. 1999 AP GmbHG § 35 Nr. 10; LAG Berlin 30. 6. 1997 AP ArbGG 1979 § 5 Nr. 41; ausf. *Diller* S. 65 ff., 129 ff.; *Boemke* ZfA 1998, 209 f.; *Fleck*, FS für Hilger/Stumpf, 1983, 197; *Henssler* RdA 1992, 289; *Hueck* ZfA 1985, 25 und FS für Hilger/Stumpf 1983, S. 365; *Reiserer* NZA 1996, 469; *Staab* RdA 1995, 60.). Die ArbG sind für Rechtsstreitigkeiten der Organmitglieder regelmäßig unzuständig (§ 5 I 3 ArbGG), und zwar auch dann, wenn das Organmitglied geltend macht, er sei wegen seiner eingeschränkten

Kompetenz in Wahrheit AN (BAG 6. 5. 1999 AP ArbGG 1979 § 5 Nr. 46). Sie werden regelmäßig auf der Basis eines freien Dienstvertrages tätig. **Organstellung** (zB §§ 35, 46 Nr. 5 GmbHG) und **Anstellungsvertrag** sind jedoch streng voneinander zu **trennen** mit der Folge, daß beide Rechtsverhältnisse unter Umständen unterschiedliche Schicksale erleiden können. Nach der st. Rspr. des BGH führt das Erlöschen der Bestellung zum Geschäftsführer (zB durch Abberufung nach § 38 iVm. § 46 Nr. 7 GmbHG) nicht von selbst zur Auflösung des Anstellungsverhältnisses; beide Rechtsverhältnisse können vielmehr ein unterschiedliches Schicksal erleiden (zur Begründung eines Dienstverhältnisses neben der Bestellung zum Geschäftsführer: *Bauer/Gragert* ZIP 1997, 2177 ff.). Deshalb ist es möglich, daß ein bestimmter Sachverhalt für die Gesellschaft einen wichtigen Grund für den Widerruf der Bestellung, aber zunächst nicht für die Kündigung des Anstellungsvertrages bildet. Bei einer solchen Sachlage kann der aus seiner Organstellung Abberufene gehalten sein, sich mit dem Angebot einer angemessenen anderen Beschäftigung zufrieden zu geben, wenn er eine sofortige Kündigung auch des Anstellungsvertrages vermeiden will (BGH 9. 2. 1978 AP GmbHG § 38 Nr. 1; hierzu *Bauer/Gragert* ZIP 1997, 2177, 2182 f.).

Obwohl auch der **GmbH-Geschäftsführer** in einem freien Dienst-, und nicht in einem Arbeits- 162 verhältnis steht, ist bei ihm doch zu berücksichtigen, daß er gem. § 37 GmbHG gegenüber den Gesellschaftern weisungsgebunden ist. Daraus resultiert eine gewisse **soziale Schutzbedürftigkeit,** der der BGH durch die entspr. Anwendung bestimmter auf abhängige Beschäftigungsverhältnisse zugeschnittener Normen Rechnung trägt (vgl. zB zur entspr. Anwendung der Kündigungsfristen des § 622 BGH 29. 1. 1981 BGHZ 79, 291, 292 ff. = AP BGB § 622 Nr. 14; BAG 27. 6. 1985 NZA 1986, 794; LAG Köln 18. 11. 1998 NZA-RR 1999, 300; *Reiserer* DB 1994, 1822, 1824). Auch kann vereinbart werden, daß Streitigkeiten zwischen diesen Personen und den Gesellschaftern, für die sie tätig sind, vor die ArbG gebracht werden (§ 2 IV ArbGG).

Wechselt jemand von seiner bisherigen Stellung als **AN** in die des **Geschäftsführers** über, so endet 163 nach neuerer Rspr. des BAG (7. 10. 1993 AP ArbGG 1979 § 5 Nr. 16) im Zweifel das bisherige Arbeitsverhältnis, es ruht nicht lediglich (so noch BAG 9. 5. 1985 AP ArbGG 1979 § 5 Nr. 3). Wird der AN eines Vereins zum Vorstandsmitglied bestellt und im Hinblick darauf ein Dienstvertrag mit höheren Bezügen abgeschlossen, so wird **im Zweifel das bisherige Arbeitsverhältnis aufgehoben** (BAG 28. 9. 1995 AP ArbGG 1979 § 5 Nr. 24). Es ist fraglich, ob an dieser Rspr. im Lichte des § 623 festgehalten werden kann. Der Verlust der Organstellung durch Abberufung führt auch nicht zwangsläufig zur Begründung eines Arbeitsverhältnisses (BAG 18. 12. 1996 EzA § 2 ArbGG 1979 Nr. 35; s. a. BAG v. 25. 6. 1997 AP ArbGG 1979 § 5 Nr. 36; für das Vorstandsmitglied einer Sparkasse: BGH 10. 1. 2000 AP BGB § 611 Organvertreter Nr. 15). Vorrang haben aber ausdrückliche Vereinbarungen über das Schicksal des ursprünglichen Anstellungsvertrages im Zusammenhang mit der Geschäftsführerbestellung (vgl. auch BAG 18. 12. 1996 AP ArbGG 1979 § 2 Zuständigkeitsprüfung Nr. 3). Anders dagegen, wenn ein AN zum Geschäftsführer einer konzernabhängigen Gesellschaft bestellt wird (BAG 20. 10. 1995 AP ArbGG 1979 § 2 Nr. 36). Hier beruht die Organstellung in einer juristischen Person auf einem Vertrag mit einem Dritten. Dieser Vertrag kann auch ein Arbeitsvertrag sein (*Henssler* RdA 1992, 289, 300). Das Anstellungsverhältnis ist nur dann ausnahmsweise als Arbeitsverhältnis zu qualifizieren, wenn über die gesellschaftsrechtlichen Weisungsverhältnisse hinaus die Gesellschaft typische arbeitsrechtliche, dh. arbeitsbegleitende und die konkrete Leistungserbringung steuernde Weisungen erteilen kann (BAG 26. 5. 1999 AP GmbHG § 35 Nr. 10). Von dieser vertragstypenbezogenen Abgrenzung der Weisungsverhältnisse weicht die Rspr. des BSG (21. 2. 1990 SozR 3 AVG § 3 AVG Nr. 1) bei Vorstandsmitgliedern und GmbH-Geschäftsführern ab (hierzu § 7 SGB IV Rn. 21 f.; abl. *Preis* NZA 2000, 914, 917 ff.).

Personen, die **allein aufgrund gesellschaftsvertraglicher Verpflichtung** tätig werden, sind idR 164 keine AN, es sei denn, durch gesellschaftsrechtliche Vereinbarungen wird Arbeitsrecht zu umgehen versucht (Rn. 23, 167). Das gilt insb. für die persönlich haftenden Gesellschafter einer offenen Handels- oder Kommanditgesellschaft. Das BAG hält aber auch den Abschluß eines Arbeitsvertrages zwischen Gesellschaft und Gesellschafter für zulässig. Die **Gesellschafterstellung,** dh. die Inhaberschaft an Gesellschaftsanteilen, **schließt nicht aus, als AN** in die Dienste der juristischen Person zu treten, was allerdings nicht nur als Scheingeschäft iSd. § 117 erfolgen darf (BAG 9. 1. 1990 AP GmbHG § 35 Nr. 5). Fehlt es an einer arbeitsvertraglichen Vereinbarung, müssen die genannten Merkmale vorliegen, insb. die persönliche Abhängigkeit, und in einer Gesamtschau abgewogen werden. So ist ein mitarbeitender Gesellschafter, der mindestens über eine Sperrminorität verfügt, kein AN der Gesellschaft (BAG 28. 11. 1990 AP TVG § 1 Tarifverträge: Bau Nr. 137; BAG 6. 5. 1998 AP BGB § 611 Abhängigkeit Nr. 95).

6. Mitglieder religiöser oder gemeinnütziger Gemeinschaften. Ordensmitglieder der katholischen 165 Kirche oder Diakonissen in evangelischen Einrichtungen werden aufgrund ihrer mitgliedschaftlichen Bindung in einer religiösen Gemeinschaft beschäftigt. Auf sie findet Arbeitsrecht grds. keine Anwendung (BAG 7. 2. 1990 AP GG Art. 140 Nr. 37). Sie sind keine AN im Rechtssinne.

Auch bei Personen, die Dienstleistungen aufgrund ihrer Mitgliedschaft in einem **Verein** erbringen, 166 handelt es sich **nicht um AN.** Zwar stellt der Beitritt zu einem Verein unzweifelhaft ein privatrechtliches Rechtsgeschäft dar, dieses allein aber begründet lediglich mitgliedschaftliche Rechte und Pflichten. Die Pflicht zur Arbeitsleistung kann lediglich auf der Satzung des Vereins oder dem Beschluß eines zuständigen Organs beruhen (Beispiele: Handwerkliche Arbeiten am Vereinsheim, Instandhaltung des Vereinsgeländes, Verkauf von Speisen oder Ausschank von Getränken bei Veranstaltungen).

167 Bei Vereinen, bei denen die Leistung von Diensten nicht lediglich eine besondere Form der Beitragsentrichtung, sondern ein ganz **wesentliches Element der mitgliedschaftlichen Stellung** ist, bereitet die Abgrenzung Schwierigkeiten. Die mit ihrem Beitritt zu einer Schwesternschaft übernommene Pflicht der Rote-Kreuz-Schwester, in der karitativen Krankenpflege tätig zu werden, gründet allein auf ihre Zugehörigkeit zur Schwesternschaft. Neben dieser alle maßgeblichen Rechte und Pflichten umfassenden Mitgliedschaft wird ein besonderes Arbeitsverhältnis regelmäßig nicht begründet (BAG 3. 6. 1975 AP BetrVG 1972 § 5 Nr. 1; BAG 6. 7. 1995 AP ArbGG 1979 § 5 Nr. 22), so daß **die ANEigenschaft zu verneinen** ist. Das **religiöse oder karitative Motiv** bestimmt die Tätigkeit. **Rote-Kreuz-Schwestern** sind weder AN der Schwesternschaft noch arbeitnehmerähnlich Personen im Sinne von § 5 I ArbGG (BAG 6. 7. 1995 AP ArbGG 1979 § 5 Nr. 22; aA LAG Schleswig-Holstein 5. 4. 1993 LAGE ArbGG 1979 § 5 Nr. 2). Allerdings darf die Begründung vereinsrechtlicher Arbeitspflichten nicht zur Umgehung zwingender arbeitsrechtlicher Schutzbestimmungen führen (vgl. auch LAG Frankfurt 11. 11. 1991 BB 1992, 2291).

168 Eine solche **Umgehung** arbeitsrechtlicher Schutzbestimmungen liegt vor, wenn dem zur Leistung abhängiger Arbeit verpflichteten Vereinsmitglied **keine Mitgliedschaftsrechte** zustehen, die ihm eine Einflußnahme ermöglichen. Eine Umgehung kann ferner vorliegen, wenn der Verein seinen in erheblichem Umfang zur Arbeit in persönlicher Abhängigkeit verpflichteten Mitgliedern weder einen Anspruch auf angemessene Vergütung noch einen Anspruch auf Versorgung einräumt. Weiter kann hier der Vereinszweck eine Rolle spielen. Bei Vereinen mit wirtschaftlicher Zwecksetzung kommt die Begründung einer vereinsrechtlichen Verpflichtung zur Leistung von Arbeit in persönlicher Abhängigkeit in aller Regel nicht in Betracht. Werden arbeitsrechtliche Schutzbestimmungen objektiv umgangen, so ist das Rechtsverhältnis, aufgrund dessen die Verpflichtung besteht, als Arbeitsverhältnis zu qualifizieren (BAG 22. 3. 1995 AP ArbGG 1979 § 5 Nr. 21 – „Scientology-Kirche"). Danach sind hauptamtliche (aktiv tätige) außerordentliche Mitglieder von Scientology AN im Sinne von § 5 I 1 BetrVG.

V. Arten des Arbeitsverhältnisses

169 **1. Das Vollzeitarbeitsverhältnis auf unbestimmte Zeit ("Normalarbeitsverhältnis").** Das für unbestimmte Zeit vereinbarte Arbeitsverhältnis (§ 620 II) ohne besondere Zweckbindung, mit fester Arbeitszeit auf „Vollzeitbasis" war traditionell der Regelfall des Arbeitsvertrages (zur Gefährdung des sog. „Normalarbeitsverhältnisses": *Däubler* AuR 1988, 302; *Zachert* AuR 1988, 129). Zunehmend treten jedoch befristete und zeitliche Flexibilisierungen in den Vordergrund (hierzu insb. §§ 1 bis 6 BeschFG). Dennoch existieren für die Praxis wichtige Ausnahmen im Hinblick auf eine zeitliche und/oder sachliche Differenzierung.

170 **2. Fehlerhaftes (faktisches) Arbeitsverhältnis.** Von einem fehlerhaften (auch faktischen) Arbeitsverhältnis spricht man, wenn ein AN ohne wirksame Vertragsgrundlage Arbeit geleistet hat. Der Begriff faktisches Arbeitsverhältnis ist mißverständlich, weil es in jedem Falle (auch bei fehlerhaften Arbeitsverhältnissen) eines, wenn auch gestörten, Vertragsschlusses bedarf (so nach BAG 30. 4. 1997 AP BGB § 812 Nr. 20), dh. der Vertrag nicht lediglich durch die Arbeitsleistung zustande kommt (*Walker* JA 1985, 138, 148). Grundlage des fehlerhaften Arbeitsverhältnisses ist also ein **geschlossener und in Vollzug gesetzter Arbeitsvertrag**, der von **Anfang an wegen Rechtsverstoß** (§§ 134, 138) **nichtig** oder **rückwirkend wegen Anfechtung** (§ 142 I) vernichtet worden ist (BAG 14. 1. 1987 EzA BGB § 611 Faktisches Arbeitsverhältnis Nr. 1). Wegen der Schwierigkeit der Rückabwicklung bejahen Rspr. und hL nach der Lehre vom fehlerhaften Arbeitsverhältnis **quasi-vertragliche Ansprüche**, dh. für die Vergangenheit bzw. die Dauer der tatsächlichen Beschäftigung ist es wie ein fehlerfrei zustande gekommenes Arbeitsverhältnis zu behandeln (BAG 5. 12. 1957 AP BGB § 123 Nr. 2; BAG 7. 6. 1972 AP BGB § 611 Faktisches Arbeitsverhältnis Nr. 18; *Herschel* AuR 1983, 225; *Walker* JA 1985, 138, 147 f.; aA *Beuthien* RdA 1969, 161 ff.). Im Ergebnis bedeutet die Lehre vom fehlerhaften Arbeitsverhältnis eine teleologische Reduktion der Nichtigkeitsfolgen, die nicht ex tunc (rückwirkend), sondern in aller Regel ex nunc (ab Geltendmachung der Nichtigkeit) greifen (näher zur **Anfechtung** Rn. 467 ff.).

171 Anwendbar sind die Grundsätze prinzipiell bei allen Nichtigkeitsgründen (ausf. *Boemke* AR-Blattei SD 220.5 Rn. 113 ff.; zB **Geschäftsunfähigkeit** des AN; **Formmangel**; **gesetzlichen Verboten** iSd. § 134 vgl. Rn. 456; **Nichtvorliegen öffentlich-rechtlicher Erlaubnisse**, zB Arbeitserlaubnisse BAG 26. 11. 1971 AP AFG § 19 Nr. 1; LAG Berlin 24. 1. 1974 DB 1974, 1440; LAG Hamm 29. 3. 1972 DB 1972, 1171; LAG Hamm 23. 11. 1971 DB 1972, 293; hierzu *Eckert* AR-Blattei SD 1620 Rn. 54 f.; *McHardy* RdA 1994, 93, 98). Bei **bewußtem Verstoß beider Vertragsparteien gegen Strafgesetze**

(BAG 25. 4. 1963 AP BGB § 611 Faktisches Arbeitsverhältnis Nr. 2) und **krasser Sittenwidrigkeit** (§ 138) des Arbeitsvertragsinhalts (BAG 1. 4. 1976 AP BGB § 138 Nr. 34) hat die Rspr. die Anwendung der Grundsätze über das fehlerhafte Arbeitsverhältnis **verneint**. Ebenfalls keine Anwendung finden die Grundsätze bei rechtsgrundloser Fortsetzung des Arbeitsverhältnisses trotz wirksamer Beendigung (zu § 59 BAT BAG 30. 4. 1997 AP BGB § 812 Nr. 20).

Für die Dauer des vollzogenen fehlerhaften Vertragsverhältnisses bestehen die gleichen **Rechte und** 172 **Pflichten wie im wirksam begründeten Arbeitsverhältnis** (BAG 15. 1. 1986 AP LohnFG § 1 Nr. 66). Der AN hat Anspruch auf das vereinbarte ggf. nach § 612 II zu bemessende Entgelt. Der AG hat alle ANSchutzgesetze einzuhalten, insb. bestehen auch Ansprüche nach dem EFZG und BUrlG (BAG 15. 1. 1986 AP LohnFG § 1 Nr. 66). Es besteht allerdings **keine Pflicht zu weiterer Arbeitsleistung.** Das Arbeitsverhältnis kann **sofort beendet werden,** und zwar durch einseitige Erklärung. Kündigung ist nicht erforderlich. Der allgemeine Kündigungsschutz oder Sonderkündigungsschutz greifen nicht ein, ebensowenig bedarf es einer Betriebsratsanhörung nach § 102 BetrVG noch einer Schriftform nach § 623.

Bei einem gekündigten Arbeitsverhältnis kann der AG den AN **während des Laufs des Kündi-** 173 **gungsschutzprozesses** zur Vermeidung von Rechtsnachteilen (zB § 615) weiterbeschäftigen. Nach BAG (15. 1. 1986 AP LohnFG § 1 Nr. 66) soll diese Weiterbeschäftigung nach den Grundsätzen über das faktische Arbeitsverhältnis behandelt werden (aA MünchArbR/*Schulin* § 81 Rn. 18; *Küttner/ Bauer* Faktisches Arbeitsverhältnis Rn. 7, die eine auflösend bedingte Fortsetzung des ursprünglich begründeten Arbeitsverhältnisses annehmen). Die gerichtlich erzwungene Weiterbeschäftigung nach den Grundsätzen des vorläufigen **Weiterbeschäftigungsanspruchs während des Kündigungsschutzprozesses** (hierzu § 4 KSchG Rn. 94) soll dagegen nicht nach diesen Grundsätzen, sondern nach Bereicherungsrecht abgewickelt werden (BAG 10. 3. 1987 AP BGB § 611 Weiterbeschäftigung Nr. 1, BAG 12. 2. 1992 AP BGB § 611 Weiterbeschäftigung Nr. 9; dazu *Hanau/Rolfs* JZ 1993, 321). Da der AG die bereits erbrachte Arbeitsleistung nicht zurückgewähren kann, hat er nach § 812 II den Wert zu ersetzen, der sich nach Auffassung des BAG nach der üblichen Vergütung richtet. Das muß nicht unbedingt der Tariflohn sein (s. hierzu auch § 612 Rn. 38 ff.) Der AG muß aber darlegen und beweisen, daß der AN während der erzwungenen Weiterbeschäftigung eine niedriger zu bewertende Arbeitsleistung erbracht hat. Ist hiernach der zustehende Lohn geringer als der gezahlte, kommt möglicherweise der Einwand des Wegfalls der Bereicherung in Betracht, § 818 III. Wurde der AN aber während der erzwungenen Weiterbeschäftigung freigestellt und zahlt der AG entspr. § 615 Annahmeverzugslohn, soll die Rückforderung nach Bereicherungsrecht ausgeschlossen sein (BAG 7. 3. 1996 AP BetrVG 1972 § 102 Weiterbeschäftigung Nr. 9).

Vergleichbare Grundsätze über die Rückabwicklung gelten, wenn der AN rechtsgrundlos (ohne 174 Erfüllung der Voraussetzungen des § 625) nach Beendigung des Arbeitsverhältnisses ohne Wissen des AG die Arbeit fortsetzt. Auch hier erfolgt die Rückabwicklung nach bereicherungsrechtlichen Grundsätzen. Urlaubsgeld, Krankenbezüge und Sonderzahlungen können (ggf. anteilig) zurückgefordert werden (BAG 30. 4. 1997 AP BGB § 812 Nr. 20).

3. Teilzeit- und Nebenarbeitsverhältnisse, Doppelarbeitsverhältnisse. a) Begriff. Eine zeitliche 175 Begrenzung hins. der zu erbringenden Arbeit erfolgt durch Teilzeitarbeit. Eine Definition der Teilzeitarbeit enthält das BeschFG: Danach sind teilzeitbeschäftigte AN solche, deren regelmäßige Wochenarbeitszeit kürzer ist als die regelmäßige Wochenarbeitszeit vergleichbarer vollzeitbeschäftigter AN des Betriebes (§ 2 II BeschFG). Gem. § 2 I BeschFG darf der AG einen teilzeitbeschäftigten AN nicht wegen der Teilzeitarbeit gegenüber vollzeitbeschäftigten AN unterschiedlich behandeln, es sei denn, daß sachliche Gründe eine unterschiedliche Behandlung rechtfertigen (Einzelheiten vgl. Kommentierung zu § 2 BeschFG).

Von einem **Doppelarbeitsverhältnis** spricht man, wenn ein AN in zwei Arbeitsverhältnissen bei 176 verschiedenen AG steht. Mindestens eines der Arbeitsverhältnisse ist stets ein Teilzeitarbeitsverhältnis, weil zwei Vollzeitarbeitsverhältnisse mit den zwingenden Bestimmungen des Arbeitszeitrechts (§ 3 ArbZG) unvereinbar sind. Verstöße gegen die gesetzliche Höchstarbeitszeit führen grds. zur Nichtigkeit des zweiten Arbeitsverhältnisses (LAG Nürnberg 19. 9. 1995 LAGE § 611 BGB Doppelarbeitsverhältnis Nr. 1; vgl. hier Rn. 456; zu den Grenzen der Vereinbarung vgl. Rn. 1009; Einzelheiten *Hunold* AR-Blattei SD 1190).

b) Geringfügig Beschäftigte. Der Begriff der geringfügigen Beschäftigung ist sozialrechtlicher 177 Natur (vgl. hierzu die Kommentierung zu § 8 SGB IV). Nach § 2 II 3 NachwG bestehen schriftliche Hinweispflichten des AG auf sozialversicherungsrechtliche Konsequenzen (vgl. hier § 2 Rn. 23).

Nimmt der AN, der bereits geringfügig beschäftigt und daher versicherungsfrei ist, eine weitere 178 geringfügige Beschäftigung auf, ist er verpflichtet, dies seinem AG mitzuteilen (BAG 18. 11. 1988 AP BGB § 611 Doppelarbeitsverhältnis Nr. 3; vgl hierzu auch BAG 27. 4. 1995 NZA 1995, 935). Der AG ist auch berechtigt, den geringfügig beschäftigten AN nach einer weiteren Beschäftigung, die die Versicherungspflicht begründet, zu fragen. Täuscht den AN der AG, können vertragliche oder deliktische (unter den Voraussetzungen des § 826) Schadensersatzansprüche gegeben sein (BSG 23. 2. 1988 SozR 2100 § 8 SGB IV Nr. 5). Eine Vereinbarung, nach der ein geringfügig Beschäftigter AGAnteile

Preis

zur Sozialversicherung zu erstatten hat, wenn eine weitere geringfügige Beschäftigung nicht angezeigt wird, ist nach §§ 28 g und 28 o SGB IV nichtig (LAG Köln 28. 1. 1994 LAGE § 28 g SGB IV Nr. 3 = AuR 1995, 158 mit Anm. *Buschmann*).

179 Geringfügig Beschäftigte unterliegen als AN grds. dem Schutz des gesamten Arbeitsrechts. Die Ausklammerung geringfügig Beschäftigter aus arbeitsrechtlichen Gesetzen und Schutzregelungen ist regelmäßig verfassungsrechtlich problematisch (hierzu Art. 3 GG Rn. 65). Auf der Ebene des einfachen Rechts ist der Gleichbehandlungsanspruch aus § 2 I BeschFG zu beachten (vgl. § 2 BeschFG Rn. 54 ff.).

180 **c) Job-Sharing.** Unter Job-Sharing oder auch Arbeitsplatzteilung versteht man die Besetzung eines Arbeitsplatzes mit zwei oder mehreren AN, wobei die AN gemeinsam die Verantwortung für die Arbeitspflicht übernehmen, vgl. § 5 I BeschFG (Einzelheiten vgl. Kommentierung zu § 5 BeschFG).

181 **d) Altersteilzeit.** Sondervorschriften gelten für den Fall der Altersteilzeit. Arbeitsrechtlich ist die Altersteilzeit wie die allgemeine Teilzeitbeschäftigung zu behandeln. Mit dem „Gesetz zur Förderung eines gleitenden Übergangs in den Ruhestand" ist am 1. 8. 1996 (BGBl. I S. 1078 ff.) ein neues ATG in Kraft getreten, dessen Kern arbeitsförderungsrechtlicher Natur ist (vgl. die Kommentierung dort).

182 **e) Nebentätigkeit.** Eine gesetzliche Definition der Nebentätigkeit besteht nicht. Von ihrem Vorliegen ist auszugehen, wenn eine entgeltliche Tätigkeit neben einem Arbeitsverhältnis ausgeübt wird, das den AN überwiegend in Anspruch nimmt (BAG 14. 1. 1982 AP BGB § 620 Befristeter Arbeitsvertrag Nr. 65). Der AN stellt dem AG nicht seine ganze Arbeitskraft zur Verfügung, sondern nur eine gewisse Zeitspanne. Zur Zulässigkeit der vertraglichen Beschränkung der Nebentätigkeit vgl. Rn. 1009 ff. Die Parteien eines Nebenarbeitsverhältnisses haben grds. dieselben Rechte und Pflichten wie in einem Arbeitsverhältnis. Allerdings ist die Intensität der Nebenleistungs- und Schutzpflichten regelmäßig geringer.

183 **4. Probearbeitsverhältnis.** Sinn und Zweck des Probearbeitsverhältnisses (ausf. hierzu *Preis/Kliemt/Ulrich,* Aushilfs- und Probearbeitsverhältnis, 2000) ist es, dem AG wie dem AN die Möglichkeit zu geben, sich ein Bild über die Arbeitsstelle und den Vertragspartner zu machen. Eine Probezeit besteht grds. nur dann, wenn dies **gesetzlich vorgesehen** oder **besonders vereinbart** ist, sei es im TV, in einer freiwilligen Betriebsvereinbarung oder im Arbeitsvertrag. Für Berufsausbildungsverhältnisse sieht § 13 BBiG eine gesetzliche Probezeit von mindestens einem Monat zwingend vor. Weitere Regelungen über das Probearbeitsverhältnis enthalten § 20 III SchwbG sowie § 622 III, der eine ausdrückliche gesetzliche Regelung der Kündigungsfrist während einer vereinbarten Probezeit trifft.

184 Das Probearbeitsverhältnis kann zum einen als **befristetes Arbeitsverhältnis** ausgestaltet sein, das nach Ablauf der Probezeit automatisch endet, falls nicht ein neuer Arbeitsvertrag abgeschlossen wird (hierzu näher § 620 Rn. 80 ff.). Zum anderen kann das Probearbeitsverhältnis als **vorgeschaltete Probezeit** im Rahmen eines unbefristeten Arbeitsverhältnisses vereinbart werden. Bei einer solchen Vertragsgestaltung ist zwar eine Kündigungserklärung erforderlich, wenn nach Ablauf der Probezeit kein Dauerarbeitsverhältnis bestehen soll; die Kündigung ist aber im Zweifel zu keiner Zeit ausgeschlossen. Hier wird allein angestrebt, die Vertragsbeendigung zu erleichtern.

185 Der **Abschluß des Probearbeitsverhältnisses** richtet sich nach den allgemeinen Regeln der §§ 145 f. Ob und mit welchem Inhalt eine Probezeit gewollt ist, ist im Wege der Auslegung der getroffenen Vereinbarung (§§ 133, 157) zu ermitteln. Das Probearbeitsverhältnis steht im Grundsatz dem normalen Arbeitsverhältnis hins. Rechte und Pflichten gleich.

186 Vom Probearbeitsverhältnis zu unterscheiden ist das sog. **„Einfühlungsverhältnis"** ohne Vergütungsanspruch und ohne Arbeitspflicht des potentiellen AN (LAG Hamm 24. 5. 1989 LAGE § 611 BGB Probearbeitsverhältnis Nr. 2 = BB 1989, 1759).

187 **5. Aushilfsarbeitsverhältnis.** Ein Aushilfsarbeitsverhältnis setzt voraus, daß der AN von vornherein zu dem Zweck eingestellt wird, einen vorübergehenden Bedarf an Arbeitskräften abzudecken, der nicht durch den normalen Betriebsablauf, sondern durch den Ausfall von Arbeitskräften oder einen zeitlichen begrenzten zusätzlichen Arbeitsanfall begründet wird. Im Zeitpunkt des Vertragsabschlusses müssen konkrete tatsächliche Anhaltspunkte dafür vorliegen, daß die anfallende Arbeit in absehbarer Zeit wieder mit der normalen Belegschaftsstärke bewältigt werden kann (BAG 25. 11. 1992 AP BGB § 620 Befristeter Arbeitsvertrag Nr. 150).

188 Allein die entspr. Bezeichnung des Arbeitsverhältnisses durch die Vertragsparteien (sog. Aushilfsklausel) reicht für die Annahme eines Aushilfsarbeitsverhältnisses nicht aus. Zusätzlich muß der Tatbestand des vorübergehenden Bedarfs auch objektiv gegeben sein **(Aushilfszweck).** Fehlt es an einer dieser beiden Voraussetzungen, so liegt kein Aushilfsarbeitsverhältnis vor, sondern ein den allgemeinen Regeln unterliegendes Arbeitsverhältnis (BAG 22. 5. 1986 AP BGB § 622 Nr. 23).

189 Aushilfsarbeitsverhältnisse können befristet oder unbefristet abgeschlossen werden, wobei auch Mischformen vorkommen. So kann ein befristetes Aushilfsarbeitsverhältnis vereinbart werden, bei dem beiden Vertragsteilen auch für die Laufzeit ein Recht zur ordentlichen Kündigung eingeräumt wird. Liegt objektiv ein Aushilfsgrund vor, wird grds. auch eine Befristung des Aushilfsarbeitsverhält-

nisses sachlich gerechtfertigt sein (vgl. § 620 Rn. 89 f.). Aushilfsarbeitsverhältnisse können auch in der Form der Teilzeitbeschäftigung geschlossen werden.

Die Befristung des Aushilfsvertrages bedarf der Schriftform nach § 623. Für Aushilfsarbeitsverhält- 190 nisse besteht gemäß § 622 V Nr. 1 eine bedeutsame Ausnahme: Hiernach kann einzelvertraglich eine kürzere als die in § 622 I genannte Grundkündigungsfrist vereinbart werden (hierzu § 622 Rn. 32 ff.).

Für das Aushilfsarbeitsverhältnis bestehen hins. des allgemeinen Kündigungsschutzes keine Beson- 191 derheiten. Auch Aushilfskräfte können sich auf den allgemeinen Kündigungsschutz des KSchG berufen, sofern dessen gesetzlichen Voraussetzungen in personeller, betrieblicher und zeitlicher Hinsicht vorliegen. Ebenfalls findet das MuSchG, das SchwbG, das EFZG und das BUrlG auf Aushilfskräfte Anwendung. Aushilfskräfte werden aber beispielsweise häufig die sechsmonatige Wartefrist des § 4 I BUrlG nicht erfüllen. Aus diesem Grunde erwerben sie hier meist nur einen Teilurlaubsanspruch nach § 5 I lit. b BUrlG.

Aushilfskräfte sind zudem wie dauernd beschäftigte AN gemäß § 7 BetrVG bei BRWahlen wahl- 192 berechtigt und nach sechsmonatiger Betriebszugehörigkeit zum BR wählbar nach § 8 I BetrVG. Allerdings sind nur vorübergehend beschäftigte AN bei der Feststellung der BRPflicht nach § 1 BetrVG nicht zu berücksichtigen.

6. Leiharbeitsverhältnis. Vgl. hierzu die Kommentierung zum AÜG. 193

7. Gruppenarbeitsverhältnis. Das Gruppenarbeitsverhältnis ist eine Sonderform des Arbeitsver- 194 hältnisses mit einer Drittbeziehung. Zu unterscheiden ist zwischen der sog. **Betriebsgruppe**, in der mehrere AN durch den AG zur Erreichung eines spezifischen Arbeitserfolges zusammengefaßt werden (zB Montagekolonnen), und der **Eigengruppe**, in der die Gruppenbildung von den AN ausgeht, um dem AG gemeinsam eine Arbeitsleistung anzubieten (zB Musikkapelle, Hausmeisterehepaar). Neuerdings erlangt die Gruppenarbeit weitergehende praktische Bedeutung unter dem Gesichtspunkt der Kosteneinsparung und Produktivitätssteigerung.

Bei den **Betriebsgruppen** bestehen zwischen den AN der Gruppe keine vertraglichen Beziehungen, 195 lediglich die dem AG geschuldete Arbeitsleistung wird in einer Gruppe erbracht. Der AG schließt AN mit jeweils eigenständigen Arbeitsverträgen zu einer Gruppe zusammen, die als ganze einen bestimmten Arbeitserfolg gemeinsam verwirklichen soll. Derartige Betriebsgruppen werden vielfach als Akkordgruppen tätig (BAG 23. 2. 1961 AP BGB § 611 Akkordkolonnen Nr. 2). Der AG organisiert die Betriebsgruppe grds. im Rahmen seines Weisungsrechts (*Rüthers* ZfA 1977, 1, 9 ff.).

Das einzelne Gruppenmitglied ist dem AG **haftungsrechtlich** verantwortlich. Das BAG weist 196 allerdings bei Gruppenarbeit in analoger Anwendung des § 282 dem **AN die Beweislast** dafür zu, daß bei vertragswidriger Schlechtleistung der Gruppe er einen vom AG dargelegten und bewiesenen Schaden nicht (auch) zu veranworten hat (BAG 24. 4. 1974 AP BGB § 611 Akkordkolonne Nr. 4 m. Anm. *Lieb*). Diese Beweislastumkehr ist problematisch und nur zu rechtfertigen, wenn die Gruppenmitglieder eine gemeinsame Verantwortung für die Erbringung des Arbeitsergebnisses übernommen haben (vgl. auch *Kniffka* BB 1976, 274 ff.; *Rüthers* ZfA 1977, 1, 18 ff.). Dabei haften die Gruppenmitglieder regelmäßig nur anteilig für die durch ihre individuelle Schlechtleistung verursachten Schadensanteil. Gesamtschuldnerische Haftung kommt in aller Regel nicht in Betracht (*Schaub* § 182 IV 4; *Rüthers* ZfA 1977, 1, 25 ff.; BAG 18. 5. 1983 AP TVG § 1 Tarifverträge, Bau Nr. 51; LAG Bremen 12. 11. 1969 DB 1970, 1696).

Vielfach hängt die **Entlohnung** von dem Ergebnis der Betriebsgruppe ab (etwa in Form eines 197 Gruppenakkordes). Dessen Einführung ist nicht einseitig durch den AG ohne Vertragsänderung möglich (MünchArbR/*Marschall* § 164 Rn. 3). Das Mitbestimmungsrecht nach § 87 I Nr. 10, 11 BetrVG ist zu beachten. Hängt die Entlohnung einer Betriebsgruppenarbeit von dem Gruppenergebnis ab, muß der AG bei der Besetzung freiwerdender Stellen hins. der Qualifikation Rücksicht darauf nehmen, damit die Gruppenakkordleistung gehalten werden kann. Bei der Zuweisung unterdurchschnittlicher AN können **Schadensersatzansprüche der Gruppe** bzw. der Gruppenmitglieder aus pVV entstehen (*Küttner/Kreitner* Gruppenarbeitsverhältnis Rn. 4, 12).

Problematisch ist, ob der AG im Rahmens seines **Direktionsrechts** einseitig einem AN die Mitarbeit in einer 198 Betriebsgruppe einseitig zuweisen kann. Im Hinblick auf die spezifische Leistungspflicht sowie besondere Haftungsrisiken kann die Arbeit in einer Betriebsgruppe grds. nicht kraft Weisungsrecht angeordnet werden (*Staudinger/Richardi* vor § 611 Rn. 383; aA *Schaub* § 182 I 1). Vielmehr ist in aller Regel eine Vertragsänderung oder Änderungskündigung erforderlich (*Rüthers* ZfA 1977, 1, 7). Dies ist insb. dann richtig, wenn mit der Gruppenarbeit eine besondere Entlohnungsform verbunden ist.

Bei der sog. **Eigengruppe** bieten AN schon vor der Arbeitsaufnahme dem AG eine Arbeits- 199 leistung als Gruppe an (anzutreffen ist diese Fallgestaltung bei Musikkapellen, Bauarbeiterkolonnen, Hausmeisterehepaaren usw.). Auf die personelle Zusammensetzung der Eigengruppe hat der AG keinen Einfluß, weil sein Vertragsverhältnis idR nur zur Gruppe besteht. Es sind allerdings **verschiedene Gestaltungsformen** möglich.

Die **Eigengruppe** kann selbst **als Vertragspartner** auftreten. Steht nur sie in vertraglichen Bezie- 200 hungen zum Auftraggeber, bestehen unmittelbare vertragliche Ansprüche gegen die einzelne Gruppenmitglieder nicht. Allerdings kann sich eine **gesellschaftsrechtliche Haftung** aus §§ 714, 427, 421 ergeben, wenn die Eigengruppe als GbR die Arbeit angeboten hat. Der Vertrag zwischen Auftraggeber und der Gruppe kann als Werkvertrag, Dienstvertrag oder sog. Dienstverschaffungsvertrag (Rn. 34) ausgestaltet sein (*Rüthers* ZfA 1977, 1, 36 ff.). Im letzteren Fall kann auch ein mittelbares Arbeitsverhältnis zwischen dem Auftraggeber und den einzelnen Gruppenmitgliedern begründet werden (zum mittelbaren Arbeitsverhältnis Rn. 202); ggf. liegt aber auch ein Leiharbeitsverhältnis vor (hierzu § 1 AÜG Rn. 14 ff.). Schließt die Eigengruppe im eigenen Namen mit dem AG einen Vertrag, ohne daß die einzelnen Gruppenmitglieder Vertragspartner werden, so kommt die Eigengruppe schon dann in Verzug, wenn nur eines ihrer Mitglieder die Arbeitsleistung nicht rechtzeitig erbringt.

201 Denkbar ist auch, daß die **Gruppenmitglieder Vertragspartner** sind und selbst Arbeitsverträge mit dem Auftraggeber abschließen (LAG 7. 8. 1973 ARSt. 1975, 79). Schließt die Eigengruppe nicht im eigenen Namen, sondern im Namen aller Gruppenmitglieder Arbeitsverträge ab, dann liegen unmittelbare Arbeitsverhältnisse zwischen den Gruppenmitgliedern und dem Auftraggeber vor. In diesem Fall ist die Rechtslage mit der Situation der Betriebsgruppe vergleichbar (*Rüthers* ZfA 1977, 40 f.; Rn. 195). Schließlich können **sowohl Eigengruppe als auch Gruppenmitglieder** Vertragsbeziehungen zum Auftraggeber eingehen. **Schlechtleistungen und Verzug einzelner Gruppenmitglieder** sind jedoch regelmäßig der Gesamtgruppe zuzurechnen. Der **Vergütungsanspruch** ist zumeist als Gesamtentlohnung ausgestaltet und steht der Gruppe und nicht den einzelnen Mitgliedern zu. Bei Leistungsstörungen ist **gesamtschuldnerische Haftung** anzunehmen, wenn die Gruppenmitglieder die Verpflichtung übernommen haben für die Erfüllung einzustehen oder ein Vertragsbruch auf gemeinsamen Entschluß beruht (BAG 30. 5. 1972 AP TVG § 4 Ausschlußfrist Nr. 50). **Kündigungen** können schließlich grds. nur von und gegenüber der gesamten Gruppe ausgesprochen werden (BAG 21. 10. 1971 AP BGB § 611 Gruppenarbeitsverhältnisse Nr. 1). Der Kündigungsgrund gegenüber allen Gruppenmitgliedern kann in der Schlechtleistung oder dem Verhalten nur eines einzelnen Gruppenmitgliedes liegen (BAG 9. 2. 1960 AP BGB § 626 Nr. 39; BAG 21. 10. 1971 AP BGB § 611 Gruppenarbeitsverhältnis Nr. 1).

202 **8. Mittelbares Arbeitsverhältnis.** Unter einem mittelbaren Arbeitsverhältnis versteht man ein Arbeitsverhältnis zwischen einem AG und einer **Mittelsperson, die zum Zweck der Erfüllung ihrer Arbeitspflichten wiederum ein Arbeitsverhältnis mit einem AN begründet** (*Röhsler* AR-Blattei SD 220.3). Darin liegt eine Ausnahme von § 613, wonach der zur Dienstleistung Verpflichtete die Dienste im Zweifel in Person zu erbringen hat. Die praktische Bedeutung dieser Konstellation ist nicht groß. Beispiele sind der in einem Arbeitsverhältnis zu einem Rundfunksender stehende Orchesterleiter, der unmittelbarer AG einzelner Musiker ist (BAG 22. 7. 1982 EzAÜG § 611 BGB Leiharbeitsverhältnis Nr. 5) oder ein Wissenschaftler, der im Rahmen eines Forschungsprojektes im eigenen Namen einen Arbeitsvertrag mit einem wissenschaftlichen Mitarbeiter schließt (BAG 29. 6. 1988 AP HRG § 25 Nr. 1). Voraussetzung für die Annahme eines mittelbaren Arbeitsverhältnisses ist aber, daß neben dem unmittelbaren Arbeitsvertrag eine Vertragsbindung des Mittelsmannes besteht. Wenn der Mittelsmann lediglich Mittler des Direktionsrechts des mittelbaren AG ist, kann ein Fall der ANÜberlassung vorliegen (*Küttner/Bauer*, Mittelbares Arbeitsverhältnis, Rn. 4). Im übrigen prüft die Rspr., ob die Konstruktion des mittelbaren Arbeitsverhältnisses (zB AG weist Hausmeister an, im eigenen Namen und auf fremde Rechnung Arbeitsverträge mit Reinigungskräften zu schließen) nicht zur **Umgehung zwingenden Gesetzes- und Tarifrechts** führt (BAG 20. 7. 1982 AP BGB § 611 Mittelbares Arbeitsverhältnis Nr. 5).

203 Die Mittelsperson unterliegt den Weisungen des AG auch in bezug auf den AN. Durch das in sich abgestufte Verhältnis von AG, Mittelsperson (die selbst AG und AN in einer Person ist) und dem AN ergibt sich gleichzeitig ein Weisungsrecht des AG gegenüber dem AN, ohne daß die Mittelsperson davon betroffen wäre. Ebenso resultieren aus dieser Konstellation bestimmte Schutz- und Rücksichtspflichten des AG. Der **mittelbare AG haftet** aus dem mittelbaren Arbeitsverhältnis für Ansprüche gegen den Mittelsmann nur **subsidiär**, wenn sich Ansprüche gegen diesen unmittelbaren AG nicht durchsetzen lassen oder sich die Begründung eines mittelbaren Arbeitsverhältnisses als Rechtsmißbrauch darstellt (BAG 21. 2. 1990 AP BGB § 611 Abhängigkeit Nr. 57). Den mittelbaren AG treffen auch Schutz- und Rücksichtnahmepflichten (**vertragsähnliches Schutzverhältnis;** hierzu *Konzen* ZfA 1982, 285 ff.). Primärer Adressat für die arbeitsrechtlichen Schutzgesetze ist jedoch der Mittelsmann. Er hat als VertragsAG die Kündigung auszusprechen und ist ebenso Adressat einer Kündigung (BAG 9. 4. 1957 AP BGB § 611 Mittelbares Arbeitsverhältnis Nr. 2).

204 Problematisch ist die **Beendigung des Arbeitsverhältnisses,** wenn die Vertragsbeziehung zwischen Mittelsmann und dessen AG endet. Hier kann nicht davon ausgegangen werden, daß damit zugleich das Arbeitsverhältnis zwischen Mittelsmann und AN endet. Hierdurch würde der Kündigungsschutz unzulässig umgangen. Grds. kann eine Kündigung nur innerhalb des jeweiligen Vertragsverhältnisses ausgesprochen werden. Fraglich ist, ob der mittelbare AG selbst unmittelbar dem AN kündigen kann. Das ist jedenfalls dann der Fall, wenn der unmittelbare AG dem mittelbaren AG gemäß § 185 I die Kündigungsbefugnis eingeräumt hat (KR/*Etzel* § 1 KSchG Rn. 6).

205 **Ansprüche gegen den mittelbaren AG** können erst geltend gemacht werden, wenn der AN gegen den unmittelbaren AG bereits obsiegt hat, dieser sich aber den Verpflichtungen entzieht oder zu ihrer

B. Geltungsbereich des Arbeitsrechts   § 611   BGB 230

Erfüllung nicht in der Lage ist (BAG 22. 7. 1982 EzAÜG § 611 BGB Leiharbeitsverhältnis Nr. 5). Besteht bei mißbräuchlicher Wahl eines mittelbaren Arbeitsverhältnisses (zB bei illegaler ANÜberlassung) ein Vertragsverhältnis zum mittelbaren AG, kann eine Kündigungsschutzklage sowohl gegen den unmittelbaren als auch gegen den mittelbaren AG gerichtet werden (BAG 8. 12. 1988 EzAÜG Nr. 309).

9. Befristetes Arbeitsverhältnis. Zu befristeten Arbeitsverhältnissen vgl. § 620 und § 1 BeschFG.   206

10. Aus- und Fortbildungsverhältnisse; Werkstudenten. Auszubildende sind AN (§ 3 II BBiG).   207
Allerdings prägt bei diesem Personenkreis der Ausbildungszweck das Dienstverhältnis entscheidend. Die Tätigkeit des Auszubildenden erschöpft sich nicht in der Leistung fremdbestimmter Arbeit. Vielmehr hat die Berufsausbildung gem. § 1 II BBiG eine breit angelegte **berufliche Grundbildung** und die für die Ausübung einer qualifizierten beruflichen Tätigkeit notwendigen **fachlichen Fertigkeiten und Kenntnisse** zu vermitteln.

Fraglich ist, wie andere Rechtsverhältnisse mit Ausbildungsinhalten zu werten sind. **Anlernverhält-**   208
nisse können als normale Arbeitsverhältnisse vereinbart werden. Nur wenn kein Arbeitsverhältnis vereinbart ist (§ 19 BBiG) gelten die §§ 3 bis 18 BBiG, wenn Personen eingestellt werden, um Kenntnisse, Fertigkeiten oder Erfahrungen zu erwerben, ohne daß es sich um eine Berufsausbildung iSd. BBiG handelt (hierzu § 19 BBiG Rn. 1 ff.).

Sofern kein echtes Volontärverhältnis oder Anlernverhältnis iSd. § 19 BBiG vorliegt, können **Vo-**   209
lontäre, Praktikanten und Anlernlinge als AN oder freie Dienstnehmer nach den **allgemeinen Grundsätzen** über die Frage der Klassifizierung des Arbeitsverhältnisses sein (hierzu Rn. 44 ff.). **Werkstudenten** sind in aller Regel AN, ggf. im Rahmen eines Aushilfsarbeitsverhältnisses (Rn. 187). Gleiche Grundsätze gelten für sog. **Anlernverhältnisse** (BAG 12. 6. 1996 AP BGB § 611 Werkstudent Nr. 4). Als idR Teilzeitbeschäftigte haben sie Anspruch auf Gleichbehandlung nach Maßgabe des § 2 BeschFG. Bei befristeten Arbeitsverhältnissen stellt die Rspr. keine strengen Anforderungen an das Vorliegen eines sachlichen Grundes (hierzu BAG 4. 4. 1990 AP BGB § 620 Befristeter Arbeitsvertrag Nr. 136).

Der Rechtsstatus der **Volontäre und Praktikanten** ist weitgehend ungeklärt. Überwiegend werden   210
sie als AN mit besonderen Rechten und Pflichten, insb. auch mit einem verminderten Vergütungsanspruch angesehen (ausführlich *Knigge* AR-Blattei SD 1740). Nach § 10 BBiG hat der Auszubildende einen Anspruch auf angemessene Vergütung. Aus § 82 a HGB folgt jedoch auch die prinzipielle Möglichkeit der unentgeltlichen Tätigkeit der Volontäre, die nach zum Teil vertretener Auffassung obsolet sein soll (*Knigge* AR-Blattei SD 1740 Rn. 95; hierzu *Schaub* § 16 III 2). Keine Vergütungspflicht besteht jedoch für Praktikanten, die im Rahmen ihrer universitären Ausbildung bestimmte betriebliche Praktika abzulegen haben (*Knigge* AR-Blattei SD 1740 Rn. 103; vgl. auch den Praktikantenvertrag von *Scherer* NZA 1986, 285).

11. Arbeitsverhältnis mit Auslandsberührung (internationales Arbeitsrecht)

Schrifttum: *Franzen,* Internationales Arbeitsrecht AR-Blattei SD 920; *Heilmann,* Das Arbeitsvertragsstatut, 1991; *Junker,* Internationales Arbeitsrecht im Konzern, 1992; *Krebber,* Internationales Privatrecht des Kündigungsschutzes bei Arbeitsverhältnissen, 1997.

Das **Arbeitskollisionsrecht** (hierzu ausf. MünchArbR/*Birk* § 19) betrifft die Frage, welche Rechts-   211
regeln anzuwenden sind, wenn ein arbeitsrechtlicher Sachverhalt Bezug zu mehreren Staaten aufweist (ausf. Kommentierung zum EGBGB Art. 27, 30, 34).

Für das anwendbare Arbeitsvertragsrecht (Begründung, Inhalt und Beendigung des Arbeitsverhält-   212
nisses) kommt es bei einem Rechtsverhältnis mit Auslandsberührung (Art. 3 EGBGB) nach Art. 30 I iVm. Art. 27 EGBGB in erster Linie auf den Parteiwillen an. Gem. Art. 27 EGBGB können die **Parteien frei vereinbaren,** welches Recht auf den zwischen ihnen geschlossenen Vertrag Anwendung finden soll. Dies kann durch Aufnahme einer Klausel in den Arbeitsvertrag oder formularmäßig (hierzu *Mook* DB 1987, 2252 ff.; BAG 23. 4. 1998 AP KSchG 1969 § 23 Nr. 19) durch Bezugnahme auf eine arbeitsrechtliche Einheitsregel oder einen TV geschehen. Es ist auch eine **stillschweigende Rechtswahl** möglich, die sich aber aus konkreten Anhaltspunkten ergeben muß, zB die Vereinbarung eines einheitlichen Gerichtsstands oder der Hinweis auf ausländische Rechtsvorschriften (vgl. Art. 27 I 2 EGBGB). Für die Inhaltskontrolle von Rechtswahlklauseln (hierzu *Preis* Vertragsgestaltung S. 252, 262; *Mook* DB 1987, 2252) besteht angesichts der zwingenden Schranken der Rechtswahl (Rn. 215; Art. 27, 30, 34 EGBGB Rn. 13 ff.) nur ein geringer Bedarf. Zum Kündigungsschutzrecht näher § 1 KSchG Rn. 8 ff.

Soweit **eine Rechtswahl fehlt** oder ausnahmsweise unwirksam ist, unterliegen nach Art. 30   213
EGBGB Arbeitsverträge dem **Recht des Staates,** in dem der AN in **Erfüllung des Vertrages gewöhnlich seine Arbeit verrichtet** (Art. 30 II Nr. 1 EGBGB) oder in dem sich die **Niederlassung** befindet, die den AG eingestellt hat (Art. 30 II Nr. 2 EGBGB). Ist der Arbeitsort nicht eindeutig einem Staat zugeordnet, muß immer über Art. 30 II Nr. 2 EGBGB angeknüpft werden (*Franzen* AR-Blattei SD 920 Rn. 74). Ist die Zuordnung eindeutig, findet ausschließlich Art 30 II Nr. 1 EGBGB Anwendung (LAG Köln 6. 11. 1998 NZA 1999, 118).

214 Dabei ist die Ausnahmeregelung in Art. 30 II Nr. 2. 2. Halbs. EGBGB zu beachten, wonach abw. von der Grundregel „aus der Gesamtheit der Umstände" folgen kann, „daß das Arbeitsverhältnis engere Verbindungen zu einem anderen Staat aufweist". Die Verbindung zu dem anderen Staat muß stärker sein als die durch die Regelanknüpfung zu dem Recht des Arbeitsorts oder der einstellenden Niederlassung hergestellte Beziehung. Eine solche Wirkung kann nur mehreren Umständen beigemessen werden. **Primäre Anknüpfungskriterien** sind bei Vertragsverhältnissen neben dem Arbeitsort und der einstellenden Niederlassung die Staatsangehörigkeit der Vertragsparteien und der Sitz des AG. Andere Umstände der Anknüpfung müssen schwer wiegen. Art. 30 II Nr. 2 2. Halbs. EGBGB hat Ausnahmecharakter und ist deshalb eng auszulegen (*Franzen* AR-Blattei SD 920 Rn. 74). Zwar Indizfunktion, aber keine für sich genommen ausschlaggebende Bedeutung haben die Vertragssprache, die Währung, in der die Vergütung bezahlt wird, der Ort des Vertragsschlusses und der Wohnsitz (BAG 29. 10. 1992 AP Internationales Privatrecht, Arbeitsrecht Nr. 31; BAG 24. 8. 1989 AP Internationales Privatrecht, Arbeitsrecht Nr. 30; BAG 3. 5. 1995 AP Internationales Privatrecht, Arbeitsrecht Nr. 32; LAG Bremen 17. 4. 1996 NZA-RR 1997, 107; LAG Niedersachsen 20. 11. 1998 LAGE Art. 30 EGBGB Nr. 3).

215 Das Arbeitsvertragsstatut, also die Anknüpfung des Arbeitsverhältnisses an die ausländische Rechtsordnung, kann Durchbrechungen durch zwingende Regelungen des regelmäßig inländischen materiellen Rechts erfahren (Art. 30 I, 34, 27 III und 6 EGBGB). Nach Art. 30 I EGBGB darf die Rechtswahl der Arbeitsvertragsparteien nicht dazu führen, daß dem AN der Schutz zwingender Bestimmungen entzogen würde, die nach Art. 30 II EGBGB bei objektiver Anknüpfung anzuwenden wären. Es ist insoweit ein kollisionsrechtlicher Günstigkeitsvergleich vorzunehmen (hierzu *Franzen* AR-Blattei SD 920 Rn. 105 ff. mwN). Art. 30 I geht dem die gleiche Intention verfolgenden Art. 34 EGBGB vor. Im Kern ist Art. 34 EGBGB anwendbar im Falle objektiver Anknüpfung nach Art. 30 II EGBGB (*Franzen* AR-Blattei SD 920 Rn. 109 ff.). Allerdings ist der Begriff der zwingenden Bestimmungen iSd. Art. 34 EGBGB eng zu verstehen. Die Normen müssen nach ihrem Sinn und Zweck jeder Rechtswahl entgegenstehen. Das ist nur der Fall bei Normen, deren Zweck sich nicht im Ausgleich widerstreitender Interessen der Vertragspartei erschöpft, sondern auch auf die Wahrung öffentlicher Interessen gerichtet sind (BAG 24. 8. 1989, 3. 5. 1995 AP Internationales Privatrecht, Arbeitsrecht Nr. 30 und 32). Zur differenzierenden Betrachtung des Kündigungsschutzrechts vgl § 1 KSchG Rn. 8 ff.; ferner *Krebber* S. 304 ff.; *Franzen* AR-Blattei SD 920 Rn. 119 ff. mwN). Für die Entsendung enthält § 7 I AEntG einen harten Kern von Arbeitsbedingungen, die zwingend zur Anwendung kommen (*Preis/Gotthardt* EAS B 1100 Rn. 68). Liegen die engeren Voraussetzungen des Art. 34 EGBGB nicht vor, ist das Arbeitsvertragsstatut und Art. 30 I EGBG zu prüfen.

216 Zu beachten ist ferner die Einschränkung des Art. 6 EGBGB (ordre public), wonach eine ausländische Rechtsnorm nicht anzuwenden ist, wenn sie mit wesentlichen Grundsätzen des öffentlichen Rechts offensichtlich unvereinbar ist, insb. mit den Grundrechten. Wegen der doppelten Sicherung des inländischen deutschen Rechts durch Art. 30 I und 34 EGBGB ist die praktische Bedeutung des Art. 6 EGBGB gering (vgl. auch *Franzen* AR-Blattei SD 920 Rn. 130; *Junker* S. 315 ff.). Es muß ein unerträglicher Widerspruch zu den in den entspr. deutschen Regelungen liegenden Gerechtigkeitsvorstellungen zu beklagen sein (zum Kündigungsschutzrecht, § 613 a und zu materiellen Bestimmungen des SeemannsG verneinend BAG 24. 8. 1989 AP Internationales Privatrecht, Arbeitsrecht Nr. 30; BAG 29. 10. 1992 AP Internationales Privatrecht, Arbeitsrecht Nr. 31; BAG 3. 5. 1995 AP Internationales Privatrecht, Arbeitsrecht Nr. 32 = EzA Art. 30 EGBGB Nr. 3 mit Anm. *Franzen*).

217 **12. Arbeitsverhältnisse in Werkstätten für Behinderte.** Die Rechtstellung der Beschäftigten in einer Werkstatt für Behinderte (§ 54 SchwbG) ist durch den mit Gesetz zur Reform des Sozialhilferechts v. 23. 7. 1996 (BGBl. I S. 1096) eingefügten § 54 b SchwbG nur tlw. geklärt worden. Nach dieser Vorschrift gelten im Arbeitsbereich anerkannter Werkstätten Beschäftigte, sofern diese nicht nach allgemeinen Grundsätzen (Rn. 44 ff.) als AN zu betrachten sind, als arbeitnehmerähnliche Personen, soweit sich aus dem zugrunde liegenden Sozialleistungsverhältnis nichts anderes ergibt. Der Begriff des arbeitnehmerähnlichen Rechtsverhältnisses scheint der Gesetzgeber in einem untechnischen Sinne zu gebrauchen. § 54 b II SchwbG enthält darüber hinaus Vorschriften über das zu zahlende Entgelt, das sich aus einem Grundbetrag in Höhe eines Ausbildungsgeldes, das sich nach den Bestimmungen der BA richtet, und einem Steigerungsbetrag zusammensetzt, soweit das Arbeitsergebnis die Zahlung zuläßt (Einzelheiten *Pünnel* AuR 1996, 483 f.). § 54 b II SchwbG verpflichtet die Werkstätten, aus ihrem Arbeitsergebnis an die im Arbeitsbereich beschäftigten Behinderten ein Arbeitsentgelt zu zahlen. Danach „soll" sich das Arbeitsentgelt aus einem Grundbetrag in Höhe des Ausbildungsgeldes, das die BfA Behinderten zahlt, und, soweit möglich, einem leistungsangemessenen Steigerungsbetrag zusammensetzen. Danach sind die Werkstätten nicht berechtigt, schon den Grundbetrag in erster Linie nach der individuellen Leistungsfähigkeit der Behinderten zu staffeln (BAG 3. 3. 1999 AP SchwbG 1986 § 54 b Nr. 1).

C. Grundbegriffe des Arbeitsrechts

I. Parteien des Arbeitsvertrages

1. Arbeitnehmer. AN ist der durch ein Arbeitsverhältnis zur Leistung von Arbeit Verpflichtete **218** (Einzelheiten Rn. 44 ff.). Weiterhin kennzeichnend für das Arbeitsverhältnis ist die persönlich abhängige Dienstleistung. Aus diesem Grunde können nur natürliche Personen AN sein (*Erman/Hanau* Rn. 108). Eine juristische Person kann niemals AN sein; sie kann allerdings selbständige Dienstverträge oder Dienstverschaffungsverträge abschließen (zu einzelnen ANGruppen vgl. Rn. 94 ff.).

2. Arbeitgeber. a) Allgemeines. AG ist zunächst derjenige, der die **Leistung von Arbeit von einem** **219** **AN kraft Arbeitsvertrag verlangen kann** und zugleich **Schuldner des Vergütungsanspruches** ist (BAG 9. 9. 1982 AP BGB § 611 Hausmeister Nr. 1). Der AGBegriff wird wie der ANBegriff vom Gesetzgeber **stillschweigend vorausgesetzt**. Der Begriff des AG wird **mittelbar** über den ANBegriff definiert („AG ist, wer mindestens einen AN beschäftigt"; BAG 21. 1. 1999 AP KSchG 1969 § 1 Konzern Nr. 9).

Der AGBegriff wird auch nicht durch weitere materielle Erfordernisse eingeschränkt. So setzt die **220** AGStellung kein Eigentum an Betriebsmitteln voraus, ebenso nicht das Vorhandensein einer Betriebsstätte (*Zöllner/Loritz* § 4 V 1; MünchArbR/*Richardi* § 29 Rn. 1). Auch eine natürliche Person, die als AN beschäftigt wird, kann gleichzeitig AG sein.

Der Begriff des AG wird in zahllosen Gesetzen verwendet, nicht nur im Vertragsrecht (vgl. **221** §§ 611a, 611b, 612a, 613a, 622), sondern auch im Kollektivarbeitsrecht (BetrVG, Mitbestimmungsgesetze), im Sozialversicherungsrecht und im Strafrecht (§ 266a StGB). § 12 III SGB IV enthält eine Fiktion des AGBegriffs für den Fall der Heimarbeit.

AG kann **jede natürliche und juristische Person** sein. Die rechtliche Organisationsform ist für den **222** AGBegriff irrelevant. Wird ein Betrieb als GbR iSd. § 705 betrieben, so sind die **Gesellschafter AG** (BAG 16. 10. 1974 AP BGB § 705 Nr. 1; zur Haftung eines Handwerksmeisters, der sich im Rahmen einer GbR als „Konzessionsträger zur Verfügung stellt: BAG 2. 2. 1994 AP BGB § 705 Nr. 8). Bei einer nicht nach außen auftretenden sog. Innengesellschaft des bürgerlichen Rechts wird grds. nur der nach außen auftretende Gesellschafter aufgrund von Rechtsgeschäften berechtigt und verpflichtet.

Die AGStellung kann sich auch **kraft gesetzlicher Fiktion** ergeben, zB bei unzulässiger ANÜber- **223** lassung (§ 10 I iVm. § 9 Nr. 1 AÜG, § 1 II, 13 AÜG; BAG 23. 11. 1988 NZA 1989, 812 = AP AÜG § 1 Nr. 14). Tritt der Wille eines Vertreters, für seinen AG zu handeln beim Vertragsschluß nicht hervor, kann er selbst als Vertragspartner, also als AG, in Anspruch genommen werden (§ 164 II). Im Falle des § 613a findet ein gesetzlicher AGWechsel statt.

b) Prozeßrechtliche Bedeutung. Im Prozeßrecht gilt **kein vom materiellen Recht abweichender** **224** **AGBegriff.** Der AGBegriff hat jedoch im Prozeßrecht besondere Bedeutung. Insb. bei **fristgebundenen Klagen** (zB §§ 4, 7 KSchG) muß der AN innerhalb der gesetzlichen Frist die richtige Partei verklagen, weil nur dann die Klagefrist eingehalten ist.

Beim **mittelbaren Arbeitsverhältnis** (hierzu Rn. 202) ist AG der Mittelsmann (BAG 9. 4. 1957 AP **225** BGB § 611 Mittelbares Arbeitsverhältnis Nr. 2; BAG 21. 2. 1990 AP BGB § 611 Abhängigkeit Nr. 57). Ist der AG eine **juristische Person,** ist diese zu verklagen. Das gleiche gilt nach § 50 II ZPO für einen **nicht rechtsfähigen Verein.** Bei einer **BGB-Gesellschaft** sind AG die Gesellschafter (BAG 16. 10. 1974 AP BGB § 705 Nr. 1; aA MünchArbR/*Richardi* § 51 Rn. 5). Bei einer BGB-Gesellschaft müssen **alle Gesellschafter als Gesamtschuldner** (§ 427) verklagt werden (BAG 17. 2. 1982 AP SchwbG § 15 Nr. 1; BAG 6. 7. 1989 AP BGB § 705 Nr. 4). Bei Klageerhebung gegen die BGB-Gesellschaft als solche oder gegen einzelne Gesellschafter ist die Klage unzulässig (BAG 27. 3. 1981 AP BGB § 611 Arbeitnehmergruppe Nr. 1). Bei einer **Partnerschaft Angehöriger freier Berufe** finden nach § 1 IV PartGG die Vorschriften über die BGB-Gesellschaft Anwendung, jedoch können nach § 7 II PartGG iVm. § 124 HGB die Partner unter dem Namen der Partnerschaft verklagt werden (§ 2 PartGG).

Bei einer **GmbH & Co. KG** kann zweifelhaft sein, ob die KG, die GmbH oder der Geschäftsführer **226** selbst AG ist. IdR handelt der Geschäftsführer der GmbH für die GmbH & Co. KG. Hat diese einem AN gekündigt, ist die Klage gegen diese zu richten. Eine Klage lediglich gegen die GmbH als persönlich haftende Gesellschafterin reicht nicht aus (LAG Berlin 18. 1. 1982 BB 1982, 679 = LAGE KSchG § 4 nF Nr. 5). Eine GmbH ebenso wie eine GmbH & Co. KG verlieren ihre Parteifähigkeit auch dann nicht, wenn sie im **Handelsregister gelöscht und kein verteilbares Vermögen** mehr vorhanden ist (BAG 9. 7. 1981 AP ZPO § 50 Nr. 4). Nach aA tritt jedoch der Verlust der Rechts- und Parteifähigkeit ein, wenn neben der Löschung auch völlige Vermögenslosigkeit der Gesellschaft vorliegt (LAG Frankfurt 28. 6. 1993 NZA 1994, 384).

Eine **OHG oder KG** ist unter ihrer Firma zu verklagen (§ 124 I, 161 II HGB). Der AN kann **227** jedoch als Gesellschaftsgläubiger zugleich auch gegen die Gesellschafter vorgehen, die persönlich und unbeschränkt haften (§ 128 Satz 1; § 161 II HGB). Auch der persönlich haftende Gesellschafter einer Personengesellschaft ist daher AG iSd. § 2 I 3 ArbGG (BAG 1. 3. 1993 AP ArbGG 1979 § 2 Nr. 25).

228 AG ist jedoch **nicht der Kommanditist** einer KG. Auch die Einstandspflicht nach § 171 HGB begründet keine arbeitgeberähnliche Stellung. Die ArbG sind für Klagen aus diesem Rechtsgrund nicht zuständig (BAG 23. 6. 1992 AP ArbGG 1979 § 2 Nr. 23 = NZA 1993, 862). Besonderheiten gelten hins. der **Ausfallhaftung im qualifiziert faktischen Konzern** (hierzu § 18 AktG Rn. 18 f.). Hier kann der alleinige Kommanditist und alleinige Gesellschafter einer Komplementär-GmbH einer Kommanditgesellschaft von den AN nach den Grundsätzen der Ausfallhaftung in Anspruch genommen werden (BAG 1. 8. 1995 AP AktG § 303 Nr. 8 = NZA 1996, 311). Dem Kommanditisten wird hierdurch wie einem AG die persönliche Haftung auferlegt, wenn er die Konzernleitungsmacht ohne Rücksicht auf die abhängige Gesellschaft ausgeübt hat und die zugefügten Nachteile sich nicht kompensieren ließen (hierzu näher *Oetker* AuR 1996, 326; *Bitter* BB 1996, 2153). Problematisch erscheint die Zuständigkeit der ArbG auch für diese Fallgruppe, die grds. bei einer Einstandspflicht von Kommanditisten verneint wird (vgl. BAG 23. 6. 1992 AP ArbGG 1979 § 2 Nr. 23; für die Haftung im qualifiziert faktischen Konzern ausdrücklich auch ArbG Berlin 13. 4. 1995 NZA-RR 1996, 109).

229 In Fällen der sog. **Durchgriffshaftung** (zB auf die Gesellschafter einer GmbH) wird dem Gesellschafter die Berufung auf die rechtliche Selbständigkeit der GmbH als AG abgeschnitten. Der Gesellschafter wird hierdurch aber noch nicht AG iSd. § 2 I Nr. 3 ArbGG. Jedoch wendet das BAG in diesen Fällen zur Begründung der Zuständigkeit der Arbeitsgerichtsbarkeit die Regelung zur **Rechtsnachfolge (§ 3 ArbGG) analog** an. Entscheidend sei nicht die durch den Arbeitsvertrag oder seine Vor- und Nachwirkungen begründete Rechtsstellung als AG. Rechtsnachfolge sei im weitesten Sinne zu verstehen und erfasse daher auch Sachverhalte, in denen ein Dritter aufgrund seiner gesellschaftsrechtlichen Stellung als Inhaber des AG in Anspruch genommen werde (BAG 11. 11. 1986 AP ArbGG 1979 § 3 Nr. 2; BAG 13. 6. 1997 NZA 1997, 1128 = AP ArbGG 1979 § 3 Nr. 5).

230 Im Insolvenzfalle des AG werden dessen Rechte und Pflichten vom **Insolvenzverwalter** nach §§ 22, 27 InsO mit seiner vorläufigen Bestellung, jedenfalls aber mit Eröffnung des Verfahrens (zur Kündigungsbefugnis des Insolvenzverwalters vgl. § 113 InsO) wahrgenommen. Der Insolvenzverwalter nimmt auch die sozialversicherungsrechtlichen Pflichten eines AG, insb. gegenüber der Sozialversicherung wahr. Für Klagen der AN gegen den Insolvenzverwalter auf Einhaltung der AGPflichten sind die ArbG zuständig (zur Arbeitsbescheinigung nach § 312 SGB III LAG Bremen 16. 6. 1995 DB 1995, 1770 = LAGE AFG § 141 h Nr. 2).

231 Problematisch ist die **AGStellung bei einem Vertragsschluß mit einer noch nicht im Handelsregister eingetragenen GmbH**. Nach § 11 GmbHG besteht die GmbH als solche vor der Eintragung nicht. Die Art und Weise des Vertragsschlusses ist nicht nur für die Frage entscheidend, wer als AG des AN anzusehen ist, sondern auch für die Haftung und die Bestimmung des Klagegegners. Der Vertrag kann **ausdrücklich oder konkludent im Namen der Gründungsgesellschaft** abgeschlossen werden. Denkbar ist aber auch, daß der Vertrag **aufschiebend bedingt mit der Eintragung der GmbH** abgeschlossen wird. Der Vertrag kann schließlich namens der Gründungsgesellschaft und **zugleich** im Namen der künftigen GmbH geschlossen werden mit der Folge, daß die GmbH mit ihrer Entstehung an die Stelle der Gründungsgesellschaft tritt (BAG 7. 6. 1973 AP GmbHG § 11 Nr. 2). Sofern sich aus den Umständen bei den Vertragsverhandlungen nichts anderes ergibt, ist der Abschluß eines Arbeitsvertrages mit der Gründungsgesellschaft anzunehmen, wenn diese bereits werbend im Geschäftsverkehr tätig geworden ist, der AN seine Beschäftigung schon vor Eintragung der GmbH aufnehmen soll und ihm nicht bekannt ist, daß die Eintragung noch nicht erfolgt ist (BAG 7. 6. 1973 AP GmbHG § 11 Nr. 2). Die Vor-GmbH ist entspr. § 50 II ZPO passiv parteifähig und kann daher bereits als AG verklagt werden (BAG 8. 11. 1962 NJW 1963, 680 = AP GmbHG § 611 Nr. 1). Die **persönliche Haftung der Handelnden nach § 11 II GmbHG** entfällt mit der Eintragung in das Handelsregister (BAG 7. 6. 1973 AP GmbHG § 11 Nr. 2; BGH 9. 3. 1981 NJW 1981, 1373). Unter Umständen können die **Gesellschafter einer GmbH in Gründung als AG** angesehen werden, wenn sie die Arbeitskraft eines AN ohne Hinweis auf die noch nicht existente Gesellschaft in Anspruch nehmen (LAG Bremen 18. 11. 1980 – 4 Sa 92/79 – nv.; *Küttner/Bauer* Arbeitgeber Rn. 2). Fehlt jedoch die Zustimmung oder Ermächtigung nur eines Gesellschafters einer Vor-GmbH zu einem von einem Gesellschafter mit einem Dritten abgeschlossenen Arbeitsvertrag, so tritt eine Haftung der späteren GmbH nicht ein und es bleibt bei der persönlichen Haftung des Handelnden (LAG Hamm 28. 10. 1982 – 10 Sa 726/82 – nv.).

232 c) **Einheitliches Arbeitsverhältnis mehrerer Arbeitgeber.** Auf AGSeite können bei einem einheitlichen Arbeitsverhältnis auch mehrere natürliche und juristische Personen beteiligt sein. Nach Auffassung des BAG ist für die Annahme eines einheitlichen Arbeitsverhältnisses nicht Voraussetzung, daß die AG in einem besonderen gesellschaftsrechtlichen Rechtsverhältnis stehen, einen gemeinsamen Betrieb führen oder den Arbeitsvertrag gemeinsam abschließen. Ausreichend sei ein **allgemeiner rechtlicher Zusammenhang zwischen einzelnen AG**, der es verbietet, die Beziehungen rechtlich getrennt zu behandeln (BAG 27. 3. 1981 AP BGB § 611 Arbeitgebergruppe Nr. 1 mit krit. Anm. *Wiedemann*; krit. ferner *Schwerdtner* ZIP 1982, 900; *Schulin*, SAE 1983, 294).

Die Annahme eines einheitlichen Arbeitsverhältnisses hat zur Konsequenz, daß mehrere AG hins. 233
Beschäftigungs- und Vergütungspflicht als **Gesamtschuldner** haften. Im Regelfall kann das einheitliche Arbeitsverhältnis nur von und gegenüber allen auf einer Vertragsseite Beteiligten gekündigt werden. Ob ein dergestalt einheitliches Arbeitsverhältnis anzunehmen ist, ist durch **Auslegung des Vertrages** zu ermitteln. Eine Mehrheit von AG kann ein AN innerhalb eines Konzerns insb. dann haben, wenn bei **Entsendung** ein Arbeitsverhältnis ruht und ein weiteres Vertragsverhältnis mit der aufnehmenden Gesellschaft begründet wird. Allein durch die Bildung eines Gemeinschaftsbetriebs in Form einer BGB-Gesellschaft werden jedoch nicht alle Unternehmen AG aller in diesem Betrieb beschäftigten AN (BAG 5. 3. 1987 AP KSchG 1969 § 15 Nr. 30; LAG Düsseldorf 3. 7. 1998 ARST 1998, 262).

d) **Aufspaltung der Arbeitgeberfunktion.** AGFunktionen muß der Vertragspartner nicht notwendig selbst wahrnehmen. Dies wird besonders deutlich bei juristischen Personen und Minderjährigen. Hier wird von den gesetzlichen Organen bzw. den gesetzlichen Vertretern die AGFunktion wahrgenommen (MünchArbR/*Richardi* § 29 Rn. 10). 234

Eine Aufspaltung der AGFunktion (hierzu **Schrifttum:** *Konzen* ZfA 1982, 259; *Ramm* ZfA 1973, 235
263; *Wendeling-Schröder*, FS für Gnade, 1992, 367) tritt immer dann ein, wenn der AG nicht selbst beschäftigt, sondern beschäftigen läßt. Die Delegation von AGFunktionen sind bei Sonderformen des Arbeitsverhältnisses anzutreffen (zu mittelbaren Arbeitsverhältnissen und Gruppenarbeitsverhältnissen vgl. Rn. 194, 202; zum Konzernarbeitsverhältnis vgl. Rn. 242; § 1 AÜG Rn. 86 ff.; zu Arbeitsgemeinschaften im Baugewerbe § 9 BRTV). Das **Gesamthafenarbeitsverhältnis** nach Maßgabe des GesamthafenbetriebsG v. 3. 8. 1950 (BGBl. I S. 532) stellt einen gesetzlichen Fall der Aufspaltung der AGFunktion zwischen dem Gesamthafenbetrieb als „besonderer AG zur Schaffung stetiger Arbeitsverhältnisse für Hafenarbeiter" und den einzelnen Hafenbetrieben dar. Das Gesetz begründet keine Monopolstellung in Bezug auf die Vergabe von Hafenarbeiten (BAG 6. 12. 1995 AP Gesamthafenbetrieb § 1 Nr. 9).

II. Betrieb, Betriebsteil, Teilbetrieb, Betriebszugehörigkeit

Schrifttum: *Joost*, Betrieb und Unternehmen als Grundbegriffe im Arbeitsrecht, 1988; *Natzel*, Die Betriebszugehörigkeit im Arbeitsrecht, 2000.

Eine für alle arbeitsrechtlichen Gesetze gleichermaßen anzuwendende gesetzliche Definition des 236
Betriebsbegriffes gibt es nicht. Viele bedeutende arbeitsrechtliche Regelungen knüpfen an den Begriff eines Betriebes an. Das **Kündigungsschutzgesetz** ist im Ausgangspunkt betriebsbezogen (vgl. § 1 II KSchG). Der Betrieb ist Ausgangspunkt und Wirkungsstätte des **BR** (§ 1 BetrVG). Schließlich spielt der Betrieb des Betriebes auch im **TVRecht** bezüglich der Frage der Wirkung von TV eine Rolle (vgl. etwa § 3 II TVG). Auch wenn bisweilen darauf abgestellt wird, daß etwa der Betriebsbegriff des KSchG und des BetrVG der gleiche sei, ist stets zu beachten, daß der teleologische Zusammenhang eine abw. Definition erfordern kann. So kann etwa die Definition der Betriebsteile und Nebenbetriebe in § 4 BetrVG nicht ohne weiteres auf das KSchG übertragen werden (BAG 21. 6. 1995 AP BetrVG 1972 § 1 Nr. 16). Insb. im Bereich des § 613 a hat der Betriebsbegriff eine eigenständige Funktion (vgl. § 613 a Rn. 5 ff.).

Die klassische Definition des Betriebs ist **organisatorische Einheit,** innerhalb derer der **Unter-** 237
nehmer allein oder zusammen mit seinen Mitarbeitern bestimmte **arbeitstechnische Zwecke** mit Hilfe **sächlicher** oder **immaterieller Mittel fortgesetzt** verfolgt (BAG 18. 1. 1990 AP KSchG 1969 § 23 Nr. 9). Diese Definition ist weder für die Abgrenzung im Betriebsverfassungsrecht hinreichend noch im Individualarbeitsrecht als teleologischer Bezugspunkt anwendbar. Im Individualarbeitsrecht wird mit dem Begriff „Betrieb" regelmäßig der Rechtsträger gekennzeichnet. Das ist aber regelmäßig der AG bzw. das Unternehmen.

Mehrere Unternehmen können einen gemeinsamen Betrieb führen. Die Existenz sog. **Gemein-** 238
schaftsbetriebe (Einzelheiten vgl. § 4 BetrVG Rn. 7; § 23 KSchG Rn. 5) erkennt das Gesetz in § 322 UmwG ausdrücklich an.

Zahlreiche arbeitsrechtliche Vergünstigungen knüpfen an die **Dauer der „Betriebs"zugehörigkeit** 239
an (zB § 622; ausf. *Natzel*, aaO). Dieser Begriff ist zumeist in einem untechnischen Sinne zu verstehen. Er ist idR im Sinne von Unternehmenszugehörigkeit bzw. rechtlichem Bestand eines Arbeitsverhältnisses zu interpretieren. Eine Unternehmenszugehörigkeit ohne Betriebszugehörigkeit ist regelmäßig nicht denkbar (MünchArbR/*Richardi* § 30 Rn. 52; aA *Boemke* AR-Blattei SD 540 Rn. 10). Die Betriebszugehörigkeit ist insb. für die Erreichung von Schwellenwerten im Kündigungsschutzrecht und im Betriebsverfassungsrecht wesentliche Tatbestandsvoraussetzung (vgl. § 23 I 2 KSchG, § 1 BetrVG).

Zum Begriff des **Tendenzbetriebes** vgl. § 118 BetrVG. 240

III. Unternehmen

Der Begriff des Unternehmens ist arbeitsrechtlich weniger bedeutsam als der des Betriebes. Sein 241
Schwerpunkt liegt vielmehr im Handels- und Wirtschaftsrecht. Der Begriff des Unternehmens kann

definiert werden als die **organisatorische Einheit,** die **aus einem oder mehreren Betrieben** bestehen kann und die durch einen **gemeinsamen wirtschaftlichen oder ideellen Zweck** verbunden ist (BAG 23. 9. 1980 AP BetrVG 1972 § 47 Nr. 4). Der Begriff des Unternehmens setzt (im Unterschied zum Betrieb) idR einen einheitlichen Rechtsträger voraus (BAG 11. 12. 1987 AP BetrVG 1972 § 47 Nr. 7 mit Anm *Wiedemann*). Mehrere Unternehmen können sich aber zur Führung eines Gemeinschaftsbetriebes verbinden. AG der in dem Gemeinschaftsbetrieb beschäftigten AN sind idR die Einzelunternehmen; in Ausnahmefällen kann jedoch auch die zur Betriebsführung gebildete Gesellschaft AG sein.

IV. Konzern

Schrifttum: *Henssler,* Der Arbeitsvertrag im Konzern, 1983; *Junker,* Internationales Arbeitsrecht im Konzern, 1992; *Windbichler,* Arbeitsrecht im Konzern, 1989; *dies.,* Arbeitsrechtliche Vertragsgestaltung im Konzern, 1990.

242 Das Arbeitsrecht kennt keinen selbständigen Konzernbegriff, sondern übernimmt den in § 18 AktG definierten **gesellschaftsrechtlichen Begriff des Konzerns** (hierzu § 18 AktG Rn. 1 ff.). Danach liegt ein (sog. Unterordnungs-)Konzern vor, wenn mehrere verbundene Unternehmen vorliegen, von denen eines herrschend ist und eines oder mehrere abhängig sind, die unter der einheitlichen Leitung des herrschenden Unternehmens zusammengefaßt sind. Es ist zu berücksichtigen, daß in der Rspr. des BGH die Existenz eines Konzerns unter Umständen auch ohne Vorliegen eines Beherrschungs- oder Gewinnabführungsvertrages angenommen wird (BGH 20. 2. 1989 BGHZ 107, 7; BGH 23. 9. 1991 BGHZ 115, 187 = AP AktG § 303 Nr. 1; BGH 29. 3. 1993 BGHZ 122, 123 = AP AktG § 303 Nr. 2).

243 Die Zugehörigkeit des Unternehmens zu einem Konzern hat im Individualarbeitsrecht nur in wenigen Fällen Bedeutung. Die Rechte und Pflichten aus dem Arbeitsverhältnis werden durch die Konzernbindung des AG idR nicht berührt. Umstritten ist die Reichweite eines **konzernweiten Kündigungsschutzes** (vgl. BAG 27. 11. 1991 AP KSchG 1969 § 1 Konzern Nr. 6; BAG 20. 1. 1994 AP KSchG 1969 § 1 Konzern Nr. 8; BAG 21. 1. 1999 AP KSchG 1969 § 1 Konzern Nr. 9). Im Geltungsbereich des KSchG hat das BAG einen „Berechnungsdurchgriff" im Konzern abgelehnt (BAG 12. 11. 1998 AP KSchG 1969 § 23 Nr. 20). Die Möglichkeit zu **Abordnung** und **Versetzung** im Konzern bestimmt sich in erster Linie nach dem Inhalt des Arbeitsvertrages. Regelmäßig wird der AN nur für ein bestimmtes Konzernunternehmen eingestellt. Ein Vertragsschluß mit dem Konzern als solchem kommt nicht in Betracht, da dieser keine eigene Rechtspersönlichkeit hat (*Henssler* S. 38, 40 f.; *Konzen* RdA 1984, 65, 68). Bei der **vorübergehenden Beschäftigung** (Abordnung, Entsendung, Konzernleihe) in einem anderen Konzernunternehmen bleibt die arbeitsvertragliche Beziehung zum einstellenden Konzernunternehmern bestehen (zur konzerninternen ANÜberlassung vgl. § 1 AÜG Rn. 86). Sie ist nur zulässig, wenn der AN für den gesamten Bereich des Konzerns eingestellt ist bzw. sich im Arbeitsvertrag ein entspr. Vorbehalt findet oder die Parteien (konkludent) eine entspr. Vereinbarung treffen. Die Abordnung auf der Basis eines vertraglich eingeräumten Bestimmungsrechts unterliegt der Billigkeitskontrolle nach § 315 I (*Maschmann* RdA 1996, 24 ff.). Soll der AN dauerhaft in einem anderen Konzernunternehmen beschäftigt („versetzt") werden, kommt es zu einem konzerninternen AGWechsel, der nur durch Auflösung des bisherigen Arbeitsvertrages (durch Kündigung oder Aufhebungsvereinbarung) und Begründung eines neuen Vertragsverhältnisses oder im Wege eines dreiseitigen Übernahmevertrages erreicht werden kann. Der konzerninterne AGWechsel kann durch eine bloße „Konzernversetzungsklausel" nicht erreicht werden (näher *Maschmann* RdA 1996, 24, 35 ff.; *Windbichler* S. 95 f.; *Hanau/Preis* II D 20 Rn. 13 ff.). Die konzerndimensionale Ausgestaltung des Arbeitsvertrages hat aber durchaus kündigungsrechtliche Konsequenzen: Der AN kann sich auf eine ggf. bestehende Weiterbeschäftigungsmöglichkeit in konzernangehörigen Unternehmen berufen (BAG 27. 11. 1991 AP KSchG 1969 § 1 Konzern Nr. 6). Bei einer Abordnung zu einem Konzernunternehmen mit Rückkehrvereinbarung kann ein vertraglicher Verzicht auf die betriebsbedingte Kündigung aus bestimmten Gründen vorliegen (BAG 28. 11. 1962 EzA KSchG § 1 Nr. 12).

244 Regelmäßig gibt es keinen **konzerndimensionalen Gleichbehandlungsanspruch,** da die im Konzern zusammengeschlossenen Unternehmen ihre Eigenständigkeit behalten (BAG 20. 8. 1986 AP TVG § 1 Tarifverträge: Seniorität Nr. 6, hierzu näher Rn. 851 f.). Etwas anderes kann nur dann gelten, wenn die Konzernspitze für die Gewährung von AGLeistungen eine Verteilungskompetenz in Anspruch nimmt und konzernrechtlich entspr. Weisungen erteilt.

245 Handgreiflich ist die Bedeutung des Konzernbegriffs im **Betriebsverfassungsrecht.** Nach § 8 I 2 BetrVG ist auf die Wählbarkeitsvoraussetzung der sechsmonatigen Betriebszugehörigkeit auch die Zeit anzurechnen, in der der AN einem anderem Betrieb desselben Betriebs oder Konzerns angehört hat. Für einen Konzern kann nach § 53 BetrVG ein KonzernBR gebildet werden. Dadurch, daß § 54 I BetrVG nur auf § 18 I AktG verweist, ist klargestellt, daß ein KonzernBR nur in einem sog. Unterordnungskonzern errichtet werden kann. In einem Gleichordnungskonzern nach § 18 II AktG ist ein KonzernBR nicht zu bilden.

D. Rechtsquellen des Arbeitsrechts

I. Arbeitsvölkerrecht

In zahlreichen völkerrechtlichen Verträgen werden arbeitsrechtliche Fragen behandelt (hierzu ausf. 246 MünchArbR/*Birk* § 17). Hier kommen unter anderem in Betracht die **Europäische Sozialcharta v. 18. 10. 1961**, die **Europäische Menschenrechtskonvention** von 1950 (in Deutschland in Kraft getreten am 3. 9. 1953 BGBl. II 1954, S. 14) und der **Internationale Pakt über wirtschaftliche, soziale und kulturelle Rechte** von 1966, der 1976 in der Bundesrepublik in Kraft getreten ist (Gesetz v. 23. 11. 1973 BGBl. II 1973 S. 1570). Während die beiden zuletzt genannten Abkommen als unmittelbar geltendes Bundesrecht wirken, ist die Rechtsnatur der Sozialcharta umstritten. Nach überwiegender Auffassung stellt die Sozialcharta kein unmittelbar geltendes Recht dar (vgl. MünchArbR/*Birk* § 17 Rn. 83 mwN; *Zöllner* § 9 I 2; *Konzen*, JZ 1986, 157; aA *Söllner* § 6 III 2). Allerdings hat sich die Bundesrepublik zur Durchführung der Sozialcharta verpflichtet, so daß überwiegend zu Recht vertreten wird, daß die Sozialcharta Bedeutung bei der Auslegung von Gesetzen, der Lückenfüllung und ggfs. auch für die Rechtsfortbildung haben kann (*Zöllner* § 9 I 2; *Franzen* AR-Blattei SD 920 Rn. 8; offenlassend BVerfG 20. 10. 1981 BVerfGE 58, 233, 257 f.).

Zu nennen sind desweiteren **Übereinkommen der Internationalen Arbeitsorganisation/Interna-** 247 **tional Labor Organization (IAO/ILO)**. Diese Organisation will allgemein gerechte und menschenwürdige Arbeitsbedingungen schaffen und durch Ausgleich des sozialen Gefälles dem Weltfrieden dienen (Präambel der Verfassung, zul. geänd. am 27. 6. 1972, Bek. v. 21. 11. 1975, BGBl. II 2206). Die Übereinkommen, die von den Mitgliedstaaten zu ratifizieren und in nationales Recht umzusetzen sind, binden die Unterzeichnerstaaten völkerrechtlich; der einzelne AN kann aber aus ihnen unmittelbar regelmäßig keine Rechte herleiten (MünchArbR/*Birk* § 17 Rn. 52; *Franzen* AR-Blattei SD 920 Rn. 20; BAG 25. 3. 1998 AP BAT § 23 a Nr. 42). Sind die Übereinkommen in nationales Recht umgesetzt, so ist dies innerstaatlich einfaches Gesetzesrecht. Stimmt die nationale Regelung mit dem Übereinkommen nicht überein, so kann das ein völkerrechtlicher Vertragsverstoß sein, innerstaatlich bleibt die Regelung jedoch wirksam. Da diese Abkommen nur Mindeststandards festlegen und eine möglichst große Zahl von Staaten ihnen beitreten soll, kann das Schutzniveau nicht allzu hoch sein; die deutsche Arbeitsrechtsgesetzgebung erfüllt regelmäßig die Anforderungen. Überdies wird in Europa die Bedeutung der IAO-Übereinkommen durch die Rechtsetzung der EU abnehmen (s. MünchArbR/*Birk* § 17 Rn. 71).

II. Europäisches Gemeinschaftsrecht

1. Grundlagen. Das Arbeitsrecht bildet im Recht der EU keinen eigenständigen Regelungsgegen- 248 stand, sondern ist Bestandteil der Bestimmungen über die Sozialpolitik. Der Einfluß des EG-Rechts auf das nationale Arbeitsrecht steigt jedoch. Die Rechtsetzung der EU betrifft zunehmend Bereiche des allgemeinen Arbeitsvertragsrechts, insb. aber des sozialen und technischen Arbeitsschutzes. Die EU wird jedoch nur gemäß Art. 5 EG (1999) innerhalb der Grenzen der ihr im EG gesetzten Ziele tätig. Es gilt das Prinzip der enumerativen Einzelermächtigung. Im EG-Vertrag selbst befinden sich nur wenige materielle arbeitsrechtliche Regelungen, so zB die Bestimmungen über die Freizügigkeit der AN (Art. 39 ff. EG) oder den Grundsatz gleichen Entgelts für Männer und Frauen (Art. 141 EG). Diese Vorschriften entfalten unmittelbare Wirkung. Sie stehen über dem nationalen Bundesrecht.

2. Überblick. Die einzelnen Verordnungen und Richtlinien mit arbeitsrechtlicher Relevanz haben 249 inzwischen ein fast unüberschaubares Ausmaß angenommen. Im Folgenden seien die wesentlichen Regelungsgruppen skizziert.

Besondere Bedeutung hat die **Freizügigkeit der AN,** geregelt in Art. 39 ff. EG nebst zu diesem 250 Komplex ergangener Verordnungen und Richtlinien (hierzu Art. 39 EG; ausführlich *Runggaldier,* Die Freizügigkeit der AN im EG-Vertrag, in EAS B 2000).

Hervorragende Bedeutung hat der Rechtsgrundsatz **gleichen Entgelts von Männern und Frauen** 251 gem. Art. 141 EG nebst zahlreicher hierzu ergangener Richtlinien (hierzu Art. 141 EG Rn. 25). Zur Problematik der Vereinbarkeit des § 611 a mit dem EG-Recht vgl. § 611 a Rn. 3, 28 ff.

Abschluß, Inhalt und Beendigung des Arbeitsverhältnisses sind bruchstückhaft geregelt in der 252 **Nachweisrichtlinie** (91/533/EWG v. 14. 10. 1991 ABl. EG Nr. L 288 v. 18. 10. 1991 = EAS A 3330), der **Arbeitszeitrichtlinie** (93/104/EWG v. 23. 11. 1993 ABl. EG Nr. L 307 v. 13. 12. 1993 = EAS A 3440), **Massenentlassungsrichtlinien** (75/129/EWG v. 17. 2. 1975 ABl. EG Nr. L 48 v. 22. 2. 1975 = EAS A 3020 sowie 98/59/EG v. 20. 7. 1998 Abl. EG Nr. L 225 v. 12. 8. 1998 S. 16), **Betriebsübergangsrichtlinie** (77/187/EWG v. 14. 2. 1977 ABl. EG Nr. L 61 v. 5. 3. 1977 = EAS A 3040 sowie 98/50/G v. 29. 6. 1998 Abl. EG Nr. L 201 v. 17. 7. 1998, S. 88 = EAS A 3042), **Elternurlaubsrichtlinie** (96/34/EG v. 3. 6. 1996 Abl. EG Nr. L 145 v. 19. 6. 1996 S. 4 = EAS A 3490), **Entsendungsrichtlinie** (96/71/EWG v. 16. 12. 1996 ABl. EG Nr. L 18 v. 21. 1. 1997 = EAS A 3510), **Beweislastrichtlinie** bei Geschlechtsdiskriminierung (97/80/EG v. 15. 12. 1997 Abl. EG Nr. L 14 v. 20. 1. 1998, S. 6 = EAS

Preis

A 3530), **Teilzeitrichtlinie** (97/81/EG v. 15. 12. 1997 Abl. EG Nr. 9 14 v. 20. 1. 1998, S. 9 = EAS A 3540) sowie die Richtlinie über **befristete Arbeitsverträge** (1999/70/EG v. 28. 6. 1999 Abl. EG Nr. L 175 v. 10. 7. 1999 S. 43). Alle Materien sind weitgehend durch nationale arbeitsrechtliche Gesetze umgesetzt worden (vgl. NachwG, ArbZG, KSchG, BeschFG und §§ 611 a, 613 a und die hierzu ergangenen Kommentierungen). Geprüft wird zur Zeit, wie die Teilzeitrichtlinie und die Richtlinie über befristete Arbeitsverträge in nationales Recht umzusetzen ist (*Riester* AuR 2000, 41).

253 Hervorragende Bedeutung hat die Rechtsetzung im Bereich des **technischen und sozialen Arbeitsschutzes.** Die Rahmenrichtlinie 89/391/EWG (v. 12. 6. 1989 ABl. EG Nr. L 183 v. 29. 6. 1989 = EAS A 3200) ist zwischenzeitlich durch das Arbeitsschutzgesetz in nationales Recht umgesetzt worden. Zur Umsetzung der zahlreichen Einzelrichtlinien vgl. § 1 ArbSchG Rn. 1. Im Bereich des sozialen Arbeitsschutzes sind die Richtlinien über den **Arbeitsschutz bei befristeter Beschäftigung und bei Leiharbeit** (91/383/EWG), die **Mutterschutzrichtlinie** (92/85/EWG v. 19. 10. 1992 ABl. EG Nr. L 348 v. 28. 11. 1992 = EAS A 3380) und die **Jugendarbeitsschutzrichtlinie** (94/33/EWG v. 22. 6. 1994 ABl. EG Nr. L 216 v. 20. 8. 1994 = EAS A 3450) als zentrale Materien zu nennen, die jedoch allesamt in den entspr. nationalen arbeitsrechtlichen Vorschriften umgesetzt sind (AÜG, MuSchG, JArbSchG). Eine Sonderstellung nehmen die Sozialvorschriften im Straßenverkehr ein, die dem Schutz der Fahrer und der Sicherheit des Straßenverkehrs dienen (vgl. VO EWG 3820/85 v. 20. 12. 1985 ABl. EG Nr. L 370 v. 31. 12. 1985 = EAS A 2070 und VO EWG 3821/85 v. 20. 12. 1985 ABl. EG Nr. L 370 v. 31. 12. 1985 = EAS A 2080).

254 Im Bereich des Kollektivarbeitsrechts ist die Rechtsetzung der EG angesichts der unterschiedlichen Systeme in Europa sehr zurückhaltend. Als erster wesentlicher Rechtsetzungsakt ist zu nennen die Richtlinie über die Einsetzung eines **europäischen BR** (94/45/EWG v. 22. 9. 1994 ABl. EG Nr. L 254 v. 30. 9. 1994 = EAS A 3460). Auch dieses Gesetz ist zwischenzeitlich durch nationales Gesetz über europäische BR (EBRG) in nationales Recht umgesetzt.

255 **3. Rspr. des EuGH.** Großen Einfluß auf die nationale Rechtsentwicklung hat die zum Teil rechtsfortbildende Rspr. des EuGH. Hinzuweisen ist insb. auf die Rspr. zum Recht der Gleichbehandlung (vgl. Art. 141 Rn. 3 ff.; § 611 a Rn. 12 ff.) und zu § 613 a (vgl. § 613 a Rn. 5 ff.). Zum Vorabentscheidungsverfahren nach Art. 234 EG vgl. die Kommentierung dort.

III. Verfassungsrecht

256 Das GG der Bundesrepublik Deutschland steht auch im Arbeitsrecht unter den nationalen Rechtsquellen an erster Stelle und geht allen anderen innerstaatlichen Rechtsquellen vor. Die Bedeutung des GG, insb. die Einwirkung der Grundrechte auf das Arbeitsrecht ist besonders stark. Angesichts der fehlenden Konkretisierung in einem kodifizierten Arbeitsvertragsrecht wird die Schutzgebotsfunktion der Grundrechte in vielen Einzelfragen bei der Anwendung arbeitsrechtlicher Generalklauseln aktiv (vgl. zum Gesamtkomplex die Kommentierung zu den Vorschriften des GG).

IV. Arbeitsrechtliche Gesetze

257 **1. Übersicht.** Das Arbeitsrecht gehört nach Art. 74 I Nr. 12 GG einschließlich der Betriebsverfassung, des Arbeitsschutzes und der Arbeitsvermittlung zu den Gegenständen der konkurrierenden Gesetzgebung des Bundes. Deshalb ist die Bedeutung der Landesgesetze auf dem Gebiet des Arbeitsrechts gering. Zum Teil gibt es noch Landesgesetze über das Schlichtungswesen (Nipperdey I Nr. 521 bis 524). Eine – umstrittene – Domäne sind die Landesgesetze über Sonderurlaub für Mitarbeiter in der Jugendhilfe und die ANWeiterbildungsgesetze der Länder (abgedruckt in Nipperdey Nr. 135 bis 149 a). Zur verfassungsrechtlichen Problematik vgl. BVerfG 11. 2. 1992 AP SonderUrlG Hessen § 1 Nr. 1; BVerfG 15. 7. 1997 AP SonderUrlG Hessen § 1 Nr. 2.

258 Beim Gesetzesrecht ist zu unterscheiden zwischen Normen zwingenden Rechts und solchen, die dispositiv sind. Charakteristisch für das Arbeitsrecht ist, daß die dispositiven Regelungen im Vergleich zahlenmäßig deutlich seltener sind, was darauf zurückzuführen ist, daß der Gesetzgeber angesichts des typischerweise bestehenden Machtungleichgewichts zwischen AG und AN Schutzvorschriften zugunsten der AN schuf, die ihrer Funktion nach zwingend sein müssen.

259 **2. Einseitig und zweiseitig zwingendes Gesetzesrecht.** Ob Normen zwingend sind, ergibt sich tlw. aufgrund ausdrücklicher Anordnung, zB in § 619, § 62 IV HGB, § 13 I 3 BUrlG. Bei nicht ausdrücklicher Anordnung kann sich die zwingende Wirkung aus dem Schutzgedanken der Norm ergeben. Zahlreiche arbeitsrechtliche Schutzvorschriften enthalten Verbotsnormen im Sinne des § 134. Hier sind zB zu nennen die Beschäftigungsverbote in §§ 3, 4, 6 MuSchG. Zwingende Schutzvorschriften finden sich desweiteren im JArbSchG, im BUrlG und im ArbZG. Vgl. zu den Rechtsfolgen Rn. 464 ff.

260 **3. Tarifdispositives Gesetzesrecht.** Etwas anderes gilt für Normen, die durch TV abbedungen werden können. Als Beispiele sind zu nennen: Lohnfortzahlung (§ 4 IV EFZG); Kündigungsfristen (§ 622 IV); Teilzeitarbeitsrecht (§ 6 BeschFG); Urlaubsrecht (§ 13 BUrlG); betriebliche Altersversorgung (§ 17 III BetrAVG); Arbeitszeitschutz (§ 7 ArbZG, § 21 a JArbSchG); ANÜberlassung (§ 1 I

und III AÜG); Arbeitsrecht für Seeleute (§§ 100a, 104, 140 SeemG); Zuständigkeitsregelungen im Arbeitsgerichtsprozeß (§§ 48 II und 101 I und II ArbGG). Dahinter steht die Vorstellung, daß zwar der einzelne AN des Schutzes bedarf, TV aber zwischen in etwa gleich starken Partnern ausgehandelt werden.

Zu beachten ist, daß die Geltung zuungunsten der AN abweichender Regelungen in TV auch 261 zwischen nichttarifgebundenen Parteien vereinbart werden kann. Insoweit stehen auch zwingende Regelungen zur Disposition. Zu nennen sind hier § 622 IV 2 BGB, § 13 I 2 BUrlG, § 17 III 2 BetrAVG.

4. Dispositives Gesetzesrecht. Neben den tarifdispositiven Normen, die nur durch TV abbedungen 262 werden dürfen, bestehen dispositive Normen, die der Vertragsgestaltung der Parteien unterliegen, zB §§ 612, 613, 614, 615. Diese können grds. auch durch Arbeitsvertrag oder Betriebsvereinbarung abweichend ausgestaltet werden.

V. Rechtsverordnungen

Als arbeitsrechtliche Rechtsquelle unterhalb der Ebene des Gesetzesrechts, dh. der Gesetze im 263 formellen Sinne sind die Rechtsverordnungen zu nennen, die nur aufgrund einer den Anforderungen des Art. 80 GG genügenden Ermächtigungsnorm erlassen werden dürfen. Diese haben von ihrer Verbreitung her nicht die Bedeutung das Gesetzesrecht und sind im Laufe der Rechtsentwicklung als arbeitsrechtliche Gestaltungsform eher zurückgedrängt worden. In Rechtsverordnungen sind zB die Durchführung des TVG sowie des BetrVG sowie Wahlordnungen des Kollektivarbeitsrechts geregelt. Wichtige Materien der Rechtsverordnung betreffen den Bereich des Arbeitsschutzes (hierzu §§ 18, 19 ArbSchG).

Zum Rechtscharakter der Allgemeinverbindlichkeitserklärung von TV (vgl. § 5 TVG). 264

VI. Satzungsrecht

Eine besondere Stellung zwischen Arbeitsrecht und Sozialrecht nehmen die Unfallverhütungsvor- 265 schriften ein. Es handelt sich dabei nicht um Rechtsverordnungen, sondern um autonomes Satzungsrecht der Berufsgenossenschaften, dh. der Träger der gesetzlichen Unfallversicherung. Diese Unfallverhütungsvorschriften enthalten Verhaltensmaßregeln für AG und AN und binden sie in der gesetzlichen Unfallversicherung Versicherten – also die AN – und ihre AG (vgl. dazu § 15 SGB VII). Gegenstand der Vorschriften sind die Einrichtungen, Anordnungen und Maßnahmen, die von den Unternehmern zur Verhütung von Arbeitsunfällen zu treffen sind und das Verhalten, das die Versicherten zur Verhütung von Arbeitsunfällen zu beachten haben. Die Durchführung wird von Aufsichtspersonen überwacht.

VII. Tarifverträge

TV enthalten Rechtsnormen, die den Inhalt, den Abschluß und die Beendigung von Arbeitsverhält- 266 nissen sowie betriebliche und betriebsverfassungsrechtliche Fragen regeln (§ 1 I TVG). Sie setzen Mindestarbeitsbedingungen zu Gunsten der tarifgebundenen AN und wirken zwingend und unmittelbar (§ 4 TVG). TV haben erhebliche Bedeutung für die Gestaltung des Arbeitsvertragsinhalts. Sie werden typischerweise auch auf nicht tarifgebundene AN durch Bezugnahme (Rn. 286) angewendet. Einzelheiten zum TVRecht vgl. die Kommentierung zum TVG.

VIII. Betriebs- und Dienstvereinbarungen

Betriebsvereinbarungen wirken nach § 77 BetrVG unmittelbar und zwingend auf die Arbeitsver- 267 hältnisse in ihren Geltungsbereich ein (vgl. näher hierzu § 77 BetrVG Rn. 1 ff.).

IX. Arbeitsvertrag

Im Rahmen der von Recht und Gesetz sowie insb. Kollektivverträgen gesetzten Grenzen wird der 268 Inhalt des Arbeitsverhältnisses wesentlich durch den Arbeitsvertrag gestaltet. Begründung und inhaltliche Ausgestaltung erfolgen nach dem Prinzip der Privatautonomie (vgl. auch § 105 GewO), das jedoch mannigfache Erschränkungen erfährt. Im Arbeitsrecht sind **verschiedene Erscheinungsformen arbeitsvertraglicher Abreden** anzutreffen. Diese sind in die allgemeine Privatrechtsdogmatik einzuordnen.

Nach dem Grundsatz der Privatautonomie können Arbeitsverträge auch während ihres Laufs 269 geändert werden (§§ 241, 305). Eine besondere Bedeutung hat die konkludente **Vertragsänderung.** Vom AG angebotene Verbesserungen der Vertragsbedingungen werden zumeist iSd. § 151 ohne ausdrückliche Annahmeerklärung Vertragsbestandteil (hierzu § 611 BGB Rn. 523).

Preis

270 **1. Ausgehandelte Einzelarbeitsverträge.** Der **Begriff** des Einzelarbeitsvertrages wird im Arbeitsrecht vielfach als Gegenbegriff zu den arbeitsrechtlichen Kollektivverträgen (TV, Betriebsvereinbarung) verwandt. Mit dem Begriff des Einzelarbeitsvertrages ist jedoch noch keine qualitative Einstufung zur Art und Weise des Zustandekommens verbunden. Einzelarbeitsverträge sind auch Formulararbeitsverträge bzw. Einheitsregelungen, die einer besonderen Inhaltskontrolle bedürfen (Rn. 552 ff.). Aus Gründen der begrifflichen Klarheit sollte zwischen dem **vorformulierten und dem individuell ausgehandelten Einzelarbeitsvertrag** differenziert werden. Auch wenn individuell ausgehandelte Vereinbarungen im Arbeitsverhältnis empirisch nur eine zu vernachlässigende Rolle spielen (*Preis* Vertragsgestaltung S. 23, 57 f.), ist eine differenzierte Betrachtung angezeigt. Insb. bei der Vereinbarung von Vertragsbedingungen, die ausdrücklich vom AN gewünscht sind, besteht kein über die allgemeinen Grundsätze hinausgehendes Bedürfnis zur Inhaltskontrolle (vgl. etwa zur Befristung auf Wunsch des AN: BAG 22. 3. 1973 AP BGB § 620 Befristeter Arbeitsvertrag Nr. 38; zur Vertragstypenwahl Rn. 77).

271 **2. Formularverträge, vertragliche Einheitsregelungen, allgemeine Arbeitsbedingungen.** Die typische Form der arbeitsvertraglichen Abrede ist der arbeitgeberseitig vorformulierte (Formular-)Vertrag. Neben dem vorformulierten Grundvertrag werden darüber hinaus zahlreiche Einheitsregelungen oder allgemeine Arbeitsbedingungen durch Verweisung in den Arbeitsvertrag einbezogen. Diese Vertragstypen sind den **Allgemeinen Geschäftsbedingungen vergleichbar,** allerdings findet das AGB-Gesetz gemäß § 23 I AGBG keine Anwendung auf Arbeitsverträge. Im Wege der richterlichen Inhalts- bzw. Angemessenheitskontrolle (§ 242) finden die Wertungen des AGBG jedoch Eingang in das Arbeitsrecht (hierzu Rn. 552).

272 Auch wenn Arbeitsbedingungen nur zu einem geringen Teil individuell ausgehandelt werden, rechtfertigt dies nicht die Schmälerung des **Prinzips der Vertragsbindung** (§ 305). Das Prinzip „pacta sunt servanda" gilt auch im Arbeitsrecht. Vertragsparteien, die die grundrechtlich geschützte Vertragsfreiheit (hierzu Art. 2 GG Rn. 27 ff.) gleichermaßen durch einen Akt freiheitlicher Selbstbestimmung vollzogen haben, trifft die gleiche Verantwortung, das Gewollte zu erfüllen. Hins. der Vertragsbindung ist auf dieser Basis jedoch eine **Differenzierung zwischen ausgehandelter Individualabrede und vorformulierter Vereinbarung** notwendig. Diktierte und für eine Vielzahl gleicher Fälle konzipierte Vereinbarungen entfalten angesichts der fehlenden gemeinsamen Verantwortung für den Vertragsinhalt eine geringere Bindungskraft. Die Rechtsordnung reagiert mit Eingriffen in den Vertragsinhalt, sei es durch die Instrumente einer Inhaltskontrolle oder andere Instrumente zwingenden Rechts (hierzu *Preis* Vertragsgestaltung S. 29). Im Arbeitsvertragsrecht hat sich dies insb. um die Diskussion zur Ablösbarkeit allgemeiner Arbeitsbedingungen durch Betriebsvereinbarungen gezeigt (BAG 16. 9. 1986 BetrVG 1972 § 77 Nr. 17). Das BAG sieht hiernach nur vertragliche Einheitsregelungen und Gesamtzusagen im Rahmen eines äußerst umstrittenen (hierzu § 77 BetrVG Rn. 77) – kollektiven Günstigkeitsvergleichs durch Betriebsvereinbarung für ablösbar an. In individuelle Vereinbarungen zwischen AG und AN kann jedoch durch Betriebsvereinbarung überhaupt nicht eingegriffen werden. Hier bleibt der AG zur Abänderung auf allgemeine individualrechtliche Instrumente (Änderungsvertrag, Änderungskündigung) angewiesen. Das **Günstigkeitsprinzip** ist Erscheinungsform eines spezifischen Anwendungsfalls einer besonders bestandsfesten, weil auf dem Prinzip funktionstüchtiger Vertragsautonomie basierenden Vereinbarung (BAG 16. 9. 1986 AP BetrVG 1972 § 77 Nr. 17).

273 In der Rspr. findet sich ferner die **Differenzierung zwischen typischen und atypischen Verträgen.** Sog. „nicht-typische Vertragsklauseln" (= individuell vereinbarte Klauseln) sind revisionsgerichtlich nur daraufhin nachzuprüfen, ob das Berufungsgericht gegen die gesetzlichen Auslegungsregeln der §§ 133, 157, gegen Denkgesetze oder allgemeine Erfahrungssätze verstoßen hat (BAG 17. 2. 1966 AP BGB § 133 Nr. 30; BAG 28. 1. 1987 AP BAT 1975 §§ 22, 23 Nr. 130). Der sog. „typische Arbeitsvertrag" unterliegt nach st. Rspr. dagegen der vollen Nachprüfung durch das Revisionsgericht, weil darin Vertragsbedingungen enthalten sind, die in gleicher Weise für eine Vielzahl von Arbeitsverhältnissen bestimmt sind (BAG 11. 10. 1976 AP TVG § 1 Rundfunk Nr. 1; BAG 13. 8. 1986 AP BGB § 242 Gleichbehandlung Nr. 77; BAG 3. 12. 1985 AP BAT § 74 Nr. 2). Dabei ist unerheblich, ob ein Formulartext oder ein jeweils aus einem Textverarbeitungssystem abgerufener einheitlicher Vertrag vorliegt (BAG 27. 1. 1997 NZA 1997, 1009, 1011).

274 **3. Gesamtzusage.** Der AG hat die Möglichkeit, durch förmliche Bekanntgabe an die Belegschaft zusätzliche Leistungen, zB Ruhegeld, zu gewähren. Die Gesamtzusagen beziehen sich nur auf die den AN begünstigende Regelungen. Nach herrschender Ansicht wird in der Gesamtzusage ein Vertragsangebot an jeden einzelnen AN gesehen. Die AN können ein solches Angebot annehmen, ohne daß es einer ausdrücklichen Annahmeerklärung bedarf (§ 151; BAG 13. 3. 1975 AP BGB § 242 Ruhegehalt Nr. 167). Ungeachtet der dogmatischen Begründung werden nach Auffassung des BAG Gesamtzusagen Bestandteil des Arbeitsvertrages (BAG 12. 10. 1995 AP BetrVG 1972, § 99 Versetzung Nr. 8). Von der Zusage kann sich der AG nur durch Änderungskündigung lösen, sofern die Zusage keinen Änderungs- oder Widerrufsvorbehalt enthält (BAG 14. 6. 1995 AP BGB § 611 Personalrabatt Nr. 1). Die Gesamtzusage bezieht sich in der Praxis typischerweise auf für den AN günstige Sozial- oder Geldleistungen; Bedeutung hat sie insb. im Ruhegeldrecht (vgl. etwa BAG 28. 7. 1998 AP BetrAVG

D. Rechtsquellen des Arbeitsrechts   § 611 BGB 230

§ 1 Überversorgung Nr. 4), bei Sondervergütungen (Rn. 786 ff.), Personalrabatten und Deputaten (BAG 14. 6. 1995 AP BGB § 611 Personalrabatt Nr. 1; BAG 10. 4. 1984 AP BGB § 242 Gleichbehandlung Nr. 64).

Das Mitbestimmungsrecht des BR nach § 87 I Nr. 8, 10 BetrVG ist von wesentlicher Bedeutung 275 und hat in der Praxis zur weitgehenden Verdrängung der Gesamtzusage durch Betriebsvereinbarung oder Regelungsabrede geführt (zur Möglichkeit der Ablösung einer Gesamtzusage durch Betriebsvereinbarung vgl. § 77 BetrVG Rn. 88). Im Einzelfall kann eine unwirksame Betriebsvereinbarung in eine Gesamtzusage umgedeutet werden (BAG 23. 8. 1989 AP BetrVG 1972 § 77 Nr. 42). Neben einer geschlossenen Betriebsvereinbarung entsteht aber regelmäßig kein selbständiger Anspruch aus einer Gesamtzusage (LAG Köln 12. 6. 1998 NZA-RR 1999, 30).

4. Betriebliche Übung. Das Institut der betrieblichen Übung ist – **gewohnheitsrechtlich aner-** 276 **kannt** (*Gamillscheg*, FS für Hilger/Stumpf, 1983, 227 ff.; *Backhaus* AuR 1983, 65; *Hromadka* NZA 1984, 241; *Pauly* MDR 1997, 213; *Seiter*, Die Betriebsübung, 1967; *Singer* ZfA 1993, 487; vgl. auch § 1 I 4 BetrAVG) – die regelmäßige (gleichförmige) Wiederholung bestimmter Verhaltensweisen des AG, aus denen AN einen konkreten Verpflichtungswillen des AG ableiten können, ihnen solle eine Leistung oder Vergünstigung auf Dauer gewährt werden. Eine betriebliche Übung ist grds. bei jedem Verhalten und bezogen auf **alle Arbeitsvertragsinhalte** denkbar. Ein Bindungswille wird jedoch nur ausnahmsweise bei Gegenständen anzunehmen sein, die die Organisation des Betriebes oder das Direktionsrecht des AG betreffen (BAG 21. 1. 1997 AP BetrVG 1972 § 77 Nr. 64).

Ansprüche aus betrieblicher Übung können nur für den geltend gemachten Anspruch keine anderweitige Anspruchsgrundlage besteht (BAG 27. 6. 1985 AP BetrVG 1972 § 77 277 Nr. 14). Gewährt der AG mehrere Jahre, mindestens 3 Jahre, eine Leistung (Weihnachtsgratifikation, Ruhegeld), entsteht auch ohne eine ausdrückliche vertragliche Regelung aus diesem als Willenserklärung zu wertenden Verhalten, das von den AN stillschweigend angenommen (§ 151) wird, ein Anspruch in den Folgejahren (sog. **Vertragstheorie** – BAG 14. 8. 1996 AP BGB § 242 Betriebliche Übung Nr. 47; BAG 21. 1. 1997 AP BetrVG 1972 § 77 Nr. 64; abl. *Singer* ZfA 1993, 487 ff.). Es kommt nicht darauf an, ob ein Verpflichtungswille besteht, sondern wie die AN als Erklärungsempfänger das Verhalten unter Berücksichtigung aller Begleitumstände gem. §§ 133, 157 verstehen mußten. Die wohl herrschende Vertragstheorie wird durch Elemente der **Theorie der Vertrauenshaftung** (grdl. *Canaris*, Die Vertrauenshaftung im deutschen Privatrecht, 1971, S. 387 ff.) ergänzt, da bestimmte Erscheinungen der betrieblichen Übung dogmatisch nur mit dem Grundsatz des Vertrauensschutzes über § 242 begründet werden können. Dies gilt insb. bezüglich der Rspr. zur dreimaligen vorbehaltslosen Gewährung von Sonderleistungen (zutreffend MünchKommBGB/*Müller-Glöge* Rn. 241; *Erman/Hanau* Rn. 277; *Singer* ZfA 1993, 487, 494). Die Annahme einer Willenserklärung bei rein tatsächlicher Leistung erscheint konstruiert. Vielmehr kommt es maßgeblich auf die Schutzwürdigkeit des Vertrauens an, das den Bruch mit einer regelmäßigen Übung als ein gegen Treu und Glauben verstoßendes widersprüchliches Verhalten erscheinen lassen würde.

Die praktische Handhabung des Instituts der betrieblichen Übung in der jüngeren Rspr. ebenso wie 278 die Fortentwicklung der Vertragspraxis lassen im Ergebnis nur noch selten eine vertragliche Bindung des AG entstehen (s. a. *Hennige* NZA 1999, 281, 288). Im einzelnen: Auf der Basis der Vertragstheorie kann der AG durch **ausdrückliche oder konkludente Willenserklärung** (BAG 4. 9. 1985 AP BGB § 242 Betriebliche Übung Nr. 22) eine **Bindung für die Zukunft ausschließen.** Ein Anspruch entsteht demnach nicht, wenn der AG die Leistung jedesmal nur **unter Vorbehalt,** sei es durch Aushang, Rundschreiben oder Erklärung gegenüber jedem einzelnen AN, gewährt hat. Damit macht er hinreichend deutlich, daß er jedes Jahr neu über die zusätzliche Leistung entscheiden will. Eine zukünftige Bindung kann der AG durch einen unmißverständlich erklärten Vorbehalt ausschließen, wobei der Vorbehalt **keiner bestimmten Form bedarf** (BAG 6. 9. 1994 AP BGB § 242 Betriebliche Übung Nr. 45). Die jüngere Rspr. ist bei der **Annahme eines vertrauenszerstörenden Vorbehalts** großzügig. Schon wenn der AG eine freiwillige Leistung (Weihnachtsgeld) jährlich in unterschiedlicher Höhe „nach Gutdünken" gewährt, wird dies als Vorbehalt gewertet, diese Leistung nur für das jeweilige Jahr zu zahlen (BAG 28. 2. 1996 AP BGB § 611 Gratifikation Nr. 192 = NZA 1996, 758). Auch der Vorbehalt der jährlichen Prüfung einer Gehaltsanpassung steht dem Entstehen einer betrieblichen Übung entgegen (LAG Düsseldorf 9. 7. 1997 LAGE BGB § 242 Betriebliche Übung Nr. 21). Die Erklärung, daß eine (freiwillige) Arbeitsbefreiung (Rosenmontag, Brauchtumstage, Heiligabend) „auch in diesem Jahr" bzw. für das „laufende Jahr" gewährt wird, soll ein Vertrauen auf Weitergewährung zerstören (BAG 12. 1. 1994 AP BGB § 242 Betriebliche Übung Nr. 43; BAG 6. 9. 1994 AP BGB § 242 Betriebliche Übung Nr. 45). Ein Vertrauen soll schon dann nicht entstehen, wenn die jährliche Leistung erkennbar als nicht ins Gewicht fallende Annehmlichkeit („eine kleine Freude": Sonderzahlung oder Sachgeschenk im Werte von DM 100,–) ausgestaltet ist (BAG 16. 4. 1997 AP BGB § 242 Betriebliche Übung Nr. 53 = NZA 1998, 423).

Der **öffentliche AG** kann bei Fehlen einer förmlichen Rechtsgrundlage stets freiwillig gewährte 279 Freistellungen wieder einstellen (BAG 14. 9. 1994 AP BGB § 242 Betriebliche Übung Nr. 46; LAG Köln 8. 7. 1993 LAGE BGB § 242 Betriebliche Übung Nr. 7). **Ansprüche auf Gehaltserhöhung**

Preis 1347

können mangels Vertrauenstatbestandes regelmäßig nicht aus betrieblicher Übung folgen (BAG 4. 9. 1985 AP BGB § 242 Betriebliche Übung Nr. 22). Dies gilt auch dann, wenn der AG aufgrund Betriebsvereinbarung zu jährlicher Gehaltsüberprüfung verpflichtet ist (BAG 16. 9. 1998 AP BGB § 242 Betriebliche Übung Nr. 54).

280 Eine **Schriftformabrede** im Arbeitsvertrag steht dem Entstehen einer betrieblichen Übung idR nicht entgegen (BAG 16. 7. 1996 AP BetrAVG § 1 Betriebliche Übung Nr. 7; BAG 7. 9. 1982 AP TV Arb Bundespost § 3 Nr. 1; BAG 28. 10. 1987 AP AVR § 7 Caritasverband Nr. 1 = NZA 1988, 425; aA BAG 27. 3. 1987 AP BGB § 242 Betriebliche Übung Nr. 29). Einer Schriftformklausel im unmittelbar und zwingend geltenden TV (nicht im nachwirkenden BAG 18. 5. 1977 AP BAT § 4 Nr. 4) soll dagegen dem Entstehen der betrieblichen Übung grds. entgegenstehen (BAG 8. 12. 1981 AP BAT § 4 Nr. 8), sofern kein Rechtsmißbrauch vorliegt (BAG 7. 9. 1982 AP TV Arb Bundespost § 3 Nr. 1).

281 Der aus einer betrieblichen Übung entstandene vertragliche Anspruch kann **nicht mehr durch einseitigen Widerruf** durch Vereinbarung zwischen AG und AN **abgeändert und aufgehoben** werden. Es gelten hier keine erleichterten Voraussetzungen gegenüber anderen arbeitsvertraglichen Vereinbarungen. Notwendig wird eine Änderungsvereinbarung oder eine Änderungskündigung nach Maßgabe der §§ 1, 2 KSchG (ArbG Celle 30. 7. 1998 NZA-RR 1998, 490; LAG Berlin 11. 5. 1998 NZA-RR 1998, 498). Eine Kürzung wegen wirtschaftlicher Schwierigkeiten aus dem Gesichtspunkt des Wegfalls der Geschäftsgrundlage kommt idR nicht in Betracht (BAG 26. 10. 1961 NJW 1962, 173 = AP ZPO § 322 Nr. 7). Das bloße Schweigen (§ 147) des AN auf eine arbeitgeberseitig angebotene Änderung stellt aber noch keine Annahme dar (BAG 14. 8. 1996 AP BGB § 242 Betriebliche Übung Nr. 47; krit. hierzu *Feudner* BB 1997, 1049). Denkbar ist aber eine Betriebsübung **zuungunsten der AN**, wenn zB eine sonst regelmäßig gewährte Weihnachtsgratifikation mehrere Jahre hintereinander widerspruchslos nicht mehr gezahlt wird (BAG 18. 7. 1968 AP BGB § 242 Betriebliche Übung Nr. 8). Einmalige Nichterfüllung genügt nicht (BAG 10. 8. 1988 AP BGB § 242 Betriebliche Übung Nr. 32). Auch soll eine alte betriebliche Übung einvernehmlich geändert werden, wenn der AN einer **geänderten Handhabung** (hier: Gewährung unter Freiwilligkeits- und Widerrufsvorbehalt) **über einen Zeitraum von drei Jahren nicht widerspricht** (BAG 26. 3. 1997 AP BGB § 242 Betriebliche Übung Nr. 50 = NZA 1997, 1007; BAG 4. 5. 1999 AP BGB § 242 Betriebliche Übung Nr. 55; LAG Köln 21. 4. 1998 LAGE BGB § 242 Betriebliche Übung Nr. 22 = NZA-RR 1998, 506). Das ist zweifelhaft, weil sich dogmatisch nicht begründen läßt, daß ein zum Vertragsbestandteil erwachsener Anspruch durch bloßes Schweigen auf eine einseitig geänderte Handhabung verändert werden kann (kritisch bzw. abl. *Speiger* NZA 1998, 510; *Kettler* NJW 1999, 435; Franzen SAE 1997, 344 ff.; Goertz AuR 1999, 463 ff.; s. a. LAG Schleswig-Holstein 24. 2. 1998 LAGE BGB § 611 Gratifikation Nr. 41 = NZA-RR 1998, 391 gewährt Vertrauensschutz gegen Rspr. des BAG; dem BAG im Ergebnis zust. *Tappe/Koplin* DB 1998, 2114).

282 Für die Arbeitsverhältnisse des **öffentlichen Dienstes** hält die Rspr. die Grundsätze der betrieblichen Übung nicht für uneingeschränkt anwendbar, weil in großem Umfang Rechts- und Haushaltsvorschriften ebenso wie Tarifnormen zu beachten seien. Deshalb gilt im Zweifel der **Grundsatz des Normvollzuges**, weil der AN davon ausgehen müsse, daß sein AG nur die Leistungen gewährt, zu denen er rechtlich verpflichtet ist (BAG 11. 10. 1995 AP BGB § 611 Arbeitszeit Nr. 9 = NZA 1996, 718; BAG 16. 1. 1985 AP BAT § 44 Nr. 9; BAG 10. 4. 1985 AP BGB § 242 Betriebliche Übung Nr. 19; BAG 14. 9. 1994 AP BGB § 242 Betriebliche Übung Nr. 46). Ohne besondere Anhaltspunkte darf im öffentlichen Dienst auch bei langjähriger Gewährung von Vergünstigungen, die den Rahmen rechtlicher Verpflichtungen überschreiten, nicht darauf vertraut werden, die Übung sei Vertragsinhalt geworden und werde unbefristet weitergewährt; der AN muß mit einer Korrektur der fehlerhaften Rechtsanwendung rechnen (vgl. BAG 29. 11. 1983 AP BGB § 242 Betriebliche Übung Nr. 15; BAG 23. 6. 1988 AP BGB § 242 Betriebliche Übung Nr. 33; BAG 24. 3. 1993 AP BGB § 242 Betriebliche Übung Nr. 38; BAG 14. 9. 1994 AP BGB § 242 Betriebliche Übung Nr. 46). Hierdurch werden AG des öffentlichen Dienstes gegenüber privaten AG insofern bevorzugt, weil unterstellt wird, öffentliche AG erklärten im Zweifel keinen rechtsgeschäftlich erheblichen Willen (vgl. MünchKommBGB/*Müller-Glöge* Rn. 240; *Singer*, 487, 512 ff.; zurückhaltend auch BAG 16. 7. 1996 AP BetrAVG § 1 Betriebliche Übung Nr. 7). Im **kirchlichen Bereich** wendet die Rspr. die allgemeinen Grundsätze an (zur Gewährung einer Heimzulage BAG 26. 5. 1993 AP AVR Diakonisches Werk § 12 Nr. 2 und 3).

283 Für später eintretende AN kann die betriebliche Übung jederzeit durch eindeutige, einseitige Erklärung des AG beendet werden. Es reicht allerdings nicht aus, wenn der AG lediglich die durch betriebliche Übung begründeten Ansprüche nicht erfüllt (BAG 10. 8. 1988 AP BGB § 242 Betriebliche Übung Nr. 32). Die Möglichkeit einer kollektiven Kündigung der betrieblichen Übung besteht nicht. Unter Umständen kann bei Sozialleistungen eine Ablösung der durch betriebliche Übung entstandenen Ansprüche durch eine umstrukturierende Betriebsvereinbarung erfolgen (hierzu BAG 16. 9. 1986 AP BetrVG 1972 § 77 Nr. 17).

284 **Einzelfälle:** Der Anwendungsbereich der betrieblichen Übung ist weit gestreckt. Jede Arbeitsvertragsbedingung kann – bei Vorliegen der Voraussetzungen – durch betriebliche Übung Bestandteil des

D. Rechtsquellen des Arbeitsrechts § 611 **BGB 230**

Arbeitsverhältnisses werden (zu Ansprüchen auf **Altersversorgung** nach beamtenrechtlichen Grundsätzen BAG 16. 7. 1996 AP BetrAVG § 1 Betriebliche Übung Nr. 7; ferner BAG 29. 10. 1995 AP BetrAVG § 1 Betriebliche Übung Nr. 2; **13. Ruhegehalt,** das in Versorgungsordnung nicht vorgesehen war BAG 30. 10. 1984 AP BetrVG § 1 Betriebliche Übung Nr. 1). Auch eine **Versorgungsordnung** kann in ihrer jeweiligen Fassung durch betriebliche Übung einbezogen werden (LAG Düsseldorf 2. 10. 1998 BB 1999, 110). So kann die **Anwendung von TV** auf nicht tarifgebundene Vertragsparteien durch betriebliche Übung begründet werden (BAG 19. 1. 1999 BB 1999, 1388; BAG 8. 12. 1960 AP BGB § 611 Wegezeit Nr. 1; LAG Hamburg 3. 2. 1998 LAGE TVG § 3 Bezugnahme auf Tarifvertrag Nr. 5; LAG Düsseldorf 9. 11. 1977 AuR 1978, 187). Problematisch ist, ob die – vertragsrechtlich mögliche – konkludente Einbeziehung den Anforderungen des NachwG genügt (hierzu § 2 NachwG Rn. 16). Typische Ansprüche aus betrieblicher Übung sind Zusatzvergütung oder Aufwandsentschädigung: **Sondervergütungen, 13. Gehalt** (BAG 2. 9. 1992 EzA § 611 BGB Gratifikation, Prämie Nr. 95); **Nichtanrechnung von Tariflohnerhöhung** (hierzu Rn. 633); Vergütung von **Betriebspausen als Arbeitszeit** (LAG Hamm 25. 7. 1986 LAGE BGB § 242 Betriebliche Übung Nr. 2); **Fahrtkostenzuschüsse** (LAG Düsseldorf 24. 1. 1989 LAGE § 611 Kirchliche AN Nr. 2); **Wechselschichtzuschlag** (BAG 3. 8. 1982 AP BGB § 242 Betriebliche Übung Nr. 12); **Fortbildungskosten** (LAG 5. 2. 1991 LAGE BGB § 670 Nr. 8); **Trennungsentschädigung** (BAG 7. 9. 1982 AP TV Arb Bundespost § 3 Nr. 1); **Vergütung von Bereitschaftsdienst** (BAG 13. 11. 1986 AP BGB § 242 Betriebliche Übung Nr. 27); **Sonderkonditionen von Bankmitarbeitern** (LAG Köln 16. 3. 1995 ARSt. 1995, 254); **Verbilligtes Kantinenessen** (LAG Frankfurt 24. 2. 1984 NZA 1984, 259); **Freizeit an Brauchtumstagen oder Feiertagen** (BAG 12. 1. 1994 AP BGB § 242 Betriebliche Übung Nr. 43; BAG 14. 9. 1994 AP BGB § 242 Betriebliche Übung Nr. 46; BAG 6. 9. 1994 AP BGB § 242 Betriebliche Übung Nr. 45; LAG Düsseldorf 3. 9. 1993 NZA 1994, 696; LAG Köln 2. 10. 1991, 8. 11. 1991 und 5. 12. 1991 LAGE BGB § 242 Betriebliche Übung Nr. 9, 10 und 12; LAG Frankfurt 1. 9. 1992 LAGE BGB § 242 Betriebliche Übung Nr. 15).

Denkbar ist auch die **Konkretisierung des Arbeitsverhältnisses** durch betriebliche Übung bei 285 fortdauernder Beschäftigung eines AN mit Arbeiten einer bestimmten tariflichen Vergütungsgruppe. Dies kann zur Folge haben, daß der AN nicht mehr mit Tätigkeiten einer niedrigeren Vergütungsgruppe beschäftigt werden darf. Eine derartige Konkretisierung kann sich auch gegen den Wortlaut des Arbeitsvertrages vollziehen (MünchKommBGB/*Müller-Glöge* Rn. 243). Die Rspr. ist allerdings bei der Annahme entspr. Konkretisierungen in jüngster Zeit zurückhaltend. Grds. kann ein Verzicht auf das **arbeitgeberseitige Direktionsrecht** nicht angenommen werden (zur Arbeitszeit: BAG 23. 6. 1992 AP BGB § 611 Arbeitszeit Nr. 1 = NZA 1993, 89; Schichtbetrieb: BAG 21. 1. 1997 NZA 1997, 1009; zur Lage des Arbeitsplatzes: BAG 11. 10. 1995 AP BetrVG 1972 § 77 Nr. 64 = NZA 1996, 718 = AP BGB § 611 Arbeitszeit Nr. 9; zur geschuldeten Tätigkeit: LAG Rheinland-Pfalz 5. 7. 1996 NZA 1997, 1113; zum ganzen *Hennige* NZA 1999, 281, 285 f.).

5. Bezugnahme auf Kollektivvertrag. Im Arbeitsvertrag wird regelmäßig auf **TV** Bezug genom- 286 men (*Bauschke* ZTR 1993, 416; *Etzel* NZA 1987, Beil. 1, 19 ff.; *Gaul* ZTR 1993, 355; *Seibert* NZA 1985, 730 f.; *Annuß* BB 1999, 2559). Eine derartige Verweisung ist überflüssig, wenn die Vertragspartner tarifgebunden sind. Die Verweisung erlangt jedoch **konstitutive Bedeutung bei fehlender Tarifbindung.** Verweisungsklauseln wollen erreichen, daß für alle AN unabhängig von der Gewerkschaftszugehörigkeit gleiche Arbeitsbedingungen gelten (BAG 21. 1. 1997 AP BetrVG 1972 § 77 Nr. 64 = NZA 1997, 1009, 1012). Die Normen werden schuldrechtlicher Inhalt des Vertrages, gelten also entgegen § 4 I TVG nicht unmittelbar und zwingend zwischen den Parteien. In § 622 IV findet sich eine normierte Möglichkeit der Bezugnahme.

Bei einer **einzelvertraglichen Gesamt- oder Globalbezugnahme** unterliegt der einzelvertragliche 287 einbezogene TV der gleichen **Richtigkeitsgewähr wie die TVNorm** selbst (zur Grundrechtsbindung der TV Einl GG Rn. 46 ff.). Einer Inhalts- bzw. Billigkeitskontrolle bedarf es nicht (s. BAG 6. 9. 1995 AP BGB § 611 Ausbildungsbeihilfe Nr. 23 mit Anm. v. *Hoyningen-Huene*; BAG 6. 11. 1996 AP AVR Caritasverband § 10 a Nr. 1; *Schliemann* ZTR 2000, 198, 200; differenzierend *Preis* Vertragsgestaltung S. 398). Zu bedenken ist, daß die vertragliche Bezugnahme auf TV zu einer Tarifbindung führen, die über die Tarifbindung des TVG hinausgeht (hierzu *Hanau/Preis* II V 60; *Tschöpe* MDR 1996, 1089) und von denen sich der AG ggf. nur durch Änderungskündigung lösen kann (siehe LAG Hamm 17. 5. 1995 LAGE TVG § 3 Bezugnahme auf Tarifverträge Nr. 4).

In der Praxis wird auch auf **Betriebsvereinbarungen** verwiesen („im übrigen gelten die Betriebsver- 288 einbarungen"). Der Verweis ist an sich überflüssig, weil Betriebsvereinbarungen im Betrieb ohnehin „unmittelbar und zwingend" gelten (§ 77 IV BetrVG). Dies spricht für einen bloß informatorischen, deklaratorischen Verweis (*Preis* Vertragsgestaltung S. 61), zumal die Bezugnahme keinem Vereinheitlichungszweck wie bei TV dient (vgl. auch BAG 21. 1. 1997 AP BetrVG 1972 § 77 Nr. 64 = NZA 1997, 1009, 1012). Der Hinweis auf Betriebsvereinbarungen führt jedoch nach Auffassung des BAG zu einer „Betriebsvereinbarungsoffenheit" des Arbeitsvertrages (BAG 16. 9. 1986 AP BetrVG 1972 § 77 Nr. 17; BAG 3. 11. 1987 AP BetrVG 1972 § 77 Nr. 25; BAG 20. 11. 1987 AP BGB § 620 Altersgrenze Nr. 2 mit Anm. *Joost*; hierzu § 77 BetrVG Rn. 88).

Preis 1349

X. Weisungsrecht des Arbeitgebers

289 Das auf dem Arbeitsvertrag beruhende Weisungsrecht gehört zum **wesentlichen Inhalt eines jeden Arbeitsverhältnisses** (*Berger-Delhey* DB 1990, 2266; *Hromadka* DB 1995, 1609 und 2601; *Hunold* AR-Blattei SD 600; *Richter* DB 1989, 2378; *Weber/Ehrich* BB 1996, 2246). Die vertragliche Leistungspflicht wird durch Anweisungen des AG in Ausübung seines Direktions- oder Weisungsrechts konkretisiert. Das Direktions- und Weisungsrecht ist **keine eigene Rechtsquelle**, sondern ergibt sich aus dem Arbeitsvertrag selbst.

290 Aufgrund des Weisungsrechts kann der AG die im Arbeitsvertrag nur **rahmenmäßig umschriebene Leistungspflicht nach Zeit, Ort und Art bestimmen** (BAG 25. 10. 1989 AP BGB § 611 Direktionsrecht Nr. 36). Es erstreckt sich nicht auf die Bestandteile des Austauschverhältnisses, also die Höhe des Entgelts oder den Umfang der geschuldeten Arbeitszeit (*Hromadka* DB 1995, 2601; zu erweiterten Änderungsvorbehalten vgl. Rn. 528 ff.). Das Weisungsrecht kann sich auch auf das **Verhalten im Betrieb** erstrecken (ausf. *Hromadka* DB 1995, 2601, 2604 ff.), allerdings ist hier das Mitbestimmungsrecht nach § 87 I Nr. 1 BetrVG zu beachten (zB Rauchverbot: LAG Frankfurt 6. 7. 1989 LAGE BGB § 611 Direktionsrecht Nr. 5). Auf der Grundlage dieses Weisungsrechts bestimmt der AG Zeit, Art und Ort der Arbeitsleistung; dabei kann er dem AN auch einen Wechsel in der Art der Beschäftigung auferlegen, ein Vorgang, der als „Versetzung" nicht immer richtig gekennzeichnet wird, oder er kann auch den Arbeitsbereich verkleinern (BAG 27. 3. 1980 AP BGB § 611 Direktionsrecht Nr. 26) bzw. Arbeitsaufgaben in den Grenzen billigen Ermessens entziehen. Der Entzug einer Aufgabe ist nur dann eine unüberprüfbare Unternehmerentscheidung, wenn die Aufgabe im Unternehmen überhaupt nicht mehr wahrgenommen werden soll (BAG 12. 9. 1996 AP ZDG § 30 Nr. 1).

291 Seine **Grenzen** findet das Weisungsrecht in den Vorschriften der Gesetze, des Kollektiv- und Einzelarbeitsvertragsrechts. Die einzelne Weisung darf straf- und öffentlich-rechtlichen Bestimmungen nicht zuwiderlaufen. So ist die Weisung, Ordnungswidrigkeiten zu begehen (zB an Fernfahrer, die Lenkzeiten zu überschreiten), entspr. §§ 38 II 2. Halbs. BRRG, 56 II 3 BBG unwirksam. Mitarbeiter von Jugendämtern, die die Aufgaben eines Pflegers oder Vormundes wahrnehmen, sind AG-Weisungen insoweit unterworfen, wie sie nicht den Belangen der Betreuungspersonen zuwiderlaufen (BAG 10. 4. 1991 AP BGB § 611 Direktionsrecht Nr. 37). Nichtig sind ferner Anweisungen, die kollektivrechtlichen Bestimmungen (TV, Betriebsvereinbarung) oder dem Arbeitsvertrag zuwiderlaufen (LAG Berlin 26. 9. 1996 LAGE BGB § 611 Direktionsrecht Nr. 26 = NZA-RR 1997, 97). Ein arbeitsunfähig Erkrankter muß sich keine andere, dem AG zumutbar erscheinende Tätigkeit zuweisen lassen (LAG Hamm 20. 7. 1988 LAGE LohnFG § 1 Nr. 21). Der unter ein Beschäftigungsverbot fallenden schwangeren AN darf eine zumutbare Ersatztätigkeit zugewiesen werden (BAG 21. 4. 1999 AP MuSchG 1968 § 4 Nr. 5). Nur in **Notfällen** muß der AN Arbeiten leisten, die vom allgemeinen Weisungsrecht hins. Art, Ort und Zeit der Arbeit nicht mehr gedeckt sind (hierzu BAG 3. 12. 1980 AP BGB § 615 Böswilligkeit Nr. 4; LAG Berlin 26. 7. 1993 LAGE BGB § 611 Direktionsrecht Nr. 16).

292 Je enger die Tätigkeit des AN sowie die Einzelheiten seiner Beschäftigung, der Einsatzort, Umfang und Lage der Arbeitszeit im Arbeitsvertrag festgeschrieben sind, um so geringer ist der Spielraum des AG zur Ausübung des Direktionsrechts (LAG Köln 26. 10. 1984 NZA 1985, 258; LAG Berlin 25. 4. 1988 DB 1988, 1228; LAG Rheinland-Pfalz 13. 10. 1987 NZA 1988, 471). Welche Arbeitsleistungen zum jeweils vereinbarten Berufs- bzw. Tätigkeitsbild gehören, ist im Wege der Auslegung unter Berücksichtigung der Verkehrsanschauung zu ermitteln. So gehören zum Tätigkeitsbild eines Kraftfahrers auch Ladetätigkeiten (LAG Hessen 13. 6. 1995 NZA-RR 1996, 210). Im Wege der Auslegung des Arbeitsvertrages kann sich ergeben, daß der AN in gewissem Umfang einen fachlich weisungsfreien Raum in Anspruch nehmen kann, zB bei angestellten Künstlern, Ärzten, Wissenschaftlern und Rechtsanwälten (hierzu auch MünchArbR/*Blomeyer* § 48 Rn. 6). Der AG kann den AN nicht anweisen, über den Vertragsrahmen hinaus tätig zu werden, insb. besteht keine Grundlage für die Anweisung, Ehrenämter zu übernehmen (BAG 23. 1. 1992 AP BGB § 611 Direktionsrecht Nr. 39).

293 Die **Ausübung des Weisungsrechts muß nach billigem Ermessen** (§ 315) erfolgen. Die Wahrung billigen Ermessens setzt voraus, daß die wesentlichen Umstände des Falles abgewogen und die beiderseitigen Interessen angemessen berücksichtigt werden (BAG 12. 12. 1984 AP KSchG 1969 § 2 Nr. 6; BAG 23. 6. 1993 AP BGB § 611 Direktionsrecht Nr. 42; BAG 24. 4. 1996 AP BGB § 611 Direktionsrecht Nr. 48). Ob dies geschehen ist, unterliegt der gerichtlichen Kontrolle (§ 315 III 2). Unbillig ist, wenn der AG allein seine Interessen durchzusetzen versucht (BAG 19. 5. 1992 AP Verf. Baden-Württemberg Art. 70 Nr. 1 = NZA 1992, 978). Widersprüchliches Verhalten des AG kann Unbilligkeit begründen (BAG 16. 9. 1998 NZA 1999, 384). Im Rahmen des Weisungsrechts sind auch Grundrechte des AN, insb. Gewissenkonflikte zu beachten (hierzu Art. 4 GG Rn. 69 ff.; Rn. 970 ff.). Zu Einzelfällen des Direktionsrechts vgl. zur Arbeitszeit (Rn. 935 ff.), zum Arbeitsort (Rn. 929 ff.), zur Art der Tätigkeit (Rn. 922 ff.). Zum erweiterten Direktionsrecht (Rn. 524 ff.), zu einseitigen Leistungsbestimmungsrechten allgemein (Rn. 569 ff.).

D. Rechtsquellen des Arbeitsrechts　　　　　　　　　　　　　　　　§ 611 BGB 230

Soweit der AG die Grenzen des Direktionsrechts beachtet, hat der AN den Weisungen Folge zu 294
leisten. Im Fall der Verweigerung kann der AN, ggf. nach einschlägiger Abmahnung, wegen Arbeitsverweigerung ordentlich oder außerordentlich gekündigt werden (hierzu § 1 KSchG Rn. 379).

Stellt die Ausübung des Direktionsrechts eine **Versetzung** dar, bestehen Mitbestimmungsrechte des 295
BR (hierzu BAG 2. 4. 1996 AP BetrVG 1972 § 95 Nr. 34; § 99 BetrVG Rn. 13). Vor einer Versetzung
wegen Leistungsmängeln soll der AG gehalten sein, eine Abmahnung auszusprechen (BAG 30. 10.
1985 AP BAT § 12 Nr. 1). Dies geht zu weit, wenn mit der Versetzung keine Eingriffe in das
Vertragsgefüge verbunden sind. Spannungen kann der AG durch schlichte Umsetzung begegnen, ohne
daß er gezwungen wäre, stattdessen eine Abmahnung auszusprechen (BAG 24. 4. 1996 AP BGB § 611
Direktionsrecht Nr. 48).

Das Weisungsrecht kann durch **einzelvertragliche oder kollektivvertragliche Vereinbarung be-** 296
grenzt oder erweitert werden (hierzu Rn. 291). Die Erweiterung des Rechts zur einseitigen Leistungsbestimmung unterliegt der Inhaltskontrolle (Rn. 524 ff.). Nach der Rspr. kann eine Umgehung
des Kündigungsschutzrechts bei Erstreckung von Leistungsbestimmungsrechten auf wesentliche Elemente des Arbeitsvertrages vorliegen, wenn durch sie das Gleichgewicht zwischen Leistung und
Gegenleistung grdl. gestört wird (hierzu § 2 KSchG Rn. 15 ff.; zur Erweiterung des Direktionsrecht
durch TV *Rost*, FS für Dieterich, 1999, 505 ff.).

Aus dem Direktionsrecht kann unter Umständen auch eine **Pflicht zur Ausübung des Direktions-** 297
rechts werden. So muß der AG dem AN nach dem Beschäftigungsanspruch vertragsgemäße Arbeit
zuweisen (BAG 12. 9. 1996 AP ZDG § 30 Nr. 1 = NZA 1997, 381; Rn. 825 ff.). Das Ermessen zur
Ausübung des Direktionsrechts kann sogar „auf Null" schrumpfen (zur Zuweisung eines Gymnasial-
lehrers an ein Gymnasium BAG 11. 10. 1995 AP BGB § 611 Direktionsrecht Nr. 45). Im Rahmen des
Kündigungsschutzes kann die Ausübung des Direktionsrechts zur Wahrung des ultima-ratio-Prinzips
bzw. der Fürsorgepflicht des AG erforderlich sein. Das BAG verlangt die Zuweisung vertragsgemäßer
„leidensgerechter" Arbeit (BAG 29. 1. 1997 AP KSchG § 1 Krankheit Nr. 32 = NZA 1997, 709; BAG
29. 10. 1998 AP BGB § 615 Nr. 77; BAG 11. 3. 1999 – 2 AZR 538/98 – nv.; LAG Frankfurt 2. 4. 1993
LAGE BGB § 611 Direktionsrecht Nr. 15). Aus dem Grundsatz der **Gleichbehandlung** kann ein
Anspruch auf Zuweisung bestimmter Tätigkeiten (Heranziehung zu Überstunden) folgen (LAG Köln
22. 6. 1994 LAGE BGB § 611 Direktionsrecht Nr. 19). Der AG kann sich durch Erklärungen binden,
sein Direktionsrecht in bestimmter Weise auszuüben (BAG 17. 12. 1997 AP BGB § 611 Direktionsrecht Nr. 52).

XI. Richterrecht

Das **Richterrecht ist keine Rechtsquelle** im eigentlichen Sinn, es hat aber faktische Bindungswir- 298
kung. Angesichts der zahlreichen unbestimmten Rechtsbegriffe und der fehlenden Kodifikation wichtiger Teile des Arbeitsrechts (Arbeitskampfrecht, Arbeitsvertragsrecht) hat die Arbeitsgerichtsbarkeit
zum Teil eigene Rechtsregeln und Rechtsinstitute entwickelt. Zu nennen ist das insgesamt auf richterrechtlichen Regeln beruhende Arbeitskampfrecht (hierzu Art. 9 GG Rn. 78 ff.) sowie die Betriebsrisikolehre (§ 615 Rn. 126 ff.) und die privilegierte Arbeitnehmerhaftung (Rn. 1037 ff.).

Ob und inwieweit diese **richterrechtlichen Grundsätze abdingbar** sind, ist **umstritten**. Die 299
Grundsätze der Betriebsrisikolehre sind einzelvertrags- und tarifvertragsdispositiv (vgl. § 615
Rn. 138). Zur Frage der **Beschäftigungspflicht** vgl. Rn. 828 ff.

Ein spezifisches Konstrukt des Arbeitsrechts ist das sog. **tarifdispositive Richterrecht,** das die 300
Rspr. mit der fehlenden Ungleichgewichtslage bei Tarifvereinbarungen begründet. Die Konstruktion
des tarifdispositiven Richterrechts kann richtigerweise damit erklärt werden, daß zahlreiche Anwendungsfälle des tarifdispositiven Richterrechts Fragen der Inhaltskontrolle arbeitsvertraglicher Bedingungen sind. Angesichts der Gleichgewichtslage bei TVParteien ist eine besondere Angemessenheitskontrolle verzichtbar. Tarifdispositives Richterrecht hat die Rspr. hins. der Grundsätze für Rückzahlungsklauseln bei Gratifikationen (BAG 31. 3. 1966 AP BGB § 611 Gratifikation Nr. 54; BAG 23. 2.
1967 AP BGB § 611 Gratifikation Nr. 57), bei Ausbildungskosten (BAG 6. 9. 1995 AP BGB § 611
Ausbildungsbeihilfe Nr. 22) sowie dem Grunde nach bei befristeten Arbeitsverträgen (BAG 4. 12.
1969 AP BGB § 620 Befristeter Arbeitsvertrag Nr. 32; BAG 30. 9. 1971 AP BGB § 620 Befristeter
Arbeitsvertrag Nr. 36; BAG 20. 12. 1984 AP BGB § 620 Bedingung Nr. 9) anerkannt (zur Problematik umfassend *Vossen*, Tarifdispositives Richterrecht, 1974; *Käppler*, Voraussetzungen und Grenzen
tarifdispositiven Richterrechts, 1977; *Lieb* RdA 1972, 129 ff.; *Preis* Vertragsgestaltung S. 209 ff.).

XII. Verhältnis der Rechtsquellen zueinander

Angesichts der Vielzahl der Rechtsquellen, die auf das Arbeitsverhältnis einwirken, ist die Klärung 301
der Rangfolge und des Verhältnisses der Rechtsquellen im Arbeitsrecht von hervorragender Bedeutung. Der **Arbeitsvertrag ist die primäre Rechtsquelle** für Begründung und Inhalt des Arbeits-
verhältnisses, wird aber durch andere Rechtsquellen überlagert.

302 Bei Kollision mehrerer Rechtsquellen sind folgende Konfliktlösungsprinzipien zu beherzigen: **Rangprinzip, Günstigkeitsprinzip, Spezialitätsprinzip** und **Ordnungsprinzip**. Das Rangprinzip und das Günstigkeitsprinzip regeln das Verhältnis verschiedenrangiger Rechtsquellen zueinander, während sich das Spezialitäts- und Ordnungsprinzip auf das Verhältnis gleichrangiger Rechtsquellen bezieht.

303 Bestehen **mehrere gleichrangige Rechtsquellen**, ist zunächst die einschlägige Rechtsquelle nach dem **Ordnungsprinzip** oder dem **Spezialitätsprinzip** zu ermitteln. Erst danach kommt das Rangprinzip zur Anwendung. Das Günstigkeitsprinzip ist als Kollisionsregel auf der Ebene gleichrangiger Rechtsquellen ungeeignet.

304 Nach dem **Rangprinzip** geht die ranghöhere der rangniederen Regelung vor. Überdies muß die niederrangige Rechtsvorschrift mit der höherrangigen Rechtsquelle vereinbar sein. So bricht Verfassungsrecht das einfache Gesetzesrecht und Rechtsverordnungen. Verfassungsrecht und Gesetzesrecht geht seinerseits Kollektivvereinbarungen und arbeitsvertraglichen Regelungen vor. Das Rangprinzip wird durchbrochen, wenn die ranghöheren Rechtsquellen Ausnahmen in rangniederen Rechtsquellen gestatten. Hier handelt es sich um die Fälle des dispositiven Gesetzesrechts oder tarifvertraglicher **Öffnungsklauseln** (vgl. § 4 III TVG). Die Wirkungskraft des Rangprinzips hängt also von der Frage ab, ob die jeweilige Norm zwingend oder dispositiv gestaltet ist. Ein dispositives Gesetz kann durch Einzelvertrag, aber auch durch Kollektivvertrag abbedungen werden. Bestimmte Gesetze erlauben eine Abweichung lediglich durch TV (zum tarifdispositiven Gesetzesrecht vgl. Rn. 260).

305 Die **rangniedere Rechtsquelle geht** allerdings der höherrangigen Rechtsquelle dann **vor**, wenn sie **für den AN günstigere Regelungen** enthält und das ranghöhere Recht nicht (ausnahmsweise) zweiseitig zwingend ist. Das **Günstigkeitsprinzip** stellt damit eine Durchbrechung des Rangprinzips dar. Gesetzlich geregelt ist es in § 4 III TVG. Es greift auch für vertragliche Vereinbarungen, die vor Abschluß eines TV getroffen wurden (LAG Hamburg 20. 12. 1994 LAGE TVG § 4 Günstigkeitsprinzip Nr. 4). Es wird allerdings auch ohne ausdrückliche Regelung im Betriebsverfassungsrecht anerkannt (vgl. hierzu § 77 BetrVG Rn. 4, 77 ff.). Allerdings bildet § 77 III BetrVG eine zwingende Schranke, wonach Inhalt einer Betriebsvereinbarung nicht Gegenstände sein dürfen, die durch TV geregelt sind oder üblicherweise geregelt werden. Die Vorschrift dient dem Schutz der Tarifautonomie (hierzu näher § 77 BetrVG Rn. 49 ff.). **Abw. von dem individuellen Günstigkeitsprinzip** hat der GS des BAG (16. 9. 1986 AP BetrVG 1972 § 77 Nr. 17) entschieden, daß Ansprüche der AN auf Sozialleistungen, die in einer vertraglichen Einheitsregelung, einer Gesamtzusage oder einer betrieblichen Übung geregelt sind, nur durch einen sog. kollektiven Günstigkeitsvergleich vor einer ablösenden Betriebsvereinbarung geschützt sind (hierzu § 77 BetrVG Rn. 77 ff.). Diese Grundsätze sind nicht auf TV übertragbar (LAG Hamburg 20. 12. 1994 LAGE TVG § 4 Günstigkeitsprinzip Nr. 4).

306 Auf **gleicher Normebene** verdrängt die jüngere die ältere Rechtsnorm mit dem gleichen Gegenstand (**Zeitkollisionsregel**). Das **Ordnungsprinzip** verdrängt die alte Regelung auch dann, wenn die neue Regelung ungünstiger ist (lex posterior derogat legi priori). So können die TVParteien innerhalb rechtlicher Grenzen eine Tarifnorm sowohl zu Gunsten als auch zum Nachteil der betroffenen AN ändern (BAG 24. 8. 1993 AP BetrAVG § 1 Ablösung Nr. 9; BAG 16. 5. 1995 AP TVG § 4 Ordnungsprinzip Nr. 15). Bestehen auf einer Rechtsquellenstufe Regelungen zum gleichen Gegenstand, geht die speziellere der allgemeinen Regelung vor. Die zeitliche Reihenfolge ist unerheblich. So geht der FirmenTV als speziellere Regelung dem VerbandsTV vor. Sind sowohl in allgemeinen Arbeitsvertragsbedingungen als auch in den Arbeitsverträgen mit den einzelnen Mitarbeitern Regelungen zu einem Sachbereich getroffen, geht die Regelung in den Einzelarbeitsverträgen als speziellere Regelung vor.

E. Begründung des Arbeitsverhältnisses

I. Vertragsanbahnung

307 **1. Allgemeines.** Für die Vertragsanbahnung gelten die allgemeinen Grundsätze des Schuldrechts, insb. über den Ersatz des Vertrauensschadens aus cic. bei der Verletzung von Mitteilungs-, Obhuts- und Verschwiegenheitspflichten (Rn. 339 ff.). Steht der AN noch in einem Vertragsverhältnis, so kann er gem. § 629 angemessene Freizeit zur Stellensuche beanspruchen, sobald das Vertragsverhältnis gekündigt ist (§ 629 Rn. 1 ff.). Von seinem bisherigen AG kann er ferner nach Maßgabe des § 630 ein Zeugnis verlangen (§ 630 Rn. 1 ff.).

308 **a) Stellenausschreibungen.** Nach § 93 BetrVG kann der BR die Ausschreibung von Arbeitsplätzen vor ihrer Besetzung innerhalb des Betriebs verlangen aus der hervorgehen muß, um welchen Arbeitsplatz es sich handelt und welche Anforderungen ein Bewerber erfüllen muß (BAG 23. 2. 1988 AP BetrVG 1972 § 93 Nr. 2; § 93 BetrVG Rn. 3).

309 Das BAG geht davon aus, daß der BR die Ausschreibung freier Stellen dann verlangen kann, wenn es sich um Arbeitsplätze handelt, deren Besetzung als **Einstellung im Sinne des § 99 BetrVG** zu werten ist (BAG 27. 7. 1993 AP BetrVG 1972 § 93 Nr. 3). Unter Umständen kann daher auch die

E. Begründung des Arbeitsverhältnisses § 611 BGB 230

Ausschreibung von Stellen freier Mitarbeiter oder LeihAN verlangt werden (näher § 93 BetrVG Rn. 3).

Der AG muß die Stelle ebenfalls ausschreiben, wenn sie personenbezogen besetzt werden soll, also 310 für einen bestimmten AN geschaffen wurde (LAG Chemnitz 13. 8. 1993 AuA 1994, 26).

Bezüglich des **Inhalts der Ausschreibung** hat der BR nach der Rspr. des BAG kein Mitbestim- 311 mungsrecht (vgl. § 93 Rn. 5).

Unterläßt der AG die geforderte Ausschreibung im Betrieb, kann der BR gemäß § 99 II Nr. 5 312 BetrVG die **Zustimmung zur Einstellung verweigern** (näher zu den Rechtsfolgen § 93 BetrVG Rn. 8).

Gemäß § 611 b muß sich die Stellenausschreibung gleichermaßen an Frauen und Männer wenden 313 (§ 611 b Rn. 2 ff.).

b) **Personalfragebögen.** Zur Abwendung von Eingriffen in das **Persönlichkeitsrecht** des AN 314 (Art. 2 GG Rn. 96 ff.) unterliegen Einführung und Änderung von Personalfragebögen gem. § 94 I BetrVG der **erzwingbaren Mitbestimmung** des BR (Einzelheiten § 94 BetrVG Rn. 2 ff.).

Das Mitbestimmungsrecht entfällt tlw. bei Tendenzträgern, soweit es sich um eine tendenzbezogene 315 Frage handelt, und das Mitbestimmungsrecht der geistig-ideellen Zielsetzung des Unternehmens entgegensteht (BAG 21. 9. 1993 AP BetrVG 1972 § 94 Nr. 4; *Fitting* § 118 Rn. 34).

Wird vom AG im Fragebogen eine Frage gestellt, die nicht die Zustimmung des BR gefunden hat, 316 kann aus deren falscher Beantwortung zumindest dann nicht ein Recht des AG zur Anfechtung nach § 123 I BGB hergeleitet werden, wenn die Zulässigkeit der Frage grds. zweifelhaft ist (zur Anfechtung Rn. 363).

Bei der Beschaffung der Informationen über den Bewerber mittels eines Fragebogens handelt es sich 317 um **Datenerhebung im Sinne des BDSG** (näher zum Begriff § 3 IV BDSG). Falls der Fragebogen zur Erhebung der ANDaten unter Umgehung des Mitbestimmungsrechts des BR gem. § 94 I BetrVG verwendet wurde, liegt die Voraussetzung des § 28 I 2 BDSG nicht vor, so daß die Erhebung und jede weitere Verwendung der Daten unzulässig ist (BAG 22. 10. 1986 AP BDSG § 23 Nr. 2 noch zum BDSG 1977; *Däubler* CR 1994, 101, 102; aA *Teske* ZIP 1987, 960, 969). Inhaltlich sind des weiteren die Grenzen des Fragerechts des AG, die die arbeitsgerichtliche Rspr. entwickelt hat, zu beachten (vgl. Rn. 359 ff.). Grds. fließen diese auch in die Prüfung der weiteren Voraussetzungen des § 28 I BDSG ein (MünchArbR/*Buchner* § 38 Rn. 27). Zur Zulässigkeit der Erhebung und Speicherung von Daten vgl. näher § 28 BDSG Rn. 2 ff.

Die Fragebögen bleiben Eigentum des AG. Ein allgemeiner arbeitsrechtlicher Grundsatz, der die 318 **Vernichtung** der Fragebögen nach einem erfolglosen Bewerbungsverfahren gebietet, existiert nicht. Unter Beachtung des Persönlichkeitsrechts hat der abgelehnte Bewerber aber außerhalb des Anwendungsbereichs der Bestimmungen des BDSG einen Anspruch auf Vernichtung des Fragebogens aus § 1004 analog (BAG 6. 6. 1984 AP BGB § 611 Persönlichkeitsrecht Nr. 7; *Fitting* § 94 Rn. 26). Die dauerhafte Aufbewahrung anderer Daten als solcher, die zur Identifizierung der Person wie Name, Anschrift und Geburtsdatum erforderlich sind, stellt einen rechtswidrigen Eingriff in das Persönlichkeitsrecht des Bewerbers dar. Dieses umfaßt das Recht, zu entscheiden, ob persönliche, die Intimsphäre betreffende Daten vom AG aufbewahrt werden dürfen. Dem kann nur ein berechtigtes Interesse des AG entgegenstehen, so zB, wenn die Wiederholung der Bewerbung in absehbarer Zeit vereinbart wird oder der AG mit Rechtsstreitigkeiten über die Ablehnung des Bewerbers rechnen muß.

c) **Vorstellungskosten.** Nach einem Vorstellungsgespräch hat der Bewerber Anspruch auf Erstat- 319 tung der **Vorstellungskosten**, wenn er vom AG zur Vorstellung aufgefordert worden ist. Neben der ausdrücklichen Einladung zum Vorstellungsgespräch liegt eine Aufforderung auch vor, wenn der AG einen Besuch anheim- oder freistellt (*Becker-Schaffner* BlStSozArbR 1985, 161; aA *Müller* ZTR 1990, 237, 239). Es genügt, wenn die Vorstellung mit Wissen und Wollen des AG geschieht (LAG Nürnberg 25. 7. 1995 LAGE BGB § 670 Nr. 12, str.). Bei Unklarheiten ist gem. § 133 festzustellen, ob der AG ein konkretes Interesse daran hat, den Stellenbewerber persönlich kennenzulernen. Will er die Erstattung ausschließen, was zulässig ist (ArbG Kempten 12. 4. 1994 BB 1994, 1504), muß er dies unmißverständlich erklären (*Becker-Schaffner* BlStSozArbR 1985, 161; MünchArbR/*Blomeyer* § 96 Rn. 84). Die Aufforderung kann durch einen Stellvertreter, zB den mit der Personalsuche beauftragten Unternehmensberater, erfolgen (BAG 29. 6. 1988 NZA 1989, 468).

Stellt sich der Bewerber unaufgefordert vor oder wird er vom AA zugewiesen, besteht kein An- 320 spruch aus §§ 677, 683, da der Bewerber ausschließlich im eigenen Interesse handelt (*Müller* ZTR 1990, 237, 240; differenzierend *Brune* AR-Blattei SD 1770 Rn. 8 ff.). In der Veröffentlichung eines Stellenabgebots liegt nicht die Aufforderung zur Vorstellung, sondern nur zur schriftlichen Bewerbung, deren Kosten nicht zu ersetzen sind (*Staudinger/Preis* § 629 Rn. 24).

Im übrigen folgt der Anspruch aus §§ 662, 670 (BAG 14. 2. 1977 AP BGB § 196 Nr. 8; BAG 29. 6. 321 1988 NZA 1989, 468; *Becker-Schaffner* BlStSozArbR 1985, 161). Nach aA wird für einen Anspruch auf Erstattung eine entspr. Abrede gefordert (MünchKommBGB/*Schwerdtner* § 629 Rn. 13). Wegen der Verkehrsüblichkeit der Erstattung der Vorstellungskosten (vgl. *Becker-Schaffner* BlStSozArbR

Preis 1353

1985, 161) kann von einer stillschweigenden Abrede bei der Aufforderung zur Vorstellung ausgegangen werden, wenn kein ausdrücklicher Ausschluß erfolgt.

322 Der AG muß dem Bewerber alle **Aufwendungen** ersetzen, die dieser den Umständen nach **für erforderlich halten durfte** (BAG 14. 2. 1977 AP BGB § 196 Nr. 8; BAG 29. 6. 1988 NZA 1989, 468). Dazu zählen vorwiegend Fahrtkosten und Mehrkosten für Verpflegung und Übernachtung.

323 Während das LAG München (30. 5. 1985 LAGE BGB § 670 Nr. 4) den AG grds. nur für verpflichtet hält, die **Fahrtkosten** zu ersetzen, die bei Benutzung der Bundesbahn – 2. Wagenklasse – entstehen, geht die hM davon aus, daß zu den erstattungsfähigen Kosten grds. auch die Fahrtkosten mit dem eigenen Kraftfahrzeug gehören. Diese sind nach den steuerrechtlichen Vorschriften über die Abgeltung der Benutzung eines Privatfahrzeuges für Dienstreisen zu berechnen (LAG Nürnberg 25. 7. 1995 LAGE BGB § 670 Nr. 12; ArbG Berlin 25. 6. 1975 BB 1975, 1205; *Becker-Schaffner* BlStSozArbR 1985, 161, 162; MünchKommBGB/*Schwerdtner* § 629 Rn. 10, 11). Bezüglich der Entfernung ist wie im Lohnsteuerrecht der kilometermäßig günstigste Weg zugrunde zu legen, Umwege für die Besichtigung nahegelegener Sehenswürdigkeiten werden demnach nicht erstattet (ArbG Wuppertal 1. 6. 1976 DB 1976, 1917).

324 Die Erstattung der Fahrtkosten kann aber bei Bewerbern für leitende Führungspositionen im Einzelfall anders zu beurteilen sein (LAG Frankfurt 6. 8. 1980 DB 1981, 1000). Eine konkrete Absprache – auch über die Benutzung der 1. Wagenklasse bei Bahnanreise – empfiehlt sich. Befindet sich der Bewerber ohnehin aus anderen Gründen am Vorstellungsort, sind die Fahrtkosten im Regelfall nicht zu ersetzen (ArbG Wuppertal 1. 6. 1976 DB 1976, 1917). Grds. sind Flugkosten nicht zu ersetzen (ArbG Hamburg 2. 11. 1994 NZA 1995, 428). Es kommt jedoch auf die Abwägung im Einzelfall an. Je bedeutender die zu besetzende Stelle ist, desto mehr darf der Bewerber die Erstattung höherer Vorstellungskosten erwarten (*Staudinger/Preis* § 629 Rn. 25).

325 **Übernachtungskosten** sind zu ersetzen, wenn dem Bewerber aufgrund der zeitlichen Lage oder Dauer und aufgrund der Entfernung zum Heimatort die Hin- und Rückreise am selben Tag nicht zugemutet werden kann (*Becker-Schaffner* BlStSozArbR 1985, 161, 162; *Staudinger/Preis* § 629 Rn. 25).

326 Die Erstattung von **Verpflegungskosten** kann pauschal oder auf Einzelnachweis hin erfolgen. **Verdienstausfall** ist nicht zu ersetzen. Hier besteht entweder ein Anspruch aus §§ 629, 616 gegen den alten AG (*Staudinger/Preis* § 629 Rn. 25) oder der Bewerber trägt das Risiko beruflicher Veränderungen selbst, so daß ein Verdienstausfall nicht zu den ersatzfähigen erforderlichen Aufwendungen zu zählen ist (*Becker-Schaffner* BlStSozArbR 1985, 161, 162).

327 Kommt der vereinbarte Vorstellungstermin aus Verschulden des AG nicht zustande, hat dieser dem Bewerber dennoch die entstandenen Kosten zu ersetzen (ArbG Solingen 12. 5. 1980 ARSt. 1981, 29). Schließlich sind die Vorstellungskosten unabhängig von der späteren Begründung eines Arbeitsverhältnisses zu erstatten. Deshalb kann der Erstattungsbetrag vom AG auch nicht zurückverlangt werden, wenn der Bewerber die Stelle vertragswidrig nicht antritt (*Becker-Schaffner* BlStSozArbR 1985, 161, 163).

328 Dem Arbeitssuchenden kann das AA nach § 45 SGB III einen **Zuschuß** zu den Bewerbungskosten leisten. Der Anspruch auf Erstattung der Vorstellungskosten genießt **nicht den Vorrang** des § 61 Nr. 1 KO, da er nicht aus einem Arbeitsvertrag folgt. Er **verjährt** gemäß § 196 I Nr. 8 und 9 in zwei Jahren (BAG 14. 2. 1977 AP BGB § 196 Nr. 8). Die Vorstellungskostenerstattung ist als Aufwandsentschädigung **unpfändbar** nach § 850 a Nr. 3 ZPO.

329 **2. Vorverhandlungen, Anbahnungsverhältnis, Vorvertrag. a) Vorverhandlungen.** Dem Vertragsschluß können **Vorverhandlungen** vorausgehen. Diese sind noch nicht bindend (§ 154). Die Vorverhandlungen können zur Ermittlung des Vertragsinhalts, wenn der Vertragstext hierzu nicht ausreicht, im Wege der Auslegung (§§ 133, 157) herangezogen werden (BAG 27. 1. 1988 AP BGB § 620 Hochschule Nr. 6).

330 **b) Anbahnungsverhältnis.** Während der Vorverhandlungen entsteht jedoch bereits mit dem **Anbahnungsverhältnis** ein vorvertragliches Schuldverhältnis, aus dem keine Leistungspflichten, wohl aber Sorgfaltspflichten resultieren, deren Verletzung Schadensersatzansprüche aus cic. begründen kann (Rn. 339). Im Anbahnungsverhältnis sind die arbeitsvertraglichen Schutzpflichten und Haftungsgrundsätze bereits anwendbar (BAG 24. 1. 1974 AP BGB § 611 Haftung des AN Nr. 74; *Erman/Hanau* Rn. 261).

331 **c) Vorvertrag.** Ein **Vorvertrag** dagegen ist ein schuldrechtlicher Vertrag, der die Parteien zum Abschluß eines Hauptvertrages mit schuldrechtlich bindendem Inhalt verpflichtet. Die Zulässigkeit des Vorvertrages ergibt sich aus dem Grundsatz der Vertragsfreiheit. Wichtiges Kriterium ist, daß die übereinstimmenden Willenserklärungen noch ausstehen (*Zöllner*, FS für Floretta, 1983, 455, 456). Die Wirksamkeit eines Vorvertrages setzt voraus, daß die Essentialia des Hauptvertrages inhaltlich bestimmt oder gemäß §§ 157, 315 ff. bestimmbar sind (*Zöllner*, FS für Floretta, 1983, 455, 461 f.; *Schaub* § 32 I 5; LAG Sachsen 24. 8. 1999 NZA-RR 2000, 410). Ein Vorvertrag liegt nicht vor, wenn der Arbeitsplatz allgemein bestimmt ist und die genaue Art der Tätigkeit noch durch den AG geregelt werden soll. Hier handelt es sich um die Wahrnehmung der Weisungsbefugnis durch den AG, deren

Vorbehalt dem Abschluß eines Hauptvertrages nicht entgegensteht (*Zöllner*, FS für Floretta, 1983, 455, 458).

Einstellungszusagen können bereits eine hauptvertragliche und nicht nur eine vorvertragliche 332 Offerte darstellen. Gerade im Arbeitsrecht sind die einzelnen Vertragsbestimmungen zwischen den Parteien oft **nicht individuell aushandelbar**, sondern durch Gesetz, TV oder Betriebsvereinbarung vorgegeben. Wenn dies der Fall ist und Einzelheiten keiner weiteren Festlegung bedürfen, ist von einer hauptvertraglichen Offerte auszugehen. Ein Vorvertrag kommt dagegen ua. bei Berufsgruppen in Betracht, in denen die Parteien schon längere Zeit vor der Tätigkeitsaufnahme gebunden sein wollen, den Vertrag jedoch erst zu einem späteren Zeitpunkt schließen, wie zB bei Künstlern, Wissenschaftlern und leitenden Angestellten. Hier sind individuelle Abreden in größerem Umfang üblich (*Zöllner*, FS für Floretta, 1983, 455, 457, 460).

Vertragsverhandlungen, die zu einem endgültigen Abschluß führen sollen, sehen idR erst dann eine 333 rechtsgeschäftliche Bindung vor, wenn der in Aussicht genommene Vertrag nach Einigung über alle Einzelheiten abschlußreif ist. Die Annahme eines Vorvertrages ist daher nur dann gerechtfertigt, wenn besondere Umstände darauf schließen lassen, daß die Parteien sich – ausnahmsweise – schon binden wollten, bevor sie alle Vertragspunkte abschließend geregelt haben (BGH 26. 3. 1980 NJW 1980, 1577, 1578). Dies kann der Fall sein, wenn dem Abschluß des Hauptvertrages Hindernisse rechtlicher oder tatsächlicher Art entgegenstehen, die Parteien eine Bindung aber schon vorab begründen wollen, um sich auf diese Weise die spätere Zweckerreichung zu sichern. Dabei kann der Vorvertrag nicht nur die Pflicht zum Abschluß des Hauptvertrages beinhalten, sondern auch die Mitwirkung an der Überbrückung derartiger Hindernisse, wie beispielsweise die Einholung behördlicher Zustimmungen (BAG 21. 3. 1974 AP BGB § 611 Bühnenengagementvertrag Nr. 14).

Durch Vorvertrag können sich ggfs. einklagbare Verpflichtungen zur Abgabe eines Angebotes auf 334 Abschluß eines Arbeitsvertrages bzw. zur Annahme eines entspr. Angebotes ergeben. Freilich muß diese Verpflichtung hinreichend konkretisiert und durch Auslegung müssen die wesentlichen Inhalte des späteren Arbeitsvertrages feststellbar sein (BGH 26. 3. 1980 NJW 1980, 1577, 1578). Die **Verurteilung** zum Vertragsabschluß ist somit möglich, allerdings ist gemäß § 888 II ZPO der Anspruch des AG auf Arbeitsleistung nicht vollstreckbar (*Zöllner*, FS für Floretta, 1983, 455, 465). Aus dem Vorvertrag kann des weiteren ein **Schadensersatzanspruch** geltend gemacht werden, wenn die Verpflichtung zum Abschluß des Hauptvertrages während der Laufzeit des Vorvertrages schuldhaft nicht erfüllt wird. Die Verpflichtung zum Abschluß des Hauptvertrages aus dem Vorvertrag unterliegt der regelmäßigen Verjährungsfrist von 30 Jahren (BAG 6. 9. 1962 AP BGB § 611 Film Nr. 3).

Ein Vorvertrag ist bezüglich **einzelner Vertragsbedingungen** möglich, die später ergänzt oder 335 geändert werden sollen. Der AN kann sich verpflichten, zu einem späteren Zeitpunkt ein Wettbewerbsverbot zu vereinbaren. Ein solcher Vorvertrag darf jedoch nicht dazu dienen, die Verpflichtung des AG zur Zahlung einer Karenzentschädigung zu umgehen, zB wenn ein Wettbewerbsverbot auch noch nach der Kündigung des Arbeitsvertrages vereinbar sein soll (BAG 18. 4. 1969 AP GewO § 133 f. Nr. 22; *Schaub*, § 58 II 8). Vorverträge können somit aus den allgemeinen Gründen, wie etwa Verstoß gegen ein gesetzliches Verbot nach § 134, nichtig sein.

Der Vorvertrag ist trotz einer für den Hauptvertrag vorgesehenen Schriftform formlos wirksam, 336 wenn der Schriftform keine Warnfunktion, sondern lediglich eine Klarstellungs- oder Beweisfunktion zukommen soll (BGH 7. 6. 1973 BGHZ 61, 48; *Zöllner*, FS für Floretta, 1983, 455, 459). Nach Ansicht *Zöllners* ist eine Zustimmung des BR nach § 99 BetrVG zum Vorvertrag noch nicht erforderlich (*Zöllner*, FS für Floretta, 1983, 455, 461).

Abzugrenzen ist der Vorvertrag von der **Festofferte** und dem **Optionsvertrag** (*Zöllner*, FS für 337 Floretta, 1983, 455, 456). Bei der Festofferte handelt es sich um ein bindendes Angebot, in dem dem zukünftigen Vertragspartner eine längere als die gesetzliche Annahmefrist eingeräumt wird. Hier liegt noch kein Vertrag vor. Beim Optionsvertrag handelt es sich ebenfalls um ein bindendes Angebot, in dem festgelegt ist, unter welchen Voraussetzungen der andere Teil das Angebot annehmen kann. Möglich ist hier auch der Abschluß des Hauptvertrages unter der aufschiebenden Bedingung der Ausübung des Optionsrechts.

Der Vorvertrag kann durch **Anfechtung** und die Ausübung eines vereinbarten **Rücktrittsrechts** 338 aufgelöst werden. Ebenso können die Rechte aus § 326 ausgeübt werden (*Schaub* § 32 I 5). Eine Kündigung kommt nicht in Betracht, da es sich bei einem Vorvertrag nicht um ein Dauerschuldverhältnis handelt, sondern um eine einmalige Leistungspflicht, gerichtet auf den Abschluß eines Hauptvertrages (LAG Hamm 29. 10. 1985 BB 1986, 667, 668). Jedoch steht dem Abschluß eines Hauptvertrages der **Einwand der Unzumutbarkeit** entgegen, wenn ein Grund zur fristlosen Kündigung des Hauptvertrages vorliegt. Die Rückabwicklung des Vorvertrages ist ebenfalls nach den Grundsätzen des Wegfalls der Geschäftsgrundlage möglich (*Zöllner*, FS für Floretta, 1983, 455, 463 f.).

3. Vorvertragliche Pflichten. a) Culpa in contrahendo. Auch im Arbeitsrecht gelten die allgemei- 339 nen Regeln über den Schadensersatz bei der vorsätzlichen oder fahrlässigen Verletzung vorvertraglicher Pflichten bei der Aufnahme von Vertragsverhandlungen, die aus dem Grundsatz von Treu und Glauben hergeleitet werden (BAG 10. 11. 1955 AP BGB § 276 Verschulden bei Vertragsschluß Nr. 1;

Preis

BAG 15. 5. 1974 AP BGB § 276 Verschulden bei Vertragsschluß Nr. 9). Als vorvertragliche Pflichten kommen neben der Pflicht, bestehende Rechtsgüter des Verhandlungspartners vor Schäden zu bewahren, Aufklärungs-, Mitwirkungs-, Obhuts-, und Rücksichtnahmepflichten in Betracht. Die beiderseitigen Rücksichtspflichten gebieten den Vertragspartnern, schon vor Abschluß des Arbeitsvertrages ungefragt auf Umstände hinzuweisen, die für den anderen Teil von wesentlicher Bedeutung sind. Ein Verschulden bei Vertragsschluß kann nach der Rspr. des BAG noch **nach Abschluß des Arbeitsvertrages** zu Schadensersatz verpflichten, zB dann, wenn das Arbeitsverhältnis aus Gründen vorzeitig endet oder seinen Sinn verliert, die der AG dem AN vor Abschluß des Vertrages schuldhaft verschwiegen hat (BAG 2. 12. 1976 AP BGB § 276 Verschulden bei Vertragsschluß Nr. 10).

340 **aa) Pflichten des anwerbenden Arbeitgebers.** Dem AG obliegen vorvertragliche **Aufklärungspflichten.** Hierher gehört die Pflicht, den AN über solche Umstände aufzuklären, die zu einer vorzeitigen Beendigung des Arbeitsverhältnisses führen können (BAG 2. 12. 1976 AP BGB § 276 Verschulden bei Vertragsabschluß Nr. 10), oder über besonders gefährliche Eigenschaften des Vertragsgegenstandes, die sich nicht aus der Sachlage von selbst ergeben. Der anwerbende AG muß dem Bewerber Mitteilung über solche Umstände machen, die für seine Entscheidung maßgeblich sein können, wie geplante Betriebsübergänge oder örtliche Versetzungen. Auch die Höhe des zu erzielenden Einkommens, wenn dies provisionsabhängig ist, ist von den Aufklärungspflichten umfaßt.

341 Schadensersatzpflichtig macht sich ein AG, der bei den Verhandlungen über den Abschluß eines Arbeitsvertrages in dem Bewerber die **nicht gerechtfertigte Annahme erweckt, es werde** bestimmt **zu dem Abschluß des Arbeitsvertrages kommen,** und ihm dabei bedeutet, er könne seine bisherige Stellung ohne großes Risiko kündigen (BAG 7. 6. 1963 AP BGB § 276 Verschulden bei Vertragsschluß Nr. 1 mit Anm. *Diederichsen*; BAG 15. 5. 1974 AP BGB § 276 Verschulden bei Vertragsschluß Nr. 9). Abgesehen von den Fällen des zurechenbar veranlaßten Vertrauens auf den Vertragsschluß begründet jedoch der **Abbruch der Vertragsverhandlungen** grds. keine Schadensersatzpflicht, und zwar auch dann nicht, wenn der andere Teil in Erwartung des Vertrages bereits Aufwendungen gemacht hat (BGH 14. 7. 1967 NJW 1967, 2199; BGH 18. 10. 1974 NJW 1975, 43; *Palandt/Heinrichs* § 276 BGB Rn. 72; MünchArbR/*Richardi* § 43 Rn. 17). Eine Haftung aus cic. kommt nicht in Betracht, wenn der AN äußert, er lege Wert auf eine Dauerstelle, dann aber einen Arbeitsvertrag mit Probezeit und freier Kündigungsmöglichkeit akzeptiert (LAG Nürnberg 25. 7. 1994 LAGE BGB § 276 Verschulden bei Vertragsschluß Nr. 2).

342 Wenn der AG Anlaß zu Zweifeln hat, ob er in nächster Zeit in der Lage sein wird, Löhne und Gehälter auszuzahlen, muß er vor Abschluß neuer Arbeitsverträge darauf hinweisen, soweit er nicht seine Zahlungsschwierigkeiten als bekannt voraussetzen kann (BAG 24. 9. 1974 AP GmbHG § 13 Nr. 1). Die pünktliche Gehaltszahlung ist eine der wichtigsten Voraussetzungen des Vertragsabschlusses für den AN, zumal er zur Vorleistung verpflichtet ist. Dagegen braucht der AG den künftigen AN bei den Einstellungsverhandlungen nicht über solche Umstände zu unterrichten, die sich aus der Sachlage von selbst ergeben. Dies gilt insb. auch hins. der an ihn zu stellenden Anforderungen, soweit sich diese im Rahmen des Üblichen halten (BAG 12. 12. 1957 AP BGB § 276 Verschulden bei Vertragsschluß Nr. 2 mit Anm. *Larenz*).

343 Auch über Umstände, die dem wirksamen Vertragsabschluß entgegenstehen, wie die fehlende Zustimmung des BR nach § 99 BetrVG zur Einstellung, muß der AG den Bewerber aufklären. Denn wird die Zustimmung nicht nach § 99 IV BetrVG ersetzt, muß der AG von der Einstellung absehen. Darauf muß sich der Bewerber einrichten können. Die Aufklärungspflicht ist für diesen Fall in § 100 I 2 BetrVG auch gesetzlich vorgesehen.

344 Der **Abbruch von Vertragsverhandlungen** kann ebenfalls Schadensersatzfolgen haben. Ruft der Unternehmer das unbegründete Vertrauen hervor, daß es zum Abschluß eines Arbeitsvertrages kommen werde, und kündigt der Bewerber deshalb seinen alten Arbeitsplatz, haftet der nicht einstellende Unternehmer wegen Verletzung seiner vorvertraglichen Pflichten (BAG 15. 5. 1974 AP BGB § 276 Verschulden bei Vertragsabschluß Nr. 9). Das Recht, Vertragsverhandlungen aus **sachlichen Gründen** abzubrechen, steht dem AG daneben jederzeit zu. Es besteht jedoch eine allgemeine Pflicht, den Abschluß eines Arbeitsvertrages nicht zu verhindern, zB durch die Nichteinholung von Zustimmungen.

345 Der AG hat des weiteren dafür zu sorgen, daß Stellenbewerber in seinen Räumlichkeiten keinen Schaden an Person oder mitgeführten Sachen erleiden (**Verkehrssicherungspflichten;** *Schaub* § 25 III 4).

346 Weiterhin schuldet der AG die **sorgfältige Aufbewahrung und pflegliche Behandlung der Bewerbungsunterlagen.** Über ihm bekanntgewordene Geheimnisse hat er **Stillschweigen** zu bewahren. Die Verletzung dieser Pflichten führt ebenfalls zu einem Anspruch aus cic. (ArbG Passau 6. 5. 1991 (LS) BB 1991, 1125; *Schaub* § 25 III). Keine Sorgfaltspflichten bestehen bezüglich unverlangt zugesandter Unterlagen.

347 Die Beachtung des Persönlichkeitsrechts des Bewerbers gehört ebenfalls zu den vorvertraglichen Pflichten des AG. Zwar muß er vor der Einstellung das Recht haben, sich Informationen zu verschaf-

fen. Es ist ihm aber verwehrt, unzulässige, persönlichkeitsrechtsverletzende Fragen zu stellen (Rn. 359 ff.).

bb) Pflichten des Bewerbers. Vorvertragliche Pflichten sind auch vom Bewerber zu beachten. Hierher gehören neben der Pflicht zur wahrheitsgemäßen Beantwortung von zulässigen Fragen durch den AG (Rn. 365 ff.) die Offenbarungspflichten über Eigenschaften, die eine Erbringung der angestrebten Tätigkeit unmöglich machen (BAG 25. 3. 1976 AP BGB § 123 Nr. 19; BAG 1. 8. 1985 AP BGB § 123 Nr. 30). So muß er zB seinen Gesundheitszustand offenbaren, wenn er infolge einer schon vorliegenden Krankheit außerstande ist, seine Arbeit aufzunehmen (BAG 7. 2. 1964 AP BGB § 276 Verschulden bei Vertragsschluß Nr. 6). Die gleiche Pflicht obliegt ihm bei unmittelbar bevorstehenden Heilverfahren, wenn es um die Einstellung für ein zweckgebundenes, befristetes Arbeitsverhältnis geht (LAG Berlin 18. 4. 1978 BB 1979, 1145). Vgl. im übrigen zu den Offenbarungspflichten Rn. 393. 348

cc) Rechtsfolgen. Aus cic. besteht ein Anspruch auf Ersatz des **Vertrauensschadens** bzw. des negativen Interesses (BAG 10. 11. 1955 AP BGB § 276 Verschulden bei Vertragsschluß Nr. 1; MünchArbR/*Richardi* § 43 Rn. 16). Durch die Vertragsanbahnung entsteht ein Schuldverhältnis ohne primäre Leistungspflicht. Bei einer Verletzung ist der Bewerber deshalb so zu stellen, wie er gestanden hätte, wenn das schädigende Ereignis nicht eingetreten wäre. Das negative Interesse ist jedoch nicht durch das Erfüllungsinteresse begrenzt, es kann dieses vielmehr erreichen oder übersteigen. Das negative Interesse ist nicht notwendigerweise niedriger als das positive, bei Ansprüchen aus cic. ist das Erfüllungsinteresse nicht die obere Grenze des Ersatzanspruchs (BGH 9. 10. 1989 NJW-RR 1990, 229, 230; BAG 15. 5. 1974 AP BGB § 276 Verschulden bei Vertragsschluß Nr. 7; *Palandt/Heinrichs* Vorbem. vor § 249 Rn. 17). Dieser Grundsatz findet auch im Arbeitsrecht Anwendung (*Wiedemann*, FS für Herschel, 1982, 463, 475). Die Schadenshöhe bei enttäuschtem Vertrauen auf Zustandekommen eines Vertrages bestimmt sich nach dem Verdienst des gekündigten und nicht des angestrebten Arbeitsplatzes (BAG 15. 5. 1974 AP BGB § 276 Verschulden bei Vertragsabschluß Nr. 9; MünchArbR/*Richardi* § 43 Rn. 21). Dagegen wird eingewandt, daß derjenige, der Einkommen im Hinblick auf einen jederzeit kündbaren Vertrag aufgibt, keinen Vertrauensschutz verdient. Eine falsche Auskunft sei zwar für den Schaden mitursächlich, es liege aber alleine im Risikobereich des Betroffenen, wenn er eine Situation falsch einschätzt und daraufhin aufgrund seines eigenen Fehlverhaltens die alte Einnahmequelle aufgibt (*Wiedemann*, FS für Herschel, 1982, 463, 477; *Erman/Hanau* Rn. 261). Der Bewerber ist jedoch so zu stellen, als wäre die Auskunft nicht oder richtig erteilt worden. Dann wäre die Kündigung des alten Arbeitsplatzes unterblieben und Einnahmen in der bisherigen Höhe des Gehalts erfolgt. 349

Bei **Abbruch von Vertragsverhandlungen** kann der Bewerber grds. nicht verlangen, so gestellt zu werden, als wäre das Arbeitsverhältnis zustande gekommen (MünchArbR/*Richardi* § 43 Rn. 20). Als Rechtsfolge der cic. ist nur unter bestimmten Umständen der Zwang zum Abschluß eines Vertrages in Betracht zu ziehen. Sagt der AG beim **Abschluß eines befristeten** Vertrages zu, den Bewerber bei Vorliegen bestimmter Voraussetzungen in ein unbefristetes Vertragsverhältnis zu übernehmen, und unterläßt er dies später trotzdem, so ergibt sich der Abschlußzwang aus der insoweit erfolgten Selbstbindung des AG. Der Schaden gemäß § 249 besteht gerade in dem Nichtabschluß des Vertrages (BAG 16. 3. 1989 AP BeschFG 1985 § 1 Nr. 8). 350

b) Diskriminierungsverbote. Für den **öffentlichen Dienst** folgt aus Art. 33 II GG, daß jeder Deutsche nach seiner Eignung, Befähigung und fachlichen Leistung gleichen Zugang zu jedem öffentlichen Amt hat. Für den Einzelnen folgt ein **Einstellungsanspruch,** wenn jede andere Entscheidung ermessensfehlerhaft und damit rechtswidrig wäre (Rn. 438). 351

Außerhalb des öffentlichen Dienstes besteht ein derartiger Grundsatz nicht; ein durchgehendes Gleichheitsprinzip würde mit dem Recht des AG auf Vertragsfreiheit kollidieren. § 75 I BetrVG geht zwar von einer Pflicht zur Gleichbehandlung auch im privaten Arbeitsverhältnis aus, jedoch gilt die Vorschrift nur im bereits bestehenden Arbeitsverhältnis und begründet hier ebenso wie im Anbahnungsverhältnis keinen Einstellungsanspruch (MünchArbR/*Buchner* § 37 Rn. 208). Ein ausdrückliches Diskriminierungsverbot ist in § 611 a bezüglich des Geschlechts normiert (hierzu näher § 611 a), andere ergeben sich aus dem GG. 352

Ein AG darf wegen der **Gewerkschaftszugehörigkeit** nicht den Abschluß eines Arbeitsvertrages verweigern (Art. 9 GG Rn. 15). Macht er die Einstellung vom Austritt aus der Gewerkschaft abhängig, greift er unmittelbar in das verfassungsrechtlich geschützte Recht einer Koalition auf Bestand und Betätigung ein (BAG 2. 6. 1987 AP GG Art. 9 Nr. 49; MünchArbR/*Buchner* § 36 Rn. 74). Art. 9 III 2 GG ordnet die unmittelbare Wirkung der **Koalitionsfreiheit** an, indem er Abreden, die dieses Recht einschränken oder zu behindern suchen, für nichtig und hierauf gerichtete Maßnahmen für rechtswidrig erklärt. Wegen der **unmittelbaren Drittwirkung** ist Art. 9 III GG als Schutzgesetz anzusehen, so daß ein Schadensersatzanspruch aus § 823 II in Betracht kommt (MünchArbR/*Buchner* § 37 Rn. 218). 353

Einzelne Diskriminierungsverbote – speziell des Art. 3 II, III GG, hierzu Art. 3 GG Rn. 66 ff. – sind schon bei der Einstellung vom AG zu beachten. Aus ihrer Verletzung folgt allerdings kein Einstellungs-, sondern allenfalls ein Schadensersatzanspruch. Da Art. 3 GG nicht unmittelbar ver- 354 bindlich im Privatrecht ist, kann die Vorschrift nicht als Schutzgesetz im Sinne des § 823 II angesehen werden. In Betracht kommt ein Anspruch aus § 823 I wegen Verletzung des allgemeinen Persönlichkeitsrechts oder ein solcher aus § 826 wegen sittenwidriger Schädigung.

355 Für Angehörige der EG-Staaten besteht nach Art. 39 EG das **Recht auf Freizügigkeit** innerhalb der Gemeinschaft.

356 Verboten sind nach Art. 39 EG nicht nur die offensichtlichen Fälle der Diskriminierung, sondern auch alle verdeckten Formen, wie etwa die Ungleichbehandlung eines ausländischen AN wegen der Lage seines Wohnsitzes im Ausland (EuGH 12. 2. 1974 „*Sotgiu*" AP EWGV Art. 177 Nr. 6 = EAS EG-Vertrag Art. 48 Nr. 8; Art. 39 EG Rn. 33 ff.; MünchArbR/*Buchner* § 37 Rn. 198).

357 Für andere ausländische AN ist lediglich Art. 3 III GG einschlägig (Art. 3 GG Rn. 73 ff.). Auch wenn Nationalität und Staatsangehörigkeit hier nicht ausdrücklich genannt sind, sind sie doch von den Merkmalen Abstammung, Heimat und Herkunft mitumfaßt (MünchArbR/*Buchner* § 37 Rn. 207).

358 Bis auf die Fälle, in denen eine bestimmte religiöse oder politische Anschauung für die Tätigkeit im betreffenden Unternehmen unabdingbare Voraussetzung ist, darf eine Benachteiligung bei der Einstellung deswegen ebenfalls nicht erfolgen (Art. 3 III GG Rn. 76 ff.; Art. 4 GG Rn. 69 ff.). Die Ausnahme besteht im Bereich der **Tendenzunternehmen,** also beispielsweise bei kirchlichen Einrichtungen.

359 **4. Informationsrechte des Arbeitgebers. a) Allgemeines.** Vor Abschluß des Arbeitsvertrages ist der AG grds. berechtigt, Informationen über die für ihn maßgeblichen Umstände auch durch Fragen an den Bewerber einzuholen (hierzu aus dem Schrifttum *Däubler* CR 1994, 101; *Degener*, Das Fragerecht des Arbeitgebers gegenüber Bewerbern, 1975; *Ehrich* DB 2000, 421; *Eich* NZA 1987 Beil. 2 zu H. 12, 10; *Großmann* NZA 1989, 702; *Linnenkohl* AuR 1983, 129; *Moritz* NZA 1987, 329; *Raab* RdA 1995, 36; *Richardi* NZA 1988, 73; *Schatzschneider* NJW 1993, 1115; *Schmid* DB 1980, 2442; *Schulte-Westenberg* NJW 1994, 1573; *Schulz* NZA 1990, 717; *Sowka* NZA 1994, 967; *Teske* ZIP 1987, 960; *Walker* DB 1987, 273; *Wedde* CR 1992, 679; *Wohlgemuth* AuR 1992, 46; *Zeller* BB 1987, 1522 und 2439; *ders.,* BB 1993, 219).

360 Aus der Vertrags- und Abschlußfreiheit folgt das Recht des AG auf Informationsfreiheit. Ihm muß möglich sein, die für ihn und seinen Betrieb maßgeblichen Umstände in der Person eines Bewerbers aufzuklären. Anerkannt ist jedoch, daß **Beschränkungen der Informationsfreiheit** erforderlich sind (BAG 5. 12. 1957 AP BGB § 123 Nr. 2; BAG 5. 10. 1995 AP BGB § 123 Nr. 40; *Buchner* NZA 1991, 577, 579; *Moritz* NZA 1987, 329, 331). Rechtliche Grenzen setzt das positive Recht nur in Art. 33 GG für den öffentlichen Dienst, wonach bei der Einstellung nur auf Eignung, Befähigung und fachliche Leistung abgestellt werden darf, und in Art. 9 III GG, mit dem durch das Verbot der Benachteiligung wegen der Gewerkschaftszugehörigkeit auch die Frage danach dem AG nicht gestattet ist. Mit dem Diskriminierungsverbot in § 611a BGB, der die geschlechtsspezifische Benachteiligung schon bei der Einstellung verbietet, soweit sie nicht durch sachliche Gründe geboten ist, läßt sich die Unzulässigkeit geschlechtsbezogener Fragen begründen. Die Rspr. stellt im übrigen zur Begrenzung des Fragerechts in erster Linie auf das Interesse des AN am Schutz seines Persönlichkeitsrechts und der Unverletzlichkeit seiner Individualsphäre ab (BAG 5. 12. 1957 AP BGB § 123 Nr. 2; BAG 5. 10. 1995 AP BGB § 123 Nr. 40; näher Art. 2 GG Rn. 96 ff.). Die fehlende Zustimmung des BR zu einem Personalfragebogen gibt dem Bewerber nicht das Recht, zulässige Fragen falsch zu beantworten (BAG 2. 12. 1999 DB 2000, 1418).

361 Darüber hinaus sind zur Einschränkung des Fragerechts spezielle Grundrechte heranzuziehen (MünchArbR/*Buchner* § 38 Rn. 17). Über die klare Anordnung der Drittwirkung für den Fall der Gewerkschaftszugehörigkeit hinaus (Art. 9 III 2 GG) finden die Wertungen der Grundrechte im arbeitsrechtlichen Anbahnungsverhältnis Anwendung.

362 Zulässigerweise dürfen nur Fragen gestellt werden, an deren wahrheitsgemäßer Beantwortung der AG ein **berechtigtes, billigenswertes und schutzwürdiges Interesse** hat, aufgrund dessen die Belange des Bewerbers zurücktreten müssen (BAG 7. 6. 1984 AP BGB § 123 Nr. 26; BAG 5. 10. 1995 AP BGB § 123 Nr. 40; *Buchner* NZA 1991, 577, 578). Ein solches Interesse ist regelmäßig nur anzunehmen, wenn die Beantwortung der Frage für den angestrebten Arbeitsplatz und die zu verrichtende Tätigkeit selbst von Bedeutung ist (BAG 5. 12. 1957 AP BGB § 123 Nr. 2; *Wank*, Anm. zu BAG 19. 3. 1983 EzA BGB § 123 Nr. 23; *Wohlgemuth* AuR 1992, 46, 47). Betrifft die Frage dagegen die Privat- oder Intimsphäre des Bewerbers, ohne daß ein Zusammenhang mit der zu übernehmenden Aufgabe besteht, ist die gestellte Frage unzulässig.

363 Das Schweigen des Bewerbers auf eine unzulässige Frage erregt den Verdacht, der Bewerber habe etwas zu verbergen, und kann den erfolgreichen Vertragsabschluß gefährden. Deshalb hat der Bewerber nicht nur die Möglichkeit zu **schweigen,** sondern er darf sogar die **Unwahrheit sagen** (vgl. Art. 2 GG Rn. 98; MünchArbR/*Buchner* § 38 Rn. 184; für ein „Recht auf Lüge" *Däubler* CR 1994, 101, 104; *Wohlgemuth* AuR 1992, 46, 49; dagegen *Moritz* NZA 1987, 329, 336). Die Rspr. löst den Konflikt im Rahmen der Rechtsfolgen bei Falschbeantwortung einer Frage. War sie zulässigerweise gestellt, kann der AG den Vertrag wegen arglistiger Täuschung nach § 123 anfechten. Hatte der AG jedoch kein Recht, die betreffende Information zu erfragen, sind die Voraussetzungen für eine Täuschungsanfech-

E. Begründung des Arbeitsverhältnisses § 611 BGB 230

tung nicht gegeben. Das Merkmal der Arglist ist zu verneinen (BAG 5. 12. 1957 AP BGB § 123 Nr. 2; BAG 21. 2. 1991 AP BGB § 123 Nr. 35; BAG 5. 10. 1995 AP BGB § 123 Nr. 40; MünchArbR/*Richardi* § 44 Rn. 39).

In den Fällen, in denen wegen der unzulässigerweise eingeholten Informationen ein Arbeitsvertrag 364 nicht zustande kommt, ist auch ein Schadensersatzanspruch des Bewerbers wegen Verletzung des Persönlichkeitsrechts aus §§ 823 I, 847 oder nach den Grundsätzen der cic. (*Wiedemann*, FS für Herschel, 1982, 463) denkbar.

b) Einzelne Fragen. Je weniger die Frage mit dem angestrebten Arbeitsplatz in Zusammenhang 365 steht und die Person selbst ausforscht, desto eher wird sie als unzulässig eingestuft werden müssen.

Zulässig ist die Frage nach dem **beruflichen Werdegang** einschließlich Ausbildungs- und Weiter- 366 bildungszeiten, der ohnehin regelmäßig durch die vom AN vorgelegten Zeugnisse dokumentiert sein wird (BAG 12. 2. 1970 AP BGB § 123 Nr. 17). Bei einer entspr. Frage ist der Bewerber verpflichtet, die früheren AG und die Dauer der jeweiligen Beschäftigung wahrheitsgemäß anzugeben (LAG Hamm 8. 2. 1995 LAGE BGB § 123 Nr. 21), denn dadurch kann die Eignung für die vorgesehene Tätigkeit ermittelt werden. Hierher gehört auch die Information über längere Arbeitsfreistellungen bei einem früheren AG (LAG Frankfurt 29. 10. 1980 AR-Blattei ES 640 Nr. 10). Der Bewerber darf auch dann die Dauer früherer Arbeitsverhältnisse nicht falsch angeben, wenn er damit eine Entziehungstherapie verheimlichen und seine Wiedereingliederung in das Arbeitsleben erleichtern will (LAG Köln 13. 11. 1995 NZA-RR 1996, 403).

Die Frage nach **Wettbewerbsverboten** ist zulässig, wenn sie sich auf das einzugehende Arbeits- 367 verhältnis beziehen (MünchArbR/*Buchner* § 38 Rn. 108; *Ehrich* DB 2000, 421, 422).

Bei der Frage nach dem **bisherigen Gehalt** ist zu differenzieren. Zur geschützten Individualsphäre 368 sind auch die Einkommensverhältnisse des AN zu rechnen. Unzulässig ist die Frage, wenn das bisherige Gehalt nicht aufschlußreich bezüglich der Qualifikation für den zu besetzenden Arbeitsplatz ist. Eine andere Beurteilung ergibt sich, wenn der Bewerber von sich aus das bisherige Einkommen zur Mindestbedingung erhebt oder wenn es Rückschlüsse auf seine Eignung zuläßt. Dies kann der Fall sein, wenn die bisherige und die angestrebte Posten zumindest vergleichbare Kenntnisse und Fähigkeiten erfordern, oder wenn der Bewerber zuvor eine leistungsabhängige Vergütung erhielt, deren Höhe für seine Einsatzbereitschaft kennzeichnend ist (BAG 19. 5. 1983 AP BGB § 123 Nr. 25). Abgesehen von diesen Ausnahmen wird die Zulässigkeit der Frage abgelehnt, weil sich die Verhandlungsposition des Bewerbers durch die Kenntnis des AG verschlechtere (*Moritz* NZA 1987, 329, 333). Gehaltsverhandlungen sind Gegenstand des Vorstellungsgesprächs, in denen jede Partei auf ihren Vorteil bedacht ist. Bemühungen des AG, eine ihm vorteilhafte Position zu erringen, braucht der Bewerber nicht durch eine wahre Angabe über sein früheres Gehalt zu unterstützen (LAG Baden-Württemberg 23. 12. 1980 AR-Blattei ES 640 Nr. 11).

Die Frage nach **Lohnpfändungen oder Lohnabtretungen** ist nur bei Bewerbern für besondere 369 Vertrauenspositionen zulässig (*Zeller* BB 1987, 1522, 1523). Im übrigen darf nicht danach gefragt werden (ArbG Berlin 16. 7. 1986 BB 1986, 1853; aA *Moritz* NZA 1987, 329, 333). Als Ausnahme soll in Betracht kommen, daß wegen besonderer betrieblicher Umstände, zB in einem Kleinbetrieb, die Bearbeitung von Lohnpfändungen einen nicht zumutbaren Aufwand erfordern (BAG 4. 11. 1981 AP KSchG § 1 Verhaltensbedingte Kündigung Nr. 4; *Dörner* AR-Blattei SD 60 Rn. 55). Da die Bearbeitung derartiger Fälle jedoch stets aus dem schematischen Ablauf herausfällt und besondere Umstände verursacht, ist eine Ungleichbehandlung aus diesen Gründen nicht zu vertreten. Das Interesse des AN an der Erlangung eines Arbeitsplatzes trotz der Lohnpfändung oder -abtretung ist hier vorrangig.

Vorstrafen dürfen verschwiegen werden, wenn sie gem. § 51 BZRG nicht (mehr) in ein polizeiliches 370 Führungszeugnis aufzunehmen sind. Nach st. Rspr. darf im übrigen bei privatrechtlichen Arbeitsverhältnissen nach Vorstrafen des Bewerbers nicht einschränkungslos gefragt werden, schon um die Resozialisierung des Vorbestraften nicht unnötig zu erschweren und den sich redlich um einen Arbeitsplatz Bemühenden nicht in unnötige Gewissenskonflikte zu bringen. Es darf aber nach Vorstrafen gefragt, wenn und soweit die Art der zu besetzenden Arbeitsplatzes dies erfordert (BAG 20. 5. 1999 AP BGB § 123 Nr. 50). Beispiele: Vorstrafe eines Bankkassierers auf vermögensrechtlichem Gebiet, verkehrsrechtliche Vorstrafen eines Kraftfahrers, Sittlichkeitsdelikte eines Erziehers. Die Strafe muß demnach **einschlägig** sein (BAG 5. 12. 1957 AP BGB § 123 Nr. 2; BAG 15. 1. 1970 AP KSchG § 1 Verhaltensbedingte Kündigung Nr. 7; LAG Düsseldorf 24. 6. 1988 AuR 1989, 185).

Unter der Voraussetzung der Rn. 370 darf auch nach einschlägigen **laufenden Ermittlungsverfah-** 371 **ren** gefragt werden. Dies verstößt nicht gegen die Unschuldsvermutung nach Art. 6 II EMRK (BAG 20. 5. 1999 AP BGB § 123 Nr. 50; *Ehrich* DB 2000, 421, 423; aA ArbG Münster 20. 11. 1992 NZA 1993, 421). Arbeitsrechtlich relevant kann zudem sein, ob die Verfügbarkeit des Bewerbers durch das Verfahren eingeschränkt ist, wenn mit umfangreichen Ermittlungen oder gar Untersuchungshaft zu rechnen ist (*Raab* RdA 1995, 36, 42) oder die Verurteilung zu einer Freiheitsstrafe zu erwarten ist. Hier ist das Einstellungs- und Beschäftigungsrisiko so groß, daß dem AG ein Fragerecht zugebilligt werden muß (*Linnenkohl* AuR 1983, 129; zur Sicherheitsüberprüfung eines Bewerbers *Buchner* NZA 1991, 577).

372 Strenge Maßstäbe sind bei Fragen nach **Krankheiten** anzulegen, da sie einen nicht unerheblichen Eingriff in die Intimsphäre des Bewerbers darstellen. Die Frage ist zulässig, wenn die Krankheit die Eignung des Bewerbers für die angestrebte Tätigkeit **auf Dauer** oder in **periodisch wiederkehrenden Abständen** erheblich **beeinträchtigt** oder **aufhebt** (BAG 7. 6. 1984 AP BGB § 123 Nr. 26). Die allgemein gehaltene Frage nach dem Gesundheitszustand ist dagegen unzulässig. Des weiteren ist die Frage zulässig bei ansteckenden Krankheiten, die Kollegen oder Kunden gefährden könnten. Fragen darf der AG auch, ob zum Zeitpunkt des Dienstantritts bzw. in absehbarer Zeit mit einer Arbeitsunfähigkeit, zB durch eine geplante oder bereits bewilligte **Operation oder Kur** oder durch eine zur Zeit bestehende Erkrankung zu rechnen ist (BAG 7. 6. 1984 AP BGB § 123 Nr. 26; ArbG Stade 3. 9. 1971 BB 1971, 1235; *Dörner* AR-Blattei SD 60 Rn. 60). In einer Entscheidung des BAG v. 27. 3. 1991 (AP LohnFG § 1 Nr. 92) konnte das Bestehen einer Mitteilungspflicht bezüglich einer bereits im Zeitpunkt des Vorstellungsgesprächs beantragten Kur offenbleiben, da ein Schadensersatzanspruch eingeklagt war, der AG aber einen Schaden, der über die gesetzliche Pflicht zur Lohnfortzahlung hinausging, nicht darlegen konnte. Nach einer bestehenden **Alkoholkrankheit** darf den genannten Grundsätzen entspr. gefragt werden. Die Frage nach einer **genetischen Veranlagung** wird grds. für unzulässig gehalten (*Wiese* RdA 1988, 217, 218).

373 Besonderheiten gelten im Bereich der **AIDS**-Erkrankung. Da mit einer Heilung nicht gerechnet werden kann und deshalb die Arbeitsunfähigkeit absehbar ist, darf die Frage danach gestellt werden (*Heilmann* BB 1989, 1413, 1414; *Richardi* NZA 1988, 73, 74).

374 Anders ist es bei einer **HIV-Infizierung**. Hier ist die Frage nur zulässig, wenn aufgrund der Tätigkeit ein **erhöhtes Risiko** der Ansteckung von Kollegen oder Kunden besteht, wie etwa bei Berufen im Gesundheitsdienst, bei Küchenpersonal und bei Berufsgruppen, die mit der Herstellung von Lebensmitteln beschäftigt sind (*Keller* NZA 1988, 561, 563; *Richardi* NZA 1988, 73, 74). In anderen Berufen finden Kontakte mit dem Hauptübertragungsweg Blut nicht statt, so daß hier die Frage nach einer Infektion nicht zulässig ist (für die generelle Unzulässigkeit der Frage *Heilmann* BB 1989, 1413, 1415; für die Zulässigkeit der Berufsgruppen mit hoher Verantwortung, wie etwa Flugzeugpiloten, *Richardi* NZA 1988, 73, 75).

375 Nach anderer Auffassung ist die Frage generell zulässig, da eine AIDS-Erkrankung nach dem gegenwärtigen Kenntnisstand der Medizin unweigerlich zum Tod führe. Daher bestehe immer ein berechtigtes, billigenswertes und schutzwürdiges Interesse des AG an der wahrheitsgemäßen Beantwortung der Frage (*Eich* NZA 1987 Beil. 2, 10, 12; *Klak* BB 1987, 1382, 1384; *Zeller* BB 1987, 1522, 1523). Nur mit den möglichen Kosten einer vielleicht erst in Jahren ausbrechenden Krankheit ist die Zulässigkeit der Frage jedoch nicht zu begründen. Auch bei anderen Erkrankungen ist der AN nur auskunftspflichtig, wenn sie in absehbarer Zeit zur Arbeitsunfähigkeit führen (Rn. 372). Dieser Grundsatz muß erst recht gelten, wenn nicht einmal absehbar ist, ob die AIDS-Erkrankung überhaupt während des bestehenden Arbeitsverhältnisses ausbricht. Ist dies der Fall, wird zudem regelmäßig eine personenbedingte Kündigung (§ 1 KSchG Rn. 263) begründet sein, da mit der Wiederherstellung der Arbeitsfähigkeit nicht gerechnet werden kann (gegen ein unbegrenztes Fragerecht auch *Dörner* AR-Blattei SD 60 Rn. 61).

376 Die Frage nach der **Körperbehinderung** ist insoweit zulässig, als sie auf eine durch die Körperbehinderung mögliche Beeinträchtigung der zu verrichtenden Arbeit gerichtet ist (BAG 7. 6. 1984 AP BGB § 123 Nr. 26; BAG 29. 8. 1984 AP BGB § 123 Nr. 27).

377 Nicht gleichgesetzt werden darf die Frage nach einer Krankheit oder Körperbehinderung mit der nach der **Schwerbehinderteneigenschaft**. Das BAG tendierte zwischenzeitlich dazu, die Zulässigkeit der Frage davon abhängig zu machen, ob die der Schwerbehinderung zugrunde liegende Beeinträchtigung für die auszuübende Tätigkeit von Bedeutung ist (BAG 11. 11. 1993 AP BGB § 123 Nr. 38). Jetzt hält es die Frage wieder wie zuvor (BAG 25. 3. 1976 AP BGB § 123 Nr. 19; BAG 1. 8. 1985 AP BGB § 123 Nr. 30) ausdrücklich für uneingeschränkt zulässig (BAG 5. 10. 1995 AP BGB § 123 Nr. 40; BAG 3. 12. 1998 AP BGB § 123 Nr. 49). Sei der Stellenbewerber als Schwerbehinderter anerkannt oder nach § 2 SchwbG einem Schwerbehinderten gleichgestellt, so knüpften sich daran für den AG während der gesamten Dauer des Arbeitsverhältnisses zahlreiche rechtliche Pflichten. Auch wenn sich die Schwerbehinderung unter Umständen gar nicht auf die zu verrichtende Arbeit auswirke, habe der AG angesichts der rechtlichen und wirtschaftlichen Tragweite und der betrieblichen Auswirkungen der Einstellung schwerbehinderter AN ein berechtigtes Interesse, den Schwerbehindertenstatus eines Stellenbewerber zu erfahren. Darüber hinaus werde dem AG durch das Verschweigen des Schwerbehindertenstatus unmöglich gemacht, zu überprüfen, ob er seinen Pflichten bei der Stellenbesetzung aus dem SchwbG nachkommen und ob die Schwerbehindertenvertretung zu beteiligen ist (BAG 5. 10. 1995 AP BGB § 123 Nr. 40). Auch nicht aufgrund der erst 1994 erfolgten Aufnahme des Verbots der Benachteiligung Behinderter in das GG (Art. 3 III 2 GG) sei eine andere Bewertung vorzunehmen. Der Vergleich mit der Frage nach der Schwangerschaft, die grds. für unzulässig gehalten wird (Rn. 380 ff.), sei nicht vorzunehmen, da der Gesetzgeber in § 611a ein ausdrückliches geschlechtsspezifisches Diskriminierungsverbot bei der Begründung von Arbeitsverhältnissen normiert habe, das im Falle der Behinderten fehle. Ein Recht zur unwahren Beantwortung bevorzuge die Bewerber, deren Schwerbehinderung nicht äußerlich erkennbar sei, was dem Zweck des SchwbG

E. Begründung des Arbeitsverhältnisses § 611 BGB 230

zuwiderliefe. Das SchwbG solle nur den bereits erworbenen Arbeitsplatz sichern, die Pflicht, Schwerbehinderte zu beschäftigen, bestünde nur gegenüber dem Staat (BAG 1. 8. 1985 AP BGB § 123 Nr. 30). Die Frage ist danach auch zulässig, wenn die Behinderung, auf der die Anerkennung beruht, nicht eine Verminderung der Arbeitsleistung bewirkt, sondern **tätigkeitsneutral** ist.

Diese Ansicht erfährt Kritik in der Literatur (vgl. hier Art. 3 GG Rn. 82) und der Instanzrechtsprechung. Sie wird dem geltenden Schwerbehindertenschutz kaum gerecht (*Gola* BB 1987, 538). Nur die der Schwerbehinderung zugrunde liegende Funktionsbeeinträchtigung hat für die auszuübende Tätigkeit und den Vertragszweck die Bedeutung, die eine Auskunftspflicht des Bewerbers gebietet. Die Schwerbehinderteneigenschaft an sich beeinträchtigt nicht die beiderseitigen Hauptpflichten und hat nur punktuelle Auswirkungen für den AG, wie etwa die Gewährung von Zusatzurlaub oder die Erschwerung der Kündigung. Entscheidend ist, ob der Schwerbehinderte seine Arbeit vertragsgemäß verrichten kann (*Großmann* NZA 1989, 702, 707 f.). Im übrigen widerspricht es dem Schutzzweck des SchwbG, die Einstellung eines Schwerbehinderten oder Gleichgestellten abzulehnen, um den Belastungen des Gesetzes zu entgehen (ArbG Siegburg 22. 3. 1994 NZA 1995, 943). Sein Sinn wird in das Gegenteil verkehrt, wenn wegen der Anerkennung als Schwerbehinderter eine Anfechtungsmöglichkeit geschaffen wird, die es im Falle der bloßen Körperbehinderung nicht gäbe. Dem Art. 3 III 2 GG jeden protektiven Charakter abzusprechen, widerspricht seinem subjektivem Abwehrcharakter (*Treber* ZfA 1996, 675 mwN; Art. 3 GG Rn. 82). **378**

Die Frage nach den Ursachen der Schwerbehinderung muß nicht beantwortet werden. An dieser Auskunft hat der AG regelmäßig kein berechtigtes Interesse (ArbG Heilbronn 30. 8. 1988 EzA BGB § 123 Nr. 34 mit Anm. *Teske*). **379**

In Rspr. und Schrifttum ausführlich diskutiert worden ist die Zulässigkeit der Frage nach einer bestehenden **Schwangerschaft**. Die erhebliche praktische Bedeutung resultiert vor allem aus dem weitgehenden Kündigungsschutz für werdende Mütter und Wöchnerinnen (§ 9 MuSchG), die dem AG die Lösung des Arbeitsvertrages gegen den Willen der Frau praktisch nur unter den Voraussetzungen des § 123 ermöglicht. **380**

Bis Mitte der 80er Jahre wurde die Frage für zulässig erachtet (BAG 22. 9. 1961 AP BGB § 123 Nr. 15). Auf die Art der auszuübenden Tätigkeit kam es damit nicht an. Einige Instanzgerichte hielten die Frage mit dem Mutterschutz für unvereinbar (LAG Frankfurt 7. 5. 1953 DB 1953, 847; LAG Düsseldorf 7. 5. 1958 DB 1958, 1016). **381**

Später tendierte das BAG dahin, die Frage nur dann zu gestatten, wenn sich ausschließlich Frauen um den Arbeitsplatz bewerben (BAG 20. 2. 1986 AP BGB § 123 Nr. 31; LAG Frankfurt 8. 2. 1985 LAGE BGB § 123 Nr. 6). Diese „gespaltene Lösung" traf jedoch nicht nur in der Literatur auf Kritik (*Coester* Anm. zu BAG 20. 2. 1986 AP BGB § 123 Nr. 31; für die generelle Zulässigkeit der Frage *Hunold* NZA 1987, 4, 6; *Walker* DB 1987, 273, 275 ff.), sondern ließ sich auch mit der neueren Rspr. des EuGH nicht vereinbaren (EuGH 8. 11. 1990 „*Dekker*" AP EWG-Vertrag Art. 119 Nr. 23 = EAS RL 76/207 Art. 2 Nr. 6). **382**

Daraufhin hat das BAG seine Rspr. aufgegeben und hält nunmehr die Frage nach der Schwangerschaft unter Berufung auf § 611 a grds. für unzulässig (BAG 15. 10. 1992 AP BGB § 611 a Nr. 8; LAG Düsseldorf 1. 4. 1992 NZA 1992, 695). Die Literatur folgt dem tlw. (*Coester* Anm. zu BAG 15. 10. 1992 AP BGB § 611 a Nr. 8; *Schatzschneider* NJW 1993, 1115, 1116; kritisch zum Teil aus beschäftigungspolitischer Sicht *Sowka* NZA 1994, 967, 969; *Schulte-Westenberg* NJW 1994, 1573, 1575; *Walker* DB 1987, 273, 276; *Zeller* BB 1993, 219, 220). **383**

Nach Ansicht des BAG soll die Frage möglich sein, wenn die Beschäftigung dem gesundheitlichen Schutz der Mutter oder des ungeborenen Kindes zuwiderläuft (BAG 1. 7. 1993 AP BGB § 123 Nr. 36). Dies ist jedoch mit der Rspr. des EuGH nicht vereinbar, der zu Recht in einem Beschäftigungsverbot während der Schwangerschaft nur ein zeitweiliges Hindernis sieht, die Arbeit zu verrichten (EuGH 5. 5. 1994 „*Habermann-Beltermann*" AP EWG/Richtlinie 76/207 Art. 2 Nr. 3 = EAS RL 76/207 Art. 2 Nr. 9; EuGH 3. 2. 2000 AP BGB § 611 a Nr. 18 = EAS RL 76/207/EWG Art. 2 Nr. 16). Danach ist die Zulässigkeit der Frage nach der Schwangerschaft allenfalls dann in Betracht zu ziehen, wenn die Bewerberin befristet eingestellt werden soll und für die gesamte vorgesehene Vertragsdauer eine Beschäftigung aus Gründen des Mutterschutzes ausscheidet (*Rolfs* in Hanau/Preis II B 5 Rn. 21; *Paul* DB 2000, 974). Die Frage nach der „Verfügbarkeit innerhalb der nächsten 12 Monate" (vgl. *Hunold* DB 2000, 573) stellt eine Umgehung des Verbots der Frage nach der Schwangerschaft dar. Eine Anfechtung kann auf die Falschbeantwortung der Frage nicht gestützt werden. **384**

Überwiegend für zulässig wird die Frage nach dem zukünftigen **Wehr- oder Ersatzdienst** gehalten (zB RGRK/*Schliemann* Rn. 1218). Diese betrifft die Verfügbarkeit des Bewerbers für einen längeren Zeitraum und berührt erhebliche betriebliche Interessen des AG. Allerdings ist fraglich, ob diese Ansicht mit der Rspr. des EuGH zum Verbot der **geschlechtsspezifischen Diskriminierung** (vgl. die Frage nach der Schwangerschaft Rn. 380 ff.) vereinbar ist. Die Frage betrifft ausschließlich männliche Bewerber und enthält somit ebenfalls eine Benachteiligung wegen des Geschlechts (*Coester* Anm. zu BAG 20. 2. 1986 AP BGB § 123 Nr. 31; *Moritz* NZA 1987, 329, 335; *Ehrich* DB 2000, 421, 426). Zu erwägen ist auch hier, die Frage nur im befristeten Arbeitsverhältnis zuzulassen, in dem der Wehrdienst der Vertragsdurchführung insgesamt im Wege steht. Ob in der Vergangenheit Wehr- oder **385**

Zivildienst geleistet wurde, unterliegt der grundrechtlich geschützten Gewissensfreiheit des Bewerbers und darf nicht erfragt werden (MünchArbR/*Buchner* § 38 Rn. 14).

386 Die Frage nach der **Gewerkschaftszugehörigkeit** ist wegen der in Art. 9 III GG verfassungsrechtlich garantierten Koalitionsfreiheit unzulässig. Ebenfalls darf die Einstellung nicht vom Austritt aus der Gewerkschaft abhängig gemacht werden. Gegen einen derartigen rechtswidrigen Eingriff in die Koalitionsfreiheit kann sich auch die betroffene Gewerkschaft durch eine Unterlassungsklage schützen (BAG 2. 6. 1987 AP GG Art. 9 Nr. 49). Gleichfalls unzulässig sind vor Abschluß des Arbeitsvertrages die Fragen nach der **Konfession** oder der Mitgliedschaft in **politischen Parteien** (*Wohlgemuth* AuR 1992, 46, 47). Etwas anderes kann für bestimmte **Tendenzbetriebe** (zB Verlage, Parteien) gelten. Auch im öffentlichen Dienst ist die Frage nach der Mitgliedschaft in einer verfassungsfeindlichen Partei zulässig (OVG NRW 26. 9. 1983 BB 1984, 1490).

387 Die Frage nach einer früheren Tätigkeit im Dienste des **Ministerium für Staatssicherheit** für die **Übernahme** in den öffentlichen Dienst ist nach der Rspr. des BVerfG (8. 7. 1997 NJW 1997, 2307; vgl. auch BerlVerfGH 17. 12. 1997 NZA 1998, 591) für Vorgänge, die **vor dem Jahre 1970** abgeschlossen waren, wegen Verletzung des allgemeinen Persönlichkeitsrechts (Art. 2 I GG) unzulässig. Im übrigen ist die Befragung nach Funktionen und Tätigkeiten in SED und MfS zulässig (BAG 28. 5. 1998 AP BGB § 123 Nr. 46; BAG 26. 8. 1993 AP Einigungsvertrag Art. 20 Nr. 8; BAG 14. 12. 1995 AP Einigungsvertrag Anlage I Kap. XIX Nr. 56). Die Falschbeantwortung der Frage kann sowohl die Kündigung wegen mangelnder persönlicher Eignung als auch die Anfechtung nach sich ziehen. Es verletzt aber Grundrechte des Betroffenen, wenn allein die Falschbeantwortung ohne abschließende Würdigung der Einzelfallumstände die Beendigung des Arbeitsverhältnisses zur Folge hat (BVerfG 8. 7. 1997 NJW 1997, 2307, 2309).

388 Die Frage nach erfolglosen Anwerbungsversuchen der Stasi braucht nicht beantwortet zu werden. Es besteht kein Zusammenhang mit der zu erbringenden Tätigkeit und der Pflichtenbindung des Arbeitsverhältnisses im öffentlichen Dienst (BAG 7. 9. 1995 AP BGB § 242 Auskunftspflicht Nr. 24).

389 Eine **Anfechtung** des Arbeitsverhältnisses wegen Falschbeantwortung der Frage nach der Stasi-Tätigkeit kommt dann in Betracht, wenn der Bewerber erst nach der Einigung am 3. 10. 1990 in den öffentlichen Dienst aufgenommen wurde (vgl. LAG Mecklenburg-Vorpommern 27. 11. 1995 NZA-RR 1996, 401). Das Anfechtungsrecht des öffentlichen AG wegen bewußt falscher Beantwortung der Frage nach früherer Tätigkeit für das MfS wird durch die kündigungsrechtlichen Sonderregelungen des EVertr. nicht verdrängt (LAG Köln 26. 8. 1993 NZA 1995, 79; vgl. BAG 13. 6. 1996 AP KSchG 1969 § 1 Nr. 33). Andererseits folgt aus der bindenden Entscheidung des BVerfG (8. 7. 1997 NJW 1997, 2307 ff.), daß eine bloß formale Prüfung der Falschbeantwortung nicht ausreicht, vielmehr ausdrücklich Parallelen zu den Kündigungstatbeständen gezogen werden. Für den hier vorliegenden Sonderfall der **nachträglichen Eignungsprüfung** bedarf es daher über das Vorliegen eines Anfechtungsgrundes hinaus einer Einzelfallprüfung.

390 Zum Fragerecht des **privaten AG** nach der MfS-Tätigkeit liegen keine Entscheidungen vor. Zur rechtlichen Bewertung bietet sich der Vergleich mit den Fragen nach einer Vorstrafe an, da auch das einer Vorstrafe zugrunde liegende Verhalten auf einem bewußten und vorwerfbaren Entscheidung beruht (*Wedde* CR 1992, 679, 681). Bei der Vorstrafe ist jedoch die Pflicht zur wahrheitsgemäßen Beantwortung nur gegeben, soweit ein Bezug zum angestrebten Arbeitsplatz besteht (Rn. 370). Da bezüglich der Stasitätigkeit die Gefahr eines Rückfalls aus der Natur der Sache folgend nicht gegeben ist, ist insoweit ein berechtigtes, billigenswertes und schützenswertes Interesse des AG an der Frage nicht vorhanden. Eine Ausnahme ist nur anzuerkennen in Tendenzbetrieben, in denen der ehemalige Stasi-Mitarbeiter oder -Informant nach außen in Erscheinung tritt (*Fitting* § 94 Rn. 16 a; *Wedde* CR 1992, 679, 682; *Wohlgemuth* AuR 1992, 46, 48 f.).

391 In der aktuellen Diskussion steht die Frage nach der **Scientology-Mitgliedschaft**. Die Unzulässigkeit der Frage folgt nicht schon aus dem Gesichtspunkt der Religionszugehörigkeit, weil nach der Rspr. des BAG die Scientology-Organisation keine Religions- und Weltanschauungsgemeinschaft ist (BAG 22. 3. 1995 AP ArbGG 1979 § 5 Nr. 2). Allerdings ist die Frage nach inneren Überzeugungen idR nur im öffentlichen Dienst und in Tendenzbetrieben zulässig. Im privaten Arbeitsverhältnis kann die Frage bei der Vergabe von Vertrauensstellungen zulässig sein (*Bauer/Baeck/Merten* DB 1997, 2534, 2535 f.; *Ehrich* DB 2000, 421, 426).

392 Fragen nach den **persönlichen Lebensverhältnissen** wie Heiratsabsichten, Leben in einer nichtehelichen Lebensgemeinschaft, Homosexualität und Religionszugehörigkeit sind unzulässig (*Ehrich* HwB AR 865 Rn. 56; *Dörner* AR-Blattei Anfechtung 60 Rn. 80).

393 **c) Offenbarungspflichten.** Nur ausnahmsweise besteht eine Offenbarungspflicht des Bewerbers, wenn er erkennt, daß er **aufgrund fehlender Qualifikationen oder Fähigkeiten für die Arbeit völlig ungeeignet** ist, die verschwiegenen Umstände ihm die Erfüllung der arbeitsvertraglichen **Leistungspflicht unmöglich** machen oder sonst ausschlaggebende Bedeutung für den Arbeitsplatz haben. Dann kann der AG nach Treu und Glauben eine freiwillige Auskunft erwarten (BAG 21. 2. 1991 AP BGB § 123 Nr. 35; *Moritz* NZA 1987, 329, 331; MünchArbR/*Buchner* § 38 Rn. 157). Offenbarungspflichten **scheiden aus,** wenn schon eine **Frage** des AG nach demselben Gegenstand **unzulässig** wäre.

E. Begründung des Arbeitsverhältnisses § 611 BGB 230

Wegen dieses Zusammenhangs sind im folgenden nur die Fälle behandelt, in denen zumindest ein Fragerecht des AG anerkannt wird.

Unterliegt der Bewerber einem **Wettbewerbsverbot**, muß er dies offenbaren, da die Möglichkeit 394 besteht, daß er die Tätigkeit nicht aufnimmt oder abbricht, wenn sein alter AG gegen ihn vorgeht (*Ehrich* HwB AR 865 Rn. 16). Seine Verfügbarkeit ist direkt betroffen.

Eine Offenbarungspflicht bezüglich der **Vorstrafen** kann bei besonderen Vertrauenspositionen 395 bestehen, in denen es erkennbar auf die Integrität des Stelleninhabers ankommt. Im übrigen muß der Bewerber den AG aufklären, wenn er demnächst eine Freiheitsstrafe anzutreten hat (LAG Frankfurt 7. 8. 1986 LAGE BGB § 123 Nr. 8; *Conze*, Anm. zu BAG 18. 9. 1987 AP BGB § 123 Nr. 32). Der längere Ausfall und die absehbare Nichterfüllung des Arbeitsvertrages durch den Bewerber stellen eine erhebliche wirtschaftliche Belastung für den AG dar. Auf die Einschlägigkeit des der Strafe zugrunde liegenden Delikts (Rn. 370) kommt es dabei nicht an.

Eine Offenbarungspflicht des Bewerbers besteht, wenn zum Zeitpunkt des Dienstantritts bzw. in 396 absehbarer Zeit mit einer Arbeitsunfähigkeit durch eine zur Zeit bestehende **Erkrankung** zu rechnen ist (BAG 7. 2. 1964 AP BGB § 276 Verschulden bei Vertragsschluß Nr. 6). Ungefragt muß der sich als Kraftfahrer bewerbende AN eine Alkoholabhängigkeit offenbaren. Die abstrakte Gefahr des Führens von Kraftfahrzeugen unter Alkoholgenuß und der damit verbundenen Risiken reicht aus, um die Eignung des Bewerbers für den Arbeitsplatz zu verneinen (ArbG Kiel 21. 1. 1982 BB 1982, 804; *Gola* BB 1987, 538, 539). Im Falle eines zweckgebundenen, befristeten Arbeitsverhältnisses muß der Bewerber nach einer Entscheidung des LAG Berlin (18. 4. 1978 BB 1979, 1145) ein unmittelbar bevorstehendes Heilverfahren von sich aus mitteilen.

Seine **Schwerbehinderteneigenschaft oder Gleichstellung** muß der Bewerber nur dann ungefragt 397 offenbaren, wenn er die angestrebte Tätigkeit wegen der Art seiner Behinderung gar nicht ausüben kann oder die beschränkte Leistungsfähigkeit für den Arbeitsplatz sonst von **ausschlaggebender Bedeutung** ist (BAG 25. 3. 1976 AP BGB § 123 Nr. 19; BAG 1. 8. 1985 AP BGB § 123 Nr. 30; LAG Düsseldorf 6. 3. 1991 NZA 1991, 674).

Eine Offenbarungspflicht bezüglich der **Schwangerschaft** besteht nicht (näher Rn. 379 ff.). 398

Ein Bewerber für den öffentlichen Dienst muß nicht ungefragt seine **Mitgliedschaft in einer** 399 **politischen Partei** angeben. Er kann regelmäßig davon ausgehen, daß er seine Dienstpflichten ordnungsgemäß erbringen kann (LAG Mainz 6. 7. 1984 NJW 1985, 510). Zur Offenbarungspflicht eines MfS-Mitarbeiters: LAG Mecklenburg-Vorpommern 27. 11. 1995 NZA-RR 1996, 401.

d) Auskunft durch Dritte. Wegen der erheblichen Schwächen von Zeugnissen (§ 630 Rn. 39 ff.) ist 400 ein neuer AG vielfach daran interessiert, weitergehende Informationen über den Stellenbewerber zu erlangen. Außer der Einschaltung eines Branchenauskunftdienstes oder einer Auskunftei kommt der **bisherige AG** als Informationsquelle in Betracht. Das BAG hat angenommen, die AG seien aus dem Gesichtspunkt der Sozialpartnerschaft berechtigt, andere AG bei der Wahrung ihrer Belange zu unterstützen (BAG 25. 10. 1957 AP BGB § 630 Nr. 1) und daraus hergeleitet, daß Auskünfte nicht nur ohne Zustimmung, sondern auch gegen den ausdrücklich erklärten Willen des AN zulässig sind. Diese Auskünfte müssen jedoch wie Zeugnisse wahr sein und dürfen nur solchen Personen gegeben werden, die ein berechtigtes Interesse daran haben (BAG 5. 8. 1976 AP BGB § 630 Nr. 10; *Däubler* CR 1994, 101, 105).

Das Auskunftserteilungsrecht besteht nicht schrankenlos (*Schulz* NZA 1990, 717, 719; *Staudinger/* 401 *Preis* § 630 Rn. 85). Es findet seine **Grenze im Fragerecht** des neuen AG beim Einstellungsgespräch (Rn. 359 ff.). Der Persönlichkeitsschutz des Bewerbers darf nicht durch Nachfragen beim alten AG unterlaufen werden. Des weiteren dürfen die Auskünfte dem Zeugnisinhalt nicht widersprechen (LAG Berlin 8. 5. 1989 NZA 1989, 965). Sie unterliegen denselben Erfordernissen im Hinblick auf Vollständigkeit, Einheitlichkeit und Wahrheit wie das Zeugnis selbst (BAG 25. 10. 1957 AP BGB § 630 Nr. 1). Die Auskunft hat sich auf Leistung und Verhalten des AN während des Arbeitsverhältnisses zu beschränken (BAG 18. 12. 1984 AP BGB § 611 Persönlichkeitsrecht Nr. 8; *Schulz* NZA 1990, 717, 719). Insb. ist keine Einsicht in die Personalakten und in den alten Arbeitsvertrag zu gewähren, da sich dadurch die Verhandlungsposition des Bewerbers verschlechtern kann.

Verletzt der AG die ihm danach obliegenden Pflichten in zu vertretender Weise, steht dem AN ein 402 **Schadensersatzanspruch** aus dem Gesichtspunkt der pVV wegen Verletzung der nachvertraglichen Nebenpflichten (LAG Berlin 8. 5. 1989 NZA 1989, 965), uU auch aus §§ 823, 826 zu. Darüber hinaus kann der AN sowohl aus dem Gesichtspunkt der Naturalrestitution (§ 249) als auch entspr. § 1004 verlangen, daß unrichtige Auskünfte berichtigt werden.

5. Untersuchung und Begutachtung des Arbeitnehmers. a) Einstellungsuntersuchung. Mit 403 Hilfe der Einstellungsuntersuchung soll festgestellt werden, ob der Bewerber physisch den Anforderungen des Arbeitsplatzes gewachsen ist. Die Leistungsfähigkeit muß mit der Leistungsanforderung vereinbar sein (*Zeller* BB 1987, 2439). Die Einstellungsuntersuchung kann jedoch in das **Persönlichkeitsrecht** des Bewerbers eingreifen (näher Art. 2 GG Rn. 93; *Bepler* NJW 1976, 1872; *Diekgräf* BB 1991, 1854; *Deutsch* NZA 1989, 657; *Heilmann* AuA 1995, 157; *Keller* NZA 1988, 561; *Michel/Wiese*

NZA 1986, 505; *Oetker* BlStSozArbR 1985, 65 u. 81; *Scholz* NJW 1981, 1987; *Wiese* RdA 1988, 217; *ders.* BB 1994, 1209).

404 Die Untersuchung und deren Umfang muß wie das Fragerecht im **berechtigten Interesse** des AG liegen (BAG 23. 2. 1967 AP BAT § 7 Nr. 1). Im Bereich der Einstellungsuntersuchung sind die Grundsätze zur Frage nach einer Krankheit oder Körperbehinderung heranzuziehen. Die Untersuchung muß sich auf die gegenwärtige Eignung des Bewerbers für den zu besetzenden Arbeitsplatz beziehen (*Däubler* CR 1994, 101, 104; *Wiese* RdA 1988, 217, 219). Der Bezug besteht jedenfalls, wenn die Untersuchung ergeben soll, ob die Krankheit die Eignung des Bewerbers für die angestrebte Tätigkeit auf Dauer oder in periodisch wiederkehrenden Abständen erheblich beeinträchtigt oder aufhebt (BAG 7. 6. 1984 AP BGB § 123 Nr. 26). Mit gegenwärtiger Eignung ist die Eignung im Zeitpunkt der Einstellung oder die absehbare Zeit danach gemeint. Ob der gesundheitliche Zustand den Anforderungen des Arbeitsplatzes genügt, unterliegt im übrigen der Beurteilung des Arztes (*Keller* NZA 1988, 561, 562). Dies wird an dem Umstand deutlich, daß er dem AG nur Auskunft über die allgemeine Tauglichkeit, nicht aber über einzelne Untersuchungsergebnisse geben darf (Rn. 407).

405 Der Bewerber ist nicht verpflichtet, die Untersuchung durchführen zu lassen (ArbG Stuttgart 21. 1. 1983 BB 83, 1162; *Zeller* BB 1987, 2439, 2442). Die Untersuchung kann nur auf freiwilliger Basis durchgeführt werden (zur Untersuchungspflicht im bestehenden Arbeitsverhältnis BAG 6. 11. 1997 AP BGB § 626 Nr. 142). Mit der Verweigerung der Einwilligung riskiert der Bewerber freilich seine sofortige Ablehnung.

406 Ausnahmen von dem Freiwilligkeitsgrundsatz bestehen in den **gesetzlich angeordneten Untersuchungen** nach §§ 32 ff. JArbSchG und §§ 18, 47 BSeuchG, die zum **Schutz der Allgemeinheit** für Personen, die im Lebensmittelbereich beschäftigt sind, die Vorlage eines Gesundheitszeugnisses vorschreiben, das nicht älter als sechs Wochen ist. In § 18 BSeuchG ist der Gegenstand der Untersuchung genau bestimmt. Dem Schutze der AN dienen des weiteren die Untersuchungsanordnungen im SeemannsG (§ 81), in der Röntgen- (§§ 37 ff.) und Strahlenschutzverordnung (§§ 67 ff.), der Gefahrstoffverordnung (§ 28), der Verordnung über die Beschäftigung von Frauen auf Fahrzeugen und den Unfallverhütungsvorschriften der Berufsgenossenschaften. Auch diese Untersuchungen sind freiwillig, doch wird die Verweigerung unausweichlich die Nichteinstellung zur Folge haben, da die fehlende Untersuchung ein **Beschäftigungsverbot** nach sich ziehen kann (*Heilmann* AuA 1995, 157, 159). Die Einstellungsuntersuchung kann auch tarifvertraglich geregelt sein, so zB in § 7 BAT, wonach sie auf Verlangen des AG durchzuführen ist.

407 Mit der Einstellungsuntersuchung wird regelmäßig ein nach § 2 ASiG berufener **Werksarzt** beauftragt. Fehlt dieser, können auch Vertrauens-, Amts- oder frei praktizierende Ärzte beauftragt werden (*Heilmann* AuA 1995, 157). Der Arzt hat die ärztliche **Schweigepflicht** (§ 203 I StGB, § 8 I ASiG) zu beachten, auch wenn er im Interesse des AG die Untersuchung vornimmt. Die Weitergabe des Untersuchungsergebnisses darf somit nur mit **Einwilligung des Bewerbers** erfolgen. Allerdings kann von einer stillschweigenden Einwilligung ausgegangen werden, wenn er sich zur Untersuchung bereit erklärt hat, da der Bewerber den Zweck der Untersuchung kennt (*Zeller* BB 1987, 2439, 2442). Das Auskunftsrecht erstreckt sich nur auf das Untersuchungsergebnis, soweit es für den in Aussicht stehenden Arbeitsplatz von Bedeutung ist, die einzelnen Befunde dürfen vom Arzt nicht mitgeteilt werden (*Heilmann* AuA 1995, 157, 158; *Keller* NZA 1988, 561, 563; *Zeller* BB 1987, 2439, 2442). Für die Mitteilung differenzierter Untersuchungsergebnisse ist eine gesonderte Entbindung von der Schweigepflicht notwendig.

408 Sollen die Ergebnisse der Untersuchung in Dateien gespeichert werden, sind die Vorschriften des BDSG zu beachten. Nach § 4 I BDSG ist die Einwilligung des Betroffenen oder die Erlaubnis durch das BDSG oder eine andere Rechtsvorschrift erforderlich.

409 Ein Mitbestimmungsrecht des BR, etwa nach § 87 I Nr. 7 BetrVG oder § 9 ASiG, besteht nicht (*Zeller* BB 1987, 2439, 2443). Die Einstellungsuntersuchung dient in erster Linie dem Interesse des AG und der Personalauslese, steht also nicht im Zusammenhang mit arbeitsschutzrechtlichen Vorschriften.

410 Der AN kann schon vor Durchführung der Einstellungsuntersuchung unter der **auflösenden Bedingung** nach § 158 II (§ 620 Rn. 23 ff.) eingestellt werden, daß das Ergebnis der Untersuchung die gesundheitliche Eignung für den Arbeitsplatz ergibt (*Zeller* BB 1987, 2439, 2441).

411 **b) Genomanalysen.** Die Genomanalyse umfaßt Untersuchungsmethoden, die Rückschlüsse auf die Strukturen und Funktionen der Gene zulassen (*Diekgräf* BB 1991, 1854). Die Gefahr eines Verstoßes gegen das Persönlichkeitsrecht ist sehr hoch, da durch die Auswertung der unveränderlichen genetischen Daten die untersuchte Person klassifiziert wird. Die Untersuchungen sollen Erbanlagen für Krankheiten oder genetisch bedingte Empfindlichkeiten gegenüber Umwelteinflüssen aufdecken (*Simon* MDR 1991, 5, 6). Dadurch könnte der AG Einstellungen vermeiden, die **vielleicht in Zukunft** die Gefahr von wirtschaftlichen Belastungen durch Krankheitskosten mit sich bringen. Für den Bewerber könnten Arbeitsmarktchancen ausgeschlossen sein, obwohl die Krankheit gar nicht oder erst spät zum Ausbruch kommen kann. Eine zunächst im Gesetzgebungsverfahren zum ArbSchG (vgl. BR-Drucks. 792/93; *Wiese* BB 1994, 1209) diskutierte gesetzliche Regelung ist nicht in das ArbSchG aufgenommen worden.

E. Begründung des Arbeitsverhältnisses § 611 BGB 230

Zusammenhänge bestehen mit dem **Arbeitsschutzrecht**. Der AG ist verpflichtet, Arbeitsplatz und 412
Arbeitsbedingungen so zu gestalten, daß Gesundheitsgefährdungen und Gesundheitsschäden des AN
ausgeschlossen sind. Durch die Erkenntnis über erbbedingte Risiken wäre es ihm jedoch bei der
Einstellung möglich, besonders gefährdete Bewerber von vornherein auszuschließen, anstatt geeignete
Arbeitsschutzmaßnahmen zu ergreifen (*Diekgräf* BB 1991, 1854, 1857; *Simon* MDR 1991, 5, 13).

Überwiegend wird die **Unzulässigkeit** der Genomanalyse auch ohne gesetzliche Regelung ange- 413
nommen bzw. deren ausdrückliches gesetzliches Verbot gefordert (*Däubler* CR 1994, 101, 105;
Diekgräf BB 1991, 1854, 1859; *Fitting* § 94 Rn. 25). Teilweise werden bei Annahme einer grds.
Unzulässigkeit nur in Einzelfällen Ausnahmen zugelassen (*Wiese* RdA 1988, 217, 218, 220; dagegen
Däubler CR 1994, 101, 105). Diese sollen durch den Schutz des betroffenen AN selbst oder bei
verantwortungsvollen Tätigkeiten durch das Schutzbedürfnis anderer Personen begründet sein. An
der Notwendigkeit einer gesetzlichen Regelung wird trotzdem festgehalten (*Wiese* RdA 1988, 217,
222). Falls die Zulässigkeit ohne gesetzliche Regelung bejaht wird, ist für die Durchführung der
Genomanalyse Voraussetzung, daß sie sich nur auf arbeitsvertragliche Ermittlungen beschränkt, der
AN über Grenzen und Umfang aufgeklärt wird und der Analyse zustimmt, zudem, daß die Geheimhaltung der Ergebnisse gewährleistet ist (*Deutsch* NZA 1989, 657, 660; *Simon* MDR 1991, 5, 12;
Schaub § 24 II 11).

c) **Testverfahren.** Für Testverfahren zur Bewerberauswahl (zB graphologische Gutachten, Assess- 414
ment-Center, psychologische Eignungstests, Streß-Interview) benötigt der AG ein **berechtigtes, billigenswertes und schutzwürdiges Interesse** an der Durchführung, insb. im Hinblick auf den zu
besetzenden Arbeitsplatz.

Wie bei der Einstellungsuntersuchung muß der Bewerber in den Test **einwilligen**. Die Tests dürfen 415
nicht zu einer völligen Durchleuchtung der Persönlichkeit führen (*Fitting* § 94 Rn. 24). Schadenser-
satz- und Schmerzensgeldansprüche kommen wegen der Verletzung des Persönlichkeitsrechts nach
§§ 823 I, 847 in Betracht. Zum Mitbestimmungsrecht vgl. § 92 BetrVG Rn. 2.

aa) **Lebenslauf.** Die Anforderung eines **handgeschriebenen Lebenslaufs** ist im Bewerbungsverfah- 416
ren zur Vervollständigung des Persönlichkeitsbildes vielfach üblich. Soll er zur Einholung eines
graphologischen Gutachtens (zur Leistungsfähigkeit *Michel/Wiese* NZA 1986, 505, 507) dienen,
bedarf es einer Einwilligung des Betroffenen wegen der Gefährdung des durch Art. 1 I und Art. 2 I
GG geschützten Persönlichkeitsrechts. Die Einholung eines graphologischen Gutachtens ohne Einwilligung des Betroffenen ist unzulässig und verpflichtet nach §§ 823, 847 gegebenfalls zum Schadensersatz (BAG 16. 9. 1982 AP BGB § 123 Nr. 24; LAG Baden-Württemberg 26. 1. 1972 NJW 1976, 310,
311; *Michel/Wiese* NZA 1986, 505, 506). Wird das Gutachten ohne Einwilligung erstellt, kann der
Bewerber aus §§ 823, 1004 die Vernichtung verlangen (*Bepler* NJW 1976, 1872, 1874; *Oetker* BlStSoz-
ArbR 1985, 81, 85).

Umstritten ist, ob schon in der einfachen Übersendung eines handgeschriebenen Lebenslaufs eine 417
konkludente Einwilligung in ein graphologisches Gutachten zu sehen ist (dafür ArbG München
14. 4. 1975 NJW 1975, 1908; *Heilmann* AuA 1995, 157, 158; dagegen *Brox*, Anm. zu BAG 16. 9. 1982
AP BGB § 123 Nr. 24; *Bürger*, Anm. zu LAG Frankfurt 5. 12. 1979 AR-Blattei D Einstellung Nr. 8;
Michel/Wiese NZA 1986, 505). Ist bei der Anforderung des Lebenslaufs dem Bewerber der Hinweis
auf die Anfertigung eines graphologischen Gutachtens gegeben worden, so ist in der Übersendung
eine konkludente Einwilligung zu erblicken (*Oetker* BlStSozArbR 1985, 65, 70). Eine konkludente
Einwilligung durch die Einsendung ist auch bei leitenden Angestellten und Führungspositionen
anzunehmen (*Brox*, Anm. zu BAG 16. 9. 1982 AP BGB § 123 Nr. 24; *Bürger*, Anm. zu LAG
Frankfurt 5. 12. 1979 AR-Blattei D Einstellung Nr. 8; aA *Michel/Wiese* NZA 1986, 505, 506). Das
bloße Vorhandensein handschriftlicher Unterlagen in der Personalakte läßt nicht den Schluß auf die
Einwilligung in ein graphologisches Gutachten zu (LAG Baden-Württemberg 26. 1. 1972 NJW 1976,
310, 311).

Läßt der Bewerber den angeforderten handschriftlichen Lebenslauf **von einem Dritten** schreiben, 418
obwohl er erkennt, daß der Lebenslauf zur Erstellung eines graphologischen Gutachtens dienen soll,
begeht er damit eine arglistige Täuschung im Sinne des § 123 (BAG 16. 9. 1982 AP BGB § 123
Nr. 24).

Wie bei allen Informationserhebungsrechten darf sich das graphologische Gutachten nur auf Be- 419
reiche beziehen, die mit der auszufüllenden Position in Zusammenhang stehen (ArbG München 14. 4.
1975 NJW 1975, 1908). Es sind die Grundsätze zum Fragerecht des AG heranzuziehen. Je hervor-
gehobener die Position ist, die besetzt werden soll, desto mehr ist auch die Ausforschung von Persön-
lichkeitsmerkmalen zulässig (*Brox*, Anm. zu BAG 16. 9. 1982 AP BGB § 123 Nr. 24).

Das erstellte Gutachten ist vertraulich zu behandeln. Nach § 83 I BetrVG hat der eingestellte AN 420
das Recht, seine Personalakte und damit auch das graphologische Gutachten einzusehen (*Fitting* § 94
Rn. 23; *Michel/Wiese* NZA 1986, 505, 506). Kommt es nicht zu einer Einstellung, ist das Gutachten
wie auch ein Fragebogen (Rn. 318) analog § 1004 zu vernichten. Ein berechtigtes Interesse des AG an
der Aufbewahrung, etwa wegen einer geplanten späteren Einstellung oder Beförderung, ist kaum zu
begründen, da das graphologische Gutachten nur eine Momentaufnahme darstellt. Für die Aufbewah-

rung muß deshalb eine sich darauf erstreckende Einwilligung vorliegen (*Oetker* BlStSozArbR 1985, 65, 71, 84).

421 Dem Mitbestimmungsrecht des BR unterliegt die Entscheidung des AG über die **generelle** Anfertigung graphologischer Gutachten zur Personalauslese nach § 94 II BetrVG (*Oetker* BlStSozArbR 1985, 81). Sind dem BR im Zustimmungsverfahren zur Einstellung nach § 99 BetrVG die Bewerbungsunterlagen vorzulegen, reicht es aus, wenn ihm das Ergebnis des Gutachtens zugänglich gemacht wird. Eine Vorlagepflicht ist nur anzunehmen, wenn im Betrieb eine Auswahlrichtlinie bzgl. graphologischer Gutachten iSd. §§ 95, 99 II Ziff. 2 BetrVG existiert (*Oetker* BlStSozArbR 1985, 81, 83).

422 **bb) Assessment-Center.** Unter einem **Assessment-Center** ist ein systematisches Verfahren zur qualifizierten Festlegung von Verhaltensleistungen und Verhaltensdefiziten, das von mehreren Beobachtern gleichzeitig für mehrere Teilnehmer in Bezug auf vorher definierte Anforderungen angewandt wird, zu verstehen (*Schönfeld/Gennen* NZA 1989, 543).

423 Die Einwilligung der Probanden zur Durchführung des Assessment-Center ist Voraussetzung dafür. Der BR hat ein Mitbestimmungsrecht nach §§ 94, 95 BetrVG (*Schönfeld/Gennen* NZA 1989, 543, 544 f.). Schon die Aufnahme in das Assessment-Center-Verfahren führt nach Auffassung des BAG zur „Einstellung" gem. § 99 BetrVG und zur Mitbestimmungspflicht (BAG 20. 4. 1993 AP BetrVG 1972 § 99 Nr. 106).

424 **cc) Psychologische Tests.** Neben der Voraussetzung der Einwilligung und der Arbeitsplatzbezogenheit (hierzu BAG 13. 2. 1964 AP GG Art. 1 Nr. 1) sind **psychologische Tests** nur zulässig, wenn sie von diplomierten Psychologen durchgeführt werden. Der Bewerber muß über die Funktionsweise und den Zweck des Tests aufgeklärt sein. Weiter wird gefordert, daß andere Erkenntnisquellen dem AG verschlossen sind (*Grunewald* NZA 1996, 15). Der durchführende Psychologe unterliegt der Schweigepflicht nach § 203 StGB in Bezug auf Tatsachen, uU auch persönliche Meinungen des Bewerbers (*Scholz* NJW 1981, 1987, 1988). Es ist ebenso wie bei der Einstellungsuntersuchung dem AG nur das Gesamtergebnis der Eignung oder Nichteignung mitzuteilen (*Däubler* CR 1994, 101, 105). Reine IQ-Tests sind unzulässig, weil ihnen idR der Bezug zum konkreten Arbeitsplatz fehlt (*Heilmann* AuA 1995, 157, 158) und sie einen übermäßigen Eingriff in die Persönlichkeitssphäre darstellen (*Däubler* CR 1994, 101, 105).

425 Bei **Streßinterviews** soll herausgefunden werden, wie der Bewerber auf emotional und intellektuelle Belastungen reagiert. Sie setzen sich zusammen aus einer Folge unangenehmer, unerwarteter und unsicher machender Fragen (*Schmid* DB 1980, 2442, 2443). Sie können zur vollständigen Persönlichkeitsdurchleuchtung führen und verletzen das Persönlichkeitsrecht. Sie sind deshalb unzulässig (*Däubler* CR 1994, 101, 105).

II. Begründung des Arbeitsverhältnisses

426 **1. Abschluß des Arbeitsvertrages. a) Vertragsschluß.** Der Arbeitsvertrag ist ein gegenseitiger Vertrag, auf den die Regeln des Allgemeinen Teils des BGB und des allgemeinen Schuldrechts prinzipiell Anwendung finden. Der Arbeitsvertrag wird nach dem Grundsatz der Vertragsfreiheit begründet. Nach dem Prinzip der **Abschlußfreiheit** ist der AG frei in der Entscheidung, ob und mit wem er ein Vertragsverhältnis eingeht. Er ist nicht an den arbeitsrechtlichen Gleichbehandlungsgrundsatz gebunden, sondern hat nur die Diskriminierungsverbote zu beachten. Für eine Nichteinstellung schuldet er keine Rechtfertigung (*Buchner* NZA 1991, 577, 579). Für den Abschluß des Arbeitsverhältnisses gelten grds. die Regeln der allgemeinen Rechtsgeschäftslehre. So sind **Stellenangebote** in der Presse idR kein Vertragsangebot, sondern eine bloße Aufforderung zur Abgabe von Angeboten (**invitatio ad offerendum**), weil sich der inserierende AG nicht gegenüber jedem Interessenten, der zum Abschluß bereit ist, binden will (ArbG Bremen 1. 6. 1971 DB 1972, 540; LAG Frankfurt 23. 4. 1993 EzBAT §§ 22, 23 BAT B 4 VergGr I a Nr. 3). Erforderlich ist eine Einigung über die essentialia negotii. Hins. der Anwendung des **§ 154 I 1 (offener Einigungsmangel)** bestehen im Arbeitsrecht keine Besonderheiten. Ist ausdrücklich eine Einigung über die Höhe der Vergütung nicht erfolgt, kommt kein Vertrag zustande. § 612 II, der eine Einigung voraussetzt, kann nicht zur Anwendung kommen (LAG Berlin 1. 6. 1990 BB 1990, 1563 = LAGE BGB § 154 Nr. 1). In Ausnahmefällen kann auch der Vertragsabschluß an § 154 II scheitern, wenn die Parteien eine Beurkundung des Vertrages oder Schriftform (§§ 126, 127) vereinbart haben. Daß § 154 II auch im Falle der Vereinbarung einer konstitutiven Schriftform gilt, ist allgemeine Auffassung (*Palandt/Heinrichs* § 154 Rn. 2; BAG 19. 9. 1985 – 2 AZR 539/84 – nv.; LAG Hamm 7. 6. 1984 ARSt. 1985, 189).

427 Gegen die Wirksamkeit arbeitsvertraglicher Abreden ist der Einwand eines bloßen **Scheingeschäftes § 117 I** möglich (zum Scheingeschäft über betriebliche Altersversorgung BAG 9. 1. 1990 NZA 1990, 525 = AP GmbHG § 35 Nr. 6; beim Ehegattenarbeitsverhältnis BAG 9. 2. 1995 NZA 1996, 249). Ein Scheingeschäft nach § 117 I liegt vor, wenn die Beteiligten ein Ziel durch den bloßen Schein eines wirksamen Rechtsgeschäftes erreichen, aber die mit dem betreffenden Rechtsgeschäft verbundenen Rechtswirkungen nicht eintreten lassen wollen. Wird etwa in einem schriftlichen Arbeitsvertrag nur deshalb eine in Wahrheit nicht zu erbringende Arbeitszeit angegeben, um auf diese Weise eine

übertarifliche Vergütung zu verschleiern, so ist der AN nur verpflichtet, die wirklich gewollte tatsächlich vereinbarte Arbeitszeit zu leisten (BAG 28. 9. 1982 AP BGB § 117 Nr. 1). Wer sich auf die Nichtigkeit eines geschlossenen Arbeitsvertrages beruft, trägt für den Scheincharakter des Geschäfts die Beweislast (BAG 9. 2. 1995 NZA 1996, 249). Zur Frage des Ehegattenarbeitsverhältnisses vgl. § 611 Rn. 157 ff. Bei Arbeitsverträgen, die mit einem Strohmann abgeschlossen werden, liegt idR ein Scheingeschäft vor. Gemäß § 117 II richten sich die Rechtsfolgen nach dem verdeckten Arbeitsverhältnis (BAG 22. 9. 1992 NZA 1993, 837 = AP BGB § 117 Nr. 2).

b) Geschäftsfähigkeit. Das Zustandekommen des Arbeitsvertrages setzt zwei gültige Willenserklärungen voraus. Daran kann es fehlen, wenn eine Vertragspartei geschäftsunfähig (§§ 104 f. BGB) oder beschränkt geschäftsfähig (§§ 106 ff. BGB) ist. Speziell für die Begründung von Arbeitsverhältnissen enthält schon das BGB zwei wichtige **Erweiterungen der Geschäftsfähigkeit**: § 112 BGB erweitert für den minderjährigen AG dessen beschränkte Geschäftsfähigkeit auf eine unbeschränkte Geschäftsfähigkeit für solche Rechtsgeschäfte, welche der Geschäftsbetrieb mit sich bringt, wenn er durch den gesetzlichen Vertreter mit Genehmigung des Vormundschaftsgerichts zum selbständigen Betrieb eines Erwerbsgeschäfts ermächtigt worden ist. Zu derartigen Rechtsgeschäften gehört auch der Abschluß von Arbeitsverträgen. Jedoch bedarf es im Falle der Eingehung von Arbeitsverhältnissen für längere Zeit als ein Jahr dennoch einer Genehmigung des Vormundschaftsgerichts für jedes vorgenommene Rechtsgeschäft (§§ 112 I 2, § 1822 Nr. 7). Zu Gunsten des minderjährigen AN greift § 113 (vgl. die Kommentierung zu § 113). 428

c) Formerfordernisse. Der Arbeitsvertrag bedarf zu seiner Wirksamkeit grds. keiner Form. Er muß also insb. nicht schriftlich abgeschlossen werden. Mündliches oder konkludentes Zustandekommen eines Arbeitsverhältnisses sind möglich. Dennoch finden sich einzelne gesetzliche Formvorschriften (§ 4 BBiG für den Ausbildungsvertrag, § 11 AÜG für den Leiharbeitsvertrag) und mannigfalte Schriftformerfordernisse für den Abschluß des Arbeitsvertrages in TV und Betriebsvereinbarungen (ausführlich hierzu *Kliemt*, Formerfordernisse im Arbeitsverhältnis, 1995). Zum **NachwG** vgl. die Kommentierung dort. 429

d) Vertretung beim Abschluß des Arbeitsvertrags. Bei der Abgabe von Willenserklärungen können sich sowohl AG als auch AN nach Maßgabe der §§ 164 ff. vertreten lassen. Typischerweise treten Probleme der Vertretungsmacht und Bevollmächtigung auf seiten des AG auf. Arbeitsrechtlich gelten jedoch gegenüber den allgemeinen zivilrechtlichen Grundsätzen keine Besonderheiten (vgl. BAG 21. 12. 1972 AP SeemG § 24 Nr. 1; BAG 29. 6. 1988 NZA 1989, 468; LAG Schleswig-Holstein 19. 11. 1987 LAGE BGB § 164 Nr. 2; BAG 1. 12. 1960 AP BGB § 625 Nr. 1). Soll ein Arbeitsvertrag für einen Vertretenen abgeschlossen werden, so muß der Wille, in fremdem Namen zu handeln, dem AG erkennbar geworden sein (LAG Tübingen 26. 5. 1967 DB 1967, 1462; zur Anscheinsvollmacht: LAG Tübingen 20. 10. 1960 DB 1961, 132). Zur **Duldungs- und Anscheinsvollmacht** vgl. auch BAG 11. 9. 1984 – 3 AZR 33/82 – nv.; BAG 20. 7. 1994 NZA 1995, 161 = AP BGB § 611 Abhängigkeit Nr. 73; zur Haftung des AN bei Vollmachtsüberschreitung (LAG Hessen 15. 5. 1996 ARSt. 1997, 14). Schließt ein nicht vertretungsberechtigter Mitarbeiter des AG mit einem AN einen Vertrag, ist der AN nach § 177 I zum Widerruf berechtigt, wenn er den Mangel der Vertretungsmacht bei Abschluß des Vertrages nicht kennt (§ 178 S. 1). Der Widerruf muß erkennen lassen, daß der Vertrag wegen des Vertretungsmangels nicht gelten soll. Stützt der AN den Widerruf nicht auf diesen Mangel, kann der Vertrag durch Genehmigung nach § 184 wirksam zustande kommen (BAG 31. 1. 1996 AP BGB § 123 Nr. 41). Zur **Haftung des Vertreters ohne Vertretungsmacht** bei Abschluß von Anstellungsverträgen: BGH 9. 10. 1989 AP BGB § 179 Nr. 2; LAG Köln 25. 11. 1987 DB 1988, 864; LAG Hamm 18. 9. 1980 ARSt. 1981, 157; BAG 10. 8. 1964 AP BGB § 179 Nr. 1; LAG Düsseldorf 4. 7. 1961 DB 1961, 1263; LAG Bremen 5. 1. 1960 DB 1960, 296. 430

2. Sonderformen der Begründung eines Arbeitsverhältnisses. Kraft gesetzlicher Anordnung können Arbeitsverhältnisse unter Umständen durch einseitige Erklärung kraft Gesetzes bzw. gesetzlicher Fiktion begründet werden. 431

Dies gilt zunächst für die **Übernahme eines Jugendvertreters** nach § 78 a II BetrVG (vgl. dort). 432

Im Falle eines **Betriebsübergangs** tritt nach § 613 a der Betriebsübernehmer kraft Gesetzes in das bestehende Arbeitsverhältnis ein, wenn nicht der AN von seinem Widerspruchsrecht Gebrauch macht (vgl. näher § 613 a). 433

Bei **Tod des AG** geht das Arbeitsverhältnis im Wege der **Universalsukzession** nach § 1922 I auf dessen Erben über. Im Falle des Todes des AN gilt dies freilich nicht: Die Arbeitsleistung hat der AN in Person zu erbringen. Der Anspruch auf die Arbeitsleistung ist im Zweifel nicht übertragbar, also höchstpersönlicher Natur (§ 613). Mit dem Tode des AN erlischt daher der Arbeitsvertrag. 434

Hat im Bereich der gewerbsmäßigen **ANÜberlassung** ein Verleiher nicht die nach § 1 AÜG erforderliche Erlaubnis und ist der Vertrag deshalb nach § 9 Nr. 1 AÜG unwirksam, so gilt ein Arbeitsverhältnis zwischen Entleiher und LeihAN zu dem zwischen dem Entleiher und dem Verleiher für den Beginn der Tätigkeit vorgesehenen Zeitpunkt als zustande gekommen (§ 10 I 1 AÜG; hierzu § 10 AÜG Rn. 3 ff.). 435

Preis

436 **3. Gesetzliche Abschlußgebote.** Echte **Kontrahierungszwänge** gibt es ebenso wie im allgemeinen Privatrecht im Arbeitsrecht kaum. Eine Ausnahme ist etwa die Übernahmepflicht eines Jugendvertreters (§ 78 a II BetrVG). Kontrahierungszwänge stoßen überdies auf verfassungsrechtliche Grenzen (Art. 2 I, 12 I GG; hierzu Art. 12 GG Rn. 30). Es gibt jedoch zahlreiche Regelungen, die die Abschlußfreiheit tangieren. Zum Schutze bestimmter ANGruppen kann kraft Gesetzes oder TV der Abschluß mit einem bestimmten Kreis von AN geboten sein. Die Nichtbegründung eines entspr. Arbeitsverhältnisses kann Sanktionen zur Folge haben.

437 Gesetzliche Abschlußgebote bestehen insb. zu Gunsten schutzbedürftiger Personengruppen, wobei allerdings in der Regel keine Verpflichtung besteht, das Arbeitsverhältnis mit einem bestimmten Stellenbewerber zu begründen. § 5 SchwbG verpflichtet die AG, in bestimmtem Umfang **Schwerbehinderte** zu beschäftigen. Es handelt sich hierbei um eine öffentlich-rechtliche Verpflichtung, die einem einzelnen Schwerbehinderten jedoch keinen Einstellungsanspruch verschafft. Nur mittelbar wird die Verletzung des Abschlußgebots über Ausgleichsabgaben und Bußgelder sanktioniert (§§ 11, 68 I Nr. 2 SchwbG). § 611 a I verbietet bei der Begründung des Arbeitsverhältnisses eine **geschlechtsbezogene Benachteiligung**, begründet jedoch keinen Einstellungsanspruch des diskriminierten Bewerbers, wie Abs. 3 der Vorschrift ausdrücklich klarstellt (vgl. § 611 a Rn. 28 ff.).

438 Einen Einstellungsanspruch für **AN im öffentlichen Dienst** kann Art. 33 II GG begründen, wenn jede andere Entscheidung ermessensfehlerhaft und damit rechtswidrig ist. Grds. kann ein Bewerber nur verlangen, daß die Behörde seine Einstellungsbewerbung nach Eignung, Befähigung und fachlicher Leistung prüft und insb. nicht nach den in Art. 3 III GG mißbilligten Merkmalen differenziert (BAG 5. 8. 1982 AP GG Art. 33 Nr. 18). Ein Einstellungsanspruch nach Art. 33 II GG setzt das Vorhandensein einer besetzungsfähigen, haushaltsrechtlich abgesicherten Planstelle voraus. Das SED-Unrechtsbereinigungsgesetz gewährt keinen Einstellungsanspruch gegenüber öffentlichen oder privaten AG bei einem verfolgungsbedingten Verlust des Arbeitsplatzes (BAG 9. 11. 1994 AP GG Art. 33 Nr. 33).

439 Einen gesetzlichen Wiedereinstellungsanspruch enthalten die Vorschriften des § 21 VI SchwbG sowie § 2 V ArbPlSchG.

440 **4. Tarifliche und betriebsverfassungsrechtliche Abschlußgebote.** Ebenso wie in Gesetzen können auch in TV und Betriebsvereinbarungen Abschlußgebote geregelt sein. In der Regel sind hier zu nennen Verpflichtungen des AG, bestimmte ANGruppen zu beschäftigen, zB ältere AN. IdR wird aber auch mit solchen Abschlußgeboten kein Anspruch einer einzelnen Person begründet.

441 Im Anschluß an **Arbeitskämpfe** werden häufig in TV sog. Wiedereinstellungsklauseln vereinbart, wonach AN, deren Arbeitsverhältnis im Rahmen eines Arbeitskampfes geendet hat, wieder einzustellen sind. Aus derartigen Klauseln kann ein unmittelbarer Einstellungsanspruch folgen, ihre praktische Bedeutung ist indessen gering, weil die Aussperrung des AG in aller Regel das Arbeitsverhältnis nur für die Dauer des Arbeitskampfes suspendiert, aber nicht beendet (suspendierende, nicht lösende Aussperrung; hierzu Art. 9 GG Rn. 247).

442 Manche TV enthalten auch Wiedereinstellungsklauseln für den Fall der Beendigung des Arbeitsverhältnisses bei länger dauernden **Betriebsstörungen** (vgl. BAG 16. 6. 1987 AP BetrVG 1972 § 111 Nr. 20). Tarifliche Wiedereinstellungsansprüche (zB § 59 V BAT) werden auch für den Fall der festgestellten **Wiederherstellung der Berufs- bzw. Erwerbsfähigkeit** begründet (vgl. BAG 24. 1. 1996 AP BAT § 59 Nr. 7). Ob ein Wiedereinstellungsanspruch tatsächlich besteht, hängt von den sehr unterschiedlich ausgestalteten Tatbestandsvoraussetzungen der Tarifnormen ab. Zum Wiedereinstellungsanspruch in einer Betriebsvereinbarung nach freiwillig gewährtem Erziehungsurlaub LAG Hamm 4. 5. 1998 BuW 1998, 838.

443 **5. Vertragliche Einstellungsansprüche.** Einstellungsansprüche können sich auch aus einer entspr. vertraglichen Verpflichtung ergeben: Durch **Vorvertrag** können sich ggfs. einklagbare Verpflichtungen zur Abgabe eines Angebotes auf Abschluß eines Arbeitsvertrages bzw. zur Annahme eines entspr. Angebotes ergeben. Freilich muß diese Verpflichtung hinreichend konkretisiert und durch Auslegung müssen die wesentlichen Inhalte des späteren Arbeitsvertrages feststellbar sein. Vertragsverhandlungen, die zu einem endgültigen Abschluß führen sollen, sehen idR erst dann eine rechtsgeschäftliche Bindung vor, wenn der in Aussicht genommene Vertrag nach Einigung über alle Einzelheiten abschlußreif ist. Die Annahme eines Vorvertrages ist daher nur dann gerechtfertigt, wenn besondere Umstände darauf schließen lassen, daß die Parteien sich – ausnahmsweise – schon binden wollten, *bevor* sie alle Vertragspunkte abschließend geregelt haben. (BGH 26. 3. 1980 NJW 1980, 1577, 1578; Einzelheiten oben Rn. 331 ff.).

444 **(Wieder-)Einstellungspflichten** können sich auch aus einer **nachwirkenden Pflicht** nach Treu und Glauben aus § 242 bei einem zunächst wirksam gekündigten Arbeitsverhältnis ergeben. Hauptfall ist hier, daß ein ursprünglich gegebener Kündigungsgrund nachträglich objektiv wegfällt. Bekanntester Fall ist die **Verdachtskündigung**, bei der sich später die Unschuld des AN herausstellt. Hier ist der AG uU zur Wiedereinstellung verpflichtet (BAG 4. 6. 1964 AP BGB § 626 Verdacht strafbarer Handlung Nr. 13; BAG 20. 8. 1997 AP BGB § 626 Verdacht strafbarer Handlung Nr. 27).

445 Weitere Ausnahmefälle einer Wiedereinstellungspflicht nach Wegfall des Kündigungsgrundes sind nur zurückhaltend anzuerkennen. Diskutiert wird insb. der **Wegfall des betriebsbedingten Kündi-**

E. Begründung des Arbeitsverhältnisses § 611 BGB 230

gungsgrundes während des Laufs der Kündigungsfrist (näher § 1 KSchG Rn. 158 ff.). Das BAG hat einen Anspruch auf Vertragsfortsetzung bejaht, wenn der AG mit Rücksicht auf die Wirksamkeit der Kündigung noch keine Dispositionen getroffen hat und ihm die unveränderte Fortsetzung zumutbar ist (BAG 27. 2. 1997 AP KSchG 1969 § 1 Wiedereinstellung Nr. 1; ähnlich LAG Köln 10. 1. 1989 LAGE BGB § 611 Einstellungsanspruch Nr. 1 mit Anm. *Preis*). Nach Ablauf der Kündigungsfrist kommt ein Wiedereinstellungsanspruch in dieser Fallgruppe nicht mehr in Betracht (BAG 6. 8. 1997 AP KSchG 1969 § 1 Wiedereinstellung Nr. 2).

Im Falle eines **Betriebsübergangs** bejaht die Rspr. neuerdings – bei vorausgehender wirksamer 446 betriebsbedingter Kündigung – einen Einstellungsanspruch gegen den Betriebsübernehmer (BAG 13. 11. 1997 AP BGB § 613 a Nr. 169; hierzu § 613 a Rn. 15).

Vergleichbare Ansprüche auf Begründung eines unbefristeten Arbeitsverhältnisses können sich auch 447 durch **vertrauenserzeugende Zusagen des AG** ergeben, wenn etwa einem befristet eingestellten AN für den Fall seiner Bewährung die **unbefristete Fortsetzung des Arbeitsverhältnisses** in Aussicht gestellt worden ist. Ein AG kann verpflichtet sein, einen an sich wirksam befristeten Arbeitsvertrag auf unbestimmte Zeit fortzusetzen, wenn er bei einem AN die Erwartung geweckt und bestätigt hat, er werde ihn bei Eignung und Bewährung unbefristet weiterbeschäftigen und wenn der AG sich mit einer Ablehnung in Widerspruch zu seinem früheren Verhalten und dem von ihm geschaffenen Vertrauenstatbestand setzt (BAG 16. 3. 1989 AP BeschFG 1985 § 1 Nr. 8). Dasselbe gilt zB bei **Saisonarbeitern**: Ein Vertrauenstatbestand liegt vor, wenn Jahr für Jahr alle AN in der Saison wieder eingestellt werden, die dies verlangen, der AG den Beginn der Saison ohne Vorbehalt am schwarzen Brett bekanntgibt und sogar AN neu einstellt (BAG 29. 1. 1987 AP BGB § 620 Saisonarbeit Nr. 1.

Der AN hat aber nicht ohne weiteres einen Anspruch auf Wiederbegründung des Arbeitsverhältnis- 448 ses, wenn er an einem Fortbildungs- oder Umschulungslehrgang teilnimmt und zu diesem Zweck das Arbeitsverhältnis beendet worden ist. Unter Umständen kann jedoch der Gleichbehandlungsgrundsatz eine Einstellungspflicht begründen, wenn die Fortbildungs- und Umschulungsmaßnahme auf Veranlassung des AG durchgeführt wurde und der AG bislang ausnahmslos alle AN nach Absolvierung des Lehrgangs wieder eingestellt hat (BAG 10. 11. 1977 AP BGB § 611 Einstellungsanspruch Nr. 1).

6. Abschluß- und Beschäftigungsverbote. Dem wirksamen Vertragsschluß können Abschluß- und 449 Beschäftigungsverbote entgegenstehen.

a) Gesetzliche Abschlußverbote. Beschäftigungsverbote bestehen insb. für Kinder und Jugendliche 450 (§§ 2, 5, 7 JArbSchG). Aus dem Zweck dieser Beschäftigungsverbote folgt, daß gegenteilige Arbeitsverträge nichtig sind (§ 134).

In aller Regel führen jedoch sonstige Beschäftigungsverbote (zB für werdende Mütter) nicht zu 451 einer Nichtigkeit des Arbeitsvertrages. Dies gilt zum Schutze des AN, so daß insb. trotz Beschäftigungsverbot Vergütungsansprüche bestehen können, wenn eine Arbeitsleistung entgegen dem Beschäftigungsverbot tatsächlich erbracht wurde. Die bestehenden Beschäftigungsverbote können auch nicht dazu herangezogen werden, das Arbeitsverhältnis einer Schwangeren zu kündigen, anzufechten oder für unwirksam zu erklären. Der EuGH sieht hierin eine unzulässige Diskriminierung wegen des Geschlechts (EuGH 5. 5. 1994 AP EWG-Richtlinie Nr. 76/207 Art. 2 Nr. 3 = EAS RL 76/207 Art. 2 Nr. 9)

b) Kollektivvertragliche Abschlußverbote. Auch in Kollektivverträgen können Abschlußverbote 452 begründet werden. In der Sache handelt es sich um Abschlußverbote durch den sog. Besetzungsregeln in der Druckindustrie, wo die Besetzung eines Arbeitsplatzes von einer bestimmten Ausbildung abhängig gemacht wird. Das BAG sieht in derartigen Besetzungsregelungen keinen Verstoß gegen Art. 12 GG (BAG 26. 4. 1990 AP GG Art. 9 Nr. 57). Auch durch betriebsverfassungsrechtliche Regelungen, insb. Auswahlrichtlinien (§§ 95, 99 II Nr. 1 BetrVG), können unter Umständen Abschlußverbote begründet werden.

c) Vertragliche Abschlußverbote. Durch Arbeitsvertrag können Abschlußverbote wirksam nicht 453 begründet werden. Prinzipiell bleibt das Recht des AN, ein weiteres Arbeitsverhältnis einzugehen, unberührt. Allerdings kann ein weiterer Arbeitsvertrag bei ganz erheblicher Überschreitung der gesetzlich zulässigen Arbeitszeit (§§ 3 ff. ArbZG) nichtig sein (Rn. 1012). Die Vereinbarung von Wettbewerbsverboten läßt die Möglichkeit unberührt, daß der AN schuldvertragswidrig doch ein weiteres Arbeitsverhältnis begründet. Das Wettbewerbsverbot berührt die Wirksamkeit des dennoch abgeschlossenen zweiten Vertrages nicht.

III. Mängel des Arbeitsverhältnisses

Der Arbeitsvertrag kann wie jedes andere Rechtsgeschäft nichtig bzw. anfechtbar sein. Nichtige und 454 anfechtbare Rechtsgeschäfte können nach Maßgabe der §§ 141, 144 bestätigt werden. Die Berufung auf die Nichtigkeit bzw. das Anfechtungsrecht kann danach ausgeschlossen sein (LAG Nürnberg 4. 7. 1994 DB 1994, 2453; BAG 21. 2. 1991 NZA 1991, 719 = AP BGB § 123 Nr. 35). Zu beachten sind hins. der Rechtsfolgen die Besonderheiten bei fehlerhaften Arbeitsverhältnissen (Rn. 170 ff.).

Preis 1369

455   **1. Nichtigkeitsgründe.** Arbeitsverträge können aus allgemeinen Gründen (§§ 105 ff., 116 S. 2, 117 I, 118, 138, 177 ff., 306) nichtig sein. Größere Bedeutung haben jedoch unter Umständen arbeitsrechtliche Beschäftigungsverbote iVm. § 134 BGB (zB §§ 2, 5, 7 JArbSchG; § 4 MuSchG, hierzu LAG Berlin 9. 3. 1990 LAGE MuSchG § 4 Nr. 1) und tarifliche oder betriebsverfassungsrechtliche Normen (§ 4 I TVG, § 77 IV BetrVG; hierzu BAG 10. 2. 1999 NZA 1999, 657). Der Verstoß gegen steuer- und sozialrechtliche Meldepflichten führt idR nicht zur Nichtigkeit des Arbeitsvertrages (LAG Berlin 15. 10. 1990 LAGE BGB § 134 Nr. 4; vgl. aber OLG Karlsruhe 6. 4. 1993 AP SGB IV § 104 Nr. 1).

456   a) **Verstoß gegen gesetzliche Verbote.** Der Arbeitsvertrag kann **insgesamt** oder **tlw.** gegen ein gesetzliches Verbot iSd. § 134 verstoßen. Der unmittelbare Anwendungsbereich des § 134 ist im Arbeitsrecht groß. Zahlreiche arbeitsrechtliche Schutzgesetze enthalten Verbotsnormen, insb. Beschäftigungsverbote iSd. § 134 (vgl. hierzu auch Rn. 449 ff.). In Verbotsnormen spiegelt sich der in großen Teilen zwingende Charakter des Arbeitsschutzrechts wider. Die Rspr. hat den Verbotscharakter arbeitsrechtlicher Grundsätze ausgeweitet durch den Gesichtspunkt der Gesetzesumgehung (vgl. hierzu Rn. 550 ff.) und durch die Annahme, daß Grundrechtsartikel Verbotsgesetze beinhalten, was nur bei Verfolgung der Lehre der unmittelbaren Drittwirkung der Grundrechte (hierzu Einl. GG Rn. 17 ff.) dogmatisch möglich ist (vgl. etwa noch BAG 18. 11. 1988 AP BGB § 611 Doppelarbeitsverhältnis Nr. 3; BAG 6. 9. 1990 AP BGB § 611 Seeschiffahrt Nr. 1).

457   Eine immer wichtiger werdende allgemeine Verbotsnorm des Arbeitsrechts beinhaltet § 612 a (vgl. dort). Eine in der Praxis und Rechtsdogmatik wesentlich größere Bedeutung hat die Inhalts- bzw. Billigkeitskontrolle, die die Rspr. über den Kerngehalt der §§ 134, 138 hinaus ausübt (hierzu Rn. 552 ff.).

458   b) **Verstoß gegen die guten Sitten.** § 138 versagt Rechtsgeschäften die Wirksamkeit, die den Grundprinzipien unserer Rechts- und Sittenordnung widersprechen. Die Norm markiert ein unumgängliches rechtsethisches Minimum (BAG 24. 3. 1963 AP GG Art. 12 Nr. 29; MünchKommBGB/ *Roth* § 242 Rn. 91). Im Rahmen der Konkretisierung des § 138 sind die ArbG auch gehalten, die Gewährleistung der Privatautonomie der strukturell schwächeren Vertragspartei zu beachten (BAG 10. 10. 1993 AP GG Art. 2 Nr. 35; näher hierzu Art. 2 GG Rn. 27 ff.). Das Verbot der Sittenwidrigkeit nach § 138 gilt für alle Rechtsgeschäfte. Ihre Grenzen sind weit gezogen, um der Vertragsfreiheit möglichst weiten Raum zu lassen. Die Rspr. hat jedoch vielfach § 138 für eine kaschierte Angemessenheitskontrolle genutzt (zB im Fall der **Mankohaftung** BAG 22. 11. 1973 AP BGB § 626 Nr. 67; hierzu Rn. 1056 ff.). Ebenso im Ansatz bei der Kontrolle von **Ausschlußfristen** (BAG 24. 3. 1988 AP BGB § 241 Nr. 1; hierzu §§ 196 bis 225 Rn. 42 ff.).

459   Ein klassischer Anwendungsbereich des § 138 liegt bei der Prüfung von **Leistung und Gegenleistung.** § 138 ist das einzige legitime Instrument, um die Relation von Leistung und Entgelt zu prüfen (zur Problematik des **Lohnwuchers** vgl. § 612 Rn. 2 ff.). Dogmatik und Anwendungsfälle des § 138 sind im Arbeitsrecht nicht gesichert. Die Dogmatik des allgemeinen Zivilrechts entwickelt sich zunehmend dahin, den Sittenverstoß zu objektivieren und maßgeblich darauf abzustellen, ob das Rechtsgeschäft selbst einen objektiv sittenwidrigen Inhalt hat. Subjektive Merkmale (Beweggründe, Geschäftszweck) können hinzutreten, sind aber nicht mehr Voraussetzung für die Annahme einer Sittenwidrigkeit, wenn der Inhalt des Rechtsgeschäfts mit **grdl. Wertungen der Rechts- oder Sittenordnung unvereinbar** ist. Unerheblich ist insb., ob die Vertragspartner das **Bewußtsein der Sittenwidrigkeit** hatten (BGH 8. 5. 1985 BGHZ 94, 268, 272; *Palandt/Heinrichs* § 138 Rn. 7). Dessen ungeachtet kann sich die Sittenwidrigkeit aus dem **Gesamtcharakter eines Rechtsgeschäfts** ergeben. In dieser Fallgruppe bedarf es einer umfassenden Würdigung von Inhalt, Beweggrund und Zweck des Rechtsgeschäfts. Der schrittweise Wandel zu einer objektiven Betrachtung der Sittenwidrigkeit ist auch in arbeitsrechtlichen Fallgestaltungen nachvollziehbar.

460   In der früheren Rspr. hielt das BAG noch ein Verhalten der begünstigten Partei des Vertrages für notwendig, das auf verwerflicher Gesinnung beruht (BAG 10. 9. 1959 AP BGB § 138 Nr. 1). Sog. Zölibatsklauseln hat das BAG im Jahre 1957 nicht als sittenwidrig verworfen, weil der bloße Verstoß gegen grdl. Wertungen der Rechts- und Sittenordnung nicht ausreiche, sondern zudem ein persönliches Verhalten der Vertragsschließenden für erforderlich gehalten wurde, das ihnen sittlich vorgeworfen werden könne (BAG 10. 5. 1957 AP GG Art. 6 I Ehe und Familie Nr. 1). Mit seiner Lehre von der unmittelbaren Drittwirkung hat das BAG jedoch entspr. Klauseln wegen ihres objektiv sittenwidrigen Inhalts verworfen. Zutreffenderweise wird man diese Fallgruppe unter § 138 I bzw. 612 a subsumieren müssen (*Preis* Vertragsgestaltung S. 177; vgl. hier auch § 612 a Rn. 2). In neuer Rspr. wird diese Drittwirkungslehre nicht mehr vertreten (vgl. ausf. GG-Einl. Rn. 17 ff.). Vielmehr wird der Verweis in § 138 I auf die guten Sitten zuvörderst am Maßstab der Wertvorstellungen konkretisiert, die in den Grundrechten ihren Ausdruck gefunden haben (BAG 20. 11. 1996 AP BGB § 611 Berufssport Nr. 12). Insoweit können die Berufswahl beschränkende Vertragsbindungen im Lichte des Art. 12 GG (hierzu Art. 12 GG Rn. 32 f.) sittenwidrig sein.

461   Auch im klassischen Anwendungsbereich, dem Mißverhältnis von Leistung und Gegenleistung, ist eine Objektivierung möglich und anzustreben. In der Rspr. des BGH sind die Anforderungen an die subjektive Komponente in diesem Bereich zunehmend verringert worden (BGH 24. 3. 1988 BGHZ

E. Begründung des Arbeitsverhältnisses § 611 BGB 230

104, 102 ff.; BGB 13. 3. 1990 BGHZ 110, 336 ff.). Bei **objektivem Mißverhältnis zwischen Leistung und Gegenleistung** sind die subjektiven Voraussetzungen des § 138 I zu **vermuten**. Es bleibt Sache des AG darzulegen, daß der AN sich nicht nur wegen seiner schwächeren Lage, Rechtsunkundigkeit oder Geschäftsungewandtheit auf den objektiv übermäßig belastenden Vertrag eingelassen hat.

In jüngeren Entscheidungen des BAG wird ein Wandel zum objektiven Sittenwidrigkeitsmaßstab **462** deutlich. Nach BAG 10. 10. 1990 AP BGB § 138 Nr. 47 verstößt eine arbeitsvertragliche Vergütungsregelung gegen die guten Sitten, wenn der AN mit dem **Betriebs- und Wirtschaftsrisiko des AG** belastet wird. Dies ist insb. dann anzunehmen, wenn die Vergütungsabrede eine Verlustbeteiligung des AN vorsieht. Entscheidend sei, daß der AG aus der schwächeren Lage des AN übermäßige Vorteile ziehen wolle. Eine in subjektiver Hinsicht verwerfliche Gesinnung wird hier nicht gefordert, sondern nur die **Kenntnis der Umstände, aus denen sich die Sittenwidrigkeit ergibt**. Das BAG hat auch bei Wuchergeschäften eine Ausnutzung der wirtschaftlichen oder intellektuellen Überlegenheit in Anlehnung an die Rspr. des BGH angenommen, wenn der objektiv sittenwidrig Handelnde sich böswillig oder leichtfertig der Erkenntnis verschließt, daß sich der andere nur unter dem Zwang der Verhältnisse auf den ungünstigen Vertrag einläßt. Ein grobes Mißverhältnis der beiderseitigen Leistung könne den Schluß auf eine verwerfliche Gesinnung und dementsprechend die Anwendung des § 138 I rechtfertigen (BAG 11. 9. 1984 AP BGB § 138 Nr. 37).

Einzelfälle: Die Möglichkeit der Sittenwidrigkeit einer **Provisionsvereinbarung** wurde bejaht, **463** wenn durch die Vorschußzahlungen eine unzulässige Bindung des AN herbeigeführt wird und die Provisionsabrede so getroffen ist, daß der AN die geforderten Umsätze überhaupt nicht erbringen kann (BAG 20. 6. 1989 AP HGB § 87 Nr. 8; LAG Berlin 3. 11. 1986 AP HGB § 65 Nr. 14); zur Möglichkeit der Sittenwidrigkeit einer vertraglichen Pauschalierung der **Mehrarbeitsvergütung**, wenn der Vergleich mit der üblichen Vergütung ein erhebliches Mißverhältnis ergibt: ArbG Berlin 31. 10. 1988 EzA AZO § 13 Nr. 12 = DB 1989, 1423; zur Sittenwidrigkeit einer mit Betrugsabsicht geschlossenen Vereinbarung zur **Täuschung des Finanzamts**: BGH 23. 1. 1992 AP BGB § 138 Nr. 48; Rückdatierung zur **Täuschung der Arbeitsverwaltung**: ArbG Wetzlar 24. 8. 1993 ARSt. 1994, 26; LAG Frankfurt 11. 3. 1998 LAGE BGB § 138 Nr. 13; zur Problematik der Sittenwidrigkeit von **Aufhebungsverträgen**: BAG 30. 9. 1993 AP BGB § 123 Nr. 37; zu Verstößen gegen § 138 im **Kündigungsrecht** vgl. § 13 KSchG Rn. 21; zur Sittenwidrigkeit eines **außergerichtlichen Vergleichs bzw. Schuldanerkenntnis über Schadensersatz**: BAG 11. 9. 1984 AP BGB § 138 Nr. 37; BAG 22. 10. 1998 NZA 1999, 417; Thüringer LAG 10. 9. 1998 LAGE BGB § 138 Nr. 2 =NZA-RR 1999, 399; OLG Düsseldorf 26. 2. 1999 NZA-RR 1999, 397; zur Sittenwidrigkeit eines Arbeitsvertrages über **Vorführung des Geschlechtsverkehrs auf einer Bühne**: BAG 1. 4. 1976 AP BGB § 138 Nr. 34. Keine Sittenwidrigkeit des Arbeitsvertrages ist gegeben, wenn der Geschäftsführer seine Geliebte einstellt (LAG Nürnberg 4. 7. 1994 LAGE BGB § 138 Nr. 8); zur Sittenwidrigkeit von Wettbewerbsbeschränkungen vgl. BAG 9. 9. 1968 AP BGB § 611 Konkurrenzklausel Nr. 22. Zur Sittenwidrigkeit eines **Kauf- und Darlehnsvertrages in Abhängigkeit vom Abschluß eines Arbeitsvertrages**: LAG Hamburg 26. 11. 1992 LAGE BGB § 138 Nr. 7; zur Sittenwidrigkeit einer **Hinterbliebenenklausel**, wonach die Betriebsrente nicht an die Ehefrau, sondern an eine Lebensgefährtin gezahlt wird: BAG 16. 8. 1983 AP BetrAVG § 1 Hinterbliebenenversorgung Nr. 2; **sittenwidrige Überwälzung des Marktrisikos** auf AN: BAG 10. 10. 1990 AP BGB § 138 Nr. 47; LAG Berlin 17. 2. 1997 NZA-RR 1997, 371; LAG Hamm 16. 10. 1989 LAGE BGB § 138 Nr. 4; **Probezeit ohne Vergütung**: LAG Köln 18. 3. 1998 LAGE BGB § 138 Nr. 10; sittenwidrige **Verschwiegenheitsvereinbarung** über alle betrieblichen Tatsachen: LAG Hamm 5. 10. 1988 DB 1989, 783; Sittenwidrigkeit der Abhängigkeit des Lohnes von der Zahlungswilligkeit der Gäste bei Serviererinnen: LAG Hamm 3. 10. 1979 DB 1980, 597; **Transferentschädigung** im Profisport: BAG 20. 11. 1996 AP BGB § 611 Berufssport Nr. 12).

c) **Rechtsfolgen der Nichtigkeit**. IdR wird der Arbeitsvertrag nicht als Ganzes, sondern nur in **464** Teilen gegen gesetzliche Verbote bzw. § 138 verstoßen. Nach § 139 ist bei **Teilnichtigkeit** eines Rechtsgeschäfts das ganze Rechtsgeschäft nichtig, es sei denn anzunehmen ist, daß es auch ohne den nichtigen Teil vorgenommen sein würde. Diese Grundregel des BGB ist nicht nur in der allgemeinen Zivilrechtsdogmatik, sondern speziell auch im Arbeitsvertragsrecht weitgehend umgekehrt worden. Nach st. Rspr. (zB BAG 4. 10. 1978 AP BGB § 611 Anwesenheitsprämie Nr. 11; BAG 28. 3. 1963 AP Hausarbeitsgesetz § 1 Nr. 24; BAG 9. 9. 1981 AP GG Art. 3 Nr. 117) und Lehre (*Zöllner/Loritz* § 11 II 1 c; *Preis* Vertragsgestaltung S. 343 ff., 353 ff.) ist § 139 unanwendbar, wenn ein **Verstoß gegen arbeitnehmerschützende Vorschriften** vorliegt. Für das Arbeitsverhältnis ist die bloße Teilnichtigkeit bei Fortbestand des Arbeitsvertrages der Regelfall. Unabhängig vom Parteiwillen wird die Grundregel des § 139 entweder unter Anwendung des § 242 begrenzt oder mit Hinweis auf den Zweck der jeweiligen Verbotsnorm für nicht anwendbar erklärt (hierzu statt vieler *Soergel/Hefermehl* § 139 Rn. 44 ff., 49 ff.). Hauptanwendungsfall der Abweichung von der Regelung des § 139 ist der Zweck der Verbotsnorm, die im Arbeitsrecht generell der ANSchutz ist.

Durchgängiges **Prinzip** ist daher bei den meisten Erscheinungen gesetzeswidriger, sittenwidriger **465** oder angemessener Vertragsbestimmungen die **Aufrechterhaltung des Vertrages** im übrigen. Nur in **Ausnahmefällen** wurde bei Verstößen gegen zumeist öffentlich-rechtliche Schutznormen, die sich gegen den Vertrag insgesamt richten, eine **Totalnichtigkeit** angenommen (Einstellung einer Schwangeren für Arbeiten, die nach dem MuSchG verboten sind: vgl. BAG 8. 9. 1988 AP MuSchG § 4 Nr. 2; Überschreitung der arbeitszeitrechtlichen Grenzen: BAG 4. 12. 1959 AP BGB § 611 Doppelarbeitsverhältnis Nr. 2; LAG Nürnberg 29. 8. 1995 AP BGB § 134 Nr. 9) oder bei extremen Verstößen gegen § 138 (BAG 18. 7. 1980 AP BGB § 138 Nr. 35). Sofern Teile des Vertrages gegen § 138 verstoßen (Beispiele: Hungerlohn, Mankoabreden, Wettbewerbsverbote) bleibt das Vertragsverhältnis in aller Regel im übrigen unberührt. Die nichtigen Vertragsbestandteile entfallen ersatzlos; im Falle des Lohnwuchers wird die Vergütung nach § 612 II bestimmt (hierzu § 612 Rn. 35 ff.).

466 Hauptproblematik des Arbeitsvertragsrechts ist nicht die Frage der Restgültigkeit des Vertrages, sondern die Problematik der Art und Weise der Aufrechterhaltung des Vertrages im übrigen bzw. die **Lückenfüllung.** Die harte Folge der Unwirksamkeit gesetzeswidriger Bestimmungen ist insb. in den Fällen des Verstoßes gegen Verbotsgesetze (§ 134), der Sittenwidrigkeit (§ 138) und der Verstöße gegen Vorschriften zur Gleichberechtigung (Art. 119 EG-Vertrag, §§ 611 a, 612 III) anzutreffen. Die Teilnichtigkeit gleichheitswidriger Regelungen führt nach Auffassung des BAG dazu, daß dem Gleichheitsverstoß jedenfalls für die Vergangenheit nur dadurch abgeholfen werden kann, daß die zu Unrecht ausgeschlossenen AN ebenfalls in das Entlohnungssystem einbezogen werden (BAG 14. 3. 1989 AP BetrAVG § 1 Gleichberechtigung Nr. 5; BAG 23. 1. 1990 AP BetrAVG § 1 Gleichberechtigung Nr. 7; BAG 20. 11. 1990 AP BetrAVG § 1 Gleichberechtigung Nr. 8; BAG 28. 7. 1992 AP BetrAVG § 1 Gleichbehandlung Nr. 18). Die Anwendung dispositiven Rechts zur Lückenfüllung einer durch Nichtigkeit entstandenen Vertragslücke ist dogmatisch unproblematisch, jedoch wegen der fehlenden Kodifikation eines dispositiven Leitbilds des Arbeitsvertragsrechts praktisch selten. Die Rspr. hilft bisweilen durch die Anwendung allgemeiner arbeitsrechtlicher Grundsätze oder durch ergänzende Vertragsauslegung. Zur Problematik der geltungserhaltenden Reduktion unangemessener Vertragsbedingungen vgl. Rn. 557.

467 **2. Anfechtung.** Die Willenserklärung zum Abschluß eines Arbeitsvertrages kann wie jedes Rechtsgeschäft wegen Irrtums gem. § 119 (BAG 28. 3. 1974 AP BGB § 119 Nr. 3), falscher Übermittlung der Willenserklärung (§ 120), Drohung oder arglistiger Täuschung nach § 123 (BAG AP BGB § 123 Nr. 2; BAG 25. 3. 1976 AP BGB § 123 Nr. 19; BAG 5. 10. 1995 AP BGB § 123 Nr. 40) angefochten werden.

468 Erklärt eine Seite eine „fristlose Kündigung", so kann hierin auch eine Anfechtung zu erblicken sein, wenn aus den Gesamtumständen ersichtlich ist, daß die Auflösung des Arbeitsverhältnisses aus Gründen der Täuschung oder Drohung gewollt ist. Für das **Verhältnis von Anfechtung und außerordentlicher Kündigung** gilt, daß sie nebeneinander ausgesprochen werden können, wenn der Anfechtungsgrund seine Bedeutung für das Arbeitsverhältnis noch nicht verloren hat und im Zeitpunkt der Anfechtungserklärung so stark nachwirkt, daß die weitere Fortsetzung des Arbeitsverhältnisses unzumutbar ist (BAG 5. 12. 1957 AP BGB § 123 Nr. 2; BAG 22. 9. 1961 AP BGB § 123 Nr. 15; BAG 28. 3. 1974 AP BGB § 119 Nr. 3; BAG 21. 2. 1991 AP BGB § 123 Nr. 35).

469 Eine **Umdeutung** einer ordentlichen in eine Anfechtungserklärung kommt nicht in Betracht, da das ersatzweise Rechtsgeschäft nicht weiterreichende Folgen haben darf als das ursprünglich erklärte, die Anfechtung jedoch die sofortige Beendigung der Vertragsbeziehung bedeutet (BAG 3. 11. 1982 AP KSchG § 15 Nr. 12; *Dörner* AR-Blattei SD 60 Rn. 105). Die Umdeutung einer außerordentlichen Kündigung ist dagegen zulässig (*Dörner* AR-Blattei SD 60 Rn. 106). Die Umdeutung einer Anfechtung in eine außerordentliche Kündigung hat das BAG abgelehnt für den Fall, daß der Anfechtungserklärende seine Wahl ausdrücklich und klar bezeichnet hat (BAG 14. 12. 1979 AP BGB § 119 Nr. 4; aA *Herschel* Anm. zu BAG 14. 12. 1979 AuR 1982, 255).

470 **Kündigungsverbote** des besonderen Kündigungsschutzes (zB § 9 MuSchG, § 18 BErzGG, §§ 15 ff. SchwbG) stehen der Anfechtung nicht entgegen (*Dörner* AR-Blattei SD 60 Rn. 45; *Wolf/Gangel* AuR 1982, 271, 278). Bei Kündigung und Anfechtung handelt es sich um verschiedene Gestaltungsrechte. Die Kündigungsverbote oder -einschränkungen sollen nur das rechtsfehlerfrei zustande gekommene Arbeitsverhältnis schützen.

471 Anders als bei einer Kündigung ist der BR vor einer Anfechtung nicht nach § 102 BetrVG anzuhören. Da der BR keine Einstellung erzwingen kann, ist der AG auch frei in der Entscheidung über die Geltung des Vertragsschlusses (BAG 11. 11. 1993 AP BGB § 123 Nr. 38; *Dörner* AR-Blattei SD 60 Rn. 41; *Erman/Hanau* Rn. 266; *Fitting* § 102 Rn. 10; *Picker* ZfA 1981, 1, 43; aA *Hönn* ZfA 1987, 61, 89; *Wolf/Gangel* AuR 1982, 271, 276, die den Zweck der Anhörung auch bei einer Anfechtung für gegeben erachten).

472 Erfährt der AG geraume Zeit nach dem Vertragsabschluß von seinem Irrtum oder einer Täuschung durch den AN, kann eine Anfechtung trotz Vorliegen ihrer tatbestandlichen Voraussetzungen ausgeschlossen sein, wenn der Anfechtungsgrund keine Auswirkungen auf das Arbeitsverhältnis (mehr) hat bzw. seine Bedeutung hierfür verloren hat. Das Recht zur Anfechtung kann nach dem Grundsatz von Treu und Glauben (§ 242) **verwirkt** sein, wenn das Arbeitsverhältnis bereits jahrelang beanstandungsfrei durchgeführt wurde (BAG 12. 2. 1970 AP BGB § 123 Nr. 17; BAG 19. 5. 1983 AP BGB § 123 Nr. 25; BAG 18. 9. 1987 AP BGB § 123 Nr. 32; BAG 11. 11. 1993 AP BGB § 123 Nr. 38; BAG 28. 5. 1998 AP BGB § 123 Nr. 46; MünchArbR/*Richardi* § 44 Rn. 48).

E. Begründung des Arbeitsverhältnisses § 611 BGB 230

Die **Darlegungs- und Beweislast** für die zur Anfechtung berechtigenden Umstände trägt der 473 Anfechtende, idR also der AG (LAG Berlin 19. 11. 1984 LAGE BGB § 123 Nr. 5). Bei der Anfechtung eines Aufhebungsvertrages trägt sie dagegen die AN (BAG 12. 8. 1999 AP BGB § 123 Nr. 51).

Möglich ist es auch, nur einzelne Vertragsbestandteile anzufechten. 474

a) **Erklärungs-, Inhalts- und Eigenschaftsirrtum (§ 119).** Anfechtungsberechtigt ist nach § 119 475 derjenige, der sich bei Abgabe einer Willenserklärung in einem Irrtum befunden hat. Für die Anfechtung nach § 119 I wegen Erklärungsirrtums, bei dem der Erklärende eine Erklärung dieses Inhalts gar nicht abgeben wollte, oder Inhaltsirrtums, bei dem der Erklärende über die rechtliche Bedeutung seiner Erklärung irrte (*Dörner* AR-Blattei SD 60 Rn. 3, 4; MünchArbR/*Richardi* § 44 Rn. 30), gelten die allgemeinen Grundsätze.

Besonderheiten gelten im Arbeitsrecht für den Fall des Irrtums über **verkehrswesentliche Eigen-** 476 **schaften** des AN (BAG 26. 7. 1989 AP LohnFG § 1 Nr. 87). Anders als bei der Anfechtung nach § 123 kommt es hier nicht darauf an, ob der Bewerber den AG vorsätzlich über das Vorliegen einer Tatsache getäuscht hat. Es reicht aus, wenn sich der AG über eine konkrete verkehrswesentliche Eigenschaft des Bewerbers im Irrtum befindet. Eine Fehlbeurteilung der allgemeinen Fähigkeiten des AN kann allerdings nicht als Irrtum in Betracht kommen.

aa) **Verkehrswesentliche Eigenschaften.** Verkehrswesentliche Eigenschaften einer Person bestehen 477 neben ihren körperlichen Merkmalen auch in ihren tatsächlichen oder rechtlichen Verhältnissen und Beziehungen zur Umwelt, soweit sie nach der Verkehrsanschauung für die Wertschätzung und die zu leistende Arbeit von Bedeutung und nicht nur vorübergehender Natur sind. Sie müssen sich auf die Eignung der Person für die Arbeit auswirken (BAG 21. 2. 1991 AP BGB § 123 Nr. 35; MünchArbR/ *Richardi* § 44 Rn. 31).

Wenn die Frage nach der betreffenden Eigenschaft unzulässig ist, kann idR davon ausgegangen 478 werden, daß ein Irrtum über die betreffende Eigenschaft nicht zu einer Anfechtung nach § 119 II berechtigt (zu den Fragerechten im Einstellungsgespräch Rn. 359 ff.). Dies gilt jedenfalls dann, wenn nicht zusätzliche Umstände hinzutreten (zB völlige Ungeeignetheit des Bewerbers für den angestrebten Arbeitsplatz aufgrund der betreffenden Eigenschaft).

Die **Leistungsfähigkeit** an sich und deren Fehlen stellt keine zur Anfechtung berechtigende ver- 479 kehrswesentliche Eigenschaft dar. In diesem Fall macht sich der AG lediglich fehlerhafte Vorstellungen über die Fähigkeiten des AN, er befindet sich nicht im Irrtum oder in Unkenntnis bezüglich einer konkreten Eigenschaft (*Dörner* AR-Blattei SD 60 Rn. 6).

Der **Gesundheitszustand** gehört zu den verkehrswesentlichen Eigenschaften, sobald dem AN 480 deswegen nicht nur vorübergehend die Fähigkeit fehlt, die vertraglich übernommene Arbeit zu verrichten (BAG 28. 3. 1974 AP BGB § 119 Nr. 3).

Der Grad der Leistungsfähigkeit eines AN oder eine vorübergehende Leistungsminderung sind 481 zwar regelmäßig noch keine verkehrswesentlichen Eigenschaften. Anders verhält es sich jedoch, wenn die objektive Tauglichkeit des AN durch seinen Gesundheitszustand erheblich herabgesetzt wird. Wenn der AN wegen eines nicht nur kurzfristig auftretenden Leidens für die übernommene Arbeit nicht oder nicht ausreichend geeignet ist, kann ihm eine verkehrswesentliche Eigenschaft fehlen. Das gilt insb. auch dann, wenn der AN durch ein Anfallsleiden (zB Epilepsie) in seiner für eine bestimmte Arbeitsaufgabe notwendigen durchschnittlichen Leistungsfähigkeit ständig erheblich beeinträchtigt ist (BAG 28. 3. 1974 AP BGB § 119 Nr. 3).

Auch die **Schwerbehinderteigenschaft** kann demzufolge nur dann eine verkehrswesentliche Eigen- 482 schaft der Person darstellen, wenn sie dazu führt, daß der Bewerber für die angestrebte Tätigkeit nicht geeignet ist, also auch ohne Befragung eine Offenbarungspflicht bestünde.

Die **Schwangerschaft** ist keine Eigenschaft, weil es sich bei ihr nur um einen vorübergehenden 483 Zustand handelt (BAG 22. 9. 1961 AP BGB § 123 Nr. 15; BAG 8. 9. 1988 AP MuSchG § 8 Nr. 1). Darüber hinaus wird aus dem Mutterschutzgesetz ein Ausschluß der Anfechtung gefolgert (MünchArbR/*Richardi* § 44 Rn. 34).

Ausnahmen werden in der Rspr. des BAG allerdings anerkannt. Als solche kommt in Betracht, daß 484 die Arbeitnehmerin nur befristet eingestellt wird und die Schwangerschaft der Vertragsdurchführung für einen im Verhältnis erheblichen Zeitraum entgegensteht, etwa durch ein **Beschäftigungsverbot** (BAG 6. 10. 1962 AP MuSchG § 9 Nr. 24; BAG 8. 9. 1988 AP MuSchG 1968 § 8 Nr. 1). Zweifelhaft ist allerdings, ob sich dies mit der Rspr. des EuGH vereinbaren läßt. Ein von Anfang an bestehendes Beschäftigungsverbot nach dem MuSchG kann nicht zur Anfechtung nach § 119 berechtigen, insb. wenn noch nicht feststeht, ob eine Ausnahmeerlaubnis erteilt wird. Der EuGH hat erklärt, daß die Beendigung eines Vertrages auf unbestimmte Zeit – gleich ob durch Anfechtung oder Nichtigkeit aufgrund eines gesetzlichen Verbotes – wegen des Bestehens eines Beschäftigungsverbotes dem Schutzzweck der Gleichbehandlungsrichtlinie 76/207/EWG zuwiderläuft (EuGH 5. 5. 1994 AP EWG-Richtlinie Nr. 76/207 Art. 2 Nr. 3 = EAS RL 76/207 Art. 2 Nr. 9; EuGH 3. 2. 2000 AP BGB § 611 a Nr. 18 = EAS RL 76/207/EWG Art. 2 Nr. 16).

Das BAG hat auch in der weiblichen Identität eine für den Vertrag als Arzthelferin verkehrswesent- 485 liche Eigenschaft gesehen (zum Fall eines transsexuellen Arzthelfers: BAG 21. 2. 1991 AP BGB § 123

Preis 1373

Nr. 35; *Dörner* AR-Blattei SD 60 Rn. 62; zur Problematik auch EuGH 30. 4. 1996 EAS RL 76/207/ EWG Art. 5 Nr. 10).

486 Die **Vertrauenswürdigkeit** kann nur in besonderen Vertrauenspositionen eine verkehrswesentliche Eigenschaft begründen (BAG 12. 2. 1970 AP BGB § 123 Nr. 17). Die Vertrauenswürdigkeit kann durch eine **Vorstrafe** erschüttert sein. Sie muß einschlägig sein und zur Annahme der Nichteignung des Bewerbers für den Arbeitsplatz führen. Irrelevant ist sie gemäß §§ 51, 53 BZRG, wenn sie aus dem Strafregister getilgt ist (MünchArbR/*Richardi* § 44 Rn. 33).

487 Zumindest bei Angehörigen des öffentlichen Dienstes soll der **MfS-Mitarbeiterstatus** eine verkehrswesentliche Eigenschaft darstellen (*Heidsiek*, Anm. zu ArbG Darmstadt BB 1994, 2495, 2496). Richtigerweise muß vor der Anfechtung jedoch eine Abwägung der Umstände vorgenommen werden (vgl. Rn. 387 ff.).

488 bb) **Kausalität.** Ein Anfechtungsrecht steht dem AG nur zu, wenn er bei Kenntnis der tatsächlichen Sachlage und bei verständiger Würdigung den Arbeitsvertrag nicht oder nicht mit dem vereinbarten Inhalt abgeschlossen hätte (*Dörner* AR-Blattei SD 60 Rn. 7; MünchArbR/*Richardi* § 44 Rn. 31).

489 cc) **Anfechtungsfrist.** Auf die Anfechtung nach § 119 wendet das BAG die Ausschlußfrist des § 626 II entspr. an mit der Folge, daß eine Anfechtung wegen Inhalts-, Erklärungs- oder Eigenschaftsirrtums nur dann **unverzüglich** im Sinne von § 121 I und somit ohne schuldhaftes Zögern erfolgt ist, wenn zwischen der Kenntniserlangung und dem Zugang der Anfechtungserklärung höchstens **zwei Wochen** liegen (BAG 14. 12. 1979 AP BGB § 119 Nr. 4; BAG 19. 5. 1983 AP BGB § 123 Nr. 25; BAG 21. 2. 1991 AP BGB § 123 Nr. 35; *Wolf/Gangel* AuR 1982, 271, 274; aA *Herschel*, Anm. zu BAG 14. 12. 1979 AuR 1980, 255, 256; *Picker* ZfA 1981, 1, 108 ff.).

490 Die Notwendigkeit einer der Frist des § 626 II angepaßten Erklärungsfrist auch bei der Anfechtung ergibt sich zum einen aus der möglichen wahlweisen Anwendung von Anfechtung und außerordentlicher Kündigung. Der Anfechtungsgrund kann im Zeitpunkt der Anfechtungserklärung noch so stark nachwirken, daß deswegen auch die Fortsetzung des Arbeitsverhältnisses unzumutbar wäre, was Voraussetzung für die außerordentliche Kündigung ist. Die Zuerkennung eines Wahlrechts gebietet es, auf beide Gestaltungsrechte die gleichen Grundsätze anzuwenden. Ansonsten besteht die Gefahr der Umgehung der Ausschlußfrist des § 626 II.

491 In der Literatur wird allerdings darauf hingewiesen, daß es sich um wesensverschiedene Gestaltungsrechte handelt und kein Grund besteht, die Bedingungen der außerordentlichen Kündigung auf die Anfechtung zu übertragen (*Küchenhoff*, Anm. zu BAG 28. 3. 1974 AP BGB § 119 Nr. 3; MünchArbR/*Richardi* § 44 Rn. 27, 51; *Picker* ZfA 1981, 1, 24, 26). Die Kündigung diene dazu, ein rechtsfehlerfrei zustande gekommenes Arbeitsverhältnis zu beseitigen, weil sich dessen Umstände geändert haben, die Anfechtung dagegen zur Befreiung von einem fehlerhaft zustande gekommenen Arbeitsverhältnis. Somit hätten beide Rechte unterschiedliche Ordnungsfunktionen. Dagegen spricht, daß eine Begrenzung der Erklärungsfrist dem Bedürfnis nach Rechtsklarheit und Rechtssicherheit Rechnung trägt. Hinzuweisen ist darauf, daß das BAG jüngst in anderem Zusammenhang die Unterschiede zwischen Anfechtung und Kündigung sowie eine eingeschränkte Rechtsfortbildungskompetenz betont hat (BAG 3. 12. 1998 AP BGB § 123 Nr. 49).

492 Nach Ablauf der Frist können weitere Anfechtungsgründe nicht nachgeschoben werden, wenn eine selbständige Anfechtung mit diesen Gründen verspätet wäre (BAG 21. 1. 1981 AP BGB § 119 Nr. 5; LAG Berlin 19. 11. 1984 LAGE BGB § 123 Nr. 5).

493 b) **Drohungs- und Täuschungsanfechtung (§ 123).** Die Anfechtung nach § 123 kommt im Arbeitsrecht in erster Linie wegen der Verwirklichung des Tatbestandes der arglistigen Täuschung in Betracht.

494 aa) **Täuschung.** Eine Täuschung besteht in der Erregung oder Aufrechterhaltung eines Irrtums bezüglich objektiv nachprüfbarer Umstände, durch die der Erklärungsgegner zur Abgabe einer Willenserklärung veranlaßt wird (BAG 5. 10. 1995 AP BGB § 123 Nr. 40; LAG Köln 13. 11. 1995 NZA-RR 1996, 403; MünchKommBGB/*Kramer* § 123 Rn. 5). Die Täuschung muß sich auf objektive Umstände beziehen (BAG 21. 2. 1991 AP BGB § 123 Nr. 35). Der Bewerber muß positive Kenntnis von der Unwahrheit bzw. vom Vorliegen einer offenbarungspflichtigen Tatsache haben.

495 Die Täuschung kann auch durch **Vorspiegelung oder Entstellung** von Tatsachen erfolgen. Dieser Fall liegt vor, wenn ein handgeschriebener **Lebenslauf** von einem Dritten gefertigt wird, um bei einem angekündigten graphologischen Gutachten bessere Wertungen zu erzielen (BAG 16. 9. 1982 AP BGB § 123 Nr. 24). Auch die Fälschung von Zeugnissen erfüllt den Tatbestand.

496 Das **Verschweigen von Tatsachen** stellt nur eine Täuschung dar, wenn der Anfechtungsgegner zur Aufklärung verpflichtet war, insofern also eine Offenbarungspflicht bestand (BAG 8. 9. 1988 AP MuSchG 1968 § 8 Nr. 1; *Dörner* AR-Blattei SD 60 Rn. 12; MünchKommBGB/*Kramer* § 123 Rn. 13).

497 Bei der Begründung des Arbeitsverhältnisses kommt insb. in Betracht, daß eine vom AG im Bewerbungsverfahren zulässigerweise gestellte Frage falsch beantwortet wird (BAG 5. 10. 1995 AP *BGB § 123 Nr. 40*; Rn. 363). Für die Täuschung im Sinne des § 123 ist erforderlich, daß der Bewerber die Frage bewußt falsch beantwortet oder die nicht offenbarte Tatsache bewußt verschwiegen hat (LAG Köln 13. 11. 1995 NZA-RR 1996, 403).

E. Begründung des Arbeitsverhältnisses   § 611 BGB 230

bb) Vorsatz. Der Anfechtungsgegner wußte oder mußte erkennen, daß die von ihm vorgespiegelte 498
oder verschwiegene Tatsache den Geschäftswillen des AG mitbeeinflußt, also für die Entscheidung
zur Begründung des Arbeitsverhältnisses wesentlich sein kann. Ihm mußte erkennbar sein, daß der
AG den Arbeitsvertrag bei Kenntnis der wahren Sachlage nicht oder zumindest nicht mit den gleichen
Konditionen abgeschlossen hätte. Dabei muß er zumindest bedingt vorsätzlich gehandelt haben. Fahrlässigkeit reicht zur Begründung der Arglist nicht aus (MünchArbR/*Richardi* § 44 Rn. 40; Münch-
KommBGB/*Kramer* § 123 Rn. 5).

cc) Rechtswidrigkeit. In Literatur und Rspr. ist anerkannt, daß nicht jede Erregung eines Irrtums 499
zum Recht der Anfechtung wegen arglistiger Täuschung führt. Ungeschriebenes Tatbestandsmerkmal
der Täuschung nach § 123 I ist wie bei der Drohung deren Rechtswidrigkeit (BAG 21. 2. 1991 AP
BGB § 123 Nr. 35; BAG 5. 10. 1995 AP BGB § 123 Nr. 40). § 123 soll die freie Willensentschließung
vor Eingriffen anderer schützen. Der Schutzzweck ist nicht berührt, wenn eine rechtswidrige Handlung des die Anfechtung Erklärenden selbst zur Täuschung geführt hat.

Das BGB geht davon aus, daß die arglistige Täuschung stets rechtswidrig ist. Den Fall rechtmäßiger 500
Täuschung – vor allem im Arbeitsverhältnis – sieht das Gesetz nicht. Diese Lücke des Gesetzes kann
durch teleologische Reduktion geschlossen werden. Die Norm des § 123 ist insofern zu weit gefaßt,
als sie die Fälle einer an sich arglistigen, aber rechtlich erlaubten Täuschung mit umfaßt (BAG 21. 2.
1991 AP BGB § 123 Nr. 35; MünchArbR/*Richardi* § 44 Rn. 39).

Somit stellt im Bereich der Fragerechte nur eine **falsche Antwort auf eine zulässigerweise gestellte** 501
Frage eine arglistige Täuschung dar (BAG 5. 12. 1957 AP BGB § 123 Nr. 2; BAG 19. 5. 1983 AP
BGB § 123 Nr. 25). Entscheidend ist also, ob der AG zu der konkreten, falsch beantworteten Frage
überhaupt berechtigt war (Rn. 363). Daneben führt das Verschweigen einer Tatsache nur zum Anfechtungsrecht des AG, wenn der Bewerber nach Treu und Glauben mit Rücksicht auf die Verkehrssitte
auch ohne besondere Befragung zur Offenbarung der Tatsache verpflichtet war (Rn. 393 ff.).

Für den Fall, daß ein nicht eigenhändig geschriebener Lebenslauf zur Erstellung eines graphologi- 502
schen Gutachtens zu den Bewerbungsunterlagen gereicht wird (Rn. 416), um durch Täuschung über
den Aussteller bessere Ergebnisse zu erzielen, kann eine zur Anfechtung berechtigende Täuschung nur
bejaht werden, wenn die Einholung des Gutachtens durch den AG rechtmäßig war (*Brox*, Anm. zu
BAG 16. 9. 1982 AP BGB § 123 Nr. 24).

dd) Kausalität. Die Täuschung muß für die Begründung des Arbeitsverhältnisses ursächlich ge- 503
worden sein. Das ist der Fall, wenn der Getäuschte die Willenserklärung anderenfalls nicht oder mit
einem anderen Inhalt abgegeben hätte. Es reicht aus, wenn die Täuschung zumindest mitursächlich
und für den Entschluß des Getäuschten von Bedeutung war (BAG 11. 11. 1993 AP BGB § 123 Nr. 38;
LAG Köln 13. 11. 1995 NZA-RR 1996, 403; MünchKommBGB/*Kramer* § 123 Rn. 9).

ee) Anfechtungsfrist. Die Ausschlußfrist des § 626 II ist bei der Drohungs- und Täuschungsan- 504
fechtung im Gegensatz zur Irrtumsanfechtung nicht entspr. anzuwenden. Die Fristbestimmung in
§ 124 I enthält bereits eine genaue Zeitgrenze, so daß für eine entspr. Anwendung von § 626 II kein
Raum bleibt (BAG 19. 5. 1983 AP BGB § 123 Nr. 25). Bei der gravierenden Willensbeeinflussung
durch die Merkmale des § 123 ist zudem die Jahresfrist auch im Arbeitsrecht der angemessene Zeitraum (*Schulte* HwB Ar 100, Rn. 11).

Somit kann die Anfechtung wegen arglistiger Täuschung oder Drohung **innerhalb eines Jahres** ab 505
Entdeckung der Täuschung oder Beendigung der Zwangslage erklärt werden. Die Frist beginnt in dem
Zeitpunkt, in dem der Anfechtungsberechtigte von der Täuschung positive Kenntnis erhalten hat.
Bloßes Kennenmüssen oder die Vermutung der Täuschung reicht nicht aus (BAG 16. 9. 1982 AP BGB
§ 123 Nr. 24).

Eine Einschränkung des Anfechtungsrechts kann sich nur aus Treu und Glauben nach dem Grund- 506
satz der Verwirkung ergeben, wenn der Anfechtungsgrund objektiv für die Durchführung des Arbeitsverhältnisses keine Bedeutung mehr hat (Rn. 472).

c) Anfechtungserklärung. Die Anfechtung wird durch formlose Willenserklärung gem. § 143 507
gegenüber dem anderen Teil erklärt. Sie ist unwiderruflich und bedingungsfeindlich (Münch-
KommBGB/*Kramer* § 143 Rn. 5).

d) Rechtsfolge. Nach der wirksamen Anfechtung eines Vertrages ist dieser gem. § 142 von Anfang 508
an als nichtig anzusehen. Bei der Anfechtung nach § 119 hat der Anfechtende dem Anfechtungsgegner
gem. § 122 den Schaden zu ersetzen, den dieser dadurch erleidet, daß er auf die Gültigkeit des Rechtsgeschäfts vertraut hat. Der Schadensersatzanspruch umfaßt das negative Interesse, den Vertrauensschaden (BGH 14. 3. 1969 AP BGB § 122 Nr. 1; MünchKommBGB/*Kramer* § 122 Rn. 8).

Der Anfechtende hat im Falle der Anfechtung nach § 123 wegen arglistiger Täuschung Schadenser- 509
satzansprüche aus cic. und aus unerlaubter Handlung gemäß §§ 823 II, 826 (*Schulte*, HwB AR 100
Rn. 52; MünchKommBGB/*Kramer* § 123 Rn. 30).

Bereits ausgetauschte Leistungen werden nach den Grundsätzen des Bereicherungsrechts 510
(§§ 812 ff.) rückgewährt. Erbrachte Arbeitsleistungen können jedoch schwerlich rückabgewickelt
werden (BAG 16. 9. 1982 AP BGB § 123 Nr. 24). Bei den Rechtsfolgen der Anfechtung muß deshalb

Preis   1375

danach unterschieden werden, ob das Arbeitsverhältnis bereits in **Vollzug oder Funktion** gesetzt war, insb. ein Leistungsaustausch stattgefunden hat. In Funktion gesetzt ist ein Arbeitsvertrag dann, wenn der AN beim AG erschienen ist, seinen Arbeitsplatz zugewiesen bekommen und die Arbeit aufgenommen hat, wobei schon der Erhalt von Informationen über seine künftige Tätigkeit ausreichen soll (BAG 18. 4. 1968 AP HGB § 63 Nr. 32; *Dörner* AR-Blattei SD 60 Rn. 93; MünchArbR/*Richardi* § 44 Rn. 65). Wenn der Vertrag noch **nicht in Funktion** gesetzt worden ist, bleibt es bei der Regel des § 142 I, so daß eine Anfechtung die Willenserklärung mit rückwirkender Kraft (**ex tunc**) vernichtet.

511 Demgegenüber wirkt die Anfechtung bei **bereits vollzogenen Arbeitsverhältnissen** nur für die Zukunft: Wegen der Rückabwicklungsschwierigkeiten hat sich die Auffassung durchgesetzt, daß eine Anfechtung nur die kündigungsähnliche Wirkung der Auflösung des Arbeitsverhältnisses für die Zukunft hat und entgegen § 142 I **ex nunc** wirkt, wenn ein Leistungaustausch bereits stattgefunden hat (BAG 5. 12. 1957 AP BGB § 123 Nr. 2; BAG 16. 9. 1982 AP BGB § 123 Nr. 24; BAG 29. 8. 1984 AP BGB § 123 Nr. 27; *Dörner* AR-Blattei SD 60 Rn. 94; MünchArbR/*Richardi* § 44 Rn. 65; *Picker* ZfA 1981, 53). Für die Vergangenheit ist das Arbeitsverhältnis wie ein fehlerfrei zustande gekommenes zu behandeln (sog. fehlerhaftes Arbeitsverhältnis Rn. 170).

512 Hervorzuheben ist ausdrücklich, daß es sich bei der ex-nunc-Wirkung um eine Ausnahme vom gesetzlich aufgestellten Grundsatz in § 142 I handelt, die nur wegen der Rückabwicklungsschwierigkeiten gerechtfertigt ist. Würde auch bei einem noch nicht vollzogenem Arbeitsverhältnis die Anfechtung nur eine ex-nunc-Wirkung haben, entstünde dem in diesem Fall Täuschenden ein unbilliger und nicht zu rechtfertigender Vorteil (BAG 16. 9. 1982 AP BGB § 123 Nr. 24).

513 Abw. gilt, wenn ein aufgenommenes Arbeitsverhältnis später wieder **außer Funktion gesetzt** wird und der AN ab diesem Zeitpunkt keine Arbeitsleistung mehr erbringt. In diesem Fall wirkt die Anfechtung auf den Zeitpunkt zurück, in dem das Arbeitsverhältnis außer Funktion gesetzt worden ist (grdl. BAG 3. 12. 1998 AP BGB § 123 Nr. 49). In Betracht kommt, daß der AG bereits vor der Anfechtung eine **Kündigung** ausgesprochen hat und seitdem vom AN ohne Anspruch auf Gehaltszahlungen auch keine Leistungen mehr erbracht wurden, die beschriebenen Rückabwicklungsschwierigkeiten somit nicht auftreten. Dieses gilt zumindest dann, wenn das Anfechtungsrecht auf einer arglistigen Täuschung im Sinne des § 123 beruht. Gesichtspunkte eines eventuell bestehenden Vertrauensschutzes greifen dann nicht (BAG 29. 8. 1984 AP BGB § 123 Nr. 27). Die Rückwirkung auf den Zeitpunkt einer Außerfunktionssetzung ist bislang für die Irrtumsanfechtung offengeblieben. Die Beschränkung auf die Fälle der Täuschungsanfechtung kann nur mit der geringeren Schutzwürdigkeit des täuschenden Anfechtungsgegners begründet werden (*Walker*, Anm. zu BAG 29. 8. 1984 JA 1985, 164, 165).

514 Nach früherer Rspr. des BAG verhielt es sich anders, wenn der AN schon vor der Anfechtung krank geworden ist und aufgrund der unabhängig vom Willen beider Vertragsparteien bestehenden Arbeitsunfähigkeit keine Leistungen mehr erbracht. Auch hier sollte die Anfechtung ex-nunc wirken (BAG 18. 4. 1968 AP HGB § 63 Nr. 32; BAG 20. 2. 1986 AP BGB § 123 Nr. 31). Für die Vergangenheit seien beide auf die Leistungen aus einem bestehenden Arbeitsverhältnis zur Sicherung der Existenzgrundlage angewiesen (*Brox* Anm. zu BAG 16. 9. 1982 AP BGB § 123 Nr. 24; *Dörner* AR-Blattei SD 60 Rn. 98).

515 Von dieser Rspr. ist das BAG jetzt abgewichen (BAG 3. 12. 1998 AP BGB § 123 Nr. 49). Die Anfechtung wirkt in diesen Fällen entspr. § 142 I BGB ex tunc. Rückabwicklungsschwierigkeiten seien ab dem Zeitpunkt der Arbeitsunfähigkeit nicht zu besorgen. Weder war vor der Anfechtung eine Arbeitsleistung dem Vermögen des Arbeitgebers unwiderruflich zugewachsen (so *Picker* ZfA 1981, 1 f., 53) noch wird idR nach der Anfechtung Vergütung gezahlt. Der AN könne nicht darauf vertrauen, daß das Arbeitsverhältnis auch für die Zeit, in der es nicht mehr praktiziert worden ist, bis zur Anfechtungserklärung des AG als rechtsbeständig behandelt wird. Würde man der Anfechtung auch in einem solchen Falle nur Wirkung für die Zukunft beilegen, so würde man dem Täuschenden damit zu einem nicht gerechtfertigten Vorteil verhelfen (krit. *Strick* NZA 2000, 695 ff.).

516 e) **Klagefrist.** Die **Klagefrist** des § 4 KSchG ist für die Anfechtung unbeachtlich (*Dörner* AR-Blattei SD 60 Rn. 100; *Picker* ZfA 81, 1, 104 ff.; *Wolf*/*Gangel* AuR 1982, 271, 277). Das BAG hat diese Frage für die AN, die nach sechsmonatigem Bestehen ihres Arbeitsverhältnisses unter das KSchG fallen, offengelassen (BAG 14. 12. 1979 AP BGB § 119 Nr. 4). Eine Anwendung des § 4 KSchG ist aber auch hier nicht zu befürworten, weil es keinen allgemeinen Grundsatz gibt, die Beendigung eines Arbeitsverhältnisses innerhalb von drei Wochen anzugreifen. Die Klage auf Feststellung des Bestehens des Arbeitsverhältnisses kann jedoch nach gewissem Zeitablauf wegen Verwirkung unzulässig sein. Insofern ist eine Interessenabwägung erforderlich (SPV Rn. 52).

IV. Vertragsgestaltung; Inhaltskontrolle

517 1. **Gegenstand arbeitsrechtlicher Vertragsgestaltung.** Der Arbeitsvertrag kann inhaltlich grds. nach den Prinzipien der Privatautonomie (§§ 241, 305) gestaltet werden. Der Vertragsgestaltung im Arbeitsrecht werden jedoch durch zahlreiche zwingende Gesetze und Kollektivverträge Grenzen gesetzt. Im Bereich der Arbeitsvertragsgestaltung überwiegt der **standardisierte Vertrag** (hierzu

E. Begründung des Arbeitsverhältnisses § 611 BGB 230

bereits Rn. 271 f.; ausführlich zur Vertragspraxis: *Hanau/Preis* I B; *Preis* Vertragsgestaltung S. 51 ff.). Die Standardisierung der Vertragsgestaltung mit der fehlenden Möglichkeit für den AN, einzelne Vertragsbedingungen auszuhandeln, bedingt die Notwendigkeit einer weitergehenden Inhaltskontrolle der Arbeitsvertragsbedingungen (Rn. 552 ff.).

Das Standardisierungsinteresse bei der Vertragsgestaltung findet insb. in Verweisungsklauseln auf 518 allgemeine Arbeitsvertragsbedingungen, aber auch auf TV, ihren Ausdruck (hierzu *Bauschke* ZTR 1993, 416; *Etzel* NZA 1987, 19 ff.; *Seibert* NZA 1985, 730 ff.; *Hanau/Preis* II V 60; *Reinecke* NZA Beilage 3/2000, 23, 26 f.). Hauptfunktion der Verweisungen, zumeist in vorformulierten Arbeitsverträgen, ist das Bestreben, gleiche vertragliche Grundlagen für die gesamte oder doch abgrenzbare Teile der Belegschaft zu schaffen. Hiermit wird zwar einerseits dem Prinzip der Gleichbehandlung gedient. Derartige **Verweisungs- und Bezugnahmeklauseln** sind nach dem Prinzip der Vertragsfreiheit generell zulässig. Problematisch ist aber unter Umständen die wirksame Einbeziehung und die Notwendigkeit der Inhaltskontrolle.

Die Standardisierung der Vertragsbedingungen führt zu der aus dem AGB-Recht bekannten Erscheinung der nur **im Verwenderinteresse formulierten Vertragsbedingungen**. Zudem stellt sich bei allgemeinen Arbeitsbedingungen die Problematik der Jeweiligkeitsklauseln, die ihrerseits wie Widerrufsvorbehalte wirken können und deshalb einer Inhaltskontrolle unterliegen. Von allgemeinen Arbeitsbedingungen zu unterscheiden sind Arbeits-, Dienst- und Geschäftsanweisungen, die als Gegenstand des Direktionsrechts des AG prinzipiell unter Wahrung billigen Ermessens veränderbar sind (§ 315). Zur Problematik der einzelvertraglichen Bezugnahme auf TV vgl. *Hanau/Preis* II V 60 Rn. 4 ff.

2. Vertragsauslegung und Vertragsergänzung. Die Grundsätze der §§ 133, 157 zur Auslegung 520 von Arbeitsverträgen gelten auch im Arbeitsvertragsrecht. Prinzipielle Abweichungen zum allgemeinen Privatrecht sind nicht gerechtfertigt. Besonderer Behandlung bedarf die Auslegung typisierter Vertragsbedingungen (hierzu Rn. 556). Bedenken begegnet die Rspr. des BAG, soweit sie über die Generalklauseln der §§ 133, 157 eine kaschierte Inhaltskontrolle praktiziert (hierzu *Preis* Vertragsgestaltung S. 153 ff.). Vermittelt über die §§ 133, 157 fließt in die Auslegung bisweilen die objektive Wertordnung des GG ein, was zu einer grundrechtsgesteuerten Kontrolle der Vertragspraxis über das Instrument der Auslegung führt. Anzutreffen ist die Entscheidungspraxis insb. bei der **restriktiven oder korrigierenden „Auslegung"** von Nebentätigkeitsverboten in Arbeitsverträgen (hierzu BAG 3. 12. 1970 AP BGB § 626 Nr. 60; BAG 26. 8. 1976 AP BGB § 626 Nr. 68; BAG 18. 11. 1988 AP BGB § 611 Doppelarbeitsverhältnis Nr. 3; BAG 6. 9. 1990 AP BGB § 615 Nr. 47). Auch das Instrument der **ergänzenden Vertragsauslegung** wird zur Vertragskorrektur genutzt. Der 9. Senat hält eine „ergänzende Vertragsauslegung (für) geboten, wenn die Vereinbarung ohne die Ergänzung gegen § 622 VI verstößt" (BAG 20. 8. 1996 AP HGB § 87 Nr. 9 = NZA 1996, 1151). Der 4. Senat legt arbeitsvertragliche Verweisungsklauseln, die „einen konkret benannten Tarifvertrag in der jeweils geltenden Fassung in Bezug nehmen", bei Verbandswechsel des AG idR dahin „korrigierend" aus, daß die Verweisung auf den jeweils für den Betrieb geltenden TV erfolgt (BAG 4. 9. 1996 AP TVG § 1 Bezugnahme auf Tarifvertrag Nr. 1).

Diese Rspr. ist abzulehnen. Auslegung und Inhaltskontrolle sind methodisch streng voneinander zu 521 unterscheiden. Jede **ergänzende Vertragsauslegung setzt eine regelungsbedürftige Lücke voraus** (BGH 12. 7. 1989 ZIP 1989, 1196; *Preis* Vertragsgestaltung S. 370 ff.). Sie kommt in Betracht, wenn zu einer bestimmten regelungsbedürftigen Frage eine Vereinbarung der Parteien nicht vorliegt oder wenn sich später durch Umstände, die bei Vertragsschluß noch nicht erkennbar waren, aufgrund der weiteren Entwicklung der Rechtsbeziehungen der Vertragspartner eine Vertragslücke öffnet (richtig BAG 22. 1. 1997 AP BGB § 620 Teilkündigung Nr. 6 = NZA 1997, 711; BAG 26. 6. 1996 AP BGB § 620 Bedingung Nr. 23; BAG 24. 11. 1993 AP BGB § 611 Mehrarbeitsvergütung Nr. 11; BAG 8. 11. 1972 AP BGB § 157 Nr. 3; vgl. auch BGH 1. 2. 1984 BGHZ 90, 69, 74; BGH 12. 7. 1989 ZIP 1989, 1196). Eine Lücke kann durch die Feststellung der Unwirksamkeit einer Regelung entstehen. Eine ergänzende Vertragsauslegung ist bei der vorrangig vorzunehmen Vertrags- oder Inhaltskontrolle jedoch nur zulässig, wenn die Unwirksamkeit der beanstandeten Klausel eine Lücke offenbart, die die beteiligten Interessen beider Vertragsparteien unangemessen geregelt erscheinen läßt. Die Rspr. einiger Senate des BAG führt zu Eingriffen in die Vertragsgestaltung und zu unzulässiger Vertragskorrektur. Ohne Feststellung einer Vertragslücke ist das Auslegungsprinzip der gesetzes- oder verfassungskonformen Auslegung verfehlt. Dem Vertragsverwender zu unterstellen, er wolle bei der Vertragsgestaltung im Zweifel die Grundrechte des anderen wahren, ist schlichte Fiktion. In Wahrheit praktiziert das BAG eine geltungserhaltende Reduktion verfassungsrechtlich problematischer Klauseln (hierzu Rn. 557).

Ist eine Vertragslücke vorhanden und ein Bedürfnis für eine Vertragsergänzung zu bejahen, muß die 522 Lücke unter Berücksichtigung des hypothetischen Parteiwillens geschlossen werden. Dabei ist darauf abzustellen, was die Parteien bei angemessener Abwägung ihrer Interessen nach Treu und Glauben als redliche Vertragsparteien vereinbart hätten, wenn sie den nicht geregelten Fall bedacht hätten (BAG 9. 2. 1984 AP BGB § 620 Bedingung Nr. 7; BAG 26. 5. 1996 AP BGB § 620 Bedingung

Nr. 23). Bei standardisierter Vertragsgestaltung im Verwenderinteresse versagt das Instrument regelmäßig. Die ergänzende Vertragsauslegung darf nicht als Mittel zur geltungserhaltenden Reduktion mißverstanden werden (*Preis* Vertragsgestaltung S. 369 ff.).

523 **3. Änderungs- und Fortsetzungsverträge.** Eine Vertragspartei, die einschränkende Vertragsbedingungen in das Arbeitsverhältnis einführen will, kann nach der Verkehrssitte nicht schon das bloße Schweigen des Empfängers als Annahme werten. Nur unter besonderen Umständen kann Schweigen als Zustimmung zu verstehen sein, wenn der Erklärende nach Treu und Glauben annehmen durfte, der andere Vertragsteil würde der angebotenen Vertragsänderung widersprechen, wenn er ihr nicht zustimmen wolle (BAG 30. 7. 1995 AP HGB § 65 Nr. 13; BAG 14. 8. 1996 AP BGB § 242 Betriebliche Übung Nr. 47). Nach der Verkehrssitte wird in Anwendung des § 151 allgemein eine ausdrückliche Annahmeerklärung des AN bei **einseitigen begünstigenden Zusagen** des AG nicht erwartet. Dies gilt für die Zusage von Gehaltserhöhungen, freiwilligen Leistungen und sonstigen Sonderleistungen (BAG 17. 5. 1966 DB 1966, 1277 = AP BGB § 242 Ruhegehalt Nr. 110; BAG 24. 1. 1996 NZA 1996, 948 = AP BetrVG 1972 § 77 Tarifvorbehalt Nr. 8; BAG 27. 1. 1988 ZTR 1988, 307; LAG Rheinland-Pfalz 19. 4. 1996 BB 1996, 2521). Anders sind **Änderungsangebote** von seiten des AG zu werten, wenn diese **zum Nachteil des AN** sind (hierzu *Hennige* NZA 1999, 281, 283). Trägt der AG einseitig verschlechternde Vertragsbedingungen an den AN heran, so kann die bloße stillschweigende Fortsetzung der bisherigen Tätigkeit nicht als Annahme des Änderungsangebotes angesehen werden (BAG 30. 7. 1985 NZA 1986, 474 = AP HGB § 65 Nr. 13). Das gilt insb. im Zusammenhang mit Änderungskündigungen (LAG Hamm 30. 1. 1997 NZA-RR 1997, 419). Eine Zustimmung des AN kann nur dann angenommen werden, wenn sich die Vertragsänderung unmittelbar im Arbeitsverhältnis auswirkt und der AN deshalb umgehend feststellen kann, welchen Einfluß die Änderung auf seine Rechte und Pflichten hat. Eine stillschweigende Annahmeerklärung kann daher idR nicht angenommen werden, solange die Folgen der Änderung nicht hervortreten (BAG 2. 5. 1976 AP BGB § 305 Nr. 4; BAG 17. 7. 1965 AP BGB § 242 Ruhegehalt Nr. 101; BAG 8. 7. 1960 AP BGB § 305 Nr. 2).

Auf die bloße Mitteilung des Schuldners, er werde den Anspruch nicht erfüllen, muß der Gläubiger nicht reagieren. Soll ein Arbeitsverhältnis in ein freies Mitarbeiterverhältnis umgewandelt werden, muß das unzweideutig vereinbart werden. Eine Veränderung der Bezeichnung des Arbeitsverhältnisses reicht nicht aus (BAG 12. 9. 1996 AP BGB § 611 Freier Mitarbeiter Nr. 1).

524 **4. Flexibilisierung von Vertragsbedingungen.** Arbeitsverhältnisse, die oft jahrzehntelang andauern, dürfen nicht versteinern. Es muß grds. möglich sein, sie an veränderte Rahmenbedingungen anzupassen, sie also **flexibel** zu halten. Die Veränderungen können die Art der Arbeit, die Arbeitszeit und das Entgelt betreffen (zur Problematik *Hromadka* (Hrsg.), Änderung von Arbeitsbedingungen, 1990; *ders.* RdA 1992, 234; *Isenhardt*, FS für Hanau, 1999, 221 ff.; *Kania* DB 1998, 2418; *Leuchten* NZA 1994, 721; *Preis*, FS für Kissel, 1994, S. 879; *Reiserer* DB 1997, 426; *Weber/Ehrich* BB 1996, 1822; *Zöllner* NZA 1997, 121).

525 **a) Änderung ohne vertragliche Vorbehalte.** Ohne entspr. Vorbehalte im Arbeitsvertrag kann sich der AG von den getroffenen Vereinbarungen nur sehr schwer einseitig lösen. Hier bleibt ihm daher nur die Möglichkeit, mit seinem AN eine einvernehmliche Änderung herbeizuführen (**Änderungsvertrag, § 305 BGB**), oder aber, wenn ihm dies nicht gelingt, eine **Änderungskündigung** (§ 2 KSchG) auszusprechen. Letztere ist allerdings nur unter strengen Voraussetzungen möglich und daher häufig nicht praktikabel (hierzu § 2 KSchG). Die **Teilkündigung**, also die Kündigung nur einzelner Vertragsbedingungen, ohne das Arbeitsverhältnis insgesamt in Frage zu stellen, ist nach hM **unzulässig**, da sie zu einer unzulässigen einseitigen Veränderung des Verhältnisses von Leistung und Gegenleistung führen würde (BAG 25. 2. 1988 AP BGB § 611 Arzt-Krankenhaus-Vertrag Nr. 18; BAG 14. 11. 1990 AP BGB § 611 Arzt-Krankenhaus-Vertrag Nr. 25; BAG 12. 2. 1987 EzBAT § 35 BAT Nr. 3; krit. dazu SPV/*Preis* Rn. 138 ff.).

526 Außerdem können vertraglich zugesagte Entgeltbestandteile **durch Betriebsvereinbarung nachteilig** geändert werden. Zwar ist aufgrund des Günstigkeitsprinzips grds. die arbeitsvertragliche Vereinbarung vorrangig, doch macht das BAG davon eine Ausnahme bei sog. Einheitsregelungen und Gesamtzusagen: Zulässig sind danach Betriebsvereinbarungen, die sich zwar für den einzelnen AN nachteilig auswirken (sog. individueller Günstigkeitsvergleich), die aber für die Belegschaft „insgesamt gesehen" nicht ungünstiger sind (sog. **kollektiver Günstigkeitsvergleich**, BAG 16. 9. 1986 AP BetrVG 1972 § 77 Nr. 17; BAG 7. 11. 1989 AP BetrVG 1972 § 77 Nr. 46; sehr str. vgl. *Richardi* NZA 1990, 331). Der wirtschaftliche Wert der AGLeistung wird also insgesamt nicht verringert, sondern nur umstrukturiert.

527 Schließlich können auch die Grundsätze über den **Wegfall der Geschäftsgrundlage** zur Änderung von Arbeitsbedingungen führen. Deren **Bedeutung** ist jedoch im Arbeitsrecht **gering**, da der AG sich zur Vertragsanpassung an geänderte Umstände grds. der Änderungskündigung bedienen muß (BAG 29. 1. 1981 AP KSchG 1969 § 15 Nr. 10; BAG 6. 3. 1986 AP KSchG 1969 § 15 Nr. 19). Sie kommt lediglich dort in Betracht, wo eine Kündigung überhaupt nicht möglich ist, zB bei der Anpassung betrieblicher Ruhegelder an geänderte Verhältnisse. Die Berufung auf den Wegfall der Geschäftsgrund-

lage ist grds. kein selbständiger Grund für die Beendigung oder Änderung eines Arbeitsverhältnisses. Die Notwendigkeit, einen Arbeitsvertrag an veränderte Verhältnisse anzupassen, kann zwar Anlaß für eine Änderungskündigung sein, ersetzt diese aber nicht (BAG 29. 1. 1981 AP KSchG 1969 § 15 Nr. 10; BAG 6. 3. 1986 AP KSchG 1969 § 15 Nr. 19). Zur Anpassung eines Vertrages wegen Gesetzesänderung siehe BAG 25. 2. 1988, 3. 5. 1989, 10. 12. 1992 AP BGB § 611 Arzt-Krankenhaus-Vertrag Nr. 18, 20, 27.

b) Änderungsvorbehalte im Vertrag. Hat sich der AG dagegen die Änderung von Arbeitsbedingungen im Vertrag vorbehalten, ist nach dem jeweils betroffenen Bereich zu differenzieren: Die Dauer der **Arbeitszeit** darf nicht zur Disposition des AG stehen: Eine Klausel im Einzelarbeitsvertrag, durch die der AG zur Festlegung der Arbeitszeit, dh. auch zu deren Reduzierung mit der Folge entspr. **Entgeltabsenkung** ermächtigt wird, ist nach der Rspr. wegen **Umgehung des Kündigungsschutzes** nach § 134 BGB **nichtig** (BAG 12. 12. 1984 AP KSchG 1969 § 2 Nr. 6; dazu und zu vergleichbaren tarifvertraglichen Regelungen § 4 BeschFG Rn. 26 ff.). **Wirksam** ist hingegen ein vertraglicher Änderungsvorbehalt, der nicht die Dauer, sondern lediglich die Lage der Arbeitszeit betrifft. 528

Gegen die Wirksamkeit einer Vertragsvereinbarung, die den AG dazu berechtigt, dem AN eine **andere gleichwertige Tätigkeit** zuzuweisen, bestehen keine Bedenken. Da das Direktionsrecht nicht die Befugnis zur Versetzung des AN auf einen Arbeitsplatz mit einer geringerwertigen Tätigkeit umfaßt, und zwar auch dann nicht, wenn die bisher gezahlte Vergütung fortgezahlt wird (BAG 14. 7. 1965 AP BGB § 611 Direktionsrecht Nr. 19; BAG 30. 8. 1995 AP BGB § 611 Direktionsrecht Nr. 44; BAG 24. 4. 1996 AP BGB § 611 Direktionsrecht Nr. 44), kommt es gerade in dieser Hinsicht häufig zu einer vertraglichen Erweiterung des Direktionsrechts. Eine einzelvertragliche Klausel, durch die der AG dem AN eine geringerwertige Tätigkeit mit einer verminderten Vergütung zuweisen kann, ist aber **wegen des damit verbundenen Eingriffs in den Kernbereich der Entgeltzahlungspflicht unzulässig** (KDZ/*Kittner* § 2 KSchG Rn. 27). Entspr. tarifvertragliche Klauseln werden dagegen von der Rspr. für zulässig gehalten (BAG 22. 5. 1985 AP TVG § 1 Tarifverträge: Bundesbahn Nr. 6, 7). Dies ist insoweit inkonsequent, da auch ein TV zwingende Kündigungsvorschriften nicht ausschalten kann. Grundlage dieser Ansicht ist die dem TV innewohnende Richtigkeitsvermutung, welche sich auf das Machtgleichgewicht zwischen den TVParteien stützt. 529

Während Änderungsvorbehalte bezüglich der **Höhe des regelmäßigen Arbeitsentgelts** unwirksam sind, bedürfen Änderungsvorbehalte, die zusätzliche, **freiwillige Leistungen** des AG betreffen, einer differenzierteren Betrachtung. Ausgangspunkt für die Beurteilung solcher Änderungsvorbehalte ist in jedem Fall die Frage, inwieweit der AG durch die Ausübung des Vorbehalts **einseitig in das Gleichgewicht zwischen Leistung und Gegenleistung eingreifen kann**. Zu den vertraglichen Regelungen, die das Arbeitsverhältnis diesbezüglich flexibel halten und die Manifestierung einer einmal gewährten außertariflichen Leistung verhindern sollen, zählen Freiwilligkeits-, Widerrufs- und Anrechnungsvorbehalte. 530

aa) Der Freiwilligkeitsvorbehalt. Der Freiwilligkeitsvorbehalt dient dazu, von vornherein die Entstehung eines Anspruchs auf die Leistung zu verhindern (BAG 6. 12. 1995 AP BGB § 611 Gratifikation Nr. 187). Er hat seinen Ursprung im Gratifikationsrecht bei der **Verhinderung einer betrieblichen Übung.** Nach bisheriger Rspr. mußte ein solcher Freiwilligkeitsvorbehalt, damit er Rechtsansprüche für die Zukunft ausschloß, grds. **bei der jeweiligen Auszahlung** wiederholt werden. In neuer Rspr. hat das BAG aber ausgesprochen, daß ein Anspruch aufgrund betrieblicher Übung trotz idR dreimaliger vorbehaltloser Zahlung auch nicht entstehen könne, wenn ein Freiwilligkeitsvorbehalt, der das Entstehen eines entspr. Anspruchs verhindert, **bereits im Dienstvertrag enthalten** ist (BAG 2. 9. 1992 EzA BGB § 611 Gratifikation, Prämie Nr. 95; BAG 6. 12. 1995 AP BGB § 611 Gratifikation Nr. 187; BAG 5. 6. 1996 AP BGB § 611 Gratifikation Nr. 193). 531

Selbst wenn der Vertrag nicht nur die Möglichkeit einer freiwilligen Gratifikationszahlung vorsieht, sondern konkrete „Anspruchsvoraussetzungen" sowie Angaben zu deren Höhe enthält, ergibt sich nach Ansicht des BAG nichts anderes (BAG 6. 12. 1995 AP BGB § 611 Gratifikation Nr. 187). An einer Entscheidung des 5. Senats (BAG 26. 6. 1975 AP BGB § 611 Gratifikation Nr. 86), wonach trotz des Freiwilligkeitsvorbehalts im Arbeitsvertrag stets ein Anspruch für das laufende Jahr entstehe, solange der AG nicht rechtzeitig zu erkennen gebe, daß er von dem Freiwilligkeitsvorbehalt Gebrauch mache, hält der nunmehr zuständige 10. Senat nicht fest (BAG 5. 6. 1996 AP BGB § 611 Gratifikation Nr. 193 = NZA 1996, 1028). 532

Hins. des Wortlauts ist auf eine eindeutige Formulierung zu achten. Der AG sollte **ausdrücklich** klarstellen, daß er nicht nur freiwillig leisten, sondern auch einen **Rechtsanspruch** für die Zukunft **ausschließen** will (vgl. BAG 26. 5. 1992 AP BUrlG § 1 Nr. 2; BAG 5. 6. 1996 AP BGB § 611 Gratifikation Nr. 193). Die bloße Auflistung freiwilliger Leistungen im Vertrag begründet noch keinen Freiwilligkeitsvorbehalt (LAG Köln 7. 8. 1998 NZA-RR 1998, 529). Auch eine Klausel, die einen bloßen Vorbehalt enthält, stellt noch keinen Freiwilligkeits- oder Widerrufsvorbehalt dar (LAG Hamm 5. 6. 1998 NZA-RR 1999, 315). Die „freiwillige" Gewährung des Treueurlaubs schließt einen Anspruch der AN auf die versprochene Leistung nicht aus, sondern macht nur kenntlich, daß es sich um eine tarifvertraglich nicht vorgesehene, zusätzliche Leistung der Beklagten handelt (BAG 26. 5. 533

Preis

1992 AP BUrlG § 1 Treueurlaub Nr. 2; vgl. auch BAG 5. 9. 1985 AP TVG § 4 Besitzstand Nr. 1). Daher entsteht bei einem solchen Freiwilligkeitsvorbehalt ein **Anspruch** auf die Sonderleistung für ein bestimmtes Jahr entweder mit einer vorbehaltlosen Zusage oder **erst mit** der tatsächlichen **Zahlung** (BAG 6. 12. 1995 AP BGB § 611 Gratifikation Nr. 187).

534 Zu beachten ist, daß die bisherige Rspr. des BAG, soweit sie die Rechtmäßigkeit von Freiwilligkeitsvorbehalten anerkannt hat, sich ausschließlich auf Gratifikationen und ähnliche Jahressonderleistungen bezieht. Wegen der restriktiven Widerrufsvorbehaltsprüfung ist nicht anzunehmen, daß das Gericht den Freiwilligkeitsvorbehalt auch in Bezug auf Vergütungsbestandteile, die in unmittelbarem Gegenseitigkeitsverhältnis zur Arbeitsleistung stehen, anerkennen wird.

535 bb) **Der Widerrufsvorbehalt.** Beim Widerrufsvorbehalt (vgl. auch Rn. 691 ff.) wird eine Leistung zunächst unbefristet zugesagt, aber dem AG die **Möglichkeit** eingeräumt, durch Ausübung des Widerrufsrechts die Weitergewährung der **Leistung zu beenden.** Im Gegensatz zum Freiwilligkeitsvorbehalt, der schon einen Rechtsanspruch selbst verhindert, setzt der Widerrufsvorbehalt einen entstandenen Anspruch voraus, der allerdings unter erleichterten Voraussetzungen wieder entzogen werden kann. Nach der Rspr. des BAG unterliegen Widerrufsvorbehalte einer **zweistufigen Prüfung.**

536 Auf der ersten Stufe wird ermittelt, ob die Vorbehaltsklausel überhaupt wirksam ist (hierzu Rn. 693).

537 Unwirksam ist der Widerruf, wenn wesentliche Elemente des Arbeitsvertrages einer einseitigen Änderung unterliegen sollen, durch die das Gleichgewicht zwischen Leistung und Gegenleistung grdl. gestört würde (BAG 7. 10. 1982 AP BGB § 620 Teilkündigung Nr. 5). Bislang war das Gericht bei dieser **Wertung äußerst großzügig** (hierzu Rn. 694).

538 Eine Umgehung wurde verneint bei einer widerruflichen Leistungszulage in Höhe von 19 bis 31% des Tariflohns (BAG 13. 5. 1987 AP BGB § 305 Billigkeitskontrolle Nr. 4), ebenso bei Entzug einer Aufgabe, die zum Fortfall einer Zulage in Höhe von 15% der Gesamtbezüge führt (BAG 15. 11. 1995 AP TVG § 1 Tarifverträge Lufthansa Nr. 20 mit krit. Anm. *Hromadka*; abl. *Preis* NZA 1997, 1073, 1088).

539 Sog. „Entwicklungsklauseln" in Chefarztverträgen sollen nicht den Kernbereich antasten, auch wenn die Einnahmen im dienstlichen Bereich auf 75% und die Gesamteinnahmen mit Nebentätigkeiten auf 60–65% der bisherigen Einnahmen sinken (BAG 28. 5. 1997 AP BGB § 611 Arzt-Krankenhaus-Vertrag Nr. 36).

540 Auf der zweiten Stufe überprüft das BAG die **konkrete Ausübung** des Widerrufsrechts. Auch wenn ein Eingriff in den Kernbereich des Arbeitsverhältnisses nicht vorliegt, muß die Ausübung des vorbehaltenen Widerrufs im Einzelfall billigem Ermessen iSd. **§ 315 BGB** entsprechen (so ausdrücklich BAG 12. 12. 1984 AP KSchG 1969 § 2 Nr. 6). Selbst bei der Einräumung eines **Widerrufsrechts nach** „freiem Ermessen" oder „jederzeit" (BAG 9. 6. 1967 AP BGB § 611 Lohnzuschläge Nr. 5; BAG 7. 1. 1971 AP BGB § 305 Nr. 12; BAG 30. 8. 1972 AP BGB § 611 Lohnzuschläge Nr. 6) bleibt die Bindung an den Maßstab billigen Ermessens gem. § 315 BGB erhalten (BAG 13. 5. 1987 AP BGB § 305 Billigkeitskontrolle Nr. 4).

541 Zu beachten ist, daß sich diese Rspr. des BAG nur auf Bestandteile der laufenden Vergütung bezieht, so daß **offen** ist, **ob** das Gericht bei Jahresleistungen evtl. auch einen Widerruf nach freiem Ermessen anerkennen wird. An sich wäre dies nur folgerichtig, zumal bei dem dort akzeptierten Freiwilligkeitsvorbehalt die Einstellung der Leistung „einfach so" erfolgen kann. Auch wenn vertraglich ein „Teilkündigungsrecht" vorgesehen ist, handelt es sich nach der Rspr. um einen **Widerrufsvorbehalt** (BAG 7. 10. 1982 AP BGB § 620 Teilkündigung Nr. 5; BAG 25. 2. 1988, 14. 11. 1990 AP BGB § 611 Arzt-Krankenhaus-Vertrag Nr. 18, 25; krit. zu der „Umdeutung" Rn. 699 f.; SPV/*Preis* Rn. 138 f; *Wolf* Anm. AP BAG 7. 10. 1982 AP BGB § 620 Teilkündigung Nr. 5).

542 cc) **Der Anrechnungsvorbehalt.** Vielfach werden über den Tariflohn hinaus sog. **übertarifliche Zulagen** gezahlt. Durch einen Anrechnungsvorbehalt im Arbeitsvertrag („Die Zulagen können ganz oder tlw. bei tariflichen Änderungen gleich welcher Art verringert werden") erreicht der AG, daß im Fall der Tariflohnerhöhung diese auf die Zulage angerechnet wird, der AN also nicht etwa den neuen Tariflohn „plus" Zulage in bisheriger Höhe erhält. Zwar findet eine solche Anrechnung nach der Rspr. im Regelfall auch ohne Vorbehalt statt (hierzu Rn. 629 ff.), doch erleichtert ein Anrechnungsvorbehalt zum einen die Auslegung in Zweifelsfällen, zum anderen ermöglicht er die Anrechnung **auch dann,** wenn die **Zulage** ausnahmsweise **tarifbeständig** ist (BAG 23. 3. 1993 AP BetrVG 1972 § 87 Tarifvorrang Nr. 26).

543 c) **Befristung einzelner Arbeitsbedingungen.** Wie bei allen anderen Flexibilisierungsinstrumenten ist auch die Befristung bei allen wesentlichen Vertragsbestandteilen (Übertragung von Tätigkeiten, Arbeitszeitregelungen, Entgelten und Sozialleistungen) denkbar. Das BAG erkennt die Möglichkeit der Befristung einzelner Arbeitsbedingungen und auch der befristeten Gewährung außertariflicher Vergütungsbestandteile im Grundsatz an. Hins. der befristeten Übertragung einer höherwertigen Tätigkeit hat das Gericht ausgeführt, daß für die Befristung einzelner Arbeitsbedingungen die gleichen Grundsätze gelten wie für die Befristung des gesamten Arbeitsverhältnisses, also ein **sachlicher Grund erforderlich** sei (BAG 13. 6. 1986 AP KSchG 1969 § 2 Nr. 19).

E. Begründung des Arbeitsverhältnisses § 611 BGB 230

Allerdings sind die Anforderungen an den sachlichen Grund wegen der **geringeren sozialen** 544 **Schutzbedürftigkeit** des AN niedriger anzusetzen, da das Arbeitsverhältnis als solches ja bestehen bleibt, der AN seinen Arbeitsplatz nicht verliert. Fehlt es an einem sachlichen Grund, ist die Befristung der einzelnen Vertragsbedingung unwirksam und die Vertragsbedingung gilt auf unbestimmte Zeit (BAG 13. 6. 1986 AP KSchG 1969 § 2 Nr. 19).

Mit Urteil v. 21. 4. 1993 setzte das BAG diese Rspr. fort und suchte gleichzeitig Anschluß an seine 545 „Kernbereichs-Rspr." zu den Widerrufsvorbehalten. Nach dieser Entscheidung ist ein **sachlicher Grund** für die Befristung **nur** zu verlangen, wenn ein Eingriff **in den Kernbereich** des Arbeitsverhältnisses vorliegt. Einen solchen Eingriff verneinte das BAG im konkreten Fall mit dem Argument, daß das Tarifgehalt von der Befristungsregelung unberührt bleibe (BAG 21. 4. 1993 AP KSchG 1969 § 2 Nr. 34).

Insoweit kommt es allerdings zu erheblichen **Wertungswidersprüchen**: Während Widerrufsvor- 546 behalte, die den Kernbereich betreffen, nach der Rspr. grds. unwirksam sind (Rn. 536), soll bei Befristungen ein sachlicher Grund ausreichen, um einen solchen Eingriff zu rechtfertigen. Außerdem fehlt bei Befristungen außerhalb des Kernbereichs im Gegensatz zum Widerrufsvorbehalt die Ausübungskontrolle nach § 315 BGB, da mit Ablauf des Befristungszeitraums die jeweilige Vertragsbedingung automatisch endet. Insoweit ist eine **Harmonisierung der Kontrollmaßstäbe** im Hinblick auf die vertraglichen Anpassungsinstrumente erforderlich (im einzelnen *Preis* Vertragsgestaltung § 15).

Darüber hinaus fehlt bislang jede Unterscheidung, ob **bereits im Arbeitsvertrag** selbst Befristungen 547 enthalten sind oder ob eine befristete Arbeitsbedingung in bestehenden bestandsgeschützten Arbeitsverhältnis vereinbart wird. Gerade bei Änderungsbefristungen **im bestehenden Arbeitsverhältnis** befindet sich der AN in einer stärkeren Position als derjenige, der einen Arbeitsplatz erst haben will, und kann nachteilige Befristungsabreden ablehnen. Beim Angebot besserer Arbeitsbedingungen, wenn auch befristet, ist regelmäßig die Gefahr eines unangemessenen Nachteils nicht zu erkennen, da der AN mit Ende der Befristung zumindest die ursprünglichen Arbeitsbedingungen zurückerhält (s. dazu im einzelnen *Staudinger/Preis* § 620 Rn. 126 ff.; *Wank* in Hromadka (Hrsg.), Änderung von Arbeitsbedingungen, S. 35, 62 ff.).

5. Schranken der Vertragsgestaltungsfreiheit

Schrifttum: *Fastrich*, Richterliche Inhaltskontrolle im Privatrecht, 1992; *Hanau/Preis*, Der Arbeitsvertrag, 1997; *Hildebrandt*, Disparität und Inhaltskontrolle im Arbeitsrecht, 1987; *v. Hoyningen-Huene*, Die Billigkeit im Arbeitsrecht, 1978; *Westhoff*, Die Inhaltskontrolle von Arbeitsverträgen. Rechtsanwendung, Rechtsfortbildung oder Rechtspolitik?, 1975.

Das BVerfG verpflichtet Gesetzgeber und hilfsweise die Gerichte, im Privatrecht Vorkehrungen 548 zum **Schutz der Berufsfreiheit** (Art. 12 Rn. 31) gegen vertragliche Beschränkungen zu schaffen, wenn es an einem annähernden Kräftegleichgewicht der Beteiligten fehlt (BVerfG 7. 2. 1990 AP GG Art. 12 Nr. 65; BAG 19. 10. 1993 AP GG Art. 3 Nr. 35). Die objektiv notwendigen Schutzmechanismen sind im Arbeitsrecht durch zwingende Gesetze, TV und Betriebsvereinbarungen nur tlw. vorhanden. In zahlreichen zentralen Fragen der Arbeitsvertragsgestaltung (Rechtsformwahl, Ausweitung der Leistungsbestimmungsrechte, Befristungsabreden, Versorgungszusagen, Rückzahlungsklauseln uam) ist die Rspr. aufgerufen, den AN vor unangemessen benachteiligenden, insb. zwingendes Arbeitsrecht unzulässig umgehende Vertragsgestaltungen zu schützen (BAG 15. 2. 1990 AP BGB § 611 Anwesenheitsprämie Nr. 15; *Reinecke* NZA Beilage 3/2000, 23 ff.).

a) Verbotsgesetze; Sittenwidrigkeit; Kollektivverträge. Die zunächst bei der Vertragsgestaltung 549 zwingend zu beachtenden Grenzen sind das zweiseitig und einseitig zwingende Gesetzesrecht, ebenso wie das tarifdispositive Gesetzesrecht (Rn. 260). Die zwingenden Schranken der Sittenwidrigkeit (§ 138; s. Rn. 458) und des Maßregelungsverbotes (§ 612 a; siehe dort) sind zu beachten. In der Praxis sind wesentliche Schranken der arbeitsvertraglichen Vereinbarung die konkret geltenden TV oder Betriebsvereinbarungen (§ 4 I TVG, § 77 IV 1 BetrVG).

b) Verbot der Gesetzesumgehung. Hervorragende Bedeutung hat in der Rspr. des BAG der Ge- 550 sichtspunkt der funktionswidrigen Vertragsgestaltung durch objektive Gesetzesumgehung erlangt. Das Verbot von Umgehungsgeschäften ist allgemein anerkannter Rechtsgrundsatz, der in einer Reihe spezialgesetzlicher Vorschriften ausdrücklich niedergelegt worden ist (§ 7 AGBG, § 5 HausTWG). Ohne Zweifel gilt das Prinzip des Verbots der Gesetzesumgehung auch im Arbeitsvertragsrecht.

Das BAG hat zunächst die **Befristungskontrolle** auf den Grundgedanken des Verbots der Gesetzes- 551 umgehung gestützt (hierzu § 620 Rn. 32 ff.). Besondere Bedeutung hat der Gedanke zur Vermeidung der Umgehung des Kündigungsschutzes erlangt (**auflösende Bedingung** BAG 7. 9. 1981 AP BGB § 620 Bedingung Nr. 4; BAG 20. 12. 1984 AP BGB § 620 Bedingung Nr. 9 = NZA 1986, 325). Der Gedanke ist auch zur Frage der **Rückzahlungsklauseln** herangezogen worden (BAG 27. 7. 1972 AP BGB § 611 Gratifikation Nr. 75; BAG 12. 10. 1972 AP BGB § 611 Gratifikation Nr. 77). Auch die **Befristung von Einzelarbeitsbedingungen** wird über die Möglichkeit der Umgehung der Vorschriften über den Inhaltsschutz gestützt (hierzu Rn. 543). Eine wesentliche Rolle spielt der Gedanke der Gesetzesumgehung bei der Kontrolle von **Widerrufsvorbehalten** und **einseitigen Leistungsbestim-**

Preis 1381

mungsrechten hins. der Vergütung und der Arbeitszeit (hierzu Rn. 535 ff.). Das Institut der Gesetzesumgehung ist in der Vergangenheit zum Teil als Ersatz für die fehlende gesetzliche Ermächtigung zur Inhaltskontrolle extensiv angewendet worden. Zahlreiche Fallgruppen sind jedoch kein Fall der Gesetzesumgehung, sondern einer schlichten Inhaltskontrolle zum Schutz vor diktierten und unangemessen gestalteten Vertragsbedingungen. Es bedarf der Differenzierung zwischen Fällen echter Gesetzesumgehungen, die sowohl in Individualverträgen als auch in TV unzulässig sind, und den Fällen der bloßen Inhalts- bzw. Angemessenheitskontrolle einseitig gestellter Vertragsbedingungen (ausf. *Preis* Vertragsgestaltung S. 163 ff.).

552   c) **Verbot unangemessen benachteiligender Vertragsbedingungen. aa) Grundfragen.** Im Arbeitsrecht unterliegt der Arbeitsvertrag nach der Rspr. des BAG allgemein einer **Inhalts- bzw. Billigkeitskontrolle.** Das BAG unterscheidet hierbei nicht durchgängig zwischen formularmäßigen und individuell ausgehandelten Vereinbarungen (vgl. Rn. 270 f.). Rechtsgrundlage für die Inhaltskontrolle vorformulierter arbeitsvertraglicher Bedingungen ist im Arbeitsrecht § 242 auf der Basis einer lückenschließenden Rechtsfortbildung. Die Bereichsausnahme des § 23 I AGBG schließt dies nicht aus. Zwar meint das BAG, § 23 I AGBG hindere eine unmittelbare ebenso wie eine entspr. Anwendung des AGBG (BAG 27. 5. 1992 EzA BGB § 339 Nr. 8; BAG 14. 11. 1993 AP BGB § 611 Mehrarbeitsvergütung Nr. 11). Dies hindert das BAG jedoch nicht, im Rahmen der „arbeitsrechtlichen Inhaltskontrolle", deren Rechtsgrundlage es neuerdings zu Recht in § 242 sieht, Grundgedanken der AGB-Kontrolle heranzuziehen (BAG 16. 3. 1994 AP BGB § 611 Ausbildungsbeihilfe Nr. 18 = NZA 1996, 702). Eine normative Verankerung der richterrechtlichen Grundsätze spricht für die Heranziehung der Wertungen des AGBG bei der Kontrolle vorformulierter Vertragsgestaltung (ebenso im Grundsatz *Coester-Waltjen* AcP 190, 1990, 1, 16; *Zöllner* RdA 1989, 152, 158; *Wolf* RdA 1988, 269; MünchArbR/*Richardi* § 14 Rn. 61 ff.; *Krause* AR-Blattei SD 220.2.1 Rn. 41 ff.; *Koller* SAE 1994, 48 ff.; *Reinecke* NZA Beilage 3/2000, 23 ff.; *Hromadka*, FS für Dieterich, 1999, 251 ff.; *Fenn*, FS für Söllner, 2000, 333 ff.; ausf. *Preis* Vertragsgestaltung S. 237 ff.).

553   Eine Angemessenheitskontrolle nach § 242 greift im Arbeitsrecht bei folgenden **typisierbaren Fallgestaltungen:** (1) bei vorformulierter Vertragsgestaltung, deren Verwendung für eine Vielzahl von Verträgen bestimmt ist; (2) bei formelhafter Vertragsgestaltung, deren typischer Inhalt aus Verträgen oder Vertragsmustern entnommen ist, die für eine massenhafte Verbreitung bestimmt ist. Vereinfachend kann davon ausgegangen werden, daß **jeder arbeitgeberseitig gestellte, nicht im einzelnen ausgehandelte Arbeitsvertrag** einer Inhaltskontrolle unterliegt. Unter dem Gesichtspunkt der Einheit der Rechtsordnung spricht hierfür auch die Neueinfügung des § 24a AGBG (*Reinecke* NZA Beilage 3/2000, 23; *Zöllner* NZA Beilage 3/2000, 1, 6). Darüber hinausgehend wird traditionell auch die Kontrolle individuell ausgehandelter Einzelabreden überwiegend befürwortet, weil der AN typischerweise unterlegen und auf den Arbeitsplatz angewiesen sei (insb. *Fastrich* RdA 1997, 65, 75 ff.; *Dieterich* RdA 1995, 129, 135; *Wolf* RdA 1988, 270, 272; nur im Einzelfall bejahend *Preis* Vertragsgestaltung S. 282). Jedenfalls sei das Vorliegen einer ausgehandelten, nicht paritätsgestörten Einzelabrede der Ausnahmefall (LAG Düsseldorf 18. 5. 1995 LAGE BGB § 611 Inhaltskontrolle Nr. 1 = NZA-RR 1996, 363) und vom AG zu beweisen. Dabei kann die Inhaltskontrolle von Einzelvereinbarungen nicht weitergehen, als die im AGBG typisierte Kontrolle (zutr. LAG Düsseldorf 18. 5. 1995 LAGE BGB § 611 Inhaltskontrolle Nr. 1 = NZA-RR 1996, 363). Der den Arbeitsvertrag vorformulierende AG kann sich zu seinen Gunsten nicht auf die Inhaltskontrolle berufen (LAG Hamm 9. 9. 1999 NZA-RR 2000, 230 ff.).

554   Die Wertungsmaßstäbe des AGBG können freilich nicht generell auf das Arbeitsvertragsrecht erstreckt werden. Es ist ein weitgehender Konsens festzustellen, daß die allgemeinen Rechtsgrundsätze des AGBG (nicht die speziellen Klauselverbote der §§ 10, 11 AGBG) jedenfalls bei der Verwendung standardisierter Vertragsbedingungen im Arbeitsrecht herangezogen werden können (*Wolf* RdA 1988, 269, 276; *Wolf/Horn/Lindacher* § 23 AGBG Rn. 40; MünchKommBGB/*Kötz* § 23 AGBG Rn. 2; *B. Preis* AuR 1979, 97; *Koller* SAE 1994, 48 ff.; MünchArbR/*Richardi* § 14 Rn. 68; *Reinecke* NZA Beilage 3/2000, 23 ff.). Auf **arbeitnehmerähnliche Personen** finden die Schutzvorschriften des AGBG unmittelbare Anwendung (*Palandt/Heinrichs* § 23 AGBG Rn. 1; *Preis* Vertragsgestaltung S. 250 ff.; *Preis/Stoffels* ZHR 160, 1996, 442, 454 f.; *Ulmer/Brandner/Hensen* § 23 AGBG Rn. 7; OLG Düsseldorf 11. 6. 1999 OLGR Düsseldorf 1999, 468; LAG Hamm 15. 9. 1998 NZA-RR 1999, 405). Auf **Formularbürgschaften** zur Absicherung künftiger Ansprüche aus dem Arbeitsverhältnis eines Dritten findet das AGBG unmittelbare Anwendung (BAG 27. 4. 2000 DB 2000, 1570).

555   bb) **Berücksichtigung der Wertungen des AGB-Gesetzes.** Das **Verbot überraschender Klauseln (§ 3 AGBG)** ist auch im Arbeitsrecht anerkannt. Es hat jedoch in der Praxis keine überragende Bedeutung, weil für den AN der Arbeitsvertrag kein Massengeschäft ist und deshalb das subjektive Überraschungsmoment regelmäßig ausscheidet. Ein wichtiger Anwendungsfall für das Verbot überraschender Klauseln ist jedoch der Fall der **Ausgleichsquittungen** (*B. Preis* AuR 1979, 97, 101; LAG Berlin 18. 1. 1993 LAGE AGBG § 3 Nr. 1 = DB 1992, 942). Das BAG hat darüber hinaus eine versteckte, drucktechnisch nicht besonders hervorgehobene vertragliche **Ausschlußfrist** als Überraschungsklausel in analoger Anwendung des § 3 AGBG gewertet (BAG 29. 11. 1995 AP BGB § 242

E. Begründung des Arbeitsverhältnisses § 611 BGB 230

Nr. 13 = NZA 1996, 702; abl. *Schwarz* BB 1996, 1434). Dies ist zweifelhaft, weil Ausschlußfristen im Arbeitsrecht üblich sind. Richtigerweise handelt es sich um eine Frage der Inhaltskontrolle (ausf. *Preis* ZIP 1989, 885). Zunehmende Bedeutung kann § 3 AGBG überdies bei **Verweisungsklauseln** erhalten (*Seibert* NZA 1985, 730 ff.; *Mook* DB 1987, 2252 ff.). Einen Überraschungsschutz vor der Verweisung auf tarifliche Ausschlußfristen hat das BAG jedoch abgelehnt (BAG 11. 1. 1995 ZTR 1995, 277; anders LAG Berlin 27. 2. 1998 – 6 Sa 153/97 – für Verweisung auf überraschende Beendigungsklausel). Jedoch kann die Bezugnahme auf beamtenrechtliche Bestimmungen, die zum Ausschluß von Mehrarbeitsvergütung führt, unangemessen benachteiligen (BAG 24. 11. 1993 AP BGB § 611 Mehrarbeitsvergütung Nr. 11).

Die **Unklarheitenregel des § 5 AGBG** findet seit langem in der Rspr. Anerkennung. Sie ist zunächst **556** bei der Auslegung von **Versorgungszusagen** berücksichtigt worden (BAG 27. 6. 1969 AP BGB § 242 Ruhegehalt – VBL Nr. 2; BAG 25. 5. 1973 AP BGB § 242 Ruhegehalt Nr. 160; BAG 12. 2. 1985 AP BetrAVG § 1 Nr. 12; BAG 11. 8. 1987 AP BetrAVG § 1 Hinterbliebenenversorgung Nr. 4; BAG 24. 6. 1986 AP BetrAVG § 6 Nr. 12; BAG 27. 1. 1998 AP BetrAVG § 1 Unterstützungskassen Nr. 38). Die Regel ist aber auch auf **AGDarlehen** (BAG 16. 10. 1991 AP BErzGG § 19 Nr. 1 = NZA 1992, 793), **Wettbewerbsverbote** (BAG 5. 9. 1995 AP HGB § 74 Nr. 67 = NZA 1996, 700), **Vertragsstrafenabreden** (BAG 18. 9. 1991 AP BGB § 339 Nr. 14), vorformulierte **Aufhebungsverträge** (ArbG Hanau 26. 9. 1996 NZA-RR 1997, 333), **Bezugnahmeklauseln** (BAG 17. 11. 1998 AP TVG § 1 Bezugnahme auf Tarifvertrag Nr. 10) und anderen Fallgestaltungen (BAG 27. 4. 1995 NZA 1995, 935, 936; BAG 18. 8. 1998 NZA 1999, 659) angewandt worden.

§ 6 I AGBG enthält eine kodifizierte Abweichung von der Auslegungsregel des § 139, wonach **557** bei **Teilnichtigkeit** grds. der Vertrag im übrigen aufrechterhalten bleibt. Dieser Grundsatz gilt im Arbeitsrecht ohnehin allgemein (vgl. Rn. 464 f.). Ungeklärt ist bislang die Reichweite des in § 6 II AGBG kodifizierten Grundsatzes, wonach bei unwirksamen Vertragsbestimmungen der Inhalt des Vertrages sich nach den gesetzlichen Bestimmungen richtet. Bei Verstößen gegen zwingendes Gesetzesrecht ergibt sich diese Konsequenz von selbst. Soweit die Unangemessenheit von Vertragsklauseln in Rede steht, ist dies nicht zwingend (dafür *Wolf* RdA 1988, 270, 276). Denkbar ist das Instrument der **geltungserhaltenden Reduktion** von Vertragsklauseln. Die besseren Gründe sprechen dafür, bei vorformulierter Vertragsgestaltung von einem Verbot geltungserhaltender Reduktion auszugehen (hierzu im einzelnen *Preis* Vertragsgestaltung S. 350 ff.; ebenso *Wolf* RdA 1988, 270, 276; *Fenn*, FS für Söllner, 2000, 333, 362 ff.; *v. Hoyningen-Huene*, Anm. BAG AP BGB § 611 Ausbildungsbeihilfe Nr. 23; *Stoffels* SAE 1995, 180; LAG Düsseldorf 18. 5. 1995 LAGE BGB § 611 Inhaltskontrolle Nr. 1 = NZA-RR 1996, 363; aA *Hromadka*, FS für Dieterich, 1999, 251, 276 ff.). Das BAG geht allerdings in seiner Vertragskontrollpraxis einen anderen Weg und befürwortet stärker noch die geltungserhaltende Reduktion überschießender Vertragsbedingungen (s. aber BAG 14. 6. 1995 AP BGB § 611 Gratifikation Nr. 176). Der BGH akzentuiert dagegen in st. Rspr. das Verbot geltungserhaltender Reduktion und weigert sich, Vertragsklauseln im Rahmen des gerade noch Zulässigen aufrecht zu erhalten, weil hierdurch dem Verwender jegliches Risiko der Vorformulierung vorgefaßter Vertragswerke abgenommen würde (BGH 6. 10. 1982 NJW 1983, 159; BGH 1. 2. 1984 BGHZ 69, 73; BGH 8. 10. 1986 NJW 1987, 487). Der BGH hat die geltungserhaltende Reduktion auch bei arbeitsrechtlichen Sachverhalten (Inhaltskontrolle einer Versorgungssatzung) abgelehnt (BGH 30. 9. 1998 BGHZ 139, 333 = ZTR 1999, 34; s. a. BGH 23. 6. 1999 NZA 1999, 1164). So werden an sich unzulässige Rückzahlungsklauseln durch das BAG innerhalb der zulässigen Grenzen aufrechterhalten. Die Vertragskorrektur geht so weit, daß bei Ausbildungskosten die Staffelung des Rückzahlungsbetrages der abgekürzten Frist angepaßt, also neu verteilt wird (BAG 24. 1. 1963 AP GG Art. 12 Nr. 29; BAG 11. 4. 1984 AP BGB § 611 Ausbildungsbeihilfe Nr. 8; zur Anwesenheitsprämie BAG 15. 2. 1990 AP BGB § 611 Anwesenheitsprämie Nr. 15; dem folgend *Hager* SAE 1996, 365; RGRK/*Schliemann* Rn. 1316; offenlassend *Reinecke* NZA Beil. 3/2000, 23, 28).

Vermehrt werden die Grundgedanken der **Inhaltskontrolle nach §§ 8 bis 11 AGBG** auch im **558** Arbeitsrecht angewandt. Die Grundsätze können allerdings nicht unbesehen auf das Arbeitsvertragsrecht übertragen werden. Den Besonderheiten ist Rechnung zu tragen. Von einer starken Strömung in Literatur und Rspr. wird allerdings die prinzipielle Heranziehung der Grundsätze befürwortet (*Ulmer/Brandner/Hensen* § 23 AGBG Rn. 4a; *Wolf/Horn/Lindacher* § 23 AGBG Rn. 41; *Wolf* RdA 1988, 270, 273 ff.; MünchArbR/*Richardi* § 14 Rn. 69; *Preis* Vertragsgestaltung § 9 II 6; *Koller* SAE 1994, 48 ff.; aus der Rspr.: ArbG Herne 8. 6. 1989 AuR 1990, 162; LAG Köln 15. 3. 1991 LAGE BGB § 339 Nr. 4; LAG Saarland 29. 4. 1987 LAGE AGB-Gesetz § 9 Nr. 1 = NZA 1988, 164; LAG Bremen 28. 7. 1987 NZA 1987, 815; LAG Niedersachsen 14. 1. 1992 LAGE BGB § 611 Personalrabatt Nr. 2; LAG Hamm 19. 2. 1993 NZA 1994, 559 = LAGE BGB § 607 Nr. 2). Insb. der 5. Senat des BAG hat die Grundsätze des AGBG tlw. unmittelbar, tlw. analog für Fragen der Inhaltskontrolle fruchtbar gemacht (zu **Darlehensverträgen:** BAG 23. 9. 1992 AP BGB § 611 Arbeitnehmerdarlehen Nr. 1; BAG 23. 2. 1999 AP BGB § 611 Arbeitnehmerdarlehen Nr. 4; zu **Kaufverträgen mit AN:** BAG 26. 5. 1993 AP AGB-Gesetz § 23 Nr. 3 = NZA 1993, 1029; hierzu *Koller* SAE 1994, 48 ff.; krit. *Nicolai* ZIP 1995, 359; zu **Leasingverträgen mit AN** LAG Düsseldorf 18. 5. 1995 LAGE BGB § 611 Inhaltskontrolle Nr. 1). Im Kernbereich arbeitsrechtlicher Materien hat der 5. Senat die Inhaltskontrolle zu Recht auf § 242 gestützt (**Mehrarbeitsvergütung:** BAG 24. 11. 1993 AP BGB § 611 Mehrarbeitsvergütung Nr. 11 = NZA 1994, 759; **zur Rückzahlungsvereinbarung über Ausbildungskosten** BAG 16. 3. 1994 AP BGB § 611 Ausbildungsbeihilfe Nr. 18 = NZA 1994, 937; BAG 6. 5. 1998 AP BGB § 611 Ausbildungsbeihilfe Nr. 28; zu **Aus- und Weiterbildungsentschädigungen im Berufssport** BGH 27. 9. 1999 AP BGB § 611 Berufssport Nr. 17; **zu Ausschlußfristen** BAG 29. 11. 1995 AP BGB § 242 Nr. 13 = NZA 1996, 702). Der 10. Senat hat allerdings die Kontrolle einer arbeitsvertraglichen Bezugnahme auf einen TV nach Maßgabe des § 242 verneint (BAG 11. 1. 1995 ZTR 1995, 277). Diese Entscheidung widerspricht aber nicht den Grundsätzen des 5. Senats, weil diese sich aus der begrenzten Inhaltskontrolle von TVAbreden erklärt (hierzu § 1 TVG Rn. 126 ff.). Die Angemessenheitskontrolle vorformulierter Verträge stellt nichts anderes als eine gesetzliche Konkretisierung der im Zivilrecht begründeten richterlichen Anwendung des § 242 dar (vgl. hierzu *Wolf* RdA 1988, 270, 274; MünchArbR/*Richardi* § 14 Rn. 69; *Preis* Vertragsgestaltung S. 266). Die allgemeinen zivilrechtlichen Generalklauseln müssen auf die besonderen Problemlagen im Arbeitsvertragsrecht zugespitzt werden. Vor diesem Hintergrund ist die Frage müßig, ob § 9 AGBG im Arbeitsvertragsrecht analog angewendet werden kann (offen gelassen von BAG 29. 11. 1995 AP BGB § 242 Nr. 13).

559 Größere praktische Bedeutung hat die Frage, welche besonderen Klauselverbote für das Arbeitsvertragsrecht fruchtbar gemacht werden können. Die Regelung sog. **Änderungsvorbehalte in § 10 Nr. 4 AGBG** kann unter Umständen Hinweise für die Kontrolle **einseitiger Leistungsbestimmungsrechte** des AG geben (*Preis* Vertragsgestaltung S. 266; *Erman/Hanau* Rn. 295 f.; zu *Zöllner* RdA 1989, 153, 160; ders. NZA 1997, 121, 126). **Erklärungs- und Zugangsfiktionen** (§ 10 Nr. 5 und 6 AGBG) sind Problemfelder, die das gesamte Vertragsrecht betreffen und auch im Arbeitsvertragsrecht Bedeutung haben (zur Problematik vereinbarter Zugangsfiktionen ausführlich *Hanau/Preis* II Z 20). Auch **beweislaständernde Klauseln**, die das AGBG grds. verbietet (**§ 11 Nr. 15 AGBG**) haben allgemeine Bedeutung. Das BAG hat diesen Gesichtspunkt bereits unterstützend in seiner Rspr. herangezogen (BAG 16. 3. 1994 AP BGB § 611 Ausbildungshilfe Nr. 18; zur Mankohaftung *Hanau/Preis* II M 10 Rn. 13 f.; *Preis* AuR 1994, 139, 151; MünchKommBGB/*Müller-Glöge* Rn. 481). **§ 11 Nr. 6 AGBG** kann dagegen auf arbeitsvertragliche **Vertragsstrafenregelungen** nicht angewendet werden (*Preis* Vertragsgestaltung S. 471 f.).

560 cc) **Leitlinien der Angemessenheitskontrolle.** Für die Inhalts- bzw. Angemessenheitskontrolle fehlt es bislang an entwickelten Leitlinien. Diese sind aber unverzichtbar, um Rechtssicherheit zu Fragen der Inhaltskontrolle und der Vertragsgestaltung zu schaffen.

561 Typisierte Vertragsklauseln müssen nicht nur bei der Auslegung, sondern auch im Rahmen der Inhaltskontrolle **typisierenden und generalisierenden Wertungen** unterzogen werden. Hat eine Vertragsklausel einen unangemessen benachteiligenden Inhalt, ist es für die Wirksamkeit der Klausel nicht ausschlaggebend, ob sich der benachteiligende Inhalt auch im konkreten Einzelfall tatsächlich auswirkt. Entscheidend ist allein, welche Rechte nach dem konkreten Inhalt der Klausel geltend gemacht werden können und welche Folgen sich daraus bei genereller Betrachtung ergeben (BGH 23. 6. 1988 ZIP 1988, 1126, 1128; BGH 28. 10. 1981 NJW 1982, 870, 872; BGH 6. 2. 1985 NJW 1985, 3013, 3015).

562 Typische Erscheinungen unangemessener Benachteiligung des Vertragspartners sind in § 9 II AGBG kodifiziert. Danach ist eine unangemessene Benachteiligung im Zweifel anzunehmen, wenn eine Bestimmung mit **wesentlichen Grundgedanken der gesetzlichen** Regelung, von der abgewichen wird, nicht zu vereinbaren ist oder wesentliche Rechte oder Pflichten, die sich aus der Natur des Vertrages ergeben, so eingeschränkt werden, daß die **Erreichung des Vertragszwecks gefährdet** ist. Die Konkretisierung unangemessener Vertragsgestaltung bedarf einer normativen Struktur und insb. normativer Leitbilder, die die Inhaltskontrolle zu leiten imstande sind. Generalisierend kann auf folgende Kriterien abgestellt werden:

563 (1) **Art des Arbeitsvertrages, Stellung des Arbeitnehmers.** Die Art des Arbeitsvertrages, der Status des AN, der konkret vereinbarte Inhalt, die Vergütungsform und der zeitliche Umfang der geschuldeten Tätigkeiten sowie die Dauer der Vertragsbeziehung können für die jeweilige Wirksamkeit der Vertragsklauseln relevant sein. So kann bei einem **nebenberuflich Beschäftigten** eine Befristungsabrede eher zulässig sein (vgl. BAG 4. 4. 1990 AP BGB § 620 Befristeter Arbeitsvertrag Nr. 136). Es kann aber nicht generell von einer geringeren Kontrollbedürftigkeit von Teilzeitarbeitsverträgen ausgegangen werden, weil auch diese die Existenzgrundlage des AN bilden können (*Preis* Vertragsgestaltung S. 314 ff.). Bei der Inhaltskontrolle vorformulierter Vertragsbedingungen im Bereich der **Führungskräfte** ist auf die mit diesen AN typischen Gewohnheiten und Gebräuche Rücksicht zu nehmen. Dies kann etwa bei der Kontrolle von Überstundenpauschalierungen relevant werden (*Preis* Vertragsgestaltung S. 317).

564 (2) **Erscheinungsbild des Gesamtvertrages.** Der gesamte Vertragsinhalt ist zu betrachten und nicht nur die isolierte Vertragsklausel. Summierende und kompensierende Effekte sind zu berücksichtigen (Beispiel: Mankoabrede, deren Zulässigkeit von einem kompensatorischen finanziellen Ausgleich abhängig ist; vgl. hier Rn. 1066 ff.; Rückzahlungsklauseln für Ausbildungskosten, wo die Bindung um so

eher zuzumuten ist, je größer der mit der Ausbildung verbundene berufliche Vorteil ist: BAG 18. 8. 1976 AP BGB § 611 Ausbildungsbeihilfe Nr. 3).

(3) Transparenz der Vertragsgestaltung. Vorformulierte Vertragsbedingungen müssen durchschaubar, richtig, bestimmt und möglichst klar sein. Anwendungsfall im Arbeitsrecht ist die Rspr. zu auflösenden Bedingungen, die – sofern keine generellen Wirksamkeitsbedenken bestehen – hinreichend bestimmt ausgestaltet sein müssen (BAG 27. 10. 1988 NZA 1989, 643; zu Vertragsstrafen vgl. Rn. 1056 ff.; zu Kaufverträgen mit AN BAG 26. 5. 1993 AP AGB-Gesetz § 23 Nr. 3 = NZA 1993, 1029; *Koller* SAE 1994, 48 ff.). 565

(4) Verfassungsrechtliche Wertungen. Verfassungsrechtliche Wertungen sind nach der Lehre von der Schutzgebotsfunktion der Grundrechte im Rahmen der Angemessenheitskontrolle zu berücksichtigen (BAG 16. 3. 1994 AP BGB § 611 Ausbildungsbeihilfe Nr. 18 = NZA 1996, 702; BAG 6. 11. 1996 AP AvR § 10 Caritasverband Nr. 1; *Preis* Vertragsgestaltung S. 327 ff.; s. hier Art. 2 GG Rn. 27 ff., 71; GG-Einl. Rn. 44 ff., 80). Zur Beschränkung der Tätigkeit eines Versicherungsvertreters BAG 15. 12. 1999 AP HGB § 92 Nr. 5. 566

(5) Risikoverteilung. Der Aspekt gerechter Risikoverteilung spielt bei der Inhaltskontrolle eine hervorragende Rolle. Prinzipiell hat der AG das **Betriebs- und Wirtschaftsrisiko** zu tragen, das er nicht ohne weiteres auf den AN abwälzen darf. Dies ist schon im Rahmen des § 138 anerkannt (vgl. Rn. 462). Auch Vertragsgestaltungen, die das **Beschäftigungsrisiko** auf den AN verlagern, sind regelmäßig unzulässig (BAG 13. 8. 1980 AP BUrlG § 1 Unbezahlter Urlaub Nr. 1; zum Fall auflösender Bedingungen: BAG 9. 7. 1981 AP BGB § 620 Bedingung Nr. 4; zu einseitigen Leistungsbestimmungsrechten zur Reduktion des Umfangs der Arbeitszeit: BAG 12. 12. 1984 AP KSchG 1969 § 2 Nr. 6). 567

(6) Kündigungserschwerungen. Ein wesentlicher Aspekt der Angemessenheitskontrolle vertraglicher Bindungsklauseln ist die einseitige Kündigungserschwerung. Mit ihm sollen unzumutbare Beschränkungen der Vertrags- und Kündigungsfreiheit des AN abgewendet werden. Das Kriterium der Kündigungserschwerung hat das BAG insb. bei Rückzahlungsklauseln aller Art (Gratifikationen, Umzugskosten, und Ausbildungskosten, hierzu Rn. 808 ff., 642 ff., 647 ff., Vertragsstrafen; hierzu §§ 339–345 BGB Rn. 16) sowie bei AGDarlehen und Personalrabatten abgestellt (hierzu näher *Preis* Vertragsgestaltung S. 555 ff. mwN). Auch die Bindung einer am erzielten Umsatz orientierten Erfolgsbeteiligung, die Provisionscharakter hat, darf nicht davon abhängig gemacht werden, daß das Arbeitsverhältnis eine bestimmte Zeit bestanden hat (BAG 12. 1. 1973 AP HGB § 87a Nr. 4; BAG 20. 8. 1996 AP HGB § 87 Nr. 9 = NZA 1996, 1151; BAG 8. 9. 1998 NZA 1999, 420). Generell problematisch sind Vertragsgestaltungen, die mit dem Verbot ungleicher Kündigungsfristen (§ 622 VI) in Konflikt geraten. Das Verbot einseitiger Kündigungserschwerung entspricht st. Rspr. (BAG 11. 3. 1971 AP BGB § 622 Nr. 9; BAG 9. 3. 1972 AP BGB § 622 Nr. 12). Die Bindung einer Eigenkündigung an eine Abfindung wurde ebenso als unzulässige Kündigungsbeschränkung gewertet (BAG 6. 9. 1989 AP BGB § 622 Nr. 27) wie die Erstattung von Ablösekosten bzw. die Übernahmepflicht für ein dienstlich genutztes Leasing-Fahrzeug (LAG Düsseldorf 18. 5. 1995 LAGE BGB § 611 Inhaltskontrolle Nr. 1 = NZA-RR 1996, 363). 568

d) Billigkeitskontrolle bei einseitiger Leistungsbestimmung. aa) Vorrang der Inhaltskontrolle. Die Billigkeitskontrolle nach Maßgabe des § 315 ist strikt zu unterscheiden von der Inhaltskontrolle, die eine Rechtskontrolle darstellt. Bisweilen werden die Begriffe Billigkeits- und Inhaltskontrolle durch die Rspr. synonym verwandt (BAG 30. 1. 1970 AP BGB § 242 Ruhegehalt Nr. 142). Bei der notwendigen Unterscheidung handelt es sich nicht lediglich um einen terminologischen Unterschied (so BAG 8. 12. 1981 AP BetrAVG § 1 Ablösung Nr. 1). Das zeigt sich, wenn statt genereller normativer Richtlinien der Fall anhand einer individualisierenden Einzelabwägung entschieden wird. Unangemessene Vertragspflichten werden bei der Billigkeitskontrolle nicht als unwirksam verworfen, sondern im Einzelfall reduziert. Die Billigkeitskontrolle ist eng verknüpft mit der geltungserhaltenden Reduktion an sich unwirksamer Vertragsgestaltungen. 569

Ein legitimes Anwendungsfeld der **Billigkeits- bzw. Ausübungskontrolle** ist der Bereich **einseitiger Leistungsbestimmungsrechte.** Bei der Kontrolle einseitiger Leistungsbestimmungsrechte erschöpft sich die Kontrolle jedoch nicht in der Billigkeitskontrolle; vielmehr ist zuvor zu prüfen, ob überhaupt ein wirksames vertragliches Leistungsbestimmungsrecht vereinbart worden ist. Überdies ist § 315 in allen Fällen einseitiger arbeitgeberseitiger Direktion ein Korrektiv. Vorrang vor der Billigkeitskontrolle hat die Inhaltskontrolle einseitig vorformulierter Leistungsbestimmungsrechte. Das BAG wendet diesen Vorrang im Grundsatz bei der Kontrolle solcher Leistungsbestimmungsrechte an, bei denen es den Kernbereich des Arbeitsverhältnisses, etwa durch Widerrufs- oder Änderungsvorbehalte, unzulässig tangiert sieht (hierzu Rn. 528 ff.). Nach der Rspr. des BGH läßt die Möglichkeit der Billigkeitskontrolle nach § 315 nicht das Erfordernis für eine vorrangige Inhaltskontrolle entfallen (BGH 21. 12. 1983 BGHZ 89, 206, 213; BGH 26. 11. 1984 BGHZ 93, 29). Verlangt wird zur Ausschaltung einer unangemessenen Belastung des Vertragspartners eine möglichst konkrete Festlegung der Voraussetzungen des Leistungsbestimmungsrechts. Gebilligt werden Bestimmungsvorhalte nur dann, wenn sie als Instrument der Anpassung wegen nicht kalkulierbarer Entwicklungen unumgänglich notwendig sind und die Änderung der Verhältnisse nicht in den dem Verwender nach Treu und 570

Glauben zugeteilten Risikobereich fällt (*Brandner,* FS für Locher, 1990, S. 317, 321; ausführlich zur arbeitsrechtlichen Problematik *Preis,* FS für Kissel, 1994, 879 ff.; *Hromadka,* FS für Dieterich, 1999, 251, 263 ff.; skeptisch Zöllner NZA 1997, 121, 126).

571 bb) **Billigkeits(Ausübungs)kontrolle bei einseitiger Leistungsbestimmung.** Liegt ein wirksam eingeräumtes einseitiges Bestimmungsrecht vor, kann zusätzlich eine Kontrolle nach Maßgabe des § 315 erfolgen (ausf. *Hromadka* DB 1995, 1609 ff. mwN). Die Wahrung billigen Ermessens setzt voraus, daß die wesentlichen Umstände des Falles abgewogen und die beiderseitigen Interessen angemessen berücksichtigt werden (BAG 12. 12. 1984 AP KSchG § 2 Nr. 6; BAG 23. 6. 1993 AP BGB § 611 Direktionsrecht Nr. 42; BAG 24. 4. 1996 AP BGB § 611 Direktionsrecht Nr. 48).

572 Überlassen die Vertragsparteien die Leistungsbestimmung einem Dritten, zB einer von BR und AG paritätisch besetzten Kommission, hat dieser die Leistungsbestimmung nach billigem Ermessen vorzunehmen. Die Bestimmung ist den Parteien gegenüber unverbindlich, wenn sie **offenbar unbillig** ist (§ 319 I 1). Das ist der Fall, wenn sie in grober Weise gegen Treu und Glauben verstößt und sich dies bei unbefangener sachkundiger Prüfung sofort aufdrängt (BGH 26. 4. 1991 NJW 1991, 2761; BAG 17. 4. 1996 AP BGB § 611 Kirchendienst Nr. 24; BAG 22. 1. 1997 AP TVG § 1 Tarifverträge: Metallindustrie Nr. 146). Die Vertragspartei, die sich auf die grobe Unbilligkeit beruft, ist für die tatsächlichen Umstände darlegungs- und beweispflichtig.

573 Beim allgemeinen Direktionsrecht (Rn. 293) ist § 315 unmittelbar anwendbar, weil eine bestimmte Leistung durch einen Vertragspartner bestimmt bzw. konkretisiert werden muß. Im Zweifel muß die Leistungsbestimmung billigem Ermessen entsprechen.

574 Durch TV können dem AG Bestimmungsklauseln (**tarifliche Bestimmungsklauseln**) eingeräumt werden. Die Rspr. unterzieht diese tariflichen Bestimmungsklauseln keiner weiteren Inhaltskontrolle. Bei der Ausübung des Bestimmungsrechts muß der AG jedoch billiges Ermessen wahren (BAG 28. 11. 1984 AP TVG § 4 Bestimmungsrecht Nr. 2; BAG 15. 1. 1987 AP BPersVG § 75 Nr. 21). Zur Einstellung einer Funktionszulage: BAG 19. 1. 1995 AP TV AL II § 10 Nr. 2 = NZA 1996, 391. Zur Nichtverlängerungsmitteilung zur Vertragsänderung: BAG 3. 11. 1999 – 7 AZR 898/98 –.

575 Besondere Bedeutung hat die einseitige Leistungsbestimmung bei der Festsetzung und Herabsetzung von Entgeltbestandteilen. Unbeschadet zwingender gesetzlicher oder tariflicher Normen unterliegt die **einseitige Entgeltfestsetzung** der Kontrolle nach billigem Ermessen (zur Problematik der Vergütungserlasse im öffentlichen Dienst: BAG 13. 2. 1985 AP BAT § 22, 23 Lehrer Nr. 12, 13; BAG 11. 2. 1987 AP BAT 1975 §§ 22, 23 Nr. 131; Eingruppierungsrichtlinien BAG 28. 3. 1990 AP BAT §§ 22, 23 Nr. 26), ebenso die Einhaltung eines **angemessenen Gehaltsabstands** bei frei vereinbarten Gehältern zu unteren Gehaltsklassen (BAG 18. 6. 1977 AP TVG § 1 Tarifverträge: Presse Nr. 12). Zu erwähnen ist ferner **Ausschüttung von Prämien** (BAG 9. 6. 1965 AP BGB § 315 Nr. 10), **Anrechnung von Beschäftigungszeiten** (BAG 21. 9. 1995 AP BAT-O § 19 Nr. 4), **Sondervergütungen** (BAG 21. 12. 1970 AP BGB § 305 Billigkeitskontrolle Nr. 1), **Kinderzuschläge** (BAG 28. 9. 1977 AP TVG § 1 Tarifverträge Rundfunk Nr. 4), **Gewinnbeteiligungen** (BAG 28. 11. 1989 AP BetrVG 1972 § 88 Nr. 6 = NZA 1990, 559). Fehlende Abreden über notwendige **Vergütungspauschalen** können über §§ 315, 316 gerichtlich ersetzt werden (BAG 20. 9. 1989 AP TVG § 1 Tarifverträge: Bau Nr. 119 = NZA 1990, 488). Die Wahlmöglichkeit des AG zwischen **Überstundenvergütung und Freizeitausgleich** unterliegt ebenfalls einer Billigkeitskontrolle (BAG 16. 2. 1989 AP BAT § 42 Nr. 9; BAG 17. 1. 1995 AP BGB § 611 Mehrarbeitsvergütung Nr. 15 = NZA 1995, 1000). **Ermessensleistungen und Härtefallregelungen** in **Ruhegeldordnungen** (BAG 25. 4. 1995 AP RuhegeldG Hamburg § 2 Nr. 1 = NZA 1996, 427).

576 Zahlreiche Nebenpflichten (Nebentätigkeitsverbote, Annahme von Geschenken) hängen von **Zustimmungsvorbehalten** ab, die stets nach billigem Ermessen ausgeübt werden müssen (BAG 17. 4. 1984 AP BAT § 10 Nr. 1). Über die Gewährung von **Sonderurlaub** hat der AG nach billigem Ermessen zu entscheiden (BAG 12. 1. 1989 AP BAT § 50 Nr. 14). Zum Abschluß eines (Alters-)Teilzeitvertrages LAG Köln 6. 10. 1999 ZTR 2000, 125. **Widerrufs- und Änderungsvorbehalte** unterliegen ebenfalls der Kontrolle nach § 315 (Rn. 540).

F. Pflichten des Arbeitgebers

I. Hauptpflichten des Arbeitgebers

577 **1. Vergütungspflicht. a) Allgemeines, Begriff des Arbeitsentgelts.** Nach § 611 I ist der AG verpflichtet, dem AN die vereinbarte Vergütung zu zahlen. Die Entgeltpflicht ist Hauptleistungspflicht und steht daher im Gegenseitigkeitsverhältnis zur Arbeitspflicht. Herkömmlicherweise bezeichnet man die Vergütung bei Arbeitern als Lohn, bei Angestellten als Gehalt. Davon abw. ist aber auch der Begriff Lohn als Oberbegriff für die verschiedenen Entgeltleistungen des AG gebräuchlich.

Die **Vergütungshöhe** unterliegt grds. freier Vereinbarung, doch darf im Fall beiderseitiger Tarif- 578
bindung die vereinbarte Vergütung nicht geringer sein als die tarifliche (vgl. § 4 III TVG). Zur Vergütungshöhe näher § 612 Rn. 35 ff. Zur Fälligkeit und Konsequenzen bei Nichtleistung der Vergütung
vgl. § 614.

b) Prinzipien der Entgeltfindung und -berechnung. aa) Zeitlohn. Beim **Zeitlohn** wird das Ent- 579
gelt nach Zeitabschnitten berechnet, wobei es allerdings auch hier grds. auf die in dieser Zeit tatsächlich geleistete Arbeit ankommt. Man unterscheidet regelmäßig zwischen Stunden- oder Wochenlohn
für Arbeiter und dem Monatsgehalt für Angestellte. Bei tage- oder stundenweise unentschuldigtem
Fehlen kann das Entgelt zeitanteilig gekürzt werden, sofern die Leistung nicht nachholbar ist (BAG
17. 3. 1988 AP BGB § 626 Nr. 99). Das Arbeitsergebnis, also die Qualität und Quantität der Arbeitsleistung, sind für die Zeitvergütung unerheblich, so daß der AG auch bei einer Schlechtleistung des
AN die vereinbarte Vergütung zu zahlen hat (hierzu Rn. 968; zur Möglichkeit der Aufrechnung mit
einem Schadensersatzanspruch im Rahmen der Pfändungsfreigrenzen vgl. Rn. 969).

bb) Leistungslohn. Im Gegensatz zum Zeitlohn wird beim sog. Leistungslohn die Lohnhöhe durch 580
das Arbeitsergebnis, also die Qualität oder Menge der geleisteten Arbeit, unmittelbar beeinflußt. Die
bekannteste Form des Leistungslohns ist der Akkordlohn.

cc) Akkordlohn. Zweck dieser Lohnform ist es, den AN entspr. der geleisteten Arbeitsmenge zu 581
entlohnen. Hins. dieser Arbeitsmenge unterscheidet man weiter je nach der Art der zu leistenden
Arbeit zwischen dem Stückakkord (Anzahl der gefertigten Stücke), Gewichtsakkord (Gewicht des
beförderten Materials), Maßakkord (es wird auf Maßeinheiten abgestellt, zB Länge eines bearbeiteten
Gegenstandes), dem Flächenakkord (Größe einer zu bearbeitenden, zB zu verputzenden Fläche) und
dem Pauschalakkord (Arbeitsaufgabe besteht aus mehreren unterschiedlichen Einzelaufgaben).

Beim **Geldakkord** wird ein bestimmter Geldbetrag pro Leistungseinheit gewährt. Der Lohnan- 582
spruch des AN ergibt sich durch Multiplikation der erbrachten Leistungseinheiten mit dem dafür
angesetzten Geldbetrag. Der Nachteil dieser historisch älteren Akkordform besteht darin, daß der für
die Lohnbemessung maßgebliche Gesichtspunkt, nämlich die benötigte Zeit für die Erbringung einer
Leistungseinheit (sog. Zeitvorgabe), nicht offen ausgewiesen wird (ebenso *Zöllner/Loritz* § 15 V 3;
Staudinger/Richardi Rn. 582).

Dagegen wird beim **Zeitakkord** für eine bestimmte Arbeitsleistung eine festgelegte Zeit als Berech- 583
nungsfaktor vorgegeben (sog. Vorgabezeit). Unter der Vorgabezeit versteht man die in Minuten aus-
gedrückte Zeit, die für die Erbringung einer Leistungseinheit bei Normalleistung erforderlich ist. Der
Akkordsatz beim Zeitakkord wird daher berechnet nach der Formel: Zahl der erbrachten Leistungseinheiten × Vorgabezeit × Geldfaktor.

Bei diesem **Geldfaktor** handelt es sich um den pro Minute zu verdienenden Geldbetrag. Er ist der 584
sechzigste Teil des Akkordrichtsatzes. Unter letzterem versteht man den Stundenverdienst bei Normalleistung. Dabei war es bislang üblich, den tariflichen, sonst sonst üblichen Stundenlohn mit einen
prozentualen Zuschlag (**Akkordzuschlag**) zu erhöhen. Dieser Zuschlag, der auf der Überlegung
beruht, daß derjenige, der im anstrengenderen Akkord arbeitet, auch bei normaler Leistung mehr
verdienen soll als der nach Zeit bezahlte AN, ist in neuerer Zeit lohnpolitisch umstritten. Gegen ihn
wird vor allem eingewendet, daß angesichts der fortgeschrittenen Mechanisierung auch viele Stunden-
lohnarbeiter zur Einhaltung eines bestimmten Arbeitstempos angehalten werden, so daß die Besserstellung der Akkordarbeiter nicht mehr gerechtfertigt sei. Neue TV unterscheiden daher vielfach nicht
mehr zwischen Zeitlohn und Akkordrichtsatz.

Die Festsetzung der **Vorgabezeit** hat daher wesentliche Bedeutung für die Richtigkeit der Akkor- 585
dentlohnung. Sie kann zum einen nach dem bisherigen Erfahrungswissen geschätzt werden (sog.
Faust- oder Meisterakkord); in der betrieblichen Praxis wird sie heute mit arbeitswissenschaftlichen
Methoden ermittelt. Am verbreitetsten sind das Refa-System (Reichsausschuß für Arbeitszeitermitt-
lung), das Bédaux-System und das MTM-System (Methods Time Measurement). Alle diese Methoden
beruhen auf der Beobachtung des Arbeitsablaufs zur Feststellung des Zeitbedarfs (zu den Einzelheiten
MünchArbR/*Kreßel* § 65 Rn. 20 ff.; *Schaub* § 64).

Der Vorteil des Zeitakkords liegt darin, daß bei Lohnerhöhungen jeweils nur der Geldfaktor 586
geändert werden muß. Die Festlegung der Akkordfaktoren (Zeit- und Geldfaktor) unterliegt dem
Mitbestimmungsrecht des BR nach § 87 I Nr. 11 BetrVG.

Zu unterscheiden ist weiter zwischen dem **Einzelakkord** und dem **Gruppenakkord**. Während bei 587
ersterem der Akkordlohn für jeden einzelnen AN nach dessen Leistungsergebnis errechnet wird,
richtet sich beim Gruppenakkord die Entlohnung nach dem Leistungsergebnis einer Arbeitsgruppe,
welches dann unter den einzelnen Gruppenmitgliedern aufgeteilt wird (vgl. BAG 26. 4. 1961 AP BGB
§ 611 Akkordlohn Nr. 14).

Da beim Akkord der AN seinen Verdienst durch Steigerung des Arbeitstempos erhöhen kann, damit 588
aber gleichzeitig das Risiko einer gesundheitlichen Überforderung einhergeht, ist im Interesse des
ANSchutzes für bestimmte ANGruppen die Einführung einer **Akkordvergütung unzulässig**, zB für
Schwangere (§ 4 III MuSchG), Jugendliche (§ 23 JArbSchG) und Fahrpersonal (§ 3 FahrpersonalG).

Preis

589 Der AN trägt das **Risiko der** – quantitativen – **Minderleistung.** Daher enthalten zahlreiche TV für Akkordarbeiter eine Mindestlohngarantie **(Verdienstsicherungsklausel).** Damit wird erreicht, daß ein AN auch beim Zurückbleiben seiner Leistung hinter der Normalleistung den Mindestlohn erreicht, der dem Stundenlohn entspricht. Akkordarbeit eröffnet damit die Möglichkeit, mehr zu verdienen als im Zeitlohn, bedeutet aber bei unternormaler Leistung kein Verdienstrisiko (BAG 28. 6. 1961 AP BGB § 611 Akkordlohn Nr. 15). Hat der AG die Minderleistung zu vertreten, weil er zB Arbeitsgerät nicht bereitstellt, behält der AN nach § 615 S. 1 den vollen Vergütungsanspruch (*Erman/Hanau* Rn. 439; MünchKommBGB/*Schaub* § 612 Rn. 69). Das Risiko **qualitativer Minderleistung** trägt beim Akkordlohn wie auch beim Zeitlohn der AG, es sei denn, es wurde tarif- oder einzelvertraglich vereinbart, daß eine Bezahlung nur für fachlich einwandfreie Arbeiten erfolgt (BAG 15. 3. 1960 AP BGB § 611 Akkordlohn Nr. 13). Der AG kann ohne vertragliche Vereinbarung nicht ohne weiteres zwischen Akkordlohn und Zeitlohn allein auf der Basis des Direktionsrechts wechseln (ArbG Regensburg 17. 12. 1990 EzA BGB § 611 Akkord Nr. 6). Hierfür bedarf es vielmehr eines Änderungsvorbehalts, einer Änderungsvereinbarung oder -kündigung.

590 **dd) Prämienlohn.** Prämienlohn ist eine weitere Form der Leistungsentlohnung. Auch hier wird eine Leistung des AN gemessen und zu einer Bezugsleistung ins Verhältnis gesetzt (BAG 13. 9. 1983 AP BetrVG 1972 § 87 Prämie Nr. 3). Er wird in der Praxis **zumeist als Zulage** zum Zeitlohn gezahlt, um dem AN einen Anreiz zu einem bestimmten Leistungserfolg zu geben. Reine Prämienlohnsysteme – mit und ohne Mindestlohngarantie – sind dagegen selten. Je nach Bezugsgröße für diesen Erfolg unterscheidet man zwischen Mengenprämie (Quantität der Arbeit), Qualitätsprämie (geringer Ausschuß), Ersparnisprämie (geringer Verbrauch von Rohstoffen oder Energie) und der Nutzungsprämie (optimale Maschinenausnutzung). Dies zeigt bereits, daß anstelle der durch den starren Akkord nur möglichen Produktionssteigerung mit der Prämie viel flexiblere und differenziertere Ziele verfolgt werden können. Außerdem kann die Prämienlohnkurve – im Gegensatz zur meist linear ansteigenden Akkordlohnkurve – linear oder in Stufen, progressiv oder degressiv ansteigen. Zu den in diesem Zusammenhang wichtigsten Prämienlohnsystemen von *Halsey, Rowan, Taylor* und *Gantt* siehe MünchArbR/*Kreßel* § 65 II 2; *Schaub* § 65 I 2.

591 Der Prämienlohn kann durch TV, Betriebsvereinbarung oder Einzelarbeitsvertrag zur Anwendung kommen. Entspr. den Möglichkeiten beim Akkord gibt es Geld- oder Zeitprämien sowie Gruppen- oder Einzelprämien. Außerdem bedarf es auch hier der Festlegung einer Normalleistung, an der die Leistung des AN zu messen ist. Diese kann ausgehandelt, statistisch ermittelt oder arbeitswissenschaftlich ermittelt werden.

592 Da der Prämienlohn wie der Akkordlohn gesundheitliche Gefahren für die AN aufweist, ist er gleichfalls für Schwangere (§ 4 III Nr. 1 MuSchG), Jugendliche (§ 23 I Nr. 1 JArbSchG) sowie Fahrpersonal (§ 3 FahrpersonalG) **verboten.**

593 Kein echter Prämienlohn ist die sog. Pünktlichkeits- oder **Anwesenheitsprämie,** denn mit ihr soll nicht die Arbeitsleistung selbst belohnt, sondern Fehlzeiten reduziert werden (s. hierzu § 4 a EFZG). Zum **Mitbestimmungsrecht des BR** nach § 87 I Nr. 10 und 11 BetrVG vgl. § 87 BetrVG Rn. 96 ff.

594 **ee) Gedinge.** Hierbei handelt es sich um die typische **Leistungsentlohnung im Bergbau,** dessen Wurzeln bis ins frühe Mittelalter zurückgehen. Rechtsgrundlage für den Gedingevertrag sind heute die einschlägigen MTV für den Bergbau (zB Anlage 6 dem MTV für die Arbeiter des rheinisch-westfälischen Steinkohlebergbaus vom 14. 11. 1989 m. späteren Änderungen). Der Gedingevertrag wird zwischen Vertretern der Gedingebelegschaft und dem Vertreter des Unternehmens geschlossen. Er ähnelt dem ausgehandelten Akkord (MünchKommBGB/*Schaub* § 612 Rn. 84). Dem Gedingeabschluß ist uU eine Zeitkalkulation zugrundezulegen, die in einen Gedingekalkulationsschein eingetragen werden muß.

595 Zur Beilegung von Gedinge-, Akkord- und Prämienlohnstreitigkeiten schaffen die Tarifpartner üblicherweise ein **besonderes Schlichtungsverfahren.** Für den rheinisch-westfälischen Steinkohlenbergbau ist dies im TV über allgemeine betriebliche Arbeitsbedingungen v. 12. 4. 1975 geregelt. Zur Beratung bei Gedingeabschluß, zur Überprüfung abgeschlossener Gedinge sowie zur Beilegung von Streitigkeiten sind sogen. Gedingeinspektoren eingesetzt. Werden auch aufgrund dessen Empfehlungen die Meinungsverschiedenheiten nicht beseitigt, so kann eine Gedingekommission angerufen werden. Diese setzt sich aus zwei Vertretern der Werksleitung und zwei Vertretern der IG-Bergbau-Chemie-Energie zusammen. Das ArbG kann erst nach Abschluß des Gedingeschlichtungsverfahrens angerufen werden (zu den Einzelheiten *Schaub* § 67 V).

596 **c) Ort, Art und Weise der Lohnzahlung.** Erfüllungsort ist regelmäßig der Betriebssitz des AG (näher Rn. 929; LAG Berlin 19. 5. 1960 AP BGB § 269 Nr. 3). Der AN hat grds. die Vergütung im Betrieb abzuholen **(Holschuld).** Beschränkungen bestehen für gewerbliche AN. Ihnen dürfen Löhne und Abschlagszahlungen nicht in Gast- oder Schankwirtschaften oder Verkaufsstellen ohne Genehmigung der unteren Verwaltungsbehörde ausgezahlt werden (§ 115 a GewO). Für die Auszahlung der Heuer an Seeleute gilt § 35 SeemG.

597 **Empfangsberechtigt** ist der AN oder ein von ihm Bevollmächtigter. Ein **Minderjähriger** wird zwar Eigentümer des Arbeitsentgelts, da der Eigentumserwerb lediglich rechtlich vorteilhaft ist (§ 107),

F. Pflichten des Arbeitgebers	§ 611 BGB 230

doch muß die Leistung an den gesetzlichen Vertreter erfolgen, da wegen des Erlöschens der Lohnforderung der Empfang nicht nur vorteilhaft ist und somit keine Erfüllungswirkung eintritt. Anderes gilt, wenn der gesetzliche Vertreter nach § 113 eine Ermächtigung zum Eingehen des Arbeitsverhältnisses erteilt hat (hierzu § 113 Rn. 3 ff.). Verlangt er in diesem Fall die Zahlung an sich, ist darin der Widerruf der Ermächtigung zu sehen (§ 113 II).

Die Lohnzahlung erfolgt mangels anderweitiger Vereinbarung in Kollektiv- oder Einzelverträgen **598** **nach der Leistung der Dienste** (§ 614), wobei für einzelne ANGruppen auch Sonderregelungen bestehen (s. im einzelnen § 614 Rn. 7 ff.).

Grds. kann der AG den Lohn – wie es § 115 I GewO vorsieht – bar auszahlen. In der Praxis hat **599** sich aber die **bargeldlose Lohnzahlung** per Überweisung durchgesetzt. Diese ist mit § 115 I GewO vereinbar, denn der AN kann – vergleichbar mit einer Barauszahlung – unmittelbar nach der Überweisung über sein Gehalt verfügen. Erfolgt die Zahlung, was ebenfalls zulässig ist, durch **Scheck**, so befreit nicht schon dessen Hingabe, sondern erst die Einlösung den AG von der Schuld. Die Hingabe eine Wechsels ist dagegen mit dem Zweck des § 115 I GewO nicht vereinbar, denn es soll durch das Barzahlungsgebot sichergestellt werden, daß der AN über den Lohnbetrag verfügen kann. Dies ist bei einem **Wechsel** nicht der Fall, auch wenn die Wechselhingabe nicht an Erfüllungs statt, sondern wie im Regelfall nur erfüllungshalber erfolgt; denn der Gläubiger muß erst den Versuch unternehmen, aus dem Wechsel Zahlung zu erlangen (*Soergel/Kraft* Rn. 135; *Linck* AR-Blattei SD 1160.1 Rn. 14; MünchKommBGB/*Schaub* § 612 Rn. 20).

Bei der bargeldlosen Zahlung bleibt es bei dem gesetzlichen Regelfall, daß der Schuldner im Zweifel **600** das Geld auf seine Kosten und auf seine Gefahr dem Gläubiger an dessen Wohnsitz zu übermitteln hat. Es handelt sich um eine **Schickschuld** (*Küttner/Griese* Lohnzahlungsformen Rn. 2; unklar BAG 15. 12. 1976 AP BAT § 36 Nr. 1). Erfüllung tritt ein, wenn die Überweisung dem Konto des AN gutgeschrieben ist. Der AG trägt das Risiko des Fehlgehens der Überweisung. Die **Kontoführungsgebühren** sind mangels anderweitiger Vereinbarung vom AN zu tragen und zwar auch dann, wenn sie erst nach Abschluß eines TV über bargeldlose Entgeltzahlung eingeführt werden, nach § 270 dem AG nur die Kosten der Überweisung zur Last fallen (BAG 15. 12. 1976 AP BAT § 36 Nr. 1). Der Spruch einer Einigungsstelle, der diese Kontoführungsgebühren dem AG auferlegt, ist verfassungsrechtlich nicht zu beanstanden (BVerfG 18. 10. 1987 AP BetrVG 1972 § 87 Auszahlung Nr. 7). Auch die Pauschalierung dieser Gebühren ist zulässig (BAG 8. 3. 1977 AP BetrVG § 87 Auszahlung Nr. 1; BAG 5. 3. 1991 AP BetrVG § 87 Auszahlung Nr. 11).

Dem **Mitbestimmungsrecht** des BR nach § 87 I Nr. 4 BetrVG unterliegt die Einführung bargeld- **601** loser Zahlung, aber auch als „Annexregelung" die Frage der Kostentragung bei dieser Art der Lohnzahlung (BAG 8. 3. 1977, 24. 11. 1987, 5. 3. 1991, 10. 8. 1993 AP BetrVG § 87 Auszahlung Nr. 1, 6, 11, 12). Deshalb kann der BR seine Zustimmung davon abhängig machen, daß der AG die Kontoführungskosten übernimmt und der AN so seinen Lohn ungeschmälert erhält (BAG 8. 3. 1977 AP BetrVG § 87 Auszahlung Nr. 1; BAG 31. 8. 1982 AP BetrVG 1972 § 87 Auszahlung Nr. 2). Außerdem kann durch Betriebsvereinbarung geregelt werden, ob der Zeitaufwand bei Bankbesuch zwecks Abhebung des Lohns (sog. Kontostunde) Arbeitszeit ist (BAG 20. 4. 1982 DB 1982, 1674; BAG 20. 12. 1988 AP BetrVG 1972 § 87 Auszahlung Nr. 9). Zu beachten ist, daß eine tarifliche Regelung gem. § 87 I BetrVG eine Sperrwirkung für die Betriebspartner entfaltet, selbst wenn eine ausdrückliche Regelung über die Tragung der Kontoführungsgebühren fehlt (BAG 31. 8. 1982 AP BetrVG § 87 Auszahlung Nr. 2; BVerwG 20. 7. 1998 ZTR 1999, 141).

aa) Lohnbelege. Gewerblichen AN, die in Betrieben mit mindestens 20 AN tätig sind, ist bei der **602** regelmäßigen Lohnzahlung ein **schriftlicher Beleg** (Lohnzettel, Lohntüte, Lohnbuch usw.) über den Betrag des verdienten Lohns und der einzelnen Arten der vorgenommenen Abzüge auszuhändigen (§§ 133 h, 134 II GewO). Auch für nicht gewerbliche AN wird man einen solchen Anspruch aus Treu und Glauben (§ 242) herleiten können (ebenso *Zöllner/Loritz* § 15 III 3; *Löwisch* Rn. 975). Für Heimarbeiter besteht nach § 9 HAG ein Anspruch auf Aushändigung von Entgeltbüchern. Nach § 82 II BetrVG kann jeder AN verlangen, daß ihm die Berechnung und Zusammensetzung seines Arbeitsentgelts erläutert wird.

bb) Quittung. Der AN ist gem. § 368 S. 1 bei Empfang der Lohnzahlung zur Erteilung einer **603** Quittung, dh. eines schriftlichen Empfangsbekenntnisses verpflichtet. Hierbei handelt es sich lediglich um ein Beweismittel. Davon zu unterscheiden ist die Erteilung einer Ausgleichsquittung, also einer Bestätigung der Arbeitsvertragsparteien, daß ihnen weitere Ansprüche gegeneinander nicht zustehen. Hierzu ist der AN nicht verpflichtet.

cc) Ausgleichsquittungen. Ausgleichsquittungen finden sich vielfach bei der Beendigung des Ar- **604** beitsverhältnisses, wo sie Streit um bestehende oder zukünftige Ansprüche verhindern und klare Verhältnisse schaffen sollen. Sie stellen je nach Wortlaut bei gegenseitigem Nachgeben einen Vergleich (§ 779), wenn die Parteien vom Bestand einer Forderung ausgehen, einen Erlaßvertrag (§ 397), oder aber ein negatives Schuldanerkenntnis (§ 397 II) dar, und zwar ein deklaratorisches, wenn die Parteien davon ausgehen, daß keine Ansprüche mehr bestehen, oder ein konstitutives, wenn sie alle bekannten und unbekannten Ansprüche zum Erlöschen bringen wollen. Die **Rechtsnatur** ist durch Auslegung

Preis

230 BGB § 611 — Wesen des Dienstvertrags

zu ermitteln. Allerdings kann ein Verzicht auf tarifliche Ansprüche (§ 4 IV 1 TVG) oder Ansprüche aus einer Betriebsvereinbarung (§ 77 IV 2 BetrVG) nicht erfolgen.

605 Auch der **Umfang** der Ausgleichsquittung ist **durch Auslegung** zu ermitteln. Sie bezieht sich im Zweifel nicht auf Ruhegeldansprüche und Anwartschaften (BAG 9. 11. 1973 AP BGB § 242 Ruhegehalt Nr. 163; BAG 27. 2. 1990 AP BetrAVG § 1 Vordienstzeiten Nr. 13; LAG Düsseldorf EzA BGB § 242 Ruhegeld Nr. 61), Zeugnisansprüche (BAG 16. 9. 1974 AP BGB § 630 Nr. 9; LAG Köln 17. 6. 1994 LAGE BGB § 630 Nr. 22; LAG Düsseldorf 23. 5. 1995 NZA-RR 1996, 42 zum Zeugnisberichtigungsanspruch); Rechte aus einem vertraglichen Wettbewerbsverbot (BAG 22. 10. 1981 AP HGB § 74 Nr. 39) oder sachenrechtliche Ansprüche (LAG Hamm 15. 1. 1980 DB 1980, 643; *Küttner/Eisemann* Ausgleichsquittung Rn. 8; *Schaub* § 72 II 2; siehe auch LAG Berlin 5. 6. 1996 NZA-RR 1997, 124 zur Aufgabe und Übertragung von Eigentumsrechten an einem Dienstwagen).

606 **Ausgleichsklauseln** sind im Zweifel **eng auszulegen** (BAG 3. 5. 1979 AP KSchG 1969 § 4 Nr. 6). Da ein Verzicht auf Rechte nach der Lebenserfahrung im allgemeinen nicht zu vermuten ist, muß sich nach dem Wortlaut der Erklärung und den Begleitumständen klar ergeben, daß und in welchem Umfang der AN ihm bekannte und mögliche Ansprüche aufgibt (BAG 20. 8. 1980 AP LohnFG § 9 Nr. 3; LAG Brandenburg 16. 12. 1992 AuA 1994, 54: erfaßt sind nicht Abfindungsansprüche, die noch entstehen können; ebenso für Versorgungsansprüche und –anwartschaften LAG Hamm 24. 11. 1998 LAGE BetrAVG § 1 Nr. 19). Aus der Formulierung, daß dem AN aus dem beendeten Arbeitsverhältnis keine Ansprüche mehr zustehen, ergibt sich nur, daß der AN den Empfang seiner Arbeitspapiere quittiert und allenfalls die Richtigkeit der Lohnabrechnung anerkannt hat. Ein weitergehender Verzicht kann in einer solchen weitgefaßten Klausel nicht gesehen werden (BAG 20. 8. 1980 AP LohnFG § 9 Nr. 3; ArbG Kaiserslautern 29. 1. 1992 ARSt. 1992, 168, 169). Von daher empfiehlt es sich, die von der Ausgleichsklausel erfaßten **Ansprüche genau zu bezeichnen** und die Klausel selbst von anderen Erklärungen bei Beendigung des Arbeitsverhältnisses drucktechnisch oder räumlich (gesondertes Blatt) zu trennen (s. auch LAG Köln 22. 11. 1996 NZA-RR 1997, 123, wonach eine handschriftlichen Erklärung auf einem Quittungsblock, daß „keine weiteren Ansprüche" mehr bestünden, auch Überstundenvergütung aus dem beendeten Arbeitsverhältnis erfaßt).

607 Zur Zulässigkeit des **Verzichts auf den Kündigungsschutz** in einer Ausgleichsquittung siehe BAG 3. 5. 1979 AP KSchG 1969 § 4 Nr. 6; BAG 20. 6. 1985 AP BetrVG 1972 § 112 Nr. 33 sowie hier § 1 KSchG Rn. 17.

608 Dagegen schließt die in einem **gerichtlichen Vergleich** enthaltene Ausgleichsklausel alle Ansprüche aus, die nicht unmißverständlich in diesem Vergleich als weiterbestehend bezeichnet werden (BAG 10. 5. 1978 AP ZPO § 794 Nr. 25; LAG Hamm 28. 4. 1995 NZA-RR 1996, 286: erfaßt werden aber nicht Rückzahlungsansprüche aus einem neben dem Arbeitsverhältnis rechtlich selbständigen Darlehensvertrag).

609 Eine **Anfechtung der Ausgleichsquittung** wegen **Inhaltsirrtums** nach § 119 ist möglich, wenn der AN geglaubt hat, nur eine einfache Quittung zu unterschreiben, nicht dagegen, wenn er die Ausgleichsquittung ungelesen unterschreibt (BAG 27. 8. 1970 AP BGB § 133 Nr. 33). Konnte ein **ausländischer AN** den Inhalt der Erklärung nicht verstehen, so kann er diese nach § 119 anfechten, wenn der AG die mangelnden Sprachkenntnisse kannte (LAG Berlin 7. 12. 1972 DB 1973, 1030; LAG Baden Württemberg 16. 3. 1967 DB 1967, 867; 30. 12. 1970 DB 1971, 245; LAG Düsseldorf 2. 11. 1971 DB 1971, 2318; LAG Hamm 2. 1. 1976 DB 1976, 923; *Küttner/Eisemann* Ausgleichsquittung Rn. 13). Umstr. ist, ob in diesem Fall bereits mangels Übersetzung eine Unwirksamkeit wegen Verstoßes gegen die Fürsorgepflicht des AG gegeben ist (LAG Berlin 7. 12. 1973 DB 1973, 1030; aA LAG Düsseldorf 2. 5. 1957 DB 1957, 659; *Stahlhacke* NJW 1968, 582; *Schaub* § 72 II 4). Eine zur Anfechtung nach § 123 berechtigende **arglistige Täuschung** kommt in Betracht, wenn dem AN vorgespiegelt wird, es handele sich nur um eine einfache Quittung. Eine widerrechtliche Drohung liegt vor, wenn der AG die Herausgabe von Arbeitspapieren oder Restlohn von der Unterzeichnung abhängig macht. Darüber hinaus kann in TV der **Widerruf** einer Ausgleichsklausel vorgesehen sein, für den dann die dort normierten Voraussetzungen ohne Anfechtungsgründe erfüllt sein müssen. Nach **Bereicherungsrecht** (§ 812 II) kann das eine Ausgleichsquittung darstellende konstitutive negative Schuldanerkenntnis zurückgefordert werden, wenn der Anerkennende v. Nichtbestehen der tatsächlich noch existierenden Forderung ausgegangen ist. Das gilt nicht, wenn der Bestand der Forderung strittig war (vgl. *Staudinger/Richardi* § 611 BGB Rn. 805; HzA/*Künzl* Teilbereich 5 Gruppe 1 Rn. 1577).

610 **d) Vergütungsrückzahlung/Lohnüberzahlung.** Zahlt der AG versehentlich (wegen § 814) zu viel Vergütung, so hat er einen Anspruch auf Rückzahlung nach § 812 I 1 1. Alt. Der AN kann sich aber evtl. auf den Wegfall der Bereicherung (§ 818 III) berufen, solange kein Fall des § 818 IV oder § 819 I gegeben ist. Entreicherung ist anzunehmen, wenn er die rechtsgrundlose Leistung ersatzlos für (Luxus-)Ausgaben verwendet hat, die er sonst nicht gemacht hätte (BAG 18. 1. 1995 AP BGB § 812 Nr. 13), nicht dagegen, wenn er anderweitige Aufwendungen erspart (BAG 18. 9. 1986 AP BGB § 812 Nr. 5) oder bestehende Schulden getilgt hat. Der AN als Bereicherungsschuldner hat darzulegen und ggf. zu beweisen, daß er nicht mehr bereichert ist. Dabei können ihm allerdings die Erleichterungen des **Beweises des ersten Anscheins** zugute kommen (BAG 12. 1. 1994 AP BGB § 818 Nr. 3; BAG

F. Pflichten des Arbeitgebers § 611 BGB 230

18. 1. 1995 AP BGB § 812 Nr. 13; LAG Hamm 3. 12. 1999 NZA-RR 2000, 181), zumal ein konkreter Nachweis im Regelfall nicht geführt werden kann. Der Anscheinsbeweis führt aber nicht zur Umkehr der Beweislast, sondern nur zur Erleichterung der Beweisführung.

Dies setzt einmal voraus, daß es sich um Überzahlungen in relativ geringer Höhe handelt. Ob eine **611 Überzahlung geringfügig** ist, kann nach den Richtlinien beurteilt werden, die im öffentlichen Dienst gelten. Insoweit ist in Verwaltungsvorschriften bestimmt, daß von einem Wegfall der Bereicherung auszugehen ist, wenn die Zuvielzahlung bei einmaligen Leistungen 10% des zustehenden Betrages, höchstens 200 DM, bei wiederkehrenden Leistungen 10% aller für den Zeitraum zustehenden Bezüge, höchstens monatlich 200 DM übersteigt (zB BMI, Allgemeine Verwaltungsvorschriften zum BBesG v. 29. 5. 1980, GMBl. S. 290 für Beamte bzw. Rundschreiben des BMI v. 23. 10. 1962 idF des Rundschreibens v. 4. 7. 1980, GMBl. S. 412 für Arbeiter und Angestellte des Bundes).

Außerdem muß die Lebenssituation des AN, insb. seine wirtschaftliche Lage, so sein, daß die **612** Verwendung der Überzahlung für die laufende Lebensführung naheliegt. Das ist regelmäßig dann der Fall, wenn **AN mit geringem oder mittlerem Einkommen** nicht über nennenswerte weitere Einkünfte verfügen, so daß sie die Nettobezüge aus dem Arbeitsverhältnis verwenden, um den laufenden Lebensunterhalt für sich und evtl. ihren Familienhaushalt zu bestreiten. Bei Besserverdienenden kann dagegen idR nicht davon ausgegangen werden, daß höhere Einkünfte auch ausgegeben werden (BAG 12. 1. 1994 AP BGB § 818 Nr. 3). Sind daher – etwa vom Bereicherungsgläubiger substantiiert behauptet – noch weitere nennenswerte Einkünfte vorhanden, ist es Sache des Bereicherungsschuldners, darzustellen, welche anderen Einkünfte vorhanden sind und inwieweit noch der Schluß auf einen typischen Ablauf, den Verbrauch zum Lebensunterhalt, möglich ist. Der AN genügt seiner **Darlegungs- und Beweislast** nicht, wenn er zu den nach Art oder dem Grund nach plausibel behaupteten anderweitigen Einkünften nicht substantiiert Stellung nimmt (BAG 18. 1. 1995 AP BGB § 812 Nr. 13).

Bei einer **irrtümlichen Eingruppierung** in eine zu hohe Vergütungsgruppe kann der insoweit **613** zuviel gezahlte Lohn erst nach dem Wirksamwerden einer Änderungskündigung geltend gemacht werden (BAG 15. 3. 1991 NZA 1992, 120 = AP KSchG 1969 § 2 Nr. 28).

Ist im Arbeits- oder Kollektivvertrag ausdrücklich die **Rückzahlung** überzahlter Beträge **verein- 614 bart**, kann sich der AN grds. nicht auf den Wegfall der Bereicherung berufen (BAG 8. 2. 1964 AP BGB § 611 Nr. 2; BAG 20. 6. 1989 AP HGB § 87 Nr. 8; ebenso für eine Versorgungssatzung BGH 21. 1. 1998 NJW-RR 1998, 1425). In diesem Fall verstößt das Verlangen auf Rückzahlung nur dann gegen Treu und Glauben, wenn die Richtigkeit der Lohnberechnung zugesagt wurde oder eine Nachprüfung unmöglich gemacht wurde (BAG 8. 2. 1964 AP BGB § 611 Lohnrückzahlung Nr. 2; *Staudinger/Richardi* Rn. 775; HzA/*Künzl* Teilbereich 5 Gruppe 1 Rn. 1546). Die einseitige Erklärung des AN auf einem vom AG vorgelegten Formular, er wisse, daß er alle Bezüge zurückzahlen müsse, die er infolge unterlassener, verspäteter oder fehlerhafter Meldung zuviel erhalten habe, enthält jedoch keine Vereinbarung über den Ausschluß des Entreicherungseinwands (BAG 18. 9. 1986 AP BGB § 812 Nr. 5). Vorformulierte Vereinbarungen unterliegen einer Inhaltskontrolle. In der Sache bedeuten Rückzahlungsklauseln eine Freizeichnung des AG von der Pflicht zu richtiger Lohnberechnung. Die Abweichung vom dispositiven Leitbild des § 818 III kann zur Unwirksamkeit der Rückzahlungsklauseln führen, jedenfalls wenn sie einer Freizeichnung für grobe Fahrlässigkeit des AG gleichkommt (vgl. *Hanau/Preis* II L 20 Rn. 5 ff.).

Der AN kann mit einem **Schadensersatzanspruch** aufrechnen, wenn er aufgrund der fehlerhaften **615** Lohnauszahlung Ausgaben tätigt, die er bei Kenntnis von der Überzahlung nicht getätigt hätte. Denn die richtige Berechnung der Vergütung ist Teil der **Fürsorgepflicht** des AG (BAG 8. 2. 1964 AP BGB § 611 Lohnrückzahlung Nr. 2). Nach der Rspr. setzt ein solcher Schadensersatzanspruch zumindest grobe Fahrlässigkeit des AG voraus (BAG 8. 2. 1964 AP BGB § 611 Lohnrückzahlung Nr. 2; LAG Frankfurt 29. 3. 1956 AP BGB § 611 Lohnrückzahlung Nr. 1; aA *Küttner/Griese* Lohnrückzahlung Rn. 3 f.; krit. auch *Schaub* § 74 I 3). Schadensersatzansprüche wegen fahrlässiger Verletzung der Fürsorgepflicht bei der Lohnberechnung können zudem vertraglich ausgeschlossen werden (BAG 27. 3. 1958 AP BGB § 670 Nr. 1, 2, 4, 5; BAG 24. 10. 1958 AP BGB § 670 Nr. 7; HzA/*Künzl* Gruppe 1 Teilbereich 5 Rn. 1548).

Müssen unverdient gebliebene **Vorschüsse** zurückgezahlt werden, so ergibt sich die Rückzahlungs- **616** verpflichtung aus der Vorschußvereinbarung. Insoweit besteht die Verpflichtung zur Rückzahlung ohne Rücksicht auf eine evtl. Bereicherung (BAG 28. 6. 1965 AP BGB § 614 Gehaltsvorschuß Nr. 3; BAG 25. 2. 1993 AP BAT § 37 Nr. 10). Der Anspruch verjährt nach § 196 I Nr. 8, 9 in zwei Jahren zum Schluß des Kalenderjahres.

Neben dem Rückzahlungsanspruch aus ungerechtfertigter Bereicherung oder Vertrag kann dem AG **617** noch ein **Schadensersatzanspruch** aus unerlaubter Handlung bzw. pVV in Höhe der Überzahlung zustehen, wenn der AN seine Auskunfts- und Informationspflicht verletzt. Dies ist zB dann gegeben, wenn er Änderungen in den für die Gewährung von Sozialzulagen maßgeblichen Verhältnissen oder im Fall des Annahmeverzugs anderweitigen Verdienst (vgl. § 615 S. 2) nicht mitteilt, oder wenn ein Ruhegeldberechtigter den AG nicht über anderweitige anrechnungsfähige Versorgungsbezüge informiert (dazu BAG 27. 3. 1990 AP BetrAVG § 1 Überzahlung Nr. 1). § 818 III gilt für diesen Anspruch weder unmittelbar noch mittelbar. Es gilt die **Verjährungsfrist** von 30 Jahren (BAG 27. 3. 1990 AP BetrAVG § 1 Überzahlung Nr. 1).

618 Noch nicht höchstrichterlich entschieden ist, ob der AN den zuviel erhaltenen Nettobetrag (dafür *Groß* ZIP 1987, 5; *Küttner/Griese* Lohnrückzahlung Rn. 12; MünchArbR/*Hanau* § 74 Rn. 5; HzA/ *Künzl* Teilbereich 5 Gruppe 1 Rn. 1547) oder den **Bruttobetrag**, also einschließlich Steuer und Sozialabgaben (dafür LAG Köln 17. 11. 1995 NZA-RR 1996, 161; *Matthes* DB 1973, 331; *Palandt/ Putzo* Rn. 89 zu Gratifikationen; MünchKommBGB/*Müller-Glöge* Rn. 360), zurückzahlen muß. Nach der Praxis der Finanzverwaltung (Einheitlicher Ländererlaß DB 1986, 725) ist der Bruttobetrag zu erstatten und die Rückabwicklung im übrigen zwischen AN und Finanzamt vorzunehmen.

619 Der Rückzahlungsanspruch wird nach § 271 I bereits im Zeitpunkt der Überzahlung **fällig,** wenn die maßgeblichen Umstände bekannt waren oder hätten bekannt sein müssen und die Vergütung gleichwohl fehlerhaft berechnet wird. Auf die Kenntnis des AG von seinem Rückzahlungsanspruch kommt es regelmäßig nicht an (BAG 1. 6. 1995 AP BGB § 812 Nr. 16; BAG 14. 9. 1994 AP TVG § 4 Ausschlußfristen Nr. 127). Die **Verjährungsfrist** für den Bereicherungsanspruch beträgt 30 Jahre (BAG 20. 9. 1972 AP BGB § 195 Nr. 5; *Staudinger/Richardi* Rn. 782; krit. *Borrmann* RdA 1983, 85 u. HzA/*Künzl* Teilbereich 5 Gruppe 1 Rn. 1550 unter Hinweis auf die Geltung des § 196 I Nr. 8 für den Lohnvorschuß). Dem Ablauf einer **tariflichen Ausschlußfrist** kann der AG mit dem Einwand der **unzulässigen Rechtsausübung** (§ 242) begegnen, wenn der AN es pflichtwidrig unterlassen hat, ihm Umstände mitzuteilen, die ihn zur Einhaltung der Ausschlußfrist veranlaßt hätten. Dies liegt regelmäßig vor, wenn der AN erkennt, daß seinem AG bei der Überweisung ein Irrtum unterlaufen ist, der zu einer erheblichen Überzahlung geführt hat, und er die Überzahlung nicht anzeigt. Zwar trifft den AN keine allgemeine Pflicht, die durch den AG erstellte Vergütungsabrechnung zu überprüfen (BAG 29. 4. 1982 – 5 AZR 1229/79 – nv.; BAG 19. 6. 1985 – 5 AZR 569/82 – nv.), doch liegt eine pflichtwidrige Unterlassung außerdem vor, wenn der AN eine gegenüber sonst ungewöhnlich hohe Zahlung erhalten hat und dies nicht zum Anlaß nimmt, sich über den Grund zu vergewissern bzw. bei Nichtaufklärung dem AG durch Mitteilung Gelegenheit zur Prüfung und Richtigstellung gibt (BAG 1. 6. 1995 AP BGB § 812 Nr. 16; aA LAG Düsseldorf 11. 6. 1997 BB 1997, 2273).

620 **e) Ein- und Umgruppierung, Versetzung.** Unter **Eingruppierung** ist die Zuordnung einer vom AN auszuübenden Tätigkeit zu den Tätigkeitsmerkmalen der Lohn- oder Vergütungsgruppen einer im Betrieb geltenden Lohn- oder Vergütungsordnung zu verstehen. Als Grundlage einer solchen Vergütungsordnung kommt neben dem TV oder einer Betriebsvereinbarung auch eine betriebliche Übung in Betracht (BAG 23. 11. 1993 AP BetrVG 1972 § 99 Nr. 111). Die tariflichen Entgelte sind im Regelfall nach Tarifgruppen gestaffelt, welche die jeweiligen Anforderungen an den Arbeitenden beschreiben. Die Eingruppierung des AN in eine bestimmte Vergütungsgruppe hat grds. **nur deklaratorische**, also feststellende Bedeutung, da aus der Erfüllung der tariflichen Tätigkeitsmerkmale unmittelbar ein entspr. tariflicher Mindestvergütungsanspruch folgt, ohne daß es einer Maßnahme des AG bedarf (BAG 30. 5. 1990 AP BPersVG § 75 Nr. 31; BAG 16. 1. 1991 AP MTA § 24 Nr. 2; BAG 3. 5. 1994 AP BetrVG 1972 Eingruppierung Nr. 2). Der AN kann daher unmittelbar auf Leistung des höheren Lohns nach der von ihm begehrten Vergütungsgruppe klagen (*Küttner/Griese* Eingruppierung Rn. 4; MünchKommBGB/*Schaub* § 612 Rn. 35). Konstitutive Wirkung hat die Eingruppierung nur dann, wenn der AN durch vertragliche Regelung höher eingruppiert wird, als für seine Arbeit eigentlich tariflich vorgesehen, oder bei fehlender Tarifbindung (MünchKommBGB/*Schaub* § 612 Rn. 35; BAG 18. 8. 1998 NZA 1999, 659).

621 Übt der AN eine der aufgeführten Beispielstätigkeiten aus, dann sind nach dem Willen der TVParteien die Merkmale der betreffenden Vergütungsgruppe erfüllt. Ist dies nicht der Fall, kann sich der Anspruch aus der Erfüllung der allgemeinen Tätigkeitsmerkmale ergeben (BAG 25. 9. 1991 AP TVG § 1 Tarifverträge: Großhandel Nr. 7; BAG 21. 7. 1993 AP TVG § 1 Tarifverträge. Luftfahrt Nr. 10). Die Eingruppierung richtet sich nach **der überwiegend ausgeübten Tätigkeit,** also derjenigen, die mehr als die Hälfte der Gesamtarbeitszeit in Anspruch nimmt (BAG 31. 8. 1988 AP MTL II § 21 Nr. 5; BAG 25. 9. 1991 AP TVG § 1 Tarifverträge: Großhandel Nr. 7). Enthält die tarifliche Vergütungsordnung eine Lücke, so kommt, wenn diese unbewußt ist, eine richterliche Lückenfüllung in Betracht (BAG 13. 6. 1973 AP TVG § 1 Auslegung Nr. 123; BAG 11. 9. 1985 AP BAT 1975 §§ 22, 23 Nr. 106). Besteht hingegen eine bewußte Tariflücke, bleibt die Tätigkeit ohne tarifliche Vergütung (MünchArbR/*Hanau* § 60 Rn. 47). Es verstößt gegen den arbeitsrechtlichen Gleichbehandlungsgrundsatz, wenn nach einer Vergütungsordnung ein besser qualifizierter AN gegenüber einem geringer qualifizierten schlechter vergütet wird (BAG 24. 4. 1991 AP BGB § 242 Gleichbehandlung Nr. 97).

622 Der AN, der meint, zu niedrig eingruppiert worden zu sein, kann vor Gericht die richtige Lohnhöhe geltend machen. Der Klageantrag ist auf die Feststellung (§ 256 ZPO) zu richten, daß der AG den AN nach einer bestimmten Vergütungsgruppe zu entlohnen hat. Dabei handelt es sich um eine **Eingruppierungsfeststellungsklage,** die auch im Bereich der Privatwirtschaft allgemein üblich ist (BAG 20. 6. 1984 AP TVG § 1 Tarifverträge: Großhandel Nr. 2; BAG 25. 9. 1991 AP TVG § 1 Tarifverträge: Großhandel Nr. 7; BAG 21. 7. 1993 AP TVG § 1 Tarifverträge: Luftfahrt Nr. 10; BAG 26. 7. 1995 AP AVR § 12 Caritasverband Nr. 8). Im Prozeß muß der AN die Tatsachen darlegen und beweisen, aus

F. Pflichten des Arbeitgebers § 611 BGB 230

denen sich ergibt, daß er die im Einzelfall für sich beanspruchten tariflichen Tätigkeitsmerkmale unter Einschluß der darin vorgesehenen Qualifizierungen erfüllt (BAG 19. 3. 1980 AP BAT 1975 §§ 22, 23 Nr. 32; BAG 20. 10. 1993 AP BAT 1975 §§ 22, 23 Nr. 173; BAG 21. 7. 1993 AP TVG § 1 Tarifverträge: Luftfahrt Nr. 10). Hat der AG dem AN fehlerhaft eine höhere Vergütungsgruppe mitgeteilt, greifen zugunsten des AN die allgemeinen Beweiswirkungen des Vertrages bzw. des Nachweises (vgl. NachwG Einführung Rn. 13 ff.). Der Gegenteilsbeweis durch den AG ist zulässig (EuGH 4. 12. 1997 EAS RL 91/533/EWG Art. 2 Nr. 1 = AP EWG-Richtlinie Nr. 91/533 Nr. 3). Soweit im Zustimmungsverfahren nach § 99 IV BetrVG eine bestimmte Entgeltgruppe als zutreffend ermittelt oder als unzutreffend ausgeschlossen wurde, kann sich der AN auf diese gerichtliche Entscheidung stützen (BAG 3. 5. 1994 AP BetrVG 1972 § 99 Eingruppierung Nr. 2).

Ist der AN **fehlerhaft eingruppiert** worden, so muß der AG, wenn neben dem tariflichen Anspruch 623 ein vertraglicher Anspruch besteht, zur Korrektur (korrigierende Umgruppierung, vgl. BAG 20. 3. 1990 AP BetrVG 1972 § 99 Nr. 79) eine betriebsbedingte Änderungskündigung (§ 2 KSchG) aussprechen (BAG 15. 3. 1991 NZA 1992, 120 = AP KSchG 1969 § 2 Nr. 28; *Küttner/Griese* Eingruppierung Rn. 23; aA *MünchArbR/Hanau* § 60 Rn. 44; *Rieble* Anm. zu BAG EzA KSchG § 2 Nr. 17; *Mehlich* DB 1999, 1319; *Wirges* ZTR 1998, 62 ff.; für den öffentlichen Dienst BAG 30. 5. 1990 AP BPersVG § 75 Nr. 31; LAG Köln 20. 4. 1994 ZTR 1994, 374; das BAG läßt eine „vorsorgliche" Änderungskündigung zu BAG 11. 3. 1998 – 2 AZR 325/97 – nv.) und bei dieser korrigierenden Rückgruppierung das Mitbestimmungsrecht des BR beachten (BAG 30. 5. 1990 AP BPersVG § 75 Nr. 31; BAG 26. 8. 1992 AP BPersVG § 75 Nr. 37).

Umgruppierung ist die Feststellung des AG, daß die Tätigkeit des AN nicht – oder nicht mehr – 624 den Tätigkeitsmerkmalen derjenigen Vergütungsgruppe entspricht, in die der AN eingruppiert ist, sondern den Tätigkeitsmerkmalen einer anderen – höheren oder niedrigeren – Vergütungsgruppe. Anlaß für eine solche Feststellung kann eine Änderung der Tätigkeit des AN sein (infolge Versetzung, Übernahme zusätzlicher Aufgaben), eine Änderung der Vergütungsgruppenordnung (dazu BAG 3. 10. 1989 AP BetrVG 1972 § 99 Nr. 75; BAG 18. 6. 1991 AP BetrVG 1972 § 99 Nr. 105; BAG 12. 1. 1993 AP BetrVG 1972 § 99 Nr. 101) oder auch nur eine Überlegung des AG, die zu einer anderen Beurteilung der Rechtslage geführt hat (BAG 20. 3. 1990 AP BetrVG 1972 § 99 Nr. 79). Wie die Eingruppierung setzt die Umgruppierung das Vorliegen einer betrieblichen oder tariflichen Vergütungsordnung voraus.

Von der Umgruppierung zu unterscheiden ist die **Versetzung,** also die Änderung der Arbeitsart 625 durch Zuweisung anderer Aufgaben und Tätigkeiten. Erst der mit der Versetzung verbundenen Neueinstufung in eine andere Vergütungsgruppe ist die Umgruppierung. In der Zustimmung des AN zur Versetzung liegt nicht gleichzeitig der Verzicht auf gerichtliche Überprüfung der durch die Umgruppierung sich ergebenden Vergütungsgruppe (*Küttner/Griese* Umgruppierung Rn. 5).

Mitwirkungsrechte. Nach § 99 BetrVG bedürfen Ein- und Umgruppierungen einschließlich der 626 Korrektur fehlerhafter Eingruppierungen der Zustimmung des BR (s. dazu § 99 BetrVG Rn. 10 ff.). Auch wenn die Ein- oder Umgruppierung wegen fehlender Zustimmung unwirksam ist, hat der AN einen Anspruch auf die entspr. Vergütung, solange er die Tätigkeit tatsächlich ausübt (BAG 19. 7. 1978 AP BAT 1975 §§ 22, 23 Nr. 8; BAG 10. 3. 1982 AP BPersVG § 75 Nr. 7).

f) Wirkungen von Tariflohnerhöhungen. Da die Lohn- und GehaltsTV nur Mindestlöhne und 627 -gehälter festsetzen, können in einzelvertraglichen Abreden übertarifliche Entgelte vereinbart werden. Welche Folgen eintreten, wenn der Tariflohn erhöht wird, der bereits zuvor gewährte übertarifliche Lohn aber noch immer günstiger ist, bestimmt sich in erster Linie nach den Regelungen im Arbeitsvertrag. Dort kann zum einen vorgesehen sein, daß sich der vereinbarte Lohn um den Betrag der Tariflohnerhöhung erhöht („Weitergabe der Tariflohnerhöhung"). Zum anderen kann vereinbart sein, daß die Tariflohnerhöhung den übertariflichen Lohn unberührt läßt, dieser sich also nicht erhöht. Es erhöht sich lediglich der tariflich abgesicherte Anteil am ansonsten gleichbleibenden Lohn. Der übertarifliche Lohnbestandteil verringert sich damit bei Tariflohnerhöhungen automatisch um deren Betrag (BAG 8. 12. 1982 AP TVG § 4 Übertarifl. Lohn und Tariflohnerhöhung Nr. 15; sog. **„Aufsaugung"**).

Enthält der Arbeitsvertrag hierzu keine ausdrückliche Regelung, ist der Wille der Parteien durch 628 **Auslegung** zu ermitteln. Im Regelfall geht die Rspr. dabei von einer Anrechnungsbefugnis aus, auch wenn dies nicht ausdrücklich durch eine entspr. Vertragsklausel klargestellt worden ist (BAG 22. 9. 1992 AP BetrVG 1972 § 87 Betriebliche Lohngestaltung Nr. 54; BAG 16. 6. 1993 EzA TVG § 4 Tariflohnerhöhung Nr. 29). Dies gelte insb., wenn die Vertragsparteien den Monatslohn in einer Summe vereinbaren (BAG 22. 9. 1992 AP BetrVG 1972 § 87 Betriebliche Lohngestaltung Nr. 55). Die Tariflohnerhöhung bewirkt lediglich, daß bis zur Höhe des Tariflohns der Lohnanspruch unabdingbar ist (§ 4 I, III TVG) und sich insoweit der übertarifliche Lohnbestandteil verringert. Dies ist die Konsequenz des Grundsatzes, daß tarifliche Normen nicht unmittelbar in arbeitsvertragliche Vereinbarungen eingreifen, sondern nur dann das Arbeitsverhältnis zwingend gestalten, wenn die vertragliche Vereinbarung für den AN ungünstiger ist (vgl. § 4 III TVG; BAG 4. 3. 1982 AP BGB § 242 Gleichbehandlung Nr. 47; ausführlich auch *Ramrath* DB 1990, 2593 ff.; *Hoß* NZA 1997, 1129).

629 Eine solche Anrechnung ist aber ausgeschlossen, wenn dem AN aufgrund einer vertraglichen Abrede die Zulage als **selbständiger Lohnbestandteil** neben dem jeweiligen Tariflohn „anrechnungsfest" zustehen soll (st. Rspr., BAG 19. 7. 1978 AP TVG § 4 Übertarifl. Lohn und Tariflohnerhöhung Nr. 10; BAG 22. 8. 1979 AP TVG § 4 Übertarifl. Lohn und Tariflohnerhöhung Nr. 11; BAG 23. 1. 1980 AP TVG § 4 Übertarifl. Lohn und Tariflohnerhöhung Nr. 12; BAG 4. 6. 1980 AP TVG § 4 Übertarifl. Lohn und Tariflohnerhöhung Nr. 13; BAG 8. 12. 1982 AP TVG § 4 Übertarifl. Lohn und Tariflohnerhöhung Nr. 15). Allein in der tatsächlichen Zahlung einer übertariflichen Zulage kann noch keine derartige vertragliche Abrede erblickt werden (BAG 8. 12. 1982 AP TVG § 4 Übertarifl. Lohn und Tariflohnerhöhung Nr. 15; BAG 7. 2. 1995 AP TVG § 4 Verdienstsicherung Nr. 6). Sie kann sich allerdings durch **Vertragsauslegung** ergeben, vor allem, wenn die Zulage für einen vom Tariflohn nicht erfaßten Zweck zB als Erschwernis-, Leistungs-, Funktions-, Familienzulage oder aus einem anderen eigenständigen Grunde gewährt wird (BAG 7. 2. 1995 AP TVG § 4 Verdienstsicherung Nr. 6 und BAG 23. 3. 1993 AP BetrVG 1972 § 87 Tarifvorrang Nr. 26 zu einer Wechselschichtzulage), dh. wenn sie dem AN als selbständiger Entgeltbestandteil neben dem jeweiligen Tarifentgelt zugesagt ist (BAG 7. 2. 1996 AP BetrVG 1972 § 87 Lohngestaltung Nr. 85; BAG 23. 10. 1996 EzA BetrVG 1972 § 87 Betriebliche Lohngestaltung Nr. 58). **Darlegungs- und beweispflichtig** dafür, daß ein solcher besonderer Zweck vorliegt, ist der AN (*Schneider* DB 1993, 2530; *Schirge* AiB 1993, 377, 378). In diesem Fall bedarf der AG zur Anrechnung eines **Anrechnungsvorbehalts** (BAG 23. 1. 1980 AP TVG § 4 Übertarifl. Lohn und Tariflohnerhöhung Nr. 12; BAG 23. 3. 1993 AP BetrVG 1972 § 87 Tarifvorrang Nr. 26).

630 Von den hier geschilderten individualrechtlichen Voraussetzungen ist die Frage der **Mitbestimmung** des BR zu unterscheiden (hierzu § 87 BetrVG Rn. 96 ff.).

631 Diese Rspr. ist für individuelle Entgeltabreden vertretbar, kann aber für **formularmäßige Gestaltungen** nicht überzeugen. In Zweifelsfragen entscheidet das BAG bei der Auslegung zu Lasten des AN, also des dem Formularwerk unterlegenen Vertragspartners. Zweifel gehen aber nach der Unklarheitenregel zu Lasten des Verwenders (vgl. auch *Henssler* SAE 1988, 164, 165). Der schlichte vorgedruckte Hinweis „übertariflich" macht weder den Zweck der Zulage hinreichend deutlich, noch läßt sich daraus mit der notwendigen Bestimmtheit entnehmen, daß eine jederzeitige Anrechenbarkeit gewollt ist. Haben die Parteien über die Anrechnung keine Abrede getroffen, so muß der AG darlegen, aus welchem rechtlichen Gesichtspunkt er eine Zulage, die er in Zeiten guter Konjunktur gewährt und mit der er den über dem Tariflohn liegenden Marktwert vergütet hat, plötzlich anrechnen will. Für den AN ist diese Vertragsgestaltung mit benachteiligendem Charakter nicht transparent. Anders ist es dagegen, wo der **ausdrückliche Vorbehalt** der „Anrechenbarkeit auf Tariferhöhungen" im Formularvertrag enthalten ist. Der AN erkennt dann, daß seine übertariflichen Lohnbestandteile nur so lange effektiv wirken, bis eine Tariflohnerhöhung erfolgt. Der Anrechnungsgrund ist auf einen konkreten und transparenten Aspekt reduziert (siehe auch *Preis*, FS für Kissel, 1994, S. 879 ff.; zustimmend *Küttner* in Hromadka (Hrsg.), Die Mitarbeitervergütung, S. 61, 68).

632 Ein solcher (stillschweigender oder ausdrücklicher) Anrechnungsvorbehalt, der sich generell auf Tariflohnerhöhungen bezieht, erfaßt aber im Zweifel nicht die Steigerung des Arbeitsentgelts, die sich bei einer **Arbeitszeitverkürzung** mit vollem oder tlw. Lohnausgleich ergibt (BAG 7. 2. 1996 AP BetrVG 1972 § 87 Lohngestaltung Nr. 85 = NZA 1996, 832, 833 zu einem tariflichen Monatslohn, bei dem sich die Gehaltserhöhung indirekt aus der Verkürzung der Arbeitszeit ergibt; aA BAG 3. 6. 1987 AP TVG § 1 Tarifverträge: Metallindustrie Nr. 58 m. abl. Anm. von *Lund*; zur Entlohnung auf Stundenbasis, wo ein Lohnausgleich bei Arbeitszeitverkürzung durch eine prozentuale Erhöhung erfolgen kann; zum Stundenlohn jetzt wie oben zum Monatslohn BAG 23. 10. 1996 EzA BetrVG 1972 § 87 Betriebliche Lohngestaltung Nr. 58). Bei einem Arbeitsentgelt, das als Monatslohn oder -gehalt geschuldet wird, ist unter Tariflohnerhöhung nur die Erhöhung des monatlichen Entgeltbetrages zu verstehen, nicht die als unselbständige Folge einer Arbeitszeitverkürzung mit Lohnausgleich eintretende Erhöhung (BAG 19. 9. 1995 AP BetrVG 1972 § 87 Lohngestaltung Nr. 81 = NZA 1996, 484, 486; BAG 3. 6. 1998 AP TVG § 4 Übertarifl. Lohn u. Tariflohnerhöhung Nr. 4; BAG 15. 3. 2000 AP TVG § 4 Übertarifl. Lohn u. Tariflohnerhöhung Nr. 35). Kritisch kann hiergegen eingewandt werden, daß diese Rspr. zu einer ungerechtfertigten Differenzierung zwischen Stunden- und Monatsentlohnung und damit typischerweise zwischen Arbeitern und Angestellten führt (hierzu *Hoß* NZA 1997, 1129, 1130 ff.).

633 Auch wenn der AG jahrelang eine Tariflohnerhöhung weitergegeben hat, ist er nicht gehindert, eine Anrechnung vorzunehmen. Eine **betriebliche Übung entsteht** selbst bei jahrelanger vorbehaltloser Nichtanrechnung **nicht** (LAG Köln 15. 11. 1990 LAGE TVG § 4 Tariflohnerhöhung Nr. 9; aA *Schirge* AiB 1993, 377, 379, wonach die Zulage nach dreimaliger aufeinanderfolgender Nichtanrechnung anrechnungsfest sei; ebenso MünchArbR/*Hanau* § 60 Rn. 53; einschränkend BAG 19. 7. 1978 AP TVG § 4 Übertarifl. Lohn und Tariflohnerhöhung Nr. 10; LAG Hamm 14. 12. 1989 LAGE § 4 TVG Tariflohnerhöhung Nr. 8: jedenfalls nicht bei entspr. Vorbehalten). TV werden im allgemeinen nur unter Berücksichtigung der wirtschaftlichen Verhältnisse der betreffenden Branche, nicht aber der eines einzelnen Unternehmens innerhalb der jeweiligen Branche abgeschlossen. Von daher ist es für den Unternehmer regelmäßig nicht überschaubar, ob er bei künftigen Tariflohnerhöhungen wirtschaft-

F. Pflichten des Arbeitgebers　　　　　　　　　　　　　　　　　　§ 611　**BGB 230**

lich in der Lage und willens ist, eine bisher gewährte übertarifliche Zulage weiterzuzahlen. Deshalb entspricht es auch nicht der Üblichkeit im Arbeitsleben, daß der AG übertarifliche Lohnbestandteile grds. zum jeweiligen Tariflohn und ohne Rücksicht auf dessen Höhe zahlt. Ein AN kann somit ohne entspr. Vereinbarung auch nicht auf die Weitergewährung einer übertariflichen Zulage zum jeweiligen Tariflohn vertrauen.

Es bedarf zur Verhinderung eines entspr. Vertrauenstatbestandes auch keines Vorbehaltes, da ein 634 solcher aufgrund der wirtschaftlichen Gegebenheiten, insb. der Unsicherheit der wirtschaftlichen und tarifpolitischen Prognosen, in der Natur der Sache liege. Die Rspr. zur vorbehaltlosen Gewährung einer Weihnachtsgratifikation ist daher auf die vorbehaltlose Zahlung einer übertariflichen Zulage **nicht übertragbar** (BAG 4. 6. 1980 AP TVG § 4 Übertarifl. Lohn und Tariflohnerhöhung Nr. 13; BAG 8. 12. 1982 AP TVG § 4 Übertarifl. Lohn und Tariflohnerhöhung Nr. 15; BAG 7. 2. 1995 AP TVG § 4 Verdienstsicherung Nr. 6; BAG 31. 10. 1995 AP BetrVG 1972 § 87 Lohngestaltung Nr. 80).

In der Literatur wird trotz dieser somit geklärten Rechtslage – aus psychologischen Gründen – 635 **empfohlen**, beim Nichtgebrauch einer an sich gegebenen Anrechnungslage einen **Vorbehalt** in der Weise **auszusprechen**, daß aus der Nichtanrechnung der übertariflichen Lohnbestandteile kein Rechtsanspruch auf eine Zahlung der Zulage zum jeweiligen Tariflohn hergeleitet werden kann (*Ziepke* BB 1981, 61, 63; *ders.* BB 1968, 389, 390; *Hunold* DB Beil. 26/81 S. 10; *Schneider* DB 1993, 2530, 2531).

TVParteien können die Anrechnung nicht verhindern. **Effektivgarantieklauseln** („Die Tariflohner- 636 höhung wird effektiv gewährt" oder „Die Tariflohnerhöhung tritt zu dem bisher gezahlten Lohn hinzu"), die bewirken, daß die bisher gezahlten übertariflichen Zulagen zu Tariflöhnen werden, sind **unwirksam** (BAG 13. 6. 1958, 14. 2. 1968 AP TVG § 4 Effektivklausel Nr. 2, 7). Die Rspr. lehnt auch die **begrenzte Effektivklausel** ab, nach der die bisherigen übertariflichen Lohnbestandteile auf den neuen Tariflohn aufgestockt werden (BAG 14. 2. 1968, 16. 9. 1987 AP TVG § 4 Effektivklausel Nr. 7, 15). Die Unwirksamkeit solcher Tarifnormen wird insb. daraus geschlossen, daß sie einzelvertraglich vereinbarte Lohnbestandteile der Verfügung der Arbeitsvertragsparteien entziehen und somit unzulässigerweise in deren Vertragsbeziehungen eingreifen (BAG 21. 7. 1993 AP TVG § 1 Auslegung Nr. 144).

g) Darlehen, Vorschüsse. Die Darlehensgewährung im Arbeitsverhältnis ist von der Entgeltzah- 637 lung im engeren Sinne abzugrenzen. Ein **AGDarlehen** liegt vor, wenn der AG mit Rücksicht auf das Arbeitsverhältnis einem AN Kapital zur vorübergehenden Nutzung, typischerweise zu günstigeren Bedingungen als auf dem Kapitalmarkt, überläßt. Das AGDarlehen ist zunächst abzugrenzen vom **Vorschuß** (vgl. hierzu *Jesse/Schellen*, Arbeitgeberdarlehen und Vorschuß, 1990 sowie hier § 614 Rn. 19 ff.). Die Vergabe von AGDarlehen ist eine Frage der **betrieblichen Lohngestaltung** und unterliegt der Mitbestimmung nach § 87 I Nr. 10 BetrVG (*Kania* AR-Blattei SD 570 Rn. 17 ff.). Vertragsrechtlich ist relevant, daß nach einhelliger Auffassung auf arbeitgeberseitig vorformulierte Darlehensbedingungen eine Inhaltskontrolle in unmittelbarer Anwendung des AGBG erfolgt (BAG 26. 5. 1993 AP AGBG § 23 Nr. 3; LAG Hamm 19. 2. 1993 DB 1994, 1243; LAG Saarbrücken 29. 4. 1997 LAGE AGBG § 9 Nr. 1; *Kania* AR-Blattei SD 570 Rn. 22 ff.; *Preis* Vertragsgestaltung S. 547 ff.; aA *Berger-Delhey* DB 1990, 837). Das VerbrKrG findet nach § 3 I Nr. 4 keine Anwendung, wenn ein AG mit seinem AN Kreditverträge zu Zinsen abschließt, die unter den marktüblichen Sätzen liegen. Problematisch ist das Schicksal von AGDarlehen bei Beendigung des Vertragsverhältnisses. Ein AGDarlehen geht im Falle des § 613 a auf den Betriebserwerber über, wenn das Darlehen zu den Rechten und Pflichten aus dem Arbeitsverhältnis gehört. Dies ist dann der Fall, wenn der AG dem AN ein Darlehen als Lohn- oder Gehaltsvorschuß gegeben hat. Der eigenständige Darlehensvertrag wird durch den Betriebsübergang jedoch nicht berührt (BAG 21. 1. 1999 – 8 AZR 373/97 – juris). Ohne besondere Vereinbarung gehen das AGDarlehen und das Arbeitsverhältnis getrennte Wege. Für eine ergänzende Vertragsauslegung oder für eine Anpassung des AGDarlehens nach den Grundsätzen des Wegfalls der Geschäftsgrundlage ist regelmäßig kein Raum (*Kania* AR-Blattei SD 570 Rn. 56 ff.). Fälligkeitsklauseln und Zinsanpassungsklauseln, die das Schicksal des Darlehensvertrages an den Bestand des Arbeitsverhältnisses koppeln, unterliegen einer Inhaltskontrolle unter ähnlichen Aspekten wie Rückzahlungsklauseln bei Gratifikationen (hierzu *Kania* AR-Blattei SD 570 Rn. 62 ff.; *Preis* Vertragsgestaltung S. 555 ff.). Eine Vertragsbedingung, nach der bei Beendigung des Arbeitsverhältnisses ein konkret vereinbarter höherer Zinssatz zur Anwendung kommt, hält der Inhaltskontrolle stand (BAG 23. 2. 1999 AP BGB § 611 Arbeitnehmerdarlehen Nr. 4).

Bei **ANDarlehen** überläßt der AN mit Rücksicht auf das Arbeitsverhältnis seinem AG Kapital zur 638 vorübergehenden Nutzung. ANDarlehen werden insb. bei wirtschaftlichen Schwierigkeiten des AG gewährt. Arbeitgeberseitig vorformulierte Vertragsbedingungen für ANDarlehen unterliegen einer unmittelbaren Inhaltskontrolle nach dem AGBG, da es sich nicht um einen Vertrag auf dem Gebiet des Arbeitsrechts iSd. § 23 I AGBG handelt (BAG 23. 9. 1992 AP BGB § 611 Arbeitnehmerdarlehen Nr. 1). Der gewährte Zins stellt keinen Arbeitslohn dar. Selbst wenn eine höhere Verzinsung als marktüblich gewährt wird, handelt es sich um eine Leistung im Hinblick auf das Darlehen und nicht auf die erbrachte Arbeitsleistung (*Kania* AR-Blattei SD 570 Rn. 92). Denkbar ist allerdings eine unzulässige Lohnverwendungsabrede im Zusammenhang mit der Hingabe des ANDarlehens. Das ist der Fall, wenn der AN auf die Auszahlung bestimmter, bereits vereinbarter Vergütungsbestandteile verzichtet und die entspr. Beträge dem AG als Darlehen zur Verfügung stellt. Hierin liegt ein Verstoß gegen § 117 II GewO. Zulässig ist es allerdings, daß der AG eine freiwillige zusätzliche Leistung verspricht und dieses Leistungsversprechen daran koppelt, daß der AN den Betrag dem AG als Darlehen zur Verfügung stellt (BAG 23. 9. 1992 AP BGB § 611 Arbeitnehmerdarlehen Nr. 1). Das Schicksal des ANDarlehens bei Beendigung des Arbeitsverhältnisses richtet sich nach der vertraglichen Vereinbarung. Das BAG hat in einer Klausel, die für ein mit 4% verzinstes ANDarlehen eine Laufzeit von 15 Jahren unabhängig von der Beendigung des Arbeitsverhältnisses vorsieht, keine unangemessene Benachteiligung des AN iSd. § 9 I AGBG gesehen (BAG 23. 9. 1992 AP BGB § 611 Arbeitnehmerdarlehen Nr. 1).

639 h) **Umzugskosten.** Grds. hat der AN gegen den AG keinen Kostenerstattungsanspruch, wenn er zur Arbeitsaufnahme oder im laufenden Arbeitsverhältnis in die Nähe des Betriebes umzieht. Eine solche Kostenübernahmeverpflichtung kann sich jedoch aus **Vereinbarungen** im Einzelvertrag, Betriebsvereinbarung oder TV ergeben. So hat zB im öffentlichen Dienst nach § 44 BAT die Erstattung bei einem aus Anlaß der Einstellung erfolgenden Umzug zu erfolgen, wenn die Einstellung im dringenden öffentlichen Interesse liegt (BAG 7. 9. 1982 AP BAT § 44 Nr. 7). Auch sonst ist es in der betrieblichen Praxis üblich, daß der AG sich an den Kosten eines durch das Arbeitsverhältnis veranlaßten Umzugs beteiligt, indem er dem AN diese Aufwendungen in voller Höhe erstattet, eine Umzugspauschale oder doch zumindest eine Umzugskostenbeihilfe gewährt.

640 Wenn der AN aber aus dienstlichen Gründen **versetzt** wird, hat er unter dem Gesichtspunkt des Aufwendungsersatzes (§ 670) einen Anspruch auf Erstattung der entstandenen Umzugskosten, sofern der Umzug aus betrieblichen Gründen notwendig ist und der AN die dafür getätigten Aufwendungen für erforderlich halten durfte (BAG 21. 3. 1973 AP BAT § 44 Nr. 4). Eine solche betriebliche Notwendigkeit liegt insb. dann vor, wenn ein tägliches Pendeln dem AN nicht mehr zumutbar ist. Daraus folgt zugleich, daß eine Kostenerstattung nicht in Betracht kommt, wenn der neue Arbeitsplatz nur unerheblich weiter entfernt ist als der alte. Außerdem fehlt die betriebliche Notwendigkeit bei einer Versetzung auf Wunsch des AN (BAG 18. 3. 1992 AP TVG § 1 Tarifverträge: Bau Nr. 154). Sie ist aber gegeben, wenn der AN aufgrund einer **Betriebsverlagerung** umziehen muß (*Küttner/Griese* Umzugskosten Rn. 6; *Schaub* § 45 III 4). Bei einer Versetzung in entferntes Ausland ist eine Zusage der Umzugskostenerstattung im Zweifel dahin auszulegen, daß sie auch die Kosten des Rückumzugs erfaßt (BAG 27. 7. 1995 AP BGB § 157 Nr. 7).

641 Die **Höhe** der Umzugskostenvergütung richtet sich danach, was der AN den Umständen nach für erforderlich halten durfte. Vertragliche Vereinbarungen der Parteien haben insoweit Vorrang. Verbreitet ist die Praxis, diesbezüglich das für den öffentlichen Dienst geltende BUKG (idF v. 11. 12. 1990 BGBl. I S. 2682) zugrunde zu legen. Ist dies im Betrieb üblich, so hat der AN aufgrund des Gleichbehandlungsgrundsatzes Anspruch auf die dort vorgesehenen Erstattungsbeträge.

642 Nach der Rspr. des BAG sind Vereinbarungen unter dem Gesichtspunkt der Vertragsfreiheit rechtlich nicht zu beanstanden, die den AN zur **Rückgewähr** erstatteter Umzugskosten mit einer **dreijährigen Bindung** verpflichten, falls er vorzeitig ausscheidet (BAG 24. 2. 1975 AP GG Art. 12 Nr. 50; BAG 22. 8. 1990 – 5 AZR 556/89 –; LAG Frankfurt 29. 3. 1993 Mitbestimmung 1994, Nr. 2, 59). Fünfjährige Bindungsfristen sind dagegen nicht anerkannt worden (LAG Düsseldorf 3. 12. 1971 DB 1972, 1587; LAG Düsseldorf 23. 12. 1971 DB 1972, 979). Unter Umständen beträgt die Höchstgrenze sogar nur zwei Jahre, etwa um den AG ein überwiegendes Interesse daran hat, größere Teile der Belegschaft durch Zahlung einer Pauschale zu veranlassen, in ein anderes, weiter entferntes Werk, das an einem für den AN ungünstigeren Standort liegt, überzuwechseln (LAG Düsseldorf 3. 12. 1971 DB 1972, 97). Eine solche Rückzahlungsvereinbarung ergibt sich nicht von selbst, sie muß **ausdrücklich vereinbart** sein. Übernimmt der AG über die Umzugskosten hinaus weitere mit dem Ortswechsel verbundene Mehraufwendungen (zB Maklerkosten, Kautionen oder Mietzinszahlungen für das alte Mietverhältnis), so müssen auch diese ausdrücklich in der Rückzahlungsklausel aufgeführt werden (*Hanau/Preis* II U 10 Rn. 21). Die **Höhe des Rückzahlungsbetrags** darf keinesfalls über den tatsächlich erstatteten Kosten liegen, da andernfalls die Rückzahlungsvereinbarung Züge einer wegen § 622 VI unzulässigen Vertragsstrafe annehmen würde (*Hanau/Preis* II U 10 Rn. 21). Erfolgt ein Umzug aus dienstlichen Gründen, so ist eine Rückzahlungsklausel nichtig (BAG 21. 3. 1973 AP BAT § 44 Nr. 4).

643 Anders als im Fall der Rückzahlung von Aus- oder Fortbildungskosten (s. dazu Rn. 647 ff.) sieht die Rspr. in der **Staffelung** des Rückforderungsbetrages keine Wirksamkeitsvoraussetzung (BAG 24. 2. 1975 AP GG Art. 12 Nr. 50; LAG Kiel 15. 12. 1972 AP BGB § 611 Umzugskosten Nr. 1). Dies gelte jedenfalls dann, wenn der Erstattungsbetrag einem Monatseinkommen entspreche und der Stellen- und Wohnungswechsel auch den Interessen des AN diene, was regelmäßig der Fall sein dürfte. Liegt aber der Rückzahlungsbetrag deutlich über einem Monatseinkommen oder ist aus anderen Gründen ein größeres Bindungsinteresse des AG feststellbar, so wäre wohl auch nach der Rspr. eine Staffelungsregelung unverzichtbar (*Hanau/Preis* II U 10 Rn. 22; *Säcker* Anm. SAE 1976, 74; *Blomeyer* Anm. AP

GG Art. 12 Nr. 50). Ob sich diese Grundsätze mit der Rspr. zur Rückzahlung aufgewendeter Aus- und Fortbildungskosten, bei denen immer eine Staffelung verlangt wird, vereinbaren lassen, erscheint fraglich, da der verwendete Amortisationsgedanke gerade auf eine zeitabhängige Minderung zielt (*Hanau/Preis* II U 10 Rn. 22).

Als **Auslöser für eine Rückzahlungspflicht** kann insb. eine Kündigung des AN, ein auf dessen **644** Wunsch geschlossener Aufhebungsvertrag und eine arbeitgeberseitige verhaltens- oder personenbedingte Kündigung vereinbart werden. Sie gilt aber nicht für eine betriebsbedingte Kündigung (LAG Düsseldorf 1. 4. 1975 EzA BGB § 157 Nr. 1; *Küttner/Griese* Umzugskosten Rn. 9; *Schaub* § 84 III 4) sowie eine arbeitnehmerseitige Kündigung aus wichtigem, vom AG zu vertretenden Grund (*Hanau/Preis* II U 10 Rn. 12). Bei einer ausdrücklichen Einbeziehung einer auf Krankheit des AN gestützten Kündigung wird man sie aber für zulässig erachten müssen (*Hanau/Preis* II U 10).

Genügt im Einzelfall eine Rückzahlungsklausel nicht diesen Anforderungen, so führen die Gerichte **645** die Rückzahlungsklausel auf das noch **zulässige Maß** zurück (LAG Kiel 15. 12. 1972 AP BGB § 611 Umzugskosten; Nr. 1; LAG Düsseldorf 3. 12. 1971 DB 1972, 97 unter ausdrücklicher Übernahme der Rspr. des BAG zu Aus- und Fortbildungskosten). Bei Formularverträgen sollte ein Rechtsverstoß aber – wie im AGB-Recht anerkannt – grds. die Gesamtnichtigkeit der entspr. Klausel nach sich ziehen (*Hanau/Preis* II U 10 Rn. 24).

Die vorgehend aufgezeigten Regeln finden auch dann Anwendung, wenn andere rechtliche Ge- **646** staltungsformen, insb. **nichtrückzahlbare Darlehen**, verwendet werden. Danach ist der AN zur Rückzahlung nur verpflichtet, wenn er vor der vereinbarten Zeit ausscheidet; ansonsten gilt die Darlehensschuld als erlassen. Auf die rechtliche Beurteilung haben die Bezeichnung und die Konstruktion der Zahlungsverpflichtungen keinen Einfluß (LAG Düsseldorf 3. 12. 1971 DB 1972, 1587; LAG Düsseldorf 23. 12. 1971 DB 1972, 979; *Hanau/Preis* II U 10 Rn. 25; *Luhmann/Zach* Sonderzuwendungen S. 152; *Blomeyer* Anm. AP GG Art. 12 Nr. 50).

i) **Ausbildungs- und Fortbildungskosten.** Sind im Rahmen eines Arbeitsverhältnisses Aus- oder **647** Fortbildungskosten entstanden, so sind nach st. Rspr. des BAG einzelvertragliche Vereinbarungen über die **Rückzahlung dieser Kosten** im Fall einer vorzeitigen Beendigung des Arbeitsverhältnisses grds. zulässig (hierzu ausf. *Hanau/Stoffels*, Beteiligung von AN an den Kosten der beruflichen Fortbildung, 1992; *Hanau/Preis* II A 130; *Meier/Schulz* NZA 1996, 742). Solche Rückzahlungsklauseln bedürfen einer **ausdrücklichen** – idR formfreien – **Vereinbarung**, die jedoch nicht unter Druck während der Ausbildung erzwungen werden dürfen. Der AG muß vielmehr den AN zu Beginn der Ausbildung auf alle Folgen, die sich aus einer solchen Vereinbarung ergeben, klar und unmißverständlich hinweisen (BAG 19. 3. 1980 AP BGB § 611 Ausbildungsbeihilfe Nr. 5). Falls eine solche Rückzahlungsvereinbarung den Fall einer vorzeitigen oder erfolglosen Beendigung der Ausbildung nicht erfaßt, kann sich dies aus einer ergänzenden Vertragsauslegung ergeben (BAG 12. 12. 1979 AP BGB § 611 Ausbildungsbeihilfe Nr. 4).

Ausnahmsweise können derartige Zahlungsverpflichtungen wegen Verstoßes gegen Treu und Glau- **648** ben (§ 242) – unter dem Gesichtspunkt einer übermäßigen Beeinträchtigung des Grundrechts des AN, seinen Arbeitsplatz frei zu wählen (Art. 12 I 1 GG), **unwirksam** sein. Die Rückzahlungspflicht muß bei verständiger Betrachtung einem billigenswerten Interesse des AG entsprechen. Hierzu gehört angesichts der von ihm erbrachten Finanzierung der Ausbildung dessen Erwartung, daß der AN ihm die erworbenen Kenntnisse und Fähigkeiten jedenfalls für eine gewisse Zeit zur Verfügung stellt. Der AN muß mit der Aus- und Fortbildungsmaßnahme eine angemessene Gegenleistung für die Rückzahlungsverpflichtung erhalten haben. Insgesamt muß dem AN die Erstattungspflicht zuzumuten sein. Die für ihn tragbaren Bindungen sind aufgrund einer **Güter- und Interessenabwägung** nach Maßgabe des Verhältnismäßigkeitsgrundsatzes unter Heranziehung aller Umstände des Einzelfalls zu ermitteln (BAG 16. 3. 1994 AP BGB § 611 Ausbildungsbeihilfe Nr. 18; BAG 26. 10. 1994 AP BGB § 611 Ausbildungsbeihilfe Nr. 19; BAG 30. 11. 1994 AP BGB § 611 Ausbildungsbeihilfe Nr. 20). Beim selbständigen Handelsvertretervertrag erfolgt die Inhaltskontrolle nach § 9 AGBG mit vergleichbaren Maßstäben (LAG Hamm 15. 5. 1998 – 10 Sa 1465/97 – juris).

Die Interessenabwägung hat sich insb. daran zu orientieren, ob und wieweit der AN durch die Aus- **649** oder Fortbildung einen **geldwerten Vorteil** erlangt (BAG 18. 8. 1976 AP BGB § 611 Ausbildungsbeihilfe Nr. 3; BAG 6. 9. 1995 AP BGB § 611 Ausbildungsbeihilfe Nr. 23; anders aber bei tarifvertraglichen Rückzahlungsklauseln, vgl. Rn. 653). Eine Kostenbeteiligung ist ihm um so eher zuzumuten, je größer für ihn der mit der Aus- oder Fortbildung verbundene berufliche Vorteil ist. Bei beruflichen Aus- oder Fortbildungsmaßnahmen kann der die Bindung rechtfertigende geldwerte Vorteil sowohl darin liegen, daß der AN die Voraussetzungen einer höheren Tarifgruppe erfüllt, als auch darin, daß sich die erworbenen Kenntnisse für andere Arbeitsverhältnisse nutzbar machen lassen. Die Vereinbarung von Rückzahlungsklauseln kommt daher vor allem dann in Betracht, wenn der AN die erworbenen Kenntnisse und Fähigkeiten auch außerhalb des Betriebs des AG verwerten oder zum beruflichen Aufstieg nutzen kann (BAG 20. 2. 1975 AP BGB § 611 Ausbildungsbeihilfe Nr. 2; BAG 18. 8. 1976 AP BGB § 611 Ausbildungsbeihilfe Nr. 3; BAG 30. 11. 1994 AP BGB § 611 Ausbildungsbeihilfe Nr. 20).

650 **Unwirksam** sind Rückzahlungsvereinbarungen dagegen, wenn die Aus- oder Fortbildung ausschließlich für den Betrieb von Nutzen ist, oder es sich lediglich um die Auffrischung oder Anpassung vorhandener Kenntnisse an vom AG veranlaßte oder zu vertretende neuere betriebliche Gegebenheiten geht (BAG 20. 2. 1975 AP BGB § 611 Ausbildungsbeihilfe Nr. 2; BAG 18. 8. 1976 AP BGB § 611 Ausbildungsbeihilfe Nr. 3; BAG 16. 3. 1994 AP BGB § 611 Ausbildungsbeihilfe Nr. 18; BAG 30. 11. 1994 AP BGB § 611 Ausbildungsbeihilfe Nr. 20). Ebenso sind bei AN in einem **Berufsausbildungsverhältnis** und gleichgestellten Ausbildungsgängen Abmachungen über die Rückzahlung der Ausbildungskosten unwirksam, da diese Kosten der Ausbildende zu tragen hat (§§ 5 II Nr. 1, 19 BBiG). Dies gilt auch hins. der Kosten für Unterkunft und Verpflegung des Auszubildenden, wenn sich die gesamte praktische Ausbildung außerhalb des Ausbildungsbetriebs vollzieht (BAG 21. 9. 1995 AP BBiG § 5 Nr. 6) und hins. der Kosten von Bildungsmaßnahmen, die der AG zwingend zu tragen hat (BRSchulung, Bildungsurlaub) und derjenigen, die bei der Einweisung des AN in seinen Arbeitsplatz nach § 81 BetrVG entstehen. Ungeklärt ist bislang, wer die Kosten von Umschulungsmaßnahmen zur Abwehr einer Kündigung (§ 1 II 3 KSchG) zu tragen hat. Wäre es der AG (dafür *Küttner/Reinecke* Rückzahlungsklausel Rn. 5), so ergäbe sich auch daraus die Unwirksamkeit einer Rückzahlungsklausel (BAG 16. 3. 1994 AP BGB § 611 Ausbildungsbeihilfe Nr. 18). Schließlich bestehen auch Bedenken, mit dem **Nichtbestehen einer Prüfung** Rückzahlungsverpflichtungen zu verbinden, da insoweit der AG sich vor der Finanzierung der Ausbildung über die Fähigkeiten des AN Kenntnis verschaffen kann (*Küttner/Reinecke* Rückzahlungsklausel Rn. 18) bzw. der AG dem AN nicht per Rückzahlungsabrede unter finanziellem Druck Ausbildungserfolge abfordern soll (ArbG Celle 8. 8. 1978 ARSt. 1979, 3).

651 Das BAG hat für den Fall der **arbeitnehmerseitigen Kündigung vor Abschluß der Ausbildung** eine Rückzahlungsvereinbarung gebilligt, wenn der AG dem AN darin eine angemessene Überlegungsfrist einräumt, innerhalb derer der AN sich ohne Kostenrisiko entscheiden kann, ob er die Ausbildung fortsetzen oder aufgeben will (BAG 20. 2. 1975 AP BGB § 611 Ausbildungsbeihilfe Nr. 2). Bei Nichtbestehen der Abschlußprüfung wird man ebenso entscheiden müssen, wenn der AN seine intellektuellen Möglichkeiten schuldhaft ungenutzt läßt. Eine Rückzahlungsverpflichtung ist dagegen unzulässig, wenn die Erfolglosigkeit ihre Ursache in der intellektuellen Überforderung des AN findet (*Meier/Schulz* NZA 1996, 742, 747).

652 Fortbildungs- und Bindungsdauer müssen in angemessenem Verhältnis stehen. Von der **Dauer der Fortbildung** hängt wegen Vergütungsfortzahlung oder Gewährung von Unterhaltszuschuß nicht nur maßgeblich die Höhe der AGAufwendungen ab. Entscheidend ist vielmehr, daß sie zudem ein starkes Indiz für den Wert der erworbenen Qualifikation ist (BAG 15. 12. 1993 AP BGB § 611 Ausbildungsbeihilfe Nr. 17; BAG 16. 3. 1994 AP BGB § 611 Ausbildungsbeihilfe Nr. 18; BAG 6. 9. 1995 AP BGB § 611 Ausbildungsbeihilfe Nr. 23). Dazu gilt im einzelnen: Bei einer Lehrgangsdauer von bis zu 2 Monaten ohne Verpflichtung zur Arbeitsleistung darf höchstens eine einjährige Bindung (BAG 15. 12. 1993 AP BGB § 611 Ausbildungsbeihilfe Nr. 17; LAG Hessen 8. 12. 1994 DB 1995, 1617), bei Lehrgangsdauer von 3 bis 4 Monaten eine zweijährige Bindungsfrist (BAG 6. 9. 1995 AP BGB § 611 Ausbildungsbeihilfe Nr. 23; aA LAG Köln 7. 9. 1992 BB 1993, 222) und bei einer Lehrgangsdauer von 6 Monaten bis zu einem Jahr ohne Arbeitsverpflichtung im Regelfall keine längere Bindung als 3 Jahre (BAG 23. 2. 1983 AP BGB § 611 Ausbildungsbeihilfe Nr. 6; BAG 11. 4. 1984 AP BGB § 611 Ausbildungsbeihilfe Nr. 8; BAG 23. 4. 1986 AP BGB § 611 Ausbildungsbeihilfe Nr. 10; BAG 15. 12. 1993 AP BGB § 611 Ausbildungsbeihilfe Nr. 17) vereinbart werden. Bei einer mehr als zweijährigen Dauer der Fortbildungsmaßnahme ohne Arbeitsleistung wird eine Bindungsdauer von fünf Jahren für zulässig gehalten (BAG 19. 6. 1974 AP BGB § 611 Ausbildungsbeihilfe Nr. 1; BAG 12. 12. 1979 AP BGB § 611 Ausbildungsbeihilfe Nr. 4; vgl. auch die Zusammenfassung der bisherigen Rspr. in BAG 6. 12. 1995 AP BGB § 611 Ausbildungsbeihilfe Nr. 22; BAG 6. 12. 1995 AP BGB § 611 Ausbildungsbeihilfe Nr. 23). Diese Grundsätze gelten aber nur für den Regelfall, so daß zB **im Einzelfall auch bei kürzerer Dauer** der Fortbildung eine längere Bindung gerechtfertigt ist, wenn der AG erhebliche Mittel aufwendet *und* die Fortbildung dem AN besondere Vorteile bringt (sowie umgekehrt bei geringem Aufwand und geringen Vorteilen; BAG 15. 12. 1993 AP BGB § 611 Ausbildungsbeihilfe Nr. 17; BAG 6. 9. 1995 AP BGB § 611 Ausbildungsbeihilfe Nr. 23). Hohe Aufwendungen des AG allein reichen nicht. Wegen der zeitlichen und gegenständlichen Begrenzung von sog. Musterberechtigungen zum Führen eines Flugzeugs ist zB trotz der erheblichen Aufwendungen des AG idR nur eine Bindungsdauer von einem Jahr zulässig (BAG 16. 3. 1994 AP BGB § 611 Ausbildungsbeihilfe Nr. 18).

653 **Tarifvertragliche Rückzahlungsklauseln** unterliegen nicht in diesem Umfang der gerichtlichen Inhaltskontrolle, da wegen der Gleichberechtigung der Partner eine materielle Richtigkeitsgewähr besteht und die Parteien eine weitgehende Gestaltungsfreiheit haben (BAG 6. 9. 1995 AP BGB § 611 Ausbildungsbeihilfe Nr. 22: Bindungsdauer wurde nicht von der jeweiligen Dauer und Umfang der Fortbildung abhängig gemacht, sondern betrug starr drei Jahre). Von daher ist bei einer tariflichen Rückzahlungsklausel auch nicht zu prüfen, inwieweit dem AN durch die erfolgreiche Bildungsmaßnahme im Einzelfall ein geldwerter Vorteil erwachsen ist. Eine Rückzahlungspflicht besteht vielmehr bereits dann, wenn die maßgebliche tarifvertragliche Bestimmung ihrerseits einer Rechtmäßigkeitsprüfung standhält und ihre Voraussetzungen vorliegen. Erfolgt eine Fort- oder Weiterbildung „im

F. Pflichten des Arbeitgebers § 611 **BGB 230**

Rahmen des Personaldarfs des AG", so müssen beim AG innerhalb des Bindungszeitraums wahrscheinlich Stellen zu besetzen sein, die mit einer Höhergruppierung verbunden sind und für die eine durch die Weiterbildung erlangte Qualifikation vorausgesetzt wird. Es reicht nicht aus, daß der AG lediglich eine allgemeine Qualifizierung seines Fachpersonals erreichen will (BAG 6. 11. 1996 AP BAT SR 2 a § 2 Nr. 7).

Auch dort, wo nach dem Vorstehenden eine Rückzahlungsklausel wirksam vereinbart werden kann, 654 muß sich die Rückzahlungspflicht für jedes Jahr der Betriebszugehörigkeit während der Bindungsdauer **zeitanteilig mindern**. Die Vereinbarung der sachgerechten monatlichen Staffelung ist rechtlich allerdings nicht gefordert (BAG 23. 4. 1986 AP BGB § 611 Ausbildungsbeihilfe Nr. 10).

Rechtsfolge einer **unzulässig langen Bindungsfrist** ist nach st. Rspr. ihre arbeitsgerichtliche Rück- 655 führung auf das (noch) zulässige Maß, also eine geltungserhaltende Reduktion (BAG 15. 5. 1985 AP BGB § 611 Ausbildungsbeihilfe Nr. 9; BAG 16. 3. 1994 AP BGB § 611 Ausbildungsbeihilfe Nr. 18; BAG 6. 9. 1995 AP BGB § 611 Ausbildungsbeihilfe Nr. 23; aA für Rückzahlungsklauseln in allgemeinen Arbeitsbedingungen mit der Folge, daß die Klausel ersatzlos entfällt, *von Hoyningen-Huene* Anm. zu AP BGB § 611 Ausbildungsbeihilfe Nr. 23; *Stoffels* Anm. zu BAG v. 16. 3. 1994 SAE 1995, 176, 180; *Preis* Vertragsgestaltung S. 197, 344 ff. sowie hier Rn. 557). Dabei ist die monatliche Abstufung der Rückzahlungsleistung beizubehalten (BAG 16. 3. 1994 AP BGB § 611 Ausbildungsbeihilfe Nr. 18; BAG 26. 10. 1994 AP BGB § 611 Ausbildungsbeihilfe Nr. 19; BAG 6. 9. 1995 AP BGB § 611 Ausbildungsverhältnis Nr. 23).

Als **Auslöser der Rückzahlungspflicht** steht der arbeitnehmerseitigen Kündigung ein Aufhebungs- 656 vertrag gleich, wenn dieser ausschließlich auf Wunsch des AN und unter Berücksichtigung seiner Interessen erfolgt (LAG Köln 10. 9. 1992 BB 1993, 222). Allerdings besteht kein Rückzahlungsanspruch des AG, wenn der Kündigungsgrund ausschließlich in der **Sphäre des AG** liegt (BAG 6. 5. 1998 AP BGB § 611 Ausbildungsbeihilfe Nr. 28: betriebsbedingte Kündigung; *Küttner/Reinecke* Rückzahlungsklausel Rn. 18; *Hanau/Preis* II A 130 Rn. 45) oder wenn der AN zu Recht wegen vom AG gesetzter Gründe fristlos kündigt (LAG Bremen 25. 2. 1994 BB 1994, 1150). Für AN des öffentlichen Dienstes gilt beim Wechsel zu einem anderen öffentlich-rechtlichen AG nicht der Grundsatz der Einheit der öffentlichen Verwaltung (BAG 15. 5. 1985 AP BGB § 611 Ausbildungsbeihilfe Nr. 9 zum Wechsel eines Lehrers von einem Bundesland in ein anderes).

Der **Höhe** nach ist die Rückzahlungsverpflichtung in doppelter Hinsicht begrenzt. Der AG kann 657 höchstens den Betrag zurückverlangen, den er tatsächlich aufgewendet hat, da es sich ansonsten um eine Vertragsstrafe handeln würde. Außerdem hat der AN höchstens den vereinbarten Betrag zurückzuzahlen, selbst wenn die Kosten der Aus- oder Weiterbildung höher lagen (BAG 16. 3. 1994 AP BGB § 611 Ausbildungsbeihilfe Nr. 18).

Die **Darlegungs- und Beweislast** für die tatsächlichen Voraussetzungen der Rechtswirksamkeit der 658 Rückzahlungsvereinbarung trägt nach st. Rspr. der AG (BAG 18. 8. 1976 AP BGB § 611 Ausbildungsbeihilfe Nr. 3; BAG 11. 4. 1990 AP BGB § 611 Ausbildungsbeihilfe Nr. 14; BAG 24. 7. 1991 AP BGB § 611 Ausbildungsbeihilfe Nr. 16). Auf Kritik (*Hanau/Stoffels* S. 52 ff.) hat das BAG zwar die Beweislastverteilung beibehalten, aber die an den AG gestellten Anforderungen gemindert: Es reicht nun aus, wenn dieser Umstände darlegt und beweist, aus denen sich ergibt, daß im Zeitpunkt der Vereinbarung der Rückzahlungsklausel durch die Weiterbildung ein beruflicher Vorteil für den AN mit überwiegender Wahrscheinlichkeit erwartet werden konnte (BAG 16. 3. 1994 AP BGB § 611 Ausbildungsbeihilfe Nr. 18; BAG 30. 11. 1994 AP BGB § 611 Ausbildungsbeihilfe Nr. 20).

Wenn die Rückzahlung als **Darlehen** geschuldet ist und sich der zu erstattende Betrag bei Fortdauer 659 des Arbeitsverhältnisses zeitanteilig bis auf Null mindert, ist die Wirksamkeitsprüfung ebenfalls den dargestellten Grundsätzen zu unterziehen, da in Wahrheit kein Darlehen, sondern eine Rückzahlungsklausel vorliegt (BAG 11. 4. 1990 AP BGB § 611 Ausbildungsbeihilfe Nr. 14). Gleiches gilt, wenn bei Beendigung des Arbeitsverhältnisses vereinbart wird, daß der Rückzahlungsbetrag als Darlehen geschuldet werden soll (BAG 26. 10. 1994 AP BGB § 611 Ausbildungsbeihilfe Nr. 19).

j) Entgeltschutz und Entgeltsicherung. aa) Allgemeines. Da der Lohn im allgemeinen die wesent- 660 liche, wenn nicht die einzige Einkommensquelle des AN und damit dessen Existenzgrundlage darstellt, ist er vom Gesetzgeber nicht nur vor dem Zugriff von Gläubigern des AN bis zu einem gewissen Betrag geschützt. Darüber hinaus findet auch ein Schutz vor bestimmten Handlungen des AG und sogar vor eigenen leichtfertigen Verfügungen des AN selbst. Schließlich wird der Anspruch auf das Arbeitsentgelt auch im Konkurs des AG privilegiert, um den völligen Entzug der finanziellen Existenzgrundlage zu verhindern.

bb) Aufrechnung und Aufrechnungsverbote. Eine Aufrechnungslage entsteht in der Praxis viel- 661 fach dann, wenn der Vergütungsforderung des AN oder einem Anspruch des AN auf Urlaubsentgelt oder Abfindung Schadensersatzforderungen oder Erstattungsansprüche des AG gegenüberstehen. Ebenso kann gegenüber Restlohnforderungen bei Beendigung des Arbeitsverhältnisses ein Anspruch auf Entrichtung einer Vertragsstrafe oder auf Rückzahlung von Gratifikationen gegenüberstehen. Allerdings kann der AG in diesen Fällen nur gegen den **Nettolohnanspruch** des AN aufrechnen, weil er weiterhin zur Abführung der Steuern und Sozialversicherungsbeiträge verpflichtet bleibt. Eine

Aufrechnung gegen Bruttolohnansprüche verstößt gegen § 394. Nach § 850e ZPO sind bei der Berechnung des pfändbaren Arbeitseinkommens nicht mitzurechnen die Beträge, die unmittelbar aufgrund steuerrechtlicher oder sozialrechtlicher Vorschriften zur Erfüllung gesetzlicher Verpflichtungen des Schuldners abzuführen sind. Aufgerechnet werden kann daher stets nur gegen den pfändbaren Nettobetrag des Arbeitseinkommens (BAG 13. 11. 1980 – 5 AZR 572/78 – nv.). Nur ausnahmsweise kann bei der Rückforderung von Lohnbestandteilen die Bruttoüberzahlung gegen die Bruttoforderung aufgerechnet werden, weil dann die sich gegenüberstehenden Forderungen im wirtschaftlichen Ergebnis gleich sind. Bei Abtretung der Vergütungsforderung durch den AN kann der AG gegen den Zessionar aufrechnen (§ 406; hierzu BAG 6. 12. 1978 AP GewO § 115 Nr. 4).

An der Gegenseitigkeit nach § 387 fehlt es, wenn der AG gegen eine Krankengeldforderung des AN aufrechnen will, die dieser gegen die Krankenkasse hat (LAG Köln 3. 2. 1994 AuR 1994, 304).

662 Die Aufrechnung ist ausgeschlossen, soweit ein **Aufrechnungsverbot** besteht. Ein Aufrechnungsausschluß kann sich aus den §§ 390 bis 395 ergeben. Praktische Bedeutung hat im Arbeitsrecht § 394 S. 1: Hiernach kann eine Lohnforderung nur in der Höhe aufgerechnet werden, wie diese nach den §§ 850 ff. ZPO pfändbar ist. Der AG hat also, auch wenn ihm höhere Gegenansprüche zustehen, stets den unpfändbaren Teil auszuzahlen. Lohnvorschüsse sind auf den unpfändbaren Teil des später fällig werdenden Lohnes anzurechnen (BAG 9. 2. 1956 AP BGB § 394 Nr. 1; BAG 11. 2. 1987 AP ZPO § 850 Nr. 11). Dieses **Aufrechnungsverbot** gilt allerdings nur für den AG, nicht für den AN. Ausnahmsweise ist – nach Abwägung der Umstände des Einzelfalles (BAG 31. 3. 1960 AP BGB § 394 Nr. 5) – eine Aufrechnung bis zur Grenze des § 850d ZPO zulässig, wenn der AN den AG vorsätzlich geschädigt hat. Eine Berufung auf das Aufrechnungsverbot würde hier gegen Treu und Glauben verstoßen (BAG 22. 4. 1959 AP BGB § 394 Nr. 4; BAG 16. 6. 1960 AP BGB § 394 Nr. 8 zur vorsätzlichen unerlaubten Handlung; BAG 31. 3. 1960 AP BGB § 394 Nr. 5; BAG 28. 8. 1964 AP BGB § 394 Nr. 9 zur vorsätzlichen Vertragsverletzung; *Staudinger/Richardi* Rn. 738; *Schaub* § 87 II 3; aA zur Vertragsverletzung *Küttner/Griese* Aufrechnung Rn. 8). Regelmäßig kann der AN jedoch auch in diesen Fällen verlangen, daß der ihm nach § 850d ZPO zu bestimmende Selbstbehalt verbleibt (BAG 18. 3. 1997 AP BGB § 394 Nr. 30; aA LAG Hamm 29. 8. 1995 LAGE BGB § 394 Nr. 2 = DB 1995, 2122). Eine Aufrechnung ist über die Grenze des § 850d ZPO hinaus zulässig, wenn der AN bereits ausgeschieden ist (BAG 28. 8. 1964 AP BGB § 394 Nr. 9). Zum Verstoß bei Berufung auf das Aufrechnungsverbot des § 394 gegen den Grundsatz von Treu und Glauben: BAG 15. 11. 1962 AP UrlG NRW § 10 Nr. 3. Nach Auffassung des BGH tritt das Aufrechnungsverbot des § 394 dagegen nicht gegenüber Schadensersatzansprüchen zurück, die nur auf einer Vertragsverletzung beruhen; vielmehr muß es sich hiernach stets um eine Schadensersatzforderung aus vorsätzlicher unerlaubter Handlung handeln (BGH 22. 4. 1959 AP BGB § 394 Nr. 4; aA bei vorsätzlicher Schadenszufügung gegenüber Urlaubsabgeltungsanspruch BAG 28. 8. 1964 AP BGB § 394 Nr. 9). Auch Ansprüche auf Zahlung einer **Karenzentschädigung** aus einem vereinbarten Wettbewerbsverbot unterfallen dem Pfändungsschutz der §§ 850 ff. und damit dem Aufrechnungsverbot des § 394 (OLG Rostock 9. 6. 1994 NJW-RR 1995, 173).

663 Aufgrund des ANSchutzes gilt § 394 entspr. für den **Aufrechnungsvertrag**, wenn dieser nach Fälligkeit der Forderung geschlossen wird (LAG Hamm 15. 3. 1973 DB 1973, 1080; *Palandt/Heinrichs* § 387 Rn. 20; *Küttner/Griese* Aufrechnung Rn. 2).

664 Darüber hinaus ist eine Aufrechnung unzulässig, wenn sie durch Kollektiv- oder Einzelarbeitsvertrag **vertraglich ausgeschlossen** ist, wobei sich ein solcher Ausschluß im Wege der Vertragsauslegung ergeben kann (BGH 20. 12. 1979 ZIP 1980, 110). Dies ist insb. anzunehmen bei noch nicht fälligen Forderungen, zB künftigen Ruhegeldansprüchen (BAG 16. 12. 1986 AP BetrAVG § 8 Nr. 1). Zu Möglichkeiten und Grenzen vertraglicher Aufrechnungsregelungen: *Hanau/Preis* II A 120 Rn. 11 ff.

665 Die Aufrechnung kann ferner **kraft Gesetzes ausgeschlossen** sein. Nicht aufgerechnet werden kann mit Forderungen aus unter Verstoß gegen § 115 II 1 GewO **kreditierten Waren**; die Forderungen sind unklagbar (§ 118 GewO; BAG 20. 3. 1974 AP GewO § 115 Nr. 1; BAG 6. 12. 1978 AP GewO § 115 Nr. 4; OLG Hamm 26. 5. 1989 NJW 1990, 55). Dagegen ist ein zulässiger, nicht gegen das Truckverbot verstoßender **Aufrechnungsvertrag** gegeben, wenn die Parteien in einem Werkswohnungsvertrag vereinbaren, daß der AG die Miete von der Arbeitsvergütung einbehalten darf (BAG 1. 8. 1959 AP BGB § 392 Nr. 1; BAG 15. 5. 1974 AP BGB § 387 Nr. 2). Aus sozialrechtlichen Vorschriften können sich Beschränkungen der Aufrechnungsmöglichkeit ergeben (§ 54 III Nr. 2 SGB I; LAG Berlin 14. 12. 1987 DB 1988, 764). Im Einzelfall kann die Aufrechnung nach dem **Grundsatz von Treu und Glauben (§ 242)** ausgeschlossen sein. Dies ist etwa der Fall, wenn sich ein Aufrechnungsausschluß aus der Natur des Rechtsverhältnisses bzw. dem Zweck der geschuldeten Leistung ergibt. Ein solcher Fall kann gegeben sein, wenn der Außendienstmitarbeiter erkennbar auf die Gewährung von Reisegeld angewiesen ist und durch die Aufrechnung die Erreichung des gemeinsamen Vertragszwecks ausgeschlossen würde (*Hanau/Preis* II A 120 Rn. 10).

666 Die Aufrechnung erfolgt durch **einseitige, empfangsbedürftige und bedingungsfeindliche Willenserklärung** (§ 388), die bewirkt, daß die Forderungen, soweit sie sich decken, in dem Zeitraum als erloschen gelten, in welchem sie sich zur Aufrechnung geeignet gegenüberstanden (§ 389). Die

F. Pflichten des Arbeitgebers   § 611 BGB 230

Aufrechnungserklärung kann auch einer einzelvertraglichen oder tarifvertraglichen Ausschlußfrist unterfallen. Die Aufrechnungserklärung (§ 388 BGB) ist grds. formfrei, doch wenn ein TV eine **schriftliche Geltendmachung** von Ansprüchen vorsieht, gilt dies auch für die Aufrechnungserklärung (LAG Düsseldorf 6. 1. 1971 DB 1971, 1015; LAG Düsseldorf 22. 7. 1971 DB 1972, 242).

Mit Forderungen, die im Zeitpunkt der Aufrechnungserklärung durch Ablauf einer **tariflichen** 667 **Ausschluß**frist erloschen sind, kann nicht aufgerechnet werden; § 390 S. 2 findet keine entspr. Anwendung (BAG 18. 1. 1962, 15. 11. 1967, 30. 3. 1973 AP BGB § 390 Nr. 2, 3, 4). Treffen Aufrechnung und Abtretung zusammen, gilt § 406, bei Pfändung § 392. Eine vor der Lohnpfändung zwischen dem AG und AN getroffene Aufrechnungsvereinbarung kann unter den Voraussetzungen des § 392 BGB dem Pfändungsgläubiger entgegengehalten werden (BAG 1. 8. 1959, 10. 10. 1966 AP BGB § 392 Nr. 1, 2).

Prozessuale Fragen. Unzulässig ist es, die Klageforderung dahingestellt sein zu lassen und nur über 668 die Aufrechnungsforderung zu entscheiden (BAG 26. 10. 1961 AP ZPO § 322 Nr. 7). Wird eine Aufrechnung als unbegründet zurückgewiesen, zB wegen mangelnder Substantiierung der Forderung, mit der aufgerechnet werden soll, so kann die Forderung später nicht mehr geltend gemacht werden (BAG 20. 8. 1964 AP HGB § 70 Nr. 7). Aufgrund der Neufassung des § 17 II GVG kann das ArbG auch über eine Aufrechnung entscheiden, die in die Zuständigkeit eines ordentl. Gerichts (BAG 18. 5. 1972 AP ArbNErfG § 39 Nr. 2), nicht aber einer anderen Gerichtsbarkeit fällt (zu letzterem aA *Küttner/ Griese* Aufrechnung Rn. 12; *Schenke/Ruthig* NJW 1992, 2510; zweifelnd *Schaub* § 87 II 5 a).

Von der Aufrechnung ist die **Lohnanrechnung** zu unterscheiden. Bei dieser werden Leistungen 669 anderer AG oder Sozialleistungsträger auf die Vergütung angerechnet. Die wichtigsten Anwendungsfälle sind anderweitige Einkommen im Annahmeverzugszeitraum (§ 615 S. 2; § 11 KSchG), im Krankheitsfall (§ 616 S. 2, § 617 I 3) sowie die Karenzentschädigung im Fall eines Wettbewerbsverbots (§ 74 c HGB). Die Anrechnung ist rechtlich keine Aufrechnung, so daß die Aufrechnungsverbote und insb. § 394 keine Anwendung finden (*Küttner/Griese* Aufrechnung Rn. 2; *Schaub* § 87 IV 2).

cc) Zurückbehaltungsrechte. Besonders bedeutsam ist das Zurückbehaltungsrecht des AN mit 670 seiner Arbeitsleistung, wenn der AG seinerseits die **Hauptleistungspflicht** der Vergütung nicht erfüllt. Umstritten ist, ob sich das Zurückbehaltungsrecht aus § 320 oder § 273 ergibt (hierzu *Hanau/Preis* II Z 30 Rn. 7). Richtig ist die Anwendung des § 273, weil der AN nach § 614 idR vorleistungspflichtig ist (vgl. BAG 9. 5. 1996 AP BGB § 273 Nr. 5). Dies gilt aber nur für einen Vergütungszeitraum; der AN muß nicht Leistungen auf Kredit erbringen (richtig MünchKommBGB/*Müller-Glöge* § 611 Rn. 9). Damit die Wirkung des § 394 nicht umgangen wird, ist bei Geldansprüchen im gleichen Umfang wie die Aufrechnung auch die Geltendmachung eines Zurückbehaltungsrechts (§ 273) ausgeschlossen (BAG 16. 10. 1967 AP BGB § 394 Nr. 11). Ist der Anspruch des AG dagegen nicht auf Geld, sondern zB auf Herausgabe von Werkzeugen oder die Räumung einer Werkswohnung gerichtet, können die Aufrechnungsbeschränkungen nicht entspr. angewendet werden (vgl. hierzu *Staudinger/ Richardi* Rn. 742). Die Geltendmachung des Zurückbehaltungsrechts kann in diesem Fall aber gegen Treu und Glauben verstoßen, wenn die Gegenforderung im Verhältnis zur Restlohnforderung nur gering ist (*Schaub* § 87 III 2; *Soergel/Kraft* § 611 BGB Rn. 249). Ein Lohnrückstand von 1,5 Monatsverdiensten ist nicht geringfügig (ArbG Hannover 11. 12. 1996 EzA BGB § 273 Nr. 6). Ein Zurückbehaltungsrecht an Arbeitspapieren besteht nach allgemeiner Auffassung nicht (*Staudinger/Richardi* Rn. 742; *Soergel/Kraft* Rn. 249; *Schaub* § 87 III 2).

dd) Pfändungsschutz. Um dem AN in jedem Fall den Betrag zu belassen, der sein Existenzmini- 671 mum und das seiner Familie sichert, schränken die §§ 850 ff. ZPO die Vollstreckung wegen Geldforderungen in Lohnforderungen ein. Danach sind bestimmte Beträge **absolut unpfändbar** (§ 850 a ZPO), die Bezüge im übrigen entweder nur bedingt, dh. nur unter der Voraussetzung pfändbar, daß die Vollstreckung in das sonstige bewegliche Vermögen nicht zu einer vollständigen Befriedigung des Gläubigers führen würde (§ 850 b ZPO), oder relativ, dh. nur in bestimmten Höchstbeträgen („**Pfändungsgrenzen**") unter Berücksichtigung der Unterhaltspflichten des AN pfändbar (§ 850 c ZPO).

ee) Abtretung und Abtretungsverbote. Der Vergütungsanspruch des AN kann grds. nach § 398 672 abgetreten werden. Eine über die Grenzen der Pfändbarkeit (§§ 850 a bis i ZPO) vorgenommene Abtretung ist jedoch nach § 400 unwirksam. Der AG, der dennoch das gesamte Gehalt an den Zessionar überweist, muß den unpfändbaren Teil erneut an den AN zahlen. Gegen den Abtretungsempfänger hat er einen Bereicherungsanspruch gem. § 812 I 1 1. Alt.

Das Abtretungsverbot erfaßt auch andere Maßnahmen, soweit diese gegen den Schutzzweck des 673 § 400 verstoßen. Unzulässig sind daher Inkassozession, unwiderrufliche Einziehungsermächtigung (BGH 10. 12. 1951 BGHZ 4, 153) und Vereinbarungen über die Verwaltung unpfändbaren Einkommens (OLG Celle OLGZ 1971, 345). Erteilt ein AN bei einer Gehaltsabtretung zugunsten seines Darlehensgläubigers seinem AG den Auftrag, die laufenden Darlehensraten von seinem Gehalt zu überweisen, so erstreckt sich dieser Auftrag nicht auf den unpfändbaren Gehaltsteil (BAG 23. 11. 1988 AP BGB § 400 Nr. 1).

Die Abtretung kann außerdem durch **Vereinbarung** der Arbeitsvertragsparteien nach § 399, aber 674 auch durch Betriebsvereinbarung (BAG 20. 12. 1957 AP BGB § 399 Nr. 1; BAG 5. 9. 1960 AP BGB

§ 399 Nr. 4; LAG Hamm 5. 10. 1989 LAGE § 399 Nr. 2 auch mit Abhängigkeit von der Zustimmung des AG LAG Tübingen 18. 4. 1967 DB 1967, 1094) oder TV (LAG Frankfurt 2. 3. 1971 DB 1972, 243) **ausgeschlossen** werden (anders dagegen für Lohnabtretungsverbote durch Dienstvereinbarungen mit dem Personalrat BAG 26. 1. 1983 AP LPVG RhPf § 75 Nr. 1). Ein in einer **Betriebsvereinbarung** enthaltenes Abtretungsverbot gilt auch für Ansprüche derjenigen AN, die erst nach Abschluß in den Betrieb eintreten (BAG 5. 9. 1960 AP BGB § 399 Nr. 4). Es gilt außerdem gegenüber zeitlich vorangehenden Vorausabtretungen (LAG Düsseldorf 16. 10. 1975 DB 1976, 440). Ein stillschweigender Ausschluß der Abtretung von Lohnforderungen ist hingegen auch bei Arbeitsverhältnissen in Großunternehmen nicht zu vermuten (BGH 20. 12. 1956 AP BGB § 398 Nr. 1). Die Mehrbelastung bei der Lohnabrechnung begründet alleine noch nicht den Einwand der unzulässigen Rechtsausübung gegenüber dem Abtretungsempfänger (BGH 20. 12. 1956 AP BGB § 398 Nr. 1). Das Abtretungsverbot ist aber unwirksam, wenn der AG grundlos keinen Lohn zahlt und ein Dritter dem AN gegen Gehaltsabtretung die zur Existenz notwendigen Mittel vorgeschossen hat (BAG 2. 6. 1966 AP BGB § 399 Nr. 8; *Staudinger/Richardi* Rn. 780). Gleiches gilt, wenn die Arbeitsvergütung über den Pfändungsschutz hinaus an einen Vermieter abgetreten worden ist, soweit in der Pfändungsgeschützten Teil der Vergütung Anteile für die Vermietung enthalten sind (LG Hagen 22. 7. 1988 NJW-RR 1988, 1232). Das Abtretungsverbot ist nicht anzuwenden, wenn der geschützte Zedent den pfändungsfreien Betrag vom Zessionar bereits vorher erhalten hat (BAG 10. 6. 1980 AP GG Art. 9 Nr. 66 zur Lohnabtretung an Gewerkschaften, die Streikunterstützung gewährt hat). Stimmt der AG einer abredewidrig getroffenen Verfügung über die Forderung nachträglich zu, so liegt darin die vertragliche Aufhebung des Abtretungsverbots oder der Verzicht auf die Einrede des § 399, die nicht zurückwirkt und daher eine zwischenzeitliche Pfändung wirksam läßt (vgl. BGH 1. 2. 1978 NJW 1978, 813; MünchArbR/*Hanau* § 71 Rn. 11).

675 Eine **Vorausabtretung** ist grds. zulässig, wenn sie **den Grundsatz der Bestimmtheit** und das Verbot der Übersicherung beachtet (BGH 22. 6. 1989 AP BGB § 398 Nr. 5). Der Inhaltskontrolle nach § 9 I AGBG halten solche Klauseln nur stand, wenn sie Zweck und Umfang der Abtretung sowie der Voraussetzungen der Verwertungsbefugnis eindeutig bezeichnen. Unzulässig ist daher eine Klausel, die nicht zweifelsfrei erkennen läßt, ob die Vorausabtretung nur die Ansprüche aus dem Kreditvertrag oder auch solche aus anderen Rechtsgründen sichern soll (BGH 22. 6. 1989 AP BGB § 398 Nr. 5 zur Klausel „zur Sicherung der Ansprüche der Bank"). Zu unbestimmt ist auch die Abtretung zur Sicherung der Ansprüche, da insoweit nicht klar wird, ob die Verwertungsbefugnis vom Zahlungsverzug abhängt (BAG 22. 6. 1989 AP BGB § 398 Nr. 5). Hinzu kommt eine mögliche **übermäßige Sicherung**, wenn die Vorausabtretung die gesamte pfändbare Arbeitsvergütung ohne zeitliche und betragsmäßige Begrenzung erfaßt. Als Lösung sieht der BGH eine betragsmäßige Begrenzung der Zession und im Hinblick auf die fortschreitende Tilgung eine geeignete Freigabeklausel (siehe zum ganzen BGH 22. 6. 1989 AP BGB § 398 Nr. 5; BGH 27. 4. 1995 NJW 1995, 2289).

676 Die Vorausabtretung ist unwirksam, wenn sie an eine Gesellschaft erfolgt, die geschäftsmäßig Rechtsberatung und Einziehung fremder Forderungen betreibt, ohne im Besitz der erforderlichen Erlaubnis nach dem Rechtsberatungsgesetz zu sein (BAG 24. 3. 1993 AP BGB § 134 Nr. 7).

677 Ist die Abtretung wirksam, muß der AG den abgetretenen Teil der Vergütung an den Zessionar zahlen, wobei er sich gem. § 410 eine Abtretungsurkunde aushändigen lassen kann. Dabei ist umstritten, ob eine Fotokopie ausreicht (dafür BAG 27. 6. 1968 AP BGB § 398 Nr. 3; LAG Frankfurt 11. 9. 1987 DB 1988, 612; *Schaub* § 87 I 5; aA *Palandt/Heinrichs* § 410 Rn. 2; MünchKommBGB/*Roth* § 410 Rn. 5; *Küttner/Griese* Lohnabtretung Nr. 11). Der AG kann dem neuen Gläubiger außerdem gem. § 404 alle **Einwendungen** entgegensetzen, die er gegenüber dem Lohnanspruch des AN gehabt hätte.

678 Die Mehrarbeit, die durch die Bearbeitung von Lohnabtretungen entsteht, begründet keinen Erstattungsanspruch und berechtigt nicht zur Kündigung (*Küttner/Griese* Lohnabtretung Rn. 11; vgl. BAG 4. 11. 1981 AP KSchG 1969 Verhaltensbedingte Kündigung Nr. 4 zur Lohnpfändung). Der AG hat schließlich die Möglichkeit, nach § 399 ein Abtretungsverbot zu vereinbaren.

679 **ff) Insolvenz, Insolvenzgeld.** Entgeltansprüche des AN in der Insolvenz des AG sind in der Insolvenzordnung geregelt, wobei zwischen Ansprüchen aus der Zeit nach und vor Eröffnung des Insolvenzverfahrens zu unterscheiden ist. Bei letzteren ist hins. der Rangfolge noch weiter zu unterscheiden, auf welche Zeiträume sich die Entgeltansprüche beziehen. Nach § 38 InsO sind grds. vor dem Eröffnungsantrag begründete Entgeltansprüche einfache Insolvenzforderungen. Wurde ein vorläufiger Insolvenzverwalter bestellt (§ 22 I InsO), stellen die in dieser Zeit begründeten ANForderungen Masseverbindlichkeiten dar (§ 55 II 2 InsO).

680 Darüber hinaus gibt es eine zusätzliche Sicherung wegen der Entgeltansprüche für die letzten drei Monate vor Eröffnung des Konkursverfahrens über das Vermögen des AG. Hier kann der AN, wenn das Insolvenzverfahren nicht zu seiner Befriedigung führt, Insolvenzgeld von der BAnstArb. verlangen (§§ 183 bis 189 SGB III). Ein entspr. Antrag ist innerhalb einer Ausschlußfrist von 2 Monaten nach Eröffnung des Insolvenzverfahrens beim zuständigen AA zu stellen (§ 324 III SGB III). Mit Antragstellung geht nach § 187 SGB III die Forderung des AN gegen den AG auf die BAnstArb.

über. In der Höhe entspricht das Insolvenzgeld dem um die gesetzlichen Abzüge verminderten Arbeitsentgelt (§ 185 SGB III).

Für das **Ruhegeld** ist eine spezielle Insolvenzsicherung in den §§ 7 ff. BetrAVG vorgesehen. Danach haben bei Zahlungsunfähigkeit des AG Versorgungsempfänger und Inhaber von Versorgungsanwartschaften Ansprüche auf die Leistung gegen den Träger der Insolvenzsicherung, den PSV. 681

gg) Lohnverwendungsabreden. Lohnverwendungsabreden sind Vereinbarungen, durch die der AN sich dem AG gegenüber verpflichtet, die Arbeitsvergütung ganz oder tlw. zu bestimmten Zwecken oder zugunsten bestimmter Personen zu verwenden. In den Grenzen des § 138 sind solche Vereinbarungen grds. zulässig. Einschränkend sind nach § 117 II GewO Verabredungen zwischen Gewerbetreibenden und ihren AN zur Verwendung deren Verdienstes zu anderen Zwecken als zur Beteiligung an Einrichtungen zur Verbesserung der Lage der AN oder ihrer Familien unzulässig. Gestattet sind demnach Verwendungen zur betrieblichen Altersversorgung, Vermögensbildung oder Gruppenversicherung. Allerdings kann der AN nicht verpflichtet werden, sein Gehalt zum Kauf von GmbH-Anteilen zu verwenden, um ein angeschlagenes Unternehmen zu retten (RAG 26. 6. 1937 ARS 30, 131, 135). 682

Kollektivvertraglich sind Vereinbarungen zulässig, die einen Lohnzuschlag als Beitragsleistung des AN zu Sozialeinrichtungen vorsehen (BAG 5. 12. 1958 AP TVG § 4 Ausgleichskasse Nr. 1). Dagegen kann der AN auf diese Weise nicht verpflichtet werden, Teile seiner Arbeitsvergütung vermögenswirksam anzulegen (*Schaub* § 87 VII 3; *Staudinger/Richardi* Rn. 772). 683

Soweit eine Lohnverwendungsabrede nach § 117 GewO zulässig ist, kann diese auch unpfändbare Gehaltsteile umfassen (MünchArbR/*Hanau* § 63 Rn. 11; *Staudinger/Richardi* Rn. 709, 770). 684

k) Lohnverzicht; Erlaßvertrag. Der Lohnverzicht stellt rechtlich einen Erlaßvertrag (§ 397) dar. Für bestimmte Vergütungsansprüche ist ein Verzicht gesetzlich ausgeschlossen, wie zB Entgeltfortzahlung im Krankheitsfall (§ 12 EFZG) oder Urlaubsentgelt (§ 13 I BUrlG). Sofern keine zwingenden gesetzlichen Vorschriften bestehen, kann der **formularmäßige Verzicht** wegen unangemessener Benachteiligung unwirksam sein. Die Grundsätze der §§ 3, 5 und 9 AGBG sind entspr. anwendbar (*Preis* Vertragsgestaltung S. 496 ff.). Die Rspr. wendet in der Sache, nicht aber ausdrücklich, auf formularmäßige Verzichtserklärungen die Grundsätze der Inhaltskontrolle an (LAG Köln 18. 10. 1995 LAGE BetrAVG § 17 Nr. 1). Erlaßverträge können uU auch sittenwidrig sein (LAG Rheinland-Pfalz 16. 12. 1987 LAGE BGB § 138 Nr. 2; LAG Berlin 17. 2. 1997 NZA-RR 1997, 371). Für Heimarbeiter wird Entgeltschutz nach Maßgabe der §§ 23 ff. HAG gewährleistet. Auf **tarifliche Rechte** kann nur in einem der TVParteien gebilligten Vergleich verzichtet werden (§ 4 IV 1 TVG), bei Lohnansprüchen aus einer Betriebsvereinbarung ist die Zustimmung des BR erforderlich (§ 77 IV 2 BetrVG). Allerdings kann ein Kind auf Teile seiner tariflichen Ausbildungsvergütung verzichten, um so die Anspruchsvoraussetzungen für das Kindergeld zu erfüllen, da hierin eine abweichende – günstigere – Vereinbarung iSd. § 4 III 2. Halbs. TVG liegt (BSG 28. 2. 1990 NZA 1990, 995; vgl. auch SG Reutlingen 4. 10. 1990 HV-INFO 1991, 783 zum Bezug von Waisenrente). An die Annahme eines **stillschweigenden Verzichts** auf individualrechtliche Ansprüche sind strenge Anforderungen im Hinblick auf einen eindeutigen Verzichtswillen zu stellen (BAG 18. 12. 1984 AP BetrVG 1972 § 118 Nr. 4; *Palandt/Heinrichs* § 397 Rn. 4). Lohnverzichte aus Anlaß eines **Betriebsübergangs** sind nur zulässig, wenn dafür bei Anlegung eines strengen Maßstabs sachliche Gründe vorliegen (BAG 18. 8. 1976, 27. 4. 1988 AP BGB § 613 a Nr. 4, 71). Dies kann bei einem Lohnverzicht zum Erhalt von Arbeitsplätzen gegeben sein (dafür MünchArbR/*Hanau* § 73 Rn. 5). Ein Verzicht auf die unpfändbare Arbeitsvergütung ist wegen des Rechtsgedankens der §§ 394, 400 unwirksam (*Staudinger/Kaduk* § 397 BGB Rn. 50; *Schaub* § 87 I 1 c). Ein im voraus erklärter Gehaltsverzicht kann nach § 138 sittenwidrig sein (LAG Berlin 17. 2. 1997 NZA-RR 1997, 371). Aus der Treuepflicht folgt bei wirtschaftlichen Schwierigkeiten des AG keine Pflicht zum Gehaltsverzicht (LAG Hamm 9. 2. 1996 NZA-RR 1997, 17). 685

l) Lohnverwirkungsabrede. Die Lohnverwirkungsabrede ist von der Verwirkung des Lohnanspruchs durch illoyale verspätete Geltendmachung (s. Rn. 688) zu unterscheiden. Es handelt sich hierbei um eine Vereinbarung, daß für den Fall des vertragswidrigen Verhaltens des AN der Anspruch auf die Vergütung entfällt. Eine solche Vertragsklausel ist eine dem Rechtsinstitut der **Vertragsstrafe** gleichstehende Abrede, die tarifrechtlich zulässig ist und weder eine Verwirkung iSd. § 4 IV 2 TVG noch einen unzulässigen Verzicht iSd. § 4 IV 1 TVG darstellt (BAG 18. 11. 1960 AP TVG § 4 Vertragsstrafe Nr. 1). Allerdings sind nach § 134 GewO in Gewerbebetrieben, die regelmäßig mindestens 20 AN beschäftigen, Vereinbarungen, die für den Fall der rechtswidrigen Auflösung des Arbeitsverhältnisses die Verwirkung von mehr als einem Wochenlohn vorsehen, unzulässig. Außerdem dürfen sich Lohnverwirkungsabreden nicht auf den pfändungsfreien Teil des Lohns beziehen, es sei denn, es liegt eine vorsätzliche Schädigung vor (MünchArbR/*Blomeyer* § 57 Rn. 70; *Schaub* § 87 VI 3; *Soergel/Kraft* Rn. 248; *Staudinger/Richardi* Rn. 768). 686

m) Verjährung, Ausschlußfristen, Verwirkung, Verzicht. aa) Verjährung, Ausschlußfristen. Vgl. hierzu die Kommentierung zu §§ 194–225. 687

688   **bb) Verwirkung.** Vergütungsansprüche des AN können grds. bereits vor Ablauf der Verjährungsfrist **verwirkt** sein. Nach st. Rspr. des BAG ist ein Recht verwirkt, wenn der Gläubiger es längere Zeit nicht ausgeübt hat (**Zeitmoment**), der Schuldner darauf vertraut hat, er werde nicht mehr in Anspruch genommen werden, und diesem die Erfüllung unter Berücksichtigung aller Umstände nach Treu und Glauben auch nicht mehr zuzumuten ist (sog. **Umstandsmoment;** BAG 28. 7. 1960 AP BGB § 242 Verwirkung Nr. 17; BAG 12. 1. 1994 AP BGB § 818 Nr. 3; BAG 8. 9. 1994 BB 1994, 2210). Zum Zeitablauf müssen daher besondere Umstände sowohl im Verhalten des Berechtigten, als auch des Verpflichteten hinzukommen (BAG 7. 11. 1995 – 9 AZR 541/94 –). Hins. der zeitlichen Voraussetzungen gilt der Grundsatz, daß um so seltener Raum für eine Verwirkung sein wird, je kürzer die Verjährungsfrist ist. Von daher werden Vergütungsansprüche, die bereits nach 2 Jahren verjähren, **nur selten** verwirken (BGH 16. 12. 1988 AP BGB § 242 Verwirkung Nr. 44; LAG Frankfurt 15. 2. 1995 BB 1995, 2325; MünchKommBGB/*Müller-Glöge* Rn. 349; MünchArbR/*Hanau* § 73 Rn. 7; aber LAG Köln 31. 5. 1996 – 11 Sa 140/96 –; LAG Köln 5. 2. 1999 MDR 1999, 1005: grds. ist ein Zeitraum von mehr als einem halben Jahr seit Beendigung des Arbeitsverhältnisses geeignet, das Zeitmoment zu erfüllen). Während des Ablaufs tariflicher Verfallfristen verwirken Ansprüche grds. nicht (*Küttner/Eisemann* Verwirkung Rn. 3; *Schaub* § 73 III 2). Die Verwirkung wird **von Amts wegen** geprüft, der Schuldner muß sich nicht auf sie berufen.

689   **Ausgeschlosssen** ist die Verwirkung **tariflicher Rechte** (§ 4 IV 2 TVG), durch Betriebsvereinbarung eingeräumter Rechte (§ 77 IV 3 BetrVG) sowie für Ansprüche aus bindenden Festsetzungen nach dem HAG (§ 19 III 4 HAG). Dies gilt aber nur für die Verwirkung kraft Zeitablaufs, nicht für den Einwand der Arglist oder der unzulässigen Rechtsausübung wegen widersprüchlichen Verhaltens (BAG 9. 8. 1990 AP BGB § 615 Nr. 46; MünchArbR/*Hanau* § 73 Rn. 8; *Schaub* § 73 III 3; krit. hins. des widersprüchlichen Verhaltens *Küttner/Eisemann* Verwirkung Rn. 5, da die genannten Vorschriften selbst den ausdrücklichen Verzicht für unbeachtlich erklärten).

690   Umstritten ist, ob die Verwirkung für **übertarifliche Ansprüche** für die Dauer der Nachwirkung und im Fall der einzelvertraglichen Bezugnahme auf den gesamten TV ebenfalls ausgeschlossen ist (dafür *Wiedemann/Stumpf* § 4 TVG Rn. 353; *Hagemeier* § 4 TVG Rn. 207; *Küttner/Eisemann* Verwirkung Rn. 7–9; dagegen *Schaub* § 73 III 4).

691   **n) Widerrufs- und Anrechnungsvorbehalte. aa) Widerrufsvorbehalt.** Beim Widerrufsvorbehalt (hierzu Rn. 535 ff.) wird eine Leistung zunächst unbefristet zugesagt, aber dem AG die Möglichkeit eingeräumt, durch Ausübung des Widerrufsrechts die Weitergewährung der Leistung zu beenden. Im **Unterschied zum Freiwilligkeitsvorbehalt**, der schon die Entstehung eines Rechtsanspruchs verhindert, setzt der Widerrufsvorbehalt einen entstandenen Anspruch voraus, der allerdings unter erleichterten Voraussetzungen wieder entzogen werden kann (vgl. MünchArbR/*Hanau* § 60 Rn. 107; *Küttner/Kania*, Widerruf außertariflicher Leistungen Rn. 3; *Reiserer* DB 1997, 426). Der Widerruf **muß ausdrücklich vereinbart sein**, er ergibt sich nicht aus der zusätzlichen Leistung als solcher (BAG 16. 7. 1976 AP BGB § 611 Lohnzuschläge Nr. 7; BAG 14. 6. 1995 AP BGB § 611 Personalrabatt Nr. 1). Ansonsten hilft nur die einvernehmliche Vertragsänderung (§ 305; hierzu Rn. 523) oder die Änderungskündigung (§ 2 KSchG). Er gilt nicht rückwirkend, dh. nicht für die Vergangenheit (BAG 27. 7. 1972 AP BGB § 611 Gratifikation Nr. 75; LAG Düsseldorf 30. 11. 1973 BB 1974, 231). Aus dem Grundsatz der Verhältnismäßigkeit folgt zudem, daß eine Änderungskündigung unwirksam ist, wenn ein Widerruf vorbehalten war, denn dieser läßt den Bestand des Arbeitsverhältnisses unberührt (BAG 28. 4. 1982 AP KSchG 1969 § 2 Nr. 3; BAG 9. 2. 1989 RzK I 7 a Nr. 15; unklar BAG 15. 11. 1995 AP TVG § 1 Tarifverträge: Lufthansa Nr. 20 = NZA 1996, 603). Zulässig – und empfehlenswert – ist es aber, für den Fall der Unwirksamkeit des Widerrufs hilfsweise eine Änderungskündigung auszusprechen (vgl. BAG 21. 4. 1993 AP KSchG 1969 § 2 Nr. 34).

692   Nach der Rspr. des BAG unterliegen Widerrufsvorbehalte einer **zweistufigen Prüfung**.

693   (1) Auf der ersten Stufe wird ermittelt, ob die Vorbehaltsklausel überhaupt wirksam ist. Die Vereinbarung eines solchen Widerrufsvorbehalts, dh. eines Rechts zur einseitigen Änderung einzelner Vertragsbedingungen, ist grds. zulässig. Nichtigkeit eines Widerrufsvorbehalts wegen Verstoßes gegen § 134 liegt nach der Rspr. insb. vor, wenn der zwingende **Kündigungsschutz** umgangen wird, weil der **Kernbestand** des Arbeitsverhältnisses betroffen ist. Das ist der Fall, wenn **wesentliche Elemente** des Arbeitsvertrages einer einseitigen Änderung unterliegen sollen, durch die das **Gleichgewicht** zwischen Leistung und Gegenleistung **grundlegend gestört würde** (BAG 7. 10. 1982 AP BGB § 620 Teilkündigung Nr. 5). Grds. hat sich der Widerruf daher auf die für die Charakterisierung des Arbeitsverhältnisses nicht wesentlichen Zusatzbestimmungen zu beschränken. Der **Kernbestand des Arbeitsverhältnisses**, zu dem insb. die Vergütungspflicht des AG und die Arbeitspflicht des AN gehören, darf nicht angetastet werden (BAG 31. 1. 1985 EzBAT § 8 BAT Direktionsrecht Nr. 3).

694   Bislang hat das BAG eine unzulässige Beeinträchtigung des Kernbestandes nur selten angenommen. (s. hierzu die Kritik von KDZ/*Kittner* § 2 KSchG Rn. 29; *Henssler* Anm. zu BAG 13. 5. 1987 SAE 1988, 164; *Krause* Anm. zu BAG 21. 4. 1993 EzA KSchG § 2 Nr. 20 S. 17; *Leuchten* NZA 1994, 721, 725). Eine Umgehung wurde verneint bei einer Leistungszulage in Höhe von 20% des tariflichen Bruttogehalts (BAG 7. 1. 1971 AP BGB § 315 Nr. 12), bei der Einziehung eines Verkaufsbezirks, der zu einer

F. Pflichten des Arbeitgebers   § 611 BGB 230

Provision gleichfalls in Höhe von 20% des Gesamtverdienstes führte (BAG 7. 10. 1982 AP BGB § 620 Teilkündigung Nr. 5), einer widerruflichen Leistungszulage von 19 bis 31% des Tariflohns (BAG 13. 5. 1987 AP BGB § 305 Billigkeitskontrolle Nr. 4), sowie bei einer Provision bzw. Zulage von 15% des Gesamteinkommens (BAG 21. 4. 1993 AP KSchG 1969 § 2 Nr. 34; BAG 15. 11. 1995 AP TVG § 1 Tarifverträge: Lufthansa Nr. 20 = NZA 1996, 603; 10% des Bruttomonatslohns: ArbG Dortmund 15. 1. 1991 EzA TVG § 4 Bestimmungsklausel Nr. 1). Zur Zulässigkeit der Verrechnung einer widerruflichen Sonderzulage bei Höhergruppierung BAG 7. 9. 1994 AP BGB § 611 Lohnzuschläge.

Aus anderen Ausführungen des Gerichts läßt sich darüber hinaus schließen, daß Widerrufsvor- 695 behalte in Bezug auf zusätzliche **übertarifliche Leistungen** grds. für zulässig gehalten werden (BAG 7. 1. 1971 AP BGB § 305 Nr. 12; BAG 21. 4. 1993 AP KSchG 1969 § 2 Nr. 34; BAG 15. 11. 1995 AP TVG § 1 Tarifverträge: Lufthansa Nr. 20).

(2) Auf der zweiten Stufe überprüft das BAG die **konkrete Ausübung** des Widerrufsrechts. Auch 696 wenn ein Eingriff in den Kernbereich des Arbeitsverhältnisses nicht vorliegt, muß die Ausübung des vorbehaltenen Widerrufs im Einzelfall billigem Ermessen iSd. **§ 315** entsprechen. Eine Leistungsbestimmung entspricht billigem Ermessen, wenn sie die wesentlichen Umstände des Falles abgewogen und die beiderseitigen Interessen angemessen berücksichtigt hat (BAG 12. 12. 1984 KSchG 1969 § 2 Nr. 6; BAG 28. 11. 1989 EzA BGB § 315 Nr. 37).

Diese Rspr. stößt in der neueren Literatur auf **erhebliche Kritik,** vor allem wegen ihrer Herleitung 697 aus dem KSchG (*Hromadka* RdA 1992, 234; *Zöllner* NZA 1997, 121; *KDZ/Kittner* § 2 KSchG Rn. 28). § 2 KSchG kann nur eine Grenzmarke für die Kontrolle sein, da die dort geregelte Änderung von Arbeitsbedingungen schließlich ohne jeden Vorbehalt möglich ist (MünchArbR/*Hanau* § 60 Rn. 100; *Hromadka* RdA 1992, 234, 239). Insgesamt muß vielmehr ein geringerer Maßstab Platz greifen, wobei sich diesbezüglich auch in der Literatur noch kein Konsens gebildet hat. Individuell ausgehandelte Nebenabreden sind in den Grenzen des § 138 nicht zu beanstanden. Dagegen können formularmäßige Widerrufsvorbehalte, die sich unmittelbar auf synallagmatische Pflichten beziehen, nur Bestand haben, wenn die Vertragsklausel selbst einen konkreten Widerrufsgrund nennt, der vor dem Hintergrund der Wertung des § 2 KSchG bestehen kann. Bei im Gegenseitigkeitsverhältnis stehenden Leistungen, wie zB Beihilfen zu Familienereignissen, sind willkürfreie und konkrete Gründe, die keiner strengen Sachprüfung unterliegen, erforderlich und ausreichend (s. im einzelnen *Preis*, FS für Kissel, 1994, S. 879, 908 ff.). Der Widerruf einer übertariflichen Leistung kann wegen der wirtschaftlich schlechten Lage eines Betriebs erfolgen; eine unternehmenseinheitliche Betrachtung ist nicht erforderlich (LAG Hamm 19. 4. 1999 NZA-RR 1999, 569).

Zu beachten ist, daß sich die Rspr. des BAG nur auf die Bestandteile der laufenden Vergütung 698 bezieht, so daß **offen** ist, ob sie **bei Jahresleistungen,** die anerkanntermaßen unter Freiwilligkeitsvorbehalt gewährt werden können, evtl. auch einen Widerruf nach freiem Ermessen zulassen wird (dafür MünchArbR/*Hanau* § 60 Rn. 109 f.; *Küttner* in Hromadka (Hrsg.), Die Mitarbeitervergütung, S. 61, 68; *Hromadka* DB 1995, 1609, 1613, um sich ansonsten ergebende Wertungswidersprüche auszuschließen; wohl auch *Küttner/Kania*, Widerruf außertariflicher Leistungen, Rn. 10; aA *KDZ/Kittner* § 2 KSchG Rn. 89; *Reiserer* DB 1997, 426).

Ein **vertraglich vorgesehenes Teilkündigungsrecht** wird von der Rspr. im Gegensatz zur Teilkün- 699 digung zwar zugelassen, aber in einen Widerrufsvorbehalt umgedeutet (BAG 7. 10. 1982 AP BGB § 620 Teilkündigung Nr. 5; BAG 12. 2. 1987 EzBAT BAT § 35 Nr. 3; BAG 25. 2. 1988 AP BGB § 611 Arzt-Krankenhaus-Vertrag Nr. 18; BAG 14. 11. 1990 AP BGB § 611 Arzt-Krankenhaus-Vertrag Nr. 25; zust. KR/*Rost* § 2 KSchG Rn. 51; *Hueck/v. Hoyningen-Huene* § 2 Rn. 30; *Hueck* RdA 1968, 201, 205). Zur Teilkündigung im übrigen siehe die Kommentierung zu § 2 KSchG Rn. 7.

Diese zwanghafte **Umdeutung** einer Teilkündigungsklausel in einen Widerrufsvorbehalt, um einen 700 Billigkeitsschutz über § 315 zu erreichen, ist **unnötig**, wenn eine Teilkündigung nur unter den allgemeinen Voraussetzungen transparenter Änderungsvorbehalte und aus sachlichem Grund zugelassen wird. Hiermit werden auch die Bedenken gegen eine Umgehung des Kündigungsschutzes ausgeräumt. Die Umdeutung in einen Widerrufsvorbehalt erscheint auch deshalb nicht sachgerecht, weil die an sachliche Gründe und **Kündigungsfristen** gebundene Teilkündigung schonender ist als der regelmäßig fristlos wirkende Widerruf (zum Aspekt der Einhaltung von Kündigungsfristen auch *Wolf* Anm. zu BAG 7. 10. 1982 AP BGB § 620 Teilkündigung Nr. 5; *Monjau* DB 1959, 707, 708; SPV/*Preis* Rn. 143 und *Hromadka* RdA 1992, 234, 243 sowie DB 1995, 1609 f., der die vorbehaltene Teilkündigung daher auch als Widerrufsvorbehalt mit Ankündigungsfrist bezeichnet).

Eine Zulagengewährung kann auch für eine bestimmte Zeit oder zu einem bestimmten Zweck 701 **befristet** erfolgen. Mit Zeitablauf entfällt sie dann automatisch. Die Rspr. verlangt für diese Teilbefristung das Vorliegen sachlicher Gründe, wobei sie diesbezüglich wegen der geringeren Schutzbedürftigkeit des AN geringere Anforderungen stellt als bei der Befristung des gesamten Arbeitsverhältnisses (siehe hierzu Rn. 543 ff.).

bb) Anrechnungsvorbehalt. Mit einer Anrechnungsklausel behält sich der AG vor, eine spätere 702 Tariflohnerhöhung auf übertarifliche Leistungen anzurechnen. Sie ist nach der Rspr. nur bei den **selbständigen Lohnbestandteilen** wie Leistungs-, Erschwernis- oder Familienzulagen erforderlich, aber nach verbreiteter Ansicht in der Literatur auch bei den sonstigen Zulagen aus psychologischen Gründen zu empfehlen (s. Rn. 631 zu Tariflohnerhöhungen). Es erscheint daher ratsam, in Arbeitsverträgen die Anrechnung ausdrücklich zu vereinbaren („Darüber hinaus erhalten sie eine übertarifliche Zulage, die mit zukünftigen Tariflohnerhöhungen verrechnet wird" vgl. *Küttner* in Hromadka (Hrsg.), Die Mitarbeitervergütung, S. 61, 69). Wo ein solcher ausdrücklicher Vorbehalt im Formularvertrag enthalten ist, kann dies unter dem Gesichtspunkt transparenter Vertragsgestaltung nicht beanstandet werden. Der AN erkennt an dieser Vertragsgestaltung, daß seine übertariflichen Lohnbestandteile nur so lange effektiv wirken, bis eine Tariflohnerhöhung erfolgt. Der Anrechnungsgrund ist auf einen konkreten und transparenten Aspekt reduziert (s. im einzelnen *Preis*, FS für Kissel, S. 879 ff.). Im Falle der Anrechnung ist der AG jedoch an den Gleichbehandlungsgrundsatz gebunden (ArbG Wiesbaden 6. 7. 1995 NZA-RR 1996, 223). Auch kann die Anrechnung gegen allg. Grundsätze verstoßen (zB § 612a) und im Einzelfall billigem Ermessen widersprechen (LAG Frankfurt 28. 1. 1998 – 8 Sa 2219/96 – juris). Im Regelfall entspricht die Anrechnung allgemeiner übertariflicher Zulagen billigem Ermessen, weil das Arbeitsentgelt nominal unverändert bleibt. Die Absenkung der Zulage findet ihre Rechtfertigung darin, daß die Tariferhöhung den vorher mit der Zulage verfolgten Zweck erfüllt, das für den AN verfügbare Einkommen ohne Bindung an besondere Voraussetzungen zu erhöhen (BAG 28. 5. 1998 AP BetrVG 1972 § 87 Lohngestaltung Nr. 98).

703 **Anrechnungsklauseln in TV,** nach denen bisherige übertarifliche Leistungen durch eine Tariflohnerhöhung abgebaut werden (sog. negative Effektivklauseln), unabhängig davon ob sie einzelvertraglich auch nach einer Tariflohnerhöhung weiterzuzahlen, also anrechnungsfest sind, sind dagegen unzulässig (BAG 26. 4. 1961 AP TVG § 4 Effektivklausel Nr. 5; BAG 18. 8. 1971 AP TVG § 4 Effektivklausel Nr. 8).

704 **2. Art und Formen der Vergütung. a) Nettolohnvereinbarungen.** Vereinbartes Entgelt ist in aller Regel der **Bruttolohn.** Daß die vereinbarte Vergütung ausnahmsweise bereits den Nettolohn, also das um die Abzüge verminderte Entgelt, darstellen soll, hat der AN zu beweisen (BAG 19. 12. 1963 AP BGB § 670 Nr. 15; BAG 18. 1. 1974 AP BGB § 670 Nr. 19; LAG Berlin 21. 2. 1994 DB 1994, 2632; LAG Düsseldorf 7. 11. 1984 DB 1985, 1403).

705 Haben die Parteien ausdrücklich oder konkludent (LAG Köln 1. 8. 1997 AuR 1998, 334) eine **Nettolohnvereinbarung** getroffen, so übernimmt der AG sämtliche Steuern und Sozialversicherungsbeiträge (BAG 8. 9. 1998 AP BGB § 611 Nettolohn Nr. 10). Ändern sich dann die Grundlagen der Lohnsteuerberechnung (Änderung der Steuerklasse, Wegfall von Freibeträgen, Gesetzesänderung) so wirkt sich dies auf die Höhe des dem AN zustehenden Nettolohns nicht aus. Dieser wird als feste Größe geschuldet (*Küttner/Griese* Nettolohnvereinbarung Rn. 8; HzA/*Künzl* Teilbereich 5 Gruppe 1 Rn. 1584 und *Schaub* § 71 V 3, beide zu der sog. originären Nettolohnvereinbarung; aA BAG 6. 7. 1970 AP BGB § 611 Nettolohn Nr. 1), so daß sich Entlastungen zugunsten des AG auswirken, dieser andererseits aber auch Mehrbelastungen zu tragen hat. Wenn der AN aber willkürlich die Besteuerungsgrundlagen ändert (zB durch Verzicht auf Wiedereintrag eines Freibetrages oder Wechsel in der Lohnsteuerklasse), kann die Vergütung gem. § 242 angepaßt werden (*Küttner/Griese* Nettolohnvereinbarung Rn. 9; MünchArbR/*Hanau* § 62 Rn. 65; *Schaub* § 71 V 3; HzA/*Künzl* Teilbereich 5 Gruppe 1 Rn. 1586: keine Minderung, jedoch Schadensersatzanspruch des AG).

706 Bei einem vereinbarten Bruttoentgelt ist die **Lohnzahlungsklage** grds. auf den Bruttobetrag zu richten, und das Urteil hat ebenfalls auf diesen Betrag zu lauten (BGH 21. 4. 1966 AP BGB § 611 Nr. 13; BAG 29. 8. 1984 AP BGB § 123 Nr. 27). Hat der AG bereits Teilzahlungen erbracht, kann der Klageantrag auf den Bruttobetrag abzüglich des erhaltenen Nettobetrags lauten (*Küttner/Griese* Bruttolohnvereinbarung Rn. 12; *Schaub* § 71 I 4 a). Auch bei einer vereinbarten Nettovergütung kann Bruttoklage erhoben werden, wahlweise Nettolohnklage (HzA/*Künzl* Teilbereich 5 Gruppe 1 Rn. 1589, 1591). Die Drittschuldnerklage ist netto zu beziffern (MünchArbR/*Hanau* § 70 Rn. 9). Auch die **Zwangsvollstreckung** ist auf den Bruttobetrag gerichtet (BGH 21. 4. 1966 AP BGB § 611 Lohnanspruch Nr. 13; BAG 29. 8. 1984 AP BGB § 123 Nr. 27) und der AN für die richtige Abführung der Lohnabzüge verantwortlich. Die Zwangsvollstreckung ist jedoch einzustellen (§ 775 Nr. 5 ZPO), wenn der AG durch Quittungen nachweist, daß die öffentlich-rechtlichen Lohnabzüge abgeführt sind (BAG 14. 1. 1964 AP BGB § 611 Dienstordnungsangestellte Nr. 20; BGH 21. 4. 1966 AP BGB § 611 Lohnanspruch Nr. 13).

707 Auch die **Zinsen** von 4% (§ 288) können vom Bruttobetrag verlangt werden (umstr.; BAG 10. 6. 1980 AP GG Art. 9 Arbeitskampf Nr. 64; LAG München 31. 5. 1990 NZA 1990, 66; LAG Frankfurt 29. 1. 1990 DB 1990, 1291; LAG Nürnberg 23. 6. 1994 BB 1995, 206; *Küttner/Griese* Bruttolohnvereinbarung Rn. 12; HzA/*Künzl* Teilbereich 5 Gruppe 1 Rn. 1594; MünchKommBGB/*Müller-Glöge* Rn. 340; *Schaub* § 71 I 4 c: Zinsen vom Nettobetrag nur bei Zinsforderung als Schadensersatz nach § 286;. **aA** insb. der 4. Senat BAG 13. 2. 1985 DB 1985, 1395; BAG 20. 4. 1983 AP TVAL II § 21 Nr. 2; LAG Nürnberg 22. 3. 1994 – 6 Sa 371/90 – n. rechtskr.). Der 9. Senat des BAG vertritt diese Auffassung und hat nach § 45 III 1 ArbGG bei den abw. Senaten angefragt, ob diese an ihrer Auffassung festhalten (BAG 11. 8. 1998 AP BGB § 288 Nr. 1 mit Anm. *R. Weber*). Inzwischen ist die Vorlage an den Großen Senat erfolgt (BAG 18. 1. 2000 AP BGB § 288 Nr. 3).

Führt der AG **zu wenig Lohnsteuer** an das Finanzamt ab, so hat er gegenüber dem betroffenen AN 708
einen Anspruch auf Freistellung von drohenden Steuernachforderungen, bzw. bei eigener Nachentrichtung einen Erstattungsanspruch aus dem zwischen ihnen bestehenden Gesamtschuldverhältnis (§ 42 d EStG; BAG 14. 6. 1974 AP BGB § 670 Nr. 20; BAG 19. 1. 1979 AP BGB § 670 Nr. 21; BAG 20. 3. 1984 AP BGB § 670 Nr. 22; dazu *Müller* DB 1981, 2172). Im Innenverhältnis trägt der AN als Steuerschuldner die Steuerlast voll (BAG 19. 1. 1979 AP BGB § 670 Nr. 21). Es ist zulässig, eine – grds. vom AG zu zahlende – pauschalierte Lohnsteuer auf den AN abzuwälzen (LAG Niedersachsen 19. 6. 1992 LAGE BGB § 611 Nettolohn, Lohnsteuer Nr. 5).

Zahlt der AG **zuviel Steuern**, kann der AN diese zuviel einbehaltenen Vergütungsbestandteile vom 709
AG verlangen, da er seinen Erfüllungsanspruch behält (LAG Hamm 4. 6. 1980 DB 1990, 2196; HzA/*Künzl* Teilbereich 5 Gruppe 1 Rn. 1525; *Küttner/Griese* Bruttolohnvereinbarung Rn. 11). Außerdem hat er einen Schadensersatzanspruch wegen verzögerter Lohnzahlung (BAG 17. 3. 1960 AP BGB § 670 Nr. 8).

Der AG hat außerdem die Pflicht, die **Sozialversicherungsbeiträge** abzuführen und ist insoweit 710
berechtigt, den ANanteil von dessen Bruttolohn einzubehalten (vgl. LAG Köln 6. 2. 1991 LAGE SGB IV § 28 g Nr. 2). Durch die Verletzung dieser Pflicht macht er sich gegenüber dem AN schadensersatzpflichtig. Unterbleibt der Abzug, so darf der Beitrag nur bei den nächsten drei Gehaltszahlungen (dazu LAG Köln 6. 2. 1991 LAGE SGB IV § 28 g Nr. 2) einbehalten werden, danach nur dann, wenn der Abzug ohne Verschulden des AG unterblieben ist (§ 28 g S. 3 SGB IV).

b) Zulagen. Ansprüche auf Zulagen können aus allen Rechtsquellen des Arbeitsrechts folgen; 711
typischerweise sind sie aber Gegenstand von TV und Einzelarbeitsverträgen. Der Kern zahlreicher Rechtsstreitigkeiten ist die Auslegung der jeweiligen Regelung. Zahlt ein AG – in Verkennung der tariflichen Vorschriften – rechtsgrundlos eine Zulage, kann er die Zahlung grds. einstellen bzw. zurückfordern (Rn. 610). Ist die Zahlung der tariflichen Zulage jedoch vertraglich vereinbart, so kann der Anspruch nur durch Änderungskündigung oder Aufhebungsvereinbarung beseitigt werden (BAG 11. 11. 1993 AP BGB § 123 Nr. 38). Bei **Teilzeitbeschäftigten** sind die Grundsätze des § 2 BeschFG (Rn. 43 ff., 58) zu beachten. Es ist zwischen Zulagen entspr. dem Umfang der geleisteten Arbeit einerseits und Erschwerniszulagen für die mit der Tätigkeit unabhängig von der Gesamtarbeitszeit verbundenen Belastungen andererseits zu unterscheiden (BAG 11. 6. 1997 AP BMT-G II § 24 Nr. 2 zum Schichtlohnzuschlag; BAG 11. 12. 1996 AP BAT §§ 22, 23 Zulagen Nr. 19 zur Sicherheitszulage; BAG 17. 4. 1996 AP BAT §§ 22, 23 Zulagen Nr. 18 zur Funktionszulage). Bei arbeitszeitbezogenen Leistungen ist eine anteilige Kürzung nach dem Umfang der Teilzeittätigkeit zulässig (zur Pflegezulage BAG 10. 2. 1999 AP BAT § 34 Nr. 5). Bei einer Zulage, mit der Erschwernisse unabhängig von der Dauer der persönlichen Arbeitszeit oder in einem bestimmten, tariflich vorgegebenen Umfang abgegolten werden sollen, besteht kein sachlicher Grund für eine anteilige Kürzung (BAG 8. 12. 1993 – 10 AZR 17/93 – nv. zu einer Stellenzulage für Angestellte der Bundeswehr in der Nachrichtengewinnung durch Fernmelde- und elektronische Aufklärung; BAG 23. 6. 1993 AP BAG § 34 Nr. 1 zur Wechselschichtzulage).

aa) Erschwerniszulagen. Sie werden für Arbeiten unter besonderen erschwerenden oder gesund- 712
heitsgefährdenden Umständen gezahlt (Schmutzzulage, Hitze- oder Kältezulage, Lärmzulage, Zulagen für weite Entfernung zum Arbeitsplatz). Von letzteren ist die Aufwandsentschädigung/Auslösung (dazu Rn. 746) zu unterscheiden, die keine Arbeitsvergütung, sondern Ersatz für Mehraufwand darstellt (BAG 23. 12. 1960 AP AZO § 12 Nr. 6; BAG 18. 9. 1991 AP BetrVG 1972 § 37 Nr. 82). Rechtsgrundlage ist auch hier der Kollektiv- oder Einzelarbeitsvertrag. Die Zulagen können – bei entsprechendem Vorbehalt – **widerrufen** werden, wenn der Grund der Gewährung (Erschwernis) für den AN wegfällt (BAG 30. 8. 1972 AP BGB § 611 Lohnzuschläge Nr. 6 zum Widerruf bei neuer leistungsgerechter tariflicher Lohnregelung). Eine **Anrechnung** bei Tariflohnerhöhungen ist nur möglich, wenn ein entspr. Vorbehalt ausdrücklich vereinbart ist, da die Erschwerniszulage ansonsten tarifbeständig ist (BAG 23. 3. 1993 AP BetrVG 1972 § 87 Tarifvorrang Nr. 26).

bb) Nachtschicht- und Wechselschichtzulagen. Typischerweise werden bei Nachtschicht und 713
Wechselschicht tarifliche Zulagen gewährt. Sie stellen einen Ausgleich für die erschwerten Arbeitsbedingungen dar. Erfolgt eine vertragsrechtliche (kraft Direktionsrecht) zulässige Versetzung von der Nachtschicht in die Tagschicht oder aus der Wechselschicht heraus, entfällt auch die für diese Leistung gewährte Zulage (LAG Hamm 30. 6. 1994 LAGE BGB § 611 Direktionsrecht Nr. 17). Der Anspruch erlischt aber nicht, wenn der AN in der Früh- oder Spätschicht wegen Urlaub oder Krankheit keine Arbeitsleistung erbringt (BAG 9. 12. 1998 DB 1999, 1118). Ansprüche auf Zulagen können auch aus betrieblicher Übung (Rn. 276; BAG 3. 8. 1982 AP BGB § 242 Betriebliche Übung Nr. 12) erwachsen. Zur Gewährung an Teilzeitbeschäftigte vgl. Rn. 711. Bei Nachtschichtarbeit hat der AG dem NachtschichtAN in angemessenem Umfang bezahlte freie Tage oder einen Zuschlag zu gewähren. Der AG muß dabei die Grundsätze billigen Ermessens (§ 315 BGB) wahren (BAG 24. 2. 1999 AP TVG § 3 Verbandszugehörigkeit Nr. 17). Die Zulage entfällt idR nicht, wenn der AN wegen Urlaub oder Krankheit keine Arbeitsleistung erbringt (zu § 33 a BAT: BAG 9. 12. 1998 AP BAT § 33 a Nr. 15).

714   cc) **Leistungszulagen.** In Anerkennung einer besonderen Leistung oder Leistungsfähigkeit des AN kann eine höhere Entlohnung durch Einstufung in eine höhere Vergütungsgruppe oder die Zahlung einer Zulage zum bisherigen Entgelt erfolgen. Bei **Tariflohnerhöhungen** sind Leistungszulagen grds. neben dem erhöhten Tariflohn weiterzuzahlen, also **anrechnungsfest,** da sie einen selbständigen Lohnbestandteil neben dem jeweiligen Tariflohn darstellen (st. Rspr. BAG 7. 2. 1995 AP TVG § 4 Verdienstsicherung Nr. 6; zur Anrechnung s. Rn. 627). Der **Widerruf** einer vorbehaltlos gewährten Leistungszulage ist unzulässig und bei Nachlassen der Leistung auch nicht unter Berufung auf den Wegfall der Geschäftsgrundlage möglich (BAG 16. 7. 1967 AP BGB § 611 Lohnzuschläge Nr. 7). Trotz eines entspr. Vorbehaltes kann der Widerruf nicht frei und jederzeit, sondern nur unter Beachtung billigen Ermessens (§ 315 I) erfolgen (BAG 13. 5. 1987 AP BGB § 305 Billigkeitskontrolle Nr. 4; s. im einzelnen zum Widerruf auch Rn. 535 ff.; 691 ff.). Ein sachlicher Grund ist nicht gegeben, wenn der AN krankheitsbedingte Fehlzeiten hat, aber während der Arbeitsfähigkeit überdurchschnittliche Leistungen erbringt (BAG 1. 3. 1990 AP BMT-G II § 20 Nr. 2) oder wenn der Widerruf wegen eines 3 Jahre zurückliegenden geringfügigen Versehens erklärt wird (BAG 13. 5. 1987 AP BGB § 305 Billigkeitskontrolle Nr. 4).

715   dd) **Sozialzulagen.** Hierbei handelt es sich um Zulagen, die an die besondere soziale Situation des AN anknüpfen. Darunter fallen insb. Verheirateten-, Kinder-, Alters- und Ortszulagen. Diese Zulagen sind in TV, Betriebsvereinbarungen oder Einzelarbeitsvertrag geregelt (zur Entstehung einer betrieblichen Übung BAG 14. 8. 1985 – 5 AZR 154/84 –). Sie werden tlw. auch als freiwillige, widerrufliche Leistung gewährt. Sie stellen einen Teil der Vergütung dar, sind also Gegenleistung für die erbrachte Arbeitsleistung (BAG 24. 11. 1971 AP TVG § 1 Tarifverträge: Versicherungsgewerbe Nr. 3). Eine tarifliche Sozialzulage kann im Zweifel auch neben einem übertariflichen Gehalt gefordert werden. Für die Vereinbarung, daß die Sozialzulage dadurch mit abgegolten sein soll, trägt der AG die Beweislast (BAG 19. 12. 1958 AP TVG § 4 Sozialzulagen Nr. 1). Von besonderer Bedeutung in Zusammenhang mit Sozialzulagen ist der arbeitsrechtliche **Gleichbehandlungsgrundsatz** (s. dazu Rn. 834 ff.). So verstößt es gegen Art. 3 II GG, wenn nur der männliche AN eine Ehefrauenzulage erhält (BAG 13. 11. 1985 AP GG Art. 3 Nr. 136); außerdem, wenn die Gewährung einer Haushaltszulage an eine verheiratete Arbeitnehmerin an eine Antragspflicht geknüpft wird, die für einen verheirateten AN nicht besteht. Damit vereinbar ist aber, bei Doppelverdienern eine Haushaltszulage nur demjenigen zu gewähren, der die Familie überwiegend unterhält (BAG 20. 4. 1977 AP GG Art. 3 Nr. 111; zur Verhinderung des Doppelbezugs von familienbezogenen Bestandteilen auch BAG 1. 3. 1990 AP TVG § 1 Tarifverträge: DRK Nr. 1). Es ist zulässig, tariflich einen Kinderzuschlag festzuschreiben, dessen Höhe aber dem gerichtlich überprüfbaren billigen Ermessen (§ 315 I) des AG zu überlassen ist (BAG 28. 9. 1977 AP TVG § 1 Tarifverträge: Rundfunk Nr. 4). Von den Kinderzuschlägen ist das als öffentlich-rechtliche Sozialleistung ausgestaltete Kindergeld zu unterscheiden (ausf. *Küttner/Griese/Macher* Kindergeld Rn. 1 ff.

716   ee) **Nachtarbeits-, Sonn- und Feiertagszuschläge.** Nachtarbeit ist nach § 2 III, VI ArbZG die Arbeit von mindestens 2 Stunden in der Zeit von 23 bis 6 Uhr, wobei in TV vielfach die Zeit zwischen 20 bzw. 22 und 6 Uhr gemeint ist. Nach § 6 V ArbZG muß der AG dem AN für die Nachtarbeit eine angemessene Zahl bezahlter freier Tage oder einen angemessenen Zuschlag auf das ihm hierfür zustehende Bruttoeinkommen zahlen, wenn keine tarifvertraglichen Ausgleichsregelungen bestehen (hierzu BAG 24. 2. 1999 AP TVG § 3 Verbandszugehörigkeit Nr. 17). In erster Linie kommt es also auf die tarifvertragliche Regelung an. Der Ausschluß der Teilzeitbeschäftigter von der Zulage verstößt gegen § 2 I BeschFG (BAG 15. 12. 1998 AP BeschFG 1985 § 2 Nr. 71). Zur Angemessenheit des Ausgleichs kann auf die Üblichkeit in der Branche bzw. in vergleichbaren Branchen zurückgegriffen werden. Es werden für Nachtarbeit Zuschläge von 10–40% (durchschnittlich 25%) gezahlt (*Zmarlik/Anzinger* § 6 ArbZG Rn. 58). Siehe auch die Kommentierung zu § 6 ArbZG Rn. 24.

717   c) **Überstundenvergütung (oder Mehrarbeitsvergütung). aa) Grundsatz.** Für die Vergütung von Über- oder Mehrarbeit bestehen keine gesonderten gesetzlichen Regelungen. Das ArbZG ist ein reines ANSchutzgesetz bezüglich der Länge/Dauer der Arbeitszeit und enthält keine Vergütungsregelungen (anders noch § 15 der früheren AZO). **Überarbeit** liegt vor, wenn die regelmäßige betriebliche Arbeitszeit überschritten wird. Überstunden können sich ergeben, wenn der AG anordnet, daß im Anschluß an die regelmäßige Arbeitszeit die Arbeit fortzusetzen ist (BAG 26. 11. 1992 AP BAT § 17 Nr. 20) oder vorgeschriebene Pausen nicht gewährt (BAG 27. 2. 1992 AP AZO Kr § 3 Nr. 5). Auch wenn die im TV verlangte schriftliche Anordnung der Überstunden unterblieben ist, besteht ein Anspruch auf Vergütung (BAG 15. 10. 1992 AP BAT § 17 Nr. 19; LAG Hessen 29. 10. 1992 DB 1994, 382). Von **Mehrarbeit** spricht man, wenn die gesetzliche Arbeitszeit überschritten wird. Nach anderer Diktion ist Überarbeit der Oberbegriff für Überstunden und Mehrarbeit. Inwieweit Mehrarbeit überhaupt zulässig ist, ergibt sich aus den Arbeitszeit-Schutzbestimmungen, insb. dem ArbZG. Hins. der hier interessierenden Vergütung ist zu unterscheiden zwischen der für diese Zeiten anfallenden Grundvergütung und eventuellen Vergütungszuschlägen.

718   Sieht die tarifliche Regelung vor, daß Überstunden grds. durch Arbeitsbefreiungen auszugleichen sind, so wird damit dem AG die Möglichkeit eingeräumt, zwischen Vergütung und Freizeitausgleich

zu wählen. Es besteht weder ein Anspruch des AN allein auf Vergütung noch allein auf Freizeitausgleich. Hat der AG keine Arbeitsbefreiung gewährt, so ist Vergütung für die Überstunden zu zahlen (BAG 16. 2. 1989 ZTR 1989, 320; BAG 20. 7. 1989 ZTR 1990, 155, 156; BAG 4. 5. 1994 AP TVG § 1 Tarifverträge: Arbeiterwohlfahrt Nr. 1). Die Parteien des Arbeitsvertrages können abw. von dieser tarifl. Bestimmung vereinbaren, daß dem AN selbst der **Ausgleich von Überstunden durch Freizeit** obliegt. Eine solche Vereinbarung ist nur dann zu beanstanden, wenn der AG eine finanzielle Abgeltung auch für die Fälle ausschließt, in denen der Freizeitausgleich aus in seiner Sphäre liegenden Gründen nicht möglich ist, oder wenn das zugewiesene Arbeitsvolumen in der vertraglich vorgesehenen Zeit nicht zu bewältigen ist und gleichwohl ein finanzieller Ausgleich ausgeschlossen ist. Kommt der AN einer solchen Verpflichtung nicht nach, ist der Anspruch auf Überstundenvergütung ausgeschlossen (BAG 4. 5. 1994 AP TVG § 1 Tarifverträge: Arbeiterwohlfahrt Nr. 1).

Auch ohne vertragliche Regelung gilt eine **Grundvergütung** für die Überstunden (üblicher Stundenverdienst; Anteil des Monatslohns) gem. § 612 I als stillschweigend vereinbart, da der AN eine quantitative Mehrleistung erbringt (BAG 10. 6. 1959 AP AZO § 7 Nr. 5; BAG 31. 3. 1960 AP BGB § 611 Ärzte, Gehaltsansprüche Nr. 17; BAG 23. 2. 1977 AP TVG § 1 Tarifverträge: Techniker-Krankenkasse Nr. 1; BAG 17. 3. 1982 AP BGB § 612 Nr. 33; BAG 3. 2. 1988 – 4 AZR 516/87 – nv.). Die bloße Kenntnis des AG von den Überstunden reicht jedoch nicht aus; der AN muß zumindest eine konkludente Vereinbarung über die Mehrleistung nachweisen (LAG Hamm 10. 6. 1999 MDR 2000, 220). Es existiert jedoch kein allgemeiner Rechtsgrundsatz, daß jede Mehrarbeitszeit oder jede dienstliche Anwesenheit über die vereinbarte oder betriebsübliche Arbeitszeit zu vergüten ist. Gem. § 612 I gilt eine Vergütung nur dann als stillschweigend vereinbart, wenn die Umstände der Dienstleistungen im Einzelfall für eine Erwartung zusätzlicher Vergütung sprechen (BAG 3. 9. 1997 AP BGB § 611 Dienstreisen Nr. 1). Diese Erwartung wird zumeist gegeben sein. Etwas anderes gilt nur für **leitende Angestellte** und Chefärzte bei Mehrarbeit im Rahmen ihres Aufgabenkreises, da diese grds. mit der vereinbarten Vergütung abgegolten ist (BAG 17. 11. 1966 AP BGB § 611 Leitende Angestellte Nr. 1; BAG 17. 3. 1982 AP BGB § 611 Nr. 33), oder wenn dem AN oblag, Überstunden durch Freizeit selbst auszugleichen (BAG 4. 5. 1994 AP TVG § 1 Tarifverträge: Arbeiterwohlfahrt Nr. 1; LAG Köln 7. 9. 1989 NZA 1990, 349 f.; ebenso LAG Köln 20. 5. 1992 NZA 1993, 24 für den Fall der Beendigung des Arbeitsverhältnisses). Es ist aber auch möglich, daß für die Überarbeit eine geringere als die sonst übliche Vergütung (BAG 3. 10. 1969 AP AZO § 15 Nr. 12) oder ein Ausgleich durch Freizeitgewährung („Überstunden abfeiern") vereinbart wird (MünchKommBGB/*Schaub* § 612 Rn. 183).

Ohne besondere kollektiv- oder einzelvertragliche Rechtsgrundlage ist der AG nicht zur Zahlung eines **Zuschlages** für Überstunden oder Mehrarbeit verpflichtet (anders der frühere 15 II AZO: 25%). Insoweit braucht auch der Ausgleich von Überstunden durch Freizeitgewährung keinen Zuschlag zu enthalten.

bb) Inhaltskontrolle. Einseitig vorformulierte Vertragsgestaltungen, die den Anspruch auf Mehrarbeitsvergütung beschneiden, unterliegen einer Inhaltskontrolle daraufhin, ob sie zu einer unangemessenen und sachlich nicht gerechtfertigten Benachteiligung des AN führen (BAG 24. 11. 1993 AP BGB § 611 Mehrarbeitsvergütung Nr. 11; ausführlich *Hanau/Preis* II M 30; *Hümmerich/Rech* NZA 1999, 1132).

cc) Pauschalvergütung. Aus einem übertariflichen oder überdurchschnittlichen Gehalt alleine kann noch nicht gefolgert werden, daß damit auch eine etwaige Mehrarbeit abgegolten sein soll (LAG Bremen 1. 9. 1954 AP BGB § 611 Mehrarbeitsvergütung Nr. 1; MünchArbR/*Kreßel* § 65 Rn. 198; MünchKommBGB/*Schaub* § 612 Rn. 184). Eine vereinbarte Überstundenpauschale kann widerruflich ausgestaltet werden (LAG Köln 3. 11. 1998 MDR 1999, 877).

dd) Überstundenzuschläge für Teilzeitbeschäftigte. Teilzeitbeschäftigte haben keinen Anspruch auf Überstundenzuschläge bei bloßer Überschreitung der individuell vereinbarten Arbeitszeit, solange die regelmäßige werktägliche Arbeitszeit eines vollzeitbeschäftigten AN nicht überschritten wird. Während das BAG eine Ungleichbehandlung als sachlich gerechtfertigt ansieht, da mit dem Zuschlag ein Ausgleich für eine körperliche Mehrbelastung gezahlt werden soll, die erst ab Überschreiten der Vollarbeitszeit eintrete (BAG 20. 6. 1995 AP TVG § 1 Tarifverträge: Nährmittelindustrie Nr. 1; BAG 25. 7. 1996 AP BAT § 35 Nr. 6), fehlt es nach Auffassung des EuGH bereits an einer Ungleichbehandlung: Teil- und VollzeitAN hätten Anspruch auf gleiche Entlohnung der jeweiligen Arbeitsstunde (EuGH 15. 12. 1994 AP BGB § 611 Teilzeit Nr. 7). Nach Ansicht des EuGH stellt der Ausschluß von Freizeitausgleich oder Entlohnung für teilzeitbeschäftigte BRMitglieder bei ganztägigen **BRSchulungen** eine gegen Art. 119 EGV verstoßende mittelbare Frauendiskriminierung dar, die nur dann gerechtfertigt sei, wenn die Ausgestaltung des BRAmtes als Ehrenamt (§ 37 VI iVm. II BetrVG) ein legitimes sozialpolitisches Ziel darstelle, zu dessen Erreichung die Ungleichbehandlung erforderlich und geeignet sei (EuGH 6. 2. 1996 AP EWG-Vertrag Art. 119 Nr. 72 = EAS EG-Vertrag Art. 119 Nr. 37). Das BAG hat letzteres inzwischen bejaht. Die aus dem Ehrenamtsprinzip folgende Benachteiligung teilzeitbeschäftigter Frauen sei zur Sicherung der inneren und äußeren Unabhängigkeit der Betriebsräte hinzunehmen (BAG 5. 3. 1997 AP BetrVG 1972 § 37 Nr. 123 = NZA 1997, 1242).

724 **ee) Darlegungs- und Beweislast.** Der AN, der im Prozeß von seinem AG die Bezahlung von Überstunden fordert, muß, zumal wenn zwischen der Geltendmachung und der behaupteten Leistung ein längerer Zeitraum liegt, beim Bestreiten der Überstunden im einzelnen darlegen, an welchen Tagen und zu welchen Tageszeiten er über die übliche Arbeitszeit hinaus tätig geworden ist. Er muß ferner eindeutig vortragen, ob die Überstunden vom AG angeordnet oder zur Erledigung der ihm obliegenden Arbeit notwendig oder vom AG gebilligt oder geduldet worden sind (BAG 15. 6. 1961 AP ZPO § 253 Nr. 7; BAG 25. 11. 1993 AP KSchG 1967 § 14 Nr. 4; BAG 4. 5. 1994 AP TVG § 1 Tarifverträge: Arbeiterwohlfahrt Nr. 1). Überstunden werden nicht nur in der Weise angeordnet, daß ihre Zahl und Lage im voraus festgelegt werden, sondern häufig allgemein, daß ein bestimmter Arbeitsauftrag innerhalb einer bestimmten Zeit ohne Rücksicht auf Dienststunden durchgeführt werden muß („offene Überstundenanordnung", BAG 28. 11. 1973 AP BAT § 17 Nr. 2). Es kann auch genügen, daß der AG dem AN eine Arbeit zuweist, die in der regelmäßigen Arbeitszeit nicht erledigt werden kann oder wenn der AG die vom AN geleistete Überstundenarbeit kennt und mit ihr einverstanden ist oder ihre Leistung duldet (BAG 20. 7. 1989 ZTR 1990, 155; BAG 4. 5. 1994 AP TVG § 1 Tarifverträge: Arbeiterwohlfahrt Nr. 1).

725 **d) Provision.** Mit einer Provision wird der AN prozentual am Wert von Geschäften beteiligt, die auf seine Tätigkeit zurückzuführen sind (zB Abschlußprovision, Vermittlungsprovision). Häufig wird die Provision zusätzlich zu einer festen Grundvergütung (Fixum) gezahlt. Die Provision ist die typische Vergütung des Handelsvertreters und in §§ 87 bis 87c HGB geregelt. Diese Vorschriften finden Anwendung, wenn sie mit Handlungsgehilfen vereinbart sind, § 65 HGB (s. dazu die Kommentierung zu § 65 HGB).

726 **e) Tantieme.** Die Tantieme ist eine **Gewinnbeteiligung** als zusätzliche Vergütung, die prozentual nach dem Jahresgewinn des Unternehmens berechnet wird. Die Tantieme gehört zu den Vergütungsbestandteilen, die in das Austauschverhältnis „Arbeit gegen Lohn" einbezogen sind. Sie ist Arbeitsentgelt und keine Gratifikation (BAG 8. 9. 1998 AP BGB § 611 Tantieme Nr. 2). In der Praxis ist sie besonders bei Vorstands- und Aufsichtsratsmitgliedern von Kapitalgesellschaften (vgl. §§ 86, 113 III AktG) sowie bei den leitenden Angestellten zu finden. Damit wird ihnen ein Anreiz gegeben, zu einem guten wirtschaftlichen Ergebnis des Unternehmens beizutragen, auch wenn die Höhe der Tantieme – im Gegensatz zur Provision – nicht unmittelbar von einzelnen Geschäften des Berechtigten abhängt.

727 Davon zu unterscheiden ist die an die Gesamtheit oder einen großen Teil der Belegschaft ohne Rücksicht auf Gewinn oder Verlust des Unternehmens gezahlte **Jahresabschlußvergütung** (Abschlußgratifikation), die zur Anerkennung für geleistete Dienste und für erwiesene und weitere Betriebstreue gezahlt wird (s. dazu Rn. 786 ff.), außerdem die **Ergebnisbeteiligung,** durch die eine stärkere Verbundenheit der AN mit dem Unternehmen erzielt werden soll (MünchArbR/*Kreßel* § 66 Rn. 87; *Schaub* § 77 1). Die Gewinnbeteiligung kann auch in der Weise erfolgen, daß dem AN eine Beteiligung an dem Unternehmen zugestanden wird (BAG 28. 11. 1989 AP BetrVG 1972 § 88 Nr. 6; MünchArbR/*Kreßel* § 66 Rn. 97; MünchKommBGB/*Schaub* § 612 Rn. 108).

728 Ist über ihre **Höhe** keine Vereinbarung getroffen worden, so ist die für gleichartige Fälle übliche Tantieme zu zahlen (§ 612 II). Ihre Bestimmung kann dem AG nach billigem Ermessen gemäß § 315 überlassen bleiben (BAG 22. 12. 1970 AP BGB § 305 Billigkeitskontrolle Nr. 2).

729 Die Berechnung der Tantieme erfolgt nach dem jährlichen Reingewinn des Unternehmens (LAG Düsseldorf 29. 1. 1957 DB 1957, 288) oder eines Unternehmensteils (Abteilung, Filiale). Für dessen Feststellung ist die Handelsbilanz, nicht die Steuerbilanz maßgeblich (BAG 7. 7. 1960 AP BGB § 242 Auskunftspflicht Nr. 2; BAG 13. 4. 1978 AP BGB § 611 Tantieme Nr. 1; zur Berücksichtigung stiller Reserven LAG Baden-Württemberg 20. 1. 1970 DB 1970, 934). Ist eine **Mindesttantieme** festgelegt, so ist diese auch dann zu zahlen, wenn kein Gewinn erwirtschaftet wurde (LAG Berlin 7. 10. 1975 DB 1976, 636; vgl. LG Hannover 3. 1. 1983 ZIP 1983, 448).

730 Ist die Umsatz Berechnungsgrundlage (**Umsatzbeteiligung,** -tantieme, -bonus), so handelt es sich um eine Zwischenform zwischen Tantieme und Provision (MünchArbR/*Kreßel* § 66 Rn. 91; *Schaub* § 77 2), die nach Ansicht des BAG Provisionscharakter hat (BAG 12. 1. 1973 AP HGB § 87a Nr. 4). Eine zusätzlich zum Gehalt gewährte prozentuale Umsatzbeteiligung ist keine widerrufbare Sonderleistung, sondern Teil des Entgelts für die vertraglich geschuldete Arbeitsleistung (BAG 8. 9. 1998 AP HGB § 87a Nr. 6).

731 Für die **Berechnung der Tantieme** kann vertraglich die für Vorstandsmitglieder einer Aktiengesellschaft geltende Vorschrift des § 86 II AktG vereinbart werden. Danach berechnet sich der Gewinnanteil nach dem Jahresüberschuß, vermindert um den Verlustvortrag aus dem Vorjahr und um die Beträge, die nach Gesetz oder Satzung aus dem Jahresüberschuß als Gewinnrücklagen einzustellen sind. Von dieser Regelung kann bei Vorständen nur zu deren Nachteil abgewichen werden. Für die Gewinnbeteiligung von AN können jedoch andere Berechnungsgrundsätze vereinbart werden (MünchArbR/*Kreßel* § 66 Rn. 90; MünchKommBGB/*Schaub* § 612 Rn. 109). Für die im Betrieb mitarbeitenden Gesellschafter können die Gesellschaftergehälter nicht vom Gewinn abgesetzt werden (BAG 4. 6. 1969 AP BGB § 611 Lohnanspruch Nr. 4; LAG Köln 12. 8. 1994 LAGE BGB § 611

Gewinnbeteiligung Nr. 1; aA für nicht unangemessen hohe Bezüge HzA/*Künzl* Gruppe 1 Rn. 1298, *Schaub* § 77 3). Bei willkürlicher oder böswilliger Bilanzierung kann der AN nicht auf Berichtigung, jedoch auf Auszahlung der ihm bei ordnungsgemäßer Bilanzierung zustehenden Beträge klagen (RAG 29. 3. 1939 ARS 37, 44; LAG Frankfurt 10. 3. 1992 – 7 Sa 1019/91 –). Ohne besondere Vereinbarung können auch Verluste aus den Vorjahren nicht auf den Gewinn angerechnet werden (Münch-KommBGB/*Schaub* § 612 Rn. 111; *Nikisch* I § 32 III 1; aA LAG Düsseldorf 13. 10. 1960 DB 1960, 1367). Verluste, die erst nach der Bilanzierung entstanden sind, müssen unberücksichtigt bleiben; angemessene Rücklagen können aber gewinnmindernd ausgewiesen werden (BAG 3. 6. 1958 AP HGB § 59 Nr. 9).

Durch die Beteiligung am Unternehmensgewinn erlangt der AN allerdings nicht das Recht, auf 732 AGEntscheidungen **Einfluß zu nehmen** oder die Unternehmensleitung wegen mangelnder Geschäftsführung zur Rechenschaft zu ziehen. Nur in Mißbrauchsfällen, wenn Handlungen bewußt zum Nachteil des AN geschehen, sind diese ihm gegenüber unwirksam (BAG 13. 4. 1978 AP BGB § 611 Tantieme Nr. 1). Dafür trägt der Tantiemeberechtigte die Beweislast (ebenso HzA/*Künzl* Gruppe 1 Rn. 1297).

Der tantiemeberechtigte AN hat nach §§ 157, 242 gegen den AG einen **Anspruch auf Auskunft** 733 und Rechnungslegung (BAG 13. 1. 1960 AP BGB § 242 Auskunftspflicht Nr. 1; BAG 7. 7. 1960 AP BGB § 242 Auskunftspflicht Nr. 2; BAG 28. 10. 1986 – 3 AZR 323/85 –). Die Vorlage einzelner Belege zu den Bilanzposten kann grds. nicht verlangt werden. Keine Auskunftspflicht besteht zudem über die Berechnung der Gewinne im einzelnen (BAG 13. 1. 1960 AP BGB § 242 Auskunftspflicht Nr. 1; BAG 7. 7. 1960 AP BGB § 242 Auskunftspflicht Nr. 2). Ist dem AG die Vorlage der Bilanz nicht zumutbar, hat er sie einem unparteiischen Wirtschaftsprüfer oder Buchsachverständigen vorzulegen. Er trägt dann allerdings die Kosten (BAG 7. 7. 1960 AP BGB § 242 Auskunftspflicht Nr. 2; ArbG Bochum 30. 7. 1970 DB 1971, 729; weitergehend LAG Bremen 29. 10. 1971 DB 1971, 2265: AG hat stets ein Wahlrecht).

Die Gewinnbeteiligung wird **fällig**, sobald die Bilanz festgestellt ist oder bei ordnungsgemäßem 734 Geschäftsgang hätte festgestellt werden können (BAG 3. 6. 1958 AP HGB § 59 Nr. 9; LAG Baden-Württemberg 31. 3. 1969 DB 1969, 1023; LAG Berlin 7. 10. 1975 DB 1976, 636). Dann beginnt die zweijährige **Verjährungsfrist** nach §§ 196 Nr. 8, 198 (BAG 10. 12. 1973 AP BGB § 196 Nr. 7). Bei Ausscheiden im Laufe des Geschäftsjahres bedarf es ohne entspr. Vereinbarung nicht der Aufstellung einer Zwischenbilanz. Entscheidend ist vielmehr die Jahresbilanz, wobei sich der Gewinnanteil entspr. der Beschäftigungszeit mindert (BAG 3. 6. 1958 AP HGB § 59 Nr. 9; hierzu vgl. § 614 Rn. 10). Die Fälligkeit der Tantieme oder Umsatzbeteiligung im Folgejahr regelt nur die Leistungszeit, die entspr. Vereinbarung führt nicht zum Untergang des Anspruchs, wenn das Arbeitsverhältnis im Folgejahr nicht mehr besteht (BAG 8. 9. 1998 AP HGB § 87 a Nr. 6).

Da die Tantieme verdienten Lohn und nicht etwa eine Gratifikation darstellt, ist der Ausschluß von 735 Mitarbeitern **im Fall des Ausscheidens** oder der Eigenkündigung sittenwidrig bzw. eine unzulässige Kündigungserschwerung (BAG 12. 1. 1973 AP HGB § 87 a Nr. 4; BAG 27. 4. 1982 AP BGB § 620 Probearbeitsverhältnis Nr. 16; HzA/*Künzl* Gruppe 1 Rn. 1301; *Schaub* § 77 6), jedenfalls bei betriebsbedingter Kündigung (BAG 13. 9. 1974 AP BGB § 611 Gratifikation Nr. 84; *Erman/Hanau* Rn. 460; MünchKommBGB/*Schaub* § 612 Rn. 114; anders für Klauseln im TV BAG 4. 9. 1985 AP BGB § 611 Gratifikation Nr. 123). Nach Auffassung des BAG folgt jedoch aus dem Rechtscharakter der Tantieme, daß sie bei **dauernder Arbeitsunfähigkeit** während eines Geschäftsjahres, nicht zu zahlen ist, da die Tantieme eine Arbeitsleistung voraussetzt (BAG 8. 9. 1998 AP BGB § 611 Tantieme Nr. 2).

Zum **Mitbestimmungsrecht des BR** bei der Einführung einer Gewinnbeteiligung siehe die Kom- 736 mentierung zu § 87 BetrVG.

f) Heuer. Unter Heuer ist die Arbeitsvergütung von Besatzungsmitgliedern (§ 30 SeemG) und 737 Kapitänen (§ 78 I SeemG) auf Kauffahrtschiffen, die nach dem Flaggenrechtsgesetz v. 8. 2. 1951 (BGBl. I S. 79) die Bundesflagge führen (§ 1 SeemG), zu verstehen. Sie umfaßt alle aufgrund des Heuerverhältnisses gewährten Vergütungen einschließlich des Anteils an Fracht, Gewinn oder Erlös. Es wird unterschieden zwischen der Grundheuer, also dem festen Entgelt, das nach Monaten berechnet wird (§ 31 SeemG) sowie sonstigen Vergütungen wie Pauschalvergütungen und sonstigen Zulagen, zB Mehrarbeits- oder Schmutzzulagen (§ 30 II SeemG). Die **Höhe der Heuer** kann frei vereinbart werden, es sei denn, es gilt aufgrund Tarifbindung der Kapitäns- und HeuerTV für die Deutsche Seeschiffahrt v. 26. 4. 1985. Mit ausländischen Seeleuten kann auf Schiffen unter deutscher Flagge, die im internationalen Schiffsregister eingetragen sind, die Heuer nach ihrem Heimatrecht vereinbart werden (BAG 3. 5. 1995 AP Internationales Privatrecht, Arbeitsrecht Nr. 32 = NZA 1995, 1191). Der Anspruch auf Heuer entsteht grds. mit dem Dienstantritt (§ 32 SeemG), er wird mit Ablauf eines jeden Kalendermonats und bei Beendigung des Heuerverhältnisses **fällig** (§ 34 SeemG). Auf Verlangen des Besatzungsmitglieds können Abschlagszahlungen geleistet werden (§§ 34 III, 36 SeemG). Das Besatzungsmitglied hat nur im Hafen oder auf Reede Anspruch auf Barauszahlung (§ 35 SeemG). Schließlich hat über die Heuer zum Ablauf des Kalendermonats und bei Beendigung des Heuerverhältnisses eine Abrechnung zu erfolgen (zu den Einzelheiten s. § 37 SeemG).

738 Wenn die Besatzungsmitglieder ein anderes Schiff aus Seenot retten, besteht zudem ein Anspruch auf Beteiligung am **Berge- und Hilfslohn** (§§ 740 ff. HGB).

739 **g) Bedienungsgelder.** Das **Bedienungsgeld** kann als prozentualer Aufschlag auf die Preise erhoben werden. Ob zum Warenwert, von dem das Bedienungsgeld zu berechnen ist, auch die Mehrwertsteuer gehört, bestimmt sich mangels näherer Vereinbarung nach der Verkehrssitte (BAG 7. 10. 1971 AP BGB § 611 Kellner Nr. 6). Der AN erhebt das Geld für den AG; mit der Übergabe an den AN wird der AG Eigentümer (§§ 929, 868 BGB). Er hat jedoch seinerseits einen Lohnanspruch gegen den Wirt, der in Höhe des Bedienungsgeldes besteht. Wenn der AN das von ihm eingenommene Bedienungsgeld unmittelbar mit diesem Lohnanspruch verrechnet, so liegt darin durch Aufrechnung vor. Auch wenn dem AN ein tariflicher **Garantie(mindest)lohn** zusteht, findet eine solche Verrechnung statt, wobei der AG notfalls den zur Erreichung dieses Garantielohns erforderlichen Fehlbetrag leisten muß.

740 Sind mehrere AN beschäftigt, sind zwei Verteilungssysteme zu unterscheiden: Beim **Serviersystem** (oder Revierkellnersystem) steht jedem AN das bei ihm aufkommende Bedienungsgeld zu. Dagegen wird beim **Tronc-System** das gesamte eingenommene Bedienungsgeld in eine gemeinsame Kasse gegeben und dann nach einem im voraus festgelegten Schlüssel auf die einzelnen AN verteilt. Letzteres ist vor allem im Spielbankenbereich anzutreffen, in dem es den Beschäftigten verboten ist, Trinkgelder anzunehmen (vgl. § 7 I SpielbankG NW). Gegen die Vorschrift bestehen keine Bedenken. Der AG ist berechtigt, aus dem Tronc die AG-Anteile zur Sozialversicherung zu begleichen (BAG 11. 3. 1998 AP BGB § 611 Croupier Nr. 20). Hier fließen alle Trinkgelder in den sog. Tronc, aus dem die AN ausschließlich bezahlt werden. Der AG ist hier dem einzelnen AN zur Rechnungslegung verpflichtet (*Kossens* Hwb AR 1720 Rn. 15).

741 Die Höhe der **fortzuzahlenden Vergütung** während des Urlaubs sowie im Krankheitsfall richtet sich nicht nach dem garantierten Mindestlohn, sondern nach dem tatsächlichen Verdienst. Dabei darf das Geld nicht dem Tronc entnommen werden, weil der AG sonst die wirtschaftliche Belastung auf die am Tronc beteiligten AN abwälzen würde (LAG Berlin 13. 10. 1964 AuR 1965, 283; *Kossens* Hwb AR 1720 Rn. 22, 23; *Salje* DB 1989, 324; aA *Küttner/Griese* Trinkgeld Rn. 4)

742 Da das Bedienungsgeld mit der Einziehung in das Eigentum des Wirts übergeht, können dessen Gläubiger seinen Herausgabeanspruch gegen das Bedienungspersonal **pfänden** und sich überweisen lassen. Der AN kann dann nicht aufrechnen, so daß sein Lohnanspruch weiterhin besteht. Die Gläubiger des Kellners können dessen Lohnanspruch gegen den Wirt pfänden und sich überweisen lassen. Dieser darf die Aufrechnung nicht weiter zulassen, da er sonst nach § 836 I ZPO haftet (RAG 26. 6. 1942 ARS 45, 191; BAG 22. 5. 1965 AP BGB § 611 Kellner Nr. 4; ArbG Göttingen 22. 7. 1957 AP BGB § 611 Kellner Nr. 1). Er muß vielmehr den gepfändeten Teil einbehalten bzw. vom Kellner einfordern und an den Gläubiger abführen (*Staudinger/Richardi* Rn. 601).

743 Erhält das Bedienungspersonal vom Gast neben dem Rechnungsbetrag freiwillig einen zusätzlichen Betrag, ein sog. **Trinkgeld,** so steht ihm dieses unmittelbar zu. Während im Dienstleistungsgewerbe (zB Hotels, Gaststätten, Taxi, Friseur) Trinkgelder üblich sind, ist deren Annahme bei Behörden oder dem TÜV pflichtwidrig. Besteht ein Anspruch auf die tarifliche Vergütung, so bleibt das Trinkgeld als freiwillige Zuwendung insoweit unberücksichtigt (*Schaub* § 68 I 7; *Küttner/Griese* Trinkgeld Rn. 2; nach *Staudinger/Richardi* Rn. 599 ist die Anrechnung auf das Arbeitsentgelt nur im Zweifel zu verneinen). Trinkgelder gehören arbeitsrechtlich nicht zum Arbeitsverdienst, weil auf sie regelmäßig mangels entspr. Vereinbarung kein Anspruch gegen den AG besteht, sondern sie als persönliche Zuwendung aus einer bestimmten Motivationslage von Dritten erbracht werden. Sie gehören daher für Zeiten des Urlaubs, der Arbeitsunfähigkeit und der Betriebsratstätigkeit nicht zum vom AG fortzuzahlenden Arbeitsentgelt (BAG 28. 6. 1995 AP BetrVG 1972 § 37 Nr. 112). Andererseits sind bei der Höhe der Abfindung nach § 10 KSchG zum Monatsverdienst eines Kellners die erzielten Trinkgelder hinzuzurechnen (LAG Düsseldorf 18. 2. 1981 – 12 Sa 1534/80). Befindet sich in einer Gaststätte an der Kasse ein nicht näher gekennzeichnetes Sparschwein, in das die Gäste Geld werfen können, so soll der AN im Verhältnis zu den AN des Betriebs allein berechtigt sein, über die Verwendung des eingeworfenen Geldes zu entscheiden (ArbG Düsseldorf 15. 6. 1989 AiB 1990, 86).

744 Die Möglichkeit, Trinkgelder zu erhalten, ist grds. **nicht als Naturalvergütung** anzusehen. Wird Trinkgeld ausnahmsweise vom AG als Naturalbezug geschuldet, wird die Lohnzahlungspflicht des AG (tlw.) durch die Pflicht ersetzt, Einnahmen aus Trinkgeldern zu ermöglichen. Dies setzt zumindest eine – konkludente – Vereinbarung der Arbeitsvertragsparteien voraus, die sich ua. daraus ergeben kann, wenn ein so geringes Festgehalt vereinbart wird, daß der AN ein für derartige Arbeitsleistung übliches Entgelt erst unter Einrechnung der erwarteten Trinkgelder erreichen kann (BAG 28. 6. 1995 AP BetrVG 1972 § 37 Nr. 112). Da das Trinkgeld dann vertraglicher Vergütungsbestandteil ist, ist der AN gegenüber dem AG zur **Auskunft** über die Höhe der erhaltenen Trinkgelder verpflichtet (*Küttner/Griese* Trinkgeld Rn. 5).

745 Der Anspruch auf das Trinkgeld kann beim Wirt nicht gepfändet werden (vgl. RAG 8. 10. 1932 ARS 16, 116). Zu ihrer Beschlagnahme bedarf es notfalls der sog. Taschenpfändung (*Gräfl* HwB AR Lohnpfändung Rn. 70).

F. Pflichten des Arbeitgebers § 611 BGB 230

h) Wegezeiten. Für den Begriff der Wegezeit zeigt sich in der Praxis ein uneinheitlicher Sprach- 746
gebrauch.
(1) **Wegezeit** ist zum einen die Zeit für die An- und Abfahrt des AN zum Betrieb des AG 747
(MünchArbR/*Blomeyer* § 48 Rn. 108). Diese Fahrten sind keine Arbeitsleistung und daher nicht
vergütungspflichtig. Die Wegezeit gehört nicht zur Arbeitszeit (BAG 8. 12. 1960 AP BGB § 611
Wegezeit Nr. 1; BAG 26. 8. 1960 AP BGB § 611 Wegezeit Nr. 2). Allerdings sind die Fahrten des AN
zum und von einem **außerhalb des Betriebs** des AG liegenden Arbeitsplatz als Arbeitszeit zu
vergüten, sofern keine gegenteilige tarif- oder einzelvertragliche Regelung besteht (BAG 8. 12. 1960
AP BGB § 611 Wegezeit Nr. 1; BAG 28. 3. 1963 AP BGB § 611 Wegezeit Nr. 3; einschränkend jetzt
BAG 3. 9. 1997 EzA BGB § 612 Nr. 20; zur Vergütungspflicht bei Dienstreisen ausf. *Loritz* NZA
1997, 1188, 1192 ff.; *Loritz/Koch* BB 1987, 1102 ff.). Wenn der AN den Arbeitsplatz direkt von seiner
Wohnung aus aufsucht, muß er sich aber die Zeit, die er gewöhnlich für die Fahrt zum Betrieb
aufwendet, anrechnen lassen (BAG 8. 12. 1960 AP BGB § 611 Wegezeit Nr. 1; BAG 3. 9. 1997 EzA
BGB § 612 Nr. 20; vgl. BAG 15. 3. 1989 AP BGB § 611 Wegezeit Nr. 9; MünchArbR/*Blomeyer* § 48
Rn. 108; MünchArbR/*Hanau* § 60 Rn. 15; *Schaub* § 45 VI 3). Mangels näherer Erläuterung durch die
TVParteien ist unter Betriebssitz nicht die politische Gemeinde, in der sich der Betrieb befindet,
sondern die Betriebsstätte zu verstehen. Daher steht auch einem AN, der in einer Großstadt außerhalb
der Betriebsstätte arbeitet, Anspruch auf Wegegeld zu (BAG 15. 3. 1989 AP BGB § 611 Wegezeit
Nr. 9 zum BRTV im Garten-, Landschafts- und Sportplatzbau).
(2) Wegezeit ist außerdem die auf dem **Weg von der Arbeitsstelle zum Arbeitsplatz** verbrachte 748
Zeit (BAG 18. 1. 1990 AP BAT § 15 Nr. 16). Arbeitsstelle ist die Gesamtheit der Räumlichkeiten
derjenigen Organisationseinheit innerhalb der Dienststelle/des Betriebes, der der Angestellte angehört
und in der sich sein Arbeitsplatz befindet. Typische Beispiele für den so eingegrenzten Begriff der
Arbeitsstelle ist das Dezernat, die Abteilung, die Werkstatt oder im Krankenhausbereich die Station.
Arbeitsplatz einer Krankenschwester ist daher nicht die Station (aA noch BAG 18. 1. 1990 AP BAT
§ 15 Nr. 16), sondern das Krankenbett, das Schwesternzimmer oder die Teeküche (BAG 28. 7. 1994
AP BAT § 15 Nr. 32). Ist daher die Pflegekraft eines Krankenhauses nur in einer bestimmten Station
eingesetzt und hat sie ihre Dienstkleidung auf dieser Station an- bzw. auszuziehen, so ist für diese
Pflegekraft die Wegezeit zwischen dem Eingang des Krankenhauses und der Station keine Arbeitszeit
iSd. § 15 VII BAT (LAG Hamm 11. 11. 1993 ARSt. 1995, 43). Liegt aber die Umkleideeinrichtung im
Untergeschoß der Klinik, so kann nur die Zeit angerechnet werden, die der AN für den Umweg (vom
Erdgeschoß zum Umkleideraum und zurück) benötigt. Die Strecke vom Erdgeschoß zur Station
(Arbeitsstelle) muß unabhängig vom Aufsuchen des Umkleideraums zurückgelegt werden, und kann
daher keine vergütungspflichtige Arbeitszeit darstellen (*Dobberahn* Anm. zu AP BAT § 15 Nr. 32; aA
MünchArbR/*Blomeyer* § 48 Rn. 151).
Für die Frage, ob und inwieweit die **Zeit des Umkleidens** vergütungsrechtlich zur Arbeitszeit zählt, 749
wenn nicht – wie zB bei einem Model – Inhalt der geschuldeten Arbeitsleistung ist, kommt es auf
die Verhältnisse des Einzelfalls an. Dabei sind, wenn das Umkleiden nicht der persönlichen Vorbereitung dient, in erster Linie die organisatorischen Gegebenheiten des jeweiligen Betriebes und konkreten
Anforderungen an den AN maßgebend, wie sie sich aus den betrieblichen Regelungen und Hand-
habungen tatsächlich ergeben. Dabei sind Betriebsvereinbarungen gemäß § 77 IV BetrVG zu beachten
(BAG 22. 3. 1995 AP BGB § 611 Arbeitszeit Nr. 8).
Die **Rspr.** ist je nach den Umständen **uneinheitlich:** So gehört bei einem Koch das An- und Ablegen 750
seiner Berufskleidung nicht zu seiner vergütungspflichtigen Arbeitszeit (BAG 22. 3. 1995 AP BGB
§ 611 Arbeitszeit Nr. 8); gleiches gilt mangels anderweitiger normativer Bestimmungen für die Umkleidezeit beim Flugpersonal (LAG Berlin 16. 6. 1986 LAGE BetrVG 1972 § 76 Nr. 24). Dagegen
gehört die Zeit für das An- und Ablegen von Sicherheitsbekleidung zur vergütungspflichtigen Arbeitszeit (LAG Baden-Württemberg 12. 2. 1987 AiB 1987, 246).
Im Sinne des ArbZG, also des öffentlich-rechtlichen Arbeitsschutzes, stellt die Zeit für das Umklei- 751
den und Waschen vor und nach der Arbeit dagegen keine Arbeitszeit dar (BAG 25. 4. 1962 AP BGB
§ 611 Mehrarbeitsvergütung Nr. 6 zur früheren AZO).
Einzelvertraglich vereinbarte Wege- und Fahrtgelder gehören zum fortzuzahlenden Entgelt im 752
Krankheitsfall, soweit sie einem gesunden AN unabhängig von notwendigen Aufwendungen gezahlt
werden, da sie seinen Lebensstandard ausmachen. Eine Vergütung für die Wegezeit ist stets fortzuzah-
lender Lohn (BAG 11. 2. 1976 AP BGB § 611 Anwesenheitsprämie Nr. 10 zu § 2 LohnFG).
Wegegeld, das als Aufwendungsersatz und nicht für die Arbeit selbst gezahlt wird, gehört nicht zum 753
Entgelt iSd. § 37 II BetrVG, es sei denn, der Aufwendungsersatz diente der tatsächlichen Verbesserung
des Lebensstandards und ihm stehen insoweit keine tatsächlich entstehende Aufwendungen gegenüber
(BAG 13. 7. 1994 AP BetrVG 1972 § 37 Nr. 97).

i) Auslösung. Insb. bei Baufirmen, Montageunternehmen oder Handwerksbetrieben werden die 754
AN nicht in der Betriebsstätte beschäftigt, sondern haben ihre Arbeitsleistung außerhalb des Betriebes
zu erbringen. Dies führt zu finanziellen Mehraufwendungen, insb. zusätzlichen Fahrt-, Übernach-
tungs- oder Verpflegungskosten.

Preis 1413

755 Die **Auslösung** ist ein **pauschalierter Aufwendungsersatz,** der diese Mehraufwendungen abdecken soll. Von Gesetzes wegen existiert hierfür nur der Aufwendungsersatzanspruch nach § 670, der einen Anspruch auf Ersatz der konkret angefallenen und nachgewiesenen Einzelaufwendungen gibt. Die Pauschalierung dieser Aufwendungen in Form von Auslösungssätzen bedarf einer besonderen Rechtsgrundlage; sie findet sich häufig in TV. Die wichtigsten Fälle sind der BundesmontageTV der Eisen-, Metall- und Elektroindustrie (BMTV) v. 30. 4. 1980 und der BRTV-Bau. Soweit die Erstattung durch TV abschließend geregelt ist, wird § 670 verdrängt (BAG 4. 12. 1974, 29. 7. 1992 AP TVG § 1 Tarifverträge: Bau Nr. 20, 155; BAG 14. 2. 1996 AP BGB § 611 Aufwandsentschädigung Nr. 5).

756 **Fernauslösung** ist der Ersatz der Mehraufwendungen für Übernachtung, Verpflegung und sonstige Bedürfnisse, die dem AN infolge einer auswärtigen Beschäftigung entstehen, bei der er auswärts übernachten muß, weil ihm die tägliche Rückkehr von der Arbeitsstelle zur Wohnung nicht zumutbar ist. Für die Unzumutbarkeit wird entweder auf die Entfernung zwischen Arbeitsstelle und Betriebssitz oder auf den Zeitaufwand für Hin- und Rückfahrt von der Wohnung bei Benutzung öffentlicher Verkehrsmittel oder auch auf eine Kombination beider Kriterien (so zB § 7 Nr. 4.1 BRTV-Bau) abgestellt (BAG 27. 2. 1996 AP TVG § 1 Auslösung Nr. 28).

757 **Zum BundesmontageTV der Eisen-, Metall- und Elektroindustrie v. 30. 4. 1980 (BMTV):** Der BMTV unterscheidet in §§ 6 und 7 zwischen der Fernmontage und der Nahmontage, und zwar je nachdem, ob dem Montagearbeiter die tägliche Rückkehr mit öffentlichen Verkehrsmitteln unter Zeitgesichtspunkten zumutbar ist oder nicht. Bei der Berechnung dieses **Zeitaufwandes** sind notwendige Wartezeiten an der Montagestelle bis zum Schichtbeginn und nach Schichtende bis zum Antritt des Rückweges nur dann mitzuberücksichtigen, wenn sie jeweils 30 Minuten übersteigen (BAG 13. 12. 1994 AP TVG § 1 Auslösung Nr. 27). Außerdem sind öffentliche Verkehrsmittel nur fahrplanmäßig verkehrende Verkehrsmittel wie Bahnen und Busse; für die Berechnung des Zeitaufwandes können Taxifahrten nicht berücksichtigt werden (BAG 7. 12. 1988 AP TVG § 1 Auslösung Nr. 21).

758 Nach dem BMTV hat der AN Anspruch auf Fernauslösung auch an arbeitsfreien Tagen, wenn er – obwohl ihm dies nicht zumutbar ist – täglich nach Hause fährt und deshalb am Montageort keinen zweiten Wohnsitz unterhält (BAG 28. 6. 1989 AP TVG § 1 Auslösung Nr. 22; BAG 23. 10. 1991 AP TVG § 1 Auslösung Nr. 26). Anspruch auf Fernauslösung hat auch derjenige AN, der ohne Kosten, zB als Familienmitglied, an seinem Heimatwohnort eine Wohnung mitbenutzen kann (BAG 13. 5. 1974 AP TVG § 1 Auslösung Nr. 3).

759 Nach dem Lohnausfallprinzip sind Auslösungen von der Fortzahlung ausgenommen, wenn sie Aufwendungsersatz für konkrete Mehraufwendungen des AN waren, die nur an den Tagen entstehen, an denen sie tatsächlich arbeitet.

760 Die **Fernauslösung** nach § 6 BMTV ist eine pauschalierte Aufwandsentschädigung, die bei einer BRTätigkeit nicht zum fortzuzahlenden Entgelt iSd. § 37 II BetrVG gehört (BAG 18. 9. 1991 AP BetrVG 1972 § 37 Nr. 82). Auch ihre steuerpflichtigen Teile gehören weder zum fortzuzahlenden Arbeitsentgelt bei Krankheit, noch zum Urlaubsentgelt gem. § 11 BUrlG (BAG 28. 1. 1982 AP LohnFG § 2 Nr. 11; BAG 15. 6. 1983 AP LohnFG § 2 Nr. 12).

761 Dagegen hat der steuerpflichtige Teil der **Nahauslösung** nach § 7 BMTV Arbeitsentgeltcharakter, da er zur beliebigen Verwendung zur Verfügung steht und somit dem Wesen nach zusätzliches Arbeitsentgelt darstellt. Er ist während der BRTätigkeit iSd. § 37 II BetrVG fortzuzahlen (BAG 10. 2. 1988 AP BetrVG 1972 § 37 Nr. 64), Bestandteil des bei krankheitsbedingter Arbeitsunfähigkeit fortzuzahlenden Arbeitsentgelts (BAG 14. 8. 1985 AP LohnFG § 2 Nr. 14) und auch während des Urlaubs zu gewähren (BAG 10. 3. 1987 DB 1987, 1741; ebenso für Feiertagslohnfortzahlung BAG 24. 9. 1986 AP Feiertagslohnzahlungsgesetz § 1 Nr. 50; BAG 1. 2. 1995 AP Feiertagslohnzahlungsgesetz § 1 Nr. 67).

762 **Zum BRTV-Bau:** Der Auslösungsanspruch nach dem BRTV-Bau setzt voraus, daß der AN außerhalb seiner Erstwohnung übernachtet hat. Eine Übernachtung am Ort der Baustelle ist aber nicht erforderlich, da erhöhte Kosten bei jeder Übernachtung anfallen und die Fahrtkosten zur Baustelle nicht zu Lasten des AG gehen (BAG 25. 9. 1991 AP TVG § 1 Tarifverträge: Bau Nr. 146). Der Begriff der **getrennten Haushaltsführung** setzt voraus, daß der Bauarbeiter neben seinem Haushalt am Wohnort auch noch am auswärtigen Arbeitsort einen zweiten Haushalt führen muß, wobei es ausreicht, wenn er dort eine Unterkunft unterhält und sich idR selbst verköstigen muß. Eine solche Einrichtung zum Übernachten kann eine feste Wohnung, ein Campingwagen und auch ein PKW mit Schlafeinrichtung sein. Der AN ist dafür darlegungs- und beweispflichtig, daß er außerhalb seines Erstwohnsitzes übernachtet hat. Dagegen hat der AG keinen bürgerlich-rechtlichen Anspruch darauf, daß die Übernachtung in bestimmter Form (zB Bescheinigung durch Vermieter) nachgewiesen wird (BAG 29. 7. 1992 AP TVG § 1 Tarifverträge: Bau Nr. 155). Mit den tariflichen Auslösungen nach § 7 BRTV sollen auch die Aufwendungen des AN für auswärtige Übernachtungen abgegolten werden (BAG 14. 2. 1996 AP BGB § 611 Aufwandsentschädigung Nr. 5).

763 Arbeitet ein AN auf verschiedenen, tlw. weit voneinander entfernten Baustellen jeweils weniger als 7 Tage, so ist für die in § 7 4.3 BRTV-Bau vorgesehene Unterscheidung hins. der **Höhe der Auslösung** auf die Dauer der einzelnen Baustelle abzustellen, nicht auf die Dauer der gesamten Auswärtsbeschäftigung. Die unterschiedlichen Auslösungssätze tragen nämlich der Erfahrung Rechnung, daß die

Kosten für Unterkunft und Verpflegung bei kurzer Beschäftigung an einem Ort im allgemeinen höher sind als bei längerer Dauer (BAG 14. 8. 1991 AP TVG § 1 Tarifverträge: Bau Nr. 144).

Ein AN kann auch für die Tage, an denen nach Arbeitsende die (Wochenend)Heimreise angetreten wird, Auslösung nach § 7 Nr. 4.1 BRTV-Bau beanspruchen, da die Tätigkeit durch **Wochenendheimreisen** nicht unterbrochen wird (BAG 26. 5. 1998 AP TVG § 1 Tarifverträge: Bau Nr. 206). Kehrt der AN täglich von einer auswärtigen Baustelle zu seiner Wohnung zurück, scheidet der Anspruch auf Auslösung aus; er beschränkt sich auf die Ansprüche aus § 7.3 BRTV-Bau für tägliche Heimfahrt (BAG 26. 5. 1998 AP TVG § 1 Tarifverträge: Bau Nr. 217). Auch für arbeitsfreie Tage der (ersten) Anreise und (letzten) Rückreise ist gem. § 7 Nr. 4.2 BRTV-Bau die Auslösung zu zahlen. Für den Anspruch auf Fahrtkostenabgeltung nach § 7 Nr. 2.1 BRTV-Bau sind nicht allein die Verhältnisse zum Zeitpunkt des Abschlusses des Arbeitsvertrags maßgebend, so daß die im Fall eines **Wohnungswechsels** des AN geänderten tatsächlichen Verhältnisse zu berücksichtigen sind (BAG 21. 1. 1987 – 4 AZR 104/86 –). Verlangt werden kann nach § 7 Nr. 4.6 nur die Bahnfahrt 2. Klasse (BAG 15. 12. 1998 AP TVG § 1 Tarifverträge: Bau Nr. 217). Auch wenn eine Baustelle über mehrere Jahre unterhalten wird, so handelt es sich dabei nicht um eine „ständige Vertretung" iSd. § 7 Nr. 2.2 BRTV-Bau, da diese auf unbestimmte Zeit betrieben wird und dies auch nicht beabsichtigt ist (BAG 12. 11. 1986 – 4 AZR 716/85 –).

Voraussetzung für einen Anspruch auf Auslösung nach § 8 Nr. 2 des RTV für die gewerblichen AN im Steinmetz-, Stein- und Holzbildhauerhandwerk (RTV) v. 4. 11. 1989 ist, daß der auf eine Baustelle entsandte AN aufgrund der Unzumutbarkeit der täglichen Rückkehr zum Wohnsitz eine Unterkunft außerhalb seiner Erstwohnung tatsächlich in Anspruch nimmt. Die TVParteien haben keine Ansprüche begründet, die von tatsächlichem Mehraufwand unabhängig sind. Nur solchen AN, die aufgrund der auswärtigen Beschäftigung Mehrkosten haben, werden Ansprüche eingeräumt (BAG 27. 2. 1996 AP TVG § 1 Auslösung Nr. 28). Damit entspricht der Regelungsgehalt des § 8 RTV insoweit dem von § 7 BRTV-Bau (vgl. BAG 25. 9. 1991 AP TVG § 1 Tarifverträge: Bau Nr. 146). Er unterscheidet sich grdl. von dem, was § 6 des BundesmontageTV für die besonderen Arbeitsbedingungen der Montagearbeiter in der Eisen-, Metall- und Elektroindustrie anordnet (vgl. BAG 28. 6. 1989 AP TVG § 1 Auslösung Nr. 22). 765

Die Ansprüche auf Auslösungsgelder und sonstige soziale Zulagen sind nach § 850a Nr. 3 ZPO **unpfändbar**, soweit sie den Rahmen des Üblichen nicht übersteigen. 766

j) **Naturalvergütung, Truckverbot; Personalrabatt.** Der Lohn- und Gehaltsanspruch wird grds. in Geld berechnet und ausgezahlt (Geldschuld). Für gewerbliche Arbeiter und Angestellte, Bergarbeiter (§ 154 a I GewO), für Heimarbeiter und Hausgewerbetreibende (§ 119 b GewO), nicht aber für Handlungsgehilfen (§ 154 I Nr. 2 GewO) besteht **das Verbot des Trucksystems (§ 115 bis 118 GewO)**; zur Frage der unzulässigen Lohnverwendungsabrede in einem Sanierungstarifvertrag H. P. Müller DB 2000, 770). Der AG ist danach verpflichtet, die Löhne seiner AN in Deutscher Mark zu berechnen und bar auszuzahlen (§ 115 I GewO). Die Vereinbarung einer Naturalvergütung wird dadurch aber nicht ausgeschlossen; unzulässig ist nur, daß die als Geldschuld eingegangene Vergütungspflicht durch eine Naturalleistung getilgt wird (ebenso *Staudinger/Richardi* § 611 Rn. 702; *Schaub* § 68 I 1 a; *Marschner* AR-Blattei SD 1380 Rn. 16; MünchKommBGB/*Schaub* § 612 Rn. 20; BGH 12. 7. 1975 AP GewO § 115 Nr. 3). Barzahlung bedeutet auch nicht, daß eine **bargeldlose Zahlung** ausgeschlossen ist; es genügt, daß der AN auf Grund der Zahlungsart über den Lohnbetrag verfügen kann. Die Vorschriften beziehen sich nur auf den vereinbarten Lohn, nicht aber auf freiwillige zusätzliche Leistungen (zB Jubiläumszuwendungen, vgl. BAG 23. 9. 1992 AP BGB § 611 Arbeitnehmerdarlehen Nr. 1). 767

Nach § 115 II 1 GewO darf der AG dem gewerblichen AN, Heimarbeiter und Hausgewerbetreibenden (§ 119 b GewO) keine **Waren kreditieren**, dh. Waren auf Kredit verkaufen und vereinbaren, daß die Kreditraten vom Lohn abgezogen werden. Da Waren nur bewegliche Gegenstände sind (§ 1 II Nr. 1 HGB), ist der Verkauf eines Grundstücks auf Kredit möglich (MünchKommBGB/*Schaub* § 612 Rn. 21). Zulässig bleibt der Verkauf von Waren gegen unmittelbare Barzahlung. Unter Anrechnung auf die Vergütung können die in § 115 II 2 GewO aufgeführten Gegenstände veräußert werden. Dazu gehören Lebensmittel (nicht Genußmittel wie Tabakwaren oder Spirituosen), Haushaltsartikel und Kleidung; Wohnung und Landnutzung, regelmäßige Beköstigung, Arzneien und ärztliche Hilfe sowie Werkzeuge und Stoffe für die übertragenen Arbeiten. Der Preis ist aber auf die durchschnittlichen Selbstkosten begrenzt, damit der AG keine zusätzlichen Gewinne macht. Nach einer fortgeltenden (BAG 20. 3. 1974 AP GewO § 115 Nr. 1; BAG 6. 12. 1978 AP GewO § 115 Nr. 4) AO des RAM v. 16. 1. 1939 (RABl. I, 97) ist eine weitere Ausnahme vom Kreditierungsverbot für Elektrogeräte, Rundfunkempfangsgeräte, Farbfernseher (BAG 6. 12. 1978 AP GewO § 115 Nr. 4), Großapparate und andere Gebrauchsgegenstände, die im Betrieb hergestellt oder von ihm regelmäßig vertrieben werden, gemacht worden. Die Abzahlungsraten dürfen hierbei 10% des Nettoarbeitsentgelts nicht übersteigen. Ein Kfz gehört nicht zu diesen Gebrauchsgegenständen, so daß die Kreditierung des Kaufpreises für an AN gelieferte Kfz dem Truckverbot unterliegt (BAG 20. 3. 1974 AP GewO § 115 Nr. 1; OLG Hamm 26. 5. 1989 NJW 1990, 55 auch bei Kreditverkauf an Ehefrau; dagegen ist nach BGH 12. 7. 1975 NJW 1975, 1515 die Finanzierung über ein Kreditinstitut möglich). 768

Preis

769 Soweit Abreden dem Truckverbot **zuwiderlaufen,** sind sie nichtig (§ 117 I GewO). Der AN kann jederzeit die Vergütung in bar erneut fordern. Der AG kann die kreditierten Forderungen weder durch Klage noch in sonstiger Weise (Aufrechnung) geltend machen (§ 118 GewO; BAG 20. 3. 1974 AP GewO § 115 Nr. 1 zum Verkauf von Kfz auf Kredit).

770 Die Vorschriften des § 115 II und § 118 GewO verletzen keine Grundrechte von Gewerbetreibenden (BVerfG 24. 2. 1992 AP GewO § 115 Nr. 5).

771 Zur **Naturalvergütung** gehört jede Vergütung, die nicht in Geld oder durch bargeldlose Geldleistung (einschließlich Wechsel und Scheck) gewährt wird. Hierunter fällt die Gewährung von Sachbezügen, Deputaten in der Landwirtschaft, Kohle im Bergbau (Hausbrand), Kost, Wohnung, Heizung, Beleuchtung, Haustrunk der Brauereien, Einräumung der Möglichkeit zu verbilligtem Bezug einzelner Gebrauchsgegenstände und die Überlassung von Firmenfahrzeugen zur privaten Nutzung. Seeleute haben neben dem Anspruch auf Heuerzahlung (§ 32 SeemG) Anspruch auf Verpflegung, Unterbringung und Krankenfürsorge nach §§ 39 ff. SeemG (*Staudinger/Richardi* Rn. 571).

772 Nicht als Naturalbezug ist die Gewährung des Zugangs zu betrieblichen Sozialeinrichtungen (Teilnahme an Kantinenverpflegung) und die Überlassung von Arbeitskleidung anzusehen (*Marschner* ARBlattei SD 1380 Rn. 9; MünchKommBGB/*Schaub* § 612 Rn. 24; *Schaub* § 68 I 2).

773 Auch **Personalrabatte** (vgl. § 9 Nr. 3 RabattG) sind eine Form des Arbeitentgelts (MünchArbR/*Hanau* § 68 Rn. 5; MünchKommBGB/*Schaub* § 612 Rn. 27; *Schaub* § 68 I 5; aA LAG Bremen 28. 7. 1987 NZA 1987, 815). Steuerrechtlich werden sie als Arbeitsentgelt eingestuft (BFH 2. 10. 1968 DB 1969, 70). Hat der AG seinem AN einen Personalrabatt zugesagt, ohne sich den Widerruf vorzubehalten, so kann er die Vergünstigung nicht mehr ohne weiteres einstellen (BAG 14. 6. 1995 AP BGB § 611 Personalrabatt Nr. 1; BAG 11. 12. 1996 AP BGB § 611 Sachbezüge Nr. 5 = NZA 1997, 442).

774 § 9 Nr. 3 RabattG ist dahin auszulegen, daß Sondernachlässe oder Sonderpreise **auch** denjenigen **Rentnern** und Pensionären gewährt werden dürfen, die unmittelbar aus einer langjährigen Beschäftigung bei dem Unternehmen in den Ruhestand getreten sind (BAG 11. 12. 1996 AP BGB § 611 Sachbezüge Nr. 5 = NZA 1997, 442). Unternehmen iSv. § 9 Nr. 3 RabattG können darüber hinaus auch mehrere rechtlich selbständige Gesellschaften sein, wenn sie wirtschaftlich eine Einheit bilden (vom BAG offengelassen, ob bei Konzernverbindungen dafür eine Vermutung spricht), da die Bestimmung ermöglichen will, das gemeinsam Erarbeitete allen Mitarbeitern zu besonders günstigen Preisen zugute kommen zu lassen und gemeinsame Arbeit zunehmend auch in Unternehmensverbindungen stattfindet (BAG 11. 12. 1996 AP BGB § 611 Sachbezüge Nr. 5).

775 Die in Allgemeinen Geschäftsbedingungen über den Verkauf von Autos an Werksangehörige enthaltene Klausel, die den AN zur Nachzahlung des ihm eingeräumten Preisnachlasses (**"Werksangehörigenrabatt"**) verpflichtet, wenn das Arbeitsverhältnis vorzeitig endet, ist wegen Verstoßes gegen das Transparenzgebot (§ 9 I AGBG) unwirksam, wenn die Höhe des Preisnachlasses im Vertrag nicht angegeben wird (BAG 26. 5. 1993 AP AGB-Gesetz § 23 Nr. 3; für die Anwendung des AGBG auf Personalkäufe auch MünchArbR/*Hanau* § 68 Rn. 6). Auch ansonsten wird man solche Klauseln in Verträgen über Jahreswagen einer Inhaltskontrolle unterziehen müssen, da sie – ähnlich wie Rückzahlungsklauseln – eine Kündigungserschwerung enthalten (ähnlich *Schaub* § 68 I 5; LAG Bremen 28. 7. 1987 NZA 1987, 815; MünchArbR/*Hanau* § 68 Rn. 7, der aber mangels der Regelmäßigkeit des Jahreswagenkaufs die zu Gratifikationen entwickelte Staffelung ablehnt und eine Bindungsdauer von 9 oder 12 Monaten für zulässig erachtet).

776 Hat ein AN ein Kraftfahrzeug von seinem AG zu Vorzugsbedingungen für Werksangehörige erworben, so besteht auch für Rechtsstreitigkeiten über **Gewährleistungsansprüche** aus diesem Kaufvertrag die ausschließliche Zuständigkeit der ArbG (OLG Braunschweig 10. 2. 1993 NJW-RR 1994, 64).

777 In **Berufsausbildungsverhältnissen** dürfen Sachbezüge nur insoweit auf die Gesamtvergütung angerechnet werden, als sie nicht mehr als 75% der Bruttovergütung ausmachen (§ 10 II BBiG).

778 Ist Gegenstand der Naturalvergütung die Gewährung von Kost und Logis (**Aufnahme in die häusliche Gemeinschaft),** so gelten für den AG besondere Fürsorgepflichten (§§ 617, 618 II, § 62 II HGB), bei deren Nichterfüllung er schadensersatzpflichtig werden kann (§ 618 III, § 62 III HGB).

779 Naturalbezug kann auch die Verschaffung von Verdienstmöglichkeiten sein. Hierzu zählt insb. die Möglichkeit, **Trinkgelder** in Empfang zu nehmen (MünchKommBGB/*Schaub* § 612 Rn. 27; *Staudinger/Richardi* Rn. 569; *Schaub* § 68 I 7; s. zu Trinkgeld im übrigen Rn. 739 ff.).

780 Kann der AN für Zeiten, in denen die **Vergütung fortzuzahlen** ist, die Naturalbezüge nicht entgegennehmen oder ist ihm die Entgegennahme nicht zumutbar, so sind sie mit dem Betrag abzugelten, den der AN aufwenden muß, um sie auf dem freien Markt zu beschaffen (BAG 22. 9. 1960 AP BGB § 616 Nr. 27; LAG Schleswig-Holstein 2. 9. 1983 EzB BBiG § 10 II Nr. 1; gilt nicht für Trinkgelder BAG 28. 6. 1995 AP BetrVG 1972 § 37 Nr. 112; MünchKommBGB/*Schaub* § 612 Rn. 29; HzA/*Künzl* Gruppe 1 Rn. 1306). Siehe insoweit auch die Sonderregel für Auszubildende in § 12 II BBiG.

781 **k) Dienstwagen.** Die Überlassung eines **Firmenwagens** ist dann Naturalbezug und damit Arbeitslohn, wenn der AN den Wagen auch **für private Zwecke** nutzen kann (BAG 23. 6. 1994 AP BGB § 249 Nr. 34; LAG Hamm 13. 7. 1992 LAGE BGB § 249 Nr. 5; LAG Hamm 10. 4. 1991 BB 1991,

1496: daher auch bei der Pfändung zu berücksichtigen). Sie ist dann eine zusätzliche Gegenleistung für geschuldete Arbeitsleistung (BAG 16. 11. 1995 AP BGB § 611 Sachbezüge Nr. 4; BAG 27. 5. 1999 AP § 611 Sachbezüge Nr. 12).Damit stellt die private Nutzungsmöglichkeit eines Firmen-PKW einen Teil des auf das Tarifgehalt anzurechnenden Gesamteinkommens dar (BAG 24. 1. 1990 – 4 AZR 555/89 –). Von daher ist auch die Ausübung eines vorbehaltenen Widerrufs nur nach billigem Ermessen zulässig (BAG 17. 9. 1998 AuR 1999, 111; ArbG Ludwigshafen 17. 2. 1976 BB 1976, 793; *Becker-Schaffner* BB 1993, 2078; *Nägele* NZA 1997, 1196, 1200). Weiterhin ist der Naturalbezug im Rahmen nachvertraglicher Wettbewerbsverbote bei der Berechnung der Karenzentschädigung zu berücksichtigen (*Schaub* § 58 V 3; *Dombrowski/Zettelmeyer* NZA 1995, 155; BAG 8. 11. 1994 AP HGB § 74 c Nr. 17). Ob die private Nutzung eines Dienstfahrzeugs bei der Ruhegeldberechnung zu berücksichtigen ist, richtet sich nach der Versorgungsordnung und ist zu verneinen, wenn diese den Begriff des ruhegeldfähigen Einkommens eng faßt, um die Bemessungsgrundlage von Zufälligkeiten und Einflußnahmen des AN freizuhalten (BAG 14. 8. 1990 AP BetrAVG § 1 Berechnung Nr. 2).

Der Dienstwagen ist dem AN auch dann zu überlassen, wenn er aus persönlichen Gründen **782** (Arbeitsverhinderung, Krankheit) an der Arbeitsleistung verhindert ist. Im Einzelfall kann sich die Verpflichtung des AN aus arbeitsvertraglicher Nebenverpflichtung ergeben, den Wagen während der Arbeitsverhinderung an den AG zurückzugeben, wenn er zur Dienstverrichtung einer Ersatzkraft gebraucht wird (MünchKommBGB/*Schaub* § 612 Rn. 27; MünchArbR/*Hanau* § 68 Rn. 10). In diesem Fall hat der AN Anspruch auf Wertersatz (aA MünchArbR/*Hanau* § 68 Rn. 10). Mit dem Ende des Entgeltfortzahlungszeitraums hat der AG dem AN den Dienstwagen entschädigungslos herauszugeben, sofern sich aus den arbeitsvertraglichen Vereinbarungen nichts Abweichendes ergibt (LAG Köln 29. 11. 1995 NZA 1996, 986; *Meier* NZA 1997, 298). Bei Beendigung des Arbeitsverhältnisses ist der Dienstwagen zurückzugeben. Hat der AN die Kündigung mit der Kündigungsschutzklage angefochten, so folgt die Rückgabe des Dienstwagens den Regeln des Weiterbeschäftigungsanspruchs (vgl. dazu BAG 27. 2. 1985 AP BGB § 611 Beschäftigungspflicht Nr. 14). Der Dienstwagen ist also zunächst zurückzugeben. Spricht das ArbG dem AN einen Weiterbeschäftigungsanspruch zu, hat er wiederum Anspruch auf den Dienstwagen. Stellt sich später heraus, daß der AG sich mit der Überlassung des Dienstwagens in Verzug befand, so schuldet er Wertersatz nach § 615 (BAG 23. 6. 1994 AP BGB § 249 Nr. 34; MünchArbR/*Hanau* § 68 Rn. 12; MünchKommBGB/*Schaub* 612 Rn. 27).

Die Arbeitsvertragsparteien können aber auch wirksam vereinbaren, daß das Dienstfahrzeug **ent- 783 schädigungslos** an den AG herauszugeben ist, wenn der AN von der Erbringung der Arbeitsleistung freigestellt ist (*Pauly* AuA 1995, 381, 384; *Nägele* BB 1994, 2277, 2278; von BAG 23. 6. 1994 AP BGB § 249 Nr. 37 offengelassen; für die Vereinbarung einer Austauschmöglichkeit gegen ein anderes Kfz *Meier* NZA 1997, 298, 299). Es handelt sich bei einer solchen Vereinbarung um einen Widerrufsvorbehalt, der nur nach billigen Ermessen (§ 315 III) ausgeübt werden darf (BAG 17. 9. 1998 AuR 1999, 111; *Pauly* AuA 1995, 381, 384; aA *Nägele* BB 1994, 2277, 2278: Erlaßvertrag). Der Widerruf ist nicht unbillig nach einer Kündigung und zulässiger Freistellung des AN (BAG 17. 9. 1998 AuR 1999, 111).

Hat der AG dem AN nach §§ 325, 251 Schadensersatz wegen unterbliebener Bereitstellung eines **784** PKW auch zur privaten Nutzung zu leisten und nutzt der AN seinen gleichwertigen privaten Pkw, kann er nur die hierfür aufgewendeten Kosten ersetzt verlangen. Der erlittene Schaden muß **konkret** dargelegt werden (BAG 16. 11. 1995 AP BGB § 611 Sachbezüge Nr. 4). Bei der unberechtigten Entziehung eines auch zur privaten Nutzung überlassenen Firmenwagens kann der AN mindestens den Betrag verlangen, den er benötigt, um auf dem freien Markt ein gleichwertiges Fahrzeug unterhalten zu können. Er ist nicht der Erstattung des steuerlichen Vorteils beschränkt. Zur Ermittlung dieses Betrags kann mit Einschränkungen auf die alljährlich vom ADAC veröffentlichten **Kostentabellen** zurückgegriffen werden, da sich aus ihnen ergibt, welche Kosten dem AN durch die Überlassung des Firmenfahrzeugs erspart bleiben, aber nur, soweit in diesen nicht Kosten enthalten sind, die der AG nicht zu tragen hat (BAG 16. 11. 1995 AP BGB § 611 Sachbezüge Nr. 4; LAG Rheinland-Pfalz 23. 3. 1990 BB 1990, 1202; LAG Köln 4. 3. 1994 BB 1994, 1719; MünchArbR/*Hanau* § 68 Rn. 11; *Gruss* BB 1994, 71; *Pauly* AuA 1995, 381, 382 f.; aA wegen dienstlichen Gebrauch LAG Hamm 10. 4. 1991 BB 1991, 1496; *Schaub* § 68 I 4; *Marschner* AR-Blattei SD 1380 Rn. 23; *Küttner/ Griese* Dienstwagen Rn. 12 f., da diese Tabellen nur auf eine ausschließlich private Nutzung abstellen und daher auf einen geringeren Nutzungswert nach der **lohnsteuerrechtlichen Vorteilsermittlung** abzustellen sei).

Eine **abstrakt** nach der Tabelle von *Sanden/Danner/Küppersbusch* (zuletzt NJW 1997, 700 f.) er- **785** mittelte **Nutzungsausfallentschädigung** steht ihm nicht zu (BAG 16. 11. 1995 AP BGB § 611 Sachbezüge Nr. 4; BAG 27. 5. 1999 AP BGB § 611 Sachbezüge Nr. 12; noch offengelassen in BAG 23. 6. 1994 AP BGB § 249 Nr. 37; LAG Rheinland-Pfalz 23. 3. 1990 BB 1990, 1202; dafür LAG Hamm 13. 7. 1992 – 17 Sa 1824/91 –; MünchArbR/*Hanau* § 68 Rn. 11; *Pauly* AuA 1995 381, 383 aber zeitlich begrenzt bis zur Güteverhandlung; dagegen *Nägele/Schmidt* DB 1993, 1797). Bei den zur privaten Nutzung überlassenen Dienst-PKW ist indes nicht jede abstrakte Schadensberechnung abgeschnitten. Dabei entspricht es ständiger Übung, die steuer- und sozialversicherungsrechtlich maßgeblichen Bewertungsfaktoren heranzuziehen, wenn eine Naturalvergütung wegen Zeitablaufs nicht mehr geleistet werden kann und deshalb dem AN Geldersatz zu leisten ist (vgl. § 615 BGB Rn. 78). Nach Auffassung des BAG ist zu berücksichtigen, daß der Gesetzgeber durch die Einfügung von § 6 Abs. 1 Nr. 4 EStG eine gesetzliche Grundlage für die steuerliche Bewertung der privaten Nutzung eines Kraftfahrzeugs mit Wirkung ab dem Veranlagungsjahr 1996 geschaffen und damit die früheren Regelungen (vgl. Abschnitt 31 Abs. 7 Lohnsteuerrichtlinien) bestätigt hat. Deshalb liege es im Rahmen richterlichen Ermessens, den Wert der privaten Nutzung eines Kraftfahrzeugs für jeden Kalendermonat mit 1% des inländischen Listenpreises im Zeitpunkt der Erstzulassung zuzüglich der Kosten für Sonderausstattungen einschließlich Umsatzsteuer anzusetzen (BAG 27. 5. 1999 AP BGB § 611 Sachbezüge Nr. 12; krit. hierzu *Meier* NZA 1999, 1083; zust. *Küttner/Griese* Dienstwagen Rn. 13). Der Anspruch besteht auch dann, wenn der AN das Fahrzeug auf die unberechtigte Rückforderung ohne weiteres zurückgegeben hat; den AN trifft insoweit kein Mitverschulden (BAG 23. 6. 1994 AP BGB § 249 Nr. 34; *Pauly* AuA 1995, 381, 384; krit. insoweit die Anm. von *Nägele* BB 1994, 2277, 2278).

l) **Sondervergütungen**

Schrifttum: *Lipke/Vogt/Steinmeyer*, Sonderleistungen im Arbeitsverhältnis, 2. Aufl., 1995; *Wackerbarth*, Entgelt für Betriebstreue, 1996.

786 **aa) Begriff.** Unter den Begriff der Sondervergütungen (Sonderzahlungen, Sonderzuwendungen) sind alle Leistungen des AG zu fassen, die nicht regelmäßig mit dem Arbeitsentgelt ausgezahlt werden, sondern aus bestimmten Anlässen oder zu bestimmten Terminen gewährt werden. Der Gesetzgeber verwendet in § 4 a EFZG den Begriff der Sondervergütung, ohne ihn zu präzisieren. Dagegen definiert § 23 a I 1 SGB IV den Begriff des „einmalig gezahlten Arbeitsentgelts" mit Zuwendungen, die dem Arbeitsentgelt zuzurechnen sind und nicht für die Arbeit in einem einzelnen Entgeltabrechnungszeitraum gezahlt werden. Vorbild dieser Regelungen waren Vorschläge in den E-ArbVG Sachsen und Brandenburg (§ 50). In diesen Entwürfen sind Sondervergütungen präziser als Leistungen definiert, „die der AG **zusätzlich zum laufenden Entgelt erbringt** und die **nicht in jedem Abrechnungszeitraum fällig** werden". Unter diese Definition lassen sich alle traditionell unter verschiedene Begriffe gefaßten Sondervergütungen fassen (**Gratifikation, 13. Monatsgehalt, Jahresabschlußvergütung, Sondervergütung, Weihnachtsgeld, Urlaubsgeld, Jubiläumszuwendungen**). Sondervergütungen aller Art haben prinzipiell Entgeltcharakter; sie sind – auch bei freiwilliger Gewährung – nicht als Schenkung des AG zu qualifizieren (BAG 18. 1. 1978 AP BGB § 611 Gratifikation Nr. 92, 93). Schenkungen im Sinne der §§ 516 ff. werden nur bei persönlichen unentgeltlichen Zuwendungen im Einzelfall anzunehmen sein (persönliches Geschenk des AG zu persönlichen Anlässen). Auch schadensrechtlich stellen sie Entgelt für geleistete Arbeit dar (BGH 7. 5. 1996 AP BGB § 249 Nr. 36).

787 **bb) Auslegung.** Welche Rechtsqualität die Sondervergütung im Einzelfall hat, ist durch Auslegung zu ermitteln. Bei der Auslegung kommt es nicht auf den von den Parteien gewählten Begriff, sondern auf die in der Vereinbarung festgelegten Anspruchsvoraussetzungen an. Es ist in erster Linie dem **Inhalt der Zusage** zu entnehmen, unter welchen Voraussetzungen ein Anspruch **entsteht, gekürzt** werden kann oder **ausgeschlossen** ist (BAG 16. 3. 1994 AP BGB § 611 Gratifikation Nr. 162; BAG 11. 10. 1995 AP TVG § 1 Tarifverträge: Metallindustrie Nr. 133; BAG 17. 4. 1996 AP BGB § 611 Kirchendienst Nr. 24). Nur subsidiär kann auf den Zweck der Sondervergütung abgestellt werden. Die Rspr. unterscheidet insoweit zB Jahressonderzahlungen mit reinem Entgeltcharakter, zur Belohnung vergangener oder künftiger Betriebstreue sowie mit „Mischcharakter" (hierzu noch Rn. 793 ff.). Die **Bezeichnung** der Jahressonderzahlung (zB 13. Monatsgehalt, Weihnachtsgratifikation) hat für ihre Zweckbestimmung **allenfalls Indizcharakter**, darf jedoch nicht als ausschlaggebendes oder gar alleiniges Merkmal herangezogen werden (BAG 7. 11. 1991 EzA BGB § 611 Gratifikation, Prämie Nr. 87). Eine Ausnahme hiervon hat das BAG in einem Streitfall bezüglich der Bezeichnung „Weihnachtsgeld" gemacht (BAG 30. 3. 1994 AP BGB § 611 Gratifikation Nr. 161; anders aber wieder zu einer als „Weihnachtsgratifikation" bezeichneten Sonderzuwendung: BAG 21. 12. 1994 EzA BGB § 611 Gratifikation, Prämie Nr. 119). Sonderzahlungen sind im Zweifel als Arbeitsentgelt ieS zu verstehen (überzeugend LAG Düsseldorf 27. 6. 1996 NZA-RR 1996, 441 f.).

788 **cc) Anspruchsgrundlagen; freiwillige Leistung.** Gesetzliche Verpflichtungen zur Leistung von Jahresvergütungen bestehen nicht. Es bedarf einer besonderen Rechtsgrundlage, die typischerweise in Regelungen von **TV, freiwilligen Betriebsvereinbarungen** (§ 88 BetrVG) sowie arbeitsvertraglichen Einzelabreden, Einheitsregelungen oder Gesamtzusagen enthalten sein können (hierzu oben Rn. 273 ff.). Ferner können Ansprüche auf Sondervergütungen aus **betrieblicher Übung** (Rn. 276) oder **Gleichbehandlungsgrundsätzen** (Rn. 834 ff.) entstehen.

789 Ein unbedingter Anspruch auf die Jahressonderzahlung besteht nicht, wenn sich der AG im Arbeitsvertrag die Gewährung der Sonderzuwendung als **freiwillige Leistung** vorbehalten hat (so BAG 10. 5. 1995 AP BGB § 611 Gratifikation Nr. 174) oder **im Arbeitsvertrag ausdrücklich hervorgehoben** ist, daß **ein Recht** bzw. ein Anspruch auf die Sonderzuwendung **überhaupt nicht besteht** (so BAG 28. 2. 1996 AP BGB § 611 Gratifikation Nr. 192). Enthält eine Gratifikationszusage einen Freiwilligkeitsvorbehalt des Inhalts, daß Ansprüche für die Zukunft auch aus wiederholten Zahlungen nicht hergeleitet werden können, dann schließt dieser Vorbehalt nicht nur Ansprüche für die Zukunft, sondern auch für den laufenden Bezugszeitraum aus. Der AG ist hiernach jederzeit frei, erneut zu bestimmen, ob und unter welchen Voraussetzungen er eine Gratifikation gewähren will (BAG 5. 6. 1996 AP BGB

F. Pflichten des Arbeitgebers　　　　　　　　　　　　　　　§ 611　BGB 230

§ 611 Gratifikation Nr. 193 unter Aufgabe von BAG 26. 6. 1975 AP BGB § 611 BGB Gratifikation Nr. 86). Der Anspruch entsteht erst, wenn der AG weitergehende Erklärungen oder Handlungen vornimmt oder den AN ein Anspruch auf Gleichbehandlung (Rn. 834) erwächst. Der Anspruch kann vom Fortbestand des Arbeitsverhältnisses am Auszahlungstag abhängig gemacht werden (BAG 26. 10. 1994 AP BGB § 611 Gratifikation Nr. 167). Der Freiwilligkeitsvorbehalt muß eindeutig vereinbart. Ein bloßer allgemeiner Vorbehalt genügt nicht (LAG Hamm 5. 6. 1998 AP TVG § 1 Bezugnahme auf Tarifvertrag Nr. 11 = NZA-RR 1999, 315).

Die Freiwilligkeit einer Leistung setzt voraus, daß sie vom AG auch als solche bezeichnet wird. Sagt 790 der AG eine Sonderleistung (Gratifikation, Personalrabatt etc.) **ohne Vorbehalt** zu, kann er diese nicht mit der Begründung widerrufen, die Leistung liege in seinem Ermessen (BAG 14. 6. 1995 AP BGB § 611 Gratifikation Nr. 176).

Wird in allgemeinen Arbeitsbedingungen unter dem Freiwilligkeitsvorbehalt eine Gratifikation für 791 AN in Aussicht gestellt, deren „Arbeitsverhältnis während des ganzen Jahres bestanden hat und im Auszahlungszeitpunkt nicht gekündigt ist", so hindert diese normierte Voraussetzung den AG nicht, künftig den Personenkreis auch anders zu bestimmen und etwa AN, deren Arbeitsverhältnis ruht, von der Leistung auszunehmen. Der AG kann bei freiwilligen Leistungen AN, die im Laufe des Bezugsjahres ausgeschieden sind, auch dann von der Leistung ausnehmen, wenn er den im Laufe des Bezugsjahres neu eingetretenen AN die Leistung anteilig gewährt (BAG 8. 3. 1995 AP BGB § 611 Gratifikation Nr. 184).

Auch ohne ausdrückliche vertragliche Zusage kann dem AN ein Anspruch auf Zahlung einer 792 Jahressonderleistung entstehen. Das ist zum einen aufgrund **betrieblicher Übung** der Fall, wenn der AG dreimal in Folge (st. Rspr. seit BAG 6. 3. 1956 AP BGB § 611 Gratifikation Nr. 3; BAG 4. 5. 1999 AP BGB § 242 Betriebliche Übung Nr. 55) vorbehaltlos eine Jahressonderzahlung erbringt. Allerdings kann der AG mit einem Freiwilligkeitsvorbehalt verhindern, daß eine derartige betriebliche Übung entsteht (vgl. BAG 5. 6. 1996 AP BGB § 611 Gratifikation Nr. 193; näher hierzu Rn. 278).

dd) **Anspruchsvoraussetzungen, Zwecke der Sondervergütungen.** Die Entstehung des An- 793 spruchs kann nach freier Vereinbarung von verschiedenen Voraussetzungen abhängen, ua. auch von Warte- und Betriebszugehörigkeitszeiten (BAG 8. 12. 1993 AP TVG Tarifverträge: Einzelhandel § 1 Nr. 40). Eine Sondervergütung mit sog. „reinem Entgeltcharakter" belohnt **ausschließlich die tatsächlich erbrachte Arbeitsleistung** im Bezugsjahr, dh. sie wird, wie die laufende Arbeitsvergütung, in den jeweiligen Abrechnungsmonaten verdient, jedoch aufgespart und erst am vereinbarten Fälligkeitstag ausbezahlt (BAG 19. 4. 1995 AP BGB § 611 BGB Gratifikation Nr. 172; BAG 11. 10. 1995 AP BGB § 613a Nr. 132). Sie hängt somit ausschließlich von der im Bezugsjahr erbrachten tatsächlichen Arbeitsleistung ab. Eine Sondervergütung, kann auch derart gewährt werden, daß mit ihr ausschließlich **vergangene und/oder künftige Betriebstreue bzw. Betriebszugehörigkeit** belohnt wird (Gratifikation im engeren Sinne). Vergangene Betriebstreue (= ununterbrochene Betriebszugehörigkeit in der Vergangenheit) wird ausgeglichen, wenn es für den Anspruch auf die Sonderzahlung ausschließlich auf die Dauer der rechtlichen Zugehörigkeit des AN zum Betrieb seines AG ankommt (BAG 18. 1. 1978 AP BGB § 611 Gratifikation Nr. 92). Sichergestellt wird die Belohnung vergangener Betriebstreue dadurch, daß der AN **an einem bestimmten Stichtag** (üblicherweise 30. 11. eines Kalenderjahres) noch im Arbeitsverhältnis zum AG steht (BAG 13. 6. 1991 EzA BGB § 611 Gratifikation, Prämie Nr. 86). Die **Belohnung künftiger Betriebstreue** wird dadurch sichergestellt, daß für die Entstehung des Sonderzahlungsanspruchs der rechtliche **Fortbestand des Arbeitsverhältnisses über einen Stichtag** (üblicherweise 30. 11.) hinaus bis zum Ende eines dem AN noch zumutbaren Bindungszeitraums maßgebend ist (BAG 25. 4. 1991 AP BGB § 611 Gratifikation Nr. 138). Eine derartige zukunftsbezogene Stichtagsregelung ist vor allem dann gegeben, wenn bestimmt ist, daß das Arbeitsverhältnis an dem Stichtag (30. 11.) **ungekündigt** fortbesteht. Sondervergütungen, mit denen **ausschließlich Betriebstreue**, nicht aber zusätzlich Arbeitsleistung honoriert werden soll, sind **selten.** Die größte **Bedeutung,** vor allem in TV, haben Sondervergütungen mit sog. **„Mischcharakter",** die sowohl die im Bezugsjahr erbrachte Arbeitsleistung als auch die in der Vergangenheit und/oder Zukunft erwiesene Betriebstreue bzw. Betriebszugehörigkeit belohnen.

ee) **Gleichbehandlungsgrundsatz.** Ansprüche auf Sondervergütungen können sich aus den ver- 794 schiedenen Ausprägungen des Gleichbehandlungsgrundsatzes (ausf. Rn. 834 ff.) ergeben (zB Verbot der Geschlechtsdiskriminierung: Art. 141 EG, § 611a BGB, vgl. dort). Besondere Bedeutung hat § 2 I BeschFG, weil Teilzeitbeschäftigte häufig von Sondervergütungen aller Art ausgeschlossen wurden und werden. Das ist in nur sehr begrenztem Maße als sachlichem Grund möglich (vgl. Einzelheiten zu § 2 BeschFG). Zwischen **ANGruppen** darf der AG nur aus **sachlichem Grund** differenzieren. Zwischen **Beamten** und AN des öffentlichen Dienstes darf grds. differenziert werden (BAG 17. 12. 1992 AP BGB § 611 Gratifikation Nr. 149), ebenso zwischen **Führungskräften** und anderen AN (hierzu näher Rn. 864ff.). Wird eine Sondervergütung unabhängig von der **Qualität der Tätigkeit** gezahlt, ist eine Differenzierung nach Ausbildungsabschlüssen unzulässig (BAG 6. 10. 1993 AP BGB § 611 Gratifikation Nr. 157; zur Differenzierung nach Leistungsverhalten LAG Hamm 5. 11. 1997 BB 1998, 428 = NZA-RR 1998, 293). Insoweit ist auch eine Differenzierung zwischen wissenschaftlichen

Preis　　　　　　　　　　　　　　　　　1419

und **studentischen Hilfskräften** im Hochschulbereich unzulässig (BAG 6. 10. 1993 AP BGB § 242 Gleichbehandlung Nr. 107 = NZA 1994, 257). Schwer nachvollziehbar erscheint die Annahme des BAG, ein AG dürfe AN deshalb von einer Sondervergütung ausnehmen, weil ohne Gelegenheit hätten, von Kunden **Trinkgelder** zu erlangen (so für Zeitungszusteller BAG 19. 4. 1995 AP BGB § 242 Gleichbehandlung Nr. 124 = NZA 1995, 985; krit. auch *Zumbansen/Sung-Kee Kim* BB 1999, 2454). Eine Differenzierung zwischen Streikenden und nicht Streikenden AN ist bei der **Streikbruchprämie** möglich (BAG 13. 7. 1993 AP GG Art. 9 Arbeitskampf Nr. 127). Es steht dem AG frei, im Bezugsjahr ausscheidende AN von der Sondervergütung auszunehmen, auch wenn er den im Bezugsjahr neu eintretenden AN die Leistung anteilig gewährt (BAG 8. 3. 1995 AP BGB § 611 Gratifikation Nr. 184 = NZA 1996, 418).

795 Eine Differenzierung zwischen **Arbeitern und Angestellten** (hierzu oben Rn. 125) ist prinzipiell nicht möglich (vgl. zum Rechtsprechungswandel BAG 25. 1. 1984 AP BGB § 242 Gleichbehandlung Nr. 66; ferner BAG 19. 11. 1992 AP BGB § 611 Gratifikation Nr. 145 = NZA 1993, 405), es sei denn, es besteht ein nachvollziehbares Interesse, Angestellte durch höhere Sondervergütungen (mit Rückzahlungsvorbehalten) an den Betrieb zu binden (BAG 25. 1. 1984 AP BGB § 242 Gleichbehandlung Nr. 67). Nur dieser spezifische Zweck kann Differenzierungen rechtfertigen (zu Recht verneint bei Sicherheitszulage BAG 17. 12. 1992 AP BGB § 242 Gleichbehandlung Nr. 105). Es kann ferner eine höhere Sondervergütung gewährt werden, wenn hierdurch bezweckt wird, eine Benachteiligung bei der Zahlung übertariflicher Zulagen auszugleichen (BAG 30. 3. 1994 AP BGB § 242 Gleichbehandlung Nr. 113). Ob dies für eine ausdrücklich als „Weihnachtsgeld" qualifizierte Sondervergütung gelten kann, wie das BAG annimmt, ist zweifelhaft. Wenn es darum geht, den erhöhten finanziellen Bedarf zur Weihnachtszeit auszugleichen, ist eine Differenzierung zwischen ANGruppen idR sachwidrig (BAG 27. 10. 1998 AP BGB § 611 Gratifikation Nr. 211). Eine Differenzierung zwischen Arbeitern und Angestellten ist auch nicht deshalb möglich, weil Arbeiter einen erhöhten Krankenstand aufweisen (aA BAG 19. 4. 1995 AP BGB § 611 Gratifikation Nr. 172 = NZA 1996, 133; BAG 6. 12. 1995 DB 1996, 2342). Eine sachgerechte Gruppenabgrenzung ist hier nicht erkennbar. Es genügt, für alle AN gleichmäßig die Kürzungsmöglichkeiten bei Fehltagen anzuwenden. Das BVerfG hat die Entscheidung des BAG v. 19. 4. 1995 inzwischen als verfassungswidrig aufgehoben, freilich dabei auf den nicht überzeugenden Aspekt abgestellt, daß ein Verstoß gegen Art. 3 I GG vorliegt, solange nicht ausgeschlossen ist, daß der hohe Krankenstand der gewerblichen AN auf arbeitgeberseitig zu verantwortenden gesundheitsschädlichen Arbeitsbedingungen beruht (BVerfG 1. 9. 1997 AP BGB § 611 Gratifikation Nr. 203).

796 Die Herausnahme von Erziehungsurlaubern und Wehrdienstleistenden von einer Jubiläumszuwendung, die im Zahlungszeitpunkt keine Arbeitsleistung erbringen, ist nicht gleichheitswidrig (LAG Düsseldorf 14. 2. 1995 NZA-RR 1996, 3).

797 **ff) Höhe der Sondervergütung.** Die Höhe der Sondervergütung richtet sich nach der getroffenen Vereinbarung. Besteht der Anspruch nur dem Grunde nach, ist aber der Höhe nach unbestimmt, unterliegt die Leistungsbestimmung des AG billigem Ermessen (§ 315; hierzu oben Rn. 569 ff.). Kürzungen der Sondervergütungen richten sich nach den in Rn. 802 ff. wiedergegebenen Grundsätzen. Bei Teilzeitbeschäftigten werden Sondervergütungen prinzipiell anteilig gewährt, sofern sie an die Arbeitsleistung gekoppelt sind. Das kann bei Sondervergütungen mit sozialer Komponente, die unabhängig von der Arbeitszeit an alle AN gezahlt werden, anders sein. Jubiläumszuwendungen sind – bei Fehlen einschränkender Abreden – auch an Teilzeitbeschäftigte in voller Höhe zu zahlen (BAG 22. 5. 1996 AP BAT § 39 Nr. 1). Bei Umwandlung eines Vollzeit- in ein Teilzeitarbeitsverhältnis bemißt sich die Höhe nach dem für die Bemessung maßgeblichen Stichtag (BAG 31. 10. 1975 AP BGB § 611 Gratifikation Nr. 87).

798 **gg) Vorzeitiges Ausscheiden des Arbeitnehmers.** Eine **Sondervergütung mit reinem Entgeltcharakter** entfällt **bei vorzeitigem Ausscheiden** des AN nicht insgesamt, weil der (Fort-)Bestand des Arbeitsverhältnisses keine Anspruchsvoraussetzung ist; sie ist anteilig (pro rata temporis) der Dauer des Arbeitsverhältnisses im Bezugsjahr zu gewähren. Aus dem Umstand, daß die Sondervergütung in diesem Fall anteilig verdient und nur für einen am Jahresende liegenden Fälligkeitstermin aufgespart wird, folgt bei ihr ein der Dauer des Arbeitsverhältnisses im Austrittsjahr entspr. Leistungsanspruch gem. § 611 I (BAG 13. 6. 1991 EzA BGB § 611 Gratifikation, Prämie Nr. 86; BAG 7. 11. 1991 EzA BGB § 611 Gratifikation, Prämie Nr. 87).

799 Bei einer Sondervergütung, mit der **allein Betriebstreue** (= Betriebszugehörigkeit) belohnt werden soll, scheidet ein Anspruch wegen Fehlens der Anspruchsvoraussetzungen aus, wenn am maßgeblichen Stichtag kein Arbeitsverhältnis besteht bzw. dieses (wirksam) gekündigt ist (BAG 7. 11. 1991 EzA BGB § 611 Gratifikation, Prämie Nr. 87; zur Frage, ob die unter Überschreitung der Mindestfristen ausgesprochene vorfristige Kündigung zu einer treuwidrigen Vereitelung des Anspruchs führt BAG 4. 5. 1999 AP BGB § 611 Gratifikation Nr. 214. Das gilt **auch** bei (wirksamer) **betriebsbedingter Kündigung** (BAG 19. 11. 1992 AP BGB § 611 Gratifikation Nr. 147). Allerdings muß der Fall des **Aufhebungsvertrages** ausdrücklich geregelt sein, da dieser der „Kündigung" nicht gleichsteht (BAG 7. 10. 1992 AP BGB § 611 Gratifikation Nr. 146).

F. Pflichten des Arbeitgebers § 611 BGB 230

Soll dem AN dennoch entspr. seiner erbrachten Arbeitsleistung (Sondervergütung mit Mischcharak- 800
ter) ein anteiliger Anspruch zustehen, bedarf dies einer ausdrücklichen Vereinbarung (vgl. auch BAG
26. 10. 1994 AP BGB § 611 Gratifikation Nr. 167). Eine derartige **Teilleistungsabrede** kann auf
bestimmte Beendigungstatbestände, zB einvernehmliche Aufhebung des Arbeitsverhältnisses (BAG
24. 11. 1988 AP BGB § 611 Gratifikation Nr. 127), oder aber auf bestimmte Beendigungsgründe, zB
Ausscheiden wegen Erreichens der Altersgrenze (BAG 20. 4. 1989 AP BGB § 611 Gratifikation
Nr. 128), **beschränkt** werden.

Zum Schicksal der Sonderzuwendung bei AGWechsel BAG 20. 12. 1995 AP BAT §§ 22, 23 Zuwen- 801
dungs-TV Nr. 13; BAG 7. 2. 1996 AP BGB §§ 611 Kirchendienst Nr. 23; BAG 6. 11. 1996 AP BAT
§§ 22, 23 Zuwendungs-TV Nr. 17.

hh) **Ausschluß und Kürzung bei Fehlzeiten.** Bei Sondervergütungen mit reinem Entgeltcharakter 802
entsteht schon **kein Anspruch,** wenn der AN **keine Arbeitsleistung** erbracht hat und auch **keine
Fehlzeiten mit zwingender Entgeltfortzahlung** (zB im Krankheitsfall nach § 3 I 1 EFZG) anfallen
(BAG 19. 4. 1995 AP BGB § 611 Gratifikation Nr. 173 = NZA 1995, 1098; BAG 10. 5. 1995 AP BGB
§ 611 Gratifikation Nr. 174 = NZA 1995, 1096; BAG 14. 12. 1995 AP TV Arb Bundespost § 11
Nr. 1). Das ist zB der Fall, wenn eine AN sich im gesamten Kalenderjahr im Erziehungsurlaub
befindet, da während dieses Zeitraums das Arbeitsverhältnis ruht und kein Entgelt(fortzahlungs)anspruch besteht. Dies verstößt nicht gegen das Verbot der Geschlechtsdiskriminierung (BAG 28. 9.
1994 AP BGB § 611 Gratifikation Nr. 165 = NZA 1995, 176). Sog. „arbeitsleistungsbezogene"
Sonderzahlungen mit reinem Entgeltcharakter sind allerdings auch dann zu erbringen, wenn dem AN
aufgrund gesetzlicher, tariflicher oder sonstiger Regelungen das Entgelt auch ohne tatsächliche Arbeitsleistung fortzuzahlen ist, wie zB im Falle des Urlaubs, der unverschuldeten krankheitsbedingten
Arbeitsunfähigkeit oder des Mutterschutzes (BAG 10. 5. 1995 AP BGB § 611 Gratifikation Nr. 174;
zu Beschäftigungsverboten nach §§ 3 II, 6 I MuSchG: BAG 12. 7. 1995 AP BGB § 611 Gratifikation
Nr. 182; BAG 25. 11. 1998 AP BGB § 611 Gratifikation Nr. 212; BAG 24. 2. 1999 AP BGB § 611
Gratifikation Nr. 213; sa. EuGH 21. 10. 1999 AP EG-Vertrag Art. 119 Nr. 14). Wird die Sondervergütung dagegen nur für die erwiesene oder künftige **Betriebstreue (Betriebszugehörigkeit)** gewährt, entfällt der Anspruch auch dann nicht, wenn der AN im gesamten Bezugsjahr keinerlei
Arbeitsleistung erbringt, weil ausschließlich der Bestand des Arbeitsverhältnisses, nicht aber die
Arbeitsleistung honoriert wird. Bei Sondervergütungen mit „Mischcharakter" gilt, daß **nur bei ausdrücklicher Regelung** sich Zeiten ohne tatsächliche Arbeitsleistung anspruchsausschließend auf
die Sonderzahlung auswirken können (seit BAG 5. 8. 1992 AP BGB § 611 Gratifikation Nr. 143;
zuletzt BAG 9. 8. 1995 AP BGB § 611 Gratifikation Nr. 181 = NZA 1996, 155; BAG 10. 4. 1996 AP
TVG § 1 Tarifverträge: Bergbau Nr. 3). Eine Ausnahme gilt im Rahmen des § 105 a AFG (jetzt § 125
SGB III; hierzu BAG 28. 9. 1994 AP BGB § 611 Gratifikation Nr. 168 = NZA 1995, 899; BAG 9. 8.
1995 AP BGB § 611 Gratifikation Nr. 181; BAG 10. 4. 1996 AP TVG § 1 Tarifverträge: Bergbau
Nr. 3; BAG 11. 2. 1998 BB 1998, 2367).

Bei der Frage, ob eine Sondervergütung bei Fehlzeiten des AN gekürzt werden kann, kommt es 803
primär darauf an, ob nach der gegebenen Zusage eine ausdrückliche Kürzungsvereinbarung besteht.
Bei **fehlender Kürzungsabrede** kann wegen Fehlzeiten nur bei Sondervergütungen mit reinem Entgeltcharakter gekürzt werden, da mit dem Fehlen einer Arbeitsleistung auch (anteilig) der lediglich in
der Fälligkeit aufgeschobene Anspruch entfällt. Es gilt der Grundsatz „ohne Arbeit kein Lohn". Trotz
fehlender Arbeitsleistung ist eine derartige Sonderzahlung dennoch **für Zeiten zu gewähren,** für die
der Gesetzgeber zwingende Entgeltfortzahlung vorsieht, zB im Falle des Erholungsurlaubs und der
unverschuldeten krankheitsbedingten Arbeitsunfähigkeit (BAG 19. 4. 1995 AP BGB § 611 Gratifikation Nr. 173 = NZA 1995, 1098; BAG 10. 5. 1995 AP BGB § 611 Gratifikation Nr. 174 = NZA 1995,
1096). Entlohnt die Sondervergütung lediglich die **Betriebstreue,** kommt es für den Anspruch nicht
auf die Arbeitsleistung an, so daß die Zahlung **ohne ausdrückliche Kürzungsvereinbarung nicht
gemindert** werden kann. Eine nur an die AN-Eigenschaft anknüpfende Regelung über Urlaubsgeld
kann auch bei Arbeitsunfähigkeit oder Inanspruchnahme von Erziehungsurlaub nicht gekürzt werden
(BAG 6. 9. 1994 AP TVG § 1 Tarifverträge: Einzelhandel Nr. 50; BAG 19. 1. 1999 AP TVG § 1
Tarifverträge: Einzelhandel Nr. 67 und 68). Gleiches gilt für Sondervergütungen mit „Mischcharakter", mit denen nicht ausschließlich erbrachte Arbeitsleistung honoriert werden soll (hierzu schon
Rn. 793). Enthält die Zusage jedoch die Einschränkung, daß die Sondervergütung entfällt, wenn „aus
sonstigen Gründen" im Kalenderjahr nicht gearbeitet wurde, erfaßt dies auch den Fall der „NullStunden-Kurzarbeit" (BAG 19. 4. 1995 AP BGB § 611 Gratifikation Nr. 170 = NZA 1996, 997).

Eine **ausdrückliche Kürzungsabrede** hat für Sondervergütungen mit reinem Entgeltcharakter nach 804
der gegenwärtigen Rspr. (Rn. 802) lediglich klarstellende Funktion. Eine weitergehende Kürzungsabrede, die auch Fehlzeiten mit zwingender Entgeltfortzahlung erfaßt, ist nach § 134 nichtig. Krankheitsbedingte (auch schwangerschaftsbedingte) Fehlzeiten, für die kein Anspruch auf Entgelt besteht,
können grds. anspruchsmindernd berücksichtigt werden (BAG 27. 7. 1994 AP BGB § 611 Gratifikation Nr. 164 = NZA 1995, 233). Darüber hinaus dürfen sich Kürzungsabreden für Zeiten der Arbeitsunfähigkeit nur in dem Rahmen des § 4 a EFZG bewegen. Hiernach darf die Kürzung nach § 4 a S. 2

Preis 1421

EFZG für jeden Tag der Arbeitsunfähigkeit infolge Krankheit des Arbeitsentgelts, das im Jahresdurchschnitt auf einen Arbeitstag entfällt, nicht überschreiten. Nach BAG 15. 2. 1990 AP BGB § 611 Anwesenheitsprämie Nr. 15 ist eine Kürzung wegen Fehlzeiten bei Kleinstsondervergütungen unzulässig. Es ist fraglich, ob diese Rspr. angesichts des Schweigens des Gesetzgebers in der Neuregelung des § 4 a EFZG fortgilt (hierzu § 4 a Rn. 2 ff.). Im übrigen sind Kürzungsabreden weitgehend zulässig. Ihr Umfang hängt von dem jeweiligen Inhalt der Vereinbarung ab. Im einzelnen:

805 Benennt eine Kürzungsvereinbarung **konkret** die **Zeiten ohne tatsächliche Arbeitsleistung,** um die die Sonderzahlung gekürzt werden soll, zB Erziehungsurlaub, Arbeitsunfähigkeitszeiten, darf die Sondervergütung um nicht ausdrücklich genannte Fehlzeiten nicht gekürzt werden (BAG 22. 2. 1995 AP TVG § 1 Tarifverträge: Metallindustrie Nr. 123 = NZA 1995, 951). Kann die Sondervergütung für Zeiten des **Ruhens des Arbeitsverhältnisses** gekürzt werden, fallen grds. alle vertraglichen oder gesetzlichen Ruhenstatbestände unter die Kürzungsregel, zB Fehlzeiten wegen **Erziehungsurlaubs** und wegen eines **rechtmäßigen Arbeitskampfes** (hierzu BAG 20. 12. 1995 AP GG Art. 9 Arbeitskampf Nr. 141 = NZA 1996, 491), **nicht** aber **krankheitsbedingte Fehlzeiten** (BAG 23. 8. 1990 AP TVG § 1 Tarifverträge: Metallindustrie Nr. 93; BAG 11. 10. 1995 AP TVG § 1 Tarifverträge: Metallindustrie Nr. 133 = NZA 1996, 542). Die Arbeitsunfähigkeit führt noch nicht zu einem Ruhen des Arbeitsverhältnisses (LAG Köln 14. 8. 1998 MDR 1999, 166). Soweit die Kürzungsvereinbarung auf Zeiten beschränkt ist, in denen das Arbeitsverhältnis „kraft Gesetzes" ruht, fallen hierunter entgegen einer früheren Rspr. des BAG (BAG 7. 12. 1989 AP BErzGG § 15 Nr. 3) auch Zeiten des Erziehungsurlaubs (BAG 10. 2. 1993 AP BErzGG § 15 Nr. 7; BAG 24. 5. 1995 AP BGB § 611 Gratifikation Nr. 175 = NZA 1996, 31; BAG 12. 1. 2000 EzA BGB § 611 Gratifikation/Prämie Nr. 158). Das gilt aber nicht, wenn während des Erziehungsurlaubs das Arbeitsververhältnis als geringfügige Beschäftigung weitergeführt wird (BAG 24. 2. 1999 AP BAT §§ 22, 23 Zuwendungs-TV Nr. 21). Die Kürzungsbefugnis kann sich auch aus einer Regelung über die Berechnung der Jahressonderzahlung ergeben, wenn etwa auf den **tatsächlichen** Verdienst im Bezugszeitraum (zB Kalenderjahr) abgestellt wird. Dadurch wird (mittelbar) abschließend geregelt, wie sich **Fehlzeiten ohne Entgeltfortzahlung** auf die Jahressonderzahlung auswirken (BAG 5. 8. 1992 AP BGB § 611 Gratifikation Nr. 144; vgl. auch BAG 11. 10. 1995 AP TVG § 1 Tarifverträge: Metallindustrie Nr. 133).

806 Die Kürzungsvereinbarung kann sich auch auf Fehlzeiten, für die der AN einen **gesetzlichen Entgeltfortzahlungsanspruch** hat, beziehen (BAG 12. 7. 1995 AP BGB § 611 Gratifikation Nr. 182). Das galt für krankheitsbedingte Fehlzeiten mit einem Anspruch auf Entgeltfortzahlung nach § 3 I 1 EFZG schon vor Inkrafttreten des § 4 a EFZG (BAG 15. 2. 1990 AP BGB § 611 Anwesenheitsprämie Nr. 15; BAG 26. 10. 1994 AP BGB § 611 Anwesenheitsprämie Nr. 18). Entgegen einer früheren Rspr. des BAG (zB BAG 12. 5. 1993 AP BGB § 611 Gratifikation Nr. 156) soll eine Jahressonderzahlung mit Mischcharakter künftig auch für die Zeit der Beschäftigungsverbote während der Mutterschutzfristen nach den §§ 3 und 6 MuSchG aufgrund entspr. Vereinbarung gekürzt werden können (BAG 12. 7. 1995 AP BGB § 611 Gratifikation Nr. 182 = NZA 1995, 1165 unter Aufgabe von BAG 12. 5. 1993 AP BGB § 611 Gratifikation Nr. 156 = NZA 1993, 1002; anders, wenn TV nur Kürzung für Zeiten ohne Gehaltsfortzahlung vorsieht BAG 24. 2. 1999 AP BGB § 611 Gratifikation Nr. 213). Diese Rspr. des BAG dürfte mit der Rspr. des EuGH nicht vereinbar sein (EuGH 21. 10. 1999 AP EG-Vertrag Art. 119 Nr. 14), da es mit Art. 141 EG (ex-Art. 119 EG-Vertrag) unvereinbar ist, Mutterschutzzeiten als Ausschluß- oder Kürzungstatbestand zu berücksichtigen. Die Kürzung wegen Erziehungsurlaubs kann eine mittelbare Frauendiskriminierung darstellen, wobei eine solche bei EuGH nicht vorliegt, wenn die Gewährung der Gratifikation davon abhängt, daß sich der Arbeitnehmer im „aktiven" Beschäftigungsverhältnis befindet (EuGH 21. 10. 1999 AP EG-Vertrag Art. 119 Nr. 14; hierzu BAG 12. 1. 2000 EzA BGB § 611 Gratifikation/Prämie Nr. 158). Eine **proportionale Kürzung** der Sondervergütungzahlung pro Fehltag ist **unbedenklich. Überproportionale Kürzungsregelungen** unterliegen jedenfalls in Arbeitsverträgen und Betriebsvereinbarungen einer **richterlichen Inhaltskontrolle.** Die Kürzungsrate muß dem Grundsatz der Verhältnismäßigkeit genügen; es darf also die Sonderzuwendung nicht bereits bei einem Fehltag vollständig entfallen (BAG 15. 2. 1990 AP BGB § 611 Anwesenheitsprämie Nr. 15). Hins. **krankheitsbedingter** Fehlzeiten hat das BAG bei einem Arbeitsvertrag eine **Kürzungsrate von 1/60** (BAG 15. 2. 1990 AP BGB § 611 Anwesenheitsprämie Nr. 15), bei einer **Betriebsvereinbarung** eine solche **von 1/30** (BAG 26. 10. 1994 AP BGB § 611 Anwesenheitsprämie Nr. 18) für **angemessen** gehalten. Diese Rechtsgrundsätze sind **bezüglich Arbeitsunfähigkeitszeiten mit Wirkung** v. 1. 10. 1996 durch § 4 a S. 2 EFZG, der eine Begrenzung der Kürzungsrate vorsieht, abgelöst worden.

807 **ii) Anrechnungs- und Widerrufsvorbehalte.** Sondervergütungen können unter Anrechnungs- und Widerrufsvorbehalt stehen (hierzu Rn. 535 ff.).

808 **jj) Rückzahlungsklauseln.** Sondervergütungen können unter bestimmten Voraussetzungen mit einem Rückzahlungsvorbehalt versehen werden. Das setzt allerdings eine **ausdrückliche** und **eindeutige Vereinbarung** voraus (BAG 14. 6. 1995 AP BGB § 611 Gratifikation Nr. 176). Die Rückzahlungsklausel ist unwirksam, wenn sie weder die Voraussetzungen für die Rückzahlungspflicht noch einen eindeutig bestimmten Zeitraum für die Bindung des AN festlegt. Eine ergänzende Auslegung

F. Pflichten des Arbeitgebers   § 611 BGB 230

dahingend, daß die Rückforderung im Rahmen der von der Rspr. entwickelten Grenzen erfolgen könne, kommt nicht in Betracht. In Abgrenzung zu sog. Stichtagsklauseln betreffen Rückzahlungsklauseln den Fall, daß das Arbeitsverhältnis vor Ablauf eines **außerhalb des Bezugszeitraumes** liegenden Stichtages endet (zB Vereinbarung der Rückzahlung der Sondervergütung, wenn das Arbeitsverhältnis vor Ablauf des 31.3. des Folgejahres endet).

Eine Rückzahlungspflicht ist bei Sondervergütungen mit reinem Entgeltcharakter (Rn. 793 ff.) aus- **809** geschlossen, weil der AN bereits diese ausschließlich von der Arbeitsleistung abhängige Sonderzuwendung durch seine bereits erbrachte Arbeitsleistung verdient hat und durch den Entzug eines bereits verdienten Lohnanteils bestraft würde (BAG 13. 9. 1974 AP BGB § 611 Gratifikation Nr. 84). Es kann auch nicht nachträglich der Zweck der Sondervergütung abweichend definiert werden (zur Frage der befristeten Fortsetzung des Arbeitsverhältnisses bis zum Stichtag BAG 11. 1. 1995 AP BAT Zuwendungs-TV §§ 22–23 Nr. 10 = NZA 1995, 953). Rückzahlungsklauseln müssen überdies eindeutig vereinbart werden (LAG Rheinland-Pfalz 19. 4. 1996 DB 1996, 2632). Eine Rückzahlungsklausel für den Fall der Kündigung erstreckt sich nicht auch auf den Fall einer Aufhebungsvereinbarung (LAG Hamm 12. 2. 1999 NZA-RR 1999, 514). Die Vereinbarung einer Rückzahlungsklausel kann auch durch Bezugnahme auf die Bestimmungen einer Betriebsordnung geschehen (LAG Nürnberg 26. 5. 1992 LAGE BGB § 611 Gratifikation Nr. 12).

Rückzahlungsklauseln werden von der Rspr. überdies nur anerkannt, wenn der AN durch sie nicht **810** in unzulässiger Weise in seiner durch Art. 12 I GG garantierten Berufsausübung behindert wird. Entspr. Vereinbarungen in Arbeitsverträgen unterliegen nach § 242 einer Inhaltskontrolle. Für **einzelvertraglich vereinbarte Rückzahlungsklauseln** hat das BAG (grdl. BAG 10. 5. 1962 AP BGB § 611 Gratifikation Nr. 22; BAG 9. 6. 1993 AP BGB § 611 Gratifikation Nr. 150) in richterlicher Rechtsfortbildung **Grenzwerte** entwickelt. Diese **Grenzwerte** gelten **auch** für Rückzahlungsklauseln in **Betriebsvereinbarungen** (BAG 16. 11. 1967 AP BGB § 611 Gratifikation Nr. 63), **nicht** dagegen in **TV** (BAG 31. 3. 1966 AP BGB § 611 Gratifikation Nr. 54; BAG 23. 2. 1967 AP BGB § 611 Gratifikation Nr. 57). Im einzelnen:

Bei Sonderzuwendungen bis zu einem Betrag von DM 200,00 brutto (seit BAG 17. 3. 1982 AP BGB **811** § 611 Gratifikation Nr. 110; davor DM 100,00 brutto) ist eine Rückzahlungsklausel schlechthin unwirksam. Erhält der AN einen Betrag, der DM 200,00 übersteigt, aber einen **Bruttomonatsverdienst nicht** erreicht, ist ihm regelmäßig zuzumuten, eine Rückzahlungsklausel einzuhalten, die bis zum 31. 3. des Folgejahres reicht. Der AN kann mithin am 31. 3. ausscheiden; eine darüber hinausgehende Bindung ist unwirksam. Erhält der AN eine Sonderzuwendung **in Höhe eines vollen Monatsbezuges**, ist eine Bindung über den 31. 3. des Folgejahres möglich. Hat der AN bis dahin **nur eine** Kündigungsmöglichkeit, ist ihm zuzumuten, diese auszulassen, dh. den Betrieb erst nach dem 31. 3. zu verlassen. Umstritten ist, ob eine Kündigung zum 31. 3. unschädlich ist (vgl. einerseits LAG Düsseldorf 25. 3. 1997 NZA-RR 1997, 457, andererseits LAG Düsseldorf 28. 1. 1998 LAGE BGB § 611 Gratifikation Nr. 40). Jedoch ist eine Bindung über den 30. 6. hinaus unzulässig. Erhält der AN eine Sonderzahlung, die einen **Monatsbezug übersteigt,** jedoch ein **zweifaches Monatsgehalt nicht** erreicht, kann er durch eine Rückzahlungsklausel nicht über den 30. 6. des folgenden Jahres gebunden werden, wenn er bis dahin mehrere Kündigungsmöglichkeiten hatte. Eine über den 30. 6. hinausgehende Bindung ist nur dann möglich, wenn die Sonderzahlung ein Monatsgehalt erheblich übersteigt und eine eindrucksvolle und beachtliche Zuwendung darstellt (BAG 12. 12. 1962 AP BGB § 611 Gratifikation Nr. 25). Ob sich an diesen richterlichen Grundsätzen nach der Neuregelung der Kündigungsfristen in § 622 I etwas ändert, bleibt abzuwarten (verneinend LAG Hamm 14. 8. 1998 AP BGB § 611 Gratifikation Nr. 208). Die seinerzeitigen Bemessungsfaktoren waren stark von der regelmäßigen Möglichkeit zur Quartalskündigung geprägt.

m) Anwesenheitsprämien. Vgl. hierzu die Kommentierung zu § 4a EFZG sowie § 612a Rn. 18 ff. **812**

n) Vermögenswirksame Leistungen. Der AG kann zur Erbringung zusätzlicher vermögenswirk- **813** samer Leistungen durch Arbeitsvertrag, TV, Betriebsvereinbarung oder Festsetzungen nach § 19 HAG verpflichtet sein (vgl. § 10 des 5. Vermögensbildungsgesetzes; ausf. hierzu *Schaub* § 83). Bei tarifwidriger irrtümlicher Zahlung zusätzlicher vermögenswirksamer Leistungen kann der AG die Zahlung wieder einstellen. Ein Anspruch aus betrieblicher Übung entsteht idR nicht (LAG Hamm 6. 9. 1991 LAGE BGB § 242 Betriebliche Übung Nr. 11).

3. Aufwendungsersatz. a) Allgemeines. Der AN kann Aufwendungsersatz gegen den AG geltend **814** machen, sobald dieser **eigenes Vermögen im Interesse des AG** eingesetzt hat und die erbrachten Aufwendungen **nicht durch das Arbeitsentgelt abgegolten** sind. Der Anspruch ist in analoger Anwendung der §§ 675, 670 allgemein anerkannt (BAG 1. 2. 1963 AP BGB § 670 Nr. 10; BAG 14. 2. 1996 AP BGB § 611 Aufwandsentschädigung Nr. 5; MünchArbR/*Blomeyer* § 96 Rn. 77 ff.; *Franzen* ZTR 1996, 305; *Reichold* NZA 1994, 488). Die Analogie ist gerechtfertigt, weil es sich insoweit um eine unentgeltliche Geschäftsbesorgung des AN handelt, auch wenn Gegenstand des Arbeitsverhältnisses keine Geschäftsbesorgung im engeren Sinne ist.

Der Aufwendungsersatz ist kein **Entgelt für die erbrachte Arbeitsleistung** (BAG 15. 7. 1992 AP **815** BPersVG § 46 Nr. 19; BAG 27. 7. 1994 AP BPersVG § 46 Nr. 14). Er steht nicht im Gegenseitig-

Preis   1423

verhältnis. § 4 I a EFZG zählt den Aufwendungsersatzanspruch nicht zum fortzuzahlenden Arbeitsentgelt. Nach § 850 a Nr. 3 ZPO fällt der Ersatzanspruch jedoch idR unter die unpfändbaren Bezüge (zur Erstreckung der Verjährung und Ausschlußfristen vgl. §§ 194 bis 225 Rn. 44). Aufwendungen sind freiwillige Vermögensopfer, die der AN als Folge einer AGWeisung erleidet oder die er nach den Umständen im Rahmen seiner arbeitsvertraglichen Pflichten für erforderlich halten durfte. Als Aufwendungen gelten auch die unfreiwilligen Vermögensschäden des AN im Zusammenhang mit der Erbringung der Arbeitsleistung (sog. Eigenschäden, vgl. hierzu Rn. 1117 ff.).

816   Der AN kann Aufwendungen vom AG ersetzt verlangen, wenn (1) er die **Aufwendungen in Bezug auf die Arbeitsausführung** gemacht hat, (2) als Folge einer **AGWeisung** oder wenn er sie nach **verständigem Ermessen subjektiv für notwendig** halten durfte und (3) er keine besondere Abgeltung für sie vom AG erhält (BAG 1. 2. 1963 AP BGB § 670 Nr. 10). Bei **Mitverschulden** kann der Anspruch in analoger Anwendung des § 254 gemindert werden.

817   **Vertragliche Vereinbarungen** über Aufwendungsersatz sind grds. **vorrangig**; das gilt nur dann nicht, wenn zwingende Vorschriften (zB §§ 618, 619, Unfallverhütungsvorschriften) den AG zum vollen Aufwendungsersatz verpflichten (BAG 14. 2. 1996 AP BGB § 611 Aufwandsentschädigung Nr. 5). Tarifvertragliche Regelungen sind üblich und zu beachten (zB § 7 BRTV-Bau; §§ 42, 44 BAT). Aufwendungsersatz kann **pauschaliert** werden (BAG 15. 7. 1992 AP BPersVG § 46 Nr. 19; BAG 27. 7. 1994 AP BPersVG § 46 Nr. 14; BAG 14. 2. 1996 AP BGB § 611 Aufwandsentschädigung Nr. 5), wobei eine gesonderte Ausweisung in der Lohnabrechnung erforderlich ist, weil der Aufwendungsersatz nicht steuer- und sozialabgabenpflichtig ist.

818   Welche Aufwendungen von einer Pauschale umfaßt sind, muß im Einzelfall durch **Auslegung** ermittelt werden. Mit der Vereinbarung eines Kilometergeldes sind grds. auch die Kosten für eine Haftpflichtversicherung abgegolten. So kann ein AN, der nach einem Verkehrsunfall seinen Schadensfreiheitsrabatt teilweise einbüßt, diesen sog. Rückstuftungsschaden nicht ersetzt verlangen (BAG 30. 4. 1992 AP BGB § 611 Gefährdungshaftung des AG Nr. 11). Ob eine Pauschale auch dann zu zahlen ist, wenn der AN keine Arbeitsleistung erbringt, hängt von der Auslegung der vertraglichen Vereinbarung und im Zweifel davon ab, ob die Aufwendungen dem AN auch während der Freistellung entstehen.

819   **b) Einzelfragen. aa) Fahrt- und Reisekosten.** Die Anfahrt zum Arbeitsplatz ist nach allgemeinen Grundsätzen dem **persönlichen Lebensbereich** des AN zuzuordnen und nicht über § 670 ersatzfähig (MünchArbR/*Blomeyer* § 96 Rn. 82). Kann der AN die übertragene Arbeit nicht ohne auswärtige Übernachtung ausführen, hat der AG die Reise- und Übernachtungskosten zu ersetzen (BAG 14. 2. 1996 AP BGB § 611 Aufwandsentschädigung Nr. 5; LAG Düsseldorf 22. 5. 1987 NZA 1987, 679). Die Vergünstigung durch eine arbeitnehmerseitig beschaffte „Bahncard" mindern den Anspruch grds. nicht (BAG 7. 2. 1995 AP TVG § 1 Tarifverträge: Bau Nr. 190). Ersatzfähige Aufwendungen können jedoch der Mehraufwand wegen auswärtiger Beschäftigung sein. Vielfach bestehen besondere vertragliche oder tarifvertragliche Regelungen. IdR bestehen Bestimmungen über Reisespesen, Auswärtszulagen, Trennungsgeld (zur sog. Auslösung vgl. Rn. 754). Auch Umzugskosten aus dienstlichen Gründen kann der AN unter Umständen ersetzt verlangen (vgl. hierzu Rn. 693).

820   **bb) Vorstellungskosten.** Zum Ersatz von Vorstellungskosten vgl. Rn. 319.

821   **cc) Arbeitsmittel.** Ohne besondere Vereinbarung kommt ein Anspruch auf Aufwendungsersatz für Arbeitsmittel nicht in Betracht (aA ArbG Frankfurt 18. 6. 1998 ARSt. 1998, 194). Der AG stellt grds. die Arbeitsmittel zur Verfügung. Vom AN mitgebrachte Arbeitsmittel können unter Umständen nach den Grundsätzen zum Aufwendungsersatz für Eigenschäden ersetzt werden (vgl. Rn. 1117 ff.).

822   **dd) Arbeitskleidung.** Unabhängig von der gesetzlichen Verpflichtung des AG zur Überlassung von Schutzkleidung (hierzu § 618 Rn. 6 ff.) besteht prinzipiell kein Aufwendungsersatzanspruch für Arbeitskleidung. Ist der AG nach §§ 618, 619 verpflichtet, Schutzkleidung zur Verfügung zu stellen, so hat der AN einen Erstattungsanspruch aus § 670 in dem Umfang, den er für die Selbstbeschaffung der Kleidung erforderlich halten durfte (BAG 21. 8. 1985 AP BGB § 618 Nr. 19; BAG 19. 5. 1998 AP BGB § 670 Nr. 31). Die Festlegung von Höchsterstattungsgrenzen ist möglich.

823   **ee) Vorschuß.** Soweit ein Anspruch auf Aufwendungsersatz besteht, kann der AN nach Maßgabe der §§ 675, 669 hierfür auch einen Vorschuß verlangen (vgl. hier Rn. 32); zum Gehaltsvorschuß § 614 Rn. 19 ff.

824   **c) Nicht ersatzfähige Aufwendungen.** Aufwendungen, die durch das Arbeitsentgelt abgegolten sind und auch sonst nicht durch den AG veranlaßt bzw. durch die Arbeitsleistung gefordert sind, rechnen grds. zu den **Kosten der persönlichen Lebensführung. Geldstrafen** und **Bußgelder** sind grds. nicht ersatzfähig. Kraftfahrer müssen sich vor Fahrtantritt über Sicherheit und Zulassung des Fahrzeuges selbst überzeugen. Unzulässig ist es, die Erstattung möglicher Bußgelder vor Begehung der Straftat vertraglich zu vereinbaren (MünchArbR/*Blomeyer* § 96 Rn. 88; *Holly/Friedhofen* NZA 1992, 145, 149 ff.). Ein AN, der seine Berufspflichten verletzt, darf die daraus entstehenden **Kosten der Strafverfolgung** nicht mehr für erforderlich halten und kann deren Ersatz folglich nicht verlangen (zu unwahren negativen Behauptungen eines Journalisten: BAG 14. 11. 1991 AP BGB § 611 Gefähr-

F. Pflichten des Arbeitgebers § 611 BGB 230

dungshaftung des AG Nr. 10). Bei einem **unverschuldeten** schweren Verkehrsunfall realisiert sich jedoch das unternehmerische Risiko der Teilnahme am Straßenverkehr. Bei Einleitung staatsanwaltschaftlicher Ermittlungen gegen den Berufskraftfahrer hat dieser einen Anspruch gegen den AG auf Erstattung der erforderlichen Kosten der Verteidigung (BAG 16. 3. 1995 AP BGB § 611 Gefährdungshaftung des AG Nr. 12).

4. Beschäftigungspflicht. a) Allgemeines. Abw. zum Kauf- und Werkvertragsrecht kennt das 825 Dienstvertragsrecht nach dem Gesetzeswortlaut keine Pflicht des Gläubigers (AG), die angebotenen Dienste auch anzunehmen, dh. den AN vertragsgemäß zu beschäftigen. Das BAG leitet eine allgemeine Beschäftigungspflicht aus dem **Persönlichkeitsrecht des AN** ab (BAG 10. 11. 1955 AP BGB § 611 Beschäftigungspflicht Nr. 2). Diesen Grundsatz hat der GS des BAG, allerdings bezogen auf die Weiterbeschäftigung im gekündigten Arbeitsverhältnis, bestätigt (BAG 27. 2. 1985 AP BGB § 611 Beschäftigungspflicht Nr. 14). Hiernach ist der Beschäftigungsanspruch aus §§ 611, 613 iVm. § 242 abzuleiten. Der Anspruch beruht nach Auffassung des BAG unmittelbar auf der sich aus § 242 unter Berücksichtigung der verfassungsrechtlichen Wertentscheidung der Art. 1 und 2 GG über den Persönlichkeitsschutz für den AG ergebenden arbeitsvertraglichen Förderungspflicht der Beschäftigungsinteressen des AN. Der Beschäftigungsanspruch muß jedoch dann zurücktreten, wenn **überwiegende schutzwerte Interessen des AG entgegenstehen.** Dies können nach der Rspr. des GS im einzelnen sein: Wegfall der Vertrauensgrundlage, fehlender Einsatzmöglichkeit, Gefahr des Geheimnisverrats, unzumutbare wirtschaftliche Belastung sowie alle Gründe, die eine fristlose Kündigung rechtfertigen würden.

Der Anspruch auf vertragsgemäße Beschäftigung kann als **rechtsfortbildende Konkretisierung der** 826 **Hauptpflichten des AG** eingeordnet werden. Zumindest ist sie aber als eine wesentliche Nebenpflicht des AG aus dem Arbeitsvertrag anzusehen, die eng mit den Hauptleistungspflichten zusammenhängt (im Regelfall Nebenpflicht: MünchArbR/*Blomeyer* § 95 Rn. 12). Auch die generelle Annahme einer Hauptpflicht ließe sich begründen, weil die Beschäftigungspflicht die Kehrseite der Arbeitspflicht ist. Schon *Wiedemann* (Das Arbeitsverhältnis als Austausch- und Gemeinschaftsverhältnis, 1966, S. 62) hat auf die Parallelen zu den Abnahmepflichten nach §§ 433 II und 640 I hingewiesen (hierzu ferner *Leßmann* RdA 1988, 149, 151; *Erman/Hanau* Rn. 353). Bei unwirksamer Versetzung auf einen geringer bewerteten Arbeitsplatz wird der Beschäftigungspflicht des AN verletzt. Bei offensichtlicher Unwirksamkeit kann der Beschäftigungsanspruch in der bisherigen Position im Wege der einstweiligen Verfügung geltend gemacht werden (LAG Chemnitz 8. 3. 1996 NZA-RR 1997, 4).

Der Beschäftigungsanspruch des AN hat verschiedene gesetzliche und richterrechtliche Ausprägun- 827 gen erfahren. Zum **allgemeinen Weiterbeschäftigungsanspruch während des Kündigungsschutzprozesses** vgl. § 4 KSchG Rn. 94 ff.; zum **betriebsverfassungsrechtlichen Weiterbeschäftigungsanspruch** vgl. § 102 V BetrVG. In besonderen Arbeitsverhältnissen, nämlich bei Auszubildenden (§ 18 iVm. § 6 II BBiG) und Schwerbehinderten (§ 14 II SchwbG) besteht eine gesetzliche Beschäftigungspflicht. Zu prozessualen Fragen vgl. § 4 KSchG Rn. 94. Aus dem Beschäftigungsanspruch läßt sich ein Anspruch auf Unterlassung der Änderung eines Arbeitsbereichs nicht herleiten (LAG Düsseldorf 28. 2. 1995 LAGE BGB § 1004 Nr. 3).

b) Durchbrechung der Beschäftigungspflicht. Aus arbeitsvertraglicher Sicht ist insb. problema- 828 tisch, ob die Beschäftigungspflicht durch einseitige Erklärung des AG durchbrochen werden kann. Ferner sind Umfang und Grenzen der Dispositivität des Beschäftigungsanspruchs zweifelhaft. Grds. ist der aus dem Persönlichkeitsrecht abgeleitete Beschäftigungsanspruch nach Auffassung des BAG nicht zweiseitig zwingend. Der Anspruch auf Beschäftigung kann keinem AN aufgezwungen werden. Als **dispositiver Anspruch** hängt er prinzipiell davon ab, ob der AN Beschäftigung verlangt (BAG GS 27. 2. 1985 AP BGB § 611 Beschäftigungspflicht Nr. 14).

aa) Einseitige Suspendierung ohne vertragliche Vereinbarung. Die einseitige Suspendierung des 829 AN ohne vertragliche Vereinbarung ist angesichts des Rechtscharakters der Beschäftigungspflicht allenfalls unter den **Voraussetzungen des § 626** als – vorübergehendes – milderes Mittel zur Vermeidung einer sofortigen außerordentlichen Kündigung (ausführlich *Preis* S. 462 f. mwN) oder im gekündigten Arbeitsverhältnis bei Vorliegen eines wichtigen Kündigungsgrundes (Konkurrenztätigkeit, hierzu LAG Hamm 3. 11. 1993 LAGE BGB § 611 Beschäftigungspflicht Nr. 36) möglich. Die außerordentliche Kündigung wegen Loyalitätsverstoßes ist aber nicht deshalb unwirksam, weil für den AG die Möglichkeit der Freistellung unter Fortzahlung der Bezüge bis zum Ablauf einer ordentlichen Kündigungsfrist besteht (BAG 11. 3. 1999 AP BGB § 626 Nr. 149; gegen LAG Düsseldorf 5. 6. 1998 LAGE BGB § 626 Nr. 120). Selbst im Falle berechtigter einseitiger Suspendierung behält der AN in aller Regel den **Vergütungsanspruch.** Das BAG läßt dem AG nur die Wahl zwischen der vollen Lohnzahlung und der Kündigung (BAG 4. 6. 1964 AP BGB § 626 Verdacht strafbarer Handlung Nr. 13; BAG 10. 11. 1955 AP BGB § 611 Beschäftigungspflicht Nr. 2). Die unberechtigte Suspendierung löst die Folge des § 615 aus. Bei berechtigter Suspendierung wegen besonders schutzwürdiger Interessen des AG besteht ebenfalls im Grundsatz der Vergütungsanspruch des AN fort. In seltenen Ausnahmefällen, in denen das vertragswidrige Verhalten des AN so schwerwiegend ist, daß dem AG die Annahme der Arbeitsleistung schlechthin unzumutbar ist, handelt es sich nicht mehr um ein

Preis 1425

ordnungsgemäßes Angebot. Der AG gerät dann nicht in Annahmeverzug. Der Vergütungsanspruch entfällt (BAG 26. 4. 1956 AP MuSchG § 9 Nr. 5; bestätigt durch BAG 29. 10. 1987 AP BGB § 615 Nr. 42).

830 **bb) Freistellung mit vertraglicher Vereinbarung.** Eine Suspendierung der Arbeitspflicht kraft **individueller Vereinbarung** ist angesichts der Dispositivität des Beschäftigungsanspruchs grds. zulässig (LAG Köln 20. 8. 1998 RzK I 2 a Nr 20). Fraglich ist, ob in einem **vorformulierten Arbeitsvertrag** eine Abweichung von dem Beschäftigungsanspruch im voraus vereinbart werden kann (hierzu ausführlich *Hanau/Preis* II F 10; generell bejahend LAG Hamburg 10. 6. 1994 LAGE BGB § 611 Beschäftigungspflicht Nr. 37). Die zum Teil anzutreffende Argumentation, wonach die prinzipielle Dispositivität des Beschäftigungsanspruchs auch die Zulässigkeit des Vorausverzichts umfaßt, kann nicht überzeugen, weil das Recht des AN, seinen Beschäftigungsanspruch in einer konkreten Situation geltend zu machen, durch einen formularmäßigen Vorausverzicht unangemessen eingeschränkt wird. Dies gilt insb. für Vertragsklauseln, die kein gewichtiges AGInteresse zur Rechtfertigung voraussetzen. Die Grundsätze des GS zum ausnahmsweisen Fortfall der Beschäftigungspflicht sind auch im Falle vorformulierter Vertragsgestaltung zu beachten. In jedem Fall bleibt die konkrete Ausübung des eingeräumten Suspendierungsrechts nach Maßgabe des § 315 überprüfbar. Diese strengen Grundsätze gelten jedenfalls **im ungekündigten Arbeitsverhältnis.**

831 Bei **gekündigten Arbeitsverhältnissen** stellt sich die Rechtslage anders dar, weil auch der GS anerkennt, daß sich die Interessenlage beim gekündigten Arbeitsverhältnis ändert. Nur unter der Voraussetzung der offensichtlichen Unwirksamkeit der Kündigung bzw. nach Obsiegen in erster Instanz gesteht er einen vorläufigen Weiterbeschäftigungsanspruch zu (BAG GS 27. 2. 1985 AP BGB § 611 Beschäftigungspflicht Nr. 14). Jedoch kann die Vertragsgestaltung nicht die zwingenden Voraussetzungen des GS für einen vorläufigen Weiterbeschäftigungsanspruch unterlaufen. Der vom BAG bejahte allgemeine Weiterbeschäftigungsanspruch ist insoweit Teil des Kündigungsschutzes. Bei offensichtlich unwirksamer Kündigung oder Obsiegen des AN in der ersten Instanz ist davon auszugehen, daß sich die Grundsätze der Rspr. gegenüber einer allgemeinen Freistellungsklausel in einem vorformulierten Arbeitsvertrag durchsetzen (*Ruhl/Kassebohm* NZA 1995, 497; *Hanau/Preis* II F 10 Rn. 17).

832 Überwiegend wird vertreten, daß bei gekündigten Arbeitsverhältnis grds. ein berechtigtes Interesse des AG zur sofortigen Freistellung des AN bis zum Ablauf der Kündigungsfrist besteht (ArbG Düsseldorf 3. 6. 1993 NZA 1994, 559; *Schaub* § 95 III 1 b; wohl auch *Buchner*, Die Beschäftigungspflicht, 1989, S. 23; *Leßmann* RdA 1988, 149, 151). Dabei wird verkannt, daß während des Laufs der Kündigungsfrist das reguläre Arbeitsverhältnis und damit auch noch der allgemeine Beschäftigungsanspruch besteht (LAG München 19. 8. 1992 LAGE BGB § 611 Beschäftigungspflicht Nr. 32; ArbG Leipzig 8. 8. 1996 BB 1997, 366). Es kann daher nicht davon ausgegangen werden, daß sofort nach Ausspruch der Kündigung ein Beschäftigungsanspruch und ein Beschäftigungsinteresse des AN entfällt (so aber *Küttner/Kreitner*, Freistellung von der Arbeit, Rn. 18).

833 Bei wirksamer Freistellung müssen die Bezüge regelmäßig fortgezahlt werden. Gerechtfertigt ist jedoch, im Wege der vertraglichen Vereinbarung die Freistellung auf den Resturlaub anzurechnen. Fehlt eine entspr. Klausel, kann uU nach Beendigung des Arbeitsverhältnisses Anspruch auf Urlaubsabgeltung (§ 7 IV BUrlG) bestehen. Im Zeitraum der Freistellung mit Vergütungsfortzahlung kann der AN grds. eine anderweitige Beschäftigung aufnehmen. Eine Anrechnungspflicht des anderweitigen Verdienstes bzw. eine analoge Anwendung des § 615 S. 2 scheidet bei ausdrücklicher Vergütungsregelung aus, wenn keine dementsprechende Regelung getroffen worden ist (LAG Hamm 11. 10. 1996 NZA-RR 1997, 287 mwN; LAG Hamm 27. 2. 1991 LAGE BGB § 615 Nr. 26; LAG Köln 21. 8. 1991 NZA 1992, 123; BAG 30. 9. 1982 – 6 AZR 802/79 –; aA BAG 6. 2. 1964 AP BGB § 615 Nr. 24; LAG Schleswig-Holstein 20. 2. 1997 NZA-RR 1997, 286; LAG Hessen 28. 10. 1992 LAGE BGB § 615 Nr. 42 mit abl. Anm. *Gravenhorst*). Anders ist die Rechtslage bei unberechtigter Suspendierung, die Annahmeverzug begründet. Hier findet § 615 S. 2 unmittelbar Anwendung. Vgl. zum ganzen näher § 615 Rn. 91 ff.

II. Gleichbehandlung

834 **1. Grundlagen.** Der Grundsatz der Gleichbehandlung gehört zu den **Grundprinzipien des deutschen Arbeitsrechts** (zu verfassungsrechtlichen Grundlagen vgl. Art. 3 GG Rn. 14 ff.; aus dem Schrifttum: *Bauschke* RdA 1985, 72; *Göhle-Sander* HwB AR Nr. 930; *Hunold* DB 1991, 1670; *Lieb* ZfA 1996, 319; *Mayer-Maly*, AR-Blattei, Gleichbehandlung im Arbeitsverhältnis (1975); *Marhold/Beckers* AR-Blattei SD 800.1; *Palme* BlStSozArbR 1983, 257; *Schaub* NZA 1984, 73; *Simon/Hinderlich* NZA 1987, 623; *Tschöpe* DB 1994, 40; *Weber/Ehrich* ZIP 1997, 1681; *Widmaier* ZTR 1990, 359). Die Pflicht zur Gleichbehandlung der AN kann sich für den AG aus dem allgemeinen und besonderen Gleichbehandlungsgrundsatz und dem speziellen Differenzierungsverbot der Verfassung (**Art. 3 GG** Rn. 5 ff.) oder aus einfachgesetzlichen Regelungen wie **§ 2 I BeschFG** (§ 2 BeschFG Rn. 2 ff.) für die Gleichbehandlung Teilzeitbeschäftigter sowie **§§ 611 a, 611 b, 612 III** hins. der Gleichbehandlung von Frauen und Männern ergeben. Zu beachten ist ferner der im EG in **Art. 141** positiv gesetzlich normierte Grundsatz der Entgeltgleichbehandlung für Frauen und Männer bei gleicher und gleich-

F. Pflichten des Arbeitgebers § 611 BGB 230

wertiger Arbeit, dem auch zwischen Privaten unmittelbare Geltung zukommt (EuGH 8. 4. 1976 EAS EG-Vertrag Art. 119 Nr. 2 Rn. 7 ff.; Art. 141 EG Rn. 2). **Art. 39 II EG,** der ebenfalls Individualrechte begründen kann (EuGH 14. 7. 1976 EAS EG-Vertrag Art. 6 Nr. 3 – LS; *Schaub* NZA 1984, 73), verbietet ferner jede auf die Staatsangehörigkeit zurückzuführende unterschiedliche Behandlung der AN der Mitgliedstaaten in bezug auf Beschäftigung, Entlohnung und sonstige Arbeitsbedingungen. Der gesetzlich nicht normierte, dem Privatrecht zuzuordnende **arbeitsrechtliche Gleichbehandlungsgrundsatz** schließlich entspricht dem allgemeinen Gleichbehandlungsgrundsatz des Art. 3 I GG. Er ist im Verhältnis zu den spezialgesetzlichen Regelungen subsidiär.

TV Normen sind – wie gesetzliche Regelungen – unmittelbar an Art. 3 I GG zu messen (BAG 835 28. 5. 1996 AP TVG § 1 Tarifverträge Metallindustrie Nr. 143 = NZA 1997, 101, 102; BAG 17. 10. 1995 AP BGB § 242 Gleichbehandlung Nr. 132 mit Anm. *Wiedemann*; *Erman/Hanau* Rn. 220; hierzu differenzierend Art. 3 GG Rn. 26 ff.); für **Betriebsvereinbarungen** ist dies umstritten. Das Problem ist allerdings aufgrund der einfachgesetzlichen Niederlegung des Gleichbehandlungsgrundsatzes in § 75 I 1 BetrVG nur akademischer Natur (*Schaub* § 112 I 2; *Küttner/Kania* Gleichbehandlung Rn. 5). Hins. **einzelarbeitsvertraglicher Regelungen** ist der AG mangels unmittelbarer Drittwirkung der Grundrechte über die spezialgesetzlichen Gleichbehandlungsregelungen und subsidär den arbeitsrechtlichen Gleichbehandlungsgrundsatz gebunden (Art. 3 GG Rn. 30; *Küttner/Kania* Gleichbehandlung Rn. 6). Ein Gleichbehandlungsanspruch kann nicht schon daran scheitern, daß die Rechtsverhältnisse in unterschiedlichen TV geregelt werden (EuGH 27. 10. 1993 AP EWG-Vertrag Art. 119 Nr. 50; BAG 17. 10. 1995 AP BGB § 242 Gleichbehandlung Nr. 132).

2. Inhalt des arbeitsrechtlichen Gleichbehandlungsgrundsatzes. a) Allgemeines. Auch der ar- 836 beitsrechtliche Gleichbehandlungsgrundsatz wurzelt in dem überpositiven Ideal der Gerechtigkeit, daß Gleiches gleich und Ungleiches seiner Eigenart nach ungleich zu behandeln ist. Der Grundsatz gehört nach der Rspr. des BVerfG dem vorstaatlichen überpositiven Recht an (BVerfG 5. 4. 1952 BVerfGE 1, 208, 233). Über seine Herleitung besteht keine einheilige Auffassung (vgl. auch MünchArbR/*Richardi* § 14 Rn. 7 f.). Er wird aus verschiedenen allgemeinen Prinzipien wie dem allgemeinen Gleichheitssatz des Art. 3 I GG, aus der Treue- und Fürsorgepflicht des AG, aus dem Grundsatz von Treu und Glauben (§ 242) oder aus dem allgemeinen Rechtsgedanken der Gleichbehandlung abgeleitet (*Palme* BlStSozArbR 1983, 257). *Mayer-Maly* faßt den arbeitsrechtlichen Gleichbehandlungsgrundsatz als das „Resultat eines Zusammenspiels mehrerer Rechtsgedanken" auf (*Mayer-Maly*, AR-Blattei Gleichbehandlung im Arbeitsverhältnis I, S. 306). Die Rspr. erkennt den Grundsatz seit der Entscheidung des RAG aus dem Jahre 1938 zum Ruhegeldanspruch ohne individualvertragliche Grundlage (RAG 19. 1. 1938 ARS 33, 172 ff.) in st. Rspr. an. In der Lehre war er vereinzelt schon früher vertreten worden (vgl. *Mayer-Maly* AR-Blattei, Gleichbehandlung im Arbeitsverhältnis I, S. 305). Seinen einfachgesetzlichen Niederschlag hat der arbeitsrechtliche Gleichbehandlungsgrundsatz in § 75 I 1 BetrVG, § 67 I 1 BPersVG gefunden. Im Recht der betrieblichen Altersversorgung ist er eine selbständige Anspruchsgrundlage nach § 1 I 4 BetrAVG (BAG 25. 4. 1995 AP BetrAVG § 1 Gleichbehandlung Nr. 25; § 1 BetrAVG Rn. 45). Vor diesem Hintergrund kann von einer gewohnheitsrechtlichen Anerkennung des Grundsatzes ausgegangen werden (MünchKommBGB/*Müller-Glöge* Rn. 449; *Boemke* NZA 1993, 532, 535; aA MünchArbR/*Richardi* § 14 Rn. 8).

Ein Anspruch auf **Gleichbehandlung im Unrecht oder Rechtsirrtum** besteht nicht (BAG 23. 8. 837 1980 AP BetrVG 1972 § 77 Nr. 2; BAG 26. 11. 1998 AP BAT-O § 11 Nr. 1), es sei denn, der AG erbringt die Leistung in der Erkenntnis seiner mangelnden Verpflichtung zur Leistung (MünchKommBGB/*Müller-Glöge* Rn. 458).

Der Gleichbehandlungsgrundsatz ist seiner Struktur nach Anspruchsgrundlage, aber auch Rechts- 838 ausübungsschranke. Er kann auf **alle Arten von Maßnahmen und Entscheidungen** des AG erstreckt werden (zum Direktionsrecht LAG Köln 22. 6. 1994 LAGE BGB § 611 Direktionsrecht Nr. 19). Entscheidend ist, ob diese einen **kollektiven Charakter** haben (*Zöllner/Loritz* § 17 III 2). Er verbietet die **willkürliche Schlechterstellung einzelner AN** innerhalb einer Gruppe und eine **sachfremde Gruppenbildung.** Der **Grundsatz der Vertragsfreiheit genießt Vorrang,** wenn und soweit Vertragsbedingungen mit den einzelnen AN frei ausgehandelt sind (BAG 19. 8. 1992 AP BGB § 242 Gleichbehandlung Nr. 102). Nicht ausreichend ist jedoch, daß sich die AN bei Vertragsschluß vorformulierten Vorgaben beugen. **Individuell vereinbarte Regelungen** sind daher nicht am arbeitsrechtlichen Gleichbehandlungsgrundsatz zu messen. Der Grundsatz geht eher in Richtung eines Benachteiligungsverbots als eines Gleichbehandlungsgebots (*Hunold* DB 1991, 1670). Daher wird auch die **Besserstellung** einzelner durch ihn nicht versagt (*Erman/Hanau* Rn. 220; *Schaub* § 112 I 5; MünchKommBGB/ *Müller-Glöge* Rn. 451). Ob eine individuelle Vereinbarung vorliegt, ist im Zweifel mittels eines Vergleichs nach den Verhältniszahlen der jeweils begünstigten und benachteiligten AN vorzunehmen (BAG 19. 8. 1992 AP BGB § 242 Gleichbehandlung Nr. 102).

Der Gleichbehandlungsgrundsatz ist anwendbar, wenn der AG die Leistungen nach einem bestimm- 839 ten erkennbaren und generalisierenden Prinzip gewährt und dazu bestimmte Voraussetzungen oder einen bestimmten Zweck festlegt (BAG 27. 7. 1988, 19. 8. 1992, 12. 1. 1994, 23. 8. 1995 AP BGB § 242 Gleichbehandlung Nr. 83, 102, 112, 134; BAG 20. 12. 1995 ZTR 1996, 226; BAG 12. 6. 1996 AP BGB

Preis 1427

§ 611 Werkstudent Nr. 4). Der nicht tarifgebundene AG darf auch nicht willkürlich zwischen der Anwendung und Nichtanwendung tariflicher Regelungen differenzieren (BAG 25. 4. 1995 AP BetrAVG § 1 Gleichbehandlung Nr. 25).

840 Nach Auffassung des BAG kann der einzelne AN auf die Wahrung des Gleichbehandlungsgrundsatzes **verzichten.** Das Einverständnis könne darin liegen, daß der AN eine ihm vom AG angetragene Vertragsänderung ablehnt, die alle übrigen vergleichbaren AN annehmen (BAG 4. 5. 1962 AP BGB § 242 Gleichbehandlung Nr. 32; MünchArbR/*Richardi* § 14 Rn. 32 ff.; dagegen MünchKommBGB/*Müller-Glöge* Rn. 449). Das ist zutreffend, weil die individuelle Regelung dem Gleichbehandlungsgrundsatz vorgeht (Rn. 838). Unstreitig ist der **Verzicht** unwirksam, wenn der AN dabei unzulässigem Druck ausgesetzt war. Auch darf die Abbedingung nicht gegen allgemeine arbeitsrechtliche Normen und Grundsätze wie bspw. den Grundsatz der Koalitionsfreiheit, das Benachteiligungsverbot von BRMitgliedern oder den Grundsatz der Gleichbehandlung von Frauen und Männern verstoßen (*Schaub* § 112 II 4; MünchArbR/*Richardi* § 14 Rn. 34).

841 **b) Voraussetzungen. aa) Bestehende Rechtsbeziehung.** Der arbeitsrechtliche Gleichbehandlungsgrundsatz setzt voraus, daß zwischen AG und dem AN, der sich auf den Gleichbehandlungsanspruch stützt, eine feste Rechtsbeziehung besteht, mithin regelmäßig ein **bestehendes Arbeitsverhältnis.** Darüber hinaus greift er vor Aufnahme und nach Beendigung des Arbeitsverhältnisses nicht, eine Ausnahme gilt nur für das **Ruhestandsverhältnis** (*Schaub* § 112 II 2; *Palme* BlStSozArbR 1983, 257).

842 **bb) Gruppenbildung; kollektiver Bezug.** Für die Anwendbarkeit des arbeitsrechtlichen Gleichbehandlungsgrundsatzes ist es weiter erforderlich, daß eine **Gruppenbildung vergleichbarer AN** möglich ist. Vergleichbar sind zunächst AN mit vergleichbaren Tätigkeiten. Entscheidend ist die **überwiegend auszuübende Tätigkeit,** nicht einzelne Arbeitsvorgänge (BAG 23. 8. 1995 AP BGB § 612 Nr. 48). Bewertungsmaßstab ist die **Verkehrsanssschauung.** Bewertungen in TV können herangezogen werden (BAG 20. 11. 1996 AP BGB § 242 Gleichbehandlung Nr. 133 = NZA 1997, 724). An der Vergleichbarkeit fehlt es, wenn die Tätigkeit wegen Führungs- und Leitungsaufgaben, aufgrund der Qualifikation oder wegen besonderer Anforderungen tarifvertraglich anders bewertet sind (BAG 19. 8. 1992 AP BGB § 242 Gleichbehandlung Nr. 102). AN mit nicht vergleichbaren Tätigkeiten können gleichzubehandeln sein, wenn der AG eine weitergehende allgemeine Regel aufgestellt hat (BAG 12. 1. 1994 AP BGB § 242 Gleichbehandlung Nr. 112). Da eine vollkommene Gleichheit zwischen mehreren AN nur selten vorliegen wird, genügt ein im wesentlichen übereinstimmende Lage (*Schaub* § 112 II 1). Welche Aspekte für eine Gruppenbildung tragend sind und auf welches **zahlenmäßige Verhältnis** abzustellen ist, ist bislang noch weitestgehend ungeklärt. Gesichert ist nur, daß der arbeitsrechtliche Gleichbehandlungsgrundsatz nicht erst dann greift, wenn 50 vH der AN an einer günstigeren Regelung teilnehmen (*Küttner/Kania* Gleichbehandlung Rn. 17).

843 Der Gleichbehandlungsgrundsatz ist anwendbar, wenn ein AG Leistungen nach einem **bestimmten, erkennbaren und generalisierenden Prinzip** gewährt, oder wenn er bestimmte Voraussetzungen oder einen bestimmten Zweck festlegt (st. Rspr. BAG 23. 8. 1995 AP BGB § 242 Gleichbehandlung Nr. 134 = NZA 1995, 829). Das gilt auch, wenn der AG nach einem generalisierenden Prinzip Leistungen gewährt, auf welche für die begünstigte Gruppe aufgrund langjähriger betrieblicher Übung Rechtsansprüche erwachsen sind (BAG 30. 3. 1994 AP BGB § 242 Gleichbehandlung Nr. 113). Ferner ist er auch auf Arbeitsverhältnisse anwendbar, auf welche der AG – vielfach zwecks Umgehung – ohne nach einem erkennbaren oder generalisierenden Prinzip vorzugehen, mehrere oder **undurchsichtige Vergütungssysteme** anwendet und dabei nicht nur einzelne AN besserstellt. Andernfalls wäre der AG im Vorteil, der keine allgemeinen Grundsätze aufstellt und nach Gutdünken verfährt (BAG 19. 8. 1992 AP BGB § 242 Gleichbehandlung Nr. 102).

844 Bedeutung hat der arbeitsrechtliche Gleichbehandlungsgrundsatz insb. bei **arbeitsvertraglichen Einheitsregelungen** als auch bei einseitiger Leistungsbestimmung **(Direktionsrecht)** des AG (*Küttner/Kania* Gleichbehandlung Rn. 7; differenzierend MünchArbR/*Richardi* § 14 Rn. 14 ff.). Letzteres betrifft insb. allgemeine Arbeitsvorschriften wie die Ein- und Durchführung von Torkontrollen (LAG Köln 3. 11. 1983 – 10 TaBV 19/83 –), Zeiterfassungssystemen (LAG Berlin 9. 1. 1984 DB 1984, 2098), Rauchverboten (LAG Frankfurt 6. 7. 1989 LAGE BGB § 611 Direktionsrecht Nr. 5) oder die Heranziehung von AN zu Mehr-, Über-, Nacht- oder Feiertagsarbeit (LAG Köln 22. 6. 1994 LAGE BGB § 611 Direktionsrecht Nr. 19) sowie ihre Versetzung auf einen anderen Arbeitsplatz (BAG 12. 7. 1957 AP BGB § 242 Gleichbehandlung Nr. 5).

845 Im **Kündigungsrecht** hat der Gleichbehandlungsgrundsatz nur eine beschränkte Bedeutung (hierzu § 1 KSchG Rn. 174; § 2 BeschFG Rn. 50).

846 **cc) Räumlicher Geltungsbereich.** Der arbeitsrechtliche Gleichbehandlungsgrundsatz gilt nach ganz hM grds. für AN desselben Betriebes bzw. derselben Dienststelle (BAG 19. 6. 1957 AP BGB § 242 Gleichbehandlung Nr. 12; BAG 17. 12. 1992 AP BGB § 242 Gleichbehandlung Nr. 105; BAG 2. 9. 1986 AP BAT 1975 §§ 22, 23 Nr. 115). Die **bisher herrschende Auffassung** von der **Betriebsbezogenheit** des Grundsatzes ist auf die Annahme eines besonderen Gemeinschaftsbezug im Betrieb zurückzuführen (MünchArbR/*Richardi* § 14 Rn. 9). Für sie wird auch angeführt, daß die Gleichbehandlung im Betrieb durch § 75 BetrVG einen explizite Regelung erfahren hat (*Tschöpe* DB 1994, 40,

F. Pflichten des Arbeitgebers § 611 BGB 230

41). **Ausnahmen** wurden nur zugelassen, wenn der AG eine überbetriebliche Regel aufstellt und anwendet (BAG 17. 12. 1992 AP BGB § 242 Gleichbehandlung Nr. 105; BAG 12. 1. 1994 AP BGB § 242 Gleichbehandlung Nr. 112). Dann kann sich ein AN auf die Verletzung des Gleichbehandlungsgrundsatzes auch berufen, wenn in seinem Betrieb eine unterschiedliche Behandlung zweier ANGruppen deshalb nicht festzustellen ist, weil AN der begünstigten Gruppe dort nicht arbeiten (BAG 17. 12. 1992 AP BGB § 242 Gleichbehandlung Nr. 105). Die Ungleichbehandlung von Betrieben mit und ohne BR ist zulässig, selbst wenn ein bestehender GesamtBR für die jeweilige Leistung nach § 50 I BetrVG mitbestimmungsrechtlich zuständig wäre. Scheitert eine überbetriebliche Regelung in einem Unternehmen mit einem betiebsratslosen Betrieb und einem Betrieb, für welchen ein BR existiert, an der Zustimmung des BR, so ist eine Ungleichbehandlung zulässig, weil der AG sonst zu einem Verstoß gegen die mitbestimmungsrechtlichen Kompetenzen des BR aus dem BetrVG genötigt würde (BAG 25. 4. 1995 AP BGB § 242 Gleichbehandlung Nr. 130).

Nach der inzwischen hM soll der Gleichbehandlungsgrundsatz dagegen grds. auf das gesamte **Unternehmen** ausgedehnt werden (*Zöllner/Loritz* § 17 III 1; *Schaub* § 112 II 1 c; *MünchArbR/Richardi* § 14 Rn. 9; *MünchKommBGB/Müller-Glöge* Rn. 452; *RGRK/Schliemann* Rn. 916; *v. Hoyningen-Huene* Anm. zu BAG 20. 8. 1986 AP TVG § 1 Tarifverträge: Seniorität Nr. 6; *Fastrich* Anm. zu BAG 17. 12. 1992 AP BGB § 242 Gleichbehandlung Nr. 105; *Küttner/Kania* Gleichbehandlung Rn. 12; *Konzen* RdA 1984, 65, 87; *Däubler*, Das Arbeitsrecht 2, S. 312; auch LAG Baden-Württemberg 22. 7. 1993 – 6 Sa 39/93 –). Begründet wird dies zum einen mit der keineswegs immer eindeutigen Abgrenzung zwischen Betriebsteil und selbständigem Betrieb. Dem Hinweis auf § 75 I 1 BetrVG wird entgegengehalten, daß dadurch nicht die individualrechtliche Pflicht des AG zur Gleichbehandlung auf den Betrieb begrenzt werde (*MünchArbR/Richardi* § 14 Rn. 9). Soweit man das Vorliegen einer Gemeinschaft der AN untereinander fordere, läßt sich schließlich auch bei der Unternehmensbelegschaft von einer Gemeinschaft sprechen (*Zöllner/Loritz* § 17 III 1; vgl. auch *Fastrich* Anm. zu BAG 17. 12. 1992 AP BGB § 242 Gleichbehandlung Nr. 105).

847

Das BAG ist dieser Auffassung jetzt gefolgt (BAG 17. 11. 1998 AP BGB § 242 Gleichbehandlung Nr. 162 mit Anm. *Richardi*).

848

Der **unternehmens(=arbeitgeber)bezogenen Betrachtung** des Gleichbehandlungsgrundsatzes ist zu folgen. Dabei ist zu beachten, daß die unterschiedliche **Betriebszugehörigkeit** im Rahmen der **sachlichen Rechtfertigung** ggfs. als Differenzierungsgrund berücksichtigt werden kann. Insoweit wird es vielfach sachliche, den Willkürvorwurf ausschließende Gründe für eine unterschiedliche Behandlung einzelner Betriebe (nicht einzelner Betriebsabteilungen) geben (BAG 17. 11. 1998 AP BGB § 242 Gleichbehandlung Nr. 162). Es ist nicht sachgerecht, daß durch schlichte Betriebsaufspaltungen die Geltung des Gleichbehandlungsgrundsatzes umgangen werden kann (*MünchArbR/Richardi* § 14 Rn. 9; *Preis* SAE 1994, 21, 24). **Adressat** des Gleichbehandlungsgrundsatzes ist der **AG;** auf dessen konkrete **Ausübung** der Leitungsmacht kommt es an. Diesen Ansatz verfolgte das BAG schon mit seiner Rspr., in der es den Gleichbehandlungsgrundsatz auf Fälle ausdehnte, in denen der AG eine überbetriebliche Regel aufstellt (BAG 17. 12. 1992 AP BGB § 242 Gleichbehandlung Nr. 105).

849

Nur die Herstellung eines unternehmensübergreifenden AGBezuges ermöglicht sachgerechte, nicht willkürliche Differenzierungen. Eine sachlich gerechtfertigte Differenzierung liegt vor, wenn der AG einen Betrieb nach **§ 613a** übernimmt und einen einheitlichen Betrieb schafft, aber jeder der beiden ANGruppen eine Weihnachtsgratifikation nach dem im früheren Betrieb praktizierten Ordnung gewährt. Eine Differenzierung nach dem bisherigen Besitzstand ist nicht sachwidrig (BAG 25. 8. 1976 AP BGB § 242 Gleichbehandlung Nr. 41). Für eine arbeitgeberbezogene Geltung des Gleichbehandlungsgrundsatzes spricht ferner, daß **auch im Kündigungsrecht** die Unternehmensaufspaltung innerhalb eines Betriebes für sich genommen kein sachgerechtes Differenzierungskriterium darstellt, obwohl das KSchG grds. betriebsbezogen ausgestaltet ist (SPV/*Preis* Rn. 628). Damit wird die Umgehung des Kündigungsschutzes durch Aufspaltung einer Betriebseinheit in mehrere Unternehmen verhindert. Ferner wird die Konzerndimensionalität des Kündigungsschutzes als Ausfluß einer konkretisierten Fürsorge- und Gleichbehandlungspflicht ausnahmsweise anerkannt (BAG 13. 6. 1985 AP KSchG 1969 § 1 Nr. 10 = NZA 1986, 600; BAG 27. 11. 1991 AP KSchG 1969 § 1 Konzern Nr. 6 = NZA 1992, 644).

850

Eine unternehmensübergreifende, **konzernweite Ausdehnung** des Gleichbehandlungsgrundsatzes wird überwiegend abgelehnt (BAG 20. 8. 1986 AP TVG § 1 Tarifverträge: Seniorität Nr. 6 mit insoweit zust. Anm. *v. Hoyningen-Huene*; *Schaub* § 112 II 1 c; *Zöllner/Loritz* § 17 III 1; *Windbichler*, Arbeitsrecht im Konzern 1989, 420 ff.; *Rüthers/Bakker* ZfA 1990, 284 ff.; *MünchArbR/Richardi* § 31 Rn. 27; *Tschöpe* DB 1994, 40; aA *Däubler*, Das Arbeitsrecht 2, S. 667; *Henssler*, Der Arbeitsvertrag im Konzern, 1983, S. 107 ff.; *Martens*, FS 25 Jahre BAG, S. 367, 386 ff.; *Konzen* RdA 1984, 65, 87: wenn die Konzernspitze diese Leistungen aus Konzernvermögen gewährt). Das BAG stellt darauf ab, daß die in einem Konzern zusammengeschlossenen Firmen ihre rechtliche Selbständigkeit behalten, auch wirtschaftlich mehr oder weniger selbständig bleiben und damit in einem Konzern mehrere unterschiedliche AG vorhanden sind. Außerdem sind in einem Konzern nicht selten Unternehmen gänzlich unterschiedlicher Fachsparten zusammengeschlossen, bei denen verschiedene Arbeitsbedingungen bestehen und demgemäß auch Tarifverträge ganz unterschiedlicher Art gelten können (BAG 20. 8.

851

Preis 1429

1986 AP TVG § 1 Tarifverträge: Seniorität Nr. 6). Mit dem in die gleiche Richtung zielenden Hinweis auf die rechtliche und wirtschaftliche Selbständigkeit der in einem gemeinsamen Betrieb zusammenwirkenden Unternehmen hat das BAG weiter auch die Geltung des Gleichbehandlungsgrundsatzes **in einem von zwei verschiedenen Unternehmen gemeinsam geführten Betrieb** verneint (BAG 19. 11. 1992 AP BGB § 611 Gratifikation Nr. 148).

852 Konzernbezogen wirkt der Gleichbehandlungsgrundsatz nach richtiger Ansicht nur ausnahmsweise, wenn die Konzernspitze für sich eine Verteilungskompetenz in Anspruch nimmt und entspr. Weisungen erteilt, die konzerndimensional wirken (vgl. auch BAG 20. 8. 1986 AP TVG § 1 Tarifverträge: Seniorität Nr. 6; *Göhle-Sander* Rn. 13; MünchArbR/*Richardi* § 31 Rn. 28).

853 dd) **Ungleichbehandlung ohne sachlichen Grund.** Der arbeitsrechtliche Gleichbehandlungsanspruch will einer Ungleichbehandlung in der Sache entgegenwirken. Daher sind Gegenstand der Prüfung einzelne Ansprüche oder Rechte eines AN (BAG 25. 4. 1995 AP BetrAVG § 1 Gleichbehandlung Nr. 25). **Der Gleichbehandlungsgrundsatz ist verletzt, wenn der AG, einzelne AN oder Gruppen von AN ohne sachlichen Grund von allgemein begünstigenden Regelungen des Arbeitsverhältnisses ausnimmt und schlechterstellt als andere AN in vergleichbarer Lage** (st. Rspr. BAG 6. 12. 1995 AP BGB § 611 Gratifikation Nr. 186; BAG 27. 10. 1998 AP BGB § 611 Gratifikation Nr. 211; *Schaub* 112 I 5). Er ist nicht erst beim Vollzug, sondern schon beim Aufstellen entspr. Regeln vom AG zu beachten (BAG 11. 9. 1974 AP BGB § 242 Gleichbehandlung Nr. 39 m. Anm. *Birk*). Ob ein **sachlicher Grund** vorliegt, ist im Einzelfall zu bestimmen (*Widmaier* ZTR 1990, 259, 360; *Palme* BlStSozArbR 1983, 257).

854 Die Ungleichbehandlung verschiedener ANGruppen bei freiwilligen Leistungen ist immer dann mit dem arbeitsrechtlichen Gleichbehandlungsgrundsatz vereinbar, wenn die Unterscheidung nach dem Zweck der Leistung gerechtfertigt ist (BAG 20. 7. 1993 AP BetrAVG § 1 Gleichbehandlung Nr. 11; BAG 19. 4. 1995 AP BGB § 242 Gleichbehandlung Nr. 124; BAG 19. 4. 1995 AP BGB § 611 Gratifikation Nr. 172; BAG 20. 12. 1995 ZTR 1996, 226; BAG 28. 5. 1996 AP TVG § 1 Tarifverträge: Metallindustrie Nr. 143). Unter Berücksichtigung aller Umstände muß es vom Zweck der Leistung her gerechtfertigt sein, der einen ANGruppe die Leistung vorzuenthalten, die der anderen Gruppe eingeräumt worden ist (BAG 28. 5. 1996 AP TVG § 1 Tarifverträge: Metallindustrie Nr. 143). Eine Verletzung des Gleichbehandlungsgrundsatzes entfällt nicht schon deshalb, weil die ohne sachlichen Grund begünstigte Gruppe kleiner ist als die benachteiligte Gruppe (BAG 30. 3. 1994 AP BGB § 242 Gleichbehandlung Nr. 113).

855 Generell ungeeignet als **sachlicher Differenzierungsgrund** sind die in Art. 3 GG, § 75 BetrVG, § 67 BPersVG genannten Merkmale (Geschlecht, Abstammung, Rasse, Sprache, Heimat und Herkunft, Glauben oder religiöse wie weltanschauliche Anschauung, Art. 3 III GG, oder gewerkschaftliche Betätigung § 75 I BetrVG, § 67 I 1 PersVG). Der **Status als Studierender** und die in der Versicherungsfreiheit liegende sozialrechtliche Begünstigung sind ferner keine sachlichen Gründe für eine Schlechterstellung studentischer AN bei der Gestaltung allgemeiner Arbeitsbedingungen (BAG 28. 3. 1996 AP BeschFG 1985 § 2 Nr. 49). Die im Sozialversicherungsrecht und Steuerrecht getroffenen Unterscheidungen verfolgen öffentlich-rechtliche Zwecke und sind dort, wo es auf die arbeitsrechtliche Bedeutung und Zielsetzung ankommt, nicht beachtlich, da es sich um unterschiedliche, nicht zu vergleichende Rechtsgebiete handelt (BAG 7. 3. 1995 AP BetrAVG § 1 Gleichbehandlung Nr. 26).

856 Zur Gleichbehandlung bei Differenzierungen in **Sozialplänen** vgl. § 112 BetrVG Rn. 23 ff.; BAG 17. 4. 1996 AP BetrVG 1972 § 112 Nr. 101. Zum Anspruch auf Gleichbehandlung bei **Abfindungszahlungen** bei Betriebsschließungen oder -änderungen (BAG 25. 11. 1993 AP BGB § 242 Gleichbehandlung Nr. 114; BAG 8. 3. 1995 AP BGB § 242 Gleichbehandlung Nr. 123; BAG 11. 2. 1998 AP BetrVG 1972 § 112 Nr. 121; BAG 27. 10. 1998 AP KO § 61 Nr. 29; LAG Düsseldorf 5. 5. 1998 NZA-RR 1999, 404; in einem Aufhebungsvertrag verneint LAG Berlin 18. 1. 1999 NZA-RR 1999, 179).

857 **3. Einzelfragen. a) Arbeitsentgelt.** Der Hauptanwendungsbereich des Gleichbehandlungsgrundsatzes liegt auf dem Gebiet der **Sondervergütungen** (hierzu bereits Rn. 794), **Ruhegelder** (hierzu § 1 BetrAVG Rn. 45; Vorb BetrAVG Rn. 43 ff.) sowie **Zulagen** aller Art (BAG 5. 3. 1980 AP BGB § 242 Gleichbehandlung Nr. 44; *Hunold* DB 1991, 1670; MünchArbR/*Richardi* § 14 Rn. 10). Die Rspr. mußte sich in der jüngeren Vergangenheit insb. mit der Ungleichbehandlung Teilzeitbeschäftigter im Vergütungsbereich auseinandersetzen (hierzu § 2 BeschFG).

858 Dem Gleichbehandlungsgrundsatz kann nicht etwa dadurch ausgewichen werden, daß die Sonderleistung jeweils mit dem Hinweis ausbezahlt wird, daß es sich um eine freiwillige Leistung des AG handele, auf die kein Rechtsanspruch für die Zukunft bestehe. Ein solcher **Freiwilligkeitsvorbehalt** schließt eine Bindung des AG an den Gleichbehandlungsgrundsatz im Jahr der Zahlung nicht aus (BAG 27. 10. 1978, 25. 4. 1991, 26. 10. 1994, 8. 3. 1995, 6. 12. 1995 AP BGB § 611 Gratifikation Nr. 97, 137, 167, 184, 187). Der Freiwilligkeitsvorbehalt schließt nur eine Bindung für die Zukunft aus und verhindert das Entstehen einer betrieblichen Übung (Rn. 278).

859 Im **Bereich der Arbeitsvergütung** ist der arbeitsrechtliche Gleichbehandlungsgrundsatz wegen des **Vorrangs der Vertragsfreiheit** nur beschränkt anwendbar (BAG 9. 11. 1972 AP BGB § 242 Gleichbehandlung Nr. 36 m. Anm. *Hueck*; BAG 23. 8. 1995 AP BGB § 242 Gleichbehandlung Nr. 134; s.

bereits Rn. 838). Allerdings ist bei **freiwilligen Lohnerhöhungen** oder dem **Verzicht** des AG **auf eine mögliche Anrechnung übertariflicher Lohnbestandteile** auf eine Tariflohnerhöhung zu prüfen, ob der AG nicht doch eine **allgemeine, gruppen- oder betriebseinheitliche Regelung** festlegt, nach deren Maßgabe er verfährt. Die Regelung kann so ausgestaltet sein, daß nur ein Teilbetrag auf einer abstrakten Regelung beruht. Der Grundsatz der Gleichbehandlung verpflichtet den AG nicht, eine umfassende lückenlose, allgemeine Regelung für Gehaltserhöhungen aufzustellen (BAG 15. 11. 1994 AP BGB § 242 Gleichbehandlung Nr. 121). Steht eine freiwillige Lohnerhöhung in Rede, die wegen des Anstiegs der Preise und Gehälter in den Erhöhungsbeiträgen eine lineare Komponente enthält **(Inflationsausgleich),** so ist der arbeitsrechtliche Gleichbehandlungsgrundsatz jedoch selbst dann zu beachten, wenn die Lohnerhöhung individuelle Leistungsgesichtspunkte berücksichtigt (BAG 9. 11. 1972 AP BGB § 242 Gleichbehandlung Nr. 36 m. Anm. *Hueck*). Es spricht eine tatsächliche Vermutung dafür, daß der AG den Grundbetrag einer Lohnerhöhung zum Zwecke des Kaufkraftausgleichs gewährt, wenn er diese über mehrere Jahre im ungefähren Jahresrhythmus für die überwiegende Zahl seiner AN auszahlt (BAG 11. 9. 1985 AP BGB § 242 Gleichbehandlung Nr. 76). Werden die Arbeitsentgelte aller AN durch eine vertragliche Einheitsregel **rückwirkend erhöht,** so dürfen AN, die im Rückwirkungszeitraum in dem Betrieb gearbeitet haben, nicht nur deshalb von der Leistung ausgenommen werden, weil sie im Erhöhungszeitpunkt nicht mehr dort arbeiteten oder erkrankt waren (BAG 4. 2. 1976 AP BGB § 242 Gleichbehandlung Nr. 40). TVParteien steht dieses Recht jedoch zu (BAG 10. 3. 1982 AP BGB § 242 Gleichbehandlung Nr. 47).

Sachwidrig ist es, einen Lehrer bei gleicher Tätigkeit beim sog. **Bewährungsaufstieg** nur deshalb **860** schlechter zu stellen, weil er (im Unterschied zu anderen) die Voraussetzungen für die Übernahme in das Beamtenverhältnis nicht erfüllt (BAG 24. 4. 1991 AP BGB § 242 Gleichbehandlung Nr. 140). Sachlich gerechtfertigt kann aber eine freiwillige Leistung aus Anlaß einer Umstrukturierungsmaßnahme als Motivationsanreiz sein; dabei dürfen vergleichbare AN mit höherer Vergütung in einem unwirtschaftlichen und stillzulegenden Betriebsteil ausgeschlossen werden (BAG 10. 3. 1998 AP BGB § 611 Gratifikation Nr. 207).

Der AG darf zwischen tarifgebundenen und **nicht tarifgebundenen** AN bei der Höhe der Vergü- **861** tung differenzieren (BAG 20. 7. 1960 AP TVG § 4 Nr. 7; *Zöllner/Loritz* § 17 VI; aA *Wiedemann* RdA 1969, 321, 323 ff.). Ein nicht tarifgebundener AG darf sich darauf beschränken, nur mit AN in bestimmten Funktionen eine Vergütung in Anlehnung an einen TV zu vereinbaren (BAG 19. 8. 1992 AP BGB § 242 Gleichbehandlung Nr. 102; BAG 20. 11. 1996 AP BGB § 242 Gleichbehandlung Nr. 133 = NZA 1997, 724). Er darf aber nicht willkürlich differenzieren (BAG 25. 4. 1995 AP BetrAVG § 1 Gleichbehandlung Nr. 25). Der AN kann sich grds. nicht auf den Vergleich tarifgebundener und nicht tarifgebundener Vergütungssysteme berufen (BAG 30. 9. 1998 AP BGB § 242 Gleichbehandlung Nr. 159).

Bei freiwilligen **Sondervergütungen** (Rn. 794 ff.) kann grds. nach folgenden Gesichtspunkten **862** differenziert werden: Lebensalter, Familienstand, Kinderzahl, Bedürftigkeit, Dauer der Betriebs- oder Berufszugehörigkeit, Dauer- oder AushilfsAN, fachliche oder berufliche Qualifikation, Innen- oder Außendienst und Arbeitsleistung (HzA/*Lipke* Gruppe 2.3 Rn. 151n). Ferner erkennt das BAG als sachgerechte Gründe für eine Gruppenbildung bei Sonderzahlungen an: die **Bindung bestimmter ANGruppen** an den Betrieb (BAG 25. 8. 1982, 25. 1. 1984, 23. 8. 1995 AP BGB § 242 Gleichbehandlung Nr. 53, 67, 134; BAG 20. 11. 1996 AP BetrAVG § 1 Gleichbehandlung Nr. 31); die **besondere Belastung einer Gruppe** (BAG 5. 3. 1980 AP BGB § 242 Gleichbehandlung Nr. 43 von Arbeiten „unter einer erheblichen Streßsituation"; BAG 25. 1. 1984 AP BGB § 242 Gleichbehandlung Nr. 67) und den Ausgleich von Nachteilen im Entgeltbereich (BAG 30. 3. 1994, 19. 4. 1995 AP BGB § 242 Gleichbehandlung Nr. 113, 124). Auch eine Differenzierung nach Aufgaben und Anforderungen der unterschiedlich behandelten ANGruppen kommt in Betracht (BAG 5. 3. 1980 AP BGB § 242 Gleichbehandlung Nr. 43). Bei der **Zulagengewährung** ist Differenzierungsgrund allein der Zweck der Zulage. Ein sachlicher Grund liegt nicht allein in dem Umstand, daß die Mitarbeiter unterschiedlichen Tarifgebieten (hier BAT-West und BAT-Ost) zugeordnet sind (BAG 23. 4. 1997 AP BAT §§ 22, 23 Zulagen Nr. 22)

Öffentliche AG dürfen nach der fachlichen Befähigung differenzieren (zB Lehrkräfte mit und ohne **863** Lehramtsbefähigung (BAG 23. 2. 1994 AP EWG-Vertrag Art. 119 Nr. Nr. 51; BAG 30. 9. 1998 AP BGB § 242 Gleichbehandlung Nr. 159). Zulässig ist es, daß § 3 d BAT ABM-Kräfte von den Vergütungsregelungen des BAT ausnimmt. Auch aus dem arbeitsrechtlichen Gleichbehandlungsgrundsatz ergibt sich für ABM-Kräfte kein Anspruch auf den Tariflohn. Der AG darf zwischen der Gruppe der „NormalAN" und ABM-Kräften differenzieren, weil diese Arbeitsverhältnisse von dem arbeitsförderungsrechtlichen Zweck der Arbeitsbeschaffung geprägt sind (BAG 18. 6. 1997 AP BAT § 3 d Nr. 2).

b) Gleichbehandlung einzelner Beschäftigtengruppen. Grds. **nicht vergleichbar** sind AN mit **864 Handelsvertretern** (BAG 28. 1. 1971 AP BGB § 242 Gleichbehandlung Nr. 35), mit **Heimarbeitern** (BAG 19. 6. 1957 AP BGB § 242 Nr. 12) oder mit **Organen juristischer Personen** (*Schaub* § 112 II 1 b). Auch sind Angestellte im öffentlichen Dienst schon ob des unterschiedlichen rechtlichen Status nicht mit **Beamten** vergleichbar (BAG 17. 12. 1992 AP BGB § 242 Gleichbehandlung Nr. 105).

Preis 1431

Die Gleichbehandlung von **Ärzten** im Praktikum mit Assistenzärzten ist nicht geboten (BAG 24. 3. 1993 AP BGB § 242 Gleichbehandlung Nr. 106), wohl aber die von studentischen und wissenschaftlichen Hilfskräften an **Hochschulen** (BAG 6. 10. 1993 AP BGB § 242 Gleichbehandlung Nr. 107).

865 Befristet und unbefristet beschäftigte AN dürfen nur bei Vorliegen sachlicher Gründe hins. der materiellen Arbeitsbedingungen ungleich behandelt werden (zur Altersversorgung BAG 13. 12. 1994 AP BetrAVG § 1 Gleichbehandlung Nr. 23 bejaht für den Fall der ABM-Kräfte). Auch zwischen **Außendienst und Innendienstmitarbeitern** darf hins. der Altersversorgung nicht allein deshalb differenziert werden, weil Außendienstmitarbeiter ein höheres Entgelt erhalten (BAG 20. 7. 1993 AP BetrAVG § 1 Gleichbehandlung Nr. 11; krit. *Lieb* ZfA 1996, 319 ff.). Die Differenzierung zwischen leitenden Mitarbeitern und Außendienstmitarbeitern, die der AG an das Unternehmen binden will, und einfachen Innendienstmitarbeitern ist indes möglich (BAG 17. 2. 1998 AP BetrAVG § 1 Gleichbehandlung Nr. 37 = NZA 1998, 762).

866 Die Unterscheidung zwischen **Angestellten und Arbeitern** nach ihrem Status ist sachlich nicht zu begründen (BVerfG 16. 11. 1982 AP BGB § 622 Nr. 16; BAG 21. 3. 1991 AP BGB § 622 Nr. 29; *Küttner/Kania* Gleichbehandlung Rn. 15 f.; *Simon/Hinderlich* NZA 1987, 623 ff.; *Preis* SAE 1994, 21, 24; *Hanau/Kania*, Ungleichbehandlung von Arbeitern und Angestellten in den Tarifverträgen des öffentlichen Dienstes, 1994, S. 27). Die Differenzierung kann nur ausnahmsweise mit besonderem Augenmerk auf den **Zweck der Leistung** sachlich gerechtfertigt sein (*Simon/Hinderlich* NZA 1987, 623 ff.), so etwa, wenn AG innerhalb der AN-Gruppen differenziert (BAG 27. 10. 1998 AP BGB § 611 Gratifikation Nr. 211). Das BAG hat für Angestellte und Arbeiter unterschiedliche tarifliche Ausschlußfristen mit Rücksicht auf den Gestaltungsspielraum der Tarifparteien aus Art. 9 III GG gebilligt (BAG 4. 12. 1997 AP TVG § 4 Ausschlußfristen Nr. 143).

867 Ein zulässiger Differenzierungsgrund liegt nicht schon darin, daß die Angestellten eine Leistung aufgrund einzelvertraglicher Grundlage, die gewerblichen AN diese Leistung aufgrund einer Betriebsvereinbarung erhalten (BAG 19. 4. 1995 AP BGB § 611 Gratifikation Nr. 172). Für TV ist danach zu unterscheiden, ob die unterschiedlichen Leistungen auf TV beruhen, die verschiedene Tarifpartner ausgehandelt haben (dann ist dies zulässig: BAG 12. 12. 1990 ZTR 1991, 159) oder ob sie durch dieselben TVParteien vereinbart wurden (dann unzulässig: BAG 23. 1. 1992 AP BGB § 622 Nr. 35 und BAG 17. 12. 1992 AP BAT SR 2 e II § 2 Nr. 1). Auch **dienststellenbezogene, nicht tätigkeitsbezogene Besonderheiten** des Arbeitsplatzes treffen Arbeiter und Angestellte gleichermaßen und sind nicht für eine Differenzierung geeignet (BAG 17. 12. 1992 AP § 242 Gleichbehandlung Nr. 5 m. Anm. *Fastrich*). Das ArbG Reutlingen hat in einem Urteil v. 9. 1. 1997 (BB 1997, 687, 688) die Ungleichbehandlung von Arbeitern und Angestellten im Hinblick auf die **Entgeltfortzahlung** als verfassungswidrig eingestuft und sich hierzu auf die Rspr. zu § 1 III Nr. 2 des LFZG idF v. 27. 7. 1969 berufen (BAG 5. 8. 1987 AP LohnFG § 1 Nr. 72). In dem Fall gewährte ein im Juli 1994 abgeschlossener HausTV den Angestellten ausdrücklich eine 100%ige Lohnfortzahlung, die Regelung für Arbeiter verwies auf die gesetzliche Regelung. Nach Absenkung der gesetzlichen Entgeltfortzahlung auf 80 vH kürzte der AG die Entgeltfortzahlung an die gewerblichen AN entspr. (zur Möglichkeit verfassungskonformer Auslegung LAG Berlin 6. 11. 1997 AuR 1998, 84).

868 Hins. einer freiwillig gewährten **Weihnachtsgratifikation** in unterschiedlicher Höhe an Angestellte und Arbeiter hat das BAG unter Bezugnahme auf den Zweck der Weihnachtsgratifikation, in der Vergangenheit geleistete Dienste zusätzlich zu vergüten und zu den anläßlich des Weihnachtsfestes entstehenden besonderen Aufwendungen beizutragen, einen sachlichen Grund für eine Ungleichbehandlung verneint (BAG 25. 1. 1984 AP BGB § 242 Gleichbehandlung Nr. 67). Liegt der Zweck der Weihnachtsgratifikation jedoch darin, höhere tarifliche Leistungen der anderen ANGruppe auszugleichen, erkennt es einen sachlichen Grund an (BAG 30. 3. 1994 AP BGB § 242 Gleichbehandlung Nr. 113; BAG 19. 11. 1992 AP BGB § 611 Gratifikation Nr. 145; s. auch Rn. 795). Nach der Ansicht des BAG kann bei entspr. vorheriger Vertragsabrede auch ein 13. Monatseinkommen (BAG 15. 2. 1990 AP BGB § 611 Anwesenheitsprämie Nr. 15) nur für die Gruppe der Arbeiter wegen **krankheitsbedingter Fehlzeiten** gekürzt werden, wenn erhebliche Unterschiede in den krankheitsbedingten Ausfallzeiten der ANGruppen auffällig sind (BAG 19. 4. 1995 AP BGB § 611 Gratifikation Nr. 172). Das soll selbst für Branchen wie im Baugewerbe, in denen das Risiko für gewerbliche AN, arbeitsunfähig zu erkranken, ungleich größer ist als für Angestellte (BAG 6. 12. 1995 AP BGB § 611 Gratifikation Nr. 186), gelten. Dieser Rspr. ist aber entgegenzuhalten, daß ihr keine sachgerechte Gruppenbildung zugrunde liegt. Sachgerecht ist es allein, die Kürzung der Gratifikation an den tatsächlichen Fehlzeiten der AN fest zu machen (Rn. 795; abl. auch HzA/*Künzl*, Gruppe 1 Rn. 1772). Das BVerfG hat die Entscheidung des BAG im Ergebnis zu Recht als verfassungswidrig aufgehoben (BVerfG 1. 9. 1997 AP BGB § 611 Gratifikation Nr. 203).

869 Nachdem das BVerfG unterschiedliche **gesetzliche Kündigungsfristen für Arbeiter und Angestellte** (BVerfG 16. 11. 1982 AP BGB § 622 Nr. 16 = BVerfGE 62, 256 ff.; BVerfG 30. 5. 1990 AP BGB § 622 Nr. 28 = BVerfGE 82, 126 ff.) wegen eines Verstoßes gegen Art. 3 I GG für verfassungswidrig erklärt hat, hat das BAG in mehreren Entscheidungen über die Verfassungsgemäßheit von Kündigungsfristen **in TV** ebenso das Fehlen sachlicher Gründe für eine Differenzierung festgestellt, da diese nur auf eine pauschale Unterscheidung zwischen den Gruppen der Angestellten und der

F. Pflichten des Arbeitgebers § 611 BGB 230

Arbeiter zurückzuführen seien (BAG 21. 3. 1991 AP BGB § 622 Nr. 31; BAG 29. 8. 1991 AP BGB § 622 Nr. 32). Nur wenn entweder eine verhältnismäßig kleine Gruppe nicht intensiv benachteiligt oder funktions-, branchen- oder betriebsspezifische Interessen im Geltungsbereich eines TV die verkürzten Kündigungsfristen für Arbeiter rechtfertigten, könnte die Differenzierung als sachlich begründet und damit als zulässig angesehen werden (BAG 21. 3. 1992 AP BGB § 622 Nr. 36). Ein Interesse an kürzeren Kündigungsfristen für Arbeiter könne sich daraus ergeben, daß die Notwendigkeit flexibler **Personalanpassung an schwankende Auftragsentwicklungen** bei Arbeitern ungleich höher ist als bei Angestellten (BAG 21. 3. 1992 AP BGB § 622 Nr. 35, 36, 37; BAG 28. 5. 1996 AP TVG § 1 Tarifverträge: Metallindustrie Nr. 143). Differenzierende **Ausschlußfristen** in verschiedenen TV hat das BAG gebilligt (BAG 4. 12. 1997 AP TVG § 4 Ausschlußfrist Nr. 143; BAG 29. 10. 1998 AuA 1999, 85).

Eine **Differenzierung** zwischen ANGruppen mit vergleichbarem Tätigkeitsprofil kann sachlich 870 damit gerechtfertigt werden, daß nur aufgrund der Zahlung einer Zulage zum Arbeitsentgelt **Arbeitskräfte für die Tätigkeit zu gewinnen und zu halten** sind (BAG 25. 8. 1982 AP BGB § 242 Gleichbehandlung Nr. 53; BAG 30. 3. 1994 AP BGB § 242 Gleichbehandlung Nr. 113; BAG 20. 11. 1996 AP BetrAVG § 1 Gleichbehandlung Nr. 31; BAG 27. 10. 1998 AP BGB § 611 Gratifikation Nr. 211). Voraussetzung ist, daß der AG aufgrund des auf der Durchsetzungsfähigkeit der ANSeite beruhenden ANDrucks schließen durfte und geschlossen hat, er könne den vorhandenen Schwierigkeiten durch eine generelle Entgeltverbesserung begegnen (BAG 23. 8. 1995 AP BGB § 242 Gleichbehandlung Nr. 134).

4. Darlegungs- und Beweislast. Die Darlegungs- und Beweislast ist zwischen AG und AN sachge- 871 recht abzustufen. Grds. liegt sie beim AN. Entlohnt ein AG jedoch AN mit ähnlichen Tätigkeiten nach unterschiedlichen Vergütungssystemen, so hat der AG darzulegen, wie groß der begünstigte Kreis ist, wie er sich zusammensetzt und abgegrenzt ist und warum der AN nicht dazugehört (BAG 19. 8. 1992 AP BGB § 242 Gleichbehandlung Nr. 102). Nachgeschobener Vortrag zur sachlichen Rechtfertigung kann nur eingeschränkt berücksichtigt werden. Die den AN nicht erkennbaren Unterscheidungsmerkmale, deren Auswahl der AG nicht offengelegt hat, können nur dann berücksichtigt werden, wenn besondere Umstände erkennen lassen, daß sie nicht nur vorgeschoben sind (BAG 27. 10. 1998 AP BGB § 611 Gratifikation Nr. 211 unter Hinweis aus BVerfG 16. 11. 1993 AP BGB § 611 a Nr. 9).

5. Rechtsfolgen. Die Rechtsfolgen des Gleichbehandlungsgrundsatzes sind je nach Maßnahme 872 unterschiedlich. Dem AN **nachteilige Rechtshandlungen** (Kündigung, einseitige Leistungsbestimmungen jeder Art, Widerruf), die unter Verstoß gegen den Gleichbehandlungsgrundsatz ergehen, sind **unwirksam** (*Zöllner/Loritz* § 17 V 1). Rechtsgeschäfte, die andere **AN gleichheitswidrig begünstigen**, sind **grds. wirksam**. Der Verstoß gegen den arbeitsrechtlichen Gleichbehandlungsgrundsatz hat jedoch zur Folge, daß die übergangenen AN verlangen können, nach Maßgabe der allgemeinen Regelung behandelt zu werden (BAG 11. 9. 1985 AP BGB § 242 Gleichbehandlung Nr. 76; BAG 24. 4. 1991 AP BGB § 242 Gleichbehandlung Nr. 140). Sie können also die **Leistung verlangen,** von der sie ohne sachlichen Grund ausgeschlossen worden sind, also diejenige, welche **die begünstigten AN erhalten haben** (BAG 11. 9. 1974, 10. 3. 1982, 9. 6. 1982, 30. 11. 1982 AP BGB § 242 BGB Gleichbehandlung Nr. 39, 47, 51, 54; LAG Hamm 14. 7. 1998 LAGE BetrAVG § 1 Gleichbehandlung Nr. 11; *Zöllner/Loritz* § 17 II und V). Da dieser Leistungsanspruch nach hM ein **Erfüllungs- und kein Schadensersatzanspruch** ist, kommt es auf ein Verschulden des AG nicht an (BAG 28. 7. 1992 AP BetrAVG § 1 Gleichbehandlung Nr. 18; BAG 23. 4. 1997 AP BAT §§ 22, 23 Zulagen Nr. 22; LAG Hamm 13. 7. 1999 NZA-RR 1999, 541; *Zöllner/Loritz* § 17 V 1; *Göhle-Sander* Rn. 39; *Marhold/ Beckers* Rn. 229; aA MünchArbR/*Richardi* § 14 Rn. 36).

IdR wird man dem zu Unrecht ungleich Behandelten **für die Vergangenheit** dieselbe Leistung 873 zuerkennen müssen, wie sie den übrigen Personen der Vergleichsgruppe gewährt worden ist, weil eine andere Möglichkeit zur Gleichbehandlung – etwa durch Rückforderung der den anderen Personen gewährten Leistung – weitgehend rechtlich wegen des Bestandsschutzes, jedenfalls aber faktisch nicht in Betracht kommt (BAG 13. 11. 1985 AP GG Art. 3 Nr. 136). Das BAG billigt dem AG allerdings in Ausnahmefällen eine **Anpassungsfrist** zu, wenn es die Unzulässigkeit einer bestimmten Gruppenbildung feststellt, die zuvor in Rspr. und Lehre streitig war (BAG 25. 1. 1984 AP BGB § 242 Gleichbehandlung Nr. 66; MünchArbR/*Richardi* § 14 Rn. 36). Ist einem AG aufgrund der Versorgungsbestimmungen eine Nachversicherung des gleichzustellenden AN in der betrieblichen Altersversorgung nicht möglich, so hat sie ihm die entspr. Versorgung auf anderem Wege, notfalls durch Selbsteintritt, zu verschaffen (BAG 25. 4. 1995 BetrAVG § 1 Gleichbehandlung Nr. 25).

Für eine gegen den allgemeinen Gleichheitssatz (Art. 3 I GG) verstoßende **Tarifregelung** kommt es 874 darauf an, ob sie insgesamt nichtig oder teilnichtig ist. Diese Entscheidung ist über eine ergänzende Auslegung der tariflichen Normen zu treffen, wobei der hypothetische Regelungswille der TVParteien zu berücksichtigen ist (BAG 28. 5. 1996 AP TVG § 1 Tarifverträge: Metallindustrie Nr. 143). Eine gleichheitswidrige Tarifregelung ist dann **nicht insgesamt nichtig,** wenn aufgrund des Regelungsgegenstandes unter Berücksichtigung der Belastung aus einer „Anpassung nach oben" davon auszu-

Preis 1433

gehen ist, daß die TVParteien die Regelung selbst dann getroffen hätten, wenn sie die Gleichheitswidrigkeit der von ihnen vorgenommenen Gruppenbildung gekannt hätten (BAG 7. 3. 1995 AP BetrAVG § 1 Gleichbehandlung Nr. 26). Im übrigen ist es den Gerichten für Arbeitssachen im Falle einer insgesamt nichtigen Regelung nur erlaubt, die **Regelungslücke** anstelle der TVParteien zu **schließen**, wenn **nur eine einzige Regelung** möglich ist, die dem Gleichheitssatz entspricht. Hat ein AG in Kenntnis eines möglichen Gleichheitsverstoßes eine Leistung erbracht, ohne sich eine Rückforderungsoption offenzuhalten, so daß er Rückforderungsansprüche nicht durchsetzen kann, kann die Gleichbehandlung der benachteiligten ANGruppe nur dadurch gewährleistet werden, daß ihr ebenfalls ein Anspruch auf die Leistung zugesprochen wird (BAG 28. 5. 1996 AP TVG § 1 Tarifverträge: Metallindustrie Nr. 143).

875 **Für die Zukunft** kann der Benachteiligte dagegen nicht die Gleichstellung verlangen. Hier muß es dem AG (bzw. den TVParteien) im Rahmen ihrer Gestaltungsmöglichkeiten **freigestellt bleiben, auf welchem Niveau** sie eine Gleichbehandlung erreichen wollen (BAG 13. 11. 1985 AP GG Art. 3 Nr. 136; BAG 28. 5. 1996 AP TVG § 1 Tarifverträge: Metallindustrie Nr. 143). Die Wahrung des Gleichbehandlungsgrundsatzes stellt allerdings keinen betriebsbedingten Grund zur Rechtfertigung einer Änderungskündigung dar (BAG 28. 4. 1982 AP KSchG 1969 § 2 Nr. 3 m. Anm. *v. Hoyningen-Huene*; BAG 1. 7. 1999 AP KSchG 1969 § 2 Nr. 53).

III. Nebenpflichten des Arbeitgebers

876 **1. Grundlagen. a) Übersicht und Rechtsquellen der Nebenpflichten.** Den AG treffen **zahlreiche Nebenpflichten** im bestehenden Arbeitsverhältnis, die mit der traditionellen „Fürsorgepflicht" des AG weder treffend noch abschließend umschrieben werden. Nebenpflichten des AG können sich **aus Gesetz, Kollektivverträgen, ausdrücklicher einzelvertraglicher Vereinbarung** oder aus dem allgemeinen **Grundsatz von Treu und Glauben (§ 242)** und dessen bereichsspezifischen Konkretisierungen ergeben.

877 **Gesetzliche Nebenpflichten** für den AG erzeugen **nahezu alle arbeitsrechtlichen Gesetze**, insb. Schutzgesetze zugunsten des AN. Hierzu gehören **Kernmaterien des deutschen Arbeitsrechts** wie das Urlaubsrecht (BUrlG), Entgeltfortzahlungsrecht (EFZG), Erziehungsurlaubsrecht (BErzGG), aber auch das Datenschutzrecht (BDSG) und die Bildungsurlaubsgesetze der Länder. Neuere Materien sind das NachwG und das BeschäftigenSchG. Besonders wichtig ist der gesamte Bereich des **technischen und sozialen Arbeitsschutzes** (ArbSchG, ASiG, ArbZG, LadenschlußG, BDSG, MuSchG, JArbSchG, SchwbG). Zum Teil sind auch individualrechtliche Nebenpflichten im **Betriebsverfassungsrecht** zu finden (vgl. etwa §§ 81 bis 84 BetrVG). Alle diese Gesetze werden gesondert kommentiert.

878 **Klassische Ausprägung gesetzlicher Schutzpflichten** sind § 618 sowie § 62 I HGB, die in ihrem eigenständigen Gehalt und praktischen Gewicht durch das ArbSchG Einbußen hinnehmen müssen (s. § 618 Rn. 2 ff.; vgl. ferner § 62 I HGB). Zahlreiche **öffentlich-rechtliche Schutzbestimmungen** nebst **Rechtsverordnungen oder EG-Richtlinien** auf dem Gebiet des **Gesundheitsschutzes und der Arbeitssicherheit** konkretisieren Schutz- und Fürsorgepflichten im Arbeitsverhältnis. Die Normen können unterschiedliche privatrechtliche Rechtsfolgen zeitigen (Zurückbehaltungsrechte, Anzeigerechte, Schadensersatzansprüche, Kündigungsgründe). Das Ausmaß der Pflichten kann nur im Einzelfall unter Prüfung der jeweiligen Normen bestimmt werden.

879 Die öffentlichen Arbeitsschutzvorschriften begründen zugleich entspr. unabdingbare Vertragspflichten. Ihre Einhaltung ist damit zugleich arbeitsvertraglich geschuldet (sog. **Doppelnatur der Arbeitsschutzregeln**, BAG 10. 3. 1976 AP BGB § 618 Nr. 17 mit Anm. *Herschel*; *Erman/Belling* § 618 Rn. 4; MünchArbR/*Blomeyer* § 96 Rn. 6; vgl. hier § 618 Rn. 4). Die meisten Gesetze und Verordnungen des öffentlich-rechtlichen Arbeitsschutzes sind **Schutzgesetze iSd. § 823 II** (hierzu noch Rn. 887). Dagegen sind die Unfallverhütungsvorschriften der Berufsgenossenschaften als Schutzgesetze nicht anerkannt worden, weil sie nicht die Allgemeinheit schützen, sondern nur die Unternehmer und die Versicherten (BGH 2. 6. 1969 VersR 1969, 827; vgl. *Schaub* § 152 I 2 b).

880 Darüber hinaus können **Kollektiv- und Einzelarbeitsverträge eine Vielzahl selbständiger und unselbständiger Nebenpflichten** begründen, zB Zahlung von Umzugs- und Ausbildungskosten (Rn. 639, 647), AGDarlehen (Rn. 582), Zurverfügungstellung von Wohnraum, einschl. Werkdienst- und Werkmietwohnungen (vgl. §§ 565 b bis e).

881 Besonderer Behandlung bedürfen hier nur die sich aus allgemeinen Erwägungen ergebenden Nebenpflichten, insb. **Schutz- und Vertragsförderungspflichten.** Die **Beschäftigungspflicht** und die Pflicht zur **Gleichbehandlung** sind als hauptleistungsnahe Pflichten gesondert behandelt (Rn. 825 und 834). Unter Umständen kann auch eine Nebenpflicht zur Freistellung von der Beschäftigung zur Gewährung von **Sonderurlaub** (Rn. 978) oder auf **Herabsetzung der Arbeitszeit** (Rn. 953) bejaht werden.

882 Die Nebenpflichten erschöpfen sich nicht im bestehenden Arbeitsverhältnis. Vielmehr sind ausgeprägte **vorvertragliche** (Rn. 339 ff.) und **nachvertragliche** Nebenpflichten (Rn. 1144) festzustellen.

883 **b) Sog. Fürsorgepflicht des Arbeitgebers.** Die traditionell starke Betonung von Treue- und Fürsorgepflichten, die auf die Lehre vom personenrechtlichen Gemeinschaftsverhältnis zurückgeht (hierzu

F. Pflichten des Arbeitgebers § 611 BGB 230

Rn. 7 ff.), verleitet zu der Fehlannahme, als sei die Fürsorgepflicht eine besondere Nebenleistungspflicht, die über die Struktur allgemeiner Nebenpflichten im Austauschverhältnis hinausgehe. Dies ist ebenso wie in Bezug auf die sog. Treuepflichten des AN unrichtig (vgl. Rn. 992 ff.). Jedem Vertragsverhältnis sind aus § 242 herzuleitende Nebenpflichten immanent. Zahlreiche Nebenleistungspflichten des AG hängen **unmittelbar mit der Hauptleistungspflicht** zusammen (Lohnberechnung, Abführung von Sozialversicherungsbeiträgen). Diese Nebenleistungspflichten gehören zu den allgemeinen **Vertragsförderpflichten** (MünchArbR/*Blomeyer* § 94 Rn. 12). Davon zu unterscheiden sind zahlreiche **Schutzpflichten**, die überwiegend im Arbeitsrecht durch spezialgesetzliche Regelungen konkretisiert sind. Schutzpflichten zur Wahrung von Rechtsgütern des AN (Leben, Gesundheit, Persönlichkeitsrecht, Eigentum), die im Zusammenhang mit dem Arbeitsvertrag unter Beeinflußung durch den AG bestehen, sind ebenfalls dem allgemeinen Schuldrecht nicht fremd (MünchKommBGB/*Müller-Glöge* Rn. 404).

Der Rekurs auf eine allgemeine Fürsorgepflicht des AG ist daher nur behutsam möglich. Soweit **884** besondere Vorschriften AG-Nebenpflichten **konkretisieren**, ist ein **Rückgriff** auf den allgemeinen Rechtsgedanken der Fürsorgepflicht regelmäßig ausgeschlossen (BAG 27. 7. 1995 AP BAT § 40 Nr. 11 = NZA 1996, 708, 710). Soweit die Erfüllung der Fürsorgepflicht Kosten verursacht, sollen diese durch die **Zumutbarkeit** für den AG beschränkt sein (BAG 18. 12. 1972 AP BGB § 611 Fürsorgepflicht Nr. 82; zur Begrenzung der Fürsorgepflicht durch den **Grundsatz der Verhältnismäßigkeit** vgl. *Kort* NZA 1996, 854). Richtigerweise kann die Konkretisierung der allgemeinen Fürsorgepflicht nur über eine Interessenabwägung erfolgen.

Über den anerkannten Grundbestand von Nebenleistungspflichten und Schutzpflichten, einschließ- **885** lich der die Vertragspflicht fördernden Aufklärungs-, Auskunfts- und Unterrichtungspflichten (hierzu Rn. 904 ff.), sind weitergehende Nebenpflichten, die die Vertragsbindung relativieren, unter dem Stichwort der arbeitsrechtlichen Fürsorgepflichten nur sehr zurückhaltend anzuerkennen.

c) Sanktionen. Die Sanktionen für die Verletzung arbeitgeberseitiger Nebenpflichten richten sich **886** nach allgemeinen Grundsätzen (vgl. allgemeiner zur AGHaftung Rn. 1079 ff.). Zunächst kommt bei Verstößen gegen Nebenleistungspflichten (Auskunfts-, Rechenschafts- und Aufklärungspflichten) sowie auch bei Schutzpflichtverletzungen ein **Erfüllungs-** und ggf. **Unterlassungsanspruch** in Betracht, der selbständig einklagbar ist. Daneben kommt ein **Zurückbehaltungsrecht** nach § 273 I mit der Arbeitsleistung in Betracht, sofern es sich um eine erhebliche Pflichtverletzung handelt (hierzu Rn. 974). Aus den Gesichtspunkten der pVV und der Deliktshaftung (§§ 823 ff.) kann der AN Schadensersatz nach Maßgabe der allgemeinen Vorschriften fordern (Einzelheiten zu Voraussetzungen, Inhalt und Umfang der Haftung Rn. 1079 ff.). Bei extremen Fällen arbeitgeberseitiger Nebenpflichtverletzungen kann dem AN unter Umständen ein Recht zur fristlosen Kündigung aus wichtigem Grund nach § 626 I zustehen (vgl. § 626 Rn. 196).

2. Allgemeine Schutzpflichten. a) Leben und Gesundheit des Arbeitnehmers, öffentlich-recht- **887** liche Schutzpflichten. Soweit die Schutzpflichten auf den Schutz von Leben und Gesundheit des AN zielen, sind sie weitgehend gesetzlich konkretisiert. Bedeutsam sind vor allem die Regelungen des ArbSchG und ASiG, **§ 618 I** und die entspr. Regelungen in § 62 HGB, § 120 a GewO, § 12 HAG, § 80 SeemannsG und § 28 JArbSchG (näher zu den einzelnen Fallgruppen vgl. § 618 Rn. 6 ff.). Diese Bestimmungen wird man allerdings nicht zugleich als Schutzgesetze im Sinne von § 823 II anerkennen können (hM: RAG 27. 11. 1935 ARS 26, 13 mit Anm. *Hueck*; RAG 19. 4. 1939 ARS 36, 34; *Hueck/Nipperdey* I S. 400 Anm. 37; MünchKommBGB/*Lorenz* § 618 BGB Rn. 76; aA RAG 12. 10. 1935 ARS 25, 115, 116). Denn gerade die Vorschrift des § 618 III, nach der die Vorschriften der §§ 842 bis 846 entspr. anzuwenden sind, zeigt, daß der Gesetzgeber nicht davon ausgegangen sein kann, daß eine Verletzung der Fürsorgevorschriften gleichzeitig eine unerlaubte Handlung im Sinne von § 823 II darstellt; anderenfalls hätte es einer ausdrücklichen Verweisung auf die §§ 842 bis 846 nicht bedurft. Daß diese Verweisung nicht nur deklaratorisch, sondern konstitutiv ist, ergibt sich auch aus dem Umstand, daß der Gesetzgeber durch die Einbeziehung nur der Vorschriften der §§ 842 bis 846 die Schmerzensgeldbestimmung des § 847 auf die Haftung nach § 618 nicht angewendet wissen wollte, ein Ergebnis, das nicht zu erreichen wäre, wenn man in jeder Verletzung des § 618 gleichzeitig eine unerlaubte Handlung erblicken müßte. Natürlich kann eine Handlung, die den AG nach § 618 ersatzpflichtig macht, auch gleichzeitig die Voraussetzungen der §§ 823 ff. erfüllen; dann kommt § 847 zum Zuge, aber auch nur dann.

b) Schutz der Persönlichkeit; Schutz vor sexueller Belästigung. Der Schutz des Persönlichkeits- **888** rechts des AN obliegt dem AG als Nebenpflicht. Die Schutzgebotsfunktion der Grundrechte entfaltet hier im besonderen Maße ihre Wirkung im Arbeitsrecht (ausf. zum Persönlichkeitsschutz Art. 2 GG Rn. 80 ff.). Die **Wahrung der Privatsphäre**, der **Beschäftigungsanspruch** des AN (Rn. 825 ff.), das **Verbot der Geschlechtsdiskriminierung**, der **Datenschutz** sowie die **Begrenzung von Offenbarungspflichten und Fragerechten** (Rn. 359 ff.) sind Ausprägungen des Persönlichkeitsschutzes im Arbeitsverhältnis. Eine besondere Konkretisierung hat der **Schutz vor sexueller Belästigung** im BeschSchG erfahren. Nach § 2 I BeschSchG obliegt dem AG ausdrücklich eine Schutzpflicht zu Gunsten der AN (hierzu LAG Hamm 22. 10. 1996 LAGE BeschSchG § 4 Nr. 1). Ferner folgt aus dem Persönlichkeitsrecht ein allgemeines **Schikaneverbot (sog. Mobbing)** als Nebenpflicht (*Grunewald* NZA 1993, 1071; MünchArbR/*Blomeyer* § 53 Rn. 28 ff.).

889 Als sonstiges Recht im Sinne des § 823 I ist seit langem das sog. **allgemeine Persönlichkeitsrecht** anerkannt (seit BGH 25. 5. 1954 BGHZ 13, 334 st. Rspr., umfangreiche Nachweise zB bei *Palandt/ Thomas* § 823 Rn. 175 ff.). Daneben ist der Persönlichkeitsschutz aber auch Gegenstand der vertraglichen Schutzpflichten des AG (*Wiese* ZfA 1971, 279 f.; MünchArbR/*Blomeyer* § 97 Rn. 1). Der AN hat Anspruch auf Achtung seiner Menschenwürde und auf Entfaltung seiner individuellen Persönlichkeit.

890 Eine Verletzung dieses weitgefassten Rahmenrechts ist stets durch eine umfassende Güter- und Interessenabwägung unter besonderer Berücksichtigung des Grundsatzes der Verhältnismäßigkeit zu ermitteln (BAG 15. 7. 1987 AP BGB § 611 Persönlichkeitsrecht Nr. 14; *Wiese* ZfA 1971, 283). Dabei sind in die Abwägung insb. die Intensität der Beeinträchtigung (Dauer und Schwere), die betroffene Sphäre (Individual-, Privat- oder Intimssphäre) sowie auf Seiten des AG die den Eingriff motivierenden betrieblichen Interessen einzustellen.

891 Zur Unterlassung bzw. Schadensersatz verpflichtende Persönlichkeitrechtsverletzungen im (sich anbahnenden) Arbeitsverhältnis sind **bejaht worden:** bei **geschlechtsbedingter Diskriminierung** im Einstellungsverfahren (BAG 14. 3. 1989 AP BGB § 611 a Nr. 5 und 6 mit Anm. *Scholz*), allerdings vor dem Hintergrund des defizitären § 611 a aF.; bei Einholung eines **graphologischen Gutachtens ohne Einwilligung** des AN (LAG Freiburg 26. 1. 1972 NJW 1976, 310); bei **sexueller Belästigung** durch den AG (*Däubler* Arbeitsrecht 2 12.5.3.); bei **verbalen Ehrkränkungen** (BAG 18. 2. 1999 NZA 1999, 645; BAG 8. 2. 1984 AP BGB § 611 Persönlichkeitsrecht Nr. 5 mit Anm. *Echterhölter*; *Wiese* ZfA 1971, 297 ff.); Diskriminierung wegen Übergewicht (ArbG Marburg 13. 2. 1998 NZA-RR 1999, 124); Zugänglichmachung der **Personalakte** an Dritte ohne Wissen des Betroffenen (BAG 18. 12. 1984 AP BGB § 611 Persönlichkeitsrecht Nr. 8; BAG 15. 7. 1987 AP BGB § 611 Persönlichkeitsrecht Nr. 14); bei ständiger lückenloser **Überwachung** durch verdeckte Kameras (BAG 7. 10. 1987 AP BGB § 611 Persönlichkeitsrecht Nr. 15; bei unzulässigerweise erfolgter Aufnahme ehrenrühriger Vorwürfe in die Personalakte (MünchArbR/*Blomeyer* § 98 Rn. 28); bei Verstößen gegen das BDSG; heimliches Mithören von Telefongesprächen (BAG 29. 10. 1997 AP BGB § 611 Persönlichkeitsrecht Nr. 27).

892 **Verneint** wurde hingegen eine Persönlichkeitsrechtsverletzung: bei Einsichtnahme in die Personalakten eines AN einer Sparkasse durch Mitarbeiter der Sparkassenrevision zur Überprüfung der Personalausgaben eines AG (BAG 4. 4. 1990 AP BGB § 611 Persönlichkeitsrecht Nr. 21); bei psychologischer Eignungsuntersuchung bei begründetem Anlaß (BAG 13. 2. 1964 AP GG Art. 1 Nr. 1 m. Anm. *Wertenbruch*); Weiterleitung eines ausgefüllten Fragebogens an das Bundesamt für Verfassungsschutz zur Sicherheitsprüfung (BAG 17. 5. 1983 AP BPersVG § 75 Nr. 11); Duzen durch Kollegen (LAG Hamm 29. 7. 1998 NZA-RR 1998, 481; hierzu *Roellecke* NJW 1999, 999).

893 c) **Datenschutz und Personalakten.** Zum Datenschutzrecht vgl. die Kommentierung zum BDSG. Belange des Datenschutzes und des Persönlichkeitsrechts des AN werden auch durch die **Personalaktenführung** berührt. Spezielle Vorschriften enthalten die §§ 82, 83 BetrVG sowie § 26 SprAuG. Nach §§ 34, 35 BDSG kann der AN Auskunft über die in Dateien zu seiner Person gespeicherten Daten verlangen.

894 Der AG hat über den Inhalt der Personalakten Stillschweigen zu bewahren. Dritten darf er nur aufgrund einer gesetzlichen Bestimmung oder mit Einwilligung des AN Einsicht gewähren (BAG 4. 4. 1990 AP BGB § 611 Persönlichkeitsrecht Nr. 21). Eine Verpflichtung, die Personalakten des AN nach Beendigung des Arbeitsverhältnisses vollständig aufzubewahren, besteht nicht. Allerdings sind besondere Aufbewahrungsvorschriften hins. einzelner Vorgänge zu beachten (zu Lohnkonten § 41 I 9 EStG, zu kaufmännischen Aufbewahrungsfristen § 257 HGB). Als praktisch relevante Nebenpflicht trifft den AG, unberechtigt zu den Personalakten genommene Schriftstücke aus diesen zu entfernen. Diese Fallkonstellation wird insb. bei rechtswidrigen Abmahnungen relevant.

895 d) **Schutz des Arbeitnehmervermögens. aa) Obhuts- und Verwahrungspflichten.** Anders als die Schutzpflichten des AG für Leben und Gesundheit haben die Schutzpflichten für Vermögensgegenstände des AN keine gesetzliche Grundlage. Einer analogen Anwendung des § 618 I stehen Normzweckerwägungen entgegen – Leben und Gesundheit sind gegenüber dem Eigentum erheblich höherwertig (BAG 24. 10. 1958 AP BGB § 611 Fürsorgepflicht Nr. 12; BAG 1. 7. 1965 AP BGB § 611 Fürsorgepflicht Nr. 75 mit Anm. *Bulla*; MünchArbR/*Blomeyer* § 96 Rn. 41; für Analogie zu § 618 freilich *Däubler* JuS 1986, 431). Dem AG treffen dennoch – abgesehen von Sachen, die in keinem Zusammenhang mit dem Arbeitsverhältnis stehen – grds. Obhuts- und Verwahrungspflichten (*Schaub* § 108 IV; das BAG rekurriert auf die allgemeine Fürsorgepflicht BAG 5. 3. 1959 AP BGB § 611 Fürsorgepflicht Nr. 26 mit Anm. *A. Hueck* und BAG 1. 7. 1965 AP BGB § 611 Fürsorgepflicht Nr. 75 mit Anm. *Bulla*). Diese verpflichten den AG, diejenigen Maßnahmen zu ergreifen, die ihm nach den konkreten Verhältnissen zumutbar sind und die den AN bei eigenem Zutun in die Lage versetzen, sein eingebrachtes Eigentum entspr. der betrieblichen Situation möglichst vor Verlust oder Beschädigung zu bewahren (BAG 1. 7. 1965 AP BGB § 611 Fürsorgepflicht Nr. 75 mit Anm. *Bulla*).

896 Stellt der AG einen **Parkplatz** zur Verfügung, so hat er demgemäß das Gelände in einen verkehrssicheren Zustand zu versetzen und zu erhalten (BAG 10. 11. 1960 AP BGB § 611 Fürsorgepflicht

F. Pflichten des Arbeitgebers § 611 BGB 230

Nr. 58; BAG 18. 3. 1966 AP BGB § 611 Parkplatz Nr. 1; zum Umfang der zu ergreifenden Sicherungsmaßnahmen *Hanau/Preis* II H 30 Rn. 30 mwN; zum Schutz vor Industrieimmissionen *Neuhausen* NZA 1991, 372). Die Haftung für Verkehrssicherheit kann der AG nicht durch vertragliche Einheitsregelung ausschließen (BAG 28. 9. 1989 AP BGB § 611 Parkplatz Nr. 5).

Kommt es in schuldhafter Vernachlässigung dieser Pflichten zu einer Schädigung arbeitnehmereigener Sachen, so hat der AG hierfür sowohl auf vertraglicher als auch auf deliktischer Grundlage aufzukommen. 897

bb) Sonstige Vermögensinteressen des Arbeitnehmers. Ob die Verletzung sonstiger Vermögensinteressen des AN zum Schadensersatz verpflichtet, ist im Einzelfall durch Konkretisierung der arbeitsvertraglichen Nebenpflichten am Maßstab des § 242 bzw. aufgrund von Schutzzwecküberlegungen zu ermitteln. Im Einzelfall muß der AG den AN durch Hinweispflichten vor Schäden bewahren (bejaht bei Aushändigung eines Generalschlüssels LAG Frankfurt 15. 1. 1998 LAGE BGB § 249 Nr. 12). 898

So verpflichtet beispielsweise die schuldhafte nicht **ordnungsgemäße Zahlung von Sozialversicherungsbeiträgen** den AG zum Ausgleich des entstandenen Schadens, der zB in der Nichterfüllung der Wartezeit oder in einer Schmälerung der Rente bestehen kann. Nach heute hM (BAG 14. 7. 1960 AP BGB § 823 Schutzgesetz Nr. 1 mit Anm. *Nikisch*; BAG 12. 7. 1963 AP BGB § 823 Schutzgesetz Nr. 4; BAG 5. 2. 1976 AP BGB § 249 Vorteilsausgleich Nr. 4; anders noch das RG und RAG; vgl. auch *Marschner* AR-Blattei SD 860.4 Rn. 42 ff.) sind nämlich die sozialversicherungsrechtlichen Anmelde- und Beitragsvorschriften sowie der neue § 266a StGB (hierzu *Kania/Peters-Lange* ZTR 1996, 534) als Schutzgesetze im Sinne des § 823 II anzusehen, verfolgen sie neben verwaltungsmäßigen Zielen ihrem Gesamtinhalt nach auch den Schutz des einzelnen Versicherten. Gleichzeitig löst die öffentlich-rechtliche Verpflichtung des AG eine entspr. arbeitsvertragliche Nebenpflicht gegenüber dem AN aus, deren Verletzung damit stets auch einen vertraglichen Schadensersatzanspruch begründet (zum Ganzen ausf. *Marschner* AR-Blattei SD 860.4; zuletzt BGH 15. 10. 1996 AP BGB § 823 Schutzgesetz Nr. 21, 22). 899

Ferner ist eine Anmelde- und Beratungspflicht hins. des **Beitritts zu Zusatzversorgungskassen** zu bejahen (LAG Rheinland-Pfalz 12. 10. 1990 und 16. 11. 1990 LAGE BGB § 611 Fürsorgepflicht Nr. 21 und 22; LAG Hamm 2. 12. 1986 LAGE BGB § 611 Fürsorgepflicht Nr. 13; LAG Hamm 13. 7. 1999 NZA-RR 1999, 658). 900

Darüber hinaus trifft den AG die Pflicht zu richtiger **Lohnberechnung** (näher Rn. 615) sowie zur rechtzeitigen Herausgabe der ausgefüllten Lohnsteuerkarte (BAG 20. 2. 1997 AP BGB § 611 Haftung des AG Nr. 4 = NZA 1997, 880). Bei fehlerhafter Lohnsteuerbescheinigung, die zu einer erhöhten Steueranlagung des AN führt, kann der AG schadensersatzpflichtig sein (BFH 20. 9. 1996 NZA-RR 1997, 121). Zu den **Pflichten des AG als Drittschuldner im Falle der Lohnpfändung** vgl. § 840 ZPO. Den AG trifft keine Belehrungspflicht über die Möglichkeiten des Vollstreckungsschutzes nach § 850i ZPO (BAG 13. 11. 1991 AP ZPO § 850 Nr. 13 = NZA 1992, 384). Grds. trifft den AG keine Fürsorgepflicht gegenüber dem AN, die aufgrund einer Lohnpfändung einbehaltenen Beträge auch tatsächlich abzuführen (LAG Hamm 15. 6. 1988 LAGE BGB § 611 Fürsorgepflicht Nr. 15). 901

Es ist allerdings **keine allgemeine Pflicht** des AG anzuerkennen, den AN vor **Vermögensnachteilen zu bewahren**. So obliegt dem AG keine Pflicht zur allgemeinen Rechtsberatung des AN (BAG 26. 8. 1993 AP LPVG NW § 72 Nr. 8). Wenn allerdings ein AN auf ein Handeln des AG angewiesen ist, um Sozialleistungsansprüche zu erlangen, kann ein Unterlassen Schadensersatzansprüche des AN begründen (BAG 19. 3. 1992 AP BGB § 611 Fürsorgepflicht Nr. 110). 902

Bei einem freiwillig in der gesetzlichen Rentenversicherung versicherten Beschäftigten (§§ 7, 232 SGB VI) ist der AG ohne besondere vertragliche Vereinbarung nicht auf der Basis der Fürsorgepflicht gehalten, sich an den **Rentenversicherungsbeiträgen** zu beteiligen (LAG Köln 19. 1. 1996 NZA-RR 1996, 447). Im Krankenversicherungsrecht besteht nach § 257 SGB V dagegen eine ausdrückliche Zuschußpflicht. 903

e) Aufklärungs-, Auskunfts- und Unterrichtspflichten. Den AG treffen zahlreiche Auskunfts-, Aufklärungs- und Unterrichtungspflichten über Tatsachen, die der AN zur Wahrnehmung der Arbeitsaufgaben oder seiner Rechte aus dem Arbeitsverhältnis benötigt (ausf. *Boemke* AR-Blattei SD 320 Rn. 59 ff.). Zum Teil sind spezielle Auskunftspflichten gesetzlich geregelt (vgl. § 4 Nr. 7, 12, 14 ArbSchG). Auch im vorvertraglichen Raum sind Auskunfts- und Aufklärungspflichten anzunehmen (hierzu Rn. 340 ff.). Den AG trifft ebenso wie den AN nach § 242 in einem Arbeitsverhältnis ein **Auskunftsanspruch**, soweit der AN über Bestehen und Umfang seiner Rechte im Ungewissen ist, während der AG unschwer Auskunft erteilen kann (BAG 18. 1. 1996 AP BGB § 242 Auskunftspflicht Nr. 25; zum Auskunftsanspruch des *LeihAN*: BAG 11. 4. 1984 AP AÜG § 10 Nr. 7). 904

Besonders umstritten ist, ob und inwieweit den AG besondere **Aufklärungs- und Belehrungspflichten bei Abschluß eines Aufhebungsvertrages** treffen. Grds. muß sich der AN vor Abschluß eines Aufhebungsvertrages selbst über die rechtlichen Folgen dieses Schrittes Klarheit verschaffen (BAG 3. 11. 1984 NZA 1985, 712). Das gilt erst recht bei Eigenkündigungen (LAG Frankfurt 21. 3. 1985 LAGE BGB § 119 Nr. 4). Nach Treu und Glauben können aber besondere Auskunftspflichten 905

Preis 1437

bejaht werden. Das gilt hins. der arbeits- und sozialrechtlichen Folgen der Beendigung des Arbeitsverhältnisses, wenn der AG erkennen muß, daß der AN weiterer Informationen bedarf und er selbst die Auskünfte unschwer erteilen kann (BAG 13. 11. 1996 AP BGB § 620 Aufhebungsvertrag Nr. 4 = NZA 1997, 390; BAG 13. 12. 1988 AP BetrAVG § 1 Zusatzversorgungskassen Nr. 23). Dies gilt insb. für den möglichen Verlust von Versorgungsansprüchen (BAG 3. 7. 1990 AP BetrAVG § 1 Nr. 24). Wenn der AN aufgrund besonderer Umstände darauf vertrauen darf, der AG werde bei Beendigung des Arbeitsverhältnisses die Interessen des AN wahren und ihn in redlicher Weise vor unbedachten nachteiligen Folgen des vorzeitigen Ausscheidens bewahren, ist eine Auskunftspflicht zu bejahen (BAG 3. 7. 1990 AP BetrAVG § 1 Nr. 24; BAG 10. 3. 1988 AP BGB § 611 Fürsorgepflicht Nr. 99). Eine Aufklärungspflicht wurde auch hins. der arbeitsförderungsrechtlichen Folgen (Sperrzeit für das Arbeitslosengeld) bei Abschluß eines Aufhebungsvertrages bejaht (BAG 10. 3. 1988 AP BGB § 611 Fürsorgepflicht Nr. 99; vgl. hierzu im übrigen § 620 Rn. 229). Grds. hat sich jedoch der AN selbst über die sozialrechtlichen Regelungen zu informieren.

906 Vor Ausspruch einer **Verdachtskündigung** (hierzu § 626 BGB Rn. 211) bejaht die Rspr. eine Aufklärungspflicht des AG. Verdachtsmomente hat der AG vor Ausspruch einer Kündigung regelmäßig durch Befragung des AN aufzuklären (BAG 21. 3. 1996 AP BGB § 123 Nr. 42).

907 Den AG trifft **keine Auskunfts- und Beratungspflicht** hins. des **Krankenversicherungsschutzes** bei Auslandseinsätzen des AN (LAG Hessen 4. 9. 1995 NZA 1996, 482) oder über die Höhe anderer **Sozialleistungen** (LAG Mecklenburg-Vorpommern 22. 11. 1993 LAGE BGB § 242 Auskunftspflicht Nr. 6). Zu bejahen ist sie allerdings bezogen auf die Möglichkeit des Beitritts zu einer **Zusatzversorgungseinrichtung** (LAG Rheinland-Pfalz 12. 10. 1990 LAGE BGB § 611 Fürsorgepflicht Nr. 22). Zum Auskunftsanspruch über Rechnungslegung bei **ANErfindung**: BGH 17. 5. 1994 AP ArbNErfG § 12 Nr. 4. Eine Auskunftspflicht über geplante **Betriebseinschränkungen** besteht nicht. Das Gesetz normiert entspr. Pflichten nur gegenüber dem BR, Wirtschaftsausschuß und ggf. dem LAA (§§ 92 I, 111 BetrVG, § 17 KSchG; vgl. BAG 13. 11. 1996 AP BGB § 620 Aufhebungsvertrag Nr. 4 = NZA 1997, 390; LAG Köln 17. 6. 1993 LAGE BetrVG 1972 § 112 Nr. 24). Je komplexer die Zusammenhänge und um so leichter der AG Sachaufklärung leisten kann, um so eher ist eine Aufklärungspflicht zu bejahen (zur Anlage vermögenswirksamer Leistungen als außerbetriebliche **stille Beteiligung** BGH 24. 5. 1993 AP BGB § 611 Fürsorgepflicht Nr. 101); zur Aufklärungspflicht einer Urlaubskasse, die als gemeinsame Einrichtungen der TVParteien betrieben wird, bei **komplexen Tarifwerken**: BAG 20. 8. 1996 AP BUrlG § 11 Urlaubskasse Nr. 11.

908 f) **Sonstige Nebenpflichten.** Über die voranstehend skizzierten Nebenpflichten hinaus sind nur zurückhaltend weitergehende Nebenleistungspflichten unter dem Stichwort der arbeitsrechtlichen Fürsorgepflicht anzuerkennen.

909 Der AG darf dem AN **nicht grundlos Nachteile zufügen** oder ihn der Gefahr eines Schadens aussetzen. Der AN kann sich aber im Kündigungsschutzprozeß nicht auf die Fürsorgepflicht berufen, wenn er zuvor selbst Treu und Glauben zuwider gehandelt hat (BAG 9. 3. 1995 AP BGB § 626 Nr. 123). Nach BAG 9. 3. 1995 AP BGB § 626 Nr. 123 soll der AG jedoch grds. gehalten sein, einen straffällig gewordenen AN bei der Erlangung des **Freigängerstatus** zu unterstützen. Dies ist sehr weitgehend, kann aber noch bejaht werden, weil es bei dieser Frage darum geht, Störungen des von der Straftat nicht beeinträchtigten Arbeitsverhältnisses zu vermeiden.

910 Aus der Fürsorgepflicht läßt sich **keine Legitimation** dafür herleiten, daß der AG den (kranken) AN notfalls durch eine **Kündigung vor einer Selbstschädigung** bewahrt (zweifelnd BAG 12. 7. 1985 AP BGB § 626 Krankheit Nr. 7 mit Anm. *Bezani*; abl. LAG Köln 21. 12. 1995 LAGE BGB § 1 Krankheit Nr. 24). Umgekehrt sind die Grundsätze zur krankheitsbedingten Kündigung Ausprägung der Fürsorgepflicht des AG. **Krankheitsbedingtem Leistungsabfall** muß der AG vor einer Kündigung durch andere Maßnahmen (menschengerechtere Gestaltung des Arbeitsplatzes, Umorganisation) begegnen. Zur Vermeidung einer Kündigung muß er den AN sogar auf einem **leidensgerechteren Arbeitsplatz** weiterbeschäftigen, wenn dies im Rahmen des Direktionsrechts möglich ist (BAG 29. 1. 1997 AP KSchG § 1 Krankheit Nr. 32 = NZA 1997, 709; BAG 17. 2. 1998 AP BGB § 618 Nr. 27).

911 Aus der Fürsorgepflicht kann der AN nicht herleiten, daß der AG **behördliche oder gerichtliche Verfahren** zu seinen Gunsten durchführen muß (zum Zustimmungsersetzungsverfahren bei Verweigerung der Zustimmung des BR BAG 29. 1. 1997 AP KSchG § 1 Krankheit Nr. 32 = NZA 1997, 709; bei rechtswidriger Zustimmungsverweigerung bejahend *Gottwald* BB 1997, 2427; zu Widerspruch und Klage gegen Kurzarbeitergeldfestsetzung BAG 19. 3. 1992 AP BGB § 611 Fürsorgepflicht Nr. 110).

G. Pflichten des Arbeitnehmers

I. Hauptpflichten des Arbeitnehmers

912 1. **Arbeitsleistung. a) Grundlagen.** Die Verpflichtung zur Arbeitsleistung ergibt sich aus dem geschlossenen Arbeitsvertrag iVm. § 611. Die Pflicht zur Arbeitsleistung steht als Hauptpflicht im

G. Pflichten des Arbeitnehmers § 611 BGB 230

Gegenseitigkeitsverhältnis zur Pflicht des AG zur Entgeltzahlung. § 320 ist auch für den Arbeitsvertrag anwendbar.

Konkretisiert wird die Verpflichtung zur Arbeitsleistung durch zahlreiche Rechtsquellen, keinesfalls 913 allein durch den Arbeitsvertrag. Stets sind die unterschiedlichen Rechtsquellen des Arbeitsrechts zu beachten (Rn. 246 ff.). Insb. können die Kollektivverträge (TV, Betriebsvereinbarungen) sowie allgemeine, vom AG vorformulierte Arbeitsbedingungen Einzelheiten regeln. Auf vertraglicher Ebene können sich insb. durch das Institut der betrieblichen Übung (Rn. 276) und das arbeitgeberseitige Direktionsrecht Konkretisierungen ergeben.

aa) **Persönliche Verpflichtung (§ 613).** Der AN hat die ihm obliegende Arbeitsleistung **im Zweifel** 914 **in Person** zu erbringen. Dies bestimmt allgemein für alle Arten von Dienstverträgen § 613 S. 1 (vgl. die Kommentierung dort).

bb) **Gegenstand der Leistungsverpflichtung.** In Abgrenzung zum Werkvertrag schuldet der AN 915 keinen bestimmten Erfolg, sondern lediglich die vertraglich vorgesehene **Tätigkeit**. Nicht der Erfolg, sondern die Zeit ist das wesentliche Maß für die Arbeitsleistung. Die zeitliche Fixierung der Arbeitspflicht ist kennzeichnend für das Arbeitsverhältnis (BAG 17. 3. 1988 AP BGB § 626 Nr. 99). Dem AG steht die Arbeitskraft nicht unbegrenzt, sondern nur im Rahmen des vereinbarten Zeitrahmens zur Verfügung. Deshalb wird die Leistungspflicht in aller Regel nach Zeiteinheiten bemessen. Hieran ändert sich auch nichts durch das Interesse des AG am Erfolg der geschuldeten Tätigkeit. Auch bei Leistungslohnsystemen ist die Arbeitszeit die entscheidende Maßeinheit der arbeitnehmerseitig geschuldeten Leistung. So ist bei Akkordarbeit Lage und Dauer der festgelegten Arbeitszeit für den Umfang der Arbeitspflicht des AN maßgeblich. Lediglich die Höhe der Vergütung richtet sich nach dem in der geschuldeten Zeit erzielten Arbeitsergebnis.

Umstritten ist, ob die **geschuldete Leistung** in der bloßen Zuverfügungstellung der Arbeitskraft 916 oder in der **Arbeit** selbst besteht. Gegen die erstgenannte Auffassung (*v. Stebut* RdA 1985, 66, 70) spricht der Wortlaut des § 611, der von der Leistung der versprochenen Dienste spricht (MünchArbR/ *Blomeyer* § 48 Rn. 4). Praktische Auswirkung kann diese Auffassung im Leistungsstörungsrecht haben. Stellt bereits die Zurverfügungstellung der Arbeitskraft die Erfüllung dar, folgte der Entgeltanspruch bereits aus § 611. Dies ist allerdings nicht sachgerecht, weil dann bei Annahmeverzug des AG eine Anrechnungsmöglichkeit nach § 615 S. 2 ausschiede.

cc) **Leistungsmaßstab.** Da der AN die Arbeitsleistung nach § 613 in Person zu erbringen hat, kann 917 von ihm grds. auch nur die Leistung erwartet werden, die er bei angemessener Anspannung seiner geistigen und körperlichen Kräfte auf Dauer ohne Gefährdung seiner Gesundheit zu leisten imstande ist. Die Leistung des AN richtet sich mithin nach seinem **individuellen Leistungsvermögen** und nicht nach dem objektiven Maßstab des § 243 I (BAG 17. 3. 1988 AP BGB § 626 Nr. 99). Nach diesem subjektiven Leistungsmaßstab bestimmen sich Arbeitstempo und Arbeitsintensität. Er muß die Arbeit jedoch **unter Anspannung seiner Fähigkeiten sorgfältig verrichten** (MünchArbR/*Blomeyer* § 48 Rn. 66). Die Unterbrechung der Arbeitstätigkeit, etwa um einer privaten Tätigkeit nachzugehen, stellt eine Verletzung der Arbeitspflicht dar (*Erman/Hanau* Rn. 283). Ein im Prämienlohnverfahren arbeitender AN verletzt durch eine mindere Leistung seine individuelle Arbeitspflicht (§§ 123, 124a GewO), wenn er seine Arbeitskraft bewußt zurückhält und nicht unter angemessener Anspannung seiner Kräfte und Fertigkeiten arbeitet (BAG 20. 3. 1969 AP GewO § 123 Nr. 27).

Der subjektive Leistungsbegriff führt daher zu einer **dynamischen Leistungspflicht:** Wer über- 918 durchschnittlich leisten kann, ist auch zu überdurchschnittlichen Leistungen verpflichtet. Wer umgekehrt nur unterdurchschnittlich leistungsfähig ist, genügt mit einer unterdurchschnittlichen Leistung seiner Arbeitspflicht.

Der Annahme eines objektiven Leistungsmaßstabes iSd. § 243 I, der sich an einer Normalleistung 919 orientieren müßte, steht das Fehlen gesetzlicher Gewährleistungsregeln im Dienstvertragsrecht entgegen. Der subjektive Leistungsbegriff hat insb. für die Frage Bedeutung, ob und inwieweit Schadensersatzansprüche wegen schlechter und zu langsamer Arbeit bestehen können (zum Leistungsstörungsrecht Rn. 958 ff.). Der subjektive Leistungsbegriff zeichnet den AN jedoch nicht von der vertraglichen Verpflichtung zur Erbringung der geschuldeten Leistung frei. Er muß der Arbeitsleistung, zu der er sich verpflichtet, prinzipiell gewachsen sein. Anderenfalls kann er sich uU schadensersatzpflichtig machen (Rn. 959).

Verletzt der AN den **objektiv gebotenen Leistungsstandard**, kann dies **kündigungsrechtliche** 920 **Konsequenzen** haben. Objektive Schlechtleistungen kann durch Abmahnung und Kündigung begegnet werden (hierzu § 1 KSchG Rn. 153 ff., 396). Auch im Recht der krankheitsbedingten Kündigung legt die Rspr. vermehrt einen objektiven Standard an das gebotene Maß der Leistungserbringung. Dies zeigt sich etwa an der Kündigungsmöglichkeit wegen krankheitsbedingter Leistungsminderung. Hier hat das BAG die Kündigung einer schwerbehinderten, langjährig beschäftigten AN bejaht, die nach objektiver Feststellung nur noch zwei Drittel der Normalleistung zu erbringen in der Lage war (BAG 26. 9. 1991 AP KSchG 1969 § 1 Krankheit Nr. 28). Der in der individualarbeitsrechtlichen Literatur immer noch vorherrschende Grundsatz des subjektiven Leistungsmaßstabes bedarf vor diesem Hintergrund einer differenzierten Betrachtung.

Preis 1439

921 Der Leistungsmaßstab für die Erbringung der Hauptleistungspflicht darf nicht verwechselt werden mit dem **Haftungs- oder Sorgfaltsmaßstab** im Arbeitsverhältnis. Der AN haftet bei Pflichtverletzungen immer dann, wenn ihn ein Verschulden trifft. Prinzipiell haftet auch der AN für Fahrlässigkeit iSd. § 276. Fahrlässigkeit bedeutet auch im Arbeitsverhältnis die Außerachtlassung der objektiv im Verkehr erforderlichen Sorgfalt. Allerdings werden, weil der AG das Betriebsrisiko trägt, Haftungserleichterungen für AN für geboten erachtet (Rn. 1035).

922 **b) Art der zu leistenden Arbeit.** Der konkrete Inhalt der Verpflichtung zur Arbeitsleistung ergibt sich aus den Einzelheiten des Arbeitsvertrages. Dies gilt hins. **Ort, Art und Zeit** der zu leistenden Arbeit. Auch für die Konkretisierung der Art der vom AN zu verrichtenden Arbeitsleistung ist zunächst der **Inhalt des Arbeitsvertrages** ausschlaggebend. Die im Arbeitsvertrag enthaltene Tätigkeitsbeschreibung kann sehr konkret, aber auch sehr allgemein gehalten sein. Die entspr. arbeitsvertragliche Formulierung ist von erheblicher Relevanz, weil von ihr der **Umfang des Direktionsrechts** abhängig ist (*Hromadka* DB 1995, 2601, 2602). Wird die Tätigkeit bei der Einstellung fachlich umschrieben (zB Buchhalter, kaufmännischer Angestellten usw.), können dem AN sämtliche Arbeiten zugewiesen werden, die diesem Berufsbild entsprechen (LAG Hamm 13. 12. 1990 LAGE BGB § 611 Direktionsrecht Nr. 7).

923 In aller Regel ist es zweckmäßig, die **Tätigkeitsbeschreibung** nicht zu eng zu fassen. Ist eine konkret zugewiesene Tätigkeit nicht mehr von der vereinbarten Tätigkeitsbeschreibung gedeckt, kann der AG eine Änderung des Arbeitsvertrages nur durch Vereinbarung oder Änderungskündigung herbeiführen (hierzu § 2 KSchG Rn. 14 ff.). Auch bei weit gefaßten Tätigkeitsbeschreibungen kann sich die Einsatzpflicht des AN im Einzelfall auf bestimmte Tätigkeiten konkretisieren, wenn eine dahingehende (konkludente) Vertragsänderung erfolgt ist. Dies ist aber nur bei Vorhandensein besonderer Umstände anzunehmen (BAG 11. 6. 1958 AP BGB § 611 Direktionsrecht Nr. 2).

924 Eine Konkretisierung auf eine bestimmte Tätigkeit tritt regelmäßig nicht ein, wenn der Arbeitsvertrag einen Vorbehalt zur Zuweisung einer anderen Aufgabe enthält (LAG Köln 23. 2. 1987 LAGE BGB § 611 Direktionsrecht Nr. 1; *Hennige* NZA 1999, 281, 286). Allein der Zeitablauf führt auch bei langjähriger Tätigkeit nicht zu einer Konkretisierung. Es bedarf vielmehr zusätzlicher Umstände (LAG Rheinland-Pfalz 13. 10. 1987 NZA 1988, 471; LAG Düsseldorf 23. 6. 1994 LAGE BGB § 611 Direktionsrecht Nr. 18; LAG Rheinland-Pfalz 5. 7. 1996 NZA 1997, 1113). **Beispiele:** Einsatz einer Erzieherin von Beginn des Arbeitsverhältnisses als Lehrkraft (LAG Frankfurt 4. 12. 1986 LAGE BGB § 611 Direktionsrecht Nr. 3). Diplom-Sportlehrern kann nicht die Betreuung des allgemeinen Hochschulsports auferlegt werden (LAG Köln 29. 1. 1991 LAGE BGB § 611 Direktionsrecht Nr. 8). Der AG kann sich auch durch Erklärungen binden. Ist dem AN vorübergehend eine höherwertige Aufgabe übertragen worden, deren Fortführung auf Dauer seitens des AG nur von der fachlichen Bewährung abhängig gemacht wird, darf der AG die Aufgabe nicht aus anderen Gründen entziehen (BAG 17. 12. 1997 AP BGB § 611 Direktionsrecht Nr. 52).

925 Wenn die Arbeitspflicht arbeitsvertraglich nicht auf eine genau bestimmte Tätigkeit begrenzt (konkretisiert) ist, kann dem AN des öffentlichen Dienstes **jede Tätigkeit** übertragen werden, die den **Merkmalen seiner Vergütungsgruppe und seinen Kräften und Fähigkeiten** entspricht, sofern ihm die Tätigkeit auch im übrigen billigerweise zugemutet werden kann (BAG 30. 8. 1995 AP BGB § 611 Direktionsrecht Nr. 44). Eine Konkretisierung auf eine bestimmte Tätigkeit tritt auch nach langjähriger Beschäftigung auf demselben Arbeitsplatz nicht ein (LAG Köln 26. 1. 1994 ZTR 1994, 374; *Hennige* NZA 1999, 281, 285). Der **Arbeitsbereich** kann auch **verkleinert** werden (BAG 23. 6. 1993 AP BGB § 611 Direktionsrecht Nr. 42), allerdings liegt uU eine mitbestimmungspflichtige Versetzung vor (BAG 2. 4. 1996 AP BetrVG 1972 § 95 Nr. 34; zur mitbestimmungsfreien Umsetzung einer Stationsleiterin BAG 24. 4. 1996 AP BGB § 611 Direktionsrecht Nr. 48). Die Verweigerung einer rechtmäßig zugewiesenen Tätigkeit kann die fristlose Entlassung rechtfertigen (BAG 12. 4. 1973 AP BGB § 611 Direktionsrecht Nr. 24).

926 Das Direktionsrecht umfaßt den **nicht** die Befugnis zur Versetzung des AN auf einen Arbeitsplatz mit einer **geringerwertigen Tätigkeit,** und zwar auch dann nicht, wenn die bisher gezahlte Vergütung fortgezahlt wird (BAG 14. 7. 1965 AP BGB § 611 Direktionsrecht Nr. 19; BAG 30. 8. 1995 AP BGB § 611 Direktionsrecht Nr. 44 = NZA 1996, 440; BAG 24. 4. 1996 AP BGB § 611 Direktionsrecht Nr. 49; LAG Hamm 13. 12. 1990 LAGE BGB § 611 Direktionsrecht Nr. 7; LAG Hamm 9. 1. 1997 NZA-RR 1997, 337). Ob dies auf der Basis tarifvertraglicher Klauseln möglich ist, ist umstritten (dafür BAG 22. 5. 1985 AP TVG § 1 Tarifverträge: Bundesbahn Nr. 7; dagegen LAG Düsseldorf 17. 3. 1995 LAGE KSchG § 2 Nr. 16; zur Problematik *Preis* Vertragsgestaltung S. 447 ff. mwN). Geringwertige Tätigkeiten muß der AN nur in Notfällen verrichten. Ob die Zuweisung **höherwertiger Tätigkeiten** vom Direktionsrecht gedeckt ist, bedarf der Einzelfallprüfung. Die Zuweisung führt aber idR weder zu einer stillschweigenden Vertragsänderung (LAG Hamm 27. 3. 1992 LAGE BGB § 611 Direktionsrecht Nr. 12) noch zu einer Konkretisierung des Direktionsrechts (LAG Rheinland-Pfalz 13. 10. 1987 NZA 1988, 471 f.).

927 Gegenstand der Arbeitspflicht ist auch die Verrichtung sog. **Nebenarbeiten.** Diese hat der AN aber nur dann zu verrichten, wenn deren Übernahme dem Arbeitsvertrag entspricht, dh. typischerweise in

dem vereinbarten Tätigkeitsbereich anfallen bzw. nur eine untergeordnete Bedeutung haben. Geschuldet sind in jedem Fall sog. „Zusammenhangstätigkeiten" (BAG 12. 2. 1990 AP BAT §§ 22, 23 Krankenkassen Nr. 7; *Hromadka* DB 1995, 2601, 2602). Maßgebend sind hier die Umstände des Einzelfalles. Im Hinblick auf das Berufsausbildungsverhältnis enthält § 6 II BBiG eine Sonderregelung.

Einzelfälle: Der AG kann Mitarbeitern anordnen, einen **Dienstwagen selbst zu führen** und Kollegen mitzunehmen, wenn es sich um eine Tätigkeit handelt, die mit der (höherwertigen) Hauptleistung zusammenhängt (BAG 29. 8. 1991 AP BGB § 611 Direktionsrecht Nr. 38). Der AG kann bei im Kundendienst tätigen Mitarbeitern (vorbehaltlich § 87 I Nr. 1 BetrVG) Anweisungen hins. der **Kleiderordnung** geben (LAG Hamm 22. 10. 1991 LAGE BGB § 611 Direktionsrecht Nr. 11; LAG Hamm 7. 7. 1993 LAGE BGB § 611 Direktionsrecht Nr. 14). Eine Bäckereifachverkäuferin muß auch eine automatische Brötchenbackanlage bedienen (LAG Hamm 8. 6. 1994 LAGE BGB § 611 Direktionsrecht Nr. 20). 928

c) **Erfüllungsort.** Der Ort der Arbeitsleistung ergibt sich idR aus dem Arbeitsvertrag. Die Bestimmung des Erfüllungsortes hat insb. auch nach § 29 I ZPO für die örtliche Zuständigkeit des Gerichts Bedeutung (BAG 19. 3. 1996 AP ZPO § 328 Nr. 2). Fehlt eine ausdrückliche Regelung, so ist im Wege der Auslegung unter Berücksichtigung der näheren Umstände (§ 269 I) zu ermitteln, für welchen Arbeitsort der AN eingestellt wurde. Demgemäß bestimmt sich der **Erfüllungsort** nach den Umständen und demgemäß insb. nach der Natur des Arbeitsverhältnisses. Erfüllungsort für die Leistungen von AG und AN ist, wenn der AN dort ständig beschäftigt wird, am **jeweiligen Betriebssitz und damit am Arbeitsort des AN** (BAG 3. 12. 1985 AP TVG § 1 Tarifverträge Großhandel Nr. 5; LAG Berlin 19. 5. 1960 AP BGB § 269 Nr. 3). Sowohl im TV als auch im Einzelarbeitsvertrag können jedoch abw. Regelungen getroffen werden. Bei **AußendienstAN** mit Reisetätigkeit kann die Bestimmung des Erfüllungsortes problematisch sein. In Betracht kommt der Wohnsitz des AN als auch der Betriebssitz des AG. Wenn der AN die Arbeiten für einen größeren Bezirk von seinem Wohnsitz aus als Reisetätigkeit ausübt, ist der Wohnsitz nach § 269 I Erfüllungsort für die Arbeitsleistung (BAG 12. 6. 1986 AP Brüsseler Übereinkommen Art. 5 Nr. 1; ebenso ArbG Hanau 20. 7. 1995 NZA-RR 1996, 67; ArbG Bayreuth 11. 8. 1993 NZA 1993, 1055; ArbG Hagen 28. 4. 1998 EzA ZPO § 29 Nr. 1; abl. ArbG Regensburg 22. 2. 1989 BB 1989, 634). Daraus kann aber nicht abgeleitet werden, daß der **Gerichtsstand** von Außendienstmitarbeitern generell deren Wohnsitz ist. Vielmehr bleibt der Bezug zum Betriebsort des AG generell bestehen, wenn die allein am Wohnsitz vorzunehmenden Verpflichtungen als Nebenpflichten nicht wesentlich ins Gewicht fallen (ArbG Augsburg 18. 9. 1995 NZA-RR 1996, 185; ArbG Bamberg 28. 11. 1994 NZA 1995, 864). Bei ständig wechselnden Arbeitsstellen ist idR nach Auslegung des Vertrages davon auszugehen, daß Erfüllungsort der Sitz des AG ist, an dem die Personalverwaltung vorgenommen wird (ArbG Pforzheim 10. 8. 1993 NZA 1994, 384). Mangels eindeutiger Vereinbarung ist im Einzelfall festzustellen, daß gemeinsamer Erfüllungsort für die beiderseitigen Leistungsverpflichtungen der **Schwerpunkt des Vertragsverhältnisses** ist. 929

Der Einsatz des AN kann daher auch ohne gesonderte Regelung auf einen bestimmten Arbeitsort beschränkt sein, etwa wenn der AN für einen bestimmten Betrieb für eine bestimmte Aufgabe eingestellt worden ist. Läßt sich jedoch dem Arbeitsvertrag eine Konkretisierung nicht entnehmen, insb. nicht die Auslegung, daß der AN nur für eine bestimmte Arbeitsstelle eingestellt worden ist, kann sich aus dem **Direktionsrecht des AG** die Befugnis ergeben, den AN an unterschiedlichen Orten einzusetzen. Ein Schulhausmeister kann verpflichtet werden, während der Schulferien auch benachbarte Schulen mitzubetreuen (BAG 11. 6. 1992 AP BAT § 12 Nr. 2). 930

Das Direktionsrecht hins. des Arbeitsortes muß nicht notwendigerweise vereinbart werden, sondern kann sich auch aus der Tätigkeitsbeschreibung bzw. dem Wesen der Tätigkeit ergeben. Der Tätigkeit eines AN kann es immanent sein, an verschiedenen **wechselnden Einsatzorten** zu arbeiten, wie dies häufig bei Bau-, Montage-, Außendienstmitarbeitern und AN in Reinigungsunternehmen der Fall sein wird. Hier ist der AG berechtigt, den Arbeitsort täglich neu festzulegen. Zu vielen Berufsbildern gehören gelegentliche Dienstreisen in das In- und Ausland. Sie kann der AG im Rahmen seines Direktionsrechts idR anordnen (*Loritz* NZA 1997, 1188, 1190). 931

Allein daraus, daß ein AN über einen längeren Zeitraum auf einer bestimmten Stelle mit bestimmten Aufgaben beschäftigt worden ist, kann noch nicht auf eine entspr. örtliche Konkretisierung geschlossen werden. (LAG Berlin 25. 4. 1988 LAGE BGB § 611 Direktionsrecht Nr. 2; LAG Rheinland-Pfalz 5. 7. 1996 BB 1997, 474). 932

Üblich und möglich ist, in den Arbeitsvertrag ausdrücklich einen **Versetzungsvorbehalt** aufzunehmen, wonach der AN bei Bedarf auch in anderen Betrieben des Unternehmens, ggf. auch innerhalb der Bundesrepublik versetzt werden kann. Der Arbeitsvertrag muß aber einen eindeutigen Vorbehalt, der sich auch auf einen Ortswechsel erstreckt, beinhalten (*Hanau/Preis* II D 20; ArbG Kaiserslautern 27. 5. 1992 ARSt. 1993, 69). Grds. Bedenken gegen eine derartige Erweiterung des Direktionsrechts bestehen nicht. Zu beachten ist aber, daß – auch wenn der AG kraft Arbeits- oder Tarifvertrag die Möglichkeit zur Versetzung an einen anderen Arbeitsort hat – die konkrete Leistungsbestimmung stets billigem Ermessen entsprechen muß (§ 315), dh. es bedarf einer Abwägung der Interessenlage beider 933

Vertragsparteien im Einzelfall (LAG Berlin 25. 4. 1988 LAGE BGB § 611 Direktionsrecht Nr. 2). Dabei sind auch die uU bedeutenden Auswirkungen auf die private Lebensführung zu berücksichtigen, insb. bei Versetzung ins Ausland (LAG Hamm 22. 3. 1974 DB 1974, 877). Zur Frage sog. Konzernversetzungsklauseln vgl. Rn. 243. Zur Unbilligkeit einer örtlichen Versetzung einer schwangeren AN: BAG 21. 4. 1999 AP MuSchG 1968 § 4 Nr. 5.

934 Der AG kann im Rahmen des Direktionsrecht AN **umsetzen;** er ist nicht gehalten – bei Konflikten – zunächst eine Abmahnung auszusprechen (BAG 24. 4. 1996 AP BGB § 611 Direktionsrecht Nr. 48). Bei gestörtem Betriebsklima durch Streit unter den Mitarbeitern, entspricht es billigem Ermessen (§ 315 BGB), wenn der AG zur Behebung des Konfliktes einen AN in eine andere Filiale desselben Ortes versetzt, ohne daß es auf die Ursachen des Konfliktes ankommt (LAG Köln 27. 11. 1998 LAGE BGB § 315 Nr. 6). Im Falle **betriebsbedingter Umsetzung** ist eine „Sozialauswahl" in analoger Anwendung des § 1 III KSchG nicht erforderlich. Dies gilt auch im Falle des sog. „erweiterten Direktionsrechts" (aA LAG Hamm 12. 2. 1996 LAGE BGB § 611 Direktionsrecht Nr. 25). Sofern die vertragliche Erweiterung des Direktionsrechts einer Rechts- und Inhaltskontrolle standhält, ist kein Raum für eine Anwendung des § 1 III KSchG. Bei **Schließung oder Verlagerung eines Betriebes** ist die Versetzung an einen an einem anderen Ort gelegenen Betrieb regelmäßig nicht zu beanstanden (LAG Köln 30. 1. 1995 LAGE BGB § 611 Direktionsrecht Nr. 21; LAG Berlin 14. 12. 1998 ZTR 1999, 223).

935 d) **Arbeitszeit.** In welchem zeitlichen Umfang der AN die Arbeitsleistung zu erbringen hat, wird in erster Linie durch den Arbeitsvertrag – vorbehaltlich einschränkender gesetzlicher oder tariflicher Regelungen – bestimmt. So unterliegt es der freien Entscheidung der Vertragsparteien, ob sie ein Vollzeitarbeitsverhältnis oder ein Teilzeitarbeitsverhältnis begründen. Die Grenzen des öffentlich-rechtlichen Arbeitszeitrechts (vgl. ArbZG) und insb. anwendbare TV, die typischerweise Arbeitszeitfragen regeln, sind zu beachten. Grenzen des Direktionsrechts bei variabler Arbeitszeit folgen insb. aus § 4 BeschFG (vgl. dort).

936 Wird keine konkrete Arbeitszeit vereinbart und liegen auch keine konkretisierenden betrieblichen oder tariflichen Regelungen vor, gilt als zu leistende Arbeitszeit die **übliche Arbeitszeit im Betrieb** oder in der Betriebsabteilung (LAG Baden-Württemberg 28. 10. 1991 LAGE BetrVG 1972 § 77 Nr. 16). Vereinbaren die Arbeitsvertragsparteien bei Abschluß des Arbeitsvertrages die zu diesem Zeitpunkt im Betrieb geltende Regelung über Beginn und Ende der täglichen Arbeitszeit und die Verteilung der Arbeitszeit auf die einzelnen Wochentage, liegt darin keine individuelle Arbeitszeitvereinbarung, die gegenüber einer späteren Veränderung der betrieblichen Arbeitszeit durch Betriebsvereinbarung Bestand hat. Der AN, der aus persönlichen Gründen an einer bestimmten, von der betriebsüblichen Arbeitszeit unabhängigen Lage der Arbeitszeit Interesse hat, muß diese Unabhängigkeit mit dem AG auch dann vereinbaren, wenn die zur Zeit des Abschlusses des Arbeitsvertrages geltende betriebliche Arbeitszeit seinen Interessen entspricht (BAG 23. 6. 1992 AP BGB § 611 Arbeitszeit Nr. 1).

937 Arbeitszeit ist regelmäßig die Zeit vom Beginn bis zum Ende der Arbeit ohne die Ruhepausen. Während des **Umkleidens** erbringt der AN regelmäßig die von ihm geschuldete Arbeitsleistung nicht. Nur ausnahmsweise kann bei Tätigkeiten, zB als Modell auf Modenschauen, das Umkleiden zum Inhalt der Arbeitsleistung gehören. Ob und inwieweit die Zeit des Umkleidens im Betrieb zur vergütungspflichtigen Arbeitszeit zu rechnen ist, kann nur nach den Verhältnissen des Einzelfalls beurteilt werden (BAG 22. 3. 1995 AP BGB § 611 Arbeitszeit Nr. 8; hierzu *Wiese* SAE 1996, 371 ff.; hierzu Rn. 749 f.).

938 Ob und inwieweit **Wegezeiten** zur Arbeitszeit gehören, bedarf im Einzelfall der Auslegung. Sehr differenziert nach der Art der geschuldeten zu betrachten ist, welche Zeiten bei sog. Dienstreisen als Arbeitszeiten zu vergüten sind (hierzu *Loritz* NZA 1997, 1188, 1193 ff.; Rn. 747 f.; § 612 Rn. 18).

939 Das **Direktionsrecht** des AG (allgemein Rn. 289) erstreckt sich in aller Regel auf die **Lage der Arbeitszeit** (Beginn und Ende der Arbeitzeit, Lage der Pausen, Einführung von Gleitzeit). Sie kann durch den Arbeitsvertrag genau festgelegt sein (LAG 26. 7. 1993 LAGE BGB § 611 Direktionsrecht Nr. 16). Mangels einer eindeutigen arbeitsvertraglichen Regelung ist der AG im Rahmen seines Direktionsrechtes befugt, die Lage der Arbeitszeit einseitig anderweitig festzulegen (zB Wechsel von **Nacht- zu Tagarbeit,** Einführung von **Schichtarbeit**). Das BAG gibt dem AG insoweit vertragsrechtlich einen weiten Spielraum (BAG 23. 6. 1992 AP BGB § 611 Arbeitszeit Nr. 1; BAG 11. 2. 1998 AP BGB § 611 Direktionsrecht Nr. 54 = NZA 1998, 647; krit. *Hromadka* DB 1995, 2601, 2603 zur Einführung von Wechselschicht, Nacht- und Sonntagsarbeit). Dies gilt auch dann, wenn in der Vergangenheit über einen mehrjährigen Zeitraum anderweitig verfahren worden ist, es sei denn, es liegen besondere Umstände vor (LAG Berlin 29. 4. 1991 LAGE BGB § 611 Direktionsrecht Nr. 9; LAG Düsseldorf 23. 10. 1991 LAGE BGB § 611 Direktionsrecht Nr. 10; LAG Hamm 30. 6. 1994 LAGE BGB § 611 Direktionsrecht Nr. 17; LAG Schleswig-Holstein 30. 4. 1998 ARSt. 1998, 187). Nach Maßgabe des § 315 muß die Bestimmung billigem Ermessen entsprechen. Bei der Bestimmung der Lage der Arbeitszeit muß er nach Möglichkeit auch auf die Personensorgepflichten (§§ 1626, 1627 BGB) des AN Rücksicht zu nehmen (ArbG Hamburg 4. 12. 1995 NZA-RR 1996, 365; s. a. LAG Nürnberg 8. 3. 1999

G. Pflichten des Arbeitnehmers § 611 BGB 230

NZA 1999, 263). In mitbestimmten Betrieben hat der BR nach § 87 I Nr. 2 BetrVG ein umfassendes Mitbestimmungsrecht.

Außerordentlich umstritten und problematisch ist, ob und inwieweit das Direktionsrecht sich auch 940 auf den **Umfang der Arbeitszeit** bezieht. Dies ist grds. zu verneinen, weil der Umfang der Arbeitszeit zum Kernbestand des Austauschverhältnisses gehört. Einseitige Veränderungen der Arbeitszeit, von der die Höhe der Vergütung abhängt, können daher prinzipiell nur durch Änderungskündigung erfolgen (hierzu Rn. 528 sowie § 2 KSchG Rn. 60). Eine arbeitsvertragliche Vereinbarung, die bei arbeitszeitabhängiger Vergütung den AG berechtigen soll, die zunächst festgelegte Arbeitszeit später einseitig nach Bedarf zu reduzieren (hier: bei teilzeitbeschäftigten Musiklehrern einer kommunalen Musikschule), stellt eine objektive Umgehung von zwingenden Vorschriften des Kündigungs- und Kündigungsschutzrechts (§ 2 KSchG iVm. § 1 II und III KSchG, § 622) dar und ist daher nach § 134 BGB nichtig (BAG 12. 12. 1984 AP KSchG 1969 § 2 Nr. 6).

Weitergehende Möglichkeiten hat der AG, wenn tarifvertragliche Regelungen dem AG die Befugnis 941 einräumen, einseitig die Arbeitsdauer in einem gewissen Rahmen festzulegen (vgl. BAG 12. 3. 1992 AP BeschFG 1985 § 4 Nr. 1). Die Rspr. verfährt hier inkonsequent, weil auch TVParteien an zwingendes Gesetzesrecht gebunden sind und eine Umgehung des Kündigungsschutzrechts auch den Tarifparteien nicht gestattet ist (*Preis* Vertragsgestaltung S. 447 ff. mwN). Die Begründung ist daher auch eine andere: Bei nachteiligen Regelungen in TV geht die Rspr. davon aus, daß eine angemessene Regelung der gleich stark anzusehenden Tarifparteien getroffen worden ist. Eine solche Parität ist bei Begründung eines Arbeitsvertrages in aller Regel nicht anzunehmen.

aa) **Kurzarbeit.** Unter Kurzarbeit versteht man das vorübergehende tlw. Ruhen von Arbeits- und 942 Entgeltzahlungspflicht. Ebenso wie Überstunden kann der AG Kurzarbeit nicht einseitig anordnen. Regelmäßig enthalten Arbeitsverträge keine sog. „Kurzarbeitsklauseln". Insb. in betriebsratslosen Betrieben besteht daher für den AG keine Möglichkeit, ohne Zustimmung der AN Kurzarbeit anzuordnen. Allerdings kann bei widerspruchsloser Hinnahme einer arbeitgeberseitig angeordneten und vom AA genehmigten Kurzarbeit eine konkludente Vertragsänderung vorliegen (LAG Düsseldorf 14. 10. 1994 DB 1995, 682).

Der AG kann Kurzarbeit mit entspr. Lohnminderung nur aufgrund einer Vereinbarung kollektiv- 943 oder einzelvertraglichen Charakters, nicht aber aufgrund seines Direktionsrechts einführen. Andernfalls bedarf es zur Arbeitszeitverkürzung einer Änderungskündigung (BAG 14. 2. 1991 AP BGB § 615 Kurzarbeit Nr. 4; LAG Rheinland-Pfalz 7. 10. 1996 NZA-RR 1997, 331). Bestimmungen, die dem AG das Recht einräumen, einseitig Kurzarbeit einzuführen, verstoßen gegen tariflich unabdingbares Kündigungsschutzrecht und sind deshalb unwirksam (BAG 18. 10. 1994 AP BGB § 615 Kurzarbeit Nr. 11 = NZA 1995, 1064 im Anschluß an BAG 27. 1. 1994 AP BAT-O § 15 Nr. 1 = NZA 1995, 134). Ordnet der AG rechtswidrig Kurzarbeit an, so führt dies nicht zur Verkürzung der Arbeitszeit. Der AG sieht sich dann dem vollen Lohnanspruch nach § 615 ausgesetzt. Überdies können die AN ihren Beschäftigungsanspruch geltend machen.

Ist in einem TV bestimmt, daß der AG nach Abschluß einer Betriebsvereinbarung Kurzarbeit 944 einführen darf, so liegt noch keine hinreichende Rechtsgrundlage für einen AG in einem betriebsratslosen Betrieb vor (LAG Düsseldorf 10. 9. 1992 LAGE BGB § 615 Kurzarbeit Nr. 1). Die Einführung von Kurzarbeit kann nicht Regelungsgegenstand einer Dienstvereinbarung sein, so daß der AG im öffentlichen Dienst sich nicht auf eine solche Rechtsgrundlage berufen kann (BAG 18. 10. 1994 AP BGB § 615 Kurzarbeit Nr. 11). Die Bestimmung „Die Einführung von Kurzarbeit ist zulässig" in § 15 V BAT-O v. 10. 12. 1990 ist unwirksam, da sie zwingende Vorschriften des Kündigungsrechts umgeht (BAG 27. 1. 1994 AP BAT-O § 15 Nr. 1). Auch wenn sich die Ermächtigungsgrundlage in einem TV befindet, bleibt dem BR ein Mitbestimmungsrecht nach § 87 I Nr. 3 BetrVG (BAG 25. 11. 1981 AP TV AL II § 9 Nr. 3).

Hins. des Ob und Wie der Verkürzung der Arbeitszeit ist das Mitbestimmungsrecht des BR nach 945 § 87 I Nr. 3 BetrVG zu beachten.

Eine formlose Regelungsabrede zwischen BR und AG über die Einführung von Kurzarbeit wahrt 946 das Mitbestimmungsrecht des BR nach § 87 I Nr. 3 BetrVG, führt aber nicht zu einer entspr. Änderung der Arbeitsverträge der hiervon betroffenen AN. Hierzu bedarf es einer vertraglichen Vereinbarung oder einer Änderungskündigung (BAG 14. 2. 1991 AP BGB § 615 Kurzarbeit Nr. 4). Eine Änderung der Arbeitsverträge hins. der Arbeitszeit und der Lohnzahlungspflicht für die Dauer der Kurzarbeitsperiode kann ohne Rücksicht auf den Willen der AN also nur durch eine förmliche Betriebsvereinbarung nach § 77 II BetrVG herbeigeführt werden (vgl. BAG 14. 2. 1991 AP BGB § 615 Kurzarbeit Nr. 4).

Die zulässige Einführung von Kurzarbeit beschränkt die Arbeitspflicht des AN und die Vergütungspflicht des AG, so daß dieser nicht in **Annahmeverzug** gerät.

Liegt eine wirksame Betriebsvereinbarung vor, ist die Einführung der Kurzarbeit unabhängig davon 947 rechtmäßig, ob das AA die **Bewilligung des Kurzarbeitergelds** widerruft (BAG 11. 7. 1990 AP BGB § 615 Betriebsrisiko Nr. 32; MünchArbR/*Boewer* § 76 Rn. 32). Der AN hat nur einen Lohnanspruch in Höhe des Kurzarbeitergeldes (*Schaub* § 47 I 8). In dieser Höhe trägt der AG das Wirtschaftsrisiko

Preis 1443

und damit auch das Risiko, daß das AA keinen Zuschuß bewilligt (BAG 11. 7. 1990 AP BGB § 615 Betriebsrisiko Nr. 32). Unterläßt der AG, die Kurzarbeit beim AA gem. § 173 SGB III schriftlich anzuzeigen, wird die Kurzarbeit nicht unzulässig. Die Anzeige ist nur eine Voraussetzung für den Bezug des Kurzarbeitergelds. Ein Verstoß führt nicht zum Annahmeverzug, möglich ist aber eine Schadensersatzpflicht (*Schaub* § 47 III 2 a).

948 **bb) Überstunden.** Von Überstunden oder Überarbeit spricht man, wenn die vertraglich vereinbarte Arbeitszeit überschritten wird, die durch Kollektivvertrag (TV oder Betriebsvereinbarung) oder Arbeitsvertrag festgelegt ist (BAG 25. 7. 1996 EzA BGB § 611 Mehrarbeit Nr. 6). **Ohne ausdrückliche Regelung** ist der AN grds. **nicht verpflichtet,** Überstunden zu leisten. Umgekehrt entsteht aus der fortdauernden Anordnung von Überstunden noch kein Anspruch auf ein bestimmtes Mindestmaß an Überstunden (LAG Köln 21. 1. 1999 NZA-RR 1999, 517). Fehlt es an einer entspr. Verpflichtung des AN, kann sich nur ausnahmsweise aus § 242 eine Verpflichtung zur Überarbeit ergeben. § 14 ArbZG gibt keinen Anspruch des AG auf Leistung von Überstunden. Die Regelung von Überstunden und der entspr. Vergütung ist eine Domäne des Tarifrechts und unterliegt der Mitbestimmung des BR nach § 87 I Nr. 3 und 10 BetrVG. TV können dem AG das Recht vorbehalten, die regelmäßige Arbeitszeit einseitig zu verlängern oder auch wieder auf die tarifliche Arbeitszeit zurückzuführen. Bei der Ausübung des Bestimmungsrechts muß der AG aber die Grundsätze billigen Ermessens wahren (BAG 28. 11. 1984 AP TVG § 4 Bestimmungsrecht Nr. 2). Dazu gehört auch, gewisse Ankündigungsfristen zu wahren (für Analogie zu § 4 II BeschFG ArbG Frankfurt 26. 11. 1998 NZA-RR 1999, 357).

949 In betriebsratslosen Betrieben hat der AG ohne ausdrückliche vertragliche Grundlage idR keine Möglichkeiten, Überstunden anzuordnen. Aus diesem Grunde hat ein entspr. vertraglicher Vorbehalt konstitutive Bedeutung.

950 Von der Pflicht zur Leistung der Überstunden ist zu unterscheiden die Frage der **Überstundenvergütung** (hierzu Rn. 717 ff.). Der AN, der im Prozeß von seinem AG die Bezahlung von Überstunden fordert, muß, zumal wenn zwischen der Geltendmachung und der behaupteten Leistung ein längerer Zeitraum liegt, beim Bestreiten der Überstunden im einzelnen darlegen, an welchen Tagen und zu welchen Tageszeiten er über die übliche Arbeitszeit hinaus tätig geworden ist. Er muß ferner eindeutig vortragen, ob die Überstunden vom AG angeordnet oder zur Erledigung der ihm obliegenden Arbeit notwendig oder vom AG gebilligt oder geduldet worden sind (BAG 25. 11. 1993 AP KSchG 1969 § 14 Nr. 4).

951 In aller Regel müssen Überstunden vergütet werden. Es besteht aber kein Rechtsgrundsatz, daß Überstunden stets zu vergüten sind; vielmehr kann auch **Freizeitausgleich** vereinbart werden (BAG 4. 5. 1994 AP TVG § 1 Tarifverträge: Arbeiterwohlfahrt Nr. 1 = Nr. 2 NZA 1994, 1035; 17. 1. 1995 AP BGB § 611 Mehrarbeitsvergütung Nr. 15 = NZA 1995, 1000; LAG Köln 20. 5. 1992 LAGE BGB § 611 Mehrarbeit Nr. 1). Umstritten ist die Wirksamkeit von Vertragsklauseln, die die Pflicht zur Abgeltung von Überarbeit ausschließen. Sie unterliegen einer Inhaltskontrolle (BAG 24. 11. 1993 AP BGB § 611 Mehrarbeitsvergütung Nr. 11; ausf. *Preis* Vertragsgestaltung S. 436 ff.). Nach bisheriger Rspr. des BAG ist die Vereinbarung zulässig, daß etwaige Mehr- bzw. Überarbeit nicht besonders bezahlt, sondern durch die Grundvergütung mit abgegolten ist (BAG 24. 2. 1960 AP BGB § 611 Dienstordnungs-Angestellte Nr. 11). Dies dürfte allerdings nur für leitende Angestellte gelten, die im Hinblick auf die hohe Vergütung regelmäßig die ganze Arbeitskraft der Firma zur Verfügung zu stellen haben.

952 Bei einem **leitenden Angestellten** kommt eine besondere Vergütung für Überstunden mangels ausdrücklicher Vereinbarung nur in Betracht, wenn seine vertraglichen Bezüge lediglich eine bestimmte zeitliche Normalleistung abgelten sollen oder wenn ihm zusätzliche Arbeiten außerhalb seines eigentlichen Aufgabenkreises übertragen werden (BAG 17. 11. 1966 AP BGB § 611 Leitende Angestellte Nr. 1).

953 **cc) Anspruch des Arbeitnehmers auf Reduktion der Arbeitszeit.** Aus dem Grundsatz der Vertragsbindung folgt, daß der AN prinzipiell keinen Anspruch auf Reduzierung seiner Arbeitszeit (Übergang von einer Vollzeit- zur Teilzeitbeschäftigung) hat. Eine gesetzliche Regelung zu dieser Frage fehlt (vgl. zu rechtspolitischen Vorschlägen § 35 E-ArbVG-Brandenburg). Jedoch räumt jetzt § 15 VII BErzGG dem Erziehungsurlauber einen Rechtsanspruch auf Teilzeitarbeit ein. Zum Teil räumen jedoch tarifliche Vorschriften AN zwar keinen Rechtsanspruch (LAG Düsseldorf 9. 4. 1996 DB 1996, 1932; LAG Berlin 18. 7. 1994 LAGE BGB § 611 Fürsorgepflicht Nr. 23), aber einen Anspruch auf ermessensfehlerfreie Entscheidung ein (vgl. etwa § 15 b BAT; hierzu *Kaiser* ZTR 1996, 107; *Riesenhuber* NZA 1995, 56; zur Altersteilzeit LAG Köln 6. 10. 1999 ZTR 2000, 125). Die Entscheidung über den Antrag des AN muß nach billigem Ermessen (§ 315) erfolgen (BAG 29. 1. 1992 AP BGB § 611 Lehrer, Dozenten Nr. 104). Bei der Entscheidung hat der AG stets die berechtigten Interessen des AN zu berücksichtigen, kann also nicht nach freiem Belieben entscheiden. Von einer Sollvorschrift kann er nur abweichen, wenn es hierfür einleuchtende und vernünftige Gründe gibt (BAG 29. 11. 1995 AP GleichstellungsG Berlin § 10 Nr. 1 = NZA 1996, 533).

954 **dd) Arbeitsbereitschaft.** Die Arbeitsbereitschaft steht der regelmäßig geleisteten Arbeitszeit gleich. Sie ist Arbeitszeit iSd. ArbZG (vgl. § 2 Rn. 46). Sie wird vom BAG definiert als eine **Arbeitsleistung,**

die während der regelmäßigen Arbeitszeit keine volle, die gesamte Aufmerksamkeit beanspruchende Tätigkeit voraussetzt. Sie stellt gegenüber der Arbeit eine mindere Leistung dar, weil sie sich auf die Bereitschaft zur Verrichtung der Arbeit beschränkt („Zeit wacher Achtsamkeit im Zustand der Entspannung"; BAG 30. 1. 1985 AP BAT § 35 Nr. 3; BAG 30. 1. 1996 AP TVG § 1 Tarifverträge: DRK Nr. 5 = NZA 1996, 1164). Der Wechsel zwischen Vollarbeit und Arbeitsbereitschaft ist idR nicht im vorhinein festgelegt (Beispiel: Verkaufspersonal, das auf Kunden wartet; Wachpersonal; Rettungssanitäter). Während der Arbeitsbereitschaft erbringt der AN die von ihm geschuldete, wenn auch geringere Arbeitsleistung. Sie ist voll zu vergüten. Der Begriff und die Abgrenzung sind insb. in TV vorzunehmen. Die Abgrenzung zum Bereitschaftsdienst einerseits und zur Überstundenregelung andererseits ist problematisch (Einzelfälle: BAG 24. 9. 1992 AP BAT § 15 Nr. 11; BAG 17. 3. 1988 AP BAT § 15 Nr. 24; BAG 10. 1. 1991 NZA 1991, 289; BAG 10. 2. 1988 AP TVAL II § 9 Nr. 5).

ee) Bereitschaftsdienst. Bereitschaftsdienst leistet ein AN, wenn er sich **außerhalb seiner regel- 955 mäßigen Arbeitszeit** an einer **vom AG bestimmten Stelle innerhalb oder außerhalb des Betriebes** aufzuhalten hat, um **bei Bedarf die volle Arbeitstätigkeit unverzüglich auszuüben** (BAG 10. 6. 1959 AP AZO § 7 Nr. 5). Die Zeit während des Bereitschaftsdienstes kann der AN beliebig nutzen, er muß sich allerdings arbeitsfähig halten. Der Bereitschaftsdienst führt also zu einer vertraglich bestimmten Aufenthaltsbeschränkung, die mit der Verpflichtung verbunden ist, auf Abruf tätig zu werden (BAG 21. 11. 1991 AP BAT § 34 Nr. 2). Der Bereitschaftsdienst ist Ruhezeit iSd. § 5 I ArbZG. Terminologisch wird der Bereitschaftsdienst vielfach – auch in TV – mit der Arbeitsbereitschaft vermischt (vgl. etwa BAG 19. 12. 1991 AP BMT-G II § 67 Nr. 1 = NZA 1992, 560). Von der Rufbereitschaft grenzt sich der Bereitschaftsdienst durch die vom AN frei bestimmte Wahl des Aufenthaltsortes ab. Der AN ist zur Leistung von Bereitschaftsdienst **nur aufgrund besonderer vertraglicher oder tariflicher Vereinbarung** verpflichtet. Die Anordnung des Bereitschaftsdienstes im Einzelfall unterliegt der Kontrolle **nach billigem Ermessen** (BAG 25. 10. 1989 AP BGB § 611 Direktionsrecht Nr. 36 = NZA 1990, 2026). **Ein Anspruch auf Bereitschaftsdienst** besteht regelmäßig **nicht**, kann sich aber ausnahmsweise als Anspruch aus betrieblicher Übung ergeben (BAG 13. 11. 1986 AP BGB § 242 Betriebliche Übung Nr. 27). Einer Billigkeitskontrolle bedarf es nicht, wenn TV oder Arbeitsvertrag die Voraussetzungen zur Ausübung des Bereitschaftsdienstes exakt festlegen (BAG 12. 2. 1992 AP AVR Caritasverband Anlage 5 Nr. 2 = NZA 1992, 661).

ff) Rufbereitschaft. Rufbereitschaft verpflichtet den AN, außerhalb seiner regelmäßigen Arbeitszeit 956 auf Abruf der Arbeit aufzunehmen. Bei der Rufbereitschaft bestimmt der AN den Aufenthaltsort, ist allerdings nicht völlig frei, weil zwischen Abruf und Arbeitsaufnahme eine bestimmte Zeitspanne liegen darf, damit im Bedarfsfall die alsbaldige Arbeitsaufnahme gewährleistet ist (BAG 26. 6. 1967 AP BGB § 611 Arbeitsbereitschaft Nr. 1; BAG 28. 4. 1971 AP BGB § 611 Arbeitsbereitschaft Nr. 2). Sinn und Zweck der Rufbereitschaft ist, einen kurzfristigen Arbeitseinsatz zu gewährleisten. Das bloße Mitführen eines Mobiltelefons führt noch nicht zur Rufbereitschaft, wohl aber die arbeitgeberseitig angeordnete Pflicht, ein Mobiltelefon mitzuführen (BAG 29. 6. 2000 – 6 AZR 900/98 – unter Aufhebung von LAG Schleswig-Holstein 15. 10. 1998 ARSt. 1999, 25). Bereitschaftsdienst und nicht Rufbereitschaft liegt vor, wenn der AG die freie Wahl des Aufenthaltsortes des AN beschränkt, ohne die Aufenthaltsstelle konkret zu bestimmen, aber eine Zeit zwischen Abruf und Aufnahme der Arbeit genau vorgibt (BAG 19. 12. 1991 AP BMT-G II § 67 Nr. 1 = NZA 1992, 560). Ein Anspruch auf Fahrtkostenersatz besteht idR nicht (BAG 16. 2. 1989 AP BAT § 42 Nr. 9). Wird der AN unmittelbar im Anschluß an sein Dienstzeitende im Wege der Rufbereitschaft zur Arbeitsleistung herangezogen, leistet er Überstunden (BAG 26. 11. 1992 AP BAT § 17 Nr. 20 = NZA 1993, 659). Ein Chefarzt kann idR keine Überstundenvergütung wegen Rufbereitschaft verlangen (BAG 17. 3. 1982 AP BGB § 612 Nr. 33; BAG 16. 4. 1986 – 5 AZR 306/85 –). Arbeitszeitrechtlich gehört die Rufbereitschaft zur Ruhezeit iSd. § 5 ArbZG. Ein Anspruch des AN auf Teilnahme am Rufbereitschaftsdienst oder Beibehaltung einer vom AG eingeführten Rufbereitschaft besteht nicht (BAG 17. 3. 1988 AP BAT § 15 Nr. 11; zur Verpflichtung Teilzeitbeschäftigter, an Rufbereitschaft teilzunehmen: BAG 12. 2. 1992 AP BAT § 15 Nr. 22; Stundengarantie bei Rufbereitschaft: BAG 28. 7. 1994 AP BAT § 15 Nr. 33 = NZA 1995, 999). Der BR hat ein Mitbestimmungsrecht nach § 87 I Nr. 2 BetrVG (BAG 21. 12. 1982 AP BetrVG 1972 § 87 Arbeitszeit Nr. 16). Eine Anordnung von Bereitschaftsdienst und Überstunden liegt vor, wenn der AG diese Tätigkeiten kennt und duldet. Es besteht wahlweise idR ein Anspruch auf Bereitschaftsdienstvergütung oder Freizeitausgleich (BAG 24. 10. 1990 NZA 1991, 163; BAG 12. 12. 1990 AP AVR Caritasverband Anlage 5 Nr. 1 = NZA 1991, 306). Besteht keine besondere Regelung für die Entlohnung des Bereitschaftsdienstes, ist bei rechtswirksamer Anordnung eine angemessene Entlohnung nach § 612 geschuldet (BAG 28. 4. 1971 AP BGB § 611 Arbeitsbereitschaft Nr. 2).

Neben der Billigkeitskontrolle zur Anordnung des Bereitschaftsdienstes unterliegen tarifvertragli- 957 che und vertragliche Bestimmungsrechte einer Rechts- bzw. Inhaltskontrolle. Eine Regelung, die zwischen dem Ende des werktäglichen Bereitschaftsdienstes und der nachfolgenden allgemeinen Tagesarbeitszeit keine ununterbrochene Ruhezeit von sechs Stunden zur Verfügung stellt, ist nach Auffassung des BAG eine unzumutbare Überspannung der menschlichen Leistungsfähigkeit, die gegen den Rechtsgedanken des § 306 und die Menschenwürde Art. 1 I GG verstößt (BAG 24. 2. 1982 AP BAT § 17 Nr. 7 = NJW 1982, 2140; vgl. auch BAG 26. 11. 1980 AP BAT § 17 Nr. 6 = NJW 1981, 1331).

958 **e) Leistungsstörungen.** Das Recht der Leistungsstörungen ist im Arbeitsrecht von Sonderregelungen gegenüber den Grundsätzen des allgemeinen Schuldrechts geprägt (ausf. *Preis/Hamacher* Jura 1998, 11 ff., 116 ff.; *v. Stebut* RdA 1985, 66 ff). An der prinzipiellen Unterscheidung des Leistungsstörungsrechts in Nichtleistung und Schlechtleistung ändert sich freilich nichts. Die Nichtleistung wird unterteilt in die Leistungsunmöglichkeit und die Leistungsverzögerung. §§ 275 ff. regeln die nachträgliche Unmöglichkeit und den Verzug. Die §§ 320 ff. beinhalten spezielle Vorschriften für gegenseitige Verträge, die prinzipiell auch auf das Arbeitsverhältnis Anwendung finden.

959 Das **anfängliche Unvermögen** regelt das BGB nicht. Die Regelung zur anfänglichen objektiven Unmöglichkeit finden sich in den §§ 306 bis 308. Da der AN die Arbeitsleistung im Zweifel persönlich zu erbringen hat (§ 613 S. 1), führt das subjektive Unvermögen zur objektiven Unmöglichkeit, weil nicht darauf abgestellt werden kann, ob einem anderen AN die Leistung möglich wäre. Eine **Haftung des AN** für **anfängliches Unvermögen** ist **nicht grds. ausgeschlossen** (BAG 19. 10. 1962 AP BGB § 138 Nr. 24). Die Anwendung der Nichtigkeitsregel des § 306 würde in diesen Fällen den AGInteressen nicht gerecht. Zu nennen ist hier der Fall, daß der AN Arbeitsverträge über die gleiche Arbeitsleistung zur gleichen Arbeitszeit bei verschiedenen AG abschließt. Prinzipiell muß der AN für seine Leistungsfähigkeit insoweit auch bei Vertragsschluß einstehen (*Staudinger/Richardi* Rn. 355). Ein Schadensersatzanspruch auf das Erfüllungsinteresse ist denkbar (BAG 27. 2. 1974 AP BGB § 306 Nr. 2). Der AG kann jedoch aus einem entspr. Leistungsurteil nicht auf Erfüllung der Arbeitspflicht vollstrecken (§ 888 II ZPO).

960 **aa) Nichterfüllung. (1) Abgrenzung von Unmöglichkeit und Verzug; Fixschuldcharakter der Arbeitsleistung.** Der im allgemeinen Schuldrecht bestehende Grundsatz, daß Unmöglichkeit und Verzug sich gegenseitig ausschließen, ist im Arbeitsrecht problematisch. Kennzeichnend für die Abgrenzung ist, daß beim Verzug die Leistung nachholbar sein muß. Wegen des idR festen Zeitbezugs der Leistung ist die Nachholbarkeit bei der Arbeitsleistung regelmäßig nicht anzunehmen. Die hM weist der Arbeitsleistung einen **absoluten Fixschuldcharakter** zu (*Staudinger/Richardi* § 611 Rn. 358; *Zöllner/Loritz* § 18 I 1; *Söllner* AcP 167 (1967), 132, 139). Konsequenz dieser Auffassung ist, daß bei Nichtleistung sofort Unmöglichkeit eintritt. Nachholbarkeit und damit Verzug sind ausgeschlossen. Konsequenzen hat diese Auffassung insb. für den Anwendungsbereich des § 615 (vgl. § 615 Rn. 3 ff.).

961 Der Einordnung der Arbeitsleistung als Fixschuld ist für den Regelfall zu folgen. Regelmäßig kann die Arbeitsleistung nicht nachgeholt werden, weil der AN an den folgenden Tagen im Rahmen seines Dauerschuldverhältnisses bereits die nächste Teilleistung schuldet. Eine Nachleistung durch Überstunden kann zumindest bei längerer Zeit der Nichtleistung auch aufgrund der Arbeitszeitbestimmungen rechtlich unmöglich sein (*von Stebut* RdA 1985, 66, 67). Eine Nachleistung liegt idR nicht im Interesse des AN. Auch der AG kann das Interesse an der Arbeitsleistung verlieren, wenn die Arbeitszeit auf die Laufzeit von Maschinen und eine bestimmte Betriebsorganisation angewiesen ist. Die Arbeitsleistung ist so stark von der Zeit bestimmt, daß das Nachleisten ein Eingriff in einen anderen Teil der Arbeitskraft des AN bedeuten würde. Dies zeigt sich insb. bei Teilzeitkräften, die ihre Arbeitszeit selbst bestimmen wollen oder mehrere Teilzeitarbeitsverhältnisse eingegangen sind.

962 Dennoch wird eine generelle Einordnung der Arbeitsleistung als absolute Fixschuld den heutigen Erfordernissen nicht mehr gerecht. Rspr. (BAG 17. 3. 1988 AP BGB § 626 Nr. 99) und Teile der Literatur (MünchArbR/*Blomeyer* § 55 Rn. 11; *Schaub* § 49) nehmen nur eine relative Fixschuld iSd. § 361 an. Auch § 615 S. 1 geht von einer Nachleistungsmöglichkeit aus. Richtigerweise ist auf die konkrete Vereinbarung und Situation im Arbeitsverhältnis abzustellen. Als Beispiele seien die **Gleitarbeitszeit** oder die Einrichtung von **Arbeitszeitkonten** genannt (*Picker*, FS für Kissel, 1994, 813, 822). Auch Teilzeitkräfte können ein berechtigtes Interesse an der Nachholbarkeit der Arbeitsleistung haben, wenn sonst der Lohnanspruch entfiele. Entscheidend ist die jeweilige vertragliche Vereinbarung. Im Zweifel tritt aber mit der Leistungsverzögerung Unmöglichkeit ein; die Regelungen des Schuldnerverzuges sind nicht anwendbar. Die allgemeinen Bestimmungen über den Schuldnerverzug sind damit im Arbeitsrecht gering. Für den Gläubigerverzug iSd. § 615 gilt Abweichendes (vgl. § 615 Rn. 4 ff.).

963 **(2) Unmöglichkeit der Arbeitsleistung.** Nach § 275 I wird der Schuldner bei Unmöglichkeit von seiner Leistungspflicht frei, unabhängig von der Frage des Vertretenmüssens. Die Rechtsfolgen der nachträglichen Unmöglichkeit einer Leistungspflicht im Gegenseitigkeitsverhältnis richten sich nach den §§ 323 ff. Nach § 275 II ist die subjektive nachträgliche Unmöglichkeit der objektiven gleichgestellt. Problematisch ist das Schicksal der Gegenleistungspflicht. Ob der AG trotz Nichtleistung der Arbeit die Vergütung zu leisten hat, richtet sich nach dem Vertretenmüssen oder nach gesetzlichen Sonderregelungen, die das konditionelle Synallagma zu Gunsten des AN durchbrechen oder lockern.

964 Der **AN** hat die **Unmöglichkeit zu vertreten**, wenn er vertragswidrig und ohne gesetzlichen Befreiungsgrund (§ 616, EFZG, BUrlG, MuSchG, BErzGG) seine Arbeitspflicht nicht erfüllt. Dies

G. Pflichten des Arbeitnehmers § 611 BGB 230

kann in verschiedener Weise geschehen, etwa durch Nichtaufnahme oder Fernbleiben von der Arbeit („Blaumachen", eigenmächtige Pausen, vorzeitiger Feierabend, unzulässige Beendigung des Arbeitsverhältnisses, eigenmächtiger Urlaubsantritt oder Teilnahme an einem rechtswidrigen Streik). Zu den Rechtsfolgen und den unterschiedlichen Sanktionen bei Verletzung der Arbeitspflicht vgl. Rn. 981 ff. Das Rücktrittsrecht aus § 325 wird durch die Regelungen zur Kündigung des Arbeitsverhältnisses verdrängt.

Ist die eingetretene **Unmöglichkeit weder von AG noch vom AN zu vertreten**, greift grds. die 965 Rechtsfolge des § 323, so daß auch der AG von seiner Leistungspflicht befreit wird („ohne Arbeit kein Lohn"). Durch die Zuweisung des Betriebsrisikos an den AG (hierzu § 615 Rn. 3 ff.) bleibt jedoch im Arbeitsrecht wenig Raum für zufallsbedingte Unmöglichkeit. Wichtigster Fall ist das **Wegerisiko**, das der AN zu tragen hat, obwohl es ihm nicht zuzurechnen ist (hierzu § 616 Rn. 5). Im übrigen bestehen aus Gründen der Sicherung der Existenzgrundlage des AN zahlreiche Durchbrechungen des Prinzips des § 323. Sie sind eine besondere Ausprägung der Fürsorgepflicht des AG (§ 616, EFZG, BUrlG, § 11 MuSchG). Gemeinsam ist diesen Ausnahmen, daß das dort geregelte Leistungshindernis kausal für den Arbeitsausfall sein muß. Liegen jedoch zwei Leistungshindernisse vor, von denen nur eine die Fortzahlung des Entgelts begründen würde, verliert der AN seinen Vergütungsanspruch (Beispiel zum MuSchG: BAG 5. 7. 1995 AP MuSchG 1968 § 3 Nr. 7 = NZA 1996, 137).

bb) **Leistungsverzögerung.** Ist dem AN nach dem Arbeitsvertrag die Nachleistung ausnahmsweise 966 möglich, bestimmen sich die Rechtsfolgen der vom AN zu vertretenden Leistungsverzögerung nach § 326. Jedoch wird das Rücktrittsrecht durch das arbeitgeberseitige Kündigungsrecht verdrängt. In Betracht kommt eine Nachleistung insb. bei geringfügigen Verspätungen (BAG 17. 3. 1988 AP BGB § 626 Nr. 99). Neben der Erfüllung kann der AG auch den Verzugsschaden nach § 286 I verlangen (*Zöllner/Loritz* § 18 I 1).

cc) **Schlechtleistung.** Unter Schlechtleistung sind **alle Verletzungen arbeitsvertraglicher Pflichten** 967 zu verstehen, die **weder Verzug noch Unmöglichkeit der Arbeitsleistung** zur Folge haben oder zu einer darüber hinausgehenden Schädigung des AG führen (*Kraft* NZA 1989, 777, 780). Schlechtleistung in einem weiteren Sinne ist auch gegeben bei der **Verletzung von Nebenpflichten**, insb. bei der Verletzung von Integritätsinteressen des AG. Zur Frage, ob und inwieweit AN im Falle der **Schlechtleistung** als Gesamtschuldner haften: vgl. LAG Berlin 30. 10. 1989 NZA 1990, 106 = LAGE BGB § 611 Arbeitnehmerhaftung Nr. 13. Die Schlechtleistung ieS, nämlich die Schlechterfüllung der Hauptleistungspflicht, ist aufgrund der persönlichen Leistungspflicht und des subjektiven Leistungsmaßstabes nur schwer zu bestimmen.

Das Dienstleistungsrecht kennt keine Gewährleistungsregeln, weil ein Erfolg nicht geschuldet wird. 968 Das gilt auch bei Mitarbeitern im Verkauf (LAG Düsseldorf 19. 12. 1990 LAGE BGB § 611 Abmahnung Nr. 24). Hierdurch soll aber nicht die Schlechtleistung sanktionsfrei gestellt werden (*Motzer* S. 177; *Hanau* AcP 189 (1989), 182, 184). Allerdings besteht keine objektive Gewährleistungspflicht des AN, die eine verschuldensunabhängige Haftung zur Folge hätte. Der AG kann kraft seines Direktionsrechts die Beseitigung der Mängel verlangen, aber nur im Rahmen der normalen Tätigkeit und damit letztlich auf eigene Kosten. Ein Schadensersatzanspruch nach den Grundsätzen der pVV ist verschuldensabhängig. Das Arbeitsentgelt bleibt in seiner Höhe bei Schlechtleistung grds. unberührt, es sei denn, es besteht ein aufrechenbarer Schadensersatzanspruch aus pVV. Eine Minderung des Arbeitsentgelts wegen Schlechtleistung ist prinzipiell ausgeschlossen (BAG 6. 6. 1972 AP BGB § 611 Haftung des Arbeitnehmers Nr. 71). Liegt jedoch ein Fall der Nichtleistung vor, entfällt der Lohnanspruch.

Die Abgrenzung zwischen Schlechtleistung und Nichtleistung ist in qualitativer und quantitativer 969 Hinsicht problematisch. Nach tlw. vertretener Auffassung werden sämtliche Fälle der Schlechtleistung unter den Regeln der Unmöglichkeit gefaßt mit der Folge der Lohnminderung nach §§ 325, 323 (*Beuthien* ZfA 1972, 73, 74; *Motzer* S. 137 f.; zust. *Zöllner/Loritz* § 18 I 2). Diese Auffassung ist abzulehnen, da mit der Wertung als Nichterfüllung dem AN ein Risiko aufgebürdet wird, das er durch den Verzicht auf die Gewährleistungsregeln gerade nicht tragen sollte (zutreffend *Lieb* Rn. 186 ff.). Ein Schadensersatzanspruch kann daher nur bei verschuldeter Schlechtleistung bestehen (BAG 17. 7. 1970 AP MuSchG 1968 § 11 Nr. 3). In der Praxis ist die Abgrenzung zwischen Bummelei, Langsamarbeit und eigenmächtigen Pausen, die schon als Nichtleistung gewertet werden könnte, schwierig (hierzu *Lieb* Rn. 198 ff.). Wesentlich ist festzuhalten, daß sich in allen Fällen der Schlechtleistung die Sanktionen nach den Grundsätzen der pVV richten (Einzelheiten hierzu und zu weiteren Sanktionen Rn. 981 ff.). Auch bei der Verletzung von Nebenpflichten ist pVV die richtige Anspruchsgrundlage. Bei der Verletzung von Nebenpflichten bei betrieblich veranlaßter Tätigkeit sind die Grundsätze der privilegierten ANHaftung zu beachten (Rn. 1035 ff.).

dd) **Unzumutbarkeit der Arbeitsleistung; Gewissenskonflikte.** In Ausnahmefällen kann sich ein 970 Wegfall der Arbeitspflicht aus der Unzumutbarkeit der Arbeitsleistung für den AN ergeben, insb. weil der AN durch die Erbringung der Arbeitsleistung in eine **unverschuldete Pflichtenkollision** gerät. Rechtsgrundlage dieses Leistungsverweigerungsrechts ist § 242, bei vertragswidrigem Verhalten des AG § 273 (*Henssler* AcP 190 (1990), 538, 566). Fälle der von keiner Seite zu vertretenden objektiven

Unzumutbarkeit der Leistungserbringung sind jedoch selten. Das BAG hat einen derartigen Fall im Ergebnis angenommen bei der Kollision der Pflicht zur Arbeitsleistung mit einer kurzzeitig bestehenden Wehrpflicht im Ausland. Das Bestehen des AG auf Erfüllung der Arbeitspflicht wurde als Verstoß gegen Treu und Glauben gewertet (BAG 22. 12. 1982 AP BGB § 123 Nr. 23). Verneint wurde jedoch ein Verstoß gegen § 242, wenn die Wehrpflicht für mehr als zwei Monate bestand (BAG 20. 5. 1988 AP KSchG 1969 § 1 Personenbedingte Kündigung Nr. 9 mit Anm. *Rüthers/Henssler* und *Kohte*).

971 Eine Unzumutbarkeit der Erfüllung der Arbeitspflicht kann nur sehr zurückhaltend angenommen werden. Zumeist werden die Fallkonstellationen über andere Institute des Leistungsstörungsrechts erfaßt. **Unzumutbarkeit der Leistungspflicht** liegt nur bei einer **außerordentlichen Leistungserschwerung** vor, die **einem Unvermögen** zur **Leistungserbringung (= Unmöglichkeit)** gleichsteht. In Fällen der Pflichtenkollision hat jedoch der AN die Möglichkeit, sich zwischen zwei Alternativen zu entscheiden. Die unverschuldete Pflichtenkollision schließt richtigerweise die **Rechtswidrigkeit** der Arbeitspflichtverletzung aus, führt aber noch nicht zu einem der Unmöglichkeit gleichstehenden Unvermögen (BAG 21. 5. 1992 AP KSchG 1969 § 1 Verhaltensbedingte Kündigung Nr. 29 mit Anm. *Kraft*). Dies hat zur Konsequenz, daß zwar Sanktionen wegen einer Vertragspflichtverletzung ausscheiden, nicht aber die Möglichkeit einer verschuldensunabhängig, objektiv begründeten personenbedingten Kündigung. War die Pflichtenkollision nicht unverschuldet bzw. vorhersehbar, kommen wegen Verletzung der Arbeitspflicht die verhaltensbedingte Kündigung und ggf. Schadensersatzansprüche (*Henssler* AcP 190 (1990) 538, 553 ff.) in Betracht.

972 In anderen Fällen, die unter dem Stichwort der Unzumutbarkeit der Arbeitsleistung diskutiert werden, fehlt es vielfach an der wirksamen Zuweisung der Arbeitsaufgabe oder liegen zur Leistungsverweigerung berechtigende Pflichtverletzungen des AG vor. Die Rspr. hat ein Leistungsverweigerungsrecht angenommen, wenn der AN Arbeitsleistung zu erbringen hat, die er mit seinem Gewissen nicht vereinbaren kann (Herstellung kriegsverherrlichender Schriften, BAG 20. 12. 1984 AP BGB § 611 Direktionsrecht Nr. 16 mit Anm. *Brox*; zur Medikamentenentwicklung, die die Führbarkeit eines Atomkriegs beeinflussen können: BAG 24. 5. 1989 AP BGB § 611 Gewissensfreiheit Nr. 3 mit Anm. *Wiedemann*; hierzu näher Art. 4 GG Rn. 58 ff.; Orchestermusiker, der sich der Mitwirkung an blasphemischer Inszenierung verweigert LAG Düsseldorf 7. 8. 1992 LAGE BGB § 611 Direktionsrecht Nr. 13). Auch in diesen Fällen fehlt es lediglich an der Rechtswidrigkeit der Arbeitsverweigerung, weshalb eine Vertragspflichtverletzung zu verneinen ist. Die **auf eine Gewissensentscheidung gestützte persönliche Leistungsverhinderung** ist eine nicht nach den Unmöglichkeitsregeln abzuwickelnde Leistungsstörung (so aber *Kohte* NZA 1989, 161), sondern eine **im Rahmen des Leistungsbestimmungsrechts des AG zu beachtende Begrenzung der vertraglichen Pflichten**. Bei ideellen Leistungshindernissen (Gewissenskonflikten, familiärer Versorgungsnotstand) bedarf es zur Begründung eines arbeitnehmerseitigen Leistungsverweigerungsrechts stets einer Rechtsgüterabwägung unter Berücksichtigung verfassungsrechtlicher Wertungen (ausf. *Henssler* AcP 190 (1990) 538, 547 ff.). Ist zB aufgrund eines Gewissenskonfliktes ein anderweitiger Arbeitseinsatz nicht möglich, entfällt gem. § 323 I der Lohnanspruch. Der AG gerät nicht gem. § 615 in Annahmeverzug, weil ein anderer Arbeitseinsatz nicht möglich ist (BAG 24. 5. 1989 AP BGB § 611 Gewissensfreiheit Nr. 3; § 615 Rn. 45). Darüber hinaus kann die durch die Pflichtenkollision objektiv erheblich und dauerhaft gestörte Vertragsbeziehung durchaus zu einer personenbedingten Kündigung legitimieren.

973 Sofern grundrechtsrelevante Eingriffe in die Menschenwürde oder Persönlichkeitsrechte des AN vorliegen, zB durch Fehlverhalten von Arbeitskollegen und Vorgesetzten, kann ein Zurückbehaltungsrecht des AN wegen Verletzung arbeitgeberseitiger Schutzpflichten bestehen. Dieser Sachverhalt ist von dem Rechtsinstitut der Unzumutbarkeit ieS zu unterscheiden.

974 **ee) Leistungsverweigerungs- und Zurückbehaltungsrecht.** §§ 273, 320 sind auch auf den Arbeitsvertrag anwendbar. Für den **AG** kommt primär ein Zurückbehaltungsrecht an dem geschuldeten **Arbeitsentgelt** in Betracht, wenn der AN seine Arbeitspflicht nicht erfüllt (§ 320 I 1). Ist der für die Arbeitsleistung vorgesehene Zeitabschnitt jedoch verstrichen, tritt regelmäßig Unmöglichkeit der Arbeitspflicht ein (Rn. 960 ff.). Umstritten ist, ob der AG mit der Zurückbehaltung des Lohnanspruches, der sich auf einen früheren Zeitabschnitt bezieht, Druck zur Wiederaufnahme der Arbeit ausüben kann. Dies ist regelmäßig, auch im Hinblick auf § 320 II zu verneinen (hierzu *Otto* AR-Blattei SD 1880 Rn. 21 ff.). Wegen **qualitativ und quantitativ mangelhafter Arbeitsleistung** kommt ein Zurückbehaltungsrecht **nicht** in Betracht; dies könnte nur in den Grenzfällen bejaht werden, wo die passive Resistenz einer Nichtleistung von Arbeit gleichkommt (hierzu Rn. 969; *Otto* AR-Blattei SD 1880 Rn. 27). Ein Zurückbehaltungsrecht kommt aber in Betracht, wenn der AN wegen Nichterfüllung seiner Arbeitspflicht gem. § 325 auf **Schadensersatz** haftet oder wegen eines Verstoßes gegen ein **vertragliches Wettbewerbsverbot** entschädigungspflichtig ist (BAG 5. 8. 1968 AP HGB § 74 Nr. 24). Im übrigen besteht für den AG bei der schuldhaften, zu Schadensersatzansprüchen führenden **Verletzung wesentlicher Nebenpflichten** ein Zurückbehaltungsrecht aus § 273 (*Hanau/Preis* II Z 30 Rn. 5). Zurückbehaltungsrechte an anderen Leistungen, insb. die **Herausgabe von Arbeitspapieren** oder **Sachen des AN** kommen regelmäßig nicht in Betracht (hierzu § 611 Rn. 1144). Größere Bedeutung haben die Zurückbehaltungsrechte des **AN**. Bei berechtigter Leistungsverweigerung gerät der

G. Pflichten des Arbeitnehmers § 611 BGB 230

AG in Annahmeverzug mit der Folge der Pflicht zur Vergütung (§ 615). Verhaltensbedingte Kündigungen bei berechtigter Leistungsverweigerung sind ausgeschlossen (§ 626 Rn. 109, § 1 KSchG Rn. 379). Nimmt jedoch der AN zu Unrecht die Voraussetzungen eines Zurückbehaltungsrechtes an, kann die Verweigerung der Arbeitsleistung einen verhaltensbedingten Grund zur ordentlichen oder außerordentlichen Kündigung darstellen. Grds. trägt der AN das Irrtumsrisiko. Sorgfältig ist allerdings zu prüfen, ob sich der AN unverschuldet in einem Rechtsirrtum befunden hat. Ein Zurückbehaltungsrecht kann bestehen, wenn der AG seine Pflicht zu vertragsgemäßer Beschäftigung verletzt (LAG Berlin 12. 3. 1999 ZTR 1999, 326). Ein Zurückbehaltungsrecht des AN mit der Arbeitsleistung besteht insb. auch dann, wenn der AG **erheblichen Nebenpflichten** nicht nachkommt, insb. öffentlich-rechtliche ANSchutzvorschriften mißachtet (Einzelheiten hierzu BAG 8. 5. 1996 AP BGB § 618 Nr. 23; hierzu § 618 Rn. 30 ff.). Ein Leistungsverweigerungsrecht besteht überdies, wenn der AG bei einseitigen Anordnungen **Mitbestimmungsrechte des BR** verletzt hat (ausf. *Otto* AR-Blattei SD 1880 Rn. 1 ff.). Allerdings ist nach dem Inhalt der jeweiligen Mitbestimmungsrechte zu differenzieren. Ob und inwieweit der AN wegen **anderer Ansprüche (Schadensersatzansprüche)** berechtigt ist, die Arbeitsleistung zu verweigern, hängt von der Beurteilung des Einzelfalles ab. Wegen behaupteter und umstrittener Schadensersatzansprüche kommt ein Leistungsverweigerungsrecht jedenfalls dann nicht in Betracht, wenn es sich um einen **verhältnismäßig geringfügigen Betrag** handelt (ArbG Passau 17. 3. 1989 BB 1989, 1197; ArbG Hannover 11. 12. 1996 EzA BGB § 273 Nr. 6). Zur Möglichkeit der Arbeitsverweigerung wegen Nichterfüllung des Beschäftigungsanspruchs (LAG Frankfurt 13. 9. 1984 NZA 1985, 431). Zur Frage, ob die **kollektive Ausübung eines Zurückbehaltungsrechts eine Arbeitskampfmaßnahme** darstellt: BAG 14. 2. 1978 AP GG Art. 9 Arbeitskampf Nr. 58; vgl. hierzu Art. 9 GG Rn. 292.

Vom AN kann verlangt werden, daß er **vor Ausübung des Leistungsverweigerungsrechts** die **975** Absicht hierzu unter Angabe des Grundes dem AG mitteilt, damit dieser ggf. den Anspruch des AN erfüllt (LAG Frankfurt 13. 9. 1984 NZA 1985, 431; *Söllner* ZfA 1973, 1, 17; *Otto* AR-Blattei SD 1880 Rn. 72 ff.). Überdies unterliegt die Ausübung des Zurückbehaltungsrechts dem Grundsatz von Treu und Glauben, § 242 (MünchKommBGB/*Müller-Glöge* § 611 Rn. 9; vgl hier noch zur Leistungsverweigerung bei geringfügigen Lohnrückständen § 611 Rn. 670).

f) Ruhen der Arbeitspflicht; Sonderurlaub. Ein Ruhen der Arbeitspflicht mit und ohne Entgelt- **976** fortzahlungspflicht kann sich aus Gesetz, Kollektivvertrag oder einzelvertraglicher Vereinbarung ergeben (ausf. *Dikomey*, Das ruhende Arbeitsverhältnis, 1990). Gesetzliche Anwendungsfälle des Ruhens des Arbeitsverhältnisses sind zB Art. 48 II GG, §§ 15, 16 BErzGG, § 13 MuSchG. Nach dem Grundsatz der Vertragsfreiheit ist die im Einzelfall getroffene vorübergehende oder dauernde Befreiung von der Arbeitspflicht unproblematisch (BAG 9. 8. 1995 AP BGB § 611 Gratifikation Nr. 181). Das Ruhen kann auch konkludent vereinbart werden. Die Individualvereinbarung aus einem bestehenden Arbeitsverhältnis heraus ist in den Grenzen des § 138 zu respektieren (*Hanau/Preis* II F 10 Rn. 7; *Erman/Hanau* Rn. 318).

Der AG ist zur Gewährung von **Sonderurlaub** ohne entspr. vertragliche oder tarifvertragliche **977** Regelung grds. nicht verpflichtet. Das gilt auch für den umgekehrten Fall der vorzeitigen Beendigung des gewährten Sonderurlaubs. Regelmäßig räumen entspr. Vorschriften dem AN keinen Rechtsanspruch ein, der AG muß jedoch nach billigem Ermessen entscheiden (§ 315; BAG 29. 11. 1995 AP GleichstellungsG Berlin § 10 Nr. 1 = NZA 1996, 534). Eine Pflicht zur Einwilligung in die vorzeitige Beendigung des Sonderurlaubs besteht als arbeitsrechtliche Nebenpflicht dann, wenn dem AG die Beschäftigung des AN möglich und zumutbar ist und wenn der Grund für die Bewilligung des Sonderurlaubs weggefallen ist oder schwerwiegende negative Veränderungen in den wirtschaftlichen Verhältnissen des AN eingetreten sind (BAG 6. 9. 1994 NZA 1995, 953 = AP BAT § 50 Nr. 17). Der vorzeitigen Beendigung des Sonderurlaubs wird der AG idR zustimmen müssen, wenn im Falle der Schwangerschaft nunmehr der Übergang zum Erziehungsurlaub verlangt wird (BAG 16. 7. 1997 AP BErzGG § 15 Nr. 23). Ein **Anspruch auf Arbeitsfreistellung** folgt uU aus sozialrechtlichen Bestimmungen, insb. § 45 III 1 SGB V bei Erkrankung eines Kindes. Bei rechtswidriger Verweigerung des Freistellungsanspruchs kann der AN der Arbeit eigenmächtig fernbleiben. Eine wegen Ausübung dieses Rechts ausgesprochene Kündigung verstößt gegen § 612 a BGB (LAG Köln 13. 10. 1993 NZA 1995, 128).

Nur in **Ausnahmefällen** kann sich ein **Befreiungsanspruch** aus der Fürsorgepflicht des AG **978** ergeben, soweit nicht ohnehin der vorrangige § 616 eingreift (zum Anspruch auf Arbeitsbefreiung zur mehrwöchigen Ausbildung an einem Heimdialysegerät zur Pflege eines nahen Angehörigen BAG 20. 7. 1977 AP BGB § 616 Nr. 47; BAG 7. 9. 1983 AP KSchG 1969 § 1 Verhaltensbedingte Kündigung Nr. 7; bei schwerwiegender Pflichtenkollision LAG Frankfurt 3. 10. 1985 NZA 1986, 717 = LAGE BGB § 611 Fürsorgepflicht Nr. 12; Teilnahme als Delegierter an Gewerkschaftstag LAG Köln 11. 1. 1990 LAGE BGB § 611 Fürsorgepflicht Nr. 20).

Soweit das „Ruhen des Arbeitsverhältnisses" vereinbart worden ist, bedeutet dies im Regelfall die **979** **Suspendierung der gegenseitigen Hauptleistungspflichten.** Die entspr. Regelungen bedürfen jedoch der Auslegung im Einzelfall, weil der AN bei fehlender ausdrücklicher Regelung idR nicht auf den

Preis 1449

sich aus dem Arbeitsvertrag ergebenden Vergütungsanspruch verzichten will. Die Dauer der Freistellung, die zweckbefristet oder unbefristet sein kann, richtet sich grds. nach der Freistellungsvereinbarung. Ob und inwieweit der AN im ungekündigten oder gekündigten Arbeitsverhältnis durch einseitige Erklärung des AG freigestellt werden kann (Suspendierung), ist problematisch. Durch die einseitige Freistellung wird der Beschäftigungsanspruch des AN berührt (Rn. 829).

980 **g) Durchsetzung der Arbeitspflicht.** Der AG kann den AN auf Erfüllung der Arbeitspflicht verklagen. Trotz § 888 II ZPO, der die Vollstreckbarkeit nicht vertretbarer Dienstleistungen ausschließt, entfällt das Rechtsschutzbedürfnis nicht (BAG 2. 12. 1965 AP BGB § 620 Befristeter Arbeitsvertrag Nr. 27). Auf Antrag kann der AN zur Zahlung einer Entschädigung nach § 61 II ArbGG verurteilt werden (hierzu Rn. 986; zur Vollstreckung näher § 61 II ArbGG).

981 **h) Sanktionen bei Verletzung der Arbeitspflicht.** Die Rechtsfolgen der Nichtleistung beruhen entweder auf gesetzlicher Anordnung (zB Entgeltminderung und Schadensersatzpflicht) oder auf einer besonderen vertraglichen Abrede (zB Vertragsstrafe).

982 **aa) Entgeltminderung.** Erbringt der AN die geschuldete Arbeitsleistung nicht, so führt dies im Verschuldensfalle regelmäßig zum Verlust des Anspruchs auf das ihm sonst für diese Zeit zustehende Arbeitsentgelt (§§ 325 I 3, 323 I 1, hM, zweifelnd *Bitter* AR-Blattei SD 190 Rn. 80). Ist die ausgefallene Arbeit ausnahmsweise nachholbar, steht dem AG insoweit ein Leistungsverweigerungsrecht in Form der Einrede des nichterfüllten Vertrages (§ 320) zu. Die Pfändungsfreigrenzen (§§ 850a ff. ZPO) finden auf diese Fälle keine Anwendung. Vergütungszahlungen, die der AG hiernach ohne Rechtsgrund geleistet hat, sind vom AN gem. §§ 325 I 3, 323 III, 812 I 2 Alt. 1 zurückzuerstatten.

983 Wird der AN während der Zeit seiner vertragsbrüchigen Abwesenheit arbeitsunfähig krank, so steht im kein Anspruch auf Entgeltfortzahlung zu, da dann die **krankheitsbedingte Arbeitsunfähigkeit** nicht die ausschließliche Ursache der Arbeitsverhinderung darstellt (hierzu § 3 EFZG Rn. 41). Erklärt ein AN eindeutig und endgültig, seine vertragliche Leistung nicht mehr zu erbringen, so kann er sich nicht darauf berufen, daß er wegen eines später eingetretenen persönlichen Hinderungsgrundes nicht mehr arbeiten konnte (so LAG Köln 21. 12. 1982 EzA LFZG § 1 Nr. 64; ebenso LAG Saarbrücken 18. 12. 1963 DB 1964, 115; zur Beweislastverteilung BAG 20. 3. 1985 AP LohnFG § 1 Nr. 64).

984 Während der AG den auf die Zeit der vertragswidrigen Nichtarbeit entfallenden Teil des Arbeitsentgelts zurückhalten kann, sind die bis zur Arbeitseinstellung vertragsgemäß erbrachten Arbeitsleistungen grds. entspr. zu vergüten. Eine Beschränkung des Teilvergütungsanspruchs kann sich im Falle des Arbeitsvertragsbruchs allerdings aus § 628 I 2 Alt. 2 ergeben (vgl. hierzu die Kommentierung zu § 628 Rn. 18 ff.).

985 **bb) Schadensersatz.** Für eine Schadensersatzhaftung des nichtleistenden AN kommen verschiedene Rechtsgrundlagen in Betracht. Im allgemeinen ergibt sie sich aus dem Gesichtspunkt der **zu vertretenden Unmöglichkeit** gem. § 325 (vgl. *Heinze* NZA 1994, 245; *Kraft* NZA 1989, 779). Ist die ausgefallene Arbeit **ausnahmsweise nachholbar,** kann der **Verspätungsschaden** gem. § 286 oder aber der **Nichterfüllungsschaden** gem. § 326 geltend gemacht werden. Der AG kann auch von der Möglichkeit des § 283 Gebrauch machen, den AN auf Erfüllung verklagen und nach fruchtlosem Ablauf einer festgesetzten Frist ohne weitere Voraussetzungen Schadensersatz wegen Nichterfüllung verlangen. Hierzu bedarf es ggf. einer neuerlichen Klage.

986 Günstiger ist für den AG demgegenüber die Vorgehensweise nach § 61 II ArbGG. Dem AG ist es demnach gestattet, den Klageantrag auf Erfüllung der primären Arbeitspflicht mit einem Antrag auf **Festsetzung einer Entschädigung** zu verbinden (BAG 2. 12. 1965 AP BGB § 620 Befristeter Arbeitsvertrag Nr. 27 m. Anm. *A. Hueck*; BAG 23. 5. 1984 AP BGB § 339 Nr. 9 m. Anm. *Brox*; *Lüke*, FS für E. Wolf., S. 467 ff.; *Germelmann/Matthes/Prütting* § 61 ArbGG Rn. 28; *Kraft* NZA 1989, 778). Im Verfahren des vorläufigen Rechtsschutzes kann allerdings eine Entschädigungsanordnung nach nunmehr ganz hA nicht ergehen. Denn der Vortrag des AG dürfte kaum je den Anforderungen an den Verfügungsgrund genügen, müßte der AG doch glaubhaft machen, daß er sich in einer akuten Notlage im Sinne einer dringenden Angewiesenheit auf die sofortige Zahlung der Entschädigung (nicht auf die Leistung der Arbeit!) befinde (LAG Baden-Württemberg 9. 4. 1963 AP ZPO § 940 Nr. 5; LAG Frankfurt 19. 10. 1989 NZA 1990, 614; *Kraft* NZA 1989, 778; MünchArbR/*Blomeyer* § 50 Rn. 12; aA *Marienhagen* BB 1961, 757 und mit Modifizierungen auch *Adomeit/Dobat* ArbGeb 1967, 15 ff). Bei der auf Antrag festzusetzenden „Entschädigung" handelt es sich um den nach materiellem Recht aufgrund des Vertragsbruchs zu leistenden Schadensersatz (*Staudinger/Richardi* § 611 Rn. 350; *Germelmann/Matthes/Prütting* § 61 ArbGG Rn. 28; *Lüke*, FS für E. Wolf, S. 467). Daraus folgt, daß sie den durch den Vertragsbruch verursachten Schaden des AG nicht übersteigen darf und sich an der voraussichtlichen Höhe des Schadens zu orientieren hat (*Kraft* NZA 1989, 778; MünchArbR/*Blomeyer* § 50 Rn. 11; *Dütz* Rn. 185).

987 Sagt sich der AN noch **vor Dienstantritt** definitiv vom Vertrag los, so befindet er sich mangels Fälligkeit des Arbeitsleistungsanspruchs weder im Verzug, noch ist es ihm unmöglich, die Arbeit am vereinbarten Termin aufzunehmen. Die eigentliche Vertragsverletzung liegt hier bereits in der Vertragsaufsage selbst, denn durch diese wird das Vertragsverhältnis in seinen Grundfesten erschüttert; die spätere Nichtarbeit erfolgt dann nur noch in Vollzug dieser Ankündigung. Dies spricht dafür, in der **Vertragsaufsage** eine selbständige pVV zu sehen, die zum Schadensersatz wegen Nichterfüllung des ganzen Vertrages verpflichtet (ebenso *Hanau* JuS 1975, 506; *Wiedemann* Anm. AP TVG § 4 Günstigkeitsprinzip Nr. 15; zur Haftung aus pVV wegen Verletzung einer Unterrichtungspflicht – der AG hatte im Vertrauen auf die vertraglich zugesagte Arbeitsaufnahme bereits erhebliche Investionen getätigt – BAG 14. 9. 1984 AP BGB § 276 Vertragsbruch Nr. 10).

Nimmt der AG das Ausbleiben der geschuldeten Dienste seinerseits zum Anlaß, das Arbeitsverhält- 988 nis zu beenden und erleidet er infolge dieser vorzeitigen Auflösung Vermögenseinbußen, so ist als Anspruchsgrundlage für eine gegen den AN gerichtete Schadensersatzforderung stets die Sondervorschrift des § 628 II – eine Parallelvorschrift für Berufsausbildungsverhältnisse findet sich in § 16 I 1 BBiG – in Betracht zu ziehen (vgl. hierzu § 628 Rn. 41 ff.).

In allen Fällen richtet sich das Maß des Schadensersatzes nach § 249. Die Schadensersatzpflicht 989 richtet sich auf alle Aufwendungen des Geschädigten, soweit sie nach den Umständen des Falles als notwendig anzusehen sind. Dazu gehört auch die Abwehr drohender Nachteile, wenn sich insofern konkrete Verdachtsmomente ergeben. Insoweit hat der AN dem AG auch die **Detektivkosten** zu ersetzen, wenn der AG anläßlich eines konkreten Tatverdachts gegen den AN einem Detektiv die Überwachung des AN überträgt und dieser der einer vorsätzlichen Vertragspflichtverletzung überführt wird (BAG 17. 9. 1998 AP BGB § 611 Haftung des Arbeitnehmers Nr. 113; LAG Rheinland-Pfalz 15. 6. 1999 NZA 2000, 260). Zu beachten ist, daß die Einstandspflicht des AN in zeitlicher Hinsicht von vornherein mit Rücksicht auf die Möglichkeit einer regulären Beendigung des Arbeitsverhältnisses eingeschränkt ist (BAG 14. 9. 1984 AP BGB § 276 Vertragsbruch Nr. 10; MünchKommBGB/ *Schwerdtner* § 628 Rn. 20; *Hanau*, Kausalität der Pflichtwidrigkeit, S. 159 f.; *Stoffels* S. 134 ff.). Die Einzelheiten der Schadensberechnung sind umstritten und der Nachweis der entstandenen Schäden ist nur sehr schwierig zu erbringen (zum Umfang der Schadensersatzpflicht vgl. § 628 Rn. 63 ff.).

cc) **Vertragsstrafe.** Die zu vertretende Nichtleistung der geschuldeten Dienste – vorübergehend 990 oder endgültig – kann mit einer Vertragsstrafe sanktioniert werden (BAG 18. 9. 1991 AP BGB § 339 Nr. 14; ausf. hierzu §§ 339 bis 345 BGB Rn. 27).

dd) **Kündigung.** Die Weigerung des AN, die vertraglich geschuldete Leistung zu erbringen, ist nach 991 grds. erforderlicher Abmahnung geeignet, eine verhaltensbedingte ordentliche Kündigung und in gravierenden Fällen auch eine außerordentliche Kündigung zu rechtfertigen. Der Arbeitsvertragsbruch erlaubt sogar regelmäßig eine außerordentliche fristlose Kündigung ohne vorherige Abmahnung (vgl. *Stoffels* S. 102 ff.). Zu den Einzelfällen wie Unpünktlichkeiten, eigenmächtiger Urlaubsantritt etc. vgl. die Kommentierungen zu § 626 und § 1 KSchG.

II. Nebenpflichten des Arbeitnehmers

Schrifttum: *Glöckner,* Nebentätigkeitsverbote im Individualarbeitsrecht, 1993; *Reinfeld,* Verschwiegenheitspflicht und Geheimnisschutz im Arbeitsrecht, 1989; *Taeger,* Die Offenbarung von Betriebs- und Geschäftsgeheimnissen, 1988; *Wank,* Nebentätigkeit, 1995.

1. **Allgemeines.** Jedem Schuldverhältnis sind aus § 242 herzuleitende Pflichten der Vertragspartner 992 der **Rücksichtnahme, des Schutzes und der Förderung des Vertragszwecks** immanent. Zu Unrecht hat man in der Vergangenheit als Ausprägung des verabschiedeten personenrechtlichen Gemeinschaftsverhältnisses (Rn. 7) über die privatrechtliche Dogmatik hinausgehende Treue- und Fürsorgepflichten begründet (hierzu ausführlich *Staudinger/Richardi* Rn. 374 ff.; MünchArbR/*Blomeyer* § 49). Daß sich Nebenpflichten je nach Qualität und Intensität der Vertragsbeziehung verstärken können, die bei Dauerschuldverhältnissen strukturell ausgeprägter sind als bei punktuellen Rechtsgeschäften, ist keine Besonderheit des Arbeitsrechts (MünchArbR/*Blomeyer* § 49 Rn. 16; *Preis* Vertragsgestaltung S. 517 ff.).

Nach § 242 hat jeder Schuldner „die Leistung so zu bewirken, wie Treu und Glauben mit Rücksicht 993 auf die Verkehrssitte es erfordern". Nebenleistungspflichten, wie Unterlassungs- und Handlungspflichten, sind eng mit der Hauptleistungspflicht des AN verknüpft (MünchArbR/*Blomeyer* § 51 Rn. 19). Auch unselbständige Nebenpflichten, zu denen allgemeine Sorgfalts-, Obhuts-, Fürsorge-, Aufklärungs- und Anzeigepflichten gehören, stehen nicht im freien Raum mit beliebigem Inhalt, sondern dienen dazu, die Erbringung der Hauptleistung vorzubereiten und zu fördern, die Leistungsmöglichkeit zu erhalten und den Leistungserfolg zu sichern. Im Arbeitsverhältnis wird der Inhalt der Nebenpflichten durch die **besonderen persönlichen Bindungen** der **Vertragspartner** geprägt (BAG 7. 9. 1995 AP BGB § 242 Auskunftspflicht Nr. 24). Je weiter sich denkbare Pflichten von der Hauptpflicht entfernen, um so zurückhaltender wird man entspr. Nebenpflichten ohne ausdrückliche vertragliche Vereinbarung anzuerkennen (*Preis* Vertragsgestaltung S. 518).

Trotz dieser allgemeinen Erkenntnis der Rückführung der vertraglichen Nebenpflichten im Arbeits- 994 verhältnis auf dessen konkrete Pflichtenstruktur sind in der Praxis noch immer recht weite Formeln anzutreffen. So formuliert das BAG, die Treuepflicht des AN gebiete, alles zu unterlassen, was dem AG und dem Betrieb abträglich sei (BAG 16. 8. 1990 AP BGB § 611 Treuepflicht Nr. 10). Insb. bei außerdienstlichen Vertragsbindungen vermögen diese Formeln wenig Hilfestellung zu geben, weil sie konsequent gehandhabt zu einem problematischen und vertragsrechtlich übermäßigen Eingriff in die Privatsphäre führen können. Keinesfalls ist es so, daß der AN alle seine Interessen hinter den AGInteressen zurückstellen muß (Zöllner/Loritz § 13 I). Zumeist lassen sich die Nebenleistungspflichten, selbständigen Schutzpflichten und Unterlassungs- und Handlungspflichten des AN sehr präzise umschreiben. Problematisch werden alle Vertragsbindungen und Nebenpflichten, die im grundrechtsrelevanten Bereich ansiedeln.

995 **2. Einzelne Nebenpflichten. a) Verschwiegenheitspflicht.** Der AN ist verpflichtet, Betriebs- oder Geschäftsgeheimnisse nicht zu offenbaren. Vertragsrechtliche Grundlage dieser Verpflichtung ist § 242. Überdies gibt es zahlreiche **spezialgesetzliche** Geheimhaltungspflichten, deren Adressat AN sein können (insb. §§ 17 I, 18 und 20 UWG; § 9 Nr. 6 BBiG; § 24 II ArbNErfG; § 5 Satz 2 BDSG; § 79 I BetrVG).

996 Sowohl für die vertragliche Geheimhaltungspflicht als auch für die spezialgesetzlichen Vorschriften ist der **Begriff des Geschäfts- und Betriebsgeheimnisses** wesentlich. Hierunter versteht man **Tatsachen**, die im Zusammenhang mit einem Geschäftsbetrieb stehen, nur einem **eng begrenzten Personenkreis** bekannt sind, **nicht offenkundig** sind, nach dem (ausdrücklich oder konkludent) bekundeten Willen des Betriebsinhabers geheimgehalten werden sollen und an deren Geheimhaltung der Unternehmer ein berechtigtes wirtschaftliches Interesse hat (BAG 15. 12. 1987 AP BGB § 611 Betriebsgeheimnis Nr. 5). Betriebsgeheimnisse beziehen sich auf den technischen Betriebsablauf, insb. Herstellung und Herstellungsverfahren; Geschäftsgeheimnisse betreffen den allgemeinen Geschäftsverkehr des Unternehmens (BAG 15. 12. 1987 AP BGB § 611 Betriebsgeheimnis Nr. 5).

997 Die Tatsachen, die unter Heranziehung dieser Merkmale als Geheimnisse in Frage kommen, sind vielfältig und reichen von Fertigungsverfahren über Kalkulationsunterlagen und Kundenlisten bis hin zu Computerprogrammen. Besteht das Betriebsgeheimnis in einer Verfahrenstechnik, muß diese eindeutig und unverwechselbar beschrieben werden (BAG 25. 4. 1989 AP BGB § 611 Betriebsgeheimnis Nr. 7; zur Vertragsgestaltung *Hanau/Preis* II V 20). Nur wenn die in der Rspr. genannten Merkmale **kumulativ** vorliegen, liegt ein Geheimnis vor, das den entspr. rechtlichen Schutz genießen kann. Eine Tatsache kann durchaus nur einem eng begrenzten Personenkreis aktuell bekannt sein, ohne daß bereits ein „Geheimnis" vorliegt. **Offenkundig** ist ein Betriebsgeheimnis schon dann, wenn es in einer Weise an die Öffentlichkeit gelangt ist, die es jedermann zugänglich macht, dh. ohne Schwierigkeiten in Erfahrung gebracht werden kann, weil es etwa dem Stand der Technik entspricht. Das Offenkundigkeitsmerkmal bezieht sich auf die **Möglichkeit der Kenntniserlangung** und nicht auf die tatsächliche Kenntnis. Entsprechendes gilt zB auch für Computer-Software.

998 Wesentlich ist ferner auch das Merkmal des Geheimnisbegriffes, wonach der Unternehmer „**ein berechtigtes wirtschaftliches Interesse**" an der Geheimhaltung haben muß. Dabei kann die Geheimhaltung von Wettbewerbsverstößen, Straftaten und sonstigen Gesetzeswidrigkeiten ebensowenig wie eindeutige Vertragsbrüche des AG von einem berechtigten Interesse gedeckt sein. Illegale Geheimnisse sind nicht schutzwürdig. Das bloß wirtschaftliche Interesse des AG genügt nicht, um einen rechtswirksamen Geheimnisschutz zu begründen.

999 Die Verschwiegenheitspflicht des AN kann **vertraglich konkretisiert**, jedoch **nur eingeschränkt erweitert** werden (hierzu ausführlich *Hanau/Preis* II V 20). Denn nur, wenn die Voraussetzungen eines Unternehmens- bzw. Betriebsgeheimnisses vorliegen, können hieran auch weitergehende Rechtsfolgen geknüpft werden. Vor diesem Hintergrund ist der einzelvertraglichen Erweiterung der Geheimhaltungspflichten Grenzen gesetzt. So wird in der Rspr. zu Recht herausgestellt, daß eine Verschwiegenheitsvereinbarung nur insoweit zulässig ist, als die Geheimhaltung durch **berechtigte betriebliche Interessen** gedeckt ist (LAG Hamm 5. 10. 1988 DB 1989, 783). Voraussetzung ist also stets ein Geheimhaltungsinteresse. Die in der Praxis verbreitete Vereinbarung sog. „All-Klauseln", die die Verpflichtung enthalten, sämtliche während der Tätigkeit bekanntwerdenden Geschäftsvorgänge geheim zu halten ist – unabhängig von der mangelnden Bestimmtheit – eine unangemessene Benachteiligung des AN bzw. kann zu einer sittenwidrigen Vertragsbindung führen (so LAG Hamm 5. 10. 1988 DB 1989, 783; ebenso *Preis/Reinfeld* AuR 1989, 361, 364; *Hanau/Preis* II V 20 Rn. 24; MünchArbR/*Blomeyer* § 53 Rn. 65). Zur Frage, ob und inwieweit der AN zur Geheimhaltung der Entgelthöhe und des sonstigen Arbeitsvertragsinhalts verpflichtet werden kann: *Hanau/Preis* II V 20 Rn. 27 ff.

1000 Die Grenzen der Verschwiegenheitspflicht können sich aus den Grundrechten ergeben. Der Bruch einer Verschwiegenheitspflicht kann durch das **Grundrecht der freien Meinungsäußerung** gerechtfertigt sein (hierzu Art. 5 GG Rn. 38; BGH 20. 1. 1981 AP BGB § 611 Schweigepflicht Nr. 4; MünchArbR/*Blomeyer* § 53 Rn. 66).

1001 Umstritten ist, ob die Verschwiegenheitspflicht auch dann greift, wenn die Verhaltensweise des AG gegen geltendes Recht verstößt. Besonders relevant ist die Problematik der Verstöße gegen Normen des Sozialversicherungs-, Steuer- und Umweltrechts. Hier stellt sich die Frage, ob und inwieweit der AN mit und ohne vertragliche Verschwiegenheitspflicht berechtigt ist, den AG bei öffentlichen Stellen anzuzeigen bzw. an die Öffentlichkeit zu gehen. Nach früherer Rspr. stellte die gegen einen **gesetzwidrig handelnden AG erstattete Anzeige** einen Verstoß gegen die Verschwiegenheitspflicht bzw. Rücksichtnahmepflicht dar (BAG 5. 2. 1959 AP HGB § 70 Nr. 2). Richtig ist demgegenüber, daß der

AG nicht darauf vertrauen kann, wegen eines gesetzwidrigen Verhaltens nicht angezeigt zu werden. Als berechtigte Interessenwahrungspflicht ist jedoch anzuerkennen, daß der AN vor Erstattung einer Anzeige den AG auf ihm bisher nicht bekanntes bzw. nicht grob fahrlässig unbekannt gebliebenes gesetzwidriges Verhalten in seinem Betrieb hinweist (*Preis/Reinfeld* AuR 1989, 370; ebenso MünchArbR/*Blomeyer* § 53 Rn. 70). Dieser allgemeine Grundsatz wird durch Spezialnormen gestützt. Diese Spezialnormen gestatten dem AN ebenfalls unter Beachtung des Verhältnismäßigkeitsprinzips spezielle Mißstände, insb. im Arbeitsschutzrecht, den zuständigen Behörden anzuzeigen (§ 21 VI 1 GefStoffV; vgl. auch die allgemeine Regelung in § 9 II ArbSchG). Allgemein ist festzuhalten, daß objektiv schutzunwürdige Verhaltensweisen des AG arbeitsrechtlich nicht geschützt werden können. Dies gilt unabhängig davon, ob der AN noch im aktiven Arbeitsverhältnis steht oder nicht (BGH 20. 1. 1981 AP BGB § 611 Schweigepflicht Nr. 4; *Erman/Hanau* § 611 Rn. 510).

Auch die an sich berechtigte Anzeige darf **nicht mißbräuchlich** ausgeübt werden. Insoweit wird zu Recht auf die Wahrung des Übermaßverbotes hingewiesen (MünchArbR/*Blomeyer* § 53 Rn. 71). Für die Frage, ob und inwieweit der AN ausnahmsweise auf den Vorrang innerbetrieblicher Abhilfe verzichten darf, können in umgekehrter Anwendung die Grundsätze über die Erforderlichkeit einer Abmahnung (hierzu § 1 KSchG Rn. 376) herangezogen werden (*Preis/Reinfeld* AuR 1989, 373; *Erman/Hanau* § 611 Rn. 511). Gerechtfertigt ist die Anzeige jedenfalls dann, wenn der Versuch, innerbetriebliche Abhilfe zu schaffen, erfolglos geblieben ist (*Preis/Reinfeld* AuR 1989, 372; MünchArbR/*Blomeyer* § 51 Rn. 71). Der Vorrang innerbetrieblicher Abhilfe ist zu verneinen, wenn dem AG die Gesetzwidrigkeit bekannt ist, von ihm gebilligt wurde, die Beseitigung objektiv unmöglich ist oder vom AG nicht erwartet werden kann (LAG Baden-Württemberg 3. 2. 1987 NZA 1987, 756). Bei Straftaten, die sich gegen den AN selbst richten, kann die Anzeige niemals arbeitsvertraglich unzulässig sein (ArbG Elmshorn 4. 4. 1963 AP GewO § 124 a Nr. 9; ArbG Krefeld 22. 5. 1959 AP GewO § 123 Nr. 23). Das Anzeigerecht unterliegt aber dann einem Mißbrauchsvorbehalt, wenn der Anzeigende aus erheblich zu mißbilligenden und verwerflichen Motiven heraus (Rache, Schädigungsabsichten) handelt (hierzu LAG Frankfurt 12. 12. 1987 LAGE BGB § 626 Nr. 28 = DB 1987, 1696; BAG 4. 7. 1991 RzK I 6 a Nr. 74; LAG Baden-Württemberg 3. 2. 1987 NZA 1987, 756). 1002

Berechtigte Geschäfts- oder Betriebsgeheimnisse müssen **prinzipiell auch über die Beendigung des Arbeitsverhältnisses** hinaus gewahrt werden. Das gilt aber nur insoweit, wie der AN durch die Wahrung solcher Verschwiegenheitspflichten nicht in seiner Berufsausübung unzumutbar beschränkt wird. Einen weitergehenden Geheimnisschutz kann der AG nur über die Vereinbarung eines nachvertraglichen Wettbewerbsverbotes erreichen (BAG 15. 12. 1987 AP BGB § 611 BGB Betriebsgeheimnis Nr. 5). Mit dem Ende des Arbeitsverhältnisses endet gleichzeitig die Pflicht des AN zur Wettbewerbsenthaltung (BAG 19. 5. 1998 AP BGB § 611 Treuepflicht Nr. 11; hierzu *Mautz/Löblich* MDR 2000, 67). 1003

Rechtsfolgen der Verschwiegenheitspflichtverletzung: Eine Strafvorschrift findet sich in § 17 UWG. Primär folgt aus der Verschwiegenheitspflicht eine Unterlassungsverpflichtung, die aber angesichts der idR bereits eingetretenen Pflichtverletzung nur eine untergeordnete Rolle spielt. Geheimnisverletzungen können die ordentliche oder außerordentliche verhaltensbedingte Kündigung rechtfertigen (hierzu § 1 KSchG Rn. 385). Schadensersatzverpflichtungen können aus Vertrag, Delikt (§§ 823 II iVm. § 17 I UWG) oder § 1 UWG folgen. Denkbar sind auch Schadensersatzansprüche aus § 14 UWG und ggf. § 824. 1004

b) Wettbewerbsverbot. Im Gesetz findet sich eine ausdrückliche **Regelung** über die Verpflichtung zur Unterlassung von Wettbewerb nur in § 60 HGB für die Handlungsgehilfen. Eine derartige Pflicht beruht auf dem Gedanken, daß der AN während des Arbeitsverhältnisses die Interessen seines AG fördern und unterstützen muß. Damit ist es unvereinbar, wenn er ihm Konkurrenz machen würde. Der in § 60 HGB kodifizierte Grundgedanke ist ohne besondere vertragliche Abrede auf **alle Arten von Arbeitsverhältnissen** übertragbar. Während des rechtlichen Bestehens eines Arbeitsverhältnisses ist dem AN grds. jede Konkurrenztätigkeit zum Nachteil seines AG untersagt. § 60 HGB konkretisiert lediglich den allgemeinen Rechtsgedanken, der bereits in der Treuepflicht des AN seine Grundlage hat. Deshalb schließt der Arbeitsvertrag für die Dauer seines Bestehens über den persönlichen und sachlichen Anwendungsbereich des § 60 HGB hinaus ein Wettbewerbsverbot ein (BAG 16. 8. 1990 AP BGB § 611 Treuepflicht AP Nr. 10). Auf die Kommentierung zu §§ 60, 61 HGB wird verwiesen. 1005

§ 61 HGB normiert Rechtsfolgen, die an den **Verstoß** gegen das nach § 60 HGB bestehende Wettbewerbsverbot geknüpft sind. Das Gesetz nennt den **Schadensersatzanspruch** des AG sowie alternativ hierzu das. **Eintrittsrecht** in die getätigten Konkurrenzgeschäfte. Bei Sittenwidrigkeit können im Einzelfall auch § 826 oder § 1 UWG greifen. Weitere Rechtsfolgen sind primär der Anspruch auf **Unterlassung** der Konkurrenztätigkeit, der überdies im Wege der einstweiligen Verfügung durchgesetzt werden kann. Nicht möglich ist allerdings, auf eine Verletzung der Unterlassungspflicht mit der Kürzung oder gar Verweigerung der Entgeltleistung aus dem Arbeitsverhältnis zu reagieren. Allerdings kann der AG bei schwerwiegender Verletzung des Wettbewerbsverbots nach st. Rspr. mit 1006

Aussicht auf Erfolg eine **außerordentliche Kündigung** nach § 626 I aussprechen (BAG 25. 4. 1991 AP BGB § 626 Nr. 104).

1007   c) **Verbot der Annahme von Schmiergeldern. Vorteilsannahme** (Annahme von Bestechungsgeldern) und **Bestechlichkeit** (Annahme von Bestechungsgeldern für Dienstverletzungen) sind lediglich für Amtsträger oder für den öffentlichen Dienst besonders Verpflichtete (§§ 331 ff. StGB) mit einer Strafandrohung versehen. Daraus folgt aber nicht, daß AN Schmiergelder annehmen dürfen. Ein solches Verhalten beschwört die Gefahr herauf, daß er nicht im Interesse seines AG, sondern im Interesse dessen handelt, der ihm den Vorteil zukommen läßt. Manipulationen zu Lasten des AG sollen vermieden werden (LAG Hessen 28. 11. 1996 NZA-RR 1997, 373, 374). Daß ein solches Verhalten gegen die Treuepflicht des AN verstößt, ist offenkundig. Dem AN ist es deshalb untersagt, Geld oder geldwerte Leistungen zu fordern, sich versprechen zu lassen oder anzunehmen, wenn der Geber hierfür eine geschäftliche Bevorzugung erwartet oder auch nur eine Tätigkeit belohnt (MünchArbR/*Blomeyer* § 53 Rn. 98). Für den AN muß dann nicht tatsächlich aufgrund des Schmiergeldes rechtswidrig handeln; es reicht, daß er das Schmiergeld annimmt.

1008   Der AN hat erlangte Schmiergelder an den AG nach den Regeln der unerlaubten **Eigengeschäftsführung** gem. § 687 II **herauszugeben** (BAG 14. 7. 1961 AP BGB § 687 Nr. 1; BAG 15. 4. 1970 AP BGB § 687 Nr. 4; LAG Köln 1. 9. 1998 NZA 1999, 597; ausf. zu weiteren Rechtsfolgen MünchArbR/*Blomeyer* § 57 Rn. 109 ff.). In jedem Falle kann die Annahme von Schmiergeldern oder die sonstige Vorteilsannahme kündigungsrechtliche Konsequenzen nach sich ziehen (LAG Hamburg 26. 9. 1990 LAGE BGB § 626 Nr. 58; bei Forderung und Kassierung einer „Vermittlungsprovision" für die Einstellung eines AN einen Kündigungsgrund verneinend BAG 24. 9. 1987 AP KSchG 1969 § 1 Verhaltensbedingte Kündigung Nr. 19). Die von den Besuchern einer Spielbank zugewendeten Gelder sind dem sog. „Tronc" (vgl. § 7 II SpielbankG NW) zuzuführen (LAG Köln 21. 3. 1996 NZA-RR 1997, 163; LAG Hessen 28. 11. 1996 NZA-RR 1997, 373).

1009   d) **Nebentätigkeit.** Ohne besondere gesetzliche (z. Beamtenrecht), tarifliche oder einzelvertragliche Beschränkung ist die Ausübung einer Nebentätigkeit, sei es entgeltlich oder unentgeltlich, selbständig oder unselbständig, **grds. zulässig.** Der AN kann sich auf seine Grundrechte Art. 12 I bzw. Art. 2 I GG berufen (BAG 18. 1. 1996 DB 1996, 2182). Die Übernahme von Ehrenämtern und Nebenämtern im gesellschaftlichen oder kommunalpolitischen Raum ist nicht von der Zustimmung des AG abhängig (*Hanau/Preis* II E 10).

1010   Der AG kann nur dann die Unterlassung einer Nebentätigkeit verlangen, wenn er ein **berechtigtes Interesse** darlegen kann. Dies setzt in aller Regel voraus, daß die Arbeitsleistung des AN durch die Nebentätigkeit beeinträchtigt werden kann (BAG 6. 9. 1990 AP BGB § 615 Nr. 47; BAG 18. 1. 1996 AP BGB § 242 Auskunftspflicht Nr. 25; MünchArbR/*Blomeyer* § 55 Rn. 4). Eine solche Nebentätigkeit verletzt die Arbeitspflicht (BAG 7. 9. 1995 AP BGB § 242 Auskunftspflicht Nr. 24). Das gilt auch für Ehrenämter. Ein AN, der während seiner Arbeitszeit für private Zwecke arbeitet, verletzt seine Arbeitspflicht (ArbG Passau 16. 1. 1992 BB 1992, 567).

1011   Arbeitsmarktpolitische Gesichtspunkte begründen kein berechtigtes Interesse (LAG Hamm 28. 9. 1995 NZA 1996, 723). Auch allgemeine sozialpolitische Gründe reichen nicht aus (LAG Düsseldorf 14. 2. 1995 AP BGB § 611 Nebentätigkeit Nr. 1 = NZA 1995, 966). Aus der sozialrechtlichen Regelung des § 8 II SGB IV über die Zusammenrechnung mehrerer geringfügiger Beschäftigungen folgt kein schutzwürdiges Interesse des AG, den AN an ausschließlich einer geringfügigen Beschäftigung festzuhalten. Im Gegenteil geht die Norm gerade davon aus, daß mehrere Beschäftigungen nebeneinander möglich und zulässig sind (BAG 6. 9. 1990 AP BGB § 615 Nr. 47).

1012   Unzulässig ist die Nebentätigkeit, wenn **erhebliche Beeinträchtigungen der Arbeitskraft** mit ihr einhergehen oder Wettbewerbsinteressen des AG entgegenstehen (BAG 21. 9. 1999 AP BGB § 611 Nebentätigkeit Nr. 6). Ferner kann die Nebentätigkeit gegen gesetzliche Bestimmungen verstoßen. § 8 BUrlG ist zu beachten, wonach während des Urlaubs der AN keine dem Urlaubszweck widersprechende Erwerbstätigkeit leisten darf. Vorschriften des Arbeitszeitrechts dürfen nicht verletzt werden (*Hunold* NZA 1995, 558; LAG Rheinland-Pfalz 30. 1. 1997 NZA-RR 1997, 324). Sofern der AN ein Nebenarbeitsverhältnis (**Doppelarbeitsverhältnis**) vereinbart, das zeitlich mit dem Hauptarbeitsverhältnis kollidiert, kann er bei Unvereinbarkeit zum Schadensersatz verpflichtet sein (BAG 26. 3. 1965 AP BGB § 306 Nr. 1; BAG 14. 12. 1967 AP AZO § 1 Nr. 2). Ferner sind die Schranken des Arbeitszeitrechts zu beachten. Wird bei einem Doppelarbeitsverhältnis im zweiten Arbeitsverhältnis unter Berücksichtigung der im ersten Arbeitsverhältnis vereinbarten Arbeitszeit die gesetzlich zulässige Höchstarbeitszeit um 10 Stunden wöchentlich überschritten, so ist das zweite Arbeitsverhältnis in vollem Umfang nichtig, wobei die Nichtigkeit jedoch nur für die Vergangenheit geltend gemacht werden kann (BAG 19. 6. 1959 AP BGB § 611 Doppelarbeitsverhältnis Nr. 1). Nach § 139 kann das zweite Arbeitsverhältnis im Umfang der gesetzlich zulässigen Arbeitszeit aufrechterhalten werden, wenn dies dem mutmaßlichen Parteiwillen entspricht (LAG Nürnberg 19. 9. 1995 NZA 1996, 882; BAG 14. 12. 1967 AP HAG § 19 Nr. 3).

1013   Das Recht, eine Nebenbeschäftigung aufzunehmen, kann **vertraglich, tariflich oder kraft Betriebsvereinbarung beschränkt** werden. Allerdings unterliegen derartige vertragliche Beschränkungen einer

Rechts- und Inhaltskontrolle unter Berücksichtigung der grundrechtlichen Wertung des Art. 12 GG. Eine Vertragsklausel, die dem AN jede vom AG nicht genehmigte Nebentätigkeit verbietet, ist unwirksam (BAG 6. 7. 1990 AP BGB § 615 Nr. 47; *Hanau/Preis* II N 10 Rn. 16). Teilzeitbeschäftigte Angestellte des öffentlichen Dienstes bedürfen nach § 11 BAT auch dann einer Genehmigung für eine Nebentätigkeit, wenn die zeitliche Beanspruchung durch die Teilzeittätigkeit zusammen mit der zeitlichen Beanspruchung durch die Nebentätigkeit die regelmäßige tarifliche wöchentliche Arbeitszeit eines Vollzeitbeschäftigten nicht überschreitet (BAG 30. 5. 1996 AP BGB § 611 Nebentätigkeit Nr. 2; krit. MünchArbR/*Blomeyer* § 55 Rn. 43). Die Ausübung einer solchen Nebentätigkeit kann eine Kündigung nur dann rechtfertigen, wenn die vertraglich geschuldeten Leistungen durch die Nebentätigkeit beeinträchtigt werden (BAG 26. 8. 1976 AP BGB § 626 Nr. 68). Eine ohne Genehmigung ausgeübte Nebentätigkeit kann eine Abmahnung rechtfertigen (BAG 30. 5. 1996 AP BGB § 611 Nebentätigkeit Nr. 2). Auch wenn der AN einen verfassungsrechtlich garantierten Anspruch auf Ausübung einer Nebentätigkeit hat, muß er eine bevorstehende Nebentätigkeit anzeigen, wenn die Interessen des AG bedroht sind (BAG 18. 1. 1996 AP BGB § 242 Auskunftspflicht Nr. 25). Eine Anzeigepflicht besteht bei Beeinträchtigung berechtigter Interessen auch ohne besondere vertragliche Vereinbarung (BAG 18. 11. 1988 AP BGB § 611 Doppelarbeitsverhältnis Nr. 3; *Preis* Vertragsgestaltung S. 538; aA *Kempen/Kreuder* AuR 1994, 214, 216). Der AG hat aber keinen generellen Anspruch darauf, alle Nebentätigkeiten des AN zu erfahren bzw. jede Nebentätigkeit unter dem Vorbehalt seiner Genehmigung zu stellen. Die Abführungspflichten von Nebentätigkeitsvergütungen im öffentlichen Dienst verstoßen nach Auffassung des BAG weder gegen Art 3 I noch gegen Art. 12 I GG (BAG 25. 7. 1996 AP BAT § 11 Nr. 6; hierzu auch LAG Berlin 7. 10. 1998 ZTR 1999, 169).

Die Geltendmachung eines **Unterlassungsanspruches** ist möglich, kommt aber bei schlichten 1014 Nebentätigkeiten ohne Konkurrenz in der Praxis kaum vor. Die in der Praxis allein durchgreifende Sanktion der **Verletzung eines Nebentätigkeitsverbots** (ohne daß eine Konkurrenztätigkeit vorliegt) liegt in der **Abmahnung** bzw. **Kündigung** des AN. Eine Kündigung ist nur dann gerechtfertigt, wenn die vertraglich geschuldeten Leistungen durch die Nebentätigkeit beeinträchtigt werden (BAG 26. 8. 1976 AP BGB § 626 Nr. 68). Der AG der Hauptbeschäftigung kann je nach den Umständen auch eine fristlose Kündigung ohne vorherige Abmahnung aussprechen, wenn der AN trotz einer ärztlich attestierten Arbeitsunfähigkeit der Nebenbeschäftigung nachgeht (BAG 26. 8. 1993 AP BGB § 626 Nr. 112). Die Verletzung der Anzeigepflicht kann Schadensersatzansprüche zugunsten des AG auslösen (BAG 18. 11. 1988 AP BGB § 611 Doppelarbeitsverhältnis Nr. 3).

e) **Außerdienstliches Verhalten.** Außerdienstliche Bindungen sind nur sehr zurückhaltend anzuer- 1015 kennen. Entscheidend ist auf die Vertragsstruktur des Arbeitsverhältnisses abzustellen. So läßt sich grds. dem Arbeitsvertrag keine Pflicht des AN entnehmen, seine **private Lebensführung** an den Interessen des Unternehmers bzw. des AG auszurichten. Der AN wird durch den Arbeitsvertrag nicht etwa dazu verpflichtet, „ein ordentliches Leben zu führen und sich dabei seine Arbeitsfähigkeit und Leistungskraft zu erhalten" (BAG 23. 6. 1994 AP BGB § 242 Kündigung Nr. 9). Die Gestaltung des privaten Lebensbereichs steht außerhalb der Einflußsphäre des AG und wird durch arbeitsvertragliche Pflichten nur insoweit eingeschränkt, als sich das private Verhalten auf den betrieblichen Bereich auswirkt und dort zu Störungen führt. Der AG ist durch den Arbeitsvertrag nicht zum Sittenwächter über die in seinem Betrieb tätigen AN berufen (BAG 23. 6. 1994 AP BGB § 242 Kündigung Nr. 9). Er hat auch grds. kein Recht, wahrheitsgemäße Antworten über die Privatsphäre (zB Spielbankbesuche) zu erlangen (LAG Hamm 14. 1. 1998 LAGE BGB § 626 Nr. 119).

Dies läßt es von vornherein ausgeschlossen erscheinen, den AN in der Privatsphäre des AN zu 1016 binden. Auch wenn Kündigungen wegen Heirat, außerehelicher Schwangerschaft oder liederlichem Lebenswandel der Rechtsgeschichte angehören, sind jedoch auch heute noch Bestandteile privater Lebensführung Gegenstand arbeitsrechtlicher Betrachtung (Beispiele: hohe Verschuldung des AN, persönliches Sexualverhalten). Die Beschränkung der persönlichen Freiheit des AN darf nicht über das hinausgehen, was der Zweck des Arbeitsverhältnisses unter Beachtung der Persönlichkeit des AN unvermeidbar erforderlich macht (*Wiese* ZfA 1971, 273, 299). So kann etwa eine allgemeine arbeitsvertragliche Pflicht zu gesundheits- bzw. genesungsförderndem Verhalten nicht bejaht werden (hierzu *Schäfer* NZA 1992, 529, 530; Alkoholiker kann zum Besuch einer Selbsthilfegruppe nicht verpflichtet werden LAG Düsseldorf 25. 2. 1997 BB 1997, 1799; hierzu *Künzl* NZA 1998, 122 ff.). Anders entscheidet die Rspr. während der Arbeitsunfähigkeit. Hier darf jedenfalls der Heilungsprozeß nicht durch genesungswidriges Verhalten verzögert werden (BAG 13. 11. 1979 AP KSchG 1969 § 1 Krankheit Nr. 5; LAG Hamm 28. 5. 1998 MDR 1999, 555).

In Ansehung des Persönlichkeitsrechts des AN können auch **Vertragsklauseln**, die dem AN 1017 Pflichten im außerdienstlichen Bereich auferlegen, nicht uneingeschränkt anerkannt werden. Eine Grenze ist jedenfalls dort zu ziehen, wo der AG auf das Freizeitverhalten seiner Mitarbeiter Einfluß nehmen will (zB Untersagung gefährlicher Sportarten). **Begrenzungen** in der privaten Lebensführung sind nur insofern gerechtfertigt, als sie unmittelbar mit der zu erbringenden Arbeitsleistung zusammenhängen. So können bei Flugkapitänen oder anderen Personenbeförderern Beschränkungen ihrer Freizeitgestaltung auferlegt werden, soweit diese zu einem bestimmten Zeitpunkt in besonderer Weise leistungsbereit sein müssen und nicht durch Alkoholkonsum o. ä. zur Erbringung der Arbeitsleistung außerstande sein dürfen (BAG 23. 9. 1986 AP BPersVG § 75 Nr. 20). Hier handelt es sich um eine leistungsnahe Konkretisierung ohnehin bestehender Nebenpflichten des AN (hierzu *Hanau/Preis* II A 160 Rn. 10). Die Auferlegung von Vertragspflichten, „alles zu tun, um seine Leistungsfähigkeit zu erhalten", scheitern schon an den notwendigen Bestimmtheits- und Transparenzgebot. Die Konstituierung derartiger Globalpflichten greift überdies zu weit und pauschal in die Privatsphäre des AN ein (*Preis* Vertragsgestaltung S. 541 f.). Regelungen, die den AN in der Ausübung von Freizeitaktivitäten binden wollen, sind regelmäßig wegen unzulässigen Eingriffs in Art. 2 I GG unwirksam.

1018 In **Tendenzbetrieben,** insb. im Bereich der Kirchen sind Pflichten zur Interessenwahrung auch im außerdienstlichen Bereich eher anzuerkennen. So hat das BVerfG entschieden, daß Kirchen als AG selbst bestimmen dürfen, in welchem Umfang sie von ihren AN die Beachtung der kirchlichen Glaubens- und Sittenlehre erwarten (BVerfG 4. 6. 1985 AP GG Art. 140 Nr. 24 = BVerfGE 70, 138).

1019 Auch im nicht tendenzgebundenen Arbeitsverhältnis gilt ein **Mindestmaß an Loyalitätsobliegenheiten** des AN gegenüber dem AG. Eine selbstverständliche Pflicht stellt es dar, den **Ruf des Unternehmens nicht zu schädigen.** Eine solche Vertragspflicht ist auch unter Beachtung des Grundrechts auf Meinungsäußerungsfreiheit (Art. 5 I GG) anzuerkennen. Die Schwierigkeit besteht lediglich darin, im Einzelfall unter Abwägung der Grundrechte des AN zu ermitteln, inwieweit von ihm die Rücksichtnahme auf die Unternehmensinteressen erwartet werden kann.

1020 f) **Handlungspflichten, Schutzpflichten.** Als besondere Nebenpflicht obliegen dem AN uU auch Handlungs- und Schutzpflichten, wenn es darum geht, eingetretene oder drohende Schäden abzuwenden.

1021 aa) **Anzeige-, Aufklärungs- und Auskunftspflichten.** Aus § 242 folgt ein Auskunftsanspruch, wenn der AG in entschuldbarer Weise über Bestehen und Umfang seines Rechts im Ungewissen ist, während der AN unschwer Auskunft erteilen kann (BAG 22. 4. 1967 AP BGB § 242 Auskunftspflicht Nr. 12; BAG 21. 10. 1970 AP BGB § 242 Auskunftspflicht Nr. 13; BAG 18. 1. 1996 AP BGB § 242 Auskunftspflicht Nr. 25; ausf. *Boemke* AR-Blattei SD 320 Rn. 17 ff.). Der AN ist auch nach seiner Einstellung verpflichtet, Fragen zu seiner Aus- und Vorbildung zu beantworten (BAG 7. 9. 1995 AP BGB § 242 Auskunftspflicht Nr. 24). Verweigert der AN über längere Zeit hinweg Angaben zu erheblichen Nebentätigkeiten, sind die berechtigten Interessen des AG an ordnungsgemäßer Vertragserfüllung bedroht. Ein Auskunftsanspruch ist begründet (BAG 18. 1. 1996 AP BGB § 242 Auskunftspflicht Nr. 25).

1022 Auskunftspflichten bestehen insb. zur Sicherung von **Konkurrenzabreden** (BAG 27. 9. 1988 AP BGB § 611 Konkurrenzklausel Nr. 35) sowie zur Höhe anderweitigen Verdienstes im Falle des **Annahmeverzuges** (§ 615, § 11 KSchG, vgl. BAG 27. 9. 1993 AP BGB § 615 Nr. 52).

1023 bb) **Wahrung der betrieblichen Ordnung.** Als allgemeine Nebenpflicht obliegt dem AN, die betriebliche Ordnung zu wahren. Richtigerweise sind hier zwei Fallgruppen zu unterscheiden: Zum einen folgt die Verpflichtung unmittelbar aus der Arbeitspflicht, weil das Ordnungsverhalten zur Erbringung der geschuldeten Arbeitsleistung notwendig ist. Problematischer ist hingegen das unter dem Stichwort Betriebsordnung diskutierte allgemeine Rücksichts- bzw. Schutzpflicht als allgemeine Nebenpflicht (hierzu MünchArbR/*Blomeyer* § 53 Rn. 1 ff.). Zu berücksichtigen ist bei allen Fragen der Regelung des Verhaltens und der Ordnung im Betrieb das Mitbestimmungsrecht nach § 87 I Nr. 1 BetrVG.

1024 Typischerweise werden unter dem Stichwort der Wahrung der betrieblichen Ordnung Fallgruppen diskutiert, die zu Grundrechtskollisionen zwischen AG und AN sowie innerhalb der ANSchaft führen. Zu nennen ist hier die Frage der Alkohol- und Rauchverbote im Betrieb (hierzu Art. 2 GG Rn. 133, 136). Ferner kann die Frage relevant werden, ob und inwieweit der AN die persönliche Kontrolle zu dulden hat (hierzu Art. 2 GG Rn. 108).

1025 Besonders umstritten ist die Frage, ob und inwieweit der AN unternehmensschädliche Meinungsäußerungen zu unterlassen hat bzw. welche Konsequenzen, ggf. kündigungsrechtlicher Art, hieran zu knüpfen sind (hierzu ausführlich Art. 5 GG Rn. 28 ff.).

1026 cc) **Anzeigepflicht.** Zur Sicherung der Leistungserbringung sowie zur Schadensabwendung sind verschiedene Anzeige- und Nachweispflichten des AN anzuerkennen. Zum Teil sind diese gesetzlich konkretisiert. Die wichtigste Anzeige- und Nachweispflicht ist in § 5 EFZG im Falle der Arbeitsunfähigkeit geregelt (vgl. die Kommentierung zu § 5 EFZG).

1027 **Fehler an Maschinen oder Material** müssen dem AG angezeigt werden. Außerdem ist er verpflichtet, generell dem AG gegenüber richtige Angaben zu machen, soweit es um **dienstliche Belange** aller Art geht. Im Einzelfall ist problematisch, ob und inwieweit der AN **Überwachungs- und Anzeigepflichten** hat, insb. inwieweit er **Verfehlungen anderer AN** anzuzeigen hat (vgl. hierzu LAG Hamm 29. 7. 1994 BB 1994, 2352). Eine Verpflichtung besteht nur dann, wenn Personenschaden oder schwerer Sachschaden entstanden oder zu befürchten ist (*Hanau/Preis* II A 50 Rn. 8; *Schaub* § 53 II 3; MünchArbR-*Blomeyer* § 54 Rn. 9). Das BAG hat die Anzeigepflicht bei AN ausgedehnt, zu deren arbeitsvertraglichen Pflichten auch die Beaufsichtigung anderer AN gehört (BAG 18. 6. 1970 AP BGB § 611 Haftung des Arbeitnehmers Nr. 57; generelle Anzeigepflicht bejahend LAG Berlin

9. 1. 1989 BB 1989, 630). Im konkreten Fall hat das BAG eine Anzeigepflicht über eine beleidigende Äußerung verneint, selbst wenn sie kreditschädigend ist (BAG 30. 11. 1972 AP BGB § 626 Nr. 66).

Darüber hinaus sind in Arbeitsverträgen, Betriebsordnungen und zum Teil auch TV unterschiedliche Anzeigepflichten des AN geregelt. Soweit diese Anzeigepflichten im Arbeitsverhältnis in unmittelbarem Zusammenhang stehen, sind diese weitgehend unproblematisch (Anzeige von Unfällen auf Betriebsgelände, Anzeige über die Veränderung in den persönlichen Verhältnissen, Wohnungswechsel). Bei der Anzeigepflicht über persönliche Verhältnisse sind die allgemeinen Grenzen des Fragerechts (hierzu Rn. 359 ff.; *Hanau/Preis* II A 50 Rn. 7) zu beachten. **1028**

dd) Pflicht zur Schadensabwendung. Im Rahmen seiner Möglichkeiten und seinem Arbeitsbereich hat der AN auch Schäden vom AG abzuwenden (zur Haftung des AN bei Verletzung von Einreisebestimmungen BAG 16. 2. 1995 AP BGB § 611 Haftung des Arbeitnehmers Nr. 106 = NZA 1995, 565). Hieraus folgt auch die Pflicht des AN, in Notfällen über den Rahmen der arbeitsvertraglichen Hauptpflicht hinaus tätig zu werden. Die Haftung ist nach den Grundsätzen der privilegierten ANHaftung zu mildern (BAG 16. 2. 1995 AP BGB § 611 Haftung des Arbeitnehmers Nr. 106 = NZA 1995, 565; Einzelheiten Rn. 1037 ff.). **1029**

Aus der Schadensabwendungspflicht ergibt sich uU, daß der AN sowohl Überstunden als auch **andere als die vereinbarte Arbeit** zu leisten hat, wenn sonst der Betrieb einen nicht unerheblichen Schaden erleiden würde. Diese Nebenpflicht wird durch den Grundsatz der **Zumutbarkeit** begrenzt. **1030**

Soweit der AN kraft Gesetzes oder TV verpflichtet ist, sich zur Erbringung der geschuldeten Arbeitsleistung einer **Gesundheitsuntersuchung** zu unterziehen (zB § 32 I JArbSchG, für Beschäftigte im Lebensmittelgewerbe §§ 17, 18 BSeuchG und für die Beförderung von Fahrgästen zB § 15 e I 1 Nr. 3 StVZO), obliegt diese Pflicht zur Untersuchung dem AN auch als vertragliche Nebenpflicht, deren beharrliche Verletzung uU zur Kündigung führen kann (LAG Düsseldorf 31. 5. 1996 NZA-RR 1997, 88). Entspr. Pflichten können auch in Unfallverhütungsvorschriften und sonstigen Arbeitsschutzbestimmungen enthalten sein. Darüber hinausgehend ist eine allgemeine Pflicht zur Gesundheitsuntersuchung als vertragliche Nebenpflicht nicht anzuerkennen (s. BAG 16. 9. 1997 AP BergmannsVersorgScheinG § 9 Nr. 30). In seiner jüngsten Rspr. vertritt der 2. Senat des BAG demgegenüber sehr weitgehend aus der allgemeinen Treuepflicht des AN, bei Vorliegen eines berechtigten Interesses des AG eine ärztliche Untersuchung seines Gesundheitszustandes zu dulden (BAG 6. 11. 1997 AP BGB § 626 Nr. 142). Ein AN, der die notwendige ärztliche Begutachtung über Gebühr erschwert oder unmöglich macht, verstößt gegen seine Treuepflicht und kann ggf. gekündigt werden (s. a. *Notz*, Zulässigkeit und Grenzen ärztlicher Untersuchungen von Arbeitnehmern, S. 58 ff.). Ein derartiger Rechtssatz geht zu weit und verletzt das allg. Persönlichkeitsrecht des AN (hierzu Art. 2 GG Rn. 93). Dies hat das BAG in einer Folgeentscheidung erkannt (BAG 12. 8. 1999 AP KSchG 1969 § 1 Verhaltensbedingte Kündigung Nr. 41). Keineswegs kann der AG verlangen, daß der Arzt ohne jede Einschränkung alle Untersuchungen vornehmen darf, die AG oder Arzt für sachdienlich halten. Das Interesse des AG an der geforderten Untersuchung ist vielmehr abzuwägen gegen das Interesse des AN an der Wahrung seiner Intimsphäre und körperlichen Unversehrtheit. Zur Duldung einer Blutentnahme ist der AN regelmäßig nicht verpflichtet (BAG 12. 8. 1999 AP KSchG 1969 § 1 Verhaltensbedingte Kündigung Nr. 41). Die Rspr. kolliert überdies mit der Rspr. des gleichen Senats zur krankheitsbedingten Kündigung, wo eine außerprozessuale Auskunftspflicht des AN über seinen Gesundheitszustand ausdrücklich abgelehnt wird (hierzu § 1 KSchG Rn. 214 ff.). Vertragliche Vereinbarungen über die Pflicht zur Gesundheitsuntersuchung unterliegen der Inhaltskontrolle. Jedenfalls hat der AG nur ein berechtigtes Interesse, gesundheitliche Eignung konkret bezogen auf die ausgeübte Tätigkeit feststellen zu lassen (*Hanau/Preis* II G 30 Rn. 6). **1031**

Die Schadensabwendungspflicht geht nicht so weit, daß der AN verpflichtet wäre, im Falle der Verschlechterung der finanziellen Lage des Betriebes auf Gehaltsbestandteile zu **verzichten** (LAG Hamm 9. 2. 1996 NZA-RR 1997, 17; aA BAG 18. 12. 1964 AP BGB § 611 Gratifikation Nr. 51). Eine derartige Pflicht wäre eine unzulässige Überdehnung der Treuepflicht. Auch kann aus § 242 keine Pflicht zur **Stundung** von Lohnansprüchen folgen, selbst wenn andere Mitarbeiter auf Gehaltsbestandteile verzichtet haben. Der AG hat für seine finanzielle Leistungsfähigkeit einzustehen (§ 279); diese Grundlage des Privatrechts kann nicht durch einen diffusen Treuegedanken überspielt werden (richtig LAG München 6. 5. 1997 LAGE BGB § 242 Lohnstundung Nr. 1). **1032**

3. Sanktionen. Typische Sanktionen bei Nebenpflichtverletzungen sind Abmahnungen, ggf. ordentliche oder fristlose Kündigung sowie ggf. Schadensersatz (hierzu Rn. 981 ff.) und Vertragsstrafen. **1033**

H. Haftung im Arbeitsverhältnis

Schrifttum: *Beckers*, Die Außenhaftung des Arbeitnehmers, 1995; *Denck*, Der Schutz des Arbeitnehmers vor der Außenhaftung, 1980; *Gamillscheg/Hanau*, Die Haftung des Arbeitnehmers, 2. Aufl. 1974; *Kohte*, Arbeitnehmerhaftung und Arbeitgeberrisiko, 1981; *Otto*, Ist es erforderlich, die Verteilung des Schadensrisikos bei unselbständiger Arbeit neu zu ordnen?, Gutachten E zum 56. DJT 1986; *Otto/Schwarze*, Die Haftung des Arbeitnehmers, 3. Aufl. 1998.

1034 Die wechselseitige Haftung der Vertragsparteien für Schäden, die dem anderen Teil anläßlich der Erfüllung des Vertragsverhältnisses erwachsen, erfährt im Arbeitsrecht im Vergleich zum sonstigen Schuldrecht erhebliche Modifikationen. Sie finden ihre Begründung in der Verantwortung des AG für die mit der Organisation seines Betriebes verbundenen Risiken und den im Arbeitsrecht besonders intensiv ausgeprägten wechselseitigen **Schutzpflichten** und ihren Ausdruck einerseits in einer weitgehenden Beschränkung der **Haftung des AN** für bei betrieblicher Tätigkeit verursachte Schäden, andererseits in einer tlw. verschuldensunabhängigen **Haftung des AG**, Ersatz auch für unfreiwillige Aufwendungen des AN zu leisten.

I. Haftung des Arbeitnehmers

1035 Zu unterscheiden ist zwischen den Rechtsfolgen, die den AN bei einer **Nichtleistung** (Rn. 960 ff.), und solchen, die ihn bei einer **Schlechtleistung** (Rn. 967 ff.) treffen können. Während bei der schuldhaften Nichtleistung eine Vergütungspflicht des AG – soweit nicht Sonderregelungen eingreifen – unter Anwendung der Differenztheorie gemäß § 325 I 1 entfällt (*Zöllner/Loritz* § 18 II 1 a), bleibt sie bei einer Schlechtleistung jedenfalls beim Zeitlohn in voller Höhe bestehen, weil das Dienstvertragsrecht der §§ 611 ff., anders als das Kauf- oder Werkvertragsrecht, keine Möglichkeit der Minderung vorsieht (BAG 17. 7. 1970 AP MuSchG § 11 Nr. 3; *Hanau* AcP 189 (1989), 182, 184). Der AG ist jedoch berechtigt, wegen der durch die Schlechtleistung begangenen Vertragsverletzung einen ihm etwa entstandenen Schaden geltend zu machen und gegen den Anspruch des AN auf Arbeitsvergütung bis zur Pfändungsfreigrenze (§§ 850 a ff. ZPO) aufzurechnen (BAG 17. 7. 1970 AP MuSchG § 11 Nr. 3).

1036 Die Verletzung der Haupt- oder einer Nebenpflicht durch den AN stellt eine **pVV** dar, die unter den allgemeinen Voraussetzungen (dazu *Palandt/Heinrichs* § 276 Rn. 104 ff.) zur Schadensersatzpflicht des AN führt. Daneben (bzw. im Verhältnis zu Dritten an diese Stelle) treten die Regeln über die Einstandspflicht bei der Beeinträchtigung absolut geschützter Rechtsgüter durch unerlaubte Handlungen (§§ 823 ff.) und der Verwirklichung von Tatbeständen der Gefährdungshaftung, namentlich §§ 7, 18 StVG (vgl. BAG 12. 5. 1960 AP BGB § 611 Haftung des Arbeitnehmers Nr. 16; BAG 30. 8. 1966 AP BGB § 282 Nr. 5). Der AG hat die schuldhafte Pflichtverletzung nachzuweisen (BAG 22. 5. 1997 AP BGB § 611 Mankohaftung Nr. 1). Ein **Mitverschulden** des AG (zB fehlerhafte Anweisung. Organisationsmängel, Überforderung des AN) ist unabhängig von dem unter Rn. 1039 wiedergegebenen Grundsätzen nach § 254 zu berücksichtigen (BAG 18. 1. 1972 AP BGB § 611 Haftung des Arbeitnehmers Nr. 69; BAG 19. 2. 1998 DB 1998, 1470; BAG 27. 1. 2000 AP BGB § 611 Musiker Nr. 31; LAG Frankfurt 15. 1. 1998 LAGE BGB § 249 Nr. 12; *Otto/Schwarze* Rn. 252 ff.).

1037 **1. Grundsätze der privilegierten Haftung des Arbeitnehmers gegenüber dem Arbeitgeber. a) Fehlende Kodifikation.** Im Grundsatz unterscheidet sich die Haftung des AN nicht von den Regelungen, die auch sonst Schadensersatzansprüche zu begründen vermögen. Zwar war schon bei der Schaffung des BGB gefordert worden, „baldthunlichst" eine spezialgesetzliche Regelung des Arbeitsvertragsrechts einschließlich der schadensersatzrechtlichen Fragen zu schaffen (RT-Sten. Ber., 9. Legislaturperiode, IV. Session 1895/97, 5. Band, S. 3846), doch ist der Gesetzgeber dieser Forderung trotz mehrfacher Befassung des Deutschen Juristentages mit diesem Thema (45. DJT 1964 [Gutachter: *Gamillscheg*], 56. DJT 1986 [Gutachter: *Otto* und *Seewald*]; partiell auch schon 35. DJT 1928 [Gutachter: *Sinzheimer*]) bis zum heutigen Tage nicht nachgekommen.

1038 **b) Dogmatische Begründung.** Schon früh erkannte jedoch die Rspr., daß das in §§ 249 ff. seinen Ausdruck findende **Prinzip der Totalreparation** (vgl. Motive Bd. 2, S. 17 f.), wonach der Schadensverursacher selbst bei leichtester Fahrlässigkeit auf den vollen Schaden haftet, im Arbeitsrecht unbillig ist, weil dem AN häufig Arbeitsmaterial von großem Wert zur Verfügung gestellt wird, dessen Beschädigung zu hohen Schadensersatzforderungen führen kann, die von dem gewöhnlichen Arbeitslohn nicht beglichen werden können (grdl. ArbG Plauen 4. 11. 1936 ARS 29, 62, daran anschließend RAG 12. 6. 1937 ARS 30, 3, 5). Das BAG hat nach dem Krieg diese Rspr. aufgegriffen und danach differenziert, ob eine Arbeit „gefahr-(oder schadens-)geneigt" war (BAG 25. 9. 1957 AP RVO §§ 898, 899 Nr. 4). Nur wenn die Tätigkeit, bei deren Ausübung der Schaden entstanden war, **typischerweise mit der Gefahr eines solchen Schadens behaftet** war, sollte eine Haftungserleichterung zugunsten des AN eingreifen. Dagegen haftete der AN für Schäden, die bei Ausübung einer nicht gefahrgeneigter Arbeit eingetreten waren, auch für leichte Fahrlässigkeit in vollem Umfang. Diese Differenzierung stieß – nicht zuletzt wegen der Konturlosigkeit des Begriffs „gefahrgeneigte Arbeit", der im Gesetz keine Grundlage findet – zunehmend auf Kritik (LAG Frankfurt 19. 2. 1988 LAGE BGB § 611 Arbeitnehmerhaftung Nr. 11; *Gamillscheg/Hanau* S. 121 f.; *Gick* JuS 1980, 393, 401; *Mayer-Maly*, FS für Hilger und Stumpf, S. 467 ff.; *Naendrup* JuS 1984, 336, 339), die den 8. Senat des BAG dazu veranlaßte, dem Großen Senat die Frage vorzulegen, ob an der Rspr. zur gefahrgeneigten Arbeit festzuhalten sei (BAG 12. 10. 1989 AP BGB § 611 Haftung des Arbeitnehmers Nr. 98; BAG 12. 6. 1992 AP BGB § 611 Haftung des Arbeitnehmers Nr. 101).

H. Haftung im Arbeitsverhältnis § 611 BGB 230

Mit Zustimmung des BGH (BGH 21. 9. 1993 AP BGB § 611 Haftung des Arbeitnehmers Nr. 102) 1039
hat das BAG das Erfordernis der „gefahrgeneigten Arbeit" als Voraussetzung für die Beschränkung
der ANHaftung mit Beschluß v. 27. 9. 1994 (AP BGB § 611 Haftung des Arbeitnehmers Nr. 103)
endgültig fallengelassen. Die Haftungserleichterung kommt dem AN nunmehr in allen Fällen zugute,
in denen er bei einer **betrieblichen Tätigkeit** einen Schaden verursacht hat. Das BAG stützt sich dabei
auf eine **analoge Anwendung des § 254**. In direkter Anwendung ermöglicht § 254 zwar lediglich eine
haftungsmildernde Berücksichtigung echten Mitverschuldens, doch wird diese Vorschrift über ihren
Wortlaut hinaus auch dann angewandt, wenn den Geschädigten zwar kein Verschulden trifft, er aber
für den entstandenen Schaden aufgrund einer von ihm zu vertretenden Sach- oder Betriebsgefahr
mitverantwortlich ist, wenn er also bei der Entstehung des Schadens in zurechenbarer Weise mitgewirkt hat. Dabei ist anerkannt, daß sich eine nach Abwägung der Umstände im Einzelfall abgestimmte Schadensteilung zwischen der vollen Haftung des Schädigers und seiner vollen Entlastung
bewegen kann (BGH 2. 6. 1969 BGHZ 52, 166, 168; BGH 29. 10. 1974 BGHZ 63, 189, 194).
Dementsprechend muß sich der AG analog § 254 die **Betriebsgefahr** seines Unternehmens zurechnen
lassen: Kraft seiner Organisationsmacht kann er den arbeitstechnischen Zweck des Betriebes eigenverantwortlich bestimmen, die Betriebsorganisation nach seinen Plänen und Bedürfnissen gestalten und
auf die Tätigkeit des AN einwirken. Mit der Eingliederung in die Betriebsorganisation und den
faktischen Gegebenheiten des Arbeitsprozesses wird die Berufsausübung des AN gesteuert, der den
vorgegebenen Arbeitsbedingungen idR weder tatsächlich noch rechtlich ausweichen kann. Aufgrund
seines sich auf Art, Ort und Zeit der Arbeitsleistung erstreckenden Weisungsrechts prägt der AG und
die von ihm gesetzte Organisation des Betriebes das Haftungsrisiko für den AN (BAG 27. 9. 1994 AP
BGB § 611 Haftung des Arbeitnehmers Nr. 103; ähnlich schon *Gamillscheg/Hanau* S. 54).

c) **Betriebliche Tätigkeit.** Voraussetzung der analogen Anwendung von § 254 ist, daß der vom AN 1040
verursachte Schaden bei einer **betrieblichen Tätigkeit** eingetreten ist. Dieser Begriff ist der gesetzlichen Regelung des § 105 I SGB VII (früher: § 637 I RVO) entlehnt, wie das BAG durch den Hinweis auf seine Rspr. zu dieser Norm (vgl. BAG 27. 9. 1994 AP BGB § 611 Haftung des Arbeitnehmers
Nr. 103) deutlich gemacht hat. Betrieblich ist eine Tätigkeit, die dem AN, der einen Schaden verursacht, entweder ausdrücklich von dem Betrieb und für den Betrieb übertragen ist oder die er im
Interesse des Betriebes ausführt, die in nahem Zusammenhang mit dem Betrieb und seinem betrieblichen Wirkungskreis steht und in diesem Sinne betriebsbezogen ist (BAG 9. 8. 1966 AP RVO § 637
Nr. 1; BAG 6. 11. 1974 AP RVO § 636 Nr. 8; BGH 2. 3. 1971 AP RVO § 637 Nr. 6). Dazu gehört in
aller Regel jedoch nicht die Fahrt zum Arbeitsplatz oder von dort nach Hause (LAG Köln 24. 6. 1994
LAGE BGB § 611 Arbeitnehmerhaftung Nr. 18). Ebensowenig fällt hierunter die zu privaten Zwek-
ken überlassene Nutzung eines Firmen-PKW LAG Köln 15. 9. 1998 MDR 1999, 684). Zu weiteren
Abgrenzungsfragen siehe § 105 SGB VII Rn. 3 und *Rolfs* DZWir 1995, 208 f.

d) **Schadensteilung nach dem Grad des Verschuldens. aa) Grundsatz.** Die konkrete Verteilung 1041
des Schadens zwischen AN und AG ist anhand einer **Abwägung** zu ermitteln, für die das maßgebliche
Kriterium der **Grad des Verschuldens** (§ 276) ist, das dem AN zur Last fällt. Bei Vorsatz hat der AN
den Schaden stets, bei grober Fahrlässigkeit idR allein zu tragen. Bei leichter Fahrlässigkeit (culpa
levissima) trägt den Schaden in voller Höhe der AG. Bei mittlerer Fahrlässigkeit ist der Schaden unter
Berücksichtigung aller Umstände quotal zu verteilen (BAG 24. 11. 1987 AP BGB § 611 Haftung des
Arbeitnehmers Nr. 93; BAG 16. 2. 1995 AP BGB § 611 Haftung des Arbeitnehmers Nr. 106).

bb) **Vorsatz.** Vorsatz ist erst dann anzunehmen, wenn der AN nicht nur die Pflichtverletzung, 1042
sondern auch den Schaden in seiner konkreten Höhe zumindest als möglich voraussieht und für
den Fall seines Eintritts billigend in Kauf nimmt (dolus eventualis; vgl. BGH 18. 11. 1952 BGHZ 7,
311, 313; BGH 19. 3. 1992 BGHZ 117, 363, 368). Das BAG (9. 11. 1967 AP VVG § 67 Nr. 1; BAG
18. 6. 1970 BGB § 611 Haftung des Arbeitnehmers Nr. 57) hat es für die volle Haftung des AN bei
Vorsatz nicht genügen lassen, daß er sich bewußt über Weisungen hinweggesetzt hat und hieraus
Schäden erwachsen sind. Ob sich hieran etwas durch die Neuregelung des unfallversicherungsrechtlichen Haftungsprivilegs (§ 105 I 1, § 110 I 3 SGB VII) dahin gehend geändert hat, daß sich das
Verschulden nur auf die haftungsbegründende, nicht aber auch auf die haftungsausfüllende Kausalität
zu erstrecken braucht (so *Rolfs* NJW 1996, 3177, 3178; aA *Waltermann* NJW 1997, 3401, 3402; vgl.
hierzu § 104 SGB VII Rn. 20) ist zweifelhaft. Immerhin ist nach der im allgemeinen Privatrecht
geltenden Grundregel (vgl. BGH 30. 5. 1972 BGHZ 59, 30, 39; BGH 20. 11. 1979 BGHZ 75, 328, 329)
davon auszugehen, daß sich der Vorsatz nur auf den Verstoß gegen die Vertragspflicht bzw. die
Rechtsgutsverletzung, nicht aber auf den daraus eingetretenen Schaden zu erstrecken braucht.

cc) **Grobe Fahrlässigkeit.** Grobe Fahrlässigkeit fällt dem AN zur Last, wenn er die im Verkehr 1043
erforderliche Sorgfalt nach den gesamten Umständen in einem ungewöhnlich hohen Grad verletzt und
dasjenige unbeachtet gelassen hat, was im gegebenen Fall jedem hätte einleuchten müssen (BAG 23. 3.
1983 AP BGB § 611 Haftung des Arbeitnehmers Nr. 82). Dafür genügt nicht der bloß objektiv
besonders schwerwiegende Pflichtverstoß, dem AN muß auch subjektiv der Vorwurf treffen, in nicht
entschuldbarer Weise gegen die an ihn im gegebenen Fall zu stellenden Anforderungen verstoßen zu
haben (BAG 12. 11. 1998 AP BGB § 611 Haftung des Arbeitnehmers Nr. 117; BAG 18. 1. 1972 AP

Preis

BGB § 611 Haftung des Arbeitnehmers Nr. 69; BAG 22. 2. 1972 AP BGB § 611 Haftung des Arbeitnehmers Nr. 70; zu Einzelfällen im Straßenverkehr HzA/*Künzl* Gruppe 1/5 Rn. 1184 f.). Im Urteil v. 25. 9. 1997 (BAG 25. 9. 1997 AP BGB § 611 Haftung des Arbeitnehmers Nr. 111 = NZA 1998, 310) hat das BAG erstmals eine „gröbste Fahrlässigkeit" kreiert, bei der der AN – nicht anders als bei Vorsatz – uneingeschränkt haften soll. Eine solche gröbste (oder besonders grobe) Fahrlässigkeit hat es bei der gleich mehrfachen oder auch subjektiv unentschuldbaren Verletzung von Sicherheitsvorschriften angenommen, die tödlichen Gefahren entgegenwirken sollen.

1044   **dd) Mittlere Fahrlässigkeit.** Mittlere Fahrlässigkeit ist anzunehmen, wenn der AN die im Verkehr erforderliche Sorgfalt außer acht gelassen hat, der rechtlich mißbilligte Erfolg bei Anwendung der gebotenen Sorgfalt vorausehbar und vermeidbar gewesen wäre (§ 276 I 2). In dieser praktisch wichtigsten Fallgruppe ist der Schaden zu teilen. Ob und gegebenenfalls in welchem Umfang der AN an den Schadensfolgen zu beteiligen ist, richtet sich insb. in Ansehung von Schadensanlaß und Schadensfolgen nach Billigkeits- und Zumutbarkeitsgesichtspunkten. Zu den Umständen, denen je nach Lage des Einzelfalles ein unterschiedliches Gewicht beizumessen ist und die im Hinblick auf die Vielfalt möglicher Schadensursachen auch nicht abschließend bezeichnet werden können, gehören ferner die Höhe des Schadens, ein vom AG einkalkuliertes oder durch Versicherung deckbares Risiko, die Stellung des AN im Betrieb und die Höhe des Arbeitsentgelts, in dem möglicherweise eine Risikoprämie enthalten ist (BAG 24. 11. 1987 AP BGB § 611 Haftung des Arbeitnehmers Nr. 92; BAG 16. 2. 1995 AP BGB § 611 Haftung des Arbeitnehmers Nr. 106). In den Fällen der Beschädigung eines **betriebseigenen Kraftfahrzeugs** durch den AN ist in die Abwägung auch einzustellen, ob der AG für das Fahrzeug eine Vollkaskoversicherung abgeschlossen hat. Zwar ist er dem AN gegenüber zum Abschluß einer solchen Versicherung nicht verpflichtet (BGH 10. 1. 1955 BGHZ 16, 111, 119 = AP BGB § 611 Haftung des Arbeitnehmers Nr. 1), der Nichtabschluß kann aber bei der Abwägung zu Lasten des AG mit der Folge ins Gewicht fallen, daß der AN nur in Höhe der Selbstbeteiligung haftet, die beim Abschluß einer Kaskoversicherung zu vereinbaren gewesen wäre (BAG 24. 11. 1987 AP BGB § 611 Haftung des Arbeitnehmers Nr. 92; vgl. auch LAG Köln 7. 5. 1992 LAGE BGB § 611 Arbeitnehmerhaftung Nr. 17; LAG Bremen 26. 7. 1999 NZA-RR 2000, 126). Unter Umständen können ferner der bisherige Verlauf des Arbeitsverhältnisses sowie die persönlichen Verhältnisse des AN wie Dauer seiner Betriebszugehörigkeit, sein Lebensalter, seine Familienverhältnisse und sein bisheriges Verhalten, zu berücksichtigen sein (insoweit aA LAG Köln 20. 2. 1991 LAGE BGB § 611 Gefahrgeneigte Arbeit Nr. 9). Schließlich ist in diesem Rahmen auch die **Gefahrgeneigtheit der Arbeit** von Bedeutung (BAG 16. 2. 1995 AP BGB § 611 Haftung des Arbeitnehmers Nr. 106), nicht aber schlechthin die wirtschaftliche Leistungsfähigkeit des AN (BGH 10. 1. 1955 BGHZ 16, 111, 119 = AP BGB § 611 Haftung des Arbeitnehmers Nr. 1).

1045   **ee) Leichteste Fahrlässigkeit.** Von leichtester Fahrlässigkeit (culpa levissima), die die Haftung des AN entfallen läßt, kann dagegen in den Fällen des „typischen Abirrens" der Arbeitsleistung ausgegangen werden namentlich bei einfachem „Sich-Vergreifen", „Sich-Versprechen" oder „Sich-Vertun" (MünchArbR/*Blomeyer* § 59 Rn. 45).

1046   **ff) Ausnahme: Haftungsbeschränkung bei grober Fahrlässigkeit.** Während der BGH (11. 3. 1996 AP BGB § 611 Haftung des Arbeitnehmers Nr. 109) sich strikt an diese Dreiteilung hält und eine Beschränkung der ANHaftung bei grober Fahrlässigkeit ablehnt (so auch BAG 24. 11. 1987 AP BGB § 611 Haftung des Arbeitnehmers Nr. 93; anders noch BAG 23. 3. 1983 AP BGB § 611 Haftung des Arbeitnehmers Nr. 82; BAG 21. 10. 1983 AP BGB § 611 Haftung des Arbeitnehmers Nr. 84), hat das BAG bereits angedeutet, daß es **weitere Haftungsbeschränkungen** selbst **bei grober Fahrlässigkeit** nicht ausschließt, insb., wenn der Verdienst des AN in einem deutlichen Mißverhältnis zum Schadensrisiko der Tätigkeit steht (BAG 23. 6. 1988 AP BGB § 611 Haftung des Arbeitnehmers Nr. 94; BAG 12. 10. 1989 AP BGB § 611 Haftung des Arbeitnehmers Nr. 97; BAG 12. 11. 1998 AP BGB § 611 Haftung des Arbeitnehmers Nr. 117; ebenso LAG Köln 17. 6. 1993 LAGE BGB § 611 Gefahrgeneigte Arbeit Nr. 10; LAG Nürnberg 20. 3. 1996 NZA-RR 1997, 3). So hat das BAG bislang in keinem Fall nicht vorsätzlicher oder gröbst fahrlässiger (BAG 25. 9. 1997 AP BGB § 611 Haftung des Arbeitnehmers Nr. 111) Schadensverursachung einem nicht versicherten AN eine Schadensquote auferlegt, die in absoluten Zahlen ein Jahreseinkommen übersteigt (vgl. zuletzt BAG 23. 1. 1997 NZA 1998, 140; LAG München 21. 9. 1995 LAGE BGB § 611 Arbeitnehmerhaftung Nr. 20; vgl. die Übersicht bei *Hübsch* NZA-RR 1999, 393). In der Instanzrechtsprechung wird zum Teil bereits faktisch eine summenmäßige Beschränkung der Haftung praktiziert, die bei mittlerer Fahrlässigkeit auf bis zu einem, bei grober Fahrlässigkeit auf bis zu drei Monatsentgelte beschränkt sein soll (LAG Nürnberg 18. 4. 1990 LAGE BGB § 611 Arbeitnehmerhaftung Nr. 14; 20. 3. 1996 NZA-RR 1997, 3, 4; LAG Köln 17. 6. 1993 LAGE BGB § 611 Gefahrgeneigte Arbeit Nr. 10; zu dieser Entwicklung *Hanau/Rolfs* NJW 1994, 1439, 1441 f.; wesentlich zurückhaltender LAG Rheinland-Pfalz 2. 11. 1995 NZA-RR 1996, 443 f.). Eine derart weitgehende Rechtsfortbildung wird vom BAG de lege lata jedoch nicht für möglich gehalten, weil es insoweit sowohl an einer allgemeinen Rechtsüberzeugung als auch an gesetzgeberischen Vorbildern fehle. Eine summenmäßige Haftungsbeschränkung sei allein dem Gesetzgeber vorbehalten (BAG 12. 10. 1989 AP BGB § 611 Haftung des Arbeitnehmers Nr. 97; BAG

23. 1. 1997 NZA 1998, 140, 141; LAG Schleswig-Holstein 10. 6. 1986 LAGE BGB § 611 Arbeitnehmerhaftung Nr. 7). Jedenfalls bei besonders grober (gröbster) Fahrlässigkeit kommt eine Haftungsbeschränkung nicht in Betracht (BAG 25. 9. 1997 AP BGB § 611 Haftung des Arbeitnehmers Nr. 111 = NZA 1998, 310, 312).

e) **Anwendungsbereich.** In der Rspr. noch nicht abschließend geklärt ist auch der **persönliche** 1047 **Anwendungsbereich** der beschränkten ANHaftung (dazu *Peifer* ZfA 1996, 69, 76 ff.). Neben den **Stammbeschäftigten** erfaßt sie jedenfalls auch die **Auszubildenden** (BAG 7. 7. 1970 AP BGB § 611 Haftung des Arbeitnehmers Nr. 59; LAG Rheinland-Pfalz 13. 12. 1989 LAGE BGB § 611 Gefahrgeneigte Arbeit Nr. 8) und die AN in einem **Leiharbeitsverhältnis**, soweit es um Schadensersatzansprüche des entleihenden AG geht (BGH 22. 5. 1978 VersR 1978, 819). Zumindest die Grundsätze der gefahrgeneigten Arbeit sind vom BGH dagegen nicht auf den Geschäftsführer einer Innungskrankenkasse angewandt worden, weil er als **leitender Angestellter** seine Geschäftsführertätigkeit weitgehend eigenverantwortlich gestalten könne (BGH 14. 2. 1985 VersR 1985, 693, 695 f., insoweit in BGHZ 94, 18 nicht abgedruckt), ebensowenig auf den Justitiar eines Unternehmens, weil er gerade zu dem Zweck eingestellt worden sei, das den geschäftlichen Unternehmungen anhaftende rechtliche Risiko auszuschalten oder doch zu mindern (BGH 7. 10. 1969 AP BGB § 611 Haftung des Arbeitnehmers Nr. 51), und auch nicht auf den Leiter der Kreditabteilung einer Bank (BGH 25. 2. 1969 VersR 1969, 474, 477). Das BAG hat offengelassen, ob es dieser restriktiven Rspr. folgen will und einem leitenden Angestellten jedenfalls dann, wenn er den Schaden nicht bei einer für seine Position charakteristischen Tätigkeit verursacht hat, die Haftungsprivilegierung zugestanden (BAG 11. 11. 1976 AP BGB § 611 Haftung des Arbeitnehmers Nr. 80). Schon die problematische Abgrenzung sog. leitender Angestellter spricht dafür, sie in die Haftungsprivilegierung einzubeziehen (*Otto/Schwarze* Rn. 128). **Freie Mitarbeiter** und **arbeitnehmerähnliche Personen,** die nur wirtschaftlich, nicht aber persönlich abhängig sind, können sich auf das Haftungsprivileg nicht stützen (BGH 7. 10. 1969 AP BGB § 611 Haftung des Arbeitnehmers Nr. 51; LAG Berlin 29. 10. 1990 LAGE BGB § 611 Arbeitnehmerhaftung Nr. 15; aA *Otto/Schwarze* Rn. 133 mwN; MünchArbR/*Blomeyer* § 59 Rn. 68 mwN).

Die Grundsätze über die Beschränkung der ANHaftung kommen auch dann zur Anwendung, 1048 wenn der AN Deckungsschutz durch eine Versicherung beanspruchen kann (BAG 25. 9. 1997 AP BGB § 611 Haftung des Arbeitnehmers Nr. 111 = NZA 1998, 310, 311 f.; MünchKommBGB/*Müller-Glöge* § 611 Rn. 468). Etwas anderes gilt nur, wenn es sich um eine **Pflichtversicherung** handelt, weil die Deckungspflicht des Pflichtversicherers den AN, soweit er Versicherungsschutz genießt, vor der persönlichen Belastung mit unzumutbaren Verbindlichkeiten bewahrt (BGH 8. 12. 1971 AP BGB § 611 Haftung des Arbeitnehmers Nr. 68; *Peifer* ZfA 1996, 69, 77). Dies gilt freilich nur, solange der Pflichtversicherer auch im Innenverhältnis zum versicherten AN nicht zum Rückgriff berechtigt ist. Ist dagegen die Leistungsfreiheit des Versicherers wegen einer Obliegenheitsverletzung des Versicherungsnehmers oder sonstigen Mitversicherten begrenzt, finden im Verhältnis der Arbeitsvertragsparteien zueinander wieder die Regeln über den innerbetrieblichen Schadensausgleich Anwendung mit der Folge, daß der AG den AN in Höhe der von ihm zu tragenden Haftungsquote von Regreßansprüchen freizustellen hat (BAG 23. 6. 1988 AP BGB § 611 Haftung des Arbeitnehmers Nr. 94). Dies gilt insb. für die Kfz.-Haftpflichtversicherung, bei der der Versicherer wegen bestimmter Obliegenheitsverletzungen *vor* Eintritt des Versicherungsfalls gegenüber dem Versicherungsnehmer und sonstigen mitversicherten Personen in Höhe von 10 000 DM, bei Obliegenheitsverletzungen *nach* Eintritt des Versicherungsfalls regelmäßig in Höhe von 5000 DM leistungsfrei ist (§§ 5 f. KfzPflVV). Eine nur **freiwillig** abgeschlossene Berufshaftpflichtversicherung ändert dagegen an den Regeln des innerbetrieblichen Schadensausgleichs nichts (BAG 25. 9. 1997 AP BGB § 611 Haftung des Arbeitnehmers Nr. 111 = NZA 1998, 310, 311 f.).

f) **Darlegungs- und Beweislast.** Die objektiven Voraussetzungen der pVV oder des deliktischen 1049 bzw. Gefährdungshaftungstatbestandes hat nach allgemeinen Grundsätzen der AG darzulegen und im Bestreitensfall zu beweisen (*Baumgärtel,* Handbuch der Beweislast im Privatrecht, Bd. 1, 2. Aufl. 1991, § 611 BGB Rn. 15). Entgegen § 282 trägt er auch bei Ansprüchen aus pVV die Beweislast für das Maß des Verschuldens des AN (BAG 22. 2. 1972 AP BGB § 611 Haftung des Arbeitnehmers Nr. 70). Dies gilt insb. auch für den Vorwurf grober Fahrlässigkeit (BAG 13. 3. 1968 AP BGB § 611 Haftung des Arbeitnehmers Nr. 42; LAG Hamm 13. 5. 1991 LAGE BGB § 611 Arbeitnehmerhaftung Nr. 16). Demgegenüber obliegt es dem AN, der sich auf die Grundsätze der beschränkten ANHaftung beruft, darzutun, daß deren Voraussetzungen vorliegen, den Schaden also bei einer betrieblichen Tätigkeit verursacht hat (vgl. *Baumgärtel* aaO § 611 BGB Rn. 15).

2. Haftung gegenüber Arbeitskollegen. Verletzt ein AN bei einer betrieblichen Tätigkeit Rechts- 1050 güter eines Kollegen, ist danach zu differenzieren, ob er diesem einen Personen- oder einen Sachschaden zugefügt hat. Die Haftung für **Personenschäden** erfährt durch §§ 105 ff. SGB VII eine abschließende gesetzliche Sonderregelung: Nach § 105 I 1 SGB VII sind Personen, die durch eine betriebliche Tätigkeit einen Arbeitsunfall von in der gesetzlichen Unfallversicherung Versicherten desselben Betriebes verursachen, diesen sowie deren Angehörigen und Hinterbliebenen nach anderen gesetzlichen Vorschriften zum Ersatz des Personenschadens nur verpflichtet, wenn sie den Arbeitsunfall vorsätzlich oder auf einem Weg zur oder von der Arbeit herbeigeführt haben. Die Haftung für durch betriebliche Tätigkeiten verursachte Personenschäden ist daher in aller Regel ausgeschlossen (Einzelheiten § 105 SGB VII Rn. 1 ff.). Für einem Kollegen zugefügte **Sachschäden** haftet der AN so, wie er auch anderen außerhalb des Arbeitsverhältnisses stehenden Dritten gegenüber einstandspflichtig ist (dazu sogleich Rn. 1117 ff.).

1051   **3. Haftung gegenüber Dritten.** Außerhalb des Arbeitsverhältnisses stehenden Personen gegenüber haftet der AN unbeschränkt (BGH 19. 9. 1989 BGHZ 108, 305 = AP BGB § 611 Haftung des Arbeitnehmers Nr. 99; BGH 21. 12. 1993 AP BGB § 611 Haftung des Arbeitnehmers Nr. 104). Der BGH lehnt es ab, dem AN im Außenverhältnis zu dem geschädigten Dritten die Haftungserleichterungen zu Gute kommen zu lassen. Zum einen nämlich beruhe die Rspr. zur eingeschränkten Haftung des AN gegenüber dem AG auf spezifisch arbeitsvertraglichen Erwägungen, die sich nicht auf das Außenverhältnis zu einem Dritten übertragen ließen, wobei es ohne ausschlaggebende Bedeutung sei, ob man die Begründung für die Haftungsbeschränkung gem. der früheren Rspr. des BAG in erster Linie in den „das Arbeitsverhältnis beherrschenden Treue- und Fürsorgepflichtgedanken" sehe, mit denen es sich nicht vertrage, daß der AG den AN mit Schäden und Ersatzansprüchen belaste, die sich aus der besonderen Gefahr und Eigenart der ihm übertragenen Arbeit ergebe, oder ob man gem. der neueren Rspr. des BAG in analoger Anwendung des § 254 dem AG das Betriebs- und Organisationsrisiko seines Unternehmens als verschuldensunabhängigen haftungsrechtlichen Zurechnungsfaktor anlaste und dieses Risiko gegen die schuldhafte Schadensverursachung durch den AN abwäge (BGH 21. 12. 1993 AP BGB § 611 Haftung des Arbeitnehmers Nr. 104). Außerdem entspreche es allgemeinen schuldrechtlichen Grundsätzen, daß der Schuldner (AN) gegenüber dem Gläubiger (Dritten) mit Einwendungen aus einem Rechtsverhältnis zu einem Dritten (AG) nicht gehört werde (BGH 19. 9. 1989 BGHZ 108, 305 = AP BGB § 611 Haftung des Arbeitnehmers Nr. 99), so daß die Betriebs- und Organisationsgefahr analog § 254 nur dem AG unmittelbar, nicht aber einem Außenstehenden entgegengesetzt werden könne (BGH 21. 12. 1993 AP BGB § 611 Haftung des Arbeitnehmers Nr. 104; aA LAG Baden-Württemberg 4. 11. 1986 LAGE BGB § 611 Arbeitnehmerhaftung Nr. 8).

1052   Diese unbeschränkte Außenhaftung bejaht der BGH selbst dann, wenn der AN **arbeitgeberfremde Betriebsmittel** schuldhaft beschädigt hat. Zwar fehle es nicht an Versuchen, die Außenhaftung des AN wenigstens in diesem Bereich zu begrenzen (vgl. nur *Baumann* BB 1990, 1833; *Denck* BB 1989, 1192; *ders.* JZ 1990, 175; *Gamillscheg/Hanau* S. 96 f.), Wortlaut und Systematik der §§ 823 ff. gäben jedoch für eine Differenzierung je nach Art und Funktion einer beschädigten Sache wie auch nach Art und Grad des Verschuldens nichts her. Über das Fehlen einer arbeitsvertraglichen Verbundenheit, die die primäre Rechtfertigung der Rspr. zur beschränkten ANHaftung darstellt, läßt sich nach Auffassung des BGH im Verhältnis zu einem vom AG verschiedenen Eigentümer auch bei den arbeitgeberfremden Betriebsmitteln nicht hinwegkommen (BGH 19. 9. 1989 BGHZ 108, 305, 313 ff. = AP BGB § 611 Haftung des Arbeitnehmers Nr. 99; kritisch zuletzt *Hanau*, FS für Steffen, 1995, S. 177, 181 ff.).

1053   Denkbar ist im Rahmen der ergänzenden Vertragsauslegung die dem AG gegenüber bestehende Haftungsbeschränkung auf den geschädigten Dritten zu beschränken. Dies hat das LAG Düsseldorf (25. 9. 1996 NZA-RR 1997, 241) bejaht, wenn der AN mit Wissen des AG mit dem PKW eines Arbeitskollegen Dienstfahrten erledigt, weil das Fahrzeug des AG funktionsuntüchtig ist (krit. *Hübsch*, BB 1998, 690).

1054   Anerkannt ist aber, daß dem AN in jedem Falle im Innenverhältnis zu seinem AG – abw. von § 840 II – ein **Freistellungsanspruch** zusteht, der den AG verpflichtet, den AN insoweit von der Schadensersatzforderung freizustellen, wie der Schaden zwischen den Arbeitsvertragsparteien verteilt würde, wenn der Geschädigte nicht ein Dritter, sondern der AG selbst wäre (BAG 25. 9. 1957 AP RVO § 898, 899 Nr. 4; vgl. auch BAG 23. 6. 1988 AP BGB § 611 Haftung des Arbeitnehmers Nr. 94; BAG 11. 8. 1988 AP BGB § 611 Gefährdungshaftung des AG Nr. 7). Dieser Freistellungsanspruch, den der AN abtreten oder der Dritte pfänden kann (BGH 24. 11. 1975 BGHZ 66, 1, 4 unter Aufgabe von BGH 27. 2. 1964 BGHZ 41, 203, 205 f.), wandelt sich in einen **Zahlungsanspruch** um, wenn und soweit der AN dem Dritten gegenüber bereits mehr geleistet hat, als er im Verhältnis zum AG zu zahlen verpflichtet ist. Seine Begründung findet die Zahlungsanspruch in § 670 resultierenden Pflicht des AG, den AN von Belastungen freizustellen, die aus einer Inanspruchnahme Dritter resultieren, wenn der AN im Innenverhältnis diese Belastungen nicht zu tragen braucht; der Freistellungsanspruch ergibt sich aus § 670 iVm. § 257 Satz 1 (**aA** BAG 23. 6. 1988 AP BGB § 611 Haftung des Arbeitnehmers Nr. 94: Fürsorgepflicht). Durch die unbeschränkte Außenhaftung und die beschränkte Freistellungsmöglichkeit im Innenverhältnis wird dem AN vor allem das Insolvenzrisiko des AG aufgebürdet.

1055   Eine **Haftungsbeschränkung im Verhältnis AG und geschädigter Dritter** entfaltet jedoch Schutzwirkung zugunsten der AN mit der Folge, daß der geschädigte Dritte den AN nicht in Anspruch nehmen kann, soweit die Haftungsbeschränkung reicht (BGH 21. 12. 1993 AP BGB § 611 Haftung des Arbeitnehmers Nr. 104; MünchArbR/*Blomeyer* § 60 Rn. 6). Sonst nämlich könnte der Dritte ungeachtet der Beschränkungen gegen den AN vorgehen, sich dessen Freistellungsanspruch pfänden und überweisen lassen mit der schlußendlichen Folge, daß die mit dem AG vertraglich vereinbarte Haftungsbegrenzung zunichte gemacht würde.

4. Mankohaftung

Schrifttum: *Barton*, Die Mankohaftung von Filialleitern, Diss. 1961; *Jung*, Mankohaftung aus dem Arbeitsvertrag, 1985; *Langer*, Die Mankohaftung des Arbeitnehmers, 1957; *Woltereck*, Mankohaftung im Arbeitsverhältnis, 1966.

a) Begriff der Mankohaftung. Unter einem Manko versteht man im Arbeitsrecht üblicherweise 1056
einen Schaden, den ein AG dadurch erleidet, daß ein seinem AN anvertrauter Warenbestand eine Fehlmenge aufweist oder sich in einer von seinem AN geführten Kasse ein Fehlbetrag ergibt (Münch-ArbR/*Blomeyer* § 59 Rn. 72; *Reinecke* ZfA 1976, 216; *Jung* Mankohaftung S. 7). Kein Anwendungsfall der Mankohaftung ist nach Ansicht des LAG Frankfurt (4. 11. 1987 DB 1988, 2652) die Frage der Haftung für den Verlust eines dem AN berufstypisch anvertrauten Schlüsselbundes.

b) Allgemeine Mankohaftung. aa) Haftungsgrundlagen und -voraussetzungen. Für die Haf- 1057
tung nach dem allgemeinen Vertragsrecht kommt es nach der – allerdings zunehmend angefochtenen – Rspr. auf die Position des AN im Hinblick auf die ihm anvertrauten Sachen an (BAG 13. 3. 1964 AP BGB § 611 Haftung des Arbeitnehmers Nr. 32; BAG 29. 1. 1985 AP BGB § 611 Haftung des Arbeitnehmers Nr. 87; BAG 17. 9. 1998 AP BGB § 611 Mankohaftung Nr. 2; im wesentlichen ebenso HzA/*Künzl* Gruppe 1 Rn. 1248 f. und *Schaub* § 52 X 3).

Nach der Rspr. des BAG kann eine Haftung nach den Grundsätzen der Verwahrung (§ 688) und des 1058
Auftragsrechts (§§ 675, 663, 665 bis 670, 672 bis 674) in Betracht kommen, wenn der AG „eine Tatsachenlage geschaffen hat, nach der er nicht mehr Besitzer der Sache ist" (BAG 17. 9. 1998 AP BGB § 611 Mankohaftung Nr. 2; BAG 2. 12. 1999 AP BGB § 611 Mankohaftung Nr. 3). Das wird idR nicht der Fall sein, weil der AN nicht Besitzer der ihm zur Aufgabenerfüllung überlassen ist, sondern nur Besitzdiener (vgl. *Preis/Kellermann* SAE 1998, 133 ff.). Das BAG meint, daß zum Innehaben des unmittelbaren Besitzes gehört, daß der AN alleinigen Zugang zur Sache hat und diese selbständig verwaltet (BAG 17. 9. 1998 AP BGB § 611 Mankohaftung Nr. 2). Auch diese einschränkende Betrachtung ist ungeeignet, weil das Merkmal der Selbständigkeit in diesem Kontext nicht weiterführt, weil ein AN ex definitione immer unselbständig verwaltet (vgl. auch *Otto/Schwarze* Rn. 274; *Boemke* SAE 2000, 7; *Deinert* RdA 2000, 22, 23 ff.). Das BAG will durch das zweiteilige Haftungskonzept erreichen, auf den Herausgabeanspruch (zB aus § 667) die Unmöglichkeitsregeln (§ 280 I) mit der Beweislastumkehr des § 282 anzuwenden (vgl. BAG 29. 1. 1985 AP BGB § 611 Haftung des Arbeitnehmers Nr. 87 mit kritischer Anm. *Baumgärtel*). Ob in diesem Fall die Grundsätze der privilegierten ANHaftung nicht zur Anwendung kommen sollen, ist unklar. Freilich müssen im Arbeitsverhältnis die Grundsätze der privilegierten ANHaftung unabhängig von der Anspruchsgrundlage gelten (vgl. *Preis/Kellermann* SAE 1998, 136).

Das zweiteilige Haftungkonzept des BAG ist abzulehnen (ebenso *Otto/Schwarze* Rn. 273 ff. mwN; 1059
Preis/Kellermann SAE 1998, 133, 135; *Boemke* SAE 2000, 8; *Stoffels* AR-Blattei SD 870.2 Rn. 17 ff.; *Deinert* RdA 2000, 22, 23 ff. jeweils mwN; dem BAG folgend jetzt MünchArbR/*Blomeyer* § 59 Rn. 83). Die Haftungsregeln anderer Vertragstypen könnten nur angewandt werden, wenn es sich bei dem zugrundeliegenden Vertragsverhältnis um ein derartiges Rechtsverhältnis handelt. Das ist aber idR nicht der Fall. Der AN schuldet werden die Herausgabe als selbständige Vertragspflicht, noch ist er ein selbständiger Verwahrer. Er hat versprochene Dienste zu leisten. Das Abhandenkommen von Sachen oder die Erzeugung von Fehlbeständen ist eine Schlechtleistung des AN, auf die die Grundsätze der pVV Anwendung finden. Die setzt nachgewiesenes Verschulden des AN voraus. Eine Anwendung des § 282 kommt nicht in Betracht (BAG 17. 9. 1998 AP BGB § 611 Arbeitnehmerhaftung Nr. 2). Das folgt schon aus den anwendbaren Grundsätzen zur privilegierten ANHaftung (*Preis/Kellermann* SAE 1998, 133, 135 ff.).Unter bestimmten Voraussetzungen kommen Erleichterungen der Beweisführung für den AG nach dem Prinzip der abgestuften Darlegungs- und Beweislast in Betracht (ausf. *Otto/Schwarze* Rn. 277 ff.; *Boemke* SAE 2000, 11 ff.).

Eine Haftung des AN kann sich darüber hinaus vor allem aus **unerlaubter Handlung** ergeben 1060
(MünchArbR/*Blomeyer* § 59 Rn. 84; zu den Anspruchsgrundlagen bei Mankohaftung vgl. auch *Jung* S. 51–73). Der AG trägt hier jedoch die volle Beweislast für alle Anspruchsvoraussetzungen (BAG 11. 11. 1969 AP BGB § 611 Haftung des Arbeitnehmers Nr. 49; BAG 3. 8. 1971 AP BGB § 611 Haftung des Arbeitnehmers Nr. 6; BAG 13. 2. 1974 AP BGB § 611 Haftung des Arbeitnehmers Nr. 77). Praktische Bedeutung hat diese Haftungsgrundlage mithin allenfalls dann, wenn die schadensstiftende Verrichtung nicht vom Arbeitsvertrag erfaßt wird oder vertragliche Erstattungsansprüche aufgrund einer tariflichen Ausschlußklausel nicht mehr geltend gemacht werden können (HzA/*Künzl* Gruppe 1 Rn. 1257).

bb) Haftungsbeschränkungen. Nach früherer Rspr. des BAG zur „gefahrgeneigten Arbeit" fanden 1061
Grundsätze der privilegierten ANHaftung keine Anwendung, da ein zur selbständigen Wahrnehmung bestellter AN zur gesteigerten Sorgfalt verpflichtet sei (BAG 13. 2. 1974 AP BGB § 611 Haftung des Arbeitnehmers Nr. 77; ebenso *Zöllner/Loritz* § 19 II 4; anders schon MünchArbR/*Blomeyer* § 59 Rn. 86; *Stoffels* AR-Blattei SD 870.2. Rn. 69 ff.; *Reinecke* ZfA 1976, 219). Nach der Abkehr vom Merkmal der Gefahrneigung steht nunmehr fest, daß die Fälle der Mankohaftung tatbestandsmäßig vom innerbetrieblichen Schadensausgleich erfaßt werden. Ausdrücklich geht jetzt auch

das BAG von der Anwendung der Grundsätze der privilegierten ANHaftung aus (BAG 22. 5. 1997 AP BGB § 611 Mankohaftung Nr. 1 mit Anm. *Krause*; hierzu *Preis/Kellermann* SAE 1998, 133 ff.; ebenso BAG 17. 9. 1998 AP BGB § 611 Mankohaftung Nr. 2 mit insoweit zust. Anm. *Boemke* SAE 2000, 10 f.). Künftig hat mithin das Hauptaugenmerk der Verschuldensbeurteilung zu gelten. Bei einer quotalen Schadensteilung ist im Rahmen der Abwägung auch die Gewährung eines besonderen Mankogeldes als Risikoausgleich zu berücksichtigen (vgl. MünchArbR/*Blomeyer* § 59 Rn. 87). Vollen Schadensersatz erhält der AG nur dann, wenn er dem AN Vorsatz oder zumindest grobe Fahrlässigkeit nachweisen kann. Kann der AG nur vortragen, der AN könne die Sache nicht herausgeben, läßt dies allein nicht auf eine vorsätzliche Schädigung schließen; vielmehr muß der AG nachweisen, daß der AN die Sache vernichtet oder sich zugeeignet hat (BAG 22. 5. 1997 AP BGB § 611 Mankohaftung Nr. 1). Auch hinsichtlich des Nachweises des haftungsbegründenden Verschuldens gilt eine abgestufte Darlegungslast (BAG 17. 9. 1998 AP BGB § 611 Mankohaftung Nr. 2).

1062 In jedem Mankohaftungsfall ist zu prüfen, ob dem AG ein **mitwirkendes Verschulden** am Eintritt des Mankos zur Last fällt (§ 254). Der Anwendungsbereich des § 254 ist bei der Mankohaftung recht weit; die von der Rspr. gestellten Anforderungen an den AG sind außerordentlich streng. Als Anknüpfungspunkte für ein mitwirkendes Verschulden kommen im wesentlichen Fehler in der Organisation des Betriebs in Betracht (zB mangelnde Vorkehrungen gegen Zugriffe Dritter oder anderer AN; Zuweisung unfähiger oder unzuverlässiger Hilfskräfte; erhebliche Überlastung des AN; ungenügende Kontrolle und zu seltene Inventuren; ausführlich hierzu *Stoffels* AR-Blattei SD 780.2 Rn. 80 ff.). Bei vorsätzlicher strafbarer Handlung oder absichtlicher Schädigung kann sich der AN allerdings nach Treu und Glauben nicht mehr auf ein Mitverschulden berufen (BAG 27. 2. 1970 AP BGB § 611 Haftung des Arbeitnehmers Nr. 54; 26. 1. 1971 AP BGB § 611 Haftung des Arbeitnehmers Nr. 64).

1063 cc) **Art und Umfang des Schadensersatzes.** Im Falle eines Kassenmankos ist der AN zum Ersatz des fehlenden Geldbetrages verpflichtet. Bei einem Warenmanko ist in jedem Falle zumindest der Wiederbeschaffungswert zu ersetzen. Dabei kommt dem AN zugute, daß der AG die entspr. Ersatzware häufig einfacher und billiger wird besorgen können. Über den bloßen Wiederbeschaffungswert hinaus haftet der AN jedoch auch für den nicht erzielten Verkaufserlös, da er gem. § 252 S. 1 auch den entgangenen Gewinn zu ersetzen hat (*Woltereck* S. 79 f.; MünchArbR/*Blomeyer* § 59 Rn. 88). Hat der AG jedoch meßbare Eigenaufwendungen etwa dadurch erspart, daß die Ware schon im Lager abhanden gekommen ist und deshalb Frachtkosten und ähnliches nicht aufzuwenden waren, so sind diese in Abzug zu bringen (*Woltereck* S. 80; MünchArbR/*Blomeyer* § 57 Rn. 87). Rabattsätze, die dem AN für die Warenentnahme zum eigenen Verbrauch eingeräumt werden, können nicht in Abzug gebracht werden (*Bulla* DB 1952, 82, MünchArbR/*Blomeyer* § 57 Rn. 87). Ebensowenig kann ein Manko mit Überschüssen anderer Bestandsaufnahmen verrechnet werden, es sei denn im Wege der Vorteilsausgleichung, wenn sie mit dem Manko in ursächlichem Zusammenhang stehen (*Woltereck* S. 79 mwN und MünchArbR/*Blomeyer* § 59 Rn. 88).

1064 c) **Besondere Mankoabreden. aa) Inhalt und Auslegung.** Die Mankohaftung des AN wird in der betrieblichen Praxis – mitunter auch in TV – oftmals zum Gegenstand besonderer vertraglicher Absprachen gemacht. Mit dem Abschluß solcher Mankovereinbarungen will der AG regelmäßig die Nachteile beseitigen, die ihm die allgemeine Mankohaftung, insb. in beweisrechtlicher Hinsicht, bringt. Häufig werden derartige Haftungsregelungen mit der Zusage eines besonderen Mankogeldes verknüpft.

1065 Der genaue Inhalt einer Mankoabrede ist ggf. im Wege der Auslegung (§§ 133, 157) zu klären. Eine Erstreckung der Haftung auch auf unverschuldete Mankoschäden wird man mangels ausdrücklicher und klarer Vereinbarung im Regelfall nicht annehmen können (BAG 12. 8. 1959 AP BGB § 305 Nr. 1; BAG 27. 2. 1970 AP BGB § 611 Haftung des Arbeitnehmers Nr. 54). Anders kann zu entscheiden sein, wenn der AN ein angemessenes Mankogeld erhält (BAG 9. 4. 1957 AP BGB § 611 Haftung des Arbeitnehmers Nr. 4).

1066 bb) **Allgemeine Grenzen der Zulässigkeit.** Nach bisheriger Rspr. sind Mankovereinbarungen zulässig, die eine sinnvolle, den Eigenarten des Betriebes und der Beschäftigung angepaßte Beweislastverteilung zu Ungunsten des AN enthalten oder eine vom Verschulden des AN unabhängige Haftung für solche Fehlbeträge festlegen, die ausschließlich in seinem Arbeits- und Kontrollbereich entstanden sind (BAG 22. 11. 1973 AP BGB § 626 Nr. 67; BAG 13. 2. 1974 AP BGB § 611 Haftung des Arbeitnehmers Nr. 77; BAG 29. 1. 1985 AP BGB § 611 Haftung des Arbeitnehmers Nr. 87; *Woltereck* S. 64; MünchArbR/*Blomeyer* § 59 Rn. 74). Nach jüngerer Rspr. sind Mankoabreden grds. problematisch, weil sie die allgemeinen Haftungsgrundsätze zu Lasten des AN verschieben. Das BAG hält seine Rspr. zur privilegierten ANHaftung für „einseitig zwingendes ANSchutzrecht", von dem weder einzel- noch kollektivvertraglich zu Lasten des AN abgewichen werden könne (BAG 17. 9. 1998 AP BGB § 611 Mankohaftung Nr. 2; BAG 2. 12. 1999 AP BGB § 611 Mankohaftung Nr. 3). Danach ist zweifelhaft, ob es überhaupt noch wirksame Mankoabreden geben kann, sie von den Grundsätzen der ANHaftung abweichen. Allerdings bezieht sich das BAG formal zugleich auf seine frühere Rspr., wonach Mankoabreden bei Zahlung eines besonderen Mankogeldes zugelassen werden können. Vorsatztaten können von der Mankoabrede ausgenommen werden. In diesen Fällen bleibt es bei der vollen

H. Haftung im Arbeitsverhältnis § 611 BGB 230

Haftung des AN. Eine Mankoabrede ist von von vornherein unzulässig, wenn sie für Bereiche getroffen wird, auf die neben den AN noch andere Personen Zugriff haben oder wenn keine angemessene Ausgleichzahlung geleistet wird (BAG 17. 9. 1998 AP BGB § 611 Mankohaftung Nr. 2; Rn. 1071).

Mankovereinbarungen jenseits dieser Grenze, vor allem solche, die dem AN ein besonderes, über 1067 die allgemeine Mankohaftung hinausgehendes Risiko auferlegen, ohne dies durch entspr. wirtschaftliche Vorteile auszugleichen, verstoßen nach Ansicht des BAG gegen **Treu und Glauben (§ 242) bzw.** sind wegen Verstoßes **gegen die guten Sitten (§ 138)** nichtig (BAG 17. 4. 1956 AP BGB § 626 Nr. 8 führt beide Kontrollmaßstäbe an. BAG 22. 11. 1973 AP BGB § 626 Nr. 67 hebt auf die guten Sitten ab, während BAG 13. 2. 1974 AP BGB § 611 Haftung des Arbeitnehmers Nr. 77 wieder § 242 BGB neben § 138 BGB ins Spiel bringt). Für sittenwidrig und nichtig (§ 138 BGB) wird zB eine Vertragsgestaltung gehalten, die offensichtlich auf eine Benachteiligung Dritter hinausläuft (*Schaub* § 52 X 2 a).

Eine Mankovereinbarung darf auch nicht zu einer **Tarifunterschreitung (§ 4 III TVG)** führen. Mit 1068 dem Tariflohn werden lediglich die üblichen Arbeitsleistungen und Haftungsrisiken abgegolten. Beinhaltet das Tarifgehalt keine besondere Risikovergütung und erhält der AN auch nicht auf Grund des Einzelvertrages eine angemessene erhöhte Vergütung, so liegt eine unzulässige Tarifunterschreitung vor, soweit der AG durch die Klausel zusätzliche Ansprüche erlangt hat, mit denen er im Mankofall gegen das Tarifgehalt aufrechnen und es so mindern kann (LAG Frankfurt 15. 6. 1955 BB 1955, 961; *Langer* S. 43 f.; *Schaub* § 52 X 2 a).

cc) **Zulässigkeit einzelner Regelungen.** Die inhaltliche Bandbreite der in der betrieblichen Praxis 1069 anzutreffenden Mankovereinbarungen ist groß. Die Besonderheiten des Einzelfalles sind zu berücksichtigen. Zu einzelnen Klauselarten:

Isolierte Mankogeldzusagen. Das Mankogeld soll dem AN von vornherein einen Ausgleich für 1070 eventuell in der Zukunft auftretende Fehlbeträge bzw. -bestände bieten. Es handelt sich um eine „Sozialleistung zur Verminderung des Haftungsrisikos" (BAG 27. 10. 1988 – 6 AZR 177/87 – nv.). Ob aus der bloßen Mankogeldgewährung auf eine stillschweigende Garantieübernahme durch den AN geschlossen werden kann (so *Bulla* DB 1952, 81 f.; *Woltereck* S. 72), ist zweifelhaft. Mehr spricht dafür, die Zahlung eines Mankogeldes bei der Anwendung der Haftungsgrundsätze des innerbetrieblichen Schadensausgleichs im Sinne einer größeren Haftungsbeteiligung des AN zur Geltung zu bringen (wie hier *Stoffels* AR-Blattei SD 870.2. Rn. 115).

Verschuldensunabhängige Einstandspflicht. Eine Garantieübernahme wird für zulässig gehalten, 1071 wenn dem erhöhten Risiko eine angemessener wirtschaftlicher Ausgleich, eine erhöhte Vergütung (Mankogeld), gegenübersteht (BAG 17. 4. 1956 AP BGB § 626 Nr. 8; BAG 9. 4. 1957 AP BGB § 611 Haftung des Arbeitnehmers Nr. 4; BAG 27. 2. 1970 AP BGB § 611 Haftung des Arbeitnehmers Nr. 54). Die Angemessenheit wird bejaht, wenn das zusätzliche Entgelt mindestens den Durchschnitt der erfahrungsgemäß zu erwartenden Fehlbeträge bzw. -bestände erreicht (*Staudinger/ Richardi* Rn. 479; MünchArb/*Blomeyer* § 59 Rn. 77). Nach jüngster Rspr. verlangt das BAG strenger, „daß eine Haftung aufgrund besonderer vertraglicher Abrede die Summe der gezahlten Mankogelder nicht übersteigen" darf (BAG 17. 9. 1998 AP BGB § 611 Mankohaftung Nr. 2; BAG 2. 12. 1999 AP BGB § 611 Mankohaftung Nr. 3). Mit dieser einschränkenden Voraussetzung erreicht das BAG im Ergebnis, daß der AN nicht weitergehend für Fehlbestände haftet, als er als Ausgleich über die Mankoabrede ohnehin erlangt hat. Damit sichert das BAG zugleich seinen Ansatz, daß die Haftungsprivilegierung einseitig zwingendes Schutzrecht ist. Für die Beweislastverteilung gilt: Der AG hat zunächst den behaupteten Fehlbetrag oder -bestand substantiiert darzulegen und zu beweisen (BAG 6. 6. 1984 AP TV Ang Bundespost § 11 a Nr. 1). Weiterhin obliegt ihm die Beweislast für die haftungsbegründende Kausalität, dh. für die Verursachung des Mankos durch den AN. Letzteres schließt regelmäßig den zu beweisenden Vortrag ein, daß der AN, in dessen Bereich das Manko aufgetreten ist, während dieser Zeit die Kasse oder den Warenbestand allein beherrschte.

Beweislastvereinbarungen. Mitunter unterwerfen Mankovereinbarungen den AN besonderen Be- 1072 weislastanforderungen. Im Mittelpunkt steht dann zumeist die Verschuldensfrage. Die gebräuchlichen Klauseln sehen durchweg vor, daß der AN sich zu entlasten habe. Das BAG hält solche Abreden prinzipiell für zulässig, wenn sie eine sinnvolle, den Eigenarten des Betriebes und der Beschäftigung angepaßte Beweislastverteilung enthalten (BAG 13. 2. 1974 AP BGB § 611 Haftung des Arbeitnehmers Nr. 77 und zuletzt BAG 29. 1. 1985 AP BGB § 611 Haftung des Arbeitnehmers Nr. 87; für grds. Zulässigkeit auch MünchArb/*Blomeyer* § 59 Rn. 91. Skeptisch für beweislaständernde Vereinbarungen hingegen *Baumgärtel*, FS für Pleyer, S. 263: „mit § 242 schwerlich vereinbar" und „Zumindest müßte ... angemessener Risikoausgleich gewährt werden."; für Unwirksamkeit beweislaständernder Mankoabreden in Anlehnung an § 11 Nr. 15 AGBG *Hanau/Preis* II M 10 Rn. 13 f.; *Preis* AuR 1994, 139, 151; MünchKommBGB/*Müller-Glöge* Rn. 481; *Boemke* SAE 2000, 13; *Deinert* RdA 2000, 22, 35).

Haftung mehrerer Mitarbeiter. Eine andere in der Praxis in verschiedenen Variationen anzutref- 1073 fende Haftungskonzeption sieht eine Verteilung des Mankoschadens auf alle in Betracht kommenden Mitarbeiter entweder zu gleichen Teilen oder nach der Höhe ihrer Gehälter vor. Ist dabei eine

Exkulpation einzelner Mitarbeiter ausgeschlossen, so handelt es sich regelmäßig um eine Verschärfung gegenüber der allgemeinen Mankohaftung, auch wenn für den AN ein gewisser Vorteil darin liegen mag, daß er nun auch für von ihm allein verschuldete Schäden nur in Höhe seines Anteils Ersatz zu leisten braucht. Daher ist auch hier ein erhöhten Risiko entspr. Ausgleich in Form einer zusätzlichen Geldleistung unentbehrlich. Ferner muß nach der Rspr. des BAG sichergestellt sein, daß der AN zumutbare Kontrollbefugnisse hat, die er auch tatsächlich ausüben kann. Es muß ihm im Rahmen der Erfüllung seiner Arbeitspflicht möglich sein, die Arbeitskollegen, für die er haften solle, wirksam zu überwachen und dazu anzuhalten, die erforderliche Sorgfalt walten zu lassen. Das schließt es namentlich aus, die Haftung auf Arbeitskollegen zu erstrecken, die einer anderen Schicht angehören (BAG 22. 11. 1973 AP BGB § 626 Nr. 67 mit Anm. *Küchenhoff;* vgl. auch BAG 13. 2. 1974 AP BGB § 611 Haftung des Arbeitnehmers Nr. 77 zur Mithaftung für nachgeordnete Mitarbeiter).

1074 **Mankospannen.** Wenn ein Manko auf natürlichem Schwund der Ware beruht, entfällt eine Haftung des AN zumeist schon deshalb, weil es an seiner Ursächlichkeit fehlt (hierzu auch *Deinert* RdA 2000, 22, 35 f.). Zumindest hat er den Verlust nicht zu vertreten. Ein solcher Warenschwund muß bei der Abrechnung daher auch ohne besondere Vereinbarung stets zugunsten des AN berücksichtigt werden. In der Praxis – insb. im Lebensmitteleinzelhandel – werden deshalb häufig Schwundsätze, sog. Mankospannen, vereinbart, um die Höhe des natürlichen Schwundes zweifelsfrei und für beide Seiten verbindlich festzulegen. Der AN braucht dann ein Manko, das sich im Rahmen der vereinbarten Mankospanne hält, nicht zu ersetzen, und zwar auch dann, wenn es im Einzelfall einmal nicht auf natürlichem Schwund beruht. Geht das Manko allerdings über den angesetzten Schwundsatz hinaus, gelten die allg. Grundsätze (Rn. 1071).

1075 **Abreden zum Haftungsumfang.** Nicht unzulässig ist es, den Verkaufspreis in pauschaler Form im Rahmen der Mankoabrede in Ansatz zu bringen (so ausdrücklich auch LAG Düsseldorf 14. 5. 1974 DB 1974, 2115). Dem AN steht jedoch auch dann der Nachweis offen, daß der in Rechnung gestellte Verkaufspreis aus bestimmten Gründen in concreto nicht hätte erzielt werden können oder aufgrund des ausreichenden Warenbestandes auf andere Stücke zugegriffen werden konnte (Rechtsgedanke des § 11 Nr. 5 AGBG).

1076 **Kautionsvereinbarungen.** Vereinbarungen über die Gestellung einer Kaution seitens des AN werden in der Regel getroffen, um dem AG die Durchsetzung möglicher künftiger Schadensersatzforderungen aus Mankohaftung zu erleichtern. Unter Berücksichtigung dieses primär verfolgten Sicherungszwecks der Kautionsgestellung kann nicht ohne weiteres davon ausgegangen werden, daß hierdurch zugleich auch die Höhe der Ersatzleistung begrenzt werden soll (LAG Bremen 1. 2. 1956 BB 1957, 1037). Wohl aber wird man den AG aufgrund der Kautionsgestellung für verpflichtet halten, im Falle eines zu ersetzenden Mankoschadens zunächst auf die Kaution zurückzugreifen. Erst nach Ausschöpfung dieser Möglichkeit darf er die Aufrechnung gegenüber pfändbaren Gehaltsteilen erklären (so bereits *Bulla* DB 1952, 82).

1077 **dd) Rechtsfolgen bei Überschreitung der Zulässigkeitsgrenzen.** Die Überschreitung der skizzierten Zulässigkeitsgrenzen muß jedenfalls für die im Vordergrund stehenden vorformulierten Mankoabreden in Arbeitsverträgen die Nichtigkeit der gesamten Klausel zur Folge haben. Eine geltungserhaltende Reduktion ist ebenso wie jede sonstige auf tlw. Aufrechterhaltung gerichtete dogmatische Konstruktion abzulehnen (Rn. 557). So hat sich das BAG mangels Anhaltspunkten für einen entspr. hypothetischen Willen der Parteien auch dagegen ausgesprochen, einer nichtigen Mankoklausel im Wege der Teilnichtigkeit oder der Umdeutung nur auf die Höhe des Mankogeldes beschränkte Haftungsbegründung abzugewinnen (BAG 3. 8. 1971 AP BGB § 611 Haftung des Arbeitnehmers Nr. 67).

1078 Die Nichtigkeit einer Mankovereinbarung hat allerdings nicht zur Folge, daß der AN nunmehr von jeder Haftung frei wäre. Seine Ersatzpflicht bestimmt sich in diesem Falle vielmehr nach den verhältnismäßig milderen Grundsätzen der allgemeinen Mankohaftung (vgl. Rn. 1061 ff.).

II. Haftung des Arbeitgebers

1079 **1. Überblick.** Die Haftung des AG gegenüber seinen AN reicht zeitlich von der Begründung des Arbeitsverhältnisses (**Verschulden bei Vertragsanbahnung,** hierzu Rn. 339 ff.; vgl. § 611 a II) bis zur **Beendigung** (§ 628 II), mitunter auch noch **nachwirkend** (zB Haftung wegen unrichtiger Auskünfte; hierzu § 630 Rn. 116 ff.). Auch die sich im laufenden Arbeitsverhältnis ereignenden Haftungsfälle sind sehr unterschiedlicher Natur (zB Beschädigung vom AN mitgeführter Gegenstände, oder Nichtgewährung von Urlaub, aber auch Vermögensnachteile des AN infolge nicht ordnungsgemäßer Zahlung von Sozialversicherungsbeiträgen).

1080 Die Haftung des AG gründet sich entweder auf **Vertrag** oder **Gesetz** – dann insb. auf Delikt. Daneben sind Sondervorschriften zu beachten, etwa §§ 611 a II und § 628 II (vgl. dort).

1081 Die haftungsrechtlichen Bestimmungen der §§ 267 bis 269 a des Arbeitsgesetzbuches der DDR sind zum 31. 12. 1990 außer Kraft getreten.

2. Verschuldensabhängige Haftung des Arbeitgebers. a) Haftungsgrundlagen. aa) Unmöglich- 1082
keit und Verzug. Schadensersatzansprüche können sich aus den Gesichtspunkten der Unmöglichkeit und des Schuldnerverzuges auch im Arbeitsverhältnis ergeben. So ist ein Schadensersatzanspruch des AN nach § 280 beispielsweise bei **schuldhafter Nichterfüllung des allgemeinen Weiterbeschäftigungsanspruchs** bejaht worden (BAG 12. 9. 1985 AP BetrVG 1972 § 102 Weiterbeschäftigung Nr. 7; *Erman/Hanau* Rn. 383 zur Frage der Höhe des ersatzfähigen Schadens). Einen gem. §§ 286 I, 284 ersatzfähigen Verzugsschaden kann die **schuldhaft verspätete Erfüllung der** Hauptleistungspflicht des AG, nämlich der **Vergütungspflicht,** begründen (BAG 17. 2. 1994 AP BGB § 249 Nr. 34). Die Vergütungspflicht kann auch eine Naturalvergütung, wie zB die Zurverfügungstellung eines Dienstwagens auch zur privaten Nutzung, umfassen. Kommt der AG dieser Leistungspflicht schuldhaft nicht nach, so kann der AN Ersatz seines Nichterfüllungsschadens nach § 325 I 2 oder §§ 286 I, 284 verlangen (näher hierzu BAG 23. 6. 1994 AP BGB § 249 Nr. 34 und *Pauly* AuA 1995, 381).

Die Verzugsproblematik wurde ferner mehrfach bei vom AG zu vertretenden **Störungen eines** 1083
Ausbildungsverhältnisses relevant (vgl. hierzu BAG 22. 6. 1972 AP BGB § 611 Ausbildungsverhältnis Nr. 1 mit Anm. *Söllner;* BAG 30. 5. 1975 AP BGB § 284 Nr. 2 mit Anm. *Beuthien/Janzen*). Nach den Regeln des Verzugs und der Unmöglichkeit beurteilt das BAG auch die **schuldhafte Nichterfüllung des Urlaubsanspruchs** (BAG 1. 12. 1983 AP BUrlG § 7 Abgeltung Nr. 15; BAG 5. 9. 1985 AP BUrlG § 1 Treueurlaub Nr. 1).

bb) Positive Vertragsverletzung. Pflichtverletzungen des AG im Rahmen eines bestehenden Ar- 1084
beitsverhältnisses, die weder Unmöglichkeit noch Verzug herbeiführen, verpflichten nach den Grundsätzen der pVV zum Schadensersatz. Hauptanwendungsfall ist die **Verletzung der dem AG zum Schutze seiner AN obliegenden vertraglichen Nebenpflichten.** Angesichts der Vielfalt der in Frage kommenden Nebenpflichten des AG handelt es sich um den praktisch wichtigsten Haftungsfall (MünchArbR/*Blomeyer* § 94 Rn. 27; MünchKommBGB/*Söllner* § 611 Rn. 379).

cc) Verschulden bei und nach Vertragsschluß. Auch unter dem Gesichtspunkt des Verschuldens 1085
bei Vertragsschluß kann den AG eine Haftung treffen. Den AG treffen zB **Aufklärungs- und Mitteilungspflichten** hins. derjenigen Umstände, die für den Vertragsschluß erkennbar von besonderer Bedeutung sind (*Wiedemann,* FS für Herschel, S. 463 464; MünchArbR/*Richardi* § 43 Rn. 18; Einzelheiten Rn. 340 ff.).

Der **Haftungsmaßstab** ergibt sich aus § 276 ff. Führt der AG die Verhandlungen nicht selbst, 1086
sondern bedient er sich eines Verhandlungsgehilfen, so haftet er in entspr. Anwendung von § 278 auch für dessen Verschulden. Dabei kommt es nicht darauf an, ob der Verhandlungsgehilfe Abschlußvollmacht hatte (BAG 10. 11. 1955 AP BGB § 276 Verschulden bei Vertragsschluß Nr. 1 mit Anm. *Larenz;* BAG 7. 6. 1963 AP BGB § 276 Verschulden bei Vertragsschluß Nr. 4 mit Anm. *Diederichsen;* BAG 15. 5. 1974 AP BGB § 387 Nr. 2 mit Anm. *Herschel).* Zur ausnahmsweise bestehenden Haftung wegen Verletzung nachwirkender Pflichten vgl. Rn. 1144 ff.

dd) Haftung auf deliktischer Grundlage. Neben vertraglichen Haftungsansprüchen können im 1087
Einzelfall solche aus Delikt treten. Auch die Haftung nach den §§ 823 ff. ist verschuldensabhängig, wobei im Falle des § 831 das Verschulden vermutet wird.

Umstritten ist, ob ein Recht am **Arbeitsplatz als sonstiges Recht** im Sinne des § 823 I anzuerken- 1088
nen ist (dafür *Hueck/Nipperdey* II/2, S. 995 ff.; *Hanau/Adomeit* B II 8; nach BAG 30. 9. 1970 AP BAT § 70 Nr. 2 mit Anm. *Gaul* „spricht zumindest einiges" für dieses Recht; offengelassen mit abl. Tendenz BAG 4. 6. 1998 AP BGB § 823 Nr. 7 mit Anm. *Edenfeld;* dagegen *Nikisch* II S. 127 f.; *Zöllner/Loritz* § 14 I; *Migsch,* Die absolut geschützte Rechtsstellung des AN, 1972; LG Frankfurt 26. 10. 1999 NZA-RR 2000, 185; zum Ganzen ausführlich *Ebert,* Das „Recht am Arbeitsplatz", 1990). Richtiger Ansicht nach kann ein so weitgehender Schutz des Arbeitsplatzes weder einfachrechtlich aus dem KSchG abgeleitet noch aus der Verfassung herausgelesen werden. Abgesehen davon dürfte der deliktische Schutz auch kaum über die vertragsrechtlichen Ansprüche des AN hinausgehen, so daß auch ein praktisches Bedürfnis für diese Überhöhung der relativen Rechtsbeziehung nicht erkennbar ist. Denn selbst die Befürworter eines absolut geschützten Rechts am Arbeitsplatz gehen nicht soweit, dem AN, der infolge schuldhafter Mißwirtschaft seinen Arbeitsplatz verliert, einen Schadensersatzanspruch – und sei es auch nur zur Erhöhung der Konkursquote – zuzubilligen (vgl. *Hanau/Adomeit* B II 8).

Eine Haftung aus unerlaubter Handlung kommt ferner in Betracht bei Verletzung eines „den Schutz 1089
eines anderen bezweckenden Gesetzes" iSd. § 823 II. Schutzgesetze sind solche Rechtsnormen, die ein bestimmtes Verhalten gebieten oder verbieten, um hierdurch gerade den einzelnen oder einzelne Personenkreise gegen die Verletzung ihrer Lebensgüter iS zu schützen. (Zur Einordnung der **Gesetze und Verordnungen des öffentlich-rechtlichen Arbeitsschutzes** und der **Unfallverhütungsvorschriften der Berufsgenossenschaften** vgl. Rn. 879; zu den **sozialversicherungsrechtlichen Anmelde- und Beitragsvorschriften** Rn. 878 f.; zu den Bestimmungen der **§§ 618 BGB, 62 HGB** Rn. 899). § 9 II MuSchG, der eine Verpflichtung des AG statuiert, der Aufsichtsbehörde die Kündigung durch eine schwangere AN mitzuteilen, stellt kein Schutzgesetz zugunsten der Schwangeren dar (BAG 19. 8. 1982 AP MuSchG § 9 Nr. 10 mit Anm. *Zmarzlik*).

Preis

230 BGB § 611 Wesen des Dienstvertrags

1090 AN, auch höhere Angestellte, sind wegen ihrer Weisungsabhängigkeit typischerweise zugleich Verrichtungsgehilfen des AG (zum LeihAN OLG München 25. 10. 1983 DB 1984, 982; BAG 5. 5. 1988 AP BGB § 831 Nr. 2; *Palandt/Thomas* § 831 Rn. 6). Für sie hat der AG daher gemäß **§ 831** einzustehen; er haftet demnach für eigenes vermutetes Verschulden, wenn der von ihm zu einer Verrichtung bestellte Gehilfe bei Ausführung der Verrichtung einem anderen AN widerrechtlich einen Schaden zufügt. An den Exkulpationsnachweis stellt die Rspr. hohe Anforderungen.

1091 **b) Haftungsvoraussetzungen. aa) Haftungsgrund.** Haftungsbegründende Voraussetzung einer Ersatzpflicht des AG wegen **pVV** ist eine **Vertragspflichtverletzung.** Neben der Verletzung der Leistungstreuepflicht und verschiedenen Aufklärungs- und Auskunftspflichten kommt insb. die Verletzung vertraglicher Schutz- und Sicherungspflichten in Betracht (hierzu Rn. 887 ff.). Die Schutz- und Sicherungspflichten überschneiden sich mit den sog. **Verkehrssicherungspflichten,** deren Mißachtung im Falle einer **deliktischen Haftung** wegen Unterlassens oder mittelbarer Eingriffe zum haftungsbegründenden Tatbestand zählt. Die Schutzpflichten des AG richten sich in Inhalt, Umfang und Grenzen nach dem jeweiligen Schutzgut (MünchArbR/*Blomeyer* § 94 Rn. 24).

1092 **bb) Zurechnung.** Die Schadensersatzhaftung des AG setzt weiterhin voraus, daß durch das Verhalten des AG, das in einem Tun oder Unterlassen liegen kann, ein vertraglich oder deliktisch geschütztes Recht oder Rechtsgut des AN verletzt worden ist (haftungsbegründende Kausalität) und hierdurch wiederum ein Schaden entstanden ist (haftungsausfüllende Kausalität). Dabei geht es um einen Akt wertender Zurechnung, der auf einem Ursachenzusammenhang im Sinne einer condicio sine qua non aufbaut (sog. Äquivalenztheorie) und durch weitere Zurechnungskriterien (Ausscheidung inadäquater Kausalverläufe, Schutzzweck der Norm etc.) ergänzt und begrenzt wird.

1093 **cc) Verschulden.** Der AG haftet bei Vertragsverletzung (§§ 280 ff.) ebenso wie bei unerlaubter Handlung (§§ 823 ff.) nur, wenn ihn ein **Verschulden** trifft. Soweit im Einzelfall nichts anderes bestimmt ist, hat der AG gem. § 276 I 1 Vorsatz und Fahrlässigkeit zu vertreten. **Vorsatz** ist das Wissen und Wollen des rechtswidrigen Erfolges (MünchKommBGB/*Hanau* § 276 Rn. 49). **Fahrlässig** handelt hingegen, wer die im Verkehr erforderliche Sorgfalt außer Acht läßt (§ 276 I 2). Es gilt hier auf die allgemeinen Verkehrsbedürfnisse ausgerichteter objektivierter oder typisierter Sorgfaltsmaßstab (BAG 17. 2. 1994 AP BGB § 286 Nr. 2 für Haftung des AG: „objektive Sorgfaltspflicht"). Bestrebungen, den Fahrlässigkeitsbegriff durch subjektive Elemente anzureichern, sind im Hinblick auf die Haftung des AG – anders als auf dem Gebiete der ANHaftung – bislang nicht erkennbar geworden (zur Haftung des AN *Gamillscheg/Hanau* 65 ff.). „Betriebsüblicher Schlendrian" ist kein Maßstab für die zu beobachtende Sorgfalt, denn der Gesetzgeber hat nicht auf die „verkehrsübliche", sondern auf die „im Verkehr erforderliche" Sorgfalt abgestellt. Allerdings können gewisse fehlerhafte Methoden, die in einem Betrieb aufgekommen sind, den Grad des Verschuldens geringer erscheinen lassen (BGH 28. 5. 1968 DB 1968, 1455).

1094 Der AG hat eine Vertragsverletzung (Nichtleistung der höheren Vergütung) nicht zu vertreten, wenn er sich in einem entschuldbaren Rechtsirrtum befand. Das ist der Fall, wenn er sich für seine Rechtsauffassung auf eine höchstrichterliche Entscheidung berufen kann (BAG 12. 11. 1992 AP BGB § 285 Nr. 1). Zum fehlenden Verschulden bei nicht erkennbarer Geistesstörung des Vertragspartners BAG 17. 2. 1994 AP BGB § 286 Nr. 2.

1095 **dd) Haftung für gesetzliche Vertreter und Erfüllungsgehilfen.** Für vertraglich begründete Schadensersatzansprüche sieht § 278 eine Zurechnung des Verschuldens des gesetzlichen Vertreters des Schuldners und solcher Personen vor, deren er sich zur Erfüllung seiner Verbindlichkeiten bedient. **Gesetzlicher Vertreter** im Sinne des § 278 sind alle Personen, die aufgrund gesetzlicher Vorschriften mit Wirkung für andere handeln können, zB auch den Konkursverwalter. Nicht zu den gesetzlichen Vertretern gehören hingegen die verfassungsmäßig berufenen Vertreter juristischer Personen (zB Geschäftsführer einer GmbH). Ihr (Organ-)Verschulden gilt sowohl bei unerlaubten Handlungen als auch im Rahmen einer vertraglichen Haftung nach §§ 31, 89 BGB als eigenes Verschulden der juristischen Person (*Palandt/Heinrichs* § 278 Rn. 6; MünchKommBGB/*Hanau* § 276 Rn. 11).

1096 **Erfüllungsgehilfe** ist, wer mit dem Willen des Schuldners in dessen Pflichtenkreis als Hilfsperson tätig wird. Dabei ist es gleichgültig, ob der Schuldner überhaupt in der Lage ist, seinem Gehilfen für dessen Tätigkeit nähere Anweisungen zu erteilen; § 278 kommt also auch dann in diesem Zuge vor, wenn die Hilfsperson selbständig ist und nicht den Anweisungen des Schuldners unterliegt (BGH 8. 2. 1974 BGHZ 62, 119, 124; BGH 17. 12. 1992 NJW 1993, 1704, 1705). Dieser Punkt hat im Arbeitsrecht besondere Bedeutung zB bei leitenden Angestellten, die ihre Tätigkeit aufgrund ihrer besonderen Sachkunde frei von Weisungen des Unternehmers ausführen (zB der leitende Arzt eines Krankenhauses). Auch sie können Erfüllungsgehilfen sein (*Larenz,* Lehrbuch des Schuldrechts, Bd. I, Allgemeiner Teil, 14. Aufl., 1987, § 20 VIII., S. 298). Erfüllungsgehilfe ist allerdings nur derjenige Hilfsperson, deren sich der Schuldner gerade zur Erfüllung seiner Verbindlichkeit gegenüber dem Anspruchsteller bedient. Folglich kann der AG nicht für jede, durch fahrlässige Ausführung einer Arbeit seitens seiner AN verursachte Schädigung eines Arbeitskollegen zum Schadensersatz herangezogen werden, sondern nur für solche, die gerade bei der Erfüllung dem geschädigten AN gegenüber obliegenden arbeitgeberseitigen Nebenpflichten, insb. für die Schutz- und Sicherungspflichten, entstanden ist. Eine

H. Haftung im Arbeitsverhältnis § 611 BGB 230

Zurechnung nach § 278 wird demgemäß von der Rspr. jedenfalls dann bejaht, wenn die Schädigung des Arbeitskollegen durch die Hilfsperson im Zusammenhang mit der ihr übertragenen Vorgesetztenstellung erfolgt (RG 19. 9. 1921 RGZ 102, 372, 374; RG 13. 2. 1923 RGZ 106, 293, 294; BAG 17. 12. 1968 AP BGB § 324 Nr. 2 mit Anm. *A. Hueck*; BAG 17. 12. 1968 AP ZPO § 519 Nr. 21 mit Anm. *Baumgärtel*: Brand durch schuldhaftes Verhalten des vom AG beauftragten Kontroll- und Aufsichtspersonals; LAG Frankfurt 12. 3. 1990 DB 1991, 552: Schädigung eines AN durch betrügerische Verhaltensweisen des vorgesetzten Büroleiters; *Palandt/Heinrichs* § 278 BGB Rn. 29). Auch eine Zurechnung des Versagens einer Hilfsperson, der der AG eine bestimmte Schutzaufgabe übertragen hatte (zB Nachwächter, Pförtner), dürfte geboten sein (*Soergel/Kraft* § 618 Rn. 26; MünchArbR/*Blomeyer* § 96 Rn. 33).

Ist der schädigende AN nicht in Erfüllung einer Vertragspflicht des AG gegenüber dem Geschädigten tätig geworden, so kommt eine Haftung des AG nur unter dem Gesichtspunkt der unerlaubten Handlung gemäß § 831 (Haftung für **Verrichtungsgehilfen**) in Betracht; hier gilt der Grundsatz der Verschuldenshaftung mit Exkulpationsmöglichkeit des Geschäftsherrn. 1097

c) **Beweislast.** Auch im Arbeitsvertragsrecht gilt in analoger Anwendung des § 282 der Grundsatz, daß derjenige Vertragsteil, von dem Schadensersatz wegen Vertragspflichtverletzung verlangt wird, die Beweislast für sein Nichtvertretenmüssen dann trägt, wenn die Schadensursache in seinem Gefahrenbereich liegt. Dem Gefahrenbereich des AG ist beispielsweise die richtige rechtliche Beurteilung einer Zuführungspflicht zu einer Pensionskasse zuzuordnen. Beruft sich der AG in diesem Falle auf einen unverschuldeten Rechtsirrtum, so ist es seine Sache, die Umstände darzulegen und zu beweisen, die sein Verschulden ausschließen sollen (BAG 28. 7. 1972 AP BGB § 282 Nr. 7 mit Anm. *Mayer-Maly*). 1098

Im Falle des § 618 kommt die Rspr. dem geschädigten AN noch weiter entgegen, indem sie ihm lediglich die Beweislast für das Vorliegen eines ordnungswidrigen Zustandes auferlegt, der geeignet war, den eingetretenen Schaden herbeizuführen. Es obliegt dann dem AG, sich zu entlasten (BAG 8. 6. 1955 AP BGB § 618 Nr. 1 mit Anm. *Hueck*; BAG 27. 2. 1970 AP BGB § 618 Nr. 16 mit Anm. *Sieg*; MünchArbR/*Blomeyer* § 96 Rn. 33). 1099

Wegen der Vergleichbarkeit zu den in § 618 geschützten Rechtsgütern ist zu überlegen, diese Beweiserleichterung auf vertragliche Schadensersatzansprüche wegen Verletzung des Persönlichkeitsrechts der AN auszudehnen (so etwa MünchArbR/*Blomeyer* § 97 Rn. 45). 1100

Die Darlegungs- und Beweislast für eine **vorvertragliche Pflichtverletzung** obliegt nach allgemeinen Regeln dem anspruchstellenden AN (BAG 2. 12. 1976 AP BGB § 276 Verschulden bei Vertragsschluß Nr. 10; *Schaub* § 25 II 5). 1101

Soweit der Schadensersatzanspruch auf **unerlaubte Handlung** gestützt wird, trägt der AN nach allgemeinen Regeln die Darlegungs- und Beweislast für die Rechtsgutverletzung und den eingetretenen Schaden, wobei ihm allerdings im Einzelfall eine Beweiserleichterung nach den Regeln des prima-facie-Beweises zu Hilfe kommen kann (BAG 13. 10. 1970 AP BGB § 823 Nr. 6 mit Anm. *Küchenhoff*). 1102

d) **Mitverschulden.** Die Haftung des AG kann gem. § 254 gemindert sein oder gänzlich fortfallen, wenn der AN für den Schaden mitverantwortlich ist. Ein Mitverschulden kann etwa bei der vorsätzlichen Mißachtung von Unfallverhütungsvorschriften oder sicherheitsrelevanten Weisungen des AG vorliegen (MünchArbR/*Blomeyer* § 96 Rn. 33. Weitere Beispiele aus der Rspr.: BAG 27. 2. 1970 AP BGB § 618 Nr. 16 mit Anm. *Sieg*: Obliegenheit eines überlasteten AN, von sich aus auf Entlastung und die Gewährung von Urlaub zu drängen; BGH 9. 6. 1970 DB 1970, 1469: erkennbar gefährlicher Eingriff in ein ungesichertes Transportband). 1103

Ein Mitverschulden des AN kann gem. § 254 II auch daraus resultieren, daß er es unterlassen hat, „den Schuldner auf die Gefahr eines ungewöhnlich hohen Schadens aufmerksam zu machen, die der Schuldner weder kannte noch kennen mußte" oder „den Schaden abzuwenden oder zu mindern" (LAG Frankfurt 1. 3. 1984 DB 1984, 2200: Pflicht des AN zum Hinweis auf Gefahr eines ungewöhnlich hohen Schadens bei verspäteter Herausgabe von Arbeitspapieren; zur Schadensminderungspflicht auch BAG 23. 6. 1994 AP BGB § 249 Nr. 34). 1104

Ein mitwirkendes Verschulden des AN ist **von Amts wegen zu beachten,** sofern entspr. Tatsachen vorgetragen sind (BAG 18. 12. 1970 AP BGB § 611 Haftung des Arbeitnehmers Nr. 63 mit Anm. *Medicus*). Die **Beweislast für das Mitverschulden** des geschädigten AN trägt nach allgemeinen Grundsätzen der ersatzpflichtige AG (BAG 27. 2. 1970 AP BGB § 618 Nr. 16 mit Anm. *Sieg*). 1105

e) **Vereinbarter Haftungsausschluß.** Die Schutzpflichten des AG für Leben und Gesundheit des AN und damit auch die Einstandspflicht im Falle ihrer Verletzung können gem. § 619 nicht im voraus abbedungen werden. Dasselbe wird gem. § 138 I für die auf die Wahrung des Persönlichkeitsrechts bezogene Schutzpflicht des AG zu gelten haben (MünchArbR/*Blomeyer* § 94 Rn. 22). 1106

Nicht grds. unzulässig ist hingegen ein Haftungsausschluß für Schäden an Vermögensgütern des AN. Voraussetzung ist jedoch stets eine vertragliche Übereinkunft zwischen den Arbeitsvertragsparteien, an der es fehlt, wenn der AG die Haftungsfreizeichnung einfach durch Aushang am schwarzen Brett bekannt gibt. Außerdem darf sich der Haftungsausschluß nicht auf vorsätzliche Pflichtverletzungen erstrecken (§ 276 II) und muß auch im übrigen mit den Grundsätzen der Fürsorgepflicht des 1107

AG im Arbeitsverhältnis zu vereinbaren sein. Auch eine Betriebsvereinbarung darf sich nicht in einer Haftungsfreizeichnung erschöpfen (vgl. BAG 5. 3. 1959 AP BGB § 611 Nr. 26 mit Anm. *A. Hueck*).

1108 f) **Inhalt und Umfang der Haftung. aa) Haftung nach den allgemeinen Vorschriften (§§ 249 ff.).** Inhalt und Umfang der Haftung bestimmen sich grds. nach den allgemeinen Vorschriften der §§ 249 ff. Nach § 249 S. 1 hat derjenige, der zum Schadensersatz verpflichtet ist, den Zustand herzustellen, der bestehen würde, wenn der zum Ersatz verpflichtende Umstand nicht eingetreten wäre. Dieser **Vorrang der Naturalrestitution** hat in mehreren Fällen der AGHaftung durchaus praktische Bedeutung erlangt. So hat das BAG beispielsweise einen AG, der einen besetzten Arbeitsplatz eine Umstrukturierung in Wegfall geraten ließ und sich damit die Erfüllung seiner Beschäftigungspflicht schuldhaft unmöglich machte, für verpflichtet gehalten, den AN auf einem anderen gleichwertigen Arbeitsplatz weiterzubeschäftigen (BAG 13. 6. 1990 EzA BGB § 611 Beschäftigungspflicht Nr. 44). Auch die Rspr. zur Schadensersatzpflicht bei schuldhafter Nichtgewährung und hierdurch bewirkten Verfall des Erholungsurlaubs beruft sich explizit auf den Grundsatz der Naturalrestitution, wenn sie dem AN einen Ersatzurlaubsanspruch gleichen Umfangs zuerkennt (BAG 5. 9. 1985 AP BUrlG § 1 Treueurlaub Nr. 1; BAG 7. 11. 1985 AP BUrlG § 3 Rechtsmißbrauch Nr. 16; BAG 30. 7. 1986 AP SchwbG § 44 Nr. 7; GK-BUrlG/*Bachmann* § 7 Rn. 115 ff.; MünchArbR/*Leinemann* § 89 Rn. 19 ff.; *Plüm* NZA 1988, 716).

1109 Soweit die Herstellung nicht möglich oder zur Entschädigung des Gläubigers nicht genügend ist, hat der Ersatzpflichtige den Gläubiger gem. § 251 I **in Geld** zu entschädigen. Zu ersetzen ist die Differenz, um die der jetzige tatsächliche Wert des Vermögens geringer ist als der Wert, den das Vermögen ohne das die Ersatzpflicht begründende Ereignis gehabt haben würde (sog. **Differenzhypothese** BAG 5. 3. 1985 AP GG Art. 9 Arbeitskampf Nr. 85; *Palandt/Heinrichs* vor § 249 Rn. 8 mwN).

1110 Der Schadensersatzanspruch aus Verschulden bei Vertragsschluß zielt auf Ersatz des Vertrauensschadens, also des **negativen Interesses.** Der geschädigte AN ist so zu stellen, wie er gestanden hätte, wenn das schädigende Ereignis nicht eingetreten wäre (näher Rn. 349 f.). Der Schadensersatz ist nicht durch das Erfüllungsinteresse begrenzt (BAG 15. 5. 1974 AP BGB § 387 Nr. 2 mit Anm. *Herschel*).

1111 bb) **Haftung nach den besonderen Vorschriften (§§ 842 bis 847).** Bei Verletzung des AN an Körper, Gesundheit oder Leben durch eine unerlaubte Handlung des AG, aber auch bei Verletzung der auf diese Rechtsgüter bezogenen Schutzpflichten (§ 618 III), treten neben die allgemeinen Vorschriften die §§ 842 bis 847.

1112 § 842 erstreckt den Haftungsumfang auf solche Nachteile des verletzten AN, die für den Erwerb oder das Fortkommen des Verletzten entstehen (zB Differenz zwischen vorherigen und unfallbedingt verminderten Einnahmen nach Arbeitsplatzwechsel). Ferner ist dem AN eine Geldrente zu zahlen, wenn infolge einer Verletzung des Körpers oder der Gesundheit seine Erwerbsfähigkeit aufgehoben oder gemindert ist oder eine Vermehrung seiner Bedürfnisse eintritt (§ 843).

1113 Die §§ 844, 845 dehnen die Ersatzpflicht abw. von dem Grundsatz, daß nur der in seinem Rechtsgut selbst Verletzte ersatzberechtigt ist, auf Schäden bestimmter Dritter aus. So muß der AG im Falle der Tötung des AN die Beerdigungskosten demjenigen erstatten, welchem die Verpflichtung obliegt, diese Kosten zu tragen (§ 844 I), sowie Unterhalt an den zahlen, dem das Recht auf Unterhalt infolge der Tötung entzogen wurde, soweit der Getötete während der mutmaßlichen Dauer seines Lebens zur Gewährung von Unterhalt verpflichtet gewesen sein würde (§ 844 II). Bei Verletzung des Körpers oder der Gesundheit sowie bei Tötung hat der AG einem Dritten für die entgehenden Dienste durch Geldrente Ersatz zu leisten, wenn der Verletzte kraft Gesetzes einem Dritten zur Gewährung von Diensten in dessen Hauswesen oder Gewerbe verpflichtet war (§ 845). Zu denken ist hier an die Dienstleistungspflicht der Kinder im elterlichen Geschäft nach § 1619. Kommt dagegen der Schadensersatzanspruch des – unmittelbar verletzten – AN von vornherein nicht zum Entstehen, so wird auch ein Anspruch des Dritten gegen den AG ausgeschlossen. Das ist der Fall bei einem vertraglichen Ausschluß der Haftung des AG. Das wird aber auch bei einem Ausschluß der Haftung des AG kraft Gesetzes zu gelten haben, wie er zB in § 104 SGB VII für die Haftung des AG bei Arbeitsunfällen normiert ist (BAG 28. 5. 1989 NJW 1989, 2838; *Palandt/Thomas* § 844 Rn. 1). In der Entstehungsphase wirkt sich auch ein Mitverschulden des Verletzten auf die Ersatzansprüche der in § 844, 845 genannten Anspruchsberechtigten aus (§ 846).

1114 Wegen des Schadens, der Nichtvermögensschaden ist, kann der Geschädigte im Falle der Verletzung des Körpers oder der Gesundheit sowie im Falle der Freiheitsentziehung eine billige Entschädigung in Geld verlangen (§ 847: **Schmerzensgeldanspruch;** hierzu *Kern* NZA 2000, 124 ff.).

1115 Darüber hinaus kann der AN auch in Fällen gravierender **Persönlichkeitsrechtsverletzungen** in Analogie zu § 847 die Zahlung eines Schmerzensgeldes verlangen. Es gelten folgende einschränkende Voraussetzungen (vgl. BGH 26. 1. 1971 NJW 1971, 698): (1) Die Schwere des Eingriffs in das Persönlichkeitsrecht muß nach Grad des Verschuldens, Art und Schwere der Beeinträchtigung, Anlaß und Beweggrund des Handelnden Genugtuung durch ein Schmerzensgeld erfordern (hierzu OLG Frankfurt 26. 8. 1999 NJW-RR 2000, 976), und (2) die Verletzung läßt sich nicht in anderer Weise, insb. durch Unterlassung, Gegendarstellung oder Widerruf, befriedigend ausgleichen.

Der Umstand, daß die Persönlichkeitsrechtsverletzung zugleich eine Vertragsverletzung darstellt, 1116 steht einem Schmerzensgeldanspruch nicht entgegen (BAG 21. 2. 1979 AP BGB § 847 Nr. 13 mit Anm. *Wiese*; BAG 18. 12. 1984 AP BGB § 611 Persönlichkeitsrecht Nr. 8; BAG 18. 2. 1999 AP BGB § 611 Persönlichkeitsrecht Nr. 31; anders noch BAG 25. 4. 1972 AP BGB § 611 Fürsorgepflicht Nr. 80 mit Anm. *Herschel*; *Wichmann* AuR 1975, 106; wie hier: *Palandt/Thomas* § 823 Rn. 200; *Wiese* DB 1975, 2309; MünchArbR/*Blomeyer* § 97 Rn. 47).

3. Verschuldensunabhängige Haftung des Arbeitgebers. Weder von den bislang erörterten ver- 1117 schuldensabhängigen Ersatzansprüchen, noch von den auf nur bestimmte, besondere Gefahrenquellen beschränkten Tatbeständen der Gefährdungshaftung (zB § 7 StVG; zur Gefährdungshaftung des AG näher *Stoffels* AR-Blattei SD 860.1 Rn. 128 ff.) werden diejenigen Schäden erfaßt, die der AN im Zusammenhang mit seiner Arbeit ohne schuldhafte Einwirkung seines AG an eigenen Vermögenswerten erleidet. Während inzwischen im Grundsatz weitgehend Einigkeit darüber herrscht, daß der AG auch für solche **arbeitsbedingten Eigenschäden des AN** aufkommen muß, sind die dogmatische Herleitung sowie die Voraussetzungen und Grenzen eines solchen Anspruchs immer noch umstritten.

a) Rechtsgrundlage einer verschuldensunabhängigen Ersatzpflicht. Die Rspr. stützt die ver- 1118 schuldensunabhängige Einstandspflicht des AG seit der grdl. Entscheidung des GS des BAG im sog. „Ameisensäure-Fall" auf eine Analogie zu § 670. Die Brücke zu § 670 wird dabei über § 675 geschlagen und der Aufwendungsbegriff auf erlittene Schäden ausgedehnt. (BAG 10. 11. 1961 AP BGB § 611 Gefährdungshaftung des Arbeitgebers Nr. 2; st. Rspr., zuletzt BAG 14. 12. 1995 AP BGB § 611 Gefährdungshaftung des Arbeitgebers Nr. 13).

Die Aufwendungsersatzlösung des BAG ist im **Schrifttum** auf Kritik gestoßen. Verschiedene 1119 alternative Begründungsansätze sind entwickelt worden. So bemüht sich beispielsweise *Koch* (Der Eigenschaden des Arbeitnehmers, 1982, S. 75 ff.) um eine Lösung über § 612 (Vergütungspflicht für Gefahrtragung des AN), während andere den Aufopferungsgedanken fruchtbar machen wollen (*Küchenhoff*, FS für Nottarp, S. 163; *Becker-Schaffner* VersR 1970, 100 ff.). Die wohl hL betrachtet die Haftung des AG für Eigenschäden des AN als Ausdruck einer gebotenen Verteilung des Betriebsrisikos (*Canaris* RdA 1966, 41; *Larenz* SAE 1962, 198; *Schumacher* Vom Verschulden unabhängige Haftung, S. 93 ff.; *Gamillscheg* Arbeitsrecht I 7. Aufl. 1987 S. 294 f.).

Das Verdienst der Risikohaftungstheorie ist es, auf die parallel gelagerte Interessenkonstellation bei 1120 der privilegierten ANHaftung hingewiesen zu haben. Die innere Berechtigung der Haftungseinschränkung im Falle der ANHaftung und der Zuerkennung eines Ersatzanspruchs bei arbeitsbedingt erlittenen Eigenschäden des AN ergibt sich letztlich aus Risikozurechnungserwägungen. Gleichwohl kann ein besonderes Rechtsinstitut der Risikohaftung abgehoben vom Boden der lex lata nicht anerkannt werden. Dies, zumal in § 670 immerhin ein positivrechtlicher Anknüpfungspunkt vorhanden ist, unter dessen Oberdach auch Risikozurechnungserwägungen ihren Platz finden können. Von daher sprechen die besseren Gründe für eine **Beibehaltung der aufwendungsersatzrechtlichen Anspruchsbegründung** der Rspr., freilich **ergänzt um Risikozurechnungserwägungen**, wie sie im Schrifttum verbreitete Risikohaftungstheorie anstellt (wie hier *v. Hoyningen-Huene* Anm. SAE 1982 51 ff.; MünchArbR/*Blomeyer* § 96 Rn. 68; *Stoffels* AR-Blattei ES 860.1 Rn. 150 ff.; *Müller-Glöge*, FS für Dieterich, 1999, S. 387).

b) Anspruchsvoraussetzungen. Während der Große Senat (BAG 10. 11. 1961 AP BGB § 611 1121 Gefährdungshaftung des Arbeitgebers Nr. 12) noch den Eintritt eines außergewöhnlichen Schadens in Vollzug einer gefährlichen Arbeit verlangte, genügt es nach heutiger Rspr., daß ein arbeitsbedingter Eigenschaden dem Betätigungsbereich des AG zuzurechnen ist und der AN ihn nicht selbst tragen muß, weil er dafür eine besondere Vergütung erhält. Im einzelnen gilt folgendes:

aa) Eigenschaden bei Ausführung einer betrieblichen Tätigkeit. Der AN muß eine Einbuße an 1122 seinen Vermögensgütern, Sachschaden oder sonstigen Vermögensschaden, „bei Ausführung einer betrieblichen Tätigkeit erlitten haben". Diese Abgrenzungsformel findet sich erstmals in dem Urteil des BAG v. 16. 3. 1995 (AP BGB § 611 Gefährdungshaftung des Arbeitgebers Nr. 12). Es geht dabei darum, solche Eigenschäden von der Erstattungspflicht auszunehmen, die in keinem qualifizierten Zusammenhang mit dem Arbeitsverhältnis stehen, mithin in Verfolg privater Interessen des AN entstehen. Damit wird auch der Anschluß an die Grundsätze der privilegierten ANHaftung hergestellt. Denn dort bedient sich die Rspr. schon seit geraumer Zeit – früher noch neben dem Kriterium der Gefahrgeneigtheit – dieser Abgrenzungsformel (BAG 21. 10. 1983 AP BGB § 611 Haftung des Arbeitnehmers Nr. 84).

bb) Zurechnung zum Betätigungsbereich des Arbeitgebers. Der Zusammenhang des erlittenen 1123 Schadens mit der Erbringung der geschuldeten Dienste allein genügt noch nicht, um dem AG eine Ersatzpflicht aufzuerlegen. Hierzu bedarf es darüber hinaus eines Aktes wertender Zurechnung. Die Rspr. verlangt insoweit, daß der Schaden nicht dem Lebensbereich des AN, sondern dem Betätigungsbereich des AG zuzurechnen ist.

cc) Einzelfälle. Dem Lebensbereich des AN sind solche Schäden zuzurechnen, bei denen sich 1124 lediglich das allgemeine Lebensrisiko des AN realisiert hat. Hierzu gehört beispielsweise die **übliche**

Abnutzung der Kleidung des AN (BAG 8. 5. 1980 AP BGB § 611 Gefährdungshaftung des Arbeitgebers Nr. 6).

1125 Auch das allgemeine **Diebstahlsrisiko während einer Dienstreise** hat grds. der AN zu tragen (so BAG 8. 5. 1980 AR-Blattei D-Blatt „Haftung des AG" Entsch. 54 für Diebstahl von Kleidungsstücken und einer privaten Fotoausrüstung aus dem abgestellten Kraftfahrzeug).

1126 Anders ist zu entscheiden, wenn sich ein besonderes **tätigkeitsspezifisches Risiko** verwirklicht, zB die Brille eines Pflegers in einer psychiatrischen Klinik durch einen Patienten zerstört wird oder – entgegen der insoweit überholten Entscheidung des *Großen Senats* – entweichende Säure die Kleidung des AN beschädigt (BAG 20. 4. 1989 AP BGB § 611 Gefährdungshaftung des Arbeitgebers Nr. 9 konnte die Zurechnung des Brillenschadens offenlassen, während die Vorinstanz diesen Schaden dem Betätigungsbereich des AG zuordnete; anders dagegen LAG Frankfurt 20. 9. 1978 AR-Blattei D-Blatt „Haftung des AG" Entsch. 50 für die Beschädigung der Brille einer angestellten Turnlehrerin bei Erteilung des Turnunterrichts).

1127 Das Risiko eines **Verkehrsunfallschadens** wird dem AG stets auferlegt, wenn er den AN vertraglich zur Benutzung seines Privatwagens verpflichtet oder aber seine Benutzung verlangt oder gebilligt hat (BAG 16. 11. 1978 AP BGB § 611 Gefährdungshaftung des Arbeitgebers Nr. 5; BAG 17. 7. 1997 AP BGB § 611 Gefährdungshaftung des Arbeitgebers Nr. 14). Es gelten bei vom AN selbst verursachten Schäden die Grundsätze der priviligierten ANHaftung (BAG 17. 7. 1997 AP BGB § 611 Gefährdungshaftung des Arbeitgebers Nr. 14). Im übrigen kommt es darauf an, ob der AG ohne den Einsatz des Kraftfahrzeugs des AN ein eigenes Fahrzeug einsetzen und das damit verbundene Unfallrisiko tragen müßte (BAG 8. 5. 1980 AP BGB § 611 Gefährdungshaftung des Arbeitgebers Nr. 6; BAG 7. 9. 1995 NZA 1996, 32; BAG 14. 12. 1995 AP BGB § 611 Gefährdungshaftung des Arbeitgebers Nr. 13). Die Ersatzpflicht umfaßt dann auch regelmäßig den Nutzungsausfallschaden (BAG 7. 9. 1995 NZA 1996, 32).

1128 Das Risiko eines Berufskraftfahrers, auf einer Dienstfahrt unverschuldet in einen Verkehrsunfall verwickelt zu werden, zählt zum Betätigungsbereich des AG, da ein Verkehrsunfall nicht zu den üblichen Begleiterscheinungen der Berufsausübung gehört (zuletzt BAG 16. 3. 1995 AP BGB § 611 Gefährdungshaftung des Arbeitgebers Nr. 12).

1129 Ferner hat ein AN Anspruch auf Ersatz eines Schadens, der seinem vereinbarungsgemäß auch für Dienstfahrten genutzten Privatwagen auf einem ihm vom AG zugewiesenen **Parkplatz** von einem Dritten zugefügt wird (LAG Düsseldorf 12. 8. 1994 MDR 1995, 476).

1130 Der AG haftet auch für einen Schaden, der dem AN an seinem eigenen, mit Kenntnis und Willen des AG genutzten Privatfahrzeug durch Verschulden eines unbekannten Dritten verursacht wird (LAG Rheinland-Pfalz 22. 8. 1994 NZA 1995, 842).

1131 Das Strafbarkeitsrisiko im Zusammenhang mit Verkehrsunfällen hat hingegen der AN selbst zu tragen. Denn nur der AN hat es in der Hand, **Geldstrafen und Bußgelder** wegen nicht verkehrsgerechten Verhaltens zu verhindern (BAG 11. 8. 1988 AP BGB § 611 Gefährdungshaftung des Arbeitgebers Nr. 7; dort auch nähere Ausführungen zu einer Ausnahme bei Verfallenlassen einer Kaution in der ehemaligen DDR; Bestätigung dieser Rspr. in BAG 16. 3. 1995 AP BGB § 611 Gefährdungshaftung des Arbeitgebers Nr. 12; ebenso auch LAG Hamm 20. 12. 1991 LAGE BGB § 670 Nr. 9 und LAG Köln 11. 3. 1993 LAGE BGB § 670 Nr. 11). Zum Aufwendungsersatz können auch Kosten der Verteidigung gehören (BAG 16. 3. 1995 AP BGB § 611 Gefährdungshaftung des Arbeitgebers Nr. 12).

1132 dd) **Keine adäquate Risikoabgeltung.** Eine Ersatzpflicht des AG besteht nicht, wenn der AN den Schaden selbst tragen muß, weil er dafür eine **besondere Vergütung** erhält (seit BAG 10. 11. 1961 AP BGB § 611 Gefährdungshaftung des Arbeitgebers Nr. 2j st. Rspr., zuletzt BAG 30. 4. 1992 AP BGB § 611 Gefährdungshaftung des Arbeitgebers Nr. 11). Dabei ist stets sorgfältig zu ermitteln, welchen **Zweck** die Sondervergütung verfolgt und ob der eingetretene Schaden von ihr abgedeckt sein soll.

1133 Vielfach werden beispielsweise in TV besondere Zulagen, wie etwa **Gefahrenzulagen, Schmutzzulagen,** Zulagen für besondere Arbeiten, für Fleisch- oder Fischtransporte etc. vereinbart. Damit steht im allgemeinen fest, daß bei diesen Arbeiten entstehende Sachschäden des AN adäquat und von ihm selbst zu tragen sind (BAG 10. 11. 1961 AP BGB § 611 Gefährdungshaftung des Arbeitgebers Nr. 2).

1134 Für eine tarifvertraglich gewährte sog. **Psychiatriezulage** in Höhe von monatlich 80 DM hat das BAG entschieden, daß es sich bei ihr um eine Erschwerniszulage handele, mit der die besonderen Belastungen des Pflegepersonals bei der ständigen Pflege geisteskranker Patienten, nicht aber die hierbei eintretenden Sachschäden abgegolten werden sollen (BAG 20. 4. 1989 AP BGB § 611 Gefährdungshaftung des Arbeitgebers Nr. 9).

1135 Eine bloße Wegstreckenentschädigung pro gefahrenen Kilometer wird ebenfalls nicht als ausreichende Abgeltung des Unfallrisikos bei dem Einsatz privater Fahrzeuge im dienstlichen Bereich anerkannt. Auch das steuerlich anerkannte **Kilometergeld** versetzt den AN wirtschaftlich nicht in die Lage, eine Kaskoversicherung zwecks Risikoabdeckung abzuschließen. Es stellt daher keine angemessene Risikoabgeltung dar (LAG Frankfurt 13. 11. 1983 LAGE BGB § 670 Nr. 5; ebenso *Mayer-Maly* NZA Beil. 3/1991, 15).

Deckt der AG hingegen durch eine von ihm abgeschlossene Dienstrahmenversicherung etwaige **1136**
Unfallschäden an den Fahrzeugen seiner AN ab und gewährt darüber hinaus eine Kilometerpauschale, so ist damit auch ein etwaiger Verlust des Schadensfreiheitsrabatts in der Haftpflichtversicherung des AN abgegolten (so zutreffend BAG 30. 4. 1992 AP BGB § 611 Gefährdungshaftung des Arbeitgebers Nr. 11; kritisch hingegen *Mayer-Maly* Anm. AR-Blattei ES 860 Nr. 66).

ee) Kein überwiegendes Verschulden des Arbeitnehmers. In entspr. Anwendung des § 254 ist bei **1137**
der Verpflichtung des AG zum Aufwendungsersatz ein Verschulden des AN zu berücksichtigen. Dabei sind die Grundsätze der beschränkten ANHaftung zu beachten (BAG 17. 7. 1997 AP BGB § 611 Gefährdungshaftung des Arbeitgebers Nr. 14). Dies bedeutet, daß der AG bei geringer Schuld (leichter Fahrlässigkeit) des AN grds. vollen Ersatz leisten muß, bei normaler Schuld des AN der Schaden anteilig unter Berücksichtigung der Gesamtumstände des Einzelfalles nach Billigkeitsgrundsätzen und Zumutbarkeitsgesichtspunkten verteilt werden muß und bei grob fahrlässiger Schadensmitverursachung der Ersatzanspruch des AN ganz entfällt (BAG 20. 4. 1989 AP BGB § 611 Gefährdungshaftung des Arbeitgebers Nr. 9; hierzu die kritische Anm. von *Schwarze* zu BAG 16. 3. 1995 AR-Blattei ES 860 Nr. 68).

Ist somit für einen unbeschränkten Ersatzanspruch Voraussetzung, daß der AN den Schaden nicht **1138**
grob fahrlässig herbeigeführt hat, so trifft ihn auch die Darlegungs- und Beweislast für die Umstände, die eine grob fahrlässige Schadensverursachung ausschließen (BAG 11. 8. 1988 AP BGB § 611 Gefährdungshaftung des Arbeitgebers Nr. 7; *Frieges* NZA 1995, 403; MünchArbR/*Blomeyer* § 96 Rn. 74; aA *Müller-Glöge*, FS für Dieterich, 1999, S. 387, 400). Aus diesem Grunde hat das BAG die Klage eines Journalisten gegen seinen Auftraggeber abgewiesen, mit der dieser Freistellung von den Kosten eines Zivilverfahrens verlangte, das an von seinem Bericht Betroffener gegen ihn angestrengt hatte. Die grobe Fahrlässigkeit sah das BAG in der Aufstellung einer ehrenrührigen Behauptung ohne entspr. Absicherung und unter Verletzung der Pflicht zur sorgfältigen Recherche (BAG 14. 11. 1991 AP BGB § 611 Gefährdungshaftung des Arbeitgebers Nr. 10 mit Anm. *Berger-Delhey*).

Eine analog § 254 BGB zu berücksichtigende Obliegenheit des AN, sich gegen Risiken, die ihm **1139**
kraft betrieblicher Veranlassung drohen, auf eigene Kosten zu versichern, besteht dagegen nicht (so BAG 16. 3. 1995 AP BGB § 611 Gefährdungshaftung des Arbeitgebers Nr. 12 für den Abschluß einer Rechtsschutzversicherung bei einem Berufskraftfahrer).

c) Haftungsvereinbarungen. Die schwierige Frage nach der Dispositivität der verschuldensunab- **1140**
hängigen Haftungsgrundsätze ist in der Rspr. bislang nicht zur Sprache gekommen. Auszugehen ist von der Erkenntnis, daß sich die verschuldensunabhängige Einstandspflicht analog § 670 ebenso wie die Grundsätze der privilegierten ANHaftung als Ergebnis einer Risikozurechnung darstellt. Für die Einschränkungen der ANHaftung entspricht es allgemeiner Ansicht, daß die Gewichte nicht einseitig zu Lasten des AN verschoben werden können (*Söllner* AuR 1981, 104; *Schwerdtner*, FS für Hilger/Stumpf, 1983, S. 644; *Schaub* § 60 III 6; *Hanau/Preis* II H 20 Rn. 20 f.). Für die letztlich auf demselben Gedanken beruhende AGHaftung wird nichts anderes gelten können. Unzulässig wäre daher eine Freizeichnung von der verschuldensunabhängigen Einstandspflicht, sei es durch eine Haftungsbegrenzungsklausel (Haftung nur bei Verschulden), sei es durch eine allgemeine Haftungsausschlußklausel (keine Haftung bei Sachschäden). Zulassungswürdig sind dagegen Pauschalabgeltungen, die den AN jedenfalls nicht schlechter stellen (wie hier im Ergebnis *Mayer-Maly* NZA Beil. 3/1991, 16).

J. Nachwirkungen des Arbeitsverhältnisses

I. Allgemeines

Für den Fall der Beendigung des Arbeitsverhältnisses können die Vertragsparteien besondere **1141**
fortwirkende Pflichten begründen. Die wichtigsten Fallgruppen sind **Ruhegeldzusagen** (hierzu die Kommentierung zum BetrAVG) und **nachvertragliche Wettbewerbsverbote** (vgl. hierzu die Kommentierung zu §§ 74 ff. HGB). Darüber hinaus sind nachwirkende Nebenpflichten anzutreffen, die AG und AN kraft ausdrücklicher gesetzlicher Anordnung oder aus allgemeinen Grundsätzen (insb. § 242) treffen können. Zur ausnahmsweisen Nachwirkung von Verschwiegenheitspflichten (vgl. Rn. 1003).

Eine Haftung wegen Verletzung nachwirkender Pflichten des Arbeitsvertrages kommt nur dann in **1142**
Betracht, wenn zwischen AG und AN ein **Arbeitsverhältnis bestanden** hat. Dieser Umstand bringt es mit sich, daß in vielen Fällen, die unter Nachwirkungen des Arbeitsvertrages behandelt werden, in Wahrheit Haupt- und Nebenpflichten aus dem Arbeitsvertrag vorliegen; die Eigenart dieser Fälle besteht lediglich darin, daß die Erfüllung der Pflichten im allgemeinen von vornherein erst mit oder nach Beendigung des Arbeitsverhältnisses in Betracht kommt.

Die ua. für die dem ausgeschiedenen AN gegenüber obliegende Pflicht des AG, Dritten **Auskunft 1143**
über Leistung und Verhalten des AN zu geben, bemühte Figur der „nachwirkenden Fürsorgepflicht" dürfte entbehrlich sein (zur „nachwirkenden Fürsorgepflicht" vgl. etwa BAG 25. 10. 1975 AP BGB § 630 Nr. 1; BAG 5. 8. 1976 AP BGB § 630 Nr. 10 mit Anm. *Schnorr von Carolsfeld*; BGH 13. 7. 1956

AP BGB § 611 Fürsorgepflicht Nr. 2; BAG 14. 12. 1956 AP BGB § 611 Fürsorgepflicht Nr. 3 mit Anm. *Larenz*; wie hier MünchArbR/*Richardi* § 43 Rn. 47; *Zöllner* in: Treue- und Fürsorgepflicht im Arbeitsrecht, S. 91 ff.). Die Auskunftspflicht aktualisiert sich zwar erst nach Beendigung des Arbeitsverhältnisses, ist aber als notwendige Ergänzung der Zeugnispflicht bereits im Arbeitsvertrag angelegt. Bei schuldhafter Nicht-, Spät- oder Schlechterfüllung der Zeugnis- oder Auskunftpflicht kann der AN Ersatz des hierdurch entstandenen Schadens verlangen. Eine Vermutung, daß eine Bewerbung nur deshalb erfolglos geblieben ist, weil der frühere AG seine Zeugnis- oder Auskunftspflicht verletzt hat, besteht allerdings nicht. Es obliegt daher dem AN, darzutun und ggf. zu beweisen, daß ein anderer AG bereit war, ihn einzustellen und nur wegen des nicht, verspätet oder unrichtig erteilten Zeugnisses bzw. der Auskunft hiervon Abstand genommen habe (BAG 25. 10. 1967 AP HGB § 73 Nr. 6 mit Anm. *Brecher*; relativierend unter Hinweis auf die Beweiserleichterungen der §§ 252 S. 2 und 287 ZPO allerdings BAG 26. 2. 1976 AP BGB § 252 Nr. 3 mit Anm. *E. Schneider* und BAG 24. 3. 1977 AP BGB § 630 Nr. 12; vgl. auch *Staudinger/Preis* § 630 Rn. 79; *Kölsch* NZA 1985, 382).

II. Nachwirkende Nebenpflichten

1144 **1. Pflichten des Arbeitgebers.** Aus § 630 folgt die auch nach Beendigung des Arbeitsverhältnis fortwirkende Pflicht des AG zur **Zeugniserteilung.** Darüber hinaus trifft den AG die Pflicht, auf Verlangen des ausgeschiedenen AN Dritten **Auskünfte** zu erteilen (näher § 630 Rn. 116 ff.). **Arbeitspapiere** hat der AG ggf. sorgfältig auszustellen und herauszugeben. Hierzu gehören (mit Ausnahme von Bewerbung und Lebenslauf) alle dem AG überlassenen Arbeitspapiere, insb. Lohnsteuerkarte (§ 39 b I 3, 41 b EStG) und Sozialversicherungsnachweisheft (§ 4 II DEVO); ferner hat er ggf. die Arbeitsbescheinigung zur Vorlage beim AA (§ 312 SGB III) und die Urlaubsbescheinigung auszustellen (§ 6 II BUrlG). Der Herausgabeanspruch ist mit Beendigung des Arbeitsverhältnisses fällig (BAG 27. 2. 1987 AP BGB § 630 Nr. 16). Erfüllungsort ist der Beschäftigungsbetrieb (§ 269). Es handelt sich in aller Regel um Holschulden, bei denen es auch bleibt, wenn der AN aus von ihm zu vertretenden Gründen die Papiere nicht abgeholt hat. Im Einzelfall kann der AG nach § 242 gehalten sein, die Papiere nachzusenden (BAG 8. 3. 1995 AP BGB § 630 Nr. 21). Ein **Zurückbehaltungsrecht** steht dem AG nicht zu (MünchKommBGB/*Müller-Glöge* Rn. 435). Mangels Gegenseitigkeit der Ansprüche ist hier regelmäßig § 273 zu verneinen (BAG 20. 12. 1958 AP BGB § 611 Urlaubskarten Nr. 2; ArbG Solingen 21. 4. 1980 AuR 1981, 187). Stehen die Arbeitspapiere im Eigentum des AN (Urkunden, Zeugnisse), besteht ein Herausgabeanspruch aus § 985. Nach § 2 I Nr. 3 e ArbGG kann der AN auf Herausgabe und Ausfüllung der Arbeitspapiere klagen. Die Vollstreckung erfolgt nach § 893 ZPO, das Ausfüllen als unvertretbare Handlung nach § 888 ZPO (LAG Frankfurt 25. 6. 1980 DB 1981, 534). Die Nichtherausgabe begründet **Schadensersatzansprüche**, die allerdings bei Vorgehen nach § 61 II ArbGG mit abgegolten sind (BAG 20. 2. 1997 AP BGB § 611 Haftung des AG Nr. 4).

1145 Bei erkennbarer **Rechtsunkenntnis über die sozialversicherungsrechtlichen Folgen** einer einvernehmlichen Aufhebung des Arbeitsverhältnisses kann den AG eine Aufklärungspflicht treffen, deren Verletzung zum Schadensersatz verpflichtet (BAG 13. 11. 1984 AP BetrAVG § 1 Zusatzversorgungskassen Nr. 5 mit Anm. *Weinert*; BAG 18. 9. 1984 AP BetrAVG § 1 Zusatzversorgungskassen Nr. 6; BAG 10. 3. 1988 AP BGB § 611 Fürsorgepflicht Nr. 99). Auch kann eine nachvertragliche Pflicht des AG bejaht werden, für ausgeschiedene AN Ansprüche aus einer weitergeführten Unfallversicherung gegenüber der Versicherungsgesellschaft geltend zu machen (LAG Bremen 27. 8. 1998 LAGE BGB § 611 Fürsorgepflicht Nr. 25).

1146 **2. Pflichten des Arbeitnehmers.** Der AN ist verpflichtet, nach Beendigung des Arbeitsverhältnisse die ihm **überlassenen Arbeitsmittel** (zB Werkzeuge, Geschäftsunterlagen, Schriftstücke und Zeichnungen; Computer, Arbeitskleidung, Werksausweis, Schlüssel, ausschließlich dienstlich genutzter PKW usw.) **herauszugeben.** Das gleiche gilt für **Arbeitsergebnisse** und **Geschäftsunterlagen**, insb. Kundenkarteien (LAG Hamm 26. 2. 1991 ARSt. 1991, 182). Hins. der Arbeitsmittel ist der AN lediglich Besitzdiener (§ 855). Der AN hat auf Weisung des AG, ohne daß es einer ausdrücklichen Abrede bedurfte, firmeneigene Gegenstände jederzeit herauszugeben (LAG Berlin 26. 5. 1986 DB 1987, 542; *Schaub* § 151). Der Herausgabeanspruch kann analog auf § 667 gestützt werden. Bei Verweigerung der Herausgabe liegt verbotene Eigenmacht vor (§ 858). Ein Zurückbehaltungsrecht nach § 273 wegen anderer Ansprüche aus dem Arbeitsverhältnis besteht idR nicht. Der Herausgabeanspruch des AG gegen den AN kann sich auch aus §§ 861, 862 und ggf. aus § 985 ergeben. Abw. Vereinbarungen sind möglich. So kann dem AN uU auch über die Dauer des Arbeitsverhältnisses hinaus ein Besitzrecht zustehen (OLG Düsseldorf 12. 12. 1986 NJW 1986, 2513; *Nägele* NZA 1997, 1196, 1200).

1147 Bei der Herausgabe von Arbeitsergebnissen und Geschäftsunterlagen folgt die Herausgabepflicht aus den gleichen Anspruchsgrundlagen. Die Anwendung des § 950 (Eigentumserwerb durch Verarbeitung) ist denkbar; allerdings ist hA, daß das Eigentum unmittelbar dem AG zufällt. Der AG ist idR Hersteller des Produkts (*Palandt/Bassenge* § 950 Rn. 9).

Kommt der AN seiner Rückgabepflicht nicht nach und bestehen Zweifel über das Ausmaß der in 1148 seinem Besitz befindlichen Arbeitsmittel und Geschäftsunterlagen, hat der AG einen klagbaren Anspruch auf Auskunftserteilung und auf Abgabe einer die Richtigkeit der Auskunft betreffenden eidesstattlichen Versicherung (*Schaub* § 151; ArbG Marburg 5. 2. 1969 DB 1969, 2041). Wegen verspäteter Rückgabe von Arbeitsmitteln und Geschäftsunterlagen kommen darüber hinaus Ansprüche auf Schadensersatz und Nutzungsentschädigung in Betracht (LAG Berlin 26. 5. 1986 DB 1987, 542; zur Sonderproblematik der Herausgabe von Dienstwagen vgl. Rn. 782 sowie *Becker-Schaffner* DB 1993, 2978; *Hanau/Preis* II H 40 Rn. 15 ff.; *Nägele* NZA 1997, 1196, 1200 f.). Erfüllungsort für die Rückgabeverpflichtung ist die Betriebsstätte des AG. Der AN trägt die Transportgefahr (LAG Rheinland-Pfalz 8. 5. 1996 NZA-RR 1997, 163).

Zur nachwirkenden Verschwiegenheitspflicht vgl. Rn. 1003. 1149

§ 611 a [Gleichbehandlung von Männern und Frauen]

(1) ¹Der Arbeitgeber darf einen Arbeitnehmer bei einer Vereinbarung oder einer Maßnahme, insbesondere bei der Begründung des Arbeitsverhältnisses, beim beruflichen Aufstieg, bei einer Weisung oder einer Kündigung, nicht wegen seines Geschlechts benachteiligen. ²Eine unterschiedliche Behandlung wegen des Geschlechts ist jedoch zulässig, soweit eine Vereinbarung oder eine Maßnahme die Art der vom Arbeitnehmer auszuübenden Tätigkeit zum Gegenstand hat und ein bestimmtes Geschlecht unverzichtbare Voraussetzung für diese Tätigkeit ist. ³Wenn im Streitfall der Arbeitnehmer Tatsachen glaubhaft macht, die eine Benachteiligung wegen des Geschlechts vermuten lassen, trägt der Arbeitgeber die Beweislast dafür, daß nicht auf das Geschlecht bezogene, sachliche Gründe eine unterschiedliche Behandlung rechtfertigen oder das Geschlecht unverzichtbare Voraussetzung für die auszuübende Tätigkeit ist.

(2) Verstößt der Arbeitgeber gegen das in Absatz 1 geregelte Benachteiligungsverbot bei der Begründung eines Arbeitsverhältnisses, so kann der hierdurch benachteiligte Bewerber eine angemessene Entschädigung in Geld verlangen; ein Anspruch auf Begründung eines Arbeitsverhältnisses besteht nicht.

(3) ¹Wäre der Bewerber auch bei benachteiligungsfreier Auswahl nicht eingestellt worden, so hat der Arbeitgeber eine angemessene Entschädigung in Höhe von höchstens drei Monatsverdiensten zu leisten. ²Als Monatsverdienst gilt, was dem Bewerber bei regelmäßiger Arbeitszeit in dem Monat, in dem das Arbeitsverhältnis hätte begründet werden sollen, an Geld- und Sachbezügen zugestanden hätte.

(4) ¹Ein Anspruch nach den Absätzen 2 und 3 muß innerhalb einer Frist, die mit Zugang der Ablehnung der Bewerbung beginnt, schriftlich geltend gemacht werden. ²Die Länge der Frist bemißt sich nach einer für die Geltendmachung von Schadenersatzansprüchen im angestrebten Arbeitsverhältnis vorgesehenen Ausschlußfrist; sie beträgt mindestens zwei Monate. ³Ist eine solche Frist für das angestrebte Arbeitsverhältnis nicht bestimmt, so beträgt die Frist sechs Monate.

(5) Die Absätze 2 bis 4 gelten beim beruflichen Aufstieg entsprechend, wenn auf den Aufstieg kein Anspruch besteht.

I. Normzweck

Die Vorschrift soll tatsächliche Gleichbehandlung von Frauen und Männern im Arbeitsleben ver- 1 wirklichen. Sie setzt das Gleichbehandlungsgebot der RL 76/207 EWG (ABlEG Nr. L 39/40) in deutsches Recht um und konkretisiert zugleich Art. 3 II GG für das Arbeitsrecht. Der Gesetzgeber beabsichtigte, den Forderungen des Gemeinschaftsrechts nach Umsetzung der Richtlinie nachzukommen, jedoch nur im Rahmen des nach Gemeinschaftsrecht unbedingt Erforderlichen (BAG 14. 3. 1989 AP BGB § 611 a Nr. 5 Bl. 4 = NZA 1990, 21). Diesem Regelungskonzept ist der Gesetzgeber auch bei der erneuten Anpassung der Schadensersatzregelungen gefolgt. § 611 a verfolgt daher primär das Ziel der Rechtsgleichheit, nicht der tatsächlichen Gleichstellung, soweit nicht die Richtlinienvorgaben etwas anderes fordern.

II. Verhältnis zu anderen Vorschriften

Prüfungsmaßstab für geschlechtsbedingte Benachteiligungen ist vorrangig das einfache (nationale) 2 Recht; erst in zweiter Linie dienen Verfassungs- und Gemeinschaftsrecht als Prüfungsmaßstab.

1. Gemeinschaftsrecht. Da § 611 a zum Zwecke der Anpassung des deutschen Arbeitsrechts an die 3 Vorgaben der EG-Gleichbehandlungsrichtlinie (RL 76/207 EWG ABl. L 1976, Nr. 39/40) geschaffen worden ist, ist die Vorschrift auch dementsprechend auszulegen (vgl. Art. 141 EGV Rn. 2). AN können sich nach Ablauf der Umsetzungsfrist einem öffentlichen AG gegenüber auf die unmittelbar wirkenden Vorgaben einer Richtlinie berufen; privaten AG gegenüber gilt das nicht (EuGH 26. 2. 1986 NJW 1986, 2178). Die dadurch veranlaßte Ungleichbehandlung wird jedenfalls zT ausgeglichen durch das Erfordernis einer richtlinienkonformen Auslegung der nationalen Rechtsvorschriften (EuGH 5. 5. 1994 AP EWG-Richtlinie 76/207 Nr. 3; *Hergenröder*, FS für Zöllner, S. 1138; *Heither*, FS für Gnade, S. 611). Zwar sind die Gerichte und Behörden der Mitgliedstaaten an ihre jeweiligen innerstaatlichen Gesetze gebunden, andererseits sind sie aber auch verpflichtet (EuGH 10. 4. 1984 AP BGB § 611a Nr. 1), das verbindlich vorgegebene gemeinschaftsrechtliche Regelungsziel zur Auslegung heranzuziehen. Steht der Wortlaut der nationalen Vorschrift einer richtlinienkonformen Auslegung allerdings eindeutig entgegen und können auch keine anderweitigen Vorschriften das Richtlinienziel durchsetzen (BAG 14. 3. 1989 AP BGB § 611a Nr. 5), muß der Widerspruch durch den Gesetzgeber aufgelöst werden. Die Rspr. ist nur im Rahmen ihrer Kompetenzen zur Verwirklichung der gemeinschaftsrechtlichen Regelungsziele in der Lage (Vorbem. zum EG Rn. 17).

4 **2. Verfassungsrecht.** § 611a dient zugleich auch der Konkretisierung des Gleichberechtigungsgebotes aus Art. 3 II GG (BVerfG 16. 11. 1993 AP BGB § 611a Nr. 9). Die Auslegung und Anwendung des einfachgesetzlichen Benachteiligungsverbotes hat daher auch den Anforderungen des Grundrechtes zu genügen (GG Art. 3 Rn. 83 ff.).

5 **3. Andere Benachteiligungsverbote.** Das Gleichbehandlungsgebot in Entgeltfragen ist in § 612 III speziell geregelt und damit vorrangig, § 611a tritt zurück. Das in § 75 BetrVG verankerte Verbot der Differenzierung nach dem Geschlecht ist inhaltlich deckungsgleich mit Art. 3 III GG, ist somit ebenfalls im Lichte des Gleichberechtigungsgebotes auszulegen; es dient als Maßstab zur Überprüfung von Betriebsvereinbarungen und anderen von AG und BR gemeinsam verantworteten Maßnahmen.

III. Benachteiligungsverbot (Abs. 1 S. 1)

6 **1. Adressaten.** Das Verbot richtet sich an alle privaten und öffentlichen AG, soweit sie AN beschäftigen, gilt aber nicht gegenüber Beamten; hier ist eine analoge Anwendung geboten, um die Gleichbehandlungsrichtlinie ordnungsgemäß umzusetzen (*Erman/Hanau* Rn. 4). Das Verbot richtet sich aber auch an einen AG als Partei einer Betriebsvereinbarung oder eines TV, da alle (und nicht nur die einzelvertraglichen) Vereinbarungen § 611a unterstellt werden. Normadressaten sind auch die TVParteien, wie sich aus den Vorgaben der Art. 3 bis 5 der RL 76/207/EWG ergibt. Geschützt werden AN (beiderlei Geschlechts, vgl. LAG Hamm 22. 11. 1996 BB 1997, 525), auch die Auszubildenden, unabhängig vom zeitlichen Umfang der Beschäftigung. Zur Einbeziehung geringfügig Beschäftigter in den ANBegriff: EuGH 14. 12. 1995 NZA 1996, 129. Weiter sind gem. § 611a II auch Arbeitsplatzbewerber im Auswahlverfahren und bei der Vertragsanbahnung in den Schutzbereich einbezogen. Der Wortlaut beschränkt den Anwendungsbereich auf Arbeitsverhältnisse; die RL 76/207/EWG erfaßt aber weitergehend die „Beschäftigung", also ist eine analoge Anwendung auf Dienstverträge, arbeitnehmerähnliche Personen, Geschäftsführer oder Verträge mit freien Mitarbeitern (EuGH 2. 10. 1997 NZA 1997, 1221; MünchKom/*Müller-Glöge* Rn. 4) geboten. Gegen Benachteiligungen, die erst nach dem *Ende* des Arbeitsverhältnisses entstehen (Verweigerung eines Zeugnisses, EuGH 22. 9. 1998 NZA 1998, 1223), muß dem AN effektiver Rechtsschutz eingeräumt werden.

7 **2. Benachteiligung.** Diskriminierende Vereinbarungen oder Maßnahmen, insb. bei der Begründung oder während der Durchführung des Arbeitsverhältnisses, darf der AG nicht treffen. Der Begriff der „Vereinbarungen" umfaßt Rechtsgeschäfte (zB Vertragsabschluß, -änderung, -beendigung, Betriebliche Übung, Gesamtzusagen, Betriebsvereinbarungen usw.), der der „Maßnahmen" auch tatsächliches AGVerhalten wie Ausübung des Weisungsrechts oder Erteilung von Abmahnungen. Eine benachteiligende Maßnahme liegt bereits darin, daß der Gleichbehandlungsanspruch durch ein unfaires Verfahren verletzt wird (BVerfG 16. 11. 1993 AP BGB § 611a Nr. 9; *Coester* Jura 1995, 21, 23). Einstellungs-, Arbeits- oder Entlassungsbedingungen (Art. 5 I, II RL 76/207 EWG) dürfen somit nicht benachteiligend wirken. Der EuGH versteht unter Arbeitsbedingungen nicht nur vertragliche Vereinbarungen, sondern alle mit dem Arbeitsverhältnis verbundenen Umstände (EuGH 13. 7. 1995 AP EWG-Vertrag Art. 119 Nr. 69). Der Begriff der Entlassungsbedingungen bezieht auch die Altersgrenzenregelung mit ein (EuGH 26. 2. 1986 EuR 1986, 370). Der *berufliche Aufstieg* ist auf die Veränderung des Tätigkeits-/Verantwortungsbereichs beschränkt, da eine Höhergruppierung bei gleicher Tätigkeit vorrangig § 612 III zuzuordnen ist (*Kort* RdA 1997, 277). Maßnahmen beim Aufstieg können auch in der Zuweisung bestimmter karriereförderender Aufgaben bestehen.

8 Ob die Vereinbarung oder Maßnahme **nachteilig** ist, kann nur durch Vergleich mit einem Beschäftigten des anderen Geschlechts festgestellt werden. Als Vergleichsperson kann eine aktuell im selben Betrieb beschäftigte Person, aber zB auch der Vorgänger auf dem Arbeitsplatz herangezogen werden (Art. 2 I RL 76/207 EWG). Eine Benachteiligung liegt auch dann vor, wenn aus anderen Gründen feststeht, daß die Vereinbarung oder Maßnahme günstiger getroffen worden wäre, falls die fragliche Person gerade dem anderen Geschlecht zugehörig gewesen wäre (hypothetische Vergleichsperson).

III. Benachteiligungsverbot (Abs. 1 S. 1) § 611a BGB 230

3. **Wegen des Geschlechts.** Eine Benachteiligung wird durch § 611a nur verboten, wenn sie Beschäftigte gerade wegen deren Geschlechtszugehörigkeit trifft; unterschiedliche Behandlung aus anderen Gründen sollte nicht ausgeschlossen werden. Eine Benachteiligungs**absicht** ist nicht Voraussetzung des § 611a, so daß nachteilige Auswirkungen einer Maßnahme dem Schutzbereich auch nicht mit der Begründung entzogen sind, die Maßnahme sei zum Wohl der Betroffenen ergriffen worden (etwa: um sie vor Überbelastung oder Gesundheitsgefährdung zu schützen). 9

a) Strittig ist, ob bereits eine geschlechtsbedingte Benachteiligung vorliegt, wenn die Geschlechtszugehörigkeit nur eines von mehreren Motiven für eine nachteilig wirkende Personalentscheidung gewesen ist. Das BVerfG (16. 11. 1993 AP BGB § 611a Nr. 9) bejaht dies, weil die Effektivität des Benachteiligungsverbotes diese Auslegung erfordert. Damit soll vor allem der Gefahr begegnet werden, daß nachträglich „neutrale" Gründe für die Entscheidung vorgebracht werden, um einer geschlechtsbedingten Personalauswahl ein „unverdächtiges" Aussehen zu geben. Dieser Sorge kann jedoch dadurch begegnet werden, daß die unfaire Gestaltung des Auswahlverfahrens selbst als hinreichendes Indiz für ein benachteiligendes Entscheidungsergebnis gewertet wird. In diesem Falle trifft den AG die Beweislast für eine diskriminierungsfreie Auswahl. Dem wird nur genügt, wenn die geltend gemachten Auswahlkriterien in engem Zusammenhang zu den Anforderungen des konkreten Arbeitsplatzes stehen. Dagegen schreibt das Benachteiligungsverbot nicht vor, den Einwand des rechtmäßigen Alternativverhaltens auszuschließen, obwohl die Personalentscheidung ebenfalls gegen die Bewerberin gefallen wäre, wenn sie gerade dem anderen Geschlecht angehört hätte. 10

Die Kausalität zwischen der Geschlechtszugehörigkeit und dem Nachteil wird nach Maßgabe von Art. 2 I RL 76/207 EWG je nach dem Vorliegen einer unmittelbar oder einer mittelbar geschlechtsbedingten Benachteiligung (vgl. Art. 141 EGV Nr. 12 f.) unterschiedlich bestimmt. Zwar hat § 611a diese in der Richtl. enthaltene Unterscheidung nicht im Wortlaut übernommen, ausweislich der Materialien (Gesetzesentwurf der Bundesregierung BR-Drucks. 8/3317 S. 8) sollten deren Vorgaben jedoch inhaltlich vollständig umgesetzt werden. Art. 2 Abs. 2 der Beweislastrichtlinie 97/80/EG sieht mit Wirkung zum 1. 1. 2001 eine Verpflichtung zur Übernahme einer Definition der mittelbaren Benachteiligung vor. 11

b) **Unmittelbare Benachteiligung.** Die Differenzierung nach dem Geschlecht ist stets unzulässig, wenn sie nicht den Voraussetzungen der Ausnahmebestimmung in Abs. 1 S. 2 (dazu Rn. 20) genügt; eine Rechtfertigung kommt darüber hinaus nicht in Betracht. Eine Benachteiligung ist unmittelbar geschlechtsbedingt, wenn die nachteilig wirkende Maßnahme ausdrücklich oder ihrem Inhalt nach an die Geschlechtszugehörigkeit anknüpft: nur an ein Geschlecht gerichtete Stellenausschreibungen; Lohnabschlagsklauseln (BAG 23. 3. 1957 AP GG Art. 3 Nr. 16); Ausschluß von Frauen vom Dienst mit der Waffe, Art. 12a GG (EuGH 11. 1. 2000 *Kreil* NZA 2000, 137). Dasselbe gilt nach der Rspr. für eine Benachteiligung wegen der **Schwangerschaft** (EuGH 8. 11. 1990 AP EWG-Vertrag Art. 119 Nr. 23, 24; 14. 7. 1994 AP MuSchG § 9 Nr. 21), da eine Unterscheidung nach diesem Merkmal zwar nicht die (dh. alle) Frauen, aber eben nur Frauen nachteilig treffen kann. Das BAG stimmt dem für Benachteiligungen bei der Einstellung zu (15. 10. 1992 AP BGB § 611a Nr. 8; 1. 7. 1993 AP BGB § 123 Nr. 36), wenn auch nur im Falle von Bewerberinnen, die der AG zuvor „für geeignet befunden" hatte": Da die Zugehörigkeit zum weiblichen Geschlecht zwar notwendige Voraussetzung für eine Schwangerschaft, aber eben nicht stets mit ihr verbunden ist, ist in diesen Fällen die indizielle Wirkung des Differenzierungskriteriums schwächer als bei der rein formalen Anknüpfung an die Geschlechtszugehörigkeit; die Vermutung einer geschlechtsbedingten Benachteiligung kann daher aufgrund geringerer Eignung der abgelehnten schwangeren Bewerberin für die erforderliche Arbeitsleistung widerlegt werden. Eine Pflicht zur Offenbarung der Schwangerschaft im Einstellungsverfahren besteht grds. nicht (LAG Hamm 1. 3. 1999 DB 1999, 2114); das BAG (1. 7. 1993 AP BGB § 123 Nr. 36) nimmt die Offenbarungspflicht bei Vorliegen eines mutterschutzbedingten Beschäftigungsverbotes an; mit der RL 76/207/EWG ist eine solche Ausnahme nicht vereinbar (EuGH 3. 2. 2000 *Mahlburg*, EuZW 2000, 209). Nach Ansicht des BAG (20. 2. 1986 AP BGB § 123 Nr. 31; 1. 7. 1993 AP BGB § 123 Nr. 36) ist bereits eine Frage nach der Schwangerschaft als solche ein Verstoß gegen § 611a, da bei Bejahung dieser Frage die Bewerbung zwangsläufig erfolglos bleibt. Der EuGH (8. 11. 1990 AP EWG-Vertrag Art. 119 Nr. 23) stellt dagegen erst auf die Einstellungs- bzw. Entlassungsentscheidung des AG ab; die bloße Nachfrage müßte somit nicht notwendig unzulässig sein, wohl aber ihre „zwangsläufige" Folge. Eine andere Vertragsgestaltung zu wählen, um der Problematik des Fragerechtes auszuweichen, kann nach Ansicht der Rspr. ebenfalls eine Diskriminierung bedeuten: Die Vereinbarung eines zunächst nur befristeten Arbeitsvertrages wird an § 611a scheitern, wenn der für später in Aussicht gestellte unbefristete Vertrag wegen der Schwangerschaft nicht abgeschlossen wird (LAG Köln 26. 5. 1995 AuR 1995, 410). Eine Entlassung von AN aufgrund von Fehlzeiten, die zum Teil schwangerschaftsbedingt waren, ist dagegen keine geschlechtsbedingte Benachteiligung (EuGH 8. 11. 1990 AP EWG-Vertrag Art. 119 Nr. 24; 30. 6. 1998 NZA 1998, 871). 12

c) **Mittelbare Benachteiligung.** Eine Benachteiligung ist mittelbar geschlechtsbedingt, wenn als Differenzierungskriterium, das die nachteiligen Folgen herbeiführt, zwar nicht unmittelbar die Ge- 13

Schlachter 1477

schlechtszugehörigkeit dient, wohl aber solche Merkmale, die von Männern und Frauen deutlich unterschiedlich häufig erfüllt werden (vgl. Art. 3 GG Rn. 88). In diesem Falle ist wegen der typischerweise überwiegend Personen des einen Geschlechts treffenden nachteiligen Wirkung zu vermuten, daß gerade die Geschlechtszugehörigkeit maßgebliche Ursache der Benachteiligung war (EuGH 27. 10. 1993 EuZW 1994, 506; *Kort* RdA 1997, 277, 280; kritisch KR/*Pfeiffer* Rn. 45). Da die Indizienwirkung für das Vorliegen einer geschlechtsbedingten Benachteiligung in diesen Fällen aber nicht zwingend ist, kann die Vermutung durch entsprechende Rechtfertigungsgründe entkräftet werden (vgl. Art. 141 EG Rn. 14; Art. 3 GG Rn. 91).

14 aa) Daß ein Geschlecht von einer Maßnahme überwiegend nachteilig betroffen ist, kann nur durch den statistischen Vergleich von **Gruppen** (BAG 2. 12. 1992 AP BAT § 23 a Nr. 28; 23. 2. 1994 AP EWG-Vertrag Art. 119 Nr. 51) festgestellt werden (vgl. dazu Art. 141 EGV Rn. 15). Die Vergleichsgruppen werden dem persönlichen Geltungsbereich der Differenzierungsbestimmung entsprechend festgelegt: Eine Auswahlrichtl. betrifft die Bewerber, eine Tarifklausel die Tarifgebundenen und Gleichgestellte, ein Gesetz alle Adressaten. Um aussagekräftig sein zu können, müssen die Vergleichsgruppen stets möglichst genau die von dem überprüften Merkmal berührten Personen einbeziehen (EuGH 30. 11. 1993 AP KSchG 1969 § 23 Nr. 13). Zu vergleichen ist die Gruppe derjenigen, die durch Verwendung des überprüften Kriteriums belastet wird, mit der Gruppe derer, die durch dessen Anwendung begünstigt bzw. nicht belastet wird. Maßgeblich ist das prozentuale Verhältnis der Geschlechterverteilung in beiden Gruppen, die absoluten Zahlen der betroffenen Personen sind kein hinreichend aussagekräftiges Indiz (BAG 2. 12. 1992 AP BAT § 23 a Nr. 28; *Schlachter*, Wege zur Gleichberechtigung, S. 153 f.; *Wißmann*, FS für Wlotzke, S. 809 f.; KR/*Pfeiffer* Rn. 41 ff.): Ist ein Geschlecht in der nachteilig betroffenen Gruppe prozentual wesentlich häufiger vertreten als in der begünstigten, oder prozentual wesentlich häufiger als in der Gesamtgruppe, auf die das fragliche Merkmal angewendet wird, ist eine geschlechtsbedingte Benachteiligung zu vermuten.

15 bb) Die Indizwirkung des Gruppenvergleichs setzt eine **wesentlich stärkere Belastung** der einen Gruppe voraus. Daher sind aussagekräftige Angaben über ausreichend große Vergleichsgruppen erforderlich, damit nicht Zufälligkeiten und konjunkturelle Schwankungen das Ergebnis beeinflussen (EuGH 27. 10. 1993 AP EWG-Vertrag Art. 119 Nr. 50). Welches Zahlenverhältnis diesen Voraussetzungen genügt, ist noch ungesichert, weil in den bisher entschiedenen Fällen idR die Benachteiligung von Teilzeitbeschäftigten (BAG 20. 11. 1990 AP BetrAVG § 1 Gleichberechtigung Nr. 8; 14. 3. 1989 AP BetrAVG § 1 Gleichberechtigung Nr. 5; 23. 1. 1990 AP BetrAVG § 1 Teilzeit Nr. 4; 2. 12. 1992 AP BAT § 23 a Nr. 28) zu prüfen war, also einer unbestritten „überwiegend" (etwa 90%) aus Frauen bestehenden Gruppe. Zudem kommt es nicht allein auf die Prozentzahl, sondern auf die Signifikanz der Abweichung von einer erwarteten „Normalverteilung" der Geschlechter auf die Vergleichsgruppen an (BAG 23. 9. 1992 AP BGB § 612 Diskriminierung Nr. 1); generell wird man die Vermutungswirkung jedenfalls bei einem Relationsunterschied von etwa 75% anerkennen können, sofern die prozentuale Abweichung ebenfalls aussagekräftig ist (*Wißmann*, FS für Wlotzke, S. 809, 815).

16 cc) Eine mittelbar benachteiligend wirkende Maßnahme darf getroffen werden, wenn sie **gerechtfertigt** ist, weil sie objektiv zur Durchsetzung eines unternehmerischen (bzw. bei der Prüfung einer Rechtsnorm: eines sozialpolitischen) Bedürfnisses erforderlich ist (BAG 23. 1. 1990 AP BetrAVG § 1 Gleichberechtigung Nr. 7). Gemeint ist, daß die verwendeten Differenzierungskriterien sachangemessen sein müssen, nicht auf das Geschlecht bezogen sein dürfen und in verhältnismäßiger Weise angewendet werden. Dadurch wird die Vermutung widerlegt, daß der von der Maßnahme verursachte Nachteil die benachteiligte Gruppe wegen ihres Geschlechts getroffen habe. Anerkannt wurden insoweit die Kriterien: Dauer der Betriebszugehörigkeit (EuGH 17. 10. 1989 AP EWG-Vertrag Art. 119 Nr. 27; kritisch *Horstkötter/Schiek* AuR 1998, 227) bzw. Flexibilität und Berufsausbildung, soweit sie für die vereinbarte Arbeitsleistung erforderlich sind und den Beschäftigten gegenüber fair und gleichmäßig verwendet wurden (EuGH 17. 10. 1989 AP EWG-Vertrag Art. 119 Nr. 27). Zur Beachtlichkeit des Unternehmenszwecks vgl. Rn. 20. Unspezifische Aussagen über ANGruppen, wie vergleichsweise geringere betriebliche Verbundenheit, geringere Arbeitsmotivation oder geringere soziale Schutzbedürftigkeit von Teilzeitkräften genügen den Anforderungen nicht (EuGH 2. 10. 1997 EuGRZ 1997, 494; 2. 10. 1997 NZA 1997, 1221; BAG 23. 1. 1990 AP BetrAVG § 1 Gleichberechtigung Nr. 7; 23. 2. 1994 AP EWG-Vertrag Art. 119 Nr. 51; 2. 12. 1992 AP BAT § 23 a Nr. 28). Ebensowenig genügt es, daß ein Differenzierungsmerkmal durch Gesetz oder TV eingeführt worden ist; auch diese Merkmale werden auf ihre Eignung und Erforderlichkeit zur Durchsetzung eines objektiven sozialpolitischen Konzepts überprüft (BAG 2. 12. 1992 AP BAT § 23 a Nr. 28; EuGH 27. 6. 1990 AP EWG-Vertrag Art. 119 Nr. 21; 13. 7. 1989 AP EWG-Vertrag Art. 119 Nr. 16; 4. 6. 1992 AP EWG-Vertrag Art. 119 Nr. 39; 14. 12. 1995 NZA 1996, 129; BAG 5. 3. 1997 AuR 1997, 165).

17 d) Umstritten ist, inwieweit es sich bei Fördermaßnahmen zugunsten von Frauen um verbotswidrige **„umgekehrte" Diskriminierung** handelt. Sofern Maßnahmen weder allgemein sozialpolitische Zwecke fördern, noch speziellen Frauenarbeitsschutz regeln, müssen sie zwecks Angleichung der

IV. Ausnahmen (Abs. 1 S. 2) § 611a BGB 230

Lebensverhältnisse gezielt nach dem Geschlecht unterscheiden (KR/*Pfeiffer* Rn. 132). Da sie gerade die Bedingungen für Frauen verbessern sollen, werden Männer von der Förderung ausgenommen und dadurch schlechtergestellt. Eine eigenständige Entscheidung über die Zulässigkeit solcher Maßnahmen trifft § 611a nicht; vielmehr ist zur Auslegung auf Art. 3 II GG (vgl. Art. 3 GG Rn. 92 ff.) und die EG-Gleichbehandlungsrichtl. zurückzugreifen.

aa) Nachteilsausgleichende Maßnahmen sind gem. Art. 3 II GG grds. zulässig, solange sie im 18 konkreten Falle die Grundrechte Dritter nicht unverhältnismäßig beeinträchtigen (BAG 3. 6. 1997 AP BetrAVG § 1 Gleichbehandlung Nr. 35; 18. 3. 1997 NZA 1997, 824 bis 826). Ausweislich der Gesetzesbegründung zu Art. 3 II 2 GG bestand über die Verfassungsergänzung nur insoweit Einigkeit, daß starre Quoten als Fördermaßnahmen ausgeschlossen werden sollten; die Auslegung von § 611a darf sich nicht in Widerspruch dazu setzen.

bb) Art. 2 IV der EG-Gleichbehandlungsrichtl. steht „Maßnahmen zur Förderung der **Chancen-** 19 **gleichheit** für Männer und Frauen, insb. durch Beseitigung der tatsächlich bestehenden Ungleichheiten, die die Chancen der Frauen ... beeinträchtigen, nicht entgegen". Dadurch sind zwar Maßnahmen zur Herstellung gleicher Zugangsmöglichkeiten von dem Erfordernis der Gleichbehandlung ausgenommen, das Ziel der „Ergebnisgleichheit" sieht der EuGH von der Klausel allerdings nicht umfaßt (EuGH 17. 10. 1995 AP EWG-RL 76/207 Nr. 6). Starre Quoten und unbedingte Vorrangregelungen auf der Grundlage gleicher Qualifikation sind danach (17. 10. 1995 AP EWG-RL 76/207 Nr. 6; anders der Vorlagebeschluß BAG 22. 6. 1993 AP GG Art. 3 Nr. 193) unzulässige Eingriffe in das Gleichbehandlungsgebot. Dennoch dürfen Ungleichheiten dadurch beseitigt werden, daß spezifisch Frauen begünstigende Maßnahmen vorgenommen werden, sofern sie inhaltlich angemessen ausgestaltet werden, dh. den Frauen nicht „absolut und unbedingt den Vorrang einräumen" oder eine Gleichverteilung der Geschlechter auf alle Funktionsebenen bindend vorgeben (EuGH 17. 10. 1995 Kalanke NJW 1995, 3109; 11. 11. 1997 Marschall NZA 1997, 1337; 28. 3. 2000 Badeck NZA 2000, 473; BAG 5. 3. 1996 NZA 1996, 751; vgl. *Schlachter,* Wege zur Gleichberechtigung, S. 135, 188 ff.). Eine Quotierung von Ausbildungsplätzen kann wegen der überragenden Bedeutung der Ausbildung für die Chancengleichheit gerechtfertigt sein (EuGH 28. 3. 2000 Badeck NZA 2000, 473; BVerwG 20. 3. 1996 NVwZ 1997, 288). Ist ansonsten eine Auswahl zwischen mehreren gleich qualifizierten und gleich geeigneten Personen zu treffen, darf als sekundäres Auswahlkriterium auch eine Fördermaßnahme berücksichtigt werden, sofern sie keine Entscheidungsautomatik vorsieht (EuGH, 11. 11. 1997 NZA 1997, 1337; OVG Münster 29. 5. 1998 NZA-RR 1998, 376; aA OVG Lüneburg 8. 3. 1996 NVwZ 1997, 611). Die Berücksichtigung zusätzlicher Merkmale im Einzelfall muß vielmehr gewährleistet sein, doch dürfen diese Merkmale ihrerseits nicht faktisch diskriminierend wirken. Die Entscheidung wird also jedenfalls dann nicht mit Merkmalen wie Beförderungsdienstalter, Familienstand und Zahl der unterhalts*berechtigten* Angehörigen begründet werden können, wenn diese sich *strukturell* zum Nachteil von Bewerberinnen auswirken (*Compensis* BB 1998, 2470; abl. OVG Schleswig 6. 3. 1998 NVwZ-RR 1999, 261 ff.; OVG Münster 27. 3. 1998 NZA-RR 1998, 525; OVG Rheinland-Pfalz 29. 6. 1999 DÖD 2000, 62). Damit das Ziel der Angleichung der Lebensverhältnisse (BVerfG 28. 1. 1992 AP AZO § 19 Nr. 2; 7. 7. 1992 NJW 1992, 2213) aber nicht durch diskriminierende Qualifikationsbeurteilungen unterlaufen wird, dürfen Förderpläne flexibel an den Einzelfall angepaßte Zielvorgaben festlegen (vgl. Art. 3 GG Rn. 95).

IV. Ausnahmen (Abs. 1 S. 2)

1. **Unverzichtbarkeit.** Die Differenzierung unmittelbar nach dem Geschlecht ist gem. § 611a I 2 20 zulässig, soweit ein bestimmtes Geschlecht unverzichtbare Voraussetzung für die fragliche Tätigkeit ist. Die Begriffsbildung ist mißglückt, da die Geschlechtszugehörigkeit so gut wie niemals „unverzichtbar" für die Ausübung einer Tätigkeit ist (vgl. jedoch BAG 21. 2. 1991 AP BGB § 123 Nr. 35, wonach die biologische Zugehörigkeit zum männlichen Geschlecht [eines Transsexuellen] unvereinbar mit den Anforderungen des Arbeitsplatzes als Arzthelferin ist; dem LAG Köln 19. 7. 1996 AuR 1996, 504 zufolge ist das weibliche Geschlecht unverzichtbar beim Verkauf von Damenbadebekleidung; zur Position der Frauenbeauftragten vgl. LAG Hamm 10. 4. 1997 NZA-RR 1997, 315; LAG Berlin 14. 1. 1998 NZA 1998, 312). Doch werden auch in der zugrundeliegenden Richtlinienbestimmung (Art. 2 II der Gleichbehandlungsrichtl.) die Mitgliedstaaten zur Schaffung einer Ausnahme bei solchen Tätigkeiten ermächtigt, für die ein bestimmtes Geschlecht ihrer Art oder der Bedingung ihrer Ausübung nach unabdingbare Voraussetzung ist. Der EuGH (21. 5. 1985 NJW 1985, 2076) verpflichtet die Mitgliedstaaten dazu, eine nachprüfbare Aufzählung der Tätigkeiten zu erstellen, die vom Gleichbehandlungsgebot freigestellt werden sollen. Die Bundesregierung teilte der Kommission (BArbBl. 11/1987, 40 ff.) rechtliche und tatsächliche Gründe mit, aus denen die Geschlechtszugehörigkeit als unverzichtbar gilt. Dazu zählen zB Beschäftigungen im kirchlichen Bereich (soweit das Selbstbestimmungsrecht der Kirche betroffen ist), im Bereich der äußeren und inneren Sicherheit (dazu aber einschränkend EuGH 26. 10. 1999 Sirdar NZA 2000, 25; 11. 1. 2000 Kreil NZA 2000, 137), im Justizvollzugsdienst, zum Schutz der Persönlichkeitsrechte von Patienten oder Betreuten, zur Aufrechter-

haltung eines sozialpädagogischen (BAG 14. 3. 1989 AP BGB § 611 a Nr. 6; vgl. zur Tendenzverwirklichung als Ausnahme ArbG Bonn 16. 9. 1987 NJW 1988, 510) oder therapeutischen Konzepts oder zur Wahrung der Authentizität einer Darstellung, sowie die „beruflichen Tätigkeiten außerhalb der EG, bei denen aufgrund gesetzlicher Vorschriften, religiöser Überzeugungen oder kultureller Besonderheiten nur ein Geschlecht akzeptiert wird". Da hiermit die Entscheidung über die zulässigen Ausnahmen den Gerichten übertragen wurde, ist der Katalog nur als Entscheidungshilfe zu verstehen. Die Gerichte haben unter Beachtung der Anforderungen des Gemeinschaftsrechts zu entscheiden, ob eine Ausnahme vom Gleichbehandlungsgrundsatz zulässig ist. Eine Bereichsausnahme zugunsten der Streitkräfte ist unzulässig (EuGH 11. 1. 2000 Kreil NZA 2000, 137), für spezielle Eingreiftrupps gilt aber etwas anderes (EuGH 26. 10. 1999 Sirdar NZA 2000, 25).

21   **2. Sachlicher Grund.** Aus der Beweislastverteilung in § 611 a I 3 ist teilweise geschlossen worden, daß ein „sachlicher Grund" eine Differenzierung nach dem Geschlecht gestatte. Das trifft nicht zu, da die bewußt enge Voraussetzung der „Unverzichtbarkeit" der Geschlechtszugehörigkeit anderenfalls ihren Anwendungsbereich weitestgehend einbüßt; auch systematisch spricht nichts dafür, daß der Gesetzgeber eine zusätzliche Ausnahme vom Gleichberechtigungsgebot in die Beweislastregelung eingefügt hätte (BAG 12. 11. 1998 NZA 1999, 371). S. 3 weist lediglich auf die Selbstverständlichkeit hin, daß der AG die – zuvor lediglich als überwiegend wahrscheinlich angenommene – Geschlechtsbedingtheit seiner Maßnahme dadurch widerlegen kann, daß er beweist, es habe in Wahrheit geschlechtsunabhängige, sachliche Gründe für die Maßnahme gegeben. Da es unter diesen Umständen bereits an einer tatbestandlichen Diskriminierung fehlt, ist weder eine „Ausnahme" noch eine „Rechtfertigung" mehr erforderlich.

22   **3. Anwendungsbereich.** Voraussetzung für die Ausnahme vom Benachteiligungsverbot ist, daß die benachteiligende Maßnahme „die Art der vom AN auszuübenden Tätigkeit zum Gegenstand hat" und die Geschlechtszugehörigkeit dafür unverzichtbar ist. Es muß sich somit um die Begründung/Konkretisierung einer Leistungspflicht des AN handeln, für die Gegenleistung des AG ist die Ausnahme nicht anwendbar. Hält der AG die Geschlechtszugehörigkeit für unverzichtbar zur Ausfüllung der Arbeitsaufgabe, muß er sie bewußt zur Beschäftigungsvoraussetzung erheben. Die Ausnahmebestimmung kann daher nur für unmittelbar auf das Geschlecht bezogene Unterscheidungen gelten. Mittelbar benachteiligende Maßnahmen werden statt dessen auf das Vorliegen von Rechtfertigungsgründen geprüft (oben Rn. 16), bei deren Vorliegen der AG auf die fragliche Maßnahme ebenfalls nicht zu verzichten braucht.

V. Beweislast (Abs. 1 S. 3)

23   § 611 a I 3 regelt eine Beweiserleichterung zugunsten von Diskriminierungsklägern; ihnen soll ein strenger Nachweis erspart werden, der überwiegend die Kenntnis von Tatsachen voraussetzt, die in der Sphäre des Unternehmens liegen und den Beschäftigten/Bewerbern nicht bekannt sein können. Eine Beweislastumkehr enthält S. 3 allerdings nicht. Vielmehr muß der AN Tatsachen beweisen, die eine Benachteiligung wegen des Geschlechts als wahrscheinlich erscheinen lassen, anschließend der AG den vollen (Gegen-)Beweis erbringen. Die Beweislastrichtl. der EG (RL 97/80, AblEG Nr. L 14/6 v. 20. 1. 1998) sieht gemeinschaftsweit eine dem vergleichbare Verpflichtung zur Schaffung von Beweiserleichterungen vor (vgl. dazu *Schlachter* RdA 1998, 321; *Soergel/Raab* Rn. 76 ff.).

24   Das Vorliegen einer **Benachteiligung**, dh. der vergleichsweise schlechtere Behandlung, muß der AN zunächst beweisen; dafür genügt es allerdings, daß ein vergleichbarer Bewerber des anderen Geschlechts eingestellt, befördert oder nicht entlassen wurde bzw. daß vergleichbaren Beschäftigten des anderen Geschlechts günstigere Arbeitsbedingungen gewährt werden. Ist die Auswahlentscheidung des AG bei Bewerbungen nicht bekannt, wird die Vorschrift leicht leerlaufen. Abhilfe könnte ein Auskunftsanspruch des abgewiesenen, aber anforderungsentsprechend qualifizierten Bewerbers gegen den AG schaffen (BVerfG 19. 9. 1989 NJW 1990, 501; *Hanau*, FS für Gnade, S. 361 f.); die Beweislastrichtl. hat sich gegen einen solchen Anspruch entschieden. Daß der Bewerber auch ohne die Benachteiligung nicht eingestellt worden wäre und somit nur Ansprüche im Umfang von Abs. 3 geltend machen kann, muß der AG beweisen, da es sich um eine anspruchseinschränkende Tatsache handelt.

25   Daß die Benachteiligung gerade **auf dem Geschlecht** beruht, muß der Kläger lediglich „glaubhaft machen"; auf § 294 ZPO wird dadurch allerdings nicht verwiesen: Eine Beschränkung auf präsente Beweismittel (§ 294 II ZPO) hat der Gesetzgeber im normalen Erkenntnisverfahren nicht beabsichtigt. Es genügt, wenn Tatsachen vorliegen, die die Geschlechtsabhängigkeit der Benachteiligung wahrscheinlich erscheinen lassen (Senkung des Beweismaßes). Bei der unmittelbaren Benachteiligung ist die Darlegung einer Differenzierung nach dem Geschlecht (in Stellenausschreibungen oder bei der Begründung einer Absage, BVerfG 16. 11. 1993 AP BGB § 611 a Nr. 9) bzw. nach einem dementsprechenden Merkmal (BAG 15. 10. 1992 AP BGB § 611 a Nr. 8) erforderlich. Der AG kann die „Geschlechtsbedingtheit" der nachteiligen Personalentscheidung dadurch widerlegen, daß er nachweist, die Maßnahme sei ebenso getroffen worden, falls Bewerber/AN gerade dem anderen Geschlecht

angehört hätten; aA BVerfG (16. 11. 1993 AP BGB § 611a Nr. 9), wonach die Geschlechtszugehörigkeit auch nicht als eines von mehreren (sonst: sachlichen) Motiven der Entscheidung zugrunde gelegt werden darf. Alternativ dazu kann der AG das Vorliegen des Ausnahmetatbestandes gem. § 611a I 2 beweisen.

Bei **mittelbarer Benachteiligung** haben die Kläger zu beweisen, daß wesentlich mehr Angehörige 26 ihrer Gruppe (vgl. oben Rn. 14 f.) von der fraglichen Maßnahme nachteilig betroffen werden als Angehörige des anderen Geschlechts. Das kann zunächst mittels allgemein zugänglicher Statistiken erfolgen; der AG kann jedoch die Indizienwirkung des Vergleichs dadurch aufheben, daß er ein von der allgemeinen Statistik abw. Zahlenverhältnis im Geltungsbereich des angegriffenen Differenzierungsmerkmals beweist. Dabei haben die Kläger grds. das Differenzierungskriterium darzulegen, das für die Benachteiligung verantwortlich ist, und damit dem AG den Beweis zu erleichtern. Etwas anderes gilt im Falle von undurchschaubaren betrieblichen Regelungssystemen (vgl. § 612 III Rn. 17; EuGH 17. 10. 1989 AP EWG-Vertrag Art. 119 Nr. 27). Weiter muß der AG das Vorliegen eines unternehmerischen Bedürfnisses für die fragliche Maßnahme sowie deren Eignung und Erforderlichkeit zur Erreichung des angegebenen Zieles darlegen und beweisen; dazu gehört auch der Umstand, daß die Maßnahme auf faire Art und Weise angewendet worden ist (EuGH 17. 10. 1989 AP EWG-Vertrag Art. 119 Nr. 27).

Die Beweiserleichterung zugunsten von Diskriminierungsklägern erfaßt nicht zugleich die Kausali- 27 tät zwischen Benachteiligung und geltend gemachtem Schaden oder die Schadenshöhe; für etwaige Beweiserleichterungen im Hinblick auf mangelnde Sachnähe der Kläger müssen allgemeine Grundsätze herangezogen werden. Zur analogen Anwendbarkeit von § 282 auf Fälle, in denen die Schadensursache im Gefahrenbereich des AG liegt, vgl. BAG 28. 7. 1972 (AP BGB § 282 Nr. 7).

VI. Rechtsfolgen einer Verbotsverletzung (Abs. 2 und 3)

1. Allgemein. Vereinbarungen und Maßnahmen, die gegen das Benachteiligungsverbot verstoßen, 28 sind nichtig, § 134. Die Nichtigkeit ergreift nur die verbotswidrige Maßnahme selbst, nicht den gesamten Arbeitsvertrag, § 139, 2. Halbs., oder die regelmäßig mit der Benachteiligung einhergehende Bevorzugung eines Dritten. Benachteiligende Weisungen („Maßnahmen") sind unwirksam, den Betroffenen steht ein Leistungsverweigerungsrecht zu. Benachteiligende Kündigungen sind ebenfalls nichtig, nicht nur sozialwidrig; auf die Nichtigkeit kann sich also auch berufen, wer den Kündigungsschutz des § 1 KSchG (noch) nicht genießt (§ 1 KSchG Rn. 85) oder die Frist des § 4 KSchG versäumt hat. Wirkt die Benachteiligung weiter, kann Beseitigung verlangt werden, bei Besorgnis zukünftiger Beeinträchtigung auch Unterlassung.

(Rn. 29 nicht belegt) 29

2. Benachteiligung bei Einstellung und Beförderung. Abs. 2 begründet einen Entschädigungsan- 30 spruch wegen Benachteiligung im Einstellungsverfahren, durch den Verweis in Abs. 5 gilt dasselbe für das Beförderungsverfahren. Der Umfang der Ersatzlösung muß „angemessen" gestaltet sein (Rn. 34); ein Einstellungsanspruch ist ausgeschlossen, wird aber auch durch die RL 76/207/EWG nicht verlangt (EuGH 10. 4. 1984 AP BGB § 611a Nr. 1, 2).

a) Die ursprüngliche Fassung des Abs. 2 gewährte im wesentlichen Ansprüche auf Ersatz vergeblich 31 aufgewendeter Bewerbungs- und Vorstellungskosten, wenn eine Einstellung aus diskriminierenden Gründen abgelehnt worden war. Der EuGH (10. 4. 1984 AP BGB § 611a Nr. 1, 2) hatte den Mitgliedstaaten aber aufgegeben, dafür zu sorgen, daß eine etwa vorgesehene Schadensersatzpflicht in angemessenem Verhältnis zum Schaden steht und eine abschreckende Wirkung entfaltet. Die vom BAG (14. 3. 1989 AP BGB § 611a Nr. 5, 6) entwickelte Alternative, neben dem Ersatz des Vertrauensschadens noch den des immateriellen Schadens wegen Verletzung des Persönlichkeitsrechts zuzuerkennen (*Wiese* JuS 1990, 357; *Eisemann* AuR 1988, 225), konnte den gemeinschaftsrechtlichen Vorgaben nicht genügen, da er in Umfang und Bestand mit der Schwere der Persönlichkeitsverletzung abhängig ist (BAG 14. 3. 1989 AP BGB § 611a Nr. 6). Der EuGH hatte demgegenüber vorausgesetzt, daß jede Verletzung des Benachteiligungsverbotes unabhängig vom Verschulden die Ersatzpflicht auslösen müsse (EuGH 8. 11. 1990 AP EWG-Vertrag Art. 119 Nr. 23). Die Festlegung des Umfangs der Sanktion steht den Mitgliedstaaten nicht völlig frei: Zwar dürfen sie einen Einstellungsanspruch versagen, wird aber ein Schadensersatzanspruch gewählt, muß dieser den entstandenen Schaden vollständig ausgleichen (EuGH 2. 8. 1993 EuZW 1993, 706 im Falle diskriminierender Entlassung).

b) Die Fassung von 1994 sprach allen Personen, die bei Einstellung oder Beförderung benachteiligt 32 worden sind, eine „angemessene **Entschädigung**" von höchstens drei Monatsverdiensten zu. Die Entstehungsgeschichte ließ darauf schließen, daß dadurch immaterielle Schäden ausgeglichen werden sollen, Regelungsvorbild also die Rspr. des BAG (14. 3. 1989 AP BGB § 611a Nr. 5, 6) war (*Oetker* ZiP 1997, 802, 803; *Pfarr* RdA 1995, 204, 209). Die Neufassung von 1998 gewährt nunmehr einen vom Verschulden des AG unabhängigen Anspruch auf Entschädigung; systematisch ist er nicht auf den

Ausgleich immaterieller Schäden beschränkt (*Treber* DZWir 1998, 177, 180), sondern bezieht auch den Vermögensschaden mit ein (Rn. 34).

33   **c) Entschädigungsgrundregel.** Abs. 2 legt allgemein den Anspruch von Personen fest, die bei der Begründung eines Arbeitsverhältnisses benachteiligt worden sind. Die Entschädigungspflicht wird ausgelöst, sobald der AG gegen das Benachteiligungsverbot des Abs. 1 verstoßen hat. Es wird nicht mehr vorausgesetzt, daß der Bewerber ohne die Benachteiligung tatsächlich eingestellt worden wäre (LAG Hamm 22. 11. 1996 NZA-RR 1997, 203); dieser Umstand ist nur noch für den Umfang des Ersatzanspruchs maßgebend (Rn. 34, 35). Ausgeschlossen sind lediglich ungeeignete oder nicht ernsthafte Bewerbungen (Rn. 36), vgl. KR/*Pfeiffer* Rn. 102. Auf eine vorwerfbare Rechtsverletzung kommt es nicht mehr an, denn der EuGH hatte entschieden, daß bereits ein objektiv rechtswidriger Verstoß gegen das Benachteiligungsverbot die Entschädigungspflicht auslösen müsse (8. 11. 1990 AP EWG-Vertrag Art. 119 Nr. 23; kritisch *Hergenröder*, JZ 1997, 1175; *Annuß* NZA 1999, 738, 742).

34   **d) Die Höhe des Entschädigungsanspruches** soll vom Gericht „angemessen" (Abs. 2 S. 1) festgesetzt werden, darf aber nicht in der Verpflichtung zur Einstellung selbst bestehen (vgl. dazu den gegenteiligen Vorschlag des Bundesrates, BT-Drucks. 13/10242 v. 27. 3. 1998). Die Angemessenheit bestimmt sich nach Art und Schwere der Beeinträchtigung, ihrer Nachhaltigkeit und Fortwirkung, sowie den Beweggründen für die benachteiligende Handlung (BAG 14. 3. 1989 AP BGB § 611a Nr. 5). Damit steht fest, daß die Entschädigung in Geld zu erfolgen hat. Die Pflicht zur Naturalrestitution wurde ausgeschlossen, weil sie sich zum Nachteil von unbeteiligten Dritten auswirken kann, denen gekündigt werden müßte, um den fraglichen Arbeitsplatz für die benachteiligten Bewerber freizumachen; die vom EuGH geforderte Abschreckungswirkung gegenüber dem AG würde in diesem Falle verfehlt. Der Umfang der geschuldeten Entschädigung ist davon abhängig, auf welche Nachteile sich die Norm beziehen soll: Unklarheiten ergeben sich, weil noch der Referenten-Entwurf zur Neuregelung neben einem Entschädigungsanspruch für immaterielle Schäden ausdrücklich den Ersatz des entstandenen (materiellen) Schadens enthalten hatte, das Gesetz diese Unterscheidung aber nicht beibehalten hat. Daß damit auf eine Ersatzpflicht für materielle Schäden in Abs. 2 verzichtet werden sollte, ist schon deshalb nicht anzunehmen, weil der hier privilegierte bestqualifizierte Bewerber sich von allen anderen dadurch unterscheidet, daß ihm ein größerer Vermögensschaden entstanden ist; wäre der materielle Schaden ausgeschlossen, bliebe die Privilegierung unverständlich, denn die Verletzung des Rechts auf ein diskriminierungsfreies Verfahren trifft alle Bewerber gleich schwer. Die Neuregelung ist somit dahingehend zu verstehen, daß der Entschädigungsanspruch materielle und immaterielle Schäden nebeneinander erfaßt. Da nur ein „angemessener" Ausgleich geschuldet ist, ist ein Nachweis des exakten Schadenumfanges entbehrlich; umgekehrt muß die Entschädigung aber auch nicht in Höhe des Erfüllungsinteresses gewährt werden.

35   Der Entschädigungsanspruch aller Bewerber, die auch bei diskriminierungsfreiem Verfahren den Arbeitsplatz nicht erhalten hätten, wird gegenüber der Regelung des Abs. 2 in **Abs. 3** summenmäßig begrenzt auf jeweils höchstens drei Monatsverdienste; wie diese zu errechnen sind, regelt Abs. 3 S. 2. Die „angemessene Entschädigung" soll vor allem immaterielle (Verletzung des Rechts auf benachteiligungsfreie Auswahl) Nachteile aller Bewerber ausgleichen helfen; um eine Sanktionsregelung (*Annuß* NZA 1999, 738, 741) geht es dabei nicht (*Raab* DStR 1999, 854, 857). Ob auch materielle Nachteile zu berücksichtigen sind (Bewerbungskosten), ist unklar (dafür: *Treber* NZA 1998, 856, 858; aA *Raab* DStR 1999, 858). Soweit diese Kosten auch bei rechtmäßigem Alternativverhalten des AG angefallen wären, sind sie an sich nicht erstattungsfähig; die Entwicklungsgeschichte des Abs. 3 spricht aber dagegen, daß mittels der Umformulierung der Entschädigungsumfang beschränkt werden sollte. Die Bemessungsgrundsätze sollen nach der Gesetzesbegründung (BT-Drucks. 13/10242 S. 8) von der Schwere des Verstoßes abhängen und in Abwägung der Bewerberinteressen mit den wirtschaftlichen Auswirkungen auf das Unternehmen gewonnen werden. Dem Nachteil, daß eine solche „angemessene" Entschädigung nicht zwingend jeden Schaden vollständig kompensiert, steht der Vorteil gegenüber, daß der Schadensumfang nicht nachgewiesen werden muß.

36   **e)** Dem Entschädigungsanspruch kann nach Ansicht der Rspr. der Einwand des **Rechtsmißbrauchs** entgegenstehen, falls eine Bewerbung erweislich nur zum Zwecke des Erwerbs von Entschädigungsansprüchen erfolgt ist (LAG Hamm 22. 11. 1996 NZA-RR 1997, 203; LAG Rheinland-Pfalz 16. 8. 1996 NZA 1997, 115). Voraussetzung ist, daß die Bewerber das ausgeschriebene Arbeitsverhältnis tatsächlich nicht begründen wollten; beweisbelastet ist der AG. Indizien dafür können sein: gleichzeitige, identische Bewerbungen ausschließlich auf Stellen, die für das andere Geschlecht ausgeschrieben sind; ersichtliche Fehlqualifikation für die ausgeschriebene Stelle; oder anderweitig bestehendes, ungekündigtes Arbeitsverhältnis mit höherer Vergütung. Dieser Konstruktion bedarf es indessen nicht, da nach dem Wortlaut nur „der hierdurch benachteiligte Bewerber" Anspruchsinhaber sein kann; ungeeignete oder nicht ernsthafte Bewerbungen auszuschließen, ist nicht durch Benachteiligung verursacht (BAG 12. 11. 1998 NZA 1999, 371; ArbG Düsseldorf 7. 12. 1999 DB 2000, 381: *Soergel/Raab* Rn. 48); auch in diesem Falle ist der AG beweisbelastet, sobald der Bewerber die vergleichsweise schlechtere Behandlung (vgl. Rn. 24) bewiesen hat.

f) In § 611a IV ist eine besondere **Ausschlußfrist** zur Geltendmachung von Entschädigungsansprüchen nach Abs. 2 und 3 geregelt. Die Frist beginnt mit dem Zugang der Ablehnung der Bewerbung zu laufen und wird gem. § 187 berechnet; sie ist an der Länge der – idR tarifvertraglichen – Fristen orientiert, die sonst im angestrebten Arbeitsverhältnis für die Geltendmachung von Schadensersatzansprüchen bestehen, beträgt aber mindestens zwei Monate. Fehlt es an solchen Fristen, dauert die Frist des Abs. 4 insges. sechs Monate. Da die Frist nicht voraussetzt, daß die Tatsache der Benachteiligung für den AN zumindest erkennbar ist, ist Abs. 4 eine ungünstigere Regelung als sonst bei tariflichen Ausschlußfristen üblich. Dies widerspricht den Anforderungen des EuGH (10. 7. 1997 NZA 1997, 1041) an eine effektive Rechtsdurchsetzung (*Treber* NZA 1998, 856, 859). 37

g) Durch Abs. 5 wird auch den benachteiligten **Aufstiegs**bewerbern ein Anspruch auf angemessene Entschädigung eingeräumt. Die Höhe ist für den Bestqualifizierten offen, für alle anderen auf drei Monatsentgelte begrenzt. Eine Beschränkung auf die Entgeltdifferenz zwischen dem bisherigen und dem angestrebten Arbeitsplatz ist nicht festgeschrieben worden. Da auf Abs. 3 nicht verwiesen wird, ist ein Beförderungsanspruch nicht ausgeschlossen (*Pfarr* RdA 1995, 204, 207); der Anspruch muß allerdings auf anderer Grundlage bestehen und wird nicht durch die Benachteiligung selbst geschaffen (KR-*Pfeiffer* Rn. 94). Für die Höhe des Anspruchs stellte § 61b V 2 ArbGG (aF) früher lediglich auf den Unterschiedsbetrag zwischen bisheriger und angestrebter Position ab; da das ArbGG insoweit geändert wurde, ist wohl der hypothetische Monatsverdienst maßgebend (kritisch *Raab* DStR 1999, 854, 859). 38

VII. Bekanntmachung im Betrieb

In Betrieben mit idR mehr als fünf AN ist ein Abdruck der §§ 611a, 611b, 612 III, 612a BGB, § 61b ArbGG auszulegen oder auszuhängen. Zuvor hatte diesbezüglich nur eine Sollvorschrift gegolten, allerdings ohne Ausnahme für Kleinbetriebe; nunmehr ist die Regelung für die davon erfaßten Betriebe zwingend. 39

§ 611b [Ausschreibung eines Arbeitsplatzes]

Der Arbeitgeber darf einen Arbeitsplatz weder öffentlich noch innerhalb des Betriebs nur für Männer oder nur für Frauen ausschreiben, es sei denn, daß ein Fall des § 611a Abs. 1 Satz 2 vorliegt.

I. Zweck der Vorschrift

Die Vorschrift war als Ergänzung von § 611a durch das Arbeitsrechtliche EG-Anpassungsgesetz 1980 in das BGB eingefügt worden (BGBl. I S. 1308), um zu gewährleisten, daß das Benachteiligungsverbot bereits im Vorfeld der Begründung von Arbeitsverhältnissen wirksam werden kann. Mittlerweile ist die ehemalige Sollvorschrift zwingendes Recht (BGBl. I S. 1406), da die aF nur unzureichend beachtet worden war (BT-Drucks. 12/5468 S. 44). 1

II. Inhalt

1. **Stellenausschreibung** umfaßt jede Bekanntgabe, daß ein Arbeitsverhältnis begründet werden soll, das dem Anwendungsbereich von § 611a unterliegt (zB Stellenanzeige, Mitteilung am Schwarzen Brett oder an das Arbeitsamt, Einsatz einer Personalberatungsfirma). Die gezielt an eine Person gerichtete Aufforderung zur Bewerbung ist keine Ausschreibung in diesem Sinne, enthält unter Umständen aber eine Benachteiligung iSd. § 611a. 2

2. **Geschlechtsneutral** ist die Ausschreibung dann, wenn die Berufsbezeichnung in der männlichen und der weiblichen Form verwendet wird oder ein geschlechtsunabhängiger Oberbegriff („Heimleitung", „Pflegekraft") gefunden werden kann. Daß in der deutschen Sprache das grammatische Geschlecht eines Begriffes nicht mit dem natürlichen Geschlecht der damit bezeichneten Person übereinstimmen muß, ist kein tauglicher Einwand gegen das Erfordernis einer geschlechtsneutralen Ausschreibung. Der Gesetzgeber hat diese Vorschrift als eine zwingende ausgestaltet, um damit bestehende Gewohnheiten zu durchbrechen; im Rahmen des sprachlich Möglichen ist das zu beachten. Ist ein Arbeitsplatz zu besetzen, für den gem. § 611a I 2 eine Ausnahme vom Gleichbehandlungsgebot gilt, darf sich auch die Ausschreibung an Bewerber nur des einen Geschlechts richten. 3

4 **3. Rechtsfolge.** Ein Verstoß gegen das Verbot differenzierender Stellenausschreibung begründet eine Vermutung für einen Verstoß gegen § 611 a (so schon zur aF BAG 14. 3. 1989 AP BGB § 611 a Nr. 5, 6): Eine geschlechtsspezifische Ausschreibung ist eine Tatsache, „die eine Benachteiligung wegen des Geschlechts vermuten läßt", § 611 a I 3 (BVerfG 16. 11. 1993 NJW 1994, 647; LAG Rheinland-Pfalz 16. 8. 1996 NZA 1997, 115). Der BR kann nach § 99 II Nr. 1 BetrVG einer Einstellung mit der Begründung widersprechen, daß die Stellenausschreibung nicht geschlechtsneutral gewesen sei. Verstößt eine innerbetriebliche Ausschreibung gegen die Verpflichtung aus § 611 b, berechtigt dies den BR zur Zustimmungsverweigerung wegen unterbliebener Ausschreibung, § 99 II Nr. 5 BetrVG, so: LAG Hessen 13. 7. 1999 NZA-RR 1999, 641. Ein Schaden, der über den von § 611 a bereits umfaßten, durch die Verbotsverletzung *selbst* verursachten Schaden noch hinausgeht, ist kaum vorstellbar, da auch eine geschlechtsspezifische Ausschreibung eine Bewerbung nicht tatsächlich verhindert; ein weiterer Schadensersatzanspruch kommt dann auch nicht in Betracht. Im Gesetzgebungsverfahren wurde statt dessen die Einführung einer Ordnungswidrigkeitenregelung diskutiert (BT-Drucks. 12/ 5468 S. 64 f.), im Ergebnis jedoch verworfen, da die Gleichbehandlungsrichtl. dies nicht fordert.

5 **4. Bekanntmachung.** Vgl. § 611 a Rn. 38.

§ 612 [Vergütung]

(1) Eine Vergütung gilt als stillschweigend vereinbart, wenn die Dienstleistung den Umständen nach nur gegen eine Vergütung zu erwarten ist.

(2) Ist die Höhe der Vergütung nicht bestimmt, so ist bei dem Bestehen einer Taxe die taxmäßige Vergütung, in Ermangelung einer Taxe die übliche Vergütung als vereinbart anzusehen.

(3) ¹Bei einem Arbeitsverhältnis darf für gleiche oder für gleichwertige Arbeit nicht wegen des Geschlechts des Arbeitnehmers eine geringere Vergütung vereinbart werden als bei einem Arbeitnehmer des anderen Geschlechts. ²Die Vereinbarung einer geringeren Vergütung wird nicht dadurch gerechtfertigt, daß wegen des Geschlechts des Arbeitnehmers besondere Schutzvorschriften gelten. ³ § 611 a Abs. 1 Satz 3 ist entsprechend anzuwenden.

A. Absatz 1 und 2

I. Fiktion der Vergütungsvereinbarung (Abs. 1)

1 **1. Normzweck.** Beim Fehlen einer Vergütungsvereinbarung würde es wegen der fehlenden Einigung über einen wesentlichen Vertragspunkt (Dissens §§ 154, 155) nicht zum Vertragsabschluß kommen. Dies verhindert § 612 I, indem eine Vergütungsregelung **fingiert** wird, wenn eine Dienst- bzw. Arbeitsleistung vereinbart ist und den Umständen nach eine solche Leistung nur gegen eine Vergütung zu erwarten ist (BAG 15. 3. 1960 AP BGB § 612 Nr. 13; ebenso MünchKommBGB/*Schaub* Rn. 4; *Staudinger/Richardi* Rn. 6; RGRK/*Hilger* Rn. 4; *Erman/Hanau* Rn. 1; vgl. auch *Soergel/Raab* Rn. 15). § 612 II füllt diesen Vergütungsanspruch inhaltlich aus und schließt auch ansonsten Lücken im Arbeitsvertrag, soweit zwar die Vergütung als solche, nicht aber deren Höhe festgelegt ist (zu Abs. 2 s. Rn. 35 ff.). Nach aA hat die Vorschrift den Zweck, entgeltliche und unentgeltliche Dienstleistungen voneinander abzugrenzen und dabei im Zweifel den Ausschlag zugunsten der Entgeltlichkeit zu geben (*Canaris* BB 1967, 165; *Lieb* Arbeitsrecht § 3 I 3; *Palandt/Putzo* Rn. 1). Freilich schließt § 612 nicht aus, unentgeltliche Dienstleistungen zu vereinbaren (vgl. die Abgrenzung zum Auftrag § 611 Rn. 28). Die Vereinbarung eines Arbeitsverhältnisses führt jedoch stets zu einer Vergütungspflicht.

2 **2. Anwendungsbereich. a)** Nach seinem Wortlaut greift § 612 I nur ein, wenn keine Vergütung – auch nicht stillschweigend – vereinbart ist, insoweit also eine entsprechende Abrede fehlt. Die Bestimmung ist aber auch dann anwendbar, wenn der Vertrag nach § 138 II – wegen Lohnwuchers – nichtig ist (BAG 10. 3. 1960 AP BGB § 138 Nr. 2; LAG Bremen 3. 12. 1992 AiB 1993, 834) oder nur die **Vergütungsvereinbarung unwirksam** ist (BAG 5. 8. 1963 AP BGB § 612 Nr. 20; BAG 21. 3. 1984 – 5 AZR 462/82 – nv.; BAG 25. 1. 1989 AP BeschFG 1985 § 2 Nr. 2; BAG 23. 10. 1991 ZTR 1992, 72; BAG 26. 5. 1993 AP BGB § 612 Diskriminierung Nr. 2; BAG 16. 6. 1993 AP BeschFG 1985 § 2 Nr. 26; BAG 24. 11. 1993 AP BGB § 611 Mehrarbeitsvergütung Nr. 11; BAG 28. 9. 1994 AP BeschFG 1985 § 2 Nr. 38; LAG Köln 5. 11. 1993 – 13 Sa 503/92 – nv.; LAG Rheinland-Pfalz 8. 6. 1984 NZA 1986, 293; MünchKommBGB/*Schaub* Rn. 5; RGRK/*Hilger* Rn. 4; *Erman/Hanau* Rn. 1; nach **aA** ist bei Nichtigkeit der Vergütungsregelung aufgrund der synallagmatischen Verknüpfung auch die Abrede über die Arbeitspflicht und somit der gesamte Vertrag nichtig: *v. Hoyningen-Huene* Anm. zu AP BGB § 612 Nr. 29; *Beuthien* RdA 1969, 161, 166; noch anders *Staudinger/Richardi* Rn. 24: kein § 612 I, da keine Vergütungsvereinbarung fehle). Darüber hinaus wird § 612 I auch dann angewandt, wenn jemand Leistungen in Erwartung einer besonderen Vergütung zunächst unentgeltlich erbringt und später diese **Erwartung enttäuscht** wird (s. u. Rn. 21 ff.).

Wann im Einzelfall von einem **sittenwidrigen Lohnwucher** ausgegangen werden kann, kann 3
schwer generell festgestellt werden. Ausgangspunkt für die Prüfung, ob ein auffälliges Mißverhältnis
vorliegt, ist der Tariflohn, und zwar ohne tarifliche Zusatzleistungen (*Reinecke* NZA Sonderbeilage 3/
2000, S. 23, 32). In Bereichen, in denen keine einschlägigen TV existieren, sind verwandte TV als
Vergleichsmaßstab heranzuziehen. Der BGH erwägt die Anwendung des § 302 a StGB aF (§ 291
StGB nF) schon bei einem vereinbarten Lohn von DM 12,–, wenn der Tariflohn DM 19,05 beträgt
(BGH 22. 4. 1997 AP BGB § 138 Nr. 52; hierzu *Nägele* BB 1997, 2162). Als generelle Aussage läßt
sich sicher festhalten, daß bei der **Hälfte des Tariflohns** idR ein auffälliges Mißverhältnis und eine
Sittenwidrigkeit zu bejahen ist. Nach LAG Berlin (v. 20. 2. 1998 LAGE StGB § 302 Nr. 1) ist Wucher-
lohn bei Vergütung von etwa 1/3 unter Tarif anzunehmen (ebenso *Reinecke* NZA Sonderbeilage 3/
2000, S. 23, 32). Zur Sittenwidrigkeit einer Überstundenvergütung in Höhe DM 1,30 im Ausbildungsverhältnis: ArbG Rheine 13. 11. 1991 NZA 1992, 413. Die Vereinbarung, nach der eine Vergütungspflicht für eine 14-tägige Probezeit nur für den Fall des Abschlusses eines endgültigen Arbeitsvertrages
entstehen soll, ist sittenwidrig (LAG Köln 18. 3. 1998 LAGE BGB § 138 Nr. 10). Ein auffälliges
Mißverhältnis hat das BAG verneint, wenn der vereinbarte Lohn eines nicht tarifgebundenen AN
26% unter dem Tariflohn liegt (ArbG Hagen 24. 6. 1987 NZA 1987, 610; bestätigt durch BAG 22. 3.
1989 – 5 AZR 151/88 –). Die Sittenwidrigkeit einer Vergütungsabrede in Höhe von DM 1,– statt des
üblichen Lohnes von DM 5,45 wurde bejaht (BAG 24. 2. 1981 – 5 AZR 1008/78 –). Weitere Einzelfälle
zum Lohnwucher: ArbG Wesel 3. 5. 1995 AiB 1996, 126 mit Anm. *Däubler*; ArbG Reutlingen 16. 1.
1996 AiB 1996, 499 mit Anm. *Däubler*; ArbG Rheine 22. 5. 1992 NZA 1993, 366; LAG Berlin 6. 2.
1998 LAGE BGB § 138 Nr. 11; LAG Frankfurt 28. 10. 1999 – 5 Sa 169/99 –: Vergütung eines Rechtsanwalts mit 1300,– DM brutto.

b) Bei Nichtigkeit der Entgeltabrede wegen **Lohnwuchers** ist daher der übliche und nicht etwa 4
lediglich der niedrigste zulässige Lohn zu gewähren (ebenso *Erman/Hanau* Rn. 21; RGRK/*Hilger*
Rn. 15, 45; LAG Bremen 3. 12. 1992 AiB 1993, 834; LAG Düsseldorf 23. 8. 1977 DB 1978, 218; aA
Sack RdA 1975, 171, 178).

c) Ist dagegen der **gesamte Vertrag** mangels Geschäftsfähigkeit des Dienstberechtigten bzw. -ver- 5
pflichteten oder wegen Gesetz- oder Sittenwidrigkeit der zu leistenden Dienste unwirksam, finden die
Regeln über faktische Arbeitsverhältnisse bzw. Bereicherungsrecht Anwendung (ebenso RGRK/*Hilger* Rn. 11; *Staudinger/Richardi* Rn. 12).

d) Entgegen früherer Rspr. (BAG 14. 6. 1972 AP BAT §§ 22, 23 Nr. 54; BAG 18. 3. 1982 AP 6
BPersVG § 75 Nr. 7) bedarf es dagegen keines Rückgriffs auf § 612, wenn einem AN unter **Verletzung von Mitbestimmungsvorschriften** (§ 75 BPersVG, § 99 BetrVG) eine höherwertige Tätigkeit
übertragen worden ist. Die vertragliche (Vergütungs-)Vereinbarung wird durch die fehlende Mitbestimmung nämlich nicht berührt und bleibt wirksam (BAG 16. 1. 1991 AP MTA § 24 Nr. 3).

e) Ist ein Dienst-, Werk- oder sonstiger Vertrag, der die Erbringung von Dienstleistungen zum 7
Gegenstand hat, nach der Rspr. entgegen der getroffenen Vereinbarung als Arbeitsvertrag einzuordnen, (s. dazu § 611 Rn. 12 ff., 44 ff.), hat der die Dienstleistung Erbringende nach § 612 Anspruch auf
Vergütung nach dem sachlich einschlägigen TV. Dies gilt insb., wenn die vereinbarte Vergütung angesichts der fehlenden sozialen Absicherung in einem auffälligen Mißverhältnis zur Arbeitsleistung steht
(ArbG Düsseldorf 20. 5. 1988 AiB 1989, 128), die getroffene Vergütungsvereinbarung wegen nach
§ 138 I unzulässiger Verlustbeteiligung des AN vorsieht (BAG 21. 3. 1984 – 5 AZR 462/82 – nv.) oder
die vertragliche Vergütungsabrede wegen der abw. tatsächlich ausgeübten Tätigkeit nicht herangezogen werden kann (BAG 13. 3. 1991 – 5 AZR 160/90 – nv.). Wird festgestellt, daß der (freie) Mitarbeiter
in Wahrheit AN ist, richtet sich die übliche Vergütung nicht nach den (höheren) Honorarbezügen,
sondern nach der für Arbeitsverhältnisse üblichen Vergütung (BAG 21. 1. 1998 AP BGB § 612 Nr. 55
= NZA 1998, 594; hierzu *von Steinau-Steinrück* SAE 1999, 318 ff).

f) Die Vorschrift gilt auch, wenn hinsichtlich der Tätigkeit wegen einer **Tariflücke** keine Eingru- 8
pierung erfolgen kann (ArbG Regensburg 6. 2. 1991 EzA TVG § 4 Einzelhandel Nr. 17).

g) Für **Auszubildende** gilt die Regelung des § 10 BBiG, wonach ein Anspruch auf eine angemessene 9
Vergütung besteht. Erfüllt der AG seine Ausbildungsverpflichtung nicht, kann in dieser Zeit jedoch
nicht der Lohn einer „normalen" Arbeitskraft verlangt werden (LAG Köln 25. 1. 1989 AR-Blattei ES
400 Nr. 64). Nach Ablegung der Prüfung handelt es sich bei der Weiterbeschäftigung eines Auszubildenden um ein Arbeitsverhältnis, so daß die Vereinbarung einer Ausbildungsvergütung insoweit
nichtig ist und stattdessen die übliche Vergütung nach § 612 II zu bezahlen ist (LAG Bremen 8. 7.
1980 – 4 Sa 264/78 u. 291/78 –).

h) Dagegen findet § 612 I bei **erzwungener Weiterbeschäftigung** während eines Rechtsstreit über 10
die Wirksamkeit der Auflösung des Arbeitsverhältnisses keine Anwendung. Es besteht nur ein Vergütungsanspruch des AN aus ungerechtfertigter Bereicherung (BAG 10. 3. 1987 AP BGB § 611 Weiterbeschäftigung Nr. 1; *Staudinger/Richardi* Rn. 16; aA MünchKommBGB/*Schaub* Rn. 5; *v. Hoyningen-Huene* Anm. zu AP BGB § 611 Weiterbeschäftigung Nr. 1).

11 3. **Vergütungserwartung.** a) Wann eine „Dienstleistung den Umständen nach nur gegen eine Vergütung zu erwarten ist", entscheidet sich nach der **objektiven Gesamtlage** des Einzelfalls. Hierzu gehören insb. die Verkehrssitte, Art, Umfang und Dauer der Dienstleistungen, die Berufs- und Erwerbsverhältnisse des Dienstleistenden sowie die Beziehungen der Beteiligten zueinander (BAG 31. 3. 1969 DB 1969, 1022; BAG 19. 2. 1970 AP BGB § 612 Nr. 26; BAG 12. 5. 1975 DB 1975, 1982; OLG Frankfurt 10. 6. 1992 GmbHR 1993, 358). Dabei kommt es nicht darauf an, ob der Dienstberechtigte selbst gewußt hat, daß die Dienstleistung den Umständen nach nur gegen Vergütung zu erwarten war (BAG 15. 3. 1960 AP BGB § 612 Nr. 13). Von daher berechtigt sein **Irrtum** über die Vergütungspflicht auch nicht zur Anfechtung (ebenso MünchKommBGB/*Schaub* Rn. 6; *Staudinger/Richardi* Rn. 19).

12 b) Soweit die Arbeitsleistung in den Rahmen des vom Dienstleistenden ausgeübten **Hauptberufs** gehört, wird idR Entgeltlichkeit zu bejahen sein (ebenso *Palandt/Putzo* Rn. 4; MünchKommBGB/*Schaub* Rn. 14).

13 c) Ist der Dienstleistende zur **familienrechtlichen Mitarbeit** verpflichtet, so werden die Dienste grds. unentgeltlich erbracht. Dies schließt aber nicht aus, daß daneben dienstrechtliche Beziehungen, zB aus Vergütungserwartung (s. u. Rn. 21 ff.), bestehen. Über die gesetzlich geregelten Fälle (§§ 1356, 1619) hinaus besteht keine Verpflichtung, zB zwischen Onkel und Neffen, Verlobten usw. Umgekehrt bedeutet das Fehlen der gesetzlichen Mitarbeitspflicht aber nicht ohne weiteres, daß eine Vergütungserwartung besteht (OLG Nürnberg 24. 11. 1959 FamRZ 1960, 119; MünchKommBGB/*Schaub* Rn. 14). Bei Dienstleistungen für Verwandte, Freunde und im eheähnlichen Verhältnis ist ein Indiz für die Unentgeltlichkeit, wenn die Vergütung erst später, insb. nach Zerwürfnissen, verlangt wird (ArbG Passau 30. 11. 1989 DB 1990, 844; *Palandt/Putzo* Rn. 4; zum Eheversprechen vgl. Rn. 32).

14 d) Auch in **Gefälligkeitsverhältnissen** kann nicht von einer Entgeltlichkeit ausgegangen werden. Solche liegen vor, wenn sich die Parteien überhaupt nicht der Rechtsordnung unterstellen wollen, oder sie sich zwar grds. Rechtsregeln unterwerfen und die Gefälligkeit sich lediglich auf die Unentgeltlichkeit bezieht. Ist dagegen die Gefälligkeit nur das Motiv der Arbeitsleistung, die nicht unentgeltlich erfolgen soll (zB ehemaliger AN hilft aus), so ist regelmäßig von einer Vergütungspflicht auszugehen (vgl. MünchKommBGB/*Schaub* Rn. 14; *Staudinger/Richardi* Rn. 23).

15 e) Beim **Gesellschafter-Geschäftsführer** einer GmbH besteht nicht die generelle Erwartung, daß er nur gegen Entgelt für diese tätig wird und deshalb bei Fehlen eines Anstellungsvertrags die übliche Vergütung nach § 612 I fordern kann. Anders als ein Fremdgeschäftsführer kann er nämlich sowohl gegen eine angemessene, als auch gegen eine deutlich niedrigere Vergütung oder gar unentgeltlich tätig sein (OLG Frankfurt 10. 6. 1992 GmbHR 1993, 358, 359).

16 4. **Mehrleistung.** a) § 612 ist zum einen bei qualitativen Mehrleistungen anzuwenden, also wenn der AN über den Arbeitsvertrag hinaus zu höherwertigen Tätigkeiten herangezogen wird (*Roth/Olbrisch* DB 1999, 2110). Allerdings ist er nach den Grundsätzen von Treu und Glauben verpflichtet, für eine begrenzte Zeit – als Urlaubs- oder Krankheitsvertreter, zur Probe oder zur vorübergehenden Besetzung einer vakanten Position – eine **höherwertige Tätigkeit** ohne zusätzliche Vergütung zu verrichten (BAG 4. 10. 1972 AP BAT § 24 Nr. 2: bis zu 2 Monaten; BAG 11. 11. 1977 AP BGB § 612 Nr. 30; BAG 16. 2. 1978 AP BGB § 612 Nr. 31; *Erman/Hanau* Rn. 2: bei Erprobung bis zu 6 Monaten).

17 b) Außerdem sind **Sonderleistungen** des AN, die durch vertragliche Vergütung nicht mit abgegolten sind, besonders zu honorieren (BühnenObSchG Frankfurt/M. 6. 12. 1962 AP BGB § 612 Leistungsschutz Nr. 1 zur Sondervergütung eines Bühnenkünstlers bei Fernsehübertragung der Theatervorstellung; ebenso BühnenObSchG Frankfurt/M. 18. 2. 1954, 7. 6. 1957 AP BGB § 611 Bühnenengagementsvertrag Nr. 2, 3; zur Frage der Höhe eines solchen Sonderhonorars BAG 8. 3. 1989 AP UrhG § 43 Nr. 4). Dies gilt zB auch, wenn eine für einfache Schreib- und Hilfsarbeiten eingestellte AN einen wesentlichen schöpferischen Beitrag bei der Erstellung eines Buchmanuskriptes erbracht hat (BAG 11. 11. 1977 BGB § 612 AP BGB § 612 Nr. 30).

18 c) Zum anderen ist § 612 I entsprechend anzuwenden, wenn eine in bestimmter Höhe gewährte Arbeitsvergütung nicht den vollen Gegenwert für die erbrachte Dienstleistung darstellt, der AN also über die vertraglich geschuldete Leistung hinaus quantitative Mehrleistungen in Form von **Überstunden** erbringt (BAG 10. 6. 1959 AP AZO § 7 Nr. 5; BAG 31. 3. 1960 AP BGB § 611 Ärzte, Gehaltsansprüche Nr. 17; BAG 23. 2. 1977 AP TVG § 1 Tarifverträge: Techniker-Krankenkasse Nr. 1; BAG 17. 3. 1982 AP BGB § 612 Nr. 33; BAG 3. 2. 1988 – 4 AZR 516/87 – nv.). Es existiert jedoch kein allgemeiner Rechtsgrundsatz, daß jede Mehrarbeitszeit oder jede dienstliche Anwesenheit über die vereinbarte oder betriebsübliche Arbeitszeit zu vergüten ist (näher § 611 Rn. 717 ff.). Gem. § 612 I gilt eine Vergütung nur dann als stillschweigend vereinbart, wenn die Umstände der Dienstleistungen im Einzelfall für eine Erwartung zusätzlicher Vergütung sprechen. Diese Erwartung wird zumeist gegeben sein; allerdings **nicht**, wenn es dem AN oblag, Überstunden durch Freizeit selbst auszugleichen (BAG 4. 5. 1994 AP TVG § 1 Tarifverträge: Arbeiterwohlfahrt Nr. 1; LAG Köln 7. 9. 1989 NZA 1990, 349 f.; ebenso LAG Köln 20. 5. 1992 NZA 1993, 24 für den Fall der Beendigung des

Arbeitsverhältnisses). Sie ist abzulehnen bei leitenden Angestellten und Chefärzten bei Mehrarbeit im Rahmen ihres Aufgabenkreises, da diese grds. mit der vereinbarten Vergütung abgegolten ist (BAG 17. 11. 1966 AP BGB § 611 Leitende Angestellte Nr. 1; BAG 17. 3. 1982 AP BGB § 612 Nr. 33). Differenziert zu betrachten sind sog. Dienstreisen (§ 611 Rn. 747). Angeordnete Dienstreisen sind grds. als Arbeitszeit zusätzlich zu vergüten, es sei denn, sie gehören zur geschuldeten Hauptleistung oder die mit ihr verbundene Mehrleistung ist nach den Umständen vom Gehalt abgedeckt (BAG 3. 9. 1997 AP BGB § 611 Dienstreisen Nr. 1; *Loritz* NZA 1997, 1188, 1193 f.).

d) Schafft ein AN in der Arbeitszeit und unter Einsatz von Betriebsmitteln **urheberrechtlich** 19 **geschützte Werke** (zB Computerprogramme), so ergibt sich – auch wenn er arbeitsvertraglich dazu nicht verpflichtet ist – aus den Umständen grds. keine Vergütungsvereinbarung (BAG 12. 3. 1997 AP UrhG § 2 Nr. 1). Der AN muß den AG vielmehr auf Entgeltansprüche urheberrechtlicher Art hinweisen, soweit er sie geltend machen will (BAG 13. 9. 1983 AP UrhG § 43 Nr. 2; vgl. jetzt auch § 69 b I UrhG). Dagegen ist § 612 I entsprechend anwendbar, wenn ein AN urheberrechtlich geschützte Darstellungen, die er *vor* seinem Arbeitsverhältnis geschaffen hat, seinem AG überläßt. In diesem Fall ist auch ohne ausdrückliche Honorarvereinbarung die Einräumung eines Nutzungsrechts nach den Umständen nur gegen eine Vergütung zu erwarten (BGH 10. 5. 1984 AP UrhG § 43 Nr. 3).

e) Der Geschäftsführer einer GmbH hat bei übernommenen **Erfindungen** einen Vergütungsan- 20 spruch gegen die Gesellschaft aus § 612 II, da das ArbnErfG auf ihn als nicht sozial abhängigen AN keine Anwendung findet (BGH 22. 10. 1964 GRUR 1965, 302, 304). Gleiches gilt für den von einer KG angestellten Geschäftsführer ihrer Komplementär-GmbH, jedenfalls dann, wenn er aufgrund seines Dienstvertrages AGFunktionen ausübt (BGH 24. 10. 1989 NJW-RR 1990, 349 f.).

5. Fehlgeschlagene Vergütungserwartung/zweckverfehlende Arbeitsleistungen. a) Die Vor- 21 schrift wird von der hM entsprechend angewendet, wenn jemand (1) in der dem anderen Teil erkennbaren Erwartung der Übergabe eines Vermögens oder Vermögensbestandteils (Erbeinsetzung, Hofübergabe, Betriebübertragung etc.) Dienste erbringt, (2) für diese Dienste keine oder nur eine deutlich unterwertige Vergütung erfolgt ist und schließlich (3) ein unmittelbarer Zusammenhang zwischen der unterwertigen bzw. fehlenden Bezahlung und der obengenannten Erwartung besteht (BAG 14. 7. 1966 AP BGB § 612 Nr. 24; LAG Köln 20. 4. 1990 LAGE BGB § 612 Nr. 4; im einzelnen s. u. Rn. 24 ff.) und später die in Aussicht gestellte Vermögenszuwendung unterbleibt und auch nicht durchgesetzt werden kann. § 612 hat den Sinn, demjenigen, der Leistungen, die normalerweise vergütenswert sind, in Erwartung einer besonderen Vergütung zunächst unentgeltlich erbringt, zu einem vertraglichen Entgeltanspruch zu verhelfen (BAG 15. 3. 1960 AP BGB § 612 Nr. 13; BAG 24. 6. 1965 AP BGB § 612 Nr. 23; dem BAG zustimmend *Bydlinski*, FS für Wilburg, 45 ff. und Anm. zu AP BGB § 612 Nr. 23; *Diederichsen* Anm. zu AP BGB § 612 Nr. 24; *Erman/Hanau* Rn. 5; *Herschel* Anm. zu AP BGB § 612 Nr. 26; RGRK/*Hilger* Rn. 53; *Hueck* Anm. zu AP BGB § 612 Nr. 13, 15 und 20; *Nikisch* I S. 327; *Soergel/Kraft* Rn. 9; MünchKommBGB/*Schaub* Rn. 10; *Schaub* § 66 II 4).

b) Demgegenüber betont ein Teil des Schrifftums, daß § 612 I nur eine versäumte Entgeltverein- 22 barung fingiere und nicht etwa eine Vertragsfiktion enthalte. Die zB wegen § 2302 vorliegende Nichtigkeit des Arbeitsvertrags könne nicht mit § 612 I geheilt werden, da dies gegen § 2302 verstoße. Außerdem passe § 612 I nur für Fälle, in denen keinerlei Lohnabrede gegeben sei und nicht für solche, in denen schon nach den Vorstellungen der Parteien an der Entgeltlichkeit mehr Zweifel bestehen könne. Daher sei grds. die **Anwendung der §§ 812 ff.** (Bereicherungsanspruch nach § 812 I 2 2. Alt.) geboten, da es um die Problematik der Abwicklung eines fehlgeschlagenen Rechtsgeschäfts gehe (*Canaris* BB 1967, 165, der aber anstelle von §§ 812 ff. von einem faktischen Arbeitsverhältnis ausgeht; *Fenn* FamRZ 1968, 291, 296; *Beuthien* RdA 1969, 161, 165 f.; MünchKommBGB/*Lieb* § 812 Rn. 168 ff.; *ders.* Arbeitsrecht § 3 I 3; *Staudinger/Richardi* Rn. 8, 25 ff.).

c) Dem kann nicht gefolgt werden. Das Gesetz bringt gerade durch § 612 zum Ausdruck, daß die 23 Unvollständigkeit des Vertrages hinsichtlich des Lohns jedenfalls für die Vergangenheit dessen Gültigkeit nicht beeinträchtigt. Der Empfänger hat die Dienste bewußt in Anspruch genommen und mußte mit einer Vergütungspflicht rechnen. Es stand also von vornherein fest, daß ein Entgelt gezahlt werden sollte, von dem lediglich Art und Höhe in Wegfall gekommen sind. Die fehlerhafte Vergütungsvereinbarung kann sich zudem rechtlich nicht stärker auswirken als die fehlende. Der durch § 2302 gewährleistete Schutz der Testierfreiheit wird ebenfalls nicht angetastet, da die getroffene Vereinbarung der Erbeinsetzung nicht aufrechterhalten, sondern durch den Anspruch nach § 612 ersetzt wird.

d) Eine für § 612 ausreichende **Vergütungserwartung** ist bereits dann anzunehmen, wenn der AN 24 in einer dem Dienstberechtigten erkennbaren Erwartung späterer Vergütung tätig wird und dieser die Dienste gleichwohl entgegennimmt (BAG 14. 7. 1966 AP BGB § 612 Nr. 24). Eine sichere Aussicht späterer Vergütung ist nicht Voraussetzung (BAG 24. 6. 1965 AP BGB § 612 Nr. 23). Auf der anderen Seite sind einseitige Erwartungen bzw. Hoffnungen des Dienstleistenden rechtlich ohne Bedeutung (BAG 19. 2. 1970 AP BGB § 612 Nr. 26).

25 e) Für die Feststellung, ob eine deutlich **unterwertige Bezahlung** erfolgt ist, reicht der Vergleich zwischen der gezahlten und der nach § 612 II üblichen (tariflichen) Vergütung nicht aus; hierfür sind vielmehr alle Umstände des Einzelfalles, insb. auch die wirtschaftlichen Lage des Dienstberechtigten zu berücksichtigen (BAG 24. 6. 1965 AP BGB § 612 Nr. 23; BAG 14. 7. 1966 AP BGB § 612 Nr. 24; BAG 14. 5. 1969 AP BGB § 612 Nr. 25; LAG Köln 20. 4. 1990 LAGE BGB § 612 Nr. 4).

26 f) Am **unmittelbaren Zusammenhang** fehlt es zB, wenn weder davon ausgegangen werden kann, daß der Dienstleistende ansonsten nichts mehr getan hätte, noch, daß er sich sonst jede Handreichung hätte bezahlen lassen (LAG Köln 20. 4. 1990 LAGE BGB § 612 Nr. 4).

27 g) Der AN hat **kein Wahlrecht** zwischen der Übertragung des versprochenen Vermögensgutes und der üblichen Vergütung (BAG 20. 9. 1978 AP BGB § 612 Nr. 32; ArbG Passau 7. 4. 1989 ARSt. 1989, 127; RGRK/*Hilger* Rn. 35). Wer selbst den Eintritt des erwarteten Erfolgs ohne zureichenden sachlichen Grund verhindert, kann sich nach Treu und Glauben nicht auf das Ausbleiben der Vergütung berufen und Geldlohn fordern. Ein solcher sachlicher Grund liegt erst bei wesentlichem Abweichen des späteren Angebots von der gegebenen Zusage vor (BAG 20. 9. 1978 AP BGB § 612 Nr. 32 zur Ablehnung der Hofübernahme).

28 h) Der Vergütungsanspruch infolge fehlgeschlagener Vergütungserwartung gilt bis zum Ende der Vergütungserwartung, also bis zu deren Fehlgehen, als gestundet. Die zweijährige **Verjährungsfrist** nach §§ 196 I Nr. 8, 201 beginnt mit dem Wegfall der Stundungsvoraussetzungen, also in dem Zeitpunkt, in dem der Dienstleistende erfährt, daß seine Vergütungserwartung scheitert (BAG 5. 8. 1963 AP BGB § 612 Nr. 20; BAG 19. 2. 1970 AP BGB § 612 Nr. 26; BAG 30. 8. 1973 AP BGB § 612 Nr. 28; BAG 28. 9. 1977 AP BGB § 612 Nr. 29; BAG 14. 1. 1981 – 5 AZR 1111/78 – nv.; LAG Köln 20. 4. 1990 LAGE BGB § 612 Nr. 4; ArbG Siegen 13. 2. 1987 AgrarR 1990, 264).

29 i) Diese Grundsätze über die fehlende Vergütungserwartung sind auch anzuwenden, wenn die Dienstleistungen zum Teil gegen Barvergütung und **zum Teil** in Erwartung einer – späteren fehlgeschlagenen – Vermögenszuwendung erfolgt sind. Auch für den nicht durch die Barvergütung abgedeckten Teil der Dienste wird dann eine Vergütung in der üblichen Höhe geschuldet. Zur Ermittlung der Gesamtvergütung ist die Gesamtheit der vom AN geleisteten Dienste in die Wertung gemäß § 612 II einzubeziehen (BAG 24. 6. 1965 AP BGB § 612 Nr. 23).

30 **6. Einzelfälle: a) Erbeinsetzung: aa)** Die Absprache, daß der Dienstleistende für seine Arbeit durch letztwillige Zuwendung entlohnt werde, ist gem. § 2302 nichtig, doch gilt nach § 612 I eine Vergütung als vereinbart, deren Höhe sich nach § 612 II bestimmt (BAG 24. 9. 1960 AP BGB § 612 Nr. 15, dort zudem Nichtigkeit wegen Formmangels nach § 2247 I; BAG 5. 8. 1963 AP BGB § 612 Nr. 20; BAG 30. 9. 1971 AP BGB § 612 Nr. 27, dort aber Nichtigkeit nach § 2271 II, da bereits anderweitig ein – bindendes – gemeinschaftliches Testament vorlag; BAG 14. 1. 1981 – 5 AZR 1111/78 – nv.; zur „Zusage" einer Erbeinsetzung auch BAG 24. 6. 1965 AP BGB § 612 Nr. 23; zur Erwartung eines Vermächtnisses BAG 18. 1. 1964 AP BGB § 612 Nr. 22). Allerdings führt nicht jede Mitarbeit volljähriger Kinder im Haushalt oder Betrieb der Eltern zu einem Anspruch aus fehlgegangener Vergütungserwartung, wenn die Hoffnung, von Todes wegen besser bedacht zu werden als die übrigen Kinder, enttäuscht wird. Insb. wenn der Haushalt bzw. Betrieb nicht den Zuschnitt hat, daß angenommen werden kann, durch die Mitarbeit des Kindes wäre eine fremde Arbeitskraft ersetzt worden, spricht eine Vermutung dafür, daß nur eine in der familienrechtlichen Beziehung verwurzelte „**familienhafte Mitarbeit**" vorliegt (LAG Köln 22. 12. 1987 – 4 Sa 1165/87 –; LAG Köln 24. 4. 1990 LAGE BGB § 612 Nr. 4).

31 bb) Die Zusage, geleistete Dienste durch testamentarische Erbeinsetzung zu entgelten, hindert den Erblasser nicht, zu Lebzeiten über sein Vermögen zu verfügen (BAG 30. 8. 1973 AP BGB § 612 Nr. 28) oder die Zusage jederzeit zu **widerrufen** (BAG 28. 9. 1977 AP BGB § 612 Nr. 29).

32 **b) Eheversprechen:** Grds. kann ein Arbeitsverhältnis auch neben einer eheähnlichen Gemeinschaft bestehen (BAG 24. 9. 1960 AP BGB § 612 Nr. 15). Allerdings sind Dienstleistungen sowohl in einer Ehe als auch einer nichtehelichen Lebensgemeinschaft idR unentgeltlich. Als Indiz hierfür wird gewertet, daß eine Vergütung erst nach einem Zerwürfnis verlangt wird (ArbG Passau 30. 11. 1989 DB 1990, 844; *Palandt/Putzo* Rn. 4). Das Eheversprechen eines noch verheirateten Partners begründet lediglich ungewisse Aussichten und keine rechtlich schutzwürdigen Erwartungen (LAG Rheinland-Pfalz 22. 1. 1982 DB 1982, 2719). Die in Erwartung der Eheschließung mitarbeitende Verlobte hat keinen Vergütungsanspruch, wenn die geplante Eheschließung scheitert (LAG Rheinland-Pfalz 18. 11. 1998 MDR 1999, 617). Aber auch sonst stellt die Ehe als solche keinen besonderen Vermögensvorteil dar, der zu einer Vergütungserwartung berechtigt (LAG Frankfurt 15. 11. 1979 – 12/10 Sa 289/78 – nv.; MünchKommBGB/*Schaub* Rn. 8). Anders zu beurteilen ist dagegen, wenn die Verlobte unentgeltlich im Betrieb ihres künftigen Schwiegervaters, den die Eheleute nach der Heirat übernehmen sollen, arbeitet. Hier gilt eine Vergütung nach § 612 I als vereinbart, wenn die Eheschließung nicht zustandekommt (BAG 15. 3. 1960 AP BGB § 612 Nr. 13), denn mit dieser war die Betriebsübernahme als Vermögenswert verbunden.

c) **Unverbindlich in Aussicht gestellte Gegenleistung.** Hierzu gehört schließlich der Fall der 33 zukünftigen Vermögenszuwendung unter Lebenden, etwa durch Betriebsübertragung: Der Sohn arbeitet in der Steuerpraxis des Vaters, die er übernehmen soll. Da er sich mit diesem überwirft, wird die Praxis an einen Dritten veräußert (BAG 14. 7. 1966 AP BGB § 612 Nr. 24).

7. **Beweislast.** Der Dienstleistende hat die Umstände darzulegen und zu beweisen, die eine Leistung 34 nur gegen Entgelt erwarten lassen, der Dienstberechtigte die ausdrückliche oder stillschweigende Vereinbarung der Unentgeltlichkeit (BGH 12. 5. 1975 DB 1975, 1982; OLG Frankfurt 10. 6. 1992 GmbHR 1993, 358). In den Fällen der fehlgegangenen Vergütungserwartung hat der Dienstleistende die volle Beweislast hinsichtlich der von ihm behaupteten Entgeltregelung, eingeschlossen den Beweis dafür, daß zugunsten einer späteren Vermögensübertragung eine sofortige Vergütung unterblieben ist (BAG 19. 2. 1970 AP BGB § 612 Nr. 26).

II. Höhe der Vergütung (Abs. 2)

1. **Anwendungsbereich.** § 612 II setzt voraus, daß eine Vergütung ausdrücklich oder stillschwei- 35 gend vereinbart ist oder nach § 612 I als vereinbart gilt, jedoch deren Höhe nicht bestimmt ist. Die Vorschrift gilt für alle Arten der Vergütung, also sowohl für das Arbeitsentgelt im eigentlichen Sinn als auch für Sonderleistungen wie Gratifikationen, Gewinnanteile, Provisionen und Leistungen der betrieblichen Altersversorgung (ebenso MünchKommBGB/*Schaub* Rn. 209; *Staudinger/Richardi* Rn. 36). Neben der Vereinbarung einer bestimmten Lohnhöhe findet § 612 II nur Anwendung, soweit durch diese Vergütungsabrede bestimmte Leistungen nicht abgegolten werden und die Vergütung nicht den vollen Gegenwert für die verlangte Arbeitsleistung darstellt (BAG 17. 11. 1966 AP BGB § 611 Leitende Angestellte Nr. 1; BAG 17. 3. 1982 AP BGB § 612 Nr. 33; BAG 22. 3. 1989 – 5 AZR 151/88 – nv.).

2. **Taxen.** Taxen sind nach Bundes- oder Landesrecht festgelegte Vergütungssätze, insb. die 36 BRAGO, die GebO für Ärzte und Zahnärzte sowie die HOAI. Für Arbeitsverhältnisse bestehen solche Taxen nicht (MünchArbR/*Hanau* § 61 Rn. 12; *Schaub* § 67 VI 2), hier ist zur Lückenfüllung die übliche Vergütung heranzuziehen.

3. **Übliche Vergütung.** a) Üblich ist die in gleichen oder ähnlichen Gewerben oder Berufen am 37 gleichen Ort für vergleichbare Tätigkeiten unter Berücksichtigung der persönlichen Verhältnisse des Berechtigten (Lebensalter, Familienstand, Kinderzahl) gezahlte Vergütung. Dabei ist auf die Umstände des **Einzelfalls** abzustellen (BGH 24. 10. 1989 NJW-RR 1990, 349; OLG Hamm 18. 12. 1992 NJW-RR 1993, 693: keine übliche Vergütung für einen angestellten Zahnarzt). Auch die Dauer der Tätigkeit des AN für den AG, dh. sein Dienstalter und damit seine gewonnene Erfahrung, sind zu berücksichtigen (LAG Düsseldorf 8. 11. 1977 LAGE BGB § 612 Nr. 1; ArbG Regensburg 6. 2. 1991 EzA TVG § 4 Einzelhandel Nr. 17). Dagegen spielt das Geschlecht des AN wegen § 612 III keine Rolle.

b) Für AN ist im Regelfall die **tarifliche Vergütung** die übliche. Dies ist zum einen für den 38 öffentlichen Dienst entschieden worden, im Hinblick auf die dort herrschende Übung, allgemein nach Tarif zu vergüten (BAG 27. 10. 1960 AP BGB § 611 Ärzte, Gehaltsansprüche Nr. 2; BAG 25. 1. 1989 AP BeschFG 1985 § 2 Nr. 2; BAG 26. 9. 1990 AP BeschFG 1985 § 2 Nr. 9; BAG 4. 9. 1991 – 5 AZR 129/91 – nv.; BAG 21. 11. 1991 AP BAT § 34 Nr. 2; BAG 29. 1. 1992 AP BeschFG 1985 § 2 Nr. 18; BAG 21. 1. 1998 NZA 1998, 594 st. Rspr). Doch gilt dies auch außerhalb des öffentlichen Dienstes (BAG 21. 3. 1984 – 5 AZR 462/82 – nv.; BAG 26. 5. 1993 AP BGB § 612 Diskriminierung Nr. 2; BAG 14. 6. 1994 AP TVG § 3 Verbandsaustritt Nr. 2; BAG 28. 9. 1994 AP BeschFG 1985 § 2 Nr. 38; LAG Düsseldorf 23. 8. 1977 DB 1978, 165; LAG Bremen 3. 12. 1992 AiB 1993, 834; MünchKommBGB/ *Schaub* Rn. 220; MünchArbR/*Hanau* § 61 Rn. 12; Erman/*Hanau* Rn. 22; Hueck/*Nipperdey* I § 40 III 1; *Schaub* § 67 VI 3; Palandt/*Putzo* Rn. 8; krit. *Staudinger/Richardi* Rn. 46, wonach dafür besondere Anhaltspunkte gegeben sein müssen, etwa daß der AG auch bei nicht organisierten AN stets den tariflichen Maßstab anlege; ähnlich RGRK/*Hilger* Rn. 57; *Rick* AuR 1960, 369; *Diekhoff* MuA 1961, 77, 78). Soweit ein räumlich und fachlich einschlägiger TV, dem die Vergütungshöhe direkt entnommen werden könnte, nicht existiert, kann die übliche Vergütung in Anlehnung an die statistisch ermittelten Durchschnittslöhne, orientiert an Anforderungsprofilen, bestimmt werden (LAG Bremen 3. 12. 1992 AiB 1993, 834).

c) Wird jedoch herkömmlicherweise ein **übertarifliches Entgelt** gezahlt, so bestimmt sich die 39 übliche Vergütung hiernach (BAG 26. 5. 1993 AP BGB § 612 Diskriminierung Nr. 2; BAG 14. 6. 1994 AP TVG § 3 Verbandsaustritt Nr. 2; BAG 28. 9. 1994 AP BeschFG 1985 § 2 Nr. 38; LAG Köln 5. 11. 1993 – 13 Sa 210/92 –: auch im öffentlichen Dienst). Gleiches gilt, wenn sich Hinweise dafür finden, daß die übliche Vergütung **geringer** anzusetzen ist (BAG 14. 6. 1994 AP TVG § 3 Verbandsaustritt Nr. 2; *Schaub* § 67 VI 3; RGRK/*Hilger* Rn. 57).

d) Zur ortsüblichen Vergütung iSv. § 612 II gehören auch die tarifvertraglichen **Sonderzuwendun-** 40 **gen** wie Weihnachtsgeld (BAG 6. 12. 1990 AP BeschFG 1985 § 2 Nr. 12; BAG 7. 8. 1991 – 5 AZR 88/ 91 – nv.; BAG 4. 9. 1991 – 5 AZR 129/91 – nv.; BAG 3. 3. 1993 – 10 AZR 36/92 – nv.), Urlaubsgeld

(BAG 15. 11. 1990 AP BeschFG 1985 § 2 Nr. 11; BAG 22. 4. 1992 – 5 AZR 397/91 – nv.; BAG 3. 3. 1993 – 10 AZR 36/92 – nv.) und vermögenswirksame Leistungen (BAG 4. 9. 1991 – 5 AZR 129/91 – nv.; BAG 22. 4. 1992 – 5 AZR 397/91 – nv.). Bei letzteren besteht allerdings kein Anspruch des AN auf Zahlung an sich selbst, sondern nur an ein von ihm bestimmtes Unternehmen oder Institut iSv. § 3 II Fünftes VermBG (BAG 3. 3. 1993 – 10 AZR 36/92 – nv.). Hierzu zählen außerdem der Ortszuschlag (BAG 12. 12. 1990 – 5 AZR 618/89 – nv.), sowie die im Betrieb gewährten Zuschläge (*Palandt/ Putzo* Rn. 8; MünchArbR/*Hanau* § 61 Rn. 12).

41 e) Da § 612 II nur für die Höhe der Vergütung gilt, finden **tarifliche Ausschlußklauseln** nur Anwendung, wenn sie ausdrücklich vereinbart wurden (BAG 26. 9. 1990 AP BeschFG 1985 § 2 Nr. 9; BAG 8. 4. 1992 – 5 AZR 166/91 – nv.; BAG 3. 3. 1993 – 10 AZR 36/92 – nv.; st. Rspr; RGRK/*Hilger* Rn. 58; aA Erman/*Hanau* Rn. 22, MünchArbR/*Hanau* § 61 Rn. 12).

42 4. **Leistungsbestimmungsrecht. a)** Gibt es keine übliche Vergütung oder läßt diese einen Spielraum, so ist nach § 316 im Zweifel der AN als Gläubiger der Gegenleistung zur Festlegung der Vergütung ermächtigt (aA MünchKommBGB/*Gottwald* § 316 Rn. 4: der AG). Das Leistungsbestimmungsrecht ist nach billigem Ermessen (§ 315 I) auszuüben; bei Unbilligkeit erfolgt die Bestimmung gem. § 315 III durch Urteil (BGH 24. 10. 1989 NJW-RR 1990, 349, 350 zur Erfindervergütung eines GmbH-Geschäftsführers; BAG 21. 11. 1991 AP BAT § 34 Nr. 2 zur Vergütung des Bereitschaftsdienstes; LAG Bremen 27. 9. 1974 AP BGB § 138 Nr. 33; *Schaub* § 67 VI 1; *Palandt/Putzo* Rn. 10; *Staudinger/Mader* § 316 Rn. 13; *Soergel/Kraft* Rn. 16; zur Gehaltsanpassung bei frei vereinbarten Gehältern BAG 18. 6. 1997 AP TVG § 1 Tarifverträge: Presse Nr. 12; s. auch BAG 20. 9. 1989 AP TVG § 1 Tarifverträge: Bau Nr. 121 betr. die Beförderung von Arbeitskollegen zu einer Baustelle; dazu krit. MünchArbR/*Hanau* § 61 Rn. 13, da nach dem TV gerade eine einzelvertragliche Vereinbarung zu treffen war).

43 b) Ergibt sich aber aus der Auslegung der Vereinbarung, daß entgegen der Zweifelsregel des § 316 ein Bestimmungsrecht nicht als gewollt anzusehen ist, so muß die verbleibende Lücke durch Auslegung – notfalls **ergänzende Vertragsauslegung** gemäß § 157 – geschlossen werden. Bei gegenseitigen Verträgen ist wegen des Gedankens der Gleichwertigkeit von Leistung und Gegenleistung ein einseitiges Bestimmungsrecht häufig als nicht gewollt anzusehen (BGH 21. 3. 1961 AP BGB § 612 Nr. 19 zur Vergütung eines freien Mitarbeiters; BGH 13. 3. 1985 NJW 1985, 1895, 1896 zum Maklervertrag; ebenso auch BAG 8. 3. 1989 AP UrhG § 43 Nr. 4, wonach § 316 nicht anzuwenden ist, wenn die Höhe der Vergütung nach § 612 II aufgrund eines objektiven Maßstabes zu ermitteln ist; ebenso *Palandt/Heinrichs* § 316 Rn. 2; MünchKommBGB/*Gottwald* § 316 Rn. 1; *Staudinger/Mader* § 316 Rn. 11; noch enger MünchArbR/*Hanau* § 61 Rn. 13, wonach § 157 immer vor § 316 heranzuziehen ist). Die ergänzende Vertragsauslegung nach § 157 führt dazu, daß das Gericht den angemessenen Vergütungsbetrag festlegt (BGH 13. 3. 1985 NJW 1985, 1895, 1897; BAG 8. 3. 1989 AP UrhG § 43 Nr. 4; OLG Hamm 18. 12. 1992 NJW-RR 1993, 693, 694; noch anders *Nikisch* I S. 338; *Soergel/ Wlotzke-Volze* 10. Aufl. Rn. 7: angemessener Lohn gilt nicht als vereinbart, sondern *ist* vereinbart und kann vom AN ohne den Weg über § 316 unmittelbar verlangt werden).

44 5. **Beweislast.** Der Dienstleistende hat die Höhe der Vergütung darzulegen und zu beweisen, also auch die Üblichkeit der von ihm geltend gemachten Vergütung (BAG 29. 1. 1986 AP BAT 1975 §§ 22, 23 Nr. 115; *Schaub* § 67 VI 3; *Staudinger/Richardi* Rn. 43).

B. Absatz 3

I. Normzweck

45 Das Verbot einer je nach der Geschlechtszugehörigkeit unterschiedlichen Entlohnung ist sinngemäß im Benachteiligungsverbot des § 611 a bereits enthalten, wegen der besonderen Bedeutung gerade der Entgeltgleichheit aber noch einmal hervorgehoben (BT-Drucks. 8/3317 S. 10). Zugleich wurde verdeutlicht, daß gleiches Entgelt für gleiche und gleichwertige Arbeit zu gewähren ist, wie dies Art. 1 I der Richtlinie 75/117 EWG (v. 10. 2. 1975 ABl. EG L 45, 19) vorschreibt. Die Auslegung der Bestimmung hat dem höherrangigen, unmittelbar anwendbaren Gemeinschaftsrecht zu entsprechen. Für kollektive Entgeltregelungen hatte das BAG zuvor schon eine Bindung an das verfassungsrechtliche Gleichbehandlungsgebot anerkannt (BAG 15. 1. 1955 AP GG Art. 3 Nr. 4 für TV; 28. 3. 1958 AP GG Art. 3 Nr. 28 für Betriebsvereinbarungen; BAG 31. 8. 1978 AP BetrAVG § 1 Gleichberechtigung Nr. 1 für arbeitsvertragliche Einheitsregelungen).

II. Verhältnis zu anderen Vorschriften

46 1. **Art. 141 EGV.** § 612 III setzt das in Art. 141 EGV verankerte Entgeltgleichheitsgebot in nationales Recht um (BAG 26. 5. 1993 AP EWG-Vertrag Art. 119 Nr. 42) und ist somit grds. der vorrangige Prüfungsmaßstab für geschlechtsbedingte Entgeltunterschiede (BAG 23. 8. 1995 AP BGB § 612

Nr. 48; BAG 20. 11. 1996 NZA 1997, 724; BAG 3. 6. 1997 AP BetrAVG § 1 Gleichbehandlung Nr. 35); im Falle eines Widerspruchs zum Gemeinschaftsrecht ist jedoch Art. 141 EGV unmittelbar anzuwenden. § 612 III enthält neben dem Benachteiligungsverbot eine eigenständige Rechtsgrundlage für einen Anspruch auf Entgeltgleichheit (BAG 23. 8. 1995 AP BGB § 612 Nr. 48; BAG 20. 11. 1996 NZA 1997, 724 f.; BAG 10. 12. 1997 NZA 1998, 599, 601), obwohl der Wortlaut ein Diskriminierungsverbot formuliert.

2. Art. 3 II GG. Das Gleichberechtigungsgebot der Verfassung garantiert ebenfalls die Entgelt- 47 gleichheit (BAG 20. 11. 1990 AP BetrAVG § 1 Gleichberechtigung Nr. 8); § 612 III ist also auch dementsprechend auszulegen (BAG 23. 8. 1995 AP BGB § 612 Nr. 48).

3. § 2 I BeschFG. Nach dieser Vorschrift darf der AG Teilzeitbeschäftigte wegen der Teilzeitarbeit 48 nicht anders behandeln als Vollzeitbeschäftigte, soweit dies nicht durch sachliche Gründe gerechtfertigt ist (näher Kommentierung zu § 2 BeschFG). Eine Differenzierung nach dem Geschlecht ist im Normtext nicht angesprochen, dürfte dem Gesetzgeber auch kaum als möglicher Anwendungsbereich bewußt gewesen sein. Da eine Benachteiligung von Teilzeitbeschäftigen idR aber überwiegend Frauen betrifft, kommt es zu inhaltlichen Überschneidungen mit § 612 III. Die Rspr. wendet § 2 I BeschFG bei Benachteiligung wegen Teilzeitarbeit vorrangig an (BAG 7. 11. 1991 AP BAT § 62 Nr. 14; BAG 28. 7. 1992 AP BetrAVG § 1 Gleichbehandlung Nr. 18; hierzu § 2 BeschFG Rn. 20), weist aber zu Recht daraufhin, daß ein nur „sachlicher" Differenzierungsgrund zwar dem Maßstab des BeschFG, nicht aber dem der §§ 611 a, 612 III genügen würde; § 2 BeschFG wirkt somit nicht verdrängend.

III. Benachteiligungsverbot

1. Geltungsbereich. § 612 III bezieht sich auf Arbeitsverhältnisse einschließlich Ausbildungsver- 49 hältnissen iSd. §§ 3 II, 19 BBiG und auf Dienstverhältnisse arbeitnehmerähnlicher Personen, nicht aber auf sonstige Dienstverhältnisse. Ob das Verbot auf Beschäftigungsverhältnisse im selben Unternehmen beschränkt ist, ist fraglich. Das BAG verlangt, daß mehrere TV vergleichbare ANGruppen gleich behandeln, sofern die Verträge von denselben Tarifparteien geschlossen worden sind (BAG 17. 10. 1995 AP BGB § 242 Gleichbehandlung Nr. 132); vergleichbar entscheidet auch der EuGH (27. 10. 1993 EAS Art. 119 EG-Vertrag Nr. 24).

Verboten sind benachteiligend wirkende **Vereinbarungen,** Gesamtzusagen und Einheitsregelungen, 50 sowie vertraglich übernommene kollektive Entgeltordnungen. Eine unterschiedliche Behandlung beruht auch dann auf einer Vereinbarung, wenn diese lediglich mit dem begünstigten, aber nicht mit dem benachteiligten Beschäftigten getroffen wurde (BAG 23. 9. 1992 AP BGB § 612 Diskriminierung Nr. 1). Auch TV und Betriebsvereinbarungen werden vom Benachteiligungsverbot erfaßt, weil das Verbot (Vereinbarungen „bei" einem Arbeitsverhältnis) alle Regelungen erfaßt, die das Entgelt im Arbeitsverhältnis beeinflussen (vgl. auch EuGH 27. 6. 1990 AP EWG-Vertrag Art. 119 Nr. 21; EuGH 15. 12. 1994 NZA 1995, 218; BAG 14. 9. 1988 AP BAT § 23 a Nr. 24; BAG 20. 11. 1990 AP BetrAVG § 1 Gleichberechtigung Nr. 8).

2. Vergütung. Der Begriff umfaßt das in Art. 141 EGV festgelegte Entgelt (vgl. Art. 141 EGV 51 Rn. 3), dh. alle Leistungen, die der AG in bezug auf die Arbeitsleistung gewährt, nicht nur die im Gegenseitigkeitsverhältnis zur Dienstleistung stehenden: Grundlöhne, Zulagen, Gratifikationen und Einmalzahlungen, Prämien, Sondervergütungen, Sachbezüge und die Leistungen einer betrieblichen Altersversorgung (EuGH 11. 3. 1981 NJW 1981, 2637) sowie bezahlte Freistellung (BAG 26. 5. 1993 AP EWG-Vertrag Art. 119 Nr. 42). Auch die Freistellung von BRMitgliedern gem. § 37 VI BetrVG unterfällt dem Entgeltbegriff (bejahend EuGH 4. 6. 1992 AP EWG-Vertrag Art. 119 Nr. 39, doch billigt die Rspr. die in der Differenzierung liegende mittelbare Benachteiligung durch sozialpolitische Ziele des BetrVG (EuGH 6. 2. 1996 EAS Art. 119 EG-Vertrag Nr. 37; BAG 5. 3. 1997 AP BetrVG 1972 § 37 Nr. 123; *Schlachter* EAS B 4100 Rn. 21–23).

3. Wegen des Geschlechts. Gründe für Lohnunterschiede zwischen Einzelpersonen und Gruppen 52 existieren vielfach. Ob sie zulässig sind, kann ua. auch am allgemeinen Gleichbehandlungsgrundsatz oder an § 75 BetrVG gemessen werden. § 612 III verbietet gerade die geschlechtsbedingte Entgeltdifferenzierung; wie im Anwendungsbereich von § 611 a sind auch hier die unmittelbare und die mittelbare geschlechtsbedingte Benachteiligung erfaßt. Die bisher bekanntgewordenen Beispiele für mittelbar benachteiligende Regelungen betrafen sogar überwiegend Entgeltprobleme (von Teilzeitbeschäftigten).

a) Eine **unmittelbar geschlechtsbedingte Benachteiligung** enthielten die Lohnabschlagsklauseln, 53 die das BAG bereits früh für mit Art. 3 II GG unvereinbar erklärt hatte (BAG 15. 1. 1955 AP GG Art. 3 Nr. 4; BAG 11. 1. 1973 AP GG Art. 3 Nr. 110). Aber auch eine bewußt zu günstige Eingruppierung nur der männlichen AN ist unmittelbare Benachteiligung der („richtig" eingruppierten) Frauen (BAG 23. 9. 1992 AP BGB § 612 Diskriminierung Nr. 1). Wird AN eine „Ehefrauenzulage" gewährt (BAG 13. 11. 1985 AP GG Art. 3 Nr. 136) oder nur den AN die übliche Haushaltszulage unter erschwerten Bedingungen (BAG 20. 4. 1977 AP GG Art. 3 Nr. 111), liegt ebenfalls eine direkt geschlechtsbedingte Benachteiligung vor.

54   b) Eine **mittelbar geschlechtsbedingte Benachteiligung** (näher dazu § 611 a Rn. 13 ff.) beim Entgelt liegt vor, wenn die Lohnhöhe nach Merkmalen differenziert, die von einem Geschlecht tatsächlich wesentlich seltener erfüllt werden als vom anderen, ohne daß die Verwendung dieser Kriterien durch ein wesentliches unternehmerisches oder sozialpolitisches Bedürfnis gerechtfertigt werden könnte (BAG 27. 7. 1994 AP BGB § 611 Gratifikation Nr. 164).

55   **Körperlich schwere Arbeit** als Differenzierungskriterium wird zwar tatsächlich überwiegend geringere Entlohnung auf Frauenarbeitsplätzen zur Folge haben, die Verwendung dieses Merkmals kann aber durch die Anforderungen bestimmter Arbeitsplätze gerechtfertigt werden (EuGH 1. 7. 1986 AP EWG-Vertrag Art. 119 Nr. 13). In diesem Falle wird vom EuGH geprüft, ob das Eingruppierungssystem insgesamt fair ist, also auch solche Differenzierungsmerkmale enthält und gewichtet, die an Frauenarbeitsplätzen verlangt werden (EuGH 1. 7. 1986 AP EWG-Vertrag Art. 119 Nr. 13). Das BAG hat diese Forderung nicht übernommen, sondern statt dessen das Differenzierungsmerkmal „körperlich schwere Arbeit" gemeinschaftsrechtskonform dahingehend ausgelegt, daß es nicht länger nur die Muskelbelastung berücksichtigen dürfe (BAG 14. 3. 1984 AP TVG § 1 Tarifverträge: Metallindustrie Nr. 23); statt dessen müßten alle am Arbeitsplatz tatsächlich anfallenden Belastungen wie Arbeitspulsfrequenz, einseitige Körperhaltung, taktgebundene repetitive Tätigkeit, nervliche Belastung und Lärmeinwirkung ebenfalls bewertet werden (BAG 27. 4. 1988 AP TVG § 1 Tarifverträge: Metallindustrie Nr. 63); ist eine derartige Auslegung von den TVParteien durch eine eindeutige Festschreibung ausgeschlossen worden, ist die Abgrenzung der Lohngruppe insgesamt diskriminierend (LAG Hamm 11. 8. 1997 AuR 1998, 291, 292). Setzt die angestrebte Eingruppierung regelmäßig körperlich schwere Arbeit voraus, genügt es, wenn die maßgeblichen Belastungen ständig wiederkehren und ein rechtserhebliches Ausmaß annehmen (BAG 7. 11. 1990 AP TVG § 1 Tarifverträge: Einzelhandel Nr. 41; BAG 29. 7. 1992 AP TVG § 1 Tarifverträge: Einzelhandel Nr. 32).

56   Unterschiedliche Entlohnung wegen **Teilzeitbeschäftigung** wirkt sich typischerweise ebenfalls gerade zu Lasten von Frauen aus; falls sich im Anwendungsbereich des überprüften Differenzierungsmerkmals (zB im Betrieb) jedoch konkret eine andere Geschlechterverteilung ergibt, sind diese Zahlen zugrunde zu legen. Bei „typischer" Geschlechterverteilung kann ein geringeres Entgelt für Teilzeitkräfte aber gegen das Entgeltgleichheitsgebot (EuGH 31. 3. 1981 AP EWG-Vertrag Art. 119 Nr. 2; BAG 27. 7. 1988 AP BGB § 242 Gleichbehandlung Nr. 83; BAG 25. 1. 1989 AP BeschFG § 2 Nr. 2) verstoßen, wenn die Wahl dieses Differenzierungskriteriums nicht als betriebsnotwendig gerechtfertigt werden kann (näher zu Rechtfertigungsgründen bei Teilzeitbeschäftigung § 2 BeschFG Rn. 36 ff.).

57   Eine Benachteiligung ist auch dann zu vermuten, wenn nicht leistungsbezogene Entgeltbestandteile (Sozialleistungen, zB Übergangsgeld, EuGH 27. 6. 1990 AP EWG-Vertrag Art. 119 Nr. 21; BAG 7. 11. 1990 AP BAT § 62 Nr. 14; Entgeltfortzahlung, EuGH 13. 7. 1989 AP EWG-Vertrag Art. 119 Nr. 16; BAG 9. 10. 1991 AP LohnFG § 1 Nr. 95) wegen der – geschlechtsspezifisch verteilten – Teilzeittätigkeit versagt werden; sie können aber im Verhältnis der individuellen zur betriebsüblichen Arbeitszeit („ratierlich") gekürzt werden, wenn dies nach dem vom Betrieb gesetzten Leistungszweck gerechtfertigt ist (BAG 7. 11. 1990 AP BAT § 62 Nr. 14; näher § 2 BeschFG Rn. 41 ff.).

58   Eine Unterscheidung nach der Inanspruchnahme von **Erziehungsurlaub** wirkt sich ebenfalls überwiegend zu Lasten von Frauen aus (Bericht der Bundesregierung BT-Drucks. 11/8517: zu 97% von Frauen beansprucht). IdR sind jedoch Nachteile, die mit der Inanspruchnahme von Erziehungsurlaub zusammenhängen, sachlich nicht zu beanstanden. Die Zeit des Erziehungsurlaubs ist auf Bewährungszeiten nicht anrechenbar (vgl. BAG 18. 6. 1997 AP BAT § 23 b Nr. 3). Auch Regelungen über Sondervergütung können an die tatsächliche Arbeitsleistung anknüpfen und Zeiten des Erziehungsurlaubs aussparen (vgl. näher § 611 Rn. 804 ff.). Soll dagegen Betriebstreue entgolten werden (BAG 21. 10. 1992 AP TVG § 1 Tarifverträge: Milch- und Käseindustrie Nr. 1), müssen Erziehungsurlaubszeiten bei der Vergabe berücksichtigt werden (§ 611 Rn. 802 mwN.).

59   Differenzierungen bei der **betrieblichen Altersversorgung**: Zum unterschiedlichen Zugangsalter: BAG 31. 8. 1978 AP BetrAVG § 1 Gleichberechtigung Nr. 1; BAG 18. 3. 1997 – 3 AZR 759/95 –; BAG 3. 6. 1997 – 3 AZR 910/95 –; zur Unzulässigkeit einer vorgezogenen Altersgrenze für Frauen: EuGH 17. 5. 1990 AP EWG-Vertrag Art. 119 Nr. 20; EuGH 14. 12. 1993 AP BetrAVG § 1 Gleichbehandlung Nr. 16; EuGH 28. 9. 1994 NZA 1994, 1126; zu unterschiedlicher Hinterbliebenenversorgung: BAG 5. 9. 1989 AP BetrAVG § 1 Hinterbliebenenversorgung Nr. 8. Unterschiedliche Beitragsleistungen, die wegen geschlechtsspezifisch verschiedener Berechnungsfaktoren eine gleich hohe Versorgung gewährleisten, indizieren keine Benachteiligung (EuGH 22. 12. 1993 DB 1994, 484). Eine mittelbar geschlechtsbedingte Benachteiligung liegt vor bei (tlw.) Ausschluß von Teilzeitbeschäftigten aus der betrieblichen Altersversorgung (EuGH 13. 5. 1986 AP EWG-Vertrag Art. 119 Nr. 10; BAG 5. 6. 1984 AP EWG-Vertrag Art. 119 Nr. 3; BAG 14. 10. 1986 AP EWG-Vertrag Art. 119 Nr. 11; BAG 5. 10. 1993 AP BetrAVG § 1 Lebensversicherung Nr. 20).

60   Um die erheblichen Kosten einzuschränken, die die Anpassung bisher benachteiligend wirkender Rentensysteme an das Entgeltgleichheitsgebot nach sich zieht, hat der EuGH die Rückwirkung seiner

Rspr. zum Rentenalter auf den 17. 5. 1990 (Datum des „Barber"-Urteils, vgl. Art. 119 EGV Rn. 22) begrenzt. Danach hat der AG bei betrieblichen Altersversorgungssystemen ab dem 17. 5. 1990 eine für beide Geschlechter einheitliche Altersgrenze vorzusehen. Die Rentenhöhe kann aber bis zum Stichtag noch auf der Basis der zuvor unterschiedlichen Altersgrenzen berechnet werden, erst für spätere Dienstzeiten ist die vereinheitlichte Altersgrenze die maßgebliche Berechnungsgrundlage (BAG 3. 6. 1997 AP BetrAVG § 1 Gleichbehandlung Nr. 35). Für den Zugang zu Versorgungssystemen hat das BAG ein derartiges Rückwirkungsverbot allerdings abgelehnt, da das Entgeltgleichheitsgebot des Art. 3 II GG auch schon zuvor maßgeblich gewesen sei und der Rechtsgedanke, der dem Verbot der mittelbaren Diskriminierung zugrunde liegt, vom BVerfG bereits früher entwickelt worden war (BAG 20. 11. 1990 AP BetrAVG § 1 Gleichberechtigung Nr. 8; zust. BVerfG 28. 9. 1992 AP GG Art. 20 Nr. 15; BVerfG 19. 5. 1999 ZIP 1999, 1107).

c) Ob eine Entgeltdifferenz mittelbar geschlechtsbedingt ist, ist grds. anhand des Kriteriums zu **61** prüfen, dessen Verwendung die Differenz unmittelbar verursacht. Die bloße Tatsache der unterschiedlichen Entlohnung selbst ist im allgemeinen zu wenig aussagekräftig, um als Indiz gerade von dem Geschlecht zusammenhängenden Ursache zu dienen. Eine völlig **undurchschaubare Lohnstruktur** macht es den Beschäftigten aber unmöglich, die Ursachen für Entgeltdifferenzen zu erkennen; in diesem Fall genügt die erheblich geringere Entlohnung des einen Geschlechts als Indiz für die Geschlechtsbedingtheit des Ergebnisses (vgl. Rn. 67).

IV. Gleiche und gleichwertige Arbeit

Gleiche Arbeit wird geleistet, wenn die üblichen Tätigkeiten der verglichenen Personen identisch **62** oder unter Berücksichtigung von Belastung, Verantwortung, Arbeitsbedingungen und Qualifikation jedenfalls gleichartig sind, so daß die AN einander bei Bedarf ersetzen könnten. Lediglich unterschiedliche Arbeitsplatzbeschreibung oder selten erforderliche Zusatzpflichten nur der einen Gruppe schließen die Gleichartigkeit nicht aus (unklar BAG 23. 8. 1995 NZA 1996, 579). Der EuGH hat aber die gleiche Tätigkeit über einen erheblichen Zeitraum mit unterschiedlicher Berufsberechtigung nicht als „gleiche Arbeit" iSd. Art 141 EGV erachtet (EuGH 11. 5. 1999 EAS Art. 119 EG-Vertrag Nr. 49).

Das Entgeltgleichheitsgebot erstreckt sich nach Maßgabe der Lohngleichheitsrichtlinie (Art. 1 I RL **63** 75/117 EWG) auch auf **gleichwertige** Arbeit, ohne allerdings den Maßstab vorzugeben, nachdem die Gleichwertigkeit bestimmt wird. Beurteilungsaspekte sind: Ausbildung und Erfahrung, Fähigkeiten, körperliche, nervliche und geistige Beanspruchung, Verantwortung für Personen und Sachen, Umgebungseinflüsse usw. (vgl. *Schlachter* EAS B 4100 Rn. 31–36). Die Gesetzesbegründung zu § 612 III stellt auf „objektive Maßstäbe der Arbeitsbewertung" ab, Anhaltspunkte könnte aber auch die „Praxis der TVParteien oder die allgemeine Verkehrsanschauung" geben (BT-Drucks. 8/3317, 10). Da die Ergebnisse der Arbeitsbewertung entscheidend von dem jeweils angewendeten System abhängen (MünchKomm/*Schaub* § 612 Rn. 264 ff.; *Schlachter*, Wege zur Gleichberechtigung, S. 205 ff.), sind als nicht objektiv; auf die betriebliche Praxis oder Unternehmen festgelegte Bewertungsstufen als Verkehrsauffassung kann ebenfalls nicht abgestellt werden. Der objektive Arbeitswert kann allenfalls am Tariflohn orientiert werden, für dessen Üblichkeit und Angemessenheit eine widerlegliche Vermutung spricht. Entscheidend ist daher die Praxis der Tarifparteien: Sind zwei Tätigkeiten derselben tariflichen Lohngruppe zugeordnet, wird dadurch ihre Gleichwertigkeit idR anerkannt. Aus einer unterschiedlichen Eingruppierung kann dagegen nicht zwingend auf die fehlende Gleichwertigkeit geschlossen werden; vielmehr ist die Eingruppierung der Begünstigten auf ihre Richtigkeit zu prüfen, zumal es dafür nur auf die geleistete Arbeit und nicht auf die vertraglich formulierten Anforderungen ankommt (unklar BAG 23. 8. 1995 NZA 1996, 579). Schließlich kann die Tarifgruppenbildung selbst unwirksam sein, wenn sie nach mittelbar benachteiligenden Merkmalen erfolgt ist oder mit benachteiligender Wirkung bestimmte Wertigkeitskriterien gar nicht berücksichtigt (vgl. Rn. 55). Besondere Umstände des Einzelfalles, die bei der Tarifgruppenbildung nicht berücksichtigt worden sind, können daher eine abw. Bewertung rechtfertigen.

V. Ausnahmen

Anders als beim allgemeinen Gleichbehandlungsgebot des § 611 a I 2 enthält das Entgeltgleichheits- **64** gebot **keine Ausnahme** bei Differenzierungen, für die die Geschlechtszugehörigkeit „unverzichtbare Voraussetzung" ist. Unmittelbar nach der Geschlechtszugehörigkeit unterscheidende Entgeltvereinbarungen sind daher auch dann unzulässig, wenn sie für Tätigkeiten getroffen werden, bei denen die Geschlechtszugehörigkeit unverzichtbare Voraussetzung iSd. § 611 a ist (zB Sänger/Sängerinnen).

Mittelbar benachteiligend wirkende Entgeltvereinbarungen können **gerechtfertigt** sein und damit **65** zulässig, weil eine gelungene Rechtfertigung die Vermutung widerlegt, daß die Entgeltdifferenz gerade auf der Geschlechtszugehörigkeit beruht (vgl. dazu § 611 a Rn. 16). Voraussetzung ist auch hier ein wichtiges (unternehmerisches oder sozialpolitisches) Bedürfnis für den Einsatz der benachteiligend wirkenden Differenzierungskriterien; ein bloß sachlicher Grund genügt zur Rechtfertigung mittelbar benachteiligender Differenzierungen nicht. Kann sich der AG im Anwendungsbereich des allgemeinen

Preis

Gleichbehandlungsgrundsatzes auf die Marktmacht der besser bezahlten Vergleichsperson als Differenzierungsgrund berufen (BAG 23. 8. 1995 NJW 1996, 1914 f.), ist das gem. Abs. 3 allein nicht ausreichend; die generellen Bedingungen des Arbeitsmarktes müssen dagegen berücksichtigungsfähig bleiben (EuGH AP EWG-Vertrag Art. 119 Nr. 50). Auch durch besondere **Schutzvorschriften** verursachte Zusatzkosten, die nur bei AN der einen Gruppe auftreten, rechtfertigen keine geringere Entlohnung, § 612 III 2. Bei dieser Bestimmung handelt es sich um eine Ausprägung des Grundsatzes, daß nur solche Zwecke zur Rechtfertigung eines benachteiligend wirkenden Differenzierungskriteriums verwendet werden dürfen, die selbst geschlechtsunabhängig sind und zudem fair und gleichmäßig angewendet werden.

VI. Beweislast

66   Auf Entgeltgleichheitsprozesse ist § 611 a I 3 (vgl. dort Rn. 23 ff.) entsprechend anwendbar, § 612 III 3. Somit muß die benachteiligte Person beweisen, daß mit ihr eine geringere Vergütung vereinbart wurde als mit einem Angehörigen des anderen Geschlechts, der gleiche oder gleichwertige Arbeit leistet (BAG 10. 12. 1997 NZA 1998, 599, 604). Um die Gleichwertigkeit zweier Tätigkeiten zu beweisen, muß der Vortrag von Indizien genügen, die den Betroffenen aus eigener Anschauung zugänglich sein können; der volle Nachweis kann typischerweise nicht erbracht werden. Daß die Ungleichbehandlung gerade in der Geschlechtszugehörigkeit begründet ist, braucht nicht bewiesen, sondern nur glaubhaft gemacht (vgl. § 611 a Rn. 25) zu werden. Der AG muß daraufhin beweisen, daß eine Benachteiligung nicht vorliegt, daß sie nicht geschlechtsbedingt war, oder daß eine mittelbare Benachteiligung gerechtfertigt war.

67   Im Regelfalle gehört zu den Voraussetzungen einer mittelbaren Benachteiligung, daß die Anspruchsteller das Differenzierungskriterium bezeichnen, dessen Anwendung die Entgeltdifferenz verursacht. Besonderheiten hat der EuGH (17. 10. 1989 AP EWG-Vertrag Art. 119 Nr. 27; 27. 10. 1993 AP EWG-Vertrag Art. 119 Nr. 50) für den Nachweis mittelbar benachteiligender Entgeltdifferenzierung bei **undurchschaubaren Lohnsystemen** anerkannt: Kann die Klägerin wegen der Struktur des Entgeltsystems das Kriterium nicht erkennen, dessen Einsatz die erhebliche Entgeltdifferenz zu Lasten ihrer Gruppe verursacht, hat sie die geschlechtsbedingte Benachteiligung bereits durch den Nachweis eines erheblichen Lohnunterschiedes zwischen den (nach Geschlecht zusammengesetzten) Vergleichsgruppen hinreichend wahrscheinlich gemacht (vgl. Art. 119 EG-Vertrag Rn. 20); die Beweislast trifft dann den AG, daß die Differenz nichts mit der Geschlechtszugehörigkeit der Benachteiligten zu tun hat.

VII. Rechtsfolgen einer Verbotsverletzung

68   Eine benachteiligende Entgeltvereinbarung verstößt gegen ein Verbotsgesetz, § 134, und ist daher insoweit nichtig; gem. Art. 4 der Entgeltrichtlinie gilt dies auch, wenn es sich um tarifliche Festlegungen handelt (BAG 21. 3. 1991 AP TVG § 1 Tarifverträge: Einzelhandel Nr. 33). Die Rechtsfolge einer Angleichung des Entgelts der benachteiligten Person(en) an das der günstiger entlohnten Vergleichsperson ergibt sich aus dem Wortlaut des § 612 III nicht unmittelbar. Daß neben dem Gleichbehandlungsgrundsatz des § 611 a jedoch auch die Entgeltgleichheit gesondert geregelt wurde, ist auch dem Rechtsfolgenregime einer besonderen Rechtsfolge geschuldet. Diese kann nur in der Herstellung der Entgeltgleichheit, nicht in einem Entschädigungsanspruch, bestehen; für die Vergangenheit kann das Entgeltgleichheitsgebot nur dadurch erfüllt werden, daß die benachteiligte Person Anspruch auf die höhere Vergütung erhält, solange der AG an die begünstigende Regelung gebunden bleibt (BAG 14. 10. 1986 AP EWG-Vertrag Art. 119 Nr. 11).

69   Besteht die Benachteiligung in einer falschen Eingruppierung, ist diese zu korrigieren. Sind dagegen nur die Angehörigen des einen Geschlechts unzutreffend zu hoch eingruppiert, können die richtig eingruppierten Angehörigen des anderen Geschlechts solange ebenfalls die zu hohe Eingruppierung verlangen (anders: BAG 23. 8. 1995 NZA 1996, 579). Verstößt eine kollektivrechtliche Entgeltvereinbarung selbst gegen den Entgeltgleichheitsgrundsatz, ist sie insoweit ebenfalls nichtig; inwieweit eine tarifliche Bewertung dabei durch eine davon abw. Bewertung des Gerichts ersetzt werden kann, ist unter Beachtung der Anforderungen der Tarifautonomie und des Gemeinschaftsrechts zu entscheiden (*Schlachter*, FS für Schaub, S. 651; *Wißmann*, FS für Wlotzke, S. 810). Für die Vergangenheit kann den Anforderungen des Gleichheitssatzes im Entgeltbereich nur durch Gewährung der Leistung auch an die bisher ausgeschlossene Gruppe entsprochen werden (BAG 7. 3. 1995 NZA 1996, 48; EuGH 8. 4. 1976 NJW 1976, 2068); das gilt auch für Entgeltregelungen im Kollektivvertrag (EuGH 27. 6. 1990 AP EWG-Vertrag Art. 119 Nr. 21): Ist die Benachteiligung Folge eines insgesamt diskriminierenden Entgeltsystems, das die für Frauenarbeitsplätze typischen Anforderungen gar nicht bewertet oder diskriminierend gewichtet, ist das System insoweit nicht anzuwenden (EuGH 27. 6. 1990 AP EWG-Vertrag Art. 119 Nr. 21; 13. 12. 1989 AP EWG-Vertrag Art. 119 Nr. 22; 7. 2. 1991 AP BAT § 23 a Nr. 25). Auf die Angehörigen der benachteiligten Gruppe soll solange dieselbe Regelung angewendet werden wie auf die übrigen AN (EuGH 7. 2. 1991 AP BAT § 23 a Nr. 25), bis das Entgeltgleichheits-

gebot wirksam durchgeführt worden ist (EuGH 28. 9. 1994 AP EWG-Vertrag Art. 119 Nr. 58): Eine gleichmäßige Senkung der Leistungen kann daher künftig für alle Beschäftigten gleichmäßig unter Beachtung des Vertrauensschutzes vorgenommen werden.

Die technische Aufspaltung einer inhaltlich einheitlichen Materie in zwei selbständige Regelwerke 70 entzieht diese nicht den Anforderungen des Gleichheitssatzes (EuGH 20. 10. 1994 AP EWG-Vertrag Art. 119 Nr. 50; BAG 7. 3. 1995 AP BetrAVG § 1 Gleichbehandlung Nr. 26; BAG 17. 10. 1995 AP BGB § 242 Gleichbehandlung Nr. 132).

§ 612 a [Maßregelungsverbot]

Der Arbeitgeber darf einen Arbeitnehmer bei einer Vereinbarung oder einer Maßnahme nicht benachteiligen, weil der Arbeitnehmer in zulässiger Weise seine Rechte ausübt.

I. Entstehung und Normzweck

Wie § 611 a wurde die Bestimmung durch das arbeitsrechtliche EG-Anpassungsgesetz v. 13. 8. 1980 1 (BGBl. I S. 1308) eingeführt (s. § 611 a Rn. 1). Sie geht über Art. 5 der EG-Richtlinie 75/117 v. 10. 2. 1975 und Art. 7 der EG-Richtlinie 76/207 v. 9. 2. 1976 insoweit hinaus, als dort nur Entlassungen angesprochen sind. Zudem beschränkt sich die Regelung – anders als § 611 a und die europarechtlichen Grundlagen – nicht auf Fälle der Geschlechtsdiskriminierung. Verfahrensrechtlich folgt daraus, daß nur für den Bereich, der mit den Vorgaben der EG-Richtlinien deckungsgleich ist, eine Vorlage an den EuGH nach Art. 234 III EG zwingend sein kann; indes bleibt auch außerhalb dieses Bereichs eine Vorlage zulässig (EuGH 8. 11. 1990 Slg. 1990, 4003).

§ 612 a ist **unabdingbar** und gewährleistet einen umfassenden Schutz, der sich nicht nur auf die aus 2 dem Arbeitsvertrag folgenden Rechte beschränkt, sondern auch auf **jede Form der Rechtsausübung** erstreckt. Er geht insb. über § 84 III BetrVG hinaus. Es handelt sich um ein allgemeines Diskriminierungsverbot und einen Sonderfall der Sittenwidrigkeit (*Preis* Vertragsgestaltung S. 170 ff.; *Staudinger/ Richardi* Rn. 3 ff.) Der Gesetzgeber hat ausweislich der Gesetzesmaterialien (BT-Drucks. 8/3317 S. 10; BR-Drucks. 353/79 S. 15) durch § 612 a verdeutlicht, daß der allgemeine Rechtsgrundsatz des Maßregelungsverbots für alle denkbaren Fälle gilt, in denen der AN zulässigerweise seine Rechte ausübt (*Erman/Hanau* Rn. 1; MünchKommBGB/*Schaub* Rn. 2). Erfaßt wird damit der gesamte Bereich **zulässiger Grundrechtsausübung** durch den AN (hierzu *Preis* NZA 1997, 1256, 1265), der vor der Geltung des § 612 a durch die Theorie der unmittelbaren Drittwirkung der Grundrechte und deren Einfluß auf die Generalklauseln des Zivilrechts (insb. § 134) geschützt war (*Erman/Hanau* Rn. 4; *Preis* Vertragsgestaltung S. 173). Jedoch muß das geltend gemachte „Recht" nicht die Qualität einer Anspruchsgrundlage erreichen; es reicht, wenn es verständlich und vernünftig ist und dessen Verweigerung durch den AG sich als treuwidrig darstellt (ArbG Düsseldorf 9. 9. 1992 BB 1992, 2365 für den Fall der Forderung nach schriftlichem Arbeitsvertrag).

Die Bestimmung des § 612 a ist erst in den letzten Jahren verstärkt in den Blickpunkt von Rspr. und 3 Literatur gerückt. Um die dabei auftretenden Anwendungsfragen zu lösen, wird neuerdings die Sozialadäquanz zur Konkretisierung des Normzwecks herangezogen (*Hanau/Vossen* DB 1992, 221; *Kania/Wackerbarth* AR-Blattei SD 90 Rn. 116 ff.). Danach soll § 612 a nur sozialadäquate Benachteiligungen ausschließen, wobei tlw. auf die Wertungen des § 123 abgestellt wird. Für einen der wichtigsten Streitpunkte, die Kürzung von Anwesenheitsprämien für krankheitsbedingte Fehlzeiten mit Entgeltfortzahlung, hat der Gesetzgeber nun eine Regelung geschaffen in § 4 a EFZG.

II. Allgemeiner Anwendungsbereich

1. Persönlicher Anwendungsbereich. Als AG kommt nicht nur der eigentliche Vertragspartner in 4 Betracht, sondern jeder, der gegenüber dem AN AGFunktionen ausübt, so etwa der Entleiher im Fall der ANÜberlassung. AN sind alle abhängig Beschäftigten; auf den Umfang der eigentlichen Dienstleistung kommt es nicht an. Neben Arbeitern und Angestellten (im Gegensatz zu § 84 III BetrVG auch leitenden Angestellten) gilt der Schutz damit auch Auszubildenden, Volontären, Umschülern, Praktikanten. Unerheblich ist ferner, ob die Beschäftigung voll-, kurz- oder teilzeitlich erfolgt (KR/ *Pfeiffer* Rn. 3). Auch arbeitnehmerähnliche Personen werden entspr. dem Gedanken des allgemeinen Benachteiligungsverbots erfaßt (MünchKommBGB/*Schaub* Rn. 5; *Staudinger/Richardi* Rn. 9).

2. Sachlicher Anwendungsbereich. a) Zulässige Rechtsausübung. Nach dem klaren Gesetzes- 5 wortlaut greift der Schutz des § 612 a nur dann ein, wenn das geltend gemachte Recht tatsächlich besteht und in zulässiger Weise ausgeübt wird (KR/*Pfeiffer* Rn. 6). Es reicht nicht aus, daß der AN nicht fahrlässig vom Bestehen des geltend gemachten Rechts ausgehen durfte (aA *Erman/Hanau* Rn. 3). Wenn allerdings für den AG erkennbar ist, daß der AN gutgläubig von einem vermeintlichen Recht ausgeht, entspricht es seiner Fürsorgepflicht, den AN vor einer belastenden Maßnahme anzuhören. War hingegen das Verhalten des AN rechtmäßig, besteht das Maßregelungsverbot unabhängig davon, ob sich der AG dessen bewußt war (LAG Köln 10. 11. 1991 NZA 1995, 128).

6 Ob die Rechtsausübung zulässig ist, beurteilt sich nach der Rechtsordnung als ganzer (KR/*Pfeiffer* Rn. 6). Zu den eigenen Rechten des AN gehört trotz des kollektiven Charakters auch die **Streikteilnahme** (BAG 11. 8. 1992 AP GG Art. 9 Arbeitskampf Nr. 124; *Rolfs* DB 1994, 1240; aA LAG Köln 4. 10. 1990 LAGE GG Art. 9 Arbeitskampf Nr. 39 = DB 1991, 555). Als unzulässige Rechtsausübung kommt jede Verletzung arbeitsvertraglicher Haupt- und Nebenpflichten des AN in Betracht, etwa der Treue- oder Schweigepflicht oder der Dienstleistungspflicht durch die unverhohlene Drohung mit „Krankfeiern" (MünchKommBGB/*Schaub* Rn. 6; KR/*Pfeiffer* Rn. 6). Daran anknüpfende Sanktionen des AG (Beanstandung, Abmahnung, Kündigung etc.) unterfallen nicht dem Schutz des § 612 a.

7 Die Form der Ausübung ist unerheblich, ob schriftlich, mündlich oder durch tatsächliche Handlungen, ob gerichtlich oder außergerichtlich, individuell oder kollektiv über Interessenvertretungen (BR oder Gewerkschaften); auch die Einschaltung eines Anwalts kommt in Betracht (KR/*Pfeiffer* Rn. 5).

8 **b) Maßnahme und Vereinbarung.** Der Begriff der Maßnahme ist **weit zu verstehen.** Darunter fallen auch betriebsinterne Diskriminierungen, so zB die Beschäftigung mit sinnlosen Arbeiten oder das Verlangen persönlicher An- und Abmeldung trotz vorhandener Stempeluhr nach Erhebung einer Kündigungsschutzklage (LAG Schleswig-Holstein 25. 7. 1989 LAGE BGB § 612 a Nr. 4). Zur Nichtgewährung einer übertariflichen Gratifikation wegen Geltendmachung tariflicher Rechte: LAG Niedersachsen 21. 1. 1998 LAGE BGB § 611 Gratifikation Nr. 51.

9 Vereinbarungen des AG mit dem BR oder anderen AN, die den betroffenen AN benachteiligen, können problemlos unter den Schutz des § 612 a fallen (so zB **Betriebsvereinbarungen** über Anwesenheitsprämien für die Vergangenheit oder ggf. überproportionale Kürzungen, Vereinbarungen mit nicht streikenden AN über Streikbruchprämien für die Vergangenheit). Indes kann § 612 a auch bei **vertraglichen Vereinbarungen** des AG mit dem betroffenen AN selbst eingreifen (Beispiele bei *Preis* Vertragsgestaltung S. 173; ebenso *Staudinger/Richardi* Rn. 8). Die Gegenansicht, die den Schutz des § 612 a in solchen Fällen versagt, weil der AN sein Einverständnis zu der Vereinbarung gegeben habe (RGRK/*Michels-Holl* Rn. 5), verkennt, daß der AN bei Abschluß des Arbeitsvertrages oder anderer Vereinbarungen regelmäßig in der schwächeren Position ist und deshalb das Einverständnis oft kein freies ist. Derartige Fallgestaltungen, die bisher über § 134 gelöst wurden, unterfallen dem Tatbestand des § 612 a (*Preis* Vertragsgestaltung S. 173).

10 **c) Benachteiligung.** Eine Benachteiligung liegt nicht nur in der Schlechterstellung gegenüber dem status quo, sondern eventuell auch in der Vorenthaltung von Vorteilen, wie etwa der Gewährung einer Prämie an nichtstreikende AN. Dies folgt daraus, daß der Benachteiligungsbegriff des § 612 a mit dem des § 611 a identisch ist (*Erman/Hanau* Rn. 2). Ob die Benachteiligung der zulässigen Rechtsausübung nachfolgt oder vorangeht, ist unerheblich (*Preis* Vertragsgestaltung S. 172; *Kania/Wackerbarth* AR-Blattei SD 90 „Anwesenheitsprämie" Rn. 114; *Staudinger/Richardi* Rn. 13; **aA** *Thüsing* NZA 1994, 731).

11 **d) Kausalitätserfordernis.** Die Prüfung der Unmittelbarkeitsbeziehung zwischen Benachteiligung und Rechtsausübung erfolgt analog § 613 a IV 1 BGB (BAG 2. 4. 1987 AP BGB § 612 a Nr. 1 = NZA 1988, 18; KR/*Pfeiffer* Rn. 7). Danach muß die Rechtsausübung zB für die Kündigung nicht nur in irgendeiner Weise auch ursächlich und nicht nur deren äußerer Anlaß, sondern der für die Kündigung **tragende Beweggrund,** dh. das wesentliche Motiv gewesen sein. Ist darüber hinaus die Kündigung nicht nur wesentlich, sondern ausschließlich durch die zulässige Rechtsausübung des AN bestimmt gewesen, ist es unerheblich, ob die Kündigung auf einen anderen Sachverhalt hätte gestützt werden können, weil sich der andere Grund nicht kausal ausgewirkt hat und deshalb kein bestimmendes Motiv für die Kündigung war (BAG 25. 11. 1993 AP KSchG 1969 § 14 Nr. 3 = NZA 1994, 837; BAG 20. 4. 1989 RzK I 8 l Nr. 15; LAG Hamm 18. 12. 1987 DB 1988, 917).

12 Streitig ist, ob die **Berücksichtigung von Lohnfortzahlungskosten** zur Rechtfertigung einer krankheitsbedingten Kündigung dem Maßregelungsverbot unterfällt. Nach BAG fehlt es hierbei an der Kausalität, weil der AG mit einer auf die Belastung mit unzumutbaren Lohnfortzahlungskosten gestützten Kündigung den AN nicht wegen zulässiger Ausübung seiner Rechte benachteilige. Denn der Kündigungsentschluß werde nicht aus der Belastung, sondern aus der Erkrankung des AN hergeleitet (BAG 16. 2. 1989 AP KSchG 1969 § 1 Krankheit Nr. 20 m. abl. Anm. *Preis*). Daß der Kündigungsentschluß auf der Krankheit – und nicht den Lohnfortzahlungskosten – beruht, ändert indes nichts daran, daß letztlich die Maßnahme der Kündigung gerade wegen der mit der Krankheit verbundenen Kosten und nicht der Krankheit alleine erfolgt. Die Lohnfortzahlung ist das Recht, dessen sich der AN im Fall der Krankheit bedient, auch wenn er dies nicht geltend machen muß. Zuzugeben ist dem BAG, daß eine sozial gerechtfertigte Kündigung iSd. § 1 II KSchG nicht zugleich eine Maßregelung iSd. § 612 a sein kann. Daraus folgt, daß die Lohnfortzahlungskosten sowohl für § 1 II KSchG als auch für § 612 a nicht das wesentliche Motiv sein dürfen, sondern eine eindeutige Negativprognose und erhebliche Störungen des Betriebsablaufs.

III. Einzelne Anwendungsbereiche

1. Kündigungen. Hauptanwendungsfall der arbeitgeberseitigen Maßnahme, die gegen § 612a verstoßen kann, ist die Kündigung (BAG 2. 4. 1987 AP BGB § 612a Nr. 1; BAG 16. 2. 1989 AP BGB § 138 Nr. 46; *Preis* NZA 1997, 1256, 1265). In diesem Bereich besteht eine reiche Kasuistik zur zulässigen Rechtsausübung. So gewährt § 45 III 1 SGB V dem AN bei Erkrankung eines Kindes nicht nur einen Anspruch auf Freistellung von der Arbeit, sondern bei rechtswidriger Verweigerung durch den AG auch das Recht, der Arbeit „eigenmächtig" fernzubleiben. Erfolgt die arbeitgeberseitige Kündigung wegen Ausübung dieses Rechts, ist diese aufgrund § 612a nichtig (LAG Köln 10. 11. 1993 NZA 1995, 128). Dasselbe gilt, wenn der AG kündigt, weil der AN einen schriftlichen Arbeitsvertrag verlangt. Zwar besteht kein Anspruch auf Schriftform (vgl. aber zur Nachweispflicht das NachwG), doch ist der Wunsch nach einem schriftlichen Arbeitsvertrag verständlich und vernünftig und deshalb die Verweigerung durch den AG treuwidrig nach § 242 BGB (ArbG Düsseldorf 9. 9. 1992 BB 1992, 2365). Ebenfalls gegen § 612a verstößt die Kündigung nach Verlangen auf Entfernung einer Abmahnung (ArbG Hamburg 23. 7. 1990 DB 1991, 103), die Revanchekündigung als Reaktion auf eine vorausgegangene ANKündigung (LAG Nürnberg 7. 10. 1988 LAGE BGB § 612a Nr. 2), die Kündigung als Reaktion auf Vollstreckung aus einem Urteil (LAG Düsseldorf 13. 12. 1988 LAGE BGB § 612a Nr. 3), die Kündigung wegen Nichteinwilligung in eine Änderung der Arbeitsbedingungen (LAG Hamm 18. 12. 1987 DB 1988, 917) oder wenn der AG einem AN nur deshalb kündigt, um den Eintritt des Vorruhestandes zu verhindern (BAG 2. 4. 1987 AP BGB § 612a Nr. 1 = NZA 1988, 18). Gewerkschaftliches Engagement im Betrieb rechtfertigt keine Kündigung, denn Art. 9 III GG gewährt die Freiheit des Zusammenschlusses der Koalition und die Freiheit der gemeinsamen Verfolgung dieses Zwecks (LAG Hamm 18. 12. 1987 LAGE BGB § 612a Nr. 1 = NZA 1988, 58).

2. Sozialauswahl nach Widerspruch gegen Betriebsübergang. Widerspricht der AN beim Betriebsübergang dem nach § 613a I angeordneten Übergang seines Arbeitsverhältnisses, macht er von einem durch die Rspr. geschaffenen Recht iSd. § 612a Gebrauch (st. Rspr. seit BAG 2. 10. 1974 AP BGB § 613a Nr. 1). Folge des Widerspruchs ist der Verbleib des Arbeitsverhältnisses beim Veräußerer; dagegen ist der bisherige Arbeitsplatz des widersprechenden AN beim Veräußerer durch den Betriebsübergang idR weggefallen. Dieser Arbeitsplatzwegfall rechtfertigt für den Veräußerer eine betriebsbedingte Kündigung gem. § 1 II KSchG, wobei die Frage auftaucht, inwieweit der widersprechende AN in die dann vorzunehmende Sozialauswahl gem. § 1 III KSchG einzubeziehen ist. Nach BAG (7. 4. 1993 AP KSchG 1969 § 1 Soziale Auswahl Nr. 22) und überwiegender Meinung im Schrifttum (vgl. Nachweise zu § 613a BGB Rn. 57ff.) kann der widersprechende AN eine zu seinen Lasten gehende, fehlerhafte Sozialauswahl nur dann mit Erfolg rügen, wenn seinerseits ein sachlicher und damit erheblicher Grund für den Widerspruch vorliegt. Für die Ausübung des Widerspruchsrechts selbst soll es dagegen auf einen nachvollziehbaren Grund nicht ankommen. Diese Auffassung verkennt, daß ein vorbehaltslos anerkannter Widerspruch, der durch eine Nichtberücksichtigung bei der Sozialauswahl im Nachhinein sanktioniert wird, dem Schutz des § 612a unterfällt. Eine Kollision mit § 612a läßt sich dann vermeiden, wenn bereits die Ausübung des Widerspruchsrechts unter dem Vorbehalt des Mißbrauchs steht (*Preis/Steffan* Anm. zu BAG 7. 4. 1993 EzA KSchG § 1 Soziale Auswahl Nr. 30).

3. Sozialplananspruch unter Verzicht auf Kündigungsschutzklage. Der Gedanke des § 612a greift auch ein, wenn Leistungen aus dem Sozialplan davon abhängig gemacht werden, daß der AN keine Kündigungsschutzklage erhebt (DKK/*Däubler* 112, 112a Rn. 126). Solche Ausgleichsquittungen über den „Abkauf des Kündigungsschutzes" werden von Rspr. und Literatur weithin als unzulässig erachtet (BAG 20. 12. 1983 AP BetrVG 1972 § 112 Nr. 17; BAG 20. 6. 1985 AP BetrVG 1972 § 112 Nr. 33; *Fitting* §§ 112, 112a Rn. 86; aA *Stege/Weinspach* §§ 111–113 Rn. 87). Zulässig ist allerdings eine Vereinbarung in einem Sozialplan, wonach die Fälligkeit der Sozialplanleistungen auf den rechtskräftigen Abschluß des Kündigungsrechtsstreits hinausgeschoben und eine Abfindung nach den §§ 9, 10 KSchG auf die Sozialplanabfindung angerechnet wird (BAG 20. 6. 1985 AP BetrVG 1972 § 112 Nr. 33).

4. Streikbruchprämien. Als Streikbruchprämie kommt jede Vergünstigung in Betracht, die der AG nichtstreikenden AN als „Belohnung" dafür gewährt, daß sie sich nicht am Streik beteiligen oder beteiligt haben. Ob die Vorenthaltung dieser Vergünstigung für die streikenden AN dem Maßregelungsverbot unterfällt, entscheidet sich nach der Abgrenzung zu dem arbeitskampfrechtlichen Grundsatz der freien Wahl der Kampfmittel (KR/*Pfeiffer* Rn. 10). Da die Rechtsordnung kein geschlossenes System zulässiger Arbeitskampfmittel kennt, gilt grds., daß Art. 9 III 2 GG eine Streikbruchprämie als Arbeitskampfmittel nicht von vornherein ausschließt (aA *Schwarze* RdA 1993, 271). Der aus dem arbeitsrechtlichen Gleichbehandlungsgrundsatz folgende sachliche Grund für die Ungleichbehandlung zwischen streikenden und nichtstreikenden AN liegt jedoch nur dann vor, wenn die Streikbruchprämie als Mittel des Arbeitskampfes zur Geltung kommt. Entscheidend dafür ist der Zeitpunkt des Prämienversprechens. Nach zutreffender Ansicht des BAG fehlt es bei **während des Streiks** gezahlten

– sog. echten – Streikbruchprämien bereits dann an einer Maßregelung iSd. § 612 a, wenn sie lediglich mit Rücksicht auf die Nichtteilnahme und unterschiedslos allen nicht am Streik beteiligten AN gezahlt wird. Einer weitergehenden sachlichen Rechtfertigung bedarf es nicht (BAG 13. 7. 1993 AP GG Art. 9 Arbeitskampf Nr. 127 = NZA 1993, 1135; LAG Rheinland-Pfalz 30. 5. 1996 LAGE GG Art. 9 Arbeitskampf Nr. 62; zur Anwesenheitsprämie BAG 31. 10. 1995 AP GG Art. 9 Arbeitskampf Nr. 140 = NZA 1996, 389; aA *Staudinger/Richardi* vor §§ 611 ff. Rn. 1279, § 612 a Rn. 8, 14; MünchKommBGB/*Schaub* Rn. 9; *Gaul* NJW 1994, 1026). Anderes gilt indessen für erst **nach dem Abschluß der Kampfmaßnahmen** eingeräumte Vergünstigungen ohne vorherige Zusage. Diese sind nur dann zulässig, wenn für sie ein außerhalb der Nichtteilnahme am Streik liegender sachlicher Rechtfertigungsgrund besteht; denn auf den Streik selbst können sie keine Auswirkung mehr haben und scheiden deshalb als Arbeitskampfmaßnahme aus (LAG Köln 4. 10. 1990 DB 1991, 555). Der sachliche Grund erfordert nach BAG, daß die Begünstigten während der Streikarbeit Belastungen ausgesetzt waren, die erheblich über das normale Maß der bei jeder Streikarbeit verbundenen Erschwerung hinausgehen (BAG 11. 8. 1992 AP GG Art. 9 Arbeitskampf Nr. 124; *Schwarze* NZA 1993, 967; kritisch zu diesem weitgehenden Erfordernis *Rolfs* DB 1994, 1242). Verspricht der AG **vor Beginn des Arbeitskampfes** denjenigen AN Leistungen, die sich nicht am Arbeitskampf beteiligen, ähnelt die Situation derjenigen während des Arbeitskampfes. Unter der Prämisse, daß es den Tarifpartnern freisteht, schon vor der Auseinandersetzung ihre Kampfmittel offenzulegen, stellen solche Leistungen keinen Verstoß gegen das Maßregelungsverbot dar (LAG Rheinland-Pfalz 21. 10. 1992 LAGE GG Art. 9 Arbeitskampf Nr. 49; *Rolfs* DB 1994, 1241; aA ArbG Köln 8. 5. 1985 NZA 1986, 33, das jedoch auch Sonderzahlungen während des Streiks als unzulässige Maßnahme wertet).

17 Daß Streikbruchprämien in der Praxis letztlich selten Bestand haben, folgt aus den regelmäßig im Anschluß an den Arbeitskampf vereinbarten **tariflichen Maßregelungsverboten,** denen das BAG einen weitergehenden Inhalt beimißt als dem gesetzlichen Maßregelungsverbot. Selbstverständlich bleibt es den TVParteien unbenommen, die durch die Zahlung von Streikbruchprämien vorgenommene Differenzierung zwischen streikenden und nichtstreikenden AN wieder aufzuheben. Das BAG sieht eine Aufhebung indes schon dann als Inhalt des tariflichen Maßregelungsverbots, wenn dieses lautet: „Jede Maßregelung von Beschäftigten aus Anlaß oder im Zusammenhang mit der Tarifbewegung (...) unterbleibt oder wird rückgängig gemacht, falls sie erfolgt ist". Unter „Maßregelung" im Sinne einer solchen Vereinbarung soll schon jede unterschiedliche Behandlung der AN zu verstehen sein, die nach der Teilnahme am Arbeitskampf unterscheidet, soweit diese Unterscheidung nicht schon durch die Rechtsordnung vorgegeben ist (BAG 13. 7. 1993 AP GG Art. 9 Arbeitskampf Nr. 127 = NZA 1993, 1135; BAG 17. 6. 1997 AP GG Art. 9 Arbeitskampf Nr. 150; aA LAG Schleswig-Holstein 10. 1. 1994 LAGE GG Art. 9 Arbeitskampf Nr. 55). Mit dieser Auslegung wird das tarifliche Maßregelungsverbot von einem Benachteiligungsverbot zu einem Gleichstellungsgebot ausgeweitet (kritisch dazu *Rolfs* DB 1994, 1238 f.).

18 **5. Anwesenheitsprämien. a) Kürzung für Fehlzeiten mit Entgeltfortzahlungsanspruch** (vgl hierzu die Kommentierung zu § 4 a EFZG).

19 **b) Kürzung bei Streikteilnahme.** Sofern nicht die Betriebszugehörigkeit alleinige Grundlage der Gewährung ist oder die Betriebstreue im Vordergrund steht, kann eine **proportionale Kürzung** für arbeitskampfbedingte Fehlzeiten erfolgen, ohne daß es einer besonderen Vereinbarung bedarf. Dies folgt schon daraus, daß die Lohnzahlungspflicht des AG während des Streiks suspendiert ist. Aus der Regelung muß jedoch die arbeitsleistungsbezogene Zweckbestimmung erkennbar sein, die darin liegt, daß ausschließlich auf die tatsächlich geleisteten Arbeitstage ohne Rücksicht auf den Grund des Arbeitsausfalls abgestellt wird. Ist dies der Fall, enspricht die anteilige proportionale Kürzung der synallagmatischen Verbindung zwischen Arbeitsleistung und Vergütung. Die Vorenthaltung der Sonderleistung tritt bei streikenden AN lediglich als Reflex der Teilnahme am Arbeitskampf ein; für eine Anwendung von § 612 a fehlt es an der notwendigen Kausalität. Vielmehr findet hier die unterschiedliche Behandlung zwischen streikenden und nichtstreikenden AN ihre sachliche Rechtfertigung darin, daß die Arbeitsleistung fehlt (*Gaul* NJW 1994, 1027). Nur für diesen Fall trifft die vom BAG verwendete Argumentation zu, wonach die Kürzung der Anwesenheitsprämie lediglich eine in der Rechtsordnung bereits angelegte Folge vollziehe (BAG 26. 10. 1994 AP BGB § 611 Anwesenheitsprämie Nr. 18). Denn aus der Rechtsordnung (§ 323 BGB) folgt der Grundsatz „Ohne Arbeit kein Lohn", der bei streikbedingten Fehlzeiten im Gegensatz zu krankheitsbedingten Fehlzeiten bestehen bleibt. Daher führen Fehltage infolge Streikbeteiligung zu proportionalen Abzügen bei einer bereits bestehenden und nach Beendigung des Arbeitskampfes lediglich zu vollziehenden Gratifikationsordnung, sofern die Regelung **„arbeitskampfneutral"** ist (*Rolfs* DB 1994, 1241).

20 Dagegen muß sich eine **überproportionale Kürzung** der Anwesenheitsprämie infolge Streikteilnahme immer an § 612 a messen lassen (*Gaul* NJW 1994, 1025). Daran hat auch die Einfügung des § 4 a EFZG nichts geändert, denn ausweislich der Materialien (BT-Drucks. 13/4612, S. 16) soll die Rechtslage zur Kürzung von *Sondervergütungen* aus anderen als krankheitsbedingten Gründen durch die Neuregelung unberührt bleiben. Die überproportionale Kürzung kann nach Ansicht der Rspr. jedoch nur dann dem Maßregelungsverbot unterfallen, wenn sie eine jährliche Sonderzahlung

betrifft, bei der zumindest auch die Betriebstreue honoriert wird. Hier dürfte nach den Grundsätzen des BAG die Kürzung um 1/60 pro Streiktag als angemessen erachtet werden. Dagegen soll bei einer monatlich bemessenen, **ausschließlich arbeitsplatzbezogenen** Anwesenheitsprämie der gesamte Wegfall der Prämie bereits bei geringfügigen Fehlzeiten (einstündiger Warnstreik) nicht gegen § 612 a verstoßen, wenn die Regelung die volle Ableistung der monatlichen Arbeitszeit als Anspruchsvoraussetzung fordert (LAG Köln 18. 12. 1986 LAGE GG Art. 9 Arbeitskampf Nr. 30; BAG 31. 10. 1995 AP GG Art. 9 Arbeitskampf Nr. 140). Auch von einem tariflichen Maßregelungsverbot soll die Regelung nicht erfaßt werden.

Aus der Regelung des § 4 a EFZG wird jedenfalls zu folgern sein, daß eine krankheitsbedingte 21 Fehlzeit den AN bei einer Kürzung nicht stärker belasten darf als eine streikbedingte Fehlzeit. Umgekehrt ist dies nicht so deutlich. So kann nach § 4 a EFZG eine Regelung unzulässig sein, die zum vollständigen Anspruchsverlust einer monatlichen Anwesenheitsprämie führt, wenn der AN nur kurzfristig wegen Krankheit fehlt. Ob dies auch bei kurzfristigen Fehlzeiten infolge Warnstreiks gilt, ist nach der Rspr. (vgl. LAG Köln 18. 12. 1986 LAGE GG Art. 9 Arbeitskampf Nr. 30; BAG 31. 10. 1995 AP GG Art. 9 Arbeitskampf Nr. 140 = NZA 1996, 389) zumindest fraglich.

IV. Beweislast

Grds. trägt der AN die Darlegungs- und Beweislast für das Vorliegen einer Maßregelung iSd. 22 § 612 a. Eine Abstufung und Umkehr der Darlegungs- und Beweislast, wie sie § 611 a I 3 vorsieht, ist nicht auf § 612 a übertragbar (BAG 2. 4. 1987 AP BGB § 612 a Nr. 1 = NZA 1988, 18; BAG 25. 11. 1993 AP KSchG 1969 § 14 Nr. 3 = NZA 1994, 838; KR/*Pfeiffer* Rn. 12). In Betracht kommt jedoch für den AN eine Beweiserleichterung durch Anscheinsbeweis, wenn ein offensichtlicher Zusammenhang zwischen benachteiligender Maßnahme bzw. Vereinbarung und der Rechtsausübung besteht (LAG Schleswig-Holstein 25. 7. 1989 LAGE BGB § 612 a Nr. 4; ArbG Hamburg 23. 7. 1990 DB 1991, 103; LAG Hamm 15. 1. 1985 LAGE BetrVG 1972 § 20 Nr. 5; *Erman/Hanau* Rn. 2; *Preis* NZA 1997, 1256, 1269 f.). Dies gilt etwa dann, wenn der AN ohne erkennbaren Grund nach dem in 1. Instanz gewonnenen Kündigungsrechtsstreit an einem neuen Arbeitsplatz getrennt von den übrigen Mitarbeitern mit sinnlosen Arbeiten beschäftigt wird und ihm außerdem aufgegeben wird, sich trotz vorhandener Stempeluhr bei jedem Verlassen des Arbeitsplatzes mündlich an- und abzumelden (LAG Schleswig-Holstein 25. 7. 1989 LAGE BGB § 612 a Nr. 4). Für die Annahme eines Anscheinsbeweises spricht insb., wenn der AG unmittelbar nach Beendigung des Arbeitskampfes den AN, die nicht am Streik teilgenommen haben, eine Prämie verspricht (BAG 11. 8. 1992 AP GG Art. 9 Arbeitskampf Nr. 124; ausführlich *Belling/von Steinau-Steinrück* DB 1993, 536 f.; *Gaul* NJW 1994, 1030).

V. Rechtsfolgen

Da § 612 a in den Anwendungsbereich des § 134 fällt, ist primäre Rechtsfolge die **Nichtigkeit** des 23 dagegen verstoßenden Rechtsgeschäfts, etwa der Kündigung (BAG 2. 4. 1987 AP BGB § 612 a Nr. 1). Tatsächliche Maßnahmen des AG wie verbotswidrige Arbeitszuweisungen oder Anordnungen sind rechtswidrig und für den AN unverbindlich. Er braucht sie nicht zu beachten, ohne sich auf ein Zurückbehaltungsrecht aus § 273 berufen zu müssen (KR/*Pfeiffer* Rn. 11; aA MünchKommBGB/ *Schaub* Rn. 9; RGRK/*Michels-Holl* Rn. 11). Darüber hinaus kann er **Beseitigung** der Maßnahme und bei Wiederholungsgefahr **Unterlassung** verlangen. Ist dem AN ein Vermögensschaden entstanden, besteht für den AG eine **Schadensersatzverpflichtung** aus pVV oder § 823 II iVm. § 612 a (LAG Hamm 18. 12. 1987 DB 1988, 917; KR/*Pfeiffer* Rn. 11). Dies wird regelmäßig bei unzulässiger Kürzung oder Vorenthaltung von Sonderzuwendungen in Betracht kommen.

Ist die Kündigung wegen Verstoßes gegen § 612 a nach § 134 nichtig, kann nach überwiegender 24 Auffassung der AG **keinen Auflösungsantrag** nach § 9 I 2 KSchG stellen. Nach Ansicht des LAG Düsseldorf 13. 12. 1988 DB 1989, 685, ergibt sich unter Berücksichtigung des § 13 III KSchG kein Auflösungsanspruch nach § 9, wenn der AG das Arbeitsverhältnis durch eine von vornherein rechtsunwirksame, weil gesetzeswidrige Kündigung beenden will. Nach BAG 10. 11. 1994 AP KSchG 1969 § 9 Nr. 24 setzt ein Ausschluß des Auflösungsanspruchs allerdings voraus, daß die Unwirksamkeit Folge eines Verstoßes gegen eine Schutznorm zugunsten des AN ist. Unklar bleibt nach BAG, ob sich der AN **allein** auf die Nichtigkeit aus anderen Gründen und gerade nicht auf die Sozialwidrigkeit nach § 1 KSchG berufen muß, um den Auflösungsantrag des AG zu sperren. Dies wird im Schrifttum vertreten, weil der Streitgegenstand durch die Klage festgelegt wird. Beschränkt der klagende AN den Streitgegenstand nicht, prüft das ArbG jeden in Betracht kommenden Unwirksamkeitsgrund, wobei es an eine Reihenfolge nicht gebunden ist. Wird dabei **auch** die Sozialwidrigkeit nach § 1 KSchG festgestellt, kann der AG den Auflösungsantrag nach § 9 KSchG stellen (ausführlich KR/*Spilger* § 9 KSchG Rn. 27; ebenso SPV/*Vossen* Rn. 1194). Nach der Argumentation des BAG sperrt ein Verstoß gegen § 612 a einen Auflösungsantrag des AG (wohl) auch dann, wenn daneben die Sozialwidrigkeit geltend gemacht wird, nach den zuletzt genannten Auffassungen darf dagegen die Klage nur auf § 612 a gestützt werden.

25 Eine verwandte Frage stellt sich bei der Anwendung des § 10 KSchG. Nach zutreffender Ansicht des LAG Köln kann die Verletzung des § 612 a bei der Bemessung einer **Abfindung** nach § 10 KSchG als Erhöhungsgrund wirken (LAG Köln 15. 9. 1994 LAGE KSchG § 10 Nr. 3). Das setzt jedoch voraus, daß § 10 KSchG Anwendung findet. Wird die Kündigungsschutzklage allein auf § 612 a gestützt, ist dies wegen § 13 III KSchG zumindest fraglich. Dabei liegen die Bedenken nicht so sehr bei der Beschränkung des Streitgegenstandes, denn dieser bestimmt sich nach hM nicht nach der verletzten Norm, sondern nach dem Klageantrag und dem zugrunde liegenden Lebenssachverhalt. Klageantrag ist regelmäßig die Feststellung, daß das Arbeitsverhältnis durch die Kündigung nicht aufgelöst wurde. Selbst wenn die Feststellung der Nichtigkeit beantragt wird, liegt die Frage der Sozialwidrigkeit nicht zwingend außerhalb des Streitgegenstandes, denn sie kann für den zugrundeliegenden Lebenssachverhalt von Bedeutung sein. Wenn die Kündigung eine verbotene Maßregelung iSd. § 612 a darstellt, ist sie gleichzeitig (auch) sozial ungerechtfertigt, weil insb. ein personen- oder verhaltensbedingter Kündigungsgrund iSd. § 1 II KSchG nicht vorliegt. Trotzdem ist die Anwendung des § 10 KSchG bei einer auf § 612 a gestützten Kündigung nicht eindeutig, wie aus dem Wortlaut des § 13 III KSchG folgt. Danach scheidet die Anwendung aus, wenn die Kündigung *bereits* aus anderen als den in § 1 KSchG genannten Gründen rechtsunwirksam ist. Liegt also ein Verstoß gegen § 612 a vor, bedarf es einer Prüfung, ob die Kündigung (auch) sozial ungerechtfertigt ist, nicht mehr und § 10 KSchG scheidet aus. Die Anwendbarkeit des § 10 KSchG läßt sich indes durch die Systematik des § 13 KSchG erreichen, indem dessen Absätze 1 und 2 herangezogen werden. Die dort geregelten Fälle sind einer Kündigung unter Verstoß gegen § 612 a zumindest ähnlich und erkären zum Schutz der AN den arbeitnehmerseitigen Auflösungsantrag nach § 9 KSchG und die Abfindungsregelung des § 10 KSchG für entspr. anwendbar.

VI. Geltendmachung

26 Die Nichtigkeit einer Kündigung nach §§ 134, 612 a ist ein Mangel, der unabhängig von der Klagefrist des § 4 KSchG geltend gemacht werden kann (LAG Schleswig-Holstein 25. 7. 1989 LAGE BGB § 612 a Nr. 4). In Konsequenz der Anwendung des § 10 KSchG ist jedoch zu verlangen, daß der AN nach § 13 I und II KSchG innerhalb von drei Wochen Feststellungsklage erhebt, wenn er in den Genuß der Abfindung gelangen will. Darüber hinaus stellt sich stets die Frage einer Verwirkung des Klagerechts, die jedoch in Anbetracht der maßregelnden Kündigung großzügig zu handhaben ist.

VII. Information der Arbeitnehmer

28 Gem. Art. 2 ArbREG-AnpassungsG ist der Wortlaut von § 612 a im Betrieb an geeigneter Stelle durch Aushang oder Auslegen bekannt zu machen.

§ 613 [Höchstpersönliche Verpflichtung und Berechtigung]

¹ Der zur Dienstleistung Verpflichtete hat die Dienste im Zweifel in Person zu leisten. ² Der Anspruch auf die Dienste ist im Zweifel nicht übertragbar.

I. Rechtsnatur und Normzweck

1 § 613 enthält eine Grundregel des Dienst- und Arbeitsvertragsrechts. Aus ihr folgt zunächst die Rechtsnatur der Arbeitsleistung als höchstpersönliche Pflicht (zu den Rechtsfolgen Rn. 5 ff.). Der Gesetzgeber hat diesen Grundsatz jedoch ausdrücklich als bloße Auslegungsregel geregelt und zwar sowohl für die Dienstleistungspflicht nach S. 1 als auch für den Dienstleistungsanspruch nach S. 2. Dies folgt eindeutig aus dem Merkmal „im Zweifel". § 613 ist deshalb auch kein Verbotsgesetz iSd. § 134 (abwegig FG Münster 7. 8. 1990 EFG 1991 S. 246; zutreffend *Depping* BB 1991, 1981).

II. Persönliche Dienstleistungspflicht (S. 1)

2 **1. Grundsatz.** Der dienstpflichtige AN hat nach § 613 S. 1 die Arbeitsleistung im Zweifel persönlich zu erbringen. Er ist grds. **nicht berechtigt,** die Arbeitsleistung durch Ersatzleute oder andere betriebsfremde Personen erbringen zu lassen. So kann ein AN, zu dessen geschuldeter Arbeitsleistung die Führung eines Kraftfahrzeuges führt, die Fahrleistung nicht durch eine Ersatzperson erbringen lassen, wenn ihm die Fahrerlaubnis entzogen wird (vgl. LAG Schleswig-Holstein 16. 6. 1986 NZA 1987, 669; vgl. auch BAG 14. 2. 1991 RzK I 6 a Nr. 70). Die Nichterfüllung der höchstpersönlichen Leistungspflicht kann Schadensersatzansprüche aus pVV begründen (LAG Bremen 16. 4. 1971 DB 1971, 1429). Andererseits folgt zugunsten des AN aus § 613 S. 1, daß er **nicht verpflichtet** ist, bei eigener Verhinderung für Ersatz zu sorgen.

3 **2. Abdingbarkeit.** Die höchstpersönliche Dienstleistungspflicht kann ausdrücklich oder stillschweigend abbedungen werden. Im Arbeitsverhältnis spielen abw. Vereinbarungen nur eine geringe Rolle.

II. Persönliche Dienstleistungspflicht (S. 1) § 613 BGB 230

Schulbeispiel ist die Leistungserbringung durch ein Hausmeisterehepaar. Hier ist konkludent davon auszugehen, daß sich die Verpflichteten gegenseitig vertreten können. Die vereinbarte Abweichung von der Regel des § 613 S. 1 (Mithilfe von Familienangehörigen und anderer Personen) spricht noch nicht dafür, daß in Wahrheit kein Arbeitsverhältnis vereinbart wurde. Aus § 613 S. 1 folgt nicht, daß der AN die Leistung zwingend in eigener Person erbringen muß (LAG Düsseldorf 5. 3. 1996 LAGE BGB § 611 Arbeitnehmerbegriff Nr. 30). Die Übertragung der höchstpersönlichen Dienstleistungspflicht ist zu unterscheiden von dem Institut des mittelbaren Arbeitsverhältnisse (vgl. hierzu § 611 Rn. 202 ff.) und dem sog. Gruppenarbeitsverhältnis (hierzu § 611 Rn. 194 ff.).

3. Gesetzliche Sonderregelungen. Eine Durchbrechung des Prinzips der persönlichen Leistungserbringung enthält § 5 BeschFG, der die Möglichkeiten und Grenzen der Arbeitsplatzteilung regelt. Dem sog. „Job-Sharing" ist in gewissem Umfang der Eintritt in die Arbeitsleistungspflicht eines anderen AN immanent. Kraft gesetzlich zugelassener Vereinbarung tritt hier der höchstpersönliche Charakter der Arbeitsleistung zurück. § 5 I 1 BeschFG beschränkt die Abweichung von dem Grundprinzip des § 613 S. 1 insofern, als ein AN zur Vertretung nur aufgrund einer für den einzelnen Vertretungsfall geschlossenen Vereinbarung verpflichtet ist. 4

4. Rechtsfolgen. Aus der aus § 613 S. 1 herzuleitenden höchstpersönlichen Leistungspflicht folgt das **Erlöschen der Arbeitspflicht beim Tod des AN.** So werden Erben weder berechtigt noch verpflichtet, in die Verpflichtung des AN einzutreten. Mit dem Tod des AN erlöschen nicht nur die Arbeitspflicht, sondern auch alle Ansprüche auf Befreiung von der Arbeitspflicht, so daß Erben insb. keine daraus folgenden Ansprüche geltend machen können. So geht insb. der Urlaubsanspruch des AN mit dessen Tod unter und kann daher nicht vererbt werden (BAG 18. 7. 1989 NZA 1990, 238 = AP BUrlG § 7 Abgeltung Nr. 49). Allerdings folgt aus der Erbenhaftung nach § 1967, daß diese verpflichtet sind, solche Ansprüche des AG zu erfüllen, die nicht die Arbeitsleistung betreffen (Beispiel: Herausgabe von Arbeitsgeräten, Unterlagen usw.). Forderungen des AN gegen den AG gehen dagegen prinzipiell auf die Erben über, soweit die Forderungen nicht höchstpersönlicher Natur sind, zB Vergütungsansprüche (zum **Gratifikationsanspruch** LAG Hamm 16. 12. 1982 ARSt. 1984, 45). Stirbt ein AN nach Erhebung der Kündigungsschutzklage und hängen **Lohnansprüche bis zu seinem Tode** von dem Ausgang des Rechtsstreits ab, kann der Prozeß durch die Erben fortgeführt werden (LAG Hamm 19. 9. 1986 NZA 1987, 669). 5

Umstritten ist die Vererblichkeit von Geldansprüchen, die mit der höchstpersönlichen Leistungspflicht zusammenhängen. Da mit dem Tod des AN der gesetzliche Urlaubsanspruch erlischt, entsteht grds. kein **Urlaubsabgeltungsanspruch,** der auf die Erben übergehen könnte. Insoweit setzt § 7 IV BUrlG voraus, daß der AN bei Beendigung des Arbeitsverhältnisses lebt (BAG 23. 6. 1992 NZA 1992, 1088 = AP BUrlG § 7 Abgeltung Nr. 59; BAG 18. 7. 1989 NZA 1990, 238 = AP BUrlG § 7 Abgeltung Nr. 49). Der Anspruch auf Urlaubsabgeltung soll allerdings auch dann nicht auf die Erben des AN übergehen, wenn der ausgeschiedene AN nach Rechtshängigkeit, aber vor dem Verfall des Urlaubsanspruches verstirbt (LAG Köln 16. 2. 1995 LAGE BUrlG § 7 Abgeltung Nr. 5). Der Urlaubsabgeltungsanspruch nach § 7 IV BUrlG soll grds. wie der Urlaub selbst höchstpersönlicher Natur sein und mit dem Tode des AN erlöschen (RGRK/*Ascheid* Rn. 7; hier § 7 BUrlG Rn. 91, 106 ff.; LAG Nürnberg 24. 7. 1998 ARSt. 1999, 109). Diese Auffassung verkennt jedoch, daß der Abgeltungsanspruch durchaus eine von der höchstpersönlichen Leistungserbringung gesonderte vermögensrechtliche Position darstellen kann. Dies gilt insb., wenn der Abgeltungsanspruch dem Grunde nach entstanden ist, aber vor dem Tod des AN nicht befriedigt wurde. Überdies greift § 7 IV BUrlG tatbestandlich nur, wenn der Urlaub wegen Beendigung des Arbeitsverhältnisses nicht mehr gewährt werden konnte. Nach Sinn und Zweck des § 7 IV BUrlG greift die Abgeltungspflicht aber nicht, wenn das Arbeitsverhältnis (vorzeitig) wegen Todes endet. Endet das Arbeitsverhältnis jedoch aus anderen Gründen und kann deshalb der Urlaub nicht gewährt werden, entsteht ein von der persönlichen Leistungspflicht unabhängiger Leistungsanspruch, der vererblich ist. Das BAG hilft in diesem Fall unnötigerweise mit der Konstruktion eines – verblichenen – Schadensersatzanspruches wegen Schuldnerverzuges aus §§ 280 I, 284 I, 286 I, 287 S. 2, weil es die Erfüllung des Urlaubsabgeltungsanspruches mit dem Tod des AN als unmöglich ansieht (BAG 19. 11. 1996 AP BUrlG § 7 Abgeltung Nr. 71 = NZA 1997, 879; BAG 22. 10. 1991 NZA 1993, 28 = AP § 7 BUrlG Abgeltung Nr. 57; aA hier § 7 BUrlG Rn. 106 f.). Dieser Konstruktion bedarf es nach der hier vertretenen Auffassung nicht. 6

Abfindungsansprüche aus Aufhebungsverträgen oder gerichtlichen Vergleichen sind prinzipiell vererblich (BAG 16. 10. 1969 AP ZPO § 794 Nr. 20; RGRK/*Ascheid* Rn. 7). Der rechtskräftig ausgeurteilte Abfindungsanspruch ist in jedem Falle vererblich (BAG 25. 6. 1987 NZA 1988, 466). Höchstpersönlicher Natur ist lediglich das Recht des AN, im Rahmen eines Kündigungsschutzverfahrens die Auflösung gegen Zahlung einer Abfindung zu beantragen (§§ 9, 10 KSchG; MünchKommBGB/ *Schaub* Rn. 13). Umstritten ist die Vererblichkeit eines Anspruchs auf Abfindung, wenn der AN bereits vor dem vereinbarten Vertragsschluß, aber nach dem Vertragsabschluß, der die Abfindung enthält, verstirbt. Primär ist die Frage zu beantworten, ob der Anspruch auf Abfindung in diesem Falle überhaupt entsteht. Ist die Entstehung des Anspruches zu bejahen, ist der Abfindungsanspruch als vermögensrechtlicher Anspruch prinzipiell auch vererblich (LAG München 25. 8. 1980 ARSt. 1981, 7

Preis

86). Nach einer umstrittenen engeren Auffassung ist der Anspruch auf Abfindung aus einem arbeitsgerichtlichen Vergleich nur vererblich, wenn das Arbeitsverhältnis über den Zeitpunkt des Todes des AN hinaus bestanden hat (ArbG Düsseldorf 23. 2. 1968 DB 1968, 805; ferner LAG Köln 11. 12. 1990 LAGE BGB § 611 Aufhebungsvertrag Nr. 2; LAG Baden-Württemberg 27. 2. 1996 – 8 Sa 107/95 –). Nach aA ist eine Vererblichkeit jedenfalls dann anzunehmen, wenn der AN lediglich vor der Auszahlung des Abfindungsbetrages verstirbt (LAG Baden-Württemberg 26. 2. 1996 – 15 Sa 149/95 –). Auf die Entscheidungen des LAG Baden-Württemberg hat das BAG entschieden, daß bei Aufhebungsverträgen, die „für den Verlust des Arbeitsplatzes" bzw. für die „Aufhebung des Arbeitsverhältnisses" Abfindungen vorsehen, Voraussetzung für den Abfindungsanspruch sei, daß das Arbeitsverhältnis zum vorgesehenen Beendigungstermin noch besteht. Endet das Arbeitsverhältnis früher, auch durch Tod des AN, entsteht der Anspruch nicht (BAG 26. 8. 1997 AP BGB § 620 Aufhebungsvertrag Nr. 8 und 9 AZR 564/96). Nach richtiger Auffassung handelt es sich um eine Frage der Auslegung des jeweiligen Vertrages. So kann bei Ableben des AN vor dem im Aufhebungsvertrag oder Vergleich genannten Zeitpunkt der Auflösung des Arbeitsverhältnisses der Erbe die Abfindung jedenfalls dann verlangen, wenn das Erleben des Auflösungstermins nicht Grundlage des Vergleichsabschlusses war (vgl. auch BAG 16. 10. 1969 AP ZPO § 794 Nr. 20; BAG 25. 6. 1987 NZA 1988, 466). Richtig ist auf den rechtsverbindlichen Abschluß des Aufhebungsvertrages, Vergleichs oder Sozialplanes abzustellen; unerheblich ist, ob der Tod vor dem rechtlichen Ende des Arbeitsverhältnisses eintritt. Der Abfindungsanspruch geht prinzipiell auf die Erben über (ArbG Passau 4. 11. 1991 BB 1992, 70). Ein Anspruch auf Zahlung einer Abfindung kann jedoch dann nicht vererbt werden, wenn der AN vor Erfüllung der Anspruchsvoraussetzungen (etwa die Beendigung des Arbeitsverhältnisses zu einem bestimmten Termin) verstirbt. Auf die Fälligkeit der Abfindung kommt es dagegen nicht entscheidend an.

III. Dienstleistungsanspruch

8 **1. Grundsatz.** Nach S. 2 kann auch der Anspruch auf die Arbeitsleistung im Zweifel nicht übertragen werden. Die höchstpersönliche Leistungspflicht wirkt sich daher zum Schutze des AN aus, weil der AG prinzipiell nicht (mit Ausnahme des § 613 a) die Arbeitsleistung einem anderen AG zur Verfügung stellen kann. Ohne besondere Vereinbarung kann der AN daher nicht der Weisungsbefugnis eines anderen AG unterstellt werden. Davon unberührt bleibt die Verpflichtung zur Arbeit in fremden Betrieben für den AG (BAG 17. 1. 1979 AP BGB § 613 Nr. 2 = EzA BGB § 613 Nr. 1).

9 **2. Abdingbarkeit und gesetzliche Ausnahmen.** Auch die Auslegungsregel des § 613 S. 2 kann durch Vereinbarung oder Gesetz durchbrochen werden. Eine gesetzlich zugelassene Abweichung von der Regel des § 613 S. 2 ist der Fall der ANÜberlassung. Überläßt der AG gewerbsmäßig AN anderen AG, so bedarf er hierzu einer Erlaubnis nach Maßgabe des AÜG (vgl. hierzu die Kommentierung zum AÜG). Individualrechtlich muß jedoch hierüber eine Vereinbarung mit dem zu überlassenden AN getroffen werden. Die nicht gewerbsmäßige ANÜberlassung ist ebenfalls kraft Vereinbarung möglich. In der Praxis geschieht dies häufig im Rahmen der sog. **Konzernleihe.** Hierbei leihen miteinander verbundene Unternehmen einander Arbeitskräfte aus. Eine derartige Konstruktion stellt eine zulässige Abweichung von der Auslegungsregel des § 613 S. 2 dar. Allein aus dem Umstand, daß der AG in die Absatzorganisation eines größeren Unternehmens eingegliedert ist, kann noch nicht entnommen werden, § 613 S. 2 sei stillschweigend abbedungen (BGH 11. 12. 1962 NJW 1963, 100).

10 Eine gesetzlich zulässige Übertragung der Pflicht zur Arbeitsleistung findet auch im Falle des Betriebsübergangs nach Maßgabe des § 613a statt. Zur Sicherung des Grundprinzips des § 613 S. 2 gewährt das BAG in st. Rspr. ein Widerspruchsrecht des AN gegen den Betriebsübergang (vgl. § 613 a Rn. 57 ff.).

11 **3. Rechtsfolgen.** S. 2 erklärt den Anspruch auf die Arbeitsleistung lediglich im Zweifel für unübertragbar, nicht aber für unvererblich. Der Anspruch auf die Arbeitsleistung kann prinzipiell vererbt werden (§ 1922). Beim Tod des AG geht das Arbeitsverhältnis daher idR auf die Erben über und erlischt nicht. Etwas anderes kann nur in den Sonderfällen gelten, wenn die Erbringung der Arbeitsleistung untrennbar mit der Person des AG verbunden ist (Beispiel: Krankenpflegevertrag, Privatsekretär). Eine derartige Vertragsgestaltung führt aber noch nicht zur Unvererblichkeit des Anspruches auf Arbeitsleistung. Vielmehr kann das Arbeitsverhältnis (ausdrücklich oder konkludent) auflösend bedingt gestaltet sein (LAG Hamburg 17. 6. 1952 PraktArbR BGB § 613 Nr. 54). Nach allgemeinen Grundsätzen dürfen allerdings die einzuhaltenden Mindestkündigungsfristen auch bei einer auflösenden Bedingung nicht umgangen werden (hierzu § 620 Rn. 153). Da dem AN der Eintritt der Bedingung (Tod des AG) nicht rechtzeitig erkennbar ist, muß auch bei einer auflösenden Bedingung eine an den Mindestkündigungsfristen orientierte Ankündigung der Beendigung erfolgen. Die Erben sind daher auch für die Kündigungsfrist noch an das Arbeitsverhältnis gebunden. Davon unberührt bleibt ein uU bestehendes Kündigungsrecht nach § 626 I der Erben.

Aus § 613 S. 2 folgt auch, daß Teilrechte aus dem Arbeitsverhältnis nicht ohne Zustimmung des AN 12
auf einen anderen AG übertragen werden dürfen, zB aus einem vertraglichen Wettbewerbsverbot
(BAG 28. 1. 1966 AP HGB § 74 Nr. 18).

Aus der im Zweifel bestehenden Unübertragbarkeit des Anspruchs auf die Arbeitsleistung nach 13
§ 613 S. 2 folgt ferner der Ausschluß der Abtretbarkeit und Pfändbarkeit (§ 851 I ZPO) der Arbeitsleistung.

§ 613 a [Rechte und Pflichten bei Betriebsübergang]

(1) ¹Geht ein Betrieb oder Betriebsteil durch Rechtsgeschäft auf einen anderen Inhaber über, so tritt dieser in die Rechte und Pflichten aus den im Zeitpunkt des Übergangs bestehenden Arbeitsverhältnissen ein. ²Sind diese Rechte und Pflichten durch Rechtsnormen eines Tarifvertrags oder durch eine Betriebsvereinbarung geregelt, so werden sie Inhalt des Arbeitsverhältnisses zwischen dem neuen Inhaber und dem Arbeitnehmer und dürfen nicht vor Ablauf eines Jahres nach dem Zeitpunkt des Übergangs zum Nachteil des Arbeitnehmers geändert werden. ³Satz 2 gilt nicht, wenn die Rechte und Pflichten bei dem neuen Inhaber durch Rechtsnormen eines anderen Tarifvertrags oder durch eine andere Betriebsvereinbarung geregelt werden. ⁴Vor Ablauf der Frist nach Satz 2 können die Rechte und Pflichten geändert werden, wenn der Tarifvertrag oder die Betriebsvereinbarung nicht mehr gilt oder bei fehlender beiderseitiger Tarifgebundenheit im Geltungsbereich eines anderen Tarifvertrags dessen Anwendung zwischen dem neuen Inhaber und dem Arbeitnehmer vereinbart wird.

(2) ¹Der bisherige Arbeitgeber haftet neben dem neuen Inhaber für Verpflichtungen nach Absatz 1, soweit sie vor dem Zeitpunkt des Übergangs entstanden sind und vor Ablauf von einem Jahr nach diesem Zeitpunkt fällig werden, als Gesamtschuldner. ²Werden solche Verpflichtungen nach dem Zeitpunkt des Übergangs fällig, so haftet der bisherige Arbeitgeber für sie jedoch nur in dem Umfang, der dem im Zeitpunkt des Übergangs abgelaufenen Teil ihres Bemessungszeitraums entspricht.

(3) Absatz 2 gilt nicht, wenn eine juristische Person oder eine Personenhandelsgesellschaft durch Umwandlung erlischt.

(4) ¹Die Kündigung des Arbeitsverhältnisses eines Arbeitnehmers durch den bisherigen Arbeitgeber oder durch den neuen Inhaber wegen des Übergangs eines Betriebs oder eines Betriebsteils ist unwirksam. ²Das Recht zur Kündigung des Arbeitsverhältnisses aus anderen Gründen bleibt unberührt.

Übersicht

	Rn.
A. Entstehung und Normzweck	1
I. Entwicklung	1
II. Normzweck	2
1. Teleologische Einordnung	3
2. Systematische Einordnung	4
B. Tatbestandsvoraussetzungen des Betriebsübergangs	5
I. Übergang des Betriebs oder eines Betriebsteils	5
1. Betriebsbegriff (wirtschaftliche Einheit)	5
2. Prüfungskriterien der wirtschaftlichen Einheit	10
a) Art des Unternehmens	12
b) Übergang oder Nichtübergang der materiellen Aktiva	17
c) Wert der immateriellen Aktiva	23
d) Übernahme oder Nichtübernahme der Arbeitnehmer	24
e) Übernahme oder Nichtübernahme der Kundschaft	31
f) Ähnlichkeit der Tätigkeit vor und nach der Übernahme	32
g) Dauer der Unterbrechung der Geschäftstätigkeit	35
3. Auftrags- und Funktionsnachfolge/Outsourcing	37
4. Zusammenfassung/Ausblick	38
II. Übergang auf einen anderen Inhaber	42
1. Betriebsinhaber	43
2. Tatsächliche Fortführung des Betriebes	49
a) Bisherige Rspr.	49
b) Neue Rspr.	50
c) Einzelfälle	54
3. Stillegung des Betriebs	56
III. Rechtsgeschäftlicher Übergang	58
1. Bedeutung des Rechtsgeschäfts	58
2. Inhalt des Rechtsgeschäfts	59
3. Übernahme bei Insolvenz	63
4. Zwangsversteigerung und Zwangsverwaltung	64
C. Rechtsfolgen des Betriebsübergangs	66
I. Übergang der Arbeitsverhältnisse	66
1. Arbeitgeberwechsel	66
2. Erfaßte Arbeitsverhältnisse	67
3. Zuordnung der Arbeitnehmer	71
4. Eintritt in die Rechte und Pflichten	73
a) Rechtsstellung des Arbeitnehmers	73
b) Rechtsstellung des Betriebserwerbers	79
5. Unabdingbarkeit	82
II. Widerspruchsrecht des Arbeitnehmers	84
1. Begründung	84

Preis

	Rn.		Rn.
2. Ausübung	86	1. Konkurrenzverhältnis	123
3. Rechtsstellung zum Veräußerer	88	2. Haftungsgründe und Unterschiede zu § 613 a	124
4. Kollektive Ausübung des Widerspruchsrechts	92	VIII. Betriebsübergang in der Insolvenz	128
III. Fortgeltung von Tarifvertrag und Betriebsvereinbarung (§ 613 a I 2–4)	93	1. Eingeschränkte Geltung des § 613 a	128
1. Grundsätzliche Regelung	93	2. Betriebliche Altersversorgung	130
2. Weitergeltung kollektivrechtlicher Normen	94	3. Zeitpunkt der Haftungserleichterung	132
a) Grundsatz der individualrechtlichen Weitergeltung	94	4. Kündigungsrecht	133
b) Kollektivrechtliche Weitergeltung	95	IX. Kündigungsverbot wegen des Betriebsübergangs (§ 613 a IV 1)	135
3. Reichweite der individualrechtlichen Weitergeltung	99	1. Sinn und Zweck der Regelung	135
a) Art der Kollektivvereinbarung	99	2. Abgrenzung zur Kündigungsmöglichkeit nach § 613 a IV 2	136
b) Inhalt der Kollektivvereinbarung	100	3. Umgehungen des Kündigungsverbots	139
4. Änderung individualrechtlich weitergeltender Normen	101	4. Stillegungsabsicht und anschließende Betriebsübernahme	142
a) Grundsatz gem. I 2	101	a) Kündigungsrechtliche Grundsätze	143
b) Ausnahmen gem. I 4	103	b) Vertragsfortsetzungs- und Wiedereinstellungsanspruch	145
5. Ausschluß der Weitergeltung (I 3)	105	5. Sanierende Betriebsübernahmen	149
IV. Weitere betriebsverfassungsrechtliche Fragen	110	6. Gerichtliche Geltendmachung	155
1. Kontinuität des Betriebsrats	110	X. Prozessuales	156
2. Betriebsänderung	113	1. Passivlegitimation	156
3. Unterrichtungspflichten	114	2. Beweislast	160
V. Weiterhaftung des Betriebsveräußerers (II)	115	3. Rechtskraft	163
1. Sinn und Zweck der Regelung	115	XI. Betriebsübergang und Gesamtrechtsnachfolge	164
2. Haftung des Betriebserwerbers	116	1. Übergang der Arbeitsverhältnisse	164
3. Haftung des Betriebsveräußerers	117	2. Betriebsvereinbarungen und Tarifverträge	168
a) Beendete Arbeitsverhältnisse	117	3. Übergangsmandat des Betriebsrats	171
b) Übergegangene Arbeitsverhältnisse	118	4. Haftung für Arbeitnehmeransprüche	172
4. Abweichende Vereinbarungen	121	5. Betriebliche Altersversorgung	175
VI. Haftungsausschluß (III)	122	6. Kündigungsschutz	176
VII. Verhältnis zu anderen Haftungsgrundlagen	123		

Schrifttum: *Boecken,* Unternehmensumwandlungen und Arbeitsrecht, 1996; *B. Fuchs,* Betriebliche Sozialleistungen beim Betriebsübergang, 2000; *Gussen/Dauck,* Die Weitergeltung von Betriebsvereinbarungen und Tarifverträgen bei Betriebsübergang und Umwandlung, 1997; *Kreitner,* Kündigungsrechtliche Probleme beim Betriebsinhaberwechsel, 1989; *Mengel,* Umwandlungen im Arbeitsrecht, 1997; *Preis/Willemsen,* Umstrukturierung von Betrieb und Unternehmen im Arbeitsrecht, 1999; *Seiter,* Betriebsinhaberwechsel, 1980; *Willemsen/Hohenstatt/Schweibert,* Umstrukturierung und Übertragung von Unternehmen, 1999 (zit. Willemsen).

A. Entstehung und Normzweck

I. Entwicklung

1 § 613 a wurde anläßlich der Novellierung des BetrVG 1972 in das BGB aufgenommen. § 613 a I 1, II und III traten durch § 122 BetrVG gleichzeitig mit dem BetrVG am 19. 1. 1972 in Kraft. Mit der damaligen Fassung des § 613 a entsprach das innerstaatliche Recht bereits im Grundsatz der vom Rat der Europäischen Gemeinschaften am 14. 2. 1977 erlassenen Richtlinie zur Angleichung der Rechtsvorschriften der Mitgliedstaaten über die Wahrung von Ansprüchen der AN beim Übergang von Unternehmen, Betrieben oder Betriebsteilen (EG-Richtlinie 77/187; ABl. EG Nr. L 61/26 vom 5. 3. 1977; geändert durch EG-Richtlinie 98/50 v. 29. 6. 1998; ABl. EG Nr. L 201/88 v. 17. 7. 1998; hierzu *Franzen* RdA 1999, 361; *Gaul* BB 1999, 526, 582; *Willemsen/Annuß* NJW 1999, 2073). Die darüber hinaus noch erforderliche Harmonisierung zur EG-Richtlinie erfolgte durch das am 21. 8. 1980 in Kraft getretene arbeitsrechtliche EG-Anpassungsgesetz (BGBl. I S. 1308). Weil § 613 a in der jetzigen Fassung auf der EG-Richtlinie beruht, ist die Bestimmung in Zweifelsfragen europarechtskonform auszulegen. Die Änderung des § 613 a III, der statt Verschmelzung, Aufspaltung oder Umwandlung

nur noch die Umwandlung nennt, beruht auf Art. 2 des UmwRBerG v. 28. 10. 1994 (BGBl. I S. 3210) und fand ihren Grund in der angepaßten Terminologie zum UmwG; sachlich ist dadurch keine Änderung eingetreten. Bis. 31. 12. 1998 war die Vorschrift nach Maßgabe des Art. 232 § 5 II EGBG im Beitrittsgebiet (frühere DDR) nur eingeschränkt anwendbar (hierzu Voraufl. Rn. 125 bis 129).

II. Normzweck

§ 613a stellt eine **Schutzvorschrift zugunsten der AN** dar, die dann eingreift, wenn ein Betrieb 2
oder Betriebsteil mittels Rechtsgeschäft den Inhaber wechselt. Geregelt wird die Frage, welche Folgen sich daraus für diejenigen AN ergeben, die in dem zu veräußernden Betrieb oder Betriebsteil arbeiten. § 613a verfolgt drei Schutzzwecke (ausf. *Willemsen* G Rn. 15 ff.): Mit dem Verlust des bisherigen AG soll der AN nicht auch seinen Arbeitsplatz verlieren (**Kündigungsschutz**). Vielmehr geht das Arbeitsverhältnis, das zwischen ihm und dem ehemaligen Betriebsinhaber bestand, grds. auf den neuen Betriebsinhaber über (Rn. 66 ff.). Dies gilt nur dann nicht, wenn der AN mit dem Übergang seines Arbeitsverhältnisses nicht einverstanden ist und deshalb widerspricht (Rn. 84 ff.). Kündigungen sind unwirksam, die der bisherige AG oder der neue Inhaber wegen des Betriebsübergangs ausgesprochen hat (Rn. 135 ff.). Weiterhin bezweckt § 613a die **Kontinuität des BR** und die **Aufrechterhaltung der kollektivrechtlich geregelten Arbeitsbedingungen** (Rn. 93 ff.). Ferner bezweckt die Vorschrift die **Verteilung der Haftungsrisiken** zwischen altem und neuem Betriebsinhaber (Rn. 86 ff.).

1. Teleologische Einordnung. Mit dem angeordneten Übergang der Arbeitsverhältnisse von dem 3
alten auf den neuen Betriebsinhaber bestimmt § 613a einen **Vertragsübergang kraft Gesetzes,** der dem Bürgerlichen Recht grds. fremd ist. Das BGB regelt (Ausnahme § 571) nur die Abtretung einzelner Forderungen (§§ 398 ff.) und die Übernahme einzelner Pflichten (§§ 414 ff.). Vor dem Inkrafttreten des § 613a gingen deshalb Rspr. und hL davon aus, daß die zu dem ehemaligen Betriebsinhaber bestehenden Arbeitsverhältnisse nur dann auf den Betriebserwerber übergehen konnten, wenn alle Parteien – Veräußerer, Erwerber, AN – zustimmten (vgl. Nachweise bei BAG 2. 10. 1974 AP BGB § 613a Nr. 1 = BB 1976, 845 und *Staudinger/Richardi/Annuß* Rn. 3). Dafür sprach auch, daß nach § 613 S. 2 der Anspruch auf die Dienste im Zweifel nicht übertragbar ist. Der neue Betriebsinhaber konnte hiernach frei entscheiden, ob er die bisherige Belegschaft insgesamt oder nur zu einem Teil übernehmen wollte. Auch hatte er die Möglichkeit, die Weiterbeschäftigung von einer Änderung der Arbeitsvertragsbedingungen abhängig zu machen. Diese systemgerechte Ansicht hatte jedoch den Nachteil, daß sie zu einer **Lücke im Kündigungsschutz** führte. Daß der AN nur deshalb seine Arbeit verlieren konnte, weil sich die Dispositionsbefugnis über seinen Arbeitsplatz änderte, widersprach dem Grundsatz des § 1 KSchG. Aus diesen Erwägungen schloß sich der Gesetzgeber einer damals bereits häufiger vertretenen Ansicht an, die im Fall des Betriebsinhaberwechsels den Übergang der Arbeitsverhältnisse kraft Gesetzes für zulässig erachtete, ohne daß es einer Zustimmung des Erwerbers bedürfe (*Nikisch* Arbeitsrecht I S. 659 ff.).

2. Systematische Einordnung. Daß § 613a durch § 122 BetrVG eingefügt wurde, ändert nichts an 4
dem bürgerlich-rechtlichen Charakter der Bestimmung. Dies folgt systematisch daraus, daß sich der Anwendungsbereich einer Bestimmung nach dem Gesetz richtet, in das sie aufgenommen wurde und nicht nach dem einfügenden Gesetz (BAG 22. 2. 1978 AP BGB § 613a Nr. 11 = BB 1978, 1453; KR/ *Pfeiffer* Rn. 8). Deshalb kommt es nicht darauf an, ob für den vom Übergang betroffenen Betrieb das BetrVG Anwendung findet. § 613a gilt auch dann, wenn keine BRPflicht oder kein BR besteht. § 613a erfaßt Betriebe aller Wirtschaftszweige, auch solche freier Berufe. Auch Tendenzbetriebe werden einschränkungslos erfaßt (*Staudinger/Richardi/Annuß* Rn. 23). Unerheblich ist ferner, ob der Veräußerer oder Erwerber dem privaten oder öffentlichen Recht – etwa Bund, Länder, Gemeinden, sonstige Körperschaften, Anstaltungen oder Stiftungen des öffentlichen Rechts – zuzuorden ist.

B. Tatbestandsvoraussetzungen des Betriebsübergangs

I. Übergang des Betriebs oder eines Betriebsteils

1. Betriebsbegriff (wirtschaftliche Einheit). Dogmatisch mißglückt knüpft § 613a BGB an die 5
betriebsverfassungsrechtliche Terminologie des Betriebs bzw. Betriebsteils an. Lange Zeit ging man deshalb davon aus, daß der Betriebsbegriff des § 613a mit dem allgemeinen arbeits- bzw. betriebsverfassungsrechtlichen Betriebsbegriff übereinstimme. Der **Betrieb** war danach im Ausgangspunkt definiert als eine **organisatorische Einheit,** in der Personen mit Hilfe persönlicher, sächlicher oder immaterieller Mittel bestimmte arbeitstechnische Zwecke fortgesetzt verfolgen (BAG 21. 1. 1988 AP BGB § 613a Nr. 72 = NZA 1988, 838; KR/*Pfeiffer* Rn. 16; *Seiter* S. 49). Danach kam es allein auf die **sächlichen und immateriellen Betriebsmittel,** die das wirtschaftliche Substrat bilden, mit denen der Unternehmer die Erlöse und insb. die Löhne erwirtschaften kann (RGRK/*Ascheid* Rn. 28). Die AN selbst sollten nicht zum Betrieb iSd. § 613a gehören (BAG 12. 2. 1987 AP BGB § 613a Nr. 67 = NZA 1988, 170; *Henssler* NZA 1994, 915; zum ganzen instruktiv *Moll* RdA 1999, 233 ff.). Bei diesem

Definitionsversuch wird der Normzweck des § 613 a nicht hinreichend erfaßt, der primär darin liegt, eine **Lücke im Kündigungsschutzsystem zu schließen** (zutreffend *Staudinger/Richardi/Annuß* Rn. 41; ähnlich RGRK/*Ascheid* Rn. 36) und verhindern soll, daß der AN trotz Fortbestand seines Arbeitsplatzes bei einem anderen Inhaber seine Arbeitsstelle verliert (zu weitgehend daher BAG 25. 6. 1985 AP BetrAVG § 7 Nr. 23, das global auf den Erhalt der Arbeitsverhältnisse abstellt). Ziel der Norm ist, einen Gleichlauf von Arbeitsplatz und Arbeitsverhältnis sicherzustellen (*Willemsen* G Rn. 18), wobei es nicht darauf ankommen kann, ob der Arbeitsplatz beim Erwerber dauerhaft erhalten bleiben soll (zutr. *Annuß* BB 1998, 1582, 1583). Die weitgehenden Rechtsfolgen des § 613 a sollen den Erwerber treffen, der das wirtschaftliche Substrat aus der übergegangenen Einheit zieht. Bildlich gesprochen: Wer sich durch Übernahme sächlicher, immaterieller oder personeller Mittel „in ein gemachtes Bett legt", soll als Betriebsübernehmer haften. Dazu gehören – je nach Art des Unternehmens in unterschiedlichem Ausmaß – auch die AN. Ein Betriebsübergang ist nicht allein deshalb zu bejahen, weil der AN seine Tätigkeit bei dem neuen Betriebsinhaber erbringen könnte (*Staudinger/Richardi/Annuß* Rn. 41); vielmehr sind vorrangig die Kriterien des Betriebsübergangs (Wahrung der Identität der Einheit). So können Hilfskräfte nicht schon deshalb die Weiterbeschäftigung bei dem neuen Betriebsinhaber verlangen, weil sie ihre geschuldete Arbeitsleistung auch dort erbringen könnten (hierzu *Müller-Glöge* NZA 1999, 449, 450).

6 Die Schwächen der traditionellen Definition des Betriebs sind durch die Rspr. des **EuGH,** der angesichts der Vorabentscheidungskompetenz zur Richtlinie 77/187/EWG besondere Bedeutung für die Interpretation des § 613 a zukommt, (zur Vorlageverpflichtung letztinstanzlicher nationaler Gerichte deutlich BVerfG 13. 6. 1997 AP GG Art. 101 Nr. 52) deutlich geworden. Der EuGH definiert nicht die Begriffe „Betrieb oder Betriebsteil", sondern stellt die **wirtschaftliche Einheit** in den Vordergrund der Überlegung. Dem folgt das BAG seit 1997 (BAG 13. 11. 1997 AP BGB § 613 a Nr. 169, 170 = NZA 1998, 249 und 251) in st. Rspr., so daß hier auch nur die neue Begriffsbildung zugrunde gelegt wird. Der Begriff der wirtschaftlichen Einheit ist der teleologisch gebildete Kernbegriff aus Art. 1 I a RL 77/187/EWG (idF der RL 98/50/EG) die – weitergehend als der verengte § 613 a auf den Übergang von „Unternehmen, Betrieben, Unternehmens- bzw. Betriebsteilen" abstellt. Als Übergang bezeichnet die Richtlinie nach Art. 1 I b den **„Übergang einer ihre Identität bewahrenden wirtschaftlichen Einheit im Sinne einer organisierten Zusammenfassung von Ressourcen zur Verfolgung einer wirtschaftlichen Haupt- oder Nebentätigkeit".** Richtig wird hieran deutlich, daß nicht die Unterscheidung von arbeitstechnischem Zweck und unternehmerischer Zielsetzung und auch nicht von betriebsorganisatorischer und wirtschaftlicher Einheit entscheidend ist. Entscheidend ist vielmehr, daß durch eine (Teil-)Übertragung einer Einheit eine im wesentlichen unveränderte Fortführung der bisher in dieser abgrenzbaren Einheit geleisteten Tätigkeit möglich ist (ähnlich *Staudinger/Richardi/Annuß* Rn. 44). Ohne Nutzung der vom Vorgänger geschaffenen Arbeitsorganisation gibt es keinen Betriebsübergang (*Willemsen* G Rn. 81). Die wirtschaftliche Einheit muß eine funktionsfähige arbeitstechnische Organisationseinheit sein (*Hergenröder* AR-Blattei SD 500.1 Rn. 122). Nur dann zieht der Erwerber das Substrat aus dem Übergang und nur dann kann auch der Arbeitsplatz bei Erwerber im wesentlichen unverändert erhalten bleiben. Insoweit wird auch der Normzweck des § 613 a besser erfüllt als durch eine primär betriebsmittelbezogene Betrachtung.

7 Sofern der vorbezeichnete Begriff der wirtschaftlichen Einheit in den Mittelpunkt der Betrachtung tritt, verliert die eigenständige Interpretation des Begriffs **Betriebsteil** ihre Bedeutung (*Steffan* NZA 2000, 687). An diesem Begriff und subtilen Unterscheidungen in der deutschen Rspr. entzündete sich der Konflikt zwischen EuGH und BAG (hierzu *Ascheid* in Preis/Willemsen aaO, Rn. B 8 ff). Der Begriff des Unternehms- oder Betriebsteils ist sowohl in Art. 1 a RL 77/187/EWG erwähnt als auch in der Definition des EuGH enthalten. Entscheidend ist für den EuGH, daß die abgrenzbare wirtschaftliche Einheit ihre Identität wahrt, „was insb. aus der tatsächlichen Weiterführung oder Wiederaufnahme der Geschäftstätigkeit folgt" (EuGH 12. 11. 1992 AP EWG-Richtlinie Nr. 77/187 Nr. 5 = EAS RL 77/187/EWG Art. 1 Nr. 8). Neu ist, daß auch die Belegschaft als solche in betriebsmittelarmen Unternehmen eine organisierte wirtschaftliche Einheit darstellen kann. Aber auch diese Annahme ist nur bei einer Gesamtbetrachtung gerechtfertigt. Die früher diskutierte Frage, ob und inwieweit die Veräußerung nur eines Gegenstandes schon einen Betriebsübergang auslösen kann bzw. die Veräußerung mehrerer Gegenstände für die Annahme eines Betriebsübergangs erforderlich ist (Vorauf. Rn. 10), stellt sich nach der neueren Rspr. so nicht mehr. Vielmehr geht dieser Gesichtspunkt in der Gesamtbetrachtung auf. Denn auch beim Erwerb eines Betriebsteils ist erforderlich, daß die wirtschaftliche Einheit ihre Identität wahrt. Betriebsteile sind Teileinheiten (Teilorganisationen) des Betriebs (BAG 26. 8. 1999 AP BGB § 613 a Nr. 196). Es muß sich um eine **selbständig abtrennbare organisatorische Einheit** handeln, in der innerhalb des betrieblichen Gesamtzwecks ein Teilzweck verfolgt wird. Ein Hilfszweck reicht aus (BAG 9. 2. 1994 AP BGB § 613 a Nr. 105; ähnlich RGRK/*Ascheid* Rn. 62; anders noch BAG 22. 5. 1985 AP BGB § 613 a Nr. 42). Das entspricht der Rspr. des EuGH. Ob der übertragene Tätigkeitsbereich (hier: Kantinenbetrieb) für das übertragende Unternehmen von **untergeordneter Bedeutung** ist und nicht in einem notwendigen Zusammenhang mit dem Unternehmenszweck steht, ist **unerheblich** (EuGH 12. 11. 1992 AP EWG-Richtlinie Nr. 77/187 Nr. 5 = EAS RL 77/187/EWG Art. 1 Nr. 8). Zur Veräußerung einzelner Betriebsmittel vgl. Rn. 21 ff.).

B. Tatbestandsvoraussetzungen des Betriebsübergangs   § 613 a   BGB 230

Schließlich ist für das Verständnis des § 613 a wesentlich, daß die Frage, ob ein **Betrieb(steil)** 8
vorliegt, von der Frage getrennt werden muß, ob ein **Betrieb(steil) übergegangen** ist (*Hergenröder*
AR-Blattei SD 500.1 Rn. 127). Der Erwerber, der lediglich Betriebsmittel zur Erfüllung seiner bereits
ausgeübten Tätigkeit erwirbt, übernimmt damit noch nicht einen Betriebsteil, sondern bedient sich der
Betriebsmittel im Rahmen einer schon vorhandenen Organisation (hier BAG 18. 3. 1999 AP BGB
§ 613 a Nr. 190). Allerdings muß – entspr. der Zwecksetzung des § 613 a – beachtet werden, ob an die
betreffende Einheit Arbeitsplätze gebunden sind, für die nach Ausgliederung im Restbetrieb keine
Verwendung mehr wäre (*Hergenröder* AR-Blattei SD 500.1 Rn. 128).

Wie § 613 a voraussetzt, können Betriebsteile selbständig übertragen werden. Daraus folgt zugleich, 9
daß **nur die AN des betroffenen Betriebsteils übergehen** und nicht etwa auch AN anderer Betriebsteile (BAG 13. 11. 1997 AP BGB § 613 a Nr. 170 = NZA 1998, 249). Das gilt auch, wenn sie für den
übertragenen Betriebsteil schon einmal tätig geworden sind. Ebensowenig gehen AN von Stabsstellen
über. Das alles gilt auch dann, wenn ein nicht lebensfähiger Restbetrieb übrigbleibt. Der Betriebsübergang folgt aus der Wahrung der Identität des Betriebs beim Erwerber und nicht aus dem Untergang der früheren Identität des Gesamtbetriebes (BAG 13. 11. 1997 AP BGB § 613 a Nr. 170 = NZA
1998, 249).

2. Prüfungskriterien der wirtschaftlichen Einheit. Der vom EuGH zugrundegelegte Begriff der 10
wirtschaftlichen Einheit ist nicht aufgrund begrifflicher Subsumtion, sondern auf der Basis verschiedener Kriterien auf der Basis einer **typologischen Gesamtbetrachtung** zu konkretisieren (*Moll* RdA
1999, 233, 236). Dabei kommt man nur zu zutreffenden Resultaten, wenn die Zwecksetzung der EG-
Richtlinien und des § 613 a beachtet werden. Nach Auffassung des **EuGH** sind „sämtliche, den
betreffenden Vorgang kennzeichnenden Tatsachen zu berücksichtigen. Dazu gehören namentlich die
**Art des betreffenden Unternehmens oder Betriebes, der Übergang oder Nichtübergang der
materiellen Aktiva wie Gebäude und bewegliche Güter, der Wert der immateriellen Aktiva zum
Zeitpunkt des Übergangs, die Übernahme oder Nichtübernahme der Hauptbelegschaft durch den
neuen Inhaber, der Übergang oder Nichtübergang der Kundschaft sowie der Grad der Ähnlichkeit zwischen der vor und der nach dem Übergang verrichteten Tätigkeit und die Dauer einer
eventuellen Unterbrechung dieser Tätigkeit.** Alle diese Umstände sind jedoch nur Teilaspekte der
vorzunehmenden Gesamtbewertung und dürfen deshalb nicht isoliert betrachtet werden" (st. Rspr. seit
EuGH 18. 3. 1986 EAS RL 77/187/EWG Art. 1 Nr. 2; zuletzt EuGH 11. 3. 1997 AP EWG-Richtlinie
77/187 Nr. 14 = EAS RL 77/187/EWG Art. 1 Nr. 13 = NZA 1997, 433). Den maßgeblichen Kriterien
kommt notwendigerweise je nach der ausgeübten Tätigkeit und selbst nach den Produktions- oder
Betriebsmethoden, die in dem betreffenden Unternehmen, Betrieb oder Betriebsteil angewendet
werden, **unterschiedliches Gewicht** zu (zuletzt EuGH 10. 12. 1998 NZA 1999, 253 = EAS RL 77/
187/EWG Art. 1 Nr. 17; EuGH 10. 12. 1998 NZA 1999, 189 = EAS RL 77/187/EWG Art. 1 Nr. 18).
Die mithin je nach Art der Tätigkeit unterschiedlich zu gewichtenden Kriterien (*Müller-Glöge* NZA
1999, 449, 450) weisen durchaus einen teleologischen Zusammenhang zwischen Tatbestand und
Rechtsfolge auf. Sie sind geeignet – angepaßt an die vielgestaltige wirtschaftliche Tätigkeit –, das
übergehende wirtschaftliche Substrat zu kennzeichnen.

Das BAG hat sich dieser Rspr. angeschlossen (BAG 22. 5. 1997 AP BGB § 613 a Nr. 154 = NZA 11
1997, 1050; BAG 13. 11. 1997 AP BGB § 613 a Nr. 169, 170 = NZA 1998, 249 und 251). Nach dieser
Klarstellung des EuGH (11. 3. 1997 AP EWG-Richtlinie Nr. 77/187 Nr. 14 [Ayse Süzen] = EAS RL
77/187/EWG Art. 1 Nr. 13 = NZA 1997, 433; mißverständlich noch EuGH 14. 4. 1994 EAS RL 77/
187 EWG Art. 1 Nr. 9 = AP BGB § 613 a Nr. 106 = NZA 1994, 545 [Christel Schmidt]) zu Fremdvergaben betrieblicher Leistungen steht nunmehr fest, daß eine wirtschaftliche Einheit nicht als bloße
Tätigkeit verstanden werden darf. Die **Identität** der Einheit ergibt sich **auch** aus den anderen
Merkmalen wie ihrem **Personal, ihren Führungskräften, ihrer Arbeitsorganisation, ihren Betriebsmethoden** und gegebenenfalls den ihr zur Verfügung stehenden **Betriebsmitteln** (BAG 11. 12. 1997
AP BGB § 613 a Nr. 171 zu § 613 a; BAG 18. 3. 1999 AP BGB § 613 a Nr. 190). In Branchen, in denen
es im wesentlichen auf die menschliche Arbeitskraft ankommt, kann eine Gesamtheit von **AN, die
durch eine gemeinsame Tätigkeit dauerhaft verbunden** ist, eine wirtschaftliche Einheit darstellen.
Die Wahrung ihrer Identität ist anzunehmen, wenn der neue Betriebsinhaber nicht nur die betreffende
Tätigkeit weiterführt, sondern auch einen nach Zahl und Sachkunde wesentlichen Teil des Personals
übernimmt, das sein Vorgänger gezielt bei dieser Tätigkeit eingesetzt hatte. Hingegen stellt die bloße
Fortführung der Tätigkeit durch einen Auftragnehmer (Funktionsnachfolge) keinen Betriebsübergang
dar. Auf der Basis dieser Grundsätze erfolgt die Prüfung der **Einzelkriterien (7-Punkte-Katalog),** in
die sich manche Fragestellung der früheren Rspr. eifügen läßt.

a) Art des Unternehmens. Nach den Kriterien des EuGH ist es möglich, daß eine wirtschaftliche 12
Einheit auch ohne wesentliche materielle oder immaterielle Betriebsmittel existieren und übergehen
kann (vgl. EuGH 7. 3. 1996 AP EWG-Richtlinie 77/187/EWG Nr. 9 = EAS RL 77/187 EWG Art. 1
Nr. 11; krit. zur Entmaterialisierung des § 613 a durch den EuGH *Franzen* Anm. EAS RL 77/187/
EWG Art. 1 Nr. 9; DZWir 1996, 397, 398). Vor diesem Hintergrund ist für die **Gewichtung der
jeweiligen Kriterien wesentlich,** welcher Art das bisher betriebenene Unternehmen ist. Ob und

Preis

inwieweit sächliche und immaterielle Betriebsmittel im Einzelfall übergehen müssen, um den Tatbestand des § 613a zu erfüllen, hängt wesentlich von der Art des Unternehmens ab. Diese Unterscheidung hat im Ansatz auch schon das BAG früher vollzogen. Im **produzierenden Gewerbe** kommt es zwar noch immer überwiegend auf die sächlichen Mittel wie zB Gebäude, Maschinen, Produktionsanlagen, Werkzeuge, Rohstoffe, Halb- und Fertigfabrikate, Fahrzeuge und Transportgeräte an, doch gewinnen auch die immateriellen Mittel wie „know-how", Fertigungslizenzen, Patente oder in jüngster Zeit spezielle Computerprogramme (BAG 14. 7. 1994 EzA BGB § 613a Nr. 122 = NZA 1995, 27) zunehmend an Bedeutung.

13   Für **Handels- und Dienstleistungsbetriebe,** deren Betriebsvermögen hauptsächlich aus Rechtsbeziehungen besteht, sind in erster Linie die immateriellen Betriebsmittel, das „know how" und der „good will", also die Einführung des Unternehmens auf dem Markt (BAG 29. 9. 1988 AP BGB § 613a Nr. 76; BAG 25. 6. 1985 AP BetrAVG § 7 Nr. 23; krit. *Willemsen* ZIP 1986, 477, 482; *Loritz,* RdA 1987, 65, 70), Warenzeichen (BAG 28. 4. 1988 AP BGB § 613a Nr. 74) und – anders als bei Produktionsbetrieben – auch Geschäftsräume und Geschäftslage, sofern diese Bestandteile des Betriebes es ermöglichen, den bisherigen Kundenkreis zu halten und auf den neuen Betriebsinhaber überzuleiten (so bei Einzelhandelsgeschäften, vgl. BAG 30. 10. 1986 BAGE 53, 267, 276 = AP BGB § 613a Nr. 58; vgl. ferner *Schwerdtner,* FS für G. Müller, S. 557, 567; *Birk* Anm. EzA § 613a BGB Nr. 43). Im **Dienstleistungssektor** stehen dagegen ohnehin die immateriellen Mittel im Vordergrund, etwa die entspr. Dienstleistungsverträge, Konzessionen, Kundenlisten, Geschäftspapiere und ähnliches. Bei Großhandelsbetrieben sind neben den Geschäftsräumen insb. die Lieferbeziehungen zum Einzelhandel und ggf. die gewerblichen Schutzrechte maßgeblich (BAG 28. 4. 1988 AP BGB § 613a Nr. 74 = NZA 1989, 265). Im **Einzelhandel** ist abzustellen auf die Erhaltung des Kundenkreises, regelmäßig durch Übernahme des Ladenlokals mit Beibehaltung der Verkaufsorganisation und Fortführung des annähernd gleichen Warenangebots. Unschädlich ist, wenn ein neues Ladenlokal in unmittelbarer Nähe bezogen wird und so der Kundenkreis erhalten bleibt (BAG 2. 12. 1999 AP BGB § 613a Nr. 188). Bei wesentlicher Änderung der Betriebsform (Warenhaus, Fachgeschäft, Supermarkt) oder des Sortiments reichen allein die Nutzungsrechte für die Betriebsräume nicht aus (BAG 30. 10. 1986 AP BGB § 613a Nr. 58 = NZA 1987, 382; BAG 26. 2. 1987 AP BGB § 613a Nr. 63 = NZA 1987, 589; KR/*Pfeiffer* Rn. 24; MünchKommBGB/*Schaub* Rn. 31).

14   Nicht entscheidend ist, ob das **Unternehmen mit wirtschaftlicher oder ideeller Zielsetzung** betrieben wird. So kann auch ein Unternehmen in der Rechtsform einer Stiftung oder eines Vereins, das nur auf der Basis von Subventionen gemeinnützig unentgeltliche Dienstleistungen zur Verfügung stellt, unter § 613a fallen (EuGH 19. 5. 1992 EAS RL 77/187/EWG Art. 1 Nr. 7). Ist das Substrat des Unternehmens mit der höchstpersönlichen Amtsstellung des Inhabers identisch (Beispiel: **Notariat**), geht mit der Entlassung des Inhabers die organisatorische Einheit unter. Wird durch eine amtliche Stelle ein neuer Inhaber bestellt, tritt kein Betriebsübergang ein (BAG 26. 8. 1999 AP BGB § 613a Nr. 197).

15   § 613a findet auch Anwendung, wenn die **öffentliche Hand** einen privaten Betrieb übernimmt oder ein Betriebsinhaberwechsel zwischen öffentlich-rechtlichen Körperschaften stattfindet (*Hergenröder* AR-Blattei SD 500.1 Rn. 74; s. a. LAG Brandenburg 12. 3. 1998 LAGE BGB § 613a Nr. 73). Keine Anwendung findet die Richtlinie 77/187/EWG, wenn lediglich **Verwaltungsaufgaben** von einer öffentlichen Verwaltung auf eine andere übertragen werden. Ein Unternehmen iSd. Richtlinie liegt nur dann vor, wenn die öffentlich-rechtliche Einheit keine einheitliche hoheitlichen Aufgaben wahrnimmt, weil die Richtlinie die AN vor Nachteilen schützen soll, die sich für sie aus den Änderungen in den Unternehmensstrukturen ergeben können, welche durch die wirtschaftliche Entwicklung auf einzelstaatlicher und gemeinschaftlicher Ebene bedingt sind (EuGH 15. 10. 1996 AP EWG-Richtlinie 77/187 Nr. 13 = EAS RL 77/187/EWG Art. 1 Nr. 12 = BB 1997, 1742; dazu *Kohte* BB 1997, 1738). Ob § 613a über die Richtlinie 77/187/EWG hinausgeht und auch die Verwaltungstätigkeit des öffentlichen Dienstes als Betrieb erfaßt, hat das BAG dahinstehen lassen. Es hat lediglich festgestellt, daß bei der Übertragung einer öffentlichen Verwaltung der vorhandenen Organisation große Bedeutung zukomme. Eine „Wahrung der Identität" der Verwaltung sei bei Fortführung der Aufgaben innerhalb einer gänzlich andersartigen Arbeitsorganisation der übernehmenden Verwaltung nicht denkbar. In diesem Fall würden lediglich die Aufgaben übertragen, also die bloße Tätigkeit iSd. Rspr. des EuGH (BAG 26. 6. 1997 AP BGB § 613a Nr. 165).

16   Weitere **Beispiele:** Die **Übertragung einer Berechtigung zum Vertrieb** von Kfz sowie wesentlichen Führungspersonals kann danach auch ohne Übertragung materieller oder immaterieller Aktiva ein Betriebsübergang sein, selbst wenn die Tätigkeit unter anderer Geschäftsbezeichnung, räumlich verlagert in andere Geschäftsräume und mit anderen Hilfsmitteln vorgenommen wird (EuGH 7. 3. 1996 AP EWG-Richtlinie 77/187/EWG Nr. 9 = EAS RL 77/187 EWG Art. 1 Nr. 11 mit abl. Anm. *Willemsen*). Dem entspricht die Rspr. des BAG, wonach bei Großhändlern, Handelsvertretern und Vertragshändlern die Übernahme der Kunden- bzw. Interessentenkartei sowie die Rechtsbeziehungen zu Dritten wesentlich ist (BAG 21. 1. 1988 AP BGB § 613a Nr. 72; BAG 27. 4. 1988 AP BGB § 613a Nr. 71; BAG 28. 4. 1988 AP BGB § 613a Nr. 74; vgl. *Moll* RdA 1999, 233, 239). Der EuGH setzt allerdings voraus, daß der Übergang eine auf Dauer angelegte wirtschaftliche Einheit betrifft, deren

B. Tatbestandsvoraussetzungen des Betriebsübergangs § 613 a BGB 230

Tätigkeit nicht auf die Ausführung nur eines bestimmten Vorhabens beschränkt ist (EuGH 11. 3. 1997 EAS RL 77/187/EWG Art. 1 Nr. 13). Die **Zurverfügungstellung von Material und AN** für eine bestimmte Aufgabe durch ein anderes Unternehmen ist noch kein Betriebsübergang (EuGH 19. 9. 1985 AP BGB § 613 a Nr. 133 = EAS RL 77/187/EWG Art. 1 Nr. 10).

b) **Übergang oder Nichtübergang der materiellen Aktiva.** Der **zentrale Unterschied** zwischen 17 der langjährigen nationalen Sicht und der Rspr. des EuGH liegt in dem **Erfordernis der Übertragung sächlicher oder immaterieller Betriebsmittel.** Freilich kommt deren Übertragung weiterhin eine Schlüsselfunktion zu (*Hergenröder* AR-Blattei SD 500.1 Rn. 146; *Schiefer* NZA 1998, 1095, 1097). Während das BAG deren Übertragung früher für notwendig erachtete und damit auf die organisatorische Einheit abstellte, bildet dies für den EuGH lediglich ein letztlich entbehrliches Indiz. Bei den Anforderungen an die „Wahrung der wirtschaftlichen Identität" stellt der Gerichtshof nicht auf bestimmte, unabdingbare Kriterien ab, sondern bewertet eine Vielzahl von Umständen, die für oder gegen einen Betriebsübergang sprechen können. Nach Auffassung des EuGH 14. 4. 1994 (EAS RL 77/187 EWG Art. 1 Nr. 9 = AP BGB § 613 a Nr. 106 = NZA 1994, 545) ist die Übertragung von Aktiva zwar ein wesentliches Indiz für den Betriebsübergang. Umgekehrt ist im Fall der Nichtübertragung von Vermögensgegenständen ein Betriebsübergang jedoch nicht ausgeschlossen (EuGH v. 11. 3. 1997 AP EWG-Richtlinie Nr. 77/187 Nr. 14 = EAS RL 77/187/EWG Art 1 Nr. 13; EuGH 2. 12. 1999 NZA 2000, 587, 589 = EAS RL 77/187/EWG Art. 1 Nr. 19). Vielmehr muß dann im Rahmen einer Gesamtbewertung entschieden werden, ob tatsächlich ein Unternehmensübergang vorliegt. Von der Berücksichtigung nur eines Umstandes kann die Entscheidung über einen Betriebsübergang ohnehin nicht mehr abhängen.

Im **produzierenden Gewerbe** wird die wirtschaftliche Einheit stark von **materiellen Aktiva** geprägt 18 (Gebäude, Maschinen, Produktionsanlagen, Werkzeuge, Rohstoffe, Halb- und Fertigfabrikate, Fahrzeuge und Transportgeräte). Insoweit kommt es auch nicht zu wesentlichen Abweichungen von der früheren Rspr. zum Betriebsübergang. Auch der EuGH akzeptiert, daß die Übertragung materieller Aktiva ausschlaggebend sein kann, freilich müssen stets alle Umstände des Falles berücksichtigt werden. Für einen Betriebsübergang reicht es nicht aus, wenn lediglich die materiellen Aktiva eines Unternehmens veräußert werden (EuGH 18. 3. 1986 EAS RL 77/187/EWG Art. 1 Nr. 2).

Insb. im Bereich der **Dienstleistung** kann eine wirtschaftliche Einheit ohne relevante materielle 19 oder immaterielle Betriebsmittel tätig sein kann. Hier kann die Wahrung der Identität einer solchen Einheit über ihren Übergang hinaus nicht von der Übertragung von Betriebsmitteln abhängen (EuGH v. 11. 3. 1997 AP EWG-Richtlinie Nr. 77/187 Nr. 14 = EAS RL 77/187/EWG Art. 1 Nr. 13; EuGH 10. 12. 1998 NZA 1999, 253 = EAS RL 77/187/EWG Art. 1 Nr. 17; EuGH 10. 12. 1998 NZA 1999, 189 = EAS RL 77/187/EWG Art. 1 Nr. 18). Allerdings kann die Übertragung ein weiteres Indiz für den Betriebsübergang auch im sonst betriebsmittelarmen Bereich sein. Jedoch spielt der Übergang von Betriebsmitteln keine Rolle, wenn mit den Mitteln eine völlig andere Dienstleistung oder eine vergleichbare Dienstleistung in einer **völlig andersartigen Arbeitsorganisation** erbracht wird (*Willemsen* G Rn. 83; unter Hinweis auf BAG 26. 6. 1997 AB BGB § 613 a Nr. 165). In diesen Fällen macht sich der Übernehmer die Arbeitsorganisation des Vorgängers nicht zunutze.

Materielle Aktiva werden aber nur dann übertragen, wenn sie dem Berechtigten zur **eigenwirt-** 20 **schaftlichen Nutzung** überlassen sind. Das kann Veräußerungen oder Nutzungsvereinbarungen jeder Art (zB. Pacht, Miete, Nießbrauch) geschehen. Erbringt im Rahmen einer Auftragsneuvergabe der neue Auftragnehmer eine Dienstleistung an fremden Geräten und Maschinen innerhalb fremder Räume, ohne daß ihm die Befugnis eingeräumt ist, über Art und Weise der Nutzung der Betriebsmittel in eigenwirtschaftlichem Interesse zu entscheiden, können ihm diese Betriebsmittel nicht als eigene zugerechnet werden (BAG 11. 12. 1997 AP BGB § 613 a Nr. 171 = DB 1998, 885; BAG 22. 1. 1998 AP BGB § 613 a Nr. 174 = NZA 1998, 639). Stehen Arbeitsmittel im Eigentum des Auftraggebers ist für die Frage, ob sie Betriebsmittel des sie nutzenden Auftragnehmers sind, auf die Art der vom Auftragnehmer am Markt angebotenen Leistung vorzunehmen. Das BAG nimmt hier eine typisierende Zuordnung vor. Handelt es sich um eine Tätigkeit, für die regelmäßig Maschinen, Werkzeuge, sonstige Geräte oder Räume innerhalb eigener Verfügungsmacht und aufgrund eigener Kalkulation eingesetzt werden müssen, sind auch nur zur Nutzung überlassene Arbeitsmittel dem Betrieb oder dem Betriebsteil des Auftragnehmers zuzurechnen. Wird dagegen vom Auftragnehmer eine Leistung angeboten, die er an den jeweiligen Einrichtungen des Auftraggebers zu erbringen bereit ist, ohne daß er daraus einen zusätzlichen wirtschaftlichen Vorteil erzielen und auf deren Art typischerweise über Art und Umfang ihres Einsatzes bestimmen könnte, gehören diese Einrichtungen nicht zu den Betriebsmitteln des Auftragnehmers (BAG aaO). Der **Caterer,** der die Betriebskantine des Betriebsinhabers nutzt oder das **Bewachungsunternehmen,** das seine Leistungen mit Hilfe der Sicherungseinrichtungen des Auftragnehmers erbringt, erlangt diese Arbeitsmittel nicht zur eigenwirtschaftlichen Nutzung, wenn die Mittel nur für den einen Auftraggeber, der die Mittel unterhält, verwendet werden.

Wichtig ist, daß die **Veräußerung** einzelner bzw. einer Summe von Wirtschaftsgütern nur dann 21 einen Betriebsübergang darstellen kann, wenn eine organisierte Gesamtheit von Personen und Sachen vorliegt. Deshalb können **einzelne Betriebsmittel** (Anlagen, Maschinen, KfZ) regelmäßig nicht als

Preis 1509

Betriebsteil angesehen werden. Sie alleine sind nicht in der Lage, den Zweck des Betriebsteils vollständig zu verfolgen. Dies gilt auch dann, wenn eine Maschine ein wesentliches Betriebsmittel darstellt und deshalb einem organisatorisch abgrenzbaren Teil des Betriebs zugeordnet werden können (BAG 26. 8. 1999 AP BGB § 613 a Nr. 196; krit. *Steffan* NZA 2000, 687, 688; BAG 3. 9. 1998 NZA 1999, 147; *Soergel/Raab* § 613 a Rn. 20; aA BAG 22. 5. 1985 AP BGB § 613 a Nr. 42 = NZA 1985, 775). Nur theoretisch scheint die Annahme des Falles, daß mit der Übertragung eines einzigen Gegenstandes eine hinreichende betriebliche Teilorganisation („organisierte Zusammenfassung von Ressourcen") verbunden sein kann (so aber im Grundsatz noch *Hergenröder* AR-Blattei SD 500.1 Rn. 173; *Staudinger/Richardi/Annuß* Rn. 52). Die erforderliche Gesamtbetrachtung, die ohnehin nicht primär auf einem betriebsmittelbezogenen Ansatz beruht, schließt dies im Ergebnis aus.

22 **Beispiele:** Ein **Seeschiff** kann als organisierte Zusammenfassung von Ressourcen angesehen werden (BAG 18. 3. 1997 AP BetrAVG § 1 Betriebsveräußerung Nr. 16; *Steffan* NZA 2000, 687, 689; verneind für den Fall, daß das Schiff ohne zugehörige Vertragsbeziehungen veräußert wird RGRK/*Ascheid* Rn. 65). Stellt ein EDV-Dienstleister seine Geschäftstätigkeit ein und überträgt lediglich einzelne **Programme** und Dateien auf einen nachfolgenden Auftragnehmer, wird hierdurch noch keine organisierte Gesamtheit übertragen (BAG 24. 4. 1997 NZA 1998, 253). Die Übertragung einer „nackten" **Immobilie**, sei es durch Veräußerung, Verpachtung oder Vermietung, die der Erwerber noch nach eigenen, firmentypischen Merkmalen umgebauen muß, kann allein als Übernahme eines materiellen Betriebsmittels sowie des damit verbundenen immateriellen Vorteils der etwa für ein Einzelhandelsunternehmen günstigen Geschäftslage nicht die Annahme eines Betriebsübergangs rechtfertigen (BAG 22. 5. 1997 AP BGB § 613 a Nr. 154 = NZA 1997, 1050; anders jedoch BAG 2. 12. 1998 AP BGB § 620 Befristeter Arbeitsvertrag Nr. 207 = NZA 1999, 926, wonach die bloße Veräußerung eines verwalteten Kasernengeländes an einen privaten Investor ohne konkretes Konzept einen Betriebsübergang darstellen soll). Im Bereich der Dienstleistung und des Einzelhandels kann – selbst bei Übernahme mehrerer materieller Aktiva – dies den Sachverhalt so unerheblich beeinflussen, daß hierdurch allein noch kein Betriebsübergang eintritt. So kann die Übernahme von Teilen des **Inventars** einer Gaststätte (Kegelbahn, Tresen, Stühle und Tische) in der Gesamtbewertung unerheblich sein, wenn der Erwerber eine Gastronomie mit gänzlich anderer Ausrichtung betreiben will und betreibt (BAG 11. 9. 1997 AP EWG-Richtlinie Nr. 77/187 Nr. 16 = NZA 1998, 31). Auf den Erwerber einer Metzgerei dürften, auch wenn er das gesamte Inventar der Metzgerei erwirbt, die angestellten Metzger auch dann nicht übergehen, wenn der Erwerber eine Bäckerei eröffnen will und tatsächlich betreibt. Eine wirtschaftliche Einheit wahrt nicht schon dadurch ihre Identität, daß AN theoretisch ihre Arbeitsleistung auch in einer gänzlich anders konzipierten Einheit erbringen könnten.

23 **c) Wert der immateriellen Aktiva.** Nach der Rspr. des EuGH ist auch der Wert der übergegangenen immateriellen Aktiva zu gewichten. Die immateriellen Aktiva (zB „Know-how" und „good will") eines Unternehmens- oder Unternehmensteils können die der materiellen Aktiva weit übersteigen. Der Dienstleistungsbetrieb lebt von dem durch die Leistungen erworbenen guten Namen (*Hergenröder* AR-Blattei SD 500.1 Rn. 151). Die Übertragung von **Patent- und Gebrauchsmusterrechten** ist stets ein Indiz für einen Betriebsübergang (*Hergenröder* AR-Blattei SD 500.1 Rn. 151; s. a. BAG 15. 5. 1985 AP BGB § 613 a Nr. 41; BAG 25. 6. 1985 AP BetrAVG § 7 Nr. 23). Die Nichtübernahme spricht dagegen (BAG 13. 11. 1997 AP BGB § 613 a Nr. 170). Die Übertragung von **Schutzrechten und Lizenzen**, die zur Produktion erforderlich sind, sprechen ebenfalls für den Übergang (s. schon BAG 22. 2. 1978 AP BGB § 613 a Nr. 11; anders auf der Basis eines verengten betriebsmittelbezogenen Ansatzes BAG 22. 5. 1985 AP BGB § 613 a Nr. 43; BAG 27. 4. 1988 AP BGB § 613 a Nr. 71). Die Rspr. ist hier uneinheitlich. Richtig ist, daß bei Markenware gehobener Qualität, die unter einem bestimmten **Warenzeichen** vertrieben wird, das Warenzeichen und damit zusammenhängende Gebrauchsmuster einen wesentlichen Bestandteil des Betriebes darstellen können. Sie bestimmen in gewissem Umfang auch den Kundenkreis (so richtig BAG 28. 4. 1988 AP BGB § 613 a Nr. 74 mit abl. Anm *Hefermehl*). Wesentlich ist mithin die Sicherung des Absatzmarktes durch Gütezeichen, Warenzeichen und Firmennamen, die die Grundlage für die Fortführung des Betriebs bildet (BAG 16. 2. 1993 AP BetrAVG § 1 Betriebsveräußerung Nr. 15). Durch Veräußerung einer **Marke** kann der „good will" eines Unternehmens übergehen. Auch die Übernahme einer Establissementbezeichnung kann darauf schließen lassen, ob der Übernehmer den „good-will" des Veräußerers zu eigen machen will oder nicht (vgl. BAG 11. 9. 1997 AP EWG-Richtlinie Nr. 77/187 Nr. 16 = NZA 1998, 31). Das „know-how" wird durch die AN verkörpert. Insoweit deckt sich dieses Kriterium zum Teil mit der Gewichtung der Übernahme von Teilen der Belegschaft. Das BAG hat bereits entschieden (BAG 9. 2. 1994 AP BGB § 613 a Nr. 104), daß bei Übernahme der Know-how-Träger ein durch diese repräsentiertes immaterielles Betriebsmittel übergegangen sein kann. Je mehr AN übergehen, um so größer ist das repräsentierte know how, wobei es auf Sachkunde und Anzahl der AN ankommt.

24 **d) Übernahme oder Nichtübernahme der Arbeitnehmer.** Nach früherer Auffassung des BAG gehörten die AN nicht zum Betriebsbegriff des § 613 a aus der Erwägung, daß der Übergang der Arbeitsverhältnisse zur Rechtsfolge der Norm gehört und deshalb nicht Gegenstand der Tatbestandsvoraussetzung „Betrieb oder Betriebsteil" sein kann (BAG 22. 5. 1985 AP BGB § 613 a Nr. 42 = NZA

1985, 775; BAG 16. 10. 1987 AP BGB § 613a Nr. 69 = DB 1988, 712; BAG 14. 7. 1994 EzA BGB § 613a Nr. 122 = NZA 1995, 27). Allerdings war bereits bei der bisherigen Rspr. des BAG anerkannt, daß die Übernahme eines bestimmten „Know-how-Trägers" ein zusätzliches, starkes Indiz für einen Betriebsübergang darstellen kann, wenn der Übergang anderer wesentlicher sächlicher und immaterieller Betriebsmittel bereits feststeht (BAG 9. 2. 1994 AP BGB § 613a Nr. 104 = NZA 1994, 612). Der EuGH hat dagegen insb. **im Dienstleistungsbereich** herausgestellt, daß ein **wesentlicher Umstand** die Übernahme oder Nichtübernahme der Hauptbelegschaft durch den Übernehmer ist (EuGH 11. 3. 1997 AP EWG-Richtlinie Nr. 77/187 Nr. 14 = EAS RL 77/187/EWG Art. 1 Nr. 13; vgl. schon EuGH 18. 3. 1986 EAS RL 77/187/EWG Art. 1 Nr. 2). Der fortgesetzten Beschäftigung der Belegschaft kommt ein **gleichwertiger Rang neben anderen möglichen Kriterien** für einen Betriebsübergang zu (BAG 11. 12. 1997 AP BGB § 613a Nr. 172 = NZA 1998, 534). Dabei ist unerheblich, daß der Übernehmer die AN nur noch als „freie Mitarbeiter" beschäftigt (BAG 18. 2. 1999 AR-Blattei ES 500 Nr. 153; *Hergenröder* AR-Blattei SD 500.1 Rn. 163; *Müller-Glöge* NZA 1999, 449, 450).

In bestimmten **Branchen**, in denen es im wesentlichen auf die **menschliche Arbeitskraft** ankommt, **25** kann eine Gesamtheit von AN, die durch eine gemeinsame Tätigkeit dauerhaft verbunden sind, eine wirtschaftliche Einheit darstellen, die ihre Identität über ihren Übergang hinaus bewahrt, wenn der Übernehmer nicht nur die betreffende Tätigkeit weiterführt, sondern auch einen **nach Zahl und Sachkunde wesentlichen Teil des Personals übernimmt**, das sein Vorgänger gezielt bei dieser Tätigkeit eingesetzt hatte. In diesem Fall erwirbt der Übernehmer eine organisierte Gesamtheit von Faktoren, die ihm die Fortsetzung der Tätigkeiten des übertragenden Unternehmens auf Dauer erlaubt (EuGH 11. 3. 1997 AP EWG-Richtlinie Nr. 77/187 Nr. 14 = EAS RL 77/187/EWG Art 1 Nr. 13; dazu *Broßke* BB 1997, 1412). Die AN sind in diesen Fällen das „Substrat", das die Identität der wirtschaftlichen Einheit bildet, und nicht unerhebliche Betriebsmittel (*Moll* RdA 1999, 233, 237). Zu den berücksichtigungswürdigen Kriterien gehört auch die Übernahme von AN oder ein Übernahmeangebot an diese, und zwar unabhängig davon, ob es sich bei den AN um „Know-how-Träger" handelt oder nicht.

Zur Frage der vom EuGH geforderten Übernahme eines nach „Zahl und Sachkunde wesentlichen **26** Teils des Personals" hat das BAG herausgestellt, daß es eines besonderen Fachwissens der übernommenen AN nicht bedarf. Dies gilt jedenfalls dann, wenn für eine Dienstleistung ein geringer Qualifikationsgrad der AN genügt und diese leicht austauschbar sind (BAG 11. 12. 1997 AP BGB § 613a Nr. 172 = NZA 1998, 534; aA wohl LAG Köln 23. 1. 1998 LAGE BGB § 613a Nr. 68 = NZA-RR 1998, 337). Es hängt von der Struktur eines Betriebs oder Betriebsteils ab, welcher nach Zahl und Sachkunde zu bestimmende Teil der Belegschaft übernommen werden muß, um die Rechtsfolgen des § 613a auszulösen (zu Einzelfällen *Hergenröder* AR-Blattei SD 500. 1 Rn. 162). Bei **AN mit geringem Qualifikationsgrad,** muß eine **hohe Anzahl** von ihnen weiterbeschäftigt werden, um auf einen Fortbestand der vom Konkurrenten geschaffenen Arbeitsorganisation schließen zu können. Hält der neue Auftragnehmer die frühere Arbeitsorganisation aufrecht und stellen die Arbeitsplätze keine hohen Anforderungen an die Qualifikation der AN, genügt ein Anteil von 75% (hier 6 von 8 AN) der früheren Beschäftigten nicht, um die Übernahme der Hauptbelegschaft feststellen zu können (BAG 10. 12. 1998 AP BGB § 613a Nr. 187 = NZA 1999, 420; s. a. BAG 19. 3. 1998 – 8 AZR 737/96 – nv.: zwei Drittel reichen bei Reinigungsaufgaben nicht). Bei der Übernahme von mehr als 85% der Beschäftigten sah das BAG die Voraussetzungen jedoch als erfüllt an (BAG 11. 12. 1997 AP BGB § 613a Nr. 172 = NZA 1998, 534).

Ist ein Betrieb stärker durch **Spezialwissen und Qualifikation der AN** geprägt, kann neben anderen **27** Kriterien ausreichen, daß wegen ihrer Sachkunde wesentliche Teile der Belegschaft übernommen werden (BAG 11. 12. 1997 AP BGB § 613a Nr. 172). Im Privatschulbereich reicht ein Anteil von unter 50% nicht aus, um von der Übernahme der Hauptbelegschaft zu sprechen, und zwar auch dann nicht, wenn man davon ausgeht, daß das Lehrerpersonal besondere Sachkunde hat (BAG 21. 1. 1999 – 8 AZR 680/97 – nv.; BAG 22. 10. 1998 – 8 AZR 752/96 –). Ob der Koch eines Restaurants generell „Know-How-Träger" ist, ist zweifelhaft (so BAG 11. 9. 1997 AP EWG-Richtlinie Nr. 77/187 Nr. 16 = NZA 1998, 31). Hier kommt es darauf an, ob die jeweils angebotenen Speisen – austauschbar – von jedem Koch zubereitet werden könnten, oder ob ein Spezialitätenrestaurant spezifisches Fachwissen voraussetzt. Übernimmt der Auftragnehmer mehr als die Hälfte des Personals wozu **neben einfachen AN auch qualifizierte Führungskräfte** gehören, kann der wesentliche Kern der Belegschaft übernommen worden sein, die auch das wesentliche know how repräsentieren (BAG 14. 5. 1998 NZA 1999, 483).

Entscheidend ist, ob durch die Übernahme des wesentlichen Personals **Arbeitsorganisation** und **28** **Betriebsmethoden** übernommen werden (BAG 11. 12. 1997 AP BGB § 613a Nr. 172 = NZA 1998, 534). In Branchen, die durch einen objektbezogenen Personaleinsatz mit untergeordneter Bedeutung von Betriebsmitteln geprägt sind, genügt die Personalübernahme, um die Identität der wirtschaftlichen Einheit fortzuführen. In solchen Bereiche (insb. **Reinigungsdienste**) ist die Arbeitsorganisation aus der Aufgabenzuweisung an den einzelnen AN und dem in der Organisationsstruktur verkörperten Erfahrungswissen geprägt. Die Identität einer solchen wirtschaftlichen Einheit wird gewahrt, wenn der neue Auftragnehmer die AN an ihren alten Arbeitsplätzen mit unveränderten Aufgaben weiter

Preis

beschäftigt (Dieselben AN erledigen dieselben Aufgaben am gleichen Ort unter im wesentlichen gleichen Bedingungen, vgl. *Müller-Glöge* NZA 1999, 449, 451). Er hat dann eine bestehende Arbeitsorganisation übernommen und keine neue aufgebaut. Ob die Voraussetzungen des § 613a insoweit auch bei einem Auftragswechsel in einer Konkurrenzsituation erfüllt sein können, hängt davon ab, welche Anforderungen man an das Merkmal „durch Rechtsgeschäft" stellt (hierzu Rn. 58 f.). Abzulehnen ist die Auffassung, daß schon die bloße Veränderung der Arbeitsvertragsinhalte (zB Veränderung der Lage der Arbeitszeit) eine den Betriebsübergang ausschließende Veränderung der Arbeitsorganisation darstellt (so aber *Müller-Glöge* NZA 1999, 449, 452).

29 **Werden AN nicht übernommen,** spricht dies gegen die Wahrung einer wirtschaftlichen Einheit. Dies gilt insb. in Dienstleistungsbereichen, wo es auf die Fachkunde des Personals ankommt (BAG 11. 9. 1997 AP EWG-Richtlinie Nr. 77/187 Nr. 16 = NZA 1998, 31). Allerdings kann der Umstand, daß der fortgeführte Betrieb wesentlich weniger AN beschäftigt, bei Vorliegen aller sonstigen Voraussetzungen der Wahrung der wirtschaftlichen Einheit, für sich genommen nicht dazu führen, daß kein Betriebsübergang vorliegt (aA LAG Hamm 30. 3. 1998 LAGE BGB § 613a Nr. 72).

30 Soweit es auf die Übernahme der Belegschaft ankommt, sind drei Fälle zu unterscheiden: Erstens, der frühere Betriebsinhaber stellt die betriebliche Tätigkeit ein und ein neuer Betriebsinhaber nimmt diese nach einer wirtschaftlich erheblichen Zeitspanne wieder auf. Hierbei sieht das BAG eine **Unterbrechungsdauer, die länger währt als jede gesetzliche Kündigungsfrist** nach § 622 II BGB, zumindest indiziell als wirtschaftlich erheblich an (BAG 22. 5. 1997 AP BGB § 613a Nr. 154). In diesem Fall liegt eine Betriebsstillegung mit späterer Neuaufnahme einer gleichgelagerten Tätigkeit und gerade kein Betriebsübergang vor (vgl. unten Rn. 56 f.). Dann kann auch die spätere Neueinstellung eines bereits beim früheren Betriebsinhaber beschäftigten AN nicht rückwirkend einen Betriebsübergang herbeiführen. Auch ein Wiedereinstellungsanspruch der gekündigten AN kommt hier nicht in Betracht (vgl. auch *Preis/Steffan* DB 1998, 309, 313 f.). Zweitens, der frühere **Betriebsinhaber ist endgültig zur Stillegung entschlossen** und kündigt seinen AN aufgrund der Prognose, daß er sie nach der Stillegung nicht mehr weiterbeschäftigen kann. Stellt sich diese **Prognose als falsch** heraus, weil es doch noch zu einem Betriebsübergang kommt, so steht den (wirksam) gekündigten AN ein Wiedereinstellungsanspruch zu, wenn der Betriebsübergang noch in die Kündigungsfrist fällt. Dies gilt jedenfalls dann, wenn der AG mit Rücksicht auf die Wirksamkeit der Kündigungen noch keine Disposition getroffen hat und ihm die unveränderte Fortsetzung des Arbeitsverhältnisses zumutbar ist (BAG 27. 2. 1997 AP KSchG 1969 § 1 Wiedereinstellung Nr. 1; dazu auch unten Rn. 145 ff.). Drittens, **eine betriebliche Tätigkeit wird erstmals oder wieder an ein Fremdunternehmen vergeben.** Unterbreitet das (neue) Fremdunternehmen einem wesentlichen Teil der AN, die bisher die Tätigkeit ausgeführt haben, ein Übernahmeangebot, geht nach Ansicht des EuGH die aus den AN bestehende Einheit über mit der Folge, daß der (neue) Unternehmer alle bisher mit der Tätigkeit betrauten AN übernehmen muß. Unterbreitet er das Übernahmeangebot erst zu einem späteren Zeitpunkt, nachdem das frühere Fremdunternehmen wegen des Auftragswegfalls betriebsbedingte Kündigungen ausgesprochen hat, haben die gekündigten AN einen Anspruch gegen den neuen Auftragnehmer, zu unveränderten Arbeitsbedingungen unter Wahrung ihres Besitzstandes eingestellt zu werden (so nun BAG 13. 11. 1997 AP BGB § 613a Nr. 169 = NZA 1998, 251; hierzu *Preis/Steffan* DB 1998, 309 ff.; zust. *Langenbucher* SAE 1998, 145 ff.; krit. *Annuß* BB 1998, 1582, 1587). Dieser Anspruch ist entspr. § 4 KSchG unverzüglich, dh. in Anlehnung an die Rspr. zur Ausübung des Widerspruchsrecht (BAG 19. 3. 1998 AP BGB § 613a Nr. 177) innerhalb von drei Wochen ab Kenntnis der den Betriebsübergang ausmachenden Umstände zu erheben (*Preis/Steffan* DB 1998, 310 f.; so jetzt auch BAG 12. 11. 1998 NZA 1999, 311). Erlangt der AN diese Kenntnis erst nach den tatsächlichen Umständen des Betriebsübergangs (Übernahme der Hauptbelegschaft), bleibt die Frage, wie lange der Anspruch überhaupt geltend gemacht werden kann. Mangels Kenntnis scheidet eine analoge Anwendung von § 4 KSchG ab dem Zeitpunkt des Betriebsübergangs jedenfalls aus (hierzu *Preis/Steffan* DB 1998, 311).

31 e) **Übernahme oder Nichtübernahme der Kundschaft.** Nach st. Rspr. des EuGH soll die Übernahme der Kundschaft ein wesentlicher Faktor für die Bewahrung der wirtschaftlichen Einheit sein. Dies ist nicht auf Anhieb einsichtig. Denn in einer Marktwirtschaft kann eine Kundschaft nicht übernommen werden; sie muß gewonnen bzw. gehalten werden. Letzteres ist der Fall, wenn der Erwerber eine ähnliche Tätigkeit (hierzu das Kriterium Rn. 32) am gleichen Ort bzw. in unmittelbarer Nähe (BAG 2. 12. 1999 AP BGB § 613a Nr. 188) bezogen auf den gleichen Kundenkreis ausübt. Als Beispiel für die „Übernahme" der Kundschaft kann die Übertragung einer festen **Kundenkartei** oder der **Übergang einer Vertriebsberechtigung** in einem bestimmten Gebiet dienen (EuGH 7. 3. 1996 AP EWG-Richtlinie Nr. 77/187 Nr. 9 = EAS RL 77/187/EWG Art. 1 Nr. 11; zur Übernahme einer Arztpraxis mit Patientenkartei LAG Düsseldorf 29. 2. 2000 NZA-RR 2000, 353). Bei der Neuvergabe eines Catering-Vertrages kommt es auf die vertragliche Ausgestaltung an. Wird der Caterer einer Betriebskantine, deren Einrichtungsgegenstände dem Caterer nicht zur eigenwirtschaftlichen Nutzung überlassen werden, nur für den Betriebsinhaber und auf dessen Rechnung tätig, dann übernimmt der Caterer keine Kundenbeziehungen. Hier liegt ein bloßer Auftragsübergang vor (BAG 11. 12. 1997 AP BGB § 613a Nr. 171 = NZA 1998, 532).

B. Tatbestandsvoraussetzungen des Betriebsübergangs § 613 a BGB 230

f) **Ähnlichkeit der Tätigkeit vor und nach der Übernahme.** Der EuGH 14. 4. 1994 (Rs. C-392/92 32 „Christel Schmidt" EAS RL 77/187 EWG Art. 1 Nr. 9 = AP BGB § 613 a Nr. 106 = NZA 1994, 545) stellt heraus, die Wahrung dieser Identität ergebe sich ua. daraus, daß **dieselbe oder eine gleichartige Geschäftstätigkeit vom neuen Inhaber tatsächlich weitergeführt oder wiederaufgenommen** werde. Insoweit richtet sich das Unternehmen auch an den gleichen Kundenkreis (Rn. 31). Allerdings erlaubt allein der Umstand, daß die von dem alten und dem neuen Auftragnehmer erbrachten Dienstleistungen ähnlich sind, nicht den Schluß, daß der Übergang einer wirtschaftlichen Einheit vorliegt. Eine Einheit darf nämlich **nicht als bloße Tätigkeit** verstanden werden. Ihre Identität ergibt sich auch aus anderen Merkmalen wie ihrem Personal, ihren Führungskräften, ihrer Arbeitsorganisation, ihren Betriebsmethoden und gegebenenfalls den ihr zur Verfügung stehenden Betriebsmitteln (EuGH 11. 3. 1997 AP EWG-Richtlinie Nr. 77/187 Nr. 14 = EAS RL 77/187/EWG Art 1 Nr. 13; EuGH 10. 12. 1998 NZA 1999, 253 = EAS RL 77/187/EWG Art. 1 Nr. 17; EuGH 10. 12. 1998 NZA 1999, 189 = EAS RL 77/187/EWG Art. 1 Nr. 18).

Bei **Produktionsbetrieben** folgt die ähnliche Tätigkeit schon aus der Dominanz der materiellen 33 Produktionsmittel, die idR nur bestimmte Tätigkeiten zulassen. Schwieriger ist die Abgrenzung im Bereich **Dienstleistung und Einzelhandel.** Hier kann es nicht darauf ankommen, ob die Tätigkeit gleich ist (zB Verkauf, Gastronomie, Hotel u. a. m.). Vielmehr gewinnt besondere Bedeutung, ob die jeweilige Tätigkeit auch auf der Basis eines ähnlichen Konzepts erfolgt und sich damit an den gleichen Kundenkreis wendet. So kann ein Second-Hand-Shop nicht mit einer Designer-Boutique verglichen werden. Auch ist ein „Stunden-Hotel" nicht gleichartig mit einem üblichen Hotelbetrieb (s. a. LAG Berlin 4. 3. 1988 AuR 1999, 279), ebensowenig ein gewerkschaftseigenes Ferienheim mit einem neu aufgebauten Hotel- und Restaurationsbetrieb (BAG 16. 7. 1998 NZA 1998, 1233). Im Gaststättenbereich kann durch vollkommen Stilwechsel einen nicht mehr ähnliche Tätigkeit vorliegen (Wechsel von „gutbürgerlicher deutscher Küche" zu „arabischem Spezialitätenrestaurant mit arabischer Musik und Bauchtanz" BAG 11. 9. 1997 AP EWG-Richtlinie Nr. 77/187 Nr. 16 = NZA 1998, 31). In diesen Fällen wird ein anderer Kundenstamm angesprochen. Entscheidend ist, ob und inwieweit **Betriebsmethoden und Arbeitsorganisation** gleich bleiben oder geändert werden. Wenn sich der neue Unternehmer die insoweit bestehende organisatorische Einheit nicht zunutze macht, kann auch die Übernahme großer Teile der Belegschaft nicht zu einem Betriebsübergang führen (*Hergenröder* AR-Blattei SD 500.1 Rn. 168; *Müller-Glöge* NZA 1999, 449, 451; *Schiefer* NZA 1998, 1095, 1099). Etwas anderes gilt eben nur, wenn die wesentliche Belegschaft im Dienstleistungsbereich gewissermaßen Arbeitsorganisation und Betriebsmethoden verkörpert (BAG 11. 12. 1997 AP BGB § 613 a Nr. 172).

Die Ähnlichkeit der Tätigkeit wird nicht schon dadurch ausgeschlossen, daß der Erwerber den 34 **Betrieb verlegt** (BAG 2. 12. 1999 AP BGB § 613 a Nr. 188). Das gilt insb. bei Produktionsbetrieben. Wenn der Erwerber Betriebsmittel verlagert und an anderem Ort mit gleicher Arbeitsorganisation und Betriebsmethoden die Produktion weiterführt, kann die wirtschaftliche Einheit trotz Ortsverlegung gewahrt bleiben (richtig *Hergenröder* AR-Blattei SD 500.1 Rn. 185; *Gaul* ZTR 1998, 1, 7; aA LAG Nürnberg 26. 8. 1996 LAGE BGB § 613 a Nr. 51). Wenn arbeitsvertraglich (kraft Direktionsrecht oder einverständlicher Abrede) die AN nicht versetzt werden können, muß der Erwerber ggf. Änderungskündigungen aussprechen. Denkbar ist aber auch, daß die räumliche Verlagerung zu einem Identitätsverlust bzw. zu einer Betriebsstillegung führt (Rn. 57). Im Dienstleistungs- und Einzelhandelsbereich führt die Verlagerung an einen ganz anderen Ort zu einem Identitätsverlust, wenn der Betrieb sich nur an eine räumlich begrenzte Kundenstruktur wendet (BAG 2. 12. 1999 AP BGB § 613 a Nr. 188; *Staudinger/Richardi/Annuß* Rn. 64). Bei Online-Diensten bzw. im Internet-Handel ist die räumliche Lage des Betriebs dagegen vollkomen unerheblich.

g) **Dauer der Unterbrechung der Geschäftstätigkeit.** Nach der Rspr, des EuGH kommt es für den 35 Betriebsübergang darauf an, ob der Erwerber den Betrieb tatsächlich fortführt (Rn. 50 ff.). **Unerhebliche Unterbrechungen** (für wenige Tage oder Wochen) in der Betriebsfortführung lassen jedoch den Tatbestand des Betriebsübergangs nicht entfallen (EuGH 15. 6. 1988 EAS RL 77/187/EWG Art. 1 Nr. 5). Eine bloß vorübergehende Schließung des Unternehmens und das daraus folgende Fehlen von Beschäftigten zum Zeitpunkt des Übergangs schließt allein noch nicht den Unternehmensübergang aus. Entscheidend ist, ob die Unterbrechung der Geschäftstätigkeit mit dazu beiträgt, eine bestehende, funktionsfähige wirtschaftliche Einheit zu zerschlagen. Dazu müssen alle Einzelfallumstände berücksichtigt werden. Es kann deshalb auch nicht allein auf die Dauer der Unterbrechung ankommen (APS/ *Steffan* Rn. 37). Auch hier ist auf den jeweiligen Geschäftsbetrieb abzustellen (*Küttner/Kreitner* Betriebsübergang Rn. 12). Es kommt hier insb. zu einer einheitlichen Betrachtung der unter e) und f) wiedergegebenen Kriterien, weil die Ähnlichkeit der vor und nach der Übernahme bestehenden Tätigkeit und die Ausrichtung auf den gleichen Kundenkreis für einen Übergang sprechen können. Jedenfalls muß bei Vorliegen dieser Kriterien der Unterbrechungszeitraum länger sein, um von einem Verlust der Identität der wirtschaftlichen Einheit ausgehen zu können. Die Unterbrechungsdauer kann um so kürzer sein, je weniger die fortgesetzte Tätigkeit sich ähnelt oder je mehr sich die fortgeführte Tätigkeit an einen anderen Kundenkreis richtet. Das BAG folgt den Ansätzen des EuGH (BAG 22. 5. 1997 AP BGB § 613 a Nr. 154).

36 **Einzelfälle:** Bei **Saisonbetrieben** führt die reguläre Schließung und Fortführung zur nächsten Saison für sich allein noch nicht zum Identitätsverlust der wirtschaftlichen Einheit zu bestehen aufhören (EuGH 17. 12. 1987 EAS RL 77/187/EWG Art. 1 Nr. 3). Bei **Einzelhandelsgeschäften** spielt der Gesichtspunkt, ob sich die Kunden typischerweise zwischenzeitlich neu orientieren, eine wesentliche Rolle. Bei einem **Modefachgeschäft** ist nach Auffassung des BAG jedenfalls eine neun Monate während tatsächliche Einstellung jeder Verkaufstätigkeit eine wirtschaftlich erhebliche Zeitspanne, die der Annahme eines Betriebsübergangs entgegensteht, auch wenn der neue Inhaber sich im wesentlichen an den gleichen Kundenkreis richtet (BAG 22. 5. 1997 AP BGB § 613 a Nr. 154). Modebewußte saisonorientierte Kunden deckten typischerweise ihren Bedarf bei einer so langen Zeitspanne anderweitig. Die Kunden müßten dann durch eigene Leistung neu- bzw. wiederzugewonnen werden. Ins Gewicht fiel zu dem, daß die Unterbrechungsdauer länger währte als jede gesetzliche Kündigungsfrist (vgl. § 622 II). Ähnliches gilt im **Dienstleistungsbereich.** Auch hier spielt die Kundenorientierung eine wesentliche Rolle für die Beibehaltung der wirtschaftlichen Einheit. IdR ist bei einem **Restaurantbetrieb** eine sechsmonatige Betriebsruhe als wirtschaftlich erheblich zu bewerten. Jedenfalls in Großstädten können Gäste problemlos auf andere Lokale ausweichen. Nach einer sechsmonatigen Schließung müssen diese neu gewonnen werden, was einer Übernahme des Kundenstammes entgegensteht (BAG 11. 9. 1997 AP EWG-Richtlinie Nr. 77/187 Nr. 16). Demgemäß spricht auch die Veränderung des Konzepts eines Restaurants gegen eine Bewahrung der wirtschaftlichen Identität (vgl. Rn. 33). Konsequenterweise kann aber nur eine längere Unterbrechungsdauer ausreichen, wenn den Kunden eine andere Orientierung nicht möglich ist (Kneipe in einem Dorf) und die Kundenorientierung nach Wiedereröffnung unverändert bleibt. Bei einer **Kindertagesstätte** kann die Schließung für drei Monate schon ausreichen, wenn im Hinblick auf die Schließung die Kunden (Kinder) schon anderweitig versorgt wurden (LAG Köln 2. 10. 1997 NZA-RR 1998, 290).

37 **3. Auftrags- und Funktionsnachfolge/Outsourcing.** Umstritten sind die Fälle der Funktionsnachfolge. Zu unterscheiden sind die Fälle der **Auftragsnachfolge,** der **Auftragsübernahme,** der erstmaligen **Fremdvergabe** einer arbeitstechnischen Aufgabe und die **Auftragsrücknahme** (*Hergenröder* AR-Blattei SD 500. 1 Rn. 153). Nach traditioneller Sicht kann in diesen Fällen ohne Übertragung materieller oder immaterieller Aktiva kein Betriebsübergang vorliegen. Im Unterschied zu dieser traditionellen Sicht kann aus der Ansicht des EuGH folgen, daß die Funktionsnachfolge dann zum Betriebsübergang wird, wenn der neue Auftragnehmer einen wesentlichen Teil des bisherigen Personals übernimmt. Wesentlich ist, ob **Arbeitsorganisation** und **Betriebsmethoden** übernommen werden. (hierzu Rn. 28; BAG 11. 12. 1997 AP BGB § 613 a Nr. 172 = NZA 1998, 534). Doch kann weder aus dem EuGH-Urteil vom 11. 3. 1997 (AP EWG-Richtlinie Nr. 77/187 Nr. 14 [Ayse Süzen] = EAS RL 77/187/EWG Art. 1 Nr. 13 = NZA 1997, 433) noch vom 14. 4. 1994 (EAS RL 77/187 EWG Art. 1 Nr. 9 = AP BGB § 613 a Nr. 106 = NZA 1994, 545 [Christel Schmidt]) gefolgert werden, daß jeder Fall der **Funktionsnachfolge** als Betriebsübergang anzusehen ist (so jedoch zum Urteil vom 14. 4. 1994 etwa *Röder/Baeck* NZA 1994, 544; *Buchner* DB 1994, 1420; dagegen skeptisch bereits *Willemsen* DB 1995, 925; *Hanau* ZIP 1994, 1038; *ders.* ZIP 1994, 1568; KR/*Pfeiffer* Rn. 26). Weder hat der EuGH die Funktionsnachfolge explizit als Betriebsübergang gewertet noch steht dies zu befürchten, weil der EuGH stets eine Gesamtwürdigung vornimmt. Explizit herausgestellt hat der EuGH, daß der bloße Verlust eines Auftrags an einen Mitbewerber für sich genommen keinen Übergang iSd. Richtlinie darstellt. Es ist stets auf die Identitätswahrung der wirtschaftlichen Einheit abzustellen. Der Überlassung sächlicher oder immaterieller Betriebsmittel kommt im Regelfall wesentliche Bedeutung zukommt. Dabei stellt der EuGH heraus, daß als wirtschaftliche Einheit **nicht die bloße Tätigkeit** verstanden werden dürfe. Denn das zuvor beauftragte Dienstleistungsunternehmen verliere zwar einen Kunden, bestehe aber in vollem Umfang weiter, ohne daß einer seiner Betriebe oder Betriebsabteilungen auf den neuen Auftraggeber übertragen worden wäre. Das klassische **Outsourcing,** also die bloße Fremdvergabe einer bisher im eigenen Unternehmen – auch in einem Betriebsteil – durchgeführten Aufgabe, ist jedenfalls dann kein Betriebsübergang wenn der neue Auftragnehmer weder Arbeitsmittel noch Personal übernimmt (BAG 22. 1. 1998 AP BGB § 613 a Nr. 173 = NZA 1998, 536; *Hergenröder* AR-Blattei SD 500.1 Rn. 169; *Schiefer* NZA 1998, 1095, 1100 ff.).

38 **4. Zusammenfassung/Ausblick.** Während die EuGH-Entscheidung vom 14. 4. 1994 weitgehend auf Kritik gestoßen ist (Nachweise bei KR/*Pfeiffer* Rn. 26 sowie *Preis/Bütefisch* EAS B 1100 Rn. 166 ff.; zustimmend dagegen *Zwanziger* DB 1994, 2623), wurde die EuGH-Entscheidung vom 11. 3. 1997 im Schrifttum zum Teil bereits als Abkehr von der erstgenannten Entscheidung begrüßt (*Buchner* NZA 1997, 408 und *Heinze* DB 1997, 677). Dies erscheint vorschnell (ebenso *Lorenz* ZIP 1997, 532; *Buschmann* AuR 1997, 215; *Trittin* DB 1997, 1333). Zwar hat der Gerichtshof den Begriff der **wirtschaftlichen Einheit** als **organisierte Gesamtheit von Personen und Sachen** definiert, doch läßt er es letztlich genügen, daß diese Einheit **nur aus den AN** besteht. Seiner Argumentation nach kann nämlich in bestimmten Branchen, in denen es im wesentlichen auf die menschliche Arbeitskraft ankommt, allein eine Gesamtheit von AN, die durch eine gemeinsame Tätigkeit dauerhaft verbunden sind, eine wirtschaftliche Einheit darstellen. Damit hat der EuGH im Urteil vom 11. 3. 1997 seine Rspr. vom 14. 4. 1994 unter zwei Gesichtspunkten bestätigt. Erstens bedarf es **im Zweifelsfall** letztlich

keiner Übertragung von Betriebsmitteln, zweitens ist die **Übernahme der Belegschaft** ein wesentliches Indiz für den Betriebsübergang. Ferner ergibt sich aus der Rspr. des EuGH insofern ein Wandel, als die **tatsächliche Fortführung des Betriebes** wichtiger ist als die bloße Möglichkeit zur Betriebsfortführung (vgl. hier Rn. 50 f.).

Die neuen Kriterien führen zwar vielfach zu einer teleologisch begründeten Annahme eines Betriebsübergangs. So lassen sich – trotz komplexer Zusammenhänge – im Ergebnis doch recht klare Positiv- und Negativfälle der Anwendung des § 613 a umreißen (besonders instruktiv *Willemsen* G Rn. 94 ff.). Dennoch unterliegt die neue Sicht in Grenzfällen der **Kritik**. Mit dem **Verzicht auf die Übertragung von Betriebsmitteln** erreicht der EuGH zwar das Ziel, zum Schutz der AN möglichst alle Betriebe durch die Richtlinie zu erfassen. Für diese Fälle hat eine Erweiterung des Tatbestandes des § 613 a stattgefunden (*Moll* RdA 1999, 233, 237). Doch bleibt die Frage der Abgrenzung, welche Vorgänge in den Anwendungsbereich der Richtlinie und damit unter § 613 a fallen, weiter unklar (KR/*Pfeiffer* Rn. 21). Die ersten praktischen Erfahrungen zeigen, daß durch geschickte Erwerberkonzepte der Tatbestand des Betriebsübergangs durchaus häufiger als bei einer strikt betriebsmittelbezogenen Betrachtung vermieden werden kann. Das ist allerdings nicht zu beanstanden, weil jedenfalls die sachlichen Betriebsmittel in der heutigen Zeit gegenüber immateriellen Aktiva und „Know how" nicht mehr die tragende Rolle spielen. Durch das Kriterium „Übernahme der Belegschaft" kann es zu dem befremdlichen Resultat kommen, daß es der neue Unternehmer oftmals in der Hand hat, einen Betriebsübergang herbeizuführen oder nicht (ebenso die Einschätzung von *Hanau* ZIP 1994, 1039; *Lorenz* ZIP 1997, 533; *Hergenröder* AR-Blattei SD 500.1 Rn. 164; *Steffan* Anm. zu EuGH v. 11. 3. 1997 EAS RL 77/187/EWG Art. 1 Nr. 13; *Schlachter*, FS für Däubler, 1999, S. 180, 186; dagegen *Moll* RdA 1999, 233, 237). So wird in der Beratungspraxis auch empfohlen, möglichst wenig Personal zu übernehmen (*Willemsen* G Rn. 115) Dem **Schutzzweck der Richtlinie** entspricht diese Möglichkeit sicherlich nicht. Freilich relativiert sich diese Kritik, wenn man in der praktischen Konstellation bedenkt, daß die Belegschaftsübernahme nur in den Fällen entscheidungsrelevant wird, wo keine anderen Kriterien auf den Betriebsübergang schließen lassen. Wenn der neue Auftagnehmer dann nicht einmal die wesentliche Belegschaft übernimmt, fehlt ein plausibler Ansatzpunkt für die Rechtfertigung der weitgehenden Rechtsfolgen des § 613 a.

Im Hinblick auf den Schutzzweck der Richtlinien können sich auch die Kriteriem der **tatsächlichen Betriebsfortführung** bzw. die **Ähnlichkeit** der Tätigkeit vor und nach der Übernahme problematisch auswirken. Hier liegt es entscheidend in der Konzeption des Erwerbers, ob tatsächlich ein Betriebsübergang eintritt. Durch geschickte Erwerberkonzepte können viele der Rechtsfolgen des § 613 a abgewendet werden. Vor dem Hintergrund des Schutzzwecks des § 613 a ist dies nur dort gerechtfertigt, wo die alte Belegschaft tatsächlich nicht in der Lage ist, die neuen Konzepte umzusetzen. Außerdem bleibt die Frage, welche zeitliche Komponente für die Übernahme der Belegschaft in Betracht kommt. Wenn es nach der Sichtweise des EuGH entscheidend darauf ankommt, daß die wirtschaftliche Einheit ihre Identität bewahrt, muß dies auch dann gelten, wenn die Einheit allein aus den AN besteht. Offen bleibt, ob auch Übernahmeangebote, die nach Ablauf der Kündigungsfrist erfolgen, einen Betriebsübergang auslösen können, obwohl strenggenommen die Identität der so verstandenen Einheit mit der Entlassung der AN zerfällt (dazu *Steffan* Anm. zu EuGH 11. 3. 1997 EAS RL 77/187/EWG Art. 1 Nr. 13). Die bisherige Rspr. des EuGH zur Identitätsbewahrung während einer Unterbrechung der Unternehmenstätigkeit führt hier nicht weiter, weil dort die Identität der wirtschaftlichen Einheit gerade nicht aus den AN bestand (vgl. EuGH 17. 12. 1987, 15. 6. 1988, EAS RL 77/187/EWG Art. 1 Nr. 3 und 5).

Das Erfordernis des **Übergangs materieller oder immaterieller Betriebsmitteln** hat den Vorteil, daß es in der Vielzahl der Fälle – auch im Dienstleistungssektor – ein brauchbares Abgrenzungskriterium bietet. Diese **Betriebsmittel** können auch **in den AN „verkörpert"** sein, aber nur dann, **wenn ohne deren Spezialkenntnisse eine Fortführung des Betriebs nicht oder nur unter erheblichen Erschwerungen möglich ist** (RGRK/*Ascheid* Rn. 43; *Soergel/Raab* Rn. 47; aA nun BAG 11. 12. 1997 AP BGB § 613 a Nr. 172 = DB 1998, 883). Mit der Ansicht des EuGH ebenfalls hinfällig geworden ist das – freilich bestrittene – Kriterium, ein Betriebsmittel müsse Gegenstand einer Veräußerung sein können, weil es nur dann durch „Rechtsgeschäft" übergehe (so BAG 16. 10. 1987 AP BGB § 613 a Nr. 69; **aA** bereits RGRK/*Ascheid* Rn. 63; *Staudinger/Richardi/Annuß* Rn. 50).

II. Übergang auf einen anderen Inhaber

Ein Betriebsübergang setzt voraus, daß an die Stelle des bisherigen Betriebsinhabers ein anderer tritt (Rn. 43 ff.), der den Betrieb im eigenen Namen tatsächlich (Rn. 50 f.) fortführt (BAG 6. 2. 1985 AP BGB § 613 a Nr. 44 = NZA 1985, 735; KR/*Pfeiffer* Rn. 32).

1. Betriebsinhaber. Als ehemaliger oder neuer Inhaber kommt eine natürliche Person oder eine Personengesellschaft (OHG, KG) ebenso in Betracht wie eine juristische Person des privaten oder öffentlichen Rechts. Maßgeblich ist ein **Wechsel der Rechtspersönlichkeit des Betriebsinhabers** (BAG 3. 5. 1983 AP HGB § 128 Nr. 4 = NJW 1983, 2283; *Erman/Hanau* Rn. 6). § 613 a findet deshalb auch auf einen Übergang zwischen zwei Gesellschaften desselben Konzerns Anwendung (EuGH 2. 12. 1999 NZA 2000, 587 = EAS RL 77/187/EWG Art. 1 Nr. 19). Bleibt das Rechtssubjekt identisch, fehlt es an einem Betriebsübergang. Bedeutung hat dies vor allem für gesellschaftsrechtliche Vorgänge. Ein **Gesellschafterwechsel berührt die Identität der Gesellschaft als Rechtssubjekt nicht**, so daß kein Betriebsübergang vorliegt. Das gilt selbst dann, wenn alle Gesellschafter ausscheiden und ihre Gesellschaftsanteile auf einen oder mehrere Erwerber übertragen (BAG 3. 5. 1983 AP HGB § 128 Nr. 4 = NJW 1983, 2283). Auch eine analoge Anwendung des § 613a scheidet in diesen Fällen aus, weil die Arbeitsverhältnisse wegen der Identität des AG unberührt bleiben (KR/*Pfeiffer* Rn. 36). Deshalb kann die Nachhaftung ausscheidender Gesellschafter nicht entspr. § 613a II beschränkt werden (BAG 21. 7. 1977 AP HGB § 128 Nr. 1; MünchKommBGB/*Schaub* Rn. 23). Eine solche Beschränkung kommt nur im Wege richterlicher Rechtsfortbildung für Ansprüche aus Dauerschuldverhältnissen in Betracht (BAG 3. 5. 1983 AP HGB § 128 Nr. 4 = NJW 1983, 2283; BGH 19. 5. 1983 AP HGB § 128 Nr. 5 = NJW 1983, 2254). Ebenso verbietet sich eine analoge Anwendung des § 613a IV, wenn der neu eingetretene Gesellschafter „wegen des Gesellschafterwechsels" kündigt (BAG 12. 7. 1990 AP BGB § 613a Nr. 87; KR/*Pfeiffer* Rn. 36). § 613a greift dagegen ein, wenn zuerst die Gesellschaft aufgelöst wird und dann die Übertragung auf den Erwerber erfolgt. Auch gilt § 613a, wenn eine natürliche oder juristische Person ihren Betrieb als Sacheinlage in eine Gesellschaft einbringt (MünchKommBGB/*Schaub* Rn. 23 f.). In beiden Fällen wechselt die Identität des Rechtssubjekts.

44 Ein **Wechsel der Rechtsform** hat auf die Identität des Rechtssubjekts keinen Einfluß, so daß die formwechselnde Umwandlung nach §§ 190 ff. UmwG keinen Betriebsübergang darstellt.

45 Bei **Spaltungsvorgängen** ist ebenfalls die Identität des Rechtssubjekts als Rechtsträger des jeweiligen Betriebs oder Betriebsteils entscheidend. Wird nur der Betrieb innerhalb eines Unternehmens als Rechtsträger gespalten, greift § 613a nicht ein (RGRK/*Ascheid* Rn. 75). Wird ein Betrieb oder Betriebsteil hingegen auf ein anderes (Konzern-)Unternehmen übertragen oder rechtlich verselbständigt, spaltet sich gleichzeitig das tragende Unternehmen (*Hanau* ZfA 1990, 126), so daß der Betriebsinhaber wechselt (zu Spaltungsvorgängen nach dem UmwG 1994 vgl. unten Rn. 164 ff.). Dies ist etwa dann der Fall, wenn ein einheitliches Unternehmen sich in eine fortbestehende Besitzgesellschaft und in eine neu zu gründende Betriebsgesellschaft aufspaltet und die Betriebsgesellschaft den Betrieb fortführt (BAG 19. 1. 1988 AP BGB § 613a Nr. 70 = NZA 1988, 501).

46 Der **Pächter** ist dann Betriebsinhaber, wenn er den Betrieb im eigenen Namen führt, was auch dann der Fall ist, wenn der bisherige Betriebsinhaber als Verpächter den Betrieb im Namen und auf Rechnung des Pächters leitet. Anders dagegen, wenn der Verpächter den Betrieb lediglich auf Rechnung des Pächters, jedoch im eigenen Namen leitet. Hier liegt lediglich Gewinnabführung vor, die für die Rechtsträgerschaft des Betriebes ohne Bedeutung ist (*Seiter* S. 38; *Hergenröder* AR-Blattei SD 500.1 Rn. 106).

47 Auch bei **Treuhandverhältnissen** kommt es auf die Betriebsführung im eigenen Namen an. Bleibt der Treugeber bei der Sicherungsübereignung der wesentlichen Betriebsmittel weiterhin zur Betriebsführung befugt, liegt kein Betriebsinhaberwechsel vor (RGRK/*Ascheid* Rn. 73). Überläßt dagegen ein notleidendes Unternehmen auf Veranlassung seiner Gläubiger die Abwicklung seiner laufenden Geschäfte einer Auffanggesellschaft, die zu diesem Zweck treuhänderisch alle wesentlichen Betriebsmittel übernimmt, ist die Auffanggesellschaft Betriebsinhaberin (BAG 20. 11. 1984 AP BGB § 613a Nr. 38 = NZA 1985, 393).

48 An dem Erfordernis der Betriebsführung im eigenen Namen mangelt es bei dem **Insolvenz-, Konkurs-, Vergleichs-** und **Zwangsverwalter** sowie dem Testamentsvollstrecker, denn diese Personen leiten den Betrieb regelmäßig nur für den Inhaber (*Erman/Hanau* Rn. 8).

49 **2. Tatsächliche Fortführung des Betriebes. a) Bisherige Rspr.** Nach bisheriger Rspr. genügte für die Annahme des Betriebsinhaberwechsels, wenn der Erwerber die **konkrete betriebliche Fortführungsmöglichkeit** im Einvernehmen mit dem Veräußerer erlangt hat. Es genügte, wenn er durch die Übernahme der wesentlichen sächlichen und immateriellen Betriebsmittel in der Lage war, mit Hilfe der AN den Betrieb oder Betriebsteil so fortzuführen wie der bisherige Inhaber (BAG 22. 5. 1984 AP BGB § 613a Nr. 42 = NZA 1985, 775; BAG 16. 2. 1993 AP BetrAVG § 1 Betriebsveräußerung Nr. 15 = NJW 1993, 2259; BAG 27. 4. 1995 AP BGB § 613a Nr. 128 = NZA 1995, 1155). Dies hing maßgeblich davon ab, ob der neue Inhaber mit den übernommenen Betriebsmitteln den Betrieb oder einen Betriebsteil im wesentlichen **unverändert** fortführen konnte (BAG 27. 4. 1995 AP BGB § 613a Nr. 128 = NZA 1995, 1155; MünchKommBGB/*Schaub* Rn. 30). Ob der Erwerber den Betrieb tatsächlich unverändert fortführt oder den Betriebszweck nach der Übernahme ändert, war dagegen unmaßgeblich (BAG 27. 4. 1995 AP BGB § 613a Nr. 128 = NZA 1995, 1155; BAG 19. 11. 1996 AP BGB § 613a Nr. 152 = DB 1997, 1036). Aus dem Erfordernis der Fortführungsmöglichkeit wurde ferner gefolgert, daß es **unerheblich** sei, ab **wann der Erwerber** den übernommenen Betrieb oder Betriebsteil **tatsächlich weiterführt**, ob er ihn überhaupt fortführt oder ihn ggf. stillegt (BAG 23. 7. 1991 AP BetrAVG § 1 Betriebsveräußerung Nr. 11 = NZA 1992, 217). Im Ergebnis erreichte diese Rspr. einen sehr weitgehenden Bestandsschutz zu Lasten des Erwerbers, auch wenn er mit dem übergegangenen Personal angesichts eines neuen Konzepts nichts anfangen kann.

B. Tatbestandsvoraussetzungen des Betriebsübergangs § 613a BGB 230

b) Neue Rspr. An den Grundsätzen der Rn. 49 ist nach der Neukonzeption des Betriebsbegriffes 50 (Rn. 5 ff.) nicht mehr festzuhalten. Entscheidend ist nunmehr die **tatsächliche Betriebsfortführung**. Nach der neueren Auffassung des BAG tritt ein Wechsel des Betriebsinhabers nicht ein, wenn der Erwerber den Betrieb gar nicht „führt" (vgl. schon angedeutet in BAG 11. 9. 1997 AP EWG-Richtlinie 77/187 Nr. 16 = NZA 1998, 31; BAG 12. 11. 1998 AP BGB § 613a Nr. 186; BAG 18. 3. 1999 AP BGB § 613a Nr. 189 mit Anm. *Willemsen/Annuß*; BAG 18. 3. 1999 AP BGB § 613a Nr. 190; *Hergenröder* AR-Blattei SD 500.1 Rn. 102). Der bisherige Inhaber muß seine wirtschaftliche Betätigung in dem Betrieb oder Betriebsteil einstellen (BAG 18. 3. 1999 AP BGB § 613a Nr. 189). Einer besonderen Übertragung einer irgendwie gearteten Leitungsmacht bedarf es daneben nicht. Allerdings ist es unschädlich, wenn der ehemalige Betriebsinhaber zwar noch im Betrieb tätig ist, dabei jedoch auf Anweisung des Erwerbers handelt (BAG 13. 11. 1986 AP BGB § 613a Nr. 57 = NZA 1987, 458). Der Neukonzeption ist im Grundsatz zuzustimmen (ebenso *Willemsen/Annuß* Anm. AP BGB § 613a Nr. 189). Allerdings sind im Hinblick auf den Schutzzweck des § 613a Grenzen zu beachten. So kann es nicht darauf ankommen, ob der Erwerber subjektiv die Absicht hat, den Betrieb nicht fortzuführen (so aber *Willemsen/Annuß* Anm. AP BGB § 613a Nr. 189; wie hier *Hergenröder* AR-Blattei SD 500.1 Rn. 202). Hier sind zwei Konstellationen zu unterscheiden:

Der Übernehmer kann sich schon **vertraglich verpflichten**, den Betrieb fortzuführen. Dann 51 kommt es nicht darauf an, ob er den Betrieb tatsächlich nicht fortführt. Insoweit bleibt es bei den Grundsätzen des BAG (19. 11. 1996 AP BGB § 613a Nr. 152): Erkennt der Erwerber vertraglich den Tatbestand des § 613a an bzw. übernimmt er die Verpflichtung, die AN eines Betriebes weiterzubeschäftigen, spricht dies für eine Übernahme des Betriebes. Übernimmt der Erwerber dann einen Betrieb (hier Gaststätte) mit dem gesamten Inventar, steht einem Betriebsübergang nicht die Absicht des Erwerbers entgegen, in dem Objekt einen anderen Betriebszweck zu verfolgen als der Veräußerer.

Übernimmt ein Erwerber **keine derartige ausdrückliche vertragliche Verpflichtung**, sind die 52 **tatsächlichen Umstände** entscheidend, ob der Erwerber tatsächlich den Betrieb(steil) in ähnlicher Weise fortführt. Insofern ist das ausschließliche Abstellen auf die rechtsgeschäftlichen Beziehungen zwischen Veräußerer und Erwerber unzureichend (so aber *Annuß* BB 1998, 1582, 1584). Eine vertragliche Verpflichtung zur Betriebsfortführung liegt nicht schon bei bloßem Erwerb einer Immobilie, Rückfall der Pachtsache oder Kündigung eines Mietverhältnisses vor (vgl. Rn. 54). Die tatsächliche Fortführung ist – dies wird auch aus der BAG-Rspr. deutlich – nur ein Gesichtspunkt in der Gesamtbewertung des Betriebsübergangs. Der bloße Wille des Erwerbers, den Betrieb nicht oder nicht dauerhaft fortzuführen, schließt den Tatbestand des § 613a noch nicht aus. Entscheidend ist, ob der Erwerber die Betriebsleitung erhalten hat (zutr. *Moll* RdA 1999, 233, 237; s. a. *Hergenröder* AR-Blattei SD 500.1 Rn. 182, 202). Entscheidend ist, daß die jeweils **mit der Einheit verbundene Aufgabe auf Dauer angelegt ist, gleichgültig wie lange sie der Übernehmer tatsächlich ausüben will**. Der Betriebsübergang tritt auch dann ein, wenn der Betrieb nur erworben wird mit dem Ziel, ihn alsbald stillzulegen (BAG 22. 9. 1994 AP BGB § 613a Nr. 117; BAG 29. 11. 1988 AP BetrAVG § 1 Betriebsveräußerung Nr. 7; *Schiefer* NZA 1998, 1095, 1103). Fraglich ist, ob die sofortige Stillegung durch den Erwerber – ohne auch nur geringfügige Weiterführung – zur Unanwendbarkeit des § 613a BGB führt. Hier bedarf es sehr sorgfältiger Prüfung. Insb., wenn der Erwerber kraft Rechtsgeschäft ein Unternehmen erwirbt, es aber mit dem Erwerb einstellt und liquidiert, kann der Schutz des § 613a geboten sein. Dies gilt insb., wenn Vertragsrechte oder Immaterialgüter des liquidierten Unternehmens weitergenutzt werden (*Hergenröder* AR-Blattei SD 500.1 Rn. 202). Dies dürfte auch der Handhabung der Kriterien durch den EuGH entsprechen (vgl. insb. EuGH 7. 3. 1996 AP EWG-Richtlinie 77/187/ EWG Art. 1 Nr. 9 = EAS RL 77/187 EWG Art. 1 Nr. 11).

Im Anschluß an die Rspr. des EuGH ist wesentliches Kriterium für den Übergang die **tatsächliche** 53 **Weiterführung oder Wiederaufnahme der Geschäftstätigkeit beim Wechsel der natürlichen oder juristischen Person, die für den Betrieb verantwortlich ist** (BAG 18. 3. 1999 AP BGB § 613a Nr. 189 unter Hinweis auf EuGH 10. 2. 1988 EAS RL 77/187/EWG Art. 1 Nr. 4; EuGH 15. 6. 1988 EAS RL 77/187/EWG Art. 1 Nr. 5; EuGH 12. 11. 1992 AP EWG-Richtlinie Nr. 77/187 Nr. 5; EuGH 11. 3. 1997 AP EWG-Richtlinie Nr. 77/187 Nr. 14; EuGH 12. 3. 1998 AP EWG-Richtlinie Nr. 77/ 187 Nr. 19; EuGH 10. 12. 1998 NZA 1999, 189 ff.; EuGH 10. 12. 1998 NZA 1999, 253 ff.). Auf den Zeitpunkt des Übertragungsvertrags oder des etwaigen Eigentumswechsels an dem Betrieb kommt es hingegen nicht an (BAG 16. 10. 1987 AP BGB § 613a Nr. 69 = DB 1988, 712). Die Eigentumslage ist unerheblich. Fortgeführt werden kann der Betrieb auch, wenn der Übernehmer den Betrieb oder Betriebsteil lediglich mietet oder pachtet (unten Rn. 59 f.). Hängt die Übernahme von verschiedenen Voraussetzungen wie etwa der Zustimmung von Gläubigern und Banken ab, besteht die Fortführungsmöglichkeit ab dem Zeitpunkt, in dem sich die Beteiligten über den Übergang einig sind (BAG 23. 7. 1991 AP BetrAVG § 1 Betriebsveräußerung Nr. 11 = NZA 1992, 217). Erfolgt die Übernahme der Betriebsmittel in mehreren Schritten, ist der Betriebsübergang jedenfalls in dem Zeitpunkt erfolgt, in dem die wesentlichen, zur Fortführung des Betriebs erforderlichen Betriebsmittel übergegangen sind und die Entscheidung über den Betriebsübergang nicht mehr rückgängig gemacht werden kann (BAG 16. 2. 1993 AP BetrAVG § 1 Nr. 15 = NZA 1993, 643).

54 **c) Einzelfälle. Rückfall einer Pachtsache:** Nach früherer Rspr. (BAG 27. 4. 1995 AP BGB § 613 a Nr. 128) stellte die vertragsgemäße Rückgabe eines verpachteten Betriebes an den Verpächter stets einen Betriebsübergang dar. Daran hält das BAG nicht fest (BAG 18. 3. 1999 AP BGB § 613 a Nr. 189; vgl. auch *Schiefer* NZA 1998, 1095, 1102), weil die bloße Fortführungsmöglichkeit nicht ausreicht. Zwar bleibt bei der Rückgabe eines funktionsfähigen Betriebes die Identität der betreffenden wirtschaftlichen Einheit gewahrt. Dies genügt aber für die Annahme eines Betriebsübergangs nicht. Führt der Verpächter den an ihn zurückgefallenen Betrieb auch nicht vorübergehend, können zwar materielle und immaterielle Betriebsmittel auf ihn übergehen; er übt die wirtschaftliche Tätigkeit mit eigener Zielsetzung aber nicht aus. Er nutzt nicht die vorhandene Organisation, übernimmt weder die Hauptbelegschaft noch die Kundschaft. **Ohne jegliche Ausübung einer betrieblichen Tätigkeit geht der Betrieb regelmäßig nicht über.** Der Betriebsübergang kann sich dagegen auf den neuen Pächter vollziehen, wenn er die Betriebstätigkeit fortsetzt oder wieder aufnimmt. Dessen wesentlich andere Betriebstätigkeit, völlig neue betriebliche Organisation oder die erhebliche Unterbrechung der Betriebstätigkeit können dem Betriebsübergang entgegenstehen (vgl. etwa BAG 11. 9. 1997 AP EWG-Richtlinie Nr. 77/187 Nr. 16). Schließt danach schon die gänzlich andersartige Betriebstätigkeit oder -organisation den Betriebsübergang aus, wenn der bisherige Einheit auch nicht zeitweise genutzt wird, so liegt erst recht kein Betriebsübergang vor, wenn überhaupt keine betriebliche Tätigkeit entfaltet wird. Wird der Betrieb nicht auf Dauer stillgelegt, bleibt der Pächter demnach Inhaber des Betriebs, auch wenn er die betriebliche Tätigkeit einstellt.

55 **Eigentumserwerb von Grundstücken bzw. Betriebsmitteln:** Der bloße Erwerb eines Grundstücks führt noch nicht zum Übergang der vom früheren Eigentümer betriebenen Grundstücksverwaltung. Die Verwaltung kann der neue Eigentümer selbst wahrnehmen. Selbst wenn sich der neue Eigentümer einer vorhandenen Grundstücksverwaltung bedient, „führt" er deren Betrieb noch nicht. Die Verwaltungsgesellschaft ist idR ein eigener Betrieb mit eigenem Personal und eigenen Betriebsmitteln in einer selbst geschaffenen Betriebsorganisation, die ihren Betrieb im eigenen Namen und auf eigene Rechnung führen (BAG 18. 3. 1999 AP BGB § 613 a Nr. 190). Auch die Veräußerung einzelner Betriebsmittel, selbst in einer Gesamtheit, stellt noch keinen Betriebsübergang dar. Das gilt auch dann, wenn der Erwerber diese Betriebsmittel in seinem eigenen vorhandenen Betrieb in ähnlicher Weise nutzt. Ein Betriebsübergang kann nur vorliegen, wenn diese Betriebsmittel zu einer eigenständigen betrieblichen Teilorganisation zusammengefaßt sind. Wer sich einzelner erworbener Betriebsmittel zu Erfüllung seiner Aufgaben in einer schon vorhandenen eigenen betrieblichen Organisation bedient, führt noch keine im wesentlichen unveränderte wirtschaftliche Einheit fort (so für die Veräußerung einzelner Lastkraftwagen (BAG 26. 8. 1999 AP BGB § 613 a Nr. 196).

56 **3. Stillegung des Betriebs.** Wird ein Betrieb oder Betriebsteil **vor dem Erwerb stillgelegt**, scheidet ein Betriebsübergang aus. Werden die sächlichen und immateriellen Betriebsmittel nach der Stillegung veräußert, liegt lediglich die Übertragung einer Sachgesamtheit vor. Betriebsübergang und Betriebsstillegung schließen sich nach der gesetzlichen Konzeption aus (BAG 27. 2. 1987 AP KSchG § 1 Betriebsbedingte Kündigung Nr. 41 = NZA 1987, 700; *Staudinger/Richardi/Annuß* Rn. 66; *Soergel/ Raab* Rn. 21; kritisch RGRK/*Ascheid* Rn. 92). Die Stillegung des gesamten Betriebs durch den AG gehört gem. § 1 II 1 KSchG zu den dringenden betrieblichen Erfordernissen, die einen Grund zur sozialen Rechtfertigung einer Kündigung abgeben können und wird demnach von § 613 a IV 2 erfaßt (BAG 28. 4. 1988 AP BGB § 613 a Nr. 74 = NZA 1989, 265; BAG 19. 6. 1991 AP KSchG 1969 § 1 Betriebsbedingte Kündigung Nr. 53 = NZA 1991, 891; BAG 10. 10. 1996 AP KSchG 1969 § 1 Betriebsbedingte Kündigung Nr. 81 = NZA 1997, 251). Dementsprechend unterscheiden sich die Rechtsfolgen. Während im Falle des Betriebsübergangs den AN in erster Linie der individualrechtliche Bestandsschutz des § 613 a I zur Seite steht, sind sie bei Betriebsstillegung unter den Voraussetzungen des § 111 BetrVG auf den kollektivrechtlichen Schutz von Interessenausgleich und Sozialplan verwiesen. Die Abgrenzung zwischen beiden Tatbeständen ist deshalb wichtig, weil die Gefahr besteht, daß die Schutzfunktion des § 613 a unterlaufen wird. Einigen sich Betriebsveräußerer und -erwerber etwa dahingehend, daß der Veräußerer den Betrieb zunächst stillegt und die AN aus „betriebsbedingten Gründen" entläßt und übernimmt danach der Erwerber das wesentliche Betriebssubstrat, könnte er die bisherige Belegschaft und/oder neue AN zu ungünstigeren Bedingungen als bisher einstellen, was § 613 a verhindern will. Nach der neuen Konzeption des BAG kann jedoch in der auf die Stillegung folgenden Übernahme von Betriebsmitteln oder AN ein Betriebsübergang mit der Folge eines Einstellungsanspruchs gegen den Übernehmer liegen (BAG 13. 11. 1997 AP BGB § 613 a Nr. 169 = NZA 1998, 251; hierzu auch Rn. 30, 145).

57 Die **Stillegung** erfordert nach dem BAG den ernstlichen und endgültigen Entschluß des AG, die Betriebs- und Produktionsgemeinschaft zwischen ihm und den AN auf Dauer oder zumindest für einen unbestimmten, aber wirtschaftlich nicht unerheblichen Zeitraum aufzuheben (BAG 28. 4. 1988 AP BGB § 613 a Nr. 74 = NZA 1989, 265; BAG 19. 5. 1988 AP BGB § 613 a Nr. 75 = NZA 1989, 461; BAG 10. 10. 1996 AP KSchG 1969 § 1 Betriebsbedingte Kündigung Nr. 81 = NZA 1997, 251). Entscheidend ist jedoch nicht die Auflösung der Produktionsgemeinschaft zwischen AG und AN, denn diese Auflösung erfolgt auch im Falle des Betriebsübergangs (insofern zutreffend RGRK/*Ascheid*

Preis

Rn. 92). Die Produktionsgemeinschaft besteht dann zwischen dem Erwerber als neuem AG und den AN. Vielmehr kommt es maßgeblich auf das Schicksal der betriebsorganisatorischen Einheit des Betriebs oder Betriebsteils an. Wird sie weitgehend in der bisherigen Form fortgeführt, liegt ein Betriebsübergang vor; wird sie dagegen aufgelöst, eine Betriebsstillegung (so auch BAG 12. 2. 1987 AP BGB § 613a Nr. 67 = NZA 1988, 170). Die bloße Einstellung der Produktion bedeutet noch keine Betriebsstillegung; es muß die Auflösung der dem Betriebszweck dienenden Organisation hinzukommen. Der AG muß endgültig entschlossen sein, den Betrieb stillzulegen. Die Stillegung muß ferner für eine unbestimmte, nicht unerhebliche Zeitspanne erfolgen, weil andernfalls nur eine unerhebliche Betriebspause oder Betriebsunterbrechung vorliegt. Deshalb spricht bei **alsbaldiger Wiedereröffnung des Betriebs** bzw. bei alsbaldiger Wiederaufnahme der Produktion durch einen Betriebserwerber eine **tatsächliche Vermutung** gegen eine ernsthafte Absicht, den Betrieb stillzulegen (BAG 12. 2. 1987 AP BGB § 613a Nr. 67 = NZA 1988, 170). Eine Unterbrechung der Betriebstätigkeit, die länger währt als jede gesetzliche Kündigungsfrist von Arbeitsverhältnissen nach § 622 II BGB sieht das BAG zumindest indiziell als erheblich an (BAG 22. 5. 1997 AP BGB § 613a Nr. 154). Wird dagegen im Rahmen einer Betriebsveräußerung eine nicht unerhebliche räumliche Verlegung des Betriebs vorgenommen, so soll nach BAG eine Betriebsstillegung vorliegen, wenn die alte Betriebsgemeinschaft tatsächlich und rechtsbeständig aufgelöst und der Betrieb an dem neuen Ort mit einer im wesentlichen neuen Belegschaft fortgeführt wird (BAG 12. 2. 1987 AP BGB § 613a Nr. 67 = NZA 1988, 170). Maßgeblich kommt es in diesem Fall jedoch darauf an, ob die Organisation der übernommenen Produktion unverändert fortgeführt wird (so wohl auch BAG 12. 2. 1987 AP BGB § 613a Nr. 67 unter II 3 a) der Gründe aE = NZA 1988, 170).

III. Rechtsgeschäftlicher Übergang

1. Bedeutung des Rechtsgeschäfts. § 613a findet seinem Wortlaut nach nur dann Anwendung, **58** wenn der Übergang des Betriebs oder Betriebsteils **durch Rechtsgeschäft** erfolgt. Nach der bisher vorherrschenden Ansicht waren zumindest von der direkten Anwendung deshalb die Fälle ausgenommen, in denen der **Übergang auf Gesetz** oder sonstigem **Hoheitsakt** beruht (BAG 5. 10. 1993 AP BetrAVG § 1 Zusatzversorgungskassen Nr. 42 = NZA 1994, 848; *Seiter* S. 42; anders schon *K. Schmidt* AcP 191, 516). Die Einsetzung eines Notars erfolgt durch einen Verwaltungsakt der Landesjustizverwaltung und kann einen rechtsgeschäftlichen Betriebsübergang nicht begründen (BAG 26. 8. 1999 AP BGB § 613a Nr. 197). Zu einem gesetzlichen Betriebsübergang kommt es insb. in den Fällen der **Gesamtrechtsnachfolge** (Universalsukzession), so zB der Erbfolge gem. §§ 1922ff. BGB sowie der gesellschaftsrechtlichen Umwandlungen. Bei der Gesamtrechtsnachfolge geht das Vermögen einschließlich der Schulden vom bisherigen Rechtsträger kraft Gesetzes auf den neuen Rechtsträger über. Soweit zu dem Vermögen ein Betrieb gehört, geht dieser ebenfalls ohne besondere Übertragungshandlung auf den neuen Rechtsträger über. Damit tritt der neue Betriebsinhaber automatisch in die Rechtsposition des bisherigen Inhabers ein. Dazu gehört auch der Eintritt in die zwischen dem bisherigen Betriebsinhaber und den AN bestehenden Arbeitsverhältnisse (RGRK/*Ascheid* Rn. 109). Die Gesamtrechtsnachfolge führt deshalb schon vom Rechtscharakter her grds. zu demselben Ergebnis, das § 613a für den rechtsgeschäftlichen Betriebsübergang gesondert anordnet. Soweit allerdings der Schutzzweck des § 613a in Fällen der Gesamtrechtsnachfolge nicht erreicht wird, wird eine analoge Anwendung der Bestimmung erwogen (BAG 5. 10. 1993 AP BetrAVG § 1 Zusatzversorgungskassen Nr. 42 = NZA 1994, 848; **aA** BAG 16. 3. 1994 AP BGB § 419 Funktionsnachfolge Nr. 11 = NZA 1995, 783; BAG 13. 7. 1994 AP TVG § 3 Verbandszugehörigkeit Nr. 14 = NZA 1995, 136; KR/*Pfeiffer* Rn. 39b). Dieser Ansicht dürfte jedoch durch die Neufassung des UmwG 1994 (BGBl. I S. 3210) die Grundlage entzogen sein. Der Gesetzgeber hat in § 324 UmwG klargestellt, daß § 613a I und IV durch die Wirkungen der Eintragung (Gesamtrechtsnachfolge) einer Verschmelzung, Spaltung oder Vermögensübertragung unberührt bleibt. Daraus folgt, daß die Anwendbarkeit des § 613a in den Fällen der Gesamtrechtsnachfolge nicht an dem fehlenden Merkmal einer Übertragung „durch Rechtsgeschäft" scheitert (*Hartmann* ZfA 1997, 24; *Boecken* ZIP 1994, 1090; *Wlotzke* DB 1995, 42; *Däubler* RdA 1995, 139; so auch BR-Drucks. 75/94, 118). Voraussetzung für die direkte Anwendung des § 613a ist allenfalls eine rechtsgeschäftliche Grundlage, die ua. in einem Spaltungs- oder Verschmelzungsvertrag liegen kann (so auch *Soergel/Raab* Rn. 51). Dies steht in Einklang mit Art. 1 I der EG-Richtlinie 77/187, der ebenfalls nicht zwischen Betriebsübergängen durch Einzelrechts- oder Gesamtrechtsnachfolge unterscheidet. Zum Betriebsübergang in der Gesamtrechtsnachfolge s. unten Rn. 164ff.

2. Inhalt des Rechtsgeschäfts. Der **Inhalt des Rechtsgeschäfts** muß dem Erwerber die betrieb- **59** liche Fortführungsmöglichkeit eröffnen. Auch hier kommt es auf die für den Betriebsübergang maßgebliche Übernahme der arbeitstechnischen Organisations- und **Leitungsmacht** an (BAG 16. 10. 1987 AP BGB § 613a Nr. 69 = DB 1988, 712). **Die Rechtsnatur** des Vertrages, der die Fortführungsmöglichkeit verschafft, ist **unerheblich**. In Betracht kommen Kauf-, Pacht- oder Mietvertrag, aber auch Schenkung, Nießbrauch, Vermächtnis oder Gesellschaftsvertrag. Auf die **Übernahme der Ar-**

beitsverhältnisse muß sich das Rechtsgeschäft nicht beziehen. Die Rspr. hat die Anforderungen an das Merkmal „Rechtsgeschäft" zur Vermeidung von Umgehungstatbeständen minimalisiert (krit. *Willemsen* G Rn. 46). Im Kern ist das Merkmal „Rechtsgeschäft" daher untechnisch zu verstehen und treffend als „derivativer Erwerb" der Betriebsinhaberstellung umschrieben worden (*Willemsen* ZIP 1986, 477, 486). Wo keinerlei rechtsgeschäftliche Disposition des Betriebsinhabers vorliegt und ein rein wettbewerbsorientiertes Verhalten eines Konkurrenten zur Übernahme von Aufträgen oder AN führt, soll der Tatbestand des § 613 a nicht mehr erfüllt sein (so *Willemsen* G Rn. 46 ff.).

60 Regelmäßig liegt ein Vertrag zwischen Veräußerer und Erwerber über die Übernahme der wesentlichen Betriebsmittel vor. Dies ist jedoch nicht zwingend. Da § 613 a nur den Übergang durch Rechtsgeschäft verlangt, bedarf es keiner unmittelbaren rechtsgeschäftlichen Vereinbarung zwischen dem bisherigen und dem neuen Betriebsinhaber (RGRK/*Ascheid* Rn. 104). So genügt es, wenn der Betrieb vom bisherigen Pächter an einen neuen Pächter übergeben wird, die Vertragsbeziehungen jedoch zwischen dem neuen Pächter und dem Verpächter bestehen (BAG 25. 2. 1981 AP BGB § 613 a Nr. 24 = NJW 1981, 2212). Einer (unerheblichen) zeitlichen Lücke zwischen den Pachtverträgen steht der Annahme eines Betriebsüberganges nicht entgegen (aA *Staudinger/Richardi/Annuß* Rn. 65). Gleiches gilt, wenn der Betriebsinhaber mit anderen einen Gesellschaftsvertrag abschließt und der Betrieb als Sacheinlage in die Gesellschaft eingebracht wird (KR/*Pfeiffer* Rn. 44 f.). Bei Auftragsübernahmen kann nach EuGH- und neuerer BAG-Rspr. ein Betriebsübergang auch ohne jegliche Kenntnis des früheren Betriebsinhabers vorliegen (oben Rn. 37), so daß es für einen rechtsgeschäftlichen Übergang keines Vertrages zwischen dem ehemaligen und dem neuen Auftragnehmer bedarf (BAG 11. 12. 1997 AP BGB § 613 a Nr. 172 = DB 1998, 883; abl. *Staudinger/Richardi/Annuß* Rn. 82). Auch wenn die betriebliche Fortführungsmöglichkeit durch mehrere Rechtsgeschäfte erlangt wird, liegt ein Betriebsübergang vor, so etwa, wenn das Betriebsgrundstück vom Zwangsverwalter erworben wird, während die Betriebsmittel geleast und/oder von einer Bank übereignet werden, die an den Gegenständen ein Sicherungseigentum erworben hat (BAG 13. 11. 1986 AP BGB § 613 a Nr. 57 = NZA 1987, 458). Ob ein Betriebsübergang mit dem Rechtsgeschäft überhaupt bezweckt wurde, ist nicht entscheidend. Ist ein Betrieb vermietet oder verpachtet worden und wird er nach Ende des Miet- oder Pachtverhältnisses wieder an den ursprünglichen Inhaber zurückgegeben, beruht auch der Rückfall auf dem Miet- oder Pachtvertrag, so daß ein rechtsgeschäftlicher Übergang vorliegen kann (EuGH 5. 5. 1988 EzA BGB § 613 a Nr. 89 = NZA 1990, 885; hierzu näher Rn. 54). Legt der Pächter den Betrieb still und gibt nur einzelne Pachtgegenstände zurück, greift § 613 a nicht ein; unter den Voraussetzungen des § 112 BetrVG hat der Pächter jedoch einen Sozialplan aufzustellen (MünchKommBGB/*Schaub* Rn. 48).

61 Ein Betriebsübergang liegt grds. auch dann vor, wenn das zugrundeliegende **Rechtsgeschäft nichtig** ist (BAG 6. 2. 1985 AP BGB § 613 a Nr. 44 = NZA 1986, 286; *Erman/Hanau* Rn. 31). Der Schutzzweck des § 613 a gebietet es, allein auf die willentliche Übernahme der Organisations- und Leitungsmacht abzustellen. Ein rechtsgeschäftlicher Übergang ist auch dann anzunehmen, wenn der Übertragungsvertrag wegen Formmangels nach § 125 BGB nichtig ist. Der Schutzzweck des § 613 a kann jedoch nicht losgelöst von dem Schutzzweck der Nichtigkeitsnorm gesehen werden. Vorrang haben die Schutzvorschriften zugunsten Geschäftsunfähiger, so daß die faktische Betriebsfortführung nicht ausreicht, wenn als Betriebserwerber ein Geschäftsunfähiger oder ein beschränkt Geschäftsfähiger ohne Zustimmung des gesetzlichen Vertreters auftritt (*Erman/Hanau* Rn. 31; KR/*Pfeiffer* Rn. 40; aA BAG 6. 2. 1985 AP BGB § 613 a Nr. 44 = NZA 1986, 286). Für das Verhältnis zwischen Veräußerer und geschäftsunfähigem Erwerber gelten die Grundsätze des faktischen Arbeitsverhältnisses. Im Verhältnis zu den AN hat der ehemalige Betriebsinhaber seine AGStellung nicht verloren, dh., die Arbeitsverhältnisse sind nicht übergegangen. Anders ist es dann, wenn ein voll geschäftsfähiger Erwerber den Betrieb von einem geschäftsunfähigen Erwerber übernimmt oder in Unkenntnis einer nicht beständigen Rechtslage weiterführt (KR/*Pfeiffer* Rn. 40).

62 Da Betriebsübergänge nicht zwingend ein privatrechtliches Rechtsgeschäft erfordern, können auch Übertragungen mit **öffentlich-rechtlichem Charakter** unter § 613 a fallen. Dies gilt etwa, wenn Grundlage des Betriebsübergangs ein öffentlich-rechtlicher Vertrag nach §§ 54 ff. VwVfG ist. Hier liegt ein Rechtsgeschäft vor; außerdem folgt die Anwendung des § 613 a aus § 62 S. 2 VwVfG (MünchKommBGB/*Schaub* Rn. 52). Werden öffentliche Einrichtungen privatisiert, greift § 613 a direkt ein, wenn Grundlage der Privatisierung ein privatrechtlicher Vertrag ist. Beruht dagegen die Privatisierung auf Gesetz oder VA (etwa nach dem VermG), liegt regelmäßig ein Fall der partiellen Gesamtrechtsnachfolge vor, so daß § 613 a in analoger Anwendung eingreift, wenn der Übergang der Arbeitsverhältnisse nicht besonders gesetzlich geregelt ist (*Steffan* S. 79 ff., **aA** KR/*Pfeiffer* Rn. 39 b).

63 **3. Übernahme bei Insolvenz.** Kein Betriebsübergang nach § 613 a liegt vor, wenn der Insolvenzverwalter aufgrund seiner Verwaltungsverpflichtung nach §§ 80, 148, 159 InsO den Betrieb fortführt. Ihm werden nicht die Betriebsmittel durch Rechtsgeschäft übertragen, sondern er erhält lediglich eine Betriebsführungsbefugnis kraft Gesetzes. Er handelt als gesetzlicher Vertreter des Gemeinschuldners und tritt insoweit in die Rechtsstellung des Gemeinschuldners ein, als er die Rechte auszuüben und die Pflichten zu erfüllen hat, die sich aus der AGStellung des Gemeinschuldners ergeben (BAG 30. 1.

Preis

1991 AP BGB § 630 Nr. 18 = NZA 1991, 599). Kündigt der Insolvenzverwalter zur Sanierung des Betriebs AN betriebsbedingt, hat er die Vorschriften des KSchG zu beachten und deshalb eine Sozialauswahl nach § 1 III KSchG zu treffen (BAG 16. 9. 1982 AP KO § 22 Nr. 4 = NJW 1983, 1341). Veräußert hingegen der Insolvenzverwalter den Betrieb, geschieht dies durch Rechtsgeschäft mit dem Erwerber (so schon BAG 17. 1. 1980 AP BGB § 613 a Nr. 18 = NJW 1980, 1124). Zu den Rechtsfolgen s. unten Rn. 128 ff.

4. Zwangsversteigerung und Zwangsverwaltung. An einem rechtsgeschäftlichen Erwerb fehlt es 64 dann, wenn der Betriebsinhaberwechsel aufgrund eines Zuschlags in der Zwangsversteigerung erfolgt. Durch den Zuschlag wird das Eigentum an dem Grundstück, auf dem der Betrieb liegt, kraft Hoheitsakt übertragen. Auch eine analoge Anwendung scheidet aus (*Seiter* S. 140; *Staudinger/Richardi/Annuß* Rn. 96). Der Zuschlag bezieht sich nicht auf den Betrieb als Wirtschaftseinheit, sondern nur auf das Grundstück samt Zubehör nach den §§ 20 II, 21, 55, 90 ZVG, 1120 BGB. Will der Ersteher den Betrieb fortführen, kann er die nicht von der Beschlagnahme umfaßten sächlichen und immateriellen Betriebsmittel nur durch Vereinbarung mit dem Zwangsverwalter oder dem Schuldner als bisherigem Betriebsinhaber, mithin durch Rechtsgeschäft erwerben. In diesem Fall findet § 613 a unmittelbar Anwendung (BAG 14. 10. 1982 AP BGB § 613 a Nr. 36 = DB 1984, 1306). Führt der Ersteher auf dem Betriebsgrundstück den Betrieb ohne Zusammenwirken mit dem bisherigen Inhaber fort, handelt es sich um eine Neueröffnung (*Seiter* S. 140).

Auch die Zwangsverwaltung eines Grundstücks erfaßt nicht den auf dem Grundstück ausgeübten 65 Betrieb. Die dem Zwangsverwalter kraft Amtes verliehene Nutzungsbefugnis bezieht sich nur auf die beschlagnahmten Teile des Betriebsvermögens. Will der Zwangsverwalter den Betrieb fortführen, muß er das mit dem Schuldner als dem bisherigen Betriebsinhaber vereinbaren. Auf diesen Betriebsübergang ist § 613 a anwendbar (BAG 9. 1. 1980 AP BGB § 613 a Nr. 19 = NJW 1980, 2148; *Seiter* S. 141). Führt er ihn selbst fort, sondern verpachtet ihn einem Dritten, fällt die Verpachtung unter § 613 a. Wird das Grundstück im Anschluß an die Zwangsverwaltung versteigert und will der Ersteher den Betrieb nicht fortführen, bleibt dem Zwangsverwalter nur die Stillegung und die Kündigung der Arbeitsverhältnisse (*Seiter* S. 141).

C. Rechtsfolgen des Betriebsübergangs

I. Übergang der Arbeitsverhältnisse

1. Arbeitgeberwechsel. Ist ein Betrieb oder Betriebsteil durch Rechtsgeschäft übergegangen, so 66 bestimmt § 613 a I 1, daß der neue Inhaber in die Rechte und Pflichten aus den im Zeitpunkt des Übergangs bestehenden Arbeitsverhältnissen eintritt. Das Arbeitsverhältnis zum bisherigen Betriebsinhaber erlischt. Angeordnet wird damit ein **Vertragspartnerwechsel auf AGSeite**, der das zwischen dem AN und dem früheren AG bestehende Arbeitsverhältnis unverändert läßt (BAG 22. 2. 1978 AP BGB § 613 a Nr. 11 = DB 1978, 1453; RGRK/*Ascheid* Rn. 129). Einer Zustimmung des AN bedarf es nicht (BAG 30. 10. 1986 AP BGB § 613 a Nr. 55 = NZA 1987, 382; zum Widerspruchsrecht des AN s. unten Rn. 84 ff.). Von dem Begriff der Rechte und Pflichten sind jedoch nur die individualrechtlichen Vereinbarungen umfaßt unter Einschluß derjenigen tarifvertraglichen Regelungen, die durch Einbeziehung eines TV Bestandteil des Einzelarbeitsvertrags geworden sind (KR/*Pfeiffer* Rn. 56). In die Rechte und Pflichten tritt der neue Inhaber auch dann ein, wenn er den Betrieb oder Betriebsteil im Konkurs des ehemaligen Betriebsinhabers erworben hat (zu Einschränkungen unten Rn. 128 ff.). Maßgeblicher Zeitpunkt für den Eintritt ist nicht der Abschluß des zugrundeliegenden Rechtsgeschäfts, sondern die Fortführung des Betriebes, dh. der Moment, in dem der neue Inhaber die arbeitstechnische Organisations- und Leitungsmacht im eigenen Namen tatsächlich übernimmt (BAG 6. 2. 1985 AP BGB § 613 a Nr. 44 = NZA 1985, 735). Entscheidend ist die tatsächliche Übernahme (*Hergenröder* AR-Blattei SD 500.1 Rn. 87) und nicht etwa der bloße Übernahmewille. Ab diesem Zeitpunkt beginnt eine tarifliche Ausschlußfrist für Ansprüche gegen den bisherigen Betriebsinhaber, die an das Ausscheiden aus dem Arbeitsverhältnis anknüpft, zu laufen (BAG 10. 8. 1994 AP TVG § 4 Ausschlußfristen Nr. 126 = NZA 1995, 742).

2. Erfaßte Arbeitsverhältnisse. § 613 a ordnet seinem Wortlaut nach den Übergang der bestehen- 67 den Arbeitsverhältnisse an, weshalb selbständige Dienstverhältnisse oder Beamtenverhältnisse davon ausgenommen sind. Erfaßt werden die Arbeitsverhältnisse aller AN, unabhängig davon, ob es sich um Arbeiter, Angestellte, oder Auszubildende handelt, auch die leitender Angestellter fallen darunter (BAG 22. 2. 1978 AP BGB § 613 a Nr. 11 = DB 1978, 914; BAG 19. 1. 1988 AP BGB § 613 a Nr. 70 = NZA 1988, 501; KR/*Pfeiffer* Rn. 10). Ein Arbeitsverhältnis zu einer Gesellschaft kann auch dann bestehen, wenn der AN an ihr wirtschaftlich beteiligt ist (BAG 31. 5. 1990 ZTR 1991, 33; RGRK/*Ascheid* Rn. 19). Ist der Inhaber des Arbeitsverhältnisses dagegen gleichzeitig Organmitglied der Gesellschaft, greift § 613 a nicht ein, da das Vertrauen der das Organmitglied bestellenden Personen dem Übergang des gesamten Dienstverhältnisses auf den Erwerber entgegensteht (*Erman/Hanau*

Rn. 42; *Seiter* S. 56). Unerheblich ist ferner, ob es sich um ein Teilzeit- oder Vollzeitarbeitsverhältnis handelt oder ob das Arbeitsverhältnis unbefristet oder befristet besteht. Liegt unechte ANÜberlassung vor, bleibt das Arbeitsverhältnis des überlassenen AN beim Verleiher und geht über, wenn dieser seinen Betrieb veräußert. Anderes gilt, wenn zum Entleiher ein fingiertes Arbeitsverhältnis nach § 10 AÜG besteht, dann setzt der Übergang die Veräußerung des Entleiherbetriebs voraus (RGRK/*Ascheid* Rn. 19). Auf Verträge freier Mitarbeiter und arbeitnehmerähnlicher Personen wird § 613 a nicht angewendet. Auf **Heimarbeitsverhältnisse** findet § 613 a keine, auch keine analoge Anwendung (BAG 3. 7. 1980 AP BGB § 613 a Nr. 23 = BB 1981, 1466; BAG 24. 3. 1998 AP BGB § 613 a Nr. 178; *Erman/Hanau* Rn. 42; *Staudinger/Richardi/Annuß* Rn. 30; aA KR/*Pfeiffer* Rn. 11). Eingliederungsverhältnisse werden entspr. § 231 II SGB III erfaßt.

68   Ein **bestehendes** Arbeitsverhältnis liegt auch dann noch vor, wenn es an Mängeln leidet und deshalb kein wirksamer oder ein anfechtbarer Arbeitsvertrag zugrundeliegt (RGRK/*Ascheid* Rn. 20; *Erman/Hanau* Rn. 43). Ist das Arbeitsverhältnis bereits gekündigt, besteht es jedenfalls noch bis zum Ablauf der Kündigungsfrist und geht vorher auf den Erwerber über (BAG 22. 2. 1978 AP BGB § 613 a Nr. 11 = DB 1978, 914).

69   Ist das Arbeitsverhältnis **beendet**, greift § 613 a nicht ein. **Ruhestandsverhältnisse** werden daher nicht erfaßt, so daß der Erwerber Versorgungsansprüche von AN, die bereits vor dem Betriebsübergang in den Ruhestand getreten sind, nicht erfüllen muß (BAG 11. 11. 1986 AP BGB § 613 a Nr. 61 = NZA 1987, 559; RGRK/*Ascheid* Rn. 24; MünchKommBGB/*Schaub* Rn. 10; *Erman/Hanau* Rn. 44). Dasselbe gilt für Versorgungsanwartschaften von bereits vor dem Betriebsübergang ausgeschiedenen AN. Eine Umgehung von § 4 BetrAVG liegt vor, wenn in einem Betriebsübernahmevertrag vereinbart wird, daß der Betriebserwerber bereits fälligen Versorgungsschulden beitritt und danach die Betriebsrentner veranlassen muß, den Betriebsveräußerer von der Haftung freizustellen. Die vorgesehenen Erlaßverträge zwischen Betriebsrentnern und dem Betriebsveräußerer sind nur dann wirksam, wenn der PSV zustimmt (BAG 17. 3. 1987 AP BetrAVG § 4 Nr. 4 = NZA 1988, 21). Übernimmt der Erwerber anläßlich des Betriebsübergangs zugleich eine Unterstützungskasse, muß die Unterstützungskasse die Ansprüche der bereits ausgeschiedenen AN erfüllen. Der Betriebsveräußerer bleibt verpflichtet, dafür zu sorgen, daß die Unterstützungskasse ihre Leistungen erbringen kann (BAG 28. 2. 1989 BetrAVG § 1 Unterstützungskassen Nr. 20 = NZA 1989, 681). Wird er insolvent, tritt der PSV nach § 7 BetrAVG für die Ruhegelder und unverfallbaren Versorgungsanwartschaften ein (MünchKommBGB/*Schaub* Rn. 105).

70   Provisionsansprüche der bei Betriebsübergang ausgeschiedenen AN braucht der Erwerber auch dann nicht zu erfüllen, wenn das provisionspflichtige Geschäft erst vom Erwerber ausgeführt wird (BAG 11. 11. 1986 AP BGB § 613 a Nr. 60 = BB 1987, 1603).

71   **3. Zuordnung der Arbeitnehmer.** Veräußert ein Unternehmen nur einen von mehreren Betrieben oder ein Betriebsinhaber lediglich einen Betriebsteil, kann im Einzelfall streitig werden, welche Arbeitsverhältnisse auf den Erwerber übergehen (hierzu *Gentges* RdA 1996, 265 ff.; *Müller/Thüsing* ZIP 1997, 1876 f.). Dasselbe gilt, wenn von mehreren Betrieben einer oder Teile von einem Betrieb stillgelegt und andere übertragen werden. Probleme stellen sich in diesen Fällen, wenn AN in verschiedenen Betrieben bzw. Betriebsteilen oder in einer zentralen Unternehmensorganisation tätig waren. Nach BAG soll es bei der Tätigkeit für mehrere Betriebe oder Betriebsteile in erster Linie auf die Übereinstimmung des Veräußerers und des Erwerbers ankommen, zu welchem Betrieb oder Betriebsteil die AN gehören. Damit sei der Schutzfunktion des § 613 a genüge getan, weil die zugeordneten AN sowohl ihren Arbeitsplatz als auch ihre sozialen Besitzstände behielten (BAG 20. 7. 1982 AP BGB § 613 a Nr. 31 = DB 1983, 50; BAG 25. 6. 1985 AP BetrAVG § 7 Nr. 23 = NZA 1986, 93). Nur wenn sich Veräußerer und Erwerber nicht einigen können, soll nach objektiven Kriterien zu entscheiden sein, insb. danach, für welchen Betrieb oder Betriebsteil die AN vor der Betriebsveräußerung überwiegend tätig waren (BAG 20. 7. 1982 AP BGB § 613 a Nr. 31 = DB 1983, 50; KR/*Pfeiffer* Rn. 22). Dagegen spricht jedoch, daß der Übergang der Arbeitsverhältnisse als gesetzliche Folge nach § 613 a der Disposition der Parteien schlechthin entzogen ist und damit nicht durch Vereinbarung zwischen Veräußerer und Erwerber abbedungen oder erweitert werden kann (zutreffend *Loritz* RdA 1987, 79 f.).

72   Die Zuordnung hat sich daher maßgeblich nach objektiven Kriterien zu richten. Notwendig ist, daß der AN in den übergegangenen Betrieb oder Betriebsteil tatsächlich eingegliedert war (BAG 11. 9. 1997 AP EWG-Richtlinie 77/187 Art. 1 Nr. 16; BAG 13. 11. 1997 AP BGB § 613 a Nr. 170). Es reicht nicht aus, wenn der AN lediglich (auch) für den Betriebsteil Tätigkeiten verrichtet hat, ohne diesem anzugehören (*Staudinger/Richardi/Annuß* Rn. 113). Regelmäßig führt die objektive Betrachtung zu einer klaren Zuordnung. Bleibt die Zuordnung in Ausnahmefällen unklar, steht den betroffenen AN in Anlehnung an ihr Widerspruchsrecht (dazu unten Rn. 84 ff.) ein Wahlrecht zu, ob sie dem verbleibenden oder dem übernommenen Betrieb oder Betriebsteil zugeordnet werden wollen (ebenso *v. Hoyningen-Huene/Windbichler* RdA 1977, 334; *Seiter* S. 64; *Erman/Hanau* Rn. 46; *Müller/Thüsing* ZIP 1997, 1873; *Gentges* RdA 1996, 265, 274; **aA** *Kreitner* NZA 1990, 431; MünchArbR/*Wank* § 120 Rn. 114). Die Arbeitsverhältnisse der AN, die in zentralen Unternehmensbereichen tätig waren, gehen

C. Rechtsfolgen des Betriebsübergangs § 613 a BGB 230

nur dann über, wenn deren Tätigkeit ausschließlich oder wesentlich dem übergehenden Betrieb oder Betriebsteil zugute kam. Die Verbindung zwischen der Tätigkeit und dem betreffenden Betrieb oder Betriebsteil muß so eng sein, daß infolge des Betriebs(-teil)übergangs die Beschäftigungsmöglichkeit im verbleibenden zentralen Unternehmensbereich des Veräußerers entfällt. Anderenfalls verbleiben die AN im Veräußererunternehmen (für eine Zuordnungsentscheidung des AG *Lieb* ZfA 1994, 240 f.; *Staudinger/Richardi/Annuß* Rn. 115; im Erg. wohl auch *Müller/Thüsing* ZIP 1997, 1876 f.). Grds. geht aber der Leiter einer Zentralabteilung, die für den gesamten Betrieb bzw. das Unternehmen zuständig ist, nicht mit Übergang eines – wenn auch wesentlichen – Betriebsteils über (BAG 13. 11. 1997 AP BGB § 613 a Nr. 170). Auch die Restbelegschaft eines – nach Betriebsteilübergang nicht mehr lebensfähigen Betriebsrestes – geht nicht mit über (*Müller-Glöge* NZA 1999, 449, 453; *Annuß* BB 1998, 1582, 1586; *Hergenröder* AR-Blattei SD 500. 1 Rn. 286).

4. Eintritt in die Rechte und Pflichten. a) Rechtsstellung des Arbeitnehmers. Durch den gesetz- 73
lich angeordneten Vertragspartnerwechsel wird der neue Betriebsinhaber Schuldner aller Verbindlichkeiten aus dem Arbeitsverhältnis, auch soweit sie vor dem Übergang entstanden sind. Er muß dieselben Löhne und Gehälter zahlen, die der ehemalige Betriebsinhaber gezahlt hat. Auch rückständige Lohnansprüche hat er aufgrund des Schuldnerwechsels zu begleichen (BAG 18. 8. 1976 AP BGB § 613 a Nr. 4 = NJW 1977, 1168). Zu den Verbindlichkeiten aus dem Arbeitsverhältnis gehören auch alle **sonstigen Leistungen,** die der bisherige Betriebsinhaber gewährt hat, wie etwa Gratifikationen und andere Sonderleistungen (zB Anwesenheitsprämien) ein **AGDarlehen** aber nur, wenn der AG dem AN ein Darlehen als Lohn- oder Gehaltsvorschuß gegeben hat. Haben die Arbeitsvertragsparteien jedoch neben dem Arbeitsvertrag einen vom Arbeitsverhältnis unabhängigen, eigenständigen Darlehensvertrag geschlossen, wird dieser durch den Betriebsübergang nicht berührt (BAG 21. 1. 1999 – 8 AZR 373/97 – nv.; differenzierend *Willemsen* G Rn. 179; aA *Staudinger/Richardi/Annuß* Rn. 153). Bereits beim Veräußerer erdiente **Versorgungsanwartschaften** der AN gehören ebenfalls zu den übergehenden Rechten (st. Rspr., BAG 24. 3. 1977 AP BGB § 613 a Nr. 6; BAG 29. 11. 1988 AP BetrAVG § 1 Betriebsveräußerung Nr. 7). Dabei macht es keinen Unterschied, ob es sich um verfallbare oder unverfallbare Anwartschaften handelt (BAG 12. 5. 1992 AP BetrAVG § 1 Betriebsveräußerung Nr. 14; *Staudinger/Richardi/Annuß* Rn. 164). Wird die betriebliche Altersversorgung beim Veräußerer von einer Unterstützungskasse durchgeführt, wird diese aber nicht auf den Erwerber übertragen, übernimmt der Erwerber ebenfalls die Versorgungslasten nach § 613 a. Im Gegensatz zum Veräußerer kann der Erwerber seine versorgungsberechtigten AN nicht an die Unterstützungskasse verweisen, die vor dem Betriebsinhaberwechsel für die Erfüllung der Versorgungsansprüche zuständig war (BAG 15. 3. 1979 AP BGB § 613 a Nr. 15 = NJW 1979, 2533). Eine andere Frage ist, ob sich die in Anspruch genommene Unterstützungskasse auf die für den Veräußerer geltende Haftungsbeschränkung (dazu unten Rn. 115 ff.) nach § 613 a II berufen kann. Das BAG (15. 3. 1979 AP BGB § 613 a Nr. 15 = NJW 1979, 2533) hat dies unter Hinweis auf die wirtschaftliche Einheit zwischen Trägerunternehmen und Unterstützungskasse bejaht. Dem wird mit gutem Grund entgegengehalten, daß diese wirtschaftliche Sichtweise die juristische Selbständigkeit der Unterstützungskassen zu wenig berücksichtige. Soweit diese in Form eines eV betrieben werde, ändere der Betriebsübergang an der Mitgliedschaft der AN nichts, so daß es für einen Anspruchsverlust der AN keinen Grund gebe (KR/*Pfeiffer* Rn. 80; *Schaub* NZA 1987, 3).

Bestand bereits vor dem Betriebsübergang aufgrund einer **betrieblichen Übung** (hierzu § 611 74
Rn. 276 ff.) eine Bindungswirkung, gilt diese auch für den neuen Betriebsinhaber. Ist die betriebliche Übung zum Zeitpunkt des Betriebsübergangs noch nicht bindend geworden, muß der jetzige Betriebsinhaber den von seinem Vorgänger gesetzten Vertrauenstatbestand gegen sich gelten lassen. Allerdings kann er für die Zukunft die Betriebsübung unter Beachtung des arbeitsrechtlichen Gleichbehandlungsgrundsatzes abbrechen und dadurch den Eintritt der Bindung verhindern (*Erman/Hanau* Rn. 61; MünchKommBGB/*Schaub* Rn. 99).

Werden die übernommenen AN durch die Übernahme ihrer bisherigen Ansprüche günstiger gestellt 75
als die bereits beim Erwerber vorhandene Belegschaft, bleibt die Besserstellung grds. erhalten. Keinesfalls kann der Erwerber unter Hinweis auf den arbeitsrechtlichen **Gleichbehandlungsgrundsatz** (hierzu § 611 Rn. 850) eine Anpassung an die Verhältnisse in seinem bereits bestehenden Betrieb einseitig anordnen. Will er eine Gleichstellung erreichen, muß er entweder eine **vertragliche Vereinbarung** herbeiführen oder eine **Änderungskündigung** aussprechen (BAG 6. 12. 1978 AP AngestelltenkündigungsG § 2 Nr. 7 = NJW 1980, 1304). Andererseits können die AN des Stammbetriebs keine Anpassung an die Rechtsstellung der übernommenen AN verlangen. Bestehen im Stammbetrieb des Erwerbers bessere Bedingungen als in dem übernommenen Betrieb oder Betriebsteil, verlangt der Gleichbehandlungsgrundsatz nicht zwingend eine Anpassung zugunsten der übernommenen AN (BAG 25. 8. 1976 AP BGB § 242 Gleichbehandlung Nr. 41 = DB 1977, 358). Dies gilt jedenfalls dann, wenn die übernommene Betriebsorganisation ihre Identität bewahrt. Allerdings kann die unterschiedliche Behandlung im Laufe der Zeit ihren sachlichen Grund verlieren und zu einem Anpassungsanspruch der schlechtergestellten AN führen (*Seiter* S. 83 f; *Erman/Hanau* Rn. 61). Wird die übernommene Betriebsorganisation dagegen vollständig aufgelöst und werden die übernommenen AN unter-

Preis 1523

schiedslos in den Stammbetrieb integriert, kann dies einen Gleichstellungsanspruch begründen (MünchKommBGB/*Schaub* Rn. 100; aA *Hergenröder* AR-Blattei SD 500.1 Rn. 716).

76 Die Dauer der **Betriebszugehörigkeit** beim Veräußerer bleibt dem AN auch bei dem Erwerber erhalten. Sie ist für die Rechtsstellung gegenüber dem Erwerber insoweit von Bedeutung, als er die Zugehörigkeit zum Betrieb des Veräußerers bei dem Erwerb gesetzlicher Rechte gegen sich gelten lassen muß, etwa bei der Berechnung von Kündigungsfristen oder der Wartezeit beim Urlaub (*Staudinger/Richardi/Annuß* Rn. 144). Die Dauer der Betriebszugehörigkeit begründet für sich alleine jedoch keine Rechte, sondern sichert sie lediglich. So wird auf den Erwerb einer unverfallbaren Ruhegeldanwartschaft die Betriebszugehörigkeit beim Veräußerer im Rahmen des § 1 I 1 BetrAVG mitgerechnet (BAG 8. 2. 1983 AP BGB § 613 a Nr. 35 = NJW 1984, 1254; BAG 20. 7. 1993 AP BetrAVG § 1 Unverfallbarkeit Nr. 4 = NZA 1994, 121). Bestehen zur Zeit des Betriebsinhaberwechsels keine Versorgungsanwartschaften, die übernommen werden müssen, ist der Betriebserwerber nicht daran gehindert, bei der Gewährung eigener Versorgungsleistungen danach zu unterscheiden, ob die betreffenden AN ihre Betriebstreue ihm selbst oder noch dem früheren Betriebsinhaber erbracht haben (BAG 30. 8. 1979 AP BGB § 613 a Nr. 16 = NJW 1980, 416; RGRK/*Ascheid* Rn. 132).

77 Bei der Überlassung einer **Werkswohnung** ist zu unterscheiden, ob es sich um eine Werkdienstwohnung nach § 565 e BGB oder eine Werkmietwohnung nach §§ 565 b bis 565 d BGB handelt. Bei der Werkdienstwohnung besteht neben dem Arbeitsverhältnis kein besonderes Mietverhältnis, so daß das Wohnrecht zum Inhalt des Arbeitsverhältnisses gehört und nach § 613 a übergeht. Werkmietwohnungen sind dagegen lediglich mit Rücksicht auf das bestehende Arbeitsverhältnis vermietet; es besteht also neben dem Arbeitsverhältnis ein Mietverhältnis, für das § 613 a keine Anwendung findet. Werden die Wohneinheiten im Rahmen des Betriebsübergangs ebenfalls an den Erwerber veräußert, tritt er nach § 571 BGB in die Mietverhältnisse ein. War der bisherige Betriebsinhaber nach dem Arbeitsvertrag zur Stellung einer Mietwohnung verpflichtet, geht diese Pflicht nach § 613 a auf den Erwerber über (*Staudinger/Richardi/Annuß* Rn. 154; *Willemsen* G Rn. 181).

78 Keine Rechte aus dem Arbeitsverhältnis sind die **handelsrechtlichen Vollmachten** wie etwa Prokura oder Handlungsvollmacht. Das ihnen zugrundeliegende Rechtsverhältnis ist das Arbeitsverhältnis zum früheren Betriebsinhaber. Da dieses Arbeitsverhältnis mit dem Betriebsübergang erlischt, erlöschen auch die mit ihm verbundenen Vollmachten (*Staudinger/Richardi/Annuß* Rn. 145).

79 **b) Rechtsstellung des Betriebserwerbers.** Für den Erwerber hat der Betriebsübergang zur Folge, daß er in **alle arbeitsvertraglichen Ansprüche** gegenüber dem übernommenen AN eintritt. Dies gilt in erster Linie für den Anspruch auf Leistung der dem Veräußerer geschuldeten Dienste einschließlich aller Nebenansprüche aus dem Arbeitsverhältnis. Er wird zudem Gläubiger aller entstandenen und fällig gewordenen Ansprüche, die mit dem Arbeitsverhältnis in engem Zusammenhang stehen. Dazu gehören **Bereicherungsansprüche** wegen überzahlter Vergütung oder **Schadensersatzansprüche** wegen unerlaubter Handlungen, die eine arbeitsvertragliche Pflichtverletzung darstellen (*Erman/Hanau* Rn. 59). Auch die **Gestaltungsrechte** gehen auf den neuen Inhaber über. Das gilt nicht nur für die Kündigung des Arbeitsverhältnisses, sondern auch für eine etwaige Anfechtung. Liegen die Gründe für eine fristlose oder fristgerechte verhaltensbedingte Kündigung noch vor dem Betriebsübergang, kann der Erwerber sich auf diese Gründe berufen, wenn sie noch nachwirken. Für die außerordentliche Kündigung kann die Ausschlußfrist des § 626 II im Rahmen des Betriebsübergangs beachtlich werden. Hatte bereits der Betriebsveräußerer von den maßgeblichen Gründen Kenntnis, muß sich der Erwerber die seither verstrichene Frist im Rahmen von § 626 II anrechnen lassen (*Erman/Hanau* Rn. 63).

80 Unterfällt der AN einem gesetzlichen **Wettbewerbsverbot** (§ 60 HGB) gegenüber dem AG, tritt der Übernehmer in die Rechte des Veräußerers ein. Da sich Inhalt und Reichweite des Wettbewerbsverbots nach der Eigenart des Unternehmens richten, kann sich eine Änderung der Unterlassungspflicht ergeben, wenn der Betriebserwerber einen anderen oder weitergehenden Unternehmenszweck verfolgt. Maßgeblich ist das Unternehmen des jetzigen AG, allerdings ist dieser an eine von dem Veräußerer erteilte Genehmigung gebunden (MünchKommBGB/*Schaub* Rn. 11). Bestand zwischen Veräußerer und AN ein nachvertragliches Wettbewerbsverbot (§§ 74 ff. HGB, § 133 f. GewO; § 5 BBiG), wird der Erwerber daraus berechtigt und verpflichtet, wenn der AN nach dem Betriebsübergang ausscheidet (BAG 27. 11. 1991 AP TVG § 4 Nachwirkung Nr. 22 = NZA 1992, 800; GK-HGB/*Etzel* §§ 74–75 d Rn. 65). Scheidet der AN vor dem Betriebsübergang aus, kann eine Wettbewerbsabrede jedenfalls nicht in direkter Anwendung des § 613 a übergehen, da es an einem bestehenden Arbeitsverhältnis fehlt. Hier kommt eine analoge Anwendung in Betracht (MünchKommBGB/*Schaub* Rn. 11; aA *Staudinger/Richardi/Annuß* Rn. 161), auch wenn Schwierigkeiten für den Fall auftreten können, daß der bisherige Betriebsinhaber noch andere Betriebe weiterführt, auf die sich das Wettbewerbsverbot ebenfalls erstreckt. Hier ist der AN ggf. dem alten und dem neuen AG zur Wettbewerbsunterlassung verpflichtet. Im Gegenzug haften beide ihm gegenüber auf Zahlung der Karenzentschädigung als Gesamtschuldner (*Seiter* S. 81; MünchKommBGB/*Schaub* Rn. 11).

81 Für rückständige **Sozialversicherungsbeiträge** oder **Lohnsteuer** haftet der Betriebserwerber gegenüber den zuständigen Stellen nicht. Hierbei handelt es sich um Pflichten aus dem Arbeitsverhältnis, sondern um Verpflichtungen öffentlich-rechtlicher Natur (RGRK/*Ascheid* Rn. 135).

C. Rechtsfolgen des Betriebsübergangs § 613a **BGB 230**

5. Unabdingbarkeit. Aus dem Schutzgedanken (oben Rn. 2) folgt, daß § 613a zwingendes Recht **82** darstellt (st. Rspr., vgl. BAG 29. 10. 1975 AP BGB § 613a Nr. 2 = NJW 1976, 535; BAG 12. 5. 1992 AP BetrAVG § 1 Betriebsveräußerung Nr. 14 = NZA 1992, 1080). Zu Lasten des AN können dessen Rechtsfolgen weder durch Vereinbarung zwischen Betriebsveräußerer und Erwerber noch durch Vereinbarung zwischen Betriebsveräußerer und dem vom Betriebsübergang betroffenen AN ausgeschlossen oder modifiziert werden. Unzulässig ist demnach eine arbeitsvertragliche Vereinbarung, die im Fall des Betriebsinhaberwechsels den Übergang des Arbeitsverhältnisses ausschließt (*Staudinger/Richardi/Annuß* Rn. 31, 33). Anderes kann nur dann gelten, wenn die Klausel auf Wunsch des AN aufgenommen wird und das Ziel verfolgt, den bisherigen AG auch bei einem Betriebsübergang zu behalten (ähnlich *Staudinger/Richardi/Annuß* Rn. 34). Dann ist der Klausel jedoch zu entnehmen, daß der Betriebsveräußerer gleichzeitig auf das Recht der betriebsbedingten Kündigung verzichtet (zu Umgehungen bei Beendigungstatbeständen Rn. 139). Eine Vereinbarung, wonach der Veräußerer eines Betriebes gegenüber der Belegschaft alleiniger Schuldner aller Versorgungsverpflichtungen bleibt, verstößt gegen § 613a iVm. § 4 BetrAVG und ist auch dann nichtig, wenn die versorgungsberechtigten AN zustimmen (BAG 14. 7. 1981 AP BGB § 613a Nr. 27 = NJW 1982, 1607). Daß eine **Schuldübernahme** durch andere als die in § 4 I 1 BetrAVG genannten Versorgungsträger möglich ist, wenn neben den betroffenen AN der PSV zustimmt, wird überwiegend bejaht (BAG 26. 6. 1980 AP BetrAVG § 4 Nr. 1 = NJW 1981, 189; BAG 17. 3. 1987 AP BetrAVG § 4 Nr 4 = NZA 1988, 21; *Höfer/Reiners/Wüst* BetrAVG § 4 Rn. 2234; offengelassen von BAG 14. 7. 1981 AP BGB § 613a Nr. 27; **aA** *Thieme* Anm. zu BAG 14. 7. 1981 AP BGB § 613a Nr. 27).

Wo eine **Umgehung** nicht zu befürchten ist, sind anläßlich eines konkreten Betriebs- **83** übergangs getroffene Vereinbarungen der AN mit dem Betriebsveräußerer oder -erwerber zulässig. Der Schutzgedanke der Bestimmung will den AN vor ungerechtfertigten Nachteilen bewahren, nicht jedoch seine Vertragsfreiheit einschränken (*RGRK/Ascheid* Rn. 11). Deshalb kann der AN das Arbeitsverhältnis mit dem Veräußerer vor oder mit dem Erwerber nach dem Betriebsübergang einvernehmlich beenden (BAG 29. 10. 1975 AP BGB § 613a Nr. 2 = NJW 1976, 535). Auch Vereinbarungen über den Inhalt des Arbeitsvertrages sind möglich. Bedenken gegen die Wirksamkeit einer solchen Vereinbarung können sich dann ergeben, wenn die Vereinbarung zum Nachteil des AN vom bisherigen Arbeitsvertrag abweicht (BAG 26. 3. 1987 AP BGB § 613a Nr. 66). Kritisch steht das BAG Vereinbarungen gegenüber, die den Erlaß rückständiger Löhne oder den **Verzicht auf betriebliche Sozialleistungen** vorsehen. Dies soll nur möglich sein, wenn dafür ein **sachlicher Grund** vorliegt, zB die Erhaltung von Arbeitsplätzen (BAG 18. 8. 1976, AP BGB § 613a Nr. 4 = NJW 1977, 1168; BAG 17. 1. 1980 AP BGB § 613a Nr. 18 = NJW 1980, 1124; abl. *Willemsen* G Rn. 199). Die Wirksamkeit eines Verzichts auf Versorgungsanwartschaften mißt das BAG an den Voraussetzungen des Widerrufs durch die Unterstützungskasse (BAG 29. 10. 1985 AP BetrAVG § 1 Betriebsveräußerung Nr. 4 m. Anm. *Blomeyer* = DB 1986, 1779; BAG 12. 5. 1992 AP BetrAVG § 1 Betriebsveräußerung Nr. 14 = NZA 1992, 1080). Fehlt es daran, sind die entspr. Vereinbarungen wegen Verstoßes gegen den Schutzzweck des § 613a I 1 nichtig. In der Literatur stößt die Ansicht der Rspr. wegen der damit einhergehenden Einschränkung der Vertragsfreiheit auf Kritik (*Erman/Hanau* Rn. 65 mwN). Eine Verschlechterung der ANAnsprüche durch Vereinbarung soll danach nur dann ausgeschlossen sein, wenn die Ansprüche auf zwingenden gesetzlichen oder kollektivvertraglichen Bestimmungen beruhen. Bei Erlaßverträgen mit dem Veräußerer kommt zudem eine eventuelle Nichtigkeit nach §§ 17 III 3 BetrAVG, 134 BGB wegen Verstoßes gegen § 3 I 1 BetrAVG in Betracht. Zwar gilt § 3 BetrAVG nach überwiegender Ansicht nicht für fortbestehende Arbeitsverhältnisse (BAG 14. 8. 1990 AP BetrAVG § 3 Nr. 4 mwN), doch wird das Arbeitsverhältnis zum Veräußerer beim Betriebsübergang beendet, so daß § 3 BetrAVG eingreift (LAG Hamm 2. 4. 1991 LAGE BGB § 613a Nr. 22; *Erman/Hanau* Rn. 65; offengelassen von BAG 12. 5. 1992 AP BetrAVG § 1 Betriebsveräußerung Nr. 14).

II. Widerspruchsrecht des Arbeitnehmers

1. Begründung. Über den Wortlaut des § 613a hinaus hat das BAG dem AN in st. Rspr. ein **84** **Widerspruchsrecht gegen den Übergang seines Arbeitsverhältnisses** eingeräumt (BAG 2. 10. 1974 AP BGB § 613a Nr. 1 = BB 1975, 468; BAG 22. 4. 1993 AP BGB § 613a Nr. 103 = NZA 1994, 360). Dies folgt aus der Konstruktion des § 613a, der einen gesetzlichen Vertragspartnerwechsel auf AG-Seite anordnet, der dem AN jedoch nicht gegen seinen Willen aufgezwungen werden soll. Maßgeblich hierfür ist der aus § 613 S. 2 folgende persönliche Charakter der Arbeitsleistung. Zudem führt der Eintritt des Betriebserwerbers in das Arbeitsverhältnis zu einem Schuldnerwechsel, der analog § 415 I 1 die Zustimmung des AN als Gläubiger voraussetzt. Rechtsmethodisch ergibt sich das Widerspruchsrecht aus einer teleologischen Reduktion des § 613a I (*Erman/Hanau* Rn. 47).

Das im Schrifttum heftig umstrittene Widerspruchsrecht des AN war durch die Entscheidung des **85** EuGH v. 5. 5. 1988 (EzA BGB § 613a Nr. 89 = DB 1990, 1770), in der dieser ein Widerspruchsrecht für die EG-Richtlinie 77/187 abgelehnt hatte, erneut in die Diskussion geraten (dazu *Birk* EuZW 1993, 156). Befürworter des Widerspruchsrechts stützten sich maßgeblich auf Art. 7 der EG-Richtlinie

77/187, wonach für die AN günstigere nationale Regelungen zulässig sind. Klarheit hat diesbezüglich das Urteil des EuGH vom 16. 12. 1992 (AP BGB § 613a Nr. 97 = DB 1993, 230) geschaffen, in dem das Gericht die deutsche Rspr. billigte. Dazu bedarf es nach Ansicht des EuGH keines Rückgriffs auf die Günstigkeitsregelung des Art. 7 der Richtlinie; vielmehr stehe schon Art. 3 III der Richtlinie, der den Übergang des Arbeitsverhältnisses beim Betriebsübergang bestimmt, einem national geregelten Widerspruchsrecht nicht entgegen.

86 **2. Ausübung.** Dem Widerspruchsrecht kommt die **Rechtsqualität eines Gestaltungsrechts** zu mit der Folge, daß das Arbeitsverhältnis nicht auf den neuen Betriebsinhaber übergeht, sondern zum bisherigen Betriebsinhaber erhalten bleibt. Das Widerspruchsrecht wird als empfangsbedürftige Willenserklärung angesehen und ist als Gestaltungsrecht **bedingungsfeindlich.** Daraus folgt die Unzulässigkeit des Vorbehalts, daß der Widerspruch solle dann nicht gelten, wenn der Veräußerer eine betriebsbedingte Kündigung in Betracht zieht (*Erman/Hanau* Rn. 50; *Seiter* S. 74). Dem Schweigen des AN kann im Regelfall das Einverständnis zu dem Übergang des Arbeitsverhältnisses entnommen werden (BAG 2. 10. 1974 AP BGB § 613a Nr. 1 = BB 1975, 468). Der Widerspruch kann ausdrücklich oder konkludent erfolgen, etwa durch Verweigerung der Arbeit bei dem neuen Betriebsinhaber. Mehrdeutige Erklärungen des AN sind nach §§ 133, 157 auszulegen (*Erman/Hanau* Rn. 49). Ein Vorausverzicht auf das Widerspruchsrecht durch arbeitsvertragliche Regelung ist unzulässig; in Ansehung eines konkreten bevorstehenden Übergangs kann jedoch auf das Widerspruchsrecht verzichtet werden (ausf. APS/*Steffan* Rn. 110; Soergel/*Raab* Rn. 162). Ein gleichwohl erklärter Widerspruch ist dann unbeachtlich (BAG 19. 3. 1998 AP BGB § 613a Nr. 177). Insoweit kann die Zustimmung der AN auch nicht durch kollektivvertragliche Regelung ersetzt oder erzwungen werden (BAG 2. 10. 1973 AP BGB § 613a Nr. 1). Ein Widerspruch kann auch gegen § 242 verstoßen, etwa wegen widersprüchlichen Verhaltens (BAG 19. 3. 1998 AP BGB § 613a Nr. 177) oder in Ausnahmefällen wegen Rechtsmißbrauch (*Hergenröder* AR-Blattei SD 500. 1 Rn. 310f. mwN; zu Einzelfällen *Willemsen* G Rn. 160).

87 Das Widerspruchsrecht kann idR nur bis zu dem **Zeitpunkt** ausgeübt werden, zu dem der Betrieb auf den neuen Inhaber übergeht. Vor dem Betriebsübergang besteht grds. keine Erklärungsfrist (BAG 19. 3. 1998 AP BGB § 613a Nr. 177 = NZA 1998, 750; *Hergenröder* AR-Blattei SD 500. 1 Rn. 298). Hat der AG den AN nicht rechtzeitig von dem bevorstehenden Betriebsübergang unterrichtet, kann der AN, ohne rechtsmißbräuchlich zu handeln, noch nach Betriebsübergang sein Widerspruchsrecht ausüben (BAG 30. 10. 1986 AP BGB § 613a Nr. 55 = NZA 1987, 524; BAG 22. 4. 1993 AP BGB § 613a Nr. 103 = NZA 1994, 360). **Adressat** des Widerspruchs, der auf den Zeitpunkt des Betriebsübergangs zurückwirkt, kann sowohl der **Betriebsveräußerer** als auch der **Betriebserwerber** sein (*Erman/Hanau* Rn. 49). Nach BAG gilt dies jedenfalls dann, wenn der AN von keinem der beiden über den Betriebsübergang unterrichtet wurde (BAG 22. 4. 1993 AP BGB § 613a Nr. 103 = NZA 1994, 360). Sobald der AN von dem Betriebsübergang Kenntnis erlangt hat, muß er das Widerspruchsrecht **unverzüglich,** das heißt ohne schuldhaftes Zögern (§ 121), ausüben. In Anlehnung an die im Kündigungsschutzrecht maßgebliche Drei-Wochen-Frist der §§ 4, 13 KSchG fordert das BAG, daß der AN den Widerspruch spätestens innerhalb von drei Wochen nach ausreichender Unterrichtung erklärt (BAG 22. 4. 1993 AP BGB § 613a Nr. 102 = NZA 1994, 357). Nimmt der Veräußerer die nach dem Widerspruch angebotene Arbeitsleistung des AN nicht an, gerät er in Annahmeverzug nach § 615 Satz 1. Ist es dem AN jedoch zumutbar, zunächst beim Erwerber zu arbeiten, und tut er dies nicht, muß er sich den Wert des nicht erworbenen Arbeitsentgelts nach § 615 S. 2 anrechnen lassen (BAG 19. 3. 1998 AP BGB § 613a Nr. 177 = NZA 1998, 750).

88 **3. Rechtsstellung zum Veräußerer.** Macht der AN von seinem Widerspruchsrecht Gebrauch, bleibt zwar das Arbeitsverhältnis mit dem ehemaligen Betriebsinhaber aufrechterhalten, der Arbeitsplatz des widersprechenden AN ist dagegen auf den neuen Betriebsinhaber übergegangen. Zieht der ehemalige Betriebsinhaber infolge dieses Arbeitskräfteüberhangs eine betriebsbedingte Kündigung in Erwägung, scheitert diese nicht schon an der Regelung des § 613a IV 1, nach der die Kündigung wegen des Betriebsübergangs unwirksam ist. Zwar ist der Betriebsübergang in diesen Fällen für die Kündigung mitursächlich, da bei Fortführung des Betriebs durch den bisherigen Inhaber der Arbeitsplatz nicht entfallen wäre. Wesentliche Ursache für die Kündigung ist indes nicht der Übergang als solcher, sondern die Weigerung des AN, unter dem neuen Betriebsinhaber zu arbeiten. Eine betriebsbedingte Kündigung hat zunächst einschränkungslos die Voraussetzungen des § 1 II KSchG zu beachten. Insb. darf eine anderweitige Beschäftigungsmöglichkeit im Betrieb oder Unternehmen des Veräußerers nicht vorhanden sein (BAG 7. 4. 1993 AP KSchG 1969 § 1 Soziale Auswahl Nr. 22 = NZA 1993, 795).

89 Ist bei dem ehemaligen Betriebs- oder Betriebsteilinhaber kein anderer Arbeitsplatz frei, liegen die Voraussetzungen einer betriebsbedingten Kündigung grds. vor. Fraglich ist dann, ob diese zwangsläufig denjenigen AN trifft, der dem Übergang seines Arbeitsverhältnisses widersprochen hat, oder ob der ehemalige Betriebsinhaber gem. § 1 III KSchG eine **Sozialauswahl unter Beteiligung des widersprechenden AN** durchführen muß. Eine Sozialauswahl scheidet zunächst dann aus, wenn der gesamte Betrieb übertragen wurde. Die gilt auch dann, wenn der ehemalige Betriebsinhaber als Unter-

Preis

nehmer noch über andere Betriebe verfügt, denn die Sozialauswahl ist – anders als die anderweitige Beschäftigungsmöglichkeit – betriebsbezogen. Möglich ist eine Sozialauswahl jedoch dann, wenn nur ein Betriebsteil übertragen wurde, also bei dem ehemaligen Betriebsinhaber noch ein Restbetrieb besteht.

Inwieweit der widersprechende AN in diesem Fall verlangen kann, in die Sozialauswahl einbezogen 90 zu werden, ist streitig. Nach überwiegender Meinung im Schrifttum verwehrt ein völlig grundloser Widerspruch ein späteres Berufen auf die Sozialauswahl. Dagegen soll ein wohlbegründeter Widerspruch der Einbeziehung nicht entgegenstehen. Die dazwischen liegenden Fälle sollen je nach Gewicht in die umfassende Schutzwürdigkeitsbetrachtung mit einfließen (*Moll* NJW 1993, 2017; *Bauer* DB 1983, 714 f.; *Neef* NZA 1994, 101 f.; *Oetker* DZWir 1993, 143). Das BAG hat sich in neuerer Zeit ohne weitere Ausführungen diesen differenzierten Ansichten angeschlossen und festgestellt, daß **objektiv vertretbare Gründe für den Widerspruch** Berücksichtigung finden müssen (BAG 7. 4. 1993 AP KSchG 1969 § 1 Soziale Auswahl Nr. 22 = NZA 1993, 795). Das BAG meint, daß ein großzügiger Maßstab (was immer das sei) zugunsten des widersprechenden AN nicht geboten sei (BAG 18. 3. 1999 NZA 1999, 870). Dabei trägt es in die Sozialauswahl einen weiteren Unsicherheitsfaktor hinein (krit. hierzu schon *Preis/Steffan*, Anm. BAG 7. 4. 1993 EzA KSchG § 1 Soziale Auswahl Nr. 30). Nach Auffassung des BAG gilt: „Je geringer die Unterschiede hinsichtlich der sozialen Gesichtspunkte unter den vergleichbaren AN sind, desto gewichtiger müssen die Gründe dafür sein, einen vom Betriebsübergang nicht betroffenen AN zu verdrängen. Nur wenn dieser einen baldigen Arbeitsplatzverlust oder eine baldige wesentliche Verschlechterung seiner Arbeitsbedingungen bei dem Erwerber zu befürchten hat, kann er einen Arbeitskollegen, und wenn auch nur einen Arbeitskollegen, der weniger schutzbedürftig ist, verdrängen" (BAG 18. 3. 1999 NZA 1999, 870; LAG Rheinland-Pfalz 26. 6. 1998 LAGE BGB § 613 a Nr. 74 = MDR 1999, 367). Immerhin sucht das BAG mit dieser Formel Arbeitsplatzverteilungsgerechtigkeit zu erreichen. Als sachlicher Grund muß wohl genügen, daß der neue AG als unzuverlässig bekannt ist oder nicht über die nötige Bonität verfügt. Auch der Verlust des Kündigungsschutzes gehört hierher, wenn der Erwerberbetrieb, anders als der Veräußererbetrieb, nach dem Übernahme nicht mehr als zehn AN beschäftigt (ausf. zu möglichen Sachgründen *Staudinger/Richardi/Annuß* Rn. 135). Nach LAG Hamm 21. 6. 1994 (NZA 1995, 471) genügt, daß die Übernahme durch einen kleineren Betrieb erfolgt, der nicht der Sozialplanpflicht unterliegt (ebenso LAG Berlin 26. 5. 1997 MDR 1997, 948). Ob schon weitere Anfahrtwege ein sachlicher Widerspruchsgrund sind (so LAG Hamm 28. 1. 1999 ZInsO 1999, 422), ist zweifelhaft. Allein der Umstand, daß bei einem Betriebserwerber ein schlechterer Tarifvertrag gilt, reicht als Widerspruchsgrund noch nicht aus (BAG 5. 2. 1997 AP BetrVG 1972 § 112 Nr. 112). Daß sich die Rechtsposition des AN verschlechtert, wenn er ohne vernünftigen Grund dem Übergang seines Arbeitsverhältnisses widerspricht, leuchtet ein, denn ansonsten führte ein willkürlicher Widerspruch ggf. zur Entlassung eines anderen AN im Veräußererbetrieb, der seinen Arbeitsplatz behalten hätte. Besser wäre es jedoch, bereits die Ausübung des Widerspruchsrechts einer Rechtsmißbrauchskontrolle zu unterziehen, als die Frage der ordnungsgemäßen Sozialauswahl mit einem weiteren Unsicherheitsmerkmal zu belasten (*Preis/Steffan*, Anm. BAG 7. 4. 1993 EzA KSchG § 1 Soziale Auswahl Nr. 30; APS/*Steffan* Rn. 105; *Schlachter* NZA 1995, 707; aA *Lunk* NZA 1995, 713).

Widerspricht der AN dem Übergang seines Arbeitsverhältnisses nur deshalb, um an Abfindungsre- 91 gelungen des Veräußerers zu partizipieren, entfällt der Abfindungsanspruch nach den Grundsätzen von Treu und Glauben (*Hanau*, FS für Gaul, S. 292; ähnlich BAG 24. 11. 1993 AP TVG § 1 Tarifverträge: Einzelhandel Nr. 39 = NZA 1994, 564). Einen Abfindungsanspruch einer AN hat das BAG verneint, die dem Übergang ihres Arbeitsverhältnisses deswegen widersprochen hatte, weil für sie zu einem kurz nach dem vorgesehenen Betriebsübergang liegenden Zeitpunkt bereits ein neues Arbeitsverhältnis in Aussicht stand (BAG 10. 11. 1993 AP TVG § 1 Tarifverträge: Einzelhandel Nr. 43 = NZA 1994, 892). Ansprüche auf Sozialplanleistungen kann der AN in diesen Fällen nach § 112 V 2 Nr. 2 BetrVG verwirken (LAG Sachsen 30. 4. 1996 AuA 1997, 204). Nimmt der Sozialplan selbst von seinem Geltungsbereich solche Mitarbeiter aus, die einen angebotenen zumutbaren Arbeitsplatz ablehnen, so gilt dies auch für den Fall, daß AN einem (zumutbaren) Übergang ihres Arbeitsverhältnisses widersprechen (BAG 5. 2. 1997 AP BetrVG 1972 § 112 Nr. 112). Die Weiterarbeit beim Betriebserwerber ist nach BAG nicht deshalb unzumutbar, weil der Betriebserwerber wirtschaftlich schwach oder gem. § 112 a II BetrVG in den ersten vier Jahren nach seiner Gründung von der Sozialplanpflicht ausgenommen ist (BAG 5. 2. 1997 AP EzA BetrVG 1972 § 112 Nr. 112).

4. Kollektive Ausübung des Widerspruchsrechts. Die Frage des sachlichen Grundes ist bedeutsam 92 auch für die kollektive Ausübung des Widerspruchsrechts. Widersprechen mehrere AN, die aufgrund ihrer Qualifikation für einen ordnungsgemäßen Betriebsablauf notwendig sind, kann der Betriebsübergang verhindert werden. Trotz dieser Gefahr ist die kollektive Ausübung des Widerspruchsrechts nicht von vornherein als unzulässig zu erachten. Wenn der einzelne AN ein aus dem Persönlichkeitsschutz her begründetes Widerspruchsrecht gegen die Rechtsfolgen des § 613 a besitzt, können sich auch mehrere AN als Summe von Einzelindividuen dieses Recht als kollektives Druckmittel nutzbar machen. Zulässige Rechtsgrenze bildet auch bei der kollektiven Ausübung ein eventueller Mißbrauch (ebenso *Erman/Hanau* Rn. 55; *Gaul* ZfA 1990, 91). Das Widerspruchsrecht entfaltet nur dann seine Wirkung, wenn dafür ein sachlicher Grund vorliegt. Bedingt durch die kollektive Ausübung verlangt der sachliche Grund ebenfalls einen kollektiven Bezug. Es reicht hierbei nicht aus, daß für einzelne AN Verschlechterungen des Arbeitsverhältnisses zu befürchten sind. Vielmehr müssen überwiegend betriebsbezogene Gründe geltend gemacht werden. Diese können darin liegen, daß der Erwerber als unzuverlässig bekannt ist oder nicht über die nötige Bonität verfügt (*Erman/Hanau* Rn. 55). Außerdem kann der Veräußerer nicht durch kollektiven Widerspruch zum Abschluß eines Sozialplans gezwungen werden (*Gaul* ZfA 1990, 91).

III. Fortgeltung von Tarifvertrag und Betriebsvereinbarung (§ 613 a I 2 bis 4)

93 **1. Grundsätzliche Regelung.** § 613 a I 2 bis 4 regeln das Schicksal der kollektivrechtlichen Normen aus TV und Betriebsvereinbarung. Dieser besonderen Bestimmung bedurfte es, weil die Rechte und Pflichten aus TV und Betriebsvereinbarung nicht bereits nach § 613 a I 1 auf den neuen Betriebsinhaber übergehen (zur früheren Rechtslage RGRK/*Ascheid* Rn. 178–180). Denn grds. werden die Normen aus TV und Betriebsvereinbarung nicht Bestandteil der Arbeitsverhältnisse, sondern wirken wie Gesetze von außen auf die Arbeitsverhältnisse ein. Anderes gilt jedoch dann, wenn der ehemalige Betriebsinhaber nicht tarifgebunden war und ein TV oder einzelne Bestimmungen daraus durch Vereinbarung Eingang in den Arbeitsvertrag des übernommenen AN gefunden haben. In diesem Fall ist der neue Betriebsinhaber an diese Bestimmungen bereits durch § 613 a I 1 gebunden (*Erman/Hanau* Rn. 71).

94 **2. Weitergeltung kollektivrechtlicher Normen. a) Grundsatz der individualrechtlichen Weitergeltung.** Nach der Regelung des § 613 a I 2 gelten die Bestimmungen eines beim ehemaligen Betriebsinhaber angewendeten TV oder dort bestehender Betriebsvereinbarungen nicht in ihrer bisherigen kollektivrechtlichen Form fort. Vielmehr verlieren sie ihre Rechtsnatur als TV bzw. Betriebsvereinbarung und werden Inhalt des Arbeitsverhältnisses zwischen dem übernommenen AN und dem neuen Betriebsinhaber. Sie haben dieselbe Geltung wie die Regelungen des Arbeitsvertrags. Mit dem Verlust der kollektivrechtlichen Geltung verlieren die Bestimmungen auch ihre unmittelbare und zwingende Wirkung, die ihnen als TV nach § 4 I TVG und als Betriebsvereinbarung nach § 77 IV 1 BetrVG beim ehemaligen Betriebsinhaber zukam. Allerdings ordnet § 613 a I 2 eine einjährige Veränderungssperre zum Nachteil der AN an. Mit dieser individualrechtlichen statt einer kollektivrechtlichen Lösung wollte der Gesetzgeber verhindern, daß der neue Betriebsinhaber gegen seinen Willen der Geltung eines VerbandsTV unterworfen und damit zugleich Mitglied des betreffenden AGVerbandes wird (*Seiter* S. 89).

95 **b) Kollektivrechtliche Weitergeltung.** Mit der normativ angeordneten (hierzu Staudinger/*Richardi/Annuß* Rn. 174) individualrechtlichen Fortgeltung von Rechten und Pflichten aus TV oder Betriebsvereinbarung ist eine kollektivrechtliche Fortgeltung nicht ausgeschlossen. Die individualrechtliche Weitergeltung stellt vielmehr nur eine **Auffangvorschrift** zum Schutz der AN für den Fall dar, daß der neue Betriebsinhaber kollektivrechtlich nicht gebunden ist (Staudinger/*Richardi/Annuß* Rn. 175; MünchKommBGB/*Schaub* Rn. 128). Eine kollektivrechtliche Bindung des neuen Betriebsinhabers an den bestehenden **VerbandsTV** tritt ein, wenn der neue Betriebsinhaber und die übernommenen AN nach § 3 TVG tarifgebunden sind. Wichtigste Voraussetzung dafür ist die Mitgliedschaft des Betriebsübernehmers in dem AGVerband, der den TV abgeschlossen hat. Ein nach § 5 TVG **allgemeinverbindlicher TV** gilt unabhängig von der Tarifgebundenheit kollektivrechtlich fort, sofern nicht der Betriebserwerber durch Änderung des Betriebszwecks aus dem fachlichen Geltungsbereich des TV oder aus der Zuständigkeit der bisher maßgeblichen TVParteien herausfällt (BAG 5. 10. 1993 AP BetrAVG § 1 Zusatzversorgungskassen Nr. 42; *Hanau/Vossen*, FS für Hilger/Stumpf, S. 288). Für diesen Fall greift die individualrechtliche Weitergeltung nach § 613 a I 2 bis 4. Ein **FirmenTV** wirkt kollektivrechtlich nur bei der Gesamtrechtsnachfolge in ein Unternehmen fort, wenn der Rechtsnachfolger vollkommen in die Rechtsstellung seines Vorgängers einrückt (APS/*Steffan* Rn. 119 mwN). Der FirmenTV endet, wenn der Betrieb durch die Änderung des Betriebszwecks aus dem Zuständigkeitsbereich der tarifschließenden Gewerkschaft fällt. Auch hier gilt die Regelung des § 613 a I 2 bis 4 und nicht etwa die Nachwirkung gem § 4 V TVG (aA MünchKommBGB/*Schaub* Rn. 133), weil ein lediglich nachwirkender TV auch vor Ablauf der Jahresfrist nach § 613 a I 2 zum Nachteil des AN geändert werden kann. Bei der Übernahme eines Betriebs oder Betriebsteils im Wege der Einzelrechtsnachfolge steht die kollektivrechtliche Fortgeltung im Ermessen des Erwerbers, die er durch Erklärung gegenüber der zuständigen Gewerkschaft (Vertragsübernahme oder Neuabschluß) herbeiführen kann (*Hanau/Vossen*, FS für Hilger/Stumpf, S. 296 f.; RGRK/*Ascheid* Rn. 185; *Kania* DB 1994, 534; differenzierend MünchKommBGB/*Schaub* Rn. 133).

96 Für die kollektivrechtliche Bindung des Betriebserwerbers an eine bestehende **Betriebsvereinbarung** ist entscheidend, daß er betriebsverfassungsrechtlich in die Pflichten des ehemaligen Betriebsinhabers eintritt. Dies setzt voraus, daß die Betriebsidentität im wesentlichen bei dem neuen Inhaber erhalten bleibt (BAG 5. 2. 1991 AP BGB § 613 a Nr. 89 = NZA 1991, 639; BAG 27. 7. 1994 AP BGB

§ 613 a Nr. 118 = NZA 1995, 222; *Hergenröder* AR-Blattei SD 500.1 Rn. 532). In diesem Fall besteht nämlich der BR auch nach dem Betriebsinhaberwechsel fort. Daraus folgt, daß der neue Betriebsinhaber nicht nur als Vertragspartner der übernommenen AN auftritt, sondern auch als Betriebspartner des fortbestehenden BR. So wie der neue Betriebsinhaber in die zwischen dem ehemaligen Betriebsinhaber und den übernommenen AN bestehenden Arbeitsverhältnisse eintritt, tritt er dann auch in die zwischen dem ehemaligen Betriebsinhaber und dem BR vereinbarten Betriebsvereinbarungen ein.

Ob **Gesamtbetriebsvereinbarungen** und **Konzernbetriebsvereinbarungen** kollektivrechtlich fortgelten, wenn nicht alle Betriebe eines Unternehmens bzw. alle Unternehmen eines Konzerns übernommen werden, ist umstritten (hierzu APS/*Steffan* Rn. 121 mwN zum Streitstand). Dagegen spricht, daß auch die einfache Betriebsvereinbarung nicht normativ weitergilt, wenn die Betriebsidentität beim Übergang nicht gewahrt bleibt. Entsprechendes muß gelten, wenn die Unternehmensidentität bzw. Konzernidentität bei der Übernahme nicht bestehen bleibt (ebenso *Schaub*, FS für Wiese, 1998, S. 535, 542). Anders als beim fortbestehenden BR steht in diesen Fällen auch der ursprüngliche Vertragspartner nicht mehr zur Verfügung. Für die kollektivrechtliche Fortgeltung dürfte es nicht ausreichen, daß auf Seiten des übernehmenden Unternehmens ein Gesamt- oder KonzernBR besteht. Bei kollidierenden Gesamt- oder Konzernbetriebsvereinbarungen werden die Betriebsvereinbarungen des übergehenden Betriebs verdrängt (BAG 27. 6. 1985 AP BetrVG 1972 § 77 Nr. 14; siehe zu den Ablösungsmöglichkeiten bei Gesamt- und Konzernbetriebsvereinbarungen *Meyer* DB 2000, 1174). Für Sprechervereinbarungen und Dienstvereinbarungen nach dem Personalvertretungsrecht gelten die gleichen Grundsätze (APS/*Steffan* Rn. 124 f. mwN). Bei der Privatisierung öffentlich-rechtlicher Träger ist eine normative Fortgeltung der Dienstvereinbarungen ausgeschlossen; sie gelten dann individualrechtlich weiter (*Gussen/Dauck* Rn. 89; *Gaul* ZTR 1995, 387). 97

Damit bleiben für die individualrechtliche Fortgeltung von Rechten und Pflichten aus einer **Betriebsvereinbarung** folgende Fälle übrig: (1) es wird nur ein Betriebsteil übernommen; (2) es wird zwar ein Betrieb übernommen, dieser wurde jedoch von einer im alten Unternehmen geltenden Gesamt- oder Konzernbetriebsvereinbarung erfaßt; (3) der übernommene Betrieb wurde mit einem anderen Betrieb des Übernehmers vereinigt; (4) der Betrieb unterfällt nicht mehr dem BetrVG (zB wegen § 118 II BetrVG); (5) Es findet ein Rechtsformwechsel der AN-Vertretung statt (zB. Betrieb geht von öffentlich-rechtlichem auf privatrechtlichen Träger über). Die Rechte und Pflichten aus einem **TV** gelten dann individualrechtlich fort, wenn der neue Betriebsinhaber und die übernommenen AN nicht nach §§ 3, 5 TVG an den bereits beim Veräußerer bestehenden VerbandsTV gebunden sind oder wenn der Betriebserwerber nicht in einen FirmenTV eintritt. 98

3. Reichweite der individualrechtlichen Weitergeltung. a) Art der Kollektivvereinbarung. Soweit eine individualrechtliche Fortgeltung von Rechten und Pflichten aus einem TV in Betracht kommt, gilt dies für Verbands- und FirmenTV (RGRK/*Ascheid* Rn. 200; **aA** für FirmenTV *Moll* NJW 1993, 2020). Erforderlich ist jedoch, daß Betriebsveräußerer und AN tarifgebunden waren, da nur dann die Rechte und Pflichten des TV die Arbeitsverhältnisse regeln konnten. Unter den Begriff der Betriebsvereinbarung fallen sowohl Gesamt- als auch Konzernbetriebsvereinbarungen (MünchKommBGB/*Schaub* Rn. 151). Nur die zum Zeitpunkt des Betriebsübergangs gültigen Normen eines TV oder einer Betriebsvereinbarung gelten fort. An der Weiterentwicklung der Rechte und Pflichten der bisherigen Kollektivvereinbarung nimmt der übernommene AN nicht teil (BAG 13. 11. 1985 AP BGB § 613 a Nr. 46 = NZA 1986, 422); ebensowenig an tariflichen Regelungen, die rückwirkend auf den Zeitpunkt vor Betriebsübergang in Kraft gesetzt werden (BAG 13. 9. 1994 AP TVG § 1 Rückwirkung Nr. 11 = NZA 1995, 740). Dasselbe gilt, wenn der Veräußerer nach dem Betriebsübergang einen TV mit Rückwirkung abschließt (LAG Brandenburg 10. 3. 1992 DB 1992, 1145). Dagegen gelten die Normen eines TV, der vor dem Betriebsübergang abgeschlossen wurde, aber erst nach dem Übergang in Kraft tritt (*Erman/Hanau* Rn. 81). Geltung beanspruchen die Normen auch dann, wenn sie lediglich gem. §§ 4 V TVG, 77 VI BetrVG nachwirken (BAG 27. 11. 1991 AP TVG § 4 Nachwirkung Nr. 22 = NZA 1992, 800). Allerdings verlieren sie ihre zwingende Wirkung, so daß sie vor Ablauf eines Jahres zu Lasten der AN einzelvertraglich abgeändert werden können (*Erman/Hanau* Rn. 81; zu den Anforderungen unten Rn. 74). 99

b) Inhalt der Kollektivvereinbarung. Die individualrechtliche Weitergeltung bezieht sich nur auf den **normativen Teil eines TV oder einer Betriebsvereinbarung.** Deren schuldrechtlicher Teil regelt lediglich das Verhältnis der Tarif- bzw. Betriebspartner zueinander, so daß eine individualrechtliche Weitergeltung nicht in Betracht kommt. Das gilt auch für die sog. Regelungsabrede zwischen AG und BR (vgl. DKK/*Berg* § 77 Rn. 79 ff.), da sie nicht kraft Gesetzes auf die Arbeitsverhältnisse einwirkt. Zu ihrer Realisierung bedarf es noch der individualrechtlichen Gestaltungsmittel des AG. Hingegen führt das Ergebnis einer durchgeführten Regelungsabrede zu einer einzelvertraglichen Ausgestaltung des Arbeitsverhältnisses mit der Folge, daß die daraus entstandenen Rechte und Pflichten den Betriebserwerber bereits nach § 613 a I 1 treffen (RGRK/*Ascheid* Rn. 210). Von dem normativen Teil werden nur diejenigen Rechtsnormen erfaßt, die die Rechte und Pflichten des im Zeitpunkt des Übergangs bestehenden Arbeitsverhältnisses regeln. Das sind in erster Linie die sog. Inhaltsnormen, die den Inhalt und die Beendigung des Arbeitsverhältnisses regeln. Abschlußnormen und Tarifnormen 100 über betriebsverfassungsrechtliche Fragen gelten nicht fort (*Erman/Hanau* Rn. 81; differenzierend für Abschlußnormen MünchKommBGB/*Schaub* Rn. 154; aA *Däubler/Kittner/Zwanziger* Rn. 62). Die Weitergeltung von Betriebsnormen kommt nur dann in Betracht, wenn sie zugleich den Inhalt der Arbeitsverhältnisse gestalten und ihnen damit die Wirkung von Inhaltsnormen zukommt (MünchKommBGB/*Schaub* Rn. 156; *Hanau/Vossen*, FS für Hilger/Stumpf, S. 290 f.). Tarifnormen über gemeinsame Einrichtungen werden nicht Inhalt der übernommenen Arbeitsverträge. Allenfalls kann den Betriebsübernehmer die Pflicht treffen, alles Erforderliche zu tun, um die AN in den Genuß der Leistungen kommen zu lassen (MünchKommBGB/*Schaub* Rn. 157; *Hanau/Vossen*, FS für Hilger/Stumpf, S. 291).

101 **4. Änderung individualrechtlich weitergeltender Normen. a) Grundsatz gem. I 2.** Gelten die Regelungen aus dem früheren TV oder einer früheren Betriebsvereinbarung individualrechtlich fort, dürfen sie **nicht vor Ablauf eines Jahres** nach dem Betriebsübergang **einseitig zum Nachteil des AN** geändert werden (§ 613 a I 2 aE). Dies gilt jedoch nur dann, wenn vormals kollektivvertraglichen Regelungen zwingender Charakter zukam. Zwar werden auch Rechtsnormen eines TV oder einer Betriebsvereinbarung mit dispositivem Charakter in den Arbeitsvertrag transportiert; sie können jedoch jederzeit zum Nachteil des AN geändert werden (*Erman/Hanau* Rn. 81). Will der AG zwingende Regelungen vor Ablauf der Jahresfrist ändern, ist dies zunächst unter den Voraussetzungen des § 613 a I 4 möglich (unten Rn. 103 f.). Liegen diese Voraussetzungen nicht vor, was insb. dann der Fall sein wird, wenn der Erwerber nicht tarifgebunden ist, sind Änderungen vor Ablauf der Jahresfrist grds. nach § 134 unwirksam (KR/*Pfeiffer* Rn. 92; *Moll* RdA 1996, 279).

102 Nach **Ablauf der Jahresfrist** entfällt die zwingende Wirkung der ins Arbeitsverhältnis transformierten Kollektivnormen. Sie gelten dann als arbeitsvertragliche Einheitsregelungen weiter mit der Möglichkeit, sie auch zu Lasten der AN kollektiv- oder einzelvertraglich zu ändern. Der AG kann entweder in Übereinstimmung mit dem AN einen **Änderungsvertrag** schließen oder gegen den Willen des AN eine **Änderungskündigung** aussprechen. Eine Änderungskündigung ist jedoch nur unter allgemeinen Voraussetzungen zulässig (vgl. § 2 KSchG Rn. 1 ff.). Insb. rechtfertigt die Wahrung des Gleichbehandlungsgrundsatzes keine betriebsbedingte Änderungskündigung (vgl. BAG 28. 4. 1982 AP KSchG 1969 § 2 Nr. 3 = NJW 1982, 2687), so daß (Massen-)Änderungskündigungen zur Vereinheitlichung der Arbeitsbedingungen regelmäßig ausscheiden werden (MünchKommBGB/*Schaub* Rn. 176; *Kania* DB 1994, 531). Eine verschlechternde Betriebsvereinbarung unterliegt im Rahmen des Betriebsübergangs nicht den Grenzen, die das BAG für die Ablösung einer arbeitsvertraglichen Einheitsregelung durch eine ablösende Betriebsvereinbarung aufgestellt hat (*Erman/Hanau* Rn. 86; MünchKommBGB/*Schaub* Rn. 178; vgl. BAG GS 16. 9. 1986 AP BetrVG 1972 § 77 Nr. 17 = NZA 1987, 168).

103 **b) Ausnahmen gem. I 4.** Von dem Änderungsverbot des § 613 a I 2 bestimmt § 613 a I 4 **zwei Ausnahmen.** Die erste betrifft den Fall, daß die Normen eines TV oder einer Betriebsvereinbarung **keine zwingende Wirkung mehr entfalten** oder **die zwingende Wirkung innerhalb der Jahresfrist verlieren** und deshalb nach § 4 V TVG oder § 77 VI BetrVG nur noch nachwirken. Das ist der Fall, wenn der TV oder die Betriebsvereinbarung beim Betriebsübergang bereits gekündigt war oder innerhalb der Jahresfrist gekündigt werden konnte; ferner dann, wenn der TV oder die Betriebsvereinbarung beim Betriebsübergang durch Fristablauf geendet hatte oder innerhalb Jahresfrist enden würde. Zwar finden auch die Rechte und Pflichten nachwirkender Kollektivvereinbarungen Eingang in die Arbeitsverhältnisse, können jedoch vor Ablauf der Jahresfrist geändert werden. Die Regelung verdeutlicht, daß durch den Betriebsübergang die arbeitsrechtliche Stellung der AN nicht verbessert wird, sondern nur in dem Umfang erhalten bleibt, wie sie bei dem ehemaligen Betriebsinhaber bestand (*Erman/Hanau* Rn. 93). Die mögliche Änderung erfolgt auch hier durch Änderungsvertrag oder Änderungskündigung (RGRK/*Ascheid* Rn. 231). Zu den Anforderungen oben Rn. 102.

104 Die zweite Ausnahme läßt eine Änderung vor Jahresfrist zu, wenn der **neue Betriebsinhaber und die übernommenen AN die Anwendung eines anderen TV,** der für sie nicht schon aufgrund beiderseitiger Tarifgebundenheit gilt, vereinbaren. Diese Regelung ermöglicht es dem Betriebserwerber, mit den übernommenen AN die Anwendung des TV zu vereinbaren, der bereits zwischen ihm und seinen schon vorhandenen AN kraft Tarifgebundenheit nach § 3 I TVG oder aufgrund einzelvertraglicher Abrede gilt. Entgegen dem mißverständlichen Wortlaut besteht diese Möglichkeit auch dann, wenn nur eine Vertragspartei nicht tarifgebunden ist (MünchKommBGB/*Schaub* Rn. 172; *Erman/Hanau* Rn. 93). Vereinbart werden kann jedoch nur der andere TV insgesamt, weil nur die Geltung des tarifvertraglichen Gesamtwerks eine gewisse Richtigkeitsgewähr bietet (*Seiter* S. 96; zust. *Staudinger/Richardi/Annuß* Rn. 199). Der AN ist zum Abschluß einer derartigen Vereinbarung nicht verpflichtet. Bei der Frage, ob eine dahingehende Änderungskündigung möglich ist, kommt es auf den Gesetzeszweck an, nach dem die Vorschrift zur Vereinheitlichung der Arbeitsbedingungen beitragen soll. Da der Gesetzgeber für den Fall der Vereinbarung eines anderen TV die zwingende Wirkung der in den Arbeitsvertrag transportierten Regelungen aufhebt, ist eine Änderungskündigung dann sozial gerechtfertigt, wenn die Unterwerfung unter den anderen TV bei Abwägung der Interessen der übernommenen AN und des Betriebsnachfolgers angemessen und billigenswert ist (*Seiter* S. 96; *Hergen-*

C. Rechtsfolgen des Betriebsübergangs § 613 a BGB 230

röder AR-Blattei SD 500.1 Rn. 580; MünchKommBGB/*Schaub* Rn. 173). Allein die Berufung auf die ansonsten bessere Stellung der übernommenen AN reicht dafür nicht aus (*Erman/Hanau* Rn. 93; *Kania* DB 1994, 531). Nicht möglich ist es, den einschlägigen TV durch Betriebsvereinbarung in Bezug zu nehmen, weil hierdurch die Sperrwirkung des § 77 III BetrVG unterlaufen würde (MünchKommBGB/*Schaub* Rn. 174; *Erman/Hanau* Rn. 93; *Kania* DB 1995, 626).

5. Ausschluß der Weitergeltung (I 3). Nach § 613 a I 3 ist die Fortgeltung eines TV oder einer 105 Betriebsvereinbarung ausgeschlossen, wenn die Rechte und Pflichten bei dem Betriebserwerber durch Rechtsnormen eines anderen TV oder einer anderen Betriebsvereinbarung geregelt werden. Voraussetzung ist zunächst, daß bei dem Betriebserwerber eine andere Tarifzuständigkeit besteht als beim Veräußerer. Außerdem muß auch der übernommene AN bereits vor dem Betriebsübergang tarifgebunden gewesen sein, weil ansonsten seine Rechte und Pflichten nicht aus einem TV folgen (KR/ *Pfeiffer* Rn. 99; *Kania* DB 1994, 530; aA *Zöllner* DB 1995, 1403; *Moll* RdA 1996, 280). Dies reicht jedoch für die Anwendung von § 613 a I 3 nicht aus. Vielmehr ist erforderlich, daß beide Parteien, also sowohl die übernommenen AN als auch der Betriebserwerber, entweder kraft Mitgliedschaft in den tarifschließenden Parteien oder kraft Allgemeinverbindlicherklärung gem. § 5 TVG nach dem Betriebsübergang **an den beim Erwerber geltenden TV** gebunden sind (BAG 19. 3. 1986 AP BGB § 613 a Nr. 49; = NZA 1986, 687; LAG Berlin 9. 10. 1998 LAGE BGB § 613 a Nr. 75; *Erman/Hanau* Rn. 89; RGRK/*Ascheid* Rn. 220; KR/*Pfeiffer* Rn. 99; *Soergel/Raab* Rn. 125; *Preis/Steffan*, FS für Kraft, S. 477, 485; *Kraft*, FS für Zöllner, S. 831, 838; *Staudinger/Richardi/Annuß* Rn. 193; aA noch BAG 26. 9. 1979 AP BGB § 613 a Nr. 17 m. abl. Anm. *Willemsen*; *Moll* NJW 1993, 2020; *ders.* RdA 1996, 275, 280; *Hromadka* DB 1996, 1872, 1875 f.; *Heinze* DB 1998, 1861; *Henssler*, FS für Schaub, S. 311, 319). Nach einer vermittelnden Auffassung soll die einseitige Tarifbindung des Erwerbes genügen, wenn aus ANSeite sowohl im Veräußerer- als auch Erwerberbetrieb eine DGB-Gewerkschaft zuständig ist (*Hanau/Kania*, FS für Schaub, S. 239, 256; *Kania* DB 1996, 1921, 1923; dem folgend LAG Köln 30. 9. 1999 NZA-RR 2000, 179 ff.). Die bloße Tarifbindung des Erwerbers genügt nicht, weil dies den durch § 613 a I 2 gewährleisteten Inhaltsschutz für den AN unzulässig beeinträchtigt (*Soergel/Raab* Rn. 125; *Preis/Steffan*, FS für Kraft, S. 477, 486). Waren der Erwerber und die übernommenen AN bereits vor dem Betriebsübergang an denselben TV gebunden, gilt dieser ohnehin kollektivrechtlich weiter, ohne daß es einer Anordnung nach § 613 a bedarf (oben Rn. 95 f.). 613 a I 3 erfaßt also den Fall, daß beide Parteien vor dem Betriebsübergang an unterschiedliche TV gebunden waren und nach dem Betriebsübergang eine Bindung an den ErwerberTV vorliegt.

Um **nach dem Betriebsübergang eine beiderseitige Bindung** an den ErwerberTV zu erreichen, 106 muß der übernommene AN regelmäßig die **Gewerkschaft wechseln**. Dazu kann er jedoch wegen seiner durch Art. 9 III GG geschützten Koalitionsfreiheit **nicht gezwungen** werden (*Kania* DB 1994, 530). Verweigert er den Übertritt in die bei dem Betriebserwerber zuständige Gewerkschaft, bleibt es für ihn bei dem inhaltlichen Bestandsschutz nach § 613 a I 2 (*Kania* DB 1994, 530; MünchArbR/*Wank* § 120 Rn. 182; *Preis/Steffan*, FS für Kraft, S. 477, 486). Der Schutz aus Art. 9 III GG geht der Intention des Gesetzgebers vor, der durch § 613 a I 3 einer einheitlichen Behandlung der AN im Betrieb des Erwerbers den Vorrang vor dem individuellen Bestandsschutz nach § 613 a I 2 einräumen wollte (dazu RGRK/*Ascheid* Rn. 217; MünchKommBGB/*Schaub* Rn. 180). Neben dem Gewerkschaftsübertritt kann die Geltung des anderen TV auch durch eine Vereinbarung nach § 613 a I 4 2. Alternative erreicht werden (MünchKommBGB/*Schaub* Rn. 184). Da eine Änderungskündigung regelmäßig ausscheidet, hat es der AN weitgehend in der Hand, die Geltung verschlechternder Arbeitsbedingungen zu verhindern. Die dadurch faktisch entstehende **Tarifpluralität** läßt sich nicht durch die Grundsätze des BAG zur Tarifeinheit lösen (vgl. BAG 29. 3. 1957 AP TVG § 4 Tarifkonkurrenz Nr. 4 = NJW 1957, 1006; BAG 20. 3. 1991 AP TVG § 4 Tarifkonkurrenz Nr. 20 = NZA 1991, 436), weil § 613 a I 2 bis 4 abschließende Sonderregelungen darstellen (wie hier APS/*Steffan* Rn. 141; *Preis/Steffan*, FS für Kraft, S. 477, 487; *Gussen/Dauck* Rn. 239; *Hergenröder* AR-Blattei SD 500.1 Rn. 568; differenzierend *Kania* DB 1996, 1923 und *Hanau*, Das Arbeitsrecht der Gegenwart Bd. 34 (1996), S. 29; aA wohl MünchKommBGB/*Schaub* Rn. 196).

Für das Eingreifen des anderen TV oder der anderen Betriebsvereinbarung ist es unerheblich, ob sie 107 schon zum Zeitpunkt des Betriebsübergangs für den bereits vorhandenen Betrieb des Erwerbers gelten, aufgrund des Betriebsübergangs oder erst später abgeschlossen werden oder durch Verbandsbeitritt des Betriebserwerbers Geltung erreichen (BAG 20. 4. 1994 AP BGB § 613 a Nr. 108 = NZA 1994, 1140; *Erman/Hanau* Rn. 87). Der Vorrang der neuen Kollektivverträge erstreckt sich jedoch nur auf diejenigen Rechte und Pflichten, die auch in den Kollektivverträgen geregelt waren, die für die übernommenen AN vor dem Betriebsübergang galten. Ob derselbe Regelungsgegenstand betroffen ist, ist durch Auslegung zu ermitteln. Schweigen die Kollektivverträge zu bestimmten Punkten, liegt keine Regelung vor. Soweit sich die Regelungsbereiche nicht decken, bleibt es bei der individualrechtlichen Weitergeltung nach § 613 a I 2. Bei identischer Regelungsmaterie gelten die neuen Kollektivverträge auch dann, wenn sie schlechtere Arbeitsbedingungen vorsehen (BAG 20. 4. 1994 AP BGB § 613 a Nr. 108 = NZA 1994, 1140; BAG 19. 11. 1996 – 9 AZR 640/95 – nv.; *Erman/Hanau* Rn. 87). Das **Günstigkeitsprinzip** findet im Verhältnis zwischen dem individualrechtlich fortgeltenden und

230 BGB § 613 a Rechte und Pflichten bei Betriebsübergang

dem neuen Kollektivrecht beim Erwerber **keine Anwendung** (BAG 16. 5. 1995 AP TVG § 4 Ordnungsprinzip Nr. 15 = NZA 1995, 1166; *Kania* DB 1994, 530; RGRK/*Ascheid* Rn. 226; MünchKommBGB/*Schaub* Rn. 190). Dies gilt jedoch nur für die Zukunft; in bereits bestehende Anwartschaften kann auch das neue Kollektivrecht nicht eingreifen. Bereits unverfallbare Versorgungsanwartschaften bleiben in ihrem bis zum Betriebsübergang erarbeiteten Umfang erhalten, unabhängig davon, ob das aufnehmende Unternehmen überhaupt keine oder eine schlechtere Altersversorgung hat (*Hanau/Vossen*, FS für Hilger/Stumpf, S. 278).

108   Die Geltung des neuen TV kann nicht dadurch ausgeschlossen oder beschränkt werden, daß die Betriebspartner des Veräußerers dies im Wege einer Betriebsvereinbarung festlegen (BAG 1. 4. 1987 AP BGB § 613 a Nr. 64 = NZA 1987, 593). Dagegen ist die **Ablösung eines TV durch eine Betriebsvereinbarung** möglich, ohne daß § 77 III BetrVG verletzt ist. Da auch tarifvertragliche Regelungen lediglich individualrechtlich fortgelten, kann eine beim Betriebsnachfolger geltende Betriebsvereinbarung eine tarifliche Regelung, die beim Veräußerer bestanden hat, verdrängen, wenn sie den gleichen Regelungsgegenstand betrifft (*Erman/Hanau* Rn. 87; MünchKommBGB/*Schaub* Rn. 196; *Kania* DB 1995, 626; *Staudinger/Richardi/Annuß* Rn. 185). Die Ablösung findet auch dann statt, wenn die neuen kollektivvertraglichen Regelungen lediglich nachwirken.

109   Sofern bei Außenseitern im Veräußererbetrieb die Geltung eines TV einzelvertraglich vereinbart war, kommt die Anwendung von § 613 a I 3 nicht unmittelbar in Betracht. Da es an der Rechtsnormqualität der Regelungen fehlt, ist vielmehr § 613 a I 1 einschlägig. Dadurch kann es zu einer unterschiedlichen Stellung auch zwischen den übernommenen AN kommen, wenn für die organisierten AN der neue TV nach § 613 a I 3 gilt und dieser ungünstigere Bedingungen enthält. Erfolgte die Inbezugnahme pauschal auf den jeweils gültigen TV, kann die Vertragsauslegung dazu führen, daß nach dem Betriebsinhaberwechsel der neue TV Anwendung findet, weil die einzelvertragliche Bezugnahme auf einen TV nur das widerspiegeln soll, was auch tarifrechtlich verbindlich ist (*Erman/Hanau* Rn. 94 mwN; für eine analoge Anwendung von § 613 a I 3 MünchKommBGB/*Schaub* Rn. 195). Die Einzelheiten der Wirkung statischer und dynamischer Bezugnahmeklauseln sind erheblich umstritten (hierzu im einzelnen APS/*Steffan* Rn. 143 ff; *Hanau/Kania*, FS für Schaub, S. 239 ff.; *Preis/Steffan*, FS für Kraft, S. 477, 485). Dies führt zu einer Gleichstellung jedenfalls dann, wenn der Erwerberbetrieb in den Zuständigkeitsbereich derselben Gewerkschaft fällt. Ist dies nicht der Fall, führt die Vertragsauslegung dazu, daß es für Außenseiter bei der Bezugnahme auf den VeräußererTV bleibt, dessen Regelungen individualrechtlich nach § 613 a I 1 fortgelten (aA unter Hinweis darauf, daß die mit der Bezugnahme bezweckte Gleichstellung nicht mehr erreicht wird: BAG 4. 8. 1999 AP TVG § 1 Tarifverträge: Papierindustrie Nr. 14 = NZA 2000, 154; abl. *Gaul* BB 2000, 1086). Für die organisierten AN folgt die individualrechtliche Fortgeltung nach § 613 a I 2. Sie können die Anwendung von § 613 a I 3 und eine damit verbundene Schlechterstellung dadurch verhindern, daß sie nicht zu der beim Erwerber tarifzuständigen Gewerkschaft übertreten (*Kania* DB 1994, 532).

IV. Weitere betriebsverfassungsrechtliche Fragen

110   **1. Kontinuität des Betriebsrats.** Einer der Normzwecke des § 613 a besteht darin, die Kontinuität des BR zu gewährleisten (oben Rn. 2). Dafür ist erforderlich, daß der Betrieb auch nach der Übertragung in seiner organisatorischen Einheit fortbesteht (BAG 5. 2. 1991 AP BGB § 613 a Nr. 89 = NZA 1991, 639). Ist im Verhältnis zwischen BR und Betriebsveräußerer eine Verpflichtung des AG gegenüber dem BR rechtskräftig festgestellt worden, wirkt dies bei Erhaltung der Betriebsidentität auch gegenüber dem Erwerber (BAG 5. 2. 1991 AP BGB § 613 a Nr. 89 = NZA 1991, 639). Wird dagegen nur ein Betriebsteil übertragen und vom Erwerber als selbständiger Betrieb fortgeführt, endet die Zuständigkeit des BR des Veräußererbetriebs für den übertragenen Teil und die in ihm beschäftigten AN. Im verbleibenden Veräußererbetrieb kann wegen Unterschreiten der erforderlichen Gesamtzahl der BRMitglieder eine Neuwahl nach § 13 II Nr. 2 BetrVG erforderlich werden. Das Mandat des BR endet ebenfalls, wenn ein Betrieb oder Betriebsteil nach der Übertragung mit einem bereits vorhandenen Betrieb des Erwerbers verschmolzen wird und deshalb die Organisationseinheit nicht mehr fortbesteht. Ggf. kommt eine Neuwahl des BR des aufnehmenden Betriebs nach § 13 II Nr. 1 BetrVG in Betracht (*Hergenröder* AR-Blattei SD 500.1 Rn. 636).

111   Es besteht nach der bisherigen Rspr. des BAG kein Restmandat des ehemals zuständigen BR für die Übergangszeit bis zur Wahl eines neuen BR im nunmehr selbständigen Betriebsteil (BAG 23. 11. 1988 AP BGB § 613 a Nr. 77 = NZA 1989, 433). Ein solches Restmandat besteht jedoch bei Betriebsteilungen im Wege der Gesamtrechtsnachfolge nach § 321 UmwG und dem SpTrUG. Art. 5 der mit Wirkung vom 17. 7. 1998 geänderten Richtlinie 77/187/EWG (geändert durch Richtlinie 98/50/EG vom 29. 6. 1998, ABl. Nr. L 201, S. 88) sieht nun ein **Übergangsmandat** auch für rechtsgeschäftliche Betriebsteilübergänge vor. Die Umsetzungsfrist läuft am 17. 7. 2001 ab. Erst danach kann erwogen werden, im Wege der richtlinienkonformen Auslegung ein zwingendes Übergangsmandat begründet werden (weitergehend *Krause* NZA 1998, 1201, 1205; wie hier *Hergenröder* AR-Blattei SD 500.1 Rn. 639; abl. *Franzen* RdA 1999, 361, 371). Ein freiwilliges Übergangsmandat ist in Anlehnung an § 321 UmwG auf sechs Monate zu befristen (APS/*Steffan* Rn. 151).

C. Rechtsfolgen des Betriebsübergangs § 613 a BGB 230

Geht der Betrieb in der organisatorischen Einheit über, hat der Übergang keine Auswirkungen auf die Rechtsstellung des einzelnen BRMitglieds. Es behält mit dem Übergang seines Arbeitsverhältnisses die betriebsverfassungsrechtlichen Rechte und damit den besonderen Kündigungsschutz nach §§ 15 KSchG, 103 BetrVG. Ist dagegen das BRMitglied im Fall eines Betriebsteilübergangs in dem übergehenden Teil beschäftigt, erlischt mit dem Übergang des Arbeitsverhältnisses die Mitgliedschaft im alten BR (§ 24 I Nr. 3 BetrVG). Der nachwirkende Kündigungsschutz des § 15 KSchG bleibt ihm jedoch auch beim Betriebserwerber erhalten (MünchKommBGB/*Schaub* Rn. 142). Widerspricht das BRMitglied dem Übergang seines Arbeitsverhältnisses, behält es die Mitgliedschaft im BR des Veräußererbetriebs. 112

2. Betriebsänderung. Der Übergang eines Betriebes oder Betriebsteiles ist für sich allein keine Betriebsänderung und löst deshalb nicht die Mitwirkungspflichten gem. §§ 111, 112 BetrVG aus (hM vgl. BAG GS 4. 12. 1979 AP BetrVG § 111 Nr. 6 = DB 1980, 743; BAG 17. 3. 1987 AP BetrVG 1972 § 111 Nr. 18 = NZA 1987, 523; *Fitting* § 111 Rn. 38; aA LAG Baden-Württemberg 11. 10. 1978 DB 1979, 114; DKK/*Däubler* § 111 Rn. 94). Der Betriebsübergang kann jedoch dann Anlaß für eine beteiligungspflichtige Betriebsänderung sein, wenn mit dem Übergang weitere Maßnahmen des Erwerbers oder des Veräußerers verbunden sind, die für sich den Tatbestand des § 111 BetrVG erfüllen (BAG GS 4. 12. 1979 AP BetrVG § 111 Nr. 6 = DB 1980, 743). So stellt der Zusammenschluß mit anderen Betrieben oder die Betriebsspaltung eine Betriebsänderung nach § 111 S. 2 Nr. 3 BetrVG dar (BAG 10. 12. 1996 AP BetrVG 1972 § 112 Nr. 110 = NZA 1997, 898). Auch hat das BAG bereits frühzeitig bejaht, daß allein ein Personalabbau zu einer Betriebsänderung iSd. § 111 S. 2 Nr. 1 BetrVG führen kann (BAG 22. 5. 1979 AP BetrVG § 111 Nr. 3 = DB 1979, 1897; BAG 22. 5. 1979 AP BetrVG § 111 Nr. 4 = NJW 1980, 83). Dies kommt insb. dann in Betracht, wenn bereits der Veräußerer aufgrund eines Sanierungskonzepts der vorgesehenen Erwerbers Kündigungen ausspricht oder der Erwerber nach erfolgtem Betriebsübergang einen Personalabbau durchführt. In beiden Fällen tritt die Sozialplanpflicht ein, wenn die Grenzen des § 112 a I BetrVG erreicht werden. Widersprechen AN dem Übergang ihres Arbeitsverhältnisses auf den Betriebsteilerwerber und muß ihnen danach gekündigt werden, weil im Restbetrieb keine Beschäftigungsmöglichkeit mehr besteht, sind sie bei der Ermittlung der Zahl der Entlassungen nach § 112 a I BetrVG mitzuzählen (BAG 10. 12. 1996 AP BetrVG 1972 § 113 Nr. 32 = NZA 1997, 787). Bei Mißachtung der Mitwirkungsrechte des BR aus § 112 BetrVG können Ausgleichsansprüche der AN nach § 113 BetrVG entstehen. Diese Ansprüche stehen auch AN zu, denen nach einem Widerspruch betriebsbedingt gekündigt werden muß (BAG 10. 12. 1996 AP BetrVG 1972 § 113 Nr. 32 = NZA 1997, 787; zu Sozialplanansprüchen bei Widerspruch s. oben Rn. 91). 113

3. Unterrichtungspflichten. Soll ein Betrieb oder Betriebsteil veräußert werden, hat der bisherige Betriebsinhaber einen bestehenden Wirtschaftsausschuß rechtzeitig und umfassend über die geplante Betriebsübertragung zu unterrichten (§ 106 II BetrVG), denn der damit verbundene AGWechsel erfüllt den Tatbestand des § 106 III BetrVG Nr. 10 BetrVG (BAG 22. 1. 1991 AP BetrVG 1972 § 106 Nr. 9 = NZA 1991, 649; *Erman/Hanau* Rn. 77). Art. 6 I 2 der EG-Richtlinie 77/187 präzisiert dies dahingehend, daß die Informationen „rechtzeitig vor dem Vollzug des Überganges" zu übermitteln sind (dazu *Colneric*, FS für Steindorff, S. 1133 ff.). Das ist spätestens der Fall, wenn faktische Beeinträchtigungen der Lage der AN absehbar sind (*Oetker* NZA 1998, 1193, 1194). Sinnvoll ist die in § 106 II BetrVG geforderte Beratung der wirtschaftlichen Angelegenheiten nur dann, wenn der Wirtschaftsausschuß Gelegenheit hat, auf die Planungen des Unternehmens Einfluß zu nehmen. Dementsprechend soll die Verpflichtung, den Wirtschaftsausschuß rechtzeitig und umfassend zu unterrichten, sicherstellen, daß der Wirtschaftsausschuß und der von ihm unterrichtete BR Einfluß auf die Gesamtplanung nehmen können, weil diese sich idR auf die Personalplanung auswirkt (BAG 22. 1. 1991 AP BetrVG 1972 § 106 Nr. 9 = NZA 1991, 649). Der Unternehmer muß also vor der geplanten Veräußerung des Betriebs oder Teilen davon den Wirtschaftsausschuß so frühzeitig informieren, daß dieser und der BR durch ihre Stellungnahme und eigene Vorschläge noch Einfluß auf die Gesamtplanung wie auch auf die einzelnen Vorhaben nehmen können (BAG 22. 1. 1991 AP BetrVG 1972 § 106 Nr. 9 = NZA 1991, 649). Unabhängig vom Bestehen eines Wirtschaftsausschusses hat der Veräußerer seinen BR nach §§ 2 I, 74 I BetrVG und ggf. auch gem. § 92 BetrVG zu informieren (*Erman/Hanau* Rn. 77). Dieselben Pflichten treffen den potentiellen Erwerber, wenn dort bereits ein Betrieb mit Wirtschaftsausschuß oder BR besteht, und zwar wegen der damit verbundenen betriebsverfassungsrechtlichen Auswirkungen (zB Bildung eines GesamtBR, Betriebseingliederung). Neben Wirtschaftsausschuß und BR ist auch der SprAu. gem. § 32 I SprAuG zu informieren. Die Richtlinie 98/50 ordnet ein bis 17. 7. 2001 umzusetzendes eigenständiges Informationsrecht der AN an. 114

V. Weiterhaftung des Betriebsveräußerers (II)

1. Sinn und Zweck der Regelung. Die durch § 613 a I 1 angeordnete Rechtsnachfolge führt dazu, daß der bisherige Betriebsinhaber nur für die noch nicht erfüllten Ansprüche derjenigen AN haftet, deren Arbeitsverhältnis bereits vor dem Betriebsübergang beendet war. Nicht erfaßt wird dagegen die 115

Preis

Haftung von Ansprüchen derjenigen AN, deren Arbeitsverhältnis auf den neuen Betriebsinhaber übergegangen ist. Allein nach der Regelung des § 613 a I 1 besteht für die übernommenen AN die Gefahr, daß bereits entstandene Ansprüche vom neuen Betriebsinhaber nicht erfüllt werden können, weil dieser nicht über dieselbe finanzielle Leistungsfähigkeit verfügt wie der bisherige Inhaber. Den bisherigen Betriebsinhaber für diesen Fall sofort aus jeglicher Haftung zu entlassen, wäre nicht sachgerecht, weil der Erlös, den er für den Betrieb erzielt hat, auch auf der Wertsteigerung beruht, die der Betrieb durch die Arbeitskraft der AN erzielt hat (*Erman/Hanau* Rn. 95; MünchKommBGB/*Schaub* Rn. 104). Andererseits ist es dem bisherigen Betriebsinhaber nicht zuzumuten, unbegrenzt weiterzuhaften. Aus diesen Gründen bestimmt § 613 a II eine **abgestufte Haftungsregelung** für den bisherigen Betriebsinhaber.

116 **2. Haftung des Betriebserwerbers.** Mit dem Zeitpunkt des Betriebsübergangs tritt der Erwerber nach § 613 a I 1 in die Rechte und Pflichten aus dem Arbeitsverhältnis mit dem bisherigen Betriebsinhaber ein. Mit dem Übergang der gesamten Rechts- und Pflichtenstellung des bisherigen AG haftet der Betriebsübernehmer auch für diejenigen Ansprüche der übernommenen AN, die vor der Betriebsübernahme entstanden und fällig geworden sind (vgl. im einzelnen oben Rn. 73 ff.).

117 **3. Haftung des Betriebsveräußerers. a) Beendete Arbeitsverhältnisse.** Nicht unter § 613 a II, sondern unter § 613 a I 1 fällt die Haftung des bisherigen Betriebsinhabers für die zum Zeitpunkt des Betriebsübergangs bereits beendeten Arbeitsverhältnisse. Diese sind nicht auf den Erwerber übergegangen, so daß der Betriebsveräußerer allein für die daraus begründeten Ansprüche haftet. Dazu gehören etwa rückständige Lohnforderungen, Provisionen, Nebenleistungen, Sozialleistungen, Ruhegelder der bereits im Ruhestand lebenden AN sowie unverfallbare Versorgungsanwartschaften ausgeschiedener AN (vgl. im einzelnen oben Rn. 69). Dasselbe gilt für die Ansprüche der AN aus einem Sozialplan, sofern sie vor dem Betriebsübergang aufgrund einer Betriebsänderung ausgeschieden sind (*Hanau/Vossen*, FS für Hilger/Stumpf, S. 286; MünchKommBGB/*Schaub* Rn. 105).

118 **b) Übergegangene Arbeitsverhältnisse.** Sofern die Arbeitsverhältnisse nicht vor dem Betriebsübergang beendet waren, sondern darüber hinaus fortbestehen, haftet der ehemalige Betriebsinhaber nach § 613 a II 1 als **Gesamtschuldner** (§§ 421 ff.) neben dem neuen Inhaber für die Erfüllung solcher Ansprüche, die vor dem Betriebsübergang entstanden sind und vor Ablauf von einem Jahr nach diesem Zeitpunkt fällig werden. Entgegen dem unklaren Wortlaut der Bestimmung gilt dies auch für Ansprüche, die bereits vor dem Betriebsübergang fällig geworden sind (*Erman/Hanau* Rn. 97; MünchKommBGB/*Schaub* Rn. 106). Die volle gesamtschuldnerische Haftung obliegt dem ehemaligen Betriebsinhaber nur für Forderungen, die vor dem Betriebsübergang entstanden sind und fällig waren. Sind sie zu diesem Zeitpunkt zwar entstanden, aber erst nach dem Betriebsübergang fällig geworden, haftet er nur anteilmäßig entspr. dem im Übergangszeitpunkt abgelaufenen Bemessungszeitraum (BAG 22. 6. 1978 AP BGB § 613 a Nr. 12 = DB 1978, 1795). Damit wird erreicht, daß der Betriebsveräußerer nicht für Forderungen der AN einstehen muß, für die er keine Gegenleistung erhalten hat (*Erman/Hanau* Rn. 99; MünchKommBGB/*Schaub* Rn. 107). So haftet er etwa bei Jahressonderzahlungen nur anteilig für den Teil des Jahres, der noch seiner Stellung als Betriebsinhaber entspricht. Der neue Betriebsinhaber haftet dagegen für den vollen Zeitraum. Für den Urlaubsanspruch ist beachtlich, daß er sich grds. auf Freizeitgewährung unter Fortzahlung des Arbeitsentgelts richtet. Wird der Urlaub nach dem Betriebsübergang angetreten, kann er in dieser Form nur durch den Betriebserwerber erfüllt werden (LAG Hessen 30. 3. 1998 NZA-RR 1998, 532). Der bisherige AG muß den Urlaub nach § 7 IV BUrlG auch dann nicht abgelten, wenn er wirksam betriebsbedingt gekündigt hatte (BAG 2. 12. 1999 AP BGB § 613 a Nr. 202). Eine Mithaftung des Veräußerers kommt nur bezüglich eines zeitanteiligen Urlaubsabgeltungsanspruchs in Betracht. Ggf. kann der Erwerber vom Veräußerer wegen der noch nicht erfüllten Urlaubsansprüche Geldausgleich verlangen (BGH 25. 3. 1999 DB 1999, 1213). Der Umstand, daß der Veräußerer nach § 275 von einer Verpflichtung frei wird, die er nicht mehr erbringen kann, wird durch die Sonderregelung des § 613 a II ausgeräumt. Dies läßt sich auch mit der Regelung zur Gesamtschuld vereinbaren, weil § 421 nur voraussetzt, daß beide Schuldner zu der gleichen Leistung rechtlich verpflichtet sind, nicht aber, daß jeder die geschuldete Leistung auch tatsächlich erbringen kann (BGH 4. 7. 1985 AP BGB § 613 a Nr. 50 = NJW 1985, 2643; *Erman/Hanau* Rn. 100). Der Anspruch nach § 7 IV BUrlG wird erst mit der Beendigung des Arbeitsverhältnisses beim Betriebserwerber fällig (OLG Frankfurt/M. 17. 2. 1983 AP BGB § 613 a Nr. 33), so daß der bisherige Inhaber nicht für den vollen Jahresurlaub haftet (aA wohl MünchKommBGB/*Schaub* Rn. 107).

119 § 613 a II regelt nur die Haftung im Außenverhältnis zwischen dem früheren Betriebsinhaber und den übernommenen AN. Die Haftung im **Innenverhältnis** zwischen dem bisherigen und dem jetzigen Betriebsinhaber richtet sich in erster Linie nach der im Übernahmevertrag getroffenen Vereinbarung. Diese kann sich auch durch eine ergänzende Vertragsauslegung ergeben. Läßt sich keine Regelung ermitteln, gilt § 426 I 1, wonach die Gesamtschuldner im Verhältnis zueinander zu gleichen Teilen haften, soweit nicht ein anderes bestimmt ist. Eine anderweitige Bestimmung kann sich sowohl aus Vertrag als auch aus der Natur der Sache ergeben (*Palandt/Heinrichs* § 426 Rn. 8). Insb. bei der

C. Rechtsfolgen des Betriebsübergangs　　　　　　　　　　　　　　　§ 613 a　BGB 230

Begleichung rückständiger Arbeitsvergütungen aus der Zeit vor dem Betriebsübergang ist der bisherige Betriebsinhaber dem Erwerber deshalb intern zum vollen Ausgleich verpflichtet (aA *Erman/ Hanau* Rn. 101; *Seiter* S. 105). Hat der neue Betriebsinhaber einen Urlaubsabgeltungsanspruch erfüllt, ist ihm der bisherige Betriebsinhaber zum zeitanteiligen Ausgleich für die bei ihm verbrachte Beschäftigungszeit des AN verpflichtet. Dasselbe gilt, wenn der neue Betriebsinhaber den Urlaubsanspruch in Form bezahlter Freizeit erfüllt hat; sein übergegangener Anspruch gegen den bisherigen Betriebsinhaber geht nunmehr auf Geld (BGH 4. 7. 1985 AP BGB § 613 a Nr. 50 = NJW 1985, 2643; aA OLG Frankfurt/M 17. 2. 1983 AP BGB § 613 a Nr. 33). Die Tatsache, daß die Freistellung von der Arbeit keine Geldleistung darstellt und deshalb der Ausgleichsanspruch einen anderen Inhalt hat als der gegen den ausgleichspflichtigen Schuldner bestehende Anspruch des Gläubigers, steht der internen Ausgleichspflicht auch sonst nicht entgegen (vgl. BGH 1. 2. 1965 BGHZ 43, 234; kritisch dazu RGRK/*Ascheid* Rn. 242; *Leinemann/Lipke* DB 1988, 1221).

Keine Haftung trifft den ehemaligen Betriebsinhaber für solche Ansprüche, die erst nach dem **120** Betriebsübergang entstanden sind und fällig geworden sind, denn in diesem Zeitraum war er nie Schuldner des AN. Danach haftet der Betriebsveräußerer nicht nach § 613 a für Ansprüche aus Sozialplänen, die erst aufgrund vom Betriebserwerber durchgeführter Rationalisierungsmaßnahmen abgeschlossen werden (MünchKommBGB/*Schaub* Rn. 108). Werden innerhalb eines Konzerns Betriebe abgespalten und rechtlich verselbständigt, die später eine Betriebsänderung durchführen, kann für die daraus folgenden Sozialplanansprüche auch eine Haftung der Konzernobergesellschaft nach den Grundsätzen des sog. qualifiziert faktischen Konzerns in Betracht kommen (vgl. BAG 15. 1. 1991 AP BetrVG 1972 § 113 Nr. 21 = NZA 1991, 681). Die **Haftung erlischt** nach einem Jahr seit Betriebsübergang für danach fällige Ansprüche, auch wenn sie bereits vor dem Betriebsübergang entstanden sind.

4. Abweichende Vereinbarungen. Aus dem zwingenden Charakter von § 613 a (vgl. oben **121** Rn. 82 ff.) folgt, daß die Haftung des bisherigen Betriebsinhabers nach § 613 a II nicht zu Lasten der AN durch Vereinbarung mit dem neuen Betriebsinhaber abbedungen werden kann. Möglich ist dagegen eine Haftungserweiterung des bisherigen oder neuen Betriebsinhabers zugunsten der AN (MünchKommBGB/*Schaub* Rn. 112). Dem AN selbst steht es frei, auf die Haftung des Betriebsveräußerers tlw. oder vollständig durch Vereinbarung vor oder nach dem Betriebsübergang zu verzichten (*Seiter* S. 105; *Erman/Hanau* Rn. 102). Allerdings bleibt die Ausgleichspflicht des bisherigen gegenüber dem neuen Betriebsinhaber nach § 426 I 1, II durch diese Vereinbarung unberührt.

VI. Haftungsausschluß (III)

Nach § 613 a III tritt **keine gesamtschuldnerische Haftung** ein, **wenn eine juristische Person** **122** **durch Umwandlung erlischt.** Dies erklärt sich daraus, daß mit dem Erlöschen der juristischen Person der alte AG nicht mehr existiert und deshalb kein Haftungsträger mehr besteht. Die Haftungsmasse befindet sich vollständig bei dem durch Umwandlung entstandenen neuen AG.

VII. Verhältnis zu anderen Haftungsgrundlagen

1. Konkurrenzverhältnis. Unabhängig von der Haftung nach § 613 a I 1 können für den Betriebs- **123** erwerber weitere Haftungsgründe in Betracht kommen. Zu nennen sind insb. Fälle des gesetzlichen Schuldbeitritts nach den §§ 25, 28 HGB und § 419 sowie des vertraglichen Schuldbeitritts bzw. der Vertragsübernahme. Für den ehemaligen Betriebsinhaber, der seinen Betrieb in eine KG einbringt, ist ebenfalls § 28 HGB von Bedeutung. Liegen die Voraussetzungen dieser allgemeinen zivil- oder handelsrechtlichen Haftungsgrundlagen vor, kommen sie neben § 613 a I 1, II zur Anwendung (*Erman/Hanau* Rn. 68). Praktisch bedeutsam können sie für den Betriebserwerber werden, wenn eine Haftung nach § 613 a I 1 ausscheidet, etwa bei Ruhestandsverhältnissen (*Seiter* S. 107; *Erman/Hanau* Rn. 68). Der ehemalige Betriebsinhaber und jetzige „Neu-Kommanditist" haftet nach § 28 HGB, wenn Versorgungsansprüche der von der KG übernommenen AN nach der Jahresfrist des § 613 a II 1 fällig werden (BAG 23. 1. 1990 AP BetrAVG § 7 Nr. 56 m. abl. Anm. *Reichold* = NZA 1990, 685).

2. Haftungsgründe und Unterschiede zu § 613 a. Der haftungsbegründende Tatbestand des **§ 25** **124** **HGB** setzt den Erwerb eines Handelsgeschäfts unter Lebenden und die Fortführung der bisherigen Firma mit oder ohne Beifügung eines das Nachfolgeverhältnis andeutenden Zusatzes voraus. Als Folge haftet der Erwerber für alle im Betrieb des Geschäfts begründeten Verbindlichkeiten des früheren Inhabers. Hierzu gehören auch die Ansprüche der AN auf Lohnrückstände aus der Zeit vor der Firmenfortführung sowie die Versorgungsansprüche der zu dieser Zeit schon im Ruhestand lebenden Pensionäre (BAG 24. 3. 1977 AP BGB § 613 a Nr. 6 = NJW 1977, 1791). Zusätzlich zu § 25 HGB gehen auch bei der Firmenübernahme die Arbeitsverhältnisse nach § 613 a auf den Erwerber über. Nach § 25 HGB bleibt der bisherige Inhaber Vertragspartner, der Erwerber haftet lediglich zusätzlich. Für den bisherigen Inhaber gilt jedoch nach § 26 HGB eine Nachhaftungsbegrenzung für die Dauer von fünf Jahren. Nach § 613 a I 1 wird der Erwerber Vertragspartner, wobei es nicht auf die Fortführung der Firma nicht ankommt; der bisherige Inhaber haftet dagegen nur nach § 613 a II. Ein weiterer Unter-

Preis

schied liegt in der zwingenden Wirkung des § 613 a, während die Haftung gegenüber einem Dritten nach § 25 II HGB abbedungen werden kann, sofern dies im Handelsregister eingetragen und bekanntgemacht oder von dem Erwerber oder dem Veräußerer dem Dritten mitgeteilt worden ist.

125 Nach **§ 28 HGB** erlischt die Verpflichtung eines AG (oder dessen Erben) für die von ihm begründete Versorgungsschuld gegenüber einem AN nicht dadurch, daß der AG sein Unternehmen in eine KG einbringt. Vielmehr haftet der frühere Einzelunternehmer für die in seinem Betrieb begründeten Verbindlichkeiten nach § 28 I 1 HGB. Diese Haftung wird nicht durch § 613 a II 1 eingeschränkt, weil § 28 HGB vorgeht. Die KG haftet zusätzlich nach § 28 I 1 HGB für die im Betrieb des Geschäfts entstandenen Verbindlichkeiten. Der bisherige Geschäftsinhaber und die Gesellschaft werden Gesamtschuldner (BAG 23. 1. 1990 AP BetrAVG § 7 Nr. 56 = NZA 1990, 685). Die damit einhergehende Dauerhaftung des bisherigen Betriebsinhabers und späteren Neu-Kommanditisten (vgl. die Kritik bei *Reichold*, Anm. zu BAG 23. 1. 1990 AP BetrAVG § 7 Nr. 56 = NZA 1990, 685) ist mit dem Nachhaftungsbeschränkungsgesetz v. 18. 3. 1994 (BGBl. I S. 560) begrenzt worden. Durch Einfügung des § 28 III HGB gilt nun die fünfjährige Haftungsbegrenzung des § 26 HGB auch für den früheren Geschäftsinhaber, der als Kommanditist in eine KG eintritt. Seine Haftung als Kommanditist (vgl. § 171 HGB) bleibt davon unberührt.

126 Nur für Betriebsübergänge vor dem 1. 1. 1999 kommt neben § 613a eine Haftung nach **§ 419** in Betracht, wenn der übernommene Betrieb nahezu das gesamte Vermögen des Veräußerers ausmacht. § 419 ist gem. Art. 33 Nr. 16 EGInsO mit Ablauf des 31. 12. 1998 außer Kraft getreten, bleibt jedoch für Vermögensübernahmen aus der Zeit vor dem 1. 1. 1999 weiterhin anwendbar (*Palandt/Heinrichs* § 419 Rn. 1).

127 Sofern die Voraussetzungen des § 613a vorliegen, kommt einer vertraglichen Schuldübernahme nach §§ 414 ff. oder einem Schuldbeitritt (Vertrag nach § 305) bezüglich der Ansprüche der übernommenen AN nur deklaratorische Bedeutung zu (*Erman/Hanau* Rn. 70). Anderes kann gelten für die Versorgungsansprüche oder -anwartschaften der bei Betriebsübergang bereits ausgeschiedenen AN. Hier haftet der Erwerber nicht nach § 613 a, so daß es einer Schuldübernahme oder eines Schuldbeitritts bedarf. Während der Veräußerer bei der Schuldübernahme frei wird, tritt der Erwerber bei einem Schuldbeitritt neben dem Veräußerer in das Schuldverhältnis ein; beide werden Gesamtschuldner iSd. §§ 421 ff. BGB (*Palandt/Heinrichs* vor § 414 Rn. 1 f.). Einen Schuldbeitritt kann der Betriebserwerber sowohl mit den ausgeschiedenen AN als auch mit dem Veräußerer oder dem BR des übernommenen Betriebs vereinbaren (BAG 24. 3. 1977 AP BGB § 613 a Nr. 6 = NJW 1977, 1791). In den letzten beiden Fällen kann der Annahme eines Vertrages zugunsten Dritter die Auslegungsregel des § 329 BGB entgegenstehen (*Palandt/Heinrichs* vor § 414 Rn. 2).

VIII. Betriebsübergang in der Insolvenz

128 **1. Eingeschränkte Geltung des § 613 a.** Veräußert der Insolvenzverwalter den Betrieb, geht dieser durch Rechtsgeschäft auf den Erwerber über. Dennoch war lange streitig, ob auch die Betriebsveräußerung im Konkurs von § 613 a erfaßt wird (zum Streitstand KR/*Pfeiffer* Rn. 50). Der EuGH hat für die Richtlinie 77/187 entschieden, daß deren Anwendung auf Veräußerungen durch den Konkursverwalter nicht geboten ist. Allerdings steht es den Mitgliedstaaten frei, unabhängig vom Gemeinschaftsrecht die Grundsätze der Richtlinie auf einen solchen Übergang anzuwenden (EuGH 7. 2. 1985 EAS RL 77/187 Art. 1 Nr. 1 = ZIP 1985, 824). Dies steht im Einklang mit der Rspr. des BAG, das bei der Anwendung von § 613a auf den Normzweck abstellt (kritisch KR/*Pfeiffer* Rn. 51). Danach ist § 613 a im Insolvenz uneingeschränkt anwendbar, soweit es um den Schutz der Arbeitsplätze und die Kontinuität des BR geht (vgl. aber zum Kündigungsrecht des Insolvenzverwalters unten Rn. 133). Nicht anwendbar ist die Bestimmung jedoch insoweit, wie sie die Haftung des Betriebserwerbers für bereits entstandene Ansprüche vorsieht. Hier gehen die Verteilungsgrundsätze des Insolvenzverfahrens vor (st. Rspr. seit BAG 17. 1. 1980 AP BGB § 613 a Nr. 18 = NJW 1980, 1124; BAG 26. 3. 1996 AP BGB § 613 a Nr. 148 = NZA 1997, 94). Das im Wege der teleologischen Reduktion gefundene Ergebnis rechtfertigt sich aus dem Grundsatz der gleichmäßigen Befriedigung aller Gläubiger. Erhalten die übernommenen AN einen neuen Schuldner für bereits entstandene Ansprüche, sind sie im Vergleich zu anderen Gläubigern und auch gegenüber den ausgeschiedenen AN bevorrechtigt. Diesen Vorteil hätten die übrigen Gläubiger insoweit zu finanzieren, als der Betriebserwerber den Kaufpreis für den Betrieb wegen der zu übernehmenden Haftung entspr. mindern könnte (BAG 4. 7. 1989 AP BetrAVG § 1 Betriebsveräußerung Nr. 10 = NZA 1990, 188; MünchKommBGB/*Schaub* Rn. 43).

129 Entsteht ein Anspruch auf eine tarifliche Sonderzahlung erst nach der Betriebsübernahme und kann daher nicht im Insolvenzverfahren geltend gemacht werden, so schuldet der Betriebserwerber die volle tarifliche Sonderzahlung auch dann, wenn er den Betrieb aus der Insolvenzmasse erworben hat und das Insolvenzverfahren im Laufe des Bezugszeitraums eröffnet worden ist (BAG 11. 10. 1995 AP BGB § 613 a Nr. 132 = NZA 1996, 432).

130 **2. Betriebliche Altersversorgung.** Für den wichtigen Bereich der betrieblichen Altersversorgung ergibt sich aus der teleologischen Reduktion des § 613 a folgendes: Zwar tritt der Betriebserwerber in

die Versorgungsanwartschaften der begünstigten AN ein, im Versorgungsfall schuldet er jedoch nur die bei ihm erdiente Versorgungsleistung. Das gilt unabhängig davon, ob es sich um eine bei Insolvenzeröffnung noch verfallbare oder bereits unverfallbare Anwartschaft handelt (BAG 29. 10. 1985 AP BetrAVG § 1 Betriebsveräußerung Nr. 4 = DB 1986, 1779; *Staudinger/Richardi/Annuß* Rn. 230). Bedeutung hat diese Unterscheidung deshalb nicht für die Haftung des Betriebserwerbers, sondern nur für den gesetzlichen Insolvenzschutz nach dem BetrAVG. Für die beim Veräußerer bis zur Eröffnung des Insolvenzverfahrens erdienten unverfallbaren Anwartschaften haftet der PSV nach § 7 II BetrAVG zeitanteilig (BAG 11. 2. 1992 AP BetrAVG § 1 Betriebsveräußerung Nr. 13 = NZA 1993, 20; BAG 16. 2. 1993 AP BetrAVG § 1 Betriebsveräußerung Nr. 15 = NZA 1993, 643; näher § 7 BetrAVG Rn. 40 ff.).

Die mit der Eröffnung des Insolvenzverfahrens eintretende Haftungsbeschränkung des Erwerbers **131** bleibt auch dann bestehen, wenn das Insolvenzverfahren später mangels einer die Kosten des Verfahrens deckenden Masse nach § 207 InsO eingestellt wird (BAG 11. 2. 1992 AP BetrAVG § 1 Betriebsveräußerung Nr. 13 = NZA 1993, 20). Dagegen haftet der Betriebserwerber unbeschränkt, wenn bereits die Eröffnung des Insolvenzverfahrens mangels Masse abgelehnt wurde (BAG 20. 11. 1984 AP BGB § 613 a Nr. 38 = NZA 1985, 393; anders noch BAG 3. 7. 1980 AP BGB § 613 a Nr. 22 = NJW 1981, 187). Zwar ist beiden Fällen gemeinsam, daß außerhalb des Insolvenzverfahrens der Grundsatz der gleichmäßigen Gläubigerbefriedigung nicht greift, doch ist ausschlaggebend, daß die mit der Eröffnung des Insolvenzverfahrens eintretenden Rechtsfolgen nicht rückgängig gemacht werden können (BAG 11. 2. 1992 AP BetrAVG § 1 Betriebsveräußerung Nr. 13 = NZA 1993, 20).

3. Zeitpunkt der Haftungserleichterung. Die Haftungserleichterung des Betriebserwerbers tritt **132** nur dann ein, wenn der Betriebsübergang nach der Eröffnung des Insolvenzverfahrens lag. Bis zu diesem Zeitpunkt haftet er unbeschränkt. Waren alle für den Betriebsübergang erforderlichen Rechtsgeschäfte bereits vor der Insolvenzeröffnung abschließend verhandelt, kann das ein Indiz dafür sein, daß der Erwerber bereits zu diesem Zeitpunkt in der Lage war, die betriebliche Leitungs- und Organisationsmacht anstelle des Betriebsveräußerers auszuüben (BAG 26. 3. 1996 AP BGB § 613 a Nr. 148 = NZA 1997, 94). Zur Feststellung dieses Zeitpunkts muß zunächst der Betriebserwerber den Inhalt und den Zeitpunkt für den nach der Insolvenzeröffnung liegenden Betriebsübergang darlegen und im Streitfall beweisen. Danach muß derjenige, der sich auf die unbeschränkte Haftung des Erwerbers beruft, Tatsachen vortragen, aus denen sich ergibt, daß der Erwerber bereits vor dem behaupteten Zeitpunkt die rechtliche Möglichkeit hatte, die betriebliche Leitungsmacht auszuüben. Allein der Hinweis auf die im wesentlichen abgeschlossenen Vertragsverhandlungen reicht dafür nicht (BAG 26. 3. 1996 AP BGB § 613 a Nr. 148 = NZA 1997, 94).

4. Kündigungsrecht. Materiellrechtlich hat die Insolvenz des AG keinen Einfluß auf den kündi- **133** gungsrechtlichen Bestandsschutz der AN nach § 613 a. Das Kündigungsverbot nach § 613 a IV 1 gilt auch nach Eröffnung des Insolvenzverfahrens; insb. rechtfertigt die Insolvenz an sich keine betriebsbedingte Kündigung nach § 1 II KSchG und kommt damit nicht als „anderer Grund" iSd. § 613 a IV 2 in Betracht (BAG 16. 9. 1982 AP KO § 22 Nr. 4 = DB 1983, 504). Kündigt der frühere AG und übernimmt ein Erwerber den Betrieb im Insolvenzverfahren, haben die AN – anders als außerhalb des Insolvenzverfahrens – keinen Fortsetzungsanspruch gegen den Erwerber (BAG 10. 12. 1998 AP BGB § 613 a Nr. 185 = NZA 1999, 422). Dies verstößt nicht gegen die RL 98/50/EG, da die Richtlinie im Insolvenzverfahren nicht zwingend gilt. Der sonst mögliche Erleichterungen hinsichtlich der Kündigungsfristen, der gerichtlichen Überprüfbarkeit sowie der Darlegungs- und Beweislast folgen indes für Kündigungen durch den Insolvenzverwalter und ggf. den Betriebserwerber aus den §§ 113, 120 bis 122 sowie 125 bis 128 InsO (vgl. näher die Kommentierung zu § 113 InsO).

Für Betriebsübergänge in der Insolvenz bedeutsam ist die Klagefrist des § 113 II InsO. Hält der **134** AN die Kündigung seines Arbeitsverhältnisses durch den Insolvenzverwalter für unwirksam, so muß er auch dann innerhalb von drei Wochen nach Zugang der Kündigung Klage beim ArbG erheben, wenn er sich für die Unwirksamkeit der Kündigung auf andere als die in § 1 II und III KSchG bezeichneten Gründe beruft. Abw. von § 13 III KSchG gilt damit die Kündigungsfrist des § 4 KSchG auch dann, wenn der AN geltend macht, seine Kündigung sei „wegen" des Betriebsübergangs iSd. § 613 a IV 1 erfolgt (MünchKommBGB/*Schaub* Rn. 74). Bedarf die Kündigung der Zustimmung einer Behörde, läuft die Frist erst ab der Bekanntgabe der Behördenentscheidung an den AN. Hat der AN die Klagefrist versäumt, kommt eine nachträgliche Zulassung der Klage nach § 5 KSchG in Betracht (vgl. Verweisung in § 113 II 2 InsO auf § 4 S. 4 und § 5 KSchG).

IX. Kündigungsverbot wegen des Betriebsübergangs (§ 613 a IV 1)

1. Sinn und Zweck der Regelung. Der Schutzzweck des § 613 a liefe leer, wenn die Arbeitsverhält- **135** nisse zwar von dem ehemaligen auf den neuen Betriebsinhaber übergingen, der AN jedoch **wegen** des Betriebsübergangs mit einer Kündigung rechnen müßte. Deshalb erklärt § 613 a IV 1 die Kündigung des Arbeitsverhältnisses eines AN durch den bisherigen AG oder durch den neuen Inhaber wegen des Übergangs eines Betriebs oder eines Betriebsteils für unwirksam. Die Regelung geht zurück auf Art. 4

I 1 der EG-Richtlinie 77/187 und wurde mit Wirkung von 21. 8. 1980 in § 613 a eingefügt. Sie stellt ein **eigenständiges Kündigungsverbot** iSv. §§ 13 III KSchG, 134 BGB dar und findet deshalb auch Anwendung, wenn das Arbeitsverhältnis noch nicht länger als sechs Monate bestanden hat (§ 1 I KSchG) oder die Betriebsgröße des § 23 KSchG nicht erreicht ist. Unter § 613 a IV 1 fallen sowohl ordentliche als auch außerordentliche Beendigungs- oder Änderungskündigungen sowie Aufhebungsverträge, die zur Vermeidung von Kündigungen wegen des Betriebsübergangs geschlossen werden (*Erman/Hanau* Rn. 107). Unwirksam sind auch Kündigungen, die der Insolvenzverwalter im Rahmen des Insolvenzverfahrens „wegen" eines Betriebsübergangs ausspricht (BAG 26. 5. 1983 AP BGB § 613 a Nr. 34), weil die Rspr. des BAG Einschränkungen des § 613 a in diesem Fall nur bezüglich der Haftung des Erwerbers, nicht jedoch bezüglich des Bestandsschutzes der AN zuläßt. Gerade bei notwendigen Personalreduzierungen zur Sanierung notleidender Unternehmen erfüllt § 613 a IV 1 den Zweck, daß nicht die sozial schwächsten AN ohne Beachtung von § 1 III KSchG ihren Arbeitsplatz verlieren. Das Kündigungsverbot gilt auch für den Erwerber eines vom Insolvenzverwalter veräußerten Betriebs (RGRK/*Ascheid* Rn. 251;). Zu kündigungsrechtlichen Besonderheiten in der Insolvenz s. unten Rn. 133 ff.

136 **2. Abgrenzung zur Kündigungsmöglichkeit nach § 613 a IV 2.** Während § 613 a IV 1 ein Kündigungsverbot wegen des Betriebsübergangs anordnet, stellt § 613 a IV 2 gleichzeitig klar, daß eine Kündigung **aus anderen Gründen** möglich bleibt. Die Regelung erfolgte ebenfalls in Anlehnung an die EG-Richtlinie 77/187, deren Art. 4 I 2 Kündigungen aus wirtschaftlichen, technischen oder organisatorischen Gründen zuläßt. Wegen dieses Konkurrenzverhältnisses stellt sich die Frage, wann eine Kündigung wegen des Betriebsübergangs vorliegt.

137 Nach der Rspr. des BAG ist bei der Anwendung des § 613 a IV stets zu prüfen, ob es – neben dem **Betriebsübergang** – einen sachlichen Grund gibt, der „aus sich heraus" die Kündigung zu rechtfertigen vermag, so daß der Betriebsübergang **nur äußerlicher Anlaß, nicht aber der tragende Grund** für die Kündigung gewesen ist (BAG 26. 5. 1983 AP BGB § 613 a Nr. 34 = NJW 1984, 627; BAG 19. 5. 1988 AP BGB § 613 a Nr. 75 = NZA 1989, 461; BAG 18. 7. 1996 AP BGB § 613 a Nr. 147 = NZA 1997, 148). Dadurch wird bestätigt, daß bei der Konkurrenz mehrerer Kündigungssachverhalte jeder für sich die Kündigung tragen kann (*Ascheid* NZA 1991, 878). Genießt der AN den Schutz des Kündigungsschutzgesetzes, sind die Vorschriften der §§ 1 II KSchG, 613 a IV 1 jeweils für sich zu prüfen. § 613 a I schützt nicht vor Risiken, die sich jederzeit unabhängig vom Betriebsübergang aktualisieren können (BAG 18. 7. 1996 AP BGB § 613 a Nr. 147 = NZA 1997, 148; *Erman/Hanau* Rn. 109; *Willemsen* ZIP 1983, 413). Deshalb ist eine Kündigung nicht schon dann rechtsunwirksam, wenn der Betriebsübergang für die Kündigung ursächlich ist, sondern nur, aber auch immer dann, wenn ihr Beweggrund für die Kündigung, das Motiv der Kündigung also, wesentlich durch den Betriebsinhaberwechsel bedingt war (BAG 26. 5. 1983 AP BGB § 613 a Nr. 34 = NJW 1984, 627; BAG 27. 9. 1984 AP BGB § 613 a Nr. 39 = NZA 1985, 493; *Seiter* S. 112; *Willemsen* ZIP 1983, 413). Maßgeblich für das Vorliegen einer Kündigung wegen Betriebsübergangs ist nicht die Bezeichnung des Kündigungsgrundes durch den AG, sondern ob tatsächlich ein Betriebsübergang der tragende Grund für die Kündigung gewesen ist (BAG 28. 4. 1988 AP BGB § 613 a Nr. 74 = NZA 1989, 265).

138 Für eine Kündigung aus anderen Gründen iSv. § 613 a IV 2 kommen in erster Linie betriebsbedingte Gründe nach § 1 II KSchG in Betracht. Auf dieses eigentliche Konkurrenzverhältnis stellt auch Art. 4 I 2 der EG-Richtlinie 77/187 mit seinem Bezug auf wirtschaftliche, technische oder organisatorische Gründe ab. Dies schließt es jedoch nicht aus, daß auch Kündigungen aus personen- oder verhaltensbedingten Gründen im Zusammenhang mit einem Betriebsübergang erfolgen und der Abgrenzung zu § 613 a IV 1 bedürfen. Die Erfordernisse des anderen Grundes ergeben sich hier ebenfalls regelmäßig aus § 1 II KSchG. Ist die Kündigung danach sozial gerechtfertigt, spielt es keine Rolle, daß sie in zeitlichem Zusammenhang mit einem Betriebsübergang ausgesprochen wurde. Unterliegt der gekündigte AN nicht dem Schutz des KSchG, genügt jeder nachvollziehbare, nicht willkürlich erscheinende, sachliche Grund, der den Verdacht einer bloßen Umgehung von § 613 a IV 1 auszuschließen vermag (*Willemsen* ZIP 1983, 414).

139 **3. Umgehungen des Kündigungsverbots.** Das Kündigungsverbot des § 613 a kann durch andere Beendigungstatbestände umgangen werden. **Befristungen** und **auflösende Bedingungen** sind nach § 134 unwirksam, wenn sie darauf abzielen, den Schutz des § 613 a zu umgehen (BAG 15. 2. 1995 AP BGB § 620 Befristeter Arbeitsvertrag Nr. 166; KR/*Lipke* § 620 BGB Rn. 113 a; *Erman/Hanau* Rn. 64). Dasselbe gilt, wenn der Betriebsveräußerer dem AN kündigt und der Betriebserwerber diesen nach dem Betriebsübergang sofort neu einstellt (BAG 20. 7. 1982 AP BGB § 613 a Nr. 31 = DB 1983, 50), auch wenn der neue Arbeitsvertrag mit dem Betriebserwerber den AN insgesamt nicht schlechter stellt (EuGH 10. 2. 1988 EAS RL 77/187/EWG Art. 1 Nr. 4). Ein **sachlicher Grund für eine Befristung** kann nicht allein in dem geplanten Betriebsübergang liegen. Rechtlich nicht ausgeschlossen ist allerdings, wie die Fassung des § 613 a IV 2 zeigt, daß andere mit der Veräußerung zusammentreffende Umstände als der Wechsel des AG einen sachlichen Befristungsgrund darstellen können (BAG 2. 12. 1998 AP BGB § 620 Befristeter Arbeitsvertrag Nr. 206 = NZA 1999, 926).

Unwirksam sind ferner **Eigenkündigungen** oder **Aufhebungsverträge,** zu denen die AN unter 140
Hinweis auf eine Einstellungsgarantie beim potentiellen Erwerber – regelmäßig zu schlechteren
Arbeitsbedingungen – veranlaßt wurden (BAG 28. 4. 1987 AP BetrAVG § 1 Betriebsveräußerung
Nr. 5 m. Anm. *Loritz* = NZA 1988, 198 – sog. Lemgoer Modell; *Hergenröder* AR-Blattei SD 500.1
Rn. 449 ff.). Steht zwischen den Parteien eines Aufhebungsvertrages fest, daß der AN beim Betriebserwerber weiterbeschäftigt werden soll, ist der Aufhebungsvertrag wegen objektiver Umgehung der
zwingenden Rechtsfolgen des § 613 a nach § 134 nichtig. Hierbei ist unerheblich, ob die Parteien die
Rechtsfolgen des § 613 a kannten. Sieht der Aufhebungsvertrag einen Abfindungsanspruch vor, besteht
der Anspruch nicht (BAG 11. 7. 1995 AP TVG § 1 Tarifverträge: Einzelhandel Nr. 56 = NZA 1996,
207). Die Ausübung des Widerspruchsrechts durch die AN (dazu unten Rn. 84 ff.) kann unwirksam
sein, wenn die AN dazu nur veranlaßt werden, um anschließend das Arbeitsverhältnis mit dem
Veräußerer zu beenden und mit dem Erwerber einen neuen Arbeitsvertrag zu ungünstigeren Bedingungen abzuschließen (*Ende* NZA 1994, 495). Wirksame Änderungskündigungen des Veräußerers
sind möglich, sofern sie nicht wegen des Betriebsübergangs erfolgen, denn dann fallen sie unter § 613 a
IV 1 (MünchKommBGB/*Schaub* Rn. 66).

Nach dem Grundsatz der Vertragsfreiheit zu respektieren sind **einvernehmliche Aufhebungsver-** 141
träge vor oder nach Betriebsübergang, wenn keine Umgehungsabsicht zu befürchten ist (BAG 29. 10.
1975 AP BGB § 613 a Nr. 2). Mit Recht erfolgt der Hinweis, daß „peinlichst auf die Respektierung der
uneingeschränkten Entscheidungsfreiheit des AN zu achten ist" (*Willemsen* G Rn. 197). Problematisch ist der Aufhebungsvertrag jedoch, wenn er Voraussetzung dafür ist, bei einem anderen AG oder
einer Beschäftigungsgesellschaft weiterbeschäftigt zu werden, weil sonst die Kündigung droht. Problematisch ist dies insb., wenn die Betriebstätigkeit des AG – jedenfalls tlw. ggf. von anderen Über-
nehmern – fortgesetzt wird. Besonders problematisch sind sog. dreiseitige Verträge zwischen AG, AN
und Beschäftigungsgesellschaft. Das BAG hat nochmals bestätigt, daß ein Aufhebungsvertrag wegen
objektiver **Gesetzesumgehung** nichtig ist, wenn er lediglich die **Beseitigung der Kontinuität des**
Arbeitsverhältnisses bei gleichzeitigem Erhalt des Arbeitsplatzes bezweckt (BAG 10. 12. 1998 AP
BGB § 613 a Nr. 185; Bestätigung von BAG 28. 4. 1987 AP BetrAVG § 1 Betriebsveräußerung Nr. 5),
was der Fall ist, wenn zugleich ein neues Arbeitsverhältnis zum Betriebsübernehmer vereinbart oder
zumindest verbindlich in Aussicht gestellt wird. Das BAG hat die in einem solchen dreiseitigen
Vertrag vereinbarte Aufhebung des Arbeitsverhältnis mit der Begründung verneint, weil die Vereinbarung auf das endgültige Ausscheiden des AN aus dem Betrieb gerichtet war (BAG 10. 12. 1998 AP
BGB § 613 a Nr. 185). Dies ist zweifelhaft, weil im entschiedenen Fall die Betriebsfortführung bereits
geplant war (kritisch deshalb APS/*Steffan* Rn. 201 f.; s. hierzu auch die Vorinstanz LAG Düsseldorf
28. 4. 1997 LAGE BGB § 613 a Nr. 61).

4. Stillegungsabsicht und anschließende Betriebsübernahme. Abgrenzungsfragen zwischen 142
§ 613 a IV 1 und 2 treten insb. dann auf, wenn Kündigungen wegen der **Stillegung** eines Betriebs
ausgesprochen werden, es dann später jedoch noch zu einer Veräußerung des Betriebs kommt (instruktiv BAG 10. 10. 1996 AP KSchG 1969 § 1 Betriebsbedingte Kündigung Nr. 81 = NZA 1997,
251). Nach der gesetzlichen Konzeption schließen sich Betriebsübertragung und Stillegung des Betriebs aus (oben Rn. 56).

a) Kündigungsrechtliche Grundsätze. Bei zunächst **beabsichtigten** Stillegungen und späterem Be- 143
triebsübergang ist auf den **Zeitpunkt des Ausspruchs der Kündigungen** abzustellen. Danach liegt eine
Kündigung „wegen" Betriebsübergangs vor, wenn ein Betriebsübergang zwar bis zum Ablauf der Kündigungsfrist noch nicht vollzogen worden ist, dieser aber bereits bei Ausspruch der Kündigungen vom AG
geplant war, schon greifbare Formen der Verwirklichung angenommen hatte, und wenn die Kündigung
nur ausgesprochen worden ist, um den geplanten Betriebsübergang vorzubereiten oder zu ermöglichen
(BAG 19. 5. 1988 AP BGB § 613 a Nr. 75 = NZA 1989, 461). War dagegen bei Ausspruch der Kündigungen aufgrund einer vernünftigen betriebswirtschaftlichen Betrachtung davon auszugehen, die Stillegung
sei unumgänglich, ist die Kündigung nicht nach § 613 a IV 1 unwirksam, wenn es dann doch noch zu
einer Betriebsveräußerung kommt (ähnlich BAG 10. 10. 1996 AP KSchG 1969 § 1 Betriebsbedingte
Kündigung Nr. 81 = NZA 1997, 251; BAG 27. 2. 1997 AP KSchG 1969 § 1 Wiedereinstellung Nr. 1).
Auch eine Umgehung von § 613 a I liegt in diesem Fall nicht vor. Da für die Wirksamkeit der Kündigung
deren Zugang maßgeblich ist, muß der AG zu diesem Zeitpunkt endgültig entschlossen sein, die Betriebs-
und Produktionsgemeinschaft aufzulösen (BAG 19. 5. 1988 AP BGB § 613 a Nr. 75 = NZA 1989, 461;
BAG 10. 10. 1996 AP KSchG 1969 § 1 Betriebsbedingte Kündigung Nr. 81 = NZA 1997, 251).

Grds. läßt sich damit für die Frage beabsichtigter Stillegungen zu dem Konkurrenzverhältnis 144
zwischen § 613 a IV 1 und 2 folgendes feststellen: War der ehemalige Betriebsinhaber bei Zugang der
Kündigungen ernstlich und endgültig entschlossen, den Betrieb stillzulegen, werden die Kündigungen
nicht dadurch unwirksam, daß es dann doch noch zu einem Betriebsübergang kommt (BAG 19. 6.
1991 AP KSchG § 1 Betriebsbedingte Kündigung Nr. 53 = NZA 1991, 891). Lag dagegen zu diesem
Zeitpunkt die Betriebsveräußerung ebenso im Bereich des Möglichen wie die Betriebsstillegung, sind
die Kündigungen „wegen" des Betriebsübergangs erfolgt und deshalb nach § 613 a IV 1 unwirksam
(BAG 27. 9. 1984 AP BGB § 613 a Nr. 39 = NZA 1985, 493; *Hillebrecht* NZA 1989 Beilage 4, 18).

Preis

145 **b) Vertragsfortsetzungs- und Wiedereinstellungsanspruch.** Problematisch ist, wenn sich die tatsächlichen Umstände nach Ausspruch der Kündigung ändern. **Gegen den kündigenden AG** kann sich ein Anspruch auf Vertragsfortsetzung allenfalls dann ergeben, wenn sich die Prognosegrundlage über die notwendige Betriebsstillegung bereits **vor Ablauf der Kündigungsfrist** als falsch erwiesen hat, weil es doch noch zu einem Betriebsübergang kommt (zutr. BAG 27. 2. 1997 AP KSchG 1969 § 1 Wiedereinstellung Nr. 1; zur Problematik SPV/*Preis* Rn. 655 c). Nach diesem Zeitpunkt ist der Rechtssicherheit und der notwendigen Dispositionsfreiheit des kündigenden AG jedenfalls der Vorrang einzuräumen (*Preis,* Anm. zu LAG Köln 10. 1. 1989 LAGE BGB § 611 Einstellungsanspruch Nr. 1; offengelassen nun von BAG 4. 12. 1997 AP KSchG 1969 § 1 Wiedereinstellung Nr. 4 = NZA 1998, 701). Nach den objektiven Voraussetzungen des § 613a kann jedoch auch der Tatbestand des Betriebsübergangs ohne Mitwirkung des kündigenden AG (früheren Betriebsinhabers) ergeben. Wenn zB. wegen Auftragsverlust der ehemalige Auftragnehmer mangels anderweitiger Beschäftigungsmöglichkeit betriebsbedingt kündigt und der neue Auftragnehmer übernimmt ohne Mitwirkung des früheren Auftragnehmers die Hauptbelegschaft, liegt ein Betriebsübergang vor. In diesen Fällen kann sich ein Vertragsfortsetzungsanspruch schon aus Gründen der gerechten Risikoverteilung nicht gegen den kündigenden AG, sondern nur gegen den Betriebsübernehmer richten. Nach BAG 13. 11. 1997 (AP BGB § 613a Nr. 169 = NZA 1998, 251) haben die gekündigten AN in diesem Fall einen Anspruch gegen den neuen Auftragnehmer, zu unveränderten Arbeitsbedingungen unter Wahrung ihres Besitzstandes eingestellt zu werden. Das BAG folgert sie aus einer richtlinienkonformen Handhabung. Überzeugender ist die Begründung einer teleologischen Extension (*Langenbucher* ZfA 1999, 299, 306 ff.)

146 Der Vertragsfortsetzungsanspruch gegen den kündigenden AG vor Ablauf der Kündigungsfrist setzt jedoch nach BAG voraus, daß der AG mit Rücksicht auf die Wirksamkeit der Kündigung noch keine Disposition getroffen hat und ihm die unveränderte Fortsetzung des Arbeitsverhältnisses zumutbar ist. Unzumutbar kann die Wiedereinstellung sein, wenn sich nach endgültiger Stillegungsabsicht und Ausspruch der Kündigungen ein potentieller Erwerber findet, dessen Unternehmenskonzept eine geringere Personalstärke als beim derzeitigen (Noch-)Betriebsinhaber vorsieht (BAG 27. 2. 1997 AP KSchG 1969 § 1 Wiedereinstellung Nr. 1). In diesem Fall kann sich der Wiedereinstellungsanspruch auf einen Teil der ehemaligen Belegschaft reduzieren, wobei die wiedereinzustellenden AN in entsprechender Anwendung des § 1 III KSchG auszuwählen sind.

147 Ein **Vertragsfortsetzungsanspruch bzw. Einstellungsanspruch gegen den Betriebsübernehmer** kommt in Betracht, wenn sich die Prognose des früheren Betriebs-(teil)inhabers als falsch erweist, obwohl er selbst auf die weitere Entwicklung keinen Einfluß hat. Dies gilt etwa in den Fällen der Auftragsneuvergabe, in denen der frühere Betriebs(-teil)inhaber infolge des Auftragsverlustes den bisher mit dem Auftrag beschäftigten AN kündigt und der neue Auftragnehmer durch Übernahme eines wesentlichen Belegschaftsteils einen Betriebsübergang herbeiführt. Der gekündigte AN hat in diesen Fällen einen Anspruch gegen den Betriebsübernehmer, ihn zu unveränderten Bedingungen unter Wahrung ihres Besitzstandes einzustellen (BAG 13. 11. 1997 AP BGB § 613a Nr. 169 = NZA 1998, 251; *Preis/Steffan* DB 1998, 309; *Hergenröder* AR-Blattei SD 500.1 Rn. 468 ff.). Dieser Anspruch kann nicht nur während der Kündigungsfrist, sondern auch nach Beendigung des Arbeitsverhältnisses geltend gemacht werden (*Müller-Glöge* NZA 1999, 449, 455). Zum einen kann eine nur unerhebliche Unterbrechung der Betriebstätigkeit einen Betriebsübergang auch noch nach Ablauf der Kündigungsfristen auslösen. Zum anderen muß dem gekündigten AN der Tatbestand der Übernahme gar nicht bekannt sein. Hat der AN keine Kenntnis, ist ungeklärt, wie lange der Anspruch überhaupt geltend gemacht werden kann. Mangels Kenntnis scheidet eine analoge Anwendung von § 4 KSchG ab dem Zeitpunkt des Betriebsübergangs jedenfalls aus (hierzu *Preis/Steffan* DB 1998, 311). Hat der Kenntnis von der Betriebsübernahme, muß er den Einstellungsanspruch entspr. § 4 KSchG unverzüglich, dh. in Anlehnung an die Rspr. zur Ausübung des Widerspruchsrecht (BAG 19. 3. 1998 AP BGB § 613a Nr. 177) innerhalb von drei Wochen ab Kenntnis der den Betriebsübergang ausmachenden Umstände geltend machen (*Preis/Steffan* DB 1998, 310 f.; so jetzt auch BAG 12. 11. 1998 NZA 1999, 311).

148 Ein unzulässiger **Umgehungsversuch** des § 613a seitens des Erwerbers kann darin gesehen werden, daß dieser zuerst Übernahmeverhandlungen abbricht, sich dann aber nach der Stillegungsabsicht des Betriebsinhabers und daraufhin erfolgter Kündigungen zur Übernahme des Betriebs bereit erklärt. In diesem Fall muß er sich unter Umständen nach dem Rechtsprinzip des § 162 BGB so behandeln lassen, als läge der Tatbestand des § 613a vor.

149 **5. Sanierende Betriebsübernahmen.** Abgrenzungsfragen treten auch dann auf, wenn notleidende Unternehmen zu Sanierungsmaßnahmen in engem zeitlichen Zusammenhang mit Betriebsübernahmen Personalreduzierungen vornehmen. Zunächst ist § 613a IV 1 dann nicht tangiert, wenn im Rahmen notwendiger Sanierungen Kündigungen ausgesprochen werden, eine konkrete Übernahmemöglichkeit jedoch noch nicht besteht. Solange noch keine Verhandlungen mit einem potentiellen Erwerber aufgenommen sind, ist der Betriebsübergang für die Kündigungen nicht ursächlich geworden (*Erman/Hanau* Rn. 112). Zwar besagt der Wortlaut des § 613a IV 1 nicht zwingend, der Betriebsübergang

müsse im nahen zeitlichen Zusammenhang mit dem Ausspruch der Kündigung stattfinden (BAG 19. 5. 1988 AP BGB § 613 a Nr. 75 = NZA 1989, 461); deshalb ist es auch nicht erforderlich, daß der Betriebsübergang bereits vor Ablauf der Kündigungsfrist vollzogen ist. Stets bedarf es aber bereits zum Zeitpunkt der Kündigung einer konkreten Planung, die schon greifbare Formen der Verwirklichung angenommen haben muß. Zudem muß die Kündigung nur deshalb ausgesprochen worden sein, um den geplanten Betriebsübergang vorzubereiten und zu ermöglichen (BAG 19. 5. 1988 AP BGB § 613 a Nr. 75 = NZA 1989, 461). Liegen diese Voraussetzungen nicht vor, greift § 613 a IV 1 nicht ein. Die als notwendig erachtete Verminderung der Belegschaft hat jedoch bei Anwendbarkeit des KSchG die Erfordernisse der sozialen Rechtfertigung nach § 1 KSchG zu beachten.

150 Deutlich wird der Konflikt zwischen Bestandsschutz und Sanierungsinteresse, wenn bereits Verhandlungen zwischen Veräußerer und Erwerber aufgenommen worden sind und eine Reduzierung der Belegschaft in enger zeitlicher Nähe zum Betriebsübergang erfolgen soll. Hierbei ist beachtlich, daß eine Kündigung dann nicht gegen § 613 a IV 1 verstößt, wenn sie jeder Betriebsinhaber – unabhängig von der Veräußerung – aus notwendigen betriebsbedingten Gründen so hätte durchführen müssen (*Hanau*, FS für Gaul, S. 290). In diesem Fall liegt, unabhängig von einer späteren Betriebsübernahme, ein **eigenes** betriebliches Erfordernis des derzeitigen Betriebsinhabers vor, das die Kündigung unter der Voraussetzung des § 1 II KSchG rechtfertigen kann. Dem Betriebsinhaber steht es frei, auch wenn er seinen Betrieb veräußern will, zuvor sein eigenes Sanierungskonzept zu verwirklichen. Dies gilt jedenfalls dann, wenn es auf selbst gewonnenen wirtschaftlichen Erkenntnissen beruht und nicht auf den Vorgaben des potentiellen Erwerbers (BAG 18. 7. 1996 AP BGB § 613 a Nr. 147 = NZA 1997, 148; *Soergel/Raab* Rn. 188).

151 Sieht das Unternehmenskonzept des potentiellen Erwerbers eine geringere Anzahl von Mitarbeitern vor, als derzeit in dem betreffenden Unternehmen beschäftigt ist, stellt sich dagegen die Frage, ob der Betriebsveräußerer bereits zu Kündigungen berechtigt ist, deren Rechtfertigung sich daraus ergibt, daß der potentielle Erwerber zugleich mit der Betriebsübernahme aus dringenden betrieblichen Erfordernissen iSd. § 1 II 1 KSchG die Belegschaft verringern will. Die Möglichkeit einer solchen **Veräußererkündigung aufgrund eines Erwerberkonzeptes** wird zu Recht überwiegend anerkannt (BAG 26. 5. 1983 AP BGB § 613 a Nr. 34 mit zust. Anm. *Grunsky* = NJW 1984, 627; *Erman/Hanau* Rn. 1113; *ders.* ZIP 1984, 141, 143; *Vossen* BB 1984, 1557, 1560; *Willemsen* ZIP 1983, 411, 416; RGRK/*Ascheid* Rn. 258; *Staudinger/Richardi/Annuß* Rn. 251 f.; MünchArbR/*Wank* § 121 Rn. 60; MünchKommBGB/*Schaub* Rn. 72; KR/*Etzel* § 1 KSchG Rn. 534; KR/*Pfeiffer* Rn. 113; *Steffan* S. 96 f.; *Seiter* S. 113; *Sieger/Hasselbach* DB 1999, 430 ff; aA ArbG Wiesbaden, DB 1979, 1607). Für die Richtigkeit dieser Auffassung spricht, daß es nicht Sinn und Zweck der Regelungen des § 613 a I 1, IV 1 sein kann, den Erwerber auch bei einer aufgrund betriebswirtschaftlicher Gesichtspunkte voraussehbar fehlenden Beschäftigungsmöglichkeit zu verpflichten, das Arbeitsverhältnis mit einem AN noch einmal künstlich zu verlängern, bis er selbst die Kündigung aussprechen kann (BAG 26. 5. 1983 AP BGB § 613 a Nr. 34 = NJW 1984, 627; *Erman/Hanau* Rn. 113; *Vossen* BB 1984, 1557, 1560). Es bedarf jedoch eines Konzepts oder Sanierungsplans. Allein die Forderung des Erwerbes, die Belegschaft vor dem Betriebsübergang zu verkleinern, genügt nicht (APS/*Steffan* Rn. 193; SPV/*Preis* Rn. 655 d)

152 Die Kündigungsmöglichkeit des Veräußerers hängt auch nicht davon ab, daß er selbst das Erwerberkonzept bei Fortführung des Betriebs hätte durchführen können (*Erman/Hanau* Rn. 113; *ders.* ZIP 1984, 141, 142; *Vossen* BB 1984, 1557, 1560; *Loritz* RdA 1987, 65, 83; MünchArbR/*Wank*, § 121 Rn. 60 f.; RGRK/*Ascheid* Rn. 258; *Steffan* S. 97 f.; aA BAG 26. 5. 1983 AP BGB § 613 a Nr. 34 = NJW 1984, 627; *Willemsen*, ZIP 1983, 411, 416; *Hillebrecht* NZA 1989, Beil. 4, 14 f.). Die Möglichkeit, daß der Veräußerer sich das Erwerberkonzept zu eigen machen könnte, besteht allenfalls theoretisch. Praktisch hingegen ist der Inhaber notleidender Unternehmen dazu regelmäßig nicht in der Lage. Zu notwendigen Rationalisierungsmaßnahmen, zB der Anschaffung moderner, leistungsfähiger Anlagen, fehlen ihm regelmäßig die finanziellen Mittel. Zudem kann der potentielle Erwerber über Kundenkontakte und damit Absatzmöglichkeiten verfügen, die dem Veräußerer verschlossen sind. Das Wesen der Sanierungsfälle liegt gerade darin, daß der Betrieb aus sich heraus nicht mehr sanierungsfähig ist (*Hanau* ZIP 1984, 143). Zur Stillegung des Unternehmens besteht nur noch die Alternative der Umstrukturierung durch die finanziellen und/oder organisatorischen Möglichkeiten des Erwerbers (*Erman/Hanau* Rn. 113; *Vossen* BB 1984, 1560). In dieser Situation verstößt eine vorgezogene Kündigung des Veräußerers aufgrund des Erwerberkonzeptes nicht gegen den Schutzgedanken des § 613 a I, IV, der den Erwerber bei der Betriebsübernahme an einer freien Auslese der Belegschaft hindern will (aA BAG 26. 5. 1983 AP BGB § 613 a Nr. 34 = NJW 1984, 627). Letztlich erreicht die Schutzfunktion des § 613 a I die betroffenen AN nicht, da der Bestandsschutz in beiden Fällen nur vorübergehend eingreift. Scheitert die Übernahme des Betriebs an der Forderung, zugleich sämtliche Arbeitsverhältnisse zu übernehmen, wird der Veräußerer aufgrund der dann erfolgenden Stillegung betriebsbedingte Kündigungen aussprechen. Die ANSchutzvorschrift des § 613 a verkehrt sich in ihr Gegenteil. Statt eine begrenzte Anzahl von Arbeitsplätzen zu sichern, kommt es zum Verlust aller Arbeitsplätze (*Vossen* BB 1984, 1559). Kommt es zu einem Betriebsübergang auf der Basis eines Erwerberkonzeptes, stellt sich die Frage eines Fortsetzungsanspruchs der nicht übernommenen Erwerber. Im Insolvenzfall hat das BAG einen solchen verneint (BAG 10. 12. 1998 AP BGB § 613 a Nr. 185). Außerhalb des

Insolvenzverfahrens befürwortet *Meyer* (BB 2000, 1032, 1035 f.) eine Auswahlbefugnis des Erwerbers nach § 315 BGB. Andere lehnen bei sanierenden Betriebsübernahmen einen Fortsetzungsanspruch gegen den Erwerber ab (*Hanau* ZIP 1998, 1817, 1820; *Hegenröder* AR-Blattei SD 500.1 Rn. 474).

153 Zur Abwehr von **Umgehungsmöglichkeiten** bedarf es bei der vorgezogenen Veräußererkündigung allerdings einer rechtlichen Absicherung des Betriebsübergangs, die gewährleistet, daß das betriebswirtschaftliche Konzept des Erwerbers tatsächlich verwirklicht wird. Dies kann in Form eines rechtsverbindlichen Sanierungsplans oder eines Vorvertrages geschehen, der den Betriebsübergang selbst und die Anzahl der zu übernehmenden AN fixiert (*Seiter* S. 113; KR/*Etzel* § 1 KSchG Rn. 534; *Willemsen* ZIP 1983, 416). Dadurch wird der Voraussetzung Rechnung getragen, wonach die Umstrukturierung bei Ausspruch der Kündigung greifbare Formen angenommen haben muß (BAG 26. 5. 1983 AP BGB § 613 a Nr. 34 = NJW 1984, 627; *Loritz* RdA 1987, 84). Zugleich läßt sich durch Abschluß eines Vorvertrages weitgehend ausschließen, daß der gegenwärtige Betriebsinhaber auf die bloße Drohung des potentiellen Erwerbers hin kündigt, dieser werde den Betrieb sonst nicht übernehmen. In diesem Fall würde der Schutzzweck des § 613 a IV 1 unterlaufen, der sowohl Veräußerer wie auch Erwerber davon abhalten soll, sich allein aufgrund des Betriebsübergangs bestimmter AN einfach zu entledigen (*Willemsen* ZIP 1983, 414 f.).

154 Sofern die Kündigungen bereits durch den Veräußerer aufgrund einer eigenen unternehmerischen Entscheidung durchgeführt werden, bezieht sich die gemäß § 1 III KSchG durchzuführende **Sozialauswahl** auf den gesamten Betrieb des Veräußerers, unabhängig davon, ob der Betrieb als Ganzes oder nur ein Teil davon übertragen werden soll (aA *Moll/Steinbach* MDR 1997, 711 f.). Ist die Sozialauswahl nach der Übernahme durch den Erwerber durchzuführen, beschränkt sich diese auf den übernommenen Betrieb (*Erman/Hanau* Rn. 114; *Vossen* BB 1984, 1557). Dies ist selbstverständlich, wenn der Betrieb oder Betriebsteil als eigenständiger Betrieb lediglich fortgeführt wird, gilt aber auch für den Fall, daß ein gesamter Betrieb eingegliedert wird (*Kreitner* S. 117; *Henckel* ZGR 1984, 235; aA *Hilger* ZGR 1984, 260). Da § 613 a I, IV den AN lediglich die Rechtsposition sichern will, die sie vor dem Betriebsübergang hatten, würde die Einbeziehung der beim Erwerber schon vorhandenen Belegschaft in die Sozialauswahl eine ungerechtfertigte Besserstellung der vom Betriebsübergang betroffenen AN im Sinne eines zusätzlichen Bestandsschutzes bedeuten (*Vossen* BB 1984, 1560). Wird lediglich ein Betriebsteil eingegliedert, sind hingegen auch die übrigen AN des Erwerberbetriebs in die Sozialauswahl einzubeziehen. Spricht bereits der Veräußerer betriebsbedingte Kündigungen zur vorweggenommenen Verwirklichung des Erwerberkonzepts aus (dazu oben Rn. 151), gelten für die Sozialauswahl dieselben Maßstäbe wie für Kündigungen des Erwerbers.

155 **6. Gerichtliche Geltendmachung.** Da § 613 a IV 1 ein eigenständiges Kündigungsverbot enthält und nicht nur einen Sonderfall der Sozialwidrigkeit der Kündigung darstellt, muß die Unwirksamkeit der Kündigung nicht nach § 4 KSchG innerhalb einer Klagefrist von drei Wochen geltend gemacht werden (BAG 31. 1. 1985 AP BGB § 613 a Nr. 40 = NZA 1985, 593; BAG 5. 12. 1985 AP BGB § 613 a Nr. 47 = NZA 1986, 522). Dies folgt aus § 13 III KSchG. Auch eine analoge Anwendung des § 4 KSchG auf eine nach § 613 a IV 1 unwirksame Kündigung kommt nicht in Betracht, weil ihr eine unterschiedliche Interessenlage entgegensteht. In den Fällen des Betriebsübergangs steht der AN – im Gegensatz zu sonstigen Kündigungen – oft vor einer neuen Situation, die für ihn in ihrer Entwicklung noch unübersehbar ist. Deshalb muß ihm eine angemessene Zeitspanne zugebilligt werden, in der er die Entwicklung beobachten kann; die Klagefrist des § 4 KSchG reicht dazu idR nicht aus (BAG 5. 12. 1985 AP BGB § 613 a Nr. 47 = NZA 1986, 522). Das Klagerecht unterliegt allerdings der Verwirkung (hierzu OLG Düsseldorf 17. 12. 1996 NZA-RR 1998, 387). Dabei ist auf die konkreten Umstände des Einzelfalles abzustellen (BAG 20. 5. 1988 AP BGB § 242 Prozeßverwirkung Nr. 5 = NZA 1989, 16).

X. Prozessuales

156 **1. Passivlegitimation.** Ist einem AN vor dem Betriebsübergang durch den bisherigen AG gekündigt worden, so ist der bisherige AG für die Frage der **Sozialwidrigkeit** der Kündigung (§ 4 KSchG) passiv legitimiert (BAG 18. 3. 1999 AP KSchG 1969 § 4 Nr. 44). Gleichgültig ist, ob das Arbeitsverhältnis vor oder nach dem Betriebsübergang endet oder ob der Betrieb vor oder nach der Rechtshängigkeit der Klage auf den Erwerber übergegangen ist. Die Frage, ob das Arbeitsverhältnis ungekündigt auf den Erwerber übergeht, soll nur in einem Rechtsstreit zwischen dem AN und dem bisherigen AG geklärt werden können (BAG 26. 5. 1983 AP BGB § 613 a Nr. 34 = NJW 1984, 627; BAG 27. 9. 1984 AP BGB § 613 a Nr. 39 = NZA 1985, 493; kritisch dazu RGRK/*Ascheid* Rn. 293). Anders ist es nach einer neueren Entscheidung dann, wenn der AN die Feststellung begehrt, daß das Arbeitsverhältnis durch eine betriebsbedingte Kündigung des ehemaligen Betriebsinhabers nicht aufgelöst worden ist und darüber hinaus die Feststellung, daß das Arbeitsverhältnis auf den neuen Betriebsinhaber übergegangen ist. In diesem Fall kann er Betriebsveräußerer und -erwerber in demselben Rechtsstreit als AG verklagen; beide sind dann Streitgenossen. Haben sie verschiedene allgemeine Gerichtsstände, ist das zuständige Gericht nach § 36 Nr. 3 ZPO zu bestimmen (BAG 25. 4. 1996 AP ZPO § 59 Nr. 1 = NZA 1996, 1062).

C. Rechtsfolgen des Betriebsübergangs § 613a BGB 230

Wird die Klage nur auf Gründe gestützt, für die nach § 13 III KSchG die Kündigungsfrist des § 4 **157** KSchG nicht gilt, etwa auf § 613a IV 1, ergibt sich das notwendige Feststellungsinteresse nicht bereits aus § 7 KSchG, sondern es bedarf eines rechtlichen Interesses iSd. § 256 ZPO. Dieses liegt bei einer Klage gegen den früheren Betriebsinhaber nur dann vor, wenn weitere Ansprüche gegen ihn vorbereitet oder gesichert werden sollen. Kommt es dem AN hingegen darauf an, den Übergang seines Arbeitsverhältnisses festzustellen, weil er Ansprüche gegen den Erwerber geltend macht, so hat er den Erwerber zu verklagen. Die Wirksamkeit der Kündigung ist dann als Vorfrage zu klären, wobei dem früheren Betriebsinhaber gem. §§ 72 ff. ZPO der Streit verkündet werden kann (RGRK/*Ascheid* Rn. 296 f.).

Problematisch ist die Passivlegitimation, wenn der Tatbestand des Betriebsübergangs unklar ist. **158** Geht aus dem Klageantrag gegen eine Kündigung hervor, daß das Arbeitsverhältnis schon vor Ausspruch der Kündigung auf einen Betriebserwerber übergegangen ist, könnte die Klage gegen den Veräußerer mangels Passivlegitimation als unbegründet abgewiesen werden (LAG Köln 18. 3. 1994 NZA 1994, 815; so auch *Müller-Glöge* NZA 1999, 449, 456). Das ist nicht sachgerecht, wenn der klagende AN zwei Ziele verfolgt, nämlich entweder festzustellen, daß im Kündigungszeitpunkt mit dem Betriebsveräußerer kein Arbeitsverhältnis mehr bestanden habe und dieser somit auch nicht kündigungsbefugt sei. Erst nachrangig ist dann die Frage zu prüfen, ob die Kündigung sachlich gerechtfertigt ist (LAG Hamm 28. 5. 1998 NZA-RR 1999, 71). Streitgegenstand einer Kündigungsschutzklage kann nicht nur die bloße Wirksamkeit der angegriffenen Kündigung ungeachtet des Bestehens eines Arbeitsverhältnisses sein, sondern die Frage, ob überhaupt ein durch die Kündigung auflösbares Arbeitsverhältnis bestanden hat. Somit kann die Klageabweisung durchaus auch damit begründet werden, es habe kein Arbeitsverhältnis (mehr) bestanden (BAG 18. 3. 1999 AP KSchG § 4 Nr. 44; LAG Köln 26. 3. 1998 NZA-RR 1998, 398). Kann der AN nicht erkennen, ob ein Betriebsübergang stattgefunden hat, ist ihm der Weg der subjektiven Klagehäufung durch Kündigungsschutzklage gegen den bisherigen AG und Feststellungsklage gegen den potentiellen Betriebserwerber eröffnet (RGRK/*Ascheid* Rn. 307). Eine bedingte subjektive Klagehäufung ist allerdings unzulässig (BAG 11. 12. 1997 AP BGB § 613a Nr. 172; *Müller-Glöge* NZA 1999, 449, 456). Unerquicklich ist, daß der klagende AN mindestens eine Klage verliert (hierzu *Däubler/Kittner/Zwanziger* Rn. 148). Ist ein Betriebsübergang nicht eingetreten, unterliegt er in beiden Fällen (hierzu *Preis/Steffan* DB 1998, 309, 313). Unklar ist, mit welcher Klageart das Fortsetzungsverlangen gegen den Betriebsübernehmer geltend zu machen ist. Steht man auf dem Standpunkt, daß der Übergang der Arbeitsverhältnisse ipso iure stattgefunden hat, bedarf es einer bloßen Feststellungsklage, mit der weiteren Konsequenz, daß für die Zwischenzeit uU Ansprüche aus § 615 BGB entstehen. Führt das Fortsetzungsverlangen zu einem Neuabschluß eines Arbeitsvertrages, was naheliegender ist, muß Klage auf Abgabe der entspr. Willenserklärungen (§ 894 ZPO) zum Abschluß eines entspr. Arbeitsvertrages erhoben werden. Bis zur Rechtskraft treten dann mangels Arbeitsverhältnis keine Verzugslohnansprüche ein, evtl. aber Schadensersatzansprüche (zum ganzen *Preis/Steffan* DB 1998, 309, 313; *Müller-Glöge* NZA 1999, 449, 456; *Boewer* NZA 1999, 1177, 1182; *Edenfeld* AuA 1998, 161, 165).

Hat der AN gegen den AG, der ihm gekündigt hat, eine Kündigungsschutzklage erhoben und wird **159** nach deren Rechtshängigkeit der Betrieb veräußert, kann der AN einen bisher nicht gestellten **Auflösungsantrag** mit Erfolg nur in einem Prozeß gegen den ihm bekannten Betriebserwerber stellen (BAG 20. 3. 1997 AP KSchG 1969 § 9 Nr. 30 = NZA 1997, 937). Zwar richtet sich der Auflösungsantrag des AN nach § 9 I KSchG grds. gegen den AG, der die Kündigung ausgesprochen hat, doch ist nach § 9 II KSchG die Auflösung des Arbeitsverhältnisses der Zeitpunkt festzusetzen, an dem es bei sozial gerechtfertigter Kündigung geendet hätte. Eine gerichtliche Auflösung kommt nur in Betracht, wenn das Arbeitsverhältnis zu dem Auflösungszeitpunkt noch Bestand hatte, weil anderenfalls durch das Urteil nichts mehr gestaltet werden kann. Deshalb ist ein Antrag auf Auflösung nicht mehr möglich, wenn das Arbeitsverhältnis zu diesem Zeitpunkt bereits aus anderen Gründen beendet war. Ein anderer Beendigungsgrund stellt auch der Betriebsübergang dar, weil das Arbeitsverhältnis zum Betriebsveräußerer zu diesem Zeitpunkt erlischt (oben Rn. 66). Wird der Auflösungsantrag zeitlich nach dem Betriebsübergang gestellt, ist der Betriebsveräußerer hierfür nicht mehr passiv legitimiert.

2. Beweislast. Im Rahmen des § 613a gelten die allgemeinen Grundsätze der Darlegungs- und **160** Beweislast. Dh. jede Partei muß die Voraussetzungen der ihr günstigen Norm darlegen und im Streitfall beweisen. Hierbei kann dem AN eine Erleichterung durch die Berufung auf Indizien zugute kommen oder nach dem Beweis des ersten Anscheins, wenn die Beweistatsachen in der Sphäre des AG liegen (RGRK/*Ascheid* Rn. 266). Macht der AN Ansprüche gegen den angeblichen Betriebserwerber geltend, muß er darlegen und beweisen, daß ein Betrieb oder Betriebsteil aufgrund eines Rechtsgeschäfts auf diesen übergegangen ist. Legt er hierbei dar, daß der in Anspruch genommene Betriebserwerber die wesentlichen Betriebsmittel nach Einstellung des Geschäftsbetriebes des bisherigen Inhabers verwendet, um einen gleichartigen Geschäftsbetrieb zu führen, so spricht der Beweis des ersten Anscheins dafür, daß dies aufgrund eines Rechtsgeschäfts iSd. § 613a geschieht (BAG 15. 5. 1985 AP BGB § 613a Nr. 41 = NZA 1985, 736).

161 Wehrt sich der AN gegen eine Kündigung, die mit einem Betriebsübergang in Zusammenhang steht, ist zu unterscheiden: Macht er nur den Unwirksamkeitsgrund des § 613a IV 1 geltend, etwa weil er die Klagefrist des § 4 KSchG versäumt hat, muß er darlegen und beweisen, daß ihm **wegen** eines rechtsgeschäftlichen Betriebsübergangs gekündigt worden ist, der Betriebsübergang also der Beweggrund, das Motiv der Kündigung war (BAG 5. 12. 1985 AP BGB § 613a Nr. 47 = NZA 1986, 522). Beruft er sich – innerhalb der Klagefrist des § 4 KSchG – hingegen auch darauf, der Betrieb oder Betriebsteil sei entgegen den Angaben des bisherigen AG nicht stillgelegt, sondern auf einen neuen Inhaber übertragen worden, wehrt er sich (auch) gegen die soziale Rechtfertigung einer Kündigung aus betriebsbedingten Gründen. Im Kündigungsschutzverfahren nach § 1 II 1 KSchG hat der AG die Tatsachen zu beweisen, die die Kündigung bedingen, und es ist seine Aufgabe, vorzutragen und nachzuweisen, daß die Kündigung sozial gerechtfertigt ist. Fehlt es daran, dann ist der Kündigungsschutzklage stattzugeben, ohne daß es der Feststellung bedarf, der tragende Beweggrund für die Kündigung sei ein Betriebsübergang (BAG 5. 12. 1985 AP BGB § 613a Nr. 47 = NZA 1986, 522; BAG 9. 2. 1994 AP BGB § 613a Nr. 105 = NJW 1995, 73). Wird der Betrieb alsbald wiedereröffnet oder kommt es noch innerhalb der Kündigungsfrist zu einem Betriebsübergang, spricht die tatsächliche Vermutung gegen eine ernsthafte und endgültige Stillegungsabsicht (BAG 27. 9. 1984 AP BGB § 613a Nr. 39 = NZA 1985, 493; BAG 3. 7. 1986 AP BGB § 613a Nr. 53 = NZA 1987, 123). Es ist dann Sache desjenigen, der als neuer AG in Anspruch genommen wird, diese Vermutung durch Darlegung von Tatsachen, die für eine Stillegung sprechen, zu widerlegen (BAG 3. 7. 1986 AP BGB § 613a Nr. 53 = NZA 1987, 123).

162 Erfolgt eine Kündigung im Zusammenhang mit einem Betriebsübergang in einem Fall, in dem der AG mangels Kündigungsschutzes des AN keine Begründung für die Kündigung angeben muß, folgt aus § 613a IV jedoch, daß er eine „nachvollziehbare" Begründung haben muß, um den Verdacht einer Kündigung wegen Betriebsübergangs auszuschließen (LAG Köln 3. 3. 1997 LAGE BGB § 613a Nr. 59). Kann der AN aus dem zeitlichen und funktionellen Zusammenhang im Einzelfall Tatsachen nachweisen, die die Kausalität mit genügender Wahrscheinlichkeit darstellen, so ist eine tatsächliche Vermutung für eine Kündigung wegen des Betriebsübergangs zu bejahen, die der AG entkräften muß (für einen Anscheinsbeweis in diesem Fall *Kreitner* S. 84 ff.). Die Vermutung kann jedoch durch eine „nachvollziehbare" Begründung widerlegt werden (vgl. auch BAG 5. 12. 1985 AP BGB § 613a Nr. 47).

163 **3. Rechtskraft.** Grds. bindet ein Urteil nur die im Rubrum genannten Parteien, so daß der AN im Streitfall nach dem Betriebsübergang erneut einen Rechtsstreit über die materielle Richtigkeit eines Anspruchs führen müßte. Da dies im Widerspruch zur Regelung des § 613a I 1 stünde, nimmt die hM eine Rechtskrafterstreckung auf den Betriebserwerber an (MünchKommBGB/*Schaub* Rn. 89; RGRK/*Ascheid* Rn. 290; BAG 5. 2. 1991 AP BGB § 613a Nr. 89 = NZA 1991, 639). Der Eintritt in die Rechte und Pflichten umfaßt auch das Eintreten in die zwischen früherem AG und AN bindend festgestellte Rechtslage (RGRK/*Ascheid* Rn. 290). Deshalb muß der Erwerber die rechtskräftig getroffene Feststellung, daß eine Kündigung durch den früheren Betriebsinhaber unwirksam war und das Arbeitsverhältnis nicht aufgelöst hat, gegen sich gelten lassen, wenn er auf Zahlung von Arbeitsentgelt nach §§ 611, 615 S. 1 in Anspruch genommen wird. Eine Titelumschreibung gegen den AG auf den Erwerber gem. §§ 325, 727, 731 ZPO kommt dagegen nicht in Betracht (RGRK/*Ascheid* Rn. 291; offengelassen MünchKommBGB/*Schaub* Rn. 89). Gem. § 325 ZPO wirkt ein rechtskräftiges Urteil für und gegen die Parteien und die Personen, die nach Eintritt der Rechtshängigkeit Rechtsnachfolger der Parteien geworden sind. Demgemäß kommt eine Titelumschreibung nicht in Betracht, wenn der Betriebsübergang vor der Rechtshängigkeit der Kündigungsschutzklage eingetreten ist (BAG 18. 2. 1999 AP ZPO § 325 Nr. 5 = NZA 1999, 648; BAG 18. 3. 1999 AP KSchG 1969 § 4 Nr. 44). § 325 ZPO ergänzt § 265 ZPO, der das Recht regelt, die in Streit befangene Sache nach Eintritt der Rechtshängigkeit zu veräußern und bestimmt, daß die Rechtsnachfolge auf den Prozeß gegen den Rechtsvorgänger keinen Einfluß hat. Die Betriebsnachfolge ist jedoch keine Rechtsnachfolge iSd. §§ 265, 325 ZPO (MünchKommBGB/*Schaub* Rn. 89; RGRK/*Ascheid* Rn. 302). Macht der AN Ansprüche gegen den Erwerber geltend, für die es auf den Fortbestand des Arbeitsverhältnisses ankommt, ist die Betriebsveräußerung nicht die Veräußerung der in Streit befangenen Sache iSd. §§ 265, 325 ZPO (ebenso RGRK/*Ascheid* Rn. 301). Das BAG hat allerdings für den Sonderfall, daß der bisherige AG den geltend gemachten Anspruch nicht mehr erfüllen konnte, § 265 II ZPO entspr. angewendet (BAG 15. 12. 1976 AP ZPO § 325 Nr. 1).

XI. Betriebsübergang und Gesamtrechtsnachfolge

164 **1. Übergang der Arbeitsverhältnisse.** Daß § 613a nicht auf Fälle des rechtsgeschäftlichen Betriebsübergangs beschränkt ist, sondern auch bei der Gesamtrechtsnachfolge Anwendung findet (vgl. oben Rn. 58), folgt aus dem UmwG 1994. Nach dessen Konzeption vollzieht sich in den Fällen der Verschmelzung oder Spaltung von Unternehmen sowie der Vermögensübertragung der Betriebsübergang kraft Gesetzes. Die Gesamtrechtsnachfolge in das Vermögen oder die Vermögensteile des über-

C. Rechtsfolgen des Betriebsübergangs § 613 a BGB 230

tragenden Rechtsträgers tritt mit der Eintragung in das Handelsregister ein (§§ 20, 131, 176 f. UmwG). Trotz der Anordnung der Gesamtrechtsnachfolge bestimmt § 324 UmwG, daß § 613 a I und IV bei einer Verschmelzung, Spaltung oder Vermögensübertragung unberührt bleibt (vgl. die Kommentierung zu § 324 UmwG Rn. 1). Daraus folgt, daß die Arbeitsverhältnisse auch bei gesellschaftsrechtlichen Umwandlungen nach § 613 a übergehen.

Nicht eindeutig ist, ob in einem Spaltungs- und Übernahmevertrag nach § 126 UmwG auch **165** einzelne Arbeitsverhältnisse verschiedenen Rechtsträgern zugeordnet werden können. Im Gegensatz zu § 2 I Nr. 10 SpTrUG und dem Referentenentwurf zu § 126 UmwG sieht der Gesetz gewordene § 126 I Nr. 9 UmwG keine Zuordnung der Arbeitsverhältnisse vor, so daß diese Möglichkeit zumindest fraglich ist (abl. *Schaub,* FS für Wlotzke, S. 107; zustimmend *Hartmann* ZfA 1997, 23). Jedenfalls besteht keine Regelungskompetenz der Parteien, die Arbeitsverhältnisse im Spaltungsvertrag abw. von § 613 a zuzuordnen (*Lutter/Joost* UmwG, § 324 Rn. 39, § 323 Rn. 22 mwN). Sieht der Spaltungsvertrag tatsächlich eine abw. Zuordnung vor, ist diese wegen Umgehung von § 613 a nach § 134 BGB nichtig (*Willemsen* NZA 1996, 799); im übrigen bleibt der Spaltungsvertrag nach § 139 BGB wirksam. Eine Zuordnung im Spaltungsvertrag kann nur dann in Betracht kommen, wenn bestimmte AN keinem Betrieb oder Betriebsteil objektiv zugeordnet werden können (*Lutter/Joost* UmwG § 323 Rn. 23; *Wlotzke* DB 1995, 43; weitergehend *Hartmann* ZfA 1997, 25; *Boecken* Rn. 71).

Als Folge der Anwendbarkeit des § 613 a steht den AN bei allen in § 324 UmwG genannten **166** Umwandlungsformen ein **Widerspruchsrecht** gegen den Übergang ihrer Arbeitsverhältnisse zu (*Willemsen* NZA 1996, 798; *Bauer/Lingemann* NZA 1994, 1061; aA MünchKommBGB/*Schaub* Rn. 214). Sinnvoll ist dessen Ausübung nur dort, wo der frühere Rechtsträger nach der Umwandlung fortbesteht, wie etwa bei der Abspaltung. Erlischt jedoch der frühere Rechtsträger, wie etwa in Fällen der Verschmelzung oder der Aufspaltung, geht das Widerspruchsrecht ins Leere. In diesen Fällen kommt für die AN ein Recht auf außerordentliche Kündigung in Betracht (*Bachner* NJW 1995, 2882; vgl. auch *Kallmeyer/Willemsen* UmwG § 324 Rn. 9).

Im Verhältnis zu § 323 II UmwG ist § 613 a vorrangig. Kommt bei einer Verschmelzung, Spaltung **167** oder Vermögensübertragung ein Interessenausgleich zustande, in dem diejenigen AN namentlich benannt werden, die nach der Umwandlung einem bestimmten Betrieb oder Betriebsteil zugeordnet werden, so kann die Zuordnung der AN nach § 323 II UmwG durch das ArbG nur auf grobe Fehlerhaftigkeit überprüft werden. Der eingeschränkte gerichtliche Prüfungsmaßstab kann jedoch nicht zu der Folge führen, daß der Interessenausgleich als schuldrechtliche Vereinbarung zwischen AG und BR die Zuordnung der Arbeitsverhältnisse zu einem bestimmten Betrieb oder Betriebsteil regelt. Vielmehr sind die Betriebsparteien an § 613 a gebunden; lediglich in Zweifelsfällen ist die Regelung des Interessenausgleichs solange maßgeblich, wie es sich nur irgendwie sachlich vertretbar begründen läßt (*Willemsen* NZA 1996, 799; *Lutter/Joost* UmwG § 323 Rn. 22). Im Gegensatz zur Singularsukzession scheidet bei solchen Zweifelsfällen ein Wahlrecht oder ein Zustimmungserfordernis der AN aus (aA *Däubler* RdA 1995, 142).

2. Betriebsvereinbarungen und Tarifverträge. Durch die Umwandlung wird der neue Rechtsträ- **168** ger nicht Mitglied des AGVerbandes des bisherigen Rechtsträgers, so daß eine Bindung an einen **VerbandsTV** nach § 4 I 1 TVG regelmäßig ausscheidet. Anders ist es nur dann, wenn die Übertragung der Mitgliedschaft in der Satzung des AGVerbandes besonders geregelt ist (§§ 38, 40 BGB). Ist der TV für allgemeinverbindlich erklärt und fällt der Rechtsnachfolger in den sachlichen und räumlichen Geltungsbereich des TV, folgt dessen Anwendung aus § 5 IV TVG. Kommt eine kollektivrechtliche Bindung des neuen Rechtsträgers an den TV des ehemaligen Rechtsträgers nicht in Betracht, folgt aus § 324 UmwG, daß die Rechtsnormen des TV nach den Regelungen des § 613 a I 2 bis 4 fortgelten (dazu oben Rn. 93 ff.).

Bei einem **FirmenTV** kann sich die kollektive Fortgeltung nach der Umwandlung aus § 3 I TVG **169** ergeben, so daß es einer Anwendung von § 613 a I 2 bis 4 nicht bedarf. Durch die Gesamtrechtsnachfolge tritt der neue Rechtsträger kraft Gesetzes an die Stelle des bisherigen Rechtsträgers und damit auch unmittelbar in dessen tarifvertragliche Rechtsstellung nach § 3 I TVG (*Gaul* NJW 1995, 723). Dies gilt jedenfalls für Aufspaltungen, Abspaltungen und Ausgliederungen durch Neugründung (§ 123 I Nr. 2, II Nr. 2, III Nr. 2 UmwG). Mit dem Eintritt in die Rechtsstellung des ehemaligen Rechtsträgers gilt der FirmenTV beim neuen Rechtsträger insgesamt, also nicht nur in seinem normativen, sondern auch in seinem schuldrechtlichen Teil. Anders ist es dagegen bei Aufspaltungen, Abspaltungen und Ausgliederungen durch Übertragung auf einen oder mehrere bestehende Rechtsträger (§ 123 I Nr. 1, II Nr. 1, III Nr. 1 UmwG) sowie bei Verschmelzungen im Wege der Aufnahme durch einen oder mehrere bestehende Rechtsträger (§ 2 Nr. 1 UmwG). Hier sind regelmäßig bei den bestehenden Rechtsträgern bereits AN beschäftigt. Eine kollektivrechtliche Fortgeltung des beim bisherigen Rechtsträger geltenden FirmenTV würde dazu führen, daß dessen Rechte und Pflichten nunmehr auch für die AN des bereits bestehenden Rechtsträgers gelten. Diese Geltung ist gegen den Willen der bereits vorhandenen AN nicht möglich, sondern allenfalls durch Vereinbarung der betroffenen TVParteien. In aller Regel gelten deshalb die Rechte und Pflichten des früheren FirmenTV nach

§ 613 a I 2 bis 4 fort. Werden zwei oder mehrere Rechtsträger durch Neugründung verschmolzen (§ 2 Nr. 2 UmwG), gelten die unterschiedlichen früheren (Firmen-)TV nach § 613 a I 2 bis 4 fort.

170 Für die Fortgeltung einer **Betriebsvereinbarung** ist die Betriebsidentität maßgeblich. Bleibt sie auch nach der Umwandlung im wesentlichen erhalten, gilt eine beim früheren Rechtsträger bestehende Betriebsvereinbarung kollektivrechtlich beim neuen Rechtsträger fort. Geht die betriebliche Identität verloren, werden die Rechte und Pflichten aus der Betriebsvereinbarung in den Arbeitsvertrag transportiert und gelten nach Maßgabe des § 613 a I 2 bis 4 fort (MünchKommBGB/*Schaub* Rn. 227; vgl. auch Rn. 93 ff.).

171 **3. Übergangsmandat des Betriebsrats.** Hat die Unternehmensspaltung zugleich eine Betriebsspaltung zur Folge, so sieht § 321 I UmwG ein zeitlich begrenztes Übergangsmandat des BR für die ihm bislang zugeordneten Betriebsteile vor. Der BR bleibt bis zur Wahl eines neuen BR, maximal jedoch bis zu sechs Monaten nach der Spaltung im Amt und führt die Geschäfte des gespaltenen oder ausgegliederten Betriebsteils weiter. Das Übergangsmandat entfällt, wenn in dem gespaltenen oder ausgegliederten Betriebsteil weniger als fünf AN beschäftigt sind (§ 1 BetrVG) oder wenn der Betriebsteil in einen Betrieb eingegliedert wird, in dem bereits ein BR besteht. Werden Betriebsteile aus mehreren Betrieben gespalten oder ausgegliedert und dann zu einem Betrieb zusammengefaßt, nimmt nach der Regelung des § 321 II UmwG der BR des nach der Zahl der wahlberechtigten AN größeren Betriebsteils das Übergangsmandat wahr. § 321 UmwG ist entspr. anzuwenden, wenn Betriebe ohne vorherige Spaltung im Rahmen einer Verschmelzung zusammengefaßt werden (*Bachner* NJW 1995, 2885). Das Übergangsmandat soll verhindern, daß betriebsratslose Zeiten eintreten und deshalb die AN während der Übergangszeit insb. bei Versetzungen, Kündigungen oder Betriebsänderungen keinen Schutz des BR genießen. Da dasselbe Schutzbedürfnis bei einer Betriebsteilung im Wege der Singularsukzession nach § 613 a besteht, ordnet nun Art. 5 der mit Wirkung vom 17. 7. 1998 geänderten Richtlinie 77/187/EWG (geändert durch Richtlinie 98/50/EG vom 29. 6. 1998, ABl. Nr. L 201, S. 88) ein Übergangsmandat auch für rechtsgeschäftliche Betriebsteilübergänge an.

172 **4. Haftung für Arbeitnehmeransprüche.** Nach der Regelung des § 613 a I, II haftet für die erst nach dem Betriebsübergang entstehenden Ansprüche der AN nur der neue Betriebsinhaber. Anders ist es nach § 134 UmwG für den „klassischen" Fall der Unternehmensspaltung in eine Anlage- und eine Betriebsgesellschaft. Sind an den Gesellschaften, die nach der Spaltung entstehen, im wesentlichen dieselben Personen beteiligt wie vor der Spaltung, so haftet die Anlagegesellschaft gesamtschuldnerisch für die Forderungen der AN, die innerhalb von fünf Jahren nach dem Wirksamwerden der Spaltung auf Grund einer Betriebsänderung nach §§ 111 bis 113 BetrVG (**Sozialplanansprüche und Nachteilsausgleich**) begründet werden. Die Regelung des § 134 III iVm. § 133 III bis V UmwG erstreckt die Haftung auf 10 Jahre.

173 Für die bei der Umwandlung bereits bestehenden ANAnsprüche konkurrieren die umwandlungsrechtliche Haftung des § 22 UmwG bei der Verschmelzung und der §§ 133, 134 UmwG bei der Spaltung mit der „arbeitsrechtlichen" Haftung des § 613 a. Keine Unterschiede bestehen für die Haftung des neuen Rechtsträgers. Er haftet kraft Gesamtrechtsnachfolge für die bestehenden Ansprüche aus den auf ihn übergegangenen Arbeitsverhältnissen. Für die Ansprüche gegen den übertragenden Rechtsträger haften nach § 133 I UmwG die an der **Spaltung** beteiligten Rechtsträger – also auch die übertragende Gesellschaft – als Gesamtschuldner. Eine Begrenzung folgt aus § 133 III UmwG, wonach diejenigen Rechtsträger, denen im Spaltungs- oder Übernahmevertrag die Ansprüche nicht zugewiesen sind, für diese Ansprüche nur dann haften, wenn sie innerhalb von fünf Jahren nach der Spaltung fällig und gerichtlich geltend gemacht sind. Nach der Regelung des § 133 UmwG haftet demnach der bisherige AG für bestehende ANAnsprüche noch mindestens fünf Jahre, sofern er nicht – wie bei der Aufspaltung – erlischt. Nach § 613 a II dagegen besteht die gesamtschuldnerische Haftung des alten Betriebsinhabers neben dem neuen Betriebsinhaber für Ansprüche, die bei Betriebsübergang bereits bestanden und vor Ablauf eines Jahres danach fällig werden (vgl. dazu oben Rn. 118 ff.). Ob hier die umwandlungsrechtliche Haftung (so *Wlotzke* DB 1995, 43; MünchKommBGB/*Schaub* Rn. 218; KR/*Pfeiffer* Rn. 83; *Lutter/Joost* UmwG § 324 Rn. 36) oder diejenige nach § 613 a II (so *Kallmeyer* ZIP 1995, 552; *Boecken* Rn. 228) vorgeht, ist streitig. Einerseits läßt § 324 UmwG lediglich § 613 a I und IV unberührt, nicht dagegen § 613 a II, und § 133 UmwG läßt nur die Haftungsvorschriften des HGB unberührt, nicht dagegen § 613 a. Andererseits nimmt § 613 a III die Haftung des übertragenden Unternehmens nach § 613 a II nur dann aus, wenn es erlischt. Da § 613 a grds. eine Besserstellung der AN im Verhältnis zu allgemeinen Regeln erreichen will, die gegenüber § 133 UmwG versagen würde, geht die Haftung nach § 133 UmwG vor (*Lutter/Joost* UmwG § 324 Rn. 36).

174 Bei der **Verschmelzung** können die AN innerhalb von sechs Monaten nach der Eintragung der Verschmelzung für ihre Ansprüche Sicherheit verlangen, wenn sie keine Befriedigung verlangen können (§ 22 I UmwG). Nach § 22 II UmwG steht dieses Recht solchen Gläubigern nicht zu, die im Fall der Insolvenz ein Recht auf vorzugsweise Befriedigung aus einer zu ihrem Schutz errichteten und staatlich überwachten Deckungsmasse haben. Diese Deckungsmasse stellt insb. der Insolvenzschutz durch den PSV dar (vgl. BT-Drucks. 12/6699 S. 92).

1546 *Preis*

5. **Betriebliche Altersversorgung.** Für die Versorgungsanwartschaften der aktiven Belegschaft gilt 175
§ 613 a I 1. Geht ein Betrieb oder Betriebsteil im Rahmen der Umwandlung auf einen anderen Rechtsträger über, so tritt dieser in die bereits bestehenden und in der Zukunft erwachsenden Versorgungsverpflichtungen ein. Der ehemalige Rechtsträger haftet – sofern er nicht erlischt – gesamtschuldnerisch für die bereits bestehenden Versorgungsverpflichtungen nach § 133 UmwG. Für bereits ausgeschiedene Versorgungsanwärter und Betriebsrentner gilt § 613 a I 1 dagegen nicht, weil deren Arbeitsverhältnis nicht auf den neuen Rechtsträger übergegangen ist. Hier gilt für den ehemaligen Rechtsträger ebenfalls § 133 UmwG, während der neue Rechtsträger über die Anordnung der Gesamtrechtsnachfolge haftet (*Boecken* Rn. 136, 234). Fraglich ist, ob die Möglichkeit besteht, die Versorgungsverbindlichkeiten des früheren Rechtsträgers durch den Spaltungsplan (§ 126 I Nr. 9 UmwG) einem bestimmten neuen Rechtsträger zuzuweisen. Dies wird im Schrifttum zum Teil mit der Begründung für möglich gehalten, die umwandlungsrechtlichen Haftungsregelungen der §§ 133, 134 UmwG seien gegenüber § 4 BetrAVG vorrangig (*Willemsen* NZA 1996, 801; *Boecken* Rn. 138). Dagegen sieht das BAG in § 4 BetrAVG eine Schutzvorschrift nicht nur zugunsten der AN, sondern auch zugunsten des PSV vor unerwünschten Haftungsrisiken (BAG 17. 3. 1987 AP BetrAVG § 4 Nr. 4). Daraus folgt, daß die Versorgungsverbindlichkeiten des früheren Rechtsträgers grds. denjenigen neuen Rechtsträger treffen, auf den der Betrieb oder Betriebsteil übergegangen ist, in dem der ausgeschiedene AN vormals gearbeitet hatte. Eine Zuweisung an einen anderen Rechtsträger bedarf dagegen der Zustimmung des PSV (so auch *MünchKommBGB/Schaub* Rn. 222).

6. **Kündigungsschutz.** Aus der Verweisung des § 324 UmwG auf § 613 a IV folgt, daß das Kündi- 176
gungsverbot „wegen" des Betriebsübergangs auch für die Umwandlungsfälle der Verschmelzung, Spaltung und Vermögensübertragung gilt. Unwirksam sind deshalb Kündigungen, deren Motiv in der Umwandlung liegt. Zulässig sind dagegen Kündigungen aus anderen Gründen, auch wenn sie in zeitlichem Zusammenhang mit der Umwandlung erfolgen (dazu oben Rn. 138 ff.). Eine besondere kündigungsrechtliche Bestimmung beinhaltet § 323 I UmwG, wonach sich die kündigungsrechtliche Stellung des AN auf Grund der Spaltung oder Teilübertragung für die Dauer von zwei Jahren nicht verschlechtert. Streitig und unklar ist der Begriff der kündigungsrechtlichen Stellung. Nach richtiger Auffassung handelt es sich um einen aus rechtlicher Sicht fortbestehenden Kündigungsschutz, dessen maßgebliche Bedeutung darin liegt, die kündigungsschutzrechtlichen Bestimmungen auch dann anzuwenden, wenn nach der Umwandlung der Schwellenwert des § 23 KSchG nicht erreicht wird (*MünchKommBGB/Schaub* Rn. 224; *Lutter/Joost* UmwG § 323 Rn. 10; ähnlich *Willemsen* NZA 1996, 800). Darüber hinaus behält der AN einen vorher bestehenden Ausschluß der ordentlichen Kündigung auf arbeits- oder tarifvertraglicher Grundlage sowie günstigere Kündigungsfristen für zwei Jahre, unabhängig davon, ob beim neuen Rechtsträger ein anderer TV angewendet wird. Insoweit geht § 323 I UmwG als lex specialis der Regelung des § 613 a I 2 bis 4 vor (*Wlotzke* DB 1995, 44). Nach anderer Ansicht soll der Kündigungsschutz auch in faktischer Hinsicht aufrechterhalten werden mit dem Ergebnis, daß vor und nach der Spaltung ein einheitlicher Betrieb fingiert wird und eine erforderliche Sozialauswahl unter Einbeziehung der AN zu erfolgen hat, die nach der Spaltung nicht mehr dem Betrieb angehören (*Bachner* NJW 1995, 2881; *Däubler* RdA 1995, 136; *Boecken* Rn. 275). Dies scheitert indes an der Möglichkeit des übernehmenden Rechtsträgers, AN eines anderen Rechtsträgers zu kündigen (ebenso *Lutter/Joost* UmwG § 323 Rn. 15) und läuft damit auf ein faktisches Kündigungsverbot hinaus.

§ 614 [Fälligkeit der Vergütung]

¹Die Vergütung ist nach der Leistung der Dienste zu entrichten. ²Ist die Vergütung nach Zeitabschnitten bemessen, so ist sie nach dem Ablaufe der einzelnen Zeitabschnitte zu entrichten.

I. Normzweck und Inhalt

1. **Vorleistungspflicht des Arbeitnehmers.** § 614 regelt abw. von § 271 die Fälligkeit des Anspruchs 1
auf die Arbeitsvergütung, die grds. erst nach Leistung der Dienste eintritt. Aus der Vorschrift folgt die Vorleistungspflicht des AN. Hierin liegt keine Stundung der Vergütungsverpflichtung; eine solche ist aber bei entsprechender Vereinbarung zulässig. Anspruchsgrundlage für die Entrichtung des Lohns ist nicht § 614, sondern § 611 I.

2. **Abdingbarkeit.** § 614 ist abdingbar und vielfach abbedungen, so daß die praktische Bedeutung 2
der Vorschrift gering ist. Der Auszahlungstermin ist bei AN überwiegend durch Kollektivvereinbarungen (TV, Betriebsvereinbarung) festgelegt. Gem. § 87 I Nr. 4 BetrVG hat der BR, soweit eine tarifvertragliche Regelung fehlt, bei Zeit, Ort und Art der Entgeltzahlung mitzubestimmen (vgl. auch § 75 III Nr. 2 BPersVG). Dieses erzwingbare Mitbestimmungsrecht bezieht sich aber nur auf die Bestimmung der Lohnzahlungsabschnitte und die Festlegung der Uhrzeit, berechtigt dagegen nicht zur Beseitigung der Vorleistungspflicht des AN gegen den Willen des AG (*Richardi* § 87 Rn. 456; *MünchKommBGB/Schaub* Rn. 2).

3 Abw. kann sich auch aus Vertrag, betrieblicher Übung, der Verkehrssitte sowie aus der Art der Vergütung (zB Unterkunft und Verpflegung; Gewährung zu Beginn des Arbeitsverhältnisses) ergeben. Darüber hinaus bestehen für bestimmte Berufsgruppen und Vergütungsformen gesetzliche **Sonderregelungen** (§§ 64, 65, 78 c HGB, § 11 BBiG; s. u. Rn. 7 ff.).

4 **3. „Ohne Arbeit keinen Lohn".** Tlw. wird dieser Grundsatz aus § 614 abgeleitet (BAG 21. 3. 1958 AP BGB § 614 Nr. 1; MünchKommBGB/*Schaub* Rn. 1). Da es sich hierbei aber um eine reine Fälligkeitsregel handelt, ist es dogmatisch zutreffend, diesen unbestrittenen Rechtssatz aus dem Gegenseitigkeitsverhältnis von Arbeitsleistung und Entgelt zu folgern (ebenso *Staudinger/Richardi* Rn. 1; RGRK/*Hilger* Rn. 3; *Hueck/Nipperdey* Bd. I § 44 I 1). Unabhängig davon gibt es von diesem Prinzip zahlreiche **Ausnahmen**, in denen der AN die Vergütung auch ohne Arbeitsleistung erhält: vom AG zu vertretende Unmöglichkeit der Arbeitsleistung (§ 324), Annahmeverzug des AG (§ 615), vorübergehende Dienstverhinderung des AN (§ 616), Entgeltfortzahlung im Krankheitsfall (EFZG), bezahlter Erholungsurlaub (§ 1 BUrlG).

5 **4. Satz 2.** § 614 S. 1 paßt nur für die Vergütung einmaliger Leistungen, so daß für laufende Arbeitsverträge vor allem **S. 2** in Betracht kommt. Üblicherweise wird die Arbeitsvergütung nach Monaten berechnet. Ist sie nach Tagen oder Stunden bemessen, so erfolgt die Zahlung – entgegen dem Wortlaut des § 614 S. 2 – nach der Verkehrssitte erst am Wochenschluß (*Erman/Belling* Rn. 5; *Staudinger/Richardi* Rn. 12).

6 **5.** Die **Beendigung** des Arbeitsverhältnisses rückt die spätere Fälligkeit der Vergütung zeitlich nicht nach vorne (BAG 12. 10. 1972 AP BGB § 611 Gratifikation Nr. 77; BAG 8. 11. 1978 AP BGB § 611 Gratifikation Nr. 100; aA RGRK/*Hilger* Rn. 11).

II. Sonderregeln im Arbeitsrecht zu § 614

7 **1. Gewerbliche Arbeitnehmer.** Für diese kann nach § 119 a II Nr. 1 GewO durch Ortsstatut festgesetzt werden, daß Lohn- und Abschlagszahlungen in festen Fristen erfolgen müssen, welche nicht länger als einen Monat und nicht kürzer als eine Woche sein dürfen. In der Praxis kommen solche Bestimmungen aber kaum vor, so daß die Vorschrift keine Bedeutung mehr hat.

8 **2. Handlungsgehilfen (§ 59 HGB). a)** Ihnen ist das Gehalt am Schluß jeden Monats zu zahlen; wenn dies ein Sonnabend, Sonn- oder Feiertag ist, am nächsten Werktag (§ 193 BGB). Eine Vereinbarung, nach der die Gehaltszahlung später erfolgen soll, ist nichtig (§ 64 HGB). Dieses Verbot gilt aber nur für die festen, laufenden Bezüge des Handlungsgehilfen, nicht für sonstige Einkünfte wie Gratifikationen oder Gewinnbeteiligungen (ebenso *Staudinger/Richardi* Rn. 40; MünchKommBGB/*Schaub* Rn. 5). Kürzere Zahlungszeiträume sowie Gehaltszahlung im voraus können vereinbart werden. Außerdem ist die Stundung des Gehalts nach dessen Fälligkeit zulässig (LAG Mannheim 28. 4. 1949 AP 1951 Nr. 165).

9 **b)** Der Anspruch auf **Provision** wird am letzten Tag des Monats fällig, in dem nach § 87 c I HGB über ihn abzurechnen ist (§§ 65, 87 a IV HGB). Der Unternehmer hat über die Provision monatlich abzurechnen; der Abrechnungszeitraum kann auf höchstens drei Monate erstreckt werden (§§ 65, 87 c I 1 HGB).

10 **c)** Der Anspruch auf **Gewinnbeteiligung** (oder Tantieme) wird fällig, sobald die Bilanz festgestellt ist oder bei ordnungsgemäßem Geschäftsgang hätte festgestellt werden können (BAG 3. 6. 1958 AP HGB § 59 Nr. 9; LAG Baden-Württemberg 31. 3. 1969 DB 1969, 1023; LAG Berlin 7. 10. 1975 DB 1976, 636). Bei Ausscheiden im Laufe des Geschäftsjahres bedarf es ohne entsprechender Vereinbarung nicht der Aufstellung einer Zwischenbilanz. Abrechnungsgrundlage ist vielmehr die Jahresbilanz, wobei sich der Gewinnanteil entspr. der Beschäftigungszeit mindert (BAG 3. 6. 1958 AP HGB § 59 Nr. 9).

11 **3. Ausbildungsvergütung.** Für den laufenden Kalendermonat ist sie spätestens am letzten Arbeitstag des Monats zu zahlen (§ 11 II BBiG).

12 **4. Seeleute.** Für die Heuer der Seeleute gelten die Sonderregeln der §§ 32 bis 37 SeemannsG.

13 **5. Arbeitnehmern auf Binnenschiffen.** Ihnen ist der Lohn am Ende jeder zweiten Woche zu zahlen, wenn über die Lohnzahlung nichts anderes vereinbart ist (§ 24 BinnSchG).

14 **6. Urlaubsentgelt** ist vor Antritt des Urlaubs auszuzahlen (§ 11 II BUrlG).

III. Einzelfragen

15 **1. Schuldnerverzug.** Bei der Bemessung der Vergütung nach Zeitabschnitten handelt es sich um eine kalendermäßig bestimmte Leistungszeit. Der AG kommt daher auch ohne Mahnung des AN in Verzug, wenn er am Ende des Zeitabschnitts nicht leistet (§ 284 II). Der AG kann auch in Verzug geraten, wenn er infolge Kündigung nicht mehr leistet, wenn er bei Anwendung der erforderlichen Sorgfalt erkennen kann, daß die Kündigung unwirksam ist (BAG 14. 5. 1999 NZA-RR 1999, 511).

IV. Vorschuß- und Abschlagszahlungen

2. Kündigungsrecht. Mehrfach säumige Gehaltszahlungen oder Verzug mit einem erheblichen 16
Betrag stellen – nach Abmahnung – einen wichtigen Grund zur außerordentlichen Kündigung dar,
auch wenn der AG schuldlos in Rückstand geraten ist (LAG Köln 23. 9. 1993 LAGE BGB § 626
Nr. 73; LAG Frankfurt 27. 10. 1964 DB 1965, 186; LAG Düsseldorf 12. 9. 1957 DB 1957, 1132; ArbG
Wilhelmshaven 13. 11. 1973 ARSt. 1975, 63; ArbG Celle 8. 8. 1974 ARSt. 1975, 63).

3. Zurückbehaltungsrecht. Soweit der AN vorleistungspflichtig ist, kann er wegen der noch nicht 17
erhaltenen Vergütung seine Arbeitsleistung nicht nach § 320 I verweigern (vgl. auch BGB § 611
Rn. 974). Ist die Vergütung nach Zeitabschnitten bemessen, steht ihm auch bei Lohnrückständen aus
einem früheren Zeitraum die **Einrede des nichterfüllten Vertrages** nicht zu, da es insoweit am
Gegenseitigkeitsverhältnis fehlt (aA RGRK/*Hilger* Rn. 50). Denn für die laufende Arbeitsleistung ist
der Vergütungsanspruch erst nachträglich fällig. Der Dienstverpflichtete hat jedoch ein Zurückbehaltungsrecht nach § 273, sobald er einen fälligen, noch nicht (vollständig) erfüllten Lohnanspruch hat
(BAG 20. 12. 1963 AP GG Art. 9 Arbeitskampf Nr. 32). Es darf sich aber weder um eine verhältnismäßig geringfügigen Anspruch (arg. § 320 II), noch um eine nur kurzfristige Zahlungsverzögerung
handeln (BAG 25. 10. 1984 AP BGB § 273 Nr. 3; BAG 9. 5. 1996 AP BGB § 273 Nr. 5).

4. Abschwächung der „Vorleistungsgefahr". Die Gefahr, daß der AN nach Erbringung der ihm 18
durch § 614 auferlegten Vorleistung die nun fällige Vergütung nicht erhält, wird gemildert durch die
Suspendierung der Vorleistungspflicht bei Vermögensverschlechterung des AG (§ 321), Gewährung
von Insolvenzgeld nach §§ 181 ff. SGB III sowie durch Vereinbarung von Vorschuß- oder Abschlagszahlungen (s. u. Rn. 19 ff.).

IV. Vorschuß- und Abschlagszahlungen

Schrifttum: *Jesse/Schellen,* Arbeitgeberdarlehen und Vorschuß, 1990.

1. Vorschüsse. a) Vorschüsse sind Vorauszahlungen des AG auf noch nicht verdienten Lohn (BAG 19
11. 2. 1987 AP ZPO § 850 Nr. 11 = NZA 1987, 585; LAG Hessen 4. 9. 1995 NZA 1996, 482). Grds.
besteht auf eine solche Zahlung der Arbeitsvergütung vor Fälligkeit kein Anspruch, sofern sich nicht
aus TV oder Betriebsvereinbarungen etwas anderes ergibt. In dringenden Fällen (anderweitig nicht
behebbare finanzielle Notlage, schwere Erkrankung, Entbindung, Todesfall) kann jedoch ein Rechtsanspruch aus der Fürsorgepflicht des AG folgen (*Staudinger/Richardi* Rn. 23; *Herschel* BB 1954, 98).
Ein gesetzlich geregeltes Vorschußrecht besteht für die auf Provisionsbasis angestellten Handlungsgehilfen (§ 65 iVm. § 87 a I 2 HGB), welches nicht zu ihren Ungunsten abbedungen werden kann (BAG
16. 2. 1962 AP HGB § 87 a Nr. 1).

b) Ein Vorschuß setzt voraus, daß sich beide Vertragsparteien darüber **einig sind,** daß es sich um 20
eine vorschußweise Zahlung handelt, die bei Fälligkeit der Forderung verrechnet wird (BAG 31. 3.
1960 AP BGB § 394 Nr. 5). Bestimmt ein TV, daß bestimmte Bezüge „bis auf weiteres vorschußweise"
gezahlt werden, so bedeutet dies, daß der AG zwar verpflichtet ist, diese Bezüge zu zahlen, daß er sie
aber nur als Vorschuß zu gewähren braucht. Eine solche Tarifklausel hat nicht zur Folge, daß auf
Grund des TV geleistete Zahlungen ohne weiters als Vorschuß zu beurteilen wären, also auch dann,
wenn der AG bei der Auszahlung nichts dergleichen erklärt hat (BAG 11. 7. 1961 AP BGB § 614
Gehaltsvorschuß Nr. 2 = DB 1961, 1008; BAG 25. 2. 1993 AP BAT § 37 Nr. 10 = NZA 1994, 705).
Ansonsten würde man dem AN die Einrede des Wegfalls der Bereicherung (§ 818 III) nehmen,
obwohl die bloße Existenz der Tarifklausel ihn nicht bösgläubig iSv. § 819 macht. Das bloße Bestehen
einer solchen Vorschußklausel berechtigt den AG daher nicht, überzahlte Beträge als Vorschüsse zu
verrechnen.

c) Als vorweggenommene Lohntilgung kann der Vorschuß bei der nächsten Lohnabrechnung **ohne** 21
Aufrechnungserklärung (§§ 387, 388) in Abzug gebracht werden und zwar auch von der unpfändbaren Arbeitsvergütung, da die für die Aufrechnung geltenden Einschränkungen (§ 394) unanwendbar
sind. Dem AN muß aber stets ein Betrag zur Deckung des notwendigen Lebensbedarfs iSd. § 850 d
ZPO verbleiben (ebenso *Schaub* § 70 III 4; *Denck* BB 1979, 482; *Erman/Belling* Rn. 6; offenlassend
BAG 11. 2. 1987 AP ZPO § 850 Nr. 11 = NZA 1987, 485; verneinend LAG Hessen 4. 9. 1995 NZA
1996, 482).

2. Abschlagszahlungen sind dagegen Zahlungen auf bereits verdientes, aber noch nicht abgerech- 22
netes Arbeitsentgelt (BAG 11. 2. 1987 AP ZPO § 850 Nr. 11 = NZA 1987, 485). Sie werden vielfach
bei schwankenden Bezügen, insb. bei Leistungslohn, bei denen die Vergütung nicht zeitgerecht
berechnet werden kann, geleistet. Im Unterschied zum Vorschuß können Abschlagszahlungen nach
Fälligkeit der Vergütung, idR nach Ablauf des Kalendermonats, verlangt werden. Sie werden ebenfalls
bei der Lohnzahlung in Abzug gebracht, ohne daß es einer Aufrechnung bedarf (s. o. Rn. 19).

3. Abgrenzung vom Darlehen. Vorschüsse und Abschlagszahlungen sind vom Darlehen nicht nach 23
der gewählten Bezeichnung, sondern vielmehr nach objektiven Merkmalen zu unterscheiden. Eine
Darlehenshingabe ist idR dann anzunehmen, wenn der gewährte Betrag die Gehaltshöhe wesentlich

übersteigt und zu einem Zweck gegeben wird, der mit den normalen Bezügen nicht oder nicht sofort erreicht werden kann und zu dessen Befriedigung auch sonst üblicherweise Kredite in Anspruch genommen werden. Dagegen handelt es sich um einen Gehaltsvorschuß, wenn die demnächst fällige Gehaltszahlung für kurze Zeit vorverlegt wird, damit der AN bis dahin seinen normalen Lebensunterhalt bestreiten kann (LAG Düsseldorf 14. 7. 1955 AP BGB § 614 Gehaltsvorschuß Nr. 1; LAG Bremen 21. 12. 1960 DB 1961, 243; ArbG Frankfurt 25. 7. 1968 DB 1968, 1544; krit. *Staudinger/ Richardi* Rn. 24: „nur Indiz"). Für das AGDarlehen ist charakteristisch, daß es losgelöst von dem zu erwartenden Arbeitsentgelt gezahlt wird und von einer Kreditvereinbarung getragen wird (Einzelheiten zum AGDarlehen unter § 611 Rn. 637 f.).

24 **4. Rechtslage bei einer Lohnpfändung. a)** Bei nachfolgender Lohnpfändung ist zur Ermittlung des pfändbaren Lohnteils vom gesamten Arbeitseinkommen auszugehen, dh. ohne Rücksicht auf schon geleistete Vorschuß- oder Abschlagszahlungen (BAG 9. 2. 1956 AP BGB § 394 Nr. 1; BAG 11. 2. 1987 AP ZPO § 850 Nr. 11 = NZA 1987, 485; RGZ 133, 252; LAG Düsseldorf 14. 7. 1955 AP BGB § 614 Gehaltsvorschuß Nr. 1; LAG Mannheim 23. 7. 1952 BB 1952, 802; LAG Bremen 21. 12. 1960 DB 1961, 243; ArbG Berlin 29. 10. 1964 BB 1965, 203; MünchKommBGB/*Schaub* Rn. 19; *Stein/ Jonas/Brehm* § 850 e Rn. 14; MünchKommZPO/*Smid* § 850 e Rn. 6; *Denck* BB 1979, 482). Die bereits geleisteten Zahlungen werden dann zunächst auf den sich ergebenden pfändungsfreien Betrag angerechnet, wobei dem Schuldner aber der notwendige Lebensbedarf nach § 850 d ZPO verbleiben muß (ebenso *Denck* BB 1979, 481; MünchKommBGB/*Schaub* Rn. 18; MünchKommZPO/*Smid* § 850 e Rn. 7; insoweit vom BAG 11. 2. 1987 AP ZPO § 850 Nr. 11 = NZA 1987, 485 offengelassen). Nur soweit die Vorauszahlung den unpfändbaren Betrag übersteigt, erfolgt eine Anrechnung auch gegenüber dem pfändenden Gläubiger. Entsprechendes gilt bei einem Zusammentreffen von **Abtretung** und **Vorschuß**. Nach aA wird der pfändbare Lohnteil nur vom verbliebenen Einkommen berechnet; dem Schuldner verbleibt der gesamte unpfändbare Teil, während die geleisteten Zahlungen vom pfändbaren Lohnanteil einbehalten werden (ArbG Hannover 22. 3. 1967 BB 1967, 586; *Larenz* Anm. zu LAG Düsseldorf 14. 7. 1955 AP BGB § 614 Gehaltsvorschuß Nr. 1; *Zöller/Stöber* § 850 e ZPO Rn. 2; *ders.* Anm. zu BAG 11. 2. 1987 AP ZPO § 850 Nr. 11; *ders.* Forderungspfändung Rn. 1266; RGRK/*Hilger* Rn. 40; *Bischoff* BB 1952, 436). Die Vorgehensweise der hL entspricht dem Schutzzweck der §§ 850 ff. ZPO; der Schuldner, dessen Lebensunterhalt im Vergütungsmonat bereits durch eine Abschlagszahlung oder einen Vorschuß abgesichert ist, kann nicht beanspruchen, am Monatsende noch zusätzlich den unpfändbaren Lohnanteil ausgezahlt zu bekommen (ebenso *Stein/Jonas/Brehm* § 850 e ZPO Rn. 15; MünchKommZPO/*Smid* § 850 e Rn. 7; *Küttner/Griese* Vorschuß Rn. 5).

25 **b) Nach** Eingang einer **Lohnpfändung** sowie nach Kenntnis von einer Abtretung darf der AG weitere Vorschüsse und Abschläge an den AN zahlen. In Höhe des pfändbaren Teils der Vergütung geht der Vergütungsanspruch jedoch auf den Pfändungs- bzw. Abtretungsgläubiger über, so daß dieser höhere Zahlungen nicht gegen sich gelten lassen braucht. Vorschüsse und Abschlagszahlungen können nur mit dem unpfändbaren Lohnteil verrechnet werden (*Zöller/Stöber* § 850 e ZPO Rn. 2, 2 a; *Stein/ Jonas/Brehm* § 850 e ZPO Rn. 17).

26 **5. Rückzahlung. a)** Wer Geld als Vorschuß nimmt, verpflichtet sich damit, den Vorschuß dem Vorschußgeber zurückzuzahlen, wenn und soweit die bevorschußte Forderung gegen diesen nicht oder nicht zeitgerecht entsteht (BAG 10. 3. 1960 AP BGB § 138 Nr. 2; BAG 16. 2. 1962 AP HGB § 87 a Nr. 1; BAG 28. 6. 1965 AP BGB § 614 Gehaltsvorschuß Nr. 3; BAG 20. 6. 1989 AP HGB § 87 Nr. 8). Gleiches gilt auch für eine Abschlagszahlung, wenn sich bei der Lohnabrechung herausstellt, daß der ausgezahlte Betrag den verdienten Lohn übersteigt. Der Rückgewähranspruch des AG beruht auf der getroffenen Vorschußvereinbarung und nicht auf Bereicherungsrecht, so daß die Entreicherungsvorschrift des § 818 III nicht anwendbar ist (BAG 25. 3. 1976 AP HGB § 65 Nr. 9; BAG 25. 2. 1993 AP BAT § 37 Nr. 10 = NZA 1994, 705).

27 **b)** Gerade im Fall der Akkordentlohnung kann sich aber ergeben, daß überzahlte Vorschüsse und Abschlagszahlungen durch monatelange Handhabung zur **Garantievergütung** werden (ArbG Bochum 12. 11. 1969 DB 1970, 1326 f.; *Staudinger/Richardi* Rn. 32).

28 **c)** Erfolgt eine Überzahlung nur, um beim Ausscheiden des AN einen Rückforderungsanspruch entstehen zu lassen, der diesen am Arbeitsplatzwechsel hindert, so ist dies eine unter dem Blickwinkel des Art. 12 GG unzulässige **Kündigungserschwerung**. Es handelt sich dann nämlich um ein erhöhtes Arbeitsentgelt, das unter der auflösenden Bedingung gewährt wird, daß der AN nicht vor einem vom AG für angemessen gehaltenen Zeitpunkt ausscheidet (ArbG Bochum 1. 4. 1970 DB 1970, 1545 f.). Dies kann den AN zur Leistungsverweigerung berechtigen (*Schaub* § 70 III 4).

29 **d)** Der Rückzahlungsanspruch **verjährt** in zwei Jahren (§ 196 I Nr. 8 und 9). Er unterliegt auch etwaigen Ausschlußfristen aus TV, Betriebsvereinbarung oder Arbeitsvertrag.

30 **6. Darlegungs- und Beweislast.** Will der AG einem Vergütungsanspruch entgegenhalten, dieser sei durch Vorschüsse (tlw.) erfüllt, so muß er die Vorschußzahlung beweisen, da es sich um den Einwand vorweggenommener Erfüllung handelt (LAG München 28. 9. 1989 DB 1990, 1292). Ist hingegen

Preis

streitig, ob der Vorschuß durch Vergütungsansprüche verdient ist, streiten die Parteien also über die Höhe des Vergütungsanspruchs, so trägt dafür der AN die Darlegungs- und Beweislast (BAG 28. 6. 1965 AP BGB § 614 Gehaltsvorschuß Nr. 3; LAG Berlin 14. 4. 1975 ARSt. 1976, 8).

§ 615 [Vergütung bei Annahmeverzug]

¹ Kommt der Dienstberechtigte mit der Annahme der Dienste in Verzug, so kann der Verpflichtete für die infolge des Verzugs nicht geleisteten Dienste die vereinbarte Vergütung verlangen, ohne zur Nachleistung verpflichtet zu sein. ² Er muß sich jedoch den Wert desjenigen anrechnen lassen, was er infolge des Unterbleibens der Dienstleistung erspart oder durch anderweitige Verwendung seiner Dienste erwirbt oder zu erwerben böswillig unterläßt.

Übersicht

	Rn.		Rn.
I. Allgemeines	1	a) Höhe des Anspruchs	76
1. Normzweck	1	b) Zahlung des Annahmeverzugs-	
2. Entstehungsgeschichte	2	lohns	80
3. Die Vorschrift im System der Leistungsstörungen	3	c) Verzicht auf den Annahmeverzugslohn	84
a) Grundsätzliches	3	2. Die Anrechnung	85
b) Abgrenzung zur Unmöglichkeit	4	a) Grundsätzliches	85
4. Abdingbarkeit	8	b) Verhältnis zu § 11 KSchG	88
II. Voraussetzungen des Annahmeverzugs	9	c) Abdingbarkeit	90
1. Anwendungsbereich	4	d) Anrechnungsumfang	93
2. Das Angebot der Arbeitsleistung	16	3. Weitere Ansprüche	108
a) Systematik der §§ 293 bis 304	16	4. Die klageweise Durchsetzung des Annahmeverzugslohns	111
b) Tatsächliches Angebot	17	a) Darlegungs- und Beweislast	111
c) Wörtliches Angebot	23	b) Klageantrag	119
d) Entbehrlichkeit des wörtlichen Angebots nach § 296	39	IV. Die Betriebsrisikolehre	126
e) Leistungsvermögen des Arbeitnehmers	43	1. Begriff	126
3. Nichtannahme der Arbeitsleistung	55	2. Die Entwicklung der Betriebsrisikolehre	129
a) Begriff	55	a) Die Rechtsprechung des RG	129
b) Einzelfälle	58	b) Die Rechtsprechung des RAG	130
c) Unzumutbarkeit der Annahme	62	c) Die Rechtsprechung des BAG	132
4. Beendigung des Annahmeverzugs	65	d) Stellungnahme	134
a) Grundsätzliches	65	e) Existenzgefährdung des Betriebs	135
b) Annahme der Arbeitsleistung	67	3. Anwendungsbereich	137
c) Beendigung des Arbeitsverhältnisses	69	4. Abdingbarkeit	138
III. Rechtsfolgen des Annahmeverzugs	75	5. Rechtsprechungsübersicht	139
1. Der Vergütungsanspruch	75	6. Beendigung des Arbeitsverhältnisses bei Betriebsstörungen	146
		7. Mitbestimmung des Betriebsrats	147

I. Allgemeines

1. Normzweck. Die Vorschrift gehört zum Bereich der Leistungsstörungen. Sie erweitert die 1 Rechtsfolgen des Annahmeverzugs des AG iSv. §§ 293 ff. zugunsten des AN. Die Bestimmung enthält eine Ausnahme des Grundsatzes „Ohne Arbeit keinen Lohn" (§ 323) und verbessert damit die Rechtsstellung des AN. Der AN kann seine Arbeitskraft nicht kurzfristig anderweitig verwerten. Er ist darauf angewiesen, daß er die Vergütung zur Sicherung seines Lebensunterhalts auch bei Annahmeverzug des AG erhält (*Palandt/Putzo* Rn. 1). § 615 S. 1 beinhaltet keine eigene Anspruchsgrundlage, sondern hält den Lohnanspruch aus dem Arbeitsvertrag aufrecht (*Nierwetberg* BB 1982, 995; *Palandt/Putzo* Rn. 3; aA *Staudinger/Richardi* Rn. 8; *Staab* S. 16). Der Anspruch des AN auf die Vergütung ist also der ursprüngliche Erfüllungsanspruch und kein Schadensersatzanspruch. Ein Verschulden seitens des AG ist nicht erforderlich. § 254 kann nicht angewendet werden.

2. Entstehungsgeschichte. Die Verfasser des BGB wollten die Regelung an das für die Sachmiete 2 geltende Prinzip anlehnen, nachdem der Mieter nicht aus in seiner Person liegenden Gründen von der Mietzinsentrichtung befreit wird (§ 552 S. 1). Allerdings sollte der Dienstverpflichtete seine Verpflichtung nicht bereits damit erfüllt haben, daß er seine Dienste zur Verfügung stellt (Motive II S. 461, 462; BAG GS 27. 2. 1985 AP BGB § 611 Beschäftigungspflicht Nr. 14). In diesem Punkt nahm der Gesetzgeber vom Bild der „Arbeitsmiete" Abstand (*Eisemann* ArbGegw. 19, 33, 44). Auch die Fiktion einer Erfüllung wurde abgelehnt. Vielmehr wollte man nur an die Folgen einer solchen Fiktion anknüpfen (*Staudinger/Richardi* Rn. 4). Der Grundsatz „Ohne Arbeit keinen Lohn" basiert auf der Vorstellung, daß erst die Arbeitsleistung Erfüllung darstellt (*Eisemann* ArbGegw. 19, 33, 44; aA *von Stebut* RdA 1985, 66, 70, der schon die Arbeitsbereitschaft als Erfüllung ansieht). Die Anknüpfung an den Annahmeverzug des Dienstberechtigten diente der Einfachheit und der Verständlichkeit und vermeidet ein Verschulden des Dienstberechtigten als Voraussetzung.

3. Die Vorschrift im System der Leistungsstörungen. a) Grundsätzliches. § 615 normiert lediglich die Rechtsfolgen des Annahmeverzugs des AG, die Voraussetzungen sind in den §§ 293 ff. bestimmt. Die Verweisung auf diese Normen wird von der Rspr. (BAG 19. 4. 1990 AP BGB § 615 Nr. 45 im Anschluß an *Konzen* gemeinsame Anm. zu BAG AP BGB § 615 Nr. 34 und 35) und in der Literatur (*Wiedemann/Wonneberger* Anm. zu AP BGB § 615 Nr. 45; aA *Ramrath* SAE 1992, 56, 57) als unglücklich empfunden, da diese Bestimmungen für den einmaligen Austausch von Leistungen konzipiert sind. Die Besonderheiten des Arbeitsvertrags als Dauerschuldverhältnis sind bei den Voraussetzungen nicht hinreichend berücksichtigt. Andererseits ist die Verweisung so klar und eindeutig, daß man nicht von einer Lücke ausgehen kann, die durch analoge Anwendung anderer Normen zu schließen ist (*Löwisch* Anm. zu EzA BGB § 615 Nr. 66).

b) Abgrenzung zur Unmöglichkeit. Der Annahmeverzug regelt grds. eine Leistungsverzögerung und setzt daher die Nachholbarkeit der Leistung voraus. Verzug und Unmöglichkeit schließen sich somit aus. Eine Nachholung der Arbeit kommt aufgrund des Fixschuldcharakters der Arbeitsleistung nicht in Betracht. Mit Zeitablauf wird die Leistung unmöglich (BAG 24. 11. 1960 AP BGB § 615 Nr. 18). Nachgeleistete Arbeit ist eine andere als die ursprünglich geschuldete Arbeit (*Picker* JZ 1985, 641, 699; *Staudinger/Richardi* Rn. 1). Konsequent angewendet bedeutet dies, daß § 615 keinen Anwendungsbereich im normalen Arbeitsverhältnis mit Fixschuldcharakter hat. Mit Verzug wird die Leistung auch unmöglich, damit wäre Annahmeverzug logisch ausgeschlossen. Die Rechtsfolgen bestimmen sich bei Unmöglichkeit aber nach den §§ 323, 324, die auch auf Arbeitsverträge Anwendung finden (BAG 24. 11. 1960 AP BGB § 615 Nr. 18 mit Anm. *Hueck*; *Stoppelkamp* S. 31; aA bezüglich 324 II *Ramrath* SAE 1992, 56, 64). Zur Auflösung des scheinbaren Widerspruchs werden verschiedene Wege gegangen.

aa) Die Rechtsprechung des BAG. Nach der Rspr. schließen sich Unmöglichkeit und Annahmeverzug aus (BAG 18. 8. 1961 AP BGB § 615 Nr. 20). Das BAG versteht unter Annahmeverzug das Unterbleiben der Arbeitsleistung, das durch die vom AG verweigerte Annahme der vom AN angebotenen Arbeit entsteht. Unmöglichkeit iSv. § 324 I sei dann gegeben, wenn, unterstellt der AG sei zur Annahme bereit gewesen, die Arbeitsleistung dem AN unmöglich ist (BAG 24. 11. 1960 AP BGB § 615 Nr. 18 mit Anm. *Hueck*). Fälle der Annahmeunfähigkeit werden demnach nicht von § 615 erfaßt. Bei Betriebsstörungen, die weder AG noch AN zu vertreten haben, sieht die Rspr. daher eine Lücke im Gesetz, die sie durch die Entwicklung der Betriebsrisikolehre zu schließen versucht hat (BAG 8. 2. 1957 AP BGB § 615 Betriebsrisiko Nr. 2 mit Anm. *Hueck*; s. unten Rn. 126 ff.).

bb) Lösungen in der Literatur. In der Literatur gibt es verschiedene Ansätze zur Lösung des scheinbaren Widerspruchs. Tlw. (*Neumann-Duesberg* JuS 1970, 68, 69) stellt man allein darauf ab, ob dem AN die Arbeitsleistung möglich ist, unabhängig von der Annahmeglichkeit des AG. Eine Auffassung sieht bereits die Leistung in der Zurverfügungstellung der Arbeitskraft (*Nikisch* Anm. zu AP BGB § 615 Betriebsrisiko Nr. 15). Ein großer Teil der Literatur hält am Kriterium der Nachholbarkeit der Leistung und damit am Dogma fest, daß sich Annahmeverzug und Unmöglichkeit ausschließen (*Beuthien* RdA 1972, 20, 21; *Palandt/Heinrichs* § 293 Rn. 5). Zur Lösung wird zum Teil die Anwendung der §§ 323 ff. (*Beuthien* RdA 1972, 20, 22) oder des § 615 analog vorgeschlagen (*Köhler*, Unmöglichkeit und Geschäftsgrundlage bei Zweckstörung im Schuldverhältnis, München 1971, S. 56). *Rückert* (ZfA 1983, 1, 15 ff.) differenziert zwischen „Abbruch" und „Unterbrechung", dh. es soll darauf ankommen, ob die Leistungsstörung auf Seiten des Gläubigers dauerhaft oder vorübergehend ist. *Bletz* (JR 1985, 228, 230) verneint Unmöglichkeit durch Zeitablauf, da die Leistungspflicht bereits aufgrund des § 615 S. 1 erlischt. Es gibt ferner Bemühungen, die Fixschuldthese der Arbeitsleistung zu reduzieren (*Nierwetberg* BB 1982, 995, 998) oder auszuschließen (*von Stebut* RdA 1985, 66, 68; *Stoppelkamp* S. 30), um so den möglichen Widerspruch zu umgehen. Diese Auffassungen vermögen nicht zu überzeugen.

cc) Stellungnahme. Der Annahmeverzug iSv. § 615 umfaßt auch die Fälle der „**Annahmeunmöglichkeit**", die sowohl die Annahmeunwilligkeit als auch die Annahmeunfähigkeit des AG einschließt. Die Antithese von Unmöglichkeit und Annahmeverzug gilt im Arbeitsrecht nicht (*Boewer* S. 198). Wie *Picker* (JZ 1979, 285, 292) dargelegt hat, ergibt sich dies aus der Entstehungsgeschichte der Vorschrift (aA *Rückert* ZfA 1983, 1, 10). Der Gesetzgeber ist von dem regelmäßigen Fixschuldcharakter der Dienstleistungspflicht ausgegangen (Motive II S. 461, 462; *Soergel/Wiedemann* vor § 293 Rn. 14; *Staudinger/Richardi* Rn. 34). Der Ausschluß der Nachleistungspflicht in § 615 S. 1 beinhaltet nicht zwingend, daß die Nachholbarkeit der Leistung eine Voraussetzung des Annahmeverzugs iSv. § 615 ist (*Staudinger/Richardi* Rn. 35). Die Lehre der Annahmeunmöglichkeit führt zu einer anschaulichen Auflösung des scheinbaren Widerspruchs, daß der Fixschuldcharakter der Arbeitsleistung die Voraussetzungen des Annahmeverzugs und die Anwendung des § 615 ausschließt (MünchArbR/*Boewer* § 76

Rn. 12; *Ramrath* SAE 1992, 56, 57). Im Vergleich mit der Rspr. vermeidet sie die Annahme einer Gesetzeslücke und macht die Betriebsrisikolehre überflüssig (s. unten Rn. 134). Der Annahmeverzug wird schon dort nicht durch die Unmöglichkeit der Leistung ausgeschlossen, wo diese „infolge" des Annahmeverzugs entstanden ist (*Zöllner* Anm. zu AP BGB § 615 Nr. 20).

4. Abdingbarkeit. § 615 ist dispositiv (BAG 6. 2. 1964 AP BGB § 615 Nr. 24; *Palandt/Putzo* Rn. 6; **8** aA *Boewer* S. 226; *Staab* S. 79 ff.). Dies ergibt sich aus § 619, der die Regelung über den Annahmeverzug nicht nennt (*Staudinger/Richardi* Rn. 9). Die Bestimmung des § 615 S. 1 kann sowohl durch individualrechtliche als auch kollektivrechtliche Vereinbarungen ausgeschlossen werden (*Erman/Belling* Rn. 3). Die Vereinbarungen müssen aber eindeutig und klar sein (*Staudinger/Richardi* Rn. 12). Die Klausel „Lohn wird nur für geleistete Arbeit bezahlt" schließt idR nur den Vergütungsanspruch gem. § 616 aus (BAG 9. 3. 1983 AP BGB § 615 Betriebsrisiko Nr. 31; *Staudinger/Richardi* Rn. 12). Die Abdingung darf nicht unbillig sein. Die Dispositivität findet ihre Grenzen dort, wo der AG generell das ihn treffende Arbeitsentgeltrisiko auf den AN verlagern will (*Staudinger/Richardi* Rn. 10). Angesichts des hohen Gerechtigkeitsgehalts der Vorschrift bestehen Bedenken gegen die Zulässigkeit einer formularmäßigen Abbedingung des § 615 (*Preis* Vertragsgestaltung S. 331 f.). Die Rspr. (BAG 13. 8. 1980 AP BUrlG § 1 Unbezahlter Urlaub Nr. 1; BAG 30. 6. 1976 AP BUrlG § 3 Betriebsferien Nr. 3) fordert daher eine Interessenabwägung. Insb. darf eine abw. Regelung nicht den Kündigungsschutz unterlaufen, indem sie von vornherein bestimmt, daß den AG auch bei unwirksamer unbefristeter Kündigung keine Zahlungspflicht trifft (*Boewer* S. 199 f.; *Staudinger/Richardi* Rn. 14). Durch eine Ausgleichsklausel in einem gerichtlichen Vergleich zur Beendigung eines Streits über offene Lohnansprüche wird § 615 S. 1 grds. ausgeschlossen. Der Zweck einer solchen Ausgleichsklausel, das streitige Rechtsverhältnis abschließend zu regeln, wird nur erreicht, wenn hiervon nicht zu erfassende Ansprüche ausdrücklich bezeichnet werden (BAG 10. 5. 1978 AP ZPO § 794 Nr. 25; *Erman/Belling* Rn. 3). Gem. § 11 IV 2 AÜG ist § 615 S. 1 im Rahmen von Leiharbeitsverhältnissen nicht abdingbar.

II. Voraussetzungen des Annahmeverzugs

1. Anwendungsbereich. § 615 setzt zunächst ein **erfüllbares Arbeitsverhältnis** voraus, dh. der AN **9** muß zur Arbeitsleistung verpflichtet und der AG zur Annahme berechtigt sein (BAG 12. 9. 1985 AP BetrVG 1972 § 102 Weiterbeschäftigung Nr. 7 = NZA 1986, 424). Die Vorschrift gilt für alle wirksamen Arbeitsverhältnisse, auch für Aushilfsverhältnisse (*Erman/Belling* Rn. 2; *MünchArbR/Boewer* § 76 Rn. 13). Bei Vollzug eines **nichtigen Arbeitsvertrags** entsteht ein fehlerhaftes Arbeitsverhältnis, das bis zur Geltendmachung der Unwirksamkeit grds. wie ein erfüllbares Arbeitsverhältnis zu behandeln und daher iSv. § 615 ausreichend ist (*Erman/Belling* Rn. 5; *Staudinger/Richardi* Rn. 45).

Erwächst in Rechtskraft nur die Verpflichtung des AG, den AN weiterzubeschäftigen, besteht kein **10** erfüllbares Arbeitsverhältnis iSv. § 615 (BAG 12. 9. 1985 NZA 1986, 424, 425). Es ist allerdings ein Schadensersatzanspruch wegen Verletzung der Beschäftigungspflicht möglich. Entspr. muß für den allgemeinen **Weiterbeschäftigungsanspruch** (BAG GS 27. 2. 1985 AP BGB § 611 Beschäftigungspflicht Nr. 14) gelten, soweit kein entsprechender Anspruch des AG auf Arbeitsleistung wegen einvernehmlicher Weiterbeschäftigung gegeben ist (*Erman/Belling* Rn. 5; *Schaub*/AR-Blattei SD 80 Rn. 10; aA *Staab* S. 180). Die rechtskräftige Ablehnung eines Weiterbeschäftigungsantrags hat keine Auswirkung auf den Anspruch wegen Annahmeverzugs (LAG Nürnberg 18. 12. 1996 AiB 1997, 552). Bei einer Weiterbeschäftigung gem. § 102 V 1 BetrVG besteht ein erfüllbares Beschäftigungsverhältnis, da das Arbeitsverhältnis kraft Gesetzes und somit auch die beiden Hauptpflichten auflösend bedingt fortbestehen (BAG 12. 9. 1985 AP BetrVG 1972 § 102 Weiterbeschäftigung Nr. 7 = NZA 1986, 424; *Boewer* S. 200). Bei der einvernehmlichen „Rücknahme" einer Kündigung vereinbaren die Parteien, das Arbeitsverhältnis als fortbestehend zu behandeln. § 615 ist daher anwendbar (BAG 17. 4. 1986 AP BGB § 615 Nr. 40; *Erman/Belling* Rn. 5).

Im Falle des **Betriebsübergangs** muß der neue Betriebsinhaber den gegenüber dem alten eingetre- **11** nen Annahmeverzug gegen sich gelten lassen (BAG 21. 3. 1991 AP BGB § 615 Nr. 49; *Stahlhacke* AuR 1992, 8, 13). Liegen die Voraussetzungen des § 613 a nicht vor, fehlt dem Anspruch aus § 615 die vertragsrechtliche Grundlage gegen den vermeintlichen Übernehmer (vgl. etwa BAG 16. 7. 1998 NZA 1998, 1233). Der Übernehmer ist nicht nur Nachfolger in den Rechten und Pflichten des Veräußerers, er muß sich nach § 613 a auch Gegebenheiten zurechnen lassen, die als Tatbestandsmerkmale für spätere Rechtsfolgen von Bedeutung sind, wie etwa das Angebot des AN gegenüber dem früheren Inhaber. Dies gilt auch, wenn ein Erwerber den Betrieb von einem Konkursverwalter übernimmt, und dieser zuvor die Annahme der Arbeitsleistung verweigert hat (BAG 4. 12. 1986 AP BGB § 613 a Nr. 56).

Die Anwendung des § 615 auf ein **Heimarbeitsverhältnis** ist zweifelhaft, jedenfalls aber im Anwen- **12** dungsbereich der §§ 29 V, VI aF HAG (BAG 13. 9. 1983 AP HAG § 29 Nr. 1 = NZA 1984, 42, 43; *Staab* S. 64) und, soweit ihm ein Werk- oder Werklieferungsvertrag zugrunde liegt (*Erman/Belling* Rn. 5), ausgeschlossen. Bei Berufsausbildungsverhältnissen ist § 615 wegen der Verweisung in § 3 II

BBiG grds. anwendbar (*Staab* S. 67). Problematisch ist allein das Verhältnis von § 12 I Nr. 2 a BBiG zu § 615 bei Betriebsrisikofällen (s. unten Rn. 137).

13 Bei einer **Suspendierung,** dh. die Rechte und Pflichten im Arbeitsverhältnis ruhen, ohne daß dieses beendet ist, besteht kein Raum für Annahmeverzug, soweit Arbeits- und Vergütungpflicht ruhen (LAG Hamm 11. 10. 1996 LAGE BGB § 615 Nr. 49). Eine einseitige **Freistellung** von der Arbeitspflicht kann erfolgen aufgrund einer einseitigen Anordnung des AG oder des AN oder kraft Gesetzes (*Stahlhacke/Preis* Rn. 21). Eine vertragliche Rechtsgrundlage zur Suspendierung der Hauptpflichten kann aber wegen Umgehung der Kündigungsvorschriften unzulässig sein (*Stahlhacke/Preis* Rn. 22). Eine Freistellung von der Arbeitspflicht gegen den Willen des AN kann bei einem sachlichen Grund zulässig sein, aber nur unter Aufrechterhaltung der Vergütungspflicht (BAG 19. 8. 1976 AP BGB § 611 Beschäftigungspflicht Nr. 4). Arbeitskampfmaßnahmen, etwa Streik oder Aussperrung, haben suspendierende Wirkung (BAG GS 21. 4. 1971 AP GG Art. 9 Arbeitskampf Nr. 43). Bei einer Freistellung bis zum Ablauf der Kündigungsfrist ist eine Anrechnung nach § 613 S. 2 in Betracht zu ziehen (vgl. LAG Schleswig-Holstein 20. 2. 1997 LAGE BGB § 615 Nr. 52).

14 Die zulässige Einführung von **Kurzarbeit** beschränkt die Arbeitspflicht des AN und die Vergütungspflicht des AG, so daß dieser nicht in Annahmeverzug gerät. Kurzarbeit kann allerdings nicht allein aufgrund des Direktionsrechts des AG iSv. § 315 angeordnet werden. Der AG benötigt eine besondere Rechtsgrundlage, die sich sowohl in individualrechtlichen als auch in kollektivrechtlichen Vereinbarungen befinden kann (BAG 18. 10. 1994 AP BGB § 615 Kurzarbeit Nr. 11; vgl. zu den Voraussetzungen § 611 Rn. 942 ff.).

15 Liegt eine wirksame Betriebsvereinbarung vor, ist die Einführung der Kurzarbeit rechtmäßig, unabhängig davon, ob das Arbeitsamt die **Bewilligung des Kurzarbeitergelds** widerruft (BAG 11. 7. 1990 AP BGB § 615 Betriebsrisiko Nr. 32; MünchArbR/*Boewer* § 76 Rn. 32). Der AN hat nur einen Lohnanspruch in Höhe des Kurzarbeitergeldes. In dieser Höhe trägt der AG das Wirtschaftsrisiko und damit auch das Risiko, daß das AA keinen Zuschuß bewilligt (BAG 11. 7. 1990 AP BGB § 615 Betriebsrisiko Nr. 32). Unterläßt der AG, die Kurzarbeit beim AA gem. 169, 173 SGB III schriftlich anzuzeigen, wird die Kurzarbeit nicht unzulässig. Die Anzeige ist nur eine Voraussetzung für den Bezug des Kurzarbeitergelds. Ein Verstoß führt nicht zum Annahmeverzug, möglich ist aber eine Schadensersatzpflicht (*Schaub* § 47 III 2 a).

16 **2. Das Angebot der Arbeitsleistung. a) Systematik der §§ 293 bis 304.** Es besteht grds. keine Pflicht des Gläubigers, eine Leistung anzunehmen. Der Annahmeverzug ist eine Obliegenheitsverletzung, die kein Verschulden des Gläubigers voraussetzt und zu keiner Schadensersatzverpflichtung führt (*Staudinger/Löwisch* vor § 293 Rn. 1). Die Voraussetzungen des Annahmeverzugs sind in den §§ 293 bis 299 festgelegt. § 293 bestimmt die beiden Grundvoraussetzungen, Angebot und Nichtannahme. Deren Voraussetzungen sind in den §§ 294 bis 297 beziehungsweise in den §§ 298, 299 festgelegt. Die §§ 300 bis 304 bestimmen die allgemeinen Rechtsfolgen des Annahmeverzugs. Bis auf § 304 spielen sie für das Arbeitsverhältnis keine praktische Rolle, da sie auf den einmaligen Austausch von Sachleistungen zugeschnitten sind. Das Erfordernis des Angebots in den §§ 293 ff. hat zwei **Funktionen:** die Leistungsbereitschaft des Schuldners klarzustellen und den Zeitpunkt des Annahmeverzugs eindeutig festzulegen (BAG 9. 8. 1984 AP BGB § 615 Nr. 34 im Anschluß an *Blomeyer* Anm. zu AP BGB § 615 Nr. 26; *Boewer* S. 203).

17 **b) Tatsächliches Angebot.** In § 294 ist der Grundsatz aufgestellt, daß ein tatsächliches Angebot der vertraglich vereinbarten Leistung erforderlich ist. Dieser Grundsatz gilt nach der Rspr. jedenfalls im ungekündigten Arbeitsverhältnis (BAG 29. 10. 1992 EzA BGB § 615 Nr. 77). Das tatsächliche Angebot ist ein **Realakt** (*Soergel/Wiedemann* § 294 Rn. 2). Die Vorschriften über die Willenserklärungen sind nicht anwendbar, insb. nicht die über den Zugang gem. § 130 (*Staudinger/Löwisch* § 294 Rn. 17). Ein Leistungsangebot ist aber gem. § 297 unbeachtlich, soweit der AN zur Arbeitsleistung nicht bereit oder nicht imstande ist (BAG 18. 8. 1961 AP BGB § 615 Nr. 20; s. unten 47). Relevant ist hier nur die rechtliche Unmöglichkeit, da das tatsächliche Angebot das Leistungsvermögen grds. belegt (BAG 10. 5. 1973 AP BGB § 615 Nr. 27; *Staudinger/Löwisch* § 297 Rn. 13).

18 Die gängige Formel für ein **ordnungsgemäßes Angebot** lautet: der AN muß dem AG seine Arbeitskraft in eigener Person (§ 613 S. 1), zur rechten Zeit, am rechten Ort und in der rechten Weise anbieten (BAG 26. 4. 1956 AP MuSchG § 9 Nr. 5; BAG 29. 10. 1992 EzA BGB § 615 Nr. 77; *Staudinger/Richardi* Rn. 50). Die geschuldete Arbeitsleistung bestimmt sich weiterhin nach der zulässigen Ausübung des Weisungsrechts des AG iSv. § 315 (*Staudinger/Richardi* Rn. 48).

19 Grds. ist der Betrieb der Erfüllungsort. Der AN muß sich daher zu Dienstbeginn am Arbeitsplatz einfinden. Er trägt das **Wegerisiko** (s. unten Rn. 142). Dies gilt idR auch, wenn der AG zum Erreichen des Arbeitsplatzes einen Werkbus stellt, wenn sich dadurch der Erfüllungsort nicht ändert (BAG 8. 12. 1982 AP BGB § 616 Nr. 58; *Erman/Belling* Rn. 8). Verspätet sich der AN, dann liegt kein ordnungsgemäßes Angebot vor, wenn die Arbeitsleistung für den AG nicht mehr nützlich ist, zB wenn beim Bau der Beton inzwischen erhärtet ist (*Staudinger/Richardi* Rn. 50). Versperrt Streikpersonal den Zugang zum Betrieb, liegt kein Angebot vor, wenn sich Arbeitswillige bei der Gewerkschaft melden (LAG Bremen 19. 5. 1980 BB 1980, 1472). Entsprechendes gilt, wenn der AG eine Liste für

II. Voraussetzungen des Annahmeverzugs § 615 BGB 230

arbeitswillige AN auslegt. Die Eintragung in die Liste wird nicht als Angebot iSv. § 294 angesehen (LAG Hamm 1. 3. 1995 LAGE BGB § 615 Nr. 47). Die Verletzung der Nachweispflicht gem. § 9 MuSchG führt zwar nicht zur Wirksamkeit einer Kündigung, aber es liegt kein ordnungsgemäßes Angebot vor (BAG 6. 6. 1974 AP MuSchG 1968 § 9 Nr. 3).

Der **LeihAN** schuldet seine Leistung dem Verleiher und hat sie daher diesem anzubieten. Sein **20** Angebot an den Entleiher ist hierfür aber ausreichend (*Erman/Belling* Rn. 9; MünchArbR/*Boewer* § 76 Rn. 17). Zu beachten ist § 11 V AÜG, nach dem der AN in einem von einem Arbeitskampf betroffenen Betrieb tätig werden muß. Dann muß er seine Dienste dem Verleiher anbieten.

Kein ordnungsgemäßes Angebot liegt vor, wenn der AN dies unter unzumutbaren Umständen **21** unterbreitet. Das Angebot des AN wird durch den **Grundsatz von Treu und Glauben** bestimmt. Ein Leistungsangebot, das gegen diesen Grundsatz verstößt, ist demnach nicht ordnungsgemäß und kann den AG nicht in Annahmeverzug bringen (BAG GS 26. 4. 1956 MuSchG § 9 Nr. 5 mit zust. Anm. *Hueck*). Um die Regelungen des Kündigungsschutzes nicht zu unterlaufen, kann kein Verhalten genügen, das nur eine fristlose Entlassung rechtfertigt. Dies ist insb. dann von Bedeutung, wenn eine Kündigung nicht wegen Fehlens eines wichtigen Grunds, sondern aus sonstigen Gründen unwirksam ist, etwa aufgrund von Versäumnissen bei einem behördlichen oder betrieblichen Mitwirkungsverfahren. Es muß ein ungewöhnlich schwerer rechtswidriger Verstoß des AN gegen allgemeine Verhaltenspflichten vorliegen. Die Rspr. nimmt dies an, wenn bei Annahme der angebotenen Dienste Leib, Leben, Freiheit, Gesundheit, Ehre, andere Persönlichkeitsrechte oder Eigentum des AG, seiner Angehörigen oder anderer Betriebsangehöriger unmittelbar so gefährdet werden, daß die Abwehr der Gefährdung den Interessen des AN an der Erhaltung seiner Vergütung vorgeht (BAG GS 26. 4. 1956 AP MuSchG § 9 Nr. 5; BAG 29. 10. 1987 AP BGB § 615 Nr. 42). Tlw. wird dies auch unter dem Gesichtspunkt der Unzumutbarkeit der Annahme problematisiert (s. Rn. 62).

Ein ordnungsgemäßes Angebot ist zB nicht erbracht bei einem Totschlagsversuch (BAG GS 26. 4. **22** 1956 AP MuSchG § 9 Nr. 5), wenn eine Mutter nur unter der Bedingung zur Arbeit kommen will, ihr Kind mitzunehmen und dort zu stillen (BAG 3. 7. 1985 AP MuSchG 1968 § 7 Nr. 1), bei Alkoholisierung (LAG Schleswig-Holstein 28. 11. 1988 NZA 1989, 472) oder in einem besonderen Fall von Untreue und Urkundenfälschung bei einer Kassiererin (LAG Hamm 15. 1. 1987 LAGE BGB § 615 Nr. 9).

c) **Wörtliches Angebot.** Nach § 295 S. 1 genügt ein wörtliches Angebot, wenn der AG vorher **23** erklärt hat, er werde die Leistung nicht annehmen, oder eine erforderliche Mitwirkungshandlung des AG unterbleibt. Gem. § 295 S. 2 steht dem wörtlichen Angebot die Aufforderung an den AG, die Mitwirkungshandlung vorzunehmen, gleich.

aa) **Grundsätzliches.** Das wörtliche Angebot ist eine **geschäftsähnliche Handlung** (BAG 21. 3. **24** 1985 AP BGB § 615 Nr. 35; *Soergel/Wiedemann* § 295 Rn. 2). Wie bei der Mahnung sind die Vorschriften über Willenserklärungen anwendbar. Das wörtliche Angebot muß daher dem AG iSv. § 130 zugehen (BAG 21. 3. 1985 AP BGB § 615 Nr. 35; *Staudinger/Richardi* Rn. 54). Das wörtliche Angebot muß die volle geschuldete Leistung umfassen (*Kraft* Anm. zu EzA BGB § 615 Nr. 55). Der AN muß bei der Abgabe des Angebotes leistungsbereit sein.

Strittig ist, ob das Angebot ein einmaliger fortwirkender Vorgang ist (*Zöllner* Anm. zu AP BGB **25** § 615 Nr. 20; *Blomeyer* Anm. zu AP BGB § 615 Nr. 31). Die Rspr. setzt bei Dauerschuldverhältnissen für das Fortbestehen des Annahmeverzugs auch das **Fortbestehen des Angebots** voraus (BAG 18. 8. 1961 AP BGB § 615 Nr. 20). Zwar muß der AN das Angebot nach Begründung des Annahmeverzugs nicht ständig wiederholen, die Wirkung des Angebotes entfällt aber, wenn die Leistung unmöglich wird (BAG 18. 8. 1961 AP BGB § 615 Nr. 20; *Erman/Belling* Rn. 20). Dem entgegen wird vertreten, es reiche aus, daß Arbeitsfähigkeit und Angebot einmal zusammentreffen (*Löwisch* Anm. zu EzA BGB § 615 Nr. 66). Auswirkungen hat der Streit bei der Frage, ob nach Erkrankung des AN eine Anzeige der Arbeitsfähigkeit nach § 296 entbehrlich ist (s. unten Rn. 51 ff.).

bb) **Die Ablehnungserklärung des Arbeitgebers.** Die vorausgehende Ablehnungserklärung des **26** AG ist ebenfalls eine geschäftsähnliche Handlung (*Erman/Belling* Rn. 15; *Soergel/Wiedemann* § 295 Rn. 14). Sie kann daher auch konkludent erfolgen (*Staudinger/Richardi* Rn. 55), insb. durch Kündigung oder der rechtswidrigen Einführung von Feierschichten oder Kurzarbeit (*Staudinger/Löwisch* § 295 Rn. 4). Nach dem ausdrücklichen Gesetzeswortlaut muß das Angebot des Schuldners nach der Ablehnung durch den Gläubiger erklärt werden. Ein vor der Erklärung des AG erklärtes wörtliches Angebot kann den Annahmeverzug nicht begründen (*Blomeyer* Anm. zu AP BGB § 615 Nr. 31). Die Verweisung des § 615 auf die §§ 293 ff. wird insofern als ungünstig angesehen, da diese auf den einmaligen Austausch von Leistungen ausgerichtet sind und nicht die Besonderheiten eines Dauerschuldverhältnisses berücksichtigen (*Konzen* Gemeinsame Anm. zu AP BGB § 615 Nr. 34 und 35; *Soergel/Wiedemann* § 295 Rn. 11; s. o. Rn. 3).

cc) **Kündigung als Ablehnungserklärung.** Wichtigster Fall der Ablehnungserklärung des AG ist **27** die Kündigung. Rspr. (BAG 10. 7. 1969 AP BGB § 615 Kurzarbeit Nr. 2) und Literatur (*Staudinger/Richardi* Rn. 55) erscheint es sinnlos und nur eine reine Formsache, dem kündigenden AG ein von vornherein zur Ablehnung verurteiltes Angebot machen zu müssen. Die Voraussetzungen eines Angebots im gekündigten Arbeitsverhältnis sind streitig.

Preis

28 Die **frühere Rspr.** des BAG sah in jeglicher Form des Protests gegen die Kündigung ein ausreichendes Angebot, insb. in der Erhebung der Kündigungsschutzklage (BAG 26. 8. 1971 AP BGB § 615 Nr. 26 mit Anm. *Blomeyer*) oder in der bisherigen Arbeitsleistung (BAG 8. 3. 1961 AP BGB § 615 Betriebsrisiko Nr. 13). Eine Folge dieser Rspr. ist allerdings, daß das Angebot erst mit Zugang der Kündigungsschutzklage den Annahmeverzug bei einer fristlosen Kündigung begründet. Bis zum Zugang kann ein Zeitraum entstehen, in dem der AN seinen Lohnanspruch verliert. Vor allem dies führte zur **Kritik an der Rspr.** (*Eisemann* ArbGegw. 19, 33, 34). Zudem sei es lebensfremd anzunehmen, der AG erwarte nach einer Kündigung ein Angebot (s. hierzu BAG 9. 8. 1984 AP BGB § 615 Nr. 34; *Blomeyer* Anm. zu AP BGB § 615 Nr. 26). Das BAG gab daher seine Rspr. auf.

29 Zur Lösung dieser Problematik wendet das BAG in seiner **neuen Rspr.** § 296 an (BAG 9. 8. 1984 AP BGB § 615 Nr. 34 mit Anm. *Konzen*; im Anschluß an *Eisemann* ArbGegw. 19, 33, 47; BAG 19. 1. 1999 AP BGB § 615 Nr. 79; so schon BAG 10. 7. 1969 AP BGB § 615 Kurzarbeit Nr. 2 bei unwirksamer Einführung von Kurzarbeit im ganzen Betrieb), nach dem bei Unterlassung einer **kalendarisch bestimmten Mitwirkungshandlung** durch den AG kein Angebot erforderlich ist. Eine solche Mitwirkungshandlung sieht die Rspr. darin, dem AN einen funktionsfähigen Arbeitsplatz zur Verfügung zu stellen und ihm Arbeit zuzuweisen. Diese Mitwirkungshandlung ist eine kontinuierliche, mit dem Kalender synchronlaufende Daueraufgabe und läßt die Feststellungsfunktion des Angebots entfallen (*Konzen* Gemeinsame Anm. zu AP BGB § 615 Nr. 34 und 35).

30 Die **Literatur** stimmt in der hM (*Konzen* Gemeinsame Anm. zu AP BGB § 615 Nr. 34 und 35; MünchArbR/*Boewer* § 76 Rn. 23) zumindest mit dem Ergebnis der Rspr. überein, verneint zum Teil aber die Erforderlichkeit eines weiteren Angebots wegen Verstoßes des AG gegen die Leistungstreuepflicht (*Waas* NZA 1994, 151, 153) oder aufgrund einer teleologischen Reduktion des § 295 (*Blomeyer* Anm. zu AP BGB § 615 Nr. 26). Zum Teil wird auch in der streitigen Führung des Kündigungsschutzprozesses eine Erklärung des AG gesehen, er habe kein Interesse an einer Anzeige (LAG Hamburg 15. 12. 1992 LAGE BGB § 615 Nr. 33). Eine beachtliche **Gegenansicht** (*Kraft* Anm. zu EzA BGB § 615 Nr. 43; *Schäfer* JuS 1988, 265, 266; *Staudinger/Löwisch* § 296 Rn. 5; *Staab* S. 112 ff.; *Stahlhacke* AuR 1992, 8, 9) lehnt die Anwendung des § 296 ab, da die bloße Annahme keine Mitwirkungshandlung und der AG nicht vorleistungspflichtig sei. Für die Rspr. des BAG spricht zumindest, daß sie eine gewisse Rechtssicherheit gewährleistet (*Boewer* S. 234).

31 Im **ungekündigten Arbeitsverhältnis** verlangt das BAG aber nach wie vor ein tatsächliches Angebot (BAG 29. 10. 1992 EzA BGB § 615 Nr. 77). Grds. ist der Begriff der Mitwirkungshandlung iSd. §§ 295, 296 aber gleich (*Stahlhacke* AuR 1992, 8). Diese Ungleichbehandlung kann nur mit der durch die Kündigung eingetretenen Zäsur begründet werden, da die vom AG vorzunehmende Mitwirkungshandlung unabhängig von der Kündigung ist.

32 Der Kündigung gleichgestellt sind alle weiteren Fälle, in denen der AG in sonstiger Weise erkennen läßt, daß er seiner Mitwirkungspflicht nicht nachkommt und von einer Beendigung des Arbeitsverhältnisses ausgeht, etwa bei einem Streit über die Wirksamkeit einer **Befristung** (LAG Köln 13. 5. 1993 LAGE BGB § 615 Nr. 35; aA *Stahlhacke* AuR 1992, 8, 10). Das BAG wendet § 296 auch bei der unwirksamen Anordnung von **Kurzarbeit** an (BAG 27. 1. 1994 AP BAT-O § 15 Nr. 1).

33 Zu beachten ist, daß der BGH (20. 1. 1988 EzA BGB § 615 Nr. 55) für den Bereich des **selbständigen Dienstverhältnisses** ein Angebot fordert. Dort, wo der AN seine Tätigkeit frei bestimmen kann, fehlt es an einer kalendermäßig bestimmten Mitwirkungshandlung des AG. Diese Erwägungen sind für ähnliche Arbeitsverhältnisse übertragbar (MünchArbR/*Boewer* § 76 Rn. 24).

34 **dd) Unzumutbarkeit des Angebots.** Die Rspr. verzichtete bereits bisher schon auf ein wörtliches Angebot oder eine entsprechende Aufforderung zur Nachholung der Mitwirkungshandlung, wenn die Form der Kündigung dem AN einen Widerspruch unzumutbar machte oder der AG die Weiterbeschäftigung ernsthaft und endgültig verweigerte, etwa bei einem Hausverbot (BAG 20. 3. 1986 EzA BGB § 615 Nr. 48; BAG 11. 11. 1976 AP BetrVG 1972 § 103 Nr. 8; BAG 9. 8. 1984 AP BGB § 615 Nr. 34; *Söllner* Anm. zu AP BGB § 615 Kurzarbeit Nr. 2). Der Klageabweisungsantrag des AG oder Verweis vom Betriebsgelände reichen allerdings nicht aus (BAG 20. 3. 1986 EzA BGB § 615 Nr. 48).

35 Einer weiteren Inverzugsetzung bedarf es nach Ansicht des BAG auch nicht im ungekündigten Arbeitsverhältnis bei Fällen des Betriebsrisikos (BAG 7. 12. 1962 AP BGB § 615 Betriebsrisiko Nr. 14; s. unten Rn. 126 ff.), etwa bei der Einführung einer Feierschicht wegen Absatzmangels (BAG 8. 3. 1961 AP BGB § 615 Betriebsrisiko Nr. 13), bei Nichtarbeit wegen Inventuraufnahme (BAG 7. 12. 1960 AP BGB § 615 Betriebsrisiko Nr. 14) oder wegen ungünstiger Witterung (BAG 14. 3. 1962 AP BGB § 615 Nr. 21; MünchArbR/*Boewer* § 76 Rn. 18). Nach seiner Betriebsrisikolehre ist § 615 auch nur entspr. anzuwenden.

36 **ee) Mitwirkungshandlung iSv. § 295.** Die Bedeutung des § 295 ist wegen der neuen Rspr. nur noch gering und grds. auf die eindeutig nicht kalendarisch bestimmten Mitwirkungshandlungen beschränkt. Eine Mitwirkungshandlung iSv. § 295 liegt nur dann vor, wenn die ursprünglich geschuldete Leistung hierdurch noch konkretisiert oder möglich gemacht wird. Dies gilt nicht, wenn die geschuldete Leistung hierdurch verändert würde. Der AG ist daher nicht verpflichtet, eine nicht geschuldete Arbeit zuzuweisen (BAG 10. 7. 1991 EzA BGB § 615 Nr. 69 mit Anm. *Boecken*). Holt der AG seine

II. Voraussetzungen des Annahmeverzugs § 615 BGB 230

Mitwirkungshandlung nach, muß der AN ein tatsächliches Angebot iSv. § 294 machen. Bei geringen Verstößen des AG gegen eine Mitwirkungspflicht, die die Arbeitsleistung weiterhin zumutbar erscheinen läßt, muß der AN aber seine Arbeit tatsächlich anbieten (*Erman/Belling* Rn. 23).

Beispiele für dem AG obliegende Mitwirkungshandlungen sind das Bereitstellen der Arbeitsräume, 37 Rohstoffe, Energie, Werkzeuge und sonstige Arbeitsgeräte sowie die Erfüllung der ANSchutzbestimmungen und der Fürsorgepflicht (BAG 7. 6. 1973 AP BGB § 615 Nr. 28; *Erman/Belling* Rn. 22). Ferner gehört hierzu die tarifrechtliche Benachrichtigungspflicht, daß eine Schlechtwetterperiode beendet ist und die Arbeit wieder aufgenommen wird (LAG Düsseldorf 20. 12. 1968 BB 1969, 1479; *Palandt/Heinrichs* § 295 Rn. 5).

Bei Verstoß gegen ANSchutzbestimmungen steht dem AN ein **Leistungsverweigerungsrecht nach** 38 § 298 zu (*Staudinger/Richardi* Rn. 64). Bei der Verletzung der Fürsorgepflicht verlangt das BAG die Geltendmachung eines Leistungsverweigerungsrechts unter Hinweis auf die verletzte Fürsorgepflicht (BAG 7. 6. 1973 AP BGB § 615 Nr. 28).

d) Entbehrlichkeit des wörtlichen Angebots nach § 296. Die Bestimmung des § 296 knüpft an 39 § 295 S. 1, 2. Halbs. an. Falls für die Mitwirkungshandlung eine Zeit nach dem Kalender bestimmt ist, bedarf es überhaupt keines Angebots. Der Rechtsgedanke der Regelung entspricht dem in § 284 II beim Schuldnerverzug.

Diese Norm hat vor allem nach der Wende der Rspr. des BAG zum Annahmeverzug im **gekündig-** 40 **ten Arbeitsverhältnis** an Bedeutung gewonnen (s. o. Rn. 29). Danach besteht die kalendarisch bestimmte Handlung des AG in dem Bereitstellen eines funktionsfähigen Arbeitsplatzes und der Zuweisung von Arbeit. Das BAG sieht diese Mitwirkungshandlung in einem zeitlichen Stadium vor der Vorleistungspflicht des AN und vor einer konkreten Arbeitszuweisung durch den AG. Die Mitwirkungshandlung besteht darin, dem AN überhaupt die Arbeitsmöglichkeit zu eröffnen und den Arbeitsablauf fortlaufend zu planen und zu konkretisieren (BAG 21. 1. 1993 AP BGB § 615 Nr. 53 = NZA 1993, 550, 552; BAG 19. 1. 1999 AP BGB § 615 Nr. 79). Dies gilt sowohl im Falle der fristlosen (BAG 9. 8. 1984 AP BGB § 615 Nr. 34) wie der ordentlichen Kündigung (BAG 21. 3. 1985 AP BGB § 615 Nr. 35 mit Anm. *Konzen*), dann für die Zeit nach Fristablauf. Dementsprechend hat der AN während des Laufs der Kündigungsfrist wie bisher seine Arbeit anzubieten. Zur Problematik im Falle befristeter wie auch unbefristeter Arbeitsunfähigkeit, insb. bei Erkrankung (s. u. Rn. 51 ff.).

Bei der unrechtmäßigen **Anordnung von Kurzarbeit** kommt nach der Rspr. § 296 ebenso zur 41 Anwendung wie bei einer unwirksamen Kündigung (BAG 27. 1. 1994 AP BAT-O § 15 Nr. 1). Das gleiche gelte bei einer unwirksamen **Befristung** oder einer wirksamen Kündigung, deren Kündigungsfrist zu kurz bemessen ist (BAG 4. 4. 1987 AuR 1988, 156, 158 mit zust. Anm. *Ulber*) oder für den Fall, daß eine AN erst nach Ablauf der Kündigungsfrist ihre Schwangerschaft bemerkt. Auch hier müsse sie wegen der Unwirksamkeit der Kündigung gem. § 9 MuSchG ihre Arbeit nicht anbieten (LAG Hamm 14. 3. 1995 LAGE BGB § 615 Nr. 43). Zurecht wird dagegen eingewendet, daß in solchen Fällen die Leistungsbereitschaft des AN zu verneinen ist, solange er sich nicht gegen die Kündigung oder Befristung wehrt. Gehen beide Parteien davon aus, daß das Arbeitsverhältnis beendet sei, und nimmt der AN an, er schulde dem AG keine Arbeitsleistung mehr, besteht kein Leistungswille (LAG Köln 18. 1. 1984 LAGE BGB § 615 Nr. 4; LAG Köln 28. 2. 1984 EzA BGB § 615 Nr. 42 mit insoweit zust. Anm. *Becker*; *Stahlhacke* AuR 1992, 8, 10).

Im **ungekündigten Arbeitsverhältnis** ist § 296 anzuwenden, wenn etwa der AG sich verpflichtet, 42 den Montagearbeiter abzuholen und dieses dann unterläßt (*Schaub* ZIP 1981, 347, 349). Bei einer unzulässigen Dienstenthebung ist wegen § 296 kein weiteres Angebot des AN erforderlich (LAG Hamm 20. 5. 1988 DB 1988, 1501).

e) Leistungsvermögen des Arbeitnehmers. aa) Grundsätzliches. Nach § 297 ist der Annahmever- 43 zug des AG ausgeschlossen, wenn der AN nicht leistungswillig und leistungsfähig ist. Tlw. wird vertreten, daß § 297 nur die vorübergehende Unmöglichkeit regelt und im Arbeitsrecht nicht in Betracht kommt, da die Arbeitsleistung wegen des Fixschuldcharakters endgültig unmöglich wird (*Staudinger/Löwisch* § 297 Rn. 1; *Ramrath* SAE 1992, 56, 63; *Staab* S. 21). Entfällt das Leistungsvermögen, wird die Arbeitsleistung unmöglich; Annahmeverzug scheidet dann aus (BAG 18. 8. 1961 AP BGB § 615 Nr. 20). Der AN wird nach § 275 von seiner Arbeitspflicht frei. Bei einem objektiv dauernd arbeitsunfähigen AN scheidet Annahmeverzug aus. Das fehlende Leistungsvermögen wird nicht allein durch den Willen des AN ersetzt, trotz objektiver Leistungsunfähigkeit einen Arbeitsversuch zu unternehmen (BAG 29. 10. 1998 AP BGB § 615 Nr. 77). Die bloße Einschränkung der Leistungsfähigkeit schließt Annahmeverzug aber nicht aus, wenn AG dem AN vertragsgemäße leidensgerechte Arbeiten zuweisen kann (BAG 11. 3. 1999 – 2 AZR 538/98 – nv.). Das gleiche gilt bei bloßer ärztlicher Empfehlung zum Arbeitsplatzwechsel, ohne daß Arbeitsunfähigkeit vorliegt (BAG 17. 2. 1998 AP BGB § 618 Nr. 27). Entgeltansprüche können sich bei dauernder Arbeitsunfähigkeit nur aufgrund besonderer Rechtsgrundlagen, zB bei Krankheit nach § 3 EFZG, ergeben. Soweit die Arbeitsleistung erst „infolge" des Annahmeverzugs unmöglich geworden ist (*Zöllner* Anm. zu AP BGB § 615 Nr. 20; *Soergel/Wiedemann* § 297 Rn. 2) und in den Fällen der Annahmeunmöglichkeit, also bei Annahmeunfähigkeit des AG (s. o. Rn. 7), gilt dies nicht.

Preis 1557

44 Das Leistungsvermögen muß sich nur auf die **geschuldete Arbeit** beziehen. Weist der AG außerhalb der Vereinbarung liegende Arbeiten zu, ist die Leistungsbereitschaft des AN insofern unbeachtlich (MünchArbR/*Boewer* § 76 Rn. 26). Ausnahmen, wie zB bei § 14 ArbZG, sind nach Treu und Glauben (§ 242) zu beurteilen (MünchArbR/*Boewer* § 76 Rn. 26). Ist der AN zu der geschuldeten Arbeitsleistung nicht mehr fähig, so eröffnet sich das Problem, ob der AG verpflichtet ist, ihm eine andere, dem AN mögliche Arbeit zuzuweisen. Das BAG hielt dies etwa für den Fall des Führerscheinentzugs bei einem Kfz-Fahrer für möglich (BAG 18. 12. 1986 AP BGB § 297 Nr. 2). Im Kündigungsrecht besteht das ultima-ratio-Prinzip, dh. der AG hat zunächst eine Änderungskündigung auszusprechen, soweit ein Bedarf im Betrieb besteht. Daraus ergibt sich aber auch, daß sich der Vertragsinhalt nicht automatisch ändert. Dies stünde mit der vertraglichen Gestaltungsfreiheit nicht in Einklang (*Boecken* Anm. zu EzA BGB § 615 Nr. 69). Annahmeverzug scheidet bei Annahmeunfähigkeit daher aus, aber der AG kann sich schadensersatzpflichtig machen (MünchArbR/*Boewer* § 76 Rn. 26; *Kraft* Anm. zu EzA BGB § 615 Nr. 53). Die Gegenmeinung (*Staab* S. 143; *Stahlhacke* AuR 1992, 8, 15) sieht keinen rechtlichen Unterschied zu den Fällen, in denen eine Versetzungs- oder Umsetzungsklausel vereinbart ist. Hier ist der AG zu einer anderen Beschäftigung verpflichtet und kommt in Annahmeverzug. Allerdings kann die Zustimmung des BR erforderlich sein. Bei einem Schwerbehinderten ist auch ein Anspruch auf Vertragsänderung denkbar, jedenfalls besteht aber nicht ohne weiteres ein Anspruch auf Lohnfortzahlung (*Rieble* Anm. zu LAGE BGB § 615 Nr. 23; *Erman/Belling* Rn. 26). Das BAG hat dies so entschieden, wenn einem Schwerbehinderten die Arbeit aus Gesundheitsgründen unmöglich wird (BAG 10. 7. 1991 AP SchwbG 1986 § 14 Nr. 1; aA LAG Köln 28. 5. 1990 LAGE BGB § 615 Nr. 23 mit abl. Anm. *Rieble*). Schadensersatz entsteht aber nur in der Höhe des Lohns zu geänderten Arbeitsbedingungen (MünchArbR/*Boewer* § 76 Rn. 26).

45 Bei einem AN wird durch eine von ihm getroffene **Gewissensentscheidung** seine Einsatzmöglichkeit eingeschränkt. Ist ein anderweitiger Einsatz nicht möglich, dann ist der AN iSv. § 297 außerstande, die geschuldete Arbeitsleistung zu erbringen (BAG 24. 5. 1989 AP BGB § 611 Gewissensfreiheit Nr. 1 = NZA 1990, 144, 146; *Staudinger/Löwisch* § 297 Rn. 4; im Ergebnis ähnlich *Staab* S. 206). Der AG hat die Gewissensentscheidung zwar innerhalb seines Direktionsrechts nach § 315 zu berücksichtigen, seine unternehmerische Freiheit wird aber nicht eingeschränkt.

46 **bb) Leistungswille.** Die Voraussetzung der Leistungswilligkeit ergibt sich daraus, daß ein leistungsunwilliger AN sich selbst außer Stand setzt, die Arbeitsleistung zu bewirken (BAG 7. 6. 1973 AP BGB § 615 Nr. 28 mit Anm. *Schnorr von Carolsfeld*). Der ernsthafte **Leistungswille** muß jedes Angebot begleiten. Bei einem Dauerschuldverhältnis muß er sich darauf beziehen, die Leistung in dem zeitlich geschuldeten Umfang zu erbringen (BAG 18. 12. 1974 AP BGB § 615 Nr. 30 mit Anm. *Walchshöfer*; *Soergel/Wiedemann* § 295 Rn. 5). Ein ernsthafter Leistungswille wird nicht durch Zweifel des AN an seiner Arbeitsfähigkeit ausgeschlossen (BAG 10. 5. 1973 AP BGB § 615 Nr. 27). Diese Problematik kann sich stellen, wenn der AN einen Rentenantrag wegen Berufs- oder Erwerbsunfähigkeit stellt (*Schnorr von Carolsfeld* Anm. zu AP BGB § 615 Nr. 27).

47 Die Leistungsbereitschaft ist auch nicht dadurch ausgeschlossen, daß der AN keine Kündigungsschutzklage erhebt. Hierzu ist er nicht verpflichtet (*Stahlhacke/Preis* Rn. 1082). Fehlender Leistungswille besteht auch nicht wegen des Antrags auf Auflösung des Arbeitsverhältnisses und Zahlung einer Abfindung gem. § 9 KSchG, da das Schicksal dieses Antrags ungewiß ist (BAG 18. 1. 1963 AP BGB § 615 Nr. 22; *Erman/Belling* Rn. 27; *Stahlhacke* AuR 1992, 8, 13). Entsprechendes gilt, falls der AN nicht einen möglichen Weiterbeschäftigungsanspruch geltend macht (*Boewer* S. 208; s. unten Rn. 67f.). Die Leistungsbereitschaft ist nicht bereits dann zu verneinen, wenn der AN nach einer fristlosen Kündigung wegen behaupteter völliger Unfähigkeit in seiner Klageschrift die Weiterarbeit im Betrieb als unmöglich und unzumutbar bezeichnet (LAG Nürnberg 20. 10. 1992 NZA 1994, 270). Ein Auslandsaufenthalt läßt den Leistungswillen nicht entfallen (LAG Hamm 18. 10. 1985 LAGE BGB § 615 Nr. 6; *Stahlhacke* AuR 1992, 8, 13). Er ist aber nicht gegeben, wenn der AN das Arbeitsverhältnis für beendet hält und annimmt, er schulde dem AG keine Arbeitsleistung mehr (LAG Köln 28. 2. 1984 EzA BGB § 615 Nr. 42 mit zust. Anm. *Becker*; *Erman/Belling* Rn. 27). Der AN muß kenntlich machen, daß seine Leistungsbereitschaft über den Ablauf der Kündigungsfrist hinaus besteht (LAG Düsseldorf 17. 7. 1997 LAGE BGB § 615 Nr. 51). Fehlender Leistungswille schließt Annahmeverzug nicht aus, falls der AN sich auf ein Leistungsverweigerungsrecht beruft oder der AG zuvor auf die Arbeitsleistung verzichtet hat.

48 **cc) Arbeitsunfähigkeit.** Die Arbeitsfähigkeit entfällt zB aus gesundheitlichen Gründen (BAG 10. 7. 1991 AP SchwbG 1986 § 14 Nr. 1), bei zu hoher Alkoholisierung eines Maschinenführers (LAG Schleswig-Holstein 28. 11. 1988 LAGE BGB § 615 Nr. 17), Entzug des Führerscheins eines Auslieferungsfahrers (BAG 18. 12. 1986 AP BGB § 297 Nr. 2), einem gesetzlichen Beschäftigungsverbot, wie beim Fehlen einer erforderlichen Arbeitserlaubnis gem. § 284 SGB III (BAG 16. 12. 1976 AP AFG § 19 Nr. 4) oder der Approbation (BAG 6. 3. 1974 AP BGB § 615 Nr. 29) oder innerhalb der Schutzfristen nach §§ 3 II, 6 I MuSchG oder bei Entzug der missio canonica bei kirchlicher Lehrkraft (BAG 25. 5. 1988 AP GG Art. 140 Nr. 36). Verbleibt ein Bereich erlaubter geschuldeter Tätigkeiten, besteht keine rechtliche Arbeitsunfähigkeit (*Erman/Belling* Rn. 26). Durch die Zuerkennung einer

II. Voraussetzungen des Annahmeverzugs § 615 BGB 230

Erwerbsunfähigkeitsrente wird Annahmeverzug nicht ausgeschlossen, wenn der AN die zuletzt erbrachte Tätigkeit weiter ausüben könnte (LAG Hamm 23. 10. 1987 LAGE BGB § 615 Nr. 14). Annahmeverzug ist aber ausgeschlossen, wenn der AN nach ärztlicher Empfehlung die bisherige Tätigkeit nicht mehr ausüben soll, insb. bei bescheinigter Arbeitsunfähigkeit (LAG Hamm 22. 8. 1995 NZA-RR 1996, 281 ff.). Auch tlw. Arbeitsunfähigkeit schließt idR Annahmeverzug aus (ArbG Stuttgart 10. 4. 1996 NZA-RR 1996, 362). Ist die Benutzung des Dienstwagens unabdingbare Voraussetzung zur Erfüllung der Arbeitspflicht, kann der AN bei Entzug der Fahrerlaubnis die Unmöglichkeit nicht damit abwenden, indem er sich von einem Dritten fahren läßt (LAG Köln 19. 5. 1993 LAGE BGB § 615 Nr. 37). Zweifel des AG an der Arbeitsfähigkeit schließen den Annahmeverzug nicht aus, auch wenn sie entschuldbar sind oder vom AN geteilt werden (BAG 10. 5. 1973 AP BGB § 615 Nr. 27).

Der AN muß sich während des Annahmeverzugs nicht ständig abrufbereit halten (BAG 18. 8. 1961 **49** AP BGB § 615 Nr. 20; *Erman/Belling* Rn. 29). Ein längerer Auslandsaufenthalt beendet den bestehenden Annahmeverzug nicht unbedingt (BAG 11. 7. 1985 AP BGB § 615 Nr. 35 a). Gleiches gilt für die Aufnahme eines Studiums (MünchArbR/*Boewer* § 76 Rn. 27). Der Aufbau einer wirtschaftlichen Existenz unterbricht den Annahmeverzug nicht, falls es dem AN möglich ist, seine Tätigkeiten wieder aufzugeben (BAG 18. 1. 1963 AP BGB § 615 Nr. 22; MünchArbR/*Boewer* § 76 Rn. 27). Kein Annahmeverzug besteht während des Vollzugs einer Freiheitsstrafe (BAG 18. 8. 1961 AP BGB § 615 Nr. 20). Ein bereits begründeter Annahmeverzug wird allerdings nicht ausgeschlossen, wenn der AN die Strafe auch im Wochenendvollzug hätte ableisten können, dies aber wegen der Annahmeverweigerung des AG unterlassen hat (BAG 18. 8. 1961 AP BGB § 615 Nr. 20 mit Anm. *Zöllner*). Das Leistungsunvermögen beruht hier auf dem Annahmeverzug, was gem. § 615 S. 1 2. Halbs. ausreichend ist („infolge").

Eine **neue Beschäftigung** schließt den Annahmeverzug nicht aus. Der AN ist vielmehr gem. § 615 **50** S. 2 gehalten, sich eine neue Arbeit zu suchen (*Staudinger/Richardi* Rn. 79). Bis zum Ablauf der Kündigungsfrist im neuen Arbeitsverhältnis bleibt der AG in Annahmeverzug, da dieses Leistungshindernis auf dem Annahmeverzug beruht (*Schnorr von Carolsfeld* Anm. zu AP BGB § 615 Nr. 28). Leistungsunvermögen schließt den Annahmeverzug dann nicht aus, wenn der AG dieses herbeigeführt hat. Die Berufung auf Unvermögen des AN ist dann iSv. § 162 rechtsmißbräuchlich (*Staudinger/ Löwisch* § 297 Rn. 11).

dd) Anzeige der Arbeitsfähigkeit nach Erkrankung. Während einer Erkrankung ist der AN **51** leistungsunfähig. Annahmeverzug ist daher ausgeschlossen. Bei Erkrankung des AN im gekündigten Arbeitsverhältnis ist es streitig, ob der AN seine wiedergewonnene Arbeitsfähigkeit anzeigen und seine Arbeitsleistung anbieten muß. Das BAG bejahte dies früher und sah darin keine unbillige Pflicht des AN, da dieser sowieso nach den Vorschriften der Lohnfortzahlung dazu verpflichtet sei (BAG 27. 1. 1975 AP BGB § 615 Nr. 31 mit Anm. *Blomeyer*).

Die neue Rspr., die ein Angebot des AN im gekündigten Arbeitsverhältnis gem. § 296 für nicht **52** erforderlich hält, hat zunächst bei befristeter Arbeitsunfähigkeit (BAG 19. 4. 1990 AP BGB § 615 Nr. 45 mit im Ergebnis zust. Anm. *Wiedemann/Wonneberger*) auf eine Anzeige des Leistungsvermögens verzichtet. Eine solche Anzeige gehöre nicht zu den positiven Voraussetzungen des Annahmeverzugs und zudem werde der AG gem. § 296 ohnehin über die Leistungsfähigkeit des Schuldners im Unklaren gelassen. Zweifel seien also gesetzesimmanent. Inzwischen hat das BAG seine Rspr. auf die Fälle der mehrfach befristeten (BAG 24. 10. 1991 AP BGB § 615 Nr. 50) und auch unbefristeten Arbeitsunfähigkeit ausgedehnt (BAG 24. 11. 1994 AP BGB § 615 Nr. 60 mit Anm. *Ramrath*; LAG Baden-Württemberg 11. 12. 1990 LAGE BGB § 615 Nr. 28). Dies gilt allerdings nicht für das ungekündigte Arbeitsverhältnis (BAG 29. 10. 1992 EzA BGB § 615 Nr. 77; s. o. Rn. 31). Die Rspr. sieht in der Kündigung eine Zäsur, die den AN von den ihm sonst obliegenden Anzeige- und Nachweispflichten, etwa nach § 5 EFZG, befreit (BAG 24. 11. 1994 AP BGB § 615 Nr. 60).

In der **Literatur** findet diese Rspr. zumindest im Ergebnis Zustimmung (*Bauer/Hahn* NZA 1991, **53** 216, 218; *Boewer* S. 206; *Konzen* Gemeinsame Anm. zu AP BGB § 615 Nr. 34 und 35; *Ramrath* SAE 1992, 56 ff.), aber auch Ablehnung (*Stahlhacke* AuR 1992, 8, 12). Es wird eingewendet, daß das BAG der Kündigung eine Bedeutung bei § 296 zukommen läßt, die sie nach der Konzeption der §§ 293 ff. nicht hat (*Ramrath* Anm. zu AP BGB § 615 Nr. 60; *Staab*, 114). Der AG sei nicht vorleistungspflichtig, und zudem sei die Warnfunktion der Anzeige bei Erkrankung auf unbestimmte Zeit unverzichtbar (*Misera* SAE 1995, 189 ff.). Ferner wird eingewendet, daß bei unbefristeter Arbeitsunfähigkeit die Mitwirkungsobliegenheit des AG nicht mehr kalendarisch bestimmt oder bestimmbar ist (LAG Hamburg 15. 12. 1992 LAGE BGB § 615 Nr. 33; *Eisemann* ArbGew. 19, 33, 47; *Ramrath* Anm. zu AP BGB § 615 Nr. 60).

Das BAG sieht in der Literatur keine rechtsdogmatisch befriedigende Lösung des Problems und **54** hält wegen des zufriedenstellenden Ergebnisses an seiner Lösung nach § 296 fest (BAG 24. 11. 1994 AP BGB § 615 Nr. 60). Dem ist insoweit zuzustimmen, als bei konsequenter Anwendung des § 296 allein die Leistungsfähigkeit entscheidend und eine Anzeige nicht erforderlich ist. Der AG muß daher nach einer unwirksamen Kündigung den AN von sich aus zur Wiederaufnahme der Arbeit auffordern, wenn er nicht in Annahmeverzug geraten möchte. Die Rspr. hat auch bisher schon auf die Mitteilung der Leistungsfähigkeit verzichtet, wenn der AG eindeutig die Weiterbeschäftigung ablehnt und eine nochmalige Mitteilung nur noch Förmelei wäre (BAG 9. 8. 1984 AP BGB § 615 Nr. 34, s. o. Rn. 34).

55 **3. Nichtannahme der Arbeitsleistung. a) Begriff.** Unter Nichtannahme ist jedes Verhalten zu verstehen, das den Erfüllungseintritt verhindert (MünchArbR/*Boewer* § 76 Rn. 31; *Soergel/Wiedemann* § 293 Rn. 8). Es ist weder ein ablehnender Realakt noch eine geschäftsähnliche Handlung erforderlich. Es reicht vielmehr die „nackte Tatsache der Nichtannahme aus" (Motive II S. 68, 69), soweit nicht die Ausnahme der vorübergehenden Annahmehinderung gem. § 299 einschlägig ist. Im Arbeitsrecht ist dies aber nur nach einem Arbeitskampf von praktischer Relevanz (*Schaub*/AR-Blattei SD 80 Rn. 49).

56 Unerheblich ist, ob den AG ein Verschulden trifft. Ein Irrtum des AG über die tatsächliche oder rechtliche Lage ist daher unbedeutend (BAG 10. 5. 1973 AP BGB § 615 Nr. 27; LAG Düsseldorf 8. 4. 1993 LAGE BGB § 615 Nr. 39). Die Annahme, der AN sei krankheitsbedingt arbeitsunfähig, ist unbeachtlich, auch wenn dieser selbst Zweifel an seiner Arbeitsfähigkeit hat (BAG 10. 5. 1973 AP BGB § 615 Nr. 27).

57 Annahme liegt nach der Rspr. (BAG 14. 11. 1985 AP BGB § 615 Nr. 39; so auch *Staudinger/Löwisch* § 293 Rn. 14) nur dann vor, wenn der AG die Leistung als Erfüllung aus dem bestehenden Arbeitsverhältnis annimmt. Dies führt dahin, daß der AG nach einer Kündigung, deren Wirksamkeit streitig ist, nur bei gleichzeitiger Rücknahme der Kündigung die Arbeitsleistung wirksam annehmen kann (BAG 14. 11. 1985 AP BGB § 615 Nr. 39; s. unten Rn. 67). In der Literatur wird diese Rspr. zum Teil abgelehnt. Eine Rücknahme der Kündigung sei nicht erforderlich. Andernfalls hätte der AG keine Möglichkeit der Beendigung des Annahmeverzugs, ohne gleichzeitig die Kündigung zurückzunehmen (*Kraft* Anm. zu EzA BGB § 615 Nr. 53; s. unten Rn. 68).

58 **b) Einzelfälle.** Nichtannahme liegt insb. bei allen rechtswidrigen Ablehnungserklärungen vor, etwa bei einer rechtswidrigen Aussperrung oder rechtswidriger Kurzarbeit (*Erman/Belling* Rn. 12). Entsprechendes gilt bei einer unwirksamen Verlegung der Arbeitszeit, etwa bei Stillegung des Betriebs zwischen Weihnachten und Neujahr und entsprechender Vorholarbeit in der Zeit zuvor (BAG 3. 3. 1964 AP BGB § 324 Nr. 1, das aber den Lohnanspruch wegen Verschuldens aus § 324 befürwortet; *Erman/Belling* Rn. 12). Wird ein arbeitsbereiter, aber nicht urlaubsberechtigter AN in den Betriebsferien zurückgewiesen, kann der AG in Annahmeverzug geraten (BAG 30. 6. 1976 AP BUrlG § 7 Betriebsferien Nr. 3). Gleiches gilt, wenn es dem AN während einer Betriebsfeier nicht möglich ist, seine Arbeitsleistung zu erbringen (*Schaub* § 95 III 3). Die fehlende Zustimmung des BR nach § 99 I BetrVG zu einer Einstellung bewirkt nach der Rspr. (BAG 2. 7. 1980 AP GG Art. 33 II Nr. 9) nur ein Beschäftigungsverbot und keine schwebende Unwirksamkeit. Der AG gerät bei Nichtannahme aus diesem Grund in Annahmeverzug (MünchArbR/*Boewer* § 76 Rn. 15). Die Nichtannahme unerlaubter Arbeit ist immer möglich, ohne daß der AG in Annahmeverzug kommt (*Erman/Belling* Rn. 5; *Soergel/Wiedemann* § 293 Rn. 10).

59 Nichtannahme liegt vor bei einer **unwirksamen Änderungskündigung,** unabhängig davon, ob der AN das Änderungsangebot unter Vorbehalt akzeptiert hat. Dies folgt aus § 8 KSchG, der eine rückwirkende Unwirksamkeit der Änderungskündigung festlegt (MünchArbR/*Boewer* § 76 Rn. 39). In der Zuweisung nicht geschuldeter Arbeit besteht keine Annahme (BAG 10. 4. 1963 AP BGB § 615 Nr. 23; *Erman/Belling* Rn. 10). Zu beachten ist in diesem Zusammenhang, daß mit Feststellung der Unwirksamkeit einer Beendigungskündigung wegen Mißachtung des ultima-ratio-Prinzips nicht gleichzeitig die Änderung der Arbeitsbedingungen festgestellt wird (BAG 27. 1. 1994 AP KSchG 1969 § 2 Nr. 32). Ist eine Beendigungskündigung wegen einer unterbliebenen, aber möglichen Änderungskündigung unwirksam, wird zum Teil Annahmeverzug bezüglich der bisherigen Tätigkeit abgelehnt (*Erman/Belling* Rn. 5). Dies sei nicht mehr vom ultima-ratio-Prinzip erfaßt. Eine unwirksame Kündigung hat aber keinerlei Rechtsfolgen, so daß die Voraussetzungen nur hinsichtlich der bisherigen Tätigkeit vorliegen können.

60 Bei einer einseitigen unwirksamen **Arbeitsfreistellung** liegen die Voraussetzungen des § 615 ebenfalls vor (LAG Hamm 18. 7. 1991 LAGE BGB § 615 Nr. 29). Nichtannahme ist auch bei einer vorherigen Befreiung von der Arbeitspflicht zu bejahen. Eine solche Erklärung beinhaltet keine Urlaubserklärung. Eine Erklärung des AG zur Erfüllung des Anspruchs auf Urlaubsgewährung muß eindeutig und bestimmt sein (BAG 25. 1. 1994 AP BUrlG § 7 Nr. 16). Eine Arbeitsfreistellung gilt idR nicht für unbegrenzte Zeit. Insb. wird ein AG bei einer Arbeitsfreistellung nicht an eine Arbeitsunfähigkeit wegen Erkrankung denken, da für diese Zeit keine Freistellung nötig wäre. Da der AN im Falle der Erkrankung nur einen Anspruch auf Lohnfortzahlung für sechs Wochen hat (§ 3 I EFZG), kann der Verzicht des AG keine weitergehende Bedeutung haben (LAG Köln 10. 10. 1990 LAGE BGB § 615 Nr. 25).

61 Nicht ausreichend ist die Annahme der Arbeitsleistung, wenn der AG nicht bereit ist, selbst seinen Verpflichtungen nachzukommen (§ 298). Dies gilt zB bei Vorschüssen auf Auslagen, Fahrtkosten, rückständigen Lohnzahlungen. Der AN hat ein Leistungsverweigerungsrecht, das er aber geltend machen muß.

II. Voraussetzungen des Annahmeverzugs
§ 615 BGB 230

c) Unzumutbarkeit der Annahme. Annahmeverzug ist nach der Rspr. nur dann gegeben, wenn der 62 AG die Annahme der angebotenen Leistung ungerechtfertigt verweigert. Ein vom Recht anerkannter Grund ist ein nicht ordnungsgemäßes Angebot oder ein Angebot, das unter solchen Umständen erfolgt, daß der AG nach Treu und Glauben die Arbeitsleistung nicht anzunehmen braucht (BAG GS 26. 4. 1956 AP MuSchG § 9 Nr. 5). Die vorherrschende Meinung interpretiert das vorstehende Urteil so, daß der AG berechtigt ist, die Arbeitsleistung abzulehnen, wenn ihm die Beschäftigung unzumutbar ist (BAG 29. 10. 1987 AP BGB § 615 Nr. 42 mit Anm. *Konzen/Weber;* MünchArbR/*Boewer* § 76 Rn. 34). Rechtsdogmatisch richtiger und mit dem Kündigungsschutz konform gehend ist es, bei unzumutbaren Verhaltensweisen des AN bereits ein ordentliches Angebot abzulehnen (*Hueck* Anm. zu AP MuSchG § 9 Nr. 5; *Konzen/Weber* Anm. zu AP BGB § 615 Nr. 42; *Staab* S. 138). Das gilt zumindest für solche Gründe, die erst nach dem Verhalten, das zur Kündigung führte, aufgetreten sind. Die unterschiedliche Einordnung hat Auswirkung auf die Beweislast. Für ein ordnungsgemäßes Angebot ist der AN beweispflichtig, für die Unzumutbarkeit der Annahme hingegen der AG (*Staab* S. 139).

Unzumutbarkeit ist nur anzunehmen, wenn der Grund schwerer wiegt als der für die fristlose 63 Kündigung, da ansonsten die sonstigen Unwirksamkeitsgründe iSv. § 13 III KSchG weitgehend sanktionslos blieben (BAG 29. 10. 1987 AP BGB § 615 Nr. 42 mit Anm. *Konzen/Weber*). Bejaht wurde die Unzumutbarkeit etwa bei einem Totschlagsversuch einer Schwangeren gegen den AG oder beim dringenden Verdacht des sexuellen Mißbrauchs von Kleinkindern in einer Kindertagesstätte durch einen Erzieher (LAG Berlin 27. 11. 1995 NZA-RR 1996, 283, 285). Es reicht nicht jedes Verschulden des AN aus, auch nicht die falsche Bestrahlung von Patienten durch einen Chefarzt (LAG Hamm 18. 7. 1991 LAGE BGB § 615 Nr. 29) oder schwerer Diebstahl durch einen Betriebsleiter (BAG 29. 10. 1987 AP BGB § 615 Nr. 42). Bei einem weniger schwerwiegenderen Grund kann aber Kündigung unter Beachtung der einschlägigen Verfahrensvoraussetzungen oder eine Suspendierung der Beschäftigungspflicht bei Lohnfortzahlung in Betracht kommen (LAG Hamm 18. 7. 1991 LAGE BGB § 615 Nr. 29; *Konzen/Weber* Anm. zu AP BGB § 615 Nr. 42; MünchArbR/*Boewer* § 76 Rn. 34).

Unzumutbarkeit besteht auch, wenn in einem ärztlichen Attest ein Wechsel des Arbeitsplatzes als 64 dringend erforderlich angesehen wird, zB wegen besonderer Empfindlichkeit gegen Staub, Dampf und ähnliches. Dem AG ist aus Gründen der Fürsorgepflicht und wegen möglicher Haftungsrisiken die Annahme dann unzumutbar (LAG Hamm 8. 9. 1995 NZA-RR 1996, 281, 282; das Gericht hält auch eine Gleichstellung mit einer rechtlichen Unmöglichkeit für möglich).

4. Beendigung des Annahmeverzugs. a) Grundsätzliches. Die Beendigung des Annahmeverzugs 65 ist nicht gesetzlich geregelt. Beim Arbeitsverhältnis als Dauerschuldverhältnis ist genaugenommen auch kein Ende des Annahmeverzugs möglich, vielmehr fallen nur die Voraussetzungen für den Annahmeverzug weiterer Arbeitsleistungen fort (*Staudinger/Richardi* Rn. 113). Soweit bereits Rechtsfolgen eingetreten sind, bleiben diese bestehen (*Staudinger/Löwisch* § 293 Rn. 32).

Der AG muß das beseitigen, was den Annahmeverzug begründet hat, insb. muß er das Versäumte 66 nachholen (*Peter* DB 1982, 488, 490). Der Annahmeverzug wird daher ex nunc beendet, wenn das Arbeitsverhältnis wieder oder der AG die Leistungen des AN als Erfüllung annimmt beziehungsweise die Mitwirkungshandlungen vornimmt (BAG 14. 11. 1985 AP BGB § 615 Nr. 39). Nach dem BAG beendet auch die nachträgliche Unmöglichkeit der Arbeitsleistung den Annahmeverzug (BAG 18. 8. 1961 AP BGB § 615 Nr. 20). Ein Ende tritt daher mit den Voraussetzungen des Leistungsunvermögens iSv. § 297 ein. Bei witterungsbedingter Schließung eines Betriebes kann der AN idR eine Wetterbesserung selbst feststellen, ohne daß es einer Aufforderung des AG zur Beendigung des Annahmeverzugs bedarf (*Erman/Belling* Rn. 29).

b) Annahme der Arbeitsleistung. Annahme liegt nach der Rspr. nur dann vor, wenn der AG die 67 Leistung als Erfüllung aus dem bestehenden Arbeitsverhältnis annimmt (BAG 14. 11. 1985 AP BGB § 615 Nr. 39). Ist die Wirksamkeit einer Kündigung streitig, muß der AG bei der Annahme unmißverständlich klarstellen, daß er zu Unrecht gekündigt habe (BAG 14. 11. 1985 AP BGB § 615 Nr. 39; *Berkowsky* DB 1981, 1569; *Peter* DB 1982, 488, 491). Die faktische oder bedingte Entgegennahme reicht nicht aus. Es ist erforderlich, daß die Rechtsgrundlage feststeht, aufgrund derer die Leistung erbracht und angenommen wird. Zur Beendigung des Annahmeverzugs reicht daher nicht aus, daß der AG für die Dauer des Kündigungsschutzprozesses ein bloß faktisches oder befristetes beziehungsweise ein durch die Feststellung der Wirksamkeit der Kündigung auflösend bedingtes Arbeitsverhältnis anbietet (BAG 14. 11. 1985 AP BGB § 615 Nr. 39). Gleiches gilt, wenn der AG nur eine Weiterbeschäftigung nach § 102 V BetrVG oder aufgrund des allgemeinen Weiterbeschäftigungsanspruchs anbietet (BAG 14. 11. 1985 AP BGB § 615 Nr. 39). Auch hier wird deutlich, daß die Arbeitsleistung nicht zur Erfüllung des ursprünglichen Vertrags angenommen wird (aA *Opolony* DB 1998, 1714).

Diese Rspr. findet Kritik (*Gaul* Anm. in EzA BGB § 615 Nr. 46; *Löwisch* DB 1986, 68 2433 ff.; *Schäfer* JuS 1988, 265, 267; *Staab* S. 164). Die Annahme könne unter der Bedingung des Fortbestands des Arbeitsverhältnisses erfolgen. Zur Erfüllung sei nur eine entsprechende Zweckbestimmung des Schuldners erforderlich (*Waas* NZA 1994, 151, 157). Konsequenz dieser Rspr. sei zudem, daß der AG bei einer Weiterbeschäftigung zu bisherigen Bedingungen seine fristlose Kündi-

Preis 1561

gung in Frage stellt (*Stahlhacke* AuR 1992, 8, 14; *Stoppelkamp* S. 159). Beschäftigt der AG den gekündigten AN trotz ungewissen Prozeßausgangs, so besteht grds. die Gefahr, dadurch den Ausgang des Kündigungsschutzprozesses faktisch zu präjudizieren (BAG GS 27. 2. 1985 AP BGB § 611 Beschäftigungspflicht Nr. 14). Hiergegen wird eingewendet, daß nur bei einer unwirksamen Kündigung dieses Problem erscheint und der AG die Folgen einer unwirksamen Kündigung selbst verschuldet hat und der ungewisse Ausgang des Kündigungsschutzprozesses zum üblichen Gläubigerrisiko gehöre (*Boewer* S. 211). Der Rspr. kann im Ergebnis gefolgt werden, denn die Annahme kann nicht losgelöst vom Arbeitsverhältnis gesehen werden. Das finanzielle Risiko des AG wird zudem durch eine entsprechende Anwendung des § 615 S. 2 ausgeglichen (insoweit zust. *Soergel/Wiedemann* § 293 Rn. 15). Die Ablehnung einer Weiterbeschäftigung zu den bisherigen Bedingungen wird idR als böswillig anzusehen sein.

69 c) **Beendigung des Arbeitsverhältnisses.** Die Voraussetzungen des Annahmeverzugs fallen mit Beendigung des Arbeitsverhältnisses weg, etwa auch bei Vertragsaufhebung aufgrund einer Vereinbarung oder eines Vergleichs. Gleiches gilt bei **Auflösung durch Urteil** iSv. § 9 KSchG. Das Gericht hat gem. § 9 II KSchG den Zeitpunkt der Auflösung festzusetzen. Damit werden dem AN rückwirkend bis zu diesem Zeitpunkt seine Ansprüche aus § 615 S. 1 abgeschnitten, ohne daß die Abfindungshöhe den Verlust immer kompensiert. Die Bestimmung ist mit dem GG vereinbar (BVerfG 29. 1. 1990 NZA 1990, 535; BAG 16. 5. 1984 AP KSchG 1969 § 9 Nr. 12 = NZA 1985, 60; MünchArbR/*Boewer* § 76 Rn. 44). Der Annahmeverzug wird nicht durch Betriebsübergang beendet. Der neue AG muß sich nicht nur rechtliche Beziehungen, sondern auch tatsächliche Begebenheiten zurechnen lassen (BAG 21. 3. 1991 AP BGB § 615 Nr. 49; s. o. Rn. 11).

70 Das Arbeitsverhältnis wird bei einer an sich sozial nicht gerechtfertigten Kündigung durch die **rückwirkende Heilung** gem. § 7 KSchG beendet, wenn der AN die Kündigungsschutzklage verspätet erhebt. Die Fiktionswirkung des § 7 KSchG tritt aber nicht bei nachträglicher Zulassung der Klage gem. § 5 KSchG ein. Annahmeverzug scheidet daher bei erfolgreicher, zugelassener Klage nicht aus (BAG 24. 11. 1994 AP BGB § 615 Nr. 60 mit zust. Anm. *Ramrath*).

71 Das Arbeitsverhältnis wird beendet, wenn eine unwirksame außerordentliche Kündigung gem. § 140 in eine wirksame ordentliche Kündigung umgedeutet werden kann (s. hierzu *Stahlhacke/Preis* Rn. 338ff.). Mit der gerichtlichen Feststellung der Unwirksamkeit einer Kündigung endet der Annahmeverzug nicht automatisch. Der AG muß ferner seine Annahmebereitschaft erklären und den AN zur Fortsetzung des Arbeitsverhältnisses auffordern (BAG 21. 3. 1985 AP BGB § 615 Nr. 35; MünchArbR/*Boewer* § 76 Rn. 38). Wird die Unwirksamkeit der Kündigung in einem gerichtlichen Vergleich festgestellt, und lehnt der AG die Annahme der Arbeit nicht mehr ab, wird der Annahmeverzug mit Ablauf der Widerrufsfrist beendet (LAG Rheinland-Pfalz 3. 11. 1992 LAGE BGB § 615 Nr. 35). Ein solcher gerichtlicher Vergleich führt erst dann zur Beendigung des Annahmeverzugs, wenn der AG die ihm obliegende Mitwirkungshandlung vornimmt (LAG Brandenburg 26. 9. 1996 LAGE BGB § 615 Nr. 50).

72 Nicht erforderlich ist, daß der AG ausdrücklich die Nachzahlung des Lohns anbietet (*Stahlhacke/Preis* Rn. 130). Der AN kann aber bis zur Zahlung der rückständigen Vergütung ein Zurückbehaltungsrecht iSv. § 273 geltend machen, so daß der AG bis zur Zahlung nach § 298 im Annahmeverzug bleibt (BAG 21. 5. 1981 AP BGB § 615 Nr. 32). Ein **Leistungsverweigerungsrecht** kann sich auch bei Verletzung der Fürsorgepflicht ergeben (BAG 7. 6. 1973 AP BGB § 615 Nr. 28). Der AN muß sich auf das Leistungsverweigerungsrecht berufen, ansonsten bleibt es unbeachtlich (BAG 7. 6. 1973 AP BGB § 615 Nr. 28).

73 Macht der AN von seinem **Sonderkündigungsrecht** gem. § 12 S. 1 KSchG Gebrauch, hat er nach § 11 S. 3 KSchG nur einen Vergütungsanspruch bis zum Zeitpunkt des Eintritts in das neue Arbeitsverhältnis. Andererseits kann der AN sein altes Arbeitsverhältnis fortsetzen wollen. Dann muß er zunächst dem neuen AG kündigen. Bis zur Beendigung dieses Arbeitsverhältnisses behält der AN seinen Vergütungsanspruch aus § 615 S. 1, denn das Leistungsunvermögen beruht auf der Nichtannahme des AG.

74 Entbindet das Gericht den AG von seiner Weiterbeschäftigungspflicht nach § 102 V 2 BetrVG, bleiben die Rechtsbeziehungen gem. §§ 611, 615 unberührt. Der Annahmeverzug endet daher nicht automatisch, wenn die Kündigung unwirksam ist (LAG Rheinland-Pfalz 11. 1. 1980 BB 1980, 415; MünchArbR/*Boewer* § 76 Rn. 42). Andererseits besteht das Arbeitsverhältnis gem. § 102 V BetrVG auch bei einer wirksamen Kündigung kraft Gesetzes bedingt weiter. Bei § 102 V BetrVG handelt es sich um eine Gestaltungsklage. Die Änderung wirkt ex nunc und läßt den Annahmeverzug für die Zeit vor der Entbindungsentscheidung nicht rückwirkend entfallen (BAG 7. 3. 1996 AP BetrVG 1972 § 102 Weiterbeschäftigung Nr. 9 = NZA 1996, 930).

III. Rechtsfolgen des Annahmeverzugs

75 **1. Der Vergütungsanspruch.** Nach § 615 S. 1 hat der AN Anspruch auf die Vergütung, ohne zur Nachleistung verpflichtet zu sein. Es handelt sich um den ursprünglichen Erfüllungsanspruch. Da der Anspruch nicht auf Schadensersatz gerichtet ist, findet § 254 keine Anwendung. Der Annahmever-

III. Rechtsfolgen des Annahmeverzugs § 615 BGB 230

zugslohn unterliegt dem Steuer- und Sozialversicherungsrecht sowie den Pfändungsvorschriften der §§ 850 ff. ZPO wie jeder Vergütungsanspruch (*Erman/Belling* Rn. 34; *MünchArbR/Boewer* § 76 Rn. 45).

a) Höhe des Anspruchs. Der Anspruch geht auf die **Bruttovergütung** (LAG Hamm 16. 6. 1988 76 DB 1988, 2316; *Erman/Belling* Rn. 36). Für die Höhe des Vergütungsanspruchs gilt das **Lohnausfallprinzip** (*Staudinger/Richardi* Rn. 120). Die Rechtslage ist mit der bei der Lohnfortzahlung im Krankheitsfalle vergleichbar (BAG 23. 6. 1994 AP BGB § 615 Nr. 56; *Schaub*/AR-Blattei SD 80 Rn. 63). Der AN ist grds. so zu vergüten, als ob er gearbeitet hätte. Der Anspruch umfaßt daher das Bruttogehalt, einschließlich Provisionen, Gratifikationen (für Weihnachtsgratifikationen s. BAG 18. 1. 1963 AP BGB § 615 Nr. 22) und Gefahren- und Erschwerniszulagen.

Wird die Arbeit im **Zeitlohn** vergütet, ist der regelmäßige Verdienst zu zahlen, einschließlich 77 zwischenzeitlicher Lohnerhöhungen. Bei **leistungsabhängiger Vergütung** umfaßt der Anspruch den Verdienst, den der AN erzielt hätte. Dieser hypothetische Lohn ist gem. § 287 II ZPO zu schätzen, da leistungsabhängiger Verdienst Schwankungen unterliegt (BAG 29. 9. 1971 AP FeiertagslohnzahlungsG § 1 Nr. 28; *MünchArbR/Boewer* § 76 Rn. 46). Dazu kann der Durchschnittsverdienst des AN der letzten drei Monate berücksichtigen werden (*Schaub*/AR-Blattei SD 80 Rn. 64). Allerdings ist dies nur ein Hilfsmittel im Ermessensspielraum des Gerichts innerhalb von § 287 II ZPO. Der Regelverdienst darf nicht das Lohnausfallprinzip ersetzen (*Schlüter* Anm. zu AP FeiertagslohnzahlungsG § 1 Nr. 28). Es kann auch auf einen vergleichbaren AN abgestellt werden (*Schaub*/AR-Blattei SD 80 Rn. 65; *Staab* S. 29).

Zu zahlen sind alle **Leistungen mit Entgeltcharakter** (*MünchArbR/Boewer* § 76 Rn. 47; *Schaub* 78 ZIP 1981, 347, 350). Die Möglichkeit der privaten Nutzung eines Dienstwagens ist daher nach dem Nutzwert abzugelten (ArbG Lörrach 22. 8. 1975 DB 1975, 2186; *Staudinger/Richardi* Rn. 123). Hierzu kann auf die Tabelle von *Sanden/Danner/Küppersbusch* (in: *Palandt* § 249 Anhang) zurückgegriffen werden (*Gruss* BB 1994, 71). Zu vergüten ist auch der Wert von Sachbezügen. Es kann auf amtliche Sachbezugswerte Bezug genommen werden (*Boewer* S. 213). Nicht erfaßt werden solche Leistungen, die davon abhängig sind, daß der AN tatsächlich arbeitet oder daß ihm tatsächlich Aufwendungen entstehen (*Schaub* ZIP 1981, 347, 350). Hier sind insb. Schmutzzulagen, Fahrkosten, Essenszuschüsse, Aufwendungs- und Spesenersatz zu nennen.

Ist ein wörtliches Angebot gem. § 295 erforderlich, kommt es bei verspätetem Zugang zu Lohnaus- 79 fällen. Entstehen dem AN wegen der Nachzahlung finanzielle Nachteile, etwa eine erhöhte Abgabenpflicht, erhöht sich der Lohnanspruch nicht nach § 615, aber es kann ein Schadensersatzanspruch wegen Schuldnerverzugs in Betracht kommen (*Erman/Belling* Rn. 37).

b) Zahlung des Annahmeverzugslohns. Die **Fälligkeit** des Annahmeverzugslohns bestimmt sich 80 nach dem Zeitpunkt, in dem der Lohn bei ordnungsgemäßer Abwicklung fällig geworden wäre (BAG 7. 11. 1991 AP BGB § 209 Nr. 6; *Erman/Belling* Rn. 38). Der Fälligkeitszeitpunkt ist maßgebend für den Beginn der Verjährung und zudem für tarifliche oder individualrechtliche Ausschlußfristen.

aa) Verjährung. Die Verjährungsfrist beträgt gem. § 196 I Nr. 8 und 9 zwei Jahre und beginnt nach 81 § 201 am Ende des Jahres, in der die Fälligkeit iSv. § 198 S. 1 eintritt. Um die Verjährung durch Klage iSv. § 209 zu unterbrechen, ist die Erhebung einer Zahlungsklage erforderlich. Eine Kündigungsschutzklage ist insofern wirkungslos (BAG 1. 2. 1960 AP BGB § 209 Nr. 1). Die Unterbrechung tritt nur für den Anspruch ein, der gerichtlich geltend gemacht wird, der also vom Streitgegenstand erfaßt wird. Die Kündigungsschutzklage ist keine Gestaltungsklage. Durch sie wird der Beginn der Verjährung nicht bis zur Entscheidung des Kündigungsschutzstreits hinausgeschoben, da das Urteil die objektiv bestehende Rechtslage nur deklaratorisch feststellt (BAG 9. 8. 1990 AP BGB § 615 Nr. 46; *Boewer* S. 214). Zum Teil wird auch vertreten, § 209 sei entspr. anzuwenden, da dem AN aus Kostengründen keine weitere Zahlungsklage zuzumuten sei (*Erman/Herfermehl* § 209 Rn. 3; *Becker/Bader* BB 1981, 1709, 1716).

bb) Ausschlußfristen. Eine Kündigungsschutzklage kann ausreichend sein, soweit eine tarifliche, 82 sog. **einstufige Ausschlußfrist** nur eine formlose oder schriftliche Geltendmachung verlangt (BAG 9. 8. 1990 AP BGB § 615 Nr. 46). Das Gesamtziel einer solchen Klage ist idR nicht nur der Erhalt des Arbeitsplatzes, sondern zugleich die Sicherung der damit verbundenen Ansprüche. In aller Regel ist eine Bezifferung des Anspruchs nicht geboten, da dem AG die Forderungshöhe bekannt sein wird (BAG 9. 8. 1990 AP BGB § 615 Nr. 46). Erforderlich hierfür ist aber die rechtzeitige Zustellung der Klage vor Ablauf der Frist (BAG 8. 3. 1976 AP ZPO § 496 Nr. 4). Ausreichend ist auch die Erhebung der Klage vor Fälligkeit des Vergütungsanspruchs (SPV Rn. 1067).

Bei den sog. **zweistufigen Ausschlußfristen** hat der AN seinen Lohnanspruch nach erfolgloser 83 schriftlicher Geltendmachung innerhalb einer Frist gerichtlich geltend zu machen. Nach Ansicht des BAG ist hierfür die Erhebung einer Zahlungsklage zwingend erforderlich (BAG 21. 3. 1991 AP BGB § 615 Nr. 49). Eine Kündigungsschutzklage oder eine unzulässige Feststellungsklage beendet nicht den Lauf zweistufiger Ausschlußfristen, da nur der Fortbestand des Arbeitsverhältnisses und nicht weitere damit verbundene Forderungen Streitgegenstand ist (BAG 21. 3. 1991 AP BGB § 615 Nr. 49; MünchArbR/*Boewer* § 76 Rn. 51). Für einzelvertraglich zulässige Ausschlußfristen gelten die Grundsätze

230 BGB § 615   Vergütung bei Annahmeverzug

der tariflichen entspr. (BAG 24. 3. 1988 AP BGB § 241 Nr. 1). Dem kann nicht gefolgt werden. An dem Gesamtziel der Klage des AN, sich Arbeitsplatz und Entgeltansprüche zu sichern, ändert sich nichts durch den selbstverständlichen Antrag auf Klageabweisung des AG. Die Klausel der Ausschlußfristen sind auf den Normalfall von Zahlungsansprüchen zugeschnitten und erfassen nicht die Situation, in der bereits das Bestehen des Arbeitsverhältnisses gerichtlich geklärt wird. Zweck der Ausschlußfristen ist es, Rechtsfrieden und Rechtssicherheit herzustellen. Bei Erhebung einer Kündigungsschutzklage wird der Zweck bereits erfüllt beziehungsweise obsolet (s. *Preis* ZIP 1989, 891 ff.; krit. zur Rspr. des BAG auch *Groeger* NZA 2000, 793, 796 f.; vgl. hier §§ 194 bis 225 Rn. 62).

84   **c) Verzicht auf den Annahmeverzugslohn.** Die Möglichkeit der Abbedingung des § 615 S. 1 zeigt, daß grds. auch der nachträgliche Verzicht zulässig sein muß, obwohl kollektivrechtliche Ansprüche gem. §§ 4 TVG, 77 BetrVG unverzichtbar sind (*Erman/Belling* Rn. 4). Gleiches gilt für die rückwirkende Aufhebung des Arbeitsverhältnisses für die Zeit des Annahmeverzugs. Die Ansprüche des AN gehen aber auf einen öffentlich-rechtlichen Leistungsträger so über, wie sie zum Zeitpunkt der cessio legis bestehen (s. unten Rn. 84). Der Leistungsträger wird also von einer vereinbarten rückwirkenden Änderung nicht betroffen (BAG 17. 4. 1986 AP BGB § 615 Nr. 40).

85   **2. Die Anrechnung. a) Grundsätzliches.** Nach § 615 S. 2 muß der AN sich auf den Annahmeverzugslohn anrechnen lassen, was er infolge des Unterbleibens der Arbeit erspart oder durch anderweitige Verwendung seiner Arbeitskraft erwirbt, sog. Zwischenverdienst, oder zu erwerben böswillig unterläßt. Zweck der Vorschrift ist, daß der AN aus dem Annahmeverzug keinen Vorteil zieht. Er soll nicht mehr erhalten, als er bei ordnungsgemäßer Abwicklung des Arbeitsverhältnisses erhalten hätte (BAG 6. 9. 1990 AP BGB § 615 Nr. 47). Die Regelung enthält den gleichen Rechtsgedanken wie die § 324 I 2, § 74 c HGB, § 11 KSchG und stimmt mit diesen im wesentlichen überein (BAG 6. 2. 1964 AP BGB § 615 Nr. 24).

86   Die Anrechnung ist weder eine Aufrechnung noch ein anderes Rechtsgeschäft. Der Anspruch auf den Annahmeverzugslohn wird vielmehr **automatisch gekürzt** (*Palandt/Putzo* Rn. 18). Pfändungsgrenzen iSv. §§ 850 ff. ZPO bleiben dabei unberücksichtigt (*MünchArbR/Boewer* § 76 Rn. 61).

87   Dem AG kann ein Anspruch nach **Bereicherungsrecht** gem. § 812 I 1 zustehen, falls er erst nach Zahlung des Annahmeverzugslohns von einem anzurechnenden Zwischenverdienst erfährt (BAG 29. 7. 1993 AP BGB § 615 Nr. 52; *Palandt/Putzo* Rn. 18). Da der anrechenbare Zwischenverdienst keine Gegenforderung darstellt, ist § 322 II ZPO nicht anwendbar (*Boewer* S. 222). Bei einer rechtskräftigen Entscheidung auf Zahlung des ungekürzten Lohns stellt sich aber das Problem der Rechtskraft (*Boewer* S. 222).

88   **b) Verhältnis zu § 11 KSchG.** § 11 KSchG ist **lex specialis** gegenüber § 615 S. 2 (*Schaub* ZIP 1981, 347; *Staudinger/Richardi* Rn. 15). Die Sonderregelung verdrängt § 615 S. 2 soweit das KSchG zur Anwendung kommt (BAG 6. 9. 1990 AP BGB § 615 Nr. 47), dh. wenn es um das Arbeitsentgelt geht, das der AG dem AN für die Zeit nach der Entlassung schuldet. Grund und Höhe des Annahmeverzugslohns bestimmen sich aber nach § 615 S. 1 (*Staudinger/Richardi* Rn. 15). Trotz des nicht identischen Wortlauts sind die Vorschriften inhaltlich im wesentlichen deckungsgleich (BAG 6. 9. 1990 AP BGB § 615 Nr. 47).

89   Im Gegensatz zu § 615 S. 2 ist nach § 11 KSchG nicht das anzurechnen, was der AN erspart hat. Der Gesetzgeber hat auf diese Anrechnung bewußt verzichtet. Ferner ist die Anrechnung öffentlich-rechtlicher Leistungen ausdrücklich in § 11 Nr. 3 KSchG normiert. Diese Regelung hat aber heute wegen des gesetzlichen Forderungsübergangs nach § 115 SGB X keine besondere Bedeutung mehr (*MünchArbR/Boewer* § 76 Rn. 56). Diese Anrechnung findet deswegen auch in § 615 S. 2 Anwendung. Im Unterschied zu § 615 S. 2 ist § 11 KSchG nicht dispositiv, soweit dies für den AN nachteilig wäre (*MünchArbR/Boewer* § 76 Rn. 57).

90   **c) Abdingbarkeit.** Die Vorschrift des § 615 S. 2 ist abdingbar (BAG 6. 2. 1964 AP BGB § 615 Nr. 24; *Erman/Belling* Rn. 49), auch zum Nachteil des AN. Die Abdingung muß aber zweifelsfrei vereinbart sein (BAG 6. 2. 1964 AP BGB § 615 Nr. 24; LAG Schleswig-Holstein 20. 2. 1997 LAGE BGB § 615 Nr. 52). Sie kann sich auch auf einzelne Bereiche des Verdienstes beschränken (*Erman/Belling* Rn. 49).

91   In der einvernehmlichen und unwiderruflichen **Freistellung** in einem Vergleich kann ein Erlaßvertrag iSv. § 397 vereinbart sein (LAG Brandenburg 17. 3. 1998 AP BGB § 615 Nr. 78; LAG Hamm 27. 2. 1991 LAGE BGB § 615 Nr. 26; *Bauer/Baeck* NZA 1989, 784). Sowohl bei einem Erlaßvertrag als auch bei einer einvernehmlichen Suspendierung liegen die Voraussetzungen für den Annahmeverzugs nicht vor, da der AG keinen Anspruch auf die Arbeitsleistung hat. Es fehlt ein erfüllbares Arbeitsverhältnis. Die Möglichkeit einer Anrechnung muß sich dann aus der Vereinbarung oder durch ergänzende Auslegung ergeben (*Bauer/Baeck* NZA 1989, 784, 785; *Staab*, 42; ergänzende Auslegung abgelehnt von LAG Hamm 11. 10. 1996 LAGE BGB § 615 Nr. 49).

92   Zu beachten ist aber, daß der AG den AN idR nicht besser als bei einem Annahmeverzug iSv. § 615 stellen will (*Bauer/Baeck* NZA 1989, 784, 785; *Boewer* S. 219). Wird in einem Aufhebungsvertrag festgelegt, daß der AN bis zum Ablauf des Arbeitsvertrages bei Fortzahlung von der Arbeitsleistung

III. Rechtsfolgen des Annahmeverzugs   § 615   BGB 230

freigestellt wird und er vorzeitig kündigen kann, so ist wegen der Kündigungsmöglichkeit der neue Verdienst anzurechnen (Hessisches LAG 2. 12. 1993 LAGE BGB § 615 Nr. 42). Ohne eine solche Kündigungsmöglichkeit verzichtet der AG idR auf die Arbeitsleistung des AN und auf eine Anrechnung des neuen Verdienstes (LAG Köln 24. 8. 1991 NZA 1992, 123, 124). Bei einer einseitigen Freistellung gerät der AG aber in Annahmeverzug, falls nicht ein ordnungsgemäßes Angebot oder die Zumutbarkeit der Annahme zu verneinen ist (*Bauer/Baeck* NZA 1989, 784, 787; *Staab* S. 43; *Winderlich* BB 1991, 271, 272, die aber bei einem Wegfall der Beschäftigungspflicht einen Entgeltanspruch direkt aus § 611 bejaht).

d) Anrechnungsumfang. aa) Ersparnisse. Zu den Ersparnissen, die auf dem Annahmeverzug 93 beruhen, gehören etwa entfallene Fahrkosten oder solche Kosten, die wegen nicht erforderlicher Anschaffung von Berufskleidung entfallen (*Erman/Belling* Rn. 40). Wird eine Haushälterin während des Annahmeverzugs nicht mehr beschäftigt, fehlt der erforderliche Zusammenhang (LAG Düsseldorf 25. 10. 1955 BB 1956, 305). Zu beachten ist, daß im Anwendungsbereich des § 11 KSchG Ersparnisse nicht angerechnet werden.

bb) Zwischenverdienst. Anrechnungspflichtig ist nur ein Verdienst, für dessen Erzielung das Frei- 94 werden der Arbeitskraft **kausal** war (BAG 6. 9. 1990 AP BGB § 615 Nr. 47). Der AN soll keinen Nachteil erleiden. Er ist so zu stellen, als ob das Arbeitsverhältnis normal weitergeführt worden wäre. Der AN kann daher auch Aufwendungen abziehen, die zur Erzielung des Zwischenverdiensts erforderlich waren (*Erman/Belling* Rn. 43). Der Anrechnungsumfang ist durch eine Vergleichsberechnung festzustellen, in die zugunsten des AN alle Ansprüche einzustellen sind, die der AN gegen den AG während des Annahmeverzugs erworben hat. Ein zwischenzeitliches Erlöschen wegen nicht rechtzeitiger Geltendmachung ist unerheblich (BAG 24. 8. 1999 AP BGB § 615 Anrechnung Nr. 1). Nach Auffassung des BAG soll die Gesamtberechnung aus Gründen der Billigkeit sicherstellen, daß der AN aus der anderweitigen Verwendung seiner Dienste keinen Gewinn auf Kosten des AG machen kann (krit. hierzu Rn. 96).

Ein Nebenverdienst bleibt unberücksichtigt, soweit er auch bei Erfüllung der Vertragspflichten 95 möglich gewesen wäre (BAG 6. 9. 1990 AP BGB § 615 Nr. 47), dies gilt insb. für Teilzeitbeschäftigte. Entspr. ist beim Entgelt für Überstunden zu beachten, die der AN auf seinem bisherigen Arbeitsplatz nicht hätte leisten müssen (*Schaub* ZIP 1981, 347, 350). Anrechnungsfähig sind nur Verdienste, die auf der Arbeitskraft beruhen, nicht Einkünfte aus Kapital (*MünchArbR/Boewer* § 76 Rn. 59). Etwas anderes gilt dann, wenn die Vermögensverwaltung die gesamte Arbeitskraft in Anspruch nimmt (BAG 27. 3. 1974 AP BGB § 242 Auskunftspflicht Nr. 15). Wirft eine Tätigkeit während des Annahmeverzugs erst später einen Ertrag ab, kommt eine anteilmäßige Anrechnung in Betracht, zB auch bei einer zeitintensiven Vorbereitung auf die neue Arbeit (OLG Düsseldorf 30. 12. 1971 DB 1972, 181). Gleiches gilt bei aufschiebend bedingt entstandenen Provisionsansprüchen (LAG Düsseldorf 5. 3. 1970 DB 1970, 1277).

Angerechnet wird das anderweitige Bruttoeinkommen (KG 30. 10. 1978 DB 1979, 170; *Erman/* 96 *Belling* Rn. 41). Nach der Rspr. und der hL sind die Verdienste des **gesamten Zeitraums** anzurechnen, nicht jeweils für einzelne Zeitabschnitte (BAG 29. 7. 1993 AP BGB § 615 Nr. 52; BAG 24. 8. 1999 AP BGB § 615 Anrechnung Nr. 1; *Erman/Belling* Rn. 42; *Staudinger/Richardi* Rn. 144). Der AN solle keinen Vorteil aus dem Annahmeverzug ziehen, und das Gesetz sehe keine Anrechnung von Zeitabschnitten vor. Nach § 615 S. 2 seien die Dienste anzurechnen, die der AN infolge des Annahmeverzugs erwirbt. Entscheidend ist dies, wenn der anderweitige Verdienst in einzelnen Zeitabschnitten den Annahmeverzugslohn übersteigt, in anderen Zeitabschnitten aber niedriger oder nicht vorhanden ist. Richtigerweise ist aber die Anrechnung nach **einzelnen Zeitabschnitten** vorzunehmen (*Boecken* NJW 1995, 3218, 3222). Die Anrechnung nach Zeitabschnitten erfolgt auch innerhalb des § 74 c HGB. In § 615 S. 2 ist ausdrücklich kein Anrechnungsprinzip festgelegt. Der AN erlangt aber für jeden Zeitabschnitt einen selbständigen Lohnanspruch, keinen Gesamtanspruch. Der sich vertragswidrig verhaltende AG darf auch keinen Vorteil daraus ziehen, daß der AN seine Arbeitskraft zeitweise besser verkauft. Gleiches gilt in den Fällen, in denen der AN in jedem Zeitabschnitt des Verzugs einen höheren Verdienst hat (*Boecken* NJW 1995, 3218, 3222).

Wird der Annahmeverzug gem. § 12 S. 4 KSchG auf die Zeit bis zum Eintritt in ein neues Arbeits- 97 verhältnis beschränkt, so ist auch eine Anrechnung auf diesen Zeitraum begrenzt (BAG 19. 7. 1978 AP BGB § 242 Auskunftspflicht Nr. 16; *Erman/Belling* Rn. 35; *MünchArbR/Boewer* § 76 Rn. 60). Der Zeitraum der Lohnzahlungspflicht und der Anrechnung sind zwangsläufig gleich.

Zu berücksichtigen sind auch **öffentlich-rechtliche Leistungen,** wie dies auch ausdrücklich in § 11 98 Nr. 3 KSchG normiert ist. Eine eigentliche Anrechnung findet aber nicht statt, da der Anspruch auf den Annahmeverzugslohn auf den Leistungsträger gem. § 115 SGB X übergegangen ist (*Staudinger/ Richardi* Rn. 143). Wichtigster Fall ist die Gewährung von Arbeitslosengeld. Nach § 143 I SGB III ruht der Anspruch auf Arbeitslosengeld für die Zeit, in der die Arbeitslose Arbeitsentgelt erhält oder zu beanspruchen hat. Der Anspruch des AN nach §§ 611, 615 geht deswegen in Höhe des Arbeitslosengelds auf die BAnst.-Arb. über. Der AG kann seine Einwendungen auch gegen den Leistungsträger geltend machen, soweit sie gem. § 115 SGB X iVm. den §§ 404, 412 übergegangen sind. § 143 I

Preis 1565

SGB III knüpft an das bestehende Rechtsverhältnis zwischen AN und AG an. Der Leistungsträger ist daher an die Privatautonomie und an deren Folgen gebunden, soweit sie als Einwendungen zum Zeitpunkt des Übergangs bestehen (BAG 17. 4. 1986 AP BGB § 615 Nr. 40). Neben dem Arbeitslosengeld werden auch andere öffenlich-rechtliche Leistungen angerechnet, etwa vorgezogenes Altersruhegeld oder Erwerbsunfähigkeitsrente (LAG Köln 24. 11. 1995 NZA-RR 1996, 286).

99 cc) **Böswillig unterlassener Zwischenverdienst.** Angerechnet wird auch, was der AN böswillig zu erwerben unterläßt. Der AN handelt böswillig, wenn er in Kenntnis der objektiven Umstände, dh. Arbeitsmöglichkeit, Zumutbarkeit der Arbeit und Nachteilsfolge für den AG, vorsätzlich untätig bleibt oder die Arbeitsaufnahme verhindert (BAG 18. 6. 1965 AP BGB § 615 Böswilligkeit Nr. 2). Nicht erforderlich ist eine Schädigungsabsicht des AN (BAG 10. 4. 1963 AP BGB § 615 Nr. 23; *Hueck* Anm. zu AP BGB § 615 Nr. 2; aA *Staab* S. 48 wegen Art. 12 GG). Andererseits reicht auch nicht eine Form der Fahrlässigkeit aus (BAG 18. 10. 1958 AP BGB § 615 Böswilligkeit Nr. 1; *Erman/Belling* Rn. 48).

100 Von großer Bedeutung und ausdrücklich in § 11 Nr. 2 KSchG normiert ist das Kriterium der **Zumutbarkeit** (hierzu *Schirge* DB 2000, 1278). Die Frage der Zumutbarkeit ist unter Berücksichtigung aller Umstände nach Treu und Glauben zu beurteilen (BAG 14. 11. 1985 AP BGB § 615 Nr. 39). Zu beachten ist einerseits die Berufsfreiheit des AN nach Art. 12 GG (BAG 9. 8. 1974 AP HGB § 74 c Nr. 5). Andererseits gebietet die Treuepflicht dem AN, keinen Gewinn zu ziehen und Nachteile für den AG möglichst gering zu halten (BAG 18. 6. 1965 AP BGB § 615 Böswilligkeit Nr. 2). Maßstäbe, die in § 121 SGB III festgelegt sind, gelten nicht verbindlich (*Erman/Belling* Rn. 47). Irrt der AN bei der Beurteilung der Zumutbarkeit, dann geht dies zu seinen Lasten (*Erman/Belling* Rn. 48; *Herschel* Anm. zu AP BGB § 615 Nr. 23).

101 **Kriterien** für die Zumutbarkeit sind Vergütungsform, Arbeitszeiten, Anfall von Überstunden, Art und Umfang von Sozialleistungen, Gefährlichkeit der Arbeit und Ort der Tätigkeit (MünchArbR/*Boewer* § 76 Rn. 67; *Schaub* ZIP 1981, 347, 351). Erhebliche Unterschiede zum bisherigen Arbeitsplatz diesbezüglich können die Unzumutbarkeit begründen. Andererseits ist es nicht erforderlich, daß am Ort der neuen Arbeitsstelle eine Wohnung vorhanden ist (LAG Frankfurt 5. 9. 1956 AP BGB § 615 Nr. 2). Statt Akkordarbeit ist auch Zeitlohn zumutbar (*Schaub*/AR-Blattei SD 80 Rn. 78).

102 Die **Weiterbeschäftigung beim bisherigen AG** ist nicht generell unzumutbar (BAG 14. 11. 1985 AP BGB § 615 Nr. 39; BAG 22. 2. 2000 NZA 2000, 817; *Schirge* DB 2000, 1278; *Mühl* Anm. zu AP BGB § 615 Nr. 32; aA *Berkowsky* DB 1981, 1569, 1570; *Peter* DB 1982, 488, 494). Gerade aufgrund der Rspr. zur Beendigung des Annahmeverzugs nach Kündigung durch den AG (s. o. Rn. 68) darf die Zumutbarkeit der Weiterbeschäftigung nicht generell ausgeschlossen werden. Dies gilt jedenfalls bei dem Angebot einer Weiterbeschäftigung zu den bisherigen Bedingungen (BAG 14. 11. 1985 AP BGB § 615 Nr. 39).

103 Bei der Frage der Zumutbarkeit ist in erster Linie die Art der Kündigung, ihre Begründung und das Verhalten des AG im Kündigungsschutzprozeß zu berücksichtigen (BAG 14. 11. 1985 AP BGB § 615 Nr. 39). Dabei gelten nach der Rspr. des BAG folgende **Grundsätze:** bei einer betriebsbedingten oder krankheitsbedingten Kündigung ist die vorläufige Weiterbeschäftigung idR zumutbar; gegenteiliges gilt für verhaltensbedingte, insb. außerordentliche Kündigungen, wobei Art und Schwere der Vorwürfe zu beachten sind (BAG 14. 11. 1985 AP BGB § 615 Nr. 39). Zum Teil wird die Zumutbarkeit bei einer verhaltensbedingten Kündigung dann bejaht (LAG Köln 14. 12. 1995 LAGE BGB § 615 Nr. 45 = NZA-RR 1996, 361), wenn der AN mit seinem Antrag auf Weiterbeschäftigung im Kündigungsschutzprozeß erkennen läßt, daß das Interesse an Weiterbeschäftigung dem an Rehabilitation vorgeht. Böswilligkeit ist anzunehmen, wenn der AN ein seinem Antrag im Kündigungsschutzprozeß entsprechendes Angebot ablehnt (LAG Köln 14. 12. 1995 LAGE BGB § 615 Nr. 45). Entscheidend ist grds. eine Interessenabwägung im Einzelfall (*Erman/Belling* Rn. 47).

104 Ein der **Sicherung vertraglicher Rechte** dienendes Verhalten ist nicht böswillig iSv. § 615 S. 2 (BAG 3. 12. 1980 AP BGB § 615 Böswilligkeit Nr. 4; *Palandt/Putzo* Rn. 20). Ein AN muß kein Dauerarbeitsverhältnis aufnehmen, das ihm die Rückkehr an den bisherigen Arbeitsplatz erschwert (BAG 18. 6. 1965 AP BGB § 615 Böswilligkeit Nr. 2) oder sein BRamt kostet (LAG Frankfurt 17. 1. 1980 BB 1980, 1050, 1051). Der AN kann auch eine unter Überschreitung der Grenzen des Direktionsrechts zugewiesene Tätigkeit zurückweisen (BAG 3. 12. 1980 AP BGB § 615 Böswilligkeit Nr. 4). Das gilt auch insoweit, als der AN ansonsten nicht sein Leistungsverweigerungsrecht nach § 298 wegen des rückständigen Lohns geltend machen könnte (BAG 21. 5. 1981 AP BGB § 615 Nr. 32). Die Ablehnung eines Angebots des Betriebserwerbers iSv. § 613 a ist nach Widerspruch des AN nicht erforderlich, um die Rechte gegen den Betriebsveräußerer zu sichern (LAG Nürnberg 16. 6. 1987 LAGE BGB § 615 Nr. 13; aA *Meier* AiB 1988, 216). Allerdings ist ein böswilliges Unterlassen nicht schon deswegen ausgeschlossen, weil das Widerspruchsrecht zulässigerweise ausgeübt wurde (BAG 19. 3. 1998 AP BGB § 613 a Nr. 177 mit Anm. *Moll/Jacobi* NZA 1998, 750).

105 Böswilligkeit scheidet grds. aus, wenn sich der AN beim **AA** gemeldet hat, denn dann hat dieses ihm eine Tätigkeit zu vermitteln (*Schaub* § 95 II 4). Ob sich der AN beim AA arbeitslos zu melden hat, um ein böswilliges Unterlassen auszuschließen, ist aber umstritten (dafür *Erman/Belling* Rn. 46;

III. Rechtsfolgen des Annahmeverzugs   § 615 BGB 230

Schaub ZIP 1981, 347, 351). Das BAG verneint eine Pflicht, sich arbeitslos zu melden im Hinblick auf Art. 12 GG, insb. bei der Aufnahme einer selbständigen Tätigkeit (BAG 2. 6. 1987 AP HGB § 74c Nr. 13).

Der AN muß keine Stelle annehmen, die von einem Wettbewerbsverbot erfaßt wird (*Erman/Belling* 106 Rn. 46). Scheitert eine Neueinstellung wegen der geäußerten Absicht, in den alten Betrieb zurückzukehren, ist keine Böswilligkeit gegeben (BAG 18. 10. 1958 AP BGB § 615 Böswilligkeit Nr. 1; *Erman/Belling* Rn. 46). Besondere Anstrengungen hat der AN nicht zu vollbringen. Verweigert ein neuer AG die Arbeitsaufnahme bereits vor Vertragsbeginn, muß der AN nicht sein altes Arbeitsverhältnis aufrechterhalten (BAG 2. 11. 1973 AP BGB § 615 Böswilligkeit Nr. 3). Direkte Streikarbeit muß grds. nicht übernommen werden (BAG 25. 7. 1957 AP BGB § 615 Betriebsrisiko Nr. 3). Ein vorübergehender Auslandsaufenthalt ist nicht böswillig, solange für die Zeit kein zumutbares Arbeitsangebot vorlag (BAG 11. 7. 1985 AP BGB § 615 Nr. 35). Es ist nicht grds. böswillig, ein erfolgversprechendes Studium aufzunehmen (BAG 13. 2. 1996 AP BGB § 74c Nr. 18). Auch bei einem ordnungsgemäßen Widerspruch des BR nach § 102 III BetrVG muß der AN nicht seine Weiterbeschäftigung gem. § 102 V BetrVG verlangen oder zwangsweise durchsetzen. Diese Norm ist lediglich eine „Kann"-Bestimmung zugunsten des AN und keine ihn treffende Obliegenheit (MünchArbR/*Boewer* § 76 Rn. 68; *Staab* S. 55). Der AN muß auch nicht ein für ihn günstiges Urteil im Kündigungsschutzprozeß vollstrecken bzw. die Vollstreckung androhen (BAG 22. 2. 2000 NZA 2000, 817).

Böswilligkeit kann gegeben sein, wenn der AN keine öffentlich-rechtlichen Leistungen beantragt, 107 soweit nicht der Verzugslohn anzurechnen ist (*Erman/Belling* Rn. 44; *Schirge* DB 2000, 1279; aA MünchKommBGB-*Schaub* § 615 Rn. 61). Böswilligkeit ist ebenfalls anzunehmen, wenn er eine Einstellung böswillig vereitelt (*Erman/Belling* Rn. 46). Einem Kartenkontrolleur ist es zumutbar, während der Sanierung des Theaters Reinigungsarbeiten durchzuführen (BAG 30. 4. 1992 AuR 1992, 181). Böswilligkeit liegt aber nicht vor, wenn sich der AN einer angebotenen Kurzarbeitsregelung verweigert (LAG Rheinland-Pfalz 7. 10. 1996 NZA-RR 1997, 331).

3. Weitere Ansprüche. Neben der in § 615 S. 1 festgelegten Rechtsfolge kann der AN auch seine 108 Rechte aus den allgemeinen Rechtsfolgen des Annahmeverzugs geltend machen. Da diese Vorschriften aber auf einen einmaligen Austausch von Leistungen zugeschnitten sind, kommt für den AN praktisch nur § 304 in Betracht. Danach kann er die **Mehraufwendungen** eines erfolglosen Angebotes verlangen.

Dem AN kann wegen des rückständigen Lohns ein **Zinsanspruch** gem. den §§ 284, 288, 291 in der 109 Höhe von 4% zustehen. Richtigerweise ist der Zins vom Bruttobetrag zu errechnen, da in dieser Höhe die Vergütungspflicht des AG besteht. Nicht entscheidend ist, ob diese Summe auch dem AN wirtschaftlich zufließt. Schuldner der Steuer- und Sozialversicherungsabgaben ist der AG (LAG Hamburg 8. 11. 1994 LAGE BGB § 615 Nr. 44; *Soergel/Wiedemann* § 288 Rn. 12; aA BAG 13. 2. 1985 AP TVG § 1 Tarifverträge: Presse Nr. 3; *Germelmann/Matthes/Prütting* § 46 ArbGG Rn. 44, Zinsen vom Nettolohn).

Den AG trifft auch eine Beschäftigungspflicht. Das BAG hat einen Schaden wegen Nichterfüllung 110 bejaht, zumindest bei Verletzung einer rechtskräftig festgestellten Beschäftigungspflicht (BAG 12. 9. 1985 AP BetrVG 1972 § 102 Weiterbeschäftigung Nr. 7; so auch *Bauer/Baeck* NZA 1989, 784, 786). Der AG gerät ohne Mahnung gem. § 284 II in **Schuldnerverzug.** Wegen des Fixschuldcharakters der Mitwirkungspflicht des AG wird die Leistung während des Schuldnerverzugs unmöglich (BAG 12. 9. 1985 AP BetrVG 1972 § 102 Weiterbeschäftigung Nr. 7).

4. Die klageweise Durchsetzung des Annahmeverzugslohns. a) Darlegungs- und Beweislast. Bei 111 einer Abdingung des § 615 trägt immer die Partei die Darlegungs- und Beweislast, die sich auf eine vom Gesetz abw. Regelung beruft (BAG 6. 2. 1984 AP BGB § 615 Nr. 24).

aa) Grundsätzliches. Der AN hat die Voraussetzungen des Annahmeverzugs darzulegen und zu 112 beweisen (*Staudinger/Richardi* Rn. 71). Dazu gehören das Bestehen eines erfüllbaren Arbeitsverhältnisses, das Angebot der Arbeitsleistung und die Nichtannahme des AG. Er ist auch darlegungs- und beweispflichtig für die Höhe des Annahmeverzugslohns. Wenn der AN vor Beginn des Annahmeverzugs regelmäßig Überstunden geleistet hat, besteht insoweit eine tatsächliche Vermutung für den Anfall während des Annahmeverzugs (*Schaub*/AR-Blattei SD 80 Rn. 64). Beruft sich der AG darauf, daß der leistungsabhängige Verdienst von dem der letzten drei Monate unterschieden hätte, so trägt er die Darlegungs- und Beweispflicht (*Schaub* § 95 I 2). Der AN hat hingegen die Voraussetzungen eines Leistungsverweigerungsrechts gem. § 298 darzulegen und zu beweisen.

Das Angebot des AN muß von dem ernstlichen Willen begleitet sein, die Arbeitsleistung in dem 113 geschuldeten zeitlichen Umfang zu erbringen. Bei einem tatsächlichen Angebot wird die **Leistungsbereitschaft** indiziert (BAG 10. 5. 1973 AP BGB § 615 Nr. 27), nicht so bei einem wörtlichen Angebot iSv. § 295. Es spricht keine tatsächliche Vermutung für die zukünftige Leistungsbereitschaft des AN, schon gar nicht für den Rest seiner Lebensarbeitszeit. Der ernsthafte Leistungswille läßt sich grds. nur für Zeiträume feststellen, die vor der letzten mündlichen Verhandlung über Ansprüche aus § 615 liegen (BAG 18. 12. 1974 AP BGB § 615 Nr. 30 mit zust. Anm. *Walchshöfer*; Palandt/Putzo

Preis   1567

Rn. 12). Nach aA dauert das Angebot des AN fort und indiziert zugleich den Leistungswillen (*Staab* S. 219). Zur Möglichkeit des AG, die Ausübung des Zurückbehaltungsrechts des AN iSv. §§ 298, 273 durch Hinterlegung des Annahmeverzugslohns abzuwenden, s. *Tscherwinka* (BB 1995, 618 ff.).

114 Der AG ist darlegungs- und beweispflichtig für ein Leistungsunvermögen des AN iSv. § 297 (BAG 2. 8. 1968 AP BGB § 297 Nr. 1; BAG 19. 4. 1990 AP BGB § 615 Nr. 45). Einen Anscheinsbeweis gibt es für ein Leistungsunvermögen grds. nicht (LAG Düsseldorf 8. 4. 1993 LAGE BGB § 615 Nr. 39). Auch hinsichtlich der Voraussetzungen für eine Abdingung des § 615 S. 1 (*Erman/Belling* Rn. 3) und einer Anrechnung gem. § 615 S. 2 obliegt dem AG die Darlegungs- und Beweispflicht (BAG 29. 7. 1993 AP BGB § 615 Nr. 52).

115 **bb) Auskunftsanspruch.** Der anderweitige Verdienst vollzieht sich regelmäßig allein in der Sphäre des AN. Dem AG sind die näheren Umstände sowie die Höhe des Verdiensts in aller Regel nicht bekannt. Dem AG wird daher ein Auskunftsanspruch zugebilligt entspr. der Regelung in § 74 c I HGB, wobei streitig ist, ob es sich hierbei um einen selbständig einklagbaren Anspruch handelt. Das BAG bejaht dies inzwischen, zumindest soweit es erforderlich ist, damit der AG einen Rückzahlungsanspruch in Höhe des nicht angerechneten Zwischenverdiensts gem. § 812 durchsetzen kann (BAG 29. 7. 1993 AP BGB § 615 Nr. 52; BAG 24. 8. 1999 AP BGB § 615 Anrechnung Nr. 1; so auch *Boewer* S. 221; *Staab* S. 150). Die hL befürwortet hingegen eine unselbständige Nebenpflicht, die nicht selbst eingeklagt werden kann (*Staudinger/Richardi* Rn. 159).

116 Der AG muß aber Anhaltspunkte für einen anderweitigen Erwerb darlegen (BAG 19. 7. 1978 AP BGB § 242 Auskunftspflicht Nr. 16). Zudem hat er Indizien vorzutragen, die für das Vorliegen des Kausalzusammenhangs zwischen Zwischenverdienst und Freiwerden von der bisherigen Arbeitsleistung sprechen (BAG 6. 9. 1990 AP BGB § 615 Nr. 47). Andernfalls würde es sich um einen Ausforschungsbeweis handeln (*Boewer* S. 219; weitergehend eine Offenbarungspflicht des AN bejahend *Klein* NZA 1998, 1208). Der AN hat sich dann entspr. seiner Pflicht gem. § 138 II ZPO dazu zu erklären. Er hat regelmäßig nur über die Höhe seines Verdiensts Auskunft erteilen (BAG 19. 7. 1978 AP BGB § 242 Auskunftspflicht Nr. 16). Inhalt und Umfang der Auskunftspflicht richten sich nach den Grundsätzen von Treu und Glauben (BAG 29. 7. 1993 AP BGB § 615 Nr. 52). Der AG kann aber bis zur Auskunftserteilung die Zahlung des Annahmeverzugslohns verweigern (BAG 19. 7. 1978 AP BGB § 242 Auskunftspflicht Nr. 16; BAG 24. 8. 1999 AP BGB § 615 Anrechnung Nr. 1; MünchArbR/*Boewer* § 76 Rn. 63).

117 Bei Zweifeln muß der AN seine **Angaben belegen,** zB durch geeignete Verdienstbescheinigungen und Steuerbescheide (BAG 14. 8. 1974 AP KSchG 1969 § 13 Nr. 3; MünchArbR/*Boewer* § 76 Rn. 62). Streitig ist dies nur bei Einkünften aus selbständiger Tätigkeit. Die Rspr. und die hM lassen auch hier die Vorlage des Einkommensteuerbescheides genügen; ein Anspruch auf zusätzliche Einsicht in die Gewinn- und Verlustrechnung wird abgelehnt (BAG 25. 2. 1975 AP HGB § 74 c Nr. 6; *Erman/Belling* Rn. 43; MünchArbR/*Boewer* § 76 Rn. 62). Mit dem Hinweis auf zahlreiche Möglichkeiten der Minderung der Einkünfte im Steuerrecht wird dies zum Teil als nicht ausreichend angesehen (*Danne* SAE 1994, 237, 239). Die Beiziehung der Steuerunterlagen des AN ist aber unzulässig, soweit dieser das Finanzamt nicht vom Steuergeheimnis entbunden hat (BAG 14. 8. 1974 AP KSchG 1969 § 13 Nr. 3). Das Gericht kann die Weigerung des AN, die Finanzbehörden vom Steuergeheimnis zu entbinden, bei der Würdigung des Sachverhalts berücksichtigen (BAG 14. 8. 1974 AP KSchG 1969 § 13 Nr. 3).

118 Um die Ziele des Auskunftsanspruchs durchsetzen zu können, ist dem AG auch ein Anspruch auf eidesstattliche Versicherung analog § 260 II zuzubilligen (BAG 29. 7. 1993 AP BGB § 615 Nr. 52). Der Auskunftsanspruch kann nicht weitergehen als der dahinterstehende Leistungsanspruch. Ist eine Anrechnung dem Grunde nach ausgeschlossen, besteht auch kein Auskunftsanspruch (LAG Baden-Württemberg 21. 6. 1994 LAGE BGB § 615 Nr. 41).

119 **b) Klageantrag.** Der Anspruch des AN ist von vornherein um die anzurechnenden Verdienste gem. § 615 S. 2 gekürzt geltend zu machen. Besonderer Aufmerksamkeit bedarf die **Bestimmtheit des Klageantrags** iSv. § 253 II Nr. 2 ZPO. Die Höhe des Anspruchs muß genau angegeben werden. Ein Antrag auf Zahlung des Bruttolohns „abzüglich erhaltenen Arbeitslosengeldes" ist zu unbestimmt und damit unzulässig (BAG 15. 11. 1978 AP BGB § 613 a Nr. 14; MünchArbR/*Boewer* § 76 Rn. 70).

120 Kommt der AN seiner Auskunftspflicht hinsichtlich seiner iSv. § 615 S. 2 anzurechnenden Verdienste nicht nach, ist seine uneingeschränkte Zahlungsklage als zur Zeit unbegründet abzuweisen (BAG 29. 7. 1993 AP BGB § 615 Nr. 52). Dies gilt allerdings nur, soweit von einer **Nichterfüllung des Auskunftsanspruchs** auszugehen ist. Bei unvollständigen Angaben in einzelnen Punkten besteht eine Verpflichtung zur Ableistung einer eidesstattlichen Versicherung (BAG 29. 7. 1993 AP BGB § 615 Nr. 52). Eine Verurteilung zu einer Zug-um-Zug-Leistung scheidet jedenfalls aus, da Zahlungs- und Auskunftspflicht nicht im Verhältnis von Leistung und Gegenleistung stehen (BAG 19. 7. 1978 AP BGB § 242 Auskunftspflicht Nr. 16; *Erman/Belling* Rn. 43).

121 Eine Zahlungsklage ist auch während einer bereits anhängigen Kündigungsschutzklage möglich. Eine Verbindung solcher Verfahren zu einer objektiven **Klagehäufung** gem. § 260 ZPO ist zulässig (*Germelmann/Matthes/Prütting* § 46 ArbGG Rn. 88). Die **Aussetzung** einer selbständigen Zahlungs-

klage nach § 148 ZPO ist möglich, soweit der Annahmeverzugslohn vom Bestand des Arbeitsverhältnisses abhängig ist (aA MünchKommBGB/*Schaub* Rn. 50). Die Aussetzung erfolgt nach pflichtgemäßen Ermessen des Gerichts, das nicht wegen des Beschleunigungsgrundsatzes iSv. § 9 I 1 ArbGG beschränkt ist (LAG Köln 14. 12. 1992 LAGE ZPO § 148 Nr. 26; *Stahlhacke/Preis* Rn. 1088; *Winderlich* BB 1992, 2071, 2072). Soweit eine Verfahrensverbindung möglich ist, soll eine Aussetzung idR ausgeschlossen sein (LAG Frankfurt 20. 10. 1995 – 16 Ta 414/95 –; LAG Hamm 20. 10. 1983 LAGE ZPO § 148 Nr. 13).

Die Erhebung einer Kündigungsschutzklage unterbricht nicht die **Verjährung** des Lohnanspruchs 122 (s. o. Rn. 81). Betreibt ein AN wegen einer vorgreiflichen Kündigungsschutzklage die Leistungsklage wegen Annahmeverzugslohns trotz rechtskräftiger Erledigung der Kündigungsschutzklage auf eigenen Antrag nicht weiter, dann endet die Wirkung der Verjährungsunterbrechung iSv. § 209 (BAG 29. 3. 1990 AP BGB § 196 Nr. 11). Mit Ende der Unterbrechung beginnt sofort eine neue zweijährige Verjährungsfrist iSv. § 196 I Nr. 8 oder 9 und nicht erst zum Jahresende nach § 201. § 211 II geht insoweit der Regelung des § 201 vor (BAG 29. 3. 1990 AP BGB § 196 Nr. 11). Wird in einem Kündigungsschutzprozeß rechtskräftig festgestellt, daß das Arbeitsverhältnis nicht beendet ist, kann der AG im Lohnzahlungsprozeß sich nicht darauf berufen, daß die fristlose Kündigung in eine wirksame ordentliche Kündigung umzudeuten ist (BAG 18. 6. 1965 AP BGB § 615 Böswilligkeit Nr. 2; *Schaub* ZIP 1981, 347, 350).

Der **Streitwert** bei Klagehäufung von Kündigungsschutzklage und Zahlungsklage ist nach der Rspr. 123 des BAG nach dem höheren Wert zu richten (BAG 16. 1. 1968 AP ArbGG 1953 § 12 Nr. 17; so auch *Germelmann/Matthes/Prütting* § 12 ArbGG Rn. 106). Trotz ihrer prozessualen Selbständigkeit seien beide Ansprüche wirtschaftlich identisch. Es wird auch vertreten, die Streitwerte zu addieren, da nichts anderes gelten könne als bei getrennten Verfahren (LAG Baden-Württemberg 6. 11. 1985 DB 1986, 388).

Eine **einstweilige Verfügung** gem. § 940 ZPO in Höhe des Existenzminimums ist in besonders 124 gelagerten Fällen möglich, falls der AN zum Bestreiten seines Lebensunterhalts dringend auf seinen Lohnanspruch angewiesen ist und die Klage Erfolg verspricht (LAG Hamburg 6. 5. 1986 DB 1986, 1629; MünchArbR/*Boewer* § 76 Rn. 71).

Der AG kann seinen Anspruch auf Auskunft und Rückzahlung des nicht angerechneten anderweitigen Verdienstes gem. § 812 I 1 im Wege einer Stufenklage iSv. § 254 ZPO geltend machen (MünchArbR/*Boewer* § 76 Rn. 75). 125

IV. Die Betriebsrisikolehre

1. Begriff. Es ist zwischen Betriebs- und Wirtschaftsrisiko zu unterscheiden. Beim **Betriebsrisiko** 126 geht es um die Frage, ob der AG Lohn zu zahlen hat, wenn er ohne eigenes Verschulden die Belegschaft aus betriebstechnischen Gründen nicht beschäftigen kann (BAG 22. 12. 1980 AP GG Art. 9 Arbeitskampf Nr. 70), etwa bei Naturkatastrophen oder Brandschäden. Wenn die Fortsetzung des Betriebs wegen Auftrags- oder Absatzmangels wirtschaftlich sinnlos wird, spricht man vom **Wirtschaftsrisiko** (BAG 22. 12. 1980 AP GG Art. 9 Arbeitskampf Nr. 70). Betriebstechnisch bleibt die Arbeitsleistung hier möglich.

Das Wirtschaftsrisiko hat der AG zu tragen (BAG 22. 12. 1980 AP GG Art. 9 Arbeitskampf 127 Nr. 70). Insofern unterscheidet sich der Arbeitsvertrag nicht von anderen Austauschverträgen. Es handelt sich allein um die Frage, ob der Gläubiger noch eine Verwendungsmöglichkeit der Leistung hat. Das Verwendungsrisiko gehört aber nicht zum Bereich der Leistungsstörungen (*Staudinger/Richardi* Rn. 179). Der AG gerät bei Nichtbeschäftigung aus diesem Grund in Annahmeverzug und hat den Lohn nach § 615 S. 1 zu zahlen.

Im Gegensatz hierzu liegt in den Betriebsrisikofällen eine Leistungsstörung vor. Die Arbeitsleistung 128 wird aus betriebstechnischen Gründen unmöglich, die weder AN noch AG nach zivilrechtlichen Grundsätzen zu vertreten haben. Nach der Rspr. sind diese Fälle der Annahmeunfähigkeit des AG nicht vom Gesetz geregelt (s. o. Rn. 5). Zur Schließung der anscheinenden Gesetzeslücke hat sie die Betriebsrisikolehre entwickelt. Zur Problematik der Betriebsrisikolehre als Richterrecht siehe *Picker* (JZ 1988, 62 ff.).

2. Die Entwicklung der Betriebsrisikolehre. a) Die Rechtsprechung des RG. Grdl. war das **Kieler** 129 **Straßenbahn-Urteil des RG** (RG 6. 2. 1923 RGZ 106, 272 ff.). Das RG befand, daß die Frage des Betriebsrisikos nicht mit den Grundsätzen des BGB zu regeln sei. Das BGB stehe auf einem individualistischen Standpunkt, inzwischen sei aber der Gedanke der sozialen Arbeits- und Betriebsgemeinschaft anerkannt. Deswegen handele es sich bei dieser Frage nicht mehr um das Verhältnis des einzelnen AN zum AG, sondern um eine Regelung zwischen zwei Gruppen der Gesellschaft, dem Unternehmertum und der ANSchaft. Werde der Betrieb infolge von Handlungen der ANSchaft stillgelegt, könnten dem AG die Folgen nicht zugemutet werden. Das RG hat sich in seiner Entscheidung nicht so sehr mit den Grundsätzen des Betriebsrisikos beschäftigt, sondern vielmehr mit den Ausnahmen bei streikbedingten Folgen. Entscheidend für die Betriebsrisikolehre war aber der Grundsatz, daß das Problem nicht mit den Bestimmungen des BGB zu regeln sei.

130 **b) Die Rechtsprechung des RAG.** Diesen Grundsätzen ist das RAG gefolgt (20. 6. 1928 ARS 3, 116 ff. mit krit. Anm. *Hueck*). In erster Linie sei für die Tragung des Betriebsrisikos die vertraglichen Abmachungen der Beteiligten entscheidend. Ohne eine Vereinbarung komme es auf ein Verschulden an. Für den einzig problematischen Fall, daß keinen der Beteiligten ein Verschulden trifft, knüpfte das RAG an das Kieler Straßenbahn-Urteil des RG an. Zu unterscheiden sei zwischen Unternehmertum und ANSchaft. Jeder Teil habe nicht nur sein Verschulden zu vertreten, sondern auch was in den Kreis der von ihm zu tragenden Gefahr fällt.

131 Für die Bestimmung des Gefahrenkreises stellte es Richtlinien auf, der später sogenannten **Sphärentheorie**. Aus der Verbundenheit der AN untereinander ergebe sich, daß die Gefahr solcher Ereignisse, die auf dem Verhalten der ANSchaft beruhen, von den AN, auch wenn sie nicht an ihnen beteiligt sind, getragen werden müsse. Ereignisse, die nicht die Führung, sondern den Bestand des Betriebs beeinträchtigen, besonders auch Umstände, die von außen einwirken, wie etwa Naturereignisse, fallen ebenfalls in den Gefahrenkreis der AN. Zur Rechtssphäre der AG gehöre solche Ereignisse, die nicht den Bestand des Betriebs, sondern seine Führung betreffen, insb. die rechtzeitige Beschaffung der Betriebsstoffe oder Störungen, die des öfteren im Betrieb vorzukommen pflegen. Eine Ausnahme gelte für existenzgefährdende Umstände, die auch von der ANSchaft zu vertreten seien.

132 **c) Die Rechtsprechung des BAG.** Die **frühere Rspr.** des BAG befand das Gesetz ebenfalls für lückenhaft und knüpfte damit an die Rspr. des RG und des RAG an (BAG 8. 2. 1957 AP BGB § 615 Betriebsrisiko Nr. 2). Es änderte aber die Richtlinien des RAG ab und stellte zunächst den Grundsatz auf, die AG hätten das Betriebsrisiko für alle, auch von außen wirkenden Störungen zu tragen. Das folge daraus, daß der AG den Betrieb leitet, die Erträge erzielt, die Verantwortung trägt und deswegen dafür einzustehen hat, daß der Betriebsorganismus in Funktion bleibt und dem AN die Arbeitsmittel zur Verfügung stehen. Den AN falle aber dann das Betriebsrisiko zu, soweit sie ein Verschulden trifft oder die Störung aus dem Gefahrenkreis beziehungsweise Sphären der ANSchaft stammt, auch wenn sie selbst nicht beteiligt sind. Dies gelte vor allem bei den mittelbaren Folgen von Arbeitskämpfen in anderen Betrieben. Dieses Prinzip beruht also auch auf dem Gedanken, daß zwischen den AN eine Solidarität besteht, aufgrund derer dem einzelnen AN diese Störungen zugerechnet werden kann.

133 In der **neuen Rspr.** des BAG (22. 12. 1980 AP GG Art. 9 Arbeitskampf Nr. 70) werden diese Grundsätze modifiziert. Das BAG lehnt die Sphärentheorie zu Recht ab. Die Vorstellung der Solidarität aller AN läuft auf eine Fiktion hinaus und ist kein geeignetes Zurechnungsprinzip. Es unterscheidet nun das besondere Risiko, das legitime Arbeitskämpfe darstellen, das sogenannte **Arbeitskampfrisiko**, vom allgemeinen Betriebs- und Wirtschaftsrisiko. Das Arbeitskampfrisiko habe der AG nicht uneingeschränkt zu tragen, zumindest wenn die Störung nicht auf unternehmerische Fehldisposition beruhe. Zur Begründung führt die Rspr. nun den Grundsatz der Kampfparität zwischen den Tarifparteien an, der sich auch auf das Recht der Leistungsstörungen auswirke. Vom Arbeitskampfrisiko werden auch Fälle des Wirtschaftsrisikos erfaßt, soweit sie mittelbare Folgen von Arbeitskämpfen sind, dh. der AG hat ein Lohnverweigerungsrecht, wenn in solchen Fällen die Fortführung des Betriebs wirtschaftlich sinnlos wird.

134 **d) Stellungnahme.** Im Ergebnis ist dieser Rspr. zuzustimmen. Auch wenn man keine Lücke im Gesetz annimmt und die Fälle der Annahmeunfähigkeit (Betriebsrisikos) richtigerweise über § 615 löst, wird dem AG die Lohnfortzahlung auferlegt (so auch die inzwischen hL, wenn auch mit unterschiedlichen Ansätzen; s. Aufzählung bei *Picker*, FS für Kissel, 1994, 813, 815 Fn. 9). Das Arbeitskampfrisiko wird von der Literatur ebenfalls grds. gesondert beurteilt. Begründung und Grenzen sind jedoch umstritten. Der Wegfall des Lohnanspruchs beziehungsweise ein Lohnverweigerungsrecht wird zumeist durch eine Reduktion des § 615 erreicht, die entweder mit kollektiv- oder individualrechtlichen Gesichtspunkten begründet wird (vgl. zum Arbeitskampfrisiko: Art. 9 GG Rn. 116 ff.; *Staudinger/Richardi* Rn. 198; *Lieb* NZA 1990, 289 ff.).

135 **e) Existenzgefährdung des Betriebs.** Abzulehnen ist die Rspr., soweit sie eine Ausnahme bei Existenzgefährdung des Betriebs macht. Diese Auffassung ist sachlich und rechtlich nicht zu rechtfertigen (MünchArbR/*Boewer* § 77 Rn. 21; *Staudinger/Richardi* Rn. 214). Besonders deutlich wird dies, wenn zur Lösung des Betriebsrisikos konsequent § 615 angewendet wird. Der Gesichtspunkt der Betriebsverbundenheit des AN ist ebensowenig ein geeignetes Zurechnungsprinzip wie der Solidaritätsaspekt beim Arbeitskampfrisiko. Solange die AN nicht am Gewinn des Unternehmens beteiligt werden, gibt es keinen Grund, eine Betriebsverbundenheit anzunehmen und ihnen das Risiko der Existenzgefährdung aufzubürden.

136 Praktische Relevanz hat dieser Streit aber kaum. Die Rspr. hat den Ausnahmetatbestand stark eingeschränkt. So ist nicht nur die Gefährdung des Betriebs, sondern des gesamten Unternehmens erforderlich (BAG 28. 9. 1972 AP BGB § 615 Betriebsrisiko Nr. 28). Eine Gefährdung des Fortbestandes des Betriebs ist deswegen auch nicht bei der völligen Zerstörung einer Produktionsstätte durch einen Brand anzunehmen (BAG 28. 9. 1972 AP BGB § 615 Betriebsrisiko Nr. 28). Auch die Notwendigkeit, die zur Lohnzahlung erforderlichen Mittel aus der Substanz des Betriebsvermögens ziehen zu müssen, reicht alleine nicht aus (BAG 28. 9. 1972 AP BGB § 615 Betriebsrisiko Nr. 28).

IV. Die Betriebsrisikolehre § 615 BGB 230

3. Anwendungsbereich. Die Grundsätze der Betriebsrisikolehre gelten für alle Arbeitsverhältnisse. 137
Für **Berufsausbildungsverhältnisse** ist in § 12 I Nr. 2 a BBiG festgelegt, daß die Vergütung für die
Dauer von sechs Wochen zu zahlen ist, wenn sich der Auszubildende bereithält, die Ausbildung aber
entfällt. Hiervon werden auch Betriebsrisikofälle erfaßt. Soweit dem Ausbilder aber ein Verschulden
trifft, gelten die allgemeinen Regeln (*Schaub* § 174 V 7).

4. Abdingbarkeit. Die Grundsätze der Betriebsrisikolehre sind ebenso wie § 615 dispositiv. Sie 138
können von kollektiv- oder einzelvertraglichen Regelungen verdrängt werden (BAG 4. 7. 1958 AP
BGB § 615 Betriebsrisiko Nr. 5; BAG 9. 3. 1983 AP BGB § 615 Betriebsrisiko Nr. 31; *Erman/Belling*
Rn. 73). Eine entsprechende Vereinbarung muß aber hinreichend deutlich und klar sein (BAG 9. 3.
1983 AP BGB § 615 Betriebsrisiko Nr. 31). Bedenken hinsichtlich der Zulässigkeit formularmäßiger
Abbedingung bestehen ebenso wie bei § 615 (s. Rn. 8). Ist in einem TV festgelegt, daß der AG den
Lohn fortzuzahlen hat, soweit er den Arbeitsausfall zu vertreten hat, so fallen idR darunter sämtliche
Fälle, die er nach den Grundsätzen der Betriebsrisikolehre zu vertreten hat (BAG 9. 3. 1983 AP BGB
§ 615 Betriebsrisiko Nr. 31).

5. Rechtsprechungsübersicht. Bekannte Ereignisse, die vom Betriebsrisiko regelmäßig erfaßt wer- 139
den, sind Unterbrechungen der Strom- oder Gasversorgung, Mangel an Rohstoffen, Brand einer
Fabrik, Bruch einer Maschine, Überschwemmung oder übermäßiger Frost (BAG 25. 7. 1957 AP BGB
§ 615 Nr. 3). Bereits konkrete Entscheidungen liegen vor bei Betriebsstörungen infolge eines Kurz-
schlusses in der betriebseigenen Trafostation, auch wenn diese durch eine Störung in der Schwer-
punktstation des Elektrizitätswerks hervorgerufen wurde (BAG 30. 1. 1991 AP BGB § 615 Betriebsrisiko Nr. 33), eines Schadens an einem Hauptmotor (RAG 15. 2. 1930 ARS 8, 260) oder eines
Maschinenschadens, auch wenn dieser durch einen AN verursacht wurde (RAG 30. 4. 1932 ARS 15,
350). Gleiches gilt bei Betriebsstoff- oder Rohstoffmangel (RAG 23. 2. 1932 ARS 14, 363), bei einer
Betriebsstockung wegen eines Brands in einem besonders feuergefährdeten Betrieb (BAG 28. 9. 1972
AP BGB § 615 Betriebsrisiko Nr. 28) oder bei der völligen Zerstörung eines Betriebs durch einen
Brand (LAG Hamm 23. 5. 1986 DB 1986, 1928). Fällt die Arbeitsleistung wegen Inventuraufnahme
aus, unterfällt dies ebenso dem Betriebsrisiko (BAG 7. 12. 1962 AP BGB § 615 Betriebsrisiko Nr. 14).

Zum Betriebsrisiko gehören neben betriebstechnischen Störungen auch solche, die auf einem Ver- 140
sagen der sachlichen oder persönlichen Mittel des Betriebs beruhen. Erfaßt werden zudem Störungen,
bei denen von außen auf typische Betriebsmittel (zB Maschinen, Fabrikgebäude, Heizungsanlagen)
eingewirkt wird und sich dies für den AG als ein Fall höherer Gewalt darstellen, etwa bei Naturkatastrophen (etwa Erdbeben, Überschwemmungen, Brände), Unglücksfälle sowie extreme Witterungs-
verhältnisse (BAG 9. 3. 1983 AP BGB § 615 Betriebsrisiko Nr. 31; BAG 18. 5. 1999 AP TVG § 1
Tarifverträge: Betonsteingewerbe Nr. 7). Hierzu zählt eine Betriebsstörung bei Heizungsausfall wegen
Paraffinierung des Heizöls bei einem plötzlichen Kälteeinbruch (BAG 9. 3. 1983 AP BGB § 615
Betriebsrisiko Nr. 31).

Muß der Betrieb aus rechtlichen Gründen vorübergehend eingestellt werden, wie etwa bei behörd- 141
lichen Maßnahmen, so trägt der AG auch hier das Betriebsrisiko (*Staudinger/Richardi* Rn. 223). Dies
gilt insb., wenn die Tangierung vom Verbot durch die besondere Art des Betriebs bedingt wird und
einzukalkulieren ist, zB wenn eine Musikkapelle wegen eines behördlichen Verbots von öffentlichen
Lustbarkeiten nicht auftreten kann (BAG 30. 5. 1963 AP BGB § 615 Betriebsrisiko Nr. 15). Ein
Betriebsverbot wegen Smogalarms gehört zum Betriebsrisiko, denn es beruht auf der Eigenart des
Betriebs (*Richardi* NJW 1987, 1231, 1235; *Dossow* BB 1988, 2455, 2459; aA *Ehmann* NJW 1987, 401,
410).

Hiervon zu unterscheiden ist das **Wegerisiko**. Der AN trägt das Risiko, daß er zum Betrieb als 142
Erfüllungsort gelangt. Ergeht wegen Smogalarms ein Fahrverbot, und kann der AN seine Arbeit nicht
im Betrieb anbieten, so gehört dies zu seinem Wegerisiko (*Dossow* BB 1988, 2455; *Ehmann* NJW 1987,
401, 403). Entsprechendes gilt bei allgemeinen Verkehrssperren, den Verkehrsfluß behindernde Demonstrationen, Ausfall öffentlicher Verkehrsmittel und Naturereignissen wie Glatteis (BAG 8. 12.
1982 AP BGB § 616 Nr. 58) oder Schneeverwehungen (BAG 8. 9. 1982 AP BGB § 616 Nr. 59).

Eine besondere Gruppe bilden Betriebe, deren **AN in Fremdbetrieben arbeiten.** Bei Personal- 143
Leasing-Unternehmen besteht die Besonderheit, daß die vertragliche Pflicht des AN im Kern darin
besteht, seine Arbeitskraft zur Verfügung zu stellen, und er keine zweckbestimmte Arbeit zu leisten
hat. In solchen Betrieben kann es nach Ansicht des BAG (BAG 1. 2. 1973 AP BGB § 615 Betriebsrisiko Nr. 29 mit abl. Anm. *Mayer-Maly*) überhaupt keine Betriebsstörungen geben. Ob der Unternehmer die Arbeitskraft nutzen kann, gehört von vornherein zu seinem Wirtschaftsrisiko. Ähnliches
gilt bei Montagearbeiten, die ebenfalls überwiegend in fremden Betrieben durchgeführt werden. Wird
bei einem Streik nur ein einzelner Auftrag abgebrochen, trifft den AG das Lohnrisiko (BAG 7. 11.
1975 AP BGB § 615 Betriebsrisiko Nr. 30 mit Anm. *Seiter*).

Nicht vom Betriebs-, sondern vom **Wirtschaftsrisiko** werden Feierschichten wegen Absatzmangels 144
erfaßt (BAG 8. 3. 1961 AP BGB § 615 Betriebsrisiko Nr. 13). Dieses Risiko ist auch vom AG zu
tragen. Entsprechendes gilt bei Auftragsmangel. Wird wegen Einstellung eines Schlachtbetriebes die
dortige Unterhaltung des Fleischhygieneamtes sinnlos, gehört dies zum Wirtschaftsrisiko des AG,

Preis

auch wenn die Einstellung nicht in dessen Einflußbereich fällt (BAG 23. 6. 1994 AP BGB § 615 Nr. 56).

145 Ebenfalls nicht von den Grundsätzen der Betriebsrisikolehre werden Fälle erfaßt, in denen der AG die Unmöglichkeit der Arbeitsleistung zu vertreten hat. Bei unberechtigter Verlegung der Arbeitszeit und bewußter Stillegung des Betriebs zwischen Weihnachten und Neujahr befürwortet das BAG einen Lohnanspruch aus § 324 I (BAG 3. 3. 1964 AP BGB § 324 Nr. 1). Entsprechendes gilt, wenn der AG die Unmöglichkeit wegen eines Brands in seinem Lokal zu vertreten hat (BAG 17. 12. 1968 AP BGB § 324 Nr. 2).

146 **6. Beendigung des Arbeitsverhältnisses bei Betriebsstörungen.** Der Wegfall der Beschäftigungsmöglichkeit aufgrund von Betriebsstörungen führt nicht zur Beendigung des Arbeitsverhältnisses. Bei Dauerschuldverhältnissen kann auch der Gedanke des Wegfalls der Geschäftsgrundlage nur zu einem Kündigungsrechts führen (MünchArbR/*Boewer* § 77 Rn. 26). Bei einer Betriebsstörung kommt lediglich eine ordentliche Kündigung unter Beachtung der Kündigungsschutzvorschriften in Betracht. Die Möglichkeit einer außerordentlichen Kündigung ist ausgeschlossen. Sie würde letztlich zu einer Verlagerung des Betriebsrisikos zu Lasten des AN führen (BAG 28. 9. 1972 AP BGB § 615 Betriebsrisiko Nr. 28). Es bleibt aber die Möglichkeit der Anrechnung nach § 615 S. 2, wenn der AN seine Arbeitskraft anderweitig verwertet (MünchArbR/*Boewer* § 77 Rn. 27; die Rspr. müßte allerdings § 615 S. 2 entspr. anwenden).

147 **7. Mitbestimmung des Betriebsrats.** Die Frage, ob der BR ein Mitbestimmungsrecht nach § 87 I Nr. 2 u. 3 BetrVG zukommt, stellt sich vor allem bei arbeitskampfbedingten Betriebsstörungen (s. hierzu BAG 22. 12. 1980 AP GG Art. 9 Arbeitskampf Nr. 70). Wird die betriebsübliche Arbeitszeit in Betriebsrisikofällen geändert, ist ebenfalls ein Mitbestimmungsrecht hinsichtlich der Modalitäten zu bejahen (*Jahnke* ZfA 1984, 69, 86). Die fehlende Mitbestimmung des BR bei der Durchführung einer Betriebsstillegung wegen Absatzschwierigkeiten führt zum Annahmeverzug (LAG Berlin 6. 8. 1985 DB 1986, 808).

§ 616 [Vorübergehende Verhinderung]

¹ Der zur Dienstleistung Verpflichtete wird des Anspruchs auf die Vergütung nicht dadurch verlustig, daß er für eine verhältnismäßig nicht erhebliche Zeit durch einen in seiner Person liegenden Grund ohne sein Verschulden an der Dienstleistung verhindert wird. ² Er muß sich jedoch den Betrag anrechnen lassen, welcher ihm für die Zeit der Verhinderung aus einer auf Grund gesetzlicher Verpflichtung bestehenden Kranken- oder Unfallversicherung zukommt.

I. Normgeschichte und Normzweck

1 **1. Geschichte.** Die Vorschrift hat in ihrer gegenwärtigen Form wieder ihre **ursprüngliche Fassung** von 1896 zurückerhalten (*Staudinger/Oetker* Rn. 8; *Schmitt* Rn. 2). Die zwischenzeitlichen Ergänzungen in den Absätzen 2 und 3 aus den Jahren von 1930 bis 1975 sind durch Art. 56 PflegeVG (BGBl. I S. 1014, 1068) aufgehoben. Die darin enthalten Vorschriften über die Vergütungsfortzahlung im Krankheitsfall finden sich nunmehr ausschließlich im Entgeltfortzahlungsgesetz (§ 1 EFZG Rn. 3).

2 **2. Normzweck.** Der verbliebene Absatz regelt die Vergütungsfortzahlung für Dienst- und AN für die Fälle der **Arbeitsverhinderung ohne Krankheit**. Er hat zum Entgeltfortzahlungsrecht aber insofern Bezug, als er bei Arztbesuchen während der Arbeitszeit (Rn. 9 ff.) und bei der Pflege von erkrankten Angehörigen (Rn. 13) zur Anwendung kommen kann. Er ist eine Ausnahme von § 323 BGB (BAG 19. 3. 1965 AP BAT § 50 Nr. 4 mit Anm. *Crisolli* = NJW 1965, 1397), indem er dem AN den Anspruch auf seine Vergütung für Fälle persönlicher Verhinderung erhält (zur Rechtsnatur des Anspruchs ausführlich *Staudinger/Oetker* Rn. 9 bis 23).

II. Anspruchsvoraussetzungen

3 **1. Personenkreis.** Anders als nach den Regeln über die Entgfortz im Krankheitsfall haben nicht nur AN iS des Arbeitsrechts (§ 611 BGB Rn. 44 ff.) ausschließlich der Auszubildenden (für sie gilt § 12 I Nr. 2 b BBiG) einen Anspruch auf Fortzahlung der Vergütung nach dieser Vorschrift, sondern **alle Dienstnehmer** iS der §§ 611 ff. BGB, also zB die freien Mitarbeiter und die arbeitnehmerähnlichen Personen (*Staudinger/Oetker* Rn. 30 bis 44; *Schmitt* Rn. 5).

4 **2. Verhinderung aus persönlichen Gründen.** § 616 erfaßt nicht nur die Fälle der **tatsächlichen Unmöglichkeit,** die geschuldete Dienstleistung zu erbringen, sondern auch die Tatbestände, in denen es dem Dienstverpflichteten aus übergeordneten rechtlichen und sittlichen Gesichtspunkten **nicht zumutbar** ist, seinen Pflichten aus dem Dienstverhältnis nachzukommen (BAG 8. 9. 1982 AP BGB § 616 Nr. 59 mit Anm. *Herschel* = NJW 1983, 1078 mwN; hM im Schrifttum: RGRK/*Matthes* Rn. 11;

II. Anspruchsvoraussetzungen

Staudinger/Oetker Rn. 46 ff.; weitergehend *Kempen* ArbRGeg 25, 87 ff., der bereits die Ausübung grundrechtlich geschützter Positionen als Verhinderungstatbestand anerkennen will).

5 Nicht jede der vorgenannten **Verhinderungen** zur Erfüllung der Dienstpflichten begründet einen Anspruch nach § 616. Es müssen vielmehr **Hinderungsgründe in der Person des Betroffenen** bestehen. Gemeint ist die persönliche Sphäre, nicht persönliche Eigenschaften (*Staudinger/Oetker* Rn. 53). Bestehen dagegen **objektive** Leistungshindernisse, die also **zur selben Zeit für mehrere AN gleichzeitig** bestehen, so kommt § 616 BGB nicht zur Anwendung (RGRK/*Matthes* Rn. 12). Darunter sind zB Hindernisse auf dem Weg zur Arbeit wie Schneeverwehungen (BAG 8. 9. 1982 Rn. 4; 24. 3. 1982 BB 1982, 1547), Glatteis (BAG 8. 12. 1982 AP BGB § 616 Nr. 58 = NJW 1982, 1179) und allgemeine Verkehrsstörungen wie ein Smogalarm zu verstehen (*Ehmann*, NJW 1987, 401). Auch gesetzliche Verpflichtungen, Fortbildungsveranstaltungen zu besuchen, um dem ausgeübten Beruf weiter nachgehen zu können, begründen keinen Anspruch aus § 616 Satz 1 (LAG München 1. 4. 1999 – 2 Sa 826/98).

6 a) **Allgemeine Tatbestände.** Lediglich subjektive, dh. persönliche Leistungshindernisse können den gesetzlichen Tatbestand erfüllen. Das können besondere **familiäre Ereignisse** sein, bei denen es als unverzichtbar gilt, anwesend zu sein, wie zB
– die eigene Hochzeit (BAG 27. 4. 1983 AP BGB § 616 Nr. 61 mit Anm. *Mayer-Maly* = NJW 1983, 2600; 17. 10. 1985 AP BAT § 18 Nr. 1 mit Anm. *Stein* = NJW 1986, 1066),
– die Hochzeit der Kinder und die Wiederverheiratung eines Elternteils (*Staudinger/Oetker* Rn. 62),
– die goldene Hochzeit der Eltern (BAG 25. 10. 1973 AP BGB § 616 Nr. 43 mit Anm. *Schnorr v. Carolsfeld* = NJW 1974, 663),
– die Niederkunft der Ehefrau und der in häuslicher Gemeinschaft lebenden Partnerin (BAG 25. 2. 1987 AP BAT § 52 Nr. 3 = NZA 1987, 271, 667),
– religiöse Feste wie Erstkommunion und Konfirmation,
– Begräbnisse im engen Familienkreis (Eltern, Kinder und Geschwister) oder von im Haushalt lebenden Angehörigen (*Staudinger/Oetker* Rn. 61),
aber auch **persönliche Unglücksfälle** wie Einbruch, Brand, unverschuldete Verkehrsunfälle (RGRK/*Matthes* Rn. 22) und zu Unrecht erlittene Untersuchungshaft (offen gelassen BAG 16. 3. 1967 AP HGB § 63 Nr. 31 mit Anm. *Herschel* = DB 1967, 690, 823, 868; wie hier *Staudinger/Oetker* Rn. 66).

7 b) **Kollision der Arbeitspflicht mit anderen, insbesondere ehrenamtlich übernommenen Pflichten.** Dienstnehmer übernehmen vielfach Pflichten im ehrenamtlichen Bereich zB als **ehrenamtliche Richter** und in der **Selbstverwaltung der Sozialversicherung.** In diesen Fällen liegt eine persönliche Verhinderung iS des § 616 BGB vor (BAG 8. 12. 1982 AP BGB § 616 Nr. 58 mwN = NJW 1983, 1179). Dagegen besteht kein Anspruch im Rahmen der Kandidatur für ein öffentliches Amt (*Staudinger/Oetker* Rn. 67) und bei dessen Ausübung (zur Tarifregelung für einen Ratsherren in Niedersachsen BAG 20. 6. 1995 AP BGB § 616 Nr. 94 = NZA 1996, 383). Dasselbe gilt bei der Wahrnehmung von Aufgaben in **privaten Vereinen,** wozu auch eine Tätigkeit für die gewerkschaftliche Berufsorganisation zählt (RGRK/*Matthes* Rn. 34; *Staudinger/Oetker* Rn. 68; aA wohl *Schaub*, AuA 1996, 82), sofern nicht ein TV etwas anderes bestimmt (BAG 11. 9. 1985 AP TVG § 1 Tarifverträge: Banken Nr. 7 mit Anm. *Pleyer* und AP BGB § 616 Nr. 67 = SAE 1986, 123 = AuR 1986, 28). Tätigkeiten für eine **Feuerwehr** oder im **Katastrophenschutz** sind regelmäßig landesgesetzlich geregelt. Entweder besteht ein Anspruch auf Ersatz des Entgeltausfalls gegenüber dem den Einsatz Anordnenden nach Landesrecht oder ein Anspruch nach § 616 BGB bzw. tariflichen Vorschriften (BAG 13. 2. 1996 AP BGB § 611 Feuerwehr Nr. 1). In diesem Fall kann der AG in unterschiedlicher Weise und Höhe Ersatz seiner Leistungen verlangen (Einzelheiten bei RGRK/*Matthes* Rn. 37 bis 42).

8 c) **Vorladungen.** Termine bei Behörden und Gerichten begründen persönliche Leistungshindernisse, auch wenn sie den Anspruchsberechtigten selbst betreffen (BAG 4. 9. 1985 AP BMT-G II § 29 Nr. 1 = NZA 1986, 784). Ein Ausschluß kann in diesen Fällen allerdings wegen eines Verschuldens in Betracht kommen (Rn. 17).

9 d) **Krankheit und Arztbesuche. aa)** Krankheit des Verpflichteten ist ein persönlicher Hinderungsgrund und stellte **früher** den **Hauptanwendungsfall** der Norm dar. Mit der Verabschiedung des Entgeltfortzahlungsgesetzes als Spezialgesetz für die krankheitsbedingte AU der AN kommt die Krankheit als persönlicher Hinderungsgrund nur noch bei Dienstnehmern in Betracht, die keine AN sind, zB die **freien Mitarbeiter.** Bei ihnen gewinnt das Tatbestandsmerkmal der „verhältnismäßig nicht erheblichen Zeit" (Rn. 15) Bedeutung (*Staudinger/Oetker* Rn. 54).

10 bb) Bei **Arztbesuchen** des Dienstverpflichteten ist zu **unterscheiden.** Ist ein Berechtigter während eines Arztbesuches bereits **arbeitsunfähig krank,** so hat er als **AN** einen Anspruch auf Entgfortz nur nach dem EFZG (RGRK/*Matthes* Rn. 27). Die Dienstnehmer **(freie Mitarbeiter)** haben grundsätzlich einen Anspruch nach § 616, sofern die zeitliche Voraussetzung der Norm (unten Rn. 15) gegeben ist (*Staudinger/Oetker* Rn. 55), was bei kurzfristigen Dienstverpflichtungen und Krankheit (die Zeit des Arztbesuches wird der Krankheit hinzugerechnet) ausscheidet.

230 BGB § 616 — Vorübergehende Verhinderung

11   Sind AN oder Dienstnehmer nicht krank, so liegt ein persönlicher Verhinderungsrund **nur dann** vor, wenn der Arztbesuch **medizinisch notwendig** zum jeweiligen Zeitpunkt war (BAG 29. 2. 1984 AP BGB § 616 Nr. 64 = NZA 1984, 33). Das ist stets bei akuten Beschwerden der Fall.

12   Ist keine unmittelbare ärztliche Versorgung angezeigt, kann ein Anspruch dennoch bestehen, wenn der Arztgang in der Arbeitszeit erforderlich ist. Das ist zB der Fall bei ärztlich zwingend festgelegten Besuchsterminen (*Brill*, NZA 1984, 281, 282) wie zum Röntgen oder zur Blutabnahme im nüchternen Zustand (BAG 27. 6. 1990 AP BGB § 616 Nr. 89 = NZA 1990, 894), aber auch bereits dann, wenn der vom Dienstnehmer ausgesuchte Arzt seines Vertrauens Sprechstunden **nur in der Arbeitszeit** hat (BAG 29. 2. 1984 AP TVG § 1 Tarifverträge: Metallindustrie Nr. 22 = NZA 1984, 33). Hat der Arzt Sprechstunden, die auch außerhalb der Arbeitszeit liegen, **muß** der Berechtigte um einen Termin in dieser Zeit **nachsuchen** (*Brill* aaO). In diesem Fall führt die kommentarlos hingenommene Terminierung des Besuchs in der Arbeitszeit nicht zu einem Anspruch aus § 616 (RGRK/*Matthes* Rn. 27). Kommt der Arzt allerdings dem Wunsch nicht nach, besteht ein vergütungspflichtiges Hindernis; der Berechtigte muß nicht etwa mehrfach den Arzt bedrängen oder gar den Arzt wechseln (so wohl auch RGRK/*Matthes* Rn. 27; *Staudinger/Oetker* Rn. 55).

13   e) **Pflege naher Angehöriger.** Unvorhergesehene Erkrankungen naher Angehöriger, die häusliche Pflege durch einen Dienstnehmer erfordern, gelten als **persönliche Leistungshindernisse**, bei deren Eintritt der Vergütungsanspruch nicht untergeht (BAG 19. 4. 1978, 20. 6. 1979 AP BGB § 616 Nr. 48 mit Anm. *Herschel* und Nr. 49 bis 51 mit Anm. *Herschel* = NJW 1973, 2316 und NJW 1980, 903). Das gilt regelmäßig für **Kinder bis zur Altersgrenze des § 45 SGB V** (§ 45 SGB V Rn. 4), aber auch bei **Kindern höheren Alters** und bei anderen **nahen Angehörigen** (angedeutet in BAG 20. 7. 1977 AP BGB § 616 Rn. 47 = DB 1977, 2332; wie hier GK-EFZR/*Birk* § 1 Rn. 43; *Schmitt* Rn. 11; *Staudinger/Oetker* Rn. 56 f.) der **häuslichen Gemeinschaft** (ohne diese Einschränkung GK-EFZR/*Birk* § 1 LFZG Rn. 43), sofern nur eine anderweitige Versorgung für einen nicht zu langen Zeitraum (dazu Rn. 15) nicht angebracht (das ist bei älteren Kindern häufig zweifelhaft) oder realisierbar ist. Können beide Eltern die Pflege übernehmen, haben sie das Wahlrecht nach ihren Bedürfnissen. Auf Belange des oder der betroffenen AG müssen sie keine Rücksicht nehmen (aA GK-EFZR/*Birk* § 1 LFZG Rn. 40; *Schmitt* Rn. 13; *Löwisch* DB 1979, 209).

14   f) **Schonungszeiten.** Das neue Recht der sozialrechtlichen medizinischen Vorsorge und Rehabilitation kennt **gesonderte Schonungszeiten nicht mehr**. Deshalb entfällt auch die frühere Problematik, inwieweit Angestellte und Arbeiter einen Anspruch auf Entgelt nach § 616 (damals I) haben, wenn sie während dieser Zeit nicht arbeitsunfähig krank waren. Nach heutigem Arbeits- und Sozialrecht haben alle AN **nur Anspruch** auf Entgfortz unter den Voraussetzungen des § 9 EFZG und auf bezahlten Urlaub im Anschluß an eine Maßnahme nach § 9 EFZG, § 7 I 2 BUrlG, sofern sie nicht urlaubsrechtliche Freistellungsansprüche haben (iE ebenso *Schmitt* § 9 EFZG Rn. 77 bis 80; aA *Leinemann*, AuR 1995, 83). Lediglich bei **ärztlichen Verordnungen von Schonungszeiten** außerhalb des gesetzlichen Krankenversicherungsrechts kann sich die Frage stellen, ob ein AN Anspruch auf Entgelt nach § 616 hat. Das ist zu verneinen. Die Bestimmungen des § 9 EFZG und der §§ 7 I 2 und 10 BUrlG sind leges speciales. Für § 616 BGB bleibt kein Raum (*Staudinger/Oetker* Rn. 277).

15   3. **Nicht erhebliche Zeit.** Weitere tatbestandliche Voraussetzung für die **Entstehung des Anspruchs**, nicht nur für seine Begrenzung (BAG GS 18. 12. 1959 AP BGB § 616 Nr. 22 mit Anm. *A. Hueck* = NJW 1960, 741), ist die Verhinderung für einen unerheblichen Zeitraum. Dauert die Verhinderung länger an, so **entfällt** ein Anspruch **insgesamt** (*Staudinger/Oetker* Rn. 91). Die Konkretisierung des unbestimmten Rechtsbegriffs wird nach dem **Verhältnis** von **Dauer** des Arbeits- oder Dienstverhältnisses zur Dauer der Verhinderungszeit vorgenommen (BAG GS 17. 12. 1959 AP BGB § 616 Nr. 21 mit Anm. *A. Hueck* = NJW 1960, 738). Dem kann **nur eingeschränkt zugestimmt** werden. Das Verhältnis ist nur ein Gesichtspunkt bei der Ausfüllung des unbestimmten Rechtsbegriffs; es kann für Dienstnehmer, die keine AN sind, bei Krankheit eine entscheidende Rolle spielen (Rn. 9). Auch erlaubt der unbestimmte Rechtsbegriff keine Festlegung auf eine feste Anzahl von Tagen; deshalb sind auch die Umstände des Einzelfalls nach den Verhältnissen im Bereich des Dienstnehmers maßgeblich zu berücksichtigen. So kommt es auf die Dauer, Art und Schwere des Verhinderungsgrunds an, zB bei der Pflege von Angehörigen auch auf die Möglichkeit der anderweitigen Pflege nach einer Übergangszeit sowie auf die Persönlichkeit des zu Betreuenden an (RGRK/*Matthes* Rn. 19; ausführlich *Staudinger/Oetker* Rn. 90 bis 102). Stets dürfte es sich auch bei schwerwiegenden Umständen um einen Anspruch für wenige Tage handeln (*Staudinger/Oetker* Rn. 97; aA BGH 6. 4. 1995 ZIP 1995, 1280; wohl auch BAG 20. 7. 1977 AP BGB § 616 Nr. 47 = DB 1977, 2332; aA auch die hM im Schrifttum, die mitunter pauschale Richtwerte anbietet, vgl. *Schaub* § 97 II 3 und AuA 1996, 82).

16   Bei der **Pflege von Kleinkindern** kann unabhängig von den zwischenzeitlich veränderten Daten im Krankenversicherungsrecht (§ 45 SGB V Rn. 4) regelmäßig ein Zeitraum von 5 Tagen als tatbestandlich angesehen werden (*Staudinger/Oetker* Rn. 99).

4. Verschulden. Es gelten **dieselben Grundsätze** wie bei der Entgfortz im **Krankheitsfall** (st. Rspr. 17 des BAG, zB 19. 10. 1983 AP BGB § 616 Nr. 62 mit Anm. *Trieschmann* = NJW 1984, 1704). Deshalb kann auf die Ausführungen zu § 3 EFZG (Rn. 46 bis 66) verwiesen werden.

III. Anrechnung nach Satz 2

Die Bestimmung des § 616 S. 2 hat für die **Verhinderungsfälle ohne Krankheit keine Bedeutung,** 18 weil insoweit keine Versicherungsleistungen anfallen (*Marienhagen/Künzl* § 1 EFZG Rn. 6 gehen von einem Redaktionsversehen aus). Auch die Leistungen der Krankenkassen bei Erkrankung eines Kindes nach § 45 SGB V sind dem Anspruch auf Arbeitsentgelt nach § 616 S. 1 subsidiär und daher nicht anzurechnen. Vielmehr kann die vorleistende Krankenkasse die Zahlung des vom AG verweigerten Entgelts aus übergegangenem Recht (§ 115 SGB X) an sich verlangen.

IV. Abdingbarkeit

Die Bestimmungen des § 616 sind abdingbar, wie aus § 619 BGB zu schließen ist. Abweichende 19 Regelungen können nicht nur von **TVParteien** (BAG 20. 6. 1995, 7. 3. 1990 und 8. 12. 1982 AP BGB § 616 Nr. 94, Nr. 83 und Nr. 58 mwN = NZA 1996, 383, NZA 1990, 567 und NJW 1983, 395), sondern auch von den **Arbeitsvertragsparteien** beschlossen werden (BAG 6. 12. 1956 und 25. 4. 1960 AP BGB § 616 Nr. 8 und Nr. 23, beide mit Anm. *A. Hueck* = NJW 1957, 438 und NJW 1960, 1686; ohne Not in Zweifel gezogen in 2. Leitsatz BAG 20. 6. 1979 AP BGB § 616 Nr. 49 mit Anm. *Herschel* = NJW 1980, 903; wie hier RGRK/*Matthes* Rn. 56). Die Abweichung kann **zu Gunsten, aber auch zu Ungunsten** der AN erfolgen. **Umfang** (es müssen nicht alle Fälle der persönlichen Verhinderung betroffen sein) und **Inhalt** der vom Gesetz abweichenden Normen oder Vereinbarungen werden im Streitfall nach den Regeln der Tarif- oder Vertragsauslegung durch die Gerichte ermittelt. Dabei geht das Bundesarbeitsgericht regelmäßig davon aus, daß die gesetzliche Grundregel ausgeschlossen ist und im Ergebnis damit AN schlechter stehen, wenn die TVParteien abschließend bestimmte Fälle geregelt haben (BAG 17. 10. 1985 AP BAT § 18 Nr. 1 mit Anm. *Stein* = NJW 1986, 1066; vgl. auch BAG 25. 2. 1987 AP BAT § 52 Nr. 3 = NZA 1987, 271, 667). Dann wird ebenso ein Ausschluß der gesetzlichen Bestimmung angenommen wie bei einer Norm mit dem Inhalt, daß ein Lohnanspruch grundsätzlich nur für geleistete Arbeit besteht (BAG 8. 12. 1982 AP BGB § 616 Nr. 58 mwN = NJW 1982, 1179; 25. 8. 1982 AP BGB § 616 Nr. 55 = DB 1982, 2574). Tarifverträge können aber auch nur den bestehenden gesetzlichen Anspruch konkretisieren und keinen Willen zu einer abschließenden Regelung gehabt haben (BAG 27. 6. 1990 AP BGB § 616 Nr. 89 = NZA 1990, 894; 29. 2. 1984 AP TVG § 1 Tarifverträge: Metallindustrie Nr. 22 = NZA 1984, 33; wohl auch BAG 27. 4. 1983 AP BGB § 616 Nr. 61 mit Anm. *Mayer-Maly* = NJW 1983, 2600).

§ 617 [Erkrankung des Dienstverpflichteten]

(1) ¹Ist bei einem dauernden Dienstverhältnisse, welches die Erwerbstätigkeit des Verpflichteten vollständig oder hauptsächlich in Anspruch nimmt, der Verpflichtete in die häusliche Gemeinschaft aufgenommen, so hat der Dienstberechtigte ihm im Falle der Erkrankung die erforderliche Verpflegung und ärztliche Behandlung bis zur Dauer von sechs Wochen, jedoch nicht über die Beendigung des Dienstverhältnisses hinaus, zu gewähren, sofern nicht die Erkrankung von dem Verpflichteten vorsätzlich oder durch grobe Fahrlässigkeit herbeigeführt worden ist. ² Die Verpflegung und ärztliche Behandlung kann durch Aufnahme des Verpflichteten in eine Krankenanstalt gewährt werden. ³ Die Kosten können auf die für die Zeit der Erkrankung geschuldete Vergütung angerechnet werden. ⁴ Wird das Dienstverhältnis wegen der Erkrankung von dem Dienstberechtigten nach § 626 gekündigt, so bleibt die dadurch herbeigeführte Beendigung des Dienstverhältnisses außer Betracht.

(2) Die Verpflichtung des Dienstberechtigten tritt nicht ein, wenn für die Verpflegung und ärztliche Behandlung durch eine Versicherung oder durch eine Einrichtung der öffentlichen Krankenpflege Vorsorge getroffen ist.

I. Normgeschichte

Die auf die ursprüngliche Fassung von 1896 zurückgehende Bestimmung über die **Krankenfürsorge** 1 aller Dienstverpflichteten, nicht nur der Arbeitnehmer, hat **ergänzende Funktionen** für nicht versicherte Dienstnehmer, wie die **Subsidiaritätsklausel** des Absatz 2 ausweist. Ihr Anwendungsbereich ist wegen der umfassenden Absicherung nicht nur der Arbeitnehmer, sondern auch der anderen Dienstverpflichteten im modernen Staat gering (RGRK/*Matthes* Rn. 2; *Staudinger/Oetker* Rn. 4). Die Vorschrift enthält zwingendes Recht, das nur zu Gunsten der Dienstnehmer abgeändert werden kann. Das gilt auch für **Tarifverträge** (§ 619 Rn. 1).

2   Der Anspruch aus § 617 I ist kein Anspruch, der den ggf. bestehenden Anspruch auf Fortzahlung der Vergütung während einer Krankheit, zB bei Arbeitnehmern nach dem EFZG, ersetzt. Er tritt vielmehr **neben** den **Vergütungsanspruch**. Er ist wegen der Bindung an die Person des Dienstnehmers nicht abtretbar, nicht pfändbar und nicht verpfändbar (*Staudinger/Oetker* Rn. 7 f.; MünchKommBGB/*Schaub* Rn. 4).

II. Anspruchsvoraussetzungen

3   **1. Anspruchsberechtigte.** Krankenfürsorge können nur diejenigen verlangen, die zu einer Person aufgrund eines Dienstvertrags iS des § 611 in einem Dienstverhältnis steht. Die Vorschrift gilt deshalb nicht nur für Arbeitnehmer, sondern für **alle Dienstverpflichteten** (allgM). Wegen der weiteren tatbestandlichen Voraussetzungen wie die Aufnahme in die häusliche Gemeinschaft kommen aber regelmäßig nur Arbeitnehmer als Berechtigte in Betracht (*Schmitt* Rn. 6), für die die Bestimmung wegen der anderweitigen Absicherung wieder kaum Bedeutung hat. Keinen Anspruch hat der Verpflichtete, der eine Werkleistung nach **Werkvertragsrecht** schuldet (*Staudinger/Oetker* Rn. 12), falls für diesen Personenkreis und seine Erfüllungsgehilfen überhaupt die häusliche Aufnahme in Betracht kommen sollte

4   **a)** Das Dienstverhältnis muß **dauerhaft** ausgestaltet sein. Die Voraussetzung ist nicht nur bei einem unbefristeten Arbeitsverhältnis gegeben, das die Arbeitskraft des Arbeitnehmers vollständig und hauptsächlich in Anspruch nimmt, sondern auch bei einem über einen längeren Zeitraum befristeten Dienstvertrag. Auch bei der Fortsetzung einer zunächst nur für kurze Zeit geplanten Zusammenarbeit über einen längeren Zeitraum ist von einem dauernden Dienstverhältnis iS des Gesetzes auszugehen (*Staudinger/Oetker* Rn. 17; MünchKommBGB/*Schaub* Rn. 7). Als längerer Zeitraum ist in diesem Zusammenhang eine Zeit von mehr als einem halben Jahr anzunehmen (RGRK/*Matthes* Rn. 9; *Schmitt* Rn. 8 f.; aA *Staudinger/Oetker* Rn. 19).

5   **b)** Die aufgrund des Dienstvertrags zu erbringende Erwerbstätigkeit nimmt den Verpflichteten dann **vollständig oder hauptsächlich** in Anspruch, wenn er wenigstens mehr als die Hälfte der in Dienst- und Arbeitsverhältnissen üblichen wöchentlichen Zeiten zur Erfüllung seiner Aufgaben aufwendet. Denn das Tatbestandsmerkmal ist allein **zeitlich** zu bestimmen (RGRK/*Matthes* Rn. 11; *Schmitt* Rn. 10; *Staudinger/Oetker* Rn. 22), nicht nach Intensität des Dienstes und der Höhe der Gegenleistung.

6   **c)** Ein Dienstverpflichteter ist nicht nur dann in die **häusliche Gemeinschaft** aufgenommen, wenn er im Hause des Dienstgebers wohnt und dort wenigstens teilweise verpflegt wird, sondern auch dann, wenn er in einer von diesem **zur Verfügung gestellten Unterkunft** untergebracht und dort verpflegt wird (BAG 8. 6. 1955 AP BGB § 618 Nr. 1 mit Anm. *A. Hueck* =DB 1955, 667; RGRK/*Matthes* Rn. 14; MünchKommBGB/*Schaub* Rn. 9; *Schmitt* Rn. 11; ablehnend *Staudinger/Oetker* Rn. 28).

7   **2. Erkrankung.** Darunter ist dasselbe wie im **Recht der Entgeltfortzahlung** unter dem Begriff Krankheit zu verstehen (siehe deshalb § 3 EFZG Rn. 11 bis 15).

8   **3. Verschulden.** Auch wenn der Text sich zum Verschulden in der ältlich wirkenden Sprache des ausgehenden 19. Jahrhunderts verhält und von **§ 3 EFZG** abweicht, handelt es sich **inhaltlich um dasselbe**. Es sind dieselben Maßstäbe wie bei § 3 EFZG anzulegen (*Schmitt* Rn. 13 f.). Insoweit wird auf die Erläuterungen zu § 3 EFZG Rn. 46 bis 66 verwiesen.

III. Inhalt des Anspruchs

9   **1. Sachlicher Inhalt.** Der Dienstgeber schuldet dem Dienstnehmer die erforderliche **Verpflegung** und die **ärztliche Behandlung** in seinem Haushalt. Die Schuld kann aber auch durch Veranlassung der Aufnahme in einem Krankenhaus erfüllt werden.

10 **a)** Unter Verpflegung ist nicht nur die **Nahrung** zu verstehen, sondern auch die Versorgung mit **Arznei- und Heilmitteln** einschließlich der notwendigen Hilfsmittel (einhellige Meinung: RGRK/*Matthes* Rn. 25; *Staudinger/Oetker* Rn. 44; *Schmitt* Rn. 18) Die über den Wortlaut der Norm hinausgehende Interpretation rechtfertigt sich teleologisch, der Dienstgeber soll die fehlenden Leistungen der Krankenkasse ausgleichen (*Staudinger/Oetker* Rn. 44).

11 **b)** Der Dienstgeber schuldet dem Dienstnehmer die ärztliche Versorgung in Form von **Untersuchung und Behandlung** durch einen approbierten Facharzt für Allgemeinmedizin und/oder einer anderen Sparte. Das **Auswahlrecht** steht dem Dienstgeber zu, wobei aber das begründete fehlende Vertrauen des zu Behandelnden zu einem bestimmten Arzt dazu führt, daß der Anspruch nicht erfüllt wird, wenn der Dienstverpflichtete die Entgegennahme der Leistung ablehnt (*Staudinger/Oetker* Rn. 46 f.; *Schmitt* Rn. 19).

12 **c)** Der Schuldner wird von seiner Leistungspflicht frei, wenn er die **Aufnahme in einem Krankenhaus veranlaßt**, § 617 I 2. Lehnt der Gläubiger die Aufnahme ab, obwohl die Krankenhausbehandlung geeignet ist, seine Erkrankung zu beseitigen, so erlischt sein Anspruch nach § 617 jedenfalls für

Pflicht zu Schutzmaßnahmen § 618 BGB 230

die Dauer der Weigerung (hM mit teilweise abweichender Begründung, vgl. *Staudinger/Oetker* Rn. 48 bis 53 einerseits und *Schmitt* Rn. 20 andererseits).

2. Zeitlicher Umfang. Der Anspruch nach § 617 besteht **maximal** für die Dauer von 6 Wochen, 13 § 617 I 1, nicht jedoch über die **Beendigung** des Dienstverhältnisses hinaus, sofern nicht eine außerordentliche Kündigung das Rechtsverhältnis beendet hat (Rn. 14). Wegen der Berechnung des Zeitraums kann auf die entsprechende Regelung zu § 3 EFZG verwiesen werden (§ 3 EFZG Rn. 71 bis 74).

Wird das Dienstverhältnis **wegen** der Erkrankung vor Ablauf der Höchstdauer durch **außerordent-** 14 **liche Kündigung** beendet, so bleibt der Anspruch für die Dauer von sechs Wochen erhalten. Eine **Angleichung** an die weitergehende Bestimmung des **§ 8 EFZG verbietet sich** nicht nur wegen des klaren Wortlaut des Gesetzes. Sie ist auch nicht geboten, weil eine wirksame, das Dienstverhältnis aus Anlaß der Erkrankung beendende (das ist wohl mit der Präposition „wegen" gemeint) außerordentliche Kündigung jedenfalls im Arbeitsverhältnis nicht möglich ist. Die Gleichstellung des Dienstnehmers mit dem Arbeitnehmer ist aus Gleichheitsgründen nicht erforderlich (zum Gesamtkomplex: *Staudinger/Oetker* Rn. 60; *Schmitt* Rn. 29; aA RGRK/*Matthes* Rn. 31).

3. Kosten. Der Dienstgeber hat die Kosten der in Form von Sachleistungen zu erbringenden 15 Krankenfürsorge zu tragen (*Staudinger/Oetker* Rn. 62). Im Ergebnis steht dem Berechtigten aber **keine kostenlose Krankenfürsorge** zu. Die zusätzlichen Kosten, die der Dienstgeber zur Erfüllung seines Anspruchs aufzuwenden hat, kann er nämlich mit dem Anspruch des Erkrankten auf Fortzahlung der Vergütung verrechnen, § 617 I 3. Die Kosten, die auch bei Erfüllung der Dienstpflicht entstanden wären, wie die für Kost und Logis, sind nicht verrechenbar (RGRK/*Matthes* Rn. 33; *Staudinger/Oetker* Rn. 68; *Schmitt* Rn. 30).

IV. Anderweitige Vorsorge

Der Anspruch des Dienstnehmers ist **ausgeschlossen,** wenn er Leistungen aus der gesetzlichen oder 16 einer privaten Krankenkasse erhält oder anderweitige Vorsorge getroffen ist, § 617 II. Dann entfallen regelmäßig die Leistungen auf ärztliche Betreuung, nicht aber unbedingt auf Verpflegung (ausführlich *Staudinger/Oetker* Rn. 36 bis 42). Bei einer häuslichen Behandlung fallen diese weiter an (RGRK/ *Matthes* Rn. 23).

§ 618 [Pflicht zu Schutzmaßnahmen]

(1) **Der Dienstberechtigte hat Räume, Vorrichtungen oder Gerätschaften, die er zur Verrichtung der Dienste zu beschaffen hat, so einzurichten und zu unterhalten und Dienstleistungen, die unter seiner Anordnung oder seiner Leitung vorzunehmen sind, so zu regeln, daß der Verpflichtete gegen Gefahr für Leben und Gesundheit soweit geschützt ist, als die Natur der Dienstleistung es gestattet.**

(2) **Ist der Verpflichtete in die häusliche Gemeinschaft aufgenommen, so hat der Dienstberechtigte in Ansehung des Wohn- und Schlafraums, der Verpflegung sowie der Arbeits- und Erholungszeit diejenigen Einrichtungen und Anordnungen zu treffen, welche mit Rücksicht auf die Gesundheit, die Sittlichkeit und die Religion des Verpflichteten erforderlich sind.**

(3) **Erfüllt der Dienstberechtigte die ihm in Ansehung des Lebens und der Gesundheit des Verpflichteten obliegenden Verpflichtungen nicht, so finden auf seine Verpflichtung zum Schadensersatze die für unerlaubte Handlungen geltenden Vorschriften der §§ 842 bis 846 entsprechende Anwendung.**

Schrifttum: *Bücker/Feldhoff/Kohte,* Vom Arbeitsschutz zur Arbeitsumwelt, 1994; *Eberstein/Meyer,* Arbeitsstättenrecht, Loseblattkommentar; *N. Fabricius,* Die Einstellung der Arbeitsleistung bei gefährlichen und normwidrigen Tätigkeiten, 1996; *Gaul/Kühne,* Arbeitsstättenrecht, 1992; *Heinen/Tentrop/Wienecke/Zerlett,* Kommentar zum technischen und medizinischen Arbeitsschutz. Erläuterungen zur Arbeitsstättenverordnung, Loseblatt; *Jeiter,* Das neue Gerätesicherheitsgesetz, 2. Aufl. 1993; *Leßmann,* Rauchverbote am Arbeitsplatz, 1991; *Landmann/Rohmer/Meyer,* Gewerbeordnung, Loseblattkommentar; *Opfermann/Streit,* Arbeitsstätten, Loseblattkommentar Stand 1992; *Peine,* Gesetz über technische Arbeitsmittel, 1986; *Rahmede,* Passivrauchen – Gesundheitliche Wirkungen und rechtliche Konsequenzen, 2. Aufl. 1986; *Wank/Börgmann,* Deutsches und europäisches Arbeitsschutzrecht, 1992; *Zapka,* Passivrauchen und Recht, 1993.

I. Anwendungsbereich

§ 618 ist auf **Dienst- und Arbeitsverhältnisse** anzuwenden. Wie sich aus einem Umkehrschluß zu 1 § 617 ergibt, setzt die Anwendbarkeit der Vorschrift nicht voraus, daß es sich um ein dauerndes Dienst- oder Arbeitsverhältnis handelt (*Soergel/Kraft* Rn. 3; *MünchKommBGB/Lorenz* Rn. 8; *Staudinger/Oetker* Rn. 54). Von § 618 erfaßt werden auch die Arbeitsverhältnisse der im **öffentlichen**

230 BGB § 618 Pflicht zu Schutzmaßnahmen

Dienst beschäftigten Arbeiter und Angestellten (RAG 16. 9. 1936 ARS 28, 109; *Erman/Hanau* Rn. 2; MünchKommBGB/*Lorenz* Rn. 9; RGRK/*Schick* Rn. 16). Die Vorschrift gilt dagegen **nicht für Beamtenverhältnisse** (BVerwG 13. 9. 1984 NJW 1985, 877; *Erman/Hanau* Rn. 2; RGRK/*Schick* Rn. 16). § 618 I wird durch zahlreiche Spezialregelungen verdrängt, wie zB § 62 HGB, § 80 SeemannsG, § 12 HAG (*Erman/Hanau* Rn. 2; *Staudinger/Oetker* Rn. 4).

II. Standort des § 618 im Rechtssystem

2   § 618 ist eine **Teilausprägung** der allgemeinen **Fürsorgepflicht** des Dienstberechtigten gegenüber seinen Bediensteten (BAG 10. 3. 1976 AP BGB § 618 Nr. 17; *Erman/Hanau* Rn. 1; *Soergel/Kraft* Rn. 1; MünchKommBGB/*Lorenz* Rn. 1; *Palandt/Putzo* Rn. 1; abw. *Staudinger/Oetker* Rn. 8, nach dessen Ansicht § 618 vielmehr Ausdruck einer gesteigerten Interessenwahrungspflicht ist).

3   Im Hinblick auf Arbeitsverhältnisse handelt es sich bei § 618 um eine Vorschrift des privatrechtlichen Arbeitsrechts, die eng mit dem öffentlich-rechtlichen Arbeitsschutzrecht verknüpft ist. Zum **öffentlich-rechtlichen Arbeitsschutzrecht** gehören alle Rechtsvorschriften, die Pflichten gegenüber dem Staat oder dem zuständigen gesetzlichen Unfallversicherungsträger (Berufsgenossenschaft) begründen, damit die Sicherheit und der Gesundheitsschutz der AN bei der Arbeit gewährleistet sind (*Wlotzke*, FS für Raisch, 1995, S. 327, 328). Dagegen zielt das privatrechtliche Arbeitsschutzrecht darauf ab, den Schutz der AN vor den Gefahren des Arbeitslebens durch die Begründung arbeitsvertraglicher Rechte und Pflichten zu gewährleisten. Im Unterschied zum öffentlich-rechtlichen Arbeitsschutz, der von den Aufsichtsbehörden überwacht und erforderlichenfalls durch behördliche Zwangsmaßnahmen durchgesetzt wird, muß der AN die Erfüllung privatrechtlicher Arbeitsschutzpflichten selbst durchsetzen (näher zur Systematik des Arbeitsschutzrechts *Staudinger/Oetker* Rn. 16 ff.; *Wank/Börgmann* S. 10 ff.; MünchArbR/*Wlotzke* § 207 Rn. 4 ff.).

4   Seit der grdl. Untersuchung von *Nipperdey* (Festgabe zum 50 jährigen Bestehen des Reichsgerichts, Bd. IV 1929, S. 203 ff.) ist allgemein anerkannt, daß die öffentlich-rechtlichen Arbeitsschutznormen zugleich auch entsprechende unabdingbare Vertragspflichten des AG gegenüber seinen AN erzeugen können (sog. **Doppelwirkung** des öffentlich-rechtlichen Arbeitsschutzrechts; s. BAG 10. 3. 1976 AP BGB § 618 Nr. 17; MünchArbR/*Blomeyer* § 94 Rn. 5; *Herschel* RdA 1978, 69, 73; MünchKommBGB/*Lorenz* Rn. 6; *Soergel/Kraft* Rn. 10; *Wlotzke*, FS für Hilger und Stumpf, 1983, S. 723, 738 ff.). Die öffentlich-rechtlichen Arbeitsschutzvorschriften **konkretisieren** den vom AG nach § 618 I einzuhaltenden Standard, dh. sie legen für AN einen **Mindeststandard** fest. AN brauchen sich also nicht mit weniger zu begnügen, als die öffentlich-rechtliche Arbeitsschutznorm im konkreten Fall anordnet. Andererseits kann der AN vom AG aber grds. auch nicht mehr verlangen, als die öffentlich-rechtliche Arbeitsschutznorm vom AG fordert (*Nipperdey*, Festgabe zum 50 jährigen Bestehen des Reichsgerichts, Bd. IV 1929, S. 217; *Soergel/Kraft* Rn. 10; RGRK/*Schick* Rn. 18). Eine Verpflichtung des AG, über den öffentlich-rechtlichen Arbeitsschutz hinausgehende Maßnahmen zu ergreifen, kann sich ausnahmsweise jedoch bei besonders schutzbedürftigen AN ergeben (BAG 17. 2. 1998 AP BGB § 618 Nr. 26 m. Anm. *Börgmann*; LAG Baden-Württemberg 9. 12. 1977 DB 1978, 213; MünchKommBGB/*Lorenz* Rn. 49; *Staudinger/Oetker* Rn. 89; RGRK/*Schick* Rn. 19). Zu weitergehenden Schutzmaßnahmen kann der AG auch aufgrund einzelvertraglicher Vereinbarung oder aufgrund eines TV oder einer Betriebsvereinbarung verpflichtet sein. – Zu allen in § 618 angegebenen Verpflichtungen (betr. Räume, Vorrichtungen, Gerätschaften und Organisation) bestehen inzwischen öffentlich-rechtliche Arbeitsschutzvorschriften. Öffentlich-rechtlich kann allein auf diese Normen zurückgegriffen werden, regelmäßig iVm. dem ArbSchG; also zB betr. Räume auf § 3 ArbSchG iVm. der ArbStättV. Privatrechtlich ergibt sich die Verpflichtung des AG aus § 618, konkretisiert durch die einschlägigen öffentlich-rechtlichen Arbeitsschutzvorschriften. Diese Vorschriften beziehen sich allerdings nur auf AG, so daß bei Dienstberechtigten allein § 618 anzuwenden ist.

5   Den AG verpflichtende Wirkung können nach allgemeiner Auffassung allerdings nur solche öffentlich-rechtlichen Arbeitsschutznormen entfalten, die geeignet sind, den Gegenstand einer arbeitsvertraglichen Vereinbarung zu bilden (BAG 10. 3. 1976 AP BGB § 618 Nr. 17; *Bücker/Feldhoff/Kohte* Rn. 27; MünchKommBGB/*Lorenz* Rn. 7; *Staudinger/Oetker* Rn. 14; RGRK/*Schick* Rn. 40; *Wlotzke*, FS für Hilger und Stumpf, S. 723, 739 ff.). Von der Transformationswirkung ausgeschlossen sind demnach öffentlich-rechtliche Arbeitsschutznormen, die organisatorischer oder ordnungsrechtlicher Natur sind, wie zB Aufzeichnungspflichten oder Aushangpflichten (MünchKommBGB/*Lorenz* Rn. 7; *Wlotzke,* FS für Hilger und Stumpf, S. 723, 742). Arbeitsschutzrechtliche Solidarnormen – das sind solche Arbeitsschutznormen, deren Schutzadressat die Belegschaft oder eine bestimmte Gruppe von ihr sind –, können im Zusammenhang mit § 618 ebenfalls vertragliche Pflichten des AG gegenüber dem AN begründen. Voraussetzung ist jedoch, daß sie ihrem Zweck nach dem einzelnen einen Erfüllungsanspruch gewähren (*Hueck/Nipperdey* Bd. I, § 48 III 2; *Soergel/Kraft* Rn. 10; *Löwisch* DB Beil. Nr. 1/79, 1, 12; abw. *Wlotzke,* FS für Hilger und Stumpf, S. 723, 743 f.).

III. Inhalt der Schutzpflichten des Abs. 1

1. Räume, Vorrichtungen und Gerätschaften als Schutzgegenstand. § 618 I verpflichtet den 6 Dienstberechtigten, Räume, Vorrichtungen und Gerätschaften so einzurichten und zu unterhalten, daß der Verpflichtete gegen Gefahren für Leben und Gesundheit soweit geschützt ist, als die Natur der Dienstleistung es gestattet.

a) **Räume.** Der Begriff Raum iSd. § 618 I ist weit auszulegen. Er umfaßt über die reine Arbeitsstätte 7 hinaus alle Örtlichkeiten, an denen der Dienstverpflichtete nach dem Vertrag und etwaiger Leistungsbestimmungen durch den Dienstberechtigten seine Dienstleistung erbringt oder die er im Zusammenhang mit der Erfüllung seiner Verpflichtung mit dem Dienstberechtigten aufsucht (*Erman/Hanau* Rn. 7; *Soergel/Kraft* Rn. 12; *Staudinger/Oetker* Rn. 67). Der Begriff Raum deckt sich damit im wesentlichen mit dem Begriff der Arbeitsstätte iSv. § 2 ArbStättV (MünchKommBGB/*Lorenz* Rn. 25; *Staudinger/Oetker* Rn. 72). Zu den Räumen gehören ua. Arbeitsräume in Gebäuden einschließlich Ausbildungsstätten, Arbeitsplätze auf dem Betriebsgelände im Freien, Baustellen, Pausen-, Bereitschafts-, Liegeräume und Räume für körperliche Ausgleichsübungen, Umkleide-, Wasch- und Toilettenräume sowie Sanitätsräume. Die Schutzpflicht des § 618 I gilt nicht für solche Räume, deren Betreten dem AN untersagt ist oder in denen er nichts zu suchen hat (RG 2. 3. 1990 Gruchot 53, 968; *Soergel/Kraft* Rn. 10; *Palandt/Putzo* Rn. 1).

Die Pflichten des Dienstberechtigten im Hinblick auf die Einrichtung und Unterhaltung der Räume 8 werden im Anwendungsbereich der ArbStättV vor allem durch die Vorschriften der §§ 5 ff. **ArbStättV** konkretisiert (MünchArbR/*Blomeyer* § 94 Rn. 11; MünchKommBGB/*Lorenz* Rn. 22.; *Staudinger/Oetker* Rn. 92).

Bis zum Inkrafttreten der Verordnung zur Umsetzung von EG-Einzelrichtlinien zur EG-Rahmen- 9 richtlinie Arbeitsschutz vom 4. 12. 1996 (BGBl. I S. 1841) galt die ArbStättV nur für Gewerbebetriebe iSd. GewO, auf die §§ 120 a bis 120 c sowie § 139 g GewO iVm. § 62 HGB anwendbar waren. Durch Art. 4 der genannten Verordnung ist der Anwendungsbereich der ArbStättV erheblich ausgeweitet worden. Die ArbStättV gilt nach ihrem § 1 I nunmehr für Arbeitsstätten in allen Betrieben, in denen das ArbSchG Anwendung findet. Vom Anwendungsbereich der ArbStättV ausgeschlossen sind allerdings das Reisegewerbe und der Marktverkehr, Straßen-, Schienen- und Luftfahrzeuge im öffentlichen Verkehr, Betriebe, die dem BBergG unterliegen, sowie See- und Binnenschiffe, § 1 II ArbStättV.

Die §§ 5 ff. ArbStättV enthalten allgemeine Anforderungen über die Lüftung, Raumtemperaturen, 10 Beleuchtung, Fußböden, Wände, Decken, Dächer, Fenster, Türen sowie Bestimmungen zum Schutz gegen Absturz, gegen Entstehungsbrände, gegen Gase, Dämpfe, Nebel, Stäube, Lärm oder sonstige unzuträgliche Einwirkungen wie auch über die verschiedenen Arten von Verkehrswegen. Ferner enthält die ArbStättV Anforderungen hinsichtlich der Gestaltung von Pausen, Bereitschafts- und Liegeräumen, Räumen für körperliche Ausgleichsübungen sowie Sanitär- und Sanitätsräumen (zu den Anforderungen im einzelnen s. ua. *Eberstein/Meyer*, Arbeitsstättenrecht, Loseblattkommentar Stand 1992; *Gaul/Kühne*, Arbeitsstättenrecht, 1992; *Heinen/Tentrop/Wienecke/Zerlett*, Kommentar zum technischen und medizinischen Arbeitsschutz. Erläuterungen zur Arbeitsstättenverordnung, Loseblatt Stand 1992; *Landmann/Rohmer/Meyer*, Gewerbeordnung, Loseblattkommentar Stand Juli 1999, Bd. IV Nr. 660 ArbStättV; *Opfermann/Streit*, Arbeitsstätten, Loseblattkommentar Stand 1992; MünchArbR/*Wlotzke* § 204 Rn. 13 ff.; *Wank*, Kommentar zum technischen Arbeitsschutz, 1999, E. ArbStättV). Die ArbStättV selbst enthält keine technischen Detailregelungen, sondern nur ausfüllungsbedürftige Rahmenvorschriften. Der Ausfüllung dienen vor allem die **Arbeitsstätten-Richtlinien**, die vom BMA gem. § 3 II ArbStättV unter Hinzuziehung der fachlich beteiligten Kreise einschließlich der Spitzenorganisationen der AN und der AG aufgestellt werden. Anders als bei den Bestimmungen der ArbStättV handelt es sich bei den Arbeitsstätten-Richtlinien nicht um Rechtsnormen (*Landmann/Rohmer/Meyer* ArbStättV § 3 Rn. 24). Sie entfalten somit keine Rechtsverbindlichkeit. Dennoch haben sie erhebliche praktische Bedeutung. Sie wirken nämlich wie Verwaltungsvorschriften, so daß AG sich durch sie darüber informieren können, bei welchen ihrer Maßnahmen sie mit Beanstandungen durch die Aufsichtsbehörden nicht zu rechnen brauchen (*Opfermann/Streit* § 3 Abs. 2, Rn. 81).

Neben der ArbStättV und den Arbeitsstätten-Richtlinien bestehen weitere spezielle Arbeitsschutz- 11 vorschriften, die die Einrichtung und Unterhaltung von Arbeitsstätten regeln und die Schutzpflichten des AG aus § 618 I konkretisieren, wie zB die Verordnung über besondere Arbeitsschutzanforderungen bei Arbeiten im Freien in der Zeit vom 1. 11. bis 31. 3., § 17 DruckluftVO, §§ 16, 17 RöntgenVO.

Konkretisiert werden die Schutzpflichten des AG nicht nur durch gesetzliche Arbeitsschutzvor- 12 schriften, sondern auch durch zahlreiche von den Berufsgenossenschaften erlassene **Unfallverhütungsvorschriften,** die ebenfalls Regelungen über die Einrichtung und Unterhaltung von Arbeitsstätten enthalten, wie zB die von den gewerblichen Berufsgenossenschaften erlassene UVV „Lärm" in der Neufassung von 1990 (näher dazu *Lazarus* AiB 1992, 677).

b) **Vorrichtungen und Gerätschaften.** Die Schutzpflichten des Dienstberechtigten aus § 618 I 13 erstrecken sich auch auf Vorrichtungen und Gerätschaften. Wie der Begriff Räume sind auch die Begriffe Gerätschaften und Vorrichtungen **weit auszulegen** (*Soergel/Kraft* Rn. 13; Münch-

KommBGB/*Lorenz* Rn. 30). Zu den Vorrichtungen und Gerätschaften iSd. § 618 I zählen alle Gegenstände, mit denen der Dienstberechtigte bei der Erbringung der betreffenden Dienstleistung in Berührung kommt (RAG 15. 10. 1930 ARS 10, 456; MünchArbR/*Blomeyer* § 96 Rn. 14; *Erman/ Hanau* Rn. 8; MünchKommBGB/*Lorenz* Rn. 30). Von den Begriffen Vorrichtungen und Gerätschaften werden somit nicht nur Maschinen und Werkzeuge erfaßt, sondern auch beispielsweise die eingesetzten Gefahrstoffe, Schutzausrüstungen (zum Erstattungsanspruch aus § 670 BGB BAG 19. 5. 1998 AP BGB § 670 Nr. 31 = NZA 1999, 38), Beförderungsmittel sowie Hilfsmittel, wie Leitern und Hebe- und Fördereinrichtungen (*Erman/Hanau* Rn. 8; *Staudinger/Oetker* Rn. 73). Die Begriffe Vorrichtungen und Gerätschaften decken sich zum Teil mit dem Begriff der **technischen Arbeitsmittel** iSd. § 2 GSG, gehen über diesen jedoch nicht hinaus. Nach der Legaldefinition des § 2 I GSG sind technische Arbeitsmittel iSd. GSG verwendungsfertige Arbeitseinrichtungen, vor allem Werkzeuge, Arbeitsgeräte, Arbeits- und Kraftmaschinen, Hebe- und Fördereinrichtungen sowie Beförderungsmittel.

14 Um ein möglichst hohes Schutzniveau zu erreichen, setzen die Anforderungen des GSG an die Sicherheit der technischen Arbeitsmittel nicht erst beim AG, sondern schon beim Hersteller oder Importeur an. Technische Arbeitsmittel müssen also von vornherein so gestaltet sein, daß von ihnen schon beim Inverkehrbringen keine Gefahren für Leben und Gesundheit der Benutzer ausgehen (vgl. BT-Drucks. 5/834 S. 1 ff.; *Jeiter* § 3 Rn. 4 ff.; *Peine* Einf. Rn. 13 ff.; MünchArbR/*Wlotzke* § 213 Rn. 1 ff.). Adressaten des GSG sind nicht die AG, sondern Hersteller, Importeure und uU auch Händler. Gleichwohl ist das GSG für die Konkretisierung der Schutzpflichten des AG aus § 618 I in Bezug auf Vorrichtungen und Gerätschaften insoweit von Bedeutung, als der AG seinen Schutzpflichten aus § 618 I genügt, wenn die von ihm eingesetzten technischen Arbeitsmittel den Bestimmungen des GSG entsprechen (MünchKommBGB/*Lorenz* Rn. 33; *Staudinger/Oetker* Rn. 98). Da das GSG gerade nicht den AG zum Adressaten bestimmt hat, kann aus § 618 I allerdings nicht die Verpflichtung entnommen werden, nur technische Arbeitsmittel zu verwenden, die den Anforderungen des GSG entsprechen (aA *Staudinger/Oetker* Rn. 99). Konkretisiert werden die Pflichten des AG durch **Unfallverhütungsvorschriften**, die die Berufsgenossenschaften im Hinblick auf die Sicherheit von technischen Arbeitsmitteln erlassen haben. Der AG muß neuangeschaffte Arbeitsmittel darauf untersuchen, ob sie den einschlägigen UVV entsprechen. Er genügt seiner Schutzpflicht aus § 618 I jedoch nicht allein dadurch, daß er die Arbeitsmittel vor ihrem Einsatz auf ihre sicherheitstechnische Unbedenklichkeit überprüft, er muß sie vielmehr auch in der Folgezeit regelmäßig kontrollieren und gegebenenfalls die erforderlichen Maßnahmen ergreifen, damit von den Arbeitsmitteln keine Gefahren für Leben oder Gesundheit der AN ausgehen (*Erman/Hanau* Rn. 8).

15 **2. Regelung der Dienstleistungen.** Zu den Schutzpflichten des § 618 I gehört auch, daß der Dienstberechtigte die unter seiner Anordnung oder seiner Leitung vorzunehmenden Dienstleistungen so regelt, daß der Dienstverpflichtete vor Gefahren für Leben und Gesundheit geschützt ist. Anders als für die Einrichtung und Unterhaltung von Räumen und Vorrichtungen und Gerätschaften, gibt es hinsichtlich der Regelungen der Arbeitsleistungen nur wenige öffentlich-rechtliche Arbeitsschutzvorschriften, die die Pflichten des AG konkretisieren. Soweit in Gesetzen (zB ArbSchG, ASiG) oder UVV solche Pflichten enthalten sind, handelt es sich überwiegend um **Ordnungs- und Organisationsvorschriften,** die der Transformation des öffentlich-rechtlichen Arbeitsschutzes in das privatrechtliche Arbeitsrecht entzogen sind (MünchKommBGB/*Lorenz* Rn. 37; zur Transformationswirkung s. oben Rn. 4 f.). Die wichtigsten öffentlich-rechtlichen Arbeitsschutzvorschriften, die die Regelungsverpflichtung des AG konkretisieren, haben die Unterweisung der AN zum Gegenstand. In Übereinstimmung mit Art. 12 I der Rahmenrichtlinie 89/391/EWG verpflichtet § 12 I 1 ArbSchG den AG, die AN über Sicherheit und Gesundheitsschutz bei der Arbeit während ihrer Arbeitszeit ausreichend und angemessen zu unterweisen. Damit AN eine Gesundheitsgefährdung erkennen und entsprechend den vorgesehenen Maßnahmen auch handeln können, verlangt § 12 I 2, daß die Unterweisung auf die individuelle Arbeitssituation des Beschäftigten zugeschnittene Informationen, Erläuterungen und Anweisungen enthalten muß. Die Unterweisung muß auf jeden Fall vor dem Einsatz des AN an seinem Arbeitsplatz erfolgen. Später sind erneut Unterweisungen vorzunehmen, wenn Veränderungen im Aufgabengebiet erfolgen oder neue Arbeitsmittel oder neue Technologien eingeführt werden oder sich im übrigen erhebliche Veränderungen bei der Gefahrensituation ergeben. Die Unterweisung muß ferner an die Gefährdungsentwicklung angepaßt sein und erforderlichenfalls regelmäßig wiederholt werden (§ 12 I 4 ArbSchG). § 12 ArbSchG regelt die allgemeine Unterweisungspflicht. **Spezielle Unterweisungspflichten** sind einmal im ArbSchG selbst, und zwar in den §§ 8 und 9, enthalten. Auch die auf der Grundlage der Verordnungsermächtigung des § 19 ArbSchG erlassene PSA-Benutzungsverordnung (PSA-BV) sowie die Lastenhandhabungsverordnung (LastHandhabV) sehen spezielle Unterweisungspflichten vor (§ 3 PSA-BV, § 4 LastHandhabV). Darüber hinaus waren auch schon vor Inkrafttreten des ArbSchG in zahlreichen Rechtsvorschriften spezielle Unterweisungen vorgeschrieben, die durch die allgemeine Unterweisungspflicht des § 12 ArbSchG nicht berührt werden (vgl. zB § 20 II DruckluftV; § 20 II GefStoffV; § 29 JArbSchG; § 21 Nr. 5 SprengG; § 39 StrlSchVO).

Neben der Unterweisungspflicht gehört zu den Regelungspflichten des AG aus § 618 insb. auch, 16
einer gesundheitsschädigenden **Überanstrengung des AN** entgegenzuwirken. Dies gilt auch dann,
wenn es sich bei dem AN um einen hochbezahlten leitenden Angestellten handelt (BAG 13. 3. 1967
AP BGB § 618 Nr. 15). Der AG darf sich bei der Zuteilung der Arbeit an der Leistungsfähigkeit eines
durchschnittlichen Menschen orientieren (*Erman/Hanau* Rn. 10; *Soergel/Kraft* Rn. 17). Etwas anderes gilt dann, wenn dem AG Umstände bekannt sind, die die Leistungsfähigkeit des AN mindern, wie
zB erhöhte Anfälligkeit gegen bestimmte Krankheiten. In diesem Fall muß der AG die verminderte
Leistungsfähigkeit bei der Zuweisung der Arbeit berücksichtigen (vgl. RAG 1. 12. 1928 ARS 4, 257;
Hueck/Nipperdey Bd. I, § 48 II 2 Fn. 14; *Nikisch* Bd. I § 36 II 1; *Soergel/Kraft* Rn. 17). Zu den
Regelungspflichten des AG aus § 618 I gehört es auch, den AN davor zu schützen, daß er durch
Erkrankungen anderer AN in seiner Gesundheit gefährdet wird (RAG 27. 11. 1935 ARS 26, 13; RAG
13. 6. 1936 27, 228; RAG 14. 4. 1937 29, 355; *Soergel/Kraft* Rn. 17; *MünchKommBGB/Lorenz* Rn. 38;
Staudinger/Oetker Rn. 121). Schließlich können gesundheitliche Gründe den AG zu einer Versetzung
berechtigen, BAG 17. 2. 1998 AP BGB § 618 Nr. 27.

IV. Grenzen der Schutzpflicht des Abs. 1

Der dem AG nach § 618 I obliegende **Gefahrenschutz** ist **nicht absolut**, sondern besteht nach der 17
ausdrücklichen Einschränkung des § 618 I nur soweit, „wie es die Natur des Betriebs gestattet". Diese
Beschränkung wird durch die Vorschriften des öffentlich-rechtlichen Arbeitsschutzes konkretisiert
(*Erman/Hanau* Rn. 12). Spezialvorschriften des technischen Arbeitsschutzes können besondere Anforderungen enthalten (*MünchKommBGB/Lorenz* Rn. 47). Soweit keine Sondervorschriften einschlägig sind, ist für die Beurteilung, was dem AG an Schutzmaßnahmen zumutbar ist, auf § 4 ArbSchG
abzustellen. Danach hat der AG die Arbeit so zu gestalten, daß eine Gefährdung für Leben und
Gesundheit möglichst vermieden und die verbleibende Gefährdung möglichst gering gehalten wird
(§ 4 Nr. 1 ArbSchG). § 4 Nr. 3 verpflichtet den AG ferner, bei den Arbeitsschutzmaßnahmen den
Stand von Technik, Arbeitsmedizin und Hygiene sowie sonstige gesicherte arbeitswissenschaftliche
Erkenntnisse zu berücksichtigen. Nach der Amtl. Begr. des RegEntw. zum ArbSchG (BT-Drucks. 13/
3540 S. 16) darf der AG somit ein **akzeptables Risiko** hinnehmen. Welches Risiko noch hinnehmbar
ist, ergibt sich aus einem Abwägungsprozess. Je schwerer ein möglicher Schaden für den AN sein
kann, desto stärker müssen infolgedessen die Schutzmaßnahmen sein, die der AG treffen muß, um
seinen Eintritt zu verhindern (s. *Wank*, Kommentar zum technischen Arbeitsschutz, 1999, § 3 Rn. 4,
§ 4 Rn. 2 f.).

V. Sonderproblem Nichtraucherschutz am Arbeitsplatz

Zweifelhaft ist, ob und inwieweit der AG nach § 618 I auch verpflichtet ist, AN vor Tabakrauch an 18
seinem Arbeitsplatz zu schützen (vgl. zu dieser Problematik aus neuerer Zeit *Ahrens* NZA 1999, 688;
Binz/Sorg BB 1994, 1709; *Börgmann* RdA 1993, 241; *Cosack* DB 1999, 1450; *Leßmann* AuR 1995, 241;
ders., Rauchverbote am Arbeitsplatz, 1991; *Sbresny-Uebach* AR-Blattei SD Nr. 1310; *Schillo* DB 1997,
2022; *Zapka* BB 1992, 1847; *ders.*, Passivrauchen und Recht, 1993). Tlw. finden sich in gesetzlichen
Arbeitsschutzvorschriften ausdrückliche arbeitsplatzbezogene Rauchverbote, die die Schutzpflichten
des AG aus § 618 I konkretisieren (vgl. zB die Verordnung über das Rauchverbot in feuergefährdeten
gewerblichen Betrieben v. 25. 5. 1940 GBl. I S. 840; allg. zu staatlichen Schutzpflichten *Faber*
DVBl. 1998, 745). Den § 618 I konkretisierende Rauchverbote enthalten auch verschiedene berufsgenossenschaftliche UVV, wie zB § 44 III VBG 1 „Allgemeine Vorschriften", § 15 II VBG 62 „Sauerstoff", § 14 IV VBG 113 „Schutzmaßnahmen beim Umgang mit krebserzeugenden Stoffen".

Im Anwendungsbereich der **ArbStättV** wird die Pflicht des AG, die bei ihm beschäftigten AN vor 19
Tabakrauch zu schützen, durch § 5 ArbStättV konkretisiert, der den AG verpflichtet, dafür zu sorgen,
daß in Arbeitsräumen unter Berücksichtigung der angewandten Arbeitsverfahren und der körperlichen Beanspruchung des AN während der Arbeitszeit ausreichend gesundheitlich zuträgliche Atemluft vorhanden ist. Was unter dem Begriff der **gesundheitlich zuträglichen Atemluft** iSd. § 5 ArbStättVO zu verstehen ist, wird nicht einheitlich beurteilt.

Zum Teil wird die Ansicht vertreten, § 5 ArbStV enthalte die an den AG adressierte Verpflichtung, 20
für eine von Tabakrauch völlig freie Atemluft in Arbeitsräumen zu sorgen. Zur Begründung wird
angeführt, daß „gesundheitlich zuträglich" iSd. § 5 ArbStV mehr als bloß gesundheitlich unschädlich
bedeute. Vielmehr ergebe sich aus dieser Formulierung, daß die Luft gesundheitlich bekömmlich, ja
sogar gesundheitlich förderlich zu sein habe. Zumindest dürfe die Atemluft nicht schlechter als die
Außenluft sein. Eine bereits gering von Tabakrauch durchsetzte Luft entspreche diesen Anforderungen grds. nicht (LAG Düsseldorf 9. 5. 1980 – 21 Sa 322/80 – nv., zitiert nach *Leßmann* S. 149;
Wischnath DB 1977, 1365, 1366; *ders.* DB 1979, 1133; wohl auch *Sbresny-Uebach* AR-Blattei SD
Nr. 1310, S. 5). – Diese Auffassung ist abzulehnen. Sie verkennt, daß die ArbStättV auf § 120 e iVm.
§ 120 a GewO beruht (zur Fortgeltung der ArbStättV trotz Außerkraftsetzung ihrer Ermächtigungsgrundlage durch das Gesetz zur Umsetzung der EG-Rahmenrichtlinie Arbeitsschutz und weiterer

Richtlinien v. 7. 8. 1996 s. BVerwG 31. 1. 1997 NZA 1997, 482). § 120 a I GewO verpflichtete den Gewerbeunternehmer aber lediglich, Arbeitsstätten und Arbeitsmittel so einzurichten und zu unterhalten und den Betrieb so zu regeln, daß die AN gegen „Gefahren für Leben und Gesundheit" geschützt sind. Nach § 120 a GewO sollten AN nur vor konkreten Gefahren für Leben oder Gesundheit geschützt werden (*Landmann/Rohmer/Meyer* § 120 a GewO Rn. 7). Eine Pflicht, die Gesundheit des AN zu fördern, kann dem außer Kraft getretenen § 120 a GewO nicht entnommen werden. Da die ArbStättV nicht über den durch die Ermächtigungsgrundlage gesteckten Rahmen hinausgehen darf, ist das Merkmal der „gesundheitlich zuträglichen Atemluft" dahingehend auszulegen, daß **die Atemluft nicht zu einem Gesundheitsschaden oder zu einer konkreten Gesundheitsgefahr führen darf** (BAG 17. 2. 1998 AP BGB § 618 Nr. 26 m. Anm. *Börgmann; Börgmann* RdA 1993, 275, 278; *Fuchs* BB 1977, 299, 300; *Horneffer* Arbeitsschutz 1975, 221 f; *Leßmann* S. 156; *Löwisch* DB Beil. Nr. 1/79, 1, 7; *Streit* DB 1975, 1219, 1222). Daraus folgt, daß jedenfalls gesundheitlich vorgeschädigte AN, die durch Tabakrauch in ihrer Gesundheit akut beeinträchtigt werden (zB bei Entzündungen der Augenbindehaut oder der Atemwege; näher zu den Akutwirkungen des Passivrauchens *Leßmann*, Rauchverbote am Arbeitsplatz, S. 166 ff. mwN), einen Anspruch aus § 618 I auf Schutzmaßnahmen vor Tabakrauch haben (BAG 17. 2. 1998 AP BGB § 618 Nr. 26; *Börgmann* RdA 1993, 275, 283; *Leßmann* AuR 1995, 241, 244; *Löwisch* DB Beil. 1/1979, 1, 12; *Scholz* DB Beil. 10/1979, 1, 7).

21 Der Anspruch der von den Akutwirkungen des Passivrauchens betroffenen AN geht allerdings nur dahin, daß der AG sicherstellt, daß **gesundheitsgefährdende Verunreinigungen** der Atemluft durch Tabakrauch **verhindert** werden. Es steht dem AG frei, welche Maßnahmen er trifft (BVerwG 13. 9. 1984 NJW 1985, 877; LAG München 27. 11. 1990 NZA 1991, 521). Neben lüftungstechnischen und organisatorischen Maßnahmen, wie zB die Trennung der Arbeitsplätze von Rauchern und Nichtrauchern, kommt auch der Erlaß eines Rauchverbotes am Arbeitsplatz in Betracht. Einen Anspruch auf die Zuweisung eines anderen, rauchfreien Arbeitsplatzes hat der AN ausnahmsweise nur dann, wenn andere geeignete Abhilfemaßnahmen nicht in Betracht kommen oder nicht ausreichen (LAG Hamm 20. 7. 1988 LAGE BGB § 618 Nr. 3; LAG München 2. 3. 1990 LAGE BGB § 618 Nr. 4 und 5; *Löwisch* DB Beil. 1/1979, 1, 15; *Staudinger/Oetker* Rn. 113).

22 Offen geblieben ist bisher die Frage, ob § 618 I AG auch verpflichtet, AN, bei denen keine Akutwirkungen des **Passivrauchens** auftreten, vor (jeglichem) Tabakrauch am Arbeitsplatz zu schützen. Die Beurteilung dieser Frage hängt entscheidend davon ab, ob Passivrauchen zu gesundheitlichen Langzeitschäden, insb. zur Entstehung von Krebs, führen kann. Die Auffassungen hierüber gehen auseinander. Während ein Teil der Rspr. sowie des Schrifttums den naturwissenschaftlichen Nachweis gesundheitlicher Langzeitschäden des Passivrauchens lange Zeit als (noch) nicht erbracht ansahen (vgl. OLG Hamm 1. 3. 1982 MDR 1982, 780; VG Würzburg 12. 12. 1979 NJW 1981, 243; *Börgmann* RdA 1993, 275, 279; *Leßmann* S. 193 ff.; *ders.* AuR 1995, 241, 244; *Löwisch* DB Beil. 1/1979, 1, 7; *Zapka* BB 1992, 1847, 1848), hielten andere den Nachweis bereits für erbracht (OLG Stuttgart 26. 6. 1974 NJW 1974, 2014; BVerwG 13. 9. 1984 NJW 1985, 876; ArbG Berlin 26. 10. 1988 DB 1988, 2518; ArbG Hamburg 14. 4. 1989 BB 1989, 1142; *Binz/Sorg* BB 1994, 1709; *Rahmede* S. 167, 184 f., 187; *Sbresny-Uebach* AR-Blattei SD Nr. 1310 Rn. 13). In der am 1. 7. 1998 von der DFG veröffentlichten „MAK- und BAT-Werteliste 1998" wird das Rauchen am Arbeitsplatz als „eindeutig krebserzeugend für den Menschen" eingestuft. Es ist noch offen, ob der Ausschuß für Gefahrstoffe beim BMA diese Einschätzung in die TRGS 1095 übernimmt. Das BAG, das in früheren Entscheidungen eine Stellungnahme zum Streit über die Gesundheitsgefährdung durch Passivrauchen stets vermieden hat, vertritt nunmehr ebenfalls die Ansicht, daß nach dem heutigen medizinischen Kenntnisstand die gesundheitliche Gefährdung durch Passivrauchen nicht mehr ernsthaft in Abrede gestellt werden könne (BAG 19. 1. 1999 AP BetrVG 1972 § 87 Ordnung des Betriebes Nr. 28 mit Anm. *v. Hoyningen-Huene*; s. zu diesem Urteil auch die Anm. von *Börgmann* RdA 1999, 491; *Hanau* AuA 1999, 37). Da die Kommission keinen Schwellenwert angegeben hat, ist ungeklärt, ab welcher Belastung eine Gesundheitsgefahr besteht (*Cosack* DB 1999, 1451). Wegen der großen Bedeutung, die die durch § 618 geschützten Rechtsgüter Leben und Gesundheit nach Art. 2 II 1 GG haben, erscheint es jedenfalls im Anwendungsbereich der ArbStättV gerechtfertigt, in Fällen, in denen AN Schutz vor Tabakrauch begehren, die Beweislastregelung des § 4 II 2 ArbStättV anzuwenden (*Leßmann* S. 243 ff; *ders.* AuR 1995, 241, 144; ihm folgend HessLAG 24. 11. 1994 AuR 1995, 285). Gestattet der AG das Rauchen am Arbeitsplatz, so hat er demnach im Streitfall nachzuweisen, daß die mit Tabakrauch belastete Atemluft am Arbeitsplatz den Anforderungen des § 5 ArbStättV entspricht, also ebenso gesundheitlich zuträglich ist wie die Außenluft.

23 Der AG ist aus § 618 verpflichtet, Gesundheitsgefahren von seinen AN abzuwenden. Wie der AG seiner Pflicht nachkommt (zB durch Einbau einer Klimaanlage, durch Erlaß eines generellen Rauchverbots oder durch räumliche Trennung von Rauchern und Nichtrauchern) unterliegt seinem Ermessen. Der Anspruch auf Schutzmaßnahmen vor den gesundheitsschädlichen Akut- oder Langzeitwirkungen des Passivrauchens besteht jedoch nur insoweit, „als die Natur der Dienstleistung es gestattet". Ein Rauchverbot gegenüber Passagieren von Verkehrsflugzeugen können AN, die durch Tabakrauch im Flugzeug gesundheitlich beeinträchtigt werden, nicht verlangen. § 618 I rechtfertigt nämlich keinen Eingriff in die **unternehmerische Tätigkeit,** soweit sie den einschlägigen gewerberechtlichen, berufs-

VII. Rechtsfolgen der Schutzpflichtverletzung § 618 BGB 230

regelnden, gesundheitspolizeilichen und sonstigen Bestimmungen entspricht. Ein Rauchverbot in Verkehrsflugzeugen zum Schutz der Flugbegleiter hätte jedoch zur Folge, daß die Fluggesellschaft keine „Raucherplätze" mehr anbieten könnte und sich das Rauchverbot damit auf die unternehmerische Betätigung auswirken würde (BAG 9. 5. 1996 AP BGB § 618 Nr. 2 = NZA 1996, 927; *Streckel* Anm. zu BAG 8. 5. 1996 EzA BGB § 618 Nr. 14).

Betriebliche Rauchverbote können auch durch **Betriebsvereinbarungen** normiert werden (BAG 24 19. 1. 1999 AP BetrVG 1972 § 87 Ordnung des Betriebes Nr. 28 = RdA 1999, 491 m. Anm. *Börgmann* = NZA 1999, 546; *Künzl* BB 1999, 2187). Ermächtigungsgrundlage ist § 87 I Nr. 7 BetrVG (Gesundheitsschutz); anders BAG aaO: § 87 I Nr. 1 BetrVG (Ordnungsverhalten)). Die Regelungskompetenz der Betriebsparteien erstreckt sich allerdings nicht auf die private Lebensführung der Raucher. In Betracht kommt nur die Berücksichtigung betrieblicher Interessen (zB rauchfreie Zonen bei Chip-Herstellung) oder der Gesundheitsschutz von Nichtrauchern. Stellt man mit dem BAG auf § 87 I Nr. 1 BetrVG ab, ist die Regelungsmacht der Betriebsparteien weiter, da sie auch bloße Belästigungen der Nichtraucher umfaßt (*Ahrens* NZA 1999, 688). In jedem Fall müssen das Persönlichkeitsrecht der Raucher (§ 75 II BetrVG) und das der Nichtraucher gegeneinander abgewogen werden (*Ahrens* NZA 1999, 688). Hierbei ist das Verhältnismäßigkeitsprinzip zu beachten (s. *Heilmann* Anm. AiB 1999, 406). Den Gerichten steht nur eine Rechtskontrolle der Betriebsvereinbarungen zu (*Wank*, FS für Kraft, 1998, S. 665, 678 f.).

VI. Erweiterter Pflichtenkreis nach Abs. 2

§ 618 II erweitert die in Abs. 1 enthaltene Verpflichtung des AG, indem er sie auf die **Wohn- und** 25 **Schlafräume** der AN ausdehnt, wenn der AG sie in seine **häusliche Gemeinschaft** aufgenommen hat. Der Begriff der häuslichen Gemeinschaft ist nach herrschender Auffassung weiter als der des § 617 I. Die häusliche Gemeinschaft setzt nach herrschender Auffassung kein enges Zusammenleben des AN mit dem AG voraus; entscheidend ist vielmehr, daß eine vom AG geschaffene Gemeinschaft mit anderen AN besteht (MünchArbR/*Blomeyer* § 96 Rn. 23; *Erman/Hanau* § 617 Rn. 6; *Soergel/Kraft* Rn. 19; abw. *Staudinger/Oetker* Rn. 152). Der Grund für die gegenüber § 617 weite Auslegung des Begriffs ist in den veränderten wirtschaftlichen und sozialen Verhältnissen seit 1900 zu sehen (*Soergel/ Kraft* Rn. 19). § 618 II gilt demnach auch für vom AG eingerichtete **Wohnheime** (BAG 8. 6. 1955 AP BGB § 618 Nr. 1). Konkretisiert werden die Schutzpflichten des AG im Hinblick auf Wohn- und Schlafräume durch den mit dem Gesetz über Mindestanforderungen an Unterkünfte für AN v. 23. 7. 1973 (BGBl. I S. 903) neu in der GewO eingefügten § 120 c. Danach müssen Gemeinschaftsunterkünfte, die Gewerbeunternehmer den von ihnen beschäftigten AN zum Gebrauch überlassen, so beschaffen, ausgestaltet und belegt sein und so benutzt werden, daß die Gesundheit und das sittliche Empfinden der AN nicht beeinträchtigt werden. § 120 c I 2 Nr. 1 bis 3 GewO enthält einen **Negativkatalog** von Fällen, in denen die Anforderungen des § 120 c I 1 GewO an die Gemeinschaftsunterkünfte nicht erfüllt werden (zu weiteren Einzelheiten der Sorgfaltspflichten aus § 120 c GewO s. *Landmann/Rohmer/Meyer* § 120 c GewO Rn. 10 ff.; *Tettinger/Wank* GewO, 6. Aufl. 1999, § 120 c).

§ 618 II verpflichtet den AG ferner zur Fürsorge hinsichtlich der **Verpflegung** sowie der Arbeits- 26 und Erholungszeit. Öffentlich-rechtliche Arbeitsschutzvorschriften, die die Fürsorgepflicht hinsichtlich der Verpflegung konkretisieren, gibt es nur wenige (zB § 39 SeemannsG). Auf jeden Fall muß die Kost gesundheitlich einwandfrei sein (RAG 9. 6. 1937 ARS 30, 231). Was die Erholungszeit betrifft, muß der AG die öffentlich-rechtlichen Vorschriften über den Arbeitszeitschutz, vor allem das ArbZG, einhalten.

VII. Rechtsfolgen der Schutzpflichtverletzung

1. Erfüllungsanspruch. Kommt der AG seinen Pflichten aus § 618 nicht oder nicht ordnungsgemäß 27 nach, so hat der AN nach heute herrschender Auffassung einen einklagbaren Erfüllungsanspruch auf Herstellung eines arbeitsschutzkonformen Zustandes (BAG 10. 3. 1976 AP BGB § 618 Nr. 17; *Erman/Hanau* Rn. 14; MünchKommBGB/*Lorenz* Rn. 62; *Staudinger/Oetker* Rn. 162; *Wlotzke*, FS für Hilger und Stumpf, 1983, S. 723, 744 ff.; aA *Zöllner/Loritz* § 29 II 2, die den AN auf sein Zurückbehaltungsrecht verweisen). Der Erfüllungsanspruch des AN ist allerdings von geringer praktischer Bedeutung, da die klageweise Durchsetzung des Anspruchs idR ohnehin zu spät kommen dürfte und dem AN mit dem Zurückbehaltungsrecht (dazu nachfolgend Rn. 31) oder der Anzeige bei der zuständigen Aufsichtsbehörde (vgl. § 17 ArbSchG) wirksamere Instrumente zur Durchsetzung seines Anspruchs zur Verfügung stehen (MünchArbR/*Blomeyer* § 96 Rn. 27; *Soergel/Kraft* Rn. 21; *Staudinger/Oetker* Rn. 163).

Der von einem arbeitsschutzwidrigen Verhalten des AG betroffene AN hat jedoch nur dann einen 28 Erfüllungsanspruch auf Herstellung eines arbeitsschutzkonformen Zustandes, wenn der AN auch einen **Anspruch** hat, **beschäftigt zu werden** (MünchKommBGB/*Lorenz* Rn. 65; *Soergel/Kraft* Rn. 21; *Wlotzke*, FS für Hilger und Stumpf, 1983, S. 723, 745; allg. zur Beschäftigungspflicht des AG MünchArbR/*Blomeyer* § 93 Rn. 2 ff. mwN). Der AG ist aber auch dann zur Erfüllung verpflichtet,

29 Eine Einschränkung des Erfüllungsanspruchs ergibt sich ferner aus der Mitbestimmung des BR gem. § 87 I Nr. 7 BetrVG. Muß der AG zur Herstellung des arbeitsschutzkonformen Zustandes Maßnahmen treffen, die der Mitbestimmung des BR unterliegen, so kann der betroffene AN grds. nur verlangen, daß der AG von seinem **Initiativrecht** Gebrauch macht, um mit dem BR die erforderliche Einigung zu erzielen (*Löwisch* DB Beil. Nr. 1/79, 1, 13; MünchKommBGB/*Lorenz* Rn. 63; *Wlotzke*, FS für Hilger und Stumpf, 1983, S. 723, 746). Im Falle einer konkreten Gefahr für Leben oder Gesundheit des erfüllungsberechtigten AN ist der AG allerdings gehalten, unverzüglich die erforderlichen Maßnahmen zu treffen (*Fitting* § 87 Rn. 283; MünchKommBGB/*Lorenz* Rn. 63; *Wlotzke*, FS für Hilger und Stumpf, 1983, S. 723, 746).

30 Soweit eine über § 618 I oder II BGB in das Privatrecht transformierte öffentlich-rechtliche Arbeitsschutznorm vom AG keine konkrete Maßnahme verlangt, sondern nur das **Schutzziel** festlegt, steht es dem AG, von der Mitbestimmung des BR gem. § 87 I Nr. 7 BetrVG abgesehen, frei, welche Maßnahmen er zur Erreichung des Zieles ergreift. Da der Erfüllungsanspruch nicht weiter gehen kann, als die in Frage stehende öffentlich-rechtliche Arbeitsschutznorm den AG verpflichtet, hat der betroffene AN in einem solchen Fall nur einen Anspruch darauf, daß der AG sein **Ermessen** fehlerfrei ausübt (MünchKommBGB/*Lorenz* Rn. 64; *Wlotzke*, FS für Hilger und Stumpf, 1983, S. 723, 746).

31 **2. Leistungsverweigerungsrecht. a) Zurückbehaltungsrecht nach § 273 I.** Erfüllt der AG die ihm aus § 618 I oder II obliegenden Schutzpflichten nicht, so steht dem betroffenen AN nach heute ganz vorherrschender Auffassung ein Zurückbehaltungsrecht gem. § 273 I zu (BAG 8. 5. 1996 AP BGB § 618 Nr. 23; *Erman/Hanau* Rn. 15; MünchKommBGB/*Lorenz* Rn. 67; *Staudinger/Oetker* Rn. 170 ff.; *Palandt/Putzo* Rn. 7; RGRK/*Schick* Rn. 176; *Wank/Börgmann* S. 50; aA *Herschel* RdA 1964, 72 f.; *Nikisch*, Bd. I, § 36 V 2, nach deren Auffassung dem AG bei Nichteinhaltung der Arbeitsschutzpflichten kein Anspruch auf die Arbeitsleistung erwachse und der AN daher keines Leistungsverweigerungsrechts bedürfe; im Grundsatz ähnlich *Söllner* ZfA 1973, 1, 16 f., der allerdings eine analoge Anwendung des § 273 bejaht). Dieses Leistungsverweigerungsrecht ist von den in § 21 IV 2 GefStoffV, § 9 III 1 ArbSchG enthaltenen Rechten des AN zur Arbeitseinstellung abzugrenzen (dazu und zum Leistungsverweigerungsrecht bei der Beschäftigung von AN in gefahrstoffbelasteten Räumen s. nachfolgend Rn. 35 f.).

32 Das Recht des AN, die Leistung gem. § 273 I zu verweigern, wenn der AG die ihm aus § 618 I oder II obliegenden Arbeitsschutzpflichten nicht erfüllt, besteht nur in den **Grenzen des Erfüllungsanspruchs**, auf den es sich gründet (*Löwisch* DB Beil. Nr. 1/79, 1, 13; MünchKommBGB/*Lorenz* Rn. 67; *Wlotzke*, FS für Hilger und Stumpf, 1983, S. 723, 748). Hat der AN nur einen Anspruch auf eine fehlerfreie Ermessensentscheidung (s. Rn. 30), so ist der AN nur solange berechtigt, die Arbeitsleistung zu verweigern, bis der AG initiativ geworden ist (*Löwisch* DB Beil. Nr. 1/79, 1, 13; MünchKommBGB/*Lorenz* Rn. 67; *Wlotzke*, FS für Hilger und Stumpf, 1983, S. 723, 748). Anders als § 21 VI 2 GefStoffV setzt das Zurückbehaltungsrecht des AN aus §§ 273 I, 618 keine „unmittelbare Gefahr für Leben oder Gesundheit" voraus (*Bücker/Feldhoff/Kohte* Rn. 32; *N. Fabricius* S. 624; *Wlotzke*, FS für Hilger und Stumpf, 1993, S. 723, 748; *ders.*, Anm. BAG 8. 5. 1996 AP BGB § 618 Nr. 23; s. auch *Wank*, FS für Wlotzke, 1996, S. 624; aA MünchArbR/*Blomeyer* § 94 Rn. 22). § 273 I zielt nämlich darauf ab, den AG zur Einhaltung seiner vertraglichen Schutzpflichten zu veranlassen. Wie für den Erfüllungsanspruch, kann es somit auf die „Unmittelbarkeit" nicht ankommen (*Wlotzke*, Anm. BAG 8. 5. 1996 AP BGB § 618 Nr. 23). Eingeschränkt wird das Zurückbehaltungsrecht nach § 273 I iVm. § 618 durch den Grundsatz von Treu und Glauben (§ 242). Dieser verbietet es dem AN, das Zurückbehaltungsrecht auszuüben, wenn es sich um nur geringfügige oder kurzfristige Verstöße des AG gegen Arbeitsschutzpflichten handelt, die keinen nachhaltigen Schaden bewirken können (LAG Stuttgart 29. 9. 1970 DB 1970, 2177; ArbG Bremen 4. 8. 1966 AuR 1967, 349; MünchArbR/*Blomeyer* § 96 Rn. 29; *Bücker/Feldhoff/Kohte* Rn. 32; *Soergel/Kraft* Rn. 22). Aus dem Schutzzweck der vertraglichen Arbeitsschutzpflichten folgt, daß das Zurückbehaltungsrecht des AN nicht durch Sicherheitsleistung des AG nach § 273 III abgewendet werden kann (*Erman/Hanau* Rn. 15; MünchArbR/*Blomeyer* § 96 Rn. 29; MünchKommBGB/*Lorenz* Rn. 68; *Staudinger/Oetker* Rn. 175; RGRK/*Schick* Rn. 176).

33 Macht der AN von seinem Zurückbehaltungsrecht nach § 273 I iVm. § 618 Gebrauch und beruft er sich dem AG gegenüber auf sein Zurückbehaltungsrecht, so gerät der AG nach ganz herrschender Auffassung in **Annahmeverzug** (§ 615), mit der Folge, daß der AN seinen Vergütungsanspruch behält (BAG 7. 6. 1973 AP BGB § 615 Nr. 28; *Soergel/Kraft* Rn. 22; *Palandt/Putzo* Rn. 7; RGRK/*Schick* Rn. 178; zu den unterschiedlichen Auffassungen über die konstruktive Herleitung des Annahmeverzuges s. *Staudinger/Oetker* Rn. 179).

34 Neben § 273 I scheidet die Einrede des nichterfüllten Vertrages gem. **§ 320 BGB** als Leistungsverweigerungsrecht aus (MünchArbR/*Blomeyer* § 96 Rn. 29; *Erman/Hanau* Rn. 15; *Staudinger/Oetker* Rn. 174; *Söllner* ZfA 1973, 1, 15). Die sich aus § 618 ergebenden Schutzpflichten des AG sind vertragliche Nebenleistungspflichten, denen keine synallagmatische Gegenpflicht des AN entspricht.

VII. Rechtsfolgen der Schutzpflichtverletzung § 618 BGB 230

b) **Recht zur Arbeitseinstellung gem. § 21 VI 2 GefStoffV und § 9 III 1 ArbSchG.** Während das 35
Leistungsverweigerungsrecht nach § 273 iVm. § 618 bezweckt, den AG zur Erfüllung seiner arbeitsvertraglichen Schutzpflichten zu veranlassen, zielt § 21 VI 2 GefStoffV darauf ab, dem AN bei Vorliegen der Voraussetzungen unabhängig davon, ob dem AG ein Verstoß gegen seine Arbeitsschutzpflichten zur Last fällt, das Recht zur Arbeitseinstellung wegen Unzumutbarkeit der Leistung zu gewähren (*N. Fabricius* S. 155 f.; *Staudinger/Oetker* Rn. 77; *Wlotzke,* Anm. BAG 8. 5. 1996 AP BGB § 618 Nr. 23). Um die Unzumutbarkeit der Arbeitsleistung geht es auch bei dem Entfernungsrecht des AN aus § 9 III 1 ArbSchG.

§ 21 VI 2 GefStoffV gibt dem AN das Recht, die Arbeit einzustellen, wenn durch die Überschreitung bestimmter Konzentrations- oder Toleranzwerte eine unmittelbare Gefahr für Leben oder Gesundheit besteht. Dieses Recht gilt jedoch nur beim „**Umgang**" mit Gefahrstoffen, dh. nur für AN, die selbst mit Gefahrstoffen umgehen oder im „Gefahrenbereich" des Umgangs mit Gefahrstoffen tätig sind (so nunmehr unter ausdrücklicher Aufgabe seiner bisherigen Rspr. BAG 8. 5. 1996 AP BGB § 618 Nr. 23 mit im Ergebnis zust. Anm. *Wlotzke;* bestätigt durch Urt. v. 19. 2. 1997 AP BGB § 618 Nr. 24 m. Anm. *Wank,* EWiR § 273 BGB 1/97, 875; näher zum Leistungsverweigerungsrecht nach § 21 VI 2 GefStoffV *Möx,* Arbeitnehmerrechte in der Gefahrstoffverordnung, 1992, S. 101 ff.). Beschränkt sich die Gefährdung des AN darauf, daß er in gefahrstoffbelasteten Räumen arbeitet, kann sich ein Zurückbehaltungsrecht jedoch aus §§ 273 I, 618 I ergeben (BAG 8. 5. 1996 AP BGB § 618 Nr. 23; BAG 19. 2. 1997 BB 1997, 1364). Das Zurückbehaltungsrecht des AN setzt jedoch voraus, daß die Belastung am Arbeitsplatz mit Schadstoffen das in der Umgebung übliche Maß überschreitet (BAG 8. 5. 1996 AP BGB § 618 Nr. 23; s. auch *Borchert* NZA 1995, 877; *Molkentin/Müller* NZA 1995, 873; *Mummenhoff* SAE 1995, 67; *Schmidt* BB 1994, 1865; *Wank* Anm. zu BAG 2. 2. 1994 AP BGB § 273 Nr. 4).

3. Schadensersatzanspruch. Verletzt der AG die ihm aus § 618 obliegenden vertraglichen Arbeits- 37
schutzpflichten und wird dadurch Gesundheit oder Leben des AN verletzt, so hat er aus pVV einen Anspruch auf Ersatz des Personenschadens. Der Anspruch besteht jedoch nur, wenn das Verhalten des AG schuldhaft, dh. vorsätzlich oder fahrlässig (§ 276), gewesen ist. Der AG muß sich ein Verschulden seines Erfüllungsgehilfen zurechnen lassen (§ 278). Nicht jeder beim AG beschäftigte AN ist aber zugleich Erfüllungsgehilfe bei der Einhaltung der dem AG aus § 618 obliegenden Arbeitsschutzpflichten. Voraussetzung für die Eigenschaft als Erfüllungsgehilfe ist vielmehr, daß die Hilfsperson, deren sich der AG zur Erfüllung seiner vertraglichen Arbeitsschutzpflichten bedient, nach ihrer Stellung im Betrieb oder kraft besonderer Anweisung für den Gefahrenschutz nach § 618 verantwortlich ist (*Hueck/Nipperdey* Bd. I, § 48 II 5; *Soergel/Kraft* Rn. 25; *Nikisch* Bd. I, § 36 V 3).

Die **praktische Bedeutung** des Haftungsanspruchs des AN auf Ersatz des Personenschadens ist 38
allerdings **sehr begrenzt.** Handelt es sich nämlich, wie im Regelfall, bei dem Schaden, den der AN durch die Verletzung von Arbeitsschutzpflichten durch den AG erlitten hat, um einen Arbeitsunfall oder eine Berufskrankheit (Versicherungsfall), tritt nach § 104 SGB VII keine Haftung des AG gegenüber dem AN für den Personenschaden ein. Stattdessen hat der AN einen Anspruch gegen die zuständige Berufsgenossenschaft. Eine Haftung des AG tritt ausnahmsweise jedoch dann ein, wenn der AG den Versicherungsfall vorsätzlich oder auf einem nach § 8 II Nr. 1 bis 4 SGB VII versicherten Weg herbeigeführt hat.

Sofern der Haftungsausschluß nach § 104 SGB VII ausnahmsweise nicht greift, wird der Umfang 39
der Haftung des AG für den eingetretenen Personenschaden durch § 618 III erweitert. **§ 618 III** verweist auf die §§ 842 bis 846, also den Ersatz der Nachteile für Erwerb und Fortkommen sowie auf die Hinterbliebenenansprüche bei Tötung eines Menschen. Es handelt sich um eine **Rechtsfolgenverweisung,** durch die der Charakter des Anspruchs als vertraglicher unberührt bleibt (*Soergel/Kraft* Rn. 23; *Palandt/Putzo* Rn. 8; RGRK/*Schick* Rn. 197). Da § 618 III nicht auch auf § 847 verweist, steht dem AN bei Verletzung des § 618 I oder II **kein vertraglicher Schmerzensgeldanspruch** zu (*Erman/Hanau* Rn. 17; MünchKommBGB/*Lorenz* Rn. 76; *Staudinger/Oetker* Rn. 8). Der AN hat dagegen einen Schmerzensgeldanspruch, wenn durch die Schutzpflichtverletzung zugleich die Voraussetzungen einer unerlaubten Handlung iSd. §§ 823 ff. erfüllt sind (*Hueck/Nipperdey* Bd. I, § 48 II 5 c ee; *Soergel/Kraft* Rn. 25; *Palandt/Putzo* Rn. 8). Zu beachten ist in diesem Zusammenhang jedoch, daß § 618 I und II nach zutreffender herrschender Auffassung **keine Schutzgesetze iSd. § 823 II** sind (*Erman/Hanau* Rn. 20; *Soergel/Kraft* Rn. 7; *Staudinger/Oetker* Rn. 210; aA *Herschel* RdA 1964, 7, 10 f.; RGRK/*Schick* Rn. 195). Die gegenteilige Auffassung hätte zur Folge, daß jeder Verstoß gegen § 618 I und II zugleich eine Schutzgesetzverletzung und damit einen deliktischen Anspruch gem. § 823 II begründen würde. Die Haftungserweiterung des § 618 III wäre dann aber überflüssig.

Dem Schutzzweck des § 618 I und II entsprechend, braucht der AN, der durch die Schutzpflicht- 40
pflichtverletzung des AG einen Personenschaden erlitten hat, nur zu beweisen, daß ein ordnungswidriger Zustand vorgelegen hat, der geeignet war, den eingetretenen Schaden herbeizuführen; es ist dann Sache des AG zu beweisen, daß ihn kein Verschulden trifft (BAG 27. 2. 1970 AP BGB § 618 Nr. 16; BGH 6. 4. 1995 NJW 1995, 2629; MünchArbR/*Blomeyer* § 96 Rn. 34; *Soergel/Kraft* Rn. 29 f.; MünchKommBGB/*Lorenz* Rn. 74; *Palandt/Putzo* Rn. 8).

§ 619 [Unabdingbarkeit der Fürsorgepflichten]

Die dem Dienstberechtigten nach den §§ 617, 618 obliegenden Verpflichtungen können nicht im voraus durch Vertrag aufgehoben oder beschränkt werden.

1 Der dem AN nach §§ 617, 618 zustehende Schutz soll dem AN während des Arbeitsverhältnisses erhalten bleiben. § 619 erklärt die dem AG obliegenden Fürsorgepflichten daher für **zwingend**. Sie können im voraus weder einzelvertraglich noch durch TV oder Betriebsvereinbarung wirksam abbedungen werden. Vereinbarungen, die gegen § 619 verstoßen, sind nach § 134 nichtig (*Staudinger/Oetker* Rn. 3; MünchKommBGB/*Schaub* Rn. 8; RGRK/*Schick* Rn. 4).

2 § 619 erklärt nur solche Vereinbarungen für unzulässig, die die dem AG nach §§ 616, 617 obliegenden Pflichten „**im voraus**" aufheben oder beschränken. Gemeint sind damit sowohl Vereinbarungen, die vor als auch solche, die nach der Beendigung des Arbeitsverhältnisses abgeschlossen werden (*Erman/Hanau* Rn. 1; *Soergel/Kraft* Rn. 3; RGRK/*Schick* Rn. 5). Ist dem AN aufgrund einer Schutzpflichtverletzung des AG bereits ein Schaden entstanden, so steht weder der Wortlaut noch der Zweck des § 619 der **Zulässigkeit** eines **Erlaßvertrages** oder eines **Vergleichs** hinsichtlich der Schadensersatzforderung entgegen (MünchKommBGB/*Schaub* Rn. 7; *Staudinger/Oetker* § 618 Rn. 22; *Palandt/Putzo* Rn. 1; RGRK/*Schick* Rn. 5).

§ 620 [Ende des Dienstverhältnisses]

(1) Das Dienstverhältnis endigt mit dem Ablaufe der Zeit, für die es eingegangen ist.

(2) Ist die Dauer des Dienstverhältnisses weder bestimmt noch aus der Beschaffenheit oder dem Zwecke der Dienste zu entnehmen, so kann jeder Teil das Dienstverhältnis nach Maßgabe der §§ 621, 622 kündigen.

Übersicht

	Rn.
A. Normzweck	1
B. Befristung von Arbeitsverträgen	6
I. Befristungsarten	6
1. Begriff	6
2. Mindestdauer	13
3. Höchstdauer	15
4. Zweckbefristung	16
5. Auflösende Bedingung	23
6. Doppelbefristungen	29
II. Zulässigkeit von Befristungen	30
1. Allgemeines	30
2. Dogmatische Begründung	32
3. Sachlicher Grund	39
4. Abschluß befristeter Arbeitsverträge und Mitbestimmung	60
5. Maßgeblichkeit des letzten Arbeitsvertrages	64
6. Maßgeblicher Zeitpunkt	69
7. Mitteilung des Befristungsgrundes	71
8. Befristung einzelner Arbeitsbedingungen des Arbeitsvertrages	75
9. Typologie der Befristungsgründe	70
a) Probearbeitsverhältnis	80
b) Arbeitsanfall	83
c) Auslauftatbestand	85
d) Vertretung und Aushilfe	86
e) Verschleißtatbestände	90
f) Altersgrenze	91
g) Wunsch des Arbeitnehmers	99
h) Soziale Gründe	103
i) Leitungsaufgabe	107
j) Prozeßvergleich	108
k) Künstler	111
l) Medienarbeit	112
m) Haushaltsrecht	118
n) Drittmittel	121
o) Maßnahmen der Arbeitsförderung	123
p) Saisonarbeit	125
q) Aus-, Fort- und Weiterbildung	126
r) Mitarbeiter der Parlamentsfraktionen	127
s) Aufenthaltserlaubnis	128
III. Rechtsfolgen wirksamer Befristungen und Bedingungen	129
IV. Rechtsfolgen unwirksamer Befristungen und Bedingungen	133
1. Beendigung des Arbeitsverhältnisses	133
2. Annahmeverzug	141
V. Gesetzliche Sonderregelungen	142
1. Arbeitnehmerüberlassung	142
2. BeschFG	145
3. Bundeserziehungsgeldgesetz	146
4. Hochschulen und Forschungseinrichtungen	147
5. Ärzte in der Weiterbildung	148
6. Landesgesetze	149
VI. Sonderkündigungsschutz und befristete Arbeitsverhältnisse	154
VII. Kollektivrechtliche Regelungen von Zeitarbeitsverträgen	157
1. Tarifvertrag	157
2. Betriebsvereinbarung	161
VIII. Prozessuales, Klagefrist	163
IX. Darlegungs- und Beweislast	166
C. Kündigung von Arbeitsverträgen	168
I. Willenserklärung	168
1. Kündigung als Gestaltungsrecht	168
2. Kündigungserklärung	170
3. Bedingungsfeindlichkeit von Kündigungen	173

B. Befristung von Arbeitsverträgen § 620 **BGB 230**

	Rn.		Rn.
4. Kündigung durch Vertreter, Unübertragbarkeit des Kündigungsrechts	174	IV. Formerfordernisse für Kündigungen	208
II. Abgrenzung der Kündigung von sonstigen Tatbeständen	181	V. Zugang von Kündigungen	209
1. Anfechtung	181	1. Zugang unter Abwesenden	209
2. Tod des Arbeitnehmers	183	2. Zugang unter Anwesenden	214
3. Tod des Arbeitgebers	184	VI. Anfechtung einer Kündigung	215
4. Befristung	185	VII. Umdeutung rechtsunwirksamer Kündigungen	216
5. Eröffnung des Insolvenzverfahrens	186	1. Umdeutung in Antrag auf Abschluß eines Aufhebungsvertrages	216
6. Unmöglichkeit der Arbeitsleistung	187	2. Umdeutung einer außerordentlichen Kündigung in eine ordentliche Kündigung	217
7. Wegfall der Geschäftsgrundlage	188		
8. Lossagungsrecht nach § 12 S. 1 KSchG	190	3. Umdeutung einer ordentlichen Kündigung in eine außerordentliche Kündigung	218
9. Suspendierung	191		
10. Streik und Aussperrung	193	4. Umdeutung einer Kündigung in eine Anfechtungserklärung	219
11. Aufhebungsvertrag	194		
a) Grundsätzliches	194	5. Umdeutung bei fehlerhafter Fristberechnung	220
b) Form des Aufhebungsvertrages	197		
c) Wirkungen	198	6. Einschränkungen der Umdeutung von Kündigungen	221
d) Anfechtung	199		
e) Aufklärungspflichten bei Abschluß des Aufhebungsvertrages	200	VIII. Begründung von Kündigungen	222
f) Tarifliche Widerrufsklauseln	201	1. Allgemeines	222
III. Erscheinungsformen der Kündigung	202	2. Gesetzliche Sonderregelungen	223
1. Ordentliche Kündigung	202	3. Vertraglich vereinbarte Begründung	224
2. Außerordentliche Kündigung	203	IX. Kündigung vor Dienstantritt	225
3. Änderungskündigung	204	X. Rücknahme der Kündigung	229
4. Teilkündigung, Widerrufsvorbehalt	205	XI. Publikation der Kündigung, Schadensersatzpflicht	232
5. Kündigung von Gruppenarbeitsverhältnissen	207		

A. Normzweck

§ 620 I bestätigt den allgemeinen Rechtsgrundsatz, daß ein Dauerschuldverhältnis mit dem Ablauf **1** der Zeit endet, für die es eingegangen ist. Dienstverträge können grds. befristet oder unbefristet geschlossen werden. Eine **Obergrenze der vertraglichen Bindung** folgt aus § 624. Weitere Schranken können sich aus der Inhaltskontrolle nach dem AGBG (§ 11 Nr. 12, § 9) ergeben.

Unbefristete Dienstverträge können nach § 620 II gekündigt werden. Die Kündigungsfristen **2** ergeben sich, soweit nicht zulässigerweise andere Kündigungsfristen vereinbart sind, aus § 621 bzw. § 622.

§ 620 gilt nach ganz hM auch für Arbeitsverträge (vgl. nur BAG [GS] 12. 10. 1960 AP BGB § 620 **3** Befristeter Arbeitsvertrag Nr. 16; MünchArbR/*Wank* § 113 Rn. 1; *Adomeit* NJW 1989, 1715). Jedoch begrenzt der **Kündigungsschutz** die Zulässigkeit befristeter Arbeitsverträge, wenn er bei einem ansonsten gleichen, aber unbefristeten Arbeitsverhältnis zum Zuge käme (vgl. MünchArbR/*Wank* § 113 Rn. 11 f.). Demzufolge verdrängt § 1 BeschFG nicht § 620 I, sondern nur das zur Befristungskontrolle entwickelte Richterrecht (vgl. § 1 BeschFG Rn. 12; KR/*Lipke* § 1 BeschFG 1996 Rn. 41).

Bei Zeitarbeitsverträgen mit **arbeitnehmerähnlichen Personen** ist eine Befristung grds. möglich. **4** Doch ist hier uU eine (zweiwöchige) Ankündigungsfrist zu wahren, wenn ein freier Mitarbeiter wirtschaftlich allein von einem Auftraggeber abhängig ist, der ihm jahrelang ständig Einzelaufträge erteilt hat (BAG 8. 6. 1967 AP BGB § 611 Abhängigkeit Nr. 6 = NJW 1967, 1982; BAG 7. 1. 1971 AP BGB § 611 Abhängigkeit Nr. 8 = DB 1971, 1625; *Staudinger/Preis* Rn. 48). Für Heimarbeiter ist § 29 HAG zu beachten.

Bei **freien Dienstverträgen** sind Zeit- und Zweckbefristungen weitgehend zulässig, sofern sich nur **5** Beschaffenheit und Zweck der Dienstleistung für beide Teile erkennbar aus dem Vertragsinhalt ergeben (*Erman/Belling* Rn. 25; *Staudinger/Preis* Rn. 14).

B. Befristung von Arbeitsverträgen

I. Befristungsarten

1. Begriff. Ein Arbeitsverhältnis kann kalendermäßig befristet werden (Zeitbefristung). Ebenso **6** kann die Beendigung des Arbeitsverhältnisses vom Eintritt eines bestimmten Ereignisses abhängig gemacht werden (Zweckbefristung). Der auflösend bedingte Arbeitsvertrag ist gleichfalls zulässig (vgl. Rn. 23 ff.).

7 Der Arbeitsvertrag kann **auf bestimmte Zeit** abgeschlossen werden, dann ist die vereinbarte Dauer im Zweifel sowohl Höchst- als auch Mindestzeit (*Staudinger/Preis* Rn. 4). Es können aber auch eine Mindest- oder eine Höchstdauer vereinbart werden. Bei der Vereinbarung einer Höchst- oder Mindestdauer des Arbeitsverhältnisses handelt es sich nur ausnahmsweise um ein befristetes Arbeitsverhältnis. Dies ist jeweils durch Auslegung des Arbeitsvertrages nach §§ 133, 157 zu ermitteln. Dh., es ist der wirkliche Wille der Parteien unter Berücksichtigung aller maßgebenden Begleitumstände zu ermitteln (BAG 6. 10. 1960 AP BGB § 620 Befristeter Arbeitsvertrag Nr. 15 = RdA 1961, 88). Es entscheidet der erklärte Wille, also das, was als rechtsgeschäftliche Absicht für denjenigen erkennbar geworden ist, für den die Erklärung bestimmt war.

8 Eine feste Vertragsdauer kann sowohl bei Abschluß des Arbeitsvertrages als auch durch **spätere Vertragsänderung** vereinbart werden. Eine anfänglich vereinbarte Befristung kann einvernehmlich aufgehoben werden.

9 Die Dauer des Arbeitsverhältnisses kann sich auch aus der Beschaffenheit der Dienste oder dem Zweck des Arbeitsverhältnisses ergeben (§ 620 II; vgl. weiter Rn. 16 ff.). Dies setzt voraus, daß nach dem Willen der Vertragsparteien die **Beschaffenheit der Dienste oder deren Zweck** die Dauer des Arbeitsvertrages bestimmen soll. Sie dürfen nicht lediglich Anstellungsmotiv gewesen sein. Hierzu rechnen insb. Aushilfsarbeitsverhältnisse für urlaubs- oder krankheitsbedingt an der Erbringung der Dienstleistung verhinderte AN. Weiterhin zählen hierzu die Arbeitsverhältnisse, die vom AG zur Bewältigung eines bestimmten, idR einmaligen Arbeitsanfalls eingegangen werden (Schlußverkauf, Ausverkauf oä.).

10 Da das Erfordernis der Rechtsklarheit und Rechtssicherheit bei allen Beendigungsgründen gewahrt sein muß, ist eine möglichst **eindeutige und unmißverständliche Vereinbarung** über die Zeit oder den Zweck des Vertrages zu verlangen. Etwaige Unklarheiten gehen ggf. zu Lasten des Vertragsverwenders (analog § 5 AGBG), zumeist des AG.

11 **Saisonarbeitsverhältnisse** können sowohl aufgrund einer Zweckbefristung als auch einer Zeitbefristung enden (BAG 20. 10. 1967 AP BGB § 620 Befristeter Arbeitsvertrag Nr. 30 = BB 1968, 83; BAG 29. 1. 1987 AP BGB § 620 Saisonarbeit Nr. 1 = NZA 1987, 627). Voraussetzung der Zweckbefristung ist ein bestimmbarer Zeitpunkt des Saisonendes. Hieran wird es vielfach fehlen, zumal es keinen fest umrissenen Begriff des Saisonbetriebes gibt. IdR werden Saisonarbeiten in einer bestimmten Jahreszeit verstärkt auftreten. Dies kann zB wetterbedingt oder Folge einer jahreszeitlichen Produktion oder Dienstleistung sein (Verkauf von Weihnachtsartikeln, Badeanstalten oä.). Einen gesetzlichen Anspruch des SaisonAN auf Erteilung einer Wiedereinstellungszusage für die nächste Saison gibt es nicht, jedoch finden sich in verschiedenen TV entsprechende Regelungen. Nach der Rspr. des BAG (29. 1. 1987 AP BGB § 620 Saisonarbeit Nr. 1 = NZA 1987, 627) kann auch die wiederholte Befristung des Arbeitsvertrages mit einem Saisonarbeiter sachlich gerechtfertigt sein. Dem AN soll aber unter dem Gesichtspunkt des Vertrauensschutzes ein Anspruch auf Wiedereinstellung zustehen können. Ein derartiger Vertrauenstatbestand soll entstehen, wenn Jahr für Jahr alle AN in der Saison wieder eingestellt werden, die dies verlangen, der AG den Beginn der Saison ohne Vorbehalt am Schwarzen Brett bekanntgibt und sogar AN neu einstellt.

12 In **Kampagnebetrieben** wird im Jahr nicht länger als drei Monate gearbeitet. Dem wird durch Abschluß befristeter Arbeitsverträge entsprochen werden, die wegen ihrer kurzen Dauer, unabhängig von § 1 BeschFG grds. keiner sachlichen Rechtfertigung bedürfen.

13 **2. Mindestdauer.** Bestimmen die Parteien eines Arbeitsverhältnisses, daß ihr Rechtsverhältnis nur dann mit dem Ablauf einer bestimmten Zeit enden soll, wenn eine Kündigung erfolgt, beinhaltet diese Vereinbarung einer Mindestvertragsdauer keine Befristung des Vertragsverhältnisses, sondern idR lediglich den befristeten Ausschluß der ordentlichen Kündigung (KR/*Lipke* Rn. 47; RGRK/*Dörner* Rn. 14). Das Arbeitsverhältnis kann dann unter Einhaltung der Kündigungsfrist frühestens zum Ende der Mindestdauer gekündigt werden. Erfolgt keine Kündigung, besteht das Arbeitsverhältnis auf unbestimmte Zeit fort. Hinsichtlich des Kündigungsschutzes gelten die allgemeinen Bestimmungen.

14 Andererseits ist ein Arbeitsvertrag, der eine bestimmte Mindestdauer des Arbeitsverhältnisses vorsieht, echt befristet, wenn die Parteien zunächst einen festen Zeitpunkt für seine Beendigung festlegen und sich lediglich die **spätere Verlängerung des Arbeitsverhältnisses** vorbehalten. Ebenso können die Vertragsparteien vereinbaren, daß sich der Vertrag jeweils um einen bestimmten Zeitraum, zB ein Jahr, verlängert, wenn er nicht vorher gekündigt wird. In diesem Fall endet das Arbeitsverhältnis zu keinem Zeitpunkt aufgrund einer Befristung, sondern es bedarf stets einer Kündigung, die jeweils nur zum Ablauf der Mindestdauer zulässig ist (BAG 12. 10. 1979 AP BGB § 620 Befristeter Arbeitsvertrag Nr. 48 = DB 1980, 265).

15 **3. Höchstdauer.** Die Parteien können vereinbaren, daß das Arbeitsverhältnis bis zu einem bestimmten Zeitpunkt dauern soll, eine frühere ordentliche Kündigung aber möglich ist. Die Möglichkeit einer vorzeitigen ordentlichen Kündigung befristeter Arbeitsverhältnisse bedarf nicht unbedingt einer ausdrücklichen Vereinbarung der Arbeitsvertragsparteien, vielmehr genügt es, wenn ein dahingehender

beiderseitiger Wille aus den Umständen eindeutig erkennbar wird (BAG 19. 6. 1980 AP BGB § 620 Befristeter Arbeitsvertrag Nr. 55 = NJW 1981, 246; BAG 7. 12. 1995 – 7 AZR 1049/94 – nv.). In diesem Fall endet das Dienstverhältnis spätestens mit dem Ablauf der Zeit, für die es eingegangen ist, sofern es nicht schon zu einem früheren Zeitpunkt·ordentlich oder außerordentlich gekündigt wird. Typischer Fall einer entsprechenden Höchstbefristung ohne Ausschluß der ordentlichen Kündbarkeit ist die Vereinbarung einer Altersgrenze (vgl. Rn. 91).

4. Zweckbefristung. Nach § 620 II steht die Vereinbarung einer bestimmten Vertragszeit der Be- 16 stimmung einer Zeitdauer gleich, die sich aus der Beschaffenheit oder dem Zweck der Dienste ergibt (BAG 17. 2. 1983 AP KSchG 1969 § 15 Nr. 14 = NJW 1983, 1927). Bei der Zweckbefristung soll das Arbeitsverhältnis mit Eintritt eines von den Parteien als gewiß, aber zeitlich unbestimmbar angesehenen Ereignisses (zB Fertigstellung eines Bauwerkes) enden (BAG 26. 3. 1986 AP BGB § 620 Befristeter Arbeitsvertrag Nr. 103 = NZA 1987, 238).

Die sachliche Gleichstellung der vereinbarten Zweckbefristung mit der Vereinbarung einer zeit- 17 lichen Befristung ist auch bei Arbeitsverhältnissen gerechtfertigt, wenn der AN aufgrund des von vornherein begrenzten Zweckes seiner Arbeitsaufgabe und ihrer fortschreitenden Erledigung ähnlich wie bei einer zeitlichen Festlegung die Möglichkeit hat, die Beendigung des Arbeitsverhältnisses vorauszusehen und sich rechtzeitig darauf einzurichten (BAG 26. 3. 1986 AP BGB § 620 Befristeter Arbeitsvertrag Nr. 103 = NZA 1987, 238). Sowohl an die objektive Zweckbestimmung als auch an die Voraussehbarkeit der Zweckerreichung sind beim Arbeitsverhältnis erhebliche Anforderungen zu stellen (BAG 16. 3. 2000 – 2 AZR 196/99 – nv.; *Sowka* BB 1994, 1001). Die Anforderungen decken sich weitgehend mit denen zur Zulässigkeit auflösender Bedingungen (*Bauschke* BB 1993, 2523, 2527).

Die Begründung eines zweckbefristeten Arbeitsverhältnisses setzt die Einigung der Parteien voraus, 18 daß ihr Arbeitsverhältnis mit der Erledigung einer **bestimmten, zweckgebundenen Aufgabe** ohne weiteres enden soll. Die Beschaffenheit oder der Zweck der Arbeitsleistung, für die der AN eingestellt wird, müssen bei Vertragsabschluß erörtert und beiden Parteien erkennbar gewesen sein (*Staudinger/Preis* Rn. 14, 16). Nur unter dieser Voraussetzung ist die Annahme gerechtfertigt sein, die Erreichung des vereinbarten Leistungszweckes solle zugleich auch das Ende der Vertragsbindung bedeuten. Dagegen reicht allein die Zuweisung eines begrenzten Aufgabenbereiches regelmäßig nicht zum konkludenten Abschluß eines zweckbefristeten Arbeitsvertrages aus (BAG 16. 3. 2000 – 2 AZR 196/99 – nv.).

Die objektive Bestimmbarkeit der Zweckerreichung als Wirksamkeitsvoraussetzung der Befri- 19 stungsabrede liegt nur vor, wenn allein anhand objektiver Maßstäbe festgestellt werden kann, ob für den jeweiligen AN noch Arbeit vorhanden ist. Eine verbleibende Ungewißheit steht einer wirksamen Befristung entgegen, wenn nicht der AG zur rechtzeitigen **Bekanntgabe der bevorstehenden Zweckerreichung** verpflichtet ist (BAG 12. 6. 1987 AP BGB § 620 Befristeter Arbeitsvertrag Nr. 113 = NZA 1988, 201). Das Arbeitsverhältnis endet erst mit Ablauf einer der Mindestkündigungsfrist entsprechenden Auslauffrist (BAG 26. 3. 1986 AP BGB § 620 Befristeter Arbeitsvertrag Nr. 103 = NZA 1987, 238; MünchKommBGB/*Schwerdtner* Rn. 133). Die Auslauffrist beginnt, sobald der AN durch die Mitteilung des AG oder auf sonstige Weise von der bevorstehenden oder bereits erfolgten Zweckerreichung Kenntnis erlangt.

Ist der **Vertragszweck objektiv bestimmbar**, kommt es nicht darauf an, wann die Zweckerfüllung 20 tatsächlich eintritt. Ein zweckbefristetes Arbeitsverhältnis zur Vertretung eines erkrankten Mitarbeiters kann auch dann wirksam vereinbart werden, wenn noch völlig ungewiß ist, wie lange der Vertretungsfall andauern wird, und ob der Vertretene jemals seinen Dienst wieder aufnehmen wird. Die mangelnde Voraussehbarkeit des Befristungsendes wird in diesen Fällen durch die Einräumung einer der Mindestkündigungsfrist entsprechenden Auslauffrist ersetzt (BAG 12. 6. 1987 AP BGB § 620 Befristeter Arbeitsvertrag Nr. 113 = NZA 1988, 201).

Als zulässige Zweckbefristungen hat die Rspr. ua. die Aushilfe für verhinderte Mitarbeiter (BAG 21 8. 3. 1962 AP BGB § 620 Befristeter Arbeitsvertrag Nr. 22 = DB 1962, 773), die Einstellung für eine Saison (BAG 20. 10. 1967 AP BGB § 620 Befristeter Arbeitsvertrag Nr. 30 = BB 1968, 83), bestimmten, einmaligen Arbeitsanfall (Ausverkauf, Lottoauswertung – BAG 28. 9. 1961 AP BGB § 620 Befristeter Arbeitsvertrag Nr. 21 = DB 1961, 1702) und **vorübergehenden Personalmehrbedarf** angesehen.

Nach **§ 2 I Nr. 3 NachwG** ist es die unabdingbare Pflicht des AG, dem befristet beschäftigten AN 22 spätestens einen Monat nach vereinbartem Arbeitsbeginn die vorhersehbare Dauer des Arbeitsverhältnisses schriftlich mitzuteilen. Bei Zweckbefristungen ist der Zweck oder das die Befristung beendende Ereignis schriftlich festzuhalten (vgl. ferner zur gesetzlichen Schriftform § 623 Rn. 28).

5. Auflösende Bedingung. Der Eintritt eines bestimmten Ereignisses, das zur Beendigung des 23 Arbeitsverhältnisses führen soll, kann gewiß oder ungewiß sein. Wenn der Eintritt des zukünftigen Ereignisses ungewiß ist, während der Zeitpunkt des Eintritts feststeht, liegt eine auflösende Bedingung vor. Eine Befristung wird hingegen vereinbart, wenn der Eintritt des zukünftigen Ereignisses feststeht, und zwar auch dann, wenn der Zeitpunkt seines Eintritts ungewiß ist (MünchArbR/*Wank* § 113

Rn. 158). Die auflösende Bedingung führt zur Beendigung des Arbeitsverhältnisses mit Wirkung ex nunc (§ 158 II).

24 Im Schrifttum behandelt die überwiegende Ansicht den auflösend bedingten wie den befristeten Arbeitsvertrag (MünchArbR/*Wank* § 113 Rn. 144, 149 mwN). Tlw. wird die auflösende Bedingung für Arbeitsverhältnisse als grds. unwirksam (*Ehrich* DB 1992, 1186, 1188 mwN) oder abhängig vom Gewicht des Grundes bzw. seiner Zuordnung zur Sphäre des AN (*Enderlein* RdA 1998, 90, 96 ff.; *van den Woldenberg* NZA 1999, 1033, 1035) als unwirksam angesehen, weil die Funktion des Kündigungsschutzes durch auflösende Bedingungen stärker als durch Befristungen gefährdet wird. **Beliebige Beendigungsgründe** könnten vereinbart werden. Um den Bestandsschutz gleichwohl zu gewährleisten, wird von einer vermittelnden Ansicht verlangt, daß nicht nur ein sachlicher Grund für die Befristung, sondern auch für die Wahl der auflösenden Bedingung anstelle einer Zeit- oder Zweckbefristung vorliegen muß (RGRK/*Dörner* Rn. 31).

25 Das BAG hat zunächst erwogen (BAG 9. 7. 1981 AP BGB § 620 Bedingung Nr. 4 = NJW 1982, 788), das auflösend bedingte Arbeitsverhältnis grds. für unwirksam zu erklären, sofern die auflösende Bedingung nicht vornehmlich dem Interesse des AN diene oder ihr Eintritt allein von seinem Willen abhänge. In der Folgezeit hat es aber auch auflösende Bedingungen für zulässig erachtet, die für den AN nicht uneingeschränkt vorteilhaft waren (BAG 17. 2. 1983 AP BGB § 620 Befristeter Arbeitsvertrag Nr. 74 = NJW 1983, 1752). Mit der Entscheidung vom 4. 12. 1991 (AP BGB § 620 Bedingung Nr. 17 = NZA 1992, 838) hat sich das BAG der hL angeschlossen. Danach bedarf die Vereinbarung einer auflösenden Bedingung zu ihrer Wirksamkeit eines sie **sachlich rechtfertigenden Grundes**, wenn und soweit dem AN durch sie der Schutz zwingender Kündigungsschutzvorschriften genommen wird. In dem entschiedenen Fall ist eine Vereinbarung, nach der das Arbeitsverhältnis eines beurlaubten Beamten der Deutschen Bundespost mit einem Versicherungsverein enden sollte, wenn die bewilligte Beurlaubung beendet und nicht verlängert werden würde, als sachlich nicht gerechtfertigt und deshalb unwirksam beurteilt worden, weil die weitere Beurlaubung des Beamten jeweils von einer Mitwirkung des AG abhängig war, die in dessen Belieben stand. Mit Urteil vom 26. 6. 1996 (AP BGB § 620 Bedingung Nr. 23 = DB 1996, 2289) hat das BAG ausdrücklich dahinstehen lassen, ob eine Zweckbefristung oder eine auflösende Bedingung vereinbart war, weil die rechtlichen Maßstäbe gleich seien. Dementsprechend führt das BAG im Urteil vom 20. 10. 1999 (AP BGB § 620 Bedingung Nr. 25) aus, eine auflösende Bedingung unterliege nicht der arbeitsgerichtlichen Befristungskontrolle, wenn sie das Arbeitsverhältnis zu einem Zeitpunkt beende, in dem der AN noch keinen Kündigungsschutz nach dem KSchG habe und auch keine andere Kündigungsschutzvorschrift umgangen werden könne.

26 Eine sachlich gerechtfertigte Bedingung liegt nicht vor, wenn die Beendigung des Arbeitsverhältnisses davon abhängig gemacht wird, daß der AN nach dem Ende seines Urlaubs die Arbeit an dem vereinbarten Tag nicht wiederaufnimmt (BAG 19. 12. 1974 AP BGB § 620 Bedingung Nr. 3 = NJW 1975, 1531). Andererseits kann das **Arbeitsverhältnis eines Ehegatten** auflösend bedingt vom Bestand des Arbeitsverhältnisses des anderen abgeschlossen werden. Wird letzterem gekündigt, enden beide Arbeitsverhältnisse (BAG 17. 5. 1962 AP BGB § 620 Bedingung Nr. 2 = DB 1962, 969). Ebenso kann die festgestellte Flugtauglichkeit als auflösende Bedingung zur Beendigung der Arbeitsverhältnisse von Bordpersonal führen (BAG 11. 10. 1995 AP BGB § 620 Bedingung Nr. 20 = NZA 1996, 1212). Weitere Beispiele sind der Entzug der einem Wachmann erteilten Bewachungserlaubnis (BAG 25. 8. 1999 AP BGB § 620 Bedingung Nr. 24) und die Gewährung einer Rente wegen Erwerbsunfähigkeit auf Zeit (BAG 23. 2. 2000 AP TVG § 1 Tarifverträge: Musiker Nr. 13).

27 Über die auflösende Bedingung muß eine **ausdrückliche, unmißverständliche Vereinbarung** getroffen werden. Sie wird idR nicht mittels ergänzender Vertragsauslegung gewonnen werden können (vgl. *Staudinger/Preis* Rn. 28). Darüber hinaus muß der Inhalt der Bedingung ausreichend bestimmt geregelt sein. Zu unbestimmt sind zB Vereinbarungen, nach denen das Arbeitsverhältnis beendet werden soll, wenn ein Arbeitsplatz mit einer vollausgebildeten Fachkraft besetzt werden kann oder wenn der AN sich für die vorgesehene Tätigkeit nicht eignet.

28 Im Anwendungsbereich des BAT ist ein auflösend bedingter Arbeitsvertrag nur zulässig, wenn nach den Vorstellungen der Arbeitsvertragsparteien die Bedingung innerhalb einer **Frist von fünf Jahren** eintreten wird (Protokollnotiz 3 zu Nr. 1 SR 2 y BAT; dazu *Felix* NZA 1994, 1111). Der BAT selbst regelt in § 59 I eine auflösende Bedingung: Das Arbeitsverhältnis endet mit Ablauf des Monats, in dem dem Angestellten ein Bescheid des Rentenversicherungsträgers über die Feststellung einer Berufs- oder Erwerbsunfähigkeit zugestellt wird, es sei denn, der Angestellte nimmt den Rentenantrag bis zum Ablauf der Widerspruchsfrist zurück (vgl. BAG 11. 3. 1998 AP BAT § 59 Nr. 8).

29 **6. Doppelbefristungen.** Eine Doppelbefristung, dh. eine Zweckbefristung mit gleichzeitiger Höchstbefristung (zB „für die Zeit der Verhinderung des AN" ... „längstens jedoch bis zum"), ist zulässig (BAG 3. 10. 1984 AP BGB § 620 Befristeter Arbeitsvertrag Nr. 87 = NZA 1985, 561). Sie ermöglicht es dem AN, sich darauf einzustellen, daß das Arbeitsverhältnis spätestens zu dem genannten Termin endet. Die etwaige Unwirksamkeit der Zweckbefristung berührt nicht automatisch die Wirksamkeit der Höchstbefristung.

II. Zulässigkeit von Befristungen

1. Allgemeines. Bestimmte Arbeitsverträge sind kraft Gesetzes befristet (vgl. § 14 I BBiG) oder 30 können kraft Gesetzes befristet werden (vgl. § 21 BErzGG). Ebenso erlaubt § 620 einschränkungslos den Abschluß befristeter Arbeitsverträge. Die vom Wortlaut der Norm abw. Restriktion ist von der Rspr. entwickelt worden. Bereits das RAG (2. 7. 1932 ARS 16, 66) hat **Kettenarbeitsverträge,** also die Aneinanderreihung mehrerer Zeitarbeitsverträge, für unwirksam erklärt, wenn der AG mit dieser Vertragsgestaltung die gesetzlichen Kündigungsbestimmungen zu umgehen suchte. Aufgrund der RL über befristete Arbeitsverhältnisse v. 28. 6. 1999 ist mit einer gesetzlichen Neuregelung zu rechnen (vgl. § 1 BeschFG Rn. 2).

Die Grundsätze über die eingeschränkte Zulässigkeit befristeter Verträge gelten nur für **Arbeits-** 31 **verhältnisse.** Sie sind auf Teilzeitarbeitsverhältnisse anwendbar (BAG 16. 10. 1987 AP BGB § 620 Hochschule Nr. 5 = NZA 1988, 283). Auf arbeitnehmerähnliche Personen sind die für Arbeitsverhältnisse entwickelten Grundsätze nicht übertragbar. Freie Mitarbeiterverhältnisse können uneingeschränkt befristet abgeschlossen werden (BAG 9. 5. 1984 AP BGB § 611 Abhängigkeit Nr. 45 = DB 1984, 2203).

2. Dogmatische Begründung. Da das wirksam befristete Arbeitsverhältnis ohne Ausspruch einer 32 Kündigung mit Ablauf der Frist oder der Erledigung der beschränkten Arbeitsaufgabe endet, sind die Vorschriften über den allgemeinen und den besonderen Kündigungsschutz nicht unmittelbar anwendbar. Dies hat der Gesetzgeber bereits bei der Beratung des KSchG gesehen, aber nicht geregelt (BT-Drucks. 1951 S. 2090; RdA 1951, 12 ff.). Er hat es vielmehr bewußt der Rspr. überlassen, das allgemeine arbeitsrechtliche Schutzprinzip (vgl. dazu *Wiedemann/Palenberg* RdA 1977, 85, 87) auch bei befristeten Arbeitsverträgen zur Geltung zu bringen. Das KSchG sollte nicht für befristete Arbeitsverhältnisse gelten, einer denkbaren Umgehung des KSchG durch Abschluß befristeter Arbeitsverträge sollte in anderer Weise begegnet werden. Dem hat die Rspr. mit dem Beschluß des Großen Senates vom 12. 10. 1960 (AP BGB § 620 Befristeter Arbeitsvertrag Nr. 16) und der späteren Anwendung und Verfeinerung der in dieser Entscheidung gefundenen Grundsätze entsprochen.

Art. 12 I GG gewährt keinen Schutz gegen den Verlust eines Arbeitsplatzes aufgrund privater 33 Dispositionen. Der dem Staat insoweit obliegenden Schutzpflicht tragen die von der Rspr. entwickelten Grundsätze der Befristungskontrolle hinreichend Rechnung (BAG 14. 2. 1996 AP HRG § 57 c Nr. 4 = NZA 1996, 1095; BAG 25. 8. 1999 AP BGB § 620 Bedingung Nr. 24; *Schmidt,* FS für Dieterich, 1999, S. 585, 599 f.). Art. 12 GG gewährleistet nicht die Beschäftigung in unbefristeten Arbeitsverhältnissen (*Hufen* SAE 1997, 137, 138), doch ist die Schutzfunktion der Grundrechte zu gewährleisten (vgl. Art. 12 GG Rn. 34). Dies gilt auch für TV (BAG 23. 2. 2000 NZA 2000, 894).

Der Große Senat hat die Wirksamkeit befristeter Arbeitsverträge nicht verfassungsrechtlich, son- 34 dern mit Hilfe des Rechtsbegriffs „objektive Gesetzesumgehung" beurteilt. Danach ist eine rechtliche Gestaltung unwirksam, wenn durch sie der Zweck einer zwingenden Rechtsnorm vereitelt wird und ihre Verwendung objektiv als mißbräuchlich zu bewerten ist. Auf eine Umgehungsabsicht oder eine bewußte Mißachtung des zwingenden Rechtssatzes kommt es nicht an.

Ob eine Gesetzesumgehung vorliegt, ist an dem Zweck der unverzichtbaren Bestimmungen des 35 **Kündigungsrechts** zu messen, in erster Linie am KSchG. Daneben ist der gesetzliche Kündigungsschutz besonderer Personengruppen, insb. der Schwerbehinderten, der werdenden Mütter sowie der BR- und der Personalratsmitglieder zu berücksichtigen.

Eine objektiv mißbräuchliche Verwendung des arbeitsrechtlich grds. zulässigen Gestaltungsmittels 36 „Befristung", die zur Umgehung ansonsten anwendbarer Bestimmungen des Kündigungsschutzrechts führt, ist anzunehmen, wenn für sie **kein verständiger, sachlich rechtfertigender Grund** spricht. Die wirtschaftlichen oder sozialen Verhältnisse der Parteien oder jedenfalls einer Partei müssen es als gerechtfertigt erscheinen lassen, daß auf den befristeten Arbeitsvertrag die Kündigungsschutzvorschriften nicht anwendbar sind. Fehlen derartige sachliche Gründe, ist der befristete Vertrag objektiv funktionswidrig, der Tatbestand der objektiven Umgehung des Gesetzes liegt vor.

Das BAG versteht seine Lösung als gesetzesimmanente Rechtsfortbildung des § 620 (BAG 29. 8. 37 1979 AP BGB § 620 Befristeter Arbeitsvertrag Nr. 50 = NJW 1980, 1766). Diese Interpretation begegnet Bedenken, in Wahrheit dürfte eine **teleologische Reduktion des § 620** vorliegen (*Kraft* in Anm. zu BAG 29. 8. 1979 AP BGB § 620 Befristeter Arbeitsvertrag Nr. 50; MünchArbR/*Wank* § 113 Rn. 11; *Hueck/v. Hoyningen-Huene* § 1 Rn. 560 f.). Ihre Berechtigung ist nicht dadurch entfallen, daß § 620 ungeachtet der bekannten Rspr. anläßlich des Ersten Arbeitsrechtsbereinigungsgesetzes vom 14. 8. 1969 nicht geändert wurde (*Wiedemann,* FS für Lange, 1970, S. 395, 398). Die Rspr. hat sich im Verlaufe der Jahre so sehr verfestigt, daß sie sogar vom Gesetzgeber als gegeben vorausgesetzt wird. Dies hat sich beim Erlaß des BeschFG 1985 und dessen Novellierung im Jahre 1996 ebenso gezeigt wie bei der Regelung befristeter Arbeitsverträge im Hochschulbereich (vgl. § 57 b I HRG). Zugleich hat der Gesetzgeber die Legitimation der Rspr. untermauert, den Widerspruch zwischen dem Grundsatz der Vertragsfreiheit und dem Schutzbedürfnis der AN hinsichtlich der Beendigungsgründe durch

Regeln aufzulösen. In diesem Sinne ist auch die Neufassung von § 10 I 2 AÜG zu werten, wonach ein befristeter Arbeitsvertrag zwischen Entleiher und LeihAN fingiert wird, wenn der Arbeitsvertrag zwischen Verleiher und LeihAN zwar wegen Verstoßes gegen § 9 Nr. 1 AÜG unwirksam ist, jedoch ein die „Befristung des Arbeitsverhältnisses sachlich rechtfertigender Grund vorliegt".

38 Die Rspr. hat im **Schrifttum** hinsichtlich ihrer dogmatischen Begründung, nicht aber wegen ihrer Ergebnisse nachhaltige **Kritik** erfahren (vgl. statt vieler *Söllner* SAE 1966, 255; *Wiedemann/Palenberg* RdA 1977, 85, 86 f.; *Hueck/v. Hoyningen-Huene* § 1 Rn. 560; *Fastrich,* Richterliche Inhaltskontrolle im Privatrecht, S. 170 f.; *Preis* Vertragsgestaltung S. 156 ff.). Leider hat sich das BAG durch diese Kritik nicht zu einer Nachbesserung seiner Dogmatik bewegen lassen. Insb. die **Rechtsfolgen** der angenommenen objektiven Gesetzesumgehung bleiben unklar (*Staudinger/Preis* Rn. 37 ff.). Vgl. hierzu unten Rn. 133 ff.

39 **3. Sachlicher Grund.** Bei der Beurteilung, ob die objektive Umgehung des Kündigungsschutzrechts durch eine Befristung mißbräuchlich ist, hat die frühere Rspr. des BAG (21. 10. 1954 AP KSchG § 1 Nr. 7 = NJW 1955, 78) darauf abgestellt, ob ein verständiger AG bei verantwortungsbewußter Berücksichtigung sowohl der Belange seines Betriebes als auch der Interessen des AN den Arbeitsvertrag unbefristet abgeschlossen hätte. Im Beschluß des Großen Senats vom 12. 10. 1960 (AP BGB § 620 Befristeter Arbeitsvertrag Nr. 16) ist diese Umschreibung dahingehend geändert worden, befristete Arbeitsverträge müßten im Gefüge der Prinzipien des deutschen Arbeitsrechts einen verständigen, sachlich gerechtfertigten Grund haben. Als Anhaltspunkte dafür, wann ein sachlicher Grund anzuerkennen ist, sind folgende, ebenfalls unbestimmten Merkmale genannt worden: Die wirtschaftlichen oder sozialen Verhältnisse der Parteien oder jedenfalls einer Partei müßten für die Befristung sprechen; es sei auf die Frage der **Üblichkeit im Arbeitsleben** und darauf abzustellen, was **verständige und verantwortungsbewußte Parteien** zu vereinbaren pflegen (BAG 6. 5. 1982 AP BGB § 620 Befristeter Arbeitsvertrag Nr. 67 = NJW 1983, 71; BAG 4. 4. 1990 AP BGB § 620 Befristeter Arbeitsvertrag Nr. 136 = NZA 1991, 18; krit. MünchArbR/*Wank* § 113 Rn. 48; *Staudinger/Preis* Rn. 64, 73, der außerhalb der Fälle eindeutiger Gesetzesumgehung eine vertragliche Angemessenheitskontrolle vornehmen will). Die neuere Rspr. formuliert, die Befristung bedürfe eines rechtfertigenden Grundes, wenn durch sie dem AN zwingender Kündigungsschutz entzogen werde. Fehle es an dem rechtfertigenden Grund, liege eine objektiv funktionswidrige und deshalb mißbräuchliche Vertragsgestaltung vor, auf die sich der AG nicht berufen könne (BAG 26. 8. 1998 AP BGB § 620 Befristeter Arbeitsvertrag Nr. 202). Die Üblichkeit von Befristungsvereinbarungen ist für deren Wirksamkeit nicht von konstitutiver Bedeutung (BAG 29. 10. 1998 AP BGB § 611 Berufssport Nr. 14; *Fenn* JZ 2000, 347, 350).

40 Als sachliche Gründe hat bereits der Große Senat (12. 10. 1960 AP BGB § 620 Befristeter Arbeitsvertrag Nr. 16 = SAE 1961, 125 m. Anm. *Bötticher*) folgende **Beispiele** genannt: Arbeitsverträge zur Probe oder zur Aushilfe, Arbeitsverträge im Saison- oder im Baugewerbe, Verträge mit AN, die in künstlerischen Berufen tätig sind (Musiker, Schauspieler, Sänger und sonstige Künstler) und befristete Verträge, die auf Wunsch des AN geschlossen werden.

41 Der sachliche Grund muß für die **Befristung an sich** sprechen. Einer besonderen Prüfung, ob auch für die Dauer ein sachlicher Grund streitet, bedarf es nicht (BAG 26. 8. 1988 AP BGB § 620 Befristeter Arbeitsvertrag Nr. 124 = NZA 1989, 965; BAG 22. 11. 1995 AP BGB § 620 Befristeter Arbeitsvertrag Nr. 178 = NZA 1996, 878). Die Notwendigkeit eines sachlichen Grundes bedeutet nicht, daß die gewählte Vertragsdauer stets mit der Dauer des Sachgrundes für die Befristung übereinstimmen muß. Der Beendigungszeitpunkt des Vertrages braucht sich nicht mit dem Zeitpunkt des Wegfalls des Befristungsgrundes zu decken. Aus der vereinbarten **Befristungsdauer** lassen sich jedoch Rückschlüsse darauf ziehen, ob ein sachlicher Befristungsgrund überhaupt vorliegt oder nur vorgeschoben ist (BAG 26. 8. 1988 AP BGB § 620 Befristeter Arbeitsvertrag Nr. 124 = NZA 1989, 965; BAG 10. 6. 1992 EzA BGB § 620 Nr. 116; *Sowka* BB 1994, 1001, 1002). Die im Einzelfall vereinbarte Vertragsdauer hat somit Bedeutung im Rahmen der Prüfung des sachlichen Befristungsgrundes selbst. Sie muß sich am Sachgrund der Befristung orientieren und so mit ihm im Einklang stehen, daß sie nicht gegen das Vorliegen des Sachgrundes spricht (BAG 11. 11. 1998 AP BGB § 620 Befristeter Arbeitsvertrag Nr. 204). Aus der vereinbarten Vertragsdauer darf sich nicht ergeben, daß der Sachgrund tatsächlich nicht besteht oder nur vorgeschoben ist. Jedenfalls ist das bloße Zurückbleiben der vereinbarten Vertragsdauer hinter der bei Vertragsabschluß voraussehbaren Dauer des Befristungsgrundes nicht stets und ohne weiteres geeignet, den Sachgrund für die Befristung in Frage zu stellen. Dies wäre erst dann der Fall, wenn die Befristungsdauer derart hinter der voraussichtlichen Dauer des Befristungsgrundes zurückbleibt, daß eine sinnvolle, dem angegebenen Sachgrund der Befristung entsprechende Mitarbeit des AN nicht mehr möglich erscheint. Dem vorsichtigen AG kann also nicht entgegengehalten werden, die gewählte Befristungsdauer sei zu kurz, wenn überhaupt ein objektiver Befristungsgrund vorlag (BAG 28. 11. 1990 – 7 AZR 625/89 – nv.).

42 Im Verlaufe der Rechtsprechungsentwicklung haben sich verschiedene **Typen anerkannter sachlicher Gründe** herausgebildet (vgl. unten Rn. 79 ff.). Diese anerkannten Sachgründe sind nicht abschließend (BAG 13. 4. 1983 AP BGB § 620 Befristeter Arbeitsvertrag Nr. 76 = NJW 1984, 752; BAG

26. 8. 1998 AP BGB § 620 Befristeter Arbeitsvertrag Nr. 204). Weist eine als Befristungsgrund vorgetragene Fallgestaltung gewichtige rechtserhebliche Besonderheiten auf, die ihre nahtlose Einordnung in die bisher anerkannten Typen von Befristungsgründen unmöglich macht, so ist eine eigene rechtliche Bewertung dieser Fallgestaltung erforderlich und dabei zu prüfen, ob bei ihr nach den Wertungsmaßstäben der bisherigen Rspr. ein sachlicher Grund für die Befristung anzuerkennen ist. Fehlt es an einem sachlichen Grund, hat die Vertragsfreiheit zurückzutreten. Sind zugunsten des AG sachliche Gründe für die Befristung des Arbeitsvertrages anzuerkennen, werden diese nicht allein wegen der sozialen Belange des AN zur Seite geschoben (BAG 3. 5. 1962 AP BGB § 620 Befristeter Arbeitsvertrag Nr. 23 = NJW 1962, 1587).

Weil es nicht zur objektiven Umgehung des KSchG kommen kann (vgl. § 1 I KSchG), dürfen **43** erstmalige Zeitarbeitsverträge bis zur Dauer von sechs Monaten – auch außerhalb des BeschFG – ohne sachlichen Grund abgeschlossen werden (BAG 17. 2. 1983 AP BGB § 620 Befristeter Arbeitsvertrag Nr. 74 = NJW 1983, 1752). Ob ein befristetes Arbeitsverhältnis länger als sechs Monate besteht und damit das KSchG objektiv umgangen werden kann, bestimmt sich nach den zur Wartezeit des § 1 I KSchG entwickelten Grundsätzen (BAG 11. 11. 1982 AP BGB § 620 Befristeter Arbeitsvertrag Nr. 71 = NJW 1983, 1443; BAG 22. 4. 1998 AP BGB § 611 Rundfunk Nr. 24). Danach sind Zeiten eines früheren Arbeitsverhältnisses auf das neue Arbeitsverhältnis anzurechnen, wenn dieses mit dem früheren Arbeitsverhältnis in einem **engen sachlichen Zusammenhang** steht (BAG 12. 9. 1996 AP BGB § 620 Befristeter Arbeitsvertrag Nr. 182). Dieser wird idR zu verneinen sein, wenn die Unterbrechung vier Monate oder länger betragen hat. Da es vorrangig auf Anlaß und Dauer der Unterbrechung ankommt (BAG 22. 4. 1998 AP BGB § 611 Rundfunk Nr. 24), kann der enge sachliche Zusammenhang schon bei einer Unterbrechung von 2 2/3 Monaten fehlen (BAG 11. 11. 1982 AP BGB § 620 Befristeter Arbeitsvertrag Nr. 71 = NJW 1983, 1443).

In **Kleinbetrieben** (§ 23 I 2 KSchG) können befristete Arbeitsverträge ohne einen sachlichen Grund **44** abgeschlossen werden. Soweit der AN Sonderkündigungsschutz genießt und dem AG bei Abschluß des Vertrages die Voraussetzungen dieses besonderen Kündigungsschutzes bekannt sind, gelten abw. Regeln (vgl. Rn. 54 ff.).

Vereinbaren die Arbeitsvertragsparteien im Anschluß an ein wirksam befristetes Arbeitsverhältnis **45** eine weitere Befristung, also eine **Mehrfachbefristung,** steigen die Anforderungen an den sachlichen Grund (BAG 21. 1. 1987 AP BGB § 620 Hochschule Nr. 4 = NZA 1988, 280; BAG 22. 11. 1995 AP BGB § 620 Befristeter Arbeitsvertrag Nr. 178 = NZA 1996, 878). Mit der Zahl der Befristungen steigen die Anforderungen an den sachlichen Grund weiter, sofern es sich nicht um ausgesprochen kurzfristige Vertragsverhältnisse handelt (BAG 24. 9. 1997 – 7 AZR 654/96 – nv.). Dies gilt vor allem für befristete Verträge aus Gründen der Vertretung. Es sind dann an die Prognose, der Vertretungsbedarf werde enden, höhere Anforderungen zu stellen (BAG 11. 12. 1991 AP BGB § 620 Befristeter Arbeitsvertrag Nr. 141 = NZA 1992, 883; BAG 22. 11. 1995 AP BGB § 620 Befristeter Arbeitsvertrag Nr. 178 = NZA 1996, 878).

Ist die Befristung aus einem sachlichen Grund wirksam erfolgt, verbietet es die Rechtssicherheit **46** anzunehmen, bei späterem **Wegfall des Befristungsgrundes** würde der Arbeitsvertrag als unbefristeter fortbestehen. Besteht im Zeitpunkt des Abschlusses eines befristeten Arbeitsvertrages Vertretungsbedarf, entfällt die sachliche Rechtfertigung der Befristung nicht deshalb, weil sich im nachhinein herausstellt, daß aufgrund veränderter Umstände ein Dauerbedarf gegeben ist.

Auch die **nachträgliche Befristung** eines bereits bestehenden unbefristeten Arbeitsverhältnisses **47** bedarf unabhängig davon, ob zur Zeit der Vereinbarung Bestandsschutz nach dem KSchG bereits besteht oder nicht (BAG 8. 7. 1998 AP BGB § 620 Befristeter Arbeitsvertrag Nr. 201), eines sachlichen Grundes (BAG 24. 1. 1996 AP BGB § 620 Befristeter Arbeitsvertrag Nr. 179 = NZA 1996, 1089; BAG 30. 1. 1997 AP TVG § 4 Rationalisierungsschutz Nr. 16 = NZA 1997, 1057; BAG 20. 11. 1997 EzA EGBGB Art. 30 Nr. 4). Die Rspr. stellt an den sachlichen Grund einer nachträglichen Befristung keine geringeren Anforderungen als in anderen Fällen der Befristung. So hat sie es nicht ausreichen lassen, daß der neue befristete Arbeitsvertrag für den AN günstigere Arbeitsbedingungen vorsah und der AN zwischen diesem neuen Arbeitsvertrag und der Fortsetzung seines bisherigen unbefristeten Arbeitsverhältnisses frei wählen konnte (BAG 26. 8. 1998 AP BGB § 620 Befristeter Arbeitsvertrag Nr. 203). Liegt ein sachlicher Grund vor, ist die nachträgliche Befristung eines unbefristeten Arbeitsverhältnisses auch dann wirksam, wenn sich der AN des Bestehens eines unbefristeten Arbeitsverhältnisses nicht bewußt war und deshalb auch nicht den Willen hatte, auf seinen Bestandsschutz nach dem KSchG zu verzichten (BAG 3. 12. 1997 AP BGB § 620 Befristeter Arbeitsvertrag Nr. 196). Kommt es zu keiner einvernehmlichen Befristung des zuvor unbefristeten Arbeitsverhältnisses, kann der AG die nachträgliche Befristung mittels Änderungskündigung herbeiführen (BAG 25. 4. 1996 AP KSchG 1969 § 1 Betriebsbedingte Kündigung Nr. 78 = NZA 1996, 1197 und BAG 20. 11. 1997 EzA EGBGB Art. 30 Nr. 4 unter Aufgabe von BAG 17. 5. 1984 AP KSchG 1969 § 1 Betriebsbedingte Kündigung Nr. 21 = NZA 1985, 489). Die soziale Rechtfertigung der Änderungskündigung ist gem. §§ 2, 4 KSchG gerichtlich überprüfbar. Dabei wird der sachliche Grund der Befristung inzidenter mitbeurteilt (BAG 25. 4. 1996 AP KSchG 1969 § 1 Betriebsbedingte Kündigung Nr. 78 = NZA 1996, 1197). Hat der AN den ihm mittels Änderungskündigung angebotenen befristeten

Arbeitsvertrag ohne Vorbehalt angenommen, ist er nicht gehindert, auch nach Ablauf der Frist des § 4 KSchG die Unwirksamkeit der Befristung geltend zu machen (BAG 8. 7. 1998 AP BGB § 620 Befristeter Arbeitsvertrag Nr. 201).

48 Schließen die Arbeitsvertragsparteien einen **Aufhebungsvertrag,** liegt hierin keine nachträgliche Befristung iSd. Befristungskontrolle. Vielmehr ist die einvernehmliche Auflösung des Arbeitsverhältnisses vom Vorliegen eines sachlichen Grundes unabhängig. Sie wird durch die Vertragsfreiheit der Parteien gedeckt (BAG 13. 11. 1996 AP BGB § 620 Aufhebungsvertrag Nr. 4 = BB 1997, 1362; BAG 12. 1. 2000 AP BGB § 620 Aufhebungsvertrag Nr. 16). Dies gilt auch dann, wenn die Parteien den zunächst vereinbarten Auflösungszeitpunkt noch während der Dauer des Arbeitsverhältnisses um drei Monate hinausschieben. Im einzelnen ist noch ungeklärt, wie der Aufhebungsvertrag von einer nachträglichen Befristung eines zunächst unbefristeten Arbeitsverhältnisses abzugrenzen ist. Insb. Verträge, die die Auflösung zu einem in der Zukunft liegenden, die weitere Erbringung der beiderseitigen Hauptleistungspflichten erfordernden Zeitpunkt vorsehen, unterscheiden sich materiell nicht von einer nachträglichen Befristung. Die rechtliche Differenzierung und damit die Forderung nach einem sachlichen Grund wird von der tatsächlichen Relevanz der noch zu erbringenden Arbeitsleistungen abhängig zu machen sein. Ein Aufhebungsvertrag wird darüber hinaus Regelungen enthalten, die im Falle einer nachträglichen Befristung des Vertragsverhältnisses typischerweise nicht geregelt zu werden pflegen. Insofern ist an die Gewährung des Resturlaubs, die Erteilung und den Inhalt eines Zeugnisses sowie die weiteren Arbeitspapiere zu denken. Des weiteren kommt der anwendbaren Kündigungsfrist Indizwirkung zu (BAG 12. 1. 2000 AP BGB § 620 Aufhebungsvertrag Nr. 16; vgl. zur Gleichsetzung im Arbeitsförderungsrecht BSG 15. 12. 1999 AP AFG § 128 Nr. 2).

49 Die Wirksamkeit einer Befristung setzt **idR kein bestimmtes Personalkonzept** voraus (BAG 11. 12. 1991 AP BGB § 620 Befristeter Arbeitsvertrag Nr. 144 = NZA 1993, 354). Es muß nur im Einzelfall plausibel erklärt werden können, warum ein einzelner AN im Gegensatz zu anderen AN nur befristet beschäftigt wird. Werden jedoch zur Erledigung von Daueraufgaben sowohl befristet als auch unbefristet angestellte Mitarbeiter eingesetzt, bedarf es zur sachlichen Rechtfertigung der Befristungen einer am Sachgrund orientierten Konzeption (BAG 12. 9. 1996 AP BGB § 620 Befristeter Arbeitsvertrag Nr. 183 = NZA 1997, 378).

50 Gegen den arbeitsrechtlichen **Gleichbehandlungsgrundsatz** werden Befristungsabreden idR nicht verstoßen, weil bei der Begründung des Arbeitsverhältnisses der Vertragsfreiheit Vorrang einzuräumen ist (BAG 19. 8. 1992 AP HRG § 57 b Nr. 2 = NZA 1993, 311).

51 Wegen des nur eingeschränkt gewährleisteten Kündigungsschutzes bedarf die Befristung des Arbeitsvertrages mit einem **leitenden Angestellten** iSv. § 14 II KSchG lediglich dann eines sachlichen Grundes, wenn der leitende Angestellte beim Ausscheiden infolge Befristung keinen finanziellen Ausgleich erhält, der einer Abfindung gem. §§ 9, 10 KSchG gleichwertig ist (BAG 26. 4. 1979 AP BGB § 620 Befristeter Arbeitsvertrag Nr. 47; *Hanau,* FS für Zöllner, 1998, Band II, S. 753 f.; aA *Lohfink,* Befristung von Arbeitsverträgen mit wissenschaftlichem Personal an Hochschulen und Forschungseinrichtungen, 1991, S. 243).

52 Den im Schrifttum vertretenen Standpunkt (*Wiedemann,* FS für Lange, 1970, S. 395, 397, 404; *Preis* Vertragsgestaltung S. 315), Befristungen bei bloßen **Nebenbeschäftigungen,** mit denen der AN nicht seinen vollen Lebensunterhalt verdiene, seien idR sachlich begründet, teilt die Rspr. nicht (vgl. BAG 14. 1. 1982 AP BGB § 620 Befristeter Arbeitsvertrag Nr. 65 = NJW 1982, 1478; BAG 10. 8. 1994 AP BGB § 620 Befristeter Arbeitsvertrag Nr. 162 = NZA 1995, 30).

53 Die Befristung von Arbeitsverträgen mit **Studenten** hat das BAG (4. 4. 1990 AP BGB § 620 Befristeter Arbeitsvertrag Nr. 136 = NZA 1991, 18) für zulässig erachtet, weil die Befristung den Studenten jeweils die Möglichkeit gibt, die Erfordernisse des Studiums mit denen des Arbeitsverhältnisses zu vereinbaren. Wird allerdings dem Interesse des Studenten, die von ihm zu erbringende Arbeitsleistung mit den wechselnden Erfordernissen des Studiums in Einklang zu bringen, durch eine entsprechend flexible Ausgestaltung des Arbeitsverhältnisses Rechnung getragen, nimmt das Gewicht dieses sachlichen Grundes ab und kann zur Unwirksamkeit der Befristung führen (BAG 10. 8. 1994 AP BGB § 620 Befristeter Arbeitsvertrag Nr. 162 = NZA 1995, 30; vgl. auch Rn. 101).

54 Nach § 9 MuSchG ist die Kündigung gegenüber einer AN während der Schwangerschaft und bis zum Ablauf von vier Monaten nach der Entbindung unzulässig, wenn dem AG zur Zeit der Kündigung die Schwangerschaft oder die Entbindung bekannt war oder innerhalb zweier Wochen nach Zugang der Kündigung mitgeteilt wird. Durch dieses absolute Kündigungsverbot ist der Bestandsschutz wesentlich stärker ausgestaltet worden als im KSchG. Diese Wertung ist auf § 620 zu übertragen (*Sowka* DB 1988, 2457, 2458; MünchArbR/*Wank* § 113 Rn. 36), die Anforderungen an den sachlichen Grund eines in Kenntnis der Schwangerschaft geschlossenen befristeten Arbeitsvertrages müssen dem entsprechen. Die Befristung wird vom Kündigungsverbot beeinflußt, aber nicht verboten. Der AG darf die ihm bekannte **Schwangerschaft nicht zum Anlaß der Befristung** nehmen (BAG 6. 11. 1996 AP BGB § 620 Befristeter Arbeitsvertrag Nr. 188 = NZA 1997, 1222). Diese Rspr. ist mit Art. 6 IV GG vereinbar (BVerfG 24. 9. 1990 AP BGB § 620 Befristeter Arbeitsvertrag Nr. 136 a; BAG 23. 10. 1991 AP BGB § 611 Bühnenengagementsvertrag Nr. 44).

B. Befristung von Arbeitsverträgen § 620 BGB 230

Seit dem 1. 8. 1986 werden **Schwerbehinderte**, deren Arbeitsverhältnis im Zeitpunkt des Zugangs 55 der Kündigungserklärung noch nicht ununterbrochen länger als sechs Monate bestanden hat, nicht mehr besonders vor Kündigungen geschützt (vgl. § 20 I Nr. 1 SchwbG). Nach der neuen Rechtslage kommt damit eine Umgehung des SchwbG insb. nur noch dann in Betracht, wenn ein Schwerbehinderter für einen Betrieb, auf den das KSchG nicht anwendbar ist, befristet für länger als sechs Monate eingestellt wird. Eine Einstellung des Schwerbehinderten zur Aushilfe oder zur Probe wirft deshalb keine rechtlichen Schwierigkeiten auf, wenn sie nicht auf mehr als sechs Monate befristet ist.

Der Sonderschutz des § 15 KSchG kann notwendigerweise nicht umgangen werden, wenn ein AN 56 erst während der Laufzeit des befristeten Arbeitsvertrages in den Betriebs- oder Personalrat gewählt wird. Etwas anderes gilt bei Abschluß eines weiteren befristeten Arbeitsvertrages, wenn der AN während der Laufzeit des ersten befristeten Arbeitsvertrages in den Betriebs- oder Personalrat gewählt wurde. § 15 KSchG gewährt dann idR einen verstärkenden Sonderschutz, weil das Erfordernis des sachlichen Grundes bereits durch § 1 KSchG begründet wird. Der verstärkte Bestandsschutz wirkt sich dahingehend aus, daß an den sachlichen Grund für die Befristung des Arbeitsvertrages mit einem bereits gewählten Amtsträger erhöhte Anforderungen zu stellen sind (BAG 17. 2. 1983 AP KSchG 1969 § 15 Nr. 14 = NJW 1983, 1927; KR/*Etzel* § 15 KSchG Rn. 14).

Die Befristung eines Arbeitsverhältnisses bedarf auch dann eines sachlichen Grundes, wenn zwar 57 das KSchG wegen der geringen Zahl beschäftigter AN nicht umgangen werden kann, die Befristung aber objektiv geeignet ist, den Kündigungsschutz nach **§ 613 a IV 1** zu umgehen (BAG 2. 12. 1998 AP BGB § 620 Befristeter Arbeitsvertrag Nr. 207).

Die Befristungskontrolle darf nicht zu einem Bestandsschutz führen, der weiter geht als die Arbeits- 58 platzsicherung durch die wegen der Befristung nicht anwendbare Schutzbestimmung (BAG 8. 9. 1983 AP BGB § 620 Befristeter Arbeitsvertrag Nr. 77 = NJW 1984, 993). Zweck des bei Kündigungen eingeräumten Mitbestimmungsrechts der ANVertretung (ua. **§ 102 BetrVG**) ist es nicht, den individualrechtlichen Kündigungsschutz zu erweitern und die Zulässigkeit befristeter Arbeitsverträge nach § 620 I weiter einzuschränken (BAG 14. 2. 1990 AP BeschFG 1985 § 1 Nr. 12 = NZA 1990, 737). Im übrigen ist eine Umgehung von vornherein ausgeschlossen, wenn der Betriebs- oder Personalrat der befristeten Einstellung zugestimmt hat (BAG 17. 2. 1983 AP BGB § 620 Befristeter Arbeitsvertrag Nr. 74 = NJW 1983, 1752).

Soweit in einigen Landespersonalvertretungsgesetzen (zB § 64 HessPersVG; § 65 I BremPersVG; 59 § 65 II NdsPersVG) vorgesehen ist, daß die ordentliche Kündigung eines AN (auch in den ersten sechs Monaten) der **Zustimmung des Personalrats** bedarf, erfordert dies aus personalvertretungsrechtlichen Gründen keinen eine Befristung rechtfertigenden sachlichen Grund, denn eine derartige Mitbestimmungsregelung begründet für den einzelnen AN keinen Bestandsschutz (BAG 14. 2. 1990 AP BeschFG 1985 § 1 Nr. 12 = NZA 1990, 737; zust. *Hueck/v. Hoyningen-Huene* § 1 Rn. 593). Eine andere Sicht diente weder dem Bewerber, der ansonsten bei Zustimmungsverweigerung der Belegschaftsvertretung nicht einmal befristet eingestellt werden könnte, noch dem Personalrat, der ohnehin nicht die Befugnis hat, die individualrechtliche Unwirksamkeit der Befristung geltend zu machen (vgl. Rn. 60).

4. Abschluß befristeter Arbeitsverträge und Mitbestimmung. Der BR ist vor der Einstellung 60 eines befristet zu beschäftigenden AN nach § 99 I BetrVG zu beteiligen. Er kann seine Zustimmung zur Einstellung allein aus den in § 99 II BetrVG abschließend aufgeführten Gründen versagen. Hierzu gehört das Fehlen eines die Befristung sachlich rechtfertigenden Grundes nicht. In einem solchen Falle verstößt nicht die „Einstellung" des AN gegen ein Gesetz, sondern erst die vorgesehene Art der späteren Beendigung des Arbeitsverhältnisses. Das begründet kein Zustimmungsverweigerungsrecht des BR. Andernfalls würde die dem § 99 BetrVG innewohnende Schutzfunktion für den einzustellenden AN in ihr Gegenteil verkehrt (BAG 28. 6. 1994 AP BetrVG 1972 § 99 Einstellung Nr. 4 = NZA 1995, 387).

Verstößt der befristete Arbeitsvertrag gegen eine Norm, deren Schutzzweck die Einstellung von 61 ZeitAN verbietet, kann hierauf die **Zustimmungsverweigerung** gestützt werden (BAG 28. 6. 1994 AP BetrVG 1972 § 99 Einstellung Nr. 4 = NZA 1995, 387).

Einzelne **Personalvertretungsgesetze der Länder** (zB § 72 I Nr. 1 LPVG NW) räumen dem 62 Personalrat nicht nur bei der Einstellung, sondern auch bei der Befristung von Arbeitsverhältnissen und insoweit bei der inhaltlichen Ausgestaltung des Arbeitsvertrages ein Mitbestimmungsrecht ein. Hierfür bedarf es eines im anzuwendenden Personalvertretungsgesetz deutlich erkennbaren besonderen Mitbestimmungstatbestandes (BVerwG 17. 8. 1989 AP LPVG Bremen § 65 Nr. 1 = BVerwGE 82, 288). Schließt der AG mit dem AN unter Verletzung dieses Mitbestimmungsrechts einen befristeten Arbeitsvertrag, ist lediglich die vereinbarte Befristung unwirksam, der AN steht also in einem Arbeitsverhältnis auf unbestimmte Dauer (BAG 13. 4. 1994 AP LPVG NW § 72 Nr. 9 = NZA 1994, 1099; BAG 6. 8. 1997 AP ArbGG 1979 § 101 Nr. 5 = NZA 1998, 220). Diese Rechtsfolge tritt auch ein, wenn der Personalrat seine Zustimmung zu einer längeren Vertragslaufzeit erteilt hat als sie tatsächlich mit dem AN vereinbart wird (BAG 8. 7. 1998 AP LPVG NW § 72 Nr. 18). Ebenso hat das BAG (9. 6. 1999 AP LPVG Brandenburg § 63 Nr. 2) die Unwirksamkeit der Befristung angenommen, weil der dem Personalrat mitgeteilte Vertragsentwurf und der tatsächlich abgeschlossene Arbeitsvertrag hinsichtlich der Arbeitspflicht voneinander abwichen.

63 Wird ein befristetes Arbeitsverhältnis verlängert oder in ein Arbeitsverhältnis auf **unbestimmte Zeit umgewandelt,** so ist der BR erneut nach § 99 BetrVG zu beteiligen, sofern es sich nicht lediglich um die Fortsetzung eines befristeten Probearbeitsverhältnisses handelt (BAG 7. 8. 1990 AP BetrVG 1972 § 99 Nr. 82 = NZA 1991, 150).

64 **5. Maßgeblichkeit des letzten Arbeitsvertrages.** Wollen die Arbeitsvertragsparteien im Anschluß an einen befristeten Arbeitsvertrag ihr Arbeitsverhältnis noch für eine bestimmte Zeit fortsetzen und schließen sie deshalb vorbehaltlos einen weiteren befristeten Arbeitsvertrag ab, so bringen sie damit jedenfalls regelmäßig zum Ausdruck, daß allein der neue Vertrag fortan für ihre Rechtsbeziehungen maßgeblich sein soll. Daher kommt es für die Frage, ob die Befristung des Arbeitsverhältnisses mangels eines die Befristung sachlich rechtfertigenden Grundes unwirksam ist, grds. nur auf den zuletzt (vor Klageerhebung – BAG 22. 4. 1998 AP BGB § 611 Rundfunk Nr. 25) abgeschlossenen befristeten Arbeitsvertrag an (st. Rspr.; BAG 11. 12. 1985 AP BGB § 620 Befristeter Arbeitsvertrag Nr. 100 = NZA 1987, 58; BAG 15. 2. 1995 AP BGB § 620 Befristeter Arbeitsvertrag Nr. 166 = NZA 1995, 987; BAG 22. 4. 1998 AP BGB § 611 Rundfunk Nr. 24). Das Ergebnis der Rspr. wird durch § 1 V BeschFG bestätigt (vgl. dazu § 1 BeschFG Rn. 65 ff.). Danach gilt das Arbeitsverhältnis als aufgrund wirksamer Befristung beendet, wenn nicht binnen drei Wochen nach Vertragsende Klage erhoben wird. Danach verbleibt für eine Befristungskontrolle des früheren Arbeitsvertrages kein Raum (BAG 22. 3. 2000 AP BeschFG 1996 § 1 Nr. 1; LAG Köln 23. 4. 1999 – 11 Sa 1428/98 – zVb.). Diese Rechtslage tritt auch dann ein, wenn die Parteien irrtümlich davon ausgegangen sind, sie hätten zuvor in einem wirksam befristeten Arbeitsverhältnis gestanden (BAG 4. 4. 1990 AP BGB § 620 Befristeter Arbeitsvertrag Nr. 136 = NZA 1991, 18). Die Unkenntnis berechtigt nicht zur Anfechtung nach § 119 (BAG 30. 10. 1987 AP BGB § 119 Nr. 8 = NZA 1988, 734; BAG 3. 12. 1997 AP BGB § 620 Befristeter Arbeitsvertrag Nr. 196 = BB 1998, 1693, 1694).

65 Will der AN seine Rechte aus einem früheren, unwirksam befristeten Arbeitsverhältnis sichern, muß er mit dem AG einen entsprechenden **Vorbehalt** dergestalt vereinbaren, daß der neue befristete Arbeitsvertrag nur gelten soll, wenn die Parteien nicht schon aufgrund des vorangegangenen Vertrages in einem unbefristeten Arbeitsverhältnis stehen (BAG 28. 9. 1988 AP BGB § 620 Befristeter Arbeitsvertrag Nr. 125 = NZA 1989, 964; BAG 29. 10. 1998 AP BGB § 620 Befristeter Arbeitsvertrag Nr. 206; krit. *Klevemann/Ziemann* DB 1989, 2608).

66 Hiervon abw. ist die vorhergehende Befristung maßgeblich, wenn der letzte Vertrag lediglich ein **unselbständiger Annex** des vorletzten Vertrages darstellt und ohne diesen nicht denkbar ist (BAG 15. 2. 1995 AP BGB § 620 Befristeter Arbeitsvertrag Nr. 166 = NZA 1995, 987; RGRK/*Dörner* Rn. 56). Solche besonderen Umstände liegen vor, wenn es sich bei dem Anschlußvertrag nur um eine verhältnismäßig geringfügige Korrektur des in dem früheren Vertrag vereinbarten Endzeitpunktes handelt, diese Korrektur sich am Sachgrund für die Befristung des früheren Vertrages orientiert und allein in der Anpassung der ursprünglich vereinbarten Vertragszeit an später eingetretene, nicht vorhergesehene Umstände besteht. Die Bedeutung des neuen Vertrages soll sich nach den Vorstellungen der Parteien darauf beschränken, die Laufzeit des alten Vertrages mit dem Sachgrund wieder in Einklang zu bringen (BAG 15. 2. 1995 AP BGB § 620 Befristeter Arbeitsvertrag Nr. 166 = NZA 1995, 987; BAG 1. 12. 1999 AP HRG § 57 b Nr. 21; *Hunold* NZA 1997, 741). Diese Voraussetzungen sind zB erfüllt, wenn ein aus Drittmitteln finanzierter Arbeitsvertrag um drei Monate verlängert wird, weil ein Mitarbeiter ausgeschieden ist und deshalb noch restliche Mittel zur Verfügung stehen (BAG 21. 1. 1987 AP BGB § 620 Hochschule Nr. 4 = NZA 1988, 280) oder die Vertragsdauer der Laufzeit einer ABM-Förderung angepaßt wird (BAG 15. 2. 1995 AP BGB § 620 Befristeter Arbeitsvertrag Nr. 166 = NZA 1995, 987). Eine Änderung des Fristendes um zehn Monate ist als nicht mehr geringe Korrektur bewertet worden (BAG 1. 12. 1999 AP HRG § 57 b Nr. 21). Wird ein nach den Bestimmungen des HRG befristeter Arbeitsvertrag nach § 57 c VI Nr. 5 HRG verlängert, so ist nicht der Verlängerungsvertrag, sondern der ursprüngliche Vertrag der Befristungskontrolle zu unterziehen (BAG 23. 2. 2000 AP HRG § 57 b Nr. 26).

67 Von einem unselbständigen Annex zu unterscheiden ist ein **Änderungsvertrag,** durch den bei gleicher Befristung Tätigkeit oder Vergütung abw. geregelt werden, ohne daß sich der sachliche Grund geändert hätte. In einem solchen Falle unterliegt allein der Änderungsvertrag der Befristungskontrolle (BAG 21. 3. 1990 AP BGB § 620 Befristeter Arbeitsvertrag Nr. 135 = NZA 1990, 744).

68 Zur Frage, ob es in einem wegen der Wirksamkeit der Befristung geführten Rechtsstreit auf die Befristung des vorletzten Arbeitsvertrages ankommen kann, wenn sich der AG hinsichtlich des letzten Vertrages auf § 1 I BeschFG beruft, aber die Voraussetzungen des § 1 III vorliegen könnten, vgl. § 1 BeschFG Rn. 47.

69 **6. Maßgeblicher Zeitpunkt.** Im Anschluß an die grdl. Entscheidung des Großen Senats beurteilt die Rspr., ob für den Abschluß eines Zeitvertrages wirtschaftliche oder soziale Gründe beider Vertragsparteien oder auch nur einer Partei sprechen, nach den Verhältnissen im **Zeitpunkt des Vertragsabschlusses** (BAG 3. 5. 1962 AP BGB § 620 Befristeter Arbeitsvertrag Nr. 23 = NJW 1962, 1587;

BAG 12. 9. 1996 AP BGB § 620 Befristeter Arbeitsvertrag Nr. 182; BAG 15. 1. 1997 AP HRG § 57b Nr. 14 = NZA 1998, 29). Dabei macht es keinen Unterschied, ob die Befristung beim Abschluß des Arbeitsvertrages oder im Laufe eines schon bestehenden, zunächst unbefristeten Arbeitsverhältnisses vereinbart wird (BAG 24. 1. 1996 AP BGB § 620 Befristeter Arbeitsvertrag Nr. 179 = NZA 1996, 1089).

Ist die Befristung wirksam, verbietet es die Rechtsklarheit, daß bei einem **späteren Wegfall der** 70 **Gründe** die Befristung von selbst wegfällt und der Arbeitsvertrag sich ohne weiteres auf unbestimmte Dauer fortsetzt. Ergibt sich zB nach Abschluß eines Zeitvertrages die Möglichkeit zu einer Dauerbeschäftigung, wandelt sich das Zeitarbeitsverhältnis nicht von selbst in einen Vertrag auf unbestimmte Dauer um. Andere nachträgliche Ereignisse (Wahl in den BR, Schwangerschaft) können ebensowenig eine wirksam vereinbarte Befristung entfallen lassen (*Staudinger/Preis* Rn. 93). Hiervon ist das BAG auch dann nicht abgewichen, wenn es die nach Abschluß des Vertrages eingetretenen Umstände zur Begründung dafür herangezogen hat, der AG handele rechtsmißbräuchlich, wenn er sich auf den Fristablauf berufe (zB BAG 16. 3. 1989 AP BeschFG 1985 § 1 Nr. 8 = NZA 1989, 719). In diesen Fällen ist die Wirksamkeit der Befristung gerade vorausgesetzt worden.

7. Mitteilung des Befristungsgrundes. Sofern keine abw. tarifvertraglichen Regelungen eingreifen, 71 setzt eine rechtswirksame Zeitbefristung nicht voraus, daß der **Befristungsgrund** dem AN bei Vertragsschluß mitgeteilt wird (BAG 24. 4. 1996 AP HRG § 57b Nr. 9 = NZA 1996, 1208; BAG 24. 4. 1996 AP BGB § 620 Befristeter Arbeitsvertrag Nr. 180; *Blomeyer* RdA 1967, 406, 412; aA *Barwasser* DB 1977, 1944, 1946; *Eich* DB 1978, 1785, 1789). § 57b V HRG enthält insoweit keinen verallgemeinerungsfähigen Rechtsgedanken. Rechtfertigt der angegebene Grund die Befristung nicht, so kann ein anderer Grund nachgeschoben werden. Kennt der AN den Grund für die Befristung nicht, so kann sich daraus eher als bei seiner Kenntnis ein Vertrauenstatbestand entwickeln, der den AG uU zur Beschäftigung auf unbestimmte Zeit verpflichtet (BAG 16. 3. 1989 AP BeschFG 1985 § 1 Nr. 8 = NZA 1989, 719; *Wiedemann/Palenberg* RdA 1977, 85, 95).

Bei Zweckbefristungen und der Vereinbarung eines befristeten Probearbeitsverhältnisses ist die 72 Mitteilung des Grundes erforderlich. Die Erprobung darf nicht nur Motiv für den AG sein. Dies bedeutet aber nicht, daß der **Erprobungszweck** ausdrücklich schriftlich vereinbart werden müßte (BAG 31. 8. 1994 AP BGB § 620 Befristeter Arbeitsvertrag Nr. 163 = ZTR 1995, 166; vgl. § 623 Rn. 28).

Findet der BAT Anwendung, ist nach **Nr. 2 I SR 2 y BAT** zu vereinbaren, ob der Angestellte als 73 Zeitangestellter, als Angestellter für Aufgaben von begrenzter Dauer oder als Aushilfsangestellter angestellt wird. Welche Ausdrucksweise dabei zu verwenden ist, ist nicht vorgeschrieben. Nach Nr. 2 II Unterabs. 2 SR 2 y BAT ist im Arbeitsvertrag des Angestellten für eine Aufgabe von begrenzter Dauer weiterhin die Aufgabe zu bezeichnen und anzugeben, mit Ablauf welcher Frist oder durch Eintritt welchen Ereignisses das Arbeitsverhältnis enden soll. Die Bestimmung der Nr. 2 SR 2 y BAT dient der Rechtssicherheit und Rechtsklarheit. Die Regelung will einem Streit der Parteien darüber vorbeugen, welcher Grund für die Befristung maßgeblich war. Liegen mehrere sachliche Gründe für die Befristung eines Arbeitsvertrages vor, die jeweils verschiedenen tariflichen Befristungsgrundformen zuzuordnen sind, so bedarf es der Vereinbarung dieser verschiedenen Grundformen im Arbeitsvertrag, wenn alle gegebenen Sachgründe für die Befristung des Arbeitsvertrags bei der gerichtlichen Befristungskontrolle Berücksichtigung finden sollen (BAG 20. 2. 1991 AP BGB § 620 Befristeter Arbeitsvertrag Nr. 137 = NZA 1992, 31).

Eine **Falschbezeichnung** der tariflichen Befristungsgrundform hindert die Prüfung des tatsäch- 74 lichen Befristungsgrundes jedenfalls dann nicht, wenn dieser im Arbeitsvertrag schlagwortartig angegeben ist und dem AN die näheren Einzelheiten bekannt sind (BAG 8. 4. 1992 AP BGB § 620 Befristeter Arbeitsvertrag Nr. 146 = NZA 1993, 694). Sind sich die Vertragsparteien über den tatsächlichen Befristungsgrund einig, kann er abw. von der im Arbeitsvertrag geäußerten Rechtsansicht der richtigen tariflichen Befristungsgrundform zugeordnet werden (BAG 25. 11. 1992 AP BGB § 620 Befristeter Arbeitsvertrag Nr. 150 = NZA 1993, 1081).

8. Befristung einzelner Arbeitsbedingungen des Arbeitsvertrages. Aus den Bestimmungen des 75 BGB ergeben sich keine Bedenken, das Arbeitsverhältnis nicht insgesamt, sondern lediglich einzelne Arbeitsbedingungen (zB Tätigkeit, Arbeitszeit oder Zulagen) zu befristen (*Hromadka* RdA 1992, 234; RGRK/*Dörner* Rn. 34). Doch bezieht sich der Kündigungsschutz nicht nur auf den Bestand des Arbeitsverhältnisses, sondern wie sich aus § 2 KSchG ergibt, auch auf seine konkrete inhaltliche Ausgestaltung. Das Kündigungsschutzrecht gewährleistet auch den Inhaltsschutz. Dieser Inhaltsschutz wird durch die Befristung einzelner Bedingungen eines Arbeitsvertrages zumindest berührt. Er wird sogar objektiv umgangen, wenn durch mißbräuchliche Verwendung von Teilbefristungen die Änderung der Arbeitsbedingungen dem gesetzlichen Änderungsschutz (§ 2 KSchG) entzogen wird (BAG 13. 6. 1986 AP KSchG 1969 § 2 Nr. 19 = NZA 1987, 241; BAG 15. 4. 1999 AP BAT § 2 SR 2 y Nr. 18). Ob eine **mißbräuchliche Verwendung** anzunehmen ist, bestimmt sich nach dem Grund der Befristungsabrede. Soweit der Kernbereich des Änderungsschutzes betroffen ist (BAG 21. 4. 1993 AP KSchG 1969 § 2 Nr. 34 = NZA 1994, 476), bedarf die Befristung einzelner Arbeitsbedingungen eines

Sachgrundes (RGRK/*Dörner* Rn. 62). Hingegen wird die Befristung einzelner Arbeitsbedingungen nicht vom Geltungsbereich der SR 2 y BAT umfaßt (BAG 15. 4. 1999 AP BAT § 2 SR 2 y Nr. 18).

76 Der **Kernbereich des kündigungsrechtlichen Änderungsschutzes** (§ 2 KSchG) wird zB nicht objektiv umgangen, wenn lediglich eine Provisionszusage auf ein Jahr befristet wird, die ca. 15 vH der Gesamtvergütung ausmacht (BAG 21. 4. 1993 AP KSchG 1969 § 2 Nr. 34 = NZA 1994, 476). Andererseits bedarf die befristete Änderung der Arbeitszeit eines die Befristung rechtfertigenden Sachgrundes (BAG 15. 4. 1999 AP BAT § 2 SR 2 y Nr. 18 bei einer Änderung um 1/3; BAG 29. 9. 1999 – 7 AZR 205/98 – nv. bei einer Änderung um 10 %). Die dazu im Einzelfall notwendige Bestimmung des Kernbereiches durch das Gericht ähnelt der Billigkeitskontrolle nach § 315.

77 Wird die **Befristung** einzelner Arbeitsbedingungen nicht im (befristeten) Anstellungsvertrag, sondern **nachträglich** durch Änderungsvertrag vereinbart, unterliegt dieser als letzter Vertrag der gerichtlichen Befristungskontrolle (BAG 21. 3. 1990 AP BGB § 620 Befristeter Arbeitsvertrag Nr. 135 = NZA 1990, 744). Dies kann im Vergleich zu einer im ersten Arbeitsvertrag vereinbarten Befristung einen berücksichtigungsfähigen Unterschied in den Anforderungen an den sachlichen Grund rechtfertigen (vgl. *Linke*, Richterliche Kontrolle der Befristung einzelner Arbeitsbedingungen, 1993, S. 100 ff.). Soweit die befristete Übertragung einer höherwertigen Tätigkeit in Frage steht, kommt als Sachgrund der Wunsch des AN in Betracht (vgl. Rn. 99 ff.), sofern nicht entsprechend §§ 12 a und b BRRG, § 24 a BBG ein neuer Befristungsgrund „Übertragung leitender Aufgaben" anerkannt wird (vgl. *Hanau*, FS für Zöllner, 1998, Band II, S. 753, 767).

78 Vereinbaren die Arbeitsvertragsparteien bei arbeitszeitabhängiger Vergütung die Befugnis des AG, die Dauer der Arbeitszeit einseitig nach Bedarf zu verändern, liegt hierin keine Befristung einzelner Arbeitsbedingungen, sondern ein einseitiges **Leistungsbestimmungsrecht,** das seinerseits wegen objektiver Umgehung des Kündigungsschutzrechts unwirksam sein kann (vgl. BAG 12. 12. 1984 AP KSchG 1969 § 2 Nr. 6 = NZA 1985, 321). Insofern erlaubt § 4 BeschFG, unter Beachtung von Vorankündigungsfristen die Lage der Arbeitszeit befristet oder ständig zu verändern (vgl. GK-TzA/*Mikosch* § 4 Rn. 27 f., 64 ff.).

79 **9. Typologie der Befristungsgründe.** Die bisher von der Rspr. als sachliche Gründe anerkannten Tatbestände sind keinesfalls abschließend, sondern zukünftigen Entwicklungen gegenüber offen. Im Interesse der Rechtssicherheit bedarf es einer Konkretisierung dieser Befristungsgründe (*Wiedemann*, FS für Lange, 1970, S. 395, 398). Insb. können neue Maßstäbe, die die TVParteien für die Bestimmung des sachlichen Grundes setzen, auch außerhalb ihres Geltungsbereiches Beachtung finden.

80 **a) Probearbeitsverhältnis.** Der Wunsch des AG, die Eignung eines AN zu erproben, kann den Abschluß eines befristeten Arbeitsvertrags rechtfertigen (BAG 23. 11. 1963 AP BGB § 620 Befristeter Arbeitsvertrag Nr. 26 = NJW 1964, 567; BAG 15. 3. 1978 AP BGB § 620 Befristeter Arbeitsvertrag Nr. 45 = NJW 1978, 2319; *Preis/Kliemt* AR-Blattei SD 1270 Rn. 66). Im allgemeinen werden nach dem Vorbild des § 1 I KSchG und der Kündigungsfristenregelung für Kündigungen während der Probezeit (§ 622 III) **sechs Monate** ausreichen. Eine entsprechende bis zu sechsmonatige Befristung ist generell zulässig, weil ein Bestandsschutz nach dem KSchG für den AN (noch) nicht umgangen werden kann (BAG 8. 3. 1962 AP BGB § 620 Befristeter Arbeitsvertrag Nr. 22 = DB 1962, 773).

81 Kann der AG Eignung und Leistung eines AN wegen der besonderen Anforderungen des Arbeitsplatzes – im Medienbereich etwa bei künstlerischer oder wissenschaftlicher Tätigkeit – innerhalb von sechs Monaten nicht genügend beurteilen, kann eine **längere Probezeit** vereinbart werden, ggf. durch nachträgliche befristete Verlängerung der Probezeit (BAG 12. 9. 1996 AP BGB § 611 Musiker Nr. 27 = NZA 1997, 841). Bei einem, nach seinen Leistungsnachweisen unterdurchschnittlich qualifizierten Lehrer kann eine einjährige Erprobung angemessen sein. Die höchstens sechsmonatige Probezeit des BAT wird dadurch nicht verletzt, denn **§ 5 BAT** befaßt sich nur mit der Dauer einer vorgeschalteten Probezeit, enthält jedoch keine Regelungen für befristete Probearbeitsverhältnisse (BAG 12. 2. 1981 AP BAT § 5 Nr. 1; BAG 31. 8. 1994 AP BGB § 620 Befristeter Arbeitsvertrag Nr. 163 = ZTR 1995, 166). Im übrigen können einschlägige TV Anhaltspunkte dafür geben, welche Probezeit in solchen Fällen angemessen ist. Ist die Befristung zum Zwecke der Probe sachlich gerechtfertigt, kann sie auch mit Schwerbehinderten und Schwangeren (BAG 16. 3. 1989 AP BeschFG 1985 § 1 Nr. 8 = NZA 1989, 719) vereinbart werden.

82 Allerdings ist zu beachten, daß die Probezeit im Zweifel der Beginn eines auf unbestimmte Zeit eingegangenen Arbeitsverhältnisses ist, also eine Befristung des Arbeitsverhältnisses auf die Dauer der **Probezeit ausdrücklich und eindeutig vereinbart** sein muß (BAG 30. 9. 1981 AP BGB § 620 Befristeter Arbeitsvertrag Nr. 61 = NJW 1982, 1173). Aus Gründen des Vertrauensschutzes **(unzulässige Rechtsausübung)** kann der AG verpflichtet sein, einen an sich wirksam befristeten Arbeitsvertrag auf unbestimmte Zeit fortzusetzen, wenn er beim AN die Erwartung geweckt und bestätigt hat, er werde ihn bei Eignung und Bewährung unbefristet weiterbeschäftigen (BAG 16. 3. 1989 AP BeschFG 1985 § 1 Nr. 8 = NZA 1989, 719; BAG 26. 4. 1995 AP AFG § 91 Nr. 4 = NZA 1996, 87). Er kann sich dann bei Bewährung nicht mehr auf die wirksame Befristung berufen, wenn er den AN „eindeutig" bestärkt hat (BAG 20. 1. 1999 – 7 AZR 93/98 – nv.).

b) Arbeitsanfall. Sicher ausmachbarer vorübergehender Arbeitsanfall rechtfertigt die Befristung des **83** Arbeitsverhältnisses (BAG 14. 1. 1982 AP BGB § 620 Befristeter Arbeitsvertrag Nr. 65 = NJW 1982, 1478). Wird die Befristung des Arbeitsverhältnisses auf einen **vorübergehend erhöhten Arbeitsanfall** gestützt, hängt die Wirksamkeit der Befristung von der prognostizierten künftigen Entwicklung ab, deren Beurteilung dem AG obliegt (BAG 25. 11. 1992 AP BGB § 620 Befristeter Arbeitsvertrag Nr. 150 = NZA 1993, 1081). Die Befristung von Arbeitsverträgen wegen eines nicht voraussehbaren künftigen Bedarfs an AN ist nicht möglich (*Staudinger/Preis* Rn. 79, 149). Es muß eine begrenzte Arbeitsaufgabe vorliegen. Dabei kann allein der Umstand, daß eine sich aus der Art der Tätigkeit oder aus der Situation des Betriebes ergebende **Ungewißheit** vom AG nicht zu steuern ist, den Abschluß befristeter Arbeitsverträge nicht rechtfertigen. In dieser Lage befindet sich mehr oder weniger jeder AG, der AN mit Daueraufgaben beschäftigt (BAG 10. 8. 1994 AP BGB § 620 Befristeter Arbeitsvertrag Nr. 162 = NZA 1995, 30; BAG 12. 9. 1996 AP BGB § 620 Befristeter Arbeitsvertrag Nr. 182 = DB 1997, 232). Die Unsicherheit der künftigen Entwicklung des Arbeitskräftebedarfs rechtfertigt allein keine Befristung des Arbeitsverhältnisses (BAG 22. 3. 2000 NZA 2000, 881). Die Sorge des AG um die **konjunkturelle und wirtschaftliche Entwicklung** rechtfertigt noch keine Befristung (BAG 25. 11. 1992 AP BGB § 620 Befristeter Arbeitsvertrag Nr. 150 = NZA 1993, 1081; *Wiedemann,* FS für Lange, 1970, S. 395, 403).

Ein vorübergehender Mehrbedarf an Arbeitskräften stellt einen sachlichen Grund für die Befristung **84** dar, wenn aufgrund greifbarer Tatsachen der **Wegfall des Mehrbedarfs** mit dem Auslaufen des befristeten Arbeitsverhältnisses mit einiger Sicherheit zu erwarten ist (BAG 14. 1. 1982 AP BGB § 620 Befristeter Arbeitsvertrag Nr. 64 = NJW 1982, 1475). Erforderlich ist eine tatsächlich fundierte Prognose, während die bloße Unsicherheit über die weitere Entwicklung keinen sachlichen Grund ergibt (BAG 12. 9. 1996 AP BGB § 620 Befristeter Arbeitsvertrag Nr. 182 = DB 1997, 232).

c) Auslauftatbestand. Im betrieblichen Interesse ist die Befristung gerechtfertigt, wenn eine in **85** einem befristeten oder gekündigten Arbeitsverhältnis begonnene Aufgabe sinnvoll abgeschlossen werden soll. Gleiches gilt für den Fall, daß in absehbarer Zeit der Betrieb stillgelegt wird und ein befristeter Arbeitskräftebedarf besteht, um den Betrieb bis zur Stillegung aufrechtzuerhalten (*Staudinger/Preis* Rn. 148). Der AG muß sich bei Vertragsabschluß zur Schließung des Betriebes oder der Dienststelle entschieden haben und die Prognose stellen können, daß auch eine Weiterbeschäftigung des AN in einem anderen Betrieb bzw. in einer anderen Dienststelle nicht möglich sein werde (BAG 3. 12. 1997 AP BGB § 620 Befristeter Arbeitsvertrag Nr. 196). Die Befristung dient der Befriedigung eines kurzfristigen Arbeitskräftebedarfs bis zur absehbaren Stillegung eines Betriebes oder bis zum Abschluß eines Schuljahres (BAG 29. 9. 1982 AP BGB § 620 Befristeter Arbeitsvertrag Nr. 70 = NJW 1983, 1444).

d) Vertretung und Aushilfe. Die Vertretung erkrankter, beurlaubter oder aus anderen Gründen **86** vorübergehend an der Arbeitsleistung verhinderter AN gehört zu den typischen, allgemein anerkannten sachlichen Gründen für den Abschluß befristeter Arbeitsverträge (vgl. BAG 11. 12. 1991 AP BGB § 620 Befristeter Arbeitsvertrag Nr. 141 = NZA 1992, 883; BAG 22. 11. 1995 AP BGB § 620 Befristeter Arbeitsvertrag Nr. 178 = NZA 1996, 878). **Anwendungsfälle** sind darüber hinaus Vertretungen für die Dauer des Beschäftigungsverbotes nach dem MuSchG, der Abordnung eines AN ins Ausland, des Erziehungsurlaubs sowie des Wehr- oder Zivildienstes. Durch den zeitweiligen Ausfall eines Mitarbeiters darf ein vorübergehender Bedarf an Arbeitsleistung mit dem befristet eingestellten AN abgedeckt werden (BAG 21. 3. 1990 AP BGB § 620 Befristeter Arbeitsvertrag Nr. 135 = NZA 1990, 744). Ob und wie der AG anläßlich der befristeten Einstellung die **Arbeitsaufgaben umverteilt,** ist unerheblich. Der neueingestellte AN muß also nicht die Arbeit des verhinderten Mitarbeiters verrichten (BAG 8. 5. 1985 AP BGB § 620 Befristeter Arbeitsvertrag Nr. 97 = NZA 1986, 569), vielmehr genügt ein ursächlicher Zusammenhang zwischen Vertretungsbedarf und befristeter Einstellung der Vertretungskraft. Der von der Rspr. mit dem Begriff „Vertretung" bezeichnete Sachgrund meint weder eine unmittelbare noch eine mittelbare Vertretung im Rechtssinne. Ausreichend ist die Deckung eines durch den Ausfall von Stammkräften entstehenden Arbeitskräftebedarfs. Der Vertretungsbedarf rechtfertigt die Befristung auch dann, wenn die Aufgabenerfüllung neu organisiert wird und ggf. ein neuer Arbeitsplatz entsteht (BAG 21. 3. 1990 AP BGB § 620 Befristeter Arbeitsvertrag Nr. 135). Die Kongruenz von Einsatzort und Aufgabengebiet einer Vertretungskraft und eines vorübergehend nicht zur Verfügung stehenden Mitarbeiters erleichtert zwar den Nachweis des Sachgrundes, wird aber von diesem nicht vorausgesetzt. Ausreichend ist auch eine Gesamtvertretung, wie sie insb. im Schulbereich gängiger Praxis entspricht. Innerhalb einer durch Organisationsentscheidung des AG festgelegten Verwaltungseinheit wird der Vertretungsbedarf für das Lehrpersonal eines Schulbereiches bezogen auf ein Schuljahr rechnerisch ermittelt und durch befristet eingestellte Vertretungskräfte abgedeckt, die nicht an den Schulen der ausfallenden Stammlehrkräfte und nicht in deren Fächerkombinationen eingesetzt werden müssen. Der Gesamtvertretungsbedarf kann sogar schultypübergreifend ermittelt werden (BAG 20. 1. 1999 AP BGB § 611 Lehrer, Dozenten Nr. 138). Der Befristungsgrund setzt nicht voraus, daß der Vertretungsbedarf in vollem Umfang durch Vertretungskräfte abgedeckt wird. Die Vertretung kann langjährig sein. ZB hat das BAG (3. 3. 1999 – 7 AZR 608/97 – nv.) die Vertretung eines AN als Sachgrund anerkannt, dem Erwerbsunfähigkeitsrente auf Zeit bewilligt worden war. Die Befristung zur Vertretung ist dann sachwidrig, wenn sich dem AG aufgrund objektiver Umstände erhebliche Zweifel daran aufdrängen müssen, ob der zu vertretende Mitarbeiter seine Tätigkeit überhaupt oder in unverändertem Umfang wieder aufnehmen wird (BAG 11. 11. 1998 AP BGB § 620 Befristeter Arbeitsvertrag Nr. 204; BAG 3. 11. 1999 AP LPVG NW § 5 Nr. 1).

87 Eine **Dauervertretung** ist unzulässig (BAG 13. 4. 1983 AP BGB § 620 Befristeter Arbeitsvertrag Nr. 76 = NJW 1984, 752). Sie liegt vor, wenn bei Abschluß des Arbeitsvertrages eine über den Endtermin der Befristung hinausgehende Beschäftigung des AN bereits vorgesehen ist (BAG 3. 10. 1984 AP BGB § 620 Befristeter Arbeitsvertrag Nr. 87 = NZA 1985, 561). Die Häufigkeit und die bisherige Gesamtbefristungsdauer können Indizien für das Fehlen eines Sachgrundes sein. Deshalb müssen bei der nochmaligen befristeten Verlängerung des Arbeitsverhältnisses eines bereits langjährig befristet beschäftigten AN im Zeitpunkt des Abschlusses des letzten Zeitvertrages konkrete Anhaltspunkte für die Prognose zum künftigen Wegfall des Beschäftigungsbedarfs vorliegen. Die Rückkehr des zu vertretenden Mitarbeiters muß zu erwarten sein, ihr Zeitpunkt braucht nicht prognostiziert zu werden (BAG 11. 11. 1998 AP BGB § 620 Befristeter Arbeitsvertrag Nr. 204; BAG 3. 11. 1999 AP LPVG NW § 5 Nr. 1).

88 Wird ein AN zur **Vertretung auflösend bedingt** oder zweckbefristet eingestellt und scheidet der zu vertretende AN aus dem Arbeitsverhältnis aus, ist durch Auslegung zu ermitteln, ob auch der zur Vertretung geschlossene Arbeitsvertrag enden soll (BAG 26. 6. 1996 AP BGB § 620 Bedingung Nr. 23 = DB 1996, 2289). Regelmäßig wird dies nicht der Fall sein. Der Sachgrund der Vertretung rechtfertigt für sich allein idR die Befristung des Arbeitsvertrags bis zum Ausscheiden des Vertretenen aus seinem Arbeitsverhältnis (BAG 24. 9. 1997 AP BGB § 620 Befristeter Arbeitsvertrag Nr. 192 = DB 1998, 679).

89 **Gründe der Personalplanung** können eine Befristung rechtfertigen, wenn es sich nicht lediglich um allgemeine personalpolitische Erwägungen handelt (*Staudinger/Preis* Rn. 169). ZB erkennt das BAG (ua. 8. 9. 1983 AP BGB § 620 Befristeter Arbeitsvertrag Nr. 77 = NJW 1984, 993) ein Bedürfnis, Stellen zugunsten künftiger, besser qualifizierter Bewerber frei zu halten, nicht als sachlichen Grund an (ebenso *Preis* S. 117; vgl. aber BVerfG 13. 1. 1982 AP GG Art. 5 Abs. 1 Rundfunkfreiheit Nr. 1 = NJW 1982, 1447). Die Befristung eines Arbeitsverhältnisses bis zu dem Zeitpunkt, an dem ein freier Dauerarbeitsplatz mit einem anderen AN oder Beamten besetzt werden soll, kann aber sachlich gerechtfertigt sein, wenn die **rechtliche Bindung des AG** bereits zur Zeit des Abschlusses des befristeten Arbeitsvertrages besteht (BAG 6. 11. 1996 AP BGB § 620 Befristeter Arbeitsvertrag Nr. 188 = NZA 1997, 1222). Ein sachlicher Grund für die Befristung eines Arbeitsvertrages liegt auch vor, wenn der AN vorübergehend bis zu dem Zeitpunkt beschäftigt werden soll, in dem ein Auszubildender des AG seine **Berufsausbildung beendet** und der AG dessen Übernahme in ein Arbeitsverhältnis beabsichtigt. Dieser Befristungsgrund setzt zumindest voraus, daß der AG die Übernahme des Auszubildenden bereits im Zeitpunkt des Vertragsabschlusses mit dem ersatzweise eingestellten AN konkret beabsichtigt (BAG 21. 4. 1993 AP BGB § 620 Befristeter Arbeitsvertrag Nr. 148 = NZA 1994, 167; BAG 6. 11. 1996 AP BGB § 620 Befristeter Arbeitsvertrag Nr. 188 = NZA 1997, 1222). Das berechtigte Interesse des AG an der befristeten Beschäftigung sieht die Rspr. in dem vom AG in die Ausbildung investierten Aufwand (BAG 1. 12. 1999 – 7 AZR 449/98 – nv.).

90 e) **Verschleißtatbestände.** Als Verschleißtatbestände beschreibt *Wiedemann* (FS für Lange, 1970, S. 395, 407) diejenige Gruppe von befristeten Arbeitsverträgen, bei denen die Befristung entweder wegen einer (zumeist altersbedingten) Minderung der **Leistungsfähigkeit der AN** oder wegen des Abwechselungsbedürfnisses des Publikums vereinbart wird. Hierzu können Arbeitsverträge mit Sporttrainern gehören, weil die Fähigkeit, Sportler zu motivieren, einer Abnutzung unterliegen soll. In jedem Falle muß die vereinbarte Befristung überhaupt geeignet sein, der Gefahr eines Verschleißes in der Beziehung zwischen dem Trainer und den zu betreuenden Sportlern wirksam vorzubeugen (BAG 29. 10. 1998 AP BGB § 611 Berufssport Nr. 14; BAG 15. 4. 1999 AP AÜG § 13 Nr. 1). Hieran fehlt es, wenn die zu betreuenden Sportler während der vorgesehenen Vertragslaufzeit ohnehin wechseln (BAG 29. 10. 1998 AP BGB § 611 Berufssport Nr. 14). Der allgemeine Verschleiß durch längere Ausübung desselben Berufs ist nach Auffassung des BAG auch bei Sporttrainern kein Sachgrund für die Befristung des Arbeitsvertrages (BAG 15. 4. 1999 AP AÜG § 13 Nr. 1; zust. *Hertzberg* FA 2000, 110, 113; krit. *Fenn* JZ 2000, 347, 350 f.; diff. *Dieterich* NZA 2000, 857, 861). Nach der Rspr. des BVerfG zur Rundfunkfreiheit können Beschäftigungsverhältnisse mit Regisseuren, Moderatoren und Kommentatoren, sofern überhaupt ein Arbeitsverhältnis anzunehmen ist, wegen des sog. Innovationsbedürfnisses auf Zeit abgeschlossen werden (BVerfG 13. 1. 1982 AP GG Art. 5 Abs. 1 Rundfunkfreiheit Nr. 1 = NJW 1982, 1447; BVerfG 28. 6. 1983 AP GG Art. 5 Abs. 1 Rundfunkfreiheit Nr. 4 = DB 1983, 2314; ferner Rn. 112).

91 f) **Altersgrenze.** Nach wie vor ist streitig, ob die in einem Arbeitsvertrag, einer Betriebsvereinbarung oder einem TV für den Zeitpunkt der Vollendung eines bestimmten Lebensalters vorgesehene Beendigung des Arbeitsverhältnisses ohne Ausspruch einer Kündigung eine auflösende Bedingung, einen vorweggenommenen Aufhebungsvertrag oder eine Höchstbefristung darstellt (vgl. BAG 20. 12.

1984 AP BGB § 620 Bedingung Nr. 9 = NZA 1986, 325; BAG [GS] 7. 11. 1989 AP BetrVG 1972 § 77 Nr. 46 = NZA 1990, 816; *Hunold* AR-Blattei SD 45 Rn. 16). Richtigerweise wird von einer **Höchstbefristung** des Arbeitsverhältnisses auszugehen sein (MünchArbR/*Richardi* § 42 Rn. 49 f.; *Henssler*, Auf dem Weg zur Ruhestandsgesellschaft, 1994, S. 55, 61; *Staudinger/Preis* Rn. 139). Die Beendigung des Arbeitsverhältnisses steht zwar unter der Rechtsbedingung, daß das Arbeitsverhältnis noch besteht, und der Bedingung, daß der AN die vorgesehene Altersgrenze erreicht, doch stehen alle befristeten Arbeitsverträge unter derartigen Bedingungen. Unabhängig von dieser Frage muß in jedem Falle das KSchG als Schranke beachtet werden, also ein sachlicher Grund vorliegen (krit. *Feudner* BB 1999, 314). Für einzelvertraglich vereinbarte Altersgrenzen folgt dies aus den allgemeinen Grundsätzen der Befristungskontrolle. Entsprechende Betriebsvereinbarungen unterliegen einer gerichtlichen Rechts- und Billigkeitskontrolle, in deren Rahmen die sachliche Berechtigung der Altersgrenze zu beurteilen ist (*Vollstädt*, Beendigung von Arbeitsverhältnissen durch Vereinbarung einer Altersgrenze, 1997, S. 315 ff.). Tarifliche Bestimmungen, die zu einer Beendigung des Arbeitsverhältnisses führen, müssen den Anforderungen der arbeitsrechtlichen Befristungskontrolle und damit der grundrechtlichen Schutzpflicht genügen (BAG 23. 2. 2000 NZA 2000, 894).

Im Grundsatz wird der **sachliche Grund** für eine zeitliche Limitierung der Arbeitsverhältnisse durch eine Altersgrenze zu bejahen sein, weil Auseinandersetzungen über den Fortbestand der Leistungskraft des AN vermieden werden sollten (BAG 21. 4. 1977 AP BAT § 60 Nr. 1). Es ist eine vom BVerfG (26. 8. 1993 DVBl. 1994, 43; BVerfG 25. 7. 1997 NVwZ 1997, 1207) anerkannte Lebenserfahrung, daß die Gefahr einer Beeinträchtigung der Leistungsfähigkeit mit zunehmendem Alter und insb. nach Vollendung des 65. Lebensjahres größer wird. Die Notwendigkeit einer verläßlichen Personalplanung und der Nachwuchsförderung kommen als Argumente hinzu (*Schmidt*, FS für Dieterich, 1999, S. 585, 588; aA *Boerner* ZfA 1995, 537, 559). 92

Die typische Vereinbarung, wonach das Arbeitsverhältnis mit oder nach **Vollendung des 65. Lebensjahres** des AN enden soll, wird idR keine mißbräuchliche Umgehung des KSchG enthalten, denn die Erwartung, ein AN werde nach Vollendung des 65. Lebensjahres durch den Bezug der gesetzlichen Altersrente wirtschaftlich ausreichend gesichert sein, ist nach wie vor berechtigt. Der Gesetzgeber hat mit der Neufassung des § 41 IV 2 SGB VI klargestellt, daß jedenfalls auf das 65. Lebensjahr abstellende Altersgrenzen vereinbarungsfähig sind. Gegen sie bestehen keine verfassungsrechtlichen Bedenken (BAG 11. 6. 1997 AP SGB VI § 41 Nr. 7 = NZA 1997, 1290; *Preis*, FS für Stahlhacke, 1995, S. 417, 440; *Simitis* RdA 1994, 257, 261; *Vollstädt*, Beendigung von Arbeitsverhältnissen durch Vereinbarung einer Altersgrenze, 1997, S. 296). 93

Im gleichen Sinne ist § 8 III ATG (23. 6. 1996 – BGBl. I S. 1078) zu würdigen, der ausdrücklich Vereinbarungen für zulässig erklärt, die die Beendigung des Arbeitsverhältnisses ohne Kündigung zu einem Zeitpunkt vorsehen, in dem der AN Anspruch auf **Rente wegen Altersteilzeitarbeit** hat. 94

Unterschiedliche tarifvertragliche Altersgrenzen für Männer (65. Lebensjahr) und Frauen (60. Lebensjahr) begegnen erheblichen auf Art. 3 II GG gestützten verfassungsrechtlichen Bedenken (BVerfG 28. 1. 1987 AP AVG § 25 Nr. 3 = NJW 1987, 1541 „Kompensation erlittener Nachteile"; ferner EuGH 17. 5. 1990 [Barber] AP EWG-Vertrag Art. 119 Nr. 20; EuGH 14. 12. 1993 [Moroni] AP BetrAVG § 1 Gleichbehandlung Nr. 16). 95

Die Befristung auf ein **früheres als das 65. Lebensjahr** ist möglich, wenn die Tätigkeit nicht nur eine unverminderte körperliche und geistige Leistungsfähigkeit erfordert, sondern darüber hinaus – wie bei Piloten und Chirurgen – mit besonderer Schwierigkeit und Verantwortung verbunden ist. Im Bereich der Deutschen **Luftfahrtunternehmen** besteht keine einheitliche Altersbegrenzung auf die Vollendung des 55. Lebensjahres und keine Vermutung, daß das Bordpersonal nach Vollendung des 55. Lebensjahres den physischen und psychischen Anforderungen des Flugbetriebes nicht mehr gewachsen sei. Eine tarifliche Altersgrenze für Flugzeugführer, die auf das 55. Lebensjahr abstellt und bei nachgewiesener Flugtauglichkeit eine (auch mehrmalige) Verlängerung des Arbeitsverhältnisses um ein Jahr vorsieht, beruht auf einer nachvollziehbaren Bewertung eines altersbedingt nachlassenden berufsspezifischen Leistungsvermögens und ist rechtlich nicht zu beanstanden (BAG 11. 3. 1998 AP TVG § 1 Tarifverträge: Luftfahrt Nr. 12). Im Hinblick auf das besondere Interesse an der Gewährleistung der Sicherheit des Luftverkehrs wird für Bordpersonal die tarifvertragliche Höchstbegrenzung des Arbeitsverhältnisses auf 60 Jahre als wirksam akzeptiert (BAG 12. 2. 1992 AP BGB § 620 Altersgrenze Nr. 5 = DB 1992, 443; BAG 11. 3. 1998 AP TVG § 1 Tarifverträge: Luftfahrt Nr. 12 = NZA 1998, 716; krit. *Hromadka* SAE 1986, 248 f.). Derartige Altersgrenzen werden nicht nur vom nationalen Verordnungsgeber (Betriebsordnung für Luftfahrgeräte v. 4. 3. 1970, BGBl. I S. 262), sondern auch international (ICAO-Abkommen) für erforderlich gehalten. Sie verletzen weder das Grundrecht auf Berufsfreiheit (Art. 12 I GG – BAG 25. 2. 1998 AP TVG § 1 Tarifverträge: Luftfahrt Nr. 11) noch den Gleichheitssatz des Art. 3 I GG (*Boerner* ZfA 1995, 537, 558). Mit der Feststellung der **Fluguntauglichkeit** endet das Arbeitsverhältnis eines Angehörigen des Bordpersonals der Deutschen Lufthansa und der Condor Flugdienst gem. § 20 I a MTV Nr. 3 ohne Ausspruch einer Kündigung nur dann, wenn dieser AN nicht auf einem freien Arbeitsplatz im Bodendienst zu zumutbaren Bedingungen weiterbeschäftigt werden kann (BAG 14. 5. 1987 AP TVG § 1 Tarifverträge: Lufthansa Nr. 12 = NZA 1988, 67). 96

97 Wird ein Angestellter des öffentlichen Dienstes berufs- oder erwerbsunfähig, so endet das Arbeitsverhältnis aufgrund der in **§ 59 BAT** geregelten auflösenden Bedingung nach bestimmten Auslauffristen (vgl. Rn. 28; BAG 24. 6. 1987 AP BAT § 59 Nr. 5 = NZA 1987, 815; BAG 24. 1. 1996 AP BAT § 59 Nr. 7 = NZA 1996, 823). Der Feststellung der Erwerbsunfähigkeit ist der Bescheid eines Versicherungsträgers über die Gewährung eines Vorschusses über die künftige Rente dann gleichzustellen, wenn darin schon der Rentenanspruch dem Grunde nach anerkannt wird. Setzt der AN ungeachtet der Beendigung des Arbeitsverhältnisses seine Tätigkeit fort, erfolgt die Rückabwicklung nach Bereicherungsrecht (BAG 30. 4. 1997 AP BGB § 812 Nr. 20 = NZA 1998, 199). Endet das Arbeitsverhältnis wegen Gewährung einer Rente auf Zeit, muß tariflich für den Fall der Wiederherstellung der Berufsfähigkeit ein unbedingter Wiedereinstellungsanspruch des AN vorgesehen sein, um der grundrechtlichen Schutzpflicht zu genügen (BAG 23. 2. 2000 NZA 2000, 894).

98 Eine Vorverlegung der Altersgrenze auf unter 65 für **Führungskräfte** wegen abnehmender Leistungsfähigkeit ist umstritten. Jedenfalls kann mit leitenden Angestellten iSv. § 14 II KSchG ohne Umgehung des KSchG eine Höchstbefristung auf das 60. oder 63. Lebensjahr vereinbart werden, wenn deren finanzielle Interessen bereits bei der Vertragsgestaltung in Form einer Abfindung berücksichtigt werden (BAG 26. 4. 1979 AP BGB § 620 Befristeter Arbeitsvertrag Nr. 47; vgl. Rn. 51).

99 g) **Wunsch des Arbeitnehmers.** Der Wunsch des AN rechtfertigt eine Befristung sachlich, wenn im Zeitpunkt des Vertragsschlusses objektive Anhaltspunkte vorliegen, aus denen gefolgert werden kann, daß der AN ein **Interesse gerade an einer befristeten Beschäftigung** hat (BAG 6. 11. 1996 AP BGB § 620 Befristeter Arbeitsvertrag Nr. 188 = NZA 1997, 1222). Ein solcher objektiver Anhaltspunkt wird insb. dann anzunehmen sein, wenn der AN aus Gründen in seiner Person (zB wegen familiärer Verpflichtungen oder wegen einer noch nicht abgeschlossenen Ausbildung, Einblick in die Berufspraxis, zukünftige Aufnahme einer Ausbildung) nur für eine begrenzten Zeitraum arbeiten will oder kann. Es muß der wirkliche, vom AG nicht beeinflußte Wunsch des AN sein, nur befristet beschäftigt zu werden. Die Entscheidungsfreiheit des AN muß bei Abschluß des befristeten Arbeitsvertrages unbeeinträchtigt gewesen sein. Der AN muß bei Abschluß des befristeten Arbeitsvertrages über eine Gestaltungsfreiheit zur Wahrung eigener Interessen mit der realen Möglichkeit verfügt haben, die Vertragsbedingungen zu beeinflussen (*Preis* Vertragsgestaltung S. 291; vgl. bereits BAG 13. 5. 1982 AP BGB § 620 Befristeter Arbeitsvertrag Nr. 68 = NJW 1983, 838).

100 Der Wille des AN muß ausschließlich auf die Befristung des Arbeitsverhältnisses gerichtet sein (BAG 3. 3. 1999 AP HRG § 57 c Nr. 5). Entscheidend ist, ob der AN auch bei einem Angebot des AG auf Abschluß eines unbefristeten Arbeitsvertrages nur einen befristeten vereinbart hätte (BAG 6. 11. 1996 AP BGB § 620 Befristeter Arbeitsvertrag Nr. 188 = NZA 1997, 1222). Insofern liegt ein starkes Indiz vor, wenn der AN von sich aus die Vereinbarung der Befristung gewünscht hat. Nach der Rspr. ist es unerheblich, ob der AN bei Vertragsschluß frei von wirtschaftlichen Zwängen war und vom Angebot eines befristeten Arbeitsvertrages nicht überrascht wurde (BAG 11. 12. 1991 AP BGB § 620 Befristeter Arbeitsvertrag Nr. 144 = NZA 1993, 354). Der von *Gamillscheg* (Anm. zu BAG 26. 8. 1998 EzA BGB § 620 Nr. 154) unterbreitete Vorschlag, die Befristung des Arbeitsvertrages keiner weiteren richterlichen Kontrolle zu unterziehen, wenn sich der AN bar jeder wirtschaftlichen oder intellektuellen Unterlegenheit in aller Freiheit für die Befristung entschieden hat, ist von der Rspr. des BAG noch nicht aufgegriffen worden. Vor allem die Chance einer Beförderung in eine leitende Position wird den AN ernsthaft überlegen lassen, ob er einen befristeten Arbeitsvertrag abschließen sollte. Zumindest dürfte die lediglich befristete Übertragung der Leitungsaufgabe dem AN als im Vergleich zur unveränderten Fortsetzung seines Arbeitsverhältnisses als vorzugswürdig erscheinen. Die Befristungsrechtsprechung könnte Parallelwertungen zur befristeten Übertragung leitender Beamtenpositionen (vgl. §§ 12 a und b BRRG, § 24 a BBG) ziehen (*Hanau*, FS für Zöllner, 1998, Band II, S. 753, 767).

101 Der **Wunsch ist individuell festzustellen.** Unzureichend ist es zB, daß Studenten generell gern kurzfristig befristet neben dem Studium tätig werden (BAG 10. 8. 1994 AP BGB § 620 Befristeter Arbeitsvertrag Nr. 162 = NZA 1995, 30). Die Befristung des Arbeitsverhältnisses eines Studenten kann nicht mit dessen Interesse, seine Arbeitspflicht mit den Anforderungen des Studiums in Einklang zu bringen, gerechtfertigt werden, wenn bereits die Kündigungsmöglichkeit in einem unbefristeten Arbeitsverhältnis sowie Umfang und Lage der Arbeitszeit dem Interesse des Studenten ausreichend Rechnung tragen (BAG 29. 10. 1998 AP BGB § 620 Befristeter Arbeitsvertrag Nr. 206). Fehlt es an dieser flexiblen Vertragsgestaltung ist die Befristung nach wie vor wirksam möglich (zB BAG 12. 5. 1999 – 7 AZR 45/98 – nv.).

102 Ausschließlich oder überwiegend dem Interesse des AN wird eine Befristung dienen, wenn der AG nach dem Auslaufen eines unbefristeten oder wirksam befristeten Vertrages aus sozialen Erwägungen dem AN eine **befristete Übergangsregelung** ermöglicht (BAG 3. 10. 1984 AP BGB § 620 Befristeter Arbeitsvertrag Nr. 88 = DB 1985, 2151; *Koch* NZA 1985, 345, 348).

103 h) **Soziale Gründe.** Sozialhilfemaßnahmen nach §§ 18 ff. BSHG (Hilfe zur Arbeit) sind idR nur von vorübergehender Natur, sie können die Befristung eines Arbeitsverhältnisses sachlich rechtfertigen (BAG 7. 7. 1999 AP BGB § 620 Befristeter Arbeitsvertrag Nr. 216). Stellt der Sozialhilfeträger den Hilfesuchenden bei sich selbst ein, gilt dies nur, wenn das aufgrund §§ 18 ff. BSHG begründete

Arbeitsverhältnis sich von denen unterscheidet, die der Sozialhilfeträger auf dem ersten Arbeitsmarkt zur Erfüllung seiner Verwaltungsaufgaben begründet (BAG 7. 7. 1999 AP BGB § 620 Befristeter Arbeitsvertrag Nr. 216). Im Einzelfall kann hiervon abgesehen werden, wenn dadurch die Eingliederung in das Arbeitsleben besser gefördert wird (BAG 22. 3. 2000 – 7 AZR 824/98 – zVb.). Außerhalb des Sozialhilferechts ist eine Befristung aus sozialen Gründen sachlich gerechtfertigt, wenn die sozialen Gründe des AG angesichts des individuellen Interesses des AN an unbefristeter Beschäftigung überwiegen (BAG 26. 4. 1985 AP BGB § 620 Befristeter Arbeitsvertrag Nr. 91 = DB 1985, 2566). Das ist der Fall, wenn es ohne den sozialen Überbrückungszweck überhaupt nicht zum Abschluß des Arbeitsvertrages, auch nicht eines befristeten, gekommen wäre (BAG 7. 7. 1999 AP BGB § 620 Befristeter Arbeitsvertrag Nr. 211 = NZA 1999, 1335). Die sozialen Erwägungen müssen das **überwiegende Motiv** des AG sein (BAG 12. 12. 1985 AP BGB § 620 Befristeter Arbeitsvertrag Nr. 96 = NZA 1986, 571).

Allein die Tatsache, daß eine sinnvolle Beschäftigung auf Dauer möglich ist, schließt zwar die 104 bestimmende Kausalität sozialer Aspekte für den Vertragsabschluß noch nicht aus, aber soziale Erwägungen dürfen nicht nur der Vorwand für die Befristung sein. Die Weiterbeschäftigung auf einem **Dauerarbeitsplatz** spricht gegen anerkennenswerte soziale Beweggründe des AG. Die sozialen Gründe müssen für die Weiterbeschäftigung des AN ausschlaggebend sein; unschädlich ist es jedoch, daß Bedarf für die Tätigkeit des AN besteht und er daher noch sinnvoll beschäftigt werden kann (BAG 24. 1. 1996 AP BGB § 620 Befristeter Arbeitsvertrag Nr. 179 = NZA 1996, 1089).

Schließt ein Land in sozialen Härtefällen mit Lehrern, deren Examensnote für eine Übernahme in 105 den Schuldienst des Landes nicht ausreicht, einen befristeten Arbeitsvertrag für die Dauer eines Jahres ab und sagt es diesen Lehrern zu, sie **nach Vertragsablauf in das Beamtenverhältnis** zu übernehmen, wenn sie sich als für den Schuldienst geeignet erwiesen haben, ist die vereinbarte Befristung des Arbeitsverhältnisses wirksam (BAG 31. 8. 1994 AP BGB § 620 Befristeter Arbeitsvertrag Nr. 163 = ZTR 1995, 166).

Wenn ein AG des öffentlichen Dienstes eine freie **Beamten-Planstelle vorübergehend** mit einem 106 Angestellten besetzt, bis ein bereits in der Ausbildung befindlicher Beamter auf der Stelle eingesetzt werden darf, kann hierin ein sachlicher Grund für die Befristung des Arbeitsverhältnisses liegen (LAG Köln 13. 12. 1996 ZTR 1997, 276). Grds. spricht aber ein Einsatz auf einer Beamtenstelle gegen die Berechtigung der Befristung aus sozialen Gründen (BAG 7. 7. 1999 AP BGB § 620 Befristeter Arbeitsvertrag Nr. 211 = NZA 1999, 1335).

i) **Leitungsaufgabe.** Befristete Arbeitsverträge mit leitenden Angestellten bedürfen zwar eines sach- 107 lichen Grundes, doch ergibt sich aus der Wertung des § 14 II iVm. § 9 KSchG, daß für diesen Personenkreis die Befristung wirksam ist, wenn das Abfindungsinteresse bei der Vertragsgestaltung berücksichtigt worden ist (BAG 26. 4. 1979 AP BGB § 620 Befristeter Arbeitsvertrag Nr. 47; vgl. Rn. 51).

j) **Prozeßvergleich.** Eine Befristung ist durch die Interessen beider Parteien gerechtfertigt, wenn sie 108 in einem gerichtlichen Vergleich festgelegt wird, der dazu dient, den Rechtsstreit über den Fortbestand des Arbeitsverhältnisses beizulegen (BAG 9. 2. 1984 AP BGB § 620 Bedingung Nr. 7 = NZA 1984, 266; BAG 2. 12. 1998 AP HRG § 57 a Nr. 4). Das gegenseitige Nachgeben beider Parteien ergibt den sachlichen Grund, so daß auch ein außergerichtlicher Vergleich genügen kann (BAG 4. 12. 1991 EzA BGB § 620 Nr. 113; *Erman/Belling* Rn. 65; aA *Hoß/Lohr* MDR 1998, 313, 318). Es kommt deshalb nicht darauf an, ob die Mitwirkung des Gerichts verhindern kann, daß die Interessen einer Partei unangemessen berücksichtigt werden (so aber *Hueck/v. Hoyningen-Huene* § 1 Rn. 569). Voraussetzung für die Anerkennung eines **außergerichtlichen Vergleiches** als Befristungsgrund ist zumindest das Vorliegen eines offenen Streits der Parteien über die Rechtslage hinsichtlich des zwischen ihnen bestehenden Rechtsverhältnisses. Beide Parteien müssen also gegensätzliche Rechtsstandpunkte darüber eingenommen haben, ob bzw. wie lange zwischen ihnen noch ein Arbeitsverhältnis besteht (BAG 24. 1. 1996 AP BGB § 620 Befristeter Arbeitsvertrag Nr. 179 = NZA 1996, 1089).

Auch die **nachträgliche Befristung** eines bereits bestehenden unbefristeten Arbeitsverhältnisses 109 bedarf eines sachlichen Grundes (vgl. Rn. 47). Hat der AG dem AN zu erkennen gegeben, daß er zu einer unbefristeten Fortsetzung des Arbeitsverhältnisses nicht bereit ist, kann mit dem sachlichen Grund des Vergleiches die Befristung wirksam vereinbart werden, wenn zwischen den Parteien bereits ein **offener Streit** über den rechtlichen Fortbestand des Arbeitsverhältnisses besteht, der durch die Vereinbarung der Befristung beigelegt wird (BAG 24. 1. 1996 AP BGB § 620 Befristeter Arbeitsvertrag Nr. 179 = NZA 1996, 1089). Die bloße Androhung einer Kündigung ist hierfür unzureichend.

Vereinbaren die Parteien in einem Vergleich nicht nur die Beilegung des konkreten Rechtsstreits, 110 sondern darüber hinaus die **Zulässigkeit künftiger Befristungen,** so ist diese Vereinbarung wegen Verzichts auf eine gerichtliche Überprüfung des sachlichen Grundes unwirksam (BAG 4. 12. 1991 EzA BGB § 620 Nr. 113).

k) **Künstler.** Arbeitsverträge mit Künstlern werden häufig befristet abgeschlossen; bei Bühnenkünst- 111 lern ist die Befristung der Regelfall (*Germelmann* ZfA 2000, 149, 153; *Opolony* ZfA 2000, 179, 185). Bei Soloverträgen verlangt allein die Notwendigkeit der Veränderungsmöglichkeit der Programmgestaltung personelle Flexibilität (BAG 5. 3. 1970 AP BGB § 620 Befristeter Arbeitsvertrag Nr. 34 = DB 1971, 246). Die in dem TV „Normalvertrag Solo" vorgesehene Befristung von Arbeitsverträgen mit künstlerischen Bühnenmitglieder mit der nach dem TV über die Mitteilungspflicht geregelten Möglichkeit der Verlängerung des Engagementsvertrages um jeweils eine weitere Spielzeit ist wirksam, weil die Befristung einem **jahrzehntelangen Bühnengebrauch** entspricht, der nach wie vor durch sachliche Gründe gerechtfertigt ist (BAG 21. 5. 1981 AP BGB § 611 Bühnenengagementsvertrag Nr. 15 = DB 1981, 2080; BAG 26. 8. 1998 AP BGB § 611 Bühnenengagementsvertrag Nr. 53; krit. *Opolony* ZfA 2000, 179, 202, der eine Feststellung des sachlichen Grundes im Einzelfall verlangt). Diese Begründung trägt eine Übertragung auf die Arbeitsverhältnisse des technischen Bühnenpersonals nicht. Eine wirksame Nichtverlängerungsmitteilung nach dem TV über die Mitteilungspflicht zur Fortsetzung des Arbeitsverhältnisses eines langjährig beschäftigten künstlerischen Bühnenmitglieds zu geänderten Arbeitsbedingungen (hierzu näher *Germelmann* ZfA 200, 149, 156 ff.) muß billigem Ermessen (§ 315) entsprechen (BAG 3. 11. 1999 AP BGB § 611 Bühnenengagementvertrag Nr. 54). Die Wirksamkeit einer nach dem Normalvertrag Chor vom 11. 5. 1979 erklärten Nichtverlängerungsmitteilung ist gleichfalls gerichtlich überprüfbar. Zur Darlegungs- und Beweislast vgl. BAG 12. 1. 2000 AP BGB § 611 Musiker Nr. 30.

112 **l) Medienarbeit.** Nach der Rspr. des BAG (13. 1. 1983 AP BGB § 611 Abhängigkeit Nr. 43 = NJW 1984, 1990) darf eine Rundfunkanstalt **Regisseure,** die fachlich zur Spitzengruppe gehören, auch über eine längere Zeit hinweg befristet für die Dauer einer Produktion oder einer Sendereihe beschäftigen. Diese Rspr. ist stark durch das BVerfG beeinflußt worden, das dem Schutz der Rundfunkfreiheit Vorrang vor arbeitsrechtlichen Bindungen einräumt (BVerfG 13. 1. 1982 AP GG Art. 5 Abs. 1 Rundfunkfreiheit Nr. 1 = NJW 1982, 1447; BVerfG 28. 6. 1983 AP GG Art. 5 Abs. 1 Rundfunkfreiheit Nr. 4). Die Rundfunkfreiheit macht es danach erforderlich, die Rundfunkanstalten frei von fremdem Einfluß über die Auswahl, Einstellung und Beschäftigung programmgestaltender Mitarbeiter entscheiden zu lassen.

113 Der allgemeine **ANBegriff** ist auch im Bereich der Rundfunk- und Fernsehanstalten anzuwenden; die Rundfunkfreiheit braucht nicht bereits bei der Definition des ANBegriffs berücksichtigt zu werden (BVerfG 18. 2. 2000 NZA 2000, 653; BAG 20. 7. 1994 AP BGB § 611 Abhängigkeit Nr. 73 = NZA 1995, 161; BAG 30. 11. 1994 AP BGB § 611 Abhängigkeit Nr. 74 = NZA 1995, 622). Dem Bedürfnis nach Personalwechsel kann durch Befristungsabreden in gleicher Weise Rechnung getragen werden wie durch freie Mitarbeiterverhältnisse. Der verfassungsrechtlich in Art. 5 I GG geschützten Rundfunkfreiheit ist dadurch zu genügen, daß einzelne gegen die Befristung sprechende Umstände zurückzutreten haben (BAG 9. 6. 1993 AP BGB § 611 Abhängigkeit Nr. 66 = NZA 1994, 169). Das BVerfG hat ausdrücklich bestätigt, daß der von der Rspr. der Gerichte für Arbeitssachen geforderte sachliche Grund bei programmgestaltender Tätigkeit in der Rundfunkfreiheit selbst liegt und weitere Gründe nicht hinzutreten müssen, wenn die Intensität der Einflußnahme des betreffenden Mitarbeiters auf die Programmgestaltung dies rechtfertigt (BVerfG 18. 2. 2000 NZA 2000, 653). Allerdings kann die lange Beschäftigung einzelner Mitarbeiter als Anzeichen dafür gewertet werden, daß hinsichtlich dieser Arbeitsplätze kein Bedürfnis nach einem Wechsel besteht (BAG 11. 12. 1991 AP BGB § 620 Befristeter Arbeitsvertrag Nr. 144 = NZA 1993, 354).

114 Demzufolge können Rundfunk- und Fernsehanstalten AN, die an Hörfunk- und Fernsehsendungen **inhaltlich gestaltend mitwirken,** zeitlich befristet beschäftigen. Es reicht aus, wenn der Rundfunk- und Fernsehmitarbeiter seine eigenen Vorstellungen und seinen eigenen Stil einbringen kann (BAG 11. 12. 1991 AP BGB § 620 Befristeter Arbeitsvertrag Nr. 144 = NZA 1993, 354). Auch die Einführung und Erprobung neuer Programme kann die befristete Beschäftigung programmgestaltender Mitarbeiter durch eine Rundfunkanstalt sachlich rechtfertigen (BAG 24. 4. 1996 AP BGB § 620 Befristeter Arbeitsvertrag Nr. 180). Im Einzelfall ist eine Abwägung zwischen dem Bestandsschutzinteresse des AN und den Einbußen, welche die Anerkennung eines unbefristeten Arbeitsvertrages für die Rundfunkfreiheit bedeutet, geboten. Als mögliche rechtliche Gestaltungsform kommt auch die auflösende Bedingung in Betracht (*Joch* ZUM 1999, 368, 380).

115 Eine der arbeitsvertraglichen Befristung vorangehende **langjährige Beschäftigung** als freier Mitarbeiter erhöht das soziale Schutzbedürfnis nicht dergestalt, daß dem Bestandsschutz Vorrang vor der Rundfunkfreiheit einzuräumen ist (BAG 11. 12. 1991 AP BGB § 620 Befristeter Arbeitsvertrag Nr. 144 = NZA 1993, 354).

116 Der verfassungsrechtliche Schutz der Rundfunkfreiheit bezieht sich nicht auf Mitarbeiter, die nicht unmittelbar den Inhalt der Sendungen mitgestalten. Dazu gehören die betriebstechnischen Mitarbeiter, das Verwaltungspersonal sowie Mitarbeiter, deren Tätigkeit sich in der technischen Verwirklichung des Programmes erschöpft, ohne darauf einen bestimmenden inhaltlichen Einfluß zu nehmen (BAG 11. 12. 1991 AP BGB § 620 Befristeter Arbeitsvertrag Nr. 144 = NZA 1993, 354). Im Einzelfall bedarf dies einer sorgfältigen Feststellung, denn auch Kameraleute oder Cutter sind in der Lage, den Wert und die Aussage eines Programmbeitrags wesentlich zu beeinflussen. Auf **Rundfunksprecher und Fernsehansager** können die allgemeinen arbeitsrechtlichen Befristungsgrundsätze anzuwenden sein (BAG 16. 2. 1994 AP BGB § 611 Rundfunk Nr. 15 = NZA 1995, 21). Allein der längere Einsatz eines Sprechers oder Ansagers widerspricht idR nicht dem Abwechslungsbedürfnis des Publikums.

Andere Tendenzbetriebe der **Presse,** der **Kunst** und der **Wissenschaft** haben dem Rundfunk und 117 Fernsehen vergleichbare erleichterte Möglichkeiten, befristete Arbeitsverhältnisse zu begründen (*Hanau* AuR 1985, 305). Die sachliche Rechtfertigung aus dem Sonderbefristungsgrund des Art. 5 GG beschränkt sich dabei auf die den Tendenzzweck unmittelbar beeinflussenden also „programmgestaltenden" Mitarbeiter (sog. Tendenzträger).

m) Haushaltsrecht. Die Begrenzung des Haushalts durch das Haushaltsjahr oder die Notwendig- 118 keit allgemeiner Einsparungen stellen keinen sachlichen Grund für die Befristung eines Arbeitsverhältnisses im öffentlichen Dienst dar (BAG 27. 1. 1988 AP BGB § 620 Befristeter Arbeitsvertrag Nr. 116 = NZA 1988, 471). Die Befristung von Arbeitsverhältnissen im öffentlichen Dienst kann nicht auf die Ungewißheit gestützt werden, ob entsprechende Mittel auch in Zukunft weiter zur Verfügung stehen. Vielmehr müssen im Zeitpunkt des Vertragsabschlusses (BAG 6. 8. 1997 – 7 AZR 619/96 – nv.) konkrete Anhaltspunkte für die nachvollziehbare Prognose vorliegen, daß der AN nur begrenzte Zeit aus der Stelle vergütet werden kann (BAG 24. 1. 1996 AP BGB § 620 Befristeter Arbeitsvertrag Nr. 179 = NZA 1996, 1089) bzw. für die Beschäftigung des AN Haushaltsmittel nur vorübergehend zur Verfügung stehen (BAG 7. 7. 1999 AP BGB § 620 Befristeter Arbeitsvertrag Nr. 215). Dies kann zB der Fall sein, wenn das Haushaltsgesetz die vorübergehende Besetzung einer Beamten-Planstelle mit einem Angestellten erlaubt. Allein der haushaltsrechtliche **kw-Vermerk** (künftig wegfallend) rechtfertigt die Befristung nicht (BAG 16. 1. 1987 AP BGB § 620 Befristeter Arbeitsvertrag Nr. 111 = NZA 1988, 279).

Das Haushaltsrecht der öffentlichen Hand hat daher prinzipiell keinen unmittelbaren Einfluß auf 119 die Arbeitsverhältnisse (*Lakies* NZA 1997, 745, 749). Nur wenn Haushaltsmittel oder eine konkrete Haushaltsstelle **von vornherein für eine genau bestimmte Zeit** bewilligt werden und anschließend in Fortfall kommen, kann hieraus ein sachlicher Grund für eine Befristung folgen (BAG 14. 1. 1982 AP BGB § 620 Befristeter Arbeitsvertrag Nr. 64 = NJW 1982, 1475). Sieht ein Haushaltsgesetz vor, daß die infolge der vorübergehenden Beurlaubung ständigen Lehrpersonals freiwerdenden Haushaltsmittel für die Einstellung von Hilfs- oder Aushilfskräften verwendet werden können, vermag dies die Befristung der Arbeitsverträge mit Hilfs- und Aushilfslehrern sachlich zu rechtfertigen (BAG 27. 2. 1987 AP BGB § 620 Befristeter Arbeitsvertrag Nr. 112). Ebenso begründet die im Haushaltsgesetz vorgesehene Verwendung von Planstellen, deren Inhaber keine oder keine vollen Bezüge erhalten, zur Vergütung von Aushilfskräften einen sachlichen Befristungsgrund (BAG 24. 9. 1997 – 7 AZR 654/96 – nv.). Andererseits ist die haushaltsjahrbezogene Bereitstellung von Sondermitteln für Lehrkräfte in bestimmten Wahlfächern nicht dazu geeignet, die Befristung der Arbeitsverträge mit den betreffenden Lehrkräften aus haushaltsrechtlichen Gründen sachlich zu rechtfertigen (BAG 27. 1. 1988 AP BGB § 620 Befristeter Arbeitsvertrag Nr. 116 = NZA 1988, 471).

Wenn eine konkrete haushaltsrechtliche Entscheidung ergangen ist, bestimmte Arbeitsplätze nur 120 befristet einzurichten und daraufhin der Zweckbestimmung entsprechend AN befristet beschäftigt werden, darf der sachliche Grund nicht daran gemessen werden, ob die zu verrichtende Tätigkeit eine **Aufgabe von begrenzter Dauer** ist oder, ob es nicht um Tätigkeiten geht, die zur Daseinsvorsorge oder zur sozialen Sicherung notwendig sind und vom Staat an sich als Daueraufgaben erfüllt werden müßten (BAG 24. 9. 1997 – 7 AZR 654/96 – nv.). Es ist vielmehr die wirtschaftliche (unternehmerische) Entscheidung des Haushaltsgesetzgebers als verbindliche Vorgabe hinzunehmen.

n) Drittmittel. Allein die Abhängigkeit von Zahlungen anderer öffentlich-rechtlicher Rechtsträger 121 und von Haushaltsmitteln rechtfertigt keine Befristung (BAG 8. 4. 1992 AP BGB § 620 Befristeter Arbeitsvertrag Nr. 146 = NZA 1993, 694; *Lakies* NZA 1995, 296). Ebensowenig reicht die stets gegebene Unsicherheit über das Weiterlaufen von Drittmitteln dafür aus (BAG 21. 1. 1987 AP BGB § 620 Hochschule Nr. 4 = NZA 1988, 280). Hingegen vermag die weitgehende **Fremdbestimmtheit** durch Vorgaben des Drittmittelgebers eine Befristung sachlich zu rechtfertigen, wenn sich der AG entschließt, die finanzierten Aufgaben nur für die Dauer der Bewilligung von Drittmitteln durchzuführen (BAG 3. 12. 1982 AP BGB § 620 Befristeter Arbeitsvertrag Nr. 72 = DB 1983, 2158). Die Beschäftigung im Rahmen eines Drittmittelprojekts kann selbst dann für das nichtwissenschaftliche Personal eine Aufgabe von begrenzter Dauer iSd. SR 2 y BAT darstellen, wenn der AG ständig Drittmittelforschungen iSv. § 57 b II HRG betreibt (LAG München 9. 2. 1998 – 3 Sa 434/97 – nv.). Wird eine Maßnahme nicht als zeitlich begrenztes Projekt, sondern als Teil einer Daueraufgabe des staatlichen Auftraggebers durchgeführt, stellt allein die Übertragung der sozialstaatlichen Aufgabe keinen hinreichenden Sachgrund für die Befristung dar (BAG 22. 3. 2000 NZA 2000, 881 in Abgrenzung zu BAG 28. 5. 1986 AP BGB § 620 Befristeter Arbeitsvertrag Nr. 101).

Eine Kongruenz von **Vertragsdauer und Befristungsgrund** ist nicht erforderlich. Es genügt für die 122 sachliche Rechtfertigung der Befristung, wenn der geförderte Vertragszweck durch die vereinbarte (kürzere) Vertragsdauer erreicht wird (BAG 26. 8. 1988 AP BGB § 620 Befristeter Arbeitsvertrag Nr. 124 = NZA 1989, 965). Klaffen Vertrags- und Projektdauer sehr weit auseinander oder ist eine sinnvolle Mitarbeit am Projekt durch die gewählte Vertragsdauer zweifelhaft, kann der sachliche Grund für die Befristung fehlen.

123 **o) Maßnahmen der Arbeitsförderung.** Für die Befristung des Arbeitsverhältnisses liegt ein sachlicher Grund vor, wenn der AN dem AG im Rahmen einer **Arbeitsbeschaffungsmaßnahme** zugewiesen worden ist und sich die Dauer der Befristung an der Dauer der Zuweisung orientiert (BAG 3. 12. 1982 AP BGB § 620 Befristeter Arbeitsvertrag Nr. 72 = DB 1983, 2158; BAG 12. 6. 1987 AP BGB § 620 Befristeter Arbeitsvertrag Nr. 114 = NZA 1988, 468; BAG 15. 2. 1995 AP BGB § 620 Befristeter Arbeitsvertrag Nr. 166 = NZA 1995, 987). Dabei sind die Rechtsbeziehungen des AG zur Arbeitsverwaltung von den Rechtsbeziehungen zwischen AG und AN zu unterscheiden. Im Verhältnis zwischen AG und AN ist nur wesentlich, daß die zeitlich befristete Übernahme eines erheblichen Kostenanteils durch die Arbeitsverwaltung für die Einstellung dieses AN entscheidend war und der AG ohne eine entsprechende Zusage entweder keinen oder jedenfalls nur einen leistungsfähigeren AN eingestellt hätte. Außer in Fällen der Nichtigkeit des Verwaltungsaktes findet eine Überprüfung des Vorliegens der gesetzlichen Voraussetzungen der ABM nicht statt (BAG 12. 6. 1987 AP BGB § 620 Befristeter Arbeitsvertrag Nr. 114 = NZA 1988, 468).

124 Eine **Nebenbestimmung im Zuweisungsbescheid,** die die Förderung im Rahmen einer Arbeitsbeschaffungsmaßnahme von einer späteren Übernahme des zugewiesenen AN in ein unbefristetes Arbeitsverhältnis abhängig macht, begründet keinen Anspruch des AN auf Abschluß eines unbefristeten Arbeitsvertrages. Hiervon unabhängig kann der Maßnahmeträger beim AN die berechtigte Erwartung geweckt haben, mit ihm ein unbefristetes Arbeitsverhältnis begründen zu wollen (BAG 26. 4. 1995 AP AFG § 91 Nr. 4 = NZA 1996, 87). Auch bei **Daueraufgaben** ist die Befristung des Arbeitsverhältnisses für die Zeit der Zuweisung zulässig, zumal der AG nicht davon ausgehen kann, daß das AA gerade diesen AN nach Ablauf der Zuweisung erneut für diese oder eine andere Maßnahme zuweist. Dabei wird die Befristung anerkannt, weil der AG die Einstellung des ihm von der Arbeitsverwaltung zugewiesenen AN nur im Vertrauen auf die zeitlich begrenzte Förderzusage und die Zuweisung vorgenommen hat, ohne die er entweder keinen oder einen leistungsfähigeren AN eingestellt hätte (BAG 15. 2. 1995 AP BGB § 620 Befristeter Arbeitsvertrag Nr. 166 = NZA 1995, 987). Allerdings hat das BAG (20. 12. 1995 AP BGB § 620 Befristeter Arbeitsvertrag Nr. 177 = NZA 1996, 642) die Befristung eines **ABM-Arbeitsvertrages für unwirksam** erklärt, weil der AG den AN zur Beendigung seines bisherigen Beschäftigungsverhältnisses veranlaßt hatte und ihn im Rahmen einer Arbeitsbeschaffungsmaßnahme zur Erledigung unaufschiebbarer Daueraufgaben einsetzte, die er auf andere AN nicht übertragen konnte.

125 **p) Saisonarbeit** kann sowohl eine Zweckbefristung als auch eine Zeitbefristung rechtfertigen (BAG 20. 10. 1967 AP BGB § 620 Befristeter Arbeitsvertrag Nr. 30 = BB 1968, 83; BAG 29. 1. 1987 AP BGB § 620 Saisonarbeit Nr. 1 = NZA 1987, 627; vgl. oben Rn. 11). Kündigungsschutz wird idR nicht umgangen, denn der AG könnte sämtlichen Saisonarbeitern zum Ablauf der Saison betriebsbedingt kündigen. Die Befristung für eine Saison ist nicht davon abhängig, daß sie mit der Zusage einer Wiedereinstellung zur nächsten Saison verbunden wird (BAG 29. 1. 1987 AP BGB § 620 Saisonarbeit Nr. 1 = NZA 1987, 627). Unter dem Gesichtspunkt des Vertrauensschutzes kann im konkreten Fall ein Anspruch auf Wiedereinstellung für die nächste Saison entstehen. Zu den **saisonbedingten Arbeiten** zählen die auf den verstärkten Auftragseingang in der Saison zurückzuführenden Arbeiten in der Produktion (zB Herstellung von Eis oder Feuerwerkskörpern), die unmittelbar davon abhängigen Arbeiten im Lager, in der Verpackung und in der Auslieferung sowie Reinigungsarbeiten in den während der Saison zusätzlich genutzten Produktionsräumen. Sind die dem Saisonarbeiter übertragenen Arbeiten nicht zumindest mittelbar durch den verstärkten Arbeitsanfall während der Saison bedingt, ist eine Befristung nur dann sachlich gerechtfertigt, wenn der AN sachlich zur Aushilfe eingestellt worden ist, um Arbeiten zu verrichten, die außerhalb der Saison von AN aus der Produktion (StammAN) übernommen werden.

126 **q) Aus-, Fort- und Weiterbildung.** Dienen Arbeitsverträge der Aus-, Fort- oder Weiterbildung von AN können sie wirksam befristet werden, sofern den AN keine Daueraufgaben übertragen werden.

127 **r) Mitarbeiter der Parlamentsfraktionen.** Parlamentsfraktionen können zur Sicherung der verfassungsrechtlich geschützten Unabhängigkeit der freien Mandatsausübung mit ihren wissenschaftlichen Mitarbeitern befristete Arbeitsverträge schließen (BAG 26. 8. 1998 AP BGB § 620 Befristeter Arbeitsvertrag Nr. 202).

128 **s) Aufenthaltserlaubnis.** Die Befristung eines Arbeitsvertrages kann mit einer dem AN nur befristet erteilten Aufenthaltserlaubnis sachlich gerechtfertigt werden, wenn im Zeitpunkt des Vertragsschlusses die hinreichend zuverlässige Prognose erstellt werden kann, es werde zu keiner Verlängerung der Aufenthaltserlaubnis kommen (BAG 12. 1. 2000 AP BGB § 620 Befristeter Arbeitsvertrag Nr. 217).

III. Rechtsfolgen wirksamer Befristungen und Bedingungen

129 Ist die kalendermäßige Befristung rechtswirksam, endet das Arbeitsverhältnis nach § 620 I durch **Zeitablauf.** Möglicher Sonderkündigungsschutz kommt nicht zum Tragen, weil es keiner Kündigung bedarf. Eine BRBeteiligung nach § 102 BetrVG kommt nicht in Betracht. Der rechtswirksam befristete

B. Befristung von Arbeitsverträgen § 620 BGB 230

Arbeitsvertrag endet auch dann, wenn die Möglichkeit der Weiterbeschäftigung besteht. Durch die Einberufung zum Grundwehrdienst oder zu einer Wehrübung wird ein befristetes Arbeitsverhältnis nicht verlängert (§ 1 IV ArbPlSchG). Die Beendigung des Arbeitsverhältnisses wegen Befristung unterfällt dem Anwendungsbereich des § 128 AFG (BSG 15. 12. 1999 AP AFG § 128 Nr. 2).

Der AG bedarf keines „Nichtverlängerungsgrundes" (*Gardain* ZTR 1996, 252, 257). Abweichendes 130 kann nicht aus der Fürsorgepflicht des AG abgeleitet werden, weil dies der Vertragsfreiheit widerspräche (BAG 26. 6. 1996 – 7 AZR 662/95 – nv.; Kasseler Handbuch/*Schütz* 4.4 Rn. 33). Die Berufung auf den Fristablauf kann allerdings in Ausnahmefällen **rechtsmißbräuchlich** sein. Ein Verstoß gegen Treu und Glauben kommt in Betracht, wenn der AN aufgrund des Verhaltens des AG darauf vertrauen durfte, das Arbeitsverhältnis werde nach Ablauf der Befristung fortgesetzt werden. Dafür reicht allein die subjektive Erwartung des AN nicht aus. Der AG muß vielmehr bei Vertragsabschluß oder während der Dauer des Zeitvertrages objektiv einen Vertrauenstatbestand geschaffen haben (BAG 26. 4. 1995 AP AFG § 91 Nr. 4 = NZA 1996, 87). Das BAG (26. 8. 1998 AP BGB § 620 Befristeter Arbeitsvertrag Nr. 202) hat auch darauf hingewiesen, daß die Nichterfüllung der so begründeten Erwartung einen Schadensersatzanspruch wegen Verschuldens bei Vertragsabschluß auslösen könne.

Beschäftigt der AG den AN über das Ende des befristeten Arbeitsverhältnisses hinaus ohne Widerspruch weiter, findet **§ 625 BGB** Anwendung. 131

Macht eine tarifliche Regelung den Anspruch auf eine **Jahressonderzuwendung** davon abhängig, 132 daß das Arbeitsverhältnis am Stichtag „ungekündigt" ist, steht die Befristung des Arbeitsverhältnisses einer Kündigung nicht gleich (BAG 14. 12. 1993 AP BGB § 611 Gratifikation Nr. 160 = NZA 1994, 463). Endet der befristete Arbeitsvertrag vor dem für die Jahressonderzahlung maßgebenden Stichtag, entsteht beim Ausscheiden kein Anspruch auf eine anteilige Jahressonderzahlung.

IV. Rechtsfolgen unwirksamer Befristungen und Bedingungen

1. Beendigung des Arbeitsverhältnisses. Die Rechtsfolgen unwirksamer Befristungen und Bedin- 133 gungen werden in der Rspr. des BAG **unterschiedlich umschrieben:** Einerseits hat das BAG erklärt, der AG könne sich nicht auf die durch keinen sachlichen Grund gerechtfertigte Befristung berufen (BAG 15. 2. 1995 AP BGB § 620 Befristeter Arbeitsvertrag Nr. 166 = NZA 1995, 987; BAG 26. 8. 1998 AP BGB § 620 Befristeter Arbeitsvertrag Nr. 202); andererseits führt es aus, daß die umgangene Norm (Kündigungsschutzbestimmung) auf das Arbeitsverhältnis Anwendung finde ([GS] 12. 10. 1960 AP BGB § 620 Befristeter Arbeitsvertrag Nr. 16). In weiteren Entscheidungen (BAG 20. 12. 1995 AP BGB § 620 Befristeter Arbeitsvertrag Nr. 177 = NZA 1996, 642; BAG 12. 9. 1996 AP BGB § 620 Befristeter Arbeitsvertrag Nr. 182 = DB 1997, 232) stellt es fest, daß die Befristung unwirksam sei und ein Arbeitsverhältnis auf unbestimmte Dauer bestehe.

Damit haben die Entscheidung des Großen Senats und die nachfolgende Rspr. keine klare Antwort 134 auf die Frage gegeben, ob ein unwirksam befristetes Arbeitsverhältnis für beide Seiten durch ein **unbefristetes Arbeitsverhältnis** ersetzt wird. Die Konsequenzen können nicht vernachlässigt werden. Diese Frage erlangt insb. dann Bedeutung, wenn seine der Vertragsparteien vorzeitig durch Kündigung aus dem befristeten Arbeitsverhältnis lösen will, eine ordentliche Kündbarkeit des Arbeitsverhältnisses aber nicht vereinbart ist (vgl. BAG 2. 12. 1965 AP BGB § 620 Befristeter Arbeitsvertrag Nr. 27 = NJW 1966, 849).

Besteht die Rechtsfolge allein darin, daß sich der **AG nicht auf die Befristung berufen darf,** bliebe 135 dies dem AN mit Wahlrecht möglich. In Abhängigkeit von seiner Entscheidung würde das Arbeitsverhältnis mit Ablauf der Frist enden oder nicht. Hierfür spricht die ähnliche Situation bei Ausspruch sozialwidriger Kündigungen im Geltungsbereich des KSchG. Unterläßt der AN die Erhebung der Kündigungsschutzklage, greift § 7 KSchG ein und die Kündigung gilt als von Anfang an rechtswirksam. Wird die durch die Rspr. fortentwickelte Rechtslage so interpretiert, daß sie zu einer **teleologischen Reduktion des § 620** geführt hat, ist der ohne den notwendigen sachlichen Grund befristete Arbeitsvertrag vom (restriktiv zu lesenden) Gesetz nicht zugelassen und wegen Unwirksamkeit der Befristungsabrede ein unbefristetes Arbeitsverhältnis zustande gekommen (so ua. *Sowka* BB 1994, 1001, 1005; Kasseler Handbuch/*Schütz* 4.4 Rn. 126), ohne daß sich eine oder beide Parteien darauf berufen müßten (§§ 139, 140). Allerdings könnten die Vertragsparteien (ggf. konkludent) eine Aufhebung des Arbeitsvertrags vereinbaren.

Richtigerweise braucht sich der AN als die durch die umgangene Norm geschützte Vertragspartei das 136 Bestehen eines unbefristeten Arbeitsverhältnisses nicht entgegenhalten zu lassen. Unterläßt er die Berufung auf die Unwirksamkeit der Befristung, endet das Arbeitsverhältnis zum vereinbarten Zeitpunkt. Diese Rechtsfolge ergibt sich nunmehr aus **§ 1 V BeschFG.** Wird binnen drei Wochen nach dem vereinbarten Ende des Arbeitsverhältnisses keine Klage erhoben, gilt die Befristung entsprechend § 7 KSchG als wirksam (vgl. § 1 BeschFG Rn. 67). Damit hat der Gesetzgeber das Unterlassen der gerichtlichen Geltendmachung mit der Rechtsfolge einer Fiktion wirksamer Beendigung verbunden, so daß es allein der AN in der Hand hat, das wegen Unwirksamkeit der Befristung gegebene unbefristete Arbeitsverhältnis ohne Abgabe einer Willenserklärung zu beenden. Dabei steht ihm eine Bedenkzeit von drei Wochen über das vereinbarte Vertragsende hinaus zu. Im Umkehrschluß ist zu folgern, daß dem AG keine gleichwertige Möglichkeit eröffnet ist. Für ihn steht das unwirksam befristete Arbeitsverhältnis einem unbefristeten gleich. Es ist sogar problematisch, ob es gleichermaßen kündbar ist.

137 Im Zweifel (vgl. oben Rn. 7 und 15) enthält die Vereinbarung über die Befristung des Arbeitsvertrages sowohl die Abrede, daß das Arbeitsverhältnis mit Ablauf der Frist automatisch enden soll, als auch zugleich die Bestimmung, daß vor Ablauf der Frist eine ordentliche Kündigung des Arbeitsverhältnisses nicht möglich sein soll. Ist die Vereinbarung der Höchstdauer wegen objektiver Umgehung von Kündigungsschutzbestimmungen unwirksam, soll nach § 139 der zweite Teil der Vereinbarung aufrechtzuerhalten sein, wenn es den Interessen beider Parteien entspricht, sich für die vereinbarte Vertragsdauer fest zu binden. Wäre hingegen die Befristungsabrede in ihrer Wirksamkeit nur einheitlich zu beurteilen, soll § 140 mit der gleichen Rechtsfolge eingreifen, weil die hM (BAG 19. 6. 1980 AP BGB § 620 Befristeter Arbeitsvertrag Nr. 55 = NJW 1981, 246; *Löwisch* KSchG § 1 Rn. 509; *Kraft* SAE 1966, 104; *Staudinger/ Preis* Rn. 111; *Preis/Gotthardt* NZA 2000, 348, 360; aA KDZ/*Däubler* Rn. 227; MünchArbR/*Wank* § 113 Rn. 133: subjektive Teilnichtigkeit nur zu Lasten des AG; ebenso *Richardi/Annuß* NJW 2000, 1231, 1234; *Kreutz* SAE 1987, 312; BBDW/*Bader* § 623 Rn. 59 für den Fall der formunwirksamen Befristungsabrede) annimmt, daß ein Vertrag mit einer Mindestlaufzeit dem **mutmaßlichen Willen der Parteien** eher entspricht als ein unbefristeter Vertrag, der jederzeit gekündigt werden könnte.

138 Der hM kann nicht gefolgt werden, denn ihre Annahme eines entsprechenden mutmaßlichen Willens beider Parteien vermag nicht zu überzeugen. Entfällt die von den Parteien gewollte Befristung, ist es vielmehr offen, ob sie eine befristete Unkündbarkeit vereinbart hätten. Die hM würdigt unzureichend, daß die Vereinbarung einer befristeten Unkündbarkeit ähnlich einem Reflex lediglich per **Auslegung der Befristungsabrede** gewonnen wird. Erklärungen der Parteien zur ordentlichen Kündbarkeit und damit entsprechende tatsächliche Anhaltspunkte fehlen. Wird mit der Figur verständiger Arbeitsvertragsparteien operiert, wird es den Interessen nicht weniger AG zuwiderlaufen, wenn anstelle einer Höchst- eine Mindestfrist wirksam würde, zumal der AG in den ersten sechs Monaten das ungewollt unbefristete Arbeitsverhältnis noch ohne Kündigungsgrund beenden könnte (§ 1 I KSchG). Das Problem stellt sich selbstverständlich nicht, wenn einzelvertraglich die **ordentliche Kündbarkeit** des befristeten Arbeitsverhältnisses vereinbart wurde (BAG 19. 6. 1980 AP BGB § 620 Befristeter Arbeitsvertrag Nr. 55 = NJW 1981, 246; oben Rn. 15). Folgt man der hM, können AN und AG das Arbeitsverhältnis erstmals zum vereinbarten Fristablauf ordentlich kündigen. Es findet die gesetzliche **Mindestkündigungsfrist** Anwendung (vgl. zur Zweckbefristung: BAG 26. 3. 1986 AP BGB § 620 Befristeter Arbeitsvertrag Nr. 103 = NZA 1987, 238).

139 Ist ein sachlicher Grund für die Befristung des Arbeitsvertrages nicht gegeben, wird der Hinweis des AG auf die Beendigung durch Zeitablauf bzw. die **Verweigerung der Weiterbeschäftigung** idR nicht als Kündigung zum nächstzulässigen Termin ausgelegt werden können (BAG 26. 4. 1979 AP BGB § 620 Befristeter Arbeitsvertrag Nr. 47). Die Mitteilung des AG, der Vertrag werde nicht verlängert, ist keine rechtsgeschäftliche Erklärung, wenn er damit nur seine Rechtsauffassung zum Ausdruck bringt, das Arbeitsverhältnis werde wie vorgesehen aufgrund der vereinbarten Befristung enden (BAG 15. 3. 1978 BGB § 620 Befristeter Arbeitsvertrag Nr. 45 = NJW 1978, 2319). Unterbleibt die Kündigung und macht der AN die Unwirksamkeit rechtzeitig geltend (vgl. Rn. 163), besteht das **Arbeitsverhältnis auf unbestimmte Zeit** fort.

140 Besteht für eine Zweckbefristung kein sachlicher Grund, so gelten hier die gleichen Grundsätze wie bei einer unwirksam vereinbarten kalendermäßigen Befristung. Kann die Zweckbefristung auf einen sachlichen Grund gestützt werden, ist jedoch der Zeitpunkt der Zweckerreichung für den AN nicht voraussehbar oder liegt dieser in unüberschaubarer Zeit, endet das Arbeitsverhältnis mit Ablauf einer der **Mindestkündigungsfrist entsprechenden Auslauffrist** (BAG 26. 3. 1986 AP BGB § 620 Befristeter Arbeitsvertrag Nr. 103 = NZA 1987, 238; oben Rn. 19). Eine insoweit unzulässige Zweckbefristung führt also nicht zu einem unbefristeten Arbeitsverhältnis. Die etwaige Unwirksamkeit einer Zweckbefristung hat auf die Wirksamkeit einer gleichfalls vereinbarten Zeitbefristung keinen Einfluß. Sie führt nur dazu, daß das Arbeitsverhältnis nicht schon aufgrund der Zweckerreichung endet, sondern bis zum Ablauf der vorgesehenen Höchstfrist fortbesteht. Die Mindestkündigungsfrist wird in Gang gesetzt, sobald der AN durch eine **Mitteilung des AG** oder auf sonstige Weise von der bevorstehenden oder bereits erfolgten Zweckerreichung Kenntnis erlangt (BAG 26. 3. 1986 AP BGB § 620 Befristeter Arbeitsvertrag Nr. 103 = NZA 1987, 238).

141 **2. Annahmeverzug.** Streiten die Parteien über den sachlichen Grund der Befristung, so ist vom Annahmeverzug des AG nach § 296 auszugehen. Gehen jedoch beide Parteien von einem wirksam befristeten Arbeitsverhältnis aus, das wegen Zeitablaufs beendet sei, fehlt dem AN die Leistungsbereitschaft. Ein Annahmeverzug des AG tritt frühestens mit einem Angebot der Arbeitsleistung durch den AN ein.

V. Gesetzliche Sonderregelungen

142 **1. Arbeitnehmerüberlassung.** Nach Art. 1 § 9 Nr. 2 AÜG sind wiederholte Befristungen des Arbeitsverhältnisses zwischen Verleiher und LeihAN unwirksam, es sei denn, daß sich für die Befri-

stung ein sachlicher Grund aus der Person des LeihAN ergibt, oder der weitere Arbeitsvertrag schließt unmittelbar an den früheren an. Abw. von § 1 I BeschFG ist weder die Zahl der Befristungen noch deren Dauer begrenzt. Andererseits findet das Erfordernis eines sachlichen Grundes in der Person des LeihAN auch dann Anwendung, wenn das Arbeitsverhältnis für einen kürzeren Zeitraum als sechs Monate abgeschlossen wird. Damit privilegiert § 9 Nr. 2 2. Alt. AÜG **Kettenarbeitsverträge** unabhängig von den Voraussetzungen des BeschFG (*Düwell* BB 1997, 46, 48; *Postler* NZA 1999, 179, 180; *Hoß/Lohr* MDR 1998, 313, 322; aA *Sandmann/Marschall* AÜG Art. 1 § 3 Rn. 28 a).

Ein **sachlicher Grund in der Person** des LeihAN ist idR nur gegeben, wenn der LeihAN aus nicht 143 in der Sphäre des Verleihers begründeten Erwägungen eine Dauerstellung nicht anstrebt. Deshalb ist der Abschluß eines befristeten Probearbeitsverhältnisses unzulässig, denn die Anstellung auf Probe erfolgt idR nicht aus Gründen in der Person des AN (LAG Hamm 8. 8. 1991 LAGE AÜG § 9 Nr. 4).

Bei Unwirksamkeit des Arbeitsvertrages zwischen Verleiher und LeihAN kommt gem. § 10 I 2 144 AÜG **kraft Gesetzes** ein befristetes Arbeitsverhältnis zwischen Entleiher und LeihAN zustande, wenn zwischen Verleiher und LeihAN ein befristeter Arbeitsvertrag vereinbart wurde und ein die Befristung sachlich rechtfertigender Grund vorliegt.

2. BeschFG. Vgl. die dortigen Erl. 145

3. Bundeserziehungsgeldgesetz. Eine gesetzliche Sonderregelung hinsichtlich der Zulässigkeit be- 146 fristeter Arbeitsverträge enthält § 21 BErzGG. Vgl. die dortigen Erl.

4. Hochschulen und Forschungseinrichtungen. Spezialregelungen, die den sachlichen Grund im 147 Anschluß an die Rspr. gesetzlich konkretisieren, sind durch Art. 1 des Gesetzes über **befristete Arbeitsverträge mit wissenschaftlichem Personal** an Hochschulen und Forschungseinrichtungen vom 14. 6. 1985 (HFVG – BGBl. I S. 1065) in das HRG (§§ 57 a bis f HRG) eingefügt worden. Das HRG regelt darüber hinaus befristete Arbeitsverträge mit wissenschaftlichen und künstlerischen Assistenten (§ 48 III), Oberassistenten und Oberingenieuren (§ 48 b II) sowie Hochschuldozenten (§ 48 d I 3). Art. 2 HFVG regelt in einem besonderen Gesetz über befristete Arbeitsverträge mit wissenschaftlichem **Personal an Forschungseinrichtungen** die entsprechende Geltung von § 57 a S. 2 und §§ 57 b bis 57 f HRG für den Abschluß befristeter Arbeitsverträge mit wissenschaftlichem Personal und Personal mit ärztlichen Aufgaben an staatlichen sowie überwiegend staatlich oder auf der Grundlage von Art. 91 b GG finanzierten Forschungseinrichtungen. Vgl. die Erl. zu diesen besonderen Gesetzen unter Nr. 400.

5. Ärzte in der Weiterbildung. Eine weitere eigenständige Regelung des sachlichen Grundes enthält 148 § 1 des Gesetzes über befristete Arbeitsverträge mit Ärzten in der Weiterbildung vom 15. 5. 1986 (BGBl. I S. 742), zuletzt geändert durch Gesetz vom 16. 12. 1997 (BGBl. I S. 2994), das unter Nr. 25 erläutert ist.

6. Landesgesetze. Das Arbeitsrecht ist Gegenstand der **konkurrierenden Gesetzgebung** nach 149 Art. 74 Nr. 12 GG. Solange und soweit der Bund auf diesem Gebiet von seiner Gesetzgebungskompetenz keinen Gebrauch gemacht hat, besitzen die Länder nach Art. 72 I GG die Gesetzgebungszuständigkeit. Einer landesgesetzlichen Regelung auf dem Gebiet des Arbeitsrechts steht nicht das bürgerlichrechtliche Kodifikationsprinzip entgegen. Das Arbeitsrecht hat sich zu einer selbständigen Rechtsmaterie entwickelt, das landesrechtliche Regelungen unter Wahrung der Kompetenzordnung des GG gestattet (BAG 14. 2. 1996 AP HRG § 57 c Nr. 4 = NZA 1996, 1095).

Landesrechtliche Vorschriften (zB Landeshochschulgesetze) regeln idR nicht unmittelbar die Befri- 150 stung von Arbeitsverhältnissen, sondern geben nur **Leitlinien für die zeitliche Ausgestaltung** von Arbeitsverhältnissen vor. Sie beeinflussen die Üblichkeit der Befristung (BAG 2. 8. 1978 AP BGB § 620 BGB Befristeter Arbeitsvertrag Nr. 46 = NJW 1979, 735) und können somit deren sachliche Rechtfertigung begründen (BAG 28. 9. 1988 AP BGB § 620 BGB Befristeter Arbeitsvertrag Nr. 125 = NZA 1989, 964).

Enthält das Landesgesetz ausnahmsweise eine **verbindliche, unmittelbare Regelung** über die 151 Zulässigkeit befristeter Arbeitsverträge, ist deren Wirksamkeit höchst zweifelhaft. Der Bund hat seine Gesetzgebungskompetenz einerseits durch die Schaffung des Kündigungsschutzrechts und andererseits durch richterrechtliche teleologische Reduktion des § 620 genutzt (*Richardi* DB 1981, 1461, 1466 f.; *Wiedemann/Palenberg* in Anm. zu BAG 2. 8. 1978 AP BGB § 620 BGB Befristeter Arbeitsvertrag Nr. 46). Deshalb sind landesrechtlich vorgesehene Befristungen, die nicht die erforderliche sachliche Rechtfertigung in sich tragen, mit § 620 unvereinbar.

Über die Unvereinbarkeit und die daran knüpfende Nichtigkeit der landesgesetzlichen Regelung 152 entscheiden die **Gerichte für Arbeitssachen** selbst, ohne zu einer Vorlage nach Art. 100 GG verpflichtet zu sein, wenn das Landesrecht älter als die entgegenstehende bundesrechtliche Regelung ist (BAG 14. 2. 1996 AP HRG § 57 c Nr. 4 = NZA 1996, 1095). Das **Verwerfungsmonopol** des BVerfG erstreckt sich nicht auf die Feststellung der Unvereinbarkeit von Landesrecht mit späterem Bundesrecht. Bei dieser zeitlichen Abfolge kann dem Landesgesetzgeber nicht vorgehalten werden, er habe durch die Schaffung eigener Regelungen übergeordnetes Bundesrecht verletzt (BVerfG 6. 10. 1959

BVerfGE 10, 124, 128 = NJW 1959, 2108). Soweit es sich um Landesrecht handelt, das nach der Entscheidung des Großen Senats des BAG vom 12. 10. 1960 (AP BGB § 620 Befristeter Arbeitsvertrag Nr. 16) in Kraft getreten ist, muß nach Art. 100 I 2 GG das Verfahren ausgesetzt und die Entscheidung des BVerfG eingeholt werden.

153 Mit dem Gesetz über befristete Arbeitsverträge mit wissenschaftlichem Personal an Hochschulen und Forschungseinrichtungen vom 14. 6. 1985 (BGBl. I S. 1065) hat der Bundesgesetzgeber das Recht der befristeten Arbeitsverhältnisse für den davon betroffenen Personenkreis mittels Aufnahme in das HRG geregelt. Damit hat der Bund den arbeitsrechtlichen Bereich befristeter Dienst- und Arbeitsverhältnisse im Hochschulbereich abschließend und einheitlich geregelt (BAG 14. 2. 1996 AP HRG § 57c Nr. 4 = NZA 1996, 1095). Da das **HRG** keinen Raum für abw. Landesrecht betreffend die Befristung von Arbeitsverhältnissen beläßt, ist rangniedrigeres Landesrecht mit Bundesrecht unvereinbar (Art. 31 GG) und damit nichtig.

VI. Sonderkündigungsschutz und befristete Arbeitsverhältnisse

154 Der Sonderkündigungsschutz des **Mutterschutzgesetzes** steht dem Abschluß befristeter Arbeitsverträge nicht entgegen, sofern der Befristung ein sachlicher Grund zugrundeliegt. Die Befristung des Arbeitsverhältnisses einer Schwangeren ist nicht von der Zustimmung der jeweils zuständigen Arbeitsschutzbehörde abhängig, auch wenn dem AG bei Abschluß des Arbeitsvertrages die Schwangerschaft bekannt war oder zwei Wochen später mitgeteilt wird. Ist das Arbeitsverhältnis rechtswirksam befristet, hindert eine während des Arbeitsverhältnisses eintretende Schwangerschaft den AG nicht, sich auf den Fristablauf zu berufen. Allerdings kann eine unzulässige Rechtsausübung vorliegen, wenn sich der AG bei einem befristeten Probearbeitsverhältnis trotz voller Bewährung der AN allein unter Hinweis auf die inzwischen eingetretene Schwangerschaft auf den Zeitablauf beruft (vgl. auch Rn. 54).

155 Ein befristetes Arbeitsverhältnis wird durch die Einberufung zum **Grundwehrdienst** oder zu einer Wehrübung nicht verlängert; das gleiche gilt, wenn ein Arbeitsverhältnis aus anderen Gründen während des Wehrdienstes geendet hätte (vgl. § 1 IV ArbPlSchG).

156 Der Sonderkündigungsschutz der **§§ 15 KSchG, 103 BetrVG** greift bei einer Beendigung des Arbeitsverhältnisses durch Zeitablauf nicht ein (BAG 17. 2. 1983 AP KSchG 1969 § 15 Nr. 14 = NJW 1983, 1927). § 15 KSchG wird nicht umgangen, wenn der AN während der Laufzeit des befristeten Arbeitsvertrages zum Amtsträger gewählt wird. Wird mit diesem AN während der Amtsperiode ein weiterer befristeter Arbeitsvertrag abgeschlossen, erfordert der besondere Kündigungsschutz der §§ 15 KSchG, 103 BetrVG eine besonders sorgfältige Prüfung des sachlichen Grundes (vgl. auch Rn. 56).

VII. Kollektivrechtliche Regelungen von Zeitarbeitsverträgen

157 **1. Tarifvertrag.** Die TVParteien sollen zwar prinzipiell an die Grundsätze gebunden sein, die der Große Senat des BAG für die Zulässigkeit von befristeten Arbeitsverträgen aufgestellt hat (BAG 4. 12. 1969 AP BGB § 620 Befristeter Arbeitsvertrag Nr. 32 = DB 1970, 499; BAG 30. 9. 1971 AP BGB § 620 Befristeter Arbeitsvertrag Nr. 36 = DB 1972, 49), jedoch können die Voraussetzungen und Grenzen befristeter Arbeitsverträge durch TV geregelt werden, soweit nicht der TV zwingenden gesetzlichen Kündigungsschutz umgeht (vgl. BAG 11. 10. 1995 AP BGB § 620 Bedingung Nr. 20 = NZA 1996, 1212; BAG 28. 8. 1996 AP BGB § 620 Befristeter Arbeitsvertrag Nr. 181). Wenn auf individualrechtlicher Ebene bei unbeeinträchtigter Entscheidungsfreiheit eine auf ausdrücklichen Wunsch des AN erfolgte Befristung des Arbeitsverhältnisses zulässig ist (vgl. oben Rn. 99), so gilt auf tarifvertraglicher Ebene ähnliches erst recht (*Canaris*, GS für Dietz, 1973, S. 199, 220 f.). Darüber hinaus wirken TV auf die Befristungskontrolle ein, indem durch sie die **Üblichkeit des Arbeitslebens** wesentlich mitbestimmt wird. Dies ist von der Rspr. wiederholt anerkannt worden (BAG 27. 3. 1969 AP BGB § 620 Befristeter Arbeitsvertrag Nr. 31 = DB 1969, 1249; BAG 4. 12. 1969 AP BGB § 620 Befristeter Arbeitsvertrag Nr. 32 = DB 1970, 499).

158 Befristungsregelungen in TV sind überwiegend **Abschluß- und keine Beendigungsnormen** (BAG 14. 2. 1990 AP BeschFG 1985 § 1 Nr. 12 = NZA 1990, 737; vgl. § 1 BeschFG Rn. 22). Sie gelten deshalb nur zwingend, wenn AN und AG bereits bei Abschluß des Arbeitsvertrages tarifgebunden sind (BAG 27. 4. 1988 AP BeschFG 1985 § 1 Nr. 4 = NZA 1988, 741).

159 Die TVParteien des öffentlichen Dienstes haben mit der **SR 2 y BAT** für befristete Arbeitsverträge bestimmte Zulässigkeitsvoraussetzungen aufgestellt. Gem. Nr. 2 SR 2 y BAT ist im Arbeitsvertrag zu vereinbaren, ob der Angestellte als Zeitangestellter, als Angestellter für Aufgaben von begrenzter Dauer oder als Aushilfsangestellter eingestellt wird. Damit ist zwar nicht die Vereinbarung eines sachlichen Befristungsgrundes, wohl aber die Vereinbarung einer Befristungsgrundform tarifrechtlich gefordert (BAG 31. 8. 1994 AP BGB § 620 Befristeter Arbeitsvertrag Nr. 163). Die drei Grundformen stehen selbständig nebeneinander. Insb. bildet der Begriff des Zeitangestellten keinen Oberbegriff. Vielmehr kommt dieser Grundform eine Auffangfunktion zu. Andererseits verwendet die Protokollnotiz Nr. 1 zu Nr. 1 SR 2 y BAT einen weiten Begriff des Zeitangestellten, der auch Angestellte

einschließt, mit denen eine Zweckbefristung oder eine auflösende Bedingung vereinbart worden ist (BAG 29. 10. 1998 AP BAT § 2 SR 2 y Nr. 17). Der AG kann sich nicht auf Sachgründe der Befristung berufen, die einer Befristungsform zuzuordnen sind, die im Arbeitsvertrag nicht vereinbart worden ist. ZB ist der Sachgrund der Vertretung nicht der Grundform des Zeitangestellten, sondern der des Aushilfsangestellten zuzuordnen (BAG 29. 10. 1998 AP BAT § 2 SR 2 y Nr. 17). In den Protokollnotizen zu Nr. 1 SR 2 y BAT ist festgelegt, daß befristete Arbeitsverträge eines sachlichen Grundes bedürfen und nicht für die Dauer von mehr als fünf Jahren (bei Ärzten, Zahn- und Tierärzten sieben Jahre) abgeschlossen werden dürfen. Auch darf ein Arbeitsvertrag für Aufgaben von begrenzter Dauer nicht abgeschlossen werden, wenn bereits bei Abschluß des Arbeitsvertrages zu erwarten ist, daß die vorgesehenen Aufgaben nicht innerhalb einer Frist von fünf Jahren erledigt werden können. Die Prognose des AG zum Vorliegen einer Aufgabe von begrenzter Dauer ist Teil des Sachgrundes nach der Nr. 1 b zur SR 2 y BAT (BAG 11. 12. 1991 AP BGB § 620 Befristeter Arbeitsvertrag Nr. 145). Die Prognose muß auf konkreten Anhaltspunkten beruhen. Erweist sich die Prognose im weiteren Verlauf als zutreffend, besteht eine ausreichende Vermutung dafür, daß sie richtig erstellt wurde (BAG 3. 11. 1999 AP BAT § 2 SR 2 y Nr. 19). Die Protokollnotizen beziehen sich allein auf den Einzelarbeitsvertrag, schließen also den Abschluß mehrerer aneinandergereihter Arbeitsverträge, die jeweils die Dauer von fünf Jahren nicht übersteigen, grds. nicht aus, auch wenn die Gesamtdauer aller Verträge zusammen die Fünf-Jahres-Grenze überschreitet (BAG 21. 6. 1983 AP BGB § 620 Befristeter Arbeitsvertrag Nr. 79 = NZA 1984, 265; BAG 22. 3. 1985 AP BGB § 620 Befristeter Arbeitsvertrag Nr. 90 = BB 1985, 1729; BAG 21. 4. 1993 AP BGB § 620 Befristeter Arbeitsvertrag Nr. 149 = NZA 1994, 258; noch aA BAG 26. 5. 1983 AP BGB § 620 Befristeter Arbeitsvertrag Nr. 78 = NZA 1984, 264).

Das Gebot, die Art des befristeten Arbeitsverhältnisses anzugeben, enthält **keine konstitutive Schriftformklausel** für eine Befristung im Sinne einer formbedürftigen Nebenabrede nach § 4 II BAT (BAG 15. 3. 1989 AP BGB § 620 Befristeter Arbeitsvertrag Nr. 126 = BB 1989, 1347); es genügt vielmehr die Vereinbarung der einschlägigen tariflichen Befristungsgrundform (BAG 20. 2. 1991 AP BGB § 620 Befristeter Arbeitsvertrag Nr. 137 = NZA 1992, 31). Es können mehrere Befristungsgrundformen nebeneinander vereinbart werden. Für die Vereinbarung der Befristungsgrundform ist die Verwendung bestimmter Worte nicht vorgeschrieben, sie kann auch durch Auslegung des Vertrages ermittelt werden (BAG 25. 11. 1992 AP BGB § 620 Befristeter Arbeitsvertrag Nr. 150). Allerdings bedarf die Befristungsabrede als solche gem. § 623 der Schriftform (vgl. die Erl. zu § 623). Die Tarifvorschriften der SR 2 y BAT gelten nicht für die Befristung einzelner Vertragsbedingungen (BAG 15. 4. 1999 AP BAT § 2 SR 2 y Nr. 18).

2. Betriebsvereinbarung. Durch eine freiwillige Betriebsvereinbarung nach § 88 BetrVG kann eine Altersgrenze für alle AN eines Betriebes auch zu ihren Ungunsten festgelegt werden, wenn die Arbeitsverträge „betriebsvereinbarungsoffen" ausgestaltet sind (BAG 20. 11. 1987 AP BGB § 620 Altersgrenze Nr. 2 = NZA 1988, 617). Günstigere vertragliche Abreden zur **Altersgrenze** können dagegen nicht durch eine nachfolgende Betriebsvereinbarung verschlechtert werden. Einzelvertragliche Regelungen haben Vorrang, wenn sie im Verhältnis zu der kollektivvertraglichen Regelung auf einen späteren Beendigungszeitpunkt abstellen oder dem AN die Wahlmöglichkeit einräumen, in den Ruhestand einzutreten oder im Arbeitsverhältnis zu verbleiben (BAG [GS] 7. 11. 1989 AP BetrVG 1972 § 77 Nr. 46 = NZA 1990, 816).

Gleichfalls durch freiwillige Betriebsvereinbarung nach § 88 BetrVG können die Betriebspartner die Befristung von Arbeitsverträgen regeln (*Staudinger/Preis* Rn. 125, 138; aA *Waltermann* NZA 1994, 822), sofern nicht § 77 III BetrVG eingreift. Arbeitsbedingungen, die durch TV geregelt sind oder üblicherweise geregelt werden, können nicht Gegenstand einer Betriebsvereinbarung sein. Eine **Betriebsvereinbarung über die Befristung** von Arbeitsverhältnissen ist nach den gleichen Grundsätzen wie eine einzelvertragliche Vereinbarung zu beurteilen (RGRK/*Dörner* Rn. 6).

VIII. Prozessuales, Klagefrist

Der AN, der geltend machen will, eine vereinbarte Befristung sei unwirksam, mußte bis zum 30. 9. 1996 keine Klagefrist einhalten. Insb. fand die Klagefrist des § 4 S. 1 KSchG auf Befristungsstreitigkeiten keine analoge Anwendung. Der AN konnte jedoch sein Klagerecht verwirken (BAG 7. 3. 1980 AP BGB § 620 Befristeter Arbeitsvertrag Nr. 54 = DB 1980, 1498; BAG 11. 11. 1982 AP BGB § 620 Befristeter Arbeitsvertrag Nr. 71 = NJW 1983, 1443). Es genügte, wenn er sich auf den Fortbestand des Arbeitsverhältnisses binnen angemessen kurzer Frist berief (BAG 6. 10. 1993 AP BGB § 611 Gratifikation Nr. 157 = NZA 1994, 465). Unterließ er dies, war von einer wirksamen Beendigung des Arbeitsverhältnisses auszugehen.

Mit Wirkung vom 1. 10. 1996 ist mit **§ 1 V BeschFG** eine Neuregelung eingeführt worden. Danach kann die Unwirksamkeit der Befristung eines Arbeitsvertrages nur mit einer innerhalb von drei Wochen nach dem vereinbarten Ende des Arbeitsverhältnisses beim ArbG erhobenen Klage geltend gemacht werden. Vgl. hierzu § 1 BeschFG Rn. 65 ff.

164 Die Rspr. wendet in Rechtsstreiten über die Wirksamkeit einer Befristung die Grundsätze des Großen Senats (BAG 27. 2. 1985 AP BGB § 611 Beschäftigungspflicht Nr. 14 = NZA 1985, 702) über die **vorläufige Weiterbeschäftigung** in Kündigungsrechtsstreiten entsprechend an (BAG 13. 6. 1985 AP BGB § 611 Beschäftigungspflicht Nr. 19 = NZA 1986, 562; BAG 26. 6. 1996 AP BGB § 620 Bedingung Nr. 23 = DB 1996, 2289).

165 Die Tatsacheninstanzen haben bei der Prüfung des sachlichen Grundes einen gewissen Wertungsspielraum. Das BAG geht aus revisionsrechtlicher Sicht nur dann von einer Rechtsverletzung der Tatsachengerichte aus, wenn der Begriff des sachlichen Grundes selbst verkannt, Denkgesetze und allgemeine Erfahrungssätze verletzt oder wesentliche Umstände übersehen worden sind (BAG 22. 3. 1985 AP BGB § 620 Befristeter Arbeitsvertrag Nr. 89 = BB 1985, 2048). Da es keinen abschließenden Katalog sachlich rechtfertigender Befristungsgründe gibt, können die Instanzgerichte den Umständen des Einzelfalls großes Gewicht beimessen und damit die **revisionsgerichtliche Kontrolle** einschränken.

IX. Darlegungs- und Beweislast

166 Der Große Senat des BAG (12. 10. 1960 AP BGB § 620 Befristeter Arbeitsvertrag Nr. 16) hat die Auffassung vertreten, der AN trage die Darlegungs- und Beweislast dafür, daß für den Abschluß eines befristeten Arbeitsvertrages keine sachlichen Gründe vorgelegen hätten oder daß sie nur vorgeschoben worden seien. Es spreche eine **Vermutung für die Rechtswirksamkeit** befristeter Arbeitsverträge. Für die Ausnahme, dh. das Fehlen sachlicher Gründe, müsse der AN entsprechende Behauptungen aufstellen und Beweise antreten. Daran hat die Rspr. des BAG zunächst festgehalten (4. 2. 1971 AP BGB § 620 Befristeter Arbeitsvertrag Nr. 35 = DB 1971, 1164). Hiervon abgewichen ist das BAG im Falle einer tariflichen Regelung (11. 8. 1988 AP TVG § 1 Tarifverträge: Metallindustrie Nr. 70 = NZA 1989, 891). Die Voraussetzungen des im TV geforderten sachlichen Grundes seien vom AG darzulegen und ggf. zu beweisen.

Die heutige Rspr. des BAG (12. 10. 1994 AP BGB § 620 Befristeter Arbeitsvertrag Nr. 165 = NZA 1995, 780; ebenso *Baumgärtel* Rn. 3) sieht in der Berufung auf das Ende des Arbeitsverhältnisses durch Fristablauf eine dem materiellen Recht folgende, **rechtsvernichtende Einwendung**. Wer diese Einwendung erhebt, trägt die Beweislast für den Befristungsgrund und die Befristungsdauer. Dies wird zumeist der AG sein (*Wiedemann/Palenberg* RdA 1977, 85, 89; *Bauschke* AR-Blattei SD 380 Rn. 115; *Ritter* NZA-Beil. 2/1985, 13, 15; *Kania* DStR 1997, 373, 377; Kasseler Handbuch/*Schütz* 4.4 Rn. 154; BBDW/*Bader* Rn. 46 f.). Ihm wird, sofern kein schriftlicher Arbeitsvertrag vorliegt, § 2 I Nr. 3 NachwG zugute kommen, der ihn verpflichtet, die vorhersehbare Dauer des Arbeitsverhältnisses in den schriftlichen Nachweis aufzunehmen.

167 Wenn zwischen den Parteien die Tatsachen streitig sind, aus denen das Erfordernis eines die Befristung sachlich rechtfertigenden Grundes folgt, hat insofern der AN die Darlegungs- und Beweislast zu tragen (BBDW/*Bader* Rn. 46). Ist die Rechtfertigung der Befristungsabrede wie im Falle des vorübergehenden Mehrbedarfs von einer Prognose abhängig, sind deren tatsächliche Grundlagen im Prozeß vom AG darzulegen (BAG 12. 9. 1996 AP BGB § 620 Befristeter Arbeitsvertrag Nr. 182 = DB 1997, 232). Zu den Anforderungen an die Substantiierung der tatsächlichen Prognosegrundlagen im Falle der Deckung eines Gesamtvertretungsbedarfs BAG 23. 2. 2000 – 7 AZR 555/98 – nv. und bei fehlgeschlagenen früheren Prognosen zur Verlängerung von Aufenthaltserlaubnissen BAG 12. 1. 2000 AP BGB § 620 Befristeter Arbeitsvertrag Nr. 217. Wer sich auf den Eintritt einer auflösenden Bedingung beruft, hat die tatsächlichen Grundlagen des Bedingungseintritts darzulegen und ggf. zu beweisen (HessLAG 9. 7. 1999 DB 1999, 2656). Für das Vorliegen eines objektiven **Vertrauenstatbestandes** (vgl. Rn. 70 und 130), der es dem AG nach § 242 verwehrt, sich auf den Ablauf des befristeten Arbeitsverhältnisses zu berufen, ist der AN darlegungs- und beweispflichtig (*Staudinger/Preis* Rn. 94).

C. Kündigung von Arbeitsverträgen

I. Willenserklärung

168 **1. Kündigung als Gestaltungsrecht.** Die Kündigung ist eine privatrechtliche rechtsgeschäftliche Gestaltungserklärung, die ein Dauerschuldverhältnis für die Zukunft beendet. Als Rechtsgeschäft unterliegt die Kündigung den allgemeinen Regeln (Geschäftsfähigkeit, Anfechtbarkeit, Nichtigkeit etc.). Das Kündigungsrecht kann nicht verjähren, es kann aber verwirkt werden. Unter bestimmten Voraussetzungen ist die Kündigung von der vorherigen Zustimmung einer Behörde abhängig (vgl. § 9 III MuSchG, § 18 BErzGG, §§ 15, 21 SchwbG). Die Kündigung kann grds. zu jeder Zeit und an jedem Ort erklärt werden (BAG 14. 11. 1984 AP BGB § 626 Nr. 88: Heiliger Abend); also auch an Sonn- und Feiertagen oder während einer Erkrankung des AN. In Ausnahmefällen kann eine Kündigung mit der Folge ihrer Unwirksamkeit zurückgewiesen werden, wenn sie am völlig unpassenden

Ort oder zur unpassenden Zeit erklärt wird (sog. **ungehörige Kündigung**; BAG 14. 11. 1984 AP BGB § 626 Nr. 88, vgl. § 13 KSchG Rn. 30).

Ein **faktisches Arbeitsverhältnis** kann von jedem Partner jederzeit durch einseitige Erklärung 169 beendet werden, ohne daß die Voraussetzungen einer fristlosen Kündigung vorzuliegen brauchen (BAG 7. 12. 1961 AP BGB § 611 Faktisches Arbeitsverhältnis Nr. 1 = DB 1962, 242).

2. Kündigungserklärung. Eine Willenserklärung kann nur dann als Kündigung qualifiziert werden, 170 wenn sich aus ihr der Wille ergibt, das Arbeits- oder Dienstverhältnis für die Zukunft zu beenden. Gem. **§ 133 BGB** ist die Erklärung so auszulegen, wie sie der Erklärungsempfänger unter Würdigung der ihm bekannten Umstände nach Treu und Glauben unter Berücksichtigung der Verkehrssitte verstehen konnte. Es kommt also nicht darauf an, wie der Erklärungsempfänger die Erklärung subjektiv verstehen will, sondern darauf, wie ein objektiv urteilender Erklärungsempfänger die Erklärung verstehen durfte. Ist die Willenserklärung mehrdeutig, so kommt es darauf an, wie der Kündigungsempfänger die Erklärung unter Würdigung der ihm bekannten Umstände nach Treu und Glauben und unter Berücksichtigung der Verkehrssitte verstehen durfte. Der Wille, das Vertragsverhältnis beenden zu wollen, muß klar erkennbar sein. Dies kann sich auch aus den Umständen ergeben (zB Verlangen der Arbeitspapiere, Aufforderung zur Übersendung der Papiere oä.). Das Wort Kündigung braucht nicht verwandt zu werden. Auch die Verwendung der Worte Aufhebung, Rücktritt oder Anfechtung kann als Kündigung verstanden werden, wenn sich aus dem Gesamtzusammenhang ergibt, daß die einseitige Beendigung des Vertragsverhältnisses gewollt ist (BAG 19. 1. 1956 AP BGB § 620 Kündigungserklärung Nr. 1 = BB 1956, 210; *Frölich* NZA 1997, 1273). Es ist nicht am buchstäblichen Sinn des Wortes zu haften, doch ist eine schriftlich an den AN gerichtete „Bitte", sich ab einem bestimmten Tag arbeitslos zu melden, verbunden mit dem Hinweis, er werde wieder beschäftigt werden, wenn die Auftragslage besser sei, im Zweifel keine Kündigung (LAG Hamm 7. 7. 1994 AP BGB § 620 Kündigungserklärung Nr. 8).

Wird bei der Erklärung der Kündigung kein Termin genannt, zu dem das Rechtsverhältnis beendet 171 werden soll, so ist **im Zweifel** davon auszugehen, daß der Kündigende das Rechtsverhältnis zum nächstzulässigen Termin **ordentlich** kündigen will. Will der Dienstberechtigte außerordentlich befristet kündigen, so muß er dies ausdrücklich klarstellen. Dies gilt insb. dann, wenn das ordentliche Kündigungsrecht einzel- oder kollektivvertraglich ausgeschlossen ist. Die Erklärung einer **außerordentlichen Kündigung** aus wichtigem Grund muß für den Erklärungsempfänger den Willen des Erklärenden erkennen lassen, von der besonderen Kündigungsbefugnis Gebrauch machen zu wollen. Dieser Wille kann sich aus der ausdrücklichen Bezeichnung der Erklärung (zB fristlose Kündigung) oder aus sonstigen Umständen der Erklärung selbst, insb. einer beigefügten Begründung, ergeben (BAG 13. 1. 1982 AP BGB § 620 Kündigungserklärung Nr. 2 = NJW 1983, 303). Eine Kündigung beendet also auch beim Vorliegen eines wichtigen Grundes das Arbeitsverhältnis nur dann mit fristloser Wirkung, wenn sie gerade als außerordentliche Kündigung ausgesprochen wird.

Auslegungsbeispiele: Äußert eine AN, sie müsse die Arbeit wegen einer bevorstehenden Nieder- 172 kunft aufgeben, kann dies als Kündigung auszulegen sein. Deutlicher ist die Erklärung eines AN, er komme nicht mehr zur Arbeit und mache nicht mehr mit. Ebenso ist der mit der tatsächlichen Einstellung der Arbeit verbundene Ausspruch als Kündigung zu bewerten, der AG solle seinen Dreck alleine machen. Keine Kündigung wird erklärt, wenn der AG unaufgefordert dem AN ein Zeugnis übersendet. Ein vom AG ausgesprochenes Hausverbot kann als Kündigung zu deuten sein, während eine Verweisung von der Arbeitsstelle nicht die gleiche Bedeutung haben muß. Lediglich die Ankündigung einer Kündigung liegt vor, wenn dem AN erklärt wird, er könne gehen, wenn er das Personal aufhetzen wolle. Lehnt der AG die Beschäftigung mit der Begründung ab, das Arbeitsverhältnis sei erloschen, kann dieses Verhalten als Kündigung auszulegen sein. Ebenso kann die Mitteilung an den AN, man betrachte das Arbeitsverhältnis als beendet, als Kündigung zu werten sein (aA LAG Nürnberg 8. 2. 1994 RzK I 2 a Nr. 10).

3. Bedingungsfeindlichkeit von Kündigungen. Die Kündigung ist als einseitiges Gestaltungsrecht 173 grds. bedingungsfeindlich. In der Bedingungsfeindlichkeit dokumentiert sich nicht das unreflektierte Fortschreiben eines zivilrechtlichen Dogmas. Vielmehr folgt die grds. Bedingungsfeindlichkeit von Gestaltungsrechten aus Gründen der Rechtssicherheit. Einschränkungen werden für Rechtsbedingungen und Potestativbedingungen gemacht. Da bei der Änderungskündigung nur eine Potestativbedingung im Raume steht, ist sie zulässig. Gleiches gilt für die sogenannte Verbundkündigung (außerordentliche Kündigung/vorsorgliche ordentliche Kündigung), denn hinsichtlich der ordentlichen Kündigung liegt lediglich eine Rechtsbedingung (Unwirksamkeit der außerordentlichen Kündigung) vor. Von der bedingten Kündigung ist die vorsorgliche Kündigung zu unterscheiden. Letztere ist eine unbedingte Kündigung (BAG 12. 10. 1954 AP KSchG 1951 § 3 Nr. 5). Der Kündigende macht von ihr idR Gebrauch, wenn er sich nicht sicher ist, daß eine bereits erklärte Kündigung rechtswirksam ist.

4. Kündigung durch Vertreter, Unübertragbarkeit des Kündigungsrechts. Das Kündigungsrecht 174 ist grds. nicht übertragbar (vgl. §§ 398, 413). Doch ist eine Vertretung, insb. eine rechtsgeschäftliche

Vertretung, möglich, in deren Rahmen § 174 besondere Beachtung verdient. Danach kann der Kündigungsempfänger die Kündigung unverzüglich zurückweisen, wenn ihm vom Vertreter keine Originalvollmachtsurkunde vorgelegt wird (vgl. *Lohr* MDR 2000, 620). Bei rechtzeitiger Zurückweisung ist die Kündigung unheilbar unwirksam. Eine Neuvornahme ist erforderlich.

175 Die **Zurückweisung muß unverzüglich** iSv. § 121 erfolgen. Der Erklärungsempfänger kann also Rechtsrat einholen, doch sind sechs Wochen klar verspätet (BAG 13. 3. 1997 AP KSchG 1969 § 4 Nr. 38 = NZA 1997, 844). Nach Ablauf der 3-Wochen-Frist des § 4 KSchG wird eine unverzügliche Zurückweisung nicht mehr anzunehmen sein (BAG 11. 3. 1999 AP BGB § 626 Nr. 150). Das BAG läßt sogar erkennen, daß es der Auffassung des LAG Düsseldorf (22. 2. 1995 LAGE BGB § 174 Nr. 7) folgen würde, für die Zurückweisung sei eine Frist von mehr als 14 Tagen nicht mehr unverzüglich. Soll die Zurückweisung durch einen Vertreter erfolgen, bedarf dies wiederum der Vorlage einer entsprechenden Vollmachtsurkunde.

176 Schreibt eine Gemeindeordnung vor, daß ein Kündigungsschreiben von bestimmten Personen zu unterzeichnen und mit einem **Dienstsiegel** zu versehen ist, so handelt es sich dabei nicht um eine gesetzliche Formvorschrift, sondern um eine Vertretungsregelung (BAG 29. 6. 1988 AP BGB § 174 Nr. 6 = NZA 1989, 143). Fehlt das Dienstsiegel als äußeres Legitimationszeichen, so kann der Erklärungsempfänger die Kündigung nach § 174 zurückweisen (vgl. aber BAG 20. 8. 1997 AP BGB § 620 Kündigungserklärung Nr. 11 = NZA 1997, 1343).

177 Eine Zurückweisung nach § 174 ist ausgeschlossen, wenn der Vertreter den Erklärungsgegner von der Vollmacht in Kenntnis gesetzt hat (BAG 30. 5. 1972 AP BGB § 174 Nr. 1 = NJW 1972, 1877). Hierzu genügen die Aufnahme in einen bekannt gemachten Geschäftsverteilungsplan oder ein Rundschreiben an die Mitarbeiter (BAG 20. 8. 1997 AP BGB § 620 Kündigungserklärung Nr. 11 = NZA 1997, 1343). Ebenso genügt es, wenn der AG dem AN einen bestimmten **Vorgesetzten** mit der Maßgabe zugewiesen hat, daß dieser Kündigungen aussprechen darf. Es hängt jeweils von den konkreten Umständen ab, ob mit der Stellung des Sachbearbeiters einer mit Personalangelegenheiten befaßten Abteilung einer Behörde das Kündigungsrecht derart verbunden ist, daß die AN, die mit dem Sachbearbeiter zu tun haben, von seiner **Kündigungsvollmacht** iSv. § 174 II in Kenntnis gesetzt sind (BAG 29. 6. 1989 AP BGB § 174 Nr. 7 = NZA 1990, 63). Für den Referatsleiter einer Polizeiverwaltungsbehörde hat das BAG (20. 8. 1997 AP BGB § 620 Kündigungserklärung Nr. 11 = NZA 1997, 1343) eine entsprechende Stellung verneint. Der Grundsatz, daß es bei der Kündigung durch den Leiter einer Personalabteilung nicht der Vorlage einer Vollmachtsurkunde bedarf (BAG 30. 5. 1972 AP BGB § 174 Nr. 1 = NJW 1972, 1877) gilt auch dann, wenn die Vollmacht des Abteilungsleiters nur im Innenverhältnis, zB aufgrund einer internen Geschäftsordnung, eingeschränkt ist (BAG 29. 10. 1992 AP BGB § 174 Nr. 10 = NZA 1993, 307).

178 Wird die Kündigung durch einen **Prokuristen** des AG ausgesprochen und ist die Prokura im Handelsregister eingetragen und bekannt gemacht worden, so bedarf es nicht der Vorlage der Vollmachtsurkunde. Dies gilt auch dann, wenn der Prokurist entgegen § 51 HGB nicht mit einem die Prokura andeutenden Zusatz zeichnet (BAG 11. 7. 1991 AP BGB § 174 Nr. 9 = NZA 1992, 449). Zwei **gesamtvertretungsberechtigte Geschäftsführer** einer GmbH können ihre Gesamtvertretung in der Weise ausüben, daß der eine den anderen intern formlos zur Abgabe einer Willenserklärung ermächtigt und der zweite allein die Willenserklärung abgibt. Eine Ermächtigung in diesem Sinne qualifiziert das BAG (18. 12. 1980 AP BGB § 174 Nr. 4 = NJW 1981, 2374) als Erweiterung der gesetzlichen Vertretungsmacht, auf die die Vorschriften über die rechtsgeschäftliche Vertretung, also auch die §§ 174, 180, entsprechend anwendbar sind. Ein AN, dem einer von mehreren Gesamtvertretern einer GmbH kündigt, kann die Kündigung also unverzüglich mit der Begründung zurückweisen, eine Ermächtigung sei nicht vorgelegt worden. Die Zurückweisung aus diesem Grund muß jedoch eindeutig erfolgen.

179 Die **Prozeßvollmacht** kann die Vollmacht zu einer Kündigung enthalten. Die Prozeßvollmacht in einem Rechtsstreit, auch in einem Kündigungsrechtsstreit, deckt aber idR nur die mit dem jeweiligen Prozeß zusammenhängenden Rechtshandlungen. Daraus folgt, daß in einem Kündigungsrechtsstreit der Ausspruch oder die Entgegennahme einer weiteren Kündigung nicht durch die Prozeßvollmacht als solche gedeckt ist. Denn die erneute Kündigung ist nicht Gegenstand des Kündigungsrechtsstreits. Nur in Ausnahmefällen kann die Prozeßvollmacht auch eine weitere Kündigung decken. Dies ist zB der Fall, wenn die Prozeßvollmacht über den üblichen Rahmen hinaus erweitert worden ist. Eine Zurückweisung nach § 174 S. 2 ist dann nicht möglich. Wird die Kündigung im Rahmen eines Schriftsatzes ausgesprochen, so geht sie auf jeden Fall mit Zugang des Schriftsatzes beim AN zu, so daß ab diesem Zeitpunkt die Klagefrist des § 4 S. 1 KSchG in Gang gesetzt wird. Eine Vollmachtserweiterung zur Entgegennahme der Kündigung wird anzunehmen sein, wenn neben der Kündigungsschutzklage nach § 4 KSchG eine allgemeine Feststellungsklage nach § 256 ZPO erhoben worden ist (BAG 21. 1. 1988 AP KSchG 1969 § 4 Nr. 19).

180 Kündigt jemand **ohne Vertretungsmacht,** ist die Kündigung unwirksam (§ 180 S. 1). Hat jedoch der Kündigungsempfänger die behauptete Vertretungsmacht des Kündigenden nicht bestritten, so finden die §§ 177 ff. entsprechende Anwendung (§ 180 S. 2), dh. der Berechtigte kann die Kündigung mit rückwirkender Kraft genehmigen. **Insolvenzverwalter,** Testamentsvollstrecker und Nachlaßver-

walter kündigen aus eigenem Recht. Besteht eine Arbeitsvertragspartei aus einer Mehrheit von Personen (Gruppenarbeitsverhältnis, GbR), so bestimmt sich die Kündigungsbefugnis nach der jeweiligen Regelung der Vertretungsmacht.

II. Abgrenzung der Kündigung von sonstigen Tatbeständen

1. Anfechtung. Die auf Abschluß eines Arbeitsvertrages gerichteten Willenserklärungen können 181 nach §§ 119, 123 angefochten werden, wenn ein Anfechtungsgrund vorliegt. Abw. von § 142 wirkt aber die nach Arbeitsaufnahme erklärte Anfechtung nur für die Zukunft, sofern nicht der Arbeitsvertrag zwischenzeitlich wieder außer Funktion gesetzt wurde und die Anfechtung auf diesen Zeitpunkt zurückwirkt (BAG 16. 9. 1982 AP BGB § 123 Nr. 24 = NJW 1984, 2374; BAG 29. 8. 1984 AP BGB § 123 Nr. 27 = NZA 1985, 58; nach Anfechtungsgründen differenzierend *Strick* NZA 2000, 695). Auch im Falle des wegen Arbeitsunfähigkeit des AN nicht vollzogenen Arbeitsverhältnisses wirkt die Anfechtung zurück (BAG 3. 12. 1998 AP BGB § 123 Nr. 49). Der entscheidende Grund für diese allgemein anerkannte Abweichung von § 142 liegt in den mit der Rückabwicklung eines vollzogenen Arbeitsverhältnisses verbundenen Schwierigkeiten.

Der **Anfechtung** kommt im Ergebnis eine der außerordentlichen Kündigung entsprechende Wir- 182 kung zu. Dennoch darf man sie nicht mit ihr gleichsetzen. Die außerordentliche Kündigung (§ 626 I) beurteilt sich nach den Verhältnissen im Zeitpunkt ihres Ausspruches und ist wegen der notwendigen Interessenabwägung eher zukunftsbezogen. Demgegenüber stellt der Anfechtungsgrund auf die Sachlage bei Abgabe der Willenserklärung ab und ist zur Gewährleistung der Vertragsfreiheit tendenziell **vergangenheitsbezogen.** Die Vorschriften, die eine außerordentliche Kündigung beschränken, finden auf die Anfechtung grds. **keine Anwendung.** So wird die Anfechtung gegenüber einer schwangeren Arbeitnehmerin nicht durch § 9 MuSchG ausgeschlossen. Die Anfechtung **wegen Irrtums** muß nach § 121 I unverzüglich erfolgen, nach verbreiteter Ansicht aber spätestens innerhalb der analog anzuwendenden Zwei-Wochen-Frist des § 626 II (BAG 14. 12. 1979 AP BGB § 119 Nr. 4 = NJW 1980, 1302; *Hönn* ZfA 1987, 61, 87 f.; aA *Picker* ZfA 1981, 1, 108 ff.).

2. Tod des Arbeitnehmers. Der Tod des AN beendet das Arbeitsverhältnis immer, und zwar auch 183 bei mittelbaren Arbeitsverhältnissen und bei Leiharbeitsverhältnissen. Dies folgt bereits aus § 613 S. 1. Noch nicht erfüllte Ansprüche aus dem Arbeitsverhältnis sind, soweit sie nicht von höchstpersönlicher Natur sind, vererblich, es sei denn, daß sich aus Sonderbestimmungen etwas anderes ergibt.

3. Tod des Arbeitgebers. Der Tod des AG berührt den Bestand des Arbeitsverhältnisses grds. nicht. 184 Sofern keine wirksame Abrede über die Beendigung des Arbeitsverhältnisses getroffen wurde, bedarf es zur Auflösung einer Kündigung.

4. Befristung. Arbeitsverträge mit wirksamer Befristungsabrede enden durch bloßen Zeitablauf 185 (§ 620 I). Die Mitteilung des AG, ein befristet abgeschlossener Arbeitsvertrag solle nicht verlängert werden, oder eine mit der Befristung begründete Ablehnung der Weiterbeschäftigung ist idR keine vorsorgliche Kündigung (BAG 26. 4. 1979 AP BGB § 620 Befristeter Arbeitsvertrag Nr. 47). **Die Nichtverlängerungsmitteilung des AG** nach dem TV über die Mitteilungspflicht für Bühnenmitglieder vom 23. 11. 1977 (§ 2 I und V TVM) bedarf nach st. Rspr. des BAG (26. 8. 1998 AP BGB § 611 Bühnenengagementsvertrag Nr. 53 mwN) keines sie rechtfertigenden Grundes und kann daher auch aus betrieblichen Gründen erfolgen. Geht es bei einem Streit über die Wirksamkeit einer Nichtverlängerungsmitteilung nach dem Normalvertrag Chor vom 11. 5. 1979 allein um die künstlerischen Belange oder darum, ob diese durch bestimmte Leistungs- oder Eignungseinschränkungen des Chormitglieds berührt werden, ist der AG darlegungs- und beweispflichtig. Besteht dagegen Streit über die Leistungsfähigkeit oder sonstige Eignung des Chormitglieds, trägt dieses insoweit die Darlegungs- und Beweislast (BAG 12. 1. 2000 AP BGB § 611 Musiker Nr. 30).

5. Eröffnung des Insolvenzverfahrens. Die Eröffnung des Insolvenzverfahrens über das Vermögen 186 des AG oder des AN löst ebensowenig wie früher die Eröffnung des Konkurs- oder Vergleichsverfahrens das Arbeitsverhältnis auf. Vgl. zu den besonderen Kündigungsrechten die Erl. zu § 113 InsO.

6. Die dauernde **Unmöglichkeit der Arbeitsleistung** führt nicht zur automatischen Beendigung des 187 Arbeitsverhältnisses. Es bedarf vielmehr zur Beendigung des Arbeitsverhältnisses einer ordentlichen oder außerordentlichen Kündigung.

7. Wegfall der Geschäftsgrundlage. Eine wesentliche Veränderung oder ein Wegfall der Geschäfts- 188 grundlage des Arbeitsvertrages ist **kein selbständiger Beendigungstatbestand,** wenn nach den gesetzlichen oder tariflichen Bestimmungen die Möglichkeit zur Kündigung besteht. Allerdings kann einer Vertragspartei die Berufung auf das Fehlen einer förmlichen Beendigung des Arbeitsverhältnisses verwehrt sein, wenn die Voraussetzungen des Wegfalls der Geschäftsgrundlage vorliegen. Dies kann zB der Fall sein, wenn die tatsächlichen Grundlagen für eine Beschäftigung durch äußere Ereignisse (Kriegszeiten) für den Dienstberechtigten und Dienstpflichtigen erkennbar dauernd oder wenigstens auf unabsehbare Zeit weggefallen sind (BAG 24. 8. 1995 AP BGB § 242 Geschäftsgrundlage Nr. 17 = NZA 1996, 29).

189 Wenn außergewöhnliche Verhältnisse eine an sich zulässige **Kündigung unmöglich** oder doch unzumutbar machen, können Arbeitsverhältnisse ausnahmsweise ihr Ende finden, ohne daß eine besondere rechtsfeststellende oder rechtsgestaltende Erklärung abgegeben wird. Das ist der Fall, wenn die tatsächlichen Grundlagen für eine Beschäftigung des AN durch äußere Ereignisse sowohl für den AG wie auch für den AN erkennbar dauernd oder doch auf unabsehbare Zeit weggefallen sind (BAG 3. 10. 1961 AP BGB § 242 Geschäftsgrundlage Nr. 4).

190 **8. Lossagungsrecht nach § 12 S. 1 KSchG.** Nach § 12 S. 1 KSchG kann ein AN, der im Kündigungsschutzprozeß obsiegt und inzwischen ein neues Arbeitsverhältnis eingegangen ist, binnen einer Woche nach Rechtskraft des Urteils durch Erklärung gegenüber dem bisherigen AG die Fortsetzung des Arbeitsverhältnisses verweigern. Mit dem Zugang dieser Nichtfortsetzungserklärung erlischt das alte Arbeitsverhältnis (§ 12 S. 3 KSchG). Diese Erklärung ist eine Kündigung und bedarf der Schriftform (vgl. § 623 Rn. 9). Der AN kann nach § 12 S. 4 KSchG Zahlung des entgangenen Verdienstes nur für die Zeit bis zum Antritt des neuen Arbeitsverhältnisses verlangen. Für die Zeit vom Antritt des neuen Arbeitsverhältnisses bis zum rechtlichen Erlöschen des alten Arbeitsverhältnisses schneidet das Gesetz den Lohnanspruch aus Vereinfachungsgründen ab, was vor Ausübung des Lossagungsrechtes bedacht werden sollte. Das Lossagungsrecht des AN besteht auch nach einer unwirksamen außerordentlichen arbeitgeberseitigen Kündigung (arg. § 13 I 3 2. Halbs. KSchG).

191 **9. Suspendierung.** Keine Kündigung liegt vor, wenn beide Parteien das Arbeitsverhältnis nicht mehr vollziehen (AN erscheint nicht mehr zur Arbeit, aber eine Kündigung wird nicht ausgesprochen). Je nach Sachverhalt kann es dem AN nach gewissem Zeitablauf verwehrt sein, sich auf den Bestand des Arbeitsverhältnisses zu berufen (BAG 3. 10. 1961 AP BGB § 242 Geschäftsgrundlage Nr. 4; BAG 12. 3. 1963 AP BGB § 242 Geschäftsgrundlage Nr. 5; BAG 24. 8. 1995 AP BGB § 242 Geschäftsgrundlage Nr. 17). Die konkrete Sachlage kann es ebenfalls rechtfertigen, von einem Ruhen des Arbeitsverhältnisses auszugehen (BAG 9. 8. 1995 AP BGB § 611 Gratifikation Nr. 181). Von einem einvernehmlichen Ruhen des Arbeitsverhältnisses ist die – einseitige – Suspendierung zu unterscheiden. Unter Suspendierung wird das vom AG veranlaßte vollständige oder tlw. Ruhen der Rechte und Pflichten aus dem Arbeitsverhältnis verstanden. Eine **Suspendierung** kann von den Vertragsparteien vereinbart werden (§ 305). Insb. kann die Freistellung von der Arbeitspflicht bereits antizipiert im Arbeitsvertrag für die Zeit ab Ausspruch einer Kündigung des Arbeitsverhältnisses bis zum Kündigungstermin und die etwaige Dauer eines anschließenden Kündigungsrechtsstreits geregelt werden (*Kramer* Kündigungsvereinbarungen, 1994, S. 174 und 180).

192 Einseitig darf der AG dem AN jede weitere Arbeitsleistung im Betrieb verbieten und ihn suspendieren, wenn hierfür ein **billigenswerter Grund** besteht (BAG 15. 6. 1972 AP BGB § 628 Nr. 7 = NJW 1972, 2279; BAG [GS] 27. 2. 1985 AP BGB § 611 Beschäftigungspflicht Nr. 14 = NZA 1985, 702 unter C II 3 c der Gründe; *Erman/Hanau* § 611 Rn. 318; *Gahlen*, Die Suspendierung eines AN, Diss. Gießen 1990, S. 75 f.). Die Suspendierung kommt insb. in Betracht, wenn jede weitere Beschäftigung Schäden hervorrufen könnte oder der Verdacht einer strafbaren Handlung bzw. einer schwerwiegenden Pflichtverletzung gegeben ist. Damit reicht nicht jedes Interesse des AG, das eine Kündigung sozial rechtfertigen könnte, zur Suspendierung aus. Die einseitige Suspendierung beseitigt die **Vergütungspflicht** grds. nicht. Ist der Grund der Suspendierung jedoch so schwerwiegend, daß dem AG jede weitere Annahme der Arbeitsleistung unzumutbar wäre, kann auch die Vergütungspflicht entfallen.

193 **10. Streik und Aussperrung.** Rechtmäßige Arbeitskämpfe führen grds. nur zur Suspendierung der Hauptpflichten des Arbeitsvertrages, lösende Arbeitskampfmaßnahmen kommen realiter nicht mehr vor.

194 **11. Aufhebungsvertrag. a) Grundsätzliches.** Im Wege der vertraglichen Vereinbarung kann ein Arbeits- oder Dienstverhältnis zu jedem Zeitpunkt ohne Rücksicht auf Kündigungsschutzbestimmungen und Kündigungsfristen beendet werden (§ 305). § 623 bezeichnet diesen Vertrag als Auflösungsvertrag. Diesem Auflösungstatbestand kommt eine große praktische Bedeutung zu (*Krasshöfer*, Beendigung des Arbeitsverhältnisses aufgrund Befristung oder Aufhebungsvertrag, 1997, Rn. 356). Bis zum Inkrafttreten von § 623 am 1. 5. 2000 konnte ein **stillschweigender Aufhebungsvertrag** bei Vorliegen besonderer Anhaltspunkte für einen entsprechenden Vertragswillen bejaht werden (BAG 16. 3. 2000 – 2 AZR 196/99 – nv.). Ein Aufhebungsvertrag ist nicht allein deshalb unwirksam, weil der AG dem AN weder eine **Bedenkzeit** noch ein Rücktritts- bzw. Widerrufsrecht eingeräumt und ihm auch das Thema des beabsichtigten Gesprächs vorher nicht mitgeteilt hat (BAG 30. 9. 1993 AP BGB § 123 Nr. 37 = NZA 1994, 209; BAG 14. 2. 1996 – 2 AZR 234/95 – nv.; *Germelmann* NZA 1997, 236, 242; *Hoß/Ehrich* DB 1997, 625, 627).

195 Werden AN mit dem Hinweis auf eine geplante Betriebsveräußerung (§ 613 a) und Arbeitsplatzgarantien des Erwerbers veranlaßt, ihre Arbeitsverhältnisse mit dem Betriebsveräußerer selbst fristlos zu kündigen oder Auflösungsverträgen zuzustimmen, um dann mit dem Betriebserwerber neue

Arbeitsverträge abzuschließen, so sollen diese Eigenkündigungen und Aufhebungsverträge wegen **Umgehung des § 613a IV 1** unwirksam sein (BAG 28. 4. 1987 AP BetrAVG § 1 Betriebsveräußerung Nr. 5 = NZA 1988, 198). Diese Rspr. darf aber nicht dahingehend mißverstanden werden, daß der Abschluß von Aufhebungsverträgen anläßlich eines Betriebsübergangs schlechthin unzulässig wäre. Soweit die Arbeitsverhältnisse mit dem Erwerber nicht fortgesetzt werden, können Aufhebungsverträge abgeschlossen werden (BAG 11. 12. 1997 – 8 AZR 654/95 – nv.).

Vereinbaren die Arbeitsvertragsparteien, daß eine Kündigung vom AN hingenommen wird, und werden in einem sogenannten **Abwicklungsvertrag** weitere Modalitäten der Vertragsauflösung geregelt, so kann dies eine Umgehung sozialrechtlicher Vorschriften darstellen. Werden Aufhebungsverträge zur Umgehung von § 117 AFG rückdatiert, sind sie nicht allein aufgrund dieses Umstands wegen Sittenwidrigkeit (§ 138) nichtig. Sie werden nur in sozialrechtlicher Hinsicht nach dem Zeitpunkt des tatsächlichen Abschlusses behandelt. Die in einem Aufhebungsvertrag für den Fall vereinbarte Rückzahlung eines Überbrückungsgeldes, das der AG dem AN nach § 128 AFG Leistungen zu erstatten hat, ist wirksam (BAG 25. 1. 2000 AP AFG § 128 Nr. 3). **196**

b) Form des Aufhebungsvertrages. Grds. bestand bis 30. 4. 2000 Formfreiheit für den Abschluß eines Auflösungsvertrages, Abweichendes konnte sich aus TV oder Arbeitsvertrag ergeben. Eine für die Kündigung bestimmte Schriftform galt nicht für den Aufhebungsvertrag. Zur neuen Rechtslage vgl. § 623. **197**

c) Wirkungen. Ein Aufhebungsvertrag löst das Arbeitsverhältnis zu dem vereinbarten Termin auf. Es kann die Beendigung mit sofortiger Wirkung oder zu einem zukünftigen Zeitpunkt vorgesehen werden. Eine rückwirkende Vereinbarung wird nur dann zugelassen, wenn das Arbeitsverhältnis bereits außer Vollzug gesetzt war (BAG 10. 12. 1998 AP BGB § 613a Nr. 185; BAG 21. 9. 1999 AP BUrlG § 7 Abgeltung Nr. 77). Ähnlich der eingeschränkten Rückwirkung der Anfechtung gem. §§ 142, 119 ff. darf in solchen Fällen, die Aufhebung zu dem Zeitpunkt der tatsächlichen Einstellung des Dauerschuldverhältnisses geregelt werden (vgl. BAG 13. 3. 1961 AP SchwBeschG § 15 Nr. 6 = NJW 1961, 1278; BAG 16. 9. 1982 AP BGB § 123 Nr. 24 = NJW 1984, 2374; BAG 29. 8. 1984 AP BGB § 123 Nr. 27 = NZA 1985, 58). Sieht der Aufhebungsvertrag die Beendigung des Arbeitsverhältnisses für einen zukünftigen Zeitpunkt vor, kann er noch durch Ausspruch einer zeitlich nachfolgenden außerordentlichen Kündigung gegenstandslos werden (BAG 29. 1. 1997 AP BGB § 626 Nr. 131 = NZA 1997, 813). Die mit einem Aufhebungsvertrag bezweckte Entlassung des AN ist bei Vorliegen der Voraussetzungen einer Massenentlassung iSv. §§ 17, 18 KSchG so lange unwirksam, bis eine formgerechte Massenentlassungsanzeige beim AA eingereicht und dessen Zustimmung eingeholt wird (BAG 11. 3. 1999 AP KSchG 1969 § 17 Nr. 12; *Bauer/Powietzka* DB 2000, 1073, 1074 f.). **198**

d) Anfechtung. Die auf Abschluß des Aufhebungsvertrages gerichteten Willenserklärungen sind nach den allgemeinen Bestimmungen der §§ 119 ff. anfechtbar. Irrt sich eine schwangere AN über die mutterschutzrechtlichen Folgen eines Aufhebungsvertrages, so berechtigt dieser **Rechtsfolgenirrtum** nicht zu einer Anfechtung nach § 119 I (BAG 6. 2. 1992 AP BGB § 119 Nr. 13 = NZA 1992, 790). § 9 MuSchG steht der Aufhebung eines Arbeitsvertrages nicht entgegen. Problematisch ist neben dem Bereich des Sonderkündigungsschutzes vor allem der Fall, daß der AG mit einer außerordentlichen oder ordentlichen Kündigung droht und der AN unter diesem Eindruck den Aufhebungsvertrag eingeht (zur Situation eines nach ausgesprochener Kündigung geschlossenen Aufhebungsvertrages BAG 12. 8. 1999 AP BGB § 123 Nr. 51). Das BAG (st. Rspr., vgl. nur 30. 9. 1993 AP BGB § 123 Nr. 37 = NZA 1994, 209) bejaht in seiner Rspr. ein Recht zur Anfechtung der auf Abschluß des Aufhebungsvertrages gerichteten Willenserklärung wegen widerrechtlicher Drohung (§ 123), wenn **ein verständiger AG** eine außerordentliche Kündigung nicht ernsthaft in Erwägung ziehen durfte. Maßgeblich ist nicht nur der tatsächliche subjektive Wissensstand des AG. Zu berücksichtigen sind vielmehr auch die Ergebnisse weiterer Ermittlungen, die ein verständiger AG zur Aufklärung des Sachverhalts angestellt hätte. Entscheidend ist also nach der Rspr. der objektiv mögliche, und damit ein hypothetischer Wissensstand (BAG 16. 11. 1979 AP BGB § 123 Nr. 21 = NJW 1980, 2213; BAG 21. 3. 1996 AP BGB § 123 Nr. 42 = NZA 1996, 1030). Ob sich die beabsichtigte Kündigung im Kündigungsschutzprozeß als wirksam herausgestellt hätte, ist hingegen unerheblich. Die Darlegungs- und Beweislast hinsichtlich der die Widerrechtlichkeit der Drohung ausmachenden Tatsachen trifft den die Anfechtung erklärenden AN (BAG 12. 8. 1999 AP BGB § 123 Nr. 51). Diese Rspr. gilt auch für den Fall, daß der AG einem AN eine ordentliche Kündigung für den Fall androht, daß ein Aufhebungsvertrag nicht zustande kommt. Ein Anfechtungsgrund fehlt, wenn der AG lediglich erklärt hat, daß er mit dem BR die Kündigung erörtern müsse. **199**

e) Aufklärungspflichten bei Abschluß des Aufhebungsvertrages können sich aus § 242 ergeben. Dabei kommt es ua. darauf an, von wem die Initiative zum Abschluß des Aufhebungsvertrages ausgegangen ist (*Hoß/Ehrich* DB 1997, 625). Ausnahmsweise kann der AG verpflichtet sein, ungefragt auf den AN drohende Versorgungsschäden aufmerksam zu machen (BAG 3. 7. 1990 AP BetrAVG § 1 Nr. 24 = NZA 1990, 971). Weiß der AG, daß dem AN wegen des Aufhebungsvertrages **sozialrechtliche Nachteile** drohen, oder vermutet er den Eintritt solcher Nachteile, hat er hierauf hinzuweisen (BAG 10. 3. 1988 AP BGB § 611 Fürsorgepflicht Nr. 99 = NZA 1988, 837). Eine inhaltliche Be- **200**

lehrung wird dem AG zumeist selbst nicht möglich sein und ist auch nicht geschuldet. Es ist dann Sache des AN, sich darüber Gewißheit zu verschaffen. Die Verletzung möglicher Aufklärungspflichten führt nicht zur Unwirksamkeit des Aufhebungsvertrages, allenfalls kann sie eine Schadensersatzpflicht des AG wegen pVV auslösen (BAG 10. 3. 1988 AP BGB § 611 Fürsorgepflicht Nr. 99 = NZA 1988, 837).

201 **f) Tarifliche Widerrufsklauseln.** Einzelne TV sehen vor, daß der AN den Abschluß des Aufhebungsvertrages innerhalb einer bestimmten Frist widerrufen kann. Dieses Widerrufsrecht ist nicht selten verzichtbar ausgestaltet. Der nach § 9 IX MTV Einzelhandel in Nordrhein-Westfalen vom 13. 12. 1980 zulässige **Verzicht** auf das eingeräumte Recht, einen schriftlichen Auflösungsvertrag innerhalb von drei Werktagen zu widerrufen, muß nicht gesondert von dem übrigen Vertragstext oder in einer besonderen Vertragsurkunde erklärt werden (BAG 30. 9. 1993 AP BGB § 123 Nr. 37 = NZA 1994, 209).

III. Erscheinungsformen der Kündigung

202 **1. Ordentliche Kündigung.** Jede Kündigung ist im Zweifel eine ordentliche. Sie ist der Grundfall und an die Einhaltung bestimmter Fristen und Termine gebunden (vgl. § 622). Allerdings sehen § 15 I BBiG und verschiedene TV ordentliche entfristete Kündigungen vor. Im Anwendungsbereich des KSchG bedarf die ordentliche Kündigung zu ihrer Wirksamkeit der sozialen Rechtfertigung (§ 1 I) durch Gründe, die in der Person oder dem Verhalten des AN liegen, oder durch dringende betriebliche Erfordernisse, die einer Weiterbeschäftigung des AN entgegenstehen (vgl. die Erl. zum KSchG).

203 **2. Außerordentliche Kündigung.** Die außerordentliche Kündigung muß als solche ausdrücklich erklärt werden. Sie ist stets an das Vorliegen besonderer Gründe gebunden (zB § 626). Wird keine anderslautende Erklärung (zB soziale Auslauffrist) abgegeben, ist die außerordentliche Kündigung eine entfristete. Sie wird mit ihrem Zugang wirksam.

204 **3. Änderungskündigung.** Die Änderungskündigung ist als ordentliche und als außerordentliche Kündigung zulässig. Sie ist auf die **Änderung des Vertragsinhalts** gerichtet und setzt dazu die Auflösung des Arbeitsverhältnisses als Mittel ein. Dogmatisch kann sie unterschiedlich erfaßt werden: Einmal als unbedingte Kündigung mit dem gleichzeitigen Antrag, das Arbeitsverhältnis zu veränderten Arbeitsbedingungen fortzusetzen. Zum anderen als bedingte Kündigung für den Fall, daß der Kündigungsgegner das Änderungsangebot ablehnt (vgl. dazu § 2 KSchG Rn. 4 ff.). Da es sich in letzterem Fall um eine Potestativbedingung handelt, ist die in dieser Form bedingte Kündigung trotz der grds. Bedingungsfeindlichkeit von Gestaltungsrechten zulässig (vgl. Rn. 173). Unstreitig bezieht sich § 2 KSchG auf beide Erscheinungsformen der Änderungskündigung. Keine Änderungskündigung liegt vor, wenn die Kündigung des Arbeitsverhältnisses unbedingt, das neue Vertragsangebot jedoch nur bedingt erfolgt, der AG einen Neuabschluß also nur in Aussicht stellt. Die Änderungskündigung ist ebenso wie die Beendigungskündigung eine **echte Kündigung.** Der AG muß daher Kündigungsfristen einhalten und den BR anhören.

205 **4. Teilkündigung, Widerrufsvorbehalt.** Von der Änderungskündigung ist die Teilkündigung zu unterscheiden. Die Teilkündigung löst die vertragliche Bindung an einzelne Arbeitsbedingungen auf, ohne das Arbeitsverhältnis als Ganzes zu beenden. Die arbeitsrechtliche Teilkündigung ist nur zulässig, wenn sie **vertraglich vereinbart** wurde. Dies kann sich durch Auslegung des Arbeitsvertrages ergeben (§ 157– BAG 4. 2. 1958 AP BGB § 620 Teilkündigung Nr. 1). Erfolgt eine Teilkündigung, ist zu prüfen, ob dadurch das Gesamtgefüge von Leistung und Gegenleistung gestört wird. Dies hätte die Unwirksamkeit der Teilkündigung zur Folge. Lassen sich unter Aufrechterhaltung des Gesamtgefüges Einzelbereiche, die nur lose mit dem Ganzen zusammenhängen, abtrennen, ist eine auf diese Teile bezogene Kündigung zulässig (vgl. BAG 14. 11. 1990 AP BGB § 611 Arzt-Krankenhaus-Vertrag Nr. 25 = NZA 1991, 377: Chefarzt, der höhere Nebenkosten erstatten soll). Vgl. zur Kündigung einer Nebenabrede betr. Bereitschaftsdienst: BAG 15. 2. 1990 EzA BGB § 622 Teilkündigung Nr. 1.

206 Ist das Recht zur einseitigen Änderung einzelner Vertragsbedingungen vertraglich vereinbart, so bedarf es keiner Teilkündigung, denn es liegt – unabhängig von der gewählten Bezeichnung – ein **Widerrufsvorbehalt** vor (BAG 7. 10. 1982 AP BGB § 620 Teilkündigung Nr. 5 = NJW 1983, 2284). Der Widerruf darf nur nach billigem Ermessen (§ 315) ausgeübt werden. Die Vereinbarung eines Widerrufsvorbehalts darf nicht zur Umgehung des KSchG und der Kündigungsfristen führen (BAG 13. 5. 1987 AP BGB § 305 Billigkeitskontrolle Nr. 4 = NZA 1988, 95). Dies ist anzunehmen, wenn wesentliche Elemente des Arbeitsvertrages einer einseitigen Änderung unterliegen sollen, durch deren Widerruf das Gleichgewicht zwischen Leistung und Gegenleistung grdl. gestört würde.

207 **5. Kündigung von Gruppenarbeitsverhältnissen.** Beim Gruppenarbeitsverhältnis in Form der Eigengruppe ist eine Einzelkündigung gegenüber einem Gruppenmitglied grds. nur dann möglich, wenn entweder eine entsprechende Abrede getroffen worden ist oder durch das Ausscheiden eines AN die an sich gemeinschaftlich zu erbringende Leistung weder unmöglich gemacht noch wesentlich erschwert wird. Bei der letzten Alternative ist zu bedenken, daß allzu wenig Rücksicht auf die

Interessen der übrigen Gruppenmitglieder genommen wird. Deshalb wird man ihnen für den Fall der Einzelkündigung durch den AG das Recht zur außerordentlichen Kündigung einräumen müssen, um dem AG die **Disposition über die Gruppe** als ganzes zu entziehen. Scheidet eine Einzelkündigung aus Rechtsgründen aus, ist der AG berechtigt, allen Gruppenmitgliedern fristgemäß zu kündigen, wenn gegenüber einem Gruppenmitglied ein Kündigungsgrund (§ 626 oder § 1 II KSchG) gegeben ist.

IV. Formerfordernisse für Kündigungen

Die Kündigung von Arbeits- und Dienstverhältnissen bedurfte bis zum Inkrafttreten von § 623 am 1. 5. 2000 grds. keiner Form und konnte daher mündlich, schriftlich, telefonisch, telegraphisch oder konkludent erklärt werden. Soweit kein Formerfordernis eingriff, konnte eine Kündigung auch durch Telefax erfolgen. Ebenso genügte ein Telefax dem Formerfordernis, wenn die Schriftform einzelvertraglich vereinbart war (§ 127; vgl. MünchKommBGB/*Förschler* § 127 Rn. 10 a). Seit dem 1. 5. 2000 besteht ein gesetzliches Schriftformerfordernis für alle Arten von Kündigungen im Arbeitsverhältnis. Vgl. die Erl. zu § 623.

V. Zugang von Kündigungen

1. Zugang unter Abwesenden. Die Kündigung wird als Willenserklärung unter Abwesenden erst wirksam, wenn sie dem Kündigungsgegner zugegangen ist (§ 130 I 1). Das Risiko der Übermittlung und Ankunft trägt also der Kündigende. Die Erklärung ist zugegangen, sobald sich der Empfänger bei normaler Gestaltung seiner Verhältnisse Kenntnis von der Kündigung verschaffen kann und die Kenntnisnahme nach den **Gepflogenheiten des Verkehrs** von ihm erwartet werden muß. Daraus folgt, daß der Zeitpunkt des Zugangs nicht uneingeschränkt mit dem Zeitpunkt zusammenfällt, in dem die Kündigung in den Machtbereich des Empfängers gelangt. In den Machtbereich des Kündigungsempfängers ist die Kündigung gelangt, wenn sich der Brief im Briefkasten befindet. Dem steht es gleich, wenn der Brief an Familienmitglieder, die in der gleichen Wohnung leben, übergeben wird. Besteht die Möglichkeit der Kenntnisnahme unter gewöhnlichen Verhältnissen, so ist es unbeachtlich, wann der Empfänger die Kündigung tatsächlich zur Kenntnis nimmt. Erreicht ein Schriftstück die **Empfangseinrichtungen des Adressaten** (Briefkasten, Postschließfach) zu einer Tageszeit, zu der nach den Gepflogenheiten des Verkehrs eine Entnahme oder Abholung durch den Adressaten nicht mehr erwartet werden kann, ist die Willenserklärung an diesem Tag nicht mehr zugegangen. Eine Kündigung, die erst zur Nachtzeit in den Briefkasten eingeworfen wird, geht somit erst am nächsten Tag zu.

Ein **Einschreiben** geht nicht bereits mit der Hinterlegung des Benachrichtigungsscheins zu. Der Zugang tritt vielmehr erst mit der Aushändigung des Briefes ein (BAG 25. 4. 1996 AP KSchG 1969 § 4 Nr. 35 = NZA 1996, 1227). Unterläßt es der Kündigungsadressat den Brief abzuholen, so handelt er uU rechtsmißbräuchlich. Lehnt der Empfänger grundlos die Annahme einer Willenserklärung ab, so muß er sich nach **Treu und Glauben** jedenfalls so behandeln lassen, als sei ihm das Schreiben im Zeitpunkt der Ablehnung zugegangen, wenn im Rahmen vertraglicher Beziehungen mit rechtserheblichen Mitteilungen gerechnet werden mußte (BAG 3. 4. 1986 AP SchwbG § 18 Nr. 9 = NZA 1986, 640; *Herbert* NJW 1997, 1829, 1831). Für die Vereitelung ist keine Absicht erforderlich. Vielmehr genügt das Unterlassen geeigneter organisatorischer Maßnahmen. Entsprechendes gilt für das Nichtabholen einer Einschreibesendung. Eine Einlösung wird in diesen Fällen binnen einer Woche erwartet werden können. Das von der Post seit dem 1. 9. 1997 angebotene Einwurf-Einschreiben geht wie ein normaler Brief zu, wenn es in die Empfangseinrichtung gelangt. Es soll dem Absender den Nachweis des Zeitpunkts des Einwurfs ermöglichen (krit. *Bauer/Diller* NJW 1998, 2795).

Lehnt ein als **Empfangsbote** anzusehender Familienangehöriger des abwesenden AN die Annahme eines Kündigungsschreibens des AG ab, so muß der AN die Kündigung nur dann als zugegangen gegen sich gelten lassen, wenn er auf die Annahmeverweigerung, etwa durch vorherige Absprache mit dem Angehörigen, Einfluß genommen hat (BAG 11. 11. 1992 AP BGB § 130 Nr. 18 = NZA 1993, 259).

Die Kündigung kann durch den Gerichtsvollzieher, nicht dagegen durch die Post, nach den Vorschriften der ZPO zugestellt werden (§ 132). Wenn der Aufenthaltsort des Kündigungsgegners unbekannt ist, kommt die **öffentliche Zustellung** in Betracht (§ 132 II). Insb. gilt der allgemeine Grundsatz, daß der Kündigungsgegner den Zugang der Kündigung nicht vereiteln darf, ansonsten gilt der Zugang als rechtzeitig erfolgt.

Ein an die Heimatanschrift des AN gerichtetes Kündigungsschreiben geht diesem auch dann zu, wenn dem AG bekannt ist, daß der AN **während seines Urlaubs** verreist ist (BAG 16. 3. 1988 AP BGB § 130 Nr. 16 = NZA 1988, 875). Bei urlaubsbedingter Versäumung der Klagefrist des § 4 S. 1 KSchG ist die Kündigungsschutzklage nachträglich zuzulassen (§ 5 KSchG). Entsprechendes gilt bei Abwesenheit wegen Krankheit, Kur, Umzugs oder Haft (vgl. BAG 2. 3. 1989 AP BGB § 130 Nr. 117 = NZA 1989, 635).

2. Zugang unter Anwesenden. Die Kündigung, die einem Anwesenden gegenüber abgegeben wird, geht dem Empfänger **in aller Regel sofort** zu und wird damit wirksam. Nach der alten Rechtslage (vgl. § 623) galt dies auch für fernmündliche Erklärungen (§ 147 II 2). Notwendig war jedoch, daß der Erklärungsgegner sie vernehmen konnte. Dies war ausgeschlossen bei Taubheit, Sprachunkenntnis oder Bewußtlosigkeit. Das Risiko eines Mißverständnisses trug der Kündigende. Die einem Anwesenden übergebene schriftliche Kündigungserklärung wird mit der Übergabe wirksam. Ob und wann der Empfänger das Schreiben liest, ist ohne Bedeutung. Die Regeln über den Zugang von Willenserklärungen sind dispositiv. **Abw. Abmachungen der Arbeitsvertragsparteien** über den Zugang von Kündigungen dürfen jedoch nicht zu einer gesetzlich nicht zugelassenen Verkürzung der Kündigungsfristen (§ 622) oder einer Umgehung des KSchG führen.

VI. Anfechtung einer Kündigung

215   Die Kündigungserklärung unterliegt wie jedes andere Rechtsgeschäft den Anfechtungsregeln der §§ 119 ff. Fordert der AG den AN auf, das Arbeitsverhältnis selbst zu kündigen, und droht er ihm bei Unterlassung der Eigenkündigung mit der fristlosen Entlassung, wird hierin eine widerrechtliche Drohung liegen, wenn ein verständiger AG in der gleichen Situation eine Kündigung nicht in Erwägung gezogen hätte. Es gelten die gleichen Grundsätze wie bei der Anfechtung von Aufhebungsverträgen (vgl. Rn. 199).

VII. Umdeutung rechtsunwirksamer Kündigungen

216   **1. Umdeutung in Antrag auf Abschluß eines Aufhebungsvertrages.** Eine rechtsunwirksame Kündigung kann in einen Antrag auf Abschluß eines Aufhebungsvertrages (§ 305) umgedeutet werden. Dabei ist von den Anschauungen vernünftig denkender Menschen auszugehen. Es kommt für die Umdeutung zunächst darauf an, daß der Kündigende bei Kenntnis der Unwirksamkeit der von ihm erklärten Kündigung den Abschluß eines Aufhebungsvertrags gewollt hätte. Dies wird zumeist der Fall sein. Weitaus seltener wird die Annahme des auf Abschluß des Aufhebungsvertrags gerichteten Antrags durch den Erklärungsempfänger festzustellen sein. Allein die Hinnahme der rechtsunwirksamen Kündigung ist hierfür ungenügend (BAG 13. 4. 1972 AP BGB § 626 Nr. 64 = DB 1972, 1784). Vielmehr muß erkennbar werden, daß sich beide Arbeitsvertragsparteien aus dem Arbeitsverhältnis lösen wollen. Zudem ist § 623 zu beachten.

217   **2. Die Umdeutung einer außerordentlichen Kündigung in eine ordentliche Kündigung** setzt materiellrechtlich voraus, daß der Ausspruch der ordentlichen Kündigung dem mutmaßlichen Willen des Kündigenden entspricht und dieser Wille dem Erklärungsempfänger erkennbar war. Regelmäßig wird dies der Fall sein, weil derjenige, der ein Arbeitsverhältnis fristlos beenden will, im Zweifel auch die Beendigung zum nächstzulässigen Termin beabsichtigt. Die im Wege der Umdeutung gewonnene ordentliche Kündigung muß den auf ordentliche Kündigungen anzuwendenden Rechtsvorschriften (ggf. KSchG oder Regeln des Sonderkündigungsschutzes) entsprechen.

218   **3. Umdeutung einer ordentlichen in eine außerordentliche Kündigung.** Ist eine ordentliche Kündigung erklärt worden, kann diese im Falle ihrer Unwirksamkeit nicht **in eine außerordentliche Kündigung** umgedeutet werden, weil die Umdeutung zu keiner rechtlich weitergehenden Folge führen darf (BAG 12. 9. 1974 AP TVAL II § 44 Nr. 1 = DB 1975, 214). Zudem fehlt es an der Schriftform der auf die außerordentliche Beendigung gerichteten Erklärung (vgl. § 623).

219   **4. Umdeutung einer Kündigung in eine Anfechtungserklärung.** Die Umdeutung einer unwirksamen ordentlichen Kündigung in eine Anfechtungserklärung kommt nicht in Betracht (BAG 14. 10. 1975 AP MuSchG 1968 § 9 Nr. 4 = NJW 1976, 592), denn das umgedeutete Rechtsgeschäft darf keine weiterreichenden Folgen haben als das unwirksame Rechtsgeschäft. Allerdings kann eine außerordentliche Kündigung als Anfechtungserklärung ausgelegt oder in eine solche umgedeutet werden, wenn aus den Gesamtumständen ersichtlich ist, daß die Auflösung des Arbeitsverhältnisses aus Gründen der Täuschung oder Drohung gewollt ist.

220   **5. Umdeutung bei fehlerhafter Fristberechnung.** Liegt einer ordentlichen Kündigung eine unrichtige Berechnung der Kündigungsfrist zugrunde oder ist sie zu einem unzulässigen Kündigungstermin ausgesprochen worden, wird sie in eine Kündigung zum nächstzulässigen Kündigungstermin umgedeutet (vgl. § 622 Rn. 26).

221   **6. Einschränkungen der Umdeutung von Kündigungen.** Eine Anhörung des BR zu einer beabsichtigten außerordentlichen Kündigung genügt nicht zugleich als Anhörung zur ordentlichen Kündigung und umgekehrt. Auch zu der im Wege der Umdeutung gewonnenen Kündigung müssen die Voraussetzungen des **§ 102 BetrVG** vorliegen. Hiervon ist lediglich dann eine Ausnahme zu machen, wenn der BR zu einer außerordentlichen Kündigung angehört worden ist und dieser ausdrücklich vorbehaltlos zugestimmt hat (BAG 16. 3. 1978 AP BetrVG 1972 § 102 Nr. 15 = NJW 1979, 76). Genießt der zu kündigende AN den besonderen Schutz des **SchwbG**, so scheitert eine Umdeutung, wenn die Hauptfürsorgestelle allein der außerordentlichen Kündigung zugestimmt hat (vgl. §§ 15, 21 SchwbG).

VIII. Begründung von Kündigungen

1. Allgemeines. Grds. ist die Begründung keine Wirksamkeitsvoraussetzung der Kündigung. Dies 222
gilt, wie sich aus § 626 II 3 ergibt, auch für die außerordentliche Kündigung. Allerdings muß der AG
bei der Kündigung von AN, die den Schutz des KSchG genießen, die Kündigungsgründe im Kündigungsschutzprozeß darlegen und beweisen (§ 1 II 4 KSchG). Hinsichtlich der sozialen Auswahl gilt
§ 1 III 1 KSchG. Findet das KSchG keine Anwendung, braucht der AG die ordentliche Kündigung
nicht zu begründen. Gibt der AG im Kündigungsschreiben oder mündlich einen Kündigungsgrund
an, ist er im Prozeß nicht an diesen Grund gebunden. Er kann im Kündigungsschutzprozeß alle
Tatsachen vortragen, die die Kündigung rechtfertigen sollen. Anders ist es, wenn eine wirksame
Formvorschrift die Angabe des Kündigungsgrundes verlangt (BAG 25. 8. 1977 AP BMT-G II § 54
Nr. 1). Ebenso ist der AG, wenn ein Betriebs- oder Personalrat anzuhören war, an die Gründe
gebunden, die er dem Vertretungsgremium mitgeteilt hat (vgl. § 626 Rn. 78 ff., § 102 BetrVG Rn. 27).

2. Gesetzliche Sonderregelungen. Nach § 15 III BBiG bedarf die Kündigung eines Berufsausbil- 223
dungsverhältnisses nach Ablauf der Probezeit der Begründung, wenn der Auszubildende die Berufsausbildung aufgeben oder sich für eine andere Berufstätigkeit ausbilden lassen will oder das Ausbildungsverhältnis fristlos gekündigt wird. Die Begründung ist in diesem Zusammenhang Wirksamkeitsvoraussetzung. Die am 1. 3. 1997 in Kraft getretene Fassung des § 9 III MuSchG erfordert die
schriftliche Angabe des „zulässigen" Kündigungsgrundes. Damit ist der Grund gemeint, der die für
den Arbeitsschutz zuständige oberste Landesbehörde veranlaßt hat, die beabsichtigte Kündigung für
zulässig zu erklären.

3. Vertraglich vereinbarte Begründung. Die Arbeitsvertragsparteien können einzelvertraglich ver- 224
einbaren, daß die Kündigung einer Begründung bedarf. Eine einzelvertraglich vereinbarte Schriftform
der Kündigung umfaßt dann auch die Begründung. Es ist allerdings jeweils zu prüfen, ob die Begründung Wirksamkeitsvoraussetzung für den Beendigungstatbestand sein soll oder ob dem Gekündigten
lediglich die Kündigungsgründe transparent gemacht werden sollen. § 623 erfaßt die einzelvertraglich
vereinbarte Kündigungsbegründung nicht. Ist die Angabe eines Grundes vereinbart, kann der Kündigende sich uU schadensersatzpflichtig machen, wenn sich der Gekündigte infolge der Nichtangabe des
Grundes zu unnützen Schritten veranlaßt sieht.

IX. Kündigung vor Dienstantritt

Ein Arbeits- oder Dienstverhältnis kann nach Vertragsabschluß, aber vor Dienstantritt gekündigt 225
werden (BAG 22. 8. 1964 AP BGB § 620 Nr. 1 = NJW 1979, 76). Fehlt eine ausdrückliche Vereinbarung der Arbeitsvertragsparteien, ist die entsprechende Kündigungsmöglichkeit gegeben. Allerdings
kann das **Recht zur ordentlichen Kündigung** einzelvertraglich ausgeschlossen werden. Dies kommt
nicht zuletzt für die Zeit vor Dienstantritt in Betracht. Notwendig ist eine entsprechende Vereinbarung der Arbeitsvertragsparteien (BAG 2. 11. 1978 AP BGB § 620 Nr. 3 = NJW 1980, 1015; *Kramer*
Kündigungsvereinbarungen, 1994, S. 46). Gibt es keine ausdrückliche Abrede, folgt diese nicht aus
einer Erfahrungsregel. Vielmehr muß der Ausschluß des Kündigungsrechts mittels Auslegung (§§ 133,
157) aus dem Vertragsinhalt hervorgehen. Allein daraus, daß der AN eine gut dotierte Stelle aufgibt,
kann noch nicht auf den Ausschluß des Kündigungsrechts geschlossen werden. Dies kann aber in
Fällen der Abwerbung, der Zusage einer Dauerstellung, des ausdrücklichen Verzichts auf eine Probezeit und der sofortigen Einräumung von Kündigungsschutz anders sein (BAG 9. 5. 1985 AP BGB
§ 620 Nr. 4 = NZA 1986, 671). Auch die Vereinbarung einer Vertragsstrafe für den Fall des Nichtantritts der Arbeit kann als Ausschluß der ordentlichen Kündigung vor Dienstantritt ausgelegt werden
(*Linck* AR-Blattei SD 1010.1.3 Rn. 7; aA Hessisches LAG 25. 11. 1996 DB 1997, 1572, 1573).

Da das **Recht zur außerordentlichen Kündigung** im voraus nicht abbedungen werden kann (vgl. 226
§ 626 Rn. 234 ff.), ist eine außerordentliche Kündigung vor Dienstantritt stets möglich. Ist einer Partei
die Fortsetzung des Arbeitsverhältnisses iSv. § 626 I selbst für die Dauer der Kündigungsfrist unzumutbar, braucht sie das Arbeitsverhältnis für keine logische Sekunde zu aktualisieren, um sogleich die
Kündigung erklären zu dürfen. Im übrigen erfordert § 626 II eine schnelle Reaktion.

Gleichfalls durch Auslegung der einzelvertraglichen Vereinbarung ist zu ermitteln, wann bei einer 227
vor Dienstantritt erklärten Kündigung der **Lauf der Kündigungsfrist in Gang** gesetzt wird. Für die
Ermittlung des mutmaßlichen Parteiwillens und die hierfür maßgebende Würdigung der beiderseitigen
Interessen ist grds. auf die konkreten Umstände des Falles abzustellen (BAG 9. 5. 1985 AP BGB § 620
Nr. 4 = NZA 1986, 671). Eine allgemeine Erfahrungsregel, daß die Kündigungsfrist bereits vor Dienstantritt zu laufen beginnt, lehnt das BAG ebenso wie den Grundsatz ab, daß die Kündigungsfrist
regelmäßig erst von dem Tage des Dienstantritts an läuft. Es kommt darauf an, ob die Parteien eine
gewisse Mindestbeschäftigung gewollt haben oder nicht. **Typische Vertragsgestaltungen** können für
oder gegen die Annahme sprechen, die Parteien hätten eine auf die Dauer der vereinbarten Kündigungsfrist beschränkte Realisierung des Vertrages gewollt. Dies gilt insb. für die Länge der Kündigungsfrist und den Zweck der vorgesehenen Beschäftigung (zB Probezeit). Vereinbaren die Parteien

die kürzeste zulässige Kündigungsfrist, so spricht dies gegen die mutmaßliche Vereinbarung einer Realisierung des Arbeitsverhältnisses für diesen Zeitraum (BAG 9. 5. 1985 AP BGB § 620 Nr. 4 = NZA 1986, 671). Andererseits kann die Vereinbarung einer Vertragsstrafe für den Fall des Nichtantritts der Arbeit als Anzeichen dafür gewertet werden, daß das Arbeitsverhältnis aktualisiert werden sollte (aA Hessisches LAG 25. 11. 1996 DB 1997, 1572, 1573). Fehlen tatsächliche Anhaltspunkte für eine ergänzende Vertragsauslegung, ist **im Zweifel** vom Fristbeginn bei Zugang der Kündigung auszugehen (*Kramer* Kündigungsvereinbarungen, 1994, S. 53; SPV/*Preis* Rn. 117; aA MünchKommBGB/ *Schwerdtner* vor § 620 Rn. 161).

228 Beginnt die Kündigungsfrist bei einer vor Dienstantritt ausgesprochenen ordentlichen Kündigung erst in dem Zeitpunkt, zu dem die „**Aktualisierung des Arbeitsverhältnisses**" vereinbart war, ist für deren Berechnung auf den Zeitpunkt des vertraglich vereinbarten Beginns des Arbeitsverhältnisses und nicht darauf abzustellen, wann die Arbeit tatsächlich aufgenommen worden ist. Die Frist ist in diesem Fall nach § 187 II in Verbindung mit § 188 II zu berechnen, dh. der erste vorgesehene Arbeitstag ist bei der Berechnung der Kündigungsfrist mitzurechnen (BAG 2. 11. 1978 AP BGB § 620 Nr. 3 = NJW 1980, 1015).

X. Rücknahme der Kündigung

229 Da durch die Kündigung als einseitige empfangsbedürftige Willenserklärung die rechtliche Gestaltungswirkung unmittelbar herbeigeführt wird, kann die einmal erfolgte Kündigung nicht mehr, vor allem nicht einseitig, vom Kündigenden zurückgenommen werden. Sofern die Kündigungsfrist bereits abgelaufen ist, kommt allein eine **Neubegründung des Arbeitsverhältnisses** in Betracht. Eine einseitige Rücknahme der Kündigung ist nach ihrem Zugang auch dann nicht möglich, wenn der Gekündigte von ihr tatsächlich noch keine Kenntnis genommen hat. Vielfach wird es der Interessenlage der Parteien nicht gerecht werden, wenn diese uneingeschränkt auf den Neuabschluß verwiesen würden. Die Vertragsfreiheit erlaubt es, daß die Parteien die „Rücknahme der Kündigung" und damit die **Fortsetzung des Arbeitsverhältnisses** „als ob es nie gekündigt wurde" vertraglich vereinbaren (BAG 26. 11. 1981 AP KSchG 1969 § 9 Nr. 8 = NJW 1982, 2015; BAG 19. 8. 1982 AP KSchG 1969 § 9 Nr. 9 = NJW 1983, 1628).

230 Kündigt der AG das Arbeitsverhältnis und nimmt er in der Folgezeit die Kündigungserklärung wieder zurück, weil zB ein wichtiger Grund nicht vorgelegen oder die Kündigung nach seiner Einschätzung doch nicht sozial gerechtfertigt war, so verändert seine **Rücknahmeerklärung** allein die Rechtslage nicht. Kommt es zu keiner vertraglichen Vereinbarung mit dem Gekündigten, löst die (auch nach Auffassung der ggf. angerufenen Gerichte für Arbeitssachen) wirksame Kündigung das Arbeitsverhältnis auf. Gleiches gilt, wenn eine sozialwidrige oder an einem der in § 13 KSchG bezeichneten Rechtsmängel leidende Kündigung vom AN nicht gem. § 4 KSchG angefochten wird und deshalb **§ 7 KSchG** eingreift. Der AN kann und darf auch durch Verstreichenlassen der Klagefrist die wirksame Beendigung des Arbeitsverhältnisses herbeiführen. Wird hingegen eine rechtsunwirksame Kündigung des AG gerichtlich angefochten, kommt kündigungsrechtlich seiner Rücknahmeerklärung keine Bedeutung zu. Sie kann aber als Anerkenntnis des Klaganspruchs (Feststellung der Unwirksamkeit der Kündigung) interpretiert werden (BAG 26. 11. 1981 AP KSchG 1969 § 9 Nr. 8 = NJW 1982, 2015). Stellt der AN nach der Rücknahme der Kündigung den Antrag auf **Auflösung des Arbeitsverhältnisses** nach § 9 I 1 KSchG, lehnt er damit den Antrag des AG ab (BAG 19. 8. 1982 AP KSchG 1969 § 9 Nr. 9 = NJW 1983, 1628). Erklärt er die Hauptsache für erledigt, nimmt er den Antrag an, das Arbeitsverhältnis besteht ungekündigt fort. Zur Frage des Annahmeverzugs des AG nach erklärter Kündigungsrücknahme vgl. BAG 19. 1. 1999 AP BGB § 615 Nr. 79. Verfolgt der AN nach einer vom AG erklärten Rücknahme der Kündigung allein den Kündigungsschutzantrag nach § 4 KSchG weiter, stellt er also keinen Auflösungsantrag, bleibt sein **Rechtsschutzinteresse** bestehen (BAG 19. 8. 1982 AP KSchG 1969 § 9 Nr. 9 = NJW 1983, 1628). Hat der AG den Klaganspruch anerkannt und stellt der AN den Antrag nach § 9 KSchG, so kann Teil-Anerkenntnis-Urteil ergehen (BAG 29. 1. 1981 AP KSchG 1969 § 9 Nr. 6 = NJW 1982, 1118). Dem AN bleibt somit bis zum nächsten Termin zur (streitigen) mündlichen Verhandlung die Möglichkeit erhalten, gem. **§ 9 KSchG** die Auflösung des Arbeitsverhältnisses und die Verurteilung des AG zur Zahlung einer Abfindung zu erreichen. Aufgrund dieser prozessualen Variante kann in der Erhebung der Kündigungsschutzklage idR **keine antizipierte Annahme** eines in der Rücknahme der Kündigung liegenden Antrags des AG auf Fortsetzung des Arbeitsverhältnisses gesehen werden (BAG 19. 8. 1982 AP KSchG 1969 § 9 Nr. 9 = NJW 1983, 1628; BAG 16. 3. 2000 AP BetrVG 1972 § 102 Nr. 114). Entsprechendes gilt für Kündigungen, die aus anderen Gründen (zB § 9 MuSchG) unwirksam sind. Nimmt der AG eine solche unwirksame Kündigung zurück, erklärt er sich zur Fortsetzung des Arbeitsverhältnisses zu den vereinbarten Bedingungen bereit. Der AN kann das Angebot annehmen oder ablehnen. Lehnt er es ab, endet der **Annahmeverzug** des AG.

231 Ist eine Kündigung beurteilt nach den Verhältnissen zur Zeit ihres Zugangs durch dringende betriebliche Erfordernisse iSv. § 1 II KSchG sozial gerechtfertigt und wirksam, erweist sich die hierfür maßgeblich gewesene Prognose aber noch während des Laufes der Kündigungsfrist als unzutreffend

(zB weil es nicht zur Betriebsstillegung, sondern zu einem Betriebsübergang kommt), hat der AN nach einer Entscheidung des BAG (27. 2. 1997 AP KSchG 1969 § 1 Wiedereinstellung Nr. 1) einen **Anspruch auf Fortsetzung des Arbeitsverhältnisses**, wenn der AG noch keine Dispositionen getroffen hat und ihm die unveränderte Fortsetzung des Arbeitsverhältnisses zumutbar ist. Hieraus soll unmittelbar (ohne Umweg über § 894 ZPO) ein Weiterbeschäftigungsanspruch folgen.

XI. Publikation der Kündigung, Schadensersatzpflicht

Der Ausspruch einer Kündigung ist **keine geheimhaltungsbedürftige Tatsache.** Eine Verschwiegenheitspflicht besteht nicht. Andererseits darf die Kündigung nicht als Mittel der Persönlichkeitsrechtsverletzung benutzt werden. Gibt der AG in einem Aushang bekannt, daß ein AN wegen Diebstahls fristlos entlassen worden sei, muß er den Vorwurf widerrufen und den Widerruf in gleicher Weise bekanntgeben, wenn der Diebstahl nicht nachgewiesen werden kann (§§ 1004, 823 I). Die mit einem Aushang bezweckte Ehrenstrafe ist rechtswidrig. 232

§ 621 [Kündigungsfristen]

Bei einem Dienstverhältnis, das kein Arbeitsverhältnis im Sinne des § 622 ist, ist die Kündigung zulässig,
1. wenn die Vergütung nach Tagen bemessen ist, an jedem Tag für den Ablauf des folgenden Tages;
2. wenn die Vergütung nach Wochen bemessen ist, spätestens am ersten Werktag einer Woche für den Ablauf des folgenden Sonnabends;
3. wenn die Vergütung nach Monaten bemessen ist, spätestens am fünfzehnten eines Monats für den Schluß des Kalendermonats;
4. wenn die Vergütung nach Vierteljahren oder längeren Zeitabschnitten bemessen ist, unter Einhaltung einer Kündigungsfrist von sechs Wochen für den Schluß eines Kalendervierteljahres;
5. wenn die Vergütung nicht nach Zeitabschnitten bemessen ist, jederzeit; bei einem die Erwerbstätigkeit des Verpflichteten vollständig oder hauptsächlich in Anspruch nehmenden Dienstverhältnis ist jedoch eine Kündigungsfrist von zwei Wochen einzuhalten.

1. Normzweck. § 621 regelt die Kündigungsfristen beim **selbständigen Dienstvertrag.** Die Kündi- 1 gungsfristen sollen es beiden Parteien erleichtern, sich auf das Ende des Dienstvertrages einzustellen, und den entlassenen Dienstverpflichteten vor finanziellen Einbußen schützen. § 621 entspricht dem mutmaßlichen Parteiwillen, bei vereinbartem Zeitlohn das Dienstverhältnis jeweils zum Ablauf eines Entlohnungsabschnittes zu beenden, um angebrochene Vergütungszeiträume zu vermeiden.

Durch das am 1. 9. 1969 in Kraft getretene **Erste Arbeitsrechtsbereinigungsgesetz** vom 14. 8. 1969 2 (BGBl. I S. 1106) wurden §§ 621, 622 neu gefaßt, § 623 aufgehoben und seinem Inhalt nach in § 621 Nr. 5 übernommen. Gleichzeitig wurden die Sonderbestimmungen über die Kündigung in HGB, GewO und der vorläufigen Landarbeitsordnung aufgehoben. Aufgehoben wurden auch die noch bestehenden Kündigungsvorschriften für AN nach dem Binnenschiffahrts- und dem Flößereigesetz und in den verschiedenen Berggesetzen der Länder. Seither gelten für das Kündigungsrecht des Dienst- und Arbeitsvertrages allgemein die §§ 620 ff. Daneben bestehen Sondervorschriften nur noch für das Heuerverhältnis nach §§ 62 ff SeemannsG, für Heimarbeiter nach § 29 HAG und für Handelsvertreter nach §§ 89, 89 a HGB. Innerhalb des BGB ist die klare Trennung zwischen dem unabhängigen Dienstvertrag (§ 621) und dem abhängigen Arbeitsverhältnis (§ 622) vollzogen.

2. Anwendungsbereich. § 621 gilt für den unabhängigen Dienstvertrag. Für Arbeitsverhältnisse gilt 3 § 622. Alle Dienstverhältnisse, die keine Arbeitsverhältnisse sind, können mangels anderer Vereinbarung nach § 621 gekündigt werden. § 621 gilt somit für alle Selbständigen und freiberuflich Tätigen (Rechtsanwalt, Steuerberater, Steuerbevollmächtigter, Arzt, Wirtschaftsprüfer). Auf **arbeitnehmerähnliche Personen** ohne Tarifbindung findet § 621 Anwendung. Ob die in § 29 HAG vorgesehene Mindestfrist auf andere arbeitnehmerähnliche Personen anzuwenden ist, erscheint fraglich. Im Rahmen des § 12 a TVG können für arbeitnehmerähnliche Personen Kündigungsfristen festgelegt werden. Diese gelten aber nur für die tarifgebundenen arbeitnehmerähnlichen Personen.

§ 621 ist nur auf Dienstverhältnisse anzuwenden, deren **Dauer weder bestimmt** noch aus der 4 Beschaffenheit oder dem Zweck der Dienste zu entnehmen ist (BGH 4. 11. 1992 BGHZ 120, 108 = NJW 1993, 326). Wenn ein für eine bestimmte Zeit abgeschlossener Dienstvertrag eine für den Dienstnehmer unangemessen lange Laufzeit haben sollte, handelt es sich gleichwohl um einen Vertrag auf bestimmte Dauer iSv. § 620, auf den § 621 nicht anwendbar ist (zB Internatsvertrag – vgl. BGH 8. 3. 1984 BGHZ 90, 280 = NJW 1984, 1531).

Auf vertretungsberechtigte **Organmitglieder** einer AG (Vorstand) oder GmbH (Geschäftsführer) 5 findet § 621 nur im Falle des beherrschenden Gesellschafter-Geschäftsführers Anwendung (BGH 9. 3. 1987 GmbHR 1987, 264; *Bauer* BB 1994, 855, 856). Ansonsten ist auf Anstellungsverträge mit vertretungsberechtigten Organmitgliedern § 622 entsprechend anzuwenden (BGH 26. 3. 1984 BGHZ 91, 217 = NJW 1984, 2528). Der BGH begründet diese Auffassung mit der Erwägung, der Gesetzgeber des Ersten ArbeitsrechtsbereinigungsG habe nicht bedacht, daß die höhere Dienste leistenden Geschäftsführer der GmbH, die bisher unter § 622 fielen, keine AN seien. Es liege daher keine bewußte Entscheidung des Gesetzgebers gegen die Anwendung von § 622 vor (BGH 29. 1. 1981 BGHZ 79, 291 = NJW 1981, 1270). Vielmehr sei von einem „Redaktionsversehen" auszugehen (zust. *Bauer* DB 1979, 2178).

6 Bei der **Neuregelung des § 622** durch das Gesetz zur Vereinheitlichung der Kündigungsfristen von Arbeitern und Angestellten (Kündigungsfristengesetz – KündFG vom 7. 10. 1993 – BGBl. I S. 1668) hat der Gesetzgeber versäumt, die Frage der Kündigungsfristen für Organmitglieder ausdrücklich zu regeln. Es besteht aller Grund zu der Annahme, daß der BGH auch § 622 nF auf Dienstverhältnisse mit abhängigen vertretungsberechtigten Organmitgliedern anwenden wird (*Bauer* BB 1994, 855, 856). Obwohl für Vorstandsmitglieder nach der früheren Rechtslage die verlängerten Kündigungsfristen des AngKSchG nicht galten, ist heute davon auszugehen, daß für diese Gruppe auch die verlängerten Fristen des § 622 II Anwendung finden (*Bauer* BB 1994, 855, 856). Mit Wegfall des AngKSchG ist der Grund für eine Differenzierung entfallen.

7 Für **Direktunterrichtsverträge** gilt § 621, während Fernunterrichtsverträge ausschließlich dem Kündigungsrecht nach § 5 FernUSG unterliegen. § 5 FernUSG, der eine unabdingbare Kündigungsmöglichkeit enthält, ist auf Direktunterrichtsverträge weder unmittelbar noch entsprechend anwendbar (BGH 8. 3. 1984 BGHZ 90, 280 = NJW 1984, 1531; BGH 4. 11. 1992 NJW 1993, 326). Unterrichtsverträge sind idR schuljahresweise oder durch das Ausbildungsziel befristet. § 621 gilt dann nur, wenn zusätzlich die Kündbarkeit des Vertrages vereinbart wurde.

8 **3. Kündigungsfristen.** Die Kündigungsfristen des § 621 bestimmen sich nach der **Bemessung der Vergütung**, nicht nach dem Auszahlungsmodus. Wird zB der Lohn nach Tagessätzen bemessen, aber wöchentlich oder monatlich ausbezahlt, handelt es sich trotzdem um einen Tageslohn iSv. Nr. 1. Erhält der Dienstverpflichtete nebeneinander verschiedene Vergütungsformen, ist die Hauptform maßgeblich (RAG 10. 9. 1930 ARS 10, 40).

9 a) **Tageslohn.** Ist die Vergütung nach Tagen bemessen, so kann das Dienstverhältnis nach § 621 Nr. 1 an jedem Tag zum Ablauf des folgenden Tages gekündigt werden. Die Kündigung kann auch an Sonn- und Feiertagen und zu Sonn- und Feiertagen erfolgen. Dabei ist es unbeachtlich, ob an dem Tag der Kündigung oder an dem Tag, zu dem gekündigt wird, eine Dienstleistung geschuldet wird. Die Bemessungsgrundlage „**Stundenlohn**" wird in § 621 nicht erwähnt. Sie ist dem Tageslohn gleichzusetzen.

10 b) **Wochenlohn.** Ist ein Wochenlohn vereinbart, so ist nach § 621 Nr. 2 die Kündigung spätestens am 1. Werktag einer Woche zum Ablauf des folgenden Sonnabends zulässig. Die Erklärung muß spätestens am 1. Werktag wirksam werden. Das ist grds. der Montag, verlagert sich aber auf spätere Wochentage, wenn auf den Sonntag gesetzliche Feiertage folgen.

11 c) **Monatslohn.** Bei der Vereinbarung von Monatslohn muß spätestens am 15. eines Monats zum Schluß des Kalendermonats gekündigt werden. Eine Frist von zwei Wochen reicht also nicht aus. Nr. 3 gilt auch dann, wenn der 15. des Monats ein Sonn- oder Feiertag ist.

12 d) **Vergütung nach Vierteljahren und längeren Zeitabschnitten.** Ist die Vergütung nach Vierteljahren oder längeren Zeitabschnitten bemessen, so ist die ordentliche Kündigung des Dienstverhältnisses unter Einhaltung einer Kündigungsfrist von sechs Wochen zum Schluß eines Kalendervierteljahres zulässig. § 193 ist nicht anwendbar (BGH 28. 9. 1972 BGHZ 59, 265 = NJW 1972, 2083).

13 e) **Fehlende Bemessung der Vergütung nach Zeitabschnitten.** Ist die Vergütung nicht nach Zeitabschnitten bemessen, so kann das Dienstverhältnis nach § 621 Nr. 5 jederzeit gekündigt werden. Nimmt das Dienstverhältnis die Erwerbstätigkeit des Verpflichteten vollständig oder hauptsächlich in Anspruch ist eine Kündigungsfrist von zwei Wochen einzuhalten. Es kommt nicht auf den absoluten Umfang der Dienstleistung an. Wer zB als Rentner allein für einen Dienstberechtigten arbeitet, wird vollständig in Anspruch genommen, auch wenn die Arbeitszeit nur wenige Stunden täglich umfaßt. Die Kündigung mit einer Frist von zwei Wochen kann zu jedem Termin erfolgen.

14 Bemißt sich die **Vergütung nach dem Arbeitserfolg** (Akkord), liegt idR ein Arbeits- oder Werkvertrag vor. Erfolgsabhängige Vergütungen (Provision/Stückvergütung) werden beim unabhängigen Dienstvertrag kaum vorkommen.

15 **4. Fristberechnung.** Es gelten die §§ 186 ff. Der **Tag des Zugangs der Kündigung** wird nach § 187 I nicht in die Frist eingerechnet. Die Kündigung muß nicht an dem Tage ausgesprochen werden, an dem sie „spätestens" möglich ist, sondern kann auch schon vorher erklärt werden, wirkt dann aber erst zu dem zugelassenen Termin.

16 **5. Kündigung.** Die Kündigung kann bereits **vor Dienstantritt** ausgesprochen werden. Sie braucht nicht begründet zu werden. Der selbständige Dienstvertrag genießt keinen über die Kündigungsfrist hinausgehenden Bestandsschutz.

6. Abdingbarkeit. Die Kündigungsfristen des § 621 sind **uneingeschränkt abdingbar**. Sie können 17 durch ausdrückliche oder stillschweigende Vereinbarung beliebig verkürzt oder in den Grenzen des § 624 verlängert werden. Den Parteien steht es im Rahmen ihrer Vertragsfreiheit frei, die ordentliche Kündigung ganz auszuschließen oder besondere Kündigungsgründe zu vereinbaren. Auch die Kündigungsfrist unterliegt der Parteidisposition. Die entfristete Kündigung ist vereinbarungsfähig. Die Kündigungstermine können beliebig verändert werden. – Grenzen unterliegt die Disposition in Allgemeinen Geschäftsbedingungen (§ 11 Nr. 12 a AGBG).

§ 622 [Kündigungsfrist bei Arbeitsverhältnissen]

(1) Das Arbeitsverhältnis eines Arbeiters oder eines Angestellten (Arbeitnehmers) kann mit einer Frist von vier Wochen zum Fünfzehnten oder zum Ende eines Kalendermonats gekündigt werden.

(2) ¹Für eine Kündigung durch den Arbeitgeber beträgt die Kündigungsfrist, wenn das Arbeitsverhältnis in dem Betrieb oder Unternehmen
1. zwei Jahre bestanden hat, einen Monat zum Ende eines Kalendermonats,
2. fünf Jahre bestanden hat, zwei Monate zum Ende eines Kalendermonats,
3. acht Jahre bestanden hat, drei Monate zum Ende eines Kalendermonats,
4. zehn Jahre bestanden hat, vier Monate zum Ende eines Kalendermonats,
5. zwölf Jahre bestanden hat, fünf Monate zum Ende eines Kalendermonats,
6. fünfzehn Jahre bestanden hat, sechs Monate zum Ende eines Kalendermonats,
7. zwanzig Jahre bestanden hat, sieben Monate zum Ende eines Kalendermonats.
²Bei der Berechnung der Beschäftigungsdauer werden Zeiten, die vor der Vollendung des 25. Lebensjahres des Arbeitnehmers liegen, nicht berücksichtigt.

(3) Während einer vereinbarten Probezeit, längstens für die Dauer von sechs Monaten, kann das Arbeitsverhältnis mit einer Frist von zwei Wochen gekündigt werden.

(4) ¹Von den Absätzen 1 bis 3 abweichende Regelungen können durch Tarifvertrag vereinbart werden. ²Im Geltungsbereich eines solchen Tarifvertrages gelten die abweichenden tarifvertraglichen Bestimmungen zwischen nichttarifgebundenen Arbeitgebern und Arbeitnehmern, wenn ihre Anwendung zwischen ihnen vereinbart ist.

(5) ¹Einzelvertraglich kann eine kürzere als die in Absatz 1 genannte Kündigungsfrist nur vereinbart werden,
1. wenn ein Arbeitnehmer zur vorübergehenden Aushilfe eingestellt ist; dies gilt nicht, wenn das Arbeitsverhältnis über die Zeit von drei Monaten hinaus fortgesetzt wird;
2. wenn der Arbeitgeber in der Regel nicht mehr als zwanzig Arbeitnehmer ausschließlich der zu ihrer Berufsbildung Beschäftigten beschäftigt und die Kündigungsfrist vier Wochen nicht unterschreitet. Bei der Feststellung der Zahl der beschäftigten Arbeitnehmer sind teilzeitbeschäftigte Arbeitnehmer mit einer regelmäßigen wöchentlichen Arbeitszeit von nicht mehr als 20 Stunden mit 0,5 und nicht mehr als 30 Stunden mit 0,75 zu berücksichtigen.
²Die einzelvertragliche Vereinbarung längerer als der in den Absätzen 1 bis 3 genannten Kündigungsfristen bleibt hiervon unberührt.

(6) Für die Kündigung des Arbeitsverhältnisses durch den Arbeitnehmer darf keine längere Frist vereinbart werden als für die Kündigung durch den Arbeitgeber.

Übersicht

	Rn.
I. Normzweck und Rechtsentwicklung .	1
II. Anwendungsbereich	
1. Arbeitsverträge	10
2. Dienstverträge mit Organmitgliedern	14
III. Gesetzliche Kündigungsfristen und -termine	15
1. Grundkündigungsfrist	15
2. Verlängerte Kündigungsfristen	16
3. Fristberechnung	23
4. Probearbeitsverhältnis	28
5. Aushilfsarbeitsverhältnis	
a) Anwendungsbereich	32
b) Zulässige Vereinbarungen	35
c) Zweifelsfälle	37
6. Kleinbetriebe	
a) Anwendungsbereich	38
b) Zulässige Vereinbarungen	41

	Rn.
IV. Tarifliche Regelungen der Kündigungsfristen und -termine	42
1. Grundsatz	42
2. Tarifbindung	48
3. Konstitutive Regelung	
a) Abgrenzung zur deklaratorischen Übernahme	49
b) Teilbarkeit	59
4. Verfassungsrechtliche Grenzen	
a) Allgemeine Schranken	60
b) Art. 3 GG	
aa) Grundsatz	62
bb) Differenzierung Arbeiter/Angestellte	65
cc) Sonstige Differenzierungen . .	72
c) Feststellung im Prozeß	74
d) Rechtsfolgen der Verfassungswidrigkeit	75

	Rn.		Rn.
V. Einzelvertragliche Vereinbarungen		VII. Ausschluß der ordentlichen Kündigung	106
1. Grundsatz	78	1. Tarifliche Unkündbarkeit	106
2. Zulassung untergesetzlicher Vereinbarungen (§ 622 IV 2)		2. Einzelvertraglicher Ausschluß	111
a) Regelungsmöglichkeiten	81	VIII. Besondere gesetzliche Kündigungsfristen	113
b) Inhaltliche Anforderungen	88	1. Berufliche Bildung	113
3. Vereinbarungen günstigerer Regelungen (§ 4 III TVG)		2. Schwerbehindertenschutz	115
a) Individualabreden	91	3. Erziehungsurlaub	116
b) Verweisung auf Tarifverträge außerhalb ihres Geltungsbereiches	94	4. Arbeitnehmerüberlassung	117
c) Verlängerung gesetzlicher Fristen		5. Heimarbeit	118
		6. Schiffsbesatzungen	119
aa) Grundsatz	95	7. Insolvenzverfahren	120
bb) Änderung der Kündigungstermine	97	IX. Darlegungs- und Beweislast	124
cc) Grenzen	98	X. Übergangsvorschriften (Art. 222 EGBGB)	125
VI. Kündigungserschwerungen	100	1. Gesetzliche Regelung	125
1. Rechtliche Erschwerungen	100	2. Verfassungsrecht	131
2. Faktische Hindernisse	101	3. Tarifliche Kündigungsfristen	136
		4. Individualvereinbarungen	137

I. Normzweck und Rechtsentwicklung

1 § 622 bindet die ordentliche Kündigung an **Kündigungsfristen und Kündigungstermine.** Dadurch wird die Vertragsbeendigungsfreiheit eingeschränkt und ein zeitlich limitierter Kündigungsschutz bewirkt (BAG 18. 4. 1985 AP BGB § 622 Nr. 20 = NZA 1986, 229; *Staudinger/Preis* Rn. 9). § 622 soll es dem AN erleichtern, möglichst ohne wirtschaftliche Nachteile einen neuen Arbeitsplatz zu finden. Auf seiten des AG wird die Personalplanung geschützt.

2 Der Gesetzgeber hat die soziale Schutzfunktion der Kündigungsfristen und -termine vorrangig zugunsten älterer Beschäftigter genutzt, indem er die Kündigungsfristen verlängert und Kündigungen nur zu bestimmten Terminen zugelassen hat. § 622 II geht von dem Gedanken eines allmählichen stufenweisen Übergangs von kürzeren Fristen zu Beginn des Arbeitsverhältnisses zu längeren Fristen in Abhängigkeit von der **Dauer der Betriebszugehörigkeit** aus. Die für eine Kündigung durch den AG verlängerten Fristen gelten – abw. vom alten Recht – bereits nach zweijähriger Betriebszugehörigkeit mit einer Frist von einem Monat zum Monatsende. Über insgesamt sieben Stufen wird nach zwanzigjähriger Betriebszugehörigkeit die Höchstdauer von sieben Monaten zum Monatsende erreicht. Bei der Berechnung der Betriebszugehörigkeit werden nur die Zeiten nach der Vollendung des 25. Lebensjahres des AN berücksichtigt. Eine sachlich kaum zu rechtfertigende Grenze, denn sie trifft vorrangig AN mittleren Alters, denen trotz ihrer zumeist jungen Familien eine schnellere Aufgabe des Arbeitsplatzes als zB den Großvätern und -müttern zugemutet wird. Das BAG (12. 11. 1998 AP TVG § 1 Tarifverträge: Dachdecker Nr. 4) hat die Bedeutung dieser Altersgrenze noch dadurch verstärkt, daß es sie auch für die Berechnung der Beschäftigungsdauer aufgrund einer tarifvertraglich geregelten, aber im Vergleich zu § 622 I abgekürzten Kündigungsfrist herangezogen hat.

3 Die Schutzfunktion der Kündigungsfristen tritt auch bei Ausschluß der ordentlichen Kündigung hervor, denn nach Auffassung des BAG (28. 3. 1985 AP BGB § 626 Nr. 86 = NJW 1985, 2606; 21. 6. 1995 AP KSchG 1969 § 15 Nr. 36 = NZA 1995, 1157) muß der AG bei Ausspruch der außerordentlichen Kündigung als **soziale Auslauffrist** die Kündigungsfrist einhalten, die gelten würde, wenn die ordentliche Kündigung nicht ausgeschlossen wäre.

4 Weil die Kündigungsfristen nach § 622 I und II mit festen Kündigungsterminen verbunden sind, wird zugunsten des Kündigungsempfängers sichergestellt, daß die Beendigungswirkung der Kündigung unabhängig von der im konkreten Fall eingehaltenen Frist nur zu den im Gesetz vorgesehenen Zeitpunkten (zum **Fünfzehnten oder zum Ende eines Kalendermonats**) eintreten kann. Allerdings kann von AG mit idR nicht mehr als zwanzig AN davon abw. eine Kündigungsfrist von vier Wochen ohne festen Kündigungstermin vereinbart werden (§ 622 V Nr. 2). Dies kann zu kurzfristiger Arbeitslosigkeit führen, weil durch den Verzicht auf feste Kündigungstermine bei Kleinunternehmen sich das Einstellungsverhalten anderer AG nicht ändern dürfte (*Kehrmann* AiB 1993, 746).

5 Die Neuregelung verzichtet auf Kündigungstermine zum Quartal, die nach altem Recht allgemein für Angestellte sowie für Arbeiter nach zwanzigjähriger Betriebszugehörigkeit galten. Der Verzicht auf die **Kündigung zum Quartal** vermindert sachlich nicht gerechtfertigte Unterschiede bei den tatsächlichen Kündigungsfristen je nach Erklärungszeitpunkt der Kündigung. Zudem werden Arbeitsmarkt, Arbeitsämter und ArbG gleichmäßiger belastet, wenn nicht schubweise zu Quartalsterminen Entlassungen wirksam werden. Namentlich die BA hatte eine Konzentration auf vier Kündigungstermine im Jahr für eine geordnete Beratungs- und Vermittlungstätigkeit als untragbar angesehen (vgl. BT-Drucks. 12/4902 S. 7).

II. Anwendungsbereich

Das Gesetz zur **Vereinheitlichung der Kündigungsfristen** von Arbeitern und Angestellten (Kün- 6
digungsfristengesetz – KündFG vom 7. 10. 1993 – BGBl. I S. 1668) hat mit Wirkung vom 15. 10. 1993
eine Vereinheitlichung der Kündigungsfristen für Arbeiter und Angestellte sowie für die AN in den
alten und neuen Bundesländern herbeigeführt. Bis zum Inkrafttreten dieses Gesetzes galten für die
ordentliche Kündigung von Arbeitsverhältnissen unterschiedliche gesetzliche Grundfristen. In den
alten Bundesländern konnte das Arbeitsverhältnis eines Arbeiters mit einer Frist von zwei Wochen,
das eines Angestellten mit einer Frist von sechs Wochen zum Ende eines Kalendervierteljahres (Regelfrist)
oder bei einer entsprechenden einzelvertraglichen Vereinbarung mit einer Frist von einem Monat
zum Monatsende (Mindestfrist) gekündigt werden.

In den neuen Bundesländern galt nach dem EVertr. die Vorschrift des § 55 AGB-DDR 1990 weiter, 7
der für alle Arbeitsverhältnisse einheitliche Grundkündigungsfristen vorsah, die denen für Arbeiter in
den alten Bundesländern entsprachen. Demzufolge galten für Angestellte im Beitrittsgebiet kürzere
gesetzliche Kündigungsfristen als für Angestellte in den alten Bundesländern. Unterschiede gab es
auch bei den für ältere und länger beschäftigte AN verlängerten Kündigungsfristen. **§ 55 II AGB-DDR**
entsprach zwar § 622 II 2 BGB 1969, der aber nach der Entscheidung des BVerfG nicht im
Einklang mit der Verfassung stand. Das BVerfG (30. 5. 1990 AP BGB § 622 Nr. 28 = NZA 1990, 721)
hatte § 622 II 1 und 2 für unvereinbar mit Art. 3 I GG erklärt, soweit hiernach Kündigungsfristen für
Arbeiter kürzer waren als die für Angestellte. Darüber hinaus hatte das BAG (16. 1. 1992 AP
AngKSchG § 2 Nr. 12 = NZA 1992, 591) den Ausschluß der Angestellten bei AG mit nicht mehr als
zwei Angestellten von den längeren Kündigungsfristen für verfassungswidrig erklärt und diese Regelung
des AngKSchG nach Art. 100 I GG dem BVerfG zur Überprüfung vorgelegt.

Mit der Neuregelung sind auch die Kündigungsfristen im SeemannsG und im HAG geändert 8
worden. Übergangsregelungen finden sich in **Art. 222 EGBGB** (s. Rn. 125 ff.). Das AngKSchG und
§ 55 AGB-DDR 1990 (Ausnahme: auf den EVertr. gestützte Kündigungen) sind aufgehoben worden.

Nach dem am 28. 7. 1995 in Kraft getretenen **NachwG** (BGBl. I S. 946) sind die Fristen für die 9
Kündigung des Arbeitsverhältnisses in die Arbeitsvertragsniederschrift aufzunehmen (Art. 1 § 2 I
Nr. 9, § 1 NachwG). Die Angabe kann ersetzt werden durch einen Hinweis auf die einschlägigen TV,
Betriebs- oder Dienstvereinbarungen und ähnlichen Regelungen, die für das Arbeitsverhältnis gelten.
Ist die gesetzliche Regelung maßgebend, so kann hierauf verwiesen werden (Art. 1 § 2 III NachwG).

II. Anwendungsbereich

1. Arbeitsverträge. Die Kündigungsfristen für unabhängige Dienstverträge bestimmen sich nach 10
§ 621, sofern keine gesetzliche Sonderregelung eingreift. § 622 regelt die Kündigungsfristen im
Arbeitsverhältnis. Die Regelung gilt auch für Teilzeitbeschäftigte und für geringfügig Beschäftigte. Die
Vorschrift gilt auch für Verträge mit arbeitnehmerähnlichen Personen.

Auf **Hausangestellte** und Hausgehilfen findet die Grundkündigungsfrist des § 622 I Anwendung. 11
Die verlängerten Kündigungsfristen des Abs. 2 gelten jedoch nicht, weil diese Regelung eine Beschäftigung
in einem Betrieb oder einem Unternehmen von bestimmter Dauer voraussetzt. Der Haushalt
ist jedoch kein Betrieb oder Unternehmen im Sinne dieser Regelung (*Bauer/Rennpferdt* AR-Blattei
SD 1010.5 Rn. 24; *Staudinger/Preis* Rn. 13).

§ 622 gilt auch für **Leiharbeitsverhältnisse**. § 11 I 2 Nr. 5 AÜG verpflichtet den Verleiher lediglich, 12
die Fristen für die Kündigung des Arbeitsverhältnisses in eine besondere Urkunde aufzunehmen.
Hierfür genügt die Verweisung auf die einschlägige gesetzliche oder tarifliche Kündigungsfrist. Gem.
§ 11 IV 1 AÜG findet § 622 V Nr. 1 keine Anwendung auf Leiharbeitsverhältnisse. Dh. kürzere als
die in § 622 I geregelten Kündigungsfristen können für LeihAN in Aushilfsarbeitsverhältnissen nur
tarifvertraglich bzw. durch Bezugnahme auf einen einschlägigen TV festgelegt werden (*Staudinger/Preis*
Rn. 19; *Voss* NZA 1994, 57).

Die Fristen und Termine des § 622 gelten auch für **ordentliche Änderungskündigungen** (BAG 13
12. 1. 1994 AP BGB 622 Nr. 43 = NZA 1994, 751).

2. Dienstverträge mit Organmitgliedern. Für vertretungsberechtigte Organmitglieder, die auf- 14
grund ihrer Beteiligung eine Gesellschaft beherrschen, gilt die Frist des § 621 Nr. 3 (BGH 26. 3. 1984
BGHZ 91, 217, 220 = NJW 1984, 2528). Auf die Kündigung von Organmitgliedern, die am Kapital
der Gesellschaft nicht oder nur in unerheblichem Umfang beteiligt sind, ist § 622 I entsprechend
anzuwenden (BGH 29. 1. 1981 BGHZ 79, 291 = NJW 1981, 1270; BGH 26. 3. 1984 BGHZ 91, 217 =
NJW 1984, 2528; *Reiserer* DB 1994, 1822, 1823; *Bauer* BB 1994, 855 f.; *Bauer/Rennpferdt* AR-Blattei
SD 1010.5 Rn. 30 ff.; aA *Hümmerich* NJW 1995, 1177, 1178 ff.). Begründet wird die analoge Anwendung
damit, daß diese Organmitglieder wie AN der Gesellschaft ihre Arbeitskraft zur Verfügung
stellen und vom Fortbestehen des Anstellungsverhältnisses abhängig sind. Diese Begründung spricht
dafür, **auch die verlängerten Kündigungsfristen** des § 622 II anzuwenden (vgl. § 621 Rn. 6). Für die
früher gebotene Differenzierung auf der Basis des AngKSchG zwischen Geschäftsführern und Vorstandsmitgliedern
ist nach Wegfall dieses Gesetzes kein Raum mehr (*Bauer* BB 1994, 855 ff.).

III. Gesetzliche Kündigungsfristen und -termine

15 **1. Grundkündigungsfrist.** Nach der Neuregelung der Kündigungsfristen in § 622 I kann das Arbeitsverhältnis eines Arbeiters oder eines Angestellten mit einer Frist von vier Wochen zum Fünfzehnten oder zum Ende eines Kalendermonats gekündigt werden. Vier Wochen sind 28 Kalendertage und nicht ein Monat (*Hromadka* BB 1993, 2372, 2373).

16 **2. Verlängerte Kündigungsfristen.** Die für eine Kündigung durch den AG verlängerten Fristen gelten – abw. vom alten Recht – bereits nach zweijähriger Betriebszugehörigkeit mit einer Frist von einem Monat zum Ende eines Kalendermonats. Über insgesamt sieben Stufen wird nach 20-jähriger Betriebszugehörigkeit die **Höchstdauer von sieben Monaten** zum Ende eines Kalendermonats erreicht. Bei der Berechnung der Betriebszugehörigkeit werden nur die Zeiten nach der Vollendung des 25. Lebensjahres des AN berücksichtigt.

17 Damit ergibt sich für **Arbeiter im Vergleich** zur früheren Regelung eine erhebliche Verbesserung. So verlängert sich beispielsweise die Kündigungsfrist nach zwei Jahren Betriebszugehörigkeit im Durchschnitt auf das Dreifache und verdoppelt sich nach fünf Jahren Betriebszugehörigkeit. Die bisher nur Angestellten vorbehaltenen Fristen ab der Vier-Monats-Frist sind neu eingeführt.

18 Für **Angestellte** ergibt sich außer der Umstellung von Quartals- auf den Monatskündigungstermin zwar ein um zwei bzw. drei Jahre verzögertes Erreichen einer Steigerungsstufe (beispielsweise wird die dreimonatige Kündigungsfrist erst nach acht Jahren statt vormals nach fünf Jahren erreicht). Andererseits tritt für langjährig beschäftigte Angestellte eine Verbesserung durch die Verlängerung der Höchstfrist von früher sechs auf nunmehr sieben Monate ein. Eine weitere Verbesserung besteht für Angestellte darin, daß die gesetzliche Verlängerung nicht mehr an das Erfordernis der Beschäftigung durch einen AG mit regelmäßig mehr als zwei Angestellten gebunden ist (so der durch das KündFG aufgehobene § 2 I 1 AngKSchG).

19 Die **maßgebliche Dauer der Beschäftigung** bemißt sich nach dem Zeitpunkt des Zugangs der Kündigung und nicht des Kündigungstermins. Es kommt auf die Dauer des letzten Arbeitsverhältnisses (rechtlicher Bestand) an. Tatsächliche Unterbrechungen der Beschäftigung wirken sich auf die Dauer des Arbeitsverhältnisses nicht aus (*Wank* NZA 1993, 961, 965).

20 Beschäftigungszeiten aus **früheren Arbeitsverhältnissen** mit demselben AG werden nicht berücksichtigt, sofern nicht zwischen den Beschäftigungsverhältnissen ein **enger zeitlicher und sachlicher Zusammenhang** besteht. Eine zeitliche Unterbrechung liegt auf keinen Fall vor, wenn mehrere Arbeitsverträge unmittelbar aufeinander folgend geschlossen wurden, auch wenn sich der Inhalt des Arbeitsverhältnisses änderte. Die Gründe für die Auflösung des früheren Arbeitsverhältnisses spielen bei unmittelbar aufeinanderfolgenden Arbeitsverhältnissen keine Rolle (BAG 23. 9. 1976 AP KSchG 1969 § 1 Wartezeit Nr. 1 = NJW 1977, 1311; BAG 4. 2. 1993 AP SchwbG 1986 § 21 Nr. 2 = NZA 1994, 214). Zeiten eines freien Mitarbeiterverhältnisses sind dann mitzuzählen, wenn sich durch die Übernahme in ein Arbeitsverhältnis die Art der bisherigen Tätigkeit nicht änderte (BAG 6. 12. 1978 AP AngKSchG § 2 Nr. 7 = NJW 1980, 1304). Im übrigen steht das BAG im Rahmen des § 1 I KSchG (zB 10. 5. 1989 AP KSchG § 1 Wartezeit Nr. 7 = NZA 1990, 221) und anderer Gesetze (zB 2. 3. 1983 AP LohnFG § 1 Nr. 51 = NJW 1984, 994) auf dem Standpunkt, daß kurzfristige rechtliche Unterbrechungen des Arbeitsverhältnisses unschädlich sind, wenn zwischen den Arbeitsverhältnissen ein enger sachlicher Zusammenhang besteht. Ein Berufsausbildungsverhältnis, aus dem der Auszubildende in ein Arbeitsverhältnis übernommen wurde, ist bei der Berechnung der Beschäftigungsdauer zu berücksichtigen, soweit die Ausbildung nach Vollendung des 25. Lebensjahres erfolgte (BAG 2. 12. 1999 AP BGB § 622 Nr. 57). Hingegen ist die Beschäftigungszeit eines nicht im Rahmen eines Arbeitsverhältnisses weisungsgebunden beschäftigten Praktikanten nicht anzurechnen (vgl. BAG 18. 11. 1999 AP KSchG 1969 § 1 Wartezeit Nr. 11 zum parallelen Problem der Wartezeit nach § 1 I KSchG).

21 War dem Arbeitsverhältnis ein **Eingliederungsvertrag gem. §§ 229 bis 234 SGB III** (bis 31. 12. 1997 §§ 54a bis c AFG) vorgeschaltet, rechnet dieser Zeitraum bei der Ermittlung der für die verlängerte Kündigungsfrist maßgeblichen Beschäftigungsdauer nicht mit, weil während dieser Zeit (noch) kein Arbeitsverhältnis der Arbeitsvertragsparteien bestanden hat (vgl. § 7 SGB IV Rn. 3; *Hanau* DB 1997, 1278, 1280).

22 Die verlängerten Kündigungsfristen gelten von Gesetzes wegen **allein für arbeitgeberseitige Kündigungen.** Die Arbeitsvertragsparteien können aber durch eine sogenannte Gleichbehandlungsabrede vereinbaren, daß die verlängerten Fristen auch für die Kündigung durch den AN gelten sollen. § 622 V steht dem nicht entgegen. Diese Norm will nur untergesetzliche Fristen ausschließen (*Preis/Kramer* DB 1993, 2125, 2128; vgl. *Bauer* NZA 1993, 495).

23 **3. Fristberechnung.** Für die Berechnung der Kündigungsfristen gelten die **§§ 186 ff.** Das für den Beginn der Kündigungsfrist maßgebende Ereignis iSv. § 187 ist der Zugang der ordentlichen Kündigung. Nach § 187 I wird der Tag, an dem die Kündigung zugeht, nicht in die Berechnung der Kündigungsfrist einbezogen; der Fristlauf beginnt erst am folgenden Tage. Eine Vereinbarung, daß der

III. Gesetzliche Kündigungsfristen und -termine § 622 BGB 230

Tag der Absendung des Kündigungsschreibens als Tag der Erklärung gelten soll, ist unwirksam (BAG 13. 10. 1976 AP BGB § 130 Nr. 9 = DB 1977, 639).

§ 193 ist auf Kündigungsfristen weder unmittelbar noch entsprechend anwendbar (BAG 5. 3. 1970 **24** AP BGB § 193 Nr. 1 = NJW 1970, 1470; BGH 28. 9. 1972 AP BGB § 193 Nr. 2 = NJW 1972, 2083; *Hromadka* BB 1993, 2372, 2373). Es ist folglich unerheblich, ob der letzte Tag, an dem noch gekündigt werden kann, auf einen **Samstag, Sonntag oder Feiertag** fällt. Ohne Belang ist es auch, wenn der Tag, an dem das Arbeitsverhältnis enden soll, ein Samstag, Sonntag oder Feiertag ist.

Bei einer Frist, die **ohne festen Kündigungstermin** lediglich nach Wochen bestimmt ist (zB Frist **25** von zwei Wochen während einer vereinbarten Probezeit oder vereinbarte Wochenfrist im Aushilfsarbeitsverhältnis iSv. § 622 V Nr. 1), endet die Kündigungsfrist nach § 188 II mit Ablauf desjenigen Tages der letzten Woche, der durch seine Bezeichnung dem Tage entspricht, an dem die Kündigung zugegangen ist. Ansonsten endet das Arbeitsverhältnis zum Fünfzehnten oder Ende des Monats.

Wird die **Kündigungsfrist nicht gewahrt**, ist die Kündigung im Zweifel in eine Kündigung zum **26** nächsten zulässigen Termin umzudeuten (BAG 18. 4. 1985 AP BGB § 622 Nr. 20 = NZA 1986, 229; *Hromadka* BB 1993, 2372, 2373; BBDW/*Bader* § 621 BGB Rn. 15 und 32; KDZ/*Däubler* § 140 BGB Rn. 21; § 620 Rn. 220).

Dem Kündigenden steht es frei, **freiwillig eine längere als die gesetzliche Kündigungsfrist** ein- **27** zuhalten. Er ist nicht verpflichtet, mit dem Ausspruch der Kündigung bis zum letzten Tage vor Beginn der Frist zum nächstmöglichen Termin zu warten.

4. Probearbeitsverhältnis. § 622 III regelt erstmals die Kündigungsfrist während einer vereinbarten **28** Probezeit von maximal sechs Monaten Dauer. Diese Bestimmung trägt praktischen Bedürfnissen beider Arbeitsvertragsparteien Rechnung. Die Kündigungsfrist beträgt **zwei Wochen.** Ein Kündigungstermin ist nicht einzuhalten.

Wird eine **längere Probezeit** vereinbart, gilt nach Ablauf des sechsten Beschäftigungsmonats die **29** allgemeine Grundkündigungsfrist von vier Wochen. Dabei ist auf den Ausspruch der Kündigung abzustellen, dh. die zweiwöchige Kündigungsfrist ist bis zum Ablauf von sechs Monaten maßgeblich, auch wenn das Ende der Kündigungsfrist erst nach diesem Zeitpunkt liegt (BAG 21. 4. 1966 AP BAT § 53 Nr. 1 = NJW 1966, 1478; *Gumpert* BB 1969, 1278, 1280).

Die Probezeit kann einzelvertraglich vereinbart sein oder sich aus einem TV ergeben (*Preis/Kliemt* **30** AR-Blattei SD 1270 Rn. 40 f.). Eine zunächst für eine kürzere Frist vereinbarte Probezeit kann nachträglich auf bis zu sechs Monate verlängert werden (LAG Rheinland/Pfalz 5. 1. 1999 NZA 2000, 258, 259). Im Zweifel liegt ein unbefristetes Arbeitsverhältnis vor, das nach Ablauf der Probezeit in ein normales Arbeitsverhältnis übergeht, wenn es nicht zuvor gekündigt wird (BAG 29. 7. 1958 AP BGB § 620 Probearbeitsverhältnis Nr. 3 = NJW 1959, 454; *Schaub* § 40 Rn. 10). In diesem Fall gilt die verkürzte Kündigungsfrist **kraft Gesetzes** für die vereinbarte Dauer der Probezeit, längstens für sechs Monate. Haben die Vertragsparteien hingegen ein befristetes Probearbeitsverhältnis begründet, das mit Ablauf der vereinbarten Frist endet, ist die ordentliche Kündigung mit der sich aus § 622 III ergebenden Frist nur zulässig, wenn die Kündbarkeit ausdrücklich vereinbart wurde (vgl. BAG 30. 9. 1981 AP BGB § 620 Befristeter Arbeitsvertrag Nr. 61 = NJW 1982, 1173).

Einzelvertraglich kann für die Dauer der Probezeit eine längere Kündigungsfrist vereinbart werden. **31** Die **TVParteien** können die gesetzliche Probezeit-Kündigungsfrist abkürzen (§ 622 IV), die Vertragsparteien nur im Geltungsbereich eines TV durch Bezugnahme auf diesen (§ 622 IV 2).

5. Aushilfsarbeitsverhältnis. a) Anwendungsbereich. Aushilfsarbeitsverhältnis ist ein nicht auf **32** Dauer angelegtes Arbeitsverhältnis, das einen **vorübergehenden Arbeitskräftebedarf** decken soll, der nicht durch den normalen Betriebsablauf, sondern durch den Ausfall von Stammkräften oder einen zeitlich begrenzten zusätzlichen Arbeitsanfall begründet ist (BAG 22. 5. 1986 AP BGB § 622 Nr. 23 = NJW 1987, 60; MünchKommBGB/*Schwerdtner* Rn. 47). Die bloße Bezeichnung des Arbeitsverhältnisses als Aushilfsarbeitsverhältnis ist unzureichend. Es muß sich tatsächlich um ein Aushilfsarbeitsverhältnis handeln (BAG 22. 5. 1986 AP BGB § 622 Nr. 23 = NJW 1987, 60).

Ein **Aushilfsarbeitsverhältnis wird idR befristet** abgeschlossen werden. Wird in diesem Fall die **33** ordentliche Kündbarkeit vereinbart (vgl. BAG 30. 9. 1981 AP BGB § 620 Befristeter Arbeitsvertrag Nr. 61 = NJW 1982, 1173), sind die Abkürzungsmöglichkeiten nach § 622 V 1 eröffnet. Dabei besteht ein zeitlicher Rahmen von drei Monaten Dauer. Für diesen Zeitraum kann die kürzere Kündigungsfrist auch dann vereinbart werden, wenn von Anfang an feststeht, daß sich die Aushilfstätigkeit auf eine längere Zeit als drei Monate erstrecken wird.

Die in einem Aushilfsarbeitsverhältnis vereinbarte Kündigungsfrist kann bis zum Ablauf von drei **34** Monaten ausgenutzt werden. **Maßgebend ist der Zugang der Kündigung** innerhalb des 3-Monats-Zeitraumes, das Ende der Kündigungsfrist kann außerhalb dieses Zeitraumes liegen (*Preis/Kramer* DB 1993, 2125, 2126). Wird das Aushilfsarbeitsverhältnis über die Dauer von drei Monaten hinaus fortgesetzt, werden die gesetzlichen Kündigungsfristen und -termine wirksam.

b) Zulässige Vereinbarungen. Nach § 622 V Nr. 1 kann die gesetzliche Kündigungsfrist im Rah- **35** men eines Aushilfsarbeitsverhältnisses während der ersten drei Monate verkürzt werden. Eine Min-

230 BGB § 622

destkündigungsfrist ist nicht vorgeschrieben. Somit kann eine (ordentliche) **fristlose Kündigung** vereinbart werden (BAG 22. 5. 1986 AP BGB § 622 Nr. 23 = NJW 1987, 60; *Erman/Belling* Rn. 9; *Preis/Kramer* DB 1993, 2125, 2126; *Hromadka* BB 1993, 2272, 2274). Für den AN darf aber keine längere Frist als für den AG vorgesehen werden (§ 622 VI).

36   § 622 V Nr. 1 läßt bei wörtlicher Auslegung nur eine Verkürzung der Kündigungsfristen zu und sieht keine Vereinbarung über **abw. Kündigungstermine** vor. Sinn und Zweck entspricht dies nicht, denn die Parteien könnten eine entfristete Kündigung vereinbaren und ohne Vorankündigung noch am Fünfzehnten oder Monatsende zum selben Kündigungstermin kündigen. Ein Festhalten an bestimmten Kündigungsterminen wäre ohne Schutzfunktion, so daß auch hiervon abw. vertragliche Abreden getroffen werden können (BAG 22. 5. 1986 AP BGB § 622 Nr. 23 = NJW 1987, 60; *Schaub* § 41 Rn. 8; MünchKommBGB/*Schwerdtner* Rn. 53; aA *Monjau* BB 1970, 41).

37   c) **Zweifelsfälle.** Haben die Parteien ausdrücklich ein Aushilfsarbeitsverhältnis vereinbart, jedoch eine Regelung über die Kündigungsfrist nicht getroffen, kann allein aus dem Zweck des Vertrages nicht auf eine **Abkürzung der Kündigungsfrist** geschlossen werden, weil deren Maß unbestimmt bliebe (SPV/*Preis* Rn. 405). Die Annahme, im Zweifel sei eine entfristete Kündigung gewollt, ist nur bei Vorliegen entsprechender Begleitumstände begründbar. Auch wenn die Aushilfsklausel den Parteien deutlich macht, daß keine Beschäftigung auf Dauer beabsichtigt ist, kann ihnen nicht die Vorstellung und der Wille unterstellt werden, eine entfristete Kündigung zu vereinbaren.

38   **6. Kleinbetriebe. a) Anwendungsbereich.** Durch § 622 V Nr. 2 werden AG begünstigt, die idR nicht mehr als 20 AN ausschließlich der zu ihrer Berufsbildung Beschäftigten (Umschüler, Anlernlinge, Volontäre, Auszubildende) beschäftigen. § 622 V Nr. 2 findet nur Anwendung, wenn die Voraussetzungen eines KleinAG sowohl im Zeitpunkt der Vereinbarung als auch des Zugangs der Kündigung vorliegen.

39   Entscheidend ist nicht der Betrieb, sondern das Unternehmen. Die maßgebliche Zahl ist durch einen Blick auf die **Beschäftigtenzahl** in der Vergangenheit und durch eine Einschätzung deren voraussichtlicher künftiger Entwicklung zu ermitteln. Dementsprechend werden erkrankte AN und Arbeitnehmerinnen in der Mutterschaft mitgerechnet. Ruhende Arbeitsverhältnisse bleiben außer Betracht, doch müssen die Ersatzkräfte eingerechnet werden (*Hromadka* BB 1993, 2372, 2373). Gleiches gilt für AN, die Altersteilzeit im Blockmodell wahrnehmen und tatsächlich aus dem Betrieb ausgeschieden sind (*Rieble/Gutzeit* BB 1998, 638, 643).

40   **Teilzeitbeschäftigte AN** mit einer regelmäßigen wöchentlichen Arbeitszeit von nicht mehr als 20 Stunden werden mit 0,5 und solche mit nicht mehr als 30 Stunden mit 0,75 bei der Feststellung der Zahl der beschäftigten AN berücksichtigt.

41   b) **Zulässige Vereinbarungen.** § 622 V Nr. 2 eröffnet kleineren AG die Möglichkeit, eine vierwöchige Kündigungsfrist **ohne Bindung an die festen Kündigungstermine** des Abs. 1 zu vereinbaren. Dieses Ergebnis folgt aus einer teleologischen Interpretation der Vorschrift, weil sie sonst keinen von § 622 I abw. Regelungsinhalt hätte (*Adomeit/Thau* NJW 1994, 11, 13). Von den verlängerten Kündigungsfristen nach § 622 II darf nach dem unzweideutigen Wortlaut der Norm nicht abgewichen werden (*Adomeit/Thau* NJW 1994, 11, 14).

IV. Tarifliche Regelungen der Kündigungsfristen und -termine

42   **1. Grundsatz.** Gem. § 622 IV 1 sind **alle Kündigungsfristen** (Grundkündigungsfrist, verlängerte Kündigungsfrist, Kündigungsfrist während der Probezeit) tarifdispositiv. Die Formulierung „abweichende Regelung" läßt sowohl eine Verkürzung als auch eine Verlängerung zu. Damit kann den Besonderheiten einzelner Wirtschaftsbereiche und Beschäftigungsgruppen Rechnung getragen werden (BT-Drucks. 12/4902 S. 7 und 9). Nur durch TV, nicht aber durch Einzelarbeitsvertrag oder Betriebsvereinbarung, können die gesetzlichen Mindestkündigungsfristen der Abs. 1 und 2 abgekürzt werden. Die Zulassungsnorm gewährleistet keine (verkürzten) Mindestfristen. § 622 IV enthält keine Einschränkungen für bestimmte Gruppen von AN oder Arten von Arbeitsverhältnissen. Daraus ergeben sich für die TVParteien zahlreiche Gestaltungsmöglichkeiten: Die Kündigungsfrist kann – auch für Probearbeitsverhältnisse – auf einen Tag, auf Stunden oder auf jede andere Frist verkürzt werden.

43   Es kann sogar eine **entfristete Kündigung** (sofortige ordentliche Kündigung) vereinbart werden (BAG 2. 8. 1978 AP MTL II § 55 Nr. 1; *Erman/Belling* Rn. 13; SPV/*Preis* Rn. 379; MünchKommBGB/*Schwerdtner* Rn. 57). Darüber hinaus kann eine ordentliche entfristete Kündigung von tariflich bezeichneten Kündigungsgründen abhängig gemacht werden, die den Voraussetzungen des § 626 nicht zu entsprechen brauchen (*Hueck/v. Hoyningen-Huene* § 13 Rn. 9; aA *Gamillscheg* Arbeitsrecht I, S. 199; *Wenzel* MDR 1969, 968, 971). Stellt sich die tariflich vorgesehene entfristete Auflösung des Arbeitsverhältnisses sachlich als ordentliche Kündigung dar, greift das für ordentliche Kündigungen geltende Mitbestimmungs- oder Mitwirkungsrecht des Betriebs- oder Personalrats ein (BAG 2. 8. 1978 AP MTL II § 55 Nr. 1) und findet § 1 KSchG Anwendung (BAG 4. 6. 1987 AP KSchG 1969 § 1 Soziale Auswahl Nr. 16).

IV. Tarifliche Regelungen der Kündigungsfristen und -termine § 622 BGB 230

Die TVParteien sind nach § 622 VI nF ausdrücklich an das **Benachteiligungsverbot** zu Lasten der 44
AN gebunden, weil diese Vorschrift – im Unterschied zu § 622 V aF – auf die Einschränkung „einzelvertraglich" verzichtet. Deshalb dürfen die Kündigungsfristen für die AN nicht länger sein als die Kündigungsfristen für die Kündigung durch den AG (§ 622 VI nF). In der Tarifpraxis sind gleiche Fristen für AG und AN nicht unüblich (KR/*Spilger* Rn. 215). So gelten zB die verlängerten Kündigungsfristen des § 53 II BAT sowohl für den AG als auch für den AN (vgl. BAG 20. 12. 1990 AP BAT § 53 Nr. 3 = DB 1991, 2673). Diese und auch andere Formen der Verlängerung der Kündigungsfristen werden von § 622 IV 1 (anders noch der Wortlaut des § 622 III 1 aF) systemgerecht mitumfaßt.

Anders als § 622 III aF bezieht sich die Formulierung der Tariföffnungsklausel nicht nur ausdrück- 45
lich auf die Kündigungsfristen, sondern umfaßt auch Regelungen hinsichtlich der **Kündigungstermine** und der Voraussetzungen, unter denen der Anspruch auf verlängerte Kündigungsfristen entsteht (Dauer der Betriebszugehörigkeit, Mindestalter). Damit sind zahlreiche Streitfragen zur früheren Regelung entfallen (*Wank* NZA 1993, 961, 965).

Von Gesetzes wegen müssen TV nicht der Zielsetzung des Gesetzgebers entsprechen, ältere AN 46
durch längere Fristen stärker zu schützen. Deshalb dürfen Kündigungen für **ältere AN** einheitlichen Regelungen unterworfen werden (*Richardi* ZfA 1971, 88; aA *Canaris*, GS für Dietz, 1973, S. 199, 218). Die TVParteien können eigenständig verlängerte Fristen für ältere AN vorsehen. Starre Regeln haben sie dabei nicht einzuhalten. So müssen sie die verlängerten Fristen für ältere AN nicht unverändert übernehmen, nur weil der TV an der gesetzlichen Grundkündigungsfrist von vier Wochen festhält. Wird die Grundkündigungsfrist verkürzt, erfordert dies keine Abkürzung der verlängerten Fristen oder das Festhalten an einem bestimmten Abstand der Fristen. Dies ist zumindest seit der Neuregelung klargestellt, denn durch sie sollten Zweifel daran, ob auch vom Gesetz abw. tarifvertragliche Regelungen der verlängerten Kündigungsfristen zulässig sind, Einhalt geboten werden (RegE BT-Drucks. 12/4902 S. 9 unter Hinweis auf BAG 29. 8. 1991 AP BGB § 622 Nr. 32 = NZA 1992, 166).

Das **Kündigungsfristengesetz** hat nicht in bestehende TV eingegriffen. Diese bleiben wirksam, 47
sofern sie nicht höherrangigem Recht vereinbar sind. Die Tariföffnungsklausel des § 622 IV 1 ist nicht so zu verstehen, daß lediglich in künftigen TV von den gesetzlichen Kündigungsfristen abgewichen werden könnte. Dies hat das BAG bereits mehrfach bestätigt (ua. BAG 5. 10. 1995 AP BGB § 622 Nr. 48 = NZA 1996, 539). Voraussetzung ist jedoch, daß die Tarifnorm eine konstitutive Regelung der Kündigungsfristen und -termine enthält. Liegt hingegen eine lediglich deklaratorische Klausel vor, fehlt es an einer eigenständigen tariflichen Regelung, so daß § 622 in seiner Neufassung Anwendung findet. Somit kommt der Feststellung, ob die Tarifnorm konstitutiven Charakter besitzt, entscheidende Bedeutung für die Auswahl des anzuwendenden Rechts zu (vgl. Rn. 49 ff.).

2. Tarifbindung. Tarifliche Vorschriften, die Kündigungsfristen und -termine regeln, gelten unmit- 48
telbar und zwingend nur zwischen tarifgebundenen AN und AG (§§ 3, 4 I TVG). Tarifgebunden sind die Mitglieder der TVParteien und beim FirmenTV der AG, der den TV abgeschlossen hat. Die Rechtswirkung eines TV wird auf alle Außenseiter erstreckt, die nicht Mitglieder der jeweiligen TVParteien sind, wenn ein TV nach § 5 TVG für allgemeinverbindlich erklärt wird. Auf die Einhaltung der in einem allgemeinverbindlichen TV geregelten Kündigungsfrist kann ein AN wegen § 4 IV TVG nicht wirksam einseitig verzichten (BAG 18. 11. 1999 AP TVG § 4 Nr. 18).

3. Konstitutive Regelung. a) Abgrenzung zur deklaratorischen Übernahme. Die Ausgestaltung 49
tariflicher Klauseln ist vielfältig. Nicht in jedem Falle werden die Kündigungsfristen und -termine konstitutiv geregelt. Es ist jeweils mittels **Tarifauslegung** zu klären, ob eine tarifvertragliche Bestimmung, die inhaltlich mit außertariflichen Normen (insb. den gesetzlichen Vorschriften über Kündigungsfristen) übereinstimmt oder auf sie verweist, eine selbständige, dh. in ihrer normativen Wirkung von der außertariflichen Norm unabhängige konstitutive Regelung trifft, oder rein deklaratorischen Charakter in Gestalt einer sog. neutralen Klausel besitzt (BAG 27. 8. 1982 AP TVG § 1 Auslegung Nr. 133; BAG 21. 3. 1991 AP BGB § 622 Nr. 31 = NZA 1991, 803). Die Abgrenzung bestimmt sich nach den Verhältnissen im Zeitpunkt der tariflichen Einigung.

Besonderes Gewicht kommt einem vom Gesetzestext abw. Wortlaut der Tarifnorm zu (BAG 26. 6. 50
1997 – 2 AZR 759/96 – nv.). Die Entstehungsgeschichte und die konkreten Normzwecke kommen als Auslegungsgesichtspunkte hinzu. Insb. waren die verlängerten Angestelltenkündigungsfristen des Gesetzes von 1926 nicht tarifdispositiv, was bei inhaltlich übereinstimmender Regelung in einem TV für dessen deklaratorische Natur spricht (BAG 18. 11. 1999 – 2 AZR 104/99 – nv.).

Das BAG erkennt eine eigenständige tarifvertragliche Regelung nur dann an, wenn der **Regelungs-** 51
wille der TVParteien im TV **deutlich zum Ausdruck** gekommen ist. Diese Voraussetzung ist unstreitig erfüllt, wenn der TV eine im Gesetz nicht oder anders enthaltene Regelung trifft oder eine Regelung übernimmt, die sonst nicht für die betroffenen Arbeitsverhältnisse gelten würde. Führt die Auslegung zu keinem hinreichend fundierten Ergebnis, muß der **Zweifelsfall** anhand einer **Auslegungsregel** entschieden werden.

Werden einschlägige gesetzliche Vorschriften wörtlich oder inhaltlich unverändert in einen umfang- 52
reichen TV aufgenommen, handelt es sich um **deklaratorische Klauseln,** weil der Wille der TVParteien zu einer gesetzesunabhängigen eigenständigen Tarifregelung im TV keinen hinreichend erkenn-

Müller-Glöge

baren Ausdruck gefunden hat (BAG 29. 8. 1991 AP BGB § 622 Nr. 32 = NZA 1992, 166; BAG 16. 9. 1993 AP BGB § 622 Nr. 42 = NZA 1994, 221; BAG 5. 10. 1995 AP BGB § 622 Nr. 48 = NZA 1996, 539). Der Normsetzungswille muß deutlich zu Tage treten, denn eigenständige tarifvertragliche Regelungen, die ohnehin anwendbaren gesetzlichen Vorschriften entsprechen, sind nur im Hinblick auf künftige Gesetzesänderungen sinnvoll. Bei Abschluß des TV ist aber noch nicht bekannt, ob und wie solche Gesetzesänderungen tarifdispositiv gestaltet sein werden. Deshalb ist nach der Rspr. des BAG bei Fehlen gegenteiliger Anhaltspunkte davon auszugehen, daß es den TVParteien bei der Übernahme des Gesetzestextes darum gegangen ist, im TV eine unvollständige Darstellung der Rechtslage zu vermeiden. Mit einer solchen Regelung sei allein eine vollständige Darlegung der Rechtslage beabsichtigt. Damit solle erreicht werden, daß die Tarifunterworfenen das für sie geltende Recht ohne großen Aufwand allein aus dem TV erkennen können (ebenso *Bauer/Rennpferdt* AR-Blattei SD 1010.5 Rn. 52, 55; *Hromadka* BB 1993, 2372, 2375; *Hergenröder* in Anm. zu BAG 4. 3. 1993 AP BGB § 622 Nr. 40; *Jansen* in Anm. zu BAG 16. 9. 1993 AP BGB § 622 Nr. 42; *Staudinger/Preis* Rn. 69, 70).

53   Die Verweisungstechnik und die inhaltliche Übernahme gesetzlicher Regelungen sind gleichwertige Möglichkeiten zur **Aufnahme neutraler Klauseln** in den TV. Ob die TVParteien die eine oder die andere Methode wählen oder ob sie sich abwechselnd beider Möglichkeiten bedienen, ist eine Frage der Zweckmäßigkeit, die die TVParteien frei entscheiden.

54   Ob die Zulassung abw. tariflicher Regelungen in ansonsten zwingenden gesetzlichen Vorschriften überhaupt eine dem Gesetz inhaltsgleiche **eigenständige tarifliche Normsetzung** ausschließt, wird von der Rspr. nach wie vor offen gelassen (BAG 5. 10. 1995 AP BGB § 622 Nr. 48 = NZA 1996, 539). Immerhin soll es die tarifdispositive Gestaltung ansonsten zwingender Gesetze den Tarifpartnern ermöglichen, aufgrund ihrer besonderen Sachkenntnis den Anforderungen der Branche entsprechende, vom Gesetz abw. Regelungen zu treffen.

55   Nach der **Gegenansicht** (*Bengelsdorf* NZA 1991, 121, 126; *Creutzfeld* AuA 1995, 87; *Wedde* AuR 1996, 421, 423) nimmt ein Normgeber, der Rechtssätze wiederholt, diese im Zweifel in seinen Rechtsetzungswillen auf. Damit hätten wiederholende Tarifnormen konstitutive Charakter. Gegen die Auffassung des BAG wird insb. angeführt, daß in der Übernahme gesetzlicher Vorschriften insofern eine eigenständige Regelung liege, als die TVParteien von einer Schlechterstellung der AN absähen. Ebenso gehen *Löwisch/Rieble* (TVG § 1 Rn. 419) im Zweifelsfall davon aus, daß eine Wiederholung des Gesetzeswortlauts im TV nicht lediglich der Information der Tarifunterworfenen dient, sondern sie die gesetzliche als tarifliche Regelung festschreiben wollen.

56   Dem ist das BAG auch in seiner jüngsten Rspr. nicht gefolgt (vgl. BAG 12. 12. 1996 – 2 AZR 718/95 – nv.). Eine eigenständige TVNorm ist eben nicht unerläßlich, um die Arbeitsbedingungen gerade in dieser bestimmten Art und Weise zu gestalten. Eine konstitutive Regelung kann zwar sinnvoll sein, um die gesetzliche Gestaltung für die Zukunft festzuschreiben. Jedoch kann ein entsprechender Wille beider TVParteien tatsächlich nicht vermutet werden, weil jede zukünftige Änderung der Gesetzeslage einer Seite günstig und der anderen ungünstig erscheinen wird. Deshalb liegt es näher anzunehmen, jede Seite wolle die Regelung gegenüber zukünftigen Gesetzesänderungen offen halten. Die **Unterstellung eines Normsetzungswillens** ist daher bei der Wiederholung einer gesetzlichen Vorschrift nicht angebracht. Demzufolge sprechen die besseren Gründe für die Auslegungsregel des BAG (so auch *Kamanabrou* RdA 1997, 22, 23 ff.; *Schaub* § 124 Rn. 48).

57   Wird das Gesetz aufgehoben, gewinnt die deklaratorische Tarifbestimmung nicht die Bedeutung einer konstitutiven Regelung (*Wank* NZA 1993, 961, 966). Es gilt dann die neue gesetzliche Bestimmung.

58   Eine konstitutive tarifliche **Regelung** kann mit einer (deklaratorischen) Verweisung auf zukünftige, den AN günstigere gesetzliche Regelungen der Kündigungsfristen und -termine **kombiniert** werden (BAG 29. 1. 1997 AP TVG § 1 Tarifverträge: Textilindustrie Nr. 22 = NZA 1997, 726). Treten diese gesetzlichen Bestimmungen tatsächlich in Kraft, verliert die konstitutive Vorschrift des TV ihre Geltung.

59   b) Teilbarkeit. Die Rspr. geht davon aus, daß Regelungen hinsichtlich der Kündigungsfristen in einen konstitutiven und einen deklaratorischen Teil aufgespalten werden können (BAG 4. 3. 1993 AP BGB § 622 Nr. 40 = NZA 1993, 995). So kann die Grundkündigungsfrist mit dem Gesetz übereinstimmen, während die verlängerten Kündigungsfristen einer konstitutiven Regelung zugeführt werden (vgl. BAG 27. 8. 1982 AP TVG § 1 Auslegung Nr. 133; BAG 14. 2. 1996 AP BGB § 622 Nr. 50 = NZA 1996, 1166). Die Abweichung bei einer Gruppe macht die Regelung der anderen nicht notwendigerweise konstitutiv (*Bauer/Rennpferdt* AR-Blattei SD 1010.5 Rn. 53). Dies hat zur Folge, daß die Grundkündigungsfristen, die verlängerten Kündigungsfristen sowie die noch fortbestehenden Kündigungsfristen von Arbeitern und Angestellten jeweils gesondert daraufhin zu überprüfen sind, ob und inwieweit eine konstitutive oder deklaratorische Regelung vorliegt.

60   **4. Verfassungsrechtliche Grenzen. a) Allgemeine Schranken.** Den Tarifpartnern kommt im Rahmen der ihnen gewährten Tarifautonomie (Art. 9 III GG) eine **sachverständige Beurteilungskompetenz** zu. Dies entspricht Sinn und Zweck der Tariföffnungsklausel des § 622 IV. Den Tarifpartnern soll die Möglichkeit gegeben werden, branchenspezifisch von der ggf. zu starren gesetzlichen Regelung

IV. Tarifliche Regelungen der Kündigungsfristen und -termine

abzuweichen. Die Tarifpartner haben eine Gestaltungsfreiheit, die es den Gerichten nicht erlaubt zu prüfen, ob dabei jeweils die „gerechteste" und zweckmäßigste Regelung gefunden wurde. Tarifliche Regelungen tragen die Vermutung in sich, daß sie den Interessen beider Seiten gerecht werden und keiner Seite ein unzumutbares Übergewicht vermitteln (BAG 21. 3. 1991 AP BGB § 622 Nr. 31 = NZA 1991, 803). Allerdings geht das BAG nicht so weit, bei tariflichen Regelungen nur noch eine Willkürkontrolle vorzunehmen. Angesichts der Gleichgewichtigkeit der Grundrechte wäre es verfehlt, Art. 9 III GG eine Präferenz vor Art. 3 I GG einzuräumen (BAG 16. 9. 1993 AP BGB § 622 Nr. 42 = NZA 1994, 221).

Die Tarifparteien sind durch § 622 IV nicht zu Regelungen ermächtigt, die dem Gesetzgeber selbst **61** durch die Verfassung verboten sind (BAG 28. 1. 1988 AP BGB § 622 Nr. 24 = NZA 1989, 228). Insb. können zu ihren Gunsten **keine weitergehenden Eingriffsbefugnisse** aus Art. 9 III GG hergeleitet werden (st. Rspr. seit BAG 15. 1. 1955 AP GG Art. 3 Nr. 4; ebenso *Buchner* NZA 1991, 41, 47; *Marschollek* DB 1991, 1069, 1071). Jedoch macht es einen Unterschied, ob der Gesetzgeber für die Großgruppen aller Arbeiter und Angestellten oder die Tarifpartner nur für die AN einer bestimmten Branche Regelungen treffen (BAG 16. 9. 1993 AP BGB § 622 Nr. 42 = NZA 1994, 221).

b) Art. 3 GG. aa) Grundsatz. Die TVParteien entscheiden in Ausübung ihrer Tarifautonomie **62** (Art. 9 III GG), welche Regelungen sie treffen. Art. 3 I GG verbietet es jedoch, in einem TV gleiche Sachverhalte unterschiedlich zu behandeln (vgl. BAG 15. 1. 1955 AP GG Art. 3 Nr. 4 = NJW 1955, 684; BAG 20. 4. 1977 AP GG Art. 3 Nr. 111 = NJW 1977, 1742; BAG 13. 11. 1985 AP GG Art. 3 Nr. 136 =NZA 1986, 321). Eine verbotene Ungleichbehandlung liegt vor, wenn sich für die gewählte Differenzierung ein vernünftiger, aus der Natur der Sache folgender oder sonstwie einleuchtender Grund nicht finden läßt, wenn also für eine am Gerechtigkeitsgedanken orientierte Betrachtungsweise die Regelung als willkürlich anzusehen ist (vgl. BVerfG 15. 10. 1985 BVerfGE 71, 39, 58 = NVwZ 1986, 735; BVerfG 24. 3. 1993 AP BGB § 242 Gleichbehandlung Nr. 106 = NZA 1993, 896). Dabei genügt es im Hinblick auf die **Gestaltungsfreiheit der TVParteien**, wenn sich für die getroffene Regelung ein sachlich vertretbarer Grund ergibt (BVerfG 26. 3. 1980 BVerfGE 54, 11, 25 f. = AP GG Art. 3 Nr. 116 [B I 1 der Gründe]; BVerfG 15. 10. 1985 BVerfGE 71, 39, 58 = NVwZ 1986, 735; BAG 23. 6. 1994 AP TVG § 1 Tarifverträge: DDR Nr. 13 = NZA 1995, 851). Es gilt ein relativ strenger Maßstab, wenn die zu beurteilende Regelung zu einer erheblichen Ungleichbehandlung von Personengruppen führt, deren Mitglieder die ungleichen Rechtsfolgen faktisch nicht vermeiden können. Anders als beim Willkürverbot reicht es nicht aus, daß die Unsachlichkeit der Differenzierung evident ist. Für die Unterscheidung müssen vielmehr Gründe von solcher Art und solchem Gewicht bestehen, daß sie die ungleichen Rechtsfolgen rechtfertigen können.

Das Gericht hat nicht nachzuprüfen, ob eine von mehreren denkbaren Lösungen, die die Tarif- **63** parteien gewählt haben, die gerechteste und zweckmäßigste ist (vgl. BAG 1. 6. 1983 AP BGB § 611 Deputat Nr. 5 mwN). Vielmehr genügt es, wenn für die vorgenommene Differenzierung **sachlich einleuchtende Gründe** vorhanden sind. Im Zweifel werden tarifliche Regelungen den Interessen beider Seiten entsprechen und keiner Seite ein unzumutbares Übergewicht vermitteln (vgl. BAG 2. 4. 1992 AP BGB § 622 Nr. 38 = NZA 1992, 886; BAG 16. 9. 1993 AP BGB § 622 Nr. 42 = NZA 1994, 221). ZB kann die Forderung der Gewerkschaft nach längeren Kündigungsfristen für gewerbliche AN aus taktischen Gründen erfolgt sein, um die Verhandlungsmasse zu vergrößern und höhere Lohnforderungen durchsetzen zu können. Zu vergleichen sind jeweils die konkret maßgeblichen Kündigungsfristen und -termine (BAG 6. 11. 1997 – 2 AZR 707/96 – nv.).

Der Vorrang tariflicher Regelungen wurde nach der Begründung des Regierungsentwurfs zu § 622 **64** III 1 1969 aus **Zweckmäßigkeitserwägungen** anerkannt (BT-Drucks. V/3913 S. 10; vgl. auch *Richardi* ZfA 1971, 86). Der Gesetzgeber ließ sich von der Erwägung leiten, die Kündigungsfristen könnten für gewisse Bereiche (zB für die Bauwirtschaft) zu kurz sein. Er sah das Schutzbedürfnis der AN bei tarifvertraglichen Regelungen als hinreichend gewahrt an, weil die tarifliche Praxis lehre, daß kürzere Fristen nur vereinbart würden, wenn die Besonderheiten des Wirtschaftszweiges oder der Beschäftigungsart das notwendig machten. Eine ähnliche Einschätzung des Gesetzgebers hat die Neuregelung in § 622 IV 1 beeinflußt (BT-Drucks. 12/4902 S. 9). Auch hier wurden praktische Bedürfnisse geltend gemacht, verbunden mit der Erwartung, daß die TVParteien „wie bisher" von der Möglichkeit abw. tariflicher Regelungen unter ausreichender Berücksichtigung der Schutzinteressen der AN Gebrauch machten. Liegt in diesem Sinne eine eigenständige Klausel (vgl. Rn. 49 ff.) vor, ist sie nach der Rspr. an Art. 3 I GG zu messen (zB BAG 21. 3. 1991 AP BGB § 622 Nr. 31 = NZA 1991, 803).

bb) Differenzierung Arbeiter/Angestellte. Das BVerfG (30. 5. 1990 AP BGB § 622 Nr. 28 = NZA **65** 1990, 721) hat ausdrücklich festgestellt, daß die herkömmliche Unterscheidung zwischen Arbeitern und Angestellten nach der Art ihrer Tätigkeit keinen rechtfertigenden Grund für ungleiche Kündigungsfristen darstellt. **Kopf- und Handarbeiter verdienen denselben Schutz** bei Arbeitsplatzverlust. Für verschiedene ANGruppen können unterschiedliche Fristen geregelt werden, wenn besondere Unterscheidungsmerkmale die Ungleichbehandlung rechtfertigen. Solche sind etwa in der unterschiedlichen Qualifikation und Ausbildung oder in der Tatsache der Tätigkeit im Produktionssektor zu erblicken, weil dort eine erhöhte personalwirtschaftliche Flexibilität erforderlich sein kann (BVerfG

30. 5. 1990 AP BGB § 622 Nr. 28 = NZA 1990, 721). Weil aber nicht alle Arbeiter im produktiven Sektor arbeiten, dürfen nicht generell für Arbeiter kürzere Fristen festgelegt werden (BVerfG 30. 5. 1990 AP BGB § 622 Nr. 28 = NZA 1990, 721). Etwas anderes kommt nur dann in Betracht, wenn das Tätigkeitsfeld der Arbeiter mit dem produktiven Sektor gleichzusetzen ist, also nahezu alle Arbeiter im Geltungsbereich des in Frage stehenden TV in der Produktion beschäftigt sind (*Preis/Kramer* DB 1993, 2125, 2129).

66 Da TV keine Differenzierungen zwischen Arbeitern und Angestellten vornehmen dürfen, die nicht durch sachliche Merkmale gerechtfertigt sind (BAG 21. 3. 1991 AP BGB § 622 Nr. 31 = NZA 1991, 803; BAG 16. 9. 1993 AP BGB § 622 Nr. 42 = NZA 1994, 221), darf eine Schlechterstellung der Arbeiter nicht allein auf einer pauschalen Differenzierung zwischen den Gruppen der Angestellten und der Arbeiter beruhen. Sachlich gerechtfertigt sind dagegen **hinreichend gruppenspezifisch ausgestaltete Regelungen,** die zB funktions-, branchen- oder betriebsspezifischen Interessen im Geltungsbereich eines TV mit Hilfe verkürzter Kündigungsfristen für Arbeiter entsprechen (vgl. BAG 16. 9. 1993 AP BGB § 622 Nr. 42 = NZA 1994, 221). Insofern kann ua. auf die Bedürfnisse der Produktion abgestellt werden.

67 Das BAG hat ausgehend von den Verhältnissen in der jeweiligen Branche (BAG 16. 9. 1993 AP BGB § 622 Nr. 42 = NZA 1994, 221) mit spezifischen Besonderheiten wie erhöhter produkt-, mode-, witterungs- oder saisonbedingter Auftragsschwankungen ein Bedürfnis nach erhöhter **personalwirtschaftlicher Flexibilität** als sachlichen Differenzierungsgrund anerkannt (BAG 23. 1. 1992 AP BGB § 622 Nr. 37 = NZA 1992, 739). Die Auftragsschwankungen müssen jedoch in einem Zusammenhang mit den Kündigungsfristen und -terminen stehen. So können erhebliche Schwankungen in der Besucherzahl zu den verschiedenen Tages- und Nachtzeiten keine kürzeren Kündigungsfristen für Arbeiter rechtfertigen (BAG 21. 11. 1996 – 2 AZR 171/96 – nv.). Gleiches gilt für einen festzustellenden häufigeren Arbeitsplatzwechsel der in der Branche tätigen Arbeiter aus eigenem Antrieb, denn dieser begründet nicht zugleich ein arbeitgeberseitiges Interesse an kurzen Kündigungsfristen, sondern legt für sich genommen eher ein gegensätzliches Interesse der Unternehmen nahe.

68 Bei einem ganz überwiegenden Anteil von **Arbeitern in der Produktion** sieht das BAG kürzere tarifliche Kündigungsfristen für Arbeiter als sachlich gerechtfertigt an. Hierfür hat es einen Arbeiteranteil von 75% als ausreichend bewertet (BAG 4. 3. 1993 AP BGB § 622 Nr. 40 = NZA 1993, 995). Den unmittelbaren Einfluß der Auftragslage auf den Produktionssektor hat das BAG für Betriebe mit saisonalen Schwankungen (Gärtnereien, Bau) sowie für Betriebe mit produkt- und branchenspezifischen Schwankungen (Chemie, Textil) bejaht. Das BAG (23. 1. 1992 AP BGB § 622 Nr. 36 = NZA 1992, 787) hat auch erwogen, unterschiedliche tarifliche Kündigungsfristen dadurch zu rechtfertigen, daß nur eine verhältnismäßig kleine Gruppe von AN nicht intensiv benachteiligt ist. Geringfügige Abweichungen sind mit Art. 3 I GG vereinbar (BAG 6. 11. 1997 – 2 AZR 707/96 – nv.).

69 Ist bei Arbeitern einer Branche im Vergleich zu Angestellten eine stärkere Fluktuation festzustellen, kann dies, insb. in den ersten sechs Monaten des Beschäftigungsverhältnisses, kürzere Kündigungsfristen für Arbeiter rechtfertigen (BAG 2. 4. 1992 AP BGB § 622 Nr. 38 = NZA 1992, 886; BAG 21. 11. 1996 – 2 AZR 171/96 – nv.; BAG 29. 10. 1998 – 2 AZR 683/97 – nv.). Die **größere Fluktuation** kann auf typischen Wünschen der Arbeiter nach erhöhter Flexibilität, auf häufiger Kündigung wegen fehlender Eignung der Arbeiter durch die AG oder auf beiden Gesichtspunkten beruhen (BAG 23. 1. 1992 AP BGB § 622 Nr. 37 = NZA 1992, 739). Bewerben sich zB auch Arbeitslose, welche möglichst rasch wieder in ihrem erlernten Beruf arbeiten wollen, wenn sie eine entsprechende Arbeitsstelle finden, wäre ihnen mit befristeten Arbeitsverträgen nicht gedient, wohl aber mit kurzen Kündigungsfristen.

70 Alle denkbaren Differenzierungsgründe verlieren mit zunehmender Betriebszugehörigkeit an Gewicht (BAG 29. 8. 1991 AP BGB § 622 Nr. 32 = NZA 1992, 166), so daß bei **Arbeitern mit längerer Betriebszugehörigkeit** eine Differenzierung gegenüber Angestellten mit gleichlanger Betriebszugehörigkeit sachlich nicht zu begründen sein wird (vgl. auch BAG 29. 10. 1998 – 2 AZR 683/97 – nv.).

71 Die Rspr. des BAG ist als zu großzügig in der Annahme sachlicher Differenzierungsgründe kritisiert worden (*Preis/Kramer* DB 1993, 2125, 2129; aA *Worzalla* NZA 1994, 145, 148). Lege man die vom BVerfG (30. 5. 1990 AP BGB § 622 Nr. 28 = NZA 1990, 721) aufgestellten Grundsätze zugrunde, müsse jeder Differenzierung zwischen Arbeitern und Angestellten die Anerkennung versagt werden. Dies gelte verstärkt seit der Gleichstellung der gesetzlichen Kündigungsfristen von Arbeitern und Angestellten. Seit 1993 sei die generelle Beibehaltung unterschiedlicher Kündigungsfristen für Arbeiter und Angestellte in TV nicht mehr verfassungsgemäß. Dem kann nicht gefolgt werden. Nach der Entscheidung des BVerfG vom 30. 5. 1990 war klar, daß die Unterscheidung Arbeiter/Angestellte als solche keine Differenzierung zwischen diesen Beschäftigtengruppen bei den Kündigungsfristen rechtfertigt, es aber andere sachliche Gründe geben kann, die diese Differenzierung sachlich zu rechtfertigen vermögen. Hieran hat das KündFG nichts geändert. Der Gesetzgeber selbst verzichtet zwar auf eine Differenzierung zwischen Arbeitern und Angestellten, hat aber eine solche nicht verboten (*Hromadka* BB 1993, 2372, 2376). Wenn das BAG (10. 3. 1994 AP TVG § 1 Tarifverträge: Metallindustrie Nr. 117 = NZA 1994, 1045) fordert, es müsse nicht nur die Ungleichbehandlung rechtfertigender Grund vorliegen, sondern die Ungleichbehandlung und der rechtfertigende Grund müßten auch in einem angemessenen Verhältnis zueinander stehen, stellt es hohe Anforderungen an die sachliche Rechtfertigung, die nur noch selten erfüllt sein dürften und in jedem Falle eine Verletzung von Art. 3 I GG ausschließen. Unabhängig von dieser rechtlichen Bewertung ist den Kritikern des BAG darin beizupflichten, daß die **allzu „bequeme" Unterscheidung** zwischen Arbeitern und Angestellten heute alles andere als noch zeitgemäß ist.

cc) Sonstige Differenzierungen. Die Abgrenzung nach Fachbereichen oder Branchen entspricht 72 einem überkommenen Ordnungsprinzip der Koalitionen. Deren Tarifzuständigkeit richtet sich nach Satzungen, die regelmäßig auf Branchen abstellen (Industrieverbandsprinzip). Praktisch alle TV unterscheiden nach persönlichem und fachlichem Geltungsbereich. Die Arbeitsrechtsordnung wiederum knüpft vielfach an die unterschiedlichen Geltungsbereiche von TV an, so zum Beispiel in § 622 IV 2 oder in § 4 I 1 TVG (vgl. BVerfG 4. 7. 1995 AP AFG § 116 Nr. 4). Deshalb erfordert der Gleichheitssatz **keine Gleichheit der Regelungen in verschiedenen persönlichen, räumlichen und sachlichen Geltungsbereichen.** ZB können und dürfen die tariflichen Kündigungsfristen derselben Branche in Sachsen und Bayern oder der Textilindustrie und der Bauwirtschaft derselben Region ohne Verstoß gegen Art. 3 I GG unterschiedlich ausgestaltet sein. Gleiches gilt, wenn die TV von verschiedenen Gewerkschaften abgeschlossen werden (BAG 8. 9. 1999 AP TVG § 1 Tarifverträge: Papierindustrie Nr. 15). Andererseits kann allein aus dem Umstand der Regelung in verschiedenen TV derselben TVParteien nicht auf die sachliche Rechtfertigung geschlossen werden, denn entscheidend ist keine formale, sondern die inhaltliche Unterscheidung (BAG 23. 1. 1992 AP BGB § 622 Nr. 35 = NZA 1992, 742).

An die Stelle der verfassungswidrigen Differenzierung zwischen Arbeitern und Angestellten könnte 73 die Tarifpraxis gleichbehandelnde Regelungen setzen. Zu denken wäre daran, daß einheitlich für alle AN, die in der Produktion arbeiten, tariflich kürzere Kündigungsfristen festgelegt werden als für diejenigen, die im administrativen Bereich beschäftigt werden (vgl. *Hromadka* BB 1993, 2372, 2378). Immerhin kann das Differenzierungsmerkmal (Produktion/Verwaltung) branchenspezifisch gerechtfertigt sein. Weitere Merkmale wie die berufliche **Qualifikation der Beschäftigten** könnten zwar theoretisch Art. 3 I GG genügen, werden sich aber mangels Praktikabilität nicht durchzusetzen vermögen.

c) Feststellung im Prozeß. Wird die Verfassungswidrigkeit tariflicher Vorschriften von einer Partei 74 angesprochen oder vom Gericht bezweifelt, haben die ArbG nach den Grundsätzen des **§ 293 ZPO von Amts wegen** die näheren für unterschiedliche Fristen maßgeblichen Umstände, die für oder gegen die Verfassungswidrigkeit sprechen, zu ermitteln (BAG 4. 3. 1993 AP BGB § 622 Nr. 40 = NZA 1993, 995; BAG 16. 9. 1993 AP BGB § 622 Nr. 42 = NZA 1994, 221).

d) Rechtsfolgen der Verfassungswidrigkeit. Seit dem Inkrafttreten des KündFG sind die durch 75 verfassungswidrige tarifliche Kündigungsfristen entstandenen Tariflücken durch Anwendung der verfassungsgemäßen Neuregelung des § 622 zu schließen (vgl. BAG 10. 3. 1994 AP BGB § 622 Nr. 44 = NZA 1994, 799, 801; *Kramer* ZIP 1994, 929, 935; aA *Hromadka* BB 1993, 2372, 2378; *Kehrmann* AiB 1993, 746, 748). Nach der Übergangsvorschrift des Art. 222 EGBGB gilt dies auch für solche Fälle, in denen noch ein Rechtsstreit über diese Fragen anhängig gewesen ist (BAG 10. 3. 1994 AP BGB § 622 Nr. 44 = NZA 1994, 799, 801).

Eine richterliche Schließung von Tariflücken durch **ergänzende Vertragsauslegung** ist in aller 76 Regel nicht möglich. Dies würde nach der Rspr. des BAG voraussetzen, daß hinreichend sichere Anhaltspunkte dafür bestehen, wie die TVParteien im Falle der Kenntnis der Unwirksamkeit diese Lücke geschlossen hätten. Ist dagegen eine solche klare Lückenfüllung nicht möglich, weil ein mutmaßlicher Wille der TVParteien nicht festgestellt werden kann, sind die Gerichte nicht befugt, in die Gestaltungsfreiheit der TVParteien korrigierend einzugreifen (BAG 21. 3. 1991 AP BGB § 622 Nr. 29 = NZA 1991, 797).

Liegt eine **deklaratorische Regelung** vor, gilt ohnehin die Neufassung des § 622 (*Bauer/Rennpferdt* 77 AR-Blattei SD 1010.5 Rn. 57; *Hromadka* BB 1993, 2372, 2380; *Kramer* ZIP 1994, 929, 932; *Worzalla* NZA 1994, 145, 147).

V. Einzelvertragliche Vereinbarungen

1. Grundsatz. Die gesetzliche Grundkündigungsfrist von vier Wochen stellt eine grds. **unabding-** 78 **bare Mindestkündigungsfrist** dar. Dies folgt aus § 622 V 2, der Abweichungen von den Abs. 1 bis 3 zu Lasten der AN verbietet. Mit dieser gesetzlichen Neuregelung soll „klargestellt werden, daß einzelvertragliche Abkürzungen der Kündigungsfrist unzulässig sind" (BT-Drucks. 12/4902 S. 9). Etwas anderes gestattet das Gesetz nur in den Fällen einer vereinbarten Probezeit, § 622 III (Rn. 28 ff.), der einzelvertraglichen Bezugnahme auf einen TV, § 622 IV 2 (Rn. 81 ff.), der vorübergehenden Aushilfstätigkeit, § 622 V Nr. 1 (Rn. 32 ff.) sowie in Kleinunternehmen hinsichtlich der Kündigungstermine, § 622 V Nr. 2 (Rn. 41).

Gleichfalls **einseitig zwingend** sind die nach § 622 II 1 vom AG einzuhaltenden verlängerten 79 Kündigungsfristen, von denen allein mittelbar durch einzelvertragliche Bezugnahme auf einen TV,

§ 622 IV 2 (Rn. 81 ff.), abgewichen werden könnte (vgl. *Schaub* § 124 Rn. 30). Auch hier dürfen einzelvertraglich keine zusätzlichen Kündigungstermine vereinbart werden.

80 Werden unzulässig kurze Kündigungsfristen oder unzulässig viele Kündigungstermine vereinbart, tritt an die Stelle dieser unwirksamen Vereinbarung die gesetzliche Regelung (§ 622 I, II). Bei der **Vereinbarung längerer Kündigungsfristen** zu Lasten des AN tritt an die Stelle der gem. § 622 VI unwirksamen Kündigungsfristenregelung nicht die gesetzliche Frist, vielmehr gilt die längere Kündigungsfrist für die Kündigung durch beide Parteien (vgl. *Schaub* § 124 Rn. 44). Dies ergibt sich entweder aus einer ergänzenden Vertragsauslegung (so KR/*Spilger* Rn. 202) oder einer Analogie zu § 89 II 2 HGB (so *Preis/Kramer* DB 1993, 2123, 2128). Gleiches gilt für die Vereinbarung von Kündigungsterminen zu Lasten des AN. Dann greift für beide Arbeitsvertragsparteien diejenige Kündigungsregelung ein, die weniger Kündigungstermine vorsieht (*Staudinger/Preis* Rn. 58).

81 **2. Zulassung untergesetzlicher Vereinbarungen (§ 622 IV 2). a) Regelungsmöglichkeiten.** § 622 IV 2 nF bietet den nichttarifgebundenen Arbeitsvertragsparteien die Möglichkeit, im Geltungsbereich eines TV die Übernahme der tariflichen Regelung einzelvertraglich zu vereinbaren. § 622 IV 2 findet auch Anwendung, wenn nur eine Arbeitsvertragspartei nicht an den TV gebunden ist. Zweck dieser Vorschrift ist es, AN gleichstellen zu können und vor allem eine Bevorzugung nichttarifgebundener AN zu vermeiden, die eintreten könnte, wenn nur Tarifunterworfene die ggf. ungünstigere Tarifregelung gegen sich gelten lassen müßten.

82 Eine Bezugnahme auf den TV ist nur im Rahmen seines räumlichen, sachlichen und persönlichen Geltungsbereiches zulässig. Das stellt § 622 IV 2 sicher, indem er sachlich die Vereinbarung des **einschlägigen TV** fordert. Hierdurch wird verhindert, daß stets nur besonders kurze Fristen vertraglich vereinbart werden und die gesetzlichen Vorschriften ohne Rücksicht auf die Branchenüblichkeit umgangen werden können. Im Grundsatz ist damit die Einbeziehung „fremder" TV ausgeschlossen, sofern sie nicht günstiger als das Gesetz sind. Dies gilt auch, wenn sie zwar günstiger als der einschlägige TV, aber ungünstiger als das Gesetz sind.

83 Den Anforderungen des § 622 IV 2 genügt es nicht, wenn nur einzelne ausgewählte Tarifregelungen einbezogen werden (*Wank* NZA 1993, 961, 965). Vielmehr muß der TV in seiner Gesamtheit oder die tarifliche **Regelung der ordentlichen Kündigung** insgesamt übernommen werden (*Dietz* DB 1974, 1770; v. *Hoyningen-Huene* RdA 1974, 142; *Richardi* ZfA 1971, 87; MünchKommBGB/*Schwerdtner* Rn. 73; aA *Staudinger/Preis* Rn. 45 [bestimmte Frist auswählbar]). Damit ist es nicht möglich, allein die tariflichen Vorschriften über bestimmte Fristen (zB für die Probezeit) oder Termine zu vereinbaren, weil andernfalls die vom Gesetz vorausgesetzte Ausgewogenheit der tariflichen Kündigungsregelung nicht mehr gewährleistet wäre.

84 Die vereinbarte tarifliche Regelung hat gegenüber den gesetzlichen Mindestbedingungen **dieselbe Wirkung wie der TV** selbst. Sie nimmt also an dessen Vorrang teil und läßt die gegenüber den gesetzlichen Vorschriften verkürzten tariflichen Kündigungsfristen auch für den Arbeitsvertrag gelten.

85 Die Vereinbarung kann gleichermaßen einen geltenden oder **nachwirkenden TV** betreffen (vgl. zu § 13 BUrlG: BAG 27. 6. 1978 AP BUrlG § 13 Nr. 12). Das hat besonders dann Bedeutung, wenn an sich Tarifgebundene im Nachwirkungszeitraum einen Arbeitsvertrag schließen, weil der TV andernfalls im Arbeitsverhältnis keine Wirkungen entfaltete. Nur so wird erreicht, daß einheitliche Vorschriften für vor und nach Tarifkündigung eintretende AN gelten und im vorübergehend tariflosen Zustand nicht andere Mindestkündigungsfristen gelten als zuvor. Nach dem Zweck der Zulassungsnorm sollen innerhalb eines Betriebes möglichst einheitliche Bedingungen gelten. Diesem Anliegen würde es widersprechen, für die vorübergehende Zeit eines tariflosen Zustandes andere und unterschiedliche Kündigungsfristen als vorher und nachher gelten zu lassen (v. *Hoyningen-Huene* RdA 1974, 150). Die arbeitsvertragliche Bezugnahme muß deutlich auf den nachwirkenden TV hinweisen. Dazu reicht die Verweisung auf einen „den AG bindenden" TV nicht aus (BAG 18. 8. 1982 – 5 AZR 281/80 – nv.).

86 Soweit der in Bezug genommene TV gegen **höherrangiges Recht** verstößt (insb. Art. 3 I GG), gilt die gesetzliche Regelung (*Worzalla* NZA 1994, 145, 150). Wird die tarifliche Regelung durch eine andere ersetzt, entfällt die Vorrangwirkung des konkret in Bezug genommenen TV. Es ist deshalb sinnvoll, die „jeweils" geltende Tarifbestimmung zu vereinbaren.

87 Die vereinbarten tariflichen Kündigungsbestimmungen können vertraglich jederzeit wieder aufgehoben oder abgeändert werden. Der AN ist gegen spätere Verschlechterungen seiner Rechtsstellung dadurch geschützt, daß bei einer **Aufhebung der Bezugnahme** keine gegenüber dem Gesetz ungünstigeren Regelungen vereinbart werden können.

88 **b) Inhaltliche Anforderungen.** Die Vereinbarung kann ausdrücklich, aber auch stillschweigend oder durch betriebliche Übung erfolgen (§ 611 Rn. 284; aA BAG 3. 7. 1996 RzK I 3 e Nr. 62). Vor allem bei allgemeiner Anwendung eines TV auf alle AN eines Betriebes wird eine stillschweigende Vereinbarung bzw. eine einzelvertragliche **Vereinbarung aufgrund betrieblicher Übung** anzunehmen sein (differenzierend *Annuß* BB 1999, 2558, 2562). Besteht eine betriebliche Übung, bestimmte Regelungen eines TV (zB Urlaub, Lohn) auf alle Beschäftigten anzuwenden, begründet allein dieser Umstand noch nicht die Anwendbarkeit des gesamten TV einschließlich der Regelung der Kündigungsfristen und -termine (vgl. BAG 19. 1. 1999 AP TVG § 1 Bezugnahme auf Tarifvertrag Nr. 9 =

V. Einzelvertragliche Vereinbarungen § 622 BGB 230

NZA 1999, 879, 881). Dagegen ist die Übernahme der tariflichen Vorschriften mit für den AN zwingender Wirkung durch Betriebsvereinbarung unzulässig, sofern nicht der TV eine Öffnungsklausel enthält (§ 77 III BetrVG).

Die Verweisung muß so eindeutig sein, daß es zweifelsfrei möglich ist, den anwendbaren TV zu 89 ermitteln (*Wiedemann/Oetker* § 3 Rn. 233). Dazu genügt **Bestimmbarkeit** des einbezogenen TV. Den Anforderungen des § 622 IV 2 wird auch entsprochen, wenn im Arbeitsvertrag die tarifliche Regelung wiederholt wird.

Ist allgemein auf den **einschlägigen TV** verwiesen worden, liegt darin zugleich eine ausreichend 90 deutliche und bestimmt Vereinbarung der tariflichen Kündigungsvorschriften (MünchKommBGB/ *Schwerdtner* Rn. 75; *Schaub* § 124 Rn. 35). Es ist nicht erforderlich, daß sich die Parteien bewußt sind, damit von der gesetzlichen Regelung abzuweichen (vgl. *Dietz* DB 1974, 1770).

3. Vereinbarung günstigerer Regelungen (§ 4 III TVG). a) Individualabreden. Regelungen über 91 die Frist der Kündigung und deren Termin betreffen die Beendigung des Arbeitsverhältnisses; es handelt sich um Beendigungsnormen iSv. §§ 1 I, 4 I 1 TVG. Hiervon abw. einzelvertragliche Vereinbarungen sind gem. § 4 III TVG zulässig, wenn sie für den AN günstiger sind als die entsprechenden tariflichen Bestimmungen. Dieses **Günstigkeitsprinzip** gestattet es dem AG, mit einem tarifgebundenen AN Kündigungsfristen und -termine zu vereinbaren, die zwar schlechter als die gesetzlichen Bestimmungen, aber für den AN besser als die Vorschriften des einschlägigen TV sind (*Dietz* DB 1974, 1770; *Soergel/Kraft* Rn. 22). Die zwingende Wirkung der gesetzlichen Bestimmungen wird durch den Vorrang des TV verdrängt, so daß beim Günstigkeitsvergleich nur die einschlägige tarifliche Regelung und die abw. vertragliche Vereinbarung miteinander zu vergleichen sind.

Bei der Prüfung, ob die einzelvertragliche Abmachung günstiger ist als der kraft beiderseitiger Tarif- 92 bindung geltende TV, dürfen nicht getrennt die Kündigungsfristen und die Kündigungstermine einander gegenübergestellt werden (LAG Nürnberg 13. 4. 1999 NZA-RR 2000, 80; *Preis/Kramer* DB 1993, 2125, 2130; *Diller* NZA 2000, 293, 296; aA LAG Hamm 1. 2. 1996 LAGE BGB § 622 Nr. 38). Vielmehr müssen die Kündigungsvorschriften des TV und die vertragliche Regelung nach einem individuellen Maßstab und in objektiver Würdigung insgesamt miteinander verglichen werden (sog. **Gruppenvergleich**). Letztlich entscheidet die sich aus den jeweiligen Vorschriften ergebende Gesamtbindungsdauer (Kündigungsfrist unter Berücksichtigung des Kündigungstermins) (*Kramer*, Kündigungsvereinbarungen im Arbeitsvertrag, 1994, S. 122). Es ist zu prüfen, welche Regelung im Verlaufe eines Kalenderjahres die längere Bindungsdauer gewährleistet (*Diller* NZA 2000, 293, 296 f.). Der für den Günstigkeitsvergleich maßgebende Zeitpunkt ist der Vertragsschluß (BAG 12. 4. 1972 AP TVG § 4 Günstigkeitsprinzip Nr. 13). Es muß also schon von vornherein voraussehbar sein, welche Regelung für den konkret betroffenen AN günstiger ist (aA LAG Nds. 8. 2. 2000 NZA-RR 2000, 428 – abstrakt –).

Eine Verlängerung tariflicher Kündigungsfristen im Einzelarbeitsvertrag wird für den AN im Regel- 93 fall günstiger sein. Dies ist aber nicht eindeutig, denn es kommt darauf an, ob für den AN das **Mobilitäts- oder Bestandsschutzinteresse** überwiegt (*Staudinger/Preis* Rn. 88). Dieses nachträglich festzustellen, kann mit erheblichen Schwierigkeiten verbunden sein (*Adomeit/Thau* NJW 1994, 11). Läßt sich ein überwiegendes Interesse nicht feststellen, ist die günstigkeitsneutrale vertragliche Regelung nach § 4 III TVG unwirksam, weil die Günstigkeit nicht festgestellt ist (BAG 12. 4. 1972 AP TVG § 4 Günstigkeitsprinzip Nr. 13; *Staudinger/Preis* Rn. 89; aA *Joost* ZfA 1984, 173, 183).

b) Verweisung auf Tarifverträge außerhalb ihres Geltungsbereiches. Für den AN kann es im 94 Vergleich zu § 622 günstiger sein, die Übernahme eines anderen, nach seinem Geltungsbereich unanwendbaren TV zu vereinbaren (*Däubler* Tarifvertragsrecht Rn. 336; *Dietz* DB 1974, 1770, 1771; *Richardi* ZfA 1971, 85 f; einschränkend BAG 10. 6. 1965 AP TVG § 9 Nr. 13: Vereinbarung eines fremden TV, solange kein einschlägiger TV abgeschlossen ist). Eine derartige Bezugnahme ist zwar grds. möglich, erfüllt aber nicht die Voraussetzungen des § 622 IV 2, so daß der „fremde" TV nicht an der Vorrangwirkung teilnimmt.

c) Verlängerung gesetzlicher Fristen. aa) Grundsatz. Eine **einzelvertragliche Verlängerung** der 95 gesetzlichen Kündigungsfristen ist grds. möglich. Dies stellt § 622 V 2 ausdrücklich klar (*Wank* NZA 1993, 961, 965). Bei einer vertraglichen Verlängerung der gesetzlichen Kündigungsfrist gelten die üblichen gesetzlichen Kündigungstermine, soweit keine ausdrückliche Regelung über den Kündigungstermin getroffen wird oder sich ein anderer Parteiwille im Wege der Auslegung ergibt.

Die gem. § 622 II verlängerten Kündigungsfristen gelten nur für die Kündigung des Arbeitsverhält- 96 nisses durch den AG. Zulässig ist es zu vereinbaren, daß diese längeren Kündigungsfristen und gesetzlichen Kündigungstermine (§ 622 II) auch für die Kündigung durch den AN gelten sollen. Durch eine solche **Gleichbehandlungsabrede** können die verlängerten Fristen auf die Kündigung des Arbeitsverhältnisses durch den AN erstreckt werden. In § 622 findet sich kein Anhaltspunkt dafür, daß die Privatautonomie insoweit eingeschränkt wäre. Mit § 622 V soll nur sichergestellt werden, daß die in den Abs. 1 bis 3 genannten Fristen einzelvertraglich nicht verkürzt werden dürfen. Eine einzelvertragliche Anpassung der arbeitnehmerseitigen Kündigungsfrist an die an sich nur für den AG geltenden verlängerten Kündigungsfristen des § 622 II wird davon nicht erfaßt, verstößt also nicht gegen § 622 V. Derartige Gleichbehandlungsklauseln sind auch mit § 622 VI vereinbar, weil diese Vorschrift

Müller-Glöge 1637

den AN nur vor einer Schlechter-, nicht aber vor einer Gleichstellung schützt (*Kramer*, Kündigungsvereinbarungen im Arbeitsvertrag, 1994, S. 143).

97 **bb) Änderung der Kündigungstermine.** Außerhalb des Fünfzehnten oder eines Monatsendes liegende Kündigungstermine können nicht als Ausgleich für erheblich verlängerte Kündigungsfristen vereinbart werden. Der Fünfzehnte und der Schluß eines Kalendermonats sind für die Kündigung des Arbeitsverhältnisses die zwingenden, vertraglich unabdingbaren Kündigungstermine. Den Arbeitsvertragsparteien ist lediglich die Gestaltungsmöglichkeit verblieben, einzelne gesetzliche Kündigungstermine vertraglich auszuschließen, indem Kündigungen nicht zu jedem Fünfzehnten oder zum Ende eines jeden Kalendermonats zugelassen werden. Dementsprechend können also weiterhin **Kündigungen zum Quartalsende** oder zum Jahresschluß vereinbart werden, denn diese Termine sind zugleich das Ende eines Kalendermonats. Ist die Kündigung zum Halbjahr vereinbart, kann zum 30. 6. und zum 31. 12. gekündigt werden (*Diller* NZA 2000, 293, 294).

98 **cc) Grenzen.** Die Verlängerung der gesetzlichen Kündigungsfristen ist nicht grenzenlos zulässig. Eine gesetzlich verankerte Grenze ergibt sich zunächst aus **§ 624**. Danach darf ein AN maximal fünfeinhalb Jahre an den Arbeitsvertrag gebunden werden. Darüber hinaus kann eine einzelvertragliche Kündigungsfrist, die zwar die nach § 624 gesetzten Grenzen einhält, aber wesentlich länger als die gesetzliche Frist ist, im Einzelfall das Grundrecht des AN auf freie Wahl des Arbeitsplatzes nach **Art. 12 I GG** verletzen oder ihn in sittenwidriger Weise in seiner beruflichen und wirtschaftlichen Bewegungsfreiheit beschränken (§ 138 I – *Staudinger/Preis* Rn. 50; *Schaub* § 124 Rn. 40; vgl. BAG 17. 10. 1969 AP BGB § 611 Treuepflicht Nr. 7 = DB 1970, 497). Wegen des gegebenen Regulativs der außerordentlichen Kündigung (§ 626) werden idR auch überaus lange Kündigungsfristen als wirksam anzusehen sein. ZB hat das BAG (19. 12. 1991 AP BGB § 624 Nr. 2 = DB 1992, 949) eine einjährige Kündigungsfrist zum Ablauf eines Fünf-Jahres-Vertrages als nicht unangemessen gewürdigt.

99 Auch bei Verlängerung der Kündigungsfristen durch den **Einzelarbeitsvertrag** sind die Parteien an den Grundsatz des Abs. 6 gebunden, daß die Frist für den AN nicht länger sein darf als für die Kündigung durch den AG (*Staudinger/Preis* Rn. 52; *Kramer*, Kündigungsvereinbarungen im Arbeitsvertrag, 1994, S. 109).

VI. Kündigungserschwerungen

100 **1. Rechtliche Erschwerungen.** Gem. § 622 VI darf für die Kündigung des Arbeitsverhältnisses durch den AN keine längere Frist vereinbart werden als für die Kündigung durch den AG. Über den zu engen Wortlaut der Vorschrift hinaus werden auch die Kündigungstermine erfaßt (*Preis/Kramer* DB 1993, 2125, 2128). Dieses Benachteiligungsverbot gilt auch für die TVParteien. Andererseits können für die Kündigung durch den AG längere Kündigungsfristen vereinbart werden (*Staudinger/Preis* Rn. 54).

101 **2. Faktische Hindernisse.** § 622 VI enthält über die Regelung der Kündigungsfristen und -termine hinaus den allgemeinen Grundsatz, daß die ordentliche Kündigung durch den AN im Vergleich zu der des AG nicht erschwert werden darf. Aus diesem Grunde sind auch faktische Kündigungsbeschränkungen, die zwar nicht unmittelbar auf die Wirksamkeit der Kündigung, wohl aber auf den Kündigungsentschluß des Kündigungsberechtigten Einfluß zu nehmen suchen, zu Lasten des AN unzulässig.

102 So darf für den Fall der fristgemäßen Kündigung durch den AN eine **Vertragsstrafe** nicht vereinbart werden (BAG 9. 3. 1972 AP BGB § 622 Nr. 12 = DB 1972, 1245; vgl. §§ 339 bis 345 Rn. 16). Ebensowenig darf für den Fall der fristgerechten Kündigung der Verfall einer vom AN gestellten **Kaution** vorgesehen werden (BAG 11. 3. 1971 AP BGB § 622 Nr. 9 = DB 1971, 1068).

103 Eine unzulässige Kündigungserschwerung liegt des weiteren vor, wenn eine Provisionszusage mit einer jahresbezogenen Mindestumsatzgrenze verbunden wird, weil sie den AN zur Vermeidung erheblicher **Verdiensteinbußen** veranlassen könnte, nur zum Ablauf des Bemessungszeitraumes zu kündigen (BAG 20. 8. 1996 AP HGB § 87 Nr. 9 = NZA 1996, 1151). Eine verdiente, aber erst im Folgejahr auszuzahlende Umsatzbeteiligung darf in ihrem rechtlichen Bestand nicht davon abhängig gemacht werden, ob der AN das Arbeitsverhältnis ordentlich kündigt (BAG 8. 9. 1998 AP HGB § 87 a Nr. 6).

104 **Rückzahlungsklauseln,** die den AN verpflichten, zB Gratifikationen, Urlaubsgeld, Umzugskosten oder Prämien zurückzuzahlen, wenn er überhaupt oder vor einem bestimmten Zeitpunkt kündigt, sind unwirksam, wenn sie unter Verletzung von Art. 12 GG zu einer unangemessen langen Betriebsbindung führen und damit das Kündigungsrecht unverhältnismäßig erschweren. Gleiches gilt für eine vertraglich vereinbarte **Abfindung,** die der AN dem AG im Falle der ordentlichen Kündigung zahlen soll (BAG 6. 9. 1989 AP BGB § 622 Nr. 27 = NZA 1990, 147).

105 Wenn es allein um die Verpflichtung zur Rückzahlung von **Ausbildungskosten** geht, stellt die Rspr. des BAG (zB 16. 3. 1994 AP BGB § 611 Abhängigkeit Nr. 68 = NZA 1994, 1132) ausschließlich darauf ab, ob der AN durch die Rückzahlungsverpflichtung in seinem Grundrecht auf freie Wahl des Arbeitsplatzes (§ 242 iVm. Art. 12 GG) beeinträchtigt wird.

VII. Ausschluß der ordentlichen Kündigung

1. Tarifliche Unkündbarkeit. In verschiedenen TV wird die ordentliche Kündigung des Arbeits- 106
verhältnisses durch den AG abhängig vom Vorliegen bestimmter Voraussetzungen ausgeschlossen. ZB
sind im öffentlichen Dienst Angestellte und Arbeiter nach einer Beschäftigungszeit von 15 Jahren
frühestens nach der Vollendung des 40. Lebensjahres in dem Sinne „unkündbar", daß der AG nicht
mehr ordentlich, sondern nur noch außerordentlich aus wichtigem Grunde kündigen kann (§ 53 BAT,
§ 58 MTB II, § 58 MTL II). Eine ordentliche Kündigung, die gegen ein tarifliches Kündigungsverbot
verstößt, ist unwirksam (§ 134 iVm. Art. 2 EGBGB).

Die Voraussetzungen der Unkündbarkeit müssen zwar grds. bereits bei Zugang der Kündigung 107
erfüllt sein. Eine wegen objektiver **Umgehung des § 53 BAT** tarifwidrige und deswegen unwirksame
Kündigung liegt aber auch dann vor, wenn eine kurz vor Eintritt der Unkündbarkeit erklärte ordentliche Kündigung erst zu einem späteren als dem nächstzulässigen Kündigungstermin wirken soll und
der AG für eine derartig frühzeitige Kündigung keinen einleuchtenden Grund hat (BAG 16. 10. 1987
AP BAT § 53 Nr. 2; SPV/*Preis* Rn. 207).

Ein tarifliches Kündigungsverbot für ordentliche Kündigungen erfaßt im Zweifel auch ordentliche 108
Änderungskündigungen (BAG 10. 3. 1982 AP KSchG 1969 § 2 Nr. 2 = NJW 1982, 2839; SPV/*Preis*
Rn. 208).

Tarifliche Regelungen über den Ausschluß der ordentlichen Kündigung enthalten keine unzulässi- 109
gen Differenzierungen zwischen organisierten und nicht organisierten AN (vgl. zum **Differenzierungsverbot** BAG [GS] 29. 11. 1967 AP GG Art. 9 Nr. 13 = NJW 1968, 1903), weil sie es den AG
nicht verwehren, die Vergünstigung auch nichtorganisierten AN zu gewähren. Im öffentlichen Dienst
sind entsprechende einzelvertragliche Vereinbarungen aus haushaltsrechtlichen Gründen üblich. Es
verstößt auch nicht gegen das Gleichbehandlungsgebot oder Art. 3 GG, die Unkündbarkeit vom Alter
und von der Dauer der Betriebszugehörigkeit abhängig zu machen.

In **Rationalisierungsschutzabkommen** werden Kündigungsverbote bisweilen mit einer Verset- 110
zungspflicht kombiniert. Derartige Beschränkungen dürften allerdings unwirksam sein, soweit sie
künftige Rationalisierungen von vornherein völlig unwirtschaftlich machen (*Koller* ZfA 1978, 45;
Reuter ZfA 1978, 1).

2. Einzelvertraglicher Ausschluß. Durch individualvertragliche Kündigungsregelungen kann das 111
Recht zur ordentlichen **Kündigung mit bindender Wirkung ausgeschlossen** oder eingeschränkt
werden. ZB ist die ordentliche Kündigung eines befristeten Arbeitsverhältnisses ausgeschlossen, wenn
sich die Parteien nicht die Möglichkeit zur ordentlichen Kündigung vorbehalten haben (BAG 19. 6.
1980 AP BGB § 620 Befristeter Arbeitsvertrag Nr. 55 = NJW 1981, 246).

Möglich sind auch **schuldrechtliche Kündigungsbeschränkungen**, die zwar das Kündigungsrecht 112
selbst unberührt lassen, aber die Verpflichtung begründen, das Kündigungsrecht nur unter bestimmten
Voraussetzungen auszuüben (BAG 8. 10. 1959 AP BGB § 620 Schuldrechtliche Kündigungsbeschränkung Nr. 1 = NJW 1960, 67). Die Zusage einer Lebensstellung ist auslegungsbedürftig, enthält idR
aber nicht den Ausschluß der ordentlichen Kündigung (BAG 7. 11. 1968 AP HGB § 66 Nr. 3; KR/
Fischermeier § 624 Rn. 11; SPV/*Preis* Rn. 202 f.; aA *Kramer*, Kündigungsvereinbarungen im Arbeitsvertrag, 1994, S. 43 f.).

VIII. Besondere gesetzliche Kündigungsfristen

1. Berufliche Bildung. Während der Probezeit kann ein Ausbildungsverhältnis jederzeit entfristet 113
ordentlich gekündigt werden. Den Parteien steht es frei, diese ordentliche Kündigung unter Einhaltung einer Auslauffrist auszusprechen. Die Länge der Auslauffrist darf jedoch nicht zu einer unzumutbaren Verlängerung des Berufsausbildungsvertrages führen (BAG 10. 11. 1988 AP BBiG § 15 Nr. 8 =
NZA 1989, 268).

Nach der Probezeit kann das Berufsausbildungsverhältnis nur noch aus **wichtigem Grund** ohne 114
Einhalten einer Kündigungsfrist oder durch den Auszubildenden mit einer Kündigungsfrist von vier
Wochen, wenn er die Berufsausbildung aufgeben oder sich für eine andere Berufstätigkeit ausbilden
lassen will, gekündigt werden (§ 15 II BBiG). Im Insolvenzverfahren des AG kann das Ausbildungsverhältnis vom Insolvenzverwalter außerordentlich nur unter Einhaltung der Kündigungsfrist des
§ 113 I InsO als Auslauffrist gekündigt werden (vgl. § 113 InsO Rn. 6).

2. Schwerbehindertenschutz. Schwerbehinderten und den diesen Gleichgestellten darf nach Ablauf 115
der ersten sechs Monate des Arbeitsverhältnisses nur unter Einhaltung einer **Mindestkündigungsfrist
von vier Wochen** gekündigt werden (§ 16 SchwbG). Da diese Frist vom Gesetzgeber im öffentlichen
Interesse geschaffen worden ist, hat sie zwingenden Charakter und darf deshalb nicht verkürzt
werden. Längere Kündigungsfristen (zB kraft Gesetzes, aufgrund TV oder Arbeitsvertrages) haben
Vorrang gegenüber § 16 SchwbG (BAG 25. 2. 1981 AP SchwbG § 17 Nr. 2 = NJW 1981, 246). Für die
Kündigung durch den Schwerbehinderten gilt § 16 SchwbG nicht, denn der 4. Abschnitt des SchwbG
regelt allein die Kündigung durch den AG (vgl. KR/*Etzel* §§ 15–20 SchwbG Rn. 134; *Cramer*

SchwbG § 16 Rn. 4; aA wegen des Wortlauts der Norm: *Dörner* SchwbG § 16 Anm. 2 b; *Neumann/ Pahlen* SchwbG § 16 Rn. 4).

116 **3. Erziehungsurlaub.** Nach § 19 BErzGG kann der den Erziehungsurlaub in Anspruch nehmende AN das Arbeitsverhältnis **zum Ende des Erziehungsurlaubs** unter Einhaltung einer Kündigungsfrist von **drei Monaten** kündigen. Zur selben Zeit ist das Arbeitsverhältnis für den AG nicht kündbar (§ 18 BErzGG). Abw., insb. einschränkende Vereinbarungen sind unwirksam (vgl. BAG 16. 10. 1991 AP BErzGG § 19 Nr. 1 = NZA 1992, 793).

117 **4. Arbeitnehmerüberlassung.** Gem. § 11 IV 1 AÜG findet § 622 V Nr. 1 keine Anwendung auf Leiharbeitsverhältnisse. Dh. kürzere als die in § 622 I geregelten Kündigungsfristen können für LeihAN in Aushilfsarbeitsverhältnissen nur tarifvertraglich bzw. durch Bezugnahme auf einen einschlägigen TV festgelegt werden (*Staudinger/Preis* Rn. 19; *Voss* NZA 1994, 57).

118 **5. Heimarbeit.** Durch das KündFG wurden die Kündigungsfristen für Heimarbeiter der Neuregelung des § 622 angepaßt. Nach § 29 III HAG beträgt die Grundkündigungsfrist für Heimarbeiter vier Wochen zum Fünfzehnten oder zum Ende eines Kalendermonats. Mit steigender Beschäftigungsdauer verlängert sich die Frist für die Kündigung des Auftraggebers oder des Zwischenmeisters in gleicher Weise wie für Arbeitsverhältnisse nach § 622 II (vgl. § 29 IV HAG). Auch die Kündigungsfrist während der vereinbarten Probezeit gilt entsprechend (§ 29 III 2 HAG). Im übrigen findet § 622 IV bis VI Anwendung.

119 **6. Schiffsbesatzungen.** Die Kündigungsfristen für die Beendigung des Heuerverhältnisses der Besatzungsmitglieder (Schiffsleute, Schiffsoffiziere und sonstige Angestellte) und des Kapitäns auf Kauffahrteischiffen unter Bundesflagge wurden durch das KündFG weitgehend den Kündigungsfristen des § 622 angepaßt. Die bisher unterschiedlichen Kündigungsfristen wurden vom Gesetzgeber zu Recht als überholt und nicht mehr gerechtfertigt angesehen (BT-Drucks. 12/4902 S. 10).

120 In § 63 I SeemansG ist eine Sonderregelung für das **Heuerverhältnis von Besatzungsmitgliedern** enthalten. Dieses kann während der ersten drei Monate mit einer Frist von einer Woche gekündigt werden. Dauert die Reise länger als drei Monate, so kann die Kündigung während der ersten sechs Monate noch in den auf die Beendigung der Reise folgenden drei Tagen mit Wochenfrist ausgesprochen werden. Anschließend beträgt die Kündigungsfrist vier Wochen zum 15. oder zum Ende eines Kalendermonats. Sie erhöht sich auf zwei Monate zum Ende eines Kalendermonats, wenn das Heuerverhältnis in dem Betrieb oder Unternehmen zwei Jahre bestanden hat.

121 In § 63 II SeemannsG sind für die **Kündigung durch den Reeder** verlängerte Kündigungsfristen geregelt, wenn das Heuerverhältnis in dem Betrieb oder Unternehmen acht Jahre und mehr bestanden hat. Die Verlängerung entspricht den in § 622 II geregelten Steigerungsstufen. Im übrigen sind nach § 63 II a SeemannsG die Regelungen in § 622 III bis VI entsprechend anwendbar.

122 Für das auf unbestimmte Zeit eingegangene **Heuerverhältnis mit einem Kapitän** enthält § 78 III 1 SeemannsG eine Kündigungsfrist von vier Wochen zum 15. oder zum Ende des Kalendermonats. Hat das Heuerverhältnis länger als zwei Jahre bestanden, verlängert sich die Kündigungsfrist auf zwei Monate zum Ende eines Kalendermonats.

123 **7. Insolvenzverfahren.** Zu den Kündigungsfristen im Insolvenzverfahren vgl. die Erl. zu § 113 InsO.

IX. Darlegungs- und Beweislast

124 Wer aus der Geltung verlängerter Kündigungsfristen Rechte herleitet, hat deren Voraussetzungen darzulegen und zu beweisen. Für das Vorliegen eines Aushilfsarbeitsverhältnisses trägt derjenige die Beweislast, der aus § 622 V Nr. 1 Rechte herleitet.

X. Übergangsvorschriften (Art. 222 EGBGB)

125 **1. Gesetzliche Regelung.** § 622 hat seine jetzige Fassung durch Art. 1 des am 15. 10. 1993 in Kraft getretenen KündFG erhalten. Die Neufassung ist damit auf jede seither ausgesprochene Kündigung anzuwenden. Für zuvor ausgesprochene Kündigungen gilt folgende gem. Art. 2 Nr. 1 KündFG in das EGBGB eingefügte Übergangsvorschrift:

Art. 222 EGBGB
Übergangsvorschrift zum Kündigungsfristengesetz vom 7. Oktober 1993

Bei einer vor dem 15. Oktober 1993 zugegangenen Kündigung gilt Artikel 1 des Kündigungsfristengesetzes vom 7. Oktober 1993 (BGBl. I S. 1668), wenn am 15. Oktober 1993
1. das Arbeitsverhältnis noch nicht beendet ist und die Vorschriften des Artikels 1 des Kündigungsfristengesetzes vom 7. Oktober 1993 für den Arbeitnehmer günstiger als die vor dem 15. Oktober 1993 geltenden gesetzlichen Vorschriften sind oder

X. Übergangsvorschriften (Art. 222 EGBGB) § 622 BGB 230

2. ein Rechtsstreit anhängig ist, bei dem die Entscheidung über den Zeitpunkt der Beendigung des Arbeitsverhältnisses abhängt von
a) der Vorschrift des § 622 Abs. 2 Satz 1 und Satz 2 erster Halbsatz des Bürgerlichen Gesetzbuchs in der Fassung des Artikels 2 Nr. 4 des Ersten Arbeitsrechtsbereinigungsgesetzes vom 14. August 1969 (BGBl. I S. 1106) oder
b) der Vorschrift des § 2 Abs. 1 Satz 1 des Gesetzes über die Fristen für die Kündigung von Angestellten in der im Bundesgesetzblatt Teil III, Gliederungsnummer 800-1, veröffentlichten bereinigten Fassung, das zuletzt durch Artikel 30 des Gesetzes vom 18. Dezember 1989 (BGBl. I S. 2261) geändert worden ist, soweit danach die Beschäftigung von in der Regel mehr als zwei Angestellten durch den Arbeitgeber Voraussetzung für die Verlängerung der Fristen für die Kündigung von Angestellten ist.

Der erste Tatbestand des Art. 222 EGBGB unterwirft die **vor dem 15. 10. 1993 erklärten Kündigungen** der Neuregelung, wenn das Arbeitsverhältnis zum Zeitpunkt des Inkrafttretens der Neuregelung noch nicht beendet und die Neuregelung für den AN günstiger als die alte gesetzliche Regelung ist. 126

Der zweite Tatbestand des Art. 222 EGBGB erfaßt vor dem 15. 10. 1993 erklärte Kündigungen, deren Kündigungstermin vor demselben Zeitpunkt lag, über deren Wirksamkeit aber noch ein **Rechtsstreit anhängig** ist, in dem es für die Entscheidung über den Zeitpunkt der Auflösung des Arbeitsverhältnisses auf § 622 II 1 und 2 1. Halbs. aF oder § 2 AngKSchG ankommt. Dies betrifft insb. die arbeitsgerichtlichen Verfahren, die nach dem Beschluß des BVerfG vom 30. 5. 1990 (AP BGB § 622 Nr. 28 = NZA 1990, 721) ausgesetzt wurden. 127

Die Neuregelung gilt bundesweit und löst auch § 55 AGB-DDR 1990 ab. Ist die Kündigung unter Geltung des **§ 55 AGB-DDR 1990** ausgesprochen worden, kommt § 622 nF zur Anwendung, wenn das Arbeitsverhältnis am 15. 10. 1993 noch nicht beendet gewesen ist und die Neuregelung für den AN günstiger ist (Art. 222 Nr. 1). Hingegen gibt es keine Anwendung des neuen Rechts in noch anhängigen Rechtsstreiten gem. Art. 222 Nr. 2. Insofern bedurfte es keiner Rückwirkung der Neuregelung, weil § 55 AGB-DDR 1990 keine ungleichen Kündigungsfristen für Arbeiter und Angestellte vorsah. 128

Über den Wortlaut des Art. 222 hinaus gilt die Neuregelung auch für vor dem Inkrafttreten des KündFG ausgesprochene **ordentliche Änderungskündigungen,** bei denen allein über den Zeitpunkt des Wirksamwerdens der Vertragsänderung gestritten wird (BAG 12. 1. 1994 AP BGB § 622 Nr. 43 = NZA 1994, 751; *Staudinger/Preis* Rn. 92). 129

Was iSv. Art. 222 EGBGB „**günstiger**" ist, muß aus der Sicht eines verständigen AN unter Berücksichtigung aller Umstände des Einzelfalls beurteilt werden. Die längeren Kündigungsfristen werden nicht stets günstiger sein. Andernfalls hätte das Gesetz einfach von „längeren" Kündigungsfristen sprechen können. Doch wird idR anzunehmen sein, daß angesichts der angespannten Arbeitsmarktlage für die meisten AN das **Bestandsschutzinteresse** ihr Mobilitätsinteresse überwiegt. 130

2. Verfassungsrecht. Das KündFG hat verfassungsmäßige Kündigungsfristen gebracht. Allerdings bewirkt Art. 222 EGBGB eine Ungleichbehandlung zwischen Arbeitern und Angestellten in nahezu allen Fällen, in denen vor dem 15. 10. 1993 eine Kündigung zugegangen ist. 131

Die Teilregelung in Art. 222 Nr. 2 b EGBGB hat zwar für Betriebe, die idR nicht mehr als zwei Angestellte beschäftigen (§ 2 des aufgehobenen AngKSchG), zu einer rückwirkenden Änderung der für Angestellte geltenden Kündigungsfristen geführt. Die **Kleinstbetriebsklausel** in § 2 AngKSchG wurde jedoch schon seit geraumer Zeit als **verfassungswidrig** angesehen (Vorlagebeschluß des BAG gem. Art. 100 I GG vom 16. 1. 1992 AP AngestelltenkündigungsG § 2 Nr. 12 = NZA 1992, 591). Angesichts der Rechtslage konnte kein schutzwürdiges Vertrauen entstehen (BAG 17. 3. 1994 AP BGB § 622 Nr. 45 = NZA 1994, 785; *Bauer/Rennpferdt* AR-Blattei SD 1010.5 Rn. 17). 132

Für die **rückwirkende Verlängerung der Kündigungsfristen** für Arbeiter durch die Teilregelungen in Art. 222 Nr. 1 und in Nr. 2 a sowie für AN, deren Kündigungsfrist sich bislang nach § 55 AGB-DDR bestimmte, gilt nichts anderes. Aufgrund der Entscheidung des BVerfG vom 30. 5. 1990 (AP BGB § 622 Nr. 28 = NZA 1990, 721) war der Gesetzgeber gehalten, § 622 II bis 30. 6. 1993 mit dem GG in Einklang zu bringen. Seit dieser Entscheidung des BVerfG konnte kein AG mehr auf das Fortbestehen der ungleichen Kündigungsfristen vertrauen (*Adomeit/Thau* NJW 1994, 11, 14). 133

Die Regelung in Nr. 2 knüpft richtigerweise an die **Anhängigkeit eines Rechtsstreits** über die Beendigung des Arbeitsverhältnisses an und berücksichtigt damit schutzwerte Vertrauen in abgeschlossene Tatbestände (BAG 10. 3. 1994 AP BGB § 622 Nr. 44 = NZA 1995, 799). Gleiches gilt für vor dem Inkrafttreten des KündFG gegenüber Arbeitern ausgesprochene (ordentliche) Änderungskündigungen, bei denen nur über den Zeitpunkt des Wirksamwerdens der Vertragsänderung gestritten wird (BAG 12. 1. 1994 AP BGB § 622 Nr. 43 = NZA 1994, 751). 134

Arbeiter können im Anwendungsbereich der Übergangsvorschrift lediglich die für sie durch das KündFG verbesserten Kündigungsfristen und nicht die zum Zeitpunkt der Kündigung geltenden günstigeren Angestelltenkündigungsfristen in Anspruch nehmen. Die darin liegende Ungleichbehand- 135 lung stellt **keinen Verstoß gegen Art. 3 I GG** dar (aA *Wollgast* AuR 1993, 325; *Kehrmann* AiB 1993, 749). Der Übergang zu einem gleichbehandelnden System zieht notwendigerweise Ungleichbehandlungen nach sich. Diese Ungleichbehandlung wiegt weniger schwer als die nach altem Recht. Zudem ist sie vorübergehender Natur und betrifft allein die Gruppe der bei Inkrafttreten des KündFG bereits gekündigten AN, deren Arbeitsverhältnisse zu diesem Zeitpunkt noch nicht beendet (Nr. 1), und die kleine Gruppe derjenigen, deren Kündigungsrechtsstreite bei Inkrafttreten des KündFG noch anhängig (Nr. 2 a) waren. Für die Ausgestaltung der Teilregelungen sprechen tragfähige Gründe: Der Gesetzgeber wollte für die kleine Gruppe der betroffenen Arbeiter als Übergangsregelung keine längeren Kündigungsfristen einführen, als das Gesetz in der dauerhaften Regelung vorsieht (vgl. zur Zielsetzung BT-Drucks. 12/4902 S. 7). Das ist im Interesse einer stetigen – schrittweisen – Rechtsentwicklung sinnvoll. Darüber hinaus war das Maß der Besserstellung gegenüber denjenigen Arbeitern zu beachten, deren Arbeitsverhältnis bereits beendet war oder die gerichtlichen Kündigungsschutz im fraglichen Zeitraum nicht in Anspruch genommen hatten. Entsprechendes gilt im Verhältnis zu gekündigten AN in den neuen Bundesländern (vgl. BVerfG 25. 1. 1994 AP EGBGB Art. 222 Nr. 1). Zudem darf nicht außer acht gelassen werden, daß in noch anhängigen Rechtsstreiten der Angestellten lediglich die kürzeren Fristen der Neufassung des § 622 anwendbar sind (BAG 17. 3. 1994 AP BGB § 622 Nr. 45 = NZA 1994, 785).

136 **3. Tarifliche Kündigungsfristen.** Art. 222 EGBGB betrifft lediglich das Verhältnis der neuen zu den alten gesetzlichen Regelungen über Kündigungsfristen. Die Übergangsvorschrift bezieht sich nicht auf **konstitutive tarifvertragliche Regelungen.** Wirksame tarifrechtliche Regelungen der Kündigungsfristen gehen dem Gesetz vor (§ 622 IV). Ist hingegen die tarifliche Kündigungsfristenregelung verfassungswidrig, wird die Tariflücke durch Anwendung des § 622 II nF ausgefüllt (vgl. Rn. 86). Liegt eine lediglich deklaratorische Klausel vor, fehlt es an einer tariflichen Regelung, so daß wiederum § 622 in seiner Neufassung Anwendung findet. Das BAG (18. 9. 1997 – 2 AZR 614/96 – nv.) hat in einem solchen Falle die rückwirkende Einführung konstitutiver tarifvertraglicher Regelungen als wirksam beurteilt.

137 **4. Individualvereinbarungen.** Auf vor dem 15. 10. 1993 begründete Arbeitsverhältnisse findet seither § 622 in seiner Neufassung Anwendung, wenn das Arbeitsverhältnis keinen abw. tarifvertraglichen Regelungen unterliegt. Bestand beim Inkrafttreten des KündFG eine einzelvertragliche Regelung der Kündigungsfristen, ist deren **Fortgeltung problematisch.** Der Gesetzgeber wollte weder in bestehende tarifvertragliche noch in einzelvertragliche Regelungen eingreifen (BT-Drucks 12/4902 S 7). Es ist aber im Einzelfall zu prüfen, ob die Arbeitsvertragsparteien überhaupt vor dem 15. 10. 1993 eine **konstitutive Regelung** oder eine bloß deklaratorische Verweisung auf die gesetzlichen Vorschriften vorgenommen haben (zu Auslegungsfragen in dem hier in Rede stehenden Zusammenhang: *Hromadka* BB 1993, 2372, 2375 ff.; *Preis/Kramer* DB 1993, 2125, 2130 ff.; *Bauer/Rennpferdt* AR-Blattei SD 1010.5 Rn. 87; *Diller* NZA 2000, 293, 294 f.).

138 Wird im Arbeitsvertrag lediglich auf die **„gesetzlichen Vorschriften"** Bezug genommen, so gelten, auch wenn der Arbeitsvertrag vor Inkrafttreten des KündFG abgeschlossen worden ist, für diesen Arbeitsvertrag nunmehr die neuen gesetzlichen Kündigungsfristen (*Bauer/Rennpferdt* AR-Blattei SD 1010.5 Rn. 89; *Kramer* ZIP 1994, 929, 937; *Worzalla* NZA 1994, 145, 150), denn in aller Regel wird das Gesetz in seiner jeweils gültigen Fassung in Bezug genommen.

139 Ein anderes Auslegungsergebnis – nämlich konstitutive Geltung der zum Zeitpunkt des Vertragsschlusses in Kraft befindlichen gesetzlichen Kündigungsfristen – liegt aber nahe, wenn die Vereinbarung auf näher bezeichnete gesetzliche Kündigungsfristen verweist. Jedenfalls wird von einer konstitutiven Regelung auszugehen sein, wenn die Klausel eine Frist **von „sechs Wochen zum Schluß des Kalendervierteljahres"** vorsieht (*Kramer* ZIP 1994, 929, 937; aA *Diller* NZA 2000, 293, 295). Derartige konstitutive Regelungen bleiben von der Neufassung des § 622 unberührt, sofern sie vor und nach dem 15. 10. 1993 mit der jeweils maßgeblichen Gesetzeslage vereinbar waren (*Bauer/Rennpferdt* AR-Blattei SD 1010.5 Rn. 91), also für den AN günstiger oder durch § 622 V zugelassen.

140 Die Formulierung „gesetzliche Kündigungsfrist von sechs Wochen zum Quartalsende" ist mehrdeutig. Einerseits wird von der **„gesetzlichen Kündigungsfrist"** gesprochen, andererseits wird die Frist von „sechs Wochen zum Quartalsende" ausdrücklich genannt. Im Zweifel wird die Vertragsauslegung zur konstitutiven Vereinbarung einer entsprechenden Mindestfrist gelangen.

§ 623 [Schriftform von Kündigung, Auflösungsvertrag und Befristung]

Die Beendigung von Arbeitsverhältnissen durch Kündigung oder Auflösungsvertrag sowie die Befristung bedürfen zu ihrer Wirksamkeit der Schriftform.

I. Normzweck und Entstehungsgeschichte

1 Das Gesetz zur Vereinfachung und Beschleunigung des arbeitsgerichtlichen Verfahrens vom 30. 3. 2000 (BGBl. I S. 333) hat den seit 1969 unbelegten § 623 mit neuem Inhalt gefüllt. Das am 1. 5. 2000

II. Anwendungsbereich

in Kraft getretene Gesetz geht auf den Entwurf des Landes Brandenburg (BR-Drucks. 671/96) zurück. Der Gesetzgeber hat mit dem Gesetz eine **Entlastung der Gerichte** für Arbeitssachen bezweckt. Die Wirkungen gehen weit darüber hinaus. § 623 führt für drei arbeitsrechtlich wesentliche Rechtsgeschäfte die gesetzliche Schriftform ein. Mit der Kündigung, der Befristung und dem Auflösungsvertrag werden drei häufig vorkommende, jeweils auf die Beendigung des Arbeitsverhältnisses gerichtete Rechtsgeschäfte von der früheren Formfreiheit ausgenommen. Dabei verdeutlicht der Wortlaut des § 623, daß die Befristung grds. bei Vertragsschluß und nicht in unmittelbarem Zusammenhang mit der Beendigung des Arbeitsverhältnisses vereinbart wird. § 623 führt allein die Kündigung und den Auflösungsvertrag als Beendigungstatbestand an. Ein interessanter Aspekt für die Abgrenzung der nachträglichen Befristung von dem Aufhebungsvertrag mit Auslauffrist (vgl. § 620 Rn. 48).

Das gesetzgeberische Ziel ist vorrangig in der **Stärkung der Rechtssicherheit** zu sehen. Die Schriftform besitzt eine in ihrer Bedeutung nicht zu unterschätzende Beweisfunktion. Es soll verhindert werden, daß über die Existenz einer Kündigung, einer Befristungsabrede oder eines Auflösungsvertrages Ungewißheit oder gar Streit besteht. So wird die Frage, welche nicht ausdrücklich als Kündigung bezeichneten Erklärungen als solche aufzufassen sind, Praxis und Schrifttum nicht mehr in bisherigen Umfang beschäftigen. Schriftform führt zum Nachdenken und zu einer anderen Ausdrucksweise. ZB wird die Aufforderung zur Herausgabe der Arbeitspapiere als schriftliche Kündigungserklärung kaum vorkommen. Rechtsstreitigkeiten, in denen durch Befragung von Zeugen zu klären ist, ob im Rahmen einer Auseinandersetzung zwischen den Parteien die eine oder die andere gekündigt hat oder gar beide einen Aufhebungsvertrag geschlossen haben, gehören der Vergangenheit an. Da die Mehrzahl der Kündigungen und Aufhebungsverträge bereits schriftlich erfolgen, bedeutet dies zwar keine große Entlastung der Gerichte. Aber es bewirkt im Interesse der Parteien eine deutliche Zunahme an Rechtssicherheit. 2

Nicht zu unterschätzen ist die **Warnfunktion** der Schriftform. Wer gehalten ist, seine Willenserklärung schriftlich niederzulegen und zu unterschreiben (vgl. §§ 125 bis 127 Rn. 14 ff.), hat mehr Zeit und Veranlassung darüber nachzudenken, ob er die angestrebte Rechtsfolge tatsächlich will. Insb. die Abfassung einer schriftlichen Kündigung gibt dem Erklärenden Gelegenheit, seinen spontanen Kündigungsentschluß zumindest noch einmal zu überdenken. Damit schützt die gesetzliche Schriftform vor Übereilung. 3

II. Anwendungsbereich

1. Arbeitsverhältnis. § 623 gehört zu den die Rechtsbeziehung von AG und AN regelnden Normen (vgl. § 611 Rn. 44 ff.). Arbeitnehmerähnliche Personen iSv. § 5 I 2 ArbGG, § 12 a TVG werden nicht erfaßt (BBDW/*Bader* Rn. 3). Ebensowenig andere freie Dienstnehmer, denn es entspricht der Terminologie der für das Dienstvertragsrecht geltenden Vorschriften der §§ 611 bis 630 jeweils das Arbeitsverhältnis besonders hervorzuheben, wenn der Geltungsbereich entsprechend eingeschränkt sein soll (*Gaul* DStR 2000, 691; *Richardi/Annuß* NJW 2000, 1231, 1232; *Kiel/Koch,* Die betriebsbedingte Kündigung, 2000, Vorbem. Rn. 3). Gem. § 3 II BBiG gilt § 623 auch für Berufsausbildungsverträge und Verträge mit Volontären und Praktikanten iSv. § 19 BBiG. Doch ergeben sich aus den Bestimmungen des BBiG Abweichungen, die § 623 vorgehen. So ordnet § 15 III BBiG die Schriftform der Kündigung an. Die Kündigung muß danach im Falle der außerordentlichen Kündigung und im Falle der Aufgabe der Berufsausbildung oder der Wahl der Ausbildung für eine andere Berufstätigkeit schriftlich erfolgen. Die Schriftform der Kündigung ist auch dort Wirksamkeitsvoraussetzung. Für das Insolvenzverfahren sieht § 113 InsO keine eigenständige Formvorschrift vor, so daß in der Insolvenz § 623 zu beachten ist. 4

Auch das **Seemannsrecht** regelt Schriftformerfordernisse (§§ 62 I, 78 II SeemannsG). So kann nach § 62 I SeemannsG das Heuerverhältnis, das auf unbestimmte Zeit begründet worden ist, von beiden Seiten nach Maßgabe des § 63 SeemannsG nur schriftlich gekündigt werden. 5

Eine besonders weitgehende Schriftformklausel findet sich in der am 1. 3. 1997 in Kraft getretenen Fassung des **§ 9 III MuSchG**. Danach muß die schriftliche Kündigung nicht nur den oder die Kündigungsgründe des AG, sondern den „zulässigen" Kündigungsgrund angeben. Damit ist der Grund gemeint, der die für den Arbeitsschutz zuständige oberste Landesbehörde veranlaßt hat, die beabsichtigte Kündigung für zulässig zu erklären. Unklar ist, ob die Angabe des Grundes konstitutive Bedeutung besitzt (*Preis* NZA 1997, 1256, 1260). 6

2. Kündigung. Die Kündigung ist eine privatrechtliche rechtsgeschäftliche Gestaltungserklärung, die ein Dauerschuldverhältnis für die Zukunft beenden soll. Sie gehört zu den einseitigen Rechtsgeschäften (vgl. § 620 Rn. 168). § 623 schränkt das Merkmal nicht ein, so daß vom Gesetz **alle, auf die Beendigung des Arbeitsverhältnisses gerichteten Formen der Kündigung** erfaßt werden. Dh. es kommt für das Schriftformerfordernis nicht darauf an, ob die Kündigung vom AG oder AN erklärt wird, ob die Kündigung eine ordentliche oder außerordentliche ist, ob sie befristet oder entfristet wirken soll, ob sie das Arbeitsverhältnis unbedingt beenden oder abhängig vom Verhalten des Erklärungsempfängers ändern soll (Änderungskündigung iSv. § 2 KSchG). Auch eine vorsorgliche Kündi- 7 gung bedarf der Schriftform. Hingegen ist eine Teilkündigung auf die Ablösung einzelner Vertragsbestimmungen und nicht die Beendigung des Arbeitsverhältnisses gerichtet, so daß § 623 bereits seinem Wortlaut nach keine Anwendung findet (*Däubler* AiB 2000, 188, 192; *Richardi/Annuß* NJW 2000, 1231, 1233; BBDW/*Bader* Rn. 9; *Appel/Kaiser* AuR 2000, 281, 284; *Müller-Glöge/von Senden* AuA 2000, 199; *Preis/Gotthardt* NZA 2000, 348, 349; *Schaub* Nachtrag Rn. 4; *Sander/Siebert* BuW 2000, 424; aA *Kiel/Koch*, Die betriebsbedingte Kündigung, 2000, Vorbem. Rn. 5).

8   Keine Kündigung ist die **Nichtverlängerungsmitteilung** des AG vor oder bei Ablauf eines befristeten Arbeitsverhältnisses (*Germelmann* ZfA 2000, 149, 156). Diese Wissenserklärung ist nicht selbst auf die Beendigung des Arbeitsverhältnisses gerichtet, sondern soll den AN über die kraft Befristung eintretende Auflösung des Arbeitsverhältnisses informieren. Dies gilt auch für die Nichtverlängerungsmitteilung nach dem TV über die Mitteilungspflicht vom 23. 11. 1977 betr. künstlerische Bühnenmitglieder, die erforderlich ist, um das Vertragsverhältnis zu beenden, weil es sich bei Schweigen der Vertragsparteien automatisch verlängern würde (vgl. BAG 3. 11. 1999 AP BGB § 611 Bühnenengagementvertrag Nr. 54).

9   Die **Nichtfortsetzungserklärung des AN nach § 12 S. 1 KSchG** ist eine Kündigung iSv. § 623 (*Müller-Glöge/von Senden* AuA 2000, 199; *Preis/Gotthardt* NZA 2000, 348, 350; aA BBDW/*Bader* Rn. 11). Der die Lossagung erklärende AN macht von einem gesetzlichen Sonderkündigungsrecht Gebrauch (vgl. § 12 KSchG Rn. 1; § 620 Rn. 190) und bewirkt einseitig mit seiner Erklärung das Erlöschen des Arbeitsverhältnisses (KR/*Rost* § 12 KSchG Rn. 22). Somit bedarf die Nichtfortsetzungserklärung mangels besonderer Regelung in § 12 KSchG der Schriftform. Allerdings enthält § 12 S. 2 KSchG eine eigenständige Bestimmung über die rechtzeitige Abgabe der Erklärung.

10   Die **Auflösungserklärung des Eingliederungsvertrages** (§ 232 II SGB III) ist auf die einseitige Beendigung des Rechtsverhältnisses gerichtet und bedarf gem. § 231 II SGB III iVm. § 623 der Schriftform (*Richardi/Annuß* NJW 2000, 1231, 1232; aA *Preis/Gotthardt* NZA 2000, 348, 350; BBDW/*Bader* Rn. 12).

11   § 623 beläßt es bei der Formfreiheit der **Anfechtung** einer auf den Abschluß eines Arbeitsvertrages gerichteten Willenserklärung (§§ 119 ff., 142 ff.; vgl. zur Unterscheidung von der Kündigung § 620 Rn. 182; ebenso *Rolfs* NJW 2000, 1227, 1228; *Richardi/Annuß* NJW 2000, 1231, 1233; *Appel/Kaiser* AuR 2000, 281, 284; *Gaul* DStR 2000, 691, 693; hingegen befürworten *Sander/Siebert* BuW 2000, 424, 425 analoge Anwendung des § 623) und der Beendigung eines fehlerhaften Arbeitsverhältnisses durch einseitige Erklärung, denn auch diese sind keine Kündigungen iSv. § 623 (*Preis/Gotthardt* NZA 2000, 348, 350). Gleiches gilt für den (vertraglich vorbehaltenen) **Widerruf einzelner Arbeitsbedingungen** und den Widerspruch nach § 625 (*Richardi/Annuß* NJW 2000, 1231, 1233).

12   **3. Auflösungsvertrag.** Der Auflösungsvertrag iSv. § 623 ist der Aufhebungsvertrag iSd. üblichen Sprachgebrauchs (*Sander/Siebert* BuW 2000, 424; *Däubler* AiB 2000, 188, 201; vgl. § 620 Rn. 194 ff.). In einem solchen Vertrag wird einvernehmlich die Auflösung des Dauerschuldverhältnisses vereinbart. Entscheidend ist die von den Arbeitsvertragsparteien angestrebte **Rechtsfolge der Auflösung** ihres Arbeitsverhältnisses, nicht die Wortwahl (*Lakies* BB 2000, 667). § 623 erfordert die Schriftform auch dann, wenn in dem Vertrag die Worte „Auflösung" oder „Aufhebung" nicht auftauchen.

13   Die Auflösung kann mit ex-nunc-Wirkung vereinbart werden. Der **Auflösungszeitpunkt** kann aber auch in der Zukunft oder in der Vergangenheit, wenn das Arbeitsverhältnis bereits außer Vollzug gesetzt war (BAG 10. 12. 1998 AP BGB § 613 a Nr. 185; BAG 21. 9. 1999 AP BUrlG § 7 Abgeltung Nr. 77), liegen. Im Zusammenhang mit § 623 ist die Abgrenzung des Auflösungsvertrages, der eine Beendigung erst zu einem in der Zukunft liegenden Zeitpunkt vorsieht, von der nachträglichen Befristung eines unbefristet geschlossenen Arbeitsvertrages unerheblich, weil beide Vertragstypen der Schriftform bedürfen. Wird der Aufhebungsvertrag aufschiebend bedingt geschlossen, besitzt dieser Umstand keinen Einfluß auf das Schriftformerfordernis. Hingegen bedarf eine einvernehmliche **Änderung der Arbeitsbedingungen** nicht gem. § 623 der Schriftform, weil diese Teilablösung von Vertragsinhalten keine Auflösung des Arbeitsverhältnisses bewirkt (*Müller-Glöge/von Senden* AuA 2000, 199, 200; *Preis/Gotthardt* NZA 2000, 348, 354).

14   Schließen die Arbeitsvertragsparteien einen Vertrag über ihr zukünftiges Verhalten nach Ausspruch einer bevorstehenden Kündigung (zB Erhebung einer Kündigungsschutzklage, Verzicht auf die Rüge mangelnder Sozialauswahl, Zahlung einer Geldentschädigung; sog. **Abwicklungsvertrag**), begründet allein § 623 keine Formbedürftigkeit dieses Vertrages, denn nicht dieser Vertrag, sondern die letztendlich vom AN zu akzeptierende Kündigung soll das Arbeitsverhältnis auflösen (*Müller-Glöge/von Senden* AuA 2000, 199, 200; *Preis/Gotthardt* NZA 2000, 348, 354; *Däubler* AiB 2000, 188, 191; *Rolfs* NJW 2000, 1227, 1228; aA *Berscheid* ZInsO 2000, 208, 209; krit. *Schaub* Nachtrag Rn. 5, der analoge Anwendung von § 623 befürwortet; zust. *Sander/Siebert* BuW 2000, 424, 425; diff. *Gaul* DStR 2000, 691, 692). Gleiches gilt für einen vor den Vertragsparteien nach Ausspruch einer wirksamen AGKündigung geschlossenen Abwicklungsvertrag (vgl. § 620 Rn. 196; offenbar aA *Trittin/Backmeister* DB 2000, 618, 621, die auch eine Ausgleichsquittung als Auflösungsvertrag ansehen). Anders liegt es, wenn die Kündigung unwirksam ist und erst der „Abwicklungsvertrag" die Auflösung des Arbeits-

III. Schriftform

verhältnisses herbeiführt. In diesem Fall kommt dem Abwicklungsvertrag die auflösende Wirkung zu. Er ist gem. § 623 formbedürftig.

Das Phänomen der in der Praxis nicht selten anzutreffenden **konkludenten Aufhebungsverträge** 15 wird durch § 623 beseitigt. Dies ist eine sehr weitreichende Konsequenz des Gesetzes, denn in vielen Fällen ist es in der Vergangenheit nach Ausspruch einer unwirksamen Kündigung des AN oder des AG außerhalb des Anwendungsbereiches des KSchG zum stillschweigenden Abschluß von Aufhebungsverträgen gekommen (*Böhm* NZA 2000, 561, 562 f.).

Vor dem 1. 5. 2000 war es in den Fällen einer formbedürftigen Kündigung rechtlich wirksam 16 möglich, das Arbeitsverhältnis formfrei durch Aufhebungsvertrag aufzulösen. ZB enthalten das **BBiG** und das **MuSchG** keine eigenständigen Regelungen des Auflösungsvertrages. Heute steht dem § 623 entgegen. Auch der Auflösungsvertrag bedarf der Schriftform. Bei der Bestellung eines AN zum Organmitglied kann der neue schriftliche Dienstvertrag eine wirksame schlüssige Aufhebung des Arbeitsvertrages beinhalten.

4. Befristung. Die vertragliche Vereinbarung eines unbefristeten Arbeitsvertrages bedarf nach wie 17 vor keiner Schriftform. Wird der Vertrag für eine bestimmte Dauer geschlossen, kommt es für die Anwendung des § 623 darauf an, ob es sich um eine Befristung im Rechtssinne handelt (vgl. § 620 Rn. 6 ff.). Dies ist **bei Zeit- und Zweckbefristungen** der Fall. Hingegen gehört die auflösende Bedingung nicht zu den in der Rechtsterminologie des BGB (§§ 158, 163) als Befristung geltenden Beendigungstatbeständen (vgl. BAG 23. 2. 2000 AP BeschFG 1985 § 1 Nr. 25; *Löwisch* KSchG § 1 Rn. 504 a; BBDW/*Bader* Rn. 27; *Gaul* DStR 2000, 691, 693; *Müller-Glöge/von Senden* AuA 2000, 199, 200; aA *Däubler* AiB 2000, 188, 192; *Appel/Kaiser* AuR 2000, 281, 286; *Lakies* BB 2000, 667; *Preis/Gotthardt* NZA 2000, 348, 357; *Sander/Siebert* BuW 2000, 424, 425; *Rolfs* [NJW 2000, 1227, 1228] und *Richardi/Annuß* [NJW 2000, 1231, 1232] treten für eine analoge Anwendung ein).

Die Vereinbarung einer **Mindestvertragslaufzeit**, also des befristeten Ausschlusses der ordentlichen 18 Kündigung, ist gleichfalls keine Befristung des Arbeitsvertrages und begründet kein Schriftformerfordernis des Vertrages (*Richardi/Annuß* NJW 2000, 1231, 1233).

Die Dauer der Befristung ist für die Formvorschrift ebenso unerheblich wie deren **Rechtsgrundlage** 19 (zB § 620, § 1 BeschFG, § 21 BErzGG, § 9 AÜG, §§ 57 a ff. HRG). Ergibt sich allerdings die Befristung selbst aus dem Gesetz, findet § 623 keine Anwendung. Dies ist zB beim Berufsausbildungsverhältnis gem. § 14 BBiG der Fall. Gleiches kann in einem TV oder einer Betriebsvereinbarung geregelt sein. Bei fehlender Tarifbindung ist die einzelvertragliche **Bezugnahme auf einen TV** als einzelvertragliche Vereinbarung des TVInhalts auszulegen. Enthält der in Bezug genommene TV eine Befristung (zB eine Altersgrenze), genügt es, wenn diese Bezugnahme auf die Rechtsnorm „TV" gem. § 623 die Schriftform wahrt. Der Wortlaut der in Bezug genommenen tarifvertraglichen Regelung der Befristung braucht nicht einzelvertraglich wiederholt zu werden (*Müller-Glöge/von Senden* AuA 2000, 199, 200; aA *Preis/Gotthardt* NZA 2000, 348, 358 körperliche Verbindung des TVTextes mit dem Arbeitsvertrag oder gleichwertige Kenntlichmachung zB durch textliche Übernahme).

Die nachträgliche Änderung einer Befristungsabrede und die **nachträgliche Befristung** eines unbe- 20 fristet geschlossenen Arbeitsvertrages (vgl. § 620 Rn. 47) sind formbedürftig (*Gaul* DStR 2000, 691, 692; *Lakies* BB 2000, 667; *Müller-Glöge/von Senden* AuA 2000, 199, 200). Die Fortsetzung des befristeten Arbeitsverhältnisses gem. **§ 625** und der Widerspruch des AG sind nicht formbedürftig nach § 623 (vgl. BAG 15. 4. 1999 EzA BGB § 620 Nr. 161 zu SR 2 y BAT).

§ 623 betrifft die Befristung des Arbeitsverhältnisses als Ganzes, nicht die **Befristung einzelner** 21 **Arbeitsbedingungen** (vgl. § 620 Rn. 75), wie sich aus dem Wortlaut der Norm ergibt (*Däubler* AiB 2000, 188, 192; *Gaul* DStR 2000, 691, 693; *Müller-Glöge/von Senden* AuA 2000, 199, 200; *Preis/Gotthardt* NZA 2000, 348, 358; *Richardi/Annuß* NJW 2000, 1231, 1233; *Schaub* Nachtrag Rn. 6; offenbar aA *Trittin/Backmeister* DB 2000, 618, 621; *Sander/Siebert* BuW 2000, 424, 425).

5. Zeitlicher Anwendungsbereich. Das Gesetz ist am 1. 5. 2000 in Kraft getreten (Art. 5 des 22 Gesetzes). Kündigungen, die ab diesem Zeitpunkt zugegangen sind, müssen die Schriftform wahren (*Lakies* BB 2000, 667). Das gleiche gilt für Befristungsvereinbarungen und Auflösungsverträge, die ab diesem Zeitpunkt geschlossen worden sind. Eine Rückwirkung kommt § 623 nicht zu, so daß vor dem **1. 5. 2000** zugegangene mündlich erklärte Kündigungen sowie mündlich vereinbarte Vertragsauflösungen und Befristungen auch dann gewirkt haben, wenn der Beendigungszeitpunkt nach dem Inkrafttreten des Gesetzes liegen sollte (*Kiel/Koch*, Die betriebsbedingte Kündigung, 2000, Vorbem. Rn. 7).

III. Schriftform

1. Grundsatz. § 623 begründet ein konstitutives Schriftformerfordernis, wie sich aus dem Wortlaut 23 „zu ihrer Wirksamkeit" ergibt. Das Schriftformerfordernis kann weder durch Arbeitsvertrag noch durch TV oder Betriebsvereinbarung abbedungen werden. Der Formzwang kann nicht dadurch aufgehoben werden, daß sich die Parteien aus Anlaß eines der Tatbestände des § 623 einig sind, ihr Rechtsgeschäft solle auch ohne Einhaltung der Schriftform gültig sein. Jedoch können in TV oder Betriebsvereinbarungen **strengere Formvorschriften** vorgesehen werden. Dies ist insb. im Bereich des öffentlichen Dienstes der Fall. ZB begründet § 54 BMT-G II ein die Kündigungsgründe einschließendes Schriftformerfordernis, das den AG zwingt, im Kündigungsschreiben die Gründe so genau zu bezeichnen, daß der Kündigungsempfänger genügend klar erkennen kann, was gemeint ist und was ihm – im Falle verhaltensbedingter Kündigung – zur Last gelegt wird. Die Bezugnahme auf den Inhalt eines Gesprächs (BAG 10. 2. 1999 AP BMT-G II § 54 Nr. 2) oder die Verwendung von Werturteilen oder die bloße Bezeichnung „betriebsbedingt" (BAG 10. 2. 1999 AP BMT-G II § 54 Nr. 3) ist unzureichend. Ist die Schriftform nicht eingehalten, ist die Kündigung nichtig und kann nicht nachträglich geheilt werden (BAG 10. 2. 1999 AP BMT-G II § 54 Nr. 2). **Tarifvertragliche Regelungen** gelten über den 1. 5. 2000 hinaus, wenn sie keine geringeren Anforderungen an die Form der Kündigung stellen als § 623. Andernfalls wurden sie durch das einen (zwingenden) Mindeststandard setzende Gesetz verdrängt. Gleiches gilt für Formvorschriften in freiwilligen **Betriebsvereinbarungen** (§ 88 BetrVG).

24   Haben die Parteien des Arbeitsvertrages einzelvertraglich die Schriftform für Kündigungen oder Auflösungsverträge vereinbart, besitzt diese Klausel seit dem 1. 5. 2000 nur noch Relevanz, wenn die Formbedürftigkeit strengere Anforderungen als § 623 stellt. Allerdings sind einseitig den AN belastende, über § 623 hinausgehende Formvorschriften für Kündigungen unwirksam. § 622 VI verbietet **einseitige Kündigungserschwerungen** zum Nachteil des AN (§ 622 Rn. 100 ff.). Vor Inkrafttreten der neuen Rechtslage war durch Auslegung zu ermitteln, ob die Schriftform überhaupt Wirksamkeitsvoraussetzung sein oder lediglich Beweissicherungsfunktion besitzen sollte. Die Formulierung „Die Kündigung bedarf der Schriftform" wurde im Zweifel als Wirksamkeitsvoraussetzung ausgelegt. Dasselbe galt für die häufig gebrauchte Formel „Die Kündigung des Arbeitsverhältnisses muß schriftlich erfolgen." Haben die Arbeitsvertragsparteien vereinbart, daß die Kündigung durch **eingeschriebenen Brief** erfolgen muß, ist im Zweifel davon auszugehen, daß nur die Schriftform konstitutive, die Versendungsart dagegen beweissichernde Bedeutung haben sollte (BAG 4. 12. 1997 AP BGB § 626 Nr. 141). Eine Vertragsklausel, die für die ordentliche Kündigung die Kündigungsfrist, den Kündigungstermin und die Schriftform regelt, die außerordentliche Kündigung aber nicht erwähnt, erfaßte letztere im Zweifel nicht. Die Arbeitsvertragsparteien konnten ein einzelvertragliches Formerfordernis jederzeit mündlich aufheben. Allein die widerspruchslose Entgegennahme der unter Anwesenden erklärten formunwirksamen Kündigung war hierfür unzureichend. Die Aufhebung des Formerfordernisses war ggf. vom Kündigenden zu beweisen. Die Berufung auf die Nichteinhaltung der vereinbarten Schriftform der Kündigung konnte als widersprüchliches Verhalten (§ 242) zu bewerten sein (BAG 4. 12. 1997 AP BGB § 626 Nr. 141 = NZA 1998, 420; aA *Singer* NZA 1998, 1309, 1315).

25   Die notarielle Beurkundung oder die Aufnahme in ein nach den Vorschriften der ZPO errichtetes Protokoll über einen Vergleichsschluß **(Prozeßvergleich)** wahren die Schriftform (§§ 126 III, 127 a). In der Praxis wird dies vor allem für den im Kündigungsschutzprozeß geschlossenen Auflösungsvertrag von Bedeutung sein. Aufgrund der RL 1999/93/EG vom 13. 12. 1999 ist mit einer Änderung der Formvorschriften des BGB zu rechnen (vgl. hierzu *Düwell* AuA 2000, 270).

26   **2. Kündigung.** Die Kündigung muß die Schriftform gem. § 126 I wahren. Es muß über die Kündigungserklärung eine schriftlich abgefaßte Urkunde vorliegen. Die Urkunde muß **vom Aussteller unterschrieben** sein. Die Unterschrift muß den Inhalt des Kündigungsschreibens decken, also unter dem Text stehen und ihn räumlich abschließen (BGH 24. 9. 1997 NJW 1998, 58, 60). Von wem und in welcher Form – handschriftlich, maschinenschriftlich, vorgedruckt, fotokopiert oder in sonstiger Weise vervielfältigt – das Kündigungsschreiben abgefaßt wurde, ist gleichgültig. Entscheidend ist die Unterschrift. Sie muß eigenhändig vom Aussteller stammen. Die Unterschrift ist durch Nennung des ausgeschriebenen Namens zu leisten. Ist die Person des Ausstellers hinreichend erkennbar, kann im Einzelfall die Unterzeichnung mit dem Vornamen oder einem Pseudonym genügen (Münch-KommBGB/*Förschler* § 126 Rn. 24 f.). Der Kaufmann kann mit seiner Firma zeichnen. Ein Vertreter kann mit dem eigenen Namen unterschreiben, wenn sich die Vertreterstellung aus der Urkunde ergibt. Er darf aber auch mit dem Namen des Vertretenen unterzeichnen. § 126 I ist nicht genügt, wenn eine eigenhändig unterschriebene Urkunde per Fax oder Telegramm übermittelt wird. Als empfangsbedürftige Willenserklärung muß die Kündigung in der vorgeschriebenen Form nicht nur erstellt, sondern auch zugegangen sein (BGH 4. 7. 1986 NJW-RR 1987, 395 f.). Das Kündigungsschreiben braucht das Wort „Kündigung" nicht zu enthalten. Maßgeblich ist die Auslegung vom Standpunkt des Erklärungsempfängers. Es reicht aus, wenn der Wille zur einseitigen Auflösung des Arbeitsverhältnisses eindeutig zu Tage tritt. Die etwaige Angabe des Kündigungsgrundes bedarf keiner Schriftform (*Däubler* AiB 2000, 188, 190; *Richardi/Annuß* NJW 2000, 1231, 1233). Zu den Anforderungen im einzelnen vgl. §§ 125 bis 127 Rn. 13 ff. Bei einer Änderungskündigung bedarf unabhängig von der gewählten rechtlichen Konstruktion (bedingte oder unbedingte Kündigung – vgl. § 2 KSchG Rn. 10) nicht nur die Kündigungserklärung, sondern auch das **Änderungsangebot** der Schriftform (*Gaul* DStR 2000, 691; BBDW/*Bader* Rn. 8; *Kiel/Koch*, Die betriebsbedingte Kündigung, 2000, Vorbem. Rn. 6; *Müller-Glöge/von Senden* AuA 2000, 199, 200; *Preis/Gotthardt* NZA 2000, 348, 351), denn in jedem Fall ist die Änderungskündigung geeignet, unabhängig vom weiteren Verhalten des die Kündigung erklärenden AG die Beendigung des Arbeitsverhältnisses herbeizuführen. Hingegen erfaßt § 623

nicht die Annahmeerklärung des AN mit oder ohne Vorbehalt gem. § 2 KSchG (*Gaul* DStR 2000, 691). Wird eine (weitere) Kündigung während des Kündigungsrechtsstreites durch den Prozeßbevollmächtigten in einem Schriftsatz erklärt, erfordert § 623, daß eine vom Bevollmächtigten unterzeichnete Ausfertigung des Schriftsatzes dem Kündigungsempfänger persönlich oder einem Empfangsbevollmächtigten zugeht (vgl. zur Zugangsproblematik BAG 21. 1. 1988 AP KSchG 1969 § 4 Nr. 19). Nach der Rspr. der Zivilgerichte soll ein auf der weiteren Ausfertigung angebrachter, persönlich unterzeichneter Beglaubigungsvermerk des Prozeßbevollmächtigten ausreichend sein, weil mit dem Beglaubigungsvermerk nicht nur die Übereinstimmung mit der Urschrift bezeugt, sondern im allgemeinen zugleich die Verantwortung für den Inhalt der Urkunde übernommen wird (BGH 4. 7. 1986 NJW-RR 1987, 395; vgl. §§ 125 bis 127 Rn. 19). Die Möglichkeit des Kündigungsempfängers, die vom Bevollmächtigten ohne Vorlage der Vollmachtsurkunde ausgesprochene Kündigung gem. § 174 unverzüglich zurückzuweisen (vgl. § 620 Rn. 174 ff.), bleibt unberührt.

3. Befristung und Auflösungsvertrag. Soweit § 623 die gesetzliche Schriftform für Verträge anordnet (Befristung und Auflösungsvertrag) ergeben sich die Konsequenzen aus § 126 II. Es bedarf einer **einheitlichen Urkunde** (vgl. §§ 125 bis 127 Rn. 21ff.). Dh. der gesamte Vertragsinhalt muß von beiden Parteien auf einer Urkunde unterzeichnet sein (§ 126 II 1). Anders als bei vertraglich vereinbarter Schriftform genügt es nicht, daß die Parteien ihre jeweils persönlich unterzeichneten Erklärungen austauschen. Die Schriftform ist auch nicht gewahrt, wenn ein AN unter das vom AG unterzeichnete Auflösungsvertragsangebot seine Annahmeerklärung setzt und unterzeichnet, denn es fehlt an der den ganzen Vertrag abschließenden Unterschrift des AG. Sind mehrere Urkunden mit dem vollen Text errichtet worden, genügt es, wenn jede Partei die für die andere bestimmte unterzeichnet (§ 126 II 2). Mehrere Blätter müssen eindeutig zusammengefaßt sein. Dies kann durch körperliche Verbindung geschehen. Die Einheit kann auch durch fortlaufende Paginierung, fortlaufende Numerierung der einzelnen Vertragsbestimmungen, inhaltlichen Zusammenhang des Textes oder ähnliche Merkmale herbeigeführt werden (vgl. BAG 7. 5. 1998 AP KSchG 1969 § 1 Namensliste Nr. 1). Wird auf eine Anlage verwiesen, um den vollständigen Vertragsinhalt darzustellen, muß diese körperlich mit der Urkunde verbunden oder gesondert unterzeichnet werden (BGH 30. 6. 1999 NJW 1999, 2591, 2592). Das Formerfordernis erfaßt den **Auflösungsvertrag in seiner Gesamtheit**, dh. alle den Vertragsinhalt bestimmenden Abreden. Dazu gehören zB die Zahlung einer Abfindung oder der Verzicht auf weitere Ansprüche. Hat eine formlos getroffene Nebenabrede wesentliche Bedeutung für den Aufhebungsvertrag, so kann gem. § 139 nicht nur diese Nebenabrede, sondern der Aufhebungsvertrag als Ganzes nichtig sein (*Preis/Gotthardt* NZA 2000, 348, 355). § 623 gilt auch für spätere Änderungen oder Ergänzungen, nicht aber für die vertragliche Aufhebung des Auflösungsvertrages.

Die Befristungsabrede muß den **Termin** oder den zu erreichenden **Zweck** schriftlich niederlegen (*Richardi/Annuß* NJW 2000, 1231, 1234). Bei einer Zeitbefristung muß der **Befristungsgrund** nicht in den Vertragstext aufgenommen werden. Die abw. Formulierung des Gesetzentwurfs (BR-Drucks. 671/96) ist nicht verabschiedet worden. Dies entspricht der Praxis des Gesetzgebers, zwischen Befristung und deren Grund zu differenzieren (zB § 57b V HRG, § 11 I Nr. 4 AÜG): Es ist bei dem allgemeinen Grundsatz verblieben, daß der Befristungsgrund bei Vertragsschluß weder mitgeteilt noch vereinbart werden muß (*Gaul* DStR 2000, 691, 693; *Richardi/Annuß* NJW 2000, 1231, 1234; *Müller-Glöge/von Senden* AuA 2000, 199, 200; *Preis/Gotthardt* NZA 2000, 348, 359). Der Befristungsgrund muß nicht Vertragsinhalt geworden sein (BAG 24. 4. 1996 AP BGB § 620 Befristeter Arbeitsvertrag Nr. 180). Für das befristete Probearbeitsverhältnis ist keine Abweichung begründbar (*Preis/Gotthardt* NZA 2000, 348, 359; § 620 Rn. 72; KR/*Lipke* § 620 BGB Rn. 151b; vgl. aber BAG 31. 8. 1994 AP BGB § 620 Befristeter Arbeitsvertrag Nr. 163). Ist gleichwohl ein Befristungsgrund in den schriftlichen Text aufgenommen worden, begründet dies keine Exklusivität dieses Grundes. Der AG ist nicht gehindert, im Streitfall andere Gründe nachzuschieben (*Müller-Glöge/von Senden* AuA 2000, 199, 200; wohl aA *Preis/Gotthardt* NZA 2000, 348, 360).

IV. Rechtsfolgen

1. Kündigung. Wird die gesetzliche Formvorschrift des § 623 nicht beachtet, ergibt sich die Rechtsfolge aus § 125 S. 1. Die Kündigung ist nichtig. Eine Heilung ist nicht möglich. § 623 sieht dies anders als zB § 313 nicht vor. Es kommt allein die formgerechte Wiederholung der Kündigung in Betracht, die dann aber erst mit ihrem erneuten Ausspruch unter Beachtung der Schriftform Wirkung entfaltet. Für die außerordentliche Kündigung bedeutet dies, daß die schriftliche Wiederholung noch innerhalb der Zwei-Wochen-Frist des § 626 II zugehen muß. Entsprechendes gilt für andere Erklärungsfristen (zB § 18 III SchwbG). Die **Nichtigkeit** einer vom AG unter Mißachtung der Schriftform erklärten Kündigung kann vom AN unabhängig von der in § 4 KSchG geregelten Klagefrist geltend gemacht werden. Die Nichteinhaltung der gesetzlichen Schriftform ist ein sonstiger Mangel iSv. § 13 III KSchG (vgl. § 13 KSchG Rn. 29). Allerdings ist auf die Rspr. des BAG hinzuweisen, die eine Verwirkung des Klagerechts bei längerfristigem Zuwarten angenommen hat (vgl. BAG 2. 12. 1999 AP BGB § 242 Prozeßverwirkung Nr. 6; § 7 KSchG Rn. 5).

30 § 623 steht einer ansonsten möglichen **Umdeutung** nicht entgegen (*Preis/Gotthardt* NZA 2000, 348, 352). Jedoch ist die Umdeutung einer gegen § 623 verstoßenden Kündigung in einen Antrag auf Abschluß eines Aufhebungsvertrages nicht mehr möglich, weil auch diese Willenserklärung nach § 623 der Schriftform bedarf. Hingegen ist die Umdeutung einer formunwirksamen außerordentlichen Kündigung in eine Anfechtungserklärung nicht ausgeschlossen (*Müller-Glöge/von Senden* AuA 2000, 199, 203; *Preis/Gotthardt* NZA 2000, 348, 352).

31 Die Nichtigkeitsfolgen des § 125 werden durch den **Grundsatz von Treu und Glauben** (§ 242) eingeschränkt (vgl. §§ 125 bis 127 Rn. 46 ff.). Eine Abweichung von den Folgen der Nichtigkeit setzt voraus, daß das Ergebnis nicht nur hart, sondern schlechthin untragbar ist (BAG 26. 9. 1957 AP HGB § 74 Nr. 2; BAG 27. 3. 1987 AP BGB § 242 Betriebliche Übung Nr. 29). Dies kann nicht angenommen werden, wenn beide Seiten die Formbedürftigkeit kannten (§§ 125 bis 127 Rn. 53). Allein die Tatsache, daß der Erklärungsempfänger eine formnichtig erklärte Kündigung widerspruchslos entgegen nimmt und sich erst später auf die Nichtigkeit beruft, stellt noch keinen Verstoß gegen Treu und Glauben dar (*Preis/Gotthardt* NZA 2000, 348, 353). Das BAG hat allerdings Treuwidrigkeit angenommen, als ein AN eine Eigenkündigung mehrmals ernsthaft trotz Vorhaltung des AG formnichtig aussprach (BAG 4. 12. 1997 AP BGB § 626 Nr. 141). Eine generelle Fürsorgepflicht des AG, den AN jeweils über die Formbedürftigkeit zu belehren, kann nicht begründet werden (*Müller-Glöge/von Senden* AuA 2000, 199, 203; *Preis/Gotthardt* NZA 2000, 348, 354).

32 **2. Befristung.** Da der Abschluß des Arbeitsvertrages nach wie vor formfrei wirksam möglich ist, bewirkt die Nichtigkeit einer Befristungsabrede idR nicht die Unwirksamkeit des Arbeitsvertrages in seiner Gesamtheit. Vielmehr kommt, sofern ein abw. Parteiwille nicht feststellbar ist (zB Aushilfe), ein **unbefristetes Arbeitsverhältnis** zustande (*Preis/Gotthardt* NZA 2000, 348, 360; *Richardi/Annuß* NJW 2000, 1231, 1234; aA *Löwisch* KSchG § 1 Rn. 437 a). Da die Befristungsabrede nichtig ist, fehlt es aber an dem Anknüpfungspunkt für die typisierende Auslegung, es sei im Zweifel für die Dauer der Befristung die ordentliche Kündigung ausgeschlossen, also eine Mindestlaufzeit vereinbart. Der Ausschluß der ordentlichen Kündigung ist in einem solchen Fall nicht begründbar (vgl. § 620 Rn. 137 ff.; BBDW/*Bader* Rn. 59). Wird eine schriftlich niedergelegte Befristungsabrede nachträglich formnichtig geändert, bleibt die ursprüngliche Abrede in Kraft, ggf. kommt es zu einem Verhalten der Parteien, das die Rechtsfolge des § 625 nach sich zieht (*Müller-Glöge/von Senden* AuA 2000, 199, 203; aA *Preis/Gotthardt* NZA 2000, 348, 360 unbefristetes Arbeitsverhältnis).

33 Der AN ist anders als im Falle der (außerhalb eines Insolvenzverfahrens erklärten – vgl. § 113 InsO Rn. 36) Kündigung bei der Befristung an die Drei-Wochen-Frist des **§ 1 V BeschFG** gebunden (*Däubler* AiB 2000, 188, 192; *Gaul* DStR 2000, 691, 693; *Richardi/Annuß* NJW 2000, 1231, 1235; *Müller-Glöge/von Senden* AuA 2000, 199, 203; *Preis/Gotthardt* NZA 2000, 348, 360; *Schaub* Nachtrag Rn. 12; *Schuldt* ZAP Fach 17 S. 529; *Appel/Kaiser* AuR 2000, 281, 287; *Kleinebrink* FA 2000, 174, 178; aA *Bader* NZA 2000, 635, 636 teleologische Reduktion). Erhebt der AN nicht fristgerecht die in § 1 V BeschFG vorgesehene Feststellungsklage, gilt das Arbeitsverhältnis als durch die Befristung beendet, § 7 KSchG analog. § 1 V BeschFG enthält anders als § 4 KSchG für die Kündigung keine Einschränkung hinsichtlich der Gründe, die die Unwirksamkeit der Befristung bedingen. Die Vorschrift erfaßt deshalb alle Unwirksamkeitsgründe (§ 1 BeschFG Rn. 66; BAG 9. 2. 2000 AP BeschFG 1985 § 1 Nr. 22; aA *Schmitt* SAE 2000, 23, 27). Die unterschiedliche Behandlung von Kündigung und Befristung ist zwar nicht mehr zeitgerecht, ist aber historisch zu erklären. Die die Rechtssicherheit verstärkende Vorschrift des § 1 V BeschFG entspricht heutigen Bedürfnissen, während § 4 KSchG vor 40 Jahren einen ersten Schritt in diese Richtung bedeutete. Also ist die Formnichtigkeit der Befristung ein Mangel, der gem. binnen drei Wochen klageweise geltend gemacht werden muß.

34 **3. Auflösungsvertrag.** Haben die Parteien aufgrund eines formnichtigen Auflösungsvertrages Leistungen erbracht, führt dies nicht zur Heilung des Formmangels, vielmehr sind die erbrachten Leistungen nach **Bereicherungsrecht** rückabzuwickeln (§§ 812 ff.). Bei Kenntnis des Leistenden von der Nichtigkeit des Vertrages greift § 814 ein.

V. Darlegungs- und Beweislast

35 Die Darlegungs- und Beweislast für die die Rechtswirksamkeit eines Rechtsgeschäfts ausmachenden Umstände und damit für die Einhaltung der Schriftform hat die Partei zu tragen, die Rechte aus diesem Rechtsgeschäft herleiten will (*Gaul* DStR 2000, 691, 693). Einer Urkunde kommt die Vermutung der Richtigkeit und Vollständigkeit zu (vgl. §§ 125 bis 127 Rn. 25).

§ 624 [Kündigungsfrist bei Verträgen über mehr als 5 Jahre]

[1] Ist das Dienstverhältnis für die Lebenszeit einer Person oder für längere Zeit als fünf Jahre eingegangen, so kann es von dem Verpflichteten nach dem Ablaufe von fünf Jahren gekündigt werden. [2] Die Kündigungsfrist beträgt sechs Monate.

IV. Dienstverhältnis für längere Zeit als fünf Jahre

I. Normzweck

§ 624 gewährt dem Dienstverpflichteten, der ein Dienstverhältnis auf Lebenszeit oder auf mehr als 1
fünf Jahre abgeschlossen hat, eine Kündigungsmöglichkeit mit sechsmonatiger Frist. Die Vorschrift
des § 624 dient dem **Schutz des Dienstverpflichteten.** Eine über fünf Jahre hinausgehende Bindung
würde den Dienstverpflichteten übermäßig in seiner persönlichen Freiheit einschränken (BAG 19. 12.
1991 AP BGB § 624 Nr. 2 = NZA 1992, 543; BAG 24. 10. 1996 AP ZPO 1977 § 256 Nr. 37 = MDR
1997, 370; KR/*Fischermeier* Rn. 1).

§ 624 gibt dem **Dienstberechtigten** keine entsprechende Kündigungsbefugnis. Längere Kündi- 2
gungsfristen oder der Ausschluß der ordentlichen Kündigung sind für ihn bindend. Durchgreifende
verfassungsrechtliche Bedenken bestehen gegen diese Regelung des § 624 nicht (*Staudinger/Preis*
Rn. 2).

Der historische Gesetzgeber ging davon aus, allein aus der Vertragsbindungsdauer könne keine 3
Nichtigkeit des Dienstvertrages wegen Verstoßes gegen die guten Sitten gem. § 138 folgen (Motive II
S. 466). Insofern haben sich die Anschauungen gewandelt. Heute vermeidet das einseitige Kündi-
gungsrecht des Dienstverpflichteten die **Nichtigkeit von Dienstverträgen,** die ohne Kündigungsmög-
lichkeit auf Lebenszeit oder für eine längere Zeit als fünf Jahre eingegangen worden sind (vgl. auch
BGH 31. 3. 1982 AP BGB § 624 Nr. 1 = NJW 1982, 1692).

Der Rechtsgedanke des § 624 ist bei der Kontrolle vertraglicher Vereinbarungen, die faktisch zu 4
einer überlangen Bindung des Dienstpflichtigen führen, zu berücksichtigen, und zwar sowohl im
Rahmen des § 138 als auch des § 9 AGBG (BGH 31. 3. 1982 AP BGB § 624 Nr. 1 = NJW 1982, 1692;
BGH 10. 4. 1990 AP BGB § 611 Zeitungsausträger Nr. 2 = NJW 1990, 2685; *Staudinger/Preis* Rn. 6).
Im Arbeitsrecht wird der **Rechtsgedanke des § 624** vor allem bei der Rechtskontrolle von Vereinba-
rungen wirksam, die Rückzahlungspflichten des AN an eine von ihm erklärte Kündigung knüpfen (zB
BAG 6. 9. 1989 AP BGB § 622 Nr. 27 = NZA 1990, 147 „Abfindungszahlung des Arbeitnehmers";
BAG 16. 3. 1994 AP BGB § 611 Ausbildungsbeihilfe Nr. 18 = NZA 1994, 937).

II. Anwendungsbereich

§ 624 gilt für **alle Dienstverhältnisse,** nicht nur für Arbeitsverhältnisse (*Staudinger/Preis* Rn. 3). 5
Die Norm läßt keine Ausnahmen für bestimmte Arten von Beschäftigungen (zB künstlerische oder
wissenschaftliche Tätigkeiten) zu (RG 25. 10. 1912 RGZ 80, 278) und stellt nicht darauf ab, ob die
Arbeits- oder Dienstleistung in einem Betrieb oder einem Haushalt erbracht wird (KR/*Fischermeier*
Rn. 4). Ebensowenig kommt es auf die Art der Vergütung oder die Zahlungsmodalitäten an.

§ 624 ist auf **Handelsvertreterverträge** anwendbar (KR/*Rost* Arbeitnehmerähnliche Personen 6
Rn. 214 mwN; MünchKommBGB/*Schwerdtner* Rn. 4). Ist bei einem Handelsvertretervertrag
ordentliche Kündigungsrecht für den Unternehmer ausgeschlossen, ergeben sich die Grenzen seiner
langfristigen Bindung allein aus § 138 I bzw. § 242 (BGH 26. 4. 1995 NJW 1995, 2350). Auf gemischte
Verträge findet § 624 zumindest entsprechende Anwendung, wenn das dienstvertragliche Element
überwiegt (vgl. BGH 25. 5. 1993 NJW-RR 1993, 1460; *Staudinger/Preis* Rn. 3). Es muß sich um
personenbezogene, weniger um unternehmensbezogene Tätigkeiten handeln.

III. Anstellung auf Lebenszeit

Ein Dienstverhältnis ist auf Lebenszeit einer Person eingegangen, wenn auf die Lebensdauer des 7
Dienstberechtigten, des Dienstverpflichteten oder einer dritten Person (zB Anstellung zur Pflege eines
Kranken) abgestellt wird. Anstellungen auf Lebenszeit iSv. § 624 sind im Arbeitsleben eine **höchst
seltene Ausnahme.** Eine so weitgehende Bindung muß sich eindeutig aus den Vereinbarungen der
Parteien unter Berücksichtigung aller Begleitumstände ergeben (*Neumann* DB 1956, 571).

Die Anstellung auf Lebenszeit ist nicht mit der rechtlich mehrdeutigen und auslegungsbedürftigen 8
Zusage einer **Lebens- oder Dauerstellung** gleichzusetzen (KR/*Fischermeier* Rn. 13; *Staudinger/Preis*
Rn. 13; aA *Kramer* Kündigungsvereinbarungen, 1994, S. 43). In diesen Fällen ist jeweils durch Auslegung zu ermitteln, ob zB das Recht zur ordentlichen Kündigung auf Dauer oder nur vorübergehend
ausgeschlossen sein soll, ob verlängerte Kündigungsfristen oder sofortiger Kündigungsschutz gelten
sollen oder ob nur eine rechtlich unverbindliche Hoffnung auf ein langes Bestehen des Arbeitsverhältnisses ausgedrückt worden ist (KR/*Fischermeier* Rn. 13 ff.).

Ist in einem TV die ordentliche Kündigung ausgeschlossen, führt die dadurch begründete **tarifliche** 9
Unkündbarkeit des AN zu keiner Anstellung auf Lebenszeit iSv. § 624, denn das ordentliche Kündigungsrecht des AN bleibt durch derartige tarifliche Regelungen unangetastet.

IV. Dienstverhältnis für längere Zeit als fünf Jahre

§ 624 stellt der Anstellung auf Lebenszeit den Tatbestand gleich, daß ein Dienstverhältnis auf mehr 10
als fünf Jahre eingegangen wird. Diese zweite Alternative des § 624 greift aufgrund des Normzwecks
nicht nur im Falle einer **Zeitbefristung,** sondern auch dann ein, wenn das Dienstverhältnis auflösend

bedingt oder zweckbefristet ist und die **Bedingung oder Zweckerreichung** erst nach mehr als fünf Jahren eintritt (*Soergel/Kraft* Rn. 4; *Staudinger/Preis* Rn. 18).

11 § 624 setzt voraus, daß das **Vertragsverhältnis von vornherein** auf mehr als fünf Jahre eingegangen wird. § 624 findet somit keine Anwendung, wenn Verträge über jeweils fünf Jahre abgeschlossen werden. Dies gilt auch dann, wenn ein Arbeitsverhältnis für die Dauer von zunächst fünf Jahren vereinbart wird und sich um weitere fünf Jahre verlängert, falls es nicht zuvor vom AN mit einer angemessenen Kündigungsfrist gekündigt worden ist (BAG 1. 10. 1970 AP BGB § 626 Nr. 59 = DB 1971, 54; BAG 19. 12. 1991 AP BGB § 624 Nr. 2 = NZA 1992, 543).

12 Wird ein auf fünf Jahre eingegangenes Dienstverhältnis nach dem Ablauf der fünf Jahre vertraglich verlängert, begründet dies kein Kündigungsrecht nach § 624. Gleiches gilt, wenn das auf fünf Jahre eingegangene Dienstverhältnis bereits kurz vor Ablauf der Vertragszeit um weitere fünf Jahre verlängert wird (RG 25. 10. 1912 RGZ 80, 277, 280; KR/*Fischermeier* Rn. 24; aA MünchKommBGB/*Schwerdtner* Rn. 13). Dieser Fall steht der von vornherein vereinbarten (automatischen) Verlängerung um fünf Jahre für den Fall des Nichtausspruches einer ANKündigung gleich. Wird hingegen das auf fünf Jahre eingegangene Dienstverhältnis schon frühzeitig vor Ablauf der Vertragszeit um weitere fünf Jahre verlängert, kommt eine **Umgehung des § 624** in Betracht (MünchKommBGB/*Schwerdtner* Rn. 13; KR/*Fischermeier* Rn. 24; *Staudinger/Preis* Rn. 21). Ausgehend vom Normzweck des § 624, eine übermäßige Einschränkung der persönlichen Freiheit des AN zu verhindern, wird – abhängig von den Umständen des Einzelfalls – eine Frist von höchstens einem Jahr vor Ablauf des ersten Vertrages den Schluß erlauben, der AN habe die für seinen Entschluß maßgeblichen Gesichtspunkte übersehen können, so daß eine Umgehung des § 624 ausscheidet.

V. Kündigungszeitpunkt

13 Der Dienstverpflichtete kann das Dienstverhältnis nach dem Ablauf von fünf Jahren vorzeitig kündigen. Für den Beginn der Bindung ist der Zeitpunkt der **Aktualisierung des Dienstverhältnisses** und nicht des Vertragsschlusses maßgebend (MünchKommBGB/*Schwerdtner* Rn. 14).

14 Das Kündigungsrecht entsteht erst mit Ablauf der Fünfjahresfrist. Der Vertrag kann somit nicht schon zum Ablauf des fünften Jahres gekündigt werden. Eine **vorzeitige Kündigung** ist in eine fristgemäße Kündigung umzudeuten, die das Dienstverhältnis nach fünf Jahren und sechs Monaten beendet (MünchKommBGB/*Schwerdtner* Rn. 15).

15 Es steht im Belieben des Dienstverpflichteten, sein gesetzliches Kündigungsrecht auszuüben. Die Ausübung des Kündigungsrechts ist nicht an eine **Ausschlußfrist** gebunden (*Staudinger/Preis* Rn. 23). Das einmal erwachsene Kündigungsrecht steht dem Dienstverpflichteten weiterhin zu. Es unterliegt auch nicht der Verwirkung, weil der Dienstverpflichtete sonst entgegen dem Zweck des § 624 doch auf Lebenszeit oder auf länger als fünf Jahre an den Dienstvertrag gebunden wäre. Ein **Verzicht** auf das bereits entstandene Kündigungsrecht ist zwar zulässig, bindet aber seinerseits nur für fünf Jahre (KR/*Fischermeier* Rn. 28).

VI. Kündigungsfrist

16 Die Kündigungsfrist beträgt **sechs Monate**. § 622 findet daneben keine Anwendung, so daß die Kündigung **zu jedem Termin** und nicht nur zum Fünfzehnten oder Monatsende ausgesprochen werden kann (BAG 24. 10. 1996 AP ZPO 1977 § 256 Nr. 37 = MDR 1997, 370; KR/*Fischermeier* Rn. 29).

VII. Unabdingbarkeit

17 § 624 ist **zwingender Natur** (RG 25. 10. 1912 RGZ 80, 277, 278; *Erman/Belling* Rn. 1). Da die Kündigungsfrist des S. 2 allein das Mobilitätsinteresse des Dienstverpflichteten schützt, können zwar keine längeren, wohl aber kürzere Fristen zwischen den Parteien vereinbart werden (*Erman/Belling* Rn. 5).

18 Dem **Dienstberechtigten** gibt § 624 kein Kündigungsrecht. Er ist an einen auf Lebenszeit oder mehr als fünf Jahre abgeschlossenen Vertrag gebunden. Hiervon unberührt bleibt seine Möglichkeit, dieses Rechtsverhältnis aus wichtigem Grunde durch außerordentliche Kündigung nach § 626 zu beenden (RAG 13. 12. 1939 ARS 38, 90).

VIII. Darlegungs- und Beweislast

19 Wer den **Ausschluß der ordentlichen Kündigung** eines Dienstverhältnisses geltend macht, muß dies darlegen und beweisen. Beruft sich demgegenüber der Dienstverpflichtete auf die Kündigungsmöglichkeit des § 624, hat er dessen Voraussetzungen darzulegen und zu beweisen.

§ 625 [Stillschweigende Verlängerung]

Wird das Dienstverhältnis nach dem Ablaufe der Dienstzeit von dem Verpflichteten mit Wissen des anderen Teiles fortgesetzt, so gilt es als auf unbestimmte Zeit verlängert, sofern nicht der andere Teil unverzüglich widerspricht.

I. Normzweck

§ 625 regelt die stillschweigende Verlängerung von Dienstverhältnissen unabhängig vom Willen der 1 Parteien (BAG 1. 12. 1960 AP BGB § 625 Nr. 1 = DB 1961, 575; BAG 18. 9. 1991 – 7 AZR 364/90 – nv.; KR/*Fischermeier* Rn. 1; *Staudinger/Preis* Rn. 7). **§ 625 dient der Rechtsklarheit,** indem er den Eintritt eines vertragslosen Zustandes vermeiden hilft. Die gesetzliche Regelung beruht auf der Erwägung, die Fortsetzung der Arbeitsleistungen durch den AN mit Wissen des AG sei im Regelfall der Ausdruck eines stillschweigenden Willens der Parteien zur Verlängerung des Arbeitsverhältnisses (RAG 2. 11. 1932 ARS 16, 284; BAG 1. 12. 1960 AP BGB § 625 Nr. 1 = DB 1961, 575; Soergel/*Kraft* Rn. 8; aA MünchKommBGB/*Schwerdtner* Rn. 11: ausschließlich Fiktion der unbefristeten Fortsetzung). Die Norm regelt nicht die Auslegung des Verhaltens der Vertragsparteien, sondern bestimmt dessen gesetzliche Rechtsfolge. Die Fortsetzung des Arbeitsverhältnisses durch AG und AN wird zum Tatbestand schlüssigen Verhaltens.

Von der Fortsetzung des Arbeitsverhältnisses nach § 625 ist die ausdrückliche oder stillschweigende 2 Vereinbarung über die Weiterbeschäftigung zu unterscheiden. Für § 625 ist kein Raum, wenn der AG nicht untätig bleibt, sondern es vor oder nach dem Auslaufen des Vertrages zu einer **Vereinbarung über die Verlängerung** des Arbeitsverhältnisses kommt (BAG 11. 11. 1966 AP BGB § 242 Ruhegehalt Nr. 117 = DB 1967, 86). Dementsprechend hat die Bedeutung des § 625 abgenommen, seitdem eine Willenserklärung nach neuerem Verständnis (BGH 7. 6. 1984 BGHZ 91, 324 = NJW 1984, 2279; BAG 4. 9. 1985 AP BGB § 242 Betriebliche Übung Nr. 22 = NZA 1986, 521) kein tatsächlich bestehendes Erklärungsbewußtsein mehr voraussetzt. Fehlt dem Erklärenden das Bewußtsein, überhaupt rechtsgeschäftlich tätig zu sein, wird ihm eine Willenserklärung gleichwohl zugerechnet, wenn der Erklärungsempfänger bei Anwendung der ihm zumutbaren Sorgfalt annehmen durfte, es handele sich um eine Willenserklärung.

II. Anwendungsbereich

§ 625 gilt für **alle privatrechtlichen Dienstverhältnisse** einschließlich der Arbeitsverhältnisse. 3 Öffentlich-rechtliche Lehraufträge begründen kein Dienstverhältnis in diesem Sinne. § 625 erfaßt auch Probearbeitsverhältnisse (LAG Düsseldorf 9. 11. 1965 BB 1966, 741).

§ 17 BBiG enthält für den Fall der Weiterarbeit nach Beendigung eines Berufsausbildungsverhält- 4 nisses eine Sonderregelung. Danach gilt ein Arbeitsverhältnis auf unbestimmte Zeit als begründet, wenn der Auszubildende im Anschluß an das Berufsausbildungsverhältnis weiterbeschäftigt wird und die Parteien hierüber ausdrücklich nichts vereinbart haben. Die zu § 625 entwickelten Grundsätze sind unanwendbar, denn es geht nicht um die Fortsetzung zu unveränderten Bedingungen (*Staudinger/Preis* Rn. 5). Ebensowenig gilt § 625 im Falle einer vom AN unter dem Vorbehalt des § 2 KSchG angenommenen **Änderungskündigung**.

Ohne gleichzeitige Verlängerung der Organbestellung verlängert sich der **Anstellungsvertrag des** 5 **Vorstandes** einer AG nicht nach § 625 über die Fünfjahresfrist hinaus (*Krieger,* Personalentscheidungen des Aufsichtsrats, 1981, S. 171), weil andernfalls der Aufsichtsrat in seiner Bestellungsentscheidung nicht mehr frei wäre.

III. Voraussetzungen der Verlängerung

1. Ablauf der Dienstzeit. Die Dienstzeit des zwischen den Parteien abgeschlossenen Vertrages muß 6 abgelaufen sein. Auf die **Art des Beendigungstatbestandes** kommt es grds. nicht an. IdR kommen Befristung oder Kündigung in Betracht. Allerdings scheidet eine Anwendung des § 625 aus, wenn das Arbeitsverhältnis wegen Zweckerreichung endet (MünchKommBGB/*Schwerdtner* Rn. 3; KDZ/ *Däubler* Rn. 9). In diesem Fall müßten sich die Arbeitsvertragsparteien über die Fortsetzung des Dienstverhältnisses mit einer neuen Aufgabe einigen. Gleiches ist anzunehmen, wenn die Vertragsparteien ihr Rechtsverhältnis ungeachtet eines Aufhebungsvertrages fortsetzen.

Wird während eines Kündigungsschutzprozesses der AN tatsächlich weiterbeschäftigt, liegt im 7 Zweifel nur eine **Weiterbeschäftigung** unter der auflösenden Bedingung des für den AG erfolgreichen rechtskräftigen Abschlusses des Prozesses vor (BAG 4. 9. 1986 AP BGB § 611 Beschäftigungspflicht Nr. 22 = NZA 1987, 376; *Staudinger/Preis* Rn. 37).

Ein Anwendungsfall kann auch die Beendigung des Arbeitsverhältnisses **kraft Gesetzes** sein, wie sie 8 die in Art. 2 des Gesetzes zur Änderung des Sechsten Buches Sozialgesetzbuch vom 26. 7. 1994 (BGBl. I S. 1797) getroffene Übergangsregelung zu § 41 IV 3 SGB VI bestimmt. Danach sollten die

Arbeitsverhältnisse zum 30. 11. 1994 enden. Durch einstweilige Anordnung des BVerfG (8. 11. 1994 AP SGB VI § 41 Nr. 5 = NZA 1995, 145) wurde dieser Termin auf den 31. 3. 1995 verschoben.

9 Die tatsächliche Weiterbeschäftigung des AN im öffentlichen Dienst des Beitrittsgebietes (Art. 3 EVertr.) während des nach Anlage I Kapitel XIX Sachgebiet A Abschnitt III Nr. 1 Abs. 2 EVertr. eingetretenen Ruhens des Arbeitsverhältnisses, löste nicht die Rechtsfolgen des § 625 aus. Dem **Ruhen eines Arbeitsverhältnisses** kommt nicht die gleiche Bedeutung wie der rechtlichen Beendigung desselben zu (BAG 23. 9. 1993 AP Einigungsvertrag Art. 13 Nr. 4 = NZA 1994, 881).

10 **2. Fortsetzung des Dienstverhältnisses durch den Dienstverpflichteten.** Der Dienstverpflichtete muß die vertragsgemäßen Dienste nach dem Ablauf der Vertragszeit tatsächlich erbringen (BAG 2. 12. 1998 AP BGB § 625 Nr. 8). Deshalb genügen die Entgeltfortzahlung an einen arbeitsunfähig erkrankten AN (LAG Hamm 5. 9. 1990 LAGE BGB § 625 Nr. 1) oder die Bewilligung von Erholungsurlaub oder Freizeitausgleich für geleistete Überstunden (BAG 2. 12. 1998 AP BGB § 625 Nr. 8) über das Vertragsende hinaus (LAG Hamm 3. 2. 1992 LAGE BGB § 625 Nr. 3) nicht. Die Fortsetzung des Dienstverhältnisses muß willentlich und im unmittelbaren Anschluß an den Ablauf der Vertragszeit erfolgen (BBDW/*Bader* Rn. 7). Eine sechsmonatige Unterbrechung steht der Annahme einer „Fortsetzung" iSv. § 625 entgegen (BAG 24. 9. 1997 – 7 AZR 654/96 – nv.). Der Dienstverpflichtete muß geschäftsfähig sein – §§ 104 ff. – (*Erman/Belling* Rn. 4). Er muß seine Dienstleistungen **in Kenntnis des Ablaufs** der Dienstzeit fortsetzen. Dieser tatsächliche Vorgang ist keine Willenserklärung und kann deshalb nicht angefochten werden (aA MünchKommBGB/*Schwerdtner* Rn. 11).

11 **3. Wissen des Dienstberechtigten.** Das Dienstverhältnis muß nach dem Ablauf der Dienstzeit von dem Dienstverpflichteten mit Wissen des Dienstberechtigten fortgesetzt werden. Der Dienstberechtigte muß von der **Beendigung des Dienstverhältnisses** sowie den weiteren Arbeitsleistungen wissen (BAG 1. 12. 1960 AP BGB § 625 Nr. 1 = DB 1961, 575; BAG 30. 11. 1984 AP MTV Ausbildung § 22 Nr. 1 = DB 1985, 2304; aA *Kramer* NZA 1993, 1115, 1116). Kenntnis des Dienstberechtigten bedeutet weniger als sein Einverständnis mit der Fortsetzung, dieses braucht nicht vorzuliegen (vgl. BAG 30. 11. 1984 AP MTV Ausbildung § 22 Nr. 1 = DB 1985, 2304). Ist der Dienstberechtigte mit der ihm bekannten Fortsetzung der Arbeitsleistungen nicht einverstanden, kann er den Eintritt der Rechtsfolgen des § 625 durch einen rechtzeitigen Widerspruch vermeiden.

12 Maßgeblich ist die Kenntnis des (geschäftsfähigen) AG oder seines Vertreters, der den AG durch eine entsprechende vertragliche Abrede binden könnte. Unzureichend ist es, wenn lediglich **Kollegen des AN** über dessen weiteres Verbleiben am Arbeitsplatz unterrichtet sind, die den Endzeitpunkt des Arbeitsverhältnisses nicht kennen und nicht zur Entscheidung über das weitere Verbleiben des AN befugt sind.

13 Ein **Irrtum des Dienstberechtigten** über die Beendigung des Dienstverhältnisses kann seine Kenntnis und damit die Rechtsfolgen des § 625 ausschließen (MünchKommBGB/*Schwerdtner* Rn. 9; aA LAG Bremen 30. 3. 1955 BB 1955, 510; *Soergel/Kraft* Rn. 6). Deshalb bedarf es bei beiderseitigem Irrtum über das rechtliche Ende des Dienstverhältnisses keiner Anwendung der Regeln über den Wegfall der Geschäftsgrundlage oder einer Anfechtung der fingierten Willenserklärung.

14 **4. Kein Widerspruch des Dienstberechtigten.** Der Dienstberechtigte kann die Rechtsfolgen des § 625 ausschließen, indem er der Fortsetzung der Dienstleistung unverzüglich widerspricht. Der Widerspruch ist eine **rechtsgeschäftliche, empfangsbedürftige Willenserklärung**. Er kann ausdrücklich oder konkludent erklärt werden (zB durch Aushändigung der Arbeitspapiere). Er ist nicht formbedürftig gem. § 623 (*Richardi/Annuß* NJW 2000, 1231, 1233; *Preis/Gotthardt* NZA 2000, 348, 360; BBDW/*Bader* Rn. 14). Der Widerspruch kann gem. §§ 119 ff. angefochten werden. Hingegen ist das Unterlassen des Widerspruches keine Willenserklärung und kann deshalb nicht angefochten werden.

15 Der Widerspruch kann nach hM bereits **kurz vor Ablauf** des befristeten Dienstverhältnisses erklärt werden (BAG 8. 3. 1962 AP BGB § 620 Befristeter Arbeitsvertrag Nr. 22 = DB 1962, 773; MünchKommBGB/*Schwerdtner* Rn. 16). Er kann in dem Angebot eines (weiteren) befristeten Vertrages liegen (BAG 8. 3. 1962 AP BGB § 620 Befristeter Arbeitsvertrag Nr. 22 = DB 1962, 773; BAG 23. 4. 1980 AP KSchG 1969 § 15 Nr. 8 = NJW 1980, 2543). Nimmt der AN dieses Angebot nicht an, kommt es weder zu einer befristeten noch zu einer unbefristeten Fortsetzung des Arbeitsverhältnisses.

16 Ein Widerspruch ist des weiteren anzunehmen, wenn sich der AG zu einer **vorläufigen Weiterbeschäftigung** mit dem Hinweis bereit erklärt, er sei dazu nur aus sozialen Gründen oder bis zur endgültigen Regelung der künftigen Vertragsbeziehungen bereit.

17 Der Widerspruch des AG muß unverzüglich also **ohne schuldhaftes Zögern** (§ 121) erfolgen. Dies ist nach den Umständen des Einzelfalles unter Berücksichtigung der Interessenlage der Parteien zu beurteilen. Die Frist beginnt erst mit der Kenntnis des AG von den für die Entscheidung über das Fortbestehen des Arbeitsverhältnisses maßgebenden Umständen. Es ist nicht schuldhaft, wenn der AG zunächst den Versuch einer Einigung über Dauer und Form einer Weiterbeschäftigung anstrebt oder den Einwand des BR überprüft, der AN befinde sich bereits in einem unbefristeten Arbeitsverhältnis (BAG 13. 8. 1987 – 2 AZR 122/87 – nv.).

IV. Rechtsfolgen

Liegen die Voraussetzungen des § 625 vor, wird das Dienstverhältnis **kraft Gesetzes** mit den bisherigen Rechten und Pflichten fortgesetzt. Somit bleibt der Vertragsinhalt erhalten. Dies gilt namentlich für die Vergütungsregelungen (*Staudinger/Preis* Rn. 29) oder ein Vertragsstrafeversprechen (LAG Hamm 15. 9. 1997 NZA 1999, 1050). 18

Allein die der gesetzlichen Rechtsfolge des Bestehens eines unbefristeten Dienstverhältnisses **entgegenstehenden Vereinbarungen** der Parteien verlieren ihre Geltung. Dies gilt vorrangig für eine etwaige Befristung. Andererseits werden einzelvertraglich wirksam vereinbarte Kündigungsfristen nicht durch die gesetzlichen verdrängt (BAG 11. 8. 1988 AP BGB § 625 Nr. 5 = NZA 1989, 595; RGRK/*Röhsler* Rn. 28; aA RAG 22. 3. 1939 ARS 36, 7; *Erman/Belling* Rn. 9; MünchKommBGB/*Schwerdtner* Rn. 20). 19

V. Abdingbarkeit

§ 625 ist nach hA dispositiv (*Kramer* Kündigungsvereinbarungen, 1994, S. 149 und 151 f.; *ders.* NZA 1993, 1115, 1117 mwN). Den Parteien steht es frei, die Rechtsfolge des **§ 625 auszuschließen** oder abw. Vereinbarungen über die Weiterbeschäftigung zu treffen. Die Parteien können sich vor oder nach dem Ablauf der Dienstzeit darüber einigen, das Arbeitsverhältnis nicht mit dem bisherigen Inhalt auf unbestimmte Zeit zu verlängern, sondern zu anderen Bedingungen oder nur befristet fortzusetzen. Das kann ausdrücklich oder stillschweigend geschehen, wenn § 623 beachtet wird. Ein arbeitsvertragliches oder tarifvertragliches Schriftformerfordernis schließt die Anwendbarkeit von § 625 nicht aus. 20

Setzen die Parteien ihr Arbeitsverhältnis zunächst nur vorläufig fort, um über die Bedingungen der endgültigen Fortsetzung zu verhandeln, und scheitern diese Verhandlungen, endet das vorläufige Arbeitsverhältnis wegen **Zweckerreichung** durch einfache Erklärung, ohne daß es einer ordentlichen Kündigung bedürfte (BBDW/*Bader* Rn. 24; aA MünchKommBGB/*Schwerdtner* Rn. 18). 21

Die einzelvertragliche Vereinbarung einer von § 625 abw. **Verlängerungsausschlußklausel** schließt im Falle der widerspruchslosen Fortsetzung der Dienste über das Vertragsende hinaus die Annahme eines (neuen) Vertragsschlusses kraft konkludenten Verhaltens nicht aus (*Kramer* NZA 1993, 1115, 1119). 22

VI. Darlegungs- und Beweislast

Nimmt der Dienstverpflichtete für sich die **Rechtsfolgen des § 625** in Anspruch, muß er im Streitfalle darlegen und ggf. beweisen, daß das Dienstverhältnis mit Wissen des Dienstberechtigten fortgesetzt worden ist. Für einen unverzüglich erklärten Widerspruch ist der Dienstberechtigte beweispflichtig (KR/*Fischermeier* Rn. 42; *Staudinger/Preis* Rn. 41). 23

§ 626 [Fristlose Kündigung]

(1) Das Dienstverhältnis kann von jedem Vertragsteil aus wichtigem Grund ohne Einhaltung einer Kündigungsfrist gekündigt werden, wenn Tatsachen vorliegen, auf Grund derer dem Kündigenden unter Berücksichtigung aller Umstände des Einzelfalles und unter Abwägung der Interessen beider Vertragsteile die Fortsetzung des Dienstverhältnisses bis zum Ablauf der Kündigungsfrist oder bis zu der vereinbarten Beendigung des Dienstverhältnisses nicht zugemutet werden kann.

(2) ¹Die Kündigung kann nur innerhalb von zwei Wochen erfolgen. ²Die Frist beginnt mit dem Zeitpunkt, in dem der Kündigungsberechtigte von den für die Kündigung maßgebenden Tatsachen Kenntnis erlangt. ³Der Kündigende muß dem anderen Teil auf Verlangen den Kündigungsgrund unverzüglich schriftlich mitteilen.

Übersicht

	Rn.		Rn.
A. Normzweck	1	4. Berufsausbildungsverhältnisse	22
B. Entstehungsgeschichte	4	D. Außerordentliche Kündigung und sonstige Beendigungstatbestände	23
C. Anwendungsbereich	6	I. Abkehrrecht im Arbeitskampf	24
I. Allgemeines	6	II. Suspendierung	25
II. Gesetzliche Sonderregelungen	7	III. Widerruf einer Organstellung	26
1. Arbeitsverhältnisse mit Seeleuten und Kapitänen	7	IV. Anfechtung	28
2. Dienstordnungsangestellte	13	V. Nichtfortsetzungserklärung nach § 12 KSchG	32
3. Einigungsvertrag	14		

	Rn.		Rn.
E. Wichtiger Grund	33	21. Trunkenheit; Rausch	163
I. Lehre vom wichtigen Grund an sich	33	22. Unpünktlichkeit, Manipulation der Arbeitszeiterfassung	170
II. Verschulden	42	23. Unentschuldigtes Fehlen	172
III. Verhältnismäßigkeitsprinzip (ultima-ratio-Prinzip)	44	24. Untersuchungshaft, Freiheitsstrafe	173
1. Grundsatz	44	25. Urlaubsüberschreitung, Selbstbeurlaubung	175
2. Abmahnung	45	26. Entziehung der Fahrerlaubnis	178
3. Betriebsbuße	57	27. Krankheit	179
4. Vorrang der anderweitigen Beschäftigung	58	28. Ehrenämter	184
5. Ordentliche Kündigung	60	29. Loyalitätsbindungen kirchlicher Mitarbeiter	185
IV. Voraussetzungen des wichtigen Grundes	61	30. Vermögenslage, Lohnpfändungen	189
1. Kein absoluter Kündigungsgrund	61	31. Fehlende Arbeitserlaubnis	190
2. Abgestufte Prüfung	62	32. Tod des Arbeitgebers	191
3. Einzelne Abwägungsgesichtspunkte	63	33. Sonstige Fälle	192
4. Anhörung	71	VI. Außerordentliche Kündigung durch den Arbeitnehmer	193
5. Besonderheiten bei Gruppenarbeitsverhältnissen (Eigengruppe)	72	1. Allgemeines	193
6. Maßgebliche Bindungsdauer	74	2. Arbeitsplatzwechsel	194
7. Zeitpunkt der Entstehung des wichtigen Grundes		3. Äquivalenzstörung	195
a) Allgemeines	77	4. Beleidigung, Verdächtigung	196
b) Nachschieben von Kündigungsgründen	78	5. Beschäftigungspflicht, Versetzung, Umsetzung	197
8. Wegfall des wichtigen Grundes		6. Arbeitsschutz	198
a) Verzicht	83	7. Krankheit	199
b) Verzeihung	84	8. Lohnrückstände	200
V. Außerordentliche Kündigung durch den Arbeitgeber	85	9. Prokura	201
1. Abwerbung	87	10. Studium	202
2. Arbeitsschutz- und Sicherheitsvorschriften	88	11. Eheschließung	203
3. Anzeigen gegen den Arbeitgeber	89	12. Werkswohnung	204
4. Verstöße gegen die betriebliche Ordnung		13. Freistellung; Urlaub	206
a) Allgemeines	93	VII. Besonderheiten bei Probearbeitsverhältnissen	207
b) Sexuelle Belästigung	94	VIII. Verdachtskündigung	208
c) Tätlichkeit	95	IX. Druckkündigung	220
d) Rauchverbot	97	X. Entlassungsverlangen des Betriebsrats nach § 104 BetrVG	222
e) Alkoholverbot	98	F. Rechtsfolge der außerordentlichen Kündigung	224
5. Verrat von Betriebs- und Geschäftsgeheimnissen	99	I. Grundsatz der entfristeten Kündigung	224
6. Arbeitsverweigerung	103	II. Kündigung mit Ausflauffrist	225
7. Abkehrwille	119	G. Außerordentliche Änderungskündigung	230
8. Betriebseinstellung, Betriebseinschränkung	120	H. Unabdingbarkeit	234
9. Außerdienstliches Verhalten	122	I. Allgemeines	234
10. Konkurrenztätigkeit	125	II. Einschränkungen und Erweiterungen des außerordentlichen Kündigungsrechts	238
11. Nebentätigkeit	130	J. Gleichbehandlungsgrundsatz und außerordentliche Kündigung	245
12. Schwarzarbeit	133	K. Ausschlußfrist des § 626 II	246
13. Politische Betätigung	134	I. Normzweck	246
14. Nichtanzeige einer Arbeitsunfähigkeit	140	II. Anwendungsbereich	
15. Nichtvorlage der Arbeitsunfähigkeitsbescheinigung	141	1. Kündigung nach § 626 I	248
16. Vortäuschen einer Erkrankung	142	2. Keine analoge Anwendung auf andere Kündigungen	250
17. Geschäfts- und Rufschädigung	144	3. Keine analoge Anwendung auf andere Beendigungstatbestände	253
18. Schlechtleistungen	145	III. Fristbeginn und -ablauf	256
19. Forderung und Annahme von Schmiergeldern	146	1. Person des Kündigungsberechtigten	256
20. Strafbare Handlungen			
a) Allgemeines	148		
b) Private Lebensführung	150		
c) Beleidigungen	152		
d) Eigentumsdelikte	154		
e) Vermögensdelikte	157		
f) Körperverletzungen	159		
g) Nötigung, Erpressung	161		
h) Sittlichkeitsdelikte	162		

B. Entstehungsgeschichte

	Rn.
a) Grundsatz	256
b) Kündigungsbefugnis von Personenmehrheiten	259
2. Kenntnis der für die Kündigung maßgebenden Tatsachen	263
3. Dauertatbestände	267
4. Besonderheiten bei Verdachtskündigungen	273
5. Beginn bei Betriebsstillegung	275
6. Fristablauf	276
IV. Unabdingbarkeit	280
V. Rechtsfolgen des Fristablaufs	281
1. Ausschluß des außerordentlichen Kündigungsrechts	281
2. Fortbestand des Rechts zur ordentlichen Kündigung	283
3. Rechtsmißbräuchliche Berufung auf die Ausschlußfrist	284
VI. Ausschlußfrist und Beteiligung des Betriebsrats	285
VII. Ausschlußfrist und Verwaltungsverfahren	288
L. Gerichtliche Überprüfung der außerordentlichen Kündigung	290
I. Notwendigkeit der Feststellungsklage	290

	Rn.
II. Nachschieben von Kündigungsgründen	291
M. Umdeutung in ordentliche Kündigung	292
N. Sonderkündigungsschutz	297
O. Begründung außerordentlicher Kündigungen	298
I. Zeitpunkt der Begründung	298
II. Form und Umfang der Begründung	299
III. Rechtsfolgen der Nicht- oder nicht rechtzeitigen Erfüllung	300
P. Darlegungs- und Beweislast	301
I. Voraussetzungen des wichtigen Grundes	301
II. Ausschlußfrist des § 626 II	305
Q. Prozessuales	309
I. Revisibilität des wichtigen Grundes	309
II. Beweiswürdigung der Tatsacheninstanz	310
III. Bedeutung einer rechtskräftigen Ersetzung der Zustimmung nach § 103 BetrVG	311

A. Normzweck

§ 626 garantiert beiden Vertragsparteien das unverzichtbare Recht, sich bei unzumutbarer Belastung **1** vom Dienstverhältnis lösen zu können. § 626 enthält einen **allgemeinen Rechtsgrundsatz** (BAG 18. 12. 1996 AP TVG § 1 Kündigung Nr. 1). Jedes Dauerschuldverhältnis kann aus wichtigem Grund ohne Einhaltung der Kündigungsfrist gekündigt werden, wenn Tatsachen vorliegen, aufgrund deren dem Kündigenden unter Berücksichtigung der Umstände des Einzelfalles und unter Abwägung der Interessen beider Vertragsteile die Fortsetzung des Vertragsverhältnisses bis zum Ablauf der Kündigungsfrist oder bis zum vereinbarten Endtermin nicht zugemutet werden kann.

Der außerordentlichen Kündigung kommt **kein Strafcharakter** zu. Sie ist keine Sanktion (BAG **2** 21. 11. 1996 AP BGB § 626 Nr. 130 = NZA 1997, 487; *Ascheid* Rn. 29; krit. *Heinze*, FS für Söllner, 1990, S. 63, 69), obgleich sie den AN in seinem Ansehen beeinträchtigen kann (BAG 4. 8. 1960 AP ZPO § 256 Nr. 34 m. Anm. *Baumgärtel* = NJW 1960, 2071; BAG 25. 5. 1988 AP GG Art. 140 Nr. 36).

Die außerordentliche Kündigung führt allein zur Auflösung des Arbeits- oder Dienstverhältnisses **3** für die Zukunft, wobei bereits **erworbene Ansprüche** grds. erhalten bleiben (vgl. § 628 I).

B. Entstehungsgeschichte

Das Recht zur außerordentlichen Kündigung von Arbeitsverhältnissen war bis zur Neufassung des **4** § 626 und der damit verbundenen Rechtsvereinheitlichung durch das **Erste Arbeitsrechtsbereinigungsgesetz** vom 14. 8. 1969 (BGBl. I S. 1106) unterschiedlich geregelt. Es galten nebeneinander drei methodisch abw. Regelungen. Der persönliche Geltungsbereich bestimmte sich nach der Tätigkeit des AN. § 626 aF enthielt eine Generalklausel, nach der das Dienstverhältnis von jedem Teil ohne Einhaltung einer Kündigungsfrist gekündigt werden konnte, wenn ein wichtiger Grund vorlag. § 626 aF fand auf wesentliche Teile aller Arbeitsverhältnisse keine Anwendung, weil Sondervorschriften vorgingen. Insb. für gewerbliche Arbeiter (ebenso jetzt noch § 64 I Nr. 1 bis 3 und Nr. 5 SeemannsG) galt das Enumerationsprinzip. In **§ 123 GewO, §§ 82, 83 AllgBergG** wurden erschöpfend die Gründe für die außerordentliche Kündigung aufgezählt. Wenn einer der gesetzlich bestimmten Entlassungsgründe vorlag, brauchte nicht mehr unter Berücksichtigung aller Umstände geprüft zu werden, ob nach der Sachlage die Fortsetzung des Arbeitsverhältnisses noch zumutbar war oder nicht (keine Interessenabwägung: BAG 31. 1. 1985 AP MuSchG 1968 § 8 a Nr. 6 = NZA 1986, 138). Eine dritte Form zur Regelung der außerordentlichen Kündigung sahen die **§§ 70 bis 72 HGB** und **§§ 133 b bis 133 d GewO** für kaufmännische und gewerbliche Angestellte vor. In diesen Vorschriften wurden Beispiele für wichtige Gründe, die zur außerordentlichen Kündigung berechtigten, sofern nicht besondere Umstände eine andere Beurteilung rechtfertigten, mit einer Generalklausel verbunden.

5   Durch das Erste Arbeitsrechtsbereinigungsgesetz ist als einheitliche Regelungsform die **Generalklausel** gewählt worden. Allerdings enthält das Gesetz eine durch allgemeine Merkmale gekennzeichnete nähere Bestimmung dessen, was das Tatbestandsmerkmal „wichtiger Grund" ausmacht (vgl. eingehend *Preis* S. 94 ff. und S. 478 ff.). Nach der jetzt geltenden Fassung kann aus „wichtigem Grund" gekündigt werden, wenn Tatsachen vorliegen, aufgrund derer dem Kündigenden unter Berücksichtigung aller Umstände des Einzelfalles und unter Abwägung der Interessen beider Vertragsteile die Fortsetzung des Dienstverhältnisses nicht zugemutet werden kann.

C. Anwendungsbereich

I. Allgemeines

6   Jedes Dienst- und Arbeitsverhältnis kann aus wichtigem Grund gekündigt werden (KR/*Fischermeier* Rn. 1). § 626 gilt auch für kurzfristige und befristete **Dienst- und Arbeitsverhältnisse.** Doch zeigt § 627, daß bestimmte freie Dienstverträge unter erleichterten Voraussetzungen außerordentlich kündbar sein sollen (vgl. BAG 10. 4. 1975 AP BGB § 626 Ausschlußfrist Nr. 7). Das außerordentliche Kündigungsrecht gem. § 627 läßt die Kündigungsmöglichkeit des § 626 unberührt (*Palandt/Putzo* § 627 Rn. 6). Das Recht zur außerordentlichen Kündigung gem. § 626 I tritt als lex specialis an die Stelle eines ansonsten bei gegenseitigen Verträgen möglichen Rücktritts nach §§ 325, 326 (*Ascheid* Rn. 91).

II. Gesetzliche Sonderregelungen

7   **1. Arbeitsverhältnisse mit Seeleuten und Kapitänen.** Abschließende Sonderregelungen gelten im Bereich der Seeschiffahrt für die Kündigung von Heuerverträgen mit Besatzungsmitgliedern (§§ 64 bis 68 SeemannsG) und für Kapitäne (§ 78 SeemannsG). Die früheren Sonderregelungen für die Binnenschiffahrt und für die Flößerei sind aufgehoben worden. Dort findet § 626 Anwendung.

8   § 65 SeemannsG setzt grds. das Vorliegen eines wichtigen Grundes voraus. Doch sieht § 64 SeemannsG als einzige Regelung des deutschen Arbeitsrechts noch **absolute Kündigungsgründe** vor, die ohne Interessenabwägung zur außerordentlichen Kündigung berechtigen (BAG 30. 11. 1978 AP SeemannsG § 64 Nr. 1 = NJW 1980, 255). Will der Reeder einem Besatzungsmitglied aus einem anderen wichtigen, in § 64 SeemannsG nicht genannten Grund außerordentlich kündigen, muß er sich zur Zahlung einer Abfindung in Höhe von mindestens einer Monatsgrundheuer verpflichten (§ 65 SeemannsG).

9   Das SeemannsG ordnet **besondere Rechtsfolgen** für den Fall der außerordentlichen Kündigung an, die sich mit den Besonderheiten der Seeschiffahrt erklären lassen. So hat das Besatzungsmitglied, wenn die fristlose Kündigung auf See ausgesprochen wird und das Besatzungsmitglied nach der fristlosen Kündigung an Bord bleibt, den bei der Heimschaffung hilfsbedürftiger Seeleute üblichen Verpflegungssatz zu entrichten.

10   Wird die außerordentliche Kündigung aufgrund des **Verlustes des Schiffes** (§ 66 SeemannsG) ausgesprochen, hat das Besatzungsmitglied vom Zugang der Kündigung an bis zum Ablauf von zwei Monaten Anspruch auf Zahlung einer Tagesgrundheuer für jeden Tag der tatsächlichen Arbeitslosigkeit. Ist die Rückbeförderung in einen Hafen im Geltungsbereich des GG erst zu einem späteren Zeitpunkt beendet, so ist die Grundheuer bis zu diesem Tage weiterzuzahlen. Ist die Rückbeförderung aus Gründen, die nicht vom Reeder zu vertreten sind, erst später möglich, so ist die Grundheuer bis zum Ablauf von drei Monaten weiter zu bezahlen (§ 66 II SeemannsG).

11   § 67 SeemannsG nennt enumerativ absolute Kündigungsgründe für die außerordentliche Kündigung des Heuerverhältnisses durch das **Besatzungsmitglied.** Die Ausübung der außerordentlichen Kündigung wegen eines dieser Gründe darf aber nicht rechtsmißbräuchlich erfolgen, so daß über § 242 eine Zumutbarkeitsprüfung eingeführt wird (vgl. BAG 8. 11. 1973 AP SeemannsG § 67 Nr. 1). Eine außerordentliche Kündigung aus anderen wichtigen, in § 67 SeemannsG nicht genannten Gründen macht § 68 SeemannsG davon abhängig, daß ein Ersatzmann ohne besondere Kosten für den Reeder und ohne Aufenthalt für das Schiff an die Stelle des kündigenden Besatzungsmitglieds treten kann.

12   Die außerordentliche Kündigung des **Heuerverhältnisses eines Kapitäns** ist vom Vorliegen eines im Gesetz nicht näher konkretisierten wichtigen Grundes abhängig (§ 78 III SeemannsG). Allerdings kann der Kapitän die außerordentliche Kündigung aus einem vom Reeder nicht zu vertretenden wichtigen Grunde nur wirksam erklären, wenn der Reeder einen Ersatzmann ohne besondere Kosten und ohne Aufenthalt für das Schiff erhalten kann (§ 78 III 2 SeemannsG).

13   **2. Dienstordnungsangestellte.** Die außerordentliche Kündigung eines Dienstordnungsangestellten richtet sich für Altfälle (vgl. § 358 RVO) nach § 352 RVO. § 626 II gilt nicht (BAG 3. 2. 1972 AP BGB § 611 Dienstordnungs-Angestellte Nr. 32). Der aufgrund einer Kündigung ausgeschiedene

C. Anwendungsbereich §626 BGB 230

Dienstordnungsangestellte kann weiterhin für den öffentlichen Dienst geeignet und tragbar sein (BAG 3. 2. 1972 AP BGB § 611 Dienstordnungs-Angestellte Nr. 32). Daneben sehen die Dienstordnungen (vgl. § 352 RVO) für Dienstordnungsangestellte eine fristlose **Dienstentlassung als Disziplinarmaßnahme** vor. Die Entlassung als Dienststrafe ist Ausdruck eines Unwerturteils. Für die Nachprüfung einer Dienstentlassung eines Dienstordnungsangestellten ist der Rechtsweg zu den Gerichten für Arbeitssachen gegeben (BAG 11. 11. 1971 AP BGB § 611 Dienstordnungs-Angestellte Nr. 31 = NJW 1972, 1070). Die gerichtliche Überprüfung erstreckt sich darauf, ob das Dienststrafverfahren ordnungsgemäß durchgeführt worden ist und ob der Dienstherr bei der Verhängung der Dienststrafe ohne Ermessensfehler gehandelt hat. Insb. wird die Wahrung des Grundsatzes der Verhältnismäßigkeit überprüft. Zwischen außerordentlicher Kündigung und fristloser Dienstentlassung besteht kein Verhältnis der Subsidiarität (BAG 25. 2. 1998 AP BGB § 611 Dienstordnungs-Angestellte Nr. 69 = BB 1998, 1540).

3. Einigungsvertrag. Für den öffentlichen Dienst im Beitrittsgebiet (Art. 3, 20) bestimmt der 14 EVertr. in Anlage I Kapitel XIX Sachgebiet A Abschnitt III Nr. 1 Abs. 5:

„Ein wichtiger Grund für eine außerordentliche Kündigung ist insbesondere dann gegeben, wenn der Arbeitnehmer
1. gegen die Grundsätze der Menschlichkeit oder Rechtsstaatlichkeit verstoßen hat, insbesondere die im Internationalen Pakt über bürgerliche und politische Rechte vom 19. Dezember 1966 gewährleisteten Menschenrechte oder die in der Allgemeinen Erklärung der Menschenrechte vom 10. Dezember 1948 enthaltenen Grundsätze verletzt hat oder
2. für das frühere Ministerium für Staatssicherheit/Amt für nationale Sicherheit tätig war und deshalb ein Festhalten am Arbeitsverhältnis unzumutbar erscheint."

Diese Bestimmung gilt unbefristet. Sie regelt eigenständig und abschließend die Möglichkeit einer 15 außerordentlichen Kündigung im öffentlichen Dienst aus den in den beiden Tatbeständen angegebenen Gründen (BAG 11. 6. 1992 AP Einigungsvertrag Anlage I Kap. XIX Nr. 1 = NZA 1993, 118). Anders als § 626 I stellt Nr. 1 Abs. 5 EVertr. nicht darauf ab, ob ein **Festhalten** am Arbeitsverhältnis bis zu einem ordentlichen Kündigungstermin zumutbar ist, sondern **überhaupt unzumutbar erscheint.** Die Regelung ist vollständig und bedarf keiner Ergänzung durch eine komplementäre Anwendung des § 626. Insb. sieht Abs. 5 keine Interessenabwägung iSv. § 626 I oder gar doppelte Interessenabwägung vor (BAG 11. 6. 1992 AP Einigungsvertrag Anlage I Kap. XIX Nr. 1 = NZA 1993, 118; MünchKomm/*Oetker* Art. 232 § 5 EGBGB Rn. 99). Nach der Rspr. des BAG ist jedoch eine Einzelfallprüfung geboten (weiterführend Kasseler Handbuch/*Müller-Glöge* 11 Rn. 437 f.).

Die beiden Tatbestände des Abs. 5 EVertr. sind anwendbar, wenn der Beschäftigte zum Zeitpunkt 16 des Wirksamwerdens des Beitritts dem **öffentlichen Dienst der ehemaligen DDR** angehörte und das zu kündigende Arbeitsverhältnis mit bzw. nach dem Wirksamwerden des Beitritts infolge Überführung der Beschäftigungseinrichtung auf den neuen AG des öffentlichen Dienstes übergegangen oder durch Weiterverwendung des AN – ggf. in einem anderen Verwaltungsbereich – neu begründet worden ist (BAG 20. 1. 1994 AP Einigungsvertrag Art. 20 Nr. 10 = NZA 1994, 844).

Ob ein vorsätzlicher **Verstoß gegen Grundsätze der Menschlichkeit** oder Rechtsstaatlichkeit 17 vorliegt, bestimmt sich nach dem materiellen Unrechtscharakter des Verhaltens des Gekündigten (BAG 20. 1. 1994 AP BGB § 626 Einigungsvertrag Nr. 1).

Da Abs. 5 Ziff. 2 EVertr. die Unzumutbarkeit allein aus der früheren Tätigkeit herleitet, ist in jedem 18 Einzelfall beurteilt nach den Verhältnissen im Zeitpunkt des Kündigungszugangs zu prüfen, ob die frühere Tätigkeit ein Festhalten am (jetzigen) Arbeitsverhältnis noch zu rechtfertigen vermag. Das individuelle Maß der Verstrickung bestimmt hierbei über die außerordentliche Auflösung des Arbeitsverhältnisses. Der Grad der Belastung wird bei einem **hauptamtlichen Mitarbeiter** der Staatssicherheit durch seine Stellung sowie die Dauer seiner Tätigkeit bestimmt. Berücksichtigungsfähig sind weiterhin Zeitpunkt und Grund der Aufnahme und der Beendigung dieser Tätigkeit für die Staatssicherheit (BAG 28. 4. 1994 AP Einigungsvertrag Art. 20 Nr. 13 = NZA 1995, 169). Andererseits kommt der heutigen Stellung im öffentlichen Dienst großes Gewicht zu (BAG 28. 1. 1993 NJ 1993, 379 betr. Koch im Feierabendheim). Mit dem Merkmal „erscheint" hebt die Norm auf das vordergründige **Erscheinungsbild der Verwaltung** mit diesem Mitarbeiter ab (BAG 11. 6. 1992 AP Einigungsvertrag Anlage I Kap. XIX Nr. 1 = NZA 1993, 118). Die AG des öffentlichen Dienstes sollen nicht darin behindert werden, dauerhaftes Vertrauen der Bürger in die Gesetzmäßigkeit der Verwaltung zu schaffen. Folglich korrespondiert die Notwendigkeit einer außerordentlichen Kündigung mit der Bedeutung der früheren Tätigkeit und der Stellung des Beschäftigten beim MfS. Je höher die Stellung oder je größer das Maß der Verstrickung, desto unwahrscheinlicher ist im Regelfall die Annahme, dieser Beschäftigte sei als Angehöriger des öffentlichen Dienstes der Bevölkerung noch zumutbar (BAG 28. 4. 1994 AP Einigungsvertrag Art. 20 Nr. 13 = NZA 1995, 169).

Abs. 5 Ziff. 2 EVertr. unterscheidet nicht zwischen hauptamtlichen und **inoffiziellen Mitarbeitern** 19 der Staatssicherheit. Damit gilt auch für inoffizielle Mitarbeiter, daß eine außerordentliche Kündigung nur gerechtfertigt ist, wenn eine **bewußte, finale Mitarbeit** für das MfS/AfNS vorliegt (BAG 23. 9.

1993 AP Einigungsvertrag Anlage I Kap. XIX Nr. 19). Allein die Abgabe einer Verpflichtungserklärung ohne entsprechende Tätigkeit genügt nicht zur Erfüllung des Abs. 5 Ziff. 2 (BAG 14. 12. 1995 AP Einigungsvertrag Anlage I Kap. XIX Nr. 56 = BB 1996, 540).

20 **§§ 13 I 2, 4 S. 1 KSchG** sind zu beachten (BAG 11. 6. 1992 AP Einigungsvertrag Anlage I Kap. XIX Nr. 1 = NZA 1993, 118). Wird die auf Nr. 1 Abs. 5 gestützte außerordentliche Kündigung nicht fristgerecht angefochten, gilt sie gem. § 7 KSchG von Anfang an als rechtswirksam. Ebenso finden die Bestimmungen des **besonderen Kündigungsschutzes** im MuSchG, SchwbG (BAG 16. 3. 1994 AP Einigungsvertrag Anlage I Kap. XIX Nr. 21 = NZA 1994, 879) und in § 15 KSchG (BAG 28. 4. 1994 AP Einigungsvertrag Art. 20 Nr. 12 = NZA 1995, 168) sowie die Regelungen über die Mitbestimmung des Personalrats bei Kündigungen (BAG 11. 6. 1992 AP Einigungsvertrag Anlage I Kap. XIX Nr. 1 = NZA 1993, 118) Anwendung.

21 Der AG des öffentlichen Dienstes darf seine Mitarbeiter nach der Unterzeichnung einer Verpflichtungserklärung und einer Tätigkeit für das MfS fragen (BAG 7. 9. 1995 AP BGB § 242 Auskunftspflicht Nr. 24 = NZA 1996, 637). Diese Fragen stehen im Zusammenhang mit dem Arbeitsverhältnis und dienen dem Zweck, ungeeignete Personen iSd. Anlage I Kapitel XIX Sachgebiet A Abschnitt III Nr. 1 Abs. 4 und 5 EVertr. kündigen zu können. Die Mitarbeiter sind zur **wahrheitsgemäßen Beantwortung** verpflichtet. Wer wahrheitswidrig seine frühere Tätigkeit für das MfS leugnet, ist deshalb idR (aber nicht zwangsläufig) für den öffentlichen Dienst nicht geeignet (BAG 26. 8. 1993 AP Einigungsvertrag Art. 20 Nr. 8 = NZA 1994, 25; BAG 13. 9. 1995 AP Einigungsvertrag Anlage I Kap. XIX Nr. 53 = NZA 1996, 202).

22 **4. Berufsausbildungsverhältnisse.** Das Berufsausbildungsverhältnis ist als gesetzlich befristetes Rechtsverhältnis nur außerordentlich kündbar (§ 15 II BBiG). Auch hier gilt für die Ausübung des Gestaltungsrechts eine Zwei-Wochen-Frist (§ 15 IV 1 BBiG). Bei der Beurteilung des wichtigen Grundes muß der **Zweck des Berufsausbildungsverhältnisses** vorrangig berücksichtigt werden. Nicht jeder Vorfall, der zur Kündigung eines AN berechtigt, kann daher als Grund zur fristlosen Entlassung eines Auszubildenden anerkannt werden (vgl. die Erl. zu § 15 BBiG). Bei der Prüfung der Rechtswirksamkeit einer fristlosen Kündigung ist entscheidend auf die im Zeitpunkt der Kündigung zurückgelegte Ausbildungszeit im Verhältnis zur Gesamtdauer der Ausbildung abzustellen (BAG 10. 5. 1973 AP BBiG § 15 Nr. 3 = SAE 1974, 110). Auf **Umschulungsverhältnisse** nach §§ 1 IV, 47 BBiG sind die Vorschriften über das Berufsausbildungsverhältnis nicht anwendbar. Ein Umschulungsverhältnis kann gem. § 626 aus wichtigem Grund außerordentlich gekündigt werden (BAG 15. 3. 1991 AP BBiG § 47 Nr. 2 = NZA 1992, 452).

D. Außerordentliche Kündigung und sonstige Beendigungstatbestände

23 Die außerordentliche Kündigung ist eine rechtsgestaltende **rechtsgeschäftliche Willenserklärung**, die dem Kündigungsempfänger gegenüber zu erklären ist. Ihre Wirksamkeitsvoraussetzungen richten sich nach den gesetzlichen Vorschriften über einseitige Rechtsgeschäfte. Weitere Tatbestände, die zum gleichen Ergebnis der **sofortigen Beendigung des Arbeitsverhältnisses** führen, sind die anfängliche Unmöglichkeit der Erfüllung der Pflichten aus dem Arbeitsverhältnis (§ 306), der Tod des AN (BAG 22. 5. 1996 AP TVG § 4 Rationalisierungsschutz Nr. 13), die lösende Aussperrung (BAG [GS] 21. 4. 1971 AP GG Art. 9 Arbeitskampf Nr. 43 = NJW 1971, 1668) sowie § 613 a I 1 BGB in der Beziehung zum alten AG. Des weiteren sind zu beachten und von der außerordentlichen Kündigung zu unterscheiden:

I. Abkehrrecht im Arbeitskampf

24 Das BAG ([GS] 21. 4. 1971 AP GG Art. 9 Arbeitskampf Nr. 43 = NJW 1971, 1668; zust. *Seiter*, Streikrecht und Aussperrungsrecht, 1975, S. 275 f.; aA *Konzen* AcP 177 (1977), 473, 519; *Zöllner/Loritz* § 41 IV 3) meint, dem AN stehe im Arbeitskampf ein außerordentliches Recht zur Abkehr vom Arbeitsverhältnis zu. Der AN könne sich durch einseitige Erklärung fristlos aus dem durch Aussperrung suspendierten Arbeitsverhältnis lösen.

II. Suspendierung

25 Die Suspendierung ist nicht auf die Beendigung des Arbeitsverhältnisses gerichtet, sondern auf die Unterbindung der Tätigkeit des AN. Einseitig darf der AG dem AN jede weitere Arbeitsleistung im Betrieb verbieten und ihn suspendieren, wenn hierfür ein **billigenswerter Grund** besteht (BAG 15. 6. 1972 AP BGB § 628 Nr. 7 = NJW 1972, 2279; BAG [GS] 27. 2. 1985 AP BGB § 611 Beschäftigungspflicht Nr. 14 = NZA 1985, 702 unter C II 3 c der Gründe; *Erman/Hanau* § 611 Rn. 318; *Gahlen*, Die Suspendierung eines Arbeitnehmers, Diss. Gießen 1990, S. 75 f.). Die Suspendierung kommt insb. in Betracht, wenn jede weitere Beschäftigung Schäden hervorrufen könnte oder der Verdacht einer strafbaren Handlung bzw. einer schwerwiegenden Pflichtverletzung gegeben ist. Damit reicht nicht jedes

Interesse des AG, das eine Kündigung sozial rechtfertigen könnte, zur Suspendierung aus. Die einseitige Suspendierung beseitigt die **Vergütungspflicht** grds. nicht. Ist der Grund der Suspendierung jedoch so schwerwiegend, daß dem AG jede weitere Annahme der Arbeitsleistung unzumutbar wäre, kann auch die Vergütungspflicht entfallen.

III. Widerruf einer Organstellung

Vorstandsmitglieder einer AG und Geschäftsführer einer GmbH sind zugleich Organe der Gesellschaft und deren Dienstnehmer. Die Kündigung des Anstellungsvertrages und der Widerruf der Bestellung sind grds. zu trennen **(Trennungsprinzip).** Der Widerruf der Bestellung berührt daher das Anstellungsverhältnis ebensowenig wie die Kündigung des Anstellungsvertrages die Bestellung (BGH 20. 10. 1954 BGHZ 15, 71, 74 = WM 1955, 25). Da zwischen Vorstandsmitgliedern und dem Aufsichtsrat ein besonderes Vertrauensverhältnis bestehen muß, sind an den **wichtigen Grund** für eine Kündigung des Anstellungsvertrages keine hohen Anforderungen zu stellen. Eine rechtliche Kongruenz zwischen dem wichtigen Grund zum Widerruf der Bestellung iSv. § 84 II AktG und dem wichtigen Grund zur außerordentlichen Kündigung des Anstellungsvertrages besteht jedoch nicht (BGH 11. 7. 1953 LM AktG § 75 Nr. 5; *Säcker* BB 1979, 1321, 1322). Allerdings kann die Beendigung des Dienstvertrages, den ein Vorstandsmitglied mit einer Aktiengesellschaft abschließt, durch Vereinbarung der Parteien an den Widerruf der Organbestellung iSv. § 84 III AktG gekoppelt werden. Beruht im Falle einer solchen Vereinbarung der Widerruf auf dem Vertrauensentzug durch die Hauptversammlung, der nicht aus offenbar unsachlichen Gründen erfolgt ist, tritt die Beendigung des Dienstvertrages erst mit Ablauf der ordentlichen Kündigungsfrist ein (BGH 29. 5. 1989 AP BGB § 622 Nr. 26 = NJW 1989, 2683).

Ein von den AN gewähltes betriebsangehöriges Mitglied des Aufsichtsrates verliert nicht sein **Aufsichtsratsmandat,** wenn der AG das Arbeitsverhältnis wirksam außerordentlich kündigt (BGH 21. 2. 1963 AP BetrVG § 76 Nr. 12 = NJW 1963, 905).

IV. Anfechtung

Die auf Abschluß eines Arbeitsvertrages gerichteten Willenserklärungen können gem. §§ 119, 123 angefochten werden, wenn ein Anfechtungsgrund vorliegt. Der Anfechtung kommt im Ergebnis eine der außerordentlichen Kündigung entsprechende Wirkung zu. Dennoch darf man sie nicht mit ihr gleichsetzen. Die außerordentliche Kündigung (§ 626 I) beurteilt sich nach den Verhältnissen im Zeitpunkt ihres Ausspruches und ist wegen der notwendigen Interessenabwägung eher zukunftsbezogen. Demgegenüber stellt der Anfechtungsgrund auf die Sachlage bei Abgabe der Willenserklärung ab und ist zur Gewährleistung der Vertragsfreiheit **tendenziell vergangenheitsbezogen.** Deshalb finden die Vorschriften über die Anfechtung neben dem Recht zur außerordentlichen Kündigung Anwendung (BAG 21. 2. 1991 AP BGB § 123 Nr. 35 = NZA 1991, 719).

Eine Anfechtung kann wegen Verstoßes gegen Treu und Glauben unwirksam sein, wenn der Anfechtungsgrund zum **Zeitpunkt der Anfechtungserklärung** seine Bedeutung für die weitere Durchführung des Arbeitsverhältnisses verloren hat (BAG 18. 9. 1987 AP BGB § 123 Nr. 32 = NZA 1988, 731). Wirkt hingegen ein Anfechtungsgrund so stark nach, daß er dem Anfechtungsberechtigten die Fortsetzung des Arbeitsverhältnisses unzumutbar macht, kann ein und derselbe Grund sowohl zur Anfechtung als auch zur außerordentlichen Kündigung berechtigen (BAG 28. 3. 1974 AP BGB § 119 Nr. 3; *Ascheid* Rn. 100). In einem solchen Fall steht es dem Anfechtungs- und Kündigungsberechtigten frei, welche rechtliche Gestaltungsmöglichkeit er ausüben will. Wählt er die Anfechtung, kann er die außerordentliche Kündigung vorsorglich noch nachschieben. Erklärt er zunächst die Kündigung, ist zweifelhaft ob darin nicht eine Bestätigung des Arbeitsvertrags iSv. § 144 liegt, die eine spätere Anfechtung ausschließen würde (BAG 21. 2. 1991 AP BGB § 123 Nr. 35 = NZA 1991, 719).

Die **Anfechtungsfrist des § 124** wird nach der Rspr. (BAG 19. 5. 1983 AP BGB § 123 Nr. 25 m. Anm. *Mühl*) durch die Ausschlußfrist des § 626 II nicht berührt. Die Anfechtung wegen Irrtums muß nach § 121 I unverzüglich erfolgen, nach verbreiteter Ansicht aber spätestens innerhalb der analog anzuwendenden Zwei-Wochen-Frist des § 626 II (BAG 14. 12. 1979 AP BGB § 119 Nr. 4 = NJW 1980, 1302; *Hönn* ZfA 1987, 61, 87 f.; aA *Picker* ZfA 1981, 1, 108 ff.).

Während eine ordentliche Kündigung, die gegen öffentlich-rechtliche Kündigungsschranken (zB § 9 MuSchG) verstößt, nicht in eine rechtlich weitergehende **Anfechtung umgedeutet** werden kann (BAG 14. 10. 1975 AP MuSchG 1968 § 9 Nr. 4 = NJW 1976, 592), ist diese Möglichkeit bei einer außerordentlichen Kündigung gegeben (vgl. BAG 6. 10. 1962 AP MuSchG § 9 Nr. 24 = NJW 1963, 222; aA *Staudinger/Preis* Rn. 10).

V. Nichtfortsetzungserklärung nach § 12 KSchG

Nach § 12 S. 1 KSchG kann ein AN, der im Kündigungsschutzprozeß obsiegt und inzwischen ein neues Arbeitsverhältnis eingegangen ist, binnen einer Woche nach Rechtskraft des Urteils durch Erklärung gegenüber dem bisherigen AG die Fortsetzung des Arbeitsverhältnisses verweigern. Mit dem Zugang der Nichtfortsetzungserklärung erlischt das alte Arbeitsverhältnis (§ 12 S. 3 KSchG). Damit kommt die Nichtfortsetzungserklärung nach § 12 S. 1 in der Wirkung einer außerordentlichen Kündigung gleich.

E. Wichtiger Grund

I. Lehre vom wichtigen Grund an sich

33 Der Gesetzgeber hat in § 626 eine **typische Generalklausel** geschaffen, indem er unter Verwendung des unbestimmten Rechtsbegriffs „wichtiger Grund" einen wesentlichen Teil der Normfindung den Gerichten überantwortet hat. Diese Regelungstechnik begegnet verfassungsrechtlichen Bedenken, denn keine Arbeitsvertragspartei vermag verläßlich zu erkennen, ob ihr Arbeitsverhältnis durch eine konkrete Kündigung aufgelöst worden ist oder nicht. Andererseits sind Generalklauseln wie § 626 der Weg, den Grundrechten Geltung im Privatrecht zu verschaffen (BVerfG 7. 2. 1990 AP GG Art. 12 Nr. 65 = NZA 1990, 389; BVerfG 10. 10. 1993 AP GG Art. 2 Nr. 35 = NJW 1994, 36; *Stern/Sachs*, Staatsrecht der Bundesrepublik Deutschland, Band III/1, § 76 IV 8 e). Nicht zuletzt die außerordentliche Kündigung ist Ausdruck widerstreitender Grundrechtspositionen beider Arbeitsvertragsparteien. **Art. 12 I GG** (freie Wahl von Beruf, Arbeitsplatz und Ausbildungsstätte) schützt die berufliche Betätigung von AG und AN. Es sind nicht nur der Abschluß und der Bestand, sondern auch die Auflösung von Arbeitsverhältnissen grundrechtlich geschützt. Die Grundrechte der AG und AN sowie ggf. konkurrierender AN (vgl. § 1 III KSchG) sind in praktischer Konkordanz zu verwirklichen.

34 Das **Gebot der Rechtssicherheit** erfordert die Bildung von Fallgruppen, in denen typischerweise die Voraussetzungen der Norm erfüllt oder nicht erfüllt sind. Die Rspr. konkretisiert den wichtigen Grund durch eine abgestufte Prüfung in zwei systematisch selbständigen Abschnitten (vgl. BAG 17. 5. 1984 AP BGB § 626 Verdacht strafbarer Handlung Nr. 14 = NZA 1985, 91; BAG 14. 9. 1994 AP BGB § 626 Verdacht strafbarer Handlung Nr. 24 = NZA 1995, 269; zust. *Dütz* NJW 1990, 2025, 2030 f.; RGRK/*Corts* Rn. 30; MünchKommBGB/*Schwerdtner* Rn. 75; krit. *Ascheid* Rn. 125 ff.; *Preis* S. 478 f.; MünchArbR/*Wank* § 117 Rn. 37). Es wird zunächst geprüft, ob ein bestimmter Sachverhalt ohne die besonderen Umstände des Einzelfalles **an sich geeignet** ist, einen wichtigen Grund abzugeben. Sodann wird untersucht, ob bei Berücksichtigung dieses Umstandes und der Interessenabwägung die konkrete Kündigung gerechtfertigt ist. Dabei entscheidet ein objektiver Maßstab, so daß die Kenntnis des Kündigenden von den tatsächlich vorhandenen Tatsachen grds. unerheblich ist. Diese Abgrenzung ermöglicht die im Interesse der Rechtssicherheit notwendige Systematisierung generell geeigneter Gründe und grenzt im übrigen die voll überprüfbare Rechtsfrage (generelle Eignung als wichtiger Grund) von der beschränkt revisiblen Würdigung der besonderen Umstände des Falles und der jeweiligen Interessen (Zumutbarkeitsprüfung) ab.

35 Die gestufte Prüfung des wichtigen Grundes an sich und der Interessenabwägung läßt sich allerdings nicht aus dem **ungewöhnlichen Wortlaut des § 626 I** ableiten. Das Gesetz sieht als Tatbestandsvoraussetzung der außerordentlichen Kündigung des Dienstverhältnisses sowohl den wichtigen Grund selbst als auch den durch allgemeine Merkmale wiedergegebenen Inhalt des wichtigen Grundes vor. Es kann aus „wichtigem Grund" gekündigt werden, wenn Tatsachen vorliegen, aufgrund derer dem Kündigenden unter Berücksichtigung aller Umstände des Einzelfalles und unter Abwägung der Interessen beider Vertragsteile die Fortsetzung des Dienstverhältnisses nicht zugemutet werden kann. Die außerordentliche Kündigung erfolgt also aus wichtigem Grund, der wiederum durch die weiteren Tatbestandsmerkmale konkretisiert werden soll. Zwischen dem Merkmal „wichtiger Grund" und der gesetzlich normierten Umschreibung des wichtigen Grundes besteht Identität.

36 Dieses aus dem Wortlaut der Norm und ihrer Entstehungsgeschichte (vgl. oben Rn. 4 f.) abzuleitende Ergebnis wird auch durch die **Rechtssystematik** bestätigt. In **§ 15 I 1 KSchG** wird die Kündigung besonders geschützter AN ua. davon abhängig gemacht, daß die Voraussetzungen eines wichtigen Grundes vorliegen, der den AG zur fristlosen Auflösung des Arbeitsverhältnisses berechtigt. Die nähere Umschreibung des wichtigen Grundes in § 626 I wird in § 15 I 1 KSchG nicht wiederholt oder erwähnt. Mit gutem Grund geht die Rspr. davon aus, daß § 15 I 1 KSchG den gleichen wichtigen Grund wie § 626 meint (BAG 18. 2. 1993 AP KSchG 1969 § 15 Nr. 35 = NZA 1994, 74). Dieses Verständnis wird auch in dem besonderen Kündigungstatbestand der Anlage I Kapitel XIX Sachgebiet A Abschnitt III Nr. 1 Abs. 5 zum **EVertr.** deutlich, wenn es dort heißt: „Ein wichtiger Grund für eine außerordentliche Kündigung ist insb. gegeben, wenn" ... In diesem besonderen gesetzlichen Tatbestand wird die Regelungstechnik des § 626 I aufgegriffen, indem der wichtige Grund selbst und auch die ihn ausfüllenden Merkmale als Voraussetzungen der außerordentlichen Kündigung nebeneinander gestellt werden (vgl. BAG 11. 6. 1992 AP Einigungsvertrag Anlage I Kap. XIX Nr. 1 = NZA 1993, 118).

37 Für die **notwendige Präzisierung** des wichtigen Grundes ist das Verhältnis der außerordentlichen zur ordentlichen Kündigung von entscheidender Bedeutung (*Preis* S. 478; MünchArbR/*Wank* § 117

Rn. 37). Der für arbeitgeberseitige Kündigungen etablierte Kündigungsschutz muß berücksichtigt werden. Eine außerordentliche Kündigung ist jedenfalls dann unwirksam, wenn sie schon an den Rechtsschranken scheitern müßte, die für eine ordentliche Kündigung gelten (*Staudinger/Preis* Rn. 6).

Eine weitere Konkretisierung erfährt der wichtige Grund durch das **Prognoseprinzip**. Die außerordentliche Kündigung kann nur auf solche Gründe gestützt werden, die sich – beurteilt nach dem Zeitpunkt des Kündigungszugangs – zukünftig konkret nachteilig auf das Arbeitsverhältnis auswirken würden (BAG 9. 3. 1995 AP BGB § 626 Nr. 123 = NZA 1995, 777; BAG 21. 11. 1996 AP BGB § 626 Nr. 130 = NZA 1997, 487; *Preis* S. 224 ff.; *Ascheid* Rn. 28, 128; *Bitter/Kiel* RdA 1995, 26, 35; abl. *Heinze*, FS für Söllner, 1990, S. 63, 69). Zurückliegende Ereignisse, die das Arbeitsverhältnis nicht mehr belasten, sind auch dann unerheblich, wenn sie zunächst schwerwiegend waren. 38

Die **konkrete Beeinträchtigung** kann im Leistungsbereich, im Bereich der betrieblichen Verbundenheit aller Mitarbeiter (Betriebsordnung, Betriebsfrieden), im persönlichen Vertrauensbereich der Vertragspartner oder im Unternehmensbereich (zB wirtschaftliche Lage) eintreten (BAG 17. 3. 1988 AP BGB § 626 Nr. 99 = NZA 1989, 261; BAG 12. 7. 1995 AP BGB § 626 Krankheit Nr. 1 = NZA 1995, 1100). Verhaltensbedingte Leistungsstörungen sind nur dann kündigungsrelevant, wenn auch zukünftige Vertragsverstöße zu besorgen sind (BAG 21. 1. 1999 AP BGB § 626 Nr. 151). Dies ist vom Kündigenden darzulegen, wenn sich die Besorgnis nicht bereits aus Art und Entwicklung der bisherigen Störungen ergibt. ZB rechtfertigt die Nichtbeachtung einer Abmahnung idR die Prognose einer Wiederholungsgefahr (*Bengelsdorf* SAE 1992, 121, 136). Im Grundsatz führt jede **Verletzung einer vertraglichen Haupt- oder Nebenpflicht** regelmäßig zur konkreten Störung des arbeitsrechtlichen Austauschverhältnisses (BAG 17. 1. 1991 AP KSchG § 1 Verhaltensbedingte Kündigung Nr. 25 = NZA 1991, 557). 39

Materiellrechtlich ergibt sich aus mehreren Kündigungsgründen grds. nur ein Kündigungsrecht (BAG 11. 4. 1985 AP BetrVG 1972 § 102 Nr. 39 = NZA 1987, 361). Ist die fristlose **Kündigung auf mehrere Verfehlungen gestützt,** so ist zu prüfen, ob jede einzelne festgestellte Verfehlung und auch die festgestellten Verfehlungen in ihrer Gesamtheit die Fortsetzung des Arbeitsverhältnisses unzumutbar machen (BAG 4. 8. 1955 AP BGB § 626 Nr. 3; BAG 10. 12. 1992 AP GG Art. 140 Nr. 41 = NZA 1993, 593; BAG 1. 7. 1999 AP BBiG § 15 Nr. 11; KR/*Fischermeier* Rn. 246). Bislang sind in der Rspr. des BAG nur gleichartige Gründe in die Gesamtbetrachtung einbezogen worden (vgl. BAG 10. 12. 1992 AP GG Art. 140 Nr. 41 = NZA 1993, 593). Dazu ist auch der Fall zu rechnen, daß ein persönlicher Eignungsmangel sich aus verschiedenen tatsächlichen Anknüpfungspunkten ergeben kann, die jeder für sich eine entsprechende Schlußfolgerung nicht rechtfertigen würden. Hingegen sind unterschiedliche Kündigungssachverhalte (zB personenbedingte Gründe einerseits und betriebsbedingte andererseits) getrennt auf ihren kündigungsrelevanten Gehalt zu überprüfen. Sind sie jeweils unzureichend, vermögen sie auch nicht aufgrund einer Gesamtwürdigung ein Kündigungsrecht zu ergeben (*Wank* RdA 1993, 79, 88; *Ascheid* Rn. 225; KR/*Fischermeier* Rn. 248; vgl. aber KR/*Etzel* § 1 KSchG Rn. 283). 40

Verfristete Kündigungsgründe (§ 626 II) können bei der Gesamtwürdigung berücksichtigt werden, wenn die nichtverfristeten Kündigungsgründe mit den verfristeten in einem solchen inneren Zusammenhang stehen, daß sie sich zu einem Gesamtverhalten zusammenfassen lassen (zB Verspätungen, unentschuldigtes Fehlen, verfrühtes Verlassen der Arbeitsstelle; vgl. BAG 10. 12. 1992 AP ArbGG 1979 § 87 Nr. 4 = NZA 1993, 501). Verziehene oder verwirkte Kündigungsgründe scheiden als selbständige Kündigungsgründe aus (BAG 21. 2. 1957 AP KSchG § 1 Nr. 22 = DB 1957, 311). Auch sie können nur zur Unterstützung neuer Kündigungsgründe herangezogen werden (BAG 12. 4. 1956 AP BGB § 626 Nr. 11). 41

II. Verschulden

Der wichtige Grund enthält **kein subjektives Element**. Es kommt nicht darauf an, ob sich der Kündigende der Unzumutbarkeit auch bewußt gewesen ist (BAG 18. 1. 1980 AP BGB § 626 Nachschieben von Kündigungsgründen Nr. 1 = NJW 1980, 2486). Der wichtige Grund erfordert grds. kein schuldhaftes Verhalten (BAG 3. 11. 1955 AP BGB § 626 Nr. 4 = NJW 1956, 240; BAG 22. 12. 1956 AP BGB § 626 Nr. 13 = NJW 1957, 478). Ist es aber gegeben, kann dies für die Unzumutbarkeit der Weiterbeschäftigung sprechen (BAG 26. 6. 1957 AP ArbGG 1953 § 72 Nr. 47 = BB 1957, 712). 42

Ein **verhaltensbedingter Grund** wird wegen der notwendigen Interessenabwägung idR nur bei schuldhaftem, vorwerfbarem Verhalten anzunehmen sein (BAG 25. 4. 1991 AP BGB § 626 Nr. 104 = NZA 1992, 212; BAG 10. 12. 1992 AP GG Art. 140 Nr. 41 = NZA 1993, 593; BAG 2. 4. 1996 AP BGB § 626 Verdacht strafbarer Handlung Nr. 26 = NZA 1996, 873; BAG 20. 11. 1997 AP KSchG 1969 § 1 Nr. 43). Fehlt es am Verschulden, kann die Fortsetzung des Arbeitsverhältnisses noch für die Dauer der Kündigungsfrist zumutbar sein. Da dies nur idR so ist, kann im Einzelfall auch eine schuldlose Pflichtverletzung einen wichtigen Grund zur verhaltensbedingten Kündigung darstellen (BAG 21. 1. 1999 AP BGB § 626 Nr. 151 = NZA 1999, 863). 43

III. Verhältnismäßigkeitsprinzip (ultima-ratio-Prinzip)

44 **1. Grundsatz.** Der Grundsatz der **Verhältnismäßigkeit** besagt, daß eine außerordentliche Kündigung nur zulässig ist, wenn alle anderen, nach den jeweiligen Umständen des konkreten Falles möglichen und angemessenen milderen Mittel, die geeignet sind, das in der bisherigen Form nicht mehr tragbare Arbeitsverhältnis fortzusetzen, erschöpft sind (BAG 30. 5. 1978 AP BGB § 626 Nr. 70 = NJW 1979, 332; die Rspr. zusammenfassend BAG 9. 7. 1998 EzA BGB § 626 Krankheit Nr. 1). Somit sind drei verschiedene Aspekte erheblich: Die Kündigung muß geeignet sein, die Störung des Vertragsverhältnisses zu beseitigen. Sie muß darüber hinaus erforderlich iSd. geringstmöglichen Eingriffs sein (ultima-ratio-Prinzip; *Ascheid* Rn. 30). Und drittens muß die Kündigung verhältnismäßig ieS sein. Der Gebrauch des Mittels der außerordentlichen Kündigung muß zu der vorliegenden Störung des Rechtsverhältnisses in einem angemessenen Verhältnis stehen (Mittel-/Zweckrelation). Eine außerordentliche Kündigung ist nur zulässig, wenn sie die **unausweichlich letzte Maßnahme** (ultima ratio) für den Kündigungsberechtigten ist (BAG 30. 5. 1978 AP BGB § 626 Nr. 70 = NJW 1979, 332; MünchKommBGB/*Schwerdtner* Rn. 39; SPV/*Preis* Rn. 454).

45 **2. Abmahnung.** Aus dem Verhältnismäßigkeitsprinzip folgt die Notwendigkeit der Abmahnung. Abmahnung bedeutet, daß der AG in einer für den AN hinreichend deutlich erkennbaren Art und Weise seine Beanstandungen vorbringt und damit unmißverständlich – wenn auch nicht expressis verbis – den Hinweis verbindet, im Wiederholungsfall sei der Inhalt oder der Bestand des Arbeitsverhältnisses gefährdet (BAG 17. 2. 1994 AP BGB § 626 Nr. 116 = NJW 1994, 2783). Die Abmahnung kann daher auch als Kündigungsandrohung bezeichnet werden. Da die Anforderungen an eine wirksame Abmahnung im Rahmen der Beurteilung einer ordentlichen verhaltensbedingten und einer außerordentlichen Kündigung grds. gleich sind, kann auf die Ausführungen in Rn. 296ff. zu § 1 KSchG Bezug genommen werden. Es ist vor allem das nach der Abmahnung liegende Verhalten, das eine Prognose für die zukünftige Entwicklung des Arbeitsverhältnisses ermöglicht. Wird die Pflichtverletzung trotz Abmahnung erneut begangen, ergibt sich daraus der nachhaltige Wille des AN, den vertraglichen Verpflichtungen nicht oder nicht ordnungsgemäß nachkommen zu wollen (BAG 10. 11. 1988 AP KSchG 1969 § 1 Abmahnung Nr. 3 = NZA 1989, 633). Zur Begründung dieser Prognose muß ein hinreichender Zeitraum abgewartet werden, damit die gerügten Leistungs- oder Verhaltensmängel korrigiert werden können. Um in diesem Falle eine erneute Pflichtwidrigkeit annehmen zu können, müssen die **Pflichtverletzungen vergleichbar** sein (BAG 10. 11. 1988 AP KSchG 1969 § 1 Abmahnung Nr. 3 = NZA 1989, 633; BAG 16. 1. 1992 EzA BGB § 123 Nr. 36 = NZA 1992, 1023; aA *Heinze*, FS für Söllner, 1990, S. 63, 83 ff.; *Sibben* NZA 1993, 583, 587). Erforderlich ist keine Identität, sondern eine materielle Vergleichbarkeit, wie sie zB bei den unterschiedlichsten Formen unentschuldigten Fehlens anzunehmen ist. So besteht zwischen Verspätungen und vorzeitigem Verlassen der Arbeitsstätte einerseits sowie unentschuldigtem Fehlen andererseits ein solcher Zusammenhang, daß die Abmahnung wegen einer dieser Pflichtverletzungen Bedeutung für beide Bereiche behält (vgl. BAG 10. 12. 1992 AP ArbGG 1979 § 87 Nr. 4 = NZA 1993, 501).

46 Dogmatisch unterschiedlich beurteilt wird allerdings, ob die kündigungsrechtliche Funktion der Abmahnung aus dem **Grundsatz der Erforderlichkeit** als Teilaspekt des Verhältnismäßigkeitsgrundsatzes folgt (so ua. *Falkenberg* NZA 1988, 489 ff.) oder ob insoweit auf das Übermaßverbot als Verhältnismäßigkeit ieS zurückzugreifen ist (so *v. Hoyningen-Huene* RdA 1990, 193, 197).

47 Pflichtwidrigkeiten im **Leistungs- und Verhaltensbereich** muß grds. eine Abmahnung vorausgehen, ehe sie zum Anlaß einer fristlosen Kündigung genommen werden können (BAG 19. 6. 1967 AP GewO § 124 Nr. 1 = NJW 1967, 2030; BAG 8. 8. 1968 AP BGB § 626 Nr. 57; BAG 17. 2. 1994 AP BGB § 626 Nr. 116 = NJW 1994, 2783). Tätlichkeiten oder Beleidigungen unter Arbeitskollegen sind nicht dem Leistungsbereich zuzuordnen und können ohne vorherige Abmahnung eine Kündigung rechtfertigen (BAG 12. 7. 1984 AP BetrVG 1972 § 102 Nr. 32 = NZA 1985, 96; BAG 31. 3. 1993 AP BGB § 626 Ausschlußfrist Nr. 32 = NZA 1994, 409).

48 Wegen einer Pflichtwidrigkeit im Leistungs- und Verhaltensbereich bedarf es keiner Abmahnung, wenn im Einzelfall besondere Umstände vorgelegen haben, aufgrund derer eine **Abmahnung als nicht erfolgversprechend** angesehen werden kann (BAG 17. 2. 1994 AP BGB § 626 Nr. 116 = NJW 1994, 2783). Dies ist besonders dann anzunehmen, wenn erkennbar ist, daß der AN nicht in der Lage oder gar nicht gewillt ist, sich vertragsgerecht zu verhalten (BAG 12. 7. 1984 AP BetrVG 1972 § 102 Nr. 32 = NZA 1985, 96; *Hueck/v. Hoyningen-Huene* § 1 Rn. 285). Kannte der AN die Vertragswidrigkeit seines Verhaltens, setzt er aber trotzdem seine Pflichtverletzungen hartnäckig und uneinsichtig fort, läuft die Warnfunktion der Abmahnung leer. Da der AN erkennbar nicht gewillt ist, sein Verhalten zu ändern, müßte der AG auch bei Ausspruch einer Abmahnung mit weiteren Pflichtverletzungen rechnen (BAG 18. 5. 1994 AP BPersVG § 108 Nr. 3 = NZA 1995, 65; *Ascheid* Rn. 76).

49 Auch **besonders schwere Verstöße** bedürfen keiner früheren Abmahnung, weil hier der AN von vornherein nicht mit einer Billigung seines Verhaltens rechnen darf, sich dessen bewußt sein muß, daß er seinen Arbeitsplatz aufs Spiel setzt (BAG 12. 7. 1984 AP BetrVG 1972 § 102 Nr. 32 = NZA 1985, 96; BAG 10. 2. 1999 AP KSchG 1969 § 15 Nr. 42). In den Fällen eines Spesenbetrugs, Mißbrauchs von

Vollmachten und Dispositionsmöglichkeiten oder Unterschlagungen wird die Möglichkeit einer positiven Prognose für das Arbeitsverhältnis auszuschließen sein und die Abmahnung entbehrlich erscheinen, weil auch durch eine künftige Vertragstreue die eingetretene Erschütterung oder Zerstörung des Vertrauensverhältnisses nicht mehr ungeschehen gemacht werden kann. Dementsprechend wird eine Pflichtverletzung, die sich vornehmlich auf den **Vertrauensbereich** auswirkt, idR keiner vorangegangenen Abmahnung bedürfen (BAG 17. 5. 1984 AP BGB § 626 Verdacht strafbarer Handlung Nr. 14 = NZA 1985, 91; BAG 10. 2. 1999 AP KSchG 1969 § 15 Nr. 42). Das BAG (4. 6. 1997 AP BGB § 626 Nr. 137; BAG 11. 3. 1999 AP BGB § 626 Nr. 150; zust. *Bergwitz* BB 1998, 2310, 2315) mißt der Differenzierung zwischen Leistungs- und Vertrauensbereich für das Erfordernis einer vorherigen Abmahnung nicht mehr die gleiche Bedeutung bei wie früher. Es wendet weitgehend gleiche Maßstäbe an. Deshalb berechtigt ein Fehlverhalten im Vertrauensbereich nicht ohne vorherige Abmahnung zum Ausspruch einer Kündigung, wenn der AN mit vertretbaren Gründen annehmen konnte, sein Verhalten sei nicht vertragswidrig oder werde vom AG zumindest nicht als ein erhebliches, den Bestand des Arbeitsverhältnisses gefährdendes Verhalten angesehen (BAG 7. 10. 1993 AP BGB § 626 Nr. 114 = NZA 1994, 443; BAG 14. 2. 1996 AP BGB § 626 Verdacht strafbarer Handlung Nr. 26 = NZA 1996, 873). Beruht die Störung im Vertrauensbereich auf steuerbarem Verhalten des AN und lassen Tatsachen eine Wiederherstellung des Vertrauens erwarten, ist eine Abmahnung erforderlich (BAG 4. 6. 1997 AP BGB § 626 Nr. 137 = NZA 1997, 1281). Entscheidend ist in jedem Fall das Gewicht der Pflichtverletzung (BAG 11. 3. 1999 AP BGB § 626 Nr. 150), denn eine Wiederherstellung des Vertrauens wird sich bei schwerwiegenden Verstößen nicht begründen lassen.

Das Recht des AG, ein Fehlverhalten des AN zu beanstanden oder abzumahnen, folgt unmittelbar 50 aus seiner Stellung als Gläubiger der vom AN geschuldeten Arbeitsleistung. Der AG übt damit ein **allgemeines vertragliches Rügerecht** aus, das jedem Vertragspartner zusteht und es ihm erlaubt, den anderen Teil auf Vertragsverletzungen und sich daraus ergebende Rechtsfolgen hinzuweisen (BAG 17. 1. 1991 AP KSchG 1969 § 1 Verhaltensbedingte Kündigung Nr. 25 = NZA 1991, 557; *v. Hoyningen-Huene* RdA 1990, 193, 195; *Heinze*, FS für Söllner, 1990, S. 63, 65). Die Abmahnung kann von jedem Vorgesetzten ausgesprochen werden, der befugt ist, hinsichtlich der Arbeitsleistung verbindliche Weisungen zu erteilen (BAG 18. 1. 1980 AP KSchG 1969 § 1 Verhaltensbedingte Kündigung Nr. 3 = DB 1980, 1351).

Bei der Abmahnung handelt es sich um eine **empfangsbedürftige geschäftsähnliche Handlung,** 51 also kein einseitiges Rechtsgeschäft, die Regelungen über Willenserklärungen finden aber entsprechende Anwendung (*v. Hoyningen-Huene* RdA 1990, 193, 199). Ein Schriftformerfordernis besteht grds. nicht. Die kündigungsrechtliche Wirksamkeit der Abmahnung erfordert über den Zugang hinaus die Kenntnis des Empfängers von ihrem Inhalt, sofern kein rechtsmißbräuchliches Verhalten des Empfängers anzunehmen ist (BAG 9. 8. 1984 AP KSchG 1969 § 1 Verhaltensbedingte Kündigung Nr. 12 m. Anm. *Bickel* = NZA 1985, 124). Auf die Abmahnung findet die **Ausschlußfrist** des § 626 II keine entsprechende Anwendung (BAG 12. 1. 1988 AP GG Art. 9 Arbeitskampf Nr. 90 = NZA 1988, 474). Regelmäßig sind auch tarifliche Verfallfristen unanwendbar.

Eine **frühere, unwirksame Kündigung** erfüllt die Funktion einer Abmahnung jedenfalls dann, 52 wenn der Kündigungssachverhalt feststeht und die Kündigung aus anderen Gründen – zB wegen fehlender Abmahnung – für unwirksam erachtet worden ist (BAG 31. 8. 1989 AP KSchG 1969 § 1 Verhaltensbedingte Kündigung Nr. 23 = NZA 1990, 433; *v. Hoyningen-Huene* RdA 1990, 193, 208). Gleiches gilt für eine wegen fehlender Anhörung des AN formunwirksame Abmahnung, weil auch sie geeignet ist, die notwendige Warnfunktion zu erfüllen (BAG 21. 5. 1992 AP KSchG 1969 § 1 Verhaltensbedingte Kündigung Nr. 28 = NZA 1992, 1028). Andererseits darf ein AG nach erfolglosem Kündigungsversuch wegen desselben (für eine Kündigung allein nicht ausreichenden) Sachverhalts später noch eine Abmahnung aussprechen (BAG 7. 9. 1988 AP BGB § 611 Abmahnung Nr. 2 = NZA 1989, 272).

Mit der Abmahnung gibt die jeweilige Vertragspartei **konkludent** zu erkennen, daß sie auf eine 53 Kündigung wegen des mit der Abmahnung gerügten Verstoßes **verzichtet** (BAG 10. 11. 1988 AP KSchG 1969 § 1 Abmahnung Nr. 3 = NZA 1989, 633). Deshalb behält ein abgemahnter Leistungs- oder Verhaltensmangel nur dann kündigungsrechtliche Bedeutung, wenn später weitere erhebliche Umstände hinzutreten oder bekannt werden.

Eine Abmahnung setzt einen **objektiv gegebenen Pflichtenverstoß,** nicht aber vorwerfbares Ver- 54 halten des Empfängers voraus (BAG 12. 1. 1988 AP GG Art. 9 Arbeitskampf Nr. 90 = NZA 1988, 474; *Ascheid* Rn. 85; *v. Hoyningen-Huene* RdA 1990, 193, 201). Das BAG wendet auf Abmahnungen den Grundsatz der Verhältnismäßigkeit ieS (Übermaßverbot) an und fordert ein vertretbares Verhältnis zwischen Fehlverhalten und Abmahnung (BAG 13. 11. 1991 AP BGB § 611 Abmahnung Nr. 7 = NZA 1992, 690 aus anderen Gründen vom BVerfG [14. 11. 1995 AP GG Art. 9 Nr. 80 = NZA 1996, 381] aufgehoben; aA LAG Hamm 16. 4. 1992 LAGE BGB § 611 Abmahnung Nr. 32; *Heinze*, FS für Söllner, 1990, S. 63, 68; krit. SPV/*Preis* Rn. 10). Der tiefere Sinn dieser nur weitere Rechtsstreite fördernden Rspr. bleibt unklar. Jedenfalls wird es nicht in jedem Falle vorab beurteilt werden können, ob der gerügte, objektiv vorliegende Pflichtenverstoß im Zusammenwirken mit späteren eine Kündigung rechtfertigen wird. Nach Auffassung des BAG (15. 4. 1999 AP BGB § 611 Abmahnung Nr. 22) soll der AN auch nach Entfernung der Abmahnung aus der Personalakte nicht gehindert sein, einen Anspruch auf Widerruf der in der Abmahnung enthaltenen Erklärung gerichtlich geltend zu machen.

55 Für keine Arbeitsvertragspartei besteht die arbeitsvertragliche Nebenpflicht oder Obliegenheit, gegen die Richtigkeit einer Abmahnung gerichtlich vorzugehen. Hat sie davon abgesehen, die Berechtigung einer Abmahnung gerichtlich überprüfen zu lassen, ist sie grds. nicht gehindert, die Richtigkeit der abgemahnten Pflichtwidrigkeiten in einem späteren Kündigungsschutzprozeß zu bestreiten. Eine schriftliche Abmahnung erbringt allein noch **keinen Beweis** dafür, daß der gerügte Pflichtenverstoß tatsächlich begangen wurde (BAG 13. 3. 1987 AP KSchG 1969 § 1 Verhaltensbedingte Kündigung Nr. 18 = NZA 1987, 518; SPV/*Preis* Rn. 10).

56 Das Erfordernis der Abmahnung gilt auch bei einer **arbeitnehmerseitigen außerordentlichen Kündigung** (BAG 25. 7. 1963 AP ZPO § 448 Nr. 1 = NJW 1963, 2340; BAG 19. 6. 1967 AP GewO § 124 Nr. 1 = NJW 1967, 2030), es sei denn, die Abmahnung ist wegen besonderer Umstände entbehrlich (BAG 28. 10. 1971 AP BGB § 626 Nr. 62 = DB 1972, 489). Die fristlose Kündigung des Dienstverhältnisses eines GmbH-Geschäftsführers setzt regelmäßig keine vorherige Abmahnung voraus (BGH 14. 2. 1999 AP BGB § 611 Organvertreter Nr. 16).

57 **3. Betriebsbuße.** Das ultima-ratio-Prinzip gebietet es nicht, vor einer Kündigung zunächst die in einer der Mitbestimmung des BR nach § 87 I Nr. 1 BetrVG unterliegenden betrieblichen **Bußordnung** vorgesehenen Maßnahmen (zB Verweis, Beförderungssperre) zu ergreifen, weil eine Erstreckung des Grundsatzes der Verhältnismäßigkeit auf kollektiv-rechtliche, also mitbestimmte Sanktionsmaßnahmen systemwidrig wäre (BAG 17. 1. 1991 AP KSchG 1969 § 1 Verhaltensbedingte Kündigung Nr. 25 = NZA 1991, 557; vgl. zudem BAG 17. 10. 1989 AP BetrVG § 87 Betriebsbuße Nr. 12 = NZA 1990, 193).

58 **4. Vorrang der anderweitigen Beschäftigung.** Aus dem ultima-ratio-Prinzip folgt weiter, daß die Kündigung nur in Betracht kommt, wenn keine Möglichkeit zu einer anderweitigen Beschäftigung (vgl. hierzu BAG 10. 11. 1994 AP KSchG § 1 Betriebsbedingte Kündigung Nr. 65 = NZA 1995, 566; *Bitter/Kiel* RdA 1994, 333, 336 f.) besteht, also keine Versetzung auf einen anderen freien Arbeitsplatz möglich ist (BAG 30. 5. 1978 AP BGB § 626 Nr. 70 = NJW 1979, 332; BAG 22. 7. 1982 AP KSchG 1969 § 1 Verhaltensbedingte Kündigung Nr. 5 = NJW 1983, 700; SPV/*Stahlhacke* Rn. 692).

59 Nach der Rspr. gilt der **Vorrang der Änderungskündigung** gegenüber der Beendigungskündigung. Ist eine beiden Parteien zumutbare Weiterbeschäftigung auf einem freien Arbeitsplatz, ggf. auch zu geänderten Bedingungen möglich, hat der AG diese von sich aus dem AN anzubieten, bevor er eine außerordentliche Beendigungskündigung ausspricht (BAG 30. 5. 1978 AP BGB § 626 Nr. 70 = NJW 1979, 332). Der AG muß dem AN unmißverständlich (vgl. BAG 29. 11. 1990 RzK I 5 a Nr. 4) erklären, daß bei Ablehnung des Änderungsangebotes eine Beendigungskündigung beabsichtigt ist, um ihm die Gelegenheit zu geben, das Änderungsangebot unter einem dem § 2 KSchG entsprechenden Vorbehalt unverzüglich anzunehmen (BAG 27. 9. 1984 AP KSchG 1969 § 2 Nr. 8 = NZA 1985, 455). Lehnt der AN das Angebot vorbehaltlos ab, ist der AG berechtigt, die außerordentliche Beendigungskündigung ohne Verletzung des Verhältnismäßigkeitsgrundsatzes zu erklären. Nimmt der AN entsprechend § 2 KSchG das Änderungsangebot unverzüglich unter Vorbehalt an, entfällt der Grund für eine Beendigungskündigung. Der AG darf dann nur die außerordentliche Änderungskündigung erklären.

60 **5. Ordentliche Kündigung.** Das für die außerordentliche Kündigung **spezifisch mildere Mittel** ist die ordentliche Kündigung, andere Mittel wie Abmahnung, Versetzung und Änderungskündigung müssen bereits bei der ordentlichen Kündigung berücksichtigt werden. Die vom Gesetz nicht vorgesehene ordentliche Kündigung mit sofortiger Freistellung ist nicht als milderes Mittel gegenüber der außerordentlichen, fristlosen Kündigung zu prüfen (BAG 11. 3. 1999 AP BGB § 626 Nr. 149; aA LAG Düsseldorf 5. 6. 1998 LAGE BGB § 626 Nr. 120).

IV. Voraussetzungen des wichtigen Grundes

61 **1. Kein absoluter Kündigungsgrund.** § 626 kennt keinen absoluten Kündigungsgrund (BAG 25. 3. 1976 AP BetrVG 1972 § 103 Nr. 6 = BB 1976, 932; BAG 15. 11. 1984 AP BGB § 626 Nr. 87 = NZA 1985, 661). Jede außerordentliche Kündigung setzt eine umfassende Interessenabwägung voraus. Es sind alle Umstände des Einzelfalles zu berücksichtigen. Deshalb können nicht bestimmte Vorkommnisse stets als wichtiger Grund anerkannt werden, so daß im Rahmen des § 626 keine unbedingten (absoluten) Kündigungsgründe existieren (*Ascheid* Rn. 116).

62 **2. Abgestufte Prüfung.** Wie oben dargestellt (Rn. 34), erfolgt die Prüfung des wichtigen Grundes in zwei Stufen: Ist ein bestimmter Sachverhalt an sich geeignet, einen wichtigen Grund abzugeben, und rechtfertigt die Abwägung der konkret berührten Interessen die Kündigung? **Geringfügige Pflichtverletzungen** des AN können nicht von vornherein als wichtiger Grund ausgeschlossen werden (BAG 17. 5. 1984 AP BGB § 626 Verdacht strafbarer Handlung Nr. 14 = NZA 1985, 91). Ihre

E. Wichtiger Grund

Bedeutung wird durch die Interessenabwägung relativiert. Notwendig ist eine umfassende **Güter- und Interessenabwägung**. Es sind das Interesse des Kündigenden an der Auflösung und das Interesse des Kündigungsempfängers an der Aufrechterhaltung des Arbeitsverhältnisses gegenüberzustellen. Hinzutreten können Art und Schwere der Verfehlung, Umfang des verursachten Schadens (BAG 12. 8. 1999 AP BGB § 626 Verdacht strafbarer Handlung Nr. 28), Wiederholungsgefahr, Beharrlichkeit des pflichtwidrigen Verhaltens (BAG 21. 1. 1999 AP BGB § 626 Nr. 151), Grad des Verschuldens, Lebensalter (BAG 11. 3. 1999 AP BGB § 626 Nr. 149), Folgen der Auflösung des Arbeitsverhältnisses, Größe des Betriebes. Auch kommt dem sozialen Besitzstand des AN ein hoher Stellenwert zu (BAG 7. 6. 1973 AP BGB § 626 Änderungskündigung Nr. 1 = NJW 1973, 1819).

3. Einzelne Abwägungsgesichtspunkte. Nur **vertragsbezogene Interessen** beider Parteien des **63** Arbeitsverhältnisses sind im Rahmen des § 626 I geschützt (BAG 20. 9. 1984 AP BGB § 626 Nr. 80 = NZA 1985, 286). Folglich können Umstände und Verhaltensweisen, die sich nicht auf das Arbeitsverhältnis auswirken, keine Berücksichtigung finden (*Ascheid* Rn. 137; *Preis* S. 224 f.). Betriebliche Interessen des AG werden ua. verletzt, wenn der Betriebsablauf konkret gestört oder dem Produktionszweck geschadet wird. In diesem Sinne kann es genügen, wenn die Pflichtverletzung des gekündigten AN andere unschuldige Kollegen in Verdacht brachte (BAG 29. 1. 1997 AP BGB § 626 Nr. 131 = NZA 1997, 813). Grds. gehören nicht nur die generell möglichen, sondern auch die jeweils konkret eingetretenen **betrieblichen oder wirtschaftlichen Auswirkungen** einer bestimmten Störung des Arbeitsverhältnisses zu dem vom Kündigenden darzulegenden und ggf. zu beweisenden Kündigungsgrund. Sie sind nicht erst und ausschließlich bei der Interessenabwägung zu berücksichtigen. Andererseits gehören bei einer verhaltensbedingten außerordentlichen Kündigung die betrieblichen Auswirkungen nicht zum Kündigungsgrund an sich.

Bei verhaltensbedingten Gründen wird die Interessenabwägung wesentlich vom **Grad des Ver- 64 schuldens** beeinflußt (BAG 25. 4. 1991 AP BGB § 626 Nr. 104 = NZA 1992, 212; BAG 14. 2. 1996 AP BGB § 626 Verdacht strafbarer Handlung Nr. 26 = NZA 1996, 873; BAG 21. 1. 1999 AP BGB § 626 Nr. 151). Auch fahrlässige Pflichtverletzungen können ins Gewicht fallen, wenn der AN eine **besondere Verantwortung** trägt und sein Verschulden zu einem hohen Schaden geführt hat (BAG 4. 7. 1991 RzK I 6 a Nr. 73). Bei der Beurteilung der Voraussetzungen eines wichtigen Grundes ist dementsprechend zu berücksichtigen, ob angesichts der vorgegebenen Aufgabenstellung bei Vertragsverletzungen große Gefahren entstehen können (Luftfahrt, Schiffahrt, Bergbau). Soweit das der Fall ist, kann ein wichtiger Grund unter erleichterten Voraussetzungen angenommen werden. In diesem Zusammenhang kann selbst bei einem einmaligen Versagen auch ohne eine Abmahnung eine außerordentliche Kündigung gerechtfertigt sein.

Ein **unverschuldeter Rechtsirrtum**, insb. ein etwaiger Verbotsirrtum (BAG 14. 2. 1996 AP BGB **65** § 626 Verdacht strafbarer Handlung Nr. 26 = NZA 1996, 873), muß bei der Interessenabwägung mitberücksichtigt werden (BAG 14. 2. 1978 AP GG Art. 9 Arbeitskampf Nr. 58 = NJW 1979, 236). Dementsprechend berechtigt eine Arbeitsverweigerung nicht zur Kündigung, wenn der AN trotz sorgfältiger Erkundigungen und Prüfung überzeugt sein durfte, nicht zur Arbeit verpflichtet zu sein (BAG 14. 10. 1960 AP GewO § 123 Nr. 24; SPV/*Preis* Rn. 514).

Die **Dauer der Betriebszugehörigkeit** des AN ist stets zu beachten (BAG 13. 12. 1984 AP BGB **66** § 626 Nr. 81 = NZA 1985, 288; aA *Tschöpe* NZA 1985, 588, 590). Sie wirkt sich zugunsten des AN aus, wenn der AN sich in der früheren Zeit vertragstreu verhielt (*Preis* DB 1990, 685, 688 f.). Eine längere Betriebszugehörigkeit kann hingegen den AN bei der Interessenabwägung belasten, wenn gerade die vermeintliche Betriebstreue den AG veranlaßt hat, ihn weniger als andere AN zu kontrollieren (*Bengelsdorf* SAE 1992, 121, 140). Die bisherigen Leistungen und die Bewährung des AN im Betrieb wirken sich zu seinen Gunsten aus.

Das **Alter des AN** ist zwar berücksichtigungsfähig (BAG 15. 11. 1995 AP BetrVG 1972 § 102 **67** Nr. 73 = NZA 1996, 419), doch nicht in dem Sinne, daß proportional zum Alter die außerordentliche Kündigung erschwert werden würde. Angesichts der Schwere der Pflichtverletzungen kann es ausreichen, wenn die Tatsacheninstanzen die Sozialdaten des AN zur Kenntnis nehmen, ihnen aber kein entscheidendes Gewicht beimessen (BAG 16. 3. 2000 AP BetrVG 1972 § 102 Nr. 114).

Unterhaltspflichten des AN dürfen in die Interessenabwägung jedenfalls wegen der finanziellen **68** Folgen des Arbeitsplatzverlustes einbezogen werden (BAG 15. 11. 1995 AP BetrVG 1972 § 102 Nr. 73 = NZA 1996, 419; BAG 11. 3. 1999 AP BGB § 626 Nr. 149), sind aber anders als eine tadelsfreie Beschäftigungszeit kein notwendiger Bestandteil einer jeden § 626 genügenden Abwägung (BAG 2. 3. 1989 AP BGB § 626 Nr. 101 = NZA 1989, 755).

Die diskriminierende Wirkung einer fristlosen Kündigung auf dem Arbeitsmarkt ist idR kein **69** selbständig zu prüfender Gesichtspunkt, weil sie typischerweise mit jeder außerordentlichen Kündigung verbunden ist. Die **Arbeitsmarktchancen** können allenfalls individuell berücksichtigt werden (BAG 29. 1. 1997 AP BGB § 626 Nr. 131 = NZA 1997, 813).

Die **wirtschaftliche Lage des AN** gehört ebensowenig zu den vertragsbezogenen Kriterien der **70** Interessenabwägung (*Preis* S. 232) wie die allgemein schlechte Lage auf dem Arbeitsmarkt (*Preis* S. 239).

Müller-Glöge

71 **4. Anhörung.** Eine vorherige Anhörung des Gekündigten ist keine Wirksamkeitsvoraussetzung der außerordentlichen Kündigung, sofern es nicht um eine sog. **Verdachtskündigung** (vgl. Rn. 208 ff.) geht (BAG 23. 3. 1972 AP BGB § 626 Nr. 63; BAG 10. 2. 1977 AP BetrVG 1972 § 103 Nr. 9 = NJW 1977, 1413). Das gilt auch für die Druckkündigung (BAG 4. 10. 1990 AP BGB § 626 Druckkündigung Nr. 12 = NZA 1991, 468). Die Anhörung vermag an dem objektiven Tatbestand des wichtigen Grundes nichts zu ändern. Mit der Anhörung erfüllt der Kündigende eine auch im eigenen Interesse liegende **Obliegenheit**. Wenn er sie unterläßt, geht er das Risiko ein, den Prozeß aus Gründen zu verlieren, die er bei einer vorherigen Anhörung erfahren hätte. Hat sich ein kirchlicher AG durch eine Grundordnung selbst gebunden, vor Ausspruch einer Kündigung zunächst mit dem AN ein klärendes Gespräch zu führen, verletzt eine ohne vorheriges Gespräch erklärte Kündigung idR den Verhältnismäßigkeitsgrundsatz und ist unwirksam (BAG 16. 9. 1999 AP GrO kath. Kirche Art. 4 Nr. 1).

72 **5. Besonderheiten bei Gruppenarbeitsverhältnissen (Eigengruppe).** Hat sich eine Mehrheit natürlicher Personen als autonom gebildete Gesamtheit zur Erbringung bestimmter Arbeitsleistungen verpflichtet (sog. Eigengruppe), sind kündigungsrechtliche Besonderheiten anzuerkennen, weil dem AG eine Einflußnahme auf die Zusammensetzung der nicht von ihm gebildeten Gruppe versagt bleiben muß. IdR ist die außerordentliche Kündigung der gesamten Gruppe wirksam möglich, wenn allein in der Person eines Gruppenmitglieds ein wichtiger Grund iSv. § 626 I vorliegt (BAG 9. 2. 1960 AP BGB § 626 Nr. 39 = SAE 1960, 179). Ob in diesen Fällen ein Sonderkündigungsschutz, der nur für ein Gruppenmitglied eingreift (§ 9 MuSchG, §§ 21, 18 SchwbG), zu beachten ist, erscheint zweifelhaft (BAG 21. 10. 1971 AP BGB § 611 Gruppenarbeitsverhältnis Nr. 1). Im Ergebnis wird dem Sonderkündigungsschutz Vorrang vor dem Prinzip der einheitlichen Behandlung aller Gruppenmitglieder einzuräumen sein, so daß in diesem Fall allen nicht besonders geschützten Gruppenmitgliedern gekündigt werden kann (Kasseler Handbuch/*Isenhardt* 6.3 Rn. 254).

73 Teilen sich mehrere AN einen Arbeitsplatz in der Form des **job-sharing**, ist die (Beendigungs-) Kündigung eines AN wegen des Ausscheidens des oder der anderen AN unwirksam (Art. 1 § 5 II 1 BeschFG 1985; vgl. dort Rn. 15).

74 **6. Maßgebliche Bindungsdauer.** Ob ein bestimmter Sachverhalt den Ausspruch einer außerordentlichen Kündigung rechtfertigt, ist wesentlich von der Dauer der ohne diese Kündigung verbleibenden Vertragszeit abhängig (Befristung, Kündigungsfrist). Ist der AN aufgrund einzel- oder kollektivvertraglicher Grundlage ordentlich unkündbar, wird im Rahmen der Interessenabwägung nicht auf die fiktive Frist für die ordentliche Kündigung, sondern auf die künftige Vertragsbindung abgestellt (BAG 14. 11. 1984 AP BGB § 626 Nr. 83 = NZA 1985, 426). Für den wichtigen Grund kann es ausreichen, wenn dem AG die Fortsetzung des Arbeitsverhältnisses nur für einen Zeitraum zumutbar ist, der kürzer als die verbleibende Vertragsbindungsdauer ist (BAG 13. 4. 2000 – 2 AZR 259/99 – zVb.). Bei einmaligen Vorfällen ohne Wiederholungsgefahr wird sich dieser Beurteilungsmaßstab nicht auswirken. Demgegenüber kann sich bei Dauertatbeständen oder Vorfällen mit Wiederholungsgefahr die Fortsetzung des Arbeitsverhältnisses für den AG wegen des **Ausschlusses der ordentlichen Kündigung** eher als unzumutbar erweisen als bei einem ordentlich kündbaren AN.

75 Bei tarifvertraglichem Ausschluß der ordentlichen Kündigung ist eine wirtschaftlich notwendige Betriebsstillegung nur geeignet, eine außerordentliche Kündigung zu rechtfertigen, bei der die gesetzliche oder tarifliche Kündigungsfrist als **Auslauffrist** eingehalten wird, die gelten würde, wenn die ordentliche Kündigung nicht ausgeschlossen wäre (BAG 28. 3. 1985 AP BGB § 626 Nr. 86 = NZA 1985, 559).

76 Beruht die ordentliche Unkündbarkeit auf einer **besonderen gesetzlichen Schutznorm**, muß zumindest bei einer personenbezogenen Kündigung auf die fiktive Frist für die ordentliche Kündigung abgestellt werden, um nicht den Schutzzweck der Norm zu unterlaufen. Deshalb ist bei der Beurteilung der krankheitsbedingten Kündigung eines BRMitglieds auf die fiktive Kündigungsfrist abzustellen (BAG 18. 2. 1993 AP KSchG 1969 § 15 Nr. 35 = NZA 1994, 74; aA KR/*Etzel* § 15 KSchG Rn. 22 ff.). Da zB der Schutzzweck des § 15 KSchG nicht verletzt werden kann, wenn der Kündigungsgrund einer Änderungskündigung nicht nur den besonders geschützten AN, sondern Gruppen von Mitarbeitern oder die Gesamtbelegschaft betrifft, bestimmt in solchen Fällen abw. von der Regel die mögliche künftige Vertragsbindungsdauer die Abwägung (BAG 21. 6. 1995 AP KSchG 1969 § 15 Nr. 36 = NZA 1995, 1157). Um eine gesetzwidrige (vgl. § 78 II BetrVG) Besserstellung der kraft besonderer gesetzlicher Regelung ordentlich unkündbaren AN zu vermeiden, sollte bei einer Kündigung wegen Vertragspflichtverletzung auf die lange Bindungsdauer abgestellt und eine außerordentliche Kündigung mit Auslauffrist zugelassen werden (KR/*Etzel* § 15 KSchG Rn. 22). Das BAG (10. 2. 1999 AP KSchG 1969 § 15 Nr. 42) hat diese Frage in jüngster Zeit angesprochen aber nicht entschieden, weil im konkreten Fall auch die Beurteilung anhand der fiktiven Kündigungsfrist die Unzumutbarkeit der Fortsetzung des Arbeitsverhältnisses ergab.

77 **7. Zeitpunkt der Entstehung des wichtigen Grundes. a) Allgemeines.** Eine außerordentliche Kündigung kann auf alle **Gründe** gestützt werden, die zur Zeit des Ausspruchs der Kündigung bereits **objektiv vorhanden** waren. Das gilt unabhängig davon, ob die Gründe dem Kündigenden bei Ausspruch der Kündigung bekannt waren oder ob er davon erst später erfahren hat (BAG 5. 5. 1958 AP BGB § 626 Nr. 26 = NJW 1958, 1136; BAG 30. 1. 1963 AP BGB § 626 Nr. 50 = NJW 1963, 1267 = SAE 1963, 113; BAG 17. 8. 1972 AP BGB § 626 Nr. 65 = NJW 1973, 553). Die Prüfung des wichtigen Grundes ist bezogen auf den Zeitpunkt des **Zugangs der Kündigungserklärung** (ausf. BAG 27. 2. 1997 AP KSchG 1969 § 1 Wiedereinstellung Nr. 1 = NZA 1997, 757; ferner BAG 29. 4. 1999 AP BGB KSchG 1969 § 1 Krankheit Nr. 36). Umstände, die erst nach diesem Zeitpunkt entstanden sind, kommen nur als Grundlage für eine weitere Kündigung in Betracht. Sie können bei der Beurteilung des wichtigen Grundes nicht berücksichtigt werden. Hiermit ist es jedoch zu vereinbaren, daß (nicht nur im Anwendungsbereich der Verdachtskündigung) nachträglich entstandene Aspekte zur Beurteilung der früheren Umstände herangezogen werden (BAG 14. 9. 1994 AP BGB § 626 Verdacht strafbarer Handlung Nr. 24 = NZA 1995, 269; RGRK/*Corts* Rn. 35). Es handelt sich nicht um neue Kündigungsgründe, sondern um später gewonnene Erkenntnisse, die eine bessere Würdigung der Kündigungsgründe ermöglichen.

b) Ein **Nachschieben von Kündigungsgründen** liegt vor, wenn der Kündigende die ursprüngliche 78 Begründung der Kündigung später durch weitere Kündigungsgründe ergänzt oder ersetzt. Rechtserheblich wird die Problematik des Nachschiebens von Kündigungsgründen im Kündigungsschutzprozeß. Sie ist von der stets zulässigen Erläuterung der Kündigungsgründe zu unterscheiden (BAG 27. 2. 1997 AP KSchG 1969 § 1 Verhaltensbedingte Kündigung Nr. 36 = NZA 1997, 761). Materiellrechtlich können jedenfalls zeitlich vor Kündigungsausspruch entstandene Kündigungsgründe, die dem Kündigenden bei Ausspruch der Kündigung noch nicht länger als zwei Wochen bekannt waren, ohne Einschränkungen nachgeschoben werden. Dies folgt aus dem objektiv zu bestimmenden Begriff des Kündigungsgrundes (BAG 18. 1. 1980 AP BGB § 626 Nachschieben von Kündigungsgründen Nr. 1 = NJW 1980, 2486; MünchKommBGB/*Schwerdtner* Rn. 248). Gründe, die erst nach der Kündigung entstanden sind, dürfen im Kündigungsschutzprozeß nicht nachgeschoben werden. Sie können aber uU geeignet sein, den Kündigungssachverhalt zu verdeutlichen oder zu erläutern. Ansonsten können sie eine erneute Kündigung rechtfertigen (BAG 15. 12. 1955 AP HGB § 67 Nr. 1 = NJW 1956, 807; BAG 19. 12. 1958 AP GewO § 133 b Nr. 1 = NJW 1959, 1149).

Umstritten ist das Nachschieben von Kündigungsgründen im Prozeß, wenn der Kündigende eine 79 **BRAnhörung** gem. § 102 BetrVG durchzuführen hatte. Hierzu werden die unterschiedlichsten Auffassungen vertreten (vgl. KR/*Etzel* § 102 BetrVG Rn. 185 mwN). In der Rspr. des BAG ist mittlerweile geklärt, daß entsprechend dem Zweck des § 102 BetrVG zwischen Gründen zu unterscheiden ist, die dem AG bereits vor Ausspruch der Kündigung bekannt waren, und anderen Gründen, die dem AG erst nach Ausspruch der Kündigung bekannt geworden sind. Nachgeschobene Kündigungsgründe, die bereits vor Ausspruch der Kündigung entstanden und dem **AG bekannt gewesen** sind, die er aber nicht dem BR mitgeteilt hat, sind im Kündigungsschutzprozeß nicht zu verwerten, weil der AG bei objektiver Betrachtung hinsichtlich der ihm bekannten, aber nicht mitgeteilten Gründe seine Mitteilungspflicht nach § 102 I BetrVG verletzt hat (BAG 1. 4. 1981 AP BetrVG 1972 § 102 Nr. 23 = NJW 1981, 2772; *Fitting* § 102 Rn. 18 b; KR/*Etzel* § 102 BetrVG Rn. 185 e; RGRK/*Corts* Rn. 231). Das gilt auch dann, wenn der BR der Kündigung zugestimmt hat (BAG 2. 4. 1987 AP BGB § 626 Nr. 96 = NZA 1987, 808; BAG 26. 9. 1991 AP KSchG 1969 § 1 Krankheit Nr. 28 = NZA 1992, 1073) oder wenn ihm der AG die weiteren Gründe nachträglich mitgeteilt hat (BAG 1. 4. 1981 AP BetrVG 1972 § 102 Nr. 23 = NJW 1981, 2772). In diesem Fall ist die Kündigung zwar bereits wegen fehlerhafter Anhörung nach § 102 BetrVG unwirksam, weil der AG dem BR nicht alle ihm bekannten, sondern nur diejenigen Kündigungstatsachen mitzuteilen braucht, die er zum Anlaß für die beabsichtige Kündigung nehmen will (vgl. BAG 8. 9. 1988 AP BetrVG 1972 § 102 Nr. 49 = NZA 1989, 852; BAG 18. 5. 1994 AP BetrVG 1972 § 102 Nr. 64 = NZA 1995, 24). Die nicht mitgeteilten Gründe können aber nicht ergänzend im Kündigungsschutzprozeß berücksichtigt werden, weil das dem Zweck des § 102 BetrVG widersprechen würde. Dieses Verwertungsverbot hindert den AG nicht, im Kündigungsschutzprozeß Tatsachen vorzutragen, die ohne wesentliche Veränderung des Kündigungssachverhaltes lediglich die dem BR mitgeteilten Kündigungsgründe näher erläutern oder konkretisieren (BAG 11. 4. 1985 AP BetrVG 1972 § 102 Nr. 39 = NZA 1986, 674; KR/*Etzel* § 102 BetrVG Rn. 70 f.).

Nach Auffassung der hM (KR/*Etzel* § 102 BetrVG Rn. 186; GK-BetrVG/*Kraft* § 102 Rn. 142) 80 können Kündigungsgründe, die der AG im Zeitraum zwischen der Unterrichtung des BR und dem Ausspruch der Kündigung erfahren hat, im Kündigungsschutzprozeß nur dann erheblich vorgetragen werden, wenn der AG vor Ausspruch der Kündigung wegen dieser weiteren Gründe das Anhörungsverfahren erweitert bzw. **ein erneutes Anhörungsverfahren** eingeleitet hat. Im Hinblick auf die Frist des § 626 II wird der AG vorsorglich erneut kündigen.

Aus dem Schutzzweck des § 102 BetrVG ergibt sich des weiteren, daß der AG die ihm bei Aus- 81 spruch der **Kündigung noch unbekannten Gründe** nicht später zur Begründung der Kündigung heranziehen darf, wenn sich der BR nicht zuvor mit ihnen befaßt hat. § 102 BetrVG ist deshalb entsprechend anzuwenden. Das beabsichtigte Nachschieben von Kündigungsgründen wird dem Ausspruch der Kündigung gleichgestellt, so daß eine weitere Anhörung des BR erforderlich wird, bevor die zunächst unbekannten Kündigungsgründe nachgeschoben werden können (BAG 11. 4. 1985 AP BetrVG 1972 § 102 Nr. 39 = NZA 1986, 674; BAG 4. 6. 1997 AP BGB § 626 Nachschieben von Kündigungsgründen Nr. 5 = NZA 1997, 1158; *Fitting* § 102 Rn. 18 a; KR/*Etzel* § 102 BetrVG Rn. 188 f. [entbehrlich bei ausdrücklicher Zustimmung des BR aufgrund erster Anhörung]; krit. GK-BetrVG/*Kraft* § 102 Rn. 143 [allenfalls Gelegenheit zum Widerspruch]). Dieses nachträgliche Anhörungsverfahren genügt dem Sinn und Zweck des § 102 BetrVG. Unterläßt es der AG, die ihm erst später bekannt gewordenen Gründe nachträglich dem BR mitzuteilen, sind diese Gründe im Prozeß nicht verwertbar.

82 Besteht bei Ausspruch der Kündigung **kein Betriebs- oder Personalrat,** der anzuhören gewesen wäre, wird ein solcher aber nachträglich gebildet, schränkt dies die materiellrechtlich gegebene Möglichkeit des AG zum Nachschieben von Kündigungsgründen im Prozeß nicht ein. Der nachträglich gebildete Betriebs- oder Personalrat ist unter keinem rechtlichen Gesichtspunkt zu beteiligen (BAG 20. 1. 1994 – 8 AZR 613/92 – nv.; BAG 26. 5. 1994 – 8 AZR 248/93 – nv.; aA für den Fall des völligen Auswechselns der Kündigungsgründe, das einem neuen Kündigungsentschluß gleichkommt: BAG 11. 5. 1995 DStR 1995, 1280).

83 **8. Wegfall des wichtigen Grundes. a) Verzicht.** Der Kündigungsberechtigte kann auf sein Recht zur außerordentlichen Kündigung nicht im voraus (BAG 28. 10. 1971 AP BGB § 626 Nr. 62 = SAE 1973, 10 m. Anm. *E. Wolf*), wohl aber nach Entstehung des Kündigungsrechts verzichten. Dies setzt voraus, daß ihm der Sachverhalt, der den wichtigen Grund ausmacht, bekannt ist (BAG 5. 5. 1977 AP BGB § 626 Ausschlußfrist Nr. 11 = NJW 1978, 723). Ein Verzicht ist insb. anzunehmen, wenn der Kündigungsberechtigte in Kenntnis der maßgeblichen Tatsachen lediglich eine **Abmahnung** ausspricht. Aus dem abgemahnten Verhalten allein kann danach kein wichtiger Grund für eine außerordentliche Kündigung mehr hergeleitet werden (vgl. Rn. 53).

84 **b) Verzeihung.** Die Verzeihung eines Kündigungsgrundes ist kein Rechtsgeschäft, sondern tatsächliches Verhalten. Die Verzeihung setzt voraus, daß der Kündigungsberechtigte ausdrücklich oder durch schlüssiges Verhalten zu erkennen gibt, einen bestimmten Kündigungsgrund nicht mehr zum Anlaß für eine außerordentliche Kündigung nehmen zu wollen. Ein Anwendungsfall des Verbots widersprüchlichen Verhaltens (§ 242), das grds. anwendbar ist (BAG 4. 12. 1997 AP BGB § 626 Nr. 141). Dafür ist es unzureichend, wenn der AG trotz des Verdachts vorgetäuschter Arbeitsunfähigkeit Entgeltfortzahlung gewährt (BAG 6. 9. 1990 EzA KSchG § 1 Verdachtskündigung Nr. 1). Anders als beim Verzicht schließt die Verzeihung auch eine ordentliche Kündigung aus (*Ascheid* Rn. 106). Ein betriebsbedingter Grund kann nicht verziehen, sondern allenfalls verwirkt werden, wenn der AG längere Zeit von der Kündigung absieht und dadurch das Vertrauen erweckt, die Kündigung werde unterbleiben (vgl. BAG 25. 2. 1988 RzK I 5 c Nr. 26). Vor Ablauf der Ausschlußfrist des § 626 II sind ein Verzicht oder eine Verzeihung nur anzunehmen, wenn der Kündigungsberechtigte **eindeutig seine Bereitschaft** zu erkennen gegeben hat, das Arbeitsverhältnis fortsetzen zu wollen (BAG 28. 10. 1971 AP BGB § 626 Nr. 62). Da mit dem Ablauf der Ausschlußfrist das Kündigungsrecht ohnehin untergeht, kommt im Bereich des § 626 weder dem Verzicht noch der Verzeihung eine große Bedeutung zu.

V. Außerordentliche Kündigung durch den Arbeitgeber

85 Im Anwendungsbereich des § 626 gibt es keine absoluten Kündigungsgründe. Ein wichtiger Grund iSv. § 626 ist vielmehr nur aufgrund einer umfassenden Interessenabwägung festzustellen, die zu dem Ergebnis führt, dem Kündigenden sei die Fortsetzung des Arbeitsverhältnisses selbst für die Dauer bis zur ordentlichen Beendigung des Vertragsverhältnisses unzumutbar. Der im Interesse der Rechtssicherheit eingeführte Begriff des **wichtigen Grundes an sich,** also in einem von den individuellen Belangen der konkret betroffenen Vertragsparteien losgelösten Sinne, gibt Anhaltspunkte für die Beurteilung konkreter Sachverhalte, ersetzt aber nicht die zur Anwendung der Generalklausel des § 626 I notwendige Einzelfallprüfung. Kataloge „wichtiger Gründe" sind deshalb mit der gebotenen Vorsicht zu behandeln, die einzelnen Tatbestände werden allzu häufig unterschiedlich gelagert sein.

86 Die **früheren kündigungsrechtlichen Sonderregelungen** zur außerordentlichen Kündigung (vgl. §§ 123, 124, 133 c, 133 d GewO aF; §§ 71, 72 HGB aF) können für den Regelungsbereich des § 626 aufschlußreiche Hinweise geben (BAG 15. 11. 1984 AP BGB § 626 Nr. 87 = NZA 1985, 661; BAG 17. 3. 1988 AP BGB § 626 Nr. 99 = NZA 1989, 261), die Rspr. zu diesen Kündigungstatbeständen darf jedoch nicht unbesehen übernommen werden.

87 **1. Abwerbung.** Eine vertragswidrige Abwerbung liegt vor, wenn der AN auf Arbeitskollegen einwirkt, um sie zu veranlassen, das bisherige **Arbeitsverhältnis aufzugeben** und für den Abwerbenden oder einen anderen AG tätig zu werden. Die Pflichtverletzung wiegt dann besonders schwer, wenn der AN ihm nachgeordnete Mitarbeiter zum Vertragsbruch bestimmen will, sie für ein Konkurrenzunternehmen tätig werden sollen oder das Konkurrenzunternehmen eine Vergütung für die Abwerbung zahlt (LAG Baden-Württemberg 31. 3. 1969 BB 1969, 1136). Der wichtige Grund erfordert keine Abwerbung mit unlauteren Mitteln oder in verwerflicher Weise (LAG Schleswig-Holstein 6. 7. 1989 LAGE BGB § 626 Nr. 42 = DB 1980, 1880; SPV/*Preis* Rn. 699). Zum Begriff der Abwerbung

gehört, daß sie mit einer gewissen **Ernsthaftigkeit und Beharrlichkeit** betrieben wird (LAG Rheinland-Pfalz 7. 2. 1992 LAGE BGB § 626 Nr. 64; LAG Baden-Württemberg 30. 9. 1970 DB 1970, 2325).

2. Arbeitsschutz- und Sicherheitsvorschriften. Hält der AN trotz Abmahnung Arbeitsschutz- 88 und Sicherheitsvorschriften nicht ein, ist ein wichtiger Grund an sich gegeben (*Staudinger/Preis* Rn. 136). Werden die ggf. auf besonderen gesetzlichen Grundlagen (zB AtomG) beruhenden Sicherheitsinteressen des AG aufgrund belegbarer Mängel im Verhalten oder in der Person des AN gefährdet, kann dies abhängig vom Gefahrenpotential auch eine außerordentliche Kündigung rechtfertigen (vgl. *Uwe Meyer*, Die Kündigung wegen Sicherheitsbedenken, 1997, S. 196 ff., 214 ff.).

3. Anzeigen gegen den Arbeitgeber. Der AG kann zur außerordentlichen Kündigung berechtigt 89 sein, wenn der AN ihn bei staatlichen Stellen angezeigt hat (BAG 5. 2. 1959 AP HGB § 70 Nr. 2 = NJW 1961, 44). Dabei kommt es auch darauf an, ob der mitgeteilte Sachverhalt der Wahrheit entspricht oder nicht. Soweit die Anzeige objektiv gerechtfertigt ist und der AN mit ihr eigene schutzwürdige Interessen verfolgt, wird eine außerordentliche Kündigung nicht gerechtfertigt sein, sofern innerbetrieblich keine Abhilfe geschaffen werden konnte (LAG Hamm 12. 11. 1990 LAGE BGB § 626 Nr. 54). Deshalb ist zu prüfen, aus welcher Motivation heraus die Anzeige erfolgt ist und ob darin eine verhältnismäßige Reaktion des AN auf das Verhalten des AG liegt (BAG 18. 6. 1970 AP KSchG § 1 Nr. 82 = BB 1970, 1176; BAG 4. 7. 1991 RzK I 6 a Nr. 74). Handelt der AN in Wahrung berechtigter Interessen, wird kein wichtiger Grund anzunehmen sein.

Erstattet der AN **Strafanzeige** gegen den AG, weil er von ihm tatsächlich beleidigt wurde, rechtfer- 90 tigt dies keine fristlose Entlassung des AN (LAG Baden-Württemberg 29. 6. 1964 DB 1964, 1451; KR/*Fischermeier* Rn. 408). Erstattet der AN Anzeige gegen den Geschäftsführer des AG wegen behaupteter **Verkehrsverstöße** anläßlich einer gemeinsamen Dienstreise, um die Entziehung der Fahrerlaubnis zu erreichen, ist dieses Verhalten geeignet, jede Vertrauensgrundlage der Arbeitsvertragsparteien zu zerstören und deshalb die außerordentliche Kündigung zu rechtfertigen (BAG 18. 12. 1980 AP BGB § 174 Nr. 4 = NJW 1981, 2374).

Ist einem AN die Verantwortung für die **Sicherheit betrieblicher Einrichtungen** übertragen wor- 91 den (zB Kernforschungsanlage), darf er Bedenken gegen den sicheren Zustand bei den zuständigen Stellen in der gehörigen Form erheben (BAG 14. 12. 1972 AP KSchG § 1 Verhaltensbedingte Kündigung Nr. 8 = BB 1973, 522).

Die heimliche Mitnahme von Geschäftsunterlagen zum Zwecke der Vorbereitung einer Strafanzeige 92 gegen den AG kann zum Ausspruch einer außerordentlichen Kündigung berechtigen, wenn durch dieses Verhalten das Vertrauensverhältnis zerstört worden ist (LAG Düsseldorf 21. 2. 1953 BB 1953, 532).

4. Verstöße gegen die betriebliche Ordnung. a) Allgemeines. Verstöße gegen die betriebliche 93 Ordnung können nach Abmahnung eine fristlose Kündigung rechtfertigen. Eine zur Kündigung berechtigende tatsächliche Störung des Betriebsfriedens tritt zB ein, wenn ein AN seine Kollegen durch ständige Angriffe auf ihre politische Überzeugung, auf die Gewerkschaften oder ihre religiöse Einstellung reizt und dadurch erhebliche Unruhe in der Belegschaft hervorruft. Ein AN darf nicht in Flugblättern bewußt wahrheitswidrige Behauptungen über den AG aufstellen und durch seine öffentlichen Aktionen den **Betriebsfrieden stören** (BAG 26. 5. 1977 AP BGB § 611 Beschäftigungspflicht Nr. 5 = NJW 1978, 239). Als Mittel kann das Tragen einer auffälligen Plakette während der Arbeitszeit genügen, wenn hierdurch der Betriebsfrieden oder der Betriebsablauf konkret gestört wird (BAG 9. 12. 1982 AP BGB § 626 Nr. 73 = NJW 1984, 1142). Die **Verbreitung ausländerfeindlicher Parolen** im Betrieb kann ggf. auch ohne vorherige Abmahnung eine fristlose Kündigung rechtfertigen (BAG 1. 7. 1999 AP BBiG § 15 Nr. 11; ArbG Bremen 29. 6. 1994 BB 1994, 1568; *Korinth* AuR 1993, 105, 109; abw. ArbG Hannover 22. 4. 1993 BB 1994, 1218: nach Abmahnung). Die Maßstäbe sollten bei nüchterner Betrachtung denen der außerordentlichen Kündigung wegen Beleidigung und übler Nachrede entsprechen (vgl. Rn. 152 f.).

b) Sexuelle Belästigung. Eine schwerwiegende sexuelle Belästigung am Arbeitsplatz (vgl. § 2 II 94 BeschSchG) kann auch ohne vorangegangene Abmahnung eine fristlose Kündigung rechtfertigen (LAG Hamm 22. 10. 1996 NZA 1997, 769). Das **BeschSchG** hat kündigungsrechtlich die Rechtslage nur klargestellt (BAG 8. 6. 2000 – 2 ABR 1/00 – zVb.). Beschäftigte einer psychiatrischen Einrichtung können wegen sexueller Kontakte mit Patienten fristlos entlassen werden (LAG Frankfurt/M. 10. 1. 1984 AuR 1984, 346). Im öffentlichen Dienst kann wegen der in § 8 BAT statuierten Pflicht zum achtungswürdigen Verhalten erwartet werden, daß keine grob sexistischen oder rassistischen Witze verbreitet werden (LAG Köln 14. 12. 1998 LAGE BGB § 626 Nr. 124).

c) Tätlichkeit. Vorsätzliche Körperverletzungen **unter Arbeitskollegen** oder gegenüber dem AG 95 und seinen Angehörigen wiegen derart schwer und werden idR einen wichtigen Grund für eine außerordentliche Kündigung ergeben, ohne daß zuvor eine vergebliche Abmahnung wegen eines gleichartigen früheren Vorfalls erforderlich wäre (vgl. BAG 12. 7. 1984 AP BetrVG 1972 § 102 Nr. 32 = NZA 1985, 96; BAG 12. 3. 1987 AP BetrVG 1972 § 102 Nr. 47 = NZA 1988, 137; BAG 31. 3. 1993 AP BGB

§ 626 Ausschlußfrist Nr. 32 = NZA 1994, 409). Etwaige Rechtfertigungs-, Entschuldigungs- oder Schuldausschließungsgründe (zB Notwehrexzeß) berühren den wichtigen Grund an sich und sind nicht nur im Rahmen der Interessenabwägung zu berücksichtigen.

96 Tätlichkeiten gegenüber **Kunden oder Geschäftspartnern** des AG berechtigen gleichfalls zum Ausspruch einer Kündigung, regelmäßig der außerordentlichen, sofern nicht die Umstände des Einzelfalles eine andere Beurteilung erfordern. Dies kann sogar gelten, wenn der körperlich Verletzte AN eines „Gegners" des AG ist (vgl. zu den besonderen Sachverhaltslagen professionell betriebener Mannschaftssportarten BAG 17. 1. 1979 AP BGB § 611 Berufssport Nr. 2 = NJW 1980, 470).

97 **d) Rauchverbot.** Besteht ein wirksames Rauchverbot (vgl. § 87 I Nr. 1 BetrVG; BAG 15. 12. 1961 AP BetrVG 1952 § 56 Ordnung des Betriebes Nr. 3 = BB 1962, 220; *Fitting* § 87 Rn. 71), kann ein Verstoß bei konkreter Gefährdung des Lebens oder der Gesundheit anderer oder erheblicher Sachwerte eine außerordentliche Kündigung rechtfertigen (vgl. LAG Baden-Württemberg 23. 10. 1951 DB 1952, 232). Davon unabhängig kann die wiederholte Verletzung eines betrieblichen Rauchverbotes nach erfolgloser Abmahnung eine fristlose Entlassung rechtfertigen (LAG München 18. 1. 1961 BB 1961, 1325). Dabei werden der Schutz nichtrauchender Arbeitskollegen oder Kunden heute verstärkt zu beachten sein (vgl. BAG 8. 5. 1996 AP BGB § 618 Nr. 20 = NZA 1996, 927).

98 **e) Alkoholverbot.** Die wiederholte Verletzung eines wirksam erlassenen betrieblichen Alkoholverbots (Bestimmungen des Arbeitsschutzes; § 87 I Nr. 1 BetrVG) kann nach erfolgloser Abmahnung einen wichtigen Grund an sich ergeben. Hat der AN bei seinem Verstoß gegen das Alkoholverbot erhebliche Rechtsgüter konkret gefährdet (zB als Kranführer), kann auch ein einmaliger Vorfall den Ausspruch der fristlosen Kündigung rechtfertigen (LAG Hamm 23. 8. 1990 LAGE BGB § 626 Nr. 52). Ob **Alkoholismus** der Annahme des wichtigen Grundes entgegensteht, wenn der Suchtkranke mit dem Leben und der Gesundheit seiner Kollegen und Dritter spielt, ist zu bezweifeln. Die schlichte Gleichsetzung von Alkoholismus und Krankheit verkürzt die Problematik, wenn diese Krankheit zu Gefährdungen oder gar Schädigungen erheblicher Rechtsgüter führt. – Besteht kein entsprechendes generelles Alkoholverbot, kann der Alkoholkonsum als Verletzung der Arbeitspflicht oder etwaiger Nebenpflichten kündigungsrechtlich bedeutsam werden.

99 **5. Verrat von Betriebs- und Geschäftsgeheimnissen.** Die schuldhafte Verletzung der Verschwiegenheitspflicht durch den AN kann eine außerordentliche Kündigung rechtfertigen (BAG 4. 4. 1974 AP BGB § 626 Arbeitnehmervertreter im Aufsichtsrat Nr. 1 = NJW 1974, 1399; BAG 26. 9. 1990 RzK I 8c Nr. 20). Betriebs- oder Geschäftsgeheimnisse sind nur einem begrenzten Personenkreis bekannte und nicht offenkundige Tatsachen, die nach dem Willen des AG in den Grenzen seines berechtigten wirtschaftlichen Interesses geheimgehalten werden sollen (BAG 16. 3. 1982 AP BGB § 611 Betriebsgeheimnis Nr. 1 = NJW 1983, 134). Es kann genügen, wenn lediglich geheim ist, daß ein bekanntes Verfahren verwendet wird (BGH 15. 5. 1955 AP UWG § 17 Nr. 1). Der AN ist verpflichtet, Betriebs- und Geschäftsgeheimnisse zu wahren (BAG 16. 3. 1982 AP BGB § 611 Betriebsgeheimnis Nr. 1 = NJW 1983, 134; *Kramer*, Arbeitsvertragliche Verbindlichkeiten neben Lohnzahlung und Dienstleistung, 1975, S. 116). Der AN hat darauf zu achten, daß Dritte nicht unbefugt Kenntnis solcher **Geheimnisse seines Arbeitsbereiches** erlangen. Darüber hinaus hat der AN Verschwiegenheit über ihm dienstlich bekanntgewordene Tatsachen zu wahren, die die Person des AG oder eines anderen AN in besonderem Maße berühren (*Staudinger/Richardi* § 611 Rn. 402). Über andere als die genannten Tatsachen hat der AN Verschwiegenheit zu wahren, wenn und soweit dies durch Belange des Betriebes gerechtfertigt ist und er dies mit dem AG vereinbart hat oder die Tatsachen vom AG als geheimhaltungsbedürftig bezeichnet worden sind.

100 Die Verschwiegenheitspflicht ist grds. auf die **Dauer des Arbeitsverhältnisses** begrenzt. Danach ist sie vorbehaltlich einer besonderen Regelung im Gesetz, im TV oder einer (wirksamen) vertraglichen Vereinbarung dahingehend einzuschränken, daß der AN durch die Wahrung des Betriebs- oder Geschäftsgeheimnisses in seiner weiteren beruflichen Tätigkeit nicht beschränkt werden darf (Art. 12 I GG). Aus der Verpflichtung, Verschwiegenheit über Kundenlisten zu bewahren, folgt allerdings noch nicht die Verpflichtung, die Kunden des AG nicht zu umwerben. Solange der AN seine Verschwiegenheitspflicht nicht verletzt, kann er sein erworbenes Erfahrungswissen auch in den Diensten eines Wettbewerbers des AG verwenden (BAG 15. 6. 1993 AP BGB § 611 Konkurrenzklausel Nr. 40 = NZA 1994, 502; BAG 19. 5. 1998 AP BGB § 611 Treuepflicht Nr. 11). Will der AG das verhindern, muß er ein nachvertragliches Wettbewerbsverbot vereinbaren (BAG 15. 12. 1987 AP BGB § 611 Betriebsgeheimnis Nr. 5 = NZA 1988, 502).

101 Ein AN ist durch seine Verpflichtung zur Verschwiegenheit nicht gehindert, nach seinem Ausscheiden aus dem Anstellungsverhältnis Betriebsinterna zu offenbaren, wenn er damit gewichtige **innerbetriebliche Mißstände aufdeckt**, durch die die Öffentlichkeit betroffen ist und denen durch betriebsinternes Vorstelligwerden nicht erfolgreich begegnet werden kann (BGH 20. 1. 1981 AP BGB § 611 Schweigepflicht Nr. 4 = NJW 1981, 1089 „BILD-Hannover").

102 Besondere Geheimhaltungspflichten bestehen für BR- (vgl. § 79 I BetrVG), Personalrats- (zB § 10 BPersVG) und Aufsichtsratsmitglieder (zB §§ 116, 93 I 2 AktG). Schuldhafte **Verstöße gegen den**

Datenschutz sind wie schuldhafte Verletzungen der Verschwiegenheitspflicht zu bewerten (LAG Schleswig-Holstein 15. 11. 1989 DB 1990, 635).

6. Arbeitsverweigerung, Arbeitspflichtverletzung. Die dauernde, unberechtigte und schuldhafte 103 Nichterbringung der geschuldeten Arbeitsleistung in der Absicht, sich vom Arbeitsverhältnis zu lösen, stellt die wohl direkteste Verletzung der Vertragspflichten durch den AN dar. Ein derartiger **Vertragsbruch** wird als der wichtige Grund schlechthin anzusehen sein (*Stoffels* S. 103). Wer einseitig die faktische Vertragsauflösung herbeiführt, also die Arbeit nicht aufnimmt oder das Vertragsverhältnis rechtswidrig vorzeitig beendet (vgl. zu dieser Begriffsbestimmung des Vertragsbruches: BAG 18. 9. 1991 AP BGB § 339 Nr. 14 = NZA 1992, 215, 216 f.; *Stoffels* S. 33 f.), macht es dem AG regelmäßig unzumutbar, das Arbeitsverhältnis auch nur kurzfristig fortzusetzen.

Eine **beharrliche Verletzung der Arbeitspflicht** rechtfertigt idR eine außerordentliche Kündigung 104 (BAG 14. 2. 1978 AP GG Art. 9 Arbeitskampf Nr. 58 = NJW 1979, 236). Erforderlich sind wiederholte, bewußte und nachhaltige Verletzungen der Arbeitspflicht (BAG 6. 2. 1997 AuR 1997, 210). Aufforderungen zum vertragsgemäßen Verhalten müssen erfolglos geblieben sein. Ausnahmsweise kann eine einmalige Vertragsverletzung den nachhaltigen Willen erkennen lassen, den arbeitsvertraglichen Pflichten nicht nachkommen zu wollen (BAG 12. 1. 1956 AP GewO § 123 Nr. 5 = NJW 1956, 487; BAG 31. 1. 1985 AP MuSchG 1968 § 8 a Nr. 6 = NZA 1986, 138; BAG 17. 6. 1992 RzK I 6 a Nr. 90). Es kommt das Prognoseprinzip zum Tragen (BAG 21. 11. 1996 AP BGB § 626 Nr. 130 = NZA 1997, 487).

Eine Arbeitsverweigerung ist auch anzunehmen, wenn der AN ihm mögliche Arbeitsleistungen 105 zurückhält und nicht unter angemessener **Anspannung seiner Kräfte** und Fähigkeiten die ihm im Prämienlohnverfahren übertragenen Arbeiten verrichtet (BAG 20. 3. 1969 AP GewO § 123 Nr. 27). Auch die Pausenbummelei ist eine Arbeitsverweigerung. Notwendig ist in jedem Fall die Feststellung, zu welcher Dienstleistung der AN nach dem Arbeitsvertrag verpflichtet ist. Der AN hat im Zweifel diejenigen Dienste oder diejenige Arbeit zu leisten, die er bei angemessener Anspannung seiner geistigen und körperlichen Kräfte auf die Dauer ohne Gefährdung seiner Gesundheit zu leisten imstande ist (subjektiver Leistungsmaßstab). Danach bestimmen sich **Arbeitstempo und Arbeitsintensität**. Der AN muß die ihm übertragene Arbeit unter Anspannung seiner Fähigkeiten sorgfältig und konzentriert verrichten (BAG 14. 1. 1986 AP BetrVG 1972 § 87 Ordnung des Betriebes Nr. 10 = NZA 1986, 435; *Bitter* AR-Blattei SD 190 Rn. 72; MünchArbR/*Blomeyer* § 46 Rn. 60). Er darf sich nicht unberechtigt unterbrechen, um privaten Interessen nachzugehen (*Erman/Hanau* § 611 Rn. 283).

Angesichts der zumeist arbeitsvertraglich nur allgemein umschriebenen Arbeitspflicht kommt dem 106 **Direktionsrecht des AG** maßgebliche Bedeutung zu. Das Weisungsrecht des AG wird begrenzt durch das Arbeitsschutzrecht, durch TV und Betriebsvereinbarungen sowie durch den Arbeitsvertrag selbst. ZB braucht der angestellte Chemiker nicht die Dienste eines Kraftfahrers zu leisten. Doch ist zu bedenken, daß der Arbeitsvertrag den AN zur Einordnung in die vom AG bestimmte Arbeitsorganisation verpflichtet und sich daraus nach Treu und Glauben ergänzende Leistungspflichten ergeben können. Anderseits kann das allgemeine Weisungsrecht durch TV und Einzelarbeitsvertrag erweitert werden (BAG 16. 10. 1965 AP BGB § 611 Direktionsrecht Nr. 20 = BB 1965, 1455). Des weiteren kann die Arbeitspflicht und damit das Weisungsrecht des AG in Notfällen den eigentlichen arbeitsvertraglichen Rahmen überschreiten. In jedem Falle braucht der AN **unzumutbare Arbeiten** nicht auszuführen. ZB braucht er keine direkte Streikarbeit zu leisten (BAG 25. 7. 1957 AP BGB § 615 Betriebsrisiko Nr. 3 = SAE 1957, 181). Anderseits darf nicht am Streik beteiligte AN die von ihm nach dem Arbeitsvertrag geschuldete Leistung nicht verweigern (*Rüthers* ZfA 1972, 403). Art. 1 § 11 V 1 AÜG enthält insofern keinen allgemein gültigen Rechtsgrundsatz.

Irrt sich der AN über die Berechtigung seiner Arbeitsverweigerung, kommt es für die Annahme 107 eines Kündigungsgrundes darauf an, ob der AN trotz **sorgfältiger Erkundigung und Prüfung** der Rechtslage die Überzeugung gewinnen durfte, daß er zur Arbeit nicht verpflichtet sei (BAG 14. 10. 1960 AP GewO § 123 Nr. 24 = BB 1961, 178; BAG 14. 2. 1978 AP GG Art. 9 Arbeitskampf Nr. 58 = NJW 1979, 236). ZB ist die Teilnahme von AN an einer nicht im Einvernehmen mit dem AG durchgeführten Betriebsversammlung keine unentschuldigte Arbeitsverweigerung, wenn sie darauf vertrauen durften, die Versammlung sei nicht gesetzwidrig.

Der AG hat im Rahmen des ihm zustehenden billigen Ermessens einen offenbaren **Gewissens-** 108 **konflikt des AN** zu berücksichtigen. Nach der Rspr. des BAG (20. 12. 1984 AP BGB § 611 Direktionsrecht Nr. 27 = NZA 1986, 21) darf der AG bei verfassungskonformer Auslegung des § 315 dem AN keine Arbeit zuweisen, die den AN in einen vermeidbaren Gewissenskonflikt bringt. Inhalt und Grenzen des Leistungsbestimmungsrechts (Direktionsrecht) des AG zur Konkretisierung der vertragsgemäßen Arbeitsleistung ergeben sich danach aus einer Abwägung der beiderseitigen Interessen des AG und des AN. Dabei wird insb. zu berücksichtigen sein, ob der AN bei der Eingehung des Arbeitsverhältnisses mit einem Gewissenskonflikt rechnen mußte, ob der AG aus betrieblichen Erfordernissen auf der Arbeitsleistung bestehen muß, ob dem AN andere Arbeit zugewiesen werden kann und ob mit zahlreichen weiteren Gewissenskonflikten in der Zukunft zu rechnen ist (BAG 24. 5. 1989 AP BGB § 611 Gewissensfreiheit Nr. 1 = NZA 1990, 144). Maßgebend ist der subjektive Gewissensbegriff. Im Einzelfall kann der Gewissenskonflikt zu einem (von keiner Abmahnung abhängigen) **personenbedingten Kündigungsgrund** führen, weil der AN auf Dauer unfähig ist, die vertraglich geschuldete Leistung zu erbringen (BAG 24. 5. 1989 AP BGB § 611 Gewissensfreiheit Nr. 1 = NZA 1990, 144).

109 Ein Leistungsverweigerungsrecht ist auch bei einer Kollision der Arbeitspflicht mit der Pflicht zur Leistung des abgekürzten türkischen Wehrdienstes anerkannt worden (BAG 22. 12. 1982 AP BGB § 123 Nr. 23 = NJW 1983, 2782; BAG 7. 9. 1983 AP KSchG 1969 § 1 Verhaltensbedingte Kündigung Nr. 7 = NJW 1984, 575: „Suspendierung der Hauptleistungspflichten"). Eine Kündigung des Arbeitsvertrages kommt in Betracht, wenn der nicht unter den Anwendungsbereich des ArbPlSchG fallende **ausländische Wehrdienst** länger als zwei Monate dauert und dem AG mögliche Überbrückungsmaßnahmen unzumutbar sind (BAG 20. 5. 1988 AP KSchG § 1 Personenbedingte Kündigung Nr. 9 = NZA 1989, 464).

110 Die Kollision zwischen der Arbeitspflicht und **familienrechtlichen Bindungen** (Betreuung von Kindern) schließt eine beharrliche Arbeitsverweigerung nicht grds. aus, sondern nur dann, wenn die Kinder nicht anderweitig betreut und die betrieblichen Notwendigkeiten und Dispositionen zumindest zeitweise zurückgestellt werden können (BAG 31. 1. 1985 AP MuSchG 1968 § 8 a Nr. 6 = NZA 1986, 138; BAG 21. 5. 1992 AP KSchG 1969 § 1 Verhaltensbedingte Kündigung Nr. 29 = NZA 1993, 115). Ein vermeidbarer Konflikt vermag die Verletzung der Arbeitspflicht nicht zu rechtfertigen oder zu entschuldigen. Der AN muß hinreichend versucht haben, die Kinderbetreuung anderweitig zu regeln (BAG 21. 5. 1992 AP KSchG 1969 § 1 Verhaltensbedingte Kündigung Nr. 29 = NZA 1993, 115).

111 Verweigert der AN die Arbeitsleistung an **Feiertagen seiner Religionsgemeinschaft,** die im jeweiligen Bundesland nicht als gesetzliche Feiertage anerkannt sind, liegt zwar eine Arbeitsverweigerung vor, diese ist aber im Lichte des Art. 4 GG zu beurteilen und idR ungeeignet, einen wichtigen Grund abzugeben (LAG Düsseldorf 14. 2. 1963 DB 1963, 522; im Ergebnis auch MünchKommBGB/ *Schwerdtner* Rn. 93; vgl. ferner Art. 4 GG Rn. 21 ff.).

112 Übt der AN ein **Zurückbehaltungsrecht** an seiner Arbeitsleistung aus, zB weil der AG seine Lohnzahlungspflicht in mehr als nur geringfügigem Umfang nicht erfüllt hat (BAG 25. 10. 1984 AP BGB § 273 Nr. 3 = NZA 1985, 355 = SAE 1987, 23), besteht keine Arbeitspflicht (BAG 9. 5. 1996 AP BGB § 273 Nr. 5 = NZA 1996, 1085; *Heiderhoff* JuS 1998, 1087, 1088). Eine Kündigung kann zulässigerweise nicht ausgesprochen werden (LAG Thüringen 19. 1. 1999 LAGE BGB § 273 Nr. 1; vgl. zudem § 612 a).

113 Die **Verweigerung von Überstunden** kommt als Kündigungsgrund nur in Betracht, wenn die Leistung von Mehrarbeit überhaupt rechtlich geschuldet ist. Der Umfang der Arbeitspflicht unterliegt als Hauptleistungspflicht grds. nicht dem Direktionsrecht des AG (BAG 12. 12. 1984 AP KSchG 1969 § 2 Nr. 6 = NZA 1985, 321; *Hromadka* RdA 1992, 234, 236). In jedem Falle kann Mehrarbeit verweigert werden, die gegen das Arbeitszeitrecht verstößt. Die einseitige Anordnung von Überstunden im gesetzlich zulässigen Umfange hat grds. eine angemessene Ankündigungspflicht zu wahren, sofern nicht deutlich überwiegende betriebliche Interessen vorliegen (ArbG Frankfurt/Main 26. 11. 1998 LAGE BGB § 626 Nr. 125). Lehnt der AN zulässig angeordnete Überstunden ab, kann dies die Kündigung rechtfertigen (LAG Köln 27. 4. 1999 LAGE BGB § 626 Nr. 126 = NZA 2000, 39).

114 Weigert sich der AN zur **Aussprache** über eine das Arbeitsverhältnis betreffende Frage zu erscheinen, so kann dies nach einer Abmahnung die außerordentliche Kündigung begründen. Die Weigerung, eine Arbeit in bestimmter Weise zu verrichten, rechtfertigt die außerordentliche Kündigung, wenn sie als beharrlich qualifiziert werden kann. Der AN muß sich also **wiederholt Anweisungen des Vorgesetzten** in einer Weise widersetzt haben, die den Schluß zuläßt, er werde die Anweisungen auch in Zukunft nicht beachten.

115 Die Teilnahme an einem sog. wilden, dh. nicht von einer Gewerkschaft geführten Arbeitskampf ist rechtswidrig (BAG 20. 12. 1963 AP GG Art. 9 Arbeitskampf Nr. 32 = NJW 1964, 883; BAG 21. 10. 1969 AP GG Art. 9 Arbeitskampf Nr. 41 = NJW 1970, 486; BAG 17. 12. 1976 AP GG Art. 9 Arbeitskampf Nr. 51 = NJW 1977, 1079) und vermag die außerordentliche Kündigung zu rechtfertigen (BAG 21. 10. 1969 AP GG Art. 9 Arbeitskampf Nr. 41 = NJW 1970, 486). Schließt sich ein AN aus Solidarität den Arbeitskollegen bei einer rechtswidrigen Arbeitskampfmaßnahme an, kann im Rahmen der Interessenabwägung zu seinen Gunsten eine **psychologische Drucksituation** zu berücksichtigen sein (BAG 17. 12. 1976 AP GG Art. 9 Arbeitskampf Nr. 51 = NJW 1977, 1079; BAG 14. 2. 1978 AP GG Art. 9 Arbeitskampf Nr. 58 = NJW 1979, 236). Auf eine Solidarisierung mit seinen Arbeitskollegen kann sich der AN allerdings nicht berufen, wenn er im Rahmen der rechtswidrigen Arbeitsniederlegung besondere Pflichtverletzungen begeht und zB an einer Fabrikbesetzung teilnimmt.

116 Verleitet ein AN seine Kollegen zu gleichzeitigen und gleichartigen Änderungskündigungen, um höhere Akkordlöhne zu erzwingen, liegt hierin die **Aufforderung zum illegalen Arbeitskampf** (BAG 28. 4. 1966 AP GG Art. 9 Arbeitskampf Nr. 37; SPV/*Preis* Rn. 508).

117 Die Teilnahme an und insb. das Organisieren einer **Besetzung des Betriebsgeländes** oder der Verwaltungsgebäude des Betriebes sind Tatbestände, die an sich geeignet sind, als wichtiger Grund für eine außerordentliche Kündigung des Arbeitsverhältnisses zu dienen (BAG 7. 4. 1978 AP BGB § 611 Lehrer, Dozenten Nr. 14 = BB 1978, 1216).

Die Teilnahme an einem rechtswidrigen, von einer **Gewerkschaft geführten Streik** rechtfertigt **118** regelmäßig keine außerordentliche Kündigung, weil sich der AN auf die Einschätzung der Rechtslage durch die für ihn zuständige Gewerkschaft verlassen kann.

7. Abkehrwille. Der Abkehrwille des AN, also seine Absicht, das Arbeitsverhältnis demnächst zu **119** beenden, um sich selbständig zu machen oder eine andere Arbeitsstelle anzutreten, kann zwar zur Verwirkung des allgemeinen Kündigungsschutzes führen (vgl. BAG 22. 10. 1964 AP KSchG § 1 Betriebsbedingte Kündigung Nr. 16 = SAE 1965, 102), ist aber **idR kein Grund** zur außerordentlichen Kündigung durch den AG (LAG Baden-Württemberg 31. 5. 1961 DB 1961, 951). Die auf Befragen geleugnete Absicht des AN, sich zu verändern, und die zu diesem Zwecke von ihm vorgenommenen Bewerbungen werden allenfalls eine ordentliche, nicht aber eine außerordentliche Kündigung rechtfertigen können (LAG Baden-Württemberg 24. 2. 1969 BB 1969, 536). Streitet der AN den Abschluß eines Arbeitsvertrages mit einem Konkurrenzunternehmen wahrheitswidrig ab, kann die fristlose Kündigung berechtigt sein (LAG Hamm 14. 2. 1968 BB 1969, 797, 798).

8. Betriebseinstellung, Betriebseinschränkung. Die Betriebseinstellung und die Betriebseinschrän- **120** kung sind unabhängig davon, ob sie auf einer unternehmerischen Entscheidung des AG beruhen oder zwangsläufig eintreten (zB Brandschaden), regelmäßig kein wichtiger Grund zur außerordentlichen Kündigung (*Staudinger/Preis* Rn. 230). Die Konkurs- bzw. Insolvenzeröffnung berechtigt ebenfalls nicht zur fristlosen Kündigung (vgl. § 113 I InsO Rn. 29). Dementsprechend ist auch die Insolvenzgefahr grds. kein wichtiger Grund. Fällt der Arbeitsplatz weg und ist die **ordentliche Kündigung ausgeschlossen,** kann außerordentlich gekündigt werden, wenn ein anderweitiger Einsatz des AN auch unter Aufwendung aller zumutbaren Mittel nicht möglich ist (BAG 5. 2. 1998 AP BGB § 626 Nr. 143). Insb. ist eine Versetzung in einen anderen Betrieb des Unternehmens oder eine andere Dienststelle der Verwaltung zu prüfen (BAG 7. 6. 1984 AP KO § 22 Nr. 5 = NZA 1985, 121; BAG 28. 3. 1985 AP BGB § 626 Nr. 86 = NZA 1985, 559). Jedenfalls der unkündbare AN muß keinen konkreten freien Arbeitsplatz benennen (BAG 17. 9. 1998 AP BGB § 626 Nr. 148). Auf nähere Darlegungen des AN, wie er sich eine anderweitige Beschäftigung vorstellt, muß der AG eingehend erläutern, aus welchem Grund eine Beschäftigung des gegen seine Kündigung klagenden AN auf einem entsprechenden Arbeitsplatz nicht möglich sei (BAG 17. 9. 1998 AP BGB § 626 Nr. 148). In diesen Fällen kann das Arbeitsverhältnis nur außerordentlich mit der Kündigungsfrist zur Auflösung gebracht werden, die eingreifen würde, wenn das ordentliche Kündigungsrecht nicht ausgeschlossen wäre (BAG 28. 3. 1985 AP BGB § 626 Nr. 86 = NZA 1985, 559). Entsprechend § 1 III und IV KSchG hat eine Sozialauswahl stattzufinden (BAG 5. 2. 1998 AP BGB § 626 Nr. 143). Im Ergebnis besteht die Begünstigung des ordentlich unkündbaren AN in den erhöhten Anforderungen an den Ausschluß einer anderweitigen Beschäftigungsmöglichkeit (*Preis,* FS Arbeitsgerichtsbarkeit Rheinland-Pfalz, 1999, S. 245, 250).

Bei einer **Betriebsstockung,** für die der AG das Betriebsrisiko zu tragen hat, kann der AG nicht **121** außerordentlich kündigen. Es ist ihm zumutbar, die nicht beschäftigten AN für die Dauer der ordentlichen Kündigungsfrist weiter zu entlohnen (BAG 28. 9. 1972 AP BGB § 615 Betriebsrisiko Nr. 28 = NJW 1973, 342). Allerdings gibt es TV (zB holz- und kunststoffverarbeitende Industrie), die für den Fall einer infolge Brandschadens eingetretenen Betriebsruhe den Ausspruch **ordentlicher entfristeter Kündigungen** iVm. Wiedereinstellungspflichten vorsehen (vgl. BAG 16. 6. 1987 AP BetrVG 1972 § 111 Nr. 20 = NZA 1987, 858).

9. Außerdienstliches Verhalten, das keine Auswirkungen auf die vertraglichen Beziehungen der **122** Arbeitsvertragsparteien besitzt, ist grds. ungeeignet, eine außerordentliche Kündigung zu rechtfertigen. Dies trifft regelmäßig auf alle Belange der Privatsphäre zu. Hierzu rechnen auch **besondere sexuelle Neigungen und Veranlagungen** (BAG 23. 6. 1994 AP BGB § 242 Kündigung Nr. 9 = NZA 1994, 1080). Wirkt sich allerdings außerdienstliches Verhalten konkret innerbetrieblich aus, wird es kündigungsrelevant (dazu *Dudenbostel/Klas* AuR 1979, 296; *Wisskirchen,* Außerdienstliches Verhalten von Arbeitnehmern, 1999, S. 74, 103 f.). Besucht der Leiter einer kleinen Bankfiliale wiederholt eine Spielbank, bedarf es der konkreten Auswirkung auf das Arbeitsverhältnis, um einen wichtigen Grund zu ergeben (LAG Hamm 14. 1. 1998 LAGE BGB § 626 Nr. 119). Zu strafbaren Handlungen vgl. Rn. 150 f.

Außerdienstliches Verhalten darf nicht generell mit dem Verhalten des AN außerhalb des Betriebes **123** oder außerhalb der Arbeitszeit gleichgesetzt werden. ZB verlieren während der Freizeit im außerbetrieblichen Bereich gestartete **öffentliche Aktionen** des AN gegen das Produktionsprogramm des eigenen AG nicht deshalb ihre Eignung als Kündigungsgrund, weil sie der Kategorie „außerdienstliches Verhalten" zugeordnet werden könnten. Vielmehr können kündigungserhebliche nachteilige Auswirkungen auf das Arbeitsverhältnis auch durch im Freizeitverhalten des AN hervorgerufen werden (*Buchner* ZfA 1979, 335, 352 f.). Meinungsäußerungsfreiheit und politische Betätigung des AN sind zu gewährleisten, doch braucht der AG das Arbeitsverhältnis nicht fortzusetzen, wenn er selbst, seine Produkte, seine Leistungen oder andere Aspekte seines Unternehmens vom AN öffentlich angegriffen werden (vgl. *Söllner,* FS für Herschel, 1982, S. 389, 398).

124 Vor allem in **Tendenzbetrieben** (§ 118 BetrVG) – insb. im kirchlichen Dienst (Art. 140 GG) – besteht die erhöhte Wahrscheinlichkeit, daß das außerdienstliche Verhalten des AN mit der Tendenz des AG und folglich mit den Pflichten aus dem Arbeitsverhältnis kollidiert (*Buchner* ZfA 1979, 335). Den Tendenzschutz rechtlich anzuerkennen, bedeutet zugleich die Rechte und Pflichten der AN über das ansonsten zulässige Maß hinaus zu beschränken. Im Ergebnis werden die individuellen Auswirkungen jeweils von der „Tendenznähe" der vom einzelnen AN zu erfüllenden Aufgabe bestimmt.

125 **10. Konkurrenztätigkeit.** Der AN ist während des Bestehens des Arbeitsverhältnisses verpflichtet, sich jeder Konkurrenztätigkeit gegenüber seinem AG im selben Handelszweig zu enthalten (BAG 25. 5. 1970 AP HGB § 60 Nr. 4 = SAE 1971, 238). **§ 60 HGB** gibt einen entsprechenden allgemeinen Rechtsgedanken wieder (BAG 21. 11. 1996 EzA BGB § 626 nF Nr. 162). Das Wettbewerbsverbot besteht für die Dauer des Arbeitsverhältnisses und endet nicht vorzeitig durch eine Suspendierung (BAG 17. 10. 1969 AP BGB § 611 Treuepflicht Nr. 7 = DB 1970, 497; BAG 30. 5. 1978 AP HGB § 60 Nr. 9 = NJW 1979, 335).

126 Verletzt ein AN das bestehende Wettbewerbsverbot, ist eine außerordentliche Kündigung grds. gerechtfertigt, sofern nicht besondere Umstände eine andere Beurteilung rechtfertigen (BAG 30. 1. 1963 AP HGB § 60 Nr. 3 = NJW 1963, 1420; BAG 6. 8. 1987 AP BGB § 626 Nr. 97 = NJW 1988, 438; BAG 21. 11. 1996 EzA BGB § 626 nF Nr. 162; BGH 19. 10. 1987 AP BGB § 611 Konkurrenzklausel Nr. 33 = BB 1988, 88). Eine **Abmahnung ist entbehrlich,** sofern nicht der AN aus vertretbaren Gründen annehmen durfte, sein Verhalten sei nicht vertragswidrig oder werde vom AG zumindest nicht als erhebliches, den Bestand des Arbeitsverhältnisses gefährdendes Fehlverhalten angesehen (BAG 16. 8. 1990 AP BGB § 611 Treuepflicht Nr. 10 = NZA 1991, 141; BAG 7. 10. 1993 AP BGB § 626 Nr. 114 = NZA 1994, 443; BAG 14. 2. 1996 AP BGB § 626 Verdacht strafbarer Handlung Nr. 26 = NZA 1996, 873).

127 Geschäfte, die der AN mit dem AG als Anbieter oder Abnehmer abschließt, vollziehen sich nicht im Wettbewerb und unterfallen nicht dem gesetzlichen Verbot (BAG 3. 5. 1983 AP HGB § 60 Nr. 10 = NJW 1984, 886). Andererseits soll ein in der Automobilindustrie beschäftigter AN das **Wettbewerbsverbot** verletzen, wenn er mit Jahreswagen handelt (BAG 15. 3. 1990 RzK I 5 i Nr. 60).

128 Der AN verletzt das Wettbewerbsverbot nicht dadurch, daß er bereits vor Beendigung seines Arbeitsverhältnisses für die Zeit nach seinem Ausscheiden einen Vertrag mit einem konkurrierenden AG abschließt oder die **Gründung eines eigenen Unternehmens,** zB durch Anmieten von Räumen, vorbereitet (BAG 12. 5. 1972 AP HGB § 60 Nr. 6 = BB 1972, 1056). Für die Abgrenzung der erlaubten **Vorbereitungshandlung** von der verbotenen Konkurrenztätigkeit ist entscheidend, ob durch die Abkehrmaßnahmen des AN bereits unmittelbar in die Geschäfts- oder Wettbewerbsinteressen des AG eingegriffen wird. Zulässig sind Vorbereitungshandlungen, durch die nur die formalen und organisatorischen Voraussetzungen für das geplante eigene Handelsunternehmen geschaffen werden sollen (BAG 7. 9. 1972 AP HGB § 60 Nr. 7 = SAE 1973, 212). Verboten ist aber das Vorfühlen bei Kunden, die Beteiligung an Konkurrenzunternehmen und jede weitere konkurrierende Tätigkeit im eigenen oder fremden Namen (BAG 16. 1. 1975 AP HGB § 60 Nr. 8 = JR 1978, 58; BAG 28. 9. 1989 RzK I 6 a Nr. 58).

129 Der Abschluß eines **Franchise-Vertrages** zwischen einem Angestellten und einem Konkurrenten seines AG stellt sich in seiner verkehrstypischen Ausgestaltung grds. noch als erlaubte Vorbereitungshandlung dar (BAG 30. 5. 1978 AP HGB § 60 Nr. 9 = NJW 1979, 335). Auch die Zahlung einer Franchise-Gebühr durch den AN ist idR nicht als kapitalmäßige Unterstützung eines Konkurrenzunternehmens zu werten.

130 **11. Nebentätigkeit.** Die Ausübung einer Nebentätigkeit **außerhalb der Arbeitszeit** ist grds. erlaubt. Sie kann nur dann zum wichtigen Grund werden, wenn der AN seinem AG unerlaubte Konkurrenz macht (BAG 16. 8. 1990 AP BGB § 611 Treuepflicht Nr. 10 = NZA 1991, 141), wenn sich die Arbeitsleistungen wegen der Nebentätigkeit erheblich verschlechtern (vgl. BAG 7. 9. 1972 AP HGB § 60 Nr. 7 = SAE 1973, 212; BAG 26. 8. 1976 AP BGB § 626 Nr. 68 = BB 1977, 144) oder wenn die Nebentätigkeit mit dem öffentlichen Ansehen des AG oder dem Gemeinwohl nicht zu vereinbaren ist (BAG 21. 1. 1982 – 2 AZR 761/79 – nv.). Eine Beeinträchtigung des Arbeitsverhältnisses ist zB anzunehmen, wenn der AN durch eine anstrengende oder ihn zeitlich überfordernde Nebenbeschäftigung (zB Mitwirkung in einer Tanzkapelle oder Einsatz als Taxifahrer) seine arbeitsvertraglichen Verpflichtungen wegen Übermüdung oder Konzentrationsschwäche ganz oder tlw. nicht oder nicht mehr gehörig erfüllen kann.

131 Tarifvertragliche Regelungen über Nebentätigkeiten sind verfassungsrechtlich zulässig, denn sie betreffen Arbeitsbedingungen iSv. Art. 9 III GG, sie müssen aber den Schutzbereich des Art. 12 GG wahren (BAG 24. 6. 1999 AP BGB § 611 Nebentätigkeit Nr. 5). Eine Vertragsklausel, die dem AN jede nicht genehmigte Nebentätigkeit generell verbietet, ist verfassungskonform dahingehend auszulegen, daß nur solche Nebentätigkeiten verboten sind, an deren Unterlassung der AG ein berechtigtes Interesse hat (BAG 26. 8. 1976 AP BGB § 626 Nr. 68 = BB 1977, 144). Eine **nicht genehmigte Nebentätigkeit** während der Arbeitszeit im Hauptarbeitsverhältnis ist grds. geeignet, eine außerordentliche Kündigung zu rechtfertigen (BAG 3. 12. 1970 AP BGB § 626 Nr. 60 = BB 1971, 397).

Ist ein AN während einer ärztlich attestierten Arbeitsunfähigkeit schichtweise einer Nebenbeschäf- 132
tigung bei einem anderen AG nachgegangen, so kann je nach den Umständen auch eine fristlose
Kündigung ohne vorherige Abmahnung gerechtfertigt sein, weil die Arbeitsunfähigkeit vorgetäuscht
oder der AN dieser Tat dringend verdächtig ist (BAG 26. 8. 1993 AP BGB § 626 Nr. 112 = NZA
1994, 63). Ist in derartigen Fällen der Beweiswert des ärztlichen Attestes erschüttert bzw. entkräftet,
hat der AN konkret darzulegen, weshalb er krankheitsbedingt gefehlt hat und trotzdem der Nebenbeschäftigung nachgehen konnte (BAG 7. 12. 1995 RzK I 10 h Nr. 37). Darüber hinaus kann eine
während einer Erkrankung ausgeübte Nebentätigkeit die Kündigung rechtfertigen, wenn die Nebentätigkeit den Heilungsprozeß verzögert und deshalb der AN die Pflicht zu einem genesungsförderndem Verhalten verletzt hat (BAG 26. 8. 1993 AP BGB § 626 Nr. 112 = NZA 1994, 63).

12. Schwarzarbeit. Während der Arbeitszeit verübte Schwarzarbeit kann die außerordentliche 133
Kündigung rechtfertigen. Wird sie außerhalb der Arbeitszeit geleistet, fehlt es regelmäßig am notwendigen Zusammenhang mit dem Arbeitsverhältnis, so daß keine berechtigte Kündigung ausgesprochen werden kann. Anders ist die Sachlage zu bewerten, wenn die Schwarzarbeit zugleich unerlaubte
Konkurrenztätigkeit darstellt.

13. Politische Betätigung. § 74 II 3 BetrVG verbietet AG, BR und den BRMitgliedern (nicht aber 134
allen AN des Betriebes – BVerfG 28. 4. 1976 AP BetrVG 1972 § 74 Nr. 2 = NJW 1976, 1627) jede
innerbetriebliche parteipolitische Betätigung (vgl. hierzu BAG 5. 12. 1975 AP BetrVG 1972 § 87
Betriebsbuße Nr. 1 = NJW 1976, 909). Im übrigen ist die innerbetriebliche parteipolitische Betätigung
pflichtwidrig, wenn sie zu Störungen im Leistungsbereich oder in der betrieblichen Verbundenheit
führt. Hierfür genügt eine konkrete Gefährdung des Betriebsfriedens (BAG 9. 12. 1982 AP BGB
§ 626 Nr. 73 = NJW 1984, 1142; *Fitting* § 74 Rn. 36).

Nimmt ein AN trotz der Androhung der Entlassung während der Arbeitszeit an einer außerhalb 135
des Betriebes ablaufenden **politischen Demonstration** teil, so rechtfertigt dies allein nicht unbedingt
die außerordentliche oder ordentliche Kündigung. Daß es sich um eine politische Demonstration
handelte, die das unentschuldigte Fehlen verursachte, erhöht nicht das Gewicht der Pflichtverletzung.
Anders würde zu entscheiden sein, wenn sich die Demonstration gezielt gegen den AG richten würde
(vgl. BAG 23. 10. 1984 AP GG Art. 9 Arbeitskampf Nr. 82 = NZA 1985, 459). Es kommt, wie stets,
auf die Umstände des Einzelfalles an.

Die **außerbetriebliche** politische Betätigung rechtfertigt als solche weder die außerordentliche noch 136
die ordentliche Kündigung, sofern nicht Besonderheiten des Tendenzschutzes eine abw. Bewertung
erfordern. Für Tendenzträger können sich Beschränkungen in der politischen Betätigung ergeben (zB
Beitritt eines Rechtssekretärs des DGB zum „Kommunistischen Bund Westdeutschland", der vom
DGB als „scharfer politischer Gegner" angesehen wurde: BAG 6. 12. 1979 AP KSchG 1969 § 1
Verhaltensbedingte Kündigung Nr. 2 = SAE 1981, 91).

Im **öffentlichen Dienst** gelten besondere Grundsätze. § 8 BAT und die entsprechenden Vorschriften 137
anderer TV des öffentlichen Dienstes legen fest, daß der AN für die **freiheitliche demokratische
Grundordnung** einzutreten hat. Die persönliche Eignung eines Angestellten des öffentlichen Dienstes
erfordert, daß er sich durch sein gesamtes Verhalten zur freiheitlichen demokratischen Grundordnung
iSd. GG bekennen muß. Zu den grdl. Prinzipien dieser Ordnung sind mindestens zu rechnen: die
Achtung vor den im GG konkretisierten Menschenrechten, vor allem vor dem Recht der Persönlichkeit, auf Leben und freie Entfaltung, die Volkssouveränität, die Gewaltenteilung, die Verantwortlichkeit der Regierung, die Gesetzmäßigkeit der Verwaltung, die Unabhängigkeit der Gerichte, das Mehr-
parteienprinzip und die Chancengleichheit für alle politischen Parteien mit dem Recht auf verfassungsgemäße Bildung und Ausübung einer Opposition (vgl. BAG 27. 6. 1996 AP Einigungsvertrag
Anlage I Kap. XIX Nr. 61).

Welches **Maß an politischer Treue** vom einzelnen zu verlangen ist, hängt in erster Linie von der 138
geschuldeten Tätigkeit ab (BAG 6. 6. 1984 AP KSchG 1969 § 1 Verhaltensbedingte Kündigung Nr. 11
= NJW 1985, 507). Insb. von Lehrern, Sozialpädagogen und Sozialarbeitern, die erzieherische Auf-
gaben wahrnehmen, muß ein positives Verhältnis zu den Grundwerten der Verfassung und ein aktives
Eintreten für diese Wertordnung erwartet werden (BAG 12. 3. 1986 AP GG Art. 33 Abs. 2 Nr. 23 =
NZA 1987, 392).

Angehörigen des öffentlichen Dienstes kann aus wichtigem Grund außerordentlich gekündigt 139
werden, wenn sie außerhalb des Dienstes ausländerfeindliche Pamphlete verbreiten und dadurch die
Pflicht zum achtungswürdigen Verhalten verletzen (BAG 9. 3. 1995 NZA 1996, 875; BAG 14. 2.
1996 AP BGB § 626 Verdacht strafbarer Handlung Nr. 26 = NZA 1996, 873).

14. Nichtanzeige einer Arbeitsunfähigkeit. Gem. § 5 I 1 EFZG ist jeder AN verpflichtet, dem AG 140
eine Arbeitsunfähigkeit und deren Dauer unverzüglich mitzuteilen. Die Verletzung dieser Anzeigepflicht kann sogar die außerordentliche Kündigung rechtfertigen, wenn die Krankmeldung wiederholt
und trotz einer Abmahnung unterlassen worden ist, wenn sich ausnahmsweise aus der einmaligen
Unterlassung der Wille des AN ergibt, auch in Zukunft so zu verfahren (BAG 15. 1. 1986 AP BGB
§ 626 Nr. 93 = NZA 1987, 93; zur ordentlichen Kündigung: BAG 16. 8. 1991 AP KSchG 1969 § 1

Verhaltensbedingte Kündigung Nr. 27 = NZA 1993, 17) oder wegen der herausgehobenen Stellung des AN (zB Betriebsleiter) von ihm erwartet werden kann, daß er für den Fall seiner krankheitsbedingten Abwesenheit konkrete Vertretungsregelungen trifft (BAG 30. 1. 1976 AP BGB § 626 Krankheit Nr. 2 = NJW 1976, 1286).

141 **15. Nichtvorlage der Arbeitsunfähigkeitsbescheinigung.** Verweigert der AN auch nach Abmahnung den Nachweis der Erkrankung oder die Vorlage der Arbeitsunfähigkeitsbescheinigung (§ 5 I 2 EFZG), vermag dieses Verhalten die außerordentliche Kündigung zu rechtfertigen (BAG 15. 1. 1986 AP BGB § 626 Nr. 93 = NZA 1987, 93).

142 **16. Vortäuschen einer Erkrankung.** Das „Krankfeiern" und die dadurch bewirkte ungerechtfertigte Entgeltfortzahlung im Krankheitsfall bilden einen typischen wichtigen Grund für eine außerordentliche Kündigung. Die in diesem Verhalten liegende Straftat zu Lasten des AG (Betrug oder versuchter Betrug) verletzt das Vertrauensverhältnis in seinem Kern, so daß eine vorherige Abmahnung entbehrlich ist. Sollte sich der AN die Arbeitsunfähigkeitsbescheinigung durch weitere Täuschungshandlungen erschlichen haben, würde dies im Rahmen der Interessenabwägung zu berücksichtigen sein. Schwierigkeiten bereitet die Tatsachenfeststellung. Daß der AN während der Krankheit ein Restaurant, ein Kino oder ähnliche Stätten aufsucht, besitzt nicht in jedem Fall indizielle Wirkung. Vielmehr kommt es auf die Art der Erkrankung an. Aus der Intensität einer während der bescheinigten Dauer der Arbeitsunfähigkeit ausgeübten Nebenbeschäftigung kann sich der begründete Verdacht ergeben, die Arbeitsunfähigkeit sei nur vorgetäuscht worden (BAG 26. 8. 1993 AP BGB § 626 Nr. 112 = NZA 1994, 63). Der Verdacht des „Krankfeierns" wird als Verdacht einer strafbaren Handlung als möglicher wichtiger Grund überwiegend anerkannt. Dabei reicht es aus, wenn der Genesungsprozeß möglicherweise verzögert worden ist (*Staudinger/Preis* Rn. 176). Die außerordentliche Kündigung kann ggf. alternativ auf Vortäuschen einer Arbeitsunfähigkeit oder vorsätzliche Verzögerung des Genesungsprozesses gestützt werden. – Behindert der AN eine ärztliche Begutachtung seiner Gesundheit durch beharrliche Verweigerung des Einverständnisses zur Beiziehung der Vorbefunde behandelnder Ärzte, kann dieses Verhalten einen wichtigen Grund darstellen (BAG 6. 11. 1997 AP BGB § 626 Nr. 142).

143 Der Verdacht des „Krankfeierns" liegt vor allem dann nahe, wenn der AN als Reaktion auf bestimmte Verhaltensweisen des AG oder anderer Kollegen den alsbaldigen Eintritt seiner **Arbeitsunfähigkeit angekündigt** hatte. Insb. verweigerte Arbeitsbefreiung (LAG Düsseldorf 17. 2. 1980 DB 1981, 1094) oder Urlaubsgewährung kommen als Anlaß zu angekündigten Krankmeldungen vor und sind geeignet, den Beweiswert später vorgelegter Arbeitsunfähigkeitsbescheinigungen zu erschüttern (BAG 5. 11. 1992 AP BGB § 626 Krankheit Nr. 4 = NZA 1993, 308).

144 **17. Geschäfts- und Rufschädigung.** Eine bewußte und gewollte Geschäftsschädigung kann eine außerordentliche Kündigung rechtfertigen (BAG 17. 6. 1992 RzK I 6 a Nr. 90; BAG 6. 2. 1997 AuR 1997, 210). Fordert zB ein AN (außerhalb eines rechtmäßigen Arbeitskampfes) Kollegen oder Dritte zur Schädigung des AG auf, kann dieser das Arbeitsverhältnis fristlos auflösen. Unternimmt der AN andere Handlungen, die auf eine Geschäfts- oder Rufschädigung des AG abzielen, wird die außerordentliche Kündigung nicht nur bei Angestellten in leitender Position gerechtfertigt sein (vgl. LAG Nürnberg 13. 1. 1993 LAGE BGB § 626 Nr. 67). Bei bedingtem Vorsatz oder nur fahrlässigem Handeln kommt es entscheidend auf das Gesamtumstände an. – Ist arbeitsvertraglich mit einem Profisportler vereinbart worden, keine verbotenen leistungssteigernden Substanzen (wie EPO) zu verwenden, kann dem Sportler bei Entdeckung eines Verstoßes fristlos gekündigt werden, wenn der Ruf des AG Schaden zu nehmen droht.

145 **18. Schlechtleistungen.** Quantitativ ungenügende und qualitativ schlechte Leistungen des AN können den AG zur ordentlichen Kündigung berechtigen. Entsteht infolge der Fehlleistungen erheblicher Schaden und sind bei Fortsetzung des Arbeitsverhältnisses ähnliche Fehlleistungen des AN zu befürchten, wird eine außerordentliche Kündigung in Betracht kommen, wenn der AN seine Arbeitskraft bewußt (vorsätzlich) zurückhält, also nicht unter angemessener Anspannung seiner Kräfte und Fähigkeiten arbeitet (BAG 20. 3. 1969 AP GewO § 123 Nr. 27). Hingegen sind mangelhafte Leistungen nach einer Unterbrechung der Tätigkeit (zB Erziehungsurlaub) kurzfristig hinzunehmen, wenn sie Ausdruck von Einarbeitungsschwierigkeiten sind (LAG Nürnberg 8. 3. 1999 NZA 2000, 263). Bei **besonders verantwortungsvollen Tätigkeiten** (zB Pilot) kann allein das Risiko des Eintritts eines hohen Schadens schon bei fahrlässigen Pflichtverletzungen eine fristlose Kündigung rechtfertigen, wenn dadurch das Vertrauensverhältnis der Arbeitsvertragsparteien berührt wurde (BAG 14. 10. 1965 AP BetrVG § 66 Nr. 27). Auch die Mißachtung oder **Verletzung von Arbeitspflichten** kann den AG zur Kündigung berechtigen. Insb. die Schadensabwendungspflicht kann in so schwerwiegender Weise verletzt werden, daß ohne vorherige Abmahnung ein wichtiger Grund gegeben ist (BAG 11. 3. 1999 AP BGB § 626 Nr. 150). Von ähnlichem Gewicht sind Fälle einer **Vollmachtsüberschreitung** oder gravierender Vermögensgefährdung (BAG 11. 3. 1999 – 2 AZR 51/98 – nv.).

19. Forderung und Annahme von Schmiergeldern. Die Annahme sozialadäquater Gelegenheits- 146
geschenke oder üblicher Trinkgelder rechtfertigt keine außerordentliche Kündigung. Hingegen stellen das Fordern und die Annahme von Schmiergeldern schwere Pflichtverletzungen dar (§ 12 UWG). Wer als AN bei der Ausführung von vertraglichen Aufgaben sich Vorteile versprechen läßt oder entgegennimmt, die dazu bestimmt oder geeignet sind, ihn in seinem geschäftlichen Verhalten zugunsten Dritter und zum Nachteil seines AG zu beeinflussen, und damit gegen das sog. Schmiergeldverbot verstößt, handelt den Interessen seines AG zuwider und gibt diesem damit regelmäßig einen Grund zur außerordentlichen Kündigung. Auf eine Schädigung des AG kommt es nicht an, weil sein Vertrauen in die Redlichkeit seines Angestellten bereits erschüttert sein wird. Die Verletzung vertraglicher Pflichten liegt in der illoyalen Einstellung des AN, bei der Erfüllung seiner Aufgaben bedenkenlos eigene Vorteile zu suchen, obwohl er die Aufgaben allein im Interesse des AG durchzuführen hat. Durch sein gezeigtes Verhalten zerstört der AN das Vertrauen in seine **Zuverlässigkeit und Redlichkeit** (BAG 17. 8. 1972 AP BGB § 626 Nr. 65 = NJW 1973, 553; BAG 15. 11. 1995 AP BetrVG 1972 § 102 Nr. 73 = NZA 1996, 419; MünchArbR/*Wank* § 117 Rn. 76). Kommt es tatsächlich zu einer den AG schädigenden Handlung, liegt hierin ein weiterer Kündigungsgrund.

Das Fordern und Annehmen von **Vermittlungsprovisionen** durch AN, die mit der jeweiligen 147
Entscheidung und deren Vorbereitung nicht befaßt sind, bleibt kündigungsrechtlich unerheblich, falls weder das Vertrauensverhältnis noch der Betriebsfrieden gestört worden ist (BAG 24. 9. 1987 AP KSchG 1969 § 1 Verhaltensbedingte Kündigung Nr. 19 = NJW 1988, 2261).

20. Strafbare Handlungen. a) Allgemeines. Strafbare Handlungen, die sich gegen den AG richten, 148
werden regelmäßig das Recht zur außerordentlichen Kündigung begründen. Hierzu gehören vor allem Eigentums- und Vermögensdelikte. Entscheidend ist die Zerstörung des Vertrauensverhältnisses. Dabei kommt es für die kündigungsrechtliche Würdigung nicht entscheidend auf die strafrechtliche Bewertung an (BAG 20. 8. 1997 AP BGB § 626 Verdacht strafbarer Handlung Nr. 27; BAG 1. 7. 1999 AP BBiG § 15 Nr. 11). Es kann sogar einen Rechtsfehler bedeuten, wenn die Tatsacheninstanzen vornehmlich strafrechtliche Überlegungen anstellen und die Verletzung arbeitsrechtlicher Pflichten übergehen (BAG 12. 8. 1999 AP BGB § 123 Nr. 51). Die gegenüber Dritten verlautbarte Absicht eines Mitarbeiters, in einem AG geführten Rechtsstreit vorsätzlich falsch zum Nachteil des AG auszusagen, kann das Vertrauen so nachhaltig zerstören, daß die außerordentliche Kündigung gerechtfertigt ist (BAG 16. 10. 1986 AP BGB § 626 Nr. 95 = NZA 1987, 392).

Im Kündigungsschutzprozeß liegt die **Beiziehung von Strafakten** zum Zwecke der Sachaufklärung 149
im pflichtgemäßen Ermessen der Tatsachengerichte. Die Unterlassung der Beiziehung von Strafakten kann jedoch pflichtwidrig sein, wenn Art und Ausgang eines Strafverfahrens für die eigene Entscheidung der Gerichte für Arbeitssachen von rechtlicher Bedeutung und die Ausführungen der Prozeßparteien darüber widersprüchlich und entstellend sind (BAG 10. 3. 1977 AP ZPO § 313 Nr. 9 = NJW 1977, 1504).

b) Private Lebensführung. Straftaten, die sich nicht gegen den AG oder einen Arbeitskollegen 150
richten, können nur dann Grund für eine außerordentliche Kündigung sein, wenn sie das Arbeitsverhältnis belasten. ZB kann die Straftat **ernsthafte Zweifel an der Zuverlässigkeit** oder der Eignung des AN für die von ihm zu verrichtende Tätigkeit begründen. Vermögensdelikte können bei einem Buchhalter, Kassierer, Lagerverwalter oder Geldboten die Fortsetzung des Arbeitsverhältnisses unzumutbar machen, wenn sie auf fehlende Vertrauenswürdigkeit schließen lassen. Entscheidend sind die Qualität des Delikts und die Stellung des AN. So kann Lehrern und Erziehern, die wegen Körperverletzungs- oder **Sittlichkeitsdelikten** verurteilt worden sind, gekündigt werden (LAG Berlin 15. 12. 1989 LAGE BGB § 626 Nr. 45 = ZTR 1990, 166), während der Bezug zum Arbeitsverhältnis eines Schulhausmeisters (LAG Niedersachsen 27. 6. 1989 AuR 1990, 130) oder eines Bauleiters besonders festgestellt werden muß (BAG 26. 3. 1992 AP BGB § 626 Verdacht strafbarer Handlung Nr. 23 = NZA 1992, 1121). Im öffentlichen Dienst können im Privatbereich begangene Straftaten eine außerordentliche (BAG 8. 6. 2000 – 2 AZR 638/99 – zVb.) oder eine ordentliche Kündigung rechtfertigen (BAG 20. 11. 1997 AP KSchG 1969 § 1 Nr. 43).

Begeht ein AN in seiner Freizeit zu Lasten eines mit seinem AG **im Konzern verbundenen** 151
Unternehmens einen Diebstahl, so kann auch dies eine verhaltensbedingte Kündigung rechtfertigen, wenn das Arbeitsverhältnis durch dieses Delikt konkret beeinträchtigt wird. Insofern kann es ausreichen, wenn der AG seinen AN für Einkäufe bei diesem Unternehmen einen Personalrabatt eingeräumt hat. Bei derartigen Delikten, die sich vornehmlich auf den Vertrauensbereich des Arbeitsverhältnisses auswirken, bedarf es grds. keiner vorhergehenden Abmahnung (BAG 20. 9. 1984 AP KSchG 1969 § 1 Verhaltensbedingte Kündigung Nr. 13 = NZA 1985, 285).

c) Beleidigungen. Beleidigung, üble Nachrede und Verleumdung zum Nachteil des AG, seiner 152
Repräsentanten oder anderer Arbeitskollegen sind grds. geeignet, eine außerordentliche Kündigung zu rechtfertigen (vgl. BAG 18. 7. 1957 AP GewO § 124 a Nr. 1; BAG 21. 7. 1999 AP BGB § 626 Nr. 151; BAG 17. 2. 2000 – 2 AZR 927/98 – nv.). Mit einer Beleidigung muß allerdings eine erhebliche Ehrverletzung verbunden sein, die Beleidigung muß grob sein (BAG 22. 5. 1982 – 7 AZR 155/80 – nv.; BAG 1. 7. 1999 AP BBiG § 15 Nr. 11). Es kommt nicht auf die Sprache an, in der sie erfolgt.

230 BGB § 626   Fristlose Kündigung

Entscheidend ist weniger die strafrechtliche Wertung als die Störung des Vertragsverhältnisses (BAG 22. 12. 1956 AP BGB § 626 Nr. 13 = NJW 1957, 478; vgl. auch BAG 3. 2. 1982 AP BPersVG § 72 Nr. 1 = NJW 1982, 2791; *Ascheid* Rn. 146). Eine während der Arbeitszeit begangene Beleidigung eines Kunden kann abhängig von den konkreten Tatumständen einen wichtigen Grund an sich ergeben (LAG Schleswig-Holstein 5. 10. 1998 LAGE BGB § 626 Nr. 123).

153   Wenn ein AN in einem Kollegengespräch über Vorgesetzte **unwahre und ehrenrührige Tatsachen** behauptet, aber als sicher davon ausgehen darf, daß seine Äußerungen vertraulich behandelt werden, ist der AG regelmäßig nicht zur außerordentlichen Kündigung berechtigt, wenn der Gesprächspartner die Vertraulichkeit der Unterhaltung unerwartet verletzt und ihren Inhalt einem der angesprochenen Vorgesetzten mitteilt (BAG 30. 11. 1972 AP BGB § 626 Nr. 66). Entscheidend ist die „Sicherheit", die der AN bei objektivierender Betrachtung zu erwarten hatte (BAG 17. 2. 2000 – 2 AZR 927/98 – nv.). Es besteht keine tatsächliche Vermutung dafür, daß Kollegen beleidigende Äußerungen nicht weitertragen (offenbar aA LAG Köln 18. 4. 1997 BB 1997, 2056 f.).

154   d) **Eigentumsdelikte.** Die Entwendung einer im Eigentum des AG stehenden Sache ist an sich geeignet, einen wichtigen Grund zur außerordentlichen Kündigung abzugeben (BAG 10. 2. 1999 AP KSchG 1969 § 15 Nr. 42). Gleichermaßen ist der bei Gelegenheit eines Kundenbesuches begangene Diebstahl einer dem Kunden gehörenden Sache als wichtiger Grund anzusehen (LAG Köln 11. 8. 1998 LAGE BGB § 626 Nr. 121). Ob ein solches Verhalten ausreicht, die außerordentliche Kündigung zu rechtfertigen, hängt von der unter Berücksichtigung der konkreten Umstände des Einzelfalles vorzunehmenden Interessenabwägung ab (BAG 13. 12. 1984 AP BGB § 626 Nr. 81 = NZA 1985, 288; BAG 29. 1. 1997 AP BGB § 626 Nr. 131 = NZA 1997, 813). Auch die **Entwendung geringwertiger Güter** (zB eines Stücks Bienenstich oder eines Lippenstiftes) ist an sich als wichtiger Grund zur außerordentlichen Kündigung geeignet (BAG 17. 5. 1984 AP BGB § 626 Verdacht strafbarer Handlung Nr. 14 = NZA 1985, 91; BAG 3. 4. 1986 AP BGB § 626 Verdacht strafbarer Handlung Nr. 18 = NZA 1986, 677; BAG 12. 8. 1999 AP BGB § 626 Verdacht strafbarer Handlung Nr. 28; krit. LAG Köln 30. 9. 1999 – 5 Sa 872/99 – nv. [Briefumschläge im Werte von 0,03 DM]).

155   Entnimmt eine Kassenführerin in mehreren Fällen der Kasse Beträge in Höhe von 20 bis 30 DM, um für Kollegen private Auslagen zu tätigen, und legt sie die Beträge nach ca. zwei Stunden wieder zurück in die Kasse, wird ein wichtiger Grund wegen Vertrauensverlustes nicht anzunehmen sein, wenn unredliche Absichten der Kassenführerin ausgeschlossen werden können (LAG Sachsen-Anhalt 29. 9. 1998 NZA-RR 1999, 473). Das Gewicht der Pflichtverletzung wird verstärkt, wenn dem AN die Obhut über den entwendeten Gegenstand oblag (BAG 12. 8. 1999 AP BGB § 626 Verdacht strafbarer Handlung Nr. 28). Führt der AG Ehrlichkeitskontrollen durch, indem er eine „Verführungssituation" schafft, sind die auf diese Weise ermittelten Tatsachen im Kündigungsschutzprozeß verwertbar (BAG 18. 11. 1999 AP BGB § 626 Verdacht strafbarer Handlung Nr. 32). Dem stehen nicht das Persönlichkeitsrecht des AN und, sofern nicht technische Einrichtungen iSv. § 87 I Nr. 6 BetrVG eingesetzt werden, auch nicht ein Mitbestimmungsrecht des BR entgegen. Ist wegen der Unehrlichkeit des AN mit weiteren Diebstählen zu rechnen, kann der AG nicht darauf verwiesen werden, aufwendigere Kontrollen einzuführen (BAG 2. 4. 1987 RzK I 6 d Nr. 7).

156   Ein Diebstahl, den ein AN **außerhalb des Beschäftigungsbetriebes** und der Arbeitszeit in einem anderen Betrieb des AG begeht, ist geeignet, die fristlose Kündigung zu rechtfertigen (BAG 20. 9. 1984 AP BGB § 626 Nr. 80 = NZA 1985, 286). Steht die Tat nicht in einem inneren Zusammenhang mit der im Beschäftigungsbetrieb auszuübenden vertraglich geschuldeten Tätigkeit, so ist dies nur für den Grad ihrer Auswirkung auf das Arbeitsverhältnis von Bedeutung.

157   e) **Vermögensdelikte.** Einen wichtigen Grund zur außerordentlichen Kündigung schafft typischerweise der AN, der ein Vermögensdelikt (insb. Betrug und Untreue) zum Nachteil seines AG begeht (BAG 12. 8. 1999 AP BGB § 626 Verdacht strafbarer Handlung Nr. 28). Vorrangig ist der **Spesenbetrug** zu nennen, der leichtfertig begangen das Arbeitsverhältnis kosten kann (BAG 2. 6. 1960 AP BGB § 626 Nr. 42 = NJW 1960, 2023; BAG 22. 11. 1962 AP BGB § 626 Nr. 49; vgl. zur spezifischen Interessenabwägung: BAG 13. 4. 1978 AP HGB § 75 Nr. 7 = NJW 1978, 2263; SPV/*Preis* Rn. 562).

158   Einem AN, der an der **Kontrolluhr** nicht nur seine eigene Anwesenheitskarte, sondern auch die eines Kollegen abstempelt, der zunächst noch seinen Pkw abstellen will, kann jedenfalls dann fristlos gekündigt werden, wenn sich durch die Verspätung des Arbeitskollegen der Betriebsablauf verzögert hat (BAG 23. 1. 1963 AP GewO § 124a Nr. 8 = NJW 1963, 1269). Zur fristlosen Entlassung ist der AG auch dann berechtigt, wenn der AN die Kontrolluhr verstellt oder nach deren Betätigung den Betrieb wieder heimlich verläßt (BAG 27. 1. 1977 AP BetrVG 1972 § 103 Nr. 7 = DB 1977, 869). Gleiches gilt bei Veränderung der Zeitangaben auf der Stempelkarte, um unberechtigte Vergütungszahlungen zu erlangen (LAG Hamm 20. 2. 1986 DB 1986, 1338; vgl. auch Rn. 170). Unerlaubte **private Telefongespräche**, die über die betriebliche Fernsprechanlage auf Kosten des AG geführt werden, können zur fristlosen Kündigung berechtigen (LAG Düsseldorf 14. 2. 1963 BB 1963, 732; LAG Sachsen-Anhalt 23. 11. 1999 NZA-RR 2000, 476). Benutzt ein AN trotz ausdrücklichen Verbots ein Betriebskraftfahrzeug für eine private Wochenendheimfahrt und verwirklicht damit den Straftatbestand des **unbefugten Gebrauchs eines Fahrzeugs** (§ 248b StGB), kann eine außerordentliche

Kündigung gerechtfertigt sein (BAG 9. 3. 1961 AP GewO § 123 Nr. 26 = NJW 1961, 1422). Zu Vermögensdelikten im Zusammenhang mit vorgetäuschter Arbeitsunfähigkeit und deshalb zu Unrecht bezogener Entgeltfortzahlung im Krankheitsfall vgl. oben Rn. 142.

f) **Körperverletzungen.** Tätlichkeiten gegenüber Arbeitskollegen oder dem AG und dessen Familienangehörigen können die fristlose Kündigung rechtfertigen; ggf. ohne vorherige Abmahnung (BAG 12. 3. 1987 AP BetrVG 1972 § 102 Nr. 47 = NZA 1988, 137; LAG Frankfurt/M. 8. 3. 1983 BB 1984, 1876). Der wichtige Grund an sich folgt aus der begangenen Körperverletzung. Wurde diese Straftat wegen vorangegangenen Alkoholgenusses im Zustande **verminderter Schuldfähigkeit** begangen, kann eine etwaige Alkoholabhängigkeit des Täters im Rahmen der Interessenabwägung berücksichtigt werden. Sie schließt aber nicht notwendigerweise die Unzumutbarkeit der Weiterbeschäftigung aus (BAG 30. 9. 1993 EzA BGB § 626 nF Nr. 152). 159

Ein wichtiger Grund iSv. § 626 kann vorliegen, wenn von einem AN **Gefahren für Leib und Leben** seiner Kollegen ausgehen, wobei es auf ein Verschulden nicht ankommt. So kann einem AN, der Frau und Kind erschossen und anschließend einen Selbstmordversuch unternommen hat und dem Schuldunfähigkeit zuerkannt worden ist, bei Gefährdung von Kollegen, die sich daraufhin weigern, mit ihm zusammenzuarbeiten, außerordentlich gekündigt werden (BAG 10. 3. 1977 AP ZPO § 313 Nr. 9 = NJW 1977, 1504; *Wenzel* MDR 1978, 15, 18). Setzt ein AN gefährliche Handlungen im Betrieb fort, so kann dies zumindest nach Abmahnung eine fristlose Kündigung rechtfertigen (LAG Köln 17. 3. 1993 LAGE BGB § 626 Nr. 71). 160

g) **Nötigung, Erpressung.** Erzwingt der AN ein gewünschtes Verhalten seines AG mit der Androhung eines empfindlichen Übels oder versucht er dies, kann hierin abhängig von der Rechtswidrigkeit der Mittel-Zweck-Relation eine Straftat und zugleich schwerwiegende Pflichtverletzung liegen, die auch einen wichtigen Grund darstellen kann. ZB Drohung mit Presseveröffentlichung zur „Luxemburg"-Praxis einer Bank, um Rücknahme einer Versetzung zu erreichen (BAG 11. 3. 1999 AP BGB § 626 Nr. 149). 161

h) **Sittlichkeitsdelikte.** Im dienstlichen Bereich begangene Sittlichkeitsdelikte (insb. Vergewaltigung, sexuelle Nötigung, sexueller Mißbrauch von Schutzbefohlenen oder sexueller Mißbrauch von Kindern) werden regelmäßig die fristlose Kündigung rechtfertigen und zwar ohne vorherige Abmahnung. Werden derartige **Delikte im privaten Bereich** begangen, besitzen die Auswirkungen auf die Vertragsbeziehungen der Arbeitsvertragsparteien entscheidendes Gewicht (BAG 26. 3. 1992 AP BGB § 626 Verdacht strafbarer Handlung Nr. 23 = NZA 1992, 1121). ZB können Sittlichkeitsdelikte die Beschäftigung von Lehrern, Erziehern und anderen Pädagogen derart belasten, daß es unverantwortlich wäre, sie weiterhin als Erzieher einzusetzen (vgl. zu den erhöhten, an Angehörige dieser Berufsgruppe zu stellenden Anforderungen: BAG 23. 9. 1976 AP KSchG 1969 § 1 Wartezeit Nr. 1 = NJW 1977, 1311). Der Verdacht pädophiler Neigungen kann die außerordentliche Kündigung eines Kindergartenleiters rechtfertigen (ArbG Braunschweig 22. 1. 1999 NZA-RR 1999, 192). Eine gefestigte Rspr. ist in diesen Fragen noch nicht festzustellen. Immerhin prüft das BAG in einer jüngeren Entscheidung (9. 3. 1995 AP BGB § 626 Nr. 123 = NZA 1995, 777) ausgiebig, ob vom AG zu verlangen sei, seinem wegen Vergewaltigung verurteilten, die Strafhaft verbüßenden AN bei der **Erlangung des Freigängerstatus** mit dem Nachweis einer Beschäftigungsmöglichkeit zu dienen. 162

21. Trunkenheit, Rausch. Ein nicht auf Alkoholabhängigkeit beruhender Alkoholmißbrauch im Betrieb ist an sich geeignet, eine verhaltensbedingte Kündigung iSd. § 1 II KSchG zu rechtfertigen (BAG 26. 1. 1995 AP KSchG 1969 § 1 Verhaltensbedingte Kündigung Nr. 34 = NZA 1995, 517). Es besteht eine **Nebenleistungspflicht des AN,** sich nicht in einen Zustand zu versetzen, in dem er sich oder andere gefährden kann. Der AN darf seine Arbeitsfähigkeit auch nicht durch Alkoholgenuß in der Freizeit beeinträchtigen. Es kommt deshalb für die Pflichtverletzung nicht entscheidend darauf an, ob der AN alkoholisiert zur Arbeit erscheint oder erst im Betrieb alkoholische Getränke zu sich nimmt. Diese Nebenleistungspflicht wird jedenfalls dann verletzt, wenn der AN während der Arbeitszeit Ausfallerscheinungen (insb. schwankender Gang, lallende Sprache) erkennen läßt und eine Beeinträchtigung seiner Hauptpflicht zur Arbeitsleistung zu besorgen ist. 163

Die Nebenleistungspflicht der AN, sich nicht in einen Zustand zu versetzen, in dem sie sich oder andere gefährden können, besteht auch in der Chefetage. **Leitende Angestellte** dürfen nicht ihre Leistungsfähigkeit durch Alkoholgenuß einschränken. Ihnen kann sogar außerordentlich gekündigt werden, wenn ihr Alkoholkonsum von den übrigen Betriebsangehörigen bemerkt und beanstandet wird. 164

Eine außerordentliche Kündigung wegen Trunkenheit kommt nur in Betracht, wenn durch zusätzliche Umstände eine alsbaldige Beendigung des Arbeitsverhältnisses unverzichtbar erscheint. In diesem Sinne sind ua. die **Uneinsichtigkeit des AN** nach früheren Vorfällen und vergeblichen Abmahnungen, unverantwortliche Handlungen im alkoholisierten Zustand sowie besondere betriebliche Gefahrenlagen als belastende Umstände berücksichtigungsfähig. 165

Bei **Tätigkeiten im sicherheitsrelevanten Bereich** wird die Nebenleistungspflicht des AN, sich nicht in einen Zustand zu versetzen, in dem er sich oder andere gefährden kann, schon bei sehr 166 geringen Alkoholmengen verletzt (BAG 26. 1. 1995 AP KSchG 1969 § 1 Verhaltensbedingte Kündigung Nr. 34 = NZA 1995, 517). So wird für Berufskraftfahrer Trunkenheit am Steuer während einer beruflich veranlaßten Fahrt regelmäßig einen wichtigen Grund zur außerordentlichen Kündigung darstellen können (BAG 23. 9. 1986 AP BPersVG § 75 Nr. 20 = NZA 1987, 250).

167 Raucht ein als Zeitungszusteller beschäftigter BRVorsitzender mehrfach im BRBüro **Haschisch** und ist es dadurch zu keinen nachteiligen Auswirkungen auf seine Arbeitsleistung gekommen, wird dies regelmäßig keinen wichtigen Grund begründen (LAG Baden-Württemberg 19. 10. 1993 LAGE BGB § 626 Nr. 76 = NZA 1994, 175).

168 Im Kündigungsrechtsstreit muß der AG darlegen und beweisen, daß der AN alkoholbedingt nicht mehr in der Lage gewesen ist, seine arbeitsvertraglichen Verpflichtungen ordnungsgemäß zu erfüllen, bzw. durch die Alkoholisierung für ihn oder andere AN ein erhöhtes Unfallrisiko bestanden hat (BAG 26. 1. 1995 AP KSchG 1969 § 1 Verhaltensbedingte Kündigung Nr. 34 = NZA 1995, 517). Der Nachweis der Alkoholisierung ist dann mit besonderen Schwierigkeiten verbunden, wenn der AN sich nicht mit einem Alkoholtest einverstanden erklärt. Er kann wegen seines **Grundrechts auf körperliche Unversehrtheit** weder zu einer Untersuchung seines Blutalkoholwertes (vgl. v. Hoynin-gen-Huene DB 1995, 142, 145) noch zur Mitwirkung an einer Atem-Alkoholanalyse gezwungen werden (BAG 26. 1. 1995 AP KSchG 1969 § 1 Verhaltensbedingte Kündigung Nr. 34 = NZA 1995, 517). Deshalb ist es prozessual ausreichend, wenn der AG die Indizien der Alkoholisierung (Alkoholfahne, lallende Sprache, schwankender Gang, aggressives Verhalten) darlegt und ggf. beweist. Im Rahmen der Beweiswürdigung (§ 286 ZPO) sind nicht die gleichen Anforderungen an den Beweis der Trunkenheit wie im Strafprozeß zu stellen. Verfügt der AG über entsprechende Möglichkeiten, sollte er allerdings aus Gründen der Fürsorge dem AN bei Anzeichen einer Alkoholisierung Gelegenheit geben, den Verdacht einer Alkoholisierung durch objektive Tests (zB mittels Alkomat oder einer vom Arzt entnommenen Blutprobe) auszuräumen.

169 Hat sich der Alkoholkonsum zur **Trunksucht** gesteigert (**Alkoholismus**), kann diese Krankheit bei einem ordentlich unkündbaren AN die außerordentliche Kündigung des Arbeitsverhältnisses rechtfertigen (BAG 14. 11. 1984 AP BGB § 626 Nr. 88 = NZA 1986, 97; BAG 16. 9. 1999 AP BGB § 626 Nr. 159). Ansonsten wird bei Rückfälligkeit nach zunächst erfolgreicher Entziehungskur und längerer Abstinenz die ordentliche Kündigung in Betracht kommen (BAG 7. 12. 1989 AiB 1991, 278). Es greifen bei Alkoholsucht die Grundsätze der krankheitsbedingten Kündigung ein (BAG 9. 4. 1987 AP KSchG 1969 § 1 Krankheit Nr. 18 = NZA 1987, 811; BAG 16. 9. 1999 AP BGB § 626 Nr. 159). Dabei werden im Falle fortbestehender Alkoholabhängigkeit unzumutbare betriebliche Störungen nicht zuletzt aus dem äußeren Erscheinungsbild des Unternehmens abzuleiten sein (BAG 30. 4. 1987 AP TVG § 1 Ausbildungsverhältnis Nr. 2 = NZA 1987, 818: Berufsberatung von Schülern).

170 **22. Unpünktlichkeit, Manipulation der Arbeitszeiterfassung.** Wiederholte Unpünktlichkeiten eines AN sind an sich geeignet, eine außerordentliche Kündigung zu rechtfertigen, wenn sie den Grad und die Auswirkung einer **beharrlichen Verweigerung der Arbeitspflicht** erreicht haben (BAG 17. 3. 1988 AP BGB § 626 Nr. 99 = NZA 1989, 261). Das setzt voraus, daß die Pflichtverletzung trotz Abmahnung wiederholt begangen wird und sich daraus der nachhaltige Wille des AN ergibt, den vertraglichen Verpflichtungen nicht oder nicht ordnungsgemäß nachkommen zu wollen. Erscheint ein AN ohne rechtfertigenden Grund überhaupt nicht oder verspätet zur Arbeit, erbringt er die von ihm geschuldete Arbeitsleistung tlw. nicht oder – sofern nachholbar – nicht zur rechten Zeit. Dies ist ein Verstoß gegen die arbeitsvertragliche Verpflichtung, die Arbeit mit Beginn der Arbeitszeit aufzunehmen und sie im Rahmen der betrieblichen Arbeitszeit zu erbringen (vgl. BAG 13. 3. 1987 AP KSchG 1969 § 1 Verhaltensbedingte Kündigung Nr. 18 = NZA 1987, 518) oder während dieses Zeitraumes zur Zuweisung von oder zur Aufnahme der Arbeit zur Verfügung zu stehen. Der AN schuldet nicht die Erbringung von einzelnen Tätigkeiten oder ein in Stückzahlen ausgedrücktes Arbeitsergebnis. Nicht ein „Soll" oder eine „Norm" von produktiven Arbeitsleistungen bildet das Maß seiner vertraglichen Leistungspflicht, sondern eine bestimmte Arbeitszeit. Die Zeit ist das Maß der vom AN geschuldeten Leistung. Das gilt auch für Leistungslohnsysteme. Grds. beginnt und endet die Arbeitszeit mit dem **Erreichen bzw. Verlassen des Arbeitsplatzes.** Hiervon kann durch Kollektiv- oder Einzelvertrag, aber auch durch betriebliche Übung abgewichen werden. Insb. kann auf das Betreten des Betriebsgeländes oder der Arbeitsstelle abgestellt werden (BAG 29. 4. 1982 AP BAT § 15 Nr. 4 = BB 1983, 1280; BAG 15. 7. 1993 AP BAT § 15 Nr. 26 = NZA 1994, 137). Manipuliert der AN die zur Arbeitszeiterfassung eingesetzten Geräte (zB Stempeluhr) oder Datenträger, begründet dies unabhängig von der strafrechtlichen Bewertung (zB Betrug) einen wichtigen Grund an sich (BAG 23. 1. 1963 AP GewO § 124a Nr. 8; BAG 12. 8. 1999 AP BGB § 123 Nr. 51), der durch späteres Leugnen der **Manipulation** noch verstärkt werden kann (vgl. auch Rn. 158).

171 Bereits der mit der Unpünktlichkeit verbundene Verzug in der Erfüllung der Arbeitspflicht führt zu einer rechtserheblichen **konkreten Störung im Leistungsbereich** (BAG 17. 3. 1988 AP BGB § 626 Nr. 99 = NZA 1989, 261; BAG 17. 1. 1991 AP KSchG 1969 § 1 Verhaltensbedingte Kündigung Nr. 25 = NZA 1991, 557). Ob wiederholte Unpünktlichkeiten zu Störungen in der betrieblichen Verbundenheit (Betriebsablaufstörung, Betriebsfrieden, Betriebsordnung) geführt haben, kann im Rahmen der

Interessenabwägung berücksichtigt werden, ist aber keine zusätzliche Voraussetzung des wichtigen Grundes an sich. Dementsprechend kann der AG den BR im Rahmen der Anhörung gem. § 102 BetrVG hierüber informieren, muß es aber nicht (so für die ordentliche Kündigung: BAG 27. 2. 1997 AP KSchG 1969 § 1 Verhaltensbedingte Kündigung Nr. 36 = NZA 1997, 761). Kommt der AN wiederholt verspätet zur Arbeit, weil es ihm schwer fällt, pünktlich aufzustehen, und ist er deswegen abgemahnt worden, hat er, um sich nicht dem **Verschuldensvorwurf** auszusetzen, eine deutlich intensivere Weck-Vorsorge zu treffen (BAG 27. 2. 1997 AP KSchG 1969 § 1 Verhaltensbedingte Kündigung Nr. 36 = NZA 1997, 761).

23. Unentschuldigtes Fehlen wird als wichtiger Grund anerkannt (BAG 24. 11. 1983 AP BGB § 626 Nr. 76 = BB 1984, 725; BAG 20. 8. 1980 AP LohnFG § 6 Nr. 14 = BB 1981, 238; BAG 16. 3. 2000 AP BetrVG 1972 § 102 Nr. 114). Ein **einziger Fehltag** rechtfertigt grds. noch keine außerordentliche Kündigung, es sei denn, diese Fehlzeit „machte das Maß voll". Eine andere Beurteilung kann ebenfalls gerechtfertigt sein, wenn der AN sich über ein ausdrücklich erklärtes Verbot des AG hinweggesetzt und ohne rechtfertigenden oder entschuldigenden Grund vom Arbeitsplatz entfernt hat. Der AN, der sich Arbeitsbefreiung durch eine **Täuschungshandlung** erschleicht (zB angeblicher Tod eines nahen Angehörigen), verletzt nicht nur seine Arbeitspflicht und damit den Leistungsbereich, sondern zugleich das vertragliche Vertrauensverhältnis. Ihm kann fristlos gekündigt werden. 172

24. Untersuchungshaft, Freiheitsstrafe. Die Verbüßung einer längeren Strafhaft ist an sich geeignet, eine außerordentliche Kündigung zu rechtfertigen, wenn sich die Arbeitsverhinderung konkret nachteilig auf das Arbeitsverhältnis auswirkt und für den AG zumutbare Überbrückungsmaßnahmen nicht bestehen (BAG 9. 3. 1995 AP BGB § 626 Nr. 123 = NZA 1995, 777). Es hängt von **Art und Ausmaß der betrieblichen Auswirkungen** ab, ob die Nichterfüllung der Arbeitspflicht eine außerordentliche oder eine ordentliche Kündigung rechtfertigt (BAG 15. 11. 1984 AP BGB § 626 Nr. 87 = NZA 1985, 661; BAG 22. 9. 1994 AP KSchG 1969 § 1 Nr. 25 = NZA 1995, 119). Da der AG durch den Fortbestand des Arbeitsverhältnisses während der Strafverbüßung wirtschaftlich nicht belastet wird, weil der AN die dadurch bedingte Unmöglichkeit der Arbeitsleistung zu vertreten hat, wird es idR auf die Störungen im Betriebsablauf ankommen (SPV/*Preis* Rn. 573). An festen zeitlichen Maßstäben fehlt es. Kommt es zu keinerlei betrieblichen Störungen, wird die außerordentliche Kündigung nicht gerechtfertigt sein (BAG 20. 11. 1997 – 2 AZR 805/96 – nv.). 173

Falls der AN als Freigänger das Arbeitsverhältnis ohne Störungen fortsetzen kann, soll der AG aufgrund der Fürsorgepflicht verpflichtet sein, an der **Erlangung des Freigängerstatus** mitzuwirken, wenn ihn der AN vollständig und wahrheitsgemäß über die Umstände der Straftat, des Strafverfahrens und der Haft aufgeklärt hat (BAG 9. 3. 1995 AP BGB § 626 Nr. 123 = NZA 1995, 777). 174

25. Urlaubsüberschreitung, Selbstbeurlaubung. Ein AN, der gegen den Willen des AG seinen Urlaub antritt, kann dem AG damit einen wichtigen Grund zur außerordentlichen Kündigung geben (BAG 25. 2. 1983 AP BGB § 626 Ausschlußfrist Nr. 14 = NJW 1983, 2720; BAG 31. 1. 1985 AP MuSchG 1968 § 8a Nr. 6 = NZA 1986, 138; BAG 20. 1. 1994 AP BGB § 626 Nr. 115 = DB 1994, 1042). Ein Selbstbeurlaubungsrecht des AN ist angesichts des umfassenden Systems gerichtlichen Rechtsschutzes grds. abzulehnen. Ist jedoch gerichtliche Hilfe zur Durchsetzung eines Urlaubsanspruchs nicht rechtzeitig zu erlangen (zB Auslandseinsatz), kann ein eigenmächtiger Urlaubsantritt die fristlose Kündigung nicht rechtfertigen (BAG 20. 1. 1994 AP BGB § 626 Nr. 115 = DB 1994, 1042). Im Rahmen der Interessenabwägung ist zu berücksichtigen, ob der AG den Urlaub aus **billigenswerten Gründen** abgelehnt hatte (BAG 16. 3. 2000 AP BetrVG 1972 § 102 Nr. 114; LAG Düsseldorf 29. 4. 1981 EzA BGB § 626 nF Nr. 77). 175

Das Selbstbeurlaubungsrecht besteht auch nicht nach Ausspruch einer ordentlichen Kündigung während der laufenden Kündigungsfrist (BAG 29. 4. 1960 AP BGB § 611 Urlaubsrecht Nr. 58 = NJW 1960, 1734). Doch hat das BAG bislang noch nicht entschieden (vgl. BAG 20. 1. 1994 AP BGB § 626 Nr. 115 = DB 1994, 1042), ob nicht der AN wegen vom AG grundlos verweigerter Resturlaubsansprüche ein **Zurückbehaltungsrecht an der Arbeitsleistung** (§ 273) ausüben darf (dafür *Dersch/Neumann* § 7 BUrlG Rn. 43; dagegen *Leinemann/Linck* § 7 BUrlG Rn. 11 f.; differenzierend *Otto* AR-Blattei SD 1880 Rn. 79 [nur in Extremfällen]). Jedenfalls besteht bei rechtmäßiger Ausübung des Zurückbehaltungsrechts keine Arbeitspflicht (BAG 9. 5. 1996 AP BGB § 273 Nr. 5 = NZA 1996, 1085). Zugleich entfällt der Vergütungsanspruch, es sei denn, der AN setzt den AG in Annahmeverzug (BAG 7. 6. 1973 AP BGB § 615 Nr. 28 = BB 1973, 1073; BAG 21. 5. 1981 AP BGB § 615 Nr. 32 = NJW 1982, 121). 176

Unverschuldete Urlaubsüberschreitungen (zB Naturkatastrophe, Geiselnahme) geben kein Recht zur Kündigung (SPV/*Preis* Rn. 574). Im übrigen wird es auf die Dauer der Urlaubsüberschreitung ankommen. Kurzfristige, allein den Leistungsbereich berührende Urlaubsüberschreitungen werden die außerordentliche Kündigung regelmäßig nicht rechtfertigen können. Verlängert der AN, der während des Urlaubs erkrankt, eigenmächtig seinen Urlaub um die Zahl der wegen **Krankheit** nicht gewährten Urlaubstage, wird ein wichtiger Grund nur bei Hinzutreten besonderer Umstände begründet werden können. Kündigt ein AN bereits vor Urlaubsantritt eine Urlaubsüberschreitung an, wird 177 eine abw. Beurteilung angezeigt sein. Einer in diesem Fall vorgelegten Arbeitsunfähigkeitsbescheinigung wird zwar kein allzu hoher Beweiswert zukommen, doch müßte der AG im Kündigungsschutzprozeß den Beweis unentschuldigten Fehlens führen. Hat der AN dem AG die Vorlage einer Arbeitsunfähigkeitsbescheinigung angedroht, um eine bestimmte Freistellung zu erzwingen, rechtfertigt dies ohne Abmahnung (Vertrauensbereich) die außerordentliche Kündigung (BAG 5. 11. 1992 AP BGB § 626 Krankheit Nr. 4 = NZA 1993, 308).

178   **26. Entziehung der Fahrerlaubnis.** Die Entziehung der Fahrerlaubnis eines als Kraftfahrer beschäftigten AN wegen Trunkenheit im Straßenverkehr anläßlich einer in der Freizeit durchgeführten **Privatfahrt** ist kein unbedingter Grund zur außerordentlichen Kündigung. Es kommt vielmehr darauf an, ob der AN bis zum Ablauf der Kündigungsfrist, bis zur Neuerteilung der Fahrerlaubnis oder für dauernd auf einem anderen Arbeitsplatz eingesetzt werden kann (BAG 22. 8. 1963 AP BGB § 626 Nr. 51 = NJW 1964, 74; BAG 30. 5. 1978 AP BGB § 626 Nr. 70 = NJW 1979, 332). Allerdings kann eine private Trunkenheitsfahrt eines Omnibusfahrers wegen seiner besonders verantwortungsvollen Tätigkeit so starke Zweifel an seiner charakterlichen Integrität begründen, daß die Eignung für die geschuldete Tätigkeit wegfällt und ihm außerordentlich gekündigt werden kann (BAG 22. 8. 1963 AP BGB § 626 Nr. 51 = NJW 1964, 74; vgl. aber BAG 4. 6. 1997 AP BGB § 626 Nr. 137 = NZA 1997, 1281). Die Verhängung eines (kurzfristigen) Fahrverbots wird idR keinen wichtigen Grund darstellen. Ebenso wird gegenüber AN, die zur Erfüllung ihrer Arbeitspflicht zwar **auf die Fahrerlaubnis** angewiesen sind, jedoch nicht als Kraftfahrer angestellt sind, lediglich der Ausspruch einer ordentlichen Kündigung in Betracht kommen, wenn dem AG die nur unvollständige Erfüllung der Hauptleistungspflicht für die Dauer der Kündigungsfrist zumutbar ist.

179   **27. Krankheit** kann als wichtiger Grund für eine außerordentliche Kündigung in Betracht kommen (BAG 12. 7. 1995 AP BGB § 626 Krankheit Nr. 7 = NZA 1995, 1100). Allerdings wird idR eine Erkrankung des AN die außerordentliche Kündigung nicht rechtfertigen können, weil es dem AG durchweg zuzumuten ist, die Kündigungsfrist einzuhalten (BAG 9. 9. 1992 AP BGB § 626 Krankheit Nr. 3 = NZA 1993, 598). Ist jedoch die ordentliche Kündigung ausgeschlossen, kann dem AG bei zu erwartenden weiteren erheblichen krankheitsbedingten Störungen des Arbeitsverhältnisses die Fortsetzung des Arbeitsverhältnisses unzumutbar sein, so daß die außerordentliche Kündigung wirksam ausgesprochen werden kann.

180   **Trunksucht als Krankheit** (Alkoholismus) kann bei einem ordentlich unkündbaren AN die außerordentliche Kündigung des Arbeitsverhältnisses rechtfertigen (BAG 14. 11. 1984 AP BGB § 626 Nr. 88 = NZA 1986, 97; BAG 16. 9. 1999 AP BGB § 626 Nr. 159).

181   Die von der Rspr. zur **ordentlichen krankheitsbedingten Kündigung** entwickelten Grundsätze (vgl. nur BAG 5. 7. 1990 AP KSchG 1969 § 1 Krankheit Nr. 26 = NZA 1991, 185) sind auf die außerordentliche krankheitsbedingte Kündigung grds. übertragbar (BAG 9. 9. 1992 AP BGB § 626 Krankheit Nr. 3 = NZA 1993, 598). Danach ist die Wirksamkeit einer wegen Erkrankung ausgesprochenen Kündigung des AG **in drei Stufen zu prüfen.** Zunächst ist eine negative Prognose hinsichtlich des voraussichtlichen Gesundheitszustandes erforderlich. Die entstandenen und prognostizierten Fehlzeiten müssen zu einer erheblichen Beeinträchtigung der betrieblichen Interessen führen. Die entstandenen und künftig zu erwartenden Lohnfortzahlungskosten können die betrieblichen Interessen erheblich beeinträchtigen (BAG 29. 7. 1993 AP KSchG 1969 § 1 Krankheit Nr. 27 = NZA 1994, 67). In der dritten Stufe, bei der Interessenabwägung, ist zu prüfen, ob die erhebliche Beeinträchtigung der betrieblichen Interessen vom AG billigerweise noch hinzunehmen ist. Dabei hat das BAG (9. 9. 1992 AP BGB § 626 Krankheit Nr. 3 = NZA 1993, 598) offen gelassen, ob die Prüfung der erheblichen Beeinträchtigung betrieblicher Interessen rechtssystematisch zur Eignung als wichtiger Grund oder zur Unzumutbarkeit der Weiterbeschäftigung gehört. Entscheidend stellt es darauf ab, daß bei der Interessenabwägung der besondere Maßstab des § 626 zu beachten ist, wonach die Fortsetzung des Arbeitsverhältnisses unter Berücksichtigung aller Umstände bis zum Ablauf der Kündigungsfrist bzw. bis zum sonst maßgeblichen Ende des Arbeitsverhältnisses unzumutbar sein muß.

182   Ist ein AN aus gesundheitlichen Gründen nicht fähig, die vertraglich übernommene Arbeit zu erbringen, oder ist seine Eignung erheblich beeinträchtigt **(Leistungsmängel)**, kann das zur außerordentlichen Kündigung berechtigen. Insofern handelt es sich um einen Dauertatbestand iSv. § 626 II (BAG 21. 3. 1996 AP BGB § 626 Krankheit Nr. 8 = NZA 1996, 871). Liegt lediglich eine Minderung der Leistungsfähigkeit vor, muß der AG einen ordentlich unkündbaren AN weiterbeschäftigen, wenn dies durch organisatorische Maßnahmen (Änderung des Arbeitsablaufs, Umgestaltung des Arbeitsplatzes, Umverteilung der Aufgaben) ermöglicht werden kann (BAG 12. 7. 1995 AP BGB § 626 Krankheit Nr. 7 = NZA 1995, 1100). Diesen Tatbeständen stehen die Fälle gleich, in denen dem AG wegen einer abschreckenden (zB sichtbaren Geschlechtskrankheit) oder **ansteckenden Krankheit** (zB Dauerausscheidung von Typhuserregern) die Beschäftigung des erkrankten AN verboten oder unzumutbar ist.

183   Ein **psychisch bedingter Selbsttötungsversuch** eines AN hat grds. keine rechtserheblichen Auswirkungen auf die Beziehungen der Arbeitsvertragsparteien und ergibt als solcher keinen Kündigungsgrund (BAG 10. 3. 1977 AP ZPO § 313 Nr. 9 = NJW 1977, 1504). Allerdings kann der Selbstmordver-

such Folgewirkungen nach sich ziehen (zB Kundenbeziehungen), die das Vertragsverhältnis unmittelbar und nachhaltig belasten.

28. Ehrenämter. Die Übernahme öffentlicher Ehrenämter in Gemeinderäten, Kreistagen etc. rechtfertigt die außerordentliche Kündigung nicht. Vielmehr sehen die Gemeinde- und Landkreisordnungen der Länder in Anlehnung an das Vorbild in **Art. 48 II 2 GG** ausdrückliche Kündigungsverbote vor. Üblicherweise werden nur solche Kündigungen verboten, deren Gründe im Zusammenhang mit der Ausübung des Ehrenamtes stehen (vgl. BAG 30. 6. 1994 AP Einigungsvertrag Art. 9 Nr. 2 = NZA 1995, 426). Sofern keine besonderen kollektiv- oder einzelvertraglichen Regelungen eingreifen (zB für die Mitarbeit in den Gewerkschaften; vgl. BAG 11. 9. 1985 AP BGB § 616 Nr. 67), hat der AN **private Ehrenämter** in seiner Freizeit auszuüben (*Staudinger/Preis* Rn. 162). Treten durch sie betriebliche Störungen auf, kommt nach vorheriger Abmahnung die ordentliche Kündigung in Betracht. 184

29. Loyalitätsbindungen kirchlicher Mitarbeiter. Nach dem Verständnis des BVerfG (4. 6. 1985 AP GG Art. 140 Nr. 24 = NZA 1986, 28) haben die ArbG die kirchlichen Maßstäbe für die Bewertung vertraglicher Loyalitätspflichten zugrunde zu legen, soweit sie von den Kirchen im Rahmen ihres **verfassungsrechtlich garantierten Selbstbestimmungsrechts** gesetzt wurden. Die Kirchen sind grds. berechtigt, verbindlich festzulegen, was die Glaubwürdigkeit der Kirche und ihrer Verkündigung erfordert, dh. was spezifisch kirchliche Aufgaben sind, von welchen AN sie wahrgenommen werden, welches die wesentlichen Grundsätze der Glaubens- und Sittenlehre sind und wie schwerwiegend ein Verstoß dagegen ist (vgl. Art. 4 GG Rn. 42 ff.). 185

Gleichzeitig hat das BVerfG (4. 6. 1985 AP GG Art. 140 Nr. 24 = NZA 1986, 28) den Gerichten aufgegeben sicherzustellen, daß die kirchlichen Einrichtungen nicht in Einzelfällen **unannehmbare Anforderungen an die Loyalität** ihrer AN stellen. Die außerordentliche Kündigung kirchlicher Mitarbeiter bedarf deswegen einer konkreten Interessenabwägung (aA *Dütz* NJW 1990, 2025 ff.). Für verfassungswidrig hat das BVerfG nicht bereits die Kontrolle durch eine Interessenabwägung erachtet, sondern nur die zu geringe und damit fehlerhafte Einschätzung der Schwere und der Tragweite des festgestellten Loyalitätsverstoßes. Das BAG hat sich dieser Rspr. des BVerfG ausdrücklich angeschlossen (BAG 18. 11. 1986 AP GG Art. 140 Nr. 35; BAG 25. 5. 1988 AP GG Art. 140 Nr. 36). 186

Die **Scientology Kirche** ist nach der Rspr. des BAG keine Religions- oder Weltanschauungsgemeinschaft iSd. Art. 4, 140 GG, Art. 137 WRV (22. 3. 1995 AP ArbGG 1979 § 5 Nr. 21 = NZA 1995, 823), sie genießt deshalb keinen gleichwertigen Tendenzschutz. Besteht die Gefahr, daß eine in einer gemeinnützigen Einrichtung der Jugendarbeit tätige Betreuerin Jugendliche einseitig iSd. Scientology-Bewegung beeinflußt, kann dies einen wichtigen Grund an sich ergeben (LAG Berlin 11. 6. 1997 DB 1997, 2542). 187

Mögliche Kündigungsgründe: Standesamtliche Eheschließung einer Leiterin des Pfarrkindergartens einer katholischen Kirchengemeinde mit einem nicht laisierten Priester (BAG 4. 3. 1980 AP GG Art. 140 Nr. 3 = NJW 1980, 2211), standesamtliche Eheschließung einer Lehrerin an einer kirchlichen Berufsfachschule mit einem nicht geschiedenen Mann (BAG 18. 11. 1986 AP GG Art. 140 Nr. 35), standesamtliche Eheschließung einer grad. Religionspädagogin mit einem geschiedenen Mann und daraufhin entzogener „missio canonica" (BAG 25. 5. 1988 AP GG Art. 140 Nr. 36), Kirchenaustritt einer an einer katholischen Privatschule tätigen Gymnastiklehrerin (BAG 4. 3. 1980 AP GG Art. 140 Nr. 4 = BB 1980, 1639), Austritt aus der katholischen Kirche durch einen in einem katholischen Krankenhaus beschäftigten Assistenzarzt (BAG 12. 12. 1984 AP GG Art. 140 Nr. 21 = NJW 1985, 2781); Eingehung einer zweiten Ehe nach Scheidung durch die Angestellte einer Caritas-Geschäftsstelle (BAG 14. 10. 1980 AP GG Art. 140 Nr. 7 = NJW 1981, 1228), homosexuelle Praxis eines im Dienst des Diakonischen Werkes einer evangelischen Landeskirche stehenden Konfliktberaters nach vorheriger Abmahnung (BAG 30. 6. 1983 AP GG Art. 140 Nr. 15 = NJW 1984, 1917), gegen tragende Grundsätze des geltenden Kirchenrechts verstoßende Behandlungsmethoden (homologe Insemination) des Chefarztes eines katholischen Krankenhauses (BAG 7. 10. 1993 AP BGB § 626 Nr. 114 = NZA 1994, 443), Ehebruch eines Gebietsdirektors der Mormonenkirche (BAG 24. 4. 1997 AP BGB § 611 Kirchendienst Nr. 27 = BB 1997, 1748) oder eines Organisten und Chorleiters (BAG 16. 9. 1999 AP GrO kath. Kirche Art. 4 Nr. 1). 188

30. Vermögenslage, Lohnpfändungen. Schulden des AN und dadurch bedingte Lohnpfändungen sind grds. kein Grund zur außerordentlichen Kündigung (BAG 4. 11. 1981 AP KSchG 1969 § 1 Verhaltensbedingte Kündigung Nr. 4 = NJW 1982, 1062), sofern es sich nicht um einen AN in einer besonderen Vertrauensstellung handelt (vgl. zur ordentlichen Kündigung BAG 29. 8. 1980 – 7 AZR 726/77 – nv.; BAG 16. 8. 1991 AP KSchG 1969 § 1 Verhaltensbedingte Kündigung Nr. 27 = NZA 1993, 17; BAG 15. 10. 1992 EzA KSchG § 1 Verhaltensbedingte Kündigung Nr. 45). Allein der mit einer Vielzahl an Lohnpfändungen verbundene **erhöhte Arbeitsaufwand** des AG kann allenfalls eine ordentliche Kündigung iSv. § 1 II KSchG sozial rechtfertigen (BAG 4. 11. 1981 AP KSchG 1969 § 1 Verhaltensbedingte Kündigung Nr. 4 = NJW 1982, 1062). 189

31. Fehlende Arbeitserlaubnis. Liegt bei einem AN, der kein EU-Bürger ist, eine Arbeitserlaubnis (§ 19 AFG/§§ 284 f. SGB III) nicht vor, kann der Arbeitsvertrag lediglich im Wege der Kündigung zur 190

Auflösung gebracht werden (BAG 13. 1. 1977 AP AFG § 19 Nr. 2 = NJW 1977, 1023; BAG 16. 12. 1976 AP AFG § 19 Nr. 4 = NJW 1977, 1608). Ob ein außerordentliches Kündigungsrecht eingreift, ist sowohl von der Dauer der ordentlichen Kündigungsfrist als auch der Dringlichkeit der Stellenneubesetzung abhängig. Der ausländische AN ist grds. selbst verpflichtet, sich um die Verlängerung der Arbeitserlaubnis zu bemühen. Eine Hinweispflicht des AG besteht nicht (BAG 26. 6. 1996 AP EFZG § 3 Nr. 2). Verschweigt der AN den Wegfall einer Aufenthalts- bzw. Arbeitserlaubnis, kann der AG außerordentlich kündigen (LAG Nürnberg 21. 9. 1994 NZA 1995, 228).

191   **32. Tod des Arbeitgebers.** Der Tod des AG läßt anders als der Tod des AN das Arbeitsverhältnis unberührt (vgl. § 620 Rn. 184). Die Erben des AG sind nicht berechtigt, allein wegen des Todesfalls den Mitarbeitern außerordentlich zu kündigen (aA BAG 2. 5. 1958 AP BGB § 626 Nr. 20 = NJW 1958, 1913 zum rheinischen „Nur-Notar").

192   **33. Sonstige Fälle.** Wegen der Ausübung der Beschwerderechte nach §§ 84, 85 BetrVG darf weder außerordentlich noch verhaltensbedingt ordentlich gekündigt werden. Dies folgt bereits aus dem Maßregelungsverbot des § 612 a. Nach § 270 II SGB III kann das Arbeitsverhältnis im Rahmen einer **Arbeitsbeschaffungsmaßnahme** fristlos gekündigt werden, wenn das AA den AN abberuft.

VI. Außerordentliche Kündigung durch den Arbeitnehmer

193   **1. Allgemeines.** Die außerordentliche Kündigung durch AN beurteilt sich nach den gleichen Maßstäben wie eine AGKündigung (BAG 19. 6. 1967 AP GewO § 124 Nr. 1 = NJW 1967, 2030; BAG 25. 7. 1963 AP ZPO § 448 Nr. 1 = NJW 1963, 2340; *Staudinger/Preis* Rn. 237; aA *Erman/Belling* Rn. 85). Daß dem AN von Gesetzes wegen ein freies ordentliches Kündigungsrecht zusteht, ist für die an den wichtigen Grund zu stellenden Anforderungen ohne Bedeutung. Dementsprechend kann auch die vom AN erklärte außerordentliche Kündigung eine vorherige Abmahnung erfordern (BAG 9. 9. 1992 – 2 AZR 142/92 – insoweit nv.; LAG Hamm 18. 6. 1991 LAGE BGB § 626 Nr. 59). Eine Abmahnung wird zB notwendig sein, wenn der AG Unfallverhütungsvorschriften nicht einhält oder unzulässige Mehrarbeit verlangt.

194   **2. Arbeitsplatzwechsel.** Ein beabsichtigter Stellenwechsel rechtfertigt keine außerordentliche Kündigung, denn es ist dem AN durchweg zumutbar, die ordentliche Kündigungsfrist abzuwarten (BAG 1. 10. 1970 AP BGB § 626 Nr. 59). Chancen des AN zur Verbesserung seiner beruflichen Stellung und/oder seines Einkommens verpflichten den AG nicht, in eine vorzeitige Vertragsauflösung einzuwilligen (BAG 17. 10. 1969 AP BGB § 611 Treuepflicht Nr. 7 = DB 1970, 497).

195   **3. Äquivalenzstörung.** Ein Handlungsreisender, der ganz oder überwiegend auf Provisionsbasis arbeitet, kann zur außerordentlichen Kündigung berechtigt sein, wenn seine Einkünfte trotz unverminderten Einsatzes so gesunken sind, daß der Verdienst zur Bestreitung seines Lebensunterhaltes nicht mehr ausreicht. Beruhen diese Veränderungen auf Maßnahmen des AG, muß der AN den AG zuvor abmahnen oder sich um eine Neuregelung der Provisionsvereinbarung bemühen (LAG Baden-Württemberg 24. 7. 1969 BB 1969, 1312; MünchKommBGB/*Schwerdtner* Rn. 160).

196   **4. Beleidigung, Verdächtigung.** Bei groben Beleidigungen durch den AG kann der AN wirksam fristlos kündigen. Es gelten insofern die gleichen Grundsätze wie für Kündigungen des AG (vgl. Rn. 152). Anlaß zu einer außerordentlichen Kündigung kann zB gegeben sein, wenn der AG eine ordentliche Kündigung in beleidigender Weise begründet. **Verdächtigt der AG** den AN zu Unrecht einer Unredlichkeit, kann der AN abhängig von den Umständen des Einzelfalles zur außerordentlichen Kündigung berechtigt sein (BAG 24. 2. 1964 AP BGB § 607 Nr. 1; SPV/*Preis* Rn. 586).

197   **5. Beschäftigungspflicht, Versetzung, Umsetzung.** Bei schuldhafter Verletzung der Beschäftigungspflicht (vgl. BAG [GS] 27. 2. 1985 AP BGB § 611 Beschäftigungspflicht Nr. 14 = NZA 1985, 702) durch den AG (zB unberechtigte Suspendierung), kann der AN (grds. nach entsprechender Abmahnung) das Arbeitsverhältnis außerordentlich kündigen (BAG 19. 8. 1976 AP BGB § 611 Beschäftigungspflicht Nr. 4 = NJW 1977, 215). Eine **unberechtigte Teilsuspendierung** kann dem AN einen wichtigen Grund zur außerordentlichen Kündigung geben, wenn ihm wesentliche Aufgaben entzogen werden und die Anordnung des AG für ihn kränkend ist (BAG 15. 6. 1972 AP BGB § 628 Nr. 7 = NJW 1972, 2279). Eine vom Direktionsrecht gedeckte Umsetzung (§ 315) gibt dem AN keinen wichtigen Grund (LAG Niedersachsen 12. 10. 1998 LAGE BGB § 315 Nr. 5).

198   **6. Arbeitsschutz.** Mißachtet der AG zwingendes Arbeitsschutzrecht, indem er zB wiederholt die Leistung von Mehrarbeit über die nach dem öffentlich-rechtlichen Arbeitszeitrecht zulässigen Grenzen hinaus verlangt, wird die außerordentliche Kündigung des AN gerechtfertigt sein. Der Annahme des wichtigen Grundes steht nicht entgegen, daß der AN zunächst die rechtswidrigen Forderungen befolgte und unzulässige Mehrarbeit leistete (BAG 28. 10. 1971 AP BGB § 626 Nr. 62). Eine vorherige Abmahnung ist entbehrlich, wenn der AG zu erkennen gegeben hat, daß er auf die unzulässige Mehrarbeit nicht verzichten will.

7. Krankheit. Da der AN im Falle einer zur Arbeitsunfähigkeit führenden Erkrankung nicht zur 199 Arbeitsleistung verpflichtet ist, wird es ihm nur in ganz besonders gelagerten Fällen unzumutbar sein, die Kündigungsfrist abzuwarten und das Arbeitsverhältnis ordentlich zu beenden. Dies kann ausnahmsweise anzunehmen sein, wenn die Krankheit auf Dauer zur vollen Arbeitsunfähigkeit geführt hat. Soweit das nicht der Fall ist, insb. die Krankheit dem AN eine eingeschränkte Arbeitsfähigkeit belassen hat, muß der AN seinem AG Gelegenheit geben, ihn bis zum Ablauf der ordentlichen Kündigungsfrist als Teilzeitkraft oder zu anderen zumutbaren Bedingungen auf einem anderen Arbeitsplatz weiterzubeschäftigen (BAG 2. 2. 1973 AP BGB § 626 Krankheit Nr. 1; *Wenzel* MDR 1978, 15, 18).

8. Lohnrückstände. Der AN kann nach **erfolgloser Abmahnung** wegen unterbliebener Vergü- 200 tungszahlungen außerordentlich kündigen, wenn der AG entweder zeitlich oder dem Betrage nach erheblich in Verzug gekommen ist (LAG Düsseldorf 12. 9. 1957 DB 1957, 1132; LAG Köln 23. 9. 1993 LAGE BGB § 626 Nr. 73; LAG Hamm 29. 9. 1999 NZA-RR 2000, 242, 243; SPV/*Preis* Rn. 589). Dem AN ist die Fortsetzung des Arbeitsverhältnisses unzumutbar, wenn es der AG länger als ein Jahr unterlassen hat, die einbehaltenen **Lohnsteuer- und Sozialversicherungsbeiträge** abzuführen (LAG Baden-Württemberg 30. 5. 1968 DB 1968, 1407).

9. Prokura. Lehnt es der AG ab, einem Angestellten Prokura zu erteilen, oder eine widerrufene 201 Prokura erneut zu erteilen, nachdem der Anlaß ihres Widerrufs weggefallen ist, rechtfertigt das allein noch keine außerordentliche Kündigung des Arbeitsverhältnisses durch den Angestellten. Ist das Handeln des AG jedoch vertragswidrig und ist es dem AN aufgrund besonderer Umstände unzumutbar, das Arbeitsverhältnis ohne Prokura fortzusetzen, kann er außerordentlich kündigen (BAG 17. 9. 1970 AP BGB § 628 Nr. 5 = NJW 1971, 822; BAG 26. 8. 1986 AP HGB § 52 Nr. 1 = NZA 1987, 202) und ggf. aus § 628 Schadensersatzansprüche herleiten (BAG 11. 2. 1981 AP KSchG 1969 § 4 Nr. 8 = DB 1981, 2233).

10. Studium. Erhält der AN das Angebot, **kurzfristig einen Studienplatz** anzunehmen, ist dies 202 ähnlich dem Angebot einer deutlich besser dotierten Stelle (vgl. Rn. 194) allein kein geeigneter Grund für eine außerordentliche Kündigung.

11. Eheschließung. Allein die beabsichtigte Eheschließung macht es dem AN nicht unzumutbar, 203 die ordentliche Kündigungsfrist einzuhalten. Ein mit der Eheschließung verbundener sofortiger Umzug kann nur dann eine andere Beurteilung rechtfertigen, wenn die Entwicklung für den AN nicht voraussehbar war und er deswegen in einen **unzumutbaren Interessenkonflikt** geraten ist.

12. Werkswohnung. Der nicht **vertragsgemäße Zustand** einer Werkswohnung berechtigt den AN 204 grds. nicht zu einer fristlosen Kündigung des Arbeitsverhältnisses. Eine abw. Beurteilung kann bei unzumutbaren Wohnverhältnissen angezeigt sein, wenn die Erfüllung des Arbeitsvertrages und die Nutzung der Werkswohnung in untrennbarem Zusammenhang stehen (vgl. LAG Düsseldorf 24. 3. 1964 DB 1964, 1032). Weist ein AG seinen ausländischen AN nach einer Beanstandung beim Einzug und der Zusage der Abhilfe keine vertragsgemäße Unterkunft zu, bedarf es vor einer von den AN ausgesprochenen fristlosen Kündigung grds. der Abmahnung (BAG 19. 6. 1967 AP GewO § 124 Nr. 1 = NJW 1967, 2030).

Die arbeitsvertragliche Pflicht, eine Werkdienstwohnung zu bewohnen, kann nicht selbständig unter 205 Fortbestand des Arbeitsverhältnisses gekündigt werden (BAG 23. 8. 1989 AP BGB § 565 e Nr. 3 = NZA 1990, 91). Eine derartige **Teilkündigung des Arbeitsvertrages** wäre nur zulässig, wenn die Arbeitsvertragsparteien die Teilkündigung vertraglich vereinbart hätten (vgl. § 620 Rn. 205). Dies kann sich durch Auslegung des Arbeitsvertrages ergeben (§ 157 – BAG 4. 2. 1958 AP BGB § 620 Teilkündigung Nr. 1).

13. Freistellung, Urlaub. Kommt der AG **wiederholten Urlaubsverlangen** des AN nicht nach, 206 ohne hierzu nach § 7 BUrlG berechtigt zu sein, kann der AN nach vorheriger Abmahnung außerordentlich kündigen. Läßt das Verhalten des AG erkennen, daß er den Urlaubsanspruch gar nicht zu erfüllen beabsichtigt, kann sogar die vorherige Abmahnung entbehrlich sein. Gewährt der AG andere Freistellungen (zB Freizeit zum Aufsuchen eines anderen Dienstverhältnisses nach Kündigung gem. § 629) nicht, gelten die gleichen Grundsätze. Der AN kann uU außerordentlich kündigen und gem. § 628 II Schadensersatzansprüche erheben (vgl. § 629 Rn. 24; *Staudinger/Preis* 629 Rn. 19).

VII. Besonderheiten bei Probearbeitsverhältnissen

In der Probezeit auftretende Schlechtleistungen oder Eignungsmängel des AN rechtfertigen die 207 außerordentliche Kündigung idR nicht. Fehlt es allerdings dem AN an selbstverständlichen Grundkenntnissen oder hat er bei seiner Einstellung für den Arbeitsplatz unverzichtbare Fähigkeiten vorgetäuscht, kann das Probearbeitsverhältnis außerordentlich gekündigt werden. Weitere wichtige Kündigungsgründe sind auch im Probearbeitsverhältnis das **Fehlen jeder Leistungsbereitschaft** und völlig unbrauchbare Leistungen (LAG Frankfurt/M. 5. 2. 1987 LAGE BGB § 626 Nr. 29).

VIII. Verdachtskündigung

208 Der Verdacht, der Vertragspartner könne eine **strafbare Handlung** oder eine **schwerwiegende Pflichtverletzung** begangen haben, kann nach gefestigter Rspr. des BAG einen wichtigen Grund für eine außerordentliche Kündigung bilden (BAG 26. 3. 1992 AP BGB § 626 Verdacht strafbarer Handlung Nr. 23 = NZA 1992, 1121; BAG 14. 9. 1994 AP BGB § 626 Verdacht strafbarer Handlung Nr. 24 = NZA 1995, 269; BAG 13. 9. 1995 AP BGB § 626 Verdacht strafbarer Handlung Nr. 25 = NZA 1996, 81; BAG 18. 11. 1999 AP BGB § 626 Verdacht strafbarer Handlung Nr. 32). Das Schrifttum hat sich dieser Rspr. überwiegend angeschlossen (ua. *Belling*, FS für Kissel, 1994, S. 11, 12 ff.; *Busch* MDR 1995, 217, 223; *Lücke* BB 1997, 1842, 1847; *Moritz* NJW 1978, 402, 405 [hinsichtlich besonderer Vertrauenspositionen]; *Zöllner/Loritz* § 22 III 2 c; krit. *Joachim* AuR 1964, 33, 37 ff.; *Grunsky* ZfA 1977, 167; abl. *Dörner* NZA 1992, 865). Es kann auch der Verdacht einer für das Arbeitsverhältnis bedeutsamen Störung der Persönlichkeit (pädophile Neigungen) als Kündigungsgrund herangezogen sein (ArbG Braunschweig 22. 1. 1999 NZA-RR 1999, 192).

209 Entscheidend ist, daß es **gerade der Verdacht** ist, der das zur Fortsetzung des Arbeitsverhältnisses notwendige Vertrauen des AG in die Redlichkeit des AN zerstört oder zu einer unerträglichen Belastung des Arbeitsverhältnisses geführt hat (BAG 3. 4. 1986 AP BGB § 626 Verdacht strafbarer Handlung Nr. 18 = NZA 1986, 677; BAG 26. 3. 1992 AP BGB § 626 Verdacht strafbarer Handlung Nr. 23 = NZA 1992, 1121; BAG 18. 9. 1997 AP BGB § 626 Nr. 138). Deshalb ist bei Verdacht der Begehung eines Eigentumsdelikts zum Nachteil des AG der Wert der möglichen Beute lediglich von sekundärer Bedeutung (BAG 12. 8. 1999 AP BGB § 626 Verdacht strafbarer Handlung Nr. 28). Hat der AN einen Aufhebungsvertrag geschlossen und ist er von der Arbeitsleistung freigestellt worden, bedarf es besonderer Interessen des AG, um den Ausspruch einer außerordentlichen Verdachtskündigung noch zu rechtfertigen (LAG Düsseldorf 28. 10. 1999 NZA-RR 2000, 362, 364: regelmäßiges Überwiegen der ANInteressen).

210 Die Kündigung wegen Verdachts stellt neben der Kündigung wegen der Tat einen **eigenständigen Tatbestand** dar (BAG 13. 9. 1995 AP BGB § 626 Verdacht strafbarer Handlung Nr. 25 = NZA 1996, 81; BAG 12. 8. 1999 AP BGB § 626 Verdacht strafbarer Handlung Nr. 28; *Ascheid* Rn. 161). Bei der Tatkündigung ist für den Kündigungsentschluß maßgebend, daß der AN nach der Überzeugung des AG die strafbare Handlung tatsächlich begangen hat und dem AG aus diesem Grund die Fortsetzung des Arbeitsverhältnisses unzumutbar ist (BAG 26. 3. 1992 AP BGB § 626 Verdacht strafbarer Handlung Nr. 23 = NZA 1992, 1121).

211 Der Zulässigkeit der Verdachtskündigung steht die in **Art. 6 II MRK** verankerte **Unschuldsvermutung** nicht entgegen. Diese Vermutung bindet unmittelbar nur den Richter, der über die Begründetheit der Anklage zu entscheiden hat (BAG 14. 9. 1994 AP BGB § 626 Verdacht strafbarer Handlung Nr. 24 = NZA 1995, 269; *Belling*, FS für Kissel, 1994, S. 11, 25 mwN). Hingegen können Rechtsfolgen, die keinen Strafcharakter besitzen, in gerichtlichen Entscheidungen an einen verbleibenden Tatverdacht geknüpft werden (BVerfG 29. 5. 1990 BVerfG 82, 106, 117 = NJW 1990, 2741).

212 Der Verdacht muß **objektiv durch Tatsachen** begründet sein, die so beschaffen sind, daß sie einen verständigen und gerecht abwägenden AG zum Ausspruch der Kündigung veranlassen können (BAG 14. 9. 1994 AP BGB § 626 Verdacht strafbarer Handlung Nr. 24 = NZA 1995, 269). Der Verdacht muß darüber hinaus dringend sein, dh. es muß eine große Wahrscheinlichkeit dafür bestehen, daß der gekündigte AN die Straftat oder die Pflichtverletzung begangen hat (BAG 12. 8. 1999 AP BGB § 626 Verdacht strafbarer Handlung Nr. 28). Es kommt nicht darauf an, ob der AN selbst Verdachtsumstände für die Annahme eines Verdachts gesetzt hat. Die Dringlichkeit kann aus anderen Umständen hergeleitet werden (BAG 4. 11. 1957 AP KSchG 1951 § 1 Nr. 39). Die Verdachtsmomente und die Verfehlungen, deren der AN verdächtigt wird, müssen so schwerwiegend sein, daß dem Dienstberechtigten die Fortsetzung des Dienstverhältnisses nicht zugemutet werden kann (BAG 4. 6. 1964 AP BGB § 626 Verdacht strafbarer Handlung Nr. 13; BGH 13. 7. 1956 AP BGB § 611 Fürsorgepflicht Nr. 2; *Soergel/Kraft* Rn. 27). Hierzu rechnen schwere arbeitsvertragliche Pflichtverletzungen (BAG 14. 9. 1994 AP BGB § 626 Verdacht strafbarer Handlung Nr. 24), wie zB Veruntreuungen eines Filialleiters (BAG 17. 4. 1956 AP BGB § 626 Nr. 8); Versicherungsbetrug bei einer Fremdversicherung durch einen bei einer Versicherung beschäftigten Prokuristen (BAG 15. 5. 1986 RzK I 8c Nr. 9); Verrat von Geschäftsgeheimnissen (BAG 26. 9. 1990 RzK I 8c Nr. 20); Diebstahl (BAG 4. 11. 1957 AP KSchG 1951 § 1 Nr. 39), Betrug bei der Spesenabrechnung (BAG 3. 11. 1955 AP BGB § 626 Nr. 5), Manipulation an der Stempelkarte (BAG 9. 8. 1990 – 2 AZR 127/90 – nv.), Erschleichung von Lohnfortzahlung (BAG 6. 9. 1990 AP BGB § 611 Seeschiffahrt Nr. 1), illegale verfassungsfeindliche Tätigkeit (BAG 23. 2. 1961 AP BGB § 626 Verdacht strafbarer Handlung Nr. 9), sexuelle Belästigung von Arbeitskollegen (BAG 8. 6. 2000 – 2 ABR 1/00 – zVb.).

213 Der AG muß alle zumutbaren Anstrengungen zur Aufklärung des Sachverhalts unternommen haben. Er ist insb. verpflichtet, den verdächtigen AN anzuhören, um ihm Gelegenheit zur Stellungnahme zu geben. Die **Anhörung des AN** ist Wirksamkeitsvoraussetzung der Verdachtskündigung (BAG 30. 4. 1987 AP BGB § 626 Verdacht strafbarer Handlung Nr. 19 = NZA 1987, 699; BAG 13. 9. 1995 AP BGB § 626 Verdacht strafbarer Handlung Nr. 25 = NZA 1996, 81; abl. *Preis* DB 1988, 1444,

1448 f.; *Ascheid* Rn. 163). Unterbleibt die Anhörung des AN aus Gründen, die der AG nicht zu vertreten hat, berührt dies die Wirksamkeit der Verdachtskündigung nicht. Ein solcher Fall ist zB gegeben, wenn der AN von vornherein nicht bereit gewesen ist, sich zu den Verdachtsgründen substantiiert zu äußern, oder sich der AN in Untersuchungshaft befindet (LAG Düsseldorf 13. 8. 1998 NZA-RR 1999, 640). Die von vornherein fehlende Bereitschaft, an der Aufklärung mitzuwirken, kann sich auch aus dem späteren Verhalten des AN ergeben (BAG 30. 4. 1987 AP BGB § 626 Verdacht strafbarer Handlung Nr. 19 = NZA 1987, 699).

Wenn der AG den Verdacht nicht selbst aufklären kann oder will, darf er mit der Kündigung bis zum **Abschluß eines Strafverfahrens** warten (BAG 14. 2. 1996 AP BGB § 626 Verdacht strafbarer Handlung Nr. 26 = NZA 1996, 873). Der AG ist nicht verpflichtet, den verdächtigen AN mit Belastungszeugen zu konfrontieren (BAG 26. 2. 1987 RzK I 8 c Nr. 13; BAG 18. 9. 1997 AP BGB § 626 Nr. 138) oder die Staatsanwaltschaft zur Durchführung weiterer Ermittlungen einzuschalten (BAG 28. 9. 1989 NZA 1990, 568). Das Ergebnis eines wegen des Verdachts gegen den AN eingeleiteten Strafverfahrens ist für den Kündigungsschutzprozeß nicht bindend (BAG 26. 3. 1992 AP BGB § 626 Verdacht strafbarer Handlung Nr. 23 = NZA 1992, 1121; BAG 20. 8. 1997 AP BGB § 626 Verdacht strafbarer Handlung Nr. 27 = NZA 1997, 1340). Die Erhebung der Anklage und die Eröffnung des Hauptverfahrens wirken jedoch verdachtsverstärkend. **214**

Selbst wenn aus der Sicht des AG die **Verdachtsmomente** gegen den AN „erdrückend" sind, bleibt es ihm unbenommen, lediglich eine Verdachtskündigung auszusprechen, etwa weil er den AN schonen oder vor Abschluß des Strafverfahrens nicht einer Straftat bezichtigen möchte (BAG 14. 9. 1994 AP BGB § 626 Verdacht strafbarer Handlung Nr. 24 = NZA 1995, 269). Andererseits kann der AG auch dann, wenn er objektiv nur einen Verdacht hat, die Verfehlung des AN für nachweisbar halten und mit dieser Begründung die Kündigung erklären. In diesem Fall kann die Verdachtskündigung vorsorglich neben einer Tatkündigung ausgesprochen werden. **215**

Der Verdacht einer strafbaren oder vertragswidrigen Handlung ist gegenüber anderen Kündigungssachverhalten ein eigenständiger Kündigungsgrund, der im jeweiligen **Tatvorwurf nicht zwangsläufig enthalten** ist (BAG 13. 9. 1995 AP BGB § 626 Verdacht strafbarer Handlung Nr. 25 = NZA 1996, 81). Eine Kündigung ist deswegen gerichtlich nur dann nach den Maßstäben der Verdachtskündigung zu beurteilen, wenn der AG die Kündigung auch (zumindest hilfsweise) auf den Verdacht gestützt hat. Es kommt nicht darauf an, ob die Kündigung bereits bei Ausspruch als Verdachtskündigung bezeichnet worden ist (BAG 21. 6. 1995 – 2 AZR 735/94 – insoweit nv.), vielmehr genügt es, wenn der Kündigende sich in den Tatsacheninstanzen auf den Verdacht als Kündigungsgrund stützt (BAG 29. 1. 1997 AP BGB § 626 Nr. 131 = NZA 1997, 813). Dieser Hinweis sollte im Interesse der Klarheit bereits im Kündigungsschreiben erfolgen. Wird er später in den Tatsacheninstanzen nachgeholt, liegt darin das Nachschieben eines andersartigen Kündigungsgrundes, das den kollektivrechtlichen Beschränkungen insb. nach § 102 BetrVG unterliegt. Hat der AG dem BR nur mitgeteilt, es solle wegen einer strafbaren Handlung gekündigt werden, kann er im Kündigungsschutzprozeß die Kündigung nicht mehr auf den Verdacht einer entsprechenden Verfehlung stützen, weil hierzu der BR nicht angehört worden ist. Deshalb wird der sorgfältige AG bei unsicherer Beweislage den BR zur außerordentlichen Kündigung wegen Verdachts und wegen strafbarer Handlung anhören. **216**

Das BAG (14. 9. 1994 AP BGB § 626 Verdacht strafbarer Handlung Nr. 24 = NZA 1995, 269) läßt es zu, daß der Verdacht gegen den AN im Laufe des Kündigungsschutzprozesses bis zum Schluß der letzten mündlichen Verhandlung in der Tatsacheninstanz rückwirkend durch **Be- oder Entlastungstatsachen** ausgeräumt oder verstärkt werden kann. Das Vorbringen des AN, mit dem er sich vom Verdacht reinigen will, ist vom Gericht vollständig aufzuklären (BAG 18. 11. 1999 AP BGB § 626 Verdacht strafbarer Handlung Nr. 32). Insb. kann ein auf Freispruch erkennendes Urteil im Strafverfahren entlastend wirken (BAG 24. 4. 1975 AP BetrVG 1972 § 103 Nr. 3 = NJW 1975, 1752). **217**

Wenn eine vom AG ausgesprochene **Verdachtskündigung rechtskräftig für unwirksam** erklärt worden ist, weil dem AG die Verdachtsmomente für eine strafbare Handlung länger als zwei Wochen bekannt waren, hindert die Rechtskraft dieses Urteils den AG nicht, später nach dem Abschluß des gegen den AN eingeleiteten Strafverfahrens eine auf die Tatbegehung gestützte außerordentliche Kündigung auszusprechen (BAG 12. 12. 1984 AP BGB § 626 Ausschlußfrist Nr. 19 = NZA 1985, 623). **218**

Für die Wirksamkeit der Kündigung kommt es allein darauf an, daß die Tatsachen, die sie rechtfertigen sollen, **zum Zeitpunkt ihres Zugangs** vorgelegen haben (vgl. *Ascheid* Rn. 219). Bei der Verdachtskündigung muß daher der dringende Verdacht zum Zeitpunkt des Ausspruchs der Kündigung bestanden haben. Er muß sich also objektiv, zu diesem Zeitpunkt vorliegenden Tatsachen ergeben. Kündigt ein AG wegen des Verdachts einer strafbaren Handlung, hat die Einstellung eines gegen den AN eingeleiteten Ermittlungsverfahrens keine Auswirkungen auf die Wirksamkeit der Kündigung. Ein Anspruch des AN auf **Wiedereinstellung** kommt in Betracht, wenn dem AN wegen Verdachts einer strafbaren Handlung gekündigt worden ist und sich später seine Unschuld herausstellt oder zumindest nachträglich Umstände bekannt werden, die den bestehenden Verdacht beseitigen (BAG 14. 12. 1956 AP BGB § 611 Fürsorgepflicht Nr. 3 = NJW 1957, 764; BAG 4. 6. 1964 AP BGB § 626 Verdacht strafbarer Handlung Nr. 13 = NJW 1964, 1918). Die bloße Einstellung des Ermitt- **219** lungsverfahrens nach § 170 II 1 StPO begründet keinen Wiedereinstellungsanspruch (BAG 20. 8. 1997 AP BGB § 626 Verdacht strafbarer Handlung Nr. 27 = NZA 1997, 1340).

IX. Druckkündigung

220 Kündigt der AG das Arbeitsverhältnis eines Mitarbeiters, weil dies von der Belegschaft, einer Gewerkschaft, dem BR oder Kunden des AG unter Androhung von Nachteilen für den AG (zB Kündigung oder Abbruch der Geschäftsbeziehungen) verlangt worden ist, kann die **Drucksituation** als solche einen wichtigen Grund für eine außerordentliche Kündigung oder die soziale Rechtfertigung einer ordentlichen Kündigung ergeben (vgl. BAG 18. 9. 1975 AP BGB § 626 Druckkündigung Nr. 10 = NJW 1976, 869; BAG 19. 6. 1986 AP KSchG 1969 § 1 Betriebsbedingte Kündigung Nr. 33 = NZA 1987, 21; BAG 10. 12. 1992 AP GG Art. 140 Nr. 41 = NZA 1993, 593; § 1 KSchG Rn. 276).

221 Von der Druckkündigung grds. zu unterscheiden ist die Fallgestaltung, daß das Verlangen des Dritten durch ein im Verhalten oder der Person des AN liegenden Grund objektiv gerechtfertigt ist. In diesem Fall beurteilt sich die Wirksamkeit der Kündigung nach den Voraussetzungen einer personen- oder verhaltensbedingten Kündigung. Allerdings kann die Interessenabwägung durch die Drucksituation beeinflußt werden. Ob im Einzelfall eine **außerordentliche oder ordentliche Kündigung** gerechtfertigt ist, entscheidet die Drucksituation. Sofern die ordentliche Kündigung nicht ausgeschlossen ist, wird im Regelfall die ordentliche Kündigung mit oder ohne Suspendierung geeignet sein, den auf den AG ausgeübten Druck abzubauen. Nur ausnahmsweise kann eine Druckkündigung auch als außerordentliche zulässig sein (BAG 10. 3. 1977 AP ZPO § 313 Nr. 9 = NJW 1977, 1504). Deshalb kann auf die Erl. zur sozialen Rechtfertigung der (ordentlichen) Druckkündigung in § 1 KSchG Rn. 276 ff. verwiesen werden.

X. Entlassungsverlangen des Betriebsrats nach § 104 BetrVG

222 Nach § 104 S. 1 BetrVG kann der BR vom AG die Entlassung oder Versetzung eines AN verlangen, wenn dieser durch gesetzwidriges Verhalten oder durch grobe Verletzung der in § 75 I BetrVG enthaltenen Grundsätze den **Betriebsfrieden wiederholt ernstlich gestört** hat (vgl. BAG 15. 12. 1977 AP BGB § 626 Nr. 69 = NJW 1978, 1874; BAG 10. 3. 1977 AP ZPO § 313 Nr. 9 = NJW 1977, 1504). Der AG muß die gegen den AN erhobenen Vorwürfe in eigener Verantwortung überprüfen und sich für den AN einsetzen, wenn dieser zu Unrecht angegriffen wird. Dazu gehört auch die gerichtliche Auseinandersetzung im Beschlußverfahren, zu dem die Initiativlast beim BR liegt (§ 104 S. 2 BetrVG).

223 Liegen die in § 104 S. 1 BetrVG genannten Tatbestandsvoraussetzungen vor, muß der AG das Arbeitsverhältnis des Störers kündigen. Es endet nicht kraft Gesetzes. Die **Wahl zwischen außerordentlicher und ordentlicher Kündigung** steht dem AG zu. Zögert der AG die Kündigungserklärung hinaus, wird seine Wahlmöglichkeit durch § 626 II eingeschränkt. Schließt sich der AG dem Kündigungsverlangen des BR an, braucht er diesen nicht gesondert nach §§ 102, 103 BetrVG vor Ausspruch der Kündigung zu beteiligen, denn in dem Verlangen des BR liegt bereits die Zustimmung zur Kündigung (BAG 15. 5. 1997 AP BetrVG 1972 § 104 Nr. 1 = NZA 1997, 1106).

F. Rechtsfolgen der außerordentlichen Kündigung

I. Grundsatz der entfristeten Kündigung

224 Der Regelfall der außerordentlichen Kündigung ist die fristlose Kündigung, durch die das Arbeitsverhältnis sofort beendet werden soll. Es ist unter Berücksichtigung der besonderen Umstände nach § 133 durch Auslegung zu ermitteln, ob eine fristlose Entlassung erklärt worden ist (BAG 13. 1. 1982 AP BGB § 620 Kündigungserklärung Nr. 2 = NJW 1983, 303; BAG 15. 3. 1991 AP BBiG § 47 Nr. 2 = NZA 1992, 452). Die fristlose Kündigung braucht nicht ausdrücklich erklärt zu werden, sondern es genügt jedes Verhalten des Kündigenden, aus dem der Vertragspartner eindeutig und zweifelsfrei entnehmen kann, daß die Beschäftigung sofort endgültig eingestellt und das Arbeitsverhältnis nicht fortgesetzt werden soll. Die außerordentliche Kündigung kann nicht rückwirkend für den Zeitpunkt ausgesprochen werden, zu dem der Kündigungsgrund eingetreten oder der Kündigungsentschluß gefaßt worden ist. Vielmehr bewirkt die außerordentliche fristlose Kündigung die sofortige Beendigung des Arbeitsverhältnisses im Zeitpunkt ihres Zugangs. Soll sie erst zum Ablauf des Kalendertages des Zugangs wirksam werden, muß dies ausdrücklich angegeben werden. Die außerordentliche Kündigung kann bereits nach Vertragsabschluß und vor Dienstaufnahme erklärt werden (BAG 22. 8. 1964 AP BGB § 620 Nr. 1 = NJW 1965, 171; *Schaub* § 123 Rn. 75).

II. Kündigung mit Auslauffrist

225 Aus wichtigem Grunde muß nicht mit sofortiger Wirkung (also fristlos), sondern es kann auch mit einer Frist gekündigt werden (sog. außerordentliche Kündigung mit Auslauffrist), die der gesetzlichen,

tariflichen oder vereinbarten Kündigungsfrist nicht zu entsprechen braucht. Die Erklärung einer außerordentlichen Kündigung muß jedoch für den Erklärungsempfänger zweifelsfrei den Willen des Erklärenden erkennen lassen, von der sich aus § 626 I ergebenden besonderen Kündigungsbefugnis Gebrauch machen zu wollen (BGH 21. 4. 1975 WM IV 1975, 761). Dieser Wille kann sich aus der ausdrücklichen Bezeichnung der Erklärung (zB als fristlose Kündigung) ergeben (BAG 13. 1. 1982 AP BGB § 620 Kündigungserklärung Nr. 2 = NJW 1983, 303).

Wer befristet kündigt, muß klarstellen, ob er eine außerordentliche Kündigung mit einer sozialen **226** Auslauffrist oder eine ordentliche Kündigung erklären will. **Unterbleibt eine solche Klarstellung,** darf der Kündigungsgegner darauf vertrauen, daß nur eine ordentliche Kündigung erklärt sei (BAG 23. 1. 1958 AP KSchG § 1 Nr. 50 = DB 1958, 403; BAG 16. 7. 1959 AP BGB § 626 Nr. 31 = RdA 1960, 36; *Schaub* § 125 Rn. 3).

Der Kündigungsberechtigte kann die **Auslauffrist im eigenen Interesse** gewähren (vgl. BAG 9. 2. **227** 1960 AP BGB § 626 Nr. 39). Durch die Gewährung einer sozialen Auslauffrist verliert die Kündigung nicht ihren Charakter als außerordentliche Kündigung, wenn dem Gekündigten erkennbar ist, daß ihm aus wichtigem Grund gekündigt wird.

Bei **tarifvertraglichem Ausschluß** der ordentlichen Kündigung ist die Kündigungsfrist als Aus- **228** lauffrist einzuhalten, die gelten würde, wenn die ordentliche Kündigung nicht ausgeschlossen wäre (BAG 28. 3. 1985 AP BGB § 626 Nr. 86 = NZA 1985, 559; BAG 11. 3. 1999 AP BGB § 626 Nr. 150; *Schwerdtner*, FS für Kissel, 1994, S. 1077, 1091). Die Kündigung wird als außerordentliche ausgesprochen. Abhängig vom Kündigungsgrund kommt diese Kündigung mit Auslauffrist auch bei einzelvertraglichem Ausschluß der ordentlichen Kündigung in Betracht (*von Koppenfels*, Die außerordentliche arbeitgeberseitige Kündigung bei einzel- und tarifvertraglich unkündbaren Arbeitnehmern, 1998, S. 230 f.). Ob es auch zulässig ist, die außerordentliche Kündigung als fristlose auszusprechen und damit das Angebot der befristeten Fortsetzung für die Dauer der ordentlichen Kündigungsfrist zu verbinden (vgl. *Zöllner/Loritz* § 22 III 6 b), ist höchstrichterlich noch nicht entschieden. Für diese Konstruktion spricht die vielfach vertretene Auffassung, der ordentlich unkündbare AN könne im Falle der außerordentlichen AGKündigung mit Auslauffrist das Recht zur sofortigen, fristlosen Beendigung des Arbeitsverhältnisses bestehen (vgl. nur *Ascheid* Rn. 98; *Schwerdtner*, FS für Kissel, 1994, S. 1077, 1091). Ist die Kündigung als außerordentliche zu einem zukünftigen Termin ausgesprochen worden, besteht das Arbeitsverhältnis (ununterbrochen) bis zu diesem Kündigungstermin fort. Sollte der AN nicht seinerseits wirksam außerordentlich kündigen, müßte er unabhängig von der Wirksamkeit der vom AG erklärten außerordentlichen Kündigung mit Auslauffrist für die Dauer der eingeräumten Auslauffrist weiterarbeiten. Er besitzt **kein außerordentliches Lossagungsrecht**.

Ist die ordentliche Kündigung nicht ausgeschlossen und wird der AN nicht von der Arbeitsleistung **229** freigestellt, kann die Einräumung einer Auslauffrist dahingehend verstanden werden, daß dem AG die Fortsetzung des Arbeitsverhältnisses jedenfalls für die Dauer dieser Auslauffrist nicht unzumutbar ist (*Schwerdtner*, FS für Kissel, 1994, S. 1077, 1091). Obgleich in der Wahl einer Auslauffrist kein Verzicht auf das Recht zur außerordentlichen Kündigung liegt (BAG 2. 12. 1954 AP KSchG § 13 Nr. 2 = NJW 1955, 606), könnte die objektiv vorzunehmende **Interessenabwägung** zur Unwirksamkeit der außerordentlichen Kündigung führen, wenn zwischen eingeräumter Auslauffrist und maßgeblicher ordentlicher Kündigungsfrist keine oder keine erhebliche Differenz liegt. Diese Kündigung wäre ggf. in eine ordentliche Kündigung umzudeuten. Somit ist entscheidend auf die Dauer der tatsächlichen Beschäftigung und die maßgeblichen Gründe des AG abzustellen (BAG 6. 2. 1960 AP BGB § 626 Nr. 39; BAG 6. 2. 1997 AuR 1997, 210). ZB kann es für den AG besser sein, eine schlecht musizierende Kapelle bis zum Engagement einer neuen Kapelle kurzfristig weiter spielen zu lassen. Ebenso wird die Beschäftigung mit Abschluß- und Übergabearbeiten die Unzumutbarkeit nicht in Frage stellen (BAG 6. 2. 1997 AuR 1997, 210).

G. Außerordentliche Änderungskündigung

Eine außerordentliche Kündigung kann zur Änderung der vertraglichen Arbeitsbedingungen einge- **230** setzt werden (BAG 7. 6. 1973 AP BGB § 626 Änderungskündigung Nr. 1 = NJW 1973, 1819; BAG 6. 3. 1986 AP BGB § 626 Änderungskündigung Nr. 2 = NZA 1987, 102). Der **wichtige Grund** zur außerordentlichen Änderungskündigung setzt voraus, daß dem Kündigenden die Fortsetzung derjenigen Bedingungen, deren Änderung er erstrebt, unzumutbar geworden ist. Die vorgesehenen Änderungen müsse einerseits für den Kündigenden unabweisbar notwendig (BAG 21. 6. 1995 AP KSchG 1969 § 15 Nr. 36; BAG 20. 1. 2000 AP BetrVG 1972 § 103 Nr. 40; *Fischermeier* NZA 2000, 737) und andererseits dem AN zumutbar sein (BAG 6. 3. 1986 AP BGB § 626 Änderungskündigung Nr. 2 = NZA 1987, 102; *Hromadka* RdA 1992, 234, 257). Da eine sofortige Änderung der Arbeitsbedingungen selten unabweisbar notwendig sein wird, kommt die außerordentliche Änderungskündigung vor allem bei **ordentlicher Unkündbarkeit** des Arbeitsverhältnisses in Betracht.

Die Rechtsfolgen der außerordentlichen Änderungskündigung werden im Einzelfall dadurch be- **231** stimmt, wie sich der Gekündigte auf das Änderungsangebot einläßt. **§ 2 KSchG findet entsprechende**

Anwendung (BAG 19. 6. 1986 AP KSchG 1969 § 2 Nr. 16; KR/*Rost* § 2 KSchG Rn. 33). Die Unwirksamkeit einer unter Vorbehalt angenommenen außerordentlichen Änderungskündigung ist entsprechend § 4 S. 2 KSchG geltend zu machen (BAG 19. 6. 1986 AP KSchG 1969 § 2 Nr. 16). Vgl. zu der rechtlichen Ausgestaltung der Änderungskündigung § 620 Rn. 204.

232 Die Annahme unter Vorbehalt muß unverzüglich erklärt werden (BAG 27. 3. 1987 AP KSchG 1969 § 2 Nr. 20 = NZA 1988, 737). Das schließt die Einholung von Rechtsrat nicht aus. Solange der gekündigte AN die Annahme unter Vorbehalt noch erklären kann, ist seine widerspruchslose Weiterarbeit nicht als konkludente **Annahme des Änderungsangebotes** auszulegen. Nimmt der AN die Änderung unter Vorbehalt an und bleibt die gegen die Kündigung gerichtete Klage erfolglos, wird das Arbeitsverhältnis mit dem geänderten Inhalt aufrechterhalten. Hat er das Änderungsangebot abgelehnt, endet das Arbeitsverhältnis, wenn die Kündigungsschutzklage rechtskräftig abgewiesen wird (BAG 7. 6. 1973 AP BGB § 626 Änderungskündigung Nr. 1 = NJW 1973, 1819).

233 Will ein AG im Geltungsbereich eines Personalvertretungsgesetzes, das eine Mitbestimmung des Personalrats nicht nur bei Kündigungen, sondern auch bei Änderungen des Arbeitsvertrages vorsieht, eine außerordentliche Änderungskündigung aussprechen, muß er die **Zustimmung des Personalrats** zu der vorgesehenen wesentlichen Änderung des Arbeitsvertrages einholen. Liegt die Zustimmung des Personalrats bei Ausspruch der außerordentlichen Kündigung nicht vor, ist das Änderungsangebot des AG unwirksam. Ob die Unwirksamkeit des Vertragsänderungsangebots auch die Unwirksamkeit der außerordentlichen Kündigung als solche zur Folge hat, richtet sich nach § 139. Hat der AG die außerordentliche Änderungskündigung erklärt, ohne auch nur versucht zu haben, die Zustimmung des Personalrats zu der Vertragsänderung herbeizuführen, ist die außerordentliche Änderungskündigung insgesamt mangels eines wichtigen Kündigungsgrundes iSv. § 626 I unwirksam (BAG 29. 6. 1988 AP LPVG NW § 72 Nr. 2 = NZA 1989, 364).

H. Unabdingbarkeit

I. Allgemeines

234 Das außerordentliche **Kündigungsrecht ist unabdingbar.** Es kann weder einzelvertraglich noch kollektivvertraglich erweitert, eingeschränkt oder ausgeschlossen werden (BAG 8. 8. 1963 AP BGB § 626 Kündigungserschwerung Nr. 2 = NJW 1963, 2341; BAG 15. 3. 1991 AP BBiG § 47 Nr. 2 = NZA 1992, 452). Eine entsprechende Vereinbarung ist unwirksam (BAG 18. 12. 1961 AP BGB § 626 Kündigungserschwerung Nr. 1 = BB 1962, 223; *Schaub* § 125 Rn. 15 ff.; *Zöllner/Loritz* § 22 III 5; aA *Gamillscheg* AuR 1981, 105: einseitig zwingende Wirkung nur zugunsten des AN).

235 Dementsprechend können **tarifvertragliche Regelungen über die Unkündbarkeit** von AN allein die ordentliche Kündigung, nicht jedoch die außerordentliche Kündigung betreffen (BAG 18. 12. 1980 AP BGB § 174 Nr. 4 = NJW 1981, 2374; vgl. auch BAG 5. 2. 1998 AP BGB § 626 Nr. 143). Die Generalklausel des § 626 darf auch nicht durch die Formulierung tariflicher Tatbestände einer berechtigten außerordentlichen Kündigung eingeengt werden. Deshalb ist § 55 II BAT, der betriebsbedingte außerordentliche Beendigungskündigungen ausschließt, mit § 626 unvereinbar (*Kania/Kramer* RdA 1995, 287, 288 f.; aA BAG 31. 1. 1996 AP BGB § 626 Druckkündigung Nr. 13 = NZA 1996, 581 zu § 55 II BAT unter Berufung auf BAG 19. 1. 1973 AP BGB § 626 Ausschlußfrist Nr. 5 = BB 1973, 1170 betreffend die Frage, ob § 626 II tarifdispositiv sein könnte). § 55 II BAT (dazu im einzelnen *Conze* ZTR 1987, 99) als Ausdruck goldener Jahre enthält nicht nur eine „zumutbare Erschwerung" der außerordentlichen Kündigung, sondern einen partiellen Ausschluß des gesetzlich unabdingbaren Kündigungsrechts. Sieht eine tarifliche Regelung der ordentlichen Unkündbarkeit vor, dem so geschützten Mitarbeiter könne „aus wichtigem, in seiner Person und seinem Verhalten liegenden Gründen fristlos gekündigt werden", schließt diese Bestimmung eine betriebsbedingte außerordentliche Kündigung mit Auslauffrist nicht aus (BAG 17. 9. 1998 AP BGB § 626 Nr. 148). Zu fragen bleibt, ob jede Unternehmerentscheidung die Unzumutbarkeit der Weiterbeschäftigung zu begründen vermag, weil so eine Vertragspartei einseitig die ordentliche Unkündbarkeit des Vertragsverhältnisses beseitigen könnte (vgl. *Preis*, FS Arbeitsgerichtsbarkeit Rheinland-Pfalz, 1999, S. 245, 253 ff.).

236 An dem Grundsatz der Unabdingbarkeit sind auch **tarifliche Maßregelungsverbote** für das Verhalten von AN bei Arbeitskämpfen zu messen. Tarifklauseln, die bereits im Hinblick auf künftige Kampfaktionen spätere Kündigungen ohne Differenzierung auch beim Vorliegen eines wichtigen Grundes ausschließen wollen, sind wegen Verletzung des § 626 unwirksam (*Konzen* ZfA 1980, 77, 114; *Zöllner*, Maßregelungsverbote und sonstige tarifliche Nebenfolgeklauseln nach Arbeitskämpfen, 1977, S. 15 ff.).

237 Von dem (vorherigen) Ausschluß des Kündigungsrechts ist der **nachträgliche Verzicht** auf die Kündigungsbefugnis zu unterscheiden. Der Kündigungsberechtigte kann zwar nicht von vornherein darauf verzichten, das Arbeitsverhältnis beim Vorliegen eines wichtigen Grundes außerordentlich zu kündigen (BAG 28. 10. 1971 AP BGB § 626 Nr. 62). Er kann aber davon absehen, ein auf bestimmte Gründe gestütztes und bereits konkret bestehendes Kündigungsrecht auszuüben (BAG 5. 5. 1977 AP

BGB § 626 Ausschlußfrist Nr. 11 = NJW 1978, 723 = SAE 1978, 278; *Ascheid* Rn. 106; Münch-KommBGB/*Schwerdtner* Rn. 72).

II. Einschränkungen und Erweiterungen des außerordentlichen Kündigungsrechts

Aus dem zwingenden Charakter des außerordentlichen Kündigungsrechts folgt auch, daß die Arbeitsvertragsparteien nicht verbindlich festlegen können, daß ausschließlich und bindend nur bestimmte Gründe die außerordentliche Kündigung rechtfertigen können. Diese Grundsätze gelten auch für die Aufstellung besonderer Entlassungstatbestände in TV (BAG 2. 12. 1954 AP KSchG § 13 Nr. 2 = NJW 1955, 606). Im TV können jedoch **Tatbestände ordentlicher entfristeter Kündigungen** vorgesehen werden (vgl. § 622 Rn. 43). 238

Eine beschränkte rechtliche Bedeutung können Vereinbarungen über Gründe zur außerordentlichen Kündigung im **Rahmen der Interessenabwägung** entwickeln, wenn die Parteien Tatbestände, die an sich als wichtige Gründe geeignet sind, näher bestimmen und damit zu erkennen geben, welche Umstände ihnen unter Berücksichtigung der Eigenart des jeweiligen Arbeitsverhältnisses als Gründe für die vorzeitige Beendigung besonders wichtig erscheinen (vgl. BGH 7. 7. 1988 EzA BGB § 626 nF Nr. 117 = DB 1988, 2403; *Soergel/Kraft* Rn. 10). 239

Da das außerordentliche Kündigungsrecht unabdingbar ist und es weder einzelvertraglich noch kollektivvertraglich erweitert, eingeschränkt oder ausgeschlossen werden kann, ist zu folgern, daß dem in der Wirkung gleichkommende Kündigungserschwerungen unzulässig sind. Deshalb darf die Ausübung des außerordentlichen Kündigungsrechts nicht durch **Vereinbarung einer Vertragsstrafe**, die Verpflichtung zur Zahlung von Abfindungssummen, zur Fortzahlung des Gehalts oder zur Rückzahlung von Urlaubsentgelt und Urlaubsgeld erschwert werden (BAG 18. 12. 1961 AP BGB § 626 Kündigungserschwerung Nr. 1 = BB 1962, 223; BAG 6. 9. 1989 AP BGB § 622 Nr. 27 = NZA 1990, 147 betr. ordentliche ANKündigung). Dieses Verbot ist auch bei der inhaltlichen Ausgestaltung von Rückzahlungsklauseln im Rahmen von Gratifikationsregelungen zu beachten. 240

Damit ist nicht jede Regelung unwirksam, die zu einer **Erschwerung der Ausübung** des außerordentlichen Kündigungsrechts führen kann, sondern nur solche Regelungen, die ihrerseits dem Kündigenden unzumutbar sind (BAG 8. 8. 1963 AP BGB § 626 Kündigungserschwerung Nr. 2 = NJW 1963, 2341). Dementsprechend ist trotz des zwingenden Charakters des außerordentlichen Kündigungsrechts eine Vereinbarung des Inhalts zulässig, daß nur der AG persönlich (also kein Vertreter) das außerordentliche Kündigungsrecht ausüben darf (BAG 9. 10. 1975 AP BGB § 626 Ausschlußfrist Nr. 8). 241

Die Ausübung des außerordentlichen Kündigungsrechts kann nur durch Gesetz an die **Zustimmung Dritter** gebunden werden (§§ 15, 21 SchwbG, § 9 III MuSchG). Die Mitwirkung verschiedener Gremien und Organe juristischer Personen (zB des Diözesanbischofs – BAG 7. 10. 1993 AP BGB § 626 Nr. 114 = NZA 1994, 443) ist hiervon unabhängig und unter dem rechtlichen Blickwinkel des § 626 zulässig, weil es sich um interne Vorgänge handelt. Die Einführung des Erfordernisses der Zustimmung des BR zur außerordentlichen Kündigung, die im Nichteinigungsfall durch die Einigungsstelle ersetzt werden kann, durch Vereinbarung der Betriebsparteien ist in § 102 VI BetrVG 1972 ausdrücklich zugelassen (nach alter Rechtslage bedenklich: BAG 6. 11. 1956 AP BGB § 626 Nr. 14 = NJW 1957, 118). 242

Ist der Gesellschafter einer GmbH zugleich deren AN, so kann in seinem Arbeitsvertrag mit der GmbH wirksam vereinbart werden, daß zu seiner Kündigung die **vorherige Zustimmung der Gesellschafterversammlung** erforderlich ist. Eine solche Regelung stellt weder eine unzulässige Beschränkung der Vertretungsbefugnis des GmbH-Geschäftsführers noch eine unzulässige Kündigungserschwerung dar (vgl. BAG 28. 4. 1994 AP BGB § 626 Nr. 117 = NZA 1994, 934, dort tragend zur ordentlichen Kündigung). Das BAG hat auch keine kündigungsrechtlichen Bedenken gegen eine Vertragsklausel durchgreifen lassen (20. 10. 1960 AP HGB § 164 Nr. 1), wonach die – fristlose – Kündigung des Ehemanns der Kommanditistin einer Kommanditgesellschaft von der Zustimmung dieser Kommanditistin abhängig war. Als entscheidenden Gesichtspunkt hat das BAG jeweils herausgestellt, daß die Kündigung nicht von der Zustimmung eines Dritten, sondern allein von einer gesellschaftsinternen Mitwirkung anderer Gesellschafter abhängig gemacht worden ist. 243

Es ist jeweils genau zu prüfen, ob die Zustimmungspflicht anderer Gremien die **Wirksamkeit der Kündigung** berührt oder lediglich die interne Beziehung des Kündigungsberechtigten zu dem Mitwirkungsorgan beeinflußt (vgl. BAG 14. 11. 1984 AP BGB § 626 Nr. 89 = NZA 1986, 95 betr. die Mitwirkung des Kreistages an vom Landrat erklärten Kündigungen; BAG 11. 3. 1998 AP BGB § 626 Nr. 144 betr. Zustimmung der Gesellschafterversammlung). 244

J. Gleichbehandlungsgrundsatz und außerordentliche Kündigung

Der Gleichbehandlungsgrundsatz ist unbestrittener Bestandteil des Arbeitsrechts. Er ist bürgerlich-rechtlicher Natur und wurzelt in dem überpositiven **Ideal der Gerechtigkeit,** die es gebietet, Gleiches 245 gleich und Ungleiches entsprechend seiner Eigenart ungleich zu behandeln (MünchArbR/*Richardi* § 14 Rn. 3 und 6). Er ist zum einen Anspruchsgrundlage und zum anderen Schranke der Rechtsausübung. Sobald der AG nach einer selbst gegebenen Regel vorgeht, ist er zur Gleichbehandlung verpflichtet (*Peifer* ArbRGeg. 30 (1993), S. 139, 142). Nach der Rspr. des BAG (21. 10. 1969 AP GG Art. 9 Arbeitskampf Nr. 41 = NJW 1970, 486; BAG 22. 2. 1979 EzA BetrVG 1972 § 103 Nr. 23 = DB 1979, 1659; krit. SPV/*Preis* Rn. 199) ist der Gleichbehandlungsgrundsatz bei der Beurteilung des wichtigen Grundes **nicht unmittelbar anzuwenden,** weil der Gleichbehandlungsgrundsatz mit dem Gebot der umfassenden Abwägung der Umstände des jeweiligen Einzelfalles nur beschränkt zu vereinbaren sei (BAG 14. 10. 1965 AP BetrVG § 66 Nr. 27 = BB 1966, 81; MünchKommBGB/ *Schwerdtner* Rn. 51 f.). Jedoch kann er mittelbare Wirkungen erzielen. Der Gleichbehandlungsgrundsatz schließt eine umfassende Abwägung aller Umstände des Einzelfalles nicht aus, sondern ist als ein **maßgeblicher Gesichtspunkt** in die Abwägung einzubeziehen. Werden mehrere Kündigungen wegen eines gleichartigen Kündigungsgrundes ausgesprochen, hängt es von den bei jeder Kündigung zu berücksichtigenden Besonderheiten, zB der kürzeren oder längeren Betriebszugehörigkeit ab, ob die Kündigung aller AN berechtigt ist oder nicht (zB BAG 25. 3. 1976 AP BetrVG 1972 § 103 Nr. 6 = BB 1976, 932). Bei gleicher Ausgangslage muß jedoch der AG, der nach einer selbst gesetzten Regel verfährt, darlegen, weshalb er in einem Fall hiervon abweicht. ZB darf der AG nicht ohne sachliche Differenzierungsgründe (vgl. dazu *Preis* S. 390) bei einem von mehreren AN gemeinsam begangenen Prämienbetrug nur zwei AN kündigen und es bei den anderen, ebenso belasteten AN bei einer Verwarnung belassen. Im Ergebnis muß der AG die Gründe darlegen, die eine differenzierende Behandlung mehrerer AN im Lichte des Kündigungsschutzes sachlich rechtfertigen.

K. Ausschlußfrist des § 626 II

I. Normzweck

246   Nach § 626 II kann die außerordentliche Kündigung nur innerhalb von zwei Wochen erfolgen. Die Frist beginnt nach § 626 II 2 mit dem Zeitpunkt, in dem der Kündigungsberechtigte von den für die Kündigung maßgebenden Tatsachen Kenntnis erlangt. Die zeitliche Begrenzung der Ausübung des Kündigungsrechts dient dem **Gebot der Rechtssicherheit.** Hat der eine Vertragsteil die Voraussetzungen für eine außerordentliche Kündigung verwirklicht, darf nicht unangemessen lange Zeit ungewiß bleiben, ob der andere Teil daraus die kündigungsrechtlichen Folgen zieht. Der Kündigungsberechtigte soll sich keinen Kündigungsgrund „aufsparen" können, um dadurch den Vertragsgegner unter Druck zu setzen (BAG 25. 2. 1983 AP BGB § 626 Ausschlußfrist Nr. 14 = NJW 1983, 2720). Andererseits soll der Kündigungsberechtigte **nicht zu hektischer Eile** angetrieben werden (BAG 15. 11. 1995 AP BetrVG 1972 § 102 Nr. 73 = NZA 1996, 419).

247   Die Ausschlußfrist wird den Kündigenden veranlassen, sich alsbald schlüssig zu werden, ob er aus einem bestimmten wichtigen Grund kündigen will. Ansonsten würde bald zweifelhaft werden, ob der Grund so schwer wiegt, daß die Fortsetzung des Arbeitsverhältnisses unzumutbar ist. Auch soll die Frist dem Kündigungsgegner **frühzeitig darüber Gewißheit** verschaffen, ob sein Arbeitsverhältnis aufgrund eines bestimmten Vorganges durch eine außerordentliche Kündigung aufgelöst wird (BAG 4. 6. 1997 AP BGB § 626 Nachschieben von Kündigungsgründen Nr. 5 = NZA 1997, 1158). Deshalb findet § 626 II weder unmittelbare noch entsprechende Anwendung auf das Nachschieben von Kündigungstatsachen, die zwar im Zeitpunkt der Kündigung vorlagen, dem Kündigenden aber erst nachträglich bekannt wurden (BAG 4. 6. 1997 AP BGB § 626 Nachschieben von Kündigungsgründen Nr. 5 = NZA 1997, 1158).

II. Anwendungsbereich

248   **1. Kündigung nach § 626 I.** Die Ausschlußfrist gilt für jede außerordentliche **Kündigung aus wichtigem Grund** iSv. § 626 I, und zwar auch dann, wenn die ordentliche Kündigung ausgeschlossen ist und ein TV für die außerordentliche Kündigung eine dem § 626 entsprechende Regelung vorsieht (BAG 25. 3. 1976 AP BGB § 626 Ausschlußfrist Nr. 10 = NJW 1976, 1334). Die Anwendbarkeit der Ausschlußfrist ist unabhängig davon, wer die Kündigung ausspricht (BAG 17. 8. 1972 AP BGB § 626 Ausschlußfrist Nr. 4; aA *Gamillscheg*, FS für BAG, 1979, S. 117, 125). Auch bei der außerordentlichen Änderungskündigung ist § 626 II zu beachten (BAG 25. 3. 1976 AP BGB § 626 Ausschlußfrist Nr. 10 = NJW 1976, 1334).

249   Unter Berücksichtigung des Zweckes der Ausschlußfrist kann eine vom **Vertreter ohne Vertretungsmacht** ausgesprochene Kündigung, die vom Kündigungsempfänger nicht unverzüglich zurückgewiesen worden ist, nach den §§ 177, 180 nur binnen zwei Wochen ab Kenntniserlangung des Kündigungsberechtigten genehmigt werden (BAG 26. 3. 1986 AP BGB § 180 Nr. 2 = NJW 1987, 1038; BAG 4. 2. 1987 AP BGB § 626 Ausschlußfrist Nr. 24 = NZA 1987, 635).

K. Ausschlußfrist des § 626 II § 626 BGB 230

2. Keine analoge Anwendung auf andere Kündigungen. Nach Wortlaut, systematischer Stellung 250
und Normengeschichte bezieht sich die durch das Erste Arbeitsrechtsbereinigungsgesetz vom 14. 8.
1969 eingeführte Ausschlußfrist allein auf die außerordentliche Kündigung nach § 626 I. Die entsprechende Anwendung der für das Dienstverhältnis geltenden Bestimmung des § 626 auf andere Dauerschuldverhältnisse besagt nicht, daß auch die in § 626 II geregelte Frist gelten muß.

Die Ausschlußfrist des § 626 II findet weder unmittelbare noch entsprechende Anwendung auf 251
andere gesetzliche Tatbestände außerordentlicher Kündigungen von Dienstverträgen (BGH 3. 7.
1986 AP BGB § 626 Ausschlußfrist Nr. 23 = BB 1986, 2015; BAG 11. 6. 1992 AP Einigungsvertrag
Anlage I Kap. XIX Nr. 1 = NZA 1993, 118). Diese Regelungen sehen teils eine Ausschlußfrist vor (so
§ 15 IV BBiG), teils hat der Gesetzgeber auf eine solche Frist verzichtet (so § 89a HGB, § 64
SeemannsG und Kapitel XIX Sachgebiet A Abschnitt III Nr. 1 Abs. 5 der Anlage I zum EVertr.). Beide
Regelungstypen sind vollständig und bedürfen keiner analogen Anwendung des § 626 II (BAG 11. 6.
1992 AP Einigungsvertrag Anlage I Kap. XIX Nr. 1 = NZA 1993, 118).

Dies bedeutet aber nicht, daß bei Fehlen einer gesetzlichen Ausschlußfrist mit dem Ausspruch der 252
Kündigung beliebig lange zugewartet werden könnte. Die fristlose Beendigung des Arbeitsverhältnisses längere Zeit nach Kenntniserlangung verbietet sich auch unter dem Gesichtspunkt des widersprüchlichen Verhaltens (BAG 28. 4. 1994 AP Einigungsvertrag Art. 20 Nr. 13 = NZA 1995, 169). Der Kündigungsberechtigte darf einen Kündigungsgrund unabhängig von § 626 II nicht beliebig lange zurückhalten, um davon bei ihm **gut dünkender Gelegenheit** Gebrauch zu machen. Diese Auslegung folgt aus Art. 12 I GG. Der Staat muß einen Mindestkündigungsschutz zur Verfügung stellen (BVerfG 21. 4. 1994 EzA Einigungsvertrag Art. 20 Nr. 32; BVerfG 24. 4. 1991 AP GG Art. 12 Nr. 70 = NJW 1991, 1667). Auch außerhalb des Anwendungsbereichs des § 626 II kann daher der wichtige Grund (zB iSv. Kapitel XIX Sachgebiet A Abschnitt III Nr. 1 Abs. 5 der Anlage I zum EVertr.) durch bloßen Zeitablauf entfallen, ohne daß die weitergehenden Voraussetzungen der allgemeinen Verwirkung, wie das Vorliegen des Umstandsmoments, erfüllt sein müßten. Vielmehr kann bereits ein viermonatiges Zuwarten den Kündigungsgrund entkräften und zur Unwirksamkeit der außerordentlichen Kündigung führen (vgl. BAG 28. 4. 1994 AP Einigungsvertrag Art. 20 Nr. 13 = NZA 1995, 169).

3. Keine analoge Anwendung auf andere Beendigungstatbestände. § 626 II ist auf andere Tatbe- 253
stände grds. nicht übertragbar. Allerdings ist die Rspr. sich bemüht, eine Harmonisierung der Ausschlußfrist des § 626 II und der für die **Anfechtung von Willenserklärungen** in §§ 121, 124 geregelten Fristen herbeizuführen. ZB soll eine Anfechtung des Arbeitsverhältnisses wegen Irrtums über eine verkehrswesentliche Eigenschaft des AN (§ 119 II) nur dann „unverzüglich" iSv. § 121 I erklärt sein, wenn sie spätestens innerhalb einer Frist von zwei Wochen nach Kenntnis der für die Anfechtung maßgebenden Tatsachen erfolgt ist (BAG 14. 12. 1979 AP BGB § 119 Nr. 4 = NJW 1980, 1302). Später hat das BAG (21. 2. 1991 AP BGB § 123 Nr. 35 = NZA 1991, 719) klargestellt, daß die Zwei-Wochen-Frist im Rahmen des § 121 nicht ausnahmslos ausgenutzt werden kann.

Die Ausschlußfrist des § 626 II gilt ebensowenig für das Verfahren nach **§ 78a IV 1 Nr. 2 BetrVG** 254
wie die Frist des § 15 IV BBiG (BAG 15. 12. 1983 AP BetrVG 1972 § 78a Nr. 12 = NZA 1984, 44).

Bei der Verhängung der Dienstentlassung als Dienststrafe gegen einen **Dienstordnungsangestellten** 255
gilt § 626 II weder unmittelbar noch analog (BAG 3. 2. 1972 AP BGB § 611 Dienstordnungs-Angestellte Nr. 32 = DB 1972, 1492; *Wenzel* MDR 1977, 985, 986).

III. Fristbeginn und -ablauf

1. Person des Kündigungsberechtigten. a) Grundsatz. Der Lauf der Frist des § 626 II beginnt mit 256
dem Zeitpunkt, in dem der Kündigungsberechtigte von den für die Kündigung maßgebenden Tatsachen Kenntnis erlangt. Kündigungsberechtigter ist diejenige natürliche Person, der im gegebenen Fall das Recht zur Erklärung der außerordentlichen Kündigung zusteht (BAG 6. 7. 1972 AP BGB § 626 Ausschlußfrist Nr. 3 = NJW 1973, 214; SPV/*Preis* Rn. 486). Hierzu zählen der AG selbst, sein gesetzlicher oder rechtsgeschäftlicher Vertreter und die Personen, die eine ähnlich selbständige Stellung wie ein gesetzlicher Vertreter haben (BAG 28. 10. 1971 AP BGB § 626 Ausschlußfrist Nr. 1 = NJW 1972, 463).

Ist vertraglich festgelegt worden, daß das Recht zur außerordentlichen **Kündigung nur vom AG** 257
persönlich ausgeübt werden kann, so ist regelmäßig nur der AG Kündigungsberechtigter iSv. § 626 II. Ist aber der Fall der Verhinderung bei einer derartigen Vereinbarung nicht bedacht worden, so ist durch ergänzende Vertragsauslegung zu ermitteln, ob die Beschränkung der Kündigungsbefugnis auch dann fortwirkt, wenn der AG nicht nur kurzfristig daran gehindert ist, sein Kündigungsrecht auszuüben (BAG 9. 10. 1975 AP BGB § 626 Ausschlußfrist Nr. 8).

Die **Kenntnis eines Dritten** (insb. eines Vorgesetzten des Mitarbeiters) muß sich der AG nur dann 258
zurechnen lassen, wenn dessen Stellung im Betrieb nach den Umständen erwarten läßt, er werde den Kündigungsberechtigten über den Kündigungssachverhalt unterrichten. Hinzukommen muß, daß die Organisation des Betriebes zu einer Verzögerung des Fristbeginns geführt hat, obwohl eine andere Organisation sachgemäß und zumutbar wäre. Beide Voraussetzungen (selbständige Stellung des Drit-

ten im Betrieb und Verzögerung der Kenntniserlangung des Kündigungsberechtigten durch eine schuldhaft fehlerhafte Organisation des Betriebes) müssen kumulativ vorliegen (BAG 18. 5. 1994 AP BGB § 626 Ausschlußfrist Nr. 33 = NZA 1994, 1086).

259 **b) Kündigungsbefugnis von Personenmehrheiten.** Die Folgen der Kenntnis eines Gesamtvertreters bzw. eines Mitglieds eines zur Kündigung berechtigten Organs sind jeweils nach den für die Rechtsform der kündigungsberechtigten Partei geltenden besonderen Vertretungs- und Zurechnungsnormen zu bestimmen. Für den Verein gilt nach gefestigter Rspr. (BAG 20. 9. 1984 AP BGB § 28 Nr. 1 = NZA 1985, 250), daß § 28 II entsprechend anzuwenden ist, wenn es rechtlich bedeutsam ist, ob der Verein als Vertragspartei eine Tatsache kennt oder nur ein Mitglied die entsprechende Kenntnis hat. Diese Grundsätze über die Zurechnung des Wissens eines Organs gegenüber dem rechtsfähigen Verein gelten ganz allgemein für juristische Personen (vgl. § 78 II 2 AktG; § 35 II 3 GmbHG; § 25 I 3 GenG). Die Rspr. steht auf dem Standpunkt, daß es die juristische Person durch die Gestaltung der Satzung und geeignete organisatorische Maßnahmen in der Hand hat, die Wahrung der Ausschlußfrist sicherzustellen. Hat über die Kündigung eines mit einer GmbH bestehenden Arbeitsverhältnisses nach dem Gesellschaftsvertrag die Gesellschafterversammlung zu beschließen, kommt es für den Beginn der Ausschlußfrist grds. auf den Zeitpunkt an, in dem die ordnungsgemäß einberufene und zusammengetretene Gesellschafterversammlung in Kenntnis gesetzt wird (BAG 11. 3. 1998 AP BGB § 626 Nr. 144). Ein früher liegender Zeitpunkt der Kenntniserlangung des Geschäftsführers wird rechtlich erheblich, wenn dieser nicht unverzüglich und ordnungsgemäß eine außerordentliche Gesellschafterversammlung einberufen würde (so BAG 11. 3. 1998 AP BGB § 626 Nr. 144 in einem obiter dictum) oder die Einberufung der Gesellschafterversammlung „unangemessen verzögerte" (so BGH 15. 6. 1998 AP BGB § 626 Ausschlußfrist Nr. 41).

260 Gleiches gilt für **juristische Personen des öffentlichen Rechts.** Bei einer Gemeinde kommt es auf die kommunalrechtliche Regelung der Zuständigkeit an. Ist zB der Bürgermeister nicht kündigungsberechtigt, sondern ein Kollegialorgan, entscheidet die Kenntnis dieses Organs (BAG 18. 5. 1994 AP BGB § 626 Ausschlußfrist Nr. 33 = NZA 1994, 1086). Der Bürgermeister hat dieses Gremium alsbald zu unterrichten. Ist die Kündigungsbefugnis einem Ausschuß übertragen und tagt dieser Ausschuß im Monatsrhythmus, so wird die Ausschlußfrist regelmäßig auch dann gewahrt, wenn die fristlose Kündigung eines AN der Gemeinde in der **nächsten ordentlichen Ausschußsitzung** beschlossen wird, nachdem der Bürgermeister von dem Kündigungssachverhalt Kenntnis erlangt hat (BAG 18. 5. 1994 AP BGB § 626 Ausschlußfrist Nr. 33 = NZA 1994, 1086).

261 Soll eine nur von einem der Gesamtvertreter ausgesprochene Kündigung von den übrigen Vertretern nach **§ 180 S. 2, § 177 BGB** genehmigt werden, kann dies nur innerhalb der zweiwöchigen Ausschlußfrist des § 626 II geschehen (BAG 26. 3. 1986 AP BGB § 180 Nr. 2 = NJW 1987, 1038; BAG 4. 2. 1987 AP BGB § 626 Ausschlußfrist Nr. 24 = NZA 1987, 635).

262 Beim **Betriebsübergang** gem. § 613 a und dadurch bewirkten Wechsel in der Person des AG kann der neue AG die Kündigung auch auf Gründe stützen, die bereits beim alten AG entstanden waren. Etwaiges Wissen des bisherigen Inhabers muß sich der Erwerber zurechnen lassen (*Finken*, Ausschlußfrist des § 626 Abs. 2 BGB, 1988, S. 126).

263 **2. Kenntnis der für die Kündigung maßgebenden Tatsachen.** Die Frist beginnt, sobald der Kündigungsberechtigte eine zuverlässige und möglichst vollständige Kenntnis vom Kündigungssachverhalt hat, die ihm die Entscheidung ermöglicht, ob die Fortsetzung des Arbeitsverhältnisses zumutbar ist oder nicht (BAG 28. 10. 1971 AP BGB § 626 Ausschlußfrist Nr. 1 = NJW 1972, 463; BAG 6. 7. 1972 AP BGB § 626 Ausschlußfrist Nr. 3 = NJW 1973, 214; BAG 10. 6. 1988 AP BGB § 626 Ausschlußfrist Nr. 27 = NZA 1989, 105). Zu den für die Kündigung maßgebenden Tatsachen gehören sowohl die für als auch die gegen die Kündigung sprechenden Umstände. Erheblich ist allein die **positive Kenntnis** der maßgeblichen Tatsachen, der selbst eine grobfahrlässige Unkenntnis nicht gleichzustellen ist (BAG 11. 3. 1976 AP BGB § 626 Ausschlußfrist Nr. 9 = NJW 1976, 1766; BAG 16. 8. 1990 AP BGB § 611 Treuepflicht Nr. 10 = NZA 1991, 141; *Ascheid* Rn. 152).

264 Solange der Kündigungsberechtigte die zur Aufklärung des Kündigungssachverhalts nach pflichtgemäßem Ermessen **notwendig erscheinenden Maßnahmen** zügig durchführt, ist die Ausschlußfrist gehemmt (BAG 31. 3. 1993 AP BGB § 626 Ausschlußfrist Nr. 32 = NZA 1994, 409). Dabei ist das tatsächliche Ergebnis der Ermittlungen für den Fristbeginn bedeutungslos (BAG 14. 11. 1984 AP BGB § 626 Nr. 89 = NZA 1986, 95).

265 Der Kündigungsberechtigte muß mit der **gebotenen (nicht hektischen) Eile** (BAG 15. 11. 1995 AP BetrVG 1972 § 102 Nr. 73 = NZA 1996, 419) Ermittlungen anstellen, die ihm eine umfassende und zuverlässige Kenntnis des Kündigungssachverhaltes verschaffen sollen (BAG 10. 6. 1988 AP BGB § 626 Ausschlußfrist Nr. 27 = NZA 1989, 105; BAG 31. 3. 1993 AP BGB § 626 Ausschlußfrist Nr. 32 = NZA 1994, 409). Geplante, aber tatsächlich nicht durchgeführte Ermittlungen sind nicht geeignet, den Lauf der Frist des § 626 II zu hemmen (BAG 28. 4. 1994 AP BGB § 626 Nr. 117 = NZA 1994, 934). Die Ermittlungen dürfen nicht hinausgezögert werden. Räumt der AN die ihm zur Last gelegten Pflichtverletzungen ein, wird es zumeist keiner weiteren Sachaufklärung bedürfen.

IdR gehört die **Anhörung des AN** zur Aufklärung des Kündigungssachverhalts dazu (BAG 14. 11. 266 1984 AP BGB § 626 Nr. 89 = NZA 1986, 95), obgleich sie, abgesehen vom Fall der Verdachtskündigung, keine Wirksamkeitsvoraussetzung einer außerordentlichen Kündigung ist (BAG 23. 3. 1972 AP BGB § 626 Nr. 63; BAG 10. 2. 1977 AP BetrVG 1972 § 103 Nr. 9 = NJW 1977, 1413). Die Anhörung vermag an dem objektiven Tatbestand des wichtigen Grundes nichts zu ändern, doch wird sie häufig dem AG eine sichere Beurteilung der ermittelten Tatsachen ermöglichen. Reicht eine schriftliche Stellungnahme des AN nicht aus, um den Sachverhalt hinreichend aufzuklären, kann es gerechtfertigt sein, den AN zu den gegen ihn erhobenen Vorwürfen mündlich anzuhören (BAG 12. 2. 1973 AP BGB § 626 Ausschlußfrist Nr. 6). Die Frist des § 626 II beginnt dann erst mit der zweiten Anhörung, sofern sie innerhalb einer kurz zu bemessenden Frist (regelmäßig nicht länger als eine Woche) nach Eingang der schriftlichen Stellungnahme erfolgt (BAG 12. 2. 1973 AP BGB § 626 Ausschlußfrist Nr. 6).

3. Dauertatbestände. Treten **fortlaufend neue Tatsachen** ein, die für die Kündigung maßgeblich 267 sind (zB unentschuldigtes Fehlen), oder liegt ein noch nicht abgeschlossener, länger währender Zustand vor, wird von einem Dauertatbestand gesprochen, der einer besonderen Beurteilung bedarf. Ist zB ein AN aus gesundheitlichen Gründen nicht fähig, die vertraglich übernommene Arbeit zu erbringen oder ist seine Eignung erheblich beeinträchtigt, handelt es sich um einen solchen Dauertatbestand (BAG 21. 3. 1996 AP BGB § 626 Krankheit Nr. 8 = NZA 1996, 871). Die Ausschlußfrist beginnt in diesen Fällen nicht mit dem Zeitpunkt des Bekanntwerdens der ersten Pflichtverletzung oder dem Beginn des kündigungsrelevanten Zustands, sondern erst zu einem späteren Zeitpunkt.

Hiervon zu unterscheiden sind die Tatbestände, die bereits abgeschlossen sind und nur noch 268 fortwirken. Dies ist zB der Fall, wenn der AN mehrere Vertragspflichtverletzungen begangen hat und hierdurch ein **fortwirkender Vertrauensverlust** bei dem AG entsteht. In diesem Fall sind die tatsächlichen Vorgänge, auf die die Kündigung gestützt wird und die nach § 626 II für den Fristbeginn maßgebend sind, bereits abgeschlossen (BAG 25. 2. 1983 AP BGB § 626 Ausschlußfrist Nr. 14 = NJW 1983, 2720). Ob deshalb bei dem AG ein zur fristlosen Kündigung berechtigender Vertrauensverlust eingetreten ist, ist eine Schlußfolgerung, die im Rahmen der Interessenabwägung vorzunehmen, deren Ergebnis jedoch keine für den Fristbeginn maßgebende Tatsache ist (BAG 17. 8. 1972 AP BGB § 626 Ausschlußfrist Nr. 4).

Bei Pflichtverletzungen, die zu einem Gesamtverhalten zusammengefaßt werden können, beginnt 269 die **Ausschlußfrist mit dem letzten Vorfall**, der zum Anlaß für die Kündigung genommen wird (BAG 17. 8. 1972 AP BGB § 626 Ausschlußfrist Nr. 4). Bleibt der AN unbefugt der Arbeit fern, so entsteht mit jedem Tag des Fernbleibens eine neue, für die Kündigung erhebliche Tatsache, und dieser Tatbestand dauert bis zur Wiederaufnahme der Arbeit an. Dementsprechend kann im Falle unentschuldigten Fehlens von drei Wochen Dauer noch innerhalb von zwei Wochen nach dem letzten Fehltag außerordentlich gekündigt werden (BAG 25. 2. 1983 AP BGB § 626 Ausschlußfrist Nr. 14 = NJW 1983, 2720; BAG 22. 1. 1998 AP BGB § 626 Ausschlußfrist Nr. 38; RGRK/*Corts* Rn. 210; MünchKommBGB/*Schwerdtner* Rn. 221). Dabei ist das frühere Verhalten, das länger als zwei Wochen zurückliegt, ebenfalls zu berücksichtigen, und zwar anders als ein verfristeter Vorfall nicht nur unterstützend (LAG Düsseldorf 29. 4. 1981 EzA BGB § 626 nF Nr. 77 = DB 1981, 1731).

Bildet ein sich länger hinziehendes, immer wieder in Erscheinung tretendes vertragswidriges Ver- 270 halten des AN den Grund für die außerordentliche Kündigung, ist die Frist des § 626 II nur dann eingehalten, wenn dem AG in den beiden letzten Wochen vor der Kündigung Vorfälle bekanntgeworden sind, die ein weiteres und letztes **Glied in der Kette der Ereignisse** bilden, die zum Anlaß der Kündigung genommen werden (BAG 17. 8. 1972 AP BGB § 626 Ausschlußfrist Nr. 4).

Bei einer **längeren Erkrankung** des AN, die keinen Dauertatbestand iSv. Rn. 267 darstellt, beginnt 271 die Ausschlußfrist nicht erst mit der Beendigung der Krankheit, sondern bereits, wenn der AG die für die Unzumutbarkeit der Fortsetzung des Arbeitsverhältnisses maßgebenden Umstände kennt (BAG 12. 4. 1978 AP BGB § 626 Ausschlußfrist Nr. 13 = BB 1978, 1166).

Auf außerordentliche **Druckkündigungen** (vgl. oben Rn. 220 ff.) findet § 626 II zwar Anwendung, 272 doch wird wegen der Abwendungspflicht des AG der Fristbeginn nicht immer präzise festgestellt werden können. Jedenfalls beginnt die Ausschlußfrist nicht mit der Kenntnis des AG vom Verlangen der Belegschaft oder des Dritten, denn zunächst muß der AG sich bemühen, diesem Druck durch andere Mittel als durch Kündigung des Arbeitsverhältnisses abzuhelfen. Ebensowenig beginnt die Ausschlußfrist bei verhaltens- oder personenbedingten Druckkündigungen mit der Kenntniserlangung von den Tatsachen, die den Druck durch die Belegschaft auslösten. Andernfalls handelte es sich um eine verhaltens- oder personenbedingte Kündigung, nicht aber um eine Druckkündigung. Entscheidend ist vielmehr der Zeitpunkt der vollen Kenntnis aller Umstände, die dem Kündigenden die tatsächlich gezogene Schlußfolgerung erlaubten, die Drucksituation könne allein durch Ausspruch einer außerordentlichen Kündigung beseitigt werden.

4. Besonderheiten bei Verdachtskündigungen. Auf die außerordentliche Verdachtskündigung ist 273 die Ausschlußfrist des § 626 II anzuwenden (BAG 29. 7. 1993 AP BGB § 626 Ausschlußfrist Nr. 31 = NZA 1994, 171; BAG 28. 4. 1994 AP BGB § 626 Nr. 117 = NZA 1994, 934; *Belling* RdA 1996, 223, 234 f.). Weder der Verdacht strafbarer Handlungen noch eine begangene Straftat stellen Dauerzustände dar, die es dem AG ermöglichen, bis zur strafrechtlichen Verurteilung des AN zu irgendeinem beliebigen Zeitpunkt eine fristlose Kündigung auszusprechen (BAG 29. 7. 1993 AP BGB § 626 Ausschlußfrist Nr. 31 = NZA 1994, 171). Hält der AG einen bestimmten Kenntnisstand für ausreichend, eine fristlose Kündigung wegen Verdachts einer strafbaren Handlung oder wegen begangener Straftat auszusprechen, so muß er binnen zwei Wochen kündigen, nachdem er diesen Kenntnisstand erlangt hat (BAG 28. 4. 1994 AP BGB § 626 Nr. 117 = NZA 1994, 934).

274 Entscheidet sich der Kündigungsberechtigte aufgrund eines Anfangsverdachts, selbst weitere Ermittlungen durchzuführen, so muß er dies zügig tun. Die Frist des § 626 II beginnt dann nicht vor Anhörung des AN (BAG 6. 7. 1972 AP BGB § 626 Ausschlußfrist Nr. 3 = NJW 1973, 214), sofern diese unverzüglich eingeleitet worden ist. Anstatt eigene Ermittlungen durchzuführen, darf der Kündigungsberechtigte das Ergebnis eines **Ermittlungsverfahrens der Staatsanwaltschaft** und auch eines Strafverfahrens abwarten. Diese Entscheidung bindet ihn insofern, als er nunmehr nicht spontan, ohne daß sich neue Tatsachen ergeben hätten, zu einem willkürlich gewählten Zeitpunkt eigene Ermittlungen aufnehmen und dann zwei Wochen nach Abschluß dieser Ermittlungen kündigen dürfte (BAG 29. 7. 1993 AP BGB § 626 Ausschlußfrist Nr. 31 = NZA 1994, 171). Da der AG nicht verpflichtet ist, von der unter Umständen unsicheren Möglichkeit der Verdachtskündigung Gebrauch zu machen, darf er auch abwarten, bis er eine auf die Tat gestützte außerordentliche Kündigung aussprechen kann. Wegen **Begehung einer Straftat** wird der AG erst kündigen, wenn er selbst von dieser Tat überzeugt ist (BAG 12. 12. 1984 AP BGB § 626 Ausschlußfrist Nr. 19 = NZA 1985, 623). Für einen sorgfältig agierenden AG kann deshalb die Frist des § 626 II für die Kündigung wegen erwiesener Straftat durchaus später beginnen als für die Verdachtskündigung. Kündigt der AG nicht schon aufgrund des Verdachts einer strafbaren Handlung, sondern wartet er das Ergebnis des Strafverfahrens ab, so wird die Ausschlußfrist jedenfalls dann gewahrt, wenn der AG die außerordentliche Kündigung binnen zwei Wochen seit Kenntniserlangung von der Tatsache der Verurteilung ausspricht (BAG 18. 11. 1999 AP BGB § 626 Nr. 160).

275 **5. Beginn bei Betriebsstillegung.** Bei betriebsbedingten außerordentlichen Kündigungen, die wegen Rationalisierungsmaßnahmen oder wegen Betriebsstillegung erfolgen, werden idR echte Dauergründe iSv. Rn. 267 vorliegen (BAG 5. 2. 1998 AP BGB § 626 Nr. 143; BAG 17. 9. 1998 AP BGB § 626 Nr. 148).

276 Wenn die **Änderung oder Stillegung des Betriebes** erst für die Zukunft geplant ist, besteht der wichtige Grund für die außerordentliche Kündigung in der Unzumutbarkeit der Weiterbeschäftigung trotz fehlender Arbeit. Wann der Betrieb tatsächlich stillgelegt werden wird, wissen die Arbeitsvertragsparteien mit vollkommener Sicherheit erst mit der Ausführung des Planes. Dementsprechend beginnt die Ausschlußfrist erst mit dem Tage, an dem der AN nicht mehr weiterbeschäftigt werden kann (BAG 26. 3. 1985 AP BGB § 626 Nr. 86 = NZA 1985, 559). Im Interesse der AN braucht der AG allerdings mit der Kündigung nicht so lange zu warten, bis die letzten Arbeiten beendet sind. Er kann vielmehr schon vorher außerordentlich zu dem Zeitpunkt kündigen, zu dem die Beschäftigungsmöglichkeit voraussichtlich entfallen wird (BAG 22. 7. 1992 EzA BGB § 626 nF Nr. 141).

277 Bei der betriebsbedingten **außerordentlichen Änderungskündigung** beginnt die Frist gleichfalls nicht schon mit dem Zeitpunkt, zu dem der AG die Entscheidung trifft, den Betrieb einzuschränken oder Betriebsteile stillzulegen. Die für den Fristbeginn der Ausschlußfrist maßgebenden Tatsachen sind dem AG erst dann bekannt, wenn feststeht, welche bestimmten AN nicht mehr auf ihrem angestammten Arbeitsplatz zu ihren bisherigen Arbeitsbedingungen weiterbeschäftigt werden können und deshalb Änderungskündigungen notwendig werden (BAG 25. 3. 1976 AP BGB § 626 Ausschlußfrist Nr. 10 = NJW 1976, 1334).

278 **6. Fristablauf.** Die Berechnung der Ausschlußfrist richtet sich nach den **§§ 187 ff. BGB**. Nach § 187 I wird der Tag, an dem der Kündigungsberechtigte die für die Kündigung maßgebenden Tatsachen erfahren hat, bei der Berechnung der Frist nicht mitgerechnet. Die Frist beginnt damit erst am Tage nach der Kenntniserlangung und endet nach § 188 II 1 Halbs. 1 zwei Wochen später mit Ablauf desjenigen Tages der zweiten Woche, der durch seine Benennung dem Tage entspricht, an dem die Kenntnis erlangt wurde. Wenn der Kündigungsberechtigte von den Kündigungsgründen zB an einem Montag erfährt, endet die Ausschlußfrist demgemäß mit dem Ablauf des Montags der übernächsten Woche. Wenn die Ausschlußfrist an einem Sonnabend, einem Sonntag oder einem gesetzlichen Feiertag abläuft, tritt an die Stelle dieses Tages nach § 193 der nächste Werktag.

279 Zur Wahrung der Ausschlußfrist genügt es nicht, wenn eine schriftliche Kündigung am letzten Tage der Frist zur Post gegeben wird und dadurch den Machtbereich des Kündigungsberechtigten verläßt. ISv. § 626 II ist eine Kündigung erst **mit dem Zugang** (§ 130) beim Kündigungsempfänger „erfolgt" (BAG 9. 3. 1978 AP BGB § 626 Ausschlußfrist Nr. 12 = NJW 1978, 2168).

IV. Unabdingbarkeit

280 Die Ausschlußfrist kann durch Parteivereinbarung weder ausgeschlossen noch abgeändert werden, weil es sich bei § 626 II um eine zwingende gesetzliche Vorschrift handelt (BAG 12. 2. 1973 AP BGB

K. Ausschlußfrist des § 626 II

§ 626 Ausschlußfrist Nr. 6). Ebensowenig kann die Ausschlußfrist durch TV abgeändert oder ausgeschlossen werden (BAG 19. 1. 1973 AP BGB § 626 Ausschlußfrist Nr. 5 = BB 1973, 1170; BAG 12. 4. 1978 AP BGB § 626 Ausschlußfrist Nr. 13 = BB 1978, 1166). § 626 II kommt eine doppelte Schutzfunktion zu: Schutz vor übereilten Kündigungen und Schutz des sich durch Zeitablauf bildenden Vertrauens. Würde von der gesetzlichen Regelung abgewichen, könnte sich sowohl eine Verlängerung als auch eine Verkürzung der Frist im konkreten Fall für den AN nachteilig auswirken.

V. Rechtsfolgen des Fristablaufs

1. Ausschluß des außerordentlichen Kündigungsrechts. Wird erst nach Ablauf der Frist gekündigt, hat § 626 II die **unwiderlegbare gesetzliche Vermutung** ausgelöst, daß der Grund seine Bedeutung für eine außerordentliche Kündigung verloren hat (BAG 8. 6. 1972 AP KSchG 1969 § 13 Nr. 1 = NJW 1972, 1878). 281

§ 626 II enthält somit eine **materiell-rechtliche Ausschlußfrist**. Ihre Versäumung führt zur Unwirksamkeit der außerordentlichen Kündigung (BAG 6. 7. 1972 AP BGB § 626 Ausschlußfrist Nr. 3 = NJW 1973, 214; *Ascheid* Rn. 149; *Wenzel* MDR 1977, 985, 986). Eine Wiedereinsetzung in den vorigen Stand ist auch bei dieser Ausschlußfrist nicht möglich (BAG 28. 10. 1971 AP BGB § 626 Ausschlußfrist Nr. 1 = NJW 1972, 463). Die Unwirksamkeit der außerordentlichen Kündigung wegen Versäumung der Frist des § 626 II muß im Geltungsbereich des KSchG durch fristgerechte Feststellungsklage gem. §§ 13, 4, 7 KSchG geltend gemacht werden (BAG 6. 7. 1972 AP BGB § 626 Ausschlußfrist Nr. 3 = NJW 1973, 214). 282

2. Fortbestand des Rechts zur ordentlichen Kündigung. Nach Ablauf der Ausschlußfrist kann der für § 626 I ausgeschlossene Kündigungsgrund im Geltungsbereich des KSchG eine ordentliche Kündigung sozial rechtfertigen. Eine entsprechende Anwendung von § 626 II auf § 1 II KSchG ist von der Rspr. zu Recht nicht in Erwägung gezogen worden (BAG 4. 3. 1980 AP GG Art. 140 Nr. 4 = BB 1980, 1639; *Staudinger/Preis* Rn. 275). Ist die außerordentliche Kündigung bereits ausgesprochen, kommt eine Umdeutung der wegen § 626 II unwirksamen außerordentlichen Kündigung in eine ordentliche Kündigung in Betracht. 283

3. Rechtsmißbräuchliche Berufung auf die Ausschlußfrist. Es ist nicht auszuschließen, daß die Anwendung von § 626 II im Einzelfall zu groben Unbilligkeiten führt. Deshalb ist wiederholt erörtert worden, ob auf § 242 gestützte Einwendungen des Kündigenden (insb. Rechtsmißbrauch) zu einer Korrektur führen könnten (*Hölters* in Anm. zu BAG 19. 1. 1973 AP BGB § 626 Ausschlußfrist Nr. 5; *Martens* in Anm. zu BAG 12. 4. 1973 AP BGB § 626 Ausschlußfrist Nr. 6; SPV/*Preis* Rn. 490). Zu denken ist vor allem an den Fall, daß der Gekündigte den Kündigungsberechtigten durch unredliches Verhalten davon abgehalten hat, die Ausschlußfrist einzuhalten (vgl. BAG 19. 1. 1973 AP BGB § 626 Ausschlußfrist Nr. 5 = BB 1973, 1170; BAG 12. 2. 1973 AP BGB § 626 Ausschlußfrist Nr. 6). Hat zB der AG, der eine außerordentliche Kündigung gegenüber seinem AN beabsichtigt, von einem Antrag des AN auf Feststellung der Schwerbehinderteneigenschaft Kenntnis erlangt und kündigt er daher nicht in der Frist des § 626 II, sondern beantragt er innerhalb der Frist des § 21 II SchwbG die Zustimmung der Hauptfürsorgestelle, darf sich der AN nach **Treu und Glauben** auch dann nicht auf die Versäumung der Frist des § 626 II berufen, wenn er tatsächlich nicht schwerbehindert ist und es deshalb der Zustimmung der Hauptfürsorgestelle gar nicht bedurfte (BAG 27. 2. 1987 AP BGB § 626 Ausschlußfrist Nr. 26 = NZA 1988, 429). 284

VI. Ausschlußfrist und Beteiligung des Betriebsrats

Nach § 102 I BetrVG ist der BR vor jeder Kündigung zu hören. Eine ohne Anhörung des BR ausgesprochene Kündigung ist unwirksam (§ 102 I 3 BetrVG). Im öffentlichen Dienst ist der Personalrat zu beteiligen (zB § 79 III BPersVG). Die jeweils erforderliche Anhörung muß vor Ablauf der Ausschlußfrist eingeleitet werden, die **nicht um die Anhörungsfrist** von drei Tagen verlängert wird (BAG 18. 8. 1977 AP BetrVG 1972 § 163 Nr. 10 = NJW 1978, 661). Der AG muß somit spätestens am 10. Tage nach Kenntnis der für die Kündigung maßgebenden Tatsachen die Anhörung des BR einleiten, um nach Ablauf der Anhörungsfrist von drei Tagen noch am folgenden letzten Tag der Ausschlußfrist die Kündigung aussprechen zu können. 285

Die außerordentliche Kündigung des Mitglieds eines Betriebs- oder Personalrats oder eines anderen durch § 15 KSchG geschützten AN ist, sofern kein Fall des § 15 IV oder V KSchG vorliegt (BAG 18. 9. 1997 AP BetrVG 1972 § 163 Nr. 35 = NZA 1998, 189), erst zulässig, nachdem der Betriebs- oder Personalrat seine Zustimmung erteilt hat oder die verweigerte Zustimmung durch das Gericht rechtskräftig ersetzt worden ist. Diese Regelung schließt die Anwendbarkeit des § 626 II nicht aus (BAG 18. 8. 1977 AP BetrVG 1972 § 103 Nr. 10 = NJW 1978, 661). Verweigert der BR die Zustimmung oder gibt der BR innerhalb von drei Tagen keine Stellungnahme ab, muß der AG noch innerhalb der Ausschlußfrist des § 626 II das gerichtliche Verfahren auf Ersetzung der Zustimmung einleiten (BAG 24. 10. 1996 AP BetrVG 1972 § 103 Nr. 32 = NZA 1997, 371; aA *Gamillscheg*, FS für BAG, 286

1979, S. 117, 126 f.). Dabei wahrt allein ein **zulässiger Zustimmungsersetzungsantrag** nach § 103 II BetrVG die Ausschlußfrist des § 626 II (BAG 24. 10. 1996 AP BetrVG 1972 § 103 Nr. 32 = NZA 1997, 371). Ein vor der Verweigerung der Zustimmung durch den BR gestellter Ersetzungsantrag ist unzulässig und wird auch nicht nachträglich zulässig. Der BR kann noch während des anhängigen Beschlußverfahrens die zunächst verweigerte Zustimmung erteilen (BAG 23. 6. 1993 AP ArbGG 1979 § 83 a Nr. 2 = NZA 1993, 1052).

287 Somit tritt im Regelungsbereich des § 103 BetrVG der Antrag auf gerichtliche Ersetzung der Zustimmung an die Stelle des Ausspruches der Kündigung. Wird die Zustimmung rechtskräftig ersetzt (vgl. zum maßgeblichen Zeitpunkt BAG 25. 1. 1979 AP BetrVG 1972 § 103 Nr. 12 = BB 1979, 1242; sowie die Klarstellung in BAG 9. 7. 1998 AP BetrVG 1972 § 103 Nr. 36), beginnt die Ausschlußfrist des § 626 II nicht erneut zu laufen, vielmehr muß der AG die außerordentliche Kündigung in entsprechender Anwendung von **§ 21 V SchwbG unverzüglich** aussprechen (BAG 24. 4. 1975 AP BetrVG 1972 § 103 Nr. 3 = NJW 1975, 1752; BAG 9. 7. 1998 AP BetrVG 1972 § 103 Nr. 36; KR/*Etzel* § 103 BetrVG Rn. 136; SPV/*Stahlhacke* Rn. 1013; aA *Fitting* § 103 Rn. 29 [2 Wochen]). Gleiches gilt bei Durchführung eines personalvertretungsrechtlichen Zustimmungsverfahrens (BAG 21. 10. 1983 AP BGB § 626 Ausschlußfrist Nr. 16 = BB 1984, 1491; BAG 8. 6. 2000 – 2 AZR 375/99 – zVb.). Zur Kombination der Verfahren bei schwerbehinderten Mitgliedern des BR BAG 22. 1. 1987 AP BetrVG 1972 § 103 Nr. 24 = NZA 1987, 563.

VII. Ausschlußfrist und Verwaltungsverfahren

288 Wird innerhalb der Ausschlußfrist des § 626 II ein Antrag auf Zulässigerklärung nach **§ 9 III MuSchG oder § 18 I BErzGG** gestellt, wahrt dieser die Frist, auch wenn die Kündigung erst sehr viel später ausgesprochen werden darf. Wird die beabsichtigte Kündigung für zulässig erklärt, muß der AG nach Zustellung des Bescheides die Kündigung unverzüglich aussprechen (SPV/*Stahlhacke* Rn. 853; vgl. BAG 11. 9. 1979 AP MuSchG 1968 § 9 Nr. 6).

289 Nach § 15 iVm. § 21 I SchwbG bedarf die außerordentliche Kündigung des Arbeitsverhältnisses eines **Schwerbehinderten** der vorherigen Zustimmung der Hauptfürsorgestelle. Die Zustimmung kann nach § 21 II SchwbG nur innerhalb von zwei Wochen nach Kenntnis der für die Kündigung maßgebenden Tatsachen beantragt werden. Gem. § 21 V SchwbG muß die Kündigung unverzüglich nach Erteilung der Zustimmung erklärt werden. Der AG kann die außerordentliche Kündigung (ggf. auch mit sozialer Auslauffrist) schon dann erklären, wenn ihm die Hauptfürsorgestelle ihre Zustimmungsentscheidung innerhalb der Zwei-Wochen-Frist mündlich oder fernmündlich bekanntgegeben hat; einer vorherigen Zustellung des Bescheides bedarf es nicht (BAG 9. 2. 1994 AP SchwbG 1986 § 21 Nr. 3; BAG 12. 8. 1999 AP SchwbG 1986 § 21 Nr. 7). Trifft die Fürsorgestelle binnen zwei Wochen keine Entscheidung, gilt die Zustimmung nach § 21 III SchwbG mit der Folge als erteilt, daß unverzüglich die Kündigung zu erklären ist.

L. Gerichtliche Überprüfung der außerordentlichen Kündigung

I. Notwendigkeit der Feststellungsklage

290 Ein AN, der bereits nach §§ 1, 23 KSchG den allgemeinen Kündigungsschutz erworben hat, muß nach § 13 I 2 KSchG die Rechtsunwirksamkeit einer außerordentlichen Kündigung gem. § 4 KSchG innerhalb von drei Wochen nach Zugang der Kündigung durch eine Klage auf Feststellung geltend machen, daß das Arbeitsverhältnis durch die Kündigung nicht aufgelöst worden ist. Unterbleibt die fristgerechte Klageerhebung gilt die Kündigung gem. **§§ 7, 13 KSchG** als von Anfang an rechtswirksam. Die Frist des § 4 KSchG für die Erhebung einer Kündigungsschutzklage muß auch dann eingehalten werden, wenn der gekündigte AN vorrangig geltend machen will, die Ausschlußfrist des § 626 II sei versäumt (BAG 8. 6. 1972 AP KSchG 1969 § 13 Nr. 1 = NJW 1972, 1878). Auch wenn die Kündigungsgründe verfristet sind, fehlt es an einem wichtigen Grund, so daß die Kündigung nicht bereits aus anderen Gründen iSv. § 13 III KSchG rechtsunwirksam ist.

II. Nachschieben von Kündigungsgründen

291 Umstände, die im Zeitpunkt der Ausübung des außerordentlichen Kündigungsrechts bereits bestanden, können unabhängig davon, ob sie dem Kündigenden bekannt oder unbekannt waren, materiellrechtlich im Kündigungsrechtsstreit zur Begründung der außerordentlichen Kündigung nachgeschoben werden (BAG 18. 1. 1980 AP BGB § 626 Nachschieben von Kündigungsgründen Nr. 1 = NJW 1980, 2486). Wesentliche Einschränkungen dieser Erweiterung der tatsächlichen Entscheidungsgrundlagen des Kündigungsschutzprozesses ergeben sich jedoch aus **§ 102 BetrVG** (vgl. hierzu oben Rn. 79 f.). Hingegen wird das Nachschieben von Kündigungsgründen nicht durch die Frist des § 626 II eingeschränkt oder gar ausgeschlossen. Diese Norm findet auf nach Ausspruch der Kündigung bekannt gewordene Gründe weder unmittelbare noch entsprechende Anwendung (BAG 4. 6.

1997 AP BGB § 626 Nachschieben von Kündigungsgründen Nr. 5 = NZA 1997, 1158). Ebensowenig führt die **Begründungspflicht** des § 626 II 3 (vgl. dazu Rn. 298 ff.) zu einer Einschränkung. Die Ausschlußfrist ist vielmehr auch dann gewahrt, wenn der Kündigende einen Grund nachschiebt, von dem er nicht länger als zwei Wochen vor der Kündigung Kenntnis erlangt hat (BAG 17. 8. 1972 AP BGB § 626 Nr. 65 = NJW 1973, 553).

M. Umdeutung in ordentliche Kündigung

Eine unwirksame außerordentliche Kündigung kann nach **§ 140 BGB** in ein anderes Rechtsgeschäft **292** umgedeutet werden, das dem mutmaßlichen Willen des Kündigenden entspricht und keine weitergehenden Rechtsfolgen als eine außerordentliche Kündigung herbeiführt. Deshalb kann eine außerordentliche in eine ordentliche Kündigung zum nächstzulässigen Termin umgedeutet werden, wenn dem gekündigten AN aus der Kündigungserklärung oder sonstigen Umständen bereits im Zeitpunkt des Zugangs der Kündigung erkennbar war, daß der Kündigende das **Arbeitsverhältnis in jedem Fall** beenden will (BAG 18. 9. 1975 AP BGB § 626 Druckkündigung Nr. 10 = NJW 1976, 869; BAG 20. 9. 1984 AP BGB § 626 Nr. 80 = NZA 1985, 286; *Hager* BB 1989, 693, 695). Bei der Ermittlung des hypothetischen Willens des Kündigenden ist bezogen auf den Zeitpunkt des Kündigungszugangs auf die wirtschaftlichen Folgen abzustellen, die mit der nichtigen Erklärung bezweckt waren (BAG 13. 8. 1987 AP KSchG 1969 § 6 Nr. 3 = NZA 1988, 129). Eine tatsächliche Vermutung gibt es nicht, nachdem die frühere Auslegungsregel des § 11 II KSchG 1951 (im Zweifel keine Kündigung zum nächstzulässigen Termin) durch das Erste Arbeitsrechtsbereinigungsgesetz ersatzlos aufgehoben wurde.

§ 140 ist im Prozeß „von Amts wegen" zu beachten, wenn die dazu erheblichen Tatsachen vorge- **293** tragen sind (BAG 13. 8. 1987 AP KSchG 1969 § 6 Nr. 3; LAG Sachsen-Anhalt 25. 1. 2000 NZA-RR 2000, 472, 473; Kasseler Handbuch/*Isenhardt* 6.3 Rn. 267; SPV/*Preis* Rn. 335; aA *Schmidt* NZA 1989, 661, 664 in der Annahme, die notwendigen Tatsachen seien stets zu ermitteln). Fehlt es hieran, hat eine Amtsermittlung dieser Tatsachen zu unterbleiben (*Schmidt* NZA 1989, 661, 664). Einer ausdrücklichen Erhebung der (prozessualen) **Einwendung „Umdeutung"** bedarf es nicht.

Ist der BR nach **§ 102 BetrVG** allein zu der beabsichtigten und tatsächlich ausgesprochenen **294** außerordentlichen Kündigung angehört worden, kann keine Umdeutung der unwirksamen außerordentlichen Kündigung in eine ordentliche Kündigung erfolgen, weil diese wiederum gem. § 102 I 3 BetrVG unwirksam wäre. Hiervon wird nur dann abgewichen, wenn der BR der außerordentlichen Kündigung ausdrücklich und vorbehaltlos zugestimmt hatte und einer ordentlichen Kündigung erkennbar nicht entgegengetreten wäre (BAG 16. 3. 1978 AP BetrVG 1972 § 102 Nr. 15 = NJW 1979, 76).

Ggf. kann eine unwirksame außerordentliche Kündigung in einen Antrag auf **Abschluß eines** **295** **Aufhebungsvertrages** umzudeuten sein. In der Hinnahme der Kündigung kann jedoch noch keine Annahme diese Antrages gesehen werden (BAG 13. 4. 1972 AP BGB § 626 Nr. 64), zudem kommt das Formerfordernis des § 623 hinzu.

Ist eine ordentliche Kündigung erklärt worden, kann diese im Falle ihrer Unwirksamkeit nicht **in** **296** **eine außerordentliche Kündigung** umgedeutet werden, weil die Umdeutung zu keiner rechtlich weitergehenden Folge führen darf (BAG 12. 9. 1974 AP TVAL II § 44 Nr. 1 = DB 1975, 214).

N. Sonderkündigungsschutz

Zum Kündigungsschutz nach dem ArbPlSchG, dem MuSchG, dem SchwbG und § 15 KSchG vgl. **297** die dortigen Erl.

O. Begründung außerordentlicher Kündigungen

I. Zeitpunkt der Begründung

Der Kündigende ist gem. **§ 626 II 3** verpflichtet, dem Kündigungsempfänger auf dessen Verlangen **298** die Kündigungsgründe unverzüglich, dh. ohne schuldhaftes Zögern (vgl. § 121 I), bekanntzugeben. Ein ausreichendes Verlangen liegt vor, wenn der Kündigungsempfänger zu erkennen gibt, er wolle wissen, warum die Kündigung erfolgt sei. § 626 II 3 sieht **keine gesetzliche Frist** für das Verlangen vor. Der Anspruch kann aber verwirken, dabei kommt der Versäumung der ggf. anwendbaren Klagefrist nach §§ 13 I 2, 4 1 KSchG erhebliche Bedeutung zu.

II. Form und Umfang der Begründung

299 Die Kündigungsgründe sind schriftlich mitzuteilen (§ 626 II 3). Der Kündigende hat die Kündigungsgründe vollständig und wahrheitsgemäß anzugeben. Es sind die Tatsachen mitzuteilen, auf die der Kündigende seinen Kündigungsentschluß gestützt hat. Wertungen und Schlußfolgerungen reichen nicht aus.

III. Rechtsfolgen der Nicht- oder nicht rechtzeitigen Erfüllung

300 Im Gegensatz zu § 15 III BBiG (vgl. dazu BAG 22. 2. 1972 AP BBiG § 15 Nr. 1) ist die Begründung keine Wirksamkeitsvoraussetzung der außerordentlichen Kündigung (*Adomeit/Spinti* AR-Blattei 1010.9 Rn. 22). Die Nichtangabe von Kündigungsgründen führt also nicht zur Nichtigkeit der Kündigung. Dafür sprechen die Gesetzesmaterialien (BT-Drucks. V/4376 S. 3), der Gesetzeswortlaut und die Rechtsentwicklung (BAG 17. 8. 1972 AP BGB § 626 Nr. 65 = NJW 1973, 553). Ein die Kündigungsgründe einschließendes Schriftformerfordernis (§ 125) kann aber tarifvertraglich begründet sein. ZB zwingt § 54 BMT-G II den AG, im Kündigungsschreiben die Gründe so genau zu bezeichnen, daß der Kündigungsempfänger genügend klar erkennen kann, was gemeint ist und was ihm – im Falle einer verhaltensbedingten Kündigung – zur Last gelegt wird. Die Bezugnahme auf den Inhalt eines Gesprächs (BAG 10. 2. 1999 AP BMT-G II § 54 Nr. 2) oder die Verwendung von Werturteilen oder der bloßen Bezeichnung „betriebsbedingt" (BAG 10. 2. 1999 AP BMT-G II § 54 Nr. 3) ist unzureichend. Ist die Schriftform nicht eingehalten, ist die Kündigung nichtig und kann nicht nachträglich geheilt werden (BAG 10. 2. 1999 AP BMT-G II § 54 Nr. 2). Ein AG kann sich wegen pVV oder Verzugs (§§ 284, 286) schadensersatzpflichtig machen, wenn er die Begründungspflicht nicht oder verspätet erfüllt. Es ist der Vertrauensschaden zu ersetzen. Dies können die Prozeßkosten des Kündigungsschutzprozesses sein, wenn der Kündigungsempfänger bei ordnungsgemäßer oder rechtzeitiger Begründung nicht geklagt hätte (*Adomeit/Spinti* AR-Blattei 1010.9 Rn. 29; *Staudinger/Preis* Rn. 258).

P. Darlegungs- und Beweislast

I. Voraussetzungen des wichtigen Grundes

301 Der Kündigende ist darlegungs- und beweisbelastet für alle Umstände, die als wichtiger Grund geeignet sein können (BAG 17. 4. 1956 AP BGB § 626 Nr. 8; BAG 17. 8. 1972 AP BGB § 626 Ausschlußfrist Nr. 4; BAG 6. 8. 1987 AP BGB § 626 BGB Nr. 97 = NJW 1988, 438; *Ascheid* Beweislastfragen S. 199; *Reinecke* NZA 1989, 577, 584 ff.). Damit hat **der Kündigende** auch die tatsächlichen Voraussetzungen der Unzumutbarkeit einer Weiterbeschäftigung darzulegen und ggf. zu beweisen (BAG 24. 11. 1983 AP BGB § 626 BGB Nr. 76 = BB 1984, 725).

302 Vom Kündigungsempfänger geltend gemachte **Rechtfertigungs- oder Entschuldigungsgründe** sind vom Kündigenden zu widerlegen. Insofern greift zu seinen Gunsten eine gestufte Darlegungslast ein. Der Kündigungsempfänger hat seinerseits die tatsächlichen Grundlagen der Rechtfertigung oder Entschuldigung so substantiiert wie möglich darzulegen. Hierauf hat der Kündigende entsprechend substantiiert zu erwidern und notwendigenfalls Beweis zu führen (BAG 24. 11. 1983 AP BGB § 626 BGB Nr. 76 = BB 1984, 725; BAG 6. 8. 1987 AP BGB § 626 BGB Nr. 97 = NJW 1988, 438; *Becker-Schaffner* BB 1992, 557, 562). Er braucht „lediglich" die vom AN substantiiert behaupteten Tatsachen zu widerlegen (BAG 26. 8. 1993 AP BGB § 626 Nr. 112 = NZA 1994, 63).

303 Entsprechendes gilt, wenn der Kündigungsempfänger geltend macht, ihm sei die zum Anlaß der Kündigung genommene Handlung zuvor vom Kündigenden gestattet worden. Dies kann zB bei der außerordentlichen Kündigung wegen einer unerlaubten Konkurrenztätigkeit erheblich werden (BAG 24. 11. 1983 AP BGB § 626 BGB Nr. 76 = BB 1984, 725). Hat der AG dem AN wegen **Arbeitsversäumnis** gekündigt, muß er auf entsprechenden, substantiierten Sachvortrag des Gekündigten ausräumen, daß das Fehlen nicht auf Krankheit oder Urlaub beruhte (BAG 26. 8. 1993 AP BGB § 626 Nr. 112 = NZA 1994, 63; SPV/*Preis* Rn. 462 f.). Gleiches gilt für die Entschuldigung des AN, eine Arbeitsbummelei sei auf depressive **Erkrankung** zurückzuführen oder vom AG billigend hingenommen worden (BAG 18. 10. 1990 RzK I 10 h Nr. 30), sowie für die Behauptung, einen Arbeitskollegen in Notwehr verletzt zu haben (BAG 31. 5. 1990 RzK I 10 h Nr. 28). Bei behaupteter, ärztlich nicht bescheinigter Krankheit muß der AN deren Ursache und Auswirkungen substantiiert schildern (BAG 27. 5. 1993 – 2 AZR 631/92 – nv.).

304 Beruft sich der Gekündigte zu seiner Entlastung auf einen seiner Ansicht nach **unvermeidbaren Rechtsirrtum,** muß er die dafür maßgebenden Tatsachen in den Prozeß einführen und insb. darlegen, wie er seiner Erkundigungs- und Prüfungspflicht nachgekommen ist (BAG 14. 2. 1978 AP GG Art. 9 Arbeitskampf Nr. 58 = NJW 1979, 236; SPV/*Preis* Rn. 465).

II. Ausschlußfrist des § 626 II

Seit der Entscheidung des BAG vom 17. 8. 1972 (AP BGB § 626 Ausschlußfrist Nr. 4; BAG 28. 3. 305 1985 AP BGB § 626 Nr. 86 = NZA 1985, 559) haben sich Praxis, Rspr. und Schrifttum darauf eingestellt, daß der **Vertragsteil**, der die außerordentliche **Kündigung ausgesprochen** hat, im Rahmen des § 626 II darlegen und beweisen muß, er habe von den für die Kündigung maßgebenden Tatsachen erst innerhalb der letzten zwei Wochen vor Ausspruch der Kündigung Kenntnis erlangt (*Ascheid* Beweislastfragen S. 203 f.; *Baumgärtel* Rn. 6; *Reinecke*, Die Beweislastverteilung im Bürgerlichen Recht und im Arbeitsrecht, 1976, S. 178; *Finken*, Ausschlußfrist des § 626 Abs. 2 BGB, 1988, S. 167; SPV/*Preis* Rn. 492; *Soergel/Kraft* Rn. 50; krit. *Zöllner/Loritz* § 22 III 4 a „Teufelsbeweis"; aA *Brill* AuR 1971, 167, 170; *Adomeit/Spinti* AR-Blattei 1010.9 Rn. 39). Diese Verteilung der Beweislast ist folgerichtig, weil die Regelung des § 626 II sachlich in den Bereich der Zumutbarkeitserwägungen eingreift und auch sonst der Kündigende die Voraussetzungen für die Unzumutbarkeit darlegen und beweisen muß. Es geht zudem um Umstände, die in den Wahrnehmungs- und Kontrollbereich des Kündigenden fallen.

Der Kündigende braucht **nicht schon in der Klageerwiderung** ausdrücklich und eingehend dar- 306 zulegen, die Ausschlußfrist sei gewahrt. Das muß vielmehr nur dann und erst geschehen, wenn schon nach dem zeitlichen Abstand zwischen den behaupteten Kündigungsgründen und dem Ausspruch der Kündigung zweifelhaft erscheint, ob nicht die Ausschlußfrist verstrichen ist, oder wenn der Gekündigte geltend macht, die Kündigungsgründe seien verfristet (BAG 28. 3. 1985 AP BGB § 626 Nr. 86 = NZA 1985, 559). Die Darlegungslast erstreckt sich auch auf die Tatsachen, aus denen sich eine **Hemmung des Beginns der Ausschlußfrist** ergeben soll.

Behauptet der Kündigende, aufgrund eines zeitlich näher konkretisierten Vorganges, an dem der 307 Gekündigte beteiligt war, den Kündigungssachverhalt erfahren zu haben, ist ein **Bestreiten mit Nichtwissen** unzulässig (§ 138 IV ZPO). Vielmehr muß der Gekündigte den Sachverhalt substantiiert bestreiten, insb. einen früheren Zeitpunkt der Kenntniserlangung mit einem substantiierten Gegenvortrag darlegen (*Ascheid* Beweislastfragen S. 206). Ist das substantiierte Bestreiten erheblich, muß es vom Kündigenden widerlegt werden.

Beruft sich der Kündigende auf einen **internen Vorgang**, der sich der Mitwirkung oder der Wahr- 308 nehmung des Gekündigten entzogen hat, kann dieser den behaupteten Zeitpunkt der Kenntniserlangung zulässigerweise mit Nichtwissen bestreiten. Dadurch wird der Kündigende nicht überfordert, weil dann nicht über eine „negative Tatsache" (= keine frühere Kenntniserlangung), sondern über die vom Kündigenden geschilderte Entwicklung seiner Kenntnis vom Kündigungssachverhalt Beweis zu erheben ist.

Q. Prozessuales

I. Revisibilität des wichtigen Grundes

Bei der Prüfung, ob eine außerordentliche Kündigung durch einen wichtigen Grund gerechtfertigt 309 ist, wendet der Tatsachenrichter einen **unbestimmten Rechtsbegriff** an. Im Revisionsverfahren kann deshalb nur geprüft werden, ob das Berufungsgericht den Begriff des wichtigen Grundes als solchen richtig erkannt hat, dh. ob ein bestimmter Sachverhalt ohne die besonderen Umstände des Einzelfalles geeignet ist, einen wichtigen Grund zu bilden, und ob bei der Interessenabwägung alle vernünftigerweise in Betracht kommenden Umstände des Einzelfalles daraufhin geprüft worden sind, ob es dem Kündigenden unzumutbar geworden ist, das Arbeitsverhältnis bis zum Ablauf der Frist für die ordentliche Kündigung oder bis zum vereinbarten Vertragsende fortzusetzen (st. Rspr., vgl. nur BAG 17. 5. 1984 AP BGB § 626 Verdacht strafbarer Handlung Nr. 14; BAG 5. 2. 1998 AP BGB § 626 Nr. 143). Folgerichtig gesteht das BAG der Tatsacheninstanz hinsichtlich der Bewertung der festgestellten Tatsachen einen **Beurteilungsspielraum** zu (BAG 5. 11. 1992 AP BGB § 626 Krankheit Nr. 4; BAG 21. 1. 1999 AP BGB § 626 Nr. 151; krit. *Erman/Belling* Rn. 91). Dieser Beurteilungsspielraum kann vor allem bei der Gewichtung der Sozialdaten des AN zum Tragen kommen (BAG 16. 3. 2000 AP BetrVG 1972 § 102 Nr. 114). Allerdings bedeutet dies nicht in jedem Falle einer vom Berufungsgericht verneinten Unzumutbarkeit der Fortsetzung des Arbeitsverhältnisses, daß das Revisionsgericht nicht zum gegenteiligen Ergebnis gelangen kann. Es wird geprüft, ob die Subsumtion Denkgesetze oder allg. Erfahrungssätze verletzt und das LAG alle vernünftigerweise in Betracht kommenden Umstände, die für oder gegen die außerordentliche Kündigung sprechen, widerspruchsfrei beachtet hat (BAG 18. 11. 1999 AP BGB § 626 Verdacht strafbarer Handlung Nr. 32). Hat das Berufungsgericht die Grenzen seines Beurteilungsspielraums überschritten und sind alle relevanten Tatsachen festgestellt, kann das BAG eine eigene Interessenabwägung vornehmen. Dies liegt vor allem dann nahe, wenn es sich der erstinstanzlichen Würdigung anschließen kann (BAG 21. 1. 1999 AP BGB § 626 Nr. 151; BAG 12. 8. 1999 AP BGB § 626 Verdacht strafbarer Handlung Nr. 28). – Zur abgestuften Darlegungslast hinsichtlich § 102 I 3 BetrVG BAG 16. 3. 2000 AP BetrVG 1972 § 102 Nr. 114.

II. Beweiswürdigung der Tatsacheninstanzen

310   Gem. § 286 I ZPO haben die Tatsacheninstanzen unter Berücksichtigung des gesamten Inhalts der Verhandlung und des Ergebnisses einer durchgeführten Beweisaufnahme nach ihrer Überzeugung zu entscheiden, ob sie eine tatsächliche Behauptung für wahr oder für nicht wahr erachten. Die Beweiswürdigung muß vollständig, widerspruchsfrei und umfassend sein, ohne daß das Gericht verpflichtet ist, auf jede Einzelaussage eines Zeugen einzugehen. Der Richter hat zu prüfen, ob er an sich mögliche Zweifel überwinden kann, braucht diese aber nicht vollständig auszuschließen. Ausreichend ist ein für das praktische Leben **brauchbarer Grad von Gewißheit**, der den Zweifeln Schweigen gebietet, ohne sie völlig auszuschließen. Zweifel können die Gewißheit nur dann ausschließen, wenn sie sich auf festgestellte Tatsachen stützen (BAG 23. 9. 1993 AP Einigungsvertrag Anlage I Kap. XIX Nr. 19 = BB 1994, 218). Das Tatsachengericht muß sich im Urteil nicht mit jeder Behauptung und Zeugenaussage auseinandersetzen, doch muß sich aus den Gründen ergeben, daß eine § 286 ZPO entsprechende Beurteilung stattgefunden hat (BAG 17. 2. 2000 – 2 AZR 927/98 – nv.).

III. Bedeutung einer rechtskräftigen Ersetzung der Zustimmung nach § 103 BetrVG

311   Wird im Beschlußverfahren nach § 103 BetrVG, an dem das einzelne BRMitglied, dem außerordentlich gekündigt werden soll, als weiterer, rechtsmittelbefugter Beteiligter mitwirkt (§ 103 II 2 BetrVG; BAG 10. 12. 1992 AP ArbGG 1979 § 87 Nr. 4 = NZA 1993, 501), die Zustimmung des BR zur außerordentlichen Kündigung des Arbeitsverhältnisses rechtskräftig ersetzt und spricht der AG daraufhin die Kündigung aus, besitzt der rechtskräftige **Beschluß präjudizielle Wirkung** (BAG 10. 12. 1992 AP ArbGG 1979 § 87 Nr. 4 = NZA 1993, 501; BAG 23. 6. 1993 AP ArbGG 1979 § 83 a Nr. 2 = NZA 1993, 1052; Fitting § 103 Rn. 30; aA *Ascheid*, FS für Hanau, 1999, S. 685, 700 Nebeninterventionswirkung gem. § 103 II 2 BetrVG). Somit wird bei gleicher Sachlage über die im Zustimmungsersetzungsverfahren geprüften Punkte keine abw. Entscheidung im Kündigungsschutzverfahren ergehen. Später eintretende Ereignisse sind im Kündigungsschutzprozeß ebenso zu berücksichtigen wie die fehlende Zustimmung der Hauptfürsorgestelle (BAG 11. 5. 2000 – 2 AZR 276/99 – zVb.). Der AG kann die außerordentliche Kündigung erst dann wirksam aussprechen, wenn die die Zustimmung ersetzende Entscheidung rechtskräftig ist. Eine zuvor erklärte Kündigung ist nicht nur schwebend unwirksam, sondern unheilbar nichtig (BAG 9. 7. 1998 AP BetrVG 1972 § 103 Nr. 36). Wird im Verfahren nach § 103 BetrVG rechtskräftig festgestellt, daß es keiner Zustimmung des BR zur Kündigung bedarf, wirkt auch diese Entscheidung präjudiziell im Individualrechtsstreit des gekündigten AN (BAG 18. 9. 1997 AP BetrVG 1972 § 103 Nr. 35). Scheidet das BRMitglied während des laufenden Zustimmungsersetzungsverfahrens aufgrund einer Neuwahl des BR aus dem Gremium aus, ist für die außerordentliche Kündigung durch den AG keine erneute BRAnhörung erforderlich (BAG 19. 9. 1991 – 2 ABR 14/91 – RzK II 3 Nr. 20; BAG 8. 6. 2000 NZA 2000, 899).

§ 627 [Fristlose Kündigung bei Vertrauensstellung]

(1) Bei einem Dienstverhältnis, das kein Arbeitsverhältnis im Sinne des § 622 ist, ist die Kündigung auch ohne die im § 626 bezeichnete Voraussetzung zulässig, wenn der zur Dienstleistung Verpflichtete, ohne in einem dauernden Dienstverhältnis mit festen Bezügen zu stehen, Dienste höherer Art zu leisten hat, die auf Grund besonderen Vertrauens übertragen zu werden pflegen.

(2) [1] Der Verpflichtete darf nur in der Art kündigen, daß sich der Dienstberechtigte die Dienste anderweit beschaffen kann, es sei denn, daß ein wichtiger Grund für die unzeitige Kündigung vorliegt. [2] Kündigt er ohne solchen Grund zur Unzeit, so hat er dem Dienstberechtigten den daraus entstehenden Schaden zu ersetzen.

I. Normzweck

1   Sind Dienste höherer Art Vertragsgegenstand, die aufgrund besonderen Vertrauens übertragen zu werden pflegen, soll auch ohne nachweisbaren wichtigen Grund beiden Teilen die **Kündigung jederzeit möglich** sein, sofern es sich nicht um ein dauerndes Dienstverhältnis mit festen Bezügen handelt (vgl. *Mugdan* II 1256).

II. Verhältnis zum Rücktrittsrecht

2   Das Kündigungsrecht tritt an die Stelle des **Rücktritts gem. §§ 325, 326.** Dies entspricht jedenfalls für bereits in Vollzug gesetzte Dienstverhältnisse allgemeiner Auffassung (RG 11. 2. 1913 RGZ 81, 303, 305; RG 5. 2. 1918 RGZ 92, 158, 160). Die in §§ 325, 326 geregelten Schadensersatzansprüche bleiben hiervon unangetastet, denn die Geltendmachung des durch die Nichterfüllung entstehenden Schadens hängt nicht davon ab, daß der Gläubiger zugleich die Kündigung des Dienstverhältnisses erklärt (MünchKommBGB/*Emmerich* § 325 Rn. 8; MünchArbR/*Blomeyer* § 55 Rn. 4). Das außeror-

VI. Schadensersatz

dentliche Kündigungsrecht gem. § 627 läßt die Kündigungsmöglichkeit gem. § 626 unberührt (*Palandt/Putzo* Rn. 6).

III. Kündigungsart, Kündigungsberechtigter

Die Kündigung nach § 627 ist eine **außerordentliche** (BGH 5. 11. 1998 DB 1999, 141, 142). Sie kann **entfristet oder befristet** erfolgen. Innerhalb der Auslauffrist kann der Kündigende jederzeit noch fristlos kündigen. Kündigungsberechtigt sind sowohl der Dienstberechtigte als auch der Dienstverpflichtete. 3

IV. Voraussetzungen der Kündigung

1. Kein dauerndes Dienstverhältnis. § 627 findet keine Anwendung, wenn der Dienstverpflichtete in einem dauernden Dienstverhältnis steht. Das Dienstverhältnis darf nicht **auf längere Dauer angelegt** sein oder tatsächlich bereits eine längere Zeitspanne bestanden haben. § 627 ist unanwendbar, wenn die Dienstpflicht für ein Jahr eingegangen worden ist (BGH 31. 3. 1967 AP BGB § 627 Nr. 1 = NJW 1967, 1416) oder es sich um ständige oder langfristige Aufgaben handelt und die Vertragspartner von der Möglichkeit und Zweckmäßigkeit einer Verlängerung ausgegangen sind (BGH 8. 3. 1984 BGHZ 90, 280, 282 = NJW 1984, 1531; BGH 19. 11. 1992 DB 1993, 529). 4

§ 627 bezieht sich **nicht auf Arbeitsverhältnisse**, sondern allein auf freie Dienstverträge. Durch das Erste Arbeitsrechtsbereinigungsgesetz vom 14. 8. 1969 (BGBl. I S. 1106) wurde klarstellend hinzugefügt, daß es sich bei dem Dienstverhältnis nicht um ein Arbeitsverhältnis iSd. § 622 handeln darf. Eine sachliche Änderung bewirkte dies aber lediglich in wenigen Grenzfällen, weil Arbeitsverhältnisse typischerweise auf Dauer angelegt sind und feste Bezüge vereinbart werden (*Erman/Belling* Rn. 2). Entscheidend ist die allgemeine Begriffsbestimmung des Arbeitsverhältnisses. 5

2. Keine festen Bezüge. Der Dienstverpflichtete darf keine festen Bezüge für seine Tätigkeit erhalten (BGH 31. 3. 1967 AP BGB § 627 Nr. 1 = NJW 1967, 1416; BGH 8. 3. 1984 BGHZ 90, 280, 282 = NJW 1984, 1531). Entscheidend ist, ob der Dienstverpflichtete sich darauf verlassen kann, daß ihm auf längere Sicht bestimmte, **von vornherein festgelegte Beträge** als Dienstbezüge zufließen werden, die nicht von außervertraglichen Entwicklungen abhängen und deshalb der Höhe nach schwanken (BGH 13. 1. 1993 DB 1993, 2281; *Staudinger/Preis* Rn. 16). 6

3. Dienste höherer Art setzen ein überdurchschnittliches Maß an Fachkenntnis, Kunstfertigkeit oder wissenschaftlicher Bildung, eine hohe geistige Phantasie oder Flexibilität voraus und verleihen eine herausgehobene Stellung. Hierzu gehören die Tätigkeiten des Arztes, des Rechtsanwaltes (BGH 16. 10. 1986 AP BGB § 628 Teilvergütung Nr. 4 = NJW 1987, 315), des Rechtsbeistandes, des Wirtschaftsprüfers, des Werbeberaters, des Schiedsrichters und des Ehe- oder Partnerschaftsvermittlers (BGH 5. 11. 1998 DB 1999, 141, 142). 7

4. Besonderes Vertrauen. Es muß sich um Dienste handeln, die aus besonderem Vertrauen übertragen werden. Dieses Merkmal tritt selbständig neben das der Dienste höherer Art, es handelt sich nicht lediglich um eine Erläuterung des anderen Tatbestandsmerkmals (BGH 18. 10. 1984 NJW 1986, 373). 8

V. Kündigung zur Unzeit

§ 627 II schließt die Kündigung zur Unzeit aus und entspricht dem allgemeinen Rechtsgedanken, daß die einseitige fristlose Beendigung eines auf besonderes Vertrauen angelegten Schuldverhältnisses nicht „zur Unzeit" erfolgen darf (*van Venrooy* JZ 1981, 53). Entsprechende Regelungen finden sich in § 671 II (Auftrag), § 723 II (Gesellschaft), § 712 II (Geschäftsführung) sowie § 2226 (Testamentsvollstrecker). § 627 II gilt allein für die **Kündigung durch den Dienstverpflichteten.** Der Dienstberechtigte kann frei kündigen. 9

Die Kündigung darf nicht zu einem Zeitpunkt erfolgen, zu dem der Dienstberechtigte nicht in der Lage ist, sich die **Dienste anderweitig zu beschaffen.** Maßgeblich ist der Zeitpunkt der tatsächlichen Beendigung des Dienstverhältnisses. Dies bedeutet zB für Rechtsanwälte, daß sie das Mandat idR nicht im oder unmittelbar vor einem Termin zur mündlichen Verhandlung oder kurz vor dem Ablauf wichtiger Fristen niederlegen dürfen (*Erman/Belling* Rn. 9). 10

VI. Schadensersatz

Kündigt der Dienstverpflichtete das Dienstverhältnis zur Unzeit, ohne daß ein wichtiger Grund iSv. § 626 I vorliegt, ist die Kündigung zwar wirksam, doch verpflichtet sie gem. § 627 II zum Schadensersatz (BGH 24. 6. 1987 NJW 1987, 2808; *MünchKommBGB/Schwerdtner* Rn. 16; *Soergel/Kraft* Rn. 4; aA *van Venrooy* JZ 1981, 53). Der Schadensersatzanspruch des Dienstberechtigten ist auf das negative Interesse, also den **Vertrauensschaden,** begrenzt (RGRK/*Corts* Rn. 18), denn der Dienstberechtigte 11 wird nicht vor der Auflösung des Dienstverhältnisses, sondern allein vor der Auflösung zur Unzeit geschützt.

VII. Abdingbarkeit

12 Das Kündigungsrecht des § 627 kann durch einzelvertragliche Abrede abbedungen werden (RG 24. 10. 1908 RGZ 69, 363, 365; BGH 5. 11. 1998 DB 1999, 141, 142). Die Ausübung des Kündigungsrechts kann auch an die **Einhaltung einer Kündigungsfrist** oder eine vorherige Ankündigung gebunden werden (*Erman/Belling* Rn. 10). Ebenso ist es zulässig, einzelvertraglich die **volle Vergütung** auch für den Fall zu vereinbaren, daß die Dienstleistungen durch Ausübung des Kündigungsrechts ein vorzeitiges Ende finden (BGH 4. 6. 1970 NJW 1970, 1596); für allgemeine Geschäftsbedingungen wird anderes gelten (§ 9 I AGBG; BGH 1. 2. 1989 AP BGB § 627 Nr. 4; *Staudinger/ Preis* Rn. 10). Allein in der Vereinbarung einer Verlängerungsklausel liegt kein Ausschluß des Kündigungsrechts (BGH 5. 11. 1998 DB 1999, 141, 143).

VIII. Darlegungs- und Beweislast

13 Die Darlegungs- und Beweislast für die Voraussetzungen des § 627 I obliegt dem **Kündigenden**. Fordert der Dienstberechtigte Schadensersatz gem. § 627 II, muß er die Umstände darlegen, die die Kündigung als unzeitig erscheinen lassen und seinen Schaden begründen. Demgegenüber trägt der Dienstverpflichtete die Darlegungs- und Beweislast für diejenigen Tatsachen, die den „wichtigen Grund" ergeben sollen (*Baumgärtel* Rn. 2).

§ 628 [Vergütung; Schadensersatz bei fristloser Kündigung]

(1) ¹ Wird nach dem Beginne der Dienstleistung das Dienstverhältnis auf Grund des § 626 oder des § 627 gekündigt, so kann der Verpflichtete einen seinen bisherigen Leistungen entsprechenden Teil der Vergütung verlangen. ² Kündigt er, ohne durch vertragswidriges Verhalten des anderen Teiles dazu veranlaßt zu sein, oder veranlaßt er durch sein vertragswidriges Verhalten die Kündigung des anderen Teiles, so steht ihm ein Anspruch auf die Vergütung insoweit nicht zu, als seine bisherigen Leistungen infolge der Kündigung für den anderen Teil kein Interesse haben. ³ Ist die Vergütung für eine spätere Zeit im voraus entrichtet, so hat der Verpflichtete sie nach Maßgabe des § 347 oder, wenn die Kündigung wegen eines Umstandes erfolgt, den er nicht zu vertreten hat, nach den Vorschriften über die Herausgabe einer ungerechtfertigten Bereicherung zurückzuerstatten.

(2) Wird die Kündigung durch vertragswidriges Verhalten des anderen Teiles veranlaßt, so ist dieser zum Ersatze des durch die Aufhebung des Dienstverhältnisses entstehenden Schadens verpflichtet.

I. Normzweck

1 § 628 regelt einen Teil der mit der Beendigung von Dienst- und Arbeitsverhältnissen verbundenen Rechtsfolgen. Die Bestimmung betrifft unmittelbar die Folgen einer außerordentlichen Kündigung nach §§ 626, 627 und zwar, über ihren Wortlaut hinaus, auch für den Fall der Kündigung vor Dienstantritt (RGRK/*Corts* Rn. 4). § 628 behandelt das gekündigte Arbeitsverhältnis als reines **Abwicklungsverhältnis**, das nicht mehr persönliche Leistungspflichten zum Gegenstand hat, sondern nur noch bestehende gegenseitige finanzielle Ansprüche ausgleichen soll. Die Regelung gewinnt besondere Bedeutung, wenn die Kündigung einen Abrechnungszeitraum unterbricht oder eine Vergütung nur für die Gesamtleistung vereinbart war.

2 § 628 II regelt **Schadensersatzansprüche wegen Beendigung des Dienstverhältnisses.** Die Norm stellt klar, daß die auf eigenem Willensentschluß beruhende Auflösung des Dienstverhältnisses etwaige Ersatzansprüche wegen der Beendigung des Rechtsverhältnisses nicht ausschließt, sofern die andere Vertragspartei die Auflösung durch vertragswidriges Verhalten veranlaßt hat. § 628 II soll verhindern, daß der wegen eines Vertragsbruches zur außerordentlichen Kündigung veranlaßte Vertragsteil die Ausübung seines Kündigungsrechts mit Vermögenseinbußen bezahlen muß, die darauf beruhen, daß infolge seiner berechtigten Kündigung das Arbeitsverhältnis endet (BAG 9. 5. 1975 AP BGB § 628 Nr. 8; BAG 23. 8. 1988 AP BetrVG 1972 § 113 Nr. 17 = NZA 1989, 31). Die Vorschrift des § 628 II stellt einen gesetzlich geregelten Fall der pVV dar (*M. Wolf* in Anm. zu BAG 11. 2. 1981 AP KSchG 1969 § 4 Nr. 8; *Gessert*, Schadensersatz nach Kündigung, 1987, S. 317; krit. MünchArbR/*Blomeyer* § 55 Rn. 38).

II. Anwendungsbereich

3 § 628 ist grds. auf **alle Dienst- und Arbeitsverhältnisse** anwendbar (*Erman/Belling* Rn. 1), doch bestehen Sonderregelungen. Dies ist insb. im Recht der Berufsausbildung der Fall. Zum Schadensersatz gem. § 628 II wegen Kündigung eines Umschulungsverhältnisses BAG 8. 6. 1995 RzK I 6 i Nr. 9.

Gem. § 16 BBiG können in einem **Berufsausbildungsverhältnis** nach Ablauf der Probezeit sowohl 4
der Ausbildende als auch der Auszubildende bei vorzeitiger Beendigung desselben Schadensersatz
verlangen, wenn der andere Teil den Grund für die Auflösung zu vertreten hat. Hiervon ist allein der
Fall ausgenommen, daß der Auszubildende die Berufsausbildung aufgeben oder sich für eine andere
Berufstätigkeit ausbilden lassen will (§§ 15 II Nr. 2, 16 I 2 BBiG). Der Anspruch erlischt gem. § 16 II
BBiG, wenn er nicht spätestens binnen drei Monaten nach Beendigung des Berufsausbildungsverhältnisses geltend gemacht wird. Für den Auszubildenden sind auch die Kosten der Neubegründung eines
Berufsausbildungsverhältnisses sowie die Mehraufwendungen, die beispielsweise durch die Ausbildung an einem anderen Ort verursacht werden, ersatzfähig (BAG 11. 8. 1987 AP BBiG § 16 Nr. 1).
§ 16 BBiG verdrängt § 628 II (BAG 17. 7. 1997 AP BBiG § 16 Nr. 2 = NZA 1997, 1224).

Auf **Handelsvertreter** findet § 89 a II HGB Anwendung, der **§ 628 II** entspricht (vgl. BGH 3. 3. 5
1993 EzA HGB § 89 a Nr. 1 = BB 1993, 883; *Schlegelberger/Schröder* § 89 a HGB Rn. 22 ff.; *Baumbach/Duden* § 89 a HGB Rn. 4).

Für **Seeleute** gelten §§ 66 und 70 SeemannsG (vgl. KR/*Weigand* SeemG Rn. 75 ff., 84). Die Kündi- 6
gung des Heuerverhältnisses durch ein Besatzungsmitglied und die Geltendmachung der Abtrittsheuer
schließen jedoch weiteren Schadensersatz gem. **§ 628 II** nicht aus (§ 70 S. 2 SeemannsG).

Die Gebührenordnung für Rechtsanwälte **(BRAGO)** schließt die Anwendung des § 628 I 1 nicht 7
aus, denn sie enthält keine abschließende Regelung der Vergütung des Rechtsanwaltes (BGH 16. 10.
1986 AP BGB § 628 Nr. 4 = NJW 1987, 315).

III. Teilvergütung gem. § 628 I 1

1. Grundsatz. § 628 I 1 gibt den allgemein bei der Beendigung von Dauerschuldverhältnissen 8
maßgeblichen Grundsatz wieder, daß dem vorleistungspflichtigen Vertragspartner grds. eine seinen
bisherigen Leistungen entsprechende Vergütung gebührt. Der Anspruch auf die Teilvergütung umfaßt
auch die **Natural- und Nebenvergütungen.** Sondervorschriften hierzu finden sich für Seeleute in den
§§ 66 und 70 SeemannsG und für den Dienstvertrag zwischen Rechtsanwalt und Mandant in § 32
BRAGO.

Hinsichtlich der anteiligen Vergütungspflicht nach **§ 628 I 1** kommt es anders als in den Fällen des 9
§ 628 I 2 (vgl. unten Rn. 30 ff.) nicht darauf an, welchen **Wert der Leistungserfolg** für den Dienstberechtigten hat oder von welchem Interesse die Dienstleistung für den Vertragspartner noch ist.

Zu den Leistungen gehören nicht nur die eigentlichen Dienste, die den unmittelbaren Gegenstand 10
des Dienst- oder Arbeitsvertrages bilden, sondern auch vorbereitende oder sonst damit verbundene
Maßnahmen und **Aufwendungen** (zB Reisekosten: BGH 29. 5. 1991 LM BGB § 628 Nr. 10). Tatsächlich geleistete Auslagen sind voll zu ersetzen (*Erman/Belling* Rn. 8).

2. Berechnung. Der Vergütungsanspruch bezieht sich nur auf **die bisherigen Leistungen,** die der 11
Dienstnehmer im voraus für den Dienstberechtigten erbracht hat (vgl. § 614). Es handelt sich demnach
nur um einen Vergütungsanteil entsprechend der tatsächlichen Arbeitsleistung gegenüber der ursprünglich gedachten Gesamtleistung.

Unproblematisch ist die Berechnung der Teilvergütung bei vereinbartem **Stundenlohn;** hier stellt 12
sie sich als Produkt von Lohnsatz und Stundenzahl dar. Schwieriger ist die Feststellung des Anteils der
bisherigen Leistungen bei vereinbartem **Pauschalhonorar** (zB eines Rechtsanwaltes: BGH 16. 10.
1986 AP BGB § 628 Nr. 4 = NJW 1987, 315).

Hat der Dienstnehmer Anspruch auf **Entgeltzahlung an Feiertagen** gem. § 2 EFZG, gehören die 13
abzugeltenden Feiertage zu den bisherigen bis zur wirksamen Kündigung erbrachten Leistungen
(ArbG Marburg 1. 7. 1963 BB 1963, 1376). Gleiches gilt für Bereitschaftsdienstvergütung und Zulagen
wegen besonderer Schwierigkeit oder Gefährlichkeit der Tätigkeit (*Staudinger/Preis* Rn. 17).

Beim **Monatslohn** können, sofern keine einschlägige kollektiv- oder einzelvertragliche Regelung 14
eingreift, Berechnungsschwierigkeiten auftreten, weil die einzelnen Monate unterschiedlich viele
Arbeitstage aufweisen. In diesen Fällen ist eine den Interessen beider Vertragsparteien möglichst
gerecht werdende Methode zu wählen (§ 157). Dh. dem legitimen Bedürfnis des Dienstberechtigten
nach einem möglichst einfachen und gleichmäßigen Verfahren muß ebenso entsprochen werden wie
dem Anspruch des Dienstverpflichteten auf eine **möglichst konkrete Berechnung** der ihm zustehenden Vergütung. IdR ist daher das Monatsgehalt durch die Summe der Arbeits- und Feiertage des
konkreten Kalendermonats zu teilen und mit der Summe der bereits abgeleisteten Arbeits- und
bisherigen Feiertage zu multiplizieren (*Fuchs* BB 1972, 137).

Nicht zu beanstanden ist es, wenn in einem Betrieb in Anlehnung an § 11 I 2 BBiG bei der 15
Berechnung anteiliger Gehälter für jeden **Monat stets pauschal** auf der Grundlage von **30 Kalendertagen** abgerechnet wird, wobei die tatsächlich angefallenen Kalender-, Werk- und Arbeitstage unberücksichtigt bleiben (BAG 28. 2. 1975 AP BGB § 628 Teilvergütung Nr. 1 = BB 1975, 702; *Fuchs* BB
1972, 137, 138). Da das Kalenderjahr mehr als 360 Tage hat, führt diese Berechnungsmethode im
Jahresdurchschnitt zu einer Begünstigung der AN (Ausnahme Februar).

16 Erfolgt die **Vergütung im Akkordlohn,** ist nach dem erzielten Akkordergebnis abzurechnen. Die bis zur wirksamen Beendigung des Vertragsverhältnisses erbrachte tatsächliche (Stück-)Leistung ist quantitativ zu bestimmen und entsprechend zu vergüten. **Gewinnbeteiligungen** bleiben erhalten und stehen dem Dienstverpflichteten anteilig zu, sie können in aller Regel jedoch erst am Ende des Geschäftsjahres errechnet und damit fällig werden.

17 **Provisionen** können auch dann verlangt werden, wenn der Tätigkeitserfolg erst nach Beendigung des Dienstverhältnisses eintritt; die insoweit für Handlungsgehilfen geltenden besonderen Vorschriften der §§ 65, 87 III HGB finden auf alle AN entsprechende Anwendung (MünchKommBGB/*Schwerdtner* Rn. 20).

IV. Herabsetzung der Vergütung gem. § 628 I 2

18 **1. Grundsatz.** Nach dem Wortlaut soll § 628 I allein auf die Fälle einer nach Beginn der Dienstleistung gem. § 626 oder § 627 erklärten außerordentlichen Kündigung Anwendung finden. Es ist deshalb mit gutem Grund die Frage aufgeworfen worden, ob § 628 I 2 die Wirksamkeit der ausgesprochenen außerordentlichen Kündigung voraussetze oder auch bei unwirksamen Kündigungen eingreife (vgl. BAG 21. 10. 1983 AP BGB § 628 Teilvergütung Nr. 2 = BB 1985, 122). Immerhin muß es Verwunderung hervorrufen, wenn ein Dienstverpflichteter, der aus persönlichen Gründen wirksam außerordentlich kündigt, eine mögliche Kürzung seiner Vergütung hinnehmen muß, während derselbe Dienstnehmer bei Fehlen eines wichtigen Grundes und deshalb unwirksamer Kündigung keine Kürzung zu erwarten hätte (vgl. *Staudinger/Preis* Rn. 22).

19 Dieser Fragestellung kommt jedoch nicht (mehr) die vermutete Bedeutung zu. Da Normzweck und Interessenlage eine entsprechende Anwendung des § 628 I auf **alle Fälle einer vorzeitigen Vertragsbeendigung** erlauben (so bereits die Überlegungen in BAG 21. 10. 1983 AP BGB § 628 Teilvergütung Nr. 2 = BB 1985, 122), ist entscheidend auf den Fakt der Vertragsbeendigung und nicht der speziellen Form der (wirksamen) außerordentlichen Kündigung abzustellen. Damit werden vor allem die Fälle der Vertragsauflösung mittels Aufhebungsvertrags nach vorherigem Vertragsbruch oder Versuch der außerordentlichen Kündigung erfaßt.

20 Ist die erklärte außerordentliche Kündigung mangels wichtigen Grundes unwirksam, kommt aber daraufhin ein Aufhebungsvertrag zustande (vgl. zur Umdeutung der unwirksamen außerordentlichen Kündigung in einen Antrag auf Abschluß eines Aufhebungsvertrages: BAG 13. 4. 1972 AP BGB § 626 Nr. 64 = BB 1972, 1094), sind die Rechtsfolgen wegen der **analogen Anwendung des § 628 I** die gleichen wie bei einer wirksamen außerordentlichen Kündigung. Kommt es insb. wegen § 623 zu keinem Aufhebungsvertrag, besteht im Falle der unwirksamen außerordentlichen Kündigung das Arbeitsverhältnis zumindest bis zum Ablauf der ordentlichen Kündigungsfrist oder der vereinbarten Vertragsdauer fort (*Weitnauer* in Anm. zu BAG 21. 10. 1983 AP BGB § 628 Teilvergütung Nr. 2). In diesem Fall braucht keine Teilvergütung geleistet zu werden (§ 628 I 1), die wegen Wegfalls des Interesses nach § 628 I 2 gekürzt werden könnte, vielmehr bestimmen sich die Folgen des erfolglosen Versuchs der außerordentlichen Kündigung nach Schadensersatzrecht (pVV bzw. § 280).

21 Die **ordentliche Kündigung** des Vertragsverhältnisses gehört nicht zu den Fällen einer vorzeitigen Vertragsbeendigung, auf die § 628 I analog angewendet werden könnte (BGH 26. 1. 1994 NJW 1994, 1069, 1070). Die ordentliche Kündigung kann zwar eine Vertragsbeendigung zu Zeitpunkten herbeiführen, die nicht mit dem Ende eines Vergütungszeitraumes zusammenfallen, doch ergibt sich der anteilige Vergütungsanspruch bereits aus § 612. Wird zB einem im Monatslohn stehenden AN gem. § 622 I zum Fünfzehnten des Monats gekündigt, ist ihm unstreitig eine anteilige Vergütung für den Beendigungsmonat zu leisten. Eine Kürzung wegen Wegfalls des Interesses (§ 628 I 2) würde sogar unzulässig das ordentliche Kündigungsrecht erschweren.

22 Kündigt der Verpflichtete, ohne durch ein vertragswidriges Verhalten des anderen Teiles dazu veranlaßt zu sein, oder veranlaßt er durch sein vertragswidriges Verhalten die Kündigung des anderen Teiles, so steht ihm gem. § 628 I 2 ein Anspruch auf die Vergütung insoweit nicht zu, als seine **bisherigen Leistungen** infolge der Kündigung für den anderen Teil **kein Interesse** haben. S. 2 ist ein Ausnahmetatbestand und bezieht sich allein auf die nach S. 1 zu beanspruchende Teilvergütung (BGH 17. 10. 1996 NJW 1997, 188, 189 = DB 1997, 372, 373). Vollständig abgerechnete Vergütungsperioden können deshalb nicht wegen Wegfalls des Interesses rückabgewickelt werden.

23 **2. Kündigung des Dienstverpflichteten.** Kündigt der Dienstverpflichtete gem. §§ 626, 627, muß er die Kürzung der in der Vergangenheit anteilig verdienten Vergütung hinnehmen, wenn seine Kündigung nicht durch ein vertragswidriges **Verhalten des Dienstberechtigten** veranlaßt worden ist. Damit wird ihm von Gesetzes wegen auch dann eine Kürzung seiner anteiligen Vergütungsansprüche auferlegt, wenn er aufgrund eines wichtigen Grundes das Dienstverhältnis außerordentlich beenden konnte, denn ein wichtiger Grund iSv. § 626 I kann in weitaus mehr Fällen als denen vertragswidrigen Verhaltens des Dienstberechtigten gegeben sein.

24 Eine nicht durch vertragswidriges Verhalten des Dienstberechtigten veranlaßte Kündigung ist ua. in Fällen anzunehmen, in denen der Dienstverpflichtete fristlos kündigt, weil er eine andere Stelle

IV. Herabsetzung der Vergütung gem. § 628 I 2　　　　　　　　　　　　§ 628　BGB　230

gefunden hat, ihm die Arbeit nicht zusagt, er Streit mit Arbeitskollegen hat, er heiraten oder auswandern möchte oder wegen Krankheit die geschuldete Arbeit nicht mehr leisten kann. Dh. objektive oder aus der Sphäre des Dienstverpflichteten stammende Gründe schließen die Kürzung der anteiligen Vergütung nicht aus. Gleiches gilt für Kündigungsgründe aus der **Sphäre des Dienstberechtigten**, wenn sie nicht durch ein vertragswidriges Verhalten des Dienstberechtigten veranlaßt sind.

§ 628 I 2 setzt ein **schuldhaftes vertragswidriges Verhalten** des Dienstberechtigten oder seiner 25 gesetzlichen Vertreter und Erfüllungsgehilfen iSv. §§ 276, 278 voraus (*Staudinger/Preis* Rn. 24). § 282 ist entsprechend anzuwenden (vgl. unten Rn. 122).

Das schuldhafte vertragswidrige Verhalten des Dienstberechtigten kann zB in dem Ausspruch einer 26 **unwirksamen fristlosen Kündigung** bestehen, wenn der Dienstberechtigte die Unwirksamkeit der Kündigung oder die ungehörigen Begleitumstände kannte oder bei gehöriger Sorgfalt hätte erkennen müssen (vgl. BAG 24. 10. 1974 AP BGB § 276 Vertragsverletzung Nr. 2 = BB 1974, 1640). Auch ein den AN kränkende Teilsuspendierung kann diese Voraussetzung erfüllen (BAG 15. 6. 1972 AP BGB § 628 Nr. 7 = SAE 1973, 162).

Haben sich **beide Vertragsparteien schuldhaft** vertragswidrig verhalten und liegen die weiteren 27 Voraussetzungen des § 628 I 2 vor, kommt § 254 zur analogen Anwendung. Die anteilige Vergütung wird entsprechend den Verursachungsanteilen beider Parteien verhältnismäßig gekürzt.

Das Tatbestandsmerkmal **Veranlassung** ist erfüllt, wenn die schuldhafte Vertragsverletzung der 28 Grund für die außerordentliche Kündigung oder gleichwertige Auflösung des Dienstverhältnisses gewesen ist (BGH 12. 6. 1963 BGHZ 40, 13, 14; OLG Koblenz 28. 4. 1975 MDR 1976, 44). Zwischen dem vertragswidrigen Verhalten und der Vertragsbeendigung muß Kausalität iSd. Adäquanz gegeben sein.

3. Kündigung des Dienstberechtigten. Die gleiche Rechtsfolge der Herabsetzung der anteiligen 29 Vergütung tritt ein, wenn der Dienstverpflichtete durch sein vertragswidriges Verhalten die vom Dienstberechtigten ausgesprochene außerordentliche Kündigung oder gleichwertige Auflösung des Dienstverhältnisses veranlaßt hat. Auch dabei wird hinsichtlich des vertragswidrigen Verhaltens vorausgesetzt, daß dieses iSv. §§ 276, 278 vom Dienstverpflichteten zu vertreten ist (*Staudinger/Preis* Rn. 25). Die schuldhafte Vertragsverletzung kann wiederum in einer unwirksamen fristlosen Kündigung liegen (vgl. oben Rn. 26; BAG 24. 10. 1974 AP BGB § 276 Vertragsverletzung Nr. 2 = BB 1974, 1640).

4. Wegfall des Interesses. In beiden Fällen des § 628 I 2 hat der Dienstverpflichtete lediglich einen 30 verminderten Anspruch auf die anteilige Vergütung, wenn und soweit seine bisherigen Leistungen für den anderen Teil **kein Interesse** haben (BAG 21. 10. 1983 AP BGB § 628 Teilvergütung Nr. 2 = BB 1985, 122).

Entscheidend ist, daß das Interesse an der bisherigen Dienstleistung **gerade infolge der Kündigung** 31 entfallen ist (BAG 21. 10. 1983 AP BGB § 628 Teilvergütung Nr. 2 = BB 1985, 122). Dabei stehen die anderen Formen der vorzeitigen Vertragsbeendigung der Kündigung gleich (vgl. oben Rn. 19 ff.).

Interesse bedeutet Vorteil oder Wert der Leistung für den Dienstberechtigten. Das Interesse fehlt 32 oder entfällt, wenn die erbrachten Dienstleistungen für den Dienstberechtigten wirtschaftlich nutzlos sind. Bei völliger Wertlosigkeit kann der Vergütungsanspruch ganz entfallen (*Palandt/Putzo* Rn. 5).

Sowohl bei Zeitlohn- als auch bei Akkordlohnverhältnissen kommt es auf den Einzelfall an, ob die 33 Tätigkeit trotz ihrer vorzeitigen Beendigung noch einen **selbständig verwertbaren Arbeitsanteil** hervorgebracht hat. Ist die Bemessung streitig, kann im Rechtsstreit § 287 II ZPO zur Anwendung kommen und das Gericht den Wert schätzen (*Palandt/Putzo* Rn. 5).

Besteht die geschuldete Dienstleistung in sich **kurzfristig wiederholenden Arbeitsvorgängen**, ist 34 es kaum vorstellbar, daß die bisherigen Leistungen des Dienstverpflichteten gerade infolge der Kündigung für den Kündigenden ihr Interesse verloren haben könnten. Zumeist wird der Dienstberechtigte die einzelnen Dienstleistungen bereits verwertet haben.

Soweit dem Dienstberechtigten besondere Unkosten entstehen, um das Stücklohnwerk des Dienst- 35 verpflichteten fertigstellen zu lassen, kann er diese vom **Gesamtakkordlohn** in Abzug bringen. IdR dürfte aber bei normalen Arbeitsverhältnissen die erbrachte Leistung ihren eigenständigen wirtschaftlichen Wert für den AG haben.

Zu erwägen ist die Kürzung der anteiligen Vergütung gem. § 628 I 2, wenn die **Dienstleistung** 36 **langfristig angelegt** ist oder die Verwertung bereits erworbenen Erfahrungswissens voraussetzt. Das Interesse an der bisherigen Leistung kann zB abnehmen oder entfallen, wenn die Arbeit an einem Projekt wegen des Ausscheidens des Dienstnehmers unterbrochen und durch eine Ersatzkraft wieder „bei Null" oder zumindest unter Hinnahme eines Rückschritts fortgesetzt werden kann (vgl. *Staudinger/Preis* Rn. 27 f.). Diese Situation kann vor allem bei Forschungs- und Entwicklungsarbeiten sowie anderen wissenschaftlichen Tätigkeiten eintreten, wo die Teilleistung wertlos wird, weil ein neuer Mitarbeiter bereits erarbeiteten Wissensstand für sich selbst noch einmal nachvollziehen muß und der ausscheidende Mitarbeiter seine immateriellen Arbeitsergebnisse in Form von Spezialwissen mitnimmt.

V. Vorausgezahlte Vergütung (§ 628 I 3)

37 Hat entgegen der Regel des § 614 eine **Vorleistung der Vergütung** stattgefunden, findet § 628 I 3 Anwendung, der inhaltlich den §§ 327, 557a entspricht. Der Dienstverpflichtete bzw. AN ist zur Rückerstattung dessen verpflichtet, was er bereits für die spätere Zeit erhalten hat. Dabei wird auf §§ 347, 987 ff. oder die Herausgabe einer ungerechtfertigten Bereicherung verwiesen, je nachdem, ob die Kündigung wegen eines Umstandes erfolgt, den der Dienstverpflichtete (AN) zu vertreten hat (dann findet Rücktrittsrecht Anwendung) oder ob dies nicht der Fall ist (dann §§ 812 ff.).

38 Der Dienstverpflichtete hat sowohl seine eigene, ohne Veranlassung durch den anderen Teil ausgesprochene Kündigung als auch die vom Dienstberechtigten aus einem vom ihm verschuldeten Grund erklärte **Kündigung zu vertreten**. Das in diesem Fall eingreifende Rücktrittsrecht kennt keinen Wegfall der Bereicherung. Soweit es sich um Geld handelt, ist der Rückzahlungsbetrag gem. §§ 347 S. 3, 246 vom Tage des Empfanges an mit 4% jährlich zu verzinsen. Naturalvergütungen sind einschließlich der Nutzungen zurückzugeben (§§ 347, 987 ff.).

39 Wird dem Dienstverpflichteten gekündigt, ohne daß er die Umstände dafür zu vertreten hat, muß er die **erlangte Bereicherung** einschließlich der Nutzungen nach den Grundsätzen der §§ 812 ff. zurückgewähren. Es ist der Betrag herauszugeben, um den der Dienstverpflichtete im Zeitpunkt der Kündigung noch bereichert war, § 818 III (*Palandt/Putzo* Rn. 5).

40 Haben die Parteien eine entsprechende Vereinbarung wirksam getroffen, sind unabhängig von den Voraussetzungen des § 628 I 3 **Aus- und Weiterbildungskosten** zurückzuzahlen. Nach der Rspr. (vgl. nur BAG 16. 3. 1994 AP BGB § 611 Ausbildungsbeihilfe Nr. 18 = NZA 1994, 937) muß die Rückzahlungsverpflichtung aber vom Standpunkt eines verständigen Betrachters einem begründeten und zu billigenden Interesse des AG entsprechen; der AN muß mit der Ausbildungsmaßnahme eine angemessene Gegenleistung für die Rückzahlungsverpflichtung erhalten haben. Im Rahmen der Interessenabwägung kommt es vorrangig darauf an, ob und inwieweit der AN mit der Aus- und Weiterbildung einen geldwerten Vorteil erlangt hat.

VI. Schadensersatz gem. § 628 II

41 **1. Allgemeines.** Wird das Dienstverhältnis mittels einer außerordentlichen Kündigung aufgelöst, die durch ein vertragswidriges Verhalten des anderen Teiles veranlaßt worden ist, kann der Kündigende gem. **§ 628 II** Ersatz des ihm durch die Aufhebung des Dienstverhältnisses entstehenden Schadens verlangen. Während die Rechtsfolgen des § 628 I allein die Ansprüche des Dienstverpflichteten berühren, kann die Schadensersatzpflicht gem. **§ 628 II beide Vertragsparteien** treffen.

42 Nach Wortlaut und systematischer Stellung könnte diese Schadensersatzpflicht wie auch § 628 I sowohl bei einer außerordentlichen Kündigung aus wichtigem Grund gem. § 626 als auch bei einer außerordentlichen Kündigung gem. § 627 eingreifen. Die Rspr. (BAG 11. 2. 1981 AP KSchG 1969 § 4 Nr. 8 = DB 1981, 2233; BAG 22. 6. 1989 AP BGB § 628 Nr. 11 = NZA 1990, 106; BAG 20. 11. 1996 AP BGB § 611 Berufssport Nr. 11) hat jedoch § 628 II dahingehend konkretisiert, daß das Auflösungsverschulden stets das Gewicht eines wichtigen Grundes haben müsse, so daß allein Kündigungen aus wichtigem Grund die Schadensersatzpflicht begründen können. Wird gem. § 627 gekündigt, bedarf es keines wichtigen Grundes. Die in § 627 geregelten **Dienstverhältnisse „höherer Art"** sind damit jedoch nicht generell von einer möglichen Schadensersatzpflicht aufgrund § 628 II freigestellt, denn sie können bei Vorliegen eines wichtigen Grundes auch gem. § 626 gekündigt werden. Das außerordentliche Kündigungsrecht des § 627 läßt die Kündigungsmöglichkeit gem. § 626 unberührt (vgl. § 627 Rn. 2; *Palandt/Putzo* § 627 Rn. 6).

43 Der Schadensersatzanspruch nach **§ 628 II** setzt grds. eine wirksame außerordentliche Kündigung voraus, die ihren Grund in dem schuldhaften vertragswidrigen Verhalten des anderen Vertragsteiles hat und einen Schaden beim Kündigenden verursacht hat. Weil es aber als unbillig erscheint, einem AG, der wegen vertragswidrigen Verhaltens des AN außerordentlich kündigt, den Schadensersatzanspruch gem. § 628 II zuzusprechen, während dem anderen AG, der gleichermaßen wirksam außerordentlich kündigen könnte, aber im Interesse des AN einen „schonenderen" Aufhebungsvertrag schließt, einen gleichen Schadensersatzanspruch zu verwehren, haben sich Rspr. (BAG 10. 5. 1971 AP BGB § 628 Nr. 6 = NJW 1971, 2092; BAG 11. 2. 1981 AP KSchG 1969 § 4 Nr. 8 = DB 1981, 2233) und Schrifttum (*Erman/Belling* Rn. 23; KR/*Weigand* Rn. 20; MünchKommBGB/*Schwerdtner* Rn. 33; *Schaub* § 122 Rn. 41; SPV/*Preis* Rn. 494; aA *Palandt/Putzo* Rn. 1) vom Wortlaut des § 628 II gelöst und den Anwendungsbereich der Norm ausgedehnt. Danach ist Anspruchsvoraussetzung nicht der Ausspruch einer wirksamen außerordentlichen Kündigung des Dienstverhältnisses, sondern das Bestehen des entsprechenden Kündigungsrechts einer Vertragspartei.

44 Das Kündigungsrecht muß in einem **schuldhaften vertragswidrigen Verhalten** der anderen Vertragspartei begründet liegen und kausal zur Auflösung des Vertragsverhältnisses geführt haben (BAG 10. 5. 1971 AP BGB § 628 Nr. 6 = NJW 1971, 2092; BAG 11. 2. 1981 AP KSchG 1969 § 4 Nr. 8 = DB 1981, 2233; *Erman/Belling* Rn. 23; SPV/*Preis* Rn. 494; aA *Palandt/Putzo* Rn. 1).

VI. Schadensersatz gem. § 628 II   § 628 BGB 230

Im Ergebnis kommt es für den auf § 628 II gestützten Schadensersatzanspruch nicht auf die Form 45
der Vertragsbeendigung, sondern auf ihren Anlaß an, was gebilligt werden kann. § 628 II enthält
bereits in seiner wörtlichen Fassung einen gesetzlich besonders geregelten Tatbestand der pVV
(*M. Wolf* in Anm. zu BAG 11. 2. 1981 AP KSchG 1969 § 4 Nr. 8; *Erman/Belling* Rn. 16). Die schuldhafte Verletzung von Pflichten aus dem Dienstvertragsverhältnis liegt in der Veranlassung der außerordentlichen Kündigung durch vertragswidriges Verhalten. Da jedes schuldhafte vertragswidrige Verhalten, das zwar nicht zum Ausspruch einer außerordentlichen Kündigung, wohl aber zur Beendigung
des Dienstverhältnisses führt, gleichermaßen den **Tatbestand einer pVV** erfüllt, bewirkt die Einbeziehung derartiger Fälle in den Anwendungsbereich des § 628 II eine tlw. Ersetzung der durch Richterrecht geschaffenen pVV.

Wenn ein Fall des durch die Rspr. erweiterten Tatbestandes des § 628 II vorliegt, hat dies zur Folge, 46
daß die allgemeinen Regeln der pVV keine Anwendung mehr finden. Insofern bewirkt die erweiternde
Auslegung des § 628 II eine **Restriktion der Haftung,** denn die pVV erfordert keine bewußte Pflichtwidrigkeit, vielmehr genügt jede Fahrlässigkeit.

Somit findet § 628 II im Ergebnis auch in allen Fällen Anwendung, in denen das Arbeitsverhältnis 47
in anderer Weise als durch fristlose Kündigung beendet worden ist, sofern nur der andere Vertragsteil
durch ein schuldhaftes vertragswidriges Verhalten den Anlaß zu der Beendigung gegeben hat.

§ 628 II ist Ausdruck eines allgemeinen Rechtsgrundsatzes und deshalb auf **alle Dauerschuldver-** 48
hältnisse entsprechend anwendbar (RG 27. 11. 1906 RGZ 64, 381, 384 f.; RG 6. 2. 1917 RGZ 89, 398,
400; *Oetker*, Das Dauerschuldverhältnis und seine Beendigung, 1994, S. 367 f.).

2. Auflösungsverschulden. Der Schadensersatzanspruch setzt eine Vertragsverletzung voraus, die 49
ein Recht zur außerordentlichen Kündigung begründet hat. Nach allgemeiner Auffassung (BAG 25. 5.
1962 AP BGB § 628 Nr. 1 = BB 1962, 999; BGH 30. 3. 1995 LM BGB § 628 Nr. 13 = NJW 1995,
1954; BGH 7. 6. 1984 LM BGB § 627 Nr. 5 = NJW 1985, 41; BAG 24. 2. 1964 AP BGB § 607 Nr. 1;
Staudinger/Preis Rn. 34) muß die Vertragsverletzung vom Anspruchsgegner iSv. §§ 276, 278 zu
vertreten sein. Erforderlich ist ein **Auflösungsverschulden** mit dem Gewicht eines wichtigen Grundes
iSv. § 626 I (st. Rspr.; BAG 11. 2. 1981 AP KSchG 1969 § 4 Nr. 8 = DB 1981, 2233; BAG 22. 6. 1989
AP BGB § 628 Nr. 11 = NZA 1990, 106; BAG 20. 11. 1996 AP BGB § 611 Berufssport Nr. 11; KR/
Weigand Rn. 20; *Soergel/Kraft* Rn. 6).

Aus dem Zusammenhang der Abs. 1 und 2 ergibt sich die gesetzliche Wertung, daß **nicht jede** 50
geringfügige Vertragsverletzung, die Anlaß für eine Beendigung des Arbeitsverhältnisses gewesen
ist, die schwerwiegende Folge des § 628 II nach sich zieht. Der Anwendungsbereich des § 628 II ist
deshalb enger als der des § 626, denn nicht jede nach § 626 gerechtfertigte Kündigung setzt ein
schuldhaftes vertragswidriges Verhalten der anderen Vertragspartei voraus.

Maßgeblich ist, daß der Anspruchsberechtigte außerordentlich aus dem vom Kündigenden zu 51
vertretenden Grund hätte kündigen können. § 628 II bedingt, daß alle Voraussetzungen einer außerordentlichen Kündigung gegeben gewesen sind. Insb. dürfen zwischen Kenntniserlangung von den
die Vertragsverletzung ausmachenden Umständen und der Verwirklichung des Beendigungstatbestandes
auf keinen Fall mehr als zwei Wochen liegen. Unabhängig von der Form der Beendigung des Dienstverhältnisses setzt der Schadenersatzanspruch nach § 628 II wegen Auflösungsverschuldens voraus,
daß die **Zwei-Wochen-Frist des § 626 II 1** eingehalten ist (BAG 22. 6. 1989 AP BGB § 628 Nr. 11 =
NZA 1990, 106; KR/*Weigand* Rn. 22; *Staudinger/Preis* Rn. 37; *Däubler*, Das Arbeitsrecht 2, S. 571).

Ist die ausgesprochene fristlose **Kündigung unwirksam,** weil es an einem wichtigen Grund iSv. 52
§ 626 I fehlt, kann der Kündigende keinen Schadensersatz beanspruchen (BAG 25. 5. 1962 AP BGB
§ 628 Nr. 1 = SAE 1962, 227; BAG 15. 6. 1972 AP BGB § 628 Nr. 7 = NJW 1972, 2279). Liegt zwar
ein wichtiger Grund für die außerordentliche Kündigung vor, fehlt es aber am Auflösungsverschulden,
scheidet ein Schadensersatzanspruch aufgrund **§ 628 II** gleichfalls aus.

Beruft sich der Anspruchsgegner wegen seines vertragswidrigen Verhaltens auf einen **Rechtsirrtum,** 53
so entfällt das Verschulden nur, wenn der Irrtum nicht seinerseits auf Fahrlässigkeit beruhte (vgl. BAG
12. 11. 1992 AP BGB § 285 Nr. 1 = NZA 1993, 500).

Schafft der Kündigende selbst schuldhaft und vertragswidrig eine Lage, die ihn zur außerordentli- 54
chen Kündigung berechtigt, so kann der Gegner in diesen – seltenen – Fällen **analog § 628 II**
Schadensersatz verlangen (*Gessert*, Schadensersatz nach Kündigung, 1987, S. 82; *Staudinger/Preis*
Rn. 38).

3. Beendigung des Dienstverhältnisses. Schadensersatz nach § 628 II kann nur beansprucht wer- 55
den, wenn es zur Beendigung des Dienstverhältnisses kommt. Unbeachtlich ist dagegen, ob das
außerordentliche Kündigungsrecht ausgeübt worden ist. Das entscheidende Gewicht kommt **nicht**
der Form der Beendigung, sondern dem Vorliegen eines Auflösungsverschuldens zu (BAG 10. 5. 1971
AP BGB § 628 Nr. 6 = NJW 1971, 2092; BAG 11. 2. 1981 AP KSchG 1969 § 4 Nr. 8 = DB 1981,
2233).

Unterläßt der Kündigungsberechtigte den Ausspruch der außerordentlichen Kündigung und schlie- 56
ßen die Parteien einen **Aufhebungsvertrag,** bleibt der Schadensersatzanspruch aus § 628 II nur erhalten, wenn sich der Kündigungsberechtigte diesen Anspruch in der Vereinbarung ausdrücklich

vorbehalten hat (BAG 10. 5. 1971 AP BGB § 628 Nr. 6 = NJW 1971, 2092; *Schaub* § 122 Rn. 41). Dem liegt keine Auslegungsregel des Inhalts zugrunde, im Zweifel enthalte der Aufhebungsvertrag zugleich einen Verzichtsvertrag (so aber *Canaris* in Anm. zu BAG 10. 5. 1971 AP BGB § 628 Nr. 6), sondern beruht auf dem durch die Rspr. veränderten Charakter des **§ 628 II**. Folgt der Schadensersatzanspruch aus vertragswidrigem Auflösungsverschulden der anderen Vertragspartei, muß beim seinerseits „verschuldensneutralen" Aufhebungsvertrag auf die Vorgeschichte, die Vertragsmotive, abgestellt werden, um überhaupt ein Auflösungsverschulden feststellen zu können. Hat sich keine Partei Ansprüche wegen dieser Vorgeschichte vorbehalten, ist allein das beiderseitige Einverständnis mit der Auflösung des Vertragsverhältnisses maßgeblich. Ein früheres schuldhaftes Verhalten einer Partei hat seine Bedeutung für das vorzeitige Vertragsende verloren. Um die Bedeutung für einen Schadensersatzanspruch zu erhalten, ist deshalb eine deutliche Klarstellung unverzichtbar.

57 Dem Grunde nach kann § 628 II auch einen Schadensersatzanspruch begründen, wenn wegen eines schuldhaften vertragswidrigen Verhaltens mit dem Gewicht eines wichtigen Grundes lediglich **ordentlich gekündigt** wird (BAG 11. 2. 1981 AP KSchG 1969 § 4 Nr. 8 = DB 1981, 2233; KR/*Weigand* Rn. 20; *Staudinger/Preis* Rn. 41). Wird in diesem Fall der Vertrag ordnungsgemäß bis zum Kündigungstermin abgewickelt, sind allerdings nur wenige ersatzfähige Schadenspositionen denkbar.

58 Die Auflösung des Arbeitsverhältnisses **durch das Gericht nach § 9 KSchG,** bei fristloser Entlassung in Verbindung mit § 13 I 3 KSchG, ist ebenfalls eine ordnungsgemäße Beendigung des Arbeitsverhältnisses. Vom Zeitpunkt der Auflösung an entfällt jeder Lohnanspruch und folglich auch ein Schadensersatzanspruch wegen entgangener Vergütungsansprüche (BAG 15. 2. 1973 AP KSchG 1969 § 9 Nr. 2 = NJW 1973, 1902). Das BAG begründet dies mit der Unterbrechung des Rechtswidrigkeitszusammenhangs zwischen dem Auflösungsverschulden und dem Schaden mittels Gestaltungsurteils des ArbG gem. § 9 KSchG. Ersatz anderen Schadens kann jedoch verlangt werden, wenn er durch das Auflösungsverschulden verursacht ist (zB Umzugskosten).

59 Macht ein AN nach obsiegendem Urteil im Kündigungsschutzprozeß von seinem außerordentlichen **Lossagungsrecht gem. § 12 KSchG** Gebrauch, kann seine Entscheidung durch ein schuldhaftes vertragswidriges Verhalten des AG bedingt sein. Auf diesen Fall findet § 628 II entgegen einer Andeutung im Urteil des BAG vom 24. 10. 1974 (AP BGB § 276 Vertragsverletzung Nr. 2 = BB 1974, 1640) Anwendung. Allerdings ist wegen der nach § 12 S. 4 KSchG limitierten Rechtsfolgen der Lossagung höchst zweifelhaft, welcher Verfrühungsschaden nach § 628 II zu ersetzen sein könnte.

60 Ist das **Arbeitsverhältnis wirksam befristet** und besteht keine Rechtspflicht zur Verlängerung des Zeitvertrages, sind etwaige auf Fortsetzung des Arbeitsverhältnisses gerichtete Erwartungen der Arbeitsvertragsparteien rechtlich nicht geschützt (*Gessert*, Schadensersatz nach Kündigung, 1987, S. 86), so daß in der Nichtverlängerung kein schuldhaftes vertragswidriges Verhalten liegen kann, das zur Auflösung des Arbeitsverhältnisses führt. § 628 II findet deshalb auf den Beendigungstatbestand „Auslaufen der Befristung" weder unmittelbare noch entsprechende Anwendung (aA KR/*Weigand* Rn. 20; *Stoffels* S. 124 Fn. 477).

61 **4. Veranlassung der Vertragsbeendigung.** Vorausgesetzt ist Kausalität zwischen dem Auflösungsverschulden und der Beendigung des Dienstverhältnisses (OLG Koblenz 28. 4. 1975 MDR 1976, 44; *Gessert*, Schadensersatz nach Kündigung, 1987, S. 11). Allein eine Vertragsverletzung reicht nicht aus, es muß vielmehr ein **unmittelbarer Zusammenhang** zwischen dem vertragswidrigen Verhalten und der Kündigung bzw. dem Aufhebungsvertrag oder anderen Beendigungstatbestand gegeben sein (BGH 12. 6. 1963 AP HGB § 89 b Nr. 2 = NJW 1963, 2068).

62 Im Falle der außerordentlichen Kündigung ist diese **notwendige adäquat kausale Verursachung** regelmäßig festzustellen. Andere Formen der Vertragsbeendigung wegen Auflösungsverschuldens einer Partei können demgegenüber Beweisschwierigkeiten auslösen, wenn autonome Entscheidungen einer Vertragspartei oder Dritter den Kausalverlauf beeinflußt haben.

63 **5. Ersatzfähiger Schaden.** Die Vertragspartei, die durch ihr schuldhaftes vertragswidriges Verhalten das Kündigungsrecht des anderen Vertragspartners begründet hat, muß nach dem Wortlaut des § 628 II dem anderen den „durch die Aufhebung des Dienstverhältnisses entstehenden Schaden" ersetzen.

64 Der Umfang des zu ersetzenden Schadens bestimmt sich nach §§ 249 ff. Dem tatsächlichen durch die Kündigung eingetretenen Zustand ist der hypothetische ohne das schädigende Ereignis (Kündigung) zu zeichnende Güterstand gegenüberzustellen (BGH 30. 9. 1963 AP BGB § 249 Nr. 1 = NJW 1964, 542; BGH [GS] 9. 7. 1986 AP BGB § 249 Nr. 26 = NJW 1987, 50; BAG 20. 11. 1996 AP BGB § 611 Berufssport Nr. 11). Maßgeblich ist das **Erfüllungsinteresse,** also wie der Anspruchsteller bei Fortbestand des Dienstverhältnisses gestanden hätte (BAG 5. 10. 1962 AP BGB § 628 Nr. 2 = NJW 1963, 75; BAG 20. 11. 1996 AP BGB § 611 Berufssport Nr. 11; BGH 3. 3. 1993 EzA HGB § 89 a Nr. 1 = BB 1993, 883; MünchArbR/*Blomeyer* § 55 Rn. 38). Der Berechtigte darf jedoch durch die vorzeitige Beendigung des Vertragsverhältnisses nicht besser gestellt werden als bei dessen ordnungsgemäßer Abwicklung.

VI. Schadensersatz gem. § 628 II § 628 BGB 230

a) **Schutzzweck der Norm.** Bereits bei den Beratungen des BGB waren sich die Beteiligten darüber 65 einig, daß durch die besondere Schadensersatzpflicht des (heutigen) § 628 II die mit der vorzeitigen Beendigung des Dienstverhältnisses verbundenen Nachteile ausgeglichen werden sollten (*Mugdan* II S. 916; *Jakobs/Schubert*, Beratung des BGB II, 1980, S. 825). Dabei war einerseits an die verbleibende Vertragsdauer bis zum Ablauf einer Befristung oder dem Eintritt einer auflösenden Bedingung und andererseits an die bei Ausspruch der ordentlichen Kündigung verbleibende Laufzeit des Vertrages zu denken. Mit der ordentlichen Kündigung mußte zur Zeit des Inkrafttretens des BGB jeder der beiden Vertragsteile immer rechnen, so daß die Grenze des Schadensersatzanspruches in der ordentlichen Beendigung des Arbeitsverhältnisses zu sehen war. Demgemäß ist der Schutzzweck des § 628 II auf die Gewährleistung des Erfüllungsinteresses für die **Zeit bis zur ordentlichen** und damit ordnungsgemäßen **Beendigung** des Dienstverhältnisses gerichtet. Der Kündigende soll so gestellt werden, als wäre das Arbeitsverhältnis ordnungsgemäß fortgeführt worden (BAG 9. 5. 1975 AP BGB § 628 Nr. 8; BAG 17. 7. 1997 AP BBiG § 16 Nr. 2 = NZA 1997, 1224). Eine etwaige Befristung des Dienstverhältnisses bildet zugleich die zeitliche Grenze für die Schadensersatzpflicht.

Im Ergebnis begrenzt der (hypothetische) Ausspruch der ordentlichen Kündigung durch die Ver- 66 tragspartei, die die Auflösung des Dienstverhältnisses verschuldete, den durch die Schadensersatzpflicht gewährleisteten Schutz. Eine Selbstverständlichkeit aus der Sicht des historischen Gesetzgebers, denn weder die Kündigungsfreiheit des AG noch die des AN waren eingeschränkt (*Oetker*, Das Dauerschuldverhältnis und seine Beendigung, 1994, S. 452). Der insoweit begrenzte Schutzzweck des § 628 II erübrigt es, den Ausspruch der ordentlichen Gegenkündigung als **Einwand rechtmäßigen Alternativverhaltens** zu berücksichtigen (vgl. *Hanau*, Kausalität der Pflichtwidrigkeit, 1971, S. 159 f.). Es kommt somit nicht darauf an, ob sich der Kündigungsgegner im Streitfall auf seine Kündigungsmöglichkeit beruft und beweist, daß er sie ausgeübt hätte.

Hiermit übereinstimmend gehen der BGH in st. Rspr. (3. 3. 1993 EzA HGB § 89 a Nr. 1 = BB 1993, 67 883; BGH 12. 6. 1985 BGHZ 95, 39, 47 ff. = NJW 1985, 2253 [zu § 554 BGB]; BGH 28. 4. 1988 BGHZ 104, 337, 342 = NJW 1988, 1967) und das BAG in st. Rspr. (27. 1. 1972 AP BGB § 252 Nr. 2 = NJW 1972, 1437; BAG 9. 5. 1975 AP BGB § 628 Nr. 8; BAG 23. 8. 1988 AP BetrVG 1972 § 113 Nr. 17 = NZA 1989, 31; noch aA BAG 17. 12. 1958 AP TVG § 1 Friedenspflicht Nr. 3) sowohl für § 89 a II HGB als auch für **§ 628 II** davon aus, daß sich der Schadensersatzanspruch allein auf den Zeitraum bis zum von vornherein vereinbarten oder durch ordentliche Kündigung herbeizuführenden Vertragsende erstreckt. Zu § 89 a II HGB, der **§ 628 II** inhaltlich entspricht, hat der BGH – unter ausdrücklicher Bezugnahme auf die Rspr. des BAG zu **§ 628 II** – entschieden (3. 3. 1993 EzA HGB § 89 a Nr. 1 = BB 1993, 883), der **Schutzzweck der Norm begrenze die Haftung zeitlich.** Der Geschädigte könne nur Ersatz des Schadens für die Zeit bis zum Ablauf der Kündigungsfrist oder bis zur vereinbarten Beendigung des Vertragsverhältnisses verlangen. Der Einwand, die ordentliche Kündigung wäre tatsächlich gar nicht ausgesprochen worden, sei nicht rechtserheblich. Das BAG hat in seiner Entscheidung vom 9. 5. 1975 (AP BGB § 628 Nr. 8) ausgeführt, § 628 II stelle den Kündigenden so, als wäre das Arbeitsverhältnis ordnungsgemäß durch eine fristgemäße Kündigung beendet worden.

Während die **Kündigungsfreiheit bei freien Dienstverhältnissen** und auf seiten der AN erhalten 68 geblieben ist, haben zwischenzeitlich eingeführte Regelungen des allgemeinen und besonderen Kündigungsschutzes den Ausspruch ordentlicher AGKündigungen vielfältigen Bindungen unterworfen. Insb. das KSchG mit dem Erfordernis der sozialen Rechtfertigung der vom AG erklärten ordentlichen Kündigung, bringt die ursprüngliche Beschränkung der Schadensersatzpflicht ins Wanken. Es ist nicht mehr selbstverständlich, daß der AG das Arbeitsverhältnis jederzeit ordentlich beenden kann.

Deshalb wird die Auffassung der Rspr. von Teilen des Schrifttums (KR/*Weigand* Rn. 35; Münch- 69 KommBGB/*Schwerdtner* Rn. 57; *Roeper* DB 1970, 1489; SPV/*Preis* Rn. 495; aA *Gamillscheg* Arbeitsrecht I S. 448; *Palandt/Putzo* Rn. 7) nicht gebilligt. Es wird geltend gemacht, der Schadensersatzanspruch des AN, der Kündigungsschutz gem. § 1 KSchG genießt und nicht zu den leitenden Angestellten iSv. § 14 KSchG gehört, bestehe **über das Ende der ordentlichen Kündigungsfrist hinaus**, womöglich unbegrenzt. Der AN soll vorbringen können, daß es ohne das vertragswidrige Verhalten des anderen Teiles nicht zur Auflösung des Arbeitsverhältnisses, auch nicht durch eine ordentliche Kündigung des AG, gekommen wäre. Dies soll zur Folge haben, daß der Schadensersatzanspruch über die Dauer der ordentlichen Kündigungsfrist hinaus geltend gemacht werden kann. Die Schadensersatzpflicht des AG nach § 628 II wäre zeitlich nicht limitiert.

Da ein kraft Eigenkündigung aus dem Betrieb ausgeschiedener AN idR keine verhaltensbedingten 70 Kündigungsgründe mehr schaffen kann, und die Entstehung personen- oder betriebsbedingter Kündigungsgründe schwer vorstellbar ist, würde die gem. §§ 252 BGB, 287 ZPO vorzunehmende Schätzung der dem ausgeschiedenen AN erwachsenden Einkommensverluste nicht durch eine hinreichend konkret abzusehende Beendigung mittels einer **sozial gerechtfertigten AGKündigung** begrenzt werden. Eine lebensferne Vorstellung (*Gamillscheg* Arbeitsrecht I S. 448), denn auch AN mit Kündigungsschutz scheiden von sich aus dem Arbeitsverhältnis aus, ihnen wird wirksam gekündigt oder sie erheben nach einer sozial nicht gerechtfertigten Kündigung keine Kündigungsschutzklage.

Es ist deshalb der Schutzzweck des § 628 II in Anbetracht der zwischenzeitlich eingeführten 71 Kündigungsschutzbestimmungen neu zu bestimmen. Wesentlicher Anknüpfungspunkt ist die Tatsache, daß der Ansprüche aus § 628 II herleitende AN das Arbeitsverhältnis seinerseits außerordentlich gekündigt oder gleichwertig aufgelöst hat. Er hat damit auf den Schutz der Gesetze, die ihm allgemeinen oder besonderen **Kündigungsschutz** gewähren, **verzichtet.** Das KSchG bezweckt den Bestandsschutz. Der Bestand des Arbeitsverhältnisses kann aber nicht mehr gewährleistet werden, wenn der AN seinerseits gekündigt hat.

72 Der AN, der aus vom AG zu vertretenden Gründen das Arbeitsverhältnis löst, begibt sich in die gleiche Lage wie der AN, der nach Ausspruch einer unwirksamen außerordentlichen Kündigung des AG im deswegen geführten Kündigungsschutzprozeß einen **Auflösungsantrag gem. §§ 13 I 3, 9 KSchG** stellt und durch Gestaltungsurteil eine Auflösung des Arbeitsverhältnisses wegen unzumutbarer Fortsetzung desselben erreicht.

73 Da die Auflösung des Arbeitsverhältnisses auf Antrag des AN auch zulässig ist, wenn die vom AG ausgesprochene Kündigung nicht allein wegen Fehlens eines wichtigen Grundes oder mangelnder sozialer Rechtfertigung, sondern daneben auch aus anderen Gründen unwirksam ist (st. Rspr.; BAG 24. 9. 1992 AP Einigungsvertrag Anlage I Kapitel XIX Nr. 3 = NZA 1993, 362), ist dieser **Abfindungsanspruch** eine dem AN gebührende Rechtsposition. Dem AN hierfür einen angemessenen Ausgleich zu gewähren, ist mit dem Schutzzweck des § 628 II vereinbar. Dementsprechend sieht *Gamillscheg* (Arbeitsrecht I S. 448) in § 10 KSchG ein Limit für die als Schadensersatz zu leistenden Vergütungszahlungen. Der AG darf nicht dadurch bessergestellt werden, daß er anstatt eine (unberechtigte) außerordentliche Kündigung auszusprechen, durch vertragswidriges Verhalten den AN zur außerordentlichen Auflösung des Arbeitsverhältnisses veranlaßt. Löst der AN das Arbeitsverhältnis außerordentlich, weil ihm die Fortsetzung wegen eines schuldhaften vertragswidrigen Verhaltens des AG unzumutbar ist, hat er Anspruch auf Schadensersatz in Höhe der Abfindung, die ihm durch Urteil gem. §§ 13 I 3, 9 KSchG nach unwirksamer AGKündigung zuzusprechen wäre (aA LAG Hamm 12. 6. 1984 NZA 1985, 159).

74 Insoweit stimmt die hier vertretene Lösung mit dem Vorschlag von *Gessert* (Schadensersatz nach Kündigung, 1987, S. 179 f.) überein. Abw. von *Gessert* ist aber anzunehmen, daß der AN nicht in jedem Fall auf ein **Wahlrecht** zwischen der Abfindung für den Verlust des Arbeitsplatzes entsprechend § 9 KSchG und der Vergütung für den Zeitraum bis zur nächstmöglichen ordentlichen Beendigung des Arbeitsverhältnisses beschränkt ist (so im Ergebnis auch *Weiß* JuS 1985, 593, 596). Vielmehr können beide Schadenspositionen nebeneinander beansprucht werden, wenn der betreffende AN in der als Vergleichsfall herangezogenen Situation auch beide Leistungen beanspruchen könnte. Dies wäre der Fall, wenn der unberechtigt außerordentlich entlassene AN seinen Auflösungsantrag nicht gem. §§ 13 I 3, 9 KSchG zum Termin der außerordentlichen Kündigung, sondern gem. § 9 KSchG aufgrund einer Umdeutung der unwirksamen außerordentlichen Kündigung in eine (sozial ungerechtfertigte) ordentliche Kündigung zum Termin einer wirksamen ordentlichen AGKündigung stellte. Da dieser Weg für den AN rechtlich gangbar ist (vgl. BAG 26. 8. 1993 AP BGB § 626 Nr. 113 = NZA 1994, 70; *Hueck/v. Hoyningen-Huene* § 13 Rn. 21 a; SPV/*Vossen* Rn. 1215; aA BBDW/*Bader* § 13 KSchG Rn. 35), läßt sich eine hiervon abw. einschränkende Auslegung des Schutzzwecks des § 628 II nicht vertreten.

75 Im Ergebnis kann ein AN, der Kündigungsschutz nach dem KSchG genießt, Ersatz der entgangenen **Vergütung bis zum Ablauf der Kündigungsfrist** einer (fiktiven alsbaldigen) AGKündigung und daneben eine Abfindung für den Verlust des Arbeitsplatzes verlangen (*Weiß* JuS 1985, 593, 596; ebenso zu § 113 II InsO *Zwanziger*, Arbeitsrecht der Insolvenzordnung, 1997, § 113 InsO Rn. 17; aA in einem obiter dictum BAG 22. 4. 1971 AP KSchG § 7 Nr. 24 = DB 1971, 1531). Darüber hinausgehende Vergütungsansprüche werden vom Schutzzweck des § 628 II nicht umfaßt und sind deshalb nicht zu ersetzen (MünchKommBGB/*Schwerdtner* Rn. 57 [falls der AN die Abfindung wählt]).

76 **Besonderer Kündigungsschutz** (zB §§ 15, 21 SchwbG, § 9 MuSchG, § 15 KSchG, § 18 BErzGG oder tarifvertragliche Regelungen der ordentlichen Unkündbarkeit) führt zu keinen weitergehenden Schadensersatzansprüchen des wegen eines Auflösungsverschuldens des AG das Arbeitsverhältnis kündigenden AN. Der besondere Kündigungsschutz ist durchweg auf den **Erhalt des Arbeitsplatzes** gerichtet. Nach dem jeweiligen Normzweck soll nicht das Abfindungsinteresse, sondern das Bestandsinteresse der besonders kündigungsgeschützten AN bewahrt werden. In allen Fällen hindern die besonderen gesetzlichen Regelungen die AN jedoch nicht, ihr Arbeitsverhältnis selbst zu kündigen. Wird eine solche Eigenkündigung ausgesprochen, ergibt sich aus den Regelungen des besonderen Kündigungsschutzes kein Anspruch auf irgendeine Abfindung wegen Verlustes des Arbeitsplatzes. Auch besonders geschützte AN können allein über § 9 KSchG die Zahlung einer Abfindung erreichen. Es mag deshalb notwendig sein, bei der Bemessung von Schadensersatz zu leistenden Abfindung gem. **§ 10 KSchG** den besonderen Kündigungsschutz betragsteigernd zu berücksichtigen, doch gibt der durch die Eigenkündigung verlorengehende besondere Kündigungsschutz keine eigenständige Schadensposition.

77 Für **leitende Angestellte iSv. § 14 KSchG** gelten keine abw. Regeln. Vielmehr könnte bei ihnen sogar der AG eine Auflösung durch Gestaltungsurteil zum Termin einer ordentlichen Kündigung erreichen (vgl. §§ 14 II 2, 9 KSchG), ohne daß es der Feststellung einer negativen Prognose für die weitere Zusammenarbeit bedürfte.

VI. Schadensersatz gem. § 628 II   § 628 BGB 230

Der Schutzzweck der Norm führt zu einer weiteren wesentlichen Einschränkung der aus § 628 II **78** begründbaren Schadensersatzansprüche. Da es nicht zu den Vertragspflichten eines Dienstvertrages gehört darauf zu achten, daß dem Vertragspartner die Fortsetzung eines Vertrages zumutbar bleibt, von dem sich beide Parteien wegen bereits vorliegender wichtiger Gründe lösen könnten, ist in diesem **Fall beiderseitigen Auflösungsverschuldens** für keine Partei eine Schadensersatzpflicht mit dem Schutzzweck der Norm vereinbar (*Hanau,* Kausalität der Pflichtwidrigkeit, 1971, S. 160). Dh., wird eine Partei durch schuldhaft vertragswidriges Verhalten des anderen Teiles zur Kündigung des Arbeitsverhältnisses veranlaßt, ist der Kündigungsgegner nicht zum Ersatz des durch die Aufhebung des Arbeitsverhältnisses entstehenden Schadens verpflichtet, wenn er selbst wegen eines vertragswidrigen Verhaltens der kündigenden Partei hätte kündigen können. Bei dieser Sachlage entfallen die wechselseitigen Schadensersatzansprüche aus vertragswidrigem Verhalten (BGH 29. 11. 1965 AP BGB § 628 Nr. 3 = NJW 1966, 347; BAG 12. 5. 1966 AP HGB § 70 Nr. 9 = NJW 1966, 1835; *Hanau,* Kausalität der Pflichtwidrigkeit, 1971, S. 160; BBDW/*Bader* Rn. 19; KR/*Weigand* Rn. 31; *Soergel/Kraft* Rn. 6). Dies gilt unabhängig davon, ob die wechselseitigen Kündigungsgründe in einem inneren Zusammenhang stehen oder nicht (BAG 12. 5. 1966 AP HGB § 70 Nr. 9 = NJW 1966, 1835).

b) Kausalität. Der Schadensersatzanspruch setzt eine doppelte Kausalität voraus: Zum einen muß **79** die schuldhafte Vertragsverletzung die Veranlassung für die Auflösung gewesen sein. Zum anderen muß der eingetretene Schaden gerade auf die Beendigung des Dienstverhältnisses zurückzuführen sein.

Das BAG hat dem Ersatzpflichtigen lange Zeit unter Hinweis auf das „Prinzip der zivilrechtlichen **80** Prävention" die **Berufung auf rechtmäßiges (hypothetisches) Alternativverhalten** mit der Begründung abgeschnitten, der Arbeitsvertragsbruch würde andernfalls weitgehend sanktionslos bleiben, was dem Interesse an einem vertragstreuen Verhalten widerspräche (BAG 18. 12. 1969 AP BGB § 276 Vertragsbruch Nr. 3 = NJW 1970, 1469). Demgegenüber betont das Gericht nunmehr (seit BAG 26. 3. 1981 AP BGB § 276 Vertragsbruch Nr. 7 = NJW 1981, 2430) in Abkehr von seiner bisherigen Rspr. den Schutzzweck der Norm. Dieser geht nicht soweit, daß der Dienstberechtigte dem vertragsbrüchigen Dienstverpflichteten alle Kosten der Suche eines Nachfolgers auferlegen kann. Der Schutzzweck ist vielmehr darauf beschränkt, beiden Parteien den durch die ordentliche Kündigungsfrist gewährleisteten Zeitraum für den Abschluß eines Anschlußvertrages zu sichern.

Der vertragsbrüchige Teil muß deshalb seinem Vertragspartner nur den Schaden ersetzen, der durch **81** die **vorzeitige Vertragsbeendigung** entstanden ist, jedoch bei vertragsgemäßer Einhaltung der Kündigungsfrist nicht entstanden wäre (BAG 26. 3. 1981 AP BGB § 276 Vertragsbruch Nr. 7 = NJW 1981, 2430; dazu *Stoffels* S. 135 ff.). Der Kündigende kann allein den durch Einhaltung der Kündigungsfrist vermeidbaren Schaden, den sog. Verfrühungsschaden (grdl. *Medicus* in Anm. zu BAG 14. 11. 1975 AP BGB § 276 Vertragsbruch Nr. 5), ersetzt verlangen. Dabei kommt es nicht darauf an, ob der andere Teil von seinem Kündigungsrecht tatsächlich Gebrauch gemacht hätte (BGH 29. 11. 1965 AP BGB § 628 Nr. 3 = NJW 1966, 347; BAG 23. 3. 1983 AP BGB § 276 Vertragsbruch Nr. 8 = NZA 1984, 122). ZB sind nicht ersatzfähig die Vorstellungskosten eines Bewerbers für die freigewordene Stelle, wenn diese auch bei fristgerechtem Ausscheiden des Gekündigten angefallen wären.

Soweit der Ersatz von Schäden beansprucht wird, die nicht durch die vorzeitige Beendigung des **82** Dienstverhältnisses verursacht sind (zB Kosten der Rechtsberatung), scheidet § 628 II als Anspruchsgrundlage aus und die **Grundsätze der pVV** sind anwendbar.

c) Mögliche Schadenspositionen. aa) Bei Veranlassung durch den Dienstverpflichteten. Ersatz- **83** pflichtig ist der AN nur für den Schaden, der durch die überstürzte Vertragsbeendigung entstanden ist, also den Verfrühungsschaden (BAG 26. 3. 1981 AP BGB § 276 Vertragsbruch Nr. 7 = NJW 1981, 2430; BAG 23. 3. 1983 AP BGB § 276 Vertragsbruch Nr. 8 = NZA 1984, 122; *Medicus* in Anm. zu BAG 14. 11. 1975 AP BGB § 276 Vertragsbruch Nr. 5).

Der Schaden wird vor allem in den **Mehrausgaben des AG** bestehen, die durch die notwendige **84** Fortsetzung der vom ausgeschiedenen AN unterbrochenen Arbeiten verursacht werden (LAG Berlin 27. 9. 1973 DB 1974, 538). Als Aufwendungen kommen die erhöhten Vergütungen für AN in Betracht, die durch Überstunden die Arbeit des ausgeschiedenen AN verrichten (LAG Düsseldorf [Köln] 19. 10. 1967 DB 1968, 90; MünchKommBGB/*Schwerdtner* Rn. 45). Soweit eine Ersatzkraft zu einem höheren Lohn eingestellt worden ist, muß die Lohndifferenz ausgeglichen werden, wenn eine Ersatzkraft nur zu diesen Bedingungen zum Abschluß eines Arbeitsvertrages bereit war (LAG Berlin 27. 9. 1973 DB 1974, 538; LAG Schleswig-Holstein 13. 4. 1972 BB 1972, 1229). Zu den erhöhten Kosten der Ersatzkraft kann auch der ihr zu leistende Aufwendungsersatz gehören (zB Reisekosten, Hotelunterkunft).

Grds. ersatzfähig sind auch Vorhaltekosten (vgl. BGH 18. 5. 1971 AP BGB § 249 Nr. 14 = NJW **85** 1971, 1692). Hält der AG über den Arbeitskräftebedarf hinaus eine **Personalreserve für Fälle des Vertragsbruches** vor, kann er hierfür Ersatz verlangen (*Gessert,* Schadensersatz nach Kündigung, 1987, S. 106). Tatsächlich wird es kaum zu entsprechenden Ersatzpflichten kommen, weil die Probleme bei der im Prozeß notwendigen Substantiierung von Kosten und Kausalität beginnen (BAG 23. 5. 1984 AP BGB § 339 Nr. 9 = NZA 1984, 255; *Stoffels* S. 153).

86 Allein die höhere Beanspruchung anderer AN im Sinne einer **Intensivierung der Arbeitsleistung** ist kein ausgleichsfähiger Schaden des AG. Es fehlt bereits an der Schadensentstehung, denn durch den verstärkten Einsatz der anderen AN wird jeder Schaden verhindert. Auch mit normativen Erwägungen kann kein abw. Ergebnis begründet werden (*Stoffels* S. 152 f.).

87 Bei **Abordnung von AN** einer anderen Filiale des gleichen Betriebes auf den vakanten Arbeitsplatz, deren Arbeitsleistung wiederum durch Mehrleistungen anderer AN ausgeglichen werden, mag bei normativer Betrachtung ein Schaden gegeben sein (vgl. BAG 24. 4. 1970 AP HGB § 60 Nr. 5; *Schaub* § 51 Rn. 16).

88 Kommt es wegen der Auflösung des Arbeitsverhältnisses nach schuldhafter Vertragspflichtverletzung des AN zu einem Stillstand in der Produktion, rechnen die **nutzlos aufgewendeten Fixkosten** zum ersatzfähigen Schaden. Beispielsweise kann der Mietzins für die vom ausgeschiedenen AN bediente Maschine zu ersetzen sein (*Schaub* § 51 Rn. 16; *Frey* BB 1959, 744).

89 Verliert der AG durch die außerordentliche Vertragsbeendigung im Zeitraum bis zur ersten ordentlichen Beendigungsmöglichkeit den **Konkurrenzschutz nach § 60 HGB,** muß der AN, der die Auflösung des Arbeitsverhältnisses verschuldet hat, für die dadurch verursachten Vermögenseinbußen des AG zumindest in der Höhe aufkommen, wie sie bei Vereinbarung eines nachvertraglichen Wettbewerbsverbotes zulässigerweise vermieden worden wären (BAG 9. 5. 1975 AP BGB § 628 Nr. 8; BAG 23. 2. 1977 BB 1977, 847). Bei Unmöglichkeit der Naturalrestitution ist der Anspruch gem. § 251 I auf Geldersatz gerichtet (*Stoffels* S. 148). Die zeitliche Begrenzung ergibt sich aus der ordentlichen Kündigungsfrist, die der Dienstverpflichtete einzuhalten hätte. Ein vereinbartes Wettbewerbsverbot beginnt in jedem Falle unmittelbar im Anschluß an das Ausscheiden des AN und nicht erst mit Ablauf der ordentlichen Kündigungsfrist (ArbG Düsseldorf 4. 12. 1980 DB 1981, 1338).

90 Zu den nach § 249 ausgleichspflichtigen Schadensposten eines Vertragsbruches des AN können auch die **Kosten für Zeitungsinserate** gehören, mit denen der AG eine Ersatzkraft sucht (BAG 26. 3. 1981 AP BGB § 276 Vertragsbruch Nr. 7 = NJW 1981, 2430). Allerdings muß sich der zu ersetzende Werbeaufwand in angemessenen Grenzen halten. Das betrifft das Verhältnis von Bedeutung des Arbeitsplatzes und Anzeigenkosten (BAG 18. 12. 1969 AP BGB § 276 Vertragsbruch Nr. 3 = NJW 1970, 1469), die Größe des Inserats (BAG 30. 6. 1961 AP BGB § 276 Vertragsbruch Nr. 1 = NJW 1961, 1837) sowie die Häufigkeit, mit der eine Stellenanzeige in derselben Zeitung wiederholt wird (BAG 14. 11. 1975 AP BGB § 276 Vertragsbruch Nr. 5 = NJW 1976, 644).

91 Nach der Rspr. kann der AG von einem vertragsbrüchigen AN keinen Ersatz der durch Stellenanzeigen veranlaßten Kosten verlangen, wenn diese Kosten auch bei einer fristgemäßen ordentlichen Kündigung des AN zum arbeitsvertraglich nächstzulässigen Kündigungstermin entstanden wären (BAG 26. 3. 1981 AP BGB § 276 Vertragsbruch Nr. 7 = NJW 1981, 2430; BAG 23. 3. 1983 AP BGB § 276 Vertragsbruch Nr. 8 = NZA 1984, 122). Die Kosten kann der AG nur ersetzt verlangen, wenn sie **bei fristgemäßer Kündigung vermeidbar** gewesen wären. Eines Nachweises, daß der AN von der vertraglich eingeräumten Kündigungsmöglichkeit fristgemäß Gebrauch gemacht hätte, bedarf es nicht. Ein solcher Nachweis ist auch gar nicht zu führen. Auszugehen ist von der Begrenzung der Schadensersatzpflicht durch den Schutzzweck der verletzten Norm. Schäden, die auch bei einem normgerechten Verhalten entstanden wären, fallen nicht in den Schutzbereich und scheiden als Schadensposition stets aus.

92 **Vorstellungskosten eines Nachfolgers** des vertragsbrüchigen AN werden nur in wenigen Fällen als Verfrühungsschaden anzuerkennen sein (BAG 26. 3. 1981 AP BGB § 276 Vertragsbruch Nr. 7 = NJW 1981, 2430; *Stoffels* S. 141).

93 Der AG kann Schadensersatz für **entgangenen Gewinn** verlangen (BAG 5. 10. 1962 AP BGB § 628 Nr. 2 = NJW 1963, 75; BAG 27. 1. 1972 AP BGB § 252 Nr. 2 = NJW 1972, 1437), wenn sich durch das Ausscheiden des AN Verdiensteinbußen ergeben. IdR wird sich der Gewinnausfall nicht einfach durch Vorlage der Geschäftsbücher ermitteln lassen. Insofern gibt das Gesetz wegen der hier oft schwierig zu führenden Nachweise mit den §§ 252 BGB und 287 ZPO Erleichterungen für die Darlegung und den Beweis sowohl für den Eintritt des Schadens (dh. für die Annahme der sog. haftungsausfüllenden Kausalität) als auch für die Höhe des Schadens.

94 Verrichtet der AG die Arbeit des ausgeschiedenen AN selbst, weil er keine Ersatzkraft gefunden hat und Geschäftseinbußen verhindern will, kann der AG den potentiellen Schaden, den er aber nur aufgrund der **eigenen überobligatorischen Anstrengungen** (Vorteilsausgleichung) nicht erlitten hat, ersetzt verlangen (BAG 24. 8. 1967 AP BGB § 249 Nr. 7 = NJW 1968, 221; vgl. dazu auch *C. Becker* BB 1976, 746).

95 Hat der AG wegen des Ausfalls des AN gegenüber seinen Kunden nicht fristgerecht leisten können, gehören die adäquat kausal verursachten **Verzugsschäden** und evtl. verwirkte Vertragsstrafen zum ersatzfähigen Schaden und sind vom AN zu tragen (LAG Düsseldorf [Köln] 19. 10. 1967 DB 1968, 90; *Gessert*, Schadensersatz nach Kündigung, 1987, S. 85; *Staudinger/Preis* Rn. 49).

96 **bb) Bei Veranlassung durch den Dienstberechtigten.** Der Ersatzanspruch des AN umfaßt den Schaden, den er durch die in der Vertragsverletzung des AG begründete Auflösung des Arbeitsverhältnisses erlitten hat. Grds. richtet sich der vom AG gem. **§ 628 II** zu ersetzende Schaden nach den

§§ 249, 252, dh., es sind alle Vergütungsansprüche einschließlich aller Nebenleistungen zu erfüllen (LAG Hamm 12. 6. 1984 NZA 1985, 159). Insb. Tantiemen, noch nicht unverfallbare Ruhegeldanwartschaften (vgl. BAG 29. 7. 1971 AP BGB § 630 Nr. 6 = NJW 1971, 2325), Sonderzuwendungen und Gratifikationen können zum ersatzfähigen Schaden gehören. Im Einzelfall ist der Verlust dieser bei Fortsetzung des Dienstverhältnisses dem Dienstnehmer zugeflossenen Leistungen auszugleichen, wenn gerade die vorzeitige Auflösung des Dienstverhältnisses den Schadenseintritt herbeiführt hat. Dabei ist auch eine erst zukünftig eintretende Fälligkeit zu beachten.

Der AN hat die Wahl, ob er seinen durch die vorzeitige Auflösung des Arbeitsverhältnisses erwachsenden Erwerbsschaden nach der **modifizierten Nettolohnmethode** oder nach der Bruttolohnmethode geltend machen will (BGH 15. 11. 1994 AP BGB § 249 Nr. 35). Beide Berechnungsmethoden dürfen jedoch zu keinen unterschiedlichen wirtschaftlichen Ergebnissen führen. Deshalb ist bei der modifizierten Nettolohnmethode der entgangene Nettolohn um die aufzuwendende Einkommensteuer und (Sozial-)Versicherungsbeiträge, wie sie tatsächlich anfallen (vgl. unten Rn. 106 f.), zu erhöhen. Andererseits sind nach der Bruttolohnmethode vom errechneten Gesamtbruttoanspruch die erzielten Steuer- und (Sozial-)Versicherungsbeitragsvorteile abzusetzen. Insb. kann ein steuerlicher Progressionsvorteil des Geschädigten dem Schädiger zugute kommen (BGH 15. 11. 1994 AP BGB § 249 Nr. 35). Als Unterschied verbleibt die grds. abw. Verteilung der Behauptungs- und Beweislast. Nach der modifizierten Nettolohnmethode muß der Geschädigte dartun, welche weiteren steuerlichen und sozialversicherungsrechtlichen Schäden er habe, während es nach der Bruttolohnmethode gem. den Regeln des Vorteilsausgleiches Sache des Schädigers ist darzutun, welche Vorteile sich der Geschädigte anrechnen lassen müsse (vgl. *Hartung* VersR 1981, 1008, 1009). In der Praxis wird dieser Unterschied letztlich dadurch ausgeglichen, daß der Geschädigte nach beiden Methoden die steuerlichen und sozialversicherungsrechtlichen Auswirkungen im einzelnen aufzeigen muß, weil die Beweismöglichkeiten allein in seiner Sphäre liegen (BGH 15. 11. 1994 AP BGB § 249 Nr. 35). Jedenfalls setzt die Feststellung des Nettoeinkommens (bzw. Vorteilsbetrages) keine Art hypothetischer Einkommensteuerveranlagung des Geschädigten voraus (BGH 15. 11. 1994 AP BGB § 249 Nr. 35).

Schließlich steht dem AN auch **Ersatz der Aufwendungen** zu, die ihm aufgrund der verfrühten Suche nach einem neuen Arbeitsplatz entstehen. Die Kosten eines notwendigen Umzuges sind auszugleichen, wenn sie ohne die vorzeitige Beendigung des Arbeitsverhältnisses nicht erwachsen wären (BAG 11. 8. 1987 AP BBiG § 16 Nr. 1 = NZA 1988, 93).

Nach den **Grundsätzen der Vorteilsausgleichung** muß der AN sich das anrechnen lassen, was er durch die Beendigung des Arbeitsverhältnisses erspart. Insofern kommen vorrangig die mit der Vertragserfüllung verbundenen Aufwendungen in Betracht (zB Fahrtkosten zur Arbeitsstätte, Verpflegungsmehraufwendungen, Bekleidungskosten).

Gleichfalls anspruchsmindernd ist zu berücksichtigen, was er durch **anderweitige Verwendung seiner Arbeitskraft** erwirbt oder zu erwerben schuldhaft unterläßt (§ 254 II 1). Böswilligkeit iSv. § 615 S. 2 ist insoweit nicht Voraussetzung (BGH 14. 11. 1966 AP BGB § 628 Nr. 4 = NJW 1967, 243; SPV/*Preis* Rn. 495). Es gelten ansonsten die gleichen Grundsätze wie beim Annahmeverzug. Der AN muß alles tun, um einen geeigneten Arbeitsplatz zu finden. Verwertet der Dienstverpflichtete seine Arbeitskraft neu, wird das neue Verdienst auf den gesamten Abgeltungszeitraum angerechnet (BAG 29. 7. 1993 AP BGB § 615 Nr. 52 = NZA 1994, 116). Die Anrechnung anderweitigen Einkommens ist jedoch davon abhängig, daß die Erzielung des Einkommens kausal durch das Freiwerden der Arbeitskraft in dem beendeten Arbeitsverhältnis ermöglicht worden ist (BAG 6. 9. 1990 AP BGB § 615 Nr. 47 = NZA 1991, 221). Dies kann insb. bei Einkünften aus Nebentätigkeiten zweifelhaft sein.

Umstritten ist die Frage, ob ein unter den Schutz des § 1 KSchG fallender AN geltend machen kann, bei einer sozialwidrigen ordentlichen Kündigung des AG hätte ihm eine **Abfindung gem. §§ 9, 10 KSchG** zugestanden, deren Verlust sich nunmehr als Schaden für ihn darstelle (vgl. oben Rn. 73; ferner *Gessert*, Schadensersatz nach Kündigung, 1987, S. 59 ff.; s. auch schon RG 24. 6. 1922 RGZ 105, 132 ff. zu der entsprechenden Frage bei § 84 BetriebsräteG). Ein solcher Anspruch ist abhängig von der Entscheidung in der Frage, wie sich ein bestehender Kündigungsschutz auf den ersatzfähigen Schaden auswirkt. Er ist nach der hier vertretenen Auffassung jedenfalls dem Grunde nach gegeben.

In dem ungewöhnlichen Fall eines Profi-Eishockey-Spielers, der nach Ausspruch einer außerordentlichen Kündigung wegen vertragswidrigen Verhaltens seines alten Vereins eine Darlehensverbindlichkeit eingegangen war, um sich von diesem alten Verein die nach der Spielordnung des Deutschen Eishockey-Bundes für den **Vereinswechsel erforderliche Freigabe** „erkaufen" zu können, hat das BAG (20. 11. 1996 AP BGB § 611 Berufssport Nr. 11) die Darlehensverbindlichkeit als auszugleichenden Schaden angesehen.

cc) Bei Gegenkündigung des Dienstverpflichteten nach unberechtigter Kündigung des Dienstberechtigten. Wird abw. von der hier vertretenen Ansicht (vgl. oben Rn. 75) angenommen, ein AN, der allgemeinen Kündigungsschutz nach dem KSchG genießt, könne seinen Verdienstausfall nicht nur für die Zeit bis zum Ablauf der ordentlichen Kündigungsfrist, sondern uU zeitlich unbegrenzt beanspruchen (vgl. die Nachweise oben Rn. 69), sind allein deshalb keine erheblichen Wertungswidersprüche zum KSchG zu erwarten (aA MünchKommBGB/*Schwerdtner* Rn. 59). Insb. besteht kein

Vorrang der Kündigungsschutzklage in dem Sinne, daß der AN nach Erhalt einer unwirksamen außerordentlichen Kündigung des AG nicht mehr mit einer außerordentlichen Gegenkündigung reagieren dürfte, sondern allein auf die Erhebung der Kündigungsschutzklage verwiesen sei. Vielmehr kann der AN in objektiver Klaghäufung neben dem Zahlungsantrag den Kündigungsschutzantrag stellen und das Gericht beiden Anträgen stattgeben. Hat allerdings der AN Kündigungsschutzklage erhoben und zudem außerordentlich gekündigt, ist er gehindert, gem. §§ 13, 9 KSchG eine gerichtliche Auflösung des Arbeitsverhältnisses zu dem ordentlichen Kündigungstermin zu erreichen, wenn seine eigene außerordentliche Kündigung zu einem früheren Termin wirksam geworden ist. Dementsprechend hat das BAG (22. 4. 1971 AP KSchG § 7 Nr. 24 = DB 1971, 1531) beiläufig entschieden, auch im Geltungsbereich des KSchG könne in AN, dem der AG unberechtigt außerordentlich gekündigt habe, das Arbeitsverhältnis selbst kündigen und gem. **§ 628 II** das bisher bezogene Gehalt als Schadensersatz fordern. Sollte der AN trotz Anwendbarkeit des KSchG innerhalb der 3-Wochen-Frist gem. §§ 13 I 2, 4 KSchG keine Kündigungsschutzklage, sondern allein Zahlungsklage erhoben haben, ist aufgrund der extensiven Interpretation des § 6 KSchG durch die Rspr. (vgl. BAG 13. 3. 1997 AP KSchG 1969 § 4 Nr. 38 = NZA 1997, 844) zu überdenken, ob nicht die Leistungsklage wegen Schadensersatzes aus **§ 628 II** gem. §§ 13 I 2, 6 KSchG die Klagefrist wahrt und den Eintritt der Fiktionswirkung verhindert.

104 **d) Mitverschulden.** Bei einem Schadensersatzanspruch wegen schuldhaften vertragswidrigen Verhaltens ist ein konkurrierendes Verschulden des anderen Teiles, das nicht seinerseits § 626 I erfüllt (vgl. zu dem dann anzunehmenden Ausschluß des Schadensersatzanspruches oben Rn. 78), gem. § 254 I zu berücksichtigen (BGH 2. 10. 1990 NJW 1991, 165; *Staudinger/Preis* Rn. 39). Eine Minderung des Schadensersatzanspruches nach § 254 I kommt insb. in Betracht, wenn der Kündigungsberechtigte den anderen Teil **zum vertragswidrigen Verhalten verleitet** hat (BGH 29. 11. 1965 AP BGB § 628 Nr. 3 = NJW 1966, 347; BGH 14. 11. 1966 AP BGB § 628 Nr. 4 = NJW 1967, 243; BAG 17. 9. 1970 AP BGB § 628 Nr. 5 = NJW 1971, 822).

105 Der Schadensersatzanspruch wegen Auflösungsverschuldens kann gem. § 254 II 1 ganz oder tlw. entfallen, wenn es der Kündigungsberechtigte (gegen seine Interessen) schuldhaft unterlassen hat, den entstehenden **Schaden gering zu halten** oder gänzlich abzuwenden.

106 **6. Rechtliche Behandlung der Schadensersatzleistung. a) Steuerrecht.** Soweit der Schadensersatzanspruch Lohnersatzfunktion hat, unterliegt er als Einkommen des Dienstverpflichteten der Besteuerung (BFH 28. 2. 1975 BFHE 115, 251; *Gessert*, Schadensersatz nach Kündigung, 1987, S. 219 f.; *Staudinger/Preis* Rn. 61). Geleisteter Schadensersatz kann **Abfindung iSv. § 3 Nr. 9 EStG** (BFH 13. 10. 1978 BFHE 126, 399 = BB 1979, 304) und Entschädigung iSv. § 24 Nr. 1 a EStG (*Schmidt/Seeger* EStG § 24 Anm. 4 a) sein. Zudem kann der Dienstnehmer in den Genuß eines ermäßigten Steuersatzes kommen, weil der Schadensersatz gem. § 34 II Nr. 2 iVm. I EStG den außerordentlichen Einkünften zugerechnet wird.

107 **b) Sozialversicherungsrecht.** Sozialversicherungsbeiträge sind auf die Ersatzleistung für die entgangene Vergütung nicht zu entrichten, denn der Schadensersatz wegen vorzeitiger Beendigung des Dienstverhältnisses ist keine „Einnahme aus einer Beschäftigung" (§ 14 SGB IV; zur Anrechnung auf das Arbeitslosengeld: BSG 13. 3. 1990 NZA 1990, 829).

108 **c) Konkurs bzw. Insolvenz des Arbeitgebers.** Nach Auffassung des BAG (13. 8. 1980 AP KO § 59 Nr. 11 = NJW 1981, 885; 22. 10. 1998 – 8 AZR 73/98 – nv.) war der Schadensersatzanspruch (wie ein Abfindungsanspruch gem. §§ 9, 10 KSchG – BAG 6. 12. 1984 AP KO § 61 Nr. 14 = NZA 1985, 394) im Konkurs des AG nach § 61 I Nr. 6 KO als **einfache Konkursforderung** zu berichtigen. Demgegenüber ist im Schrifttum überwiegend die **Lohnersatzfunktion** betont und eine Gleichbehandlung mit dem entsprechenden Entgeltanspruch befürwortet worden (KR/*Weigand* Rn. 58; *Gagel* ZIP 1981, 122, 124; *Uhlenbruck* in Anm. zu BAG 13. 8. 1980 AP KO § 59 Nr. 11; MünchArbR/*Hanau* § 75 Rn. 29; *Staudinger/Preis* Rn. 59; aA *Gessert*, Schadensersatz nach Kündigung, 1987, S. 201 f.; *Jaeger/Henckel* KO § 22 Rn. 42).

109 Beruhte der Schadensersatzanspruch des AN auf einer schuldhaften vertragswidrigen **Handlung des Konkursverwalters**, gehörte er gem. § 59 I Nr. 1 KO zu den Masseschulden (KR/*Weigand* Rn. 59; *Staudinger/Preis* Rn. 60; RGRK/*Corts* Rn. 55). Fiel der AN mit seinem Schadensersatzanspruch wegen Konkurses des AG aus, so stand ihm kein Anspruch auf **Konkursausfallgeld** zu, weil der Schadensersatzanspruch nicht dem maßgeblichen Konkursausfallgeld-Zeitraum zugeordnet werden konnte. Der Schadensersatzanspruch entsteht erst mit der Auflösung des Arbeitsverhältnisses und nicht während der letzten drei Monate des Arbeitsverhältnisses, die wiederum in den letzten sechs Monaten vor der Konkurseröffnung oder gleichgestelltem Tatbestand liegen müssen (BSG 29. 2. 1984 BSGE 56, 201, 204 = ZIP 1984, 1249; MünchArbR/*Hanau* § 75 Rn. 29; aA KR/*Weigand* Rn. 60).

110 Mit dem Inkrafttreten der **Insolvenzordnung** am 1. 1. 1999 (Art. 110 EGInsO) ist die Streitfrage dahingehend geklärt, daß ein auf § 628 II gestützter Schadensersatzanspruch nur dann als Masseverbindlichkeit zu erfüllen ist, wenn er durch eine Handlung des Insolvenzverwalters begründet worden

VII. Abdingbarkeit § 628 BGB 230

ist. In allen anderen Fällen ist der Schadensersatzanspruch nicht privilegiert (BAG 22. 10. 1998 – 8 AZR 73/98 – nv.).

Die Einführung des **Insolvenzgeldes** (§§ 183 ff. SGB III) anstelle des Konkursausfallgeldes hat 111 hinsichtlich des Schadensersatzanspruches gem. § 628 II keine Änderung bewirkt (vgl. Rn. 109).

d) **Verjährung.** Es entspricht langjähriger Rspr. (RAG 25. 4. 1934 ARS 20, 292, 295; RAG 19. 9. 112 1941 ARS 43, 66, 75), daß der Schadensersatzanspruch gem. **§ 628 II** wie ein Entgeltanspruch der kurzen, **zweijährigen Verjährungsfrist** nach § 196 I Nr. 8 bzw. 9 unterliegt (zust. *Staudinger/Preis* Rn. 58).

e) **Pfändung und Abtretung.** Der Schadensersatzanspruch wird als unselbständiges Nebenrecht 113 von einem Arbeitseinkommen betreffenden Pfändungs- und Überweisungsbeschluß erfaßt und unterliegt ähnlich einer Abfindung für den Verlust des Arbeitsplatzes gem. §§ 9, 10 KSchG (dazu BAG 12. 9. 1979 AP ZPO § 850 Nr. 10 = NJW 1980, 800; *Baumbach/Hartmann* § 850i Rn. 4) dem **Pfändungsschutz wie Arbeitseinkommen (§ 850i ZPO)** (Kasseler Handbuch/*Schubert* 2.11 Rn. 58; *Erman/Belling* Rn. 36). Mit dieser eingeschränkten Pfändbarkeit sind zugleich Beschränkungen der Aufrechnung (§ 394) und der Abtretung (§ 400) verbunden.

7. **Verhältnis zu anderen Schadensersatznormen.** § 628 II läßt die Anwendbarkeit anderer An- 114 spruchsgrundlagen zwar grds. unberührt (*Soergel/Kraft* Rn. 8), doch kommt § 628 II als gesetzlich geregeltem Fall der pVV erhebliche Bedeutung für deren Anwendung zu. Durch § 628 II ist normativ entschieden, welches vertragswidrige Verhalten zur Schadensersatzpflicht führen soll. Bei minderschwerem vertragswidrigen Verhalten wird die Kündigung des anderen Teiles dessen eigenem Entschluß zugerechnet. Der damit verbundene Beendigungsschaden ist nicht zu ersetzen (*M. Wolf* in Anm. zu BAG 11. 2. 1981 AP KSchG 1969 § 4 Nr. 8). Gehen infolge der autonomen Entscheidung des Dienstverpflichteten, das Vertragsverhältnis zu beenden, **Erfüllungsansprüche** unter, kann Ersatz nicht wegen pVV, sondern nur nach **§ 628 II** beansprucht werden, der die von der Gegenseite verschuldete Unzumutbarkeit der Fortsetzung des Arbeitsverhältnisses und damit ein Auflösungsverschulden vom Gewicht eines wichtigen Grundes voraussetzt (BAG 11. 2. 1981 AP KSchG 1969 § 4 Nr. 8 = DB 1981, 2233). Soweit die **Spezialität des § 628 II** reicht, kann kein Schadensersatz nach den weniger strengen Voraussetzungen der pVV zugesprochen werden (BAG 11. 2. 1981 AP KSchG 1969 § 4 Nr. 8 = DB 1981, 2233; *Gessert*, Schadensersatz nach Kündigung, 1987, S. 329; *Stoffels* S. 125). Dabei umfaßt die Spezialität den gesamten wegen Auflösungsverschuldens verursachten Schaden infolge nicht ordnungsgemäßer Beendigung des Arbeitsverhältnisses. Insb. kann nicht aufgrund eines Auflösungsverschuldens, das nicht das Gewicht eines wichtigen Grundes besitzt, Schadensersatz wegen der vorzeitigen Beendigung des Dienstverhältnisses beansprucht werden. Eine derartige schuldhafte **Vertragsverletzung minderen Gewichts**, die auch im Ausspruch einer unwirksamen Kündigung liegen kann (vgl. BAG 15. 2. 1973 AP KSchG § 9 Nr. 2 = NJW 1973, 1902; BAG 24. 10. 1974 AP BGB § 276 Vertragsverletzung Nr. 2 = BB 1974, 1640), könnte nur als pVV zum Schadensersatz verpflichten, soweit nicht von § 628 II geregelte Schadenspositionen im Streite sind.

Soweit in diesem Zusammenhang auf den Ersatz der **Kosten einer notwendigen Rechtsberatung** 115 des Kündigenden hingewiesen wird (*M. Wolf* in Anm. zu BAG 11. 2. 1981 AP KSchG 1969 § 4 Nr. 8), ist zu beachten, daß jedenfalls für Arbeitsverhältnisse ein nahezu vollkommener Ausschluß materiell-rechtlicher Kostenerstattungsansprüche aus § 12a I ArbGG folgt (BAG 30. 4. 1992 AP ArbGG 1979 § 12a Nr. 6 = NZA 1992, 1101).

VII. Abdingbarkeit

§ 628 ist grds. abdingbar (BGH 16. 10. 1986 AP BGB § 628 Nr. 4 = NJW 1987, 315). **Grenzen der** 116 **Abdingbarkeit** ergeben sich aus dem Sinn und Zweck der Vorschrift. § 628 II kann nicht abbedungen werden, wenn damit zwingendes Arbeitsrecht umgangen wird (ähnlich MünchKommBGB/*Schwerdtner* Rn. 68).

Bei der Vereinbarung in **allgemeinen Geschäftsbedingungen** sind darüber hinausgehende Schran- 117 ken zu beachten. Der einseitige Ausschluß oder die einseitige Beschränkung des Schadensersatzanspruches zugunsten des Verwenders stellt eine unangemessene Benachteiligung des Vertragspartners iSv. § 9 I AGBG dar. Soweit die Kündigung auf einer vom Verwender zu vertretenden Unmöglichkeit oder Verzug beruht, verstößt eine derartige Klausel überdies gegen § 11 Nr. 8 AGBG (*Erman/Belling* Rn. 19).

Die **Pauschalierung von Schadensersatzansprüchen** ist grds. zulässig. Für freie Dienstverträge ist 118 die Grenze des § 11 Nr. 5 AGBG zu beachten, daher darf die Pauschale weder den nach dem gewöhnlichen Lauf der Dinge zu erwartenden Schaden, also den branchentypischen Durchschnittsschaden, übersteigen, noch dem anderen Teil den Nachweis abschneiden, daß ein Schaden gar nicht oder wesentlich niedriger als pauschaliert eingetreten ist (BGH 16. 1. 1984 LM BGB § 628 Nr. 6 = NJW 1984, 2093, 2094; *Beuthien* BB 1973, 92, 93).

Außerhalb des Anwendungsbereiches des AGBG und damit für Arbeitsverträge (§ 23 I AGBG) gilt 119 im Ergebnis nichts anderes. Bereits die Nähe derartiger Pauschalierungen zur (zulässigen) Vertragsstrafe spricht für ihre Zulässigkeit (vgl. §§ 339 bis 345 Rn. 10 ff.; MünchKommBGB/*Schwerdtner* Rn. 68). Gleiches ergibt sich aufgrund eines aus § 5 II Nr. 4 BBiG zu ziehenden Umkehrschlusses. Nach dieser Bestimmung ist eine zwischen den Parteien eines Berufsausbildungsverhältnisses getroffene Vereinbarung über die „Höhe eines Schadensersatzes in Pauschbeträgen" nichtig. Somit geht der Gesetzgeber von der Zulässigkeit derartiger Vereinbarungen im allgemeinen Arbeitsrecht aus. Dementsprechend sind Pauschalierungen des Schadensersatzes wie Vertragsstrafen zu behandeln und lediglich einer **Billigkeitskontrolle** zu unterwerfen (BAG 14. 12. 1966 AP BGB § 138 Nr. 26 = NJW 1967, 751; BAG 5. 2. 1986 AP BGB § 339 Nr. 12 = NZA 1986, 782; MünchArbR/*Blomeyer* § 55 Rn. 53; *Schaub* § 51 Rn. 16; *Preis/Stoffels* AR-Blattei SD 1710 – Vertragsstrafe Rn. 40).

120 Im Falle des Vertragsbruches kann der AG, anstatt außerordentlich zu kündigen, auf Erbringung der Arbeitsleistung klagen und gleichzeitig gem. **§ 61 II ArbGG** beantragen, den AN für den Fall, daß dieser seine Arbeit nicht innerhalb einer bestimmten Frist erbringt, zur Zahlung einer vom ArbG nach freiem Ermessen festzusetzenden Entschädigung zu verurteilen. Entsprechendes gilt für die Durchsetzung des klageweise geltend gemachten Beschäftigungsanspruches des AN (MünchArbR/*Blomeyer* § 93 Rn. 21). In beiden Fällen ähnelt die Festsetzung der **Entschädigungshöhe** der Schadensschätzung nach § 287 ZPO. Bei der notwendigen Einzelfallabwägung sind ua. die Länge der vertragsgemäßen Kündigungsfrist, die Aufwendungen für eine Ersatzkraft, die Kosten für die Suche nach Ersatz und weitere Schäden aufgrund des Vertragsbruches zu berücksichtigen, ohne daß es der konkreten Feststellung einzelner Schadensposten bedürfte. Eine rechtskräftige Entscheidung gem. § 61 II ArbGG schließt die Erhebung weitergehender Schadensersatzansprüche aus, sofern die Entschädigung nicht in zulässiger Weise (§ 253 ZPO) als Teilleistung geltend gemacht worden ist (BAG 20. 2. 1997 AP BGB § 611 Haftung des AG Nr. 4 = NZA 1997, 880).

VIII. Darlegungs- und Beweislast

121 **1. § 628 I 1.** Für das Begehren gem. **§ 628 I 1** muß der Dienstverpflichtete darlegen und beweisen, welche Dienstleistungen er bis zur Auflösung des Dienstverhältnisses erbracht hat und welchem Teil der vereinbarten Vergütung diese Leistungen entsprechen.

122 **2. § 628 I 2.** Die Voraussetzungen der Einwendung des § 628 I 2 hat der Dienstberechtigte darzulegen und zu beweisen (BGH 8. 10. 1981 LM BGB § 628 Nr. 3 = NJW 1982, 437, 438; BGH 17. 10. 1996 NJW 1997, 188, 189 = DB 1997, 372, 373). Somit muß der Dienstberechtigte vortragen, daß entweder der Dienstverpflichtete ohne Veranlassung durch vertragswidriges Verhalten des Dienstberechtigten gekündigt hat (BGH 17. 10. 1996 NJW 1997, 188, 189 = DB 1997, 372, 373) oder ihm wegen vertragswidrigen Verhaltens gekündigt worden ist und an den erbrachten Leistungen infolge der Kündigung **kein Interesse** besteht (*Baumgärtel* Rn. 1). Hinsichtlich des Verschuldens findet § 282 entsprechende Anwendung (*Erman/Belling* Rn. 15). Ist die Bemessung des selbständig verwertbaren Arbeitsanteils (Interesse) streitig, kann das Gericht den Wert gem. § 287 II ZPO schätzen (*Palandt/Putzo* Rn. 5).

123 **3. § 628 I 3.** Beim Rückzahlungsanspruch bezüglich im voraus entrichteter Vergütungen gem. § 628 I 3 trägt der Dienstberechtigte die Darlegungs- und Beweislast dafür, daß er einen **Vorschuß** geleistet hat. Der Dienstverpflichtete haftet dann nach den Vorschriften über die Herausgabe einer ungerechtfertigten Bereicherung. Legt der Dienstberechtigte die Umstände dar, aus denen sich ergibt, daß der Dienstberechtigte die außerordentliche Kündigung zu vertreten hat, und beweist er ggf. diese Tatsachen, haftet der Dienstverpflichtete nach Maßgabe der §§ 347, 987 ff. (KR/*Weigand* Rn. 53; aA *Baumgärtel* Rn. 1; *Staudinger/Preis* Rn. 65: Exkulpation des Dienstverpflichteten).

124 **4. § 628 II.** Im Rechtsstreit wegen eines **Schadensersatzanspruches** gem. § 628 II muß der Anspruchsteller das schuldhafte vertragswidrige Verhalten des anderen Teiles und seinen dadurch adäquat kausal verursachten Schaden in der geltend gemachten Höhe darlegen und beweisen.

125 Es gelten die Beweiserleichterungen gem. **§ 252 BGB und § 287 ZPO** sowohl für die haftungsausfüllende Kausalität als auch ihre Höhe des Schadens (RAG 19. 9. 1941 ARS 43, 66, 81; BAG 27. 1. 1972 AP BGB § 252 Nr. 2 = NJW 1972, 1437; BGH 13. 11. 1997 AP BGB § 628 Nr. 12). Dabei erleichtert § 287 ZPO nicht nur die Beweisführung, sondern auch die Darlegung mit der Folge, daß eine Substantiierung der klagebegründenden Tatsachen nicht im gleichen Maße wie hinsichtlich anderer Fragen verlangt werden kann.

126 Die vorgetragenen Umstände müssen für die Schadensschätzung lediglich eine hinreichende Grundlage abgeben (BAG 27. 1. 1972 AP BGB § 252 Nr. 2 = NJW 1972, 1437; BAG 24. 3. 1977 AP BGB § 630 Nr. 12 = BB 1977, 997; *Beuthien* BB 1973, 92, 93). Das Gericht hat stets zu prüfen, in welchem Umfang der Tatsachenvortrag eine **hinreichende Grundlage für die Schätzung** eines in jedem Falle eingetretenen Mindestschadens bietet (BGH 5. 5. 1970 AP BGB § 249 Nr. 11 = NJW 1970, 1411; BGH 12. 10. 1993 LM ZPO § 287 Nr. 109 = NJW 1994, 663, 664).

127 Für die Tatsachen, die einen Schadensersatzanspruch aus **Gründen der Vorteilsausgleichung** mindern sollen, ist nicht der geschädigte Anspruchsteller, sondern der Ersatzpflichtige darlegungs-

und beweispflichtig (BAG 10. 3. 1992 AP BetrAVG § 1 Zusatzversorgungskassen Nr. 34 = DB 1992, 2252; BGH 15. 11. 1994 AP BGB § 249 Nr. 35).

Macht die in Anspruch genommene Vertragspartei geltend, sie sei ihrerseits wegen schuldhaften 128 vertragswidrigen Verhaltens des Anspruchstellers kündigungsberechtigt gewesen und aus diesem Grunde **scheide jeder Ersatzanspruch** aus (vgl. dazu Rn. 78), trägt sie die Darlegungs- und Beweislast hinsichtlich der ihr Kündigungsrecht begründenden Umstände (*Baumgärtel* Rn. 3).

§ 629 [Freizeit zur Stellungssuche]

Nach der Kündigung eines dauernden Dienstverhältnisses hat der Dienstberechtigte dem Verpflichteten auf Verlangen angemessene Zeit zum Aufsuchen eines anderen Dienstverhältnisses zu gewähren.

I. Normzweck

Dem Beschäftigten soll **Freizeit zur Stellensuche** gewährt werden, um ihn in die Lage zu versetzen, 1 unmittelbar nach Beendigung des alten Dienst- oder Arbeitsverhältnisses eine neue Stellung anzutreten und seinen Unterhalt zu verdienen.

Die seit dem 1. 1. 1900 unveränderte Vorschrift war in den ersten beiden Entwürfen zum BGB noch 2 nicht vorgesehen. Man hielt eine Regelung für überflüssig, weil sich die Pflicht des Dienstberechtigten zur Freizeitgewährung bereits aus **Treu und Glauben** sowie der Vertragssitte von selbst ergebe. Erst in den Reichstagsberatungen setzte sich die Auffassung durch, daß es sich um eine „im gewöhnlichen Leben so häufig praktisch werdende Frage" handele, daß „eine ausdrückliche Regelung wünschenswert erscheine" (*Mugdan* II S. 1290; *Jakobs/Schubert*, Beratung des BGB II, 1980, S. 828 f.).

II. Anwendungsbereich

Die Vorschrift gilt für alle Dienst- und Arbeitsverhältnisse. Voraussetzung ist allein ein **dauerndes** 3 **Dienstverhältnis.** Das Gesetz verwendet hier dieselben Worte wie in §§ 617, 627, 630. Das dauernde Dienstverhältnis dient jeweils als Anknüpfungspunkt einer gegenüber nur kurzzeitigen Dienstverhältnissen gesteigerten Fürsorge- und Rücksichtnahmepflicht (vgl. MünchArbR/*Richardi* § 42 Rn. 21). Die vom Dienstverpflichteten geschuldeten Dienste dürfen sich nicht in der Erbringung einmaliger oder mehrmalig wiederholender Einzelleistungen erschöpfen. Vielmehr müssen dem Dienstverpflichteten ständige Aufgaben übertragen sein. Das Dienstverhältnis muß rechtlich oder faktisch auf längere Zeit angelegt sein oder faktisch bereits längere Zeit bestanden haben (*Staudinger/Preis* Rn. 7). Demgegenüber kommt es auf die Art der Bezüge und die Vergütungsperioden nicht an.

§ 629 findet keine Anwendung auf **Aushilfsarbeitsverhältnisse,** denn diese gehören nicht zu den 4 dauernden Dienstverhältnissen (*Erman/Belling* Rn. 2; *Schaub* § 26 Rn. 1; aA *Vogt* DB 1968, 264). Eine entsprechende Anwendung des § 629 auf ein auch nach den Vorstellungen der vertragsschließenden Parteien kurzfristiges Dienstverhältnis ist nicht begründbar, weil eben der Normzweck nicht vergleichbar ist (aA MünchKommBGB/*Schwerdtner* Rn. 3).

Wird ein unbefristetes Arbeitsverhältnis während der **vorgeschalteten Probezeit** durch Kündigung 5 beendet, ist § 629 anwendbar (aA *Schaub* § 26 Rn. 1; *Vogt* DB 1968, 264), wenn das Vertragsverhältnis auf Dauer angelegt war. Vgl. zu befristeten Probearbeitsverhältnissen unten Rn. 11.

Auf **Auszubildende** findet § 629 aufgrund der Verweisung in § 3 II BBiG Anwendung. In Berufs- 6 ausbildungsverhältnissen steht zwar der Ausbildungszweck und nicht die Arbeitsleistung im Vordergrund, doch sind Auszubildende bei der Beendigung ihres Ausbildungsverhältnisses ebenso wie andere Dienstverpflichtete darauf angewiesen, möglichst ohne Zeitverzögerung ein neues Dienst-, Arbeits- oder Ausbildungsverhältnis beginnen zu können (RGRK/*Eisemann* Rn. 5; *Staudinger/Preis* Rn. 6; aA *Brill* AuR 1970, 8, 9).

Teilzeitbeschäftigte AN sind mit den Vollzeitkräften gleichzubehandeln (§ 2 BeschFG), dh., sie 7 sind zur Stellensuche freizustellen, soweit dies während ihrer Arbeitszeit erforderlich ist (*Erman/Belling* Rn. 2). Ansonsten haben sie ihre Freizeit oder den AG eines weiteren Teilzeitarbeitsverhältnisses in Anspruch zu nehmen.

III. Kündigung

Der Freistellungsanspruch **entsteht mit der Kündigung** des Dienst- oder Arbeitsverhältnisses. Der 8 Anspruch ist davon unabhängig, von welchem Teil die Kündigung erklärt worden ist. Während eine wirksame außerordentliche fristlose Kündigung keinen Freizeitanspruch mehr auslösen kann, kommen die ordentliche und die außerordentliche Kündigung mit Auslauffrist als anspruchsbegründende Tatbestände in Betracht.

Eine **Änderungskündigung genügt,** wenn der andere Teil das Angebot zum Abschluß des 9 neuen Vertrages nicht annimmt (MünchKommBGB/*Schwerdtner* Rn. 5). Eine etwaige mit der Kündigung verbundene Wiedereinstellungszusage berührt den Freistellungsanspruch nicht (*Vogt* DB 1968, 264).

10 Über den Wortlaut hinaus wird § 629 auf die Fälle einer Auflösung des Arbeitsverhältnisses wegen **Befristung oder auflösender Bedingung** angewendet (MünchArbR/*Richardi* § 43 Rn. 42; *Staudinger/Preis* Rn. 11). In diesen Fällen besteht der Freistellungsanspruch ab dem Zeitpunkt, der bei Kündigung zum Vertragsende als Beginn der Kündigungsfrist in Betracht käme (*Schaub* § 26 Rn. 1; *Steinwedel* DB 1964, 1481, 1884; *Vogt* DB 1968, 264). Problematisch ist die Bestimmung des entsprechenden Zeitpunkts bei einer Bedingung.

11 In einem **befristeten Probearbeitsverhältnis** findet § 629 keine Anwendung, denn ein solches gehört nicht zu den von vornherein auf Dauer angelegten Arbeitsverhältnissen.

12 Eine **entsprechende Anwendung** des § 629 ist zu erwägen, wenn das Arbeitsverhältnis zwar noch nicht gekündigt ist, der AG aber eine Kündigung in Aussicht gestellt und dem AN empfohlen hat, sich nach einem anderen Arbeitsplatz umzusehen (*Erman/Belling* Rn. 3). Im Schrifttum wird überwiegend ein Freistellungsanspruch in analoger Anwendung von § 629 bejaht, wenn die Vertragsparteien das Arbeitsverhältnis durch Aufhebungsvertrag mit Auslauffrist beenden (*Erman/Belling* Rn. 2; *Schaub* § 26 Rn. 1; *Staudinger/Preis* Rn. 11; aA *Soergel/Kraft* Rn. 2). Allein die Absicht des Dienstverpflichteten, sich beruflich zu verändern, begründet keinen Freistellungsanspruch (LAG Düsseldorf [Köln] 15. 3. 1967 DB 1967, 1227; *Schaub* § 26 Rn. 1).

IV. Freizeitverlangen

13 Die Freizeit zur Stellensuche ist **auf Verlangen** des Dienstverpflichteten zu gewähren. Das Verlangen muß den Grund und die voraussichtliche der Dauer der benötigten Freistellung angeben. Hingegen braucht der AN den Namen des AG, bei dem er sich beworben hat, nicht mitzuteilen.

14 Zu den Obliegenheiten des AN gehört es, das **Verlangen so rechtzeitig** zu stellen, daß sich der AG mit den betrieblichen Erfordernissen darauf einstellen kann (ArbG Düsseldorf 9. 6. 1959 BB 1959, 777; MünchArbR/*Richardi* § 43 Rn. 43).

15 Sofern die Voraussetzungen einer **Suspendierung** nicht vorliegen, darf der AG den AN nicht ohne ein entsprechendes Verlangen von der Arbeit freistellen (Beschäftigungsanspruch des AN). Er braucht nicht, von sich aus den AN auf den Freistellungsanspruch hinzuweisen.

16 Erst mit dem Verlangen des AN wird der Freistellungsanspruch fällig. Deshalb darf der AN der **Arbeit nicht einfach fernbleiben.** Die Freizeit zur Stellensuche muß durch den AG gewährt werden (LAG Düsseldorf [Köln] 15. 3. 1967 DB 1967, 1227; LAG Düsseldorf [Köln] 11. 1. 1973 DB 1973, 676).

17 Ist dem AN für die Zeit bis zum Ablauf der **Kündigungsfrist Erholungsurlaub** bewilligt worden, muß die Zweckbestimmung der Freizeitgewährung auf Verlangen des AN noch im vorhinein geändert werden, wenn ansonsten die Voraussetzungen des § 629 erfüllt sind (vgl. BAG 26. 10. 1956 AP BGB § 611 Urlaubsrecht Nr 14). Gewährter und genommener Erholungsurlaub kann nicht nachträglich in Freizeit zur Stellensuche umgewandelt werden mit der Folge, daß zusätzlich eine Urlaubsabgeltung zu leisten wäre (LAG Düsseldorf [Köln] 11. 1. 1973 DB 1973, 676; *Erman/Belling* Rn. 4).

18 Die Freistellung muß dem **Aufsuchen eines anderen Dienstverhältnisses** dienen. Von diesem Zweck sind nicht nur das Aufsuchen eines neuen AG, des AA oder einer gewerblichen Jobvermittlung, sondern auch die erforderliche oder vom zukünftigen AG gewünschte Vervollständigung der Bewerbungsunterlagen durch Eignungstests oder Untersuchungen umfaßt (*Staudinger/Preis* Rn. 15; *Erman/Belling* Rn. 5; *Schaub* § 26 Rn. 3).

V. Gewährung der Freistellung

19 Liegen die Anspruchsvoraussetzungen vor, hat der Dienstberechtigte dem Dienstverpflichteten **angemessene Freizeit** zum Aufsuchen eines anderen Arbeitsplatzes zu gewähren. Dabei sind die Interessen beider Teile in billiger Weise zu berücksichtigen (*Erman/Belling* Rn. 5). Zu gewähren ist nicht nur die unbedingt und zwingend geringstmögliche, sondern die dem Zweck entsprechende Zeit (*Staudinger/Preis* Rn. 17; *Steinwedel* DB 1964, 1481, 1484).

20 Die Bestimmung der Einzelheiten hinsichtlich **Lage und Dauer der Freistellung** ist zwar eine einseitige Leistungsbestimmung des Dienstberechtigten iSv. § 315, doch ist die Bindung des AG an das Verlangen des AN stärker als in anderen Bereichen. Ist zB der AN zur persönlichen Vorstellung eingeladen und stellt er ein entsprechendes Freistellungsverlangen, kann der AG nicht „billigerweise" die dafür notwendige Freizeit zu einem anderen Zeitpunkt gewähren.

21 Im Geltungsbereich eines den Anspruch aus § 629 **konkretisierenden TV** drücken die tariflichen Normen idR auch für nicht tarifgebundene Parteien die angemessene Dauer der Freizeitgewährung aus (*Erman/Belling* Rn. 5).

22 Mit dem Freizeitverlangen des AN wird der Freistellungsanspruch fällig. Erfüllt der AG sodann den Freistellungsanspruch unberechtigt nicht, kann der AN einstweiligen Rechtsschutz der Gerichte für Arbeitssachen in Anspruch nehmen (*Dütz* DB 1976, 1480, 1481; *Vogt* DB 1968, 264, 266). Ein

Selbstbeurlaubungsrecht steht ihm aber nicht zu (aA LAG Baden-Württemberg 11. 4. 1967 DB 1967, 1048; *Erman/Belling* Rn. 6). Der AN kann zwar ein **Zurückbehaltungsrecht (§ 273)** an seiner Arbeitsleistung ausüben (*Hoppe* BB 1970, 399; *Schaub* § 26 Rn. 4 [aufgrund § 320]; *Staudinger/Preis* Rn. 20; differenzierend *Otto* AR-Blattei SD 1880, Rn. 79 [nur in Extremfällen]; aA *Palandt/Putzo* Rn. 2; *Vogt* DB 1968, 264, 266), doch darf dieses nicht die Erfüllung des Anspruches herbeiführen, zu dessen Durchsetzung es eingesetzt werden soll (*Dütz* DB 1976, 1480). Bleibt der AN ohne Freistellung der Arbeit fern, dient sein Druckmittel nicht mehr der Willensbeeinflussung beim AG, um ihn zur Gewährung der Freistellung zu bestimmen, sondern führt die Unmöglichkeit dieser Nebenpflicht des AG herbei. Das Zurückbehaltungsrecht kann deshalb nur solange ausgeübt werden, wie eine Freistellung durch den AG überhaupt noch möglich ist, also in der davor liegenden Zeitspanne zwischen Verlangen und begehrtem Termin. Dies mindert die praktische Bedeutung des Zurückbehaltungsrechts erheblich, denn es besteht allein im Falle unberechtigt verweigerter Freistellung. Macht der AN sein nach Tag und Stunde konkretisiertes Freizeitverlangen geltend und lehnt der AG unberechtigt ab, kann der AN sein Zurückbehaltungsrecht nur noch vor dem fraglichen Termin ausüben, danach fehlt es an einem durchsetzbaren Freistellungsanspruch.

Bei rechtmäßiger Ausübung des Zurückbehaltungsrechts besteht keine Arbeitspflicht (BAG 9. 5. **23** 1996 AP BGB § 273 Nr. 5 = NZA 1996, 1085). Zugleich entfällt der Vergütungsanspruch, es sei denn, der AN setzt den AG gem. §§ 293, 298 in Annahmeverzug (BAG 7. 6. 1973 AP BGB § 615 Nr. 28 = BB 1973, 1073; BAG 21. 5. 1981 AP BGB § 615 Nr. 32 = NJW 1982, 121). Die Ausübung des Zurückbehaltungsrechts kann für den AN mit sehr nachteiligen Konsequenzen verbunden sein: Besteht das Zurückbehaltungsrecht nicht, scheidet jeder Verzugslohnanspruch aus und der AN macht sich nach § 325 schadensersatzpflichtig.

Zur außerordentlichen Kündigung des Arbeitsverhältnisses durch den AN wegen Nichterfüllung **24** des Freistellungsanspruches durch den AG vgl. § 626 Rn. 206. Kündigt der Beschäftigte wirksam außerordentlich, kann ihm unter den Voraussetzungen des § 628 II wegen der vorzeitigen Beendigung des Arbeitsverhältnisses Schadensersatz gebühren (*Schaub* § 26 Rn. 4). Kommt es zu keiner vorzeitigen Auflösung des Vertragsverhältnisses, folgt die **Schadensersatzpflicht des AG** wegen Nichterfüllung oder verspäteter Erfüllung des Freistellungsanspruches aus § 280 oder § 286 (aA *Palandt/Putzo* Rn. 2 [pVV]).

VI. Vergütungsanspruch

§ 629 enthält keine Regelung der Vergütungspflicht; vielmehr findet § 616 Anwendung (BAG 11. 6. **25** 1957 AP BGB § 629 Nr. 1 = NJW 1957, 1292; BAG 13. 11. 1969 AP BGB § 616 Nr. 41 = DB 1970, 211; *Staudinger/Oetker* § 616 Rn. 53; *Erman/Belling* Rn. 7; MünchArbR/*Richardi* § 43 Rn. 44; aA *Jauernig/Schlechtriem* Anm. 3 [Vergütungspflicht bleibt ohne weiteres bestehen]). Somit bleibt dem AN der Vergütungsanspruch erhalten, wenn er wegen der Freistellung für eine **verhältnismäßig nicht erhebliche Zeit** der Arbeit fernbleibt (*Schaub* § 26 Rn. 3). Dies ist nicht in jedem Falle gleichbedeutend mit „angemessen" iSv. § 629, sondern kann bisweilen kürzere Zeiträume meinen (BAG 13. 11. 1969 AP BGB § 616 Nr. 41 = DB 1970, 211; MünchArbR/*Richardi* § 43 Rn. 44). ZB kann die Dauer einer langen Vorstellungsreise die vergütungspflichtige Grenze des § 616 BGB überschreiten (*Staudinger/Preis* Rn. 21).

Da **§ 616 dispositiv** ausgestaltet ist, kann die Fortzahlung der Vergütung für die Zeit einer nach **26** § 629 geschuldeten Freistellung einzel- oder kollektivvertraglich ausgeschlossen sein (BAG 11. 6. 1957 AP BGB § 629 Nr 1 = NJW 1957, 1292; *Brill* AuR 1970, 8, 15; MünchArbR/*Richardi* § 43 Rn. 44; *Schaub* § 26 Rn. 3). Zumeist wird es sich um eine generelle Regelung der Vergütungsfortzahlung in den Fällen des § 616 handeln. Ist darin die Stellensuche ausdrücklich erwähnt, kann dies Klarheit darüber schaffen, was und wie lange zu vergüten ist. Fehlt hingegen eine ausdrückliche Regelung, muß nach den jeweils maßgeblichen Auslegungsgrundsätzen (§§ 133, 157 bzw. Interpretation tarifvertraglicher Rechtsnormen) ermittelt werden, ob die Vorschrift des § 616 für den Fall der Freizeit zur Stellensuche abbedungen ist. Nicht jede ausdrückliche **Regelung von Verhinderungsfällen** iSv. § 616 (Hochzeit, Todesfall usw) schließt den Fall des § 629 dadurch aus, daß sie diesen Freistellungsfall nicht ausdrücklich nennt, weil diese Sondervorschrift häufig übersehen wird und es überhaupt an einer Regelung fehlt (BAG 13. 11. 1969 AP BGB § 616 Nr. 41 = DB 1970, 211).

Wer als AG einen Bewerber zur persönlichen Vorstellung auffordert, schuldet dem Bewerber ohne **27** Rücksicht auf das Zustandekommen eines Arbeitsvertrages **Erstattung der notwendigen Aufwendungen.** Dieser Anspruch folgt nach herrschender Auffassung aus §§ 670, 662 (BAG 14. 2. 1977 AP BGB § 196 Nr. 8 = BB 1977, 846; BAG 29. 6. 1988 NZA 1989, 468; Kasseler Handbuch/*Leinemann* 1.1 Rn. 438; *Staudinger/Preis* Rn. 24; aA MünchKommBGB/*Schwerdtner* Rn. 19). Ist der AG zu keiner Kostenübernahme bereit, muß er dies rechtzeitig und unmißverständlich zum Ausdruck bringen (ArbG Kempten 12. 4. 1994 BB 1994, 1504). IdR wird er dies mit der Aufforderung zur Vorstellung bekanntgeben müssen (*Schaub* § 26 Rn. 5). Jedenfalls ist es für einen wirksamen Ausschluß der Kostenerstattung unzureichend, wenn der potentielle AG dem Bewerber nur anheim gibt sich vorzustellen oder ihn zu einer bloß unverbindlichen Rücksprache bittet. Ein Aufwendungsersatzanspruch (§ 670) ist nicht bereits dann gegeben, wenn der AG lediglich einer vom Bewerber erbetenen Vorstellung nicht widerspricht (vgl. aber LAG Nürnberg 25. 7. 1995 LAGE BGB § 670 Nr. 12), der Bewerber ohne Aufforderung allein aufgrund einer Stellenanzeige bzw. eines Hinweises des AA vorspricht (vgl. *Rothe* DB 1968, 1906, 1907; *Müller* ZTR 1990, 237, 240) oder der Bewerber sich die Aufforderung zur Vorstellung durch eine vorgetäuschte Qualifikation erschlichen hat.

28 Erstattungsfähig sind objektiv erforderliche Aufwendungen und (bei fehlender objektiver Notwendigkeit) solche, die der AN nach sorgfältiger, den Umständen des Falles nach gebotener Prüfung für erforderlich halten durfte (BAG 14. 2. 1977 AP BGB § 196 Nr. 8 = BB 1977, 846; BAG 16. 3. 1995 AP BGB § 611 Gefährdungshaftung des Arbeitgebers Nr. 12 = NJW 1995, 2372). Hierzu können **Fahrt-, Verpflegungs- und Unterbringungskosten** gehören. Im Zweifel richtet sich die Erstattungshöhe nach steuerlichen Grundsätzen (*Staudinger/Preis* Rn. 25). Die Kosten der Benutzung des eigenen Kraftfahrzeugs sind in jedem Falle bis zur Höhe der Kosten eines öffentlichen Verkehrsmittels erstattungsfähig. Höhere Kosten können aufgrund einer besonderen Vereinbarung oder wegen der spezifischen Umstände des Einzelfalles erstattungsfähig sein (aA LAG Nürnberg 25. 7. 1995 LAGE BGB § 670 Nr. 12 [Steuerpauschale für Dienstreisen]). Übernachtungskosten sind nur zu ersetzen, wenn dem Stellenbewerber aufgrund des langen Reiseweges oder der schlechten Verkehrsverbindung Hin- und Rückreise am gleichen Tag nicht zumutbar sind (RGRK/*Eisemann* Rn. 22). Die Höhe der ersatzfähigen Kosten bestimmt sich wesentlich nach der Bedeutung der ausgeschriebenen Stelle. Indikator wird die übliche Vergütung sein. Je höher diese ist, um so eher darf der Bewerber etwa eine Anreise in der 1. Wagenklasse oder per Flugzeug für erforderlich halten (ArbG Hamburg 2. 11. 1994 NZA 1995, 428 [Flugkosten idR nur bei besonderer Erstattungszusage]; *Müller* ZTR 1990, 237, 240 [immer 2. Klasse]).

29 Erhält der Bewerber für die Dauer der Freistellung keine Entgeltfortzahlung nach § 616, gehört sein **Verdienstausfall** zu den vom einladenden AG zu ersetzenden Aufwendungen, wenn der Bewerber die zum Zwecke der Vorstellung in Anspruch genommene Freistellung den Umständen nach für erforderlich halten durfte (*Müller* ZTR 1990, 237, 241; aA *Rothe* DB 1968, 1906, 1907). Ob der potentielle AG mit einem Verdienstausfall gerechnet hat, ist für § 670 unerheblich (aA *Staudinger/Preis* Rn. 25). Will er einen Verdienstausfall nicht ersetzen, muß er den Aufwendungsersatz zuvor ausschließen oder zumindest entsprechend einschränken.

VII. Abdingbarkeit

30 § 629 ist zwingendes Recht (RAG 2. 5. 1928 ARS 3, 21, 23; *Erman/Belling* Rn. 1). Der Freistellungsanspruch kann weder einzelvertraglich noch kollektivrechtlich abbedungen werden. Eine Konkretisierung des Begriffs der angemessenen Freizeit nach Dauer, Zeit und Häufigkeit ist allerdings zulässig. Eine solche Vereinbarung muß sich im Rahmen billigen Ermessens (§ 315) halten (*Erman/Belling* Rn. 1). Sie darf nicht zu einem praktischen Ausschluß der Freizeit zur Stellensuche oder deren unangemessener Beschränkung führen. Demgegenüber kann im Rahmen des § 616 die Vergütungspflicht eingeschränkt oder ausgeschlossen werden (*Erman/Belling* Rn. 7).

VIII. Darlegungs- und Beweislast

31 Der AN hat die Voraussetzungen des § 629 darzulegen und im Streitfall zu beweisen. Welcher Zeitraum iSv. § 629 angemessen ist, hat das Gericht nach Maßgabe des **§ 315 III** festzusetzen.

§ 630 [Pflicht zur Zeugniserteilung]

[1] Bei der Beendigung eines dauernden Dienstverhältnisses kann der Verpflichtete von dem anderen Teile ein schriftliches Zeugnis über das Dienstverhältnis und dessen Dauer fordern. [2] Das Zeugnis ist auf Verlangen auf die Leistungen und die Führung im Dienste zu erstrecken.

Schrifttum: *Uwe Birk,* Auskünfte über Arbeitnehmer, 1985; *Bischoff,* Die Haftung gegenüber Dritten für Auskünfte, Zeugnisse und Gutachten, Diss. Tübingen 1973; *Dachrodt,* Zeugnisse lesen und verstehen, 5. Aufl., 1999; *Dietz,* Arbeitszeugnisse ausstellen und beurteilen, 11. Aufl., 1999; *Eisbrecher,* Haftung bei Zeugniserteilung und Auskünften unter Arbeitgebern über Arbeitnehmer, 1994; *Göldner,* Grundlagen des Zeugnisrechts, 1989; *Haas/Müller,* Dienstzeugnisse in öffentlichen Verwaltungen und Betrieben, 3. Aufl., 1997; *Huber,* Das Arbeitszeugnis in Recht und Praxis, 6. Aufl., 1998; *Kador,* Arbeitszeugnisse richtig lesen – richtig formulieren, 5. Aufl., 1997; *Krummel,* Zeugnis und Auskunft im Arbeitsrecht, Diss. Bielefeld 1983; *Monjau,* Das Zeugnis im Arbeitsrecht, 2. Aufl., 1969; *Schäfer,* Die Abwicklung des beendeten Arbeitsverhältnisses, 2. Aufl., 1999; *Hein Schleßmann,* Das Arbeitszeugnis, 15. Aufl., 1998; *Georg-R. Schulz,* Alles über Arbeitszeugnisse, 4. Aufl., 1995; *Siewert,* Arbeitszeugnisse, 3. Aufl., 1993; *van Venrooy,* Das Dienstzeugnis, 1984.

I. Normzweck

§ 630 fixiert eine **gesetzliche Nebenpflicht** des Dienstberechtigten aus dem Dienstvertrag und keine reine Gefälligkeit (BGH 15. 5. 1979 AP BGB § 630 Nr. 13 = NJW 1979, 1882). Für den AN ist das Dienstzeugnis ein wichtiger Faktor in seinem Arbeitsleben, insb. für seine berufliche Entwicklung. Das Zeugnis soll dem beruflichen Fortkommen des Dienstverpflichteten dienen (BAG 16. 9. 1974 AP BGB § 630 Nr. 9 = NJW 1975, 407). Mit Hilfe des Zeugnisses können sich Dritte, die eine Einstellung erwägen, über den Bewerber unterrichten. Als Entscheidungsgrundlage für künftige AG gelangt es insb. bei der Vorauswahl der Bewerber und der Einladung zu Vorstellungsgesprächen zu erheblicher Bedeutung (BAG 3. 3. 1993 AP BGB § 630 Nr. 20 = NZA 1993, 697). 1

Die ihm zugedachte Funktion kann das Dienstzeugnis nur erfüllen, wenn der Rechtsverkehr ihm eine Verbindlichkeit zuerkennt, die es aus der **Übernahme einer gewissen Mindestgewähr** des Ausstellenden für den Inhalt des Zeugnisses bezieht (BGH 15. 5. 1979 AP BGB § 630 Nr. 13 = NJW 1979, 1882). 2

Die Vorschrift des § 630 ist § 113 GewO und entsprechenden Bestimmungen in den Gesindeordnungen nachgebildet worden (*Jakobs/Schubert*, Beratung des BGB II, 1980, S. 830). Sie ist seit dem Inkrafttreten des BGB inhaltlich unverändert geblieben. **§ 113 GewO, § 73 HGB und § 8 BBiG** enthalten inhaltlich entsprechende Regelungen für gewerbliche AN, kaufmännische Angestellte und Auszubildende. Wegen der erheblichen, mit den tatsächlichen Veränderungen der Arbeitswelt verbundenen Abgrenzungsprobleme der verschiedenen Berufsgruppen, wird heute von einem **einheitlichen Zeugnisrecht** ausgegangen (*Krummel* S. 57; *Staudinger/Preis* Rn. 5; *van Venrooy* S. 101). 3

Was der Wortlaut der Norm nicht erkennen läßt, ist ihre Ausfüllung durch zu Recht gewordenem Anstand. Es ist ungeschriebener, aber unbezweifelter Standard der Rspr. und des Schrifttums, daß ein ungehöriges Zeugnis nicht hingenommen werden muß (vgl. statt vieler BAG 16. 11. 1995 EzA BGB § 630 Nr. 20 = AuR 1996, 195). Als nicht gehörig werden Zeugnisse sowohl aus formellen als auch aus inhaltlichen Gründen bewertet. Dabei entscheiden regelmäßig außerrechtliche Kategorien über das, was als anständig zu beurteilen ist. Als Beispiele mögen das Falten des Zeugnisbogens, die Formulierung des Zeugnisses in der 3. Person (vgl. LAG Düsseldorf 23. 5. 1995 LAGE BGB § 630 Nr. 24 = NZA-RR 1996, 42) oder (unabsichtliche) Rechtschreibfehler (vgl. unten Rn. 37) dienen. Das LAG Hamm (1. 12. 1994 LAGE BGB § 630 Nr. 28) hat sogar ähnlich einer Anleitungsfibel die in ein seiner Ansicht nach vollständiges qualifiziertes Zeugnis aufzunehmenden Elemente im Leitsatz aufgelistet. Im Ergebnis erhebt § 630 Anstand zur einklagbaren Schuld. § 630 kann deshalb als **verdecktes Blankettgesetz** bezeichnet werden. 4

II. Anwendungsbereich

1. Arbeitsverträge. Der Wortlaut des § 630 beschränkt den Zeugnisanspruch auf „dauernde" Dienstverhältnisse. Das Dienstverhältnis muß rechtlich oder faktisch auf längere Zeit angelegt sein oder faktisch bereits längere Zeit bestanden haben (*Staudinger/Preis* Rn. 4; aA *Erman/Belling* Rn. 5; MünchArb/*Wank* § 124 Rn. 4). In jedem Fall muß es tatsächlich in Vollzug gesetzt worden sein. Ein qualifiziertes Zeugnis kann nur verlangt werden, wenn die tatsächliche Tätigkeitsdauer eine Beurteilung von Führung und Leistung überhaupt ermöglicht (*Grimm* AR-Blattei SD 1850 Rn. 13; *Schaub* § 146 Rn. 3). Für ein auf Dauer angelegtes Arbeitsverhältnis ist ein (einfaches) Zeugnis auszustellen, wenn tatsächlich nur an zwei Tagen gearbeitet wurde (LAG Düsseldorf/Köln 14. 5. 1963 DB 1963, 1260; *Monjau* S. 12). Auf die Art der Bezüge und die Vergütungsperioden kommt es nicht an. Der Zeugnisanspruch ist auch beim fehlerhaften (faktischen) Arbeitsverhältnis (*Erman/Belling* Rn. 5) und im Weiterbeschäftigungsverhältnis gegeben. 5

Der Anspruch ist unabhängig davon, ob der Mitarbeiter in **Vollzeit oder Teilzeit,** im Hauptberuf oder im Nebenberuf beschäftigt war (MünchArbR/*Wank* § 124 Rn. 5), auch das Probearbeitsverhältnis reicht aus (*Grimm* AR-Blattei SD 1850 Rn. 15; *Staudinger/Preis* Rn. 4). Leitende Angestellte sind nicht ausgenommen (LAG Hamm 12. 7. 1994 LAGE BGB § 630 Nr. 27; *Grimm* AR-Blattei SD 1850 Rn. 7). AN, die ihre Arbeitsleistungen im Rahmen einer Eigengruppe erfüllen (Gruppenarbeitsverhältnis), haben einen Zeugnisanspruch, doch kann der AG zumindest die Leistung nicht individuell beurteilen, so daß allein ein einfaches Zeugnis zu erteilen sein wird (aA *Schleßmann* S. 32 kein Zeugnisanspruch). 6

Arbeitsbücher gibt es grds. nicht mehr. In der See- und Binnenschiffahrt sind allerdings § 19 SeemannsG bzw. das Gesetz über Schifferdienstbücher vom 12. 2. 1951 (BGBl. II S. 3) zu beachten. Danach sind Art und Dauer der geleisteten Schiffsdienste (der Tag des Beginns und der Beendigung des Dienstverhältnisses und die Art der Beschäftigung) im Seefahrts- bzw. Schifferdienstbuch zu vermerken. Nicht zu den Zeugnissen gehören die vom AG auszustellenden Arbeits- und Entgeltbescheinigungen und die Arbeitsbescheinigung nach § 312 SGB III (vgl. hierzu *Dietz* S. 81 ff.; *Schleßmann* S. 15 f.). 7

8 **2. Sonstige Dienstverträge.** Dienstverpflichtete, die selbständige Arbeit verrichten, haben keinen Zeugnisanspruch nach § 630 (RG 7. 1. 1916 RGZ 87, 440, 443; BGH 9. 11. 1967 BGHZ 49, 30, 31 = NJW 1968, 396), weil derjenige, der im Regelfall **weisungsfreie Dienstleistungen** erbringt, schon mit seinen Leistungen und dem Ergebnis der Tätigkeit wirbt, die er eigenständig erbracht hat (*Staudinger/ Preis* Rn. 3; aA *Hohmeister* NZA 1998, 571, 572 f.).

9 Demgegenüber wird **arbeitnehmerähnlichen Personen** (vgl. § 5 ArbGG), wie Heimarbeitern (*Grimm* AR-Blattei SD 1850 Rn. 9), Einfirmenhandelsvertretern (§ 92a HGB) und „kleinen" Handelsvertretern (§ 84 II HGB), sowie GmbH-Geschäftsführern, die nicht zugleich Gesellschafter (BGH 9. 11. 1967 BGHZ 49, 30, 31 = NJW 1968, 396; *Schleßmann* S. 24) sind, nach § 630 ein Anspruch auf ein Zeugnis zugebilligt (MünchArbR/*Wank* § 124 Rn. 3; *Staudinger/Preis* Rn. 3), weil sie ihre Dienste durchaus weisungsgebunden erbringen.

III. Schuldner des Zeugnisanspruches

10 Zur Ausstellung des Zeugnisses ist der Dienstberechtigte verpflichtet (BAG 29. 1. 1986 AP TVAL II § 48 Nr. 2 = NZA 1987, 384). Das ist die Person des AG, bei juristischen Personen deren gesetzlicher Vertreter. Die Aufgabe der Zeugniserteilung kann auf einen Bevollmächtigten (Betriebsleiter, Prokurist, Vorgesetzter) übertragen werden, wie das in größeren Unternehmen die Regel sein wird, wenn der AG selbst keine Kenntnisse über die Leistung und Führung des einzelnen AN hat. Man muß jedoch verlangen, daß derjenige, der das Zeugnis ausstellt, dem **AN übergeordnet** war (BAG 16. 11. 1995 EzA BGB § 630 Nr. 20 = AuR 1996, 195; LAG Köln 14. 7. 1994 AR-Blattei ES 1850 Nr. 35 m. Anm. *Grimm* = NZA 1995, 685 „erkennbar ranghöher"; MünchArbR/*Wank* § 124 Rn. 6; *Schleßmann* S. 92), weil eine Beurteilung durch Gleichstehende oder gar Untergeordnete wegen der darin liegenden Geringschätzung gegen Treu und Glauben verstieße (LAG Hamm 2. 11. 1966 DB 1966, 1815). War zB ein AN unmittelbar der Geschäftsführung unterstellt und war ihm Prokura erteilt worden, muß das Zeugnis zumindest auch von einem Geschäftsführer (mit)unterzeichnet werden (BAG 16. 11. 1995 EzA BGB § 630 Nr. 20 = AuR 1996, 195).

11 Der Unterzeichnete muß **selbst Betriebsangehöriger** sein. Daher ist es unzulässig, das Zeugnis durch einen Rechtsanwalt ausstellen zu lassen (LAG Hamm 2. 11. 1966 DB 1966, 1815; MünchArbR/ *Wank* § 124 Rn. 6). Zeugnisse für die bei den Stationierungsstreitkräften tätigen AN haben die von den Streitkräften dazu bestimmten Dienststellen zu erteilen. Gleichwohl sind entsprechende zeugnisrechtliche Ansprüche gerichtlich gegenüber der Bundesrepublik Deutschland als Prozeßstandschafterin geltend zu machen (BAG 29. 1. 1986 AP TVAL II § 48 Nr. 2 = NZA 1987, 384). Im Falle des Betriebsübergangs (§ 613a) richtet sich der Zeugnisanspruch gegen den Erwerber.

12 In Ausnahmefällen kann der AN die Ausstellung und Unterzeichnung des Zeugnisses durch einen bestimmten Vorgesetzten nach Treu und Glauben ablehnen, wenn es etwa zu **schweren Zerwürfnissen** gekommen ist (*Schleßmann* S. 92). Daraus folgt aber nicht umgekehrt, daß die Zeugniserteilung durch eine bestimmte Person verlangt werden könnte.

13 Im Fall der Insolvenz des AG hat der **Insolvenzverwalter** das Zeugnis auszustellen, wenn das Arbeitsverhältnis über den Zeitpunkt der Insolvenzeröffnung hinaus fortbestanden hat. Dabei ist es nicht erheblich, wie lange das Arbeitsverhältnis noch während des Insolvenzverfahrens bestanden hat (BAG 30. 1. 1991 AP BGB § 630 Nr. 18 = NZA 1991, 599). Kennt der Insolvenzverwalter die für die Zeugniserteilung maßgebenden Tatsachen nicht und kann er sich die notwendigen Kenntnisse auch nicht verschaffen, schuldet er keine Zeugniserteilung (BAG 30. 1. 1991 AP BGB § 630 Nr. 18 = NZA 1991, 599).

14 Endete das Arbeitsverhältnis bereits vor Konkurseröffnung oder Eröffnung des Insolvenzverfahrens, hat der **Gemeinschuldner bzw. Schuldner** das Zeugnis auszustellen (BAG 30. 1. 1991 AP BGB § 630 Nr. 18 = NZA 1991, 599; aA für den Fall des Konkurses einer Handelsgesellschaft *K. Schmidt* DB 1991, 1930 [in jedem Fall der Konkursverwalter]). Ein anhängiger Rechtsstreit wegen der Zeugniserteilung wurde durch den Konkurs nicht unterbrochen (BAG 28. 11. 1966 AP ZPO § 275 Nr. 2 = NJW 1967, 648; MünchArbR/*Wank* § 124 Rn. 6).

15 **Verstirbt der AG,** haben die Erben den Zeugnisanspruch zu erfüllen (MünchArbR/*Wank* § 124 Rn. 7). In diesem Fall kann jedoch Unmöglichkeit der Leistung eintreten, wenn die Erben die für die Zeugniserteilung maßgebenden Tatsachen nicht kennen und sich auch nicht durch Einholung entsprechender Auskünfte verschaffen können (vgl. BAG 29. 1. 1986 AP TVAL II § 48 Nr. 2 = NZA 1987, 384; BAG 30. 1. 1991 AP BGB § 630 Nr. 18 = NZA 1991, 599).

IV. Zeugnisarten

16 Das Gesetz differenziert in § 630, § 73 HGB, § 113 GewO und § 8 BBiG zwischen einfachen und qualifizierten Zeugnissen. Das **einfache Zeugnis** dokumentiert nur die Art des Dienstverhältnisses und dessen Dauer. Das Zeugnis muß die Tätigkeiten, die der AN im Laufe des Arbeitsverhältnisses ausgeübt hat, vollständig und genau beschreiben. Es dürfen lediglich solche Tätigkeiten unerwähnt bleiben, denen bei späteren Bewerbungen des AN keine Bedeutung zukommen kann (BAG 12. 8.

1976 AP BGB § 630 Nr. 11 = DB 1976, 2211). Das **qualifizierte Zeugnis** erweitert den Inhalt eines einfachen Zeugnisses und erstreckt sich auch auf Leistung und Führung des AN (§ 630 S. 2).

Der **AN hat ein Wahlrecht**, ob er ein einfaches oder ein qualifiziertes Zeugnis verlangt. § 630 17 beinhaltet eine gesetzliche Wahlschuld iSv. § 262 (MünchArbR/*Wank* § 124 Rn. 20; *Staudinger/Preis* Rn. 10). Der AN kann deshalb nicht beide Zeugnisse beanspruchen.

Die heutige Praxis hat das in § 630 angelegte **Verhältnis von Regel und Ausnahme** umgekehrt. Die 18 Bitte des AN, ihm ein Zeugnis zu erteilen wird gem. §§ 133, 157 idR als Forderung nach einem qualifizierten Zeugnis aufzufassen sein (vgl. *Monjau* S. 10; *Schleßmann* S. 66). Eine andere Auslegung bedarf ausreichender Anhaltspunkte.

Hat der AN zunächst ein einfaches Zeugnis verlangt und erhalten, ist sein Zeugnisanspruch er- 19 loschen. Benötigt er später ein qualifiziertes, wird bei einem berechtigten Interesse des AN eine **nachwirkende Vertragspflicht** des AG zur Ausstellung eines qualifizierten Zeugnisses anzunehmen sein (*Grimm* AR-Blattei SD 1850 Rn. 96; RGRK/*Eisemann* Rn. 49; MünchArbR/*Wank* § 124 Rn. 23 [Verlangen des AN genügt]; aA *Monjau* S. 18 f.). Umgekehrt ist der Wechsel vom erteilten, inhaltlich zutreffenden qualifizierten zum einfachen Zeugnis ausgeschlossen, denn der Zeugnisanspruch ist erfüllt und eine nachwirkende Vertragspflicht, ein zutreffendes Zeugnis zurückzunehmen, wird nicht begründbar sein (*Liedtke* NZA 1988, 270, 272; MünchArbR/*Wank* § 124 Rn. 23; aA *Göldner* S. 40; *Schleßmann* S. 49; *Monjau* S. 11 [aber keine Rechtspflicht]). Wird das zunächst erteilte Zeugnis durch ein anderes ersetzt, muß das alte Zeugnis Zug um Zug zurückgegeben werden (vgl. BAG 27. 2. 1987 AP BGB § 630 Nr. 16 = NZA 1987, 628; *Monjau* S. 11; *Schleßmann* S. 97).

V. Entstehung des Zeugnisanspruches

Die Zeugnisvorschriften regeln übereinstimmend, daß das Zeugnis „beim Abgang" bzw. „bei 20 **Beendigung**" des Beschäftigungs- oder Ausbildungsverhältnisses verlangt werden kann. Der Anspruch entsteht zu diesem Zeitpunkt und ist sogleich fällig (BAG 23. 2. 1983 AP BAT § 70 Nr. 10 = BB 1983, 1859), jedoch für den AG zunächst noch nicht erfüllbar, denn der AN muß erst noch sein Wahlrecht, ein einfaches oder qualifiziertes Zeugnis zu verlangen, ausüben (sog. verhaltener Anspruch; MünchArbR/*Wank* § 124 Rn. 8; *Schleßmann* S. 33 ff.). Im Berufsausbildungsverhältnis ist ein (einfaches) Zeugnis gem. § 8 I BBiG auch ohne Verlangen zu erteilen (*Herkert* § 8 Rn. 2), lediglich das qualifizierte Zeugnis muß besonders eingefordert werden (vgl. *Schleßmann* S. 75).

Es entspricht heute weit überwiegender Auffassung, daß das Zeugnis nicht erst nach, sondern 21 bereits anläßlich („bei") der Beendigung des Dienstverhältnisses verlangt werden kann (BAG 27. 2. 1987 AP BGB § 630 Nr. 16 = NZA 1987, 628; *Palandt/Thomas* Rn. 3). Das BAG hat insoweit zutreffend auf den funktionalen **Zusammenhang von § 630 und § 629** hingewiesen, der es gebietet, dem stellensuchenden AN das Zeugnis idR bereits zu einem früheren Zeitpunkt als dem tatsächlichen Ausscheiden aus dem Arbeitsverhältnis zu erteilen (BAG 27. 2. 1987 AP BGB § 630 Nr. 16 = NZA 1987, 628; MünchArbR/*Wank* § 124 Rn. 12). Die Freizeit zur Stellensuche wird häufig nur dann sinnvoll verwendet werden können, wenn der AN ein Zeugnis seines bisherigen AG vorlegen kann (*Grimm* AR-Blattei SD 1850 Rn. 17).

Das gilt auch dann, wenn die Parteien in einem **Kündigungsschutzprozeß** über die Rechtmäßigkeit 22 der Kündigung streiten (BAG 27. 2. 1987 AP BGB § 630 Nr. 16 = NZA 1987, 628). Gerade in diesem Fall wird es dem Interesse des AG entsprechen, daß sich der AN frühzeitig und möglichst erfolgreich um eine neue Stelle bemühen kann (*van Venrooy* in Anm. zu BAG 27. 2. 1987 AP BGB § 630 Nr. 16). Im übrigen widerspräche der AG sich selbst, wenn er ein Zeugnis mit der Begründung verweigerte, über seine Kündigung sei noch nicht rechtskräftig entschieden.

Andererseits kann dem AN nicht vorgehalten werden, es sei widersprüchlich, einerseits im Kündi- 23 gungsschutzprozeß die Unwirksamkeit der Kündigung und andererseits den von der Beendigung des Arbeitsverhältnisses abhängigen Zeugnisanspruch geltend zu machen (MünchArbR/*Wank* § 124 Rn. 12). Der AG kann eine entsprechende auf **§ 242 gestützte Einwendung** nicht erheben, weil er sich seinerseits widersprüchlich verhielte.

Die Fälligkeit des Zeugnisanspruches wird durch eine **tatsächliche Weiterbeschäftigung** des AN 24 während des Kündigungsrechtsstreits nicht berührt (*Staudinger/Preis* Rn. 17; *Schaub* § 146 Rn. 4; aA für die auf § 102 V BetrVG gestützte Weiterbeschäftigung MünchArbR/*Wank* § 124 Rn. 13).

Solange das Zeugnis noch inhaltlichen Veränderungen gegenüber offen sein muß, darf der AG das 25 Zeugnis als Zwischenzeugnis oder **vorläufiges Zeugnis** bezeichnen (*Dietz* S. 13; *Dockhorn* AuR 1961, 106, 109; *Eisbrecher* S. 22; *Huber* S. 19; *Monjau* S. 16). Diese Situation ist zB gegeben, wenn der Anspruch während der laufenden Kündigungsfrist geltend gemacht und das Arbeitsverhältnis noch weiterhin vollzogen wird. Nachträglich eintretende Umstände könnten ua. die Tätigkeitsbeschreibung sowie die Beurteilung von Führung und Leistung betreffen. Mit Ablauf der Kündigungsfrist bzw. mit dem tatsächlichen Ausscheiden des AN ist das qualifizierte Endzeugnis zu erteilen (BAG 27. 2. 1987 AP BGB § 630 Nr. 16 = NZA 1987, 628). Der AG ist aber nicht gehindert, bereits während der Kündigungsfrist ein endgültiges Zeugnis zu erteilen (LAG Hamm 1. 12. 1994 LAGE BGB § 630 Nr. 25: auf Verlangen des AN). Im Schrifttum wird zT (*Kölsch* NZA 1985, 382, 383; *Schaub* § 146

Rn. 4; *Staudinger/Preis* Rn. 13) sogar eine entsprechende Rechtspflicht des AG angenommen. Der Leser kann jedenfalls aus der Abweichung von Ausstellungsdatum und Austrittstermin seine Schlüsse ziehen (*van Venrooy* S. 60).

26 Nach einer **außerordentlichen Kündigung** kann das Zeugnis unabhängig davon, wer die Kündigung ausgesprochen und ob ein wichtiger Grund vorgelegen hat, sofort verlangt werden (*Staudinger Preis* Rn. 15). Wird in einem **Aufhebungsvertrag** keine abw. Regelung getroffen, entsteht der Zeugnisanspruch grds. bei Vertragsschluß (*Erman/Belling* Rn. 6; *Staudinger/Preis* Rn. 18). Etwas anderes kann bei Vereinbarung einer langfristigen Auslauffrist anzunehmen sein.

27 In einem **befristeten Arbeitsverhältnis** entsteht der Zeugnisanspruch zu dem Zeitpunkt, der bei einer (fiktiven) Kündigung zum Vertragsende als Beginn der Kündigungsfrist in Betracht käme (*Dietz* S. 13; *Schaub* § 146 Rn. 4; *Staudinger/Preis* Rn. 18; *Schäfer* Rn. 63). Bis zur tatsächlichen Beendigung ist der AG allerdings nur zur Erteilung eines vorläufigen Zeugnisses oder Zwischenzeugnisses verpflichtet (vgl. oben Rn. 25).

VI. Form des Zeugnisses

28 **1. Schriftform.** Das Zeugnis muß schriftlich erteilt werden. Dieser allgemeine Grundsatz ergibt sich aus dem Wortlaut von § 630 S. 1 und § 73 S. 1 HGB, wird allerdings in § 113 GewO und § 8 BBiG nicht ausdrücklich erwähnt, gilt aber auch dort.

29 Das Zeugnis ist in **deutscher Sprache** abzufassen (*Grimm* AR-Blattei SD 1850 Rn. 35; *Haas/Müller* Rn. 7.4; *Schleßmann* S. 88). Vereinzelt wird eine Formulierung in der 3. Person erwartet (LAG Düsseldorf 23. 5. 1995 LAGE BGB § 630 Nr. 24 = NZA-RR 1996, 42; *Schleßmann* S. 88; aA *Dietz* S. 79 [mit einem Muster eines persönlich abgefaßten Zeugnisses]; *Monjau* S. 22).

30 Der Aussteller muß das Zeugnis **eigenhändig** mit einem dokumentenechten Stift **unterschreiben** (LAG Bremen 23. 6. 1989 LAGE BGB § 630 Nr. 6; *Schleßmann* S. 93). Es ist nicht erforderlich, daß der Name des Unterzeichneten maschinenschriftlich wiederholt wird (aA LAG Düsseldorf 23. 5. 1995 LAGE BGB § 630 Nr. 24 = NZA-RR 1996, 42).

31 **2. Angabe des Ausstellers.** Das Zeugnis muß den Aussteller mit einer im Rechtsverkehr genügenden Bestimmtheit erkennen lassen. Dazu kann eine kurze Charakterisierung der Branche, in der der AG tätig ist, erforderlich sein.

32 **3. Datum.** Notwendig ist stets die Angabe eines Datums (LAG Bremen 23. 6. 1989 LAGE BGB § 630 Nr. 6; *Palandt/Thomas* Rn. 4; *Schleßmann* S. 90), und zwar regelmäßig des **Ausstellungsdatums** (LAG Nürnberg 13. 9. 1994 LAGE BGB § 630 Nr. 21). Eine Rückdatierung kann auch bei verspäteter Zeugniserteilung nicht verlangt werden (LAG Hamm 21. 3. 1969 DB 1969, 886; *Göldner* S. 17 f.; *Krummel* S. 159; aA *Schleßmann* S. 90 f.; RGRK/*Eisemann* Rn. 26 „Datum des Zeugnisverlangens").

33 Demgegenüber muß ein **nachträglich berichtigtes Zeugnis** das Datum des Ursprungszeugnisses tragen, wenn die verspätete Ausstellung nicht vom AN zu vertreten ist (BAG 9. 9. 1992 AP BGB § 630 Nr. 19 = NZA 1993, 698; LAG Nürnberg 13. 9. 1994 LAGE BGB § 630 Nr. 21; *Becker-Schaffner* BB 1989, 2105). Dies gilt auch dann, wenn die Änderung erst nach einem längeren Rechtsstreit erfolgt (LAG Bremen 23. 6. 1989 LAGE BGB § 630 Nr. 6; aA LAG Hamm 21. 3. 1969 DB 1969, 886). Der Eindruck, das Zeugnis sei erst nach Auseinandersetzungen mit dem AG ausgestellt worden, entwertet das Zeugnis und ist geeignet, Mißtrauen gegen seinen Inhalt zu erwecken (BAG 9. 9. 1992 AP BGB § 630 Nr. 19 = NZA 1993, 698).

34 **4. Weitere formelle Ausgestaltung.** Die Überschrift „Zeugnis" ist nicht zwingend erforderlich. Es genügt, daß sich dies aus dem Inhalt des Schriftstückes ergibt (*Dietz* S. 15; *Monjau* S. 22; aA LAG Düsseldorf 23. 5. 1995 LAGE BGB § 630 Nr. 24 = NZA-RR 1996, 42). Neben dem Namen, Vornamen und Geburtsnamen des AN sind seine akademischen Grade (LAG Hamm 11. 7. 1996 – 4 Sa 1285/95 – nv. „Magister"; *Monjau* S. 22) anzuführen. **Geburtsdatum** (*Dietz* S. 15; *Schleßmann* S. 89), **Geburtsort** und die genaue **Anschrift** dürfen ebenso wie die Berufsangabe aufgenommen werden (*Grimm* AR-Blattei SD 1850 Rn. 42; aA *Schaub* § 146 Rn. 12; *Staudinger/Preis* Rn. 30 letztere Angaben nur mit Einverständnis).

35 Das Zeugnis muß sauber und ordentlich, sinnvollerweise in Maschinenschrift geschrieben sein (*Schleßmann* S. 87; *Haas/Müller* Rn. 7.3; aA *Staudinger/Preis* Rn. 26: ausschließlich Maschinenschrift) und darf keine Flecken, Radierungen, Verbesserungen, Durchstreichungen oder ähnliches aufweisen (BAG 3. 3. 1993 AP BGB § 630 Nr. 20 = NZA 1993, 697; *Grimm* AR-Blattei SD 1850 Rn. 31). Es darf nicht der Eindruck erweckt werden, der Aussteller distanziere sich vom buchstäblichen Wortlaut seiner Erklärung, wie dies etwa beim Weglassen eines in der Branche oder dem Gewerbe üblichen Merkmales oder Zusatzes oder bei der Benutzung sonst nicht üblicher Formulare der Fall wäre (BAG 3. 3. 1993 AP BGB § 630 Nr. 20 = NZA 1993, 697). Daher ist, wenn im Geschäftszweig des AG für schriftliche Äußerungen üblicherweise **Firmenbögen verwendet** werden und auch der AG solches Geschäftspapier verwendet, ein Zeugnis nur dann ordnungsgemäß, wenn es auf Firmenpapier ge-

schrieben worden ist (BAG 3. 3. 1993 AP BGB § 630 Nr. 20 = NZA 1993, 697; LAG Köln 26. 2. 1992 LAGE BGB § 630 Nr. 15 [Vorinstanz zu AP Nr. 20]; LAG Hamburg 7. 9. 1993 NZA 1994, 890). Die Fotokopie einer maschinenschriftlichen, nicht unterzeichneten Vorlage reicht aus, wenn sie ihrerseits mit einer Originalunterschrift versehen ist (LAG Bremen 23. 6. 1989 LAGE BGB § 630 Nr. 6; *Grimm* AR-Blattei SD 1850 Rn. 36; *Haas/Müller* Rn. 7.6).

Muß das Zeugnis den im jeweiligen Geschäftsverkehr üblichen Gepflogenheiten entsprechen, wird **36** es, wenn im Geschäftsverkehr nur noch Briefbögen mit **Adressenfeld** (für Fensterbriefumschläge) Verwendung finden, auch hinzunehmen sein, daß das Zeugnis auf einem solchen Bogen (mit Blanko-Adressenfeld) geschrieben wird (vgl. *van Venrooy* in Anm. zu BAG 3. 3. 1993 AP BGB § 630 Nr. 20). Die Angabe der Anschrift sollte allerdings nicht im für Briefe üblichen Anschriftenfeld erfolgen, weil dies den Eindruck erwecken könnte, das Zeugnis sei dem ausgeschiedenen AN nach Auseinandersetzungen über den Inhalt postalisch zugestellt worden (LAG Hamburg 7. 9. 1993 NZA 1994, 890, 891; LAG Düsseldorf 23. 5. 1995 LAGE BGB § 630 Nr. 24 = NZA-RR 1996, 42; RGRK/*Eisemann* Rn. 28).

Übertriebene Anforderungen an die **Zeugnisästhetik** (Wahl eines besonderen Papiers, besondere **37** Schriftart, besonderes Papierformat) sind nicht anzuerkennen. Nicht ins Gewicht fallende Unvollkommenheiten des Zeugnisses hat der AN hinzunehmen (ArbG Düsseldorf 19. 12. 1984 NZA 1985, 812, 814). Ein Rechtsanspruch auf ein ungefaltetes Zeugnis besteht nicht (BAG 21. 9. 1999 AP BGB § 630 Nr. 23; LAG Schleswig-Holstein 9. 12. 1997 BB 1998, 275; aA LAG Hamburg 7. 9. 1993 NZA 1994, 890, 891), ebensowenig auf Farbe (aA LAG Baden-Württemberg 6. 2. 1968 DB 1968, 534). Rechtschreibmängel hat der AN hinzunehmen, sofern nicht negative Auswirkungen auf seine Bewerbungsaussichten zu erwarten sind (*Grimm* AR-Blattei SD 1850 Rn. 32 f.; aA LAG Düsseldorf 23. 5. 1995 LAGE BGB § 630 Nr. 24 = NZA-RR 1996, 42; *Staudinger/Preis* Rn. 27).

Nach § 113 III GewO ist es untersagt, Zeugnisse mit Merkmalen zu versehen, die den Zweck haben, **38** den AN in einer aus dem Wortlaut des Zeugnisses nicht ersichtlichen Weise zu kennzeichnen. Obwohl das in § 630 nicht ausdrücklich wiederholt ist, gilt das **Verbot von Geheimzeichen** auch hier (LAG Hamm 2. 11. 1966 DB 1966, 1815; *Karl Scheßmann* BB 1975, 329; *van Venrooy* S. 84 f., 110; vgl. unten Rn. 81). Die Benutzung bestimmter Zeichen, eines besonderen Papiers, einer besonderen Tinte oder Farbe, einer bestimmten Schrift oder eines besonderen Stempels ist daher ebenso unzulässig wie die doppeldeutige Hervorhebung einzelner Textstellen durch Unterstreichung, Benutzung von Anführungs-, Frage- oder Ausrufungszeichen (MünchKommBGB/*Schwerdtner* Rn. 25). ZB soll ein senkrechter Strich links von der Unterschrift des Ausstellers auf die Mitgliedschaft des Beurteilten in der Gewerkschaft hindeuten (*Kador* S. 27). Wird ein Strich entsprechend angebracht, gehört er zu den verbotenen Geheimzeichen.

VII. Zeugnisinhalt

1. Allgemeine Grundsätze des Zeugnisrechts. Die Einheitlichkeit, die Vollständigkeit und die **39** Wahrheit des Zeugnisses werden durchweg als allgemeine Grundsätze des Zeugnisrechts anerkannt (BAG 23. 6. 1960 AP HGB § 73 Nr. 1 = NJW 60, 1973; BGH 26. 11. 1963 AP BGB § 826 Nr. 10). Unumstritten ist auch, daß die Wortwahl im Ermessen des Ausstellers liegt, bei der Abfassung des Zeugnisses jedoch der wohlwollende Maßstab eines verständigen AG anzulegen ist (BGH 26. 11. 1963 AP BGB § 826 Nr. 10; BAG 8. 2. 1972 AP BGB § 630 Nr. 7 = NJW 1972, 1214; MünchArbR/*Wank* § 124 Rn. 25). Zu den Grundsätzen im einzelnen:

a) **Einheitlichkeit.** Das Gesetz kennt nur ein Zeugnis. Es kann als einfaches oder als qualifiziertes **40** Zeugnis verlangt und erteilt werden. Es gibt im Einzelfall nicht beide Zeugnisse nebeneinander. Daraus folgt der Grundsatz der Einheitlichkeit. Wird ein qualifiziertes Zeugnis verlangt, tritt die Darstellung von Führung und Leistung des AN nicht an die Stelle, sondern neben die Angaben, die auch ein einfaches Zeugnis enthält (*Staudinger/Preis* Rn. 39).

Des weiteren dürfen für ein Arbeitsverhältnis nicht **getrennt nach Zeitabschnitten** unterschied- **41** liche Zeugnisse erteilt werden (LAG Frankfurt/Main 14. 9. 1984 NZA 1985, 27 = DB 1985, 820). Ein abw. Wunsch des AN löst keinen entsprechenden Anspruch aus (LAG Frankfurt/Main 23. 1. 1968 AP BGB § 630 Nr. 5 = NJW 1968, 2028).

Bei gemischten Tätigkeiten kann nicht für jede Funktion ein eigenständiges Zeugnis verlangt werden **42** (LAG Baden-Württemberg 6. 2. 1968 DB 1968, 534; LAG Frankfurt/Main 14. 9. 1984 NZA 1985, 27 = DB 1985, 820). Vielmehr sind **gemischte Tätigkeiten** in einem einheitlichen Zeugnis vollständig darzustellen, so daß ein Verlangen des AN, einzelne Teilabschnitte wegzulassen oder nicht in die Bewertung einzubeziehen, unbegründet ist (LAG Frankfurt/Main 23. 1. 1968 AP BGB § 630 Nr. 5 = NJW 1968, 2028; LAG Frankfurt/Main 14. 9. 1984 NZA 1985, 27 = DB 1985, 820).

Ebensowenig ist es zulässig, ein **Zeugnis allein über die Leistung** oder allein über die Führung des **43** AN auszustellen, also das qualifizierte Zeugnis zu splitten (LAG Düsseldorf 30. 5. 1990 LAGE BGB § 630 Nr. 10; *Eisbrecher* S. 9; *Monjau* S. 12; *Soergel/Kraft* Rn. 8; unklar BAG 29. 1. 1986 AP TVAL II § 48 Nr. 2 m. Anm. *Beitzke* = NZA 1987, 384; *van Venrooy* S. 97 ff. [Verlangen kann wirksam auf die

Leistungsbeurteilung beschränkt werden]). Das Gesetz sieht keine Trennung vor, auch nicht bei entsprechendem Verlangen.

44 Der Grundsatz der Einheitlichkeit hat zudem Auswirkungen auf die Bewertung von Leistung und Führung. Muß deren **Bewertung die gesamte Vertragsdauer** zugrunde gelegt werden, treten einzelne Vorfälle – seien sie positiv oder negativ – in ihrer Bedeutung zurück. Sie dürfen nicht hervorgehoben werden, wenn sie die Gesamtleistung und Gesamtführung nicht beeinflußt haben (Sächsisches LAG 30. 1. 1996 NZA 1997, 47; *Göldner* ZfA 1991, 225, 240).

45 b) **Vollständigkeit.** Das Zeugnis soll einerseits dem AN als Unterlage für eine Bewerbung dienen, andererseits einen Dritten, der die Einstellung des Zeugnisinhabers erwägt, unterrichten. Es muß deshalb alle wesentlichen Tatsachen und Bewertungen enthalten, die für die Gesamtbeurteilung des AN von Bedeutung und für den Dritten von Interesse sind. Um diesen Zwecken zu genügen, muß das **Zeugnis vollständig und genau** sein (BAG 12. 8. 1976 AP BGB § 630 Nr. 11 m. Anm. *Schleßmann* = DB 1976, 2211). Dem wird idR allein ein individuell abgefaßter Text gerecht werden (LAG Baden-Württemberg 6. 2. 1968 DB 1968, 534; *Schmid* DB 1986, 1334, 1335).

46 Die Beurteilung darf sich nicht auf eine **Note oder eine Redewendung** beschränken, die lediglich eine Note umschreibt (RGRK/*Eisemann* Rn. 39; *Staudinger/Preis* Rn. 40). Andererseits dürfen einmalige Vorfälle oder Umstände, die für den AN, seine Führung und Leistung nicht charakteristisch sind – seien sie für ihn vorteilhaft oder nachteilig –, nicht in das Zeugnis aufgenommen werden. Insofern tritt der Grundsatz der Vollständigkeit gegenüber dem der Einheitlichkeit zurück.

47 Ein **wohlwollendes Übergehen** jeder Stellungnahme zur Führung des AN genügt nicht dem Zeugnisanspruch, wenn ein qualifiziertes Zeugnis verlangt worden ist. Gleichwohl kann der AN in einem solchen Falle nur dann eine Ergänzung verlangen, wenn die von ihm begehrte Bewertung der Wahrheit entspricht. Ist dies nicht der Fall, verbleibt es bei dem unvollständigen Zeugnis (BAG 29. 1. 1986 AP TVAL II § 48 Nr. 2 = NZA 1987, 384).

48 Es ist auch für den Grundsatz der Vollständigkeit von eminenter Bedeutung, daß die **Formulierung dem AG obliegt.** Er ist grds. frei bei seiner Entscheidung, welche Leistungen und Eigenschaften des AN er mehr hervorheben oder zurücktreten lassen will. Allerdings hat der AG eine dem einzelnen Beschäftigten angemessene Ausgewogenheit zu wahren. Beschreibt das Zeugnis zB sehr ausführlich die dem ausscheidenden AN übertragenen Tätigkeiten, muß es sich in entsprechender Breite auch zu seinen Leistungen verhalten. Andernfalls könnte es den Eindruck hervorrufen, der AN habe sich bemüht, aber im Ergebnis nichts geleistet (BAG 24. 3. 1977 AP BGB § 630 Nr. 12 = DB 1977, 1369).

49 Die **Mitgliedschaft im BR** oder Personalrat ist nicht mitzuteilen (LAG Hamm 12. 4. 1976 DB 1976, 1112; LAG Frankfurt/Main 10. 3. 1977 DB 1978, 167; LAG Hamm 6. 3. 1991 BGB LAGE § 630 Nr. 13; *Brill* BB 1981, 616, 617; RGRK/*Eisemann* Rn. 31). Eine ehrenamtliche Tätigkeit nach dem BPersVG darf im Regelfall in einer dienstlichen Regelbeurteilung nicht erwähnt werden (BAG 19. 8. 1992 AP BPersVG § 8 Nr. 5 = NZA 1993, 222). Die Zugehörigkeit zu einer Gewerkschaft muß gleichfalls unerwähnt bleiben (Art. 9 III GG).

50 Eine **Freistellung als BRMitglied** ist anzugeben, wenn sie zu einer längeren Unterbrechung der Tätigkeit geführt hat und der AN eine den durchschnittlichen Anforderungen an seinen Beruf entsprechende Leistung nicht mehr ohne weiteres erbringen kann (LAG Frankfurt/Main 10. 3. 1977 DB 1978, 167 f.; *Brill* BB 1981, 616, 618 f.; *Grimm* AR-Blattei SD 1850 Rn. 50; *Jauernig/Schlechtriem* Anm. 3 b; *van Venrooy* S. 42 ff.; *Witt*, FS für Wiese, 1996, S. 189, 194 [soweit Teil-Unmöglichkeit]). Würde die Dauer der Freistellung im Zeugnis ohne Angabe von Gründen als Unterbrechungszeit aufgeführt, läge dies erst recht nicht im Interesse des AN (vgl. BAG 19. 8. 1992 AP BPersVG § 8 Nr. 5 = NZA 1993, 222).

51 Die Teilnahme an einer **Fortbildungsmaßnahme** ist zu erwähnen, wenn sie für die berufliche Entwicklung des Mitarbeiters von Bedeutung ist und die durch ihren Besuch erzielte Qualifikation sich nicht ohnehin in der Tätigkeitsbeschreibung niederschlägt; insb. also dann, wenn sie kurz vor dem Ausscheiden des AN aus dem Betrieb erfolgte.

52 c) **Wahrheit.** Die Zeugniswahrheit wird gern als **oberster Grundsatz des Zeugnisrechts** gepriesen (*Dietz* S. 18; *Dockhorn* AuR 1961, 106, 108; *Göldner* ZfA 1991, 225, 232; *Schleßmann* BB 1988, 1320, 1321), obgleich er im Wortlaut des Gesetzes keinen Niederschlag gefunden hat (*Eisbrecher* S. 83). Sein Inhalt ist abstrakt klar, das Zeugnis muß sowohl seinem Wortlaut wie seinem Sinnzusammenhang nach objektiv richtig sein. Das Zeugnis darf einerseits nichts Falsches enthalten, andererseits aber auch nichts auslassen, was der Leser eines Zeugnisses erwarten darf (BAG 29. 7. 1971 AP BGB § 630 Nr. 6 = NJW 1971, 2325). Weder Wortwahl noch Satzstellung noch Auslassungen dürfen dazu führen, daß bei Dritten der Wahrheit nicht entsprechende Vorstellungen entstehen (BAG 23. 6. 1960 AP HGB § 73 Nr. 1 = NJW 60, 1973). Welche Abstriche von diesem Grundsatz noch zulässig sind, ist die Frage, die Rspr. und Schrifttum zum Zeugnisrecht nach wie vor am intensivsten beschäftigt (BAG 23. 6. 1960 AP HGB § 73 Nr. 1 = NJW 1960, 1973; BAG 5. 8. 1976 AP BGB § 630 Nr. 10 = BB 1977, 297; BAG 12. 8. 1976 AP BGB § 630 Nr. 11 = DB 1976, 2211; BGH 26. 11. 1963 AP BGB § 826 Nr. 10 = SAE 1964, 169; LAG Düsseldorf 22. 1. 1988 LAGE BGB § 630 Nr. 4; *Brill* AuA 1994, 230, 231; *Göldner* ZfA 1991, 225, 232).

VII. Zeugnisinhalt § 630 BGB 230

Der Grundsatz der Wahrheit kann **nicht kompromißlos umgesetzt** werden, denn er führt vielfach 53
zu Ergebnissen, die sich mit den anderen Grundsätzen des Zeugnisrechts nicht vereinbaren lassen. Vor
allem die Pflicht zur wohlwollenden Formulierung des Zeugnisses steht mit der Wahrheitspflicht in
stetem Spannungsverhältnis. Aber auch im Verhältnis zum Grundsatz der Vollständigkeit treten
Spannungen auf.

Ein Zeugnis darf nur Aussagen enthalten, die sich **auf Tatsachen stützen** lassen. Behauptungen, 54
Annahmen oder bloße Verdächtigungen scheiden aus (LAG Hamm 13. 2. 1992 LAGE BGB § 630
Nr. 16; *Schaub* § 146 Rn. 17). Die Würdigung ist notwendigerweise subjektiv. Sie darf aber nicht auf
Vorurteilen beruhen. Das Zeugnis soll ein objektiv richtiges Urteil fällen (*Schnorr von Carolsfeld* in
Anm. zu BAG 29. 7. 1971 AP BGB § 630 Nr. 6). Dabei sollen alle wesentlichen Tatsachen Berücksichtigung
finden, die für die Gesamtbeurteilung von Bedeutung und für Dritte von Interesse sind.
Das gilt im günstigen wie im ungünstigen Sinn, so daß alle erheblichen Tatsachen, auch die für den
AN nachteiligen, aufzunehmen sind (BAG 23. 6. 1960 AP HGB § 73 Nr. 1 = NJW 1960, 1973; BAG
29. 7. 1971 AP BGB § 630 Nr. 6 = NJW 1971, 2325).

Es gehört zu den empirisch belegten Tatsachen, daß in der Praxis Zeugnisse von den zu beurteilen- 55
den Mitarbeitern selbst entworfen oder im Entwurfsstadium inhaltlich zumindest mitbeeinflußt werden.
Die von *Weuster* (Personalauswahl und Personalbeurteilung mit Arbeitszeugnissen, 1994) ermittelten
Zahlen lassen vermuten, daß der Anteil der so im Vorfeld bereinigten Zeugnisse nicht zu
gering erachtet werden darf (vgl. auch die Hinweise von *Popp* NZA 1997, 588, 590). Dessenungeachtet
verbleibt die Verantwortung für die Beachtung der Wahrheitspflicht selbstverständlich beim AG. Er
wird wissen, in welchen Fällen eine mögliche Schadenshaftung im Verhältnis zu anderen, späteren AG
des Beurteilten (vgl. Rn. 129 ff.) zur Vorsicht mahnt. Ausgehend von dieser Prämisse ist die **Mitwirkung
des Beschäftigten** an der Zeugniserstellung rechtlich nicht zu bemängeln. Vielmehr ist sogar
in den Grenzen der Vollständigkeit und Wahrheit eine vertragliche Vereinbarung über den Zeugnisinhalt
zulässig.

Wird der zu beurteilende AN im Entwurfsstadium nicht beteiligt, ist der AG im Rahmen der durch 56
die Zeugnisgrundsätze konkretisierten Pflichten allein für den Zeugnisinhalt verantwortlich. Darf er
danach eine Aussage in das Zeugnis aufnehmen, korrespondiert damit der Anspruch des AN auf
Aufnahme der Aussage in das Zeugnis. Andererseits hat der AN keinen Rechtsanspruch auf bestimmte
Aussagen des Zeugnisses, die der AG nicht von sich aus, in das Zeugnis aufnehmen dürfte. **Wünscht
der AN** entsprechende Zeugnisformulierungen, bedarf es einer entsprechenden Einigung der Arbeitsvertragsparteien.
Kommt eine solche nicht zustande, kann der AN mangels Rechtsanspruches eine
entsprechende Änderung des Zeugnisses nicht erzwingen. Rspr. und Schrifttum verfahren anders.
Zumeist unter Berufung auf die Fürsorgepflicht des AG wird dieser verpflichtet, auf Wunsch des AN
Aussagen in das Zeugnis aufzunehmen, die er nach derselben hM nicht von sich aus in das Zeugnis
aufnehmen dürfte. Die Beispiele sind zahlreich. Verwiesen sei zunächst auf die Beendigungsart und
den Beendigungsgrund. Haben sich die Arbeitsvertragsparteien über die Auflösung des Arbeitsverhältnisses
vergleichsweise geeinigt, darf der AG im Zeugnis nicht erwähnen, das Arbeitsverhältnis sei
„im beiderseitigen Einvernehmen aufgelöst" worden. Es wird sogar eine Abwertung des AN vermutet
(vgl. *Siewert* S. 125). Auf Verlangen des AN muß dieselbe Formulierung in das Zeugnis aufgenommen
werden, es wird ein entsprechender Anspruch bejaht und der AG antragsgemäß verurteilt (vgl. LAG
Baden-Württemberg 9. 5. 1968 DB 1968, 1319; *Schleßmann* S. 66). Wird diese Form der Rechtsanwendung
auch abgelehnt, entspricht sie doch der Praxis und wird hier jeweils mitgeteilt.

Ein Brennpunkt der Wahrheitspflicht ist die Behandlung von Grund und Art der Vertragsbeendi- 57
gung im Zeugnis (*Popp* NZA 1997, 588, 590). Nach verbreiteter Auffassung dürfen der Grund und die
Art des Ausscheidens ohne oder gegen den Willen des AN aus dem Zeugnis nicht ersichtlich sein
(LAG Düsseldorf 22. 1. 1988 LAGE BGB § 630 Nr. 4; LAG Köln 29. 11. 1990 LAGE BGB § 630
Nr. 11; LAG Hamm 12. 7. 1994 LAGE BGB § 630 Nr. 26).

Das BAG (12. 8. 1976 AP BGB § 630 Nr. 11 = DB 1976, 2211) hat hierzu ausgeführt, das Zeugnis 58
dürfe nicht ohne sachlichen Anlaß erkennen lassen, daß sich die Arbeitsvertragsparteien im Streit
trennten. Zumindest für den Fall des vom **AN begangenen Vertragsbruches** wird eine Erwähnung
im Zeugnis zulässig sein (LAG Hamm 24. 9. 1985 LAGE BGB § 630 Nr. 1; *Dietz* S. 14; *Huber* S. 28;
Oehmann AR-Blattei I Übersicht, C V 1; *Stoffels* S. 182 ff.; *Popp* NZA 1997, 588, 589 [im qualifizierten
Zeugnis]; aA *Schleßmann* S. 42, 66). Dabei soll in diesem Zusammenhang unter Vertragsbruch
die vom AN einseitig und ohne Willen des AG herbeigeführte faktische Vertragsauflösung verstanden
werden, also die rechtswidrige vorzeitige Beendigung des Vertragsverhältnisses (vgl. dazu BAG 18. 9.
1991 AP BGB § 339 Nr. 14 = NZA 1992, 215, 216 f.; *Stoffels* S. 33 f.).

Unstreitig sind auf Verlangen des AN Angaben über **Grund und Art des Ausscheidens** in das 59
Zeugnis aufzunehmen (BAG 23. 6. 1960 AP HGB § 73 Nr. 1 = NJW 1960, 1973; LAG Köln 29. 11.
1990 LAGE BGB § 630 Nr. 11 mit Beispielen wohlwollend verschleiernder Formulierungen; *Grimm*
AR-Blattei SD 1850 Rn. 57). Wünscht der AN allein die Angabe des Beendigungsgrundes, ist hierunter
nur das „warum", nicht aber das „wie" der Auflösung zu verstehen (LAG Hamm 24. 9. 1985
LAGE BGB § 630 Nr. 1; LAG Hamm 12. 7. 1994 LAGE BGB § 630 Nr. 26). Mußte der AG eine
Druckkündigung (vgl. § 626 Rn. 220) aussprechen, wird er auf entsprechenden Wunsch des entlasse-

nen AN die Hintergründe der Vertragsauflösung im Zeugnis darzustellen haben (*Popp* NZA 1997, 588, 590).

60 Wird die **einverständliche Aufhebung** des Arbeitsverhältnisses erst vergleichsweise im Kündigungsschutzprozeß vereinbart, darf der AG im Zeugnis nicht auf den Prozeßvergleich hinweisen (vgl. LAG Baden-Württemberg 27. 10. 1966 DB 1967, 48). Bei vergleichsweiser Beendigung des Arbeitsverhältnisses wird der AN idR die Formulierung erwarten können, das Arbeitsverhältnis sei „im beiderseitigen Einvernehmen aufgelöst" worden (LAG Baden-Württemberg 9. 5. 1968 DB 1968, 1319). Ein erfolgreicher Auflösungsantrag nach § 9 I 1 KSchG darf nur auf Wunsch des AN aus dem Zeugnis zu ersehen sein (LAG Köln 29. 11. 1990 LAGE BGB § 630 Nr. 11).

61 d) **Grundsatz der wohlwollenden Beurteilung.** Das Zeugnis soll von Wohlwollen des Dienstberechtigten getragen sein (BGH 26. 11. 1963 AP BGB § 826 Nr. 10; BAG 8. 2. 1972 AP BGB § 630 Nr. 7 = NJW 1972, 1214). Die Wahl der Worte bestimmt der AG ebenso wie deren Abfolge. Der AN hat keinen Anspruch auf eine bestimmte Formulierung oder einen bestimmten Wortlaut (BAG 29. 7. 1971 AP BGB § 630 Nr. 6 = NJW 1971, 2325; LAG Köln 8. 11. 1989 LAGE BGB § 630 Nr. 8). Das Zeugnis soll dem AN sein weiteres berufliches Fortkommen nicht ungerechtfertigt erschweren (LAG Köln 29. 11. 1990 LAGE BGB § 630 Nr. 11; MünchArbR/*Wank* § 124 Rn. 25; *Schaub* § 146 Rn. 17). Den Maßstab bildet eine verständige, nicht zu viel, nichts Übertriebenes, aber auch nicht zu wenig fordernde **Verkehrsanschauung** (BGH 26. 11. 1963 AP BGB § 826 Nr. 10).

62 Der Maßstab des Wohlwollens steht zum Grundsatz der Zeugniswahrheit in einem Spannungsverhältnis (*Göldner* ZfA 1991, 225). Das Zeugnis kann und darf nur im Rahmen der Wahrheit verständig wohlwollend sein (BGH 26. 11. 1963 AP BGB § 826 Nr. 10; BAG 9. 9. 1992 AP BGB § 630 Nr. 19 = NZA 1993, 698). Die Folge sind nichtssagende Wendungen und **aussagekräftige Auslassungen** (*Göldner* ZfA 1991, 225, 233; *Weuster* BB 1992, 58, 59 f. „Leerstellen-Technik"; *Grimm* AR-Blattei SD 1850 Rn. 76). Damit wird einerseits der Wahrheitspflicht entsprochen, andererseits aber auch das Fortkommen nicht unnötig erschwert. Wegen dieser Praxis darf das Zeugnis eines Mitarbeiters, der den ihm gestellten Anforderungen gerecht geworden ist, dort nicht schweigen, wo der Leser eine positive Hervorhebung erwartet, weil sonst ungerechtfertigt ein negativer Eindruck entstünde (BAG 29. 7. 1971 AP BGB § 630 Nr. 6 = NJW 1971, 2325).

63 **2. Einfaches Zeugnis.** Beim einfachen Zeugnis werden die Art des Dienstverhältnisses und dessen Dauer bestätigt (§ 630 S. 1). Wird ein AN im Rahmen einer von der BA geförderten **Arbeitsbeschaffungsmaßnahme** (ABM) dem AG zugewiesen, hat der AN Anspruch auf ein Zeugnis, doch darf dieses die ABM ausweisen (*Schleßmann* S. 60: nur auf Wunsch). Die Besonderheiten der ABM machen dies erforderlich. Der AG kann sich den AN nicht aussuchen. Er darf den AN ausschließlich zweckgebunden beschäftigen, sein Direktionsrecht ist erheblich eingeschränkt (vgl. BAG 18. 6. 1997 AP BAT § 3 d Nr. 2 = NZA 1997, 1171).

64 Die Tätigkeiten sind vollständig und genau in chronologischer Reihenfolge aufzuführen (*Grimm* AR-Blattei SD 1850 Rn. 47; *Schleßmann* S. 57). Ein Dritter muß sich anhand des Zeugnisses ein klares Bild von der ausgeübten Tätigkeit machen können (BAG 12. 8. 1976 AP BGB § 630 Nr. 11 = DB 1976, 2211; RAG 22. 2. 1933 ARS 17, 382, 386 ff.; *Göldner* ZfA 1991, 225, 229; *Schaub* § 146 Rn. 12). Unwesentliches darf verschwiegen werden, nicht aber Aufgaben und Tätigkeiten, die ein Urteil über die Kenntnisse und die Leistungsfähigkeit des AN erlauben (BAG 12. 8. 1976 AP BGB § 630 Nr. 11 = DB 1976, 2211). Dabei ist der AG in der Wahl seiner Worte frei (LAG Baden-Württemberg 19. 6. 1992 LAGE BGB § 630 Nr. 17; ArbG Düsseldorf 19. 12. 1984 NZA 1985, 812, 813), so daß er einzelne Bereiche mehr oder weniger hervorheben kann (BAG 29. 7. 1971 AP BGB § 630 Nr. 6 = NJW 1971, 2325; BAG 12. 8. 1976 AP BGB § 630 Nr. 11 = DB 1976, 2211).

65 Da das einfache Zeugnis die Angaben über das „Dienstverhältnis" zu enthalten hat und die tarifliche Eingruppierung in vielen Branchen erhebliche Aussagekraft über den Inhalt des Dienstverhältnisses besitzt, dürfen Angaben zur **tariflichen Eingruppierung** des AN in das Zeugnis aufgenommen werden (*Schleßmann* S. 59; aA RGRK/*Eisemann* Rn. 32). Darüber hinaus kann es sich anbieten, die tarifvertraglichen Vergütungsmerkmale zur Beschreibung der Tätigkeit zu benutzen. Hiervon zu unterscheiden ist die tatsächlich geleistete Vergütung, die in Arbeitszeugnissen nicht erwähnt wird.

66 **Anfangs- und Enddatum** des rechtlichen Bestandes des Vertragsverhältnisses sind anzugeben (BGH 9. 11. 1967 BGHZ 49, 30, 33 = NJW 1968, 396; *Monjau* DB 1966, 300, 301). Deshalb ist die Dauer einer erzwungenen Weiterbeschäftigung während eines im Ergebnis erfolglosen Kündigungsrechtsstreits nicht in das Zeugnis über das durch Kündigung beendete Arbeitsverhältnis aufzunehmen, denn die Weiterbeschäftigung ist ohne rechtlichen Grund erfolgt (vgl. BAG 12. 2. 1992 AP BGB § 611 Weiterbeschäftigung Nr. 9 = NZA 1993, 177). Diese Frage ist vom BAG noch nicht entschieden. In der Literatur (*Staudinger/Preis* Rn. 33) wird auch die Auffassung vertreten, dem AN müsse abw. vom Gesetz ein Zeugnis mit dem Endtermin der tatsächlichen Beschäftigung erteilt werden.

67 Kürzere Unterbrechungen der tatsächlichen Tätigkeit durch Krankheit, Urlaub, Arbeitskampf etc. bleiben unerwähnt. **Längere Unterbrechungen**, wie zB durch Erziehungsurlaub, Wehr- oder Zivildienst oder Freiheitsstrafe, sind wegen des Grundsatzes der Zeugniswahrheit anzugeben. Andernfalls würde einem unbefangenen Dritten der falsche Eindruck einer kontinuierlichen Arbeitsleistung und

VII. Zeugnisinhalt § 630 BGB 230

entsprechender Berufserfahrung vermittelt (*Grimm* AR-Blattei SD 1850 Rn. 53; *Schleßmann* BB 1988, 1320, 1322; aA MünchKommBGB/*Schwerdtner* Rn. 8).

War dem AN Prokura erteilt, ist dies auch in einem einfachen Zeugnis zu vermerken. Bestand die 68 **Prokura** nicht während der gesamten Dauer des Arbeitsverhältnisses, ist der jeweilige Zeitraum anzugeben. Der AN kann in einem solchen Falle nicht verlangen, daß in das Zeugnis die unpräzise Formulierung „Er hatte Prokura" aufgenommen wird, weil sonst ein falscher, zumindest aber mißverständlicher Eindruck entstünde (LAG Baden-Württemberg 19. 6. 1992 LAGE BGB § 630 Nr. 17).

3. Qualifiziertes Zeugnis. a) Allgemeine Grundsätze. Das qualifizierte Zeugnis muß wie das ein- 69 fache Zeugnis die Person des Dienstpflichtigen zweifelsfrei bezeichnen, genaue und zuverlässige Angaben über die rechtliche Dauer des Arbeitsverhältnisses und die vom AN tatsächlich verrichtete Arbeit enthalten. Anders als das einfache erfordert das qualifizierte Zeugnis eine Bewertung von Führung und Leistung.

Dem AG steht zwar bei der Bewertung von Führung und Leistung ein **Beurteilungsspielraum** zu 70 (BAG 23. 2. 1983 AP BAT § 70 Nr. 10 = BB 1983, 1859; BAG 17. 2. 1988 AP BGB § 630 Nr. 17 = NZA 1988, 427; LAG Frankfurt/Main 6. 9. 1991 LAGE BGB § 630 Nr. 14), doch hat sich der AG nicht an seinen subjektiven Leistungserwartungen, sondern (objektivierend) an einem durchschnittlich befähigten, vergleichbaren AN zu orientieren (*Grimm* AR-Blattei SD 1850 Rn. 65; aA *G. Neumann* BB 1951, 226, 227). Des weiteren findet der Beurteilungsspielraum seine Grenzen in den allgemeinen Grundsätzen des Zeugnisrechts (vgl. oben Rn. 39 ff.). Die Beurteilung muß den gesamten Tätigkeitszeitraum erfassen, darf einzelne Ereignisse nur hervorheben, wenn sie für das Arbeitsverhältnis charakteristisch waren und muß im Rahmen der Wahrheitspflicht so wohlwollend formuliert sein, daß dadurch das weitere Fortkommen des Mitarbeiters nicht unnötig erschwert wird.

Die Formulierung des Zeugnisses steht im **pflichtgemäßen Ermessen** des Dienstberechtigten (BAG 71 29. 7. 1971 AP BGB § 630 Nr. 6 = NJW 1971, 2325). Er ist in seiner Entscheidung darüber frei, welche positiven oder negativen Leistungen er hierin mehr hervorheben will als andere (BAG 23. 9. 1992 EzA BGB § 630 Nr. 16). Der AN hat keinen Anspruch auf bestimmte Formulierungen oder einen bestimmten Wortlaut, soweit das Zeugnis wahrheitsgemäß ist (BAG 29. 7. 1971 AP BGB § 630 Nr. 6 = NJW 1971, 2325; LAG Düsseldorf 2. 7. 1976 BB 1976, 1562 = DB 1976, 2310; *Schaub* § 146 Rn. 16).

Das Zeugnis muß notwendigerweise eine **zusammenfassende Beurteilung** der Leistung enthalten, 72 die keine unbegrenzte Vielfalt erlaubt. In diesem Punkt hat sich in der Praxis eine (stark vereinfachende) fünfstufige Notenskala herausgebildet: sehr gut, gut, befriedigend, ausreichend und mangelhaft (*Staudinger/Preis* Rn. 51; *Schulz* S. 98 ff.; *Weuster* BB 1992, 58; abl. LAG Hamm 13. 2. 1992 LAGE BGB § 630 Nr. 16, das eine siebenstufige Notenskala vorschlägt). Leider bedient sich die Zeugnissprache nicht dieser klaren Begriffe, sondern verwendet Umschreibungen, die wiederum Auslegungsmöglichkeiten eröffnen und -zweifel nähren (*Schweres* BB 1986, 1572).

Dreh- und Angelpunkt der fünfstufigen Notenskala ist die **Note „befriedigend"**, die der mittleren 73 Bewertung einer vollauf durchschnittlichen Leistung entspricht. Wird jedoch im Zeugnis erklärt, der AN habe die Arbeit zur Zufriedenheit des AG erledigt, drückt dies nach herrschender Ansicht eine unterdurchschnittliche, aber ausreichende Leistung aus (LAG Hamm 19. 10. 1990 LAGE BGB § 630 Nr. 12; LAG Frankfurt/Main 10. 9. 1987 LAGE BGB § 630 Nr. 3). Damit die Bewertung zum Befriedigend wird, ist ein Zusatz wie „stets", „immer" oder „jederzeit" erforderlich (LAG Köln 2. 7. 1999 NZA-RR 2000, 235). Es wird auch vertreten, die Zufriedenheit müsse „volle" sein, um der Note „befriedigend" zu entsprechen (BAG 12. 8. 1976 AP BGB § 630 Nr. 11 = DB 1976, 2211; LAG Hamm 13. 2. 1992 LAGE BGB § 630 Nr. 16). Darin kommt das Vorverständnis zum Ausdruck, der Durchschnitt aller AN arbeite zur vollen Zufriedenheit ihrer AG. Darüber hinaus setzt diese Verwendung voraus, daß „voll" steigerungsfähig ist. Was die Zeugnissprache mit dem Wort „vollste" (gegen jedes Sprachempfinden) tatsächlich ermöglicht hat (BAG 23. 9. 1992 EzA BGB § 630 Nr. 16; krit. LAG Düsseldorf 11. 11. 1994 DB 1995, 1135; aA *Weuster* BB 1992, 638). Soll hingegen eine übertriebene, überschwengliche Zeugnissprache vermieden werden, muß die Kennzeichnung der Durchschnittsleistung noch sprachlich akzeptable Steigerungsmöglichkeiten für „gute" und „sehr gute" Leistungen bereithalten. Da die „volle Zufriedenheit" auch ohne verstärkende Zusätze die Bewertung bereits aus dem Durchschnitt hervorhebt, sollte durch sie eine gute Durchschnittsleistung gekennzeichnet werden (LAG Düsseldorf 12. 3. 1986 LAGE BGB § 630 Nr. 2). Damit wird jedoch die fünfstufige Notenskala verlassen, denn es gibt neben dieser „vollbefriedigenden" noch die schwach durchschnittliche befriedigende Leistung.

Durch einen Zusatz wie „stets" kann die volle Zufriedenheit zum Synonym für eine „gute" Leistung 74 werden (LAG Düsseldorf 23. 5. 1995 LAGE BGB § 630 Nr. 24 = NZA-RR 1996, 42; *Kador* S. 29). Die **Spitzenleistung „sehr gut"** sollte als solche auch bezeichnet werden. Die Praxis verwendet auch Formulierungen wie „stets zur vollsten Zufriedenheit" (LAG Düsseldorf 12. 3. 1986 LAGE BGB § 630 Nr. 2; LAG Saarland 28. 2. 1990 LAGE BGB § 630 Nr. 9; LAG Frankfurt/Main 6. 9. 1991 LAGE BGB § 630 Nr. 14; *Dachrodt* S. 75; *Kador* S. 29; *Weuster* BB 1992, 58). Werden zB in einem Zeugnis die Einzelleistungen des AN ausnahmslos als „sehr gut" bewertet und wird die Tätigkeit als „sehr erfolgreich" hervorgehoben und findet sich in dem ausführlichen Zeugnis keine einzige Einschränkung, ist damit unvereinbar, wenn dem AN zusammenfassend nur bescheinigt wird, er habe zur „vollen Zufriedenheit" gearbeitet (BAG 23. 9. 1992 EzA BGB § 630 Nr. 16). Nach dieser BAG-Entscheidung erfordert die sehr gute Leistung des AN eine Kennzeichnung durch die Worte „immer zur vollsten Zufriedenheit".

75 Am anderen Ende der Notenskala genügen zarte Äußerungen einer Kritik, um den Begriff der Zufriedenheit in den ausreichenden oder mangelhaften Bereich zu verlagern. Die **heutige Zeugnissprache** ist so diplomatisch angelegt, daß zB eine „im großen und ganzen zufriedenstellende Erledigung der Arbeit" eine mangelhafte Leistung zum Ausdruck bringt (*Schulz* S. 101). Die im Zeugnis enthaltene Wendung, der AN habe die ihm übertragenen Aufgaben mit Fleiß und großem Interesse durchgeführt, bewertet die erbrachten Leistungen als unzureichend (vgl. BAG 24. 3. 1977 AP BGB § 630 Nr. 12 = DB 1977, 1369).

76 Enthält ein Zeugnis keine **Angabe zum Zeitfaktor** (zB „stets"), soll dem bereits die Bedeutung eines beredten Schweigens zukommen (*Huber* S. 59; *Schmid* DB 1982, 1111, 1112), obgleich Worte wie „immer" oder „stets" (zumindest bei langfristigen Arbeitsverhältnissen) latent die Unwahrheit in sich tragen. Da dies dem geschulten Leser des Zeugnisses bekannt ist, er aber gleichwohl eine derartige Floskel erwartet, ist der erreichte Rechtszustand von zweifelhafter Qualität (MünchArbR/*Wank* § 124 Rn. 27; *Göldner* ZfA 1991, 225, 232 ff.).

77 Zu dieser kritikwürdigen Situation tragen die **Zeugnisrechtsstreite** ihrerseits noch bei, weil in keinem Gerichtssaal ein Arbeitsverhältnis korrekt nachgezeichnet werden kann. Die Folge ist eine erhöhte Konzentration auf gehobene Noten und die Tilgung jeder auch nur mehrdeutigen Formulierung. Damit ist weder den AN noch potentiellen neuen AG gedient. Der AN muß sich stets fragen, ob nicht eine der wohlklingenden Formulierungen seines Zeugnisses in Wahrheit eine evtl. sogar im privaten Bereich angesiedelte Schwäche offenbart (zB Geschlechtsleben, Alkohol). Darüber hinaus führt es auf einem angespannten Arbeitsmarkt zu irregulären Veränderungen der Vermittlungschancen, wenn die tatsächliche Leistungsbandbreite der arbeitslosen Bewerber sehr viel größer als die in den Zeugnissen ausgewiesene ist. Spiegelbildlich bedeutet dies für AG, daß sie sich auf die Zeugnisse nur noch bedingt verlassen können und auf andere, womöglich nicht zuverlässigere Auswahlgesichtspunkte abstellen müssen.

78 Negativer **Effekt der verschleiernden Zeugnissprache** ist zudem, daß sie den Nährboden für „Geheimcodes" oder den über sie kursierenden Gerüchten bilden. Ob der Zeugnisaussteller mit seinen Formulierungen eine andere Nachricht chiffriert hat, die von einigen, vielen oder gar allen Zeugnislesern dechiffriert werden kann, ist wegen der Vielfalt der täglich erteilten Zeugnisse und der unterschiedlichen Kenntnisse der Zeugnisaussteller sowie ihres Ausdrucksvermögens nicht mit Sicherheit zu ermitteln. Hält die geübte Zeugnissprache den Wortsinn noch ein, besteht jedenfalls keine Veranlassung, von Geheimcodes zu sprechen. Ein bekanntes Beispiel ist das Wort „Bemühen", das allein einen positiven Ansatz des Beurteilten ausdrückt, aber als Tadel zu verstehen ist, wenn das Zeugnis zum Erfolg des Bemühens (beredt) schweigt (BAG 23. 6. 1960 AP HGB § 73 Nr. 1 = NJW 1960, 1973). Eine solche negative Bewertung ist wie die ausdrücklich vergebene Bewertung „ausreichend" oder „mangelhaft" gerichtlich überprüfbar.

79 Anders sieht es bei **positiven Formulierungen** aus, die nach ihrem Wortsinn keine negative Nebenbedeutung besitzen, aber aufgrund einer geheimen Absprache der Zeugnisaussteller und -verwender eine vom Wortlaut unabhängige Bedeutung besitzen sollen. So soll die Aussage „hat alle Arbeiten ordnungsgemäß erledigt" bedeuten, der Beurteilte sei ein Bürokrat, der keine Initiative entwickle (*Kador* S. 27). Enthält ein Zeugnis diese nach dem Wortsinn positive Einschätzung, kann der AN unter Berufung auf die Existenz eines entsprechenden Geheimcodes die Berichtigung nur verlangen, wenn er die bewußte Verwendung dieses Codes beweist (vgl. unten Rn. 155). Gleiches gilt für die im Zeugnis bescheinigte Eigenschaft „pünktlich", die ihrem Wortsinn nach nicht „überpünktlich" bedeutet (vgl. ArbG Bayreuth 26. 11. 1991 NZA 1992, 799).

80 Wird eine im Zeugnis bescheinigte Eigenschaft im privaten Bereich positiv bewertet, kann sie gleichwohl in einem Arbeitszeugnis als **unmißverständliche Kritik** verstanden werden. Ein Beispiel ist das Adjektiv „gesellig", das außerhalb jeder Verschlüsselung die nicht immer befriedigende Erfüllung arbeitsvertraglicher Pflichten ausdrückt. Ebenso wird vom Zeugnisleser eine doppelte Negation als ein Minus gegenüber der positiven Aussage verstanden (*Weuster* BB 1992, 58, 62). ZB sind „nicht unbedeutende Erfolge" weniger als „bedeutende Erfolge". Hierin liegen keine verschlüsselten Aussagen, sondern reguläre Ausdrucksmöglichkeiten der deutschen Sprache. Dies gilt auch für negativ belegte Signalwörter wie „Klage", „Beanstandung" oder „Schwierigkeit", die durch eine Verneinung (zB mittels „ohne") ihre abwertende Wirkung nicht vollständig verlieren.

81 Die **Verwendung aller Codes** ist nicht nur im Geltungsbereich des § 113 III GewO untersagt. Vielmehr handelt es sich um einen allgemeinen Rechtsgrundsatz, der lediglich in § 113 III GewO besonders zum Ausdruck gekommen ist (LAG Hamm 2. 11. 1966 DB 1966, 1815; *Schleßmann* BB 1975, 329). Zu den verbotenen Codes gehören vor allem bestimmte Zeichen, die Benutzung eines bestimmten Papiers (Farbe, Wasserzeichen) oder bestimmten Schreibstiftes, eines bestimmten Stempels und optische Hervorhebungen von Textstellen (zB Unterstreichungen) (vgl. oben Rn. 38). Eine bestimmte Wortwahl wird von dem gesetzlichen Verbot nicht umfaßt. § 113 III GewO verbietet

ausschließlich Merkmale, die zur Kennzeichnung des Wortlautes bestimmt sind, nicht aber einen bestimmten Wortlaut als solchen. Andernfalls wäre bereits jede formelhafte Umschreibung der Leistungsbeurteilung unzulässig, was ernsthaft nicht vertreten wird. Eine Verwendung von Wörtern außerhalb jeder sprachlichen Bedeutung als Codewort im Sinne verschlüsselter Zeugnissprache wird allerdings vom Verbot erfaßt (vgl. *Göldner* ZfA 1991, 225, 234; *Staudinger/Preis* Rn. 28).

b) Leistung. Im Rahmen der Leistungsbeurteilung erfolgt eine Darstellung der Art und Weise, in 82 der der AN die ihm übertragenen Aufgaben erledigt hat. Als **Einzelmerkmale** kommen hier die Arbeits-/Leistungsbereitschaft, die Selbständigkeit, die Qualität der Arbeit (Arbeitsgüte), die Arbeitsökonomie, das Arbeitstempo, die Belastbarkeit, die Eigeninitiative, die Entscheidungsfähigkeit, das Urteils- und Ausdrucksvermögen sowie das Verhandlungsgeschick in Betracht (MünchArbR/*Wank* § 124 Rn. 33; *Göldner* ZfA 1991, 225, 245 ff.). Besondere, im Arbeitsverhältnis tatsächlich eingesetzte Fachkenntnisse können zu erwähnen sein (vgl. BAG 24. 3. 1977 AP BGB § 630 Nr. 12 = DB 1977, 1369).

Einzelne Vorfälle dürfen nur dann hervorgehoben werden, wenn sie für das Vertragsverhältnis 83 charakteristisch waren. Dies kann zB bei einem im Forschungsbereich tätigen Mitarbeiter eine Erfindung sein (BAG 24. 3. 1977 AP BGB § 630 Nr. 12 = DB 1977, 1369; *Nowak* AuA 1992, 68, 69).

Wird von der **fünfstufigen Notenskala** ausgegangen (vgl. oben Rn. 72), hat der Beschäftigte nicht 84 schon dann eine sehr gute Leistung erbracht, wenn der AG seine Leistungen niemals beanstandet hat, vielmehr müssen die Leistungen in jeder Hinsicht überdurchschnittlich gewesen sein bzw. den Mitarbeiter besonders auszeichnende Umstände vorliegen (LAG Düsseldorf 26. 2. 1985 DB 1985, 2692 f.; vgl *Schmid* DB 1982, 1111, 1112). Gute Leistungen, die zB mit „stets zu unserer vollen Zufriedenheit" charakterisiert werden, dürfen zu keiner Zeit zu beanstanden gewesen sein, sie müssen sich aus dem Durchschnitt herausgehoben haben. Eine durchschnittliche Leistung wird als „befriedigend" bezeichnet (vgl. oben Rn. 73). Müssen die Leistungen bereits als unterdurchschnittlich, aber noch ausreichend gekennzeichnet werden, wird noch die Formulierung „zu unserer Zufriedenheit" als zutreffend erachtet (LAG Frankfurt/Main 10. 9. 1987 LAGE BGB § 630 Nr. 3; LAG Hamm 19. 10. 1990 LAGE BGB § 630 Nr. 12).

Alle qualitativ schlechteren Leistungen werden als **mangelhaft** bewertet und mancherorts beschöni- 85 gend „als insgesamt zu unserer Zufriedenheit" umschrieben (LAG Hamm 13. 2. 1992 LAGE BGB § 630 Nr. 16). Nicht zuletzt wegen etwaiger Schadensersatzpflichten des Zeugnisausstellers gegenüber Dritten (vgl. dazu unten Rn. 129 ff.) ist hiervon abzuraten. Waren die Leistungen tatsächlich schlecht oder gar nicht hinnehmbar, muß dies deutlicher ausgedrückt werden. Dazu kann ein Zusatz wie „zum großen Teil" genügen (LAG Köln 18. 5. 1995 LAGE BGB § 630 Nr. 23 = NZA-RR 1996, 41). In solchen Fällen wird häufig zur Schonung des AN der Arbeitserfolg „beredt" übergangen und allein auf sein Bemühen oder sein Interesse abgestellt. ZB enthält die Floskel, der AN habe „die ihm übertragenen Aufgaben mit großem Fleiß und mit Interesse durchgeführt", die Bewertung der Leistungen als unzureichend. Nach Auffassung des BAG (24. 3. 1977 AP BGB § 630 Nr. 12 = DB 1977, 1369) wird dem AN mit einer derartigen Feststellung attestiert, daß er im Ergebnis nichts geleistet oder nur schlechte Leistungen erbracht hat. Für den erfahrenen Leser des Zeugnisses sei dies ein vernichtendes Urteil. Problematisch bleibt die Unvollständigkeit der Leistungsbewertung, weil das Ergebnis des Bemühens ausdrücklich nicht erwähnt wird (*van Venrooy* S. 92).

c) Führung. Die für die Beschäftigung wesentlichen Charaktereigenschaften und Persönlichkeits- 86 züge des AN sind in einem qualifizierten Zeugnis zusammenfassend darzustellen. Es ist allein die dienstliche Führung zu bewerten, die außerdienstliche Führung bleibt grds. außer Betracht (*Schaub* § 146 Rn. 15; *Soergel/Kraft* Rn. 8; *Staudinger/Preis* Rn. 45). Der AN hat sich vertraglich zur Leistung einer bestimmten Tätigkeit, nicht aber zu einer bestimmten Lebensführung verpflichtet. Dies wird im Anwendungsbereich des § 630 durch die Worte **„im Dienst"** betont, gilt aber auch für die Parallelregelungen der §§ 73 HGB, 113 II GewO, 8 II BBiG (*Grimm* AR-Blattei SD 1850 Rn. 67). Haben oder hatten die Ereignisse des privaten Lebensbereiches des AN arbeitsvertragliche Auswirkungen auf das Arbeitsverhältnis, darf dieses erwähnt werden (BAG 29. 1. 1986 AP TVAL II § 48 Nr. 2 = NZA 1987, 384). Da das Zeugnis keine Aussage über das außerdienstliche Verhalten treffen darf, dürfen auch vermeintlich neutrale Formulierungen wie „Über sein außerdienstliches Verhalten ist uns nichts Nachteiliges bekannt" nicht in das Zeugnis aufgenommen werden (*Weuster* BB 1992, 58, 61).

Da die Führung den **Umgang mit verschiedenen Personengruppen** umfaßt, kommt der Vollstän- 87 digkeit der diesbezüglichen Beurteilung erhebliches Gewicht zu (LAG Hamm 1. 12. 1994 LAGE BGB § 630 Nr. 28). In Betracht kommen neben dem betrieblichen Zusammenwirken mit Vorgesetzten, gleichgeordneten Kollegen und nachgeordneten Mitarbeitern auch der Kontakt zu Behörden, Geschäftspartnern und Kunden.

Zur Charakterisierung der Führung werden bei mittlerer Bewertung gern die **Begriffe „höflich"**, 88 „korrekt" oder „in Ordnung" verwendet. Zur Hervorhebung werden wie bei der Bewertung der Leistung Zusätze wie „immer", „stets" oder „durchweg" und das Wort „lobenswert" verwendet. Die Herabsetzung der Note wird durch entsprechende Zusätze wie „in der Regel", „durchaus", „im allgemeinen", „im großen und ganzen" oder „zumeist" erreicht.

89 Während der Vertragsdauer begangene Straftaten sind wegzulassen, wenn sie in keinem Zusammenhang mit dem Arbeitsverhältnis stehen (BAG 5. 8. 1976 AP BGB § 630 Nr. 10 = BB 1977, 297). **Im Dienst begangene Straftaten** dürfen grds. mitgeteilt werden. Doch wird es dem AG verwehrt sein, im Zeugnis Straftaten anzugeben, wenn er den Beschäftigten zur Begehung angestiftet oder verleitet oder zu ihnen Beihilfe geleistet hat. Insofern sind im Verhältnis zu Behörden, Geschäftspartnern oder Kunden begangene Taten in Betracht zu ziehen.

90 Zweifelhaft ist, ob im Dienst begangene Straftaten unerwähnt zu lassen sind, wenn sich der Mitarbeiter nach dem **BZRG** wieder als **nicht vorbestraft** bezeichnen darf (so RGRK/*Eisemann* Rn. 41 Buchst. s). Wird allein auf den Grundsatz der Zeugniswahrheit abgestellt, dürfte es hierauf nicht ankommen, denn die im Arbeitsverhältnis begangene Straftat bleibt unabhängig von der Existenz eines Strafurteils bestehen (zB bei einer Einstellung nach § 153 a StPO). Dies wird besonders deutlich bei Straftaten, die die persönliche Eignung für den Beruf berühren. Läuft zB gegen einen als Heimerzieher beschäftigten Angestellten ein Strafverfahren wegen sittlicher Verfehlungen an seinen Pfleglingen, darf der AG im qualifizierten Zeugnis des daraufhin entlassenen Angestellten das Strafverfahren nicht unerwähnt lassen (vgl. BAG 5. 8. 1976 AP BGB § 630 Nr. 10 = BB 1977, 297). Hat das Arbeitsverhältnis noch für die Dauer der Tilgungsfrist fortbestanden, kann das Gewicht der Straftat für das Arbeitsverhältnis nicht allzu hoch gewesen sein. Die Erwähnung der so lange zurückliegenden Tat will deshalb sorgfältig erwogen sein.

91 **Krankheiten** dürfen erwähnt werden, wenn sie für die Gesamtbeurteilung der Führung oder der Leistungsfähigkeit des ausscheidenden AN von Bedeutung sind (vgl. Sächsisches LAG 30. 1. 1996 NZA 1997, 47; ArbG Hagen 17. 4. 1969 BB 1969, 676). Deshalb sind durchschnittliche krankheitsbedingte Fehlzeiten im Zeugnis nicht anzugeben (*Göldner* ZfA 1991, 225, 248). Hingegen können krankhafter Drogenmißbrauch oder Alkoholkonsum entsprechenden Einfluß auf Führung oder Leistung gehabt haben. Eine Erwähnung der Immunschwächekrankheit AIDS wird bislang als unzulässig angesehen (*Wollenschläger/Kreßel* AuR 1988, 198, 201; *Schleßmann* S. 83).

92 Bewiesene **Ehrlichkeit** ist dem AN zu bescheinigen, wenn das in dem betreffenden Berufskreis üblich ist und das Fehlen einer entsprechenden Aussage des Zeugnisses das berufliche Fortkommen behindern würde. Hiervon wird für alle Berufsgruppen auszugehen sein, die sich durch ein besonderes Vertrauensverhältnis der Arbeitsvertragsparteien auszeichnen (Kassierer, Hausgehilfinnen oä. – BAG 29. 7. 1971 AP BGB § 630 Nr. 6 = NJW 1971, 2325); im übrigen ist sie als Selbstverständlichkeit nicht in das Zeugnis aufzunehmen (BGH 26. 11. 1963 AP BGB § 826 Nr. 10). Vgl. zu sonstigen Selbstverständlichkeiten *Göldner* ZfA 1991, 225, 232 f.

93 **d) Schlußformel.** Es ist durchaus üblich, Zeugnisse mit der Erklärung besonderen Dankes, des Bedauerns und/oder der Wünsche für die Zukunft abzuschließen. Derartige Schlußformeln (zu ihnen eingehend *Schmid* DB 1988, 2253, 2254 f.) wie der Satz „Wir bedauern sein Ausscheiden, danken für die geleisteten Dienste und wünschen ihm für seinen weiteren Lebensweg alles Gute!" können das Zeugnis abrunden, sind aber **kein rechtlich notwendiger Bestandteil**. Auf sie besteht kein Anspruch (LAG Berlin 10. 12. 1998 – 10 Sa 106/98 – zVb.; LAG Köln 2. 7. 1999 NZA-RR 2000, 235, 236; ArbG Bremen 11. 2. 1992 NZA 1992, 800; *Dörner/Luczak/Wildschütz* Arbeitsrecht F Rn. 35; *Staudinger/ Preis* Rn. 49; aA LAG Köln 29. 11. 1990 LAGE BGB § 630 Nr. 11; Hess. LAG 17. 6. 1999 BB 2000, 155; *Grimm* AR-Blattei SD 1850 Rn. 83 ff.; *Schleßmann* S. 130). Die praktische Bedeutung der Schlußformeln nimmt aber zu. Aus ihrem vollständigen oder tlw. Fehlen werden bereits Folgerungen gezogen (*Schleßmann* BB 1988, 1320, 1323; *Weuster* BB 1992, 58, 59).

94 Ist die Schlußformel vorhanden, kann sie den sonstigen **Zeugnisinhalt bekräftigen**, andernfalls wird sie ihn abschwächen oder entwerten (vgl. zur Einschätzung durch Personalberater: *Weuster,* Personalauswahl und Personalbeurteilung mit Arbeitszeugnissen, S. 146 f. mit statistischen Daten). Eine vorhandene Schlußformel darf nicht im Widerspruch zum sonstigen Zeugnisinhalt stehen und diesen nicht relativieren (LAG Hamm 12. 7. 1994 LAGE BGB § 630 Nr. 26; vgl. auch MünchArbR/*Wank* § 124 Rn. 26; *Siewert* S. 124 f.). Ihr Gebrauch sollte wohl überlegt sein, weil die Zeugnisinterpreten gern Andeutungen und sogar Ironie zu erkennen glauben. Entspricht es dem vom Empfängerhorizont zu bestimmenden Wortsinn der Formulierung, daß der Beurteilende den Beschäftigten mit der Schlußformel tadeln oder andere Aussagen des Zeugnisses entwerten will, kann dem Berichtigungsverlangen des AN nicht die Formulierungsfreiheit des AG entgegen gehalten werden. ZB wird die Schlußformel „Wir wünschen ihm alles Gute, vor allem Gesundheit" (vgl. *Weuster* BB 1992, 58, 62) nicht hinzunehmen sein.

VIII. Holschuld, Zurückbehaltungsrecht

95 Grds. sind Arbeitspapiere wie das Arbeitszeugnis vom AN abzuholen – **Holschuld** – (vgl. BAG 8. 3. 1995 AP BGB § 630 Nr. 21 = NZA 1995, 671; *Staudinger/Preis* Rn. 9; *Schaub* § 146 Rn. 9; RGRK/*Eisemann* Rn. 7; krit. *van Venrooy* S. 152). Ist ein Ort für die Leistung weder bestimmt noch aus den Umständen, insb. der Natur des Schuldverhältnisses, zu entnehmen, so hat die Leistung am Wohnsitz des Schuldners zu erfolgen (§ 269 I). An die Stelle des Wohnsitzes tritt, wenn der Schuldner seine gewerbliche Niederlassung an einem Ort hat, der Gewerbebetrieb des Schuldners, wenn die Verbindlichkeit in seinem Gewerbebetrieb entstanden ist (§ 269 II).

Der AG ist verpflichtet, das Zeugnis zu erstellen und zur Abholung bereitzuhalten (*Monjau* DB **96** 1966, 340, 344). Der AG hat das Zeugnis dem AN zu übersenden, wenn die Abholung dem AN einen **unverhältnismäßigen Aufwand** verursachen würde (BAG 8. 3. 1995 AP BGB § 630 Nr. 21 = NZA 1995, 671) oder ihm aus anderen Gründen nach Treu und Glauben unzumutbar ist (*Monjau* DB 1966, 340, 344; *Huber* S. 23). Dabei gehört die Einschaltung eines Empfangsboten zu den dem AN zumutbaren Mühen (BAG 8. 3. 1995 AP BGB § 630 Nr. 21 = NZA 1995, 671).

Dem Zeugnisanspruch kann die Einrede des nichterfüllten Vertrages nicht entgegengehalten werden **97** (*Grimm* AR-Blattei SD 1850 Rn. 16; aA *Soergel/Kraft* Rn. 2), weil der Anspruch auf Arbeitsleistung mit der Zeugnispflicht nicht im synallagmatischen Verhältnis steht (§ 320). Ein **Zurückbehaltungsrecht** gem. § 273 kann der AG nicht geltend machen, weil dies das Fortkommen des AN übermäßig erschweren würde (*Erman/Belling* Rn. 19; *Monjau* DB 1966, 264, 267; aA *van Venrooy* S. 139 ff. wegen außerhalb des Synallagmas stehender Gegenansprüche). Selbst bei Vertragsbruch des AN besteht keine Berechtigung des AG, die Zeugniserteilung zu verzögern (*Monjau* S. 16 f.). Allerdings kann nicht in jedem Falle eines Vertragsbruches sofort entschieden werden, ob der Zeugnisanspruch überhaupt entstanden ist, weil allein der Vertragsbruch zu keiner Beendigung des Vertragsverhältnisses führt.

IX. Zwischenzeugnis

1. Beurteilungen. Der AG darf Eignung, Befähigung und fachliche Leistung der bei ihm beschäf- **98** tigten AN beurteilen und die Beurteilung in den Personalakten festhalten. Auf Verlangen des AN muß er seine Beurteilung begründen. Dazu gehört die Angabe von Tatsachen, die eine ungünstige Beurteilung rechtfertigen sollen (BAG 28. 3. 1979 AP BPersVG § 75 Nr. 3 = DB 1979, 1703). Dies gilt nicht nur für den öffentlichen Dienst, sondern auch für die Privatwirtschaft. Beurteilungen erleichtern die Personalplanung (§ 92 BetrVG) und den sachgerechten Einsatz der AN. Sie sind Grundlage für qualifizierte Zeugnisse. In größeren Betrieben und Verwaltungen, in denen Vorgesetzte wechseln, wäre ansonsten die Erstellung zutreffender qualifizierter Zeugnisse kaum möglich (BAG 28. 3. 1979 AP BPersVG § 75 Nr. 3 = DB 1979, 1703).

Die Beurteilung muß ordnungsgemäß zustande kommen und sachlich richtig sein. Nach Ansicht **99** des BAG (28. 3. 1979 AP BPersVG § 75 Nr. 3 = DB 1979, 1703) hat der AN einen Anspruch darauf, daß der AG bei allen Beurteilungen auf seine **berechtigten Interessen** Rücksicht nimmt. Er darf den beruflichen Werdegang des AN nicht in unzulässiger Weise behindern. Überzeugen kann dies nicht, denn eine sachlich richtige Beurteilung kann nicht wegen anderweitiger Interessen des AN zu unterlassen oder zu ändern sein.

In der ehemaligen DDR wurden Beurteilungen in die **Kaderakte des Werktätigen** aufgenommen **100** (§§ 67 bis 69 AGB-DDR 1977), die den beruflichen Lebensweg dokumentierte. Die Kaderakte begleitete den Werktätigen von Betrieb zu Betrieb, so daß der Beurteilung die Funktion eines Zeugnisses iSv. § 630 zukam (*Schleßmann* S. 29). Die Beurteilungen waren in ihren Aussagen direkter als qualifizierte Zeugnisse westlicher Herkunft (vgl. *Nasemann*, Arbeitszeugnisse durchschauen und interpretieren, 1993, S. 48). Sie enthielten zudem ausführliche Angaben über die gesellschaftlichen Aktivitäten des Werktätigen in politischen und gewerkschaftlichen Organisationen. Seit dem 3. 10. 1990 gilt § 630 auch im Beitrittsgebiet. Sollte ein AG danach noch eine Beurteilung alten Musters als Zeugnis erteilt haben, ist der Zeugnisanspruch nicht erfüllt worden.

2. Zwischenzeugnis. § 630 begründet keinen Anspruch auf Erteilung eines Zwischenzeugnisses. **101** Entsprechende Anspruchsgrundlagen finden sich jedoch in verschiedenen **tariflichen Vorschriften.** ZB ist der Angestellte nach § 61 II BAT berechtigt, „aus triftigen Gründen auch während des Arbeitsverhältnisses ein Zeugnis zu verlangen". Als triftig ist ein Grund anzuerkennen, wenn dieser bei verständiger Betrachtungsweise den Wunsch des AN als berechtigt erscheinen läßt, weil das Zwischenzeugnis geeignet ist, den mit ihm angestrebten Erfolg zu fördern (BAG 21. 1. 1993 AP BAT § 61 Nr. 1).

Soweit tarifliche Vorschriften nicht eingreifen, kann sich die Verpflichtung des Dienstberechtigten **102** zur Erteilung eines Zwischenzeugnisses als allgemeine vertragliche Nebenpflicht ergeben. Dies wird in Anlehnung an § 61 II BAT anzunehmen sein, wenn der AN einen **triftigen Grund** geltend machen kann (LAG Köln 2. 2. 2000 NZA-RR 2000, 419, 420). Das Verlangen ist vom AN zu begründen (*Schleßmann* S. 43). Im wesentlichen wird dies bei rechtlichen oder tatsächlichen Veränderungen des Arbeitsverhältnisses gegeben sein, wenn durch sie das Vertragsverhältnis einen erkennbaren Einschnitt erfährt. Dementsprechend können Zwischenzeugnisse bei einer Versetzung, der Zuweisung einer neuen Tätigkeit oder längerem Ruhen des Arbeitsverhältnisses (zB Wehrdienst, Erziehungsurlaub, Abgeordnetenmandat) verlangt werden (*Huber* S. 19 und 22; *Schleßmann* S. 44 f.). Beabsichtigt der AN einen Stellenwechsel, ist ein triftiger Grund für ein Zwischenzeugnis anzuerkennen (vgl. *Schleßmann* S. 45). Ein Anspruch besteht weiter beim Wechsel des Vorgesetzten, wenn der AN andernfalls für längere Zeit keine sachgerechte Beurteilung erwarten könnte (BAG 1. 10. 1998 AP BAT § 61 Nr. 2). Im Falle des Betriebsübergangs (§ 613 a) kann ein Zwischenzeugnis verlangt werden, wenn der Beurteilende den AG nicht wechselt. Ein triftiger Grund ist auch gegeben, wenn der AN ein Zeugnis vorlegen muß, um an Fortbildungsmaßnahmen teilnehmen zu können (*Grimm* AR-Blattei SD 1850 Rn. 28).

103 Für den **Inhalt des Zwischenzeugnisses** gelten im übrigen die gleichen Grundsätze wie für das bei Beendigung des Arbeitsverhältnisses auszustellende Zeugnis (LAG Düsseldorf 2. 7. 1976 BB 1976, 1562 = DB 1976, 2310; LAG Hamm 1. 12. 1994 LAGE BGB § 630 Nr. 25). Hinsichtlich Berichtigung und Widerruf unrichtiger Zwischenzeugnisse sowie Bindung des Ausstellers an die Tätigkeitsbeschreibung und die Beurteilung von Führung und Leistung bestehen keine erheblichen Abweichungen zum Schlußzeugnis (LAG Hamm 1. 12. 1994 LAGE BGB § 630 Nr. 25).

X. Unabdingbarkeit, Ausschlußfrist, Verjährung, Verwirkung

104 **§ 630 ist nicht abdingbar.** Es besteht heute Einigkeit, daß auf das Zeugnis jedenfalls nicht vor Beendigung des Arbeitsverhältnisses verzichtet werden kann (BAG 16. 9. 1974 AP BGB § 630 Nr. 9 = NJW 1975, 407; MünchArbR/*Wank* § 124 Rn. 39; *Palandt/Putzo* Rn. 1; *Staudinger/Preis* Rn. 7; *Schaub* § 146 Rn. 8; aA noch RAG 18. 2. 1933 ARS 17, 464, 467). Für die spätere Zeit wird ein Verzicht möglich sein (*Palandt/Putzo* Rn. 1; *Staudinger/Preis* Rn. 7), weil ein Zeugnis nur auf entsprechendes Verlangen des AN zu erteilen ist. Das BAG hat hierzu noch nicht abschließend Stellung genommen (vgl. BAG 16. 9. 1974 AP BGB § 630 Nr. 9 = NJW 1975, 407).

105 Unterzeichnet der AN bei Beendigung des Arbeitsverhältnisses eine allgemein gehaltene **Ausgleichsquittung** oder wird eine Ausgleichsklausel in einen Aufhebungsvertrag oder Prozeßvergleich aufgenommen, bedarf die Willenserklärung des AN sorgsamer Auslegung, ob auch auf die Erteilung eines Zeugnisses verzichtet worden ist. Wegen der langfristigen Bedeutung des Zeugnisses für das weitere Arbeitsleben wird im Zweifel kein Verzicht anzunehmen sein (vgl. BAG 16. 9. 1974 AP BGB § 630 Nr. 9 = NJW 1975, 407; LAG Düsseldorf 23. 5. 1995 LAGE BGB § 630 Nr. 24 = NZA-RR 1996, 42; *Schaub* § 146 Rn. 8).

106 Der Zeugnisanspruch unterliegt der dreißigjährigen Verjährungsfrist des § 195. Allerdings kann der **Zeugnisanspruch verwirkt** werden, wenn er nicht angemessene Zeit nach Beendigung des Arbeitsverhältnisses geltend gemacht wird und schützenswertes Vertrauen des AG entstanden ist. Der AG muß noch hinreichende Erinnerung an die zu bezeugenden Tatsachen haben, so daß das Zeitmoment des Verwirkungstatbestandes bereits nach zehn Monaten erfüllt sein kann (BAG 17. 2. 1988 AP BGB § 630 Nr. 17 = NZA 1988, 427; *Staudinger/Preis* Rn. 52).

107 Der Zeugnisanspruch kann zu den Ansprüchen aus dem Arbeitsverhältnis im Sinne **tariflicher Ausschlußfristen** gehören (BAG 23. 2. 1983 AP BAT § 70 Nr. 10 = BB 1983, 1859; BAG 30. 1. 1991 AP BGB § 630 Nr. 18 = NZA 1991, 599). Da tarifliche Verfallfristen regelmäßig die kurzfristige Abwicklung des Arbeitsverhältnisses bezwecken, nicht aber nachvertragliche Ansprüche beschneiden wollen, ist jeweils durch Auslegung zu ermitteln, ob die tarifliche Ausschlußfrist auch den „bei Beendigung des Arbeitsverhältnisses" entstehenden Zeugnisanspruch des AN mitumfaßt (*Schaub* § 146 Rn. 8; *Staudinger/Preis* Rn. 56). ZB unterliegt der Anspruch auf Erteilung eines qualifizierten Zeugnisses der Ausschlußfrist des § 70 II BAT (BAG 23. 2. 1983 AP BAT § 70 Nr. 10 = BB 1983, 1859).

108 Ausschlußfristen können auch **einzelvertraglich vereinbart** werden (BAG 24. 3. 1988 AP BGB § 241 Nr. 1 = NZA 1989, 101; LAG Köln 18. 11. 1996 BB 1997, 1263). Sie entfalten jedenfalls gegenüber abdingbaren gesetzlichen und tariflichen Ansprüchen Wirkung. Da der Zeugnisanspruch nach seiner Entstehung verzichtbar ist (vgl. oben Rn. 104), kann eine einzelvertraglich vereinbarte Ausschlußfrist auch den Zeugnisanspruch umfassen; was wiederum durch Auslegung zu ermitteln ist.

109 Stellen tarifliche oder vertragliche Ausschlußfristen auf die **Fälligkeit des Anspruches** ab, beginnt die Frist mit Ablauf des Tages, an dem das Zeugnis erstmals verlangt werden konnte. Die Geltendmachung des Zeugnisanspruches kann uU in der Forderung nach „den Papieren" liegen (§§ 133, 157). Hingegen vermag die Erhebung der Kündigungsschutzklage die Ausschlußfrist nicht zu wahren, denn diese kann allenfalls als Geltendmachung der vom Fortbestand und nicht der Beendigung des Arbeitsverhältnisses abhängigen Ansprüche ausgelegt werden (vgl. BAG 26. 3. 1977 AP TVG § 4 Ausschlußfristen Nr. 59 = NJW 1977, 1551).

110 Eine Unrichtigkeit des Zeugnisses muß der AN in angemessener Zeit rügen, sonst verwirkt er den **Anspruch auf Berichtigung** des Zeugnisses, also Ausstellung eines neuen Zeugnisses in berichtigter Fassung, in relativ kurzer Zeit (*Staudinger/Preis* Rn. 65). Eine Verwirkung des Zeugnisanspruches ist um so eher anzunehmen, wenn der AG bereits ein Zeugnis erteilt hat und der AN gefordert ist, die seiner Ansicht nach gegebenen Mängel zu rügen. Für das Zeitmoment genügen bei Berichtigungsverlangen schon wenige Monate (vgl. BAG 17. 10. 1972 AP BGB § 630 Nr. 8 = BB 1973, 195: fünf Monate für Schadensersatzanspruch; BAG 17. 2. 1988 AP BGB § 630 Nr. 17 = NZA 1988, 427: zehn Monate; LAG Düsseldorf 11. 11. 1994 DB 1995, 1135: elf Monate).

XI. Widerruf von Zeugnissen, Bindungswirkungen

111 Ein Zeugnis ist keine Willenserklärung des AG (*Sieg* RdA 1951, 413; *Rick* DB 1958, 1361), sondern Wissenserklärung. Es kann nicht nach §§ 119 ff. angefochten werden (*Göldner* S. 8 f.; *Staudinger/Preis*

Rn. 59; aA LAG Frankfurt/Main 25. 10. 1950 DB 1951, 308). Werden dem AG nachträglich Tatsachen bekannt, die eine andere Beurteilung rechtfertigen würden, so ist er zum **Widerruf des erteilten Zeugnisses** berechtigt, wenn das Zeugnis bei rückschauender Betrachtung wesentliche Unrichtigkeiten enthält, die für einen anderen AG bei der Einstellungsentscheidung von ausschlaggebender Bedeutung sein können (*Sieg* RdA 1951, 413, 414). Der Irrtum muß sich somit auf wesentliche Grundlagen des Zeugnisses beziehen (vgl. BGH 15. 5. 1979 AP BGB § 630 Nr. 13 = NJW 1979, 1882; *Grimm* AR-Blattei SD 1850 Rn. 103). Hat sich der AG in diesem Sinne bei der Erteilung des Zeugnisses geirrt, kann er das Zeugnis widerrufen und Herausgabe des alten Zeugnisses Zug um Zug gegen Erteilung eines neuen Zeugnisses verlangen (*Göldner* S. 125 ff.). Das Widerrufsrecht des AG ist unabhängig von der Zeugnisart (*Schulz* S. 43). Der Widerruf ist erforderlich, um nicht Schadensersatzansprüche Dritter auszulösen (MünchArbR/*Wank* § 124 Rn. 34; vgl. BGH 15. 5. 1979 AP BGB § 630 Nr. 13 = NJW 1979, 1882).

Hat der AG sich nicht geirrt, sondern bewußt ein **Gefälligkeitszeugnis** erteilt, kann er es allenfalls 112 dann widerrufen, wenn es derartig unrichtig ist, daß der Gebrauch eines solchen Zeugnisses gegen die guten Sitten verstoßen würde (*Schaub* § 146 Rn. 23).

Das Zeugnis löst **rechtliche Bindungen des AG** auch im Verhältnis zum AN aus (*Schaub* § 146 113 Rn. 18). Dem kommt vor allem für Zwischenzeugnisse Bedeutung zu. Treten zB keine tatsächlichen Veränderungen ein, ist der AG an die in einem Zwischenzeugnis niedergelegte Beurteilung für den Zeitraum gebunden, auf den sich dieses Zwischenzeugnis erstreckt (BAG 8. 2. 1972 AP BGB § 630 Nr. 7 = NJW 1972, 1214). Dies bedeutet aber nicht, daß die Formulierungen wörtlich zu übernehmen seien (LAG Düsseldorf 2. 7. 1976 BB 1976, 1562 = DB 1976, 2310). Das BAG (8. 2. 1972 AP BGB § 630 Nr. 7 = NJW 1972, 1214) hat sogar angenommen, daß der AG seine Ansprüche auf Ersatz von Kassenfehlbeständen gegen einen Filialleiter nach Treu und Glauben (Verbot des venire contra factum proprium) nicht mehr geltend machen könne, wenn er diesem in einem Zeugnis bescheinigt habe, ehrlich, fleißig und gewissenhaft gewesen zu sein. Dieser Ansicht kann nicht gefolgt werden. Sie übersieht, daß das Zeugnis einzelne Vorfälle wie Kassenfehlbestände, die für das Arbeitsverhältnis nicht charakteristisch waren, weder hervorheben, noch erwähnen darf. Die Grundsätze der Einheitlichkeit und des Wohlwollens gelten nur im Zeugnisrecht, im Bereich der ANHaftung oder des Kündigungsrechts haben sie keine Bedeutung. Dort gelten eigene Regeln.

XII. Verlust oder Beschädigung

Ist der Anspruch des AN auf Erteilung eines Zeugnisses durch Erfüllung erloschen, geht aber das 114 Zeugnis verloren oder wird es beschädigt, ist der AG im Rahmen des ihm Möglichen und Zumutbaren verpflichtet, das Zeugnis zu rekonstruieren und eine neue Ausfertigung dem AN zu überlassen. Insoweit wird eine entsprechende **nachvertragliche Nebenpflicht** angenommen (LAG Hamm 15. 7. 1986 LAGE BGB § 630 Nr. 5 [Eingangsstempel der Gewerkschaft auf dem Zeugnisoriginal]; *Monjau* S. 19). Ein etwaiges Verschulden des AN schließt nicht grds. einen Anspruch auf eine Zweitausfertigung aus, sondern ist im Rahmen der Zumutbarkeitsbeurteilung für den AG zu berücksichtigen (vgl. *Schleßmann* S. 37 zu Fällen leichtfertigen und vorsätzlichen Verhaltens). Im Ergebnis wird der AN unabhängig von seinem Verschulden zumindest einmal eine zweite Ausfertigung verlangen können. Eine Kopie des alten Zeugnisses reicht auch mit einem Beglaubigungsvermerk nicht aus. Etwaige Kosten der erneuten Ausstellung des Zeugnisses hat der AN zu tragen. Entsprechendes gilt bei Änderung des Geschlechts oder des Vornamens nach dem **Transsexuellengesetz** vom 10. 9. 1980 (BGBl. I S. 1654 idF v. 4. 5. 1998 – BGBl I S. 833; LAG Hamm 17. 12. 1998 DB 1999, 1610).

Gem. § 275 erlischt jeder Zeugnisanspruch einschließlich der nachwirkenden Nebenpflicht zur 115 Ausstellung einer weiteren Ausfertigung, wenn die Leistungspflicht dem **AG unmöglich** wird (*Staudinger/Preis* Rn. 52; zB Tod des AG: BAG 29. 1. 1986 AP TVAL II § 48 Nr. 2 = NZA 1987, 384 [obiter dictum]).

XIII. Erteilung von Auskünften

Auf **Wunsch des ausgeschiedenen AN** darf der bisherige AG über die Erstellung des Zeugnisses 116 hinaus Auskünfte an solche Personen erteilen, mit denen der AN in Verhandlungen über den Abschluß eines Arbeitsvertrages steht. Wird aber aus dem Gedanken der (nachwirkenden) Fürsorgepflicht eine entsprechende nachwirkende Vertragspflicht abgeleitet (so BAG 5. 8. 1976 AP BGB § 630 Nr. 10 = BB 1977, 297; BAG 18. 12. 1984 AP BGB § 611 Persönlichkeitsrecht Nr. 8 = NZA 1985, 811; *Schleßmann* S. 146), besteht die Gefahr, Anstands- und Rechtspflicht zu vermengen. Noch das RAG (17. 2. 1934 ARS 20, 158) hat in der Zusage des AG, auf Anfrage anderer AG den AN empfehlen zu wollen, eine unverbindliche Zusage eines reinen Gefälligkeitsdienstes gesehen. Wird der Ansicht des BAG gleichwohl gefolgt, sollte der Anspruch nur bejaht werden, wenn der AN an der Auskunft ein berechtigtes Interesse hat und die Erteilung der Auskunft dem AG keine größeren Anstrengungen abverlangt (so *Soergel/Kraft* Rn. 16).

230 BGB § 630 Pflicht zur Zeugniserteilung

117 Gibt der AG Dritten die erbetenen Auskünfte, ist er **inhaltlich zur Wahrheit verpflichtet** (BAG 5. 8. 1976 AP BGB § 630 Nr. 10 = BB 1977, 297; LAG Hamburg 16. 8. 1984 DB 1985, 284, 285; anders LAG Berlin 8. 5. 1989 LAGE BGB § 242 Auskunftspflicht Nr. 2). Auf entsprechendes Verlangen ist dem AN der Inhalt der Auskunft mitzuteilen (BGH 10. 7. 1959 AP BGB § 630 Nr. 2 = NJW 1959, 2011; *Schleßmann* S. 148; *Schulz* NZA 1990, 717, 719). Die mit Zustimmung des AN erteilte Auskunft darf inhaltlich umfassender und freier gestaltet werden als ein qualifiziertes Zeugnis (LAG Hamburg 16. 8. 1984 DB 1985, 284, 285).

118 Erteilt der AG Dritten **ohne Zustimmung des AN** Auskünfte über diesen, bewegt er sich auf unsicherem Boden. In älteren Entscheidungen hat das BAG zwar angenommen, aus Gründen der Sozialpartnerschaft seien AG berechtigt, andere AG bei der Wahrung ihrer Belange zu unterstützen (BAG 25. 10. 1957 AP BGB § 630 Nr. 1 = NJW 1958, 1061; zust. *Schröder* DB 1959, 1371, 1372; abl. *Diekhoff* BB 1961, 573, 574; *Schulz* NZA 1990, 717, 719), und dürften deshalb auch gegen den ausdrücklich erklärten Willen des AN Auskünfte an andere AG erteilen (BAG 5. 8. 1976 AP BGB § 630 Nr. 10 = BB 1977, 297; BAG 18. 12. 1984 AP BGB § 611 Persönlichkeitsrecht Nr. 8 = NZA 1985, 811). Doch wird dem angesichts der zwischenzeitlichen Entwicklung der Rspr. zum Persönlichkeitsschutz (vgl. nur BAG 4. 4. 1990 AP BGB § 611 Persönlichkeitsrecht Nr. 21 = NZA 1990, 933) nicht mehr gefolgt werden können (*Eisbrecher* S. 146; *MünchKommBGB/Schwerdtner* Rn. 67). In diesem Sinne ist bereits geklärt, daß die Personalakte Dritten ohne Zustimmung des AN nicht zugänglich gemacht werden darf (BAG 18. 12. 1984 AP BGB § 611 Persönlichkeitsrecht Nr. 8 = NZA 1985, 811; BAG 14. 9. 1994 AP BGB § 611 Abmahnung Nr. 13 = NZA 1995, 220; *Beck*, Die rechtlichen Vorgaben für die Führung von Personalakten, 1995, S. 57).

119 In der **Privatwirtschaft** können zwischen dem ausscheidenden Mitarbeiter und seinem AG bindende Vereinbarungen darüber getroffen werden, ob überhaupt, unter welchen Voraussetzungen und in welchem Umfang Auskünfte erteilt werden sollen und dürfen (BAG 29. 9. 1994 – 8 AZR 570/93 – nv.; *Schmid* DB 1983, 769, 772 f.). Ist in einem Kündigungsrechtsstreit durch Prozeßvergleich die einvernehmliche Beendigung des Arbeitsverhältnisses vereinbart worden, bindet dieser Vergleich den AG bei späteren Auskünften (LAG Hamburg 16. 8. 1984 DB 1985, 284, 285).

120 Im Bereich des **öffentliches Dienstes** soll nach Auffassung des BAG aus der Pflicht zur Amtshilfe nach Art. 35 GG auch die Pflicht zur wechselseitigen Auskunftserteilung und zur Überlassung von Personalakten bezüglich solcher AN bestehen, die bereits im öffentlichen Dienst beschäftigt sind und zu einer anderen Dienststelle wechseln wollen (BAG 15. 7. 1960 AP GG Art. 35 Nr. 1 = NJW 1960, 2118). Diese Rspr. wird als überholt anzusehen sein. Nach § 90 d II 3 BBG bzw. § 56 d II 3 BRRG dürfen **Auskünfte über Beamte** nur mit Einwilligung des Bediensteten erteilt werden, es sei denn, die Abwehr einer erheblichen Beeinträchtigung des Gemeinwohls oder der Schutz berechtigter, höherwertiger Interessen des Dritten würde die Auskunftserteilung zwingend erfordern. Inhalt und Empfänger der – auf den jeweils erforderlichen Umfang zu beschränkenden – Auskunft sind den Beamten schriftlich mitzuteilen. Die AG des öffentlichen Dienstes wenden im allgemeinen diese beamtenrechtlichen Vorschriften sinngemäß auf ihre AN an, soweit die Tarifvorschriften keine eigenständigen Regelungen enthalten.

XIV. Rechtsfolgen der Nicht- oder Schlechterfüllung des Zeugnisanspruches

121 **1. Schadensersatzanspruch des Arbeitnehmers.** Bei Verzug haftet der AG dem AN gem. § 286. Das Zeugnis ist unverzüglich nach Ausübung des Wahlrechts (einfaches oder qualifiziertes Zeugnis) zu erstellen (*Grimm* AR-Blattei SD 1850 Rn. 17), zT werden drei Tage (LAG Düsseldorf 10. 6. 1953 DB 1953, 695) oder einige Tage (*Kölsch* NZA 1985, 382, 383) für ausreichend gehalten. Zutreffend ist die Einräumung einer angemessenen Bearbeitungszeit (*MünchArbR/Wank* § 124 Rn. 8). Sie ist von den betrieblichen Umständen abhängig und wird beim einfachen Zeugnis sehr viel kürzer sein als beim qualifizierten (vgl. *Weuster*, Personalauswahl und Personalbeurteilung mit Arbeitszeugnissen, S. 34 f. mit statistischen Daten). Selbst eine Bearbeitungszeit von zwei bis drei Wochen Dauer kann noch angemessen sein (*Schleßmann* S. 34). Schuldnerverzug des AG setzt des weiteren voraus, daß der AN die Erteilung des Zeugnisses angemahnt hat (§ 284 I). Allein die (erste) Forderung nach einem Zeugnis genügt nicht, weil durch sie erst das Wahlrecht ausgeübt wird. § 326 ist unanwendbar, weil die Pflicht zur Zeugniserteilung nicht im Synallagma steht (*van Venrooy* S. 129).

122 Hat der AG das Zeugnis zwar fristgerecht erteilt, ist der AN jedoch mit dem Inhalt nicht einverstanden, kommt zum Tragen, daß das Arbeitsrecht und insb. § 630 **keine gesetzliche Regelung der Gewährleistung** kennt. Insb. ist kein Berichtigungsanspruch im Sinne einer Nachbesserung gesetzlich fixiert. Die anzuwendenden Regeln sind in Rspr. und Schrifttum umstritten oder werden nur ungenau bezeichnet.

123 Die Rspr. des BAG (26. 2. 1976 AP BGB § 252 Nr. 3 = NJW 1976, 1470; BAG 24. 3. 1977 AP BGB § 630 Nr. 12 = DB 1977, 1369; BAG 17. 2. 1988 AP BGB § 630 Nr. 17 = NZA 1988, 427; ebenso *Schaub* § 146 Rn. 27; wohl auch *MünchArbR/Wank* § 124 Rn. 48 und 49; *Palandt/Putzo* Rn. 5) unterscheidet nicht strikt zwischen Verzögerungs- und Schlechterfüllungsschaden und bemüht sich, **formelle und materielle Mängel** des Zeugnisses gleich zu behandeln. Im Urteil vom 16. 11. 1995

XIV. Rechtsfolgen der Nicht- oder Schlechterfüllung des Zeugnisanspruches § 630 BGB 230

(EzA BGB § 630 Nr. 20 = AuR 1996, 195) benennt das BAG § 286 und pVV als mögliche Anspruchsgrundlagen ausdrücklich nebeneinander (ebenso BAG 25. 10. 1967 AP HGB § 73 Nr. 6 = NJW 1968, 1350; LAG Hamm 11. 7. 1996 LAGE BGB § 630 Nr. 29).

Im Schrifttum wird überwiegend zwischen formellen und materiellen Mängeln des Zeugnisses 124 unterschieden (*Staudinger/Preis* Rn. 76 f.; *Jauernig/Schlechtriem* Anm. 4; RGRK/*Eisemann* Rn. 83). Bei **formellen Mängeln** sei der Anspruch noch nicht erfüllt, so daß Verzug eintreten und der AG aus dem Gesichtspunkt des § 286 schadensersatzpflichtig werden könne. Erteilt der AG ein Zeugnis, das zwar formell ordnungsgemäß ist, inhaltlich jedoch nicht den Anforderungen des § 630 entspricht, liege eine pVV vor, die bei Verschulden (§§ 276, 278) zum Schadensersatz verpflichte (*Kölsch* NZA 1985, 382, 384; *Jauernig/Schlechtriem* Anm. 4; *Schnorr von Carolsfeld* in Anm. zu BAG 17. 10. 1972 AP BGB § 630 Nr. 8; *Staudinger/Preis* Rn. 77).

Wegen des Fehlens einer gesetzlichen Regelung der Gewährleistung ist von § 362 auszugehen. 125 Danach läßt allein eine „**mangelfreie**" **Leistung Erfüllungswirkung** (vgl. *Eisbrecher* S. 29; *Palandt/Heinrichs* § 362 Rn. 2). Bei einem Arbeitszeugnis ist eine entsprechende Mangelfreiheit nur dann anzunehmen, wenn das Zeugnis formell einwandfrei, inhaltlich vollständig sowie in der Bewertung von mittlerer Art und Güte ist (ähnlich *Monjau* S. 38). Entspricht das Zeugnis diesen Voraussetzungen nicht, ist der Zeugnisanspruch des Dienstverpflichteten noch nicht erfüllt, so daß Verzug eintreten und der AG aus dem Gesichtspunkt des § 286 schadensersatzpflichtig werden kann. Wird jedoch das Zeugnis diesen Anforderungen gerecht, ist der Zeugnisanspruch erfüllt und der AG kann nicht mehr in Schuldnerverzug kommen. Sollte in einem solchen Falle das Zeugnis materielle Bewertungsfehler enthalten, kann der AN Schadensersatzansprüche aus pVV herleiten.

Soweit § 286 die richtige Anspruchsgrundlage ist, bedarf es der Mahnung und damit einer **vergebli-** 126 **chen Rüge**, die zugleich erkennen lassen muß, warum der AN die Erfüllung nicht für gehörig hält (*Grimm* AR-Blattei SD 1850 Rn. 117). Kann der Schadensersatzanspruch allein aus einer pVV des Zeugnisausstellers folgen, kommt eine Pflicht des AN, vor Erhebung von Schadensersatzansprüchen zunächst eine Abänderung des Zeugnisses zu verlangen, aus unter dem Gesichtspunkt des § 254 I in Betracht (vgl. *Kölsch* NZA 1985, 382, 384). Die unterschiedlichen Anspruchsgrundlagen und damit das Erfordernis der vergeblichen Mahnung haben notwendigerweise Folgen für den Beginn der Ersatzpflicht bei Erwerbsschäden. – Erhebliche Schwierigkeiten wirft die Durchsetzung von Schadensersatzansprüchen wegen der **Darlegungs- und Beweislast** auf (vgl. dazu Rn. 149 ff.).

2. Berichtigungsanspruch. Die Zeugnisberichtigung ist nicht wörtlich im Sinne einer Korrektur 127 des Originals, sondern als Erstellung eines gänzlich neuen Zeugnisses zu verstehen. Die Zeugnisberichtigung ist Erfüllung des Zeugnisanspruches, sofern das zunächst erteilte Zeugnis den Anspruch wegen seiner Mängel noch nicht erfüllte. Wies das zunächst erteilte Zeugnis inhaltliche Bewertungsmängel auf, folgt der Berichtigungsanspruch aus pVV. Der Schadensersatz wegen pVV ist durch **Naturalrestitution gem. § 249** zu leisten. Der AG hat dem AN ein neues, inhaltlich korrigiertes Zeugnis auszustellen. Dieses Zeugnis ist so auszugestalten, als ob es sich um eine Erstausfertigung handeln würde (LAG Baden-Württemberg 27. 10. 1966 DB 1967, 48; *Becker-Schaffner*, Die Abwicklung des beendeten Arbeitsverhältnisses, S. 55). Das Zeugnis darf die Tatsache seiner Ersatzfunktion nicht erkennen lassen (*Hoffmann* Zeugnisberichtigung S. 61).

Eines aus der Fürsorgepflicht abzuleitenden besonderen Berichtigungsanspruches bedarf es daneben 128 nicht (aA LAG Hamm 1. 12. 1994 LAGE BGB § 630 Nr. 28). § 630 und die anderen gesetzlichen Regelungen des Zeugnisanspruches sind selbst Konkretisierungen der Fürsorgepflicht des AG. Wird diese Pflicht verletzt, ist dem geschädigten AN Schadensersatz aufgrund Verzuges oder pVV zu leisten. – Ist der Berichtigungsanspruch gegeben, muß der AN **Zug-um-Zug** gegen Erteilung des neuen berichtigten Zeugnisses das alte unrichtige Zeugnis an den AG zurückgeben (LAG Hamm 11. 7. 1996 – 4 Sa 1285/95 – nv.).

3. Schadensersatzansprüche Dritter. Der AG, der ein inhaltlich unrichtiges Zeugnis erteilt, kann 129 sich Dritten gegenüber wegen einer **sittenwidrigen vorsätzlichen Schädigung** nach § 826 schadensersatzpflichtig machen (BGH 26. 11. 1963 AP BGB § 826 Nr. 10 = SAE 1964, 169; BGH 22. 9. 1970 AP BGB § 826 Nr. 16 = NJW 1970, 2291; *Jauernig/Schlechtriem* Anm. 6). Die Voraussetzungen sind erfüllt, wenn der AG in das Zeugnis wissentlich unwahre Angaben aufnimmt und zumindest billigend die Schädigung anderer AG in Kauf nimmt. Die Ausstellung des falschen Zeugnisses muß objektiv gegen die guten Sitten verstoßen (vgl. *Birk* S. 261). Ein Bewußtsein sittenwidrigen Handelns ist nicht erforderlich.

Erwähnt der AG eine einmalige Verfehlung nicht im Zeugnis, weil er hofft, ein derartiger Pflichten- 130 verstoß werde sich nicht wiederholen, begründet die ggf. darin liegende Fahrlässigkeit keinen Schadensersatzanspruch aus § 826. Ansonsten können auch verschwiegene oder ausgelassene Angaben zur Schadensersatzpflicht nach § 826 führen. Hat sich zB ein Beschäftigter als unzuverlässig oder unehrlich erwiesen, ist dies aber wegen einer Auslassung oder unrichtig formulierten Wendung im Zeugnis nicht zum Ausdruck gekommen, greift § 826 ein, wenn dem neuen AG ein Schaden entsteht, also der AN beispielsweise erneut Diebstähle oder Unterschlagungen begeht (BGH 22. 9. 1970 AP BGB § 826

Nr. 16 = NJW 1970, 2291; *Bischoff* S. 237). Hingegen würde **beredtes Schweigen des Zeugnisses** die Schadensersatzpflicht ausschließen.

131 Hat der AG das Zeugnis aufgrund eines vom AN im Zeugnisrechtsstreit erstrittenen Leistungsurteils erteilt, scheidet eine Haftung des AG nach § 826 auch bei grober Unrichtigkeit aus, denn ein Handeln zur **Abwendung der Zwangsvollstreckung** ist kein Verstoß gegen die guten Sitten (*van Venrooy* S. 249 f.).

132 In den Fällen **kollusiven Zusammenwirkens** zwischen AN und Zeugnisaussteller kann ein Schadensersatzanspruch des neuen AG gem. § 823 II iVm. §§ 263, 27 StGB wegen Beihilfe zum Anstellungsbetrug in Betracht kommen (vgl. *Birk* S. 259; *Gleisberg* DB 1979, 1227, 1229; *Krummel* S. 186 f.).

133 In einer rechtsfortbildenden Entscheidung hat der BGH (15. 5. 1979 AP BGB § 630 Nr. 13 = NJW 1979, 1882; dazu *Gleisberg* DB 1979, 1227; *Loewenheim* JZ 1980, 469; RGRK/*Steffen* § 676 Rn. 79) die Haftung des AG erheblich verschärft, indem er zur Annahme einer „**vertragsähnlichen Rechtsbeziehung**" zwischen dem Zeugnisaussteller und dem neuen AG gelangt ist. Nach Auffassung des BGH besteht die Funktion des Zeugnisses nicht nur darin, dem AN seine Tätigkeit und die dabei erbrachten Leistungen zu bescheinigen, sondern auch darin, dem interessierten Dritten eine verbindliche Unterlage an die Hand zu geben, die er bei seinem Einstellungsentschluß mit heranziehen kann. Diese Aufgabe könne das Zeugnis für jeden Aussteller erkennbar nur erfüllen, wenn es eine nach Treu und Glauben unerläßliche Mindestgewähr für die Richtigkeit seines Inhalts biete, die sich jedenfalls auf die Punkte zu erstrecken habe, die die Verläßlichkeit des Zeugnisses im Kern berührten. Der Aussteller müsse dafür einstehen, daß der Dritte durch eine bewußte Unrichtigkeit des Zeugnisses keinen Schaden erleide. Sie erstrecke sich auch auf den Fall, daß dem Aussteller die objektive Unrichtigkeit eines zunächst in gutem Glauben ausgestellten Zeugnisses nachträglich bewußt geworden und ihm zugleich bekannt sei, daß ein bestimmter Dritter auf das Zeugnis vertraut habe und dadurch schweren Schaden zu nehmen drohe, soweit einer umgehenden Warnung des Dritten weder tatsächliche Schwierigkeiten noch billigenswerte Rücksichtnahmepflichten entgegenstünden.

134 Dieser Entscheidung wird nicht gefolgt werden. Die vertragsähnliche Beziehung wird **lediglich fingiert**, sie besteht aber nicht. Der BGH hat nur unzureichend berücksichtigt, daß der AG sich nicht rechtsgeschäftlich zu Auskünften über den AN verpflichten will, sondern einer gesetzlichen (Zeugnis-) Pflicht mit engen Regeln genügen muß (*Kölsch* NZA 1985, 382, 385; *Krummel* S. 193; *van Venrooy* S. 220 ff.). Einer Übertragung der Rspr. zur Auskunftshaftung auf die Erteilung von Arbeitszeugnissen steht zudem die mangelnde standesmäßige Bestimmbarkeit der Gruppe der Zeugnisaussteller entgegen (*Loewenheim* JZ 1980, 469, 471). Diese Gruppe reicht vom Privatmann (als AG einer Hausangestellten) über den Handwerksmeister bis zur Großbank und entzieht sich deshalb einer einheitlichen Einschätzung ihrer (Auskunfts-)Kompetenz. Ohnehin stellt das Arbeitszeugnis eine ausgesprochen unzuverlässige Informationsquelle dar, deren Aussagewert sich in engen Grenzen hält (*Loewenheim* JZ 1980, 469, 471; vgl. *Weuster*, Personalauswahl und Personalbeurteilung mit Arbeitszeugnissen, S. 172: 71,7% der befragten Personalberater halten Zeugnisse für objektiv zu gut). Gleichwohl hat der BGH das Interesse des neuen AG an der Richtigkeit des Zeugnisinhaltes, gegenüber dem Prinzip der Privatautonomie und damit dem Interesse des Zeugnisausstellers, sich rechtlich nicht binden, also auch nicht für die Richtigkeit des Zeugnisses einstehen zu wollen, überwiegen lassen. Insgesamt wird die BGH-Entscheidung der Zeugnispraxis nicht gerecht (*Loewenheim* JZ 1980, 469, 471; aA *Eisbrecher* S. 92). Andernfalls müßte es die Auslegung des § 630 dem AG gestatten, das Zustandekommen der vertragsähnlichen Sonderverbindung auszuschließen. Insofern käme eine in das Zeugnis aufzunehmende Haftungsausschlußklausel in Betracht (*Loewenheim* JZ 1980, 469, 472). Die Aufnahme einer derartigen, das Zeugnis entwertenden Klausel ist dem AG jedoch aus arbeitsrechtlichen Gründen verwehrt. Trotz aller gegen die Rspr. des BGH vorzubringenden Bedenken sollte sich die Zeugnispraxis einschließlich der arbeitsgerichtlichen Rspr. auf die haftungserweiternde Rspr. des BGH einstellen und dem Grundsatz der Wahrheit genügend Raum belassen.

XV. Prozessuales

135 Soweit der Zeugnisanspruch von einem AN oder einer arbeitnehmerähnlichen Person iSv. § 5 ArbGG klageweise geltend gemacht wird, sind die **Gerichte für Arbeitssachen** zuständig (§ 2 I Nr. 3 e ArbGG). Im Jahre 1998 war in der Bundesrepublik das Arbeitszeugnis in ca. 17 600 Prozessen Streitgegenstand (AuR 1999, 339).

136 Verweigert der AG die Ausstellung des Zeugnisses oder erteilt er ein Zeugnis, das schon formell den gesetzlichen Anforderungen nicht entspricht, kann **Leistungsklage mit dem Antrag** erhoben werden, ein einfaches oder qualifiziertes Zeugnis zu erteilen (BAG 14. 3. 2000 – 9 AZR 246/99 – nv.; LAG Düsseldorf [Köln] 21. 8. 1973 DB 1973, 1853; *Göldner* ZfA 1991, 225, 249). Der gewünschte Inhalt kann nicht auszugsweise oder in allgemeinen Umschreibungen in den Antrag aufgenommen werden, weil dies der Vollstreckbarkeit entgegenstünde und deshalb keinen bestimmten Klageantrag ausmachte (§ 253 II Nr. 2 ZPO – BAG 14. 3. 2000 – 9 AZR 246/99 – nv.). Im übrigen obliegt die Formulierung des Zeugnisses grds. dem AG, so daß die Klage unbegründet wäre (BAG 29. 7. 1971 AP BGB § 630 Nr. 6 = NJW 1971, 2325; *Grimm* AR-Blattei SD 1850 Rn. 106).

Hat der AG ein den gesetzlichen Vorschriften formell genügendes Zeugnis erteilt, dh. die erforder- 137
lichen Angaben in der gehörigen Form gemacht und beim qualifizierten Zeugnis auch Führung und
Leistung des AN bewertet, scheidet unabhängig von der Streitfrage, ob damit der Zeugnisanspruch
aus § 630 bereits erfüllt ist oder nicht (BAG 23. 2. 1983 AP BAT § 70 Nr. 10 = BB 1983, 1859; BAG
17. 2. 1988 AP BGB § 630 Nr. 17 = NZA 1988, 427; LAG Frankfurt/Main 16. 6. 1989 LAGE BGB
§ 630 Nr. 7; LAG Hamm 13. 2. 1992 LAGE BGB § 630 Nr. 16; oben Rn. 123 ff.), eine Klage mit
einem allgemeinen Leistungsantrag aus (LAG Düsseldorf [Köln] 21. 8. 1973 DB 1973, 1853). Der AN
kann nicht (mehr) schlicht auf Erteilung eines qualifizierten Zeugnisses klagen. Die prozessual unverzichtbare Bestimmtheit des Klageantrages (§ 253 II Nr. 2 ZPO) erfordert die genaue Angabe, welchen
Wortlaut das prozessual angestrebte Zeugnis (zumindest in den abw. Punkten) haben soll (LAG
Düsseldorf [Köln] 21. 8. 1973 DB 1973, 1853; LAG Hamm 13. 2. 1992 LAGE BGB § 630 Nr. 16; *van
Venrooy* S. 122; *Schaub* § 146 Rn. 21; aA *Göldner* ZfA 1991, 225, 250: allein Bezeichnung der
beanstandeten Formulierungen). Widrigenfalls ist die Klage wegen mangelnder Bestimmtheit (§ 253 II
Nr. 2 ZPO) als unzulässig abzuweisen (BAG 19. 1. 1983 AP BetrVG 1972 § 102 Nr. 28 = NJW 1983,
2047).

Da das Zeugnis ein einheitliches Ganzes ist, dessen Teile nicht ohne Gefahr der Sinnentstellung 138
auseinander gerissen werden können, sind die Gerichte befugt, ggf. das **gesamte Zeugnis** zu überprüfen und unter Umständen selbst neu zu formulieren (BAG 23. 6. 1960 AP HGB § 73 Nr. 1 = NJW
1960, 1973; BAG 24. 3. 1977 AP BGB § 630 Nr. 12 = DB 1977, 1369; aA *Göldner* ZfA 1991, 225, 253:
allenfalls Neubescheidungsurteil). Ist eine Formulierung des Zeugnisses aus Rechtsgründen zu beanstanden, kann das ArbG den AG zur Erteilung eines um diese Formulierung gekürzten Zeugnisses
verurteilen (LAG Hamm 17. 12. 1998 BB 2000, 1090 „ersatzlose Streichung"). Anders ist zu entscheiden, wenn die Formulierung eine die Vollständigkeit des Zeugnisses berührende Frage betrifft. In
diesem Falle ist die Ersatzformulierung in den Tenor aufzunehmen.

Zeugnisse für die bei den **Stationierungsstreitkräften** tätigen AN haben die von den Streitkräften 139
dazu bestimmten Dienststellen zu erteilen. Damit tragen die TVParteien des TVAL II dem allgemeinen zeugnisrechtlichen Grundsatz Rechnung, daß Zeugnisse vom AG selbst zu erteilen sind. Gerichtlich sind entsprechende zeugnisrechtliche Ansprüche gegenüber der Bundesrepublik Deutschland als
Prozeßstandschafterin geltend zu machen (BAG 29. 1. 1986 AP TVAL II § 48 Nr. 2 = NZA 1987,
384).

Der Zeugnisstreit ist vermögensrechtlicher Natur (LAG Düsseldorf 26. 8. 1982 EzA ArbGG 1979 140
§ 12 Streitwert Nr. 18). Ist die Erteilung oder die Neufassung eines qualifizierten Zeugnisses Streitgegenstand, beträgt der nach § 3 ZPO zu bemessende **Streitwert idR ein Bruttomonatseinkommen**
(BAG 20. 1. 1967 AP ArbGG 1953 § 12 Nr. 16 = NJW 1967, 903; LAG Düsseldorf 26. 8. 1982 EzA
ArbGG 1979 § 12 Streitwert Nr. 18; *Grimm* AR-Blattei SD 1850 Rn. 110). Bei Zwischenzeugnissen
ggf. weniger. Wird in einem Prozeßvergleich in dem Grunde nach unstreitiger, nicht rechtshängiger
Zeugnisanspruch mitgeregelt, ist grds. allein das Titulierungsinteresse streitwertbestimmend (zB
500,– DM, so LAG Hamburg 15. 11. 1994 LAGE ArbGG 1979 § 12 Streitwert Nr. 102 = RzK I 101
Nr. 68 oder ein Viertelmonatseinkommen, so LAG Düsseldorf 14. 5. 1985 LAGE ZPO § 3 Nr. 4).
Anders bei Vereinbarung des genauen Zeugnisinhalts, was wiederum eine Festsetzung des Streitwerts
auf ein Bruttomonatseinkommen rechtfertigen kann (LAG Köln 27. 7. 1995 AR-Blattei ES 160.13
Nr. 199 m. Anm. *Wenzel*).

Die **Vollstreckung** eines der Klage stattgebenden Urteils erfolgt nach **§ 888 ZPO** (BAG 29. 1. 1986 141
AP TVAL II § 48 Nr. 2 = NZA 1987, 384; *Göldner* ZfA 1991, 225, 254; *Grimm* AR-Blattei SD 1850
Rn. 112; *Sieg* RdA 1951, 413; *Schaub* § 146 Rn. 21). Das Zeugnis muß auch in den Fällen, in denen der
Zeugnisinhalt im Zeugnisrechtsstreit vom Gericht genau formuliert worden ist, eigenhändig unterschrieben werden, so daß eine unvertretbare Handlung vorliegt. Das Zeugnis darf auf keinen Fall
erkennen lassen, daß es erst aufgrund einer gerichtlichen Auseinandersetzung erstellt wurde (BAG
9. 9. 1992 AP BGB § 630 Nr. 19 = NZA 1993, 698; LAG Hamm 2. 11. 1966 DB 1966, 1815).

Ggf. hat das Prozeßgericht erster Instanz im Verfahren nach § 888 ZPO zu entscheiden, ob ein vom 142
AG ausgestelltes **Zeugnis als Erfüllung** einer in einem Urteil oder Vergleich ausgesprochenen Verpflichtung zur Zeugniserteilung anzusehen ist; dabei ist eine nicht gehörige Erfüllung durch Ausstellung eines offensichtlich nicht ordnungsgemäßen Zeugnisses der Nichterfüllung gleichzuachten
(LAG Düsseldorf 8. 1. 1958 AP ZPO § 888 Nr. 1 = BB 1959, 117; *Göldner* ZfA 1991, 225, 255 f.:
jeder Mangel des Zeugnisses ist im Vollstreckungsverfahren zu beurteilen).

Hat sich der AG in einem **Prozeßvergleich** allgemein verpflichtet, ein qualifiziertes Zeugnis zu 143
erteilen, kann der AG nicht im Vollstreckungsverfahren nach § 888 I ZPO gezwungen werden, dem
Zeugnis einen bestimmten Inhalt zu geben (LAG Bayern [München] 23. 5. 1967 AP ZPO § 888 Nr. 7;
LAG Schleswig-Holstein 12. 7. 1995 – 4 Ta 82/95 – nv.; *Rick* DB 1958, 1361, 1362).

Erteilt der AG aufgrund eines Prozeßvergleiches ein berichtigtes Zeugnis unter dem Datum der 144
tatsächlichen Erstellung, kann er nur dann mittels Zwangsgeldfestsetzung gem. § 888 ZPO zur **Ausstellung eines rückdatierten Zeugnisses** gezwungen werden, wenn der Prozeßvergleich ein bestimmtes Ausstellungsdatum festlegt (LAG Nürnberg 13. 9. 1994 LAGE BGB § 630 Nr. 21). Ansonsten
müßte im Erkenntnisverfahren auf Berichtigung des Datums geklagt werden. Das Zeugnis ist zwar

grds. auf den Zeitpunkt seiner Erstellung zu datieren (LAG Hamm 21. 3. 1969 DB 1969, 886; *Göldner* S. 17 f.; *Schaub* § 146 Rn. 21; *Staudinger/Preis* Rn. 29). Wurde das Zeugnis jedoch aufgrund eines begründeten Berichtigungsverlangens neu erstellt und hat der AN die verspätete Ausstellung nicht zu vertreten, ist das Zeugnis zurückzudatieren (Rn. 33).

145 Der AN kann zwar nach § 61 II ArbGG vorgehen und beantragen, den AG für den Fall, daß er das Zeugnis nicht innerhalb einer im Urteil bestimmten Frist erteilt, zur Zahlung einer vom Gericht zu bestimmenden Entschädigung zu verurteilen, doch ist dieser Weg wohl zu überdenken. In diesem Fall wäre die Zwangsvollstreckung nach § 888 ZPO ausgeschlossen (§ 61 II 2 ArbGG) und der AN bliebe auf Dauer ohne Zeugnis. Im übrigen schließt eine rechtskräftige Entscheidung gem. § 61 II ArbGG die Erhebung weitergehender Schadensersatzansprüche aus, sofern die Entschädigung nicht in zulässiger Weise (§ 253 ZPO) als Teilleistung geltend gemacht worden ist (BAG 20. 2. 1997 AP BGB § 611 Haftung des Arbeitgebers Nr. 4 = NZA 1997, 880).

146 Widerruft der AG ein erteiltes Zeugnis und fordert es mit der Leistungsklage heraus, ist der Antrag auf die Herausgabe des alten Zeugnisses **Zug um Zug** gegen ein richtig formuliertes Zeugnis zu richten (*Göldner* S. 125 ff.). Dabei ist der Wortlaut des neu angebotenen Zeugnisses in den Antrag aufzunehmen. Ist der Zeugnisinhalt durch Urteil festgelegt worden, scheidet ein Widerruf wegen der **Rechtskraftwirkung** der Entscheidung (§§ 46 II ArbGG, 322 I ZPO) aus (*Staudinger/Preis* Rn. 63). Eine Abänderung kommt allein aufgrund prozessualer Rechtsbehelfe in Betracht. Haben die Arbeitsvertragsparteien den Zeugnisinhalt durch Vergleich festgelegt, kommt einem Widerruf keine Bedeutung zu, solange die Wirksamkeit des Vergleiches nicht beseitigt ist (§ 779). Der Streit über die Wirksamkeit des Prozeßvergleiches ist durch Fortsetzung des alten Verfahrens auszutragen. Die Partei, die den Vergleich für unwirksam hält, kann Terminsantrag stellen (BAG 14. 7. 1960 AP ZPO § 794 Nr. 8 = NJW 1960, 2211).

XVI. Darlegungs- und Beweislast

147 **1. Anspruchsbegründende Tatsachen.** Die Darlegungs- und Beweislast hinsichtlich der anspruchsbegründenden Tatsachen liegt beim AN. Der AN hat somit das dauernde Dienstverhältnis, die Fälligkeit des Zeugnisanspruches und beim Anspruch auf ein qualifiziertes Zeugnis sein entsprechendes Verlangen vorzutragen.

148 **2. Erlöschen des Zeugnisanspruches.** Wendet der AG Erfüllung, Verzicht, Verfall oder Verwirkung als Tatbestände des Erlöschens des Zeugnisanspruches ein, hat er deren Grundlagen darzulegen und beweisen.

149 **3. Berichtigungsanspruch.** Wie im Berichtigungsprozeß die Darlegungs- und Beweislast verteilt ist, wird in Literatur und Rspr. unterschiedlich beantwortet. Einigkeit besteht zwar, daß die Erfüllung iSv. § 362 vom Schuldner, also dem Dienstberechtigten darzulegen und zu beweisen ist (*van Venrooy* S. 119). Doch hat der Dienstberechtigte eine als Zeugnis bezeichnete Urkunde übergeben, ist fraglich, ob hiermit bereits die Erfüllung des Zeugnisanspruches eingetreten ist.

150 ZT wird in jedem Berichtigungsverlangen die Geltendmachung eines **Anspruches wegen Schlechterfüllung** gesehen, für die nach allgemeinen Regeln derjenige darlegungs- und beweispflichtig sei, der die nicht ordnungsgemäße Erfüllung behauptet, so daß stets der AN diese Last tragen müßte (so *Becker-Schaffner*, Die Abwicklung des beendeten Arbeitsverhältnisses, S. 51; *Hueck* in Anm. zu BAG 23. 6. 1960 AP HGB § 73 Nr. 1).

151 Zur allein den AG treffenden Darlegungs- und Beweislast gelangt, wer, wie *Eisemann* (RGRK Rn. 98), die Zeugnisbeurteilung mit der einseitigen **Leistungsbestimmung nach § 315** vergleicht und dementsprechend dem Beurteilenden die Darlegungs- und Beweislast dafür auferlegt, daß die getroffene Bestimmung der Billigkeit entspricht (vgl. BGH 6. 3. 1986 BGHZ 97, 212, 220 f.; *Staudinger/Mayer-Maly* § 315 Rn. 78). Dabei wird zwischen der Tatsachenbasis und der Bewertung zu unterscheiden sein (*Haupt/Welslau* in Anm. zu BAG 23. 9. 1992 EzA BGB § 630 Nr. 16). Geht es um die Überprüfung der Grenzen des Beurteilungsspielraums des AG, trifft den AN eine prozessuale Mitwirkungspflicht. Will er eine bessere Beurteilung erreichen, muß er vom AG nicht berücksichtigte Einzeltatsachen in den Prozeß einführen oder die Richtigkeit der vom AG bereits eingeführten und der Bewertung zugrundegelegten Tatsachen bestreiten. Erst dann ist es Sache des AG, diesen Tatsachenvortrag zu erschüttern.

152 Nach der in mehreren Entscheidungen des BAG zum Ausdruck gekommenen Ansicht liegt im Berichtigungsverlangen die Geltendmachung des **ursprünglichen Erfüllungsanspruchs**, so daß stets der AG als Schuldner der Zeugnispflicht darzutun habe, daß er mit dem bereits erteilten Zeugnis seiner Verpflichtung iSv § 630 nachgekommen sei, dieses also auch inhaltlich richtig sei (BAG 23. 6. 1960 AP HGB § 73 Nr. 1 = NJW 1960, 1973; BAG 24. 3. 1977 AP BGB § 630 Nr. 12 = DB 1977, 1369; BAG 17. 2. 1988 AP BGB § 630 Nr. 17 = NZA 1988, 427; BAG 23. 9. 1992 EzA BGB § 630 Nr. 16; ebenso LAG Düsseldorf 23. 5. 1995 LAGE BGB § 630 Nr. 24 = NZA-RR 1996, 42; *Baumgärtel* Rn. 1; *Eisbrecher* S. 32; *van Venrooy* S. 120 f.).

XVI. Darlegungs- und Beweislast § 630 BGB 230

In Entscheidungen des für Schadensersatz zuständigen Senats des BAG (25. 10. 1967 AP HGB § 73 **153**
Nr. 6 = NJW 1968, 1350; BAG 16. 11. 1995 EzA BGB § 630 Nr. 20 = AuR 1996, 195; ebenso LAG
Hamm 11. 7. 1996 LAGE BGB § 630 Nr. 29) ist jeweils zwischen Schadensersatzpflichten des
AG wegen Verzugs und Schlechtleistung unterschieden worden. Dabei sind auch die im Zeugnis selbst
zum Ausdruck kommenden Pflichtverletzungen als Schlechtleistungen bewertet worden. Somit geht
zumindest der für Schadensersatz zuständige Senat des BAG davon aus, daß auch ein nicht in allen
Punkten ordnungsgemäßes Zeugnis den gesetzlichen Zeugnisanspruch erfüllen und damit gem. § 362
zum Erlöschen bringen kann. Andernfalls käme allein eine Haftung des AG wegen Verzugs in
Betracht, denn jedes nicht in allen Punkten ordnungsgemäße Zeugnis wäre nur ein Erfüllungsversuch
und ließe den eingetretenen Verzug unberührt. Hierzu hat der Achte Senat des BAG klargestellt, daß
danach zu unterscheiden sei, ob der AG das Zeugnis **verspätet oder nicht gehörig** ausgestellt habe.
Dementsprechend habe er Schadensersatz entweder wegen Verzugs oder wegen Schlechterfüllung
(pVV) zu leisten. Im entschiedenen Fall lagen verschiedene Erfüllungsversuche des AG mit unterschiedlichen Mängeln aus beiden Bereichen vor. Ein Schadensersatzanspruch scheiterte aber an der
mangelnden Darlegung der Kausalität zwischen Pflichtverletzung und behauptetem Schaden.

Nach der hier vertretenen Auffassung, die von dieser Differenzierung der Rspr. ausgeht, (vgl. oben **154**
Rn. 125) ist bei einem Arbeitszeugnis eine **§ 362 entsprechende Mangelfreiheit** nur dann anzunehmen, wenn das Zeugnis formell einwandfrei, inhaltlich vollständig sowie in der Bewertung von
mittlerer Art und Güte ist (ähnlich *Monjau* S. 38). Entspricht das Zeugnis diesen Voraussetzungen
nicht, ist der Zeugnisanspruch des Dienstverpflichteten noch nicht erfüllt. Wird jedoch das Zeugnis
diesen Anforderungen gerecht, enthält das Zeugnis aber materielle Bewertungsfehler, kann der AN
Schadensersatzansprüche aus pVV herleiten und aus diesem Grunde Berichtigung verlangen. Somit hat
der AG die Tatsachen darzulegen und ggf. zu beweisen, aus denen er die Erfüllung des Zeugnisanspruches folgert. Dazu gehören die ein formell einwandfreies, inhaltlich vollständiges und in der
Bewertung durchschnittliches Zeugnis ausmachenden Tatsachen.

Die notwendige Substantiierung seines diesbezüglichen Sachvortrags ist jeweils abhängig vom Vor- **155**
trag des klagenden AN. Macht der AN zB geltend, das Zeugnis enthalte zwar eine nach dem Wortsinn
positive Einschätzung, diese bedeute aber nach einem vom Zeugnisaussteller verwendeten **Geheim-
code** etwas Negatives, hat er dies substantiiert darzulegen. Sehen beide Parteien im Zeugnis eine
durchschnittliche Bewertung, erfordert dies keine nähere schriftsätzliche Begründung. Zu unstreitigen
Punkten bedarf es keiner Ausführungen im Prozeß.

Strebt der AN eine bessere, überdurchschnittliche Beurteilung an, trifft ihn die Darlegungs- und **156**
Beweislast, denn er macht die Rechtsfolge einer pVV geltend. Soll das Zeugnis ihm „**sehr gute**" oder
„**gute**" **Leistungen** bescheinigen, hat er deren tatsächlichen Grundlagen darzulegen und ggf. zu beweisen (LAG Düsseldorf 26. 2. 1985 DB 1985, 2692 f.; LAG Düsseldorf 12. 3. 1986 LAGE BGB § 630
Nr. 2; LAG Frankfurt/Main 6. 9. 1991 LAGE BGB § 630 Nr. 14; LAG Köln 26. 4. 1996 NZA-RR
1997, 84; BAG 23. 9. 1992 EzA BGB § 630 Nr. 16 hat dies offen gelassen). Ist der AN der Auffassung,
die ihm obliegenden Aufgaben mit überdurchschnittlichem Einsatz erbracht und Erfolg gehabt zu
haben, ist es auch an ihm, die dieser Einschätzung zugrundeliegenden Tatsachen vorzutragen und im
Bestreitensfalle zu beweisen. Fordert der AN eine „sehr gute" Gesamtbewertung ein, muß sein
Vortrag nicht nur erkennen lassen, daß er sich nichts zuschulden kommen lassen hat, nicht kritisiert
worden ist und dazu auch keinen Anlaß gegeben sowie keine deutlichen Schwächen gezeigt hat.
Vielmehr erfordert die Reklamierung einer solchen Bestbewertung eine kontinuierlich oder jedenfalls
überwiegend zu beobachtende, nicht mehr steigerungsfähige Bestleistung, an der die AG trotz seines
Beurteilungsspielraums nicht mehr vorbeigehen kann (LAG Frankfurt/Main 6. 9. 1991 LAGE BGB
§ 630 Nr. 14).

Hingegen ist der AG darlegungs- und beweisbelastet, wenn er dem AN eine nur „ausreichende" **157**
oder noch **schlechtere Bewertung** zukommen lassen will (BAG 24. 3. 1977 AP BGB § 630 Nr. 12 =
DB 1977, 1369; LAG Hamm 13. 2. 1992 LAGE BGB § 630 Nr. 16; LAG Köln 26. 4. 1996 NZA-RR
1997, 84). Daraus folgt das allein sachgerechte Ergebnis, daß bei mangelndem Vortrag oder **Beweisfäl-
ligkeit beider Parteien** im Prozeß ein Zeugnis mit durchschnittlicher, „befriedigender" Bewertung
ausgeurteilt werden muß (LAG Hamm 13. 2. 1992 LAGE BGB § 630 Nr. 16, vgl. auch LAG Düsseldorf 12. 3. 1986 LAGE BGB § 630 Nr. 2).

Hat der AN das ihm erteilte Zeugnis als Erfüllung angenommen, kehrt sich gem. § 363 die **158**
Beweislast um. Er hat die Mängel der Leistung in vollem Umfange darzulegen und ggf. zu beweisen
(*Baumgärtel* Rn. 2; *Palandt/Heinrichs* § 363 Rn. 3; vgl. BGH 13. 2. 1985 NJW 1985, 2328, 2329; aA
Göldner S. 139). Von einer Annahme als Erfüllung wird zumindest dann auszugehen sein, wenn der
AN das erteilte Zeugnis rügelos entgegennimmt und es verwendet, insb. Dritten im Rahmen von
Stellenbewerbungen zur Einsichtnahme vorlegt.

4. Sonstige Schadensersatzansprüche des Dienstverpflichteten. Die Darlegungs- und Beweislast **159**
für die Voraussetzungen des § 286 bzw. der pVV trifft nach allgemeiner Ansicht jedenfalls im Hinblick
auf die objektive Pflichtwidrigkeit bzw. Nichtleistung trotz Mahnung, die Kausalität und den Schaden
den AN, während der AG gem. **§§ 282, 285** sein Verschulden auszuräumen hat (BAG 25. 10. 1967 AP

Müller-Glöge

HGB § 73 Nr. 6 = NJW 1968, 1350; BAG 26. 2. 1976 AP BGB § 252 Nr. 3 = NJW 1976, 1470; BAG 24. 3. 1977 AP BGB § 630 Nr. 12 = DB 1977, 1369; *Baumgärtel* Rn. 4; *Grimm* AR-Blattei SD 1850 Rn. 119; *Soergel/Kraft* Rn. 13).

160   Diese Hürde ist für den AN hoch. Praktisch ist es **so gut wie nicht zu beweisen,** daß der AN arbeitslos geblieben ist oder lediglich eine schlechter vergütete Anstellung gefunden hat, weil er entweder das Zeugnis nicht vorlegen konnte oder das Zeugnis unrichtig war (dazu krit. *Blomeyer* in Anm. zu BAG 26. 2. 1976 SAE 1977, 254).

161   Ein **Anscheinsbeweis** kommt dem AN nicht zu Hilfe, denn es gibt keinen Erfahrungssatz des Inhalts, die verspätete oder nicht ordnungsgemäße Ausstellung eines Zeugnisses sei aller Wahrscheinlichkeit nach ursächlich für den Mißerfolg bei dem Bemühen um einen neuen Arbeitsplatz (BAG 25. 10. 1967 AP HGB § 73 Nr. 6 = NJW 1968, 1350; BAG 16. 11. 1995 EzA BGB § 630 Nr. 20 = AuR 1996, 195; LAG Hamm 11. 7. 1996 LAGE BGB § 630 Nr. 29; *Eisbrecher* S. 44; *Schaub* § 146 Rn. 27).

162   Gelingt dem AN der Beweis der Kausalität, kommen ihm im übrigen die Beweiserleichterungen der **§§ 252 S. 2 BGB, 287 ZPO** sowohl für die haftungsausfüllende Kausalität als auch für die Höhe des Schadens zugute (BAG 25. 10. 1967 AP HGB § 73 Nr. 6 = NJW 1968, 1350; BAG 26. 2. 1976 AP BGB § 252 Nr. 3 = NJW 1976, 1470; *Kölsch* NZA 1985, 382, 384; MünchArbR/*Wank* § 124 Rn. 51). Dabei erleichtert § 287 ZPO nicht nur die Beweisführung, sondern auch die Darlegungslast mit der Folge, daß eine Substantiierung der klagebegründenden Tatsachen nicht im gleichen Rahmen wie hinsichtlich anderer Fragen verlangt werden kann. Die vorgetragenen Umstände müssen für die Schadensschätzung lediglich eine hinreichende Grundlage abgeben (BAG 27. 1. 1972 AP BGB § 252 Nr. 2 = NJW 1972, 1437; BAG 24. 3. 1977 AP BGB § 630 Nr. 12 = BB 1977, 997). Das Gericht hat stets zu prüfen, in welchem Umfang der Tatsachenvortrag eine **hinreichende Grundlage für die Schätzung** eines in jedem Falle eingetretenen Mindestschadens bietet (BGH 5. 5. 1970 AP BGB § 249 Nr. 11 = NJW 1970, 1411; BGH 12. 10. 1993 LM ZPO § 287 Nr. 109 = NJW 1994, 663, 664).

163   **5. Widerruf des Zeugnisses.** Widerruft der AG das erteilte Zeugnis, muß er darlegen und beweisen, was an dem Zeugnis unrichtig ist (LAG Hamm 1. 12. 1994 LAGE BGB § 630 Nr. 25; *Sieg* RdA 1951, 413, 416; *Baumgärtel* Rn. 5; *Monjau* DB 1966, 340, 341).

250. Mindesturlaubsgesetz für Arbeitnehmer (Bundesurlaubsgesetz)

Vom 8. Januar 1963 (BGBl. I S. 2)

Zuletzt geändert durch Gesetz vom 19. Dezember 1998 (BGBl. I S. 3843)

(BGBl. III/FNA 800-4)

§ 1 Urlaubsanspruch

Jeder Arbeitnehmer hat in jedem Kalenderjahr Anspruch auf bezahlten Erholungsurlaub.

A. Zur Entstehung des Bundesurlaubsgesetzes

Das Arbeitsrecht in Deutschland kannte zunächst keine gesetzlich geregelten Ansprüche der ab- 1
hängig Beschäftigten auf Erholungsurlaub. Soweit er gewährt wurde, beruhte das auf **Tarifbestimmungen** oder **einzelvertraglichen** Vereinbarungen (RAG 45, 108). Daneben wurde im Schrifttum ein Anspruch auf bezahlte Freizeit gewohnheitsrechtlich oder aufgrund **Fürsorgepflicht** bejaht, später aus dem personenrechtlichen **Gemeinschaftsverhältnis** zwischen Betriebsführer und Belegschaft abgeleitet (MünchArbR/*Leinemann* § 88 Rn. 2).

Nach dem Zweiten Weltkrieg haben sich die Länder in Vollzug ihrer Verfassungen **Landesurlaubs-** 2
gesetze gegeben. Dafür hatten sie seinerzeit die Gesetzgebungsbefugnis, weil der Bund von seiner konkurrierenden Gesetzgebungskompetenz keinen Gebrauch gemacht hatte (BVerfG 22. 4. 1958 AP UrlaubsG Hamburg § 1 Nr. 2 = NJW 1958, 1179). Seither waren die Vorschriften der Länder Rechtsgrundlage für Urlaubsansprüche, die nicht auf Einzelvertrag oder TV beruhten. Daher war der Rückgriff auf allgemeine arbeitsrechtliche Grundsätze nicht nur überflüssig, sondern unzutreffend (*Leinemann/Linck* Einleitung Rn. 18 f.; aA *Dersch/Neumann* Rn. 3 f.).

Die SPD erneuerte ihren im Bundestag in der 3. Legislaturperiode eingebrachten, aber nicht mehr 3
verabschiedeten Entwurf in der **4. Legislaturperiode** (BT-Drucks. IV/142) eines BUrlG, dem sogleich ein Entwurf der CDU/CSU- Fraktion folgte (BT-Drucks. IV/207). Nach der ersten Beratung Anfang des Jahres 1962 befaßte sich der Ausschuß für Arbeit mit den Entwürfen, der über seine Tätigkeit am 29. 11. 1962 schriftlich berichtete (BT-Drucks. IV/785). Der Bundestag hat darauf in seiner Sitzung vom 7. 12. 1962 das **Mindesturlaubsgesetz für Arbeitnehmer** verabschiedet. Der Bundesrat hat dem Gesetz in seiner Sitzung vom 21. 12. 1962 zugestimmt (Sten. Bericht über die 252. Sitzung vom 21. 12. 1962, 277 D). Das Gesetz ist unter dem 8. 1. 1963 im Bundesgesetzblatt veröffentlicht worden (BGBl. I S. 2) und mit Wirkung vom **1. Januar 1963** in Kraft getreten.

Seither sind die Vorschriften des Gesetzes nur geringfügig geändert worden (Einzelheiten bei § 16 4
Rn. 2).

Im **Beitrittsgebiet** gilt seit dem 1. 1. 1995 das Bundesurlaubsgesetz. Lediglich die Regelung über 5
den Erholungsurlaub der Kämpfer gegen den Faschismus und Verfolgte des Faschismus in § 8 der Verordnung über den Erholungsurlaub vom 28. 9. 1978 (GBl. I S. 365) gilt dort weiter. Dieser Personenkreis hat einen Anspruch von 27 Arbeitstagen Urlaub.

B. Normzweck

I. Entstehungsgeschichte der Vorschrift

Die gesetzliche Anordnung, daß jeder AN in jedem Kalenderjahr Anspruch auf bezahlten Erho- 6
lungsurlaub hat, ist die **zentrale Aussage** des Bundesurlaubsgesetzes. Der Text des § 1, der den **Urlaubsanspruch nur dem Grunde** nach festlegt, beruht auf dem Entwurf der CDU/CSU-Bundestagsfraktion aus der 4. Legislaturperiode (BT-Drucks. IV/207). Er ist im Laufe des Gesetzgebungsverfahrens weder in den Ausschußberatungen (BT-Drucks. IV/785 S. 6 ff.) noch im Plenum (Protokoll der 51. Sitzung des Deutschen Bundestages vom 7. 12. 1962) noch im Bundesrat (Sten. Bericht 252. Sitzung vom 21. 12. 1962, S. 277 D) verändert worden.

Die seit 1963 unveränderte Bestimmung bildet die **Grundlage des gesetzlichen Urlaubs.** Sie löste 7
die bis dahin bestehenden landesrechtlichen Vorschriften über den Erholungsurlaub ab, § 15 II (Rn. 2 und § 15 Rn. 9). Daneben kommen nur noch die besonderen bundesgesetzlichen Vorschriften des Arbeitsplatzschutzgesetzes, des Bundeserziehungsgeldgesetzes, des Schwerbehindertengesetzes, des Jugendarbeitsschutzgesetzes und des Seemannsgesetzes zur Anwendung. Unberührt bleiben ferner die

landesgesetzlichen Bestimmungen über besonders belastete AN (§ 15 Rn. 10) und der DDR-Verordnung über die Kämpfer gegen den Faschismus (Rn. 5).

8 Soweit der gesetzliche Urlaub betroffen ist, können zur Beurteilung der Rechtslage nur die vorgenannten gesetzlichen Vorschriften herangezogen werden. Ein Rückgriff auf ungeschriebene Regeln des Arbeitsrechts wie die **Fürsorgepflicht** oder auf ein **Gewohnheitsrecht** kommt dabei **nicht** mehr in Betracht (BAG 8. 3. 1984 AP BUrlG § 3 Rechtsmißbrauch Nr. 14 mit Anm. *Glaubitz* = NZA 1984, 197; MünchArbR/*Leinemann* § 88 Rn. 7; aA *Dersch/Neumann* Rn. 3 mwN). Daneben gelten für den Anspruch auf Urlaub als privatrechtlichen Anspruch die **Bestimmungen des bürgerlichen Rechts** über Schuldverhältnisse.

II. Erholungszweck

9 Das Motiv des gesamten Gesetzes wird in der Vorschrift mit der Verwendung des Begriffs „Erholungsurlaub" umschrieben. Das Gesetz verpflichtet den AG, den bei ihm beschäftigten AN für eine bestimmte Dauer im Jahr von der Verpflichtung zur Arbeitsleistung freizustellen, um ihm **Gelegenheit zur selbstbestimmten Erholung** zu geben (allgM in Rspr. und Schrifttum: BAG 8. 3. 1984 AP BUrlG § 3 Rechtsmißbrauch Nr. 14 mit Anm. *Glaubitz* = NZA 1984, 197; *Leinemann/Linck* Rn. 3).

10 Der so beschriebene Erholungszweck wird gelegentlich bei der Beurteilung von Streitfällen **mißverstanden**. Das gilt namentlich bei der Auslegung des § 8 (§ 8 Rn. 10 ff). Für das Entstehen, den Bestand und die Erteilung des Urlaubs kommt es auf ein **konkretes Erholungsbedürfnis** des AN und die Art der Gestaltung seiner Freizeit jedenfalls im Rahmen der von § 8 gesetzten Grenzen **nicht** an (BAG 28. 1. 1982 AP BUrlG § 3 Rechtsmißbrauch Nr. 11 mit Anm. *Boldt* = NJW 1982, 1548; hM im Schrifttum; aA *Beckerle*, RdA 1985, 352). Der Gesetzgeber geht vielmehr davon aus, daß ein AN bei Fälligkeit seines Anspruchs erholungsbedürftig ist (*Leinemann/Linck* Rn. 5 gehen von einer unwiderleglichen Vermutung aus).

11 Deshalb setzt der Erwerb und die Inanspruchnahme von Urlaub auch nicht voraus, daß der AN sich bei der Arbeit verausgabt hat. Eine **Arbeitsleistung** gehört **nicht** zu den **anspruchsbegründenden Voraussetzungen**. Etwas anderes kann auch den Gesetzesmaterialien nicht entnommen werden (BT-Drucks. IV/207 und IV/785). Die dort gebrauchte Formel von der Erhaltung und Wiederauffrischung der Arbeitskraft ist nicht identisch mit der Vorstellung von der Beseitigung eines nach Arbeit eingetretenen Erschöpfungszustands (so aber *Beckerle*, RdA 1985, 352; ähnlich verfehlt jetzt wieder *Kanzelsperger*, AuR 1997, 192).

C. Der Inhalt des Anspruchs

12 Über den Inhalt des Anspruchs besteht auch nach über 35 jähriger Geltung des Bundesurlaubsgesetzes **keine Einigkeit** zwischen dem **Bundesarbeitsgericht** und einem **Teil** der Instanzgerichte und des Schrifttums.

I. Begriff und Merkmale des Urlaubs

13 **1. Definition.** Nach der früheren Rechtsprechung (BAG 3. 6. 1960 AP BGB § 611 Urlaubsrecht Nr. 73 mit Anm. *Dersch*), die heute teilweise noch im Schrifttum vertreten wird (*Dersch/Neumann* Rn. 63 ff.; neuerdings wieder *Hohmeister*, BB 1995, 2110), war der Urlaubsanspruch nach dem BUrlG ein Einheitsanspruch, der aus den Wesenselementen Freizeitgewährung und Zahlung eines Urlaubsentgelts bestand. Diese Auffassung ist zwischenzeitlich überholt (zu Unrecht meint *Neumann* aaO, daß die neuere Rechtsprechung des BAG auch nichts anderes besage). Nach ständiger Rechtsprechung des Bundesarbeitsgerichts seit 1982 ist der Urlaubsanspruch ein durch das Bundesurlaubsgesetz bedingter **Anspruch des AN gegen den AG, von den durch den Arbeitsvertrag entstehenden Arbeitspflichten befreit zu werden (Freistellungsanspruch)**, ohne daß die Pflicht zur Zahlung des Arbeitsentgelts berührt wird (BAG 13. 5. 1982 AP BUrlG § 7 Übertragung Nr. 4 mit Anm. *Boldt* = DB 1982, 2193; BAG 9. 6. 1998 AP BUrlG § 7 Nr. 23 – NZA 1999, 80; MünchArbR/*Leinemann* § 89 Rn. 5 f.). Es handelt sich bei der Anordnung des Gesetzes um eine Nebenpflicht der AG aus dem Arbeitsverhältnis, die darauf gerichtet ist, die Hauptpflicht des AN zur Erbringung der vertraglich geschuldeten Arbeitsleistung zu suspendieren. Der Anspruch des AN ist nicht abhängig von einer Gegenleistung und deshalb nicht synallagmatisch iS der §§ 320 ff. BGB.

14 Das veränderte Verständnis vom Inhalt des Urlaubsanspruchs hat **erhebliche Auswirkungen** auf fast alle urlaubsrechtlichen Bestimmungen, von der Entstehung des Anspruchs (Rn. 20) bis zur Erfüllbarkeit des Abgeltungsanspruchs (vgl. im einzelnen § 7 Rn. 102 ff.) und schließlich bei der Beurteilung des Anspruchs auf Urlaubsentgelt (§ 11 Rn. 1).

15 **2. Abgrenzung zu anderen Freistellungsansprüchen.** Der AG ist der Schuldner, der AN der Gläubiger des gesetzlichen Urlaubsanspruchs. Das unterscheidet den Urlaub von der Weigerung des AGs, den AN vertragsgemäß zu beschäftigen (regelmäßig geschieht das nach Ausspruch einer Kündi-

C. Der Inhalt des Anspruchs

gung). In diesem Fall gerät der AG als Gläubiger der Arbeitsleistung in **Annahmeverzug** und schuldet deshalb die vertragliche Vergütung, § 615 BGB. Soll der AN während der Zeit des Annahmeverzugs auch Urlaub haben, muß der AG zusätzlich zur Annahmeverweigerung hinreichend deutlich Urlaub erteilen. Dasselbe gilt im umgekehrten Fall. Ist dem AN Urlaub erteilt worden, so kann er in dieser Zeit keinen Anspruch aus Annahmeverzug haben (BAG 23. 1. 1996 AP BUrlG § 5 Nr. 10 = NZA 1996, 1101).

Der Urlaub nach dem Bundesurlaubsgesetz ist zu unterscheiden von anderen Freistellungsansprü- 16 chen des Arbeitnehmer wie tarifvertraglicher oder einzelvertraglicher **Sonderurlaub, Bildungsurlaub** nach den Bildungsurlaubsgesetzen der Länder, **persönliche Verhinderung** nach § 616 BGB, **Stellensuche** nach § 629 BGB, **Erziehungsurlaub** nach dem Bundeserziehungsgeldgesetz, **Freistellungen** nach dem Jugendarbeitsschutzgesetz, Befreiungen nach dem BetrVG ua.

Der AG **gewährt** Urlaub iS des BUrlG, wenn er den Kläger zum Zweck der selbstbestimmten 17 Erholung von seinen **Arbeitspflichten befreit** (§ 7 Rn. 5). Der Erholungszweck wird nicht von den Vorstellungen des AGs, eines neutralen Dritten oder gar aller billig und gerecht Denkenden bestimmt, sondern zunächst von den Vorstellungen des Betroffenen darüber, wie er sich entspannen kann (subjektive Umstände). Dieser Umstand erlangt insbesondere dann Bedeutung, wenn der AG nebeneinander verschiedenartige Freistellungen schuldet (§ 7 Rn. 8).

3. Privatrechtlicher Anspruch. Der Anspruch des AN auf Befreiung von der Arbeitspflicht ist ein 18 privatrechtlicher Anspruch (allgM). Der Urlaub gehört nicht zum öffentlich-rechtlichen Arbeitsschutz, so daß die Einhaltung der urlaubsrechtlichen **Regeln** nicht durch eine staatliche Behörde überwacht wird (das gilt auch für den Urlaub nach dem Jugendarbeitsschutzgesetz, § 19 JArbSchG Rn. 2). Allein die Vertragsparteien haben ihre Ansprüche nach dem Gesetz zu realisieren. Dem kommt insbesondere beim Erlöschen des Anspruchs wegen Zeitablaufs Bedeutung zu.

4. Unabdingbarkeit. Der Anspruch auf Urlaub ist unabdingbar und unverzichtbar. Auch durch TV 19 kann nicht bestimmt werden, daß es in bestimmten Arbeitsverhältnissen keinen oder keinen bezahlten Urlaub gibt (Einzelheiten bei § 13 Rn. 17 bis 19).

II. Das Entstehen des Urlaubsanspruchs

1. Grundsatz. Das Gesetz verlangt für das Entstehen des Urlaubsanspruchs lediglich, daß ein 20 **Arbeitsverhältnis** besteht und (für den Vollurlaub) eine **Wartezeit** zurückgelegt wird. Eine Mindestarbeitsleistung wird nicht vorausgesetzt (BAG 28. 1. 1982 AP BUrlG § 3 Rechtsmißbrauch Nr. 11 mit Anm. *Boldt* = NJW 1982, 1548) Dem folgt das Schrifttum insoweit fast ausnahmslos (umfangreiche Nachweise bei *Leinemann/Linck* Rn. 56). Ein Teil des Schrifttums will allerdings die Durchsetzung eines ohne Arbeitsleistung erworbenen Urlaubs wegen Rechtsmißbrauchs hindern (unten Rn. 26).

a) Bestehen eines Arbeitsverhältnisses. Anspruch auf Urlaub nach dem BUrlG haben nur AN 21 (zum Arbeitnehmerbegriff § 2 Rn. 3 ff. und § 611 BGB Rn. 44 ff.) in einem unbefristeten, befristeten oder auflösend bedingten Arbeitsverhältnis, das (wegen der Regelung des § 5 I) wenigstens einen vollen Monat andauern muß. In Arbeitsverhältnissen kürzerer Dauer entsteht kein (Teil-)Urlaubsanspruch.

Ein Anspruch auf Urlaub entsteht gleichermaßen in Vollzeitarbeitsverhältnissen und in **Teilzeitar-** 22 **beitsverhältnissen** (BAG 12. 2. 1991 AP BUrlG § 3 Teilzeit Nr. 1 = NZA 1991, 777; 19. 1. 1993 AP BUrlG § 1 Nr. 20 mit Anm. *Wank* = NZA 1993, 988; MünchArbR/*Leinemann* § 89 Rn. 37). Denn auf das **Maß der Arbeitsleistung** kommt es **nicht** an. Dabei ist es unerheblich, ob die Teilzeitbeschäftigten an den Werktagen weniger Stunden arbeiten als die Vollzeitbeschäftigten oder ob die Teilzeit nur an einigen Tagen in der Woche geleistet wird. Letzteres hat lediglich Einfluß auf den Umfang des Urlaubs (ausführlich § 3 Rn. 23 ff.).

So haben Anspruch auf Urlaub **geringfügig Beschäftigte** iS des § 8 SGB IV, studentische Hilfs- 23 kräfte in einem Dauerarbeitsverhältnis (BAG 23. 6. 1992 AP BUrlG § 1 Nr. 22 = NZA 1993, 360), Reinigungskräfte in einem Haushalt, auch wenn sie nur einmal in der Woche arbeiten. Lediglich unregelmäßig Beschäftigte, bei denen stets ein neues befristetes Arbeitsverhältnis (für einen Tag) geschlossen wird, können keinen Urlaubsanspruch erwerben, es sei denn, es muß von einem einheitlichen Arbeitsverhältnis wie beim **Bedarfsarbeitsverhältnis** nach § 4 BeschFG ausgegangen werden (§ 4 BeschFG Rn. 8 ff.).

Ist der AN zur selben Zeit in zwei Arbeitsverhältnissen zu verschiedenen AG tätig (sog. **Doppelar-** 24 **beitsverhältnis**), so entstehen in beiden Arbeitsverhältnissen unabhängig voneinander Urlaubsansprüche, auch wenn der AN mit der Eingehung eines zweiten Arbeitsverhältnisses einen Pflichtverstoß gegenüber dem ersten AG begangen hat und wenn er damit gegen die Schutzvorschriften des Arbeitszeitgesetzes verstößt.

b) Wartezeit. Der AN muß einmal in seinem Arbeitsverhältnis die Wartezeit von **6 Monaten** erfüllt 25 haben, wenn er einen Vollurlaubsanspruch erwerben will. Vor Ablauf der Wartezeit entsteht nur ein Teilurlaubsanspruch (dazu § 5 Rn. 5 bis 23). Die Wartezeit braucht nicht in einem Kalenderjahr erfüllt zu werden (Einzelheiten bei § 4). Wenn der Gesetzgeber das Kalenderjahr als Urlaubsjahr bestimmt hat, so hat das Auswirkungen auf Entstehen, Fälligkeit und Bestand des Anspruchs, nicht aber für die Berechnung der Wartezeit. Nach Ablauf der Wartezeit entsteht der Urlaubsanspruch mit dem Jahresanfang (§ 4 Rn. 13).

26 2. **Rechtsmißbrauch.** Hat der AN längere Zeit oder gar im gesamten Urlaubsjahr **keine oder nur eine geringe Arbeitsleistung** erbracht, so kann der AG nicht einwenden, ein Urlaubsverlangen des AN sei rechtsmißbräuchlich, § 242 BGB (ständige Rspr. seit BAG 28. 1. 1982 und 8. 3. 1984 AP BUrlG § 3 Rechtsmißbrauch Nr. 11 mit Anm. *Boldt* = NJW 1982, 1548 und Nr. 14 mit Anm. *Glaubitz* = NZA 1984 197; zum Rechtsmißbrauch und den Bestimmungen des IAO-Übereinkommens Nr. 132 über den bezahlten Jahresurlaub vom 24. 6. 1970 BAG 7. 11. 1985 AP BUrlG § 3 Rechtsmißbrauch Nr. 16 = NZA 1996, 392; *Dörner* AR-Blattei Urlaub V, A III 5; *Leinemann/Linck* Rn. 81 ff.; MünchArbR/*Leinemann* § 89 Rn. 18 ff.; aA GK-BUrlG/*Bleistein* Rn. 112 bis 133).

III. Fälligkeit

27 Das BUrlG enthält keine Fälligkeitsregelung. So kommt **§ 271 I BGB** zur Anwendung. Danach kann der Gläubiger die Leistung sofort verlangen, der Schuldner sie sofort bewirken, wenn eine Leistungszeit weder bestimmt noch aus den Umständen zu entnehmen ist. Daraus folgt für den Urlaubsanspruch regelmäßig, daß er nach Ablauf der Wartezeit und, wenn diese bereits in der Vergangenheit erfüllt worden ist, mit Beginn der Arbeitspflicht im neuen Kalenderjahr mit seiner Entstehung fällig ist (hM *Boldt/Röhsler* § 7 Rn. 37; *Dörner* AR-Blattei Urlaub, V D I 1; *Leinemann/Linck* Rn. 70 ff.; aA *Dersch/Neumann*, Rn. § 7 Rn. 1; *Künzl*, BB 1991, 1630).

IV. Dauer des Urlaubs

28 Seit dem 1. 1. 1995 beträgt der gesetzliche Urlaub 24 Werktage. Damit bleibt der gesetzlich geregelte Mindesturlaub immer noch weit hinter den tariflichen und einzelvertraglichen Regelungen über die Höhe des Urlaubs zurück, die regelmäßig von 30 Tagen bezogen auf eine Fünf-Tage-Woche ausgehen. Das ergibt einen Jahresurlaub von sechs Wochen (Einzelheiten bei § 3).

V. Übertragung des Urlaubsanspruchs auf Dritte

29 Der Urlaubsanspruch, dh. nach obiger Definition der Anspruch auf Befreiung von der in einem Arbeitsverhältnis geschuldeten Arbeitspflicht, ist **nicht vererblich.** Die Arbeitspflicht endet mit dem Tod des AN, und deshalb erlischt mit dem Arbeitsverhältnis auch der Urlaubsanspruch (BAG 18. 7. 1989 AP BUrlG § 7 Abgeltung Nr. 49 = NZA 1990, 238; 23. 6. 1992 AP BUrlG § 7 Abgeltung Nr. 59 = NZA 1992, 1088). Zur Vererbung von Abgeltungsansprüchen und Schadensersatzansprüchen vgl. § 7 Rn. 106.

30 Der Urlaubsanspruch kann in der Weise **abgetreten** werden, daß der Zessionar die Freistellung des Zedenten vom AG verlangen kann. Die Abtretung betrifft nur das Recht des Gläubigers, vom Schuldner die Erfüllung der fälligen Schuld zu verlangen (in diesem Umfang ist der Anspruch auch pfändbar [zutreffend *Pfeifer*, NZA 1996, 738]). Keineswegs kann der AN seinen Urlaubsanspruch in der Weise an einen Kollegen abtreten, daß dieser das Freizeitguthaben des Zedenten erhält und nunmehr 48 Tage Jahresurlaub erhält (ebenso *Leinemann/Linck* Rn. 111 bis 113; MünchArbR/*Leinemann* § 89 Rn. 16 f.; aA *Dersch/Neumann* Rn. 72). Diese in der betrieblichen Praxis nicht geübte, aber rechtlich mögliche Handhabung einer Abtretung des Urlaubsanspruchs gewinnt bei der Abtretung des Surrogats Urlaubsabgeltung Bedeutung (§ 7 Rn. 107).

VI. Erlöschen des Anspruchs

31 1. **Erfüllung.** Der vom Gesetz vorgesehene Erlöschenstatbestand ist zunächst die Erfüllung durch Freistellung von der Arbeit und Fernbleiben von der Arbeit in dem festgelegten Zeitraum. Der Erfüllungstatbestand gliedert sich in zwei Abschnitte. Der Schuldner des Anspruchs, der AG, hat die Freistellungserklärung abzugeben (**Erfüllungshandlung**). Danach muß der AN davon Gebrauch machen und den Urlaub nehmen. Dann tritt der **Erfüllungserfolg** ein. Damit ist die geschuldete Leistung bewirkt (Einzelheiten bei § 7 Rn. 5 ff.).

32 2. **Befristung.** Der Urlaubsanspruch ist für die Zeit des Kalenderjahrs und bei Vorliegen der gesetzlichen Voraussetzungen bis zum Endes des Übertragungszeitraums nach § 7 III 2 befristet. Wird er bis dahin nicht erfüllt, so erlischt er ersatzlos (Einzelheiten bei § 7 Rn. 60).

33 3. **Tod.** Der Anspruch auf Urlaub erlischt mit dem Tod des AN (*Dörner* AR-Blattei Urlaub XII, VII 2). Es entsteht auch kein vererblicher Abgeltungsanspruch (§ 7 Rn. 106).

34 4. **Keine Aufrechnung.** Gegen den Anspruch des AN auf Befreiung von der Arbeitspflicht kann der AG nicht aufrechnen. Dasselbe gilt für eine Aufrechnung des AN gegen eine Geldforderung des

AGs. Die nach § 387 BGB erforderliche Gegenseitigkeit der Forderungen ist nicht gegeben. Davon zu unterscheiden sind die Aufrechnung mit und gegen das Urlaubsentgelt und mit und gegen das zusätzliche Urlaubsgeld (§ 7 Rn. 107; § 11 Rn. 50 ff.).

D. Urlaub unter besonderen Umständen

I. Urlaub nach Kündigung

Streiten die Parteien über den Fortbestand des Arbeitsverhältnisses, so kann auch nach Ablauf der 35 Kündigungsfrist und bei erst später geklärter Rechtslage über die **rechtlich wirksame Beendigung** des Arbeitsverhältnisses ein (weiterer) Urlaubsanspruch entstehen. Diese Rechtsfolge tritt ein, wenn die Parteien das Arbeitsverhältnis bis zur Beendigung eines darüber geführten Rechtsstreits einvernehmlich fortführen (BAG 15. 1. 1986 AP LohnFG § 1 Nr. 66 = NZA 1986, 561), der AG die Beschäftigung nach dem Ende der Kündigungsfrist ablehnt (*Leinemann/Linck* Rn. 63) oder die Weiterbeschäftigung aufgrund eines Widerspruchs des BR nach § 102 V BetrVG erfolgt.

Kein Urlaubsanspruch entsteht, wenn ein AN aufgrund einer Verurteilung zur **vorläufigen Weiter-** 36 **beschäftigung** nach Ablauf der Kündigungsfrist beschäftigt wird und diese Beschäftigung während der Rechtsmittelverfahren zur Abwendung der Zwangsvollstreckung erfolgt (BAG 10. 3. 1987 und 17. 1. 1991 AP BGB § 611 Weiterbeschäftigungspflicht Nr. 1 mit Anm. *v. Hoyningen-Huene* und Nr. 8 = NZA 1987, 271, 373 und NZA 1991, 769).

II. Urlaub bei Betriebsübergang

Geht ein Betrieb oder ein Betriebsteil durch Rechtsgeschäft auf einen anderen Inhaber über, so tritt 37 dieser in die Rechte und Pflichten aus den im Zeitpunkt des Übergangs bestehenden Arbeitsverhältnissen ein, § 613 a I Satz 1 BGB (BAG 19. 11. 1996 AP BGB § 613 a Nr. 153 NZA 1997, 890; Einzelheiten zum Betriebsübergang bei § 613 a BGB). Nach § 613 a II haftet der bisherige AG neben dem neuen Inhaber für Verpflichtungen nach Absatz 1, soweit sie vor dem Zeitpunkt des Übergangs entstanden sind und vor Ablauf von einem Jahr nach diesem Zeitpunkt fällig werden, als Gesamtschuldner. Das bedeutet für den Freistellungsanspruch nach dem BUrlG:

Ist der fällige Urlaub noch **nicht erteilt**, so wird der Erwerber mit dem Betriebsübergang Schuldner 38 des AN hinsichtlich der Urlaubserteilung. Der Veräußerer, zu dem – von den Fällen des berechtigten Widerspruchs des AN abgesehen (§ 613 a Rn. 57 ff.) – das Arbeitsverhältnis mit dem Betriebsübergang beendet wird, kann die Befreiung von der Arbeitspflicht nicht mehr erteilen (*Leinemann/Linck* Rn. 141). Deshalb haftet der Veräußerer auch nicht für die ordnungsgemäße Erfüllung des Urlaubsanspruchs, obwohl die gesetzlichen Voraussetzungen des § 613 a II BGB dafür gegeben sind. Die Vorschrift bezieht sich aber nur auf erfüllbare Ansprüche, nicht aber auf solche, deren Erfüllung für den Veräußerer unmöglich geworden sind.

Erlischt der Urlaubsanspruch **nach** Betriebsübergang, zB weil der AN es versäumt hat, seinen 39 Anspruch geltend zu machen, so kann der Veräußerer nicht in Anspruch genommen werden. Hat der neue AG den Untergang nicht zu vertreten, so entfällt mangels Haftung des Erwerbers die nicht weiterreichende Haftung des Veräußerers. Hat der Erwerber den Untergang zu vertreten und ist ein Ersatzurlaubsanspruch entstanden (dazu § 7 Rn. 61), kommt eine Haftung des Veräußerers bereits nach dem Wortlaut des § 613 a II BGB in Betracht. Soweit der Schadensersatzanspruch auf künftige Freistellung gerichtet ist, kann dieser ohnehin nur vom jetzigen Betriebsinhaber erfüllt werden (Rn. 38).

Hat sich der Veräußerer vor dem Betriebsübergang zu Unrecht **geweigert**, den Urlaubsanspruch des 40 AN zu erfüllen, so ist er in Verzug geraten. Kommt es während der Folgezeit zu einem Betriebsübergang, so gerät der Erwerber ebenfalls in Verzug, ohne daß der AN ihm gegenüber erneut den Urlaub geltend machen muß. Denn zu den nach dem Gesetz übernommenen Pflichten gehört auch die ordnungsgemäße Erfüllung der Urlaubsansprüche (*Leinemann/Linck* Rn. 155).

Ist der Urlaub vor dem Betriebsübergang **erteilt** und wird der Übergang im Freistellungszeitraum 41 vollzogen, so bleibt die Arbeitsbefreiung davon unberührt. Die Freistellungserklärung des alten AG wirkt auch für die Zeit nach dem Betriebsübergang. Der Erwerber tritt in das Arbeitsverhältnis ein, wie es gerade verläuft. Das gilt auch für den bereits erteilten Urlaub (*Leinemann/Linck* Rn. 146).

Zur Haftung von Erwerber und Veräußerer beim Urlaubsentgelt und beim Urlaubsgeld vgl. BAG 42 19. 11. 1996 AP Rn. 37.

Ein **Ausgleich** der Urlaubsansprüche nach den Regeln der **Gesamtschuld** des § 426 BGB (§ 613 a 43 BGB Rn. 89) zwischen Veräußerer und Erwerber kommt nicht in Betracht, weil ein Gesamtschuldverhältnis bezogen auf den Freistellungsanspruch nicht besteht (das hat der BGH 4. 7. 1985 AP BGB § 613 a Nr. 50 übersehen). Zu keiner Zeit schulden die einander nachfolgenden Betriebsinhaber die Freistellung als Gesamtschuldner. Vielmehr geht der beim Veräußerer entstandene Anspruch auf den Erwerber über. Ein Ausgleich kommt allenfalls bei dem Anspruch auf Urlaubsentgelt und zusätzliches Urlaubsgeld in Betracht, wenn der Betriebsübergang in den Urlaub fällt und einer von beiden die gesamte Urlaubsvergütung gezahlt hat.

Dörner

III. Urlaub in der Insolvenz

44 Die Eröffnung des Insolvenzverfahrens über das Vermögen des AG berührt den **Anspruch** auf Freistellung nach dem BUrlG **nicht** (zum Konkursverfahren BAG 18. 12. 1986 AP BUrlG § 11 Nr. 19 = NZA 1987, 633). Der Insolvenzverwalter tritt mit seiner Bestellung in die Rechte und Pflichten des insolventen Schuldners ein. Das gilt auch für den Anspruch der AN auf Urlaub. Der Insolvenzverwalter wird Schuldner des noch nicht erfüllten Freistellungsanspruchs.

45 Vom Freistellungsanspruch sind die Ansprüche auf **Urlaubsentgelt** und zusätzliches **Urlaubsgeld** und auf **Urlaubsabgeltung** zu **unterscheiden**. Sie werden nach den insolvenzrechtlichen Vorschriften der §§ 35 ff. InsO beurteilt.

IV. Urlaub und Arbeitskampf

46 Nimmt der AN an einem Streik teil oder wird er vom AG ausgesperrt, so kann er **nicht gleichzeitig im Urlaub** sein. Denn im Arbeitskampf sind die Arbeitspflichten suspendiert (Art. 9 GG Rn. 183) und eine nochmalige Befreiung von der Arbeitspflicht kommt nicht in Betracht. Das hat die nachstehenden Konsequenzen:

47 Ist der Urlaub **erteilt**, wenn der Arbeitskampf beginnt, so bleibt der Urlaubsanspruch des AN unberührt. Er kann seinen Urlaub antreten bzw. bis zum Ende des Freistellungszeitraums der Arbeit aus diesem Grund fernbleiben.

48 Erklärt der AN, sich trotz Urlaub am **Streik beteiligen** zu wollen, so bleibt der Urlaub unberührt. Denn die Erklärung begründet nicht die Arbeitspflicht des Klägers, um sogleich aus arbeitskampfrechtlichen Gründen erneut suspendiert werden zu können. Vielmehr tritt der **Erfüllungserfolg** aus Gründen nicht ein, den der AG nicht zu vertreten hat. Da er seine Schuld erfüllt hat, ist er **frei**. Eine Nachgewährung von Urlaub kommt nur in Betracht, wenn sich die Parteien darauf verständigen oder durch ein tarifliches Maßregelungsverbot ein neuer Anspruch begründet wird (zum Urlaubsentgelt im Streik § 11 Rn. 44).

49 Dauert der Streik über den **Verfallzeitpunkt** hinaus an, so erlischt der Urlaubsanspruch. Ein Schadensersatzanspruch entsteht nur bei Verzug des AG (§ 7 Rn. 61). Das wiederum setzt voraus, daß der AN seine Beteiligung am Streik aufgibt und Urlaub verlangt, den der AG verweigert (BAG 24. 9. 1996 AP BUrlG § 7 Nr. 22).

50 Dasselbe gilt sinngemäß für die Aussperrung. Befindet sich ein AN in **Urlaub,** kann er mittels **Aussperrung nicht** noch einmal von der Arbeitspflicht befreit werden.

§ 2 Geltungsbereich

¹ Arbeitnehmer im Sinne des Gesetzes sind Arbeiter und Angestellte sowie die zu ihrer Berufsausbildung Beschäftigten. ² Als Arbeitnehmer gelten auch Personen, die wegen ihrer wirtschaftlichen Unselbständigkeit als arbeitnehmerähnliche Personen anzusehen sind; für den Bereich der Heimarbeit gilt § 12.

A. Normzweck

1 Die in den parlamentarischen Beratungen nicht umstrittene, seit 1963 unverändert gebliebene Vorschrift beschreibt den **persönlichen Geltungsbereich** des BUrlG. Erfaßt werden sämtliche AN einschließlich der leitenden Angestellten, für die kein Ausschluß wie in § 12 KSchG und § 5 BetrVG normiert ist. Der Gesetzgeber hat auch die damaligen Lehrlinge und die arbeitnehmerähnlichen Personen einbezogen; dazu gehören vor allen Dingen Heimarbeiter, für die das Gesetz eine ausführliche, den Besonderheiten ihrer Tätigkeit angepaßte Regelung in § 12 vorsieht.

2 Die Verabschiedung des Bundesurlaubsgesetzes hat der Gesetzgeber nicht zum Anlaß genommen, die Begriffe zum Status der abhängig Beschäftigten wenigstens für das Urlaubsrecht zu definieren. Der Gesetzgeber ging von den in der Rechtsprechung entwickelten und im Schrifttum weitgehend anerkannten Definitionen im Arbeitsverhältnisrecht aus (Rn. 3).

B. Arbeitnehmerbegriff

I. Allgemeines

3 AN iS des BUrlG ist der AN iS des Arbeitsrechts. Wegen der Einzelheiten zur Bestimmung des Begriffs sowie auf die sozialrechtlichen Normen im SGB wird auf die Kommentierung zu § 611 BGB Rn. 44 ff. verwiesen.

4 Anspruchsberechtigt nach dem BUrlG sind auch die **arbeitnehmerähnlichen** Personen. Das sind nach der Definition des § 12 a I TVG diejenigen Personen, **die wirtschaftlich abhängig** und vergleich-

Dauer des Urlaubs § 3 BUrlG 250

bar einem AN **sozial schutzbedürftig** sind, wenn sie auf Grund von Dienst- und Werkverträgen für andere Personen tätig sind und die geschuldeten Leistungen persönlich und im wesentlichen ohne Mitarbeit von AN erbringen. Weitere Voraussetzung ist, daß der Beschäftigte entweder **für eine Person tätig** ist oder ihm von einer Person im Durchschnitt **mehr als die Hälfte** des Entgelts (für Journalisten ein Drittel, § 12 a III TVG) zusteht, das ihm für seine Erwerbstätigkeit insgesamt zusteht (ausführlich § 12 a TVG Rn. 4 f.).

II. Einzelfälle

Hinsichtlich der Statusbestimmung von Beschäftigten in ABM, LeihAN, den in der Berufsaus- 5 bildung Beschäftigten, von Dienstordnungsangestellten, Familienmitgliedern, Franchisenehmern, Fußballspielern, Journalisten und Rundfunkmitarbeitern, Studenten, Telearbeitern und Beschäftigten in einem Wiedereingliederungsverhältnis vgl. § 611 BGB Rn. 44 ff.

§ 3 Dauer des Urlaubs

(1) **Der Urlaub beträgt jährlich mindestens 24 Werktage.**
(2) **Als Werktage gelten alle Kalendertage, die nicht Sonn- oder gesetzliche Feiertage sind.**

A. Entstehungsgeschichte und Gesetzeszweck

I. Entstehungsgeschichte

Die Fassung des § 3 war im Gesetzgebungsverfahren am meisten umstritten. Die beiden **SPD-** 1 Entwürfe (§ 1 Rn. 3) sahen schon 1959 und 1962 eine Urlaubsdauer von **18 Arbeitstagen** vor, während die **CDU/CSU**-Fraktion (§ 1 Rn. 3) stets auf Werktage abstellte, den Grundurlaub mit **15 Tagen** festlegte und eine Erhöhung auf 18 Tage erst mit der Vollendung des 35. Lebensjahres oder einer fünfjährigen Dauer des Arbeitsverhältnisses vorsah. Dieser Meinung schloß sich der Bundestagsausschuß für Arbeit in seinem schriftlichen Bericht mehrheitlich an (BT-Drucks. IV/785 unter II). Im Plenum und im Bundesrat wurde vergeblich versucht, die Urlaubsdauer höher festzuschreiben. Die seit Januar 1963 geltende Erstfassung des Gesetzes folgte dem Entwurf der CDU/CSU-Fraktion.

Seit der Änderung des § 3 I durch das Heimarbeitsänderungsgesetz vom 29. 10. 1974 (BGBl. I 2 S. 2879) betrug der gesetzliche Mindesturlaub **18 Werktage**.

In den **neuen Bundesländern** und im Ostteil von Berlin betrug der gesetzliche Urlaub in der Zeit 3 vom 3. Oktober 1990 bis 31. Dezember 1994 mindestens 20 Arbeitstage, wobei von 5 Arbeitstagen in der Woche auszugehen war (§ 3 I iV mit der Anlage I Kapitel VIII Sachgebiet A Abschnitt III Nr. 5 a Einigungsvertrag – BGBl. II S. 889). Unberührt geblieben sind allerdings die Ansprüche nach § 8 der Verordnung der DDR vom 28. 9. 1978 (§ 1 Rn. 5).

Seine jetzige, **seit dem 1. Januar 1995 geltende Fassung** erhielt § 3 I durch das Arbeitszeitrechts- 4 gesetz vom 6. 6. 1994 (BGBl. I S. 1170). Seither beträgt der gesetzliche Urlaub in ganz Deutschland entsprechend der Richtlinie 93/104 des Rates der Europäischen Union vom 23. 11. 1993 mindestens 24 Werktage.

Weitere bundesgesetzliche Bestimmungen zur Dauer des Urlaubs finden sich in §§ 56 und 57 5 Seemannsgesetz, § 47 Schwerbehindertengesetz, § 19 Jugendarbeitsschutzgesetz und in § 17 Bundeserziehungsgeldgesetz. Auf die Erläuterungen zu diesen Vorschriften wird verwiesen.

II. Normzweck

Die Dauer des jährlichen Urlaubsanspruchs richtete sich zunächst nach den politischen Vorstellun- 6 gen der für die Gesetzgebung Verantwortlichen darüber, welche Zeit der arbeitende Mensch zur **Erhaltung und Wiederauffrischung der Arbeitskraft** an (zusammenhängender) Erholungszeit benötigte. Das Schutzbedürfnis der AN wurde bereits 1963 geringer eingeschätzt als es zB von den TVParteien angesehen wurde, auf deren Regelungskraft bereits im Gesetzgebungsverfahren zum BUrlG vertraut wurde (BT-Drucks. IV/785 unter II). Die späteren Veränderungen folgten weniger besserer Einsicht als den Zwängen internationaler Vereinbarungen und der Vereinigung beider deutschen Staaten (Rn. 2 und 3).

Seit **1995** wird ein Zeitraum von insgesamt **24 Werktagen** für angemessen und notwendig gehalten. 7 In dem im Arbeitsleben üblichen Sprachgebrauch, den Urlaub nach Wochen zu messen, soll der AN insgesamt einen jährlichen Anspruch von 4 Wochen haben. Diese Zahl ergibt sich bei einer zusammenhängenden Gewährung von 24 Werktagen (das sind die Wochentage **Montag bis Samstag, §** 3 II).

Die im Gesetz genannten **Werktage** müssen nicht die **Arbeitstage** eines AN sein, weshalb in vielen 8 Tarifverträgen für den tariflichen Urlaub auch nicht auf den Werktag, sondern auf den Arbeitstag abgestellt wird (ebenso der fortgeltende § 8 der DDR-Verordnung vom 28. 9. 1978, Rn. 3 und § 1 Rn. 5). Die Unterscheidung ist aber auch bei der Bestimmung der Urlaubsdauer in den Arbeitsverhältnissen von Bedeutung, in denen nicht nach dem gesetzlichen Grundmodell gearbeitet wird (Rn. 13 ff.)

B. Grundsätze zur Bestimmung der Urlaubsdauer

9 Das Bundesurlaubsgesetz geht in § 3 I vom **Tagesprinzip** aus. Der AN hat Anspruch auf Befreiung von der Arbeitspflicht für Tage, nicht für Stunden. Urlaub kann daher nicht stundenweise berechnet und regelmäßig **auch nicht stundenweise gewährt** werden (unzutreffend GK-BUrlG/*Bleistein* Rn. 42 bis 50; *Danne*, DB 1990, 1965; *Siebel*, BB 1987, 2222). Auch die Befreiung an Teilen eines Tages wie an einem halben Tag oder einem Vierteltag ist zu Urlaubszwecken nicht statthaft, so lange der AN noch wenigstens Anspruch auf einen Tag Urlaub hat. Diese Erkenntnis ist ua. bedeutsam bei der Berechnung des Urlaubsanspruchs für Teilzeitbeschäftigte (Rn. 23 bis 25). In Tarifverträgen können andere Prinzipien vereinbart werden, so lange der gesetzliche Mindesturlaub nicht unterschritten wird.

10 Davon zu unterscheiden ist die **Erfüllung eines Bruchteils**, der sich aus der Berechnung des konkret geschuldeten Urlaubs ergibt. In diesen Fällen ist an einem Tag Urlaub für einen Teil des Tages zu gewähren (§ 5 Rn. 36).

11 Auch nach den Änderungen des § 3 I ab 1963 beruht der Text der Vorschrift auf der zur Zeit der Kodifizierung des BUrlG noch herrschenden **Praxis des Arbeitslebens**, daß regelmäßig an den Tagen von **Montag bis Samstag** gearbeitet wurde, soweit nicht ein Wochenfeiertag zur Minderung der wöchentlichen Arbeitspflicht führte (*Leinemann/Linck* Rn. 9). Diese Vorstellung des Gesetzgebers erklärt die Verwendung des Begriffs „Werktag" und seine Legaldefinition in § 3 II an Stelle des in den sozialdemokratischen Entwürfen vorgeschlagenen Begriffs „Arbeitstag" (dazu Rn. 1).

12 Die Gesetzesfassung brachte von Anfang an **Berechnungsschwierigkeiten** in den Arbeitsverhältnissen, in denen schon damals die Arbeitsverpflichtung der AN nicht oder nicht nur auf die Tage von Montag bis Samstag verteilt war wie bei Teilzeitbeschäftigten und bei Schichtarbeitern, die zum Teil auch zur Sonntagsarbeit verpflichtet waren. Durch die jüngere Rechtsprechung des BAG (Rn. 15 bis 31) dürften die Probleme **weitgehend geklärt** sein, wenn auch einzelne Berechnungsschritte nicht unproblematisch sind, durchweg aber zu leicht verständlichen und ausgewogenen Ergebnissen führen. Das gilt auch für den tarifrechtlichen Bereich (Rn. 18 f.). Anderweite Überlegungen, die durch die Gesetzesfassung bedingten Ungereimtheiten und ihre Folgen auszugleichen, überzeugen nicht.

C. Die Berechnung der Urlaubsdauer im einzelnen

I. Sechs-Tage-Woche

13 Die Bestimmung des § 3 I, wonach einem AN 24 Werktage Urlaub zustehen, ist nur unproblematisch in Arbeitsverhältnissen zu handhaben, in denen wie zB im Einzelhandel von Vollzeitbeschäftigten **regelmäßig** an sechs Tagen von **Montag bis Samstag** gearbeitet wird. Der Urlaubsanspruch beträgt wie im Gesetz vorgesehen 24 Werktage = Arbeitstage, die zusammenhängend oder in den Grenzen des § 7 II in mehreren Freistellungszeiträumen gewährt werden.

14 Bei dieser Grundberechnung bleibt außer Betracht, daß auch der an sechs Werktagen zur Arbeit verpflichtete AN nicht in jeder Woche des Jahres sechs Tage arbeiten muß. Der **Arbeitsausfall in einigen Wochen** wegen der Wochenfeiertage, Freistellungen aus anderen Gründen wie der Besuch von Bildungsveranstaltungen oder nach § 616 BGB, wegen krankheitsbedingter Arbeitsunfähigkeit, unberechtigte Fehltage ua. hat für die **Berechnung des jährlichen Urlaubsumfangs** keine Bedeutung. Diese Tatbestände sind erst bei der **Erfüllung** des Urlaubsanspruchs zu beachten. So kann zB an gesetzlichen Wochenfeiertagen, an denen der AN ohnehin keine Arbeitsverpflichtung hat, nicht noch einmal die Arbeitspflicht suspendiert werden (Einzelheiten zur Urlaubsgewährung § 7 Rn. 5 ff.). Das ist letztlich der Inhalt der Aussage in § 3 II, die allerdings auch noch einzuschränken ist (Rn. 21).

II. Fünf-Tage-Woche

15 **1. Arbeitsfreier Samstag. a)** Mit der zunehmenden Verkürzung der Wochenarbeitszeit bis zur 40-Stunden-Woche entfiel für einen Großteil der AN die Arbeitsverpflichtung am Samstag. Denn die wöchentliche Arbeitszeit ließ sich gut linear auf 5 Arbeitstage verteilen. Damit galt es spätestens jetzt, den arbeitsfreien Samstag urlaubsrechtlich zu bewerten. Denn es bestand von jeher Einigkeit, daß bei anderweiter Verteilung der Arbeitszeit der Urlaub nicht 3 Wochen und 3 Tage (heute 4 Wochen und 4 Tage), sondern weiterhin 3 (heute 4) Wochen betragen sollte (*Boldt/Röhsler* Rn. 26 mwN). Das **BAG** rechnete deshalb schon zur Geltung der Länderurlaubsgesetze den **arbeitsfreien Samstag in den Urlaub** hinein (BAG 7. 2. 1963 und 4. 7. 1963 AP BGB § 611 Urlaub und Fünf-Tage-Woche Nr. 1, 2 und 7). Arbeitsfreie Werktage wie der Samstag „zählten" als Urlaubstage, wenn sie in die Urlaubszeit fielen (*Boldt/Röhsler* Rn. 26 mwN).

C. Die Berechnung der Urlaubsdauer im einzelnen   § 3   BUrlG 250

Die Rechenoperation **versagte,** wenn Urlaub so gewährt wurde, daß ein Samstag weder im Ur- 16
laubszeitraum lag noch sich daran anschloß oder voranging. Deshalb forderte ein Teil des Schrifttums,
daß in sechs Urlaubstagen jeweils ein freier Samstag enthalten sein müsse (*Boldt/Röhsler* Rn. 28; heute
noch *Dersch/Neumann* Rn. 34), oder es bemühte Rechtsmißbrauchsüberlegungen. Das ist **überholt**
(immer noch teilweise im Schrifttum verkannt: *Zmarzlik/Zipperer/Viethen,* § 17 BErzGG Rn. 9). Die
Meinungen waren weder mit dem Wortlaut des § 3 noch mit dem Wesen des Urlaubs als Anspruch auf
Befreiung von der Arbeitspflicht zu vereinbaren, und sie sind deshalb vom Bundesarbeitsgericht zu
Recht nicht aufrechterhalten bzw. übernommen worden. Besteht an einem Samstag keine Arbeitspflicht, so kann dem AN an diesem Tag auch kein Urlaub erteilt werden. Folglich kann er auch nicht
„mitzählen" oder eingerechnet werden (MünchArbR/*Leinemann* § 89 Rn. 57 f.; Kasseler Handbuch/
Schütz 2. 4 Rn. 109).

Die Verteilung der Arbeitszeit auf die Wochentage von Montag bis Freitag hat vielmehr zur Folge, 17
daß die **Dauer** des gesetzlichen Urlaubsanspruch von (heute) 24 Werktagen entsprechend der abweichenden Arbeitsverpflichtung an weniger Werktagen, den tatsächlichen Arbeitstagen, **angepaßt** werden muß. Das geschieht durch Umrechnung, das Anliegen des Gesetzgebers wahrt, dem AN 4
(früher 3) Wochen Urlaub zuzusprechen. Dabei werden die im Gesetz genannten **Werktage** zu den
vom AN geschuldeten **Arbeitstagen rechnerisch zueinander in Beziehung gesetzt.** Die im Gesetz
genannte Dauer des Urlaubs wird durch 6 (Werktage in der Woche) geteilt und mit der Anzahl der
Arbeitstage multipliziert, an denen in der Woche eine Arbeitsverpflichtung besteht. Das führt bei einer
regelmäßigen Verteilung der Arbeitszeit auf die Tage von Montag bis Freitag zu einem Anspruch von
20 (früher 15) Tagen Urlaub (erstmals mehr beiläufig BAG 8. 3. 1984 AP BUrlG § 13 Nr. 15 = DB
1984, 1885; ausdrücklich 27. 1. 1987 AP BUrlG § 13 Nr. 30 = NZA 1987, 462 und 25. 2. 1988 AP
BUrlG § 8 Nr. 3 mit Anm. *Clemens* = NZA 1988, 607; zuletzt 18. 2. 1997 AP TVG § 1 Tarifverträge
Chemie Nr. 13 = NZA 1997, 1123 und 8. 9. 1998 AP TVG § 1 Tarifverträge: Bau Nr. 216 = DB 1999,
425: *Leinemann/Linck* DB 1999, 1498). Soweit die Lösung des Bundesarbeitsgerichts noch vereinzelt
kritisiert wird, wird nicht nur verkannt, daß sie allein in der Lage ist, angemessene Ergebnisse
anzubieten. Es wird auch übersehen, daß der Gesetzgeber sie bei der Neufassung des § 47 SchwbG
angewandt hat (*Dörner,* § 47 SchwbG Anm. III 4). Dessen Umrechnungsgrundsätze sind auch dann
anzuwenden, wenn tarifliche Sonderregelungen bestehen, deren Anwendung zu einer Absenkung des
gesetzlichen Mindestzusatzurlaubs führen würde (BAG 18. 2. 1997 aaO).

b) Diese Umrechnungsregel wendet das BAG auch bei **tariflichen Urlaubsansprüchen** an, wenn 18
eine abweichende tarifliche Umrechnungsregelung nicht normiert ist (BAG 8. 9. 1998 aaO und 18. 2.
1997 aaO). Dasselbe gilt bei Ansprüchen aus einer Betriebsvereinbarung (BAG 19. 4. 1994 AP BUrlG
§ 1 Treueurlaub Nr. 3 = NZA 1995, 86).

Der dagegen erhobene Einwand, das Bundesarbeitsgericht verkürze unter Mißachtung der **Tarif-** 19
autonomie die Dauer des tariflich festgelegten Urlaubs, verkennt die Zusammenhänge zwischen
Urlaub und Verteilung der Arbeit aufgrund tariflicher Normsetzung. Die TVParteien oder die Betriebspartner selbst, nicht die Rechtsprechung, beeinflussen mit der tarifvertraglichen oder betrieblichen Verteilung der geschuldeten Arbeit die tarifliche Urlaubsmenge genau in derselben Weise wie
beim gesetzlichen Urlaub. Das Plädoyer für eine von der Verteilung der Arbeitspflichten unabhängige,
unveränderbare tarifliche Urlaubsdauer von zB 30 Arbeitstagen führt im Extremfall dazu, daß der nur
an 30 Tagen im Jahr zur Arbeit verpflichtete AN nur Urlaub zu beanspruchen, nicht aber zu arbeiten
hat.

2. Anderer arbeitsfreier Werktag. Die Berechnung der Urlaubsdauer bereitet keine weiteren 20
Schwierigkeiten, wenn ein anderer Werktag als der Samstag arbeitsfrei ist. **Es gelten die vorstehenden
Regeln.** Die Höhe der Urlaubsdauer beträgt unabhängig davon, an welchem Tag der AN seinen
„Ruhetag" hat, 20 Urlaubstage, auch wenn nicht immer am selben Werktag pausiert wird.

3. Arbeitsverpflichtung an Sonn- und Feiertagen. Problematisch ist die Berechnung dann, wenn 21
die **Sonn- und Feiertage** in die Verteilung der regelmäßigen Arbeitszeit wie zB bei der kontinuierlichen Wechselschicht **einbezogen** werden. Denn die gesetzlichen Feiertage und die Sonntage gelten
nicht als Werktage, wie der an die Sonntagsruheregelung des § 9 ArbZG (früher § 105 a GewO)
anknüpfende § 3 II festlegt (zur Liste der Feiertage vgl. § 2 EFZG Rn. 7 und 8). Damit ist aber nicht
gesagt, daß die Sonn- und Feiertage bei der Berechnung der Urlaubsdauer unberücksichtigt bleiben
müssen, wenn die regelmäßige Arbeitszeit auch auf den Sonntag und die gesetzlichen Feiertage verteilt
wird, was unter den Voraussetzungen der §§ 10 ff. ArbZG statthaft ist. Der Kellner in einem Gast-
stättenbetrieb (§ 10 I Nr. 4 ArbZG), der regelmäßig von Mittwoch bis Sonntag arbeitet, hat – unbeschadet der Wirksamkeit der Arbeitszeitverteilung – Anspruch auf 20 Tage Urlaub wie sein von Montag
bis Freitag arbeitender Kollege. Bliebe der Sonntag bei der Berechnung unberücksichtigt, ergäbe sich
nur ein Anspruch von 16 Tagen, obwohl eine fünftägige Arbeitsverpflichtung besteht. Gesetzliche
Feiertage und Sonntage sind daher bei der Bestimmung der individuellen Urlaubsmenge als Werktage
anzusehen (Kasseler Handbuch/*Schütz* 2.4 Rn. 117; *Leinemann/Linck* Rn. 27; MünchArbR/*Leinemann* § 89 Rn. 58), wenn an ihnen regelmäßig gearbeitet wird. Ein Ausweichen auf die Hilfskonstruk-

Dörner   1753

tion, die Sonn- und Feiertage nicht als Urlaubstage zu werten, aber mitzuzählen (Rn. 16) versagt auch hier, wenn ein AN nur wenige Tage Urlaub nimmt und ein Wochenende nicht eingeschlossen wird.

22 Das hat selbstverständlich Folgen für das **Urlaubsgewährungs- und Urlaubsvergütungsrecht.** Dort ist die Rechtsprechung zunächst davon ausgegangen, daß an einem gesetzlichen Feiertag kein Urlaub gewährt und bezahlt werden könne, auch wenn der AN an einem Sonntag oder gesetzlichen Feiertag zu arbeiten gehabt hätte, wäre er im Betrieb verblieben (BAG 14. 5. 1964 AP BGB § 611 Urlaubsrecht Nr. 94). Diese unzutreffende Beurteilung beruht auf der Verkennung der urlaubsrechtlichen Zusammenhänge und führt zu nur noch mit Rechtsmißbrauchsüberlegungen zu bewältigenden Schwierigkeiten auf allen Gebieten, die nicht zu überzeugen vermögen (besonders anschaulich bei den Beispielen von GK-BUrlG/*Bleistein* Rn. 23 bis 27). Richtig ist vielmehr: Wird der AN von seiner **Arbeitspflicht durch Urlaub an einem Feiertag befreit,** an dem er sonst hätte arbeiten müssen, so wird ihm der Tag nicht nur auf seinen Urlaub als gewährt angerechnet. Er erhält auch das regelmäßige Arbeitsentgelt nach den Maßstäben des § 11.

III. Regelmäßige Verteilung der Arbeit auf weniger als 5 Tage

23 Wird die regelmäßige Arbeit auf weniger als 5 Tage in der Woche verteilt, wie regelmäßig bei **Teilzeitkräften** (dazu auch Rn. 27 ff.), aber zunehmend im Zuge der Arbeitszeitverkürzung und der Flexibilisierung der Arbeitszeit auch bei **Vollzeitbeschäftigten,** so gelten **dieselben Grundsätze.** Bei einer Verteilung der vom AN geschuldeten Arbeitszeit auf vier (BAG 14. 2. 1991 AP BUrlG § 3 Teilzeit Nr. 1 = NZA 1991, 777) drei, zwei oder ein Werktag(e) in der Woche ergibt sich ein Freistellungsanspruch des AN für sechzehn, zwölf, acht und vier **gesetzliche Urlaubstage** (zB für die einmal in der Woche tätige Reinigungshilfe im Haushalt: *Leinemann/Linck* Rn. 32). Entsprechend höher sind **die tariflichen Urlaubsansprüche,** wenn der TV von 30 Arbeitstagen Urlaub im Jahr bei einer Fünf-Tage-Woche ausgeht (6 Wochen).

24 Unzutreffend ist es, in diesen Fällen die geschuldeten Stunden in der Woche heranzuziehen, um danach den Urlaub zu bemessen (Kasseler Handbuch/*Schütz* 2.4 Rn. 133 f.). Denn das gesetzliche Urlaubsrecht kennt kein Stunden-, sondern nur das Tageprinzip (Rn. 9). Soweit das Bundesarbeitsgericht einmal auf die ausgefallenen Stunden abgestellt hat (BAG 8. 11. 1994 AP TVG § 1 Tarifverträge: Metallindustrie Nr. 122 = NZA 1995, 1408), diente die Berechnung lediglich zur Widerlegung des Einwands, die Umrechnung führe zu Ungleichbehandlungen bei der Berechnung des Urlaubsentgelt (ähnlich *Bengelsdorf,* DB 1988, 1161, der Stundenbeispiele lediglich zur Darstellung der Problematik anführt). Die gegenteilige Auffassung wird im wesentlichen von der Sorge getragen, es könne zu Ungleichbehandlungen kommen, wenn AN immer nur Urlaub an Tagen mit einer zeitlich hohen Arbeitspflicht bekämen. Die Sorge ist angesichts der durch § 7 II gegebenen Erfüllungsmöglichkeiten durch den AG nicht berechtigt (aA *Danne,* DB 1990, 1965, 1971); im übrigen gleichen sich Vorteile in Form einer höheren Urlaubsvergütung alsbald durch Nachteile beim nächsten Urlaub aus.

25 Für die **AN mit linearer stundenweiser Verkürzung** der Arbeitszeit an 6 oder 5 Wochentagen kommt es ohnehin zu keiner Umrechnung oder nur zu der unter Rn. 15 dargestellten Berechnung in der Fünf-Tage-Woche (zutreffend *Krasshöfer,* AuA 1995, 299, 302). Das gilt für Vollzeitbeschäftigte und Teilzeitkräfte gleichermaßen.

26 Besondere Schwierigkeiten bereitet die Berechnung der Urlaubsdauer, wenn eine **Umverteilung der Arbeit im Laufe des Kalenderjahres** erfolgt wie beim Übergang von Vollzeitbeschäftigung zur Teilzeitbeschäftigung. In diesem Fall sind die Ansprüche für die entsprechenden Abschnitte gesondert zu berechnen (aA BAG 28. 4. 1998 AP BUrlG § 3 Nr. 7 = NZA 1999, 156, das die Arbeitsverpflichtung im Urlaubszeitraum für maßgebend hält; ebenso *Leinemann/Linck* DB 1999, 1498, 1501 f.; siehe auch § 7 Rn. 65). Rechtliche Bedenken hiergegen, weil die Urlaubsdauer nicht zu Jahresbeginn sicher festgestellt werden kann, sind unberechtigt. Das Gesetz selbst kennt in § 5 Fälle der nachträglichen Berechnung.

IV. Unregelmäßige Verteilung der Arbeitszeit.

27 In vielen Arbeitsverhältnissen ist die wöchentliche Arbeitszeit nicht immer auf dieselben Arbeitstage verteilt. Das gilt insbesondere bei wechselnden **Teilzeittätigkeiten,** bei **rollierenden Systemen** und im **Schichtbetrieb.** In diesen Fällen ändert sich die Berechnungsformel insofern, als nicht mehr eine Woche der Berechnungsrahmen ist, sondern der Zeitraum, in dem sich der Arbeitsrhythmus nach dem betrieblichen oder tariflichen Ablaufplan wiederholt. Das können Zeiträume zwischen zwei Wochen und einem ganzen Jahr sein (BAG 18. 2. 1997 Rn. 17; 19. 4. 1994 AP BUrlG § 1 Treueurlaub Nr. 3 = NZA 1995, 86; 14. 1. 1992 AP BUrlG § 3 Nr. 5 = NZA 1992, 759; 22. 10. 1991 AP BUrlG § 3 Nr. 6 = NZA 1993, 79). Weiter ist darauf zu achten, an wieviel Arbeitstagen in diesem Zeitraum eine Arbeitsverpflichtung besteht.

28 **1. Rollierendes Arbeitszeitsystem.** Ist ein AN regelmäßig in der ersten Woche zB an 4 Tagen und in der zweiten Woche an 5 Tagen zur Arbeit verpflichtet, so sind die Arbeitstage und Werktage zueinander rechnerisch in Beziehung zu setzen sind (BAG 19. 4. 1994 AP BUrlG § 1 Treueurlaub

C. Die Berechnung der Urlaubsdauer im einzelnen § 3 BUrlG 250

Nr. 3 = NZA 1995, 86; 14. 1. 1992 AP BUrlG § 3 Nr. 5= NZA 1992, 759). Der gesetzliche Jahresurlaub beträgt auf der Berechnungsgrundlage von zwei Wochen 18 Urlaubstage (24 : 12 × 9).

2. Schichtarbeit. Der gesetzliche Umfang des Urlaubs kann auch im Schichtdienst Veränderungen 29 unterliegen. In der Rechtsprechung ist das bisher nur zu tarifvertraglichen Bestimmungen entschieden. Die tarifliche Dauer von 24 oder 30 Arbeitstagen Urlaub, die auf eine Arbeitszeitverteilung an 5 Wochentagen abstellt (zB § 13 MTV-Metall NRW), verändert sich, wenn die Durchführung eines betrieblichen Schichtplans eine wöchentliche Arbeitsverpflichtung von durchschnittlich mehr oder weniger als 5 Tagen ergibt (BAG 3. 5. 1994 AP BUrlG § 3 Fünf-Tage-Woche Nr. 13 = NZA 1995, 477; 8. 11. 1994 AP TVG § 1 Tarifverträge: Metallindustrie Nr. 122 = NZA 1995, 1408 und AP BUrlG § 11 Nr. 35 und 36 = NZA 1995, 580 und 583). Ist nach einem Schichtplan die Arbeitszeit so verteilt, daß eine Arbeitsverpflichtung unterschiedlich an zwei bis sechs Tagen in der Woche besteht und wird die regelmäßige wöchentliche Arbeitszeit nach 20 Wochen an 90 Tagen erreicht, so beträgt der tarifliche Urlaub 27 Arbeitstage (20 Wochen mit 5 Tagen ergibt Arbeitspflicht an 100 Tagen; Arbeitspflicht an 90 Tagen ergibt eine Verringerung des Urlaubsanspruchs um ein 1/10 auf 27 Arbeitstage). Zur Behandlung von Freischichttagen *Leinemann*, BB 1998, 1414 und *Leinemann/Linck* DB 1999, 1498, 1500.

3. Verteilung über mehrere Kalenderjahre. Wiederholt sich ein Arbeitsrhythmus nicht innerhalb 30 eines Jahres, so muß eine Berechnung nach der Arbeitsverpflichtung eines jeden Kalenderjahrs festgestellt werden (BAG 22. 10. 1991 AP BUrlG § 3 Nr. 6 = NZA 1993, 79). Das BAG geht in diesem Fall von einer Arbeitsverpflichtung an 260 Tagen in der Fünf-Tage-Woche (52 × 5) und von 312 Werktagen in der Sechs-Tage-Woche (BAG 19. 4. 1994 AP BUrlG § 1 Treueurlaub Nr. 3 = NZA 1995, 86) aus. **Gesetzliche Wochenfeiertage** läßt es mit der Begründung **unberücksichtigt**, hierfür beständen gesetzliche Sonderregelungen sowohl hinsichtlich der Arbeitsbefreiung als auch der Vergütung und ihrer Berechnung (BAG 22. 10. 1991 aaO; 2. 10 1987 AP BAT § 48 Nr. 4 = DB 1988, 762). Das vermag nicht zu überzeugen, weil damit nicht erklärt wird, warum § 3 II ignoriert wird. Dem BAG ist aber deswegen zuzustimmen, weil diese Vorschrift keine Berechnungsregel enthält, sondern nur zum Ausdruck bringt, daß an Sonn- und Feiertagen ohne Arbeitsverpflichtung kein Urlaub gewährt werden kann. Bei der Berechnung der Jahresurlaubsmenge bleiben die Wochenfeiertage stets unberücksichtigt, auch im Grundmodell. Gilt es die Urlaubsdauer eines an drei Tagen in der Woche Beschäftigten auszurechnen (Rn. 23), lautet die Formel 24 geteilt durch 6 mal 3, unabhängig davon, daß es in manchen Wochen nicht 6 Werktage gibt. Nichts anderes gilt, wenn von der Jahresarbeitsverpflichtung ausgegangen werden muß.

Die so ermittelten möglichen Arbeitstage und die Tage mit Arbeitspflicht sind nach der bekannten 31 Formel (Rn. 17) ins Verhältnis zu setzen, worauf sich die konkrete Urlaubsmenge ergibt.

4. Teilzeit. Auch die Teilzeit muß **nicht regelmäßig** an bestimmten, immer wieder kehrenden 32 Wochentagen geschuldet sein. So kommt zB eine Verpflichtung in Betracht, über einen längeren Zeitraum an jedem Werktag zu arbeiten und dann wochenweise keine Arbeit zu leisten (für Reinigungskräfte in der Schule vgl. BAG 19. 4. 1994 AP TVG § 1 Gebäudereinigung Nr. 7 = NZA 1994, 899). Die Berechnung erfolgt dann auf der Grundlage eines längeren Zeitraums als eine Woche nach obigen Regeln (Rn. 28 bis 31) unter Berücksichtigung der Tage, an denen der AN zur Arbeit verpflichtet ist.

V. Berücksichtigung besonderer Umstände

1. Tage ohne Arbeitspflicht. Bei der Festlegung der Arbeitszeitverpflichtung des AN als ein Aus- 33 gangswert für die Berechnung des Urlaubsumfangs im Kalenderjahr bleiben nicht nur die Wochenfeiertage unberücksichtigt, sondern auch andere Tage, an denen der AN keine Pflicht zur Arbeitsleistung hat. Die Tage zählen weiter als Werk- und/oder Arbeitstage (Krankheit, Freistellungen nach Brauchtum [Rosenmontag], Betriebsausflug, unentschuldigtes Fehlen). Davon zu unterscheiden sind die Rechtsfragen, die sich bei diesen Ereignissen im Zusammenhang mit der Erfüllung des Urlaubs ergeben (siehe oben Rn. 14; mißverständlich GK-BUrlG/*Bleistein* Rn. 10 und *Leinemann/Linck* Rn. 45 ff.).

2. Arbeitskampf. Nimmt der AN an einem Arbeitskampf teil, so bleibt die Berechnung der Ur- 34 laubsmenge davon unberührt. Der Ausgangswert von sechs oder fünf Wochentagen oder hilfsweise von 250 oder 312 Jahresarbeitstagen wird nicht verändert (*Leinemann/Linck* Rn. 58 f.). Davon zu unterscheiden ist die zum Erfüllungsrecht gehörende Aussage, daß einem AN, der sich an einem Arbeitskampf beteiligt, kein Urlaub gewährt werden kann.

3. Kurzarbeit. Anders verhält es sich bei Kurzarbeit, in deren Folge an manchen Tagen der Woche 35 nicht gearbeitet wird. Sie ist so zu behandeln wie eine dauerhafte Absenkung der Arbeitsverpflichtung, zB beim einzelvertraglich vereinbarten Übergang von Vollzeitbeschäftigung zur Teilzeitbeschäftigung (ausführlich *Leinemann/Linck* Rn. 49 bis 55, die aber nicht immer hinreichend deutlich zwischen dem

Berechnungsrecht nach § 3 und dem Erfüllungsrecht nach § 7 unterscheiden). Gegebenenfalls ist die Urlaubsmenge mehrfach im Jahr veränderlich, was zu einer Gewährung von mehr Urlaub führen kann, als dem AN letztlich zusteht (zur Rückabwicklung von zu viel erhaltenem Urlaub in einem Fall des § 5 vgl. BAG 23. 4. 1996 AP TVG § 1 Tarifverträge: Metallindustrie Nr. 140 und § 5 Rn. 29 ff.).

D. Unabdingbarkeit

36 Die gesetzliche Urlaubsdauer von 24 Werktagen ist unabdingbar. Das gilt auch für die Regelungsbefugnis der TVParteien. Allerdings sehen Tarifverträge regelmäßig einen höheren Urlaub als das Gesetz vor. Von Bedeutung ist die Tariffestigkeit des gesetzlichen Mindesturlaubs allerdings bei der Berechnung des Urlaubs bei **Ausscheiden in der zweiten Jahreshälfte**. Soweit tarifliche Kürzungsvorschriften den gesetzlichen Mindesturlaubsanspruch tangieren, sind sie wegen Gesetzesverstoß nichtig (§ 13 Rn. 22).

§ 4 Wartezeit

Der volle Urlaubsanspruch wird erstmalig nach sechsmonatigem Bestehen des Arbeitsverhältnisses erworben.

A. Normzweck

1 Die in § 4 seit **1963 unverändert** geregelte Wartezeit beschreibt einen **Grundsatz des Urlaubsrechts**, der – auch hinsichtlich der Dauer – Inhalt der meisten Ländergesetze war. Der AG schuldet dem AN eine Freistellung von der Arbeitspflicht bei Fortzahlung der Bezüge erst nach einer gewissen Dauer des Arbeitsverhältnisses. Die wechselseitigen Beziehungen sind bis dahin so locker, daß die Lasten einer umfangreichen Freistellung vom AG noch nicht verlangt werden können (zutreffend *Natzel* Rn. 2 mit Hinweis auf das veränderte Verständnis des Urlaubsanspruchs in der Rspr.; überholt deshalb die Auffassung von *Boldt/Röhsler* Rn. 2). Haben sich die Beziehungen hingegen verfestigt, so erwirbt der AN zu Beginn des 7. Monats einen vollen Anspruch im laufenden Kalenderjahr.

2 Der Ablauf der Wartezeit ist eine **Voraussetzung für das Entstehen** des Anspruchs nach dem BUrlG (das Seemannsgesetz kennt keine Wartezeit, § 53 I und II SeemannsG; zur Regelung für Heimarbeiter § 12 Rn. 29) unabhängig von der geplanten oder zu erwartenden Dauer des Arbeitsverhältnisses (*Boldt/Röhsler* Rn. 3). Davor kann der AN vom AG keine Befreiung von der Arbeitspflicht verlangen, auch nicht für einen Teil des Jahresurlaubs. Denn Teilurlaub entsteht nicht sukzessive mit jedem vollen Monat der Dauer des Arbeitsverhältnisses. Der Anspruch ist **nicht** etwa **aufschiebend bedingt** (*Dersch/Neumann* Rn. 6; *Leinemann/Linck* Rn. 1; aA *Natzel* Rn. 5). Der AN erhält auch **keine Anwartschaft** auf den Vollurlaub (*Dörner* AR-Blattei Urlaub V A II 1; *Leinemann/Linck* Rn. 2; aA *Dersch/Neumann* Rn. 6; GK-BUrlG/*Bleistein* Rn. 4).

3 Von den zu Unrecht für möglich gehaltenen Teilansprüchen des Vollurlaubs sind die **Teilurlaubsansprüche** nach § 5 I Buchst. a und b zu unterscheiden (das übersieht GK-BUrlG/*Bleistein* Rn. 5). Sie entstehen nach anderen Voraussetzungen (§ 5 Rn. 6 bis 9, 18 bis 22 und 25 bis 27) als der Vollurlaub und unterliegen auch anderen Regeln bei der Erteilung und Übertragung (§ 5 Rn. 15, 20 und 28 und § 7 Rn. 64 und 75 f.).

4 Zur **Abdingbarkeit** der gesetzlichen Wartezeitregelung durch TV, BV oder Einzelarbeitsvertrag siehe § 13 Rn. 23, 59 und 61.

B. Beginn und Ende der Wartezeit

I. Beginn

5 Die Regelung über die Wartezeit ist eine gesetzliche Fristbestimmung iS des **§ 186 BGB**. Für den Fristbeginn sind daher die Auslegungsvorschriften des § 187 BGB anzuwenden. Das bedeutet: Beginnt ein Arbeitsverhältnis mit dem Beginn des Tages, wie es regelmäßig in zeitlich vorhergehenden Arbeitsverträgen vereinbart wird, so wird dieser Tag bei der Berechnung mitgezählt, auch wenn die Arbeitsaufnahme erst im Laufe des Tages erfolgt, § 187 II BGB (Kasseler Handbuch/*Schütz* 2. 4 Rn. 83 f.). Lediglich wenn der Beginn des Arbeitsverhältnisses ausnahmsweise (*Dersch/Neumann* Rn. 20) nicht mit Beginn des Tages, sondern mit der verabredeten Arbeitsaufnahme im Laufe eines Kalendertages zusammenfällt, wird der „erste" Tag nicht mitgezählt, § 187 I BGB (*Dörner* AR-Blattei Urlaub V A I 2; *Leinemann/Linck* § 4 Rn. 3 bis 5). Ohne Bedeutung für den Fristbeginn ist der Zeitpunkt des Vertragsabschlusses (allgM).

6 Die Frist nach § 187 I oder § 187 II BGB beginnt auch, wenn der AN am ersten Tag **zu spät** kommt oder seine Tätigkeit zB wegen **Krankheit** überhaupt nicht aufnimmt. Selbst wenn er die verzögerte

Arbeitsaufnahme verschuldet hat, wird der Tag mitgerechnet. Denn für die Berechnung der Wartezeit kommt es nicht auf die tatsächliche Beschäftigung, sondern auf den rechtlichen Bestand des Arbeitsverhältnisses an (allgM).

Fällt der erste Tag des Arbeitsverhältnisses auf einen **Sonn- oder Feiertag** (zB auf den 1. Mai), so wird er mitgerechnet (*Dersch/Neumann* Rn. 23; Kasseler Handbuch/*Schütz* 2.4 Rn. 84). Das Gesetz verlangt keine Beschäftigung am ersten Tag. Dasselbe gilt, wenn das Arbeitsverhältnis am Rosenmontag beginnt und der AG wegen des rheinischen Brauchtums seine Mitarbeiter an diesem Tag von der Arbeit freistellt. 7

II. Ende

1. **Normalfall.** Die Wartezeit des AN endet mit Ablauf des letzten Tages im 6. Monat nach Beginn des Arbeitsverhältnisses, auch wenn dieser Tag ein **Sonn- oder Feiertag** ist. § 193 BGB findet mangels Vorliegens der weiteren Voraussetzungen (Abgabe einer Willenserklärung, Leistungsbewirkung) keine Anwendung (allgM). Unbeachtlich ist auch, daß die Wartezeit nicht in dem Jahr endet, in dem das Arbeitsverhältnis begonnen hat. Das hat lediglich Auswirkungen auf den Teilurlaub im ersten Beschäftigungsjahr (§ 5 Rn. 5 bis 14). 8

2. **Krankheit.** Die Wartezeit endet auch mit Ablauf des 6. Monats, wenn der AN krank war und ist. Krankheit **verlängert** die Wartezeit **nicht** (allgM). Das gilt sogar dann, wenn der AN während der gesamten 6 Monate krank war und keine einzige Arbeitsleistung für den AG erbracht hat, auch wenn der AN die Arbeitsunfähigkeit selbst verschuldet hat. Davon zu unterscheiden ist die unter den Voraussetzungen des § 7 zu bejahende Frage (*Dersch/Neumann* Rn. 36), ob der AN bei Genesung nach Ablauf der Wartezeit sogleich Urlaub verlangen kann, obwohl er gegebenenfalls noch keinen Tag gearbeitet hat. 9

3. **Unterbrechungen.** Wird das Arbeitsverhältnis innerhalb der Wartezeit rechtlich unterbrochen, zB durch Kündigung oder Aufhebungsvertrag, und wird es dann **fortgesetzt**, so beginnt die Wartezeit neu. Das gilt auch dann, wenn die Unterbrechung sehr **kurz** war und vom **AG veranlaßt** war (*Dörner* AR-Blattei Urlaub V, A I 2 d; Kasseler Handbuch/*Schütz* 2. 4 Rn. 92; *Leinemann/Linck* § 4 Rn. 12 und 13; MünchArbR/*Leinemann* § 89 Rn. 41). Für die gegenteilige Ansicht (*Dersch/Neumann* Rn. 40 bis 53) findet sich im Gesetz anders als in den Ausschußberatungen des Bundesrates kein Anhaltspunkt. Sie führt auch zu einem hohen Maß an **Rechtsunsicherheit,** wenn eine Fülle ungeschriebener Rechtsbegriffe wie „kurze Unterbrechung, längere Unterbrechung, Verhältnis von Wartezeit zu geplanter Dauer des Arbeitsverhältnisses" maßgebend sein soll. Die Beispiele von *Neumann* (aaO) zeigen das geradezu exemplarisch. 10

Abweichend vom Gesetz können die Arbeitsvertragsparteien **vereinbaren,** daß mit der Wiederbegründung des Arbeitsverhältnisses die Wartezeit nicht neu beginnt und daß auch die Zeit der Unterbrechung auf die 6-Monatsfrist angerechnet wird. Letzteres ist bei unklaren Erklärungen regelmäßig nicht vereinbart (*Leinemann/Linck* Rn. 14). 11

4. **Ruhen des Arbeitsverhältnisses.** Besteht das Arbeitsverhältnis fort, ruhen aber seine wechselseitigen Pflichten, so wird die Zeit des Ruhens bei der Berechnung der Wartezeit **mitgerechnet.** Das gilt zB beim **Streik** und der suspendierenden Aussperrung, bei einem **Beschäftigungsverbot** nach dem MuSchG, im **Wehrdienst** und im **Erziehungsurlaub** (*Dersch/Neumann* Rn. 38; Kasseler Handbuch/ *Schütz* 2.4 Rn. 95; *Leinemann/Linck* Rn. 11; aA GK-BUrlG/*Bleistein* Rn. 34 und *Natzel* Rn. 35, die ohne weitere Begründung die Verjährungsvorschrift des § 205 BGB analog anwenden wollen). Auch in diesen Fällen kommt es nur auf den rechtlichen Bestand des Arbeitsverhältnisses an. 12

C. Erstmaliger Erwerb

Der AN muß die Wartezeit in einem fortdauernden Arbeitsverhältnis nur einmal erfüllen. In der Folgezeit entsteht sein jährlicher Urlaubsanspruch immer zu Beginn des Urlaubsjahrs am 1. Januar (allgM). Unterschiedlich wird lediglich die Rechtslage beurteilt, wenn der AN mit Ablauf des 6. Monats ausscheidet (dazu § 5 Rn. 13). 13

Wird dagegen ein Arbeitsverhältnis nach Ablauf der Wartezeit **unterbrochen** und beginnt später ein neues Arbeitsverhältnis, muß der AN die Wartezeit erneut zurücklegen, auch wenn das Arbeitsverhältnis nur kurzfristig unterbrochen war. 14

Der **Wechsel des Arbeitsplatzes,** sei es auch von einem Betrieb in den anderen Betrieb desselben AG, hat keinen Einfluß auf die Wartezeit. Dasselbe gilt beim **Betriebsübergang** nach § 613 a BGB (*Dersch/Neumann* Rn. 54 bis 58; *Leinemann/Lipke* DB 1988, 1217). Auch der Wechsel des arbeitsrechtlichen **Status** in einem einheitlichen Rechtsverhältnis (arbeitnehmerähnliche Person wird AN; Auszubildender wird Geselle) führt nicht dazu, daß mit Beginn der neuartigen Beschäftigung eine neue Wartezeit beginnt (*Dersch/Neumann* Rn. 24 bis 27; Kasseler Handbuch/*Schütz* 2. 4. Rn. 93). 15

§ 5 Teilurlaub

(1) Anspruch auf ein Zwölftel des Jahresurlaubs für jeden vollen Monat des Bestehens des Arbeitsverhältnisses hat der Arbeitnehmer
   a) für Zeiten eines Kalenderjahres, für die er wegen Nichterfüllung der Wartezeit in diesem Kalenderjahr keinen vollen Urlaubsanspruch erwirbt;
   b) wenn er vor erfüllter Wartezeit aus dem Arbeitsverhältnis ausscheidet;
   c) wenn er nach erfüllter Wartezeit in der ersten Hälfte eines Kalenderjahres aus dem Arbeitsverhältnis ausscheidet.

(2) Bruchteile von Urlaubstagen, die mindestens einen halben Tag ergeben, sind auf volle Urlaubstage aufzurunden.

(3) Hat der Arbeitnehmer im Falle des Absatzes 1 Buchstabe c bereits Urlaub über den ihm zustehenden Umfang hinaus erhalten, so kann das dafür gezahlte Urlaubsentgelt nicht zurückgefordert werden.

A. Normzweck

1 Mit der Vorschrift wird dem AN, dessen **Arbeitsverhältnis** im laufenden Kalenderjahr **beginnt oder endet**, ein Anspruch auf Befreiung von der Arbeitspflicht in geringerem Umfang zugestanden als bei einem Arbeitsverhältnis über das gesamte Urlaubsjahr. Die Regelungen beruhen auf der **Überlegung**, daß der AN in diesen Fällen Zeit zur Erholung benötigt, der Arbeitgeber aber nicht in dem Umfang mit Freistellungspflichten belastet werden soll wie bei einem AN in einem bereits länger bestehenden oder sich fortsetzenden Arbeitsverhältnis.

2 Im ersten Absatz der Bestimmung sind **verschiedene Fälle** zusammengefaßt. Unter den Buchstaben a und b ist der Anspruch auf **Teilurlaub** an Stelle des Anspruchs auf Vollurlaub geregelt. Demgegenüber wird im Buchstaben c ein (nachträglich) **gekürzter Vollurlaub** beschrieben; für diesen Fall schließt sich (an dieser Stelle systemfremd) eine Anordnung für die Behandlung von Urlaubsentgelt in Absatz 3 an. Eine Aufrundungsvorschrift in Absatz 2 für bestimmte Fallgestaltungen ergänzt die Teilurlaubsregelung des Gesetzes.

3 Das in dieser Norm seit 1963 unveränderte Gesetz folgt nicht dem früher üblichen Stichtagsprinzip (dazu *Dersch/Neumann* Rn. 1), sondern dem **Zwölftelungsgrundsatz**, der sich bereits in den Ländergesetzen und im Jugendarbeitsschutzgesetz fand und den auch TVParteien für ihre Regelungen regelmäßig aufgenommen haben (zur Abdingbarkeit der Regelungen § 13 Rn. 24 bis 30). Deshalb kann von einem feststehenden **Grundsatz des Urlaubsrechts** gesprochen werden. Allerdings ist das Prinzip nicht übergreifend in dem Sinn zu verstehen, daß eine Zwölftelung von anderweiten Urlaubsansprüchen auch dann vorzunehmen ist, wenn die betreffende Regelung schweigt. Vielmehr ist der Katalog des § 5 I für gesetzliche Ansprüche abschließend (*Dörner* AR-Blattei Urlaub V B I; GK-BUrlG/ *Bachmann* Rn. 1; Kasseler Handbuch/*Schütz* 2. 4 Rn. 160; *Leinemann/Linck* Rn. 3). Das ist insbesondere für die Berechnung von Zusatzurlaub nach dem SchwbG von Bedeutung (BAG 8. 3. 1994 und 21. 2. 1995 AP SchwBG § 47 Nr. 5, 6, 7, und 8 = NZA 1994, 1095 und NZA 1995, 746, 839, 1008; *Dörner* § 47 SchwbG Anm. III 3 und 4). Nur für tarifliche Ansprüche kann der Zwölftelungskatalog etwa in der Weise erweitert werden, daß auch bei einem Ausscheiden in der 2. Jahreshälfte der Urlaubsanspruch anteilig zu verringern ist (wegen der Vereinbarkeit dieser Tarifnormen mit § 3 I vgl. § 13 Rn. 22).

4 Das Zwölftelungsprinzip ist in der Praxis der Arbeitslebens anerkannt; Rechtsstreitigkeiten entstehen dazu nur in geringem Umfang und betreffen im wesentlichen die Anwendbarkeit der Vorschrift auf andere Urlaubstatbestände wie Tarifurlaub oder den Zusatzurlaub nach dem Schwerbehindertengesetz (*Dörner* DB 1995, 1174; *ders.* § 47 SchwbG Anm. III 3 und 4).

B. Teilurlaub nach § 5 I a

I. Abgrenzung zu § 5 I b

5 § 5 I a ist nicht anzuwenden, wenn bei der Begründung des Arbeitsverhältnisses **bereits feststeht**, daß der AN noch vor Ablauf der Wartezeit **ausscheidet**. Die Norm regelt nur den Teilanspruch für einen neuen Mitarbeiter in einem **Dauerschuldverhältnis**, wie die besondere Übertragungsregel des § 7 III Satz 4 zeigt. Ist das Arbeitsverhältnis von vornherein auf einen Zeitpunkt vor Ablauf der Wartezeit befristet, so kann der AN einen Teilurlaubsanspruch nur nach § 5 I b haben (*Leinemann/Linck* Rn. 32). Das gilt im Ergebnis auch, wenn ein Arbeitsverhältnis, auf das zunächst § 5 I a anzuwenden ist, noch vor dem Jahresende beendet wird (Rn. 11). Im Eingliederungsverhältnis nach § 231 SGB III, auf das Urlaubsrecht Anwendung findet, kommt regelmäßig § 5 I a zur Anwendung, weil es darauf zielt, in ein Dauerarbeitsverhältnis überzugehen (MünchArbR/*Leinemann* § 89 Rn. 94).

B. Teilurlaub nach § 5 I a § 5 BUrlG 250

Die besonderen Lösungsmöglichkeiten dieser sozialrechtlichen Förderungsmaßnahme stehen dem nicht entgegen.

II. Entstehung und Fälligkeit

1. Entstehung. Der volle Urlaubsanspruch **wird** gemäß § 4 nach Ablauf der Wartezeit **erworben**. 6
Dagegen **hat** der AN unter den gesetzlichen Voraussetzungen einen Anspruch auf Teilurlaub nach § 5 I a.

Das Gesetz bestimmt damit nicht, wann der **Teilurlaub erworben** wird und wann ihn der AN 7
verlangen kann. Nach zutreffender Auffassung entsteht der Anspruch mit dem **Beginn des Arbeitsverhältnisses,** wenn zu diesem Zeitpunkt feststeht, daß der AN die sechsmonatige Wartezeit nicht mehr erfüllen kann, mithin in allen Arbeitsverhältnissen, die **im Laufe des 1. Juli** eines Jahres anfangen (*Boldt/Röhsler* Rn. 21; GK-BUrlG/*Bachmann* Rn. 11; *Leinemann/Linck* Rn. 5; MünchArbR/*Leinemann* § 89 Rn. 97; *Natzel* Rn. 17; aA *Dersch/Neumann* Rn. 10 und 11). Für die AN, deren Arbeitsverhältnis vor dem 1. Juli begonnen hat, entsteht kein Teilurlaubsanspruch, sondern nach Ablauf von 6 Monaten ein Vollurlaubsanspruch nach § 4 oder, wenn der Ablauf der Wartezeit nicht erreicht wird, ein Teilurlaubsanspruch nach § 5 I b.

Der Teilurlaub nach § 5 I a entsteht in x/12 **insgesamt,** nicht sukzessive mit Beginn eines jeden 8
Monats zu 1/12 (MünchArbR/*Leinemann* § 89 Rn. 97; aA *Dersch/Neumann* Rn. 10). Die gegenteilige Auffassung ist mit dem Teilungsverbot des § 7 II nicht vereinbar (*Leinemann/Linck* Rn. 6).

Wie beim Vollurlaub kommt es für die Begründung des Anspruchs nur auf den **Bestand eines** 9
Arbeitsverhältnisses an (§ 1 Rn. 21 ff.), nicht auf das Maß von tatsächlicher Arbeit. Selbst bei **Erkrankung** des AN vom Beginn des Arbeitsverhältnisses bis zum Ende des Kalenderjahres entsteht der Teilurlaubsanspruch (MünchArbR/*Leinemann* § 89 Rn. 94).

2. Fälligkeit. Wie der Vollurlaub ist auch der Teilurlaub nach § 5 I a mit seinem **Entstehen fällig** 10
(*Leinemann/Linck* Rn. 10; aA BAG 10. 3. 1966 AP KO § 59 Nr. 2, das Entstehen und Fälligkeit dieses Teilurlaubsanspruchs zu Unrecht mit Überlegungen zum Anspruch nach § 5 I b begründet). Der AN, dessen Arbeitsverhältnis im Laufe des 2. Halbjahrs beginnt, kann seinen Teilurlaubsanspruch (zur Dauer Rn. 12 bis 14) sogleich verlangen. Der Arbeitgeber **muß nach § 7 I erfüllen** und kann allenfalls die dort genannten Leistungsverweigerungsrechte geltend machen (§ 7 Rn. 21 bis 27), nicht aber einwenden, er schulde wegen der kurzen Dauer des Arbeitsverhältnisses keine oder eine geringere Freistellung von der Arbeitsverpflichtung. Die andersartige Handhabung in der Praxis, in der sich neueingestellte Mitarbeiter regelmäßig scheuen, alsbald nach Beginn des Arbeitsverhältnisses Urlaub zu verlangen, ändert an dem rechtlichen Befund nichts. Wegen möglicher Überzahlungen siehe Rn. 11 aE.

Endet das auf Dauer angelegte, nach dem 1. Juli begonnene Arbeitsverhältnis **vor erfüllter Warte-** 11
zeit, zB nach 3 Monaten, so liegt **zusätzlich** ein Fall des § 5 I b vor (aA wohl MünchArbR/*Leinemann* § 89 Rn. 100). Der AN hat einen geringeren Teilurlaubsanspruch als zunächst entstanden **(gekürzter Teilurlaub).** Hat der Arbeitgeber die Freistellungserklärung für den gesamten Teilurlaub schon erteilt, aber hat die Freizeit noch nicht begonnen, so kann der Arbeitgeber seine über den gesetzlichen Anspruch hinausgehende Freistellungserklärung kondizieren, weil der Rechtsgrund für die weitergehende Freistellung nachträglich weggefallen ist, § 812 I Satz 2 BGB. Damit entsteht wieder Arbeitspflicht für den AN. Ist der AN schon im Urlaub gewesen, so kann zwar die Arbeitsverpflichtung für den abgelaufenen Zeitraum nach der Kondizierung nicht wiederhergestellt werden. Die Freistellung ist aber ebenso wie das geleistete Urlaubsentgelt rechtsgrundlos gegeben und so kann letzteres zurückgefordert werden (für den Fall des § 5 I c ausdrücklich anders in § 5 III geregelt, Rn. 29 bis 32).

3. Dauer des Teilurlaubs. Die Höhe des bei Beginn des Arbeitsverhältnisses entstehenden Teilur- 12
laubs bemißt sich nicht nach Kalendermonaten, sondern nach **vollen Beschäftigungsmonaten,** die der AN bis zum Jahresende (dh. einschl. des 31. 12.) noch zurücklegen kann. Bei Arbeitsverhältnissen, die am 1. eines Monats beginnen, kommt es darauf an, ob das Arbeitsverhältnis mit dem Beginn des Tages (§ 187 II BGB) oder mit dem Arbeitsbeginn (§ 187 I BGB) begründet ist (siehe § 4 Rn. 5). Der AN mit einem Arbeitsverhältnis ab 1. 8. um Mitternacht erwirbt einen Teilurlaubsanspruch von 5/12; demgegenüber hat der AN, dessen Arbeitsverhältnis im Laufe des 1. 8. beginnt, lediglich einen Anspruch auf 4/12 des Vollurlaubs, weil er in diesem Kalenderjahr nur 4 volle Beschäftigungsmonate aufzuweisen hat (*Leinemann/Linck* Rn. 20 und 21). Denn nach § 187 I, § 188 II BGB vollendet er den 5. Monat erst mit Ablauf des 1. des Folgejahres (allgM).

Im Schrifttum besonders umstritten ist der häufig vorkommende **Sonderfall,** daß ein Arbeitsverhält- 13
nis mit dem Beginn des **1. Juli begründet und zum 31. Dezember beendet** sein wird. Nach der einen Auffassung, die sich auf eine Entscheidung zu einem TV aus der Zeit vor Geltung des BUrlG beruft (BAG 26. 1. 1967 AP BUrlG § 4 Nr. 1), entsteht für das Halbjahr ein Vollurlaubsanspruch (*Dersch/ Neumann* Rn. 6 und GK-BUrlG/*Bachmann* Rn. 9 jeweils mit vielen Nachweisen). Nach der anderen Meinung (*Boldt/Röhsler* § 4 Rn. 22; *Leinemann/Linck* Rn. 21 und § 4 Rn. 17; *Natzel* Rn. 21) entsteht ein Teilurlaubsanspruch von 6/12, wobei auf den Wortlaut des Gesetzes und die Fristenberechnung

nach dem BGB hingewiesen wird. Dieser Auffassung ist unter Aufgabe der bisher vertretenen Meinung (*Dörner* AR-Blattei Urlaub V B II 2 b) der Vorzug zu geben. Neben den bereits genannten Argumenten ist darauthin zu weisen, daß nach der Rechtsprechung des BAG zu § 5 I c der Zeitpunkt des Ablaufs eines Tages rechtlich noch zu diesem Tag und damit zu der Frist gehört, in die der Tag fällt (BAG 16. 6. 1966 AP BUrlG § 5 Nr. 4 mit Anm. *Isele*). Die Aussage gilt gleichermaßen für den Anspruch nach § 5 I a. Eine Ungleichbehandlung bei der Entstehung der Teilurlaubsansprüche nach § 5 ist nicht gewollt (Rn. 25).

14 **Angefangene Monate** werden nicht aufgerundet, auch nicht, wenn die fehlenden Tage bei Fortbestand des Arbeitsverhältnisses arbeitsfrei gewesen wären (BAG 26. 1. 1989 AP BUrlG § 5 Nr. 13 = NZA 1989, 756). Eine allgemeine Aufrundungsregel gibt es auch nicht aus Billigkeitsgründen (BAG 26. 1. 1989 aaO). Beginnt ein Arbeitsverhältnis am Dienstag den 4. 10. und waren der 1., 2. und 3. 10. wegen des Wochenendes und des Feiertages arbeitsfrei, so entsteht nur ein Teilurlaub von 2/12 für die vollen Monate November und Dezember.

IV. Erfüllung, Übertragung und Abgeltung

15 Für den Teilurlaub gelten hinsichtlich seiner Erteilung dieselben Regeln wie beim Vollurlaub (§ 7 Rn. 5 ff.). Der Arbeitgeber hat die **Wünsche** des AN zu berücksichtigen, kann die gesetzlichen **Leistungsverweigerungsrechte** geltend machen und den Anspruch nur erfüllen, wenn keine anderweitige Befreiung von der Arbeitspflicht gegeben ist (Erfüllbarkeit).

16 Der Teilurlaubsanspruch nach § 5 I a ist ebenso wie der Vollurlaubsanspruch auf das Kalenderjahr **befristet.** Er wird unter den Voraussetzungen des § 7 III Satz 2 und 4 übertragen (Einzelheiten bei § 7 Rn. 64 und 75 f.).

17 Endet das Arbeitsverhältnis im folgenden Kalenderjahr, so ist der Teilurlaub aus § 5 I a zusammen mit dem im folgenden Jahr entstandenen Vollurlaub oder Teilurlaub nach § 5 I b **abzugelten,** sofern er nicht genommen wird. Es gelten die Grundsätze des § 7 IV.

C. Teilurlaub nach § 5 I b

I. Entstehen, Fälligkeit, Gewährung und Abgeltung

18 Der Teilurlaub nach § 5 I b **entsteht regelmäßig nicht mit Beginn** des Arbeitsverhältnisses, sondern erst dann, wenn ein **Beendigungstatbestand** (Kündigung, Aufhebungsvertrag ua.) gegeben ist (ähnlich BAG 10. 3. 1966 AP KO § 59 Nr. 2; allgM im Schrifttum). Denn nur ein Ausscheiden kann den Anspruch auf (Teil-)Urlaub vor Ablauf der Wartezeit begründen. Bei einer (wirksamen) Befristung des Arbeitsverhältnisses auf weniger als 6 Monate entsteht der Anspruch mit dem Beginn des Arbeitsverhältnisses (MünchArbR/*Leinemann* § 89 Rn. 98).

19 **Ausscheiden** bedeutet nicht die tatsächliche, sondern die **rechtliche Beendigung** des Arbeitsverhältnisses. Ist sie im Streit (Kündigungsschutzklage, Unwirksamkeit der Befristungsabrede, Anfechtung des Aufhebungsvertrages) und macht der AN an Stelle des Teilurlaubs Vollurlaub geltend, so kommt es auf die (vielleicht auch erst später festgestellte) Rechtslage an. Ist das Arbeitsverhältnis nicht beendet worden, so ist ein Vollurlaub entstanden, anderenfalls nur ein Teilurlaub. In beiden Fällen ist der AN gehalten, seine Urlaubsansprüche vorsorglich geltend zu machen, sollen sie nicht wegen Fristablauf erlöschen (§ 7 Rn. 56 bis 62).

20 Mit der Entstehung des Anspruchs ist er **fällig** (Rn. 10). Er kann ab sofort **gewährt und genommen** werden. Dafür gelten dieselben Regeln wie beim Teilurlaub nach § 5 I a (Rn. 10). Eine **Abgeltung** kommt nur unter den Voraussetzungen des § 7 IV in Betracht, dürfte aber insbesondere bei geringen Urlaubsansprüchen in der Praxis die Regel sein. Die Voraussetzungen für eine Abgeltung sind stets bei einer berechtigten fristlosen Kündigung gegeben.

II. Dauer des Teilurlaubs

21 Im Grundsatz gelten für die Berechnung der Dauer des Teilurlaubs nach § 5 I b die Regeln zu § 5 I a (Rn. 12 bis 14). Als Besonderheit ist zu vermerken (allgM), daß ein einheitlicher Teilurlaub auch entsteht, wenn die Wartezeit sich über die **Jahreswende** erstreckt (Beginn des Arbeitsverhältnisses am 15. 11., Ende am 15. März des Folgejahres = 4/12 Teilurlaub, nicht 1/12 für das erste Jahr und 2/12 für das Folgejahr).

22 Endet das Arbeitsverhältnis **mit Ablauf der Wartezeit,** so entsteht kein Vollurlaub, sondern nur ein Teilurlaub in Höhe von 6/12 (str.). Es gelten dieselben Überlegungen wie zu § 5 I a (Rn. 13).

III. Übertragung

23 Eine Übertragung des Teilurlaubs nach § 5 I b findet weder unter den Bedingungen des **§ 7 III Satz 4** noch auf das ganze folgende Kalenderjahr statt, wie für den Anspruch nach § 5 I a vorgesehen

(*Leinemann/Linck* Rn. 29). Der Anwendungsbereich der Vorschrift ist auf den Teilurlaub nach Buchstabe a beschränkt. Eine Übertragung kommt **nur nach § 7 III Satz 2 und 3 in** Betracht, zB wenn das Arbeitsverhältnis nach Kündigung vom 15. 12. am 31. 1. endet und der AN seit Zugang der Kündigung arbeitsunfähig war. Der Teilurlaubsanspruch wandelt sich mit der Beendigung des Arbeitsverhältnisses in einen Abgeltungsanspruch, den der Arbeitgeber bis zum 31. 3. des Folgejahres erfüllen muß, wenn der AN seine Arbeitsfähigkeit bis zum 31. 1. nicht wiedererlangt. Bleibt der AN bis zum Ende des Übertragungszeitraums arbeitsunfähig krank, und kann deswegen der Teilurlaubsanspruch nicht erfüllt werden, so erlischt er ersatzlos (§ 7 Rn. 102 bis 105).

D. Teilurlaub nach § 5 I c

Zu Unrecht nennt das Gesetz den Urlaub nach § 5 I c Teilurlaub. Denn die Vorschrift kommt nur 24 zur Anwendung, wenn der AN die Wartezeit erfüllt hat und dementsprechend bereits (im unmittelbaren Anschluß daran oder zu Beginn des Kalenderjahrs) einen **Vollurlaubsanspruch erworben** hat und nunmehr **ausscheiden** wird.

I. Kürzungsvoraussetzungen

Voraussetzung für die Kürzung ist das **Ausscheiden** des AN nach Erfüllung der Wartezeit **in der** 25 **ersten Jahreshälfte,** dh. bis zum **30. 6. einschließlich.** In diesem Fall endet das Arbeitsverhältnis noch in der ersten Hälfte des Jahres; denn die Mitternacht ist noch der ersten Jahreshälfte zuzurechnen (BAG 16. 6. 1966 AP BUrlG § 5 Nr. 4; *Leinemann/Linck* Rn. 32; aA GK-BUrlG/*Bachmann* Rn. 25). Scheidet ein AN erst am 1. Juli aus, zB weil die Parteien das gekündigte Arbeitsverhältnis um einen Tag einvernehmlich verlängert haben, so hat der AN Anspruch auf Vollurlaub.

Bei der Kürzung sind **zwei verschiedene Sachverhalte** zu unterscheiden: Steht die **Beendigung** des 26 Arbeitsverhältnisses nach Ablauf der Wartefrist bereits **am Anfang des Kalenderjahrs fest** (zB Kündigung vom 15. 12. zum 31. 3.; Befristung im Arbeitsvertrag vom 1. 4. bis zum 31. 3. des Folgejahres), so entsteht der Vollurlaub nur gekürzt. Ist der **Beendigungstatbestand erst später** gegeben, so findet eine Kürzung des bereits entstandenen Vollurlaubs statt, und zwar zu dem Zeitpunkt, in dem ein Beendigungstatbestand vorliegt, nicht erst am Tag der Beendigung (*Leinemann/Linck* Rn. 35 und 36).

Einer **Kürzungserklärung** des Arbeitgebers bedarf es nicht. Die Kürzung vollzieht sich wie die 27 Übertragung nach § 7 III in beiden Fällen kraft Gesetzes, sofern die gesetzlichen Voraussetzungen vorliegen (MünchArbR/*Leinemann* § 89 Rn. 105, der eine auflösende Bedingung annimmt).

II. Berechnung, Gewährung, Abgeltung

Es gelten für die **Berechnung** der Urlaubsdauer (Kürzung auf so viel Zwölftel, wie das Arbeits- 28 verhältnis volle Monate bestanden hat) und die **Erteilung** des Urlaubs dieselben Grundsätze wie bei den anderen Tatbeständen des § 5 I (Rn. 10 und 20; zu einer tarifvertraglichen Kürzungsvorschrift vgl. BAG 23. 1. 1996 AP BUrlG § 5 Nr. 10 = NZA 1996, 1101). Eine **Übertragung** des Urlaubs findet nicht statt, weil der Anspruch sich in einen Abgeltungsanspruch wandelt, wenn er bis zur Beendigung des Arbeitsverhältnisses nicht genommen worden ist (BAG 17. 1. 1995 AP BUrlG § 7 Abgeltung Nr. 66 = NZA 1995, 531). Bei der **Abgeltung** ist darauf zu achten, daß der AN bis zum Ende des Kalenderjahres (BAG 17. 1. 1995 AP BUrlG § 7 Abgeltung Nr. 66 = NZA 1995, 531) oder – bei Vorliegen der Übertragungsvoraussetzungen – wenigstens bis zum Ende des Übertragungszeitraums am 31. 3. des Folgejahres einmal wenigstens für die Dauer des Urlaubsanspruchs arbeitsfähig war, weil anderenfalls sein Abgeltungsanspruch nicht erfüllbar war und zu diesem Zeitpunkt ersatzlos erlischt (§ 7 Rn. 102 bis 105).

III. Rückforderungsverbot

Der Umfang des Urlaubsanspruch und die Dauer des gewährten Urlaubs können auseinanderfallen. 29 Davon kann das **Urlaubsentgelt** betroffen sein. Das regelt § 5 III, wenn auch nur für **eine Fallgestaltung** und daher unvollkommen. Zu unterscheiden sind folgende Sachverhalte:

1. Erteilung der Freistellung und Kürzungstatbestand. Hat der Arbeitgeber nur die Freistellung 30 von der Arbeit erklärt und noch kein Urlaubsentgelt geleistet, und war der AN auch noch nicht in der Freizeit, als der Beendigungstatbestand eintrat, so kann der Arbeitgeber seine **Freistellungserklärung** im Umfang der Kürzung **kondizieren,** § 812 I Satz 2 BGB (BAG 23 4. 1996 AP TVG § 1 Tarifverträge: Metallindustrie Nr. 140 = NZA 1997, 265). Entsprechend ist der Anspruch des AN auf Urlaubsentgelt verringert.

Hat der Arbeitgeber daneben schon das **Urlaubsentgelt** vor Urlaubsbeginn **ausgezahlt,** so kann er 31 auch den überschießenden Betrag **kondizieren,** weil insoweit kein Rechtsgrund mehr gegeben ist.

§ 5 III schafft **keinen Anspruch** für den AN, sondern schützt nur vor der Rückzahlung (*Leinemann/ Linck* Rn. 52 mwN).

32 Dasselbe gilt, wenn der AN seinen Urlaub angetreten hat, der Arbeitgeber aber entgegen § 8 das Urlaubsentgelt noch nicht ausgezahlt hat und nunmehr ein Kürzungstatbestand eintritt. Der AN hat einige Tage ohne urlaubsrechtlichen Rechtsgrund frei gehabt; für die Auszahlung des Urlaubsentgelts besteht keine Verpflichtung mehr (BAG 23. 4. 1996 AP TVG § 1 Tarifverträge: Metallindustrie Nr. 140 = NZA 1997, 265).

33 **2. Genommene Freizeit und gezahltes Urlaubsentgelt.** Hat der AN seinen zu Anfang des Jahres entstandenen Urlaub bereits erhalten, dh. **seine Freizeit schon angetreten,** und hat der Arbeitgeber das **Urlaubsentgelt** entsprechend § 11 bereits **geleistet,** als ein Beendigungstatbestand entstand, so könnte der Arbeitgeber Freistellung und Geldleistung kondizieren. Dieser Möglichkeit steht § 5 III entgegen, der ausdrücklich ein Rückforderungsverbot für zu viel gezahltes Urlaubsentgelt ausspricht (BAG 23. 4. 1996 AP TVG § 1 Tarifverträge: Metallindustrie Nr. 140 = NZA 1997, 265). Das gilt in jedem Beendigungsfall bei § 5 I c, auch wenn der AN die Beendigung des Arbeitsverhältnisses herbeigeführt hat, sogar bei einer Kündigung aus dem Urlaub.

34 Das Rückforderungsverbot ist **nicht tariffest.** In Tarifverträgen kann zu Ungunsten der AN vereinbart werden, daß Urlaubsentgelt für zu viel geleisteten Urlaub zurückgefordert werden darf (BAG 23. 1. 1996 BUrlG § 5 Nr. 10; § 13 Rn. 30).

E. Die Behandlung von Teilurlaubstagen

I. Teilurlaub und gekürzter Vollurlaub

35 § 5 II enthält eine Aufrundungsregel für den Fall, daß sich bei der Berechnung des gesetzlichen Teilurlaubs **aufgrund des Zwölftelungsprinzips** ein Teilurlaubstag von wenigstens einem halben Tag ergibt. Das kann immer dann der Fall sein, wenn die regelmäßige Arbeitszeit in der Woche anders verteilt ist als im Grundmodell des § 3 vorgesehen (§ 3 Rn. 15 bis 31). Beispiel: Arbeitsverpflichtung des AN von Montag bis Freitag; Beendigung des Arbeitsverhältnisses zum 30. April (§ 5 I c): 20 : 12 × 4 = 6,66, aufgerundet sieben Tage Urlaubsanspruch.

36 Ergibt die Berechnung einen Anspruch auf einen Teilurlaubstag von **weniger als 0,5, so ist der Anspruch nicht abzurunden,** sondern in der konkret errechneten Summe zu erfüllen oder abzugelten (BAG 26. 1. 1989 AP BUrlG § 5 Nr. 13 = NZA 1989, 756; aA ein Teil des Schrifttums, zB GK-BUrlG/*Bachmann* Rn. 43 mwN). Beispiel: Arbeitsverpflichtung des AN von Montag bis Freitag; Beendigung des Arbeitsverhältnisses zum 28. Februar: 20 : 12 × 2 = 3,33 Tage Urlaubsanspruch.

37 § 5 II enthält **kein allgemeines Prinzip** bei der Zwölftelung von Urlaub. Sein Anwendungsbereich ist beschränkt auf die Berechnung des gesetzlichen Teilurlaubs nach § 5 I. So findet die Vorschrift keine Anwendung nach einer Kürzung des Urlaubs nach dem Arbeitsplatzschutzgesetz sowie nach dem Bundeserziehungsgeldgesetz (§ 17 BErzGG Rn. 7), nach dem Jugendarbeitsschutzgesetz (§ 19 JArbSchG Rn. 9) und nach dem Schwerbehindertengesetz (*Dörner* § 47 SchwbG Anm. III).

II. Vollurlaub

38 Ein Anspruch auf einen Teilurlaubstag kann sich außerhalb des Anwendungsbereichs des Zwölftelungsgrundsatzes bei der Berechnung von Vollurlaub ergeben. Das kommt regelmäßig bei einer wöchentlichen Verteilung der Arbeitszeit vor, die stark vom gesetzlichen Grundfall abweicht (ausführlich § 3 Rn. 15 bis 31). Auf diese Bruchteilstage ist **§ 5 II nicht anzuwenden** (BAG 31. 5. 1990 AP BUrlG § 5 Nr. 14 = NZA 1990, 945 und 9. 8. 1994 AP BUrlG § 7 Nr. 19 = NZA 1995, 174; für eine gleichlautende Tarifvorschrift BAG 19. 4. 1994 AP BUrlG § 1 Treueurlaub Nr. 3 = NZA 1995, 86), so daß auch ein Bruchteil von 0,5 und mehr nicht aufgerundet wird. Der Urlaub ist an einem Tag in dem Bruchteil zu gewähren, wie er konkret errechnet wird.

§ 6 Ausschluß von Doppelansprüchen

(1) **Der Anspruch auf Urlaub besteht nicht, soweit dem Arbeitnehmer für das laufende Kalenderjahr bereits von einem früheren Arbeitgeber Urlaub gewährt worden ist.**

(2) **Der Arbeitgeber ist verpflichtet, bei Beendigung des Arbeitsverhältnisses dem Arbeitnehmer eine Bescheinigung über den im laufenden Kalenderjahr gewährten oder abgegoltenen Urlaub auszuhändigen.**

A. Normzweck

Der Normzweck der seit 1963 unverändert bestehenden Vorschrift ergibt sich bereits aus der 1 amtlichen Überschrift. Mit der Bestimmung soll **verhindert** werden, daß der das Arbeitsverhältnis wechselnde AN für ein Urlaubsjahr **zweimal für denselben Zeitraum** Urlaub erhält (BT-Drucks. IV/ 785). Die Regelung des Absatz 1 hat für das Urlaubsrecht grundsätzlichen Charakter und ist für den gesetzlichen Zusatzurlaub nach dem SchwbG ebenfalls anzuwenden. Sie findet sich in **Tarifverträgen** wieder und gilt auch ohne ausdrückliche Erwähnung für tarifliche Ansprüche, es sei denn, die TVParteien hätten den Grundsatz ausdrücklich ausgeklammert (nur im Ergebnis ebenso *Leinemann/ Linck* Rn. 3).

Die Regelung des § 6 I **hindert** die **Entstehung** eines Urlaubsanspruchs für die Zeit des beim 2 zweiten AG andauernden Zeitraums im Jahr des Arbeitsplatzwechsels, wenn bereits **Vollurlaub** für das Jahr gewährt worden ist (Beispiel: 24 Werktage Urlaub im April/Mai und Beendigung des Arbeitsverhältnisses zum 30. 9.) oder wenn **Teilurlaub** zu Beginn des Jahres gewährt worden ist (Beispiel: Beendigung des Arbeitsverhältnisses zum 31. 3. innerhalb der Wartezeit und 6 Werktage Urlaub in den letzten Märztagen).

Macht der AG geltend, der AN fordere Urlaub doppelt, so handelt es sich um eine **rechtshindernde** 3 **Einwendung**, die er darzulegen und zu beweisen hat (*Dörner* AR-Blattei Urlaub V, C I; *Leinemann/ Linck* Rn. 30; aA GK-BUrlG/*Bachmann* Rn. 19, der das Fehlen der Anrechnungsvoraussetzungen zu Unrecht als negative anspruchsbegründende Tatsache beurteilt).

B. Ausschlußvoraussetzungen nach Abs. 1

I. Allgemeines

§ 6 I kommt nur zur Anwendung, wenn der AN aus seinem bisherigen **Arbeitsverhältnis aus-** 4 **geschieden** ist und im selben Kalenderjahr ein neues Arbeitsverhältnis **begründet.** Deshalb entstehen in zwei nebeneinander bestehenden Arbeitsverhältnissen (**Doppelarbeitsverhältnis**) Ansprüche ohne die Beschränkung des § 6 (BAG 19. 6. 1959 AP Nr. 1 zu § 611 BGB Doppelarbeitsverhältnis; zum Doppelarbeitsverhältnis § 1 Rn. 24). Die Voraussetzung des Arbeitgeberwechsels ist auch nicht bei einem **Betriebsübergang** nach § 613a BGB gegeben (*Leinemann/Linck* § 1 Rn. 139ff. und § 6 Rn. 12). Der AN hat **einen** Urlaubsanspruch für das laufende Jahr, der vom Betriebsübergang unberührt bleibt (§ 1 Rn. 38).

§ 6 I hindert nur das Entstehen von **Urlaub,** nicht von anderen gesetzlichen Freistellungsansprü- 5 chen. Nur der aus dem **laufenden Kalenderjahr** gewährte Urlaub hindert das Entstehen von weiteren Ansprüchen, es ist nicht der aus dem Vorjahr nach § 7 III übertragene Urlaub betroffen (allgM).

Der Vorschrift kommt ferner nur Bedeutung zu, wenn der Arbeitnehmer bereits **für den Zeitraum** 6 des Kalenderjahrs, für das ein weiteres Arbeitsverhältnis begründet worden ist, vom vorherigen AG gesetzlichen Urlaub erhalten hat. Soweit vom früheren AG freiwillig mehr Urlaub als gesetzlich geschuldet für den bei ihm verbrachten Zeitraum geleistet worden ist, wird das Entstehen eines Anspruchs beim neuen AG nicht gehindert.

§ 6 I ist somit **unanwendbar,** wenn in zwei aufeinander folgenden Arbeitsverhältnisses **zwei Teil-** 7 **urlaubsansprüche** entstehen. Das gilt auch dann, wenn ein Teilurlaubsanspruch aufgerundet wird und dadurch in der Addition ein höherer Urlaub entsteht als bei Bestand eines einheitlichen Arbeitsverhältnisses (*Leinemann/Linck* Rn. 21 bis 23).

II. Gewährung von Urlaub; Abgeltung

Die Vorschrift des § 6 hindert das Entstehen des Urlaubs im weiteren Arbeitsverhältnis nicht bereits 8 dann, wenn der AN Urlaub im alten Arbeitsverhältnis erworben, aber **nicht genommen** hat, sondern nur, wenn er auch von der Arbeit **freigestellt** war oder aber der Urlaub am Ende des früheren Arbeitsverhältnisses **abgegolten** ist. Denn aus § 6 II folgt, daß die Abgeltung der Freistellung gleichgestellt ist (allgM).

Hat ein AN eine **Abgeltung** für seinen Voll- oder Teilurlaub bisher **nicht erhalten,** so entsteht der 9 Urlaubsanspruch im neuen Arbeitsverhältnis ungeschmälert. Denn nur der erfüllte Abgeltungsanspruch hindert das Entstehen eines neuen Anspruchs. Der neue AG kann dem AN auch nicht die Erfüllung des von ihm geschuldeten Urlaubs mit der Begründung verweigern, er solle seinen Abgeltungsanspruch gegenüber dem alten AG durchsetzen. Selbst wenn der AN eine Klage auf Abgeltung seines Urlaubs gegen den Vorarbeitgeber eingereicht hat, hindert das nicht das Entstehen und die Durchsetzung des beim Neuarbeitgeber nach Gesetz oder TV entstandenen Anspruchs (BAG 25. 11. 1982 AP BUrlG § 6 Nr. 3 = DB 1983, 1155).

10   Der AN ist allerdings auch nicht gehindert, seinen Abgeltungsanspruch gegenüber dem alten AG durchzusetzen. Der alte AG kann den ausgeschiedenen Mitarbeiter nicht auf seinen beim neuen AG entstehenden Urlaub verweisen (BAG 25. 11. 1982 Rn. 9). Er kann nicht einmal einwenden, daß der neue AG ihm bereits den anteiligen Urlaub gewährt hat. Denn aus § 6 I folgt **keine Kürzungsbefugnis** des Vorarbeitgebers für seine noch nicht erfüllte Schuld (BAG 28. 2. 1991 AP BUrlG § 6 Nr. 4 = NZA 1991, 944). Sie bleibt von der weiteren Entwicklung der Urlaubsansprüche des AN im neuen Arbeitsverhältnis unberührt.

11   Hat der AN seinen Abgeltungsanspruch durchgesetzt und den geschuldeten Geldbetrag erhalten, so **entfällt (nachträglich)** sein Urlaubsanspruch im neuen Arbeitsverhältnis, soweit er noch nicht gewährt worden ist.

12   Hat der AN seinen neuen Urlaub schon erfüllt bekommen, ist der Rechtsgrund zwar für die Urlaubsgewährung nachträglich weggefallen. Eine **Kondiktion** von Urlaub und Urlaubsentgelt ist rechtlich möglich, mit der Folge, daß zwar die Freizeit nicht kondiziert, wohl aber das Entgelt nach bereicherungsrechtlichen Grundsätzen zurückverlangt werden kann.

13   In keiner Fallgestaltung findet **zwischen** den **AG** ein **Ausgleich** der an den AN gewährten Leistungen statt (*Dörner* AR-Blattei Urlaub V C II 2; *Leinemann/Linck* Rn. 29; aA *Dersch/Neumann* Rn. 31 ff.). Der Freistellungsanspruch und sein Surrogat Abgeltung sind nicht ausgleichsfähig.

C. Urlaubsbescheinigung

I. Inhalt und Form

14   Der AG schuldet dem AN bei der tatsächlichen Beendigung des Arbeitsverhältnisses die Aushändigung einer Bescheinigung, aus der sich ergibt die Identität des Adressaten der Bescheinigung, das Kalenderjahr, für das sie ausgestellt worden ist, der Zeitraum, in dem das Arbeitsverhältnis bestanden hat, die Höhe des in diesem Kalenderjahr entstandenen Urlaubsanspruchs, die Angabe des Zeitraums, in dem Urlaub gewährt und genommen worden ist sowie die Anzahl der Tage, für die eine Abgeltung gezahlt worden ist.

15   Die Bescheinigung ist **schriftlich** zu erstellen. Eine mündliche Auskunft an den AN oder den nachfolgenden AG genügt nicht. Die Urlaubsbescheinigung kann in einem einfachen Zeugnis enthalten sein, nicht aber in einem qualifizierten Zeugnis.

II. Erfüllung und Durchsetzung des Anspruchs

16   Der AG hat die Bescheinigung nicht nur auf Verlangen, sondern unaufgefordert mit den anderen Papieren des AN am letzten Tag zur **Abholung** zur Verfügung zu stellen oder sie rechtzeitig zu **übersenden.** Er hat aus keinem Rechtsgrund ein **Zurückbehaltungsrecht** an der Bescheinigung.

17   Weigert sich der AG, eine Bescheinigung auszustellen, so kann der AN eine Klage auf **Herstellung und Herausgabe** erheben. Er kann auch auf **Ergänzung und Berichtigung** klagen, wenn die Bescheinigung unzutreffende Angaben oder überflüssige, die Rechte des AN beeinträchtigende Informationen enthält. Eine **einstweilige Verfügung** auf Herausgabe dürfte regelmäßig daran scheitern, daß ein Verfügungsgrund nicht gegeben ist.

III. Rechte des neuen Arbeitgebers

18   Aus § 6 I kann kein Anspruch des neuen AG gegen den alten AG auf Erteilung einer Abschrift oder Kopie oder gegen den AN auf Überlassung oder Einsichtnahme in die Urlaubsbescheinigung hergeleitet werden.

19   Der neue AG kann allerdings gegenüber dem AN, der sich weigert, eine Urlaubsbescheinigung vorzulegen, die **Erfüllung** des bei ihm entstehenden Urlaubs mit der Begründung **verweigern,** der AN habe bereits den vollen Urlaub für das Kalenderjahr erhalten. In einem etwaigen Prozeß hat der AG seine Behauptung zu beweisen. Den AN trifft dabei eine prozessuale Mitwirkungspflicht, die er regelmäßig durch Vorlage der Bescheinigung erfüllen kann.

§ 7 Zeitpunkt, Übertragbarkeit und Abgeltung des Urlaubs

(1) ¹Bei der zeitlichen Festlegung des Urlaubs sind die Urlaubswünsche des Arbeitnehmers zu berücksichtigen, es sei denn, daß ihrer Berücksichtigung dringende betriebliche Belange oder Urlaubswünsche anderer Arbeitnehmer die unter sozialen Gesichtspunkten den Vorrang verdienen, entgegenstehen. ²Der Urlaub ist zu gewähren, wenn der Arbeitnehmer dies im Anschluß an eine Maßnahme der medizinischen Vorsorge oder Rehabilitation verlangt.

(2) ¹Der Urlaub ist zusammenhängend zu gewähren, es sei denn, daß dringende betriebliche oder in der Person des Arbeitnehmers liegende Gründe eine Teilung des Urlaubs erforderlich machen. ²Kann der Urlaub aus diesen Gründen nicht zusammenhängend gewährt werden, und

hat der Arbeitnehmer Anspruch auf Urlaub von mehr als zwölf Werktagen, so muß einer der Urlaubsteile mindestens zwölf aufeinanderfolgende Werktage umfassen.

(3) ¹Der Urlaub muß im laufenden Kalenderjahr gewährt und genommen werden. ²Eine Übertragung des Urlaubs auf das nächste Kalenderjahr ist nur statthaft, wenn dringende betriebliche oder in der Person des Arbeitnehmers liegende Gründe dies rechtfertigen. ³Im Fall der Übertragung muß der Urlaub in den ersten drei Monaten des folgenden Kalenderjahres gewährt und genommen werden. ⁴Auf Verlangen des Arbeitnehmers ist ein nach § 5 Abs. 1 Buchstabe a entstehender Teilurlaub jedoch auf das nächste Jahr zu übertragen.

(4) Kann der Urlaub wegen Beendigung des Arbeitsverhältnisses ganz oder teilweise nicht mehr gewährt werden, so ist er abzugelten.

A. Geschichte und Zweck der Vorschrift

I. Entstehung und Veränderungen

Die **erste Fassung** des § 7 hat der Deutsche Bundestag in seiner 51. Sitzung am 7. 12. 1962 **1** beschlossen. Die Vorschrift wurde zwischenzeitlich **zweimal geändert**. Zunächst wurde durch Art. II § 2 des **Heimarbeitsänderungsgesetzes** vom 29. 10. 1974 (BGBl. I S. 2879) **§ 7 II** durch seinen heutigen Satz 2 ergänzt. Das gesundheitspolitische Anliegen des Gesetzgebers von 1963 sollte damit noch einmal besonders betont werden. Weiter wurde der damalige **§ 7 IV 2 gestrichen**. Nach dieser Bestimmung galt die Abgeltungsregelung des § 7 IV 1 nicht, „wenn der AN durch eigenes Verschulden aus einem Grund entlassen ist, der eine fristlose Kündigung rechtfertigt, oder das Arbeitsverhältnis unberechtigt vorzeitig gelöst hat und in diesen Fällen eine grobe Verletzung der Treuepflicht aus dem Arbeitsverhältnis vorliegt". Beide Änderungen waren nötig, um das Übereinkommen Nr. 132 der Internationalen Arbeitsorganisation vom 24. 6. 1970 ratifizieren zu können (G vom 30. 4. 1975, BGBl. II S. 745; vgl. dazu auch Rn. 32, 57 und 100 sowie § 1 Rn. 26).

Die **letzte Änderung** der Vorschrift betraf § 7 I. Durch Art. 57 Nr. 1 **PflegeVG** vom 26. 5. 1994 **2** (BGBl. I S. 1014, 1068) ist mit Wirkung vom 1. 6. 1994 der jetzige Satz 2 eingefügt worden (dazu Rn. 28 bis 31).

II. Normzweck

§ 7 kann als eine der **zentralen Vorschriften** des Bundesurlaubsgesetzes bezeichnet werden. Seine **3** Bestimmungen enthalten **wesentliche Grundregeln** des Urlaubsrechts zur **Erfüllung** des Urlaubsanspruchs in den Absätzen 1 und 2, zu dessen **Befristung** und **Übertragung** in Absatz 3 und zur **Abgeltung** in Absatz 4. Die weitaus meisten Entscheidungen des Bundesarbeitsgerichts sind zu dieser Norm ergangen (siehe die Veröffentlichungen in AP zu § 7 BUrlG). Das kennzeichnet die Bedeutung der Regelungen in der betrieblichen und gerichtlichen Praxis.

B. Gewährung des Urlaubs

I. Allgemeines

Die Vorschriften des § 7 I und II regeln die **Erfüllung** des Urlaubsanspruchs durch **Gewährung** **4** **(Erteilung)** des Urlaubs. Sie wurden in der Rechtsprechung des Bundesarbeitsgerichts unterschiedlich interpretiert (Ausübung einer direktionsrechtlichen Befugnis unter Beachtung der durch § 315 BGB gesetzten Grenzen: BAG 12. 10. 1961 AP BGB § 611 Urlaubsrecht Nr. 84 mit Anm. *Neumann-Duesberg* = NJW 1962, 268 einerseits und Erfüllung einer gesetzlich geregelten Schuld: BAG 18. 12. 1986 AP BUrlG § 11 Nr. 19 = NZA 1987, 633 andererseits), was wiederum mit dem wechselnden Verständnis über den Inhalt des Urlaubsanspruchs zu erklären ist (§ 1 Rn. 13). Entsprechend bestehen im Schrifttum auch heute noch von einander abweichende Auffassungen über den Inhalt dieser Bestimmungen (*Leinemann/Linck* Rn. 15 einerseits und *Dersch/Neumann* Rn. 6 andererseits, wohl auch *Schaub*, § 102 V 1, der § 315 III BGB anwenden will). Die Unterscheidung hat erhebliche Bedeutung zB bei der Beurteilung einer ordnungsgemäßen Erfüllung und beim sog. Widerruf einer Urlaubserteilung (Rn. 43). Das übersieht *Schaub* (§ 120 V 1), der der Unterscheidung nur geringe Rechtsfolgen beimißt.

1. Freistellung von der Arbeitspflicht. a) Willenserklärung. Urlaub wird durch eine Erklärung **5** des AG gewährt, mit der er den AN für eine bestimmte Zeit von der vertraglich geschuldeten Arbeitsleistung befreit. Der **gesetzliche Urlaubsanspruch** ist nämlich der durch das Bundesurlaubsgesetz bedingte **Freistellungsanspruch** des AN gegen den AG auf Befreiung von der arbeitsvertraglich geschuldeten Arbeitspflicht (§ 1 Rn. 13). Damit ist zugleich die schuldrechtliche Rollenverteilung im Urlaubsrecht kennzeichnet. Der **AG** ist der **Schuldner** des Anspruchs, den er durch Abgabe der sog.

Dörner

Freistellungserklärung zu erfüllen hat (**Erfüllungshandlung**). Weitere Handlungen des AG verlangt das Gesetz nicht. Mit der Freistellungserklärung hat er die von ihm geschuldete Handlung vorgenommen (BAG 9. 8. 1994 AP BUrlG § 7 Nr. 19 = NZA 1995, 174; MünchArbR/*Leinemann* § 89 Rn. 77). Der Erfüllungserfolg tritt ein, wenn der AN aufgrund der Freistellungserklärung der Arbeit fernbleibt.

6 **b) Zeitpunkt.** Die Freistellungserklärung wird regelmäßig abgegeben, nachdem der Urlaub **entstanden** und **fällig** geworden ist (dazu § 1 Rn. 27). Sie kann aber auch schon vorher mit der Maßgabe gegeben werden, daß der Erfüllungserfolg erst zu der Zeit eintreten soll, wenn der Anspruch entstanden ist (Urlaubserteilung im November für den 2. 1. bis 15. 1. des Folgejahres; BAG 23. 1. 1996 AP BUrlG § 5 Nr. 10 = NZA 1996, 1101).

7 Die Freistellung von der vertraglich geschuldeten Arbeitspflicht zur Erfüllung des Urlaubsanspruchs kann nicht erklärt werden, wenn bereits eine **andere Freistellungserklärung** für denselben Zeitraum abgegeben ist. Dem AG obliegt es als Schuldner verschiedener Freistellungsansprüche des AN zu bestimmen, welcher Anspruch des AN erfüllt werden soll. Hat er eine Erfüllungshandlung erbracht, kann er **nicht später** die Anspruchsgrundlagen für die getilgte Leistung mit einem anderen Anspruch **austauschen**. Die Tilgungsbestimmung nach § 366 I BGB hat er bei der Leistung und nicht nach der Leistung vorzunehmen (BAG 1. 10. 1991 AP BUrlG § 7 Nr. 12 = NZA 1992, 1078). Die Freistellung kann auch nicht unter Vorbehalt gewährt werden. Die Freistellung ist keine Tatsache, die rückgängig gemacht werden könnte (BAG 16. 3. 1999 – 9 AZR 428/98 – BB 1999, 2086).

8 **c) Form und Inhalt.** Die Freistellungserklärung muß hinreichend **deutlich** erkennen lassen, daß eine Befreiung von der Arbeitspflicht zur **Erfüllung** des gesetzlichen oder tariflichen **Anspruchs** auf **Urlaub** erteilt wird; anderenfalls liegt keine Urlaubsgewährung vor (BAG 18. 12. 1986 AP BUrlG § 11 Nr. 19 = NZA 1987, 633). Denkbar ist nämlich, daß der AG eine andere Freistellungserklärung abgibt, zB nach einem Bildungsurlaubsgesetz der Länder (§ 15 Rn. 11), zur Erfüllung eines tariflichen Sonderurlaubsanspruchs (BAG 1. 10. 1991 AP BUrlG § 7 Nr. 12 = NZA 1992, 1078; 6. 9. 1994 AP BAT § 50 Nr. 17), zur Erfüllung eines Freizeitausgleichs wegen Mehrarbeit, zur Einhaltung eines mutterschutzrechtlichen Beschäftigungsverbots (BAG 25. 1. 1994 AP BUrlG § 7 Nr. 16 = NZA 1994, 652) oder aus sonstigem Grund den AN von der Arbeit freistellt, zB aufgrund einer in einem gerichtlichen Vergleich eingegangenen Verpflichtung (BAG 31. 5. 1990 AP BUrlG § 13 BUrlG Unabdingbarkeit Nr. 13 = NZA 1990, 935).

9 **Fehlt** es an der notwendigen **Klarheit,** so ist nicht bestimmbar, ob der AG die geschuldete Leistung oder eine andere Leistung bewirkt hat oder ob er auch nur auf die Annahme der Arbeitsleistung verzichtet hat (BAG 25. 1. 1994 AP BUrlG § 7 Nr. 16 = NZA 1994, 652; 9. 6. 1998 AP BUrlG § 7 Nr. 23), was namentlich in den Fällen einer Kündigung mit langer Kündigungsfrist zu beobachten ist (BAG 18. 12. 1986 AP BUrlG § 11 Nr. 19 = NZA 1987, 633). In allen Fällen ohne eindeutige Erklärung, wie zB beim „Verzicht auf weitere Anwesenheit im Betrieb", bleibt der **Urlaubsanspruch** des AN **erhalten** (MünchArbR/*Leinemann* § 89 Rn. 77).

10 Die stillschweigende Entgegennahme eines Urlaubswunsches, insbesondere in Form der Eintragung in eine im Betrieb umlaufende **Urlaubsliste**, ist regelmäßig nicht als Urlaubserteilung anzusehen (BAG 24. 9. 1996 AP ArbGG § 64 Nr. 25 = DB 1997, 679; Kasseler Handbuch/*Schütz* Rn. 352; *Leinemann/Linck* § 7 Rn. 7). Etwas anderes kann ausnahmsweise dann gelten, wenn jahrelang den Eintragungen in der Liste ohne weitere Erklärung seitens des AG entsprochen worden ist (Hessisches LAG 8. 7. 1996 – 11 Sa 966/95 – nv.) Zur Bedeutung der Urlaubsliste siehe unten Rn. 21.

11 **d) Darlegungs- und Beweislast.** Für die Abgabe und den Zugang der Willenserklärung gilt das bürgerliche Recht nach den §§ 130 ff. BGB (BAG 23. 1. 1996 AP BUrlG § 5 Nr. 10 = NZA 1996, 1101 mwN). Wenn sich der AG auf Erfüllung seiner urlaubsrechtlichen Freistellungsverpflichtung beruft, muß er im einzelnen darlegen und ggf. beweisen, daß er gegenüber dem AN eine Freistellungserklärung abgegeben hat und daß diese Erklärung dem AN zugegangen ist.

12 **2. Selbstbeurlaubung.** Der AN als Gläubiger des Urlaubsanspruchs kann die Schuld des AG nicht dadurch erfüllen, daß er sich selbst beurlaubt. Nach dem Bundesurlaubsgesetz ist eine „Selbstbeurlaubung" **ausgeschlossen,** auch wenn das Urlaubsjahr abläuft, das Ende des Übertragungszeitraums bevorsteht oder das Arbeitsverhältnis gekündigt ist und nur noch die Dauer der Kündigungsfrist für eine Urlaubsgewährung zur Verfügung steht (BAG 31. 1. 1985 AP MuSchG § 8a Nr. 6 mit Anm. *Bemm* = NZA 1986, 138; 20. 1. 1994 AP BGB § 626 Nr. 115 = NZA 1994, 548; 25. 1. 1994 AP BUrlG § 7 Nr. 16 = NZA 1994, 652; 25. 10. 1994 AP BUrlG § 7 Nr. 20 = NZA 1995, 591; hM im Schrifttum: GK-BUrlG/*Bachmann*, § 7 Rn. 70; Kasseler Handbuch/*Schütz* Rn. 298 ff.; *Leinemann/Linck* § 7 Rn. 9 ff.; *Schaub* § 102 V 1 a). Die Vorschriften des **Selbsthilferechts** nach §§ 229 ff. BGB und des **Zurückbehaltungsrechts** nach § 273 BGB kommen nicht zur Anwendung, weil § 7 I und II BUrlG als Spezialregelung anzusehen sind (*Leinemann/Linck* § 7 Rn. 12). Eine Selbstbeurlaubung scheidet auch aus, wenn der AN im gewährten Urlaub **krank** wird und nach seiner Genesung den nach § 9 nicht verbrauchten Urlaub nehmen will (§ 9 Rn. 16). Auch dann benötigt er eine Erklärung des AG, mit der er von der Arbeit freigestellt wird (MünchArbR/*Leinemann* § 91 Rn. 1; BAG 19. 3. 1996 AP

B. Gewährung des Urlaubs § 7 BUrlG 250

BUrlG § 9 Nr. 13 = NZA 1996, 942). Für arbeitnehmerähnliche Personen gilt nichts anderes. Die Unabhängigkeit enthält nicht das Recht der Selbstbeurlaubung (aA v. *Hase/Lembke*, BB 1997, 1095)

Die Selbstbeurlaubung ist **Vertragsverletzung** und kann die **Kündigung** eines Arbeitsverhältnisses 13 rechtfertigen (22. 1. 1998 AP BGB § 626 Ausschlußfrist Nr. 38 = NZA 1998, 708; 20. 1. 1994 AP BGB § 626 Nr. 115 = NZA 1994, 548; MünchArbR/*Leinemann* § 89 Rn. 78). Jedenfalls entfällt der Vergütungsanspruch des AN für die Zeit der Selbstbeurlaubung (BAG 25. 10. 1994 AP BUrlG § 7 Nr. 20 = NZA 1995, 591).

Hat sich der AN selbst beurlaubt, so ist der AG auch nicht berechtigt und verpflichtet, die Zeit 14 **nachträglich** als **Urlaub „anzurechnen"**. Soweit das in der Praxis geschieht, liegt darin keine Erfüllung der gesetzlichen oder tariflichen Schuld, sondern allenfalls die Erfüllung einer außergesetzlichen, einzelvertraglichen Schuld. Denn Urlaubsgewährung ist die Befreiung von der Arbeitspflicht für einen bestimmten zukünftigen Zeitraum. Das schließt die nachträgliche Behandlung einer Selbstbeurlaubung als Erfüllung einer gesetzlichen oder tariflichen Schuld auf Urlaubserteilung aus (BAG 25. 10. 1994 AP BUrlG § 7 Nr. 20 = NZA 1995, 591). Der AG muß den vermeintlich erfüllten Urlaub noch gewähren, wenn der AN später darauf besteht (regelmäßig in der Form der Abgeltung bei der Beendigung des Arbeitsverhältnisses).

II. Die zeitliche Festlegung des Urlaubs

Der AG als Schuldner des Anspruchs auf Arbeitsbefreiung nach dem BUrlG ist **nicht frei** bei der 15 Festlegung, an welchen Tagen des Urlaubsjahres er den Urlaub des AN erfüllen will. Insbesondere unterliegt die Festsetzung des Urlaubszeitraums **nicht** seinem billigen Ermessen nach **§ 315 BGB** (BAG 18. 12. 1986 AP BUrlG § 7 Nr. 10 mit Anm. *Leipold* = NZA 1987, 633) **oder** den Bestimmungen des **§ 243 BGB** über die Erfüllung einer Gattungsschuld (*Leinemann/Linck* § 7 Rn. Rn. 15 f.; mißverständlich BAG 9. 8. 1994 AP BUrlG § 7 Nr. 19 = NZA 1995, 174). **Alleiniger Maßstab** für die ordnungsgemäße Erfüllung der Schuld „Urlaubserteilung" sind **§ 7 I und II** oder die entsprechenden Tarifvorschriften. Unzutreffend ist es auch, die Urlaubserteilung als Teil des **arbeitgeberseitigen Direktionsrechts** anzusehen (*Dörner* AR-Blattei Urlaub V, D I 2; *Leinemann/Linck* Rn. 15, 16; MünchArbR/*Leinemann* § 89 Rn. 80), weil der AG kein Weisungsrecht eines Gläubigers ausübt, sondern seiner Pflicht als Schuldner nachkommt. Der unzutreffende Ansatz wird auch nicht dadurch ausgeglichen, daß von einem Weisungsrecht nach Maßgabe des § 7 I gesprochen wird (*Dersch/Neumann* § 7 Rn. 6).

1. Urlaubserteilung ohne vorherigen Wunsch des AN. Meldet der AN (zunächst) keine Urlaubs- 16 wünsche an, so darf der AG den Urlaubszeitraum von sich aus bestimmen. Die Erklärung stellt im Grundsatz eine ordnungsgemäße Erfüllung der Schuld dar. Eine vorherige Meldung des AN, eine „Inanspruchnahme" setzt das Gesetz nicht voraus (BAG 22. 9. 1992 AP BUrlG § 7 Nr. 13 mit abl. Anm. *Weber* = NZA 1993, 407; Kasseler Handbuch/*Schütz* Rn. 233; *Leinemann/Linck* § 7 Rn. 21; MünchArbR/*Leinemann* § 89 Rn. 74). Akzeptiert der AN die Leistungshandlung des AG und geht er daraufhin in Urlaub, so ist der Anspruch erfüllt.

Der AN ist aber **nicht gehalten**, die Bestimmung des Urlaubszeitraums **hinzunehmen**. Er kann 17 auch jetzt noch seine Wünsche äußern und die Urlaubserteilung für den ihn nicht genehmen Zeitpunkt ablehnen. Zwar hat der AG mit seiner Freistellungserklärung seine Schuld konkretisiert. Doch da der AN nicht nach seinen Wünschen gefragt worden ist, wie es das Gesetz verlangt, kann der AN nicht ordnungsgemäße Konkretisierung rügen und ein **Annahmeverweigerungsrecht** geltend machen. Im Gesetz ist diese Befugnis nicht unmittelbar zu finden. Soweit sie der Regelung des **§ 7 III Satz 2** entnommen wird (*Leinemann/Linck* § 7 Rn. 34), kann dem nicht zugestimmt werden. Diese Vorschrift hebt nur die Befristung des Urlaubsanspruchs auf das Kalenderjahr durch einen gesetzlich angeordneten Übertrag des Urlaubs auf das erste Quartal des Folgejahres auf, wenn der AN seinen Urlaub aus den dort genannten Gründen nicht verlangt hat. Sie besagt nichts darüber, wann der AN die Annahme der vom AG geschuldeten Leistung „Erteilung des Urlaubs" verweigern darf.

Das **Annahmeverweigerungsrecht** leitet sich vielmehr ab aus dem den Annahmeverzugsvorschrif- 18 ten der **§§ 293 ff.** BGB zugrunde liegenden Gedanken, daß der Gläubiger mit der Annahme nicht in Verzug gerät, wenn er berechtigt ist, die Annahme der Leistung zu verweigern. So verhält es sich bei einer Urlaubserteilung ohne Befragung des AN nach seinen Wünschen. Er kann geltend machen, daß die Konkretisierung der über das ganze Jahr bestehenden Freistellungsverpflichtung auf den vom AG ausgesuchten Zeitraum nicht in der vom Gesetz vorgesehenen Art und Weise vorgenommen worden ist und ihm **Urlaub** damit zur **Unzeit** gewährt werden soll. Er kann die Annahme der Arbeitsbefreiung verweigern, ohne in Annahmeverzug zu kommen.

Der AN kann im Grundsatz **jeden Grund** äußern, warum er die angebotene Leistung des AG nicht 19 annehmen will. Er ist **nicht** auf einen **wichtigen Grund** oder einen Grund im Sinn des § 7 III 2 angewiesen (aA *Leinemann/Linck* § 7 Rn. 34 bis 36; schwächer jetzt MünchArbR/*Leinemann* § 89 Rn. 47). Ein Hinweis auf eine von den Vorstellungen des AG abweichende Urlaubsplanung genügt. Denn in diesem Fall äußert er einen vom Gesetz nicht eingeschränkten Wunsch iS des § 7 I 1. Der AG muß ihm nachkommen, es sei denn, er hat seinerseits für den vom AN genannten Zeitraum ein Leistungsverweigerungsrecht (unten Rn. 21 bis 27). In diesem Fall muß der AN überlegen, ob er doch den zuerst angebotenen Urlaub des AG annehmen will oder ob er seinen Urlaubswunsch für einem dritten Zeitpunkt rechtzeitig vor dem Ende des Urlaubsjahrs anmelden will.

20 Das Annahmeverweigerungsrecht kann der AN auch dann für sich in Anspruch nehmen, wenn der AG den **Urlaub** in die **Kündigungsfrist** legt, solange noch Raum für eine anderweitige Urlaubsgewährung bleibt (offen gelassen vom BAG 22. 9. 1992 AP BUrlG § 7 Nr. 13 mit abl. Anm. *Weber* = NZA 1993, 407). Er kann die Annahme regelmäßig nicht verweigern, wenn die Kündigungsfrist so kurz bemessen ist, daß der Urlaub nur in dem vom AG bestimmten Zeitraum gewährt werden kann. Denn der AN hat kein Annahmeverweigerungsrecht, um die **Urlaubserteilung** überhaupt zu **verhindern** und um in den Genuß einer Abgeltung zu kommen. Insoweit hat das Primat des Bundesurlaubsgesetzes, die Freistellung zu sichern, die Annahmeverweigerungsregelung des BGB verdrängt. Das bedeutet zugleich, daß in den Fällen, in denen das Primat der Freistellung nicht zur Anwendung kommt, ein Annahmeverweigerungsrecht auch im auslaufenden Arbeitsverhältnis besteht. Das ist zB der Fall, wenn der AN geltend macht, im Vertrauen auf den Fortbestand des Arbeitsverhältnisses zu einer späteren Zeit über die Ausgestaltung seines Urlaubs verfügt zu haben (so auch *Leinemann/Linck* § 7 Rn. 36 und *MünchArbR/Leinemann* § 89 Rn. 47).

21 **2. Wünsche des AN und Leistungsverweigerung.** In der Mehrzahl der jährlichen Urlaubsbewilligungen äußert sich der AN vor der Erklärung des AG, wann er seinen Urlaub nehmen möchte. Das geschieht durch Eintragung in eine zu Beginn des Jahres umlaufende, vom AG erstellte **Urlaubsliste** (Kasseler Handbuch/*Schütz* Rn. 251) oder durch das Stellen von „**Urlaubsanträgen**", aber auch durch Reaktion auf einen vom AG von sich aus bestimmten Urlaubszeitraum (Rn. 19). Der AG muß daraufhin den Urlaub erteilen (die Entgegennahme des Eintrags in der Liste ist regelmäßig nicht gleichbedeutend mit der Urlaubsgewährung), es sei denn, er kann sich darauf berufen, daß der Urlaubserteilung zu dem gewünschten Zeitpunkt dringende betriebliche Belange oder Urlaubswünsche anderer AN, die unter sozialen Gesichtspunkten den Vorrang verdienen, entgegenstehen.

22 Entsprechend der rechtlichen Einordnung der Gewährungspflicht in § 7 I 1 als Direktionsrecht, Gestaltungsrecht oder gesetzlich angeordnete Schuldverpflichtung des AG werden auch die Einschränkungen des 2. Halbsatzes unterschiedlich beurteilt. Nach zutreffender Auffassung des Bundesarbeitsgerichts (18. 12. 1986 AP BUrlG § 7 Nr. 10 mit abl. Anm. *Leipold* = NZA 1987, 379) handelt es sich bei den Gegenrechten dieses Teils der Vorschrift um **Leistungsverweigerungsrechte** des **Schuldners** (*Dörner* AR-Blattei Urlaub V D I 3; *Leinemann/Linck* § 7 Rn. 23; *MünchArbR/Leinemann* § 89 Rn. 82), nicht nur um Einschränkungen hinsichtlich des ansonsten nach billigem Ermessen gemäß § 315 BGB (Rn. 15) auszuübenden Direktionsrechts. Der AG, der sich auf ein Leistungsverweigerungsrecht nach § 7 I 1 beruft, hat dessen Voraussetzungen darzulegen und im Leistungsprozeß über die Gewährung von Urlaub (zur einstweiligen Verfügung siehe Rn. 55) zu beweisen (*Leinemann/Linck* § 7 Rn. 31). **Prozeßrechtlich** handelt es sich um eine **rechtshindernde Einwendung** des Schuldners.

23 **a) Dringende betriebliche Belange.** Von dringenden betrieblichen Belangen ist nicht bereits auszugehen, wenn die Berücksichtigung des vom Kläger geäußerten Wunschs zu **Störungen** im Betriebsablauf führt. Diese treten regelmäßig beim Fehlen eines Mitarbeiters auf. Sie sind hinzunehmen und durch entsprechenden Vorhalt von Personal auszugleichen (*Dörner* AR-Blattei Urlaub V D I 3; *Leinemann/Linck* § 7 Rn. Rn. 27). Andererseits sind dringende betriebliche Belange nicht nur anzunehmen, wenn dem AG durch die Arbeitsbefreiung zum gewünschten Termin ein **Schaden** entsteht.

24 Im Konfliktfall hat der AG die jeweiligen **Umstände des Einzelfalls** zu bewerten. Eine abschließende Aufzählung dessen, was als betrieblicher Belang anzusehen ist, verbietet sich daher. Dringende betriebliche Belange können ua. sein die **Unterbesetzung** in Betrieb oder Abteilung wegen eines besonders hohen Krankenstandes oder wegen Kündigung anderer Mitarbeiter, eine unerwartete, besondere **Menge** von Arbeit durch einen zusätzlichen Auftrag, besonders arbeitsintensive Zeit wegen der **Eigenart einer Branche** (Schlußverkauf, Weihnachten im Einzelhandel; Grippewelle und Krankenhäuser/Apotheken) oder die Notwendigkeit eines **Betriebsurlaubs** zB wegen der Abhängigkeit der Mitarbeiter von der Anwesenheit des AG (Arzthelfer).

25 **b) Urlaubswünsche anderer AN.** Die Urlaubswünsche anderer AN rechtfertigen eine Leistungsverweigerung nur, wenn aus betrieblichen Gründen **nicht jeder** Urlaubswunsch erfüllt werden kann. Die Ablehnung eines Urlaubswunschs kommt nicht schon immer dann in Betracht, wenn zwei Anträge für den gleichen Zeitpunkt kollidieren. Insofern stellt die 2. Alternative des § 7 I 1 2. Halbsatz nur einen Unterfall der ersten Alternative dar (allgM).

26 Muß der AG bei zwei oder mehr Urlaubsanträgen aus betrieblichen Gründen einen Urlaubswunsch zurückweisen, so hat er dabei **abzuwägen**, wessen Wunsch unter sozialen Gesichtspunkten den Vorzug verdient. Der unbestimmte Gesetzesbegriff hat nichts mit den sozialen Gesichtspunkten des § 1 III KSchG zu tun, sondern ist allein nach urlaubsrechtlichen Gesichtspunkten zu beurteilen. Dazu gehören ua. **Urlaubsmöglichkeiten** des Partners und der Kinder (**Schulferien**), bisherige Urlaubsgewährung in besonders **beliebten Zeiten, Alter** und **Betriebszugehörigkeit,** erstmaliger oder **wieder-**

B. Gewährung des Urlaubs § 7 BUrlG 250

holter Urlaub in diesem Kalenderjahr, **Erholungsbedürftigkeit** (besonders arbeitsintensiver Einsatz in der Vergangenheit, schwerwiegende Erkrankung) ua.

c) Andere Leistungsverweigerungsrechte. Der AG kann weiter Leistungsverweigerungsrechte geltend machen, die sich aus dem Gesetz nur mittelbar ergeben. So kann er Wünsche zurückweisen, die darauf hinauslaufen, daß die Bestimmung des § 7 II 1 über den Zusammenhangsurlaub umgangen wird (unten Rn. 37 bis 42). **27**

3. Urlaubswunsch und Rehabilitationsmaßnahme. Seit Mitte 1994 ist der **AG verpflichtet**, Urlaub zu gewähren, wenn der AN ihn im Anschluß an eine Maßnahme der medizinischen Vorsorge oder Rehabilitation **verlangt**. Dahinter verbergen sich die früher Kuren und Heilverfahren genannten Maßnahmen. **28**

Dem AN ist mit der Neuregelung des Gesetzes die Möglichkeit eröffnet worden, nach Beendigung der Maßnahme nicht sofort an seinen Arbeitsplatz zurückkehren zu müssen, sondern unter Einsatz seines Urlaubsanspruchs weiter Kraft für den bevorstehenden Arbeitseinsatz zu sammeln. Denn nach der Vorstellung des Gesetzgebers **entfällt** nach der Neuregelung des Entgeltfortzahlungsrechts die Möglichkeit der ärztlichen Anordnung von **Schonungszeiten** (Beschlußempfehlung des Ausschusses für Arbeit und Sozialordnung BT-Drucks. 12/5798 vom 29. 9. 1993 S. 22; aA *Leinemann,* AuR 1995, 83; Einzelheiten dazu bei § 9 EFZG Rn. 3 und bei § 616 Rn. 14). **29**

Die **Neuregelung** des § 7 I 2 schafft keine über die Regelungen des § 3 hinausgehenden Urlaubsansprüche. Sie **verändert** auch **nicht** die nach § 7 III bestehende Befristung. Sie setzt vielmehr voraus, daß der aus einer Rehabilitation zurückkehrende AN noch bestehende Urlaubsansprüche verwirklichen kann. Hat er den Urlaub bereits erhalten oder endet die Rehabilitation nach Ablauf des Übertragungszeitraums, kann der AN keinen Urlaub aus der Zeit vor der Rehabilitation verlangen. **30**

Der AG muß den noch bestehenden Urlaub im **unmittelbaren Anschluß** an die Maßnahme gewähren, wenn der AN das wünscht. Eine Selbstbeurlaubung (Rn. 12 bis 14) kommt nicht in Betracht. Auch Leistungsverweigerungsrechte nach § 7 I 1 stehen dem AG nicht zu (Kasseler Handbuch/*Schütz* Rn. 234). Trotz unterschiedlicher Wortwahl beim Verb ist § 7 I 2 wie § 7 III 3 zu verstehen. Das Freistellungsverlangen des AN ist nicht fristgebunden; es kann bereits während der Maßnahme geäußert werden (*Leinemann/Linck* Rn. 33 d). **31**

4. Erfüllbarkeit. a) Krankheit. Die Gewährung von Urlaub setzt voraus, daß der Urlaub in dem vorgesehenen Zeitraum erfüllbar ist. Das ist dann der Fall, wenn der AN von seinen vertraglich geschuldeten **Arbeitspflichten** überhaupt **befreit werden kann**. Das ist zB nicht möglich, wenn der AN krank ist (BAG 10. 2. 1987 AP BUrlG § 13 Unabdingbarkeit Nr. 12 = NZA 1987, 675; 8. 2. 1994 AP BAT § 47 Nr. 17 = NZA 1994, 853; zu § 54 MTB II BAG 5. 9. 1995 ZTR 1996, 28). Denn der arbeitsunfähig Erkrankte hat keine Arbeitspflicht. Der AN kann keine weitere Befreiung von der Arbeitspflicht verlangen, der AG kann ihn nicht wirksam ein weiteres Mal befreien. Dem Erkenntnis steht Art. 11 des Übereinkommens Nr. 132 der Internationalen Arbeitsorganisation nicht entgegen (BAG 10. 2. 1987 AP BUrlG § 13 Unabdingbarkeit Nr. 12 = NZA 1987, 675; BAG 7. 3. 1985 AP BUrlG § 7 Nr. 21 mit Anm. *Birk* = NZA 1986, 132). Die Darlegungs- und Beweislast für die Arbeitsfähigkeit trägt der AN (BAG 20. 1. 1998 AP BUrlG § 13 Nr. 45 = NZA 1998, 816). **32**

Hat der AG den Urlaub bereits gewährt und erkrankt der AN **danach**, so hat zwar der AG die von ihm geforderte Erfüllungshandlung erbracht. Der Urlaubsanspruch des AN geht aber dennoch nicht unter, wie aus der Bestimmung des § 9 folgt (§ 9 Rn. 1). **33**

Arbeitsunfähigkeit durch Erkrankung darf nicht mit **Erwerbsunfähigkeit** verwechselt werden. Der Erwerbsunfähige kann durchaus (für andere Arbeiten) arbeitsfähig sein, und deshalb kann er Urlaub erteilt bekommen (BAG 8. 2. 1994 AP BAT § 47 Nr. 17 = NZA 1994, 853). Das ist hauptsächlich im Abgeltungsrecht von Bedeutung (Rn. 102 bis 105). **34**

b) Andere Erfüllungshindernisse. Zur Arbeitsleistung ist der AN auch nicht verpflichtet, und entsprechend kann er beispielsweise keinen Urlaub gewährt bekommen, wenn er sich an einem **Arbeitskampf** beteiligt (BAG 9. 2. 1982 AP BUrlG § 11 Nr. 16 mit Anm. *Boldt* = NJW 1982, 2087; 24. 9. 1996 AP ArbGG § 64 Nr. 25 = DB 1997, 679; ausführlich Kasseler Handbuch/*Schütz* Rn. 306 bis 316), er sich im **Bildungsurlaub** befindet, er an einer betriebsverfassungsrechtlichen **Schulung** teilnimmt, das Arbeitsverhältnis **ruht** (Sonderurlaub, Wehrdienst, Erziehungsurlaub u. ä.), Kurzarbeit Null angeordnet ist (§ 11 Rn. 38 f.), ein **Beschäftigungsverbot** vorliegt und der AN vertraglich nicht verpflichtet ist, eine andere Tätigkeit auszuüben (BAG 9. 8. 1994 AP BUrlG § 7 Nr. 19 = NZA 1995, 174) oder der AN im Rahmen einer gesetzlichen **Rehabilitationsmaßnahme** beschäftigt wird, das Arbeitsverhältnis aber ruht (BAG 19. 4. 1994 AP SGB V § 74 Nr. 2 mit Anm. *Gitter/Boerner* = NJW 1995, 1636). **35**

Anders ist die Rechtslage **im umgekehrten Fall** zu beurteilen: Hat der AG **vor** dem die Arbeitspflicht anderweitig suspendierenden Ereignis **Urlaub erteilt** und damit wirksam seine gesetzliche Schuld nach dem BUrlG erfüllt, so wird er von der Leistungspflicht frei, wenn die Freistellung nachträglich **unmöglich** wird, ohne daß der AG die Unmöglichkeit zu vertreten hat, § 275 I BGB (Beispiel: Urlaubsgewährung für Juli im Januar; Beschäftigungsverbot der AN ab März bis zur **36**

Dörner

Niederkunft im September). Der durch die Leistungshandlung konkretisierte Anspruch **geht ersatzlos unter** (BAG 15. 6. 1993 AP BildungsurlaubsG NRW § 1 Nr. 3 = NZA 1994, 689; BAG 9. 8. 1994 AP BUrlG § 7 Nr. 19 = NZA 1995, 174). § 9 ist nicht, auch nicht entsprechend anzuwenden (BAG 9. 8. 1994 aaO; Kasseler Handbuch/*Schütz* Rn. 79 und 370; aA *Dersch/Neumann* § 3 Rn. 38; *Kanzlsperger*, AuR 1997, 192). Grundsätzlich fallen die urlaubsstörenden Ereignisse in den Risikobereich des AN. Nur wenn besondere Vorschriften wie § 9 BUrlG andere Rechtsfolgen anordnen, gilt die allgemeine Gefahrtragungsregelung nicht (BAG 9. 6. 1988 AP BUrlG § 9 Nr. 10 = NZA 1987, 137).

37 **5. Zusammenhängende Gewährung.** Urlaub ist grundsätzlich zusammenhängend zu bewähren, § 7 II 1, 1. Halbsatz. Das bereits bei der Verabschiedung des BUrlG anerkannte Prinzip, das Ausdruck der **gesundheitspolitischen Zielsetzung** des Bundesurlaubsgesetzes ist, wurde 1974 durch die Einfügung des § 7 II Satz 2 verdeutlicht. Angesichts der zwischenzeitlichen Erhöhung des Urlaubs, insbesondere im Geltungsbereich von TV, hat das Gebot einer Mindestzeit von zusammenhängendem Urlaub allerdings an Bedeutung abgenommen.

38 Der AN hat einen **Anspruch auf ungeteilten Urlaub** des laufenden Urlaubsjahrs in voller Höhe, es sei denn, dem AG steht insoweit ein Leistungsverweigerungsrecht aus betrieblichen oder in der Person des AN liegenden Gründen zu. Dann muß dem AN aber ein **zusammenhängender Teil von zwölf Werktagen** gewährt werden (zum verbleibenden Teil Rn. 41). Hinsichtlich der betrieblichen Gründe gelten dieselben Grundsätze wie zu § 7 I (Rn. 23 f.); wegen der persönlichen Gründe kommt es dagegen nicht auf die Urlaubswünsche anderer AN an, sondern nur auf Belange im persönlichen Bereich des AN (*Leinemann/Linck* § 7 Rn. 87). Der bloße Wunsch des AN auf Gewährung von Urlaub in zwei oder mehr verschiedenen Zeiträumen genügt den gesetzlichen Anforderungen nicht.

39 Die Bestimmung gilt jeweils für sich genommen auch für den nach § 5 erworbenen **Teilurlaub** und dem aus dem Vorjahr übertragenen Urlaub. Beide müssen allerdings nicht zusammen mit dem Urlaub des laufenden Kalenderjahrs gewährt werden (*Leinemann/Linck* § 7 Rn. 81 f.). Das folgt aus **der unterschiedlichen Ausgestaltung der Leistungsverweigerungsrechte** (Rn. 77).

40 In der **Praxis** wird § 7 II regelmäßig **mißachtet** und der Urlaub – auch ohne Vorliegen der in Satz 1 genannten Gründe – in kleineren Einheiten gewährt, im Einzelfall sogar nur an einzelnen Tagen. Die Handhabung ist mit dem Gesetz nicht zu vereinbaren und führt dazu, daß der Urlaub des AN nicht ordnungsgemäß erfüllt wird. Er könnte noch einmal verlangt werden.

41 Etwas anderes gilt nur dann, wenn Gründe iS des § 7 II Satz 1 vorliegen und eine Aufteilung überhaupt in Betracht kommt. Soweit unter diesen Voraussetzungen der **gesamte Urlaub** in kleinen Einheiten erteilt wird, liegt **keine ordnungsgemäße Erfüllung** für den mindestens zusammenhängend zu gewährenden Urlaub von 12 Werktagen vor. Das gilt **auch**, wenn der AN sich mit dieser Art von Leistung **einverstanden** erklärt (BAG 29. 7. 1965 AP BUrlG § 7 Nr. 1 mit Anm. *G. Hueck* = NJW 1965, 2174). Hinsichtlich des zwölf Werktage überschießenden Urlaubs gilt dasselbe, wenn der AG von sich aus den Urlaub in einzelnen Tagen gewährt. Eine entsprechende Vereinbarung der Parteien ist für den weiteren Urlaub jedoch möglich, so daß insoweit wirksam erfüllt würde.

42 Soweit nicht ein **Bruchteil von Urlaubstagen** (nach der Umrechnung bei einer vom Gesetz abweichenden Verteilung der Arbeitszeit möglich, § 3 Rn. 13 bis 31) geschuldet ist, kann die Arbeitsbefreiung nur für den ganzen Tag gewährt werden. Die Arbeitsbefreiung für halbe Tage oder einige Stunden ist nicht als Gewährung von gesetzlichem Urlaub zu verstehen. Darüber können die Arbeitsvertragsparteien auch keine Vereinbarung treffen (BAG 29. 7. 1965 AP BUrlG § 7 Nr. 1 mit Anm. *G. Hueck* = NJW 1965, 2174).

43 **6. Nachträgliche Veränderungen.** Hat der **AG** die Freistellungserklärung abgegeben, so ist er an diese Erklärung – wie jeder Schuldner an seine Konkretisierungshandlung – **gebunden**, es sei denn, es steht ihm ein aus der Rechtsordnung sich ergebendes **Beseitigungsrecht** zu. Dazu gehört die **Anfechtung** nach den §§ 119, 123 BGB und die **Kondiktion** der Freistellungserklärung nach §§ 812 ff. BGB, sofern sie rechtsgrundlos erteilt wurde oder der Rechtsgrund nachträglich weggefallen ist. Ein **Widerruf** aus ungeschriebenen „**urlaubsrechtlichen Gründen**" scheidet aus (BAG 20. 6. 2000 – 9 AZR 404/99 und 405/99 – zVb.; Kasseler Handbuch/*Schütz* Rn. 285 ff.; *Leinemann/Linck* Rn. 37 ff. mwN). Denkbar ist allenfalls eine Wiederherstellung der Arbeitspflicht nach den Grundsätzen des **Wegfalls der Geschäftsgrundlage**. Das setzt allerdings eine Fallgestaltung voraus, bei der die Arbeitskraft eines bestimmten AN für einen bestimmten Zeitraum zB zur Verhinderung des Zusammenbruchs eines Unternehmens benötigt würde und das Festhalten an der Urlaubsgewährung für den Arbeitgeber schlechthin unzumutbar wäre.

44 So kommt ein **Rückruf** des AN aus dem bereits angetretenen Urlaub regelmäßig nicht in Betracht. Weder „zwingende Notwendigkeiten" noch Not- und Erhaltungsarbeiten im Betrieb gestatten dem AG, durch einseitige Erklärung die Befreiung von der Arbeitspflicht wiederherzustellen (aA der Kündigungssenat des BAG 19. 12. 1991 RzK I 6 a Nr. 82). Deshalb ist der AN auch nicht verpflichtet, seine **Urlaubsanschrift** zu hinterlassen.

45 Soweit in der betrieblichen Praxis AN einem sog. Rückruf folgen und den **Urlaub unterbrechen**, geschieht das **freiwillig** im Einvernehmen mit dem AG. Eine **Rechtspflicht** besteht dagegen nur, wenn

einer der oben genannten Beseitigungsgründe vorliegt (unzutreffend LAG Hamm 15. 3. 1995 1 Sa 108/95 nv.).

7. Urlaubserteilung nach einer Betriebsvereinbarung. Die kollektive Verteilung des Urlaubs auf das Urlaubsjahr, insbesondere die **Aufstellung allgemeiner Urlaubsgrundsätze**, die Aufstellung eines **Urlaubsplans** und die Einführung eines **Betriebsurlaubs**, unterliegt der Mitbestimmung eines ggf. vorhandenen Betriebs- oder Personalrats, § 87 I Nr. 5 BetrVG (zu den betriebsverfassungsrechtlichen Einzelheiten § 87 BetrVG Rn. 42–47). Gegenstand der Mitbestimmung ist aber nicht die Dauer des Urlaubs (BAG 14. 1. 1992 AP BUrlG § 3 Nr. 3 = NZA 1992, 759) oder die Abänderung von gesetzlichen oder tariflichen Urlaubsgrundsätzen wie die Erteilung von künftigem Urlaub im Vorgriff.

III. Die Durchsetzung des Urlaubsanspruchs

Da eine Selbstbeurlaubung des AN nicht statthaft ist (Rn. 12 bis 14), muß der AN **Klage** beim Arbeitsgericht einreichen, wenn sich der **AG weigert**, ihn für die Dauer des von ihm reklamierten Urlaubs freizustellen. Unter den Voraussetzungen der §§ 935, 940 ZPO kann er auch den Erlaß einer **einstweiligen Verfügung** beantragen. Dabei hat der AN verschiedene Möglichkeiten zu verfahren.

1. Klage auf Urlaubsgewährung für einen bestimmten Zeitraum. Bei der Klage auf Urlaubsgewährung handelt es sich nicht um eine Gestaltungsklage, sondern um eine Leistungsklage, weil die Erteilung des Urlaubs im Ermessen des AG liegt (Rn. 5), sondern eine Verpflichtung zu erfüllen ist. Der AN kann im Klageantrag den von ihm erwünschten Zeitraum benennen (BAG 18. 12. 1986 AP BUrlG § 7 Nr. 10 mit Anm. *Leipold* = NZA 1987, 379). Dieser **Klageantrag empfiehlt** sich, wenn sich die Parteien nur über das Bestehen eines Leistungsverweigerungsrechts des AG streiten, noch ausreichend Zeit bis zum geplanten Urlaub verbleibt und ein Rechtsmittel gegen ein obsiegendes Urteil nicht zu erwarten ist.

Diese Form der Klage hat den **Nachteil,** daß regelmäßig bis zum Beginn des erwünschten Urlaubs kein rechtskräftiger Titel zu erlangen ist. Dann muß der Klageantrag auf Leistung zu einem nicht näher bestimmten Zeitraum oder auf Feststellung umgestellt werden; anderenfalls wird die Klage unbegründet (nach Auffassung des BAG 18. 12. 1986 AP BUrlG § 7 Nr. 10 mit Anm. *Leipold* = NZA 1987, 379 sogar unzulässig; ohne Aussage zur Zulässigkeit BAG 25. 1. 1994 AP BAT § 50 Nr. 16 = DB 1994, 2631; zur Umstellung von der Feststellungsklage auf die Leistungsklage vgl. BAG 18. 3. 1997 NZA 1997, 1168).

2. Klagen auf Urlaubsgewährung ohne bestimmte Zeitangabe. Da der AG als Schuldner die Konkretisierungsbefugnis bei der Erteilung des Urlaubs nach § 7 I hat, sind auch Klagen **statthaft**, mit denen der AG zur Gewährung einer bestimmten Menge Urlaubs zu einem in der Zukunft liegenden, nicht näher genannten Zeitpunkt verurteilt werden soll (BAG 25. 11. 1982 AP BUrlG § 6 Nr. 3 = DB 1983, 1155; 21. 2. 1995 AP SchwbG § 47 1986 Nr. 7 und 8 = NZA 1995, 839 und 1008; *Dörner* AR-Blattei Urlaub X, A I 2). **Bedenken** wegen der **Bestimmtheit** (*Leinemann/Linck* § 7 Rn. 63) und deren Auswirkungen in der **Zwangsvollstreckung** sind unbegründet. Entgegen einer früher geäußerten Auffassung des BAG (12. 10. 1961 AP BGB § 611 Urlaubsrecht Nr. 83 mit Anm. *Pohle* = NJW 1962, 270) richtet sich die Vollstreckung des Urteils auf Urlaubsgewährung ohne bestimmte Zeitangabe **nicht nach § 894 ZPO**, sondern nach **§ 888 ZPO** (*Dörner* AR-Blattei Urlaub X, A I 2; *Stein/Jonas/Münzberg* ZPO § 894 Rn. 5; aA Kasseler Handbuch/*Schütz* 2. 4 Rn. 659). Der Gläubiger des Titels auf Gewährung von Urlaub hat den Schuldner zur Leistungserfüllung ggf. zu einem bestimmten Termin aufzufordern. Weigert sich der Schuldner zu leisten, so hat der AN das Vollstreckungsverfahren auf Verurteilung zu einem Zwangsgeld oder zur Zwangshaft zu betreiben. Hier kann der Schuldner einwenden, ordnungsgemäß erfüllt oder für der bestimmten Termin ein Leistungsverweigerungsrecht zu haben (*Dörner* AR-Blattei Urlaub X aaO; aA *Leinemann/Linck* § 7 Rn. 64 ff.). Die Verlagerung der Probleme des § 7 I Satz 1 in das Vollstreckungsrecht ist mißlich, läßt sich aber im geltenden Recht nicht vermeiden. Sie kann nur durch eine den Besonderheiten des Urlaubsrechts Rechnung tragende Gesetzesänderung erreicht werden (*Leinemann*, FS für Stahlhacke, S. 317, 329).

Mitunter wird von Instanzgerichten ein AG verurteilt, eine bestimmte Anzahl von Tagen „dem **Urlaubskonto gutzuschreiben**" (BAG 9. 5. 1995 AP BUrlG § 7 Übertragung Nr. 22 = NZA 1996, 149). Das Gesetz und – soweit ersichtlich – die TV kennen eine Verpflichtung des AG mit diesem Inhalt nicht. Deshalb können Klagen diesen Inhalts nur nach Änderung oder Auslegung der Klageanträge Erfolg haben (BAG 9. 5. 1995 AP BUrlG § 7 Übertragung Nr. 22 = NZA 1996, 149).

3. Feststellungsklagen. Das Bundesarbeitsgericht hält auch Feststellungsklagen mit dem Inhalt für **zulässig,** daß dem AN aus einem bestimmten Urlaubsjahr noch X Tage Urlaub zustehen (BAG 19. 4. 1994 AP SGB V § 74 Nr. 2 mit Anm. *Gitter/Boerner* = NJW 1995, 1636; 23. 7. 1987 AP BUrlG § 7 Nr. 11 =DB 1987, 2471), wenn ein AN aus der Nichtgewährung des Urlaubs noch Rechtsfolgen für die Gegenwart ableitet. Dem kann **nicht uneingeschränkt zugestimmt** werden, weil die Voraussetzungen des § 256 I ZPO nicht vorliegen. Jedenfalls trägt die Begründung in Streitigkeiten des öffentlichen Dienstes, daß juristische Personen des öffentlichen Rechts die Urteile staatlicher Gerichte vollziehen, auch wenn kein vollstreckbarer Titel vorliegt, nicht. So bedarf es regelmäßig der gerichtlichen Würdigung, daß ein besonderes Interesse an der alsbaldigen Feststellung am Bestehen eines Rechtsverhältnisses vorliegt.

53   Das ist jedenfalls dann nicht der Fall, wenn die Feststellung keinerlei Auswirkungen für die Gegenwart oder Zukunft hat (BAG 8. 12. 1992 und 21. 9. 1993 AP ZPO 1977 § 256 Nr. 19 und 22 = NZA 1994, 859). Es genügt allerdings auch nicht die Erwartung eines künftig entstehenden Rechtsverhältnisses (BAG 19. 10. 1993 AP ZPO 1977 § 256 Nr. 23 = NZA 1994, 452).

54   Ohne Bedeutung für urlaubsrechtliche Ansprüche ist die Erhebung einer **Kündigungsschutzklage**. Will der AN neben der Feststellung, daß sein Arbeitsverhältnis nicht aufgelöst worden ist, erreichen, daß er auch noch Urlaub zu erhalten hat, so muß er einen entsprechenden Antrag stellen. Die Kündigungsschutzklage begründet nicht einmal den Verzug des AG (BAG 17. 1. 1995 AP BUrlG § 7 Abgeltung Nr. 66 = NZA 1995, 531).

55   **4. Einstweilige Verfügung.** Der AN ist unter den **besonderen Voraussetzungen** der §§ 935, 940 ZPO berechtigt, einen Antrag auf Erlaß einer einstweiligen Verfügung einzureichen, wenn der AG sich weigert, den vom AN für einen bestimmten Zeitraum gewünschten Urlaub zu gewähren, auch wenn dadurch der Anspruch des Antragstellers nicht gesichert wird, sondern eine Befriedigung in der Hauptsache eintritt (BAG 22. 1. 1998 AP BGB § 626 Ausschlußfristen Nr. 38; *Leinemann/Linck* § 7 Rn. 74 ff. mwN des Schrifttums). Mit Erlaß und Zustellung der einstweiligen Verfügung erhält der AN die von ihm gewünschte Freistellungserklärung; er bleibt berechtigt von der Arbeit fern, auch wenn der Titel im Widerspruchsverfahren oder im Berufungsverfahren abgeändert wird (zu den Schwierigkeiten bei der Vollstreckung einer einstweiligen Verfügung *Corts* NZA 1998, 357).

C. Befristung und Übertragung

I. Befristung

56   **1. Grundsätze.** Der **gesetzliche** Urlaubsanspruch nach § 1 ist für die **Dauer** des **Urlaubsjahres befristet.** Das war bereits früh die Auffassung des Bundesarbeitsgerichts (26. 6. 1969 AP BUrlG § 7 Urlaubsjahr Nr. 1) und der überwiegenden Meinung im seinerzeitigen Schrifttum (*Boldt/Röhsler* § 7 Rn. 52 mwN). Die Erkenntnis ist allerdings zunächst nicht konsequent umgesetzt worden. Zahlreiche Ausnahmen von der Befristungsregelung vermittelten lange Zeit den Eindruck, daß der Anspruch unbefristet bestände. Erst die Rechtsprechung des BAG seit 1982 (BAG 13. 5. 1982 AP BUrlG § 7 Übertragung Nr. 4 mit Anm. *Boldt* = DB 1982, 2193; BAG 19. 4. 1994 AP BUrlG § 1 Treueurlaub Nr. 3 = NZA 1995, 86) hat die zutreffenden Folgen aus der gesetzlich angeordneten Befristung herausgearbeitet und seither seine Darstellung vervollständigt. Nach anfangs heftiger Kritik (*Boldt* Anm. AP BUrlG § 7 Übertragung Nr. 4) kann die Auffassung des BAG heute auch als hM im Schrifttum angesehen werden (*Dersch/Neumann* § 7 Rn. 65 ff.; *Dörner* AR-Blattei Urlaub V, A III 2; Kasseler Handbuch/*Schütz* Rn. 319; *Leinemann/Linck* § 7 Rn. 90; MünchArbR/*Leinemann* § 89 Rn. 45 ff.; *Natzel* § 7 Rn. 103 bis 105; aA immer noch GK-BUrlG/*Bachmann*, § 7 Rn. 112 bis 120; *Künzl* BB 1991, 1630).

57   Die Befristungsvorschrift des BUrlG **verstößt nicht** gegen Art. 9 I des **Übereinkommens Nr. 132** der Internationalen Arbeitsorganisation vom 24. Juni 1970 (BAG 28. 11. 1990 AP BUrlG § 7 Übertragung Nr. 18 = NZA 1991, 423; BAG 7. 12. 1993 AP BUrlG § 7 Nr. 15 = NZA 1994, 802; 19. 4. 1994 AP SGB V § 74 Nr. 2 mit Anm. *Gitter/Boerner* = NJW 1995, 1636; BAG 9. 5. 1995 AP BUrlG § 7 Übertragung Nr. 22 = NZA 1996, 149; 24. 9. 1996 AP ArbGG § 64 Nr. 25 = DB 1997, 679). Das Übereinkommen ist nach seiner Ratifizierung durch den deutschen Gesetzgeber zwar innerstaatliches Recht geworden. Es wirkt aber nicht unmittelbar auf die Arbeitsverhältnisse in der Weise normativ ein, daß daraus ein unmittelbarer Bestand des Urlaubs in dem dort genannten zeitlichen Rahmen folgt. Es verpflichtete den Bundesgesetzgeber, sein Urlaubsrecht dem Übereinkommen entsprechend anzupassen. Das ist durch das Heimarbeitsrechtsänderungsgesetz von 1974 geschehen. Der früher vorgesehene Möglichkeit, den Urlaubsabgeltungsanspruch zu versagen, wurde aufgehoben, nicht aber die Befristung des Urlaubsanspruchs auf das Kalenderjahr bzw. den Übertragungszeitraum. Das ist rechtens. Die Bestimmungen des § 1 und des § 7 III hielten sich von Anbeginn an in dem Zeitrahmen des Übereinkommens (ausführlich *Leinemann/Schütz*, BB 1993, 2519 und ZfA 1994, 1; siehe auch Rn. 100).

58   Die gesetzliche Befristungsregelung gilt auch für den **tariflichen Urlaub**, wenn ein TV **keine** vom Gesetz **abweichende Regelung** enthält (BAG 24. 9. 1996 AP ArbGG § 64 Nr. 25 = NZA 1997, 507; 7. 12. 1993 AP BUrlG § 7 Nr. 15 = NZA 1994, 802). Das ist zB im **MTV NRW** vorgesehen. Dort ist bestimmt, daß der Urlaubsanspruch drei Monate nach Ablauf des Kalenderjahres erlischt, es sei denn, daß er ... wegen Krankheit nicht genommen werden konnte. Daraus folgert das BAG, daß der Urlaub bis zur Genesung des AN übertragen wird (BAG 20. 8. 1996 AP BUrlG § 11 Urlaubskasse Nr. 1 = NZA 1997, 211; 7. 11. 1985 AP BUrlG § 7 Übertragung Nr. 8 = NZA 1986, 393).

C. Befristung und Übertragung   § 7 BUrlG 250

2. Gesetzliche Abweichungen. Die Befristung des gesetzlichen Urlaubsanspruchs ist allerdings 59
gesetzlich **mehrfach durchbrochen.** So schließt sich unter den Voraussetzungen des **§ 7 III 2** nach der
Übertragung des Urlaubs (Rn. 63 ff.) eine Befristung bis zum 31. März des Folgejahres an. Weiter ist
der nach **§ 5 I a** entstandene Teilurlaub auf entsprechendes Verlangen des AN nicht nur auf das erste
Quartal, sondern auf das ganze Kalenderjahr zu übertragen. Er ist dann bis zu diesem Termin befristet,
§ 7 III 4. Eine noch weitergehende, nicht mehr an das Urlaubsjahr gebundene Befristung findet sich in
§ 4 II ArbPlSchG und in **§ 17 II BErzGG** (§ 17 BErzGG Rn. 11 bis 15). Danach besteht der vor der
Einberufung bzw. dem Erziehungsurlaub nicht erhaltene Urlaub bis zum Ende des auf die Beendigung
von Grundwehrdienst und Erziehungsurlaub folgenden Jahres (BAG 23. 4. 1996 AP BErzGG § 17
Nr. 6 = NZA 1997, 44). Alle gesetzlichen Regelungen sind abschließend. Ihre Durchbrechung insbesondere aus Treu und Glauben zB wegen Krankheit kommt nicht in Betracht.

3. Rechtsfolgen. Sofern kein Übertragungsgrund nach § 7 III gegeben ist und der am Jahresende 60
noch nicht genommene und nicht gewährte Urlaub deshalb auf das erste Quartal des Folgejahres nicht
übergeht, **erlischt** der am **Ende des Urlaubsjahrs** nicht genommene Urlaub. Das gilt unabänderlich in
jedem Fall. **Ausnahmen,** wie sie früher von der Rechtsprechung angenommen worden sind (BAG
13. 11. 1969 AP BUrlG § 7 Übertragung Nr. 2 = NJW 1970, 679; 3. 2. 1971 AP BUrlG § 7 Abgeltung
Nr. 9 mit Anm. *Thiele* = DB 1971, 683), sind vom Gesetzgeber nicht vorgesehen. Der originäre
Erfüllungsanspruch geht auch unter, wenn der AN den **Urlaub gefordert,** der AG aber zu
Unrecht nicht gewährt hat. Auch ein Rechtsstreit über die Gewährung von Urlaub (Rn. 47 bis 55)
hindert den Untergang des Anspruchs nicht. In diesen Fällen kann allerdings ein Schadenersatzanspruch entstehen (Rn. 61).

4. Schadenersatz. Hat der AN vom AG rechtzeitig, aber erfolglos die Freistellung im Urlaubsjahr 61
verlangt und damit den AG gemahnt und in **Verzug** gesetzt (vgl. für nicht ausreichendes Verlangen
BAG 24. 9. 1996 AP ArbGG § 64 Nr. 25 = NZA 1997, 507 mwN), und war die Gewährung des
Urlaubs im Kalenderjahr **möglich,** so hat der AG nach § 280 I, § 284 I, § 286 I, § 287 Satz 2, § 249
Satz 1 BGB den Schaden zu ersetzen, der durch die **während seines Verzugs** infolge Zeitablaufs
eingetretene Unmöglichkeit der Erfüllung des Urlaubsanspruchs entstanden ist. Das geschieht nach
den Grundsätzen der **Naturalrestitution** wie bei der Erfüllung durch Befreiung von der Arbeitspflicht, so daß sich nur der Rechtsgrund, nicht aber der Inhalt des Anspruchs verändert. An die Stelle
des ursprünglichen Erfüllungsanspruchs ist ein **(Ersatz-)Urlaubsanspruch** als Schadenersatzanspruch
in gleicher Höhe entstanden (BAG 7. 11. 1985 AP BUrlG § 3 Rechtsmißbrauch Nr. 16 = NZA 1986,
392; 21. 2. 1995 AP SchwbG 1986 § 47 Nr. 7 = NZA 1995, 839; 16. 3. 1999 – 9 AZR 428/98 – BB
1999, 2086). Eine **Entschädigung in Geld** kommt nur in Betracht, wenn das Arbeitsverhältnis später
beendet sein wird und eine Erfüllung des Ersatzanspruchs durch Befreiung von der Arbeitspflicht
nicht mehr möglich ist (BAG 26. 6. 1986 AP SchwbG § 44 Nr. 5 = NZA 1987, 98).

Ein Ersatzurlaubsanspruch entsteht auch dann, wenn der Urlaubsanspruch am Ende des Kalender- 62
jahrs bzw. am Ende des Übertragungszeitraums (Rn. 77 bis 81) untergeht, weil der AN fortdauernd
arbeitsunfähig erkrankt war und der **AG** die Erkrankung **verschuldet** hat. Das kann zB dann der Fall
sein, wenn der AG den technischen Arbeitsschutz nach § 618 BGB mißachtet hat und es deshalb zur
Arbeitsunfähigkeit gekommen ist.

II. Übertragung

1. Allgemeines. Die Übertragung **findet statt,** wenn die Erfüllung des auf das Kalenderjahr befri- 63
steten Urlaubsanspruchs während dieser Zeit aus **dringenden betrieblichen** oder in der **Person des
AN liegenden Gründen** nicht möglich war, § 7 III 2. Die Übertragung des Anspruchs nach §§ 1, 3
erfolgt nicht auf das gesamte Kalenderjahr, sondern nur **auf das 1. Quartal** des folgenden Jahres, § 7
III 3. Mit der Übertragung wird die eine Befristung durch die andere ersetzt (Rn. 59).

2. Übertragungsvorgang. Die Übertragung **vollzieht sich kraft Gesetzes,** wenn die Voraussetzun- 64
gen des § 7 III Satz 2 vorliegen (BAG 9. 8. 1994 AP BUrlG § 7 Nr. 19 = NZA 1995, 174). Besondere
Übertragungserklärungen der Parteien des Arbeitsverhältnisses oder des AG, insbesondere eine
Genehmigung, sind **nicht erforderlich** (BAG 25. 8. 1987 AP BUrlG § 7 Übertragung Nr. 15 = NZA
1988, 245; 23. 6. 1992 AP BUrlG § 1 Nr. 22 = NZA 1993, 360). Deshalb ist es zutreffender, an Stelle
von Übertragung von **Übergang** (*Dörner* AR-Blattei Urlaub V, A III 3 b) oder **Übertrag** wie dem in
einer laufenden Rechnung (BAG 24. 11. 1987 AP BUrlG § 7 Abgeltung Nr. 41 = NZA 1988, 243;
Leinemann/Linck § 7 Rn. 105; MünchArbR/*Leinemann* § 89 Rn. 48) zu sprechen. Der übergegangene
Urlaub wird dem Urlaub des folgenden Kalenderjahrs hinzugerechnet, allerdings mit der Maßgabe,
daß er nur bis zum Ablauf des 31. März gewährt und genommen werden kann. Der Übergang kraft
Gesetzes vollzieht sich auch für die nach § 5 I Buchst. a entstandenen **Teilurlaubsansprüche** (BAG
25. 8. 1987 AP BUrlG § 7 Übertragung Nr. 15 = NZA 1988, 245) und nach anderen gesetzlichen
Vorschriften wie nach dem BErzGG (BAG 25. 1. 1994 AP BUrlG § 7 Nr. 16 = NZA 1994, 652).

65 **Ändert** sich bei einem AN am Jahresanfang der **Umfang** der wöchentlichen **Arbeitspflicht** (an die Stelle einer fünftägigen Arbeitsverpflichtung tritt eine Verteilung der verbleibenden Teilzeit auf 3 Tage), so ist die **Neuberechnung** für den Umfang des Urlaubs (§ 3 Rn. 23 bis 26) nur für den Urlaub des laufenden Jahres vorzunehmen, **nicht** aber für den **übertragenen Urlaub** aus dem Vorjahr. Die gegenteilige Auffassung (BAG 28. 4. 1998 AP BUrlG § 3 Nr. 7 = NZA 1999, 156) überzeugt nicht. Sie kann insbesondere nicht erklären, warum der in einem verminderten Umfang weiter arbeitende AN eines Teils seines übertragenen Urlaubs verlustig sein soll, während dem ausscheidenden Mitarbeiter das Surrogat Abgeltung im vollen Umfang erhalten bleibt (iE ebenso *Hohmeister* BB 1999, 798).

66 **3. Voraussetzungen der Übertragung.** Die Übertragung vollzieht sich, wenn entweder dringende betriebliche oder in der Person des AN liegende Gründe eine Urlaubsgewährung hindern, § 7 III Satz 2. Der Wunsch des AN, lieber im Februar des nächsten Jahres als im Dezember des laufenden Jahres Urlaub zu machen, genügt nicht (Kasseler Handbuch/*Schütz* 2.4 Rn. 343; *Leinemann/Linck* § 7 Rn. 102).

67 **a) Betriebliche Gründe.** Dringende betriebliche Gründe liegen vor, wenn die **Interessen des AG** an einer Gewährung von Urlaub im Übertragungszeitraum an Stelle des im Urlaubsjahr zu gewährenden Urlaubs **das Interesse des AN** an der fristgerechten Inanspruchnahme des Urlaubs noch innerhalb des Kalenderjahrs **überwiegen.** Das ist zB dann gegeben, wenn die **Auftragslage** zum Jahresende die Anwesenheit des Mitarbeiters erfordert, eine **besonders arbeitsintensive Zeit** bevorsteht (Messe, Festspiele), bereits **anderen AN Urlaub** gewährt worden ist und ähnliches. Nicht ausreichend ist es, wenn der Verbleib des AN **lediglich wünschenswert** gewesen ist. Dann liegen nur einfache betriebliche Gründe vor. Andererseits müssen nicht erst zwingende, unabweisbare Gründe vorgelegen haben.

68 Beruft sich der AN darauf, daß dringende betriebliche Gründe iS des § 7 II 3 die Freistellung verhindert haben und damit ein Übergang des Urlaubsanspruchs stattgefunden haben soll, und reklamiert der AG Verfall des Urlaubs zum Jahresende, so muß der **AN** die Voraussetzungen für die Übertragung **darlegen** und ggf. **beweisen.** Die Übertragungsvoraussetzungen sind nämlich anspruchsbegründende Tatsachen. Deshalb ist die Darlegungs – und Beweislast anders als bei den dringenden betrieblichen Belangen nach § 7 I 1 (Rn. 11) und den dringenden betrieblichen Gründen nach § 7 II Satz 1 (Rn. 23 f.) verteilt. Dort muß der AG die tatbestandlichen Voraussetzungen für das von ihm im Urlaubsjahr reklamierte anspruchshindernde Leistungsverweigerungsrecht darlegen und im Bestreitensfall beweisen. Die unbestimmten Gesetzesbegriffe in § 7 I 1 und § 7 II 1 einerseits und in § 7 III 2 anderseits haben deshalb nicht denselben Inhalt. Vielmehr sind sie entsprechend ihrer Bedeutung für die Arbeitsvertragsparteien unterschiedlich zu bewerten (aA die hM: GK-BUrlG/*Bachmann* § 7 Rn. 127; *Leinemann/Linck* § 7 Rn. 99). Hohe Anforderungen sind an die Darlegung allerdings nicht zu stellen. Es genügt zB bereits das Vorbringen, der AG sei dem Urlaubsantrag des AN im Urlaubsjahr mit einem Leistungsverweigerungsrechts begegnet. Dann muß davon ausgegangen werden, daß eine Übertragung stattgefunden hat.

69 **b) Persönliche Gründe.** Ein in der Person des AN liegender Grund ist regelmäßig bei **Erkrankung** des AN und damit verbundener **Arbeitsunfähigkeit** zum Jahresende gegeben (BAG 13. 5. 1982 AP BUrlG § 7 Nr. 4 mit abl. Anm. *Boldt* = DB 1982, 2193; 5. 12. 1995 AP BUrlG § 7 Abgeltung Nr. 70 = NZA 1996, 594 = AiB 1997, 182 mit zust. Anm. *Hinrichs*).

70 Kein in der Person des AN liegender Übertragungsgrund liegt vor, wenn die Krankheit des AN das Jahr angedauert hat, er aber so **rechtzeitig wieder arbeitsfähig** ist, daß er für die Dauer des (noch) bestehenden Urlaubs von der Arbeitspflicht befreit werden kann. Ihm ist dann Urlaub zu gewähren, es sei denn, es läge nunmehr ein betrieblicher Übertragungsgrund vor.

71 Dasselbe gilt, wenn der Kläger **so spät** im Laufe des Kalenderjahrs **gesund** wird, daß er nur einen **Teil** seines Urlaubs bis zum Jahresende gewährt bekommen kann. Nutzt er die Zeit nicht für seinen Urlaub, verfällt er insoweit; er geht nur in Höhe des Teils über, den er wegen der Krankheit innerhalb der verbleibenden Zeit bis zum Jahresende nicht nehmen konnte (BAG 24. 11. 1992 AP BUrlG § 1 Nr. 23 mwN = NZA 1993, 423). Auch in diesem Fall gilt nur etwas anderes, wenn nunmehr betriebliche Gründe für die Übertragung des Teils vorliegen, der noch verwirklicht werden könnte.

72 In der Person des AN liegende Übertragungsgründe sind ferner die **mutterschutzrechtlichen Beschäftigungsverbote** für die Zeiten vor und nach der Entbindung. Weitere persönliche Übertragungsgründe sind die plötzliche Erkrankung eines nahen Angehörigen, mit dem der Urlaub verbracht werden sollte, nicht aber die Niederkunft der Ehefrau oder die Schulpflicht der Kinder (aA Kasseler Handbuch/*Schütz* Rn. 343). Bei diesen Tatbeständen handelt es sich um Sachverhalte, die dem AN ein Annahmeverweigerungsrecht gewähren, nicht aber die Übertragung rechtfertigen. Der AN hatte Gelegenheit, im Urlaubsjahr vor der Niederkunft und in den Schulferien zu nehmen (das übersieht *Schütz* aaO; unklar auch *Schaub* § 102 V 5 b).

73 Die Ungewißheit über das Ergebnis des versorgungsamtlichen Feststellungsverfahrens, ob ein AN **Schwerbehinderter** iS des Schwerbehindertengesetzes ist und deshalb einen Anspruch auf Zusatzurlaub hat, ist kein in der Person des AN liegender Übertragungsgrund. Der Schwerbehinderte, der sich seinen Urlaub aus dem Jahr der Antragstellung wenigstens als Schadensersatzanspruch erhalten will, muß den Urlaub vor Ablauf des Urlaubsjahres so zeitig geltend machen, daß der AG ihn erfüllen kann

C. Befristung und Übertragung § 7 BUrlG 250

(BAG 21. 2. 1995 AP SchwbG § 47 Nr. 6 = NZA 1995, 746; BAG 13. 6. 1991 AuR 1991, 248; *Dörner* DB 1995, 1174; *ders.,* § 47 SchwbG, Anm. III 5).

Kein persönlicher Grund iS des Gesetzes ist dann anzunehmen, wenn ein AN in **zwei Arbeits-** 74 **verhältnissen** steht und in dem anderen der Urlaubsanspruch wegen betrieblicher Gründe erst im Übertragungszeitraum realisiert werden kann (*Leinemann/Linck* Rn. 61; aA GK-TzA/*Lipke* § 2 BeschFG Rn. 168).

c) **Die Übertragung von Teilurlaub.** Der Teilurlaub, den der AN nach § 5 I a erwirbt, erlischt am 75 Jahresende. Davon gibt es zwei Ausnahmen. Liegen die Voraussetzungen des § 7 III Satz 2 vor, so geht er kraft Gesetzes über, aber nur auf das **erste Quartal** des Folgejahres. Er geht auf das ganze **nachfolgende Kalenderjahr** über, wenn der AN das vor Ablauf des Kalenderjahrs verlangt. Für diesen Übertragungstatbestand bedarf es nicht (zusätzlich) betrieblicher oder persönlicher Gründe.

Das Verlangen ist an **keine Form** gebunden, bedarf keiner Begründung und muß nicht ausdrücklich 76 erklärt werden; es genügt ein konkludentes Verhalten des AN, so daß unter Anwendung des § 133 BGB von einem Verlangen iS des Gesetzes auszugehen ist. Nicht ausreichend ist aber ein bloßes **Schweigen** des AN (Kasseler Handbuch/*Schütz* Rn. 351; *Leinemann/Linck* § 7 Rn. 158; aA GK-BUrlG/*Bachmann* § 7 Rn. 130). In diesem Fall verfällt der Urlaub am Jahresende, es sei denn, es ist ein allgemeiner Übertragungstatbestand gegeben.

4. Urlaubsgewährung im Übertragungszeitraum. a) Grundsatz. Im Übertragungszeitraum ist 77 der Urlaub zu gewähren, anderenfalls verfällt er. **Die Wünsche des AN** hinsichtlich der Zeit sind nunmehr **verbindlich.** Der AG hat nicht mehr wie im Urlaubsjahr ein Leistungsverweigerungsrecht, der AN ein Annahmeverweigerungsrecht (Rn. 17) nur insoweit, als der Urlaub noch zu anderer Zeit im Quartal erfüllt werden kann. Wird der Urlaub nicht genommen, so erlischt er (BAG 28. 1. 1982 AP BUrlG § 3 Rechtsmißbrauch Nr. 11 mit abl. Anm. *Boldt* = NJW 1982, 1548; 7. 12. 1993 AP BUrlG § 7 Nr. 15 = NZA 1994, 802). Er bleibt dem AN nur als Schadenersatzanspruch erhalten, wenn er den AG vergeblich gemahnt hat, den Urlaub zu erfüllen (Rn. 61 f.).

b) **Erfüllbarkeit.** Bleibt der AN für die gesamte Dauer des Übertragungszeitraums **arbeitsunfähig** 78 **krank** oder wird er in dieser Zeit für den verbleibenden Zeitraum arbeitsunfähig krank, so kann der Anspruch nicht erfüllt werden. Der Urlaubsanspruch **erlischt** mit dem Ende des Übertragungszeitraums **ersatzlos** (st. Rspr. des BAG seit dem 13. 5. 1982 AP BUrlG § 7 Übertragung Nr. 4 mit abl. Anm. *Boldt*; 7. 12. 1993 AP BUrlG § 7 Nr. 15 = NZA 1994, 802). Eine Gewährung des gesetzlichen Urlaubs ist nach Ablauf des Übertragungszeitraums nicht möglich (so aber die frühere Rspr. des BAG 3. 2. 1971 AP BUrlG § 7 Abgeltung Nr. 9; 21. 7. 1973 AP BUrlG § 7 Übertragung Nr. 3; heute noch ein Teil des Schrifttums: GK-BUrlG/*Bachmann* § 7 Rn. 120 mwN), weil es eine Übertragung auf einen weiteren, nicht näher bestimmten Zeitraum nicht gibt. Weder der Grundsatz von Treu und Glauben noch vermeintlich sozialpolitisch unangemessene Ergebnisse rechtfertigen die Annahme, das Gesetz sehe keine Befristung auch im Fall der andauernden Erkrankung vor.

Den Parteien bleibt nur, die Begründung und Erfüllung eines **außergesetzlichen Urlaubs** zu 79 vereinbaren (*Leinemann/Linck* § 7 Rn. 133), was in der Praxis weitgehend stillschweigend geschehen mag. Eine Verpflichtung des AG besteht dazu nicht.

Es entsteht auch kein Schadenersatzanspruch (Rn. 61), weil der AG während der fortdauernden 80 Erkrankung nicht erfüllen und demnach nicht in Verzug geraten kann. Etwas anderes gilt nur, wenn der AG Arbeitsunfähigkeit und Unmöglichkeit der Urlaubsgewährung verschuldet hat (Rn. 62).

Wird der AN während des Übertragungszeitraums **wieder arbeitsfähig,** so hat ihm der AG auf 81 seinen Wunsch den Urlaub zu erfüllen. Soweit die Erfüllung wegen Zeitablaufs nur **zeitweise** möglich ist, kann Urlaub nur in diesem Umfang erfüllt werden. Im übrigen erlischt der Anspruch.

5. Tarifvertragliche Übertragungstatbestände. TVParteien sind befugt, vom Gesetz **abweichende** 82 **Übertragungsregeln** zu bestimmen. So können sie regeln, daß der Urlaub eines Jahres ohne Vorliegen von Gründen bis zum 31. März des Folgejahres erfüllt werden dürfen (Beispiel: MTV für die AN der Hohlglasindustrie vom 18. 9. 1974, dazu BAG 9. 5. 1995 AP BUrlG § 7 Übertragung Nr. 22 = NZA 1996, 149).

Sie können **andere und weitere Übertragungszeiträume** vereinbaren (so die TV des öffentlichen 83 Dienstes, vgl. § 47 VII BAT und der nordrhein-westfälischen Metallindustrie: BAG 20 8. 1996 DB 1997, 830 mwN) und die weitere Übertragung von besonders begründeten Ausnahmefällen abhängig machen (BAG 9. 5. 1995 AP BUrlG § 7 Übertragung Nr. 22 = NZA 1996, 149).

TV können ferner bestimmen, daß der Urlaub nicht innerhalb des Übertragungszeitraums gewährt 84 und genommen werden muß, sondern innerhalb dieser Zeit **nur angetreten** werden muß (so zB die Regelungen im öffentlichen Dienst). In diesem Fall wird der Urlaub teilweise außerhalb des Übertragungszeitraums erfüllt. Er erlischt nicht mit dem Ende des Übertragungszeitraums. **Erkrankt** der AN allerdings dann außerhalb des Übertragungszeitraums, so besteht eine Verpflichtung zur Nachgewährung nur, wenn die Tarifvorschrift das – weitergehend als § 9 BUrlG – ausdrücklich bestimmt (BAG 21. 1. 1997 AP BUrlG § 9 Nr. 15 = NZA 1997, 889; 19. 3. 1996 AP BUrlG § 9 Nr. 13 = NZA 1996, 942; Einzelheiten bei § 9 Rn. 23).

D. Die Abgeltung des Urlaubs

I. Einführung

85 **1. Der gesetzliche Regelungsumfang.** Gesetzliche Urlaubsabgeltung nach § 7 IV kann nur verlangt werden, wenn **das Arbeitsverhältnis beendet** worden ist (zu den tarifvertraglichen Abänderungsmöglichkeiten siehe Rn. 87 f.). Bei Fortsetzung eines Arbeitsverhältnisses entsteht kein gesetzlicher Abgeltungsanspruch. Das gilt auch dann, wenn sich die Parteien nach einer Kündigung auf den ununterbrochenen Fortbestand des Arbeitsverhältnisses geeinigt haben. Nur wenn das Arbeitsverhältnis rechtlich unterbrochen war und ein neues Arbeitsverhältnis begründet worden ist, kommt eine Abgeltung des im bisherigen Arbeitsverhältnis erworbenen Urlaubsanspruchs in Betracht.

86 Der gesetzliche Urlaubsabgeltungsanspruch ist **Ersatz** (vom BAG auch Surrogat genannt, was die Verwechslung mit der schuldrechtlichen und dinglichen Surrogation des BGB begünstigte; vgl. dazu BAG 20. 4. 1989 AP BUrlG § 7 Abgeltung Nr. 48 = NZA 1989, 763) für den wegen Beendigung des Arbeitsverhältnisses noch bestehenden, nicht mehr realisierbaren Urlaubsanspruch (BAG 22. 6. 1956 BAGE 3, 60, 62; 30. 11. 1977 AP BUrlG § 13 Nr. 4 mit Anm. *Hinz* = NJW 1978, 1875; BAG 5. 12. 1995 AP BUrlG § 7 Abgeltung Nr. 70 = NZA 1996, 594 mvN). Aus dieser Erkenntnis, die jedenfalls bewirkte, daß das Abgeltungsrecht des § 7 IV BUrlG unter dem Veränderungsschutz des § 13 I 1 steht (§ 13 Rn. 39), ergeben sich Folgen für die Begründung, den Inhalt und die Erfüllbarkeit des Abgeltungsanspruchs (Rn. 90 ff., 96 ff. und 102 ff.).

87 **2. Tarifvertragliche Abweichungen.** Eine Abgeltungsvorschrift ist regelmäßig Inhalt von tariflichen Urlaubsregelungen. Darin können TVParteien zugunsten der AN von **allen** gesetzlichen **Regelungen** des Abgeltungsrechts **abweichen** (BAG 26. 5. 1992 AP BUrlG § 7 Abgeltung Nr. 58 = NZA 1993, 29; 3. 5. 1994 AP BUrlG § 7 Abgeltung Nr. 64 = NZA 1995, 453; 9. 8. 1994 AP BUrlG § 7 Abgeltung Nr. 65 = NZA 1995, 230 = SAE 1996, 18 mit zust. Anm. *Schmitt*; 18. 2. 1997 AP TVG § 1 Tarifverträge Maler Nr. 10).

88 **Nicht** immer werden jedoch in Tarifbestimmungen die gesetzlichen Vorschriften **verändert** (zu den Abänderungsmöglichkeiten im einzelnen § 13 Rn. 17 ff.), sondern nur **deklaratorisch** wiederholt. Ohne eindeutige tarifliche Regelung kann nicht davon ausgegangen werden, daß vom Gesetz abweichende Regeln für die Urlaubsabgeltung gelten sollen (BAG 3. 5. 1994, 9. 8. 1994 und 17. 1. 1995 AP BUrlG § 7 Abgeltung Nr. 64 bis 66; 27. 5. 1997. AP BUrlG § 7 Abgeltung Nr. 74). Im öffentlichen Dienst sind die Abgeltungsbestimmungen sogar in der veränderten Rechtsprechung des BAG **angeglichen** worden (BAG 15. 8. 1989 AP BUrlG § 7 Abgeltung Nr. 51 = NZA 1990, 139; 22. 10. 1991 AP BUrlG § 7 Abgeltung Nr. 57 = NZA 1993, 28; 8. 2. 1994 AP BAT § 47 Nr. 17 = NZA 1994, 853; 5. 9. 1995 – 9 AZR 455/94 – zu § 54 MTB II – ZTR 1996, 28).

89 Finden sich in einem TV **keine Regelungen** über die Abgeltung des Urlaubs, kommt die **gesetzliche Abgeltungsvorschrift** auch für den tariflichen Urlaubsanspruch zur Anwendung (BAG 3. 5. 1994 und 9. 8. 1994 AP BUrlG § 7 Abgeltung Nr. 64 und 65 = NZA 1995, 476 und 230).

II. Entstehen

90 Der noch nicht erfüllte **Urlaubsanspruch** des AN **wandelt** sich mit der Beendigung des Arbeitsverhältnisses in den Abgeltungsanspruch um, **ohne** daß es **weiterer Handlungen** des AG oder des AN bedarf (BAG 28. 6. 1984 AP BUrlG § 7 Nr. 18 mit Anm. *Kraft* = NZA 1985, 156; 20. 1. 1998 AP BUrlG § 13 Nr. 45 = NZA 1998, 816 mwN). Die Erfüllung des Urlaubsanspruchs, dh. die Befreiung von der Arbeitspflicht (§ 1 Rn. 13), ist nach Beendigung des Arbeitsverhältnisses unmöglich geworden.

91 Ein Abgeltungsanspruch **entsteht nicht,** wenn der AN bei der Beendigung des Arbeitsverhältnisses keinen Urlaubsanspruch mehr hat. Das ist auch dann der Fall, wenn der AN mit dem **Ende** des Urlaubsjahrs oder des Übertragungszeitraums **ausscheidet** und der nicht genommene Urlaub wegen Fristablaufs erlischt (BAG 7. 12. 1993 AP BUrlG § 7 Nr. 15 = NZA 1994, 802). Mit dem **Tod** des AN erlischt zugleich mit der Beendigung des Arbeitsverhältnisses der Urlaubsanspruch. Ein Abgeltungsanspruch kann nicht mehr entstehen (BAG 26. 4. 1990 AP BUrlG § 7 Abgeltung Nr. 53 = NZA 1990, 940; BAG 23. 6. 1992 AP BUrlG § 7 Nr. 59 = NZA 1992, 1088). Zur Vererblichkeit des Abgeltungsanspruchs siehe Rn. 106 ff.

92 Der Urlaubsabgeltungsanspruch **entsteht unabhängig** davon, ob der AN zur Zeit der Beendigung des Arbeitsverhältnisses **arbeitsfähig** ist oder nicht (BAG 28. 6. 1984 AP BUrlG § 7 Nr. 18 mit Anm. *Kraft* = NZA 1985, 156; 8. 2. 1994 AP BAT § 47 Nr. 17 = NZA 1994, 853) oder ob er wegen **Erwerbsunfähigkeit** aus dem Arbeitsverhältnis ausscheidet (BAG 14. 5. 1986 AP BUrlG § 7 Abgeltung Nr. 26 = NZA 1986, 834). Eine vereinzelt gebliebene anders lautende Aussage (BAG 23. 6. 1983 AP BUrlG § 7 Abgeltung Nr. 14 mit Anm. *Trieschmann* = NJW 1984, 1836) hat das BAG später korrigiert (BAG 14. 5. 1986 AP BUrlG § 7 Abgeltung Nr. 26 = NZA 1986, 834; 26. 5. 1992 AP BUrlG § 7 Abgeltung Nr. 58 = NZA 1993, 29) und zu Recht darauf hingewiesen, daß anderenfalls das

D. Die Abgeltung des Urlaubs

Entstehen des Anspruchs mit seiner Erfüllbarkeit gleichgesetzt würde (hM GK-BUrlG/*Bachmann* § 7 Rn. 154; Kasseler Handbuch/*Schütz* Rn. 404; *Leinemann/Linck* § 7 Rn. 180, 182 f.; immer noch mißverständlich *Dersch/Neumann* § 7 Rn. 110). Die Erfüllbarkeit ist aber vom Entstehen zu trennen (dazu Rn. 102 ff.).

Mit Ausnahme der Beendigung des Arbeitsverhältnisses durch Tod des AN (Rn. 91) kommt es für 93 das Entstehen des Abgeltungsanspruchs auf die **Art der Beendigung** nicht an (hM: *Dersch/Neumann* § 7 Rn. 106; Kasseler Handbuch/*Schütz* Rn. 405; *Leinemann/Linck* § 7 Rn. 196 ff.; unklar in Rn. 175). Der Abgeltungsanspruch entsteht gleichermaßen nach Kündigung (zur vertragswidrigen außerordentlichen Kündigung eines AN BAG 18. 6. 1980 AP BUrlG § 13 Unabdingbarkeit Nr. 6 = NJW 1981, 141), Aufhebungsvertrag, Ablauf der Befristung oder Eintritt der Bedingung (BAG 18. 10. 1990 AP BUrlG § 7 Abgeltung Nr. 56 = NZA 1991, 466) sowie nach Anfechtung des Arbeitsvertrages. Zur Abgeltung nach Beendigung am Ende des Erziehungsurlaubs siehe BAG 23. 4. 1996 AP BErzGG § 17 Nr. 6 = NZA 1997, 44 und § 17 BErzGG Rn. 16 bis 18.

Der Anspruch auf Abgeltung des gesetzlichen Zusatzurlaubs für **Schwerbehinderte** entsteht ohne 94 vorherige Geltendmachung des Freistellungsanspruchs auch dann, wenn der Schwerbehinderte erstmals nach Beendigung des Arbeitsverhältnisses auf die Schwerbehinderung hinweist (BAG 25. 6. 1996 AP § 47 SchwbG 1986 Nr. 11 = NZA 1996, 1153; *Dörner,* § 47 SchwbG, Anm. III 8).

Vom originären **Abgeltungsanspruch** nach § 7 IV BUrlG zu **unterscheiden** ist der **Schadensersatzanspruch** nach § 249 Satz 1, § 251 I BGB, den ein AN unter Umständen geltend machen kann, wenn sein gesetzlicher Abgeltungsanspruch wegen Zeitablaufs untergegangen ist (Rn. 108) und er den AG vorher zur Erfüllung des Anspruchs gemahnt hat. 95

III. Inhalt

Der gesetzliche Abgeltungsanspruch ist **Ersatz** für den nicht verwirklichten Anspruch auf Frei- 96 stellung von der Arbeitspflicht (allgM seit BAG 6. 1956 AP § 611 BGB Urlaubsrecht Nr. 10; BAG 17. 1. 1995 AP BUrlG § 7 Abgeltung Nr. 66 = NZA 1995, 531; aA nur *Weber* Anm. AP BUrlG § 7 Abgeltung Nr. 63). Während früher von der Rechtsprechung angenommen wurde, daß an die Stelle des Anspruchs auf Befreiung von der Arbeitspflicht eine an keine weiteren Voraussetzungen gebundenen Abfindung tritt, insbesondere keine Befristung des Anspruchs besteht (zuletzt BAG 21. 7. 1978 AP BUrlG § 13 BUrlG Unabdingbarkeit Nr. 5; so heute noch ein Teil des Schrifttums: GK-BUrlG/*Bachmann* § 7 Rn. 175), beurteilt das **Bundesarbeitsgericht** den Urlaubsabgeltungsanspruch **nunmehr** zutreffend als **einen an die urlaubsrechtlichen Vorgaben gebundenen Anspruch auf Zahlung eines Geldbetrages** (BAG 3. 5. 1994 AP BUrlG § 7 Abgeltung Nr. 64 NZA 1995, 476 und BAG 17. 1. 1995 AP BUrlG § 7 Abgeltung Nr. 66 = NZA 1995, 531, jeweils mwN). Er entsteht **nicht** als **Abfindungsanspruch oder als gewöhnlicher Geldanspruch**, für den es auf die urlaubsrechtlichen Merkmale wie Bestand und Erfüllbarkeit nicht ankommt (BAG 5. 12. 1995 AP BUrlG § 7 Abgeltung Nr. 70 = NZA 1996, 594 = AiB *Hinrichs,* 1997, 182 mit zust. Anm. *Hinrichs*). Er ist abgesehen von der nicht mehr erfüllbaren Befreiung von der Arbeitspflicht an die gleichen Voraussetzungen gebunden wie der durch ihn ersetzte Urlaubsanspruch (BAG 7. 12. 1993 AP BUrlG § 7 Nr. 15 = NZA 1994, 802 mwN). Insofern handelt es sich bei § 7 IV um eine gesetzlich geregelte Folge einer schuldrechtlichen Leistungsstörung.

IV. Befristung

Die enge Bindung des Abgeltungsanspruchs an den ursprünglichen Freistellungsanspruch bewirkt, 97 daß er ebenso wie der Urlaubsanspruch nur **befristet** bis zum Ablauf des Urlaubsjahrs (Rn. 56) oder des Übertragungszeitraums (Rn. 63) besteht (st. Rspr. des BAG seit dem 28. 6. 1984 AP BUrlG § 7 Nr. 18 mit Anm. *Kraft* = NZA 1985, 156; zuletzt 17. 1. 1995 AP BUrlG § 7 Abgeltung Nr. 66 = NZA 1995, 531 und 5. 12. 1995 AP BUrlG § 7 Abgeltung Nr. 70 = NZA 1996, 594). Wird er bis zum Ende des Kalenderjahres oder des Übertragungszeitraums nicht verlangt und erfüllt, **erlischt** er.

Das abweichende Schrifttum rechtfertigt seine Auffassung entweder gar nicht (*Dersch/Neumann* 98 § 7 Rn. 109) oder damit, daß bereits die Befristung des Urlaubsanspruchs geleugnet wird (GK-BUrlG/*Bachmann* § 7 Rn. 175) und/oder daß mit der Einstufung des Abgeltungsanspruchs als Ersatz nicht ohne gesetzliche Anordnung dieselben Regeln wie für den Urlaubsanspruch gelten (*Boldt/Röhsler* § 7 Rn. 70).

Beiden Überlegungen kann nicht zugestimmt werden. Einerseits wird übersehen, daß sich die 99 Befristung des Urlaubsanspruchs aus dem Gesetz selbst ergibt (§ 1 Rn. 32; oben Rn. 56). Die anderen Autoren versäumen es, die Konsequenzen aus der Bewertung des Abgeltungsanspruchs als Ersatz für den Urlaubsanspruch zu ziehen. Sie können nicht erklären, warum der im Arbeitsverhältnis verbleibende AN mit Ablauf des Jahres oder des Übertragungszeitraums seinen Urlaubsanspruch verliert, der aus dem Arbeitsverhältnis ausscheidende AN seinen als Ersatz ausgestalteten Abgeltungsanspruch aber unbefristet realisieren kann. Zu Recht wird darin im abweichenden Schrifttum ein Bruch gesehen, ohne die Konsequenzen zu ziehen.

100 Die Befristung des gesetzlichen Urlaubsabgeltungsanspruchs nach § 7 IV BUrlG verstößt nicht gegen die Vorschriften des Übereinkommens Nr. 132 der Internationalen Arbeitsorganisation (IAO), dem durch Bundesgesetz nach Art. 59 II Satz 1 GG zugestimmt worden ist (BAG 7. 12. 1993 AP BUrlG § 7 Nr. 15 = NZA 1994, 802; vgl. ferner R. 32, 57 und 105).

101 Deshalb ist zu beachten: Scheidet ein AN im Laufe des Kalenderjahres aus und **versäumt** er es, seinen Abgeltungsbetrag zu fordern, so **erlischt** der Anspruch **ersatzlos**, es sei denn, es gäbe einen Übertragungsgrund nach § 7 III. In diesem Fall tritt die gleiche Rechtsfolge am 31. März des Folgejahres ein (im Fall des Teilurlaubs nach § 5 I Buchst. a am 31. Dezember des Folgejahres), wenn nicht die Erfüllung der Forderung verlangt wird.

V. Erfüllbarkeit

102 Der Urlaubsanspruch muß in der Zeit seines Bestehens vom Tag nach dem Ausscheiden des AN bis zum Jahresende oder bis zum 31. März des Folgejahres erfüllbar sein. Das setzt voraus, daß der AN **bei Fortdauer des Arbeitsverhältnisses** seine vertraglich geschuldete **Arbeitsleistung** hätte **erbringen** können. Das folgt ebenso wie die Befristung des Abgeltungsanspruchs aus seiner Bewertung als Ersatz des Freistellungsanspruchs und nicht als Abfindungsanspruch oder als einfachen Geldanspruch.

103 Die Voraussetzungen sind nicht gegeben, wenn der AN während des Zeitraums, in dem der Anspruch besteht, **andauernd arbeitsunfähig krank** ist (st. Rspr. des BAG 28. 6. 1984 AP BUrlG § 7 Nr. 18 mit Anm. *Kraft* = NZA 1985, 156; BAG 5. 12. 1995 AP BUrlG § 7 Abgeltung Nr. 70 = NZA 1996, 594; 27. 5. 1997 AP BUrlG § 7 Abgeltung Nr. 74) und nicht wenigstens für die Dauer seines abzugeltenden Urlaubsanspruchs wieder in der Lage war, bei Fortbestand des Arbeitsverhältnisses einen vertraglichen Pflichten nachzukommen. Zur Darlegungs- und Beweislast siehe Rn. 32.

104 Das Ausscheiden aus dem Arbeitsverhältnis wegen **Erwerbsunfähigkeit** (§ 44 II SGB VI enthält eine Legaldefinition des Rechtsbegriffs) hindert die Erfüllbarkeit nicht in allen Fällen (BAG 14. 5. 1986 AP BUrlG § 7 Abgeltung Nr. 26 = NZA 1986, 834). Denn es kommt nur darauf an, ob der ausgeschiedene AN bei Fortsetzung des Arbeitsverhältnisses seine vertraglich geschuldete Arbeitsleistung hätte erbringen können oder nicht. Je nach Ausgestaltung des Vertrages kann auch der Erwerbsunfähige, der nicht arbeitsunfähig sein muß, eine geschuldete Arbeit erbringen, die nicht notwendigerweise die zuletzt ausgeübte Tätigkeit sein muß. Für die Möglichkeit einer anderweitigen vertragsgemäßen Beschäftigung bei Fortsetzung des Arbeitsverhältnisses ist der AN darlegungs- und ggf. beweispflichtig (BAG 20. 4. 1989 AP BUrlG § 7 Abgeltung Nr. 48 = NZA 1989, 763).

105 Wegen der Vereinbarkeit des so verstandenen § 7 IV und vergleichbarer Tarifvorschriften mit dem Übereinkommen Nr. 132 der IAO vgl. Rn. 32, 57 und 100 (siehe auch *Leinemann/Schütz* ZfA 1994, 1).

VI. Vererblichkeit, Pfändbarkeit, Abtretung und Aufrechnung

106 **1. Vererblichkeit.** Ein Abgeltungsanspruch entsteht nicht, wenn das Arbeitsverhältnis durch den **Tod des AN** beendet wird (Rn. 93). Er entsteht nur, wenn der AN bei Beendigung des Arbeitsverhältnisses noch lebt (BAG 23. 6. 1992 AP BUrlG § 7 Abgeltung Nr. 59 = NZA 1992, 1088). Stirbt der AN nach der Begründung eines Abgeltungsanspruchs, so geht der Abgeltungsanspruch auch dann ersatzlos unter, wenn der AN seinen Anspruch vergeblich geltend gemacht hat (BAG 22. 10. 1991 AP BUrlG § 7 Abgeltung = NZA 1993, 28; Kasseler Handbuch/*Schütz* Rn. 424 und 427; aA *Preis* § 613 Rn. 6; Stein, RdA 2000, 16). Denn der Abgeltungsanspruch als Surrogat kann nicht weiter gehen als der Urlaubsanspruch (dieser erlischt mit dem Tod des AN, Rn. 91). Es entsteht auch trotz des Verzugs des AG kein Schadensersatzanspruch (aA BAG 19. 11. 1996 AP BUrlG § 7 Abgeltung Nr. 71 = NZA 1997, 879), der in der nächsten logischen Sekunde auf den Erben übergeht (insoweit gleichfalls Stein, RdA 2000, 16, 22). Mit der entgegenstehenden Entscheidung hat das BAG seine Vorgaben mißachtet, daß der Abgeltungsanspruch kein einfacher Geldanspruch ist, der an keine weiteren Voraussetzungen gebunden ist, vielmehr nur verwirklicht werden kann, wenn der AN bei Fortdauer seines Arbeitsverhältnisses seine vertraglich geschuldete Leistung noch erbringen könnte. Die Entscheidung steht auch im Widerspruch zum Urteil vom 22. 10. 1991 (aaO). Das Ergebnis ist nur in dem Fall zutreffend, daß der Abgeltungsanspruch allein wegen Fristablaufs unerfüllbar geworden ist, ein Schadensersatzanspruch entstanden ist und sich der AG beim jetzt eintretenden Tod des AN immer noch im Verzug befand (MünchArbR/*Leinemann* § 91 Rn. 45).

107 **2. Pfändbarkeit, Abtretung und Aufrechnung.** Nach der Rechtsprechung des Zweiten Senats des BAG (21. 1. 1988 AP § 4 KSchG 1969 = NZA 1988, 651) kann eine Urlaubsabgeltungsforderung **nicht gepfändet und nicht abgetreten** werden, §§ 394, 399, 400 BGB, § 851 ZPO. Gegen sie soll auch die Aufrechnung nicht statthaft sein (BAG 12. 2. 1959 AP BGB § 611 Urlaubsrecht Nr. 42 mit Anm. *Nikisch* = DB 1959, 350). Die Rechtsprechung beruht auf der Vorstellung, daß der Urlaubsabgeltungsanspruch als Ersatz des Urlaubsanspruchs ebenfalls höchstpersönlich ist. Da die Prämisse von der Nichtabtretbarkeit des Urlaubsanspruchs unzutreffend ist (dazu § 1 Rn. 30), kann auch der Rechtsprechung **nicht zugestimmt** werden (*Leinemann/Linck* § 7 Rn. 201; Entscheidungen eines der seit

1978 zuständigen Urlaubssenate fehlen). Vielmehr kann der Abgeltungsanspruch in den Grenzen des § 850 c ZPO ge- und verpfändet werden (iE ebenso LG Münster 11. 6. 1999 JurBüro 1999, 551; MünchArbR/*Leinemann* § 91 Rn. 45; differenzierend nach gesetzlichem und tariflichem Urlaub einerseits und einzelvertraglichem Urlaub andererseits *Pfeifer* NZA 1996, 738). Dasselbe gilt für die Aufrechnung mit und gegen einen Abgeltungsanspruch.

VII. Schadenersatz

Weigert sich der AG zu Unrecht, einen bestehenden Abgeltungsanspruch zu erfüllen, so erlischt der 108 gesetzliche Urlaubsabgeltungsanspruch am Endes des Urlaubsjahrs oder des Übertragungszeitraums ebenso wie der Urlaubsanspruch. Doch entsteht an seiner Stelle ein Schadenersatzanspruch nach § 280 I, § 284 I, § 286 I, § 287 Satz 2, § 249 BGB (BAG 22. 10. 1991 AP BUrlG § 7 Abgeltung Nr. 57 = NZA 1993, 28), wenn der AG in Verzug gesetzt worden ist.

Mit der Erhebung einer Kündigungsschutzklage werden nicht ohne weiteres urlaubsrechtliche 109 Ansprüche geltend gemacht. Deshalb ist der AN gehalten, seine Urlaubsansprüche (hilfsweise Abgeltungsansprüche) zusätzlich innerhalb des gesetzlichen Befristungszeitraums geltend zu machen, will er sich Schadensersatzansprüche nach Beendigung eines Kündigungsschutzprozesses wegen des durch Zeitablauf untergegangenen Abgeltungsanspruchs sichern (BAG 17. 1. 1995 AP BUrlG § 7 Abgeltung Nr. 66 = NZA 1995, 531).

VIII. Verjährung und Verfall

1. Verjährung. Der gesetzliche **Urlaubsabgeltungsanspruch** unterliegt **nicht** der Verjährung des 110 § 196 Nr. 8 oder Nr. 9 BGB. Denn er erlischt bereits vor Ablauf dieser Fristen.

Der beim Verzug des AG nach dem Erlöschen des Urlaubsabgeltungsanspruchs entstehende **Scha-** 111 **denersatzanspruch** unterliegt der regelmäßigen Verjährung des § 195 BGB von 30 Jahren.

2. Tarifliche Ausschlußfristen. Der befristet bestehende gesetzliche **Abgeltungsanspruch** unter- 112 liegt **nicht** den tarifvertraglichen Ausschlußfristen (zweifelnd *Schaub* § 102 VII 6), auch wenn die Tarifnormen die gegenseitigen Ansprüche aller Art aus dem Arbeitsverhältnis erfassen (BAG 24. 11. 1992 AP BUrlG § 1 Nr. 23 mwN = NZA 1993, 423). Die Befristungsdauer des § 7 IV unterliegt auch insoweit dem Abweichungsverbot des § 13 I Satz 1 BGB.

Das gilt im Ergebnis auch für **Schadensersatzansprüche aus Verzug** wegen zu Unrecht verweiger- 113 ter Erfüllung des Abgeltungsanspruchs. Zwar steht dieser nicht unter dem Schutz des § 13 I Satz 1 BUrlG, so daß er von umfassenden tariflichen Ausschlußfristen erfaßt wird. Allerdings genügt zur Wahrung der schriftlichen Geltendmachung regelmäßig die schriftliche Aufforderung des AN, Urlaubsabgeltung zu gewähren (BAG 24. 11. 1992 AP BUrlG § 1 Nr. 23 mwN = NZA 1993, 423; *Dörner* DB 1995, 1174, 1178). Zwar beruht der Schadenersatzanspruch auf einer anderen Anspruchsgrundlage als der Urlaubsabgeltungsanspruch. Er hat jedoch denselben Inhalt, nämlich die Zahlung einer bestimmten Geldsumme. Wird der AG einmal gemahnt und damit darauf hingewiesen, daß er mit einer Forderung rechnen muß, genügt die Mahnung auf Erfüllung des Abgeltungsanspruchs den Anforderungen an eine tarifliche Ausschlußfrist auch in Bezug auf den Ersatzanspruch (BAG Rn. aaO).

Sieht der TV nach Ablehnung der Forderung oder nach einem fruchtlosen Fristablauf eine **gericht-** 114 **liche Geltendmachung** vor, muß der AN zum Erhalt seiner Schadenersatzforderung diese Frist wahren.

§ 8 Erwerbstätigkeit während des Urlaubs

Während des Urlaubs darf der Arbeitnehmer keine dem Urlaubszweck widersprechende Erwerbstätigkeit leisten.

I. Normzweck

Mit der Verpflichtung des Arbeitnehmers, sich während des vom Arbeitgeber gewährten Urlaubs 1 einer dem Urlaubszweck widersprechenden Erwerbstätigkeit zu enthalten, werden die **Interessen beider Vertragsparteien** geschützt. Der Arbeitnehmer soll der Versuchung widerstehen, während der Freizeit seine Arbeitskraft anderweitig zu „vermarkten", statt seine Kräfte aufzufrischen. Der Arbeitgeber soll gewährleistet bekommen, daß die ihn belastende Freistellung nicht die Leistungsfähigkeit des Arbeitnehmers beeinträchtigt (BT-Drucks. IV/785).

In Tarifverträgen kann von der Bestimmung im Rahmen des § 13 I Satz 1 abgewichen werden (dazu 2 § 13 Rn. 40 und 41).

II. Inhalt und Umfang der Anordnung

3 **1. Erwerbstätigkeit.** Dem Arbeitnehmer ist während seines Urlaubs nicht jede Tätigkeit verboten, die soziologisch als Arbeit anzusehen ist. Er darf lediglich keiner Beschäftigung nachgehen, für die eine dem Wert der Arbeit entsprechende **Gegenleistung in Geld oder Sachwerten** versprochen ist oder regelmäßig erwartet wird. Deshalb darf sich ein Arbeitnehmer während des Urlaubs im Rahmen des BBiG ausbilden lassen und Ausbildungsvergütung beziehen (BAG 20. 10. 1983 AP BAT § 47 Nr. 5), zu seinem Nutzen an **seinem** Eigentum arbeiten, Gefälligkeitstätigkeiten bei Verwandten und Nachbarn gegen Kost und Logis durchführen oder aufgrund familienrechtlicher und öffentlich-rechtlicher Verpflichtung gegen eine Aufwandsentschädigung tätig sein. Auch Tätigkeiten, die er während des Arbeitsverhältnisses zB in einer Nebenbeschäftigung ausübt, sind während des Urlaubs nicht nach § 8 verboten (Kasseler Handbuch/*Schütz* 2. 4. Rn. 602).

4 Es kommt bei der Beurteilung über die Rechtmäßigkeit der Tätigkeit eines im Urlaub befindlichen Arbeitnehmers weder auf die **Art** der Tätigkeit noch auf die **Ausgestaltung des Rechtsverhältnisses** an. Erwerbstätigkeit kann in körperlicher oder in geistiger Tätigkeit nicht nur in einem Arbeitsverhältnis (BAG 25. 2. 1988 AP BUrlG § 8 Nr. 3 mit abl. Anm. *Clemens* = NZA 1988, 607), sondern auch im Rahmen eines Dienst-, Werk- oder sonstigen Vertrages vorgenommen werden.

5 **2. Zweckwidrigkeit.** Eine Erwerbstätigkeit widerspricht dem Urlaubszweck, wenn sie die für die Fortsetzung des Arbeitsverhältnisses notwendige **Auffrischung** der Arbeitskräfte des Arbeitnehmers verhindert (zum Urlaubszweck s § 1 Rn. 9 bis 11). Das ist nach den subjektiven und objektiven Umständen des Einzelfalls zu beurteilen.

6 Maßgebend sind **Art und Dauer** der Erwerbstätigkeit. So ist eine Beschäftigung auf dem Arbeitsgebiet eines Arbeitnehmers gegen Entgelt oder Sachleistung über die volle tägliche Arbeitszeit regelmäßig zweckwidrig, während ein stundenweises Aushelfen an manchen Tagen nicht gegen das gesetzliche Verbot verstoßen muß.

7 Aber auch die Tätigkeit **in einem anderen Berufsfeld** kann zweckwidrig sein. So ist die Verpflichtung eines Büroangestellten zu schwerer andauernder körperlicher Arbeit in einem Baubetrieb nicht statthaft, während die gelegentliche Erntehilfe bei einem Bauern die geistigen Kräfte durchaus aufzufrischen vermag, zumindest dem nicht entgegensteht (Kasseler Handbuch/*Schütz* 2. 4. Rn. 605).

8 **3. Urlaubsrechtliche Freistellung.** Die Verpflichtung nach § 8 besteht nur, wenn sich der Arbeitnehmer im Erholungsurlaub befindet, **nicht bei anderen Freistellungen.** Eine Tätigkeit darf nicht an den Tagen aufgenommen werden, an denen der Arbeitnehmer vom Arbeitgeber aus seiner vertraglichen Verpflichtung für den Urlaub freigestellt wird. Das gilt auch für den Erholungsurlaub, der am Ende des Arbeitsverhältnisses **in der Kündigungsfrist** gewährt wird. Hier werden zwar die Interessen des Arbeitgebers an der Rückkehr eines erholten Arbeitnehmers nicht mehr tangiert. Der Schutzzweck der Norm geht aber weiter (Rn. 1). Ist der Arbeitnehmer aus anderen Gründen freigestellt und geht er während dieser Zeit einer Erwerbstätigkeit nach, so findet § 8 keine (analoge) Anwendung.

9 Wenn der Arbeitnehmer am Ende seines Arbeitsverhältnisses keinen Urlaub, sondern eine **Abgeltung** erhält, findet § 8 ebenfalls **keine Anwendung** (allgM). Er darf während der Zeit, in der er den Abgeltungsbetrag erhält, uneingeschränkt einer Erwerbstätigkeit nachgehen.

III. Rechtsfolgen nach einem Verstoß

10 Der einer verbotswidrigen Erwerbstätigkeit zugrunde liegende **Vertrag** des Arbeitnehmers mit einem **Dritten** wird von der Bestimmung des § 8 nicht berührt, insbesondere ist der Vertrag **nicht** nach § 134 BGB **nichtig** (BAG 25. 2. 1988 AP BUrlG § 8 Nr. 3 mit abl. Anm. *Clemens* = NZA 1988, 607).

11 Die verbotene Erwerbstätigkeit eines Arbeitnehmers während des Urlaubs führt **nicht zum Wegfall des Urlaubs.** Die suspendierte Pflicht zur Arbeitsleistung lebt nicht wieder auf. Das Gesetz ordnet weder dieses Ergebnis an noch ist erkennbar, unter welchen Voraussetzungen ein Wiederbegründungstatbestand gegeben sein soll (str.; wie hier Kasseler Handbuch/*Schütz* 2. 4 Rn. 606; *Leinemann/Linck* Rn. 13 mwN; aA *Dersch/Neumann* Rn. 11 mwN).

12 Bleibt der Urlaubsanspruch **unberührt,** so gilt dasselbe für das in diesem Zeitraum fortzuzahlende **Entgelt.** Eine zweckwidrige Erwerbstätigkeit läßt den Anspruch auf das Entgelt nicht entfallen (BAG 25. 2. 1988 AP BUrlG § 8 Nr. 3 mit abl. Anm. *Clemens* = NZA 1988, 607 unter Aufgabe der entgegenstehenden Rspr. vom 19. 7. 1973 AP BUrlG § 8 Nr. 1; Kasseler Handbuch/*Schütz* 2. 4. Rn. 609; aA der überwiegende Teil des Schrifttums: *Dersch/Neumann* Rn. 7 mwN; *Adomeit* SAE 1989, 159; *Berger-Delhey* Anm. in EzBAT § 47 Urlaubsvergütung Nr. 6; *Schulin* Anm. in EzA BUrlG § 8 Nr. 2). Ein nach § 11 Abs. 2 bereits bei Urlaubsantritt gezahltes Entgelt **muß nicht** nach den Bestimmungen des Bereicherungsrechts **zurückgezahlt** werden, weil es dem Arbeitnehmer zu Recht gezahlt worden ist.

Erkrankung während des Urlaubs   § 9 BUrlG 250

Der Arbeitgeber kann lediglich **Unterlassung** (nur sinnvoll im Wege einstweiliger Verfügung), ggf. 13
Schadenersatz verlangen und unter den Voraussetzungen des Kündigungsschutzgesetzes und des
§ 626 BGB **kündigen.**

§ 9 Erkrankung während des Urlaubs

Erkrankt ein Arbeitnehmer während des Urlaubs, so werden die durch ärztliches Zeugnis nachgewiesenen Tage der Arbeitsunfähigkeit auf den Jahresurlaub nicht angerechnet.

I. Normzweck

Mit der Bestimmung des § 9 wollte der Gesetzgeber verhindern, daß der Arbeitnehmer durch 1
krankheitsbedingte Arbeitsunfähigkeit seinen Urlaubsanspruch verliert (BT-Drucks. IV/785). Der Gesetzgeber geht zu Recht davon aus, daß die **Arbeitspflicht**, von der der Arbeitnehmer bereits durch seine Arbeitsunfähigkeit befreit worden ist (BAG 15. 6. 1993 AP BildungsurlaubsG NRW § 1 Nr. 3 = NZA 1994, 689), **nicht noch einmal suspendiert** werden kann. Deshalb, nicht weil sich der Arbeitnehmer im Urlaub nicht erholen kann (so aber GK-BUrlG/*Stahlhacke* Rn. 1), schließen sich Erkrankung und Urlaub aus.

Die Regelung bewirkt, daß der **Anspruch** des Arbeitnehmers auf Freistellung trotz ordnungsgemäßer Erfüllungshandlung durch den Arbeitgeber und trotz von ihm nicht verschuldeter Unmöglichkeit des Eintritts des Erfüllungserfolges bei einer Erkrankung während des Urlaubs **nicht untergeht,** sondern weiterhin fortbesteht (BAG 9. 6. 1988 AP BUrlG § 9 Nr. 10 = NZA 1989, 137; MünchArbR/ *Leinemann* § 89 Rn. 2). 2

Diese Rechtslage war vorübergehend durch die Anrechnungsvorschriften des § 10 I und des § 4 a 3
EFZG in der Fassung des **ArbRBeschFG** vom 25. September 1995 (BGBl. I S. 1476) für die dort genannten Sachverhalte **geändert.** Sie ist mit der Neufassung des § 10 durch das **Gesetz zu Korrekturen in der Sozialversicherung und zur Sicherung der Arbeitnehmerrechte** (BGBl. I S. 3843) wiederhergestellt worden (§ 10 Rn. 1).

§ 9 enthält **nicht** einen **Grundsatz** des Urlaubsrechts in dem Sinn, daß die Regelung auf andere 4
Fälle des Zusammentreffens von Urlaub und einem anderen Tatbestand, aus dem sich die Beseitigung der Arbeitspflicht des Arbeitnehmers ergibt, entsprechend anzuwenden ist (BAG 9. 8. 1994 AP BUrlG § 7 Nr. 19 = NZA 1995, 174; aA die ältere, überholte Rspr. des BAG zum Sonderurlaub: 1. 7. 1974 AP BUrlG § 9 Nr. 5; GK-BUrlG/*Stahlhacke* Rn. 4, 5 und 30 und neuerdings *Kanzlsperger*, AuR 1997, 192 mit dem unzutreffenden Hinweis auf den Wegfall der Erholungsbedürftigkeit; vgl. auch Rn. 11 und 12). Vielmehr bedurfte es dieser Regelung in § 9, sollte der Urlaubsanspruch trotz Krankheit nicht wegen ordnungsgemäß vorgenommener Erfüllungshandlung des Schuldners untergehen.

Zur Möglichkeit **abweichender** tarifvertraglicher und einzelvertraglicher **Vereinbarungen** siehe 5
§ 13 Rn. 42 und 43.

II. Erkrankung und Arbeitsunfähigkeit während des Urlaubs

1. Urlaub. Der Gesetzgeber hat mit dem Begriff Urlaub in dieser Vorschrift den **Zeitraum** gemeint, 6
den der Arbeitgeber durch die nach § 7 abgegebene Freistellungserklärung bezeichnet hat.

Nach ihrem Wortlaut kommt die Bestimmung nur zur Anwendung, wenn eine durch Krankheit 7
bedingte Arbeitsunfähigkeit **in dem** durch die Freistellungserklärung bezeichneten **Zeitraum** eintritt. Sie ist aber auch zu beachten, wenn der Kläger nach der Freistellungserklärung des Arbeitgebers, aber **vor Urlaubsbeginn** arbeitsunfähig erkrankt und die Arbeitsunfähigkeit einen oder mehrere Tage in dem Urlaub andauert (allgM; streitig ist nur, ob bei einer nicht den ganzen Urlaubszeitraum andauernden Erkrankung der gesamte Urlaub neu zu gewähren ist oder nur der durch Krankheit ausgefallene Teil, dazu Rn. 21).

2. Krankheit und Arbeitsunfähigkeit. Die Pflicht zur erneuten Gewährung von Urlaub trifft den 8
Arbeitgeber nur, wenn der Arbeitnehmer durch Krankheit iS des Entgeltfortzahlungsgesetz (§ 3 EFZG Rn. 6 ff.) daran gehindert ist, seinen Arbeitspflichten nachzukommen. Er ist dann arbeitsunfähig. **Nicht jede Krankheit führt zur Arbeitsunfähigkeit** iS des Gesetzes. Der Begriff der Arbeitsunfähigkeit in § 9 stimmt mit dem des Entgeltfortzahlungsgesetzes überein (§ 3 EFZG Rn. 16 f.).

Die Regelung des § 9 kommt auch dann zur Anwendung, wenn der Arbeitnehmer die Arbeitsunfä- 9
higkeit **selbst verschuldet** hat (*Leinemann/Linck* Rn. 7; aA GK-BUrlG/*Stahlhacke* Rn. 10). Allerdings erhält er in diesem Fall für die Zeit, die nicht auf seinen Urlaubsanspruch angerechnet wird, keine Vergütung. Im Entgeltfortzahlungsrecht, das nach Wegfall des Urlaubs zur Anwendung kommt, hat der Arbeitnehmer keinen Anspruch auf Fortzahlung der vom Arbeitgeber geschuldeten Vergütung, wenn er die Arbeitsunfähigkeit selbst verschuldet hat, § 3 I 1 EFZG.

Es ist für die Nachgewährung gemäß § 9 unbeachtlich, ob der Arbeitnehmer sich trotz der Er- 10
krankung **erholen kann** oder nicht. Denn es kommt **allein** auf die **krankheitsbedingte Arbeitsunfähigkeit** an (*Leinemann/Linck* Rn. 8). Die gegenteilige Auffassung, die eine Nachgewährung von

Vereitelung des Erholungszwecks durch die Arbeitsunfähigkeit abhängig macht (GK-BUrlG/*Stahlhacke* Rn. 7), ist mit dem Gesetz nicht vereinbar. Der damit geäußerten Überlegung, Mißbrauchsfällen begegnen zu wollen, kann Rechnung getragen werden, indem das Vorliegen einer Arbeitsunfähigkeit einer kritischen Würdigung unterzogen wird (dazu § 3 EFZG Rn. 24 ff.).

11 Die Fiktion des § 3 II EFZG, wonach als unverschuldete Arbeitsunfähigkeit auch eine Arbeitsverhinderung gilt, die infolge einer nicht rechtswidrigen Sterilisation oder eines nicht rechtswidrigen Abbruchs der Schwangerschaft eintritt, findet auch im Rahmen des § 9 Anwendung. Wird die Sterilisation oder der Schwangerschaftsabbruch im Urlaub vorgenommen, so kann Nachgewährung des Urlaubs verlangt werden (ebenso *Kanzlsperger* AuR 1997, 192).

12 Wird dagegen nach Erteilung des Urlaubs für denselben Zeitraum ein Beschäftigungsverbot nach dem Mutterschutzgesetz ausgesprochen, entsteht kein Anspruch auf Nachgewährung des nicht realisierten Urlaubs (BAG 9. 8. 1994 AP BUrlG § 7 Nr. 19 = NZA 1995, 174; aA *Kanzlsperger* AuR 1997, 192). Weder eine verfassungskonforme Auslegung des Begriffs Krankheit noch eine Analogie rechtfertigen die gegenteilige Auffassung. Es ist vielmehr Sache des Gesetzgebers, die Bestimmung entsprechend zu fassen, wenn er seine Schutzpflichten gegenüber der werdenden Mutter ausdehnen und die bürgerlich-rechtliche Rechtsfolge aus § 275 BGB in diesen Fällen vermeiden will.

13 **3. Nachweis.** Der Anspruch auf erneute Gewährung des wegen Krankheit nicht erfüllten Urlaubs besteht nur dann, wenn der Arbeitnehmer durch **ärztliches Zeugnis** die Dauer und die Lage der Krankheit nachweist. Die Vorlage des ärztlichen Attests ist **anspruchsbegründende** Voraussetzung, nicht nur Ordnungsmaßnahme (aA GK-BUrlG/*Stahlhacke* Rn. 18). **Ohne Attest** besteht kein Nachgewährungsanspruch.

14 Damit wird nicht nur Mißbrauch zu Lasten des Arbeitgebers verhindert; es wird zugleich dem Arbeitnehmer die Möglichkeit eröffnet, auf die Nachgewährung **zu verzichten.** Das kann insbesondere dann für den Arbeitnehmer von Interesse sein, wenn er die Arbeitsunfähigkeit selbst verschuldet hat. Verlangt er keine Nachgewährung, behält er für die Dauer des Urlaubs seine Vergütung als Arbeitsentgelt, während ein Anspruch auf Entgeltfortzahlung nicht bestände.

15 Das ärztliche Zeugnis muß erkennen lassen, daß der ausstellende Arzt sich mit dem Begriff „Arbeitsunfähigkeit durch Krankheit" vertraut gemacht hat. Das gilt insbesondere für **Atteste aus dem Ausland.** Nicht jedem (ausländischen) Arzt ist bewußt, daß es nicht allein auf die Erkrankung im medizinischen Sinn ankommt, sondern letztlich darauf, daß der Arbeitnehmer seine konkret geschuldete Arbeitsverpflichtung nicht erfüllen kann (BAG 15. 12. 1987 AP BUrlG § 9 Nr. 9 = DB 1988, 1555).

16 Eine **Frist** zur Vorlage des ärztlichen Attest schreibt das Gesetz für die Nachgewährung nicht vor. Die Regeln des Entgeltfortzahlungsrechts über die Anzeige- und Nachweispflichten sind nicht entsprechend anwendbar (*Leinemann/Linck* Rn. 13). Allerdings hat der Arbeitgeber so lange ein Leistungsverweigerungsrecht, bis der Arbeitnehmer das Attest vorlegt. Versäumt der Arbeitnehmer die Fristen, innerhalb derer der Urlaub besteht, erlischt der ggf. bestehende Anspruch auf Nachgewährung (Rn. 17 bis 19).

III. Rechtsfolgen

17 Hat der Arbeitnehmer ein ärztliches Attest vorgelegt, **entsteht** der Anspruch auf Nachgewährung des Urlaubs aus dem laufenden Kalenderjahr. Einer Handlung des Arbeitgebers bedarf es nicht. Dieser wird **wieder Schuldner** des nicht erfüllten Anspruchs und er muß ihn nach den Regeln des § 7 I erneut erteilen.

18 Eine **Selbstbeurlaubung** des Arbeitnehmers scheidet aus, insbesondere in der Form, daß der Arbeitnehmer die im Ergebnis bisher nicht gewährten Tage an den zuvor vom Arbeitgeber gebilligten Urlaubszeitraum „anhängt" (allgM). Dieses in der Praxis vielfach zu beobachtende Verhalten des Arbeitnehmers stellt wie jede Selbstbeurlaubung eine Vertragsverletzung dar und kann zu schwerwiegenden Konsequenzen führen (§ 7 Rn. 13).

19 Der Arbeitgeber kann die **Nachgewährung** des Urlaubs aus den gleichen Gründen **verweigern,** wie er die Entgeltfortzahlung ablehnen darf, namentlich wenn er meint, der Arbeitnehmer sei nicht arbeitsunfähig gewesen. Dann muß er allerdings konsequenterweise Urlaubsentgelt entrichten. Verweigert er zu Unrecht, so besteht nicht nur ein Entgeltfortzahlungsanspruch, sondern es entsteht nach Ablauf vom Kalenderjahr bzw. Übertragungszeitraum ein Ersatzanspruch auf Nachgewährung.

20 Ist die Nachgewährung des wegen Krankheit nicht erfüllten Urlaubs bis zum Ablauf des Kalenderjahrs nicht mehr möglich, so wird der Urlaub auf das erste Quartal des Folgejahres **übertragen,** weil dafür ein in der Person des Arbeitnehmer liegender Grund anzuerkennen ist (dazu § 7 Rn. 69 ff.).

21 Die Nachgewährungspflicht entsteht nicht, wenn übertragener Urlaub aus dem vorangegangenen Jahr wegen Krankheit nicht erfüllt worden ist und nach der Genesung des Arbeitnehmers der **Übertragungszeitraum** bereits abgelaufen ist (Urlaub vom 10. 3. bis 31. 3.; Arbeitsunfähigkeit vom 11. 3. bis 4. 4.). Denn mit dem Ende des Übertragungszeitraums **erlischt** der Urlaub; § 9 regelt keine Ausnahme von den Vorschriften des § 7 über die Befristung des Anspruchs (BAG 21. 1. 1997 AP

BUrlG § 9 Nr. 15 = NZA 1997, 889 = NZA 1997, 889; 19. 3. 1996 AP BUrlG § 9 Nr. 13 = NZA 1996, 942; 31. 5. 1990 AP BUrlG § 9 Nr. 12 = NZA 1990, 945). Die Nachgewährung kann nur innerhalb der gesetzlichen Befristung erfolgen (BAG 9. 6. 1988 AP BUrlG § 9 Nr. 10 = NZA 1989, 137).

Dieselben Regeln gelten bei der Möglichkeit, den Urlaub nur noch **teilweise** gewähren zu können **22** (Urlaub vom 10. bis 24. 3.; Krankheit vom 10. 3. bis 24. 3.; Nachgewährung nur im Umfang der Tage, an denen der Arbeitnehmer noch bis 31. 3. eine Arbeitspflicht hat und an diesen Tagen vom 25. 3 bis 31. 3 eine Arbeitsbefreiung möglich ist).

Der Arbeitnehmer hat bei einer Arbeitsunfähigkeit, die nur einen Teil des seines bereits angetrete- **23** nen Urlaubs ausmachte, auch nur Anspruch auf Nachgewährung in dieser Höhe, nicht aber auf **Neugewährung des gesamten Urlaubs**. Das gilt auch, wenn der Arbeitnehmer vor Urlaubsantritt erkrankt und absehbar ist, daß er nur einen Teil des festgelegten Zeitraums arbeitsunfähig sein wird (*Leinemann/Linck* Rn. 5; aA die hM im Schrifttum GK-BUrlG/*Stahlhacke* Rn. 27 mwN). Denn das Gesetz stellt eindeutig auf die nachgewiesen Tage der Arbeitsunfähigkeit ab, nicht darauf, daß der Arbeitnehmer nun seine Urlaubsplanung nicht mehr so verwirklichen kann wie vor der Erkrankung. Etwas anderes kann nur gelten, wenn mit der Neugewährung des verbleibenden Urlaubs das Gebot des § 7 II Satz 2 in diesem Kalenderjahr überhaupt nicht mehr erfüllt werden kann. Der Arbeitnehmer hat in diesem Fall ein Annahmeverweigerungsrecht für den verbleibenden Urlaub und kann dann Neufestsetzung des Urlaubsblocks verlangen.

§ 10 Maßnahmen der medizinischen Vorsorge oder Rehabilitation

Maßnahmen der medizinischen Vorsorge oder Rehabilitation dürfen nicht auf den Urlaub angerechnet werden, soweit ein Anspruch auf Fortzahlung des Arbeitsentgelts nach den gesetzlichen Vorschriften über die Entgeltfortzahlung im Krankheitsfall besteht.

I. Gesetzesgeschichte und Normzweck

1. Rückkehr zur Altfassung. Die Bestimmung in § 10 erhielt durch **Art. 8 Nr. 1** des Gesetzes zu **1** Korrekturen in der Sozialversicherung und zur Sicherung der Arbeitnehmerrechte (BGBl. I S. 3843) ihre bis zum 30. September 1996 geltende Fassung zurück (BT-Drucks. 14/45, S. 56; *Schaub* NZA 1999, 177). Die Änderung beseitigt damit nicht nur eine nach Auffassung des neu zusammengesetzten Bundestags sozialpolitisch unerwünschte Anrechnung von Urlaub auf sozialrechtliche Maßnahmen. Sie paßt die Vorschrift wieder in das von 1970 bis 1996 bestehende **System** von Krankheit bzw. Rehabilitation einerseits und Urlaub andererseits ein (zum bisherigen Recht siehe die Bedenken in § 10 aF Rn. 3, 5 und 13). Mit der Änderung sind auch die **verfassungsrechtlichen** Rechtsfragen, die das ArbRBeschFG vom 25. 9. 1996 mit seiner Fassung des § 10 aufgeworfen hatte (dazu *Dörner* NZA 1998, 561), zu Problemen der Vergangenheit geworden (Die Vorlagen des ArbG Arnsberg Beschluß vom 2. 7. 1997 – 1 Ca 1635/96 – Der Personalrat 1997, 463 und des ArbG Heilbronn Beschluß v. 26. 9. 1997 – 3 Ca 489/97 – AuR 1998, 217 zum alten Recht sind damit aber nicht erledigt).

Der nunmehr wieder geltende Text hat eine bewegte Gesetzesgeschichte hinter sich. Die **ursprüng- 2 liche Fassung** aus dem Jahr 1963 beruhte (*Borrmann* BUrlG, § 10 Rn. 1; GK-BUrlG/*Stahlhacke* Rn. 3) auf einer Entscheidung des Bundesarbeitsgerichts vom 1. 3. 1962 (AP BGB § 611 Urlaub und Kur Nr. 1). Seinerzeit nahmen BAG und Gesetzgeber an, daß Urlaub auf Kur und Heilverfahren im Ausnahmefall angerechnet werden könnten, wenn durch die Maßnahmen die übliche Gestaltung des Erholungsurlaubs nicht beeinträchtigt werde. Diese auf der Vorstellung einer eher betulichen Urlaubsgestaltung der 30er und 50er Jahre beruhende Gesetzgebung und Rechtsprechung, die zudem die schuldrechtliche Unvereinbarkeit von Arbeitspflichtbefreiung wegen verordneter Kuren und Heilverfahren einerseits und urlaubsrechtlichen Freistellung andererseits mißachtete, wurde erst mit der Neufassung durch Art. 3 § 8 des **Gesetzes** über die Fortzahlung des Arbeitsentgelts im Krankheitsfalle und über die Änderungen des Rechts der gesetzlichen Krankenversicherung vom **27. 7. 1969** (BGBl. I S. 946) überwunden, die vom 1. 1. 1970 bis zum 31. Mai 1994 galt. Seither war die Unvereinbarkeit von Kuren pp. mit Vergütungsfortzahlungsanspruch und Urlaub gesetzlich geregelt, wobei leider der zu Mißverständnissen in der rechtlichen Reichweite der Vorschrift führende Begriff der „Anrechnung" aus der Erstfassung beibehalten wurde (siehe unten Rn. 16 und 17 und MünchArbR/*Leinemann* § 91 Rn. 60). Die **jetzt wiederhergestellte Fassung** beruht auf **Art. 57 PflegeVG**, BGBl. I 1994 S. 1014, 1068 (Einzelheiten dazu in § 9 Rn. 1 bis 3). Zur Entwicklung des Rechts der DDR und dessen Angleichung nach der Vereinigung siehe *Leinemann/Linck* Rn. 3 f. und GK-BUrlG/*Stahlhacke* Rn. 20 f.

2. Zweck. Die Vorschrift beabsichtigt die **Gleichstellung** von in § 9 I EFZG genannten Maßnahmen **3** der medizinischen Vorsorge oder Rehabilitation mit Zeiten der Arbeitsunfähigkeit wegen Krankheit im Urlaubsrecht. Die Bestimmung ergänzt insoweit § 9 BUrlG, der Anwendung findet, wenn der Arbeitnehmer während der Maßnahme zugleich arbeitsunfähig krank ist (*Boldt/Röhsler* Rn. 10; MünchArbR/*Leinemann* § 91 Rn. 60). Außerhalb dieses Zielbereichs werden arbeitsrechtliche Regelungen über die urlaubsrechtliche Freistellung von der Arbeitspflicht auch zur Durchführung einer medizinischen Maßnahme nicht gehindert (Rn. 10).

II. Maßnahmen mit Entgeltfortzahlungsanspruch

4 **1. Kur und Heilverfahren, Schonzeiten.** Bis zur Änderung des Gesetzes durch Art. 57 PflegeVG (Rn. 2) verwandte das Gesetz die Begriffe Kur und Heilverfahren sowie Schonzeiten. An die Stelle von Kur und Heilverfahren traten die neuen Begriffe „**Maßnahmen der medizinischen Vorsorge und Rehabilitation**", die inhaltlich keine Änderung gegenüber der bis dahin geltenden Fassung bedeuteten (*Hock* ZTR 1996, 201).

5 Schonzeiten sehen seither weder das Sozialrecht noch das Entgeltfortzahlungsgesetz vor. Mit der **Streichung** der Schonzeiten aus dem sozialrechtlichen Maßnahmekatalog und der Verpflichtung des Arbeitgebers nach § 7 I 2, **Urlaub** unmittelbar nach einer Maßnahme gewähren zu müssen (§ 7 BUrlG Rn. 28 bis 31), können Arbeitnehmer auch nicht auf § 616 BGB als Anspruchsnorm für eine Freistellung und Vergütung wegen Schonungsbedürftigkeit zwischen Beendigung der Maßnahme und Arbeitsbeginn zurückgreifen (MünchKomm/*Müller-Glöge* § 611 BGB 393; aA *Leinemann/Linck* § 10 Rn. 25 und 27 sowie *Leinemann* AuR 1995, 83; zweifelnd auch *Schmitt* RdA 1996, 5, 10 f.; wie hier nun bei § 9 EFZG Rn. 80).

6 **2. Maßnahme der medizinischen Vorsorge oder Rehabilitation.** Zum Inhalt dieser Begriffe wird auf die Erläuterungen zu § 9 EFZG Rn. 4 bis 10 verwiesen.

7 **3. Bewilligung und Durchführung.** Die Bewilligung einer Maßnahme iS der Vorschrift erfolgt nach den Bestimmungen des Sozialrechts. Sofern nicht eine der Bewilligungsmodalitäten vorliegt, entsteht kein Anspruch auf Entgeltfortzahlung nach dem EFZG mit der Folge, daß das Anrechnungsverbot des § 10 BUrlG nicht zur Anwendung kommt (dazu unten Rn. 13 bis 16). Wegen der Einzelheiten der Bewilligung wird auf die Erläuterungen zu § 9 EFZG Rn. 11 bis 16 verwiesen.

8 Die bewilligte Maßnahme muß auch nach den Bestimmungen des § 9 I 1 oder 2 EFZG **durchgeführt** worden sein, will der Arbeitnehmer Freistellung und ggf. Vergütung durchsetzen. Zu den Einzelheiten der Durchführung wird auf die Erläuterungen zu § 9 EFZG Rn. 17 bis 19 verwiesen.

9 **4. Bedeutung für den Urlaubsanspruch des Arbeitnehmers.** § 10 erklärt die Rechtslage im Verhältnis von medizinischen Maßnahmen und Urlaub (*Leinemann/Linck* Rn. 48 halten die Norm für deklaratorisch): Gemeinsam ist beiden Tatbeständen, daß der Arbeitnehmer im Ergebnis von seiner vertraglich geschuldeten Arbeitsleistung befreit wird. **Beide schließen sich für denselben Zeitraum jedoch aus.** Ist dem Arbeitnehmer eine sozialrechtliche Maßnahme ordnungsgemäß bewilligt und soll sie nach den Voraussetzungen des § 9 I EFZG durchgeführt werden, so kann der Arbeitgeber für den gleichen Zeitraum keinen Urlaub mehr bewilligen. Denn der Arbeitnehmer ist bereits von Gesetzes wegen von seiner Verpflichtung zur Arbeitsleistung befreit. Eine nochmalige Befreiung durch urlaubsrechtliche Erklärung des Arbeitgebers ist nicht möglich (MünchArbR/*Leinemann* § 91 Rn. 62 ff.).

10 Für den **umgekehrten Fall**, daß zunächst Urlaub gewährt worden ist und für diesen Zeitraum ganz oder teilweise eine medizinische Maßnahme nach Maßgabe der Vorschriften des § 9 EFZG bewilligt und durchgeführt wird, hat das Gesetz keine ausdrückliche Regelung getroffen. Da aber die Gleichstellung der Maßnahmen mit der Arbeitsunfähigkeit wegen Krankheit Ziel des Gesetzgebers ist und für letzteres mit § 9 BUrlG eine Vorschrift zur Auflösung des einander ausschließenden Sachverhalts vorhanden ist, bestehen keine Bedenken, diese Bestimmung auch für den Fall der Bewilligung nach Urlaubsgewährung anzuwenden (siehe Rn. 3; MünchArbR/*Leinemann* § 91 Rn. 62; Kasseler Handbuch/*Schütz* 2. 4 Rn. 392).

11 Die Rechtslage ist im Ergebnis nicht anders zu beurteilen, wenn der Arbeitnehmer einen **vertraglichen oder tarifvertraglichen Anspruch** über den gesetzlichen Anspruch hinaus auf Entgeltfortzahlung hat, zB für 8 oder 10 Wochen. Auch in diesem Fall kann der Arbeitgeber für die überschießende Dauer der Maßnahme keinen Urlaub gewähren, weil auch jetzt ein – allerdings nicht mehr aus § 10, sondern aus den allgemeinen Regeln abzuleitender – Unvereinbarkeitstatbestand vorliegt (im Ergebnis ebenso Kasseler Handbuch/*Schütz* 2. 4 Rn. 390; aA wohl MünchArbR/*Leinemann* § 91 Rn. 65). **Etwas anders kann nur gelten**, wenn die abweichenden Bestimmungen eine (sogar nachträgliche) Anrechnung für den übergesetzlichen Teil vorsehen. Soweit davon der gesetzliche Teil des Urlaubs betroffen wäre, könnte die abweichende Bestimmung aus Vertrag, Betriebsvereinbarung oder TV nicht zur Anwendung kommen (Kasseler Handbuch/*Schütz* 2. 4 Rn. 400). Insofern kommt eine **Teilanrechnung** in Betracht (aA GK-BUrlG/*Stahlhacke* Rn. 59).

III. Maßnahmen ohne Entgeltfortzahlungsanspruch

12 **1. Verlust des Entgeltfortzahlungsanspruchs.** Die unter den Rn. 9 bis 11 genannten Regeln gelten auch dann, wenn der Arbeitnehmer keinen Anspruch auf Entgeltfortzahlung mehr hat, zB weil der **Sechs-Wochen-Zeitraum** des § 3 I 1 EFZG abgelaufen ist. Der Arbeitnehmer bleibt auch ohne Vergütungsanspruch wegen der Bewilligung und Durchführung der sozialrechtlichen Maßnahme von

der Pflicht zur Arbeit befreit. Auch in diesem Zeitraum kann der Arbeitgeber **keinen Urlaub erteilen** (*Leinemann/Linck* Rn. 45), auch nicht, wenn es zur Versorgung des Arbeitnehmer mit Arbeitsentgelt (Urlaubsentgelt) gut gemeint sein sollte. Der dennoch erteilte Urlaub wäre keine Erfüllung des gesetzlichen Anspruchs.

2. Maßnahmen außerhalb des EFZG. Nicht jede Maßnahme auf dem Gebiet der medizinischen 13 Vorsorge und Rehabilitation löst allerdings einen Entgeltfortzahlungsanspruch nach dem EFZG (und damit regelmäßig auch keine Befreiung von der Arbeitspflicht) aus. Das ist insbesondere dann nicht der Fall, wenn eine Maßnahme angeordnet wird, die nicht die Voraussetzungen des § 9 I EFZG erfüllt, wie zB **Erholungskuren** und die „**Badekur**", die nicht ambulant nach § 23 II SGB V (vgl. den Sachverhalt BAG 1. 10. 1991 AP BUrlG § 7 Nr 12) oder stationär außerhalb einer der im Gesetz genannten Einrichtungen durchgeführt wird. In diesem Fall ist § 10 nicht anwendbar, weil ein Anspruch auf Entgeltfortzahlung nach § 9 EFZG nicht besteht (MünchArbR/*Leinemann* § 91 Rn. 66 f.).

3. Urlaubsrechtliche Möglichkeiten. In diesen Fällen ist zu differenzieren. **Keineswegs** läßt die 14 Fassung des § 10 **allgemein den Schluß zu, daß der Arbeitgeber Urlaub anrechnen darf** (so *Dersch/Neumann* Rn. 18). Dieser am Wortlaut der Norm und an der früheren Auffassung (Rn. 1) orientierte Auslegung des Gesetzes übersieht (GK-BUrlG/*Stahlhacke* Rn. 45 ff., der letztlich aber wieder den überholten Ansatz der urlaubsmäßigen Verbringung der Freizeit wählt [Rn. 49]), daß der Arbeitgeber aufgrund der ärztlich verordneten Maßgabe mitunter – zB nach § 50 II BAT in der bis zur Streichung durch den 71. Änderungs-TV vom 12. 6. 1995 geltenden Fassung und ähnlichen Tarifbestimmungen – verpflichtet ist, den Arbeitnehmer (ggf. ohne Bezüge wie nach § 50 II BAT) von der Arbeit freizustellen. In diesem Fall kann er den Arbeitnehmer nicht noch einmal von der Arbeitspflicht im Wege der Urlaubserteilung befreien. Es gilt wie bei anderen Freistellungszeiten oder bei Fehlzeiten der Grundsatz, daß darauf Urlaubsansprüche nicht angerechnet werden können (Kasseler Handbuch/*Schütz* 2. 4 Rn. 393).

Dasselbe gilt, wenn sich **nach Durchführung der Maßnahme** herausstellt, daß die gesetzlichen 15 Voraussetzungen des § 9 EFZG nicht vorgelegen haben und der Arbeitnehmer deshalb keinen Anspruch nach § 9 I iV. mit §§ 3 und 4 EFZG hat. Eine nachträgliche Urlaubserteilung für einen Zeitraum, für den entweder ein anderer Befreiungstatbestand bestanden hat oder in dem der Arbeitnehmer ohne Berechtigung von der Arbeit fern geblieben ist, ist jedenfalls urlaubsrechtlich nicht möglich (BAG 1. 10. 1991 AP BUrlG § 7 Nr. 12 zum Austausch von tariflichem Sonderurlaub und Tarifurlaub; im Ergebnis so schon *Boldt/Röhsler* Rn. 11 f., wen auch begründet vom überholten Ansatz des urlaubsmäßigen Zuschnitts der Kur). Dem Arbeitgeber bleibt nur die Möglichkeit der Rückforderung des für den Freistellungszeitraum gewährten Arbeitsentgelts nach Bereicherungsrecht (*Leinemann/Linck* Rz. 57; MünchArbR/*Leinemann* § 91 Rn. 68 ff.; aA *Rotter* Anm. in EzA § 10 BUrlG Nr 2).

Etwas anderes gilt, wenn der Arbeitnehmer auf ärztlichen Rat sich einer freiwilligen Erholungskur 16 oder einer „offenen Badekur" unterziehen will und der **Arbeitgeber nicht verpflichtet** ist, den Arbeitnehmer insoweit überhaupt von der Arbeit **freizustellen**. In diesem Fall kann der Arbeitnehmer seine Kur antreten, er kann ferner an unbezahlten Sonderurlaub oder aber seinen gesetzlichen, tariflichen und/oder vertraglichen Urlaub einsetzt (*Hock* ZTR 1996, 201, 202). Das ist allerdings überhaupt kein Fall des § 10, sondern ein Fall des § 7 BUrlG. Deshalb ist es auch verfehlt, von Anrechnung zu sprechen, was nach nachträglicher Minderung klingt, sondern vom Vorbringen eines Urlaubswunsches und der Erfüllung des Anspruchs durch Erteilung (im Ergebnis ebenso *Leinemann/Linck* Rn. 53 ff. und Kasseler Handbuch/*Schütz* 2. 4 Rn. 395; üblich ist aber auch im jüngeren Schrifttum weiterhin der die rechtliche Situation nicht treffende Begriff der Anrechnung, vgl. MünchKomm/*Müller-Glöge* § 611 BGB Rn. 393; siehe auch nachfolgende Rn. 17).

IV. Urlaub nach einer Maßnahme

Ist eine Maßnahme beendet, so hat der Arbeitnehmer das Recht, seine bestehenden **Urlaubsansprüche sofort zu realisieren**. § 7 I 2. An Stelle von Schonzeiten, die dem Angestellten nach altem Recht 17 zugestanden haben, muß nun Urlaub eingesetzt werden (auch hier ist die Verwendung des Wortes „Anrechnung" verfehlt [so aber Schmitt § 9 EFZG Rn. 78]), wenn der Arbeitnehmer nicht sofort an seinen Arbeitsplatz zurückkehren will (*Marburger*, BB 1994, 1417, 1419). Wegen der Einzelheiten wird auf § 7 Rn. 28 bis 31 verwiesen.

Der Arbeitnehmer, dessen Entgeltfortzahlungsanspruch nach § 9 iVm. § 3 EFZG ausgelaufen ist, 18 kann für die fortdauernde Maßnahme der medizinischen Vorsorge und Rehabilitation iS des § 9 I EFZG seinen ihm noch zustehenden **Erholungsurlaub nicht einsetzen**. Denn zu dieser Zeit besteht immer noch keine Arbeitspflicht, von welcher der Arbeitgeber den Arbeitnehmer befreien könnte (aA im Widerspruch zu den sonstigen Ausführungen zur Unmöglichkeit zweifacher Arbeitsbefreiung *Leinemann/Linck* Rn. 63 f. und Kasseler Handbuch/*Schütz* 2. 4 Rn. 396).

§ 11 Urlaubsentgelt

(1) ¹Das Urlaubsentgelt bemißt sich nach dem durchschnittlichen Arbeitsverdienst, das der Arbeitnehmer in den letzten dreizehn Wochen vor dem Beginn des Urlaubs erhalten hat, mit Ausnahme des zusätzlich für Überstunden gezahlten Arbeitsverdienstes. ²Bei Verdiensterhöhungen nicht nur vorübergehender Natur, die während des Berechnungszeitraums oder des Urlaubs eintreten, ist von dem erhöhten Verdienst auszugehen. ³Verdienstkürzungen, die im Berechnungszeitraum infolge von Kurzarbeit, Arbeitsausfällen oder unverschuldeter Arbeitsversäumnis eintreten, bleiben für die Berechnung des Urlaubsentgelts außer Betracht. ⁴Zum Arbeitsentgelt gehörende Sachbezüge, die während des Urlaubs nicht weitergewährt werden, sind für die Dauer des Urlaubs angemessen in bar abzugelten.

(2) Das Urlaubsentgelt ist vor Antritt des Urlaubs auszuzahlen.

A. Normzweck

1   Die mit dem ArbRBeschFG vom 25. September 1996 und dem Heimarbeitsänderungsgesetz vom 29. Oktober 1974 zweimal ergänzte Bestimmung enthält **Berechnungsanweisungen** für die Bemessung des Urlaubsentgelts in ihrem Absatz 1 und eine Fälligkeitsregelung in Absatz 2. Beide sichern die Rechtsfolge, die das Gesetz bereits in § 1 beschreibt. Danach behält der Arbeitnehmer für die Dauer seines Erholungsurlaubs den Anspruch auf die nach § 611 BGB iV mit dem Vertrag oder TV geschuldete Vergütung (BAG 24. 11. 1992 AP BUrlG § 11 Nr. 34 mwN = NZA 1993, 750; MünchArbR/*Leinemann* § 90 Rn. 1). § 11 I ist also nicht selbst Anspruchsgrundlage (so schon im Ergebnis der schriftliche Bericht des Ausschusses für Arbeit BT-Drucks. IV/207), sondern nur Berechnungsvorschrift für die Zeit, in der der Arbeitnehmer zu Recht von der Arbeit freigestellt worden ist (§ 1 Rn. 14).

2   Im **Gesetzgebungsverfahren** ist davon ausgegangen worden, daß ein modifiziertes Referenzprinzip und nicht ein Lohnausfallprinzip kodifiziert werde (BT-Drucks. IV/287 S. 4). Diese Vorstellung ist nur bedingt umgesetzt worden. Wegen der Einzelheiten vgl. Rn. 4 und 5.

3   Die Berechnungsregeln des § 11 I sind in den weitaus meisten **Tarifverträgen** modifiziert und teilweise nicht unerheblich abgeändert. Tarifvertragliche Normen gelten für den gesetzlichen und tariflichen Urlaub, soweit nicht die tariffeste Anordnung des Gesetzes betroffen ist und der Arbeitnehmer zB weniger als nach der Berechnungsregel des § 11 erhalten soll. Dann ist die Tarifvorschrift auf den gesetzlichen Anteil des Urlaubs nicht anwendbar (ausführlich § 13 Rn. 45 bis 51).

B. Berechnung des Urlaubsentgelts

I. Allgemeines

4   **1. Referenz- und Lohnausfallprinzip.** Entgelt für nicht geleistete Arbeit kann nach **Faktoren aus der Vergangenheit** berechnet werden (Referenzprinzip). Maßgebend können aber auch die Umstände sein, die die Vergütung bei einer **Arbeitsleistung im Freistellungszeitraum** bestimmt hätten (Lohnausfallprinzip). Der Gesetzgeber hat sich im Urlaubsrecht im Grundsatz für ein **gemischtes System** entschieden (MünchArbR/*Leinemann* § 90 Rn. 3), ohne sich dessen wohl aber in voller Konsequenz bewußt gewesen zu sein (siehe Rn. 2). Denn nicht nur die Ausnahme in § 11 I 2 stellt eine Abweichung vom reinen Referenzprinzip dar. Es werden auch im Regelfall nicht alle für die Berechnung maßgeblichen Faktoren nach den Daten der Vergangenheit bestimmt (ähnlich *Busch* NZA 1996, 1246). Denn die Urlaubsvergütung erweist sich als ein Produkt aus dem Geldfaktor, der anhand der Daten in der Vergangenheit errechnet wird, und der in der Zukunft liegenden Zeit (Zeitfaktor), die im Urlaub ausfallen wird (siehe folgende Rn. 5).

5   **2. Geld- und Zeitfaktor.** Das tägliche Urlaubsentgelt (dazu Rn. 25 bis 28) berechnet sich nach dem **Geldwert** und der **Anzahl** der am konkreten Urlaubstag **ausgefallenen Stunden**. Das Gesetz verhält sich in § 11 I nur über die Berechnung des Geldfaktors nach dem teilweise abgewandelten Referenzprinzip, während der Zeitfaktor unerwähnt bleibt. Dieser wird nicht nach Daten aus der Vergangenheit festgestellt, sondern nach der durch die Befreiung von der Arbeitspflicht ausgefallene Arbeitszeit. Der Arbeitgeber hat die ausgefallene Arbeitszeit zu bezahlen, die der in Urlaub befindliche Arbeitnehmer gearbeitet hätte, wäre er nicht von seiner Arbeitspflicht an diesen Tagen befreit worden. Auf die Arbeitszeit im Bezugszeitraum kommt es nicht an. Insofern wird auch im Urlaubsrecht auf das Lohnausfallprinzip zurückgegriffen (*Busch* NZA 1996, 1246; *Leinemann/Linck* Rn. 5 bis 8 und 19 bis 22; MünchArbR/*Leinemann* § 90 Rn. 15).

6   **3. Lebensstandardprinzip.** Neben den Faktoren aus Referenz- und Lohnausfallprinzip kommt einem in der früheren Rechtsprechung herangezogenen Lebensstandardprinzip **keine Bedeutung** zu

(insoweit zutreffend BAG 12. 1. 1989 AP BAT § 47 Nr. 13 = NZA 1989, 758; MünchArbR/*Leinemann* § 90 Rn. 8 ff.). Soweit darauf in Tarifverträgen zurückgegriffen wird, muß die tariffeste Grenze des § 11 I beachtet werden; anderenfalls sind die Tarifnormen zum Urlaubsentgelt wenigstens im Umfang des gesetzlichen Mindesturlaubs nichtig (BAG 12. 1. 1989 aaO).

II. Berechnungsgrundsätze zur Ermittlung des Geldfaktors

Zur Berechnung des Urlaubsentgelts ist **zunächst** zu ermitteln, was zum **Arbeitsverdienst des Arbeitnehmers gehört**. Für den Grundfall, in dem es zu keiner Veränderungen nach § 11 I 2 und 3 wegen Verdiensterhöhungen oder Verdienstverkürzungen gekommen ist, sind die Einzelbeträge der letzten dreizehn Wochen zu addieren. Die Summe ist durch einen Faktor zu teilen, der nach der individuellen Arbeitsverpflichtung und der Art der Vergütung unterschiedlich sein kann.

1. Feststellung des Arbeitsverdienstes. Es sind die Arbeitsvergütungsbestandteile zugrunde zu legen, die der Arbeitnehmer im Referenzzeitraum jeweils als **Gegenleistung für seine Tätigkeit** in den maßgeblichen Abrechnungszeiträumen erhalten hat (BAG 17. 1. 1991 AP BUrlG § 11 Nr. 30 = NZA 1991, 778). Zum Arbeitsverdienst iS des Gesetzes gehört somit zunächst das allgemein geschuldete Entgelt, die für die Arbeitsleistung geschuldete Gegenleistung wie das **Gehalt** und der **Lohn**, unabhängig davon, in welchen Zeitabschnitten (Stunden, Tage, Wochen, Monat oder Jahr) sie berechnet wird.

Zum Lohn gehört der tatsächlich verdiente **Akkordlohn**, nicht etwa der garantierte Akkordrichtsatz, unabhängig davon, welche Art von Akkord vereinbart ist. Dasselbe gilt für den **Prämienlohn** als besondere Form des Leistungslohns (unklar *Leinemann/Linck* Rn. 28).

Davon sind **Prämien** zu unterscheiden, die nicht als Grundvergütung für die geleistete Arbeit geschuldet sind, sondern für besondere Leistungen versprochen sind. Sind sie im Bezugszeitraum erbracht und bezahlt, so gehören sie zum Verdienst iS des Gesetzes. So sind die im Profifußball versprochenen Prämien für den Einsatz, das Erreichen von Punkten und Tabellenplätzen uä. in die Berechnung des Urlaubsentgelts einzubeziehen (BAG 24. 11. 1992 AP BUrlG § 11 Nr. 34 = NZA 1993, 750; 23. 4. 1996 AP BUrlG § 11 Nr. 40 = NZA 1996, 1207). Einmalige Prämien, die keine laufende Arbeitsleistung honorieren, bleiben unberücksichtigt (BAG 19. 9. 1985 AP BUrlG § 13 Nr. 21 = NZA 1986, 471; vgl. auch BAG 8. 12. 1998 AP BGB § 611 Berufssport Nr. 15 zur Nichtberücksichtigung von Abschlägen auf das Urlaubsentgelt im Grundgehalt eines Fußballprofis).

Mehrarbeitsvergütung einschließlich der Überstundenvergütung (nicht zu verwechseln mit der Verdiensterhöhung vorübergehender Art; deshalb insoweit unzutreffend BAG 21. 3. 1985 AP BUrlG § 13 Unabdingbarkeit Nr. 11 = NZA 1986, 25) im Berechnungszeitraum gehörte bis zur Gesetzesänderung von 1996 zu den für die Arbeit geschuldeten Gegenleistungen und hob den Geldfaktor an (*Leinemann/Linck* Rn. 37; mißverständlich *Leinemann* BB 1996, 1381, 1382, der aber nur zum Ausdruck bringt, daß die Arbeitgeber die seinerzeitige Praxis der Einbeziehung der Mehrarbeitsvergütung nie in Frage gestellt haben). Dabei kam es nicht darauf an, ob die Mehrarbeit mit etwaigen tariflichen Bestimmungen zur Arbeitszeit oder den Arbeitszeitschutzvorschriften des ArbZG zu vereinbaren war oder nicht (BAG 9. 12. 1965 AP BUrlG § 11 Nr. 2 mit Anm. *Nikisch* = NJW 1966, 612). Allerdings mußte die Mehrarbeitsvergütung dem Arbeitnehmer im Berechnungszeitraum auch **zufließen oder zustehen**. Wurde sie später fällig, so blieb sie unberücksichtigt (BAG 1. 10. 1991 AP TVG § 1 Tarifverträge: Süßwarenindustrie Nr. 4 = NZA 1992, 284).

Nach der Gesetzesänderung vom 25. 9. 1996 entfallen derartige Überlegungen. Der Betrag, den der Arbeitnehmer für Überstunden bekommen hat, bleibt grundsätzlich unberücksichtigt, und zwar nicht nur der Überstundenzuschlag, sondern auch der Grundbetrag. Das folgt aus der Stellung des Wortes zusätzlich im angefügten Halbsatz. Hätte nur der Zuschlag entfallen sollen, hätte das Wort „zusätzlich" zwischen den Worten „Überstunden" und „gezahlten" eingeordnet werden müssen (vgl. auch BT-Drucks. 13/4612 S. 15; mißverständlich BAG 9. 11. 1999 NJW 2000, 3228). In Tarifverträgen kann Mehrarbeit weiterhin einbezogen und/oder an weitere Voraussetzungen gebunden werden (BAG 23. 6. 1992 AP BUrlG § 11 Nr. 17 = NZA 1993, 85). Geltende Tarifverträge mit konstitutiver Regelung zur Mehrarbeit bleiben unberührt (*Löwisch* NZA 1996, 1009), weil der Gesetzgeber in bestehende Tarifverträge nicht eingreifen wollte (*Lorenz* DB 1996, 1973) und aus verfassungsrechtlichen Gründen es auch nicht konnte (BAG 18. 5. 1999 – 9 AZR 515/98 – NZA 2000, 155).

Ausgleichszahlungen nach § 37 III 2 BetrVG, die wie Mehrarbeit zu berechnen ist, gehören zum **Arbeitsverdienst** iS des Gesetzes (BAG 11. 1. 1995 AP BetrVG 1972 § 37 Nr. 103 = NZA 1996, 105). Die Rechtslage hat sich durch die **Gesetzesänderung** vom 25. 9. 1996 **nicht geändert**. Die Ausgleichszahlung erfolgt nicht **für** geleistete Überstunden; vielmehr wird die für BRtätigkeit aufgewendete Zeit, die nicht durch Freizeit ausgeglichen werden kann, **wie** Mehrarbeit behandelt (wobei davon ausgegangen wird, daß Mehrarbeitsstunden stets Überstunden sind).

Die Vergütung für **Bereitschaftsdienst und Rufbereitschaft** gehört zum regelmäßigen Arbeitsverdienst (BAG 19. 3. 1996 AP BAT § 47 Nr. 20 = NZA 1996, 1218) und ist ebenso wie die **Nachtzuschläge** und **Zuschläge** für Sonn- und Feiertagsarbeiten zu berücksichtigen (BAG 20. 6. 2000 –

9 AZR 437/99 – zVb.). Dasselbe gilt für **Erschwernis- und Gefahrenzulagen,** sofern sie nicht Aufwendungsersatz sind (dazu Rn. 21; zu einer **Notdienstpauschale** BAG 21. 3. 1995 – 9 AZR 953/ 93 – nv.). Für alle Beträge gilt wie bei der Mehrarbeitsvergütung, daß die Vergütung im Referenzzeitraum geleistet sein muß. Wird sie erst später fällig, so kann sie nicht eingerechnet werden (BAG 13. 2. 1996 AP BAT § 47 Nr. 19 = NZA 1996, 1046 für die Tarifregelung des BAT; auch deshalb unzutreffend BAG 12. 1. 1989 AP BAT § 47 Nr. 13 = NZA 1989, 758).

15 **Provisionen** als einzige Gegenleistung des Arbeitgebers oder neben einem Fixum sind Arbeitsverdienst iS des Gesetzes (BAG 19. 9. 1985 AP BUrlG § 13 Nr. 21 = NZA 1986, 471) und bei der Berechnung zu beachten. Dabei entstehen wegen der regelmäßig hohen Schwankungsbreite (siehe den Sachverhalt BAG 19. 9. 1985 aaO) besondere Schwierigkeiten (Rn. 22). Eine an die jeweilige Arbeitsleistung anknüpfende **Umsatzbeteiligung** ist wie eine Provision zu behandeln. Nur bei einer von einer Arbeitsleistung unabhängigen Zahlung ist davon abzusehen.

16 Bei den im Gaststättengewerbe üblichen Bedienungsgeldern ist zu unterscheiden. **Trinkgelder,** die dem Service persönlich vom Gast zugewendet werden, sind keine Leistungen des Arbeitgebers und gehören deshalb nicht zum Arbeitsverdienst iS des Gesetzes. **Bedienungsgelder,** die sich am persönlichen Umsatz eines Arbeitnehmers orientieren, gehören dagegen neben dem garantierten Verdienst zu den regelmäßigen Gegenleistungen und sind daher bei der Berechnung der Urlaubsvergütung zu berücksichtigen. Unterhält der Arbeitgeber einen **Tronc,** kommt es auf die einzelvertragliche oder betriebliche Ausgestaltung des Systems an. Wird dem Tronc das regelmäßige Entgelt für die Mitarbeiter entnommen, so sind die Zahlungen daraus Grundlage auch für die Urlaubsberechnung; ist der Tronc nur Sammelstelle für alle Trinkgelder, die danach aufgeteilt werden, so handelt es sich um Leistungen Dritter, die unberücksichtigt bleiben.

17 **Weihnachtsgelder, Gratifikationen und andere Zuwendungen,** die ein- oder zweimal im Jahr gezahlt werden, sind zwar Entgelt, nicht aber allein Gegenleistung für die erbrachte Arbeitsleistung. Sie bleiben unbeachtet. Das gilt auch für **ein 13. Monatsgehalt,** das in jedem Monat anteilsmäßig verdient, aber erst zu einem bestimmten Tag insgesamt fällig ist. Der Betrag ist weder auf die Wochen vor Urlaubsantritt umzurechnen, noch ist er insgesamt bei einem Urlaub unmittelbar nach dem Auszahlungsdatum zu berücksichtigen.

18 **Urlaubsentgelt** ist normales Arbeitsentgelt und wird entsprechend berücksichtigt, wenn der Arbeitnehmer in den letzten 13 Wochen vor seinem Urlaub bereits einmal Urlaub gehabt hat. Unberücksichtigt bleibt aber das zusätzliche Urlaubsgeld (Rn. 47 bis 49), das aufgrund tariflicher oder betrieblicher Norm oder aufgrund einzelvertraglicher Vereinbarung im Referenzzeitraum gezahlt worden ist.

19 **Sachbezüge** sind Arbeitsverdienst. Werden sie während des Urlaubs nicht weiterbezahlt, so sind sie nach § 11 I 4 angemessen abzugelten. Dabei ist auf die Sätze zurückzugreifen, die in der Beitragsbemessung zur Sozialversicherung festgesetzt sind.

20 **Vermögenswirksame Leistungen** gehören nicht zum Arbeitsverdienst iS des § 11 I 1. Sie werden dennoch aufgrund der entsprechenden Regelungen zur Vermögensbildung der Arbeitnehmer unabhängig vom Urlaubsrecht auch im Urlaub gezahlt.

21 **Aufwendungsersatz** ist regelmäßig kein Arbeitsentgelt und kann deshalb das Urlaubsentgelt nicht erhöhen. Das gilt auch für **Fernauslösungen** (BAG 28. 1. 1982 und 15. 6. 1983 AP LFZG § 2 Nr. 11 und 12 = DB 1982, 1331 und NJW 1984, 1838). **Nahauslösungen** können im Einzelfall pauschales, zu versteuerndes Entgelt, nicht Aufwendungsersatz sein. Dann wird es in die Summe für die Berechnung des Arbeitsverdienstes aufgenommen.

22 **2. Berechnungszeitraum.** Der gesetzliche Referenzzeitraum umfaßt die 13 Wochen vor dem Beginn des Urlaubs. Allerdings finden sich in Tarifverträgen und (für den Arbeitnehmer günstigeren) Einzelvereinbarungen häufig andere Referenzabschnitte wie zB drei Monate, sofern nicht in statthafter Weise sogar eine andere Methode gewählt wird. Soweit dies nicht der Fall ist, haben die Arbeitsvertragsparteien in allen Fällen von der Summe der 13 Wochen auszugehen; sie können wegen der Schwierigkeiten der Berechnung nicht kürzere oder längere Zeiträume zugrunde legen. Das gilt auch bei **stark volativen Bezügen** wie Provisionen (*Leinemann/Linck* Rn. 30; aA *Dersch/Neumann* Rn. 24, die sich zu Unrecht auf Entscheidungen des BAG vor Inkrafttreten des BUrlG und zur Entgeltfortzahlung berufen).

23 Auch **für arbeitnehmerähnliche Personen,** die nicht Heimarbeiter sind, muß der 13-Wochen-Zeitraum zugrunde gelegt werden (*Leinemann/Linck* Rn. 50). Das kann im Einzelfall dazu führen, daß eine arbeitnehmerähnliche Person sehr wenig oder sehr viel Urlaubsentgelt erhält, wenn sie im Berechnungszeitraum sehr viel oder sehr wenig Leistungen erbracht hat. Diese mitunter beklagte Rechtsfolge ist hinzunehmen. Die Schwankungen werden regelmäßig nach mehrfachem Urlaub ausgeglichen, womit iE derselbe Effekt erzielt wird wie bei der **unstatthaften Heranziehung eines Jahreszeitraums** (aA BAG 30. 7. 1975 AP BUrlG § 11 Nr. 12 mit abl. Anm. *Bickel* = DB 76, 106).

24 Hat der Arbeitnehmer **noch keine 13 Wochen** gearbeitet, ist der gesamte Zeitraum vom Beginn des Arbeitsverhältnisses bis zum Urlaubsanfang zugrunde zu legen (*Leinemann/Linck* Rn. 51). Wegen der gesetzlichen Wartezeit dürfte die Urlaubsgewährung zu dieser Zeit die Ausnahme sein.

3. Ermittlung des Durchschnitts. Der nach den Rn. 7 bis 24 errechnete Zwischenbetrag muß auf 25 einen **Tagesverdienst** umgerechnet werden. Das erfordert das Tageprinzip des Bundesurlaubsgesetzes, wonach Urlaub nicht stundenweise, sondern tageweise gewährt wird. Die Notwendigkeit dieser Umrechnung wird besonders sinnfällig, wenn der Arbeitnehmer nur einen Tag Urlaub erhält.

Zur Umrechnung muß aus dem 13-Wochen-Berechnungszeitraum ein Teiler ermittelt werden. 26 Dieser ist individuell nach der Arbeitsverpflichtung des Arbeitnehmers zu ermitteln, nicht etwa nach der Formel 13 Wochen × 6 Werktage = 78. Als berücksichtigungsfähige Tage für den Teiler zählen **alle Tage**, an denen der Arbeitnehmer regelmäßig in der Woche zur Arbeit verpflichtet wird. **Feiertage und bezahlte Krankheitstage** fließen ein und sind nicht etwa abzuziehen (BAG 24. 11. 1992 AP BUrlG § 11 Nr. 34 = NZA 1993, 750). Dasselbe gilt für Urlaubstage, die im Referenzzeitraum gewährt und genommen sind, weil auch der Verdienst dieser Tage in der Endsumme des Geldfaktors einbezogen ist (Rn. 18).

a) **Regelmäßige verkürzte Arbeitszeit.** Bei der Festlegung des Teilers sind **dieselben Grundsätze** 27 zu berücksichtigen wie bei der Bestimmung der **Urlaubsdauer** (§ 3 Rn. 15 ff.). Sind die Arbeitstage des Arbeitnehmers mit den Werktagen einer Woche identisch, so beträgt der Divisor 78. Ist die Arbeitszeit anders verteilt, ist er entsprechend geringer, zB 65 in der 5-Tage-Woche und 39 bei einer 3-tägigen (Teilzeit-)Beschäftigung.

b) **Flexibilisierte Arbeitszeit.** Soweit die flexible Arbeitszeit nicht auf einer tariflichen Regelung 28 beruht und kein tarifliches Urlaubsrecht anzuwenden ist, sind zur Bestimmung des Teilers die Tage im Referenzzeitraum heranzuziehen, an denen der Arbeitnehmer tatsächlich gearbeitet hat. Zu den tariflichen Berechnungsmöglichkeiten vgl. BAG 8. 11. 1994 AP TVG § 1 Tarifverträge: Metallindustrie Nr. 122 mwN = NZA 1995, 743 und AP BUrlG § 11 Nr. 35 und 36 = NZA 1995, 580 und 583 sowie BAG 24. 9. 1996 AP TVG § 1 Tarifverträge: Papierindustrie Nr. 13. Wegen der Besonderheiten beim Zeitfaktor vgl. Rn. 32.

III. Berechnung des Zeitfaktors

Der im Urlaub befindliche Arbeitnehmer erhält an jedem Urlaubstag das Entgelt nach § 611 BGB 29 als Urlaubsentgelt für die Zeit, die durch seine Befreiung von der Arbeitspflicht ausgefallen ist. Erst das **Produkt aus Geld- und Zeitfaktor** stellt das konkrete **Urlaubsentgelt** dar.

1. Identität. Sind **Geld- und Zeitfaktor identisch**, wie zB beim kaufmännischen Angestellten, der 30 in jeder Woche an 5 Tagen 7 Stunden arbeitet, so daß die Arbeitszeit der Vergangenheit mit der durch Arbeitsbefreiung ausgefallenen Zeit übereinstimmt, kann auf eine detaillierte Berechnung verzichtet werden. Fallen regelmäßige Arbeitszeit und ausfallende Arbeitszeit aber auseinander, muß der Zeitfaktor gesondert festgestellt werden, wenn nicht eine tarifliche und/oder betriebliche Norm Zahlung einer verstetigten Monatsleistung vorschreibt wie beim Monatsgehalt und beim zunehmend vereinbarten Monatslohn. Unabhängig von der durch Schwankungen tatsächlich ausgefallenen Arbeitszeiten wird dann im Urlaub der verstetigte Arbeitslohn weitergezahlt (MünchArbR/*Leinemann* § 90 Rn. 34; *Busch*, NZA 1996, 1246).

2. Bei der Festlegung des Zeitfaktors haben auch nach der Gesetzesänderung von 1996 die aus- 31 fallenden **Überstunden** ihre Bedeutung behalten. Denn die Gesetzesänderung bezieht sich nur auf die nach dem Referenzprinzip zu berechnende Vergütung der Vergangenheit (MünchArbR/*Leinemann* § 90 Rn. 16 und 33). Fällt aber während des Urlaubs des Arbeitnehmers Mehrarbeit an, so sind die Mehrarbeitsstunden in den Zeitfaktor einzustellen, wenn der Arbeitnehmer, wäre er nicht im Urlaub, wie seine Kolleginnen und Kollegen Mehrarbeit hätte leisten müssen (BAG 9. 11. 1999 NJW 2000, 3228, wo allerdings zu Unrecht die nichtige Kommentierung als Beleg für die Gegenauffassung angeführt wird).

3. Flexible Arbeitszeiten. Wechselschichten und betriebliche Vereinbarungen über die besondere 32 Verteilung der Arbeitszeit führen dazu, daß der Arbeitnehmer nicht mehr stets zu der gleichen Anzahl von Arbeitstagen in jeder Woche zur Arbeit verpflichtet ist. Je nach Inhalt der Vereinbarungen fallen zB in der Woche wechselnd drei bis sechs Arbeitstage aus. Entsprechend der **Auswirkungen** dieser Arbeitszeitmodelle auf den Umfang des Urlaubs (§ 3 Rn. 27 ff.) müssen die **Veränderungen bei der Bestimmung des Zeitfaktors** berücksichtigt werden. Vergütet und damit einbezogen in den Multiplikator „Zeitfaktor" werden nur die Tage des tatsächlichen Ausfalls, nicht aber die Tage, in denen der Arbeitnehmer ohnehin nicht zur Arbeit verpflichtet ist. Das gilt auch dann, wenn die Freischichten in der Weise bezahlt werden, daß das bereits in vorherigen Wochen mit höherer Arbeitsleistung verdiente Arbeitsentgelt aufgespart wird und nunmehr in der Urlaubszeit ausgezahlt wird (BAG 8. 11. 1994 Rn. 27). Außerdem ist ein ggf. veränderter Stundensatz an den Urlaubstagen zu beachten (BAG 24. 9. 1996 AP TVG § 1 Tarifverträge: Papierindustrie Nr. 13).

IV. Besondere Berechnungstatbestände

33 **1. Verdiensterhöhungen.** Die gesetzliche Anordnung des § 11 I 2, daß bei Verdiensterhöhungen nicht vorübergehender Natur vom erhöhten Verdienst auszugehen ist, bezieht sich nach dem ausdrücklichen Wortlaut auf beide für die Urlaubsentgeltberechnung maßgebenden Faktoren, den aus den Daten des Referenzzeitraums zu ermittelnden **Geldfaktor** und den aus der Urlaubszeit zu ermittelnden **Zeitfaktor**.

34 a) Das Merkmal der **nicht nur vorübergehenden Verdiensterhöhung** betrifft den regulären Verdienst des Arbeitnehmers, nicht die sich aus der Veränderung der Arbeitszeit ergebenden Änderungen des nach Zeitabschnitten geschuldeten Entgelts, wie sie sich durch Mehrarbeit jeder Art ergeben kann. Auch längerfristige Mehrarbeit führt nicht zur Anwendung des § 11 I 2. Gemeint sind vielmehr die Veränderungen der Grundvergütung durch Höhergruppierung, durch neue Tarifsätze, durch dauerhafte Zahlung einer Zulage uä., aber auch der Wechsel von der Teilzeittätigkeit zur Vollzeitbeschäftigung.

35 b) Eine **Erhöhung des Geldfaktors** tritt ein, wenn innerhalb des Referenzzeitraums die für die reguläre Vergütung maßgeblichen Bedingungen des Arbeitsverhältnisses geändert werden. Von einer **Veränderung** zugunsten des Arbeitnehmers beim **Zeitfaktor** ist auszugehen, wenn sich die Änderung der Vertragsbedingungen mit dem Beginn des Urlaubs oder im Urlaub auswirken. Der Arbeitnehmer, der im Referenzzeitraum in einer Teilzeitbeschäftigung für 18 Wochenstunden à 20,– DM einen Wochenverdienst von 360,– DM hatte, erhält im Urlaub eine Urlaubsvergütung von 720,– DM, wenn er mit Beginn seines Urlaubs zu einer wöchentlichen Arbeitszeit von 36 Stunden verpflichtet worden ist. Denkbar ist auch, daß sich Geld- und Zeitfaktor erhöhen und der nunmehr vollbeschäftigte Arbeitnehmer 22,– DM in der Stunde verdient. Dann beträgt sein wöchentliches Urlaubsentgelt 792,– DM. Die Beschränkung des § 11 I 1, wonach nur der Verdienst aus dem Referenzzeitraum maßgebend ist, findet keine Anwendung (weitere Berechnungsbeispiele bei *Busch* NZA 1996, 1246, 1248).

36 **2. Verdienstkürzungen** sind anders als Verdiensterhöhungen **nur im 13-Wochen-Berechnungszeitraum** nicht zu berücksichtigen. Vermindert sich der Verdienst des Arbeitnehmers zB durch Übertragung einer tariflich geringer bewerteten Arbeit im Urlaub, so erhält der Arbeitnehmer dennoch die Vergütung, die er im Referenzzeitraum verdient hat, § 11 I 4. Nach der eindeutigen Anordnung ist allerdings nicht jede Verdienstkürzung in die Feststellung des Geldfaktors einzuberechnen. Der Ausnahmekatalog ist abschließend.

37 Vom Tatbestand des § 11 I 3 sind die Fälle **zu unterscheiden,** in denen während des Urlaubs ein weiterer Sachverhalt eintritt, der dem Arbeitnehmer die Möglichkeit gäbe, seiner Arbeitspflicht nicht nachkommen zu müssen. Dann entstehen Probleme der ordnungsgemäßen Erfüllung des Urlaubs (§ 7 Rn. 36 und § 9 Rn. 2) und in deren Folge Entgeltfragen.

38 a) **Kurzarbeit jeglicher Art** im Referenzzeitraum würde den Tagesdurchschnitt des Geldfaktors mindern, weil die Leistungen der BA nicht zum Arbeitsverdienst iS des § 11 I 1 gehören. Dieses Ergebnis hindert § 11 I 3. Die Berechnung ist im Schrifttum umstritten (siehe die Beispiele bei *Leinemann/Linck* Rn. 73); eine höchstrichterliche Entscheidung fehlt. Richtigerweise werden die infolge Kurzarbeit ausgefallenen Arbeitstage nicht vom Divisor (dazu Rn. 25 ff.) abgezogen, sondern die Ausfalltage sind mit dem DM-Betrag in die Rechnung einzubeziehen, die der Arbeitnehmer bei Fortsetzung der Arbeit regelmäßig verdient hätte. So wird für den späteren Urlaub ein Entgelt zugrunde gelegt, als hätte es den Kürzungstatbestand nicht gegeben.

39 Wird in dem Zeitraum **Kurzarbeit** eingeführt, in dem dem Arbeitnehmer **Urlaub** gewährt worden ist, so ist zu differenzieren. Bei **Kurzarbeit Null** besteht keine Arbeitspflicht des Arbeitnehmers; der Erfüllungserfolg der Freistellungserklärung (§ 7 Rn. 36) kann nicht eintreten. Der Arbeitgeber schuldet in dieser Zeit keinerlei Urlaubsentgelt; der Arbeitnehmer erhält Kurzarbeitergeld von der BA (zur Nachgewährung des auf diese Weise ausgefallenen Urlaubs § 7 Rn. 36). Wird an **einigen Tagen Kurzarbeit Null** gefahren, gilt dasselbe für die Kurzarbeitstage, während an den anderen Tagen Urlaub gewährt ist und Urlaubsentgelt für die konkret ausgefallene Arbeitszeit zu leisten ist. Wird die Kurzarbeit in der Weise durchgeführt, daß **ein Teil der Stunden pro Arbeitstag ausfällt,** wird der Urlaubsanspruch des Arbeitnehmers erfüllt. Urlaubsentgelt steht dem Arbeitnehmer aber nur für die Zeit zu, in der er wegen Urlaub von der Arbeit freigestellt ist. Für die weitere Zeit des Tages erhält er Kurzarbeitergeld.

40 b) **Unverschuldete Arbeitsversäumnis.** Darunter sind die Fälle des § 616 BGB und der §§ 1 und 2 EFZG zu verstehen, aber auch die vereinbarte **unbezahlte Freistellung** im Referenzzeitraum. Wie bei der Kurzarbeit Null wird jeder Tag, an dem der Arbeitnehmer vertraglich zur Arbeit verpflichtet ist, mit seinem regelmäßigen Verdienst in die Berechnung eingestellt. War ein Arbeitnehmer 18 Wochen lang **krank** und erhält er im Anschluß an seine Genesung sofort Urlaub, so erhält er Urlaubsentgelt pro Urlaubstag in der Höhe des Arbeitsentgelts, das er verdient hätte, wäre er nach 6 Wochen an seinen Arbeitsplatz zurückgekehrt.

D. Zusätzliches Urlaubsgeld § 11 BUrlG 250

Verschuldete Versäumnis, die zur Kürzung des Verdienstes im Referenzzeitraum führt, mindert 41 das Urlaubsentgelt. Bummeltage und Tage der Arbeitsunfähigkeit, die der Arbeitnehmer selbst grob schuldhaft herbeigeführt hat, werden in die Berechnung des Geldfaktors mit 0,- DM eingestellt. In den Teiler (Rn. 25) wird der Tag einbezogen.

c) **Arbeitsausfälle.** Im Referenzzeitraum auftretende Unterbrechungen der Arbeit, die **zur Minde-** 42 **rung des Arbeitsentgelts führen,** weil der Arbeitnehmer keinen Anspruch auf Vergütung hat, bleiben bei der Berechnung des Geldfaktors im Urlaubsentgelt unberücksichtigt, § 11 I 3. Die Tage werden wie Arbeitstage mit Entgeltanspruch bewertet.

Zu den Arbeitsausfällen gehört auch die Suspendierung der Arbeitspflicht durch die Teilnahme an 43 einem **Arbeitskampf** (*Dersch/Neumann* Rn. 54; *Leinemann/Linck* Rn. 81). Nimmt ein Arbeitnehmer im Berechnungszeitraum an einem rechtmäßigen Streik teil oder wird er rechtmäßig ausgesperrt, so erhält er an den Arbeitskampftagen keine Vergütung (Art. 9 GG Rn. 184 ff.). Für die spätere Urlaubsberechnung werden die Ausfallzeiten wie Arbeitstage mit dem üblichen Verdienst behandelt. Bei einem **wilden Streik** werden die Ausfalltage wie verschuldetes Versäumnis behandelt (Rn. 41). Bei rechtswidriger Aussperrung behält der Arbeitnehmer ohnehin seinen Entgeltanspruch, der entsprechend bei der Berechnung des Urlaubsentgelts berücksichtigt wird.

Fällt der **Arbeitskampf in den Urlaub,** so muß festgestellt werden, ob der Arbeitnehmer daran 44 teilnimmt und sich deshalb nicht im Urlaub befinden kann (§ 7 Rn. 35). Für diese Tage erhält er keine Urlaubsvergütung. Zur Nachgewährung des ausgefallenen Urlaubs siehe § 7 Rn. 36.

C. Fälligkeit

Die Vorschrift des § 11 II ist nur eine von § 614 BGB (§ 614 Rn. 1 f. und 4) abweichende **Fällig-** 45 **keitsbestimmung** (MünchArbR/*Leinemann* § 90 Rn. 40); sie enthält nicht etwa eine Wirksamkeitsvoraussetzung mit der Folge, daß eine Urlaubserteilung ohne Auszahlung des Urlaubsentgelts unwirksam wäre (so noch BAG 9. 1. 1979 AP BUrlG § 1 Nr. 4 = DB 1979, 1138; aufgegeben am 1. 12. 1983 AP BUrlG § 7 Abgeltung Nr. 15 = DB 1984 1150; 18. 12. 1986 AP BUrlG § 11 Nr. 19 = NZA 1987, 633). Kommt der Arbeitgeber seiner Zahlungspflicht nicht rechtzeitig nach, so gerät er in Verzug, Er hat die dadurch entstehenden Rechtsfolgen zu tragen. Ein Annahmeverweigerungsrecht des Arbeitnehmers hinsichtlich der Freistellung besteht nicht (*Leinemann/Linck* Rn. 93; aA *Dersch/Neumann* Rn. 80).

Die Fälligkeitsbestimmung wird in der betrieblichen Praxis **regelmäßig mißachtet,** indem das 46 Urlaubsentgelt mit der übrigen Vergütung für den Abrechnungszeitraum – meist nachträglich am Monatsende – ausgezahlt wird. Dem liegt meist eine konkludente Vereinbarung der Parteien zugrunde, die wegen ihrer Nachteile für den Arbeitnehmer aber wegen § 13 I 3 unwirksam ist. Nur in Tarifverträgen ist auch eine Abweichung zuungunsten der Arbeitnehmer statthaft. Davon wird regelmäßig Gebrauch gemacht.

D. Zusätzliches Urlaubsgeld

1. Rechtsgrundlagen. Das **Gesetz** kennt keine zusätzlichen Leistungen zum Urlaubsentgelt. Sie 47 finden sich aber in **Tarifverträgen,** in Betriebsvereinbarungen und in Arbeitsverträgen. Die Leistungen werden zur Unterscheidung vom Entgelt (zusätzliches) Urlaubsgeld genannt. Gebräuchlich ist auch der Begriff Urlaubsgratifikation. Mitunter ist das zusätzliche Urlaubsgeld auch Teil eines sog. 13. Monatsgehalts (BAG 6. 9. 1994 AP TVG § 1 Tarifverträge: Einzelhandel Nr. 50 = NZA 1995, 232) oder wird als Teil davon bezeichnet (BAG 14. 8. 1996 AP BErzGG § 15 Nr. 19 = NZA 1996, 1204).

2. Inhalt. Tarifliches Urlaubsgeld wird auch als **Teil oder Aufschlag zum Urlaubsentgelt** zugesagt. 48 Es ist dann Teil einer aus Urlaubsentgelt und zusätzlichem Urlaubsgeld bestehenden Urlaubsvergütung. Im Zweifel gelten für die beiden Beträge dieselben Regeln über Entstehung (BAG 14. 8. 1996 Rn. 47; 21. 10. 1997 AP TVG § 1 Tarifverträge Schuhindustrie Nr. 5 = NZA 1998, 666) sowie Inhalt und Umfang (BAG 28. 7. 1992 AP BErzGG § 17 Nr. 3 mit Anm. *Sibben* = NZA 1994, 27); die unterschiedliche Behandlung von Urlaubsentgelt und Urlaubsgeld im gesetzlichen Pfändungsrecht kann aber nicht aufgehoben werden (Rn. 51). Allerdings steht es TVParteien (ebenso den Betriebspartnern und Arbeitsvertragsparteien) auch frei, das zusätzliche Urlaubsgeld so auszugestalten, daß darauf unabhängig vom gewährten Urlaub ein Anspruch besteht (BAG 19. 1. 1999 AP TVG § 1 Tarifverträge: Einzelhandel Nr. 68 m. Anm. *Kanamabrou*; 6. 9. 1994 Rn. 47). So kann der Anspruch auf das volle Urlaubsgeld auch bestehen bleiben, obwohl der Urlaubsanspruch wegen Erziehungsurlaubs nach § 17 I BErzGG gekürzt werden darf (BAG 19. 1. 1999 und 6. 9. 1994 aaO; 14. 8. 1996 Rn. 47; § 17 BErzGG Rn. 15). Erlaubt sind auch Bestimmungen, wonach zusätzliches Urlaubsgeld nur für genommene Urlaubstage zu leisten ist (BAG 17. 11. 1998 AP TVG § 1 Tarifverträge: Betonsteingewerbe Nr. 6)

49 Die Parteien der Zusage über das zusätzliche Urlaubsgeld sind im Rahmen der geltenden Gesetze frei, **Inhalt und Umfang** der zusätzlichen Leistung zu bestimmen (BAG 6. 9. 1994 AP TVG § 1 Tarifverträge: Einzelhandel Nr. 50 = NZA 1995, 232). So kann es auf den tariflichen Urlaub beschränkt und für den gesetzlichen Urlaub nach dem SchwbG ausgeklammert werden. Findet sich keine abweichende Regelung, so fällt das Urlaubsgeld auch für den gesetzlichen Zusatzurlaub an (BAG 23. 1. 1996 AP SchwbG 1986 § 47 Nr. 9 mwN = NZA 1996, 831). Das Urlaubsgeld kann uneingeschränkt einer tariflichen Ausschlußfrist unterliegen (BAG 19. 1. 1999 AP TVG § 1 Tarifverträge: Druckindustrie Nr. 34). Soweit einzelne Arbeitnehmer oder Gruppen von Arbeitnehmern von der Leistung ausgenommen werden, müssen Normen und Abreden höherrangigen Rechts wie die Diskriminierungsverbote des EG-Rechts, des GG (gutes Beispiel in BAG 27. 10. 1998 AP BGB § 611 Gratifikation Nr. 211) und des Beschäftigungsförderungsgesetzes beachten (BAG 23. 4. 1996 AP BErzGG § 17 Nr. 7; 15. 11. 1990 AP BeschFG 1985 § 2 Nr. 11 = NZA 1991, 346). Wird ein Arbeitnehmer unter Verletzung höherrangigen Rechts vom Bezug eines zusätzlichen Urlaubsgeldes ausgenommen, so ist die Ausschlußnorm nichtig. Der Arbeitnehmer ist so zu behandeln, als wäre die Anspruchsnorm anzuwenden (BAG 23. 4. 1996 aaO). Zur Urlaubsgeldregelung nach den Anstellungsbedingungen des DGB BAG 18. 3. 1997 BErzGG § 17 Nr. 8 = NZA 1997, 1168.

E. Vererbbarkeit, Pfändbarkeit, Abtretung

50 **1. Vererbbarkeit.** Der Anspruch auf Urlaubsentgelt und Urlaubsgeld, der beim **Tod des Arbeitnehmers** für bereits gewährten Urlaub noch nicht erfüllt war, geht nach § 1922 BGB auf den (die) Erben über. Anders als der Urlaubsanspruch (§ 1 Rn. 33) gehen die beiden Ansprüche nicht mit dem Tod des Arbeitnehmers unter.

51 **2. Pfändbarkeit.** Der Urlaubsentgeltanspruch als regulärer Entgeltanspruch ist pfändbar und verpfändbar in den Grenzen der Beschränkungen der §§ 850 ff. ZPO (BAG 11. 1. 1990 AP TVG § 4 Gemeinsame Einrichtungen Nr. 11 = NZA 1990, 938). Er kann abgetreten werden, und mit ihm gegen ihn kann **aufgerechnet** werden (*Leinemann/Linck* Rn. 102; *Pfeifer* NZA 1996, 738; aA *Hohmeister* BB 1995, 2110, der von der lange überholten Theorie des urlaubsrechtlichen Einheitsanspruchs ausgeht und so folgerichtig zu unzutreffenden Ergebnissen kommen muß).

52 Das **Urlaubsgeld** ist jedoch nach Maßgabe des § 850 a Nr. 2 ZPO **unpfändbar** und damit nicht abtretbar (Einzelheiten bei *Pfeifer* NZA 1996, 738, 739). Das bedeutet, daß auch bei Anspruch auf eine einheitliche Urlaubsvergütung bestehend aus Urlaubsentgelt und Urlaubsgeld der unpfändbare Teil abgezogen werden muß, bevor der pfändbare Nettobetrag aus dem Urlaubsentgelt errechnet werden kann (*Leinemann/Linck* Rn. 103).

F. Verlust der Ansprüche

I. Erlaß (Verzicht)

53 Der Arbeitnehmer kann auf seinen Anspruch auf das Urlaubsentgelt weder vorab noch nach Erhalt des Urlaubs etwa in Form eines **Erlaßvertrages** oder eines **negativen Schuldanerkenntnisses** verzichten, § 397 I und II BGB. Anders als das sonstige Entgelt für geleistete Arbeit ist das Urlaubsentgelt wenigstens für den gesetzlichen Mindesturlaub durch § 13 I BUrlG iV mit § 1 BUrlG („bezahlter Erholungsurlaub") besonders geschützt (MünchArbR/*Leinemann* § 90 Rn. 42). Deshalb sind einzelvertragliche Vereinbarungen vor Begründung des Anspruchs, wonach ein Arbeitnehmer während des Urlaubs eine geringere Vergütung erhält als das Gesetz vorschreibt, ebenso unwirksam (BAG 31. 5. 1990 AP BUrlG § 13 Unabdingbarkeit Nr. 11 = NZA 1990, 935) wie ein nachträglicher Erlaß oder ein nachträgliches Schuldanerkenntnis des Arbeitnehmers auf das bis zum Ende der Freistellung nicht gezahlte Urlaubsentgelt (MünchArbR/*Leinemann* § 90 Rn. 50), auch im Rahmen eines gerichtlichen Vergleichs (das wird in der gerichtlichen Praxis regelmäßig verkannt).

54 Über das zusätzliche Urlaubsgeld kann der Arbeitnehmer einen Erlaßvertrag schließen, sofern der Anspruch nicht tariflich begründet ist und damit § 4 IV 1 TVG entgegensteht.

II. Verwirkung

55 Die Ansprüche auf Urlaubsentgelt und Urlaubsgeld können nach § 242 BGB verwirken, wenn der Arbeitnehmer sie über einen längeren Zeitraum hinweg nicht geltend gemacht, obwohl es ihm möglich gewesen wäre (**Zeitmoment**), und der Arbeitgeber sich mit Rücksicht auf das gesamte Verhalten des Arbeitnehmers darauf einrichten durfte und eingerichtet hat, daß er seine Ansprüche nicht mehr geltend machen werde (**Umstandsmoment**). Letzteres kann der Arbeitgeber regelmäßig nicht mit Erfolg vorbringen, so daß die Einwendung der Verwirkung fast ausnahmslos ohne Erfolg ist, zumal im Anwendungsbereich eines TV vorher eine tarifliche Ausschlußfrist (Rn. 57) verstrichen sein dürfte.

III. Verjährung und Verfall

Urlaubsentgelt und Urlaubsgeld unterliegen der **kurzen** Verjährung des § 196 I Nr. 8 BGB. Die 56 Verjährung beginnt am 31. 12. des Jahres, in dem der Urlaub angetreten ist und endet mit dem 31. 12 des übernächsten Jahres.

Die Ansprüche unterliegen den tariflichen **Ausschlußfristen** (zum Urlaubsgeld BAG 9. 8. 1994 – 57 9 AZR 557/93 – nv.), auch hinsichtlich des gesetzlichen Anteils beim Urlaubsentgelt. Denn anders als der Urlaubsanspruch und dessen Ersatz, die Urlaubsabgeltung, bestehen sie nicht befristet. Sie können in ihrer Durchsetzbarkeit eingeschränkt werden (zu einseitigen Ausschlußfristen BAG 4. 12. 1997 DB 1998, 680).

§ 12 Urlaub im Bereich der Heimarbeit

Für die in Heimarbeit Beschäftigten und die ihnen nach § 1 Abs. 2 Buchstaben a bis c des Heimarbeitsgesetzes Gleichgestellten, für die die Urlaubsregelung nicht ausdrücklich von der Gleichstellung ausgenommen ist, gelten die vorstehenden Bestimmungen mit Ausnahme der §§ 4 bis 6, 7 Abs. 3 und 4 und § 11 nach Maßgabe der folgenden Bestimmungen:

1. Heimarbeiter (§ 1 Abs. 1 Buchstabe a des Heimarbeitsgesetzes) und nach § 1 Abs. 2 Buchstabe a des Heimarbeitsgesetzes Gleichgestellte erhalten von ihrem Auftraggeber oder, falls sie von einem Zwischenmeister beschäftigt werden, von diesem bei einem Anspruch auf 24 Werktage ein Urlaubsentgelt von 9,1 vom Hundert des in der Zeit vom 1. Mai bis zum 30. April des folgenden Jahres oder bis zur Beendigung des Beschäftigungsverhältnisses verdienten Arbeitsentgelts vor Abzug der Steuern und Sozialversicherungsbeiträge ohne Unkostenzuschlag und ohne die für den Lohnausfall an Feiertagen, den Arbeitsausfall infolge Krankheit und den Urlaub zu leistenden Zahlungen.
2. War der Anspruchsberechtigte im Berechnungszeitraum nicht ständig beschäftigt, so brauchen unbeschadet des Anspruches auf Urlaubsentgelt nach Nr. 1 nur so viele Urlaubstage gegeben zu werden, wie durchschnittliche Tagesverdienste, die er in der Regel erzielt hat, in dem Urlaubsentgelt nach Nr. 1 enthalten sind.
3. Das Urlaubsentgelt für die in Nr. 1 bezeichneten Personen soll erst bei der letzten Entgeltzahlung vor Antritt des Urlaubs ausgezahlt werden.
4. Hausgewerbetreibende (§ 1 Abs. 1 Buchstabe b des Heimarbeitsgesetzes) und nach § 1 Abs. 2 Buchstaben b und c des Heimarbeitsgesetzes Gleichgestellte erhalten von ihrem Auftraggeber oder, falls sie von einem Zwischenmeister beschäftigt werden, von diesem als eigenes Urlaubsentgelt und zur Sicherung der Urlaubsansprüche der von ihnen Beschäftigten einen Betrag von 9,1 vom Hundert des an sie ausgezahlten Arbeitsentgelts vor Abzug der Steuern und Sozialversicherungsbeiträge ohne Unkostenzuschlag und ohne die für den Lohnausfall an Feiertagen, den Arbeitsausfall infolge Krankheit und den Urlaub zu leistenden Zahlungen.
5. Zwischenmeister, die den in Heimarbeit Beschäftigten nach § 1 Abs. 2 Buchstabe d des Heimarbeitsgesetzes gleichgestellt sind, haben gegen ihren Auftraggeber Anspruch auf die von ihnen nach den Nummern 1 und 4 nachweislich zu zahlenden Beträge.
6. Die Beträge nach den Nummern 1, 4 und 5 sind gesondert im Entgeltbeleg auszuweisen.
7. Durch Tarifvertrag kann bestimmt werden, daß Heimarbeiter (§ 1 Abs. 1 Buchstabe a des Heimarbeitsgesetzes), die nur für einen Auftraggeber tätig sind und tariflich allgemein wie Betriebsarbeiter behandelt werden, Urlaub nach den allgemeinen Urlaubsbestimmungen erhalten.
8. Auf die in den Nummern 1, 4 und 5 vorgesehenen Beträge finden die §§ 23 bis 25, 27 und 28 und auf die in den Nummern 1 und 4 vorgesehenen Beträge außerdem §§ 21 Abs. 2 des Heimarbeitsgesetzes entsprechende Anwendung. Für die Urlaubsansprüche der fremden Hilfskräfte der in Nummer 4 genannten Personen gilt § 26 des Heimarbeitsgesetzes entsprechend.

I. Normzweck

Beschäftigte in Heimarbeit iS des Heimarbeitsgesetzes (HAG) vom 14. 3. 1951 (BGBl. I S. 191, 1 zuletzt geändert durch Gesetz vom 11. 10. 1995 [BGBl. I S. 1250]), sind **arbeitnehmerähnliche Personen** iS des § 2 BUrlG. Sie sind von der Geltung der allgemeinen Bestimmungen des Gesetzes dennoch ausgenommen; statt dessen werden in einer besonderen Vorschrift die urlaubsrechtlichen Ansprüche entsprechend den tatsächlichen und rechtlichen Verhältnissen der Heimarbeit geregelt.

Vor Inkrafttreten des BUrlG bestimmten sich die urlaubsrechtlichen Ansprüche der Heimarbeit- 2 nehmer nach den Bestimmungen der bindenden Festsetzungen nach § 19 HAG (dazu BAG 5. 5. 1992 AP HAG § 19 Nr. 14 = NZA 1993, 315), nach damaliger Auffassung des BAG bei fehlenden **bindenden Festsetzungen** aufgrund **Gewohnheitsrechts** (20. 4. 1956 AP BGB § 611 Urlaubsrecht Nr. 6 und 7 m. Anm. *A. Hueck* = NJW 1956, 1254). Zur Bedeutung der bindenden Festsetzungen für Heimarbeiter seit Geltung des BUrlG siehe Rn. 38 f.

3   Die Vorschrift ist seit 1963 zweimal geändert worden. Die Änderungen durch das **Heimarbeitsänderungsgesetz** vom 29. 10. 1974 (BGBl. I S. 2879) und das **Arbeitszeitrechtsgesetz** vom 6. 6. 1994 (BGBl. I S. 1170) betrafen die Urlaubsdauer und das daran anknüpfende Urlaubsentgelt (Rn. 20 ff.).

II. Persönlicher Geltungsbereich

4   Die Regelungen des § 12 finden Anwendung für **Heimarbeiter, Hausgewerbetreibende und ihnen gleichgestellte Personen**. Die Begriffe bestimmen sich nach den Legaldefinitionen des HAG. Diese gelten uneingeschränkt im Bereich des BUrlG.

5   **1. Heimarbeiter.** Nach der **Legaldefinition des § 2 I HAG** ist Heimarbeiter, wer in selbstgewählter Arbeitsstätte (eigener Wohnung oder selbstgewählter Betriebsstätte) allein oder mit seinen Familienangehörigen (§ 2 V HAG) im Auftrag von Gewerbetreibenden oder Zwischenmeistern erwerbsmäßig arbeitet, jedoch die Verwertung der Arbeitsergebnisse dem unmittelbar oder mittelbar auftraggebenden Gewerbetreibenden überläßt. Beschafft sich der Heimarbeiter die Roh- und Hilfsstoffe selbst, so wird hierdurch seine Eigenschaft als Heimarbeiter nicht beeinträchtigt. Für die Qualifizierung eines Beschäftigten als Heimarbeiter kommt es nicht auf die Bezeichnung und die von den Beteiligten gewünschte Rechtsfolge, sondern auf den **tatsächlichen Inhalt** des Rechtsverhältnisses und seiner Durchführung an (BAG 3. 4. 1990 AP HAG § 2 Nr. 11 = NZA 1991, 267).

6   **2. Hausgewerbetreibende.** Hausgewerbetreibender ist derjenige, der in eigener Arbeitsstätte (eigener Wohnung oder Betriebsstätte) im Auftrag von Gewerbetreibenden oder Zwischenmeistern Waren herstellt, bearbeitet oder verpackt, wobei er selbst wesentlich am Stück mitarbeitet, jedoch die Verwertung der Arbeitsergebnisse dem unmittelbar oder mittelbar auftraggebenden Gewerbetreibenden überläßt. Er wird vom Geltungsbereich des HAG und damit des § 12 BUrlG unmittelbar erfaßt, wenn er mit nicht mehr als zwei fremden Hilfskräften iS des § 2 VI HAG oder Heimarbeitern (Rn. 5) arbeitet. Ist die Gruppe größer, so kommt nur eine Gleichstellung nach § 1 II bis VI HAG (Rn. 7 ff.) und danach die Anwendung der Vorschriften des § 12 in Betracht, § 1 II 1 b, § 2 II HAG.

7   **3. Gleichgestellte.** Beschäftigte, die weder Heimarbeiter noch Hausgewerbetreibende mit einer geringen Anzahl von Hilfskräften sind, können den in Heimarbeit Beschäftigten gleichgestellt werden. Sie genießen dann die Vorteile des § 12 BUrlG, sofern die Urlaubsregelung nicht ausdrücklich von der Gleichstellung ausgenommen worden ist (dazu Rn. 9 und 12). Sie werden in § 1 II 1 HAG unter den Buchstaben a bis c beschrieben.

8   a) **Heimarbeiterähnliche Personen** nach § 1 II 1 Buchst. a HAG sind diejenigen, die in der Regel allein oder mit ihren Familienangehörigen in eigener Wohnung oder selbstgewählter Betriebsstätte eine sich in regelmäßigen Arbeitsvorgängen wiederholende Arbeit im Auftrag eines anderen gegen Entgelt ausüben, ohne daß ihre Tätigkeit als gewerblich anzusehen oder daß der Auftraggeber ein Gewerbetreibender oder Zwischenmeister ist.

9   b) **Hausgewerbetreibende.** Es handelt sich um denselben Personenkreis wie in Rn. 6 beschrieben. Allerdings geht er seiner Tätigkeit mit mehr als zwei fremden Hilfskräften nach.

10 c) **Lohngewerbetreibende.** Als weitere Gruppe ist gleichstellungsfähig die Gruppe der im Lohnauftrag arbeitenden Gewerbetreibenden, die infolge ihrer wirtschaftlichen Abhängigkeit eine ähnliche Stellung wie Hausgewerbetreibende einnehmen.

11 d) **Zwischenmeister.** Die Bestimmung des § 12 BUrlG findet mit Ausnahme der Regelung des Absatzes 5 (Rn. 27) keine Anwendung auf gleichgestellte Zwischenmeister. Das sind diejenigen Personen, die, ohne Arbeitnehmer zu sein, die ihnen von Gewerbetreibenden übertragene Arbeit an Heimarbeiter oder Hausgewerbetreibende weitergeben, § 2 III HAG.

12 e) **Gleichstellungsverfahren.** Die Gleichstellung erfolgt in einem im HAG geregelten Verfahren durch einen die Rechtsstellung **begründenden Verwaltungsakt**, § 1 IV, § 3 I und § 4 HAG (zur Übereinstimmung der Vorschriften mit der Verfassung BVerfG 27. 2. 1973 AP HAG § 19 Nr. 7 = NJW 1973, 1319, 2100). Die Gleichstellung erfolgt bei Schutzbedürftigkeit der Person, der Personengruppe, aller Beschäftigten in einem Gewerbezweig oder einer Beschäftigungsart. Die Schutzbedürftigkeit bemißt sich nach dem Ausmaß der wirtschaftlichen Abhängigkeit, wobei insbesondere die Zahl der fremden Hilfskräfte, die Abhängigkeit von einem oder mehreren Auftraggebern, die Möglichkeit des unmittelbaren Zugangs zum Absatzmarkt, die Höhe und Art der Eigeninvestition sowie der Umsatz zu berücksichtigen sind. Die Gleichstellung muß nicht alle Vorteile des Heimarbeitsgesetzes umfassen; sie muß auch nicht die besonderen Urlaubsvorschriften des § 12 einschließen, wie aus § 1 III 1 und 2 HAG und § 12 Einleitungssatz BUrlG hervorgeht.

13 **4. Besondere Gruppen von Heimarbeitern.** Urlaubsansprüche für **jugendliche Heimarbeiter** finden sich in § 19 JArbSchG und für **schwerbehinderte Heimarbeiter** in § 49 SchwbG. Für Soldaten und Zivildienstleistende, die in Heimarbeit tätig sind, müssen auch die §§ 4 und 7 ArbPlSchG beachtet werden.

III. Anwendbare Vorschriften

Im Rechtsverhältnis der Auftraggeber und Zwischenmeister mit den in Heimarbeit Beschäftigten sind die Vorschriften des § 1 über den Urlaubsanspruch, des § 3 über die Dauer des Urlaubs, des § 7 I und II über den Zeitpunkt des Urlaubs, des § 8 über die Erwerbstätigkeit während des Urlaubs, des § 9 über die Erkrankung während des Urlaubs, des § 10 über die Maßnahmen der Rehabilitation und des § 13 über die Unabdingbarkeit anzuwenden. Dabei sind aber die besonderen Maßgaben des § 12 Nr. 1 bis 8 zu beachten. Das bedeutet im einzelnen: 14

1. **Urlaubsanspruch, Urlaubsdauer und zeitliche Lage. a) Der ständig Beschäftigte.** Die in Heimarbeit Beschäftigten und die ihnen nach § 1 II Buchst. a bis c HAG Gleichgestellten haben wie Arbeitnehmer einen Anspruch auf Urlaub, dh. auf **Freistellung von der Pflicht zur Dienst- oder Werkleistung**, der bei einer ständigen Beschäftigung 24 Werktage beträgt, §§ 1 und 3 BUrlG. 15

Die Urlaubsgewährung, die der Gesetzgeber in § 12 Nr. 2 ausdrücklich erwähnt, ist den Besonderheiten des Heimarbeitsverhältnisses anzupassen. Es ist zu berücksichtigen, daß der Heimarbeiter in der Gestaltung seiner Arbeitszeit frei ist und keine bestimmte zeitliche Verpflichtung eingegangen ist. Insofern kann eine Befreiung von der Arbeitspflicht in Form von Urlaubserteilung **nicht so wie im Arbeitsverhältnis** vorgenommen werden. Vielfach wird Urlaub deshalb nur nominell erteilt werden, ohne daß der Heimarbeiter seinen Arbeitsrhythmus ändert. Dennoch ist davon auszugehen, daß Urlaub durch Freistellung der Heimarbeiter von der Bearbeitung von Aufträgen nach entsprechendem „Antrag" erteilt wird (hM im Schrifttum; *Leinemann/Linck* Rn. 6 nur für die Heimarbeitsverhältnisse mit überwiegend werkvertraglichen Elementen). Deshalb hat der Heimarbeiter auch kein Selbstbeurlaubungsrecht (aA *v. Hase/Lembke* BB 1997, 1095, 1097, die an dieser unzutreffende Prämisse ihre These vom Selbstbeurlaubungsrecht der arbeitnehmerähnlichen Personen entwickeln). Der Auftraggeber hat sich bei der Urlaubsgewährung nach den Wünschen des Heimarbeiters zu richten und kann die Urlaubserteilung auch nur unter den Voraussetzungen des § 7 I und II verweigern (§ 7 Rn. 21 ff.). 16

b) Der nicht ständig Beschäftigte. Wird der in Heimarbeit Tätige nicht ständig beschäftigt, so ist der Umfang seines Urlaubs **entsprechend seiner durchschnittlichen Tagesverdienste** zu berechnen. Die Berechnungsformel findet sich in § 12 Nr. 2. Danach sind zunächst die Berechnungszeitraum (dazu Rn. 23 ff.) angefallenen Arbeitstage (Beispiel: 90), danach der Verdienst (8000,– DM) festzustellen. Das Urlaubsentgelt beträgt 728,– DM. Der Betrag wird durch den Tagesverdienst von 88,88 DM geteilt. Das ergibt 8,19 nicht abrundbare Urlaubstage. Während dieser Zeit erhält der Beschäftigte sein Urlaubsentgelt in Höhe von 9,1% des verdienten Arbeitsentgelts. 17

Von den **nicht ständig Beschäftigten** sind die **Teilzeitbeschäftigten** zu unterscheiden (Münch-ArbR/*Leinemann* § 92 Rn. 43). Der teilzeitbeschäftigte Heimarbeiter steht in einem Rechtsverhältnis, das ihn dauerhaft und gleichmäßig zur Erledigung von Aufträgen in geringerem Umfang verpflichtet. Seine Urlaubsdauer bestimmt sich nach der Verteilung seiner Pflichten entsprechend der Regelung für Arbeitnehmer (dazu § 3 Rn. 23 ff.). 18

Die Regelung gilt auch für **Hausgewerbetreibende** und die nach § 1 II Buchstaben a bis c HAG Gleichgestellten (*Natzel* Rn. 23). Die Gegenmeinung (*Dersch/Neumann* Rn. 27; *Leinemann/Linck* Rn. 37) übersieht, daß sich die Sonderregelung des § 12 Nr. 4 lediglich auf das Entgelt bezieht, nicht aber auf den Urlaubsanspruch nach den §§ 1, 3 BUrlG. Dafür gilt die allgemeine Regelung des Eingangssatzes. 19

2. **Urlaubsentgelt.** Die Vorschrift des § 11 BUrlG über die Berechnung des Urlaubsentgelts ist besonders intensiv im Hinblick auf die Bedürfnisse der Heimarbeit modifiziert worden. Dabei wird zwischen Heimarbeitern und ihnen Gleichgestellten, Hausgewerbetreibenden und ihnen Gleichgestellten und gleichgestellten Zwischenmeistern unterschieden. Wie alle Entgelte nach dem HAG ist auch das Urlaubsentgelt in den Entgeltbelegen (gesondert) auszuweisen, § 12 Nr. 6. Das Urlaubsentgelt unterliegt auch der im Siebten Abschnitt des Heimarbeitsgesetzes vorgesehenen Entgeltsicherung, § 12 Nr. 8 (ausführlich zur vergleichbaren Regelung des § 10 EFZG dort Rn. 12 bis 15). 20

a) Heimarbeiter und Gleichgestellte nach § 1 II Buchstabe a HAG. Dieser Personenkreis hat einen Urlaubsentgeltanspruch von 9,1% des im Berechnungszeitraums (dazu Rn. 23 ff.) verdienten Arbeitsentgelts, das sich nach der Formel des § 12 Nr. 1 letzter Satzteil berechnet. Der Prozentsatz orientiert sich an dem Verhältnis von 24 Urlaubstagen zu ca. möglichen 263 Arbeitstagen (365 Kalendertage ./. 52 Sonntage ./. 12 Feiertage ./. 24 Urlaubstage ./. geschätzte 14 Krankheitstage). 21

Schuldner des Anspruchs ist der Auftraggeber oder der Zwischenmeister, bei dem die Anspruchsberechtigten beschäftigt werden. 22

Berechnungszeitraum ist die Zeit vom 1. 5. bis 30. 4. des folgenden Jahres oder die Zeit bis zur Beendigung des Beschäftigungsverhältnisses. Diese **mißglückte Gesetzesfassung** (vgl. dagegen die einfach zu handhabende Regelung des § 10 EFZG) hat dazu geführt, daß im Schrifttum keine Einigkeit darüber besteht, wie gerechnet werden soll. Nach einer Meinung soll der Zeitraum ab 1. Mai des **laufenden Jahres** zugrunde gelegt werden, was aus dem Wortlaut des Gesetzes folge (*Fenski* Rn. 161; 23

MünchArbR/*Leinemann* § 92 Rn. 39 f.; *Leinemann/Linck* Rn. 30). Je nach Lage des Urlaubs wird dabei vom Schuldner eine mehr oder weniger hypothetische Berechnung erwartet.

24 Dem kann nicht zugestimmt werden. Vielmehr ist als Berechnungszeitraum das **Zeitjahr vom 1. Mai bis 30. April** heranzuziehen, das dem **Urlaubszeitpunkt vorangig**. Dem gegenteiligen Schrifttum ist entgegenzuhalten, daß der Gesetzgeber das Wort laufend überhaupt nicht verwendet hat. Die gedachte Hinzufügung folgt auch nicht zwingend aus der Verwendung der Wörter „folgendes Jahr" beim Datum 30. April. Denn wenn der Zeitraum vom 1. 5. des vorangegangenen Jahres für die Berechnung herangezogen wird, so liegen die nachfolgenden Monate vom Januar bis April auch im „folgenden Jahr". Die Auffassung der genannten Schrifttums ist auch nicht mit der in der Vergangenheit gerichteten Anordnung des Gesetzgebers zu vereinbaren, das **verdiente** Arbeitsentgelt zu berücksichtigen. Da die Beachtung eines abgeschlossenen vergangenen Zeitraums daher nicht dem Gesetz widerspricht, sondern sogar gefordert wird, und nur diese Berechnung in der praktischen Handhabung zu Ergebnissen führt, die nicht spekulativ sind, hat der Schuldner des Anspruchs so vorzugehen (GK-BUrlG/*Stahlhacke* Rn. 27). Diese Auslegung des Gesetzes korrespondiert auch allein mit der Regelung in § 12 Nr. 4 über die Berechnung nach dem **ausgezahlten** Arbeitsentgelt.

25 Auch wenn das Beschäftigungsverhältnis in der Zeit vom 1. Januar bis 30. April endet, ist auf das Arbeitsentgelt in den Monate Mai bis Dezember des vorvorherigen Jahr und der ersten 4 Monate des vorangegangenen Jahrs als abgeschlossenen Berechnungszeitraum zurückzugreifen.

26 **b) Hausgewerbetreibende und ihnen nach § 1 II Buchstaben b und c Gleichgestellte.** Diese Gruppe von in Heimarbeit Beschäftigten erhält vom Auftraggeber oder Zwischenmeister zum Ausgleich ihrer Ansprüche und zur Sicherung der Urlaubsansprüche derjenigen, die mit ihnen zusammenarbeiten, ein Urlaubsentgelt in Höhe von ebenfalls 9,1% des an sie ausgezahlten Entgelts. Zum Berechnungszeitraum verschweigt sich das Gesetz. Da ausgezahltes Arbeitsentgelt die Basis ist, kann nur ein abgeschlossener Zeitraum der Vergangenheit zugrunde gelegt werden. Mangels anderer Hinweise sind die Daten des § 12 Nr. 1 heranzuziehen (Rn. 24 und 25).

27 **c) Zwischenmeister** erwerben **keine** eigenen Ansprüche. Wenn sie gleichgestellt sind, haben sie gegen ihre Auftraggeber Erstattungsansprüche in Höhe der Urlaubsentgeltbeträge, die sie an die von ihnen Beschäftigten geleistet haben, § 12 Nr. 5.

IV. Unanwendbare Vorschriften

28 Nach dem Einleitungssatz des § 12 gelten die Bestimmungen der §§ 4 bis 6, 7 III und IV und § 11 für die in Heimarbeit Beschäftigten nicht. Trotz der anscheinend eindeutigen Aussage des Gesetzes gibt es im Schrifttum (höchstrichterliche Rechtsprechung dazu fehlt) erhebliche Meinungsverschiedenheiten. Unbestritten ist lediglich, daß an Stelle von § 11 allein § 12 Anwendung findet.

29 **a) Wartezeit.** Aus den Vorschriften des § 12 Nr. 1 und Nr. 3 folgt, daß der in Heimarbeit Beschäftigte erstmals Urlaub verlangen kann, wenn der Berechnungszeitraum am 30. April eines Jahres abgelaufen ist (vgl. die Übersichten über die unterschiedlichen Auffassungen bei *Fenski* Rn. 158 f. und *Wachter* DB 1982, 1406 f). Erst dann kann das Urlaubsentgelt berechnet und vor Antritt des Urlaubs gezahlt werden. Damit ergeben sich individuelle Wartezeiten zwischen 364 Tagen (Beginn am 2. 5.) und einem Tag (Beginn am 30. 4.).

30 **b) Teilurlaub.** Nach Ablauf des Berechnungszeitraums entsteht für den Arbeitnehmer kein Teilurlaub, wenn der Heimarbeiter noch kein ganzes Jahr beschäftigt worden ist, sondern Vollurlaub (aA *Wachter* DB 1982, 1406, 1407). Die Dauer der Beschäftigung findet Berücksichtigung nur in der Höhe des Entgelts (str.).

31 **c) Doppelansprüche.** Einer Regelung zur Verhinderung von Doppelansprüchen bedurfte es nicht, weil durch die Beachtung des 30. 4. eine doppelte Gewährung von Urlaub und Zahlung von Urlaubsentgelt ausscheidet. Der nach einem 30. 4. ausscheidende Arbeitnehmer, der bereits vollen Urlaub und 9,1% Urlaubsentgelt bekommen hat, kann erst nach dem nächsten 30. 4. erneut Ansprüche geltend machen (aA wegen eines anderen Ausgangspunktes *Leinemann/Linck* Rn. 24; für anteiligen Urlaub bei den jeweiligen Auftraggebern *Wachter* DB 1982, 1406, 1408).

32 **d) Befristung.** Der Urlaub des in Heimarbeit Beschäftigten ist befristet wie jeder Urlaubsanspruch. Das folgt bereits aus § 1 BUrlG (das übersieht *Wachter* DB 1982, 1406, 1408). Allerdings ist er nicht befristet auf das Kalenderjahr, die Anwendung des § 12 BUrlG nach Maßgabe des § 12 bedeutet, daß das auf den 30. 4. folgende Zeitjahr das Ende des Urlaubsanspruchs markiert. Danach verfällt der nicht geltend gemachte und/oder nicht erfüllbare Urlaubsanspruch. Eine Übertragung auf einen folgenden Dreimonatszeitraum kommt aus keinem Grund in Betracht.

33 **e) Abgeltung.** Es gibt unter keinem rechtlichen Gesichtspunkt eine Abgeltung des Urlaubs für Heimarbeiter (hM im Schrifttum; aA nur *Wachter* DB 1982, 1406, 1408). Endet das Beschäftigungsverhältnis, ohne daß der Heimarbeiter Urlaub und Urlaubsentgelt verlangt hat, so kann er keinen Betrag von 9,1% verlangen. Nur wenn er Urlaub während der Beschäftigung verlangt hat und der Auftrag-

V. Tarifverträge und bindende Festsetzungen

Die gesetzlichen Regelungen können (nur) für Heimarbeiter nach § 1 I a HAG durch Tarifverträge 34
und bindende Festsetzungen nach dem Heimarbeitsgesetz abgeändert werden. Das BUrlG beschreibt im § 12 nur die Mindestbedingungen für die in Heimarbeit Beschäftigten. Auch einzelvertragliche Regelungen sind jedenfalls soweit statthaft, als für die Beschäftigten günstigere Bedingungen vereinbart werden.

1. Tarifverträge. a) TV nach § 12 Nr. 7. TVParteien können in TV nach dem TVG die Regelungen 35
für Arbeitnehmer auf die Heimarbeiter nach § 1 I Buchstabe a HAG ausdehnen. Sie werden dann wie Arbeitnehmer behandelt. Da die Tarifvorschriften sich regelmäßig an den gesetzlichen Bestimmungen orientieren, gelten für die Heimarbeiter in diesem Fall neben den tariflichen Normen die allgemeinen Bestimmungen des BUrlG.

b) Tarifverträge nach § 17 HAG. Schriftliche Vereinbarungen zwischen Gewerkschaften und Auf- 36
traggebern oder deren Vereinigungen über den Inhalt, den Abschluß und die Beendigung von Vertragsverhältnissen sind keine Tarifverträge iS des TVG; sie gelten jedoch als Tarifverträge (Beispiel: LohnTV für die Heimarbeit in der Bekleidungsindustrie vom 7. Juni 1991).

c) Tarifverträge für Heimarbeiter unterliegen denselben Geboten zur **Unabdingbarkeit** gesetzlicher 37
Urlaubsbestimmungen wie die Tarifverträge für Arbeitnehmer.

2. Bindende Festsetzungen. Bestehen Gewerkschaften oder Vereinigungen der Auftraggeber für 38
den Zuständigkeitsbereich eines Heimarbeitsausschusses nicht oder umfassen sie nur eine Minderheit der Auftraggeber oder Beschäftigten, so kann der zuständige **Heimarbeitsausschuß** (§§ 4, 5, 18 und 19 HAG) bindende Festsetzungen treffen, wenn die Voraussetzungen des § 19 HAG gegeben sind. Die bindenden Festsetzungen betreffen nicht nur das Entgelt, sondern auch sonstige Vertragsbedingungen. Dazu gehören auch urlaubsrechtliche Regelungen. Eine bindende Festsetzung hat die Wirkung eines allgemeinverbindlichen TV und wird in das beim BMA geführte Tarifregister eingetragen; § 19 III HAG (Beispiel: Bindende Festsetzung von Entgelten, Fertigungszeiten und sonstigen Vertragsbedingungen für die mit der Herstellung von Damen-, Herren- und Kinderoberbekleidung und verwandten Erzeugnissen in Heimarbeit Beschäftigten vom 2. 7. 1993 [BAnz. Nr. 173 v. 14. 12. 1991]).

Die bindenden Festsetzungen können die **Dauer des Urlaubs, die Wartezeit, das Urlaubsentgelt** 39
und seine Fälligkeit regeln (Beispiel: Bindende Festsetzung von Entgelten und sonstigen Vertragsbedingungen für Adressenschreiben, Abschreibearbeiten und ähnliche Arbeiten in Heimarbeit in der geänderten Fassung vom 18. 12. 1989 [BAnz. 1990 S. 1318]). Häufig wird die Auszahlung des Urlaubsentgelts in Form eines regelmäßigen Abschlags zum laufenden Entgelt festgesetzt. Das vermeidet die Schwierigkeiten, die sich aus der gesetzlichen Berechnungsvorschrift (Rn. 23 ff.) ergeben.

§ 13 Unabdingbarkeit

(1) ¹Von den vorstehenden Vorschriften mit Ausnahme der §§ 1, 2 und 3 Abs. 1 kann in Tarifverträgen abgewichen werden. ²Die abweichenden Bestimmungen haben zwischen nicht tarifgebundenen Arbeitgebern und Arbeitnehmern Geltung, wenn zwischen diesen die Anwendung der einschlägigen tariflichen Urlaubsregelung vereinbart ist. ³Im übrigen kann, abgesehen von § 7 Abs. 2 Satz 2, von den Bestimmungen dieses Gesetzes nicht zuungunsten des Arbeitnehmers abgewichen werden.

(2) ¹Für das Baugewerbe oder sonstige Wirtschaftszweige, in denen als Folge häufigen Ortswechsels der von den Betrieben zu leistenden Arbeit Arbeitsverhältnisse von kürzerer Dauer als einem Jahr in erheblichem Umfange üblich sind, kann durch Tarifvertrag von den vorstehenden Vorschriften über die in Abs. 1 Satz 1 vorgesehene Grenze hinaus abgewichen werden, soweit dies zur Sicherung eines zusammenhängenden Jahresurlaubs für alle Arbeitnehmer erforderlich ist. ² Abs. 1 Satz 2 findet entsprechende Anwendung.

(3) Für den Bereich der Deutschen Bahn Aktiengesellschaft sowie einer gemäß § 2 Abs. 1 und § 3 Abs. 3 des Deutsche Bahn Gründungsgesetzes vom 27. Dezember 1993 (BGBl. I S. 2378) ausgegliederten Gesellschaft und für den Bereich der Deutschen Bundespost kann von der Vorschrift über das Kalenderjahr als Urlaubsjahr (§ 1) in Tarifverträgen abgewichen werden.

A. Normzweck

1 Die amtliche Überschrift ist auf den ersten Blick irreführend. Denn dem Gesetzgeber ging es in erster Linie nicht darum, seine Bestimmungen zum Urlaubsrecht für unabdingbar zu erklären. Vielmehr nahm er mit den Regelungen des § 13 Rücksicht darauf, daß die TVParteien in großem Umfang urlaubsrechtliche Vorschriften erlassen hatten. In den Vorbereitungen für das Gesetz wurde betont, daß den **Sozialpartnern (weiterhin) Spielraum für die Gestaltung des Urlaubsrechts** gelassen werde, um die Bedeutung der Tarifautonomie für die Entwicklung des Urlaubsrechts hervorzuheben. Mit § 13 werde den Tarifpartnern für einen großen Teil der Vorschriften Gestaltungsfreiheit eingeräumt (Schriftlicher Bericht des Ausschusses für Arbeit BT-Drucks. IV/207 S. 2). Das BAG hat das sogleich das „**tarifliche Vorrangprinzip**" genannt (BAG 9. 7. 1964 AP BUrlG § 13 Nr. 2).

2 Ausdrücklich **ausgenommen** von dieser Gestaltungsmöglichkeit sind jedoch die grundlegenden Bestimmungen über den Urlaubsanspruch selbst, über den persönlichen Geltungsbereich sowie über die Mindestdauer des Urlaubs in den **§§ 1, 2 und 3 I**, wobei für Bahn und Post hinsichtlich der Lage des Urlaubsjahrs in letzter Minute (3. Lesung im Bundestag; Protokoll der 51. Sitzung vom 7. 12. 1962) eine Ausnahme festgelegt wurde. Die Ausnahmen gelten auch nach der Privatisierung der beiden Bereiche.

3 Im Ergebnis trifft die Überschrift dennoch weitgehend zu. Der Gesetzgeber hat den TVParteien **mehr** Veränderungsmöglichkeiten **genommen,** als der Text des § 13 I 1 erkennen läßt (ausführlich Rn. 17–51). Deshalb ist es nicht gerechtfertigt, vom Prinzip eines tariflichen Vorrangs zu sprechen (so aber *Dersch/Neumann* Rn. 11 ff. und Kasseler Handbuch/*Schütz* 2.4 Rn. 618; ähnlich wie hier *Leinemann/Linck* Rn. 9).

4 Zusätzlich sollte den **nicht organisierten Arbeitnehmern** und Arbeitgebern die Möglichkeit geschaffen werden, durch Einzelvertrag die tarifvertraglichen Regelungen zu übernehmen (BT-Drucks. IV/207 S. 4). Dazu vgl. Rn. 52 bis 59.

5 Die ursprüngliche Fassung des Gesetzes ist seither zweimal durch das Heimarbeitsänderungsgesetz vom 29. 10. 1974 (Ergänzung des § 13 I) und durch das Eisenbahnneuordnungsgesetz vom 27. 12. 1993 (Anpassung des § 13 III an die Privatisierungsvorschriften der Deutschen Bahn) geändert worden.

B. Abänderungen durch Tarifvertrag

I. Allgemeines

6 **1. Grundsatz.** Die TVParteien haben auch auf dem Gebiet des Urlaubsrechts ein **umfassendes,** in Art. 9 III GG geschütztes Recht zur **Normsetzung.** Allerdings hat der Gesetzgeber insofern **Einschränkungen** kodifiziert, als er die Vorschriften über den Urlaubsanspruch in § 1 und über den Geltungsbereich in § 2 als unabänderlich bestimmt und die Dauer von 24 Werktagen Urlaub als Mindestbestimmung qualifiziert hat.

7 Das bedeutet, daß TVParteien (mit Ausnahme der in § 13 III genannten) keine Regelungen treffen können, wonach das **Urlaubsjahr** über einen **anderen Zeitraum** als das Kalenderjahr verläuft. Sie dürfen keine Vorschriften erlassen, die dazu führen, daß ein Arbeitnehmer in einem Kalenderjahr keinen Anspruch auf bezahlten Erholungsurlaub erwirbt (Rn. 17 und 19). Es ist den TVParteien auch nicht möglich, **bestimmte Arbeitnehmer**, Arbeitnehmergruppen, arbeitnehmerähnliche Personen oder Auszubildende vom Erwerb eines Urlaubsanspruchs **auszuschließen**. Entgegenstehende Vorschriften wären wegen eines Verstoßes gegen ein gesetzliches Verbot nichtig, (§ 134 BGB). Die Bestimmung des § 13 I 1 hat ferner zur Folge, daß TVParteien – bei einer Verteilung der Arbeitszeit auf alle Werktage einer Woche – **keinen kürzeren Urlaub** als 24 Werktage normieren dürfen (Rn. 20–22).

8 **2. Günstigere Regelungen.** Es ist den TVParteien unbenommen, von den Bestimmungen der §§ 3 bis 12 **zugunsten** der Arbeitnehmer **abzuweichen**. Das folgt aus dem im Arbeitsrecht allgemein geltenden Günstigkeitsprinzip (ausführlich *Leinemann/Linck* Rn. 42 ff). Das gilt auch für § 3 I, obwohl er nach dem Text des § 13 I 1 überhaupt nicht abänderbar ist. Da der Gesetzgeber die Urlaubsdauer als Mindestanspruch ausgestaltet hat, dürfen TVParteien höhere Urlaubsansprüche vereinbaren. So können auch nach der Gesetzesänderung von 1996 die TVParteien festlegen, daß Mehrarbeitsverdienst bei der Bemessung des Urlaubsentgelts zu berücksichtigen ist. Am 1. Oktober 1996 bestehende Vorschriften dieses Inhalts (zB § 47 BAT) wurden durch das Gesetz ohnehin nicht berührt (*Lorenz* DB 1996, 1973).

9 **3. Ungünstigere Regelungen.** TVParteien sind auch befugt, in ihren Verträgen das Urlaubsrecht zu den Gegenständen von § 3 II bis § 12 zu Ungunsten der Arbeitnehmer zu regeln. Das folgt mittelbar aus § 13 I 3. Das führt dazu, daß im Schrifttum vertreten wird, im Urlaubsrecht brauche ein Günstig-

B. Abänderungen durch Tarifvertrag § 13 BUrlG 250

keitsvergleich nicht durchgeführt zu werden (*Dersch/Neumann* Rn. 11 und GK-BUrlG/*Berscheid* Rn. 13).

Das ist in dieser Form nicht zutreffend. Die Befugnis zur Kodifizierung ungünstigerer Normen 10 darf nämlich **nicht** dazu führen, daß **mittelbar** in die unantastbaren Rechte des Arbeitnehmers nach § 1, § 2 und § 3 I eingegriffen wird (so schon BAG 10. 2. 1966 AP BUrlG § 13 Unabdingbarkeit Nr. 1 mit Anm. *Witting* = DB 1966, 708). Bereits sehr früh (BAG 22. 6. 1956 AP BGB § 611 Urlaubsrecht Nr. 10) hat das Bundesarbeitsgericht zB den Anspruch auf **Urlaubsabgeltung** als eine andere Erscheinungsform des Urlaubsanspruchs (nach § 1 und § 3 I) bezeichnet und ihn damit vor der tariflichen Verschlechterung bewahrt (BAG 30. 11. 1977 AP BUrlG § 13 Unabdingbarkeit Nr. 4 mit Anm. *Hinz* = NJW 1978, 1875). Derselbe Effekt kann auch in **anderen Teilbereichen** auftreten, zB im Bereich der Rehabilitationsmaßnahmen des § 10 (BAG 10. 2. 1966 AP BUrlG § 13 Unabdingbarkeit Nr. 1 mit Anm. *Witting* = DB 1966, 708). Deshalb ist bei jeder verschlechternden Tarifnorm zu prüfen, ob und wie die unabdingbaren Ansprüche betroffen sind (Rn. 17 bis 51).

Das geschieht durch einen **Günstigkeitsvergleich,** wobei nicht die tarifliche Regelung insgesamt 11 mit den Auswirkungen der gesetzlichen Regelung verglichen werden. Vielmehr sind die Auswirkungen der jeweiligen betroffenen Normen miteinander zu vergleichen (Kasseler Handbuch/*Schütz* 2. 4 Rn. 628; *Leinemann/Linck* Rn. 10; die von diesen Autoren herangezogenen Entscheidungen des BAG enthalten allerdings keine unmittelbare Aussage zur Durchführung des Günstigkeitsvergleichs). Die Notwendigkeit des Einzelvergleichs folgt bereits aus dem Wortlaut des § 13 I 1, der sich auf gesetzliche **Vorschriften** und davon abweichende Vorschriften bezieht, **nicht** auf eine **Gesamtregelung.**

Der Einzelvergleich kann mitunter zur Folge haben, daß Arbeitnehmer zu Recht die jeweils günsti- 12 geren Vorschriften aus beiden Normwerken in Anspruch nehmen können. Das wird ohne sachliche Berechtigung mit der abfälligen Bemerkung von der „**Rosinentheorie**" belegt. Sie ist jedenfalls im Urlaubsrecht beim Vergleich zwischen Gesetz und TV nicht zu beanstanden (*Leinemann/Linck* Rn. 48 ff.), sondern dem Gesetz immanent.

Der Günstigkeitsvergleich ist **individuell** vorzunehmen; es kommt auf die Auswirkungen im 13 Arbeitsverhältnis des Arbeitnehmers an, nicht auf die Auswirkungen in der gesamten Belegschaft. Ein in anderen Bereichen befürworteter kollektiver Günstigkeitsvergleich (BAG GS 16. 9. 1986 AP BetrVG 1972 § 77 Nr. 17 = NZA 1987, 168, 185 mit Anm. *Richardi*) findet im Verhältnis von tariflicher zu gesetzlicher Urlaubsvorschrift nicht statt.

4. Das Verhältnis von TV und Gesetz wird dadurch gekennzeichnet, daß die TVParteien die 14 Bestimmungen des Gesetzes abschließend abändern, soweit es ihnen möglich ist. Ist ihnen das gelungen, so gilt nur der TV. Das Gesetz kann auch nicht ergänzend oder unterstützend zur Auslegung herangezogen werden (aA *Dersch/Neumann* Rn. 11 und GK-BUrlG/*Berscheid* Rn. 13, die die mittelbare Verletzung der unabdingbaren Vorschriften vernachlässigen, deshalb die Notwendigkeit eines Günstigkeitsvergleichs leugnen und so stets nur den TV heranziehen).

Haben die TVParteien eine **unwirksame Regelung** getroffen, so findet an Stelle der nichtigen 15 Tarifbestimmung die gesetzliche Norm Anwendung (Kasseler Handbuch/*Schütz* 2. 4 Rn. 622). Dasselbe gilt, wenn die TVParteien **einen Bereich überhaupt nicht geregelt** haben. Dann gilt das Gesetz, es sei denn, die TVParteien hätten in statthafter Weise die gesetzliche Regelung ausgeschlossen. Ein Schweigen der TVParteien rechtfertigt diese Annahme nicht. Deshalb kann es im Ergebnis nicht zur Feststellung einer Tariflücke und einer analogen Anwendung einer anderen Tarifvorschrift oder des Gesetzes kommen. Das Gesetz gilt immer „**hilfsweise**" (BAG 28. 4. 1998 AP BUrlG § 7 Nr 3 = NZA 1999, 156).

Die gesetzliche Regelung gilt in diesen Fällen – zB hinsichtlich der Befristung des Urlaubsan- 16 spruchs – auch nicht nur für den über den gesetzlichen Mindesturlaub hinausgehenden tariflichen Urlaub, sondern für den **Gesamturlaub** (BAG 18. 10. 1990 AP BUrlG § 7 Abgeltung Nr. 56 = NZA 1991, 466).

II. Einzelfälle

1. Der Anspruch auf bezahlten Erholungsurlaub ist nicht **abdingbar.** So können TVParteien nicht 17 vereinbaren, daß Arbeitnehmer unter bestimmten Umständen keinen Freistellungsanspruch haben und statt dessen nur eine Abfindung erhalten. Die Unabdingbarkeit des § 1 hat auch zur Folge, daß der Anspruch – wenigstens in gesetzlicher Höhe – keiner tariflichen Ausschlußfrist unterliegt. Vielmehr kann der nach Ablauf der Wartezeit oder am Jahresbeginn entstandene Urlaub bis zum Ende des Kalenderjahres oder des Übertragungszeitraums verlangt und genommen werden (BAG 24. 11. 1992 AP BUrlG § 1 Nr. 23 = 1993, 472). Er muß nicht innerhalb einer Frist nach Fälligkeit verlangt werden.

TVParteien können auch nicht bestimmen, daß die **Entstehung** eines gesetzlichen Urlaubsan- 18 spruchs von einer bestimmten **Arbeitsleistung** im Kalenderjahr abhängig ist. Eine Bestimmung diesen Inhalts, die sich hin und wieder in älteren Tarifverträgen findet, ist nichtig (BAG 8. 3. 1984 AP BUrlG § 13 Nr. 15 = DB 1984, 1885). Soweit sie sich nur auf den tariflichen Urlaub auswirkt, bestehen keine Bedenken (BAG 10. 2. 1987 AP BUrlG § 13 Unabdingbarkeit Nr. 12 = NZA 1987, 673).

19 Der Anspruch eines Arbeitnehmers auf bezahlten Urlaub im Kalenderjahr kann **auch nicht mittelbar ausgeschlossen** werden (Kasseler Handbuch/*Schütz* 2.4 Rn. 625 und 629). Das kann dadurch geschehen, daß TVParteien eine Regelung treffen, die sie vordergründig zu einem anderen Bereich des Urlaubsrechts normieren, sich aber so auswirkt, daß der unabdingbare § 1 betroffen ist (Einzelheiten bei Rn. 23, 26, 29, 33, 34, 38 bis 43, 46 und 48 bis 50).

20 **2. Dauer des Urlaubs.** TVParteien dürfen die Dauer des Urlaubs von besonderen Tatbeständen wie dem Lebensalter oder Betriebszugehörigkeit (BAG 19. 11. 1996 AP TVG § 1 Tarifverträge Krankenanstalten Nr. 1 = NZA 1997, 1181) oder tatsächlicher Beschäftigung (BAG 18. 5. 1999 AP TVG § 1 Tarifverträge Fleischerhandwerk Nr. 1) abhängig machen, dabei die Dauer des gesetzlichen Mindesturlaubs aber **nicht unterschreiten,** also bei einer Verteilung der wöchentlichen Arbeitszeit auf sechs Werktage für jüngere oder neu eingestellte Mitarbeiter zB nur 20 oder 22 Werktage zusagen. Davon zu **unterscheiden** ist die **anpassende Umrechnung** eines tarifvertraglichen Urlaubs bei Teilzeit und einer flexiblen Arbeitszeitverteilung in verschieden Schichtdiensten (siehe § 3 Rn. 23 bis 32).

21 Unmittelbare tarifvertragliche Kürzungen des gesetzlichen Vollurlaubsanspruchs sind in der tariflichen Praxis nicht zu beobachten; vielmehr wird in Tarifverträgen regelmäßig ein höherer als der gesetzliche Urlaub versprochen. Eine mittelbare Verletzung des § 1 und des § 3 kommt aber bei der Berechnung des Teilurlaubs nach § 5 I c in Betracht (Rn. 26).

22 Mittelbar verstoßen TVParteien gegen die Bestimmung über die Urlaubsdauer, wenn sie vorsehen, daß der zu Beginn des Jahres oder nach Ablauf der Wartezeit entstandene Urlaub auch bei einem Ausscheiden **in der zweiten Jahreshälfte gezwölftelt** wird (§ 5 Rn. 3) **und** dabei die Mindestdauer unterschritten wird (BAG 8. 3. 1984 AP BUrlG § 13 Nr. 15 = DB 1984, 1885; 7. 11. 1985 AP BUrlG § 7 Abgeltung Nr. 25 = NZA 1986, 396; 10. 3. 1987 AP BUrlG § 7 Abgeltung Nr. 34 = NZA 1987, 557; Beispiel zu §§ 47f. BAT bei *Zetl* PersV 1996, 253, 255). Das gilt auch für den **gesetzlichen Zusatzurlaub** nach dem Schwerbehindertengesetz (BAG 8. 3. 1994 AP SchwbG 1986 § 47 Nr. 5 = NZA 1994, 1095). Zur vergleichbaren Problematik im Rahmen des § 5 I c siehe Rn. 26.

23 **3. Wartezeit.** Die Wartezeit des § 4 als Voraussetzung für die Entstehung eines Vollurlaubs kann von TVParteien **verkürzt und verlängert** werden. Eine Wartezeit von 12 Monaten ist allerdings nicht denkbar. Sie könnte zur Folge haben, daß ein das ganze Jahr arbeitender Arbeitnehmer im Kalenderjahr keinen Vollurlaubsanspruch erwirbt. Das wäre mit § 1 nicht vereinbar.

24 **4. Teilurlaub.** Die gesetzlichen Bestimmungen zum Teilurlaub, zur Aufrundung und zur Rückforderung sind tarifvertraglich auch **zu Lasten** der Arbeitnehmer **abänderbar.** Es müssen allerdings die unabdingbaren Rechte der Arbeitnehmer aus § 1 bis § 3 I gewahrt bleiben. Das beachten TVParteien nicht immer mit der notwendigen Aufmerksamkeit.

25 a) **Teilurlaub nach § 5 I a und b.** Die Vorschriften betreffen nicht den Mindesturlaub nach § 3 I; sie begründen vielmehr einen eigenständigen Anspruch. Deshalb unterliegen sie nicht der Unabdingbarkeit des § 1 iV mit § 13 I 1 und können daher **zu Gunsten wie zu Lasten** des Arbeitnehmers **verändert** werden. Das kann das Entstehen von Teilurlaubsansprüchen, die Fälligkeit (BAG 15. 12. 1983 und 25. 10. 1984 AP BUrlG § 13 Nr. 14 und Nr. 17 = DB 1984, 1305 und NZA 1985, 461) und den vorzeitigen Verfall durch Versäumung einer Ausschlußfrist (BAG 3. 12. 1970 AP BUrlG § 5 Nr. 9 mit Anm. *Thiele* = NJW 1971, 723) betreffen.

26 b) **Gekürzter Vollurlaub nach § 5 I c.** Der Anspruch des Arbeitnehmers auf Vollurlaub, der unter den Voraussetzungen des § 5 I c (s. dort Rn. 25 bis 27) gekürzt werden darf, unterliegt anders als der Teilurlaub nach § 5 I a und b (Rn. 25) der **Unabdingbarkeitsbestimmung des § 13 I 1,** auch wenn § 5 I c dort nicht genannt wird. Es handelt sich um einen Fall des mittelbaren Schutzes (BAG 18. 6. 1980 AP BUrlG § 13 Unabdingbarkeit Nr. 6 = NJW 1981, 141; 9. 6. 1998 AP BUrlG § 7 Nr. 23 = NZA 1999, 80), weil der in § 5 I c beschriebene Urlaub der Sache nach ein Urlaub nach §§ 1, 3 I ist (nicht auch noch § 4, wie *Leinemann/Linck* Rn. 67 meinen, was prompt zu Mißverständnissen bei GK-BUrlG/*Berscheid* Rn. 33 führt). § 5 I c ist anders als § 5 I a und b kein Begründungs-, sondern ein **Ausschlußtatbestand.** Der ursprünglich entstandene Vollurlaub wird kraft Gesetzes in seinem Umfang beschränkt (*Leinemann/Linck* Rn. 66).

27 Die Unabdingbarkeit gilt auch für die **Abgeltung** eines Teilurlaubsanspruchs (Rn. 39).

28 Zur Kürzung des Vollurlaubs bei Ausscheiden in der zweiten Jahreshälfte siehe oben Rn. 22 und § 5 Rn. 3.

29 c) **Rundung nach § 5 II.** Teilurlaub nach § 5 I a und b kann nach einer entsprechenden **tariflichen** Bestimmung auf- und abgerundet werden, wenn sich Bruchteile von Urlaubstagen ergeben. **Gekürzter Vollurlaub** kann nur aufgerundet werden; eine zu Lasten des gesetzlichen Urlaubsanspruchs nach § 5 I c normierte Abrundungsbestimmung ist nichtig, weil davon der gesetzliche Mindesturlaub betroffen wäre.

30 d) **Das Rückforderungsverbot des § 5 III** kann tarifvertraglich aufgehoben werden, soweit die tarifliche Kürzungsbefugnis des § 5 I c reicht (allgM; aA *Dersch/Neumann* § 5 Rn. 49).

5. Die gesetzlichen Bestimmungen über die **Erteilung, Befristung und Übertragung** sowie **Ab-** 31 **geltung** unterliegen den meisten tariflichen Veränderungen. Dabei ist die Gefahr, mittelbar gegen das Unabdingbarkeitsgebot zu verstoßen, besonders groß.

a) Erteilung des Urlaubs nach § 7 I. Von der gesetzlichen Vorgabe, daß der Arbeitgeber als Schuld- 32 ner des Anspruchs durch Abgabe der Freistellungserklärung den Urlaub zu erteilen hat, kann tariflich in der Weise abgewichen werden, daß Urlaub nur im **Einvernehmen** der Parteien oder aufgrund **Betriebsvereinbarung** verabredet wird oder daß der **Arbeitnehmer** die Lage des Urlaubs bestimmen darf. Der TV kann auch die **Leistungsverweigerungsrechte** des Arbeitgebers erweitern und/oder die einzelnen Gründe anders gewichten (*Leinemann/Linck* Rn. 79). Da mit diesen Regelungen die §§ 1 bis 3 I nicht berührt werden, kommt es nicht darauf an, für wen sie günstiger als die gesetzlichen Vorschriften sind. Sie sind einfach-rechtlich ohne Einschränkung statthaft. Den TVParteien ist es auch gestattet, den für die Urlaubsgewährung zur Verfügung stehenden Zeitraum einzuschränken und zB für Lehrer als Urlaubszeit die Schulferien zu bestimmen (BAG 13. 2. 1996 AP SchwbG 1986 § 47 Nr. 10 = NZA 1996, 1103).

b) Zusammenhängende Urlaubsgewährung. Die Pflicht des Arbeitgebers nach § 7 I 1, dem Ar- 33 beitnehmer Urlaub zusammenhängend zu gewähren, gehört zum **unabdingbaren Teil** des gesetzlichen Urlaubsrechts, wie er in § 1 nur unvollkommen beschrieben ist. Deshalb können TVParteien nicht vereinbaren, daß Urlaub stets und ohne die im Gesetz genannten Gründe geteilt gewährt werden darf (allgM; *Leinemann/Linck* Rn. 80 mwN).

Liegen die gesetzlichen Teilungsvoraussetzungen vor, so können TVParteien auch eine andere 34 Teilungsanordnung als in § 7 II 2 bestimmt vornehmen. Allerdings darf die Teilungsmöglichkeit nicht dazu führen, daß der Arbeitnehmer überhaupt keinen Anspruch auf Teile eines zusammenhängenden Urlaubs mehr hat. Auch in diesem Fall wäre § 1 verletzt (zu wenig differenzierend *Leinemann/Linck* Rn. 81).

c) Befristung und Übertragung. TVParteien können insgesamt auf die Befristung verzichten 35 (BAG 20. 8. 1996 AP TVG § 1 Tarifverträge Metallindustrie Nr. 144 = NZA 1997, 839), die das Gesetz vorsieht, oder einen anderen Befristungszeitraum als das Kalenderjahr vorsehen. Sie können ferner überhaupt keine Übertragung vorsehen oder aber die Übertragung erleichtern, indem diese an keinerlei Gründe gebunden wird (BAG 16. 3. 1999 – 9 AZR 428/98 – BB 1999, 2086; 20. 8. 1996 aaO). Der Übertragungszeitraum kann verlängert werden (BAG 9. 5. 1995 AP BUrlG § 7 Übertragung Nr. 22 = NZA 1996, 149) oder – wie im öffentlichen Dienst (zB § 47 BAT, § 53 MTB II) – gestaffelt werden. Die weitere Übertragung kann an bestimmte Gründe wie zB Krankheit gebunden werden (BAG 7. 11. 1985 AP BUrlG § 7 Übertragung Nr. 8 = NZA 1986, 393). Es kann auch als ausreichend angesehen werden, wenn der Urlaub innerhalb des Übertragungszeitraums angetreten wird und die Erfüllung außerhalb des Übertragungszeitraums erfolgt (so die Tarifverträge des öffentlichen Dienstes: BAG 31. 5. 1990 und 19. 3. 1996 AP BUrlG § 9 Nr. 12 und Nr. 13 = NZA 1990, 945 und NZA 1996, 1218; 21. 1. 1997 AP BUrlG § 9 Nr. 15 = NZA 1997, 889).

Die TVParteien können die Urlaubsgewährung innerhalb des Übertragungszeitraums auch von 36 einer formellen Anmeldung abhängig machen mit der Folge, daß der Urlaub mit dem Ende des Übertragungszeitraums ersatzlos erlischt, wenn ihn der Arbeitnehmer nicht vorher schriftlich geltend gemacht hat (BAG 16. 3. 1999 – 9 AZR 428/98 – BB 1999, 2086; 14. 6. 1994 AP BUrlG § 7 Übertragung Nr. 21 = NZA 1995, 229; das tarifliche Schriftformerfordernis darf nicht mit der tariflichen Ausschlußfrist verwechselt werden). Die tarifliche Regelung bewirkt dann im Ergebnis eine Beschränkung des gesetzlichen Schadensersatzanspruchs.

d) Abgeltung. Die Urlaubsabgeltungsbestimmung des § 7 IV kann tariflich zu Gunsten der Arbeit- 37 nehmer ohne Einschränkung abgeändert werden. So kann sie eine **andere** als die gesetzliche **Funktion** erhalten, indem die Abgeltung ohne Rücksicht auf die Erfüllbarkeit geschuldet wird (BAG 3. 5. 1994 AP BUrlG § 7 Abgeltung Nr. 64 = NZA 1995, 476; 16. 9. 1997 AP TVG § 1 Tarifverträge: Deutsche Bundesbahn Nr. 1 = NZA 1998, 553). Dann ist die Abgeltung nicht mehr als Ersatz des nicht zu verwirklichenden Urlaubs anzusehen, sondern als Abfindungsbetrag, der von den sonstigen urlaubsrechtlichen Merkmalen unabhängig ist (BAG 8. 3. 1984 AP BUrlG § 7 Abgeltung Nr. 16 mit Anm. *Scheuring* = DB 1984, 1939 zum § 51 BAT aF; 26. 5. 1992 AP BUrlG § 7 Abgeltung Nr. 58 = NZA 1993, 29). Da mit einer derartigen Regelung die ausscheidenden Mitarbeiter besser gestellt werden als die im Arbeitsverhältnis verbleibenden Arbeitnehmer, verlangt das BAG zu Recht, daß die Tarifbestimmungen insoweit eindeutig sein müssen (BAG 26. 5. 1992 aaO und 9. 8. 1994 AP BUrlG § 7 Abgeltung Nr. 65 = NZA 1995, 230 unter Aufgabe der Entscheidung vom 22. 6. 1989 AP BUrlG § 7 Abgeltung Nr. 50 = NZA 1990, 239; 17. 1. 1995 – 9 AZR 436/93 – nv.), anderenfalls gelten die gesetzlichen Regeln insbesondere zur Erfüllbarkeit (BAG 9. 8. 1994 AP BUrlG § 7 Abgeltung Nr. 65 = NZA 1995, 174).

Die TVParteien sind auch befugt, nach Ablauf des Übertragungszeitraums einen Abgeltungsan- 38 spruch an Stelle des Urlaubsanspruchs **im laufenden Arbeitsverhältnis** zu normieren. Das ist zB möglich, wenn der Urlaubsanspruch wegen Krankheit ansonsten ersatzlos untergehen würde (BAG 26. 5. 1983 AP BUrlG § 7 Abgeltung Nr. 12 mit Anm. *Trieschmann* = NJW 1984, 1835; 13. 11. 1986

AP BUrlG § 13 Nr. 26 = NZA 1987, 390; 3. 5. 1994 AP BUrlG § 7 Abgeltung Nr. 64 = NZA 1995, 476). Die Möglichkeit einer grundlosen Umwandlung des Urlaubsanspruchs in einen Abgeltungsanspruch verstieße mittelbar gegen § 1 und hätte die Nichtigkeit der Regelung zur Folge, weil es sich dabei im Ergebnis nur um den „Abkauf" von Urlaub handeln würde (zur Urlaubsabgeltung bei beruflicher Umschulung vgl. BAG 18. 2. 1997 AP TVG § 1 Tarifverträge Maler Nr. 10 = NZA 1997, 1357).

39 Zu Ungunsten der Arbeitnehmer kann die gesetzliche Regelung des § 7 IV nicht verändert werden, weil die Abgeltung als Surrogat des Urlaubsanspruchs **denselben Unabdingbarkeitsschutz** des § 1 genießt wie der Urlaubsanspruch selbst (BAG 18. 6. 1980 und 31. 5. 1990 AP BUrlG § 13 Unabdingbarkeit Nr. 6 und Nr. 13 = NJW 1981, 141 und NZA 1990, 935). Das gilt auch für die Abgeltung des gekürzten Vollurlaubs (BAG 9. 6. 1998 AP BUrlG § 7 Nr. 23 = NZA 1999, 80) und den gesetzlichen Zusatzurlaub nach dem Schwerbehindertengesetz (10. 2. 1987 AP BUrlG § 13 Unabdingbarkeit Nr. 12 = NZA 1987, 673). So kann kein Verlust der Abgeltung zB bei (unberechtigter) Eigenkündigung des Arbeitnehmers oder bei berechtigter außerordentlicher Kündigung des Arbeitgebers tariflich festgelegt werden. Der Verlust des Abgeltungsanspruchs nach Ablauf einer tariflichen Ausschlußfrist ist nur für den tariflichen Anteil eines Jahresurlaubs möglich, nicht für die Abgeltung des gesetzlichen Urlaubsanspruchs (BAG 23. 4. 1996 DB 1996, 989), was besonders bei Beendigung des Arbeitsverhältnisses nach Erziehungsurlaub von Bedeutung sein kann (§ 17 BErzGG Rn. 16–18).

40 **6. Das Verbot der Erwerbstätigkeit** während des Urlaubs kann aufgelockert wie verstärkt werden. Die Erlaubnis, jedweder Tätigkeit während des Urlaubs nachgehen zu dürfen, ist wohl eher theoretisch; sie wäre in dieser Form auch nicht statthaft, weil sie nicht nur auf die Selbstbestimmung des Arbeitnehmers im Urlaub Rücksicht nimmt, sondern den Zweck des Urlaubs leugnet und damit gegen § 1 verstößt (hM im Schrifttum; aA *Leinemann/Linck* Rn. 92). Dasselbe gilt für eine Tarifvorschrift, die dem Arbeitnehmer jegliche Tätigkeit im Urlaub untersagt. Der körperlich tätige Arbeitnehmer wird dadurch zB an einer Tätigkeit als Animateur in einem Ferienclub während seines Urlaubs nicht gehindert.

41 Die tarifliche Bestimmung, daß der Arbeitnehmer, der in seinem Urlaub einer dem Urlaubszweck zuwider laufenden Erwerbstätigkeit nachgeht, sein **Urlaubsentgelt zurückgewähren** muß, kann nur für den tariflichen Urlaub Gültigkeit haben. Soweit der gesetzliche Urlaub davon betroffen sein soll, ist § 1 hinsichtlich der dort unabdingbar angeordneten Bezahlung verletzt. Sie ist insoweit nicht wirksam (BAG 25. 2. 1988 AP BUrlG § 8 Nr. 3 mit abl. Anm. *Clemens* = NZA 1988, 607).

42 **7. Die gesetzliche Regelung über die Erkrankung im Urlaub** kann nach Auffassung des BAG zu Lasten der Arbeitnehmer verändert werden, indem die Nichtanrechnung nach § 9 an einen **fristgebundenen Nachweis der Arbeitsunfähigkeit** geknüpft wird (BAG 15. 12. 1987 AP BUrlG § 9 Nr. 9 = DB 1988, 1555). Dem kann nicht zugestimmt werden. Das Erfordernis einer fristgebundenen Anzeige/Nachweises kann für den gesetzlichen Anspruch keine Geltung verlangen. Die tarifliche Zusatzvoraussetzung kann dazu führen, daß der Arbeitnehmer in dem betreffenden Urlaubsjahr keinen Urlaub erhält, weil er während der gesamten in Aussicht genommenen Urlaubszeit tatsächlich krank war und nur wegen der verspäteten Anzeige der Nachgewährsanspruch des § 9 nicht entsteht. Damit wäre § 1 verletzt.

43 Eine **Kürzung** wenigstens des gesetzlichen Urlaubsanspruchs wegen Krankheit ist nicht statthaft, weil der Urlaubsanspruch nicht von einer Arbeitsleistung im Kalenderjahr abhängig ist.

44 **8. Maßnahmen der medizinischen Vorsorge oder Rehabilitation** sind tariflich auch zu Lasten der Arbeitnehmer veränderbar, wenn der Mindesturlaub nicht angetastet wird.

45 **9. Urlaubsentgelt.** Es steht im Belieben der TVParteien, wie sie die Vorschriften über das während des Urlaubs fortzuzahlende Entgelt fassen. Das gilt ohne Einschränkung für den den gesetzlichen Urlaub übersteigenden, tarifvertraglich versprochenen Urlaub (BAG 8. 3. 1984 AP BUrlG § 13 Nr. 15 = DB 1984, 1885).

46 Hinsichtlich des **gesetzlichen Mindesturlaubs** müssen die TVParteien aber berücksichtigen, daß sie keine Regelungen treffen, nach denen der Arbeitnehmer im Ergebnis zwar Urlaub, aber kein Entgelt bekommt. Insofern wäre die Vorschrift des § 1 über den bezahlten Urlaub mittelbar verletzt. Diese und ähnlich wirkende Bestimmungen haben daher für den gesetzlichen Anteil an einem Jahresurlaub einschl. des gesetzlichen Zusatzurlaubs keine Geltung (BAG 12. 1. 1989 AP BAT § 47 Nr. 13 = NZA 1989, 758). Soweit daraus allerdings geschlossen wird, TVParteien dürften den Entgeltanspruch des Arbeitnehmers für den gesetzlichen Mindesturlaub nicht verringern (*Leinemann/Linck* Rn. 102), ist die Aussage zu wenig differenzierend und daher unzutreffend.

47 a) TVParteien können das gesetzliche **Referenzprinzip** bei der Berechnung des **Geldfaktors verlassen** und statt dessen nur das Lohnausfallprinzip normieren (BAG 19. 9. 1985 AP BUrlG § 13 Nr. 21 = NZA 1986, 471) und damit bestimmen, daß als Urlaubsentgelt allein der Betrag zu zahlen ist, der bei tatsächlicher Arbeit zu entrichten gewesen wäre. Allerdings ist dann auch § 11 I 2 und 3 mit der Maßgabe zu beachten, daß Berechnungszeitraum und Urlaub in dieselbe Zeit fallen. Soweit bei

dieser Methode der Arbeitnehmer weniger verdienen würde als bei Anwendung des § 11 I, ist die Abweichung unschädlich. § 1 ist auch nicht mittelbar verletzt (aA wohl *Leinemann/Linck* Rn. 102).

Wenn die TVParteien das **Referenzprinzip** beibehalten, dann können sie den Referenzzeitraum **48 verlängern** (BAG 16. 3. 1999 – 9 AZR 315/98 – AP TVG § 1 Tarifverträge Großhandel Nr. 13; 17. 1. 1991 AP BUrlG § 11 Nr. 30 = NZA 1991, 778) oder **verkürzen** oder auf die abgerechneten Monate zurückgreifen (BAG 19. 9. 1985 AP BUrlG § 13 Nr. 21 = NZA 1986, 471; 26. 6. 1986 AP BUrlG § 11 Nr. 17 = NZA 1987, 15). Sie dürfen allerdings nicht abweichend vom Gesetz zu Lasten der Arbeitnehmer bestimmen, was als **Verdienst** zugrunde gelegt wird. So können zB nicht die **Zeitzuschläge** (soweit sie nicht zugleich Mehrarbeitszuschläge sind) ausgenommen werden, die im Berechnungszeitraum verdient sind (so dürfte BAG 12. 1. 1989 AP BAT § 47 Nr. 13 = NZA 1989, 758 zu verstehen sein, obwohl manche Formulierung auf die Berücksichtigung beim Zeitfaktor hinzuweisen scheint, was unzutreffend wäre). Nach Auffassung des BAG soll es den TVParteien aber gestattet sein, die Einberechnung von Mehrarbeitszuschlägen von einer bestimmten Menge und Dauer an Mehrarbeit abhängig zu machen (BAG 23. 6. 1992 AP BUrlG § 11 Nr. 33 = NZA 1993, 85). Nach Einfügung des letzten Halbsatzes in § 11 I 1 gehört der für Überstunden gezahlte Verdienst zweifelsfrei nicht mehr zu dem unveränderbaren Teil des Urlaubsanspruchs, so daß über ihn tariflich ohne Einschränkung verfügt werden kann.

Ebenso wie der **Verdienstbegriff** des § 11 I 1 **unabdingbar** ist, kann auch die gesetzliche Anord- **49** nung des § 11 I 3 über die Behandlung von Verdienstkürzungen nicht zu Lasten der Arbeitnehmer verändert werden (GK-BUrlG/*Stahlhacke* § 11 Rn. 104; offen gelassen BAG 2. 6. 1987 AP BUrlG § 11 Nr. 20 = NZA 1989, 768).

b) Der Zeitfaktor, der andere Multiplikator für das Urlaubsentgelt (§ 11 Rn. 29 ff.), kann von den **50** TVParteien **nicht zu Lasten** der Arbeitnehmer **verändert** werden. Die TVParteien können ihrer Berechnung nicht weniger Stunden für jeden Urlaubstag zugrunde legen, als der Urlauber bei Fortsetzung seiner Tätigkeit gearbeitet hätte. Die Berücksichtigung der ausgefallenen Zeit gehört zum unabänderlichen Teil der Bezahlung iS des § 1. Das gilt auch für die **Mehrarbeitsstunden,** die von der Gesetzesänderung vom 25. 9. 1996 nicht betroffen sind (Einzelheiten dazu bei § 11 Rn. 32).

Besonderer Aufmerksamkeit bedarf die tarifliche Normsetzung hinsichtlich des Zeitfaktors, wenn **51** die betrieblich geregelte Verteilung der Arbeitszeit sich nicht mit dem tariflichen Grundmodell deckt. Das ist zB dann der Fall, wenn die betriebliche Durchführung der tarifrechtlichen Vorgaben zu freien Tagen und Freischichtmodellen führt. Die sich bei der Verteilung der Arbeitszeit ergebenden freien Tage führen nicht nur zu einer Anpassung der Urlaubsdauer (§ 3 Rn. 27 ff.), sondern bewirken auch, daß sie bei der Ermittlung des Zeitfaktors unberücksichtigt bleiben mit der Folge, daß für den Zeitfaktor die während des Urlaubs tatsächlich ausgefallenen Stunden in die Rechnung eingestellt werden müssen und nicht nur die (theoretischen) Durchschnittsstunden (BAG 8. 11. 1994 AP TVG § 1 Tarifverträge: Metallindustrie Nr. 122 = NZA 1995, 743; 24. 9. 1996 AP TVG § 1 Tarifverträge Papierindustrie Nr. 13 = NZA 1997, 555).

C. Abänderungen anderer Art

I. Einzelvertragliche Urlaubsregelungen

1. Übernahme einer tariflichen Urlaubsregelung. Arbeitsvertragsparteien können die vom Gesetz **52** abweichenden Bestimmungen einer tariflichen Urlaubsregelung durch **vertragliche Vereinbarung** für ihr Arbeitsverhältnis übernehmen, § 13 I 2.

a) Form und Inhalt. Die Vereinbarung unterliegt den Regeln des **arbeitsrechtlichen Vertrags- 53 rechts** und kann ausdrücklich, durch schlüssiges Verhalten beider Vertragsparteien, durch betriebliche Übung oder aufgrund Gesamtzusage zustande kommen. Die Bezugnahme muß eindeutig und bestimmt sein, anderenfalls kommt nur das Gesetz zur Anwendung (BAG 5. 12. 1995 AP BUrlG § 7 Abgeltung Nr. 70 = NZA 1996, 594). Das verlangt die Angabe des konkreten einschlägigen TV. Haben die Parteien die Urlaubsregelung in der jeweiligen Fassung des TV übernommen, so bedarf es zur Geltung später in Kraft tretender Tarifnormen keiner weiteren einzelvertraglichen Zustimmung.

Die Übernahme muß nicht den gesamten TV einbeziehen, wohl aber die **Urlaubsregelung insge- 54 samt** (*Leinemann/Linck* Rn. 1 und 27 mwN). Das folgt für das Urlaubsrecht aus dem Wortlaut der Übernahmevorschrift in § 13 I 2.

Auch die nur **nachwirkenden Normen** einer tariflichen Urlaubsregelung können von den Arbeits- **55** vertragsparteien vertraglich übernommen werden (BAG 27. 6. 1978 AP BUrlG § 13 Nr. 12 mit Anm. *Wiedemann* = DB 1978, 2226). Zu einer solchen (zusätzlichen) Vereinbarung muß tarifgebundenen Arbeitsvertragsparteien sogar geraten werden, wenn sie in ihr Arbeitsverhältnis erst zur Zeit der Nachwirkung begründen. Denn die nachwirkenden Vorschriften wirken nicht kraft Tarifrecht auf das Arbeitsverhältnis ein (BAG 14. 2. 1973 AP TVG § 4 Nr. 6 Nachwirkung mit Anm. *Wiedemann* = DB 1973, 1508).

b) Beendigung. Die Bezugnahmevereinbarung wird nach den **individualarbeitsrechtlichen Regeln 56** wie Aufhebungsvertrag und (Änderungs)Kündigung beendet. Durch einzelvertragliche Inbezugnahme entsteht keine Tarifbindung der Parteien, so daß das Tarifrecht der §§ 3 und 4 TVG keine Anwendung findet.

57 **2. Originäre einzelvertragliche Vereinbarung.** Arbeitsvertragsparteien können **andere** als im Gesetz oder im einschlägigen TV vorgesehene **Urlaubsregelungen** vereinbaren, § 13 I 3. Ihre Abreden unterliegen aber in jeder einzelnen Vorschrift der Günstigkeitsüberprüfung. Lediglich die Fassung über die Aufteilung des Urlaubs im Urlaubsjahr nach § 7 II 2 steht in ihrem Belieben. Damit sind den Arbeitsvertragsparteien zunächst dieselben Möglichkeiten genommen, wie den TVParteien hinsichtlich der unmittelbaren und mittelbaren Änderung der in den §§ 1 bis 3 II festgelegten Grundsätze. Darüber hinaus dürfen sie auch dort nicht zuungunsten des Arbeitnehmers vom Gesetz abweichen, wo es den TVParteien gestattet ist.

58 So kann zB der gesetzliche Mindesturlaub oder sein Surrogat Abgeltung einzelvertraglich **nicht** an eine Ausschlußfrist geknüpft werden (BAG 5. 4. 1984 AP BUrlG § 13 Nr. 16 mit Anm. *Weber* = NZA 1984, 257), nicht in einem gerichtlichen Vergleich mittels eines negativen Schuldanerkenntnisses zum Erlöschen gebracht werden (BAG 31. 5. 1990 AP BUrlG § 13 Unabdingbarkeit Nr. 13 = NZA 1990, 935; 20. 1. 1998 AP BUrlG § 13 Nr. 45 = NZA 1998, 816), sofern nicht nur ein sog. Tatsachenvergleich geschlossen wird, in dem unstreitig gestellt wird, daß zur Zeit des Vertragsschlusses die tatsächlichen Voraussetzungen für einen Urlaubsanspruch nicht (mehr) gegeben seien (unzutreffend daher LAG Hamm 21. 10. 1997 BB 1998, 1953), nicht Gegenstand einer Ausgleichsquittung sein (BAG 5. 4. 1984 AP BUrlG § 13 Nr. 16 mit Anm. *Weber* = NZA 1984, 257), nicht an eine längere Wartezeit gebunden werden (das gilt auch für das Entstehen von Teilurlaubsansprüchen nach § 5 I a und b), nicht vom Rückforderungsgebot des § 5 III ausgenommen werden und nicht mit einem minderen Urlaubsentgelt gewährt werden (BAG 3. 5. 1994 – 9 AZR 229/92 – nv.).

59 Dagegen **kann** einzelvertraglich auch für den gesetzlichen Mindesturlaub wirksam **vereinbart** werden die Verkürzung der Wartezeit, die Einbeziehung eines angefangenen Monats für die Entstehung von Teilurlaub, eine Aufrundungsregel für jeden Bruchteil von Urlaubstagen, eine Festlegung des Urlaubszeitraums aufgrund von Vereinbarung oder aufgrund Selbstbestimmung des Arbeitnehmers (BAG 27. 1. 1987 AP BUrlG § 13 Nr. 30 = NZA 1987, 462) und ein längerer Referenzzeitraum als in § 11 I 1 vorgesehen (BAG 30. 7. 1975 AP BUrlG § 11 Nr. 12 mit Anm. *Bickel* = DB 1976, 106).

II. Urlaubsregelungen in Betriebsvereinbarungen

60 **1. Betriebspartner** können für die Belegschaft **nicht** dadurch ungünstigere urlaubsrechtliche Regeln schaffen als im Gesetz vorgesehen, indem sie eine entsprechende **tarifliche Regelung übernehmen.** Das folgt aus §§ 77 III, 87 I und 88 BetrVG (allgM). Das gilt auch dann, wenn der TV eine Öffnungsklausel nach § 77 III 2 BetrVG enthält. Diese beseitigt nur die Sperre für das Mitbestimmungsrecht, schafft aber nicht die Möglichkeit, materielle Arbeitsbedingungen aus dem TV zu übernehmen, so lange das Gesetz Betriebspartner nicht ebenso wie die TVParteien privilegiert.

61 **2.** Im übrigen haben die **Betriebspartner** dieselben Möglichkeiten wie die **Einzelvertragsparteien.** Sie können jederzeit mit normativer Wirkung für die betriebsangehörigen Arbeitnehmer günstigere Regelungen treffen und im Fall des § 7 II 2 auch eine Vorschrift mit ungünstigerer Wirkung schaffen. So steht es den Betriebspartnern frei, neben dem Erholungsurlaub Urlaub aus anderen Gründen wie zB wegen Betriebstreue zu versprechen (BAG 19. 4. 1994 AP BUrlG § 1 Treueurlaub Nr. 3 = NZA 1995, 86).

D. Besonderheiten in der Bauwirtschaft

62 Die Regelungen des BUrlG sind in bestimmten Wirtschaftszweigen nicht oder nur unter größten Schwierigkeiten zu verwirklichen. Deshalb ist es den dortigen TVParteien erlaubt, von den in den §§ 1 bis 13 I gezogenen Grenzen abzuweichen, wenn in Folge eines häufigen Ortswechsels der von den Betrieben zu leistenden Arbeit Arbeitsverhältnisse von kürzerer Dauer als einem Jahr in erheblichem Umfang üblich sind, soweit das zur Sicherung eines zusammenhängenden Jahresurlaubs für alle Arbeitnehmer erforderlich ist, § 13 II. Das trifft neben dem **Baugewerbe und seinen Verwandten Wirtschaftszweigen** für die in der **Wanderschaft** ausgeübten Gewerbe (Zirkus, Musiker, Varieté) zu, aber auch in der Land- und Forstwirtschaft.

63 Im **Baugewerbe** findet sich dazu eine umfangreiche Normierung in den Rahmentarifverträgen, um die Tarifverträge zu einer Gemeinsamen Einrichtung (**der Urlaubskasse**) ergänzt sind. Die Tarifverträge sind für allgemeinverbindlich erklärt worden, so daß in diesem Bereich von der Ermächtigung des § 13 II 2 kein Gebrauch gemacht werden muß. Wegen der Einzelheiten wird auf die jeweils geltenden Tarifverträge verwiesen (siehe auch *Leinemann/Linck* Rn. 121 ff. und *Schaub* § 102 A IX).

E. Besonderheiten bei Bahn und Post

Die **Veränderungsmöglichkeiten** der TVParteien bei Bahn und Post auch in den neuen Formen 64
nach der Privatisierung bleiben im Vergleich zu den Änderungsmöglichkeiten der TVParteien nach
§ 13 II bescheiden. Sie beziehen sich nur auf die **Verlegung des Urlaubsjahrs.**

Die Eile des Gesetzgebers hat auch dazu geführt, daß es versäumt wurde, wie in § 13 II 2 den 65
Arbeitgebern von Post und Bahn zu ermöglichen, mit den Arbeitnehmern die Regelungen der Tarifverträge **einzelvertraglich zu übernehmen.** Daran stört sich in der Praxis aber niemand. Auch für die
nicht tarifgebundenen Arbeitnehmer wird von einem vom Gesetz abweichenden Urlaubsjahr ausgegangen. Ob das rechtlich wegen eines Redaktionsversehens des Gesetzgebers möglich ist (so zutreffend die hM im Schrifttum) oder aber die Handhabung rechtswidrig ist (*Leinemann/Linck* Rn. 147),
mußte deshalb gerichtlich bisher nicht geklärt werden.

§ 14 Berlin-Klausel. *(gegenstandslos)*

Zur früheren Bedeutung der Vorschrift siehe 1. Auflage Rn. 1 bis 3.

§ 15 Änderung und Aufhebung von Gesetzen

(1) Unberührt bleiben die urlaubsrechtlichen Bestimmungen des Arbeitsplatzschutzgesetzes
vom 30. März 1957 (BGBl. I S. 293), geändert durch Gesetz vom 22. März 1962 (BGBl. I S. 169),
*des Schwerbeschädigtengesetzes in der Fassung der Bekanntmachung vom 14. August 1961 (BGBl. I
S. 1233),* des Jugendarbeitsschutzgesetzes vom 9. August 1960 (BGBl. I S. 665), geändert durch
Gesetz vom 20. Juli 1962 (BGBl. I S. 449), und des Seemannsgesetzes vom 26. Juli 1957 (BGBl. II
S. 713), geändert durch Gesetz vom 25. August 1961 (BGBl. II S. 1391), jedoch wird
a) in § 19 Abs. 6 Satz 2 des Jugendarbeitsschutzgesetzes der Punkt hinter dem letzen Wort durch
 ein Komma ersetzt und folgender Satzteil angefügt: „und in diesen Fällen eine grobe Verletzung der Treuepflicht aus dem Beschäftigungsverhältnis vorliegt.";
b) § 53 Abs. 2 des Seemannsgesetzes durch folgende Bestimmung ersetzt: „Das Bundesurlaubsgesetz vom 8. Januar 1963 (BGBl. I S. 2) findet auf den Urlaubsanspruch des Besatzungsmitglieds nur insoweit Anwendung, als es Vorschriften über die Mindestdauer des Urlaubs enthält."
(2) ¹Mit dem Inkrafttreten dieses Gesetzes treten die landesrechtlichen Vorschriften über den
Erholungsurlaub außer Kraft. ²In Kraft bleiben jedoch die landesrechtlichen Bestimmungen über
den Urlaub für Opfer des Nationalsozialismus und für solche Arbeitnehmer, die geistig oder
körperlich in ihrer Erwerbsfähigkeit behindert sind.

I. Gesetzeszweck

Die Vorschriften des § 15 regeln das Verhältnis der am 1. 1. 1963 bestehenden bundes- und landes- 1
rechtlichen Bestimmungen zu den damals neuen Regelungen im BUrlG. Das Verhältnis der Urlaubsnormen in danach verabschiedeten Gesetzen zum BUrlG ist jeweils dort bestimmt. Ohne jede Bedeutung für den Erholungsurlaub sind die Bildungsurlaubsgesetze der Länder.

II. Geltende Bestimmungen in Bundesgesetzen

Die nachstehend beschriebenen bundesgesetzlichen Normen blieben durch die Verabschiedung des 2
BUrlG unberührt:

1. Arbeitsplatzschutzgesetz. Das ArbPlSchG vom 30. März 1957 (BGBl. I S. 293) regelt iV mit 3
den Bestimmungen des BUrlG den Urlaub der Arbeitnehmer und der in Heimarbeit Beschäftigten, die
zum Wehrdienst einberufen werden. Das Gesetz enthält in seinen § 4 und 7 Bestimmungen über die
Kürzung, Gewährung, Übertragung und Abgeltung des im Arbeitsverhältnis entstandenen Urlaubs
sowie einen Hinweis auf den Urlaub im Wehrdienst. Die Bestimmung gilt für Zivildienstleistende
entsprechend, § 78 ZDG.

2. Schwerbeschädigtengesetz. An die Stelle des seinerzeit geltenden Schwerbeschädigtengesetzes 4
ist in der Zwischenzeit das Schwerbehindertengesetz idF der Bekanntmachung vom 26. 8. 1986
(BGBl. I S. 1421, ber. S. 1550) getreten. Der in seinem § 47 geregelte Zusatzurlaub für Schwerbehinderte tritt zum gesetzlich geschuldeten Zusatzurlaub hinzu (siehe *Dörner* § 47 SchwbG Anm. III 1;
Leinemann/Linck Rn. 3).

3. Jugendarbeitsschutzgesetz. Der § 19 JArbSchG enthält eine selbständige Regelung, die Vorrang 5
vor den Bestimmungen des BUrlG hat (Einzelheiten siehe § 19 JArbSchG).

6   **4. Seemannsgesetz.** Für Schiffsbesatzungen findet nur die Bestimmung im BUrlG über die Mindestdauer des Urlaubs Anwendung. Ansonsten ist das Urlaubsrecht dieser Arbeitnehmergruppe in den §§ 53 bis 60 des Seemannsgesetzes vom 26. 7. 1957 (BGBl. II S. 713) geregelt. Es ist Spezialgesetz gegenüber dem BUrlG und wird durch verschiedene tarifliche Regelungen ergänzt.

7   **5.** Von den nach Erlaß des BUrlG ergangenen und die dortigen Bestimmungen ergänzenden Gesetzen ist das **BErzGG** zu nennen, dessen § 17 Vorschriften über die Kürzung, Gewährung, Übertragung und Abgeltung von Erholungsurlaub für diejenigen Arbeitnehmerinnen und Arbeitnehmer enthält, die Erziehungsurlaub nach dem BErzGG in Anspruch nehmen. Die Normen sind weitgehend dem ArbPlSchG nachgebildet (Einzelheiten siehe § 17 BErzGG); sie sind wie dort Spezialvorschriften, die Vorrang haben.

III. Landesrechtliche Vorschriften

8   **1. Bestimmungen über Erholungsurlaub.** Die bis 1963 bestehenden landesrechtlichen Vorschriften über den Erholungsurlaub sind am 1. 1. 1963 außer Kraft getreten. § 15 II 1 beschreibt die staatsrechtliche Folge aus Art. 72 I, Art. 74 Nr. 12 GG.

9   **2.** Die landesrechtlichen Bestimmungen über die **Opfer des Nationalsozialismus** und für solche Arbeitnehmer, die geistig oder körperlich in ihrer Erwerbsfähigkeit behindert sind, blieben neben dem Bundesurlaubsgesetz bestehen. Es handelt sich um § 2 UrlaubsG Niedersachsen, § 3 UrlaubsG Rheinland-Pfalz sowie um mehrere Gesetzes- und Verordnungsvorschriften des Saarlands. Zum Verhältnis dieser Regelungen mit § 47 SchwbG vgl. *Dörner*, SchwbG, § 47 Anm. III 3 a.

10 **3. Bildungsurlaub.** In zehn Bundesländern haben die Landesgesetzgeber Bildungsurlaubsgesetze erlassen. Bildungsurlaub ist von Erholungsurlaub nach dem BUrlG wesensverschieden. Er dient in erster Linie der Persönlichkeitsentwicklung des Arbeitnehmers (BVerfG 15. 12. 1987 GG Art. 12 Nr. 6 = NJW 1988, 1899). Deshalb hinderte das BUrlG nicht den Erlaß von Bildungsurlaubsgesetzen.

11 **4.** Ebenfalls vom ausgeübten Gesetzgebungsrecht des Bundes auf dem Gebiet des Erholungsurlaubs unberührt ist die Gesetzgebungskompetenz der Länder auf dem Gebiet des **Sonderurlaubs** für **Jugendleiter** und **andere Mitarbeiter** in der **Jugendpflege**. In elf Ländern sind dazu Gesetze erlassen (zB das bayerische Gesetz zur Freistellung von Arbeitnehmern für die Zwecke der Jugendarbeit vom 14. 4. 1980 [GVBl. S. 180] und das Gesetz des Freistaates Sachsen über die Erteilung von Sonderurlaub an Mitarbeiter in der Jugendhilfe vom 27. 8. 1991 [GVBl. S. 323]).

§ 15 a Übergangsvorschrift

Befindet sich der Arbeitnehmer von einem Tag nach dem 9. Dezember 1998 bis zum 1. Januar 1999 oder darüber hinaus in einer Maßnahme der medizinischen Vorsorge oder Rehabilitation, sind für diesen Zeitraum die seit dem 1. Januar 1999 geltenden Vorschriften maßgebend, es sei denn, daß diese für den Arbeitnehmer ungünstiger sind.

1   Die durch **Art. 8 Nr. 2 des Korrekturgesetzes** vom 19. 12. 1998 neu gefaßte Vorschrift hat eine vergleichbare Bedeutung für den geänderten § 10 wie der neue § 13 EFZG für das Entgeltfortzahlungsrecht (siehe die Erläuterungen zu § 13 EFZG). Der Arbeitgeber kann von den Anrechnungsmöglichkeiten des § 10 aF erst seit dem 1. 1. 1999 keinen Gebrauch mehr machen, sondern bereits seit dem 10. 12. 1998 nicht mehr. Dennoch erklärte Anrechnungen entfalten keine Wirkung, die Übereinstimmung der alten Norm mit der Verfassung einmal unterstellt (dazu § 10 aF Rn. 19 ff.)

2   Ebensowenig wie in § 13 EFZG hat der Gesetzgeber in der Übergangsregelung des § 15 a BUrlG klargestellt, welche Bedeutung die **vor dieser Zeit abgegeben Anrechnungserklärungen** des Arbeitgebers haben, die in den Zeitraum des neuen Rechts hinein wirken (Beispiel: Dem Arbeitnehmer wird Anfang Dezember für 6 Wochen eine Maßnahme nach § 9 EFZG ohne Anrechnungsverbot nach § 10 I 3 aF BUrlG bewilligt. Der Arbeitgeber erklärte sofort die Anrechnung nach § 10 I 1 aF BUrlG bis zur Höchstgrenze). Die Auslegung der Übergangsregelung und des neu gefaßten § 10 ergibt, daß die Erklärung Wirkungen nur für den Zeitraum entfalten kann, in dem kein Unvereinbarkeitstatbestand (§ 10 Rn. 9 ff.) vorlag. Das war nur die Zeit vor dem 10. 12. 1998. Die Urlaubsanrechnungserklärung des Arbeitgebers von Anfang Dezember entfaltet daher nur für die Anrechnungstage vor dem 10. 12. 1998 Wirkung. Für die Zeit danach hat der Arbeitnehmer auch an den vom Arbeitgeber vorgesehenen Anrechnungstagen Anspruch auf Entgeltfortzahlung. Sein Urlaubsanspruch kann in dieser Zeit nicht erfüllt werden und erlischt insoweit nicht.

3   Der **Günstigkeitsvorbehalt** des § 15 a BUrlG wirkt wie eine Sicherheitsbestimmung. Fälle, in denen das Anrechnungsrecht des Arbeitgebers nach § 10 aF für den Arbeitnehmer günstiger sein soll als das Anrechnungsverbot des neuen § 10 sind nicht ersichtlich. Der Hinweis auf die verschlechternde Überstundenregelung in § 4 a EFZG überzeugt nicht, weil der Bezug von 2 Tagen Urlaubsentgelt und 3 Tagen Entgeltfortzahlung von 80% unter Einschluß der Überstundenvergütung im Extremfall einen

größeren Bruttoverdienst pro Woche bescherte als eine 5 tägige Entgeltfortzahlung von 100% ohne Überstundenvergütung. Doch bei diesem Günstigkeitsvergleich wird außer Acht gelassen, daß der nach dem alten Recht 2 Tage selbstbestimmten Urlaub verlor. Den Wert dafür in den Günstigkeitsvergleich eingebracht, führt dazu, daß das neue Recht stets günstiger ist.

§ 16 Inkrafttreten

Dieses Gesetz tritt mit Wirkung vom 1. Januar 1963 in Kraft.

1. **Alte Bundesländer.** Das am 7. 12. 1962 vom Bundestag verabschiedete Gesetz, dem der Bundesrat am 21. 12. 1962 (Stenografischer Bericht über die 252. Sitzung, 277 D) zugestimmt hat, ist am **8. 1. 1963** im Bundesgesetzblatt vom 12. 1. 1963 **veröffentlicht** und mit Wirkung vom 1. 1. 1963 in Kraft getreten.

2. **Änderungen.** Das Gesetz ist bisher **siebenmal** geändert worden. Die Änderungen erfolgten aufgrund der Verabschiedung des Lohnfortzahlungsgesetzes vom 27. 7. 1969 (BGBl. I S. 946), durch das Heimarbeitsänderungsgesetz vom 29. 10. 1974 (BGBl. I S. 2879), durch das Sechste Überleitungsgesetz vom 25. 9. 1990 (BGBl. I. S. 2106), durch das Eisenbahnneuordnungsgesetz vom 27. 12. 1993 (BGBl. I S. 2378), durch das Pflegeversicherungsgesetz vom 26. Mai 1994 (BGBl. I S 1014), durch das Arbeitszeitrechtsgesetz vom 6. Juni 1994 (BGBl. I S. 1170), durch das Arbeitsrechtliche Beschäftigungsförderungsgesetz vom 25. September 1996 (BGBl. I S. 1476) und zuletzt durch das Gesetz zu Korrekturen in der Sozialversicherung und zur Sicherung der Arbeitnehmerrechte vom 19. 12. 1998 (BGBl. I S. 3843).

3. **Neue Bundesländer.** In den neuen Bundesländern trat das Bundesurlaubsgesetz am **3. 10. 1990** mit den in der Anlage I Kapitel VIII Sachgebiet A Abschnitt III Nr. 5 des Einigungsvertrags (BGBl. II S. 889) genannten **Maßgaben** in Kraft. Seit dem **1. 1. 1995** sind die Maßgaben des Einigungsvertrages nicht mehr anzuwenden (Art. 20 Arbeitszeitrechtsgesetz vom 6. 6. 1994 BGBl. I, S. 1170). Seither gilt das Bundesurlaubsgesetz **bundeseinheitlich** in der jeweiligen Fassung.

280. Gesetz über die Zahlung des Arbeitsentgelts an Feiertagen und im Krankheitsfall

vom 26. Mai 1994 (BGBl. I S. 1014)

zuletzt geändert durch Gesetz vom 19. Dezember 1998 (BGBl. I S. 3843)

(BGBl. III/FNA 800-19-3)

§ 1 Anwendungsbereich

(1) Dieses Gesetz regelt die Zahlung des Arbeitsentgelts an gesetzlichen Feiertagen und die Fortzahlung des Arbeitsentgelts im Krankheitsfall an Arbeitnehmer sowie die wirtschaftliche Sicherung im Bereich der Heimarbeit für gesetzliche Feiertage und im Krankheitsfall.

(2) Arbeitnehmer im Sinne dieses Gesetzes sind Arbeiter und Angestellte sowie die zu ihrer Berufsbildung Beschäftigten.

I. Normzweck

1 Die Vorschrift, die das bis Mai 1994 geltende Recht (Rn. 3 bis 7) nicht kannte, enthält zwei Absätze mit ähnlicher Zweckbestimmung. Absatz 1 beschreibt den **sachlichen Anwendungsbereich** (neben der Entgfortz im Krankheitsfall die Entgeltzahlung an Feiertagen); er schildert auch, was das neue Gesetz **bewirkt,** nämlich eine **Zusammenfassung** aller für AN und Heimarbeiter bisher bestehenden Vorschriften über Entgfortz im Krankheitsfall und an Feiertagen (BT-Drucks. 12/5263, S. 10). Mit der Fassung des § 1 I („an Arbeitnehmer") wird klargestellt, daß der bisherige, sich durch persönliche und räumliche Differenzierungen auszeichnende Rechtszustand beendet ist.

2 Absatz 2 beschreibt den **persönlichen Anwendungsbereich** und greift dabei auf bekannte gesetzliche Vorgaben zum Beispiel in § 2 BUrlG zurück (zum Arbeitnehmerbegriff siehe § 611 BGB Rn. 44 ff.; vgl. auch Rn. 9 bis 14; zum räumlichen Anwendungsbereich vgl. Rn. 15 bis 17).

II. Der bisherige Rechtszustand

3 **1. Entgeltfortzahlung im Krankheitsfall.** Hinsichtlich der Entgeltfortzahlung im Krankheitsfall war bis Ende Mai 1994 zwischen den AN in den neuen Bundesländern und im alten Bundesgebiet und dort zwischen den verschiedenen Arbeitnehmergruppen zu unterscheiden.

4 a) **Altes Bundesgebiet.** Es waren anzuwenden für
– Arbeiter einschließlich der in Heimarbeit Beschäftigten § 616 III BGB, §§ 1 und 8 LFZG,
– Schiffsleute § 48 SeemannsG,
– technische Angestellte § 133 c GewO,
– kaufmännische Angestellte § 63 HGB,
– angestellte Besatzungsmitglieder auf Kauffahrteischiffen § 48 I, § 78 I SeemannsG,
– sonstige Angestellte § 616 II BGB,
– die zu ihrer Berufsausbildung Beschäftigten einschl. der Volontäre und Praktikanten § 12 BBiG.

5 b) **Beitrittsgebiet.** Hier galten für
– für alle AN mit Ausnahme der Schiffsleute nach § 48 SeemannsG die §§ 115 a ff. AGB-DDR,
– in Heimarbeit Beschäftigte § 8 LFZG,
– Schiffsleute § 48 SeemannsG,
– die zu ihrer Berufsausbildung Beschäftigten einschl. der Volontäre und Praktikanten § 12 BBiG.

6 **2. Feiertagsvergütung.** Das Recht der Feiertagsentlohnung war im **Gesetz** zur Regelung der Lohnzahlung an Feiertagen vom **20. August 1951** (BGBl. I S. 479), das am 3. September 1951 in Kraft getreten war, normiert. Mit der Herstellung der Einheit Deutschlands wurde der Geltungsbereich des Gesetzes auf das Beitrittsgebiet erstreckt, Art. 8 des Einigungsvertrages.

III. Reform der Vorschriften

7 Die unter II dargestellte Vielfalt der anzuwenden Rechtsnormen führte bei vergleichbaren Sachverhalten zu unterschiedlichen Ergebnissen, die hinsichtlich des **Gleichheitsgebots** des Art. 3 GG **problematisch** waren (ausführlicher Überblick über die damalige Rechtslage bei *Schmitt* ZTR 1991, 3). Als Beispiele seien genannt der Ausschluß der Arbeiter mit kurzzeitiger und geringfügiger Be-

schäftigung von der Lohnfortzahlung nach § 1 III Nr. 2 LFZG (vgl. § 3 Rn. 3), die unterschiedliche Behandlung von Arbeitern und Angestellten bei Erkrankungen vor Dienstantritt (BAG 6. 9. 1989 AP HGB § 63 Nr. 45 mit Anm. *Meisel* = NZA 1990, 142) und die unterschiedlichen Anzeige- und Nachweispflichten in § 5 LFZG nach den für Angestellte bestehenden Vorschriften.

Die **Beseitigung** dieser verfassungs – und europarechtlich nicht mehr vertretbaren **Unterschiede** 8 (aA wohl auch heute noch *Berenz*, DB 1995, 2166) war ua. Anlaß für den Gesetzgeber, das Recht der Entgfortz in einem einheitlichen Gesetz neu zu regeln, das am 1. 6. 1994 in Kraft getreten ist.

IV. Persönlicher Anwendungsbereich

1. Arbeitnehmer. Das Gesetz gilt für **alle AN**. Das sind die Arbeiter und die Angestellten sowie die 9 zu ihrer Berufsbildung Beschäftigten. Das Gesetz enthält allerdings ebenso wie andere arbeitsrechtliche Normen **keine Definition** des Arbeitnehmerbegriffs, sondern geht von einem bestehenden allgemeinen Arbeitnehmerbegriff des Arbeitsrechts aus (*Schaub*, § 98 Anm. I 1 b). Deshalb ist bei der Anwendung des Gesetzes nach den allgemeinen Regeln festzustellen, ob ein Beschäftigter AN iS des Gesetzes ist oder nicht (§ 611 BGB Rn. 44 ff.; *Schmitt* Rn. 9 bis 33). Es findet dementsprechend keine Anwendung auf freie Mitarbeiter.

Frühere **Differenzierungen nach der Dauer oder der Art** der Beschäftigung eines AN sind mit 10 dem neuen Recht beseitigt. Die im Lohnfortzahlungsrecht für Arbeiter bestehenden Ausnahmetatbestände sind weggefallen (§ 3 Rn. 3). Allerdings hat die Dauer des Arbeitsverhältnisses durch die Einfügung der Wartezeit des § 3 III eine andere, alle AN gleich belastende Bedeutung erlangt (§ 3 Rn. 67 bis 70). Auch die **Nationalität** des AN ist ohne Bedeutung, wenn für das betroffene Arbeitsverhältnis deutsches Arbeitsrecht vereinbart ist (zum Auslandseinsatz unten Rn. 16 und 17).

2. Arbeiter und Angestellte. Auf die Unterscheidung zwischen Angestellten und Arbeitern kommt 11 es im Rahmen des **gesetzlichen** Entgeltfortzahlungsanspruch nicht (mehr) an (BT-Drucks. 12/5263 S. 1). Sie kann bei **tariflichen** Ansprüchen noch von Bedeutung sein, wenn in Tarifverträgen für verschiedene Arbeitnehmergruppen unterschiedliche Vorschriften gelten. Außerdem bleibt die Unterscheidung für das **Erstattungsverfahren** nach den §§ 10 ff. des insoweit fortgeltenden **Lohnfortzahlungsgesetzes** von Bedeutung, weil es nur für die Entgfortz an Arbeiter, nicht aber für die Leistungen an Angestellte zur Anwendung kommt.

3. Beschäftigte zur Berufsausbildung. Das Gesetz bezieht im Gegensatz zum Lohnfortzahlungs- 12 gesetz, das auf die Berufs**aus**bildung abstellte, **alle zur Berufsbildung Beschäftigten** ein. Damit wird keine Berufsausbildung auf arbeitsrechtlicher Grundlage verlangt. Auch diejenigen, die aufgrund anderer Normen oder Vereinbarungen beruflich gebildet werden (berufliche Fortbildung und berufliche Umschulung), sind vom Geltungsbereich des Gesetzes erfaßt (*Marienhagen/Künzl* Rn. 21; *KDHK* Rn. 19). Deshalb gehören nicht nur die Auszubildenden im Sinne des Berufsbildungsgesetzes zum berechtigten Personenkreis, sondern auch die **Praktikanten**, die zur Vorbereitung ihrer eigentlichen Ausbildung beschäftigt werden, und **Volontäre** mit einem Arbeitsentgeltanspruch (Kasseler Handbuch/*Vossen* 2. 2 Rn. 23 f.; *Schmitt* Rn. 35).

4. Heimarbeiter sind **keine AN**. Für sie gelten die Vorschriften der §§ **10 und 11**. 13

5. Sozialrechtliche Eingliederung. Kein Arbeitsverhältnis iS des Arbeitsrechts, sondern ein Rechts- 14 verhältnis eigener Art entsteht, wenn ein AN im Rahmen einer **krankenversicherungsrechtlichen Wiedereingliederung nach § 74 SGB V** beschäftigt wird (BAG 29. 1. 1992 AP SGB V § 74 Nr. 1 = NZA 1992, 643). In diesem Rechtsverhältnis schuldet der AG weder Arbeitsentgelt noch Entgfortz (*Staudinger/Oetker*, § 616 BGB Rn. 182; *Gitter*, ZfA 1995, 139). Auch das arbeitsförderungsrechtliche Eingliederungsverhältnis nach § 231 SGB III ist kein Arbeitsverhältnis; der in seinem Rahmen Beschäftigte hat aber wegen der Verweisung auf die Anwendbarkeit der arbeitsrechtlichen Vorschriften und Grundsätze in § 231 II SGB III bei AU wegen Krankheit einen Entgeltfortzahlungsanspruch. Der AG kann jedoch Erstattung der entsprechenden Aufwendungen von der Arbeitsverwaltung verlangen, § 233 I SGB III.

V. Räumlicher Geltungsbereich

Das Gesetz enthält **keine Regelung** über seinen räumlichen Geltungsbereich. Es gilt ohne Ein- 15 schränkung im gesamten Bundesgebiet, auch wenn beide Vertragsparteien eine andere Staatsangehörigkeit haben.

Bei Arbeitsverhältnissen mit **Auslandsberührung** sind die Regeln des Internationalen Privatrechts 16 zu beachten. Haben die Vertragsparteien keine **Rechtswahl** nach **Art. 27 EGBGB** getroffen (was sich regelmäßig aus den Bestimmungen des Vertrages oder aus den Umständen des Falls ergibt – vgl. zB BAG 26. 7. 1995 AP BGB § 157 Nr. 7 = NZA 1996, 30), so unterliegen Arbeitsverträge und Arbeitsverhältnisse dem Recht des Staates, in dem der AN in Erfüllung des Vertrags gewöhnlich seine Arbeit verrichtet oder in dem sich die Niederlassung befindet, die den AN eingestellt hat, sofern dieser seine

Arbeit nicht in demselben Staat verrichtet. Das gilt nicht, wenn sich aus der Gesamtheit der Umstände ergibt, daß der Arbeitsvertrag oder das Arbeitsverhältnis engere Verbindungen zu einem anderen Staat aufweist; dann ist das Recht des anderen Staats anzuwenden, Art. 30 II EGBGB (Beispiele bei *Gola* Anm. 2.3 und *WGKP* Rn. 7 bis 16).

17 Die Rechtswahl auf dem Gebiet des Arbeitsverhältnisrechts darf nicht dazu führen, daß dem AN der **Schutz entzogen** wird, der ihm durch die zwingenden Bestimmungen des Rechts gewährt wird, das nach Art. 30 II EGBGB anzuwenden wäre, Art. 30 I EGBGB. Wird gegen dieses Verbot verstoßen, so kann das EFZG trotz entgegenstehender Rechtswahl zur Anwendung kommen (vgl. dazu allgemein BAG 29. 10. 1992 AP Internationales Privatrecht, Arbeitsrecht Nr. 31 = NZA 1993, 743, *Reiserer*, Allgemeiner Kündigungsschutz bei Arbeitsverhältnissen mit Auslandsbezug, NZA 1994, 673 und Kasseler Handbuch/*Vossen* 2. 2 Rn. 28 f.).

§ 2 Entgeltzahlung an Feiertagen

(1) Für Arbeitszeit, die infolge eines gesetzlichen Feiertages ausfällt, hat der Arbeitgeber dem Arbeitnehmer das Arbeitsentgelt zu zahlen, das er ohne den Arbeitsausfall erhalten hätte.

(2) Die Arbeitszeit, die an einem gesetzlichen Feiertag gleichzeitig infolge von Kurzarbeit ausfällt und für die an anderen Tagen als an gesetzlichen Feiertagen Kurzarbeitergeld geleistet wird, gilt als infolge eines gesetzlichen Feiertages nach Absatz 1 ausgefallen.

(3) Arbeitnehmer, die am letzten Arbeitstag vor oder am ersten Arbeitstag nach Feiertagen unentschuldigt der Arbeit fernbleiben, haben keinen Anspruch auf Bezahlung für diese Feiertage.

A. Gesetzesgeschichte und Normzweck

I. Vom Feiertagslohnzahlungsgesetz zum EFZG

1 Die gesetzliche Regelung über die Bezahlung des Arbeitsentgelts an Feiertagen fand sich bis zum Inkrafttreten des EFZG im **Gesetz zur Regelung der Lohnzahlung an Feiertagen vom 2. 8. 1951** idF vom 18. 12. 1975 (BGBl. I S. 3091). Dessen Regelungen hat das EFZG inhaltlich übernommen. § 2 I EFZG entspricht dem § 1 I 1 FeiertagslohnzahlungsG. Der bisherige § 1 I 2 FeiertagslohnzahlungsG ist unverändert der neue Absatz 2. Der bisherige Absatz 2 ist in der Berechnungsvorschrift des § 4 aufgegangen. Absatz 3 entspricht wörtlich dem früheren § 1 III FeiertagslohnzahlungsG. Das FeiertagslohnzahlungsG ist durch Art. 62 Pflegeversicherungsgesetz aufgehoben.

II. Sicherung des Arbeitsverdienstes.

2 Nach den bürgerlich-rechtlichen Regeln des gegenseitigen Vertrags wird der AG von der Pflicht zur Vergütungszahlung frei, wenn der AN an einem Tag seiner Arbeitspflicht nicht nachkommt, § 323 BGB. Auf den Grund der Nichtleistung kommt es nicht an; so steht dem AN auch an Feiertagen ohne Arbeitsverpflichtung und ohne Arbeitsleistung vertragsrechtlich keine Vergütung zu. Dieses Ergebnis verhindern die Vorschriften des § 2. Es kommt grundsätzlich nicht zu einem Entgeltausfall des AN, wenn er wegen der Feiertagsruhe keine Arbeitsverpflichtung hat.

3 § 2 regelt die **Rechtsfolge** für einen Arbeitsausfall wegen eines Feiertags, **nicht die Voraussetzungen** für die Befreiung von der Arbeitspflicht. Diese finden sich in den Bestimmungen über die Feiertage, dem Feiertagsrecht (Rn. 4 ff.), und in den arbeitszeitrechtlichen Bestimmungen, die die Arbeitsruhe an Feiertagen anordnen, vorrangig im ArbZG vom 6. 6. 1994 (BGBl. I S. 1170).

B. Feiertagsrecht

I. Grundsätze

4 Die **Länder** haben nach Art. 70 I GG das **Gesetzgebungsrecht** auf dem Gebiet des **Feiertagsrechts**, soweit das GG nicht dem Bund Gesetzgebungsbefugnisse verleiht. Diese können sich auch aus der Natur der Sache ergeben, wie bei der Bestimmung des Tags der Deutschen Einheit im Einigungsvertrag (Art. 2 II Einigungsvertrag). So ist der 3. Oktober bundesgesetzlicher Feiertag (Kasseler Handbuch/*Vossen* 2.2 Rn. 532).

5 Die meisten **gesetzlichen Feiertage** haben in Deutschland ihren Ursprung in der **christlichen Überzeugung**. Sie lehnen sich auch heute noch an die Bekenntnisse der jeweiligen Bevölkerung zu den beiden großen christlichen Konfessionen an. Davon zu unterscheiden sind die **kirchlich geschützten Feiertage**, die keine gesetzlichen Feiertage sind und für die deshalb das Gesetz nicht zur Anwendung kommt. Für diese Tage gelten besondere Regeln, die in den Gesetzen der Länder zu finden sind.

II. Gesetzliche Feiertage

1. Bundesgebiet. Neben dem 3. Oktober sind gesetzliche Feiertage im gesamten Bundesgebiet aufgrund übereinstimmender Gesetzesvorschriften aller Länder Neujahr, Karfreitag, Ostermontag, 1. Mai, Christi Himmelfahrt, Pfingstmontag, 1. Weihnachtstag und 2. Weihnachtstag.

2. Unterschiedliche Feiertage in den Ländern. In den Bundesländern finden sich daneben unterschiedliche Feiertagsbestimmungen. So sind Feiertage
- **Heilige Drei Könige** in Baden-Württemberg, Bayern und Sachsen-Anhalt,
- **Fronleichnam** in Baden-Württemberg, Bayern, Hessen, Nordrhein-Westfalen, Rheinland-Pfalz, Saarland und in Thüringen in Gemeinden mit überwiegend katholischer Bevölkerung,
- **Mariae Himmelfahrt (15. August)** im Saarland und in Bayern in Gemeinden mit überwiegend katholischer Bevölkerung,
- **Reformationstag** in den neuen Bundesländern mit Ausnahme von Thüringen (dort nur in Gemeinden mit überwiegend evangelischer Bevölkerung),
- **Allerheiligen** in den Ländern Baden-Württemberg, Bayern, Nordrhein-Westfalen, Rheinland-Pfalz, Saarland und Thüringen in Gemeinden mit überwiegend katholischer Bevölkerung und
- **Buß- und Bettag** in Sachsen.

C. Entgeltanspruch nach § 2 I

§ 2 I enthält die allgemeinen Voraussetzungen für den gesetzlichen Anspruch. Er beschreibt den anspruchsberechtigten Personenkreis, bestimmt den Maßstab für die Zahlung, nämlich die ausgefallene Arbeitszeit, und fordert die Kausalität zwischen der durch das Feiertagsrecht ermöglichten Arbeitsruhe und dem Ausfall der Arbeit. Hat der **AN** an einem Feiertag **gearbeitet**, steht ihm keine Feiertagsvergütung zu, sondern das Arbeitsentgelt für geleistete Arbeit nach § 611 BGB iV mit den vertraglichen Absprachen oder tarifvertraglichen Normen, ggf. einschließlich des tariflich oder betrieblich normierten oder verabredeten Zuschlags.

I. Anspruchsberechtigte AN

Anspruchsberechtigt ist nur der AN iS des § 1 (Rn. 9 bis 14), der in einem **ArbVerh** (BAG 14. 7. 1967 AP FeiertagslohnzahlungsG § 1 Nr. 24 mit Anm. *Trinkner* = DB 1967, 1327, 2035) zu einer natürlichen oder juristischen Person steht (AG). Auf **Art und Inhalt** des ArbVerh sowie Umfang der Arbeitsverpflichtung kommt es nicht an.

Die Regelung ist Anspruchsgrundlage ebenso in Dauerarbeitsverhältnissen wie in **befristeten** oder unter einer **Bedingung** geschlossenen **ArbVerh**, sofern nur der Feiertag innerhalb des verabredeten Zeitraums liegt. Das gilt auch für kurzfristige Aushilfsarbeitsverhältnisse. Lediglich bei **Eintagesarbeitsverhältnissen** – nicht zu verwechseln mit einem Dauerarbeitsverhältnis mit nur eintägiger Arbeitsverpflichtung pro Woche (BAG 10. 7. 1996 AP FeiertagslohnzahlungsG § 1 Nr. 69 = NZA 1996, 1324) – entfällt § 2 I als Anspruchsgrundlage, auch wenn zwei Eintagesarbeitsverhältnisse jeweils am Tag vor und nach dem Feiertag bestehen (BAG 14. 7. 1967 AP FeiertagslohnzahlungsG § 1 Nr. 24 mit Anm. *Trinkner* = DB 1967, 1327, 2035). Etwas anderes gilt auch dann nicht, wenn der AG bewußt die Vertragsgestaltung so wählt (aA wohl BAG 14. 7. 1967 aaO und die hM im Schrifttum; vgl. *Gola* Anm. 3.2; MünchArbR/*Boewer* § 81 Rn. 9 und *Schmitt* Rn. 14), es sei denn, er verletzt damit schuldhaft rechtswidrig eine Nebenpflicht aus den Eintagesarbeitsverhältnissen (ähnlich KDHK Rn. 10). Dann kommt ein Schadensersatzanspruch in Höhe der Feiertagsvergütung in Betracht.

Die Norm gilt ferner im **gekündigten ArbVerh**, wenn der Feiertag von der Kündigungsfrist umfaßt wird. Für **Heimarbeiter**, Hausgewerbetreibende und ihnen Gleichgestellte kommt nicht § 2, sondern die Sonderregelung des § 11 zur Anwendung.

II. Arbeitsausfall an einem gesetzlichen Feiertag

1. Gesetzlicher Feiertag. Ein Anspruch nach § 2 I kann nur entstehen an einem der Tage, wie sie in Rn. 6 und 7 aufgelistet sind. Andere (kirchliche) Feier- oder Gedenktage kommen nicht in Betracht. Darf der AN an derartigen Tagen der Arbeit fernbleiben, so kann allenfalls ein Anspruch aus § 616 BGB gegeben sein oder der Anspruch entfällt.

Befinden sich Wohnsitz des AN, Unternehmenssitz des AG und Arbeitsort nicht im selben Bundesland und gibt es in den betroffenen Bundesländern unterschiedliche gesetzliche Feiertage, so sind die tatsächlichen und rechtlichen **Verhältnisse am Arbeitsort** maßgebend (MünchArbR/*Boewer* § 81 Rn. 5; *Schmitt* Rn. 21). Ein aus Minden in NRW nach Hannover in Niedersachsen fahrender Montagearbeiter hat Allerheiligen in Hannover eine Arbeitspflicht. Will er dennoch aus religiösen Gründen an diesem Tag nicht arbeiten, so kann er einen Entgeltanspruch für diesen Tag nicht aus § 2 I herleiten (MünchArbR/*Boewer* § 81 Rn. 5), sondern allenfalls aus § 616 BGB.

14 Bei einem **Auslandseinsatz,** bei dem deutsches Arbeitsvertragsrecht gilt (§ 1 Rn. 16 und 17), fällt die Arbeit an deutschen Feiertagen, die nicht auch im Gastland Feiertage sind, nicht aus. § 2 I kommt nicht zur Anwendung. Entfällt an den ausländischen Feiertagen, die nicht zugleich im Heimatland als gesetzliche Feiertage bestimmt sind, die Arbeitsverpflichtung, so kommt § 2 I ebenfalls nicht zur Anwendung. Der Anspruch auf Arbeitsentgelt an diesem Tag bedarf einer anderweitigen vertraglichen oder tarifvertraglichen Grundlage; ggf. kann ein Anspruch nach § 616 BGB bestehen (*Schmitt* Rn. 22).

15 Der **ausländische AN,** dessen Arbeitsverpflichtung an einem **deutschen Feiertag** entfällt, erhält das Entgelt nach § 2 I fortgezahlt. Die heimatlichen Feiertage, die nicht auch in seinem Bundesland Feiertag sind, rechtfertigen keine Arbeitsbefreiung und Fortzahlung nach § 2 I, sondern allenfalls nach § 616 BGB.

16 **2. Arbeitsausfall.** § 2 I kommt als Anspruchsgrundlage für eine Entgeltforderung nur in Betracht, wenn die Arbeit an dem gesetzlichen **Feiertag** auch **ausgefallen** ist. Hat der AN an diesem Tag **gearbeitet,** so hat er einen Anspruch auf Bezahlung seiner geleisteten Arbeit, regelmäßig inklusive eines vertraglichen oder tarifvertraglichen Zuschlags (anschaulich BAG 18. 4. 1996 TVG § 1 Tarifverträge: Bundesbahn Nr. 12 = NZA 1996, 1222; Kasseler Handbuch/*Vossen* 2. 2 Rn. 538). Dabei kommt es nicht darauf an, ob die Tätigkeit an dem Feiertag erlaubt oder unerlaubt war (BAG 5. 2. 1965 AP FeiertagslohnzahlungsG § 1 Nr. 17 mit Anm. *Nikisch* = DB 1965, 786; *Schmitt* Rn. 25).

17 **3. Arbeitsausfall wegen des Feiertags.** Zwischen dem Arbeitsausfall und dem Feiertag muß ein **unmittelbarer Zusammenhang** bestehen. Beruht der Arbeitsausfall auch auf anderen Gründen und ist der Feiertag nicht die alleinige Ursache (BAG 9. 10 1996, 1. 3. 1995, 11. 5. 1993, 19. 4. 1989 und 31. 5. 1988 AP EFZG § 2 Nr. 3 sowie FeiertagslohnzahlungsG § 1 Nr. 68 und 63 mit Anm. *Belling/Hartmann,* 62 mit Anm. *Schnorr v. Carolsfeld* und 56 = NZA 1997, 444; NZA 1995, 996 = SAE 1996, 90 mit Anm. *Walker,* NZA 1993, 809, NZA 1989, 715 und NJW 1989, 124; *Schmitt* Rn. 27 f.), so scheidet § 2 I als Anspruchsgrundlage aus **(monokausaler Zusammenhang).** Im einzelnen gilt:

18 a) **Urlaub.** Liegt ein Feiertag in dem Zeitraum, in dem dem AN Urlaub gewährt worden ist, und hätte an diesem Tag keine Arbeitsverpflichtung bestanden, wenn der AN nicht im Urlaub wäre, so hat der AN an diesem Tag keinen Urlaub gehabt. Vielmehr bestand an diesem Tag keine Arbeitspflicht, von der er im Wege der Urlaubsgewährung hätte freigestellt werden können (das verkennt *Brecht* Rn. 9; mißverständlich *Schaub* § 104 II; Einzelheiten bei § 3 BUrlG Rn. 21 f. und § 7 BUrlG Rn. 35). Folglich ist die Arbeitszeit wegen des Feiertags ausgefallen und es besteht ein Anspruch nach § 2 I. Eine Konkurrenzsituation (so zu Unrecht *Brecht* Rn. 7 und *Schmitt* Rn. 44) zwischen Urlaubsrecht und Entgeltfortzahlungsrecht besteht nicht (zutreffend MünchArbR/*Boewer* § 81 Rn. 11, *Gola,* Anm. 3.3.3 und *KDHK* Rn. 14 ff.).

19 Hätte der AN an dem **gesetzlichen Feiertag** eine **Arbeitsverpflichtung** gehabt, zB im Schichtmodell oder bei erlaubter Feiertagsarbeit im Dienstleistungsgewerbe, so fällt die Arbeit nicht wegen des Feiertags aus, sondern wegen der **Urlaubsgewährung.** Der AN hat für den Feiertag keinen Anspruch nach § 2 I, sondern nach § 11 BUrlG (MünchArbR/*Boewer* § 81 Rn. 11).

20 Im **unbezahlten Sonderurlaub** hat der AN am Feiertag keinen Anspruch nach § 2 I. Das gilt auch dann, wenn der Sonderurlaub mit dem Feiertag beginnt (1. 1. oder 1. 5.) oder endet (3. 10.). Etwas anderes gilt nur, wenn sich aus der Sonderurlaubsvereinbarung ausdrücklich oder aus den Umständen des Einzelfalls (BAG 27. 7. 1973 AP FeiertagslohnzahlungsG § 1 Nr. 30 mit Anm. *Schnorr v. Carolsfeld* = DB 1973, 2001) ergibt, daß der Sonderurlaub erst mit dem auf den Feiertag folgenden Tag beginnt oder mit dem Tag vor dem Feiertag endet (*Schmitt* Rn. 47; aA MünchArbR/*Boewer* § 81 Rn. 12).

21 b) **Krankheit.** Das **Zusammentreffen** von Krankheit und Feiertag ist im Anschluß an die Rspr. des BAG (19. 4. 1989 AP FeiertagslohnzahlungsG § 1 Nr. 62 = NZA 1989, 715) positiv gesetzlich geregelt. Der AN erhält Entgfortz im Krankheitsfall, deren Höhe sich nach den Regeln des Feiertagsrechts bestimmt, § 4 II (siehe dort Rn. 52).

22 c) **Schichtarbeit.** Wird in einem Betrieb Schichtarbeit in der Weise eingeführt, daß auch an **Feiertagen gearbeitet** wird, so kommt es regelmäßig zu keinem Anspruch des AN nach § 2 I. Denn entweder ist der AN an dem Tag zur Arbeit verpflichtet; dann erhält er seine vereinbarte Vergütung nach § 611 BGB, deren Berechnung im Einzelfall umstritten sein mag. Hat der AN dagegen an dem Feiertag seinen sich nach einem Dienstplan oder aus dem Schichtsystem ergebenden freien Tag oder einen seiner Ausgleichstage in einem nach der Arbeitszeitverkürzung gebildeten Freischichtenmodell gehabt, so entfällt die Arbeit nicht wegen des Feiertags, sondern wegen der besonderen (Betriebs-) Vereinbarung (*Schmitt* Rn. 37 f.; *Worzalla/Süllwald* Rn. 26).

23 Nur wenn im Schichtsystem die Arbeit wegen des Feiertags ausfällt (so im Fall des BAG vom 9. 10. 1996 AP EFZG § 2 Nr. 3 = NZA 1997, 444), zB die Spätschicht an einem Feiertag vor einem arbeitsfreien Wochenende, so hat der betroffene AN einen Entgeltanspruch nach § 2 I, der nicht nur die Stunden an dem Feiertag betrifft, sondern alle Stunden der Schicht, auch wenn ein Teil der Schicht am Tag vor oder nach dem Feiertag geleistet worden wäre (BAG 26. 1. 1962 AP Feiertagslohnzah-

C. Entgeltanspruch nach § 2 I § 2 EFZG 280

lungsG § 1 Nr. 13 mit Anm. *Schnorr v. Carolsfeld* = NJW 1962, 981; MünchArbR/*Boewer* § 81 Rn. 15).

d) Kurzarbeit. Für das Zusammentreffen von Kurzarbeit und Feiertagen gibt es eine gesetzliche 24 Spezialregelung in § 2 II, die das Prinzip der alleinigen Ursache außer Kraft setzt (Rn. 40f.).

e) Arbeitsausfall infolge Arbeitskampf. Dauert ein Arbeitskampf auch an einem gesetzlichen 25 **Feiertag** fort, so hat der streikende oder ausgesperrte AN keinen Anspruch nach § 2 I (BAG 1. 3. 1995, 11. 5. 1993 und 31. 5. 1988 AP FeiertagslohnzahlungsG § 1 Nr. 68, 63 mit Anm. *Belling/Hartmann* und Nr. 56 = NZA 1995, 996, NZA 1993, 1809 und NJW 1989, 124). Das gilt auch dann, wenn der Feiertag noch Arbeitskampftag ist und am ersten Arbeitstag danach in einer Betriebsvereinbarung Betriebsruhe unter Anrechnung auf den Tarifurlaub verabredet ist (BAG 31. 5. 1988 AP FeiertagslohnzahlungsG § 1 Nr. 57 = NJW 1989, 213). Dasselbe gilt, wenn der AG durch einen Streik gezwungen ist, seinen **Betrieb vorübergehend zu schließen**, ohne die AN auszusperren. Auch in diesem Fall fällt die Arbeitszeit nicht allein aufgrund des Feiertags aus (*Schmitt* Rn. 31).

Ein Anspruch auf Feiertagsentgelt ist im Arbeitskampf nur gegeben, wenn der AN **arbeitswillig** ist 26 und der AG ihn während der Arbeitskampftage **beschäftigt** hat. Dann fällt die Arbeitszeit am Feiertag nicht durch den Arbeitskampf, sondern aufgrund der gesetzlich angeordneten, betrieblich befolgten Arbeitsruhe aus.

Feiertagsentgelt muß auch gezahlt werden, wenn der Arbeitskampf **unmittelbar vor dem Feiertag** 27 **endet oder sich unmittelbar an den Feiertag anschließt** (BAG 1. 3. 1995 und 11. 5. 1993 AP FeiertagslohnzahlungsG § 1 Nr. 68 mit Anm. *Belling/Hartmann* und Nr. 63 = NZA 1995, 996 und NZA 1993, 1809; MünchArbR/*Boewer* § 81 Rn. 18). Zu den tatbestandlichen Voraussetzungen der Beendigung gehört die Erklärung, zu welchem Zeitpunkt der Arbeitskampf beendet ist (BAG 31. 5. 1988 AP FeiertagslohnzahlungsG § 1 Nr. 56 = NJW 1989, 124; MünchArbR/*Boewer* § 81 Rn. 18). Die Erklärung muß dem AG von der streikführenden Gewerkschaft oder von den beteiligten AN mitgeteilt werden. Eine öffentliche Verlautbarung über die Medien kann eine unmittelbare Mitteilung nur ersetzen, wenn der AG davon vor dem Feiertag Kenntnis erhält und die Äußerung hinreichend bestimmt ist (Einzelheiten bei BAG 23. 10. 1996 AP GG Art. 9 Arbeitskampf Nr. 146 = NZA 1997, 397 mwN).

Endet ein Streik am letzten Tag vor dem Feiertag und setzt ihn die kampfführende Gewerkschaft 28 am übernächsten Tag nach dem Feiertag fort (Aussetzung des Streiks), so besteht ein Anspruch auf Feiertagsvergütung nach § 2 I. Die Unterbrechung des Streiks ist nach umstrittener Auffassung des BAG (11. 5. 1993 AP FeiertagslohnzahlungsG § 1 Nr. 63 mit abl. Anm. *Belling/Hartmann* = NZA 1993, 809 = SAE 1994, 301 mit abl. Anm. *Richardi* = AR-Blattei ES 170.2 Nr. 37 mit zust. Anm. *Löwisch*) nicht rechtsmißbräuchlich, weil die Gegenseite für den Feiertag aussperren könne. Das Argument erscheint fraglich, weil die befristete Abwehraussperrung nicht ohne weiteres statthaft ist und jedenfalls dann als Reaktion auf die „Aussetzung" des Streiks entfällt, wenn der AG erst nach dem Feiertag von der Fortsetzung des zwischenzeitlich beendeten Streiks erfährt. Ersteres deutet der 1. Senat des BAG im nachfolgenden Urteil vom 1. 3. 1995 (AP FeiertagslohnzahlungsG § 1 Nr. 68 = NZA 1995, 996) selbst an (*Worzalla/Süllwald*, Rn. 17, sprechen deshalb auch von einer Korrektur der Entscheidung, während *Ackmann*, EWiR 1995, 985, die Entscheidung für bestätigend hält).

Wird der Streik jedoch **nur für einen Feiertag ausgesetzt**, so liegt darin keine Beendigung des 29 Kampfes, weil in der Beendigungserklärung der vorliegenden Art weder die AN ihre Arbeitskraft anbieten noch die Gewerkschaft die Streikenden zur Arbeit auffordert. Ein Anspruch auf Entgeltfortz an Feiertagen nach § 2 I entfällt (BAG 1. 3. 1995 AP FeiertagslohnzahlungsG § 1 Nr. 68 = NZA 1995, 996; ähnlich *Richardi* SAE 1994, 301, während *Löwisch*, AR-Blattei Anm. in ES 170.2 Nr. 43, den Tatbestand für gegeben, das Verhalten der Gewerkschaft aber für rechtsmißbräuchlich hält).

f) Arbeitsausfall aus anderen Gründen. Regelmäßig entfällt die Feiertagsvergütung, wenn die 30 Arbeit an diesem Tag auch ausgefallen wäre, wenn es sich um einen Arbeitstag gehandelt hätte, zB wenn ein AN wegen einer **Naturkatastrophe** seinen Arbeitsplatz vom 30. 12. bis 2. 1. nicht erreichen konnte. Selbst wenn in einem dieser Fälle ein Anspruch nach § 616 BGB für die tatsächlich ausgefallenen Arbeitstage bestehen sollte, so bleibt § 2 I unanwendbar (*Schmitt* Rn. 48 f.).

III. Arbeitsentgelt

1. Grundsätze. a) Verstetigtes Entgelt. Wie bei der Entgfortz im Krankheitsfall schuldet der AG 31 das Arbeitsentgelt, das der AN erhalten hätte, wenn der Feiertag ein Arbeitstag für den AN gewesen wäre – das sog. **Entgeltausfallprinzip** (BAG 19. 4. 1989 AP FeiertagslohnzahlungsG § 1 Nr. 62 = NZA 1989, 715). Erhält der AN ein stets **unverändertes Monatsentgelt**, so erfüllt der AG mit dessen Zahlung auch seine Schuld aus § 2 I (*Schaub* § 104 III). Umfangreiche Berechnungen entfallen dann regelmäßig.

b) Variables Entgelt. Zusätzliche Überlegungen sind aber nicht zu vermeiden, wenn das Monats- 32 entgelt nicht der einzige Verdienst ist, sondern durch **andere Faktoren ergänzt** wird. Sie sind stets anzustellen, wenn der AN ein nach der jeweiligen Arbeitszeit und/oder Leistung zu berechnendes

Entgelt bekommt (**Leistungslohn**), das sich zudem aus mehreren Teilen zusammensetzen kann. Das Arbeitsentgelt, das der AG dem AN in diesem Fall an einem Feiertag schuldet, ergibt sich aus einem **Zeit- und einem Geldfaktor** (iE ebenso *Schmitt* Rn. 51). Es ist festzustellen, wieviel Zeit (Stunden und Bruchteile davon) an dem Feiertag ausgefallen sind und mit welchem Betrag die Stunden (gleichmäßig oder unterschiedlich) zu vergüten sind. Die Multiplikation ergibt den geschuldeten Tagesverdienst.

33   **2. Zeitfaktor bei variablem Entgelt.** Der Zeitfaktor ist ohne Schwierigkeiten bei einer **regelmäßigen Verteilung** der Arbeitszeit feststellbar. Dagegen können Probleme bei der Ableistung von Mehrarbeit, besonderen Formen von Teilzeitarbeit und bei Schichttätigkeiten auftreten.

34   **a) Mehrarbeit.** Die AN haben einen Anspruch auf Mehrarbeitsvergütung, wenn an dem Feiertag Mehrarbeit geleistet worden wäre. Das gilt sowohl für eine **ganztägige Mehrarbeit** (Beschäftigung an einem ansonsten arbeitsfreien Samstag) als auch bei **Überstunden.** Die Feststellung kann regelmäßig getroffen werden, wenn der AG die Mehrarbeit an den Tagen zuvor und danach angeordnet hat (BAG 26. 3. 1985 AP FeiertagslohnzahlungsG § 1 Nr. 47 = NZA 1986, 397), es sei denn, es liegen besondere Umstände vor, aus denen sich ergibt, daß die Mehrarbeit auch ohne den Feiertag entfallen wäre (BAG aaO). Die Handhabung an den Tagen in Feiertagsnähe hat eine starke Indizwirkung (BAG 28. 2. 1964 AP FeiertagslohnzahlungsG § 1 Nr. 16 mit Anm. *Schnorr v. Carolsfeld* = DB 1964, 626).

35   Wird die an einem Feiertag ausfallende Arbeitszeit **vor- und/oder nachgeholt,** so entfällt nicht etwa der Anspruch auf Feiertagsentgelt (BAG 17. 4. 1975 AP FeiertagslohnzahlungsG § 1 Nr. 32 mit Anm. *Fenn* = DB 1975, 1948; MünchArbR/*Boewer* § 81 Rn. 21 und *Schmitt* Rn. 55); allerdings sind die Vor- und Nachholarbeiten nicht als Mehrarbeitsstunden in der Weise zu werten, daß sich der Zeitfaktor des Feiertags erhöht. Dieser bleibt vielmehr konstant (Kasseler Handbuch/*Vossen* 2. 2 Rn. 574).

36   **b) Teilzeitarbeit.** Ist die Arbeitszeit eines Teilzeitbeschäftigten nicht regelmäßig auf die Arbeitstage verteilt, sondern variabel, ist festzustellen, wieviel Stunden am Feiertag gearbeitet worden wäre, wenn es sich um einen Arbeitstag gehandelt hätte. Das gilt auch bei Arbeitsplatzteilung nach § 5 BeschFG (*Schmitt* Rn. 61). Zur Feiertagsbezahlung bei **kapazitätsorientierter Arbeitszeit** iS des § 4 BeschFG siehe § 4 BeschFG Rn. 43.

37   **c) Schichtbetrieb.** Wird in einem **Drei-Schicht-Rhythmus** gearbeitet und fällt die am Vortag um 22 Uhr beginnende, in den Feiertag hineingehende Schicht aus, so ist die Zeit der Schicht bei der Berechnung zugrunde zu legen, auch wenn nur ein Teil der Arbeitszeit am Feiertag ausfällt, sofern der AG von der **Möglichkeit des § 9 II ArbZG** Gebrauch gemacht hat und die Feiertagsruhe um wenigstens 2, aber höchstens 6 Stunden **vorverlegt** hat. Dann zählen allerdings die am Abend des Feiertags geleisteten Stunden nicht als Arbeit an einem Feiertag. Dasselbe gilt, wenn der AG die Feiertagsruhe nicht vor –, sondern **zurückverlegt** hat. Die erste Nachtschicht ist zu leisten, weil die Feiertagsruhe erst um 6.00 Uhr am Feiertag beginnt. Sie wird normal vergütet. Die nächste Nachtschicht fällt aus und ist mit der gesamten ausgefallenen Arbeitszeit zu vergüten (BAG 26. 1. 1962 und 1. 12. 1967 AP FeiertagslohnzahlungsG § 1 Nr. 13 und 25 mit Anmerkungen *Schnorr v. Carolsfeld* = NJW 1962, 981 und DB 1968, 622).

38   Fällt bei einem **Schichtsystem mit Freischichten** Arbeitszeit aus (zum Zusammentreffen von Freischicht und Feiertag siehe Rn. 22 f.), die zum Erreichen der vereinbarten regelmäßigen wöchentlichen Arbeitszeit wegen der höheren Arbeitszeit an den regelmäßigen Arbeitstagen gewährt werden (regelmäßige Gestaltung in der Metallindustrie nach der tariflichen Arbeitszeitverkürzung bis zu 35 Stunden in der Woche), so bemißt sich vorbehaltlich wirksamer abweichender Tarif- und Betriebsvereinbarungen der Zeitfaktor für die ausgefallene Schicht nach der tatsächlich ausgefallenen Arbeitszeit und nicht nach der Arbeitszeit, die bei gleichmäßiger Verteilung der Arbeitszeit auf die Arbeitstage einer Woche ausfallen würde (BAG 2. 12. 1987 AP FeiertagslohnzahlungsG § 1 Nr. 52 und 53 mit abl. Anm. *Wank* = NZA 1988, 663).

39   **3. Geldfaktor.** Die nach den vorstehenden Maßstäben ermittelte ausgefallene Arbeitszeit ist mit dem Stundenbetrag zu multiplizieren, den der AN zu erhalten gehabt hätte, wenn die Arbeit nicht ausgefallen wäre. Es gelten dieselben Grundsätze wie bei der Bemessung des Entgelts im Krankheitsfall. Auf die Darstellung zu § 4 Rn. 15 bis 33 wird verwiesen.

D. Feiertage und Kurzarbeit (§ 2 II)

40   **1. Grundsätze.** Bis zum Inkrafttreten des Haushaltsstrukturgesetzes vom 18. 12. 1975 (BGBl. I S. 3091) bestand kein oder ein reduzierter Anspruch auf Feiertagslohnzahlung nach dem Feiertagslohnzahlungsgesetz, wenn ein AN für die ausgefallene Arbeitszeit Kurzarbeitergeld erhielt. Mit der Einfügung des § 1 I 2 FeiertagslohnzahlungsG und der entsprechenden Änderung des § 63 AFG wurde das **Prinzip der alleinigen Ursache** (Rn. 17) **durchbrochen** und angeordnet, daß die an einem gesetzlichen Feiertag gleichzeitig wegen Kurzarbeit ausfallende Arbeitszeit als infolge des Feiertags

ausgefallen gilt. Damit wurde die BA zuungunsten der AG entlastet. Diese Rechtslage gilt nunmehr für alle AN nach der unverändert als § 2 II aus dem FeiertagslohnzahlungsG übernommenen Vorschrift.

Der AN erhält vom AG aber nur das **Entgelt in Höhe des Kurzarbeitergelds**, nicht in Höhe des 41 Verdienstes, den er als Feiertagsentgelt ohne die Anordnung von Kurzarbeit erhalten hätte (BAG 5. 7. 1979 und 20 7. 1982 AP FeiertagslohnzahlungsG § 1 Nr. 33 mit Anm. *Bernert* und Nr. 38 mit Anm. *Gagel* = NJW 1980, 1128 und NJW 1983, 2901). Die auf das Entgelt entfallenden Sozialversicherungsbeiträge muß der AG allein entrichten, § 249 Abs. 2 SGB V und § 168 Abs. 1 Nr. 1a SGB VI, nicht aber die Lohnsteuer. Diese hat er von der Feiertagsvergütung einzubehalten und an das Finanzamt abzuführen (BAG 8. 5. 1984 AP FeiertagslohnzahlungsG § 1 Nr. 44; kritisch *Schmitt* Rn. 102).

2. Zusammentreffen von Feiertag, Kurzarbeit und anderen Arbeitsausfällen. a) Krankheit. Er- 42 krankt der AN während einer Kurzarbeitsperiode auch an einem Feiertag, so hat der AN Anspruch auf Entgfortz im Krankheitsfall nach § 4 II. Der Anspruch ist der Höhe nach begrenzt auf das Entgelt, das zu entrichten wäre, wenn die Krankheit nicht eingetreten wäre. Das ist die Feiertagsvergütung, diese limitiert durch das Kurzarbeitergeld (MünchArbR/*Boewer* § 81 Rn. 17; *Schmitt* Rn. 103), das sozialversicherungs – und steuerrechtlich wie unter Rn. 41 beschrieben zu behandeln ist.

b) Arbeitskampf. Wird ein Betrieb während einer Kurzarbeitsperiode bestreikt, so entsteht ein 43 Vergütungsanspruch für den Feiertag unter den oben (Rn. 25 bis 29) genannten Voraussetzungen, der allerdings nach den Regeln über die Limitierung auf das Kurzarbeitergeld zu begrenzen ist.

E. Der Anspruchsausschluß nach § 2 III

Feiertage liegen häufig in der Nähe eines Wochenendes, so daß unter Zuhilfenahme eines weiteren 44 arbeitsfreien Tages eine als besonders angenehm empfundene Arbeitspause entsteht. Da Urlaub ungern eintägig genommen und mehrfach gewährt auch unstatthaft ist (§ 7 BUrlG Rn. 37 bis 42), ist die Versuchung groß, an dem weiteren Arbeitstag der Arbeit fernzubleiben. Dem entgegenzuwirken, dient der Ausschluß des Anspruchs auf Arbeitsvergütung bei sog. **Bummelei**.

I. Ausschlußvoraussetzungen

1. Fernbleiben von der Arbeit. Die Voraussetzung ist gegeben, wenn ein AN **einen Tag lang seine** 45 **Tätigkeit** nicht aufnimmt. Das ist aber auch dann der Fall, wenn er nicht den ganzen Tag seinen Aufgaben nachkommt, sondern **nur zum Teil fernbleibt**. Denn das Gesetz stellt nicht auf den Tag ab, sondern bewertet ein Fernbleiben „am Tag" (BAG 28. 10 1966 AP FeiertagslohnzahlungsG § 1 Nr. 23 mit Anm. *Nikisch* = NJW 1967, 594; hM im Schrifttum). Auf das Maß des Fernbleibens (so aber die hM: *Schaub* § 104 II; *Schmitt* Rn. 118; wohl auch BAG 28. 10. 1966 aaO) und/oder auf die Lage der nicht geleisteten Arbeit kommt es nicht entscheidend an. Vielmehr ist maßgebend, ob ein „Fernbleiben" iS des Gesetzes vorliegt oder ob es sich um eine **Verspätung oder ein vorzeitiges Verlassen** des Betriebs handelt, die zwar eine Pflichtverletzung darstellen, aber wegen Art, Inhalt und Umfang der an diesem Tag zu leistenden Arbeit nicht als Fernbleiben anzusehen sind. Es kommt daher nicht auf die Versäumung einer bestimmten Stundenzahl oder der Hälfte der geschuldeten Arbeitszeit an, sondern vielmehr auf die **Umstände des Einzelfalls**. Kann im Einzelfall bei einem Teilversäumnis nicht von einem Fernbleiben iS des Gesetzes ausgegangen und damit nicht von einem Ausschluß des Anspruchs auf Feiertagsvergütung ausgegangen werden, so bleiben die weiteren Sanktionen des AG wegen der Pflichtverletzung des AN an den anderen Tagen (Entgeltminderung für die ausgefallene Zeit, Abmahnung, Kündigung) davon unberührt.

2. Die maßgeblichen Arbeitstage. Es muß der **letzte Arbeitstag vor** dem Feiertag oder der **erste** 46 **Arbeitstag nach** dem Feiertag betroffen sein, wenn die Leistung von Feiertagsentgelt entfallen soll. Liegt zwischen dem Feiertag und dem maßgebenden Tag ein arbeitsfreier Wochentag, so kommt es auf diesen nicht an. Maßgebend ist der **individuelle Arbeitstag**, nicht eine abstrakte Betrachtung, was nach den im Betrieb geltenden Regelungen als Arbeitstag anzusehen ist (KDHK Rn. 47; *Schmitt* Rn. 113). Fällt in einem rollierenden Wechselschichtsystem ein Ausgleichstag für den AN auf den Arbeitstag vor dem Feiertag, so ist sein Verhalten am Tag vor dem Ausgleichstag maßgebend. Das gilt auch hinsichtlich des von Erholungsurlaub eingeschlossenen Feiertag. Bleibt der AN am ersten Tag nach seinem am 28. September begonnenen und am 10. Oktober beendeten Urlaub von der Arbeit unentschuldigt fern, so sind die Voraussetzungen des § 2 III gegeben. Für den 3. Oktober besteht kein Anspruch nach § 2 I.

Im Einzelfall kann es zu einem **mehrfach wirkenden Fernbleiben** kommen. So entfällt die Feier- 47 tagsbezahlung für den Karfreitag und den Ostermontag, wenn der AN am Ostersamstag unentschuldigt fehlt oder wenn der AN ab 24. Dezember bis 31. Dezember Urlaub hat und am unentschuldigt 23. 12. fehlt. Dann entfällt der Anspruch auf Feiertagsentgelt für den 25. 12., 26. 12. und 1. 1 (weitere Beispiele bei *Schmitt* Rn. 113).

48 **3. Fehlende Entschuldigung.** Ein Fernbleiben von der Arbeit schließt den Anspruch auf Entgfortz nur aus, wenn der AN sein unberechtigtes Fernbleiben nicht entschuldigen kann. Diese auf eine schuldausschließende, dh. **Vorsatz und Fahrlässigkeit** ausschließende Erklärung hindeutende Tatbestandsvoraussetzung verleitet zu Fehldeutungen. Es geht **nicht nur um den Ausschluß von Verschulden.** Mit der „Entschuldigung" kann auch darauf hingewiesen werden, daß eine der anderen Tatbestandsvoraussetzungen nicht gegeben ist. Soweit der AN darauf hinweist, daß an dem betreffenden Tag für ihn keine Arbeitspflicht bestanden hat (Urlaub, Krankheit, Arbeitskampf), ist die Voraussetzung des Fehlens am maßgebenden individuellen Arbeitstag (Rn. 46) nicht gegeben. Soweit der AN objektiv an der Aufnahme der Arbeit verhindert war (Unmöglichkeit, wegen der Witterung den Arbeitsplatz zu erreichen), hat er das Fernbleiben nicht zu vertreten (aA die hM; wie hier *Schmitt* Rn. 125 f.). Macht der AN geltend, sich über seine Arbeitsverpflichtung geirrt zu haben, kann darin eine Entschuldigung iS des Gesetzes gesehen werden, wenn ihm wegen des Irrtums kein Fahrlässigkeitsvorwurf gemacht werden kann (ebenso *Schmitt* Rn. 126, der sich allerdings einen entsprechenden Sachverhalt nicht vorstellen kann).

49 Der Anspruch entfällt nur, wenn der AN das Fernbleiben zu vertreten hat, nicht wenn er objektiv berechtigt war fernzubleiben, darüber aber seinen AG nicht unverzüglich oder alsbald informiert hat. Das Gesetz kennt **keine** den Anspruch ausschließende zeitgebundene **Anzeige- und Nachweispflicht** im Rahmen der Entgfortz an Feiertagen. Die Regelungen des § 5 sind auch nicht entsprechend anzuwenden (*KDHK* Rn. 45; aA *Schmitt* Rn. 127).

II. Umfang des Ausschlusses

50 Sind die tatbestandlichen Voraussetzungen gegeben, entfällt der Anspruch für den ganzen Feiertag. Das gilt auch dann, wenn der AN am maßgebenden Tag (Rn. 46) teilweise gearbeitet hat, dennoch aber von einem Fernbleiben iS des Gesetzes (Rn. 45) auszugehen ist. Es bleibt nicht etwa ein der Arbeitszeit am maßgebenden Tag entsprechender Anteil an Feiertagsbezahlung (*Schmitt* Rn. 130).

III. Darlegungs- und Beweislast

51 Macht ein **AG** den Anspruchsausschluß nach § 2 III geltend, so hat er **darzulegen,** daß der AN an einem maßgebenden Arbeitstag nicht zur Arbeit erschienen ist und daß er sich nicht entschuldigt hat. Denn beim Anspruchsausschluß nach § 2 III handelt es sich um einen **anspruchshindernden** oder **anspruchsvernichtenden Tatbestand,** wonach der Anspruch entweder gar nicht entstanden ist (Fehlen vor dem Feiertag) oder der mit Ablauf des Feiertags entstandene und am nächsten Zahlungstermin für das Entgelt der laufenden Periode fällige Anspruch untergegangen ist. Der AN kann sich mit **einfachem Bestreiten nicht** begnügen, sondern muß konkret erwidern, zB daß er gearbeitet hat oder an dem Tag keine Arbeitsverpflichtung hatte. Das gilt auch für andere „Entschuldigungsgründe" (Rn. 48). Entsprechend ist die Beweislast verteilt (*KDHK* Rn. 54).

§ 3 Anspruch auf Entgeltfortzahlung im Krankheitsfall

(1) ¹ Wird ein Arbeitnehmer durch Arbeitsunfähigkeit infolge Krankheit an seiner Arbeitsleistung verhindert, ohne daß ihn ein Verschulden trifft, so hat er Anspruch auf Entgeltfortzahlung im Krankheitsfall durch den Arbeitgeber für die Zeit der Arbeitsunfähigkeit bis zur Dauer von sechs Wochen. ² Wird der Arbeitnehmer infolge derselben Krankheit erneut arbeitsunfähig, so verliert er wegen der erneuten Arbeitsunfähigkeit den Anspruch nach Satz 1 für einen weiteren Zeitraum von höchstens sechs Wochen nicht, wenn
1. er vor der erneuten Arbeitsunfähigkeit mindestens sechs Monate nicht infolge derselben Krankheit arbeitsunfähig war oder
2. seit Beginn der ersten Arbeitsunfähigkeit infolge derselben Krankheit eine Frist von zwölf Monaten abgelaufen ist.

(2) ¹ Als unverschuldete Arbeitsunfähigkeit im Sinne des Absatzes 1 gilt auch eine Arbeitsverhinderung, die infolge einer nicht rechtswidrigen Sterilisation oder eines nicht rechtswidrigen Abbruchs der Schwangerschaft eintritt. ² Dasselbe gilt für einen Abbruch der Schwangerschaft, wenn die Schwangerschaft innerhalb von zwölf Wochen nach der Empfängnis durch einen Arzt abgebrochen wird, die schwangere Frau den Abbruch verlangt und dem Arzt durch eine Bescheinigung nachgewiesen hat, daß sie sich mindestens drei Tage vor dem Eingriff von einer anerkannten Beratungsstelle hat beraten lassen.

(3) Der Anspruch nach Absatz 1 entsteht nach vierwöchiger ununterbrochener Dauer des Arbeitsverhältnisses.

A. Entstehungsgeschichte und Normzweck

I. Entstehungsgeschichte

Die **Erstfassung** der Vorschrift (BGBl. 1994 I S. 1014) ersetzte die verstreuten Bestimmungen über die Vergütungsfortzahlung im Krankheitsfall (vgl. die Aufzählung in § 1 Rn. 4 und 5). Sie beruhte auf dem Entwurf der Regierungsfraktionen (BT-Drucks. 12/5263). Der damalige **Absatz 1** blieb im Gesetzgebungsverfahren unverändert, während **Absatz 2** seine seither unveränderte Fassung im weiteren Gesetzgebungsverfahren erhielt. Sie beruht auf einem Vorschlag des Ausschusses für Arbeit und Sozialordnung (BT-Drucks. 12/5798). **Absatz 3** ist durch Art. 3 Nr. 1 b des ArbRBeschFG vom 25. 9. 1996 (BGBl. I S. 1476) in das G aufgenommen. Er geht zurück auf den Entwurf der Regierungsfraktionen (BT-Drucks. 13/4612). Die Vorschrift ist im Gesetzgebungsverfahren nicht verändert worden.

Mit der Neuregelung von 1994 sind die im alten Recht enthaltenen Einschränkungen zB hinsichtlich der geringfügig und der kurzfristig Beschäftigten und somit die darin begründeten Probleme zur Übereinstimmung der Vorschriften mit der Verfassung und Art. 119 EGV fortgefallen (BAG 5. 8. 1987 AP LohnFG § 1 Nr. 72 = NZA 1988, 58; EuGH 13. 7. 1989 AP EWG-Vertrag Art. 119 Nr. 16 = NZA 1990, 437; BAG 9. 10. 1991 AP LohnFG § 1 Nr. 95 = NZA 1992, 259).

II. Normzweck

Die Vorschriften der Bestimmung enthalten die **zentrale Aussage** des G. Der Arbeitnehmer, der wegen seiner AU infolge Krankheit von der Pflicht zur Arbeitsleistung befreit wird, ist nicht auf Leistungen der gesetzlichen oder privaten Krankenversicherung angewiesen, sondern behält seinen Anspruch auf Arbeitsentgelt. **Anstelle** der Krankenkassen werden **AG** für bestimmte Tatbestände krankheitsbedingter AU und für eine bestimmte Zeit zur Zahlung von Lohn oder Gehalt an die bei ihnen Beschäftigten zur **Sicherung des Lebensunterhalts** verpflichtet. Der unverschuldeten AU wegen Krankheit gleichgestellt sind nach der neuen Fassung des § 3 II rechtmäßige **Sterilisationen** und **Schwangerschaftsabbrüche**, wobei der Entscheidung des Bundesverfassungsgerichts vom 28. 5. 1993 (NJW 1993, 1751) zu den Voraussetzungen über die Verfassungsmäßigkeit von Bestimmungen bei Schwangerschaftsabbrüchen Rechnung getragen worden ist (BT-Drucks. 12/5798).

Die Einführung einer **Wartezeit** in § 3 III durch G vom 25. 9. 1996 dient der **Kostenentlastung** der Arbeitgeber. Der Gesetzgeber hielt außerdem die erst 1994 für alle AN eingeführte Regelung, daß ein Entgeltfortzahlungsanspruch vom Beginn des ArbVerh auch ohne jegliche Arbeitsleistung bestand (dazu *Schmitt*, RdA 1996, 5, 6), für unvereinbar mit dem Prinzip von **Leistung und Gegenleistung** (BT-Drucks. 13/4612 S. 16).

B. Arbeitsunfähigkeit infolge Krankheit

I. Grundsätze

1. Arbeitspflicht. Die anspruchsberechtigten AN und Arbeitnehmerinnen sind kraft allgemeiner schuldrechtlicher Grundsätze von ihrer Arbeitspflicht befreit, § 275 BGB (anders als im Urlaubsrecht bedarf es zur Arbeitsbefreiung keiner Erklärung des Arbeitgebers), wenn sie zur Erfüllung ihrer vertraglich geschuldeten Arbeitsleistung nicht in der Lage sind (Rn. 18 ff.), diese AU allein auf Krankheit beruht (Rn. 11 ff.) und nicht selbst verschuldet ist (Rn. 46 bis 66).

2. Entgelt. Aber nicht nur das Fernbleiben von der Arbeit ist damit gerechtfertigt. Vielmehr haben die AN auch Anspruch auf Fortzahlung des ihnen für einen bestimmten Zeitraum zustehenden Entgelts (zur zwischenzeitlichen Rechtslage von 1996 bis 1998 siehe 1. Auflage Rn. 7 und 101 ff. sowie ausführlich *Staudinger/Oetker* § 616 BGB Rn. 178 ff.). Der Anspruch ist mehrfach begrenzt (Rn. 67 bis 101).

3. Rechtsmißbrauch. Kaum eigenständige Bedeutung hat im Rahmen des Entgeltfortzahlungsrechts der Einwand des Rechtsmißbrauchs nach § 242 BGB. Die Vorschriften des G sind nämlich so gefaßt, daß auf allgemeine Grundsätze regelmäßig nicht zurückgegriffen werden muß (BAG 28. 2. 1979 AP LohnFG § 1 Nr. 44 mit Anm. *Zeuner* = NJW 1979, 2326 zur Heranziehung der Fürsorgepflicht; im Ergebnis ebenso *Schmitt* Rn. 119 ff.; ähnlich auch Kasseler Handbuch/*Vossen* 2. 2 Rn. 113 f.).

So entfällt der Anspruch bei einer Kur wenige Tage nach Arbeitsbeginn (LAG Berlin 18. 4. 1978 BB 1979, 1145) nach neuem Recht wegen Nichterfüllung der Wartezeit, nicht aber wegen Rechtsmißbrauchs (aA *Staudinger/Oetker* § 616 BGB Rn. 342, ohne auf die Gesetzesänderung einzugehen). Bei AU infolge einer die Kräfte übersteigenden Nebentätigkeit wird die AU regelmäßig schuldhaft herbeigeführt worden sein (Rn. 63). Wenn die notwendige Kausalität zwischen Nebentätigkeit und AU nicht festgestellt werden kann, so muß der AG das hinnehmen (zu Unrecht aA noch BAG 9. 3. 1973 AP LohnFG § 1 Nr. 30 mit zutreffend kritischer Anm. *Trieschmann* = DB 1973, 1028 und 25. 2. 1972 AP LohnFG § 1 Nr. 19 mit Anm. *Monjau* = NJW 1972, 1215; überholt auch die Überlegungen des BAG 5. 5. 1972 AP LohnFG § 1 Nr. 22 = BB 1972, 879). Auch eine Tätigkeit während der ärztlich bescheinigten AU führt nicht zu rechtsmißbräuchlicher Geltendmachung von Entgeltfortzahlung. Entweder läßt sich dann der Nachweis führen, daß keine AU vorgelegen hat, oder die Krankheit hat dazu geführt, daß die geschuldete Arbeitsleistung nicht möglich oder ratsam war, wohl aber die andere Tätigkeit bei einem Dritten (ähnlich *Schmitt* Rn. 121). Zum rechtsmißbräuchlichen Verhalten des Krankenversicherungsträgers gegenüber dem AG vgl. BAG 18. 1. 1995 AP LohnFG § 7 Nr. 8 = NZA 1995, 729.

II. Krankheitsbedingte Arbeitsunfähigkeit

10   Krankheit und AU sind voneinander zu trennende Tatbestände, was in der Bewertung streitiger Rechtsfragen nicht immer hinreichend beachtet wird (ungenau zB BAG 22. 8. 1984 AP LohnFG § 1 Nr. 60 = NZA 1985, 359 und *Marburger*, BB 1994, 1417, 1418). Nicht jede Krankheit führt zur AU (Rn. 16 ff.).

11   **1. Krankheit. a) Definition.** Der Begriff der Krankheit ist im G ebensowenig definiert wie im sonstigen Arbeitsrecht und im Sozialversicherungsrecht. Eine Krankheit im medizinischen Sinn und damit iS des G ist wie bei den Vorgängerbestimmungen (*Schliemann* AuR 1994, 317, 319) anzunehmen, wenn ein regelwidriger Körper- und Geisteszustand vorliegt, der einer Heilbehandlung bedarf (BAG 7. 8. 1991, 26. 7. 1989, 9. 1. 1985 und 1. 6. 1983 AP LohnFG § 1 Nr. 94, 86, 62 mit Anm. *Ortlepp* und Nr. 52 mit Anm. *Baumgärtel* = NZA 1992, 69, NZA 1990, 140, NZA 1985, 562 und NJW 1983, 2695; *KDHK* Rn. 25; *Schmitt* Rn. 34; *Staudinger/Oetker* § 616 Rn. 197, der allerdings die Behandlungsbedürftigkeit als Tatbestandsmerkmal verneint). So ist eine regulär verlaufende Schwangerschaft keine Krankheit, weil sie nicht als regelwidrig iS der Begriffsbestimmung angesehen werden kann (BAG 14. 11. 1984 AP LohnFG § 1 Nr. 61 = NZA 1985, 501). Allerdings können schwangerschaftsbedingte Leiden zu einer Krankheit iS des G und sogar zu einem Grundleiden (Rn. 83 ff.) führen (BAG 14. 11. 1984 aaO).

12   Mit der ständigen Fortentwicklung der Medizin ist auch der arbeitsrechtliche Begriff der Krankheit nicht statisch, sondern von den jeweiligen Erkenntnissen abhängig. So erübrigt sich der Versuch einer Aufzählung. (Unvollständige) Beispiele für schwerwiegende regelwidrige Zustände finden sich in den „Anhaltspunkten für die ärztliche Gutachtertätigkeit im sozialen Entschädigungsrecht und nach dem Schwerbehindertengesetz", zuletzt vom BMA 1997 herausgegeben (weitere Beispiele bei *Reinecke* DB 1998, 130 und bei *Lepke*, NZA-RR 1999, 57). In der Rechtsprechung spielen Körperzustände wegen Trunk – und Drogensucht eine erhebliche Rolle. Alkoholabhängigkeit ist in der Rspr. des BAG (7. 8. 1991 Rn. 11 mvN) als Krankheit anerkannt (zum anspruchsausschließenden Verschulden bei dieser Art der Erkrankung und weiteren Krankheitsbildern Rn. 56 f.). Keine Krankheit iS des G ist das altersbedingte Nachlassen der Kräfte, auch nicht der Konzentrationsfähigkeit (*KDHK* Rn. 28; *Schaub* § 98 II 2 c; *Staudinger/Oetker* § 616 Rn. 198).

13   **b) Art und Ursache.** Die Ursache der Erkrankung ist für die Begriffsbestimmung ohne Bedeutung (*Reinecke* DB 1998, 130). So wird die bei einer unerlaubten Nebentätigkeit zugezogene Erkrankung nicht tatbestandsausschließend behandelt, sondern kann allenfalls wegen Verschuldens nicht zur Entgfortz berechtigen. Dasselbe gilt für die Art der Erkrankung. Deshalb fällt auch die Alkoholabhängigkeit unter den Krankheitsbegriff des EFZG (BAG 7. 8. 1991 Rn. 11 mwN). Soweit im Zusammenhang mit Schönheitsoperationen eine gewisse Erheblichkeit verlangt wird (*Schmitt* Rn. 35), wird übersehen, daß die mit der Operation beseitigte „Häßlichkeit", wenn sie denn ein regelwidriger Körperzustand war, eine Heilbehandlung nicht erforderlich machte und deshalb nicht als Krankheit iS des G anzusehen war. Deshalb (nicht wegen Unbilligkeit wie *Matthes* [RGRK § 616 Rn. 73] meint) entfällt eine Entgeltfortzahlungsanspruch (MünchArbR/*Boecken* § 83 Rn. 26). Insofern ist die Behandlungsbedürftigkeit entgeltfortzahlungsrechtlich relevant (*Stückmann*, NZS 1994, 529, 531).

14   **c) Die Behandlungsbedürftigkeit** darf nicht mit der **Heilbarkeit** oder auch **Behandlungsfähigkeit** verwechselt werden. Der von einem Krebsleiden befallene Unheilbare, der nur noch eine Schmerztherapie erhält, ist ebenso krank iS des G wie die im Koma liegende Person (aA offenbar RGRK/ *Matthes* § 616 Rn. 69 f.; auch *Staudinger/Oetker* § 616 Rn. 199 unterscheidet nicht genau genug).

15   **d)** Krankheit iS des G kann der Arzt nicht nur annehmen, wenn er einen regelwidrigen Körper- oder Geisteszustand mit **objektiven Untersuchungsmethoden** feststellt. Eine Krankheit kann auch aufgrund der **subjektiv geschilderten Symptome** des Patienten festgestellt werden, wenn der Arzt sie aufgrund seiner Sachkunde und seiner Erfahrung bestätigen kann (*Stückmann*, NZS 1994, 529, 531).

16   **2. AU infolge Krankheit.** Entgegen einem in der Bevölkerung weit verbreiteten Mißverständnis sind Krankheit und AU iS des G **nicht deckungsgleich,** sondern von einander zu unterscheiden. Eine Krankheit iS des G führt auch nicht automatisch zur Arbeitsverhinderung, die letztlich den Entgelt-

B. Arbeitsunfähigkeit infolge Krankheit

fortzahlungsanspruch auslöst. Vielmehr muß die Krankheit zur AU führen, die wiederum alleinige Ursache für die Arbeitsverhinderung sein muß.

a) Grundsatz. Wie im Recht der gesetzlichen Krankenversicherung (hM, zB *Schaub* § 98 II 3 a; siehe aber auch *Gitter*, ZfA 1995, 123, 151; ferner § 44 SGB V Rn. 7 ff.) ist von AU auszugehen, wenn der AN seine vertraglich geschuldete Tätigkeit **objektiv nicht ausüben kann** (zB nach stationärer Aufnahme im Krankenhaus) oder **objektiv nicht ausüben sollte**, weil die Heilung nach ärztlicher Prognose verhindert oder verzögert wird (etwas allgemeiner hinsichtlich der Verschlimmerungsgefahr BAG 7. 8. 1991 und 26. 7. 1989 AP LohnFG § 1 Nr. 94 = NZA 1992, 69 und Nr. 86 = NZA 1990, 140 mwN). Im Recht der gesetzlichen Krankenversicherung sind maßgebend die seit dem 1. 10. 1991 geltenden Arbeitsunfähigkeits-Richtlinien, die vom Bundesausschuß der Ärzte und Krankenkassen beschlossen worden sind (§ 92 I Nr. 7, § 81 III Nr. 2 SGB V; siehe auch § 44 SGB V Rn. 7). Sie sind damit mittelbar arbeitsrechtlich maßgebend. 17

Demnach ist nicht erst der gesundheitliche Zusammenbruch maßgebend, sondern eine vom **Arzt** nach objektiven Maßstäben vorzunehmende **Bewertung** (AU-Richtlinien BArbBl. 1991, Heft 11, 28). Die subjektive Wertung des betroffenen AN ist nicht ausschlaggebend (BAG 26. 7. 1989 AP LohnFG § 1 Nr. 86 = NZA 1990, 140). Eine AU ist auch dann objektiv anzunehmen, wenn die für die Arbeit erforderlichen Hilfsmittel (zB Armprothese) zwecks Reparatur nicht verfügbar sind (*Schaub* § 98 Anm. II 3 b; *Schmitt* Rn. 40). Dagegen liegt keine AU vor, wenn das Körperersatzstück den AN nur daran hindert, seinen Arbeitsplatz zu erreichen (Rn. 27). Das BAG hat ferner eine krankheitsbedingte AU angenommen, wenn ein arbeitsfähiger AN eine Operation vornehmen ließ, die die Folgen eines zurückliegenden Arbeitsunfalls und eines Geburtsfehlers beseitigten (BAG 14. 1. 1972 und 5. 4. 1976 AP LohnFG § 1 Nr. 12 und Nr. 40). AU ist von der **Erwerbsunfähigkeit** streng zu unterscheiden. Der Erwerbsunfähige kann durchaus arbeitsfähig sein. 18

b) Einzelfälle. aa) Ist die Krankheit des AN **ansteckend**, so besteht auch dann Arbeitsunfähigkeit, wenn der Betroffene seine vertraglich geschuldete Arbeitsleistung erbringen könnte. Das gilt nicht nur bei einer ansteckenden Krankheit, die zu einem **Beschäftigungsverbot** (siehe auch Rn. 38) führt, sondern auch in anderen Ansteckungsfällen. Dem AN ist es nämlich objektiv nicht zumutbar, seinen Arbeitsplatz aufzusuchen, wenn er andere in Gefahr bringt, ebenfalls zu erkranken. 19

bb) Arztbesuche und ambulante Behandlungen sind nur dann nach § 3 entgeltfortzahlungspflichtig, wenn der AN während der Zeit bereits arbeitsunfähig erkrankt war (BAG 9. 1. 1985 AP LohnFG § 1 Nr. 62 mit Anm. *Ortlepp* = NZA 1985, 562; 7. 3. 1990 AP BGB § 616 Nr. 83 = NZA 1990, 567) oder aber sein Besuch zu einer ärztlich angeordneten Maßnahme führte, die AU unmittelbar zur Folge hat (ähnlich *Reinecke* AuA 1996, 339). Von diesen Fallgestaltungen zu unterscheiden sind die Arztbesuche, die nach der Terminplanung des Arztes oder wegen der ungünstigen Lage von Krankenhaus oder Praxis nur in der Arbeitszeit stattfinden können. Ist der AN nicht zugleich arbeitsunfähig oder wird er es nicht im Zusammenhang mit diesem Besuch, so besteht kein Anspruch aus § 3 (BAG 29. 2. 1984 AP BGB § 616 Nr. 64 = NZA 1984, 33, 281), sondern allenfalls nach § 616 BGB (siehe dort Rn. 10 bis 12; *KDHK* Rn. 30; *Schmitt* Rn. 41; *Schaub* § 98 Anm. II 3 d; *Staudinger/Oetker* § 616 Rn. 213). 20

cc) Eingriffe im Zuge einer **Knochen-, Gewebe- oder Organtransplantation** zugunsten Dritter führen regelmäßig zur AU infolge der dadurch herbeigeführten Krankheit. Dennoch steht dem AN jedenfalls bei einem komplikationslosen Eingriff kein Entgeltfortzahlungsanspruch zu, weil er die AU selbst verschuldet iS des G hat (Rn. 46 ff.; ebenso *Staudinger/Oetker*, § 616 BGB Rn. 205). Soweit das BAG ein Verschulden verneint (BAG 6. 8. 1986 AP LohnFG § 1 Nr. 68 mit Anm. *Brackmann* = NZA 1987, 487; ebenso die Mehrheit des Schrifttums: *KDHK* Rn. 46 mwN; *Schmitt* Rn. 54), dasselbe Ergebnis unter Rückgriff auf die Fürsorgepflicht, wonach der AG nur das „allgemeine Krankheitsrisiko" tragen solle, begründet hat, ist ihm zu widersprechen (insoweit auch *Schmitt* Rn. 54). Der hohe ethische Grund für die willentlich herbeigeführte AU hindert nicht die Feststellung, daß der AN vorsätzlich und damit schuldhaft iS des G handelt. Die Vollständigkeit des gesetzlichen Tatbestands verbietet zudem einen Rückgriff auf einen angeblichen Grundgedanken und damit der Einfügung eines ungeschriebenen Tatbestandsmerkmals, zumal damit der Ausschluß des Entgeltfortzahlungsanspruchs bei anderen Sachverhalte leicht zu begründen wäre (insoweit ebenso *Schmitt* Rn. 54.). Der Organspender kann sich aber an die Krankenkasse des versicherten Organempfängers wenden und dort seinen Verdienstausfall als Kosten der Heilbehandlung reklamieren (BAG aaO, vgl. auch BSGE 35, 102). 21

Etwas andere gilt bei Eingriffen zur **Beseitigung der Unfruchtbarkeit** (aA *Müller/Roden*, NZA 1989, 128, 130). Soweit damit Krankheit und AU verbunden ist, entsteht ein Entgeltfortzahlungsanspruch, weil die AU unverschuldet herbeigeführt worden ist. Denn der Arbeitnehmer, der sich einem die Fruchtbarkeit herstellenden Eingriff unterzieht, handelt nicht wider den Interessen eines verständigen Menschen (Rn. 46). 22

dd) Hat sich der behandelnde **Arzt geirrt** (falsche medizinische Diagnose oder – nahe liegender – wegen Verkennung des Rechtsbegriffs) oder hat der AN die AU nur vorgetäuscht (*Künzl/Weinmann* 23

AuR 1996, 306), so fehlt es an dem anspruchsbegründenden Tatbestandsmerkmal der AU (zur Darlegungs- und Beweislast § 5 Rn. 33 ff.), und der Entgeltfortzahlungsanspruch entfällt.

24 c) **AU und Arbeitspflicht.** AU kann nur dann ohne Bezug zur individuell geschuldeten Arbeitsleistung angenommen werden, wenn die Krankheit so geartet ist, daß jegliche Arbeitsleistung eines jeden AN ausgeschlossen ist. Regelmäßig ist aber die Krankheit iS des G zur Arbeitsverpflichtung des Betroffenen in Bezug zu setzen (... „an seiner Arbeitsleistung...": BAG 29. 1. 1992 SGB V § 74 Nr. 1 = NZA 1992, 643 mwN; *Reinecke* DB 1998, 130, 133; *Stückmann*, NZS 1994, 529, 531), bevor ein Urteil über die Arbeitsfähigkeit abgegeben werden kann. So kann zB ein Pförtner mit einem gebrochenen Arm nach kurzer Erholungszeit arbeitsfähig sein, während der Mitarbeiter im Schreibdienst zu Recht als arbeitsunfähig anzusehen sein wird. Derselbe Mitarbeiter wird dagegen bei einer Fußverletzung einsatzfähig bleiben, es sei denn, es wird eine Behandlung angeordnet, die das Aufsuchen der Dienststelle ausschließt (weitere Beispiele bei *Schmitt* Rn. 45 und bei *Stückmann*, NZS 1994, 529, 530). In diesen Fällen obliegt dem behandelnden **Arzt** eine auch **rechtliche Beurteilung** (*Stückmann*, AuA 1996, 197, 198, bezeichnet ihn insofern zu Recht als „informellen Laien"; *Kreßel* FS für Gitter S. 491, 504 bedauert zu Recht, daß die Praxis anders aussieht und zwischen Arzt und Patient kein Gespräch über die konkrete Aufgabe am Arbeitsplatz stattfindet).

25 Sieht der Arbeitsvertrag vor, daß der AG dem AN vorübergehend eine **andere** als die zuletzt ausgeübte **Tätigkeit** zuweisen kann (ggf. unter Beachtung der Mitbestimmungsrechte des BR), so liegt keine AU vor, wenn die Erkrankung den AN nicht daran hindert, den anderen Aufgaben nachzukommen. Auch das hat der anordnende Arzt zu bedenken und zu erfragen, bevor er eine AUB ausstellt (im Ergebnis ebenso *Schmitt* Rn. 47; *Stückmann*, NZS 1994, 529, 532 und AuA 1996, 197, 198). § 74 SGB V, die Vorschrift über die krankenversicherungsrechtliche Wiedereingliederung steht dem nicht entgegen, weil der so an die Arbeit herangeführte AN gerade nicht arbeitsfähig, sondern arbeitsunfähig iS des Krankenversicherungsrechts wie des Entgeltfortzahlungsrechts ist (*Schmitt* Rn. 47).

26 Ist der AN nicht in der Lage, seinen Arbeitspflichten im geschuldeten Umfang nachzukommen, wohl aber in vermindertem Maß, so ist es verfehlt, von **Teil-AU** zu sprechen (*Schaub* § 98 Anm. II 3 e; ausführlich *Staudinger/Oetker* § 616 Rn. 215 bis 221; aA *Gitter*, ZfA 1995, 123 und *Stückmann*, DB 1998, 1662, dessen arbeits- und krankenversicherungsrechtlichen Vorschläge zur Anerkennung einer Teilarbeitsfähigkeit de lege ferenda wünschenswert erscheinen, de lege lata jedoch nicht mittels Auslegung zu verwirklichen sind). Das G kennt diesen Begriff ebensowenig (BAG 29. 1. 1992 Rn. 24) wie die Verpflichtung des AN zur Erbringung einer Teilleistung. Deshalb kann der AG (unter Androhung, anderenfalls einen Teil des Entgelts zu verweigern) keine Teiltätigkeit verlangen (*Schmitt* Rn. 48 f.). Eine abweichende Vereinbarung der Arbeitsvertragsparteien bleibt dagegen im Rahmen der geltenden Gesetze, TV und BV möglich. Im übrigen kennt das Krankenversicherungsrecht die Möglichkeit der stufenweisen Wiedereingliederung des AN in sein berufliches Umfeld im Wege der Rehabilitation, wovon die anfängliche AU nicht berührt wird (BAG 29. 1. 1992 Rn. 24; 19. 4. 1994 AP SGB V § 74 Nr. 2 m. Anm. *Gitter/Boerner* = NJW 1995, 1636; *Schaub* § 98 II 3 f). Auch insoweit geht das G davon aus, daß AU fortbesteht.

27 Von der AU ist die **Unfähigkeit** zu unterscheiden, wegen der Erkrankung den **Arbeitsplatz zu erreichen** (Rn. 18). Kann zB der Arbeitnehmer, der sich den Mittelfuß gebrochen hat, seine sitzende Tätigkeit ausüben, so ist er arbeitsfähig, auch wenn er nicht in der Lage ist, den Arbeitsplatz zu Fuß, mit dem eigenen PKW oder öffentlichen Verkehrsmitteln zu erreichen. Er ist verpflichtet, für ein geeignetes Transportmittel zu sorgen, für dessen Kosten ggf. der AG einzutreten hat.

28 **3. Arbeitsverhinderung aufgrund der Arbeitsunfähigkeit.** Die krankheitsbedingte AU muß die **alleinige Ursache** für die Arbeitsverhinderung sein (BAG 19. 1. 2000 NZA 2000, 771; 26. 6. 1996 EntFG § 3 Nr. 2 = NZA 1996, 1087; 5. 7. 1995 AP MuSchG 1968 § 3 Nr. 7 mwN = NZA 1996, 137; allgM im Schrifttum: *Schmitt* Rn. 58 und *Staudinger/Oetker* § 616 Rn. 229 mvN; Abweichungen in der Begründung bei GK-EFZR/*Birk* § 1 LFZG Rn. 20 ff.). Der AG wird mit dem Entgelt ohne Gegenleistung nur belastet, wenn der AN ohne Erkrankung gearbeitet hätte (*Schmitt* Rn. 58). Das ist nicht der Fall, wenn die Arbeit zumindest auch aus einem anderen Grund nicht geleistet worden ist. Andere Sachverhalte, die zu einer (bezahlten oder unbezahlten) Arbeitsverhinderung führen, sind in vielfältiger Form denkbar (zur Systematisierung der Ausfalltatbestände *Reinecke* DB 1991, 1168). Die wichtigsten Einzeltatbestände sind:

29 a) **Urlaub.** Urlaub und Entgfortz **schließen sich aus.** Wird der AN während seines Urlaubs krank, so gilt die Sonderregelung des § 9 BUrlG. Die durch ärztliches Zeugnis nachgewiesenen Tage der AU werden auf den Jahresurlaub nicht angerechnet. An Stelle des Urlaubsentgelts ist Entgfortz zu leisten.

30 Wenn der Erholungsurlaub während eines **Betriebsurlaubs** gewährt wird, gilt dasselbe. Soweit dem AN nicht (mehr) so viel Urlaub zugestanden hat, wie der Betriebsurlaub andauerte, er aber seinen Vergütungsanspruch aufgrund Annahmeverzugs des AG behielt, ist die während dieser Zeit auftretende AU entgeltfortzahlungspflichtig, weil keine andere Mitursache für die Arbeitsverhinderung vorliegt (zum Annahmeverzug Rn. 40). Soweit die Fortzahlung der Vergütung für den nicht durch Erholungsurlaub abgedeckten Betriebsurlaub einzelvertraglich versprochen wird, bleibt dieser Anspruch auch während der Erkrankung bestehen. Dasselbe gilt für den **bezahlten Sonderurlaub** (BAG 10. 2. 1972 AP LohnFG § 1 Nr. 15 m. Anm. *Thiele/Weschenfelder* = DB 1972, 831).

B. Arbeitsunfähigkeit infolge Krankheit § 3 EFZG 280

Unbezahlter Sonderurlaub unterliegt nicht dieser Regel. Der Arbeitnehmer, der sich ohne Vergü- 31
tung von den Arbeitspflichten hat befreien lassen, kann keine Entgfortz verlangen, wenn er während
dieser Zeit erkrankt (BAG 25. 5. 1983 AP LohnFG § 1 Nr. 53 mit Anm. *Herschel* = NJW 1984, 686).
Das gilt auch, wenn der Sonderurlaub vom AN wegen seiner **besonderen Erholungsbedürftigkeit**
erbeten worden ist. Denn § 9 BUrlG ist nicht analogiefähig (die gegenteiligen Entscheidungen BAG
3. 10. 1972 und 1. 7. 1974 AP BUrlG § 9 Nr. 4 und Nr. 5 sind mit dem Urlaubsrecht nicht vereinbar,
was *Schaub* § 98 Anm. II 4 d, *Schmitt* Rn. 78 f. und *Staudinger/Oetker* § 616 BGB Rn. 239 übersehen;
unentschieden *Reinecke* DB 1991, 1168, 1171; siehe insbesondere § 9 BUrlG Rn. 4). Entgegen der
bisher nicht veränderten Auffassung des BAG aus 1974 (BAG 14. 6. 1974 AP LohnFG § 1 Nr. 36)
kann der AN auch nicht nach Beendigung des unbezahlten Sonderurlaubs 6 Wochen Entgfortz
verlangen, wenn er noch fortlaufend aus der Zeit seines Sonderurlaubs krank ist. Die Sechs-Wochen-
Frist beginnt mit der AU zu laufen, nicht mit der Zahlungsverpflichtung des Arbeitgebers.

Befindet sich der AN im **Bildungsurlaub** nach einem entsprechenden Ländergesetz, so hat er 32
Anspruch auf Entgfortz nach diesem G anstelle des Anspruchs auf Arbeitsentgelt nach den Bildungsurlaubsgesetzen der Länder. Inwieweit sein Anspruch auf Freistellung zu Bildungszwecken untergegangen ist, bestimmt sich nach den Vorschriften der Ländergesetze, die regelmäßig eine dem § 9
BUrlG nachgebildete Vorschrift enthalten (zB § 3 V AWbG NW und § 7 NdsBiUrlG; Kasseler Hand-
buch/*Vossen* 2. 2 Rn. 62).

b) Arbeitskämpfe. aa) Streik. Beteiligt sich ein AN an einem Streik und erkrankt er nunmehr, so 33
hat er keinen Entgeltfortzahlungsanspruch nach diesem G. Umgekehrt behält er seinen Anspruch,
wenn er erkrankt war und nunmehr sein AG bestreikt wird (BAG 15. 1. 1991 AP GG Art. 9 Arbeitskampf Nr. 114 = NZA 1991, 604). In diesen Fällen kann der AN das (Zwischen)- Ergebnis durch
Abgabe von Erklärungen ändern. Der wegen Krankheit Arbeitsunfähige kann erklären, sich nicht
mehr am Streik beteiligen zu wollen (vom BAG 15. 1. 1991 offen gelassen; wie hier GK-EFZR/*Birk*
§ 1 LFZG; MünchArbR/*Boecken* § 83 Rn. 77; aA *Schmitt* Rn. 65 und *Staudinger/Oetker* § 616 BGB
Rn. 232). Dann entsteht ein Vergütungsanspruch. Im umgekehrten Fall der Ankündigung, sich trotz
AU am Streik zu beteiligen, führt das zum Verlust seines Entgeltfortzahlungsanspruch (BAG 15. 1.
1991 aaO).

Die Erklärung des Arbeitnehmers, sich nicht mehr am Streik zu beteiligen, führt allerdings dann 34
nicht zur Entgeltfortzahlung, wenn es dem AG nach den Grundsätzen über die Verteilung des
Arbeitskampfrisikos (vgl. Art. 9 GG Rn. 187 ff.) nicht möglich oder zumutbar wäre, den AN zu
beschäftigen, wenn er gesund gewesen wäre (*Schmitt* Rn. 67). Nach einer Reihe von umstrittenen
Entscheidungen des BAG zu Vergütungsansprüchen im Arbeitskampf (BAG 22. 3. 1994, 31. 1. 1995,
27. 6. 1995 und 11. 7 1995 AP GG Art. 9 Arbeitskampf Nr. 130 m. Anm. *Oetker*, Nr. 135, Nr. 137,
Nr. 138 und Nr. 139 = NZA 1194, 1097, NZA 1995, 959, NZA 1996, 212 und 214), die gleichermaßen
für den arbeitsunfähig erkrankten AN maßgeblich sind, gilt im Ergebnis dasselbe, wenn der AG sich
aus Anlaß des Streiks entschließt, den Betrieb stillzulegen. Dazu ist er nach Auffassung des BAG
berechtigt mit der Folge, daß der Entgeltfortzahlungsanspruch wie der reguläre Vergütungsanspruch
entfällt.

bb) Aussperrung. Erklärt der AG gegenüber den AN die Aussperrung (BAG 27. 6. 1995 Rn. 34) 35
und wäre davon auch der Erkrankte betroffen, wenn er gearbeitet hätte, so werden die beiderseitigen
Rechte und Pflichten aus dem ArbVerh suspendiert. Es entfällt u. a. der Vergütungsanspruch des AN
(BAG 7. 6. 1988 AP GG Art. 9 Arbeitskampf Nr. 107 = NJW 1989, 515). Damit ist die AU ebenfalls
nicht die alleinige Ursache für den Verdienstausfall, so daß keine Entgfortz zu gewähren ist.

c) Arbeitserlaubnis. Benötigt ein ausländischer AN für eine Beschäftigung in Deutschland eine 36
Genehmigung in Form der Arbeitserlaubnis nach den §§ 284 ff. SGB III, so kann deren Fehlen eine
die Entgfortz ausschließende Mitursache für die Arbeitsverhinderung sein. Das ist dann der Fall, wenn
feststeht, daß der AG bei Kenntnis über das Fehlen oder das Ablaufen der Arbeitserlaubnis des AN
nicht beschäftigt hätte, wäre er gesund geblieben. In diesem Fall kann auch die nachträglich gewährte
Arbeitserlaubnis die Mitursache rückwirkend nicht beseitigen (aA BAG 26. 6. 1996 AP EntgeltFG § 3
Nr. 2 = NZA 1996, 1087 zum AFG; *Schmitt* Rn. 72). Der 5. Senat des BAG verwechselt die wegen der
Erkrankung notwendige hypothetische Betrachtung über die Ursächlichkeit des weiteren Verhinderungsgrundes mit der hypothetischen Überlegung, was sich geändert haben würde, wenn sich der AN rechtzeitig
um die Arbeitserlaubnis gesorgt hätte. Davon zu unterscheiden ist die Frage, inwieweit sich der AG
auf die fehlende Arbeitserlaubnis berufen darf, wenn er von deren Ablauf weiß und den AN nicht auf
die Wiederbeschaffung hinweist (*Schüren* EWiR 1996, 1043).

Entgfortz ist allerdings dann zu leisten, wenn **feststeht, daß der AG den AN auch beschäftigt** 37
hätte, wenn die Arbeitserlaubnis im Krankheitszeitraum gefehlt hätte. Das ist dann der Fall, wenn so
vor der AU verfahren ist (hM im Schrifttum; vom BAG Rn. 36 offen gelassen, wohl aber wegen der
weitergehenden Aussage ablehnend). Dasselbe gilt, wenn nach ausländerrechtlichen Bestimmungen trotz
Fehlens der Arbeitserlaubnis weiter gearbeitet werden darf.

d) Beschäftigungsverbote. Unterliegt eine werdende Mutter einem der **krankheitsunabhängigen** 38
Beschäftigungsverbote, wie sie in **§ 11 MuSchG** genannt sind, so erhält sie keine Entgfortz nach

diesem G, sondern Vergütung nach § 11 MuSchG (dazu ausführlich *Schliemann/König* NZA 1998, 1030). Beruht ein Beschäftigungsverbot auf Krankheit wie zB das seuchenrechtliche Verbot nach § 17 BSeuchG, so kann Entgfortz verlangt werden (BAG 26. 4. 1978 AP LFZG § 6 Nr. 6 mit Anm. *Küchenhoff* = DB 1978, 2179), wenn es wegen einer Erkrankung ausgesprochen wird (*Staudinger/ Oetker* § 616 BGB Rn. 235 f.).

39   e) **Kurzarbeit.** Ruht infolge von Kurzarbeit die Arbeit im Betrieb des AG **vollständig,** so ist nicht die AU Ursache für die Arbeitsverhinderung, sondern die Kurzarbeit. Der AN erhält bei einer Erkrankung keine Entgeltfortzahlung, sondern Krankengeld in Höhe des Kurzarbeitergeldes (BAG 6. 10. 1976 AP LohnFG § 2 Nr. 6 mit Anm. *Brecht* = DB 1977, 262). **Bei Verkürzung der täglichen Arbeitszeit** gilt dasselbe für die durch Kurzarbeit ausgefallene Zeit; im übrigen erhält der Erkrankte Entgfortz (ausführlich § 4 Rn. 54 bis 60).

40   f) **Verzug.** Befindet sich der **AG im Annahmeverzug** und erkrankt nunmehr der vorübergehend oder dauerhaft nicht beschäftigte AN (zB während der Dauer eines Kündigungsschutzprozesses), so endet der Annahmeverzug des Arbeitgebers, weil der AN jetzt seine Arbeitskraft nicht ordnungsgemäß anbieten kann. Zugleich wird damit diese Ursache der Arbeitsverhinderung beseitigt; die AU wird monokausal, und es entsteht (im fortdauernden ArbVerh) ein Entgeltfortzahlungsanspruch (*KDHK* Rn. 52).

41   Befindet sich der **AN im Schuldnerverzug** (zB durch tagelang unentschuldigtes Fehlen, auch „Arbeitsbummelei" genannt), so ist auch für den Zeitraum der AU vom Fortbestand des Schuldnerverzugs als einer Mitursache auszugehen, es sei denn, es kann festgestellt werden, der AN sei bei Beginn der Erkrankung wieder arbeitswillig gewesen (BAG 20. 3. 1985 AP LohnFG § 1 Nr. 64 = NZA 1986, 193). Die fristgerechte Anzeige und die Überreichung der AUB genügt dazu ebensowenig wie die Angabe, gerade zum Zeitpunkt der AU habe der AN sich entschlossen, den Schuldnerverzug zu beenden. Der AN muß noch andere Hilfstatsachen vortragen, aus denen sich ergibt, daß er sein vertragswidrig Verhalten beenden wollte (nicht so deutlich BAG 20. 3. 1985 aaO; wie hier *Schmitt* Rn. 76).

42   g) **Verlegung der Arbeitszeit.** Fällt in den Zeitraum der AU ein Tag, der arbeitsfrei ist, der aber wie für den 24. 12. und 31. 12. „vor – oder nachgeholt" wird, so hat der AN für diesen Tag keinen Anspruch nach diesem G (BAG 7. 9. 1988 AP LohnFG § 1 Nr. 79 = NZA 1989, 53). Fällt er an dem Tag, an dem deswegen Überarbeit geleistet wird, krankheitsbedingt aus, so erhält er aufgrund der Regelungen des § 4 an diesem Tag eine erhöhte Entgeltfortzahlung. Entgfortz wird auch nicht geschuldet, wenn an bestimmten Tagen die Arbeit aufgrund wirksamer Betriebsvereinbarung gänzlich ausfällt (BAG 9. 5. 1984 AP LohnFG § 1 Nr. 58 = NZA 1984, 162).

43   h) **Sonstige Einzelfälle. aa)** Keine Entgfortz erhält der Arbeitnehmer, dessen ArbVerh wegen **Wehr- oder Zivildienst** und wegen **Erziehungsurlaubs** ohne Teilzeitbeschäftigung ruht (BAG 17. 10. 1990 AP BErzGG § 15 Nr. 4 = NZA 1991, 320). Er hat Anspruch nach anderen sozialgesetzlichen Anspruchsgrundlagen (siehe auch § 15 BErzGG Rn. 28).

44   bb) Fällt die Arbeit **witterungsbedingt** aus, so stellt das eine die Entgfortz ausschließende Mitursache dar, weil der gesunde AN auch keinen Anspruch zB aus § 616 BGB (siehe dort Rn. 5) hat. Anderenfalls bleibt der Anspruch unberührt (BAG 24. 6. 1965 ArbKrankhG § 2 Nr. 23; *Schmitt* Rn. 83; *Schaub* § 98 Anm. II 4 b). Regelmäßig verhalten sich darüber die besonderen Bestimmungen der Tarifverträge, insbesondere die der Bauwirtschaft (MünchKommBGB/*Schaub* § 616 Rn. 49 f.; Kasseler Handbuch/*Vossen* 2. 2. Rn. 75 bis 79).

45   cc) Das Zusammentreffen von AU und Feiertag ist gesetzlich in § 4 II geregelt. Auf die dortige Erläuterung wird verwiesen (§ 4 Rn. 52 und 58–60).

III. Verschulden

46   **1. Grundsätze.** Die AU muß ohne Verschulden des AN eingetreten sein. Es handelt sich dabei um einen anderen als den in § 276 BGB definierten Begriff. Im Entgeltfortzahlungsrecht wird das Verhalten als schuldhaft bewertet, bei dem es sich um einen **groben Verstoß gegen das eigene Interesse eines verständigen Menschen** handelt (allgemein in Rspr. und Schrifttum anerkannte Definition: zB BAG 11. 3. 1987 und 30. 3. 1988 AP LohnFG § 1 Nr. 71 mwN und Nr. 77 = NZA 1987, 452 und NZA 1988, 537; vgl. auch die abweichenden Überlegungen von *Künzl* BB 1989, 62, 66). Plakativ wird auch von einem Verschulden gegen sich selbst gesprochen. Leichtsinniges Verhalten erfüllt den Tatbestand nicht, sondern nur ein **besonders leichtfertig oder vorsätzliches Verhalten.** Soweit die Definition um die Bemerkung erweitert wird, es sei unbillig, die Folgen auf den AG abzuwälzen (BAG 11. 3. 1987 aaO), muß darauf hingewiesen werden, daß die Unbilligkeit kein Definitionsmerkmal ist, sondern Teil der Begründung für den gesetzlichen Ausschlußtatbestand (aA *Schaub* § 98 Anm. II 6 a). Bei anderer Beurteilung besteht die immer wieder zu beobachtende Gefahr, daß sich das Unbilligkeitsmerkmal verselbständigt und allein als Argument für die Befreiung des AG von der Entgfortz benutzt wird (siehe Rn. 21 und Rn. 52).

B. Arbeitsunfähigkeit infolge Krankheit

2. Verschulden Dritter. Es kommt auf das Verschulden des betroffenen AN an. **Mitverschulden** 47 Dritter an der AU steht der Annahme eines den Entgeltfortzahlungsanspruch ausschließenden Eigenverschuldens nicht entgegen (BAG 23. 11. 1971 AP LohnFG § 1 Nr. 8 mit Anm. *Meisel* = NJW 1972, 703). Beim Alleinverschulden eines Dritten bleibt der Anspruch unberührt; zugunsten des AG finden die Regeln des § 6 Anwendung.

Hat der **AG die AU verschuldet**, so entsteht kein Anspruch nach diesem G. Vielmehr behält der 48 Arbeitnehmer, der seine Leistung deswegen nicht erbringen kann, den Anspruch auf die (volle) Gegenleistung, 324 BGB (*Schaub* § 98 Anm. II 7; *Schmitt* Rn. 91). Trifft den **AG** ein **Mitverschulden**, so kommt eine Quotierung des Entgeltfortzahlungsanspruchs entsprechend § 254 BGB nicht in Betracht. Dessen Inhalt ist nur insofern beachtlich, als bei einem überwiegenden Verschuldensanteil des AG der Anspruch auf Arbeitsentgelt nach § 324 BGB bestehen bleibt, während der Vergütungsanspruch entfällt und auch kein Anspruch nach diesem G entsteht, wenn der AN die AU überwiegend verschuldet hat (im Schrifttum umstritten: vgl. die Zusammenstellungen bei *Schmitt* Rn. 91 und *Staudinger/Oetker* § 616 BGB Rn. 249).

3. Einzelfälle. Das Arbeitsleben bietet eine Fülle von Sachverhalten, in denen ein anspruchausschlie- 49 ßendes Verschulden des AN in Betracht kommt. Eine für alle Tatbestände **gleichermaßen gültige Formel** zur Bestimmung des Verschuldens gibt es **nicht.** Vielmehr sind stets die Besonderheiten des Einzelfalls maßgebend.

a) **Arbeitsunfälle.** Bei Arbeitsunfällen kann von einem Verschulden iS des G dann ausgegangen 50 werden, wenn der AN die Vorgaben der Unfallverhütungsvorschriften und/oder die seiner Sicherheit dienenden Anordnungen des AG nicht beachtet hat und es deshalb zu einem Unfall mit anschließender AU kommt (zB Mißachtung des Verbots von Alkoholgenuß LAG Saarland 25. 6. 1975 AP LohnFG § 1 Nr. 37). Das gilt auch, wenn die Anordnungen wegen formeller Mängel nicht wirksam sind, sofern sie inhaltlich der Unfallverhütung dienen. Von einem den Entgeltanspruch erhaltenden überwiegenden Mitverschulden des AG (Rn. 48) ist auszugehen, wenn dieser die bestehenden Regeln des Arbeitsschutzes mißachtet hat und deshalb der Arbeitsunfall vorgekommen ist. Dazu gehört die fehlende oder unzureichende Bereitstellung von funktionsgerechter Sicherheitskleidung (*Schmitt* Rn. 95).

b) **Sportunfälle.** Nach der Rechtsprechung ist zu unterscheiden zwischen **gefährlichen** und **nicht** 51 **gefährlichen Sportarten.** Eine gefährliche Sportart soll dann vorliegen, wenn das Verletzungsrisiko so groß ist, daß auch ein gut ausgebildeter Sportler bei sorgfältiger Beachtung aller Regeln dieses Risiko nicht vermeiden kann (BAG 7. 10. 1981 AP LohnFG § 1 Nr. 45 mit Anm. *Trieschmann* mwN = NJW 1982, 1014). Die Unterscheidung wie die enge Definition vermögen nicht zu überzeugen; sie führen zu unbefriedigenden Ergebnissen. So hat das BAG bisher noch keine Sportart als gefährlich bezeichnet, sondern auch Motorradrennen (BAG 25. 2. 1972 AP LohnFG § 1 Nr. 18 mit Anm. *Monjau* = NJW 1972, 1215), Fußball im Amateurbereich (BAG 21. 1. 1976 AP LohnFG § 1 Nr. 39 = DB 1976, 1367), Amateurboxen (BAG 1. 12. 1976 AP LohnFG § 1 Nr. 42 = DB 1977, 639) und Drachenfliegen (BAG 7. 10. 1981 aaO) als nicht gefährlich eingestuft.

Die **Unterscheidung** sollte **aufgegeben** werden (ähnlich *Schmitt* Rn. 106 bis 109; MünchArbR/ 52 *Boecken* § 83 Rn. 119), auch weil dadurch der unstatthafte Rückgriff auf Treu und Glauben (*Schaub* § 98 Anm. II 6 d) vermieden wird. Statt dessen ist in jedem Einzelfall bei jeder Sportart zu untersuchen, ob der verletzte AN besonders leichtsinnig gegen die anerkannten Regeln des Sports verstoßen hat oder sich an dem Sport überhaupt oder in einer Weise beteiligt hat, die seinen bisherigen Ausbildungsstand und/oder seine Kräfte übersteigt. Nur wenn einer dieser Tatbestände festgestellt werden kann, ist die AU schuldhaft verursacht. So darf der Skianfänger ebensowenig eine „Schwarze Abfahrt" versuchen wie der langjährig Erfahrene am ersten Tag seines Aufenthalts im Skigebiet eine schwere, lange Abfahrt angehen darf, ohne seinen Entgeltfortzahlungsanspruch zu gefährden (*Schmitt* Rn. 109 mit vergleichbaren Beispielen aus anderen Sportarten; weitergehend MünchArbR/*Boecken* § 83 Rn. 121).

c) **Verkehrsunfälle.** Ein den Entgeltfortzahlungsanspruch ausschließendes Verschulden liegt vor, 53 wenn der AN seine Pflichten als Verkehrsteilnehmer vorsätzlich oder in besonders grober Weise fahrlässig mißachtet (BAG 23. 11. 1971 AP LohnFG § 1 Nr. 8 mit Anm. *Meisel* = NJW 1972, 703). Das ist anzunehmen, wenn ein gesunder AN **Alkohol** zu sich genommen hat und den Verkehrsunfall allein deshalb verursacht hat (BAG 11. 3. 1987 AP LohnFG § 1 Nr. 71 = NZA 1987, 452). Zum Verkehrsunfall eines an Alkoholabhängigkeit Erkrankten siehe Rn. 157.

Schuldhaft iS des G handelt der **Kraftfahrer**, der mit stark **überhöhter Geschwindigkeit** einen AU 54 nach sich ziehenden Unfall verursacht (BAG 5. 4. 1962 AP HGB § 63 Nr. 28 mit Anm. *A. Hueck* = DB 1962, 972), der den **Sicherheitsgurt** nicht anlegt und deshalb bei einem Unfall arbeitsunfähig erkrankt (BAG 7. 10. 1981 AP LohnFG § 1 Nr. 46 m. Anm. *Trieschmann* = NJW 1982, 1013), der während der Autofahrt ohne Freisprechanlage **telefoniert** (*Wolber*, SozSich 1995, 211), der trotz eines entgegenstehenden Hinweises vor der Fahrt **Tabletten** einnimmt (LAG Frankfurt BB 79, 1504) uä. Auch andere Verkehrsteilnehmer können ihre AU selbst verschulden, zB der Fußgänger, der eine belebte Straße betritt, ohne sich vorher sorgfältig vergewissert zu haben, daß sich kein Fahrzeug nähert (BAG 23. 11. 1971 AP LohnFG § 1 Nr. 8 mit Anm. *Meisel* = NJW 1972, 703).

55 d) **Sonstige Unfälle.** Weit verbreitet sind Unfälle im **häuslichen** Bereich oder bei der **Freizeitgestaltung.** Für sie gelten die allgemeinen Regeln über die Bestimmung des Tatbestandsmerkmals.

56 e) **Suchtkrankheiten.** Abhängigkeit von **Alkohol, Nikotin, Drogen** im engeren Sinn oder **Tabletten** ist eine Krankheit iS des G. Einen Erfahrungssatz, daß die darauf beruhende AU selbstverschuldet ist, wird von der Rechtsprechung nicht mehr angenommen (BAG 7. 8. 1991 und 1. 6. 1983 AP LohnFG § 1 Nr. 94 = NZA 1992, 69 und Nr. 52 mit Anm. *Baumgärtel* = NZA 1992, 69 und NJW 1983, 2695). Vielmehr ist auch in diesen Fällen der Umstände des Einzelfalls abzustellen. Das hat zur Folge, daß im Streitfall die Gerichte für Arbeitssachen aufzuklären haben, welche Ursachen zur Abhängigkeit geführt haben und inwieweit sie dem AN als Verschulden iS des G angelastet werden. Der AN ist zur Mitwirkung verpflichtet; kommt er dem nicht nach, ist von einem Verschulden gegen sich selbst auszugehen. Das Risiko der Unaufklärbarkeit trägt allerdings der AG (BAG aaO). Auch beim **Rückfall** gibt es keinen Erfahrungssatz, der den Schluß auf das Eigenverschulden rechtfertigt und den der AN widerlegen müßte (im Ergebnis aA BAG 11. 11. 1987 AP BGB § 616 Nr. 75 = NZA 1988, 187; ebenso *Schmitt* Rn. 112). Der Rückfall auch nach einer stationären Behandlung und umfangreicher Aufklärung kann nur ein wichtiges Indiz für ein Verschulden des AN sein (MünchArbR/*Boecken* § 83 Rn. 105).

57 Nach Auffassung des BAG kann aber ein seit längerer Zeit an Alkoholabhängigkeit erkrankter AN schuldhaft handeln, wenn er in noch **steuerungsfähigem Zustand** sein Kraftfahrzeug zur Fahrt zur Arbeitsstelle benutzt, dort übermäßig trinkt, und danach einen alkoholbedingten Verkehrsunfall herbeiführt, bei dem er arbeitsunfähig verletzt wird (BAG 30. 3. 1988 AP LohnFG § 1 Nr. 77 = NZA 1988, 537; MünchArbR/*Boecken* § 83 Rn. 115; aA *Künzl* BB 1989, 61). Dem kann nur für den Fall zugestimmt werden, daß der AN bei Antritt der Fahrt wußte, daß er am Zielort Alkohol angeboten bekommen werde und daß er dem Angebot erfahrungsgemäß nicht widerstehen werde.

58 f) **Organspende, künstliche Befruchtung.** Es besteht weitgehend Einigkeit, daß der Arbeitnehmer, der als Organspender als unvermeidliche Begleiterscheinung auch eines komplikationslosen Eingriffs Krankheit und AU in Kauf nimmt, keinen Entgeltfortzahlungsanspruch hat (aA *Schmitt* Rn. 54, MünchArbR/*Boecken* § 83, 29). Auf die Erläuterungen zu Rn. 21 wird verwiesen.

59 Eingriffe, die eine **bestehende Unfruchtbarkeit** beseitigen sollen und die eine krankheitsbedingte AU zur Folge haben, enthalten keinen Verstoß gegen die eigenen Interessen eines verständigen Menschen, sondern werden in seinem Interesse vorgenommen (Rn. 22; *Schmitt* Rn. 56 f.; aA *Müller-Roden* NZA 1989, 128).

60 g) **Schlägereien.** Wird ein AN durch die Beteiligung an einer handgreiflichen Auseinandersetzung arbeitsunfähig, so liegt in der **Beteiligung** noch kein Verschulden iS des G, auch nicht, wenn er sich in eine Situation begeben hat (Milieu), die immer wieder in Schlägereien enden kann. Nur wenn der AN die Schlägerei selbst begonnen oder aber provoziert hat, kann im Einzelfall (MünchArbR/*Boecken* § 83 Rn. 122) von einem Verhalten gegen die eigenen Interessen ausgegangen und Entgfortz verweigert werden (BAG 13. 11. 1974 AP BGB § 611 Nr. 45 mit Anm. *Herschel* = DB 1975, 471). In diesem Fall ist wenigstens ein den Anspruch ausschließendes Mitverschulden gegeben (OLG Koblenz BB 1994, 719).

61 h) **Suizidversuch.** Selbstmordversuche beruhen regelmäßig auf einer psychischen Erkrankung, die die Annahme eines leichtfertigen Verhaltens in eigenen Angelegenheiten ausschließt; vielmehr ist erfahrungsgemäß davon auszugehen, daß der Betroffene sich einem Zustand befindet, der die freie Willensbestimmung erheblich mindert (BAG 28. 2. 1979 AP LohnFG § 1 Nr. 44 mit Anm. *Zeuner* = NJW 1979, 2326; hM im Schrifttum). Ein Verschulden iS des G scheidet aus, weil ein Schuldvorwurf nicht erhoben werden kann, wenn die freie Willensbestimmung erheblich beeinträchtigt ist (BAG aaO).

62 i) **Heilungswidriges Verhalten.** Dem AN kann eine bestimmte Verhaltensweise bezüglich seiner Gesundheit nicht vorgeschrieben werden. Wer sich nach einem Badebesuch nicht hinreichend abtrocknet und sich deshalb eine Erkältungskrankheit zuzieht, handelt nicht schuldhaft iS des G. Dasselbe Verhalten kann jedoch schuldhaft sein, wenn eine Erkältungskrankheit gerade abklingt und wegen des leichtsinnigen Verhaltens nicht ausheilt und die AU verlängert. Während des **Heilungsprozesses** hat der AN **höhere Sorgfaltspflichten** gegen sich selbst als bei nicht beeinträchtigter Gesundheit (BAG 21. 1. 1976 LohnFG § 1 Nr. 39 NJW 1976, 1367; *Schmitt* Rn. 99). Schuldhaft ist auch die Mißachtung ärztlicher Anordnungen wie eines Rauchverbots bei schwerer Herzerkrankung (BAG 17. 4. 1985 DB 1986, 976; GK-EFZR/*Birk* § 1 LFZG Rn. 277).

63 j) **Nebentätigkeiten.** Erkrankt der AN infolge der Ausübung einer Nebentätigkeit, so kann ein die Entgfortz ausschließendes Verschulden dann vorliegen, wenn sie unter **Verstoß** gegen die Bestimmungen des **Arbeitszeitrechts** ausgeübt wird und die Überarbeit für die AU kausal geworden ist (BAG 21. 4. 1982 AP LohnFG § 1 Nr. 49 mit Anm. *Gitter* = NJW 1983, 2900). Im übrigen ist die Nebentätigkeit ohne Einfluß auf das Vorliegen des Tatbestandsmerkmals; das gilt auch für eine vom

AG nicht genehmigte Nebentätigkeit (BAG 21. 4. 1982 aaO; 7. 11. 1975 AP LohnFG § 1 Nr. 38 mit Anm. *Trieschmann* = NJW 1976, 823). Ein Verschulden iS des G ist nur unter den Voraussetzungen anzunehmen, wie sie bei Hinwegdenken der Nebentätigkeit vorläge. Es ist nämlich ohne Bedeutung, ob eine die Schuldlosigkeit ausschließende Überanstrengung während der Ausübung eines **Hobbys**, bei Tätigkeiten im **Haus oder Garten** oder eben bei einer Nebentätigkeit zur AU infolge Krankheit führt.

4. Darlegungs- und Beweislast. a) Will der AG die Entgfortz mit der Begründung verweigern, der 64 AN habe die AU schuldhaft iS des G herbeigeführt, so hat er die Tatsachen vorzutragen, aus denen sich der Ausschließungsgrund ergibt. Denn er macht eine anspruchshindernde Einwendung geltend, für die der Einwendende darlegungspflichtig ist (grundlegend BAG 23. 11. 1971 AP LohnFG § 1 Nr. 9 mit Anm. *Birk* = NJW 1972, 704; seither st. Rspr. vgl. insbesondere BAG 7. 8. 1991 AP LohnFG § 1 Nr. 94 = NZA 1992, 69; zu den Schwierigkeiten bei der Darstellung, wie es zur Krankheit kam: *Stückmann* DB 1996, 1822).

b) Da der AG häufig keine genauen Kenntnisse über die Geschehensabläufe hat, ist er auf die 65 **Mitwirkung des AN** angewiesen. Dazu ist der AN verpflichtet, anderenfalls kann davon ausgegangen werden, daß die AU verschuldet ist. Der Umfang der notwendigen Darlegung hängt ebenso wie das Ausmaß der Mitwirkungspflichten von der Art des behaupteten Selbstverschuldens ab (zum Alkoholabusus vgl. Rn. 56).

c) An den Grundsätzen über die **Darlegungs- und Beweislast** ändert sich nichts, wenn an Stelle des 66 AN eine **gesetzliche Krankenkasse** aus übergegangenem Recht gegen den AN klagt. Der AG muß nach obigen Maßstäben vortragen und die Mitwirkung des AN verlangen (BAG 7. 8. 1991 AP LohnFG § 1 Nr. 94 = NZA 1992, 69); er kann auch einwenden, daß die klagende Krankenkasse im Besitz der Unterlagen ist, aus denen sich das Selbstverschulden des Versicherten ergibt.

IV. Beginn, Dauer und Ende des Anspruchs

1. Beginn. Das bisherige Recht kannte keine Wartezeit. Der Anspruch entstand seit 1994 nach der 67 Vereinheitlichung der Vorschriften im Entgeltfortzahlungsgesetz (zum Recht vor 1994 BAG 6. 9. 1993 AP HGB § 63 Nr. 45 = NZA 1990, 142, 26. 7. 1989 AP LohnFG § 1 Nr. 87 = NZA 1990, 141, 27. 1. 1988 AP LohnFG § 1 Nr. 75 = DB 1988, 1118 und *Schmitt* RdA 1996, 5, 6) für alle AN mit dem Tag des vereinbarten Arbeitsbeginn, sofern der AN nicht schon vor Beginn des ArbVerh arbeitsunfähig erkrankt war.

In den seit dem 1. Oktober 1996 begründeten ArbVerh muß der AN eine **Wartezeit von 4 Wochen** 68 verbringen, bevor der Anspruch nach Absatz 1 entsteht. Es genügt der **rechtliche Bestand** des Arbeitsverhältnisses; eine **tatsächliche Beschäftigung** während der Wartezeit wird **nicht** gefordert. So erhält der nach Beginn des ArbVerh dauerhaft erkrankte AN einen Anspruch vom ersten Tag der 5. Woche für die gesetzlich vorgesehene Dauer (Rn. 71 bis 77), auch wenn er in den ersten vier Wochen keine Arbeitsleistung erbringen konnte (BAG 26. 5. 1999 AP EntgeltFG § 3 Nr. 10 mit Anm. Schmitt = NZA 1999, 1273; *Bauer/Lingemann*, BB 1996, Beil. 17, 8; *Schwedes*, BB 1996, Beil. 17, 2, 6; aA *Gaumann/Schafft*, NZA 2000, 811; *Sieg*, BB 1996, Beil. 17, 18, 19, der einen vierwöchigen Bestand des ArbVerh vor der AU verlangt; ähnlich wohl auch *Schliemann* AuR 1994, 317, 319; unentschieden *Hanau* ZRP 1996, 349, 351). In dieser Zeit erhält der AN Krankengeld von seiner Krankenkasse (weitergehend *Buschmann* AuR 1996, 285, 290, der Entgfortz rückwirkend vom 1. Krankheitstag an bejaht, wenn nur das ArbVerh länger als 4 Wochen andauert).

Der Arbeitsunfall und die **Berufskrankheit** iS des § 4 I sind ausdrücklich nur bei der **Bemessung** 69 des fortzuzahlenden Entgelts privilegiert, **nicht** aber bei der **Wartezeit**. Deshalb hat auch der Arbeitnehmer, der innerhalb der Wartezeit einen Arbeitsunfall erleidet oder aufgrund einer Berufskrankheit arbeitsunfähig wird, keinen Anspruch auf sofortige Entgfortz. Eine teleologische Reduktion des § 3 III kommt nicht in Betracht (aA *Löwisch* NZA 1996, 1009, 1013). Es ist Aufgabe des Gesetzgebers, die insoweit sozialpolitisch verfehlte gesetzliche Regelung zu ändern.

Wird ein ArbVerh **beendet** und später ein rechtlich **selbständiges ArbVerh** zwischen denselben 70 Arbeitsvertragsparteien **begründet**, so muß der AN grundsätzlich **erneut die Wartezeit zurücklegen**, bevor er einen Entgeltfortzahlungsanspruch erwerben kann. Davon kann bei Vorliegen besonderer Umstände abgesehen werden; dann können die beiden rechtlich selbständigen Arbeitsverhältnisse entgeltfortzahlungsrechtlich als ein einheitliches ArbVerh angesehen werden. Die besonderen Umstände sind wie bei der Erfüllung der Wartezeit des § 1 KSchG zu bestimmen (ähnlich bereits im anderen Zusammenhang BAG 2. 3. 1983 AP LohnFG § 1 Nr. 51 = NJW 1984, 994; siehe Rn. 94).

2. Dauer. Der Anspruch auf Entgfortz besteht für die Zeit der AU bis zur Dauer von sechs Wochen. 71 Auf die genaue Berechnung kommt es in erster Linie bei langen Erkrankungen und bei Mehrfacherkrankungen an. Dabei sind die §§ 187 ff. BGB maßgebend (BAG 22. 2. 1973 LohnFG § 1 Nr. 28 mit Anm. *Töns* = DB 1973, 976).

72   Dem Sechs-Wochen-Zeitraum entsprechen 42 Kalendertage (BAG 22. 2. 1973 Rn. 71), unabhängig davon, welche Tage in diesem Zeitraum als Arbeitstage ausgefallen sind. Für die **Berechnung des Zeitraums** ist die Dauer des Arbeitsausfalls und die sich daran anknüpfende Höhe der Entgfortz ohne Bedeutung. Zu den 42 Tagen zählen demnach alle Sonn – und Feiertage, freien Tage aufgrund eines Schichtplans, aufgrund Freizeitausgleichs, Tage des Arbeitskampfes (BAG 8. 3. 1973 AP LohnFG § 1 Nr. 29 mit Anm. *Reuß* = DB 1973, 1027), arbeitsfreie Tage bei Teilzeitbeschäftigung, sofern letztere normativ oder vertraglich festgelegt sind. Eine nachträgliche Veränderung der Arbeitspflichten zur Änderung des Entgeltfortzahlungszeitraums kommt nicht in Betracht (*Schmitt* Rn. 144).

73   Tritt die **AU vor Beginn der Arbeitspflicht** des betreffenden Tag ein, so ist nach arbeitsrechtlicher Reduktion des § 187 I BGB dieser Tag bei der Berechnung des Zeitraums mitzuzählen (BAG 21. 9. 1971 LohnFG § 1 Nr. 6 mit Anm. *Herschel* = NJW 1972, 223; hM im Schrifttum; aA *Schmitt* Rn. 127 f.). Wird der AN im Laufe des Arbeitstags arbeitsunfähig, so beginnt der Anspruchszeitraum nach diesem G mit dem nächsten Tag. Für den Tag mit teilweiser Arbeitsleistung hat der AN seinen regulären Anspruch aus § 611 BGB (BAG 4. 5. 1971 LohnFG § 1 Nr. 3 = NJW 1971, 1856).

74   Der Anspruchszeitraum wird nicht dadurch erschöpft, daß das **ArbVerh** bei Beginn der AU des AN **ruht**. Während dieser Zeit entfallen die wechselseitigen Rechte und Pflichten der Vertragsparteien mit der Folge, daß der AN keinen Anspruch auf Entgfortz hat und damit auch der Anspruchszeitraum unberührt bleibt. Dauert die AU jedoch an dem Tag fort, an dem der **Ruhenstatbestand beendet** wird (zB Ablauf des unbezahlten Sonderurlaubs, des Wehr- oder Zivildienstes, eines Beschäftigungsverbots nach dem MuSchG und des Erziehungsurlaubs), so beginnt für den vollen 6-Wochenzeitraum die Entgeltfortzahlungspflicht des AG (BAG 6. 9. 1989 AP HGB § 63 Nr. 45 mit Anm. *Meisel* = NZA 1990, 142; 14. 6. 1974 AP LohnFG § 1 Nr. 36; 3. 3. 1961 AP HGB § 63 Nr. 27 mit Anm. *Hefermehl* = NJW 1961, 1133). Ist das ArbVerh des AN bei Beginn seiner Erkrankung von einem Arbeitskampf betroffen, so ist der Lauf der 6-Wochen-Frist ebenfalls gehemmt, sofern der AN keinen Anspruch auf Entgfortz hat (siehe Rn. 33 bis 35). Die gegenteilige Auffassung des 5. Senats des BAG (BAG 8. 3. 1973 AP LohnFG § 1 Nr. 29 mit Anm. *Reuß* = DB 1973, 1027) dürfte mit der neueren Rechtsprechung des 1. Senats zum Arbeitskampf und zur Entgfortz nicht vereinbar sein (iE ebenso Münch-ArbR/*Boecken* § 84 Rn. 61; *Schmitt* Rn. 133 f.; kritisch auch Kasseler Handbuch/*Vossen* 2. 2. Rn. 122).

75   **3. Ende.** Der Anspruch auf Entgfortz endet einmal mit dem Zeitpunkt, den der **behandelnde Arzt als letzten Tag** der AU bezeichnet. Denn es gehört zu den Aufgaben des Arztes zu bestimmen, wann die AU endet (BAG 14. 9. 1983 AP LohnFG § 1 Nr. 55 = DB 1983, 2783; 12. 7. 1989 AP BGB § 616 Nr. 77 = NZA 1989, 927). Die konkrete Festlegung des Zeitpunkts ist insbesondere bei der erneuten Erkrankung und des Anlaufs für eine weitere 6-Wochen-Frist von Bedeutung (Rn. 78 ff.). Das kann das Ende eines jeden Kalendertags einschließlich des Sonntags vor Arbeitsbeginn sein; das kann das Ende der Arbeitsschicht an einem Werktag sein; der Arzt kann aber auch einen Zeitpunkt im Laufe eines Arbeitstages zB am Ende einer Schlußuntersuchung bestimmen (BAG aaO).

76   Wird der AN im Laufe von sechs Wochen **nicht arbeitsfähig**, endet sein Anspruch auf Entgfortz mit Ablauf des 42. Kalendertags. Verunfallt der AN zB auf dem Weg zur Arbeit an einem Mittwoch, so endet sein Anspruch am 6. Dienstag nach dem Unfalltag, sofern nicht ein besonderer Tatbestand für die Fristberechnung wegen mehrfacher AU vorliegt (Rn. 78 ff.).

77   **Endet das ArbVerh während der AU** des Arbeitnehmers, so erlischt sein Entgeltfortzahlungsanspruch, sofern nicht der Sondertatbestand des § 8 vorliegt und der AG das ArbVerh aus Anlaß der Krankheit kündigt (siehe die Erläuterungen zu § 8). Im neuen ArbVerh hat der AN nach Einführung der Wartezeit nur dann einen Anspruch, wenn die Erkrankung über die Wartezeit hinaus fortdauert (Rn. 68).

V. Mehrfache Arbeitsunfähigkeit

78   Wird dem AN wiederholt AU bescheinigt, kommt es für das Entstehen eines erneuten Anspruchs und dessen Berechnung darauf an, ob die AU auf **einer anderen Krankheit** beruht oder ob **dieselbe Krankheit** Auslöser für die Arbeitsverhinderung ist. Nur der letzte Fall ist ausdrücklich im G geregelt, und zwar anspruchsausschließend, wodurch die wirtschaftliche Belastung des AG limitiert wird (besondere Zumutbarkeitserwägung des Gesetzgebers BAG 18. 1. 1995 AP LohnFG § 7 Nr. 8 = NZA 1995, 729; 19. 6. 1991 AP LohnFG § 1 Nr. 93 = NZA 1991, 894). Von der mehrfachen bzw. wiederholten AU ist die einheitliche Arbeitsverhinderung mit einem untauglichen Arbeitsversuch zu unterscheiden. Dafür gelten die nachstehenden Regeln nicht (BAG 1. 6. 1983 AP LohnFG § 1 Nr. 54 mit Anm. *Baumgärtel* = NJW 1983, 2695).

79   **1. AU aufgrund derselben Erkrankung.** Wird der AN aufgrund derselben Erkrankung mehrfach arbeitsunfähig, so unterliegt sein arbeitsrechtlicher Entgeltfortzahlungsanspruch gesetzlichen Einschränkungen nach § 3 I 2 Nr. 1 und Nr. 2. Neben der **Begriffsbestimmung** zur selben Krankheit sind die **Zeiträume** von Bedeutung, innerhalb derer Wiederholungserkrankungen auftreten.

B. Arbeitsunfähigkeit infolge Krankheit   § 3 EFZG 280

a) Begriff und Beispiele. Erneute AU infolge **derselben Krankheit** liegt vor, wenn die Krankheit, 80 auf der die frühere AU beruhte, in der Zeit zwischen dem Ende der vorausgegangenen und dem Beginn der neuen AU medizinisch **nicht vollständig ausgeheilt** war, sondern als **Grundleiden** latent weiterbestanden hat, so daß die neue Erkrankung nur eine Fortsetzung der früheren Erkrankung ist (BAG 14. 11. 1984 AP LohnFG § 1 Nr. 61 = NZA 1985, 501; 4. 12. 1985 AP HGB § 63 Nr. 42 = NZA 1986, 289). Dabei müssen die Krankheitssymptome nicht identisch sein wie zB bei Erkältungen; es können verschiedene Folgen einer Krankheit unterschiedliche Erscheinungsbilder haben (anschaulich BAG 4. 12. 1985 aaO zu den verschiedenen Krankheitsbildern einer multiplen Sklerose); GK-EFZK/*Birk* § 1 LFZG Rn. 304 bis 307; MünchArbR/*Boecken* § 84 Rn. 78 ff.).

Umgekehrt deuten die gleichen Krankheitssymptome nicht auf dieselbe Krankheit iS des G hin. 81 Eine einem ausgeheilten Armbruch folgende Fraktion am selben Arm sind wohl gleiche Krankheiten, aber nicht dieselbe nach § 3 I 2.

Wird dem AN nach Ausheilung eines Leidens eine Maßnahme der medizinischen Vorsorge oder 82 Rehabilitation nach § 9 gewährt, so handelt es sich dabei um eine Fortsetzungserkrankung iS des G. Der AN erhält Entgfortz nur für die Dauer von insgesamt 6 Wochen (BAG 18. 1. 1995 AP LohnFG § 7 Nr. 8 = NZA 1995, 729; 22. 8. 1984 AP LohnFG § 1 Nr. 60 = NZA 1985, 359; 2. 6. 1966 AP HGB § 63 Nr. 30 mit Anm. *Trieschmann* = NJW 1966, 1844). Das gilt auch bei einer Rehabilitationsmaßnahme nach einem rechtmäßigen Schwangerschaftsabbruch (*Schmitt* Rn. 173).

Verläuft eine Schwangerschaft nicht regulär, sondern so beschwerlich, daß von einer Krankheit 83 auszugehen ist (Rn. 11), kann sie ein Grundleiden für nachfolgende schwangerschaftsbedingte Krankheiten sein (BAG 14. 11. 1984 AP LohnFG § 1 Nr. 61 = NZA 1985, 501).

b) Sechs-Monats-Zeitraum. aa) Grundsatz. AU aufgrund derselben Erkrankung hat **grundsätz-** 84 **lich** zur Folge, daß der AG nur einmal für die Dauer von sechs Wochen zur Entgfortz verpflichtet ist. Das gilt nicht, wenn der AN wegen dieser selben Krankheit sechs Monate lang (Berechnung nach §§ 187 ff. BGB; siehe Rn. 71 f.) nicht arbeitsunfähig war. Dann wird der **Fortsetzungszusammenhang** zwischen der früheren und der erneut auftretenden Krankheit **unwiderleglich als gelöst** angesehen (BAG 18. 1. 1995 AP LohnFG § 7 Nr. 8 = NZA 1995, 729; 22. 8. 1984 AP LohnFG § 1 Nr. 60 = NZA 1985, 359, das allerdings hier Krankheit und AU zu Unrecht gleichsetzt).

bb) Einzelfälle. Ohne Bedeutung für die Berechnung des Sechs-Monats-Zeitraums ist die AU 85 aufgrund **einer anderen Krankheit** (*Schmitt* Rn. 178). Diese Erkrankung unterbricht den Lauf der Frist nicht (BAG 22. 8. 1984 Rn. 84; 29. 9. 1982 AP LohnFG § 1 Nr. 50 m. Anm. *Herschel* = NJW 1983, 2103).

Besteht eine AU wegen einer einmaligen Krankheit zB einer Erkältung und kommt während dieser 86 Zeit eine AU hinzu, die auf einem Grundleiden beruht, so wird deshalb kein neuer Entgeltfortzahlungsanspruch ausgelöst (zur Einheit des Verhinderungsfalls Rn. 97). Das hat zur Folge, daß die Sechs-Monatsfrist auch nicht zu laufen beginnt. Wird der AN nunmehr erneut infolge einer Erkrankung zum Grundleiden innerhalb von sechs Monaten arbeitsunfähig, so besteht ein Anspruch über den vollen Zeitraum von 42 Tagen (BAG 19. 6. 1991 AP LohnFG § 1 Nr. 93= NZA 1991, 894).

Wieder anders ist die Rechtslage, wenn eine Krankheit, die sich später als Fortsetzungserkrankung 87 herausstellt, zu einer bereits bestehenden, zur AU führenden Krankheit hinzutritt und später alleinige Ursache der AU wird (BAG 2. 2. 1994 AP LohnFG § 1 Nr. 99 = NZA 1994, 547). Eine erneute volle Entgfortz fällt nur an, wenn mehr als 6 Monate vergangen sind oder für die vormalige Erkrankung noch nicht 42 Tage Entgelt geleistet worden ist.

c) Zwölf-Monats-Zeitraum. Unabhängig von der Qualifizierung einer **wiederholten Erkrankung** 88 als dieselbe oder als andere Krankheit hat der AN einen **erneuten Anspruch** auf Entgeltfortzahlung, wenn er 12 Monate nach dem Beginn der ersten AU erkrankt. Denn auch wenn sich diese Krankheit als Fortsetzungserkrankung iS des G erweist, erwirbt er nach § 3 I 2 Nr. 2 einen neuen Anspruch über 42 Tage.

Die sog. Rahmenfrist von 12 Monaten **beginnt** mit dem **Eintritt** der ersten krankheitsbedingten 89 AU (Grundsatz der Vorausberechnung). Soweit im Schrifttum zum Lohnfortzahlungsgesetz die Rückberechnung für zutreffend gehalten wurde, ist der Meinungsstreit mit der Änderung des Wortlauts im EFZG obsolet. Die vom BAG (16. 12. 1987 AP LohnFG § 1 Nr. 73 = NZA 1988, 365; 9. 11. 1983 AP LohnFG § 1 Nr. 56; 30. 8. 1973 AP LohnFG § 1 Nr. 33) vertretene Methode der Vorausberechnung findet sich nunmehr im Text des G (*Schmitt* Rn. 185 und RdA 1995, 5, 7; *Schliemann* AuR 1994, 317, 321). Bei der konkreten Berechnung sind wiederum die §§ 187 ff. BGB heranzuziehen.

Beginnt die wiederholte Erkrankung im Laufe des Zwölf-Monats-Zeitraums und dauert sie bis in 90 den 13. Monat hinein, so hat der AN zunächst nur Anspruch auf Krankengeld. Vom ersten Tag des 13. Monats an steht ihm aber für weitere 42 Tage Entgfortz zu, auch wenn es sich um eine Fortsetzungserkrankung handelt. Das folgt unmittelbar aus dem Gesetzestext des § 3 I 2 Nr. 2. Ist der AN jedoch länger als 12 Monate ununterbrochen arbeitsunfähig krank, so entsteht zu Beginn des 13. Monats kein Anspruch, weil er dann nicht erneut, sondern nur einmal fortdauernd arbeitsunfähig geworden (und geblieben) ist.

91 **d) Zusammentreffen beider Zeiträume.** Zum Lohnfortzahlungsrecht hat das BAG die Auffassung vertreten, der Zwölf-Monats-Zeitraum werde dann unterbrochen und beginne neu zu laufen, wenn der AN aufgrund des Dauerleidens nach Ablauf von 6 Monaten arbeitsunfähig erkranke (BAG 6. 10. 1976 AP LohnFG § 1 Nr. 41 mit Anm. *Brecht* = DB 1977, 262). Auf die zeitlich erste Erkrankung infolge eines Grundleidens sei nicht abzustellen, wenn das Grundleiden 6 Monate lang nicht zu einer AU geführt habe, weil die nach Ablauf von 6 Monaten erneut eintretende AU arbeitsrechtlich als neue zu bewerten sei.

92 Daran ist im Geltungsbereich des EFZG festzuhalten (*KDHK* Rn. 149 f.; *Schmitt* Rn. 188), auch wenn aus dem veränderten Wortlaut der Vorschrift im Vergleich zu § 1 LohnFG das Gegenteil abgelesen werden könnte. Das EFZG spricht nämlich in § 3 I 2 Nr. 2 vom Beginn der **ersten** Arbeitsunfähigkeit, nicht wie in Nr. 1 von der **erneuten** Arbeitsunfähigkeit. Die neue Nr. 2 beruht auch nicht mehr auf dem Gedanken der unwiderlegbaren Vermutung, daß kein Fortsetzungszusammenhang zwischen älter und neuer Erkrankung mehr besteht. Vielmehr stellt sie als Abwägungsnorm allein auf den Zeitablauf ab. Der Charakter der Vorschrift als Einschränkung zugunsten des mit der Entgtfortz belasteten AG und der fehlende Wille des Gesetzgebers, die Rechtslage insoweit gegenüber dem LFZG verändern zu wollen, gebieten aber die Auslegung des Adjektivs „ersten" in § 3 I 2 Nr. 2 im hergebrachten Sinn. Die Arbeitsunfähigkeit, die nach Ablauf von 6 Monaten infolge eines Grundleidens auftritt, ist die „erste Arbeitsunfähigkeit" im Sinne dieser Vorschrift. Eine neue Zwölf-Monatsfrist läuft.

93 **e) Wechsel des Arbeitgebers.** Die **Regeln** über die mehrfachen Erkrankungen **gelten nur im jeweiligen ArbVerh** (BAG 23. 12. 1971 AP LohnFG § 1 Nr. 10 mit Anm. *Meisel* = NJW 1972, 888). Wechselt der AN in ein anderes Unternehmen und wird er – nach Ablauf der Wartezeit des § 3 III – infolge derselben Krankheit beim neuen AG arbeitsunfähig, so erwirbt er einen vollen Entgeltfortzahlungsanspruch auch dann, wenn er noch zum Ende des alten ArbVerh wegen Krankheit an der Arbeitsleistung verhindert war und seither weniger als sechs Monate vergangen sind.

94 Wird ein ArbVerh **beendet** und später ein **rechtlich selbständiges weiteres ArbVerh** zu demselben **AG begründet**, so soll es entgeltfortzahlungsrechtlich als ein einheitliches ArbVerh zu behandeln sein, wenn zwischen diesen ArbVerh ein enger sachlicher Zusammenhang besteht (BAG 2. 3. 1983 AP LohnFG § 1 Nr. 51 = NJW 1984, 994). Dem ist im Geltungsbereich des EFZG jedenfalls unter der Prämisse zuzustimmen, daß der AN im nachfolgenden ArbVerh auch nicht noch einmal die Wartezeit des § 3 III erfüllen muß (Rn. 70). Dann rechtfertigt sich auch die Anwendung der der Entlastung des AG dienenden einschränkenden Vorschriften des § 3 I 2. In den Fällen, in denen wegen der besonderen Umstände des Einzelfalls vom AN das Zurücklegen einer erneuten Wartezeit zu verlangen ist, können auch die den Anspruch einschränkenden Fristenregelungen des § 3 I 2 Nr. 1 und Nr. 2 keine Anwendung finden. Kein Wechsel des ArbVerh liegt vor beim Betriebsübergang nach § 613 a BGB und beim Übergang vom Ausbildungsverhältnis in ein ArbVerh (*Schmitt* Rn. 193). In diesen Fällen gelten die Bestimmungen wie in einem laufenden Arbeitsverhältnis.

95 **2. AU aufgrund anderer Erkrankungen.** Die gesetzliche Beschränkung des Entgeltfortzahlungsanspruchs nach den Bestimmungen des § 3 I 2 Nr. 1 oder Nr. 2 kommen dann nicht zur Anwendung, wenn der AN infolge einer anderen Erkrankung als in der vorherigen Zeitraum arbeitsunfähig wird. In diesem Fall kann der AN erneut bis zur Höchstdauer von sechs Wochen Entgtfortz beanspruchen. Das gilt nur dann nicht, wenn die weitere AU noch während der laufenden AU eintritt – Einheit des Verhinderungsfalls (Rn. 97).

96 **a)** Von einer **anderen Krankheit** ist auszugehen, wenn sie eine andere Ursache hat als die vorhergehende Krankheit und wenn sie auch nicht auf demselben Grundleiden beruht (Umkehrschluß aus BAG 14. 11. 1984 AP LohnFG § 1 Nr. 61 = NZA 1985, 501; 4. 12. 1985 AP HGB § 63 Nr. 42 = NZA 1986, 289; siehe auch Rn. 11 und 80).

97 **b) Mehrere gleichzeitig oder sich überlappende Erkrankungen,** die nicht auf einem Grundleiden beruhen und deshalb als andere Krankheiten iS des G anzusehen sind, lösen nur einmal einen Entgeltfortzahlungsanspruch für 42 Kalendertage aus (BAG 2. 12. 1981 AP LohnFG § 1 Nr. 48 mit Anm. *Trieschmann* = NJW 1982, 1664). Es gilt der Grundsatz von der Einheit des Verhinderungsfalls (BAG 2. 2. 1994 AP LohnFG § 1 Nr. 99 = NZA 1994, 547 mwN). Das gilt auch dann, wenn die erste AU selbst verschuldet war und deshalb zunächst keine Entgtfortz geschuldet wurde. Bei später hinzutretender Erkrankung entsteht zwar ein Anspruch; dieser ist aber begrenzt auf den Ablauf des 42. Kalendertags nach Beginn der ersten AU (*Schmitt* Rn. 196).

98 Zwei selbständige Verhinderungsfälle und damit zwei von einander unabhängige Ansprüche sind dann gegeben, wenn ein AN zwischen zwei Krankheiten tatsächlich arbeitet (nicht aber bei einem **untauglichen Arbeitsversuch,** Rn. 78) oder wenn er nur kurze Zeit außerhalb der vertraglich geschuldeten Arbeitszeit (zB Sonntag) arbeitsfähig war (BAG 12. 7. 1989 AP BGB § 616 Nr. 77 = NZA 1989, 927, 2. 12. 1981 Rn. 97).

99 **3. Darlegung und Beweis.** Für das Vorliegen einer den Anspruch ausschließenden Fortsetzungserkrankung ist der **AG darlegungspflichtig.** Das ist nach der Änderung des § 69 IV SGB X vom Juni

1994 nicht mehr so problematisch wie davor (zur alten Rechtslage BAG 19. 3. 1986 AP LohnFG § 1 Nr. 67 = NZA 1986, 743; 4. 12. 1985 AP HGB § 63 Nr. 42 m. Anm. *Laumen* = NZA 1986, 289). Nach dieser Vorschrift sind die Krankenkassen befugt, einem AG mitzuteilen, ob die Fortdauer einer AU oder eine erneute AU eines AN auf derselben Krankheit beruht. So kann sich der AG vorab informieren und die Auskunft der Krankenkasse als Beweismittel in einen etwaigen Prozeß einbringen, ohne daß die Krankenkasse zunächst seitens des versicherten AN von der Schweigepflicht befreit werden müßte. Lediglich bei einem nicht gesetzlich versicherten AN ist der AG auf die Mitwirkung des AN bei der Aufklärung angewiesen; in diesem Fall ist nach den vom BAG entwickelten Regeln (BAG 19. 3. 1986 aaO) zu verfahren.

VI. Rechtsfolgen

Nach dem bis zum 30. September 1996 und seit dem 1. Januar 1999 wieder geltenden Recht verliert 100 der AN seinen Anspruch auf Arbeitsentgelt nach § 611 BGB nicht, wenn der Tatbestand des § 3 I 1 gegeben ist. § 323 BGB ist abbedungen. Der Entgeltfortzahlungsanspruch ist inhaltlich nichts anderes als der vertraglich geschuldete Anspruch auf die Arbeitsvergütung, kein Lohnersatzanspruch (allgM in Rspr. und Schrifttum: BAG 27. 3. 1991 AP LohnFG § 1 Nr. 92 = NZA 1991, 895 mwN; *Schmitt* Rn. 57 mvN).

In der Zeit vom 1. Oktober 1996 bis 31. Dezember 1998 war die Rechtslage anders zu beurteilen. 101 Anstelle des nach § 323 BGB untergegangenen Vergütungsanspruchs war ein Ersatzanspruch entstanden, der gesetzlich nur 80 vH des Vergütungsanspruchs betrug, es sei denn, tariflich war etwas anderes geregelt (§ 4 Rn. 38 ff.). Anspruchsgrundlage war nicht mehr der Arbeitsvertrag der Parteien iV mit vertraglichen Regelungen und Übungen oder tariflichen Normen (zur Bedeutung für Tarifverträge siehe § 4 Rn. 48 bis 51), sondern das G (wie hier *Staudinger/Oetker* § 616 BGB Rn. 177 ff.; *Schmitt* Rn. 156 ff.; *Stückmann*, DB 1998, 1662). Wegen der Einzelheiten wird auf die Erläuterungen in der 1. Auflage, § 3 Rn. 100 bis 106 verwiesen.

C. Sterilisation und Schwangerschaft

I. Grundsätze

1. Umfang der Abweichung. Arbeitnehmerinnen haben nicht nur einen Entgeltfortzahlungsan- 102 spruch bei Arbeitsverhinderung durch AU infolge Krankheit, sondern auch bei den Sondertatbeständen der rechtmäßigen Sterilisation und des rechtmäßigen Schwangerschaftsabbruchs. Diese Tatbestände treten **an die Stelle** des Tatbestands „Krankheit". **Weitere Abweichungen** oder Erleichterungen zugunsten der AN sind in § 3 II nicht vorgesehen (*Schmitt* Rn. 213 ff.). Es müssen dieselben weiteren Voraussetzungen wie bei der Krankheit gegeben sein. So muß das G auf die betroffene Frau oder Mann anwendbar sein; es muß infolge des Eingriffs eine Arbeitsverhinderung vorliegen. Einer der Sondertatbestände muß die alleinige Ursache für die Arbeitsverhinderung sein. Ferner sind die Bestimmungen über Beginn, Dauer und Ende sowie über die Fortsetzungserkrankungen zu beachten.

Beruht die AU nur auf einem der Eingriffe nach § 3 II, so wird die **Schuldlosigkeit unwiderleglich** 103 **vermutet.** Beruht aber die Fortdauer der AU auf einem Verhalten des Arbeitnehmers, das sich gegen seine eigenen Interessen gerichtet hat (zB Mißachtung ärztlicher Anweisungen), so kommt ein Anspruchsausschluß in Betracht. Die Voraussetzungen dafür muß der AG darlegen und ggf. (mit Hilfe des von der Schweigepflicht befreiten Arztes) beweisen.

2. Entgeltfortzahlungspflicht und Verfassungsrecht. Die jetzige gesetzliche Regelung hat eine 104 verfassungsrechtliche Vorgeschichte, aus der ihrerseits folgt, daß § 3 II mit der Verfassung übereinstimmt. Das BAG hatte zum Lohnfortzahlungsrecht entschieden, daß der AG zur Lohnfortzahlung verpflichtet sei, wenn die Arbeitnehmerin einen auf Grund der damaligen Indikationsregelungen des § 218 a StGB straffreien Schwangerschaftsabbruch vornehmen lasse und im Zusammenhang damit krankheitsbedingt arbeitsunfähig werde (BAG 5. 4. 1989 AP LohnFG § 1 Nr. 84 mit Anm. *Wank* = NZA 1989, 713). Das Bundesverfassungsgericht nahm die dagegen gerichtete Verfassungsbeschwerde des AG nicht zur Entscheidung an (BVerfG 18. 10. 1989 AP LohnFG § 1 Nr. 84 a mit Anm. *Wank*). Das BVerfG führt unter anderem aus, daß die vom BAG aus § 1 II LohnFG abgeleitete Verpflichtung des Arbeitgebers, auch in diesen Fällen Lohnfortzahlung leisten zu müssen, Art. 14 I GG nicht verletzt. Das BAG hat daraufhin seine Rechtsprechung trotz der methodischen Kritik im Schrifttum (GK-EFZR/*Birk* § 1 LohnFG Rn. 289 ff.) fortgesetzt (BAG 14. 12. 1994 AP EntgeltFG § 3 Nr. 1 = NZA 1995, 459 = AuR 1995, 275 mit abl. Anm. *Frommel*).

In der folgenden „Fristenlösungs-Entscheidung" des BVerfG (NJW 1993, 1751) wird ausgeführt, 105 daß also der verfassungsrechtlichen Schutzpflicht für das ungeborene Lebens nicht widerspricht, wenn die arbeitsrechtlichen Grundsätze zum Verschulden dahin ausgelegt und angewendet werden, daß eine Verpflichtung zur Lohnfortzahlung auch dann besteht, wenn die AU die Folge eines auf der Grundlage der Beratungsregelung erfolgten Schwangerschaftsabbruchs ist (dazu ausführlich *Stoffels*, DB 1993, 1718).

106 Folgerichtig hat der Gesetzgeber bei der Neuordnung des Entgeltfortzahlungsrechts die Vorschrift des § 3 II an diese Rechtsprechung angepaßt (BT-Drucks. 12/5798). Sie begegnet keinen verfassungsrechtlichen Bedenken (aA wohl *Stoffels*, Rn. 105, wie aus seinem damaligen Ausblick de lege ferenda zu schließen ist).

II. Sterilisation

107 Die Sterilisation, die Ausschließung der Zeugungs- oder Empfängnisfähigkeit durch medizinischen Eingriff, ist nicht rechtswidrig, wenn der Betroffene eingewilligt hat und der Eingriff nicht gegen die guten Sitten verstößt, § 226a StGB. Davon kann nicht nur bei einer Sterilisation aus eugenischen und sozialen Gründen ausgegangen werden, sondern auch bei der freiwilligen Sterilisation aus anderen Gründen, zB wenn sich ein Elternteil für einen Eingriff entscheidet, weil sie keine Kinder mehr zeugen wollen, obwohl die finanziellen Verhältnisse das erlauben. In beiden Fällen erhält die Arbeitnehmerin oder (bei der seltenen Sterilisation von Männern) der AN Entgeltfortzahlung, wenn der Eingriff mit einer AU verbunden ist.

III. Schwangerschaftsabbruch

108 **1. Rechtmäßiger Abbruch.** Unter einem Schwangerschaftsabbruch ist die Entfernung und Abtötung der Leibesfrucht bei einer intakten Schwangerschaft zu verstehen. Er ist nicht rechtswidrig unter den Voraussetzungen des § 218a II StGB (medizinische Indikation) und des § 218a III StGB (eugenische Indikation). Die Arbeitnehmerin hat Anspruch auf Lohnfortzahlung, wenn dadurch als alleinige Ursache AU verbunden ist, § 3 II 1. Das ist regelmäßig nicht der Fall, wenn der Eingriff im Zusammenhang mit einer Geburt eines Kindes vorgenommen wird, weil während der Schutzfristen des MuSchG keine Entgeltfortzahlungsansprüche entstehen (Rn. 38).

109 2. Dasselbe gilt nach § 3 II 2 für einen Schwangerschaftsabbruch nach Beratung im Rahmen der Vorschriften des § 218a I StGB iV mit § 219 II StGB.

§ 4 Höhe des fortzuzahlenden Arbeitsentgelts

(1) Für den in § 3 Abs. 1 bezeichneten Zeitraum ist dem Arbeitnehmer das ihm bei der für ihn maßgebenden regelmäßigen Arbeitszeit zustehende Arbeitsentgelt fortzuzahlen.

(1a) ¹Zum Arbeitsentgelt nach Absatz 1 gehören nicht das zusätzlich für Überstunden gezahlte Arbeitsentgelt und Leistungen für Aufwendungen des Arbeitnehmers, soweit der Anspruch auf sie im Falle der Arbeitsfähigkeit davon abhängig ist, daß dem Arbeitnehmer entsprechende Aufwendungen tatsächlich entstanden sind, und dem Arbeitnehmer solche Aufwendungen während der Arbeitsunfähigkeit nicht entstehen. ²Erhält der Arbeitnehmer eine auf das Ergebnis der Arbeit abgestellte Vergütung, so ist der von dem Arbeitnehmer in der für ihn maßgebenden regelmäßigen Arbeitszeit erzielbare Durchschnittsverdienst der Berechnung zugrunde zu legen.

(2) Ist der Arbeitgeber für Arbeitszeit, die gleichzeitig infolge eines gesetzlichen Feiertages ausgefallen ist, zur Fortzahlung des Arbeitsentgelts nach § 3 verpflichtet, bemißt sich die Höhe des fortzuzahlenden Arbeitsentgelts für diesen Feiertag nach § 2.

(3) ¹Wird in dem Betrieb verkürzt gearbeitet und würde deshalb das Arbeitsentgelt des Arbeitnehmers im Falle seiner Arbeitsfähigkeit gemindert, so ist die verkürzte Arbeitszeit für ihre Dauer als die für den Arbeitnehmer maßgebende regelmäßige Arbeitszeit im Sinne des Absatzes 1 anzusehen. ²Dies gilt nicht im Falle des § 2 Abs. 2.

(4) ¹Durch Tarifvertrag kann eine von den Absätzen 1, 1a und 3 abweichende Bemessungsgrundlage des fortzuzahlenden Arbeitsentgelts festgelegt werden. ²Im Geltungsbereich eines solchen Tarifvertrages kann zwischen nicht tarifgebundenen Arbeitgebern und Arbeitnehmern die Anwendung der tarifvertraglichen Regelung über die Fortzahlung des Arbeitsentgelts im Krankheitsfalle vereinbart werden.

A. Normzweck und Normgeschichte

1 **1. Erste Fassung.** Die Bestimmungen über die Höhe der Entgfortz in § 4 galten zunächst in der Fassung des Art. 53 Pflegeversicherungsgesetz vom 26. 5. 1994. Diese ursprüngliche Vorschrift war mit dem ArbRBeschFG vom 25. 9. 1996 (BGBl. I S. 1476) durchgreifend verändert worden (1. Aufl. § 4 [aF] Rn. 3, 5 f.).

B. Die Höhe der Entgeltfortzahlung (§ 4 I und § 4 I a)

2. Rückkehr zur alten Fassung des § 4 I. Der Gesetzgeber hat mit Artikel 7 Nr. 1 a des **Gesetzes** 2 **zu Korrekturen in der Sozialversicherung und zur Sicherung der Arbeitnehmerrechte** vom 19. 12. 1998 (BGBl. I S. 3843) die vom 1. 6. 1994 bis zum 30. 9. 1996 geltende Fassung des § 4 I EFZG wieder hergestellt. Die vorübergehend geltende Fassung hat nach Auffassung des nach den Wahlen von 1998 anders zusammengesetzten Bundestags nicht dazu beigetragen, für Neueinstellungen zu sorgen (BT-Drucks. 14/45, S. 2). Vielmehr sei es durch die Absenkung der gesetzlichen Entgfortz im Krankheitsfall zu einer sozialpolitisch problematischen Ungleichbehandlung zwischen tarifgebundenen Arbeitnehmern gekommen, weil für 80 vH aller Beschäftigten eine tarifliche Entgfortz von 100% aufgrund bestehender oder neu abgeschlossener TV gelte (BT-Drucks. 14/45, S. 37). Mit der Neuregelung soll die **Gleichbehandlung** wieder **hergestellt** und die entstandenen **besonderen Härten** für bestimmte Arbeitnehmergruppen wie chronisch Kranke, Schwangere, Schwerbehinderte und ehrenamtlich Tätige mit besonderem Risiko **beseitigt** werden.

Mit der Wiederherstellung der ursprünglichen Fassung war die Bestimmung des § 4 I 2 über die 3 **Ausnahmen** von der Absenkungsregelung in § 4 I aF nicht mehr erforderlich. Sie ist ersatzlos **gestrichen** (BT-Drucks. 14/45, S. 54).

Neu ist die **Ergänzung** im **Ausnahmetatbestand** des § 4 Ia 1 zur Ausklammerung der Überstunden 4 bei der Berechnung des Arbeitsentgelts. Die in ihrer Ausgestaltung nicht unproblematische Norm (Rn. 11) will an die Berechnungsvorschrift des § 11 BUrlG und vergleichbare Bestimmungen in TV anknüpfen. Sie soll **entlastend** vor allem für die **nicht tarifgebundenen AG** wirken (BT-Drucks. 14/ 45 S. 37).

B. Die Höhe der Entgeltfortzahlung (§ 4 I und § 4 I a)

I. Allgemeines

1. Anspruchsgegenstand. Handelte es sich bei dem Anspruch des Arbeitnehmers nach den §§ 3, 4 5 und 4 a EFZG in der Fassung des ArbRBeschFG um einen eigenständigen Anspruch, ist der Gesetzgeber mit der Neufassung vom Dezember 1998 zum vormaligen Modell zurückgekehrt. Er ordnet in dieser Vorschrift wieder die **Fortzahlung des regelmäßigen Arbeitsentgelts** an, ohne allerdings § 3 redaktionell anzupassen.

2. Die Berechnungsfaktoren. Die konkret vom AG geschuldete Entgfortz bestimmt sich nach der 6 **ausgefallenen Arbeitszeit und dem Inhalt** dessen, was für die Arbeitszeit geschuldet wird. Wie im Urlaubsrecht (§ 11 Rn. 5) kann deshalb von einem **Zeit- und einem Geldfaktor** gesprochen werden (Kasseler Handbuch/*Vossen* 2. 2 Rn. 339; *Staudinger/Oetker* § 616 BGB Rn. 396 ff.; iE ebenso *Schmitt* Rn. 17 bis 92, wie sich aus der Systematik seiner Darstellung ergibt). Die mitunter schwierige Bestimmung der beiden maßgeblichen Daten ist für den Bereich der Überstunden vereinfacht worden, indem der Gesetzgeber den § 4 Ia 1 ergänzt hat. Lediglich bei der erfolgsabhängigen Vergütung (Rn. 34 bis 37) sind andere Berechnungsfaktoren anzuwenden.

II. Die Bestimmung des Zeitfaktors (maßgebende Arbeitszeit)

Der erste Berechnungsfaktor für den vom AG **gesetzlich geschuldete Betrag** ist die Arbeitszeit, für 7 die der AN im nach § 3 I beschriebenen Zeitraum Arbeitsentgelt nach § 611 BGB zu bekommen hätte, wenn er nicht an der Arbeitsleistung verhindert gewesen wäre, sondern gearbeitet hätte. Dabei ist zwischen den verschiedenen Gruppen von Arbeitnehmern und ihrer Vergütungsart zu unterscheiden.

1. Verstetigte Arbeitszeit. Angestellte, aber auch zunehmend gewerbliche AN arbeiten während 8 einer gleichbleibenden Arbeitszeit. Das dafür geschuldete Entgelt wird auch für Arbeiter immer weniger in Form von Stundenlohn geleistet, sondern wie bei Angestellten in verstetigter Form als Monatslohn und Monatsgehalt. Diese Form des Entgelts bereitet keine Schwierigkeiten für die Berechnung der Entgeltfortzahlung. Monatslohn und Monatsgehalt werden bis zur Dauer von 6 Wochen durchgezahlt (Kasseler Handbuch/*Vossen* Rn. 368; MünchArbR/*Boecken* § 84 Rn. 35).

2. Stundenvergütung. Erhält ein AN eine Stundenvergütung, ist der (anderweit zu bestimmende) 9 **Stundensatz** mit den während der Arbeitsunfähigkeit **ausgefallenen Stunden** zu **multiplizieren.** Bei der Ermittlung der ausgefallenen Stunden ist von der **individuellen Arbeitsverpflichtung** des Arbeitnehmers auszugehen (Kasseler Handbuch/*Vossen* Rn. 366). Auf die Arbeit anderer kommt es nicht an. Das ist ebenso wie beim festen Monatslohn dann nicht problematisch, wenn die individuelle Arbeitszeit keiner Veränderung unterliegt. Es gelten die vorstehenden Grundsätze (Rn. 8). Treten aber Veränderungen auf, so ist folgendes zu beachten:

a) Auszugehen ist von der **regelmäßigen Arbeitszeit** des Arbeitnehmers, während vorübergehende 10 Schwankungen unberücksichtigt bleiben. Ändert sich allerdings die Arbeitszeit des Arbeitnehmers zu

Beginn oder im Laufe der Arbeitsunfähigkeit dauerhaft, so ist von den neuen Werten auszugehen (*Schmitt* Rn. 25).

11   b) **Das gesetzliche Tatbestandsmerkmal** erlaubte früher die Berücksichtigung von **Überstunden**. Nach neuem Recht sind sie auch **nicht** mehr bei der Feststellung des Zeitfaktors **zu berücksichtigen**. Die Einfügung betreffend die Überstunden in § 4 Ia 1 betrifft zwar nach dem Wortlaut nur das **Arbeitsentgelt**. Das könnte es nahe legen, an die Ausklammerung der Überstunden nur beim Geldfaktor zu denken, nicht aber bei der Bestimmung der regelmäßigen Arbeitszeit. Auch der Hinweis in der Gesetzesbegründung auf die Angleichung an die urlaubsrechtliche Rechtslage spricht für diese eingeschränkte Anwendung der neuen Vorschrift, weil durch die Gesetzesänderung von 1996 in § 11 BUrlG lediglich der Geldfaktor, nicht aber der Zeitfaktor betroffen ist (§ 11 BUrlG Rn. 11 und 31). Diese Bemerkung des Gesetzgebers darf aber ebensowenig überbewertet werden wie die Tatsache, daß sich der Einschub im § 4 Ia 1 nicht ausdrücklich auch auf das Tatbestandsmerkmal „regelmäßige Arbeitszeit" bezieht. Denn anders als bei der Berechnung des Urlaubsentgelts nach dem modifizierten Referenzprinzip (§ 11 Rn. 2 und 4), bei dem der Geldfaktor der Vergangenheit die Höhe des Urlaubsentgelts maßgebend bestimmt, kommt es im Entgeltfortzahlungsrecht vor allem darauf an, ob die **Überstunden zur regelmäßigen Arbeitszeit** zu zählen sind oder nicht. Eine gesetzliche Regelung, die nur die Anhebung des Geldfaktors durch Überstunden verhindern wollte, nicht aber den Zeitfaktor, würde ihren Zweck verfehlen (allgM im Schrifttum; noch deutlicher *Löwisch*, BB 1999, 102, 105, der meint, die Bestimmung sei bei Annahme eines eingeschränkten Anwendungsbereichs überflüssig).

12   c) **Wechselschichten; Freischichten.** Besondere Schwierigkeiten bereitet die Berücksichtigung von Wechselschichten und Freischichten bei der Berechnung der Entgeltfortzahlung. Ein besonderes Beispiel dafür gaben die inzwischen nicht mehr geltenden Vorschriften des MTV Metall in NRW, bei denen es auch noch zu unterschiedlichen Ergebnissen im Urlaubsrecht und im Entgeltfortzahlungsrecht kam (BAG 5. 10. 1988 AP LohnFG § 1 Nr. 80 = NZA 1989, 350 und 10. 7. 1996 AP TVG § 1 Tarifverträge: Metallindustrie Nr. 142 = NZA 1997, 208 einerseits und BAG 8. 11. 1994 AP TVG § 1 Tarifverträge: Metallindustrie Nr. 122 andererseits = NZA 1995, 743; ausführlich *Leinemann* BB 1998, 1414). Sofern tariflich oder vertraglich keine abweichenden Regelungen vereinbart worden sind, bleiben die arbeitsfreien Ausgleichstage bei der Berechnung des Entgelts unberücksichtigt (*Staudinger/Oetker* § 616 BGB Rn. 409 bis 411; *Schmitt* Rn. 28 bis 31).

13   d) **Saisonale Schwankungen** sind ohne Bedeutung für die Berechnung der Arbeitszeit, sofern nicht im Gewerbe zwischen einer Normalzeit und einer Saisonzeit mit höheren Arbeitszeiten unterschieden wird. Werden die Arbeitszeiten entsprechend den saisonalen Bedürfnissen hoch und niedrig festgelegt, so sind die jeweiligen Zeiten, die für den Ausfallzeitraum vorgesehen waren, der Berechnung der Entgfortz zugrunde zu legen (Kasseler Handbuch/*Vossen* Rn. 374; *Schmitt* Rn. 26 f.).

14   e) **Teilzeit.** Die Bestimmung der maßgebenden regelmäßigen Arbeitszeit kann bei Teilzeitbeschäftigten dann ohne Schwierigkeiten vorgenommen werden, wenn die Teilzeit genau und stets wiederkehrend bestimmt ist. Ist sie **variabel** oder erfolgt sie sogar im Rahmen des § 4 BeschFG als **kapazitätsorientierte variable Arbeitszeit**, kann nur auf **Durchschnittswerte** der Vergangenheit zurückgegriffen werden (*Staudinger/Oetker* § 616 BGB Rn. 406; ausführliche Beispiele bei *Schmitt* Rn. 32 bis 36 und in der FS für Gitter, S. 847, 853 ff.). Die sich daraus ergebenden Zeiten sind allerdings nur **Anhaltspunkte;** der AG kann jederzeit darlegen und im Streitfall beweisen, daß der AN im Zeitraum der Verhinderung gar nicht oder abweichend eingesetzt worden wäre. Auch in diesen Fällen kann auf die Einhaltung des Entgeltausfallprinzips nicht verzichtet werden. Dabei kommt der Würdigung des arbeitgeberseitigen Vorbringens eine entscheidende Bedeutung zu; der Rückgriff auf rechtsmißbräuchliche (Nicht-)Abberufung der versprochenen Arbeit ist regelmäßig nicht angebracht (aA *Schmitt* Rn. 36).

III. Inhalt des Arbeitsentgelts (Geldfaktor)

15   Das Gesetz bestimmt nicht positiv, welche Vergütungsbestandteile **Arbeitsentgelt iS des Entgeltfortzahlungsrechts** sind; es grenzt lediglich die Leistungen mit Aufwendungscharakter aus. Deshalb ist im Einzelfall zu bestimmen, welche Leistung zum Arbeitsentgelt gehört und welche Leistung nicht fortzuzahlen ist. Dabei sind regelmäßig TV und BV nach den Grundsätzen der Gesetzesauslegung oder einzelvertragliche Vereinbarungen nach den Grundsätzen der Vertragsauslegung zu beurteilen.

16   **1. Arbeitsentgelt.** Im Entgeltfortzahlungsgesetz wird nach allgM darunter der Bruttobetrag (das **Bruttolohnprinzip:** BAG 31. 5. 1978 AP LohnFG § 2 Nr. 9 = DB 1978, 1652) verstanden, den der AN als Gegenleistung für seine im Arbeitsverhältnis erbrachte Arbeitsleistung erhält (Kasseler Handbuch/*Vossen* Rn. 341 f. mwN).

17   **2. Aufwendungen.** Kein Arbeitsentgelt und deshalb ausdrücklich von der Fortzahlung **ausgenommen** sind die Leistungen des Arbeitgebers, die bei einer Tätigkeit des Arbeitnehmers nur gezahlt werden, wenn der AN Aufwendungen hat und diese während der Arbeitsunfähigkeit nicht anfallen (können), § 4 I a 1.

3. Einzelfälle. a) Antrittsgebühr. Eine Leistung, die ein AN allein deswegen erhält, weil er seinen 18 Dienst wie versprochen beginnt, ist Gegenleistung und daher Arbeitsentgelt (BAG 12. 9. 1959 AP ArbKrankhG § 2 Nr. 9 mit Anm. *Schelp* = DB 1959, 1290). Sie ist auch im Krankheitsfall fortzuzahlen, sofern nicht zugleich in rechtlich wirksamer Form die Fortzahlung dafür ausgeschlossen ist (BAG 21. 9. 1971 LohnFG § 2 Nr. 1 mit Anm. *Becher* = BB 1972, 223 zur Antrittsgebühr in der Druckindustrie).

b) Anwesenheitsprämien. Die Inhalt, Bedeutung und Wirksamkeit einer Anwesenheitsprämie hat 19 in der Rechtsprechung des Bundesarbeitsgerichts eine wechselhafte Beurteilung erfahren. Das hat der Gesetzgeber 1996 zum Anlaß genommen, für das Entgeltfortzahlungsrecht erstmals eine normative Regelung für diese Art von Vergütung zu schaffen. Sie findet sich in § 4 a, auf dessen Kommentierung verwiesen wird.

c) Auslösungen waren im LohnFG ausdrücklich unter den auch jetzt genannten Bedingungen 20 ausgeschlossen. Mit dem neuen Recht hat sich nichts geändert (*Schmitt* Rn. 103 f.). Es bleibt zu beurteilen, ob der Mehraufwand ausgeglichen werden soll, der durch die Auswärtsbeschäftigung tatsächlich entsteht oder unabhängig von den einzelnen Aufwendungen eine Pauschale für die Auswärtsbeschäftigung versprochen ist. Sofern nicht zugleich (regelmäßig in einer Tarifnorm) geregelt ist, ob und inwieweit Auslösungen bei Krankheit fortzuzahlen sind, kann von der Auslegung regelmäßig davon ausgegangen werden, daß Fernauslösungen (der AN kann wegen der Entfernung der Arbeitsstelle vom Wohnort nicht täglich zurückkehren) Aufwendungsersatz sind, während Nahauslösungen (der AN kann täglich in seine Wohnung zurückkehren) als fortzuzahlendes Arbeitsentgelt zu bewerten sind (allgM im Schrifttum: *Schmitt* Rn. 103; *Staudinger/Oetker* § 616 BGB Rn. 403). **Trennungsentschädigungen** haben ähnliche Aufgaben wie Auslösungen und sind daher ebenfalls daraufhin zu untersuchen, ob sie nur besondere Aufwendungen während der dauerhaften Auswärtsbeschäftigung gegeben werden und ob diese Aufwendungen bei Krankheit anfallen oder nicht. **Verpflegungskostenzuschüsse** sind nach denselben Grundsätzen zu beurteilen (*Schmitt* Rn. 109).

d) Erschwerniszulagen, Gefahrenzulagen und **Leistungszulagen** gehören zu den **Gegenleistun-** 21 **gen** des Arbeitgebers für die Tätigkeit des Arbeitnehmers; sie sind daher auch bei Arbeitsunfähigkeit zu leisten.

e) Freizeitgutschriften nach kollektiven Regelungen können an tatsächliche Beschäftigungen ge- 22 knüpft werden, so daß sie bei Krankheit nicht entstehen müssen (BAG 20. 10. 1993 AP TVG § 1 Tarifverträge: Binnenschiffahrt Nr. 1 = NZA 1994, 178).

f) Inkassoprämien, die für den sofortigen Einzug des Kaufpreises bei der Auslieferung einer Ware 23 beim Kunden versprochen sind, gehören zum Arbeitsentgelt iS des Gesetzes (BAG 11. 1. 1978 AP LohnFG § 2 Nr. 7 mit Anm. *Trieschmann* = DB 1978, 942). Dasselbe gilt für Mankogelder, die zum Ausgleich für das Haftungsrisiko über einen Kassenbestand gewährt werden (MünchArbR/*Boecken* § 84 Rn. 31).

g) Mehrarbeitsverdienst (Grundvergütung und Überstundenzuschlag) sind nach der Gesetzesän- 24 derung vom Dezember 1998 nicht mehr zu leisten. Dasselbe gilt für Nachtarbeitszuschläge (BAG 16. 7. 1997 EEK I/1194 zum alten Recht). Zu den Feiertagszuschlägen siehe Rn. 48 f. und 54 bis 56.

h) Naturalleistungen (Deputate) sind weiter zu entrichten oder in bar nach den Werten der Sach- 25 bezugsverordnung gemäß § 17 I Nr. 3 SGB IV vom 19. 12. 1994 (BGBl. I S. 3849) in der jeweils zum Jahresende angepaßten Fassung zu vergüten (Kasseler Handbuch/*Vossen* Rn. 353 bis 356; KDHK Rn. 22).

i) Prämien, wie sie im Berufssport geleistet werden (für Spiele, Siege oder Punkte), sind vom 26 Einsatz des Spielers abhängig. Da ihm in den Verträgen regelmäßig kein Einsatz über eine bestimmte Zeit oder eine bestimmte Menge von Spielen garantiert ist und er lediglich die Chance des Einsatzes hat, gehören die Prämien dieser Art nicht zum Arbeitsentgelt iS des Gesetzes (BAG 22. 8. 1984 AP BGB § 616 Nr. 65 mit Anm. *Trieschmann* = NZA 1985, 357 für eine Jahresprämie; aA BAG 6. 12. 1995 AP BGB § 611 Berufssport Nr. 9 mit Anm. *Schmitt* = NZA 1996, 640 und 6. 12. 1995 – 5 AZR 85/95 – nv.; unklar Kasseler Handbuch/*Vossen* Rn. 351, der zu Unrecht bei der Definition des Begriffs auf die Monokausalität abstellt; ähnlich aber auch BAG 19. 1. 2000 NZA 2000, 771).

j) Reisekosten und Spesen sind nur im Ausnahmefall fortzuzahlendes Entgelt, wenn sie pauscha- 27 liert ohne Rücksicht auf die Ausgaben für Reisen, Unterkunft und Verpflegung gezahlt werden. Im Regelfall handelt es sich aber um Aufwendungen nach § 4 I a 1.

k) Schmutzzulagen können wie Erschwerniszulagen zu behandeln sein (Rn. 21), wenn sie verste- 28 tigter Ausgleich für immer wiederkehrende Arbeiten in verschmutzter Umgebung sind. Handelt es sich jedoch um Ausgleichsbeträge für die Reinigung von verschmutzter Kleidung, die in anderen Arbeitsverhältnissen vom AG getragen wird, so ist der Anspruch im Krankheitsfall ausgeschlossen. Dasselbe gilt für die Gewährung verbilligten Essens.

29 l) **Sozialversicherungsbeiträge** des Arbeitnehmers und des Arbeitgebers gehören nach dem Bruttolohnprinzip des Entgeltfortzahlungsrechts unmittelbar zum Arbeitsentgelt. Weiter zu entrichten sind auch die Beiträge des Arbeitgebers zur Kranken- und **Altersversorgung** des Arbeitnehmers. Auf die rechtliche Ausgestaltung dieser Versorgung kommt es nicht an.

30 m) **Sozialzulagen** wie Familien-, Kinder und Ortszuschläge sind stets Arbeitsentgelt iS des Gesetzes.

31 n) **Trinkgelder** gehören zum Arbeitsentgelt iS des Gesetzes nur, wenn auf sie ein arbeitsvertraglich vereinbarter Anspruch gegen den AG besteht. Die Möglichkeit, von den Gästen Trinkgelder zu erlangen, gehört nicht zum Arbeitsentgeltbegriff (BAG 28. 6. 1995 AP BetrVG 1972 § 37 Nr. 112 = NZA 1996, 252; *Schmitt* Rn. 86). Etwas anderes kann allenfalls dann gelten, wenn ein geringes Fixum gezahlt wird, die Trinkgelder der Gäste in einen Tronc gesammelt und als Arbeitgeberleistung ausgeschüttet werden. Dann hat der AN seinen Anteil aus dem Tronc auch während der Arbeitsunfähigkeit zu bekommen (ähnlich GK-EFZR/*Birk* § 2 LFZG Rn. 38).

32 o) **Vermögenswirksame Leistungen** des Arbeitgebers nach dem Fünften Vermögensbildungsgesetz in Form eines laufenden Zuschusses sind Teil des monatlichen Entgelts und bei Krankheit weiter zu zahlen (*Schmitt* Rn. 89).

33 p) **Wegeentschädigungen** sind regelmäßig Aufwendungsersatz für die Kosten der Fahrt vom Wohnort zum Betriebssitz oder zum Arbeitsort. Sie entfallen im Krankheitsfall. Nur wenn sie pauschal und ohne Rücksicht auf die tatsächlich anfallenden Kosten vom AG geleistet werden, können sie Arbeitsentgelt iS des Gesetzes sein.

IV. Leistungsentgelt

34 **1. Regelungsgegenstand.** Die mit der Gesetzesänderung von 1996 in § 4 I a 2 verschobene Bestimmung über die auf das Ergebnis der Arbeit abstellende Vergütung erfaßt nicht nur den Leistungslohn im engeren Sinn (**Akkord- und Prämienlohn**), sondern auch die Beträge, die allein oder neben einem festen Zeitlohn als Erfolgsvergütung vereinbart sind, wie **Provisionen, Tantiemen und Prämien** ua. Dabei kommt dem Tatbestandsmerkmal der maßgebenden Arbeitszeit für den Entgeltfortzahlungsanspruch des Arbeitnehmers, der im Leistungslohn arbeitet, keine besondere Bedeutung zu, weil für die Höhe des Leistungslohn die Arbeitsmenge maßgebend ist (§ 611 BGB Rn. 580 ff.). Schwerpunkt ist bei der Erkrankung eines AN im Leistungslohn vielmehr die Feststellung des erzielbaren Verdienstes nach der jeweiligen Rechtsgrundlage für die Akkordarbeit. Das gesetzliche Tatbestandsmerkmal der maßgebenden Arbeitszeit hat aber dort Bedeutung, wo nicht dieser Leistungslohn im engeren Sinn geschuldet wird, sondern die anderen auf das Ergebnis abstellenden Vergütungsbestandteile.

35 **2. Grundsätze.** Auch beim **Leistungsentgelt** ist vorrangig das **Entgeltausfallprinzip** heranzuziehen, wie der Gesetzeswortlaut über den „erzielbaren Verdienst" deutlich ausweist. Den meisten Leistungsentgelten ist allerdings gemein, daß ihre Berechnung für den Ausfallzeitraum deshalb auf Schwierigkeiten stößt, weil das Entgelt entsprechend der menschlichen Leistungsschwankungen variieren kann. Deshalb darf im Einzelfall auf Anhaltspunkte in der **Vergangenheit** zurückgegriffen werden, ohne das Entgeltausfallprinzip zu leugnen (*Staudinger/Oetker* § 616 BGB Rn. 402), sofern nicht die erzielten Leistungen der tatsächlich **arbeitenden Kollegen** ausreichende Hinweise geben. Dabei kann auf die Leistung im Abrechnungszeitraum unmittelbar vor der Erkrankung, auf den Durchschnittswert mehrerer Wochen vor dem Ausfall, aber bei saisonalen Schwankungen auch auf die vergleichbaren Leistungen im entsprechenden Zeitraum des Vorjahrs als Indizien zurückgegriffen werden (*Schmitt* Rn. 123). Im Einzelfall kann auch eine Schätzung entsprechend § 287 Satz 2 ZPO in Betracht kommen.

36 **3. Akkord.** Arbeitet ein AN im **Gruppenakkord,** so kann regelmäßig auf den Verdienst der Mitglieder seiner Gruppe während seiner Arbeitsunfähigkeit abgestellt werden, es sei denn, deren Leistung ist gerade durch den Ausfall des Erkrankten oder weiterer Gruppenmitglieder bzw. die Minderleistung eines Ersatzmanns zurückgegangen (BAG 22. 10. 1980 AP LohnFG § 2 Nr. 10 = DB 1981, 480). Dann ist auf die allgemeinen Kriterien (Rn. 35) zurückzugreifen. Dasselbe gilt bei einem Akkordsystem, nach dem mehrere im Einzelakkord arbeiten. Es ist der Vergleich mit der Leistung der Kollegen statthaft, wobei auch der durchschnittliche Abstand der Einzelleistungen berücksichtigt werden darf. Nur hilfsweise kann auf die Leistungen des Erkrankten in der Vergangenheit abgestellt werden (aA *Schmitt* Rn. 117, der sogleich auf die Daten der Vergangenheit zurückgreifen will).

37 **4. Bei Provisionen** und vergleichbaren auf das Ergebnis abstellende Vergütungen ist nicht nur die Schwankungsbreite zu berücksichtigen, sondern auch die Tatsache, daß für sie besondere Fälligkeits- und Stornierungsvorschriften gelten. Damit verbietet sich ein Rückgriff auf eine zu kurze Vergleichszeit in der Vergangenheit. Zu angemessenen Ergebnissen kann nur dann gekommen werden, wenn Vergleichszahlen aus dem Vorjahr unter Einschluß der Steigerung oder Minderung des laufenden Jahres zugrunde gelegt werden (*Schmitt* Rn. 119). In diesen Fällen kann allerdings von der Anwendung des Entgeltausfallprinzips nicht mehr gesprochen werden.

V. Höhe der Entgeltfortzahlung nach Gesetz und Tarifvertrag

1. Zwischenfassung. Die durch die zwischenzeitlich geltende Fassung des Gesetzes über die Absenkung von 100% auf 80% Entgfortz entstandenen Rechtsfragen zur Geltung abweichender TV sind durch eine umfangreiche Rechtsprechung des Fünften Senats des BAG geklärt. Da sie weitgehend rechtsgeschichtliche Bedeutung hat, wird auf ein Einzeldarstellung verzichtet und auf die Erläuterungen im Nachtrag zur 1. Auflage § 4 Rn. 10 bis 26 verwiesen (siehe ferner BAG 5. 5. 1999 AP TVG § 1 Tarifverträge: Speditionsgewerbe Nr. 2 und TVG § 1 Tarifverträge: Gaststätten Nr. 6, 16. 6. 1999 TVG § 1 Tarifverträge: Gaststätten Nr. 7 und 8. 9. 1999 – 5 AZR 451/98 – ZTR 2000, 72). 38

2. Auswirkungen der Rechtsprechung auf andere Rechtsgebiete. Die vom Fünften Senat des Bundesarbeitsgerichts entworfenen **Grundsätze** sind zwar ausdrücklich für das **Entgeltfortzahlungsrecht** aufgestellt, wie mehrfach betont wird. Unter Einschluß der Rechtsprechung zu den anderen Rechtsgebieten dürften sie auch für die Auslegung von Verweisungs- und Übernahmebestimmungen in bestehenden **TV anderer Rechtsbereiche** als dem Entgeltfortzahlungsrecht Bedeutung haben. Sie zwingen schließlich Tarifvertragsparteien beim künftigen Abschluß sorgfältiger als bisher zu formulieren (*Boerner* ZTR 1996, 435, 439) und ihre Regelungen so zu fassen, daß nicht zweifelhaft bleibt, wie sich künftiges Gesetzesrecht auf die Tariflage auswirken soll (zu dieser Folge besonders kritisch *Rieble* RdA 1977, 134). Die Verweisungstechnik, die die redaktionelle Schlußarbeit nach langen Tarifverhandlungen erleichtert hat, dürfte der Vergangenheit angehören. 39

3. Neues Entgeltfortzahlungsrecht zur Höhe. a) Unverändert belassene Tarifverträge, die wegen einer deklaratorischen Regelung oder einer dynamischen Norm nur einen Anspruch auf 80% Entgfortz gewähren, hindern den tarifunterworfenen AN nicht, nunmehr wieder volle Entgfortz zu verlangen (*Schaub*, NZA 1999, 177). 40

b) Bei **zwischenzeitlich veränderten TV** ist zu unterscheiden. 41

aa) Ist eine Entgfortz **unter 100%** vereinbart worden und dafür im Zuge eines Ausgleichs eine Vergünstigung an anderer Stelle normiert worden, so können die betroffenen AN **nunmehr 100% Entgfortz verlangen,** ohne die weiteren, kompensierenden Ansprüche an anderer Stelle einzubüßen. Die anderen Normen gelten unverändert. Eine Verweigerung der 100%igen Entgfortz wäre nur möglich, wenn ein **Günstigkeitsvergleich** nach § 12 EFZG nicht nur zwischen der Tarifvorschrift und der Gesetzesvorschrift, sondern zwischen dem Gesamtkomplex statthaft wäre (so entgegen der allgemeinen Meinung *Löwisch*, BB 1999, 102, 106 unter Berufung auf die verfassungsgerichtlich bestätigte Normsetzungsprärogative der Tarifvertragsparteien). Das überzeugt nicht. Die Tarifautonomie ist nicht in verfassungswidriger Weise eingeschränkt, wenn der Gesetzgeber die damit letztlich geforderte umfangreiche Tarifdispositivität in beide Richtungen zum Schutz der AN vor unüberschaubaren Günstigkeitsvergleichen zwischen Normenkomplexen abgelehnt hat.

bb) Umgekehrt können sich die Gewerkschaften, die bei zwischenzeitlichen Tarifabschlüssen eine 100%ige Entgfortz unter **Verzicht** auf andere **Vergünstigungen** oder bei Mäßigung anderweiter Forderungen ausgehandelt haben (vgl. dazu die Übersicht bei *Link/Wierer/Harrer* AuA 1998, 309), nicht ohne weiteres auf den **Wegfall der Geschäftsgrundlage** berufen (so aber ohne Begründung *Nielebock* AiB 1999, 5, 6) und für ihre Mitglieder höherwertige Leistungen anderenorts verlangen. So kann ein AN zB nicht aus einer aufgegebenen Norm zur Jahressonderzahlung (eine besonders häufig genutzte Kompensationsmöglichkeit) für das Jahr 1999 einen Anspruch mit der Begründung herleiten, die Tarifvertragsparteien hätten das nur unter der Prämisse einer gesetzlichen Entgfortz von 80% vereinbart. 42

cc) In beiden Fällen bleibt nur die Möglichkeit der **Neuverhandlung** der Tarifvertragsparteien (*Schaub* NZA 1999, 177), wie sie das Bundesarbeitsgericht auch ohne entsprechende schuldrechtliche Verpflichtung der Tarifvertragsparteien im Tarifvertrag vor einer außerordentlichen Kündigung verlangt (BAG 18. 12. 1996 AP TVG § 1 Kündigung Nr. 1 mit Anm. *Löwisch*; 18. 6. 1997 AP TVG § 1 Kündigung Nr. 2; 18. 2. 1998 AP TVG § 1 Kündigung Nr. 3). Allerdings dürften unzumutbare wirtschaftliche Nachteile, wie sie jedenfalls bei der Nachverhandlungspflicht vor außerordentlicher Kündigung eines Tarifvertrags verlangt wird, durch die gesetzliche Veränderung im Entgeltfortzahlungsrecht in den wenigsten Fällen festzustellen sein. Regelmäßig wird der **Zeitablauf** abzuwarten oder eine **ordentliche (Teil-) Kündigung** des TV die zutreffende Maßnahme sein. In den sich anschließenden Verhandlungen braucht dann beiderseits nicht mehr auf die Vorgaben des ArbRBeschFG vom 25. 9. 1996 Rücksicht genommen zu werden (*Link* AuA 1998, 413, 415). 43

4. Neues Recht zu den Überstunden. Die umfangreiche Rechtsprechung des Fünften Senats könnte aber auch im geltenden Entgeltfortzahlungsrecht weiterhin **unmittelbare Bedeutung** behalten haben. Denn auch der Gesetzgeber des Korrekturgesetzes vom 9. Dezember 1998 hat nicht nur Wohltaten für AN verteilt, sondern eine im Vergleich zum bisherigen Recht nachteilige Regelung geschaffen, indem er Überstundenvergütung und Zuschläge aus dem Berechnungsmodus der Entgfortz ausklammert. 44

45 Das ist für TV ohne Bedeutung, die bereits **entsprechende Regelungen** auf der Ermächtigungsgrundlage des § 4 IV geschaffen hatten.

46 Bei Tarifregelungen, die von dieser Möglichkeit (bewußt oder unbewußt) **keinen Gebrauch** gemacht haben, stellt sich die Frage, inwieweit tarifgebundene AG im Geltungsbereich dieser TV befugt sind, auf die gesetzliche Ausklammerungsbestimmung des neuen § 4 Ia 1 zurückzugreifen (*Nielebock* AiB 199, 5, 6). Die Lösung hängt sicherlich auch bei dieser Fallgestaltung von der jeweiligen Fassung der Tarifbestimmungen ab. Deklaratorische Gesamtregelungen und dynamische Verweisungen auf das gesamte Entgeltfortzahlungsgesetz erlauben eine Herausnahme der Überstunden. Umgekehrt entfällt die Möglichkeit, wenn der Tarifvertrag insgesamt eine eigenständige Lösung enthält, die auch die Bemessungsgrundlage umfaßt, oder ausdrücklich die Mehrarbeit in die Berechnungsgrundlagen einbezieht (Beispiel: BAG 26. 8. 1998 AP TVG § 1 Tarifverträge: Holz Nr. 17 = NZA 1999, 332).

47 Sind aber nur Teilbereiche geregelt und **schweigt der Tarifvertrag** zur Bemessungsgrundlage iS des § 4 IV, so kommt das Gesetz zur Anwendung. Dieses wirkt immer normativ, wenn die Auslegung ergibt, daß die Tarifvertragsparteien etwas nicht geregelt haben. Das Gesetz hat somit **Auffangfunktion** (*Buchner* NZA 1996, 1177, 1181; siehe zum BUrlG § 13 Rn. 15). Die Ergänzung oder Ausfüllung einer deshalb nicht vorhandenen Regelungslücke in dem einen wie dem anderen Sinn kommt nicht in Betracht.

C. Arbeitsunfähigkeit und gesetzliche Feiertage (§ 4 II)

48 Die Entgfortz im Krankheitsfall und an Feiertagen findet jeweils nur dann statt, wenn Krankheit oder Feiertag die **einzige Ursache** für die Befreiung von der Arbeitspflicht ist (§ 3 Rn. 28; § 2 Rn. 17). Beim Aufeinandertreffen beider Sachverhalte wäre nach diesem Prinzip jede Leistung des Arbeitgebers ausgeschlossen. Das verhindert § 4 II, wonach als Arbeitsentgelt der nach § 2 zu berechnende Betrag zu zahlen ist.

49 Zum Zusammentreffen von **Arbeitsunfähigkeit, Kurzarbeit und Feiertag** vgl. unten Rn. 54 ff.

D. Arbeitsunfähigkeit und Kurzarbeit (§ 4 III)

50 **1. Regelfall.** Das Gesetz regelt in seinem § 4 III 1 das Zusammentreffen von verkürzter Arbeit und dadurch vermindertem Arbeitsentgelt bei tatsächlicher Beschäftigung sowie Arbeitsverhinderung wegen krankheitsbedingter Arbeitsunfähigkeit.

51 a) **Tatbestand.** Die Vorschrift betrifft nur die **Kurzarbeit iS des SGB III**, nicht aber andere Tatbestände, wie etwa verkürzte Arbeit aufgrund betrieblicher Regelungen. Sie findet für alle Fälle der gesetzlichen Kurzarbeit einschließlich des gänzlichen Arbeitsausfalls statt.

52 b) **Rechtsfolgen.** Inhaltlich nimmt die Vorschrift Einfluß auf den Zeitfaktor (Rn. 7 ff.) als einen für die Berechnung der Entgfortz maßgeblichen Sachverhalt; es kommt nicht wie nach § 4 I 1 auf die maßgebende regelmäßige Arbeitszeit des Erkrankten, sondern auf die (regelmäßig vorübergehende) Änderung der Arbeitszeit während der Kurzarbeitsperiode an (§ 4 III hat daher nicht nur eine klarstellende Funktion, wie *Schmitt* Rn. 142 meint). Es sind die durch die Kurzarbeit betroffenen Ausfallstunden zu ermitteln. Für diese hat der AN einen Anspruch gegen die Bundesanstalt für Arbeit auf Zahlung von Kurzarbeitergeld nach den §§ 169 ff. SGB III, das nach den sozialrechtlichen Vorschriften der §§ 178, 179 SGB III berechnet wird. Die verbleibenden Stunden, die die Mitarbeiter des von Kurzarbeit betroffenen Betriebs tätig sind, werden wie üblich als Zeitfaktor der Berechnung der Entgfortz zugrunde gelegt (dazu oben Rn. 7 ff.).

53 Da § 4 III 1 allein die Minderung der maßgebenden Arbeitszeit und damit den Zeitfaktor vorschreibt, bleibt der Geldfaktor zur Ermittlung des Entgeltfortzahlungsbetrags unverändert. Es sind die oben genannten Entgeltanteile (Rn. 15 bis 33) einzustellen.

54 **2. Feiertag.** Wie in § 4 II die Kollision von krankheitsbedingter Arbeitsunfähigkeit und Feiertag zugunsten des Feiertagsentgeltsrechts geregelt ist, so ist auch die Kollision von Kurzarbeit und Feiertag zugunsten des Feiertagsentgeltzahlungsrechts in § 2 II gelöst (§ 2 Rn. 21). Mit der **Verweisung in § 4 III 2** auf diese Bestimmung regelt der Gesetzgeber das **Zusammentreffen der drei Sachverhalte** „krankheitsbedingte Arbeitsunfähigkeit, Kurzarbeit und Feiertag".

55 Die **Bedeutung der Verweisung** ist umstritten. Nach Auffassung des BAG und der hM im Schrifttum (BAG 30. 8. 1973 und 20 7. 1982 AP FeiertagslohnzahlungsG § 1 Nr. 33 mit Anm. *Brecht* = NJW 1974, 111 und Nr. 38 mit Anm. *Gagel* = 1983, 2901; MünchArbR/*Boewer* § 81 Rn. 17; *Schmitt* Rn. 135) erhält der AN kein Kurzarbeitergeld, sondern Feiertagsentgelt. Hinsichtlich der Höhe ist dieses Feiertagsentgelt jedoch für die jeweils ausgefallenen Stunden limitiert durch den Betrag, den der AN dafür an Kurzarbeitergeld von der BA bekommen hätte, wenn der AN arbeitsfähig und nicht arbeitsunfähig krank gewesen wäre. Soweit dagegen eingewandt wird, die damit vorgenommene Reduktion der Verweisung lasse sich weder mit dem Wortlaut des § 2 II noch mit dem des § 4 III 2

E. Abweichungen durch Tarifvertrag (§ 4 IV)

vereinbaren (MünchArbR/*Boecken* § 84 Rn. 45), wird übersehen, daß § 4 III 1 nur die Veränderung des Zeitfaktors betrifft, nicht aber den Geldfaktor. Dieser bestimmt sich nach anderen Regeln als dem Feiertagslohnzahlungsrecht, hier nach dem Entgeltausfallprinzip, wonach sich der Kranke nicht besser stehen darf als der Gesunde (*Schmitt* Rn. 136). Die Rechtsprechung mißachtet § 4 III 1 also durchaus nicht.

E. Abweichungen durch Tarifvertrag (§ 4 IV)

I. Allgemeine Regelungsgegenstände

1. Grundsätze. Von den Bestimmungen des Entgeltfortzahlungsgesetzes kann von jedermann **zu** 56 **Gunsten** der AN abgewichen werden, zB zur Höhe der Entgfortz. Zu Ungunsten der Arbeitnehmerschaft dürfen weder Tarifvertragsparteien noch Betriebspartner noch Vertragsparteien Regelungen vereinbaren, § 12 EFZG. Dieser Grundsatz wird in § 4 IV durchbrochen, worauf auch in § 12 EFZG hingewiesen wird. Tarifvertragsparteien sind berechtigt, von bestimmten Vorschriften des § 4 abweichende Normen auch zu Ungunsten der AN zu setzen (Rn. 57). Die von der unmittelbaren und zwingenden Wirkung einer derartigen Tarifnorm mangels Tarifbindung nicht betroffenen AG und AN können im Geltungsbereich dieses Tarifvertrags die Anwendung der ungünstigeren Vorschrift vereinbaren (Rn. 61 bis 63).

2. Möglicher Inhalt von Tarifnormen. a) Berechnungsgrundlage. Aufgrund alten Rechts (§ 2 57 III 1 LFZG) konnten die Tarifvertragsparteien nach Auffassung des BAG (3. 3. 1993 AP LohnFG § 2 Nr. 25 = NZA 1993, 699) die **Berechnungsgrundlagen** nicht zu Lasten der Arbeiter verändern (die entgegenstehende Entscheidung BAG 21. 9. 1971 LohnFG § 2 Nr. 1 mit Anm. *Becher* = BB 1972, 223 zur Antrittsgebühr in der Druckindustrie wurde nicht ausdrücklich aufgegeben). Aus Gleichheitsgründen (im Recht der Angestellten fehlte jegliche Tariföffnungsklausel) war nur die **Berechnungsmethode** veränderbar (zuletzt noch BAG 16. 7. 1997 EEK I/1194). Darunter hat das BAG die **Ersetzung des Lohnausfallprinzips** durch das Referenzprinzip verstanden. Die Herausnahme von Entgeltbestandteilen wie „Prämien, Zuwendungen und andere Bezüge" rechnete das BAG zu den unveränderbaren Berechnungsgrundlagen. Der Gesetzgeber hat durch Umformulierung des ursprünglichen Entwurfs dieser verfassungsgemäßen Reduktion des damaligen Gesetzestextes bewußt den Boden entzogen und nunmehr angeordnet, daß die Tarifvertragsparteien auch in die Berechnungsgrundlagen des Gesetzes eingreifen können (BT-Drucks. 12/5798 S. 26). Wegen der Vereinheitlichung des Entgeltfortzahlungsrechts bestehen keine verfassungsrechtlichen Bedenken mehr. Alle die einzelnen **Bestandteile,** aus denen sich der **Geldfaktor** zusammensetzt, können bei der Entgfortz im Krankheitsfall **normativ entfallen** (*Schmitt* Rn. 141 ff. und RdA 1996, 5, 8). Zur Antrittsgebühr in der Druckindustrie ist damit wieder die zwischenzeitlich verdrängte Entscheidung des BAG vom 21. 9. 1971 (LohnFG § 2 Nr. 1 mit Anm. *Becher* = BB 1972, 223) zu beachten.

Zu den **Berechnungsgrundlagen** iS dieser Begrifflichkeit gehören aber auch die **Bestandteile des** 58 **Zeitfaktors,** soweit nicht ohnehin schon die Berechnungsgrundlage betroffen ist (Rn. 59). Zu den Berechnungsgrundlagen gehören ferner die mitunter die Berechnung durchaus nicht **vereinfachenden Tarifbestimmungen über Wechselschichten und Freischichten** (vgl. zB BAG 5. 10. 1988 LohnFG § 1 Nr. 80 = NZA 1989, 350 und 10. 7. 1996 AP TVG § 1 Tarifverträge: Metallindustrie Nr. 142 = NZA 1997, 208; vgl. auch BAG 2. 12. 1987 AP LohnFG § 1 Nr. 76 = NZA 1988, 739 zum „Verbrauch" einer bereits zugeteilten Freischicht durch Krankheit sowie die Entscheidungen vom selben Tag AP FeiertagslohnzahlungsG § 1 Nr. 52 bis 54 mit einer gemeinsamen Anm. *Wank*; *Leinemann* BB 1998, 1414).

b) Berechnungsmethode. Das Gesetz enthält keinen Hinweis auf die Veränderungsmöglichkeiten 59 der Berechnungsmethode. Daraus kann aber nicht geschlossen werden, daß die Veränderung oder Ersetzung des Entgeltausfallprinzips nach neuem Recht nicht mehr möglich ist (*Schmitt* RdA 1996, 5, 8, 9). Zweifel (*Schliemann* AuR 1994, 317, 321) sind nicht nur wegen der Gesetzesgeschichte unangebracht; sie berücksichtigen nämlich auch nicht die Systematik des Gesetzes, das nicht nur die Abweichung in den Details der Berechnung gestatten will, sondern erst recht die für die betriebliche Praxis vereinfachende Lösung über die Veränderung der Methode (iE ebenso *Schmitt* Rn. 139).

c) Veränderungen von Fristen und Zeiträumen. Nicht zu den veränderbaren **Berechnungs-** 60 **grundlagen** iS des § 4 IV 1 gehören die Bestimmungen über die Wartezeit, die Dauer der Lohnfortzahlung und über die Mehrfacherkrankung. Tarifvertragsparteien können daher die Entgfortz auf 4 Wochen beschränken, einen längeren Zeitraum als 6 Monate Arbeitsfähigkeit für die Anspruchsbegründung bei derselben Erkrankung bestimmen und auch nicht den 12-Monats-Zeitraum des § 3 I 2 Nr. 2 verlängern (zur Verkürzung BAG 16. 12. 1987 AP LohnFG § 1 Nr. 73 = NZA 1988, 365 mwN).

3. Vertragliche Vereinbarung. Die Erstreckung des Anwendungsbereichs ungünstigerer Tarifvor- 61 schriften über die Entgfortz auf die Vertragsebene, wie sie § 4 IV 2 erlaubt, ist iE nicht weitreichend.

Sie **ersetzt nur die fehlende Tarifbindung** (§ 3 TVG Rn. 41) des Arbeitnehmers und/oder des Arbeitgebers. Die Betroffenen müssen daher vom sachlichen, räumlichen und persönlichen Geltungsbereich erfaßt sein. Die Übernahme einer verschlechternden Tarifregelung aus einer anderen Branche ist deshalb nicht möglich (*Schmitt* Rn. 145).

62 Die **vertragliche Übernahme** muß **die Vorschriften** über die Entgfortz **insgesamt** betreffen (*Schmitt* Rn. 146). Nicht statthaft ist die Herausnahme einer belastenden Vorschrift und die Ausklammerung einer den AN begünstigenden Regelung. Das folgt nicht nur aus dem Wortlaut des Gesetzes, sondern auch aus dem Zweck der Vorschrift. Der Gesetzgeber wollte keine Regelung zur Entlastung des Arbeitgebers schaffen, sondern die einheitliche Anwendung tariflicher Normen in einem Betrieb oder Unternehmen ermöglichen.

63 Die Übernahmevereinbarung wird nach den Regeln des **bürgerlich-rechtlichen Vertragsrechts** (§§ 145 ff. BGB) geschlossen und kann demnach auch mündlich, formlos und konkludent erfolgen. Das ist regelmäßig der Fall, wenn der AG die nicht organisierten AN behandelt wie die tarifgebundenen AN und die betroffenen AN dabei nicht nur die günstigeren, sondern auch die ungünstigeren Ergebnisse einer gleichmäßigen Tarifanwendung akzeptieren.

64 In einer **BV** kann die Übernahme einer tariflichen Regelung nicht geregelt werden. Das ist nach dem eindeutigen Wortlaut des Gesetzes nicht vorgesehen (*Schmitt* Rn. 147).

§ 4 a Kürzung von Sondervergütungen

¹ Eine Vereinbarung über die Kürzung von Leistungen, die der Arbeitgeber zusätzlich zum laufenden Arbeitsentgelt erbringt (Sondervergütungen), ist auch für Zeiten der Arbeitsunfähigkeit infolge Krankheit zulässig. ² Die Kürzung darf für jeden Tag der Arbeitsunfähigkeit infolge Krankheit ein Viertel des Arbeitsentgelts, das im Jahresdurchschnitt auf einen Arbeitstag entfällt, nicht überschreiten.

I. Entstehungsgeschichte und Normzweck

1 Die Vorschrift ist als § 4 b mit dem ArbRBeschFG vom 25. September **1996** (BGBl. I S. 1476) in das EFZG **eingefügt** worden. Mit der Streichung des alten § 4 a hat sie ihre jetzige Bezeichnung erhalten (s. 1. Auflage Nachtrag § 4 a Rn. 1). Sie gehört zum Konzept des Gesetzgebers, durch **Entlastung** der **AG** von beschäftigungsfeindlich hohen Lohnzusatzkosten die Schaffung von **mehr Arbeitsplätzen** zu ermöglichen. Die Norm hat nach seiner Auffassung **klarstellende Funktion,** weil sie die Rechtsprechung des Bundesarbeitsgerichts seit dem 15. 2. 1990 (BAG 15. 2. 1990 AP BGB § 611 Anwesenheitsprämie Nr. 15 = NZA 1990, 601) zur Kürzung bei Sondervergütungen aufnimmt und das Kürzungsrecht erstmals gesetzlich regelt (BT-Drucks. 13/4612 S. 2 und 11; BAG 15. 12. 1999 AP BGB § 611 Gratifikation Nr. 221). Schwankungen in der Rechtsprechung, wie im Recht der Anwesenheitsprämie und der jährlichen Sondervergütungen (vgl. die Darstellungen der unterschiedlichen Rechtsprechung im Urteil des BAG vom 15. 2. 1990 aaO sowie bei *Dörner,* RdA 1993, 24 und *Schwarz* NZA 1996, 571, 574 f.), sind damit zukünftig nicht mehr möglich. Die Bestimmung soll rechtssichere **Grundlage** für Regelungen in TV, BV und einzelvertraglichen Vereinbarungen, auch in Form von Gesamtzusagen und betrieblicher Übung sein (BT-Drucks. 13/4612 S. 11 und 16).

2 § 4 a 1 selbst stellt **keine Berechtigungsgrundlage** für die Kürzung von Sondervergütungen dar (*Lorenz* DB 1996, 197, 1976), sondern stellt nur sicher, daß vorhandene oder künftige Normen (Rn. 23 bis 27) oder Vereinbarungen über die Kürzung von Sondervergütungen **nicht gegen Gesetzesrecht verstoßen,** wie Kritiker der Rechtsprechung des BAG angenommen haben (*Hanau/ Vossen* DB 1992, 213; *Preis* ZfA 1992, 61, 95), sofern die Verhältnismäßigkeitsgrenze des § 4 a 2 eingehalten ist. Will ein AG also wegen krankheitsbedingter Fehlzeiten eine Sondervergütung kürzen, so kann er sich nicht auf das Gesetz berufen, sondern er bedarf einer normativen oder vertraglichen **Kürzungsgrundlage** in einem **TV,** in einer **BV** (BAG 19. 4. 1995 und 24. 5. 1995 AP § 611 BGB Gratifikation Nr. 172 und Nr. 175 = NZA 1996, 133 und NZA 1996, 31) oder im **Arbeitsvertrag.** Die Norm bestätigt einen weiteren Grundsatz der Rechtsprechung des Bundesarbeitsgerichts, daß es **kein allgemeines Rechtsprinzip** gibt, wonach der Anspruch auf eine nicht zum laufenden Arbeitsentgelt gehörende Sonderleistung entfällt, wenn während des Bezugszeitraums keine oder keine nennenswerte Arbeitsleistung erbracht wird. In jedem Fall bedarf es dazu einer ausdrücklichen oder wenigstens durch Auslegung zu ermittelnden Kürzungsvereinbarung (*Schmitt* Rn. 7; *Hauck* RdA 1994, 358).

3 Letztlich bestimmt der Gesetzgeber mit der Norm, daß Regelungen nach dieser Vorschrift **kein Maßregelungsverbot** iS des **§ 612 a BGB** enthalten. Damit ist eine Streitfrage im Sinne der Rechtsprechung des BAG gelöst (BAG 26. 10. 1994 AP BGB § 611 Anwesenheitsprämie Nr. 18 = NZA 1995, 266; vgl. zur Kürzung einer monatlichen Anwesenheitsprämie im Arbeitskampf BAG 31. 10. 1995 AP GG Art. 9 Arbeitskampf Nr. 140 = NZA 1996, 389).

II. Kürzungsvoraussetzungen

1. Grundsatz. Da das Gesetz an die bisherige Rechtsprechung des BAG zur Kürzung von Leistun- 4
gen bei krankheitsbedingten Fehlzeiten anknüpft, folgt aus der neuen Vorschrift ebensowenig wie aus
der Rechtsprechung des BAG, daß auch diejenigen Vergütungsbestandteile entfallen können, die den
unabdingbaren Schutz der §§ 3 und 4 genießen (BAG 15. 2. 1990 AP BGB § 611 Anwesenheitsprämie Nr. 15 = NZA 1990, 601). Deshalb ist jeder Kürzungsgegenstand unabhängig von der Bezeichnung, die er von den Vereinbarungspartnern erhalten hat, auf seinen Inhalt zu untersuchen. Regelmäßig ist die Rechtsgrundlage für die Kürzung **auszulegen**, weil der Inhalt der Vergütung nicht konkret und deutlich bezeichnet wird.

2. Vereinbarungen. Vereinbarungen iS des Gesetzes sind nicht nur die ausdrücklichen **einzelver-** 5
traglichen Vereinbarungen von Arbeitsvertragsparteien in ihren Arbeitsverträgen. Dazu gehören
auch die vertragsrechtlichen **Gesamtzusagen** (§ 611 BGB Rn. 274 f.) und Regelungen aufgrund **be-**
trieblicher Übung (§ 611 BGB Rn. 276 ff.). Vereinbarungen sind aber auch die kollektivrechtlichen
Normen der **Betriebsverfassung** sowie deren Regelungsabreden (§ 77 BetrVG Rn. 26 ff.) und die
Normen der TV, wie sich aus den Gesetzesunterlagen ergibt (Rn. 1). Unabhängig von der Rechtsqualität der Tarifvorschriften als Normen werden TV als eine **schriftliche Vereinbarung** (zwischen
einer oder mehreren Gewerkschaften einerseits und einem oder mehreren AG oder Arbeitgeberverbänden andererseits) bezeichnet (so jetzt auch BAG 15. 12. 1999 AP BGB § 611 Gratifikation Nr. 221).

3. Kürzungsgegenstand Sondervergütung. Mit der Vorschrift des § 4 a 1 erlaubt der Gesetzgeber 6
nur Vereinbarungen zur Kürzung von Sondervergütungen. Dabei handelt es sich nach der **Legaldefi-**
nition um Leistungen, die der AG zusätzlich zum laufenden Arbeitsentgelt erbringt. Damit ist
allerdings nur klargestellt, daß das laufende Arbeitsentgelt, dh. die versprochene Vergütung für
bestimmte Zeitabschnitte oder die Vergütung für eine bestimmte Leistung innerhalb einer genau
bemessenen Zeit von § 4 a nicht berührt wird. Soweit ein AG diesen Teil der Vergütung mindern will,
ist das Vorhaben nach allgemeinen schuldrechtlichen und entgeltfortzahlungsrechtlichen Regeln zu
beurteilen. Ungeklärt bleibt trotz der Legaldefinition, welches Entgelt laufend ist und welches als
Sondervergütung angesehen werden kann, insbesondere ob nur Einmalleistungen oder auch vielfache
Zahlungen darunter zu verstehen sind (*Hanau* ZRP 1996, 349, 351; *Preis* NJW 1996, 3369; Rn. 9 ff.).

Zu Mißverständnissen kann zB die Aussage führen, die Vorschrift gelte für die „freiwilligen" 7
Leistungen. Damit soll regelmäßig nicht ausgesagt werden, es handele sich dabei um vom AG
vorbehaltene, jederzeit widerrufliche Leistungen ohne Rechtsanspruch. Vielmehr sind mit der Beifügung des Adjektivs auch diejenigen Leistungen gemeint, auf die der AN aufgrund verschiedener
Rechtsgrundlagen einen Anspruch hat. Der Hinweis auf die Freiwilligkeit bedeutet in diesem Zusammenhang nur, daß der AG regelmäßig nicht normativ zur Erbringung der Sondervergütung verpflichtet wird, sondern sich selbst dazu aufgrund betrieblicher Übung, durch eine Gesamtzusage oder in
einer freiwilligen Betriebsvereinbarung verpflichtet hat.

Nicht mehr geschützt sind nach dem Gesetzeswortlaut **Kleingratifikationen** von wenigen 100,- 8
DM, die nach der Rechtsprechung des BAG (BAG 15. 2. 1990 AP BGB § 611 Anwesenheitsprämie
Nr. 15 = NZA 1990, 601) von der Kürzungsmöglichkeit ausgenommen waren. Das ist mit der
dogmatischen Begründung, die das BAG für das Kürzungsrecht überhaupt gegeben hat, nicht vereinbar. Da der Gesetzgeber die Rechtsprechung sichern, nicht aber das Kürzungsrecht umgestalten
wollte, ist davon auszugehen, daß diese Regeln fortgelten und Kleingratifikationen auch nach neuem
Recht nicht gekürzt werden dürfen (aA *Bauer/Lingemann* BB 1996, Beil. 17, 8, 14). Sondervergütungen von zB 200,- DM wären ansonsten bei den Daten des Beispiels in Rn. 21 bereits nach 5 Fehltagen
aufgezehrt.

Der Gesetzgeber hat wohl bewußt davon abgesehen, im einzelnen zu beschreiben, welche Sonder- 9
vergütung für eine Anrechnung in Betracht kommt. Unter den **umfassenden Begriff** fallen ua.:

a) Anwesenheitsprämien. Zu den anrechnungsfähigen Sondervergütungen können die Anwesen- 10
heitsprämien gehören, zu denen das Kürzungsrecht stets besonders umstritten war (vgl. die Rechtsprechungsübersicht in BAG 15. 2. 1990 Rn. 8). Unter einer Anwesenheitsprämie **wird eine Geld-**
leistung verstanden, mit deren Zusage dem AN der Anreiz geboten wird, die Zahl seiner berechtigten
oder unberechtigten Fehltage (im Bezugszeitraum) möglichst gering zu halten, indem jeder Fehltag
zum Verlust eines Teils der Sonderzahlung führt. Sie kommt in zwei Formen vor: einmal als **Prämie**
für jeden einzelnen Tag, an dem der AN seine Arbeit aufnimmt und dann als **Einmalleistung** zu
einem bestimmten Zeitpunkt, meist zum Monats- oder Jahresende. Bei letzterem handelt es sich
regelmäßig um eine Weihnachtsgratifikation mit Elementen der Anwesenheitsprämie (dazu unten
Rn. 12). Bei Anwesenheitsprämienleistungen im Rhythmus der Zahlungen des laufenden Arbeitsentgelts muß durch Auslegung der jeweiligen Vereinbarung ermittelt werden, ob es sich um laufendes
Arbeitsentgelt handelt, das der Unabdingbarkeit der Entgeltfortzahlungspflicht unterliegt, oder um
eine Sondervergütung iS des Gesetzes. Die Zahlungsweise spricht regelmäßig für die Einordnung als
laufendes und damit nicht kürzbares Entgelt (*Schwedes* BB 1996, Beil 17, 2, 7 spricht von jeder

zusätzlichen Leistung; aA *Schmitt* Rn. 13, der nur Einmalleistungen für kürzungsfähig hält; nicht deutlich *Bauer/Lingemann* BB 1996, Beil. 17, 8, 14, die in diesem Zusammenhang den Begriff der „Aufbauprämie" verwenden; zum seinerzeitigen § 14 MuSchG BAG 29. 1. 1971 AP BGB § 611 Anwesenheitsprämie Nr. 2 mit Anm. *Mayer-Maly* = NJW 1971, 959; 4. 10. 1978 AP BGB § 611 Anwesenheitsprämie Nr. 11 mit Anm. *Fenn* = NJW 1979, 2119).

11 b) **Leistungszulagen** sind regelmäßig **laufendes** Arbeitsentgelt und unterliegen keiner Kürzungsmöglichkeit und nicht einmal bei längerer Erkrankung einer Widerrufsmöglichkeit für die Zukunft, sofern nicht in der Rechtsgrundlage selbst eine entsprechende Bestimmung enthalten ist (BAG 1. 3. 1990 AP BMT-G II § 20 Nr. 2 = NZA 1990, 693).

12 c) **Weihnachtsgratifikation.** Die Bezugsbedingungen von Weihnachtsgratifikationen, die in der betrieblichen Praxis die verschiedensten Bezeichnungen (**Jahresabschlußprämie, Jahresabschlußzahlung, Jahressonderleistung, Weihnachtsgeld, 13. Monatslohn oder Monatsgehalt** [BAG 19. 4. 1995 AP § 611 BGB Gratifikation Nr. 172 = NZA 1996, 133]) erhalten können, bestimmen zugleich den Inhalt der Sondervergütung, die Entgelt für vergangene Dienste, vergangene, gegenwärtige und zukünftige Betriebstreue sowie die pünktliche und dauerhafte Arbeitsaufnahme entlohnen will. Die Leistung ist dann kein laufendes Arbeitsentgelt iS des Gesetzes, sondern Sondervergütung nach § 4 a 1 und daher kürzungsfähig. In letzten Fall enthält sie zusätzlich Elemente der Anwesenheitsprämie (BAG 26. 10. 1994 und 15. 2. 1990 AP BGB § 611 Anwesenheitsprämie Nr. 18 m. Anm. *Thüsing* = NZA 1995, 266 und Nr. 15 = NZA 1990, 601). Nur wenn die Leistung aufgespartes Entgelt für geleistete Arbeit ist und ohne weitere Voraussetzungen gezahlt wird – ein wirkliches 13. Monatseinkommen –, kommt eine Kürzung nicht in Betracht (*Schwarz*, NZA 1996, 571, 573). Allerdings ist die Bezeichnung nicht entscheidend, sondern der Inhalt der Vereinbarung (BAG 19. 4. 1995 AP § 611 BGB Gratifikation Nr. 172 = NZA 1996, 133).

13 d) **Wege – und Fahrgelder.** Bei diesen Leistungen handelt es sich teilweise um **Aufwendungsersatz,** der nicht zum laufenden Arbeitsentgelt gehört und deshalb kürzbar ist, und um **Arbeitsentgelt,** wenn ein höherer Pauschbetrag gezahlt wird als die tatsächlichen Kosten ausmachen. Insoweit ist er Entgeltbestandteil und kürzungsfest (BAG 11. 2. 1976 AP BGB § 611 Anwesenheitsprämie Nr. 10 mit Anm. *Fenn/Bepler* = NJW 1976, 1421).

14 **4. Krankheitsbedingte Fehlzeiten.** Entsprechend seiner Einordnung in das EFZG hat der Gesetzgeber **nur** den Normen und Vereinbarungen den gesetzlichen Schutz gegeben, die eine Kürzung bei **krankheitsbedingten Fehlzeiten** vorsehen. Wegen der Verweisung in § 9 kommt § 4 a auch bei den dort genannten Vorsorge- und Rehabilitationsmaßnahmen zur Anwendung. Kürzungen bei Fehlzeiten aus anderen Gründen sind damit nicht ohne weiteres erlaubt. So bleibt die Streitfrage, ob auch **Mutterschutzfristen** eine Kürzung erlauben, vom Gesetz unberührt (*Bauer/Lingemann* BB 1996, Beil. 17, 8, 14). Insoweit sind uneingeschränkt die Regeln maßgeblich, das BAG (12. 5. 1993 AP BGB § 611 Gratifikation m. Anm. *Hanau/B. Gaul* = NZA 1993, 1002) entwickelt hat. Auch Arbeitsverhinderung aus persönlichen Gründen nach § 616 BGB sind nicht von Vereinbarungen nach § 4 a gedeckt. Dasselbe gilt für arbeitskampfbedingte Fehltage (BAG 31. 10 1995 und 20. 12. 1995 AP GG Art. 9 Arbeitskampf Nr. 140 und Nr. 141 = NZA 1996, 389 und NZA 1996, 491), bei denen die Kürzungsvereinbarungen zB in Tarifverträgen (BAG 3. 8. 1999 AP GG Art. 9 Arbeitskampf Nr. 156) allerdings auch ohne Rückgriff auf § 4 a statthaft sind.

III. Kürzungsmöglichkeiten

15 **1. Obergrenze.** Die Rechtsgrundlagen für die Kürzung von Sondervergütungen können das Maß des Verlusts bei krankheitsbedingten Fehlzeiten **nicht beliebig** festlegen. Bereits die **Rechtsprechung** des Bundesarbeitsgerichts hatte **Obergrenzen** geschaffen (BAG 15. 2. 1990 und 26. 10. 1994 AP BGB § 611 Anwesenheitsprämie Nr. 15 und Nr. 18 = NZA 1990, 601 und NZA 1995, 266; BAG 19. 4. 1995 und 24. 5. 1995 AP § 611 BGB Gratifikation Nr. 172 und Nr. 175 = NZA 1996, 133 und NZA 1996, 31), die der **Gesetzgeber** nicht übernommen hat. Mit § 4 a 2 hat er die Obergrenze **anderweitig** festgelegt, was rechnerisch zu einer Einschränkung der bisher statthaften Praxis (*Schmitt* Rn. 19) zu Lasten der anrechnenden AG führen kann (Beispiele bei *Bauer/Lingemann* BB 1996, Beil. 17, 8, 14; *Löwisch* NZA 1996, 1009, 1014). Weiterer Nachteil des gesetzlichen Modells ist die unterschiedliche Belastung der betroffenen AN. Die Bezieher geringerer Sondervergütungen werden stärker belastet als die Empfänger hoher Sonderleistungen. Vereinbarungen, die iE zu niedrigeren Kürzungsraten führen, sind statthaft.

16 **2. Berechnungsfaktoren.** Die Ermittlung der Obergrenze erfolgt über **vier Faktoren.** Es ist die Höhe des Arbeitsentgelts zu bestimmen **(Geldfaktor),** das in einem bestimmten Zeitraum (**1. Zeitfaktor**) verdient wird. Diese Summe ist auf den arbeitstäglichen Verdienst umzurechnen (**2. Zeitfaktor**), von dem wiederum der **Bruchteil** von einem Viertel das Ergebnis darstellt. Während die letzte Rechenoperation hinreichend deutlich im Gesetz beschrieben ist, bleiben bei der Bestimmung der anderen Faktoren Unsicherheiten.

3. **Jahresdurchschnitt.** Bestimmte sich nach der Rechtsprechung das Maß der Kürzung (von 1/88, 1/60 oder 1/30) nach der Höhe der Sonderzuwendung, so ist nunmehr die Höhe des Arbeitsentgelts pro Arbeitstag innerhalb eines Jahresdurchschnitts (**1. Zeitfaktor**) maßgebend. Ungeklärt ist bei dieser Formulierung, **welcher Jahresdurchschnitt** zugrunde zu legen ist Das kann der Durchschnitt des **laufenden Kalenderjahres** oder der des **vergangenen Zeitjahrs** sein. Angesichts des wenig ergiebigen Wortlauts – immerhin fehlt der Bezug zum Kalenderjahr, wie er sich im Urlaubsrecht findet – sollte der Rückgriff auf das vergangene Zeitjahr maßgebend sein, wenn laufende Vergütungen wie Anwesenheitsprämien gekürzt werden, um eine sichere Berechnungsgrundlage zu haben (Kasseler Handbuch/*Lipke* 22. 3 Rn. 229; *Bauer/Lingemann*, BB 1996, Beil. 17, 8, 15). Auf den Durchschnitt des laufenden Jahres kann zurückgegriffen werden, wenn am Ende des Jahres die Kürzung einer Weihnachtsgratifikation ansteht und wegen des Zeitablaufs der Verdienst des Kalenderjahrs feststeht (Kalenderjahr und Zeitjahr sind dann ohnehin fast identisch).

Den Partnern der die Kürzung ermöglichenden Rechtsgrundlage steht es frei, den Zeitraum zu 18 bestimmen, nach dem sich der Jahresdurchschnitt berechnet. Davon sollte aus Gründen der Rechtssicherheit Gebrauch gemacht werden.

4. **Arbeitsentgelt.** Der Auslegung des Gesetzes bedarf es auch bei der Bestimmung des Umfangs 19 dessen, was der Berechnung des Jahresdurchschnitts zugrunde zu legen ist (**1. Geldfaktor**). Das gilt namentlich für die Sondervergütung selbst. Da der Gesetzgeber in § 4a 2 nicht zwischen laufendem Arbeitsentgelt und zusätzlichem Arbeitsentgelt unterschieden hat, liegt es nahe, alle Beträge, die Arbeitsentgelt iS des Arbeitsrechts sind (§ 611 BGB Rn. 577 ff.), einzubeziehen. Entsprechend höher sind die Kürzungsbeträge als bei Einbeziehung nur der laufenden Bezüge. Das gilt dann auch für die zu kürzende Sondervergütung selbst. Der Betrag, der ohne Fehlzeiten geschuldet wäre, ist in die Berechnung einzustellen (Kasseler Handbuch/*Lipke* 2. 3 Rn. 229; *Bauer/Lingemann* BB 1996, Beil. 17, 8, 15; offen gelassen in BAG 15. 12. 1999 AP BGB § 611 Gratifikation Nr. 221).

Auch insoweit ist der arbeitsrechtlichen Praxis anzuraten, in die Kürzungsvorschrift oder -vereinba- 20 rung einen entsprechenden Hinweis aufzunehmen (Rn. 18).

Ist der Jahresverdienst ermittelt, ist er **umzurechnen** auf den Betrag, der auf einen Arbeitstag 21 entfällt (**2. Geldfaktor**). Dazu ist die individuelle Verteilung der Arbeitspflichten auf die Tage des Jahres zu beachten. Wenn ein AN regelmäßig an 5 Tagen in der Woche zur Arbeit verpflichtet ist, ergibt das nach der im Urlaubsrecht (§ 3 BUrlG Rn. 30) für die Berechnung der Urlaubsmenge entwickelten Formel, die auch hier verwandt werden kann, 260 Tage (52 Wochen á 5 Tage). Diese Zahl ist der Divisor zur Ermittlung des Entgelts für einen Arbeitstag (abweichend Kasseler Handbuch/*Lipke* 22. 3 Rn. 230 und *Bauer/Lingemann* BB 1996, Beil 17, 8, 14, die von 230 Tagen als Divisor ausgehen, wohl zu Unrecht 30 Urlaubstage abziehend). Bei Teilzeitbeschäftigten, Abrufbeschäftigten, Schichtarbeitern und anderen AN mit schwankender Arbeitsverpflichtung sind ebenfalls die im Urlaubsrecht entwickelten Grundsätze für die Ermittlung des Divisors heranzuziehen (§ 3 BUrlG Rn. 27 ff.). Von der so ermittelten Zwischensumme ist dann in einem letzten Rechenschritt das Viertel, der eigentliche Kürzungsbetrag, zu bestimmen. Daraus kann folgendes Beispiel gebildet werden: Hat ein AN Anspruch auf 13 Monatsbeträge á 4000,– DM einschließlich der jährlichen Sondervergütung zu Weihnachten, so beträgt sein Jahresverdienst 52 000,– DM. Dieser durch 260 geteilt ergibt einen Tagesverdienst von 200,– DM. Das Viertel beträgt 50 DM. Seine Sondervergütung ist nach 80 Fehltagen aufgezehrt.

Die Parteien der Kürzungsvereinbarung können auch hinsichtlich des 2. Geldfaktors Vereinbarun- 22 gen treffen, die die Berechnung des Tagesverdienstes erleichtern, und sie zB den betrieblichen Gegebenheiten anpassen. Dabei darf aber die vom Gesetz gezogene Obergrenze nicht überschritten werden.

IV. Auswirkungen auf bestehende und künftige Vereinbarungen

1. **Bestehende Vertragsvereinbarungen.** Die in der Praxis weitgehend akzeptierte Rechtsprechung 23 des BAG hatte dazu geführt, daß Kürzungsvereinbarungen sich an dem dort gegebenen Rahmen orientierten. Das bedeutet nach der Gesetzesergänzung, daß die danach möglichen Kürzungen nicht mit dem Gesetz übereinstimmen, wenn sie im Ergebnis die Obergrenze des § 4a S. 2 mißachten. Daraus folgt, daß die Berechtigten der Vereinbarung ihre Kürzung einschränken müssen. Die fortbestehende Rechtsgrundlage ist **gesetzeskonform so anzuwenden,** daß die Obergrenze nicht überschritten wird (aA *Bauer/Lingemann* BB 1996, Beil. 17, 8, 14, die den bisherigen Rahmen fortgelten lassen wollen). Das gilt auch für Normen in einer BV.

2. **Bestehende TV.** Sollten in TV Normen verabredet sein, die eine für AN ungünstigere Regelung 24 als nach neuem Gesetzesrecht enthalten (TV dieses Inhalts sind nicht bekannt), gelten sie weiter. § 4a 2 ist insoweit **verfassungskonform zu reduzieren,** weil anderseits ein Eingriff in die Tarifautonomie vorläge, der mit dem Grundsatz der Verhältnismäßigkeit nicht zu rechtfertigen wäre. Die Beseitigung der Unabdingbarkeit der betroffenen Normen wäre durch das im Sozialstaatsprinzip des Art. 20 GG begründete Grundanliegen des Gesetzgebers, für mehr Wachstum und Beschäftigung zu sorgen, nicht

gedeckt (zur vergleichbaren Problematik im gestrichenen § 4a idF des ArbRBeschFG vgl. *Dörner* NZA 1998, 561).

25 **3. Künftige Kürzungsregelungen.** Neu zu schaffende Tarifnormen, BV und einzelvertragliche Abreden müssen den Rahmen der gesetzlichen **Vorgabe beachten.** Denn § 4a enthält nicht tarifdispositives, sondern einseitig zwingendes Recht (Kasseler Handbuch/*Lipke* 22. 3 Rn. 229); so können nur für den AN günstigere Vereinbarungen wie zB eine geringere Obergrenze geschaffen werden.

§ 5 Anzeige- und Nachweispflichten

(1) ¹Der Arbeitnehmer ist verpflichtet, dem Arbeitgeber die Arbeitsunfähigkeit und deren voraussichtliche Dauer unverzüglich mitzuteilen. ²Dauert die Arbeitsunfähigkeit länger als drei Kalendertage, hat der Arbeitnehmer eine ärztliche Bescheinigung über das Bestehen der Arbeitsunfähigkeit sowie deren voraussichtliche Dauer spätestens an dem darauffolgenden Arbeitstag vorzulegen. ³Der Arbeitgeber ist berechtigt, die Vorlage der ärztlichen Bescheinigung früher zu verlangen. ⁴Dauert die Arbeitsunfähigkeit länger als in der Bescheinigung angegeben, ist der Arbeitnehmer verpflichtet, eine neue ärztliche Bescheinigung vorzulegen. ⁵Ist der Arbeitnehmer Mitglied einer gesetzlichen Krankenkasse, muß die ärztliche Bescheinigung einen Vermerk des behandelnden Arztes darüber enthalten, daß der Krankenkasse unverzüglich eine Bescheinigung über die Arbeitsunfähigkeit mit Angaben über den Befund und die voraussichtliche Dauer der Arbeitsunfähigkeit übersandt wird.

(2) ¹Hält sich der Arbeitnehmer bei Beginn der Arbeitsunfähigkeit im Ausland auf, so ist er verpflichtet, dem Arbeitgeber die Arbeitsunfähigkeit, deren voraussichtliche Dauer und die Adresse am Aufenthaltsort in der schnellstmöglichen Art der Übermittlung mitzuteilen. ²Die durch die Mitteilung entstehenden Kosten hat der Arbeitgeber zu tragen. ³Darüber hinaus ist der Arbeitnehmer, wenn er Mitglied einer gesetzlichen Krankenkasse ist, verpflichtet, auch dieser die Arbeitsunfähigkeit und deren voraussichtliche Dauer unverzüglich anzuzeigen. ⁴Dauert die Arbeitsunfähigkeit länger als angezeigt, so ist der Arbeitnehmer verpflichtet, der gesetzlichen Krankenkasse die voraussichtliche Fortdauer der Arbeitsunfähigkeit mitzuteilen. ⁵Die gesetzlichen Krankenkassen können festlegen, daß der Arbeitnehmer Anzeige- und Mitteilungspflichten nach den Sätzen 3 und 4 auch gegenüber einem ausländischen Sozialversicherungsträger erfüllen kann. ⁶Absatz 1 Satz 5 gilt nicht. ⁷Kehrt ein arbeitsunfähig erkrankter Arbeitnehmer in das Inland zurück, so ist er verpflichtet, dem Arbeitgeber und der Krankenkasse seine Rückkehr unverzüglich anzuzeigen.

A. Normzweck

1 Die zwei Hauptanliegen des Gesetzgebers bei der Schaffung des Gesetzes, die **Beseitigung von Ungleichbehandlungen** und die **Bekämpfung des Mißbrauchs** im Entgeltfortzahlungsrecht, prägen die Regelungen des § 5 über die Anzeige- (Benachrichtigung, Information) und Nachweispflicht (Beibringung einer Bescheinigung).

2 Die Bestimmung folgt im wesentlichen dem bisherigen § 3 LFZG und dem § 115a IV und V AGB-DDR idF vom 22. 6. 1990, die bis zum 31. Mai 1994 für Arbeiter der alten Bundesländer bzw. für die AN im Beitrittsgebiet galten, während für Angestellte in den alten Bundesländern die unterschiedlichsten Normen heranzuziehen waren (§ 1 Rn. 3 und 5). Die einheitliche gesetzliche Regelung bezieht nunmehr die Angestellten und Auszubildenden ein. Damit ist die alte Streitfrage erledigt, inwieweit die nicht von den alten Vorschriften erfaßten AN ähnliche oder gleiche Pflichten trafen (zum vormaligen Streitstand BAG 7. 11. 1984 AP HGB § 63 Nr. 38 mit Anm. *Meisel* = NZA 1985, 257 und *Schmitt* Rn. 3). Alle AN treffen nun dieselben Pflichten bei der Anzeige und beim Nachweis ihrer AU.

3 Die Vorschrift gehört ferner zu dem Normenkreis, der der **mißbräuchlichen Inanspruchnahme** des Entgeltfortzahlungsrechts **entgegenwirken** soll. Sie konkretisiert die Nebenpflichten des AN bei AU wegen Krankheit und sie enthält Verpflichtungen des behandelnden Arztes bei der Abfassung der AUB und deren weitere Behandlung. Die Einhaltung der Pflichten nach § 5 gehört allerdings nicht zu den anspruchsbegründenden Voraussetzungen für den Entgeltfortzahlungsanspruch nach § 3 (BAG 19. 2. 1997 AP EntgeltFG § 3 Nr. 4 = NZA 1997, 652; 23. 1. 1985 LohnFG § 1 Nr. 63 = NZA 1985, 427).

4 Der dem Gesetz zugrunde liegende Entwurf der Regierungsfraktionen (BT-Drucks. 12/5263) hatte vorgesehen, eine ärztliche Bescheinigung über das Bestehen der AU ab dem ersten Kalendertag vorzulegen. Außerdem sollte der Mißbrauch durch die Einführung von Karenztagen bekämpft werden (§ 3 des Entwurfs). Davon ist im weiteren Gesetzgebungsverfahren abgesehen worden. Die jetzige Fassung beruht auf einem Vorschlag des Ausschusses für Arbeit und Sozialordnung (BT-Drucks. 12/ 5798 S. 8, 26). Im Zuge der Veränderungen des Entgeltfortzahlungsgesetzes durch das ArbRBeschFG

vom 25. 9. 1996 und das Korrekturgesetz vom 19. 12. 1998 blieb § 5 unberührt. Die mit der Einfügung eines § 5 a geplante Kodifizierung der Beziehungen von AN, Arbeitgeber und medizinischen Dienst der Krankenkassen konnte im Gesetzgebungsverfahren nicht realisiert werden. So bleibt es bei den bisherigen Möglichkeiten einer Mißbrauchskontrolle nach § 5 und nach § 275 SGB V (Rn. 27 bis 43).

B. Mitteilungs- und Bescheinigungspflicht nach § 5 I

I. Anwendungsbereich

Die Pflichten nach § 5 I obliegen **allen AN**, auf deren ArbVerh das Gesetz anzuwenden ist, bei jeder 5 zu einer AU führenden Krankheit und bei jeder Maßnahme nach § 9. Es kommt nicht darauf an, ob der Kranke oder Kurende einen Entgeltfortzahlungsanspruch hat oder wegen Verschuldens oder wegen des Ablaufs des Zahlungszeitraums nach § 3 I keine Entgtfortz geltend machen kann. Die Mitteilungspflicht dient der **Dispositionsfähigkeit** des Arbeitgebers, die unabhängig von Zahlungspflichten betroffen ist (*Brecht* Rn. 2; *KDHK* Rn. 1; *Staudinger/Oetker* § 616 BGB Rn. 294 f.; *Schmitt* Rn. 8). Die Bescheinigungspflicht soll eine unkontrollierte Selbstbefreiung des AN von der Arbeitspflicht auch dann verhindern, wenn er keinen Entgeltanspruch geltend machen kann, zumal die ärztliche Bescheinigung zur Erhaltung des sozialversicherungsrechtlichen Krankengeldanspruchs ohnehin ausgestellt werden muß.

Die Pflichten bestehen auch, wenn der Arbeitgeber über die Art und Dauer der AU bereits 6 **anderweitig informiert** ist. Keinesfalls entfallen dann die Pflichten. Davon sind auch bei einem Arbeitsunfall keine Ausnahmen zu machen (so aber die hM, *MünchArbR/Boecken* § 85 Rn. 8; *Schmitt* Rn. 13; *Worzalla/Süllwald* Rn. 6; ähnlich wie hier differenzierend *Staudinger/Oetker* § 616 BGB Rn. 301), weil auch das Miterleben eines Unfalls dem Arbeitgeber keine Kenntnis über die medizinischen Tatbestände vermittelt. Darauf und auf die sich daraus ergebenden Konsequenzen für AU und deren Dauer stellt das Gesetz aber ab. Etwas anderes gilt nur, wenn die krankheitsbedingte AU zwischen den Arbeitsvertragsparteien unstreitig ist (BAG 12. 6. 1996 AP BGB § 611 Werkstudent = NZA 1997, 191; vgl. auch § 7 Rn. 15).

II. Mitteilungspflichten

1. Der Inhalt der Mitteilung ist gesetzlich nicht vorgeschrieben und sowohl hinsichtlich der AU 7 als auch deren Dauer davon abhängig, ob der AN bereits den Arzt aufgesucht hat oder nicht und ob er überhaupt einen Arzt aufsuchen wird. Im einzelnen ist zu differenzieren:

a) **Information ohne Arztbesuch.** Das Gesetz geht davon aus, daß nicht jede Krankheit zu einer 8 längeren AU führt. Deshalb hat der AN die Chance, AU wegen Krankheit und deren Dauer zunächst **selbst** ohne Hinzuziehung eines Arztes zu **prognostizieren** (*Worzalla*, NZA 1996, 61, 62). Eine Darstellung mit einer subjektiver Bewertung genügt bei den Unpäßlichkeiten des täglichen Lebens als Mitteilung an den Arbeitgeber (*Schmitt* Rn. 21; Kasseler Handbuch/*Vossen* 2. 2. Rn. 174).

b) **Anzeige mit Arztbesuch.** Bei einer nach der eigenen Einschätzung schwerwiegenderen Erkran- 9 kung und der Konsultation eines Arztes kommt es auf den Zeitpunkt an. Meldet der AN sich **vor dem Arztbesuch** bei seinem Arbeitgeber, kann er nur mitteilen, er fühle sich arbeitsunfähig erkrankt und werde den Arzt aufsuchen. Zur Dauer kann sich ein AN nur äußern, wenn ihm ein bekanntes Krankheitsbild vorliegt, und er Erfahrungen darüber gesammelt hat, wie lange der Genesungsprozeß bei der prognostizierten Krankheit andauern wird. **Nach dem Arztbesuch** muß der AN seine Angaben so präzisieren, wie es ihm der Arzt mitgeteilt hat (*Schmitt* Rn. 21), und zwar nicht nur bei erheblichen Unterschieden zwischen Eigenprognose und ärztlicher Beurteilung.

Liegt bei der ersten Meldung bereits eine ärztliche Auskunft über die AU und deren Dauer vor 10 (Besuch des Arztes im Notdienst), so sind bereits zu diesem Zeitpunkt die vollständigen Angaben zu machen.

c) **Art und Ursache der Erkrankung.** Grundsätzlich ist der AN **nicht verpflichtet**, sich zur Art 11 der Erkrankung und deren Ursache zu äußern. Ausnahmen (allgM: *Staudinger/Oetker* § 616 BGB Rn. 297; *Schmitt* Rn. 22) bestehen bei
– Erkrankungen, die Schutzmaßnahmen des Arbeitgebers für andere erfordern,
– Fortsetzungserkrankungen, die Einfluß auf die Entgeltfortzahlungspflicht haben (§ 3 Rn. 78 bis 99),
– AU aufgrund Schädigung durch einen Dritten § 6.

2. Zeitpunkt. Die Benachrichtigung des Arbeitgebers hat **unverzüglich** (ohne schuldhaftes Zögern) 12 zu erfolgen, § 5 I 1 iV mit § 121 BGB (BAG 31. 8. 1989 AP KSchG § 1 Verhaltensbedingte Kündigung Nr. 23 = NZA 1990, 433), wobei maßgebend für die Erfüllung der gesetzlichen Pflicht der Zugang der Nachricht beim Arbeitgeber, nicht die Absendung ist (BAG 31. 8. 1989 aaO; *KDHK* Rn. 7; *Schmitt* Rn. 17).

13 Unverzüglich bedeutet allerdings **nicht sofort** (Kasseler Handbuch/*Vossen* 2. 2. Rn. 170). Das Gesetz gibt dem AN nur auf, den Arbeitgeber so schnell zu informieren, wie es nach den Umständen des Einzelfalls möglich ist. Das erfordert (im Inland) im **Regelfall eine telefonische Nachricht zu Beginn der betrieblichen Arbeitszeit** am ersten Arbeitstag (Kasseler Handbuch/*Vossen* 2. 2. Rn. 170), wenn die prognostizierte AU schon vorher bestand, hilfsweise im Laufe des ersten Arbeitstages. Bestand die AU bereits an den arbeitsfreien Tagen zuvor (Wochenende, Teilzeitbeschäftigung) und ist dann bereits abzusehen, daß der Erkrankte die Arbeit nicht wird aufnehmen können, kann der AN nicht bis zum ersten individuellen Arbeitstag mit seiner Anzeige warten. Er muß die Anzeige im Laufe des ersten Krankheitstages erstatten (*Worzalla*, NZA 1996, 61, 62). Sie wäre anderenfalls nicht unverzüglich (ähnlich, aber nicht hinreichend differenzierend *Staudinger/Oetker* § 616 BGB Rn. 300 sowie *Schmitt* Rn. 15 und FS für Gitter, S. 847, 849).

14 **3. Form.** Auch wenn das Gesetz keine besondere Form für die Mitteilung vorschreibt, muß sich der erkrankte AN der modernen Telekommunikation bedienen, sofern ihm das technisch möglich ist. So genügt eine briefliche Anzeige regelmäßig nicht (*Staudinger/Oetker* § 616 BGB Rn. 301, aber mißverständlich Rn. 298; *Schmitt* Rn. 17). Geeignet kann auch die Einschaltung eines **Boten** sein, der insbesondere dann heranzuziehen ist, wenn die AU zu einer Einschränkung der Bewegungs- und/oder Kommunikationsfähigkeit geführt hat. Sollte ein AN so schwer erkranken, daß auch die Beauftragung eines Boten nicht möglich ist, ist auch eine Benachrichtigung **nach Beseitigung des Hindernisses** noch unverzüglich iS des § 121 BGB (*Schmitt* Rn. 19).

15 **4. Adressat.** Der AN hat den **Arbeitgeber** zu benachrichten. Es genügt aber auch die Information eines vom Arbeitgeber zur Entgegennahme von Erklärungen **autorisierten Mitarbeiters**, was sich in großen Unternehmen und Behörden aus dem Organisationsplan ergibt. Soweit das nicht ausdrücklich geregelt ist, muß ein **Vorgesetzter** benachrichtigt werden (*KDHK* Rn. 6).

16 **Keine Benachrichtigungsempfänger** sind **Betriebsratsmitglieder, Telefonisten, Pförtner** und andere Betriebsangehörige, denen sich der AN nur als Bote bedienen kann und bei denen er das Risiko der rechtzeitigen und zutreffenden Übermittlung trägt (*Staudinger/Oetker* § 616 BGB Rn. 299; *Schmitt* Rn. 28).

III. Nachweise

17 **1. Allgemeines.** Die Mitteilungspflicht trifft den AN bei jeder AU wegen Krankheit. Der daneben gesetzlich geforderte Nachweis in Form einer ärztlichen **Bescheinigung entfällt** bei einer Arbeitsunfähigkeitsdauer von bis zu drei Kalendertagen (allgM: *Gola* Anm. 4. 2; *Staudinger/Oetker* § 616 BGB Rn. 308 mvN; *Schmitt* Rn. 36; Kasseler Handbuch/*Vossen* 2. 2. Rn. 176; *Worzalla/Süllwald* Rn. 20; *Kramer*, BB 1996, 1662; aA *Berenz*, DB 1995, 2166, 2170), es sei denn, der Arbeitgeber macht von seinem Recht nach § 5 I 3 Gebrauch (dazu Rn. 21 bis 23). Bei AU von einer längeren Dauer als drei Kalendertage ist der Nachweis obligatorisch, falls nicht der Arbeitgeber ausnahmsweise darauf verzichtet hat (*Schmitt* Rn. 33).

18 **2. Die obligatorische AUB. a) Zählweise.** Nach **altem Recht** waren die Arbeiter der alten Bundesländer und die AN im Beitrittsgebiet verpflichtet, eine AUB **am vierten Kalendertag** vorzulegen. Das folgte aus der Fristenregelung des § 3 I LFZG, 115a IV AGB-DDR iV mit § 187 II BGB. Daran hat sich im geltenden Recht, das an Stelle einer Fristenberechnung eine Zeitpunktberechnung vorschreibt, **im Ergebnis nichts geändert** (BT-Drucks. 12/5798 S. 21 und 24; *Gola* Rn. 4.2 und BB 1995, 2318; *KDHK* Rn. 17; *Staudinger/Oetker* § 616 BGB Rn. 310 mvN; *Schmitt* Rn. 34 ff. und RdA 1996, 5, 11; Kasseler Handbuch/*Vossen* 2. 2. Rn. 182 f.; *Hanau/Kramer* DB 1995, 94, 95; *Schaub* BB 1994, 1629; *Stückmann* NZS 1994, 529, 532; wohl auch *Schliemann* AuR 1994, 317, 322), auch wenn der auf einem Vorschlag des Ausschusses für Arbeit und Sozialordnung beruhende Text mißverständlich ist und deshalb auch vertreten wird, die AU dauere erst am 4. Kalendertag länger als 3 Kalendertage und der darauffolgende 5. Kalendertag sei maßgeblich (*Müller/Berenz* Rn. 7; *WGKP* Rn. 26). Diese nach dem Wortlaut mögliche Auslegung mißachtet nicht nur die Hinweise in den Gesetzesmaterialien (BT-Drucks. 12/5798 S. 21 und 24), sondern auch den Werdegang der Norm. Der Gesetzesentwurf sah eine erhebliche Verschärfung der Nachweispflicht (ab erstem Tag) vor. Wenn dann eine mildere Form gewählt worden ist, kann nicht davon ausgegangen werden, daß nunmehr ein längerer Zeitraum gilt als nach altem Recht (*Schmitt* Rn. 44).

19 **b) Kalendertag und Arbeitstag.** Das Gesetz **differenziert** zwischen den **Kalendertagen der AU** und dem **Arbeitstag**, an dem die AUB zugehen muß.

20 Kalendertage sind **alle Tage** eines jeden Jahres. Insofern ist das Gesetz gleichmäßig auf alle betroffenen AN anzuwenden. Der **Arbeitstag** dagegen ist **subjektiv**, dh. nach der **individuellen Arbeitsverpflichtung des erkrankten AN** zu bestimmen (*Müller/Berenz* Rn. 7), nicht nach den Arbeitstagen Montag bis Freitag oder Samstag, auch nicht nach den Tagen, in denen im Betrieb gearbeitet wird (so aber die hM: *Schmitt* Rn. 46 und in der FS Gitter S. 847, 852 f. mit Vorschlägen für vertragliche Regelungen bei Teilzeitbeschäftigten; Kasseler Handbuch/*Vossen* 2. 2. Rn. 184; *Gola*, BB 1995, 2318;

Hanau/Kramer, DB 1995, 94, 95; *Schliemann* AuR 1994, 317, 323). So kann auch der Samstag und im Einzelfall auch der Sonntag (bei vollkontinuierlicher Betriebsarbeitszeit) Übergabetag für die AUB sein, wenn der AN an diesem Tag eine Arbeitsverpflichtung hatte (*KDHK* Rn. 17; *Berenz,* DB 1995, 2166, 2169; *Diller* NJW 1994, 1690).

3. Die angeforderte AUB. Der AN muß die AUB früher vorlegen, wenn der **Arbeitgeber** ein 21 entsprechendes **Verlangen** stellt

a) Verlangen. Der Arbeitgeber kann den **einzelnen** AN einseitig ohne Beteiligung des **Betriebs-** 22 **oder Personalrats** auffordern, eine AUB vorzulegen (*Schmitt* Rn. 54; *Diller* NJW 1994, 1690, 1691; *Marburger* BB 1994, 1417, 1421; *Worzalla* NZA 1996, 61, 65). Trifft der AG allerdings generelle Anordnungen über die frühere Vorlage von AUB, so hat der BR ein MBR nach § 87 Abs. 1 Nr. 1 BetrVG (BAG 25. 1. 2000 AP BetrVG 1972 § 87 Ordnung des Betriebes Nr. 3). Die Aufforderung bedarf keiner Begründung oder eines Sachverhalts, der Anlaß für ein rechtsmißbräuchliches Verhalten des AN gibt (*Staudinger/Oetker* § 616 BGB Rn. 316 f.; *Schmitt* Rn. 45 ff.). Sie ist auch an keine **Form** gebunden. Soweit Einschränkungen in entsprechender Anwendung des § 315 befürwortet werden (*Schaub* BB 1994, 1629), wird nicht hinreichend deutlich, daß eine Überprüfung auf billiges Ermessen nur möglich ist, wenn der Arbeitgeber überhaupt eine Begründung abgibt.

b) Früher. Das Verlangen kann **antizipiert** und allgemein abstrakt vor der Erkrankung durch 23 **vertragliche Vereinbarung** (BAG 1. 10. 1997 NZA 1998, 369 = AuR 1998, 123) oder durch freiwillige **Betriebsvereinbarung** gestellt sein (*Staudinger/Oetker* § 616 BGB Rn. 318; *Schmitt* Rn. 54; *Hanau/ Kramer* DB 1995, 94, 96; aA *Schaub* BB 1994, 1629, 1630). Der Arbeitgeber kann aber auch individuell bei jeder Erkrankung entscheiden, ob er von seinem Recht nach § 5 I 3 Gebrauch machen will. In allen Fällen kann er **sogleich nach Erhalt der Mitteilung** über die AU des AN nach § 5 I 1 eine Aufforderung an den AN richten, sich die AU von Anfang an bescheinigen zu lassen und vorzulegen. Ein solches Verlangen umfaßt auch den **ersten Tag** der AU. Soweit das technisch möglich ist, muß das Attest auch noch am ersten Tag übergeben werden (*Staudinger/Oetker* § 616 BGB Rn. 314 mvN; *Schmitt* Rn. 57; Kasseler Handbuch/*Vossen* 2. 2. Rn. 190). Eine Übergabe am nächsten Tag ist aber unschädlich, sofern die erste Fehltag von der AUB abgedeckt ist und eine Übergabe am ersten Tag weder möglich noch zumutbar war (ähnlich unter Berufung auf § 315 BGB *Staudinger/Oetker* § 616 BGB Rn. 315 und *Worzalla* NZA 1996, 61, 65; generell für den zweiten Tag *Hanau/Kramer* DB 1995, 94, 96). Das spontane Verlangen des Arbeitgebers, auch für den ersten Tag eine Bescheinigung zu bekommen, setzt regelmäßig voraus, daß der AN seiner Anzeigepflicht nach § 5 I 1 unverzüglich genügt hat, um noch einen Arzt aufsuchen zu können, der dann in die Lage versetzt wird, AU zu bescheinigen.

4. Inhalt der AUB. Die Ausstellung der AUB obliegt dem **Arzt.** Er muß die Tatsache der AU einer 24 namentlich genannten **Person,** nicht nur deren Erkrankung, sowie die **Dauer** der AU testieren (*Schmitt* Rn. 65 f.). Bei gesetzliche Versicherten hat die AUB den Hinweis zu enthalten, daß die Krankenkasse informiert ist, § 5 I 5. **Fehlt** eine dieser Angaben (was angesichts der Benutzung vorgegebener Formulare ungewöhnlich ist; vgl. auch die vom Bundesausschuß der Ärzte und Krankenkassen verabschiedeten Arbeitsunfähigkeits-Richtlinien vom 3. 9. 1991 in RdA 1992, 208), so darf der Arbeitgeber sie zurückweisen und den AN auffordern, eine ordnungsgemäße Bescheinigung beizubringen (zur Leistungsverweigerung in einem solchen Fall vgl. § 7 Rn. 9).

a) Arzt als Aussteller. Die AUB muß von einem **approbierten Arzt** ausgestellt werden. Die 25 Bescheinigung von ärztlichem Hilfspersonal oder eines Heilpraktikers genügt nicht (*Staudinger/ Oetker* § 616 BGB Rn. 320; Kasseler Handbuch/*Vossen* 2. 2. Rn. 203; *Lepke* NZA 1995, 1084, 1086). Der AN hat die **freie Wahl,** welchen Arzt er aufsuchen will; der gesetzlich Versicherte muß auch keinen Kassenarzt aufsuchen (Kasseler Handbuch/*Vossen* 2. 2. Rn. 204). Der AN kann nicht gezwungen werden, sich an einen bestimmten Arzt wie den Betriebs- oder Werksarzt zu wenden. Das kann auch nicht in Verträgen und Vereinbarungen verabredet oder bestimmt werden, auch nicht, wenn es sich bei dem Verlangen um eine zusätzliche Untersuchung handelt (aA *Schmitt* Rn. 74).

Regelmäßig verwenden Ärzte den Vordruck für AUB nach § 28 Bundesmantelvertrag-Ärzte, womit 26 sichergestellt ist, daß die gesetzlichen Mindestangaben enthalten sind (*Gola* Anm. 4. 3; *Lepke* NZA 1995, 1084, 1086). Der Arzt kann aber jederzeit ein anderes Formular verwenden oder einen individuellen Text schreiben (*Staudinger/Oetker* § 616 BGB Rn. 322). Das kann den Vorteil haben, daß die Angaben insbesondere zur Dauer der AU präziser sind als bei der Verwendung eines Formulars.

b) Art und Ursache der AU. Der Arzt darf keine Bemerkungen über die Ursache und die Art der 27 AU und der zugrunde liegenden Erkrankung in der Bescheinigung erwähnen (BAG 19. 3. 1986 AP LohnFG § 1 Nr. 67 = NZA 1986, 743), sofern der AN ihn dazu nicht ermächtigt hat (*Staudinger/ Oetker* § 616 BGB Rn. 322). Soweit der Arbeitgeber daran ein berechtigtes Interesse haben kann (Rn. 11), obliegt es dem AN, seinen Arbeitgeber entsprechend zu informieren oder den behandelnden Arzt von der Schweigepflicht zu befreien, um dem Arbeitgeber die Einholung der notwendigen Auskünfte zu ermöglichen (BAG 19. 3. 1986 aaO).

28 **c) Dauer.** Die Dauer der AU kommt nicht nur Bedeutung für die Dispositionsmöglichkeiten des Arbeitgebers zu. Nach dem Ende der AU beurteilt sich auch, ob eine andere Erkrankung außerhalb des Sechs-Wochen-Zeitraums eintritt und eine neue Entgeltfortzahlungspflicht auslöst oder nicht (BAG 14. 9. 1983 AP LohnFG § 1 Nr. 55 = DB 1983, 2783; Einzelheiten § 3 Rn. 78 ff.).

29 Die Dauer der AU kann **datumsgenau** bezeichnet werden, aber auch durch die Angabe einer **Frist** (*Schmitt* Rn. 68). Regelmäßig enthält die Bescheinigung keinen Hinweis über das Ende am letzten testierten Tag. Dann muß unter Berücksichtigung der Umstände des Einzelfalls ausgelegt werden, ob das Tagesende oder ein früherer Zeitpunkt anzunehmen ist. Ohne weitere Hinweise ist davon auszugehen, daß der Arzt seine Prognose über die Dauer der AU auf den ganzen Tag bezogen hat und nicht das Ende der ihm meist nicht bekannten und auch nicht abgefragten betriebsüblichen Arbeitszeit gemeint hat (so aber BAG 14. 9. 1983 AP LohnFG § 1 Nr. 55 = DB 1983, 2783; auch *Schmitt* Rn. 69). Die abweichende Auffassung ist nicht lebensnah. Es kann angesichts der vielfältigen Möglichkeiten, die regelmäßige wöchentliche Arbeitszeit betrieblich zu gestalten, nur dann davon ausgegangen werden, der Arzt habe die konkrete Situation berücksichtigt, wenn sich aus der Bescheinigung ein entsprechender Hinweis ergibt oder der AN selbst erklärt, er habe den Arzt auf seine Arbeitsverpflichtungen hingewiesen und dieser habe darauf die Dauer der AU festgelegt. So muß der AN, dessen Nachtschicht am letzten Tag der AU um 22.00 Uhr beginnt, seine Arbeit nur aufnehmen, wenn es Anzeichen dafür gibt, daß der Arzt ihn zu einer früheren Stunde des Tages für arbeitsfähig gehalten hat.

30 Die Dauer der AU kann auch so bemessen werden, daß das Ende auf einen Tag ohne Arbeitspflicht des AN (Samstag, Sonntag, Feiertag, Freischichttag) fällt (BAG 14. 9. 1983 Rn. 29). Für die Bestimmung des genauen Zeitpunkts an diesem Tag gelten die vorstehenden Regeln (Rn. 29).

31 **d) Benachrichtigung der Krankenkasse.** Die Verpflichtung nach § 5 I 5, auf der AUB zu vermerken, daß die gesetzliche Krankenkasse im gesetzlich vorgeschriebenen Umfang informiert worden ist, betrifft die Pflichten des AN nur mittelbar. Entspricht der Vermerk nicht der Wahrheit und hat der Arzt die Krankenkasse nicht informiert, so entstehen daraus für den AN keine Nachteile (*Schmitt* Rn. 71); insbesondere steht dem Arbeitgeber kein Leistungsverweigerungsrecht zu (§ 7 Rn. 9).

32 **5. Der Beweiswert einer AUB nach § 5 I.** Die Begleitumstände einer krankheitsbedingten AU geben vielfach Anlaß zu **Zweifeln**, ob der AN krank und/oder arbeitsunfähig ist oder nicht. Deshalb stellt sich häufig die Frage nach dem Beweiswert der AUB und nach den Reaktionsmöglichkeiten der Arbeitgeber. Denn der AN muß im Streitfall die Tatbestandsvoraussetzung der krankheitsbedingten AU darlegen und beweisen.

33 **a) Grundsatz.** Die ärztliche AUB ist das **gesetzlich vorgesehene Nachweismittel**, mit dem der AN seinem Arbeitgeber die AU und deren Dauer nachweist (BAG 1. 10. 1997 NZA 1998, 369 = AuR 1998, 123; 19. 2. 1997 AP EntgeltFG § 3 Nr. 4 = NZA 1997, 652). Das gilt nicht nur für den **außerprozessualen** betrieblichen Umgang zwischen den Arbeitsvertragsparteien, sondern auch für die **prozessuale** Bewertung in einem Streit zwischen Arbeitgeber und AN bzw. dessen Krankenkasse (BAG aaO). Der Arbeitgeber ist allerdings **nicht gehindert**, geltend zu machen, der AN sei nicht arbeitsunfähig oder nicht einmal krank gewesen. Allerdings kommt nach bisheriger Rechtsprechung der deutschen Arbeitsgerichtsbarkeit einer von im Inland (zur im Ausland ausgestellten AUB siehe Rn. 59 bis 66) ordnungsgemäß ausgestellten AUB im Rahmen der richterlichen Beweiswürdigung gemäß § 286 I ZPO ein **hoher Beweiswert** zu. § 5 I ist zwar nicht Grundlage für eine gesetzliche Vermutung iS des § 292 ZPO; mit der Ausstellung einer ordnungsgemäßen AUB besteht aber eine **tatsächliche Vermutung**, daß der AN infolge Krankheit arbeitsunfähig war (BAG 19. 2. 1997 AP EntgeltFG § 3 Nr. 4 = NZA 1997, 652; 21. 3. 1996 AP BGB § 123 Nr. 42 = NZA 1996, 1030; 15. 7. 1992 AP LohnFG § 1 Nr. 98 = NZA 1993, 23 mwN aus der Rspr. des BAG und dem insoweit fast einhelligen Schrifttum; mit dieser Entscheidung wurde das einzige abweichende Urteil eines LAG [LAG München 9. 11. 1988 NZA 1989, 597] aufgehoben; vgl. auch *Schmitt* Rn. 80 bis 85).

34 Damit muß der Arbeitgeber, will er es auf eine gerichtliche Auseinandersetzung über die Entgfortz ankommen lassen, **nicht den Beweis des Gegenteils (Hauptbeweis)** führen. Er kann wie bei jeder tatsächlichen Vermutung Tatsachen vortragen, aus denen der Richter den Schluß ziehen kann, daß der **Beweiswert** der AUB **erschüttert** ist (Einzelheiten in Rn. 36 bis 43), weil **ernsthafte Zweifel** an der krankheitsbedingten AU bestehen (allgM auch im Schrifttum; aA Stückmann, NZS 1994, 529, 534, der wegen der Gesetzesänderung in § 275 SGB V [Rn. 37] bereits bei einfachen Zweifeln den Beweiswert erschüttert sieht; ähnlich wohl auch Kasseler Handbuch/*Vossen* 2. 2. Rn. 221). Dann muß der AN, der für die Tatsache der auf Krankheit beruhenden AU beweispflichtig geblieben ist, weiteren Beweis neben der AUB antreten und ggf. führen, zB durch Vernehmung des behandelnden Arztes nach entsprechender Befreiung von der Schweigepflicht (*Schmitt* Rn. 96).

35 **Ob an dieser Rechtsprechung** angesichts der Unterschiede, die sich nach der Rechtsprechung des EuGH (ausführlich Rn. 60 bis 63) zur im EU-Ausland ausgestellten AUB ergeben, **festgehalten werden kann** oder ob nicht auch der im Inland ausgestellten AUB iE der Wert einer gesetzlichen Vermutung zugesprochen werden muß, ist vom BAG noch nicht ausdrücklich entschieden. Die abschließende Paletta-Entscheidung des 5. Senats des BAG (ausführlich Rn. 65) enthält in einer Par-

enthese den Hinweis, daß daran nicht gedacht wird (BAG 19. 2. 1997 AP EWG-Verordnung Nr. 574/ 72 Art. 18 Nr. 3 = NZA 1997, 705 zu III 2 der Gründe = SAE 1998, 76 mit zust. Anm. *Oetker*). Auch die weitere Entscheidung des BAG vom selben Tag (AP EntgeltFG § 3 Nr. 4 = NZA 1997, 652 zu einer von einem türkischen Arzt ausgestellten AUB) läßt den Schluß zu, daß an der bisherigen Rechtsprechung festgehalten wird. Das ist unter Gleichheitsgesichtspunkten **bedenklich** (aA *Oetker* aaO). Will man auf Dauer einer verschiedenen Wertung gleicher Sachverhalte entgehen, die sich nur durch die Herkunft der AUB unterscheiden, so wird sich eine Änderung der Rechtsprechung nicht vermeiden lassen. Allerdings müssen dann die Anforderungen an den vom Arbeitgeber zu führenden Vollbeweis entsprechend formuliert werden.

b) Einzelfälle. Da der Arbeitgeber im Regelfall weder etwas über die Art der Erkrankung noch **36** deren Ursache erfährt und er auch nicht weiß, inwieweit der AN den Arzt über seine vertraglichen Pflichten informiert hat, ist die **Darstellung** entsprechender Tatsachen, die den Beweiswert erschüttern können, **nicht leicht**, zumal Ausforschungsvortrag und Ausforschungsbeweis im Zivilprozeß nicht statthaft sind. Das – und damit ihre prozessualen Erfolgsaussichten – verkennen Arbeitgeber häufig im ersten Ärger über das Fehlen des AN.

aa) In der **Rechtsprechung** zum Lohnfortzahlungsgesetz hat sich in den vergangenen Jahrzehnten **37** eine reichhaltige **Kasuistik** zu dem Begriff der „ernsthaften Zweifel" entwickelt. Daneben findet sich im Krankenversicherungsrecht **eine kodifizierte Beschreibung** des Problems im Zusammenhang mit der Begutachtung und Beratung des Medizinischen Diensts der Krankenkassen. Nach der Neufassung des § 275 **SGB V** durch das Pflegeversicherungsgesetz sind die Krankenkassen ua. zur Beseitigung von Zweifeln (früher begründeten Zweifeln) an der AU verpflichtet, ein Gutachten einzuholen, § 275 I Nr. 3 b SGB V. In seinem folgenden Absatz 1 a beschreibt das Gesetz in **Regelbeispielen**, unter welchen Voraussetzungen Zweifel bestehen. Es handelt sich einmal um den Fall, daß der AN **häufig** oder auffällig häufig für eine **kurze Dauer arbeitsunfähig** ist oder der **Beginn der AU häufig auf einen Tag am Beginn oder am Ende der Woche** fällt. Zum zweiten wird der Fall genannt, daß die AUB von einem **Arzt** herrührt, der durch die **Häufigkeit** der von ihm ausgestellten AUB auffällig geworden ist. Diese sozialrechtlichen Regelbeispiele können auch arbeitsrechtlich und im Streitfall beweisrechtlich herangezogen werden, auch wenn die Bestimmungen unter dem Manko leiden, daß die Begriffe der Regelbeispiele nicht legal definiert sind (*Gola* BB 1995, 2318, 2321). So ist abzusehen, daß eine Vielzahl von Streitigkeiten entschieden werden müssen. Dabei haben die Gerichte beider Zweige einen nicht unerheblichen Beurteilungsspielraum (*Hanau/Kramer* DB 1995, 94, 97 f. und *Schmitt* RdA 1996, 5, 13 haben versucht, Definitionen zu entwickeln, die bereits auf Kritik gestoßen sind, vgl. *Gola* aaO).

bb) Daneben kann auf die zum Lohnfortzahlungsgesetz entwickelte **Kasuistik zurückgegriffen** **38** werden. Die vielfachen Lebenssachverhalte, die zu ernsthaften Zweifeln iS der Rechtsprechung des BAG Anlaß geben, können in **zwei Fallgruppen** gegliedert werden. Es handelt sich einmal um Tatsachen, die aus dem **Lebensbereich** des AN rühren, und sodann um Tatsachen, die in den **Arbeitsbereich** des behandelnden **Arztes** fallen (ähnlich *Hanau/Kramer* DB 1995, 94, 97, die allerdings drei Gruppen unterscheiden). Dabei handelt es sich folgend nicht um eine vollständige Auflistung.

(1) Arbeitnehmer. Der AN **kündigt sein Fernbleiben** nach einer Auseinandersetzung mit dem **39** Arbeitgeber oder nach einer Weigerung **an**, Urlaub zum gewünschten Termin zu gewähren, das sog. „Krankfeiern" (BAG 4. 10 1978 AP LohnFG § 3 Nr. 3 = NJW 1979, 1264). Dem AN wird regelmäßig am **Ende seines Urlaubs** oder im unmittelbaren Anschluß daran AU testiert (BAG 20. 2. 1985 AP LohnFG § 3 Nr. 4 = NZA 1985, 737). Der AN macht **widersprüchliche Angaben** zum Hergang eines die AU herbeiführenden Unfalls (BAG 15. 7. 1992 AP LohnFG § 1 Nr. 98 = NZA 1993, 23). Der AN verhält sich nicht wie es von einem Kranken erwartet wird (**Tätigkeit auf einer Baustelle, übermäßiger Alkohol- und Nikotingenuß** auf nächtelangem Kneipenbummel); zu beachten bleibt aber, daß Krankheit und AU nicht gleichbedeutend mit Bettlägrigkeit oder häuslicher Ruhe sind und deshalb aus einem Spaziergang, dem Einkaufen oder sogar einer körperlichen Anstrengung beim Sport ohne weitere Umstände keine Schlüsse gezogen werden können (zu weitgehend *Schmitt* Rn. 95). Der AN geht während der attestierten AUB einer **Beschäftigung bei einem anderen Arbeitgeber** nach (BAG 26. 8. 1993 AP BGB § 616 Nr. 112 mit Anm. *Berning* = NZA 1994, 63). Der AN kommt **der Aufforderung einer Begutachtung durch den Medizinischen Dienst** nicht nach (aA BAG 3. 10. 1972 AP LohnFG § 5 Nr. 1 = DB 1973, 144); das gilt auch ohne ausdrückliche arbeitsrechtliche Verpflichtung des AN, wie sie im beabsichtigten § 5 a niedergelegt war.

(2) Arzt. Ausstellung der ärztlichen Bescheinigung **ohne vorhergehende Untersuchung** (BAG **40** 11. 8. 1976 AP LohnFG § 3 Nr. 2 mit Anm. *Brecht* = NJW 1977, 350) sowie die **Rückdatierung** der AUB entgegen der Vorgabe des § 31 Bundesmantelvertrag-Ärzte iV mit der Nr. 15 der Arbeitsunfähigkeits-Richtlinien vom 3. 9. 1991 begründen ernsthafte Zweifel (*Lepke* NZA 1995, 1084, 1088). Davon kann auch ausgegangen werden, wenn das äußere Krankheitsbild den Schluß zuläßt, daß der Arzt den Arbeitsunfähigkeitsbegriff verkannt hat (Handverletzung eines Pförtners; ähnlich *Hanau/Kramer* DB 1995, 94, 98).

280 EFZG § 5

41 **c) Reaktionsmöglichkeiten des Arbeitgebers. aa) Medizinischer Dienst.** Hat der Arbeitgeber aus einem der vorstehend genannten Sachverhalte Zweifel an der AU des Mitarbeiters, kann er von der Krankenkasse die Einschaltung des Medizinischen Diensts verlangen, § 275 I a 3 SGB V. Einen unmittelbaren Anspruch des Arbeitgebers gegen den Medizinischen Dienst kennt das geltende Recht nicht (Kasseler Handbuch/*Vossen* 2. 2. Rn. 216). Die 1996 geplante Änderung des § 275 I a 3 SGB V, die einen direkten Anspruch des Arbeitgebers gegen den Medizinischen Dienst vorsah, ist nicht realisiert worden (Kasseler Handbuch/*Vossen* 2. 2. Rn. 217 bis 219).

42 **bb) Weigerung der Entgfortz.** Der Arbeitgeber kann aber auch das **Risiko einer gerichtlichen Auseinandersetzung** (regelmäßig mit der Krankenkasse, auf die der Entgeltfortzahlungsanspruch bei Zahlung von Krankengeld nach § 115 SGB X übergegangen ist) eingehen und die Entgfortz verweigern und dann ggf. gerichtlich wie beschrieben (Rn. 34) vorgehen. Kommt der Richter in einem nachfolgenden Streitverfahren zu dem (revisionsrechtlich nur eingeschränkt überprüfbaren) Schluß, der Beweiswert der AUB sei durch die vom Arbeitgeber vorgetragenen und (festgestellten oder unstreitigen) Tatsachen erschüttert, hat der AN Gelegenheit, mit den Beweismitteln der ZPO nachzuweisen, daß er doch infolge einer Krankheit arbeitsunfähig gewesen ist. Dazu gehört **insbesondere die Vernehmung der behandelnden Ärzte**, ggf. die Einholung eines Sachverständigengutachtens, ferner die Vernehmung anderer Personen, die seinen Zustand beobachten und bewerten konnten. Dazu zählen auch Ehepartner und Verwandte. Inwieweit diese glaubwürdig sind und/oder ihre Aussage glaubhaft ist, bleibt der Beweiswürdigung des Gerichts vorbehalten.

43 **cc)** Der Arbeitgeber **muß nicht erst die Krankenkasse** zur Begutachtung des AN durch den Medizinischen Dienst auffordern, bevor er berechtigt die Entgfortz verweigert. Der Verzicht auf sein Recht aus § 275 I a 3 SGB V bedeutet nicht, daß ihm die Möglichkeiten abgeschnitten sind, den Beweiswert der AUB zu erschüttern (*Staudinger/Oetker* § 616 BGB Rn. 532; aA *Hanau/Kramer* DB 1995, 94, 98). Abgesehen davon, daß § 275 SGB V für die nicht gesetzlich versicherten AN nicht zur Anwendung kommt, verstößt ein solches Junktim gegen **anerkannte Grundsätze des Beweisrechts**, so lange nichts anderes gesetzlich angeordnet ist. Der Arbeitgeber, der zur Überzeugung eines Gerichts (zB durch Zeugenbeweis) nachweisen kann, daß die ausgestellte AUB falsch ist, kann mit dem Beweismittel nicht ausgeschlossen werden, weil er ein anderes Beweismittel (Begutachtung durch den Medizinischen Dienst) nicht genutzt hat. Das Auslassen der Möglichkeit, nach § 275 I a 3 SGB V zu verfahren, ist allerdings im Rahmen der **freien Beweiswürdigung** zu berücksichtigen. Es kann im Einzelfall durchaus die Bedeutung haben, daß der Arbeitgeber den Beweiswert der ärztlichen AUB nicht hinreichend erschüttert hat und deswegen zur Entgfortz verurteilt wird. Deshalb empfiehlt es sich durchaus, stets den medizinischen Dienst einzuschalten, um nicht nur ein sicheres ärztliches Urteil zu erlangen, sondern auch die Beweislage zu verbessern (iE ebenso nach zweckgerichteter Auslegung des § 5 I und des § 275 SGB V *Schmitt* Rn. 94 und RdA 1996, 5, 13; *Hunold* DB 1995, 676; *Lepke* NZA 1995, 1084, 1089).

44 **6. Rechtsfolgen bei Verletzung.** Kommt der AN den gesetzlichen Obliegenheiten des § 5 I 2 und 3 nicht nach, so hat der Arbeitgeber das **Leistungsverweigerungsrecht** nach § 7 I 1. Kommt der AN einer Aufforderung zur Begutachtung durch den Medizinischen Dienst nicht nach, so kann der Arbeitgeber kein Leistungsverweigerungsrecht geltend machen (zur Verweigerung der Entgfortz wegen Erschütterung des Beweiswerts der AUB Rn. 42). Das war durch Ergänzung des § 7 im Wachstums- und Beschäftigungsförderungs-Ergänzungsgesetz vorgesehen, ist aber nicht Gesetz geworden (BT-Drucks. 13/4611). Daneben kann der AN mit seinem Fehlverhalten – ungeachtet der Schwierigkeiten bei der Bezifferung und Durchsetzung – **Schadensersatzansprüche** auslösen (BAG 27. 8. 1971 AP LohnFG § 3 Nr. 1 mit Anm. *Trieschmann* = NJW 1972, 76; *Worzalla* NZA 1996, 61, 62). Im Wiederholungsfall droht ihm auch der Verlust des Arbeitsplatzes nach einer verhaltensbedingten **Kündigung** (BAG 31. 8. 1989 AP KSchG § 1 Verhaltensbedingte Kündigung Nr. 23 = NZA 1990, 433), im Extremfall sogar nach einer außerordentlichen Kündigung (BAG 15. 1. 1986 AP BGB § 626 Nr. 93 = NZA 1987, 93; LAG Sachsen-Anhalt 24. 4. 1996 NZA 1997, 772; *Lepke*, NZA 1995, 1084, 1090).

IV. Fortdauer der Arbeitsunfähigkeit

45 Die gesetzliche Regelung bei einer Fortdauer der AU über den zunächst bescheinigten Termin (immerhin eine Massenerscheinung) ist dürftig. Sie enthält nur eine wie selbstverständlich wirkende Pflicht des AN zur Vorlage einer Folgebescheinigung, § 5 I 4. Kein Wort verliert das Gesetz darüber, wann die Bescheinigung im Regelfall vorgelegt werden muß und ob der Arbeitgeber eine frühere Vorlage verlangen kann. Gänzlich fehlt ein Hinweis, ob den AN eine Informationspflicht wie bei der Ersterkrankung nach § 5 I 1 trifft.

46 Ein Teil des Schrifttums (*Gola* Anm. 6; *Schmitt* Rn. 97 bis 101; Kasseler Handbuch/*Vossen* 2. 2 Rn. 283 bis 286; WGKP Rn. 46 bis 48) will die Vorschriften des § 5 I 1 bis 3 auf die Fälle des § 5 I 4 in Anlehnung an die Rechtsprechung des BAG zu § 3 I LFZG (BAG Urteil vom 29. 8. 1980 AP LohnFG § 6 Nr. 18 mit Anm. *Trieschmann* = DB 1981, 171) zu Recht entsprechend anwenden, auch

wenn es schwer fällt, von einer unbewußten Regelungslücke als Voraussetzung einer Analogie auszugehen, war doch bereits die Vorgängerregelung des § 3 I LFZG bekanntermaßen unvollständig (BAG 29. 8. 1980 aaO). Wird die Analogie abgelehnt, hätte der AN aber nicht einmal eine Mitteilungspflicht, die Fortdauer der AU anzuzeigen. Davon gehen nicht einmal AN aus, die über ihre Rechte und Pflichten nach diesem Gesetz genau informiert sind.

Allerdings läßt sich eine Pflicht, dem Arbeitgeber die Folgebescheinigung (die zugleich wohl die 47 Mitteilung nach § 5 I 1 ersetzen soll) noch vor Ablauf der ersten AU oder alsbald nach Ausstellung durch den Arzt (KDHK Rn. 23) vorzulegen, dem Gesetz nicht entnehmen (*Marienhagen/Künzl* Rn. 12 und 12 a).

C. Mitteilungs- und Nachweispflichten nach § 5 II

Mit der Neuregelung des Entgeltfortzahlungsrechts in diesem Gesetz ist auch die Bestimmung über 48 die Pflichten des im **Ausland** erkrankten AN **erweitert** worden. Wie bisher haben deutsche und ausländische AN, auf die das Gesetz Anwendung findet (dazu § 1 Rn. 15 bis 17) die grundlegenden Vorschriften des § 5 I einzuhalten. Zusätzlich gilt es, bei einer im Ausland auftretenden AU die in Absatz 2 genannten Pflichten zu beachten.

I. Mitteilungspflichten

1. Beginn der AU. Die Mitteilungspflicht gegenüber dem Arbeitgeber ist für den im Ausland 49 erkrankten AN um **zwei Obliegenheiten** erweitert. Sie betreffen den Aufenthaltsort und die Art der Benachrichtigung.

a) Der AN muß anders als bei einem Aufenthalt außerhalb seines Wohn- und/oder Arbeitsortes 50 innerhalb Deutschlands die **Adresse des ausländischen Aufenthaltsortes** mitteilen. Diese Verschärfung erklärt sich aus der Rechtsprechung des EuGH im Fall „Paletta"(Rechtssache C 45/90–3. 5. 1992 AP Art. 18 EWG-Verordnung Nr. 574/72 Nr. 1 = NJW 1992, 2687). Der EuGH verlangt aufgrund seiner Interpretation des Gemeinschaftsrechts vom deutschen Arbeitgebern, die AUB eines ausländischen Arztes ohne Einschränkung zu akzeptieren. Er verweist sie darauf, sie könnten gemäß Art. 18 V der EWG-Verordnung Nr. 574/72 den arbeitsunfähigen AN vor Ort vom Arzt ihres Vertrauens untersuchen lassen (ausführlich dazu Rn. 59 bis 67). Diese Möglichkeit war nach früher geltendem Recht praktisch nicht möglich, weil der Arbeitgeber nicht wußte und auch nicht zwangsweise in Erfahrung bringen konnte, wo sich der AN aufhält. Der Bundesgesetzgeber hielt sich danach an die Empfehlung des EuGH, durch nationale oder gemeinschaftliche Kodifikationsmaßnahmen die Beurteilungslage des Arbeitgebers zu verbessern.

Der Begriff **Adresse** ist im Gesetz nicht definiert. Dazu gehören die Angaben, die es einem Dritten 51 am Aufenthaltsort ermöglichen, den erkrankten AN **zu erreichen.** Eine Telefonnummer gehört nicht dazu (aA Kasseler Handbuch/*Vossen* 2. 2. Rn. 228; *Berenz* DB 1995, 1462).

b) Es genügt bei einer im Ausland auftretenden AU infolge Krankheit nicht, wenn der AN die 52 vorgeschriebene Information unverzüglich iS des § 121 BGB übermittelt; er muß den **schnellstmöglichen Weg** wählen. Das sind in der Regel Telefon, Telekopie, Telex oder Telegramm. Da Telefon oder Fax in den meisten Fällen auch benutzt werden müssen, wenn ohne schuldhaftes Zögern (Rn. 12) gehandelt werden soll, erschöpft sich eine Anordnung darin, daß der AN **nicht auf einen Brief** zurückgreifen darf, wo ihm die Benutzung teurer Telekommunikationsmittel zur Verfügung stehen (ähnlich *Schmitt* Rn. 84; Kasseler Handbuch/*Vossen* 2. 2. Rn. 228; KDHK Rn. 32). Damit korrespondiert die Pflicht des Arbeitgebers, die **Kosten** (nicht nur bei Benutzung der teuren Anlagen) zu übernehmen (entgegen der Auffassung von *Berenz* DB 1995, 1462 kommen Abstriche hinsichtlich der Höhe nicht in Betracht, wenn der AN das schnellstmögliche Kommunikationsmittel verwandt hat). Dem kann der Arbeitgeber allerdings dadurch entgehen, daß er durch Vereinbarung auf die schnellstmögliche Art der Übermittlung im Voraus verzichtet.

c) Anders als im Inland, wo der Arzt die Benachrichtigung der Krankenkasse zu übernehmen hat, 53 muß der im Ausland **erkrankte Versicherte** seine gesetzliche **Krankenkasse** über die AU und deren voraussichtliche Dauer unverzüglich informieren. Die Adressenangabe entfällt. Die Pflichten können auch gegenüber einem ausländischen Sozialversicherungsträger erfüllt werden, wenn die Krankenkasse diese Möglichkeit festgelegt hat.

2. Folgebescheinigung. Unverständlicherweise hat der Gesetzgeber erneut dem AN nur eine Ver- 54 pflichtung auferlegt, bei **Fortdauer der AU** seine Krankenkasse zu informieren, nicht aber seinen Arbeitgeber. Wie bei der insoweit unvollständigen Regelung des § 5 I 4 sind auch hier die Sätze 1 und 2 des § 5 II **entsprechend** anzuwenden, wobei nur eine geänderte Adresse mitgeteilt werden muß (*Schmitt* Rn. 114).

3. Rückkehr. Die Pflicht, dem **Arbeitgeber** und der **Krankenkasse** die Rückkehr aus dem Ausland 55 **anzuzeigen,** besteht **unabhängig** davon, ob die AU **andauert** oder nicht. Gegenüber dem Arbeitgeber wird die Pflicht regelmäßig dadurch erfüllt, daß der AN sich zur Arbeitsaufnahme meldet. Nur wenn er noch andauernden, vom Arbeitgeber gewährten Urlaub hat, nicht etwa selbst verlängerten Urlaub (dazu § 9 BUrlG Rn. 17 ff.), oder ein anderer Tatbestand vorliegt, der den AN von der Arbeitspflicht befreit, muß er eine gesonderte Rückkehrmeldung abgeben.

II. Nachweispflichten

56 **1. Umfang im Regelfall.** Der Gesetzgeber hat keine besonderen Nachweispflichten in § 5 II bei einer Erkrankung im Ausland festgelegt. Es finden die zu § 5 I geltenden Vorschriften Anwendung (Rn. 17 ff.). Es fehlt lediglich die Verpflichtung (des behandelnden ausländischen Arztes), einen Vermerk über die Benachrichtigung der Krankenkasse auf der AUB festzuhalten. Das korrespondiert mit der mangelnden Kompetenz des deutschen Gesetzgebers, einen im Ausland praktizierenden Arzt verpflichten zu können (*Schmitt* Rn. 117). Somit muß der AN auch dafür Sorge tragen, daß der Arbeitgeber spätestens am vierten Tag seit Beginn der AU die Bescheinigung erhält, was wegen der mitunter langen Postlaufzeiten nicht immer einzuhalten ist (wegen der deshalb möglichen Sanktion § 7 Rn. 11). **Ohne Bedeutung** bleibt deshalb auch § 5 I 3 hinsichtlich des arbeitgeberseitigen Verlangens einer **früheren Hergabe,** nicht aber hinsichtlich der Aufforderung, den gesamten Zeitraum bescheinigt zu bekommen (Rn. 23).

57 Der AN kann die AUB in der **Originalfassung** überreichen, die regelmäßig in der Landessprache ausgestellt sein dürfte. Da das Gesetz nichts zur Herstellung einer **Übersetzung** aussagt, kann nicht davon ausgegangen werden, daß der AN auf seine Kosten verpflichtet ist, eine Übersetzung (unverzüglich oder zeitnah) herbeizuschaffen (aA *Berenz* DB 1995, 1462, 1463). Vielmehr ist der Arbeitgeber gehalten, sich eine Übersetzung anzufertigen.

58 **2. Vereinfachtes Verfahren.** § 5 II 5 gestattet die Einführung und Durchführung eines vereinfachten Verfahrens bei Anzeige und Nachweis einer AU im Ausland für den gesetzlich Versicherten, sofern es sich bei dem ausländischen Staat um Mitglieder der EU oder um einen Staat handelt, mit denen ein Sozialversicherungsabkommen besteht. Wenn der AN das in Art. 18 der Verordnung 574/72/EWG bzw. in den **Merkblättern der Krankenversicherungen** näher beschriebene Verfahren über Meldung, Nachweis und Überprüfung der AU befolgt, so ist den Anforderungen des § 5 II Genüge getan (Kasseler Handbuch/*Vossen* 2. 2. Rn. 234 bis 238; *Berenz,* DB 1995, 1462, 1463; anschaulich BAG 1. 10. 1997 AP EntgeltFG § 5 Nr. 5 mit Anm. Schmitt = NZA 1998, 372).

59 **3. Beweiswert der im Ausland ausgestellten AUB.** Früher wurde uneingeschränkt davon ausgegangen, daß im Ausland erstellte AUB **denselben** Beweiswert haben wie Bescheinigungen der in Deutschland niedergelassenen Ärzte (Rn. 32 ff.). Danach hatte der Arbeitgeber die Tatsache der AUB infolge Krankheit im Regelfall hinzunehmen, konnte dem Entgeltfortzahlungsverlangen des AN aber auch alle Tatsachen **entgegenhalten,** die er bei einer AUB im Inland hätte vorbringen können, insbesondere die Tatsache, daß der im Ausland AU bescheinigte Arzt die für das deutsche Recht maßgebliche Unterscheidung zwischen AU und Krankheit nicht beachtet habe. War die tatsächliche Vermutung auf diese Weise erschüttert, mußte der AN weitere Tatsachen darlegen und sie ggf. beweisen (oben Rn. 33 f.).

60 Mit seinem Urteil „Paletta I" vom 3. 6. 1992 entschied der EuGH auf Vorlage des ArbG Lörrach (Rechtssache C 45/90 – 3. 5. 1992 AP Art. 18 EWG-Verordnung Nr. 574/72 Nr. 1 = NJW 1992, 2687), daß die Leistungen des Arbeitgebers nach dem damaligen Lohnfortzahlungsgesetz Leistungen bei Krankheit iS der EWG-Verordnung 1408/71 zur Anwendung der Systeme der sozialen Sicherheit auf AN und deren Familien sind, die innerhalb der Gemeinschaft zu- und abwandern. Deshalb sei diese Verordnung und deren Durchführungsverordnung Nr. 574/72 anwendbar, nach dessen Art. 18 I bis IV „der zuständige Träger in tatsächlicher und rechtlicher Hinsicht an die vom Träger des Wohnorts getroffenen ärztlichen Feststellungen über den Eintritt und die Dauer der AU gebunden ist, sofern er nicht von der in Abs. 5 vorgesehenen Möglichkeit Gebrauch macht, den Betroffenen durch einen Arzt seiner Wahl untersuchen zu lassen". Mit dieser Begründung erfuhr die in den Ländern der EU ausgestellte AUB eine erhebliche Aufwertung, weil die sich aus dem deutschen materiellen und formellen Recht ergebenden Möglichkeiten bis auf die kaum realisierbare Anwendung des Art. 18 V EWG-Verordnung Nr. 574/72 eingeschränkt wurden (zur Kritik des deutschen Schrifttums an der Paletta-Entscheidung *Wank* AR-Blattei aF Krankheit Anm. Entscheidung 164 und *Franzen* Rn. 61; dem EuGH zustimmen *Heinze/Giesen,* BB 1996, 1830, 1833; *Steinmeyer,* FS Kissel, S. 1165 ff., die auf die eingeschränkte Fragestellung des vorlegenden Arbeitsgerichts hinweisen).

61 Mit **Beschluß vom 27. 4. 1994** hat das inzwischen mit dem Fall angerufene **BAG** (AP LohnFG § 1 Nr. 100 mit Anm. *Blomeyer/Bramigk* = NJW 1994, 683 = SAE 1995, 55 mit Anm. *Franzen*) den **EuGH** erneut um eine Vorabentscheidung ersucht und dem EuGH andere, von ihm bisher nicht entschiedene Fragen zur Anwendbarkeit der Verordnung vorgelegt, die insgesamt darauf abzielen, die durch die Paletta-Entscheidung hervorgerufene Ungleichbehandlung von im EU-Ausland erkrankten AN einerseits und im Inland oder sonstigen Ausland erkrankten Beschäftigten zu beseitigen.

C. Mitteilungs- und Nachweispflichten nach § 5 II § 5 EFZG 280

Mit Urteil „**Paletta II**" vom 2. Mai 1996 hat der EuGH (AP EWG-Verordnung Nr. 574/72 Nr. 2 **62** mit Anm. *Wank/Börgmann* = NZA 1996, 631 = EuZW 1996, 375 mit Anm. *Schlachter* = AuR 1996, 233 mit Anm. *Lörcher*) sich insofern geringfügig korrigiert, als er Art. 18 I bis V der Verordnung Nr. 574/72/EWG nicht (mehr) so auslegt, daß der Arbeitgeber nur die Möglichkeit des Art. 18 V bleibt (*Heinze/Giesen*, BB 1996, 1830, 1832 nennen das sogar „verbiegen"). Vielmehr gestatte das Gemeinschaftsrecht, daß der Arbeitgeber einen Nachweis erbringe, anhand deren das nationale Gericht ggf. feststellen könne, daß der AN mißbräuchlich oder betrügerisch eine gemäß Art. 18 festgestellte AU gemeldet habe, ohne krank gewesen zu sein. Dagegen seien die von der deutschen Rechtsprechung entwickelten Grundsätze, nach denen der AN zusätzlichen Beweis für die durch ärztliche Bescheinigung belegte AU erbringen müsse, wenn der Arbeitgeber Umstände darlege und beweise, die zu ernsthaften Zweifeln an einer AU Anlaß geben, nicht mit den Zielen des Art. 18 vereinbar. Dies hätte nämlich für den AN, der in einem anderen als dem zuständigen Mitgliedstaat arbeitsunfähig geworden ist, Beweisschwierigkeiten zur Folge, die das Gemeinschaftsrecht gerade vermeiden wolle.

Auch wenn der EuGH sich teilweise korrigiert hat, ist die Entscheidung **unbefriedigend.** Nur wenn **63** mit *Heinze/Giesen* (BB 1996, 1830, 1832) angenommen werde könnte, der EuGH habe keine anderen Regeln zur Feststellung der Unrichtigkeit einer AUB aufgestellt als das nationale Recht, könnte dem EuGH gefolgt werden. Das ist aber nicht zutreffend. Denn anders als nach nationalem Recht verlangt der EuGH vom AG den Nachweis, daß der AN nicht krank war (zutreffend *Abele* NZA 1996, 631, 632), also den Beweis des Gegenteils. Nach nationaler Rechtsprechung wird aber nur die Erschütterung des vom AN mittels AUB geführten (Haupt-) Beweises verlangt. Im Ergebnis greift der EuGH in das deutsche Entgeltfortzahlungsrecht und das zivilprozessuale Beweisrecht ein. Er wertet die nach § 5 II im EU-Ausland ausgestellte AUB als gesetzliche Vermutung, indem er nur den Beweis des Gegenteils zuläßt, was die AUB ausweist. Dazu ist er nach Gemeinschaftsrecht nicht berechtigt. § 286 ZPO steht nicht zur Disposition des EuGH (zutreffend *Preis* ZIP 1995, 891, 897). Außerdem verkennt der EuGH die Bedeutung des § 286 ZPO, wenn er meint, der im Ausland erkrankte AN habe Beweisschwierigkeiten, wenn er neben der Übergabe der AUB weiteren Beweis führen müsse. Die Vorstellung, die vorgelegte AUB sei nun gar nichts mehr wert und/oder der AN müsse besondere Anstrengungen unternehmen, um seinen weiteren Beweis zu führen, verkennt, daß der AN wie bei einem nur in Deutschland ablaufenden Sachverhalt seine Beweismittel benennen müßte und daß das Gericht bei seiner Beweiswürdigung im Rahmen des § 286 ZPO die Schwierigkeiten der arbeitnehmerseitigen Beweisführung berücksichtigen müßte und deshalb keine zu hohen Anforderungen stellen dürfte. Dem unausgesprochen Gedanken des EuGH, der im Ausland erkrankte AN dürfe sich nicht schlechter stehen als der im Inland arbeitsunfähig geschriebene AN, würde bei einer Anwendung der bisherigen Grundsätze durchaus entsprochen. So verbleibt es bei einer **Besserstellung** der im EU- Ausland arbeitsunfähig geschriebenen AN (Kasseler Handbuch/*Vossen* 2. 2. Rn. 247; *Abele* NZA 1996, 631, 632).

Dem kann nur dadurch begegnet werden, daß die deutsche Rechtsprechung **nachzieht** und auch **64** die im Inland ausgestellten AUB als gesetzliche Vermutung ansieht, deren Richtigkeit der Arbeitgeber durch den **Beweis des Gegenteils** widerlegen muß (siehe auch Rn. 163). Unter welchen Umständen der Beweis des Gegenteils als geführt angesehen werden kann, bleibt der Bewertung des Tatrichters überlassen. Es könnte sich durchaus die Praxis entwickeln, daß einige Tatsachen, die bisher nur als Erschütterung des Nachweises über eine AU angesehen worden sind, **zukünftig** bei Inlandsbescheinigungen wie bei Auslandsbescheinigungen als **Nachweis des Gegenteils** angesehen werden (iE plädieren dafür auch *Heinze/Giesen* BB 1996, 1830, 1832; ähnlich auch *Preis*, ZIP 1995, 891, 897 f.).

Das **BAG** hat diese Gedanken bei seiner **abschließenden Paletta-Entscheidung** (19. 2. 1997 AP **65** EWG-Verordnung 574/72 Art. 18 Nr. 3 = NZA 1997, 705) und der weiteren Entscheidung zu einer im Ausland (Türkei) ausgestellten AUB (BAG 19. 2. 1997 AP EntgeltFG § 3 Nr. 4 = NZA 1997, 652) nur teilweise aufgegriffen. Es hat die nötigen zivilprozessualen Folgerungen aus der Entscheidung Paletta II des EuGH gezogen, in dieser Sache das Urteil des LAG aufgehoben und den Rechtsstreit zur weiteren Sachaufklärung über die krankheitsbedingte Arbeitsunfähigkeit der Mitglieder der Familie Paletta zurückverwiesen. Der Senat hat allerdings darauf hingewiesen, daß keine zu hohen Anforderungen an den Nachweis der betrügerischen oder rechtsmißbräuchlichen Inanspruchnahme von Entgeltfortzahlung gestellt werden dürfen. Dem ist aus den genannten Gründen zuzustimmen (Rn. 64). Zu Recht weist das BAG allerdings auch darauf hin, daß es nach einer derartigen Zwischenbewertung dem AN unbenommen bleibt, seinerseits den Gegenbeweis zu bringen (zu B II 3 der Gründe). So ist auch das LAG Baden-Württemberg in seiner Schlußentscheidung des Falls Paletta am 9. Mai 2000 – 10 Sa 85/97 – verfahren. Es hat den Beweis des Gegenteils durch den Arbeitgeber als erbracht angesehen. Da der Kläger seinerseits den Gegenbeweis nicht führen konnte, ist die Klage nach 11 Jahren abgewiesen worden.

Noch keine Änderung der Rechtsprechung zeichnet sich bei der Bewertung der im Inland oder im **66** Ausland **außerhalb der EU** ausgestellten AUB (BAG 19. 2. 1997 AP EntgeltFG § 3 Nr. 4 = NZA 1997, 652). Der 5. Senat verbleibt (zunächst) bei seiner langjährigen Handhabung (Rn. 64)

Dörner

67 **4. Rechtsfolgen einer Verletzung der Pflichten nach § 5 II.** Wegen der Rechtsfolgen, die die Verletzung der Mitteilungs- und Nachweispflichten nach sich ziehen kann, vgl. Rn. 44.

D. Tarifvertragliche und vertragliche Anzeige- und Nachweispflichten

68 **1. Grundsatz.** Die in § 12 geregelte **Unabdingbarkeit** der gesetzlichen Regelungen über die Entgfortz hat zur Folge, daß grundsätzlich nur solche **Normen und Vereinbarungen** Gültigkeit haben, die für den AN **günstiger** sind (§ 12 Rn. 15 f.). Deshalb kann in TV und Arbeitsverträgen jedenfalls nach der Verabschiedung des EFZG keine Regelung getroffen werden, die die gesetzlichen Anzeige- und Nachweispflichten verschärft. Wohl aber können Bestimmungen verabschiedet werden, die das Verfahren zum früheren Verlangen nach § 5 I 3 beschreiben (§ 12 Rn. 6; *Schaub*, BB 1994, 1629, 1630). Außerdem ist eine Regelung, mit der § 5 I 3 ausgeklammert wird, zB bei Vorlagepflicht stets erst am vierten oder fünften Tag günstiger und daher nach § 12 statthaft (*Hanau/Kramer*, DB 1996, 94, 96).

69 **2. Frühere Normen und Vereinbarungen.** Abweichende Regelungen aus der Zeit **vor dem Inkrafttreten** des EFZG betreffen regelmäßig die Nachweisfristen und das neue Recht in § 5 I 3 über die Möglichkeit des Arbeitgebers, eine frühere Vorlage der AUB zu verlangen. Tarifvertragliche Bestimmungen, die eine Übergabe der AUB (stets) erst nach vier Tagen anordnen (vgl. den Sachverhalt in BAG 27. 6. 1990 NZA 1991, 103), könnten als günstiger und daher fortdauernd angesehen werden. Das Schrifttum geht jedoch für alle beteiligten Arbeitnehmergruppen davon aus, daß es sich bei den Normen und Verträgen um Regelungen handelte, die gegenüber der neuen Bestimmung des § 5 I 3 keine Bedeutung hatte. Die methodischen Begründungen weichen stark von einander ab (*Diller*, NJW 1994, 1690, 1693; *Hanau/Kramer*, DB 1995, 94, 96; *Schmitt*, RdA 1996, 5, 12), wobei die Auffassung vorherrscht, daß die Regelungen nur deklaratorischen Charakter gehabt haben. Nach dieser zutreffenden Bewertung des Rechts aus der Zeit vor dem Inkrafttreten des EFZG entfällt auch die Möglichkeit eines Eingriffs des Gesetzgebers in grundrechtlich geschützte Positionen, insbesondere in die Tarifautonomie.

§ 6 Forderungsübergang bei Dritthaftung

(1) Kann der Arbeitnehmer auf Grund gesetzlicher Vorschriften von einem Dritten Schadensersatz wegen des Verdienstausfalls beanspruchen, der ihm durch die Arbeitsunfähigkeit entstanden ist, so geht dieser Anspruch insoweit auf den Arbeitgeber über, als dieser dem Arbeitnehmer nach diesem Gesetz Arbeitsentgelt fortgezahlt und darauf entfallende vom Arbeitgeber zu tragende Beiträge zur Bundesanstalt für Arbeit, Arbeitgeberanteile an Beiträgen zur Sozialversicherung und zur Pflegeversicherung sowie zu Einrichtungen der zusätzlichen Alters- und Hinterbliebenenversorgung abgeführt hat.

(2) Der Arbeitnehmer hat dem Arbeitgeber unverzüglich die zur Geltendmachung des Schadensersatzanspruchs erforderlichen Angaben zu machen.

(3) Der Forderungsübergang nach Absatz 1 kann nicht zum Nachteil des Arbeitnehmer geltend gemacht werden.

I. Normzweck

1 **1. Forderungsübergang als Interessenausgleich.** Die Vorschrift berücksichtigt den häufig auftretenden Sachverhalt, daß die zur AU führende Krankheit von **Dritten verursacht** wird und der geschädigte AN gegen den Dritten einen **Ersatzanspruch** hat. In diesem Fall wird ein gesetzlicher Anspruchsübergang (Forderungsübergang – eine „cessio legis") angeordnet.

2 Der Forderungsübergang **verhindert** einmal, daß der AN den Schadensersatzanspruch und seinen Entgeltfortzahlungsanspruch realisieren kann und einen **doppelten finanziellen Ausgleich** erhält bzw. zur Herbeiführung einer gerechten Verteilung des Risikos unter den Beteiligten die Regeln der schadensersatzrechtlichen **Vorteilsausgleichung** angewandt werden müssen. Sie bewirkt weiter, daß der Schädiger (oder sein Versicherer) nicht von der gesetzlichen Pflicht des AG zur Entgfortz profitiert. Sie entlastet damit letztlich den AG von den Kosten der Entgfortz (*Schmitt* Rn. 1 bis 4), die ihm sonst nur unter den Voraussetzungen der §§ 10 ff. LFZG möglich ist.

3 Die **Rechtsstellung des AN** ist durch den gesetzlichen Forderungsübergang **nicht beeinträchtigt**. Denn ohne seinen Entgeltfortzahlungsanspruch müßte er selbst gegen den Schädiger vorgehen und alle Risiken der Durchsetzung eines Ersatzanspruchs tragen. Auch die vom Gesetz geforderten Mitwirkungspflichten, deren schuldhafte Verletzung zu einem Leistungsverweigerungsrecht führt, sind nicht unzumutbar. Ferner ist durch die Regelung des § 6 III ausgeschlossen, daß der AG ihn heranzieht, wenn er vom Schädiger keinen Ausgleich erlangen konnte (Rn. 33 bis 35).

4 **2. Rechtsweg.** Mit dem gesetzlichen Forderungsübergang verändert sich der Schadensersatzanspruch nicht. Er bleibt ein **allgemeiner bürgerlich-rechtlicher Anspruch**, der vor den Zivilgerichten

der Justiz geltend zu machen ist (*Staudinger/Oetker* § 616 BGB Rn. 429; MünchArbR/*Boecken* § 87 Rn. 4). Das bringt insbesondere hinsichtlich des Begriffs Arbeitsentgelt die Gefahr **divergierender Bewertungen** zwischen Arbeitsgerichtsbarkeit und ordentlicher Gerichtsbarkeit mit sich (Rn. 14). Die Arbeitsgerichtsbarkeit kann im Rahmen des Forderungsübergangs nur angerufen werden, wenn sich Anspruch gegen einen Arbeitskollegen des Geschädigten richtet, § 2 I Nr. 9 ArbGG (zu den insoweit eingeschränkten Möglichkeiten Rn. 12).

II. Anspruchsübergang nach § 6 I

1. Schadensersatz auf Grund gesetzlicher Vorschriften wegen des Verdienstausfalls. Nicht jeder denkbare Anspruch eines AN gegen einen Schädiger geht auf den AG über. Der Ersatzanspruch muß auf gesetzlichen Vorschriften beruhen und den Verdienstausfall betreffen.

a) **Gesetzliche Vorschriften.** Zu den gesetzlichen Vorschriften, auf denen der Schadensersatzanspruch beruhen muß, gehören
- die Vorschriften über die **unerlaubte Handlung** nach §§ 823 ff. BGB einschließlich der Ersatzansprüche wegen Verletzung eines Schutzgesetzes nach § 823 II BGB (es kommen vorrangig die Vorschriften des StGB über die Körperverletzung und die Bestimmungen des Straßenverkehrsrechts in Betracht),
- Art. 34 GG i. V. mit § 839 BGB über die **Amtspflichtverletzungen** (BGH 20. 6. 1974 AP § 4 LohnFG Nr. 1 = NJW 1974, 1767),
- die Vorschriften über die **Gefährdungshaftung** zB nach § 7 StVG, nach § 833 BGB, nach dem Haftpflichtgesetz und nach dem Luftverkehrsgesetz,
- die Regeln über die Haftung aus **positiver Vertragsverletzung** und **culpa in contrahendo** (BGH 20. 2. 1958 AP § 1542 RVO Nr. 1 mit Anm. *G. Hueck* = NJW 1958, 710; *Schmitt* Rn. 15; *Worzalla/Süllwald* Rn. 7).

Keine auf Gesetz beruhenden Ansprüche sind diejenigen auf Vertragserfüllung zB aus einem **privaten Versicherungsvertrag.** Hier kommt es zu einem Doppelbezug auf seiten des AN, der sich aus der versicherungsvertragsrechtlichen Beitragsleistung des AN rechtfertigt (*Schmitt* Rn. 16).

b) **Verdienstausfall.** Eine cessio legis tritt nur hinsichtlich des Verdienstausfalls ein, **nicht hinsichtlich anderer Schäden**, die der AN anläßlich des seine Arbeitsfähigkeit beeinträchtigenden Schadensfalls hat wie materielle Schäden und Heilungskosten sowie Schmerzensgeldansprüche (*Schmitt* Rn. 18 f.).

2. Dritte. Der Anspruch des AN muß sich gegen Dritte richten, **nicht gegen den AG**. Dritte sind auch die Arbeitskollegen und Familienangehörige des Geschädigten, doch gelten insoweit abweichende Regeln.

a) **Familienangehörige.** Nach § 116 VI 1 SGB X und § 67 VVG findet ein Forderungsübergang auf den Sozialleistungsträger und auf die Versicherung nicht statt, wenn ein Familienangehöriger den Schaden fahrlässig herbeigeführt hat, der im Zeitpunkt des Schadensereignisses mit dem Geschädigten in häuslicher Gemeinschaft lebt. Damit wird bezweckt, daß die wirtschaftliche Einheit „Familie" nicht letztlich doch mit den Folgen einer fahrlässigen Handlung eines Angehörigen belastet wird. (*Schmitt* Rn. 22). Diese **Bestimmungen gelten im Entgeltfortzahlungsrecht entsprechend,** auch wenn der Gesetzgeber es schon mehrfach – zuletzt 1998 – versäumt hat, die in Rechtsprechung (BGH 4. 3. 1976 AP LohnFG § 4 Nr. 2 = NJW 1976, 1208) und Schrifttum (*Staudinger/Oetker* § 616 BGB Rn. 430; *Schmitt* Rn. 23) zu § 4 LFZG entwickelte Analogie im Entgeltfortzahlungsgesetz ausdrücklich zu übernehmen.

Familienangehörige sind der **Ehepartner** sowie **Verwandte** und **Verschwägerte ohne Rücksicht auf den familienrechtlichen Grad**. Auf eine Einschränkung nach diesen Maßstäben ist verzichtet worden, weil entfernte Verwandte/Verschwägerte regelmäßig nicht in häuslicher Gemeinschaft wohnen und der Anwendungsbereich der Einschränkung somit nicht über Gebühr zu Lasten des AG strapaziert werden kann. Familienangehörig ist auch ein Pflegekind, nicht aber der nichteheliche Lebenspartner (*Staudinger/Oetker* § 616 BGB Rn. 430; *Schmitt* Rn. 24; aA *WGKP* Rn. 21 f. mit Hinweis auf die Diskriminierung gleichgeschlechtlicher Lebensgemeinschaften).

b) **Arbeitskollegen.** Kein Anspruchsübergang nach § 6 I findet auch in den Fällen statt, in denen ein AN von einem in demselben Betrieb tätigen Betriebsangehörigen im **Rahmen einer betrieblichen Tätigkeit** fahrlässig verletzt wird und deshalb arbeitsunfähig erkrankt. Denn der Geschädigte erwirbt unter den Voraussetzungen der §§ 104, 105 SGB VII keinen Anspruch gegen seinen Kollegen, der übergehen könnte (Einzelheiten im Schrifttum zum Unfallversicherungsrecht zB *Gitter*, Sozialrecht, § 13 I und bei *Schmitt* Rn. 28 bis 33).

3. Umfang des Anspruchsübergangs. Der Anspruchsübergang ist **begrenzt auf das nach diesem Gesetz fortgezahlte Arbeitsentgelt** und auf die Arbeitgeberanteile zu Versicherungsleistungen.

a) **Arbeitsentgelt nach dem EFZG.** Der Begriff des Arbeitsentgelts in § 6 I ist mit dem in § 4 I identisch. Inhaltlich gehören dazu die bei § 4 Rn. 18 bis 33 aufgezählten regelmäßig zu zahlenden

Vergütungsbestandteile, **nicht** aber die einmaligen, unabhängig von der AU zu leistenden Beträge wie **Urlaubsgeld** und **Weihnachtsgratifikation**. Diese sind auch nicht anteiliges Arbeitsentgelt, das pro rata temporis dem regelmäßigen Arbeitsentgelt hinzuzurechnen ist und anteilig vom Schädiger verlangt wird (*Staudinger/Oetker* § 616 BGB Rn. 434 f.; *Schmitt* RdA 1996, 5; aA die mit dem Wortlaut des Gesetzes nicht vereinbare Rechtsprechung des BGH 28. 1. 1986 DB 1986, 1016; BGHZ 59, 113; GK-EFZR/*Steckhan* § 4 LFZG Rn. 43; *Benner* DB 1999, 482). Ebenfalls ausgeschlossen ist der Übergang der von seiten des AG erfüllten **Aufwendungsersatzansprüche** (*Staudinger/Oetker* § 616 BGB Rn. 429).

15   Leistet der AG Entgfortz nach vertraglichen, betrieblichen oder tarifvertraglichen Vorschriften, die über die gesetzliche Schuld zur Entgfortz hinausgeht, so findet insoweit kein Übergang statt (*Schmitt* Rn. 36; MünchArbR/*Boecken* § 87 Rn. 13), es sei denn, in den Normen und Vereinbarungen ist eine der gesetzlichen Vorschrift nachgebildete Zession geregelt. Der Schädiger kann nämlich einwenden, daß der AG nach § 6 I nur eine Forderung in Höhe dessen erwirbt, was er dem AN **aufgrund der Verpflichtung nach diesem Gesetz** schuldet. Hat der AG darüber hinaus Leistungen erbracht, so ist der Schädiger nicht verpflichtet, auch insoweit Ersatz zu leisten. Das gilt namentlich für Leistungen **über den gesetzlichen Entgeltfortzahlungszeitraum hinaus**, für **höhere Leistungen als das reguläre Arbeitsentgelt**, für Zuschüsse zum Krankengeld ua. Leistungen. Nur wenn der AG normativ oder vertraglich zu übergesetzlichen Leistungen verpflichtet war und ihm auch insoweit Ansprüche abgetreten sind, kann er an den Schädiger erfolgreich herantreten (streitig in Rspr. und Schrifttum; wie hier KDHK Rn. 23 f.; *Staudinger/Oetker* § 616 BGB Rn. 431 bis 435; *Schmitt* Rn. 37; MünchArbR/*Boecken* § 87 Rn. 21; *Worzalla/Süllwald* Rn. 17; aA OLG Koblenz 14. 7. 1993 DB 1994, 483; OLG Düsseldorf 29. 6. 1976 DB 1976, 1776; GK-EFZR/*Steckhan* § 4 LFZG Rn. 47).

16   b) **Arbeitgeberanteile**. Der AG kann vom Schädiger auch die Beiträge verlangen, die er neben dem Arbeitsentgelt an die **Bundesanstalt für Arbeit**, an die Träger der **Krankenversicherung**, der **Rentenversicherung** und der **Pflegeversicherung** sowie zu Einrichtungen der zusätzlichen **Alters- und Hinterbliebenenversorgung**. Dazu zählen die Beiträge zur ZVK des Bundes und der Länder, zur Höherversicherung in der gesetzlichen Rentenversicherung und **zur betrieblichen Altersversorgung**.

17   Keine Arbeitgeberanteile zur Sozialversicherung sind die Leistungen des AG zur **Unfallversicherung**. Hierbei handelt es sich um Beiträge, die der AG allein schuldet. Es handelt sich dabei um eine genossenschaftliche Umlage, die vom Schädiger nicht zu erstatten ist (BGH 11. 11. 1975 NJW 1976, 326; *Marienhagen/Künzl* Rn. 10; *Staudinger/Oetker* § 616 BGB Rn. 436; *Schmitt* Rn. 41.; aA MünchArbR/*Boecken* § 87 Rn. 26). Auch Leistungen an **Gemeinsame Einrichtungen** der TVParteien wie zu den Urlaubskassen im Baugewerbe können vom Schädiger nach § 6 I verlangt werden (aA GK-EFZR/*Steckhan* § 4 LFZG Rn. 42; *Benner* DB 1999, 582).

18   c) **Verschulden und Mitverschulden des AN**. Dem Schädiger bleiben bei der cessio legis des § 6 I seine **Einwendungen** nach § 412 BGB iV mit § 404 BGB erhalten. Das bedeutet ua., daß er dem AG gegenüber einwenden kann, daß **nicht der gesamte Anspruch** übergegangen sei, sondern nur der ermäßigte Teil, den er an den Geschädigten wegen dessen Mitverschulden zu leisten verpflichtet war. In diesem Fall hat der AG, der die volle Entgfortz an seinen Mitarbeiter erbracht hat, keine Möglichkeit, in voller Höhe Schadensersatz zu erlangen. Nach §§ 412, 404 BGB kann der Schädiger auch gegenüber dem Arbeitgeber einwenden, der Gläubiger habe Aufwendungen erspart (ausführlich *Benner* DB 1999, 282).

19   4. **Zeitpunkt**. Der Anspruchsübergang findet **nicht mit dem schädigenden Ereignis** statt wie beim Übergang nach § 116 SGB X, sondern erst dann, wenn der AG seiner gesetzlichen Pflicht zur Entgfortz nachgekommen ist und das Arbeitsentgelt an den AN und die Beiträge an die berechtigte Träger der sozialen Sicherung **geleistet hat** (*Staudinger/Oetker* § 616 BGB Rn. 429). Auf diese Weise wird verhindert, daß der AN seinen Schadensersatzanspruch verliert und zusätzlich um seinen Verdienst kämpfen muß (allgM: *Schmitt* Rn. 49). Soweit die AU des AN zur Folge hat, daß der AG über mehr als eine Entgeltperiode Entgelt zahlt, findet ein mehrfacher Anspruchsübergang statt. Folglich kann die Erstattung auch nur sukzessive verlangt werden (*Schmitt* Rn. 50; *Gola* RiA 1995, 1, 4).

20   Der Gefahr einer zwischenzeitlich anderweitig wirksamen Verfügung (§§ 412, 404 BGB) des AN über seinen Schadensersatzanspruch wie Vergleiche, Verzichtserklärungen, Abtretungen oder Verpfändungen, die mit dem späteren Anspruchsübergang verbunden ist, begegnet das Gesetz mit einem **dauerhaften Leistungsverweigerungsrecht** (*Gola* RiA 1995, 1) des AG in § 7 I Nr. 2 (§ 7 Rn. 18 bis 20). Ungeschützt ist der AG aber vor Pfändungen des Schadensersatzanspruchs.

III. Die Mitwirkungspflicht des Arbeitnehmers nach Abs. 2

21   1. **Umfang der Pflicht**. Der AN muß immer dann seinem AG den Sachverhalt, wie es zu seiner AU gekommen ist, schildern, wenn ein Dritter **objektiv** als (Mit-)Verursacher **in Betracht kommt**. Auf die **subjektive Wertung** des AN kommt es nicht an, weil der AG in die Lage versetzt werden muß, einen Anspruchsübergang und die Höhe seines Ersatzanspruchs zu prüfen.

IV. Schutz des Arbeitnehmers nach Abs. 3

Die Pflicht zur Mitteilung des Sachverhalts bezieht sich nur auf die Tatsachen, die für die Geltendmachung des übergehenden Anspruchs benötigt werden, nicht aber auf die Tatsachen, die der AN hinsichtlich seines **weiteren Schadens** geltend machen will. So sind auch die aufgenommenen Daten des Schädigers, seiner Versicherung, der Zeugen und der polizeilichen Ermittlung mitzuteilen, nicht aber die Art der Verletzung und der Umfang des Sachschadens (*Schmitt* Rn. 55). 22

Die Angaben sind dem AG **unverzüglich** zu übermitteln, § 121 BGB (ohne schuldhaftes Zögern). Das bedeutet **nicht** in jedem Fall **sofortige Information**; das Gesetz gibt dem AN vielmehr auf, den AG zu informieren, wenn er selbst von den maßgebenden Umständen Kenntnis hat. Deshalb kann durchaus eine sukzessive Benachrichtigung über die dem AN nacheinander zufließenden Daten in Betracht kommen. 23

Weitergehende Pflichten des von einem Dritten geschädigten AN, die in Tarifverträgen zu finden sind (zB § 38 BAT), bleiben jedenfalls hinsichtlich der tariflichen Leistungen unberührt. Soweit die gesetzlichen Ansprüche betroffen sind, ist zu prüfen, ob mit der Erhöhung der Sorgfaltspflichten das **Unabdingbarkeitsgebot** des § 12 gewahrt ist oder nicht. 24

2. Rechtsfolgen. Der AG kann die Entgfortz verweigern, wenn der AN seiner Mitteilungspflicht nicht nachkommt. Zur Dauer und Wirkung des Leistungsverweigerungsrechts vgl. § 7 Rn. 18 bis 20. 25

IV. Schutz des Arbeitnehmers nach Abs. 3

Der Entgfortz leistende AG wird seinen auf ihn übergegangenen Anspruch nicht immer in voller Höhe realisieren können. Das kann **rechtliche Gründe** (Begrenzung des Schadens, Mitverschulden des AN) und **tatsächliche Gründe** (der Schädiger ist hoch verschuldet) haben. Auch können andere, insbesondere Träger von Sozialleistungen, vorrangige Rechte haben. Die Folgen sind nur teilweise in § 6 III geregelt; bei einigen Sachverhalten sind auch sozialrechtliche Bestimmungen und allgemeine Regeln des Schadensersatzrechts zu beachten. 26

1. Das Verhältnis von AN und AG. Mit der Anordnung des Gesetzgebers in § 6 III wird bestimmt, daß der AG bei der Realisierung der auf ihn übergegangenen Forderung hinter den Belangen des AN zurückzustehen hat; der AN hat ein **(Quoten-)Vorrecht**. 27

a) Schadenssummenbegrenzung. Das wird relevant bei einer der Höhe nach bestehenden Begrenzung eines Schadens wie nach § 12 StVG. Im Verhältnis zum AG hat der **AN** den **ersten Zugriff** auf die begrenzte Schadenssumme. Wenn die verbleibende limitierte Schadensersatzsumme den Schaden aus der Entgfortz nicht ausgleicht, kann der AG sich wegen der ihm ausgefallenen Summe nicht an den AN wenden (*Schmitt* Rn. 64; *MünchArbR/Boecken* § 87 Rn. 42). 28

b) Mitverschulden. Hat der AN den Schaden mitverschuldet, so daß der AG auch nur in Höhe des Verschuldensanteils des Schädigers bei diesem seine Forderung geltend machen kann, so kann sich der AG nicht an den AN zum Ausgleich seines „Schadens" wenden (*Worzalla/Süllwald* Rn. 29) oder von vornherein nur Entgfortz in Höhe der Quote zahlen, etwa mit der Begründung, er bekomme auch nur in dieser Höhe seine Entgelt- und Nebenleistungen ersetzt. Die wirtschaftliche Sicherung des AN hat nach § 6 III den Vorrang vor den Ausgleichsinteressen des Arbeitgebers. 29

c) Vermögenslosigkeit des Schädigers. Gleiches gilt, wenn der Schädiger vermögenslos und/oder hoch verschuldet ist und ein vom AG erwirkter Schuldtitel nicht vollstreckt werden kann. Auch in diesem Fall ist dem AG ein Rückgriff auf den AN in Form einer Erstattung erbrachter Entgfortz nicht gestattet. 30

2. Arbeitnehmer und Sozialversicherungsträger. Die Verletzung des AN durch einen Dritten kann zu Leistungen des Krankenversicherungs- und/oder Unfallversicherungsträgers führen. Sogar Leistungen des Trägers der gesetzlichen Renten- und Pflegeversicherung sind denkbar, bei Verlust des Arbeitsplatzes wegen der Schädigung auch der Bundesanstalt für Arbeit und eines Sozialhilfeträgers. Nach § 116 I 1 SGB X geht ein auf anderen gesetzlichen Vorschriften beruhender Anspruch auf Ersatz eines Schadens auf den Versicherungsträger oder Träger der Sozialhilfe über, soweit dieser auf Grund des Schadensereignisses Sozialleistungen zu erbringen hat, die der Behebung eines Schadens der gleichen Art dienen und sich auf denselben Zeitraum wie der vom Schädiger zu leistende Schadensersatz beziehen. Im Normalfall können Sozialversicherungsträger und AN ihre Ansprüche unabhängig voneinander geltend machen und durchsetzen. Muß oder kann der Schaden nicht voll ersetzt werden, so sind die Absätze 2 bis 4 des § 116 SGB X anzuwenden. Das bedeutet im einzelnen: 31

a) Begrenzung des Schadens. Ist die Schadenssumme begrenzt, so ordnet § 116 II SGB X ein **Quotenvorrecht zugunsten des AN** an. Er kann seinen nach der Leistung eines Trägers verbleibenden Schaden vorab liquidieren; der Sozialversicherungsträger erhält nur den verbleibenden Rest und fällt mit dem Rest seiner übergegangenen Forderung aus (*Schmitt* Rn. 73). 32

b) Mitverschulden. Trifft den Geschädigten ein Mitverschulden, so wird der Forderungsübergang auf den Sozialversicherungsträger entsprechend der Quote des Verschuldens auf Seiten des Versicherten begrenzt. Das gilt auch im Fall der Schadenssummenbegrenzung, § 116 III 1 und 2 SGB X. 33

34 **c) Vermögenslosigkeit.** Stehen der Durchsetzung der Ansprüche gegen den Schädiger tatsächliche Hindernisse wie dessen Vermögenslosigkeit entgegen, so hat der versicherte AN ein Befriedigungsvorrecht nach § 116 IV SGB X.

35 **3. AG und Sozialversicherungsträger.** Sind Ansprüche des geschädigten AN sowohl auf einen Sozialversicherungsträger als auch auf den AG übergegangen und können nicht alle Berechtigten befriedigt werden, so hat den ersten Zugriff der Sozialversicherungsträger, dann der AN und zuletzt der AG. Die Ansprüche des AG folgen zeitlich den Ansprüchen der Sozialversicherungsträger nach, weil der AG eine Forderung erst erwirbt, wenn er Entgfortz leistet, während der Forderungsübergang nach § 116 SGB X bereits zum Zeitpunkt des Schadensereignisses vollzogen wird. Im Fall einer Schadenssummenbegrenzung kann der AG allein aus zeitlichen Gründen ausfallen, weil zur Zeit der Entgfortz kein Anspruch mehr übergehen kann (*Schmitt* Rn. 77; MünchArbR/*Boecken* § 87 Rn. 45; BGH 3. 4. 1984 NJW 1984, 2628).

36 **4. Verhältnis zu § 115 SGB X.** Die vorstehend dargestellten Konkurrenzen dürfen nicht mit dem Forderungsübergang nach § 115 SGB X verwechselt werden (*Schmitt* Rn. 78 ff.); diese Vorschrift ist einschlägig, wenn der AG die Entgfortz verweigert und die Krankenkasse Krankengeld an den Versicherten zahlt. Dann wird sie kraft gesetzlichen Forderungsübergangs Inhaber des Entgeltfortzahlungsanspruchs in Höhe der geleisteten Zahlungen.

§ 7 Leistungsverweigerungsrecht des Arbeitgebers

(1) Der Arbeitgeber ist berechtigt, die Fortzahlung des Arbeitsentgelts zu verweigern,
1. solange der Arbeitnehmer die von ihm nach § 5 Abs. 1 vorzulegende ärztliche Bescheinigung nicht vorlegt oder den ihm nach § 5 Abs. 2 obliegenden Verpflichtungen nicht nachkommt;
2. wenn der Arbeitnehmer den Übergang eines Schadensersatzanspruchs gegen einen Dritten auf den Arbeitgeber (§ 6) verhindert.

(2) Absatz 1 gilt nicht, wenn der Arbeitnehmer die Verletzung dieser ihm obliegenden Verpflichtungen nicht zu vertreten hat.

I. Normzweck

1 **1. Entstehung.** Die Vorschrift hat ihre Vorbilder in den Regelungen für Arbeiter, **§ 5 LFZG**, und in **§ 115d AGB-DDR** idF des Gesetzes vom 22. 6. 1990. Für Angestellte bestanden gesetzliche Regelungen dieses Inhalts nicht. Mit der Verabschiedung des EFZG haben sich Überlegungen zur analogen Anwendung der Bestimmungen für Arbeiter im Recht der Angestellten (vgl. *Schmitt*, ZTR 1991, 3, 6) erledigt.

2 Die Gesetzesfassung beruht auf dem Entwurf der Regierungsfraktionen vom 24. 6. 1993 (BT-Drucks. 12/5263). Sie ist im Gesetzgebungsverfahren unverändert geblieben und auch bei späteren Gesetzesänderungen nicht berührt worden.

3 **2. Leistungsverweigerungsrechte.** Die Bestimmungen der Norm dienen in Ergänzung des § 5, des § 100 SGB IV (Rn. 5 und 21 bis 25) und des § 275 SGB V der **Mißbrauchsverhinderung**. Sie gestatten dem AG, die Entgeltfortzahlung **vorübergehend** oder **dauerhaft** zu verweigern, wenn der AN seinen **Obliegenheiten** nicht nachkommt. Ohne die besondere Regelung des Gesetzes wäre der AG auf das Zurückbehaltungsrecht des § 273 BGB angewiesen, dessen Anwendung bei der Erfüllung von Nebenpflichten jedoch umstritten ist (*Schmitt* Rn. 1). Die Rechte bestehen aber nur, wenn der AN die Verletzung der im Tatbestand des § 7 I beschriebenen Obliegenheiten **zu vertreten** hat. Das Zurückbehaltungsrecht des § 273 BGB behält Bedeutung, wenn der AG einen Schaden infolge der Verletzung der Mitteilungs- und der Nachweispflichten reklamiert. Dann kann er von diesem allgemeinen schuldrechtlichen Recht Gebrauch machen (*Gola* Anm. 1; *Schmitt* Rn. 2; *Staudinger/Oetker* § 616 BGB Rn. 514).

4 Die Leistungsverweigerungsrechte nach diesem Gesetz sind auf die im einzelnen beschriebenen Obliegenheiten des AN **beschränkt**. Die Vorschrift kann nicht herangezogen werden, wenn der AN **andere Nebenpflichten** im Zusammenhang mit der AU verletzt. Die Aufzählung ist unter Berücksichtigung der Verweisung in § 9 abschließend (*Staudinger/Oetker* § 616 BGB Rn. 506; Kasseler Handbuch/*Vossen* 2. 2 Rn. 259); deshalb ist die Bestimmung auch nicht für eine **Analogie** heranzuziehen. Unberührt von den besonderen Rechten nach § 7 bleiben die Möglichkeiten des AG, die Leistung zu verweigern, weil er eine der **gesetzlichen Voraussetzungen** für die Entgeltfortzahlung **leugnet** (Kasseler Handbuch/*Vossen* 2. 2 Rn. 260; *Marienhagen/Künzl* Rn. 2). Ebenso unberührt von den Vorschriften dieser Norm bleiben die Möglichkeiten des AG, auf die Pflichtverletzung arbeitsvertraglich und kündigungsrechtlich zu reagieren (*Staudinger/Oetker* § 616 BGB Rn. 513; *Worzalla* NZA 1996, 61, 67).

5 Im Zusammenhang mit dem Leistungsverweigerungsrechten nach diesem Gesetz ist die Vorschrift des § 100 II SGB IV zu beachten. Diese sozialrechtliche Norm gewährt dem AG ein weiteres arbeitsrechtliches Leistungsverweigerungsrecht (Rn. 21 bis 25).

II. Leistungsverweigerung nach § 7 I Nr. 1

1. Verletzung der Nachweispflicht. Nach § 5 I 1 und 2 ist der AN verpflichtet, die AU und deren 6 voraussichtliche Dauer unverzüglich mitzuteilen und unter den dort genannten Voraussetzungen (Einzelheiten § 5) eine ärztliche Bescheinigung vorzulegen. **Nur** hinsichtlich der in § 5 I 2 genannten **Vorlagepflicht** eröffnet sich für den AG als Schuldner des Entgeltfortzahlungsanspruchs das gesetzliche Leistungsverweigerungsrecht, nicht aber bei der Verletzung der Mitteilungspflicht nach § 5 I 1 (hM im Schrifttum, statt aller: *Staudinger/Oetker* § 616 BGB Rn. 514; *Schmitt* Rn. 14; aA *Worzalla/Süllwald* Rn. 13 f.). Insofern ist es für die Ausübung der Rechte nach § 7 I iV mit § 5 I ohne Bedeutung, ob und wie der AG auf andere Weise von der AU Kenntnis bekommen hat, weil nur die **Bescheinigung maßgebend** ist (siehe aber für § 5 II Rn. 11). Diese kann von einem anderen als den behandelnden Arzt nicht ausgestellt werden.

a) Abweichungen. Der AN verletzt seine Obliegenheit nicht, wenn es zu seinen Gunsten **abwei-** 7 **chende** Regelungen in Tarifnormen, Betriebsvereinbarungen oder einzelvertraglichen Vereinbarungen gibt. Letztere kann auch stillschweigend zustande kommen, zB bei langjährigen und zuverlässigen Mitarbeitern, bei denen der AG auf den Nachweis verzichtet (*Schmitt* Rn. 9).

b) Fortdauer der AU. Wird eine **weitere AUB** wegen noch nicht abgeklungener Erkrankung 8 ausgestellt, hat der AN wieder wie bei der Ersterkrankung zu verfahren (*Schmitt* Rn. 12), anderenfalls der AG ein Leistungsverweigerungsrecht geltend machen kann.

c) Unvollständige AUB. Entspricht die AUB nicht den Anforderungen des § 5 I, so kann der AG 9 die Rechte nach § 7 nicht wahrnehmen (*Marienhagen/Künzl* Rn. 5; *Schmitt* Rn. 11 und Rn. 42). Denn die Unvollständigkeit hat der AN **nicht zu vertreten** (Rn. 31), so daß kein Leistungsverweigerungsrecht besteht (aA *Staudinger/Oetker* § 616 BGB Rn. 510, der den Arzt als Erfüllungsgehilfen des AN ansieht und ein Leistungsverweigerungsrecht annimmt, wenn dieser schuldhaft gehandelt hat). Nur wenn der AG gegenüber dem AN auf eine Vervollständigung der AUB gedrängt hat und der AN diesem Hinweis nicht nachkommt, hat er den Mangel zu vertreten. Ggf. kann je nach Art des Mangels der AUB vom AG eingewendet werden, der fehlende AN sei gar nicht krank und deshalb werde ihm weder Entgeltfortzahlung noch Arbeitsentgelt (wegen Leistungsverzugs) geschuldet.

2. Verletzung der Pflichten nach § 9 II. Durch die Verweisung auf die Vorschriften des § 7 in § 9 I 10 kann der AG die Leistungsverweigerungsrechte auch geltend machen, wenn der AN es versäumt, die **Bescheinigungen** nach § 9 II 2. Satzhälfte **vorzulegen** (*Schmitt* Rn. 13). Die Verletzung der **Mitteilungspflichten** nach § 9 II 1. Satzhälfte berechtigen ebensowenig wie die Verletzung der Mitteilungspflicht nach § 5 I 1 (Rn. 6; vgl. auch § 5 Rn. 44) zur Leistungsverweigerung (*Staudinger/Oetker* § 616 BGB Rn. 516).

3. Verletzung der Pflichten nach § 5 II. Bei Beginn der krankheitsbedingten **AU im Ausland** 11 besteht die Gefahr einer Obliegenheitsverletzung in höherem Maß als im Inland. Das gilt um so mehr, als der AG hier bereits zur Leistungsverweigerung berechtigt ist, wenn die Mitteilungspflicht verletzt ist (*Staudinger/Oetker* § 616 BGB Rn. 515). Allerdings kann sich der AN in diesen Fällen auch leichter nach § 7 II entlasten als bei einer AU im Inland. Auch der verspätete Eingang der AUB ist dann vom AN nicht zu vertreten, wenn er sie schnellstmöglich auf den Postweg gebracht hat.

Die Pflicht zur **Rückmeldung** aus dem **Ausland** nach § 5 II 7, die das bis 1994 geltende Recht nicht 12 kannte, kann leicht übersehen werden. Auch dann ist der AG zur vorläufigen Leistungsverweigerung berechtigt (*Schmitt* Rn. 21), was unangenehme Folgen für den AN nach dem nächsten Zahlungstermin haben kann, sind doch gerade mit dem Auslandsaufenthalt die Ersparnisse häufig verbraucht.

Der AG kann auch die Erfüllung seiner Zahlungspflichten verweigern, wenn der AN seinen gesetz- 13 lichen Pflichten **gegenüber der Krankenkasse** nicht nachkommt (BAG 1. 10 1997 NZA 1998, 372; *Staudinger/Oetker* § 616 BGB Rn. 515). Das folgt aus der weiten Fassung des § 7 I Nr. 1, 2. Satzhälfte. Das gilt auch dann, wenn der AN das vereinfachte Verfahren nach § 5 II 5 betreiben kann.

4. Dauer des Leistungsverweigerungsrechts. Der AG kann **nur so lange** die Entgeltfortzahlung 14 nach § 7 I 1 verweigern, wie der AN seinen Pflichten nicht nachkommt. Wenn der AN seine Obliegenheit erfüllt, erlischt das Leistungsverweigerungsrecht **rückwirkend**. Der AN hat einen nunmehr fälligen Anspruch auf die Entgeltfortzahlung für den gesamten Zeitraum (*Staudinger/Oetker* § 616 BGB Rn. 511; GK-EFZR/*Steckhan* § 5 LFZG Rn. 5; *Schmitt* Rn. 23). Deshalb wird regelmäßig von einem **vorläufigen Leistungsverweigerungsrecht** gesprochen (allgM: *Gola* Anm. 2.5.1; *Schmitt* Rn. 22; Kasseler Handbuch/*Vossen* 2. 2 Rn. 263). Das ist nicht in allen Fällen des § 7 I 1 zwingend (undifferenziert auch wieder in einem obiter dictum BAG 14. 6. 1995 AP SGB IV § 100 Nr. 1 = NZA 1995, 1102 mit Anm. *Böhm*). Denn es wird außer Acht gelassen, daß sich der AN auch dauerhaft weigern kann, eine AUB vorzulegen bzw. seine AU anderweitig nachzuweisen (zutreffend *Staudinger/Oetker* § 616 BGB Rn. 512 und *Worzalla/Süllwald* Rn. 25; siehe aber auch BAG 23. 1. 1985 AP LohnFG § 1 Nr. 63 = NZA 1985, 427) oder an einer Überprüfung durch den medizinischen Dienst teilzunehmen. Denkbar ist auch, daß der AN wegen verspäteten Arztbesuchs (insbesondere beim

Urlaub im Ausland) nicht den gesamten Zeitraum der Arbeitsverhinderung belegen kann und daß ihm andere Beweismittel nicht zur Verfügung stehen (*Schmitt* Rn. 25). In diesen Fällen wird der AG zwar die Entgeltfortzahlung mit dem Einwand verweigern, der AN sei gar nicht krank gewesen. Er ist aber gut beraten, sich auch auf die fortdauernde Leistungsverweigerung nach § 7 I 1 zu berufen. Dann wirkt die den Anspruch eigentlich nur hemmende Leistungsverweigerung anspruchsvernichtend und damit **dauerhaft**. Das gilt namentlich bei einer Krankheit im Ausland, weil die Beibringung einer ausländischen AUB nur im Ausnahmefall im Nachhinein möglich sein dürfte.

15 Ist allerdings die **krankheitsbedingte AU unstreitig**, so bedarf es keinerlei Bescheinigungen (BAG 12. 6. 1996 AP BGB § 611 Werkstudent Nr. 4 = NZA 1997, 191). Dasselbe gilt, wenn die AU anderweitig nachgewiesen ist (BAG 1. 10. 1997 AuR 1998, 123 und NZA 1998, 372). Der AG kann sich dann nicht auf ein Leistungsverweigerungsrecht berufen; die Regelungen der §§ 5, 5a und 7 sind letztlich nur Vorschriften zur Vermeidung oder Regelung von Konflikten, nicht aber Normen zur Durchsetzung formaler Standpunkte.

16 **5. Durchsetzung des Rechts.** Das Leistungsverweigerungsrecht kann in der **Mehrzahl** der Fälle allerdings überhaupt **nicht ausgeübt** werden. Denn auch eine verspätete Übergabe der ärztlichen Bescheinigungen kann nur dann zu einer Reaktion des AG in Form der Zurückhaltung von Arbeitsentgelt führen, wenn das Verhalten des AN am **nächsten Fälligkeitstermin** anhält. Denn nur gegenüber einem **fälligen** Entgeltfortzahlungsanspruch kann das Leistungsverweigerungsrecht geltend gemacht werden (*Worzalla/Süllwald* Rn. 2). Da zumindest die fristgerechte Übergabe der ärztlichen Bescheinigung regelmäßig auf Nachlässigkeit beruht und die Bescheinigung meist nicht mit größerer Verspätung beim AG abgegeben wird, kommt die Leistungsverweigerung nach § 7 I 1 nur selten in Betracht.

III. Leistungsverweigerung nach § 7 I Nr. 2

17 **1. Voraussetzungen.** Dem AG entsteht ein Leistungsverweigerungsrecht, wenn der AN den gesetzlichen Forderungsübergang nach § 6 I verhindert. Das ist der Fall, wenn der AN, der nach dem schädigenden Ereignis Inhaber der Schadensersatzforderung bleibt, **über seinen Anspruch verfügt**, zB durch Verzicht, Abtretung, Abschluß eines Vergleichs. In diesen Fällen verhindert er den gesetzlichen Anspruchsübergang auf seinen AG; denn dieser findet erst statt, wenn der AG die Entgeltfortzahlung leistet (ausführlich GK-EFZR/*Steckhan* § 5 LFZG Rn. 28 bis 40).

18 Die gesetzlichen Voraussetzungen sind auch gegeben, wenn der AN trotz Aufforderung des AG seine **Pflichten** nach § 6 II nicht erfüllt. Denn verhindern iS des Gesetzes schließt nicht nur die rechtliche Verhinderung des Übergangs ein, sondern auch die **Behinderung** der tatsächlichen Möglichkeiten des AG, den Anspruch zu realisieren (iE ebenso *Brecht* Rn. 8; *Staudinger/Oetker* § 616 BGB Rn. 527; GK-EFZR/*Steckhan* § 5 LFZG Rn. 32 f.; *Schmitt* Rn. 32 f. und *Worzalla/Süllwald* Rn. 11 f., die § 7 I Nr. 2 allerdings nicht auslegen, sondern analog anwenden wollen, weil sie von einem Redaktionsversehen des Gesetzgebers ausgehen).

19 **2. Umfang.** Der AG erhält ein **dauerhaftes** Leistungsverweigerungsrecht, wenn der AN endgültig über seine Ersatzforderung verfügt hat und damit den Ausgleich zwischen AG und Schädiger rechtlich verhindert wird (*Schmitt* Rn. 28). Das Recht ist nur **vorläufig**, wenn der AN seine Verpflichtungen nach § 6 II verspätet erfüllt.

20 Das Recht zur endgültigen Leistungsverweigerung besteht auch dann **in voller Höhe**, wenn der AN nur über einen Teil des Anspruchs verfügt oder aber sein Schadensersatzanspruch (zB wegen Mitverschuldens) geringer ist als sein Anspruch auf Entgeltfortzahlung. Eine **Reduzierung** des Leistungsverweigerungsrechts auf die Summe, die der Summe der verhinderten Forderung entspricht, kommt nicht nur nicht wegen des Wortlauts nicht in Betracht (*Brecht* Rn. 13; aA *Gola* Anm. 2.5.3.2.; *Marienhagen/Künzl* Rn. 8; *Staudinger/Oetker* § 616 BGB Rn. 525; *Schmitt* Rn. 36 und RdA 1996, 5, 10; *Worzalla/Süllwald* Rn. 24), sondern auch nach dem Zweck der Bestimmung. Mit dem Leistungsverweigerungsrecht soll der AN daran gehindert werden, vor Aufklärung der regelmäßig ungeklärten Tatsachen und vor der Überprüfung der Rechtslage über seinen Schadensersatzanspruch zu verfügen. Dieses gesetzliche Ziel wird verfehlt, wenn der AN auch teilweise Dispositionen über seine Forderung trifft, die auf einer unzutreffenden Würdigung der Sach- und Rechtslage beruhen und damit in die Ausgleichsrechte des AG eingreifen können.

IV. Leistungsverweigerungsrecht nach § 100 II SGB IV

21 Während einer Lohn- und Gehaltsfortzahlung wegen AU kann der AG die **Hinterlegung** des **Sozialversicherungsausweises** verlangen, § 100 II 1. Ergänzend ist in Satz 2 bestimmt:

> Hat der AG die Hinterlegung ...verlangt, ist er berechtigt, die Lohn- oder Gehaltsfortzahlung zu verweigern, solange der AN den Sozialversicherungsausweis nicht hinterlegt; dies gilt nicht, wenn der AN die Verletzung seiner Hinterlegungspflicht nicht zu vertreten hat.

Die Vorschrift ist durch das Gesetz zur Einführung des Sozialversicherungsausweises und zur **22** Änderung anderer Gesetze vom 6. 10. 1989 (BGBl. I S. 1822) in das SGB IV eingefügt worden. Dieses Gesetz dient der Erweiterung und Verbesserung des Instrumentariums zu Bekämpfung illegaler Beschäftigung, des Leistungsmißbrauchs und der mißbräuchlichen Ausnutzung der Geringfügigkeitsgrenze (BT-Drucks. 11/2807). Mit der Hinterlegung des Sozialversicherungsausweises soll dem AN die Möglichkeit genommen werden, während seiner krankheitsbedingten AU einer **anderweiten Beschäftigung** nachzugehen.

Tatbestandliche Voraussetzung für das Leistungsverweigerungsrecht nach der sowohl arbeitsrecht- **23** lich als auch sozialrechtlich ausgerichteten Norm ist das **rechtmäßige Verlangen des AG** nach der Hinterlegung. Streiten die Parteien darüber, ist der AG, der eine anspruchshemmende, ggf. anspruchsvernichtende Einrede erhebt, für deren Voraussetzungen darlegungs – und beweispflichtig (LAG Rheinland-Pfalz 12. 12. 1995 DB 1995, 1996).

Nach Auffassung des BAG (21. 8. 1997 AP SGB IV § 100 Nr. 2 = NZA 1998, 424; 19. 2. 1997 AP **24** EntgeltFG § 3 Nr. 4 = NZA 1997, 652; 14. 6. 1995 AP SGB IV § 100 Nr. 1 = NZA 1995, 1102 mit Anm. *Böhm* = SAE 1996, 62 mit zustimmender Anm. *Misera*) handelt es sich um ein **vorläufiges Leistungsverweigerungsrecht**, das entfällt, wenn der AN seinen Ausweis hinterlegt, auch wenn er der Verpflichtung erst nach Ende der AU erfüllt (ebenso die hM, vgl. die Zusammenstellung bei *Staudinger/Oetker* § 616 BGB Rn. 530).

Dem kann **nicht zugestimmt** werden (iE ebenso *Böhm*, NZA 1995, 1093; abl. auch *Berenz* DB **25** 1995, 2166, 2167, *Brecht* Rn. 14; *Gola* Anm. 4. 2 und BB 1995, 2318, 2322; wohl auch Kasseler Handbuch/*Vossen* 2. 2 Rn. 265). Wenn der Fünfte Senat des BAG schon meint, der Wortlaut des § 100 II 2 SGB IV sei nicht eindeutig, so durfte er seine Entscheidung nicht auf Gesetzesmaterialien stützen, die im Wortlaut keinen Niederschlag gefunden haben. Statt dessen hätte die Auswertung des Wortlauts in § 100 I 1 SGB IV nahegelegen. Daraus folgt, daß eine Hinterlegung nur **während** der AU verlangt werden kann. Folglich besteht auch nur in diesem Zeitraum eine Hinterlegungspflicht, deren Verletzung auch nur in diesem Zeitraum beseitigt werden kann. Die Übergabe des Ausweises nach dem Ende der AU ist keine Hinterlegung iS des Gesetzes und kann daher auch keinen Einfluß mehr auf den mit der Wiederaufnahme der Arbeit abgeschlossenen Sachverhalt nehmen. Auch der Zweck der Hinterlegungspflicht hätte die Interpretation nahegelegt, daß es sich bei dem sozialrechtlichen Leistungsverweigerungsrecht nicht um ein vorläufiges Zurückbehaltungsrecht handelt, das nur den Fälligkeitszeitpunkt hinausschiebt, wenn denn der AN überhaupt den Ausweis „hinterlegt", sondern um eine Vorschrift, die sukzessive zum Verlust des Anspruchs auf Entgeltfortzahlung für die Tage führt, an denen der Ausweis nicht vorliegt. Nur so kann dem Willen des Gesetzgebers, die Aufnahme einer anderen Arbeit überhaupt oder an manchen Tagen der bescheinigten AU zu verhindern, Genüge getan werden. Für die arbeitsrechtliche Bewertung der Vorschrift ist letztlich von untergeordneter Bedeutung, daß der Krankenversicherungsträger Krankengeld nur nach einem besonderen Verfahren verweigern darf (aA BAG aaO). Die öffentlich-rechtlichen Instrumentarien zur Versagung der Grundversorgung sind notwendigerweise anders als zivilrechtliche Konsequenzen bei einer Pflichtverletzung.

V. Leistungsverweigerung und medizinischer Dienst

Hat der AG Zweifel an der AU des AN und hat er deshalb von der Krankenkasse verlangt (§ 5 **26** Rn. 37, 41), ein Gutachten durch ihren Medizinischen Dienst einzuholen, so kann der AG am Fälligkeitstermin kein Leistungsverweigerungsrecht geltend machen, wenn das Gutachten noch nicht vorliegt. Selbst wenn der AN den Termin versäumt hat oder sich überhaupt weigert, eine Begutachtung vornehmen zu lassen, besteht kein Leistungsverweigerungsrecht. Der AG kann die Entgeltfortzahlung nur mit dem radikalen Einwand gänzlich verweigern, der AN sei gar nicht arbeitsunfähig krank, was angesichts einer bestehenden AUB nur selten erfolgreich ein wird (zur Bedeutung der AUB im Streitfall § 5 Rn. 33).

Diese Rechtslage sollte durch die Änderung des § 275 SGB V, die Einfügung eines § 5 a über die **27** Mitwirkungspflicht des AN bei der Begutachtung und die Normierung eines weiteren Leistungsverweigerungsrechts in einem eingebrachten Gesetz zur Ergänzung des Wachstums- und Beschäftigungsförderungsgesetzes (BT-Drucks. 13/4611) zu Gunsten der AG verbessert werden. Der Entwurf ist jedoch im Gesetzgebungsverfahren gescheitert.

VI. Vertretenmüssen

1. Grundsatz. Mangels einer anderweitigen Definition ist davon auszugehen, daß der AG ein **28** Leistungsverweigerungsrecht nach § 7 I erhält, wenn der AN die Obliegenheitsverletzung vorsätzlich oder fahrlässig iS des **§ 276 I BGB** herbeiführt. Anders als im arbeitsrechtlichen Haftungsrecht genügt jeder Grad von Fahrlässigkeit (hM *Staudinger/Oetker* § 616 BGB Rn. 509; *Schmitt* Rn. 38). Auch § 278 BGB, die Norm über die Haftung für den Erfüllungsgehilfen, kommt zur Anwendung (*Gola* Anm. 3.1; *Schmitt* Rn. 39).

29 Da nach der legalen Fahrlässigkeitsdefinition des § 276 I 2 BGB die im Verkehr **erforderliche Sorgfalt** maßgebend ist, ist das Vertretenmüssen wegen Fahrlässigkeit iS des Gesetzes bei jeder der verschiedenen Pflichtverletzungsmöglichkeiten besonders unter Berücksichtigung der Umstände des Einzelfalls zu bestimmen.

30 **2. Einzelfälle.** Der AN muß die Leistungsverweigerung wenigstens bis zur Erledigung seiner Nebenpflichten – sofern das rechtlich oder tatsächlich noch möglich ist – dulden, wenn er
- die AUB nicht oder verspätet übergibt,
- einen Arzt so spät aufsucht, daß ein Teil der AU nicht mehr attestiert werden kann,
- es versäumt, bei Beteiligung eines Dritten an dem zur AU führenden Ereignis dessen Daten abzufragen und zu sichern,
- ohne Rücksprache mit dem AG über einen Schadensersatzanspruch verfügt (die Unkenntnis über die Möglichkeiten des AG beseitigt die Fahrlässigkeit des Verhaltens nicht).

31 Der AN hat es nicht zu vertreten, daß der Arzt eine unzureichende AUB ausstellt (Rn. 9). Es besteht keine Pflicht des AN, die Richtigkeit der ärztlichen AUB zu überprüfen und auf Korrektur zu bestehen (aA *Schmitt* Rn. 42).

32 **3. Beweislast.** Die Tatsachen, aus denen folgt, daß der AN die Pflichtverletzung nicht zu vertreten hat, sollen das Leistungsverweigerungsrecht des AG ausschließen. Deshalb muß der AN sie vortragen und ggf. beweisen (*Staudinger/Oetker* § 616 BGB Rn. 508; *Schmitt* Rn. 43; Kasseler Handbuch/ *Vossen* 2. 2 Rn. 261). Gelingt ihm das nicht, so kann er seinen Entgeltfortzahlungsanspruch dann nicht durchsetzen, wenn die Obliegenheit nicht mehr nachgeholt werden kann und ein dauerhaftes Leistungsverweigerungsrecht zu Gunsten des AG entstanden ist.

§ 8 Beendigung des Arbeitsverhältnisses

(1) ¹Der Anspruch auf Fortzahlung des Arbeitsentgelts wird nicht dadurch berührt, daß der Arbeitgeber das Arbeitsverhältnis aus Anlaß der Arbeitsunfähigkeit kündigt. ²Das gleiche gilt, wenn der Arbeitnehmer das Arbeitsverhältnis aus einem vom Arbeitgeber zu vertretenden Grunde kündigt, der den Arbeitnehmer zur Kündigung aus wichtigem Grund ohne Einhaltung einer Kündigungsfrist berechtigt.

(2) Endet das Arbeitsverhältnis vor Ablauf der in § 3 Abs. 1 bezeichneten Zeit nach dem Beginn der Arbeitsunfähigkeit, ohne daß es einer Kündigung bedarf, oder infolge einer Kündigung aus anderen als den in Absatz 1 bezeichneten Gründen, so endet der Anspruch mit dem Ende des Arbeitsverhältnisses.

I. Normzweck

1 **1. Sicherung des Anspruchs.** Die Vorschriften der Norm sichern den Entgeltfortzahlungsanspruch, falls der AG aus Anlaß der Kündigung das Arbeitsverhältnis mit arbeitsunfähig erkrankten AN **kündigt,** und das **Arbeitsverhältnis** dadurch **beendet** wird. Die Sicherung geht allerdings inhaltlich und zeitlich **nicht weiter** als bei der Entgeltfortzahlung **im bestehenden Arbeitsverhältnis** (GK-EFZR/*Steckhan* § 6 LFZG Rn. 4). So endet die Verpflichtung des AG spätestens nach 6 Wochen (*Staudinger/Oetker* § 616 Rn. 373, 385; *Schmitt* Rn. 47); eine zu der bei Beendigung des Arbeitsverhältnisses bestehenden Krankheit hinzutretende Krankheit verlängert den Zahlungszeitraum nicht (Einheit des Verhinderungsfalls: BAG 2. 12. 1981 AP § 6 LohnFG Nr. 19 mit Anm. *Trieschmann* = NJW 1982, 1664 und *Schmitt* Rn. 48). Eine selbstverschuldete AU löst auch im Kündigungsfall keinen Anspruch aus.

2 Der Kündigung des AG aus Anlaß der Krankheit wird der Fall gleichgestellt, daß der AN wirksam aus wichtigem Grund sein Arbeitsverhältnis beendet. Damit wird verhindert, daß der AG in der Zeit der Arbeitsverhinderung schwerwiegende unberechtigte Maßnahmen ergreift, die eine Eigenkündigung des Erkrankten zur Folge haben.

3 **2. Klarstellung.** Letztlich enthält die Norm in ihrem Absatz 2 einen klarstellenden Hinweis auf die allgemeine Rechtslage, daß bestimmte andere Beendigungstatbestände den Entgeltfortzahlungsanspruch nicht sichern, sondern daß er mit dem Ende des Arbeitsverhältnisses untergeht (*Staudinger/ Oetker,* § 616 BGB Rn. 371; *Schmitt* Rn. 49; GK-EFZR/*Steckhan* § 6 LFZG Rn. 39 und 58).

4 **3. Vorläufer.** Die Norm ersetzt die inhaltlich identischen Regelungen in § 6 LFZG, § 48 I SeemG, § 133 c GewO, § 63 I HGB und § 616 II BGB sowie § 115 e AGB-DDR idF vom 22. 6. 1990. Sie beruht auf dem Entwurf der Regierungsfraktionen (BT-Drucks. 12/5263) und blieb im Gesetzgebungsverfahren und bei den nachfolgenden Gesetzesänderungen unverändert.

II. Anspruch nach Kündigung des Arbeitgebers, § 8 I 1

1. Kündigung des AG. Die Bestimmung des § 8 I 1 kommt als Anspruchsgrundlage nur in Be- 5
tracht, wenn das Arbeitsverhältnis durch die Arbeitgeberkündigung beendet worden ist (*Staudinger/ Oetker* § 616 Rn. 370, 375 und 383; mißverständlich GK-EFZR/*Steckhan* § 6 LFZG Rn. 2, der von der Fiktion eines mit relativer Wirkung fortbestehenden Arbeitsverhältnisses ausgeht). Bei einer **unwirksamen Kündigung** besteht das Arbeitsverhältnis fort, und der Entgeltfortzahlungsanspruch ergibt sich aus § 3 (*Schmitt* Rn. 10 bis 16; GK-EFZR/*Steckhan* § 6 LFZG Rn. 11). Eine **Änderungskündigung** bewirkt den Erhalt des Anspruchs nach dieser Norm nicht (aA *WGKP* Rn. 17). In diesem Fall richtet sich der Anspruch nach § 3, ggf. reduziert, wenn die Änderungskündigung den Zeit- oder Geldfaktor dauerhaft verändert hat. Ohne Bedeutung ist die **Art der Kündigung**. Allerdings muß sie ordentlich oder außerordentlich fristlos mit dem Ziel der Beendigung des Arbeitsverhältnisses ausgesprochen sein. Da die Kündigungsfristen überwiegend so lang sind, daß das Arbeitsverhältnis erst nach einer Genesung oder nach der gesetzlichen Höchstdauer des Anspruchs endet, kommt der Bestimmung des § 8 I 1 im wesentlichen heute nur **Bedeutung** bei einer **außerordentlichen fristlosen Kündigung** (*Schmitt* Rn. 11) und bei kurzzeitigen tariflichen Kündigungen wie zB im Baugewerbe zu (vgl. auch den in BAG 2. 12. 1981 AP § 6 LohnFG Nr. 19 mit Anm. *Trieschmann* = NJW 1982, 1664 genannten TV). Da außerordentliche Kündigungen allerdings nicht ohne weiteres berechtigt sind, ist der Anwendungsbereich der Vorschrift stark geschrumpft (zur Anwendung bei anderen Beendigungstatbeständen Rn. 24 ff.).

Wehrt sich ein AN gegen eine vom AG ausgesprochene Kündigung und macht er zu Recht 6
Entgeltfortzahlungsansprüche geltend, kann er diese alternativ begründen. Er kann sich auf § 3 oder § 8 berufen.

Die Wirksamkeit einer Kündigung **muß nicht in einem gerichtlichen Verfahren** überprüft werden; 7
es genügt, wenn beide Parteien des Arbeitsverhältnisses davon ausgehen. Das ist zB der Fall, wenn der AN nach einer dem allgemeinen Kündigungsschutz unterliegenden Kündigung keine Klage erhebt, § 7 KSchG (BAG 28. 11. 1979 AP LohnFG § 6 Nr. 9 mit Anm. *Küchenhoff* = NJW 1980, 2325; *Staudinger/Oetker* § 616 Rn. 384) oder wenn nach einer Kündigung ein Auflösungs- und Abfindungsvergleich geschlossen wird (BAG 28. 11. 1979 AP LohnFG § 6 Nr. 8 mit Anm. *Küchenhoff* = NJW 1980, 788). § 8 findet auch in Arbeitsverhältnissen außerhalb des Anwendungsbereichs des Kündigungsschutzgesetzes Anwendung (*Staudinger/Oetker* § 616 Rn. 376; *Schmitt* Rn. 16).

2. Anlaß. Der AG ist nicht gehindert, während der krankheitsbedingten AU zu kündigen. Er kann 8
sogar wegen einer langanhaltenden oder wegen vieler Kurzerkrankungen eine sozial gerechtfertigte Kündigung aussprechen (§ 1 KSchG Rn. 188 ff.). In diesen Fällen hat das auch nicht zwingend die Erhaltung des Entgeltfortzahlungsanspruchs zur Folge, wenn der AN bei Zugang der Kündigung gerade arbeitsunfähig ist. Der Anspruch bleibt dem AN **nur erhalten,** wenn der AG die AU zum Anlaß nimmt, eine Kündigung auszusprechen.

a) Kündigungsgrund. Vom **Anlaß** im Sinne des G ist der Kündigungsgrund zu **unterscheiden.** 9
Während der Grund mit der Krankheit regelmäßig nichts zu tun hat, sondern im Verhalten, in der Person oder in betrieblichen Belangen zu finden ist und vom AG bisher nicht für den Ausspruch einer Kündigung genutzt wurde, ist die Krankheit Anlaß, wenn sie die Entscheidung des AG beeinflußt, **gerade jetzt** den Kündigungsgrund auszunutzen und die Kündigung zu erklären (*Schmitt* Rn. 23: „entscheidender Anstoß"; *Staudinger/Oetker* § 616 Rn. 377, GK-EFZR/*Steckhan* § 6 LFZG Rn. 16 und Kasseler Handbuch/*Vossen* 2. 2 Rn. 281 im Anschluß an BAG 26. 4. 1978 AP LohnFG § 6 Nr. 5 mit Anm. *Küchenhoff* = DB 1978, 2179: **wesentliche mitbestimmende Bedingung**). Lediglich dann, wenn Krankheiten, namentlich häufigere Kurzerkrankungen der Kündigungsgrund sind, **decken sich Grund und Anlaß** regelmäßig. Wenn allerdings der AG zur Kündigung unabhängig von der erneuten Erkrankung entschlossen war und zB das Kündigungsschreiben wegen der zurückliegenden Arbeitsunfähigkeitszeiten gefertigt hatte, als ihn die Nachricht von der erneuten Erkrankung des AN erreichte, müssen Grund und Anlaß nicht identisch sein. Im Ergebnis ist der Begriff entsprechend dem Schutzzweck der Norm **weit auszulegen** (*Schmitt* Rn. 23).

b) Einzelfälle. aa) Der AN muß bereits arbeitsunfähig erkrankt sein, wenn ihm die Kündigung 10
zugeht. Ist er gesund oder aus anderen Gründen an der Arbeitsleistung verhindert, so kann eine nachfolgende AU nicht Anlaß für die Kündigung sein (*Schmitt* Rn. 22).

bb) Kündigt der AG, um die durch das Fehlen des AN entstandene betriebliche Störung durch die 11
dauerhafte Besetzung mit einem anderen AN zu beseitigen, ist die AU Anlaß iS des Gesetzes (BAG 26. 10. 1971 AP LohnFG § 6 Nr. 1 mit Anm. *Marienhagen* = NJW 1972, 702; *Schmitt* Rn. 24).

cc) Steht fest, daß die AU in Berufs- oder Erwerbsunfähigkeit mündet, kündigt der AG aber 12
dennoch während der Krankheit, so ist die AU Anlaß; der AN behält seinen Entgeltfortzahlungsanspruch (BAG 22. 12. 1971 AP LohnFG § 6 Nr. 2 mit Anm. *Töns* = NJW 1972, 888; *Staudinger/Oetker* § 616 Rn. 377; *Schmitt* Rn. 2).

280 EFZG § 8 Beendigung des Arbeitsverhältnisses

13   dd) Ist mit der krankheitsbedingten AU ein Beschäftigungsverbot verbunden, das zur Kündigung führt, so ist von einer durch die AU veranlaßten Kündigung auszugehen (BAG 26. 4. 1978 AP LohnFG § 6 Nr. 6 mit Anm. *Küchenhoff* = DB 1978, 2179; *Schmitt* Rn. 26).

14   ee) Bewertet der AG bei einer betriebsbedingten Kündigung die momentane Krankheit als Ausschlußtatbestand für die Ausklammerung des Erkrankten von der Sozialauswahl (BAG 28. 11. 1979 AP LohnFG § 6 Nr. 8 mit Anm. *Küchenhoff* = NJW 1980, 788; *Staudinger/Oetker* § 616 Rn. 379; *Schmitt* Rn. 27), so kommt § 8 zur Anwendung, sofern der AN die Kündigung akzeptiert (Rn. 7). Regelmäßig dürfte aber bei einem derartigen Sachverhalt feststehen, daß die Kündigung sozial ungerechtfertigt und daher unwirksam ist (§ 1 KSchG Rn. 503).

15   ff) Keine Kündigung aus Anlaß der Erkrankung liegt vor, wenn der AG aus betriebsbedingten Gründen (§ 1 KSchG Rn. 371 ff.) kündigt, die Sozialauswahl korrekt vornimmt und dabei auch der erkrankte AN gekündigt wird (*Staudinger/Oetker* § 616 Rn. 379). Dann entfällt der Entgeltfortzahlungsanspruch, sofern die AU bis zum Kündigungszeitpunkt andauert, was zumindest bei einer Massenentlassung nach § 17 KSchG die Ausnahme sein dürfte.

16   gg) Eine Kündigung aus Anlaß der AU scheidet aus, wenn der AN bei der Entäußerung der Kündigung noch gar nicht krank gewesen ist, sondern erst in der Folgezeit arbeitsunfähig geworden ist (BAG 20. 8. 1980 AP LohnFG § 6 Nr. 14 mit Anm. *Brackmann* = DB 1981, 108). Dasselbe gilt grundsätzlich, wenn der AN zwar zu dieser Zeit krank ist, der AG von der Erkrankung keine Kenntnis hat (*Staudinger/Oetker* § 616 Rn. 380; GK-EFZR/*Steckhan* § 6 LFZG Rn. 18 ff.; Kasseler Handbuch/*Vossen* 2. 2 Rn. 283). Allerdings ist nach der Rechtsprechung des BAG der AG, der von der bereits bestehenden AU keine Kenntnis hatte, aber die dem AN vom Gesetzes wegen eingeräumte Nachweisfrist nicht abwartet, wie derjenige zu behandeln, der von der AU Kenntnis hatte (BAG 26. 4. 1978, 20. 8. 1980 und 29. 8. 1980 AP LohnFG § 6 Nr. 5 mit Anm. *Küchenhoff* = NJW 1979, 286, Nr. 13 mit Anm. *Trieschmann* = DB 1981, 112 und Nr. 18 mit Anm. *Trieschmann* = DB 1981, 171; *Schmitt* Rn. 29 bis 35; zu Recht auf die veränderten Tatbestände des neuen § 5 EFZG hinweisend und entsprechend differenzierend *Staudinger/Oetker* § 616 Rn. 382). Das gilt auch im Fall einer Fortsetzungserkrankung (BAG 29. 8. 1980 aaO). Läßt der AN hingegen die zu seinen Gunsten eingeräumten Fristen für die Anzeige und den Nachweis einer AU verstreichen, kann der AG davon ausgehen, daß der AN unentschuldigt fehlt. Kündigt er deswegen, so kann sich der AN nicht auf § 8 berufen. Er ist seines Anspruchs verlustig (BAG 29. 8. 1980 AP LohnFG § 6 Nr. 18 mit Anm. *Trieschmann* = DB 1981, 171; GK-EFZR/*Steckhan* § 6 LFZG Rn. 23, der von einer unwiderleglichen Vermutung ausgeht).

17   hh) Ablauf der Wartezeit. Endet das Arbeitsverhältnis vor Ablauf der Wartezeit des § 3 III, so entsteht für die Vergangenheit kein Anspruch. Hat der Arbeitgeber jedoch aus Anlaß der AU gekündigt, so entsteht nach Auffassung des BAG für die Zeit nach Beendigung des ArbVerh und nach Ablauf der Wartezeit ein Anspruch nach § 8 I 1 (BAG 26. 5. 1999 AP EntgeltFG § 3 Nr. 10 = NZA 1999, 1273). Die Regelung des 3 III steht dem Eintritt der Rechtsfolgen des § 8 I 1 auch dann nicht entgegen, wenn das ArbVerh innerhalb der Wartezeit wieder beendet wird. Das folgert der Fünfte Senat aus der Systematik und dem Sinn und Zweck des § 8 I 1 (aA *Gaumann/Schafft*, NZA 2000, 811).

18   **3. Darlegungs- und Beweislast.** Der AN ist für die anspruchsbegründenden Tatsachen darlegungspflichtig, aus denen sich ergibt, daß der AG die Kündigung aus Anlaß der Erkrankung ausgesprochen hat, mag er auch andere Gründe dafür gehabt haben (Kasseler Handbuch/*Vossen* 2. 2 Rn. 289). Regelmäßig genügt der Hinweis auf die Kenntnis des AG von der krankheitsbedingten AU und der zeitliche Zusammenhang zwischen Arbeitsverhinderung und Kündigung. Diese Hilfstatsachen lassen den Schluß auf den Tatbestand des § 8 I zu (BAG 2. 12. 1981 AP LohnFG Nr. 19 mit Anm. *Trieschmann* = NJW 1982, 1664; BAG 20. 8. 1980 AP LohnFG § 6 Nr. 11 mit Anm. *Trieschmann* = DB 1981, 112; *Staudinger/Oetker* § 616 Rn. 378). Dieser Indizienschluß (GK-EFZR/*Steckhan* § 6 LFZG Rn. 33 ff. Kasseler Handbuch/*Vossen* 2. 2 Rn. 289 sprechen im Anschluß an das BAG [2. 12. 1981 AP LohnFG § 6 Nr. 19 mit Anm. *Trieschmann* = NJW 1982, 1664; 29. 8. 1980 AP LohnFG Nr. 18 mit Anm. *Trieschmann* = DB 1981, 171; 20. 8. 1980 AP LohnFG § 6 Nr. 11 mit Anm. *Trieschmann* = DB 1981, 111 und erneut BAG 5. 2. 1998 = NZA 1998, 644] zu Unrecht vom Anscheinsbeweis; zum Unterschied von Indizienbeweis und Anscheinsbeweis vgl. GK-ArbGG/*Dörner*, § 58 Rn. 10) kann vom AG mit entgegengesetzten Tatsachenvortrag über den Kündigungsgrund und dessen bereits beschlossener Umsetzung begegnen (*Schmitt* Rn. 36 bis 39). Bei einer gerichtlichen Auseinandersetzung sind die streitigen Tatsachen aufzuklären und die daraufhin festgestellten Tatsachen zu würdigen. Kommt es (selten) zu keiner Auflösung in Form richterlicher Überzeugung, so trägt das non liquet der AN, weil eine anspruchsbegründende Tatsache nicht festgestellt werden kann.

III. Anspruch nach Kündigung des Arbeitnehmers, § 8 I 2

19   Der Entgeltfortzahlungsanspruch des AN bleibt ihm auch dann erhalten, wenn er selbst kündigt, sofern er einen wichtigen Grund für die Kündigung hatte. Eine vergleichbare Regelung findet sich in

§ 628 II BGB, die den Kündigungsgegner zum Schadensersatz verpflichtet, wenn er die Kündigung durch vertragswidriges Verhalten veranlaßt hat.

1. Wirksame Kündigung. Auch § 8 I 2 kommt nur zur Anwendung, wenn der AN eine das 20 Arbeitsverhältnis beendende Kündigung ausgesprochen hat. Dabei muß es sich nicht um eine außerordentliche Kündigung handeln; auch eine ordentliche Kündigung kann den Anspruch über den Kündigungszeitpunkt hinaus erhalten, wenn der AN zur Kündigung aus wichtigem Grund berechtigt war (*Staudinger/Oetker* § 616 Rn. 390; *Schmitt* Rn. 44; Kasseler Handbuch/*Vossen* 2. 2 Rn. 291).

2. Wichtiger Grund. Mangels anderweitigem Hinweis in der Vorschrift sind die Grundsätze des 21 § 626 I BGB über die Bestimmung des wichtigen Grunds heranzuziehen (*Staudinger/Oetker* § 616 Rn. 389; *Schmitt* Rn. 42). Es müssen Tatsachen vorliegen, auf Grund derer dem AN unter Berücksichtigung aller Umstände des Einzelfalls und unter Abwägung der Interessen beider Vertragsteile die Fortsetzung des Arbeitsverhältnisses bis zum Ablauf der Kündigungsfrist nicht zugemutet werden kann.

Die Rechtsprechung zu § 626 I BGB ist durch eine umfangreiche Kasuistik geprägt (§ 626 BGB 22 Rn. 85–190). Grundsätzlich sind alle dort als wichtiger Grund anerkannten Tatbestände geeignet, auch im Rahmen des § 8 I 2 zur Kündigung zu berechtigen. Regelmäßig werden aber Verhaltensweisen des AG im Zusammenhang mit der Krankmeldung wie grobe Beleidigungen, unberechtigte Vorwürfe eines Simulantentums uä., aber auch die dauerhafte Mißachtung zwingender Arbeitsschutzvorschriften einen wichtigen Grund darstellen, selbst wenn die Arbeitsverhinderung nicht auf einem dadurch bedingten Arbeitsunfall beruht (*Schmitt* Rn. 43).

Keine Anwendung findet § 626 II BGB. Ein AN kann also während seiner krankheitsbedingten AU 23 das Arbeitsverhältnis auch dann kündigen, wenn der wichtige Grund länger als 14 Tage zurückliegt. Allerdings bleibt zu beachten, daß die Annahme, es sei dem AN unzumutbar, das Arbeitsverhältnis bis zum Ablauf der Kündigungsfrist fortzusetzen, mit der verstreichenden Zeit geringer wird.

3. Beweislast. Die Tatsachen, aus denen der wichtige Grund folgen soll, hat der AN darzulegen und 24 ggf. zu beweisen (*Schmitt* Rn. 46).

IV. Andere Beendigungstatstände

Das G beläßt es nicht dabei, positiv zu formulieren, unter welchen Umständen der Anspruch auf 25 Entgeltfortzahlung auch nach Beendigung des Arbeitsverhältnisses bestehen bleibt. Es stellt klar, daß bei bestimmten Sachverhalten der Anspruch endet. Das G nennt allerdings nicht alle bekannten oder üblichen Beendigungstatbestände. Das hat zur Folge, daß über deren entgeltfortzahlungsrechtliche Bedeutung Streit besteht. Das gilt namentlich für den Aufhebungsvertrag.

1. Befristetes Arbeitsverhältnis. Mit der Formulierung in § 8 II, 1. Satzhälfte sind die Arbeits- 26 verhältnisse gemeint, die aufgrund einer einzelvertraglichen Abrede oder einer betriebsverfassungsrechtlichen oder tarifvertraglichen Norm nicht durch Kündigung, sondern mit Zeitablauf, Zweckerreichung oder Bedingungseintritt ohne weitere Erklärung enden (zur Wirksamkeit dieser Regelungen § 620 BGB Rn. 30 ff.). Sie sind vom Gesetzgeber nicht privilegiert (*Schmitt* Rn. 52 f.; Kasseler Handbuch/*Vossen* 2. 2 Rn. 270 bis 272).

2. Kündigung. Kündigungen, die nicht aus Anlaß der AU ausgesprochen werden, erhalten den 27 Anspruch nicht, wie § 8 II, 2. Satzhälfte rein klarstellend wiederholt (Rn. 15).

3. Anfechtung. Wird eine zum Vertragsabschluß führende Willenserklärung wegen Irrtums oder 28 wegen Täuschung erfolgreich angefochten, so entfallen zukünftige, nicht aber zurückliegende Ansprüche. Das gilt auch für die Ansprüche auf Entgeltfortzahlung (zu den Voraussetzungen für die Irrtums- und Täuschungsanfechtung vgl. § 611 BGB Rn. 467 ff.). Die im Schrifttum angesprochene Ausnahme, Umgehung der gesetzlichen Bestimmungen über die Entgeltfortzahlung (*Schmitt* Rn. 54; Kasseler Handbuch/*Vossen* 2. 2 Rn. 273), dürfte sich regelmäßig wegen der Nichterfüllung eines Anfechtungstatbestands ergeben.

4. Auflösung durch Gerichtsurteil. Wird das Arbeitsverhältnis durch ein Gerichtsurteil nach einer 29 sozial ungerechtfertigten Kündigung aufgelöst, § 9 I KSchG, die aus Anlaß der AU ausgesprochen worden ist (angesichts der Terminsstände bei den Arbeitsgerichten wohl die Ausnahme), so beruht die Beendigung zwar letztlich nicht auf der Willenserklärung des AG; auch liegt keine wirksame Kündigung des AG vor, weil sonst das Arbeitsverhältnis nicht hätte aufgelöst werden können. Dennoch bleibt ein zu dieser Zeit bestehender Entgeltfortzahlungsanspruch für die gesetzliche Dauer auch über den Auflösungszeitpunkt erhalten. Ebensowenig wie der AG, der die Eigenkündigung des AN nach § 8 I 2 veranlaßt hat, kann der Unternehmer privilegiert werden, der Tatsachen gesetzt hat, die zur Auflösung des Arbeitsverhältnisses durch richterlichen Spruch führen.

5. Einvernehmliche Beendigung des Arbeitsverhältnisses. Nach dem Wortlaut des G kann der 30 Anspruch eines AN auf Entgeltfortzahlung nicht erhalten bleiben, wenn das Arbeitsverhältnis nicht durch Kündigung, sondern aus Anlaß der AU des AN durch übereinstimmende Willenserklärungen endet. Die Rechtsprechung des BAG hat aber den damaligen § 6 LFZG bei Aufhebungsverträgen vielfach analog angewendet, weil nicht auf die formale Seite (Aufhebungsvertrag oder Kündigung), sondern mehr auf den Anlaß, den materiellen Auflösungsantrag abzustellen sei (BAG 28. 11. 1979 und 20. 8 1980 AP LohnFG § 6 Nr. 10 mit Anm. *Küchenhoff* = NJW 1980, 2325 und Nr. 11 mit Anm. *Trieschmann* = DB 1981, 111 sowie 20. 8. 1980 AP LohnFG § 6 Nr. 15 mit Anm. *Herschel* = DB 1981, 221; ebenso die hM im Schrifttum: *Staudinger/Oetker* § 616 Rn. 386; *Schmitt* Rn. 17 bis 20 und Rn. 51; Kasseler Handbuch/*Vossen* 2. 2 Rn. 269, 290).

31   Dem kann nicht uneingeschränkt zugestimmt werden. Insbesondere nach der Schaffung des EFZG kann nicht mehr davon ausgegangen werden, daß die Vorschriften des § 8 lückenhaft und deshalb einer Analogie zugänglich sind. Vielmehr kann nur durch eine Auslegung der Bestimmungen überprüft werden, ob der Entgeltfortzahlungsanspruch erhalten bleibt. Das ist immer dann der Fall, wenn dem Auflösungsvertrag eine Kündigung aus Anlaß der AU vorangegangen ist. Dann beruht die Beendigung des Arbeitsverhältnisses auf dieser Kündigung, auch wenn ihre Wirksamkeit im Streit geblieben ist und die Ungewißheit über die Beendigung des Arbeitsverhältnisses durch die Aufhebungserklärungen beseitigt worden ist. Das gilt nicht nur für den gerichtlichen Vergleich in Anlehnung an die §§ 9, 10 KSchG (zum Auflösungsurteil Rn. 29), sondern auch dann wenn die Parteien des Arbeitsverhältnisses vor- oder außerprozessual eine Einigung erzielen.

32   Dagegen ist ein gesetzlicher Erhalt des Entgeltfortzahlungsanspruchs bei einem Aufhebungsvertrag ohne vorangegangener Kündigung auch aus Anlaß einer AU weder mit der Auslegung des G zu erklären noch bedarf der AN insoweit eines Schutzes (aA BAG 20. 8. 1980 AP LohnFG § 6 Nr. 15 mit Anm. *Herschel* = DB 1981, 221 und die hM im Schrifttum). Anders als bei einer vorangegangenen Kündigung ist der AN grundsätzlich frei, ob er der Beendigung des Arbeitsverhältnisses aus Anlaß seiner AU ggf. unter Verzicht auf die fortbestehende Entgeltfortzahlung zustimmen will oder nicht. Ist er bei Vertragsschluß widerrechtlich unter Druck gesetzt worden, so steht es ihm frei, seine Beendigungserklärung anzufechten und sich durch den Fortbestand des Arbeitsverhältnisses den Entgeltfortzahlungsanspruch zu erhalten.

33   **6. Abrede über die Weiterbeschäftigung.** Vereinbaren Arbeitsvertragsparteien nach Ablauf der Kündigungsfrist die Weiterbeschäftigung bis zur Klärung darüber, ob die Kündigung zur Beendigung des Arbeitsverhältnisses geführt hat oder nicht, so behält der AN seine Entgeltfortzahlungsansprüche in dieser Zeit. Entweder besteht das Arbeitsverhältnis fort; dann besteht ein Anspruch aus § 3; oder das Arbeitsverhältnis ist durch die Kündigung beendet; dann ist die Zwischenzeit nach den Grundsätzen des faktischen Arbeitsverhältnisses abzurechnen. Dazu gehören auch Entgeltfortzahlungsansprüche (BAG 15. 1. 1986 AP LohnFG § 1 Nr. 66 = NZA 1986, 561).

§ 9 Maßnahmen der medizinischen Vorsorge und Rehabilitation

(1) ¹Die Vorschriften der §§ 3 bis 4a und 6 bis 8 gelten entsprechend für die Arbeitsverhinderung infolge einer Maßnahme der medizinischen Vorsorge oder Rehabilitation, die ein Träger der gesetzlichen Renten-, Kranken- oder Unfallversicherung, eine Verwaltungsbehörde der Kriegsopferversorgung oder ein sonstiger Sozialleistungsträger bewilligt hat und die in einer Einrichtung der medizinischen Vorsorge oder Rehabilitation stationär durchgeführt wird. ²Ist der Arbeitnehmer nicht Mitglied der gesetzlichen Krankenkasse oder nicht in der gesetzlichen Rentenversicherung versichert, gelten die §§ 3 bis 4a und 6 bis 8 entsprechend, wenn eine Maßnahme der medizinischen Vorsorge oder Rehabilitation ärztlich verordnet worden ist und stationär in einer Einrichtung der medizinischen Vorsorge oder Rehabilitation oder einer vergleichbaren Einrichtung durchgeführt wird.

(2) Der Arbeitnehmer ist verpflichtet, dem Arbeitgeber den Zeitpunkt des Antritts der Maßnahme, die voraussichtliche Dauer und die Verlängerung der Maßnahme im Sinne des Absatzes 1 unverzüglich mitzuteilen und ihm
a) eine Bescheinigung über die Bewilligung der Maßnahme durch einen Sozialleistungsträger nach Absatz 1 Satz 1 oder
b) eine ärztliche Bescheinigung über die Erforderlichkeit der Maßnahme im Sinne des Absatzes 1 Satz 2
unverzüglich vorzulegen.

I. Normzweck

1   Ein **Entgeltfortzahlungsanspruch** nach diesem G besteht auch unter den Voraussetzungen des § 9. Die am 1. 6. 1994 in Kraft getretene Vorschrift ist **Nachfolger** des § 7 LFZG, des § 115a II AGB-DDR und der Vorschriften für Angestellte in den alten Bundesländern, aus denen ein Entgeltfortzahlungsanspruch für Kuren hergeleitet wurde (§ 1 Rn. 4 f.). **Neu** ist gegenüber diesen Bestimmungen allerdings die Einbeziehung der **Maßnahmen**, die nicht auf einem Bewilligungsbescheid der Soziallei-

stungsträger beruhen, sondern nach einer **ärztlichen Anordnung** durchgeführt werden, § 9 I 2. Die Regelung ist die Folge des veränderten Geltungsbereich des G (alle AN); im übrigen konnten sich seit 1989 auch Arbeiter privat gegen Krankheit versichern, so daß auch für sie § 9 I 2 zur Anwendung kommen kann.

Die Bestimmung regelt die Entgfortz bei einer Vorsorge- oder Rehabilitationsmaßnahme, bei der 2 AN **nicht** zugleich **krank sein muß.** Das geschieht dadurch, daß die für die krankheitsbedingte AU geltenden Regeln weitgehend für anwendbar erklärt werden.

Die Fassung des § 9 stellt sicher, daß die bis zum Juni 1994 bestehenden **Ungleichbehandlungen** 3 auch im **Recht der Kuren** (MünchArbR/*Boecken* § 86 Rn. 36) **beseitigt** worden sind. Außerdem sind die Kurbegriffe dem sozialrechtlichen Sprachgebrauch angeglichen worden. Daneben sind „**Schonungszeiten**", die nach altem Recht nicht allen AN zustanden, jetzt insgesamt abgeschafft worden (dazu kritisch, aber iE nicht zutreffend *Leinemann*, AuR 1995, 83; vgl. § 616 BGB Rn. 14 sowie § 7 BUrlG Rn. 29 und *Staudinger/Oetker* § 616 BGB Rn. 276 bis 278).

II. Maßnahmen

In § 9 I wird das Begriffspaar der „Maßnahme der medizinischen Vorsorge oder Rehabilitation" 4 sowohl bei den Bewilligungen durch öffentlich-rechtliche Sozialleistungsträger nach Satz 1 als auch bei ärztlicher Verordnung nach Satz 2 gebraucht. In **beiden Bereichen** ist darunter **dasselbe** zu verstehen (*Schmitt* Rn. 13). Die mitunter im Sozialrecht erforderliche, schwierige **Abgrenzung** der beiden Maßnahmen voneinander ist für die Entgfortz ohne Bedeutung. Arbeitsrechtlich genügt die Feststellung, daß eine von beiden Maßnahmen bewilligt bzw. angeordnet und dem G entsprechend durchgeführt worden ist.

Das Adjektiv „**medizinisch**" bezieht sich nicht nur auf die Vorsorge-, sondern auch auf die 5 Rehabilitationsmaßnahmen (*Schmitt* Rn. 14). Deshalb entfallen Maßnahmen der **beruflichen oder sozialen Rehabilitation** (BT-Drucks. 12/5263 S. 15). Aus der Fassung des G ergibt sich weiter, daß die Maßnahmen **medizinisch notwendig** sein müssen. Davon kann bei einem Bewilligungsbescheid des öffentlich-rechtlichen Leistungsträger ebenso wie bei einer ärztlichen Verordnung ausgegangen werden; es handelt sich aber in beiden Fällen nur um eine **tatsächliche Vermutung,** deren Richtigkeit der die Entgfortz verweigernde AG durch entsprechenden Vortrag und Beweis (Täuschungshandlung von AN und/oder behandelndem Arzt; völlige Verkennung des sozialrechtlichen Tatbestands durch Ärzte und Sozialleistungsträger) erschüttern kann. Die Erfolgsaussichten sind aber regelmäßig gering (zum alten Recht BAG 29. 11. 1973, 10. 5. 1978 und 14. 11. 1979 AP LohnFG § 7 Nr. 2 mit Anm. *Becher*, Nr. 3 und Nr. 4 mit Anm. *Trieschmann* = DB 1974, 682, DB 1978, 2178 und DB 1980, 551).

1. Medizinische Vorsorge. Medizinische Vorsorgeleistungen erbringen **Sozialleistungsträger** 6 (Rn. 11 bis 13), um eine **Schwächung der Gesundheit zu beseitigen,** die in absehbarer Zeit voraussichtlich zu einer Krankheit führen würde. Das geschieht durch Versorgung mit den für die Beseitigung der Schwächung notwendigen Arznei-, Verband-, Heil- und Hilfsmitteln, **§ 23 I Nr. 1 SGB V.** Reichen diese Maßnahmen nicht aus, kann eine ambulante Vorsorgekur erforderlich sein, **§ 23 II SGB V.** Genügen diese Leistungen nicht, kann die Krankenkasse eine Behandlung mit Unterbringung und Verpflegung erbringen, **§ 23 IV SGB V.** Dabei handelt es sich um eine Maßnahme nach § 9 I 1. Als weiteres Beispiel sei die Vorsorgekur nach **§ 24 I SGB V** genannt.

Die Leistungen der medizinischen Vorsorge des vorstehenden Inhalts – Beseitigung der Schwächung 7 in der Gesundheit – können neben den öffentlich-rechtlichen Trägern auch die **privaten Träger** zusichern und gewähren (zur abweichenden Form der Anordnung Rn. 16). Dann liegt eine anspruchsbegründende Maßnahme für die Entgfortz vor, in diesem Fall nach § 9 I 2.

2. Medizinische Rehabilitation. Die medizinische Rehabilitation der **Krankenkassen** gehört zur 8 Krankenbehandlung nach **§§ 27 ff. SGB V.** Sie kann mit Unterbringung und Verpflegung erbracht werden (**§ 40 II SGB V**), wenn Maßnahmen wie ambulante Krankenbehandlung einschließlich ambulanter Rehabilitationsmaßnahmen nicht genügen, um die Ziele der Krankenbehandlung zu erreichen, **§ 40 I SGB V.** Diese Maßnahmen werden von § 9 I 1 erfaßt.

Rentenversicherungsträger erbringen medizinische Rehabilitationsleistungen nach Maßgabe der 9 **§§ 9 ff. SGB VI.** Soweit die Leistungen nach **§ 15 SGB VI** erbracht werden, handelt es sich um Maßnahmen, für die ein Entgeltfortzahlungsanspruch nach § 9 I 1 besteht. Leistungen der **Unfallversicherungsträger** erfolgen im Rahmen der Heilbehandlung nach Eintritt eines Versicherungsfalls nach den Bestimmungen der **§§ 27, 33, 34** des ab 1. Januar 1997 die Unfallversicherungsvorschriften der RVO ablösenden **SGB VII.** Als weiteres Beispiel für eine Maßnahme der medizinischen Rehabilitation sei die Heilbehandlung der **Versorgungsverwaltung** nach § 11 II BVG genannt.

Eine von einer **privaten Versicherung** durchgeführte Maßnahme der medizinischen Rehabilitation 10 liegt vor, wenn sie dieselben Ziele verfolgt, wie sie in den Vorschriften über die von den öffentlich-rechtlichen Trägern zu erbringenden Leistungen beschrieben sind (zur abweichenden Form der Bewilligung Rn. 16).

III. Bewilligung und Durchführung

11 **1. Bewilligung. a) Leistungsträger.** Für Leistungen der **gesetzlichen Krankenversicherung** sind zuständig die Orts-, Betriebs- und Innungskrankenkassen, die See-Betriebskasse, die landwirtschaftlichen Krankenkassen, die Bundesknappschaft und die Ersatzkassen, § 21 II SGB I. Eine Aufzählung der Träger der **gesetzlichen Unfallversicherung** findet sich in § 22 II SGB I. Die Leistungsträger der **gesetzlichen Rentenversicherung** sind in § 23 II SGB I genannt.

12 Die **Verwaltungsbehörden der Kriegsopferversorgung**, die Leistungen nach dem Bundesversorgungsgesetz (BVG) und den G en erbringen, die auf das BVG verweisen, können entgeltfortzahlungspflichtige Maßnahmen bewilligen.

13 Als **sonstige** (öffentlich-rechtliche) **Sozialleistungsträger**, die Kurmaßnahmen bewilligen können, kommen nur die Träger der **Sozialhilfe** in Betracht, §§ 36 ff. BSHG. Im Rahmen der arbeitsrechtlichen Entgfortz erlangen ihre Bewilligungen aber regelmäßig keine Bedeutung, weil der in einem ArbVerh tätige AN eine Versicherungsleistung in Anspruch nehmen kann, und dann Sozialhilfe wegen ihrer Subsidiarität nicht beansprucht werden kann. Keine Träger der medizinischen, sondern der beruflichen Rehabilitation sind die **Hauptfürsorgestellen** (das übersieht *Brecht* Rn. 4).

14 **Private Krankenversicherungsträger** und Einrichtungen der freien **Wohlfahrtspflege** sind keine Träger nach § 9 I 1. Ihre Maßnahmen müssen die Voraussetzungen des § 9 I 2 erfüllen, soll der kurende AN einen Entgeltfortzahlungsanspruch erwerben.

15 **b) Bewilligungsbescheid der öffentlich-rechtlichen Träger.** Die Rechtsfolgen des § 9 I 1 und der in Bezug genommenen Vorschriften treten nur ein, wenn einer der vorstehend (Rn. 11 bis 13) genannten öffentlich-rechtlichen Sozialleistungsträger einen **Bewilligungsbescheid** nach den Bestimmungen des SGB X erlassen hat. Wegen der Tatbestandswirkung des Verwaltungsakts kann er von den Gerichten für Arbeitssachen nur auf Nichtigkeit überprüft werden; ansonsten müssen sie von einer anspruchsbegründenden Arbeitsverhinderung ausgehen (*Zeuner*, FS Martens, S. 531 f.; *Staudinger/Oetker* § 616 BGB Rn. 268; aA wohl Kasseler Handbuch/*Vossen* 2. 2. Rn. 302 und *Schaub* § 99 II 1 e). Unverzichtbar für das Recht der Entgfortz ist nicht nur nach dem Wortlaut der Vorschrift die Abgabe eines Bewilligungsbescheids **vor Antritt** einer Maßnahme nach § 9 I 1 (*Brecht* Rn. 3; *KDHK* Rn. 7; *Schmitt* Rn. 25; *Staudinger/Oetker* § 616 BGB Rn. 269; MünchArbR/*Boecken* § 86 Rn. 10; aA *WGKP* Rn. 26). Sie ergibt sich aus der Verweisung auf § 3 I. Denn nur mit dem öffentlich-rechtlichen Bescheid ist der Tatbestand der Arbeitsverhinderung iS des § 3 I eingetreten, wovon wiederum der Entgeltfortzahlungsanspruch abhängt. Hat der AN eine Maßnahme ohne Bescheid auf eigene Gefahr begonnen oder durchgeführt, so hat er entweder mit seinem AG einen unbezahlten Sonderurlaub vereinbart oder er befindet sich im Leistungsverzug. In beiden Fällen hat er keinen Anspruch auf Entgfortz. Diese schuldrechtlichen Vorgaben können durch nachträgliche Bewilligung nicht mehr rückwirkend beseitigt werden (das übersehen *WGKP* Rn. 26, die ein ungeschriebenes Leistungsverweigerungsrecht des AG für ausreichend halten und MünchArbR/*Schulin* [1. Auflage] § 84 Rn. 10, der lediglich sozialversicherungsrechtlich argumentiert).

16 **c) Privat durchgeführte Maßnahmen.** Ist der AN nicht in der gesetzlichen Krankenversicherung oder der gesetzlichen Rentenversicherung versichert (*Staudinger/Oetker* § 616 BGB Rn. 270) und ist er auf die Trägerschaft einer privaten Einrichtung (Rn. 14) angewiesen oder will er die Kosten der Maßnahme selber tragen, so entfällt ein Bewilligungsbescheid. Entgfortz kann er nur erhalten, wenn die Maßnahme ärztlich verordnet ist, § 9 I 2. Dazu ist jeder approbierte Arzt befugt, den sich der AN frei wählen kann. Er ist nicht auf einen vom AG angegebenen Arzt oder einen Vertrauensarzt angewiesen.

17 **2. Durchführung. a) Stationäre Aufnahme.** Maßnahmen iS des G lösen nur dann einen Entgeltfortzahlungsanspruch aus, wenn sie stationär (**Unterkunft und Verpflegung** werden gestellt) durchgeführt werden. Die nach den Vorschriften des SGB (Rn. 6 bis 9) möglichen **ambulanten** Maßnahmen der Vorsorge und Rehabilitation genügen nicht (BAG 19. 1. 2000 AP EntgeltFG § 9 Nr. 1 = NZA 2000, 773). Im Gegensatz zum alten Recht (dazu *Marburger*, RdA 1990, 149) wird eine volle Kostenübernahme nicht mehr verlangt. Die stationäre Durchführung ist Erfordernis für **beide** Maßnahmeformen nach § 9 I 1 und 2.

18 **b) Anforderungen an die Einrichtung.** Es ist zu unterscheiden, ob die Maßnahmen nach § 9 I 1 oder § 9 I 2 durchgeführt wird. So müssen Kuren öffentlich-rechtlicher Leistungsträger in besonderen Einrichtungen stationär durchgeführt werden, die den Anforderungen des **§ 107 II SGB V** entsprechen. Zwar werden dort nur Vorsorge- und Rehabilitationseinrichtungen iS des SGB V legal definiert. Dem Gesetzgeber hätte es deshalb gut angestanden, darauf zu verweisen. Trotz dieses Versäumnisses ist davon auszugehen, daß die Durchführung einer Maßnahme in Einrichtungen minderen Anforderungsprofils einen Entgeltfortzahlungsanspruch nicht auslösen. Denn nur dann ist gesichert, daß der AG nicht mit Freistellungs- und Entgeltfortzahlungsverpflichtungen belastet wird, bei denen die Chance auf einen medizinische Erfolg nicht gegeben ist (*Schmitt* Rn. 23 f.; *Staudinger/Oetker* § 616 BGB Rn. 267).

IV. Die Bedeutung der Verweisung § 9 EFZG 280

Werden die Maßnahmen aufgrund **ärztlicher Anordnung** nach § 9 I 2 durchgeführt, kann die 19 stationäre Behandlung nicht nur in Einrichtungen nach § 107 II SGB V durchgeführt werden, sondern es kommt auch eine vergleichbare Einrichtung in Betracht. Die **Vergleichbarkeit** ist an den Voraussetzungen des § 107 II zu messen (*Staudinger/Oetker* § 616 BGB Rn. 271). Die Einrichtung muß ebenfalls der Beseitigung der Gesundheitsschwäche dienen oder beabsichtigen, Krankheiten zu heilen, deren Verschlimmerung zu verhüten, Krankheitsbeschwerden zu lindern oder den Behandlungserfolg zu sichern. **Ausgeschlossen** werden damit Einrichtungen, deren Maßnahmen zB der **Gewichtsreduzierung** oder der Kontrolle von **übermäßigem Alkohol- oder Nikotingenuß** dienen (das ist nicht zu verwechseln mit der Entziehungskur, bei der eine AU wegen Krankheit vorliegt, § 3 Rn. 12 und 56). Ferner muß das Fachpersonal den Anforderungen entsprechend § 107 II Nr. 2 SGB V gewachsen sein. Die Einrichtung muß außerdem die sachlichen Mittel zur Verfügung haben, um die Therapiemaßnahmen wenigstens annähernd so durchführen zu können, wie eine Einrichtung, die die Voraussetzungen des G unmittelbar erfüllt (auch dazu BAG 19. 1. 2000 AP EntgeltFG § 9 Nr. 1 = NZA 2000, 773).

IV. Die Bedeutung der Verweisung

Sind die Voraussetzungen des § 9 I 1 oder des § 9 I 2 gegeben, so ist ferner die Geltung der §§ 3 bis 20 4 b sowie der §§ 6 bis 8 zu beachten. Das bedeutet im einzelnen:

1. Die Geltung des § 3. a) Verhinderung durch krankheitsbedingte AU. Da die Vorschriften des 21 § 9 auch zur Anwendung kommen, wenn keine AU vorliegt, so bedarf es nur der Arbeitsverhinderung, die durch den Bescheid des öffentlich-rechtlichen Sozialleistungsträgers herbeigeführt wird (Rn. 11 bis 13). Die Verhinderung aufgrund der Maßnahme nach § 9 I muß auch die **monokausale Ursache** für die Arbeitsverhinderung sein. Es gelten die Ausführungen zu § 3 Rn. 28 bis 45.

b) Verschulden. Erfolgt die Maßnahme deshalb, weil der AN die vorausgegangene AU und deshalb 22 die Maßnahme oder (selten) die spätere Maßnahme als solche schuldhaft (§ 3 Rn. 46 ff.) herbeigeführt hat, so entfällt der Anspruch.

c) Für die Entgfortz nach § 9 I gelten auch die Bestimmungen des § 3 über **Beginn, Dauer und** 23 **Ende** des Anspruchs. So hat der AN keinen Zahlungsanspruch, wenn er die Wartezeit noch nicht im Betrieb des AG verbracht hat, oder wenn die Kur zur Ausheilung einer bereits 6 Wochen andauernden Krankheit bewilligt oder angeordnet wird. Wegen der Einzelheiten wird auf § 3 Rn. 67 bis 77 verwiesen.

d) Mehrfache Arbeitsverhinderung. Von besonderer Bedeutung ist der Ausschluß des Anspruchs, 24 wenn die medizinische Maßnahme im **Zusammenhang mit einer zuvor bestehenden Arbeitsverhinderung** besteht. Dabei kann es sich um eine vorhergehende Maßnahme nach § 9 I handeln (zwei Vorsorgekuren in kurzen Abständen), doch regelmäßig geht der (Rehabilitations-) Maßnahme eine AU infolge Krankheit voraus. In diesem Fall ist nicht nur die Dauerbegrenzung des § 3 I 1, sondern auch der Wiederholungstatbestand des § 3 I 2 zu beachten. Zwischen vorhergehender AU und Kur aufgrund derselben Krankheit müssen die jeweiligen Zeiträume des § 3 I 2 Nr. 1 oder Nr. 2 liegen (Kasseler Handbuch/*Vossen* 2. 2 Rn. 313 bis 315). Wegen der Einzelheiten wird auf § 3 Rn. 78 bis 99 verwiesen. Eine Maßnahme, die infolge einer **anderen Körperschwäche** als der vorangehenden Erkrankung bewilligt oder verordnet wird, löst auch dann einen Entgeltfortzahlungsanspruch aus, wenn die in § 3 I 2 genannten Zeiträume noch nicht abgelaufen sind.

e) Der **Sozialversicherungsträger** ist gegenüber dem AG des Versicherten nicht verpflichtet, dafür 25 zu sorgen, daß eine auf derselben Krankheit beruhende Maßnahme der medizinischen Rehabilitation binnen sechs Monaten nach dem Ende der früheren Erkrankung begonnen wird, um einen erneuten Entgeltfortzahlungsanspruch unter dem Gesichtspunkt der wiederholten AU zu vermeiden (BAG 18. 1. 1995 AP LohnFG § 7 Nr. 8 = NZA 1995, 729).

2. Die Geltung des § 4. Der AN, der sich einer Maßnahme der medizinischen Vorsorge oder 26 Rehabilitation unterzieht, hat Anspruch auf Arbeitsentgelt, das nach den zu § 4 entwickelten Regeln zu berechnen ist.

3. Die Geltung des § 4 a. Sofern TV, BV oder einzelvertragliche Vereinbarungen eine entsprechende 27 Möglichkeit vorsehen, darf der AG Sondervergütungen iS des § 4 a (§ 4 a Rn. 6 ff.) auch bei einer Maßnahme nach § 9 **kürzen** (*Bauer/Lingemann*, BB 1996, Beil. 17, 8, 14; *Lorenz*, DB 1966, 1973, 1976). Wegen der Einheiten wird auf die Kommentierung zu § 4 a verwiesen.

4. Die Geltung des § 6. Hat ein **Dritter** den **Gesundheitszustand herbeigeführt**, der zu einer 28 Vorsorge- oder Rehabilitationsmaßnahme geführt hat, so kann er vom AG nach den selben Grundsätzen in Anspruch genommen werden wie bei Verursachung einer AU. Der Anwendungsbereich des § 6 dürfte im Rahmen des § 9 klein sein, weil regelmäßig vor einer Kurmaßnahme eine längere von Dritten verursachte AU vorausgeht, für die der Dritte unmittelbar bis zum Ablauf der 6-Wochen-Frist in Anspruch genommen werden kann, es sei denn, die Rehabilitationsmaßnahme erfolgt nach Ablauf der Frist des § 3 I 2 Nr. 2 (Rn. 24).

29 **5. Die Geltung des § 7.** Das Recht der **endgültigen Leistungsverweigerung** nach § 7 I Nr. 1 steht dem AG auch bei der Durchführung einer Maßnahme der Vorsorge oder Rehabilitation zu, wenn der AN den Übergang eines Schadensersatzanspruchs nach § 6 verhindert (§ 7 Rn. 17 bis 20). Das Recht der **vorläufigen Weigerung** steht ihm zu, wenn der AN seinen Pflichten aus § 9 II nicht nachkommt. Bei der Verweisung auf § 7 iV mit § 5 I und II hat der Gesetzgeber übersehen, daß die Vorschriften des § 5 durch die Spezialregelung des § 9 II ersetzt sind, die allerdings keine andere Aussage treffen als die des § 5 I und II (unten Rn. 32 bis 40).

30 **6. Die Geltung des § 8.** Die **Beendigung des Arbeitsverhältnisses** im Laufe der Vorsorge- oder Rehabilitationsmaßnahme hat wie bei der AU wegen Krankheit keinen Einfluß auf den Entgeltfortzahlungsanspruch, wenn einer der Tatbestände des § 8 gegeben ist (Einzelheiten bei § 8).

31 **7. Geltung weiterer Vorschriften.** Unerwähnt ist in der Aufzählung der anzuwendenden Vorschriften **§ 12 über die zwingende Wirkung** der vorstehenden Bestimmungen des G. Der Hinweis war nicht notwendig, weil § 9 ohnehin von dieser Regelung erfaßt wird. Die Nichterwähnung bedeutet jedenfalls nicht, daß von den Vorschriften des § 9 zu Ungunsten der AN abgewichen werden kann (*Schmitt* Rn. 36).

V. Mitteilungs- und Nachweispflichten

32 Abweichend von § 5 wird in § 9 II beschrieben, welche Verpflichtungen der AN bei einer sozialrechtlich bewilligten oder ärztlich verordneten medizinischen Vorsorge- oder Rehabilitationsmaßnahme hat. Die Bestimmung ist gegenüber § 5 lex specialis und enthält eine **abgeschlossene Regelung** über Mitteilung und Nachweis (*Brecht* Rn. 10; Kasseler Handbuch/*Vossen* 2. 2. Rn. 317; *Staudinger/ Oetker* § 616 BGB Rn. 275).

33 **1. Mitteilungspflichten.** Der AN hat seinen AG unverzüglich iS der Legaldefinition des § 121 BGB zu informieren. Das bedeutet **nicht sofort,** sondern so rasch es die jeweiligen Umstände des Einzelfalls erlauben (§ 5 Rn. 12). Die Mitteilung kann in allen gebräuchlichen Formen erfolgen (Kasseler Handbuch/*Vossen* 2. 2. Rn. 319). Der arbeitsfähige AN wird die gesetzliche Verpflichtung regelmäßig erfüllen, wenn er bei der ersten Arbeitsaufnahme den AG informiert, nachdem er von der Bewilligung oder ärztlichen Verordnung erfahren hat. Der arbeitsunfähige AN kann noch am selben oder am nächsten Tag telefonieren, einen Boten schicken oder den AG selbst aufsuchen. Regelmäßig wird er in diesem Fall mit der Mitteilung zugleich seinen Nachweispflichten (Rn. 35 bis 38) nachkommen.

34 **Mitteilungsgegenstand** ist das Datum des Kurantritts und die voraussichtliche Dauer der Maßnahme. Wird sie verlängert, gilt dasselbe.

35 **2. Nachweispflichten.** Es ist zu unterscheiden, ob ein Bewilligungsbescheid eines Sozialversicherungsträgers oder die Anordnung eines Arztes vorliegt.

36 **a) Bewilligungsbescheid.** Hat ein öffentlich-rechtlicher Leistungsträger (Rn. 11 bis 13) die medizinische Maßnahme bewilligt, so hat der AN diesen Bescheid ohne schuldhaftes Zögern seinem AG vorzulegen. Der arbeitsfähige Mitarbeiter wird das regelmäßig am ersten Tag nach Übersendung des Bescheids mit der Arbeitsaufnahme tun; der an der Arbeitsleistung verhinderte AN genügt der Verpflichtung, wenn er nach Information des AG den Bescheid im Anschluß daran übersendet. Für **Folgebescheinigungen,** die an dieser Stelle des G nicht erwähnt sind, gilt nicht anderes (*Schmitt* Rn. 69 ff.; *Schliemann,* AuR 1994, 317, 325).

37 Die **Gestaltung des Bescheids** obliegt dem Sozialleistungsträger. Da der AN darauf keinen Einfluß hat, kann der AG, der meint, der Bescheid müsse mehr Informationen enthalten, die Entgfortz **nicht verweigern.** Davon zu unterscheiden ist die Weigerung der Entgfortz, weil die Notwendigkeit der medizinischen Maßnahme bezweifelt wird. Insoweit bestehen die Rechte nach § 9 I iV mit § 7.

38 **b) Ärztliche Verordnung.** Dasselbe gilt für die ärztliche Bescheinigung. Sobald der AN sie erhalten hat, muß er sie an den AG weitergeben. Der AG hat keine Möglichkeit, vom AN eine **Nachbesserung** der Verordnung zu verlangen.

39 **3. Rechtsfolgen einer Pflichtverletzung.** Solange der AN einen Bewilligungsbescheid oder eine ärztliche Bescheinigung **nicht vorlegt,** kann der AG von seinem vorläufigen Leistungsverweigerungsrecht Gebrauch machen. Sobald der Nachweis aber vorliegt, muß er die Entgfortz nachentrichten (zum alten Recht BAG 5. 5. 1972 AP LohnFG § 7 Nr. 1 mit Anm. *Becher* = DB 1972, 1536). Davon ist die Fallgestaltung zu unterscheiden, daß der AN zunächst ohne Bescheid oder Verordnung seiner Arbeit fernbleibt und dann einen nachträglich erstellten Bescheid (Verordnung) erwirkt (*Brecht* Rn. 3; Rn. 15). In diesem Fall besteht kein Anspruch. Die Verletzung allein der Mitteilungspflicht begründet keine Leistungsverweigerung (*Staudinger/Oetker* § 616 BGB Rn. 275).

40 **Verspätete Nachweise** können zu **Schadensersatzansprüchen** führen, wenn die Voraussetzungen einer positiven Vertragsverletzung vorliegen (BAG 5. 5. 1972 Rn. 39). Das dürfte selten der Fall sein. Pflichtverletzungen können im Ausnahmefall **Kündigungen** nachziehen, zB wenn der AN nach

Abmahnung zum wiederholten Mal wegen des Kurantritts der Arbeit fernbleibt, ohne die Bewilligung vorher anzuzeigen oder nachzuweisen.

§ 10 Wirtschaftliche Sicherung für den Krankheitsfall im Bereich der Heimarbeit

(1) ¹In Heimarbeit Beschäftigte (§ 1 Abs. 1 des Heimarbeitsgesetzes) und ihnen nach § 1 Abs. 2 Buchstabe a bis c des Heimarbeitsgesetzes Gleichgestellte haben gegen ihren Auftraggeber oder, falls sie von einem Zwischenmeister beschäftigt werden, gegen diesen Anspruch auf Zahlung eines Zuschlags zum Arbeitsentgelt. ²Der Zuschlag beträgt
1. für Heimarbeiter, für Hausgewerbetreibende ohne fremde Hilfskräfte und die nach § 1 Abs. 2 Buchst. a des Heimarbeitsgesetzes Gleichgestellten 3,4 vom Hundert,
2. für Hausgewerbetreibende mit nicht mehr als zwei fremden Hilfskräften und die nach § 1 Abs. 2 Buchstabe b und c des Heimarbeitsgesetzes Gleichgestellten 6,4 vom Hundert
des Arbeitsentgelts vor Abzug der Steuern, des Beitrags zur Bundesanstalt für Arbeit und der Sozialversicherungsbeiträge ohne Unkostenzuschlag und ohne die für den Lohnausfall an gesetzlichen Feiertagen, den Urlaub und den Arbeitsausfall infolge Krankheit zu leistenden Zahlungen. ³Der Zuschlag für die unter Nummer 2 aufgeführten Personen dient zugleich zur Sicherung der Ansprüche der von ihnen Beschäftigten.

(2) Zwischenmeister, die den in Heimarbeit Beschäftigten nach § 1 Abs. 2 Buchstabe d des Heimarbeitsgesetzes gleichgestellt sind, haben gegen ihren Auftraggeber Anspruch auf Vergütung der von ihnen nach Absatz 1 nachweislich zu zahlenden Zuschläge.

(3) Die nach den Absätzen 1 und 2 in Betracht kommenden Zuschläge sind gesondert in den Entgeltbeleg einzutragen.

(4) ¹Für Heimarbeiter (§ 1 Abs. 1 Buchstabe a des Heimarbeitsgesetzes) kann durch Tarifvertrag bestimmt werden, daß sie statt der in Absatz 1 Satz 2 Nr. 1 bezeichneten Leistungen die den Arbeitnehmern im Falle ihrer Arbeitsunfähigkeit nach diesem Gesetz zustehenden Leistungen erhalten. ²Bei der Bemessung des Anspruchs auf Arbeitsentgelt bleibt der Unkostenzuschlag außer Betracht.

(5) ¹Auf die in den Absätzen 1 und 2 vorgesehenen Zuschläge sind die §§ 23 bis 25, 27 und 28 des Heimarbeitsgesetzes, auf die in Absatz 1 dem Zwischenmeister gegenüber vorgesehenen Zuschläge außerdem § 21 Abs. 2 des Heimarbeitsgesetzes entsprechend anzuwenden. ²Auf die Ansprüche der fremden Hilfskräfte der in Absatz 1 unter Nummer 2 genannten Personen auf Entgeltfortzahlung im Krankheitsfall ist § 26 des Heimarbeitsgesetzes entsprechend anzuwenden.

I. Normzweck

Die Vorschrift dient der **wirtschaftlichen Sicherung** der im Bereich der Heimarbeit Beschäftigten 1 für den Krankheitsfall. Die Entgfortz an diesen Personenkreis nach den Maßstäben der §§ 4ff. scheitert an der Art der Arbeitserledigung in selbstbestimmter Arbeitszeit und an den schwankenden Bezügen. Deshalb ist wie im Urlaubsrecht eine den **Bedürfnissen des Heimarbeitsrechts angepaßte Sonderregelung** getroffen worden, wonach die Betroffenen einen Zuschlag zum Entgelt nach dem Heimarbeitsrecht erhalten. Im übrigen werden die in Heimarbeit versicherungspflichtigen Beschäftigten auf den sozialrechtlichen Krankengeldanspruch nach den Bestimmungen der §§ 44ff. SGB V verwiesen, § 5 I Nr. 1 SGB V iV mit § 12 I und II SGB IV (Kasseler Handbuch/*Vossen* 2. 2 Rn. 460). **Zuschlag und Krankengeld** zusammen sichern die Bedürfnisse des erkrankten Heimarbeiters. Allerdings besteht der Anspruch nach § 10 unabhängig davon, ob der in Heimarbeit Beschäftigte versichert ist oder nicht (*Brecht* Rn. 2 und *Fenski* Rn. 172 unter Hinweis auf die Entscheidung des BAG 21. 4. 1961 AP ArbKrankhG § 5 Nr. 1 mit Anm. *Trieschmann* = DB 1961, 883 zur Zuschlagsregelung im Arbeiterkrankheitsgesetz; *KDHK* Rn. 1).

Die Norm enthält neben ihrer Grundaussage eine Bestimmung zur **Überwachung der Zahlungs-** 2 **pflichten** (§ 10 III) sowie mit dem Verweis auf die anzuwendenden Vorschriften des Heimarbeitsgesetzes zum Entgeltschutz die Sicherung, daß die gesetzlichen Ansprüche auch durchgesetzt werden können. Ferner gestattet das Gesetz in begrenztem Maß (Rn. 18) anderweite Regelungen der Entgfortz infolge krankheitsbedingter AU in TV und damit eine Anpassung an die Entgfortz wie bei AN.

Die Bestimmung ist Nachfolger des § 8 LFZG. Sie beruht auf dem im Gesetzgebungsverfahren 3 hinsichtlich der Höhe der Zuschläge leicht veränderten Vorschlag der Regierungsfraktionen (BT-Drucks. 12/5263 und BT-Drucks. 12/5798).

II. Zuschlag zum Arbeitsentgelt nach Abs. 1

1. Anspruchsberechtigte. Die Regelungen des § 10 I finden Anwendung für **Heimarbeiter, Haus-** 4 **gewerbetreibende und ihnen gleichgestellte Personen**. Die Begriffe bestimmen sich nach den Legaldefinitionen des HAG. Diese gelten uneingeschränkt im Bereich des § 10. Wegen der Einzelheiten wird auf die Erläuterungen zu § 12 BUrlG Rn. 5 bis 13 verwiesen.

5   **2. Anspruchsverpflichtete.** Anspruchsgegner für den Zuschlag sind die **Auftraggeber oder die Zwischenmeister** (vgl. § 12 BUrlG Rn. 11). **Hausgewerbetreibende** können auch Auftraggeber sein, wenn sie ihrerseits Heimarbeiter einsetzen (Kasseler Handbuch/*Vossen* 2. 2 Rn. 466; *Schmitt* Rn. 33).

6   **3. Anspruchsinhalt.** Der Zuschlag zum Arbeitsentgelt der in Heimarbeit Beschäftigten ist selbst **Arbeitsentgelt** (Kasseler Handbuch/*Vossen* 2. 2 Rn. 467; *KDHK* Rn. 29; *Schmitt* Rn. 28); es ist dementsprechend zu behandeln. Es genießt den weiteren Schutz des Heimarbeitsrechts (Rn. 12 bis 15). Sozialversicherungsrechtlich handelt es sich allerdings bei dem Zuschlag nicht um Arbeitsentgelt. Er ist beitragsfrei, § 2 ArbeitsentgeltVO idF der Bek. vom 18. 12. 1984 (*Brecht* Rn. 2; Kasseler Handbuch/*Vossen* Rn. 467).

7   Der Anspruch entsteht und wird fällig **unabhängig** von einer **krankheitsbedingten AU** des Heimarbeiters (allgM: *Fenski* Rn. 172; *Schmitt* Rn. 29; *Otten* NZA 1995, 289, 293). Der Zuschuß ist nicht selbst Entgfortz, sondern zusätzlicher Betrag, der zur wirtschaftlichen Sicherung gedacht ist, dafür aber **nicht verwendet** werden muß. Deshalb ist er jeweils **mit dem fälligen laufenden Entgelt** auszuzahlen (Kasseler Handbuch/*Vossen* 2. 2 Rn. 468; *Schmitt* Rn. 28). Ob der Heimarbeiter ihn zur Befriedigung seiner laufenden Bedürfnisse verwendet oder als Sicherungsbetrag für Krankheitszeiten an- oder zurücklegt, bleibt ihm eigenverantwortlich überlassen (*KDHK* Rn. 1; kritisch zu dieser Konzeption des Gesetzgebers *Marienhagen/Künzl* Rn. 1 f und *WGKP* Rn. 2 f.). Eine Kontrolle findet nicht statt.

8   **4. Anspruchshöhe. a)** Die in Heimarbeit **Beschäftigten ohne fremde Hilfskräfte** erhalten einen Zuschlag in Höhe von 3,4% des nach heimarbeitsrechtlichen Bestimmungen oder Vereinbarungen zu zahlenden Arbeitsentgelts. Es handelt sich dabei um den „**Bruttobetrag**", weil die Berechnung des Zuschlags erfolgt, bevor die Steuern, der Beitrag zu BA und die Sozialversicherungsbeiträge abgezogen werden. Allerdings wird der Bruttobetrag bereinigt um die Unkostenzuschläge (Beträge des Auftraggebers für Energie, Anschaffung und Reparatur eigener Werkzeuge, Anschaffung von Roh- und Hilfsstoffen u. ä.) sowie die Leistungen nach § 11 II, das Urlaubsentgelt nach § 12 BUrlG und den Betrag nach dieser Vorschrift.

9   **b) Hausgewerbetreibende** und die ihnen **Gleichgestellten** mit nicht mehr als zwei fremden Hilfskräften iS des § 2 VI HAG erhalten nach derselben Berechnungsmethode wie bei Heimarbeitern (Rn. 8) einen Zuschuß von 6,4%. Der höhere Betrag rechtfertigt sich, weil er zugleich zur wirtschaftlichen Sicherung der von ihnen Beschäftigten dient.

III. Zuschläge nach Abs. 2

10   Die den in Heimarbeit Beschäftigten gleichgestellten **Zwischenmeister** erhalten keine Zuschläge. Sie sind keine arbeitnehmerähnlichen Personen, sondern Unternehmer, nur wegen ihrer Schutzbedürftigkeit den Heimarbeitern oder Hausgewerbetreibenden gleichgestellt, § 2 III HAG iV mit § 1 II d HAG. Da sie aber ihrerseits Heimarbeiter, Hausgewerbetreibende oder die ihnen Gleichgestellten beschäftigen können und dann den Ansprüchen dieses Personenkreises ausgesetzt sind, § 10 I 1, schulden ihnen die Auftraggeber die Zuschläge, die sie an ihre Beschäftigten weiterzugeben haben. Es handelt sich um einen eigenen Anspruch der gleichgestellten Zwischenmeister, nicht um einen Anspruch der bei ihm Beschäftigten, den nur sie geltend zu machen haben. Entsprechend ist im Streitfall die Zahlung an sie, nicht an die von ihnen Beschäftigten durchzusetzen, wobei auch insoweit die Prozeßstandschaft des jeweiligen Landes nach § 25 HAG in Betracht kommt (Rn. 13).

11   Die **nicht gleichgestellten Zwischenmeister** haben überhaupt keinen Anspruch gegen ihre Auftraggeber. Sie tragen das unternehmerische Risiko, das Arbeitsentgelt und die Zuschläge aus dem eigenen Umsatz zahlen zu müssen.

IV. Die Sicherung der Zuschläge

12   **1. Eintragung in den Entgeltbeleg.** Die Auftraggeber und die Zwischenmeister haben die geleisteten Zuschläge in die Entgeltbelege nach § 9 HAG einzutragen, § 10 III (Einzelheiten in der Ersten **DVO zum HAG** vom 27. 1. 1976 [BGBl. I S. 221]). Die Bestimmung dient ferner der Überwachung der Zahlungsverpflichtungen durch den Betroffenen, aber auch der Überwachung durch die Entgeltprüfer in den Landesbehörden (Rn. 13). Sie erleichtert der **Beweisführung** über die ordnungsgemäße Zahlung der Zuschläge. Mit den Eintragungen kann der Auftraggeber oder der Zwischenmeister nachweisen, daß er Entgelte berechnet und ausgezahlt hat (Kasseler Handbuch/*Vossen* 2. 2 Rn. 470; *Schmitt* Rn. 38 ff.). Behaupten sie eine höhere Leistung, so kann zwar versucht werden, den Beweis mit anderen Mitteln zu führen (BAG 21. 1. 1965 HAG § 1 Nr. 1 = DB 1965, 598). Regelmäßig wird aber in die Beweiswürdigung einfließen, daß sich der Verpflichtete zuvor pflichtwidrig verhalten hat (BAG 13. 3. 1963 AP HAG § 20 Nr. 1 = DB 1963, 1222).

2. Die Geltung des Siebten und Achten Abschnitts des HAG. a) Durch die Anordnung der 13 entsprechenden Anwendung der §§ 23 bis 25, 27 und 28 HAG unterliegt der Zuschlag nach § 10 I und II derselben Obhut des jeweiligen Bundeslandes wie die regulären Entgelte und das Urlaubsentgelt der in Heimarbeit Beschäftigten (*KDHK* Rn. 43 ff.). Sie wird durchgeführt durch die **Prüfung** nach § 23 HAG, die **Aufforderung zur Nachzahlung** bei nicht ausreichender Erfüllung der Entgeltvorschriften durch die Auftraggeber nach § 24 HAG und durch die Einreichung einer **Klage** des Landes im eigenen Namen nach § 25 HAG. Außerdem unterliegt der Zuschlag dem **Pfändungsschutz** wie das reguläre Entgelt. Alle Beteiligten unterliegen der umfassenden **Auskunfts- und Aufklärungspflicht** des § 28 HAG.

b) Bei der Beteiligung eines **Zwischenmeisters** besteht die Gefahr, daß dieser die vom Auftraggeber 14 geleisteten Beträge nicht an die Heimarbeiter weitergibt. Wenn der Auftraggeber weiß oder wissen mußte, daß der Zwischenmeister unzuverlässig ist, weil er sich in der Vergangenheit so erwiesen hat oder weil er sich in bekannten wirtschaftlichen Schwierigkeiten befindet, so **haftet der Auftraggeber** neben dem Zwischenmeister als Gesamtschuldner auf den Zuschlag nach § 10 I, § 21 II, 2. Satzhälfte HAG. Dasselbe gilt, wenn der Auftraggeber nicht ausreichende Entgelte an den Zwischenmeister zahlt und weiß oder wissen mußte, daß die Beträge nach den bekannten Entgeltregelungen, der Anzahl der Beschäftigten und deren Arbeitsleistung nicht ausreicht, § 21 II, 1. Satzhälfte HAG.

c) Die **fremden Hilfskräfte** kommen auch hinsichtlich des Zuschlags nach § 10 I in den Genuß der 15 Schutzvorschrift des § 26 HAG, auf den § 10 V 2 verweist.

V. Tarifverträge

Das Gesetz enthält eine **Tariföffnungsklausel** für einen **Teilbereich**. Insoweit sind die Vorschriften 16 nicht zwingend, sondern tarifdispositiv. BV oder einzelvertragliche Abweichungen sind dagegen nicht gestattet (*Schmitt* Rn. 43). Die denkbaren TV, wobei nach zutreffender hM (Kasseler Handbuch/ *Vossen* 2. 2 Rn. 473; *Schmitt* Rn. 43) die gegenüber dem TVG **erweiterte Definition** des § 17 I HAG zugrunde zu legen ist (§ 12 BUrlG Rn. 36), haben folgendes zu beachten:

1. Personenkreis. TV können nicht für alle in Heimarbeit beschäftigten Bestimmungen zur wirt- 17 schaftlichen Sicherung Regelungen enthalten, sondern nach dem eindeutigen Wortlaut des § 10 IV 1 **nur für die Heimarbeiter** nach § 1 I a, § 2 I HAG. Für die Geltung der Tarifnormen gelten dann die Regeln des Tarifvertragsrechts zB über die Tarifbindung (*Schmitt* Rn. 45). So gelten die Tarifbestimmungen, wenn die Parteien des Heimarbeitsrechtsverhältnisses Mitglied einer vertragschließenden Tarifvertragspartei sind bzw. selbst Tarifvertragspartei sind und bei Allgemeinverbindlicherklärung. Entgegen der hM können TV auch einzelvertraglich in Bezug genommen werden. § 12 steht nicht entgegen (wie hier GK-EFZR/*Steckhan* § 8 LFZG Rn. 44; aA Kasseler Handbuch/*Vossen* 2. 2 Rn. 474; *KDHK* Rn. 41 und *Schmitt* Rn. 45).

2. Inhalt. Die Tarifdispositivität bezieht sich lediglich auf **die Art der Entgfortz**. Statt eines 18 Zuschusses kann die Leistung einer Entgfortz nach den §§ 3 ff. versprochen werden, wobei der Unkostenzuschlag (Rn. 8) stets unberücksichtigt bleiben muß, weil es sich dabei um dem Aufwendungsersatz vergleichbare Leistungen des Auftraggebers handelt (*Brecht* Rn. 14). **Andere Bereiche** des Gesetzes können ohnehin **nicht tariflich** geregelt werden (*Schmitt* 44). So kann zB der Ausschluß der Entgfortz bei Verschulden des Heimarbeiters oder eine Begrenzung des Anspruchs auf 6 Wochen nicht geregelt werden. Denn mit der Berechnungsumstellung darf keine Verschlechterung der Heimarbeiter gegenüber dem heimarbeitsrechtlichen Anspruch nach § 10 I verbunden sein. Dieser ist aber nicht an die weiteren Voraussetzungen des EFZG geknüpft.

§ 11 Feiertagsbezahlung der in Heimarbeit Beschäftigten

(1) ¹Die in Heimarbeit Beschäftigten (§ 1 Abs. 1 des Heimarbeitsgesetzes) haben gegen den Auftraggeber oder Zwischenmeister Anspruch auf Feiertagsbezahlung nach Maßgabe der Absätze 2 bis 5. ²Den gleichen Anspruch haben die in § 1 Abs. 2 Buchstabe a bis d des Heimarbeitsgesetzes bezeichneten Personen, wenn sie hinsichtlich der Feiertagsbezahlung gleichgestellt werden, die Vorschriften des § 1 Abs. 3 Satz 3 und Abs. 4 und 5 des Heimarbeitsgesetzes finden Anwendung. ³Eine Gleichstellung, die sich auf die Entgeltregelung erstreckt, gilt auch für die Feiertagsbezahlung, wenn diese nicht ausdrücklich von der Gleichstellung ausgenommen ist.

(2) ¹Das Feiertagsgeld beträgt für jeden Feiertag im Sinne des § 2 Abs. 1 0,72 vom Hundert des in einem Zeitraum von sechs Monaten ausgezahlten reinen Arbeitsentgelts ohne Unkostenzuschläge. ²Bei der Berechnung des Feiertagsgeldes ist für die Feiertage, die in den Zeitraum vom 1. Mai bis 31. Oktober fallen, der vorhergehende Zeitraum vom 1. November bis 30. April und für die Feiertage, die in den Zeitraum vom 1. November bis 30. April fallen, der vorhergehende Zeitraum vom 1. Mai bis 31. Oktober zugrunde zu legen. ³Der Anspruch auf Feiertagsgeld ist

unabhängig davon, ob im laufenden Halbjahreszeitraum noch eine Beschäftigung in Heimarbeit für den Auftraggeber stattfindet.

(3) ¹Das Feiertagsgeld ist jeweils bei der Entgeltzahlung vor dem Feiertag zu zahlen. ²Ist die Beschäftigung vor dem Feiertag unterbrochen worden, so ist das Feiertagsgeld spätestens drei Tage vor dem Feiertag auszuzahlen. ³Besteht bei der Einstellung der Ausgabe von Heimarbeit zwischen den Beteiligten Einvernehmen, das Heimarbeitsverhältnis nicht wieder fortzusetzen, so ist dem Berechtigten bei der letzten Entgeltzahlung das Feiertagsgeld für die noch übrigen Feiertage des laufenden sowie für die Feiertage des folgenden Halbjahreszeitraumes zu zahlen. ⁴Das Feiertagsgeld ist jeweils bei der Auszahlung in die Entgeltbelege (§ 9 des Heimarbeitsgesetzes) einzutragen.

(4) ¹Übersteigt das Feiertagsgeld, das der nach Absatz 1 anspruchsberechtigte Hausgewerbetreibende oder im Lohnauftrag arbeitende Gewerbetreibende (Anspruchsberechtigte) für einen Feiertag auf Grund des § 2 seinen fremden Hilfskräften (§ 2 Abs. 6 des Heimarbeitsgesetzes) gezahlt hat, den Betrag, den er auf Grund der Absätze 2 und 3 für diesen Feiertag erhalten hat, so haben ihm auf Verlangen seine Auftraggeber oder Zwischenmeister den Mehrbetrag anteilig zu erstatten. ²Ist der Anspruchsberechtigte gleichzeitig Zwischenmeister, so bleibt hierbei das für die Heimarbeiter oder Hausgewerbetreibenden empfangene und weiter gezahlte Feiertagsgeld außer Ansatz. ³Nimmt ein Anspruchsberechtigter eine Erstattung nach Satz 1 in Anspruch, so können ihm bei Einstellung der Ausgabe von Heimarbeit die erstatteten Beträge auf das Feiertagsgeld angerechnet werden, das ihm auf Grund des Absatzes 2 und des Absatzes 3 Satz 3 für die dann noch übrigen Feiertage des laufenden sowie für die Feiertage des folgenden Halbjahreszeitraumes zu zahlen ist.

(5) Das Feiertagsgeld gilt als Entgelt im Sinne der Vorschriften des Heimarbeitsgesetzes über Mithaftung des Auftraggebers (§ 21 Abs. 2), über Entgeltschutz (§§ 23 bis 27) und über Auskunftspflicht über Entgelte (§ 28); hierbei finden die §§ 24 bis 26 des Heimarbeitsgesetzes Anwendung, wenn ein Feiertagsgeld gezahlt ist, das niedriger ist als das in diesem Gesetz festgesetzte.

I. Normzweck

1 Die in Heimarbeit Beschäftigten erhalten nicht nur keine Entgfortz wie AN, sondern auch keine Feiertagslohnzahlung nach § 2. Zum Ausgleich erhalten sie ein **pauschaliertes Feiertagsgeld**, wozu der Gesetzgeber in gleicher Weise wie in § 10 eine den Bedürfnissen der Heimarbeit angepaßte Vorschrift erlassen hat. Sie ist wegen der Vielfalt der zu regelnden Tatbestände unübersichtlich und für ihre Bedeutung zu umfangreich. Das Gesetz beschreibt in seinem Absatz 1 den **Kreis der Berechtigten und Verpflichteten**; § 11 II behandelt den Anspruch auf Feiertagsgeld und seine **Berechnung**, ergänzt um die Bestimmung über die **Leistungsmodalitäten** in § 11 III. Es folgt ein Absatz mit **Sonderregelungen** für Hausgewerbetreibende oder im Lohnauftrag arbeitende Gewerbetreibende. Im letzten Absatz findet sich schließlich die aus § 10 und § 12 BUrlG bekannte Vorschrift über die **Anwendung** der heimarbeitsrechtlichen Schutzvorschriften auf das besondere Entgelt des Feiertagsgeldes.

2 **Vorläufer** der Bestimmung war § 2 FeiertagslohnzahlungsG, der nach den Vorstellungen der Regierungsfraktionen unverändert bleiben sollte. Die Bestimmung ist aber ebenso wie § 2 im Laufe des **Gesetzgebungsverfahrens** in das Gesetz aufgenommen worden, als von der Karenztagelösung als Ausgleich für die Pflegeversicherung abgesehen und statt dessen die Feiertagslösung bevorzugt wurde.

II. Anspruchsberechtigte und Anspruchsverpflichtete

3 **1. Anspruchsberechtigte.** Zum anspruchsberechtigten Personenkreis gehören die in § 1 I HAG genannten Personen. Das sind die **Heimarbeiter** und die **Hausgewerbetreibenden** (zu den Definitionen vgl. § 12 BUrlG Rn. 5 bis 13). Feiertagsgeld haben auch die in § 1 II a bis d HAG genannten Personen (**Heimarbeiterähnliche Personen, Hausgewerbetreibende mit mehr als 2 Hilfskräften, im Lohnauftrag tätige Gewerbetreibende** und **Zwischenmeister** [Definitionen § 12 BUrlG Rn. 5 bis 13]) zu bekommen, sofern sie in dem nach § 1 IV und V HAG durchgeführten Gleichstellungsverfahren auch **hinsichtlich der Feiertagsbezahlung gleichgestellt** worden sind. Davon ist nicht nur auszugehen, wenn die Gleichstellung insoweit ausdrücklich ausgesprochen worden ist. Eine sich allgemein auf die Entgeltregelung erstreckende Gleichstellung umfaßt auch die Gleichstellung in der Feiertagsbezahlung, sofern sie nicht ausdrücklich ausgenommen ist, § 1 I 3. Das ist rechtlich möglich. Die Gleichstellung hinsichtlich der Feiertagsbezahlung darf nämlich für bestimmte Personengruppen oder Gewerbezweige oder Beschäftigungsarten allgemein oder räumlich begrenzt werden. Sogar bestimmte Personen dürfen gleichgestellt und damit alle anderen Personen dieses Bereichs ausgeklammert werden, § 1 I 2 iV mit § 1 III 3 HAG.

4 Es ist zu beachten, daß mit der Vorschrift des § 11 I 2 anders als in § 10 auch die **gleichgestellten Zwischenmeister** in den Genuß einer Feiertagsvergütung kommen.

2. Anspruchsverpflichtete. Schuldner des Feiertagsgeldes sind die **Auftraggeber** und die **Zwischenmeister**, sofern für sie in Heimarbeit Beschäftigte tätig sind. Sind die Zwischenmeister auch hinsichtlich der Entgeltregelung den Heimarbeitern gleichgestellt, so haben sie einen Anspruch nach § 11 gegen ihren Auftraggeber, sind aber zugleich den bei ihnen Beschäftigten zur Zahlung verpflichtet. Es handelt sich hierbei nicht um einen „Durchlaufbetrag" wie bei § 10, sondern um einen eigenständigen Anspruch und eine eigenständige Verpflichtung des Zwischenmeisters.

III. Inhalt und Umfang des Anspruchs

1. Anspruchsvoraussetzungen. Die anspruchsberechtigten, in Heimarbeit Beschäftigten können für den Feiertag das gesetzliche Feiertagsgeld verlangen, an dem die **Arbeit allein** wegen des an diesem Tag bestehenden Arbeitsverbots **ausfällt**. Zwar ist diese Kausalitätsvoraussetzung dem Gesetz unmittelbar nicht zu entnehmen; das Adjektiv „jeder" scheint zu suggerieren, daß es darauf anders als nach § 2 nicht ankommt. Der Wortlaut ist aber unvollständig und muß durch eine **systematische Auslegung** ergänzt und **teleologisch reduziert** werden. Der Gesetzgeber hat dem Heimarbeiter **keineswegs einen Anspruch unabhängig vom Arbeitsausfall** durch den Feiertag gewähren wollen, wie der Vergleich mit § 2 sowie mit § 10 und der ausdrückliche Hinweis auf den Feiertag im Sinne des § 2 I zeigt. Der inhaftierte Heimarbeiter, der tatsächlich seine Arbeiten für den Auftraggeber nicht ausführen kann, soll ebensowenig Feiertagsgeld erhalten, wie derjenige, der aus Rechtsgründen (zB an einem Sonntag, § 9 I ArbZG) nicht arbeiten darf. Allerdings folgt daraus zugleich, daß der Anspruch entsteht, wenn der Heimarbeiter an dem Sonntag berechtigterweise gearbeitet hätte und nur durch die gebotene Feiertagsruhe daran gehindert wird. Mit diesem Verständnis des Begriffs „jeder Feiertag" erübrigt sich der Streit, ob § 11 II lediglich eine Norm zur Höhe ist und wegen der Anspruchsvoraussetzungen auf § 2 zurückzugreifen ist, oder ob § 11 II eine abschließende Norm ist (BAG 26. 7. 1979 AP FeiertagslohnzahlungsG § 1 Nr. 34 mit Anm. *Bernert* = DB 1979, 2500; vgl. die Darstellung der Meinungen im Schrifttum bei *Schmitt* Rn. 29 bis 33).

2. Anspruchsumfang. Das Feiertagsgeld beträgt für alle Anspruchsberechtigten gleichermaßen 0,72% vom durchschnittlichen Arbeitsentgelt ohne Unkostenzuschläge (§ 10 Rn. 8) in einem wechselnden Halbjahreszeitraum. Maßgebend ist wie bei der Berechnung nach § 10 der „**Bruttobetrag**" (§ 10 Rn. 8), auch wenn sich das Gesetz in dieser Vorschrift darüber nicht so konkret verhält wie in § 10 I 2 (*Schmitt* Rn. 35). Der Begriff des „ausgezahlten reinen Arbeitsentgelts" ist nicht als Nettobetrag nach Abzug von Steuern und Sozialversicherungsbeträgen zu verstehen.

Das Gesetz beschreibt **zwei unterschiedliche Halbjahreszeiträume**, deren Heranziehung sich nach der Fälligkeit der Feiertagsgeldleistung im Hinblick auf den 1. Mai, Himmelfahrt, Pfingsten, Fronleichnam, Mariä Himmelfahrt, den Tag der Deutschen Einheit und den Reformationstag ist der Verdienst der vorangegangenen Monate November bis April als Ausgangswert zu errechnen. Für die weiteren Wochenfeiertage des jeweiligen Bundeslandes ist eine Summe aus dem Verdienst in den Monaten Mai bis November zu bilden, um die geschuldete Feiertagssumme zu errechnen. Diese gesetzliche Anordnung bewirkt eine zweimalige Berechnung des AG, nicht etwa eine Berechnung vor jedem Feiertag. Sie hat für den Heimarbeiter den Vorteil, daß durch das Zugrundelegen eines langen Zeitraums Schwankungen im Verdienst nicht durchschlagen und somit der Sonderbetrag kalkulierbar bleibt.

Die gesetzliche Regelung ist zugeschnitten auf das **laufende Beschäftigungsverhältnis** zwischen Heimarbeiter und Auftraggeber oder Zwischenmeister. Lediglich § 11 II 3 ordnet an, daß das Feiertagsgeld auch in dem Halbjahr zu zahlen ist, in dem keine Beschäftigung in Heimarbeit mehr stattfindet. Daraus ist zu schließen, daß der Heimarbeiter in der Zeit eines Halbjahrs, in der er keine Vorverdienste als Bezugsgröße aufzuweisen hat, noch kein Feiertagsgeld bekommt. Durch den besonderen Berechnungsmodus des § 11 II findet die Bezahlung nicht parallel zum Bestand des Beschäftigungsverhältnisses, sondern um ein halbes Jahr verschoben statt (*Schmitt* Rn. 39).

IV. Fälligkeit

1. Regelfall. Das Feiertagsgeld ist im laufenden Beschäftigungsverhältnis vom Auftraggeber oder Zwischenmeister mit der letzten Entgeltzahlung **vor dem Feiertag** zu begleichen, § 11 III 1.

2. Unterbrechung der Beschäftigung. Nur für den Fall, daß in dem für die Entgeltzahlung vor dem Feiertag maßgeblichen Zeitraum keine Heimarbeiten ausgeführt worden sind, das Heimarbeitsverhältnis aber nicht beendet worden ist oder beendet werden soll, kommt die Regelung des § 11 III 2 zur Anwendung. Der Verpflichtete muß spätestens drei Tage vor dem Feiertag den Feiertagsgeldbetrag entrichten.

3. Beendigung. Besteht bei der Abgabe einer Produktion aus Heimarbeit zwischen den Partnern des Heimarbeitsverhältnisses Einvernehmen, daß die Vergabe von Aufträgen nicht nur unterbrochen werden, sondern beendet werden soll, so ist dem berechtigten bei der letzten Entgeltzahlung auch das gesamte **noch offene Feiertagsgeld** zu zahlen. Das sind die Beträge für die Feiertage des **laufenden Halbjahrs** und des **nachfolgenden Halbjahrs**, § 11 III 3.

13 Dasselbe gilt, wenn sich die Parteien des Heimarbeitsverhältnisses bei Abgabe eines Werkes einig sind, daß nur eine Unterbrechung folgt, danach aber Einvernehmen erzielt wird, daß **zukünftig keine Aufträge** mehr vergeben werden. Zunächst kommt nur § 11 III 2 zur Anwendung; bei Herstellung des nachfolgenden Einvernehmens werden nun die in § 11 III 3 genannten Beträge fällig (*Schmitt* Rn. 45).

V. Eintragungspflicht

14 Wie stets im Heimarbeitsrecht sind alle Leistungen der Auftraggeber und Zwischenmeister, also auch die Feiertagsgeldbeträge in den **Entgeltbelegen** nach § 9 HAG zu dokumentieren. Das hat bei der Auszahlung zu geschehen, § 11 III 4 (siehe auch § 10 Rn. 12).

VI. Sonderregelungen nach Absatz 4

15 Hausgewerbetreibende und im Lohnauftrag arbeitende Gewerbetreibende sind einerseits Anspruchsberechtigte nach § 11 I; sie sind aber gegenüber ihren fremden Hilfskräften auch anspruchsverpflichtet. Die zu fordernden und die zu leistenden Beträge müssen nicht identisch sein. In diesem Fall greift § 11 IV ein. Hat der Hausgewerbetreibende oder Gewerbetreibende ein Defizit, so hat er einen **Ausgleichsanspruch** nach § 11 IV 1. Ist er zugleich Zwischenmeister, so gilt die besondere, einschränkende Berechnungsbestimmung des § 11 IV 2.

16 Der **Vermeidung von Doppelansprüchen** des berechtigten Personenkreises dient § 11 IV 3. Er findet bei der Einstellung der Ausgabe von Heimarbeit Anwendung. Die dann noch ausstehenden Ansprüche auf Feiertagsgeld für die restlichen Feiertage des laufenden Halbjahrs und des nachfolgenden Halbjahrs nach § 11 II und III (Rn. 9) können mit ggf. bestehende Erstattungsansprüchen nach § 11 IV 1 verrechnet werden.

VIII. Anwendbare Vorschriften

17 Das Feiertagsgeld nach § 11 genießt **denselben Schutz** wie andere Entgelte im Heimarbeitsrecht. Wegen der Einzelheiten wird auf § 10 Rn. 12 bis 15.

§ 12 Unabdingbarkeit

Abgesehen von § 4 Abs. 4 kann von den Vorschriften dieses Gesetzes nicht zuungunsten des Arbeitnehmers oder der nach § 10 berechtigten Personen abgewichen werden.

I. Normzweck

1 Das Abweichungsverbot des § 12 sichert den gesetzlichen Mindeststandard auf dem Gebiet der Entgfortz im Krankheitsfall und an Feiertagen. Es eröffnet den anderen arbeitsrechtlichen Rechtsquellen des Arbeitsrechts wie **TV, BV und vertraglicher Vereinbarung** mit einer Ausnahme nur die Möglichkeit einer für den AN günstigeren Regelung.

2 Einen **Vorläufer** hatte die Vorschrift in § 9 LFZG für die Lohnfortzahlung im Krankheitsfall der Arbeiter in den alten Bundesländern. Im Recht der DDR und im Recht der Angestellten des alten Bundesgebiets fanden sich keine oder nur rudimentäre Bestimmungen zu den Abweichungsmöglichkeiten (Einzelheiten bei *Schmitt* Rn. 3 f.). Die damit verbundenen Ungleichbehandlungen sind nunmehr beseitigt. Das Feiertagslohnzahlungsrecht kannte eine vergleichbare Bestimmung nicht; durch die Einbeziehung dieses Rechts in das EFZG gilt nun kraft gesetzlicher Bestimmung auch für dieses Rechtsgebiet die Unabdingbarkeitsregelung (*KDHK* Rn. 3 und 8).

3 Die Vorschrift beruht auf dem Text des Gesetzesentwurfs der Regierungsfraktionen (BT-Drucks. 13/4612); sie ist seither nicht verändert worden.

II. Umfang des Verbots

4 Das Verbot des § 12 wirkt in **drei Richtungen.** Es wendet sich an alle Beteiligten des Arbeitslebens, die in der Lage sind, abweichende Regelungen zu schaffen. Es benennt den Gegenstand, den es sichern will, nämlich die Vorschriften dieses G mit Ausnahme der in § 4 IV geregelten Bemessungsgrundlage für die Entgfortz im Krankheitsfall. Schließlich schränkt sie das Verbot nur auf die den AN ungünstigeren Regelungen ein.

5 **1. Abweichungen von diesem Gesetz.** Von § 12 bleiben die Möglichkeiten unberührt, von Entgeltfortzahlungsbestimmungen in anderen G abzuweichen (*Gola* Anm. 2.1). Das gilt namentlich für die Regelung in § 616 BGB (§ 616 BGB Rn. 19). Geschützt sind nur die Ansprüche der AN iS des G und der in Heimarbeit Beschäftigten auf Entgfortz im Krankheitsfall und an Feiertagen. Lediglich tarifvertragliche Vorschriften über die Bemessungsgrundlage nach § 4 IV sind von dem Verbot nicht betroffen. Zum Umfang der Abweichungsmöglichkeiten vgl. § 4 Rn. 56 bis 60.

II. Umfang des Verbots § 12 EFZG 280

Keine Abweichung iS des G ist das Verlangen des Arbeitgebers nach § 5 I 3 zum vorzeitigen 6 Nachweis. Es handelt sich um den Vollzug einer gesetzlich vorgesehen Möglichkeit, anders als im Regelfall des § 5 I 2 zu verfahren. Deshalb kann vertraglich wie normativ bestimmt werden, ob und unter welchen Voraussetzungen der AN verpflichtet ist, nach § 5 I 3 AUB vorlegen zu müssen (BAG 25. 1. 2000 AP BetrVG 1972 § 87 Ordnung des Betriebes Nr. 3 und 1. 10. 1997 AP EntgeltFG § 5 Nr. 4).

Tarifliche Normen über den **Verfall von Forderungen (Ausschlußfristen)** sind nicht als Abweichungen iS des § 12 anzusehen. Die Bestimmungen betreffen nicht die Vorschriften dieses G, sondern allgemein alle Ansprüche aus dem Arbeitsverhältnis (iE ebenso Kasseler Handbuch/*Vossen* 2. 2. Rn. 403). Von einer gegen die Vorschriften dieses G verstoßenden Abweichung könnte nur ausgegangen werden, wenn TVParteien eine Bestimmung allein zur Begrenzung der Entgeltfortzahlungsforderungen schaffen würden.

2. Art der Abweichung. a) Das Verbot des § 12 betrifft nicht nur die von **TVParteien** und **Betriebspartnern** gesetzten **Normen,** sondern auch und gerade die vertraglichen **Vereinbarungen** einzelner **Vertragsparteien.** Die Gefahr einer Gesetzesverletzung ist in diesem Bereich besonders groß. Außerdem haben sich die **Heimarbeitsausschüsse** bei der Verabschiedung der bindenden Festsetzungen nach § 19 HAG an die gesetzlichen Mindestvorgaben zu halten.

b) Zu den abweichenden Vereinbarungen der Vertragsparteien gehören auch der **Erlaßvertrag** nach 9 § 397 I BGB und das **negative Schuldanerkenntnis** nach § 397 II BGB, die regelmäßig Inhalt eines Vergleichs nach § 779 BGB oder Bestandteil einer **Ausgleichsquittung** sind; sie werden regelmäßig mit dem Begriff des **Verzichts** umschrieben. Grundsätzlich gehören diese Vereinbarungsvarianten zu den vom G verbotenen Reaktionen. Das Schrifttum und die Rechtsprechung des BAG sehen in einem umfassenden Verbot einen Wertungswiderspruch zu ansonsten bestehenden freien Verfügungsmöglichkeiten des AN und differenzieren daher folgendermaßen:

aa) Der Anspruch auf Entgfortz nach diesem G kann nicht **im voraus** ausgeschlossen oder 10 beschränkt werden (BAG 20. 8. 1980 AP LohnFG § 6 Nr. 11 mit Anm. *Trieschmann* = DB 1981, 111 mwN). Das verbietet der Schutzzweck des § 12, der Sorgen des AN beim Arbeitsausfall in bestimmten Fällen verhindern will, und deshalb die Ansprüche gegen Verschlechterung schützt. Das gilt im bestehenden Arbeitsverhältnis ebenso wie im Zusammenhang mit der Beendigung des Arbeitsverhältnisses. So ist ein Erlaßvertrag wegen der nach § 8 fortdauernden Ansprüche auf Entgeltfortzahlung im Zusammenhang mit einem **Vergleich** über eine aus Anlaß der AU ausgesprochene **Kündigung** grundsätzlich nicht wirksam (BAG 20. 8. 1980 aaO; *KDHK* Rn. 19). Allerdings können die Arbeitsvertragsparteien alle zukünftigen Ansprüche nach diesem G fällig stellen und damit eine andere tatsächliche Ausgangslage schaffen. Nunmehr wird nicht über künftige Ansprüche im voraus, sondern über bestehende Ansprüche verfügt. Dafür gelten andere Regeln (Rn. 11).

bb) Sind die Ansprüche nach diesem G bereits **entstanden und fällig,** so soll ein Erlaßvertrag bei 11 oder nach Beendigung des Arbeitsverhältnisses statthaft sein, während bei der Fortsetzung des Arbeitsverhältnisses der AN auf die Erfüllung seiner Ansprüche nicht soll verzichten können (BAG 20. 8. 1980 AP LohnFG § 6 Nr. 11 mit abl. Anm. *Trieschmann* = DB 1981, 111 mwN und AP LohnFG § 6 Nr. 12 mit zustimmender Anm. *Herschel*).

cc) Die von der **Rechtsprechung** entwickelten Differenzierungen sind **nicht einsichtig** (ebenso 12 *Trieschmann* Rn. 11; kritisch auch *Worzalla/Süllwald* Rn. 7 f.). Sie mißachten den Wortlaut des G und führen in der Praxis zu unnützer Verwirrung. Vielmehr verbietet das G zu jeder Zeit Abweichungen in Form von Vereinbarungen, unabhängig davon, ob es sich um entstandene oder künftig entstehende, fällige oder später fällig werdende Entgeltfortzahlungsansprüche handelt. Unbeachtlich ist auch, ob das Arbeitsverhältnis fortbesteht oder gerade beendet wird. **In allen Variationen erlischt** der Anspruch wegen Verstoßes gegen ein gesetzliches Verbot **nicht.** Dagegen kann nicht eingewandt werden, beim Entgeltfortzahlungsanspruch handele es sich inhaltlich um den Entgeltanspruch, über den der AN jederzeit verfügen könne. Denn es ist dem Gesetzgeber wegen der besonderen Bedeutung von Entgfortz im Krankheitsfall und an Feiertagen nicht verwehrt, diese besondere gesetzlich geregelte Leistung auch besonders abzusichern. Ebensowenig überzeugt der Hinweis, der AN könne jederzeit auf die Geltendmachung seiner durch Verstreichen von Verfall- und Verjährungsfristen verzichten. Gegen die freie Verfügung des AN über seine Ansprüche durch Nichtstun hat der Gesetzgeber bewußt keine Vorsorge getroffen, weil insoweit kein Handlungsbedarf bestand; er hat ihn nur vor dem positiven Tun in Form einer Vereinbarung geschützt, wohl wissend, daß sich hinter der die Freiheit der Entscheidung suggerierenden Absprache eher Druck der Gegenseite verbergen kann als bei einem einfachen Verstreichenlassen von Zeit.

Bei dieser Interpretation des § 12 ist auch ohne Schwierigkeiten zu erklären, daß die Ansprüche der 13 in **Heimarbeit** Beschäftigten unabhängig vom Bestand des Heimarbeitsverhältnisses und von der Entstehung und Fälligkeit der Zuschläge unverzichtbar sein sollen. Anderenfalls kann nicht erklärt werden, warum der Heimarbeiter nicht ebenso wie der AN jedenfalls über vergangene Ansprüche im Zusammenhang mit einer abschließenden Vergleichsregelung verfügen darf.

Dörner

14   c) **Unberührt** von § 12 bleibt der wegen der Beteiligung des Krankenversicherungsträgers im Entgeltfortzahlungsrecht seltene sog. **Tatsachenvergleich,** weil dadurch nicht von den Vorschriften des G abgewichen wird (*KDHK* Rn. 25). Streiten sich die Parteien zB über das die Entgfortz ausschließende Verschulden des AN und erledigen sie ihren Streit dadurch, daß von einem Verschulden des AN ausgegangen wird, der Arbeitgeber aber eine Ausgleichssumme zahlt, so ist § 12 nicht verletzt.

15   **3. Günstigkeitsvergleich.** Jede Art von abweichender Vereinbarung ist statthaft, wenn sie für den AN nicht ungünstiger ist. Bevor ein Verstoß gegen § 12 durch eine abweichende Regelung festgestellt werden kann, muß deshalb ein Günstigkeitsvergleich vorgenommen werden. Dieser unterliegt ähnlichen Schwierigkeiten wie der Günstigkeitsvergleich nach dem TVG (§ 4 TVG Rn. 15 ff.). Nach zutreffender einhelliger Meinung im Schrifttum (Kasseler Handbuch/*Vossen* 2. 2. Rn. 407; *Schmitt* Rn. 25) ist nur die **jeweilige Abweichung von der gesetzlichen Anordnung** zu untersuchen und zu vergleichen; Vergünstigungen in einem anderen Bereich der Entgfortz sind nicht einzubeziehen. Eine Kompensation der ungünstigeren Abweichung mit einer günstigeren Abweichung findet nicht statt. So kann zB die vertragliche oder normativ wirkende Einführung von Karenztagen nicht mit der Verlängerung des Entgeltfortzahlungszeitraums verglichen und als insgesamt günstigere Regelung bewertet werden.

16   Als ungünstigere Abweichungen iS des G sind zB anzusehen
   – die Verpflichtung zur Hergabe einer weiteren AUB (offen gelassen in BAG 4. 10 1978 AP LohnFG § 3 Nr. 3 = NJW 1979, 1264),
   – die Verpflichtung zum Aufsuchen eines bestimmten Arztes (*Schmitt* Rn. 26),
   – längere Wartezeit als Anspruchsvoraussetzung,
   – von §§ 2 und 11 abweichende Fälligkeitszeitpunkte,
   – die Umwandlung der vorübergehenden Leistungsverweigerungsrechte in dauerhafte Leistungsverweigerungsrechte zB nach Ablauf einer bestimmten Frist.

III. Rechtsfolgen eines Verstoßes

17   1. Verstoßen **vertragliche Abweichungen** gegen das Unabdingbarkeitsgebot des § 12, so sind nur die entsprechenden Vereinbarungen nichtig, nicht auch andere abweichende, günstigere Regelungen der Arbeitsvertragsparteien. § 139 BGB ist mit der arbeitsrechtlichen Maßgabe anzuwenden, daß nur die gegen § 134 BGB verstoßende Vertragsbestimmung durch die entsprechende gesetzliche Grundregel ersetzt wird (Kasseler Handbuch/*Vossen* 2.2. Rn. 407), die anderen Bestimmungen wirksam bleiben. Lediglich wenn das Vertragswerk so weit von den gesetzlichen Vorgaben abweicht, daß nicht mehr erkennbar ist, ob und welche Bestimmung als günstiger zu halten ist, muß von der Unwirksamkeit aller Bestimmungen und der Geltung des G in allen Details ausgegangen werden. Eine gesetzeskonforme Auslegung der abweichenden Bestimmungen oder gar eine Analogie zu anderen Vorschriften scheidet aus, weil das G stets hilfsweise zur Anwendung kommt.

18   2. Bei Normen in **BV und TV** gilt ähnliches. Die vom G abweichenden, für den AN günstigeren Normen bleiben vom Nichtigkeitsverdikt der einen oder anderen Abweichung unberührt. Die Nichtigkeit eines Gesamtwerks zumindest von TVParteien dürfte nur theoretisch sein. In diesem Fall und bei der Nichtigkeit einer BV ist stets der Rückgriff auf die gesetzlichen Mindestvoraussetzungen möglich.

§ 13 Übergangsvorschrift

Ist der Arbeitnehmer von einem Tag nach dem 9. Dezember 1998 bis zum 1. Januar 1999 oder darüber hinaus durch Arbeitsunfähigkeit infolge Krankheit oder infolge einer Maßnahme der medizinischen Vorsorge oder Rehabilitation an seiner Arbeitsleistung verhindert, sind für diesen Zeitraum die seit dem 1. Januar 1999 geltenden Vorschriften maßgebend, es sei denn, daß diese für den Arbeitnehmer ungünstiger sind.

I. Normzweck

1   Nach der durch **Artikel 7 Nr. 5** des G zu Korrekturen in der Sozialversicherung und zur Sicherung der Arbeitnehmerrechte vom 19. 12. 1998 (BGBl. I S. 3843) **geänderten Vorschrift** fand die Neuregelung des EFZG Anwendung, wenn der AN an dem Tag, an dem der Deutsche Bundestag (mit Zustimmung des Bundesrats) das G beschlossen hatte, bereits arbeitsunfähig war oder danach bis zum 31. 12. 1998 einschließlich **arbeitsunfähig krank** wurde und die AU bis zu diesem Termin oder darüber hinaus andauerte (BT-Drucks. 14/45, S. 55). Das gleiche galt für **Maßnahmen der medizinischen Vorsorge und Rehabilitation.** AN, die für AU und Maßnahmen nach § 9 nach dem 31. 12. 1998 Anspruch auf Entgfortz hatten, konnten sich direkt auf die neuen Bestimmungen berufen. Der Gesetzgeber wollte mit der Vorschrift eine einheitliche Handhabung der Vorschriften sicherstellen

und damit dem Bedürfnis nach Rechtssicherheit Rechnung tragen (Amtl. Begründung in BT-Drucks. 14/45, S. 55).

Mit der Übergangsregelung ordnete der Gesetzgeber faktisch eine begrenzte **Rückwirkung** des G 2 an (*Schaub*, NZA 1999, 177). Der AN kam vor dem Inkrafttreten des neuen Entgeltfortzahlungsrechts in den Genuß der neuen Vorschriften, der AG mußte bereits für Zeiten vor dem Inkrafttreten höhere Leistungen erbringen und konnte die Anrechnungsmöglichkeiten des alten Rechts nicht mehr nutzen. Diese Rückwirkung ist im Ergebnis **unbedenklich**. Sie hält verfassungsrechtlichen Geboten stand, weil sie nicht in Sachverhalte eingriff, die vor der Verabschiedung des G abgeschlossen waren. Anderweitig geregelt wurden nur die Fälle, in denen noch nicht nach altem Recht gehandelt und abgerechnet sein konnte.

II. Auswirkungen

Die Anordnung, daß die seit dem 1. Januar 1999 geltenden Vorschriften auch in der Zeit zwischen 4 dem 10. 12. 1998 und dem 1. Januar 1999 maßgebend sein können, hat Auswirkungen auf **alle geänderten Vorschriften** des G in allerdings unterschiedlichem Ausmaß. Die Einschränkung galt insbesondere für die Ausnahmebestimmung in § 13 2. Halbsatz (dazu Rn. 9 bis 11).

1. Der **arbeitsunfähig erkrankte AN** konnte unter den vom G genannten Voraussetzungen nicht 5 erst ab 1. Januar 199, sondern bereits ab 10. 12. 1998 an Stelle des zwischenzeitlich nach § 4 I EFZG aF geschuldeten Entgeltfortzahlungsbetrag wieder das aufrechterhaltene Arbeitsentgelt verlangen (§ 4 Rn. 5).

2. Der nach dem G anspruchsberechtigte AN mußte es hinnehmen, daß sein AG bereits für die 6 Entgfortz ab 10. 12. die **Vergütung für Überstunden** nicht mehr in die Berechnung nach § 4 Ia einstellte, sofern er sich nicht auf die Günstigkeitsbestimmung des § 13 2. Halbsatz berufen konnte (dazu unten Rn. 9). Das galt nicht nur für AU ab 10. 12. 1998, sondern auch für die zu diesem Zeitpunkt bereits bestehenden Fehlzeiten.

3. Auf den 10. 12. 1998 waren auch die mit der Abschaffung des § 4 a verbundenen Änderungen zur 7 **Anrechnung** auf den Erholungsurlaub zurückdatiert. Das bedeutete, daß bereits von diesem Zeitpunkt an die AN keine Anrechnungserklärung nach dem alten § 4 a abgeben konnten. **Keine Aussage** trifft die Übergangsregelung zu den **vor dieser Zeit abgegeben Anrechnungserklärungen**, die in den Zeitraum des neuen Rechts hinein wirkten. Die Auslegung der Übergangsregelung und des neu gefaßten § 4 I ergibt, daß der Erklärung Wirkungen nur für den Zeitraum entfalten konnten, ihm dadurch überhaupt die Zahlungsverpflichtung des AG auf Zahlung von Urlaubsentgelt an den Anrechnungstagen und Entgfortz in Höhe von 100% an den anderen Tagen wiederhergestellt werden konnte.

4. AN, die sich zur Zeit der Gesetzesänderung in einer **Maßnahme der medizinischen Vorsorge** 8 **und Rehabilitation** nach § 9 befanden, konnten sich bereits ab 10. 12. 1998 auf die Regelungen des neuen Rechts zur Höhe der Entgfortz berufen. Dabei konnte es wegen der neuen Überstundenregelung auf die Günstigkeitsbestimmung des 2. Halbsatzes (Rn. 9 bis 11) ankommen. Erklärungen der AG nach § 10 BUrlG entfalteten bereits zu diesem Zeitpunkt keine Wirkung.

III. Die Ungünstigkeitsregel

Die **Bedeutung** des 2. Halbsatzes wird weder aus dem Text noch aus der Begründung hinreichend 9 deutlich (das bemängelt auch *Schaub*, NZA 1999, 177, 178). Sie entspricht einer schon früheren Übung bei der Änderung von G (vgl. zB Art. 67 I PflegeVG [BGBl. 1994 I S. 1014, 1070]). Hier dürfte sie vorrangig (Rn. 11) für die **Anwendung der verschlechternden Bestimmung** des neuen § 4 Ia gedacht sein (*Löwisch*, BB 1999, 102, 105; wohl auch *Schaub*, NZA 1999, 177; aA *Nielebock*, AiB 1999, 5, 6, die Tarifvorschriften zum Vergleich heranziehen will). Denn wenn ein AN in der Vergangenheit sehr viele Überstunden abgeleistet hatte und dann erkrankt war, so konnte er mit der 80%igen Entgfortz nach § 4 I aF unter Einschluß der Überstundenvergütung im Ergebnis eine höhere Summe beanspruchen als er nunmehr bei einer 100%igen Entgfortz ohne Überstundenvergütung verlangen konnte (konkretes Rechenbeispiel bei *Löwisch* aaO). In diesem Fall galt für den Rest des Jahres 1998 das alte Recht. Das neue, diesen AN benachteiligende Recht gilt erst ab 1. 1. 1999.

290. Einführungsgesetz zum Bürgerlichen Gesetzbuche

In der Fassung der Bekanntmachung vom 21. September 1994 (BGBl. I S. 2494, ber. 1997 I S. 1061)

Zuletzt geändert durch Gesetz vom 27. Juni 2000 (BGBl. I S. 897)

(BGBl. III/FNA 400-1)

– Auszug –

Art. 27 Freie Rechtswahl

(1) ¹Der Vertrag unterliegt dem von den Parteien gewählten Recht. ²Die Rechtswahl muß ausdrücklich sein oder sich mit hinreichender Sicherheit aus den Bestimmungen des Vertrages oder aus den Umständen des Falles ergeben. ³Die Parteien können die Rechtswahl für den ganzen Vertrag oder nur für einen Teil treffen.

(2) ¹Die Parteien können jederzeit vereinbaren, daß der Vertrag einem anderen Recht unterliegen soll als dem, das zuvor auf Grund einer früheren Rechtswahl oder auf Grund anderer Vorschriften dieses Unterabschnitts für ihn maßgebend war. ²Die Formgültigkeit des Vertrages nach Artikel 11 und Rechte Dritter werden durch eine Änderung der Bestimmung des anzuwendenden Rechts nach Vertragsabschluß nicht berührt.

(3) Ist der sonstige Sachverhalt im Zeitpunkt der Rechtswahl nur mit einem Staat verbunden, so kann die Wahl des Rechts eines anderen Staates – auch wenn sie durch die Vereinbarung der Zuständigkeit eines Gerichts eines anderen Staates ergänzt ist – die Bestimmungen nicht berühren, von denen nach dem Recht jenes Staates durch Vertrag nicht abgewichen werden kann (zwingende Bestimmungen).

(4) Auf das Zustandekommen und die Wirksamkeit der Einigung der Parteien über das anzuwendende Recht sind die Artikel 11, 12 und 29 Abs. 3 und Artikel 31 anzuwenden.

Art. 30 Arbeitsverträge und Arbeitsverhältnisse von Einzelpersonen

(1) Bei Arbeitsverträgen und Arbeitsverhältnissen darf die Rechtswahl der Parteien nicht dazu führen, daß dem Arbeitnehmer der Schutz entzogen wird, der ihm durch die zwingenden Bestimmungen des Rechts gewährt wird, das nach Absatz 2 mangels einer Rechtswahl anzuwenden wäre.

(2) Mangels einer Rechtswahl unterliegen Arbeitsverträge und Arbeitsverhältnisse dem Recht des Staates,
1. in dem der Arbeitnehmer in Erfüllung des Vertrages gewöhnlich seine Arbeit verrichtet, selbst wenn er vorübergehend in einen anderen Staat entsandt ist, oder
2. in dem sich die Niederlassung befindet, die den Arbeitnehmer eingestellt hat, sofern dieser seine Arbeit gewöhnlich nicht in ein und demselben Staat verrichtet,

es sei denn, daß sich aus der Gesamtheit der Umstände ergibt, daß der Arbeitsvertrag oder das Arbeitsverhältnis engere Verbindungen zu einem anderen Staat aufweist; in diesem Fall ist das Recht dieses anderen Staates anzuwenden.

Art. 34 Zwingende Vorschriften

Dieser Unterabschnitt berührt nicht die Anwendung der Bestimmungen des deutschen Rechts, die ohne Rücksicht auf das auf den Vertrag anzuwendende Recht den Sachverhalt zwingend regeln.

1 **1. Internationales Privatrecht. a)** Mit der Globalisierung der Wirtschaft werden Situationen immer häufiger, in denen AN vorübergehend oder längerfristig ins Ausland *entsandt* werden. In diesen Fällen stellt sich die Frage, welcher Rechtsordnung die Vertragsbeziehungen unterliegen, dh. welche Wirksamkeitsvoraussetzungen für Begründung, Änderung und Beendigung des Arbeitsverhältnisses beachtet werden müssen. Einschlägig kann hierfür zwischenstaatliches Recht sein (Übereinkommen und Empfehlungen der Internationalen Arbeitsorganisation, Europäische Sozialcharta usw., vgl. MünchArbR/*Birk* §§ 17, 18) oder das primäre und sekundäre Recht der EU. Fehlt es jedoch an solchen, auch

materiell „internationalen" Normen, muß eine nationale Rechtsordnung zur Regelung der grenzüberschreitenden Vertragsbeziehung zuständig sein; welche das ist, bzw. welche Teilgebiete welcher Rechtsordnung im konkreten Falle angewendet werden müssen, bestimmt sich nach den Vorschriften des nationalen IPR des Gerichtsstaates, in der Bundesrepublik also nach dem EGBGB.

b) Das Internationale Arbeitsrecht im IPR geht auf die Umsetzung des EG-Übereinkommens über das auf vertragliche Schuldverhältnisse anzuwendende Recht vom 19. 6. 1980 (ABlEG L 266 v. 9. 10. 1980) zurück. Als gemeinschaftsweit einheitlich geltendes Recht müssen die Art. 27 bis 37 so angewandt werden, daß die vom Übereinkommen bezweckte Rechtseinheit zwischen allen Mitgliedstaaten nicht beeinträchtigt wird, Art. 36. Es erkennt den Grundsatz der Parteiautonomie an, in dem es ausdrücklich von der Rechtswahlfreiheit der Vertragsparteien im Grundsatz ausgeht. Damit wird den Vertragsparteien grds. gestattet, die objektiv für ihre Vertragsbeziehung maßgebliche Rechtsordnung abzuwählen, und zwar einschließlich des dort geltenden zwingenden Rechts. Für das Arbeitsrecht ist die Parteiautonomie aber im Interesse des ANSchutzes erheblich eingeschränkt: Die Rechtswahl darf AN nicht den Schutz der zwingenden Bestimmungen der Rechtsordnung entziehen, die ohne die Rechtswahl anwendbar wäre. Die Bedeutung des gewöhnlichen Arbeitsortes als Anknüpfungspunkt für das auf das Arbeitsverhältnis anwendbare Recht wird dadurch gestärkt. Diese Tendenz wird verstärkt durch die Entsende-RL 96/71/EG v. 16. 12. 1996 (ABlEG 1997 Nr. L 18/1), die unter bestimmten Voraussetzungen auch lediglich vorübergehend ins Ausland entsandte Beschäftigte (Rn. 9) den Mindestarbeitsbedingungen des Beschäftigungsortes unterwirft, vgl. § 1 AEntG Rn. 1 bis 3. 2

2. Geltungsbereich. Das Internationale Privatrecht ist gem. Art. 3 EGBGB grds. nur auf Sachverhalte mit Auslandsberührung anwendbar. Die dafür notwendige Verbindung zum Recht eines anderen Staates können die Vertragsparteien allerdings selbst herstellen, in dem sie vertraglich die Geltung einer – beliebigen – ausländischen Rechtsordnung vereinbaren (MünchArbR/*Birk* § 19 Rn. 5). Das gilt grds. auch für Arbeitsverträge, vgl. aber Rn. 15. Speziell die Arbeitsverhältnisse regelt im deutschen IPR Art. 30 EGBGB; freie Dienstverträge werden von dieser Sonderregel nicht erfaßt, wohl aber bereits in Vollzug gesetzte unwirksame Arbeitsverhältnisse. Der Begriff des Arbeitsvertrages ist wegen der gebotenen Einheitlichkeit der Auslegung (Rn. 2) unter Berücksichtigung der Rechtsprechung des EuGH zu Art. 39 (ex: Art. 48) EG auszulegen (EuGH 3. 7. 1986 Lawrie-Blum NVwZ 1987, 41). Auf Kollektivvereinbarungen (TV, Betriebsvereinbarungen) ist Art. 30 nicht anwendbar (*Birk* RdA 1989, 201). 3

3. Rechtswahlfreiheit. a) Die Parteien des Arbeitsvertrages dürfen das für ihr Rechtsverhältnis maßgebliche Recht *frei bestimmen*. Sie können nach Belieben auch eine „neutrale" Rechtsordnung wählen, die keinerlei sachlichen Bezug zur Vertragsdurchführung besitzt. Selbst bei einem reinen Inlandsfall, der keinen Bezug zu irgendeiner ausländischen Rechtsordnung aufweist, ist die Rechtswahl in den Grenzen des Art. 27 III zulässig (Rn. 15). Die Wahl ist ein (kollisionsrechtlicher) Vertrag gem. Art. 27 und kann zugleich mit dem Arbeitsvertrag oder später getroffen werden, einer besonderen Form bedarf sie nicht. § 2 II NachwG sieht freilich bei über einmonatigem Auslandseinsatz von Beschäftigten vor, daß die dem AN auszuhändigende Niederschrift wesentlicher Vertragsbedingungen ausdrücklich die Dauer der Auslandstätigkeit, Währung des Entgelts und Bedingungen für die Rückkehr des AN regeln muß (*Birk* NZA 1996, 281). 4

b) Die Rechtswahl braucht jedoch nicht ausdrücklich getroffen zu werden, sondern kann auch **stillschweigend** erfolgen: Die bloße Anknüpfung an den hypothetischen Parteiwillen genügt allerdings nicht, um eine stillschweigende Wahl anzunehmen (MünchArbR/*Birk* § 19 Rn. 12), da Art. 27 I 2 hinreichend sichere Anhaltspunkte für die Vereinbarung vorschreibt. Indizien können die Gerichtsstandsvereinbarung oder die Bezugnahme auf bestimmte Normen des materiellen Rechts sein, insb. auch auf Tarifnormen (BAG 10. 5. 1962 AP IPR-AR Nr. 6; 30. 5. 1963 AP IPR-AR Nr. 7; *E. Lorenz* RiW 1992, 697, 700 ff.) oder Betriebsvereinbarungen. Läßt sich auch kein realer Parteiwille danach nicht feststellen, ist die maßgebliche Rechtsordnung „objektiv" (Rn. 7 ff.) zu bestimmen. Eine stillschweigende *nachträgliche* Rechtswahl kann durch Prozeßverhalten zustande kommen, insb. durch übereinstimmendes Einlassen auf eine Rechtsordnung (MünchArbR/*Birk* § 19 Rn. 17; MünchKomm/*Martiny* Art. 30 Rn. 11); die Aussagefähigkeit dieses Verhaltens ist freilich gering, sofern nicht klar zum Ausdruck gebracht wird, daß es nicht lediglich auf Unkenntnis beruht (*Schack* NJW 1984, 2736; *Schlachter* NZA 2000, 57, 59). 5

c) Zulässig ist auch die Wahl der anwendbaren Rechtsordnung durch TV (LAG Rheinland-Pfalz 16. 6. 1981 IPRRspr. 1981 Nr. 44 = AuR 1982, 352 (LS); *Däubler* NZA 1990, 673 mwN; *Gamillscheg*, Kollektives Arbeitsrecht Bd. I, 493). Die Notwendigkeit tariflichen Schutzes kann bei grenzüberschreitenden Unternehmenstätigkeiten nicht als geringer eingeschätzt werden als bei rein nationalen Sachverhalten. Soweit inländische TVParteien jedoch ausschließlich im Ausland durchzuführende Arbeitsverhältnisse regeln, treten diese allerdings hinter zwingendes ausländisches Recht zurück (BAG 11. 9. 1991 AP IPR-AR Nr. 29). 6

4. Objektive Anknüpfung. Ist eine Rechtswahl nicht zustande gekommen, legt Art. 30 II die anwendbare Rechtsordnung nach objektiven Kriterien fest. Das Arbeitsverhältnis unterliegt dann dem 7

Recht des *gewöhnlichen Arbeitsortes* (Abs. 2 Nr. 1), selbst wenn der AN vorübergehend in einen anderen Staat entsandt ist, oder mangels eines einheitlichen Arbeitsortes dem Recht am Ort der einstellenden Niederlassung (Abs. 2 Nr. 2). Ausnahmsweise kann allerdings von beiden Anknüpfungsgesichtspunkten abgewichen werden, wenn das Arbeitsverhältnis engere Verbindungen zu einem anderen Staat besitzt.

8   a) Der *gewöhnliche* Arbeitsort ist maßgeblicher Anknüpfungspunkt in allen Fällen, in denen der AN typischerweise in ein und demselben Staat tätig wird. Ob innerhalb dieses Staates ein oder mehrere Einsatzorte vorhanden sind, ist unerheblich, auch auf die Eingliederung in einen bestimmten Betrieb kommt es nicht an. Liegt eine solche Eingliederung allerdings vor, ist der Betriebssitz zugleich der „gewöhnliche Arbeitsort" (BAG 29. 10. 1992 AP IPR-AR Nr. 31); *vor* Arbeitsaufnahme kommt es auf den für die Arbeitsleistung vorgesehenen Ort an. Wird der AN dagegen nicht in einem Betrieb tätig, muß der zeitlich oder inhaltlich überwiegende Leistungsort maßgeblich sein.

9   b) Eine nur *vorübergehende Entsendung* ins Ausland ändert an der Maßgeblichkeit des gewöhnlichen Arbeitsortes nichts, Abs. 2 Nr. 1 (BAG 25. 4. 1978 AP IPR-AR Nr. 16, zur alten Rechtslage). Wie lange die Entsendung dauern darf, um noch als vorübergehend bezeichnet werden zu können, ist nicht abschließend bestimmt (so BAG 25. 4. 1978 AP IPR-AR Nr. 16, zum alten Recht). Daher kommt es auf die Umstände des konkreten Falles an: Eine „vorübergehende" Entsendung liegt vor, wenn keine „endgültige" gewollt ist, doch genügt die bloße Vereinbarung einer Rückkehrmöglichkeit (dafür: *Junker* ZiAS 1995, 565) allein nicht, um zu belegen, daß eine solche, ggf. vor Jahren vereinbarte, Option dem Vertragsdurchführungswillen der Parteien konkret noch entspricht (vgl. BAG 7. 12. 1989 AP IPR-AR Nr. 27 mit Anm. *Lorenz*). Lediglich im Falle einer konzerninternen ANÜberlassung gem. § 1 III Nr. 2 AÜG genügt jede Rückkehrklausel, um die Überlassung als „vorübergehende" erlaubnisfrei zu ermöglichen (vgl. § 1 AÜG Rn. 92). Haben die Vertragsparteien einen kurzfristigen Auslandseinsatz des AN geplant, wird im Regelfalle die Entsendedauer *zeitlich begrenzt* vereinbart. Die im Schrifttum vertretenen Vorschläge, welche der vereinbarten zeitlichen Begrenzungen als noch „vorübergehende" Befristung eingeordnet werden kann, liegen zwischen einem (*Firsching/v. Hoffmann* IPR 5. Aufl. 1977 S. 408) und drei Jahren (*Gamillscheg* ZfA 1983, 307, 333; *Franzen* AR-Blattei SD 920 Rn. 76). Haben die Parteien eine bestimmte Dauer des Auslandseinsatzes nicht ausdrücklich vereinbart, spricht viel dafür, daß er nicht als nur vorübergehend eingestuft werden kann, da sie sich anscheinend auf einen auch für sie selbst nicht überschaubaren Zeitraum verständigt haben. In diesem Falle dürfte sich der Schwerpunkt der Vertragsdurchführung auf den ausländischen Arbeitsort verlagern. Da eine präzise Festlegung durch Auslegung erheblicher Schwierigkeiten begegnet, sollten die Parteien das gewünschte Recht ausdrücklich wählen, wenn sie den Wechsel der maßgeblichen Rechtsordnung bei mehrjährigem Auslandseinsatz sicher vermeiden wollen.

10   c) In vielen Fällen wird bei einer mittel- bis längerfristigen Entsendung ins Ausland ein zweites Arbeitsverhältnis begründet, das die während des Auslandseinsatzes maßgeblichen Rechte und Pflichten des entsandten AN teilweise abändert. Es kann entweder mit dem ausländischen (Tochter-)Unternehmen direkt oder als Zusatzvereinbarung mit dem entsendenden AG abgeschlossen werden. Typischerweise werden die im Ursprungsarbeitsvertrag enthaltenen Rechte und Pflichten während der Dauer der Entsendung ausgesetzt, lediglich Bestimmungen über die Rückkehr ins Inland, die Gewährung von Zusatzleistungen über das Ortsübliche hinaus, sowie die soziale Absicherung des AN bleiben trotz Auslandseinsatz anwendbar (vgl. *Junker* ZiAS 1995, 565). Die Bestimmungen, die die Vertragspflichten während des Auslandseinsatzes regeln, sind davon unabhängig in einem Zusatzvertrag enthalten. Beide Verträge stehen selbständig nebeneinander und können unterschiedlichen Rechtsordnungen unterliegen; das kann auch gem. Art. 30 II Halbs. 2 eintreten, wenn eine Rechtswahl fehlt. Ob sich eine „engere Verbindung" im Sinne dieser Vorschrift ergibt (Rn. 12), wird durch die Gestaltung der Zusatzvereinbarung beeinflußt: Wird diese zwischen den ursprünglichen Vertragsparteien geschlossen, als Zusatzvertrag, so werden leichter beide Verträge gemeinsam inländischem Recht zu unterstellen sein, weil ihr Bezug aufeinander als „engere Verbindung" zur heimischen Rechtsordnung eingestuft werden kann. Ist dagegen der weitere Vertrag mit dem ausländischen AG abgeschlossen worden, spricht dies für die Maßgeblichkeit des Ortsrechts in dieser Vertragsbeziehung.

11   d) Hat der AN keinen „gewöhnlichen Arbeitsort", weil die Arbeitsleistung üblicherweise nicht in ein und demselben Staat zu erbringen ist (Reisebegleiter, Auslandsmonteure usw.), muß – bei fehlender Rechtswahl – an ein anderes objektives Merkmal angeknüpft werden; Abs. 2 Nr. 2 bestimmt als maßgeblich die einstellende Niederlassung des AG. Gemeint ist nicht der zentrale Hauptsitz des Unternehmens, sondern der jeweils einstellende Betrieb (MünchArbR/*Birk* § 19 Rn. 45; *Gamillscheg* ZfA 1983, 307, 334). Unter „Einstellung" ist der Vertragsschluß zu verstehen (*Schlachter* NZA 2000, 57, 60), trotz der hiergegen vorgebrachten Bedenken in der Literatur (MünchKomm/*Martiny* Art. 30 Rn. 42; *Däubler* RiW 1987, 249, 251; *Gamillscheg* ZfA 1983, 307, 334). Eine Niederlassung, an der der AN tätig ist oder in die der AN eingegliedert ist (zB ein Ort, an den er regelmäßig zurückkehrt), wird sich demgegenüber nicht stets feststellen lassen. Wird die Anknüpfung des Abs. 2 Nr. 2 tatsächlich, etwa durch Gründung eines bloßen Anwerbebüros, willkürlich genutzt, eine den AG begünstigende Rechtsordnung zu bestimmen, wird eine Anknüpfung an das Recht der engsten Verbindung (Rn. 12) dennoch das sachgerechte Ergebnis erreichen.

e) Als Ausnahme zu den Ziff. 1 und 2 ist diejenige Rechtsordnung zu berufen, zu der das Arbeits- 12
verhältnis die *engere Verbindung* aufweist. Das erlaubt im Falle unverhältnismäßiger und unangemessener Ergebnisse der Regelanknüpfung nach Nrn. 1 oder 2 ein Ausweichen auf eine andere Rechtsordnung. Ob eine „engere Verbindung" vorliegt, bestimmt sich nach den Umständen des Einzelfalles, die allerdings ein erhebliches Gewicht besitzen müssen, um die Regel durchbrechen zu können (BAG 24. 8. 1989 AP IPR-AR Nr. 30; 29. 10. 1992 AP IPR-AR Nr. 31). Als Gesichtspunkte kommen etwa in Betracht: gemeinsame Staatsangehörigkeit oder gemeinsamer gewöhnlicher Aufenthalt/Wohnort der Parteien, uU auch Abschlußort, Vertragssprache und die für die Entgeltzahlung vereinbarte Währung (BAG 27. 8. 1964 NJW 1965, 319; LAG Niedersachsen 20. 11. 1998 LAGE EGBGB Art. 30 Nr. 3).

5. Einschränkungen der Rechtswahl. Der Grundsatz der Parteiautonomie (Rn. 2) ermöglicht es 13
den Arbeitsvertragsparteien, die bei objektiver Anknüpfung (Rn. 7 ff.) an sich für ihr Rechtsverhältnis maßgebliche Rechtsordnung insgesamt abzuwählen. Dadurch würden allerdings auch die zwingenden Bestimmungen dieser Ordnung unanwendbar. Aus Gründen des Schutzes der schwächeren Vertragspartei wird dieser Grundsatz im EGBGB indessen mehrfach durchbrochen: Hat das Vertragsverhältnis ausschließlich Verbindung zu einem einzigen Staat, so kann eine abweichende Rechtswahl die zwingenden Bestimmungen der dort maßgeblichen Rechtsordnung nicht ausschließen, Art. 27 III (Rn. 15). Weiter darf die Rechtswahl solche zwingenden, arbeitnehmerschützenden Vorschriften nicht ausschließen, die bei objektiver Anknüpfung maßgeblich wären, Art. 30 I (Rn. 14), sofern die gewählte Rechtsordnung insoweit nicht günstiger ist. Sowohl gewähltes wie objektiv maßgebliches Recht werden „überlagert" durch diejenigen zwingenden inländischen Normen, die als „international zwingend gelten, Art. 34 (Rn. 16). Schließlich wird die Anwendung solcher ausländischer Normen ausgeschlossen, Art. 6 EGBGB, die gegen den Kernbereich der deutschen öffentlichen Ordnung „ordre public" verstoßen (Rn. 20). Die Festlegung all dieser Grenzen der Rechtswahlfreiheit zeigt, daß von der Parteiautonomie im Ergebnis wenig übrig bleibt.

a) In grenzüberschreitenden Arbeitsverhältnissen darf die Rechtswahl nicht arbeitnehmerschüt- 14
zende zwingende Vorschriften ausschalten, die ohne diese Wahl anwendbar wären, Art. 30 I; das sind die Bestimmungen der Rechtsordnung des Arbeitsortes oder der einstellenden Niederlassung, Art. 30 II. Das Arbeitsverhältnis unterliegt dann im Ergebnis einem „Mischrecht" aus beiden anwendbaren Rechtsordnungen. Welche Vorschrift des objektiv maßgeblichen Rechts nicht abgewählt werden kann, ergibt sich nach folgenden Grundsätzen: Es muß sich um vertraglich nicht abdingbare, zwingende Vorschriften handeln, die dem ANSchutz zu dienen bestimmt sind (*Junker* IPrax 1989, 69); dazu zählen auch Tarifnormen (*Gamillscheg* ZfA 1983, 307, 336), sofern sie für das Arbeitsverhältnis konkret gelten. Solche Vorschriften sind einem Günstigkeitsvergleich mit den Bestimmungen der gewählten Rechtsordnung zu unterziehen, die denselben Sachverhalt regeln sollen. Die gewählte Rechtsordnung ist nur soweit maßgeblich, wie sie für den AN günstigere Schutznormen enthält (*Schlachter* NZA 2000, 57, 60). Der Günstigkeitsvergleich ist weder zwischen den Gesamtrechtsordnungen möglich (*Gamillscheg* ZfA 1983, 307, 338), noch sinnvoll zwischen Einzelvorschriften vorzunehmen („Rosinentheorie"), sondern zwischen Gruppen sachlich zusammenhängender Vorschriften (*Birk* RdA 1989, 201; *Krebber* IPR des Kündigungsschutzes bei Arbeitsverhältnissen (1997), 330 ff.; vgl. auch § 4 TVG Rn. 66).

b) Hat das Arbeitsverhältnis keinerlei Auslandsbezug (Art. 27 III), so bleibt die Wahl einer aus- 15
ländischen Rechtsordnung dennoch zulässig (Rn. 4), wird aber weitergehend eingeschränkt als in Fällen mit Auslandsbezug (Rn. 13): Trotz Rechtswahl darf von allen *einfach zwingenden* Normen des Staates nicht abgewichen werden, mit dem der Vertrag allein verbunden ist (Erfüllungsort). Eine diese Rechtsfolge ausschließende „Auslandsberührung" bekommt das Arbeitsverhältnis nicht schon dadurch, daß ein ausländischer Gerichtsstand vereinbart wird; das Arbeitsverhältnis muß einen Bezug zum Ausland tatsächlich aufweisen. Dabei sind aber keine strengen Anforderungen zu stellen, da Art. 30 I bereits den erforderlichen ANSchutz gewährleistet. Auslandsberührung kann also zB hergestellt werden durch unterschiedliche Staatsangehörigkeit der Parteien, ausländischen Arbeitsort oder einen Betriebssitz des AG im Ausland; daß der rechtlich selbständige inländische Betrieb einer ausländischen Konzernmutter gehört, genügt allein demgegenüber nicht. Fehlt es an Auslandsberührung, können zwingende Normen nicht abgewählt werden. Als zwingend in diesem Sinne sind alle nicht dispositiven Normen einzuordnen; auf einen Günstigkeitsvergleich kommt es nicht an. Erfaßt werden nicht nur staatliche, sondern auch Richterrecht und nicht staatliche Normen, sofern sie für das fragliche Arbeitsverhältnis unabdingbar gelten (*Birk* RdA 1989, 201; *Däubler* AuR 1990, 1; aA *Hönsch* NZA 1988, 113, 117). Handelt es sich jedoch bei den verdrängten Normen des gewählten Rechts um solche, die iSd. Art. 30 I günstiger sind als die nach Art. 27 III vorgehenden Rechts, so ist wegen des Schutzzweckes des Art. 30 I dieser als die speziellere Vorschrift vorrangig (*Schurig* RabelsZ 54 (1990), 217, 226). Eine unbedingte Durchsetzung des Ortsrechts auch gegenüber günstigerem gewählten Recht kann nicht iSv. Art. 30 I liegen.

d) Schließlich kann durch Wahl eines fremden Rechts von *international zwingenden* Vorschriften 16
des deutschen Rechts nicht abgewichen werden, Art. 34, und zwar unabhängig vom Vorhandensein

eines Auslandsbezuges des Arbeitsverhältnisses. Voraussetzung ist lediglich, daß das Arbeitsverhältnis noch einen Bezug zur deutschen Rechtsordnung besitzt (vgl. BGH 19. 3. 1997; JZ 1997, 612; *E. Lorenz* RdA 1989, 220, 227). Solche, als Eingriffsnormen bezeichnete, Vorschriften widerstehen jeder Abwahl, sondern verlangen ihre Anwendbarkeit unmittelbar selbst. Ihr Normzweck liegt in der Durchsetzung inländischer ordnungspolitischer Vorstellungen, die nicht zur Disposition der Parteiautonomie stehen. Wenn eine Vorschrift also ihren vom sonst anwendbaren Recht unabhängigen Geltungsanspruch nicht selbst ausdrücklich formuliert, muß er nach dem Gesetzeszweck ermittelt werden (MünchKomm/*Martiny* Art. 34 Rn. 8). Das BAG (24. 8. 1989 AP IPR-AR Nr. 28) stellt daher darauf ab, ob Eingriffsnormen zumindest *auch* im Interesse des Gemeinwohls und nicht nur im Individualinteresse getroffen worden sind. Als Anzeichen dafür gelten, daß Gerichte oder Behörden an der Maßnahme beteiligt sind (BAG 24. 8. 1989 AP IPR-AR Nr. 30; 3. 5. 1995 AP IPR-AR Nr. 32) oder daß die Vorschrift Verbots- oder Gebotsgesetz bzw. sanktionsbewehrt ist (MünchKomm/*Martiny* Einl. IPR Rn. 50; *Eichenhofer* ZiAS 1996, 55, 69). Im Einzelfall ist die Abgrenzung freilich problematisch, da im Arbeitsrecht auch individualschützenden Normen in aller Regel ein allgemeiner sozialpolitischer Zweck (darauf stellt maßgeblich ab: *v. Hoffmann* IPrax 1989, 261, 263) zugrunde liegt (vgl. *Gamillscheg* ZfA 1983, 307, 344; *Schlachter* NZA 2000, 57, 61 f.). Daher scheint es insgesamt praktikabler, ANSchutzvorschriften und andere Individualansprüche Art. 30 zu unterstellen; Art. 34 sollte demgegenüber restriktiv ausgelegt werden.

17   e) **Entschiedene Fälle:** Die Normen des Ersten Abschnitts (§§ 1 bis 14) des KSchG werden nicht als international zwingend angesehen (BAG 24. 8. 1989 AP IPR-AR Nr. 30; 29. 10. 1992 AP IPR-AR Nr. 31; aA *Birk* RdA 1989, 201, 207; *Däubler* RiW 1987, 249, 255); demgegenüber unterfallen die Vorschriften zur Massenentlastung, §§ 17 ff. KSchG, dem Art. 34 (so wohl BAG 24. 8. 1989 AP IPR-AR Nr. 30), da sie dem Schutz des deutschen Arbeitsmarkts dienen sollen. Der betriebsverfassungsrechtliche Kündigungsschutz gem. §§ 102, 103 BetrVG und § 15 KSchG ist auf Betriebe begrenzt, die ihren Sitz in Deutschland haben (BAG 9. 11. 1977 AP IPR-AR Nr. 13; 7. 12. 1989 AP IPR-AR Nr. 27), sofern kein Fall der „Ausstrahlung" vorliegt, vgl. Rn. 23.

18   Die Schutzvorschriften zugunsten von Schwangeren und Müttern wurden von der Rspr. ebenfalls auf alle Betriebe mit Sitz in Deutschland angewendet (BAG 24. 8. 1989 AP IPR-AR Nr. 30). International zwingende Wirkung iSd. Art. 34 scheint dabei ebenfalls angenommen zu werden (aA KR/*Weigand* Internationales ArbR Rn. 97). Dasselbe soll für Schutzvorschriften zugunsten von Schwerbehinderten (BAG 10. 12. 1964 AP SchwBeschG § 1 Nr. 4) gelten. Das BAG (24. 3. 1992 AP IPR-AR Nr. 28 m. Anm. *Junker*) hatte auch die materiell-rechtlichen Konkursvorschriften Art. 34 unterstellt, da sie so eng mit den verfahrensrechtlichen Vorschriften verknüpft sind, daß das Recht am Ort des Verfahrens maßgeblich sein muß.

19   Ob Tarifnormen Eingriffsnormen iSd. Art. 34 darstellen können, ist einzelfallabhängig: Tarifliche Bestimmungen können zwar wirtschafts- oder arbeitsmarktpolitische Steuerung bezwecken, ihre internationale Durchsetzungsfähigkeit bleibt aber auch dann begründungsbedürftig, wenn sie ausdrücklich festlegen, daß sie international angewendet werden wollen. Das BAG hatte (vor der IPR-Neuregelung, 4. 5. 1977 AP TVG § 1 Tarifverträge: Bau Nr. 30) selbst für allgemeinverbindlich erklärte TV nicht als Ausdruck des ordre public anerkannt. Das läßt zumindest den Schluß zu, daß entgegen der Literatur (*Hönsch* NZA 1987, 113; *Däubler* AuR 1990, 1) ein TV nicht wegen Allgemeinverbindlichkeit auch als international zwingend angesehen werden kann. Für den Bereich des Bauhauptgewerbes ist das Problem aber nunmehr über das AEntG zu lösen, vgl. § 1 AEntG.

20   f) Gemäß Art. 6 EGBGB ist eine ausländische Rechtsnorm im Inland nicht anwendbar, wenn dies mit wesentlichen Grundlagen des deutschen Rechts, insb. den Grundrechten, unvereinbar wäre. Art. 6 zielt auf absolut unverzichtbare Rechtsprinzipien, die in aller Regel auch von ausländischen (entwickelten) Rechtsordnungen beachtet zu werden pflegen. Die Bedeutung des ordre public-Vorbehalts ist daher gering (BAG 26. 2. 1985 AP IPR-AR Nr. 23 mit Anm. *Birk*), zumal die Zulassung ausländischen Arbeitsrechts ohnehin durch Art. 27 III, 30 I und 34 stark eingeschränkt ist.

21   **6. Umfang des Vertragsstatuts.** Das nach obigen Grundsätzen bestimmte materielle Recht gilt gem. Art. 31 I für das Zustandekommen und die Wirksamkeit des Arbeitsvertrages und gem. Art. 32 ua. für die Vertragsauslegung, die Vertragserfüllung, die Folgen der Nichterfüllung und das Erlöschen der Verpflichtungen. Zu den Sonderanknüpfungen hinsichtlich Geschäftsfähigkeit und Formvorschriften vgl. MünchArbR/*Birk* § 19 Rn. 61 ff.; *Schlachter* NZA 2000, 57, 63). Der öffentlich-rechtliche Arbeitsschutz unterliegt dem Recht des Beschäftigungsortes (BAG 12. 12. 1990 AP TVG § 4 Arbeitszeit Nr. 2), ebenso das Recht des Mutterschutzes bzw. der Schwerbehinderten (Rn. 18).

22   **7. Kollektives Internationales Arbeitsrecht.** Art. 30 ist auf das kollektive Arbeitsrecht (Betriebsverfassungsrecht, Tarifrecht, Arbeitskampfrecht) nicht anwendbar. Die hierfür geltenden Anknüpfungsregeln sind in Rspr. und Literatur entwickelt worden. Lediglich für die Seebetriebsverfassung ist eine Anknüpfung an die Bundesflagge in § 114 IV BetrVG ausdrücklich geregelt.

23   a) Ob BR, GesamtBR oder KonzernBR in grenzüberschreitenden Unternehmen zu wählen sind, oder ob entsandte AN vom BR vertreten werden, bestimmt das Internationale Betriebsverfassungs-

recht. Im Internationalen Betriebsverfassungsrecht wird an den Betriebssitz (MünchArbR/*Birk* § 21 Rn. 3; *Richardi* IPrax 1983, 217; aA *Gamillscheg* Internationales Arbeitsrecht S. 370) angeknüpft: Alle in Deutschland gelegenen Betriebe unterliegen dem BetrVG (BAG 7. 12. 1989 AP IPR-AR Nr. 27; 21. 11. 1996 NZA 1997, 493), auf das Vertragsstatut der Arbeitsvertragsparteien, ihre Staatsangehörigkeit, ihren Wohnsitz usw. kommt es nicht an (BAG 9. 11. 1977 AP IPR-AR Nr. 13; 25. 4. 1978 AP IPR-AR Nr. 16; 21. 10. 1980 AP IPR-AR Nr. 17). Das erklärt sich daraus, daß die Mitwirkungsrechte des BR nicht aus dem Arbeitsverhältnis abgeleitet werden, sondern in den Organisationseinheiten gelten, in denen wirksam ANVertretungen nach dem BetrVG gebildet werden können. Im Ausland belegene Betriebe, Betriebsteile oder Nebenbetriebe unterliegen somit nicht dem BetrVG (BAG 25. 4. 1978 AP IPR-AR Nr. 16), auch wenn sie Teil eines deutschen Unternehmens sind, während im Inland belegene Betriebe ausländischer Unternehmen der Betriebsverfassung unterstehen. Daß die Unternehmensleitung im Ausland sitzt, hindert die Bildung von GesamtBR, Wirtschaftsausschuß oder KonzernBr nicht (MünchArbR/*Birk* § 21 Rn. 9), sofern die Voraussetzungen ihrer Errichtung im Inland erfüllt sind; ausländische Betriebe können auch für diesen Zweck nicht einbezogen werden (vgl. BetrVG § 106 Rn. 2; *Richardi* BetrVG § 106 Rn. 14; MünchArbR/*Joost* 311 Rn. 12; aA *Däubler/Kittner/Klebe* BetrVG § 106 Rn. 23).

Auf AN, die im Ausland beschäftigt werden, ist das Gesetz grds. nicht anwendbar (BAG 21. 10. 1980 AP IPR-AR Nr. 17), und zwar ebenfalls unabhängig vom Arbeitsvertragsstatut. Etwas anderes gilt nur in den sogenannten Ausstrahlungsfällen, in denen ein AN nur vorübergehend ins Ausland entsandt wird (Rn. 9). Wer einem inländischen Betrieb angehört, soll der Betriebsverfassung nicht wegen seiner Auslandstätigkeit entzogen werden (*Birk*, FS K. Molitor 1988, 19 ff.). Dementsprechend endet die Zuständigkeit des BR mit dem Verlust der Zugehörigkeit zu einem inländischen Betrieb: Wer auf unbestimmte Zeit ins Ausland entsandt ist, ohne daß eine Anschlußbeschäftigung im Inland eindeutig geplant ist, scheidet aus der Betriebsverfassung aus (kritisch *Däubler* AuR 1990, 1). Entscheidend kommt es aber wohl auf den Bestand einer Bindung zum Inlandsbetrieb an, wodurch auch immer diese vermittelt wird (BAG 7. 12. 1989 AP IPR-AR Nr. 27). Der BR bleibt für diese AN weiterhin zuständig, ist also insb. bei personellen Maßnahmen zu beteiligen. Umgekehrt ist nach Ansicht der Rspr. das BetrVG nicht anwendbar auf AN, die ausschließlich für den Auslandseinsatz eingestellt werden, ohne je einem inländischen Betrieb zugeordnet gewesen zu sein (BAG 21. 10. 1980 AP IPR-AR Nr. 17; aA *Junker* Internationales Arbeitsrecht im Konzern 1992, S. 385) oder für im Ausland eingestellte AN („Ortskräfte"). Zugunsten dieser AN kann der BR nicht tätig werden. Soweit im Ausland beschäftigte AN dem BetrVG unterfallen, sind sie zum BR wahlberechtigt und wählbar; werden sie in den BR gewählt, gelten sie jedoch als zeitweilig verhindert, § 25 I 2 BetrVG (*Richardi* BetrVG 7. Aufl. Einleitung Rn. 75).

Ob der BR für solche vorübergehend entsandten AN aber auch Teilbetriebsversammlungen abhalten darf (zust. LAG Hamm DB 1980, 1030; abl. BAG AP BetrVG 1972 § 42 Nr. 3), ist demgegenüber strittig. Die Rspr. beschränkt die Organisationsvorschriften des BetrVG idR auf das Inland.

b) Im Internationalen TVRecht ist die Wahl des auf den TV anwendbaren Rechts gem. Art. 27 ebenfalls zulässig (BAG AP IPR-AR Nr. 29; MünchKomm/*Martiny* Art. 30 Rn. 83; *Franzen* AR-Blattei SD Nr. 920 Rn. 201 mN; aA MünchArbR/*Birk* § 20 Rn. 9; *Gamillscheg* Kollektives Arbeitsrecht, Bd. I, 492). Nach dieser auf den TV anwendbaren Rechtsordnung bestimmt sich auch die Tariffähigkeit der vertragschließenden Parteien; lediglich die Frage der Rechtsfähigkeit einer TVPartei bestimmt sich nach dem Recht am Sitz der Vereinigungen. Haben die Tarifparteien eine Rechtswahl nicht getroffen, ist die für ihre Vertragsbeziehung maßgebliche Rechtsordnung gem. Art. 28 zu bestimmen (*Junker* IPrax 1994, 21; *Däubler* Tarifvertragsrecht Rn. 1708), richtet sich also nach dem Verwaltungssitz der TVParteien und der Mehrheit der vom TV erfaßten Arbeitsverhältnisse. Das TVStatut legt die Wirkungen der Tarifregeln auf die tarifgebundenen Arbeitsverhältnisse fest (*Birk* RabelsZ 1982, 384, 405; *Hauschka/Henssler* NZA 1988, 597, 599); die normative Wirkung des § 4 TVG wird also durch die Unterstellung des TV unter das deutsche Recht erreicht. Den Tarifparteien wird es damit möglich, auch solche Arbeitsverhältnisse zu regeln, die ausländischem Recht unterstehen, – sofern nur Tarifgebundenheit besteht (*Birk* RdA 1984, 136; *Hauschka/Henssler* NZA 1988, 597, 599). Die Allgemeinverbindlicherklärung eines inländischen TV kann sich gegenüber der Bindung der Parteien an einen ausländischen TV nur dann durchsetzen, wenn die Arbeit im Inland geleistet wird und der zugrundeliegende TV diese Arbeitsverhältnisse überhaupt erfassen will (*Däubler* AuR 1990, 1, 10; *Franzen* DZWiR 1996, 89, 91). Anders hat das BAG (4. 5. 1977 AP TVG § 1 Tarifverträge: Bau Nr. 30) zur alten Rechtslage entschieden; danach unterstehen Normen eines allgemeinverbindlichen TV dem Arbeitsvertragsstatut und gelten für ausländischem Recht unterliegende Arbeitsverhältnisse nicht. Dem Rechtsgedanken von § 1 I 1 AEntG entsprechend ist dies Ergebnis jedoch zu korrigieren. Inländische TV gelten weiterhin für die Arbeitsverhältnisse tarifgebundener AN im Ausland im Falle der Entsendung oder wenn es sich um TV zur Regelung von Auslandssachverhalten handelt (BAG 11. 9. 1991 AP IPR-AR Nr. 29), solange diese nicht mit zwingendem Ortsrecht in Konflikt geraten.

340. Gerichtsverfassungsgesetz

In der Fassung der Bekanntmachung vom 9. Mai 1975

Zuletzt geändert durch Gesetz vom 2. August 2000 (BGBl. I S. 1253)

(BGBl. III/FNA 300-2)

– Auszug –

§ 17 [Rechtshängigkeit; Entscheidung des Rechtsstreits]

(1) [1] Die Zulässigkeit des beschrittenen Rechtsweges wird durch eine nach Rechtshängigkeit eintretende Veränderung der sie begründenden Umstände nicht berührt. [2] Während der Rechtshängigkeit kann die Sache von keiner Partei anderweitig anhängig gemacht werden.

(2) [1] Das Gericht des zulässigen Rechtsweges entscheidet den Rechtsstreit unter allen in Betracht kommenden rechtlichen Gesichtspunkten. [2] Artikel 14 Abs. 3 Satz 4 und Artikel 34 Satz 3 des Grundgesetzes bleiben unberührt.

§ 17a [Rechtsweg]

(1) Hat ein Gericht den zu ihm beschrittenen Rechtsweg rechtskräftig für zulässig erklärt, sind andere Gerichte an diese Entscheidung gebunden.

(2) [1] Ist der beschrittene Rechtsweg unzulässig, spricht das Gericht dies nach Anhörung der Parteien von Amts wegen aus und verweist den Rechtsstreit zugleich an das zuständige Gericht des zulässigen Rechtsweges. [2] Sind mehrere Gerichte zuständig, wird an das vom Kläger oder Antragsteller auszuwählende Gericht verwiesen oder, wenn die Wahl unterbleibt, an das vom Gericht bestimmte. [3] Der Beschluß ist für das Gericht, an das der Rechtsstreit verwiesen worden ist, hinsichtlich des Rechtsweges bindend.

(3) [1] Ist der beschrittene Rechtsweg zulässig, kann das Gericht dies vorab aussprechen. [2] Es hat vorab zu entscheiden, wenn eine Partei die Zulässigkeit des Rechtsweges rügt.

(4) [1] Der Beschluß nach den Absätzen 2 und 3 kann ohne mündliche Verhandlung ergehen. [2] Er ist zu begründen. [3] Gegen den Beschluß ist die sofortige Beschwerde nach den Vorschriften der jeweils anzuwendenden Verfahrensordnung gegeben. [4] Den Beteiligten steht die Beschwerde gegen einen Beschluß des oberen Landesgerichts an den obersten Gerichtshof des Bundes nur zu, wenn sie in dem Beschluß zugelassen worden ist. [5] Die Beschwerde ist zuzulassen, wenn die Rechtsfrage grundsätzliche Bedeutung hat oder wenn das Gericht von der Entscheidung eines obersten Gerichtshofes des Bundes oder des Gemeinsamen Senats der obersten Gerichtshöfe des Bundes abweicht. [6] Der oberste Gerichtshof des Bundes ist an die Zulassung der Beschwerde gebunden.

(5) Das Gericht, das über ein Rechtsmittel gegen eine Entscheidung in der Hauptsache entscheidet, prüft nicht, ob der beschrittene Rechtsweg zulässig ist.

§ 17b [Anhängigkeit nach Verweisung; Kosten]

(1) [1] Nach Eintritt der Rechtskraft des Verweisungsbeschlusses wird der Rechtsstreit mit Eingang der Akten bei dem im Beschluß bezeichneten Gericht anhängig. [2] Die Wirkungen der Rechtshängigkeit bleiben bestehen.

(2) [1] Wird ein Rechtsstreit an ein anderes Gericht verwiesen, so werden die Kosten im Verfahren vor dem angegangenen Gericht als Teil der Kosten behandelt, die bei dem Gericht erwachsen, an das der Rechtsstreit verwiesen wurde. [2] Dem Kläger sind die entstandenen Mehrkosten auch dann aufzuerlegen, wenn er in der Hauptsache obsiegt.

§ 18 [Exterritorialität von Mitgliedern der diplomatischen Missionen]

[1] Die Mitglieder der im Geltungsbereich dieses Gesetzes errichteten diplomatischen Missionen, ihre Familienmitglieder und ihre privaten Hausangestellten sind nach Maßgabe des Wiener Übereinkommens über diplomatische Beziehungen vom 18. April 1961 (Bundesgesetzbl. 1964 II S. 957 ff.) von der deutschen Gerichtsbarkeit befreit. [2] Dies gilt auch, wenn ihr Entsendestaat

nicht Vertragspartei dieses Übereinkommens ist; in diesem Falle findet Artikel 2 des Gesetzes vom 6. August 1964 zu dem Wiener Übereinkommen vom 18. April 1961 über diplomatische Beziehungen (Bundesgesetzbl. 1964 II S. 957) entsprechende Anwendung.

§ 19 [Exterritorialität von Mitgliedern der konsularischen Vertretungen]

(1) ¹ Die Mitglieder der im Geltungsbereich dieses Gesetzes errichteten konsularischen Vertretungen einschließlich der Wahlkonsularbeamten sind nach Maßgabe des Wiener Übereinkommens über konsularische Beziehungen vom 24. April 1963 (Bundesgesetzbl. 1969 II S. 1585 ff.) von der deutschen Gerichtsbarkeit befreit. ² Dies gilt auch, wenn ihr Entsendestaat nicht Vertragspartei dieses Übereinkommens ist; in diesem Falle findet Artikel 2 des Gesetzes vom 26. August 1969 zu dem Wiener Übereinkommen vom 24. April 1963 über konsularische Beziehungen (Bundesgesetzbl. 1969 II S. 1585) entsprechende Anwendung.

(2) Besondere völkerrechtliche Vereinbarungen über die Befreiung der in Absatz 1 genannten Personen von der deutschen Gerichtsbarkeit bleiben unberührt.

§ 20 [Weitere Exterritoriale]

(1) Die deutsche Gerichtsbarkeit erstreckt sich auch nicht auf Repräsentanten anderer Staaten und deren Begleitung, die sich auf amtliche Einladung der Bundesrepublik Deutschland im Geltungsbereich dieses Gesetzes aufhalten.

(2) Im übrigen erstreckt sich die deutsche Gerichtsbarkeit auch nicht auf andere als die in Absatz 1 und in den §§ 18 und 19 genannten Personen, soweit sie nach den allgemeinen Regeln des Völkerrechts, auf Grund völkerrechtlicher Vereinbarungen oder sonstiger Rechtsvorschriften von ihr befreit sind.

Die §§ 17 bis 20 sind bei § 48 ArbGG erläutert.

§ 169 [Öffentlichkeit]

¹ Die Verhandlung vor dem erkennenden Gericht einschließlich der Verkündung der Urteile und Beschlüsse ist öffentlich. ² Ton- und Fernseh-Rundfunkaufnahmen sowie Ton- und Filmaufnahmen zum Zwecke der öffentlichen Vorführung oder Veröffentlichung ihres Inhalts sind unzulässig.

§ 171 b [Ausschluß der Öffentlichkeit zum Schutz der Privatsphäre]

(1) ¹ Die Öffentlichkeit kann ausgeschlossen werden, soweit Umstände aus dem persönlichen Lebensbereich eines Prozeßbeteiligten, Zeugen oder durch eine rechtswidrige Tat (§ 11 Abs. 1 Nr. 5 des Strafgesetzbuches) Verletzten zur Sprache kommen, deren öffentliche Erörterung schutzwürdige Interessen verletzen würde, soweit nicht das Interesse an der öffentlichen Erörterung dieser Umstände überwiegt. ² Dies gilt nicht, soweit die Personen, deren Lebensbereiche betroffen sind, in der Hauptverhandlung dem Ausschluß der Öffentlichkeit widersprechen.

(2) Die Öffentlichkeit ist auszuschließen, wenn die Voraussetzungen des Absatzes 1 Satz 1 vorliegen und der Ausschluß von der Person, deren Lebensbereich betroffen ist, beantragt wird.

(3) Die Entscheidungen nach den Absätzen 1 und 2 sind unanfechtbar.

§ 172 [Gründe für Ausschluß der Öffentlichkeit]

Das Gericht kann für die Verhandlung oder für einen Teil davon die Öffentlichkeit ausschließen, wenn
1. eine Gefährdung der Staatssicherheit, der öffentlichen Ordnung oder der Sittlichkeit zu besorgen ist,
1 a. eine Gefährdung des Lebens, des Leibes oder der Freiheit eines Zeugen oder einer anderen Person zu besorgen ist,
2. ein wichtiges Geschäfts-, Betriebs-, Erfindungs- oder Steuergeheimnis zur Sprache kommt, durch dessen öffentliche Erörterung überwiegende schutzwürdige Interessen verletzt würden,
3. ein privates Geheimnis erörtert wird, dessen unbefugte Offenbarung durch den Zeugen oder Sachverständigen mit Strafe bedroht ist,
4. eine Person unter sechzehn Jahren vernommen wird.

§ 173 [Öffentliche Urteilsverkündung]

(1) Die Verkündung des Urteils erfolgt in jedem Falle öffentlich.

(2) Durch einen besonderen Beschluß des Gerichts kann unter den Voraussetzungen der §§ 171 b und 172 auch für die Verkündung der Urteilsgründe oder eines Teiles davon die Öffentlichkeit ausgeschlossen werden.

§ 174 [Verhandlung über Ausschluß der Öffentlichkeit; Schweigepflicht]

(1) [1] Über die Ausschließung der Öffentlichkeit ist in nicht öffentlicher Sitzung zu verhandeln, wenn ein Beteiligter es beantragt oder das Gericht es für angemessen erachtet. [2] Der Beschluß, der die Öffentlichkeit ausschließt, muß öffentlich verkündet werden; er kann in nicht öffentlicher Sitzung verkündet werden, wenn zu befürchten ist, daß seine öffentliche Verkündung eine erhebliche Störung der Ordnung in der Sitzung zur Folge haben würde. [3] Bei der Verkündung ist in den Fällen der §§ 171 b, 172 und 173 anzugeben, aus welchem Grund die Öffentlichkeit ausgeschlossen worden ist.

(2) Soweit die Öffentlichkeit wegen Gefährdung der Staatssicherheit ausgeschlossen wird, dürfen Presse, Rundfunk und Fernsehen keine Berichte über die Verhandlung und den Inhalt eines die Sache betreffenden amtlichen Schriftstücks veröffentlichen.

(3) [1] Ist die Öffentlichkeit wegen Gefährdung der Staatssicherheit oder aus den in §§ 171 b und 172 Nr. 2 und 3 bezeichneten Gründen ausgeschlossen, so kann das Gericht den anwesenden Personen die Geheimhaltung von Tatsachen, die durch die Verhandlung oder durch ein die Sache betreffendes amtliches Schriftstück zu ihrer Kenntnis gelangen, zur Pflicht machen. [2] Der Beschluß ist in das Sitzungsprotokoll aufzunehmen. [3] Er ist anfechtbar. [4] Die Beschwerde hat keine aufschiebende Wirkung.

§ 175 [Versagung des Zutritts]

(1) Der Zutritt zu öffentlichen Verhandlungen kann unerwachsenen und solchen Personen versagt werden, die in einer der Würde des Gerichts nicht entsprechenden Weise erscheinen.

(2) [1] Zu nicht öffentlichen Verhandlungen kann der Zutritt einzelnen Personen vom Gericht gestattet werden. [2] In Strafsachen soll dem Verletzten der Zutritt gestattet werden. [3] Einer Anhörung der Beteiligten bedarf es nicht.

(3) Die Ausschließung der Öffentlichkeit steht der Anwesenheit der die Dienstaufsicht führenden Beamten der Justizverwaltung bei den Verhandlungen vor dem erkennenden Gericht nicht entgegen.

§ 176 [Sitzungspolizei]

Die Aufrechterhaltung der Ordnung in der Sitzung obliegt dem Vorsitzenden.

§ 178 [Ordnungsmittel wegen Ungebühr]

(1) [1] Gegen Parteien, Beschuldigte, Zeugen, Sachverständige oder bei der Verhandlung nicht beteiligte Personen, die sich in der Sitzung einer Ungebühr schuldig machen, kann vorbehaltlich der strafgerichtlichen Verfolgung ein Ordnungsgeld bis zu zweitausend Deutsche Mark oder Ordnungshaft bis zu einer Woche festgesetzt und sofort vollstreckt werden. [2] Bei der Festsetzung von Ordnungsgeld ist zugleich für den Fall, daß dieses nicht beigetrieben werden kann, zu bestimmen, in welchem Maße Ordnungshaft an seine Stelle tritt.

(2) Über die Festsetzung von Ordnungsmitteln entscheidet gegenüber Personen, die bei der Verhandlung nicht beteiligt sind, der Vorsitzende, in den übrigen Fällen das Gericht.

(3) Wird wegen derselben Tat später auf Strafe erkannt, so sind das Ordnungsgeld oder die Ordnungshaft auf die Strafe anzurechnen.

§ 179 [Vollstreckung der Ordnungsmittel]

Die Vollstreckung der vorstehend bezeichneten Ordnungsmittel hat der Vorsitzende unmittelbar zu veranlassen.

§ 180 [Befugnisse außerhalb der Sitzung]

Die in den §§ 176 bis 179 bezeichneten Befugnisse stehen auch einem einzelnen Richter bei der Vornahme von Amtshandlungen außerhalb der Sitzung zu.

§ 181 [Beschwerde gegen Ordnungsmittel]

(1) Ist in den Fällen der §§ 178, 180 ein Ordnungsmittel festgesetzt, so kann gegen die Entscheidung binnen der Frist von einer Woche nach ihrer Bekanntmachung Beschwerde eingelegt werden, sofern sie nicht von dem Bundesgerichtshof oder einem Oberlandesgericht getroffen ist.

(2) Die Beschwerde hat in dem Falle des § 178 keine aufschiebende Wirkung, in dem Falle des § 180 aufschiebende Wirkung.

(3) Über die Beschwerde entscheidet das Oberlandesgericht.

§ 182 [Protokollierung]

Ist ein Ordnungsmittel wegen Ungebühr festgesetzt oder eine Person zur Ordnungshaft abgeführt oder eine bei der Verhandlung beteiligte Person entfernt worden, so ist der Beschluß des Gerichts und dessen Veranlassung in das Protokoll aufzunehmen.

§ 183 [Straftaten in der Sitzung]

[1] Wird eine Straftat in der Sitzung begangen, so hat das Gericht den Tatbestand festzustellen und der zuständigen Behörde das darüber aufgenommene Protokoll mitzuteilen. [2] In geeigneten Fällen ist die vorläufige Festnahme des Täters zu verfügen.

Die §§ 171b bis 183 sind bei § 52 ArbGG erläutert.

§ 192 [Mitwirkende Richter und Schöffen]

(1) Bei Entscheidungen dürfen Richter nur in der gesetzlich bestimmten Anzahl mitwirken.

(2) Bei Verhandlungen von längerer Dauer kann der Vorsitzende die Zuziehung von Ergänzungsrichtern anordnen, die der Verhandlung beizuwohnen und im Falle der Verhinderung eines Richters für ihn einzutreten haben.

(3) Diese Vorschriften sind auch auf Schöffen anzuwenden.

§ 193 [Anwesenheit von auszubildenden Personen und ausländischen Juristen; Verpflichtung zur Geheimhaltung]

(1) Bei der Beratung und Abstimmung dürfen außer den zur Entscheidung berufenen Richtern nur die bei demselben Gericht zu ihrer juristischen Ausbildung beschäftigten Personen und die dort beschäftigten wissenschaftlichen Hilfskräfte zugegen sein, soweit der Vorsitzende deren Anwesenheit gestattet.

(2) [1] Ausländische Berufsrichter, Staatsanwälte und Anwälte, die einem Gericht zur Ableistung eines Studienaufenthaltes zugewiesen worden sind, können bei demselben Gericht bei der Beratung und Abstimmung zugegen sein, soweit der Vorsitzende deren Anwesenheit gestattet und sie gemäß den Absätzen 3 und 4 verpflichtet sind. [2] Satz 1 gilt entsprechend für ausländische Juristen, die im Entsendestaat in einem Ausbildungsverhältnis stehen.

(3) [1] Die in Absatz 2 genannten Personen sind auf ihren Antrag zur Geheimhaltung besonders zu verpflichten. [2] § 1 Abs. 2 und 3 des Verpflichtungsgesetzes vom 2. März 1974 (BGBl. I S. 469, 547 – Artikel 42) gilt entsprechend. [3] Personen, die nach Satz 1 besonders verpflichtet worden sind, stehen für die Anwendung der Vorschriften des Strafgesetzbuches über die Verletzung von Privatgeheimnissen (§ 203 Abs. 2 Satz 1 Nr. 2, Satz 2, Abs. 4 und 5, § 205), Verwertung fremder Geheimnisse (§§ 204, 205), Verletzung des Dienstgeheimnisses (§ 353b Abs. 1 Satz 1 Nr. 2, Satz 2, Abs. 3 und 4) sowie Verletzung des Steuergeheimnisses (§ 355) den für den öffentlichen Dienst besonders Verpflichteten gleich.

(4) [1] Die Verpflichtung wird vom Präsidenten oder vom aufsichtsführenden Richter des Gerichts vorgenommen. [2] Er kann diese Befugnis auf den Vorsitzenden des Spruchkörpers oder auf den Richter übertragen, dem die in Absatz 2 genannten Personen zugewiesen sind. [3] Einer erneuten Verpflichtung bedarf es während der Dauer des Studienaufenthaltes nicht. [4] In den Fällen des

§ 355 des Strafgesetzbuches ist der Richter, der die Verpflichtung vorgenommen hat, neben dem Verletzten antragsberechtigt.

§ 194 [Gang der Beratung]

(1) Der Vorsitzende leitet die Beratung, stellt die Fragen und sammelt die Stimmen.

(2) Meinungsverschiedenheiten über den Gegenstand, die Fassung und die Reihenfolge der Fragen oder über das Ergebnis der Abstimmung entscheidet das Gericht.

§ 195 [Keine Verweigerung der Abstimmung]

Kein Richter oder Schöffe darf die Abstimmung über eine Frage verweigern, weil er bei der Abstimmung über eine vorhergegangene Frage in der Minderheit geblieben ist.

§ 196 [Absolute Mehrheit; Meinungsmehrheit]

(1) Das Gericht entscheidet, soweit das Gesetz nicht ein anderes bestimmt, mit der absoluten Mehrheit der Stimmen.

(2) Bilden sich in Beziehung auf Summen, über die zu entscheiden ist, mehr als zwei Meinungen, deren keine die Mehrheit für sich hat, so werden die für die größte Summe abgegebenen Stimmen den für die zunächst geringere abgegebenen so lange hinzugerechnet, bis sich eine Mehrheit ergibt.

(3) [1] Bilden sich in einer Strafsache, von der Schuldfrage abgesehen, mehr als zwei Meinungen, deren keine die erforderliche Mehrheit für sich hat, so werden die dem Beschuldigten nachteiligsten Stimmen den zunächst minder nachteiligen so lange hinzugerechnet, bis sich die erforderliche Mehrheit ergibt. [2] Bilden sich in der Straffrage zwei Meinungen, ohne daß eine die erforderliche Mehrheit für sich hat, so gilt die mildere Meinung.

(4) Ergibt sich in dem mit zwei Richtern und zwei Schöffen besetzten Gericht in einer Frage, über die mit einfacher Mehrheit zu entscheiden ist, Stimmengleichheit, so gibt die Stimme des Vorsitzenden den Ausschlag.

§ 197 [Reihenfolge der Stimmabgabe]

[1] Die Richter stimmen nach dem Dienstalter, bei gleichem Dienstalter nach dem Lebensalter, ehrenamtliche Richter und Schöffen nach dem Lebensalter; der jüngere stimmt vor dem älteren. [2] Die Schöffen stimmen vor den Richtern. [3] Wenn ein Berichterstatter ernannt ist, so stimmt er zuerst. [4] Zuletzt stimmt der Vorsitzende.

390. Handelsgesetzbuch

Vom 30. Mai 1897 (RGBl. S. 219)

Zuletzt geändert durch Gesetz vom 27. Juni 2000 (BGBl. I S. 897)

(BGBl. III/FNA 4100-1)

– Auszug –

1. Buch. Handelsstand

Fünfter Abschnitt. Prokura und Handlungsvollmacht

§ 48 [Erteilung der Prokura; Gesamtprokura]

(1) Die Prokura kann nur von dem Inhaber des Handelsgeschäfts oder seinem gesetzlichen Vertreter und nur mittels ausdrücklicher Erklärung erteilt werden.

(2) Die Erteilung kann an mehrere Personen gemeinschaftlich erfolgen (Gesamtprokura).

I. Voraussetzungen der Prokura

1. Erteilung der Prokura. a) Prokura kann nur der Inhaber eines Handelsgeschäfts erteilen (§ 48 I 1 HGB). Handelsgewerbe ist jeder Gewerbebetrieb, es sei denn, daß das Unternehmen nach Art oder Umfang einen in kaufmännischer Weise eingerichteten Geschäftsbetrieb nicht erfordert (§ 1 II HGB). Hierzu gehören auch Kannkaufleute (§ 2 HGB), Handelsgesellschaften (§ 6 I HGB), eingetragene Genossenschaften (§ 42 GenG), juristische Personen (§§ 33 bis 35 HGB). Keine Prokura können erteilen eingetragene Scheinkaufleute (§ 5 HGB), oHG und KG in Liquidation. Für minderjährige Kaufleute kann der gesetzliche Vertreter mit Zustimmung des Vormundschaftsgerichtes Prokura erteilen (§§ 1643 I, 1822 Nr. 11, 1831, 1915 BGB).

b) Nur eine natürliche Person kann Prokurist werden. Zum Prokurist bestellt werden können 2 Kommanditisten, von der Vertretung ausgeschlossene persönlich haftende Gesellschafter, stille Gesellschafter. Nicht bestellt werden kann eine juristische Person oder ein zur Vertretung berechtigter Organvertreter.

c) Die Prokura muß ausdrücklich erteilt werden. Nicht notwendig ist, daß das Wort Prokura 3 gebraucht wird, wenn die Bestellung zum Prokuristen eindeutig erfolgt.

d) Die Prokura wird erteilt bei Handelsgesellschaften durch die vertretungsberechtigten Gesell- 4 schafter (§§ 116 III 1, 126 I, 161 II HGB) und bei juristischen Personen durch die zuständigen Organe.

2. Gesamtprokura. Die Prokura kann mehreren Personen gemeinschaftlich erteilt werden. Sie 5 können dann nur gemeinschaftlich vertreten (vgl. BGH 6. 11. 1986 = NJW 1987, 841). Willensmängel, Kenntnis und Kennenmüssen des einen wirkt gegen beide. Für die passive Vertretung reicht der Empfang von Willenserklärungen der Zugang bei einem (vgl. § 125 II 3, III 2 HGB). Dasselbe gilt im Prozeß (§§ 171 III, 173 ZPO). Ein Gesamtprokurist kann den anderen ermächtigen, einzelne oder alle Geschäfte vorzunehmen. Bei gemischter Gesamtvertretung von Prokurist und Organmitglied können zugunsten des Prokuristen die Grundsätze der Haftungsbegrenzung eingreifen (BAG 19. 2. 1998 AP BGB § 254 Nr. 8 = NZA 1998, 1051).

3. Unwirksamkeit. Ist die Prokuraerteilung unwirksam, kann sie als Erteilung einer Generalvoll- 6 macht oder Handlungsvollmacht aufrechterhalten werden.

II. Umfang der Prokura

1. Umfang. Die Prokura ermächtigt zu allen Arten von gerichtlichen und außergerichtlichen 7 Geschäften und Rechtshandlungen, die der Betrieb eines Handelsgewerbes mit sich bringt. Zur Veräußerung und Belastung von Grundstücken ist der Prokurist nur ermächtigt, wenn ihm die Befugnis besonders erteilt worden ist. Der Prokurist kann Personal einstellen, kündigen (BAG 11. 7. 1991 AP BGB § 174 Nr 9 = NZA 1992, 449), Handlungsvollmachten erteilen, Kredite aufnehmen, Verbindlichkeiten eingehen, selbst den Geschäftszweck ändern. Sie ermächtigt nicht zum Abschluß eines Sozialplanes, wenn dies Teil der Auflösung des Unternehmens ist (LAG München vom 5. 9.

1986 = NZA 1987, 464). Der Prokurist kann Prozesse führen und Prozeßvollmacht erteilen. Zustellungen im Prozeß können wirksam an ihn erfolgen (§ 173 ZPO).

8 **2. Nachweis.** Bei einseitigen Rechtsgeschäften kann sich der Prokurist durch einen Handelsregisterauszug oder Zeugnis nach § 9 II, III HGB ausweisen. Er braucht dies aber nicht, wenn die Prokura im Handelsregister eingetragen und bekanntgemacht ist (§ 15 II HGB; § 174 Satz 2 BGB; dazu BAG 11. 7. 1991 AP BGB § 174 Nr. 9 = NJW 1992, 2046 = NZA 1992, 449).

III. Dienst- oder Arbeitsvertrag

9 **1. Zugrundeliegendes Rechtsverhältnis.** Die Prokura ist von dem zugrundeliegenden Rechtsverhältnis zu unterscheiden. Dies kann ein Dienst- oder Arbeitsvertrag sein. Auch dann, wenn die Bestellung zum Prokuristen im Arbeitsvertrag vorgesehen ist, besteht kein Anspruch des Prokuristen auf Erteilung der Prokura (BAG 26. 8. 1986 AP HGB § 52 Nr. 1 = NJW 1987, 862 = NZA 1987, 202). Aus Sicherheitsgründen ist die Prokura ohne Rücksicht auf das der Erteilung zugrundeliegende Rechtsverhältnis jederzeit widerruflich. Hiervon bleiben vertragliche Ansprüche auf Vergütung unberührt.

10 **2. Widerruf der Prokura.** a) Der Widerruf der Prokura erfolgt in gleicher Weise wie die Erteilung (§§ 168 Satz 3, 167 I, 171 I BGB; vgl. dazu OLG Düsseldorf 6. 5. 1994 = NJW-RR 1994, 1056). Der Widerruf kann formlos gegenüber dem Prokuristen erfolgen. Regelmäßig erfolgt er jedoch öffentlich durch Löschung im Handelsregister und Bekanntmachung. Wird der Betrieb veräußert (§ 613 a BGB), so erlischt die Prokura. Dagegen bleibt das Arbeitsverhältnis bestehen.

11 b) Wird die Prokura entgegen dem rechtlichen Grundverhältnis widerrufen, so ist der Widerruf gleichwohl wirksam. Der Widerruf kann jedoch eine Vertragsverletzung darstellen. Der Schadensersatzanspruch geht nicht auf Wiederherstellung der Prokura, sondern lediglich auf eine Entschädigung wegen Geld. Wenn dem Prokuristen – auch bis zum Ablauf der Kündigungsfrist – nicht zumutbar ist, ohne Prokura weiterzuarbeiten, kann eine außerordentliche Kündigung gerechtfertigt sein (BAG 26. 8. 1986 AP HGB § 52 Nr. 1 = NJW 1987, 862 = NZA 1987, 202).

§ 54 [Handlungsvollmacht]

(1) Ist jemand ohne Erteilung der Prokura zum Betrieb eines Handelsgewerbes oder zur Vornahme einer bestimmten zu einem Handelsgewerbe gehörigen Art von Geschäften oder zur Vornahme einzelner zu einem Handelsgewerbe gehöriger Geschäfte ermächtigt, so erstreckt sich die Vollmacht (Handlungsvollmacht) auf alle Geschäfte und Rechtshandlungen, die der Betrieb eines derartigen Handelsgewerbes oder die Vornahme derartiger Geschäfte gewöhnlich mit sich bringt.

(2) Zur Veräußerung oder Belastung von Grundstücken, zur Eingehung von Wechselverbindlichkeiten, zur Aufnahme von Darlehen und zur Prozeßführung ist der Handlungsbevollmächtigte nur ermächtigt, wenn ihm eine solche Befugnis besonders erteilt ist.

(3) Sonstige Beschränkungen der Handlungsvollmacht braucht ein Dritter nur dann gegen sich gelten zu lassen, wenn er sie kannte oder kennen mußte.

I. Arten

1 **1. Begriff.** a) Es werden die Handlungsvollmacht (§§ 54 bis 58 HGB), die Gesamthandlungsvollmacht und die Rechtsscheinhandlungsvollmacht unterschieden. Nach der Legaldefinition von § 54 I HGB ist eine Handlungsvollmacht gegeben, wenn jemand ohne Erteilung der Prokura zum Betrieb eines Handelsgewerbes oder zur Vornahme einer bestimmten zu einem Handelsgewerbe gehörenden Art von Geschäften oder zur Vornahme einzelner zu einem Handelsgewerbe gehöriger Geschäfte ermächtigt ist.

2 b) Die Handlungsvollmacht kann als Einzelhandlungsvollmacht wie als Gesamthandlungsvollmacht erteilt werden. Alsdann können die Bevollmächtigten nur zusammen handeln (vgl. § 48 Rn. 5).

3 c) Die Rechtsscheinhandlungsvollmacht kommt als Duldungs- und als Anscheinshandlungsvollmacht vor. Personen, denen ein Kaufmann Aufgaben übertragen hat, die nach der Verkehrsauffassung gewisse Vollmachten voraussetzen, gelten gutgläubigen Dritten gegenüber als entsprechend bevollmächtigt.

4 **2. Voraussetzungen der Handlungsvollmacht.** a) Handlungsvollmacht können alle Kaufleute erteilen. Hierzu gehören auch Handelsgesellschaften, eingetragene Genossenschaften (§ 42 GenG), juristische Personen (§§ 33 bis 35 HGB) und Kannkaufleute.

5 b) Handlungsbevollmächtigter kann jede natürliche Person sein, auch soweit sie nicht Handlungsgehilfe ist. Handlungsbevollmächtigter kann auch sein, wer nicht in einem Arbeits- oder Dienstverhältnis zum Vollmachtgeber steht, zB ein Ehepartner.

Handlungsgehilfe § 59 HGB 390

c) Die Handlungsvollmacht kann ausdrücklich oder schlüssig gegenüber dem Handlungsbevoll- 6
mächtigten oder dem Dritten erteilt werden (Innen- bzw. Außenvollmacht). Sie wird im Unterschied
zur Prokura nicht in das Handelsregister eingetragen.

II. Umfang der Handlungsvollmacht

1. **Gesetzlicher Umfang.** a) Die Handlungsvollmacht kann sich erstrecken auf (1) den Betrieb eines 7
gesamten Handelsgewerbes (Generalhandlungsvollmacht), (2) die Vornahme nur bestimmter zu einem
Handelsgewerbe gehörender Geschäfte, (3) Vornahme nur einzelner zu einem Handelsgewerbe gehörender Geschäfte.

b) Von dem Inhalt der Handlungsvollmacht hängt der Umfang der Vollmacht ab. Sie erstreckt sich 8
auf alle Geschäfte und Rechtshandlungen, die der Betrieb eines derartigen Handelsgewerbes oder die
Vornahme derartiger Geschäfte gewöhnlich mit sich bringt. Sie erstreckt sich nur auf branchenübliche
Geschäfte. Der Handlungsbevollmächtigte kann Personal einstellen und entlassen und alle üblichen
Geschäfte schließen.

2. **Prozeßführung.** Für Grundstücksgeschäfte, insbesondere aber zur Prozeßführung ist der Hand- 9
lungsbevollmächtigte nur ermächtigt, wenn ihm eine solche Befugnis besonders erteilt ist. Es bedarf
mithin einer besonderen Vollmacht zur Prozeßführung und zum Abschluß von Vergleichen. Die
Bezeichnung einer umfassenden Bevollmächtigung als Handlungsvollmacht kann die Auslegung rechtfertigen, daß eine Generalhandlungsvollmacht gewollt ist (KG 11. 6. 1991 NJW-RR 1992, 34).

III. Dienst- oder Arbeitsvertrag

1. **Zugrundeliegendes Rechtsverhältnis.** Im allgemeinen wird der Handlungsbevollmächtigte Ar- 10
beitnehmer sein. Notwendig ist dies aber nicht. Ein Rechtsanspruch auf Erteilung der Handlungsvollmacht besteht nicht. Nach § 168 Satz 2 BGB ist die Vollmacht auch bei dem Fortbestehen des Rechtsverhältnisses widerruflich, sofern sich nichts aus diesem mit anderes ergibt.

2. **Widerruf.** Ergibt sich aus dem Grundverhältnis, daß die Handlungsvollmacht unwiderruflich ist, 11
so ist ein gleichwohl erfolgender Widerruf unwirksam. Ist dagegen die Handlungsvollmacht widerrufbar, so können im Falle des Widerrufs durch den Arbeitgeber Schadensersatzansprüche des Handlungsbevollmächtigten erwachsen. Sofern dem Handlungsbevollmächtigten nicht zumutbar ist, ohne
Handlungsvollmacht zu arbeiten, kann eine außerordentliche Kündigung gerechtfertigt sein.

Sechster Abschnitt. Handlungsgehilfen und Handlungslehrlinge

§ 59 [Handlungsgehilfe]

¹ Wer in einem Handelsgewerbe zur Leistung kaufmännischer Dienste gegen Entgelt angestellt
ist (Handlungsgehilfe), hat, soweit nicht besondere Vereinbarungen über die Art und den Umfang
seiner Dienstleistungen oder über die ihm zukommende Vergütung getroffen sind, die dem Ortsgebrauch entsprechenden Dienste zu leisten sowie die dem Ortsgebrauch entsprechende Vergütung zu beanspruchen. ² In Ermangelung eines Ortsgebrauchs gelten die den Umständen nach
angemessenen Leistungen als vereinbart.

1. **Handelsgewerbe.** Kaufmann im Sinne des HGB ist, wer ein Handelsgewerbe betreibt (§ 1 I 1
HGB). Der Begriff des Gewerbebetriebes setzt berufsmäßige Tätigkeit in der Absicht dauernder
Gewinnerzielung voraus. Der Begriff des Handelsgewerbes ergibt sich aus § 1 II HGB. Kaufmann ist
auch der Kannkaufmann (§ 2 HGB) und das landwirtschaftliche Großunternehmen (§ 3 HGB). Ein
gewerbliches Unternehmen, das nicht schon nach § 1 HGB Handelsgewerbe ist, gilt als Handelsgewerbe, wenn die Firma in das Handelsregister eingetragen ist. Der Unternehmer ist berechtigt, aber
nicht verpflichtet, sich in das Handelsregister eintragen zu lassen (§ 2 HGB). Ein land- oder forstwirtschaftliches Unternehmen, das nach Art und Umfang einen in kaufmännischer Weise eingerichteten
Geschäftsbetrieb erfordert, kann sich in das Handelsregister eintragen lassen.

2. **Handlungsgehilfe.** a) Satz 1 enthält die Legaldefinition des Handlungsgehilfen. Dies ist ein kauf- 2
männischer Angestellter. Für die Abgrenzung des Angestellten von einem freien Mitarbeiter oder von
einem Arbeiter gelten die allgemeinen Grundsätze (§ 611 Rn. 12, 44).

b) Kaufmännischer Angestellter ist, wer überwiegend kaufmännische Dienste leistet. Kaufmänni- 3
sche Angestelltentätigkeit ist dann gegeben, wenn sie mit der Beratung der Kunden verbunden ist. Ein
Bier- oder Brotfahrer ist gewerblicher Arbeiter; ein Fahrer, der Tiefkühlkost vertreibt und die Kunden
berät, ist Angestellter, soweit er nicht als Selbständiger arbeitet.

3. **Rechtsfolgen.** a) Der Handlungsgehilfe hat die dem Ortsgebrauch entsprechenden Dienste zu 4
leisten. Ihm können alle Arbeiten zugewiesen werden, die üblicherweise von einem kaufmännischen
Angestellten verrichtet werden (vgl. § 611 Rn. 912 ff.).

Schaub

5 b) Vergleichbar § 612 BGB hat der Handlungsgehilfe Anspruch auf die ortsübliche Vergütung, soweit keine Vergütungsvereinbarung getroffen ist. Die ortsübliche Vergütung entspricht der üblichen Vergütung nach § 612 BGB (§ 612 Rn. 37, 38).

§ 60 [Gesetzliches Wettbewerbsverbot]

(1) Der Handlungsgehilfe darf ohne Einwilligung des Prinzipals weder ein Handelsgewerbe betreiben noch in dem Handelszweige des Prinzipals für eigene oder fremde Rechnung Geschäfte machen.

(2) Die Einwilligung zum Betrieb eines Handelsgewerbes gilt als erteilt, wenn dem Prinzipal bei der Anstellung des Gehilfen bekannt ist, daß er das Gewerbe betreibt, und der Prinzipal die Aufgabe des Betriebs nicht ausdrücklich vereinbart.

Schrifttum: *Bauer/Diller,* Wettbewerbsverbote, 1995; *Bossmann,* Die Auswirkungen des Betriebsübergangs nach § 613a BGB auf die Wettbewerbsverbote der Arbeitnehmer, 1993; *Buchner,* Das Wettbewerbsverbot während der Dauer des Arbeitsverhältnisses, AR-Blattei SD 1830.2 (1994); *Glöckner,* Nebentätigkeitsverbote im Individualarbeitsrecht, 1993; *Grunsky,* Wettbewerbsverbote für Arbeitnehmer, 2. Aufl., 1987; *Röhsler/Borrmann,* Wettbewerbsbeschränkungen für Arbeitnehmer und Handelsvertreter, 1981.

I. Zweck und Geltungsbereich

1 1. Gesetzeszweck. Die Norm konkretisiert die vertragliche Rücksichtspflicht des Handlungsgehilfen wegen einer möglichen Wettbewerbstätigkeit.

2 2. Persönlicher Geltungsbereich. a) Das Wettbewerbsverbot besteht für Handlungsgehilfen, also kaufmännische Angestellte (§ 59 Rn. 2). Unerheblich ist, ob sie in Voll- oder den verschiedenen Formen der Teilzeitarbeit beschäftigt werden (§ 611 Rn. 175 ff.). Zweifelhaft, aber zu bejahen ist, ob es für zur Berufsausbildung beschäftigte Personen gilt, da insoweit eine Sonderbestimmung in § 9 BBiG gegeben ist. Da aber das Wettbewerbsverbot eine Konkretisierung der allgemeinen Rücksichtspflicht darstellt und nach § 3 II BBiG die für den Arbeitsvertrag geltenden Rechtsvorschriften und Rechtsgrundsätze anzuwenden sind, bestehen für die Erstreckung der Verbotsnorm auf Auszubildende keine Bedenken. Das Berufsausbildungsverhältnis schafft keinen Freiraum für die Ausübung des Wettbewerbs.

3 b) Das BAG hat lange gezögert, §§ 60, 61 HGB auf sonstige Arbeitnehmer entsprechend anzuwenden. Der Grund hat darin bestanden, daß ein Gerechtigkeitswert für die kurzen Verjährungsfristen in § 61 II HGB nicht zu erkennen ist. Es hat für sonstige Arbeitnehmer das Wettbewerbsverbot aus der vertraglichen Rücksichtspflicht (Treuepflicht) abgeleitet (BAG 17. 10. 1969 AP § 611 BGB Treuepflicht Nr. 7; 16. 6. 1976 AP Nr. 8 aaO; BGH 16. 8. 1990 EWIR BGB § 626 Nr. 1/91). Nicht entsprechend angewandt wird § 61 II HGB (BAG 16. 1. 1975 AP HGB § 60 Nr. 8). Ein großer Bedarf für eine entsprechende Anwendung besteht kaum.

4 c) Eine unmittelbare oder entsprechende Anwendung kommt nicht in Betracht bei Dienstnehmern, freien Mitarbeitern, Vertretern von Handels- oder Kapitalgesellschaften, Handelsvertretern (BGH vom 23. 1. 1964 NJW 1964, 817).

5 3. Zeitlicher Geltungsbereich. a) Das Verbot gilt nur während des rechtlichen Bestandes des Arbeitsverhältnisses (BAG 26. 3. 1965 AP BGB § 306 Nr. 1; 17. 10. 1969 AP BGB § 611 Treuepflicht Nr. 7). Das Verbot gilt während der Suspendierung des Arbeitsverhältnisses; aber auch während der Weiterbeschäftigung aufgrund des allgemeinen oder besonderen Weiterbeschäftigungsanspruches (vgl. § 611 BGB Rn. 825; § 102 BetrVG Rn. 31 ff.). Bei der Weiterbeschäftigung aufgrund des besonderen Beschäftigungsanspruches besteht ein Rechtsverhältnis; stellt sich nach einer Weiterbeschäftigung aufgrund des allgemeinen Weiterbeschäftigungsanspruches später heraus, daß das Arbeitsverhältnis berechtigt beendet worden ist, so folgt die Unterlassungspflicht aus dem aus der Rechtsprechung sich ergebenden Schuldverhältnis.

6 b) Hat der Arbeitnehmer das Arbeitsverhältnis berechtigt ordentlich oder außerordentlich gekündigt, so endet das Wettbewerbsverbot. Hat er unberechtigt außerordentlich gekündigt, so bleibt hiervon das Wettbewerbsverbot unberührt.

7 c) Hat der Arbeitgeber das Arbeitsverhältnis berechtigt ordentlich oder außerordentlich gekündigt, so endet mit dem Arbeitsverhältnis das Wettbewerbsverbot. Hat der Arbeitgeber berechtigt außerordentlich gekündigt, so haftet der Arbeitnehmer nach § 628 II BGB auf Schadensersatz. Der Schadensersatzanspruch geht jedoch nicht über die Grenzen hinaus, die auch durch ein nachvertragliches Wettbewerbsverbot erreicht werden können (BAG 17. 4. 1956 AP BGB § 628 Nr. 8). Hat der Arbeitgeber unberechtigt ordentlich oder außerordentlich gekündigt, so bleibt der rechtliche Bestand des Arbeitsverhältnisses und damit das Wettbewerbsverbot unberührt. Nimmt der Arbeitgeber den Arbeitnehmer nach einer ungerechtfertigten Kündigung aus dem Wettbewerbsverbot in Anspruch, so kann dieser die Einrede der Arglist erheben, es sei denn, daß er am Arbeitsverhältnis festhalten will (BAG 25. 4. 1991 AP BGB § 626 Nr. 104, NJW 1992, 1646, NZA 1992, 212; LAGE Köln 4. 7. 1995 § 60 HGB Nr. 4).

d) Auf das Ruhestandsverhältnis ist das Wettbewerbsverbot weder unmittelbar noch entsprechend **8** anzuwenden. Jedoch kann sich eine Verpflichtung zur Wettbewerbsenthaltung aus der Rücksichtspflicht ergeben (vgl. § 611 BGB Rn. 1020).

II. Inhalt des Wettbewerbsverbotes

1. **Handelsgewerbe.** a) Nach dem Gesetzeswortlaut ist dem Arbeitnehmer das Betreiben eines **9** jeglichen Handelsgewerbes untersagt. Unerheblich für den Begriff des Handelsgewerbes ist, ob dieses von dem § 1 II HGB erfaßt wird. Das BAG hat in verfassungskonformer Auslegung den Verbotsbereich reduziert auf Handelsgewerbe im Geschäftsbereich des Arbeitgebers (BAG 25. 5. 1970 AP HGB § 60 Nr. 4; 12. 5. 1972 AP Nr. 6 aaO; 7. 9. 1972 AP Nr. 7 aaO). Dagegen ist ihm eine sonstige gewerbliche Tätigkeit erlaubt. Nach § 112 I HGB ist dem Gesellschafter einer oHG nur die Teilnahme an einer gleichartigen Gesellschaft untersagt. Verboten sind nur Handelsgewerbe auf derselben Handelsstufe wie das des Arbeitgebers. Nicht verboten ist, daß Arbeitgeber und Arbeitnehmer miteinander Geschäfte machen (BAG 3. 5. 1983 AP HGB § 60 Nr. 10 = NJW 1984, 886).

b) Der Arbeitnehmer betreibt dann ein Handelsgewerbe, wenn er das Gewerbe für eigene oder **10** fremde Rechnung betreibt, sich als persönlich haftender Gesellschafter an einer Personengesellschaft beteiligt, ein anderer unter seinem Namen handelt, er einen Strohmann vorschiebt, der unter seinem Namen handelt, er Aktien einer konkurrierenden AG erwirbt (aA LAG Köln 29. 4. 1994, NZA 1995, 994 = BB 1995, 679).

c) Erlaubt ist die Vorbereitung eines eigenen Handelsgewerbes, sofern nicht bereits das Tatbestands- **11** merkmal des Geschäftemachens erfüllt ist (LAG Kiel 24. 1. 1956 AP HGB § 60 Nr. 1; BAG 30. 1. 1963 und 7. 9. 1972 AP HGB § 60 Nr. 3, 7). Zulässige Vorbereitungshandlungen sind Mieten von Geschäftsräumen (BAG 30. 1. 1963 AP HGB § 60 Nr. 3), Erwerb von Waren, Einstellung von Arbeitnehmern, Anmeldung und Bekanntmachung einer Handelsgesellschaft (BAG 12. 5. 1972 AP HGB § 60 Nr. 6), Abschluß eines Franchise-Vertrages (BAG 30. 5. 1978 AP HGB § 60 Nr. 9). Unzulässig ist die Werbung von Kunden (BAG 30. 1. 1963 und 24. 4. 1970 AP HGB § 60 Nr. 3, 5) oder der Erwerb eines Warenzeichens.

d) Der Arbeitnehmer darf auch mit den Arbeitnehmern seines Arbeitgebers Arbeitsverträge ab- **12** schließen. Ihm ist lediglich untersagt, diese zu beeinflussen, mit ihm Arbeitsverträge abzuschließen oder Vertragsbrüche zu unterstützen (BAG 16. 1. 1975 AP HGB § 60 Nr. 8). Vgl. § 626 Rn. 87.

2. **Konkurrenzgeschäfte.** a) Dem Handlungsgehilfen ist untersagt, im Handelszweig seines Prinzi- **13** pals Geschäfte zu machen. Dies ist jede spekulative, auf Gewinn gerichtete Teilnahme am Geschäftsverkehr (BAG 30. 1. 1963 und 24. 4. 1970 AP HGB § 60 Nr. 3, 5; 15. 2. 1962 AP HGB § 61 Nr. 1).

b) Unerheblich ist, in welcher Form die Geschäfte gemacht werden. Verboten ist das Vorfühlen bei **14** Kunden (BAG 24. 4. 1970 AP HGB § 60 Nr. 5), die Gewährung von Darlehn, die Beteiligung am Handelsgewerbe eines Konkurrenten (LAG Kiel 24. 1. 1956 AP HGB § 60 Nr. 1), die Tätigkeit im eigenen oder fremden Namen. Vom Verbot nicht erfaßt wird die Befriedigung eigener Bedürfnisse oder die Anlage eigener Vermögenswerte im Geschäft eines Konkurrenten. Dasselbe gilt für Stützarbeiten für einen Konkurrenten des Arbeitgebers, also Buchhaltungs-, Schreib- oder Verpackungsarbeiten. Diese können zwar den wettbewerbsrechtlichen Interessen des Arbeitgebers zuwiderlaufen und gegen die allgemeine Rücksichtspflicht verstoßen. Es fehlt jedoch an der spekulativen Tätigkeit. Die Wettbewerbstätigkeit muß sich auf der gleichen geschäftlichen Ebene abspielen. Keine Wettbewerbstätigkeit ist gegeben, wenn der Arbeitgeber ein Speditionsunternehmen betreibt und der Arbeitnehmer ihm Container vermietet (BAG 3. 5. 1983 AP HGB § 60 Nr. 10 = NJW 1984, 886) oder Arbeitnehmer von einem Dienstleistungsunternehmen zum Produktionsunternehmen wechselt (BAG 21. 1. 1997 NZA 1997, 1284 = NJW 1998, 99).

c) Maßgebend für den Umfang des Verbotes ist der Zeitpunkt der Ausübung der Tätigkeit, nicht **15** dagegen der Vertragsschluß. Der Umfang des Wettbewerbsverbotes kann sich mithin während des Bestandes des Arbeitsverhältnisses verändern, wenn das Unternehmen des Arbeitgebers expandiert. Dasselbe gilt für die Erweiterung des Kaufmannsbegriffs durch § 1 II HGB. Zweifelhaft ist die Rechtslage, wenn der Betrieb oder Betriebsteil des Arbeitgebers auf einen Nachfolger übergeht (§ 613 a BGB). Dem Arbeitnehmer wird bei Aufrechterhaltung seines Arbeitsverhältnisses untersagt sein, im Handelszweige des Erwerbers ein Handelsgewerbe zu eröffnen oder Geschäfte zu machen. Dagegen kann der Erwerber nicht die Schließung eines bereits eröffneten Gewerbes verlangen.

III. Einwilligung

16 **1. Einwilligung. a)** Der Arbeitnehmer unterliegt nicht dem vertraglichen Wettbewerbsverbot, wenn der Arbeitgeber einwilligt. Die Einwilligung kann sich auf ein Handelsgewerbe wie auch auf alle oder bestimmte Geschäfte im Handelszweige des Arbeitgebers beziehen.

17 b) Die Einwilligung ist eine Willenserklärung, die ausdrücklich oder auch konkludent erteilt werden kann. Eine konkludente Einwilligungserklärung ist dann gegeben, wenn der Arbeitgeber in Kenntnis der Tätigkeit des Arbeitnehmers nicht einschreitet, obwohl ihm dies möglich ist. Sie kann vor, während und nach den Geschäften erteilt werden.

18 c) Für Umfang und Grenzen der Einwilligung ist der Arbeitnehmer darlegungs- und beweispflichtig (BAG 16. 6. 1976 AP BGB § 611 Treuepflicht Nr. 8).

19 **2. Einwilligungsfiktion.** Die Einwilligung zum Betrieb eines Handelsgewerbes gilt als erteilt, wenn dem Arbeitgeber bei der Einstellung des Arbeitnehmers bekannt ist, daß er das Gewerbe betreibt. Notwendig ist Kenntnis, auch fahrlässige Unkenntnis ist unzureichend. Die Einwilligungsfiktion greift dann nicht ein, wenn der Arbeitgeber mit dem Arbeitnehmer die Aufgabe des Betriebes vereinbart.

20 **3. Rücknahme der Einwilligung.** Die einmal erteilte Einwilligung kann nicht einseitig zurückgenommen werden. Jedoch kann der Widerruf vorbehalten sein. Der Widerruf erfolgt nach § 315 BGB nach billigem Ermessen. Hat der Arbeitgeber einzelne Konkurrenzgeschäfte gemacht, so kann hieraus nicht auf die Einwilligung zum Betrieb eines Handelsgewerbes geschlossen werden.

§ 61 [Verletzung des Verbots]

(1) Verletzt der Handlungsgehilfe die ihm nach § 60 obliegende Verpflichtung, so kann der Prinzipal Schadensersatz fordern; er kann statt dessen verlangen, daß der Handlungsgehilfe die für eigene Rechnung gemachten Geschäfte als für Rechnung des Prinzipals eingegangen gelten lasse und die aus Geschäften für fremde Rechnung bezogene Vergütung herausgebe oder seinen Anspruch auf die Vergütung abtrete.

(2) Die Ansprüche verjähren in drei Monaten von dem Zeitpunkt an, in welchem der Prinzipal Kenntnis von dem Abschlusse des Geschäfts erlangt; sie verjähren ohne Rücksicht auf diese Kenntnis in fünf Jahren von dem Abschlusse des Geschäfts an.

I. Rechtsfolgen eines Wettbewerbsverstoßes

1 **1. Ansprüche des Arbeitsgebers. a)** Verstößt der Arbeitgeber gegen ein vertragliches Wettbewerbsverbot, in dem er ein gesperrtes Gewerbe betreibt oder verbotene Geschäfte macht, so sind die Geschäfte wirksam, da der Arbeitnehmer nur einer schuldrechtlichen Verpflichtung zuwiderhandelt. Der Arbeitgeber kann *a)* Unterlassung verlangen, wenn weitere Verstöße zu erwarten sind, *b)* ordentlich oder außerordentlich kündigen, *c)* Schadensersatz verlangen, *d)* in die Geschäfte eintreten und zur Vorbereitung dieser Ansprüche *e)* Auskunft verlangen.

2 b) Mit den vertraglichen Ansprüchen können Ansprüche aus unerlaubter Handlung in Anspruchskonkurrenz stehen.

3 c) Der Arbeitgeber ist dagegen nicht berechtigt, die Vergütungsansprüche des Arbeitnehmers zu verweigern. Insoweit kann er lediglich mit Schadensersatzansprüchen aufrechnen (BGH 19. 10. 1987 DB 1988, 225 = ZIP 1988, 47).

4 **2. Unterlassungsansprüche.** Der Arbeitgeber kann mit der vorbeugenden Unterlassungsklage die Unterlassung von Wettbewerb verlangen, wenn weitere Wettbewerbsverstöße zu besorgen sind. Diese können auch im Wege der einstweiligen Verfügung verfolgt werden (LAG Mannheim BB 1968, 708; LAG Düsseldorf 1. 3. 1972 DB 1972, 878; LAG Hamm 7. 4. 1983 EzA ZPO § 935 Nr. 1).

5 **3. Kündigung. a)** Ein Wettbewerbsverstoß ist im allgemeinen geeignet, nach vorheriger Abmahnung eine verhaltensbedingte Kündigung zu rechtfertigen (vgl. § 1 KSchG Rn. 352, 361).

6 b) Bei erheblichen Wettbewerbsverstößen kann eine außerordentliche Kündigung gerechtfertigt sein (BAG 6. 8. 1987 AP BGB § 626 Nr. 97= NJW 1988, 488; 21. 11. 1996 NZA 97, 713; BGH 16. 8. 1990 AP BGB § 611 Treuepflicht Nr. 10, NJW 1991, 518 = NZA 1991, 141; LAG Köln 29. 4. 1994 NZA 1995, 944). Hierzu § 626 Rn. 120 ff.

7 **4. Schadensersatz. a)** Der Arbeitgeber kann wegen unerlaubter Konkurrenz des Arbeitnehmers Schadensersatz verlangen (§ 61 I HGB). Schaden ist der erwachsene Schaden und der entgangene Gewinn, den der Arbeitgeber aus dem Geschäft erzielt hätte. Mit dem Schadensersatzanspruch kann nicht der weitergehende Gewinn verlangt werden, den der Gehilfe aus besonderer Geschäftstüchtigkeit erzielt hat. Zum zu ersetzenden Schaden gehören auch die Entgeltaufwendungen, die der Arbeitgeber zur Aufklärung der Wettbewerbstätigkeit gehabt hat (BAG 24. 4. 1970 AP HGB § 60 Nr. 5).

b) Der Arbeitgeber ist für Grund und Höhe der Schadensersatzforderung darlegungs- und beweis- 8
pflichtig.

c) Gegen den Dritten bestehen nur Schadensersatzansprüche, wenn die Voraussetzungen von § 826 9
BGB oder § 1 UWG vorliegen.

5. **Eintrittsrecht.** a) Der Arbeitgeber kann statt des Schadensersatzes verlangen, daß der Arbeit- 10
nehmer die für eigene Rechnung gemachten Geschäfte als für Rechnung des Arbeitgebers eingegangen
gelten läßt. Das Eintrittsrecht wird durch Erklärung gegenüber dem Gehilfen ausgeübt. Es kann statt
des Schadensersatzanspruches ausgeübt werden. Es ist eine sog. facultas alternativa. Der Arbeitnehmer
hat nicht die Möglichkeit, dem Arbeitgeber eine Frist für die Ausübung des Wahlrechtes zu setzen
(§ 264 II BGB). Andererseits ist es nicht möglich, zunächst Schadensersatz zu verlangen und später
das Eintrittsrecht auszuüben. Auch bei Ausübung des Eintrittsrechts bleibt der Dritte Vertragspartner
des Arbeitnehmers. In seine Rechte kann nicht eingegriffen werden.

b) Bei Geschäften, die der Arbeitnehmer für eigene Rechnung gemacht hat, muß dieser sich so 11
behandeln lassen, als ob der Arbeitgeber sie gemacht hätte. Es gelten §§ 666, 667, 670, 687 II BGB. Bei
Geschäften, die der Arbeitnehmer für fremde Rechnung gemacht hat, muß er seine Vergütung herausgeben oder seine Vergütungsansprüche abtreten, darüber Auskunft erteilen und Rechnung legen.
Betreibt der Arbeitnehmer ein Handelsgewerbe, kann der Arbeitgeber in alle einzelne Geschäfte
eintreten, sofern sie in seinem Geschäftszweig liegen und er sie in gleichem Umfang gemacht hätte
(vgl. BAG 15. 2. 1962 AP HGB § 61 Nr. 1). Tritt der Arbeitgeber in die Geschäfte des Arbeitnehmers
ein, so muß er diesem auch die Auslagen ersetzen.

c) Das Eintrittsrecht kann durch die Rechtsnatur des verbotenen Geschäftes ausgeschlossen sein. 12
Der Arbeitgeber kann nicht verlangen, anstelle des Arbeitnehmers die Rechte aus einem Gesellschaftsvertrag wahrzunehmen oder, sofern der Arbeitnehmer als Geschäftsführer/Vorstand bestellt worden
ist, die Vergütung aus dem Dienstvertrag abzutreten (BAG 15. 2. 1962 AP HGB § 61 Nr. 1). Etwas
anders gilt nach Ansicht des BGH für die Gesellschaftervergütung nach § 113 HGB (BGHE 38, 306).

6. **Auskunftsrecht.** Kann der Arbeitgeber darlegen, daß sein Arbeitnehmer ihm mit hoher Wahr- 13
scheinlichkeit unerlaubt Konkurrenz gemacht hat, so ist dieser verpflichtet, über die von ihm ausgeführten Geschäfte Auskunft zu erteilen und Rechnung zu legen (BAG 21. 10. 1970 AP BGB § 242
Auskunftspflicht Nr. 13; 12. 5. 1972 und 16. 1. 1975 AP HGB § 60 Nr. 6, 8; 16. 6. 1976 AP BGB
§ 611 Treuepflicht Nr. 8). Erst nach Auskunftserteilung kann der Arbeitgeber eine sachgemäße Entscheidung treffen, ob er in die Geschäfte eintritt oder Schadensersatz verlangt. Der Anspruch kann
noch während des Prozesses erfüllt werden (BAG 4. 6. 1969 AP BGB § 611 Lohnanspruch Nr. 14).

II. Verjährung

1. **Verjährungsfrist.** Die Ansprüche verjähren in drei Monaten von dem Zeitpunkt an, in welchem 14
der Arbeitgeber Kenntnis von dem Abschluß des Geschäfts erlangt. Sie verjähren ohne Rücksicht auf
diese Kenntnis in fünf Jahren von dem Abschluß des Geschäftes an (§ 61 II HGB). Bei Abschluß
mehrerer Geschäfte verjähren also die länger als drei Monate zurückliegenden. Bei dem Betriebe eines
Handelsgeschäftes läuft die Verjährungsfrist ab Abschluß eines jeden einzelnen Geschäftes. Die
Kenntnis seines Vertreters muß sich der Arbeitgeber zurechnen lassen.

2. Die **kurze Verjährungsfrist** gilt auch für in Anspruchskonkurrenz stehende Ansprüche, also 15
solche aus § 826 BGB bzw. § 1 UWG (BAG 28. 1. 1986 AP HGB § 61 Nr. 2 = NJW 1986, 2527).
Dasselbe gilt für Ansprüche auf Herausgabe des Erlöses nach § 687 BGB (BAG 22. 8. 1966 AP BGB
§ 687 Nr. 3). Die kurze Verjährungsfrist gilt nicht, wenn der Arbeitnehmer zwar im Geschäftsbereich
des Arbeitgebers Geschäfte macht, dabei aber nicht als Wettbewerber auftritt, sondern über das
Vermögen des Arbeitgebers verfügt, um ihn zu schädigen (BAG 11. 8. 1987 AP BGB § 611 Haftung
des Arbeitnehmers Nr. 90 = NZA 1988, 200). Hat der Arbeitgeber Auskunfts- und Zahlungsansprüche im Wege der Stufenklage verfolgt, so beginnt die unterbrochene Verjährungsfrist für den Zahlungsanspruch erneut bei Auskunftserteilung (BAG 28. 1. 1986 AP HGB § 61 Nr. 2 = NJW 1986, 2527).

3. Ob die kurze Verjährungsfrist auch für sonstige Angestellte gilt, ist umstritten, weil der Gerech- 16
tigkeitsgehalt der Vorschrift nur gering ist (vgl. verneinend BAG 16. 1. 1975 AP HGB Nr. 8; dagegen
12. 5. 1972 AP HGB § 60 Nr. 6).

§ 62 [Fürsorgepflicht des Arbeitgebers]

(1) **Der Prinzipal ist verpflichtet, die Geschäftsräume und die für den Geschäftsbetrieb bestimmten Vorrichtungen und Gerätschaften so einzurichten und zu unterhalten, auch den
Geschäftsbetrieb und die Arbeitszeit so zu regeln, daß der Handlungsgehilfe gegen eine Gefährdung seiner Gesundheit, soweit die Natur des Betriebs es gestattet, geschützt und die Aufrechterhaltung der guten Sitten und des Anstandes gesichert ist.**

(2) Ist der Handlungsgehilfe in die häusliche Gemeinschaft aufgenommen, so hat der Prinzipal in Ansehung des Wohn- und Schlafraums, der Verpflegung sowie der Arbeits- und Erholungszeit diejenigen Einrichtungen und Anordnungen zu treffen, welche mit Rücksicht auf die Gesundheit, die Sittlichkeit und die Religion des Handlungsgehilfen erforderlich sind.

(3) Erfüllt der Prinzipal die ihm in Ansehung des Lebens und der Gesundheit des Handlungsgehilfen obliegenden Verpflichtungen nicht, so finden auf seine Verpflichtung zum Schadensersatze die für unerlaubte Handlungen geltenden Vorschriften der §§ 842 bis 846 des Bürgerlichen Gesetzbuchs entsprechende Anwendung.

(4) Die dem Prinzipal hiernach obliegenden Verpflichtungen können nicht im voraus durch Vertrag aufgehoben oder beschränkt werden.

Vgl. die Erläuterungen § 611 Rn. 883 ff. Abs. 2 bis 4 gelten nicht in den neuen Bundesländern.

§ 63. *(aufgehoben)*

§ 64 [Gehaltszahlung]

¹Die Zahlung des dem Handlungsgehilfen zukommenden Gehalts hat am Schlusse jedes Monats zu erfolgen. ²Eine Vereinbarung, nach der die Zahlung des Gehalts später erfolgen soll, ist nichtig.

Vgl. die Erläuterungen § 614 Rn. 8.

§ 65 [Provision]

Ist bedungen, daß der Handlungsgehilfe für Geschäfte, die von ihm geschlossen oder vermittelt werden, Provision erhalten solle, so sind die für die Handelsvertreter geltenden Vorschriften des § 87 Abs. 1 und 3 sowie der §§ 87a bis 87c anzuwenden.

1   1. Begriff. a) Die Provision ist eine Erfolgsvergütung. Sie ist eine Beteiligung an dem Wert solcher Geschäfte, die durch den Provisionsberechtigten zustande gekommen sind (**Vermittlungsprovision**) oder die mit Kunden eines bestimmten Bezirks oder vorbehaltenen Kundenstamm abgeschlossen werden (**Bezirksprovision**) (BAG 14. 11. 1966 AP HGB § 65 Nr. 4; LAG Hamm 2. 10. 1991 BB 1992, 142). Sie wird zumeist in Prozenten des Geschäftswertes ausgedrückt, es finden sich aber auch Provisionsstaffeln. Für ihre rechtliche Einordnung kommt es nicht auf die Bezeichnung, sondern ihre Rechtsnatur an (BAG 13. 12. 1965 AP HGB § 65 Nr. 3; 12. 1. 1983 AP HGB § 87a Nr. 4).

2   b) Davon zu unterscheiden ist die **Umsatzprovision**. Sie ist die Beteiligung an dem Wert sämtlicher Geschäfte eines Unternehmens oder einer Abteilung (LAG Düsseldorf 24. 6. 1969 DB 1969, 1296; zu Geschäften von Konzernunternehmen BAG 20. 5. 1976 HGB § 65 Nr. 10), ihre Höhe ist nicht allein von der Leistung des Provisionsberechtigten, sondern auch der der übrigen Mitarbeiter abhängig. Sie ist Teil des Entgelts für die vertraglich geschuldete Arbeitsleistung (BAG 8. 9. 1998 NJW 1999, 425 = NZA 1999, 420). Je nach vertraglicher Ausgestaltung sind auf sie die Vorschriften der Provision, der Gewinnbeteiligung (§ 611 Rn. 726) oder der Gratifikation (§ 611 Rn. 786ff.) anzuwenden. Eine Vereinbarung, daß die Umsatzbeteiligung im Folgejahr in monatlichen gleichen Raten ausgezahlt wird, regelt nur die Leistungszeit; sie bewirkt aber nicht das Erlöschen des Anspruchs, wenn das Arbeitsverhältnis nicht mehr besteht (BAG 8. 9. 1998 NJW 1999, 425 = NZA 1999, 420).

3   c) Eine **Verrechnungsgarantie** ist dann gegeben, wenn der Dienstberechtigte monatlich einen festen Betrag zahlt, der durch später verdiente Provisionen abgedeckt werden soll. Wird einem Provisionsberechtigten ein bestimmter monatlicher Betrag garantiert, so ist im Zweifel ausgeschlossen, daß Minderverdienste eines Monats mit Verdienstspitzen in einem anderen Monat ausgeglichen werden sollen (BAG AP 23. 9. 1975 HGB § 65 Nr. 8 m. Anm. *Schulze-Osterloh*; vgl. auch BAG AP 12. 1. 1983 Nr. 9 m. Anm. *Herschel*).

4   2. Geltungsbereich. a) Die Provision ist die typische Vergütung des **Handelsvertreters**. Sie ermöglicht die Anpassung der Vertriebskosten an den Vertriebserfolg des Unternehmens.

5   b) **Handlungsgehilfen.** Nach § 65 HGB kann auch einem Handlungsgehilfen allein oder neben einem Fixum eine Provision zugesagt werden (LAG Berlin 3. 11. 1986 AP HGB § 65 Nr. 14). Ist sie ihm zugesagt, so gelten § 87 I bis III sowie § 87a bis § 87c HGB. Die Vorschriften können nicht schematisch auf den Handlungsgehilfen übertragen werden; vielmehr sind die rechtlichen und wirtschaftlichen Unterschiede zwischen einem selbständigen Dienstpflichtigen und einem Arbeitnehmer zu beachten (BAG 20. 5. 1976 AP HGB § 65 Nr. 6). Eine arbeitsvertragliche Vereinbarung nach der ein angestellter Außendienstmitarbeiter neben seinem Fixum Provisionen nach Erreichen einer Jahressollvorgabe erhält, kann bei Fehlen einer Regelung für den Fall unterjähriger Beschäftigung durch Vertragsauslegung zu ergänzen sein (BAG 20. 8. 1996 AP HGB § 87 Nr. 9 = NZA 1996, 1151). Aus

dem Arbeitnehmerschutz folgen Besonderheiten bei Überhangprovisionen und bei Provisionsberechnungen. In § 65 HGB ist für Handlungsgehilfen nicht auf § 87 II, 4; § 89b HGB verwiesen. Hieraus folgt, daß ihnen eine Bezirks- (BAG 13. 12. 1965 AP HGB § 65 Nr. 6) und Inkassoprovision sowie ein Ausgleichsanspruch nur bei entsprechender Vereinbarung zusteht (BAG 13. 12. 1965 AP HGB § 89b Nr. 1). Die in § 65 HGB fehlende Verweisung auf § 92 HGB beruht auf einem Redaktionsversehen, so daß auch bei Handlungsgehilfen zwischen dem Warenvertreter und Versicherungs- bzw. Bausparkassenvertreter unterschieden werden muß (BAG 25. 10. 1967 AP HGB § 92 Nr. 3).

c) **Sonstige Arbeitnehmer.** Für die übrigen auf Provision angestellten Arbeitnehmer fehlt eine 6 gesetzliche Regelung. Es bestehen keine rechtlichen Bedenken, die für Handlungsgehilfen geltenden Vorschriften entsprechend anzuwenden.

3. Gliederung. Die Provision ist eine Erfolgsvergütung, die vom Abschluß des Geschäfts und 7 suspensiv bedingt von der Ausführung durch den Arbeitgeber, resolutiv bedingt von der durch den Dritten abhängt. Es regeln a) § 87 HGB den Begriff des provisionspflichtigen Geschäftes und wann ein noch von der Ausführung abhängiger Provisionsanspruch erwächst; b) § 87a HGB, wann der Provisionsberechtigte einen nicht mehr bedingten Anspruch auf Provision hat; c) § 87b HGB die Höhe der Provision; d) § 87c HGB die Abrechnung der Provision durch den Unternehmer und e) § 87d HGB die Frage, ob der Handelsvertreter neben der Provision Aufwendungsersatz verlangen kann.

4. Abdingbarkeit. a) Für **Handelsvertreter** sind §§ 87 bis 87d HGB grundsätzlich durch Vertrag 8 abdingbar. Es bestehen Schranken der Abdingbarkeit in § 87a V; § 87c V HGB. Haben mehrere Handelsvertreter Provisionsansprüche, zB weil das Geschäft auf die Tätigkeit eines Handelsvertreters zurückzuführen ist (§ 87 I 1. Alt. HGB) und ein anderer Kundenschutz nach § 87 II genießt oder er den Kunden geworben hat (§ 87 I 2. Alt. HGB), so hat mangels Bestehens anderweitiger vertraglicher Abreden jeder Vertreter Anspruch auf die volle Provision. Auch einem Handelsvertreter können neben der Provision Festbezüge (Gehalt, Spesenzuschuß) zugesagt werden. Indes trifft ihn die Beweislast, daß die ausgesetzten Festbezüge nur eine Mindestgarantieprovision darstellen. Der Provisionsanspruch des Handelsvertreters kann überhaupt ausgeschlossen sein. Ein allein gegen Festgehalt tätiger Handelsvertreter wird idR unselbständig sein (§ 84 II HGB).

b) Für **Handlungsgehilfen** sind die gesetzlichen Vorschriften grundsätzlich in gleichem Umfang 9 abdingbar (BAG 17. 5. 1962 AP HGB § 65 Nr. 2 m. Anm. *Hefermehl*). Jedoch können sich darüber hinausgehende Einschränkungen aus der Natur des Arbeitsverhältnisses ergeben (BAG 4. 7. 1972 u. 20. 7. 1973 AP HGB § 65 Nr. 6, 7). Dies gilt insbesondere für Vereinbarungen, wonach Provisionsüberzahlungen mit Provisionsansprüchen verrechnet werden sollen (BAG 25. 3. 1976 AP HGB § 65 Nr. 9 m. Anm. *Herschel*). Provisionen sind bei der Berechnung der Entgeltfortzahlung im Krankheitsfall zu berücksichtigen (BAG 5. 6. 1985 NZA 86, 290; vgl. § 4 EntgeltfortzG Rn. 37). Ausnahmen können sich für Tantiemen ergeben, wenn der Angestellte ganzjährig arbeitsunfähig ist und der Entgeltfortzahlungsanspruch erschöpft ist (BAG 8. 9. 1998 AP BGB § 611 Gratifikation Nr. 214 = NZA 99, 824).

5. Abtretung und Pfändung. Der unter den Voraussetzungen von § 87 HGB erworbene, jedoch 10 noch von der Ausführung des Geschäftes nach § 87a HGB aufschiebend bedingte Anspruch ist bereits in dem Augenblick, in dem er erworben ist, als zukünftiger Anspruch abtretbar und pfändbar.

§§ 66–72. *(aufgehoben)*

§ 73 [Anspruch auf Zeugnis]

¹ Bei der Beendigung des Dienstverhältnisses kann der Handlungsgehilfe ein schriftliches Zeugnis über die Art und Dauer der Beschäftigung fordern. ² Das Zeugnis ist auf Verlangen des Handlungsgehilfen auch auf die Führung und die Leistungen auszudehnen.

Wegen der Erläuterung vgl. § 630 BGB.

§ 74 [Vertragliches Wettbewerbsverbot]

(1) Eine Vereinbarung zwischen dem Prinzipal und dem Handlungsgehilfen, die den Gehilfen für die Zeit nach Beendigung des Dienstverhältnisses in seiner gewerblichen Tätigkeit beschränkt (Wettbewerbsverbot), bedarf der Schriftform und der Aushändigung einer vom Prinzipal unterzeichneten, die vereinbarten Bestimmungen enthaltenden Urkunde an den Gehilfen.

(2) Das Wettbewerbsverbot ist nur verbindlich, wenn sich der Prinzipal verpflichtet, für die Dauer des Verbots eine Entschädigung zu zahlen, die für jedes Jahr des Verbots mindestens die Hälfte der von dem Handlungsgehilfen zuletzt bezogenen vertragsmäßigen Leistungen erreicht.

Schrifttum: *Bauer/Diller,* Wettbewerbsverbote, 2. Aufl. 1999; *Buchner,* Wettbewerbsverbote während und Nach Beendigung des Arbeitsverhältnisses, Schriften zur AR-Blattei 1995; *Grüll/Janert,* Die Konkurrenzklausel, 5. Aufl., 1993; *Grunsky,* Wettbewerbsverbote für Arbeitnehmer, 2. Aufl., 1987; *Reinfeld,* Verschwiegenheitspflicht und Geheimnisschutz im Arbeitsrecht, 1989; *Röhsler/Borrmann,* Wettbewerbsbeschränkungen für Arbeitnehmer und Handlungsreisende, 1981; Wertheimer, Nachvertragliche Wettbewerbsverbote bei Arbeitsverhältnissen, 1998.

I. Allgemeines

1 **1. Wettbewerbsfreiheit. a)** Der Arbeitnehmer ist nach Beendigung des Arbeitsverhältnisses berechtigt, sein berufliches Erfahrungswissen auszunutzen um seinem ehemaligen Arbeitgeber Konkurrenz zu machen (BAG 15. 6. 1993 AP BGB § 611 Konkurrenzklausel Nr. 40 = NZA 1994, 502; 19. 5. 1998 AP BGB § 611 Treuepflicht Nr. 11 = NJW 1999, 2062 = NZA 1999, 200). Eine Einschränkung dieses Rechtsgrundsatzes besteht lediglich im Fall der sittenwidrigen Schädigung des ehemaligen Arbeitgebers. Eine solche kann zB gegeben sein, wenn der Arbeitnehmer dem ehemaligen Arbeitgeber ein Geschäft abjagt, bei dem nur noch der formale Abschluß aussteht (BAG 24. 11. 1956 AP BGB § 611 Fürsorgepflicht Nr. 4).

2 **b)** Der Arbeitnehmer kann sich aber nach Beendigung des Arbeitsverhältnisses zur Wettbewerbsenthaltung verpflichten. Hierdurch wird zwar die Berufsausübung des Arbeitnehmers eingeschränkt. Hiergegen bestehen jedoch keine verfassungsrechtlichen Bedenken (BAG 11. 2. 1960 AP GG Art. 12 Nr. 20). Jedoch müssen die Grenzen der §§ 74 ff. beachtet werden.

3 **2. Geltungsbereich. a)** Die Regeln des nachvertraglichen Wettbewerbsverbotes gelten zeitlich nur für die Zeit nach Beendigung des Arbeitsverhältnisses. Aufgrund welchen Tatbestandes das Arbeitsverhältnis beendet wurde, ist unerheblich. Ein Wettbewerbsverbot kann bereits in einem Probearbeitsverhältnis (BAG 19. 5. 1983 AP BGB § 123 Nr. 25 = BB 1984, 533) oder befristeten Arbeitsverhältnis abgeschlossen werden. Dies gilt selbst dann, wenn das Arbeitsverhältnis mit Ablauf der Probezeit beendet wird (BAG 19. 5. 1983 AP BGB § 123 Nr. 25 = BB 1985, 533; 5. 10. 1971 AP BGB § 628 Nr. 6 = NJW 1971, 2092). Andererseits ist es aber auch zulässig, es von der Bedingung abhängig zu machen, daß das Arbeitsverhältnis über den Ablauf der Probezeit fortbesteht (BAG 27. 4. 1986 AP BGB § 620 Probearbeitsverhältnis Nr. 16 = NJW 1983, 135). Im allgemeinen wird ein tätigkeitsbezogenes Wettbwerbsverbot nur dann in Kraft treten, wenn der Arbeitnehmer seine Tätigkeit aufgenommen hat (BAG 26. 5. 1992 AP HGB § 74 Nr. 63 = NZA 1992, 976).

4 **b)** Nach ihrem persönlichen Geltungsbereich werden von §§ 74 ff. nur die Handlungsgehilfen (§ 59 Rn. 2) erfaßt. Das BAG hat aber wegen aller übrigen Arbeitnehmer eine Regelungslücke angenommen und die Vorschriften auf alle Arbeitnehmer entsprechend angewandt (BAG 13. 9. 1969 AP BGB § 611 Konkurrenzklausel Nr. 24 = NJW 1970, 626; 9. 1. 1990 AP HGB § 74 Nr. 59 = NJW 1990, 1870). Dem ist die Schrifttum gefolgt. Ist ein Gesellschafter mit einer Beteiligung von weniger als 1% des Stammkapitals an der Gesellschaft beteiligt und zugleich Arbeitnehmer der Gesellschaft, kann bei Streitigkeiten aus dem entschädigungslosen Wettbewerbsverbot das Arbeitsgericht zuständig sein (BAG 18. 8. 1997 AP HGB § 74 Nr. 70 = NJW 1998, 1091 = NZA 1997, 1362).

5 **c)** Die Regeln der §§ 74 ff. HGB werden auf Mandantenschutzklauseln entsprechend angewandt. Mandantenschutzklauseln kommen insbesondere bei den Angehörigen der freien Berufe, also Rechtsanwälten, Wirtschaftsprüfern und Steuerberatern vor (BAG 27. 9. 1988 AP HGB § 611 BGB Nr. 35 Konkurrenzklauseln = NZA 1989, 467). Im allgemeinen werden Mandantenschutzklauseln bei angestellten Rechtsanwälten für unzulässig gehalten (§ 3 II BRAO; dazu LAG München 19. 8. 1986 = NZA 1987, 600). Im übrigen ist zu unterscheiden zwischen allgemeinen und besonderen Mandantenschutzklauseln. Nach allgemeinen Mandantenschutzklauseln ist es dem Arbeitnehmer untersagt, als Selbständiger oder Arbeitnehmer eines anderen Arbeitgebers Mandanten seines früheren Arbeitgebers zu betreuen. Eine derartige Mandantenschutzklausel kommt einem Wettbewerbsverbot gleich und ist nur unter den Voraussetzungen der §§ 74 ff. HGB, also der Zusage einer Karenzentschädigung möglich (BAG 27. 9. 1988 AP BGB § 611 Konkurrenzklausel Nr. 35 = NZA 1989, 467). Eine beschränkte Mandantenschutzklausel untersagt dem Arbeitnehmer lediglich, sich aktiv um die Mitnahme früherer Mandanten seines Arbeitgebers zu bemühen. Dies ist nach ständiger Rechtsprechung aufgrund des Standesrechtes entschädigungslos verboten (BAG 16. 7. 1971 AP BGB § 611 Konkurrenzklausel Nr. 25 = NJW 1971, 2245). Das in der Berufsordnung für Ärzte enthaltene Wettbewerbsverbot, durch das dem zum Facharzt weitergebildeten Arzt untersagt wird, sich innerhalb eines Zeitraumes von zwei Jahren im Einzugsbereich der Praxis niederzulassen, in die Weiterbildung erfolgte, beinhaltet – jedenfalls bei Anwendung auf Ärzte für Laboratoriumsmedizin – im Hinblick auf die Länge der Karenzfrist einen unverhältnismäßigen Eingriff in die Berufsfreiheit (BGH 13. 6. 1996 WM 1997, 86). Als sittenwidrig wurden Wettbewerbsverbote angesehen bei zu langfristiger Bindung (5 Jahre: LG Limburg 3. 7. 1996 MedR 97, 221) oder räumlich zu weiter Erstreckung (Umkreis von 30 km: BGH 14. 7. 1997 NJW 1997, 3089; 20 km bei Chirurgen: OLG München 22. 4. 1996 MedR 1996, 567; Gemeinschaftspraxis 6, 5 km OLG Stuttgart 19. 7. 1996 WuW 1997, 348).

Mandantenschutzklauseln in Gesellschaftsverträgen von Rechtsanwälten können schon bei übermäßiger Bindung sittenwidrig sein (BGH 29. 1. 1996 NJW-RR 1996, 741).

d) Im allgemeinen kommen keine Wettbewerbsverbote für Auszubildende, Volontäre (§ 82a HGB) und sonst gleichgestellte Personen (§ 19 BBiG) in Betracht (§ 5 BBiG). Der Abschluß eines Wettbewerbsverbotes ist lediglich in den letzten sechs Monaten vor Beendigung des Ausbildungsverhältnisses möglich, wenn ein anschließendes Arbeitsverhältnis begründet wird. Für dieses gelten die §§ 74ff. HGB (arg. § 3 II BBiG). 6

e) Das Wettbewerbsverbot tritt nicht außer Kraft, wenn der Arbeitnehmer in den Ruhestand tritt (BAG 13. 10. 1984 AP HGB § 74 Nr. 46 = NZA 1985, 429; 3. 7. 1990 AP Nr. 61 = NZA 1991, 308). Auch der Ruheständler hat Anspruch auf Karenzentschädigung als Gegenleistung für die Unterlassung von Wettbewerb (BAG 3. 7. 1990 AP HGB § 74 Nr. 61 = NZA 1991, 308; 15. 6. 1993 AP BGB § 611 Konkurrenzklauseln Nr. 40 = NZA 1994, 502). Die Arbeitsvertragsparteien können jedoch die Anrechnung der Betriebsrente auf die Karenzentschädigung vereinbaren (BAG 30. 10. 1984 AP HGB § 74 Nr. 46 = NZA 1985, 429) oder das Wettbewerbsverbot auflösend auf den Eintritt des Ruhestandes bedingen (BAG 30. 10. 1984 AP HGB § 74 Nr. 46). 7

3. Dienstnehmer. Nicht anzuwenden sind §§ 74ff HGB auf Handelsvertreter. Für sie gilt eine Spezialregelung in § 90a HGB. Weder unmittelbar noch entsprechend anzuwenden sind §§ 74ff. HGB auf Organmitglieder juristischer Personen (BGHZ 26. 3. 1984 E 91, 1; OLG Hamm 11. 1. 1988 ZIP 1988, 1254; BGHZ 15. 4. 1991 NJW-RR 1991, 993 = NZA 1991, 615 = BB 1991, 1640; OLG Karlsruhe vom 30. 9. 1986 – GmbHR 1987, 309). Wird mit einem GmbH-Geschäftsführer ein entschädigungsloses Wettbewerbsverbot vereinbart, so kann dies namentlich dann, wenn dieser nicht am Kapital beteiligt ist, eine übermäßige Knebelung sein mit der Rechtsfolge, daß das Wettbewerbsverbot unwirksam ist (OLG Düsseldorf 3. 12. 1998 ZIP 1999, 311). Andererseits gibt der BGH dem Dienstgeber die Rechte aus § 75a HGB (BGH 17. 2. 1992 BB 1992, 723 = DB 1992, 936; dagegen OLG Düsseldorf 22. 8. 1996 WiB 1997, 84; 23. 10. 1996 GmbHR 1998, 180). Ohne ausdrückliche Vereinbarung ist ein Geschäftsführer nur während seiner Amtszeit zur Wettbewerbsenthaltung verpflichtet (OLG Frankfurt 13. 5. 1997 GmbHR 1998, 376). Keine Anwendung findet § 74 HGB auf freie Mitarbeiter, es sei denn, daß sie in Wahrheit Arbeitnehmer sind (LG Frankfurt 13. 1. 1992 NJW-RR 1993, 803; OLG München 22. 1. 1997 NJW-RR 1998, 393; dagegen OLG München 18. 10. 1996 BB 1997, 224; unentschieden BAG 21. 1. 1997 AP BGB § 611 Konkurrenzklausel Nr. 44 = NJW 1998, 99 = NZA 1997, 1284). Es gelten ähnliche Grundsätze wie bei Geschäftsführern. Z.T. werden die Grundgedanken von § 74 II HGB angewandt (OLG München 18. 10. 1996 BB 1997, 224). 8

II. Wettbewerbsabrede

1. Abschluß. a) Das Wettbewerbsverbot wird durch Angebot und Annahme abgeschlossen (§§ 145 ff. BGB). Unerheblich ist, ob das Wettbewerbsverbot im Arbeitsvertrag oder in einer gesonderten Vereinbarung enthalten ist. Es bedarf hinreichender Bestimmtheit (zB LAG Düsseldorf 28. 8. 1996 BB 1997, 319). 9

b) Ist das Wettbewerbsverbot nichtig oder anfechtbar, so hat dies grundsätzlich keinen Einfluß auf die Wirksamkeit des Arbeitsvertrages. Nur in Ausnahmefällen kann angenommen werden, daß die Unwirksamkeit des Wettbewerbsverbots auch zur Unwirksamkeit des Arbeitsvertrages führt (§ 139 BGB). Dies ist nur dann der Fall, wenn Anhaltspunkte dafür bestehen, daß Voraussetzung des Arbeitsvertrages der Abschluß eines Wettbewerbsverbotes war. 10

c) Ist der Arbeitsvertrag unwirksam, so ist wegen der Beurteilung des Wettbewerbsverbotes zu unterscheiden. Ist der Arbeitsvertrag noch nicht in Vollzug gesetzt, so wird der Arbeitnehmer im allgemeinen noch keine schützenswerten Interessen erfahren haben. Jedenfalls hat das Wettbewerbsverbot noch keine Wirksamkeit, wenn der Arbeitnehmer das Arbeitsverhältnis nicht aufnimmt (vgl. BAG 19. 5. 1983 AP BGB § 123 Nr. 25 = BB 1984, 533; 3. 2. 1987 AP HGB § 74 Nr. 54 = NZA 1987, 813). Etwas anderes kann dann gelten, wenn der Arbeitgeber die Vollziehung des Arbeitsvertrages verhindert, weil der Arbeitnehmer an der Karenzentschädigung interessiert sein kann. Ist dagegen der Arbeitsvertrag in Vollzug gesetzt worden, wird allgemein die Wirksamkeit des Wettbewerbsverbotes unabhängig vom Arbeitsvertrag bejaht (BAG 3. 2. 1987 AP HGB § 74 Nr. 54 = NZA 1987, 813; LAGE Köln 31. 10. 1990 HGB § 74 Nr. 4). 11

d) Wettbewerbsverbote können in Betriebsvereinbarungen oder Tarifverträgen enthalten sein. Betriebsvereinbarungen können von den Schutzvorschriften der §§ 74 ff. HGB in der Auslegung der Rechtsprechung nicht abweichen. Dagegen ist die Rechtslage bei Tarifverträgen umstritten. Den Tarifverträgen kommt Richtigkeitsgewähr zu, so daß sie im allgemeinen den Vorrang vor richterrechtlichen Grundsätzen haben (vgl. BAG 12. 11. 1971 AP HGB § 74 Nr. 28). Die Frage ist zur Zeit nicht aktuell, da gegenüber dem Gesetz nachteilige Regelungen nicht bestehen. 12

2. Zeitpunkt der Vereinbarung. a) Wettbewerbsverbote können vor Abschluß des Arbeitsvertrages, etwa in einem Vorvertrag (BAG 18. 4. 1969 AP GewO § 133f. Nr. 22 = BB 1969, 1351), mit dem 13

Arbeitsvertrag, während des Arbeitsverhältnisses und auch nach Kündigung vor Beendigung des Arbeitsverhältnisses abgeschlossen werden. In allen Fällen kann nicht zum Nachteil des Arbeitnehmers von §§ 74 ff. HGB abgewichen werden.

14 b) Dagegen unterfallen nach Beendigung des Arbeitsverhältnisses abgeschlossene Wettbewerbsverbote nicht §§ 74 ff. HGB (BAG 11. 3. 1968 AP HGB § 74 Nr. 23 = BB 1968, 1120). Anders ist die Rechtslage, wenn das Wettbewerbsverbot im Zusammenhang mit der Beendigung des Arbeitsverhältnisses abgeschlossen wird, da der Arbeitnehmer insoweit sozial schutzbedürftig ist (BAG 3. 5. 1994 AP HGB § 74 Nr. 65 = NJW 1995, 151 = NZA 1995, 72).

15 **3. Inhalt des Wettbewerbsverbotes.** a) Für den Inhalt des Wettbewerbsverbotes sind die Vereinbarungen der Parteien maßgebend. Die Grenzen der Vereinbarungen ergeben sich aus §§ 74 a ff. HGB. Das Wettbewerbsverbot kann sich auf eine selbständige und/oder unselbständige Tätigkeit beziehen (BAG 15. 12. 1987 AP BGB § 611 Betriebsgeheimnis Nr. 5 = NJW 1988, 1686 = NZA 1988, 502). Darf ein Arbeitnehmer nicht für ein Unternehmen tätig sein, das mit dem Vertragspartner in Wettbewerb steht, ist ihm nicht verwehrt, für ein anderes Unternehmen tätig zu werden, dessen Produktions- oder Dienstleistungsangebot sich nicht mit dem des Vertragspartners überschneidet (BAG 21. 1. 1997 AP BGB § 611 Konkurrenzklausel Nr. 44 = NJW 1998, 99 = NZA 1997, 1284).

16 b) Zu unterscheiden sind sog. tätigkeitsbezogene und unternehmensbezogene Wettbewerbsverbote. Beide sind zulässig. Bei dem tätigkeitsbezogenen Wettbewerbsverbot wird dem Arbeitnehmer nur eine Tätigkeit auf den Gebieten untersagt, auf denen er bei seinem früheren Arbeitgeber gearbeitet hat (BAG 26. 5. 1992 AP HGB § 74 Nr. 63 = NZA 1992, 976). Sein Risiko für den Arbeitgeber besteht darin, daß der Arbeitnehmer in den Diensten eines konkurrierenden Arbeitgebers steht und nur schlecht die Einhaltung des Verbotes zu überwachen ist. Bei dem unternehmensbezogenen Wettbewerbsverbot ist dem Arbeitnehmer jede Tätigkeit in einem Konkurrenzunternehmen untersagt (BAG 30. 1. 1970 AP GewO § 133 f. Nr. 24 = BB 1970, 801; 18. 2. 1987 AP GewO § 133 f. Nr. 19 = BB 1967, 714). Durch sie kann ein Arbeitnehmer praktisch vollständig gesperrt sein, wenn er zB in einem Großunternehmen der chemischen Industrie arbeitet. In den Tarifverträgen der chemischen Industrie waren daher stets nur tätigkeitsbezogene Wettbewerbsverbote zugelassen.

17 c) Ein Wettbewerbsverbot liegt dann vor, wenn der Arbeitnehmer für die Zeit nach Beendigung des Arbeitsverhältnisses in seiner gewerblichen Tätigkeit beschränkt wird. Es ist auch dann gegeben, wenn dem Arbeitnehmer nicht jegliche gewerbliche Tätigkeit untersagt wird, sondern diese sachlich, zeitlich und örtlich begrenzt ist.

18 **4. Abgrenzung von nachvertraglicher Schweigepflicht.** a) Durch ein Wettbewerbsverbot wird der Arbeitnehmer in seiner gewerblichen Tätigkeit begrenzt. Durch eine nachvertragliche Schweigepflicht kann dem Arbeitnehmer jede Tätigkeit unmöglich gemacht werden. Die Vereinbarung nachvertraglicher Schweigepflichten ist entschädigungslos zulässig. Nur dürfen sie nicht dazu führen, daß mit ihnen die Schutzvorschriften der Wettbewerbsverbote umgangen werden.

19 b) Grundsätzlich braucht ein Arbeitnehmer nur während des Bestandes des Arbeitsverhältnisses Verschwiegenheit zu bewahren. Nach dessen Beendigung darf er sein Wissen für sich ausnutzen. Etwas anderes gilt im Hinblick auf Geschäfts- und Betriebsgeheimnisse. Ein Geheimnis ist dann gegeben, wenn es nicht allgemein bekannt ist und sein Inhalt nicht aus allgemein zugänglichen Quellen verschafft werden kann.

Ein Geschäftsgeheimnis bezieht sich auf den kaufmännischen Bereich, ein Betriebsgeheimnis auf den technischen Bereich des Betriebes. Über Geschäfts- und Betriebsgeheimnisse muß der Arbeitnehmer auch nach Beendigung des Arbeitsverhältnisses Stillschweigen bewahren. Dies gilt zumindest dann, wenn es vertraglich vereinbart ist.

20 c) Das BAG nimmt eine entschädigungslose Verschwiegenheitspflicht über Geschäfts- und Betriebsgeheimnisse immer dann an, wenn der Arbeitnehmer gegenüber dem Nichtgeheimnisträger einen Wettbewerbsvorsprung erlangt. Insoweit handelt es sich gleichsam um das Eigentum des früheren Arbeitgebers (vgl. BAG 16. 3. 1982 AP BGB § 611 Betriebsgeheimnis Nr. 1 = 1983, 134 [Thrombosol]; 15. 12. 1987 AP BGB § 611 Betriebsgeheimnis Nr. 5 [Pieroth] = NJW 1988, 1686 = NZA 1988, 502; die Verfassungsbeschwerden sind nicht angenommen worden).

21 **5. Bedingtes Wettbewerbsverbot.** a) Ein bedingtes Wettbewerbsverbot ist immer dann gegeben, wenn der Arbeitnehmer während des Bestandes des Arbeitsverhältnisses nicht erkennen kann, ob er sich nach Beendigung des Arbeitsverhältnisses des Wettbewerbs enthalten muß. Ein bedingtes Wettbewerbsverbot ist mithin gegeben, wenn der Arbeitnehmer es nur einzuhalten braucht, wenn der Arbeitgeber es in Kraft setzt (BAG 4. 6. 1985 AP HGB § 74 Nr. 50 = NZA 1986, 640; 22. 5. 1990 NZA 1991, 263; 5. 9. 1995 AP HGB § 74 Nr. 67 = NJW 1996, 1980 = NZA 1996, 700; LAG Düsseldorf 10. 2. 1993 NZA 1993, 849). Die Wirkungen eines bedingten Wettbewerbsverbotes können auch dadurch erzeugt werden, daß der Arbeitnehmer verpflichtet wird, eine jede Bewerbung dem Arbeitgeber mitzuteilen, damit dieser in den Stand versetzt wird, auf das Wettbewerbsverbot nach § 75 a HGB zu verzichten. Die Vereinbarung über ein nachvertragliches Wettbewerbsverbot muß so ein-

deutig formuliert sein, daß aus Sicht des Arbeitnehmers kein vernünftiger Zweifel über den Anspruch auf Karenzentschädigung bestehen kann. Das gilt insbesondere dann, wenn der Arbeitgeber sich vorbehält, das Wettbewerbsverbot nachträglich zu beschränken (BAG 5. 9. 1995 NJW 1996, 1980 = NZA 1996, 700).

b) Ein bedingtes Wettbewerbsverbot ist unverbindlich (§ 75 d HGB). Ein Wettbewerbsverbot beschränkt den Arbeitnehmer während des Bestandes des Arbeitsverhältnisses, weil er sich nicht frei bewerben kann. Es beschränkt ihn nach Beendigung des Arbeitsverhältnisses, weil er zu seinem Arbeitgeber nicht in Wettbewerb treten darf. Bei einem bedingten Wettbewerbsverbot sind in jedem Fall die Beschränkungen auch während des Bestandes des Arbeitsverhältnisses gegeben, weil der Arbeitnehmer nicht weiß, ob er gezwungen wird, sich in den wettbewerbsfreien Raum zu bewerben. 22

c) Ein bedingtes Wettbewerbsverbot ist unverbindlich. Der Arbeitgeber kann die Einhaltung des Wettbewerbsverbotes nicht erzwingen. Andererseits kann der Arbeitnehmer daran interessiert sein, nach Beendigung des Arbeitsverhältnisses Karenzentschädigung zu erhalten. Er erlangt mithin ein Wahlrecht, ob er sich an das Wettbewerbsverbot halten will und Karenzentschädigung beanspruchen oder sich vom Wettbewerbsverbot lösen will. Wählt der Arbeitnehmer das Wettbewerbsverbot, kann andererseits der Arbeitgeber hinfort die Einhaltung des Wettbewerbsverbotes erzwingen (BAG 22. 5. 1990 AP HGB § 74 Nr. 60 = NZA 1991, 263). 23

6. Form des Wettbewerbsverbotes. a) Wettbewerbsverbote unterliegen einer doppelten Formvorschrift. Sie bedürfen der Schriftform und der Aushändigung des Wettbewerbsverbotes an den Arbeitnehmer. 24

b) Die Schriftform richtet sich nach §§ 126 ff. BGB. Das Wettbewerbsverbot muß eigenhändig oder mittels notariell beglaubigten Handzeichens auf derselben Vertragsurkunde unterzeichnet werden (§ 126 II 1 BGB). Werden über das Wettbewerbsverbot mehrere gleichlautende Urkunden aufgenommen, so genügt es, wenn jede Partei die für die andere Partei bestimmte Urkunde unterzeichnet. Ausreichend ist, wenn das Wettbewerbsverbot zu einer Gesamturkunde mit dem Arbeitsvertrag verbunden ist (BAG 30. 10. 1984 AP HGB § 74 Nr. 46 = NZA 1986, 429). Unzureichend ist, wenn das Wettbewerbsverbot als Anlage zum Arbeitsvertrag genommen worden ist, aber nicht unterschrieben ist. 25

c) Die Aufnahme des Wettbewerbsverbotes in eine Betriebsvereinbarung oder einen Tarifvertrag ersetzt die Schriftform nur dann, wenn die Betriebsvereinbarung oder der Tarifvertrag dem Arbeitnehmer ausgehändigt worden sind (*Baumbach/Hopt* § 74 Rn. 18; GK-HGB/*Etzel* §§ 74 bis 75 d Rn. 21 a; MünchKommHGB/*v. Hoyningen-Huene* § 74 Rn. 35; aA *Buchner* Wettbewerbsverbot S. 51). 26

7. Aushändigung. Die vom Arbeitgeber oder die gemeinsam unterzeichnete Urkunde muß dem Arbeitnehmer ausgehändigt werden. Nur im Falle notariellen Beurkundung ersetzt die Ausfertigung der Niederschrift die Aushändigung der Urkunde. Die Aushändigung muß innerhalb angemessener Frist erfolgen (LAG Nürnberg 21. 7. 1994 = NZA 1995, 532). Verzögert der Arbeitgeber die Aushändigung, hängt es von der Reaktion des Arbeitnehmers ab; nimmt der Arbeitnehmer die verspätet ausgehändigte Urkunde noch an, so ist der Mangel geheilt. Andererseits gilt die Aushändigung als erfolgt, wenn der Arbeitnehmer sie arglistig hintertreibt, etwa durch Angabe einer falschen Anschrift usw. 27

8. Rechtsfolgen des Formfehlers. Die Verletzung der Schriftform oder die fehlende Aushändigung der Urkunde führt zur Nichtigkeit des Wettbewerbsverbotes (§ 125 I BGB). Die Berufung auf den Formmangel ist regelmäßig nicht treuwidrig (BAG 26. 9. 1957 AP HGB § 74 Nr. 2). Etwas anderes gilt nur dann, wenn sich der Arbeitgeber auf einen Formmangel beruft, den er selbst verursacht hat (*Baumbach/Hopt* § 74 Rn. 19; MünchKomm/*v. Hoyningen-Huene* § 74 Rn. 40). 28

III. Karenzentschädigung

1. Entschädigungszusage. a) Nach § 74 II HGB ist ein Wettbewerbsverbot nur verbindlich, wenn es die Zusage einer Karenzentschädigung enthält. Die Zusage muß gleichzeitig mit dem Abschluß des Wettbewerbsverbotes durch den Arbeitgeber erfolgen. Ausreichend ist aber auch die Zusage durch den Konzern des Arbeitgebers. 29

b) Die Zusage ist unabhängig vom Umfang der Unterlassungsverpflichtung. Sie ist deren Gegenleistung. Keine Karenzentschädigung ist die Abfindung für den Verlust des Arbeitsplatzes (BAG 3. 5. 1994 AP HGB § 74 Nr. 65 = NJW 1995, 151 = NZA 1995, 72). 30

c) Die Höhe der Entschädigung muß mindestens die Hälfte der zuletzt bezogenen vertragsmäßigen Leistungen des Arbeitnehmers betragen. Unzureichend ist also die Hälfte des Gehaltes (Hessisches LAG 10. 2. 1997 LAGE § 74 a HGB Nr. 1). Neben dem eigentlichen Entgelt gehören zu den vertragsmäßigen Leistungen alle Einkommensbestandteile, die der Arbeitnehmer für seine Tätigkeit erhält. Zu berücksichtigen sind mithin Gratifikationen, Sonderzuwendungen, Provisionen, Tantiemen, Gewinn- 31 und Umsatzbeteiligungen, Naturalleistungen, insbesondere auch der Firmenwagen. Unerheblich ist, ob der Arbeitnehmer auf diese Leistungen einen Rechtsanspruch hat oder ob sie freiwillig unter Ausschluß des Rechtsanspruches gewährt worden sind (BAG 9. 1. 1990 AP HGB § 74 Nr. 59 = NJW 1990, 1870 = NZA 1990, 519). Unzureichend ist, wenn während des Laufes des Arbeitsverhältnisses die Zusage durch ein erhöhtes Gehalt abgegolten werden soll (BAG 14. 7. 1981 AP HGB § 74 Nr. 38 = NJW 1982, 902).

32   d) Unberücksichtigt bleibt dagegen Auslagenersatz, da dieser nicht als Gegenleistung für die Arbeitsleistung erbracht wird. Hierzu gehören auch freiwillige Beiträge des Arbeitgebers zu Lebensversicherungen des Arbeitnehmers (BAG 21. 7. 1981 AP HGB § 74 Nr. 40 = BB 1982, 2052).

33   **2. Karenzentschädigung.** Der Anspruch auf Karenzentschädigung entsteht unabhängig davon, ob der Arbeitnehmer überhaupt in der Lage ist, Wettbewerbstätigkeit zu entfalten. Der Anspruch besteht also auch, wenn der Arbeitnehmer in den Ruhestand getreten ist, berufs- oder erwerbsunfähig ist. Die einzige Ausnahme ergibt sich aus § 74 c I 3, wenn der Arbeitnehmer eine Freiheitsstrafe verbüßt.

34   **3. Verjährung.** Die Ansprüche auf Karenzentschädigung sind andere Dienstbezüge (§ 196 I Nr. 8 m BGB). Sie unterliegen der zweijährigen Verjährungsfrist. Sie werden von einer tariflichen Verfallklausel erfaßt: Dies gilt selbst dann, wenn die Ausschlußfrist in einem Formulararbeitsvertrag vereinbart worden ist (BAG 17. 6. 1997 AP HGB § 74b Nr. 2 = NJW 1998, 1732 = NZA 1998, 258).

35   **4. Rechtsfolgen bei fehlender Karenzentschädigung.** a) Das Wettbewerbsverbot ist nur verbindlich, wenn sich der Arbeitgeber verpflichtet, eine Entschädigung zu zahlen. Fehlt eine Entschädigungszusage völlig, so ist das Wettbewerbsverbot nichtig, so daß sich sowohl der Arbeitgeber wie der Arbeitnehmer auf die Nichtigkeit berufen kann (BAG 13. 9. 1969 AP BGB § 611 Konkurrenzklauseln Nr. 24 = NJW 1970, 626).

36   b) Enthält die Entschädigungszusage nicht den Mindestbetrag des § 74 II HGB, so ist das Wettbewerbsverbot nicht unwirksam, sondern nur unverbindlich. Der Arbeitnehmer kann wählen, ob er die zu geringe Entschädigung verlangt. Alsdann ist er auch an das Wettbewerbsverbot gebunden. Er kann sich aber auch für die Nichteinhaltung des Wettbewerbsverbotes entscheiden. Alsdann erhält er auch keine Karenzentschädigung.

37   c) Die Wahl muß im allgemeinen zu Beginn der Karenzzeit ausgeübt werden, da im Interesse des Arbeitgebers verhindert werden muß, daß sich der Arbeitnehmer einmal daran hält und zu anderen Zeitpunkten es verletzt (BAG 24. 4. 1980 AP HGB § 74 Nr. 37 = NJW 1980, 2429; 16. 12. 1986 AP HGB § 74 Nr. 53 = NZA 1987, 592). Ausnahmsweise kann die Wahl hinausgeschoben werden, wenn über die Wirksamkeit der Beendigung des Arbeitsverhältnisses oder die Wirksamkeit des Wettbewerbsverbotes ein Rechtsstreit geführt wird (BAG 16. 12. 1986 AP HGB § 74 Nr. 53 = NZA 1987, 592). Hat der Arbeitnehmer sich zunächst des Wettbewerbs enthalten, kann er zeitanteilige Karenzentschädigung verlangen. Nach Beendigung des Rechtsstreits kann er dann von seinem Wahlrecht Gebrauch machen. Dieses kann der Arbeitgeber auch nicht dadurch ausschließen, daß er ihm vorschußweise eine zu geringe Karenzentschädigung zahlt (BAG 14. 7. 1981 AP HGB § 74 Nr. 38 = NJW 1982, 903).

38   d) Für die Ausübung der Wahl bedarf es keiner ausdrücklichen Erklärung. Der Arbeitnehmer kann sich zu Beginn des Karenzzeitraums ausdrücklich oder konkludent für die Wettbewerbsenthaltung entscheiden (BAG 22. 5. 1990 AP HGB § 74 Nr. 60 = NZA 1991, 263; anders noch 13. 5. 1986 AP HGB § 74 Nr. 51 = NZA 1986, 828; 16. 12. 1986 AP HGB § 74 Nr. 53 = NZA 1987, 592). Nach überwiegender Meinung soll der Arbeitgeber das Recht haben, den Arbeitnehmer aufzufordern, von der Wahl Gebrauch zu machen.

39   e) Wählt der Arbeitnehmer das Wettbewerbsverbot, so hat er nur Anspruch auf die vereinbarte, nicht aber die gesetzliche Karenzentschädigung (BAG 19. 2. 1959 AP HGB § 74 Nr. 10 = BB 1959, 633). Eine Rechtsfortbildung hat das BAG stets abgelehnt, weil eine Regelungslücke nicht vorliegt. Im Recht des Handelsvertreters ist eine andere Formulierung für die Karenzentschädigung enthalten.

40   **5. Bedingtes Wettbewerbsverbot.** Bei einem bedingten Wettbewerbsverbot (Rn. 21 ff.) hat der Arbeitnehmer ein Wahlrecht, ob er sich an das Wettbewerbsverbot halten will oder nicht. Hält er sich daran, hat er Anspruch auf die vereinbarte Entschädigung (BAG 13. 5. 1986 AP HGB § 74 Nr. 51 = NZA 1986, 828).

41   **6. Zahlungsverzug des Arbeitgebers.** a) Zahlt der Arbeitgeber keine Karenzentschädigung, so kommt er ohne Mahnung in Verzug (§ 284 II BGB). Der Arbeitnehmer hat neben dem Erfüllungsanspruch Anspruch auf Ersatz des Verzögerungsschadens nach § 286 BGB.

42   b) Bei nicht erfolgter oder verspäteter Zahlung der Karenzentschädigung hat der Arbeitnehmer aber nicht die Einrede des nichterfüllten Vertrages (§ 320 BGB), weil er seine Leistung nicht vorübergehend zurückhalten kann. Vielmehr wird seine Leistung vorübergehend unmöglich (BAG 5. 10. 1982 AP HGB § 74 Nr. 42 = NJW 1983, 2896).

c) Der Arbeitnehmer kann bei Zahlungsverzug nach vorheriger Fristsetzung und Wegfall des Interesses vom Wettbewerbsverbot jedenfalls für die Zukunft zurücktreten (LAG Hamm 5. 1. 1995 DB 1995, 1871) oder Schadensersatz wegen Nichterfüllung verlangen (§ 326 BGB). 43

IV. Unterlassungsanspruch

1. Unterlassungsanspruch. a) Verstößt der Arbeitnehmer während der Laufzeit des Wettbewerbsverbots gegen die ihm auferlegten Unterlassungsverpflichtungen, so kann der Arbeitgeber auf Unterlassung oder Beseitigung der fortbestehenden Störungen klagen. Um ihm die Beurteilung zu ermöglichen, ob eine Verletzung vorliegt, hat der Arbeitgeber einen Auskunftsanspruch gegen den Arbeitnehmer, wegen des Namens des neuen Arbeitgebers, Art und Umfang der Beschäftigung und Geschäftszweck des Konkurrenten (BAG 22. 4. 1967 AP BGB § 242 Auskunftspflicht Nr. 12; für Mandantenschutzklausel BAG 27. 9. 1988 AP BGB § 611 Konkurrenzklausel Nr. 35 = NZA 1989, 467). 44

b) Läuft während des Rechtsstreites um die Unterlassungspflicht die Karenzzeit ab, so kann der Arbeitgeber die Hauptsache für erledigt erklären. Er kann aber auch noch in der Revisionsinstanz zu einer Feststellungsklage übergehen, daß der Arbeitnehmer während der Karenzzeit zur Unterlassung verpflichtet war (BAG 2. 2. 1968 AP HGB § 74 Nr. 22 = BB 1968, 504). Wegen möglicher Schadensersatzansprüche besteht regelmäßig ein Feststellungsinteresse. Regelmäßig wird in der Praxis der Unterlassungsanspruch zunächst im Wege der einstweiligen Verfügung geltend gemacht. Der frühere Arbeitgeber kann dem ausgeschiedenen Arbeitnehmer auch im Wege der vorbeugenden Unterlassungsklage untersagen, für solche Unternehmen tätig zu werden, die mit dem früheren Arbeitgeber in Konkurrenz stehen, wenn er aufgrund objektiver Umstände befürchten muß, daß der ehemalige Arbeitnehmer das Wettbewerbsverbot nicht einhält (LAG Baden-Württemberg 28. 2. 1986 NZA 1986, 641). 45

2. Ansprüche aus gegenseitigem Vertrag. a) Das Wettbewerbsverbot ist ein gegenseitiger Vertrag. Bei Verletzung der Vertragspflichten regeln sich die Rechtsfolgen nach §§ 320 ff. BGB (BAG 5. 8. 1968 AP HGB § 74 Nr. 24 = BB 1968, 1996; 5. 10. 1982 AP HGB § 74 Nr. 42 = NJW 1983, 2896; 10. 9. 1985 AP HGB § 74 Nr. 49 = NJW 1986, 1192 = NZA 1986, 134). Hieraus ergibt sich im einzelnen: 46

b) Solange der Arbeitnehmer gegen das Wettbewerbsverbot verstößt, kann der Arbeitgeber die Einrede des nichterfüllten Vertrages erheben. Er braucht keine Karenzentschädigung zu zahlen. 47

c) Bei schuldhafter Verletzung der Unterlassungsverpflichtung wird dem Arbeitnehmer diese unmöglich (§ 325 I 3; § 323 I BGB). Der Arbeitgeber wird von der Zahlungsverpflichtung frei. Eine zu Unrecht gezahlte Karenzentschädigung kann er vom Arbeitnehmer zurückfordern (§ 325 I 3; § 323 III, § 812 BGB). Andererseits kann sich der Arbeitnehmer für die Zukunft vom Wettbewerbsverbot lösen, wenn der Arbeitgeber mit der Zahlung der Karenzentschädigung in Verzug kommt (LAG Hamm 5. 1. 1995 DB 1995, 1871). 48

d) Hat der Arbeitgeber an der weiteren Erfüllung des Wettbewerbsverbotes kein Interesse mehr, kann er nach § 325 I 1 BGB (teilweise wird § 326 BGB angenommen) vom Vertrage zurücktreten. Macht der Arbeitgeber von seinem Rücktrittsrecht keinen Gebrauch, so ist er wieder zur Zahlung der Karenzentschädigung verpflichtet, wenn der Arbeitnehmer zur Einhaltung des Wettbewerbsverbotes zurückkehrt (BAG 10. 9. 1985 AP HGB § 74 Nr. 49 = NJW 1986, 1192 = NZA 1986, 134). 49

e) Schließlich kann der Arbeitgeber wegen Verletzung des Wettbewerbsverbotes Schadensersatz wegen Nichterfüllung verlangen. 50

f) Bei Wettbewerbsverstößen des Arbeitnehmers während des Ruhestandes ist vom BAG nicht abschließend entschieden, ob der Arbeitgeber die Ruhestandsbezüge widerrufen kann (vgl. BAG 26. 2. 1976 AP BGB § 242 Ruhegehalt Nr. 172 = BB 1976, 793; 18. 10. 1979 AP BetrAVG § 1 Treuebruch Nr. 1 = NJW 1980, 1127). Namentlich in einem Fall handelte es sich um eine geringfügige Ruhegeldzusage, durch die schlechthin eine Wettbewerbsenthaltung nicht erkauft werden konnte. 51

V. Beendigung und Übertragung des Wettbewerbsverbots

1. Aufhebungsvertrag. a) Das Wettbewerbsverbot kann von den Parteien jederzeit einvernehmlich aufgehoben werden (BAG 10. 1. 1989 AP HGB § 74 Nr. 57 = NJW 1989, 2149 = NZA 1989, 797). Für die Aufhebung bedarf es nicht der Einhaltung der Schriftform (BAG 10. 1. 1989 AP HGB § 74 Nr. 57 = NJW 1989, 2149 = NZA 1989, 797). 52

b) Wird dagegen der Arbeitsvertrag aufgehoben, so bleibt hiervon das Wettbewerbsverbot im Zweifel unberührt. Dies gilt auch dann, wenn der Arbeitnehmer in den Ruhestand tritt und Ruhegeld bezieht (BAG 30. 10. 1984 AP HGB § 74 Nr. 46 = NZA 1986, 429). Allerdings steht es den Parteien frei, mit dem Arbeitsvertrag auch das Wettbewerbsverbot aufzuheben. Die bloße Aufhebung des 53

Arbeitsvertrages mit einer Ausgleichsquittung beinhaltet aber kaum die Aufhebung des Wettbewerbsverbots (OLG Köln 25. 3. 1997 BB 1997, 1328).

54 **2. Betriebsveräußerung. a)** Geht ein Betrieb im Wege der Universalsukzession auf den Betriebsnachfolger über, so tritt der Erwerber in das Wettbewerbsverbot ein. Zur Umwandlung vgl. Rn. 57 ff.

55 **b)** Geht ein Betrieb oder Betriebsteil vor Beendigung des Arbeitsverhältnisses auf den Betriebsnachfolger über, so tritt dieser in die Rechte und Pflichten aus dem Arbeitsvertag ein (§ 613 a I 1 BGB). Damit tritt er auch in das Wettbewerbsverbot ein. Dieses ist Bestandteil des Arbeitsvertrages. Das Wettbewerbsverbot gegenüber dem bisherigen Arbeitgeber erlischt. Bei dem Betriebserwerber kann sich der Umfang des Wettbewerbsverbots erweitern aber auch beschränken (zB der Erwerber vertreibt nicht nur Autos, sondern auch Lkw's). Vorausgesetzt ist aber stets, daß der Erwerber ein berechtigtes Interesse am Wettbewerbsverbot hat (BAG 26. 9. 1963 AP HGB § 74 a Nr. 1 = BB 1963, 1421). Fehlt es an einem berechtigten geschäftlichen Interesse, wird das Wettbewerbsverbot unverbindlich. Widerspricht der Arbeitnehmer dem Betriebsübergang, so bleibt das Arbeitsverhältnis mit dem bisherigen Betriebsinhaber bestehen (BAG 30. 10. 1986 AP BGB § 613 a Nr. 55 = NZA 1987, 524; ständig). Damit bleibt auch das Wettbewerbsverbot bei dem bisherigen Arbeitgeber. Allerdings kann es beim Betriebsveräußerer am berechtigten geschäftlichen Interesse fehlen.

56 **c)** Wird der Betrieb nach dem Ausscheiden des Arbeitnehmers aus dem Arbeitsverhältnis veräußert, ist § 613 a BGB weder unmittelbar noch entsprechend anzuwenden. Allerdings kann im Wege dreiseitigen Rechtsgeschäftes das Wettbewerbsverbot von dem Betriebserwerber übernommen werden.

57 **3. Umwandlung nach dem UmwandlungsG. a)** Bei Umwandlungen nach dem UmwG ist zwischen den einzelnen Arten der Umwandlung zu unterscheiden. Liegt eine formwechselnde Umwandlung nach §§ 1 I Nr. 4, 190 ff. UmwG vor, so bleibt die Identität des Unternehmens erhalten. Das Wettbewerbsverbot bleibt mithin unberührt.

58 **b)** In den Fällen der Verschmelzung, Spaltung, Vermögensübertragung (§§ 1 I Nr. 1 bis 3 UmwG) wird über § 324 UmwG auf § 613 a BGB Bezug genommen. Es gelten damit die vorstehenden Rechtsregeln entsprechend.

59 **4. Konkurs/Insolvenz. a)** Wird das Insolvenzverfahren über das Vermögen des Arbeitgebers vor dem Ausscheiden des Arbeitnehmers eröffnet, so wird das Wettbewerbsverbot grundsätzlich nicht berührt. Nach § 113 InsO haben beide Seiten die Möglichkeit, das Arbeitsverhältnis zu kündigen. Kündigt der Arbeitnehmer das Arbeitsverhältnis, so bleibt das Wettbewerbsverbot wirksam. Jedoch hat der Insolvenzverwalter nach § 103 InsO ein Wahlrecht zwischen Erfüllung und Ablehnung des Wettbewerbsverbotes. Der Entschädigungsanspruch gehört zur Masseschuld (§ 55 I Nr. 2 InsO). Lehnt der Insolvenzverwalter die Erfüllung ab, wird der Arbeitnehmer von der Verpflichtung zur Unterlassung frei. Er hat Schadensersatzansprüche wegen Wegfalls der Karenzentschädigung, die er als einfache Insolvenzforderung geltend machen kann (§ 103 II InsO). Kündigt der Insolvenzverwalter, so gilt für den Arbeitnehmer die Regelung des § 75 II HGB.

60 **b)** Wird das Insolvenzverfahren erst nach dem Ausscheiden des Arbeitnehmers eröffnet, so sind die rückständigen Raten auf Karenzentschädigung Insolvenzforderungen (§ 38 InsO). Für die erst nach der Eröffnung des Insolvenzverfahrens fällig werdenden Entschädigungszahlungen ist § 103 InsO anwendbar.

§ 74 a [Unverbindliches Verbot]

(1) ¹Das Wettbewerbverbot ist insoweit unverbindlich, als es nicht zum Schutze eines berechtigten geschäftlichen Interesses des Prinzipals dient. ²Es ist ferner unverbindlich, soweit es unter Berücksichtigung der gewährten Entschädigung nach Ort, Zeit oder Gegenstand eine unbillige Erschwerung des Fortkommens des Gehilfen enthält. ³Das Verbot kann nicht auf einen Zeitraum von mehr als zwei Jahren von der Beendigung des Dienstverhältnisses an erstreckt werden.

(2) ¹Das Verbot ist nichtig, wenn die dem Gehilfen zustehenden jährlichen vertragsmäßigen Leistungen den Betrag von *fünfzehnhundert*[1] Deutsche Mark nicht übersteigen. ²Das gleiche gilt, wenn der Gehilfe zur Zeit des Abschlusses minderjährig ist oder wenn sich der Prinzipal die Erfüllung auf Ehrenwort oder unter ähnlichen Versicherungen versprechen läßt. ³Nichtig ist auch die Vereinbarung, durch die ein Dritter an Stelle des Gehilfen die Verpflichtung übernimmt, daß sich der Gehilfe nach der Beendigung des Dienstverhältnisses in seiner gewerblichen Tätigkeit beschränken werde.

(3) Unberührt bleiben die Vorschriften des § 138 des Bürgerlichen Gesetzbuchs über die Nichtigkeit von Rechtsgeschäften, die gegen die guten Sitten verstoßen.

---

[1] Vgl. die VO v. 23. 10. 1923 (RGBl. I S. 990), nach der die Grundzahl von 1500 mit der jeweiligen Teuerungszahl zu vervielfältigen ist. Als Teuerungszahl gilt die Indexziffer für die Lebenshaltungskosten.

I. Unverbindliches Wettbewerbsverbot

1. Allgemeines. Nach § 74 HGB ist ein Wettbewerbsverbot unverbindlich, wenn der Arbeitgeber 1 eine zu geringe Karenzentschädigung zusagt. Das Wettbewerbsverbot ist dagegen nichtig, wenn er überhaupt keine Karenzentschädigung zusagt. § 74 a I HGB enthält weitere Unverbindlichkeitsgründe. Es heißt aber, daß das Wettbewerbsverbot „insoweit" unverbindlich ist. Es ist also unverbindlich, soweit es die Grenzen von § 74 a HGB überschreitet. Dagegen kann es in seinem wirksamen Teil aufrechterhalten werden. § 74 a HGB findet auf alle Arbeitnehmer entsprechend Anwendung.

2. Berechtigtes Interesse des Arbeitgebers. a) Das Wettbewerbsverbot ist insoweit unverbindlich, 2 als es nicht zum Schutz eines berechtigten geschäftlichen Interesses dient. Der Arbeitgeber soll durch das Wettbewerbsverbot nur vor solchen Nachteilen geschützt werden, die sich aus einer späteren Konkurrenztätigkeit ergibt. Dagegen dient das Wettbewerbsverbot nicht zum Schutz sonstiger Interessen des Arbeitgebers, zB der Bindung des Arbeitnehmers an den Betrieb oder zur Verhinderung der Abwerbung durch Konkurrenten (vgl. BAG 16. 12. 1968 AP GewO § 133 f. Nr. 21 = BB 1969, 675; 1. 8. 1995 AP § 74 a HGB Nr. 5 = NJW 1996, 1364 = NZA 1996, 310; LAGE Frankfurt 10. 2. 1997 § 74a HGB Nr. 1). Unverbindlich ist ein Wettbewerbsverbot, mit dem der Arbeitgeber bezweckt, jede Stärkung der Konkurrenz durch den Arbeitsplatzwechsel zu verhindern, ohne daß die Gefahr der Weitergabe von Geschäftsgeheimnissen besteht (BAG 1. 8. 1995 NJW 1996, 1364 = NZA 1996, 310).

b) Beurteilungszeitpunkt für die Notwendigkeit des berechtigten Interesses ist die Geltendmachung 3 der Rechte aus dem Wettbewerbsverbot (BAG 28. 1. 1966 AP HGB § 74 Nr. 18 = BB 1966, 496). Ein ursprünglich bestehendes berechtigtes Interesse kann zB infolge einer Betriebsveräußerung wegfallen (vgl. § 74 Rn. 55).

c) Wegen des Inhalts des Verbotes muß ein Zusammenhang zwischen den Interessen des Arbeit- 4 gebers und der bisherigen Funktion oder Tätigkeit des Arbeitnehmers bestehen. Ein solcher ist gegeben, wenn dem Arbeitnehmer die Verwertung der bisherigen Kenntnisse und Fähigkeiten untersagt wird (vgl. BAG 16. 1. 1970 AP HGB § 74 a Nr. 4 = BB 1970, 1010, 1049; 17. 4. 1964 AP GewO § 133 f. Nr. 16 = NJW 1964, 1639; 9. 9. 1968 AP BGB § 611 Konkurrenzklausel Nr. 22 = BB 1969, 177). Ein darüber hinausgehendes berechtigtes Interesse ist dann gegeben, wenn es sich um leitende Angestellte handelt, die über den Bereich ihrer früheren Tätigkeit Erfahrungen sammeln können (BAG 16. 12. 1968 GewO § 133 f. Nr. 21 = BB 1969, 675). Kein berechtigtes geschäftliches Interesse besteht, wenn das Wettbewerbsverbot nicht den Arbeitgeber, sondern einen Dritten schützen soll. Ausnahmen können insoweit bestehen, wenn die Interessen des Arbeitgebers über den eigenen Betrieb hinausgehen, zB in einem Konzern.

3. Unbillige Erschwerung des Fortkommens. a) Bei der Beurteilung der unbilligen Fortkommen- 5 serschwerung ist einerseits auf einen wirksamen Schutz der Interessen des Arbeitgebers abzustellen. Andererseits sind auch die Interessen des Arbeitnehmers zu berücksichtigen. Dieser darf nicht unbillig beschwert werden; seine Nachteile müssen noch durch die Karenzentschädigung ausgeglichen werden. Es hat eine Abwägung der wechselseitigen Interessen stattzufinden (vgl. BAG 18. 2. 1967 AP GewO § 133 f. Nr. 19 = BB 1967, 714). In die Abwägung sind alle Umstände des Einzelfalles einzubeziehen. Maßgebender Beurteilungszeitpunkt ist derjenige, in dem der Arbeitnehmer die Konkurrenztätigkeit aufnehmen will.

b) Wegen der örtlichen Ausdehnung des Wettbewerbsverbotes ist eine Begrenzung auf die tatsäch- 6 lichen Interessengebiete des Arbeitgebers vorzunehmen. Im allgemeinen muß dem Arbeitnehmer unter Berücksichtigung der Mobilität der beteiligten Berufskreise noch möglich sein, eine Tätigkeit im deutschen Sprachraum aufzunehmen. Damit wird nur für wenige hervorragende Arbeitnehmer eine Sperrung für die ganze Bundesrepublik in Betracht kommen, wenn sie bei bundesweit tätigen Spezialunternehmen arbeiten.

c) Unverbindlich ist ein gesetzliches Wettbewerbsverbot, wenn es die Höchstlaufzeit von zwei 7 Jahren überschreitet (BAG 13. 9. 1969 AP BGB § 611 Konkurrenzklausel Nr. 24 = NJW 1970, 626); es wird auf die zulässige Zeit zurückgeführt (LAG Düsseldorf 4. 3. 1997 NZA-RR 98, 58). Die gesetzliche Höchstlaufzeit wird den Verhältnissen in besonders innovativen Industriezweigen nicht mehr gerecht, weil Spezialkräfte in dieser Zeit den Anschluß an die Entwicklung verpassen können. Das BAG hat aber bislang noch nie eine Abkürzung der Laufzeit von Wettbewerbsverboten versucht. Die Zweijahresfrist beginnt mit der Beendigung des Arbeitsverhältnisses. Schließt sich an ein Arbeitsverhältnis ein freies Mitarbeiterverhältnis an, so läuft die Zweijahresfrist erst ab Beendigung des freien Mitarbeiterverhältnisses (BAG 16. 1. 1970 AP HGB § 74 a Nr. 4 = BB 1970, 1010).

d) Dem Gegenstand nach muß ein Zusammenhang zwischen der früheren Tätigkeit und der verbo- 8 tenen Tätigkeit bestehen. Jedoch sind unternehmensbezogene Wettbewerbsverbote zulässig.

4. Rechtsfolgen der Unverbindlichkeit. a) Auf eine Vereinbarung, durch die von den Vorschriften 9 der §§ 74 bis 75 c HGB abgewichen wird, kann sich der Arbeitgeber nicht berufen. Anderseits erlangt der Arbeitnehmer ein Wahlrecht, ob er das Wettbewerbsverbot einhält und die Karenzentschädigung verlangt (§ 74 Rn. 23) oder ob er sich aus dem Wettbewerbsverbot löst. Von diesem Wahlrecht muß der Arbeitnehmer grundsätzlich zu Beginn des Verbotszeitraumes Gebrauch machen (BAG 22. 5. 1990 AP HGB § 74 Nr. 60 = NZA 1991, 263).

10 b) Gleichwohl ist das Wettbewerbsverbot nur insoweit unverbindlich, wie es die Grenzen des § 74a HGB überschreitet. Soweit das Wettbewerbsverbot sich im zusätzlichen Rahmen hält, bleibt es wirksam und muß vom Arbeitnehmer eingehalten werden. Es findet eine sog. rechtserhaltende Reduktion statt (BAG 2. 2. 1968 AP HGB § 74 Nr. 22 = BB 1968, 504). Ist zB ein Arbeitnehmer für das Gebiet der gesamten Bundesrepublik gesperrt, so kann es auf ein Land zu reduzieren sein.

11 c) Ausdrücklich nicht geregelt hat das Gesetz, in welchem Umfang der Arbeitgeber zur Gegenleistung verpflichtet ist. Hält der Arbeitnehmer das Wettbewerbsverbot ein, so kann er die vereinbarte Entschädigung verlangen, dagegen nicht eine erhöhte wegen der unbilligen Fortkommenserschwerung. Hält er das Wettbewerbsverbot nicht ein, so kann er auch keine Entschädigung verlangen.

12 **5. Prozessuale Durchsetzung.** a) Die Beurteilung, ob ein Wettbewerbsverbot unverbindlich ist oder nicht, bereitet vielfach Schwierigkeiten; dies insbesondere dann, wenn eine wettbewerbserhaltende Reduktion erfolgen muß.

13 b) Der Arbeitnehmer kann bei Beginn des Verbotszeitraums auf Feststellung klagen, in welchem Umfang das Wettbewerbsverbot verbindlich ist. Er kann wegen des zu seinen Gunsten bestehenden Wahlrechtes aber auch dem Wettbewerbsverbot entgegenhandeln und die Reaktion des Arbeitgebers abwarten (BAG 2. 2. 1968 AP HGB § 74 Nr. 22 = BB 1968, 504). Er riskiert jedoch den Verlust des Rechtsstreites, wenn er die Reduktion des Wettbewerbsverbotes außer Acht läßt.

II. Nichtiges Wettbewerbsverbot

14 **1. Nichtigkeitsgrund.** a) II enthält vier Nichtigkeitsgründe, die gegenüber dem allgemeinen Nichtigkeitsgrund des § 138 BGB Spezialregelungen darstellen (BAG 2. 2. 1968 AP HGB § 74 Nr. 22 = BB 1968, 504).

15 **b) Geringbesoldung.** Wettbewerbsverbote sind nichtig, wenn die dem Arbeitnehmer zustehenden jährlichen vertragsmäßigen Leistungen den Betrag von 1500,- Deutsche Mark nicht übersteigen. Allerdings wird die geringe Besoldungsgrenze nach der Verordnung vom 23. 10. 1923 (RGBl. I S. 990) sowie den Indikatoren des Statistischen Bundesamtes angepaßt. Die Hochbesoldetengrenze hat das BAG als injustitiabel und damit verfassungswidrig bezeichnet (BAG 2. 10. 1975 AP HGB § 75b = NJW 1976, 342). Auch bei der Geringbesoldungsgrenze wird dies der Fall sein, obwohl nach der Interessenlage ein Schutz des Geringbesoldeten Platz greifen muß. Gleichwohl hat die Grenze in der Geschichte des BAG niemals eine Rolle gespielt.

16 c) Nichtig ist ein Wettbewerbsverbot mit einem Minderjährigen (§§ 106 bis 113 BGB). Es wird auch nicht wirksam, wenn der gesetzliche Vertreter zustimmt oder der Minderjährige es nach Erreichen der Volljährigkeit genehmigt.

17 d) Nichtig ist ein Wettbewerbsverbot, das unter Ehrenwort abgegeben wird.

18 e) Nichtig ist auch eine Vereinbarung, durch die ein Dritter anstelle des Arbeitnehmers die Verpflichtung übernimmt, daß sich der Arbeitnehmer nach Beendigung des Arbeitsverhältnisses in seiner gewerblichen Tätigkeit beschränken werde (§ 74a II 3 HGB). Erfaßt werden vor allem die Fälle, in denen die Ehefrau sich verpflichtet, für die Einhaltung der Wettbeschränkung durch den Arbeitnehmer zu sorgen.

19 **2. Rechtsfolgen der Nichtigkeit.** Sämtliche Nichtigkeitsgründe des II führen zur vollständigen Unwirksamkeit des Wettbewerbsverbotes. Weder der Arbeitgeber noch der Arbeitnehmer können sich auf die Rechte aus der Wettbewerbsvereinbarung berufen. Die Unwirksamkeit des Wettbewerbsverbotes führt nicht zur Unwirksamkeit des Arbeitsvertrages.

III. Sittenwidriges Wettbewerbsverbot

20 Ein Wettbewerbsverbot kann nach § 138 BGB unwirksam sein. Dies ist insbesondere der Fall bei der Knebelung des Arbeitnehmers. Das BAG begreift § 74 II sowie § 74a I und II HGB jedoch als lex specialis zu § 74a III, um dem Arbeitnehmer das Wahlrecht zu erhalten. In der Rechtsprechung des BAG spielt daher § 138 BGB keine Rolle mehr. Anders ist es in der Rechtsprechung des BGH zur Rechtskontrolle von Wettbewerbsverboten mit Geschäftsführern (vgl. § 74 Rn. 8).

§ 74b [Zahlung der Entschädigung]

(1) **Die nach § 74 Abs. 2 dem Handlungsgehilfen zu gewährende Entschädigung ist am Schlusse jedes Monats zu zahlen.**

III. Berechnung der Karenzentschädigung　　　　　　　　　　§ 74 b　HGB 390

(2) ¹ Soweit die dem Gehilfen zustehenden vertragsmäßigen Leistungen in einer Provision oder in anderen wechselnden Bezügen bestehen, sind sie bei der Berechnung der Entschädigung nach dem Durchschnitt der letzten drei Jahre in Ansatz zu bringen. ² Hat die für die Bezüge bei der Beendigung des Dienstverhältnisses maßgebende Vertragsbestimmung noch nicht drei Jahre bestanden, so erfolgt der Ansatz nach dem Durchschnitt des Zeitraums, für den die Bestimmung in Kraft war.

(3) Soweit Bezüge zum Ersatze besonderer Auslagen dienen sollen, die infolge der Dienstleistung entstehen, bleiben sie außer Ansatz.

I. Allgemeines

Die Vorschrift betrifft die Fälligkeit der Entschädigung und ihre Berechnung. Sie hat eine Entsprechung in § 64 HGB und § 614 BGB. 　1

II. Zahlung der Karenzentschädigung

1. Fälligkeit. a) Die dem Arbeitnehmer zu gewährende Entschädigung ist am Schluß jeden Monats 　2 zu zahlen. Sind die vertragsmäßigen Leistungen nach Jahren bemessen, so sind sie durch 12 zu teilen und monatlich auszuzahlen. Dies gilt auch für einen selbständig tätigen Arbeitnehmer mit wechselnden Bezügen (BAG 2. 6. 1987 AP HGB § 74 c = NZA 1988, 130). Das Ende des Monats ist nicht identisch mit dem Ende des Kalendermonats. Endet ein Arbeitsverhältnis am 15. eines Monats, so wird die Entschädigung am 15. des Folgemonats fällig.

b) Eine Verlängerung der Zahlungszeiträume ist unzulässig. Ebenso wenig kann eine Entschädi- 3 gungszahlung bereits während des bestehenden Arbeitsverhältnisses erfolgen (BAG 14. 7. 1981 AP HGB § 74 Nr. 38 = NJW 1982, 903).

c) Andererseits können die Zahlungszeiträume verkürzt werden, wenn dies für den Arbeitnehmer 4 günstiger ist (§ 75 d HGB). Danach wird eine Vereinbarung möglich sein, nach der die gesamte Karenzentschädigung bei Ausscheiden des Arbeitnehmers fällig wird, um diesem zB zu ermöglichen, sich selbständig zu machen (BAG 18. 2. 1967 AP GewO § 133 f. Nr. 19 = BB 1967, 714). Zweifelhaft ist aber, ob sie abgezinst werden darf, da in diesem Falle die Mindestentschädigung unterschritten wird.

2. Verjährung und Verfall. a) Die tariflichen Verfall- oder Ausschlußfristen beziehen sich nur auf 5 die einzelnen Raten der Karenzentschädigung, dagegen nicht auf das Stammrecht (BAG 18. 12. 1984 AP TVG § 4 Ausschlußfrist Nr. 87 = NZA 1985, 219; 17. 6. 1997 AP HGB § 74b Nr. 2 = NJW 1998, 1732 = NZA 1998, 258). Dies gilt auch dann, wenn die tarifliche Ausschlußfrist ab Beendigung des Arbeitsverhältnisses zu laufen beginnt (BAG 18. 1. 1969 AP TVG § 4 Ausschlußfristen Nr. 41 = DB 1969, 1200).

b) Der Anspruch auf monatliche Karenzentschädigung unterliegt der zweijährigen Verjährung nach 6 §§ 196 I Nr. 8, 221 BGB (BAG 3. 4. 1984 AP HGB § 74 Nr. 44 = NZA 1984, 354).

c) Der Anspruch auf Karenzentschädigung wird im Zweifel nicht von einer am Ende des Arbeits- 7 verhältnisses erteilten Ausgleichsquittung erfaßt (BAG 18. 1. 1969 AP TVG § 4 Ausschlußfristen Nr. 41 = DB 1969, 1200; 20. 10. 1981 AP HGB § 74 Nr. 39 = NJW 1982, 1479; dagegen 17. 6. 1997 ZIP 1998, 439). Etwas anderes mag dann gelten, wenn die Karenzentschädigung ausdrücklich in der Ausgleichsquittung erwähnt wird (LAG Düsseldorf 6. 6. 1974 DB 1974, 1915).

d) Die Karenzentschädigung wird im Rahmen der Vollstreckung wie Arbeitsvergütung behandelt 8 (§ 850 III a ZPO; §§ 38, 55 InsO).

III. Berechnung der Karenzentschädigung

1. Berechnungsgrundlagen. a) Die Karenzentschädigung muß mindestens die Hälfte der von dem 9 Arbeitnehmer zuletzt bezogenen vertragsmäßigen Leistungen erreichen (§ 74 II HGB). Bei der Berechnung der vertragsmäßigen Leistungen sind sämtliche Einkommensbestandteile zu berücksichtigen. Unerheblich ist, ob der Arbeitnehmer hierauf einen Rechtsanspruch hat oder nicht (BAG 21. 1. 1972 AP HGB § 74 Nr. 30; 16. 11. 1973 AP Nr. 34 = NJW 1974, 765). Hierzu gehören im einzelnen das Gehalt, Leistungszulagen, Provisionen, Gratifikationen u. ä. Leistungen (BAG 16. 11. 1973 AP HGB § 74 Nr. 34 = NJW 1974, 765; 18. 10. 1976 AP HGB § 74 b Nr. 1 = NJW 1977, 775), über reinen Unkostenersatz hinausgehende Reisespesen (BAG 3. 4. 1984 AP HGB § 75 Nr. 44 = NZA 1984, 354) sowie Sachleistungen (BAG 9. 1. 1990 AP HGB § 74 Nr. 59 = NJW 1990, 1870 = NZA 1990, 519). Zu den Sachleistungen gehört auch der Dienstwagen, der dem Arbeitnehmer auch zur Eigennutzung überlassen ist. Naturalleistungen sind mit ihrem letzten Wert einzubeziehen.

b) Solche Vermögensbestandteile bleiben dagegen außer Ansatz, die erst nach Beendigung des 10 Arbeitsverhältnisses fällig werden (BAG 20. 4. 1967 AP HGB § 74 Nr. 20 = DB 1967, 1415). Hierzu gehören die Leistungen der betrieblichen Altersversorgung. Unberücksichtigt bleiben die Arbeitgeberanteile zur gesetzlichen Kranken- und Rentenversicherung, die vom Arbeitgeber freiwillig ausgezahlten Beträge zu ersetzenden Lebensversicherung (BAG 21. 7. 1981 AP HGB § 74 Nr. 40 = BB 1982, 2052) und das Übergangsgeld nach § 18 AVG (jetzt § 20 SGB V) als Leistung der Rehabilitation (BAG 7. 11. 1989 AP HGB § 74 c Nr. 15 = NZA 1990, 397), der Krankenversicherungszuschuß nach § 405 RVO (jetzt § 257 SGB V) (BAG 21. 7. 1981 AP HGB § 74 Nr. 40 = BB 1982, 2052). Nicht zu berücksichtigen sind ferner Sonderleistungen im Arbeitsverhältnis, zB für Arbeitnehmererfindungen, die nicht wegen der Arbeitsleistung gewährt werden.

11   c) Der Berechnung sind die zuletzt bezogenen vertragsmäßigen Leistungen zu Grunde zu legen. Unerheblich ist mithin, was der Arbeitnehmer früher verdient hat. Scheidet der Arbeitnehmer als Teilzeitbeschäftigter aus, so richtet sich die Karenzentschädigung nach den vertragsmäßigen Leistungen im Teilzeitarbeitsverhältnis, auch wenn der Arbeitnehmer zuvor lange Zeit als Vollzeitarbeitnehmer gearbeitet hat. Ferner ist unerheblich, wie sich der Verdienst in Zukunft entwickelt (BAG 16. 11. 1973 AP § 74 Nr. 34 = NJW 1974, 765). Zukünftige Tariferhöhungen bleiben mithin außer Betracht.

12   d) Abs. 3 bestimmt ausdrücklich, daß solche Bezüge außer Ansatz bleiben, die zum Ersatz besonderer Auslagen dienen, die infolge der Dienstleistung entstehen. Hierzu gehören Fahrtkosten, Verpflegungsgeld, Teuerungszuschläge, Trennungsgelder usw. Dagegen können pauschalierte Spesen Vergütungscharakter haben, soweit sie nicht nur dem Auslagenersatz dienen. Dies kann gelegentlich bei Nahauslösungen vorkommen (vgl. BAG 14. 8. 1985 AP LohnFG § 2 Nr. 14). Sie sind jedoch nur mit dem Entgeltanteil zu berücksichtigen.

13   **2. Berechnung.** a) Bei feststehenden Bezügen muß die Entschädigung für jedes Jahr des Verbots mindestens die Hälfte der vertragsmäßigen Leistungen erreichen (§ 74 II HGB). Im letzten Jahr fällig gewordenen Bezüge sind mit 12, 52, 365 auf ein Jahr hochzurechnen. Ein Vierundzwanzigstel des ermittelten Betrages ergibt alsdann die Mindestentschädigung. Eine vertraglich festgelegte Karenzentschädigung auf die monatlich zuletzt erhaltenen Bezüge verstößt gegen das Gebot jahresbezogener Berechnung (LAGE Frankfurt 10. 2. 1997 § 74a HGB Nr. 1).

14   b) Bei wechselnden Bezügen ist nach Abs. 2 von dem Durchschnitt der letzten drei Jahre auszugehen. Hat die für die Bezüge bei der Beendigung des Arbeitsverhältnisses maßgebende Vertragsbestimmung noch nicht drei Jahre bestanden, so erfolgt der Einsatz nach dem Durchschnitt des Zeitraums, für den die Bestimmung in Kraft war. Zu den wechselnden Bezügen zählen Provisionen, Tantiemen u.ä. Leistungen (BAG 5. 8. 1966 AP HGB § 74 Nr. 19 = BB 1966, 1310; 21. 1. 1972 AP HGB § 74 Nr. 30 = DB 1972, 830). Gewinnbeteiligungen sind auch dann voll in Ansatz zu bringen, wenn sie erst nach Beendigung des Arbeitsverhältnisses fällig oder ausgezahlt werden (BAG 9. 1. 1990 AP HGB § 74 Nr. 59 = NJW 1990, 1870 = NZA 1990, 519). Daneben ist nach Beendigung die Gewinnbeteiligung voll auszuzahlen.

15   **3. Rechtsfolgen zu geringer Karenzentschädigung.** Erreicht die Karenzentschädigung nicht die gesetzlich vorgeschriebene Mindesthöhe, so ist das Wettbewerbsverbot unverbindlich (vgl. § 74 Rn. 31).

§ 74 c [Anrechnung anderweitigen Erwerbs]

(1) ¹Der Handlungsgehilfe muß sich auf die fällige Entschädigung anrechnen lassen, was er während des Zeitraums, für den die Entschädigung gezahlt wird, durch anderweite Verwertung seiner Arbeitskraft erwirbt oder zu erwerben böswillig unterläßt, soweit die Entschädigung unter Hinzurechnung dieses Betrags den Betrag der zuletzt von ihm bezogenen vertragsmäßigen Leistungen um mehr als ein Zehntel übersteigen würde. ²Ist der Gehilfe durch das Wettbewerbverbot gezwungen worden, seinen Wohnsitz zu verlegen, so tritt an die Stelle des Betrags von einem Zehntel der Betrag von einem Viertel. ³Für die Dauer der Verbüßung einer Freiheitsstrafe kann der Gehilfe eine Entschädigung nicht verlangen.

(2) Der Gehilfe ist verpflichtet, dem Prinzipal auf Erfordern über die Höhe seines Erwerbes Auskunft zu erteilen.

I. Allgemeines

1   Die Vorschrift begrenzt die Entschädigungspflicht des Arbeitgebers. Im Recht des gegenseitigen Vertrages ist es die Ausnahme, daß die Leistungen Dritter auf die Gegenleistung angerechnet werden. Die Entschädigung bei Wettbewerbsverboten soll aber nach ihrem Zweck nur solche Nachteile ausgleichen, die der Arbeitnehmer infolge des Wettbewerbsverbotes erleidet. § 74 c HGB findet auf alle Arbeitnehmer entsprechende Anwendung. Von der Regelung des § 74 c HGB kann zugunsten des Arbeitnehmers abgewichen werden. Es kann also vereinbart werden, daß anderweitiger Erwerb nicht angerechnet wird. Umstritten ist, ob diese Vereinbarung ausdrücklich oder auch konkludent erfolgen kann. Das BAG fordert eine ausdrückliche Vereinbarung (21. 3. 1974 AP HGB § 74 c Nr. 3 = BB

1974, 1072). Dies wird aber nur ein Vergreifen im Ausdruck sein. Insbesondere wird dann ein Ausschluß der Anrechnung anderweitigen Einkommens vorliegen, wenn der Arbeitnehmer die Karenzentschädigung in dieser Höhe zu Beginn des Verbotszeitraumes erhalten soll (LAG Hamm 19. 2. 1992 = DB 1992, 174 = BB 1992, 1856).

II. Anrechnung anderweitigen Erwerbs

1. Tatsächlicher Erwerb. a) Der Arbeitnehmer muß sich auf die Karenzentschädigung anrechnen 2 lasse, was er durch anderweitige Verwertung seiner Arbeitskraft erwirbt. Die Vorschrift ist das Spiegelbild zu § 74 b HGB. Der Arbeitnehmer muß sich alles anrechnen lassen, was der Arbeitgeber auch bei der Berechnung der Karenzentschädigung berücksichtigen muß (vgl. § 74 b Rn. 9). Angerechnet werden auch freiwillig gewährte Gratifikationen, auf die der Arbeitnehmer keinen Rechtsanspruch hat (BAG 16. 11. 1973 AP HGB § 74 Nr. 34 = NJW 1974, 765).

b) Nicht anzurechnen sind dagegen ersparte Aufwendungen im Bereich privater Lebensführung, zB 3 Aufwendungen für Gärtner, Hausgehilfin usw. Unberücksichtigt bleiben ferner Einkommensbestandteile, die auch bei Fortbestehen des Arbeitsverhältnisses angefallen wären, also zB Einnahmen aus einer Nebentätigkeit (BAG 16. 5. 1969 AP GewO § 133 f Nr. 23 = NJW 1970, 443) sowie Einkommen aus Miet- und Kapitalertrag (BAG 20. 4. 1967 AP HGB § 74 Nr. 20 = DB 1967, 1415).

2. Einzelfälle tatsächlichen Erwerbs. a) Anzurechnen ist Erwerb aus der Verwertung der Arbeits- 4 kraft. Damit sind alle Einnahmen aus selbständiger und unselbständiger Tätigkeit anrechenbar (BAG 13. 11. 1975 AP HGB § 74 c Nr. 7 = DB 1976, 439).

b) Kapitalerträge und Gewinnbeteiligungen stammen nicht aus der Verwertung der Arbeitskraft. Sie 5 werden nicht angerechnet (BAG 20. 4. 1967 AP HGB § 74 Nr. 20 = DB 1967, 1415). Begründet der Arbeitnehmer ein eigenes Unternehmen, so kann Erwerb aus der Verwertung der Arbeitskraft und aus Kapitalleistungen zusammentreffen. Es ist umstritten, in welchem Umfang der Gewinn anzurechnen ist (vgl. *Westerfelhaus* DB 1975, 1185). Teilweise wird aus Praktikabilitätsgründen die vollständige Anrechnung angenommen (*Heymann/Henssler* § 74 c Rn. 4). Richtig wird eine Anrechnung entsprechend den steuerrechtlichen Grundsätzen sein, also wie die Unternehmertätigkeit für das Unternehmen zu bewerten ist.

c) Gesellschafterbeteiligungen sind nicht anzurechnen. Anrechenbar ist dagegen das Gehalt, das ein 6 Gesellschafter für seine Arbeitsleistung erhält (BAG 20. 4. 1967 AP HGB § 74 Nr. 20 = DB 1967, 1415).

d) Die Anrechnung von Sozialleistungen war seit jeher umstritten. Zunächst gilt der Grundsatz, daß 7 Sozialleistungen nicht aus der Verwertung der Arbeitskraft bezogen werden, sondern wegen des Erwerbs gesetzlicher Sozialversicherungsansprüche. Damit sind Sozialleistungen grundsätzlich nicht anrechenbar. Abgelehnt worden ist die Anrechnung von Altersruhegeld (BAG 3. 8. 1960 AP HGB § 74 Nr. 14 = BB 1960, 985; 30. 10. 1984 AP HGB § 74 Nr. 46 = NZA 1985, 429), von Übergangsgeld nach § 59 AFG (BAG 7. 11. 1989 AP HGB § 74 c Nr. 15 = NZA 1990, 397). Angerechnet hat das BAG dagegen Leistungen des Arbeitslosengeldes, da es Lohnersatzfunktion hat (BAG 25. 6. 1985 AP HGB § 74 c Nr. 11 = NJW 1986, 275 = NZA 1986, 194). Diese Rechtsprechung hat der Gesetzgeber durch die Einführung von § 128 a I 3 AFG (jetzt § 148 SGB III) bestätigt. Umstritten ist, ob das anzurechnende Arbeitslosengeld um den Betrag erhöht werden muß, den die BAnstArb zur Erhaltung der gesetzlichen Sozialversicherungsbeiträge zahlt (verneinend BAG 27. 11. 1991 AP TVG § 4 Nachwirkung Nr. 22 = NZA 1992, 800; 22. 5. 1990 NZA 1990, 975 = BB 1990, 2337).

e) Ob Ruhegelder und betriebliche Altersversorgung anzurechnen ist, hat das BAG bislang nicht 8 entschieden (BAG 30. 10. 1984 AP HGB § 74 Nr. 46 = NZA 1985, 429). Eine Anrechnung scheidet aus, weil die Versorgungsleistungen die frühere Arbeitsleistung insgesamt abgelten.

f) Einnahmen aus einer Nebentätigkeit, die bereits während des Bestandes des Arbeitsverhältnisses 9 ausgeübt wurde, sind nicht anzurechnen. Es besteht kein Zusammenhang zwischen dem Erwerb und dem Wettbewerbsverbot (BAG 16. 5. 1969 AP GewO § 133 f Nr. 23 = NJW 1970, 443). Dagegen sind alle Einkünfte aus Nebentätigkeiten anzurechnen, die während des Verbotszeitraums aufgenommen werden. Dies sind Einkünfte aus der Verwertung der Arbeitskraft.

3. Fiktiv anrechenbarer Erwerb. a) Anzurechnen ist ein Erwerb, den der Arbeitnehmer böswillig 10 unterläßt. Der Begriff der Böswilligkeit entspricht dem in § 615 Satz 2 BGB und § 11 II KSchG. Böswilligkeit ist gegeben, wenn der Arbeitnehmer während der Karenzzeit in Kenntnis der objektiven Umstände, namentlich Arbeitsmöglichkeit, Zumutbarkeit der Arbeit und Nachteilsfolge für den Arbeitgeber vorsätzlich untätig bleibt oder sich vorsätzlich mit einer zu geringen Vergütung zufrieden gibt (BAG 23. 1. 1967 AP HGB § 74 c Nr. 1 = BB 1967, 538; 21. 3. 1974 AP HGB § 74 c Nr. 4 = BB 1974, 1072; 13. 11. 1975 AP HGB § 74 c Nr. 7 = DB 1976, 439).

b) Ob eine anderweitige Erwerbstätigkeit zumutbar ist, beurteilt sich nach Treu und Glauben. Eine 11 anderweitige Erwerbstätigkeit ist unzumutbar, wenn die Untätigkeit auf vernünftigen Erwägungen des

Arbeitnehmers beruht. Der Arbeitnehmer kann mithin sein berufliches Fortkommen berücksichtigen (BAG 3. 7. 1990 AP HGB § 74 Nr. 61 = NZA 1991, 308), braucht nach einer Eigenkündigung nicht ein Weiterbeschäftigungsangebot des Arbeitgebers anzunehmen (BAG 23. 1. 1967 AP HGB § 74 c Nr. 1 = BB 1967, 538) oder wenn sein Arbeitsverhältnis aus Altersgründen endet, sich auf eine Weiterbeschäftigung einzulassen (BAG 3. 7. 1990 AP HGB § 74 Nr. 61 = NZA 1991, 308).

12   c) Der Arbeitnehmer kann während der Karenzzeit ein Studium aufnehmen (BAG 8. 2. 1974 AP HGB § 74 c Nr. 4; 13. 2. 1996 AP § 74c Nr. 18 = NJW 1996, 2677 = NZA 1996, 1039). Er hat die Berufswahlfreiheit und es ist gerade sachgemäß, eine berufliche Fortbildung zu betreiben. Nicht böswillig ist das Unterlassen vorübergehend berufsfremder Tätigkeit oder die Aufnahme einer selbständigen Tätigkeit, auch wenn vorübergehend geringere Einnahmen bezogen werden (BAG 13. 11. 1975 AP HGB § 74c Nr. 7 = DB 1976, 439; 2. 6. 1987 AP Nr. 13 = NZA 1988, 130). Nicht böswillig handelt ein Arbeitnehmer, der sich nach Vollendung des 63. Lebensjahrs nicht mehr um andere Arbeit bemüht.

13   **4. Erstattungspflichten des Arbeitgebers nach dem SGB III.** Nach § 148 SGB III hat der Arbeitgeber der BAnstArb vierteljährlich das Arbeitslosengeld zu erstatten, das dem Arbeitslosen für die Zeit gezahlt worden ist, in der das Wettbewerbsverbot besteht. Da die Vereinbarung eines Wettbewerbsverbotes im Interesse des ehemaligen Arbeitgebers lag, ist es nicht gerechtfertigt, die Solidargemeinschaft mit den Kosten der Arbeitslosigkeit zu belasten (BT-Drucks. 9/846 S. 46). Die Erstattungspflicht besteht auch bei Arbeitslosenhilfe, da auch sie die Verfügbarkeit des Arbeitnehmers voraussetzt, nicht dagegen bei Unterhaltsgeld (BSG 13. 3. 1990 NZA 1990, 906). Das BVerfG hat entschieden, daß es mit Art 12 I GG unvereinbar ist, daß der Arbeitgeber für die Dauer einer Vereinbarung über die Unterlassung zusätzlich zur arbeitsrechtlichen Entschädigung die gesamten Kosten der Arbeitslosigkeit seines früheren Arbeitnehmers (Arbeitslosengeld und Sozialversicherungsbeiträge) ohne Rücksicht darauf zu tragen hat, ob die Arbeitslosigkeit durch eine Wettbewerbsvereinbarung verursacht ist (BVerfG 10. 11. 1998 NJW 99, 935 = NZA 99, 191; dazu *Diller/Dannecker* NJW 1999, 935; *Kranz* DB 99, 335). Der Gesetzgeber ist verpflichtet, die verfassungswidrige Regelung spätestens bis zum 1. 1. 2001 durch eine verfassungsgemäße Regelung zu ersetzen. Aufgrund der Entscheidung hat die BAnstArb laufende Verwaltungsverfahren zu beenden, schon erlassene Erstattungsbescheide, die mit Rechtsbehelfen angegriffen sind, zurückzunehmen. Umstritten ist die Rechtslage bei rechtskräftigen Erstattungsbescheiden. Nach § 44 SGB X, § 330 IV SGB III bestehe eine Sonderregelung gegenüber § 79 II BVerfGG, sodaß auch bestandskräftige Bescheide zurückzunehmen seien (*Diller/Dannecker* NJW 1999, 897; aA RdErl. vom 22. 2. 1999 zu § 148 SGB III). Bereits erstattete Beträge sind ohne Verzinsung zurückzuzahlen.

III. Anrechnungsgrenzen

14   **1. Allgemeine Anrechnungsgrenze.** Eine Anrechnung anderweitigen oder fiktiven Erwerbs erfolgt nicht unbegrenzt. Eine Anrechnung erfolgt nur, soweit die Karenzentschädigung und der anderweitige Erwerb 110% des letzten Einkommens übersteigt. Dies ist der anzurechnende Betrag.

15   **2. Anrechnungsgrenze bei Wohnsitzwechsel. a)** Die Anrechnungsgrenze erhöht sich auf 125%, wenn der Arbeitnehmer durch das Wettbewerbsverbot gezwungen wurde, seinen Wohnsitz zu verlegen. Der Arbeitnehmer wird gezwungen, seinen Wohnsitz zu verlegen, wenn er an seinem bisherigen Wohnsitz keine entsprechende Stelle finden kann (BAG 17. 12. 1973 AP HGB § 74 c Nr. 2 = NJW 1974, 767; Nr. 17 = NZA 1995, 631; 23. 2. 1999 Nr. 20 = NJW 2000, 165 = NZA 99, 936).

16   b) Es fehlt an einem erzwungenen Wohnsitzwechsel, wenn der Arbeitnehmer an seinem bisherigen Wohnort eine entsprechende Stelle hätte finden können (BAG 23. 2. 1982 AP HGB § 74 c Nr. 9 = DB 1982, 1301). Wird der Arbeitnehmer zum Wohnsitzwechsel gezwungen, so hat er auch Anspruch auf die erhöhte Karenzentschädigung, wenn sich der Umzug nach Arbeitsaufnahme verzögert (BAG 17. 5. 1988 AP HGB § 74 c Nr. 14 = NJW 1988, 3173 = NZA 1989, 142). Die erhöhte Anrechnungsgrenze gilt auch dann, wenn der Arbeitnehmer an dem neuen Ort einen zweiten Wohnsitz begründet.

17   c) Der Arbeitnehmer ist für den Kausalzusammenhang zwischen Wettbewerbsverbot und Wohnsitzwechsel darlegungs- und beweispflichtig.

18   **3. Durchführung der Anrechnung. a)** Die Anrechnung anderweitigen oder böswillig unterlassenen anderweitigen Erwerbs erfolgt bei Einkünften aus unselbständiger Arbeit auf jede fällige Monatsrate der Entschädigung (BAG 16. 11. 1973 AP HGB § 74 Nr. 34 = NJW 1974, 765). Im Gegensatz zu § 615 Satz 2 und § 11 KSchG erfolgt die Anrechnung monatsweise. Dies folgt aus der Formulierung des Gesetzes „was er während des Zeitraums, für den die Entschädigung gezahlt wird". Zahlungen für einen längeren als den Monatszeitraum werden auf den Monatszeitraum umgerechnet (vgl. § 74 b Rn. 2).

19   b) Für die Höhe der Karenzentschädigung wirken sich allgemeine Entgeltsteigerungen, zB aufgrund Tariflohnerhöhungen nicht aus. Andererseits kann sich das Entgelt des Arbeitnehmers während des Verbotszeitraums durch Entgelterhöhungen erhöhen. Dadurch wird die Karenzentschädigung gemindert. Dies wird zumeist als angemessen angesehen, weil nur der Verdienstausfall nach dem Gesetz

erstattet werden soll. Ob dies richtig ist, erscheint zumindest zweifelhaft. Eine Anpassung wegen des Geldwertverlustes ist bislang nicht vorgenommen worden (ArbG Lübeck 6. 5. 1976 = BB 1976, 1320).

IV. Befreiung von der Entschädigungspflicht

1. Freiheitsstrafe. Nach Abs. 1 Satz 3 entfällt die Entschädigungspflicht für die Dauer der Verbü- 20
ßung einer Freiheitsstrafe. Erlangt der Arbeitnehmer vor Ablauf der Verbotszeit wieder die Freiheit, lebt die Entschädigungspflicht wieder auf.

2. Entsprechende Anwendung. Die Ausnahmevorschrift wird nicht auf andere Fälle entsprechend 21
angewandt, in denen der Arbeitnehmer auch nicht arbeiten konnte. Dies gilt insbesondere bei Erkrankung.

V. Auskunftspflicht des Arbeitnehmers

1. Entstehung des Anspruchs. a) Der Arbeitnehmer ist verpflichtet, dem Arbeitgeber auf Erfor- 22
dern über die Höhe des Erwerbs Auskunft zu geben (Abs. 2). Der Anspruch setzt voraus, daß (1) eine Anrechnungsmöglichkeit eingetreten ist. Hierfür ist der Arbeitgeber darlegungs- und beweispflichtig (BAG 19. 2. 1997 5 AZR 379/94 nv. (Jur-CD); (2) das Arbeitsverhältnis beendet und das Wettbewerbsverbot wirksam geworden ist (BAG 26. 10. 1978 AP HGB § 75 a Nr. 3 = NJW 1979, 2166). Der Anspruch wird auf Verlangen des Arbeitgebers fällig. Er erlischt, wenn eine Anrechnung nicht mehr in Betracht kommt, zB weil der Arbeitgeber die Karenzentschädigung im voraus zahlt oder auf die Anrechnung verzichtet (BAG 5. 8. 1968 AP HGB § 74 Nr. 24 = BB 1968, 1996).

b) Der Anspruch ist selbständig einklagbar (LAG Hamm 28. 1. 1974 DB 1974, 972) und nach § 888 23
ZPO vollstreckbar.

c) Der Arbeitnehmer hat wegen der Auskunftspflicht kein Zurückbehaltungsrecht, da er vorlei- 24
stungspflichtig ist (BAG 25. 2. 1975 AP HGB § 74 Nr. 6 = NJW 1975, 1246). Andererseits hat der Arbeitgeber ein Zurückbehaltungsrecht, bis der Arbeitnehmer die Auskunft erteilt (BAG 12. 1. 1978 AP HGB § 74 c Nr. 8 = NJW 1978, 2215). Bis zur Auskunftserteilung kommt er nicht in Verzug (BAG 16. 5. 1969 AP GewO § 133 f Nr. 23 = NJW 1970, 443).

2. Inhalt des Auskunftsanspruches. Der Arbeitnehmer muß wahrheitsgemäße Angaben über den 25
anderweitigen Erwerb machen. Diese müssen nachprüfbar sein. Bei unselbständiger Arbeit ist der neue Arbeitgeber anzugeben. Bei selbständiger Tätigkeit ist der Einkommensteuerbescheid vorzulegen (BAG 25. 2. 1975 AP HGB § 74 c Nr. 6 = NJW 1975, 1246). Bei Gefährdung der Interessen des Arbeitnehmers kann in Ausnahmefällen eine Bescheinigung des Finanzamtes oder eines Wirtschaftsprüfers ausreichend sein. Dagegen ist nicht erforderlich, in die Bilanz, Gewinn- und Verlustrechnung oder einzelne Buchungsunterlagen Einsicht zu gewähren. Es sind uU Belege beizubringen (BAG 12. 1. 1978 AP HGB § 74 c Nr. 8 = NJW 1978, 2215).

§ 75 [Unwirksamwerden des Verbots]

(1) *Löst der Gehilfe das Dienstverhältnis gemäß den Vorschriften der §§ 70 und 71 wegen vertragswidrigen Verhaltens des Prinzipals auf, so wird das Wettbewerbverbot unwirksam, wenn der Gehilfe vor Ablauf eines Monats nach der Kündigung schriftlich erklärt, daß er sich an die Vereinbarung nicht gebunden erachte.*

(2) ¹In gleicher Weise wird das Wettbewerbverbot unwirksam, wenn der Prinzipal das Dienstverhältnis kündigt, es sei denn, daß für die Kündigung ein erheblicher Anlaß in der Person des Gehilfen vorliegt oder daß sich der Prinzipal bei der Kündigung bereit erklärt, während der Dauer der Beschränkung dem Gehilfen die vollen, zuletzt von ihm bezogenen vertragsmäßigen Leistungen zu gewähren. ²Im letzteren Falle finden die Vorschriften des § 74 b entsprechende Anwendung.

(3) *Löst der Prinzipal das Dienstverhältnis gemäß den Vorschriften der §§ 70 und 72 wegen vertragswidrigen Verhaltens des Gehilfen auf, so hat der Gehilfe keinen Anspruch auf die Entschädigung.*

Schrifttum: Vgl. die zu § 74 aufgeführte Literatur.

I. Allgemeines

Die Norm enthält die Auswirkungen einer außerordentlichen Kündigung des Arbeitsverhältnisses 1
einer der beiden Parteien auf das Wettbewerbsverbot sowie die Auswirkungen einer ordentlichen Kündigung des Arbeitnehmers. Der Arbeitnehmer erlangt ein Lösungsrecht vom Wettbewerbsverbot, das zugunsten des Arbeitgebers eingeschränkt ist.

Schaub

II. Außerordentliche Kündigung des Arbeitnehmers oder Arbeitgebers (Abs. 1 und 2)

2   **1. Voraussetzungen nach Abs. 1. a)** Nach I kann der Arbeitnehmer sich vom Wettbewerbsverbot lossagen, wenn er das Arbeitsverhältnis wegen vertragswidrigen Verhaltens nach §§ 70, 71 HGB (jetzt § 626 BGB) außerordentlich kündigt (BAG 19. 5. 1998 AP HGB § 75 Nr. 10 = NZA 1999, 37). Die außerordentliche Kündigung muß wirksam sein (BAG 24. 9. 1965 AP HGB § 75 Nr. 3 = NJW 1966, 123). Eine unwirksame Kündigung kann das Lossagerecht nicht begründen, auch wenn der Arbeitgeber mit dem Ausscheiden einverstanden ist. Kein Lossagungsrecht begründet die ordentliche Kündigung.

3   **b)** Kündigungsgrund muß ein wichtiger Grund aus dem Verhalten des Arbeitgebers sein. Unzureichend ist ein wichtiger Grund aus der Person des Arbeitgebers oder im Insolvenzfalle (§ 113 I InsO). Das Lossagerecht erwächst auch, wenn der Arbeitnehmer statt der außerordentlichen Kündigung eine ordentliche Kündigung als das schwächere Mittel ausspricht (BAG 24. 9. 1965 AP HGB § 75 Nr. 3 = NJW 1966, 123). Der Zusammenhang zwischen der Kündigung und dem vertragswidrigen Verhalten muß für den Arbeitgeber erkennbar sein (BAG 18. 11. 1967 AP HGB § 74 Nr. 21 = BB 1968, 379). Die ordentliche Kündigung muß unter Wahrung der Frist des § 626 II BGB ausgesprochen werden, anderenfalls verwirkt der wichtige Grund.

4   **c)** Umstritten ist, ob das Lossagerecht ein Verschulden des Arbeitgebers voraussetzt. Die Streitfrage ist von mehr akademischer Bedeutung, da eine Vertragsverletzung im allgemeinen schuldhaft verursacht wird. Im übrigen wird ein Verschulden nicht Voraussetzung sein, weil der Arbeitnehmer dann nicht mehr an das die Arbeitssuche erschwerende Wettbewerbsverbot gebunden sein soll, wenn ihm die Fortsetzung des Arbeitsverhältnisses unzumutbar wird.

5   **2. Voraussetzungen nach Abs. 2.** Der Arbeitnehmer erlangt in gleicher Weise ein Lossagungsrecht, wenn der Arbeitgeber ordentlich (BAG 26. 9. 1963 AP HGB § 75 Nr. 1 = NJW 1964, 317) oder außerordentlich kündigt, wobei die außerordentliche Kündigung nicht auf einem vertragswidrigen Verhalten des Arbeitnehmers beruht. Ein vertraglicher Ausschluß des Lossagungsrechtes ist unwirksam (BAG 14. 1. 1981 AP HGB § 75 Nr. 8 = NJW 1982, 1549).

6   **3. Ausübung des Lossagungsrechtes. a)** Die Ausübung des Lossagungsrechtes durch den Arbeitnehmer erfolgt durch eine einseitige empfangsbedürftige rechtsgestaltende Willenserklärung. Die Erklärung braucht nicht ausdrücklich zu erfolgen. Aus ihr muß sich jedoch eindeutig ergeben, daß sich der Arbeitnehmer nicht an das Wettbewerbsverbot gebunden fühlt und keine Karenzentschädigung verlangt (BAG 13. 4. 1978 AP HGB § 75 Nr. 7 = DB 1978, 1502).

7   **b)** Die Lossagung muß schriftlich erfolgen. Eine nur mündliche Lossagung kann allenfalls ein Angebot zum Abschluß eines Aufhebungsvertrages sein.

8   **c)** Die Lossagung muß innerhalb eines Monats nach Ausspruch der Kündigung erklärt werden. Die Monatsfrist beginnt mit dem Zugang der Kündigung. Sie ist nur an den formellen Zugang der Kündigung geknüpft. Sie wird damit nicht dadurch verlängert, daß die Parteien über die Wirksamkeit der Kündigung streiten (BAG 26. 1. 1973 AP HGB § 75 Nr. 4 = NJW 1973, 1717). Die Monatsfrist kann mithin abgelaufen sein, wenn in dem Kündigungsrechtsstreit die Parteien einen Aufhebungsvertrag schließen. Das Wettbewerbsverbot wird damit zweckmäßig im Vergleich mitgeregelt.

9   **4. Rechtsfolgen der Lossagung.** Die Lossagung führt zur Wirkungslosigkeit des Wettbewerbsverbotes. Mit Zugang der Willenserklärung wird der Arbeitnehmer von der Unterlassungsverpflichtung frei und die Entschädigungspflicht des Arbeitgebers entfällt.

III. Einschränkung des Lossagungsrechtes des Arbeitnehmers

10 **1. Beschränkungsfälle.** Das Lossagungsrecht des Arbeitnehmers wird in zwei Fällen beschränkt, wenn der Arbeitgeber kündigt.

11 **2. Erheblicher Anlaß.** Das Lossagungsrecht des Arbeitnehmers entfällt, wenn der Arbeitgeber das Arbeitsverhältnis ordentlich oder außerordentlich aus einem erheblichen Anlaß kündigt. Der erhebliche Anlaß braucht kein wichtiger Grund iS von § 626 BGB zu sein. Ausreichend ist jeder Grund, der eine personen- oder verhaltensbedingte Kündigung rechtfertigt. Unzureichend ist eine betriebsbedingte Kündigung. Für den Arbeitnehmer muß erkennbar sein, daß das Arbeitsverhältnis aus einem erheblichen Anlaß gekündigt wird. Der Arbeitgeber ist für den Anlaß darlegungs- und beweispflichtig.

12 **3. Entrichtung der vertragsmäßigen Leistungen. a)** Ein Lossagungsrecht für den Arbeitnehmer erwächst nicht, wenn der Arbeitgeber bei der Kündigung dem Arbeitnehmer für den gesamten Verbotszeitraum zusagt, die vertragsmäßigen Leistungen weiter zu entrichten. Die Zusage enthält alsdann die Karenzentschädigung, so daß auf sie auch § 75 c HGB anzuwenden ist.

b) Die Zusage ist eine einseitige, empfangsbedürftige Willenserklärung. Sie muß eindeutig klarstellen, daß der Arbeitgeber bereit ist, die vollen zuletzt bezogenen Bezüge weiter zu gewähren. Die Zusage muß gleichzeitig mit der Kündigung des Arbeitnehmers oder Arbeitgebers erfolgen, anderenfalls erwächst ein Lossagungsrecht für den Arbeitnehmer. Hat der Arbeitnehmer gekündigt, muß der Arbeitgeber unverzüglich reagieren. Wird die Zusageerklärung verspätet ausgesprochen, erlangt der Arbeitnehmer ein Wahlrecht, ob er sich darauf einläßt oder das Wettbewerbsverbot unwirksam macht.

IV. Lossagung des Arbeitgebers

1. Wortlaut des § 75 III. a) Nach dem Wortlaut von § 75 III HGB verlor der Gehilfe seinen Anspruch auf Karenzschädigung, wenn der Arbeitgeber das Arbeitsverhältnis wegen vertragswidrigen Verhaltens des Arbeitnehmers kündigt. Diese Regelung hat das BAG wegen Verstoßes gegen Art. 3 GG für verfassungswidrig erklärt (BAG 23. 2. 1977 AP HGB § 75 Nr. 6 = NJW 1977, 1357). Bei einer außerordentlichen Kündigung des Arbeitnehmers steht ihm nur ein Lossagungsrecht zu, während der Arbeitgeber ohne Karenzentschädigung die Einhaltung des Wettbewerbsverbotes erzwingen kann.

b) Der Ausspruch der Verfassungswidrigkeit konnte durch das BAG erfolgen, da es sich bei § 75 HGB um vorkonstitutionelles Recht handelt. Sie ist mittelbar durch Anlage 1 zum Einigungsvertrag vom 31. August 1990 (BGBl. II S. 959) gebilligt worden, da die Regelung nicht in die neuen Bundesländer übertragen worden ist, weil sie dem Gesetzgeber verfassungswidrig erschien.

2. Schließung der Regelungslücke. a) Durch die Verfassungswidrigkeit von § 75 III HGB ist eine Regelungslücke erwachsen. Diese wird durch eine entsprechende Anwendung von § 75 I HGB geschlossen (BAG 23. 2. 1977 AP HGB § 76 Nr. 6 = NJW 1977, 1357; 17. 2. 1987 AP HGB § 75 a Nr. 4 = NJW 1987, 2768; 19. 5. 1998 AP § 75 Nr. 10 = NJW 1999, 1885 = NZA 1999, 37). Der Arbeitgeber kann mithin außerordentlich aus verhaltensbedingten Gründen kündigen und binnen Monatsfrist schriftlich erklären, daß er sich an das Wettbewerbsverbot nicht gebunden erachtet. Wie beim Arbeitnehmer genügt auch eine ordentliche Kündigung, wenn für den Arbeitnehmer erkennbar ist, daß sie als milderes Mittel gegenüber der außerordentlichen Kündigung ausgesprochen wird (BAG 18. 11. 1967 AP HGB § 74 Nr. 21 = BB 1968, 379). Der Arbeitgeber hat mithin ein Wahlrecht, ob er sich vollständig vom Wettbewerbsverbot lösen will oder dieses gegen eine Entschädigung aufrechterhalten will.

b) Die Lossagung muß eindeutig erfolgen. Es muß sich aus der Erklärung ergeben, daß der Arbeitgeber sich aus dem Wettbewerbsverbot lösen und keine Entschädigung zahlen will. Bei Zweifeln liegt keine wirksame Erklärung vor (BAG 13. 4. 1978 AP HGB § 75 Nr. 7 = DB 1978, 1502). Im Falle wiederholter Kündigung durch den Arbeitgeber kann eine Lossagung bei den Folgekündigungen entbehrlich sein (BAG 19. 5. 1998 AP § 75 Nr. 10 = NJW 1999, 1885 = NZA 1999, 37). Unberührt bleibt die Möglichkeit des Verzichtes des Arbeitgebers nach § 75 a HGB.

V. Einvernehmliche Aufhebung des Arbeitsvertrages

1. Entsprechende Anwendung. In § 75 HGB ist eine Beendigung des Wettbewerbsverbotes nur vorgesehen, wenn das Arbeitsverhältnis gekündigt wird. Nach ganz hM ist § 75 HGB entsprechend anzuwenden, sofern der Aufhebungsvertrag anstelle einer sonst auszusprechenden Kündigung tritt (BAG 11. 11. 1958 AP BGB § 611 Konkurrenzklausel Nr. 1; vom 26. 9. 1957 AP HGB § 74 Nr. 2; 18. 11. 1967 AP HGB § 74 Nr. 21 = BB 1968, 379; 24. 4. 1970 Nr. 25 = DB 1970, 1790). Die hM stützt sich darauf, daß der Kündigende nicht deshalb schlechter gestellt werden kann, weil er das mildere Mittel wählt.

2. Rechtsfolge. Rechtsfolge des Aufhebungsvertrages ist also, daß der Kündigungsberechtigte sich innerhalb eines Monats durch schriftliche Erklärung aus dem Wettbewerbsverbot lösen kann. Ferner kann das Lossagerecht des Arbeitnehmers aus den Gründen nach Abs. 2 (oben Rn. 10) entfallen.

3. Mindermeinung. Eine Mindermeinung lehnt die entsprechende Anwendung ab (Münch-KommHGB/*v. Hoyningen-Huene* § 75 Rn. 22). Sie meint, es bestehe keine Regelungslücke, weil der Kündigungsberechtigte ein Druckmittel in der Hand habe, anstelle der Kündigung einen Aufhebungsvertrag abzuschließen und gleichzeitig das Wettbewerbsverbot zu regeln.

§ 75 a [Verzicht des Prinzipals]

Der Prinzipal kann vor der Beendigung des Dienstverhältnisses durch schriftliche Erklärung auf das Wettbewerbverbot mit der Wirkung verzichten, daß er mit dem Ablauf eines Jahres seit der Erklärung von der Verpflichtung zur Zahlung der Entschädigung frei wird.

I. Verzicht des Arbeitgebers vor Beendigung des Arbeitsverhältnisses

1 **1. Voraussetzungen.** Der Arbeitgeber kann vor Beendigung des Arbeitsverhältnisses durch schriftliche Erklärung auf das Wettbewerbsverbot mit der Wirkung verzichten, daß er mit dem Ablauf eines Jahres von der Verpflichtung zur Zahlung einer Karenzentschädigung frei wird, aber der Arbeitnehmer mit sofortiger Wirkung von der Einhaltung der Unterlassungsverpflichtung entbunden ist. Der Arbeitgeber ist mithin in der Lage, noch einmal das Wettbewerbsverbot zu bedenken. Dies kann der Fall sein, wenn ein berechtigtes Interesse inzwischen weggefallen ist oder sich der Arbeitnehmer anders entwickelt hat als angenommen.

2 **2. Ausübung des Verzichtes.** a) Die Ausübung des Verzichtes erfolgt durch einseitige, empfangsbedürftige Erklärung gegenüber dem Arbeitnehmer. Sie muß eindeutig erfolgen. Unzureichend ist die bloße Weigerung, eine Karenzentschädigung zu zahlen oder die Abgabe einer Ausgleichsquittung durch den Arbeitnehmer, daß ihm aus dem Arbeitsverhältnis und seiner Beendigung keine weiteren Ansprüche mehr zustehen (BAG 20. 10. 1981 AP HGB § 74 Nr. 39 = NJW 1982, 1479).

3 b) Die Verzichtserklärung bedarf der Schriftform.

4 c) Der Verzicht muß sich auf das gesamte Wettbewerbsverbot beziehen. Ein teilweiser Verzicht oder eine Reduktion der Verbotsfrist ist durch eine Verzichtserklärung nach § 75 a HGB nicht gedeckt.

5 **3. Zeitpunkt der Verzichtserklärung.** Eine Verzichtserklärung kann nur nach Begründung eines Wettbewerbsverbotes bis zur wirksamen Beendigung des Arbeitsverhältnisses ausgesprochen werden. Der Arbeitgeber kann mithin gleichzeitig mit dem Ausspruch einer ordentlichen oder außerordentlichen Kündigung, aber auch noch während des Laufes der Kündigungsfrist verzichten (BAG 12. 7. 1963 AP HGB § 75 a Nr. 2 = BB 1963, 1267; 17. 2. 1987 AP Nr. 4 = NJW 1987, 2768 = NZA 1987, 453). Namentlich im letzteren Fall ist der Arbeitnehmer außerordentlich belastet, weil er nicht weiß, ob er sich in den Wettbewerbsraum bewerben kann oder der Arbeitgeber ihn in den wettbewerbsfreien Raum abdrängt. Das BAG hat allenfalls im Falle der Arglist eine Begrenzung des Verzichtszeitraumes angenommen. Unwirksam ist dagegen ein Verzicht, der erst nach Beendigung des Arbeitsverhältnisses erfolgt.

6 **4. Rechtsfolge des Verzichtes.** a) Der Arbeitnehmer wird mit sofortiger Wirkung von der Unterlassungsverpflichtung aus dem Wettbewerbsverbot befreit (BAG 17. 2. 1987 AP HGB § 75 a Nr. 4 = NJW 1987, 2768 = NZA 1987, 453).

7 b) Der Arbeitgeber wird erst nach Ablauf eines Jahres von der Entschädigungspflicht frei. Dasselbe gilt bei einem GmbH-Geschäftsführer, in dessen Dienstvertrag die §§ 74 ff. HGB in Bezug genommen sind (BGH 25. 6. 1990 NJW-RR 1990, 1312). Der Arbeitnehmer soll sich nach dem Zweck des Gesetzes auf die veränderte Lage einstellen können. Will der Arbeitgeber die einjährige Entschädigungspflicht vermeiden, muß er rechtzeitig vor Beendigung des Arbeitsverhältnisses auf das Wettbewerbsverbot verzichten. Hat der Arbeitgeber verzichtet und kündigt er dann das Arbeitsverhältnis außerordentlich, so braucht er keine weitere Erklärung mehr nach § 75 a I HGB abzugeben (BAG 17. 2. 1987 AP HGB § 75 a Nr. 4 = NJW 1987, 2768 = NZA 1987, 453). Die Jahresfrist verkürzt sich nicht auf ein halbes Jahr, weil die Parteien von vornherein nur ein einjähriges Wettbewerbsverbot vereinbart haben (LAGE Rheinland-Pfalz 26. 2. 1998 § 75a Nr. 1).

II. Umgehungsvereinbarung

8 **1. Vereinbarungen zugunsten des Arbeitnehmers.** Nach § 75 d HGB sind nur Vereinbarungen unzulässig, durch die zum Nachteil des Arbeitnehmers von den Regelungen des Gesetzes abgewichen wird. Zulässig ist dagegen, daß bereits bei Abschluß des Wettbewerbsverbotes vereinbart wird, daß der Arbeitgeber nicht darauf verzichten kann. Ferner kann der Verzicht unwirksam sein, wenn der Arbeitgeber den Anschein erweckt, er werde nicht davon Gebrauch machen (BAG 26. 10. 1978 AP HGB § 75 Nr. 3 = NJW 1979, 2166). Regelmäßig werden jedoch vertragliche Gestaltungen gewählt, in denen zum Nachteil des Arbeitnehmers von § 75 a HGB abzuweichen versucht wird.

9 **2. Auskunftsvereinbarung.** Häufig wird dem Arbeitnehmer im Arbeitsvertrag oder in der Wettbewerbsvereinbarung die vertragliche Verpflichtung auferlegt, daß er verpflichtet ist, spätestens nach Kündigung des Arbeitsverhältnisses Auskunft zu geben, bei welchen Arbeitgebern er sich bewirbt. Hierdurch soll dem Arbeitgeber die Entscheidung ermöglicht werden, ob er auf das Wettbewerbsverbot verzichtet und in nicht unerheblichem Umfang Karenzentschädigung einspart. Die Auskunftsverpflichtung ist unwirksam (BAG 2. 12. 1968 AP HGB § 74 a Nr. 3 = NJW 1969, 679; 26. 10. 1978 AP HGB § 75 a Nr. 3 = NJW 1979, 2166). Erteilt der Arbeitnehmer gleichwohl Auskunft, kann ein vom Arbeitgeber erklärter Verzicht nach § 242 BGB unwirksam sein (BAG 2. 12. 1968 AP HGB § 74 a Nr. 3 = NJW 1969, 679).

3. Bedingtes Wettbewerbsverbot. a) Bedingte Wettbewerbsverbote sind unverbindlich (vgl. § 74 10 Rn. 21). Die Auferlegung von Auskunftspflichten für den Arbeitnehmer kann zu einem bedingten Wettbewerbsverbot führen.

b) Rechtsfolge des bedingten Wettbewerbsverbotes ist, daß der Arbeitnehmer ein Wahlrecht erlangt, 11 ob er sich an das Wettbewerbsverbot halten will und Karenzentschädigung verlangt oder sich aus dem Wettbewerbsverbot befreit.

§ 75 b [Keine Entschädigungspflicht]

¹*Ist der Gehilfe für eine Tätigkeit außerhalb Europas angenommen, so ist die Verbindlichkeit des Wettbewerbverbots nicht davon abhängig, daß sich der Prinzipal zur Zahlung der in § 74 Abs. 2 vorgesehenen Entschädigung verpflichtet.* ²*Das gleiche gilt, wenn die dem Gehilfen zustehenden vertragsmäßigen Leistungen den Betrag von achttausend Deutsche Mark für das Jahr übersteigen; auf die Berechnung des Betrags der Leistungen finden die Vorschriften des § 74 b Abs. 2 und 3 entsprechende Anwendung.*

1. Tätigkeit außerhalb Europas. Nach dem Wortlaut von § 75 b HGB bestand eine Ausnahme von 1 der Entschädigungspflicht, wenn der Gehilfe für eine Tätigkeit außerhalb Europas angenommen worden ist. Die Ausnahme wurde im Gesetzgebungsverfahren damit begründet, daß sie zur Förderung der deutschen Exportwirtschaft notwendig sei. Das BAG hat die Vorschrift für verfassungswidrig erklärt und die Frist zur Anpassung des Wettbewerbsverbotes bis zum 31. 12. 1981 begrenzt (BAG 16. 10. 1980 AP HGB § 75 b Nr. 15 = NJW 1981, 1174).

2. Hochbesoldete. Nach § 75 b Satz 2 HGB waren Wettbewerbsverbote mit Hochbesoldeten zuläs- 2 sig. Das BAG hat die Hochbesoldetengrenze mangels hinreichender Bestimmtheit für verfassungswidrig angesehen (BAG 5. 12. 1969 AP HGB § 75 b Nr. 10 = NJW 1970, 723). Es hat alsdann eine komplizierte Übergangsrechtsprechung entwickelt. Es hat schließlich die gesamte Regelung für verfassungswidrig erklärt (BAG 2. 10. 1975 AP HGB § 75 b Nr. 14 = NJW 1976, 54). Die Vorschrift hat damit keine Bedeutung mehr.

§ 75 c [Vertragsstrafe]

(1) ¹Hat der Handlungsgehilfe für den Fall, daß er die in der Vereinbarung übernommene Verpflichtung nicht erfüllt, eine Strafe versprochen, so kann der Prinzipal Ansprüche nur nach Maßgabe der Vorschriften des § 340 des Bürgerlichen Gesetzbuchs geltend machen. ²Die Vorschriften des Bürgerlichen Gesetzbuchs über die Herabsetzung einer unverhältnismäßig hohen Vertragsstrafe bleiben unberührt.

(2) Ist die Verbindlichkeit der Vereinbarung nicht davon abhängig, daß sich der Prinzipal zur Zahlung einer Entschädigung an den Gehilfen verpflichtet, so kann der Prinzipal, wenn sich der Gehilfe einer Vertragsstrafe der in Absatz 1 bezeichneten Art unterworfen hat, nur die verwirkte Strafe verlangen; der Anspruch auf Erfüllung oder auf Ersatz eines weiteren Schadens ist ausgeschlossen.

I. Allgemeines

Die Vertragsstrafe soll den Erfüllungszwang des Wettbewerbsverbotes verstärken. Sie wird gelegent- 1 lich vom Arbeitgeber gewählt, weil der Schaden aus einem Wettbewerbsverstoß schwer nachweisbar ist. Zur Wirksamkeit der Vertragsstrafenvereinbarung ist erforderlich, daß das Wettbewerbsverbot selbst wirksam ist, sonst wären auch unverbindliche Wettbewerbsverbote gesichert. Die Vertragsstrafenvereinbarung bedarf als Teil des Wettbewerbsverbots der Schriftform.

II. Vertragsstrafe bei entschädigungspflichtigen Wettbewerbsverboten

1. Verwirkung der Vertragsstrafe. a) In der Vertragsstrafenvereinbarung kann die Vertragsstrafe 2 näher geregelt werden. Es kann zB vereinbart werden, daß die Vertragsstrafe für jeden Fall der Zuwiderhandlung bzw. bei Dauerverstößen für jeden Monat der Zuwiderhandlung neu verwirken soll (vgl. BAG 26. 9. 1963 AP HGB § 75 Nr. 1 = NJW 1964, 217). Fehlt es an einer ausdrücklichen Vereinbarung, wann die Vertragsstrafe verwirken soll, bedarf es der Auslegung des Verbots. Bei einer erheblichen Vertragsstrafe können die Umstände dafür sprechen, daß eine einmalige Verletzungshandlung nicht strafbewehrt ist, es sei denn, daß das Geheimhaltungsinteresse des Arbeitgebers erheblich verletzt wurde. Andererseits kann eine ergänzende Auslegung in Betracht kommen, wenn die Vertragsstrafenvereinbarung eine Vertragsstrafe für jeden Fall der Zuwiderhandlung vorsieht, nicht aber für den Dauerverstoß (BAG 26. 9. 1963 AP HGB § 75 Nr. 1 = NJW 1964, 317).

3 b) Bei einem einmaligen Verstoß kann auch eine Teilverwirkung der Vertragsstrafe in Betracht kommen (vgl. BAG 30. 4. 1971 AP BGB § 340 Nr. 2 = NJW 1971, 2008).

4 **2. Rechtsfolge des Wettbewerbsstoßes. a)** Wegen der Rechtsfolgen ist in § 75 c I auf § 340 BGB verwiesen. Hieraus folgt, daß der Arbeitgeber die vereinbarte Strafe nur anstelle der Erfüllung verlangen kann. § 341 BGB findet keine Anwendung.

5 b) Der Arbeitgeber hat bei dem Wettbewerbsverstoß des Arbeitnehmers ein Wahlrecht. Es sind mehrere Fallgruppen zu unterscheiden. (1) Ist die Strafe für den Wettbewerbsverstoß insgesamt vereinbart und wählt der Arbeitgeber die Vertragsstrafe, so erlischt der Unterlassungsanspruch für die Zukunft (BAG 16. 1. 1970 AP HGB § 74 a Nr. 4 = BB 1970, 1010). (2) Ist die Vertragsstrafe für jeden Fall der Zuwiderhandlung vereinbart und wählt der Arbeitgeber die Vertragsstrafe, so erlangt er für den Wettbewerbsverstoß die Vertragsstrafe; für die Zukunft behält er aber den Unterlassungsanspruch. Im Falle eines erneuten Wettbewerbsverstoßes erwächst erneut das Wahlrecht (BAG 26. 1. 1973 AP HGB § 75 Nr. 4 = NJW 1973, 1717).

6 c) Der Arbeitgeber kann im Falle des Wettbewerbsverstoßes neben der Vertragsstrafe Ansprüche auf Schadensersatz wegen Nichterfüllung geltend machen. Die verwirkte Strafe kann er als Mindestschaden geltend machen (§ 340 II 1 BGB). Die Geltendmachung eines weiteren Schadens ist nicht ausgeschlossen (§ 340 II 2 BGB). Ist die Vertragsstrafe für jeden Fall des Wettbewerbsverstoßes vereinbart, so kann für die Zukunft noch ein Unterlassungsanspruch bestehen.

7 **3. Abweichende Vereinbarungen.** Von § 75 c kann nicht zum Nachteil des Arbeitnehmers abgewichen werden. Es kann wohl zugunsten des Arbeitnehmers davon abgewichen werden. Es ist also möglich, daß das Wahlrecht des Arbeitgebers eingeschränkt wird, dem Arbeitnehmer ein Lösungsrecht gegen Zahlung einer Vertragsstrafe eingeräumt wird usw.

8 **4. Höhe und Herabsetzung der Vertragsstrafe. a)** Die Vertragsstrafe kann für den Arbeitnehmer fühlbar sein, um seine Wettbewerbsenthaltung zu gewährleisten. Es braucht keine Verhältnismäßigkeit zwischen Vertragsstrafe und Karenzentschädigung bestehen (BAG 21. 5. 1971 AP HGB § 75 c Nr. 1 = NJW 1971, 2007). Es kommt auf die Umstände des Einzelfalles an. Je größer die Gefährdung des Arbeitgebers ist, umso höher kann die Vertragsstrafe sein.

9 b) Der Arbeitnehmer kann nach Abs. 1 Satz 2 iVm. § 343 I 1 BGB die Herabsetzung einer unverhältnismäßig hohen Vertragsstrafe beantragen. Nach der Entrichtung der Strafe ist die Herabsetzung ausgeschlossen (§ 343 I 3 BGB). Bei der Beurteilung der Angemessenheit der Vertragsstrafe ist jedes berechtigte Interesse des Gläubigers, nicht bloß das Vermögensinteresse in Betracht zu ziehen (§ 343 I 2 BGB). Heranzuziehen sind insbesondere die bei dem Arbeitgeber erwachsenden Schäden, Schwere und Dauer der Zuwiderhandlung, die wirtschaftlichen Verhältnisse und die Fortkommenserschwerung für den Arbeitnehmer. Dagegen bleibt das Verhältnis zwischen Karenzentschädigung und Vertragsstrafe unberücksichtigt.

10 c) Nach § 343 I 1 BGB wird nur die gerichtliche Herabsetzung einer vereinbarten Vertragsstrafe ermöglicht. Dagegen kann die Höhe der Vertragsstrafe nicht von vornherein in das Ermessen des Gerichtes gestellt werden (BAG 25. 9. 1980 AP BGB § 339 Nr. 7 = NJW 1981, 1799). Die sog. Hamburger Arbitrage ist im Arbeitsrecht unzulässig.

III. Vertragsstrafe bei entschädigungslosem Wettbewerbsverbot (Abs. 2)

11 Die Vorschrift ist gegenstandslos geworden, weil das BAG entschädigungslose Wettbewerbsverbote nicht mehr anerkennt.

§ 75 d [Unabdingbarkeit]

¹Auf eine Vereinbarung, durch die von den Vorschriften der §§ 74 bis 75 c zum Nachteil des Handlungsgehilfen abgewichen wird, kann sich der Prinzipal nicht berufen. ²Das gilt auch von Vereinbarungen, die bezwecken, die gesetzlichen Vorschriften über das Mindestmaß der Entschädigung durch Verrechnungen oder auf sonstige Weise zu umgehen.

I. Allgemeines

1 Die Vorschrift will das Kräfteungleichgewicht zwischen Arbeitgeber und Arbeitnehmer ausgleichen. Auf eine Abweichung von den Schutzvorschriften der §§ 74 bis 75 c zum Nachteil des Arbeitnehmers kann sich der Arbeitgeber nicht berufen. § 75 d verhindert nur ein Abweichen während des bestehenden Arbeitsverhältnisses, nicht aber vor Beginn und nach seiner Beendigung.

II. Abweichende Vereinbarungen

1. Nachteilige Abrede. Ob eine Abrede für den Arbeitnehmer nachteilig ist, ist für jede einzelne Schutzbestimmung gesondert zu beurteilen. Es findet mithin keine Gesamtabwägung statt. Eine einzelne Benachteiligung kann zB nicht durch eine erhöhte Karenzentschädigung ausgeglichen werden.

2. Rechtsfolgen bei Verstoß. Wird zum Nachteil des Arbeitnehmers von den Schutzvorschriften abgewichen, so ist das Wettbewerbsverbot unverbindlich (vgl. BAG 14. 7. 1981 AP HGB § 75 Nr. 8 = NJW 1982, 1549). Unverbindlichkeit bedeutet, daß sich nur der Arbeitnehmer hierauf berufen kann, nicht dagegen der Arbeitgeber. Der Arbeitnehmer kann es bei dem Wettbewerbsverbot belassen, er kann sich aber auch unter Verlust der Karenzentschädigung davon lösen (vgl. § 74 Rn. 36 ff.).

III. Umgehungsverbot

Vereinbarungen, die dazu dienen, die Vorschriften über das Mindestmaß der Entschädigung durch Verrechnung oder auf sonstige Weise zu umgehen, sind unverbindlich.

IV. Abweichung durch Tarifvertrag und Betriebsvereinbarung

1. Tarifliche Regelung. Tarifliche Regelungen über Wettbewerbsverbote sind zulässig. Tarifliche Regelungen sind nach entsprechender Anwendung der §§ 74 ff. für alle Arbeitnehmer nicht sehr häufig. Das BAG hat dazu tendiert, daß die gesetzlichen Regelungen über das Wettbewerbsverbot tarifdispositiv sind. Bei Erlaß der Vorschriften über das gesetzliche Wettbewerbsverbot kannte der Gesetzgeber noch nicht das Rechtsinstitut des tarifdispositiven Gesetzesrechtes (BAG 12. 11. 1971 AP HGB § 74 Nr. 28 = BB 1973, 474; 21. 1. 1972 AP Nr. 30 = BB 1972, 1094). Die Streitfragen sind zur Zeit ohne praktische Bedeutung, da der Manteltarifvertrag für akademisch gebildete Angestellte in der chemischen Industrie nicht mehr von den gesetzlichen Regelungen zum Nachteil des Arbeitnehmers abweicht.

2. Betriebsvereinbarungen. Betriebsvereinbarungen können nicht von den gesetzlichen Regelungen abweichen.

§ 75 e. *(aufgehoben)*

§ 75 f [Geheimes Wettbewerbsverbot]

¹ Im Falle einer Vereinbarung, durch die sich ein Prinzipal einem anderen Prinzipal gegenüber verpflichtet, einen Handlungsgehilfen, der bei diesem im Dienst ist oder gewesen ist, nicht oder nur unter bestimmten Voraussetzungen anzustellen, steht beiden Teilen der Rücktritt frei. ² Aus der Vereinbarung findet weder Klage noch Einrede statt.

I. Allgemeines

Die Vorschrift regelt Abreden zwischen Arbeitgebern, Arbeitnehmer nicht oder nicht ohne Zustimmung des früheren Arbeitgebers einzustellen (vgl. BGH 13. 10. 1972 AP HGB § 75 f Nr. 1). Derartige Abreden sind nur im Kaufhausbereich bekannt geworden.

II. Sperrabreden

1. Persönlicher und sachlicher Geltungsbereich. a) Nach ihrem persönlichen Geltungsbereich werden nur Sperrabreden zwischen Arbeitgebern erfaßt, die kaufmännische Angestellte beschäftigen. Es bestehen jedoch keine Bedenken, sie auf andere Arbeitnehmer entsprechend anzuwenden (vgl. BGH 30. 4. 1974 NJW 1974, 1282; 27. 9. 1983 AP HGB § 75 f Nr. 2). Erfaßt werden aber auch Sperrabreden zwischen Verbänden (BGH 13. 10. 1972 AP HGB § 75 f Nr. 1).

b) Sachlich werden nur Sperrabreden erfaßt. Aber auch insoweit bestehen keine Bedenken, die Vorschrift entsprechend anzuwenden, wenn sich ein Dritter verpflichtet, Arbeitnehmer eines Arbeitgebers nach ihrem Ausscheiden nicht als selbständige Unternehmer zu beschäftigen (BGH 27. 9. 1983 AP HGB § 75 f Nr. 2).

c) Umstritten ist, ob die Vorschrift entsprechend anzuwenden ist, wenn sich Arbeitgeber verpflichten, keine Arbeitnehmer abzuwerben. Dies wird richtiger Ansicht verneint, da in die Interessen und Initiativen des Arbeitnehmers nicht eingegriffen wird.

2. Rechtsfolgen. a) Die Sperrabreden sind gesetzlich nicht ausgeschlossen. Sie sind nur unverbindlich. Die Arbeitgeber können davon zurücktreten. Sperrabreden können jedoch nach § 138 BGB nichtig sein, wenn für sie keine vernünftigen Interessen der Arbeitgeber bestehen.

6   b) Aus Sperrabreden erwachsen keine Schadensersatzpflichten der Arbeitgeber untereinander.

7   c) Dem Arbeitnehmer können Schadensersatzansprüche gegen seinen früheren Arbeitgeber wegen Verletzung nachvertraglicher Fürsorgepflichtverletzung zustehen. Gegen alle an der Sperrabrede beteiligten Arbeitgeber können Ansprüche aus § 826 BGB bestehen.

§ 75 g [Vermittlungsgehilfe]

¹ § 55 Abs. 4 gilt auch für einen Handlungsgehilfen, der damit betraut ist, außerhalb des Betriebes des Prinzipals für diesen Geschäfte zu vermitteln. ² Eine Beschränkung dieser Rechte braucht ein Dritter gegen sich nur gelten zu lassen, wenn er sie kannte oder kennen mußte.

1   Die Vorschrift wurde durch Gesetz vom 6. 8. 1953 (BGBl. I S. 771) aufgenommen. Sie erweitert § 55 IV HGB. Sie begründet für den im Außendienst tätigen Handlungsgehilfen eine beschränkte passive Vertretungsmacht zB zur Entgegennahme von Mängelanzeigen und eine enge aktive Vertretungsmacht. Arbeitsvertraglich kann die gesetzliche Vertretungsmacht eingeschränkt werden. Die Beschränkungen braucht ein Dritter jedoch im Außenverhältnis nur im Rahmen von Satz 2 gegen sich gelten zu lassen.

§ 75 h [Unkenntnis des Mangels der Vertretungsmacht]

(1) Hat ein Handlungsgehilfe, der nur mit der Vermittlung von Geschäften außerhalb des Betriebes des Prinzipals betraut ist, ein Geschäft im Namen des Prinzipals abgeschlossen, und war dem Dritten der Mangel der Vertretungsmacht nicht bekannt, so gilt das Geschäft als von dem Prinzipal genehmigt, wenn dieser dem Dritten gegenüber nicht unverzüglich das Geschäft ablehnt, nachdem er von dem Handlungsgehilfen oder dem Dritten über Abschluß und wesentlichen Inhalt benachrichtigt worden ist.

(2) Das gleiche gilt, wenn ein Handlungsgehilfe, der mit dem Abschluß von Geschäften betraut ist, ein Geschäft im Namen des Prinzipals abgeschlossen hat, zu dessen Abschluß er nicht bevollmächtigt ist.

1   Die Vorschrift regelt, in welchem Umfang der Arbeitgeber an Verträge gebunden ist, die ein Handlungsgehilfe abschließt. Es wird unterschieden zwischen dem Vermittlungsgehilfen, dem jede Abschlußvollmacht fehlt (Abs. 1), und demjenigen, der zwar zum Abschluß bevollmächtigt ist, aber diese Vollmacht überschreitet.

§§ 76–82. *(aufgehoben)*

§ 82 a [Wettbewerbsverbot des Volontärs]

Auf Wettbewerbverbote gegenüber Personen, die, ohne als Lehrlinge angenommen zu sein, zum Zwecke ihrer Ausbildung unentgeltlich mit kaufmännischen Diensten beschäftigt werden (Volontäre), finden die für Handlungsgehilfen geltenden Vorschriften insoweit Anwendung, als sie nicht auf das dem Gehilfen zustehende Entgelt Bezug nehmen.

1   Die Vorschrift hat kaum noch Bedeutung. Nach § 5 I 1 BBiG sind alle Vereinbarungen nichtig, die ein Auszubildender für die Zeit nach Beendigung des Berufsausbildungsverhältnisses in der Ausübung der beruflichen Tätigkeit beschränken. Nach § 19 BBiG gilt § 5 BBiG für Volontäre entsprechend, so daß entschädigungslose Wettbewerbsverbote unwirksam sind.

§ 83 [Gewerbegehilfen]

Hinsichtlich der Personen, welche in dem Betrieb eines Handelsgewerbes andere als kaufmännische Dienste leisten, bewendet es bei den für das Arbeitsverhältnis dieser Personen geltenden Vorschriften.

1   Die Vorschriften des HGB sollten ursprünglich für Handlungsgehilfen, kaufmännische Auszubildende und Volontäre einer abschließende Regelung enthalten. Diese Regelungen sind im Laufe der Zeit lückenhaft geworden, so daß allgemeines Arbeitsrecht Anwendung findet. Für andere Arbeitnehmer als kaufmännische Arbeitnehmer gelten die Vorschriften des allgemeinen Arbeitsrechtes.

Siebenter Abschnitt. Handelsvertreter

§ 84 [Begriff des Handelsvertreters]

(1) ¹Handelsvertreter ist, wer als selbständiger Gewerbetreibender ständig damit betraut ist, für einen anderen Unternehmer (Unternehmer) Geschäfte zu vermitteln oder in dessen Namen abzuschließen. ²Selbständig ist, wer im wesentlichen frei seine Tätigkeit gestalten und seine Arbeitszeit bestimmen kann.

(2) Wer, ohne selbständig im Sinne des Absatzes 1 zu sein, ständig damit betraut ist, für einen Unternehmer Geschäfte zu vermitteln oder in dessen Namen abzuschließen, gilt als Angestellter.

(3) Der Unternehmer kann auch ein Handelsvertreter sein.

(4) Die Vorschriften dieses Abschnitts finden auch Anwendung, wenn das Unternehmen des Handelsvertreters nach Art oder Umfang einen in kaufmännischer Weise eingerichteten Geschäftsbetrieb nicht erfordert.

Wegen der Erläuterungen vgl. § 611 BGB Rn. 117. 1

§ 85 [Vertragsurkunde]

¹Jeder Teil kann verlangen, daß der Inhalt des Vertrages sowie spätere Vereinbarungen zu dem Vertrag in eine vom anderen Teil unterzeichnete Urkunde aufgenommen werden. ²Dieser Anspruch kann nicht ausgeschlossen werden.

§ 86 [Pflichten des Handelsvertreters]

(1) Der Handelsvertreter hat sich um die Vermittlung oder den Abschluß von Geschäften zu bemühen; er hat hierbei das Interesse des Unternehmers wahrzunehmen.

(2) Er hat dem Unternehmer die erforderlichen Nachrichten zu geben, namentlich ihm von jeder Geschäftsvermittlung und von jedem Geschäftsabschluß unverzüglich Mitteilung zu machen.

(3) Er hat seine Pflichten mit der Sorgfalt eines ordentlichen Kaufmanns wahrzunehmen.

(4) Von den Absätzen 1 und 2 abweichende Vereinbarungen sind unwirksam.

§ 86 a [Pflichten des Unternehmers]

(1) Der Unternehmer hat dem Handelsvertreter die zur Ausübung seiner Tätigkeit erforderlichen Unterlagen, wie Muster, Zeichnungen, Preislisten, Werbedrucksachen, Geschäftsbedingungen, zur Verfügung zu stellen.

(2) ¹Der Unternehmer hat dem Handelsvertreter die erforderlichen Nachrichten zu geben. ²Er hat ihm unverzüglich die Annahme oder Ablehnung eines vom Handelsvertreter vermittelten oder ohne Vertretungsmacht abgeschlossenen Geschäfts und die Nichtausführung eines von ihm vermittelten oder abgeschlossenen Geschäfts mitzuteilen. ³Er hat ihn unverzüglich zu unterrichten, wenn er Geschäfte voraussichtlich nur in erheblich geringerem Umfange abschließen kann oder will, als der Handelsvertreter unter gewöhnlichen Umständen erwarten konnte.

(3) Von den Absätzen 1 und 2 abweichende Vereinbarungen sind unwirksam.

§ 86 b [Delkredereprovision]

(1) ¹Verpflichtet sich ein Handelsvertreter, für die Erfüllung der Verbindlichkeit aus einem Geschäft einzustehen, so kann er eine besondere Vergütung (Delkredereprovision) beanspruchen; der Anspruch kann im voraus nicht ausgeschlossen werden. ²Die Verpflichtung kann nur für ein bestimmtes Geschäft oder für solche Geschäfte mit bestimmten Dritten übernommen werden, die der Handelsvertreter vermittelt oder abschließt. ³Die Übernahme bedarf der Schriftform.

(2) Der Anspruch auf die Delkredereprovision entsteht mit dem Abschluß des Geschäfts.

(3) ¹Absatz 1 gilt nicht, wenn der Unternehmer oder der Dritte seine Niederlassung oder beim Fehlen einer solchen seinen Wohnsitz im Ausland hat. ²Er gilt ferner nicht für Geschäfte, zu deren Abschluß und Ausführung der Handelsvertreter unbeschränkt bevollmächtigt ist.

Schrifttum: *Masing,* Die Delcrederevereinbarung gemäß § 86 b III HGB, BB 1995, 2589 ff.

1 **1. Geltungsbereich.** Der Handelsvertreter hat idR aufgrund des Vertragsverhältnisses sorgfältig zu prüfen, ob der **Kunde kreditwürdig** ist. Verletzt er seine Pflichten, so kann er schadensersatzpflichtig werden. Entsprechende Grundsätze gelten für den Handlungsgehilfen. Der Handelsvertreter kann jedoch die Delkrederehaftung übernehmen. Dies ist nur zulässig, *a)* für ein bestimmtes einzelnes Geschäft, auch wenn es der Handelsvertreter nicht selbst vermittelt oder abgeschlossen hat, *b)* für alle oder bestimmte Geschäfte mit einem Dritten, die der Handelsvertreter vermittelt oder abschließt (§ 86 b II 2 HGB). Ein Vertrag mit einem Handlungsgehilfen über die Übernahme der Delkrederehaftung ist im allgemeinen sittenwidrig (§ 138 BGB).

2 **2. Inhalt.** Der Handelsvertreter kann kein Delkredere für alle Geschäfte mit einem Kunden übernehmen (OLG Karlsruhe 28. 11. 1972, VersR 1973, 857). Die Übernahme der Delkrederehaftung bedarf der Schriftform (§ 86 b I 3 HGB). Seiner Rechtsnatur nach beinhaltet die Delkrederehaftung die Übernahme einer Bürgschaft oder eines Schuldbeitritts oder eines Garantievertrages. Ihr Inhalt kann mithin unterschiedlich ausgestaltet sein.

3 **3. Anspruch.** Die Übernahme der Delkrederehaftung gibt dem Handelsvertreter **Anspruch auf eine besondere Provision** neben § 87 HGB. Mangels ausdrücklicher Vereinbarung richtet sich ihre Höhe nach § 87 b I HGB. Ist die Provision nicht ausreichend bestimmbar, so ist die Übernahme der Haftung unwirksam. Der Anspruch entsteht mit dem Abschluß des Geschäftes (§ 86 a II HGB). Ausnahmen: § 86 a III HGB.

4 **4. Ausnahmen.** Sie bestehen bei Auslandsbezug (§ 86 b III HGB).

§ 87 [Provisionspflichtige Geschäfte]

(1) ¹ Der Handelsvertreter hat Anspruch auf Provision für alle während des Vertragsverhältnisses abgeschlossenen Geschäfte, die auf seine Tätigkeit zurückzuführen sind oder mit Dritten abgeschlossen werden, die er als Kunden für Geschäfte der gleichen Art geworben hat. ² Ein Anspruch auf Provision besteht für ihn nicht, wenn und soweit die Provision nach Absatz 3 dem ausgeschiedenen Handelsvertreter zusteht.

(2) ¹ Ist dem Handelsvertreter ein bestimmter Bezirk oder ein bestimmter Kundenkreis zugewiesen, so hat er Anspruch auf Provision auch für die Geschäfte, die ohne seine Mitwirkung mit Personen seines Bezirkes oder seines Kundenkreises während des Vertragsverhältnisses abgeschlossen sind. ² Dies gilt nicht, wenn und soweit die Provision nach Absatz 3 dem ausgeschiedenen Handelsvertreter zusteht.

(3) ¹ Für ein Geschäft, das erst nach Beendigung des Vertragsverhältnisses abgeschlossen ist, hat der Handelsvertreter Anspruch auf Provision nur, wenn
1. er das Geschäft vermittelt hat oder es eingeleitet und so vorbereitet hat, daß der Abschluß überwiegend auf seine Tätigkeit zurückzuführen ist, und das Geschäft innerhalb einer angemessenen Frist nach Beendigung des Vertragsverhältnisses abgeschlossen worden ist oder
2. vor Beendigung des Vertragsverhältnisses das Angebot des Dritten zum Abschluß eines Geschäfts, für das der Handelsvertreter nach Absatz 1 Satz 1 oder Absatz 2 Satz 1 Anspruch auf Provision hat, dem Handelsvertreter oder dem Unternehmer zugegangen ist.

² Der Anspruch auf Provision nach Satz 1 steht dem nachfolgenden Handelsvertreter anteilig zu, wenn wegen besonderer Umstände eine Teilung der Provision der Billigkeit entspricht.

(4) Neben dem Anspruch auf Provision für abgeschlossene Geschäfte hat der Handelsvertreter Anspruch auf Inkassoprovision für die von ihm auftragsgemäß eingezogenen Beträge.

Schrifttum: *Denny/Wastl,* Zur Durchsetzbarkeit von Vertreterprovisionen der ehemaligen KOKO-Betriebe – veranschaulicht anhand des Beispiels der Firma Günther Forgber, DtZ 1993, 75; *Emde,* Anerkenntnis von Provisionsabrechnungen durch Schweigen, MDR 1996, 331; *Knütel,* Die Provisionsteilung bei Mitwirkung mehrerer Makler oder Handelsvertreter, ZHR 144 (1980), 289 ff.; *Lieb,* Zur Problematik der Provisionsfortzahlung im Urlaub-, Krankheits- und Feiertagsfall, DB 1976, 2207; *Scherer,* Nachforderung von Provision-Verzicht durch widerspruchslose Hinnahme der Abrechnung, BB 1996, 2205; *Schweizer/Heldrich,* Überhangsprovision des Handelsvertreters für sogenannte gestorbene Geschäfte, WRP 1976, 25; *Westphal,* Provisionskollisionen durch Zusammenwirken mehrerer Handelsvertreter für einen Geschäftsabschluß, BB 1991, 2027.

I. Voraussetzungen des Provisionsanspruches

1 **1. Entstehung des Provisionsanspruches.** Sie setzt voraus, *a)* daß zwischen dem Unternehmer und dem Provisionsberechtigten ein Vertrag zu der Zeit besteht, in der der Provisionsberechtigte die Grundlagen des Provisionsanspruches gelegt hat, *b)* den Abschluß eines Geschäftes zwischen Unternehmer und Geschäftsgegner, *c)* daß der Geschäftsabschluß entweder auf die Tätigkeit des Provisionsberechtigten zurückzuführen ist oder mit Dritten vorgenommen wird, die der Provisionsberechtigte

I. Voraussetzungen des Provisionsanspruchs § 87 HGB 390

als Kunden für Geschäfte gleicher Art geworben hat oder dem Provisionsberechtigten eine Bezirksprovision zugesagt ist.

2. Arbeitsverhältnis. a) Ein Handelsvertreter oder Handlungsgehilfe hat Anspruch auf Provision 2 für alle während des **Handelsvertreter- oder Arbeitsverhältnisses** abgeschlossenen Geschäfte (Zur Vermittlung von Geschäften für Konzernunternehmen: BAG 20. 5. 1976 AP HGB § 65 Nr. 10; BGH 30. 1. 1981 AP HGB § 87 Nr. 4; befreundete Unternehmen: BGH NJW-RR 1987, 547). Keine Provisionspflicht besteht grundsätzlich für vorher oder nachher abgeschlossene Geschäfte. Hiervon besteht eine Ausnahme nach § 87 III HGB. Für die Entstehung des Provisionsanspruches unerheblich ist dagegen die Ausführung des Geschäftes. Provisionspflichtig können auch Geschäfte mit Konzernunternehmen oder sonst befreundeten Unternehmen sein. Erhält ein Außendienstmitarbeiter neben seinem Fixum Provision nach Erreichen einer Jahressollvorgabe, so kann bei Fehlen einer Regelung für den Fall unterjähriger Beschäftigung eine Vertragslücke vorliegen, die der ergänzenden Vertragsauslegung zugänglich ist (BAG 20. 8. 1996 NZA 1996, 1151).

b) Ein Handelsvertreter- oder Handlungsgehilfenverhältnis kann **ausdrücklich oder konkludent** 3 (BGH 24. 2. 1983 NJW 83, 1727) **abgeschlossen** werden. Ist das Rechtsverhältnis **nichtig** (zB §§ 104, 134, 138 BGB) oder ist es rechtswirksam **angefochten** (§§ 119, 123 BGB), so erwächst grundsätzlich kein Provisionsanspruch. Eine Ausnahme besteht jedoch dann, wenn das Handelsvertreter- oder Handlungsgehilfenverhältnis bereits in Vollzug gesetzt worden ist. Insoweit gelten für Handlungsgehilfen die Grundsätze des faktischen Vertragsverhältnisses (§ 611 BGB Rn. 454 ff.). Diese Grundsätze sind entsprechend anzuwenden auf Handelsvertreterverhältnisse. Überdies haben Handelsvertreter Ansprüche nach § 354 HGB. Der Inhalt der Provisionszusage kann einvernehmlich geändert werden. Übersendet der Arbeitgeber dem Arbeitnehmer umfangreiche (geänderte) allgemeine Vertragsbedingungen, so kann er jedoch nicht darauf vertrauen, daß der Arbeitnehmer sich auf alle Änderungen einläßt, wenn dieser weiterarbeitet. Der Arbeitgeber muß die gewollten Änderungen hinreichend deutlich machen (BAG 26. 2. 1985 AP HGB § 65 Nr. 13, BGH 29. 11. 1995 NJW 1996, 588; OLG Köln 20. 6. 1997 BB 1997, 2130).

c) Gelegentlich ist im Arbeitsverhältnis oder Handelsvertreterverhältnis dem Unternehmer das 4 Recht vorbehalten, einen Teil der Provision (Leistungsprämie) zu versagen oder zu widerrufen. Im Wege der Auslegung der Vertragsbestimmungen ist der Umfang des Versagungsrechts zu ermitteln. Im allgemeinen wird eine Auslegungsregel dahin bestehen, daß die Versagung (Widerruf) nur nach billigem Ermessen erfolgen darf (BAG 16. 3. 1982 AP HGB § 87 a Nr. 5 m. teilw. zust. Anm. *Herschel*). Dies verbietet die Versagung oder den Widerruf zumindest bei Handlungsgehilfen, wenn sie für den Fall ihrer Kündigung vorgesehen wird.

d) Da sich der Provisionsanspruch auf das Rechtsverhältnis zum Unternehmer gründet, bestehen 5 grundsätzlich keine **Forderungen an den Geschäftsgegner.** Jedoch kann dieser nach den Grundsätzen der Bürgschaft, des Schuldbeitritts oder eines Garantieversprechens auf die Provisionsansprüche verhaftet sein. Soll der Geschäftsgegner aufgrund einer Vereinbarung mit dem Unternehmen die Provisionsansprüche des Handelsvertreters erfüllen, so erlangt dieser idR nach § 328 BGB unmittelbare Ansprüche gegen den Geschäftsgegner. Die Verfolgung dieser Ansprüche bedeutet aber nicht ohne weiteres die Zustimmung zur privativen Schuldübernahme (§ 414 BGB). Wegen der Schutzfunktion des Arbeitsrechtes kann der Geschäftsgegner nur neben dem Unternehmer die Provisionszahlungspflicht übernehmen.

e) Das zwischen Unternehmer und Provisionsberechtigten abgeschlossene Rechtsverhältnis muß 6 sich auf den Abschluß oder die **Vermittlung von Geschäften beziehen, die im Rechtsverhältnis vorausgesetzt sind.**

f) Überhangprovision. Mit Handelsvertretern kann vereinbart werden, daß keine Provisionspflicht 7 für solche Geschäfte besteht, die erst nach Beendigung des Handelsvertreterverhältnisses ausgeführt werden (BGHZ 11. 7. 1960 E 33, 92 ff., NJW 1960, 1996). Die in einem formularmäßigen Handelsvertretervertrag enthaltenen Kappungsklauseln unterliegen jedoch der Inhaltskontrolle und können wegen Verstoßes gegen § 9 AGBG unwirksam sein (BGH 10. 12. 1997 NJW-RR 1998, 629). Eine entsprechende Vereinbarung mit Handlungsgehilfen ist jedoch nur zulässig, wenn hierfür ein sachlicher Grund besteht (BAG 4. 7. 1972 AP HGB § 65 Nr. 6 m. Anm. *Herschel*; Nr. 7 m. Anm. *Fenn*; 28. 2. 1984 AP HGB § 87 Nr. 5; 26. 2. 1985 AP Internat. Privatrecht, Arbeitsrecht Nr. 23 [equals] NJW 1985, 2910). Ob ein sachlicher Grund besteht ist nach dem Zeitpunkt des Abschlusses des Arbeitsverhältnisses zu beurteilen.

3. Abschluß des Geschäfts. a) Der Provisionsanspruch setzt den **Abschluß eines Geschäftes zwi-** 8 **schen dem Unternehmer und dem Geschäftsgegner** voraus. Die Provision wird nicht für die Vermittlungstätigkeit als solche, sondern den geschäftlichen Erfolg geschuldet. Grundsätzlich muß das abgeschlossene Geschäft mit dem im Vertragsverhältnis vorausgesetzten übereinstimmen. Es braucht nicht in allen Beziehungen mit diesem identisch zu sein. Für den Provisionsanspruch unerheblich ist, wenn es in Einzelheiten abweicht. Kein Anspruch erwächst für den Abschluß völlig anderer Geschäfte (vgl. § 354 HGB). Umstritten, aber zu bejahen ist, ob ein Handelsvertreter auch Provisionsansprüche für Eigenbestellungen über die Fälle der Vereinbarung oder Branchenüblichkeit hinaus hat. Unerheblich ist, ob die abgeschlossenen Geschäfte für den Unternehmer gewinnbringend sind, sie in kleiner oder größerer Zahl als erwartet abgeschlossen werden.

9 **b) Abgeschlossen ist das Geschäft,** wenn es für beide Geschäftspartner rechtswirksam zustandegekommen ist. Hat der Handelsvertreter oder Handlungsgehilfe als Vertreter ohne Vertretungsmacht gehandelt, so wird das Geschäft erst wirksam mit der Genehmigung durch den Unternehmer (§ 177 BGB). Bei Sukzessivlieferungsverträgen liegt ein Geschäftsabschluß über das Gesamtgeschäft vor, wenn alle Leistungen bereits fest vereinbart sind; dagegen nur ein Geschäft über das Einzelgeschäft, wenn spätere Lieferungen nur in Aussicht genommen werden (vgl. aber § 87 I 1 2. Alternative). Ein suspensiv bedingtes Geschäft ist abgeschlossen mit Eintritt der Bedingung; indes kann die Bedingung auch noch nach Beendigung des Provisionsverhältnisses eintreten, wenn der Vertreter keine Tätigkeit mehr entfalten bräuchte. Ein resolutiv bedingtes Geschäft ist abgeschlossen mit seiner Vereinbarung.

10 **c)** Ein Provisionsanspruch erwächst nur, wenn das **abgeschlossene Geschäft wirksam** ist. Kein Provisionsanspruch erwächst, wenn es nichtig ist. Dasselbe gilt, wenn es wirksam angefochten (§§ 119, 123 BGB) ist, da die Anfechtung zurückwirkt (§ 142 BGB) oder widerrufen wird (OLG Koblenz NJW 1985, 2721). Ist das Geschäft nur teilweise nichtig (§ 139 BGB), so bleibt der Provisionsanspruch wegen des gültigen Teiles erhalten. Wird ein rechtswirksam abgeschlossenes Geschäft aufgrund eines gesetzlichen oder vertraglichen Rücktritts-(Wandlungs-)rechts wieder beseitigt, so bleibt der Provisionsanspruch unberührt. Etwas anderes gilt nur dann, wenn die Wandlung an die Stelle der Anfechtung getreten ist. Während des Bestehens des Versicherungsvertrages muß der Versicherer seinem Vertreter rechtzeitig Stornogefahrmitteilungen machen und dabei auf die ihm bekannt gewordenen Gründe für die Vertragsgefährdung im einzelnen hinweisen (LAG München 27. 9. 1990 VersR 1992, 183).

11 **d)** Grundsätzlich ist der Unternehmer berechtigt, ein ihm vom Handelsvertreter angetragenes **Geschäft abzulehnen.** Dasselbe gilt auch bei Handlungsgehilfen, wenn es sich im Rahmen der Konditionen hält. Wegen des dem Unternehmer zustehenden Direktionsrechts gegenüber dem Handlungsgehilfen kann er zwar das Geschäft ablehnen. Er bleibt aber zur Provisionszahlung verpflichtet (BAG 9. 12. 1966 AP HGB § 87 a Nr. 2). Der Unternehmer hat einen Handelsvertreter unverzüglich zu unterrichten, wenn er Geschäfte nicht mehr abschließen will, anderenfalls kann er schadensersatzpflichtig werden (BGH 9. 11. 1967 und 7. 2. 1974 LM HGB § 86 a Nr. 3, 4; LM HGB § 86 a Nr. 5, 4. 12. 1986 NJW-RR 1987, 873).

12 **4. Kausalzusammenhang. a)** Ein Provisionsanspruch erwächst nur dann, wenn das abgeschlossene Geschäft auf die **Tätigkeit des Provisionsberechtigten zurückzuführen** ist (BAG 12. 4. 1962 AP HGB § 65 Nr. 1). Auf die Tätigkeit zurückzuführen ist jedes Geschäft, das ohne sie nicht abgeschlossen worden wäre. Es muß also ein Kausalzusammenhang zwischen der Tätigkeit und dem abgeschlossenen Geschäft bestehen. Auf die Kenntnis des Unternehmers von der Tätigkeit kommt es nicht an. UU können aber gegen den Provisionsberechtigten Schadensersatzansprüche wegen Verletzung der Benachrichtigungspflicht erwachsen, mit denen gegen den entstehenden Provisionsanspruch aufgerechnet werden kann.

13 **b)** Der Vertreter braucht das Geschäft nicht abgeschlossen oder die Bestellung an den Unternehmer weitergegeben haben. Ausreichend ist, daß die Tätigkeit ursächlich geworden ist. Nicht provisionspflichtig ist grundsätzlich ein völlig anders geartetes Geschäft, wohl dagegen ein solches, das nur in Nebenpunkten abweicht. Ein anders geartetes Geschäft kann die Provisionspflicht nach § 354 HGB, § 612 BGB auslösen.

14 **c)** Provisionspflichtig sind auch solche Geschäfte, für die die Tätigkeit des Vertreters mitursächlich geworden ist (BAG 4. 11. 1968 AP HGB § 65 Nr. 5; 22. 1. 1971 AP HGB § 87 Nr. 2; 28. 2. 1984 AP HGB § 87 Nr. 5; LAG Hamm 23. 6. 1993 BB 1993, 2236). Dies kann der Fall sein, wenn der Kunde zunächst einige Stücke bestellt und später zusätzliche Bestellungen aufgegeben hat, wenn der Kunde Nachbestellungen unter Umgehung des Provisionsberechtigten aufgegeben hat, der Kunde schon zum Geschäftsabschluß entschlossen und der Vertreter den Vertrag abgeschlossen oder einen Abschluß vermittelt hat. Ferner kann eine Mitursächlichkeit gegeben sein, wenn die Tätigkeit des Provisionsberechtigten zunächst erfolglos geblieben, aber seine Tätigkeit erfolgreiche Verhandlungen zwischen Unternehmer und Kunden ausgelöst hat (BAG 4. 11. 1968 AP HGB § 65 Nr. 5; 22. 1. 1971 AP HGB § 87).

15 **d)** Ist das Geschäft auf die Tätigkeit **mehrerer unabhängig oder zusammen arbeitender Vertreter** zurückzuführen, so erwirbt grundsätzlich jeder Vertreter Anspruch auf die volle Provision, sofern er im Rahmen des ihm vertraglich zugewiesenen Aufgabenbereiches gehandelt hat. Schließen zwei Verkäufergruppen zum Ausgleich ihrer unterschiedlich hohen individuellen Provisionseinkünfte auf Veranlassung des Arbeitgebers eine sog. Topfvereinbarung und wird diese später gekündigt, so kann sich für diejenigen Verkäufer, die ohne Topfvereinbarung erheblich geringere Provisionseinkünfte haben, ein Anspruch auf Anhebung ihrer Vergütung aus einer ergänzenden Vertragsauslegung ergeben (BAG 3. 6. 1998 AP BGB § 612 Nr. 57 = NZA 1999, 306).

I. Voraussetzungen des Provisionsanspruchs § 87 HGB 390

e) Ein **unmittelbarer zeitlicher Zusammenhang** zwischen der Tätigkeit des Vertreters und dem Zustandekommen des Geschäftes ist nicht erforderlich. Dies gilt auch für den Fall, daß die Verhandlungen zunächst abgebrochen, später ohne die Tätigkeit des Vertreters wieder aufgenommen und zu einem erfolgreichen Abschluß gebracht worden sind. 16

f) Den Vertreter trifft die **Beweislast**, daß ein Vertretervertrag abgeschlossen worden ist, daß es zu einem Abschluß zwischen Unternehmer und Kunden gekommen und seine Tätigkeit für diesen Geschäftsabschluß ursächlich oder mitursächlich geworden ist. Die Beweislast kann nach den Grundsätzen des Anscheinsbeweises erleichtert sein. Hat der Vertreter seine Aufgaben nach dem Vertretervertrag erfüllt, so ist seine Tätigkeit auch dann mitursächlich, wenn die Erfüllung dieser Aufgaben allein noch nicht ausgereicht hat, um das Geschäft zustandezubringen (BAG 22. 1. 1971 AP HGB § 87 Nr. 2). 17

5. Geschäfte der gleichen Art. a) Provisionspflichtig sind solche Geschäfte, die nicht auf die Tätigkeit des Vertreters zurückzuführen sind, die aber mit Kunden abgeschlossen werden, **die der Vertreter als Kunden für Geschäfte der gleichen Art geworben hat** (§ 87 I 1 2. Alternative HGB). Die Vorschrift enthält einen gesetzlichen Kundenschutz zugunsten des Provisionsberechtigten; dieser kann abgedungen werden. Kraft Gesetzes ist er ausgeschlossen für den Versicherungs- und Bausparkassenvertreter (§ 92 III HGB) (BGH 24. 4. 1986 VersR 1986, 988 = DB 1986, 2431). Im einzelnen gilt folgendes: 18

b) Es muß sich um **neue Kunden** handeln. Neu geworben sind solche Kunden, die zuvor noch nicht in Geschäftsverbindung mit dem Unternehmer standen. Das können solche Kunden sein, die schon zuvor in Geschäftsverbindungen mit dem Vertreter gestanden haben, die aber erst durch ihn dem Unternehmer zugeführt worden sind. Zugeführt sind sie erst, wenn der Kunde das erste Geschäft abgeschlossen hat. Vereinbarungsgemäß kann der Kundenschutz für einen Vertreter erweitert werden, daß auch solche Geschäfte provisionspflichtig werden, die der Unternehmer mit Kunden des Vertreters abgeschlossen hat, auch wenn sie nicht dem Unternehmer zugeführt worden sind. Neu sind ferner solche Kunden, die erst zuvor mit dem Unternehmer in Geschäftsverbindungen standen, sofern es dem Vertreter gelungen ist, diese so wesentlich zu erweitern, daß dies wirtschaftlich der Werbung eines neuen Kunden entspricht. 19

c) Provisionspflichtig sind nur solche Geschäfte mit Kunden, die der Vertreter als Kunden für **Geschäfte der gleichen Art** geworben hat. Damit sind alle Geschäfte des Unternehmers mit neuen Kunden provisionspflichtig. Sinn der gesetzlichen Regelung ist, daß nur solche Geschäfte provisionspflichtig werden sollen, wenn die bei der Werbung des Kunden entfaltete Tätigkeit mitwirkt. 20

Hat der Unternehmer **neue Waren oder Dienstleistungen in sein Vertriebsprogramm** aufgenommen und vermittelt der Vertreter Geschäftsabschlüsse mit alten Kunden des Unternehmers, so sind dies grundsätzliche keine „neuen Kunden". Etwas anderes gilt dann, wenn der Altkunde bereits als neuer Kunde für gleichartige Geschäfte geworben worden ist. 21

Ob ein **Geschäft der gleichen Art** vorliegt, ist nach der Verkehrssitte in den beteiligten Wirtschaftskreisen zu bestimmen. Im allgemeinen unerheblich sind Änderungen der Vertragsbestimmungen oder des Produktes, sofern es nur demselben Zweck dient. 22

d) Der Kundenschutz besteht nur solange, wie das **Vertragsverhältnis besteht**. Kein Kundenschutz besteht für Versicherungsvertreter. Dies entspricht der Übung in der Versicherungswirtschaft. 23

e) Den Vertreter trifft die **Beweislast** für die Begründung des Vertretervertrages, die Werbung des Kunden für Geschäfte der gleichen Art und den Geschäftsabschluß zwischen Unternehmer und Kunden. Die Beweislast des Vertreters kann nach den Grundsätzen des Anscheinsbeweises erleichtert sein. Im allgemeinen ausreichend ist daher, wenn der Vertreter nachweist, daß er sich in Richtung auf einen Geschäftsabschluß betätigt hat. 24

6. Bezirksvertreterprovision. a) Ein **Anspruch auf Bezirksvertreterprovision** erwächst, wenn dem Vertreter ein bestimmter Bezirk oder ein bestimmter Kundenkreis zugewiesen worden ist und ein Geschäft zwischen dem Unternehmer und dem Kunden während des Bestandes des Vertreterverhältnisses abgeschlossen worden ist. § 87 II HGB stellt einen über § 87 I 1 2. Alternative HGB hinausgehenden Kundenschutz für den Vertreter her, denn der Provisionsanspruch erwächst auch dann, wenn der Vertreter den Kunden nicht für gleichartige Geschäfte geworben hat. Unabhängig von § 87 II HGB kann der Provisionsanspruch aus § 87 I HGB folgen. 25

b) Nach seinem **persönlichen Geltungsbereich** gilt § 87 II HGB für **Handelsvertreter**, auch wenn sie einen kaufmännischen Geschäftsbetrieb nicht brauchen. § 87 II HGB ist entsprechend anzuwenden auf **Eigenhändlerverhältnisse**, wenn dem Eigenhändler ein Alleinvertretungsrecht für einen bestimmten Bezirk zugewiesen ist. Ob das der Fall ist, richtet sich nach den getroffenen Vereinbarungen (dagegen BGH 9. 2. 1984 NJW 1984, 2411). In der Bezeichnung als Generalvertreter liegt noch nicht die Einräumung eines Alleinvertreterrechtes (BGH 18. 3. 1970 BB 1970, 593, DB 1970, 872). § 87 II HGB gilt für Versicherungs- und Bausparkassenvertreter nur kraft besonderer Vereinbarung (§ 92 III HGB). Mangels einer Verweisung in § 65 HGB gilt § 87 II HGB nicht für **Handlungsge-** 26 hilfen (BAG 13. 12. 1965 AP HGB § 65 Nr. 3). Indes kann auch insoweit die Gewährung einer Bezirksvertreterprovision vereinbart werden. Grundsätzlich beinhaltet die Abgrenzung des Bezirks des Handlungsgehilfen oder die Übertragung eines bestimmten Kundenkreises zur Vertretung noch nicht die Einräumung einer Bezirksvertreterprovision. Für Handelsvertreter ist § 87 II durch Europarecht überlagert. Art. 7 II der Richtlinie 86/653/EWG des Rates vom 18. 12. 1986 zur Koordinierung der Rechtsvorschriften der Mitgliedstaaten betreffend die selbständigen Handelsvertreter ist dahin auszulegen, daß ein Handelsvertreter, dem ein Bezirk zugewiesen ist, Anspruch auch für Geschäfte hat, die ohne seine Mitwirkung mit Kunden abgeschlossen wurden, die diesem Bezirk angehören (EuGH 14. 12. 1996 EWS 1997, 52 (Kontogeorgas).

27   c) Eine Bezirksvertretung ist dann gegeben, wenn dem Vertreter ein **räumlich begrenzter Bezirk oder ein bestimmter Kundenkreis** (die Privatkundschaft, der öffentliche Dienst usw) übertragen wird und diese das eigentliche Aufgabengebiet des Vertreters sein soll. Die Bezirksvertretung kann bei Begründung des Vertreterverhältnisses oder durch nachträgliche Abrede ausdrücklich oder konkludent begründet werden. Sie kann aber auch aufgrund des dem Unternehmer zustehenden Weisungsrechtes sowohl gegenüber dem Handlungsgehilfen als auch dem Handelsvertreter eingerichtet werden. Besteht eine Bezirksvertretung, so ist sie nachträglich grundsätzlich nicht mehr einseitig durch den Unternehmer änderbar. Zur Veränderung des Bezirkes oder des Kundenkreises bedarf es daher eines Änderungsvertrages oder des Ausspruches einer Änderungskündigung, durch die bei Ablehnung des Vertreters das gesamte Vertretungsverhältnis aufgelöst wird. Zweifelhaft ist, ob eine Änderung des Bezirks dann im Wege einseitiger Änderung oder der Teilkündigung erfolgen kann, wenn diese für den Unternehmer vorbehalten ist. Dies wurde bislang dann bejaht, wenn ein entsprechendes Recht für den Unternehmer vorbehalten war. Für Arbeitnehmer differenziert das BAG. Handelt es sich um Arbeitsvertragsbedingungen, die im Gegenseitigkeitsverhältnis stehen, so ist die vorbehaltene Änderung unwirksam, da der Arbeitnehmer auch einen Inhaltsschutz seines Arbeitsverhältnisses genießt (§ 2 KSchG). Dagegen ist der Widerrufsvorbehalt in den übrigen Fällen wirksam; die Ausübung des Widerrufs unterliegt jedoch der Billigkeitskontrolle (BAG 7. 10. 1982 AP § 620 Teilkündigung Nr. 5).

28   d) Auch wenn dem Vertreter ein bestimmter Bezirk oder Kundenkreis zugewiesen ist, kann ihm darüber hinaus die **Betreuung weiterer Kunden** übertragen werden. Der Unternehmer verliert durch die Übertragung eines Bezirks nicht die Möglichkeit, auch im Bezirk des Vertreters tätig zu werden oder etwaige Vertreter einzusetzen oder ihm hinfort den Besuch bestimmter Kunden zu untersagen. Der Vertreter ist insoweit durch die Weiterzahlung der Bezirksprovision gesichert. Etwas anderes gilt dann, wenn dem Vertreter darüber hinaus die ausschließliche Betreuung der Kunden im Bezirk übertragen ist.

29   e) **Provisionspflichtig** sind alle mit Kunden des Bezirks oder des zugewiesenen Kundenkreises abgeschlossenen Geschäfte, mit deren Vermittlung oder Abschluß der Vertreter betraut ist. Mit Kunden des Bezirks abgeschlossen sind solche Geschäfte, wenn bei Geschäftsabschluß der Vertreter wie der Kunde im Bezirk seinen Sitz haben. Dasselbe gilt aber auch, wenn der Geschäftsabschluß außerhalb des Bezirks erfolgt oder die Hauptniederlassung des Kunden im Bezirk einen Vertrag über Lieferung auch für Nebenstellen außerhalb des Bezirks abschließt. Nicht bezirksprovisionspflichtig sind Geschäfte mit Kunden, die ihre Niederlassung außerhalb des Bezirks haben, das Geschäft aber im Bezirk abgeschlossen haben oder Geschäfte mit Zweigniederlassungen eines Kunden außerhalb des Bezirks (BGH 29. 11. 1956 BB 1957, 9 = DB 1957, 19). Ebensowenig sind provisionspflichtig Geschäfte mit außerhalb des Bezirks ansässigen Kunden (BGH VersR 1960, 271), auch wenn sie sofort in den Bezirk weiterverkaufen (BGH BB 1960, 956, DB 1960, 1033). Verlegt ein Kunde seinen Sitz aus dem Bezirk des Vertreters, so entfällt der Provisionsanspruch, es sei denn, daß die Tatbestände von § 87 I HGB gegeben sind.

30   f) Auch die Bezirksvertreterprovision setzt voraus, daß das Geschäft **während des Vertragsverhältnisses** abgeschlossen wird. Grundsätzlich ist die Ausführung unerheblich. Auch nach Beendigung des Vertrags kann der Anspruch als Erfüllungsanspruch nicht unter dem Gesichtspunkt der Ersparnis oder der Möglichkeit anderweitigen Erwerbs oder des Vorteilsausgleichs gemindert werden (BGH 12. 3. 1992 NJW-RR 92, 1059).

II. Provisionsansprüche Ausgeschiedener

31   **1. Ausgeschiedener Vertreter.** Provisionsansprüche nach § 87 I, 2 HGB entfallen, wenn sie nach § 87 III HGB dem ausgeschiedenen Vertreter zustehen (§ 87 I 2, II 2 HGB). § 87 III HGB enthält also eine Ausnahme von dem Grundsatz, daß das Geschäft während des Bestandes des Vertretungsverhältnisses zustande gekommen sein muß und regelt die Verteilung der Provision zwischen dem Vertreter und seinem Nachfolger.

32   **2. Nachvertraglich abgeschlossene Geschäfte. a) Voraussetzung des Provisionsanspruches nach § 87 III Nr. 1 HGB** ist, daß *a)* der Provisionsberechtigte in einem rechtswirksamen oder faktischen Vertreterverhältnis gestanden hat, *b)* nach Beendigung des Vertreterverhältnisses ein Geschäft zustandekommt, wie es nach dem Vertreterverhältnis der ausgeschiedene Vertreter vermitteln oder abschlie-

ßen sollte, c) der ausgeschiedene Vertreter das Geschäft entweder vermittelt oder es eingeleitet und so vorbereitet hat, daß der Abschluß überwiegend auf seine Tätigkeit zurückzuführen ist, d) das Geschäft innerhalb einer angemessenen Frist nach Beendigung des Vertreterverhältnisses abgeschlossen wird.

Voraussetzung des Provisionsanspruches nach § 87 III Nr. 2 HGB ist, daß vor Beendigung des 33 Vertragsverhältnisses das Angebot des Dritten zum Abschluß eines Geschäftes, für das der Handelsvertreter nach § 87 I 1 oder § 87 II 1 HGB Anspruch auf Provision hat, dem Handelsvertreter oder dem Unternehmer zugegangen ist.

b) **Vermittelt ist das Geschäft** dann, wenn – auch der Abschlußvertreter – das Geschäft soweit 34 betrieben hat, daß die wesentlichen Vertragsbedingungen festliegen und nur noch die abschließenden Erklärungen des Unternehmers oder Kunden ausstehen. Hat dagegen der ausgeschiedene Vertreter das zustande gekommene Geschäft nur eingeleitet und vorbereitet, so steht ihm die Provision nur dann zu, wenn der nach Beendigung des Vertreterverhältnisses zustande gekommene Abschluß überwiegend auf seine Tätigkeit zurückzuführen ist. Ob der Geschäftsabschluß überwiegend auf seine Tätigkeit zurückzuführen ist, muß durch vergleichende Betrachtung der Gründe, die zum Geschäftsabschluß geführt haben, beurteilt werden. Der Geschäftsabschluß ist überwiegend auf die Tätigkeit des Ausgeschiedenen zurückzuführen, wenn der Kunde ein Muster gekauft hat, das nach den Gepflogenheiten des Verkehrs und der Absicht der Beteiligten nur der Erforschung des endgültigen Bedarfs diente (BGH BB 1957, 1086, DB 1957, 1068; OLG Düsseldorf DB 1956, 376).

c) Der Geschäftsabschluß muß binnen angemessener Frist nach Beendigung des Vertreterverhältnis- 35 ses erfolgen. Dies gilt sowohl für die Vermittlung, wie für die Einleitung des Geschäftes (BT-Drucks. I Nr. 3856). Welche Frist angemessen ist, ergibt sich aus dem Inhalt des vermittelten oder eingeleiteten Geschäfts unter Berücksichtigung der dazu notwendigen Abschlußverhandlungen. Die Vertragsbeziehungen zwischen Vertreter und Unternehmer sollen schnell bereinigt werden. Bei Massengeschäften wird daher die Frist im allgemeinen sehr kurz sein; sie wird kaum jemals über die Saison, bis zum Erscheinen der neuen Muster hinausgehen.

d) Das Vertragsverhältnis ist beendet, wenn es sein rechtliches Ende gefunden hat. Ob das Angebot 36 zugegangen ist, richtet sich nach § 130 BGB.

Steht dem ausgeschiedenen Vertreter die Provision nach § 87 III HGB zu, so erhält der **Vorgänger** 37 **keine Provision**. Der Anspruch auf Provision steht dem nachfolgenden Vertreter nur anteilig zu, wenn wegen besonderer Umstände eine Teilung der Provision der Billigkeit entspricht (§ 87 III 2 HGB). Hiervon gilt dagegen dann eine Ausnahme für den Fall, wenn auch bei Weiterbestehen des Vertreterverhältnisses mehrere Vertreter Ansprüche auf Provision hätten.

III. Inkassoprovision

Grundsätzlich ist der Handelsvertreter nur mit der Vermittlung und dem Abschluß des Geschäftes 38 betraut. Für Versicherungsvertreter vgl. § 43 VVG. Nach § 87 IV HGB besteht ein Anspruch auf Inkassoprovision, wenn a) der Handelsvertreter Geld oder geldwerte Beträge für den Unternehmer eingezogen hat, b) der Einzug auftragsgemäß erfolgt ist. Unerheblich ist dagegen, ob der Handelsvertreter das Geschäft auch vermittelt oder abgeschlossen hat. Ist die Höhe der Provision nicht bestimmt, so richtet sie sich nach § 87 b I HGB. Ein Handlungsgehilfe hat nur Anspruch auf Provision, wenn sie besonders vereinbart ist (vgl. § 65 HGB).

§ 87 a [Fälligkeit der Provision]

(1) ¹Der Handelsvertreter hat Anspruch auf Provision, sobald und soweit der Unternehmer das Geschäft ausgeführt hat. ²Eine abweichende Vereinbarung kann getroffen werden, jedoch hat der Handelsvertreter mit der Ausführung des Geschäfts durch den Unternehmer Anspruch auf einen angemessenen Vorschuß, der spätestens am letzten Tag des folgenden Monats fällig ist. ³Unabhängig von einer Vereinbarung hat jedoch der Handelsvertreter Anspruch auf Provision, sobald und soweit der Dritte das Geschäft ausgeführt hat.

(2) Steht fest, daß der Dritte nicht leistet, so entfällt der Anspruch auf Provision; bereits empfangene Beträge sind zurückzugewähren.

(3) ¹Der Handelsvertreter hat auch dann einen Anspruch auf Provision, wenn feststeht, daß der Unternehmer das Geschäft ganz oder teilweise nicht oder nicht so ausführt, wie es abgeschlossen worden ist. ²Der Anspruch entfällt im Falle der Nichtausführung, wenn und soweit diese auf Umständen beruht, die vom Unternehmer nicht zu vertreten sind.

(4) Der Anspruch auf Provision wird am letzten Tag des Monats fällig, in dem nach § 87 c Abs. 1 über den Anspruch abzurechnen ist.

(5) Von Absatz 2 erster Halbsatz, Absätzen 3 und 4 abweichende, für den Handelsvertreter nachteilige Vereinbarungen sind unwirksam.

I. Unbedingte Entstehung des Provisionsanspruches

1 **1. Gliederung.** § 87a HGB bestimmt, wann der nach § 87 I, II HGB entstandene Provisionsanspruch unbedingt wird. § 87a I, II HGB handelt von Geschäften, die der Unternehmer, § 87a III HGB von solchen, die er nicht ausführt. § 87a IV HGB enthält die Fälligkeit des Provisionsanspruches. § 87a HGB gilt sowohl für Handelsvertreter wie für Handlungsgehilfen.

2 **2. Geschäftsausführung durch Unternehmer. a)** Der Vertreter hat Anspruch auf Provision sobald und soweit der **Unternehmer das Geschäft ausgeführt** hat (§ 87a I 1 HGB). Dies gilt auch für Ansprüche eines Untervertreters (BGH 20. 6. 1984 NJW 1984, 2881). Ausgeführt ist das Geschäft dann, wenn der Unternehmer die ihm nach dem provisionspflichtigen Geschäft obliegenden Leistungen erbracht hat. Bei Warenverkaufsgeschäften ist das Geschäft ausgeführt, wenn der Unternehmer die Waren geliefert hat, auch wenn sie mangelhaft waren. Bei Warenankaufsgeschäften ist das Geschäft ausgeführt, wenn der Unternehmer bezahlt hat. Hat er Wechsel hingegeben, so ist die Ausführung erst bei der Einlösung gegeben (§ 364 II). Eine Sonderregel besteht für Versicherungsvertreter (§ 92 IV HGB). Ausgeführt ist das Geschäft ferner, wenn an Stelle der geschuldeten Leistung kraft gesetzlicher Vorschrift oder Vereinbarung eine andere Leistung gewährt wird, also auch bei Schadensersatzleistung wegen Nichterfüllung (BGH 19. 11. 1956 DB 1957, 185). Hat der Unternehmer unter Eigentumsvorbehalt geleistet, so ist das Geschäft mit der Leistung und nicht erst mit dem Eigentumsübergang ausgeführt. Hat der Unternehmer die gesamte, ihm nach dem Vertrag obliegende Leistung erbracht, ist eine volle Ausführung, hat er sie nur teilweise erbracht, eine teilweise Ausführung gegeben.

3 Hat der Unternehmer das Geschäft vollständig oder teilweise ausgeführt, so wird der **Provisionsanspruch des Vertreters in entsprechendem Umfang unbedingt,** auch wenn feststeht, daß der Unternehmer das Geschäft nicht mehr vollständig ausführen will. Bei nur teilweiser Ausführung kann der Provisionsvertreter die Teilprovision nicht nach § 266 zurückweisen, denn insoweit liegt keine Teilleistung vor. Für das Erwachsen des Provisionsanspruches unerheblich ist, ob der Unternehmer gerade zu diesem Zeitpunkt ausführen muß. Ferner ist unerheblich, ob das Vertragsverhältnis im Zeitpunkt der Ausführung noch besteht. Indes kann für Handelsvertreter vereinbart werden, daß sie nur Provision für solche Geschäfte erhalten, die während des Bestandes des Vertragsverhältnisses ausgeführt werden.

4 **b)** Der Grundsatz, daß der Provisionsanspruch mit der Ausführung des Geschäftes durch den Unternehmer unbedingt wird, ist weitgehend sowohl zugunsten wie zum Nachteil des Vertreters **abdingbar** (BAG 17. 5. 1962 AP HGB § 65 Nr. 2). Zulässig sind Vereinbarungen, wonach bereits bei Abschluß des Geschäftes ein unbedingter Anspruch auf Provision erwachsen soll. Aus der bloßen Bezeichnung als Abschlußprovision ist hierauf aber noch nicht zu schließen. Zugunsten des Vertreters kann ferner vereinbart werden, daß der volle Provisionsanspruch bereits bei teilweiser Ausführung durch den Unternehmer erwächst. Zulässig sind ferner die in der Praxis am häufigsten vorkommenden Vereinbarungen, daß der Vertreter den Provisionsanspruch erst als unbedingten erwirbt, wenn der Dritte das Geschäft ausführt. Diese Regelung gilt für Versicherungsvertreter kraft Gesetzes (§ 92 HGB). Unabhängig von dieser Vereinbarung hat der Vertreter einen Anspruch auf Vorschuß (§ 87a I 2 HGB). Dieser entfällt aber bereits dann, wenn der Unternehmer nach dem Dritten zu leisten berechtigt ist. In diesen Fällen trägt der Vertreter das volle Risiko des Geschäftes.

5 **c)** Zum Schutz des Vertreters gelten folgende **Schranken der Vereinbarungsfreiheit für den Erwerb des unbedingten Provisionsanspruches.** Soll der Provisionsanspruch erst dann unbedingt erwachsen, wenn der Dritte das Geschäft ausgeführt hat, so erlangt der Provisionsberechtigte gegen den Unternehmer einen Anspruch auf einen angemessenen **Vorschuß,** wenn der Unternehmer das Geschäft ausführt (LAGE München 27. 9. 1990 HGB § 87a Nr. 1, VersR 1992, 183). Der Vorschußanspruch kann nur für Handelsvertreter im Nebenberuf (§ 92b HGB) sowie für Handelsvertreter, die ihre Tätigkeit für den Unternehmer nach dem Vertrag nicht innerhalb des Gebietes der EG oder der anderen Vertragsstaaten des Abkommens über den Europäischen Wirtschaftsraum ausüben, abbedungen werden (§ 92c HGB) (BAG 16. 2. 1962 AP HGB § 87a Nr. 1). Der Vorschußanspruch kommt insbesondere in Betracht, wenn dem Dritten Zahlungsziele eingeräumt sind. Er entfällt, wenn feststeht, daß der Dritte nicht leistet (BAG 16. 2. 1962 AP HGB § 87a Nr. 1).

6 Der Vorschuß muß vom Standpunkt des Unternehmers wie des Vertreters **angemessen** sein. Bei der Bemessung sind die Solvenz des Kunden, seine Vertragstreue, der voraussichtliche Zahlungseingang sowie umgekehrt die Kosten des Handelsvertreters bzw. Handlungsgehilfen zu berücksichtigen. Der Vorschuß wird zum Nachteil des Vertreters unabdingbar fällig am letzten Tag des Monats, der dem Monat folgt, in dem der Unternehmer das Geschäft ganz oder teilweise ausführt.

7 **d)** In jedem Falle wird der **Provisionsanspruch als unabdingbarer Anspruch erworben, sobald und soweit der Dritte das Geschäft ausgeführt hat** (§ 87a I 3 HGB). Dies gilt auch dann, wenn der Unternehmer für die Ausführungsleistung des Dritten Sicherheit leisten muß (BGH 20. 10. 1982, NJW 1983, 629). Soll der Dritte in Anrechnung auf den Kaufpreis auch Sachleistungen (zB einen gebrauchten Kraftwagen) erbringen, so ist das Geschäft durch den Dritten ausgeführt, sobald er den

I. Unbedingte Entstehung des Provisionsanspruches　　　　　　§ 87a　HGB 390

Kraftwagen übergibt. Anders ist es dagegen dann, wenn der Unternehmer für den Dritten den Gebrauchtwagen verkaufen soll und den Kaufpreis auf den Kraftwagen anrechnen muß. Alsdann hat der Dritte das Geschäft erst ausgeführt, wenn der Gebrauchtwagen verkauft ist. Führt der Dritte das Geschäft nur teilweise aus, so erlangt der Vertreter einen Anspruch auf Teilprovision.

Der Anspruch auf **Teilprovision** nach § 87 a I 2 bzw. § 87 a I 4 HGB kann ausgeschlossen werden, **8** wenn vereinbart ist, daß der Unternehmer dem Vertreter Provision für das ganze Geschäft gewährt, sobald dieses in bestimmtem Umfang ausgeführt wird. Die Regelung will ermöglichen, daß der Unternehmer nicht zur Leistung einer Vielzahl von Teilprovisionen gezwungen wird. Die Vereinbarung, daß der Unternehmer nach einer bestimmten Ausführung des Geschäftes die gesamte Provision gewährt, kann einen doppelten Inhalt haben. Sie kann bedeuten, daß der Unternehmer keine Provision zu zahlen braucht, wenn das Geschäft nicht in bestimmtem Umfang ausgeführt wird, aber umgekehrt der Vertreter Anspruch auf die ganze Provision erlangt, wenn diese Grenze überschritten ist. Sie kann aber auch nur eine Fälligkeitsregelung für die Provision beinhalten; alsdann hat der Vertreter die Provision zurückzuzahlen, wenn es bei einer teilweisen Ausführung des Geschäftes verbleibt. Unzulässig ist es dagegen, die Entstehung des Provisionsanspruches von einer bestimmten teilweisen Ausführung abhängig zu machen und den Vertreter mit Rückzahlungsansprüchen zu belasten, wenn es nicht zur Vollausführung des Geschäftes kommt. Die Grenze, bei der der Unternehmer die gesamte Provision zu zahlen hat, muß unter Berücksichtigung der Interessen des Unternehmers und des Vertreters bestimmt werden. Sie muß unter der Grenze der Vollausführung liegen. Ist die Grenze unbillig festgesetzt, wird der Anspruch auf Teilprovision nicht ausgeschlossen.

3. Wegfall des Provisionsanspruches. a) Nach § 87 a II HGB entfällt der Anspruch auf Provi- **9** sion, wenn feststeht, daß der Dritte das Geschäft nicht ausführt. Bereits gezahlte Beträge sind zurückzugewähren. Die suspensive **Bedingung** für die Entstehung des Anpruches entfällt, wenn der Unternehmer das Geschäft ausführt (§ 87 a I 1 HGB). Der Provisionsanspruch ist alsdann auflösend bedingt von der Ausführung des Geschäftes durch den Dritten (§ 87 a II HGB) (BGH 1. 12. 1960 BB 1961, 147). Dagegen sind in § 87 a III 2 HGB die Fälle geregelt, daß der Unternehmer sich bereits vor Ausführung des Geschäftes durch den Dritten von diesem lossagt.

b) Ob der **Dritte nicht leistet, muß nach objektiven Grundsätzen festgestellt werden.** Es steht **10** fest, daß er nicht leistet, wenn er das Geschäft rechtswirksam angefochten hat und dieses nichtig ist oder wenn er von einem bei Vertragsschluß eingeräumten Rücktrittsrecht Gebrauch gemacht hat (BGH 17. 11. 1983 = NJW 1984, 1455). Dagegen liegen die Voraussetzungen von § 87 a II HGB dann nicht vor, wenn der Unternehmer nachträglich auf die Leistung des Dritten verzichtet. Der Unternehmer kann nach freiem Ermessen bestimmen, welche Maßnahmen er ergreift, damit der Dritte Leistungen erbringt. Indes hat die Entscheidung des Unternehmers dann keine Wirkung für den Provisionsanspruch, wenn er ohne Grund gegen den Dritten nicht vorgeht. Von dem Drohen einer Stornogefahr hat er den Provisionsberechtigten rechtzeitig zu unterrichten. Die bloße Zahlungsverweigerung des Dritten reicht zum Wegfall des Provisionsanspruches nicht aus. Dem Unternehmer ist ein Vorgehen gegen den Dritten dann nicht zumutbar, wenn der Dritte zahlungsunfähig ist und voraussehbar auf Zeit bleibt (OLG Köln 27. 11. 1992 NJW-RR 1994, 226), wenn er seine Leistungspflicht bestreitet und dem Unternehmer wegen bestehender Beweisschwierigkeiten nicht zugemutet werden kann, gegen den Dritten vorzugehen oder wenn bei Massengütern geringen Wertes dem Unternehmer eine Klage nicht zumutbar ist (BGH 21. 10. 1972 BB 1971, 1430 = NJW 1972, 45). Der Versicherer muß aber im allgemeinen die Erstprämie gegen den Versicherungsnehmer einklagen, es sei denn, daß die Zwangsvollstreckung voraussichtlich ohne Erfolg bleibt (vgl. OLG Hamm VersR 1956; OLG Oldenburg VersR 1961, 658; LG Gießen VersR 1982, 41; VersR München 27. 9. 1990 VersR 1992, 183; einschränkend LAG Frankfurt 20. 1. 1981 VersR 1982, 480 = NJW 1982, 254; aA OLG Frankfurt 18. 7. 1980 VersR 1981, 480). Kein hinreichender Grund, gegen den Dritte nicht vorzugehen, ist gegeben, wenn der Unternehmer von einer gerichtlichen Verfolgung seiner Ansprüche absieht, weil er sich zukünftige Geschäfte mit dem Dritten verspricht.

c) Steht fest, daß der Dritte nicht leistet, so **entfällt der Provisionsanspruch** (BGH 20. 6. 1984 **11** NJW 1984, 2910). Ebenso entfällt er, wenn der Dritte nur Teilleistungen erbringen will und der Unternehmer diese zurückweist. Nimmt er dagegen die Teilleistungen an, so ist insoweit die auflösende Bedingung ausgefallen; der Provisionsanspruch bleibt insoweit erhalten. Indes kann für den Teilprovisionsanspruch alsdann die Regelung des § 87 a I 4 HGB eingreifen. Ist der Provisionsanspruch weggefallen, so hat der Vertreter bereits empfangene Provisionsbeträge zurückzugewähren; es sind die Grundsätze der §§ 346 ff. anzuwenden. Der Vertreter kann sich mithin nicht auf den Wegfall der Bereicherung (§ 818 III) berufen. Die zurückzuzahlenden Beträge sind von dem Zeitpunkt an zu verzinsen, in dem feststeht, daß die Rückgewährpflicht eingetreten ist (BGH 12. 11. 1962 NJW 1963, 1201). Bei Streit zwischen Unternehmer und Vertreter, ob der Provisionsanspruch endgültig erwachsen ist, ist der Vertreter beweispflichtig für die Umstände, von denen Erwerb und Höhe seines Provisionsanspruches abhängen (BAG 20. 6. 1984 AP § 614 Nr. 3). Zweifelhaft ist, ob bei Handlungsgehilfen eine Verrechnung mit bereits verdienten Provisionen erfolgen kann (BAG 25. 3. 1976 AP HGB § 65 Nr. 9 m. Anm. *Herschel*).

12 d) Nach § 87a V HGB können von § 87a II HGB **abweichende Vereinbarungen** getroffen werden. Es kann vereinbart werden, daß die Provision erst bei Ausführung des Geschäftes durch den Dritten erwächst. Ferner können Unternehmer und Vertreter vereinbaren, wann als festgestellt anzusehen sein soll, daß der Dritte nicht leistet oder daß der Unternehmer gegen den Dritten nicht gerichtlich vorzugehen braucht, wenn nach pflichtgemäßer Prüfung unter Wahrung der Belange des Unternehmers und des Vertreters das Verfahren keine Aussicht auf Erfolg verspricht. Aber auch in diesen Fällen darf die Unterlassung der Rechtsverfolgung nicht willkürlich sein (OLG Frankfurt 9. 2. 1960 VersR 1960, 510), und hat der Unternehmer dem Vertreter die Gründe darzulegen. In keinem Fall kann die Rechtsverfolgung gegen den Dritten von der Kostenübernahme durch den Vertreter abhängig gemacht werden.

13 e) Die Anwartschaft auf Provision, die ein Arbeitnehmer durch ein Geschäft erwirbt, das vor Konkurseröffnung abgeschlossen, aber nach Konkurseröffnung nicht ausgeführt worden ist, begründet keinen Anspruch auf Konkursausfallgeld (BSG 18. 12. 1980, ZIP 1981, 637).

14 **4. Nichtausführung des Geschäfts durch den Unternehmer.** a) Hat der Unternehmer ein Geschäft mit dem Dritten geschlossen, so ist er aus diesem Geschäft dem Dritten zur Ausführung verpflichtet. Dagegen besteht grundsätzlich keine Rechtspflicht zur Ausführung gegenüber dem Vertreter. § 87a III HGB regelt die Rechtsfolgen der Nichtausführung des Geschäftes durch den Unternehmer für den Provisionsanspruch. Nach § 87a III 1 HGB behält der Vertreter seinen Provisionsanspruch, wenn feststeht, daß der Unternehmer das Geschäft ganz oder teilweise nicht ausführt oder anders ausführt, als es abgeschlossen ist. § 87a III 2 HGB regelt die Ausnahme von diesem Rechtsgrundsatz.

15 b) § 87a III 1 HGB **setzt voraus,** daß *a)* ein rechtswirksames Geschäft zwischen Unternehmer und Dritten besteht und *b)* es nicht wie abgeschlossen ausgeführt wird. Ist das Geschäft zwischen Unternehmer und Dritten nichtig, rechtswirksam angefochten oder infolge Ausübung eines Rücktrittsrechtes oder Eintritts einer aufschiebenden Bedingung weggefallen, so liegt kein provisionspflichtiges Geschäft vor.

16 c) Eine Nichtausführung des Geschäftes ist gegeben, wenn der Unternehmer die vertraglich geschuldete Leistung ganz unterläßt oder eine nicht dem Vertragsschluß entsprechende Leistung erbringt. Dies kann der Fall sein, wenn der Unternehmer unvollständig, verspätet oder mangelhaft leistet. Im Fall der verspäteten Leistung erwirbt der Vertreter den Provisionsanspruch zu dem Zeitpunkt, zu dem der Unternehmer abredegemäß hätte leisten müssen (BGH 11. 7. 1960 E 33, 92 = NJW 1960, 1996). Unerheblich ist, auf welche Gründe die Lieferverzögerung zurückzuführen ist, zB Lieferstörungen des Vorlieferanten (LAG Düsseldorf 20. 5. 1960 DB 1960, 813), überhöhter Auftragsbestand (LAG Bremen 5. 7. 1960 DB 1960, 1212). Der Provisionsanspruch erwächst ebenfalls unabhängig davon, ob der Dritte Rechte aus § 326 BGB geltend macht. Unberührt bleibt er auch dann, wenn der Unternehmer nachträglich mit dem Dritten den Inhalt des Vertrages ändert (OLG Frankfurt 17. 10. 1989 NJW-RR 1990, 356), eine Ausnahme gilt lediglich dann, wenn der Unternehmer in die Änderung einwilligen mußte, um die Ausführung des Geschäftes durch den Dritten zu erreichen (§ 87a II HGB). Eine Nichtausführung ist gegeben, wenn der Unternehmer auf Veranlassung des Kunden den ursprünglich vermittelten Vertrag aufhebt und einen gleichen Vertrag mit einem Dritten abschließt, und dieser Vertrag berechtigterweise vom Unternehmer nicht ausgeführt wird (OLG Frankfurt 17. 10. 1989 NJW-RR 90, 358). Ist mit einem Handelsvertreter rechtswirksam die Zahlung von Überhangprovisionen ausgeschlossen worden (§ 87 Rn. 7), so bleibt der Provisionsanspruch dann erhalten, wenn er bei rechtzeitiger Ausführung des Geschäftes gegeben wäre (BGHZ 11. 7. 1960 E 33, 92, NJW 1960, 1996).

17 d) Ein **Provisionsanspruch nach § 87a III 1 HGB entsteht nicht,** wenn und soweit (§ 87a III 2 HGB) *a)* die Ausführung des Geschäftes (nachträglich) unmöglich geworden ist, ohne daß der Unternehmer die Unmöglichkeit zu vertreten hat oder *b)* ihm die Ausführung nicht zuzumuten ist, insbesondere weil in der Person des Dritten ein wichtiger Grund für die Nichtausführung vorliegt.

18 e) Die **Unmöglichkeit** bezieht sich auf das Rechtsverhältnis zwischen Unternehmer und Dritten. Bei ursprünglicher Unmöglichkeit ist das Geschäft bereits nichtig (§ 306 BGB), so daß kein Provisionsanspruch erwächst. Dies gilt auch dann, wenn der Unternehmer die Nichtigkeit kannte oder hätte kennen müssen und dem Dritten auf das Vertrauensinteresse haftet. Bei nachträglicher Unmöglichkeit oder Unvermögen (§ 275 BGB) entfällt der Provisionsanspruch, wenn der Unternehmer diese nicht zu vertreten hat. Dies kann der Fall sein, wenn weder der Unternehmer noch der Dritte die Unmöglichkeit nicht zu vertreten haben, aber auch dann, wenn der Dritte die Unmöglichkeit zu vertreten hat (§ 324 BGB). Der Unternehmer hat Vorsatz und Fahrlässigkeit zu vertreten (BAG 14. 11. 1966 AP HGB § 65 Nr. 4 m. Anm. *Rother*), für Erfüllungsgehilfen hat er einzustehen (§§ 276, 278 BGB). Für Lieferschwierigkeiten hat er nach den Grundsätzen des Unternehmerrisikos zu haften (vgl. BGH BB 1959, 864; BAG 14. 11. 1966 AP HGB § 65 Nr. 4). Hat der Unternehmer die Nichtausführung nicht zu vertreten, so kann er sich nicht darauf berufen, die Geschäftsausführung sei ihm unzumutbar (BGHZ 27. 1. 1972 E 58, 140 = LM HGB § 87a Nr. 9).

f) **Unzumutbar** ist dem Unternehmer die Ausführung des Geschäftes, wenn unter Abwägung aller 19
vernünftigerweise in Betracht kommenden Umstände des Einzelfalles von ihm die Geschäftsausführung nicht erwartet werden kann (BAG 9. 12. 1966 AP HGB § 87 a Nr. 2 m. Anm. *Herschel*; BGH
LM HGB § 87 a Nr. 2). Dies ist nur dann der Fall, wenn nach Abschluß des Geschäftes Umstände
auftreten oder bekannt werden, die den Unternehmer davon abgehalten hätten, das Geschäft abzuschließen. Unzumutbar ist das Geschäft nicht bereits dann, wenn es dem Unternehmer oder dem
Dritten lästig ist oder zu wirtschaftlichen Verlusten führt. Indes kann dem Unternehmer nicht zugemutet werden, nur aus Rücksicht auf den Vertreter einen guten Kunden zu verärgern (BGH BB 1959,
864, VersR 1960, 1109; BAG 9. 12. 1966 AP HGB § 87 a Nr. 2). Unzumutbar kann insbesondere die
Durchsetzung bei Massengeschäften (Versicherungsverträge) sein (BGH 21. 10. 1971 AP HGB § 87 a
Nr. 3 m. Anm. *Herschel*; 19. 11. 1982 DB 1983, 2135; 12. 11. 1987 NJW-RR 1988, 546).

g) **Wichtige Gründe** aus der Person des Dritten sind insbesondere mangelnde Kreditwürdigkeit, 20
Zahlungsunfähigkeit, Erheben unbegründeter Beanstandungen, fehlende Zuverlässigkeit.

h) **Der Vertreter trägt die Beweislast** dafür, daß das Geschäft abgeschlossen, der Unternehmer es 21
aber nicht entsprechend den Vereinbarungen ausgeführt hat. Der Unternehmer trägt die Beweislast,
daß das Geschäft aus von ihm nicht zu vertretenden Gründen unmöglich geworden oder ihm nicht
zumutbar ist (BGH 2. 3. 1989 NJW-RR 89, 865).

II. Fälligkeit

1. Zeitpunkt. Die Provision wird am letzten Tag des Monats **fällig**, in dem nach § 87 c I HGB über 22
den Anspruch abzurechnen ist (§ 87 a IV HGB). Zum Nachteil des Vertreters kann hiervon nicht
abgewichen werden (§ 87 a V HGB). Der Abrechnungszeitraum kann auf höchstens drei Monate
erstreckt werden (§ 87 c I HGB). Zulässig ist mithin quartalsmäßige Abrechnung und Zahlung am
Monatsletzten. § 87 a IV HGB enthält keine Leistungsbestimmungen nach dem Kalender (§ 284 II);
zum Verzugseintritt ist daher Mahnung erforderlich (BGH 19. 4. 1962 LM HGB § 87 a Nr. 6).

2. Verzug. Nimmt ein Arbeitgeber die vom Arbeitnehmer angebotene Arbeitsleistung nicht an und 23
gerät er deswegen in Annahmeverzug, ist er verpflichtet, dem Arbeitnehmer das entgehende Arbeitsentgelt zu zahlen. Dazu gehören auch Provisionen. Ist die Provision ausschließlich am Verkaufserfolg
des Arbeitnehmers ausgerichtet, muß sie geschätzt werden. Maßstab der Schätzung kann ein vertraglich vereinbarter Provisionsvorschuß sein (BAG 11. 8. 1998 – 9 AZR 410/97 – BB 98, 1796 = DB 1998,
1719).

§ 87 b [Höhe der Provision]

(1) Ist die Höhe der Provision nicht bestimmt, so ist der übliche Satz als vereinbart anzusehen.

(2) ¹Die Provision ist von dem Entgelt zu berechnen, das der Dritte oder der Unternehmer zu
leisten hat. ²Nachlässe bei Barzahlung sind nicht abzuziehen; dasselbe gilt für Nebenkosten,
namentlich für Fracht, Verpackung, Zoll, Steuern, es sei denn, daß die Nebenkosten dem Dritten
besonders in Rechnung gestellt sind. ³Die Umsatzsteuer, die lediglich auf Grund der steuerrechtlichen Vorschriften in der Rechnung gesondert ausgewiesen ist, gilt nicht als besonders in Rechnung gestellt.

(3) ¹Bei Gebrauchsüberlassungs- und Nutzungsverträgen von bestimmter Dauer ist die Provision vom Entgelt für die Vertragsdauer zu berechnen. ²Bei unbestimmter Dauer ist die Provision
vom Entgelt bis zu dem Zeitpunkt zu berechnen, zu dem erstmals von dem Dritten gekündigt
werden kann; der Handelsvertreter hat Anspruch auf weitere entsprechend berechnete Provisionen, wenn der Vertrag fortbesteht.

1. Berechnung. Die Provision ist eine Beteiligung an dem Wert des abgeschlossenen Geschäftes. Es 1
sind daher alle **Berechnungsmöglichkeiten** zulässig, die eine Beteiligung in irgendeiner Form vorsehen, zB Provision = x % von y oder x DM je verkauften Stücks oder x DM je Stück mit Aufschlag
in % des y DM übersteigenden Wertes usw. Die Bestimmungen des § 87 b sind abdingbar (BAG 12. 4.
1962 AP HGB § 65 Nr. 1; 24. 9. 1965 § 87 b Nr. 1; LAG Frankfurt 18. 2. 1992 = NZA 1992, 799).
§ 87 b I HGB handelt vom Provisionssatz, § 87 b II, III HGB von der Ermittlung des Betrages, von
dem die Provision zu zahlen ist.

2. Vereinbarung. Ist die Höhe der Provision nicht **vertraglich bestimmt,** so gilt der übliche Satz 2
als vereinbart. Maßgebend ist die Üblichkeit im räumlichen und sachlichen Arbeitsgebiet des Vertreters (BGH 2. 3. 1961 LM HGB § 87 b Nr. 1; bei Versicherungsvertretern: OLG Stuttgart BB 1977,
565). Ist eine Übung nicht feststellbar, so ist der Provisionsanspruch nach billigem Ermessen durch
den Vertreter (§ 316 BGB), den Unternehmer (§ 315 BGB) oder durch Dritte zu bestimmen (§ 317
BGB) (BGH 15. 2. 1971 AP HGB § 87 Nr. 3). Im allgemeinen wird jedoch die Auslegung ergeben,

daß eine Bestimmung durch den Vertreter nicht gewollt ist. Für außergewöhnliche Geschäfte wird sich regelmäßig keine Übung feststellen lassen.

3   3. **Mitbestimmung.** Bei der abstrakt-generellen Festlegung von Provisionsstaffeln kann der **Betriebsrat ein erzwingbares Mitbestimmungsrecht haben** (§ 87 I Nr. 10, 11 BetrVG).

4   4. **Bezugsentgelt. a)** Die Provision berechnet sich nach dem **Entgelt**, das entweder der Dritte oder der Unternehmer zu entrichten hat. Entgelt sind auch preiswerte Nebenvorteile des Unternehmers. Wird statt des Entgelts eine andere Leistung vereinbart, so ist dies für das vereinbarte Entgelt unerheblich (RGZ 121, 126). Etwas anderes gilt nur dann, wenn die Ersatzleistung nur eine Teilleistung sein soll. Mit angestellten Automobilverkäufern kann vereinbart werden, daß die Provision nur von dem Verkaufspreis unter Abzug des in Zahlung genommenen Altwagens gezahlt wird (BAG 24. 9. 1965 AP HGB § 87 b Nr. 1).

5   b) Von dem provisionspflichtigen Entgelt sind keine **Nachlässe** bei Barzahlung (Rabatte, Skonti) abzuziehen (§ 87b II 2 HGB). Nach der amtlichen Begründung des Reg.-Entwurfs soll dasselbe bei Treue- und Mengenrabatten gelten (BT-Drucks. I/3856). Dies stimmt mit dem Gesetzeswortlaut und Zweck nicht überein; denn die Provision soll vom vereinbarten Entgelt, nicht dagegen von einem Entgelt, das überhaupt nicht geschuldet wird, gezahlt werden. Sonstige Nebenkosten sind bei der Berechnung der Provision zu berücksichtigen. Etwas anderes gilt nur dann, wenn sie gesondert in Rechnung gestellt werden (§ 87b II 2 HGB). Die Mehrwertsteuer (vgl. § 14 UStG idF 27. 4. 1993, BGBl. I S. 565 zul. geändert am 22. 12. 1999 BGBl. I S. 2601) gilt dann nicht als besonders in Rechnung gestellt, wenn sie lediglich aufgrund der steuerrechtlichen Vorschriften gesondert ausgewiesen ist. Danach ist also die Mehrwertsteuer bei der Berechnung der Provision zu berücksichtigen (BAG 23. 3. 1982 AP HGB § 87c Nr. 18 m. zahlr. Auslegungsgrundsätzen). Bei der Berechnung der Provisionen des Versicherungsvertreters für die Vermittlung von Versicherungsverträgen im Bereich der Kraftfahrzeughaftpflichtversicherung bleibt die Versicherungssteuer außer Betracht (BGH 30. 1. 1992 NJW-RR 1992, 674).

6   5. **Gebrauchsüberlassungs- und Nutzungsverträge.** In § 87b III HGB ist die Provisionsberechnung bei **Gebrauchsüberlassungs- und Nutzungsverträgen** von bestimmter Dauer geregelt. Die Vorschrift ist anzuwenden für sämtliche Dauerverträge, in denen das Entgelt nach Zeitabschnitten voraus bestimmt ist. Dagegen ist sie nicht auf Dauerverträge (Gebrauchsüberlassungs- und Nutzungsverträge) zugeschnitten, wenn das zahlbare Entgelt von veränderlichen Ereignissen abhängt. Bei Dauerverträgen auf bestimmte Zeit ist die vereinbarte Vertragsdauer für die Berechnung der Provision maßgebend (§ 87b III 1 HGB). Bei Dauerverträgen auf unbestimmte Zeit ist die Provision jeweils für die Zeit zwischen den Kündigungsterminen zu berechnen, zu denen der Dritte kündigen kann (§ 87b II 2 HGB). Bestehen kurze Kündigungstermine oder kann zu jedem Termin gekündigt werden, so können kurze Fälligkeitszeiträume oder ein durchgehender Fälligkeitszeitraum entstehen. Zulässig ist auch für Dauerverträge eine Einmalprovision zu vereinbaren (BGHZ 4. 5. 1959 E 30, 107, NJW 1959, 1430).

7   6. **Abdingbarkeit.** § 87b ist abdingbar. Es bestehen keine Bedenken gegen eine Provisionsregelung, nach der für die Vermittlung von Geschäften zu niedrigeren Preisen als den Listenpreisen nicht nur die Berechnungsgrundlage, sondern auch der Provisionssatz geringer ist (LAG Hessen 18. 2. 1991 NZA 1992, 799).

§ 87c [Abrechnung über die Provision]

(1) ¹Der Unternehmer hat über die Provision, auf die der Handelsvertreter Anspruch hat, monatlich abzurechnen; der Abrechnungszeitraum kann auf höchstens drei Monate erstreckt werden. ²Die Abrechnung hat unverzüglich, spätestens bis zum Ende des nächsten Monats, zu erfolgen.

(2) Der Handelsvertreter kann bei der Abrechnung einen Buchauszug über alle Geschäfte verlangen, für die ihm nach § 87 Provision gebührt.

(3) Der Handelsvertreter kann außerdem Mitteilung über alle Umstände verlangen, die für den Provisionsanspruch, seine Fälligkeit und seine Berechnung wesentlich sind.

(4) Wird der Buchauszug verweigert oder bestehen begründete Zweifel an der Richtigkeit oder Vollständigkeit der Abrechnung oder des Buchauszuges, so kann der Handelsvertreter verlangen, daß nach Wahl des Unternehmers von einem oder ihm zu bestimmenden Wirtschaftsprüfer oder vereidigten Buchsachverständigen Einsicht in die Geschäftsbücher oder die sonstigen Urkunden so weit gewährt wird, wie dies zur Feststellung der Richtigkeit oder Vollständigkeit der Abrechnung oder des Buchauszuges erforderlich ist.

(5) Diese Rechte des Handelsvertreters können nicht ausgeschlossen oder beschränkt werden.

I. Abrechnung

1. Anspruch. Der Unternehmer hat über die Provision, auf die der Vertreter Anspruch hat, monat- 1
lich **abzurechnen** (§ 87 c I HGB). Im Konkurs obliegt die Abrechnung dem Konkursverwalter (OLG
Naumburg 22. 11. 1995 EWiR § 87 c HGB 2/96), jetzt Insolvenzverwalter. Nicht aufzunehmen sind
provisionspflichtige Geschäfte (§ 87 HGB), aus denen kein Anspruch entstanden ist oder ein entstandener wieder weggefallen ist. Zu einer Provisionsabrechnung gehören Angaben über Art und Menge
der verkauften Waren sowie über die Käufer (BAG 25. 6. 1964 AP BGB § 242 Auskunftspflicht
Nr. 3). Der Abrechnungsanspruch ist ein Nebenanspruch zum Hauptanspruch auf Provisionszahlung;
er ist gegenstandslos, wenn feststeht, daß ein Provisionsanspruch nicht mehr entstehen kann (BAG
16. 2. 1973 AP HGB § 87 c Nr. 3 = NJW 1969, 1735). Die Auskunftsklage unterbricht nicht die
Verjährung von Provisionsansprüchen (AP BGB § 196 Nr. 16 = NZA 1996, 251). Der Abrechnungszeitraum kann auf drei Monate (nicht notwendig Kalendermonate) erstreckt werden (zulässig also
15. 1., 15. 4. usw.). Die Abrechnung hat alsdann unverzüglich, spätestens bis zum Ende des nächsten
Monats (nicht Kalendermonat), also bis zum 15. 2., 15. 5. usw., zu erfolgen. Am Ende eines Vertragsverhältnisses ist sofort abzurechnen und das Ergebnis auszuzahlen (§ 614 BGB).

2. Wegfall. Der Anspruch auf Abrechnung wie auf Erteilung eines Buchauszuges kann gegenüber 2
Handelsvertretern entfallen, wenn sie laufend Durchschläge der an Kunden erteilten Auftragsbestäti-
gung erhalten haben und jahrelang untätig geblieben sind (BGH 28. 1. 1965 AP HGB § 87 c Nr. 2,
NJW 1965, 1136). Diese Rechtsprechung hat der BGH aufgegeben (BGH 29. 11. 1995 BB 1996, 176).
Seiner Rechtsnatur nach ist die Abrechnung ein abstraktes Schuldanerkenntnis (vgl. §§ 781, 782 BGB),
das der Unternehmer bei Unrichtigkeit nach §§ 812 ff. BGB kondizieren kann. Der Anspruch ist nur
mit dem Provisionsanspruch abtretbar (LAG Bremen 22. 12. 1954 BB 1955, 97; zur Pfändung BAG
26. 2. 1969 AP HGB § 87 c Nr. 3 = NJW 1969, 1735).

3. Klage und Vollstreckung. Er kann allein oder im Wege der Stufenklage verfolgt werden; eine 3
Stufenklage kann dann angebracht sein, wenn tarifliche Verfallfristen, die die Klageerhebung vorsehen, zu wahren sind. Die Vollstreckung erfolgt nach § 887 ZPO, wenn eine Ersatzvornahme möglich
ist; andernfalls, wenn zB keine Bücher geführt worden sind, nach § 888 ZPO (LAG Baden-Württemberg, Tübingen, 22. 9. 1959 BB 1959, 1151; OLG München 22. 7. 1959 BB 1960, 188; OLG Köln 3. 5.
1995 NJW-RR 1996, 100).

II. Buchauszug

1. Anspruch. Der Vertreter kann nach § 87 c II HGB vom – auch sonst nicht buchführungspflichti- 4
gen – Unternehmer einen **Buchauszug** über alle nach § 87 HGB provisionspflichtigen Geschäfte
verlangen (zur Darlegungslast, BGH 7. 10. 1977 AP HGB § 87 c Nr. 14). Der Anspruch auf einen
Buchauszug geht mithin über den Abrechnungsanspruch hinaus. Der Buchauszug wird nur auf
Verlangen geschuldet. Das Verlangen ist rechtsmißbräuchlich bei zuverlässiger Information (vollständiger Übersendung der Korrespondenz, Übersendung sämtlicher Rechnungskopien). Dagegen nicht
bereits dann, wenn dem Vertreter Abrechnungen mit dem Hinweis übersandt werden, wenn er nicht
binnen bestimmter Frist widerspreche, gelte sie als genehmigt (BGH 20. 2. 1964 AP HGB § 87 c
Nr. 1; 29. 11. 1995 Nr. 19 = NJW 1996, 588; BAG 16. 2. 1973 AP HGB § 87 c Nr. 13 = NJW 1973,
1343; 23. 3. 1982 AP Nr. 18 = VersR 1982, 1109; OLG Koblenz 27. 3. 1980 VersR 1980, 623; OLG
Köln 20. 6. 1997 BB 97, 2130; einschränkend für Versicherungsnehmer: LAG Baden-Württemberg
31. 3. 1981 AP HGB § 87 c Nr. 17; anders OLG Saarbrücken 18. 9. 1985 DB 1985, 2399). Der
Buchauszug muß alles enthalten, was die Geschäftsbücher des Unternehmers ausweisen und für die
Berechnung der Provision von Bedeutung ist, also Namen und Anschrift des Bestellers, Art, Menge
und Preis der verkauften Ware, Rückgaben und Nichtausführung von Geschäften sowie deren Gründe
(BGH LM HGB § 87 c Nr. 10; OLG Nürnberg MDR 1982, 324 = VersR 1982, 1099; OLG Hamm
21. 3. 1997 NJW-RR 1997, 1322; OLG Köln 11. 8. 1998 NJW-RR 1999, 833). Die Berechnung der
Provision muß vom Vertreter selbst vorgenommen werden. Die Verjährung des Anspruchs auf Erteilung eines Buchauszuges beginnt mit der Abwicklung des buchungspflichtigen Geschäftes (BGH
11. 7. 1988 AP HGB § 87 c Nr. 16 = NJW 1981, 457; 1. 12. 1978 AP Nr. 15 aaO).

2. Einsicht in die Geschäftsbücher. Wird der Buchauszug verweigert oder bestehen begründete 5
Zweifel an der Richtigkeit oder Vollständigkeit der Abrechnung oder des Buchauszuges, so kann der
Vertreter verlangen, daß nach Wahl des Unternehmens entweder ihm oder einem von ihm zu bestimmenden Wirtschaftsprüfer oder vereidigten Buchsachverständigen **Einsicht in die Geschäftsbücher
oder die sonstigen Urkunden** soweit gewährt wird, wie dies zur Feststellung der Richtigkeit oder
Vollständigkeit der Abrechnung oder des Buchauszuges erforderlich ist (§ 87 c III HGB). Das Einsichtsrecht ist auch dann gegeben, wenn der Buchauszug zwar ordnungsgemäß ist, aber keine Abrechnung erteilt ist und aus dem Buchauszug keine hinreichende Klarheit über den Provisionsanspruch zu
gewinnen ist. Jedoch kann der Vertreter nicht von vornherein einen Buchauszug und eine Bucheinsicht

verlangen (BGHZ 24. 6. 1971 E 56, 290 = AP HGB § 87c Nr. 12 = NJW 1971, 1610). Hat der Handelsvertreter klageweise die Erteilung eines Buchauszuges durchgesetzt, so beginnt die Verjährung des Einsichtsrechtes erst mit dem Schluß des Jahres, in dem der Handelsvertreter den Buchauszug erhalten hat (BGH 1. 12. 1978 AP HGB § 87c Nr. 15 = NJW 1979, 764; 11. 7. 1980 AP Nr. 16 = NJW 1981, 457). Das Einsichtsrecht kann für die Zeit schuldhaften vertragswidrigen Verhaltens des Vertreters entfallen. Es erlischt mit der Einigung über die Abrechnung der Provision (BGH 13. 3. 1961 LM HGB § 87c Nr. 3 = NJW 1961, 1059) oder wenn die Provisionsansprüche verjährt oder infolge Ablaufs tariflicher Ausschlußfristen erloschen sind (OLG Köln 20. 6. 1997 BB 1997, 2130). Dem Unternehmer steht ein Wahlrecht zu, ob er dem Vertreter oder einem von diesem bestimmten Wirtschaftsprüfer das Einsichtsrecht gestattet. Der Wirtschaftsprüfer ist berechtigt, Hilfspersonen hinzuziehen (OLG Düsseldorf 11. 10. 1994 BB 1995, 143). Die Kosten der Einsicht trägt der Vertreter, es sei denn, daß die Abrechnung oder der Auszug unrichtig waren. In diesen Fällen muß der Unternehmer Schadensersatz wegen Verletzung seiner Abrechnungspflicht leisten (BGHZ 16. 5. 1960 E 32, 306 = NJW 1960, 1662; BAG 13. 12. 1965 AP HGB § 65 Nr. 3 m. Anm. Herschel). Eine **eidesstattliche Versicherung** kann erst nach erfolgloser Einsicht oder wenn keine einsichtbaren Bücher vorhanden sind, verlangt werden (BGHZ 16. 5. 1962 E 32, 305, NJW 1960, 1662).

III. Unabdingbarkeit

6   Alle unter Rn. 1 bis Rn. 5 aufgezählten Rechte sind **unabdingbar**. Sie können vertraglich nicht eingeschränkt, wohl aber zugunsten des Vertreters erweitert werden. Ihnen kann nicht mit der Ausübung eines Zurückbehaltungsrechtes (§ 273 BGB) begegnet werden. Untätigkeit des Vertreters bedeutet kein Verzicht oder keine Verwirkung (vgl. aber BGH 13. 3. 1961 LM HGB § 87c Nr. 3). Unwirksam ist eine Vertragsbestimmung, nach der die Abrechnung mangels Widerspruch in bestimmter Frist als genehmigt gelten soll (vgl. BGH 20. 2. 1964 LM HGB § 87c Nr. 4a = AP HGB § 87c Nr. 1; BAG 16. 2. 1973 AP HGB § 87c Nr. 13 = NJW 1973, 1343; 23. 1. 1982 AP Nr. 18, VersR 1982, 1109). Die Auskunftsansprüche unterliegen tariflichen Verfallfristen (BAG 23. 3. 1982 DB 1982, 2249).

§ 87d [Ersatz von Aufwendungen]

Der Handelsvertreter kann den Ersatz seiner im regelmäßigen Geschäftsbetrieb entstandenen Aufwendungen nur verlangen, wenn dies handelsüblich ist.

1   **1. Grundsatz für Handelsvertreter.** Der Handelsvertreter trägt wie andere Kaufleute seine im regelmäßigen Geschäftsbetrieb entstandenen Aufwendungen selbst, es sei denn, daß etwas anderes vereinbart ist.

2   **2. Grundsatz für Arbeitnehmer.** Dagegen hat der Arbeitnehmer grundsätzlich einen Anspruch auf Ersatz seiner Aufwendungen (§§ 675, 670 BGB).

§ 88 [Verjährung]

Die Ansprüche aus dem Vertragsverhältnis verjähren in vier Jahren, beginnend mit dem Schluß des Jahres, in dem sie fällig geworden sind.

1   Die Provisionsansprüche des Handelsvertreters sowie die Rückzahlungsansprüche des Unternehmers **verjähren** in vier Jahren; die Verjährungsfrist bei Handlungsgehilfen beträgt zwei Jahre (§ 88 HGB; dazu BAG 28. 4. 1972 AP HGB § 88 Nr. 1; 5. 9. 1995 AP BGB § 196 Nr. 16 = NJW 1996, 1693 = NZA 1996, 251). Eine einseitige Abkürzung ist unzulässig (BGH 12. 10. 1979 NJW 1980, 286).

§ 88a [Zurückbehaltungsrecht]

(1) Der Handelsvertreter kann nicht im voraus auf gesetzliche Zurückbehaltungsrechte verzichten.

(2) Nach Beendigung des Vertragsverhältnisses hat der Handelsvertreter ein nach allgemeinen Vorschriften bestehendes Zurückbehaltungsrecht an ihm zur Verfügung gestellten Unterlagen (§ 86a Abs. 1) nur wegen seiner fälligen Ansprüche auf Provision und Ersatz von Aufwendungen.

1   **1. Handelsvertreter.** Dem Handelsvertreter stehen kumulativ Zurückbehaltungsrechte nach dem HGB und dem BGB zu. Im Rahmen von § 88a HGB sind sie unverzichtbar.

2   **2. Arbeitnehmer.** Nach § 65 HGB ist § 88a HGB nicht anzuwenden. Es gelten mithin die allgemeinen Grundsätze des Zurückbehaltungsrechtes.

§ 89 [Kündigung des Vertrages]

(1) ¹Ist das Vertragsverhältnis auf unbestimmte Zeit eingegangen, so kann es im ersten Jahr der Vertragsdauer mit einer Frist von einem Monat, im zweiten Jahr mit einer Frist von zwei Monaten und im dritten bis fünften Jahr mit einer Frist von drei Monaten gekündigt werden. ²Nach einer Vertragsdauer von fünf Jahren kann das Vertragsverhältnis mit einer Frist von sechs Monaten gekündigt werden. ³Die Kündigung ist nur für den Schluß eines Kalendermonats zulässig, sofern keine abweichende Vereinbarung getroffen ist.

(2) ¹Die Kündigungsfristen nach Absatz 1 Satz 1 und 2 können durch Vereinbarung verlängert werden; die Frist darf für den Unternehmer nicht kürzer sein als für den Handelsvertreter. ²Bei Vereinbarung einer kürzeren Frist für den Unternehmer gilt die für den Handelsvertreter vereinbarte Frist.

(3) ¹Ein für eine bestimmte Zeit eingegangenes Vertragsverhältnis, das nach Ablauf der vereinbarten Laufzeit von beiden Teilen fortgesetzt wird, gilt als auf unbestimmte Zeit verlängert. ²Für die Bestimmung der Kündigungsfristen nach Absatz 1 Satz 1 und 2 ist die Gesamtdauer des Vertragsverhältnisses maßgeblich.

§ 89 a [Fristlose Kündigung]

(1) ¹Das Vertragsverhältnis kann von jedem Teil aus wichtigem Grunde ohne Einhaltung einer Kündigungsfrist gekündigt werden. ²Dieses Recht kann nicht ausgeschlossen oder beschränkt werden.

(2) Wird die Kündigung durch ein Verhalten veranlaßt, das der andere Teil zu vertreten hat, so ist dieser zum Ersatz des durch die Aufhebung des Vertragsverhältnisses entstehenden Schadens verpflichtet.

§ 89 b [Ausgleichsanspruch]

(1) ¹Der Handelsvertreter kann von dem Unternehmer nach Beendigung des Vertragsverhältnisses einen angemessenen Ausgleich verlangen, wenn und soweit
1. der Unternehmer aus der Geschäftsverbindung mit neuen Kunden, die der Handelsvertreter geworben hat, auch nach Beendigung des Vertragsverhältnisses erhebliche Vorteile hat,
2. der Handelsverteter infolge der Beendigung des Vertragsverhältnisses Ansprüche auf Provision verliert, die er bei Fortsetzung desselben aus bereits abgeschlossenen oder künftig zustande kommenden Geschäften mit den von ihm geworbenen Kunden hätte, und
3. die Zahlung eines Ausgleichs unter Berücksichtigung aller Umstände der Billigkeit entspricht.
²Der Werbung eines neuen Kunden steht es gleich, wenn der Handelsvertreter die Geschäftsverbindung mit einem Kunden so wesentlich erweitert hat, daß dies wirtschaftlich der Werbung eines neuen Kunden entspricht.

(2) Der Ausgleich beträgt höchstens eine nach dem Durchschnitt der letzten fünf Jahre der Tätigkeit des Handelsvertreters berechnete Jahresprovision oder sonstige Jahresvergütung; bei kürzerer Dauer des Vertragsverhältnisses ist der Durchschnitt während der Dauer der Tätigkeit maßgebend.

(3) Der Anspruch besteht nicht, wenn
1. der Handelsvertreter das Vertragsverhältnis gekündigt hat, es sei denn, daß ein Verhalten des Unternehmers hierzu begründeten Anlaß gegeben hat oder dem Handelsvertreter eine Fortsetzung seiner Tätigkeit wegen seines Alters oder wegen Krankheit nicht zugemutet werden kann, oder
2. der Unternehmer das Vertragsverhältnis gekündigt hat und für die Kündigung ein wichtiger Grund wegen schuldhaften Verhaltens des Handelsvertreters vorlag oder
3. auf Grund einer Vereinbarung zwischen dem Unternehmer und dem Handelsvertreter ein Dritter anstelle des Handelsvertreters in das Vertragsverhältnis eintritt; die Vereinbarung kann nicht vor Beendigung des Vertragsverhältnisses getroffen werden.

(4) ¹Der Anspruch kann im voraus nicht ausgeschlossen werden. ²Er ist innerhalb eines Jahres nach Beendigung des Vertragsverhältnisses geltend zu machen.

(5) ¹Die Absätze 1, 3 und 4 gelten für Versicherungsvertreter mit der Maßgabe, daß an die Stelle der Geschäftsverbindung mit neuen Kunden, die der Handelsvertreter geworben hat, die Vermittlung neuer Versicherungsverträge durch den Versicherungsvertreter tritt und der Vermittlung eines Versicherungsvertrages gleichsteht, wenn der Versicherungsvertreter einen bestehenden Versicherungsvertrag so wesentlich erweitert hat, daß dies wirtschaftlich der Vermittlung eines neuen Versicherungsvertrages entspricht. ²Der Ausgleich des Versicherungsver-

treters beträgt abweichend von Absatz 2 höchstens drei Jahresprovisionen oder Jahresvergütungen. ³ Die Vorschriften der Sätze 1 und 2 gelten sinngemäß für Bausparkassenvertreter.

1   Die Vorschrift findet auf Arbeitnehmer nur dann Anwendung, wenn ein Ausgleichsanspruch vereinbart ist (§ 65 HGB; dazu BAG 3. 6. 1958 AP HGB § 69 b Nr. 1 = NJW 1958, 1365).

§ 90 [Geschäfts- und Betriebsgeheimnisse]

Der Handelsvertreter darf Geschäfts- und Betriebsgeheimnisse, die ihm anvertraut oder als solche durch seine Tätigkeit für den Unternehmer bekannt geworden sind, auch nach Beendigung des Vertragsverhältnisses nicht verwerten oder anderen mitteilen, soweit dies nach den gesamten Umständen der Berufsauffassung eines ordentlichen Kaufmannes widersprechen würde.

1   Wegen der Verschwiegenheitspflichten von Arbeitnehmern vgl. § 611 Rn. 995, § 60 Rn. 13 ff.; § 74 Rn. 18 ff.

§ 90 a [Wettbewerbsabrede]

(1) ¹ Eine Vereinbarung, die den Handelsvertreter nach Beendigung des Vertragsverhältnisses in seiner gewerblichen Tätigkeit beschränkt (Wettbewerbsabrede), bedarf der Schriftform und der Aushändigung einer vom Unternehmer unterzeichneten, die vereinbarten Bestimmungen enthaltenden Urkunde an den Handelsvertreter. ² Die Abrede kann nur für längstens zwei Jahre von der Beendigung des Vertragsverhältnisses an getroffen werden; sie darf sich nur auf den dem Handelsvertreter zugewiesenen Bezirk oder Kundenkreis und nur auf die Gegenstände erstrecken, hinsichtlich deren sich der Handelsvertreter um die Vermittlung oder den Abschluß von Geschäften für den Unternehmer zu bemühen hat. ³ Der Unternehmer ist verpflichtet, dem Handelsvertreter für die Dauer der Wettbewerbsbeschränkung eine angemessene Entschädigung zu zahlen.

(2) Der Unternehmer kann bis zum Ende des Vertragsverhältnisses schriftlich auf die Wettbewerbsbeschränkung mit der Wirkung verzichten, daß er mit dem Ablauf von sechs Monaten seit der Erklärung von der Verpflichtung zur Zahlung der Entschädigung frei wird.

(3) Kündigt ein Teil das Vertragsverhältnis aus wichtigem Grund wegen schuldhaften Verhaltens des anderen Teils, kann er sich durch schriftliche Erklärung binnen einem Monat nach der Kündigung von der Wettbewerbsabrede lossagen.

(4) Abweichende, für den Handelsvertreter nachteilige Vereinbarungen können nicht getroffen werden.

1   Wegen des Wettbewerbsverbotes mit Arbeitnehmern vgl. §§ 74 ff. HGB sowie § 74 Rn. 8.

§ 91 [Vollmachten des Handelsvertreters]

(1) § 55 gilt auch für einen Handelsvertreter, der zum Abschluß von Geschäften von einem Unternehmer bevollmächtigt ist, der nicht Kaufmann ist.

(2) ¹ Ein Handelsvertreter gilt, auch wenn ihm keine Vollmacht zum Abschluß von Geschäften erteilt ist, als ermächtigt, die Anzeige von Mängeln einer Ware, die Erklärung, daß eine Ware zur Verfügung gestellt werde, sowie ähnliche Erklärungen, durch die ein Dritter seine Rechte aus mangelhafter Leistung geltend macht oder sich vorbehält, entgegenzunehmen; er kann die dem Unternehmer zustehenden Rechte auf Sicherung des Beweises geltend machen. ² Eine Beschränkung dieser Rechte braucht ein Dritter gegen sich nur gelten zu lassen, wenn er sie kannte oder kennen mußte.

§ 91 a [Mangel der Vertretungsmacht]

(1) Hat ein Handelsvertreter, der nur mit der Vermittlung von Geschäften betraut ist, ein Geschäft im Namen des Unternehmers abgeschlossen, und war dem Dritten der Mangel an Vertretungsmacht nicht bekannt, so gilt das Geschäft als von dem Unternehmer genehmigt, wenn dieser nicht unverzüglich, nachdem er von dem Handelsvertreter oder dem Dritten über Abschluß und wesentlichen Inhalt benachrichtigt worden ist, dem Dritten gegenüber das Geschäft ablehnt.

(2) Das gleiche gilt, wenn ein Handelsvertreter, der mit dem Abschluß von Geschäften betraut ist, ein Geschäft im Namen des Unternehmers abgeschlossen hat, zu dessen Abschluß er nicht bevollmächtigt ist.

§ 92 [Versicherungs- und Bausparkassenverteter]

(1) Versicherungsvertreter ist, wer als Handelsvertreter damit betraut ist, Versicherungsverträge zu vermitteln oder abzuschließen.

(2) Für das Vertragsverhältnis zwischen dem Versicherungsvertreter und dem Versicherer gelten die Vorschriften für das Vertragsverhältnis zwischen dem Handelsvertreter und dem Unternehmer vorbehaltlich der Absätze 3 und 4.

(3) ¹In Abweichung von § 87 Abs. 1 Satz 1 hat ein Versicherungsvertreter Anspruch auf Provision nur für Geschäfte, die auf seine Tätigkeit zurückzuführen sind. ²§ 87 Abs. 2 gilt nicht für Versicherungsvertreter.

(4) Der Versicherungsvertreter hat Anspruch auf Provision (§ 87 a Abs. 1), sobald der Versicherungsnehmer die Prämie gezahlt hat, aus der sich die Provision nach dem Vertragsverhältnis berechnet.

(5) Die Vorschriften der Absätze 1 bis 4 gelten sinngemäß für Bausparkassenvertreter.

§ 92 a [Mindestarbeitsbedingungen]

(1) ¹Für das Vertragsverhältnis eines Handelsvertreters, der vertraglich nicht für weitere Unternehmer tätig werden darf oder dem dies nach Art und Umfang der von ihm verlangten Tätigkeit nicht möglich ist, kann der Bundesminister der Justiz im Einvernehmen mit den Bundesministern für Wirtschaft und für Arbeit nach Anhörung von Verbänden der Handelsvertreter und der Unternehmer durch Rechtsverordnung, die nicht der Zustimmung des Bundesrates bedarf, die untere Grenze der vertraglichen Leistungen des Unternehmers festsetzen, um die notwendigen sozialen und wirtschaftlichen Bedürfnisse dieser Handelsvertreter oder einer bestimmten Gruppe von ihnen sicherzustellen. ²Die festgesetzten Leistungen können vertraglich nicht ausgeschlossen oder beschränkt werden.

(2) ¹Absatz 1 gilt auch für das Vertragsverhältnis eines Versicherungsvertreters, der auf Grund eines Vertrages oder mehrerer Verträge damit betraut ist, Geschäfte für mehrere Versicherer zu vermitteln oder abzuschließen, die zu einem Versicherungskonzern oder zu einer zwischen ihnen bestehenden Organisationsgemeinschaft gehören, sofern die Beendigung des Vertragsverhältnisses mit einem dieser Versicherer im Zweifel auch die Beendigung des Vertragsverhältnisses mit den anderen Versicherern zur Folge haben würde. ²In diesem Falle kann durch Rechtsverordnung, die nicht der Zustimmung des Bundesrates bedarf, außerdem bestimmt werden, ob die festgesetzten Leistungen von allen Versicherern als Gesamtschuldnern oder anteilig oder nur von einem der Versicherer geschuldet werden und wie der Ausgleich unter ihnen zu erfolgen hat.

1. **Inhalt und Zweck.** a) Die Vorschrift erlaubt für Einfirmenvertreter Mindestarbeitsbedingungen 1 durch RechtsVO festzulegen. Bislang ist von dieser Möglichkeit noch kein Gebrauch gemacht worden.

b) Die Vorschrift bezweckt, solchen Handelsvertretern einen Mindestschutz zu gewähren, die wirt- 2 schaftlich von einem Unternehmen ähnlich abängig sind wie ein Arbeitnehmer (BT-Drucks. 1/3856 S. 39 f.).

2. **Verweisung.** Die Vorschrift hat erhebliche praktische Bedeutung für den Rechtsweg bei Streitig- 3 keiten zwischen dem Handelsvertreter und dem Unternehmer. Für Handelsvertreter sind grundsätzlich die ordentlichen Gerichte zuständig. Nach § 5 III ArbGG sind aber die Arbeitsgerichte zuständig, wenn der Handelsvertreter zu dem Personenkreis gehört, für den nach § 92 a die untere Grenze der vertraglichen Leistungen des Unternehmens festgesetzt werden kann, und wenn sie während der letzten sechs Monate des Vertragsverhältnisses, bei kürzerer Vertragsdauer während dieser, im Durchschnitt monatlich nicht mehr als 2000 DM auf Grund des Vertragsverhältnisses an Vergütung einschließlich Provision und Ersatz für im regelmäßigen Geschäftsbetrieb entstandene Aufwendungen bezogen haben.

§ 92 b [Handelsvertreter im Nebenberuf]

(1) ¹Auf einen Handelsvertreter im Nebenberuf sind §§ 89 und 89 b nicht anzuwenden. ²Ist das Vertragsverhältnis auf unbestimmte Zeit eingegangen, so kann es mit einer Frist von einem Monat für den Schluß eines Kalendermonats gekündigt werden; wird eine andere Kündigungsfrist vereinbart, so muß sie für beide Teile gleich sein. ³Der Anspruch auf einen angemessenen Vorschuß nach § 87 a Abs. 1 Satz 2 kann ausgeschlossen werden.

(2) Auf Absatz 1 kann sich nur der Unternehmer berufen, der den Handelsvertreter ausdrücklich als Handelsvertreter im Nebenberuf mit der Vermittlung oder dem Abschluß von Geschäften betraut hat.

(3) Ob ein Handelsvertreter nur als Handelsvertreter im Nebenberuf tätig ist, bestimmt sich nach der Verkehrsauffassung.

(4) Die Vorschriften der Absätze 1 bis 3 gelten sinngemäß für Versicherungsvertreter und für Bausparkassenvertreter.

§ 92 c [Handelsvertreter außerhalb der EG; Schiffahrtsvertreter]

(1) Hat der Handelsvertreter seine Tätigkeit für den Unternehmer nach dem Vertrag nicht innerhalb des Gebietes der Europäischen Gemeinschaft oder der anderen Vertragsstaaten des Abkommens über den Europäischen Wirtschaftsraum auszuüben, so kann hinsichtlich aller Vorschriften dieses Abschnittes etwas anderes vereinbart werden.

(2) Das gleiche gilt, wenn der Handelsvertreter mit der Vermittlung oder dem Abschluß von Geschäften betraut wird, die die Befrachtung, Abfertigung oder Ausrüstung von Schiffen oder die Buchung von Passagen auf Schiffen zum Gegenstand haben.

400. Hochschulrahmengesetz

Vom 26. Januar 1976 (BGBl. I S. 185)

In der Fassung der Bekanntmachung vom 19. Januar 1999 (BGBl. I S. 18)

(BGBl. III/FNA 2211-3)

– Auszug –

§ 57 a Befristung von Arbeitsverträgen

¹ Für den Abschluß von Arbeitsverträgen für eine bestimmte Zeit (befristete Arbeitsverträge) mit wissenschaftlichen und künstlerischen Mitarbeitern (§ 53), Personal mit ärztlichen Aufgaben (§ 54) und Lehrkräften für besondere Aufgaben (§ 56) sowie mit wissenschaftlichen Hilfskräften gelten die §§ 57 b bis 57 f. ² Die arbeitsrechtlichen Vorschriften und Grundsätze über befristete Arbeitsverträge sind nur insoweit anzuwenden, als sie den Vorschriften dieses Gesetzes nicht widersprechen.

Schrifttum: *Hailbronner* (Hrsg.), Kommentar zum Hochschulrahmengesetz, Loseblattausgabe; *Lohfeld*, Die Befristung von Arbeitsverträgen mit wissenschaftlichem Personal an Hochschulen und Forschungseinrichtungen, 1991; *Nagel*, Fristverträge an Hochschulen und Forschungseinrichtungen. Zugleich Nachtrag zu Denninger, Kommentar zum Hochschulrahmengesetz, 1986; *Reich*, Hochschulrahmengesetz, 5. Aufl., 1996.

I. Normzweck

Die §§ 57 a bis 57 f und 70 VI sind durch Art. 1 des Gesetzes über **befristete Arbeitsverträge mit** 1 **wissenschaftlichem Personal** an Hochschulen und Forschungseinrichtungen vom 14. 6. 1985 (HFVG – BGBl. I S. 1065) in das HRG eingefügt worden.

Das HFVG soll die **Leistungsfähigkeit der Hochschulen** und außeruniversitären Forschungseinrichtungen stärken, die Heranbildung wissenschaftlichen Nachwuchses fördern, vor allem auch die Chancen nachwachsender Altersgruppen wahren und der wachsenden Bedeutung der mit Mitteln Dritter finanzierten Forschung gerecht werden (BT-Drucks. 10/3119 S. 1). Es sollen die Möglichkeiten der befristeten Beschäftigung von Mitarbeitern mit wissenschaftlichen, künstlerischen und ärztlichen Aufgaben abgesichert und erweitert werden (Begr. zum RegE BT-Drucks. 10/2283 S. 1). Das HFVG ist ein Mittel der Wissenschaftsförderung, mit dem arbeitsmarktpolitische Ziele allenfalls am Rande verfolgt werden (*Buchner* RdA 1985, 258, 259).

Das Gesetz soll den spezifischen Belangen von Wissenschaft und Forschung stärker Rechnung tragen als es die **Rspr. der ArbG** nach Auffassung des Gesetzgebers getan hatte (vgl. BT-Drucks. 10/3119 S. 1; *Wiedemann/Palenberg* RdA 1977, 85 ff.). Insb. an der Rspr. zur Befristung aus Drittmitteln finanzierter Arbeitsverhältnisse wurde von seiten des Wissenschaftsrates und der Westdeutschen Rektorenkonferenz Kritik geübt (vgl. BT-Drucks. 9/2275).

Das HFVG ist das Ergebnis eines Tarifkonflikts um die SR 2 y zum BAT. Für den Gesetzgeber 2 bestand ein **Zielkonflikt zwischen Tarifautonomie und Funktionsfähigkeit** der Hochschulen. Er war der Überzeugung, den Konflikt im Interesse der Allgemeinheit an leistungsfähigen Hochschulen und Forschungseinrichtungen lösen zu müssen, nachdem die TVParteien in sechs Jahren (seit 1979) keine entsprechende Regelung geschaffen hatten. Das HFVG beseitigte die Bindung an die als zu eng empfundenen tarifvertraglichen Regelungen der SR 2 y zum BAT.

Die §§ 57 a bis 57 f und 70 VI sind dem **Arbeitsrecht** zuzurechnen. Sie regeln die Befristung von 3 Arbeitsverhältnissen im Hochschulbereich abschließend (BAG 14. 2. 1996 AP HRG § 57c Nr. 4 = NZA 1996, 1095). Mit ihnen soll den Besonderheiten des im Hochschulbereich tätigen wissenschaftlichen Personals Rechnung getragen werden. Darüber hinaus unterliegen die privatrechtlichen Arbeitsverhältnisse weiteren Bestimmungen des öffentlich-rechtlichen Dienstrechts (zB Personalvertretungsrecht). Die hochschulinterne Rechtsstellung der Bediensteten ist landesrechtlich geregelt (BAG 14. 2. 1996 AP HRG § 57c Nr. 4 = NZA 1996, 1095).

Der Gesetzgeber ist von der durch die Rspr. (BAG [GS] 12. 10. 1960 AP BGB § 620 Befristeter 4 Arbeitsvertrag Nr. 16; BAG 17. 2. 1983 AP BGB § 620 Befristeter Arbeitsvertrag Nr. 74 = NJW 1983, 1752) entwickelten teleologischen **Reduktion des § 620 I BGB** (vgl. hierzu *Kraft* in Anm. zu BAG 29. 8. 1979 AP BGB § 620 Befristeter Arbeitsvertrag Nr. 50; *MünchArbR/Wank* § 113 Rn. 11 f.; *Hueck/v. Hoyningen-Huene* § 1 Rn. 560 f.) ausgegangen, daß befristete Arbeitsverträge nur noch zulässig sind, wenn ein sachlicher Grund oder ein Ausnahmetatbestand (wie fehlender Kündigungsschutz oder § 1 BeschFG) vorliegt (*Otto* NJW 1985, 1807, 1811). Dementsprechend bedarf nach § 57 b der Abschluß befristeter Arbeitsverträge mit dem in § 57 a S. 1 genannten Personal eines sachlichen Grundes, es sei denn, bereits nach allgemeinen arbeitsrechtlichen Vorschriften und Grundsätzen bedürfte die Befristung keines rechtfertigenden Grundes. § 57 II stellt einen **Katalog sachlicher Gründe** auf, die die Befristung von Arbeitsverhältnissen rechtfertigen. Diese Tatbestände orientieren sich an der bisherigen Rspr. des BAG, korrigieren diese aber zugleich in wichtigen Detailfragen. Damit bestätigt das Gesetz Grundsätze der Rspr. des BAG zur Befristungskontrolle. Zugleich schafft das HFVG eine Reihe weiterer sachliche Gründe. Darüber hinaus werden für die einzelnen Befristungsgründe Höchstfristen festgesetzt (§ 57 c). Die detaillierte Regelung des HFVG ist ungewöhnlich und verdeutlicht, wie groß die von der Rspr. auszufüllende Lücke außerhalb des HRG im allgemeinen Arbeitsrecht ist. Es wäre deshalb angebrachter gewesen, das vorrangige Erfordernis des sachlichen Grundes und etwaiger Ausnahmen in § 620 BGB niederzulegen.

5   Die Vorschriften der §§ 57 a bis 57 f sind **zweiseitig zwingend,** können also auch nicht durch den AN günstigere Normen oder Abreden abbedungen werden (BAG 24. 1. 1996 AP HRG § 57 b Nr. 7 = NZA 1996, 1036; BAG 15. 3. 1995 AP BAT § 2 SR 2 y Nr. 10 = NZA 1995, 1169; *Staudinger/Preis* § 620 BGB Rn. 212; KR/*Lipke* Rn. 25). Die bewußt und wirksam eingeführte **Tarifsperre** (BVerfG 24. 4. 1996 AP HRG § 57 a Nr. 2 = NZA 1996, 1157) gilt für bestehende und zukünftige TV (BAG 30. 3. 1994 AP HRG § 57 a Nr. 1 = NZA 1995, 70; RGRK/*Dörner* § 620 BGB Rn. 216; aA *Reich* Rn. 3). Dies bringt § 57 a S. 2 nur unzureichend zum Ausdruck, wenn es heißt, die arbeitsrechtlichen Vorschriften und Grundsätze über befristete Arbeitsverträge sind nur insoweit anzuwenden, als sie den Vorschriften dieses Gesetzes entsprechen. Zu den subsidiär anwendbaren arbeitsrechtlichen Vorschriften und Grundsätzen gehören auch die tarifvertraglichen Regelungen über befristete Arbeitsverträge (Begr. zum RegE BT-Drucks. 10/2283 S. 9) einschließlich der Protokollnotizen, doch verbleibt für sie kein nennenswerter Anwendungsbereich (BAG 31. 3. 1993 AP ArbGG 1979 § 72 a Grundsatz Nr. 41). Aus der zweiseitig zwingenden Natur folgt, daß die Arbeitsvertragsparteien keinen unbefristeten Arbeitsvertrag abschließen dürfen, wenn ein Befristungstatbestand des § 57 b gegeben ist. Es besteht insofern keine Wahlfreiheit (aA *Hailbronner/Walter* Rn. 12). Geblieben ist die Entscheidung über die Dauer der Beschäftigung, denn § 57 c regelt lediglich Höchstgrenzen.

II. Geltungsbereich

6   **1. Betrieblich.** Die durch das HFVG neu in das HRG eingefügten §§ 57 a bis 57 f gelten nach § 72 I als unmittelbares Bundesrecht. Sie sind auf alle **staatlichen Hochschulen** (einschließlich der Sonderforschungsbereiche) und nach § 1 iVm. § 70 VI nF auf alle staatlich anerkannten Hochschulen anzuwenden. Für rechtlich verselbständigte Universitätskliniken ohne eigenen Forschungsbetrieb gelten die Bestimmungen des Gesetzes über befristete Arbeitsverträge mit Ärzten in der Weiterbildung (vgl. die bes. Erl.) und nicht das HFVG (*Hailbronner/Walter* Rn. 5).

7   Art. 2 HFVG regelt in einem besonderen Gesetz über befristete Arbeitsverträge mit wissenschaftlichem **Personal an Forschungseinrichtungen** die entsprechende Geltung von § 57 a S. 2 und §§ 57 b bis 57 f für den Abschluß befristeter Arbeitsverträge mit wissenschaftlichem Personal und Personal mit ärztlichen Aufgaben an staatlichen sowie überwiegend staatlich oder auf der Grundlage von Art. 91 b GG finanzierten Forschungseinrichtungen. S. die bes. Erl. zu diesem Gesetz im Anhang zum HRG.

8   **2. Persönlich.** Nach § 57 a S. 1 gelten die Vorschriften der §§ 57 b bis 57 f für befristete Arbeitsverträge mit wissenschaftlichen und künstlerischen Mitarbeitern, Personal mit ärztlichen Aufgaben, Lehrkräften für besondere Aufgaben und wissenschaftlichen Hilfskräften.

9   **a) Wissenschaftliche und künstlerische Mitarbeiter.** Den wissenschaftlichen und künstlerischen Mitarbeitern nach § 53 obliegen wissenschaftliche bzw. künstlerische **Dienstleistungen.** Zu diesem Aufgabenkreis gehört auch die Vermittlung von Fachwissen und praktischen Fertigkeiten an Studenten (vgl. § 53 II). Nach Maßgabe landesgesetzlicher Bestimmungen zum Hochschulrecht zählen nebenberuflich tätige Mentoren nicht zu den wissenschaftlichen Mitarbeitern und Lehrkräften für besondere Aufgaben (§ 56; vgl. BAG 12. 1. 1994 AP BGB § 242 Gleichbehandlung Nr. 112 = NZA 1994, 993). Da die Befristungsmöglichkeiten für wissenschaftliche Mitarbeiter bundesgesetzlich geregelt sind, können Landesgesetze keine weitergehenden Befristungsmöglichkeiten schaffen (BAG 28. 1. 1998 AP HRG § 57 a Nr. 3). Wird landesrechtlich der Personenkreis wissenschaftlicher Mitarbeiter gegenüber § 52 HRG erweitert, führt dies nicht die Anwendbarkeit der §§ 57 a ff. herbei (BAG 28. 1. 1998 AP HRG § 57 a Nr. 3).

10 **Wissenschaftliche und künstlerische Assistenten,** Oberassistenten, Oberingenieure und Hochschuldozenten können im Unterschied zu den wissenschaftlichen und künstlerischen Mitarbeitern als Zeitbeamte oder als Angestellte beschäftigt werden. Wird für sie ein Arbeitsverhältnis begründet, gelten die beamtenrechtlichen Befristungsregeln des § 48 I entsprechend und nicht die Bestimmungen der §§ 57 b ff. (§ 48 III; BAG 28. 1. 1998 NZA 1998, 821; *Hailbronner/Walter* Rn. 5 und 10). Für angestellte wissenschaftliche Assistenten legt das HRG zwingend eine Befristung auf drei Jahre mit

II. Geltungsbereich § 57a HRG 400

Verlängerungsmöglichkeit um nochmals drei Jahre, in der Medizin um weitere vier Jahre fest. Hingegen können **Fachhochschulassistenten** wissenschaftliche Mitarbeiter iSv. §§ 53, 57b II sein (BAG 19. 8. 1992 AP HRG § 57b Nr. 2 = NZA 1993, 311; BAG 19. 7. 1995 – 7 AZR 50/95 – nv.; *Staudinger/Preis* § 620 BGB Rn. 211), so daß die §§ 57a ff. zur Anwendung gelangen.

b) **Personal mit ärztlichen Aufgaben.** Das Personal mit ärztlichen Aufgaben nach § 54, das nicht 11 zu den Professoren oder Hochschuldozenten iSv. § 48c gehört, ist dienst- und mitgliedschaftsrechtlich den wissenschaftlichen Mitarbeitern gleichgestellt. Für angestellte wissenschaftliche Assistenten und Oberassistenten mit ärztlichen Aufgaben gelten jedoch die Befristungen wie für ihre beamteten Kollegen (vgl. § 48 III sowie oben Rn. 12).

c) **Lehrkräfte für besondere Aufgaben** sind Mitarbeiter, die überwiegend den Studenten praktische 12 Fertigkeiten und Kenntnisse vermitteln, soweit hierfür nicht die Einstellungsvoraussetzungen für Professoren erforderlich sind (§ 56). Aus der Gruppe der Lehrkräfte für besondere Aufgaben wurden bis zum Inkrafttreten des Änderungsgesetzes vom 20. 8. 1998 (BGBl. I S. 2190) **allein die Lektoren** in den §§ 57b ff. angesprochen. § 57b III sah für Lektoren einen eigenen Sachgrund der Befristung vor. In der Neufassung findet § 57b II auf alle Lehrkräfte für besondere Aufgaben entsprechende Anwendung.

d) **Wissenschaftlichen Hilfskräfte** sind Mitarbeiter, die wissenschaftliche Dienstleistungen neben- 13 beruflich zu erbringen haben. Aufgaben und mitgliedschaftsrechtliche Stellung der wissenschaftlichen Hilfskräfte sind im HRG nicht geregelt. Nach § 36 III ist dies eine Aufgabe des Landesrechts. Aus § 57b IV iVm. § 57b II Nr. 1 ergibt sich, daß wissenschaftlichen Hilfskräften wissenschaftliche Dienstleistungen iSv. § 53 obliegen. § 57b V zeigt, daß wissenschaftliche Hilfskräfte auch vor Abschluß des Studiums (sog. studentische Hilfskräfte) beschäftigt werden können. Wissenschaftliche Hilfskräfte haben wissenschaftliche Dienstleistungen zu **weniger als der Hälfte der regelmäßigen Arbeitszeit** der im öffentlichen Dienst Beschäftigten zu erbringen (BAG 20. 9. 1995 AP HRG § 57c Nr. 2 = NZA 1996, 764; BR-Drucks. 402/84 S. 4; *Hailbronner/Walter* Rn. 7). Soweit sie noch studieren, sind sie unstreitig nebenberuflich tätig. Haben sie ihr Studium abgeschlossen und ist ihre einzige Existenzgrundlage in der Teilzeitbeschäftigung, sind sie zwar iSd. Arbeitsrechts hauptberuflich tätig (vgl. BAG 14. 1. 1982 AP BGB § 620 Befristeter Arbeitsvertrag Nr. 65), doch behandelt sie das HRG als nebenberuflich Tätige (BAG 20. 9. 1995 AP HRG § 57c Nr. 2 = NZA 1996, 764), wie auch aus § 42 geschlossen werden kann. Vgl. zur Differenzierung zwischen wissenschaftlichen Hilfskräften mit und ohne Hochschulabschluß BAG 6. 10. 1993 AP BGB § 242 Gleichbehandlung Nr. 107 = NZA 1994, 257.

Die früher in § 57 geregelten **Tutoren**, die heute nur noch in der amtlichen Überschrift des 2. 14 Abschnitts des HRG (vor § 42) erwähnt werden, gehören zu den wissenschaftlichen Hilfskräften, sofern sie nebenberuflich tätig werden (*Reich* Rn. 2).

Wird ein im Arbeitsvertrag als wissenschaftliche Hilfskraft bezeichneter Mitarbeiter nach Abschluß 15 des Studiums zu mindestens der Hälfte der regelmäßigen Arbeitszeit mit wissenschaftlichen Dienstleistungen beschäftigt, ist er **wissenschaftlicher Mitarbeiter,** auf den der BAT Anwendung finden kann.

e) **Andere Beschäftigtengruppen.** Das an den Hochschulen bzw. Forschungseinrichtungen be- 16 schäftigte **wissenschaftlich-technische und sonstige Personal** wird vom Geltungsbereich der §§ 57b bis 57f nicht erfaßt (*Löwisch* WissR 1992, 56, 61 ff.).

3. Sachlich. §§ 57a ff. regeln den **Abschluß von Arbeitsverträgen für eine bestimmte Zeit.** § 57a 17 S. 1 enthält eine entsprechende Klammerdefinition für den befristeten Arbeitsvertrag. Das Gesetz hebt auf den Abschluß des Vertrages ab, weil es dogmatisch auf diesen Zeitpunkt für die Vereinbarung einer wirksamen Befristung ankommt (§ 620 BGB Rn. 69 f.; BAG 15. 1. 1997 AP HRG § 57b Nr. 14 = NZA 1998, 29; *Hailbronner/Walter* Rn. 1). Mit Abschluß des Vertrages ist zugleich der Vertragsinhalt angesprochen, der durch die §§ 57a ff. zum Teil mitbeeinflußt wird (*Reich* Rn. 2).

Soweit das Gesetz in einzelnen Bestimmungen (§ 57b II Nr. 2 und Nr. 4) darauf abstellt, daß der 18 Mitarbeiter „entsprechend beschäftigt wird", weicht es nicht von dieser Dogmatik ab. Vielmehr ist, beurteilt nach den Verhältnissen im Zeitpunkt des Vertragsschlusses, festzustellen, ob der Mitarbeiter durch den befristeten Arbeitsvertrag zu einer entsprechenden Tätigkeit verpflichtet wird. Eine spätere abw., nicht vertragsgemäße Beschäftigung berührt die Wirksamkeit der Befristung nicht mehr (*Reich* § 57b Rn. 4 und 6; offenbar aA BAG 24. 1. 1996 AP HRG § 57b Nr. 7 = NZA 1996, 1036). Es kann deshalb nicht zu der kritisierten Rechenschaftslegung im Befristungsrechtsstreit (vgl. *Hailbronner/ Walter* § 57b Rn. 15) kommen. Das BAG (22. 11. 1995 AP HRG § 57b Nr. 8 = NZA 1996, 1092) hat einerseits bestätigt, daß es für die Wirksamkeit der Befristung nur auf den Zeitpunkt des Vertragsabschlusses ankommt und eine spätere abw. Handhabung nur indizielle Bedeutung dafür haben kann, ob die Voraussetzungen einer wirksamen Befristung bei Vertragsabschluß in Wahrheit nicht vorlagen. Andererseits hat es geprüft, ob der Mitarbeiter entsprechend der Zweckbestimmung der Mittel beschäftigt worden ist, weil dies dem Interesse des Drittmittelgebers entspreche. Es solle verhindert werden, daß die aus Drittmitteln finanzierten Mitarbeiter vertraglich oder mit Billigung der Hochschule anderweitig im Hochschulbetrieb eingesetzt würden, weil dann der angegebene Befristungsgrund der zeitlich begrenzten Drittmittelfinanzierung eines Forschungsvorhabens nur vorgeschoben wäre. Diese Begründung vermag nicht zu überzeugen. § 57 b II Nr. 4 ist kein Schutzgesetz zugunsten von Drittmittelgebern und Nr. 2 nicht zugunsten des Landes-Haushaltsgesetzgebers. Zudem gefährdet die Berücksichtigung sich laufend verändernder Verhältnisse bei der Wirksamkeitsbeurteilung einer Befristungsabrede die Rechtssicherheit. Dies belegt die BAG-Entscheidung vom 22. 11. 1995 selbst, wenn sie, um die Wirksamkeit der Befristung zu retten, das aufgestellte Erfordernis der tatsächlichen Beschäftigung entsprechend der Zweckbestimmung der Mittel erheblich relativiert, indem sie eine „zeitweise" anderweitige Beschäftigung als rechtsunerheblich abtut. In die richtige Richtung weisen die Entscheidungen des BAG (20. 9. 1995 AP HRG § 57 c Nr. 3 = NZA 1996, 1034; BAG 15. 1. 1997 AP HRG § 57 b Nr. 14 = NZA 1998, 29) zu Promotionsverträgen, die im Rahmen von § 57 c III nicht auf die tatsächliche Beschäftigung abstellen, sondern prüfen, ob der Arbeitsvertrag selbst Gelegenheit zur Vorbereitung der Promotion gewährt.

19 Nach § 57 c I 2 muß die **Dauer der Befristung kalendermäßig** bestimmt oder bestimmbar sein. Somit wird die Zweckbefristung von den §§ 57 a ff. nicht erfaßt, weil ihr Ablauf nicht nach dem Kalender bestimmt werden kann. Ebensowenig wird die auflösende Bedingung in den §§ 57 a ff. geregelt (*Buchner* RdA 1985, 258, 273; *Reich* § 57 c Rn. 3).

III. Arbeitsrechtliche Vorschriften und Grundsätze

20 Nach § 57 a S. 2 sind die arbeitsrechtlichen Vorschriften und Grundsätze über befristete Arbeitsverträge nur insoweit anzuwenden, als sie den Vorschriften des HRG nicht widersprechen. Die arbeitsrechtlichen Grundsätze über befristete Arbeitsverträge sind also ergänzend zu den §§ 57 b ff. heranzuziehen. Ebenso sind die besonderen gesetzlichen Regelungen befristeter Arbeitsverträge anwendbar. Insb. findet **§ 1 BeschFG** neben den §§ 57 b ff. Anwendung (*Hailbronner/Walter* Rn. 16; *Reich* Rn. 3; aA *Nagel* Einl. Rn. 30; RGRK/*Dörner* § 620 BGB Rn. 215). Allerdings blockierte die SR 2 y zum BAT bis zur Vereinbarung der Protokollnotiz Nr. 6 zur Nr. 1 der SR 2 y zum 1. 2. 1996 (dazu *Fieberg* ZTR 1996, 343, 344; *Hamm* PersR 1997, 157, 159) im Geltungsbereich des BAT (nicht des BAT-O) die Anwendung des BeschFG, wenn beide Arbeitsvertragsparteien zur Zeit der Neueinstellung an den BAT gebunden waren. Seit der Änderung der SR 2 y findet das BeschFG mit Maßgaben zur Mindestvertragsdauer, einer Probezeit und einem Weiterbeschäftigungsanspruch auch auf tarifgebundene AN Anwendung.

IV. Verfassungsrechtliche Würdigung

21 Der Bund hat nach **Art. 74 Nr. 12 GG** die konkurrierende Gesetzgebungskompetenz für das Arbeitsrecht. Die Regelung befristeter Arbeitsverträge gehört dazu (BAG 30. 3. 1994 AP HRG § 57 a Nr. 1 = NZA 1995, 70). Mit dem HFVG hat der Bundesgesetzgeber das Recht der befristeten Arbeitsverhältnisse für den davon betroffenen Personenkreis mittels Aufnahme in das HRG geregelt. Damit hat der Bund den arbeitsrechtlichen Bereich befristeter Dienst- und Arbeitsverhältnisse im Hochschulbereich abschließend und einheitlich geregelt (BAG 14. 2. 1996 AP HRG § 57 c Nr. 4 = NZA 1996, 1095). Dabei ist es unerheblich, daß die Regelungen in das HRG aufgenommen worden sind, denn entscheidend ist der Gegenstand der Norm (inhaltliche Gestaltung und Beendigung des Arbeitsverhältnisses im Hochschulbereich) (BAG 30. 3. 1994 AP HRG § 57 a Nr. 1 = NZA 1995, 70). Abw. Regelungen in den **Hochschulgesetzen der Länder** sind unzulässig. Widersprechendes Landesrecht wird nach Art. 31 GG gebrochen.

22 Schon während des Gesetzgebungsverfahrens war das HFVG nicht nur rechtspolitisch, sondern auch **verfassungsrechtlich umstritten.** Es wurde ua. geltend gemacht, das HFVG verstoße gegen Art. 9 III GG, weil es geltendes Tarifrecht partiell außer Kraft und Tarifsperren für die Zukunft gesetzt habe (*Nagel* Rn. 11 ff.; aA *Buchner* RdA 1985, 258, 282; *Otto* NJW 1985, 1807, 1810 f.; RGRK/*Dörner* § 620 BGB Rn. 216). Die darauf gestützten Verfassungsbeschwerden der Gewerkschaften ÖTV und der GEW sind vom BVerfG (24. 4. 1996 AP HRG § 57 a Nr. 2 = NZA 1996, 1157) zurückgewiesen worden, nachdem bereits das BAG die neuen Befristungsregelungen für verfassungsgemäß erklärt hatte (BAG 30. 3. 1994 AP HRG § 57 a Nr. 1 = NZA 1995, 70).

23 Allein die Bestimmung zur befristeten Anstellung von **Fremdsprachenlektoren** (§ 57 b III aF) ohne sachlichen Grund begegnete europarechtlichen Bedenken aus Art. 48 II EWGV (EuGH 20. 10. 1993 AP EWG-Vertrag Art. 48 Nr. 17 = NZA 1994, 115; BAG 15. 3. 1995 AP BAT § 2 SR 2 y Nr. 10 = NZA 1995, 1169; vgl. dazu § 57 b Rn. 25).

24 Mit **Art. 12 GG** sind die §§ 57 a ff. vereinbart. Art. 12 GG gewährleistet AN nicht die Beschäftigung in unbefristeten Arbeitsverhältnissen (*Hufen* SAE 1997, 137, 138). Der dem Staat obliegenden Schutzpflicht wird durch die Befristungskontrolle der Gerichte für Arbeitssachen Rechnung getragen (BAG 14. 2. 1996 AP HRG § 57 c Nr. 4 = NZA 96, 1095; *Schmidt*, FS für Dieterich, 1999, S. 585, 598 f.). Die vom HRG geregelten Befristungsgründe entsprechen diesem Standard und sind wegen ihrer vielfältigen Flankierung durch Verfahrensregeln tendenziell eher arbeitnehmerschützend.

§ 57 b Sachlicher Grund für die Befristung

(1) Der Abschluß befristeter Arbeitsverträge mit dem in § 57 a Satz 1 genannten Personal ist zulässig, wenn die Befristung durch einen sachlichen Grund gerechtfertigt ist, es sei denn, es bedarf nach den allgemeinen arbeitsrechtlichen Vorschriften und Grundsätzen keines sachlichen Grundes.

(2) Sachliche Gründe, die die Befristung eines Arbeitsvertrages mit einem wissenschaftlichen oder künstlerischen Mitarbeiter nach § 53 sowie mit Personal mit ärztlichen Aufgaben nach § 54 rechtfertigen, liegen auch vor, wenn
1. die Beschäftigung des Mitarbeiters mit Dienstleistungen nach § 53 Abs. 1 und 2 oder nach § 53 Abs. 4 in Verbindung mit § 53 Abs. 1 auch seiner Weiterbildung als wissenschaftlicher oder künstlerischer Nachwuchs oder seiner beruflichen Aus-, Fort- oder Weiterbildung dient,
2. der Mitarbeiter aus Haushaltsmitteln vergütet wird, die haushaltsrechtlich für eine befristete Beschäftigung bestimmt sind, und er entsprechend beschäftigt wird,
3. der Mitarbeiter besondere Kenntnisse und Erfahrungen in der Lehre, in der Forschungsarbeit oder in der künstlerischen Betätigung erwerben oder vorübergehend in sie einbringen soll,
4. der Mitarbeiter überwiegend aus Mitteln Dritter vergütet und der Zweckbestimmung dieser Mittel entsprechend beschäftigt wird oder
5. der Mitarbeiter erstmals als wissenschaftlicher oder künstlerischer Mitarbeiter eingestellt wird.

(3) Absatz 2 gilt für die Befristung eines Arbeitsvertrages mit einer Lehrkraft für besondere Aufgaben nach § 56 entsprechend.

(4) Für die Befristung eines Arbeitsvertrages mit einer wissenschaftlichen Hilfskraft gilt Absatz 2 Nr. 1, 2 und 4 entsprechend.

(5) Der Grund für die Befristung nach den Absätzen 2 bis 4 ist im Arbeitsvertrag anzugeben; ist der Grund nicht angegeben, kann die Rechtfertigung der Befristung nicht auf die Absätze 2 bis 4 gestützt werden.

(6) Der erstmalige Abschluß eines befristeten Arbeitsvertrages für die Beschäftigung als wissenschaftlicher oder künstlerischer Nachwuchs oder zur beruflichen Ausbildung nach Absatz 2 Nr. 1 oder für die Beschäftigung nach Absatz 2 Nr. 5 soll nicht später als vier Jahre nach der letzten Hochschulprüfung oder Staatsprüfung des wissenschaftlichen oder künstlerischen Mitarbeiters erfolgen.

I. Normzweck

Der Abschluß befristeter Arbeitsverträge ist nur zulässig, wenn die Befristung durch einen sachlichen Grund gerechtfertigt ist, es sei denn, es bedarf nach den **allgemeinen arbeitsrechtlichen Vorschriften** und Grundsätzen dieses sachlichen Grundes nicht. Letzteres ist insb. der Fall, wenn Kündigungsschutzbestimmungen nicht umgangen werden können. § 57 b II bis IV erweitert und ergänzt die von der Rspr. anerkannten Befristungsgründe um „**absolute**" sachliche Gründe. Die Aufzählung der besonderen sachlichen Befristungsgründe ist nicht abschließend.

II. Materielle Regelung

1. Erfordernis des sachlichen Grundes. Bedarf die Befristung eines Arbeitsvertrages nach allgemeinen arbeitsrechtlichen Vorschriften und Grundsätzen keines sachlichen Grundes, bleibt dies von § 57 b I unberührt. Somit bedarf die Befristung keines sachlichen Grundes, wenn die Voraussetzungen des BeschFG (vgl. die dortigen Erl.) vorliegen oder durch die Befristung keine Bestimmungen des allgemeinen oder besonderen Kündigungsschutzes umgangen werden können (vgl. § 620 BGB Rn. 43 ff.). So bedarf die befristete Beschäftigung eines wissenschaftlichen Mitarbeiters bis zu sechs Monaten Dauer keines sachlichen Grundes. Wissenschaftler, die Privatdienstverträge (§ 57 d) abschließen, erfüllen häufig nicht die Mindestbetriebsgröße gem. § 23 I 2 KSchG. Als sachliche Gründe kommen auch die von der Rspr. entwickelten und anerkannten Sachverhalte sowie die in besonderen arbeitsrechtlichen Bestimmungen geregelten Tatbestände in Betracht. Dies verdeutlicht § 57 b II, wenn es dort heißt, „sachliche Gründe ... liegen auch vor" (*Hailbronner/Walter* Rn. 3). Damit stellt § 57 b die für seinen Geltungsbereich geschaffenen Tatbestände neben die ohnehin geltenden Befristungsgründe (BAG 6. 11. 1996 AP HRG § 57 b Nr. 11). Dabei zeigt sich, daß die gesetzlich geregelten Befristungsgründe zumindest erhebliche Parallelen zu den von der Rspr. anerkannten Gründen aufweisen, also Überschneidungen unvermeidlich sind. Für die Frage, ob die Befristung des Arbeitsverhältnisses mangels eines die Befristung sachlich rechtfertigenden Grundes unwirksam ist, kommt es grds. allein auf den zuletzt (vor Klageerhebung – BAG 22. 4. 1998 AP BGB § 611 Rundfunk Nr. 25) abgeschlossenen befristeten Arbeitsvertrag an (st. Rspr.; BAG 11. 12. 1985 AP BGB § 620 Befristeter Arbeitsvertrag Nr. 100 = NZA 1987, 58; BAG 15. 2. 1995 AP BGB § 620 Befristeter Arbeitsvertrag Nr. 166 = NZA 1995, 987; BAG 22. 4. 1998 AP BGB § 611 Rundfunk Nr. 24; vgl. § 620 BGB Rn. 64).

Wird ein befristeter Arbeitsvertrag nach § 57 c VI Nr. 5 verlängert, so ist nicht der Verlängerungsvertrag, sondern der ursprüngliche Vertrag der Befristungskontrolle zu unterziehen (BAG 23. 2. 2000 AP HRG § 57 b Nr. 26).

3 2. **Sachliche Gründe kraft Gesetzes.** Nach § 57 b II liegen sachliche Gründe auch vor, wenn einer der in den Nr. 1 bis 5 des Abs. 2 aufgeführten Tatbestände erfüllt ist. Eine entsprechende Regelung sah § 57 b III aF für die Beschäftigung von Lektoren in der Fremdsprachenausbildung vor. Das Vorliegen einer **zeitlich befristeten Forschungsaufgabe** gehört nicht zu den Befristungsgründen des § 57 b (BAG 14. 12. 1994 AP HRG § 57 b Nr. 3 = NZA 1995, 680).

Eine klare **Trennung der Befristungsgründe** des § 57 b ist nur schwer möglich, zT können verschiedene Befristungsgründe durchaus gleichzeitig vorliegen (*Hailbronner/Walter* Rn. 4; *Reich* Rn. 2). Eine Unterscheidung wird aber von Abs. 6 hinsichtlich der wissenschaftlichen und künstlerischen Weiterbildung sowie beruflichen Ausbildung einerseits und der beruflichen Fort- und Weiterbildung andererseits vorausgesetzt. So ist der erstmalige Abschluß eines befristeten Arbeitsvertrages für die Beschäftigung als wissenschaftlicher oder künstlerischer Nachwuchs oder zur beruflichen Ausbildung nur binnen vier Jahren nach der letzten Hochschul- oder Staatsprüfung zulässig, während diese Beschränkung für die berufliche Fort- und Weiterbildung nicht gilt (*Hailbronner/Walter* Rn. 5).

4 a) **Weiterbildung als wissenschaftlicher oder künstlerischer Nachwuchs (§ 57 b II Nr. 1 1. Alt.).** Die Befristung des Arbeitsvertrages von wissenschaftlichen bzw. künstlerischen Mitarbeitern ist sachlich gerechtfertigt, wenn die Beschäftigung des Mitarbeiters mit Dienstleistungen auch seiner Weiterbildung als wissenschaftlicher oder künstlerischer Nachwuchs dient.

Die Regelung des § 57 b II Nr. 1 faßt zwei Fallgestaltungen zusammen. Die Beschäftigung, die der Weiterbildung als wissenschaftlicher oder künstlerischer Nachwuchs dient, und die berufliche Aus-, Fort- und Weiterbildung. Die erste Alternative betrifft die Weiterbildung zum wissenschaftlichen Nachwuchs; sie erfaßt also nur Tätigkeiten zur Qualifikation für die Wissenschaft als Beruf. Demgegenüber betrifft die zweite Alternative (die berufliche Aus-, Fort- oder Weiterbildung) gerade die Qualifizierung für eine Tätigkeit außerhalb der Hochschule (BAG 14. 12. 1994 AP HRG § 57 b Nr. 3 = NZA 1995, 680; *Reich* Rn. 3).

5 Die erste Alternative knüpft an die Rspr. zur speziellen Weiterbildung an (*Nagel* Rn. 9) und begrenzt diesen Befristungsgrund auf eine Weiterbildung als wissenschaftlicher oder künstlerischer Nachwuchs. Dieser sachliche Grund erfaßt also nur Tätigkeiten zur Qualifikation für die Wissenschaft als Beruf (BAG 20. 10. 1999 AP HRG § 57 b Nr. 22; *Reich* Rn. 3). Das setzt voraus, daß nach der vertraglichen Vereinbarung die Qualifikation Ziel der Tätigkeit ist. Eine einseitig angestrebte Qualifizierung als Nachwuchswissenschaftler genügt dafür nicht (BAG 4. 12. 1996 AP HRG § 57 b Nr. 12). Dementsprechend ist ein Anwendungsfall der 1. Alternative die Beschäftigung mit wissenschaftlichen Dienstleistungen, die der **Promotion** dienen (Begr. zum RegE BT-Drucks. 10/2283 S. 10). Hierzu rechnen auch deren technische Umsetzung (Schreibarbeit) und die Vorbereitung auf das Rigorosum (BAG 31. 3. 1993 – 7 AZR 352/92 – nv.). Bei promovierten Mitarbeitern kommt die **Habilitation** in Betracht (*Buchner* RdA 1985, 258, 266). Ausreichend ist die Übertragung von Lehraufgaben (BAG 14. 12. 1994 AP HRG § 57 b Nr. 3 = NZA 1995, 680). Eine förmliche Qualifikation braucht nicht angestrebt zu werden (BT-Drucks. 10/2283 S. 10; *Dallinger* NZA 1985, 648, 650; *Hailbronner/Walter* Rn. 6), was eine Abgrenzung zwischen den beiden Alternativen der Nr. 1 zusätzlich erschwert (MünchKommBGB/*Schwerdtner* § 620 Rn. 188). Der Gesetzgeber hat damit bewußt die Befristungsmöglichkeiten gegenüber der früheren Rspr. erweitert (BAG 19. 8. 1992 AP HRG § 57 b Nr. 2 = NZA 1993, 311).

6 Die Beschäftigung muß der Weiterbildung als **wissenschaftlicher Nachwuchs** dienen. Die Qualifikation als wissenschaftlicher Nachwuchs muß also auch das Ziel der Tätigkeit sein. Im Rahmen des Arbeitsverhältnisses muß daher in nicht unerheblichem Maße Gelegenheit zur qualifizierten Weiterbildung gegeben werden. Die sogenannte Freizeitpromotion ist unzureichend, weil sie nicht innerhalb der Beschäftigung erworben wird (*Reich* Rn. 3; *Nagel* Rn. 10; RGRK/*Dörner* § 620 BGB Rn. 219; aA LAG Köln 11. 8. 1993 LAGE BGB § 620 Nr. 30 = ZTR 1994, 119).

7 b) **Berufliche Aus-, Fort- oder Weiterbildung (§ 57 b II Nr. 1 2. Alt.).** Die zweite Alternative „Weiterbildung für eine berufliche Tätigkeit außerhalb der Hochschule" erfordert eine Qualifizierung auf ein berufliches Tätigkeitsfeld hin, das im Wege der Ergänzung und Vertiefung im Studium erworbenen Kenntnisse und Fertigkeiten die beruflichen Aussichten außerhalb der Hochschule verbessert. Dazu bedarf es einer darauf gerichteten Vereinbarung (BAG 19. 8. 1992 AP HRG § 57 b Nr. 2 = NZA 1993, 311; BAG 14. 12. 1994 AP HRG § 57 b Nr. 3 = NZA 1995, 680; BAG 20. 10. 1999 AP HRG § 57 b Nr. 22). ZB kann der Mitarbeiter mit neuesten wissenschaftlichen Erkenntnissen und Methoden sowie technischen Verfahren vertraut gemacht werden. Bei Vertragsschluß müssen die Vertragsparteien Vorstellungen über die nach der Hochschultätigkeit auszuübende berufliche Tätigkeit des AN haben (BAG 25. 8. 1999 AP HRG § 57 b Nr. 23). Die geplante Weiterbildung muß für den Vertragsschluß mitbestimmend und wenigstens ein Teil der Dienstaufgaben auf diese Weiterbildung abgestimmt sein (BAG 25. 8. 1999 AP HRG § 57 b Nr. 23).

II. Materielle Regelung　　　　　　　　　　　　　　　　　　§ 57b HRG 400

§ 57b II Nr. 1 verlangt in Abweichung von der früheren Rspr. des BAG (19. 8. 1981 AP BGB　8
§ 620 Befristeter Arbeitsvertrag Nr. 60 = DB 1982, 50; BAG 30. 9. 1981 AP BGB § 620 Befristeter Arbeitsvertrag Nr. 62 = NJW 1982, 1172) keinen **speziellen Fort- oder Weiterbildungszweck** (BAG 19. 8. 1992 AP HRG § 57b Nr. 2 = NZA 1993, 311). Es braucht auch im Rahmen der Fort- oder Weiterbildung keine förmliche wissenschaftliche Qualifikation angestrebt zu werden (*Hailbronner/ Walter* Rn. 6). Besondere Bedeutung hat die 2. Alternative für das Personal mit ärztlichen Aufgaben, wenn deren Beschäftigung der Vorbereitung zum Gebietsarzt dient (*Staudinger/Preis* § 620 BGB Rn. 213).

c) Haushaltsmittel zur befristeten Beschäftigung (§ 57b II Nr. 2). Eine Befristung ist ferner dann　9
zulässig, wenn der Mitarbeiter aus Haushaltsmitteln vergütet wird, die haushaltsrechtlich für eine befristete Beschäftigung bestimmt sind und der AN entsprechend beschäftigt wird.

Haushaltsmittel sind iSv. § 57b II Nr. 2 für eine befristete Beschäftigung bestimmt, wenn der Haushaltsgesetzgeber eine Mittelverwendung für befristete Arbeitsverhältnisse anordnet und mit einer konkreten Sachregelung verbindet (BAG 24. 1. 1996 AP HRG § 57b Nr. 7 = NZA 1996, 1036). Notwendig und zugleich ausreichend ist eine **Anordnung des Haushaltsgesetzgebers**, die Mittel ausschließlich für eine befristete Beschäftigung auszugeben (*Lakies* NZA 1997, 745, 751). Die Mittel können im Haushaltsplan summenmäßig oder in Form befristeter Personalstellen ausgewiesen sein (BAG 24. 1. 1996 AP HRG § 57b Nr. 7 = NZA 1996, 1036; *Buchner* RdA 1985, 258, 268; *Reich* Rn. 4). Darüber hinaus ist es erforderlich, daß das Haushaltsgesetz eine bestimmte Zwecksetzung erkennen läßt (BAG 24. 1. 1996 AP HRG § 57b Nr. 7 = NZA 1996, 1036; *Nagel* Rn. 12; aA *Hailbronner/Walter* Rn. 8). Die Möglichkeit weiterer zukünftiger Mittelzuweisungen steht einer Befristung nicht entgegen.

Der Mitarbeiter muß der **Zweckbestimmung entsprechend beschäftigt** werden. Dabei kommt es nicht auf die tatsächliche Vertragsdurchführung, sondern auf den Arbeitsvertragsinhalt an (vgl. oben § 57a Rn. 18). Die zweckentsprechende Beschäftigung muß nicht die ausschließliche, wohl aber ganz überwiegende Tätigkeit sein (*Löwisch* WissR 1992, 56, 65).

d) Besondere Kenntnisse und Erfahrungen (§ 57b II Nr. 3). § 57b II Nr. 3 begründet einen　10
sachlichen Grund für die Fälle, in denen Mitarbeiter besondere Kenntnisse und Erfahrungen in der Lehre, in der Forschungsarbeit oder in der künstlerischen Betätigung erwerben (1. Alt.) oder vorübergehend in sie einbringen sollen (2. Alt.). § 57b II Nr. 3 soll den Personalaustausch zwischen Hochschulforschung und übriger Forschung, insb. der Industrie- und Wirtschaftsforschung erleichtern (Begr. zum RegE BT-Drucks. 10/2283 S. 10; BAG 4. 12. 1996 AP HRG § 57b Nr. 12 = NZA 1997, 940). Der Gesetzgeber erhofft sich entscheidende Impulse für Forschung und Lehre.

aa) Erste Alternative. Der Erwerb besonderer Kenntnisse und Erfahrungen überschneidet sich mit　11
der Weiterbildung als wissenschaftlicher Nachwuchs, soweit die Tätigkeit auch der Weiterbildung des Mitarbeiters als Wissenschaftler dient (*Nagel* Rn. 13). Diese Alternative erfaßt auch Mitarbeiter, die bereits wissenschaftlich qualifiziert sind (BAG 6. 11. 1996 AP HRG § 57b Nr. 11; LAG Köln 11. 8. 1993 LAGE BGB § 620 Nr. 30 = ZTR 1994, 119). Der Mitarbeiter muß in einem Bereich eingesetzt werden, in dem er die Kenntnisse auch erwerben kann und soll. Der Vertrag muß auf die **Steigerung vorhandener Kenntnisse und Erfahrungen** gerichtet sein (BAG 6. 11. 1996 AP HRG § 57b Nr. 11; BAG 4. 12. 1996 AP HRG § 57b Nr. 12 = NZA 1997, 940). Hierzu kann die Ausführung wissenschaftlicher Hilfsarbeiten ausreichend sein, wenn der Mitarbeiter an der Diskussion über Entwicklung und Ergebnisse des Projekts beteiligt wird. Für die Wirksamkeit der Befristung ist auf den Zeitpunkt des Vertragsabschlusses und nicht die tatsächliche Vertragsdurchführung abzustellen, so daß es auf den prognostizierten Erwerb von Kenntnissen und Erfahrungen bzw. das zu erwartende Einbringen entsprechender Kenntnisse und Erfahrungen ankommt (*Reich* Rn. 5).

bb) Zweite Alternative. Hat der Mitarbeiter **außerhalb der Hochschule** bereits besondere Kennt-　12
nisse und Erfahrungen in der Lehre, in der Forschungsarbeit oder in der künstlerischen Betätigung erworben und soll er sie vorübergehend in die Forschungsarbeit der Hochschulen und staatlichen Forschungseinrichtungen einbringen, greift die 2. Alternative (BAG 6. 11. 1996 AP HRG § 57b Nr. 11; BAG 23. 2. 2000 AP HRG § 57b Nr. 26). Der Wissenstransfer von einer Universität zur anderen ist ausgeschlossen; sollen Kenntnisse und Erfahrungen eingebracht werden, kann dies den Abschluß mehrerer befristeter Arbeitsverträge rechtfertigen (BAG 1. 12. 1999 – 7 AZR 859/98 – nv.).

Die Befristung muß abw. von der früheren Rspr. (BAG 26. 5. 1983 AP BGB § 611 Befristeter Arbeitsvertrag Nr. 78 = NZA 1984, 264) nicht auf ein bestimmtes Forschungsprojekt bezogen sein (RGRK/*Dörner* § 620 BGB Rn. 221). Sie setzt aber **entsprechende Aufgaben der Hochschule** in der Forschungsarbeit bzw. künstlerischen Betätigung voraus.

Bei Abschluß des Vertrages müssen die besonderen **Kenntnisse und Fähigkeiten** des Mitarbeiters tatsächlich vorhanden sein. Eines formellen Nachweises bedarf es nicht (KR/*Lipke* Rn. 20; aA *Reich* Rn. 5).

e) Vergütung aus Drittmitteln (§ 57b II Nr. 4). Nach dieser Bestimmung ist ein Fall der sach-　13
lichen Rechtfertigung auch gegeben, wenn der Mitarbeiter überwiegend aus Mitteln Dritter vergütet

und der Zweckbestimmung dieser Mittel entsprechend beschäftigt wird. Der Arbeitsvertrag kann also auf den Zeitraum befristet werden, für den die Mittel zugewiesen oder zugesagt sind.

14 AN iSv. § 57b II Nr. 4 sind hauptberufliche Mitarbeiter an Forschungsvorhaben, die als Personal der Hochschule eingestellt werden, aber deren Bezahlung aus Mitteln Dritter erfolgt (§ 25 V). AN, die von einem Hochschulmitglied, das Aufgaben der Hochschule selbständig wahrnimmt (in erster Linie Professoren), unmittelbar eingestellt werden, gehören nicht dazu. Für diese **Privatdienstverträge** gelten gem. § 57e die §§ 57b bis 57d entsprechend. Aus § 57b II Nr. 4 kann kein Umkehrschluß gezogen werden. Das im Rahmen der Drittmittelforschung eingesetzte nichtwissenschaftliche Personal kann aus sachlichem Grund iSd. Rspr. befristet beschäftigt werden. Es liegt dann eine Aufgabe von begrenzter Dauer iSd. SR 2 y BAT vor (LAG München 9. 2. 1998 – 3 Sa 434/97 – nv.).

15 § 57b II Nr. 4 betrifft Arbeitsverhältnisse im Bereich der Drittmittelforschung iSv. § 25 I. Danach sind die in der Forschung tätigen Hochschulmitglieder berechtigt, eigenständig Forschungsvorhaben mit Mitteln Dritter durchzuführen. Außerhalb von Forschungsvorhaben kann der Sachgrund des § 57b II Nr. 4 nicht zur Befristung von Arbeitsverhältnissen wissenschaftlicher Mitarbeiter herangezogen werden (BAG 25. 8. 1999 AP HRG § 57b Nr. 19). **Mittel Dritter** sind Gelder, die nicht vom Träger der Hochschule, sondern von anderer Seite zur Finanzierung eines Projekts zur Verfügung gestellt werden. Im Gegensatz dazu stehen die regulären Haushaltsmittel der Hochschule. Deshalb müssen die Drittmittel nicht unbedingt von einer dritten juristischen oder natürlichen Person zugewiesen sein (RGRK/*Dörner* Rn. 222; KR/*Lipke* Rn. 25). ZB kann die projektbezogene Zuweisung von Lottomitteln aus Konzessionseinnahmen des Landes genügen (BAG 31. 1. 1990 AP HRG § 57b Nr. 1 = NZA 1991, 105).

16 Nr. 4 findet auch Anwendung, wenn **mehrere Drittmittelgeber** Finanzierungsbeiträge leisten. Der Mitarbeiter muß nur überwiegend, dh. zu mehr als 50 vH aus Drittmitteln vergütet werden. Diese Voraussetzung wird bereits dann erfüllt, wenn bei Vertragsabschluß mit hinreichender Sicherheit davon ausgegangen werden kann, daß die Vergütung nur für den geringeren Teil der Vertragsdauer aus laufenden Haushaltsmitteln bestritten werden muß (BAG 22. 11. 1995 AP HRG § 57b Nr. 8 = NZA 1996, 1092 im Anschluß an BAG 31. 1. 1990 AP HRG § 57b Nr. 1 = NZA 1991, 105). Es schadet daher nicht, wenn sich der Hochschulträger an der Vergütung beteiligt.

17 Die Drittmittel müssen **zweckgebunden sein.** Ausreichend ist eine allgemein gefaßte Zweckbestimmung. Ungebundene Zuwendungen und Stiftungen Dritter, welche der Hochschule zur freien Verwendung überlassen werden, sind ungeeignet, eine Befristung nach Nr. 4 sachlich zu rechtfertigen.

18 Der Mitarbeiter muß entsprechend der ggf. allgemein gefaßten **Zweckbestimmung beschäftigt** werden. Dabei kommt es nach der hier vertretenen Auffassung nicht auf die tatsächliche Vertragsdurchführung, sondern auf den Arbeitsvertragsinhalt an (vgl. oben § 57a Rn. 18; ebenso *Reich* Rn. 6). Demgegenüber geht das BAG (12. 5. 1992 – 7 AZR 239/91 – nv.; BAG 22. 11. 1995 AP HRG § 57b Nr. 8 = NZA 1996, 1092) davon aus, der wissenschaftliche Mitarbeiter müsse tatsächlich entsprechend der Zwecksetzung der Drittmittel beschäftigt werden. Dafür läßt es das BAG genügen, wenn der tatsächliche Einsatz nach den Gesamtumständen die Interessen des Drittmittelgebers nicht beeinträchtigt (BAG 15. 4. 1999 AP HRG § 57b Nr. 18). Eine solche Beeinträchtigung sei in aller Regel nicht bereits darin zu sehen daß der Mitarbeiter im Austauschwege an einem Projekt eines anderen Drittmittelgebers eingesetzt werde, daß er in geringem Umfang auch allgemeine Hochschulaufgaben wahrnehme und daß Zeiten, in denen der Mitarbeiter nicht für Drittmittelprojekte eingesetzt werden könne, durch die Zuweisung anderer Arbeiten überbrückt würden (BAG 22. 11. 1995 AP HRG § 57b Nr. 8 = NZA 1996, 1092). Die Gesamttätigkeit des Stelleninhabers werde erfaßt, wenn und solange ihr sein Einsatz für das Drittmittelprojekt deutlich das Gepräge gibt (BAG 15. 4 1999 AP HRG § 57b Nr. 18). Wird ein wissenschaftlicher Mitarbeiter nicht in einem Forschungsvorhaben eingesetzt, kann der Befristungsgrund der Drittmittelfinanzierung nicht herangezogen werden (BAG 25. 8. 1999 AP HRG § 57b Nr. 19).

19 **ABM-Verträge sind keine Drittmittelverträge** iSv. § 57b II Nr. 4. Sie können aber aufgrund der in st. Rspr. entwickelten Grundsätze wirksam befristet werden. In diesem Falle sind ABM-Verträge nicht auf die Höchstdauer der Befristung nach § 57c II S. 1 und 2 anzurechnen (BAG 13. 4. 1994 AP HRG § 57c Nr. 1 = NZA 1995, 67; *Staudinger/Preis* § 620 BGB Rn. 216). Die Auswahl der in diesen Fällen befristet zu beschäftigenden AN obliegt dem AA und nicht dem AG.

20 **f) Erstvertrag (§ 57b II Nr. 5).** Nach § 57b II Nr. 5 ist die Befristung ohne weiteres wirksam, wenn der wissenschaftliche Mitarbeiter erstmals eingestellt wird. Diese Vorschrift trägt dem Umstand Rechnung, daß häufig nicht schon nach kurzer Zeit beurteilt werden kann, ob ein Mitarbeiter für eine weitere wissenschaftliche Qualifizierung oder die Mitarbeit an einem Forschungsvorhaben geeignet ist (Begr. zum RegE BT-Drucks. 10/2283 S. 11). Damit ist den Hochschulen eine verlängerte Probezeit für die Beschäftigung wissenschaftlicher Mitarbeiter gegeben, ohne daß der Erprobungszweck nachgewiesen werden müßte (aA *Lohfeld* S. 322). Es ist unerheblich, welche Qualifikationsstufe der Mitarbeiter erreicht hat und mit welchen Aufgaben er beschäftigt wird.

21 Der Erstvertrag kann nicht an einer anderen Hochschule im räumlichen Geltungsbereich des HRG wiederholt werden (*Hailbronner/Walter* Rn. 16). Ein **zweiter „Erstvertrag"** ist ausgeschlossen. Das

II. Materielle Regelung § 57 b **HRG 400**

gilt auch dann, wenn im Erstvertrag die Höchstfrist von zwei Jahren (§ 57 c II 3) nicht ausgeschöpft wurde (*Reich* Rn. 7; aA *Buchner* RdA 1985, 258, 270). Aus dem gleichen Grund kann ein Erstvertrag nicht mehr abgeschlossen werden, wenn der wissenschaftliche Mitarbeiter bereits nach altem Recht erprobt wurde (*Reich* Rn. 7). Ein Erstvertrag ist ebenfalls ausgeschlossen, wenn der Mitarbeiter zuvor aufgrund eines Privatdienstvertrages iSv. § 57 e an einer Hochschule beschäftigt wurde (*Reich* Rn. 7). Hiervon zu unterscheiden ist die einvernehmliche Verlängerung des noch nicht beendeten Erstvertrages (vgl. § 57 c Rn. 14).

§ 57 b II Nr. 5 erfaßt nur die Einstellung von wissenschaftlichen und künstlerischen Mitarbeitern, **22** ist also auf den in § 53 genannten Personenkreis beschränkt. Dementsprechend kann die Vorschrift nicht auf Personal mit ärztlichen Aufgaben angewendet werden (*Buchner* RdA 1985, 258, 271; *Reich* Rn. 7). Gleiches gilt für **wissenschaftliche Hilfskräfte**, denn § 57 b IV verweist nicht auf § 57 b II Nr. 5. Mit einer früheren wissenschaftlichen Hilfskraft kann ein Erstvertrag als wissenschaftlicher Mitarbeiter gem. § 57 b II Nr. 5 abgeschlossen werden, denn nach der Systematik des § 57 b gehören die wissenschaftlichen Hilfskräfte nicht zu den wissenschaftlichen Mitarbeitern iSv. § 53 (*Buchner* RdA 1985, 258, 270; aA KR/*Lipke* Rn. 34)

g) **Lehrkraft für besondere Aufgaben (§ 57 b III).** Nach dem Wortlaut der bis zum Inkrafttreten **23** des Änderungsgesetzes vom 20. 8. 1998 (BGBl. I S. 2190) maßgeblichen Fassung des § 57 b III lag bei den Lektoren ein sachlicher Grund für die Befristung des Arbeitsvertrages auch vor, wenn ihre Beschäftigung überwiegend für die Ausbildung in Fremdsprachen erfolgte. In der Neufassung erklärt § 57 b III den im Abs. 2 für entsprechend anwendbar auf alle Lehrkräfte für besondere Aufgaben iSv. § 56. Nach § 57 b III aF mußte der Lektor praktische Fertigkeiten und Kenntnisse **in Fremdsprachen** vermitteln. Es kam nicht darauf an, ob der Lektor selbständig Lehrveranstaltungen wahrnahm. So konnte er bei deren Vorbereitung eingesetzt werden. Er mußte überwiegend für die Ausbildung in Fremdsprachen tätig sein. Daneben konnte er zB in Landeskunde unterrichten.

Lehrkräfte für besondere Aufgaben haben überwiegend praktische Fertigkeiten und Kenntnisse **24** zu vermitteln (§ 56). Bei ihnen steht also die Verpflichtung zur Dienstleistung ganz im Vordergrund (BAG 11. 2. 1982 AP BGB § 611 Lehrer, Dozenten Nr. 25 = DB 1982, 1776). Die mit ihrer Tätigkeit nur als Nebeneffekt verbundene Weiterbildung konnte nach der früheren Befristungsrechtsprechung des BAG die Befristung ebensowenig rechtfertigen wie die formale Kennzeichnung als Weiterbildungsstelle (BAG 6. 5. 1982 AP BGB § 620 Befristeter Arbeitsvertrag Nr. 67 = NJW 1983, 71).

Die Änderung von § 57 b III lag nahe, weil **Art. 48 II EGV** einer Auslegung von § 57 b III aF **25** entgegenstand, nach der die Beschäftigung von Fremdsprachenlektoren stets und immer ein sachlicher Grund für die Befristung des Arbeitsvertrages sei (EuGH 20. 10. 1993 AP EWG-Vertrag Art. 48 Nr. 17 = NZA 1994, 115; BAG 15. 3. 1995 AP BAT § 2 SR 2 y Nr. 10 = NZA 1995, 1169; BAG 12. 2. 1997 AP HRG § 57 b Nr. 13 = NZA 1997, 998). Der EuGH hat eine mittelbare Diskriminierung der überwiegend ausländischen Fremdsprachenlektoren aus EU-Mitgliedstaaten im Verhältnis zu sonstigen Lehrkräften für besondere Aufgaben (§ 56) mit deutscher Staatsangehörigkeit erkannt, deren Befristung immer durch einen sachlichen Grund gerechtfertigt sein muß (EuGH 20. 10. 1993 AP EWG-Vertrag Art. 48 Nr. 17 = NZA 1994, 115). Nach Auffassung des EuGH ist die Gefahr, daß der Lektor den Kontakt mit der Muttersprache verliert, angesichts der Intensivierung des kulturellen Austausches und der Kommunikationserleichterungen gering. Insoweit werden die Universitäten auf die Möglichkeit verwiesen, den Stand der Kenntnisse der Lektoren in gewissen Zeitabständen zu überprüfen. Dieser Auffassung des EuGH ist zwar das BAG (15. 3. 1995 AP BAT § 2 SR 2 y Nr. 10 = NZA 1995, 1169; BAG 12. 2. 1997 AP HRG § 57 b Nr. 13 = NZA 1997, 998) gefolgt, das BVerfG hat ihr aber entschieden widersprochen (24. 4. 1996 AP HRG § 57 a Nr. 2 = NZA 1996, 1157). Wegen des **Anwendungsvorrangs des Gemeinschaftsrechts** konnten nach § 57 b III aF Arbeitsverträge mit Lektoren, die EU-Bürger sind, nur dann rechtswirksam befristet werden, wenn hierfür im Einzelfall ein sachlicher Grund vorlag (BAG 25. 2. 1998 BB 1998, 1644). Insofern vermag allein die Sicherung eines aktualitätsbezogenen Unterrichts die Befristung der Arbeitsverträge mit Fremdsprachenlektoren nicht zu rechtfertigen. Die unzureichend auf § 57 b III aF gestützte Befristung konnte allerdings mit anderen sachlichen Befristungsgründen nachgebessert werden, soweit sich die Hochschule nach Bekanntwerden der EuGH-Entscheidung darauf berufen hat (BAG 12. 2. 1997 AP HRG § 57 b Nr. 13 = NZA 1997, 998). § 57 b III aF war auf Fremdsprachenlektoren, die nicht aus Ländern der Europäischen Union stammen, unverändert anzuwenden (*Hailbronner/Walter* § 57 a Rn. 6; *Reich* Rn. 8). Doch durfte die Befristung nicht objektiv funktionswidrig verwendet werden (BAG 1. 12. 1999 AP HRG § 57 b Nr. 21). Bestand der Zweck darin, einen aktualitätsbezogenen Fremdsprachenunterricht an Hochschulen zu sichern, wurde dieser Zweck offensichtlich verfehlt, wenn der angestellte Lektor bei Abschluß des Vertrages bereits langjährig in Deutschland lebte (BAG 1. 12. 1999 AP HRG § 57 b Nr. 21). Für AN aus assoziierten Staaten ist die Frage anhand der einzelnen Abkommen zu klären, ggf. durch Vorabentscheidung des EuGH (vgl. Vorlagebeschluß des BAG vom 22. 3. 2000 – 7 AZR 225/98 – betr. Polen und Urteil vom 22. 3. 2000 AP HRG § 57 b Nr. 24 betr. Türkei).

Ist eine Lektorenstelle darauf angelegt, den laufenden kulturellen Austausch zu gewährleisten, kann **26** ein sachlicher Befristungsgrund anzuerkennen sein, wenn die **konkrete Stelle** tatsächlich dem internationalen Austausch dient (sog. **Rotationsprinzip;** vgl. BAG 15. 3. 1995 AP BAT § 2 SR 2 y Nr. 10 = NZA 1995, 1169; BAG 24. 4. 1996 AP HRG § 57 b Nr. 9 = NZA 1996, 1208; BAG 12. 2. 1997 AP HRG § 57 b Nr. 13 = NZA 1997, 998). Die Stelle muß gesondert für den kulturellen Austausch vorgesehen und ausgewiesen sein (BAG 20. 9. 1995 AP HRG § 57 b Nr. 4 = NZA 1996, 696). Durch das Rotationsprinzip soll einem möglichst großen Personenkreis Gelegenheit gegeben werden, das deutsche Universitätssystem kennenzulernen und sich weiterzubilden. Durch häufigen Wechsel in der Besetzung von Stellen soll einer Vielzahl ausländischer Hochschulabsolventen das Erlernen der deutschen Sprache ermöglicht und gleichzeitig der Austausch zwischen deutschen und ausländischen Akademikern erleichtert werden. Die dem Rotationsprinzip innewohnende Weiterbildungsfunktion ist als sachlicher Grund für die Befristung aber nur dann anzuerkennen und sinnvoll, wenn nach verhältnismäßig kurzer Zeit ein Austausch stattfindet.

27   Die Neufassung von § 57 b III erleichtert den Abschluß kurzfristiger Arbeitsverträge mit Lektoren bis zur Dauer von zwei Jahren (§ 57 b II Nr. 5 iVm. § 57 c II 3), erschwert aber längerfristige Bindungen, wenn die Beschäftigung nicht auch der wissenschaftlichen Weiterbildung oder der beruflichen Aus-, Fort- oder Weiterbildung des Lektors dient (krit. *Wahlers* DÖD 1999, 97, 103). Die gesetzliche Neuregelung macht die Differenzierung zwischen Lektoren aus der EU und Drittstaaten entbehrlich. **Andere sachliche Gründe finden neben § 57 b III iVm. II Anwendung.** Somit kann die Befristung gleichermaßen auf einen von der Rspr. anerkannten Befristungsgrund (etwa Erprobung, Aushilfe) gestützt werden (BAG 25. 2. 1998 AP HRG § 57 b Nr. 15; *Hänlein* NZA 1999, 513, 517).

28   **3. Wissenschaftliche Hilfskräfte (§ 57 b IV).** Nach § 57 b IV gelten für die Befristung eines Arbeitsvertrages mit einer wissenschaftlichen Hilfskraft die in § 57 b II Nr. 1, 2 und 4 geregelten sachlichen Gründe entsprechend. § 57 b IV erfaßt wissenschaftliche Hilfskräfte **vor und nach Abschluß ihres Studiums.** Dies ergibt sich aus § 57 c V, der hinsichtlich der Höchstfrist von vier Jahren zwischen vor und nach Abschluß des Studiums liegenden Beschäftigungszeiten differenziert.

29   Die Art der Hilfstätigkeit als solche rechtfertigt keine Befristung des Arbeitsvertrages, andernfalls wäre es unverständlich, daß § 57 b IV lediglich auf **drei der fünf Befristungsgründe** des § 57 b II verweist. Jedoch kann die Befristung auf sämtliche Befristungsgründe gestützt werden, die nach der Rspr. des BAG anerkannt sind, wie aus § 57 a S. 2 und § 57 b II Eingangssatz abzuleiten ist (KR/*Lipke* Rn. 45 a; *Reich* Rn. 9; RGRK/*Dörner* § 620 BGB Rn. 227).

30   Die auf Wunsch des Bundesrates in das HFVG aufgenommene Verweisung in § 57 b IV sollte lediglich klarstellenden Charakter besitzen. Allerdings sind aus dem Fehlen der Verweisung auf Nr. 3 und Nr. 5 entsprechende **Umkehrschlüsse** zu ziehen. Die Befristung des Arbeitsvertrages einer wissenschaftlichen Hilfskraft kann nicht damit gerechtfertigt werden, daß der Mitarbeiter besondere Kenntnisse und Erfahrungen in der Forschungsarbeit oder in der künstlerischen Betätigung erwerben oder vorübergehend in sie einbringen soll. Des weiteren bedarf die erstmalige Befristung des Arbeitsvertrages einer wissenschaftlichen Hilfskraft eines sachlichen Grundes, sofern nicht ohnehin § 1 BeschFG eingreift (vgl. § 57 a Rn. 20).

31   **4. Angabe des Befristungsgrundes im Arbeitsvertrag (§ 57 b V).** Eine bemerkenswerte Abweichung von den allgemeinen Grundsätzen der Befristungsrechtsprechung (vgl. nur BAG 24. 4. 1996 AP BGB § 620 Befristeter Arbeitsvertrag Nr. 180) enthält § 57 b V. Danach ist der Grund für die Befristung nach § 57 b II bis IV im Arbeitsvertrag anzugeben. Es soll den Vertragsparteien Klarheit darüber verschafft werden, ob die Rechtfertigung der Befristung an die besonderen Befristungsgründe des § 57 b II bis IV gebunden wird oder nicht. Da § 57 b I nicht in die Verweisung aufgenommen ist, brauchen andere sachliche Gründe der Befristung nicht angegeben zu werden (BAG 24. 4. 1996 AP HRG § 57 b Nr. 9 = NZA 1996, 1208).

32   § 57 b V enthält **keine eigenständige Formvorschrift,** insb. kein Schriftformerfordernis. Vielmehr bedarf die Angabe des Befristungsgrundes lediglich der Form, die für den Arbeitsvertrag selbst vorgeschrieben ist. Jedoch hat das Inkrafttreten von § 623 BGB zum 1. 5. 2000 die Rechtslage nachhaltig verändert. Seither besteht für die Befristung von Arbeitsverträgen ein gesetzliches Schriftformerfordernis (vgl. die dortigen Erl.). Dieses erfaßt auch die nach § 57 b V notwendige Angabe des Befristungsgrundes. Wurde vor dem 1. 5. 2000 ein Arbeitsvertrag mündlich geschlossen, konnte auch die Angabe des Befristungsgrundes mündlich erfolgen. Sah aber ein TV die Schriftform vor (zB § 4 BAT; vgl. dazu BAG 15. 3. 1989 AP BGB § 620 Befristeter Arbeitsvertrag Nr. 126 = BB 1989, 1347) oder war dies einzelvertraglich vereinbart, bedurfte auch die Angabe des Befristungsgrundes der Schriftform (*Nagel* Rn. 37).

33   § 57 b V enthält **kein Zitiergebot** des Inhalts, daß die einschlägige gesetzliche Bestimmung im Arbeitsvertrag ausdrücklich zu nennen ist (BAG 19. 8. 1992 AP HRG § 57 b Nr. 2 = NZA 1993, 311). Vielmehr genügt es, daß dem Arbeitsvertrag zu entnehmen ist, auf welche Gründe die Befristung gestützt wird und welchem Tatbestand des § 57 b II die Gründe zuzuordnen sind (BAG 31. 1. 1990 AP HRG § 57 b Nr. 1 = NZA 1991, 105). Der Befristungsgrund ist ausreichend konkret bezeichnet, wenn der maßgebliche Sachverhalt sich aus dem Vertragsinhalt **mit hinreichender Deutlichkeit** ergibt. Im Fall einer Drittmittelfinanzierung sollten das Forschungsvorhaben, seine Dauer und die Herkunft seiner Finanzierung im Arbeitsvertrag angegeben werden (BAG 31. 1. 1990 AP HRG § 57 b

Nr. 1 = NZA 1991, 105; RGRK/*Dörner* § 620 BGB Rn. 228). Die einschlägige gesetzliche Bestimmung kann, muß aber nicht ausdrücklich benannt werden. Mit gutem Grund wird empfohlen, sämtliche in Betracht kommenden Befristungsgründe vertraglich in Bezug zu nehmen (*Hailbronner/Walter* Rn. 26). Ist in einem Formulararbeitsvertrag die falsche Alternative der Nr. 1 des § 57b II angekreuzt, ergibt sich aber aus den im übrigen im Arbeitsvertrag getroffenen Vereinbarungen, aus welchem Grund die Befristung erfolgt ist, so genügt dies den Anforderungen des § 57b V (BAG 14. 12. 1994 AP HRG § 57b Nr. 3 = NZA 1995, 680).

Fehlt die Angabe des Befristungsgrundes im Arbeitsvertrag, kann sich der AG auf diesen Grund nicht mehr berufen. Es kommt zu einem **Verwertungsverbot** für den an sich vorliegenden Befristungsgrund gem. § 57b II bis IV (*Hailbronner/Walter* Rn. 25). Die gesetzliche Regelung begegnet Bedenken, weil sie den Vertragsparteien ermöglicht, durch schlichtes Verschweigen des Befristungsgrundes der zweiseitig zwingenden Wirkung der §§ 57a ff. zu entgehen (vgl. auch *Hailbronner/Walter* Rn. 25). 34

Kommt das Verwertungsverbot zum Tragen, kann die Wirksamkeit der Befristung aus einem nicht in § 57b II bis IV geregelten sachlichen Grund folgen (*Buchner* RdA 1985, 258, 272; KR/*Lipke* Rn. 54), denn von § 57b II und III unabhängige sachliche Gründe, auf die die Befristung des Arbeitsvertrages gestützt wird, brauchen nicht gem. § 57b V im Arbeitsvertrag angegeben zu werden (BAG 24. 4. 1996 AP HRG § 57b Nr. 9 = NZA 1996, 1208). Soweit nicht besondere tarifliche oder gesetzliche Bestimmungen etwas anderes vorsehen, hängt die Wirksamkeit einer **Befristung im allgemeinen** nicht davon ab, daß der Befristungsgrund vertraglich vereinbart oder bei Vertragsabschluß mitgeteilt wird (BAG 8. 12. 1988 AP BeschFG 1985 § 1 Nr. 6 = NZA 1989, 459; BAG 24. 4. 1996 AP HRG § 57b Nr. 9 = NZA 1996, 1208; KR/*Lipke* § 620 BGB Rn. 151).

5. Karenzfrist für Erstverträge (§ 57b VI). Der erstmalige Abschluß eines befristeten Arbeitsvertrages für die Beschäftigung als wissenschaftlicher oder künstlerischer Nachwuchs oder zur beruflichen Ausbildung nach II Nr. 1 soll **nicht später als vier Jahre** nach der letzten Hochschul- oder Staatsprüfung des wissenschaftlichen oder künstlerischen Mitarbeiters erfolgen. Die Ausbildung zum wissenschaftlichen Nachwuchs und die Ausbildung zu einem Beruf außerhalb der Hochschule sollen nicht unangemessen hinausgeschoben werden. Diese Bestimmung dient den Interessen der wissenschaftlichen und künstlerischen Mitarbeiter. Der Zeitraum von vier Jahren ermöglicht die wissenschaftliche Weiterbildung als Stipendiat, etwaige Auslandsaufenthalte unmittelbar nach dem Hochschulabschluß und die Ableistung beruflicher Vorbereitungsdienste (Begr. zum RegE BT-Drucks. 10/2283 S. 11). 35

Aus dem Wortlaut des § 57b VI und den Gesetzesmaterialien ist zu schließen, daß diese Bestimmung nicht für die in § 57b II Nr. 2 bis 4 und III niedergelegten Befristungsgründe gilt. Die Karenzfrist gilt ferner nicht für die Tatbestände der beruflichen Fort- und Weiterbildung in II Nr. 1 und für Ärzte in der Weiterbildung. Da § 57b IV auf II Nr. 1 verweist, findet § 57b VI auch auf **wissenschaftliche Hilfskräfte** Anwendung (KR/*Lipke* Rn. 56; aA *Reich* Rn. 12). Etwas anderes wäre sachlich nicht zu rechtfertigen. 36

Entscheidend ist die **letzte Prüfung.** Hierzu reichen Abschlüsse von Zweit-, Aufbau-, Ergänzungs- oder Vertiefungsstudien aus (*Nagel* Rn. 76). Maßgeblich ist der Zeitpunkt des verwaltungsrechtlich zu beurteilenden Wirksamwerdens des Verwaltungsaktes (vgl. § 43 VwVfG). 37

§ 57b VI ist eine an den AG gerichtete **Soll-Vorschrift.** Ihre Nichtbeachtung führt deshalb nicht zur Nichtigkeit des Rechtsgeschäfts. Ebensowenig entsteht bei Mißachtung ein Arbeitsverhältnis auf unbestimmte Dauer (*Buchner* RdA 1985, 258, 267; *Reich* Rn. 12; RGRK/*Dörner* § 620 BGB Rn. 229). 38

III. Neue Bundesländer

Im Beitrittsgebiet (Art. 3 EVertr.) war der akademische Mittelbau in unbefristeten Arbeitsrechtsverhältnissen beschäftigt (vgl. *Hauck-Scholz/Neie* NZA-RR 1999, 169, 178). Manche dieser Arbeitsverhältnisse mußten im Rahmen der Erneuerung der Hochschulen in befristete überführt werden. Auch die nachträgliche Befristung eines bereits bestehenden unbefristeten Arbeitsverhältnisses bedarf eines sachlichen Grundes (BAG 24. 1. 1996 AP BGB § 620 Befristeter Arbeitsvertrag Nr. 179 = NZA 1996, 1089). Dabei kommen die Befristungsgründe des § 57b grds. neben den von der Rspr. entwickelten und anerkannten Sachgründen zur Anwendung. Insb. kann die **nachträgliche Befristung** durch die Übertragung neuer, der zusätzlichen Qualifizierung (zB Promotion, Habilitation) dienender Aufgaben sachlich gerechtfertigt werden (BAG 24. 1. 1996 AP BGB § 620 Befristeter Arbeitsvertrag Nr. 179 = NZA 1996, 1089; KR/*Lipke* Rn. 59; *Plander* NZA 1993, 1057). Die insofern erforderlichen Abreden finden ihre Grundlage in § 75a, der durch den EVertr. in das HRG eingefügt wurde und die neuen Länder sowie Berlin verpflichtete, innerhalb von drei Jahren nach dem Tag des Wirksamwerdens des Beitritts die Befristungsvorschriften des HFVG landesrechtlich umzusetzen. Kommt es zu keiner einvernehmlichen Befristung des zuvor unbefristeten Arbeitsverhältnisses, kann der AG die nachträgliche Befristung mittels Änderungskündigung herbeiführen (BAG 25. 4. 1996 AP KSchG 1969 § 1 Betriebsbedingte Kündigung Nr. 78 = NZA 1996, 1197 unter Aufgabe von BAG 17. 5. 1984 AP 39

KSchG 1969 § 1 Betriebsbedingte Kündigung Nr. 21 = NZA 1985, 489). Die soziale Rechtfertigung der Änderungskündigung ist gem. §§ 2, 4 KSchG gerichtlich überprüfbar. Dabei wird der sachliche Grund der Befristung inzidenter mitbeurteilt (BAG 25. 4. 1996 AP KSchG 1969 § 1 Betriebsbedingte Kündigung Nr. 78 = NZA 1996, 1197). Der in § 48 b I und II iVm. § 48 III HRG geregelte Sachgrund für die befristete Beschäftigung von Oberassistenten rechtfertigt nicht die nachträgliche Befristung des unbefristeten Arbeitsverhältnisses eines als Professor beschäftigten AN (BAG 7. 7. 1999 AP HRG § 47 Nr. 1).

40 Fehlten **landesrechtliche Regelungen,** sind bis zum Inkrafttreten der §§ 57 a ff. am 3. 10. 1993 (§ 57 f S. 2) die nach der Rspr. anerkannten Befristungsgründe anzuwenden gewesen (KR/*Lipke* Rn. 60; *Plander* NZA 1993, 1057, 1065 f). Für die nach dem 2. 10. 1993 abgeschlossenen befristeten Arbeitsverträge gelten die §§ 57 a ff.

IV. Prozessuales, Klagefrist

41 Wollte ein wissenschaftlicher Mitarbeiter geltend machen, eine vereinbarte Befristung sei unwirksam und es bestehe ein unbefristetes Arbeitsverhältnis, mußte er **bis zum 30. 9. 1996 keine Klagefrist** einhalten. Insb. fand die Klagefrist des § 4 S. 1 KSchG auf Befristungsstreitigkeiten keine analoge Anwendung. Allerdings konnte das Klagerecht verwirkt werden (BAG 7. 3. 1980 AP BGB § 620 Befristeter Arbeitsvertrag Nr. 54; BAG 11. 11. 1982 AP BGB § 620 Befristeter Arbeitsvertrag Nr. 71 = NJW 1983, 1443).

42 Mit Wirkung vom 1. 10. 1996 ist mit **§ 1 V BeschFG** eine Klagefrist **für alle Befristungen** (auch diejenigen nach § 620 BGB) eingeführt worden. Danach kann die Unwirksamkeit der Befristung eines Arbeitsvertrages nur mit einer innerhalb von drei Wochen nach dem vereinbarten Ende des Arbeitsverhältnisses beim ArbG erhobenen Klage geltend gemacht werden. Vgl. hierzu § 1 BeschFG Rn. 65 ff.

Die Klagefrist findet unabhängig von der individuellen Beschäftigungsdauer des AN und unabhängig von der **Größe des Beschäftigungsbetriebes** Anwendung; die §§ 1, 23 KSchG sind nicht entsprechend anwendbar.

§ 1 V BeschFG findet seit dem 1. 10. 1996 auch auf **Altverträge** Anwendung (§ 1 BeschFG Rn. 65 ff.).

43 Die Rspr. wendet in Rechtsstreiten über die Wirksamkeit einer Befristung die Grundsätze des Großen Senats (BAG 27. 2. 1985 AP BGB § 611 Beschäftigungspflicht Nr. 14 = NZA 1985, 702) über die **vorläufige Weiterbeschäftigung** in Kündigungsrechtsstreiten entsprechend an (BAG 13. 6. 1985 AP BGB § 611 Beschäftigungspflicht Nr. 19 = NZA 1986, 562).

V. Darlegungs- und Beweislast

44 Ist der Abschluß des befristeten Arbeitsvertrages nach allgemeinen Grundsätzen ohne Vorliegen eines sachlichen Grundes wirksam möglich, hat derjenige, der sich auf die Beendigung des Arbeitsverhältnisses kraft Befristung beruft, die Vereinbarung derselben darzulegen und zu beweisen. Bedürfte die wirksame Vereinbarung nach allgemeinen Grundsätzen einer sachlichen Rechtfertigung, umfaßt die Darlegungs- und Beweislast auch deren tatsächliche Grundlagen. Demzufolge ist durchweg der AG darlegungs- und beweisbelastet (vgl. § 620 BGB Rn. 166 f.).

Reihen sich mehrere befristete Arbeitsverträge im Hochschulbereich aneinander und ist im Streit, ob diese sämtlichst den Befristungsnormen des HRG mit der Höchstbefristung nach § 57 c unterfallen, trägt der AN die Darlegungs- und Beweislast dafür, daß alle Befristungen auf das HRG hätten gestützt werden können und deshalb in die Befristungsgesamtdauer einzurechnen sind (BAG 14. 12. 1994 AP HRG § 57 b Nr. 3 = NZA 1995, 680; KR/*Lipke* Rn. 19 b).

§ 57 c Dauer der Befristung

(1) [1] Die Dauer der Befristung des Arbeitsvertrages bestimmt sich in den Fällen des § 57 b Abs. 2 bis 4 im Rahmen der Absätze 2 bis 6 ausschließlich nach der vertraglichen Vereinbarung. [2] Sie muß kalendermäßig bestimmt oder bestimmbar sein.

(2) [1] Ein befristeter Arbeitsvertrag nach § 57 b Abs. 2 Nr. 1 bis 4 und Abs. 3 kann bis zur Dauer von fünf Jahren abgeschlossen werden. [2] Mehrere befristete Arbeitsverträge nach § 57 b Abs. 2 Nr. 1 bis 4 und Abs. 3 bei derselben Hochschule dürfen diese Höchstgrenze insgesamt nicht überschreiten. [3] Ein befristeter Arbeitsvertrag nach § 57 b Abs. 2 Nr. 5 kann bis zur Dauer von zwei Jahren abgeschlossen werden.

(3) Auf die Höchstgrenze nach Absatz 2 Satz 1 und 2 sind Zeiten eines befristeten Arbeitsvertrages nach § 57 b Abs. 2 Nr. 1 bis 4, soweit er innerhalb oder außerhalb der Arbeitszeit Gelegenheit zur Vorbereitung einer Promotion gibt, nicht anzurechnen.

(4) ¹Wird bei Personal mit ärztlichen Aufgaben, das sich in einer zeitlich und inhaltlich strukturierten Weiterbildung zum Facharzt oder zum Erwerb einer Zusatzbezeichnung befindet, die Anerkennung als Facharzt oder die Zusatzbezeichnung in fünf Jahren nicht erworben, kann die Höchstgrenze nach Absatz 2 Satz 1 und 2 um die notwendige Zeit für den Erwerb der Anerkennung als Facharzt oder der Zusatzbezeichnung, höchstens bis zur Dauer von drei Jahren, überschritten werden. ²Zum Zwecke des Erwerbs einer Anerkennung für einen Schwerpunkt oder des an die Weiterbildung zum Facharzt anschließenden Erwerbs einer Zusatzbezeichnung, eines Fachkundenachweises oder einer Bescheinigung über eine fakultative Weiterbildung kann ein weiterer befristeter Arbeitsvertrag für den Zeitraum, der für den Erwerb vorgeschrieben ist, höchstens bis zur Dauer von drei Jahren vereinbart werden. ³Absatz 2 Satz 2 gilt entsprechend.

(5) ¹Ein befristeter Arbeitsvertrag mit einer wissenschaftlichen Hilfskraft kann bis zur Dauer von vier Jahren abgeschlossen werden. ²Mehrere befristete Arbeitsverträge bei derselben Hochschule dürfen diese Höchstgrenze insgesamt nicht überschreiten. ³Zeiten eines befristeten Arbeitsvertrages als wissenschaftliche Hilfskraft, die vor dem Abschluß eines Studiums liegen, sind auf die Höchstgrenze nicht anzurechnen.

(6) Auf die jeweilige Dauer eines befristeten Arbeitsvertrages nach § 57b Abs. 2 bis 4 sind im Einverständnis mit dem Mitarbeiter nicht anzurechnen:
1. Zeiten einer Beurlaubung oder einer Ermäßigung der Arbeitszeit um mindestens ein Fünftel der regelmäßigen Arbeitszeit, die für die Betreuung oder Pflege eines Kindes unter 18 Jahren oder eines pflegebedürftigen sonstigen Angehörigen gewährt worden sind, soweit die Beurlaubung oder die Ermäßigung der Arbeitszeit die Dauer von zwei Jahren nicht überschreitet,
2. Zeiten einer Beurlaubung für eine wissenschaftliche Tätigkeit oder eine außerhalb des Hochschulbereiches oder im Ausland durchgeführte wissenschaftliche oder berufliche Aus-, Fort- oder Weiterbildung sowie bis zum 3. Oktober 1994 zur Wahrnehmung von Aufgaben nach § 2 Abs. 6 Satz 2, soweit die Beurlaubung die Dauer von zwei Jahren nicht überschreitet,
3. Zeiten einer Beurlaubung nach dem Bundeserziehungsgeldgesetz und Zeiten eines Beschäftigungsverbots nach den §§ 3, 4, 6 und 8 des Mutterschutzgesetzes, soweit eine Beschäftigung, unbeschadet einer zulässigen Teilzeitbeschäftigung, nicht erfolgt ist,
4. Zeiten des Grundwehr- und Zivildienstes und
5. Zeiten einer Freistellung zur Wahrnehmung von Aufgaben in einer Personal- oder Schwerbehindertenvertretung, von Aufgaben nach § 3 oder zur Ausübung eines Mandats nach § 50 Abs. 3 Satz 2 Nr. 2, soweit die Freistellung von der regelmäßigen Arbeitszeit mindestens ein Fünftel beträgt und die Dauer von zwei Jahren nicht überschreitet.

I. Normzweck

§ 57c regelt die **jeweils zulässige Dauer** der Befristung. Während das Gesetz in § 57c II bis IV zeitliche Höchstgrenzen festlegt, enthält § 57c VI einen Katalog von Zeiten, die im Einverständnis mit dem Mitarbeiter auf die Höchstdauer nicht anzurechnen sind.

Auf die fünfjährige Befristungshöchstgrenze des § 57c II sind befristete Arbeitsverträge, die vor Inkrafttreten der §§ 57a bis 57e abgeschlossen worden sind (sog. Altverträge), auch dann nicht anzurechnen, wenn der sachliche Grund für die Befristung eines solchen Arbeitsvertrages mit einem der in § 57b II Nr. 1 bis 4 und III normierten sachlichen Befristungsgründen ganz oder tlw. übereinstimmt (BAG 31. 1. 1990 AP HRG § 57b Nr. 1 = NZA 1991, 105).

Die Dauer der Befristung des Arbeitsverhältnisses bestimmt sich in den Fällen des § 57b II bis IV nach der vertraglichen Vereinbarung. Damit weicht § 57c I bewußt von der alten Rspr. des BAG ab, die eine sachliche Berechtigung hinsichtlich der Befristungsdauer verlangte (vgl. § 620 BGB Rn. 41). Bedeutung hat die Vorschrift insb. für den Forschungsbereich einschließlich der Drittmittelforschung, weil die Notwendigkeit entfällt, die **Befristungsdauer** an der prognostizierten Laufzeit des Projekts zu orientieren (BAG 15. 1. 1997 AP HRG § 57b Nr. 14 = NZA 1998, 29; *Otto* NJW 1985, 1807, 1810; aA *Reich* Rn. 2). Innerhalb der gesetzlichen Höchstfristen sind deshalb mehrere aneinandergereihte Verträge zulässig. Selbst wenn Sachgrund und Dauer erheblich auseinanderfallen, kann nicht von einem vorgeschobenen Sachgrund ausgegangen werden (RGRK/*Dörner* § 620 BGB Rn. 230).

II. Materielle Regelung

1. Vorrang der Vereinbarung (§ 57c I 1). Im Rahmen der durch § 57c bestimmten Höchstfristen können die Arbeitsvertragsparteien die Dauer ihres Arbeitsverhältnisses vereinbaren. Das Gesetz enthält **keine Mindestfristen**, vielmehr wird die diesbezügliche Vertragsfreiheit in § 57c I 1 ausdrücklich betont. Der AG ist auch nicht aus Gründen des Gleichbehandlungsgrundsatzes verpflichtet, die zulässigen Grenzen auszuschöpfen (BAG 13. 4. 1994 – 7 AZR 147/93 – nv.).

2. Zeitbefristung (§ 57c I 2). Die Dauer der Befristung muß **kalendermäßig bestimmt** oder bestimmbar sein. Kalendermäßig bestimmbar ist die Dauer nicht nur, wenn sie sich ausgehend von

einem Anfangstermin errechnen läßt, sondern wie das Ende des Semesters oder der Vorlesungszeit am Kalender ablesen läßt (*Hailbronner/Walter* Rn. 2).
Zweckbefristungen und auflösende Bedingungen können nicht auf § 57 b gestützt werden.

6 **3. Höchstgrenzen. a) Verträge nach § 57 b II Nr. 1 bis 4 und III.** Die Höchstdauer der auf § 57 b II Nr. 1 bis 4 und III gestützten befristeten Arbeitsverträge mit wissenschaftlichen und künstlerischen Mitarbeitern beträgt **fünf Jahre** (§ 57 c II). Das gilt auch für Verträge des Personals mit ärztlichen Aufgaben, für das aber weitere Verlängerungsmöglichkeiten nach Abs. 4 bestehen. Für wissenschaftliche Hilfskräfte gelten eigene Grenzen (§ 57 c V). Die Höchstgrenze von fünf Jahren gilt nur für befristete Arbeitsverträge **an derselben Hochschule.** Ein wissenschaftlicher Mitarbeiter kann von demselben AG (zB einem Bundesland) an verschiedenen Hochschulen jeweils bis zu dieser Höchstgrenze beschäftigt werden (BAG 14. 12. 1994 AP HRG § 57 b Nr. 3 = NZA 1995, 680; BAG 15. 3. 1995 AP BAT § 2 SR 2 y Nr. 10 = NZA 1995, 1169).

7 Die Höchstgrenze des § 57 c II gilt nicht für Befristungen aus (anderen) sachlichen Gründen iSd. Rspr. Hier kann aber die SR 2 y BAT eingreifen. Aus der **Protokollnotiz Nr. 2** zu SR 2 y BAT ergibt sich gleichfalls eine Höchstfrist von fünf Jahren. Die Protokollnotiz Nr. 2 zur SR 2 y BAT wird jedoch nur verletzt, wenn ein einzelner Vertrag für mehr als fünf Jahre abgeschlossen wird (BAG 21. 4. 1993 AP BGB § 620 Befristeter Arbeitsvertrag Nr. 149 = NZA 1994, 258). Demgegenüber dürfen nach § 57 c II 2 auch mehrere befristete Arbeitsverträge an derselben Hochschule insgesamt die Höchstgrenze von fünf Jahren nicht überschreiten.

8 Zeiten einer **Arbeitsbeschaffungsmaßnahme** (ABM-Verträge) sind nicht anzurechnen, weil diese nach dem SGB III geförderten Arbeitsverträge nicht zu den Drittmittelverträgen iSv. § 57 b II Nr. 4 gehören (vgl. § 57 b Rn. 19; *Reich* Rn. 5).

9 Da es sich um Beschäftigungszeiten „an" derselben Hochschule handelt, sind Zeiten eines Arbeitsverhältnisses mit einem Hochschulmitglied an derselben Hochschule (sog. **Privatdienstvertrag nach § 57 e**) auf die Höchstgrenze anzurechnen (*Nagel* Rn. 5; RGRK/*Dörner* § 620 BGB Rn. 231).

10 Für die Anrechnung ist es unerheblich, ob die Arbeitsverträge auf **verschiedenen Sachgründen** beruhten (BAG 14. 12. 1994 AP HRG § 57 b Nr. 3 = NZA 1995, 680). Zeitliche Unterbrechungen zwischen den früheren befristeten Arbeitsverhältnissen hindern die Zusammenrechnung nicht (vgl. BAG 15. 3. 1995 AP BAT § 2 SR 2 y Nr. 10 = NZA 1995, 1169).

11 Verträge, die auf einen der in § 57 b II genannten Befristungsgründe hätten gestützt werden können, für die aber ein **allgemeiner Befristungsgrund** angegeben worden ist, sind nach dem Zweck der Vorschrift auf die Höchstgrenze anzurechnen (BAG 14. 12. 1994 AP HRG § 57 b Nr. 3 = NZA 1995, 680; BAG 20. 10. 1999 AP HRG § 57 b Nr. 22; aA *Schweizer* JZ 1991, 709, 711; tlw. abw. BAG 31. 1. 1990 AP HRG § 57 b Nr. 1 = NZA 1991, 105; BAG 13. 4. 1994 AP HRG § 57 c Nr. 1 = NZA 1995, 67, weil die Angabe des Befristungsgrundes im Vertrag Anrechnungsvoraussetzung sei).

12 Dienstzeiten einer **wissenschaftlichen Hilfskraft** nach Abschluß des Studiums sind gem. § 57 b IV iVm. § 57 c II 2 nicht auf die Höchstgrenze anzurechnen, wenn die Hilfskraft anschließend einen Vertrag als wissenschaftlicher Mitarbeiter erhält (BAG 20. 9. 1995 AP HRG § 57 c Nr. 2 = NZA 1996, 764). Dies mag rechtspolitisch verfehlt sein, rechtfertigt aber keine erweiternde Auslegung der Norm (aA KR/*Lipke* Rn. 8 c).

13 **Altverträge** aus der Zeit vor Inkrafttreten des HFVG sind nicht auf die Höchstdauer des § 57 c II anzurechnen (BAG 31. 1. 1990 AP HRG § 57 b Nr. 1 = NZA 1991, 105; BAG 13. 4. 1994 AP HRG § 57 c Nr. 1 = NZA 1995, 67; BAG 14. 12. 1994 AP HRG § 57 b Nr. 3 = NZA 1995, 680; aA *Reich* Rn. 5).

14 **b) Verträge nach § 57 b II Nr. 5.** Nach § 57 c II 3 kann ein Erstvertrag iSv. § 57 b II 5 höchstens für die Dauer von zwei Jahren abgeschlossen werden. Ein zunächst für eine kürzere Dauer als zwei Jahre befristeter Erstvertrag kann bis zur Gesamtdauer von zwei Jahren verlängert werden, indem einvernehmlich der Endtermin hinausgeschoben wird (vgl. hierzu § 57 b Rn. 21 sowie § 1 BeschFG Rn. 33 ff.; *Buchner* RdA 1985, 258, 270; aA KR/*Lipke* § 57 b HRG Rn. 31). Das ursprüngliche Arbeitsverhältnis bleibt ansonsten inhaltlich unverändert bestehen und bewahrt damit seine Identität. Hingegen ist der Abschluß eines neuen Erstvertrages unabhängig davon, ob es zu einer zeitlichen Unterbrechung kommt, unzulässig. Die Dauer des Erstvertrages wird nicht auf die **Höchstgrenze von fünf Jahren** angerechnet, denn § 57 b II Nr. 5 wird in § 57 c II 1 nicht zitiert (*Otto* NJW 1985, 1807, 1810; *Reich* Rn. 5; aA *Zimmerling* ZTR 1998, 15, 20; KR/*Lipke* Rn. 10 a, der S. 3 entsprechend verfassungskonform auslegen will). Wird die Höchstgrenze des Abs. 2 überschritten, berührt dies nicht die **Wirksamkeit des Arbeitsvertrages** als Ganzes, sondern lediglich die der Befristungsabrede. Es besteht ein Arbeitsverhältnis auf unbestimmte Zeit.

15 **4. Nichtanrechnung von Promotionszeiten (§ 57 c III).** Nach § 57 c III sind Zeiten eines Arbeitsvertrages nicht anzurechnen, soweit er Gelegenheit zur Vorbereitung einer Promotion gegeben hat. Zur Vorbereitung der **Promotion** gehören ua. die Suche des Dissertationsthemas, die Zusammenstellung der einschlägigen Literatur, die Durchführung der erforderlichen Versuche, die Auswertung

II. Materielle Regelung § 57 c HRG 400

von Literatur und Versuchen in der Dissertationsschrift sowie die Vorbereitung auf die mündliche Prüfung.

Ein befristeter Arbeitsvertrag erfüllte die Voraussetzungen des § 57 c III in der bis zum Inkrafttreten 16 des Änderungsgesetzes vom 20. 8. 1998 (BGBl. I S. 2190) maßgeblichen Fassung nur dann, wenn **der Arbeitsvertrag** selbst dem wissenschaftlichen Mitarbeiter die Gelegenheit zur Vorbereitung seiner Promotion als Teil seiner Dienstaufgaben einräumte (BAG 20. 9. 1995 AP HRG § 57 c Nr. 3 = NZA 1996, 1034; *Reich* Rn. 7). Dafür genügte es, wenn dem wissenschaftlichen Mitarbeiter innerhalb der befristeten Beschäftigung ein nicht unerheblicher Zeitraum zur Verfügung stand, in dem er seine Dissertation nachhaltig fördern konnte (BAG 27. 1. 1988 AP BGB § 620 Hochschule Nr. 6 = NZA 1988, 392; BAG 15. 1. 1997 AP HRG § 57 b Nr. 14 = NZA 1998, 29). Dies konnte in unterschiedlicher Form geschehen. Denkbar waren eine Freistellung während der Arbeitszeit oder die Übertragung von Dienstaufgaben, die für das Promotionsvorhaben unmittelbar von Nutzen waren. Die Neufassung des § 57 c III läßt es genügen, daß die Gelegenheit zur Promotion „außerhalb" der Arbeitszeit bestand. Jedenfalls ist auf die arbeitsvertragliche Vereinbarung und nicht die tatsächliche Beschäftigung abzustellen (BAG 15. 1. 1997 AP HRG § 57 b Nr. 14 = NZA 1998, 29).

Sind die Voraussetzungen des Abs. 3 erfüllt, ist der **Arbeitsvertrag in seiner Gesamtdauer** nicht 17 auf die Höchstfristen anzurechnen (BAG 15. 1. 1997 AP HRG § 57 b Nr. 14 = NZA 1998, 29). Es ist nicht zwischen Promotionsvorbereitungs- und Arbeitsleistungszeiten zu trennen. Alles andere wäre praktisch nicht umsetzbar und rechtlich auch nicht erforderlich, denn ein Arbeitsvertrag gibt entweder die Möglichkeit zur Vorbereitung der Promotion oder er gibt sie nicht (BAG 15. 1. 1997 AP HRG § 57 b Nr. 14 = NZA 1998, 29). Ein abw. Ergebnis läßt sich auch nicht aus dem Wort „soweit" ableiten, zumal dieser Begriff wie ein „wenn" gelesen werden kann (aA *Hailbronner/Walter* Rn. 4).

Der Gesetzeszweck, die Fünf-Jahres-Grenze nicht durch befristete Arbeitsverhältnisse, die Gele- 18 genheit zur Promotion bieten, aufzehren zu lassen, rechtfertigt es, auch Zeiten **mehrerer Promotionsverträge** nicht auf die Höchstgrenze anzurechnen (KR/*Lipke* Rn. 14; RGRK/*Dörner* § 620 BGB Rn. 233).

5. Personal mit ärztlichen Aufgaben (§ 57 c IV). Die Regelungen über die Höchstgrenze in § 57 c 19 II und die Nichtanrechnung von Zeiten der Promotionsbefristung (Abs. 3) gelten auch für Personal mit ärztlichen Aufgaben. Sie werden jedoch in § 57 c IV modifiziert, sofern sich das Personal in der Weiterbildung zum Facharzt oder zum Erwerb einer Zusatzbezeichnung befindet. In diesen Fällen kann die Höchstgrenze des II 1 und 2 höchstens bis zur Dauer von drei Jahren überschritten werden, wenn die Anerkennung in fünf Jahren nicht erworben werden kann. Anschließend kann zum Zwecke des Erwerbs einer Anerkennung für einen Schwerpunkt oder eine Zusatzbezeichnung oder weitere Qualifikationen ein weiterer befristeter Arbeitsvertrag bis zur Dauer von drei Jahren vereinbart werden.

Im Rahmen dieser Höchstgrenzen können mehrere Arbeitsverträge geschlossen werden. Dies stellt 20 S. 3 durch die Verweisung auf II 2 klar. Im Ergebnis stehen für die ärztliche Weiterbildung an derselben Hochschule **höchstens elf Jahre** zur Verfügung. Die befristete Beschäftigung von **Ärzten in der Weiterbildung** an Einrichtungen, die nicht unter den Geltungsbereich des HRG oder des Gesetzes über befristete Arbeitsverträge mit wissenschaftlichem Personal an Hochschulen und Forschungseinrichtungen fallen, ist durch das Gesetz über befristete Arbeitsverträge mit Ärzten in der Weiterbildung vom 15. 5. 1986 geregelt worden (vgl. hierzu die dortigen Erl.).

6. Wissenschaftliche Hilfskräfte (§ 57 c V). Für wissenschaftliche Hilfskräfte (zum Begriff § 57 a 21 Rn. 13) sieht § 57 c V eine Höchstgrenze von vier Jahren an derselben Hochschule vor, auf die Zeiten vor Abschluß des Studiums nicht angerechnet werden. Somit kann derselbe Mitarbeiter sowohl vor als auch nach dem Abschluß seines Studiums jeweils bis zu vier Jahre als wissenschaftliche Hilfskraft angestellt werden (KR/*Lipke* Rn. 18; aA *Nagel* Rn. 25 Höchstgrenze nur für Hilfskräfte mit Abschluß). Aufgrund der in § 57 c I enthaltenen Einschränkung des Anwendungsbereiches gilt § 57 c V ausschließlich für Befristungen nach **§ 57 b IV iVm. II Nr. 1, 2 und 4,** solche der wissenschaftlichen Hilfskräfte, die aus anderen Gründen wirksam befristet werden (KR/*Lipke* Rn. 18; *Reich* Rn. 11; aA *Hailbronner/Walter* Rn. 8). Die Höchstgrenze des § 57 c V korrespondiert mit § 57 b VI, der für den erstmaligen Abschluß eines befristeten Arbeitsvertrages für wissenschaftlichen oder künstlerischen Nachwuchs eine maximale **Karenzzeit** von vier Jahren nach der letzten Hochschulprüfung oder Staatsprüfung vorsieht. Wird die Höchstgrenze als wissenschaftliche Hilfskraft ausgenutzt, kann noch erstmalig eine Stelle als wissenschaftlicher Mitarbeiter angetreten werden (BAG 20. 9. 1995 AP HRG § 57 c Nr. 2 = NZA 1996, 764).

7. Nichtanrechnung von Zeiten (§ 57 c VI). Im Einverständnis mit dem Angestellten sind die in 22 Nr. 1 bis 5 bezeichneten Zeiten auf die Dauer eines nach § 57 b II bis IV befristeten Arbeitsverhältnisses nicht anzurechnen. Hierzu gehören Unterbrechungszeiten wegen Betreuungsurlaubs, Auslandsurlaubs zur Weiterbildung, Beschäftigungsverbots nach den §§ 3, 4, 6 und 8 MuSchG, einer Beurlaubung nach dem BErzGG, Grundwehr- und Zivildienstes sowie Freistellungszeiträume aufgrund bestimmter ehrenamtlicher Tätigkeiten. Die Nichtanrechnung führt nicht dazu, daß sich die vereinbarte Vertragsdauer automatisch **um bis zu zwei Jahre** verlängert, sondern es bedarf einer besonderen vertraglichen Vereinbarung, auf deren Abschluß der AN einen aus § 57c VI folgenden Anspruch hat (Kontrahierungszwang; BAG 3. 3. 1999 AP HRG § 57c Nr. 5; BAG 12. 1. 2000 – 7 AZR 764/98 – nv.). Somit wird nicht die Höchstgrenze der Befristung nach § 57c II verlängert, sondern das Ende des Arbeitsverhältnisses, das möglicherweise die Höchstgrenze gar nicht erreicht, um die Zeit der Unterbrechung hinausgeschoben bzw. an das Ende der Unterbrechungszeit ein weiteres befristetes Arbeitsverhältnis von maximal zwei Jahren Laufzeit angeschlossen (BAG 24. 4. 1996 AP HRG § 57b Nr. 10 = DB 1996, 2338). Verweigert der AG den Abschluß einer Verlängerungsvereinbarung, ist Rechtsschutz in Form einer Leistungsklage zu erlangen (BAG 12. 1. 2000 – 7 AZR 764/98 – nv.).

23 § 57c VI regelt **abschließend,** welche Zeiten auf die Dauer eines nach § 57b II befristeten Arbeitsverhältnisses eines wissenschaftlichen Mitarbeiters nicht angerechnet werden. Landesrecht, das weitere Nichtanrechnungstatbestände regelt (zB § 44 V BerlHG), ist mit § 57c VI unvereinbar und deshalb gem. Art. 31 GG nichtig (BAG 14. 2. 1996 AP HRG § 57c Nr. 4 = NZA 1996, 1095; offen gelassen von BAG 29. 9. 1999 AP MitbestG Schleswig-Holstein § 77 Nr. 1). Ist das Landesrecht älter als der mit Wirkung vom 16. 12. 1990 geänderte § 57c VI, können die Gerichte für Arbeitssachen die Nichtigkeit des Landesgesetzes feststellen (BVerfG 6. 10. 1959 BVerfGE 10, 124, 128 = NJW 1959, 2108; BAG 14. 2. 1996 AP HRG § 57c Nr. 4 = NZA 1996, 1095). Über die Nichtigkeit jüngeren Landesrechts hat allein das BVerfG zu entscheiden (Art. 100 GG).

24 **8. Rechtsfolge.** Überschreitet die vereinbarte Befristungsdauer die Höchstgrenze des § 57c II, hat das die Unwirksamkeit der Befristung zufolge. Es besteht ein unbefristetes Arbeitsverhältnis (BAG 3. 3. 1999 AP HRG § 57c Nr. 5; BAG 20. 10. 1999 AP HRG § 57b Nr. 22). Der AN hat die Voraussetzungen darzulegen, aus denen die Unwirksamkeit einer Befristung wegen Überschreitens der Höchstbefristungsgrenze des § 57c II folgt (BAG 20. 10. 1999 AP HRG § 57b Nr. 22).

§ 57d Kündigung bei Wegfall von Mitteln Dritter

Ein befristeter Arbeitsvertrag nach § 57b Abs. 2 Nr. 4 und Abs. 4 in Verbindung mit Abs. 2 Nr. 4 kann, ohne daß es einer vertraglichen Kündigungsregelung bedarf, gekündigt werden, wenn feststeht, daß die Drittmittel wegfallen werden, dies dem Mitarbeiter unverzüglich mitgeteilt wird und die Kündigung unter Einhaltung der Kündigungsfrist frühestens zum Zeitpunkt des Wegfalls der Drittmittel erfolgt.

I. Normzweck

1 § 57d ermöglicht die ordentliche Kündigung des befristeten Arbeitsverhältnisses, wenn feststeht, daß die Drittmittel wegfallen werden, soweit dies dem Mitarbeiter unverzüglich mitgeteilt wird und die Kündigung unter Einhaltung der Kündigungsfrist frühestens zum Zeitpunkt des **Wegfalls der Drittmittel** erfolgt. § 57d begründet ein allein dem AG zustehendes gesetzliches Kündigungsrecht. Das Kündigungsrecht dient der Minimierung der von der Hochschule zu tragenden Risiken. Damit besitzt die Auslegungsregel, im Zweifel schließe die Vereinbarung eines befristeten Arbeitsvertrages die ordentliche Kündigung aus, für den Bereich der Drittmittelforschung keine Bedeutung.

II. Materielle Regelung

2 **1. Allgemeines.** Die Vorschrift des § 57d begründet ein gesetzliches Recht zur fristgemäßen Kündigung im Rahmen eines nach § 57b II Nr. 4 oder IV befristeten Arbeitsverhältnisses. § 57d ist nicht dispositiv (KR/*Lipke* Rn. 2; RGRK/*Dörner* § 620 BGB Rn. 239; aA *Hailbronner/Walter* Rn. 5; *Reich* Rn. 3). Bei der Kündigung nach § 57d handelt es sich um einen Sonderfall einer betriebsbedingten ordentlichen AG-Kündigung (*Buchner* RdA 1985, 258, 277). § 1 KSchG ist zwar grds. anwendbar (KR/*Lipke* Rn. 3a und 7f.; *Staudinger/Preis* § 620 BGB Rn. 217; aA RGRK/*Dörner* § 620 BGB Rn. 238; *Reich* Rn. 6), doch wenn die Voraussetzungen des § 57c vorliegen, ist die Kündigung durch diesen besonderen „**betriebsbedingten**" Grund sozial gerechtfertigt (*Buchner* RdA 1985, 258, 277). Fehlt es an einer Voraussetzung des § 57d, ist die Kündigung mangels sozialer Rechtfertigung unwirksam (§ 1 I KSchG). Dies hat zur Folge, daß bei einem tlw. Fortfall der Mittel, die zu kündigenden Mitarbeiter nach den Regeln der sozialen Auswahl (§ 1 III und IV KSchG) zu bestimmen sind (aA RGRK/*Dörner* § 620 BGB Rn. 238).

3 § 57d gilt aufgrund seines Wortlauts und seiner systematischen Stellung im Gesetz allein für befristete, **nicht für unbefristete Arbeitsverträge** (KR/*Lipke* Rn. 8 b), hat aber für unbefristete Drittmittel-Arbeitsverträge indizielle Wirkung auf die soziale Rechtfertigung einer betriebsbedingten Kündigung wegen Wegfalls von Drittmitteln (vgl. *Salje/Bultmann* DB 1993, 1469, 1475).

4 **2. Wegfall der Mittel.** Das Kündigungsrecht entsteht nur bei Wegfall der Drittmittel, aus denen der wissenschaftliche Mitarbeiter überwiegend vergütet wird. Dem Wegfall steht es gleich, wenn der Drittmittelgeber seine Zahlungen überhaupt nicht aufnimmt (*Reich* Rn. 4). Zu den Drittmitteln iSv

§ 57d zählen auch solche Gelder, die der Hochschule von ihrem Unterhaltsträger aus Sondermitteln zweckgebunden für bestimmte Forschungsprojekte zugewiesen werden (BAG 31. 1. 1990 AP HRG § 57b Nr. 1 = NZA 1991, 105; vgl. § 57b Rn. 15). Das gesetzliche Kündigungsrecht ist gegeben, wenn weniger als die Hälfte der zur Verfügung stehenden Mittel erhalten bleiben. Kann die Hochschule entscheiden, ob die Sachmittel oder die Personalkosten gekürzt werden, liegt ein Wegfall der Drittmittel nur vor, wenn die Kürzung der Personalmittel zwingend ist. Der Wegfall der Mittel **muß feststehen**. Die Drohung mit der Zahlungseinstellung reicht nicht aus, wohl aber eine Kündigung des dem Forschungsvorhaben zugrundeliegenden Vertrages, ebenso die tatsächliche Zahlungseinstellung. Das Kündigungsrecht entsteht in dem Zeitpunkt, in dem (erstmalig) feststeht, daß die Drittmittel wegfallen werden, und endet nicht mit dem Eintritt des tatsächlichen Wegfalls (aA *Hailbronner/Walter* Rn. 4; KR/*Lipke* Rn. 3 b), sondern besteht fort. Dies folgt auch aus der gesetzlichen Regelung des Kündigungstermins. Die Kündigung darf „frühestens" zum Zeitpunkt des Wegfalls der Mittel erfolgen, während ein Endtermin nicht geregelt worden ist.

3. Unverzügliche Mitteilung. Das Kündigungsrecht setzt weiter voraus, daß der Wegfall der Drittmittel dem Mitarbeiter unverzüglich (vgl. § 121 BGB) mitgeteilt wird. Dem AN soll die Möglichkeit gegeben werden, sich alsbald um einen anderen Arbeitsplatz zu bemühen. Die Mitteilung kann mit der Kündigung einhergehen. Allein die unverzügliche Mitteilung sichert dem AG die Möglichkeit, bis zum tatsächlichen Wegfall der Drittmittel (erneut) von dem Kündigungsrecht Gebrauch zu machen (*Hailbronner/Walter* Rn. 4). 5

4. Kündigung zum Zeitpunkt des Wegfalls der Mittel. Neben die ansonsten anwendbaren Kündigungstermine (zB nach § 622 I BGB zum Fünfzehnten oder zum Ende eines Kalendermonats) tritt kraft besonderer gesetzlicher Regelung in § 57d die Kündigung zum Zeitpunkt des Wegfalls der Drittmittel als weiterer Kündigungstermin. Davon unabhängig ist die **individuell maßgebliche Kündigungsfrist** in jedem Fall anzuwenden und darf nicht unterschritten werden. Sind die tariflichen Kündigungsfristen anzuwenden, kann es bei kurzfristigem Wegfall der Drittmittel zu einer nicht unerheblichen Verlängerung des Arbeitsverhältnisses über den Endtermin der Finanzierung hinaus kommen. ZB darf bei einer vollendeten Beschäftigungsdauer von mehr als zwei Jahren nach Nr. 7 III SR 2 y BAT nur mit einer Frist von drei Monaten zum Schluß eines Kalendervierteljahres gekündigt werden. 6

§ 57d schließt die Anwendbarkeit des **Personalvertretungsrechts** sowie der Bestimmungen des besonderen Kündigungsschutzes (§ 15 KSchG, § 9 MuSchG, § 18 BErzGG, § 15 SchwbG, § 2 ArbPlSchG) nicht aus (*Otto* NJW 1985, 1807, 1810; KR/*Lipke* Rn. 7; *Nagel* Rn. 30 f.; aA *Reich* Rn. 2). 7

§ 57 e Privatdienstvertrag

Für einen befristeten Arbeitsvertrag, den ein Mitglied einer Hochschule, das Aufgaben seiner Hochschule selbständig wahrnimmt, zur Unterstützung bei der Erfüllung dieser Aufgaben mit einem aus Mitteln Dritter vergüteten Mitarbeiter abschließt, gelten § 57 a Satz 2 und die §§ 57 b bis 57 d entsprechend.

I. Normzweck

Für **Privatdienstverträge**, bei denen der Mitarbeiter nicht Angestellter der Hochschule, sondern eines Mitglieds der Hochschule persönlich ist, gelten nach § 57e die Bestimmungen des § 57a S. 2 und der §§ 57b bis 57d entsprechend. 1

Die in der Forschung tätigen Hochschulmitglieder sind berechtigt (§ 25 I 1), im Rahmen ihrer dienstlichen Aufgaben auch solche Forschungsvorhaben durchzuführen, die nicht aus den der Hochschule zur Verfügung stehenden Haushaltsmitteln, sondern aus Mitteln Dritter finanziert werden. Es soll zwar das Drittmittel-Personal von der Hochschule angestellt werden, dem Projektleiter ist es aber gestattet, die Mitarbeiter im Wege von Privatdienstverträgen selbst einzustellen. § 57e soll eine **Angleichung der Befristungen** von Privatdienstverträgen mit denen des wissenschaftlichen Personals an Hochschulen erreichen. 2

Ein Arbeitsvertrag, den ein Hochschullehrer für ein von ihm betriebenes drittmittelfinanziertes Forschungsprojekt im eigenen Namen mit einem wissenschaftlichen Mitarbeiter abschließt, begründet nicht zugleich ein **unmittelbares oder mittelbares Arbeitsverhältnis** des Mitarbeiters zur Hochschule oder zu deren Träger (MünchArbR/*Freitag* § 183 Rn. 15). Dem Mitarbeiter steht auch kein Anspruch gegen die Hochschule oder deren Träger auf Begründung eines entsprechenden Arbeitsverhältnisses zu (BAG 29. 6. 1988 AP HRG § 25 Nr. 1 = NZA 1989, 342). Gleichwohl ist es unbedenklich, wenn die Verwaltung der Personalangelegenheiten der aufgrund von Privatdienstverträgen beschäftigten Mitarbeiter durch die Hochschule wahrgenommen wird (*Reich* Rn. 7). 3

II. Materielle Regelung

4 **1. Mitglied der Hochschule.** Zum Abschluß eines Privatdienstvertrages als AG sind nur Mitglieder einer Hochschule berechtigt, die ihre Aufgaben an der Hochschule selbständig wahrnehmen. Zu ihnen gehören allein die Professoren und die Hochschuldozenten (*Hailbronner/Walter* Rn. 3).

5 **2. Unterstützung der dienstlichen Aufgaben.** § 57 e findet nur Anwendung, wenn der Privatdienstvertrag zur Unterstützung bei der Erfüllung von Hochschulaufgaben abgeschlossen wird. Hierzu gehört auch die **Durchführung drittmittelfinanzierter Forschungsvorhaben**. Die Drittmittelforschung ist Hochschulforschung (§ 25 I 2).

6 **3. Mitarbeiter.** Privatdienstverträge können mit wissenschaftlichen und künstlerischen Mitarbeitern, Personal mit ärztlichen Aufgaben sowie wissenschaftlichen Hilfskräften geschlossen werden (KR/*Lipke* Rn. 9; *Reich* Rn. 6).

7 **4. Vergütung aus Mitteln Dritter.** Der Mitarbeiter muß ausweislich des Arbeitsvertrages (§§ 57 e, 57 b II Nr. 4 und V) für die drittmittelfinanzierten Aufgaben eingestellt und **voll aus Drittmitteln** vergütet werden (*Reich* Rn. 6; RGRK/*Dörner* § 620 BGB Rn. 241). § 57 e läßt es anders als § 57 b II Nr. 4 nicht ausreichen, daß die Vergütung „überwiegend" aus Drittmitteln erfolgt. In diesem Sinne ist das Mitglied der Hochschule als AG kein Dritter, so daß eine Vergütung aus eigenen Mitteln des Hochschulmitglieds nicht die Voraussetzungen des § 57 e erfüllt. Aus § 57 e ist vielmehr zu schließen, daß auch den ihre Aufgaben selbständig wahrnehmenden Mitgliedern der Hochschule der Abschluß von Privatdienstverträgen nur gestattet ist, um drittmittelfinanzierte Forschung, nicht aber sonstige Dienstaufgaben durchzuführen (*Hailbronner/Walter* Rn. 4).

8 **5. Rechtsfolgen. a) Sachlicher Grund.** Der Projektleiter eines aus Drittmitteln finanzierten Forschungsvorhabens wird idR nicht mehr als fünf AN beschäftigen, so daß der allgemeine Kündigungsschutz nach § 1 KSchG nicht umgangen werden kann und daher ein sachlicher Grund häufig entbehrlich ist (RGRK/*Dörner* § 620 BGB Rn. 242; *Hailbronner/Walter* Rn. 5). Ist dies aber der Fall, greift über § 57 e der allein in Betracht kommende Befristungsgrund des § 57 b II Nr. 4 ein. Dabei engt § 57 e den Anwendungsbereich des § 57 b II Nr. 4 dahingehend ein, daß dieser Befristungsgrund für Privatdienstverträge eine **ausschließliche Finanzierung** aus Mitteln Dritter erfordert.

9 **b) Vertragsdauer.** Es gelten die gleichen zeitlichen Begrenzungen des Arbeitsverhältnisses wie für die anderen an der Hochschule tätigen Mitarbeiter, insb. die Höchstfrist von fünf Jahren nach § 57 c II. Dabei ist nicht nur die Dauer verschiedener befristeter Privatdienstverträge für die Berechnung der Höchstfrist des § 57 c II zu addieren, sondern auch die Dauer von Privatdienstverträgen und befristeten Arbeitsverhältnissen an derselben Hochschule, an der der Projektleiter tätig ist (*Hailbronner/Walter* Rn. 1).

10 **c) Kündigung.** Bei Wegfall der Drittmittel kann der Privatdienstvertrag ordentlich gekündigt werden (§ 57 d).

§ 57 f Erstmalige Anwendung

[1] Die §§ 57 a bis 57 e in der ab 26. Juni 1985 geltenden Fassung sind erstmals auf Arbeitsverträge anzuwenden, die ab 26. Juni 1985 abgeschlossen werden; § 57 c Abs. 6 Nr. 1 und 5 in der ab 22. Dezember 1990 geltenden Fassung ist erstmals auf Arbeitsverträge anzuwenden, die ab 22. Dezember 1990 abgeschlossen werden. [2] In dem in Artikel 3 des Einigungsvertrages genannten Gebiet sind die §§ 57 a bis 57 e erstmals auf Arbeitsverträge anzuwenden, die drei Jahre nach dem Tag des Wirksamwerdens des Beitritts abgeschlossen werden.

1 Das Gesetz über befristete Arbeitsverträge mit wissenschaftlichem Personal an Hochschulen und Forschungseinrichtungen ist am **26. 6. 1985 in Kraft** getreten. Um eine Rückwirkung der §§ 57 a bis e zu verhindern, wird in § 57 f bestimmt, daß die §§ 57 a bis 57 e erstmals auf solche Arbeitsverträge anzuwenden sind, die ab 26. 6. 1985 geschlossen werden. Der Vertragsschluß kommt mit der Annahme des Antrags zustande. Ist der Vertrag unter einer aufschiebenden Bedingung vereinbart worden und tritt die Bedingung erst nach dem Inkrafttreten des Gesetzes ein, findet die Neuregelung Anwendung.

2 Für die vor dem 26. 6. 1985 geschlossenen Altverträge richtet sich die Abwicklung nach altem Recht. Nach dem 26. 6. 1985 geschlossene Verlängerungsverträge sind nach § 57 b II bis V zu beurteilen, während die Wirksamkeit der zuvor vereinbarten Befristungen sich nach den von der **Rspr. des BAG** zur Befristungskontrolle entwickelten Grundsätzen richtet. Entsprechend ist der Gesetzgeber aus Anlaß der Änderung des § 57 c VI verfahren.

3 Für das **Beitrittsgebiet** (Art. 3 EVertr.) ist ein gegenüber dem Wirksamwerden des Beitritts (3. 10. 1990) um drei Jahre verzögertes Inkrafttreten vorgesehen.

4 Zeiten eines Arbeitsverhältnisses, das auf einem vor dem 26. 6. 1985 abgeschlossenen Vertrag beruht, sind auf **Befristungshöchstgrenzen** nicht anzurechnen (BAG 31. 1. 1990 AP HRG § 57 b Nr. 1 =

NZA 1991, 105; BAG 14. 12. 1994 AP HRG § 57 b Nr. 3 = NZA 1995, 680). Der um die Arbeitszeitermäßigung ergänzte Nichtanrechnungstatbestand des § 57 c VI Nr. 1 findet Anwendung auf Verträge, die seit dem 22. 12. 1990 vereinbart worden sind. Spätere Vertragsänderungen genügen hierfür nicht (BAG 3. 3. 1999 AP HRG § 57 c Nr. 5).

Die Neuregelungen des Änderungsgesetzes vom 20. 8. 1998 (BGBl. I S. 2190) sind ab 25. 8. 1998   5
anzuwenden. Laufende, noch nicht abgeschlossene Sachverhalte werden erfaßt.

Anhang

Gesetz über befristete Arbeitsverträge mit wissenschaftlichem Personal an Forschungseinrichtungen

Vom 14. Juni 1985 (BGBl. I S. 1065)

(BGBl. III/FNA 2211-5)

§ 1 Befristung von Arbeitsverträgen

Für den Abschluß von Arbeitsverträgen für eine bestimmte Zeit (befristete Arbeitsverträge) mit wissenschaftlichem Personal und mit Personal mit ärztlichen Aufgaben an staatlichen Forschungseinrichtungen sowie an überwiegend staatlich oder auf der Grundlage von Artikel 91 b des Grundgesetzes finanzierten Forschungseinrichtungen gelten § 57 a Satz 2 und die §§ 57 b bis 57 f des Hochschulrahmengesetzes entsprechend.

§ 2 Mittel Dritter

Mittel Dritter nach § 1 in Verbindung mit § 57 b Abs. 2 Nr. 4, §§ 57 d und 57 e des Hochschulrahmengesetzes sind diejenigen finanziellen Mittel, die den Forschungseinrichtungen oder einzelnen Wissenschaftlern in diesen Einrichtungen über die von den Unterhaltsträgern zur Verfügung gestellten laufenden Haushaltsmittel und Investitionen hinaus zufließen.

§ 3 Berlin-Klausel *(gegenstandslos)*

Während Art. 2 des Gesetzes über befristete Arbeitsverträge mit wissenschaftlichem Personal an   1
Hochschulen und Forschungseinrichtungen vom 14. 6. 1985 (BGBl. I S. 1065) dieses aus drei Paragraphen bestehende Gesetz geschaffen hat, sind durch Art. 1 die **§§ 57 a bis 57 f in das HRG** eingefügt worden.

§ 1 ordnet die **entsprechende Anwendung des § 57 a S. 2 und der §§ 57 b bis 57 f HRG** auf den   2
Abschluß befristeter Arbeitsverträge mit wissenschaftlichem Personal und mit Personal mit ärztlichen Aufgaben an staatlichen Forschungseinrichtungen sowie an überwiegend staatlich oder auf der Grundlage von Artikel 91 b GG finanzierten Forschungseinrichtungen an (vgl. BAG 20. 10. 1999 AP HRG § 57 b Nr. 22). Dazu rechnen vor allem die Max-Planck-Institute, die Institute der Fraunhofer-Gesellschaft sowie weitere Großforschungseinrichtungen im Geschäftsbereich des Bundesministeriums für Forschung und Technologie. Andere Forschungseinrichtungen, insb. solche der Industrie, sind nicht erfaßt.

Zum wissenschaftlichen Personal gehören auch **Wissenschaftler in Leitungsfunktionen**; nicht aber   3
das wissenschaftlich-technische und sonstige Personal (Sächs. LAG 7. 12. 1995 PersR 1997, 36).

§ 2 stellt klar, daß zu den **Drittmitteln** nicht nur die den Einrichtungen oder einzelnen Wissen-   4
schaftlern von dritter Seite, sondern auch die vom Träger der Einrichtung über die laufenden Haushaltsmittel hinaus zur Verfügung gestellten Mittel rechnen.

410. Insolvenzordnung (InsO)

Vom 5. Oktober 1994 (BGBl. I S. 2866)

Zuletzt geändert durch Gesetz vom 8. Dezember 1999 (BGBl. I S. 2384)

(BGBl. III/FNA 311-13)

– Auszug –

Vorbemerkung

1   Die Insolvenzordnung ist am 1. 1. 1999 in Kraft getreten (Art. 110 I EGInsO vom 5. 10. 1994 – BGBl. I S. 2911). Die Vorschriften der §§ 113, 120 bis 122 sowie 125 bis 128 der **Insolvenzordnung** waren **vorzeitig zum 1. 10. 1996 in Kraft** gesetzt worden (Art. 6 des Arbeitsrechtlichen Gesetzes zur Förderung von Wachstum und Beschäftigung – Arbeitsrechtliches Beschäftigungsförderungsgesetz – vom 25. 9. 1996). Die arbeitsrechtlichen Vorschriften der Insolvenzordnung sollen im Insolvenzfall bei grds. Aufrechterhaltung des Kündigungsschutzes und der Geltung des § 613 a BGB deren negative Folgen auf die Sanierung des Unternehmens mildern.

§ 113 Kündigung eines Dienstverhältnisses

(1) [1] Ein Dienstverhältnis, bei dem der Schuldner der Dienstberechtigte ist, kann vom Insolvenzverwalter und vom anderen Teil ohne Rücksicht auf eine vereinbarte Vertragsdauer oder einen vereinbarten Ausschluß des Rechts zur ordentlichen Kündigung gekündigt werden. [2] Die Kündigungsfrist beträgt drei Monate zum Monatsende, wenn nicht eine kürzere Frist maßgeblich ist. [3] Kündigt der Verwalter, so kann der andere Teil wegen der vorzeitigen Beendigung des Dienstverhältnisses als Insolvenzgläubiger Schadenersatz verlangen.

(2) [1] Will ein Arbeitnehmer geltend machen, daß die Kündigung seines Arbeitsverhältnisses durch den Insolvenzverwalter unwirksam ist, so muß er auch dann innerhalb von drei Wochen nach Zugang der Kündigung Klage beim Arbeitsgericht erheben, wenn er sich für die Unwirksamkeit der Kündigung auf andere als die in § 1 Abs. 2 und 3 des Kündigungsschutzgesetzes bezeichneten Gründe beruft. [2] § 4 Satz 4 und § 5 des Kündigungsschutzgesetzes gelten entsprechend.

I. Normzweck

1   Die Eröffnung des Insolvenzverfahrens als solche läßt Bestand und Inhalt der zum Schuldner bestehenden Arbeitsverhältnisse unberührt (vgl. § 108). Ist der AG Schuldner, ist er ab Eröffnung des Insolvenzverfahrens nicht mehr berechtigt, die aus dem Arbeitsverhältnis folgenden Rechte und Pflichten wahrzunehmen. An seine Stelle tritt der Insolvenzverwalter (vgl. §§ 80 ff.). Die Kündigung von Dienstverhältnissen regelt § 113. Diese Norm hat **§ 22 Konkursordnung** (KO – vom 10. 2. 1877 – BGBl. III 311-4) abgelöst, der folgenden Wortlaut hatte:

(1) [1] Ein in dem Haushalte, Wirtschaftsbetriebe oder Erwerbsgeschäfte des Gemeinschuldners angetretenes Dienstverhältnis kann von jedem Teile gekündigt werden. [2] Die Kündigungsfrist ist, falls nicht eine kürzere Frist bedungen war, die gesetzliche.

(2) Kündigt der Verwalter, so ist der andere Teil berechtigt, Ersatz des ihm durch die Aufhebung des Dienstverhältnisses entstehenden Schadens zu verlangen.

2   § 22 KO ist formell erst zum 31. 12. 1998 außer Kraft gesetzt worden. Die Bestimmung war aber inhaltlich bereits durch die **Neuregelung des § 113 I** am 1. 10. 1996 obsolet geworden (BAG 3. 12. 1998 AP InsO § 113 Nr. 1; Hess/Weis/Wienberg, Insolvenzarbeitsrecht, 1997, Rn. 346; Lakies RdA 1997, 145).

3   Um notwendige Kündigungen im Konkursverfahren zu beschleunigen, sieht § 113 I ein gesetzliches Kündigungsrecht und eine gesetzliche Kündigungsfrist für das Dienstverhältnis vor. Damit unterscheidet sich § 113 I von der früheren Regelung in einigen wichtigen Punkten. Die gesetzliche Regelung des § 113 I geht als lex specialis allen längeren Kündigungsfristen unabhängig von ihrer Rechts-

grundlage im Gesetz, im TV, in einer Betriebsvereinbarung oder im Dienstvertrag vor. Im Insolvenzfall gelten, wie schon nach altem Recht, der allgemeine Kündigungsschutz sowie der Sonderkündigungsschutz weiter.

II. Anwendungsbereich

1. Räumlich. Der räumliche Geltungsbereich war bis zum Inkrafttreten der InsO in ihrer Gesamtheit am 1. 1. 1999 auf den Teil der Bundesrepublik Deutschland beschränkt, in dem das GG bereits vor dem 3. 10. 1990 galt. Dies ergab sich aus der Verweisung auf den Geltungsbereich der KO, denn im Beitrittsgebiet galt bis zum 31. 12. 1998 die GesO. Gem. Anlage I Kapitel III Sachgebiet A Abschnitt I Nr. 4 EVertr. wurde die KO im Beitrittsgebiet nicht in Kraft gesetzt. Vielmehr galt gem. Anlage II Kapitel III Abschnitt II Nr. 1 EVertr. die Gesamtvollstreckungsverordnung vom 6. 6. 1990 (GVVO – GBl. DDR I S. 285) mit Maßgaben unter der Bezeichnung „Gesamtvollstreckungsordnung" als Bundesgesetz weiter. Diese zeitlich begrenzte Beibehaltung unterschiedlichen Insolvenzrechts war verfassungsgemäß (BVerfG 26. 4. 1995 BVerfGE 92, 262, 275 f.). Seit dem 1. 1. 1999 findet § 9 II GesO noch Anwendung, wenn die Eröffnung des Gesamtvollstreckungsverfahrens vor diesem Termin beantragt wurde (Art. 103 EGInsO; Kasseler Handbuch/*Müller-Glöge* 11 Rn. 216). § 9 II GesO lautete: 4

(2) **Mit dem Unternehmen des Schuldners bestehende Arbeitsverhältnisse können vom Verwalter und von den Arbeitnehmern, unabhängig von einer vereinbarten Kündigungsfrist, unter Einhaltung der gesetzlichen Frist gekündigt werden.**

Wie § 22 KO und § 113 I (vgl. dazu die dortigen Erl.) diente § 9 II GesO der beschleunigten Beendigung von Arbeitsverhältnissen unabhängig von entgegenstehenden Parteivereinbarungen. Das Arbeitsverhältnis brauchte noch nicht angetreten zu sein, es konnte also vor Dienstantritt gekündigt werden. Unabhängig von abw. einzelvertraglichen Absprachen konnte das Arbeitsverhältnis mit der **gesetzlichen Frist** zu den gesetzlich vorgesehenen Kündigungsterminen gekündigt werden. Das BAG (9. 3. 1995 AP GesO § 9 Nr. 1 = NZA 1996, 99; ebenso *Berscheid*, Konkurs – Gesamtvollstreckung – Sanierung, 1992, S. 93 f., Rn. 80 ff.; *Smid/Müller* GesO § 9 Rn. 156; *Hess/Weis/Wienberg*, Insolvenzarbeitsrecht, 1997, Rn. 1304) hat entschieden, daß gesetzliche Kündigungsfristen auch die in einem TV geregelten Kündigungsfristen sind. § 9 GesO hat anders als § 22 II KO und § 113 I 3 keine Regelung einer Schadensersatzpflicht vorgesehen. Eine **analoge Anwendung von § 22 II KO** kam nicht in Betracht (*Berscheid*, Konkurs – Gesamtvollstreckung – Sanierung, 1992, S. 105, Rn. 140 ff.; *Düwell*, Kölner Schrift zur Insolvenzordnung, 1997, S. 1103, 1107; aA *Hess/Binz/Wienberg* GesO § 9 Rn. 115; generell krit. zur analogen Anwendung von Bestimmungen der KO im Geltungsbereich der GesO: *Blersch*, Auslegung und Ergänzung der Gesamtvollstreckungsordnung, 1993, S. 204 f.).

Maßgeblich war der Sitz des Gemeinschuldners bzw. Schuldners im Zeitpunkt des Konkursantrages bzw. Antrages nach § 2 GesO (vgl. MünchKomm/Ergänzungsband/EGBGB/*Oetker* Art. 232 § 5 Rn. 117; aA *Lakies* RdA 1997, 145: Sitz des Betriebs). Zu etwaigen Gestaltungsmöglichkeiten durch Sitzverlegung vgl. BGH 20. 3. 1996 BGHZ 132, 195 = BB 1996, 1079.

2. Persönlich. § 113 I setzt wie bisher § 22 KO ein Dienstverhältnis iSv. § 611 BGB voraus. Das Dienstverhältnis muß auf eine fortgesetzte Dienstleistung gerichtet sein (zu § 22 KO: *Kuhn/Uhlenbruck* KO, 1994, § 22 Rn. 2). Erfaßt werden in jedem Fall Arbeitsverhältnisse. § 113 I ist auf **Organe juristischer Personen** anwendbar (*Hess/Weis/Wienberg*, Insolvenzarbeitsrecht, 1997, Rn. 355; zu § 22 KO: BGH 29. 1. 1981 BGHZ 79, 291 = NJW 1981, 1270; *Karsten Schmidt* KO, 1997, § 22 Anm. 3 c; *Jäger/Henckel* KO § 22 Rn. 23). 5

Berufsausbildungsverhältnisse können nicht wie andere Dienstverhältnisse in der Insolvenz nach Maßgabe des § 113 I gekündigt werden (KDZ/*Zwanziger* Rn. 10; aA *Düwell*, Kölner Schrift zur Insolvenzordnung, 1997, S. 1103, 1110; *Hess/Weis/Wienberg*, Insolvenzarbeitsrecht, 1997, Rn. 359; *Rummel* AR-Blattei SD 970.1 Rn. 15). Da nach Ablauf der Probezeit die ordentliche Kündigung gem. § 15 II BBiG und damit in einem mit der InsO gleichrangigen Bundesgesetz ausgeschlossen ist, bedarf es der außerordentlichen Kündigung aus wichtigem Grund (*Berscheid* ZInsO 1998, 115, 122). Der Kündigungsgrund ist gegeben, wenn die Fortsetzung der Ausbildung nicht mehr möglich ist. Die außerordentliche Kündigung ist mit der gesetzlichen Kündigungsfrist des § 113 I als Auslauffrist zu erklären. Eines Abstellens auf die an sich nicht anwendbaren Kündigungsfristen und -termine des § 622 BGB bedarf es aufgrund der Regelung des § 113 I nicht mehr (vgl. zur alten Rechtslage BAG 27. 5. 1993 AP KO § 22 Nr. 9 = NZA 1993, 845). Aufgrund der gegebenen Möglichkeit, das Berufsausbildungsverhältnis außerordentlich mit Auslauffrist kündigen zu können, bedarf es keiner analogen Anwendung des § 113 I (vgl. hierzu *Kiel/Koch*, Die betriebsbedingte Kündigung, 2000, Rn. 499). 6

3. Betrieblich. Einschränkungen des betrieblichen Geltungsbereiches sind nicht vorgesehen. Daher findet die Vorschrift auch auf Dienstverhältnisse im Haushalt oder in der Verwaltung Anwendung, sofern es dort zur Insolvenz des Dienstberechtigten kommen kann. 7

8 **4. Zeitlich.** § 113 ist ohne nähere Maßgaben in Kraft getreten und findet deshalb seit dem 1. 10. 1996 auf alle noch nicht förmlich beendeten und alle neueröffneten Konkurs- bzw. Insolvenzverfahren Anwendung (*Karsten Schmidt* KO, 1997, § 22 Anm. 14; aA *Lakies* RdA 1997, 145). Art. 103 und 104 EGInsO sind durch Art. 6 des Arbeitsrechtlichen Beschäftigungsförderungsgesetzes überholt worden. Das Kündigungsrecht des Insolvenzverwalters beginnt mit der Eröffnung des Insolvenzverfahrens. Dem vorläufigen Insolvenzverwalter kommen lediglich die gleichen Befugnisse wie dem Schuldner zu, auf ihn ist § 113 nicht anzuwenden (*Pohlmann*, Befugnisse und Funktionen des vorläufigen Insolvenzverwalters, 1998, Rn. 499; *Reiner Müller* NZA 1998, 1315, 1316; *Lakies* BB 1998, 2638, 2640; aA *Moll* Insolvenzrecht 1998, 1999, S. 206).

III. Gesetzliches Kündigungsrecht

9 Im Insolvenzverfahren des Dienstberechtigten können ab dem Zeitpunkt der Insolvenzeröffnung alle Dienstverhältnisse von beiden Vertragsparteien gekündigt werden. Die Kündigungsmöglichkeit erstreckt sich auch auf solche Dienstverhältnisse, für die eine Vertragsdauer vereinbart oder für die das Recht zur **ordentlichen Kündigung ausgeschlossen** ist. Damit weicht § 113 I erheblich vom Wortlaut des § 22 KO ab, der das Kündigungsrecht als gegeben voraussetzte und sich auf die Regelung der maßgeblichen Kündigungsfrist beschränkte (*Karsten Schmidt* KO, 1997, § 22 Anm. 1).

10 Hinsichtlich einzelvertraglicher Unkündbarkeitsvereinbarungen stellt § 113 I die bisherige Rechtslage klar. Insofern beurteilte das BAG (15. 11. 1990 – 2 AZR 232/90 – nv.; BAG 9. 10. 1997 ZInsO 1998, 142) die einzelvertragliche Unkündbarkeitsklausel als „unendlich lange" Kündigungsfrist und wendete dem. § 22 KO die gesetzliche Kündigungsfrist an. Demgegenüber waren **tarifvertragliche Regelungen der Unkündbarkeit** nach hM konkursfest (aA *Kania/Kramer* RdA 1995, 287, 297 f.). Durch § 113 I ist insofern die Rechtslage geändert worden. Seit dem 1. 10. 1996 sind auch tariflich unkündbare Arbeitsverhältnisse im Insolvenzverfahren ordentlich kündbar (BAG 19. 1. 2000 AP InsO § 113 Nr. 5; *Düwell*, Kölner Schrift zur Insolvenzordnung, 1997, S. 1103, 1113; *Grunsky/Moll*, Arbeitsrecht und Insolvenz, 1997, Rn. 334; *Löwisch* NZA 1996, 1009, 1017; *Preis* NJW 1996, 3369, 3377; *Zwanziger*, Arbeitsrecht der Insolvenzordnung, 1997, Rn. 12; Kasseler Handbuch/*Eisenbeis* 6.9 Rn. 85; aA wegen des Wortlauts der Norm *Lohkemper* KTS 1996, 1, 8; aus verfassungsrechtlichen Gründen zweifelnd *Lakies* RdA 1997, 145, 146). Ist tarifvertraglich der Ausspruch der Kündigung von der Zustimmung des BR abhängig gemacht worden, verdrängt § 113 I dieses Zustimmungserfordernis nicht, es ist aber zu prüfen, ob dieses Erfordernis überhaupt im Falle einer Betriebsstillegung durch den Insolvenzverwalter gilt (BAG 19. 1. 2000 – 4 AZR 910/98 – nv.).

11 Das Kündigungsrecht gilt auch und gerade für **befristete Dienstverhältnisse** unabhängig davon, ob das ordentliche Kündigungsrecht vorbehalten ist oder nicht (LAG Düsseldorf 5. 11. 1999 BB 2000, 622, 623; *Hess/Weis/Wienberg* Insolvenzarbeitsrecht, 1997, Rn. 434; *Lakies* RdA 1997, 145, 146).

12 Der in § 113 I verwendete Begriff der Kündigung ist weit zu verstehen, er erfaßt neben der Beendigungs- auch die Änderungskündigung (vgl. BT-Drucks. 12/7302 Nr. 72; *Schmidt-Räntsch* InsO, 1995, Rn. 5; *Schrader* NZA 1997, 70). Der Insolvenzverwalter hat auch bei einer Kündigung nach § 113 I die **Verhältnismäßigkeit** zu beachten und zu prüfen, ob nicht anstelle der Beendigungskündigung eine Änderungskündigung in Betracht kommt (*Uhlenbruck*, Das neue Insolvenzrecht, 1994, S. 49).

13 Das Dienstverhältnis kann nur gekündigt werden, wenn der **Schuldner der Dienstberechtigte** ist. Gerät der Dienstverpflichtete (AN) in Konkurs, findet § 113 I ebenso wie zuvor § 22 KO weder unmittelbare noch entsprechende Anwendung.

14 Da § 113 I abw. von § 22 KO nicht mehr verlangt, daß das **Dienstverhältnis angetreten** sein muß, kann der Insolvenzverwalter das Dienstverhältnis auch vor Dienstantritt kündigen (*Moll* Insolvenzrecht 1998, 1999, S. 206). Die Frist beginnt bei Zugang der Kündigung zu laufen, eine Mindestvertragslaufzeit wird somit durch § 113 I nicht gewährleistet. Bei noch nicht angetretenen Dienstverhältnissen hat der Insolvenzverwalter anders als noch nach § 17 KO kein Wahlrecht nach § 103 (*Berscheid* ZInsO 1998, 115, 116).

15 Das Kündigungsrecht nach § 113 I beginnt mit **Eröffnung des Insolvenzverfahrens**. Die Kündigung muß nicht unverzüglich nach Insolvenzeröffnung erklärt werden (zu § 22 KO: *Rummel* AR-Blattei SD 970.1 Rn. 22; *Berscheid* ZInsO 1998, 115, 118). Kündigt der Insolvenzverwalter zunächst nicht, ist hierin kein Verzicht auf eine Kündigung zu sehen (zu § 22 KO: KR/*Weigand* § 22 KO Rn. 15). Die Wirksamkeit der vom Insolvenzverwalter ausgesprochenen Kündigung ist nicht vom Fortbestehen des Insolvenzverfahrens abhängig (*Rummel* AR-Blattei SD 970.1 Rn. 24).

16 **§ 113 I ist zwingend** (*Hess/Weis/Wienberg* Insolvenzarbeitsrecht, 1997, Rn. 414; *Schrader* NZA 1997, 70, 71).

17 Der Insolvenzverwalter muß die Kündigung nicht selbst aussprechen. Er kann sich eines **Bevollmächtigten** bedienen (BAG 21. 7. 1988 AP KSchG 1969 § 1 Soziale Auswahl Nr. 17 = NZA 1989, 264).

IV. Kündigungsfrist und -form

Gem. § 22 KO durfte der Konkursverwalter unter Beachtung der gesetzlichen Kündigungsfristen **18** selbst dann kündigen, wenn eine längere vertragliche Frist vereinbart war. **Tarifliche Kündigungsfristen** waren gesetzliche Kündigungsfristen iSv. § 22 I 2 KO (BAG 7. 6. 1984 AP KO § 22 Nr. 5 = NZA 1985, 121). Die verkürzte Kündigungsfrist galt auch für Änderungskündigungen.

Wird nach § 113 I gekündigt, ist nach S. 2 eine **Kündigungsfrist von drei Monaten zum Monats- 19 ende** einzuhalten, wenn nicht aus anderen Gründen eine kürzere Frist maßgeblich ist. Die Drei-Monats-Frist ist Höchstfrist (BAG 3. 12. 1998 AP InsO § 113 Nr. 1) und lex specialis (BAG 16. 6. 1999 AP InsO § 113 Nr. 3). Sie gilt auch, wenn in anderen Gesetzen längere Fristen vorgesehen sind. Die Vorschrift ist verfassungsgemäß (BAG 16. 6. 1999 AP InsO § 113 Nr. 3; ferner BVerfG 8. 2. 1999 NZA 1999, 597) und verdrängt längere tarifvertraglich geregelte Fristen (BAG 16. 6. 1999 AP InsO § 113 Nr. 3; LAG Hamm 13. 8. 1997 BB 1998, 541; *Lakies* RdA 1997, 145, 146; *Warrikoff* BB 1994, 2338; Kasseler Handbuch/*Eisenbeis* 6.9 Rn. 84; aA wegen verfassungsrechtlicher Bedenken *Zwanziger*, Arbeitsrecht der Insolvenzordnung, 1997, Rn. 13). Demzufolge finden tarifvertragliche Fristen Anwendung, wenn sie kürzer sind als die des § 113 I 2 (*Warrikoff* BB 1994, 2338; *Lohkemper* KTS 1996, 1, 6). Gleiches gilt für kürzere gesetzliche und zulässigerweise (vgl. § 622 BGB) einzelvertraglich vereinbarte Kündigungsfristen (BAG 3. 12. 1998 AP InsO § 113 Nr. 1). Ist in einem befristeten Arbeitsvertrag die ordentliche Kündigung ausgeschlossen worden, kann mit der Frist des § 113 I 2 und nicht mit der ansonsten anwendbaren gesetzlichen Kündigungsfrist gekündigt werden (BAG 6. 7. 2000 – 2 AZR 695/99 – zVb.; LAG Düsseldorf 5. 11. 1999 BB 2000, 622, 623).

Das Gesetz enthält **keine Formvorschrift** und entbindet nicht von vereinbarten Formvorschriften. **20** Seit dem 1. 5. 2000 findet die Formvorschrift des § 623 BGB Anwendung (vgl. die dortigen Erl.), so daß auch die aufgrund von § 113 erklärten Kündigungen kraft Gesetzes der Schriftform bedürfen. War für eine vor diesem Zeitpunkt erklärte Kündigung eine besondere Form vereinbart, mußte diese eingehalten werden (zu § 22 KO: BAG 19. 10. 1977 AP KO § 22 Nr. 3 = SAE 1978, 265 m. Anm. *W. Blomeyer*; Kuhn/Uhlenbruck KO, 1994, § 22 Rn. 12). Die in einem TV vorgesehene Schriftform war als gesetzliche Schriftform zu beachten (BAG 9. 2. 1972 AP BAT § 4 Nr. 1 = RdA 1972, 252; BAG 6. 9. 1972 AP BAT § 4 Nr. 2 = RdA 1973, 63; BAG 18. 5. 1977 AP BAT § 4 Nr. 4 = DB 1977, 2145). Hat der Insolvenzverwalter die tarifliche Schriftform nicht eingehalten, ist die nur mündlich ausgesprochene Kündigung unwirksam (zu § 22 KO: LAG Düsseldorf 27. 2. 1976 BB 1976, 1076; Kuhn/Uhlenbruck KO, 1994, § 22 Rn. 12).

V. Allgemeiner Kündigungsschutz

Soweit das KSchG nach seinem persönlichen und betrieblichen Geltungsbereich Anwendung findet, **21** ist es auch bei einer Kündigung nach § 113 I zu beachten (vgl. zur früheren Rechtslage BAG 16. 9. 1982 AP KO § 22 Nr. 4 = NJW 1983, 1341). § 113 I begründet zwar ein eigenständiges Kündigungsrecht, stellt aber von anderen gesetzlichen Regelungen der Kündigung von Dienstverhältnissen nicht frei. Der Insolvenzverwalter wird zumeist **betriebsbedingte Kündigungen** erklären. Diese sind iSv. § 1 II KSchG durch dringende betriebliche Erfordernisse bedingt und damit sozial gerechtfertigt, wenn durch die unternehmerische Entscheidung des Insolvenzverwalters die Beschäftigungsmöglichkeiten für den oder die gekündigten AN entfallen sind (vgl. § 1 KSchG Rn. 379 ff.). Sofern nicht die besondere Regelung des § 125 für Massenentlassungen eingreift oder allen AN gekündigt wird, sind auch bei der betriebsbedingten Kündigung im Insolvenzfall soziale Auswahlerwägungen zu beachten (vgl. dazu § 1 KSchG Rn. 461 ff.). Dies gilt auch bei einer in Etappen erfolgenden Betriebsstillegung (BAG 16. 9. 1982 AP KO § 22 Nr. 4 = NJW 1983, 1341). Es ist eine andere Frage, ob mit Abwicklungsarbeiten eingearbeitete AN der Regelung des § 1 III 2 KSchG unterfallen (vgl. dazu § 1 KSchG Rn. 512 ff.).

VI. Besonderer Kündigungsschutz

§ 113 I schließt die Regelungen des besonderen Kündigungsschutzes für AN nicht aus (*Warrikoff* **22** BB 1994, 2338). Neben § 113 I sind daher die **Kündigungsschutzbestimmungen** in Art. 48 II 2 GG und entsprechenden Vorschriften des Schutzes von Abgeordneten, § 15 KSchG, § 17 III KSchG, § 9 MuSchG, § 18 BErzGG, § 613 a IV BGB und §§ 15, 21 SchwbG anzuwenden.

Bei **Wehr- und Ersatzdienst** kann nur gem. § 2 ArbPlSchG, §§ 78 I Nr. 1, 15 a ZDG gekündigt **23** werden (zu § 22 KO: KR/*Weigand* § 22 KO Rn. 21; *Kuhn/Uhlenbruck* KO, 1994, § 22 Rn. 17). Diese Kündigungsverbote ohne Erlaubnisvorbehalt sind keine „vereinbarten" Regelungen der ordentlichen Unkündbarkeit iSv. § 113 I und haben in der Insolvenz Bestand (krit. *Zwanziger*, Arbeitsrecht der Insolvenzordnung, 1997, Rn. 10).

Die **Bestimmungen des BetrVG** (insb. §§ 102, 103) sind vom Insolvenzverwalter zu beachten. Der **24** BR behält, wenn der Betrieb stillgelegt wird, die Funktionsfähigkeit für die Wahrnehmung der betriebsverfassungsrechtlichen Rechte. Deren Ausübung erfolgt durch den BR insgesamt, nicht allein durch den Vorsitzenden (BAG 14. 11. 1978 AP KO § 59 Nr. 6 = DB 1979, 849). Der Insolvenzverwalter hat bei allen Rechtshandlungen die Mitwirkungsrechte des BR zu beachten (BAG 20. 11. 1970 AP BetrVG § 72 Nr. 8 = NJW 1971, 774; BAG 17. 9. 1974 AP BetrVG 1972 § 113 Nr. 1 = NJW 1975, 182). Der BR ist vor jeder Kündigung anzuhören.

25 Der besondere Kündigungsschutz von **BRMitgliedern nach § 15 KSchG** bleibt im Insolvenzverfahren bestehen (KR/*Weigand* Rn. 21; *Kuhn/Uhlenbruck* KO, 1994, § 22 Rn. 17). Die Eröffnung des Insolvenzverfahrens stellt keinen wichtigen Grund dar, einem BRMitglied außerordentlich zu kündigen (BAG 29. 3. 1977 AP BetrVG 1972 § 102 Nr. 11 = NJW 1977, 2182). In den Fällen der (Teil-)Betriebsstillegung ist der Ausspruch einer ordentlichen Kündigung möglich (§ 15 IV und V KSchG), die von keiner Zustimmung des BR abhängig ist. Bei einem BRMitglied, das tariflich ordentlich unkündbar ist, kann unter den gleichen Voraussetzungen die außerordentliche betriebsbedingte Kündigung mit Auslauffrist ohne Zustimmung des BR erklärt werden (BAG 18. 9. 1997 AP BetrVG 1972 § 103 Nr. 35).

26 **Schwerbehinderten** AN kann auch im Insolvenzverfahren nur nach Maßgabe der §§ 15, 21 SchwbG gekündigt werden. Der Insolvenzverwalter hat die Zustimmung der Hauptfürsorgestelle einzuholen. Die in Art. 97 EGInsO geregelte Änderung des § 19 SchwbG macht die Erteilung der Zustimmung im Insolvenzverfahren zur gebundenen Sollbestimmung (vgl. § 19 SchwbG).

27 Ebenso schränkt § 9 MuSchG die Kündigungsmöglichkeit ein (BAG 25. 10. 1968 AP KO § 22 Nr. 1 m. Anm. *Böhle-Stamschräder* = NJW 1969, 525). Gem. § 9 III MuSchG kann die Kündigung in einem „besonderen Fall" wie der Stillegung des Betriebes in der Insolvenz für zulässig erklärt werden (vgl. BVerwG 18. 8. 1977 AP MuSchG 1968 § 9 Nr. 5 = DÖV 1978, 660).

VII. Betriebsübergang

28 **§ 613 a BGB** findet im Insolvenzverfahren Anwendung, wie sich aus der Regelung des § 128 II ergibt (vgl. zur KO: BAG 17. 1. 1980 AP BGB § 613 a Nr. 18 = NJW 1980, 1124; BAG 26. 5. 1983 AP BGB § 613 a Nr. 34 = NJW 1984, 627; *Kuhn/Uhlenbruck* KO, 1994, § 22 Rn. 11; vgl. § 128).

VIII. Außerordentliche Kündigung

29 Die Eröffnung des Insolvenzverfahrens läßt das Recht beider Vertragsparteien zur außerordentlichen Kündigung aus **wichtigem Grund** unberührt. Allerdings stellt die Eröffnung des Insolvenzverfahrens selbst keinen wichtigen Grund zu einer außerordentlichen Kündigung dar (BAG 25. 10. 1968 AP KO § 22 Nr. 1 = NJW 1969, 525; *Kuhn/Uhlenbruck* KO, 1994, § 22 Rn. 20). Die Ausschlußfrist des § 626 II BGB ist vom Insolvenzverwalter zu beachten. Hat sie vor Eröffnung durch Kenntnis des Gemeinschuldners oder seines kündigungsberechtigten Vertreters begonnen, wird sie durch die Eröffnung des Insolvenzverfahrens nicht unterbrochen, sondern wirkt zu Lasten des Insolvenzverwalters (*Jaeger/Henckel* KO, 1997, § 22 Rn. 38).

IX. Kündigung des Arbeitnehmers

30 Kündigt der AN, ist er ebenfalls an die Höchstfrist des § 113 I 2 gebunden. Er kann ohne wichtigen Grund nicht fristlos kündigen.

X. Schadensersatz (§ 113 I 3)

31 Kündigt der Insolvenzverwalter, kann der andere Teil wegen der vorzeitigen Beendigung des Dienstverhältnisses **Schadensersatz als Insolvenzgläubiger** verlangen. Der ersatzfähige Schaden besteht allein in dem durch die vorzeitige **Kündigung verursachten Ausfall** (LAG Bremen 13. 5. 1953 BB 1953, 472; *Zwanziger*, Arbeitsrecht der Insolvenzordnung, 1997, Rn. 16). Der verschuldensunabhängige Schadensersatzanspruch greift deshalb nur, wenn das Dienstverhältnis ansonsten ordentlich nicht kündbar oder die Frist des § 113 I 2 kürzer als die außerhalb des Insolvenzverfahrens maßgebliche Kündigungsfrist ist (zu § 22 KO: LAG Rheinland-Pfalz 28. 1. 1983 DB 1983, 1314). Somit besteht kein Schadensersatzanspruch, wenn auch vor § 113 I zum fraglichen Zeitpunkt hätte gekündigt werden können (zu § 22 KO: *Kuhn/Uhlenbruck* KO, 1994, § 22 Rn. 22 a).

32 Schadensersatz in **Höhe des vollen Entgelts** wird nur geschuldet, wenn der AN kein neues Arbeitseinkommen erzielt. Die Schadenshöhe bemißt sich nach der regulären Vertragslaufzeit. Sie ist ggf. zu schätzen (§ 287 ZPO). Die vorzeitige Auflösung eines ordentlich unkündbaren Arbeitsverhältnisses ist analog §§ 9, 10 KSchG (vgl. § 628 BGB Rn. 73) zu bewerten (aA *Berscheid* ZInsO 1998, 159, 165). Der Schaden kann auch in dem Ausfall einer betrieblichen Altersversorgung liegen, wenn der AN durch die vorzeitige Auflösung des Arbeitsverhältnisses die notwendige Betriebszugehörigkeit nicht erreicht (vgl. LAG Düsseldorf 11. 5. 1979 ARSt. 1979, 134; *Kuhn/Uhlenbruck* KO, 1994, § 22 Rn. 22).

33 Bei einer **Eigenkündigung** steht dem AN kein Schadensersatzanspruch nach § 113 I 3 zu (vgl. zu § 22 KO: *Kuhn/Uhlenbruck* KO, 1994, § 22 Rn. 22 c; KR/*Weigand* § 22 KO Rn. 28). Andere Schadensersatzansprüche wie zB § 628 II BGB bleiben unberührt.

§ 113 I 3 stellt jetzt klar, daß der Betroffene den Schaden lediglich als Insolvenzgläubiger geltend 34
machen kann. Ebenso war bereits der Schadensersatzanspruch des AN gem. § 628 II BGB nach
Auffassung des BAG (13. 8. 1980 AP KO § 59 Nr. 11 = NJW 1981, 885) im Konkurs des AG nach
§ 61 I Nr. 6 KO als einfache Konkursforderung zu berichtigen. Der Schadensersatzanspruch tritt
nicht an die Stelle des Entgeltanspruchs, sondern knüpft gerade an die Beendigung des Arbeitsverhältnisses an.

XI. Klagefrist (§ 113 II)

§ 113 II hat eine einheitliche **Klagefrist von drei Wochen** zur Geltendmachung aller Unwirksam- 35
keitsgründe einer Kündigung eingeführt. Diese Regelung gilt anders als § 113 I nicht für alle Dienstverhältnisse, sondern allein für Arbeitsverhältnisse. Sie findet auch auf Arbeitsverhältnisse Anwendung, die nicht dem Anwendungsbereich des KSchG unterliegen, weil die notwendige Betriebsgröße (§ 23 KSchG) und/oder die Mindestbeschäftigungsdauer (§ 1 KSchG) nicht erreicht werden (*Düwell*, Kölner Schrift zur Insolvenzordnung, 1997, S. 1103, 1124 f.; *Moll* Insolvenzrecht 1998, 1999, S. 211; aA *Zwanziger*, Arbeitsrecht der Insolvenzordnung, 1997, Rn. 22; *Giesen* ZIP 1998, 46, 48). Sie gilt für Berufsausbildungsverhältnisse (*Lakies* BB 1998, 2638, 2641), § 111 II ArbGG ist aber zu beachten (*Berscheid* ZInsO 1998, 159, 168).

§ 113 II begründet die Notwendigkeit einer fristgebundenen Klage für **alle Unwirksamkeitsgründe** 36
einer vom Verwalter ausgesprochenen Kündigung mit Ausnahme der Sozialwidrigkeit, für die weiterhin §§ 4 bis 7 KSchG gelten. Erfaßt sind damit ua. §§ 102, 103 BetrVG, § 15 KSchG, § 17 III KSchG, § 9 MuSchG, § 18 BErzGG, §§ 15, 21 SchwbG, § 613 a IV BGB und auch bürgerlichrechtliche Unwirksamkeitsgründe wie Willensmängel oder Nichteinhaltung der Schriftform gem. § 623 BGB (*Berscheid* ZInsO 2000, 208, 209). Der Anwendungsbereich entspricht § 13 KSchG (vgl. dazu § 13 KSchG Rn. 28 ff.). Somit erfaßt die Klagefrist auch die Unwirksamkeit einer Kündigung mit unzutreffender Frist zum falschen Termin, die in eine Kündigung zum richtigen Termin umzudeuten wäre (vgl. § 622 BGB Rn. 26; aA *Moll* Insolvenzrecht 1998, 1999, S. 211; *Schaub* DB 1999, 217, 220; *Kiel/Koch*, Die betriebsbedingte Kündigung, 2000, Rn. 504), denn die Umdeutung setzt die Unwirksamkeit der Kündigung voraus (vgl. KR/*Friedrich* § 13 KSchG Rn. 225).

Zur Anwendung von § 4 KSchG vgl. die dortigen Erl. Aufgrund der entsprechenden Anwendung 37
von § 4 S. 4 KSchG beginnt in den Fällen, in denen die Kündigung der Zustimmung einer Behörde (zB Zustimmung der Hauptfürsorgestelle) bedarf, die Frist erst mit der Bekanntgabe der Entscheidung der Behörde an den AN an zu laufen. Ist die Klagefrist versäumt, findet § 5 KSchG entsprechende Anwendung. Die Frist besitzt **materiellrechtliche Wirkung.** Wird fristgerecht keine Klage erhoben und beschließt das ArbG keine nachträgliche Zulassung der Klage, gilt die Kündigung analog § 7 KSchG als wirksam (*Fischermeier* NZA 1997, 1089, 1098; *Lohkemper* KTS 1996, 1, 11; *Zwanziger*, Arbeitsrecht der Insolvenzordnung, 1997, Rn. 22 und 40). Die Klage ist als unbegründet abzuweisen (*Berscheid* ZInsO 1998, 159, 167; aA [Abweisung der Klage als unzulässig] *v. Hoyningen-Huene/Linck* DB 1997, 41, 45; Kasseler Handbuch/*Eisenbeis* 6.9 Rn. 176; *Grunsky/Moll*, Arbeitsrecht und Insolvenz, 1997, Rn. 420). Ebenso wie § 7 findet auch § 6 KSchG entsprechende Anwendung (offen gelassen von BAG 19. 1. 2000 AP InsO § 113 Nr. 5).

XII. Vergleichsverfahren

Gem. Art. 2 Nr. 1 iVm. Art. 110 EGInsO vom 5. 10. 1994 (BGBl. I S. 2911) ist die Vergleichs- 38
ordnung in der im BGBl. III veröffentlichten bereinigten Fassung (Gliederungsnummer 311–1) mit Ablauf des 31. 12. 1998 aufgehoben worden. Die Vergleichsordnung regelte in § 51 die Kündigung von Dienstverhältnissen abw. von der generellen Bestimmung für gegenseitige Verträge des § 50 wie folgt:

(1) **Auf Miet- und Pachtverträge, bei denen der Schuldner der Vermieter oder der Verpächter ist, sowie auf Dienstverträge, bei denen der Schuldner der zur Dienstleistung Verpflichtete ist, finden die Vorschriften des § 50 keine Anwendung.**

(2) **Auf Miet- und Pachtverträge, bei denen der Schuldner der Mieter oder der Pächter ist und der Miet- oder Pachtgegenstand ihm vor der Eröffnung des Verfahrens bereits überlassen worden ist, sowie auf Dienstverträge, bei denen der Schuldner der Dienstberechtigte ist, finden die Vorschriften des § 50 mit der Änderung Anwendung, daß an die Stelle der Befugnis zur Ablehnung der Erfüllung oder der weiteren Erfüllung die Befugnis tritt, das Vertragsverhältnis ohne Rücksicht auf eine vereinbarte Vertragsdauer unter Einhaltung der gesetzlichen Frist zu kündigen.**

Im Vergleichsverfahren konnte der Vergleichsverwalter mit **Ermächtigung des Vergleichsgerichts** 39
unter Einhaltung der gesetzlichen Kündigungsfrist kündigen, auch wenn vertraglich längere Kündigungsfristen vereinbart waren (§ 51 II iVm. § 50 VglO). Das Gericht sollte vor der Erteilung der Ermächtigung den AN als Vertragsgegner hören. Die Ermächtigung sollte nur erteilt werden, wenn

die Erfüllung oder die weitere Erfüllung des Vertrages das Zustandekommen oder die weitere Erfüllbarkeit des Vergleiches gefährdete und die Ablehnung der Erfüllung dem Vertragsgegner keinen unverhältnismäßigen Schaden brächte (§ 50 II 5 VerglO).

40 Das KSchG war wie im Konkursverfahren **anwendbar**, die Ermächtigung des Vergleichsgerichts ersetzte weder § 1 II noch § 1 III KSchG (*Grunsky*, Arbeitsverhältnis im Konkurs- und Vergleichsverfahren, 1994, S. 94; Kasseler Handbuch/*Eisenbeis* [1. Aufl.] 1.9 Rn. 619 f.; KR/*Etzel* § 1 KSchG Rn. 183; aA *Bley/Mohrbutter* VerglO, 1979, § 51 Rn. 46 c; *Böhle-Stamschräder/Kilger* VerglO, 1986, § 51 Bem. 6), denn das Vergleichsgericht war nicht an den Maßstab des § 1 KSchG gebunden. Die Bestimmungen des besonderen Kündigungsschutzes fanden gleichfalls Anwendung (*Bley/Mohrbutter* VerglO, 1979, § 51 Rn. 47 ff.; *Berscheid*, Konkurs – Gesamtvollstreckung – Sanierung, 1992, S. 8, Rn. 40; KR/*Weigand* §§ 50, 51 VerglO Rn. 17 ff.).

§ 120 Kündigung von Betriebsvereinbarungen

(1) ¹Sind in Betriebsvereinbarungen Leistungen vorgesehen, welche die Insolvenzmasse belasten, so sollen Insolvenzverwalter und Betriebsrat über eine einvernehmliche Herabsetzung der Leistungen beraten. ²Diese Betriebsvereinbarungen können auch dann mit einer Frist von drei Monaten gekündigt werden, wenn eine längere Frist vereinbart ist.

(2) Unberührt bleibt das Recht, eine Betriebsvereinbarung aus wichtigem Grund ohne Einhaltung einer Kündigungsfrist zu kündigen.

§ 121 Betriebsänderungen und Vermittlungsverfahren

Im Insolvenzverfahren über das Vermögen des Unternehmers gilt § 112 Abs. 2 Satz 1 des Betriebsverfassungsgesetzes mit der Maßgabe, daß dem Verfahren vor der Einigungsstelle nur dann ein Vermittlungsversuch des Präsidenten des Landesarbeitsamts vorangeht, wenn der Insolvenzverwalter und der Betriebsrat gemeinsam um eine solche Vermittlung ersuchen.

§ 122 Gerichtliche Zustimmung zur Durchführung einer Betriebsänderung

(1) ¹Ist eine Betriebsänderung geplant und kommt zwischen Insolvenzverwalter und Betriebsrat der Interessenausgleich nach § 112 des Betriebsverfassungsgesetzes nicht innerhalb von drei Wochen nach Verhandlungsbeginn oder schriftlicher Aufforderung zur Aufnahme von Verhandlungen zustande, obwohl der Verwalter den Betriebsrat rechtzeitig und umfassend unterrichtet hat, so kann der Verwalter die Zustimmung des Arbeitsgerichts dazu beantragen, daß die Betriebsänderung durchgeführt wird, ohne daß das Verfahren nach § 112 Abs. 2 Betriebsverfassungsgesetzes vorangegangen ist. ² § 113 Abs. 3 des Betriebsverfassungsgesetzes ist insoweit nicht anzuwenden. ³Unberührt bleibt das Recht des Verwalters, einen Interessenausgleich nach § 125 zustande zu bringen oder einen Feststellungsantrag nach § 126 zu stellen.

(2) ¹Das Gericht erteilt die Zustimmung, wenn die wirtschaftliche Lage des Unternehmens auch unter Berücksichtigung der sozialen Belange der Arbeitnehmer erfordert, daß die Betriebsänderung ohne vorheriges Verfahren nach § 112 Abs. 2 des Betriebsverfassungsgesetzes durchgeführt wird. ²Die Vorschriften des Arbeitsgerichtsgesetzes über das Beschlußverfahren gelten entsprechend; Beteiligte sind der Insolvenzverwalter und der Betriebsrat. ³Der Antrag ist nach Maßgabe des § 61 a Abs. 3 bis 6 des Arbeitsgerichtsgesetzes vorrangig zu erledigen.

(3) ¹Gegen den Beschluß des Gerichts findet die Beschwerde an das Landesarbeitsgericht nicht statt. ²Die Rechtsbeschwerde an das Bundesarbeitsgericht findet statt, wenn sie in dem Beschluß des Arbeitsgerichts zugelassen wird; § 72 Abs. 2 und 3 des Arbeitsgerichtsgesetzes gilt entsprechend. ³Die Rechtsbeschwerde ist innerhalb eines Monats nach Zustellung der in vollständiger Form abgefaßten Entscheidung des Arbeitsgerichts beim Bundesarbeitsgericht einzulegen und zu begründen.

Zu den §§ 120–122 InsO vgl. die Kommentierung zu §§ 112, 112 a BetrVG.

§ 125 Interessenausgleich und Kündigungsschutz

(1) ¹Ist eine Betriebsänderung (§ 111 des Betriebsverfassungsgesetzes) geplant und kommt zwischen Insolvenzverwalter und Betriebsrat ein Interessenausgleich zustande, in dem die Arbeitnehmer, denen gekündigt werden soll, namentlich bezeichnet sind, so ist § 1 des Kündigungsschutzgesetzes mit folgenden Maßgaben anzuwenden:
1. es wird vermutet, daß die Kündigung der Arbeitsverhältnisse der bezeichneten Arbeitnehmer durch dringende betriebliche Erfordernisse, die einer Weiterbeschäftigung in diesem Betrieb

oder einer Weiterbeschäftigung zu unveränderten Arbeitsbedingungen entgegenstehen, bedingt ist;
2. die soziale Auswahl der Arbeitnehmer kann nur im Hinblick auf die Dauer der Betriebszugehörigkeit, das Lebensalter und die Unterhaltspflichten und auch insoweit nur auf grobe Fehlerhaftigkeit nachgeprüft werden; sie ist nicht als grob fehlerhaft anzusehen, wenn eine ausgewogene Personalstruktur erhalten oder geschaffen wird.
²Satz 1 gilt nicht, soweit sich die Sachlage nach Zustandekommen des Interessenausgleichs wesentlich geändert hat.

(2) Der Interessenausgleich nach Absatz 1 ersetzt die Stellungnahme des Betriebsrats nach § 17 Abs. 3 Satz 2 des Kündigungsschutzgesetzes.

§ 125 modifiziert § 1 KSchG, wenn eine **Betriebsänderung iSv.** § 111 BetrVG geplant ist und 1 zwischen Insolvenzverwalter und Betriebsrat ein **Interessenausgleich** zustande kommt, in dem die AN, denen gekündigt werden soll, namentlich bezeichnet sind. Die Vorschrift soll eine zügige Durchführung von Rationalisierungsmaßnahmen ermöglichen (KP/*Moll* Rn. 7). Neben § 125 gilt auch § 1 KSchG. § 125 ist jedoch lex specialis zu § 1 KSchG (HKI/*Irschlinger* Rn. 1; KP/*Moll* Rn. 8) und verdrängt die Regelung in § 1 IV KSchG (*Lakies* RdA 1997, 145, 150). Dem vorläufigen Insolvenzverwalter steht der Weg über § 125 nicht offen (KDZ/*Däubler* Rn. 2; HKI/*Irschlinger* Rn. 4). § 125 regelt den Fall, daß Einvernehmen mit dem Betriebsrat besteht. Eine Ausdehnung des Regelungsgehalts auf einen Sozialplan ist jedenfalls dann nicht zulässig, wenn der Sozialplan nicht freiwillig vereinbart wurde (vgl. *Lakies* RdA 1997, 145, 149). Die Vorschrift wird in der Praxis vorwiegend die Fälle erfassen, bei denen nur ein Teil des Betriebs stillgelegt wird, ein anderer oder mehrere andere jedoch fortgeführt wird oder werden. Wird der Betrieb ganz stillgelegt, entfällt die Sozialauswahl. § 125 gilt auch für **Änderungskündigungen** (HKI/*Irschlinger* Rn. 5; KBK 13/133; *Warrikoff* BB 1994, 2338, 2341; *Schrader* NZA 1997, 70, 74; *Zwanziger* BB 1997, 626; *Lakies* RdA 1997, 145, 149). Haben die Betriebspartner einen Interessenausgleich abgeschlossen, ist ein späteres Beschlußverfahren gemäß § 126 InsO gleichwohl zulässig, wenn wegen einer weiteren Betriebsänderung ein Interessenausgleich nicht zustande kommt (BAG 20. 1. 2000 – 2 ABR 30/99 zVb.).

Voraussetzung für die Anwendung von § 125 ist eine nach § 111 BetrVG mögliche Betriebsän- 2 derung (HKI/*Irschlinger* Rn. 3; KDZ/*Däubler* Rn. 7), zur Betriebsänderung vgl. § 111 BetrVG. § 125 greift daher nicht bei Kleinbetrieben (FK/*Eisenbeis* Rn. 2). Soweit die Voraussetzungen für den Abschluß eines Interessenausgleichs nach dem BetrVG nicht vorliegen, genügt es nicht, daß ein „freiwilliger" Interessenausgleich vereinbart wird (KP/*Moll* Rn. 28). Es reicht aus, daß die Betriebsänderung **geplant** ist. Voraussetzung für die Anwendung von § 125 ist nicht, daß sie später auch durchgeführt wird (KP/*Moll* Rn. 12). Zwischen der Betriebsänderung und dem Interessenausgleich muß ein sachlicher und zeitlicher Zusammenhang bestehen (KP/*Moll* Rn. 34). Es ist unzulässig, von der Möglichkeit des § 125 praktisch „auf Vorrat" Gebrauch zu machen.

Die §§ 125 und 126 bieten dem Insolvenzverwalter zusätzliche Möglichkeiten. § 125 schließt nicht 3 aus, daß der Verwalter keinen Interessenausgleich abschließt und AN unter voller Anwendung des KSchG kündigt. Er verzichtet dann darauf, Kündigungen auszusprechen, die ohne die Vorteile der Vorschriften der InsO gerichtlich überprüft werden (*Warrikoff* BB 1994, 2338, 2341). Ist in einem Betrieb kein Betriebsrat vorhanden oder kommt ein Interessenausgleich nicht zustande, steht dem Insolvenzverwalter das Verfahren nach § 126 offen.

Der **Interessenausgleich** bedarf der **Schriftform** (KP/*Moll* Rn. 22; FK/*Eisenbeis* Rn. 6). Der Inter- 4 essenausgleich ist nicht erzwingbar (KP/*Moll* Rn. 22; HKI/*Irschlinger* Rn. 8). Ein Sozialplan, in dem die AN namentlich bezeichnet werden, entspricht den Voraussetzungen des § 125 nur, wenn er freiwillig zustande gekommen ist. Die **Namensliste** muß mit dem Interessenausgleich eine **einheitliche Urkunde** bilden. Es genügt hierfür, daß sie mittels Heftmaschine fest mit dem Interessenausgleich verbunden ist (FK/*Eisenbeis* Rn. 6; HKI/*Irschlinger* Rn. 9; KP/*Moll* Rn. 32).

Kommt der bezeichnete **Interessenausgleich zustande**, wird im Rahmen eines Individualprozesses 5 nach § 1 KSchG **vermutet**, daß die **Kündigung der namentlich bezeichneten AN durch dringende betriebliche Erfordernisse** bedingt ist, die einer Weiterbeschäftigung in diesem Betrieb oder einer Weiterbeschäftigung zu unveränderten Arbeitsbedingungen entgegenstehen. Die Vermutung erstreckt sich damit auch auf eine fehlende Weiterbeschäftigungsmöglichkeit (FK/*Eisenbeis* Rn. 7; HKI/*Irschlinger* Rn. 11; KBK 13/137; KP/*Moll* Rn. 36). Nach § 128 II InsO wird die Vermutung auch darauf erstreckt, daß sie nicht wegen eines Betriebsübergangs erfolgt ist. § 125 I Nr. 1 stellt auf eine fehlende Weiterbeschäftigungsmöglichkeit in dem Betrieb ab, nicht auf eine solche in dem Unternehmen (KDZ/*Däubler* Rn. 15; *Lakies* RdA 1997, 145; *Giesen* ZIP 1998, 46, 50; aA KP/Moll Rn. 36).

Die AN müssen konkret mit Namen erfaßt werden (KBK 13/118, 135; KDZ/*Däubler* Rn. 10; KP/ 6 *Moll* Rn. 25; *Uhlenbruck* S. 49). Es genügt nicht, daß Auswahlrichtlinien nach § 95 BetrVG aufgestellt werden, aus denen sich die infrage kommenden AN ermitteln lassen. Bei Gleichheit der Vor und/oder Zunamen sind sie so zu bezeichnen, daß genau erkennbar ist, wer gemeint ist. Eine Negativliste genügt nicht (FK/*Eisenbeis* Rn. 5). Es ist außerdem anzugeben, ob eine Beendigungs- oder eine Änderungskündigung beabsichtigt ist (KP/*Moll* Rn. 29). Einem AN soll auch dann gekündigt werden, wenn die

Ascheid

Kündigung im Interessenausgleich von dem Widerspruch des AN gegen den Übergang seines Arbeitsverhältnisses gemäß § 613 a BGB abhängig gemacht wird (BAG 24. 2. 2000 – 8 AZR 180/99 zVb. zu § 1 KSchG idF des Arbeitsrechtl. BeschFG). Neben Interessenausgleich und Namensliste müssen die Kriterien nach Abs. 1 Satz 1 Nr. 1 und 2 detailiert dargestellt werden, also zB Geburtsdatum und Dauer der Betriebszugehörigkeit (HKI/*Irschlinger* Rn. 22). Darüber hinaus müssen die Sozialerwägungen nicht im einzelnen angegeben werden (KP/*Moll* Rn. 31). Hiervon zu trennen ist die Tatsache, daß im Prozeß Auskunft verlangt werden kann. Durch die Regelung in § 125 wird § 1 III Satz 1 Halbs. 2 KSchG nicht verdrängt (BAG 10. 2. 1999 EzA KSchG § 1 Soziale Auswahl Nr. 38).

7   Bei Abs. 1 S. 1 Nr. 1 **handelt es sich um eine gesetzliche Vermutung.** Diese Vermutung ist widerlegbar (FK/*Eisenbeis* Rn. 7). Der AN, der sich auf einen hiervon abweichenden Sachverhalt beruft, trägt entgegen § 1 II 4 KSchG die volle Beweislast (KBK 13/120; KP/Moll Rn. 36; Wagner Rn. 3; *Stahlhacke/Preis/Vossen/Lakies* RdA 1997, 145, 150). Der Insolvenzverwalter kann sich zunächst auf die Angaben im Interessenausgleich berufen. Trägt der AN erhebliche Tatsachen vor, die gegen die Richtigkeit des Interessenausgleichs sprechen, ist der Insolvenzverwalter nach § 138 ZPO zu einem ergänzenden Sachvortrag verpflichtet. Wird Beweis erhoben, gehen verbleibende Unklarheiten zu Lasten des AN. Das gilt auch für die Änderungskündigung (*Warrikoff* BB 1994, 2341).

8   Müssen betriebsbedingte Kündigungen ausgesprochen werden, gilt zunächst § 1 III KSchG. **Folge des Insolvenz-Interessenausgleichs** nach Abs. 1 Nr. 2 ist jedoch, daß **im Individualprozeß die Auswahl der Arbeitnehmer nur im Hinblick auf die Dauer der Betriebszugehörigkeit, das Lebensalter und die Unterhaltspflichten nachgeprüft** wird, und zwar auch dies nur auf grobe Fehlerhaftigkeit hin. Eine grobe Fehlerhaftigkeit liegt vor, wenn bei Gewichtung der Kriterien Alter, Betriebszugehörigkeit und Unterhaltspflichten jede Ausgewogenheit vermissen läßt (vgl. BAG 2. 12. 1999 AP KSchG 1969 § 1 Soziale Auswahl Nr. 45 zu § 1 KSchG idF des Arbeitsrechtl. BeschFG). Maßgebend sind die Umstände, wie sie zum Zeitpunkt des Zugangs der Kündigung bestanden (KP/*Moll* Rn. 46). Werden weitere Kriterien einbezogen (vgl. KP/Moll Rn. 48, 50), erstreckt sich die Vermutung jedenfalls nicht auf die Richtigkeit der Einbeziehung dieser Kriterien und ihre Bewertung.

9   Abs. 1 Satz 1 Nr. 2 Halbs. 2 verneint eine grobe Fehlerhaftigkeit, wenn eine **ausgewogene Personalstruktur erhalten und geschaffen** wird. Das stellt eine erhebliche Einschränkung des Kündigungsschutzes dar, denn die Daten Betriebszugehörigkeit und Lebensalter werden dadurch relativiert (*Warrikoff* BB 1994, 2338, 2342). Nach der gesetzlichen Regelung geht es nicht allein um die Erhaltung einer bestimmten Personalstruktur, sondern auch um deren Schaffung (*Löwisch* RdA 1997, 80, 85; Giesen ZIP 1998, 46, 50). Im Insolvenzfall können daher Versäumnisse einer insoweit verfehlten Personalpolitik korrigiert werden (*Lakies* RdA 1997, 145, 150). Die Vorschrift ist so zu lesen, daß die Absicht der Schaffung einer bestimmten Altersstruktur final realisiert worden ist. Es soll nicht ein Zufallsergebnis abgesegnet werden (*Warrikoff* BB 1994, 2338, 2341). § 125 I Nr. 2 ist keine Vermutung, sondern eine gesetzliche Fiktion „ist nicht ... anzusehen" (*Warrikoff* BB 1994, 2338, 2341). Eine grobe Fehlerhaftigkeit liegt vor, wenn der Interessenausgleich jede Ausgewogenheit vermissen läßt (FK/*Eisenbeis* Rn. 10; KP/*Moll* Rn. 62). Der Interessenausgleich ist aber nicht fehlerhaft, wenn weniger AN entlassen werden sollen, als nach der Bedarfsberechnung notwendig sind. Es unterliegt freiem Unternehmerermessen, eine Personalreserve zu bilden (BAG 7. 5. 1998 AP KSchG 1969 § 1 Namensliste Nr. 1).

10 § 125 gilt nur für Kündigungen, die nach dem Zustandekommen des Interessenausgleichs ausgesprochen werden (*Lakies* RdA 1997, 145, 151). Nach Abs. 1 S. 2 gilt S. 1 nicht, soweit sich die **Sachlage nach Zustandekommen des Interessenausgleichs wesentlich geändert** hat. Maßgebend ist eine Änderung nach Ausspruch der Kündigung (KP/*Moll* Rn. 73). Eine wesentliche Änderung liegt vor, wenn entgegen dem Interessenausgleich keine oder eine völlig andere Betriebsänderung durchgeführt wird (*Lakies* RdA 145, 151). Es muss sich praktisch um einen Fall des Wegfalls der Geschäftsgrundlage handeln (KBK 13/125; *Bader* NZA 1996, 1133; *Fischermeier* NZA 1997, 1097). Zu solchen Umständen gehören zB eine Änderung der Planung oder ein unvorhergesehenes Ausscheiden anderer AN. Für die Wirksamkeit einer Kündigung sind die Umstände maßgebend, die zum Zeitpunkt des Ausspruchs der Kündigung bestanden (vgl. dazu § 1 KSchG Rn. 176 ff.). Dieser Grundsatz wird durch S. 2 nicht aufgehoben. S. 2 macht vielmehr nur eine Aussage zur Vermutung der Betriebsbedingtheit und zum Umfang der Überprüfungsmöglichkeit bei sozialer Auswahl. Darlegungs- und beweispflichtig für die wesentliche Änderung der Sachlage ist der AN (*Lakies* RdA 1997, 145, 151). Zu der Frage, ob Arbeitnehmer, denen wirksam gekündigt worden ist, einen Wiedereinstellungsanspruch haben (so HKI/*Irschlinger* Rn. 27), vgl. § 1 Rn. 437.

11 Die Aufstellung eines Interessenausgleichs mit Namensliste läßt § 102 BetrVG unberührt. Der Insolvenzverwalter muß den Betriebsrat vor Ausspruch der Kündigungen anhören (FK/*Eisenbeis* Rn. 20; KDZ/*Däubler* Rn. 24; KP/*Moll* Rn. 80). Er kann die Anhörung allerdings verbinden mit den Verhandlungen über den Interessenausgleich (BAG 20. 5. 1999 AP KSchG 1969 § 1 Namensliste Nr. 5).

12 Nach § 125 II ersetzt der Insolvenz-Interessenausgleich die Stellungnahme des Betriebsrats nach § 17 III S. 2 KSchG. In den übrigen Fällen, insb. auch im Beschlußverfahren nach § 126 I, ist eine Stellungnahme des Betriebsrats zu den beabsichtigten Massenentlassungen erforderlich, andernfalls ist

die Anzeige unwirksam. Ist eine Stellungnahme des Betriebsrats nicht erfolgt, hat der Insolvenzverwalter glaubhaft zu machen, daß die Unterrichtung des Betriebsrats mindestens zwei Wochen vor der Anzeige erfolgt ist (*Uhlenbruck* S. 53).

§ 126 Beschlußverfahren zum Kündigungsschutz

(1) ¹Hat der Betrieb keinen Betriebsrat oder kommt aus anderen Gründen innerhalb von drei Wochen nach Verhandlungsbeginn oder schriftlicher Aufforderung zur Aufnahme von Verhandlungen ein Interessenausgleich nach § 125 Abs. 1 nicht zustande, obwohl der Verwalter den Betriebsrat rechtzeitig und umfassend unterrichtet hat, so kann der Insolvenzverwalter beim Arbeitsgericht beantragen festzustellen, daß die Kündigung der Arbeitsverhältnisse bestimmter, im Antrag bezeichneter Arbeitnehmer durch dringende betriebliche Erfordernisse bedingt und sozial gerechtfertigt ist. ²Die soziale Auswahl der Arbeitnehmer kann nur im Hinblick auf die Dauer der Betriebszugehörigkeit, das Lebensalter und die Unterhaltspflichten nachgeprüft werden.

(2) ¹Die Vorschriften des Arbeitsgerichtsgesetzes über das Beschlußverfahren gelten entsprechend; Beteiligte sind der Insolvenzverwalter, der Betriebrat und die bezeichneten Arbeitnehmer, soweit sie nicht mit der Beendigung der Arbeitsverhältnisse oder mit den geänderten Arbeitsbedingungen einverstanden sind. ²§ 122 Abs. 2 Satz 3, Abs. 3 gilt entsprechend.

(3) ¹Für die Kosten, die den Beteiligten im Verfahren des ersten Rechtszugs entstehen, gilt § 12a Abs. 1 Satz 1 und 2 des Arbeitsgerichtsgesetzes entsprechend. ²Im Verfahren vor dem Bundesarbeitsgericht gelten die Vorschriften der Zivilprozeßordnung über die Erstattung der Kosten des Rechtsstreits entsprechend.

§ 126 ermöglicht dem Insolvenzverwalter die Sozialwidrigkeit der in Aussicht genommenen Kündi- 1 gungen vor oder nach ihrem Ausspruch überprüfen zu lassen. § 126 erstreckt sich sowohl auf beabsichtigte als auch auf bereits ausgesprochene Kündigungen (BAG 29. 6. 2000 – 8 ABR 44/99 zVb.; FK/*Eisenbeis* Rn. 2; HKI/*Irschlinger* Rn. 2; KP/*Moll* Rn. 22). Voraussetzung für die Anwendung der Vorschrift ist nicht, daß ein Betrieb vorliegt, in dem nach § 111 BetrVG ein Interessenausgleich geschlossen werden könnte (so HKI/*Irschlinger* Rn. 9; KP/*Moll* Rn. 12). § 126 ist vielmehr auf **alle Fälle betriebsbedingter Kündigungen** zu erstrecken, in denen ein Interessenausgleich nicht möglich ist. Die Vorschrift erfaßt daher auch betriebsbedingte Kündigungen in Betrieben mit bis zu 20 Arbeitnehmern oder einen Personalabbau, der die Schwelle der Betriebsänderung nicht überschreitet (*Löwisch* RdA 1997, 80, 85; *Lakies* RdA 1997, 145, 151). **Voraussetzung** für ihre Anwendung ist entweder, daß der **Betrieb keinen Betriebsrat hat** oder daß aus anderen Gründen innerhalb von drei Wochen nach Verhandlungsbeginn oder schriftlicher Aufforderung zur Aufnahme von Verhandlungen **ein Interessenausgleich nach § 125 Abs. 1 nicht zustande kommt,** obwohl der Verwalter den **Betriebsrat rechtzeitig** und **umfassend unterrichtet** hat (*Hess/Weis/Wienberg* Rn. 1155; *Giesen* ZIP 1998, 46, 51). Die Schwierigkeit des Insolvenzverwalters in der Praxis wird darin liegen darzulegen, daß der Betriebsrat rechtzeitig und umfassend unterrichtet war. Hat der Insolvenzverwalter die Kündigungen noch nicht ausgesprochen, ist es nicht notwendig, daß der Betriebsrat nach § 102 BetrVG zur Einleitung des Verfahrens nach § 126 angehört wird (KP/*Moll* Rn. 44).

Besteht in einem Betrieb kein Betriebsrat, kann der Antrag nach § 126 sofort gestellt werden. Ist ein 2 Betriebsrat vorhanden, muß der Insolvenzverwalter nicht die Entscheidung nach § 122 abwarten. Er kann vielmehr gleichzeitig mit dem Antrag nach § 122 den gemäß § 126 stellen, um Zeitverluste zu vermeiden (*Warrikoff* BB 1994, 2338, 2342; *Lakies* RdA 1997, 145, 151). Trotz eines vorhandenen Interessenausgleichs ist eine Beschlußverfahren gemäß § 126 InsO zulässig, wenn wegen einer weiteren Betriebsänderung ein neuer Interessenausgleich nicht zustande kommt (BAG 20. 1. 2000 – 2 ABR 30/99 zVb.).

Liegen die Voraussetzungen nach § 126 vor, kann der **Insolvenzverwalter beim Arbeitsgericht** 3 **beantragen** festzustellen, daß die **Kündigung der Arbeitsverhältnisse** bestimmter, im Antrag bezeichneter AN **durch dringende betriebliche Erfordernisse bedingt und daß die Sozialauswahl gerechtfertigt ist** (*Lakies* RdA 1997, 145, 151). Die AN sind zu benennen. Es muß genau feststehen, wer gemeint ist. Die Vorschrift gilt auch für Änderungskündigungen (KP/*Moll* Rn. 21; *Lakies* RdA 1997, 145, 151). Die dringenden betrieblichen Erfordernisse beziehen sich auf alle Voraussetzungen nach § 1 II KSchG. Die soziale Rechtfertigung betreffend die soziale Auswahl ist hier umfassend iSv. § 1 III KSchG zu verstehen. Sie betrifft auch die Frage der Herausnahme bestimmter AN aus der Sozialauswahl nach § 1 III 2 KSchG (aA *Lakies* RdA 1997, 145, 151). Dem Insolvenzverwalter obliegt die volle Beweislast nach § 1 II letzter Satz KSchG. Das Arbeitsgericht prüft uneingeschränkt, ob die Kündigung der im Antrag bezeichneten Arbeitnehmer durch dringende betriebliche Erfordernisse bedingt ist. Insoweit gibt es keine Beweislasterleichterung zugunsten des Insolvenzverwalters (KDZ/*Däubler* Rn. 12; *Schrader* NZA 1997, 70, 76). Auch ist die Nachprüfung der abstrakten Erwägungen des Insolvenzverwalters nicht auf grobe Fehlerhaftigkeit beschränkt (*Lakies* RdA 1997, 145, 151). Ob die Kündigung aus anderen Gründen unwirksam ist, ist nach § 126 nicht zu prüfen. Zu den anderen Unwirksamkeitsgründen zählt nicht die Kündigungsberechtigung. Diese ist zu prüfen (BAG 29. 6. 2000 – 8 ABR 44/99 zVb.).

4   Die **soziale Auswahl** der AN kann nur im Hinblick auf die **Dauer der Betriebszugehörigkeit, das Lebensalter und die Unterhaltspflichten nachgeprüft** werden, Abs. 1 S. 2 (kritisch dazu KDZ/ *Däubler* Rn. 15). Die Erhaltung oder Schaffung einer ausgewogenen Personalstruktur kann nicht als Rechtfertigung für die Sozialauswahl herangezogen werden (*Warrikoff* BB 1994, 2338, 2343). Eine solche Strukturbildung ist zwar auch hier zulässig, jedoch wird ihre Richtigkeit nicht fingiert.

5   Es können auch Personen, die **Sonderkündigungsschutz** genießen, im Antrag aufgeführt werden. Die positive Entscheidung des Gerichts beinhaltet jedoch nicht eine Befreiung vom Sonderkündigungsschutz. Diesen Personen kann nur wirksam gekündigt werden, wenn die Zustimmung der zuständigen Behörde vorliegt (*Lakies* RdA 1997, 145, 151, 155).

6   Für das Verfahren gelten die Vorschriften des ArbGG über das Beschlußverfahren entsprechend, § 126 II. **Beteiligte** sind der Insolvenz**verwalter**, der **Betriebrat**, soweit vorhanden, **und die bezeichneten AN**, soweit sie nicht mit der Beendigung der Arbeitsverhältnisse oder mit den geänderten Arbeitsbedingungen einverstanden sind (BAG 29. 6. 2000 – 8 ABR 44/99 zVb.). Ebenso zu beteiligen ist nach § 128 I 2 der mögliche Betriebserwerber. Die Einbeziehung der AN ist notwendig, um die Bindungswirkung im Individualkündigungsschutzverfahren herbeizuführen, vgl. § 127.

7   Haben die AN vorab erklärt, daß sie mit der Beendigungs- oder Änderungskündigung einverstanden sind, werden sie vom Gericht nicht beteiligt. Liegt eine solche Erklärung dem Gericht nicht vor, hat das Arbeitsgericht sie am Beschlußverfahren zu beteiligen. Sie scheiden allerdings als Beteiligte wieder aus, wenn sie nunmehr erklären, daß sie mit der Kündigung des Arbeitsverhältnisses oder mit den geänderten Arbeitsbedingungen einverstanden sind.

8   Nach § 126 II 2 gilt § 122 Abs. 2 S. 3, Abs. 3 entsprechend. Der Antrag ist somit nach § 61 a Abs. 3 bis 6 ArbGG vorrangig zu erledigen.

9   Das Gericht prüft die Sozialwidrigkeit der geplanten oder bereits ausgesprochenen Kündigungen umfassend (KP/*Moll* Rn. 25). Es gilt nicht etwa § 125 Abs. 1 Nr. 1 (KP/*Moll* Rn. 28). Nach § 83 ArbGG gilt im Beschlußverfahren der **Untersuchungsgrundsatz**. Der bezieht sich hier darauf, daß das Gericht die vom Insolvenzverwalter vorgetragenen Tatsachen von Amts wegen auf ihre Richtigkeit überprüft und eventuell auch nicht benannte Zeugen hört. Der Insolvenzverwalter hat sowohl die Tatsachen vorzutragen, die sich auf den Wegfall der Beschäftigungsmöglichkeit beziehen als auch die für die Sozialauswahl nach seiner Ansicht maßgebenden Daten einschließlich der Angabe der seiner Meinung nach vergleichbaren AN (*Lakies* RdA 1997, 145, 152). Das Gericht kann jedoch nicht etwa den Antrag ändern und andere AN bezeichnen, deren Kündigung es für gerechtfertigt hält (*Lakies* RdA 1997, 145, 152). Für die Sozialauswahl gelten keine Sonderregelungen (KP/*Moll* Rn. 30). Die Überprüfung des Gerichts bezieht sich nur auf die **Sozialwidrigkeit** der Kündigung. Es entscheidet nicht darüber, ob die beabsichtigte oder bereits ausgesprochene Kündigung etwa aus anderen Gründen unwirksam ist (FK/*Eisenbeis* § 127 Rn. 4; KP/*Moll* Rn. 33; § 127 Rn. 4). Voraussetzung für die Bindungswirkung ist außerdem, daß der AN in der Namensliste überhaupt erfaßt war (HKI/*Irschlinger* Rn. 9).

10 Kommt das Gericht zu dem Ergebnis, daß die Kündigung nur bestimmter, im Antrag bezeichneter AN sozial gerechtfertigt ist, hat es dies im Tenor so auszusprechen und den Antrag im übrigen abzuweisen (*Lakies* RdA 1997, 145, 152). Im übrigen kann der Insolvenzverwalter durch einen Hauptantrag und gestaffelte Hilfsanträge eventuellen Zweifeln rechnung tragen (KP/*Moll* Rn. 23).

11 Eine **Beschwerde an das LAG** findet nicht statt. Das **Arbeitsgericht** kann aber die **Rechtsbeschwerde an das BAG** zulassen. § 72 Abs. 2 und 3 ArbGG gilt entsprechend. Die Rechtsbeschwerde ist innerhalb eines Monats nach der Zustellung in vollständiger Form abgefaßten Entscheidung des Arbeitsgerichts beim BAG einzulegen und innerhalb dieser Frist zu begründen. Läßt das Gericht die Beschwerde zum BAG nicht zu, ist eine **Nichtzulassungsbeschwerde nicht vorgesehen** (*Warrikoff* BB 1994, 2338, 2341; *Rummel* DB 1997, 774, 775; *Lakies* RdA 1997, 145, 154). Jeder am Verfahren beteiligte AN kann selbständig Beschwerde einlegen. Unterläßt er das, erlangt der Beschluß ihm gegenüber Rechtskraft (BAG 29. 6. 2000 – 8 ABR 44/99 zVb.).

12 **Gerichtskosten** werden für das Verfahren nicht erhoben, § 12 V ArbGG. Eine **Erstattung außergerichtlicher Kosten** ist nach Abs. 3 S. 2 für das Verfahren vor dem BAG vorgesehen. Für die Berechnung der Gebühren des Prozeßvertreters ist § 12 VII ArbGG, der den Streitwert von Kündigungsschutzprozessen auf den Vierteljahresbetrag des Arbeitsentgelts festsetzt, entsprechend anzuwenden. Die **Kosten**, die dem **Betriebsrat** als notwendig Beteiligtem entstehen, sind nach § 40 BetrVG vom AG zu tragen.

§ 127 Klage des Arbeitnehmers

(1) [1] Kündigt der Insolvenzverwalter einem Arbeitnehmer, der in dem Antrag nach § 126 Abs 1 bezeichnet ist, und erhebt der Arbeitnehmer Klage auf Feststellung, daß das Arbeitsverhältnis

durch die Kündigung nicht aufgelöst oder die Änderung der Arbeitsbedingungen sozial ungerechtfertigt ist, so ist die rechtskräftige Entscheidung im Verfahren nach § 126 für die Parteien bindend. ²Dies gilt nicht, soweit sich die Sachlage nach dem Schluß der letzten mündlichen Verhandlung wesentlich geändert hat.

(2) Hat der Arbeitnehmer schon vor der Rechtskraft der Entscheidung im Verfahren nach § 126 Klage erhoben, so ist die Verhandlung über die Klage auf Antrag des Verwalters bis zu diesem Zeitpunkt auszusetzen.

Ist ein **Interessenausgleich iSv. § 125 geschlossen worden, kommt es nicht zu einem Verfahren 1 nach § 126**. Der AN kann sich gegen die Kündigung in einem Individualstreit wehren, bei dem die Regelungen des § 125 anzuwenden sind, vgl. dort Rn. 1 ff. Bei Schwerbehinderten soll die Hauptfürsorgestelle unter den Voraussetzungen des § 19 SchwbG, der durch Art. 97 EGInsO geändert worden ist, die Zustimmung erteilen. Eine Bindungswirkung ist nur denkbar, soweit es um betriebsbedingte Kündigungen geht. Erfaßt werden insoweit Beendigungs- und Änderungskündigungen (KP/*Moll* Rn. 5).

§ 127 erfaßt nur den Fall des § 126, wonach ein Insolvenz-Interessenausgleich mangels eines 2 Betriebsrats oder mangels Abschlußwilligkeit trotz hinreichender Unterrichtung nicht zustande gekommen ist. Hat in einem solchen Fall ein Verfahren, in dem der betreffende AN bezeichnet war, stattgefunden und erhebt der AN Klage auf Feststellung, daß das Arbeitsverhältnis durch die Kündigung nicht aufgelöst oder die Änderung der Arbeitsbedingungen sozial ungerechtfertigt ist, ist die rechtskräftige Entscheidung im Verfahren nach § 126 für die Parteien im Individualrechtsstreit bindend. Die Bindungswirkung der Entscheidung bezieht sich auf alle AN, die nach § 126 InsO am Verfahren zu beteiligen waren **und auch ordnungsgemäß beteiligt worden sind** (FK/*Eisenbeis* Rn. 3; vgl. *Giesen* ZIP 1998, 46, 53; aA KP/*Moll* Rn. 20). Sie gilt auch gegenüber solchen AN, die mit der Kündigung zunächst einverstanden waren und sich deshalb am Verfahren tatsächlich nicht beteiligt haben. Die Bindungswirkung tritt auch ein, wenn ein Antrag des Insolvenzverwalters abgewiesen wird. Es steht dann fest, daß die von der Antragsabweisung erfaßten Kündigungen sozialwidrig sind (FK/*Eisenbeis* Rn. 4; *Löwisch* RdA 1997, 80, 85; *Lakies* RdA 1997, 145, 154; aA KP/Moll § 126 Rn. 36; § 127 Rn. 22). Die Bidungswirkung bezieht sich nur auf die Frage, ob die Kündigung sozialwidrig war. Sie erfaßt nicht andere Unwirksamkeitsgründe (FK/*Eisenbeis* Rn. 4; KP/*Moll* Rn. 15).

Die **Bindungswirkung der Entscheidung des Gerichts** erstreckt sich auch auf Kündigungen, die 3 bereits vor Einleitung des Verfahrens nach § 126 ausgesprochen worden sind (*Schrader* NZA 1997, 70, 77; *Warrikoff* BB 1994, 2338, 2343; aA *Lakies* RdA 1997, 145, 154). Eine Bindungswirkung tritt nach Abs. 1 S. 2 nicht ein, soweit sich die Sachlage nach dem Schluß der mündlichen Anhörung (das Gesetz spricht fälschlich von Verhandlung) **wesentlich** geändert hat, vgl. dazu § 125 Rn. 8.

Für den AN gelten im Insolvenzverfahren keine von § 4 KSchG günstigeren abweichenden Fristen. 4 **Er muß** nach § 113 II vielmehr hinsichtlich aller möglichen Gründe **binnen drei Wochen Klage erheben**. Hat der AN vor Rechtskraft der Entscheidung im Verfahren nach § 126 Klage erhoben, ist die Verhandlung über die Klage auf Antrag des Verwalters bis zu diesem Zeitpunkt auszusetzen. Das gilt auch, wenn dem AN bereits vor Eröffnung des Insolvenzverfahrens gekündigt und eine Klage erhoben worden war, die noch anhängig ist (*Uhlenbruck* S. 50).

Stellt der Verwalter einen entsprechenden Antrag nicht und wird die Entscheidung im Individual- 5 rechtsstreit vor der im Verfahren nach § 126 rechtskräftig, geht die Rechtskraftwirkung des Individualprozesses vor.

Die Bindungswirkung tritt nach § 127 Abs. 1 Satz 2 nicht ein, soweit sich die Sachlage nach dem 6 Schluß der mündlichen Verhandlung wesentlich geändert hat. Es muß sich hierbei um eine breite grundlegende Änderung handeln. Es genügt nicht, daß sich die Änderung auf Umstände bezieht, die nur einzelne AN betreffen (KP/*Moll* Rn. 34).

§ 128 Betriebsveräußerung

(1) ¹Die Anwendung der §§ 125 bis 127 wird nicht dadurch ausgeschlossen, daß die Betriebsänderung, die dem Interessenausgleich oder dem Feststellungsantrag zugrundeliegt, erst nach einer Betriebsveräußerung durchgeführt werden soll. ²An dem Verfahren nach § 126 ist der Erwerber des Betriebs beteiligt.

(2) Im Falle eines Betriebsübergangs erstreckt sich die Vermutung nach § 125 Abs. 1 Satz 1 Nr. 1 oder die gerichtliche Feststellung nach § 126 Abs. 1 Satz 1 auch darauf, daß die Kündigung der Arbeitsverhältnisse nicht wegen des Betriebsübergangs erfolgt.

§ 128 ermöglicht **Rationalisierungsplanungen im Vorgriff auf eine Betriebsveräußerung** (vgl. 1 *Schrader* NZA 1997, 70, 78). Voraussetzung für die Anwendung der Vorschrift ist eine Betriebsänderung iSv. § 111 BetrVG. Es muß sich also um einen Betrieb handeln, indem nach den Regelungen des BetrVG ein Interessenausgleich geschlossen werden kann (KP/*Moll* Rn. 19). Der Insolvenzverwalter soll nicht gezwungen sein, den Betrieb zunächst selbst zu rationalisieren und dann erst zu verkaufen. Es wird jetzt ermöglicht, daß erst der Erwerber die vorgesehene Planung ausführt und kündigen muß (*Lakies* RdA 1997, 145, 155). Die Anwendung der §§ 125 bis 127 greifen nach § 128 auch, wenn die geplante Betriebsänderung, die dem Interessenausgleich oder dem Feststellungsantrag nach § 126 zugrunde liegt, erst nach einer Betriebsveräußerung durchgeführt werden soll. Der Betriebserwerber nimmt somit an den Auswirkungen teil. Er ist deshalb an dem Verfahren nach § 126 zu beteiligen.

2   Findet ein Betriebsübergang statt, **erstreckt sich die Vermutung** nach § 125 Abs. 1 S. 1 Nr. 1 oder die gerichtliche Feststellung nach § 126 Abs. 1 S. 1 auch darauf, daß die **Kündigung des Arbeitsverhältnisses nicht wegen des Betriebsübergangs erfolgt** ist. Darin beschränkt sich der Anwendungsbereich der Vorschrift (*Giesen* ZIP 1998, 46, 51). Sie regelt allein Fragen der Darlegungs- und Beweislast. Insoweit ist sie in Bezug auf § 125 überflüssig, weil der AN allein bei Berufung auf § 613a BGB ohnehin beweispflichtig ist.

420. Gesetz zum Schutze der arbeitenden Jugend (Jugendarbeitsschutzgesetz – JArbSchG)

Vom 12. April 1976 (BGBl. I S. 965)

Zuletzt geändert durch Gesetz vom 26. Januar 1998 (BGBl. I S. 164)

(BGBl. III/FNA 8051-10)

Erster Abschnitt. Allgemeine Vorschriften

§ 1 Geltungsbereich

(1) Dieses Gesetz gilt für die Beschäftigung von Personen, die noch nicht 18 Jahre alt sind,
1. in der Berufsausbildung,
2. als Arbeitnehmer oder Heimarbeiter,
3. mit sonstigen Dienstleistungen, die der Arbeitsleistung von Arbeitnehmern oder Heimarbeitern ähnlich sind,
4. in einem der Berufsausbildung ähnlichen Ausbildungsverhältnis.

(2) Dieses Gesetz gilt nicht
1. für geringfügige Hilfeleistungen, soweit sie gelegentlich
   a) aus Gefälligkeit,
   b) auf Grund familienrechtlicher Vorschriften,
   c) in Einrichtungen der Jugendhilfe,
   d) in Einrichtungen zur Eingliederung Behinderter
   erbracht werden,
2. für die Beschäftigung durch die Personensorgeberechtigten im Familienhaushalt.

I. Normzweck

Die Vorschrift definiert den persönlichen und sachlichen Geltungsbereich des Gesetzes, und legt fest, 1 wer geschützt wird und wer diesen Schutz gewährleisten soll. Damit sollen Gefahren für die Gesundheit, Arbeitskraft und Entwicklung von Kindern und Jugendlichen verhindert werden, die von der Art oder der Dauer einer Arbeit ausgehen. Die zur Entwicklung der Persönlichkeit erforderliche Freizeit soll trotz Arbeit/Ausbildung gewährleistet bleiben. Um vor Überforderung und gesundheitlicher Beeinträchtigung möglichst umfassend zu schützen, ist der sachliche Geltungsbereich des Gesetzes weit gefaßt.

II. Räumlicher und persönlicher Geltungsbereich

Das JArbSchG gilt für Beschäftigungsorte im gesamten Gebiet der Bundesrepublik Deutschland; 2 auf die Staatsangehörigkeit oder den Wohnsitz der Jugendlichen (Grenzgänger, WanderAN) oder den Unternehmenssitz kommt es nicht an. Daher ist das Gesetz auch anzuwenden, wenn der Jugendliche im Bundesgebiet beschäftigt wird, der Hauptbetriebssitz sich aber im Ausland befindet.

Der **persönliche** Geltungsbereich erfaßt als Beschäftigte alle Kinder und Jugendlichen unter 18 Jah- 3 ren; einige Vorschriften gelten aber auch für volljährige Personen, §§ 9 I bis III (Berufsschule), 19 (Urlaub). Als deren Vertragspartner richtet sich das Gesetz an alle natürlichen und juristischen Personen, die Kinder oder Jugendliche beschäftigen (dazu § 3 Rn. 2).

III. Sachlicher Geltungsbereich (Abs. 1)

Anwendbar ist das Gesetz, wenn noch nicht 18-jährige Personen mit einer der in Abs. 1 Nr. 1 bis 4 4 angeführten Tätigkeiten beschäftigt werden.

1. Beschäftigung. Als Beschäftigung ist jede privatrechtliche, weisungsgebundene Tätigkeit zu 5 verstehen, die in persönlicher Abhängigkeit erbracht wird. Ob das Beschäftigungsverhältnis als ein Arbeits-, Dienst-, Ausbildungs- oder Werkvertrag vereinbart wird, ist ebenso unerheblich wie die Wirksamkeit dieses Vertrages; auch faktische Arbeitsverhältnisse werden erfaßt (BayOLG 21. 12. 1973 AP JArbSchG § 66 Nr. 1). Beschäftigung ist somit die tatsächliche Inanspruchnahme einer Person durch eine andere ohne Rücksicht auf die Rechtsform (OVG Münster 17. 2. 1986 NJW 1987, 1443). Die Vereinbarung eines **Entgelts** oder des Umfangs der Tätigkeit spielen für die Anwendbarkeit keine Rolle. Rein schulische Berufsausbildung wird nicht erfaßt (Haupt-, Realschule, Gymnasium, Berufsschule). Öffentlich-rechtliche Beschäftigungsverhältnisse werden nur erfaßt, sofern sie im JArbSchG ausdrücklich erwähnt werden, wie zB in § 62: Beschäftigung im Vollzug einer Freiheitsentziehung (*Gröninger/Gehring/Taubert* Rn. 7; *Zmarzlik/Anzinger* Rn. 10).

6 **a)** Der Geltungsbereich erstreckt sich nur auf Beschäftigung im **Abhängigkeitsverhältnis** iSd. Abs. 1 Nr. 1 bis 4, die Erledigung eigener Angelegenheiten des Kindes/Jugendlichen oder seine selbständige, eigenwirtschaftliche Tätigkeit wird daher nicht erfaßt. Dieser Ausschluß von Selbständigen aus dem Schutzbereich des JArbSchG ist als Verstoß gegen Art. 3 I GG bezeichnet worden (*Salje* DVBl. 1988, 141). Da das JArbSchG ein Arbeitsschutzgesetz ist, ist die Differenzierung jedoch sachlich gerechtfertigt, weil Selbständige vom Schutzbereich solcher Arbeitsschutzgesetze prinzipiell nicht erfaßt werden (*Zmarzlik/Anzinger* Rn. 7). Das schließt die Anwendung des JArbSchG aber für den Fall nicht aus, daß der Verdacht der Rechtsumgehung besteht.

7 **b)** Beschäftigung setzt weiterhin **Weisungsgebundenheit** voraus. Diese fehlt zB bei Tätigkeiten des Kindes/Jugendlichen für seinen Verein oder auch bei der Tätigkeit von Meßdienern, da es sich hierbei um eigenbestimmte und allenfalls von einem Gruppenleiter gelenkte Betätigungen handelt.

8 **c) Sonderfälle.** Auf Betätigungen, die der **Religionsausübung** oder **karitativen** Zwecken dienen, ist das JArbSchG nicht anwendbar. Zwar sind die Kirchen an das für alle geltende Arbeitsrecht gebunden, wenn sie zur Erfüllung ihrer Aufgaben Personen in abhängiger Stellung als AN beschäftigen (BAG 25. 4. 1978 AP GG Art. 140 Nr. 2), dabei ist jedoch das Selbstbestimmungsrecht der Kirchen zu beachten, Art. 140 GG iVm. Art. 137 III WRV. Das JArbSchG kann zwar dem kirchlichen Selbstbestimmungsrecht Schranken ziehen, ist indessen selbst im Lichte der verfassungsrechtlichen Garantie dieses Rechts auszulegen (BAG 25. 4. 1978 AP GG Art. 140 Nr. 2 mit Anm. *Mayer-Maly*). Daher ist das Gesetz auf Tätigkeiten (nicht: Beschäftigungsverhältnisse), die der Religionsausübung dienen, überwiegend nicht anwendbar. Dasselbe gilt für die Mitwirkung bei Veranstaltungen eines Vereins, in dem die Kinder/Jugendlichen Mitglied sind, solange ihre Mitwirkung nicht vermarktet wird.

9 **2. Berufsausbildung, Abs. 1 Nr. 1.** Unter Berufsausbildung ist jede betriebliche Ausbildung im Rahmen des BBiG nach einer bestimmten Ausbildungsordnung zu verstehen; zu beachten ist jedoch die Altersgrenze (bis zur Vollendung des 18. Lebensjahres). Lehrgänge, die den Berufsschulunterricht nicht ersetzen, sondern die betriebliche Berufsausbildung nur ergänzen und vertiefen, unterliegen dem JArbSchG; dasselbe gilt für die Vollzeitlehrgänge iSd. Verordnung über die Berufsausbildung von Sozialversicherungsfachangestellten vom 22. 7. 1977 (BGBl. I S. 1425).

10 **3. AN oder Heimarbeiter, Abs. 1 Nr. 2.** Die Anwendung des JArbSchG auf AN wird sich idR bereits aus Abs. 1 Nr. 3 ergeben. Heimarbeiter iSd. Gesetzes ist eine Person unter 18 Jahren, die in selbstgewählter Arbeitsstätte (eigener Wohnung oder Betriebsstätte) allein oder mit Familienangehörigen im Auftrag von Gewerbetreibenden oder Zwischenmeistern erwerbsmäßig arbeitet, jedoch die Verwertung der Arbeitsergebnisse dem unmittelbar auftraggebenden Gewerbetreibenden überläßt, § 2 II HAG. Jugendliche **Hausgewerbetreibende** iSd. § 2 II HAG sind keine Heimarbeiter iSd. Abs. 1 Nr. 2, können aber von Abs. 1 Nr. 3 erfaßt werden, wenn sie nicht selbst AG sind. Wer dagegen von einem Heimarbeiter oder Hausgewerbetreibenden beschäftigt wird, kann nach Abs. 1 Nr. 3 einzustufen sein.

11 **4. Sonstige Dienstleistungen,** die der Arbeitsleistung von AN oder Heimarbeitern ähnlich sind, Abs. 1 Nr. 3: Von dieser Norm soll möglichst jede abhängige Beschäftigung Kinder und Jugendlicher, die nicht schon unter Nr. 1 und 2 fallen, erfaßt werden (BT-Drucks. 7/2305 S. 26). Die erforderliche Ähnlichkeit mit Dienstleistungen von AN liegt vor, wenn das Kind/der Jugendliche mit seiner Tätigkeit Arbeit im wirtschaftlichen Sinne im Interesse eines Dritten leistet. Dabei kommt es auf das tatsächliche, nicht das rechtliche Erscheinungsbild der Dienst- bzw. Arbeitsleistung an (BAG 14. 2. 1974 AP BGB § 611 Abhängigkeit Nr. 12; OVG Münster 17. 2. 1986 NJW 1987, 1443). Ob die Dienstleistung regelmäßig, oft, selten, ständig, gelegentlich oder nur vorübergehend erbracht wird und ob eine Vergütung vereinbart ist, ist unerheblich. Eine gewisse Regelmäßigkeit, ein größerer Umfang und eine längere Dauer der Dienstleistung ebenso wie eine Vergütungsvereinbarung sprechen aber für eine Ähnlichkeit (BAG 14. 2. 1974 AP BGB § 611 Abhängigkeit Nr. 12).

12 Das **Austragen von Zeitungen und Zeitschriften** wird idR also von Abs. 1 Nr. 3 erfaßt. Die Anwendbarkeit des JArbSchG darf nicht dadurch umgangen werden, daß mit den Eltern oder mit dem Kind/Jugendlichen als Selbständige Agenturverträge geschlossen werden. Ein solcher Vertrag mit einem Kind/Jugendlichen kann gem. § 5 I iVm. § 134 BGB nichtig sein, der Agenturvertrag mit den Eltern, bei dem die Kinder bzw. Jugendlichen die Zeitungen/Zeitschriften austragen sollen, gem. § 117 I BGB (OLG Celle 18. 8. 1966 AP JArbSchG § 7 Nr. 2).

13 **5. In einem der Berufsausbildung ähnlichen Ausbildungsverhältnis, Abs. 1 Nr. 4.** Diese Bestimmung will die Beschäftigungsverhältnisse zwischen AG und Kind/Jugendlichem erfassen, die nicht unter Nr. 1 bis 3 fallen, weil das Kind/der Jugendliche weder in einem Berufsausbildungsverhältnis noch in einem Arbeitsverhältnis noch in einem dem Arbeitsverhältnis vergleichbaren Verhältnis aus-

gebildet wird. Gemeint sind jedoch nur die Ausbildungsverhältnisse, die berufliche Kenntnisse, Fertigkeiten oder Erfahrungen in Betrieben, Verwaltungen oder Haushalten vermitteln sollen (§ 19 BBiG Rn. 1 ff.), dh. Ausbildungsverhältnisse mit betrieblichen, nicht aber mit schulischen Ausbildungsgängen.

Dagegen sind von Abs. 1 Nr. 4 Praxiszeiten erfaßt, die in schulische Bildungsgänge integriert sind, sowie Ausbildungsverhältnisse zur beruflichen Fortbildung oder zur beruflichen Umschulung iSd. § 1 III, IV BBiG. Dasselbe gilt für die Ausbildung in Berufsbildungs- und Berufsförderungswerken sowie in Behindertenwerkstätten, soweit diese Ausbildung nicht nur eine gelegentliche, geringfügige Hilfeleistung iSd. Abs. 2 darstellt. Anwendbar ist Abs. 1 Nr. 4 weiter auf die Beschäftigung von Schülern im Rahmen eines Betriebspraktikums nach § 5 II Nr. 2, das eher einem Ausbildungs- als einem Arbeitsverhältnis gleicht. Die sogenannte Schnupperlehre, dh. also die Probearbeit vollzeitschulpflichtiger Schüler, die über das berufsbezogene Praktikum der Schulen hinausgeht, ist eher Nr. 4 als Nr. 3 zuzuordnen (OLG Hamm 14. 8. 1987 AiB 1989, 267). 14

IV. Ausnahmen vom Geltungsbereich (Abs. 2)

Eine Ausnahme iSd. Abs. 2 setzt voraus, daß ein Beschäftigungsverhältnis iSd. Abs. 1 Nr. 1 bis 4 bejaht worden ist. In diesem Falle kann eine Ausnahme vorliegen, wenn entweder eine nach Umfang und Häufigkeit geringe Hilfeleistung (Nr. 1) oder eine Beschäftigung im Familienhaushalt erfolgt (Nr. 2). 15

1. Geringfügige, gelegentliche Hilfeleistungen. Der Begriff „Hilfeleistung" ist bewußt vom Gesetzgeber gewählt worden, um den Begriff „Arbeit" zu vermeiden (BT-Drucks. 3/1816 S. 4, 17). Abs. 2 Nr. 1 will somit nicht das reguläre Arbeits- oder Ausbildungsverhältnis erfassen (BayOLG 26. 2. 1982 AP JArbSchG § 1 Nr. 1 = GewArch 1983, 30), sondern jede unterstützende Tätigkeit zugunsten eines anderen. Regelmäßig wird Unentgeltlichkeit vorausgesetzt, was aber eine kleine finanzielle „Belohnung" nicht ausschließt. 16

Geringfügig ist eine Hilfeleistung, wenn sie das Kind oder den Jugendlichen unter Berücksichtigung seines Entwicklungsstandes und seines Alters zeitlich und kräftemäßig wenig in Anspruch nimmt. Wann dies gegeben ist, hängt von den Gesamtumständen im Einzelfall ab, nicht jedoch von der wirtschaftlichen Bedeutung der erbrachten Leistung. **Gelegentlich** ist die Hilfeleistung, wenn sie nicht regelmäßig und nur vorübergehend erfolgt; daher ist auch eine dauerhafte Aufmerksamkeit voraussetzende Arbeitsbereitschaft keine gelegentliche Hilfeleistung, selbst wenn konkret nur gelegentliche Handreichungen zu erbringen sind (OLG Hamm 29. 10. 1954 BB 1955, 97). Eine nach Art und Umfang geringfügige Hilfeleistung begründet die Ausnahme vom Anwendungsbereich des Gesetzes aber nur, wenn sie unter den in Abs. 2 Nr. 1 Buchst. a bis d gesondert aufgeführten Voraussetzungen erbracht werden. 17

a) Eine Hilfeleistung erfolgt aus **Gefälligkeit** (Abs. 2 Nr. 1a), wenn sie uneigennützig und ohne jegliche rechtliche Verpflichtung erfolgt. Die Zahlung einer Belohnung schließt eine Gefälligkeit nicht aus. Beispiele finden sich vor allem im Rahmen der Nachbarschaftshilfe (Einkaufen, Blumengießen, Babysitting) und im Bereich sozialer Tätigkeiten aus karitativen oder religiösen Beweggründen (Verteilen von Spendenaufrufen) sowie in der Landwirtschaft und in Vereinen, insb. im Sport. 18

b) Zu den **Hilfeleistungen aufgrund familienrechtlicher Vorschriften (Abs. 2 Nr. 1b)** gehören die Mitarbeit des Ehegatten gem. § 1356 II BGB, die gegenseitige Unterhaltspflicht der Ehegatten durch Arbeit gem. § 1360 BGB, die Unterhaltspflicht von Verwandten durch Arbeit gem. § 1612 BGB und insb. die Pflicht des Kindes bzw. Jugendlichen gem. § 1619 BGB, in einer seinen Kräften und seiner Lebensstellung entsprechenden Weise den Eltern in ihrem Geschäft Dienste zu leisten. Für die Dienstleistung innerhalb des Familienhaushalts ist Abs. 2 Nr. 2 maßgeblich, so daß derartige Beschäftigung durch die Personensorgeberechtigten generell vom Schutzbereich des JArbSchG ausgenommen ist. 19

c) Einrichtungen der **Jugendhilfe** (Abs. 2 Nr. 1c) sind alle im KJHG genannten Einrichtungen, vor allem Heime und andere Institutionen, in denen Kinder und Jugendliche dauernd oder zeitweise betreut werden, sowie Jugendbildungs- und Jugendfreizeitstätten und Schülerwohnheime. Minderjährige dürfen hier, wie im Familienhaushalt, zu gelegentlichen und geringfügigen Hilfeleistungen herangezogen werden, um die täglich anfallenden Arbeiten mit zu erledigen, weil die Kinder/Jugendlichen in diesen Einrichtungen auch essen, wohnen und schlafen. Die Erledigung eigener Angelegenheiten (Aufräumen des eigenen Zimmers usw.) fällt nicht in den Anwendungsbereich des Gesetzes. 20

d) Einrichtungen zur **Eingliederung Behinderter** (Abs. 2 Nr. 1d) beschäftigen sich mit der beruflichen Bildung Behinderter, also vor allem Berufsbildungs- und Berufsförderwerke. Hier dürfen Kinder/Jugendliche wie im Familienhaushalt über das im JArbSchG geregelte Maß hinaus zur Erledigung der täglichen, gelegentlichen und geringfügigen Hilfeleistungen herangezogen werden. 21

2. Beschäftigung durch die Personensorgeberechtigten im Familienhaushalt, Abs. 2 Nr. 2. Das Gesetz soll die Aufgabenverteilung innerhalb einer Familie sowie das elterliche Erziehungskonzept 22 nicht beeinflussen. Daher wird die Beschäftigung von Kindern/Jugendlichen im Familienhaushalt vom Anwendungsbereich des Gesetzes ausgeschlossen, wenn sie vom Personensorgeberechtigten veranlaßt wird. Ob die Beschäftigung nach Art und Umfang beschränkt ist (Abs. 1), ist im Familienhaushalt unerheblich. Der notwendige Schutz wird hier durch familienrechtliche Bestimmungen geschaffen.

23 **Personensorgeberechtigter** ist Inhaber des Rechts und der Pflicht der Kindererziehung und -beaufsichtigung (§§ 1626 II, 1631 I BGB). IdR sind das die Eltern (§ 1626 BGB), bei nichtehelichen Kindern die Mutter (vgl. § 1705 BGB), bei adoptierten Kindern der Annehmende (§ 1757 BGB). Bei geschiedenen Eheleuten ist personensorgeberechtigt, wem das Gericht das Sorgerecht übertragen hat, §§ 1671, 1672 BGB; der nichtsorgeberechtigte Elternteil hat somit das JArbSchG zu beachten wie jede andere Person, die das Kind beschäftigen will. Die Ausnahme des Abs. 2 Nr. 2 gilt nur für Beschäftigungen im Haushalt, dh. im privaten Lebensbereich, nicht aber für hauswirtschaftliche Betätigungen zu wirtschaftlichen Zwecken (Privatpension). In **landwirtschaftlichen Lebensgemeinschaften** versteht man unter Familienhaushalt Haus und Hof, dh. das unmittelbar an das Haus angrenzende und vom übrigen Wirtschaftsbereich getrennte Gebiet (vgl. BT-Drucks. 7/4544 S. 4).

§ 2 Kind, Jugendlicher

(1) **Kind im Sinne dieses Gesetzes ist, wer noch nicht 15 Jahre alt ist.**

(2) **Jugendlicher im Sinne dieses Gesetzes ist, wer 15, aber noch nicht 18 Jahre alt ist.**

(3) **Auf Jugendliche, die der Vollzeitschulpflicht unterliegen, finden die für Kinder geltenden Vorschriften Anwendung.**

1   1. **Normzweck.** § 2 legt den **persönlichen Geltungsbereich** des Gesetzes für die zu schützenden Personen fest; unterschieden wird zwischen Kindern, Jugendlichen von 15 bis 18 Jahren sowie Jugendlichen, die der Vollzeitschulpflicht unterliegen. Entsprechend der Richtl. 94/33/EG vom 22. 6. 1994 über den Jugendarbeitsschutz (AB1EG Nr. L 216 v. 20. 8. 1994, S. 12 ff.), die bis zum 22. 6. 1996 umzusetzen war, wurde die Altersgrenze in Abs. 1 und Abs. 2 von zuvor 14 auf 15 Jahre angehoben. Das Gesetz erfüllt auch im wesentlichen die Pflichten zum Umsetzung des Übereinkommens Nr. 182 der IAO „Zur Beseitigung der schlimmsten Formen der Kinderarbeit". Insoweit besteht allerdings ein Defizit bei der Überwachung der Durchführung der Schutzbestimmungen, insbes. wegen fehlender Meldepflicht für Kinderarbeit (*Düwell* NZA 2000, 308, 309 f.).

2   2. **Kinder und Jugendliche (Abs. 1 u. 2).** Kind iSd. JArbSchG ist gem. Abs. 1, wer noch nicht 15 Jahre alt ist. Zu berechnen ist das Lebensalter nach den §§ 186 ff. BGB (*Gröninger* Rn. 6; *Zmarzlik/Anzinger* Rn. 6). Gem. Abs. 2 ist **Jugendlicher**, wer 15, aber noch nicht 18 Jahre alt ist.

3   3. **Vollzeitschulpflichtige Jugendliche (Abs. 3).** Im Gegensatz zur alten Gesetzesfassung, die vollzeitschulpflichtige Jugendliche im Wege einer gesetzlichen Fiktion in das Beschäftigungsverbot des § 5 I einbezogen hatte, ist in der Neufassung nur noch eine Verweisung auf die für Kinder geltenden Vorschriften enthalten. Inhaltliche Änderungen sind damit nicht verbunden, vielmehr sollte dem Selbstverständnis betroffener Jugendlicher entsprochen werden. Die Verweisung verfolgt den Zweck, Jugendliche vor der Doppelbelastung durch Schule und Erwerbsarbeit zu schützen, solange sie der allgemeinen (Vollzeit-)Schulpflicht unterliegen. **Vollzeitschulpflicht** setzt voraus, daß die Betroffenen in einem Bundesland der Bundesrepublik Deutschland ihren Wohnsitz oder gewöhnlichen Aufenthalt haben. Nicht entscheidend ist die Staatsangehörigkeit des Kindes, so daß auch ausländische Kinder, die in einem Bundesland ihren Wohnsitz haben, vollzeitschulpflichtig sind. Die Vollzeitschulpflicht beginnt mit dem 6. Lebensjahr und dauert in den meisten Bundesländern 9 Jahre, in Berlin, Brandenburg, Bremen und Nordrhein-Westfalen 10 Jahre.

4   Auf die Vollzeitschulpflicht folgt idR eine **Berufsschulpflicht**, während derer der Jugendliche nicht mehr vom Geltungsbereich des Abs. 3 erfaßt wird. Eine Beschäftigung als Jugendlicher iSd. Abs. 2 ist aber nach den §§ 7 ff. möglich. Folge des Abs. 3 ist, daß vollzeitschulpflichtige Jugendliche gem. § 5 I grds. nicht beschäftigt werden dürfen, wohl aber gem. § 5 II bis IV und § 6.

§ 3 Arbeitgeber

Arbeitgeber im Sinne dieses Gesetzes ist, wer ein Kind oder einen Jugendlichen gemäß § 1 beschäftigt.

1   1. **Normzweck.** § 3 legt den **persönlichen Geltungsbereich** des Gesetzes hinsichtlich derjenigen Personen fest, an die sich die gesetzlichen Ge- und Verbote richten.

2   2. **Arbeiteberbegriff.** Gem. § 3 ist **AG**, wer ein Kind oder einen Jugendlichen gem. § 1 beschäftigt; die Vorschrift ist durch die Wahl des Begriffes „beschäftigt" (vgl. dazu § 1 Rn. 5) umfassender als der allgemeine AGBegriff, der ein Arbeitsverhältnis voraussetzt. Daher kann AG sein, wer sich als AN von Jugendlichen oder Kindern helfen läßt bzw. sie in einem mittelbaren Arbeitsverhältnis einsetzt.

Vorausgesetzt ist dafür die tatsächliche Inanspruchnahme (OVG Münster 17. 2. 1986, NJW 1987, 1443) und das Bestehen von Weisungsrechten, nicht aber die Gewinnerzielungsabsicht.

AG sind auch solche Betriebsangehörigen, denen die Weisungsbefugnis und Fürsorgepflicht gegen- 3 über dem Jugendlichen übertragen worden ist, sog. funktioneller AG (iSd. §§ 14 I StGB, 9 I OWiG, vgl. *Zmarzlik/Anzinger* Rn. 6 ff.); wie zB vertretungsberechtigte Organe einer juristischen Person; vertretungsberechtigte Gesellschafter einer Personenhandelsgesellschaft; Betriebsleiter, Betriebsabteilungsleiter, Personalleiter sowie Ausbilder und Ausbildungsleiter.

Bei **Heimarbeit** ist der Auftraggeber iSd. § 1 II a HAG der AG, gegebenenfalls der Zwischen- 4 meister. Im Rahmen von **Leiharbeitsverhältnissen** ist der Verleiher gem. § 3 I AÜG der AG und daher an die Bestimmungen des JArbSchG gebunden. Soweit die Tätigkeit des LeihAN bei dem Entleiher den für dessen Betrieb geltenden öffentlich-rechtlichen Arbeitsschutzvorschriften unterliegt (§ 11 VI AÜG), ist der Entleiher neben dem Verleiher als AG iSd. § 3 anzusehen.

§ 4 Arbeitszeit

(1) Tägliche Arbeitszeit ist die Zeit vom Beginn bis zum Ende der täglichen Beschäftigung ohne die Ruhepausen (§ 11).

(2) Schichtzeit ist die tägliche Arbeitszeit unter Hinzurechnung der Ruhepausen (§ 11).

(3) ¹Im Bergbau unter Tage gilt die Schichtzeit als Arbeitszeit. ²Sie wird gerechnet vom Betreten des Förderkorbes bei der Einfahrt bis zum Verlassen des Förderkorbes bei der Ausfahrt oder vom Eintritt des einzelnen Beschäftigten in das Stollenmundloch bis zu seinem Wiederaustritt.

(4) ¹Für die Berechnung der wöchentlichen Arbeitszeit ist als Woche die Zeit von Montag bis einschließlich Sonntag zugrunde zu legen. ²Die Arbeitszeit, die an einem Werktag infolge eines gesetzlichen Feiertags ausfällt, wird auf die wöchentliche Arbeitszeit angerechnet.

(5) Wird ein Kind oder ein Jugendlicher von mehreren Arbeitgebern beschäftigt, so werden die Arbeits- und Schichtzeiten sowie die Arbeitstage zusammengerechnet.

1. Normzweck. Die Vorschrift dient der Definition der Begriffe „Arbeitszeit", „Schichtzeit" und 1 „Woche" für die Auslegung und Anwendung des Gesetzes; sie gilt zwingend für alle Beschäftigungsverhältnisse iSd. § 1 I. Abw. Vereinbarungen sind unzulässig, lediglich eine Konkretisierung (etwa: Beginn und Ende der Arbeitszeit) kann einzel- oder kollektivvertraglich erfolgen. Abs. 4 S. 2 soll sicherstellen, daß der Jugendliche die Arbeitszeit, die an einem Werktag aufgrund eines Feiertages ausfällt, nicht vor- oder nacharbeiten muß; Abs. 5 will die Arbeit des Jugendlichen über das zulässige Maß hinaus auch dann verhindern, wenn Doppelarbeitsverhältnisse begründet werden.

3. Begriff der Arbeitszeit (Abs. 1). Maßgeblich ist gem. Abs. 1 nicht die Zeit, in der der Jugendliche 2 eine tatsächliche Arbeitsleistung erbringt, sondern die Zeit der Anwesenheit am Beschäftigungsort, während derer der Jugendliche für Arbeit oder Ausbildung verfügbar ist; lediglich die Ruhepausen sind ausgenommen (BAG 31. 1. 1991 AP BUrlG § 11 Nr. 31). Auf die Art der Tätigkeit des Jugendlichen kommt es ebensowenig an wie auf deren Qualität oder den Ort der Beschäftigung. Daher werden auch solche Zeiträume der Arbeitszeit zugerechnet, in denen der Jugendliche ausgebildet wird oder auf Arbeit wartet, weil der AG von der ihm angebotenen Arbeitskraft keinen Gebrauch macht. Dasselbe gilt für die Zeit des Bereitschaftsdienstes und der Arbeitsbereitschaft, da der Jugendliche auch in diesen Zeiten der Weisungsbefugnis des AG untersteht (BT-Drucks. 7/2305 S. 27; *Bachmann/Lührs* Rn. 58). **Bereitschaftsdienst** liegt vor, wenn der AN sich an einer vom AG bestimmten Stelle innerhalb oder außerhalb des Betriebes aufhält, um, falls nötig, die Arbeit sofort aufnehmen zu können (BAG 8. 7. 1959 AP AZO § 13 Nr. 1; BAG 24. 1. 1962 AP AZO § 7 Nr. 8; BAG 10. 1. 1991 NZA 1991, 516, 518). Als **Arbeitsbereitschaft** gilt die Zeit, in der sich der AN an einer bestimmten Arbeitsstelle befindet und Tätigkeiten mit schwankender Arbeitsintensität und Beanspruchung ausführt (vgl. BAG 12. 2. 1986 DB 1987, 995; *Bachmann/Lührs* Rn. 58).

Ob die **Rufbereitschaft** auf die Arbeitszeit anzurechnen ist, ist umstritten. Rufbereitschaft ist 3 die Zeit, in der sich der Beschäftigte an einem selbst gewählten Ort aufhält, um ggf. auf Abruf Arbeit zu leisten (BAG 26. 2. 1958 AP AZO § 7 Nr. 3; BAG 10. 6. 1959 AP AZO § 7 Nr. 5; BAG 26. 11. 1992 DB 1993, 692). ZT wird eine Anrechnung bejaht, da die amtliche Begründung zum JArbSchG 1976 (BT-Drucks. 7/2305 S. 27) die Bewertung der Rufbereitschaft als Arbeitszeit nicht ausgeschlossen hat (*Schoden* Rn. 2, 5; *Zmarzlik/Anzinger* Rn. 10). Überwiegend (BAG 12. 2. 1969 E 21, 348; BVerwG 1. 6. 1987 ZBR 1987, 346; BVerwG 25. 10. 1979 E 59, 45; *Bachmann/Lührs* Rn. 58; *Molitor/Volmer/Germelmann* Rn. 13 f.) wird die Rufbereitschaft dennoch nicht als Arbeitszeit iSd. JArbSchG angesehen, da der Jugendliche relativ frei über seine Zeit und seinen Aufenthaltsort entscheiden kann – er kann ihn zB auch wechseln, muß nur für den AG erreichbar sein.

Vor- und Abschlußarbeiten müssen somit in der Arbeitszeit erledigt werden ebenso wie Aufräum- 4 arbeiten, das Reinigen des Arbeitsplatzes, das Anlegen einer vorgeschriebenen Schutzkleidung oder das Besorgen von Materialien (*Zmarzlik/Anzinger* Rn. 19; *Schoden* Rn. 11 bis 13). Umkleiden und Waschen wird der Arbeitszeit gleichfalls zugerechnet, soweit diese Handlungen aufgrund betrieblicher Anordnungen, Unfallverhütungs- oder sonstiger Schutzvorschriften Voraussetzung einer ordnungsgemäßen Arbeitsaufnahme oder -beendigung sind. Die Zeit, die für den Weg von und zur Betriebs- oder Ausbildungsstätte benötigt wird, gilt nicht als Arbeitszeit, weil der Jugendliche währenddessen nicht der Weisungsbefugnis des AG unterliegt (*Bachmann/Lührs* Rn. 52). Zur Arbeitszeit zählen allerdings die **Wegezeiten**, die nach dem Beginn der Beschäftigung anfallen, weil der Jugendliche zu einer außerhalb des Betriebes gelegenen Ausbildungsstelle (*Schoden* Rn. 14) oder Arbeitsstelle gelangen muß (BAG 17. 4. 1957 E 5, 86; BayObLG 23. 3. 1992 NZA 1992, 811).

5   Wegezeiten von und zur Berufsschule gelten nicht als Arbeitszeit (BAG 12. 10. 1962 E 13, 240), denn gem. § 9 II werden nur Berufsschulunterricht und Berufsschultage auf die Arbeitszeit angerechnet (*Zmarzlik/Anzinger* Rn. 24; *Gröninger/Gehring/Taubert* Rn. 7 und § 9 Rn. 12). **Berufsschulunterricht und Prüfungen** fallen begrifflich nicht unter die Arbeitszeit gem. § 4 I, müssen aber gem. §§ 9 und 10 als Arbeitszeit angerechnet werden.

6   **Ausbildungsmaßnahmen** praktischer und theoretischer Art gehören zur Arbeitszeit, soweit sie der Verwirklichung des im Berufsausbildungsvertrag (§ 3 BBiG Rn. 3) vereinbarten Ausbildungszieles dienen, unabhängig von einer Teilnahmepflicht des Jugendlichen. Ausbildungsmaßnahmen, die über das eigentliche Ausbildungsziel hinausgehen, wie zB weiterführender Unterricht, sind nicht auf die Arbeitszeit anzurechnen, soweit die Teilnahme freiwillig ist (*Zmarzlik/Anzinger* Rn. 14; *Bachmann/Lührs* Rn. 54).

7   **3. Begriff der Schichtzeit (Abs. 2).** Die Schichtzeit ist definiert als die tägliche Arbeitszeit einschließlich der Ruhepausen gem. § 11.

8   **4. Bergbau unter Tage (Abs. 3).** Im Bergbau unter Tage (iSd. BBergG) gilt die Schichtzeit als Arbeitszeit, dh. auch die einzuhaltenden Mindestruhepausen werden auf die Arbeitszeit angerechnet. Dabei beginnt die Beschäftigung mit dem Betreten des Förderkorbes bei der Einfahrt bzw. mit dem Eintritt des einzelnen Beschäftigten in das Stollenmundloch und endet mit dem Verlassen des Förderkorbes bei der Ausfahrt bzw. mit dem Wiederaustritt aus dem Stollenmundloch. Dagegen werden das Abholen und Abgeben von Geräten, Arbeitsvorbereitungen, Waschen und Umkleiden nicht auf die Arbeitszeit angerechnet.

9   **5. Wöchentliche Arbeitszeit (Abs. 4).** Für die Berechnung der wöchentlichen Arbeitszeit ist die Zeit von Montag bis einschließlich Sonntag zugrunde zu legen. S. 1 regelt zwingend die Berechnung der Dauer der wöchentlichen Arbeitszeit gem. § 8.

10 Gemäß Abs. 4 S. 2 wird die Arbeitszeit, die an einem Werktag infolge eines gesetzlichen Feiertags ausfällt, auf die wöchentliche Arbeitszeit angerechnet. Dasselbe muß nach dem Gesetzeszweck auch bei Feiertagen gelten, die auf einen Sonntag fallen, sofern an ihnen zulässigerweise gearbeitet worden wäre (*Zmarzlik/Anzinger* Rn. 30; *Schoden* Rn. 23). Die Arbeitszeit muß **aufgrund des** Feiertags ausfallen (BAG 19. 4. 1989 AP FeiertagslohnzahlungsG § 1 Nr. 62). Dieser Zusammenhang ist zB zu verneinen, wenn witterungsbedingt nicht gearbeitet wird (BAG 19. 7. 1959 AP FeiertagslohnzahlungsG § 1 Nr. 6) oder wenn es sich um einen ohnehin betriebsüblich freien Tag handelt. Angerechnet wird nur die tatsächlich ausfallende, bei Kurzarbeit also die verkürzte Arbeitszeit. Eine Verpflichtung zum Vor- oder Nacharbeiten der ausgefallenen Arbeitszeit ist unzulässig; dasselbe gilt für die Verlegung der auf den Feiertag fallenden Arbeitszeit auf einen anderen Tag der Woche (BAG 4. 10. 1963 AP JArbSchG § 10 Nr. 3). Zur Anrechnung von Berufsschultagen, die auf einen Feiertag fallen, vgl. § 9 Rn. 15.

11 **6. Mehrere Arbeitgeber (Abs. 5).** Die Bestimmung schützt Kinder und Jugendliche vor einer Überschreitung der festgelegten zulässigen Höchstarbeitszeit, auch wenn sie mehrere Beschäftigungsverhältnisse eingegangen sind. Auch dabei dürfen Jugendliche nach § 8 nicht mehr als 8 Stunden täglich und nicht mehr als 40 Stunden wöchentlich beschäftigt werden.

12 Eine Mißachtung der zugelassenen Höchstarbeitszeit kann in krassen Fällen sogar Nichtigkeit des zweiten Arbeitsverhältnisses bewirken (BAG 19. 6. 1959 AP BGB § 611 Doppelarbeitsverhältnis Nr. 1). Im übrigen besteht jedoch ein Leistungsverweigerungsrecht des Jugendlichen hinsichtlich der übermäßigen Arbeitsleistung, da Abs. 5 ein Beschäftigungsverbot begründet.

Zweiter Abschnitt. Beschäftigung von Kindern

§ 5 Verbot der Beschäftigung von Kindern

(1) **Die Beschäftigung von Kindern (§ 2 Abs. 1) ist verboten.**

(2) [1]**Das Verbot des Absatzes 1 gilt nicht für die Beschäftigung von Kindern**
1. **zum Zwecke der Beschäftigungs- und Arbeitstherapie,**
2. **im Rahmen des Betriebspraktikums während der Vollzeitschulpflicht,**

III. Allgemeine Ausnahmen vom Verbot der Kinderarbeit (Abs. 2)

3. in Erfüllung einer richterlichen Weisung.
²Auf die Beschäftigung finden § 7 Satz 1 Nr. 2 und die §§ 9 bis 46 entsprechende Anwendung.

(3) ¹Das Verbot des Absatzes 1 gilt ferner nicht für die Beschäftigung von Kindern über 13 Jahre mit Einwilligung des Personensorgeberechtigten, soweit die Beschäftigung leicht und für Kinder geeignet ist. ²Die Beschäftigung ist leicht, wenn sie auf Grund ihrer Beschaffenheit und der besonderen Bedingungen, unter denen sie ausgeführt wird,
1. die Sicherheit, Gesundheit und Entwicklung der Kinder,
2. ihren Schulbesuch, ihre Beteiligung an Maßnahmen zur Berufswahlvorbereitung oder Berufsausbildung, die von der zuständigen Stelle anerkannt sind, und
3. ihre Fähigkeit, dem Unterricht mit Nutzen zu folgen,
nicht nachteilig beeinflußt. ³Die Kinder dürfen nicht mehr als zwei Stunden täglich, in landwirtschaftlichen Familienbetrieben nicht mehr als drei Stunden täglich, nicht zwischen 18 und 8 Uhr, nicht vor dem Schulunterricht und nicht während des Schulunterrichts beschäftigt werden. ⁴Auf die Beschäftigung finden die §§ 15 bis 31 entsprechende Anwendung.

(4) ¹Das Verbot des Absatzes 1 gilt ferner nicht für die Beschäftigung von Jugendlichen (§ 2 Abs. 3) während der Schulferien für höchstens vier Wochen im Kalenderjahr. ²Auf die Beschäftigung finden die §§ 8 bis 31 entsprechende Anwendung.

(4 a) Die Bundesregierung hat durch Rechtsverordnung mit Zustimmung des Bundesrates die Beschäftigung nach Absatz 3 näher zu bestimmen.

(4 b) Der Arbeitgeber unterrichtet die Personensorgeberechtigten der von ihm beschäftigten Kinder über mögliche Gefahren sowie über alle zu ihrer Sicherheit und ihrem Gesundheitsschutz getroffenen Maßnahmen.

(5) Für Veranstaltungen kann die Aufsichtsbehörde Ausnahmen gemäß § 6 bewilligen.

I. Normzweck

Die Norm soll Kinder vor wirtschaftlicher Ausnutzung als billige Arbeitskräfte, aber auch vor 1 Gefahren für ihre Gesundheit, Entwicklung und Schulausbildung schützen. Da bei Kindern Überbelastungen zu schweren psychischen und physischen Schäden führen können und Kinder ihre Leistungsfähigkeit selbst schlecht beurteilen können, sind sie besonders schutzbedürftig. Dies geschieht durch ein grds. Verbot jeder Kinderarbeit, das weder durch Einverständnis der Eltern noch in Notfällen ausgeschlossen wird, sondern nur gesetzlich geregelte Ausnahmen zuläßt. Im Rahmen der Umsetzung der Jugendarbeitsschutz-Richtl. 94/33 EG (AblEG L 216, S. 12) ist die Altersgrenze für das Verbot von Kinderarbeit auf 15 Jahre festgelegt und sind die zulässigen Ausnahmen näher konkretisiert worden.

II. Verbot der Beschäftigung von Kindern (Abs. 1)

Die Beschäftigung von Kindern (§ 2 I) ist grds. verboten. Vom Verbot sind solche Tätigkeiten nicht 2 erfaßt, die gem. § 1 nicht in den Geltungsbereich des Gesetzes einbezogen sind. § 5 verstößt nicht gegen Art. 12 GG, denn auch wenn das altersabhängige Beschäftigungsverbot als objektive Zugangsschranke die Berufswahlfreiheit beeinträchtigt, rechtfertigt die Gesundheit junger Menschen als überragend wichtiges Gemeinschaftsgut diesen Eingriff. Art. 6 II GG ist betroffen, wenn Eltern in ihrem Erziehungskonzept behindert werden; eine Beeinträchtigung des Elternrechtes ist dadurch zu vermeiden, daß bei verfassungskonformer Auslegung des Abs. 1 den Eltern eine Beschäftigung, mit der sie überwiegend erzieherische Zwecke verfolgen, erlaubt ist.

III. Allgemeine Ausnahmen vom Verbot der Kinderarbeit (Abs. 2)

1. Beschäftigungs- und Arbeitstherapie (Abs. 2 Nr. 1). Die Vorschrift erlaubt insb. Rehabili- 3 tationsmaßnahmen, die der Heilung von behinderten, kranken, geisteskranken oder drogenabhängigen Kindern dienen. Dadurch soll die Fähigkeit dieser Kinder entwickelt werden, später einen Beruf zu erlernen bzw. zu ergreifen. Voraussetzung ist eine Krankheit, die einer Therapie bedarf. Die Ausnahme ist mit den Anforderungen der RL 94/33 EG nur insoweit vereinbar als die Therapie nicht in Form eines Arbeitsverhältnisses erbracht wird und deshalb der RL nicht unterliegt.

2. Im Rahmen des Betriebspraktikums während der Vollzeitschulpflicht (Abs. 2 Nr. 2). Betriebs- 4 praktikum in diesem Sinne sind von der Schule vor- und nachbereitete betriebliche Veranstaltungen zur Erleichterung der Berufsfindung und Einführung in die Arbeitswelt; Probearbeit neben dem Unterrichtsbesuch wird davon ebensowenig erfaßt wie Ferientätigkeiten. Für die Einhaltung des Gesetzes während des Praktikums sind Schule und Aufsichtsbehörde verantwortlich. Art. 4 Abs. 2 b) der RL 94/33/EG verlangt für diese Ausnahme vom Kinderarbeitsverbot die Einhaltung einer Altersgrenze von mind. 14 Jahren.

5   3. **In Erfüllung einer richterlichen Weisung (Abs. 2 Nr. 3).** Gemeint sind Anordnungen nach § 10 I Nr. 4 JGG (Weisung des Jugendrichters, bestimmte Arbeitsleistungen zu erbringen), solche gem. § 23 I JGG (Arbeitsweisung des Jugendrichters als Bewährungsauflage zur Erzielung einer bestimmten erzieherischen Wirkung) oder Weisungen gem. § 21 VI 2 des Gesetzes über die Verbreitung jugendgefährdender Schriften. Diese Ausnahme ist nicht gem. Art. 4 Abs. 2 der RL 94/33 EG zulässig.

IV. Ausnahmen für Kinder über 13 Jahre (Abs. 3)

6   1. **Leichte und für Kinder geeignete Beschäftigung (Abs. 3 S. 1).** Gestattet ist die Beschäftigung von Kindern über 13 Jahre, obwohl eine Ausnahme nach Abs. 2 nicht vorliegt, wenn der Personensorgeberechtigte einwilligt und die Beschäftigung leicht und für Kinder geeignet ist. Einwilligung in diesem Sinne ist die vorherige Zustimmung des Personensorgeberechtigten. Ob körperlich nicht schwere Arbeit geleistet werden soll, ist unter Berücksichtigung der individuellen Leistungsfähigkeit und Entwicklungsstandes des Kindes zu bestimmen, sowie des Umstandes, daß die Kinder bereits durch Schulunterricht und Schularbeiten in Anspruch genommen werden (S. 2 Nr. 1 bis 3).

7   2. Abs. 3 S. 1, 2 setzt die Richtl. 94/33/GG über den Jugendarbeitsschutz (ABlEG Nr. L 216 v. 20. 8. 1994, S. 12 ff.) um, derzufolge Kinderarbeit in den Mitgliedstaaten der EG grds. zu verbieten ist; Kinder ab 13 Jahren können aber mit *„leichten Arbeiten"* beschäftigt werden. Als nicht leichte Arbeiten iSd. KindArbSchV (Rn. 10) sind solche Tätigkeiten ausgeschlossen, die die manuelle Handhabung von Lasten ab 7,5 kg (regelmäßig) oder 10 kg (gelegentlich) erfordern, wegen ungünstiger Körperhaltung belastend oder mit solchen Unfallgefahren verbunden sind, die von den Betroffenen altersbedingt nicht erkannt oder abgewendet werden können. Lediglich der in Art. 3 Buchst. d) der RL 94/33/EG enthaltene Begriff „Programme der Berufsberatung" wird in Abs. 3 aufgrund der Besonderheiten des Berufsberatungssystems durch den weiteren Begriff „Maßnahmen zur Berufswahlvorbereitung" ersetzt. Damit soll gewährleistet werden, daß sich Kinder an solchen Maßnahmen zur Berufswahlvorbereitung wie Betriebspraktika in der Schule, Betriebserkundungen, Einzel- und Gruppenberatungen der Berufsberatung, Seminare zur Berufswahl etc. beteiligen können. Auf der Grundlage der KindArbSchV (Rn. 10) sind zulässig das Austragen von Zeitungen und dergleichen; Handreichungen beim Sport; Tätigkeiten im Haushalt wie Botengänge, Kinderbetreuung, Nachhilfeunterricht, Einkaufstätigkeit, Haustierversorgung; in landwirtschaftlichen Betrieben Ernte und Feldbestellung, Selbstvermarktung von Erzeugnissen und Tierversorgung; Tätigkeiten bei nicht gewerblichen Veranstaltungen von Kirchen, Vereinen, Verbänden und Parteien (*Kollmer* NZA 1998, 1268). Ausgeschlossen sind Tätigkeiten in Betrieben der gewerblichen Wirtschaft oder Verwaltungen des öffentlichen Dienstes.

8   Abs. 3 S. 3 verbietet die Beschäftigung der Kinder für mehr als zwei Stunden täglich (in landwirtschaftlichen Familienbetrieben: 3 Stunden) sowie zwischen 18 und 8 Uhr, vor und während des Schulunterrichts. Die Festlegung einer einheitlichen zeitlichen Obergrenze von täglich zwei Stunden verbessert die Rechtssicherheit. Daß auch für Kinder dabei grds. die Fünf-Tage-Woche gilt, wird durch Verweis auf § 15 gewährleistet; insofern wird der Schutzstandard gegenüber der früheren Rechtslage verbessert. Durch die zeitliche Beschränkung der Tätigkeit wird dem Kind eine ununterbrochene Nachtruhe von 14 Stunden gesichert, damit die Konzentrations- und Leistungsfähigkeit während der Schulzeit nicht durch eine vorher erbrachte Arbeit gestört wird. Während des Schulunterrichts ist eine Beschäftigung verboten, egal, ob das Kind am Unterricht teilnimmt oder aus welchen Gründen es fernbleibt. Während des Schulferien und an schulfreien Tagen gilt dagegen nur das Beschäftigungsverbot zwischen 18 und 8 Uhr. Keinesfalls darf das Fortkommen in der Schule durch die Beschäftigung beeinträchtigt werden. Das ist bereits dann der Fall, wenn während der Zeit der Beschäftigung die schulischen Leistungen nachlassen. Unzulässig ist daher eine Beschäftigung von Kindern, die ohnehin Schwierigkeiten haben, in der Schule mitzukommen.

V. Schulferien (Abs. 4)

9   Als weitere Ausnahme vom grds. Verbot der Kinderarbeit dürfen Jugendliche einen Ferienjob annehmen, sofern die Beschäftigung während der Schulferien und für höchstens vier Wochen im Kalenderjahr erfolgt. Die Ferienarbeitszeit kann auch verteilt werden, darf jedoch den Zeitrahmen nicht überschreiten. (Vgl. auch die diesbez. Verpflichtung in § 11 der RL 94/33/EG.)

VI. Verordnungsermächtigung (Abs. 4 a)

10 Die Bundesregierung hat durch Rechtsverordnung mit Zustimmung des Bundesrates die Beschäftigung nach Abs. 3 näher zu bestimmen. Der ursprüngliche Gesetzentwurf enthielt lediglich die Ermächtigung zum Erlaß einer Rechtsverordnung; durch die jetzige Regelung soll sichergestellt werden, daß leichte und für Kinder geeignete Beschäftigungen tatsächlich konkretisiert (*Taubert* BB 1997,

575 f.) werden. Dies ist durch die KindArbSchV v. 23. 6. 1998 (BGBl. I S. 1508) erfolgt (vgl. dazu Rn. 7; *Düwell* AuR 1998, 232; *Kollmer* NZA 1998, 1268).

VII. Unterrichtung der Sorgeberechtigten (Abs. 4 b)

Abs. 4 b schreibt in S. 1 die Verpflichtung des AG vor, die Personensorgeberechtigten der von ihm 11 beschäftigten Kinder über mögliche Gefahren sowie über alle zur Sicherheit und zum Gesundheitsschutz getroffenen Maßnahmen zu unterrichten, entsprechend Art. 6 III 2 der RL 94/33/EG.

VIII. Veranstaltungen (Abs. 5)

Weitere Ausnahmen vom Verbot der Kinderarbeit sind gem. Abs. 1 für Veranstaltungen nach § 6 12 vorgesehen. Allerdings bedarf es für derartige Beschäftigungen, anders als für solche der Abs. 2 bis 4, einer behördlichen Genehmigung.

IX. Verstöße

§ 5 I ist Verbotsgesetz iSd. § 134 BGB; der Vertrag über eine verbotswidrige Beschäftigung ist 13 unwirksam. Erleidet das Kind bei verbotswidriger Tätigkeit einen Gesundheitsschaden, ist dieser zu ersetzen; der Haftungsausschluß gem. § 104 SGB VII gilt allerdings auch dann (BGH 29. 1. 1980 DB 1980, 1948). Weiter werden Verstöße des AG gegen § 5 gem. §§ 58, 59 als Straftat oder Ordnungswidrigkeit geahndet.

§ 6 Behördliche Ausnahmen für Veranstaltungen

(1) ¹ Die Aufsichtsbehörde kann auf Antrag bewilligen, daß
1. bei Theatervorstellungen Kinder über sechs Jahre bis zu vier Stunden täglich in der Zeit von 10 bis 23 Uhr,
2. bei Musikaufführungen und anderen Aufführungen, bei Werbeveranstaltungen sowie bei Aufnahmen im Rundfunk (Hörfunk und Fernsehen), auf Ton- und Bildträger sowie bei Film- und Fotoaufnahmen
a) Kinder über drei bis sechs Jahre bis zu zwei Stunden täglich in der Zeit von 8 bis 17 Uhr,
b) Kinder über sechs Jahre bis zu drei Stunden täglich in der Zeit von 8 bis 22 Uhr
gestaltend mitwirken und an den erforderlichen Proben teilnehmen. ² Eine Ausnahme darf nicht bewilligt werden für die Mitwirkung in Kabaretts, Tanzlokalen und ähnlichen Betrieben sowie bei Vergnügungsparks, Kirmessen, Jahrmärkten und bei ähnlichen Veranstaltungen, Schaustellungen oder Darbietungen.

(2) Die Aufsichtsbehörde darf nach Anhörung des zuständigen Jugendamtes die Beschäftigung nur bewilligen, wenn
1. die Personensorgeberechtigten in die Beschäftigung schriftlich eingewilligt haben,
2. der Aufsichtsbehörde eine nicht länger als vor drei Monaten ausgestellte ärztliche Bescheinigung vorgelegt wird, nach der gesundheitliche Bedenken gegen die Beschäftigung nicht bestehen,
3. die erforderlichen Vorkehrungen und Maßnahmen zum Schutze des Kindes gegen Gefahren für Leben und Gesundheit sowie zur Vermeidung einer Beeinträchtigung der körperlichen oder seelisch-geistigen Entwicklung getroffen sind,
4. Betreuung und Beaufsichtigung des Kindes bei der Beschäftigung sichergestellt sind,
5. nach Beendigung der Beschäftigung eine ununterbrochene Freizeit von mindestens 14 Stunden eingehalten wird,
6. das Fortkommen in der Schule nicht beeinträchtigt wird.

(3) Die Aufsichtsbehörde bestimmt,
1. wie lange, zu welcher Zeit und an welchem Tage das Kind beschäftigt werden darf,
2. Dauer und Lage der Ruhepausen,
3. die Höchstdauer des täglichen Aufenthalts an der Beschäftigungsstätte.

(4) ¹ Die Entscheidung der Aufsichtsbehörde ist dem Arbeitgeber schriftlich bekanntzugeben. ² Er darf das Kind erst nach Empfang des Bewilligungsbescheides beschäftigen.

I. Normzweck

Da einige Veranstaltungen eine Mitwirkung von Kindern erfordern, gestattet § 6 deren Beschäfti- 1 gung (vgl. BT-Drucks. 7/2305 S. 27) nach Erteilung einer behördlichen Ausnahme vom Verbot der Kinderarbeit. Die Ausnahmegenehmigung ist nur erforderlich, wenn die Beschäftigung dem § 1, und damit an sich dem Verbot des § 5 I unterliegt. Die Beschäftigung des Kindes muß **gestaltender Art** sein oder sich auf eine Teilnahme an den Proben beziehen. Das Kind muß also selbst Teil der

Aufführung sein, etwa als Darsteller, Schauspieler, Sänger, Musiker, Statist etc. Keine gestaltende Mitwirkung in diesem Sinne liegt bei Tätigkeiten lediglich aus Anlaß einer Veranstaltung vor, wie zB beim Verkauf von Eintrittskarten, Programmen oder Getränken und Süßwaren, bei Garderobentätigkeit, Platzanweisen etc.

II. Ausnahmefälle (Abs. 1)

2 1. **Theatervorstellungen (Abs. 1 Nr. 1)**. Theatervorstellungen umfassen Aufführungen von Schauspielen, Opern, Operetten, Musicals, auch konzertante Aufführungen von Opern (*Zmarzlik/Anzinger* Rn. 9; *Gröninger/Gehring/Taubert* Rn. 3; aA *Salje* DVBl. 1988, 135, 140); die Bewilligung kann sowohl für Aufführungen im Opern- und Schauspielhaus oder für Veranstaltungen von Volkshochschulen oder Laienspielgruppen erteilt werden (*Schoden* Rn. 6). Nicht genehmigungsfähig ist dagegen die Mitwirkung an den in Abs. 1 S. 2 genannten Vergnügungsveranstaltungen.

3 Die Bewilligung kann nicht für Kinder unter 6 Jahren erteilt werden (BT-Drucks. 7/2305 S. 27). Andere dürfen nur bis zu vier Stunden in der Zeit von 10 bis 23 Uhr beschäftigt werden, auch an Sonn- und Feiertagen. Die Ruhepausen werden nicht auf die Beschäftigungszeit angerechnet (vgl. Abs. 3 Nr. 2).

4 2. **Musikaufführungen und anderes (Abs. 1 Nr. 2)**. Musikaufführungen sind öffentliche Instrumental- und Gesangsdarbietungen, soweit sie nicht Theatervorstellungen (Rn. 2) sind, insb. Orchester- und Chorkonzerte. **Andere Aufführungen** sind öffentliche Auftritte mit anderen Mitteln, zB Ballett- und Tanzvorführungen, artistische Darbietungen, Puppenspiele, Filmvorführungen, Modevorführungen, Zirkus und Varieté. Ein besonderer kultureller Wert der Aufführungen ist nicht Voraussetzung der Genehmigungsfähigkeit; die „anderen" Veranstaltungen müssen den Musikaufführungen auch nicht „vergleichbar" sein, weder im Niveau noch in der Art der Darbietung.

5 Genehmigungsfähig ist auch die Beschäftigung von Kindern bei **Werbeveranstaltungen**, dh. bei Auftritten vor Publikum zwecks Werbung für ein Produkt oder eine Idee, Modeschauen, Messen, Ausstellungen durch Mitwirkung als Mannequin, Darsteller, Sänger, Tänzer, Sprecher (*Albrecht* WRP 1976, 592, 595). Beim **Rundfunk** können Kinder in sämtlichen Sendungen mitwirken, auch reinen Werbesendungen.

6 Bewilligungsfähig ist das gestaltende Mitwirken bei **Aufnahmen** auf Ton- und Bildträger sowie bei Film- und Fotoaufnahmen, einschließlich Werbefotos und Werbefilme.

7 Der zulässige **zeitliche Umfang** der Beschäftigung richtet sich nach deren Art und dem Alter der Kinder: Die gestaltende Mitwirkung bei Theateraufführungen gem. S. 1 Nr. 1 kann nur Kindern über 6 Jahren gestattet werden, dies allerdings für die Dauer von bis zu vier Stunden täglich (Rn. 3), in der Zeit von 10 bis 23 Uhr: über die zulässige Beschäftigungsdauer im konkreten Einzelfall entscheidet die Aufsichtsbehörde (Abs. 3, dazu Rn. 10); sie ist nicht verpflichtet, den gesetzlich zulässigen Umfang im Einzelfall auch voll auszuschöpfen. Für Musikaufführungen und anderes (Nr. 2) kann eine Beschäftigung für Kinder ab 3 Jahren bewilligt werden, wenn auch in zeitlich eingeschränktem Umfang: Für Kinder zwischen 3 und 6 Jahren für bis zu zwei Stunden täglich in der Zeit von 8 bis 17 Uhr (S. 1 Nr. 2 a), für Kinder über 6 Jahren bis zu drei Stunden täglich in der Zeit von 8 bis 22 Uhr (S. 1 Nr. 2 b). Die Aufsichtsbehörde soll zwar eine Bewilligung nach Möglichkeit nur an insgesamt 30 Tagen pro Jahr und Kind erteilen (BT-Drucks. 7/2305 S. 28; OVG Münster 17. 2. 1986 NJW 1987, 1443 f.). Da diese Regelungsabsicht aber nicht ausdrücklich umgesetzt worden ist, kann eine Beschäftigung dennoch an mehr als 30 Tagen im Kalenderjahr bewilligt werden. Bezüglich der Beschäftigungszeit gilt § 4 I entsprechend.

8 3. **Nicht bewilligungsfähige Veranstaltungen (Abs. 1 S. 2)**. Eine Ausnahme darf nicht bewilligt werden für die Mitwirkung von Kindern in Kabaretts, Tanzlokalen und ähnlichen (dh. typischerweise vergnügungssteuerpflichtigen) Betrieben sowie auf Vergnügungsparks, Kirmessen, Jahrmärkten usw., um die Kinder vor möglichen negativen Einflüssen zu schützen. Entscheidend ist, daß die Veranstaltung wegen ihrer Art oder wegen ihrer äußeren Umgebung für die Gesundheit oder Entwicklung des Kindes gefährlich sein könnte. Die Aufzählung in S. 2 ist nicht abschließend.

III. Ausnahmevoraussetzungen (Abs. 2)

9 Die Ausnahmebewilligung muß vom AG bei der Aufsichtsbehörde beantragt werden, da er für die Einhaltung der Schutzvorschriften verantwortlich ist, vgl. §§ 58, 59; Antragsteller kann aber auch der Personensorgeberechtigte sein.

10 Zuständig für die Erteilung der Ausnahmebewilligung ist die Aufsichtsbehörde, § 51. Örtlich zuständig ist die Behörde am Betriebssitz des AG, Veranstalters oder Unternehmers. Die Behörde kann die Bewilligung erteilen (pflichtgemäßes Ermessen), ein Anspruch darauf besteht aber allenfalls bei „Ermessensreduzierung auf Null".

11 Voraussetzung ist eine **Anhörung des Jugendamtes**. Eine Bindung der Aufsichtsbehörde an die Stellungnahme des Jugendamtes besteht aber nicht, sie kann nach freiem Ermessen entscheiden. Eine

ohne vorherige Anhörung erteilte Bewilligung ist anfechtbar. Alle Personensorgeberechtigten müssen in die Beschäftigung schriftlich (§ 126 I BGB) eingewilligt haben (Abs. 2 Nr. 1). Zur Vorbeugung gesundheitlicher Schäden (vgl. BR-Drucks. 7/2305 S. 28) muß der Aufsichtsbehörde eine innerhalb der letzten drei Monate ausgestellte **ärztliche Bescheinigung** vorgelegt werden, nach der gesundheitliche Bedenken gegen die Beschäftigung nicht bestehen (Abs. 2 Nr. 2). Die Unbedenklichkeitsbescheinigung muß sich auf die konkret geplante Tätigkeit des Kindes beziehen. Bestehen Bedenken, darf die Bewilligung nicht erteilt werden, wenn nicht die Behörde Auflagen nach Abs. 2 festsetzen kann, die den ärztlichen Bedenken abhelfen. Die nötigen Schutzmaßnahmen (Abs. 2 Nr. 3) müssen spätestens bis zum Beginn der Beschäftigung getroffen worden sein; das umfaßt zumindest die Einhaltung der Unfallverhütungsvorschriften der §§ 22 bis 31.

Betreuung und Beaufsichtigung (Abs. 2 Nr. 4) des Kindes müssen sichergestellt sein. Das Kind ist 12 von einer zuverlässigen und geeigneten erwachsenen Person dauernd zu betreuen. Das gilt auch für die Wege von und zur Beschäftigungsstelle, insb. bei Dunkelheit (*Schoden* Rn. 26; *Bachmann/Lührs* Rn. 44). Abs. 2 Nr. 5 verlangt, daß nach Beendigung der Beschäftigung eine ununterbrochene Freizeit von mindestens 14 Stunden eingehalten wird; in dieser Zeit ist eine „Beschäftigung" des Kindes untersagt. Strittig ist, ob zur Freizeit iSd der Schulunterricht zählt oder ob der Schulbesuch die 14-stündige Freizeit unterbricht. Der Schulbesuch ist aber nicht Beschäftigungszeit gem. Abs. 2 Nr. 5; die Beschäftigung von Kindern nach 18 Uhr ist somit auch dann möglich, wenn deren Unterricht am nächsten Tag um 8 Uhr beginnt (*Bachmann/Lührs* Rn. 44; *Zmarzlik/Anzinger* Rn. 42; aA *Schoden* Rn. 27). Dem notwendigen Schutz der Kinder kann dadurch Rechnung getragen werden, daß die Aufsichtsbehörde bei der Festsetzung der Beschäftigungszeit nach § 6 III die Tatsache des Schulunterrichts berücksichtigt.

Die Ausnahmebewilligung darf ohnehin nur erteilt werden, wenn das Fortkommen in der Schule 13 nicht beeinträchtigt wird (Abs. 2 Nr. 6). Eine solche Beeinträchtigung liegt bereits vor, wenn die Gefahr einer Verschlechterung der schulischen Leistungen besteht. Um eine eventuelle Beeinträchtigung festzustellen, kann sich die Aufsichtsbehörde entweder mit der Schule in Verbindung setzen oder vom Antragsteller eine entsprechende Bescheinigung der Schule vorlegen lassen.

IV. Zeitliche Modalitäten der Ausnahmebewilligung (Abs. 3) und Bekanntgabe (Abs. 4)

Die Behörde bestimmt im Rahmen der Ausnahmebewilligung die **zeitliche Lage**, den **Umfang der** 14 **Beschäftigung** und der **Pausen**, sowie die **Höchstdauer** des täglichen Aufenthalts an der Beschäftigungsstätte (Abs. 3). Zur Beschäftigungszeit zählt auch die notwendige Vorbereitung an der Beschäftigungsstätte wie zB das Umziehen, Schminken, Warten auf den Auftritt. Auch Ruhepausen fallen unter die Gesamtbeschäftigungszeit des Abs. 3 Nr. 3.

Nach Abs. 4 muß die Entscheidung der Aufsichtsbehörde dem AG schriftlich bekanntgegeben 15 werden. Das Kind darf erst nach Empfang des Bewilligungsbescheides beschäftigt werden. Der Bewilligungsbescheid ist ein VA, auf dessen Erteilung idR kein Anspruch besteht (Rn. 10). Im Streitfall kann der Verwaltungsrechtsweg beschritten werden. Verstöße gegen die Vorschriften des § 6 werden nach §§ 58, 59 als Straftat oder Ordnungswidrigkeit geahndet.

§ 7 Beschäftigung von nicht vollzeitschulpflichtigen Kindern

¹ Kinder, die der Vollzeitschulpflicht nicht mehr unterliegen, dürfen
1. im Berufsausbildungsverhältnis,
2. außerhalb eines Berufsausbildungsverhältnisses nur mit leichten und für sie geeigneten Tätigkeiten bis zu sieben Stunden täglich und 35 Stunden wöchentlich

beschäftigt werden. ² Auf die Beschäftigung finden die §§ 8 bis 46 entsprechende Anwendung.

1. Normzweck. Das Verbot einer Beschäftigung von Personen unter 15 Jahren ist durch das 1 JArbSchG 1976 zum Zwecke der Anpassung an den internationalen Standard eingeführt worden, insb. um den Verpflichtungen aus Art. 3 Nr. 3 des Übereinkommens 138 der IAO vom 26. 6. 1973 über das Mindestalter für die Zulassung zur Beschäftigung (BGBl. II 1976 S. 201) und Art. 7 Nr. 1 der Europäischen Sozialcharta vom 18. 10. 1961 (BGBl. II 1964 S. 1261) zu entsprechen. Durch die Anpassung des Gesetzes an die RL 94/33/EG, die das Verbot der Kinderarbeit auf Personen bis zum 15. Lebensjahr erweiterte, wurde die Zulassung der Beschäftigung nicht mehr vollzeitschulpflichtiger Kinder erforderlich. Die Zulassung ist allerdings zu weit geraten, da S. 2 auch § 14 V bis VII und § 13 mit umfaßt, die den strengeren Vorgaben von Art. 9 Abs. 1 a bzw. Art. 10 Abs. 1 a RL 94/33/EG nicht gerecht werden.

2. Beschäftigung nicht vollzeitschulpflichtiger Kinder. Kinder, die der Vollzeitschulpflicht nicht 2 mehr unterliegen, obwohl sie noch nicht 15 Jahre alt sind, dürfen im Berufsausbildungsverhältnis beschäftigt werden; außerhalb eines Berufsausbildungsverhältnisses gilt das nur ausnahmsweise (Rn. 3). Die Dauer der Vollzeitschulpflicht richtet sich nach den jeweiligen Landesgesetzen (vgl. § 2 Rn. 4); in Ländern mit 10-jähriger Schulpflicht kann die Vorschrift kaum praktisch werden. § 7 Nr. 1

erlaubt Kindern, die vor Erreichen des 15. Lebensjahres die Schule beenden, sofort eine Ausbildung zu beginnen; Personen dieser Altersgruppe dürfen 8 Stunden pro Tag, während 5 Tagen pro Woche beschäftigt werden, §§ 8 ff.

3 **Außerhalb eines Berufsausbildungsverhältnisses** (§ 7 Nr. 2) dürfen nicht mehr vollzeitschulpflichtige Kinder nur mit leichten und für sie geeigneten Tätigkeiten bis zu sieben Stunden täglich und 35 Stunden wöchentlich beschäftigt werden. Die Tätigkeit muß objektiv leicht sein; das ist nach den Gesamtumständen zu bestimmen. Gegen eine Einstufung als leichte Tätigkeit sprechen gegebenenfalls Hitze, Kälte, Nässe oder Lärm. Eine Tätigkeit ist **geeignet,** wenn sie dem körperlichen und geistig-seelischen Entwicklungsstand des Kindes entspricht und die persönliche Leistungsfähigkeit nicht überlastet (*Bachmann/Lührs* Rn. 45), zB Austragen von Waren und Zeitungen, Botengänge, Verkaufstätigkeiten, Büroarbeiten, Auszeichnen von Waren, allgemeine Hilfstätigkeiten, jeweils unter Berücksichtigung der konkreten Anforderungen im Einzelfall. Unzulässig sind Tätigkeiten, die mit Unfallgefahren verbunden sind, das Tragen von Lasten sowie Produktions-, Transport- und Reparaturarbeiten in der Industrie (vgl. BT-Drucks. 7/2305 S. 28). Gem. § 5 IVa können zudem leichte und geeignete Tätigkeiten in einer **Rechtsverordnung** näher bestimmt werden.

Dritter Abschnitt. Beschäftigung Jugendlicher

Erster Titel. Arbeitszeit und Freizeit

§ 8 Dauer der Arbeitszeit

(1) Jugendliche dürfen nicht mehr als acht Stunden täglich und nicht mehr als 40 Stunden wöchentlich beschäftigt werden.

(2) ¹Wenn in Verbindung mit Feiertagen an Werktagen nicht gearbeitet wird, damit die Beschäftigten eine längere zusammenhängende Freizeit haben, so darf die ausfallende Arbeitszeit auf die Werktage von fünf zusammenhängenden, die Ausfalltage einschließenden Wochen nur dergestalt verteilt werden, daß die Wochenarbeitszeit im Durchschnitt dieser fünf Wochen 40 Stunden nicht überschreitet. ²Die tägliche Arbeitszeit darf hierbei achteinhalb Stunden nicht überschreiten.

(2 a) Wenn an einzelnen Werktagen die Arbeitszeit auf weniger als acht Stunden verkürzt ist, können Jugendliche an den übrigen Werktagen derselben Woche achteinhalb Stunden beschäftigt werden.

(3) In der Landwirtschaft dürfen Jugendliche über 16 Jahre während der Erntezeit nicht mehr als neun Stunden täglich und nicht mehr als 85 Stunden in der Doppelwoche beschäftigt werden.

1 **1. Normzweck.** § 8 enthält ein an den AG gerichtetes, öffentlich-rechtliches **Beschäftigungsverbot** jenseits sonstiger Höchstarbeitszeiten; davon abw. Vertragsbestimmungen sind gem. § 134 BGB nichtig, kollektivvertragliche Abweichungen sind in den Grenzen des § 21 a zulässig. Zugleich ist § 8 ein Schutzgesetz iSd. § 823 II BGB.

Die Norm will Jugendliche, die weniger belastbar sind als Erwachsene und längere Erholungsphasen brauchen, vor Überforderung und gesundheitlichen Schäden durch zu lange Arbeitszeiten schützen. Auch soll sichergestellt werden, daß sie ausreichend Zeit zur Entfaltung ihrer Persönlichkeit haben, weil sie in der Entwicklung stehen und ihre Kräfte für Wachstum und Reifung benötigen (BT-Drucks. 7/2305 S. 28); die Arbeitszeitgrenzen des ArbZG gelten für Jugendliche daher nicht, ihre gesetzlich zulässige Arbeitszeit bestimmt sich nach §§ 7, 8. Mehrarbeit ist nur in Notfällen zugelassen, § 21 I. § 8 II, IIa sowie § 21 a I Nr. 1 erlauben eine flexiblere Verteilung der höchstzulässigen Arbeitszeit im Interesse der Zusammenarbeit von jugendlichen und erwachsenen AN (BT-Drucks. 10/340 S. 4 und 10/2012 S. 11 ff.).

2 **2. Tägliche und wöchentliche Arbeitszeit (Abs. 1).** Die **tägliche Arbeitszeit** (§ 4 I) beträgt für Jugendliche nicht mehr als 8 Stunden ohne Einbeziehung der Pausen. Auch durch die Teilnahme an der **Berufsschule,** an Prüfungen oder außerbetrieblichen Ausbildungsmaßnahmen nach §§ 9, 10 darf die 8-Stunden-Grenze nicht überschritten werden. Die **wöchentliche Arbeitszeit** darf grds. 40 Stunden nicht überschreiten. Eine Woche umfaßt die Zeit von Montag bis einschließlich Sonntag (§ 4 IV). Berufsschulunterricht, Prüfungen und außerbetriebliche Ausbildungsmaßnahmen sind nach Maßgabe der §§ 9, 10 auf die wöchentliche Arbeitszeit anzurechnen. Die **Lage** der Arbeitszeit wird nicht in § 8, sondern durch andere Vorschriften bestimmt: § 15 S. 1 erlaubt grds. nur eine Beschäftigung an 5 Tagen in der Woche; am Wochenende und an Feiertagen dürfen Jugendliche nach §§ 16 bis 18 unter besonderen Voraussetzungen beschäftigt werden. Konkret kann die Lage der Arbeitszeit durch Arbeits- oder Ausbildungsvertrag, Betriebs- oder Dienstvereinbarung oder TV festgelegt werden. Fehlt eine ausdrückliche Regelung, kann der AG sein Direktionsrecht ausüben, muß dabei jedoch

nach billigem Ermessen vorgehen, § 315 BGB (BAG 19. 6. 1985 AP BAT § 4 Nr. 11; 25. 10. 1989 AP BGB § 611 Direktionsrecht Nr. 36).

3. Ausnahme bei Feiertagen (Abs. 2). Die 8-Stunden-Grenze darf überschritten werden, wenn aufgrund von Feiertagen an Werktagen nicht gearbeitet wird, um den AN eine längere mit dem Feiertag zeitlich zusammenhängende Freizeit zu ermöglichen. Die am Werktag ausgefallene Arbeitszeit darf vor- oder nachgearbeitet werden, jeweils auf die Werktage von 5 zusammenhängenden Wochen verteilt. Dabei darf aber die Wochenarbeitszeit der 5 Wochen jeweils im Durchschnitt 40 Stunden, und die tägliche Arbeitszeit 8,5 Stunden nicht überschreiten; das grds. Verbot der Samstags- und Sonntagsarbeit (§§ 16, 17) ist zu beachten. Diese Einschränkungen führen dazu, daß im Ausgleichszeitraum nur 1,5 Arbeitstage vor- oder nachgearbeitet werden können.

Feiertage sind nicht nur die gesetzlichen, sondern auch die kirchlichen, die nicht zugleich gesetzliche Feiertage sind (*Gröninger/Gehring/Taubert* Rn. 3 a; *Zmarzlik/Anzinger* Rn. 20). Fällt die Arbeit nicht wegen des Feiertages aus, sondern aus betrieblichen Gründen, wie zB Streik, Betriebsruhetag, Auftragsrückgang, ist Abs. 2 nicht anwendbar (*Zmarzlik/Anzinger* Rn. 16). Das Ziel der Vorschrift verlangt zudem einen direkten zeitlichen Zusammenhang der ausgefallenen Arbeitszeit mit dem Feiertag. Diese unmittelbare Verbindung ist aber gewahrt, wenn zwischen beiden Tagen ein für alle AN arbeitsfreier Tag liegt (*Zmarzlik/Anzinger* Rn. 17).

4. Abweichende Verteilung der Arbeitszeit (Abs. 2 a). Abw. von der Grundregel der gleichmäßigen Verteilung der zulässigen Arbeitszeit auf 5 Tage pro Woche, Abs. 1, können Jugendliche dann 8,5 Stunden an Werktagen beschäftigt werden, wenn an einzelnen anderen Werktagen die Arbeitszeit auf weniger als 8 Stunden verkürzt ist. Die Vorschrift wurde 1984 neu eingefügt, um eine Anpassung an die Arbeitszeit der Erwachsenen zu ermöglichen, insb. wenn diese freitags bereits zwischen 13 und 15 Uhr die Arbeit beenden (BT-Drucks. 10/340 S. 4). Der Ausgleich ist jedoch nicht auf Fälle regelmäßiger Verlegung begrenzt. Die Verlängerung der Arbeitszeit an den anderen Werktagen darf über die Zeit der Verkürzung nicht hinausgehen, kann aber geringer ausfallen. Die Verkürzung muß in **derselben Woche** erfolgen wie die Verlängerung; in diesem Rahmen kann frei festgelegt werden, ob vor- oder nachgearbeitet werden soll. Die Verlängerung darf die höchstzulässige tägliche und wöchentliche Arbeitszeit grds. nicht überschreiten; abw. Regelungen nach § 21 a oder § 21 b sind aber möglich.

5. Ausnahmen in der Landwirtschaft (Abs. 3). Jugendliche über 16 Jahre dürfen während der Erntezeit abw. von Abs. 1 beschäftigt werden, um die während der Erntezeit anfallende Mehrarbeit zu bewältigen. Erfahrungsgemäß wird in der übrigen Zeit des Jahres weniger gearbeitet, so daß die 40-Stunden-Woche im Jahresdurchschnitt erreicht wird (BT-Drucks. 7/2305 S. 29).

Landwirtschaft ist die planmäßige Nutzung des Bodens (Ackerbau, Obst, Gemüse- und Weinbau, Weidewirtschaft) und die mit der Bodennutzung verbundene Tierhaltung zur Gewinnung pflanzlicher und tierischer Erzeugnisse. Dazu gehören gemischte land- und forstwirtschaftliche Betriebe, die Binnenfischerei, Imkereien, Tierhaltung und Tierzucht, soweit die Futtermittel im wesentlichen durch Bodenbewirtschaftung im eigenen Betrieb produziert werden. Gartenbaubetriebe gehören zur Landwirtschaft, soweit sie auf die Produktion von Pflanzen jeder Art gerichtet sind, nicht aber Blumengeschäfte, Handelsgärtnereien und andere, die lediglich fremdproduzierte Pflanzen verarbeiten oder veräußern. **Erntezeit** ist die Zeit, in der Früchte aufgrund ihres Reifegrades aus der Erde geholt oder von den Pflanzen getrennt werden. In der Binnenfischerei gilt die Zeit des Abfischens als Erntezeit in diesem Sinne.

Die **Dauer der zulässigen Arbeitszeit** beträgt höchstens 9 Stunden täglich und 85 Stunden in der Doppelwoche für Jugendliche über 16 Jahren. Die Berechnung der Arbeitszeit richtet sich nach § 4, so daß Berufsschulzeit und Prüfungszeit angerechnet werden. Die Doppelwoche umfaßt zwei aufeinanderfolgende Wochen einschließlich Samstag und Sonntag; zur Samstags- und Sonntagsarbeit vgl. §§ 16 II Nr. 4, 17 II Nr. 2, 18 II.

§ 9 Berufsschule

(1) ¹Der Arbeitgeber hat den Jugendlichen für die Teilnahme am Berufsschulunterricht freizustellen. ²Er darf den Jugendlichen nicht beschäftigen
1. vor einem vor 9 Uhr beginnenden Unterricht; dies gilt auch für Personen, die über 18 Jahre alt und noch berufsschulpflichtig sind,
2. an einem Berufsschultag mit mehr als fünf Unterrichtsstunden von mindestens je 45 Minuten, einmal in der Woche,
3. in Berufsschulwochen mit einem planmäßigen Blockunterricht von mindestens 25 Stunden an mindestens fünf Tagen; zusätzliche betriebliche Ausbildungsveranstaltungen bis zu zwei Stunden wöchentlich sind zulässig.

(2) **Auf die Arbeitszeit werden angerechnet**
1. Berufsschultage nach Absatz 1 Nr. 2 mit acht Stunden,
2. Berufsschulwochen nach Absatz 1 Nr. 3 mit 40 Stunden,

Schlachter

3. im übrigen die Unterrichtszeit einschließlich der Pausen.
(3) Ein Entgeltausfall darf durch den Besuch der Berufsschule nicht eintreten.
(4) *(aufgehoben)*

I. Normzweck

1   Abs. 1 will Jugendlichen die Teilnahme am Berufsschulunterricht durch eine zwingende (öffentlich-rechtliche) Freistellung durch den AG erleichtern, damit schulische und betriebliche Ausbildung im Berufsausbildungsverhältnis nebeneinander laufen können, vgl. § 7 BBiG.

2   Die Beschäftigungsverbote des Abs. 1 und die Anrechnungsvorschriften des Abs. 2 sollen die Jugendlichen vor Überforderung schützen, die bei gleichzeitiger Inanspruchnahme durch Berufsschule und Betriebsarbeit entstehen könnte (OVG NW 11. 3. 1985 NZA 1985, 712; *Zmarzlik* DB 1992, 526, 528). Die Bestimmung soll den Jugendlichen also gerade nicht mehr Freizeit verschaffen (BAG 27. 5. 1992 DB 1993, 330; *Natzel/Natzel* DB 1987, 1734, 1738). Abs. 3 soll den durch Berufsschulunterricht drohenden Lohnausfall verhindern. Die Erweiterung des Anwendungsbereichs auf bereits volljährige Berufsschulpflichtige ist aufgehoben worden (BT-Drucks. 13/5494 S. 4, 9), weil die wesentlichen Grundsätze bereits in §§ 7 S. 1, 12 I Nr. 1 BBiG enthalten sind. Außerdem kann eine Gleichbehandlung der erwachsenen Auszubildenden mit den Jugendlichen nicht auf Gesundheitsschutzzwecken gestützt werden. Seither dürfen erwachsene Auszubildende an Berufsschultagen zwar nicht vor einem vor 9 Uhr beginnenden Unterricht beschäftigt werden, wohl aber an allen Berufsschultagen nach dem Unterricht.

II. Freistellung von der Beschäftigung (Abs. 1 S. 1)

3   Jugendliche sind nach der Vollzeitschulpflicht grds. berufsschulpflichtig; die Berufsschulpflicht ruht, wenn eine weiterführende allgemeinbildende oder berufsbildende Schule vollzeitig besucht wird. Maßgeblich für die Dauer und den Ablauf der **Berufsschulpflicht** sind die Schulgesetze der Länder. Die Berufsschulpflicht endet mit Ablauf des Schuljahres, in dem der Schüler das 18. Lebensjahr vollendet, spätestens mit dem Ende des Berufsausbildungsverhältnisses.

4   **1. Freistellungspflicht (Nr. 1).** Der AG muß den Jugendlichen für die Teilnahme am Berufsschulunterricht freistellen (echtes Beschäftigungsverbot); entsprechend hat der Jugendliche das Recht, die Arbeitsleistung im Betrieb zu verweigern (*Zmarzlik/Anzinger* Rn. 10). Nach den Schulgesetzen bzw. gem. § 6 I Nr. 4 BBiG (gegenüber Auszubildenden) muß der AG die Jugendlichen zum tatsächlichen Besuch des Berufsschulunterrichts anhalten. Die Freistellungspflicht entfällt nicht bei Verdacht, der Jugendliche werde den Unterricht nicht besuchen (str., ebenso *Schoden* Rn. 3; aA *Molitor/Volmer/Germelmann* Rn. 8), denn der AG soll den Jugendlichen gerade anhalten, die Berufsschule zu besuchen; vgl. aber zur Kündigung § 15 BBiG Rn. 5.

5   **2.** Der **Umfang der Freistellungspflicht** umfaßt die Zeit des tatsächlichen Unterrichts, die Pausen sowie die Freistunden zwischen der ersten und der letzten Unterrichtsstunde, ferner die **Zeit des Ausfalls** der ersten Unterrichtsstunde, soweit dies dem Jugendlichen nicht bekannt war. Sinkt die Gesamtunterrichtszeit wegen Unterrichtsausfall auf weniger als 6 Unterrichtsstunden à 45 Minuten, so ist dem Jugendlichen idR zumutbar, noch im Betrieb zu arbeiten, soweit der Weg zu der Arbeitsstätte nicht einen längeren Zeitaufwand darstellt (*Schoden* Rn. 7, 13).

6   Die Freistellungspflicht besteht auch bei verbindlichen **Schulveranstaltungen** im Rahmen des Unterrichts, wie zB Exkursionen, Betriebsbesichtigungen, gemeinschaftsbildende Veranstaltungen, für die Wegezeiten vom Betrieb zur Schule und zurück; für die im Betrieb vor und nach dem Unterricht zum Waschen und Umkleiden erforderliche Zeit; bezüglich der Zeit, die der Jugendliche zur Erholung und zur Einnahme einer Mahlzeit zwischen Unterrichtsende und Aufnahme der Arbeit im Betrieb oder vor Unterrichtsbeginn benötigt, ebenso für die Zeit, in der der Jugendliche als Schülervertreter tätig ist (*Zmarzlik/Anzinger* Rn. 16, *Gröninger/Gehring/Taubert* Rn. 3; aA *Natzel/Natzel* DB 1987 S. 1734, 1736). Keine Freistellungspflicht besteht dagegen mangels Zugehörigkeit zum Berufsschulunterricht iSd. Abs. 1 S. 1 für die Zeit der zu erledigenden Hausaufgaben, bei freiwilliger Teilnahme an Schulveranstaltungen (*Zmarzlik/Anzinger* Rn. 18) oder für das Anfertigen von Berichtsheften (BAG 11. 1. 1973 AP BBiG § 6 Nr. 1).

III. Beschäftigungsverbote (Abs. 1 S. 2)

7   Das Beschäftigungsverbot umfaßt jede Arbeitsleistung oder Ausbildungstätigkeit beim AG; auch in Notfällen kann davon nicht abgewichen werden (§ 21). Mit Streichung des Abs. 4 aF bezieht sich die Freistellungspflicht im Grundsatz (vgl. Rn. 8) nur mehr auf Jugendliche; für erwachsene Berufsschulpflichtige ist daher auf § 7 BBiG zurückzugreifen, der jedoch nur eine Anrechnung der tatsächlichen Unterrichtszeiten auf die Arbeitszeit gestattet.

IV. Anrechnung auf die Arbeitszeit (Abs. 2)

1. Der AG darf den Jugendlichen nicht **vor einem vor 9 Uhr beginnenden Unterricht** beschäf- 8
tigen (Nr. 1), damit der Jugendliche ausgeruht zum Unterricht kommt und ihm bis zum Ende folgen
kann. Entscheidend ist der tatsächliche Unterrichtsbeginn, angekündigte Abweichungen vom planmäßigen Beginn sind daher zu berücksichtigen. Bei späterem Schulbeginn (9 Uhr oder später) kann der
Jugendliche vorher noch in zumutbarem Umfang im Betrieb beschäftigt werden (*Zmarzlik/Anzinger*
Rn. 22; *Schoden* Rn. 20; *Bachmann/Lührs* Rn. 113). **Erwachsene** Berufsschulpflichtige sind nur vor
einem vor 9 Uhr beginnenden Unterricht von der Arbeit freizustellen. Nach der Berufsschule bzw. in
Blockunterrichtswochen können sie dagegen im Betrieb beschäftigt werden.

2. Berufsschultag mit 5 Stunden. Nr. 2 verbietet einmal in der Woche die betriebliche Beschäfti- 9
gung an einem Berufsschultag mit mehr als 5 tatsächlich erteilten Unterrichtsstunden à 45 Minuten.
Ausgefallene Unterrichtsstunden sind mit einzurechnen, soweit dem Jugendlichen nicht zuzumuten
ist, in der Zwischenzeit in den Betrieb zu gehen. Berücksichtigt werden nur Unterrichtsstunden von
mindestens je 45 Minuten, weil das schulrechtlich der regelmäßigen Dauer einer Unterrichtsstunde
entspricht; geringfügige Verkürzungen schaden nicht. Das Beschäftigungsverbot besteht nur einmal
pro Woche, auch wenn die Ausbildung einen zweiten Berufsschultag vorsieht (ArbG Mannheim
29. 8. 1986 EzB JArbSchG § 9 Nr. 11; *Gröninger/Gehring/Taubert* Rn. 3 a; *Zmarzlik/Anzinger*
Rn. 30). An diesem Tag gilt nur Abs. 1 S. 1 für die Dauer der tatsächlichen Teilnahme am Berufsschulunterricht. An welchem der beiden Berufsschultage der Jugendliche ganztägig freigestellt wird, unterliegt der Direktionsbefugnis des AG.

3. Blockunterricht. Gemäß **Nr. 3** besteht ein Beschäftigungsverbot in Berufsschulwochen mit 10
einem planmäßigen Blockunterricht von mindestens 25 Stunden an mindestens 5 Tagen; zusätzliche
betriebliche Ausbildungsveranstaltungen bis zu zwei Stunden wöchentlich sind zulässig. Blockunterricht tritt vielfach an die Stelle von wöchentlich einmaligem Berufsschulunterricht, um den Unterricht
zu intensivieren und die Arbeitszeit im Betrieb von Unterbrechungen freizuhalten. Maßgeblich ist
nicht der tatsächlich stattfindende, sondern der planmäßige Unterricht, dh. der am Anfang des
Schuljahres für längere Zeit festgelegte formelle Stundenplan. Modifizierungen des Stundenplans
durch Einzelanordnung sind „planmäßig" in diesem Sinne (OVG NW 11. 3. 1985 NZA 1985, 712 f.;
Natzel/Natzel DB 1987, 1734, 1738); kurzfristiger Ausfall einiger Unterrichtsstunden oder sogar
Unterrichtstage (*Molitor/Volmer/Germelmann* Rn. 24 c; aA *Natzel/Natzel* DB 1987, 1734, 1736;
Zmarzlik/Anzinger Rn. 34) ist unerheblich. Bei vorhersehbarem Unterrichtsausfall greift das Beschäftigungsverbot nicht (vgl. OVG NW 11. 3. 1985 NZA 1985, 712 f.), da § 9 Jugendliche vor Überbeanspruchung durch Betrieb und Berufsschule schützen, nicht aber ihnen zusätzliche Freizeit gewähren
will. Das gilt aber nur, wenn die Jugendlichen rechtzeitig von dem Unterrichtsausfall Kenntnis erlangen (OVG NW 11. 3. 1985 NZA 1985, 712; aA *Natzel/Natzel* DB 1987, 1734, 1738, die die
Notwendigkeit einer vorherigen Bekanntgabe verneinen).

Werden die zeitlichen Vorgaben der Nr. 3 nicht erreicht, ist kein Beschäftigungsverbot nach dieser 11
Bestimmung zu beachten; Nr. 1 und 2 sind jedoch zu prüfen. Keine ausdrückliche Regelung besteht
für den Fall, daß der planmäßige Unterricht weniger als 25 Unterrichtsstunden beträgt oder an
weniger als 5 Tagen stattfindet, der tatsächliche Unterricht die Grenze der Nr. 3 aber erreicht.
Entsprechend dem Zweck der Vorschrift muß das Beschäftigungsverbot auch für diesen Fall gelten.
Zusätzliche betriebliche Ausbildungsveranstaltungen sind bis zu zwei Stunden wöchentlich zulässig, um den Unterrichtsstoff der Berufsschule durch praktische Veranstaltungen zu ergänzen. Eine
Beschäftigung am Arbeitsplatz ist dabei unzulässig. Die Veranstaltung muß zur Ausbildung mehrerer
Jugendlicher dienen und soll nur an einem Tag in der Woche stattfinden (*Schoden* Rn. 37; *Zmarzlik/
Anzinger* Rn. 45); sie kann in außer- oder überbetrieblichen Einrichtungen durchgeführt werden,
§§ 22 II, 27 BBiG.

IV. Anrechnung auf die Arbeitszeit (Abs. 2)

Die Anrechnung von Berufsschultagen muß gesondert geregelt werden, da Unterrichtszeit mangels 12
Beschäftigung durch einen AG keine Arbeitszeit im Sinne des JArbSchG ist; auch der Unterricht an
einem arbeitsfreien Tag, zB samstags, ist anzurechnen. Mit Streichung des Abs. 4 aF und der darin
enthaltenen Verweisung auf Abs. 2 wird für **erwachsene** Auszubildende die Berufsschulzeit nicht
mehr auf die gesetzlich zugelassene Höchstarbeitszeit angerechnet (*Sowka* NZA 1997, 296, 298);
andererseits sollte gem. der amtl. Begr. (BT-Drucks. 13/5494 S. 9) auch bei Volljährigen die tatsächliche Unterrichtszeit berücksichtigt werden. Für die betriebliche Ausbildung steht dann die Differenz
zwischen der gesetzlichen (§ 3 I 1 ArbZG = 48 Wochenstunden) Arbeitszeit und der tatsächlichen
Unterrichtszeit zur Verfügung. Abw. tarifliche oder vertragliche Regelungen sind aber vorrangig.

1. Berufsschultage, Berufsschulwochen und die übrige Unterrichtszeit sind auf die **gesetzliche** 13
Arbeitszeit Jugendlicher (§ 8 I; oder § 3 ArbZG) anzurechnen, nicht auf die tarifliche oder betriebsübliche Arbeitszeit (BAG 27. 5. 1992 AP JArbSchG § 8 Nr. 1). Bei kürzerer tariflicher Arbeitszeit ist
strittig, ob sie auf die Höchstarbeitszeit des § 8 I oder – entsprechend verkürzt – auf die betriebliche

Wochenarbeitszeit angerechnet werden soll. Die Systematik der §§ 8 und 9 zeigt, daß der Gesetzgeber an den Begriff der Höchstarbeitszeit anknüpfen wollte (BAG 27. 5. 1992 AP JArbSchG § 8 Nr. 1; *Taubert* BB 1992, 133, 134; *Zmarzlik* DB 1992, 526, 528; aA *Mache* AiB 1989, 148; ArbG Siegen 18. 2. 1992 BB 1992, 641). Wenn die Tarifparteien also nicht ausdrücklich eine Anrechnung auf die betriebsübliche Arbeitszeit vereinbaren, bleibt es bei der Anrechnung auf die Höchstarbeitszeit des § 8 I; die Jugendlichen können im Rahmen der Höchstarbeitszeit noch weitere 32 Stunden im Betrieb beschäftigt werden. Nicht angerechnet wird die Wegezeit des Jugendlichen von und zur Berufsschule, die Länge der Pausen, oder der Umstand ob die betriebliche Arbeitszeit an diesem Tag länger oder kürzer ist. Fällt der Berufsschultag auf einen **Feiertag,** so findet eine Anrechnung statt, soweit der Jugendliche an diesem Tag ohne den Feiertag mehr als 5 Unterrichtsstunden gehabt hätte und dies der einzige Berufsschultag in der Woche ist.

14   2. Eine **Berufsschulwoche** iSd. Abs. 1 Nr. 3 ist mit 40 Stunden auf die zulässige Höchstarbeitszeit Jugendlicher (§ 8 I) anzurechnen; die für zwei Stunden zulässigen betrieblichen Ausbildungsveranstaltungen werden mit einbezogen. Bei Volljährigen ist entspr. der amtl. Begr. (Rn. 13) nur die tatsächliche Unterrichtszeit auf die Arbeitszeitgrenze des § 3 I 1 ArbZG anzurechnen (a. A. *Kossens* RdA 1997, 209, 210). Voraussetzung ist nicht die tatsächliche Erteilung des Unterrichts, sondern die planmäßige. Fällt der planmäßige Unterricht aufgrund rechtzeitiger Ankündigung aus und wird der zeitliche Rahmen des Abs. 1 S. 2 Nr. 3 deswegen nicht ausgeschöpft, wird auf die Arbeitszeit nach Abs. 2 Nr. 3 angerechnet.

15   3. Beträgt die **Unterrichtszeit** weniger als täglich 6 Stunden oder der Blockunterricht weniger als 25 Stunden/5 Tage, so wird die tatsächlich erteilte Unterrichtszeit einschließlich der Pausen angerechnet (Abs. 2 Nr. 3). Unterricht ist die Zeit der Schulstunden, Pausen sind die Unterbrechungen zwischen den Unterrichtsstunden, auch längere Unterbrechungen aufgrund Unterrichtsausfalls oder aufgrund einer Mittagspause zwischen Vor- und Nachmittagsunterricht. Angerechnet wird nur die Zeit der tatsächlichen Teilnahme am Unterricht vom Unterrichtsbeginn bis zum Unterrichtsende (BAG 12. 10. 1962 AP JArbSchG § 10 Nr. 1).

V. Kein Entgeltausfall (Abs. 3)

16   Durch den Besuch der Berufsschule darf kein Entgeltausfall eintreten, damit der Jugendliche keinen Anreiz erhält, den Unterricht zu versäumen; für erwachsene Berufsschulpflichtige gilt §§ 12 I Nr. 1, 7 BBiG. Fällt der Berufsschulunterricht auf einen **arbeitsfreien Tag** (Samstag oder Betriebsruhetag), so ist Jugendlichen diese Unterrichtszeit zu vergüten, soweit sie auf die höchstzulässige Arbeitszeit angerechnet wird (*Zmarzlik/Anzinger* Rn. 78). Hat der Jugendliche 40 Stunden im Betrieb gearbeitet, sind Unterrichtsstunden am arbeitsfreien Samstag als Mehrarbeit zu vergüten (LAG Schleswig-Holstein 16. 8. 1966 AP JArbSchG § 13 Nr. 2). Der AG hat das Entgelt fortzuzahlen, das der Jugendliche verdient hätte, wenn er während der Freistellungszeit gearbeitet hätte (Lohnausfallprinzip). Ein Kostenerstattungsanspruch (Fahrtkosten, Schulmittel) ist damit idR nicht verbunden (BAG 11. 1. 1973 BB 1973, 566: abhängig von besonderer Vereinbarung), wenn nicht der AG auf die Entstehung besonderer Kosten hingewirkt hat (ArbG Regensburg 15. 3. 1989 BB 1989, 1203). Die **Höhe der Lohnausfallerstattung** umfaßt die Bezüge bzw. die Ausbildungsvergütung des Jugendlichen (§ 12 I Nr. 1 BBiG), auch wenn sie übertariflich gezahlt werden, einschließlich Nebenleistungen (Prämien, Zulagen und Gratifikationen). Eine Vereinbarung über die Nichtbezahlung von Berufsschultagen ist unzulässig.

17   Bei Kurzarbeit oder Teilzeitarbeit ist nur die Zeit zu vergüten, in der der Jugendliche tatsächlich Entgelt bezogen hätte. Ein Anspruch nach Abs. 3 besteht daher nicht, wenn die Berufsschulzeit nicht in die Arbeitszeit fällt und die Dauer der verkürzten oder Teilzeitarbeit zusammen mit der auf sie nach Abs. 2 anzurechnenden Berufsschulzeit nicht über die zugelassene Höchstarbeitszeit (§ 8) hinausgeht (BAG 3. 9. 1960 AP JArbSchG § 13 Nr. 1).

VI. Verstöße

18   Verstößt der AG gegen ein Beschäftigungsverbot des Abs. 1 S. 2, handelt er ordnungswidrig nach § 58 I Nr. 6. Wird die in Abs. 2 vorgeschriebene Anrechnung unterlassen und dadurch die höchstzulässige Dauer der Arbeitszeit überschritten, greift § 58 I Nr. 5.

§ 10 Prüfungen und außerbetriebliche Ausbildungsmaßnahmen

(1) Der Arbeitgeber hat den Jugendlichen
1. für die Teilnahme an Prüfungen und Ausbildungsmaßnahmen, die auf Grund öffentlich-rechtlicher oder vertraglicher Bestimmungen außerhalb der Ausbildungsstätte durchzuführen sind,
2. an dem Arbeitstag, der der schriftlichen Abschlußprüfung unmittelbar vorangeht,

freizustellen.

(2) ¹ Auf die Arbeitszeit werden angerechnet
1. die Freistellung nach Absatz 1 Nr. 1 mit der Zeit der Teilnahme einschließlich der Pausen,
2. die Freistellung nach Absatz 1 Nr. 2 mit acht Stunden.
² Ein Entgeltausfall darf nicht eintreten.

1. Normzweck. Um eine Vorbereitung auf die Abschlußprüfung zu intensivieren, sieht Abs. 1 Nr. 2   1
eine Freistellungsverpflichtung für den dem Prüfungstag vorangehenden Tag vor (BT-Drucks. 7/2305
S. 42). Da die Freistellung gem. Abs. 2 S. 1 auf die Arbeitszeit angerechnet wird, wird zugleich das
Überschreiten der höchstzulässigen Arbeitszeit und eine Überforderung der Jugendlichen verhindert.
Abs. 2 S. 2 schützt die Jugendlichen vor Entgeltausfall. Die Vorschrift gilt für jugendliche Auszubildende und AN, geht in ihrem Anwendungsbereich also über § 7 BBiG hinaus.

2. Freistellung (Abs. 1). Abs. 1 Nr. 1 verpflichtet den AG zur **Freistellung** bei Teilnahme an   2
Prüfungen und Ausbildungsmaßnahmen, die aufgrund öffentlich-rechtlicher oder vertraglicher Bestimmungen außerhalb der Ausbildungsstätte durchzuführen sind. **Prüfungen** sind solche im Rahmen
des BBiG (Zwischenprüfungen, Abschlußprüfungen, Wiederholungsprüfungen). Für Prüfungen in der
Berufsschule ergibt sich die Freistellungspflicht bereits aus § 9 I.
Ausbildungsmaßnahmen sind Veranstaltungen, die außerhalb der Ausbildungsstätte iSd. § 22 II   3
BBiG durchzuführen sind. Zur öffentlich-rechtlich begründeten Verpflichtung zur Teilnahme vgl.
§ 27 BBiG iVm. der Ausbildungsordnung. Eine Freistellungspflicht aufgrund **vertraglicher** Vereinbarung beruht auf dem Ausbildungsvertrag; umfaßt sind auch vereinbarte freiwillige zusätzliche Ausbildungsmaßnahmen.
Abs. 1 Nr. 2 verpflichtet zur Freistellung für den gesamten Arbeitstag, der der **schriftlichen Ab-**   4
schlußprüfung unmittelbar vorangeht. Abschlußprüfung ist jede, mit der die Berufsausbildung beendet wird, § 34 BBiG. Die Voraussetzung der **schriftlichen** Abschlußprüfung schließt eine Anwendung auf die **praktische** Abschlußprüfung aus. Dem Jugendlichen soll zur besseren Vorbereitung vor
der praktischen Prüfung nochmals Gelegenheit gegeben werden, im Betrieb zu arbeiten (vgl. BT-Drucks. 7/4544 S. 5; aA *Lorenz* Rn. 8). Dagegen erfaßt Abs. 1 Nr. 2 auch mündliche Abschlußprüfungen, um dem Jugendlichen Zeit zur Wiederholung des theoretischen Stoffes zu geben (*Zmarzlik/Anzinger* Rn. 16; *Schoden* Rn. 13; *Lorenz* Rn. 8; aA *Molitor/Volmer/Germelmann* Rn. 8).
Dem Tag der Abschlußprüfung **unmittelbar vorangehend** ist nur der Tag, an dem der Jugendliche   5
sonst gearbeitet hätte. Ist der Tag vor der Prüfung ohnehin beschäftigungsfrei (zB Samstag), so gilt die
Freistellungsverpflichtung nicht. Hat der Jugendliche an dem unmittelbar vorangehenden Tag Berufsschulunterricht, ist er am Tage vor dem Berufsschultag freizustellen, um die Prüfungsvorbereitung zu
gewährleisten.

3. Anrechnung auf die Arbeitszeit (Abs. 2). Die Freistellung für die Teilnahme an Prüfungen iSd.   6
Abs. 1 Nr. 1 ist auf die Arbeitszeit anzurechnen; zur Arbeitszeit wird die Prüfungszeit dadurch aber
nicht. Die Teilnahme beginnt mit der Ankunft des Jugendlichen am Prüfungsort und dauert bis zum
Ende der Prüfung einschließlich der Pausen, ggf. bis zur ausdrücklichen Entlassung. Andere Zeiten,
wie Wegezeiten, Zeiten zum Umkleiden und Waschen etc., sind nicht anzurechnen (*Zmarzlik/Anzinger* Rn. 23). Die Teilnahme an Ausbildungsmaßnahmen ist Arbeitszeit (*Schoden* Rn. 21; *Zmarzlik/Anzinger* Rn. 25). Ihre Einbeziehung in Abs. 2 Nr. 1 dient der Anrechnung der Pausen, die nach § 4 I
nicht als Arbeitszeit gelten. Fraglich ist, ob Prüfungen oder Ausbildungsmaßnahmen anzurechnen
sind, die an arbeitsfreien Tagen stattfinden. Eine „Freistellung" von der Arbeit im Betrieb ist dann
strenggenommen nicht möglich. Für eine Anrechnung spricht aber, daß die Jugendlichen vor Überforderung geschützt werden sollen sowie die Gleichbehandlung mit Jugendlichen, für die der Prüfungstag auch Arbeitstag ist. Die Obergrenze für die Anrechnung ist in § 10 nicht bestimmt, doch
wird hier § 9 II Nr. 1 entsprechend heranzuziehen sein (*Zmarzlik/Anzinger* Rn. 25).
Der der schriftlichen Abschlußprüfung unmittelbar vorangehende und freizustellende Arbeitstag ist   7
nach **Abs. 2 Nr. 2** mit 8 Stunden auf die Arbeitszeit anzurechnen, auch wenn im Betrieb an diesem
Tag mehr oder weniger gearbeitet wird. Gem. Abs. 2 S. 2 darf durch die Freistellung kein Entgeltausfall eintreten (vgl. § 9 Rn. 17).

4. Verstöße. Der AG handelt ordnungswidrig gem. § 58 I Nr. 7, wenn er den Jugendlichen nicht   8
nach § 10 I freistellt.

§ 11 Ruhepausen, Aufenthaltsräume

(1) ¹ Jugendlichen müssen im voraus feststehende Ruhepausen von angemessener Dauer gewährt werden. ² Die Ruhepausen müssen mindestens betragen
1. 30 Minuten bei einer Arbeitszeit von mehr als viereinhalb bis zu sechs Stunden,
2. 60 Minuten bei einer Arbeitszeit von mehr als sechs Stunden.
³ Als Ruhepause gilt nur eine Arbeitsunterbrechung von mindestens 15 Minuten.

(2) ¹Die Ruhepausen müssen in angemessener zeitlicher Lage gewährt werden, frühestens eine Stunde nach Beginn und spätestens eine Stunde vor Ende der Arbeitszeit. ²Länger als viereinhalb Stunden hintereinander dürfen Jugendliche nicht ohne Ruhepause beschäftigt werden.

(3) Der Aufenthalt während der Ruhepausen in Arbeitsräumen darf den Jugendlichen nur gestattet werden, wenn die Arbeit in diesen Räumen während dieser Zeit eingestellt ist und auch sonst die notwendige Erholung nicht beeinträchtigt wird.

(4) Absatz 3 gilt nicht für den Bergbau unter Tage.

1   1. **Normzweck.** Der Zweck des JArbSchG, Jugendliche vor Überforderung zu schützen, kommt auch in § 11 zum Ausdruck. Die Arbeitsunterbrechungen dienen nicht nur der Einnahme von Mahlzeiten und der Erholung, sondern sollen auch die Gesundheit der Jugendlichen schützen und Unfälle vermeiden, die durch Übermüdung verursacht werden.

2   2. **Begriff der Ruhepause und zeitliche Dauer (Abs. 1). a) Pausen** sind im voraus festgelegte arbeitsfreie Zeiten zwischen Arbeitsbeginn und -ende (BAG 23. 9. 1992 DB 1993, 1194; BAG 31. 1. 1991 DB 1991, 1936; BayObLG 28. 1. 1982 DB 1982, 1680). Diese Zeit muß dem Jugendlichen zur freien Verfügung stehen, er darf also währenddessen nicht beschäftigt, zur Arbeitsbereitschaft oder zum Bereitschaftsdienst herangezogen werden (BAG 21. 8. 1990 DB 1991, 394). Pausen aus betriebstechnischen Gründen (zB Maschinenschäden, Materialmangel) sind keine Ruhepausen, da keine freie Verfügungsmöglichkeit über die Zeit besteht, sondern sich der Jugendliche arbeitsbereit halten muß. Während der Ruhepause ist der Jugendliche berechtigt, den Betrieb zu verlassen (BayObLG 28. 1. 1982 DB 1982, 1680; ArbG Essen 18. 1. 1962 DB 1962, 875; zur Mitbestimmung des BR BAG 21. 8. 1990 NZA 1991, 154), auch wenn die Besorgnis besteht, er werde nicht pünktlich zum Pausenende wieder zurück sein. Die Ruhepausen müssen idR im voraus feststehen (*Bachmann/Lührs* Rn. 60; *Schoden* Rn. 7; *Zmarzlik/Anzinger* Rn. 17), da die Erholung durch eine gewisse Regelmäßigkeit vergrößert wird. Dadurch wird verhindert, daß unvorhersehbare Arbeitsunterbrechungen kurzfristig als Ruhepausen deklariert werden. Die Pausen dürfen nur dann unmittelbar vor Beginn der täglichen Arbeitszeit festgelegt werden (*Zmarzlik/Anzinger* Rn. 17; aA *Schoden* Rn. 7), wenn eine frühere Festlegung wegen der besonderen Art des Arbeitsablaufs nicht möglich ist. Die Pausen täglich oder auch wöchentlich neu festzusetzen, ist mit dem Grundgedanken des Abs. 1 nicht vereinbar.

3   Ob Unterrichtspausen an Arbeitstagen mit Berufsschulunterricht (§ 9 Rn. 5) als Ruhepausen anzusehen sind, ist strittig. Während nach einer Meinung eine Berücksichtigung der Berufsschulzeit bei der Pausenregelung im Betrieb ausgeschlossen wird, da der Schulunterricht keine Arbeitszeit im Sinne des Gesetzes sei (*Molitor/Volmer/Germelmann* Rn. 8, 21), will eine andere Auffassung dem Jugendlichen zwischen dem Ende des Berufsschulunterrichts und dem Beginn der Arbeit im Betrieb eine ausreichende Zeit zur Erholung und zur Einnahme einer Mahlzeit einräumen. Für diese Ansicht spricht, daß der Berufsschulunterricht bei der Ermittlung der anschließend im Betrieb noch zulässigen Arbeitszeit nach § 9 II Nr. 3 anzurechnen ist; dasselbe muß dann für die Anrechnung der Unterrichtspausen gelten, um eine Überforderung der Jugendlichen zu vermeiden (*Bachmann/Lührs* Rn. 61; *Zmarzlik/Anzinger* Rn. 14 f.). Die in der Berufsschule gewährten Pausen sind auf die Gesamtpausenzeit des Abs. 1 anzurechnen, soweit sie entsprechend Abs. 1 S. 3 mindestens 15 Minuten lang sind.

4   b) Die **Mindestdauer** der Ruhepausen beträgt 30 Minuten bei einer Arbeitszeit von mehr als 4 bis zu 6 Stunden bzw. 60 Minuten bei einer Arbeitszeit von mehr als 6 Stunden. Diese Gesamtpausendauer kann in mehrere kurze Pausen unterteilt werden, die jedoch jeweils 15 Minuten betragen müssen. Zugleich muß jede Pause von „angemessener" Dauer sein, Abs. 1 S. 1. Die Angemessenheit beurteilt sich insb. im Hinblick auf die Gesundheit des Jugendlichen und auf betriebliche Erfordernisse. Bei schwerer oder gefährlicher Arbeit sind mehrere und längere Pausen zu gewähren; Mittagspausen von nur 15 Minuten Dauer sind idR unangemessen. Die Höchstdauer der Pausen errechnet sich daraus, daß die in § 12 festgelegte Schichtzeit nicht überschritten werden darf: Beträgt die Schichtzeit 10 Stunden und die tägliche Arbeitszeit 8 Stunden, so darf die Pausenzeit nicht mehr als 2 Stunden betragen. Ein Ausschöpfen dieses Zeitraums kommt aber nur aus besonderen Gründen in Betracht, da eine Ausweitung der Pausen für den Jugendlichen zugleich eine Einschränkung seiner Freizeitgestaltung bedeutet.

5   3. **Zeitliche Lage der Ruhepausen (Abs. 2).** Grds. wird die Lage der Pausen dem Weisungsrecht des AG unterstellt; „angemessen" ist die Lage der Pausen jedoch nur, wenn sie medizinisch und arbeitsphysiologisch sinnvoll unter Berücksichtigung der Art der Arbeit und der Belastbarkeit des Jugendlichen auf die tägliche Arbeitszeit verteilt werden (BT-Drucks. 7/2305 S. 29).

6   Damit Pausen tatsächlich der Erholung dienen und vor Übermüdung und Gesundheitsschäden schützen, sind sie frühestens eine Stunde nach Beginn und spätestens eine Stunde vor Ende der Arbeitszeit zu gewähren. Der Jugendliche darf zudem nicht länger als 4,5 Stunden ununterbrochen tätig sein. Diese Vorschrift ist zwingend und nicht durch TV nach § 12 a I Nr. 2 abänderbar.

7   4. **Aufenthalt während der Ruhepausen (Abs. 3 und 4).** § 29 I ArbStättV verpflichtet den AG, den AN einen leicht erreichbaren **Pausenraum** zur Verfügung zu stellen, wenn in dem betreffenden

Betrieb mehr als 10 AN beschäftigt werden, oder wenn gesundheitliche Gründe oder die Art der ausgeübten Tätigkeit dies erfordern. Ein Aufenthaltsraum nur für Jugendliche muß nicht bereitgestellt werden. Ein Aufenthalt in den Arbeitsräumen während der Pause kann nur zugelassen werden bei völliger Einstellung der Arbeit durch Jugendliche, Erwachsene und Maschinen in den Arbeitsräumen. Zudem darf die notwendige Erholung nicht dadurch beeinträchtigt werden, daß der Arbeitsraum besonders warm, kalt, feucht, staubig etc. ist (*Bachmann/Lührs* Rn. 65; *Zmarzlik/Anzinger* Rn. 23). Die Ausnahmevorschrift des Abs. 3 gilt nicht für den **Bergbau unter Tage**, da hier die Möglichkeit der Einrichtung besonderer Aufenthaltsräume stark beschränkt ist.

5. Verstöße. Ein Verstoß gegen Abs. 1, 2 stellt eine Ordnungswidrigkeit iSd. § 58 I Nr. 8 dar (Ausnahmen: §§ 21 I, 21 a I Nr. 3). Der Verstoß gegen § 11 III begründet eine Ordnungswidrigkeit gem. § 59 I Nr. 2. Ggf. kommt eine Schadensersatzpflicht aus pVV, § 823 iVm. § 11 in Betracht (BAG 16. 5. 1957 AP AZO § 12 Nr. 1; BAG 28. 1. 1959 AP AZO § 12 Nr. 3). 8

§ 12 Schichtzeit

Bei der Beschäftigung Jugendlicher darf die Schichtzeit (§ 4 Abs. 2) 10 Stunden, im Bergbau unter Tage 8 Stunden, im Gaststättengewerbe, in der Landwirtschaft, in der Tierhaltung, auf Bau- und Montagestellen 11 Stunden nicht überschreiten.

1. Normzweck. § 12 beschränkt die tägliche Anwesenheit von Jugendlichen (nicht: Auszubildende über 18 Jahre) im Betrieb über die Arbeitszeitgrenze hinaus auf eine bestimmte Höchstzeit. Dadurch soll zum Schutz der Gesundheit der Jugendlichen ein angemessenes Verhältnis zwischen Anwesenheitszeit am Arbeitsplatz und ununterbrochener Freizeit gewährleistet werden. Mittelbar schränkt § 12 die zulässige Höchstdauer der Pausen ein (vgl. § 11 Rn. 4). 1

Die lange Schichtzeit von 10 bzw. 11 Stunden erklärt sich aus den Besonderheiten mancher Gewerbezweige, in denen längere Schließungszeiten (Gaststätten) bzw. Wege- und Fahrzeiten (Landwirtschaft, Bau- und Montagestellen) üblich sind, so daß eine Schichtzeit von 9 Stunden bei einer Arbeitszeit von 8 Stunden und einer Ruhepause von einer Stunde dem Gesetzgeber nicht ausreichend erschien (BT-Drucks. 7/2305 S. 30; kritisch *Schoden* vor § 12). 2

2. Begriff der Schichtzeit und zulässige Höchstdauer. Schichtzeit ist die Zeit zwischen Arbeitsbeginn und Arbeitsende, dh. die tägliche Arbeitszeit einschließlich der Pausen, § 4 II. Die Dauer der Schichtzeit darf nach § 12 grds. 10 Stunden (Sonderfälle Rn. 6 ff.) nicht überschreiten; dabei ist die höchstzulässige Arbeitszeit nach § 8 zu beachten. Eine Verlängerung ist nach §§ 21 a I Nr. 1 oder 21 b Nr. 1 durch TV oder Rechtsverordnung möglich. Unterbrechungen, die nicht den Voraussetzungen des § 11 genügen, sind gem. § 12 dennoch auf die Schichtzeit anzurechnen, wenn sie zwischen Arbeitsbeginn und Arbeitsende des jeweiligen Tages liegen (BayObLG 28. 1. 1982 AP JArbSchG § 4 Nr. 1); das ergibt sich jedenfalls schon daraus, daß solche Unterbrechungen als Arbeitszeit einzuordnen sind (*Zmarzlik/Anzinger* Rn. 4). **Schließungszeiten** im Gaststättengewerbe oder im Einzelhandel, Unterbrechungszeiten bei geteiltem Dienst in Krankenhäusern und Pflegeheimen werden auf die Schichtzeit angerechnet (*Schoden* Rn. 1; *Zmarzlik/Anzinger* Rn. 5); dasselbe gilt für Wegezeiten nach Beginn und vor Ende der Beschäftigung (*Schoden* Rn. 3 f.; *Zmarzlik/Anzinger* Rn. 5). 3

Die Teilnahme am **Berufsschulunterricht**, an **Prüfungen** und an **außerbetrieblichen Ausbildungsmaßnahmen** kann nicht direkt auf die Schichtzeit angerechnet werden. Mittelbar wirken sich diese Zeiten aber in der Weise aus, daß nach §§ 9, 10 eine Anrechnung auf die **Arbeitszeit** (nicht: direkt auf die Schichtzeit) erfolgt, die mit der anschließenden Beschäftigungszeit im Betrieb zusammenzurechnen ist. Dadurch verkürzt sich nicht nur die noch zulässige Arbeits-, sondern auch die Schichtzeit. 4

Die Anrechnung der **Wegezeit** von und zur Berufsschule ist strittig: Nach einer Ansicht (*Zmarzlik/Anzinger* Rn. 20) erfolgt keine Anrechnung, weil es sich bei der Wegezeit weder um Arbeitszeit noch um Ruhepausen handelt und eine entsprechende gesetzliche Anrechnungsvorschrift fehlt; dafür spricht auch, daß eine Anrechnung im Gesetzgebungsverfahren abgelehnt worden ist. Nach aA (*Schoden* Rn. 4) sind die Wegezeiten in den Fällen, in denen der Jugendliche nach der Berufsschule noch in den Betrieb muß, auf die Schichtzeit anzurechnen, weil sonst das Ziel des § 12, die zeitliche Belastung des Jugendlichen zu begrenzen, verfehlt würde. 5

3. Ausnahmen von der 10-stündigen Schichtzeit. Im **Bergbau** unter Tage ist die Schichtzeit auf 8 Stunden begrenzt. Gem. § 4 III 1 gilt die Schichtzeit als Arbeitszeit, dh. auch die Ruhepausen nach § 11 werden auf die Arbeitszeit angerechnet, nicht jedoch die Vorbereitungs- und Waschzeiten. Der Bergbau über Tage oder andere Betriebe unter Tage werden nicht erfaßt. 6

Für das **Gaststättengewerbe**, die Landwirtschaft, die Tierhaltung, Bau- und Montagestellen ist die Schichtzeit dagegen auf 11 Stunden verlängert worden. Zum **Gaststättengewerbe** gehören gem. § 1 GaststG alle Schank- und Speisewirtschaften sowie Beherbergungsbetriebe. Da die lange Schichtzeit von 11 Stunden mit besonderen Arbeitsumständen, wie zB Arbeitsunterbrechung (BT-Drucks. 7/4544 S. 5) gerechtfertigt wird, muß die verlängerte Schichtzeit auch auf nicht gewerblich bewirtschaftete 7

Betriebe angewandt werden, soweit sie ebenfalls solchen besonderen Arbeitsumständen unterliegen: Kantinen, Heime, Internate und Jugendherbergen, Kur-, Erholungs- und Jugendwohnheime sowie deren Hilfs- und Nebenbetriebe. Zum Begriff der **Landwirtschaft** vgl. § 8 Rn. 7; zur **Tierhaltung** gehören Betriebe, die Tiere halten und züchten und nicht schon deshalb zur Landwirtschaft gehören, weil sie ihre Futtermittel selbst produzieren: Haltung von Rennpferden, Tiere im Zoo, Versuchstiere, Tiere zur Fleisch- und Eierproduktion. Von dem Begriff der **Baustelle** sind Arbeitsstellen erfaßt, auf denen Bauarbeiten vorgenommen werden zur Errichtung, Änderung, Instandhaltung oder zum Abbruch einer baulichen Anlage (Bauordnungsrecht der Länder); insb. Arbeiten durch das Bauhaupt-, Bauausbau- oder Baunebengewerbe. **Montagestellen** sind Arbeitsstellen insb. im Bereich der Eisen-, Metall- und Elektroindustrie zwecks Zusammenbauen von Anlagen, Maschinen, Geräten etc. gem. § 20 Nr. 1 kann die Schichtzeit für Jugendliche über 16 Jahre sogar auf 14 Stunden verlängert werden, wenn sie in der **Binnenschiffahrt** beschäftigt werden und ihre tägliche Arbeitszeit 6 Stunden nicht überschreitet. Weitere Abweichungen von der in § 12 normierten Schichtzeit sind nach §§ 21 a I Nr. 3, 21 b Nr. 1 möglich.

8   4. **Verstöße.** Verstößt der AG gegen § 12, handelt er ordnungswidrig iSd. § 58 I Nr. 9, wenn nicht eine Ausnahme gem. § 21 I Nr. 3 vorliegt. Der Jugendliche hat zudem ein Leistungsverweigerungsrecht oder einen Anspruch auf Mehrarbeitsvergütung bzgl. der über die zulässige Schichtzeit hinausgehenden Beschäftigung (*Zmarzlik/Anzinger* Rn. 20).

§ 13 Tägliche Freizeit

Nach Beendigung der täglichen Arbeitszeit dürfen Jugendliche nicht vor Ablauf einer ununterbrochenen Freizeit von mindestens 12 Stunden beschäftigt werden.

1   1. **Normzweck.** § 13 gewährleistet dem Jugendlichen täglich mindestens 12 Stunden, in denen er von jeder Beschäftigung durch den AG freigestellt ist. Die Freizeit dient der Erholung und Ruhe nach der Arbeit, aber auch der selbstbestimmten Zeitgestaltung zur persönlichen Entwicklung des Jugendlichen. Für erwachsene Auszubildende gilt § 5 ArbZG.

2   2. **Begriff und Dauer der Freizeit. a)** Freizeit ist die Zeit zwischen Arbeitsende und Arbeitsbeginn am folgenden Tag. Sie muß mindestens 12 Stunden betragen und ist zusammenhängend zu gewähren. Für den AG besteht während der Freizeit ein absolutes Beschäftigungsverbot, das sich auf Arbeitsbereitschaft, Rufbereitschaft oder Bereitschaftsdienst erstreckt (*Schoden* Rn. 1; *Zmarzlik/Anzinger* Rn. 7). Jede andere Tätigkeit des Jugendlichen, die nicht unter den Geltungsbereich des § 1 fällt, ist zulässig.

3   **b)** Die **Lage** der Freizeit ergibt sich aus § 14, wonach Jugendliche nur in der Zeit von 6 bis 20 Uhr beschäftigt werden dürfen; damit fallen 10 Stunden der täglichen Freizeit in den Zeitraum von 20 bis 6 Uhr, die restlichen beiden Stunden können vorher und/oder nachher gewährt werden. Greift eine Ausnahmebestimmung des § 14, so verschiebt sich die Lage der Freizeit entsprechend.

4   **c) Ausnahmen** von der 12-Stunden-Regel finden sich in § 20 Nr. 1, wonach die Freizeit in der Binnenschiffahrt auf 10 Stunden verkürzt werden kann. Gemäß § 14 VII hat die Freizeit 14 Stunden zu betragen, wenn die Jugendlichen bei Musikaufführungen etc. bis 23 Uhr mitwirken.

5   3. **Verstöße.** Wird die von § 13 vorgeschriebene Dauer der Freizeit nicht eingehalten, liegt darin eine Ordnungswidrigkeit nach § 58 I Nr. 10. Wird der Jugendliche von mehreren AG beschäftigt, so ist jeder von ihnen für die Einhaltung der Freizeit verantwortlich. Die Mindestfreizeit, die nachträglich nicht mehr gewährt werden kann, ist abzugelten (BAG 28. 1. 1959 AP AZO § 12 Nr. 3; *Zmarzlik/Anzinger* Rn. 16).

§ 14 Nachtruhe

(1) Jugendliche dürfen nur in der Zeit von 6 bis 20 Uhr beschäftigt werden.

(2) Jugendliche über 16 Jahre dürfen
1. im Gaststätten- und Schaustellergewerbe bis 22 Uhr,
2. in mehrschichtigen Betrieben bis 23 Uhr,
3. in der Landwirtschaft ab 5 Uhr oder bis 21 Uhr,
4. in Bäckereien und Konditoreien ab 5 Uhr
beschäftigt werden.

(3) Jugendliche über 17 Jahre dürfen in Bäckereien ab 4 Uhr beschäftigt werden.

(4) An dem einem Berufsschultag unmittelbar vorangehenden Tag dürfen Jugendliche auch nach Absatz 2 Nr. 1 bis 3 nicht nach 20 Uhr beschäftigt werden, wenn der Berufsschulunterricht am Berufsschultag vor 9 Uhr beginnt.

(5) [1] Nach vorheriger Anzeige an die Aufsichtsbehörde dürfen in Betrieben, in denen die übliche Arbeitszeit aus verkehrstechnischen Gründen nach 20 Uhr endet, Jugendliche bis 21 Uhr be-

schäftigt werden, soweit sie hierdurch unnötige Wartezeiten vermeiden können. ²Nach vorheriger Anzeige an die Aufsichtsbehörde dürfen ferner in mehrschichtigen Betrieben Jugendliche über 16 Jahre ab 5.30 Uhr oder bis 23.30 Uhr beschäftigt werden, soweit sie hierdurch unnötige Wartezeiten vermeiden können.

(6) Die Aufsichtsbehörde kann bewilligen, daß Jugendliche in Betrieben, in denen die Beschäftigten in außergewöhnlichem Grade der Einwirkung von Hitze ausgesetzt sind, in der warmen Jahreszeit ab 5 Uhr beschäftigt werden.

(7) ¹Die Aufsichtsbehörde kann auf Antrag bewilligen, daß Jugendliche
bei Musikaufführungen, Theatervorstellungen und anderen Aufführungen,
bei Aufnahmen im Rundfunk (Hörfunk und Fernsehen), auf Ton- und Bildträger sowie bei Film- und Fotoaufnahmen
bis 23 Uhr gestaltend mitwirken. ²Eine Ausnahme darf nicht bewilligt werden für Veranstaltungen, Schaustellungen oder Darbietungen, bei denen die Anwesenheit Jugendlicher nach den Vorschriften des Gesetzes zum Schutze der Jugend in der Öffentlichkeit nicht gestattet werden darf. ³Nach Beendigung der Tätigkeit dürfen Jugendliche nicht vor Ablauf einer ununterbrochenen Freizeit von mindestens 14 Stunden beschäftigt werden.

I. Normzweck

§ 14 legt die Lage der in § 13 bestimmten Freizeit fest und sichert dem Jugendlichen eine ausreichende Nachtruhe, die für in der Entwicklung stehende Menschen besonders wichtig ist (vgl. BT-Drucks. 7/2305 S. 30). Zugleich werden verschiedene Ausnahmen von dem grds. Beschäftigungsverbot zugelassen, die überwiegend einer Anpassung an die in diesen Gewerbezweigen üblichen Arbeitszeiten bezwecken. Bei langen Anfahrtszeiten kann damit die Nachtruhe Jugendlicher erheblich eingeschränkt werden. 1

II. Nachtarbeitsverbot (Abs. 1)

Grds. besteht ein Verbot jeder Beschäftigung (§ 1 Rn. 5) Jugendlicher durch einen AG zwischen 20 und 6 Uhr. Das ArbZG enthält kein spezielles Nachtarbeitsverbot für Frauen mehr, sondern verweist in § 18 auf das JArbSchG; damit hat § 14 für alle Jugendlichen Vorrang vor dem ArbZG. 2

III. Ausnahmen (Abs. 2 bis 7)

1. **Besondere Wirtschaftszweige (Abs. 2).** Einige Wirtschaftszweige dürfen für Jugendliche über 16 Jahre vom Nachtarbeitsverbot abweichen. Die Aufzählung der Wirtschaftszweige ist abschließend und eng auszulegen (OLG Karlsruhe 14. 1. 1983 AP JArbSchG § 16 Nr. 1). Gesundheitliche Bedenken gegen die Lage der Arbeitszeit (§§ 39 II, 40) dürfen nicht bestehen; die sonstigen Schutzvorschriften (§§ 13 und 14 IV) gelten weiterhin. 3

a) Jugendliche über 16 Jahre dürfen im **Gaststättengewerbe bis 22 Uhr** beschäftigt werden; dazu § 12 Rn. 7. Dasselbe gilt für das **Schaustellergewerbe,** das Vergnügungs- und Spielgeschäfte jeder Art einschließlich der Imbiß- und Verkaufsstände auf Jahrmärkten, Kirmessen und anderen Volksfesten umfaßt. 4

b) In **mehrschichtigen Betrieben** dürfen Jugendliche über 16 Jahren bis 23 Uhr beschäftigt werden (Abs. 2 Nr. 2). Ungeachtet ihres umfassender angelegten Wortlauts gilt die Ausnahme nur, wenn der Jugendliche selbst auf einem mehrschichtigen Arbeitsplatz arbeitet (*Zmarzlik/Anzinger* Rn. 14; *Bachmann/Lührs* Rn. 103; *Schoden* Rn. 12). Das setzt voraus, daß in mehreren aufeinanderfolgenden Schichten gearbeitet wird (BAG 20. 12. 1961 DB 1962, 409). **Schichtarbeit** liegt vor, wenn mindestens zwei AN dieselbe Arbeitsaufgabe erfüllen, indem sie einander planmäßig ablösen, und untereinander austauschbar sind (BAG 20. 6. 1990 NZA 1990, 861; 18. 7. 1990 NZA 1991, 23). 5

c) Jugendliche über 16 Jahre dürfen in der Landwirtschaft ab 5 Uhr oder bis 21 Uhr beschäftigt werden (Abs. 2 Nr. 3); dazu § 8 Rn. 7. Die Jugendlichen dürfen *alternativ* an demselben Tag entweder ab 5 Uhr oder bis 21 Uhr beschäftigt werden. Dabei sind die tägliche Freizeit, § 13, sowie das Beschäftigungsverbot vor Berufsschultagen, § 14 IV, zu beachten. 6

d) In **Bäckereien und Konditoreien** dürfen Jugendliche ab 16 Jahre ab 5 Uhr beschäftigt werden (Abs. 2 Nr. 4). Erfaßt werden alle gewerblichen und nicht gewerblichen Betriebe, die Bäcker- und Konditorwaren üblicherweise schon in den frühen Morgenstunden herstellen, einschließlich der Brotfabriken, der Konsum- und Genossenschaftsbäckereien, nicht jedoch Betriebe, die Dauerbackwaren herstellen oder die Backwaren nur vertreiben. Für Bäckereien gilt umfassender Abs. 3. 7

2. **Bäckereien (Abs. 3).** Jugendliche über 17 Jahre dürfen in Bäckereien ab 4 Uhr beschäftigt werden (BT-Drucks. 10/2012 S. 13). Die Vorschrift soll insb. die Arbeit in kleineren Betrieben erleichtern, in denen nur einmal am Tag zwischen 4 und 6 Uhr das Frühstücksgebäck hergestellt wird und der 8

Backbetrieb oft schon mittags endet. Die Vorschrift ist auch dann anwendbar, wenn neben den Bäckerauch Konditorwaren hergestellt werden, solange der Jugendliche bis 5 Uhr lediglich mit Herstellung von Bäckerwaren beschäftigt wird (*Bachmann/Lührs* Rn. 106; *Zmarzlik/Anzinger* Rn. 19). Die Alternativen des § 14 erlauben folgende Staffelung bei Arbeitsbeginn: Jugendliche bis zu 16 Jahren in Bäckereien/Konditoreien ab 6 Uhr; Jugendliche über 16 Jahren in Bäckereien/Konditoreien ab 5 Uhr; Jugendliche über 17 Jahren nur in Bäckereien ab 4 Uhr.

9   3. **Berufsschultage (Abs. 4).** Unmittelbar vor einem Berufsschultag, der vor 9 Uhr beginnt, dürfen Jugendliche nicht nach 20 Uhr beschäftigt werden. Die Vorschrift ist zur Sicherung einer ausreichenden Nachtruhe für Jugendliche erforderlich, da § 13 dies lediglich zwischen zwei Arbeitsschichten gewährleistet. Ist der Tag vor dem Berufsschultag ein arbeitsfreier Tag, so ist der Zweck der Norm ohnehin schon erfüllt und das Verbot gilt nicht etwa für den vor dem arbeitsfreien Tag liegenden Arbeitstag (*Bachmann/Lührs* Rn. 110; *Zmarzlik/Anzinger* Rn. 24; *Gröninger/Gehring/Taubert* Rn. 5). Dem Jugendlichen droht durch Abs. 4 kein Entgeltausfall, denn die Norm ergänzt § 9 I 1, so daß auch hier der Grundsatz der Lohnausfallerstattung gilt (*Lorenz* Rn. 17).

10 Abs. 4 schränkt die Möglichkeit des Abs. 5 S. 1 nicht ein, Jugendliche bis 21 Uhr zu beschäftigen, wenn hierdurch unnötige Wartezeiten vermieden werden können. Das ergibt sich systematisch aus der Reihenfolge beider Absätze; zudem würde die Einbeziehung dieser Fälle in das Beschäftigungsverbot des Abs. 4 an dem Vorhandensein der verkehrstechnischen Gründe nichts ändern können, dem Jugendlichen also keinen Vorteil bringen. Das Verbot des Abs. 4 gilt aber für mehrschichtige Betriebe, in denen gemäß Abs. 5 S. 2 bis 23.30 Uhr gearbeitet werden darf, da diese lediglich eine geringfügige Erweiterung des Abs. 2 Nr. 2 enthält, auf den sich Abs. 4 systematisch auch bezieht (*Zmarzlik/Anzinger* Rn. 27).

11 4. **Verkehrstechnische Gründe (Abs. 5).** Arbeitszeiten sollen sich nach dem Fahrplan der öffentlichen Verkehrsmittel sowie nach den verkehrsmäßig günstigsten Ankunfts- und Abfahrtszeiten von Werksbussen und Fahrgemeinschaften richten dürfen (vgl. BT-Drucks. 7/2305 S. 30 und 42), soweit den Jugendlichen dadurch unnötige Wartezeiten erspart bleiben. Die übliche Arbeitszeit in einem Betrieb muß aber aus verkehrstechnischen Gründen erst nach 20 Uhr enden, Abs. 5 S. 1.

12 **Verkehrstechnische Gründe** liegen vor, wenn das Arbeitsende von bestimmten Abfahrtszeiten der öffentlichen Verkehrsmittel, der Werksbusse, der Fahrgemeinschaften oder der Montagegruppen nach 20 Uhr abhängig ist, oder die Arbeitszeit zur Entzerrung von Verkehrsspitzen im Betrieb gestaffelt ist und der Jugendliche zu einer Arbeitsgruppe gehört, die nach 20 Uhr die Arbeit beendet. Ob eine Wartezeit unnötig ist, hängt davon ab, ob sie sinnvoll genutzt werden kann (*Zmarzlik/Anzinger* Rn. 31). In mehrschichtigen Betrieben darf zudem die Arbeitszeit von Jugendlichen über 16 Jahren alternativ um 30 Minuten ab 5.30 Uhr oder bis 23.30 Uhr über die in Abs. 2 Nr. 2 enthaltene Grenze hinausgeschoben werden.

13 5. **Hitzebetriebe (Abs. 6).** Die Aufsichtsbehörde kann eine Beschäftigung Jugendlicher in der warmen Jahreszeit ab 5 Uhr bewilligen, soweit sie in diesem Betrieb in außergewöhnlichem Maße der Hitze ausgesetzt sind. Dadurch sollen Jugendliche die Arbeit bei großer Hitze bis mittags beenden oder über Mittag eine längere Pause zwischen der Morgen- und der Spätschicht einlegen können.

14 **Hitzebetriebe** sind zB Glashütten, Stahlwerke, Gießereien, aber auch Betriebe, in denen durch besondere Umstände außergewöhnliche Hitze entsteht, wie zB starke Sonneneinstrahlung auf ungeschützte Arbeitsplätze (Baustelle/Baracken/Container). Eine Bewilligung kann nur während der warmen Jahreszeit erteilt werden. Vorausgesetzt wird nicht, daß gerade die Jugendlichen von der starken Hitze betroffen sind; es genügt, daß organisatorische Schwierigkeiten durch einen unterschiedlichen Arbeitsbeginn vermieden werden.

15 Die Beschäftigung darf erst bei Vorliegen der **Bewilligung** vorverlegt werden; diese steht im Ermessen der Behörde. Sie ist nach § 54 zu befristen, kann auf einzelne Betriebsteile oder einzelne Jugendliche beschränkt und jederzeit widerrufen werden (*Bachmann/Lührs* Rn. 108; *Zmarzlik/Anzinger* Rn. 41).

16 6. **Veranstaltungen (Abs. 7).** a) Durch diese Ausnahme soll Jugendlichen die gestaltende Mitwirkung bei besonderen **Veranstaltungen** am Abend ermöglicht werden. Die zugelassenen Veranstaltungen entsprechen dem Katalog des § 6 I (vgl. § 6 Rn. 2ff.).

17 b) Für Veranstaltungen in Nachtclubs, Spielhallen und anderen vergleichbaren Vergnügungsbetrieben besteht für unverheiratete Jugendliche gem. §§ 3 III, 8 JÖSchG ein **Anwesenheitsverbot**, so daß deren Mitwirkung nicht bewilligt werden darf (*Zmarzlik/Anzinger* Rn. 46).

18 Gem. Abs. 7 S. 3 ist nach Arbeitsende eine ununterbrochene Freizeit von 14 Stunden zu gewähren. Auch die höchstzulässige tägliche und wöchentliche Arbeitszeit ist einzuhalten; damit dürfte Abs. 7 für „nebenberuflich" gestaltend tätige Jugendliche kaum praktische Bedeutung erlangen. Für die Beschäftigung an Tagen vor Berufsschultagen ist § 14 IV nicht anwendbar, da Abs. 7 auf diese Regelung nicht verweist; die Behörde kann aber im Rahmen des § 54 ein entsprechendes Nachtarbeitsverbot ab 20 Uhr bestimmen (*Bachmann/Lührs* Rn. 109; *Zmarzlik/Anzinger* Rn. 51).

IV. Verstöße

Wer entgegen § 14 I einen Jugendlichen außerhalb der Zeit von 6 bis 20 Uhr oder entgegen § 14 VII 3 vor Ablauf der Mindestfreizeit beschäftigt, handelt ordnungswidrig (§ 58 I Nr. 11), soweit keine Ausnahmebewilligung vorliegt.

§ 15 Fünf-Tage-Woche

¹ Jugendliche dürfen nur an fünf Tagen in der Woche beschäftigt werden. ² Die beiden wöchentlichen Ruhetage sollen nach Möglichkeit aufeinander folgen.

1. Normzweck. Die Vorschrift soll eine zeitliche Überforderung der Jugendlichen verhindern und durch wöchentlich zwei arbeitsfreie Tage einen längeren Zeitraum zur Erholung und Entspannung sowie zur individuellen Freizeitgestaltung gewähren. Durch §§ 16, 17 wird idR erreicht, daß die freien Tage am Wochenende liegen. Der neu gefaßte S. 2 sieht zudem vor, daß die beiden wöchentlichen Ruhetage aufeinander folgen sollen (Art. 10 II der Jugendarbeitsschutzrichtl.). Trotz der Fassung der Bestimmung als Sollvorschrift ist der AG indessen nur berechtigt, aus dringenden betrieblichen Gründen abzuweichen.

2. Fünf-Tage-Woche, § 15 S. 1. Jugendliche dürfen grds. nur an fünf Tagen in der Woche beschäftigt werden, selbst wenn die gesetzlich erlaubte Höchstarbeitszeit nach § 8 I nicht voll ausgenutzt wird. Eine abw. Vereinbarung verstößt gegen § 134 BGB; der gesetzliche Schutz ist nicht verzichtbar. Die gesetzlich maßgebliche „Woche" wird gem. § 4 IV I von Montag bis Sonntag gerechnet. S. 1 gilt auch für Jugendliche, die ausnahmsweise nach §§ 16, 17 an Samstagen und Sonntagen beschäftigt werden dürfen, vgl. §§ 16 III, 17 III. Wird der Jugendliche durch mehrere AG beschäftigt, sind alle gem. S. 1 verantwortlich. Die Hauptverantwortung soll der AG tragen, der den Jugendlichen in der Woche zuletzt beschäftigt (*Gröninger/Gehring/Taubert* Rn. 2 a; aA *Zmarzlik/Anzinger* Rn. 11, da grds. der AG des Zweitarbeitsverhältnisses verantwortlich ist). Ein möglicher Schadensersatzanspruch des Jugendlichen kann nach § 254 BGB gekürzt werden, wenn dieser den AG des Zweitarbeitsverhältnisses nicht darauf aufmerksam macht, daß die Durchführung des Vertrages unter Umständen mit den Vorschriften des JArbSchG kollidiert (BAG 14. 12. 1967 AP AZO § 1 Nr. 2).

Der **Berufsschulunterricht** ist grds. nicht auf die Fünf-Tage-Woche anzurechnen, da der Unterricht keine Beschäftigung iSd. § 1 ist. Statt dessen wird der Unterricht auf die zulässige Arbeitszeit angerechnet, § 9. Wegen der Samstags- und Sonntagsruhe, §§ 16 f., müssen Jugendliche demnach nur dann neben dem Berufsschultag noch eine Fünf-Tage-Arbeitswoche leisten, wenn der Berufsschultag auf einen Samstag fällt. Auch in diesem Fall gilt aber die Höchstarbeitszeit gem. § 8 I. **Prüfungen** außerhalb der Ausbildungsstätte iSd § 10 I Nr. 1 gelten nicht als Beschäftigung, können also auch an einem Samstag stattfinden, so daß sich die Anzahl der zulässigen Arbeitszeit dadurch nur verringert, falls der Jugendliche Samstagsarbeit verrichtet. **Berufsausbildungsmaßnahmen** iSd. § 10 I Nr. 1 sind auf die Fünf-Tage-Woche anzurechnen, da sie als Beschäftigung durch den AG Arbeitszeit sind. Bei Ausbildungsmaßnahmen an Samstagen ist nach § 16 III ein Ersatzruhetag zu gewähren.

3. Verstöße. Ein schuldhafter Verstoß gegen § 15 S. 1 stellt eine Ordnungswidrigkeit gem. § 58 I Nr. 12 dar. Dem Jugendlichen steht ein Leistungsverweigerungsrecht zu; hat er aber dennoch gearbeitet und kann ein arbeitsfreier Tag nachträglich nicht gewährt werden, ist ein Anspruch auf Entschädigung begründet. Dagegen sind Verstöße gegen S. 2 nicht sanktioniert.

§ 16 Samstagsruhe

(1) An Samstagen dürfen Jugendliche nicht beschäftigt werden.

(2) ¹ Zulässig ist die Beschäftigung Jugendlicher an Samstagen nur
1. in Krankenanstalten sowie in Alten-, Pflege- und Kinderheimen,
2. in offenen Verkaufsstellen, in Betrieben mit offenen Verkaufsstellen, in Bäckereien und Konditoreien, im Friseurhandwerk und im Marktverkehr,
3. im Verkehrswesen,
4. in der Landwirtschaft und Tierhaltung,
5. im Familienhaushalt,
6. im Gaststätten- und Schaustellergewerbe,
7. bei Musikaufführungen, Theatervorstellungen und anderen Aufführungen, bei Aufnahmen im Rundfunk (Hörfunk und Fernsehen), auf Ton- und Bildträger sowie bei Film- und Fotoaufnahmen,
8. bei außerbetrieblichen Ausbildungsmaßnahmen,
9. beim Sport,

10. im ärztlichen Notdienst,
11. in Reparaturwerkstätten für Kraftfahrzeuge.
² Mindestens zwei Samstage im Monat sollen beschäftigungsfrei bleiben.

(3) ¹ Werden Jugendliche am Samstag beschäftigt, ist ihnen die Fünf-Tage-Woche (§ 15) durch Freistellung an einem anderen berufsschulfreien Arbeitstag derselben Woche sicherzustellen. ² In Betrieben mit einem Betriebsruhetag in der Woche kann die Freistellung auch an diesem Tage erfolgen, wenn die Jugendlichen an diesem Tage keinen Berufsschulunterricht haben.

(4) Können Jugendliche in den Fällen des Absatzes 2 Nr. 2 am Samstag nicht acht Stunden beschäftigt werden, kann der Unterschied zwischen der tatsächlichen und der nach § 8 Abs. 1 höchstzulässigen Arbeitszeit an dem Tage bis 13 Uhr ausgeglichen werden, an dem die Jugendlichen nach Absatz 3 Satz 1 freizustellen sind.

I. Normzweck

1   Der Zweck des Beschäftigungsverbots (Abs. 1) besteht darin, den Jugendlichen einen beschäftigungs- und ausbildungsfreien Tag zur Erholung, Entspannung und individuellen Freizeitgestaltung sicherzustellen; es ermöglicht, daß die beiden arbeitsfreien Tage der Woche, § 15, idR zusammenhängend gewährt werden. Durch die in Abs. 2 S. 1 vorgesehenen Ausnahmen wird die Beschäftigung von Jugendlichen in solchen Betrieben zugelassen, in denen Samstagsarbeit geleistet wird. Damit soll sich der Jugendliche frühzeitig ein eigenes Urteil bilden, ob ihm die berufstypische Lage der Arbeitszeit am Samstag zusagt (so: BT-Drucks. 7/2305 S. 31). Abs. 3 stellt die Einhaltung der Fünf-Tage-Woche sicher durch die Verpflichtung des AG, den Jugendlichen als Ersatz für die Samstagsarbeit an einem anderen Tag in der Woche freizustellen.

II. Beschäftigungsverbot an Samstagen (Abs. 1)

2   Eine Beschäftigung Jugendlicher ist den gesamten (0 bis 24 Uhr) Samstag über nicht zulässig (Verbotsgesetz iSd. § 134 BGB). **Verboten** ist jede Art der Beschäftigung durch einen AG sowie jede Form der Ausbildung im Rahmen des Berufsausbildungsverhältnisses, ausbildungsbezogener Unterricht am Samstag im Betrieb bzw. außerbetriebliche Ausbildungsmaßnahmen, zu denen der AG durch öffentlich-rechtliche oder durch vertragliche Vereinbarungen verpflichtet ist. **Zulässig** ist jedoch die freiwillige Teilnahme Jugendlicher an nicht ausbildungsbezogenen Tätigkeiten, wie zB nicht ausbildungsbezogener Unterricht im Betrieb, Freizeitkurse, Wochenendfahrten, Schulaufgabenbetreuung etc. (*Zmarzlik/Anzinger* Rn. 5). Auch Berufsschulunterricht und Prüfungen können an Samstagen stattfinden.

III. Ausnahmen (Abs. 2)

3   In einigen Beschäftigungsbereichen wird Samstagsarbeit zugelassen; die Aufzählung ist abschließend und eng auszulegen (OLG Karlsruhe 14. 1. 1983 AP JArbSchG § 16 Nr. 1). Weitere Ausnahmen können nach §§ 21 a, b durch TV oder Rechtsverordnung bestimmt werden (*Zmarzlik/Anzinger* Rn. 11; aA *Bachmann/Lührs* Rn. 145). Bei Samstagsarbeit gelten die übrigen Schutzbestimmungen weiter, insb. darf die in § 8 festgelegte höchstzulässige Dauer der Arbeitszeit nicht überschritten werden.

4   **1. Krankenanstalten, Alten-, Pflege- und Kinderheime (S. 1 Nr. 1). Krankenanstalten** sind alle öffentlichen, kirchlichen und privaten Anstalten, in denen Krankheiten, Leiden oder Körperschäden durch ärztliche Hilfeleistungen festgestellt, geheilt oder gelindert werden sollen. Dazu gehören auch Entbindungsanstalten (vgl. BT-Drucks. 7/2305 S. 31), Säuglingsheime und Anstalten für geistig Behinderte. Sanatorien können ggf. einbezogen werden, fallen ansonsten unter den Begriff des Gaststättengewerbes (*Zmarzlik/Anzinger* Rn. 15; *Bachmann/Lührs* Rn. 131). **Altenheime** sind alle öffentlichen und privaten Heime, die der Betreuung und Versorgung älterer Menschen dienen, unabhängig von deren Gesundheitszustand. Auch Altenwohnheime und Altenwohnungen werden erfaßt, wenn Versorgung und Betreuung zumindest angeboten werden. In **Pflegeheimen** werden Pflegebedürftige und körperlich oder geistig Behinderte versorgt und betreut. **Kinderheime** dienen der Versorgung und Betreuung von Säuglingen, Kleinkindern, Kindern oder Jugendlichen.

5   **2. Verkaufsstellen etc. (S. 1 Nr. 2). Offene Verkaufsstellen** sind dem Verkauf von Waren dienende Stellen iSd. § 1 LSchlG. Danach ist Voraussetzung eine Einrichtung an einer festen Stelle, in der der Öffentlichkeit Waren zum sofortigen Verkauf angeboten werden: Ladengeschäfte, Apotheken, Tankstellen, Warenautomaten, Buden, Kioske, ebenso wie die mit diesen Verkaufsräumen verbundenen Erfrischungsräume. Nicht entscheidend ist, daß die Verkaufsstelle am Samstag tatsächlich geöffnet hat bzw. die Beschäftigung Jugendlicher sich auf die Öffnungszeiten beschränkt (*Zmarzlik/Anzinger* Rn. 19; *Bachmann/Lührs* Rn. 145).

III. Ausnahmen (Abs. 2)

Betriebe mit offenen Verkaufsstellen sind Betriebe, in denen die in den Verkaufsräumen angebote- 6
nen Waren überwiegend selbst hergestellt, aufbereitet oder wesentlich geändert werden: Metzgereien,
Schneidereien, Schuhmachereien, Uhrmacherwerkstätten, Gärtnereien, soweit sie jeweils eine Verkaufsstelle haben. Zwischen Betrieb und Verkaufsstelle muß ein funktionaler Zusammenhang bestehen, der es rechtfertigt, Jugendliche nicht nur in der Verkaufsstelle, sondern auch im Betrieb Samstags zu beschäftigen (*Zmarzlik/Anzinger* Rn. 20; *Gröninger/Gehring/Taubert* Rn. 3 b). Die Ausnahme
ist nach dem Wortlaut und Zweck der Vorschrift nicht auf den Verkauf leicht verderblicher Ware
beschränkt (*Zmarzlik/Anzinger* Rn. 20; aA *Schoden* Rn. 7). Reparaturwerkstätten werden mangels
funktionellen Zusammenhanges mit den Verkaufsstellen jedoch nicht erfaßt (VG Arnsberg 3. 7. 1980
GewArch 1981, 63).

In **Bäckereien und Konditoreien** (§ 14 Rn. 7) ist eine Beschäftigung wegen des andauernden 7
Bedarfs der Öffentlichkeit an Backwaren zugelassen. **Im Friseurhandwerk** ist jede dazugehörige
Tätigkeit zulässig, auch wenn sie außerhalb des Betriebs ausgeführt wird. Der Begriff des **Marktver-
kehrs** erfaßt Messen, Ausstellungen und Märkte iSd. §§ 64 ff. GewO, für die die Behörde Marktzeit,
-dauer, -platz und -ordnung festsetzt. Insb. fallen hierunter auch Großmärkte nach § 66 GewO,
Wochenmärkte nach § 67 GewO, Spezialmärkte nach § 68 GewO (zB Kleinviehmärkte, Weihnachts-
märkte etc.) und Jahrmärkte.

3. **Verkehrswesen** (S. 1 Nr. 3). Dazu zählen alle öffentlichen und privaten gewerblichen und nicht 8
gewerblichen Betriebe, die Personen, Waren oder Nachrichten in irgendeiner Art befördern, einschließlich ihrer Hilfs- und Nebenbetriebe (BVerwG 7. 4. 1983 DÖV 1983, 731; 25. 11. 1981
DVBl. 1982, 300 f.; OLG Karlsruhe 14. 1. 1983 AP JArbSchG § 16 Nr. 1). Beispiele: Eisenbahn-,
Straßenbahn-, Omnibus-, Gütertransportunternehmen, Speditions- und Schiffsmaklergewerbe (vgl.
§ 105 b III GewO), Reisebüros, Taxiunternehmen, Luftfahrtbetriebe, Zeitungsvertriebsgesellschaften,
die Post einschließlich ihrer Nebenbetriebe, sofern sie sich mit der Beförderung von Nachrichten,
Personen und Paketen beschäftigen. **Neben- und Hilfsbetriebe** sind solche, die für das reibungslose
Funktionieren der Verkehrsbetriebe notwendig sind, ohne deren Vorhandensein der Hauptbetrieb
verhindert, erheblich gestört oder sein Ertrag erheblich gemindert würde, und deren Beziehung zueinander auf eine gewisse Dauer angelegt ist (OLG Karlsruhe 14. 1. 1983 AP JArbSchG § 16 Nr. 1).
Beispiele: Autobahn- und Garagenbetriebe, Schlaf- und Speisewagenbetriebe der Bahn, Tankstellen
und Autoreparaturwerkstätten der Verkehrsbetriebe.

4. **Landwirtschaft und Tierhaltung** (S. 1 Nr. 4). (Vgl. § 8 Rn. 7). Erfaßt werden weiter Land- 9
maschinenfachbetriebe, soweit sie Hilfsbetriebe der Landwirtschaft sind und wenn ohne ihre Tätigkeit
der landwirtschaftliche Betrieb erheblich gestört wird. Zu der Tierhaltung gehören sowohl die landwirtschaftliche und gewerbliche Tierhaltung als auch die Tierhaltung zu privaten und sonstigen Zwek-
ken, wie zB Zoos, Tiergärten, Tierheime.

5. **Familienhaushalt** (S. 1 Nr. 5). Die Beschäftigung eines Jugendlichen durch den Personensorge- 10
berechtigten im Familienhaushalt fällt ohnehin nicht unter den Geltungsbereich des Gesetzes, so daß
Abs. 2 Nr. 5 für die Beschäftigung „fremder" Jugendlicher gilt, wie zB Kindermädchen, Hausgehilfinnen, Pflegerinnen.

6. **Gaststätten- und Schaustellergewerbe** (S. 1 Nr. 6). Vgl. § 14 Rn. 4; eine Altersbeschränkung 11
sieht § 16 allerdings nicht vor.

7. **Musikaufführungen** (S. 1 Nr. 7). Die Begriffe der Veranstaltungen und Aufnahmen entsprechen 12
den in § 6 verwendeten Begriffen (§ 6 Rn. 2 ff.). Abw. davon erfaßt Nr. 7 aber nicht nur die gestaltende
Mitwirkung von Jugendlichen, sondern alle im Zusammenhang mit diesen Veranstaltungen anfallenden Arbeiten, so zB auch den Verkauf von Eintrittskarten und Programmen, die Tätigkeiten eines
Platzanweisers, Beleuchters, Bühnenarbeiters oder Maskenbildners oder anfallende Verwaltungstätig-
keiten. Für eine Beschäftigung nach 20 Uhr ist eine Ausnahmebewilligung gem. § 14 VII erforderlich.

8. **Außerbetriebliche Ausbildungsmaßnahmen** (S. 1 Nr. 8) sind Maßnahmen, die die Berufsaus- 13
bildung fördern und außerhalb des Ausbildungsbetriebes durchgeführt werden. Dabei ist es unerheblich, ob die Ausbildungsmaßnahmen aufgrund öffentlich-rechtlicher oder privatrechtlicher Bestimmungen durchzuführen sind. Unerheblich ist auch, ob die Maßnahmen innerhalb oder außerhalb der
regulären Arbeitszeit durchgeführt oder ob sie als Teil- oder Vollzeitlehrgänge ausgestaltet werden.
Ausbildungsmaßnahmen im Rahmen der Berufsschule unterfallen mangels Anwendbarkeit des
JArbSchG nicht dem Verbot.

9. **Sport** (S. 1 Nr. 9). Der Begriff erfaßt alle Tätigkeiten, die in unmittelbarem oder mittelbarem 14
Zusammenhang mit der eigenen oder fremden Sportausübung stehen. Erfaßt wird sowohl die professionelle als auch die nicht professionelle Sportausübung, in Räumen oder im Freien, bei Sportveran-
staltungen, einschließlich der technischen bzw. verwaltungsmäßigen Hilfs- oder sonstige Nebentätigkeiten.

15 **10. Notdienst (S. 1 Nr. 10)** umfaßt in erster Linie den in Arzt-, Zahnarzt- und Tierarztpraxen periodisch anfallenden Bereitschaftsdienst am Wochenende, aber auch Naturkatastrophen, Epidemien, Unglücksfälle. Die Tätigkeit des Jugendlichen muß mit der Arbeit des Arztes in unmittelbarem Zusammenhang stehen (zB Laborarbeiten, Sprechstundenhilfetätigkeit); unzulässig sind dagegen rein verwaltungstechnische Arbeiten wie das Aufarbeiten von Rechnungen. Für den Apothekennotdienst gilt Nr. 2 (offene Verkaufsstellen), der ärztliche Notdienst in Krankenhäusern, Alten- und Pflegeheimen fällt unter Nr. 1.

16 **11. Kfz-Reparaturwerkstätten (S. 1 Nr. 11)** sind alle Betriebe zum Instandhalten und Instandsetzen von Kraftfahrzeugen im Sinne des StVZO. Kraftfahrzeuge sind nicht Fahrräder, Schiffe, Boote, Schienenfahrzeuge etc.

IV. Beschäftigungsfreie Samstage (Abs. 2 S. 2)

17 Mindestens zwei Samstage im Monat sollen beschäftigungsfrei bleiben; um eine erzwingbare Verpflichtung handelt es sich dabei nicht, um den besonderen Umständen einzelner Beschäftigungszweige Rechnung zu tragen (BT-Drucks. 7/4544 S. 6). Eine Verpflichtung zur Gewährung beschäftigungsfreier Samstage kann sich nach § 21 a I Nr. 4 aus TV, aber auch aus der Fürsorgepflicht ergeben. Zumindest sind bei der Ausübung des Direktionsrechts die Grundsätze billigen Ermessens (§ 315 I BGB) zu beachten (BAG 27. 3. 1980 AP BGB § 611 Direktionsrecht Nr. 26; 19. 6. 1985 AP BAT § 4 Nr. 11).

V. Freistellung (Abs. 3)

18 Bei einer Beschäftigung von Jugendlichen am Samstag ist die Fünf-Tage-Woche durch **Freistellung** an einem anderen berufsschulfreien Arbeitstag derselben Woche sicherzustellen. Auf die Dauer der Beschäftigung kommt es nicht an, so daß auch bei nur kurzzeitiger, zB halbstündiger Samstagsarbeit eine Freistellung zu erfolgen hat (*Zmarzlik/Anzinger* Rn. 45; *Schoden* Rn. 21; *Bachmann/Lührs* Rn. 149; *Gröninger/Gehring/Taubert* Rn. 4). Die Freistellung muß an einem berufsschulfreien Arbeitstag erfolgen; auf die Dauer des Unterrichts kommt es nicht an. An dem freizustellenden Tag muß im Betrieb üblicherweise gearbeitet werden; ist in dem Betrieb nach §§ 17 II, 18 II die Sonn- und Feiertagsarbeit erlaubt, kann die Freistellung auch an einem solchen Tag erfolgen (*Zmarzlik/Anzinger* Rn. 47; *Bachmann/Lührs* Rn. 149; aA *Gröninger/Gehring/Taubert* Rn. 4). Auch an einem Prüfungstag kann eine Freistellung erfolgen, da die Prüfungszeit keine Arbeitszeit, und ein prüfungsfreier Tag nicht Voraussetzung des Abs. 3 ist. Die Freistellung muß in derselben Woche, also bei Betrieben ohne Sonntagsarbeit vor der Beschäftigung am Samstag derselben Woche erfolgen (BayObLG 21. 2. 1983 AP JArbSchG § 16 Nr. 2). Ohne Ersatzruhetag kann der Jugendliche die Arbeit am Samstag derselben Woche verweigern.

19 Die Freistellung kann auch an einem berufsschulfreien Betriebsruhetag erfolgen (Abs. 3 S. 2), dh. an einem Wochentag, an dem die gesamte Arbeit im Betrieb generell ruht und der für den Jugendlichen berufsschulfrei ist, sofern die Fünf-Tage-Woche gesichert bleibt.

VI. Ausgleich (Abs. 4)

20 Eine **Ausnahme** von dem Grundsatz der vollständigen Freistellung an einem Tag gibt es gem. Abs. 4 für Jugendliche, die in Betrieben iSv. Abs. 2 Nr. 2 (vgl. Rn. 6 ff.) samstags nicht volle 8 Stunden beschäftigt werden können, etwa weil der Betrieb ab Samstagmittag ruht. Sofern der Jugendliche dadurch in der Woche weniger als die höchstzulässige Arbeitszeit von 40 Stunden pro Woche und 8 Stunden pro Tag (§ 8 I) arbeiten würde, kann diese Differenz durch Beschäftigung am Tag der Freistellung bis 13 Uhr ausgeglichen werden; die Freistellung beginnt dann also erst ab spätestens 13 Uhr. Zu beachten ist, daß nur die Beschäftigungszeit, die an dem Samstag hätte geleistet werden dürfen, auf den Ersatzruhetag verschoben werden darf: Wenn der Jugendliche am Samstag sieben Stunden arbeitet, darf also nur eine Stunde auf den Ersatzruhetag verschoben werden, auch wenn dadurch die wöchentliche Arbeitszeit von 40 Stunden noch nicht erreicht würde. In anderen als den Abs. 2 Nr. 2 genannten Betrieben kann eine Abs. 4 entsprechende Regelung durch TV (§ 21 a) oder durch Rechtsverordnung (§ 21 b) zugelassen werden.

VII. Verstöße

21 Ein Verstoß gegen Abs. 1 stellt eine Ordnungswidrigkeit nach § 58 I Nr. 13 dar, soweit der AG sich nicht auf eine Ausnahme des Abs. 2 berufen kann. Dasselbe gilt bei einem Verstoß gegen die Freistellungspflicht des Abs. 3.

§ 17 Sonntagsruhe

(1) An Sonntagen dürfen Jugendliche nicht beschäftigt werden.

(2) ¹Zulässig ist die Beschäftigung Jugendlicher an Sonntagen nur
1. in Krankenanstalten sowie in Alten-, Pflege- und Kinderheimen,
2. in der Landwirtschaft und Tierhaltung mit Arbeiten, die auch an Sonn- und Feiertagen naturnotwendig vorgenommen werden müssen,
3. im Familienhaushalt, wenn der Jugendliche in die häusliche Gemeinschaft aufgenommen ist,
4. im Schaustellergewerbe,
5. bei Musikaufführungen, Theatervorstellungen und anderen Aufführungen sowie bei Direktsendungen im Rundfunk (Hörfunk und Fernsehen),
6. beim Sport,
7. im ärztlichen Notdienst,
8. im Gaststättengewerbe.

²Jeder zweite Sonntag soll, mindestens zwei Sonntage im Monat müssen beschäftigungsfrei bleiben.

(3) ¹Werden Jugendliche am Sonntag beschäftigt, ist ihnen die Fünf-Tage-Woche (§ 15) durch Freistellung an einem anderen berufsschulfreien Arbeitstag derselben Woche sicherzustellen. ²In Betrieben mit einem Betriebsruhetag in der Woche kann die Freistellung auch an diesem Tage erfolgen, wenn die Jugendlichen an diesem Tage keinen Berufsschulunterricht haben.

I. Normzweck

Den Jugendlichen soll ein **beschäftigungsfreier Sonntag** zur Erholung, Entspannung und individuellen Freizeitgestaltung gesichert werden. Zugleich wird mit dieser Vorschrift der Verfassungsauftrag aus Art. 140 GG iVm. Art. 139 WRV, den Sonntag als Tag der Arbeitsruhe und der seelischen Erhebung zu schützen, zugunsten der Jugendlichen erfüllt. Dagegen soll durch Abs. 2 in den Betrieben, in denen Sonntagsarbeit üblich ist, die Ausbildung auch an dem für diese Betriebe typischen Arbeitstag ermöglicht werden. Abs. 3 dient der Sicherung der Fünf-Tage-Woche in Fällen zulässiger Sonntagsarbeit.

II. Beschäftigungsverbot an Sonntagen (Abs. 1)

Der Inhalt des Verbots entspricht dem des § 16 I, so daß **jede Art der Beschäftigung** Jugendlicher durch einen AG, sowie die betriebliche Ausbildung (vgl. § 16 Rn. 2) verboten sind. 2

III. Ausnahmen (Abs. 2)

Die Aufzählung der zulässigen Ausnahmen ist abschließend und eng auszulegen. Auch eine Erweiterung des Katalogs durch TV, § 21 a, ist nicht möglich. Die Vorschrift regelt nur die Zulässigkeit der Sonntagsarbeit, begründet aber keine diesbezügliche **Verpflichtung** des Jugendlichen. Abs. 2 beeinflußt nur die Lage, nicht aber die Dauer der zulässigen Arbeitszeit. Ein gesetzlicher Anspruch auf Zahlung eines Zuschlags für Sonn- und Feiertagsarbeit besteht nicht mehr (vgl. BT-Drucks. 7/2305 S. 31). 3

1. Ausnahmetatbestände (Abs. 2 S. 1). 4
a) **Krankenanstalten (Nr. 1).** (Vgl. hierzu § 16 Rn. 4). 5
b) **Landwirtschaft und Tierhaltung (Nr. 2).** Zu diesen Arbeiten dürfen Jugendliche an Sonntagen 6 nur herangezogen werden, soweit die Arbeiten naturnotwendig vorgenommen werden müssen. Naturnotwendig sind Arbeiten, die aufgrund naturgegebener Umstände am Sonntag durchgeführt werden müssen, weil anderenfalls erhebliche Schäden an Tieren und Pflanzen entstehen könnten: Füttern und Pflegen, Ein- und Austreiben von Tieren auf die Weide, das Melken der Kühe, das Bewässern der Pflanzen, das Einbringen der Ernte, das Bedienen der Heizungsanlagen im Gartenbau. Dagegen genügt es nicht, daß der Arbeitsanfall lediglich aus der Betriebsorganisation resultiert.
c) **Familienhaushalt (Nr. 3).** Eine sonntägliche Beschäftigung (familienfremder, vgl. § 16 Rn. 10) 7 Jugendlicher im Familienhaushalt setzt, anders als § 16 II Nr. 5, deren Aufnahme in die häusliche Gemeinschaft des AG voraus. Das trifft zu, wenn der Jugendliche seinen Lebensmittelpunkt im Haushalt seines AG hat, bei diesem wohnt, ißt und schläft, vgl. § 30. Der Jugendliche muß nicht in der Wohnung des AG untergebracht sein, es genügt, wenn dieser den Jugendlichen in unmittelbarer Nähe auf seine Kosten unterbringt und gegenüber dem Vermieter die alleinige Verfügungsberechtigung über die betreffenden Räume hat.
d) **Schaustellergewerbe (Nr. 4).** (Vgl. § 14 Rn. 4). 8
e) **Musikaufführungen (Nr. 5).** (Vgl. § 6 Rn. 2 ff.). Eine Beschäftigung beim Rundfunk ist an 9 Sonntagen nur zulässig, wenn es sich um Direktsendungen handelt, die im Moment der Aufnahme

ausgestrahlt werden. Die Beschäftigung Jugendlicher bei Aufnahmen auf Ton- und Bildträger sowie bei Film- und Fotoaufnahmen ist sonntags nicht zulässig.

10   f) **Sport (Nr. 6), ärztlicher Notdienst (Nr. 7), Gaststättengewerbe (Nr. 8).** Vgl. § 16 II Nr. 8, 9 und 6 (§ 16 Rn. 14, 15, 11).

11   **2. Beschäftigungsfreie Sonntage (Abs. 2 S. 2).** Zwei Sonntage im Monat müssen zwingend beschäftigungsfrei bleiben; eine Abweichung durch TV gem. § 21 I Nr. 6 ist zulässig. Maßgeblich ist der Kalendermonat, nicht der Beschäftigungsmonat, und zwar unabhängig von der Anzahl der Sonntage im Monat; auf den Sonntag fallende gesetzliche Feiertage oder Urlaubssonntage werden eingerechnet. Dabei soll jeder zweite Sonntag beschäftigungsfrei sein. Zwingend ist das nicht, doch ist das Abweichen von der gesetzlichen Empfehlung nur aus sachlichen Gründen gerechtfertigt. Der AG kann die beschäftigungsfreien Sonntage nicht in einem anderen Monat vor- oder nachholen, sie in beschäftigungsstille Monate verlegen oder sie durch arbeitsfreie Feiertage, die auf Werktage fallen, ersetzen (*Zmarzlik/Anzinger* Rn. 21).

IV. Ausgleich (Abs. 3)

12   Der Regelungsgehalt der Vorschrift entspricht § 16 III (§ 16 Rn. 18). Arbeitet der Jugendliche samstags und sonntags, so sind ihm zwei Ersatzruhetage zu gewähren. Gemäß § 21 a I Nr. 5 können durch TV kürzere Ersatzruhezeiten in einem Ausgleichszeitraum von zwei Wochen zugelassen werden, wenn der Jugendliche am Samstag oder Sonntag unter vier Stunden beschäftigt wird.

V. Verstöße

13   Beschäftigt der AG einen Jugendlichen vorsätzlich oder fahrlässig an einem Sonntag, ohne daß eine Ausnahme des Abs. 2 vorliegt, oder verstößt er gegen die Freistellungspflicht des Abs. 3 oder gewährt er nicht mindestens zwei beschäftigungsfreie Sonntage im Monat nach Abs. 2 S. 2, liegt eine Ordnungswidrigkeit nach § 58 I Nr. 14 vor.

§ 18 Feiertagsruhe

(1) Am 24. und 31. Dezember nach 14 Uhr und an gesetzlichen Feiertagen dürfen Jugendliche nicht beschäftigt werden.
(2) Zulässig ist die Beschäftigung Jugendlicher an gesetzlichen Feiertagen in den Fällen des § 17 Abs. 2, ausgenommen am 25. Dezember, am 1. Januar, am ersten Osterfeiertag und am 1. Mai.
(3) ¹Für die Beschäftigung an einem gesetzlichen Feiertag, der auf einen Werktag fällt, ist der Jugendliche an einem anderen berufsschulfreien Arbeitstag derselben oder der folgenden Woche freizustellen. ²In Betrieben mit einem Betriebsruhetag in der Woche kann die Freistellung auch an diesem Tage erfolgen, wenn die Jugendlichen an diesem Tage keinen Berufsschulunterricht haben.

1   **1. Normzweck.** § 18 soll den Jugendlichen über die Fünf-Tage-Woche hinaus zusätzliche freie Tage und Halbtage an den gesetzlichen Feiertagen gewährleisten. Darüber hinaus sind die gesetzlichen Feiertage als Tage der Arbeitsruhe besonders zu schützen.

2   **2. Beschäftigungsverbot an Feiertagen (Abs. 1).** Jugendliche dürfen am 24./31. Dezember nicht nach 14 Uhr und an gesetzlichen Feiertagen grundsätzlich von 0 bis 24 Uhr nicht beschäftigt werden. Der Inhalt des Verbots entspricht dem Samstags- und dem Sonntagsbeschäftigungsverbot (vgl. §§ 16, 17 Rn. 2). Das Beschäftigungsverbot gilt nicht für lediglich kirchliche Feiertage; Angehörige der Kirche haben aber das Recht, zum Besuch des Gottesdienstes der Arbeit fernzubleiben, soweit nicht betriebliche Erfordernisse entgegenstehen.

3   **3. Ausnahmen (Abs. 2).** Eine Beschäftigung Jugendlicher ist an gesetzlichen Feiertagen in den Fällen des § 17 II zulässig, ausgenommen am 25. Dezember, am 1. Januar, am ersten Osterfeiertag und am 1. Mai. Im übrigen können sie an Feiertagen unter denselben Voraussetzungen und in demselben Umfang **wie an Sonntagen** beschäftigt werden. Fällt der gesetzliche Feiertag auf einen Samstag, geht § 18 II als Spezialvorschrift den Bestimmungen des § 16 vor; die dort in Abs. 2 Nr. 2, 3, 8 geregelten weiteren Ausnahmen können an Feiertagen daher nicht zugelassen werden.

4   **4. Ausgleich (Abs. 3).** Zum Ausgleich der Feiertagsbeschäftigung ist der Jugendliche an einem anderen berufsschulfreien Arbeitstag derselben oder der folgenden Woche freizustellen. Fällt der Feiertag auf einen Sonntag, folgt der Ausgleichsanspruch aus § 17 III, der Ersatzruhetag ist also in derselben Woche im voraus zu gewähren, in der auch die Feiertagsbeschäftigung liegt. Wird der Jugendliche an einem Feiertag beschäftigt, der auf einen Samstag fällt, hat er den Anspruch aus Abs. 3 neben dem aus § 16 III; die Pflicht zur Gewährung des Ersatzruhetages im voraus kann dadurch nicht beseitigt werden. Dem Jugendlichen steht unabhängig von der tatsächlichen Beschäftigungsdauer ein

voller Ersatzruhetag zu. Durch TV nach § 21 a I Nr. 5 kann aber die Dauer der Freistellung der Dauer der tatsächlichen Beschäftigung am Feiertag angeglichen werden. Die auf Abs. 3 gestützte Freistellung muß an einem anderen berufsschulfreien Arbeitstag (vgl. § 16 Rn. 18) derselben oder der folgenden Woche erfolgen. Gem. Abs. 3 S. 2 kann die Freistellung in Betrieben mit Betriebsruhetag auch an diesem Tage erfolgen, wenn die Jugendlichen dann keinen Berufsschulunterricht haben (vgl. § 16 Rn. 19).

5. Verstöße. Der AG handelt ordnungswidrig iSd. § 58 I Nr. 15, wenn er entgegen § 18 I einen 5 Jugendlichen an einem gesetzlichen Feiertag überhaupt, bzw. am 24. oder 31. Dezember nach 14 Uhr beschäftigt, ohne daß eine Ausnahme des Abs. 2 vorliegt. Dasselbe gilt, wenn er gegen die Freistellungspflicht des § 18 III verstößt.

§ 19 Urlaub

(1) ¹Der Arbeitgeber hat Jugendlichen für jedes Kalenderjahr einen bezahlten Erholungsurlaub zu gewähren.

(2) Der Urlaub beträgt jährlich
1. mindestens 30 Werktage, wenn der Jugendliche zu Beginn des Kalenderjahres noch nicht 16 Jahre alt ist,
2. mindestens 27 Werktage, wenn der Jugendliche zu Beginn des Kalenderjahres noch nicht 17 Jahre alt ist,
3. mindestens 25 Werktage, wenn der Jugendliche zu Beginn des Kalenderjahres noch nicht 18 Jahre alt ist.

²Jugendliche, die im Bergbau unter Tage beschäftigt werden, erhalten in jeder Altersgruppe einen zusätzlichen Urlaub von drei Werktagen.

(3) ¹Der Urlaub soll Berufsschülern in der Zeit der Berufsschulferien gegeben werden. ²Soweit er nicht in den Berufsschulferien gegeben wird, ist für jeden Berufsschultag, an dem die Berufsschule während des Urlaubs besucht wird, ein weiterer Urlaubstag zu gewähren.

(4) ¹Im übrigen gelten für den Urlaub der Jugendlichen § 3 Abs. 1, §§ 4 bis 12 und § 13 Abs. 1 des Bundesurlaubsgesetzes. ²Der Auftraggeber oder Zwischenmeister hat jedoch abweichend von § 12 Nr. 1 des Bundesurlaubsgesetzes den jugendlichen Heimarbeitern für jedes Kalenderjahr einen bezahlten Erholungsurlaub entsprechend Absatz 2 zu gewähren; das Urlaubsentgelt der jugendlichen Heimarbeiter beträgt bei einem Urlaub von 30 Werktagen 11, 6 vom Hundert, bei einem Urlaub von 27 Werktagen 10,3 vom Hundert und bei einem Urlaub von 25 Werktagen 9,5 vom Hundert.

I. Normzweck

Die Vorschriften über den Urlaub für Jugendliche enthalten **Ergänzungen und Änderungen der** 1 **allgemein geltenden Vorschriften des BUrlG.** Die Ergänzung betrifft im wesentlichen die **Dauer** des Urlaubs, die für Jugendliche abweichend von § 3 I BUrlG bestimmt wird. Daneben finden sich Abweichungen zur **Urlaubsgewährung** und zum Urlaub im Heimarbeitsrecht sowie eine **Einschränkung der tariflichen Gestaltungsmacht**, indem auf § 13 I und II BUrlG nicht verwiesen wird. Allen abweichenden Bestimmungen ist gemein, daß sie auf die **höhere Schutzbedürftigkeit** des Jugendlichen und auf seine besondere Lebenssituation Rücksicht nehmen. So ist mit der längeren Urlaubsdauer bezweckt, den Heranwachsenden nicht zu überlasten und ihm den Übergang von der Schule mit ihren vielen Freiräumen in das Erwerbsleben zu erleichtern (*Gröninger/Gehring/Taubert* Rn. 1).

Trotz seiner Stellung in einem öffentlich-rechtlichen Arbeitsschutzgesetz enthält die Bestimmung 2 **bürgerlich-rechtliche** (arbeitsrechtliche) **Regelungen.** Daran ändert auch nichts die Bußgeldandrohung in § 58 I Nr. 16 (*Leinemann/Linck* Teil II § 19 JArbSchG Rn. 1). Denn § 19 beschreibt ebenso wie das BUrlG schuldrechtliche Rechte und Pflichten der Parteien eines Arbeits- oder Berufsausbildungsverhältnisses (aA die hM *Gröninger/Gehring/Taubert* Rn. 9; *Molitor/Volmer/Germelmann* Rn. 26, die die Vorschrift dem öffentlich-rechtlichen Normenkreis zurechnet und merkwürdig anmutende Konstruktionen wie zB die vertragliche Fürsorgepflicht benötigt, um die Bestimmung arbeitsrechtlich anzuwenden).

II. Geltungsbereich

1. Persönlicher Geltungsbereich. Die Norm findet auf Jugendliche iS des Gesetzes Anwendung. 3 Das sind nach § 2 II **Personen, die 14 Jahre,** aber noch nicht **18 Jahre** alt sind. Personen unter 14 Jahren sind Kinder iS dieses Gesetzes, § 2 I. Für sie gilt § 19 grundsätzlich nicht; allerdings ist eine entsprechende Anwendung in den Fällen des § 5 II vorzunehmen (Rn. 5). Die **18 jährigen** sind Erwachsene und kommen in den Genuß der Vergünstigungen nur, wenn sie nach dem 1. Januar eines Jahres das 18. Lebensjahr vollenden (Rn. 7).

4   Bei **unzulässiger Kinderarbeit** (dazu ausführlich auch unter soziologischen und politischen Aspekten *Düwell* AuR 1992, 138) kann ein wirksames Rechtsverhältnis wegen des gesetzlichen Verbots in § 3 I nicht entstehen. Bereits deshalb entfällt ein Anspruch auf Urlaub oder Urlaubsabgeltung (*Gröninger/Gehring/Taubert* Rn. 6). Er kann **nicht** nach den Grundsätzen über ein **faktisches Arbeitsverhältnis** durchgesetzt werden (aA die hM, zB *Dersch/Neumann* Rn. 3; Kasseler Handbuch/*Hauck* 2.4 Rn. 870; *Leinemann/Linck* Rn. 5 f.). Sollte ein in unzulässiger Weise beschäftigtes Kind **Urlaub** allerdings **erhalten** haben, kann es nach den Rechtsgrundsätzen über das faktische Arbeitsverhältnis die **Vergütung behalten**; es ist nicht bereicherungsrechtlichen Rückforderungsansprüchen ausgesetzt. Im übrigen bleibt ihm die Möglichkeit, Schadenersatz nach § 823 II BGB iV mit den Vorschriften dieses Gesetzes zu verlangen, der auch die Beträge für Urlaubsabgeltung umfassen kann.

5   Bei **erlaubter Kinderarbeit** nach § 5 II 1 entstehen für die beschäftigten Kinder jedoch Urlaubsansprüche nach § 19, wie die Verweisung in § 5 II 2 ausweist. Eine Verweisung zur Höhe fehlt allerdings; da die Staffel des § 19 die Jüngsten begünstigt, wird die Bestimmung des § 19 II Nr. 1 (30 Tage) heranzuziehen sein.

6   **2. Sachlicher Geltungsbereich.** Jugendliche erwerben in allen **Beschäftigungen nach § 1 I** einen Anspruch auf Befreiung von der Arbeitspflicht zum Zweck des Urlaubs. Das sind Tätigkeiten in einer Berufsausbildung und in einem diesem ähnlichen Ausbildungsverhältnis, als Arbeitnehmer und Heimarbeiter und bei Dienstleistungen, die den Arbeitsleistungen der Arbeitnehmer und Heimarbeitern ähnlich sind. Eine Ausnahme für bestimmte Gewerbezweige kommt nicht in Betracht. Lediglich für jugendliche Seeleute gelten die Besonderheiten des SeemannsG (Rn. 19).

III. Dauer des Urlaubs

7   **1. Stichtag.** Maßgeblich für die Höhe des Urlaubs nach diesem Gesetz ist das Alter am **1. Januar** eines jeden Jahres. Alle Jugendlichen, die in der Zeit vom 2. Januar bis zum 31. Dezember Geburtstag haben, kommen in den Genuß des für die jeweilige Jahrgangsstufe höheren Urlaubs; dagegen ist der am 1. Januar geborene Jugendliche zu Beginn des Jahres bereits 16, 17 oder 18 Jahre alt und unterfällt der jeweils ungünstigeren Regelung in § 19 II 1 (allgM).

8   Die **Vollendung eines Lebensjahrs innerhalb des Kalenderjahrs** ist ohne Bedeutung. Der im März 18 Jahre alt werdende Beschäftigte behält für das ganze Jahr seinen Anspruch auf 25 Werktage. Eine Berechnung nach unterschiedlichen Anspruchsgrundlagen für die jeweiligen Teile des Jahres kommt nicht in Betracht.

9   **2. Werktage und Arbeitstage.** Wie das Bundesurlaubsgesetz geht auch das Jugendarbeitsschutzgesetz von einer Beschäftigung an sechs Werktagen in der Woche aus. Deshalb muß auch der Urlaub für Jugendliche auf **Arbeitstage umgerechnet** werden (zutreffend *Gröninger/Gehring/Taubert* Rn. 52; Kasseler Handbuch/*Hauck* 2.4 Rn. 875; *Leinemann/Linck* Rn. 10; aA *Zmarzlik/Anzinger* Rn. 9), wenn ihre vertragliche Arbeitspflicht nicht auf sechs Tage in der Woche verteilt ist, sondern auf eine andere Anzahl, regelmäßig weniger Tage (ausführlich § 3 BUrlG Rn. 13 ff.). So beträgt der Urlaub für den an fünf Tagen in der Woche beschäftigten 15 jährigen 25 Arbeitstage, den 16 jährigen 22,5 und den 18 jährigen 20,8 Arbeitstage (*Leinemann/Linck* Rn. 10 f.). Eine **Aufrundung** der Urlaubstage kommt ebensowenig in Betracht wie nach einer Umrechnung gemäß § 3 BUrlG (§ 3 BUrlG Rn. 10 und § 5 Rn. 37; Kasseler Handbuch/*Hauck* 2.4. Rn. 875). Denn auch in diesem Fall handelt es sich nicht um Teilurlaub. Die Aufrundungsregel des § 5 II BUrlG findet keine Anwendung.

10   **3. Bergleute.** Werden Jugendliche im Bergbau **unter Tage** beschäftigt, so erhalten sie auf die Staffel des § 19 II in allen Altersgruppen 3 weitere Werktage Urlaub, § 19 II 2. Für diesen Urlaub gelten zunächst die unter den Rn. 7 bis 9 beschriebenen Regeln **einschließlich der Umrechnung**.

11   Die Norm ist auf den **ständigen Einsatz** der Jugendlichen unter Tage zugeschnitten. Sie findet aber auch Anwendung, wenn der Jugendliche **nicht das ganze Jahr** über unter Tage arbeitet, sondern nur während einer kürzeren Zeitspanne. Da das Gesetz sich nicht darüber verhält, wie in einem solchen Fall zu verfahren ist, ist davon auszugehen, daß der Anspruch mit einer Untertagebeschäftigung entsteht. Eine **Zwölftelung** oder ein **Mindestmaß** wie zB ein halbes Jahr (so aber die hM *Dersch/Neumann* BUrlG Anhang V Rn. 9; *Gröninger/Gehring/Taubert* Rn. 55) läßt sich dem Gesetz **nicht** entnehmen (*Leinemann/Linck* Rn. 8 f.).

IV. Urlaubsgewährung

12   **1. Regelfall.** Auch den Jugendlichen wird Urlaub nach Maßgabe des **§ 7 I BUrlG** gewährt. Es gelten insoweit keine besonderen Bestimmungen, § 19 IV. Auf die Darstellung zu § 7 BUrlG wird verwiesen (§ 7 BUrlG Rn. 4 ff.).

13   **2. Schulpflicht der Jugendlichen.** Nehmen die Jugendlichen am Berufsschulunterricht teil, so muß der Schuldner des Urlaubsanspruchs zusätzlich die Anordnungen nach § 19 III beachten. **Regelmäßig** hat er den Urlaub während der **Schulferien** zu gewähren. Das folgt aus der Sollvorschrift des ersten

Satzes, die als gesetzliche Beschreibung des Urlaubswunsches iS des § 7 I 1 BUrlG bezeichnet werden kann.

Kommt der Arbeitgeber bzw. der Ausbilder oder der Auftraggeber dieser Verpflichtung im **Aus-** 14 **nahmefall** des § 7 I 1 BUrlG nicht nach, so gilt die folgende Besonderheit: Die Jugendlichen, denen außerhalb der Schulferien Urlaub gewährt wird, müssen wegen des Fortbestehens der Schulpflicht die Schule besuchen. Im Ergebnis folgerichtig hat der Gesetzgeber angeordnet, daß ein weiterer Urlaubstag pro Berufsschultag zu gewähren ist. Der Sprachgebrauch des Gesetzes ist allerdings ungenau. Denn an **Berufsschultagen** kann den Jugendlichen **überhaupt kein Urlaub gewährt werden**, weil sie an diesen Tagen aufgrund der Freistellung zum Schulbesuch keine Pflicht zur Aufnahme ihrer Tätigkeit hatten (§ 7 BBiG) und von ihrer bereits suspendierten Pflicht **nicht noch einmal befreit** werden konnten. Deshalb ist die „**Nachgewährung**" rechtlich die **Erfüllung des ursprünglichen Anspruchs**. Keineswegs handelt es sich um eine „Art Zusatzurlaub" (so aber *Gröninger/Gehring/Taubert* Rn. 70)

Unzutreffend wird daher auch von der hM (*Dersch/Neumann* Rn. 12; *Gröninger/Gehring/Taubert* 15 Rn. 70; MünchArbR/*Leinemann* § 90 Rn. 9 m. w. N.) angenommen, daß eine Nachgewährungspflicht nicht bestehe, wenn der Jugendliche aus **in seinem Verhalten liegenden Grund** die Berufsschule versäume. Zwar ist der Schluß nach dem Wortlaut des Gesetzes möglich. Beim Haften am Wortlaut wird aber verkannt, daß der Jugendliche unabhängig von seinem Verhalten gegenüber der Schule an diesem Tag keine Arbeitspflicht hatte, von der er befreit werden könnte. Folglich kann der Tag auch dann nicht als Urlaubstag angerechnet werden, wenn der Jugendliche die Schule „schwänzt". Dieser Tatbestand hat andere, öffentlich-rechtliche und im Extremfall auch arbeitsrechtliche Konsequenzen (siehe § 15 BBiG Rn. 4). Angesichts dessen erübrigen sich auch Überlegungen über die Bedeutung der Dauer des Schulbesuchs oder des Unterrichtsausfalls aus Gründen, die der Schule zuzurechnen sind (vgl. dagegen *Dersch/Neumann* Rn. 12).

Die Anordnung des § 19 III 1 hat nicht die Konsequenz, daß die Jugendlichen ihren Anspruch 16 regelmäßig nur in den Schulferien nehmen können. Sie haben **keine Annahmepflicht**, sondern können andere Urlaubswünsche äußern. Der Arbeitgeber, Ausbilder oder Auftraggeber kann Urlaubswünsche der Jugendlichen zu anderen Zeitpunkten nicht verweigern; anderenfalls geriete er in Verzug. Denn die Vorschrift schafft **kein** zusätzliches **Leistungsverweigerungsrecht** des Schuldners.

V. Geltung des BUrlG

Wegen der **allgemeinen Verweisung** in § 19 IV sind hinsichtlich der weiteren auch im Beschäfti- 17 gungsverhältnis der Jugendlichen zu beurteilenden Rechtsfragen zum Urlaubsrecht die Bestimmungen des BUrlG heranzuziehen. Das gilt auch für die **Befristung** des Anspruchs auf das Kalenderjahr (§ 7 BUrlG Rn. 56). Aus der von § 1 I BUrlG abweichenden Formulierung, daß der Anspruch **für** und nicht **in** jedem Kalenderjahr zu gewähren ist, kann nicht geschlossen werden, daß der gesetzliche Mindesturlaub nach diesem Gesetz nicht am Jahresende verfällt.

Zu beachten ist aber, daß das Gesetz nicht auf die Regelungen des § 13 I und II BUrlG verweist. 18 Deshalb darf hinsichtlich des Urlaubs für Jugendliche auch in **Tarifverträgen nicht zu Ungunsten** der Jugendlichen abgewichen werden, auch nicht im Baugewerbe oder ähnlichen Wirtschaftszweigen. Unberührt bleibt das allgemeine Prinzip, daß Vereinbarungen und Normen mit günstigerem Inhalt vereinbart bzw. gesetzt werden können.

Auch ohne besondere Verweisung gelten die für Erwachsenen geltenden Bestimmungen zum Urlaub 19 wie die **§§ 47, 49 SchwbG** und nach **§ 61 I JArbSchG** sowie die **§§ 53 ff. SeemannsG**, wobei letztere teilweise abweichende Bestimmungen enthalten. So entfällt zB die Bestimmung zur Urlaubsgewährung bei Berufsschulpflicht.

V. Jugendliche Heimarbeiter

In Heimarbeit beschäftigten Jugendlichen stehen die Ansprüche zu, wie sie in § 12 BUrlG für den 20 dort genannten Personenkreis geschildert sind. Abweichungen zugunsten der Jugendlichen folgen aus § 19 IV 2. So müssen Auftraggeber oder Zwischenmeister Urlaub in Höhe der Staffel des § 19 II und nicht nur nach § 12 BUrlG gewähren (zur Urlaubsgewährung bei Heimarbeitern vgl. § 12 BUrlG Rn. 16) und das Urlaubsentgelt nicht nach dem dort genannten Prozentsatz von 9, 1 berechnen. Entsprechend der Staffel des § 19 I gelten die Prozentzahlen von 11,6, 10,3 oder 9,5.

§ 20 Binnenschiffahrt

In der Binnenschiffahrt gelten folgende Abweichungen:
1. **Abweichend von § 12 darf die Schichtzeit Jugendlicher über 16 Jahre während der Fahrt bis auf 14 Stunden täglich ausgedehnt werden, wenn ihre Arbeitszeit sechs Stunden täglich nicht überschreitet. Ihre tägliche Freizeit kann abweichend von § 13 der Ausdehnung der Schichtzeit entsprechend bis auf 10 Stunden verkürzt werden.**
2. **Abweichend von § 14 Abs. 1 dürfen Jugendliche über 16 Jahre während der Fahrt bis 22 Uhr beschäftigt werden.**

Schlachter

3. Abweichend von §§ 15, 16 Abs. 1, § 17 Abs. 1 und § 18 Abs. 1 dürfen Jugendliche an jedem Tag der Woche beschäftigt werden, jedoch nicht am 24. Dezember, an den Weihnachtsfeiertagen, am 31. Dezember, am 1. Januar, an den Osterfeiertagen und am 1. Mai. Für die Beschäftigung an einem Samstag, Sonntag und an einem gesetzlichen Feiertag, der auf einen Werktag fällt, ist ihnen je ein freier Tag zu gewähren. Diese freien Tage sind den Jugendlichen in Verbindung mit anderen freien Tagen zu gewähren, spätestens, wenn ihnen 10 freie Tage zustehen.

1 1. **Normzweck und Geltungsbereich.** § 20 soll den Besonderheiten der Binnenschiffahrt Rechnung tragen (vgl. BT-Drucks. 7/2305 S. 31), da ein Schiff während der Fahrt in der Regel einen speziellen zeitlichen Einsatz der AN erfordert.

2 Der **sachliche Geltungsbereich** des § 20 umfaßt nur Binnengewässer, dh. Flüsse, Seen und Kanäle; für Hochsee- und Küstenschiffahrt gilt das SeemannsG, auf die Beschäftigung von Jugendlichen in der Binnenfischerei finden die Vorschriften des JArbSchG über die Landwirtschaft Anwendung. Die Beschäftigung in den zugehörigen Landbetrieben (Büros, Dockanlagen, Werften und Werkstätten) unterliegt gleichfalls nicht § 20. Diese Norm gilt nur für die Beschäftigung auf einem zur Binnenschiffahrt bestimmten und verwendeten Schiff einschließlich Schwimmkräne, -bagger, Schleppkähne, solange sie sich auf Binnengewässern der Bundesrepublik Deutschland befinden, unabhängig von der Nationalität des Schiffes oder der sich darauf befindlichen Personen (*Zmarzlik/Anzinger* Rn. 7; vgl. *Schoden* Rn. 1). Der **persönliche Geltungsbereich** des § 20 umfaßt alle Jugendlichen, die auf einem Binnenschiff iSd. § 1 beschäftigt werden (*Zmarzlik/Anzinger* Rn. 4; aA *Gröninger/Gehring/Taubert* Rn. 2; *Molitor/Volmer/Germelmann* Rn. 18 f.: nur Besatzungsmitglieder).

3 2. **Schichtzeit, Arbeitszeit, Freizeit, Nachtruhe (Nr. 1, Nr. 2).** Die Schichtzeit (§ 12 Rn. 3) von Jugendlichen über 16 Jahre darf während der Fahrt auf bis zu 14 Stunden täglich ausgedehnt werden, wenn ihre Arbeitszeit (§ 4) 6 Stunden täglich nicht überschreitet. Auf die wöchentliche Arbeitszeit ist nur die tatsächliche Arbeitszeit anzurechnen (*Zmarzlik/Anzinger* Rn. 12; aA *Schoden* Rn. 2: Anrechnung mit 8 Stunden pro Arbeitstag). Die tägliche Freizeit kann entsprechend der Schichtzeit abw. von § 13 bis auf 10 Stunden verkürzt werden (Nr. 1 S. 2). Jugendliche über 16 Jahre dürfen abw. von § 14 I bis 22 Uhr beschäftigt werden (Nr. 2).

4 3. **Wochenende und Feiertage (Nr. 3).** Abw. von § 15 S. 1 darf die gem. § 8 höchstzulässige Arbeitszeit auf 7 Tage in der Woche verteilt werden. Absolut einzuhalten ist die Feiertagsruhe aber am 24. Dezember, an den Weihnachtsfeiertagen, am 31. Dezember, am 1. Januar, an den Osterfeiertagen und am 1. Mai (*Schoden* Rn. 4; aA *Zmarzlik/Anzinger* Rn. 19: Beschäftigung am 24. und 31. 12. erst ab 14 Uhr unzulässig). Für jede Beschäftigung (unabhängig von ihrer Dauer) an einem Samstag, Sonntag oder gesetzlichen Feiertag, der auf einen Werktag fällt, ist dem Jugendlichen ein Ersatzruhetag zu gewähren. Diese müssen aber nicht innerhalb derselben Woche gewährt, sondern können angesammelt werden. Ein Ersatzruhetag kann nicht einzeln, sondern muß immer in Verbindung mit wenigstens einem (zwei) anderen freien Tag(en) gewährt werden, und zwar spätestens, wenn dem Jugendlichen 10 Ersatzruhetage zustehen.

5 4. **Verstöße.** Verstöße gegen die in § 20 enthaltenen Ge- und Verbote sind Verletzungen der §§ 12 bis 18 und werden dementsprechend nach § 58 I Nr. 9 bis 11 und 12 bis 15 als Ordnungswidrigkeiten geahndet.

§ 21 Ausnahmen in besonderen Fällen

(1) Die §§ 8 und 11 bis 18 finden keine Anwendung auf die Beschäftigung Jugendlicher mit vorübergehenden und unaufschiebbaren Arbeiten in Notfällen, soweit erwachsene Beschäftigte nicht zur Verfügung stehen.

(2) Wird in den Fällen des Absatzes 1 über die Arbeitszeit des § 8 hinaus Mehrarbeit geleistet, so ist sie durch entsprechende Verkürzung der Arbeitszeit innerhalb der folgenden drei Wochen auszugleichen.

(3) *(aufgehoben)*

1 I. **Normzweck.** § 21 will den Betrieben in **Notfällen** eine Beschäftigung Jugendlicher ohne Bindung an die normalen Arbeitszeit- und Pausenregelungen ermöglichen. Die Bestimmung hat Ausnahmecharakter und ist entsprechend eng auszulegen. Eine Leistungspflicht begründet § 21 für die Jugendlichen nicht, diese ergibt sich als Nebenpflichten aus dem Arbeitsverhältnis. Durch den in Abs. 2 normierten Freizeitausgleich soll nicht nur eine ausreichende Erholung ermöglichen, sondern auch die Inanspruchnahme der Jugendlichen in solchen Fällen auf ein Minimum reduziert werden.

2 2. **Ausnahmen in Notfällen (Abs. 1).** Ein **Notfall** ist ein ungewöhnliches, nicht vorhersehbares und plötzlich auftretendes Ereignis, das unabhängig vom Willen des Betroffenen eintritt und eine Gefahr für Leben und Gesundheit von Menschen oder für erhebliche Sachwerte unmittelbar hervorruft, so daß ein sofortiges Eingreifen zur Abwehr dieser Gefahr erforderlich ist (OLG Hamburg 24. 10. 1962

DB 1963, 208). Den Grad eines öffentlichen Notstandes oder der Gefährdung des Gemeinwohls muß die Gefahr nicht erreicht haben, es genügt, wenn nur ein einzelner Betrieb betroffen ist. Beispiele: Feuer und Brand, Explosionen, Deich- und Rohrbrüche, Stromausfall, Hauseinstürze, Maschinenschaden, erhebliche Störungen im öffentlichen Verkehr; Naturereignisse wie Wirbelsturm, Unwetter, Blitzschlag, Sturmfluten, Erdbeben, plötzlicher Frost und Hagel, Überschwemmungen. Auch das Einholen der Ernte vor einem drohenden Unwetter ist als Notfall anzusehen (vgl. BT-Drucks. 7/4544 S. 7). Keine Notfälle sind Ereignisse, die auf Planungs- oder Organisationsfehlern beruhen oder vom AG bei gehöriger Sorgfalt hätten vorausgesehen und vermieden werden können (zB fehlerhafte Terminplanung, Arbeitskräfteverteilung bzw. Materialbestellung sowie krankheitsbedingter Personalengpaß, OLG Karlsruhe 22. 5. 1981 GewArch 1981, 268).

Eine Überschreitung der gesetzlichen Grenzen ist nur zulässig, soweit es sich um vorübergehende, 3 unaufschiebbare Arbeiten handelt und erwachsene Beschäftigte nicht in ausreichender Zahl zur Verfügung stehen. **Vorübergehend** sind Tätigkeiten, die in relativ kurzer Zeit (maximal ein Tag) beendet werden können. Dauert der Notfall länger, muß sich der AG um andere Hilfskräfte oder eine Ausnahmegenehmigung für erwachsene Beschäftigte bemühen. **Unaufschiebbar** sind Arbeiten, die sofort ausgeführt werden müssen, um den Eintritt oder die Verschlimmerung drohender Gefahren oder Schäden für Personen oder den Betrieb abzuwenden. Der Beschäftigung des Jugendlichen hat eine Güterabwägung des AG zwischen den drohenden Schäden und den Interessen des Jugendlichen an der Einhaltung der Arbeitszeitgrenzen und der Beschäftigungsverbote voranzugehen. Die Gesundheit des Jugendlichen darf in keinem Fall gefährdet werden.

3. Ausgleich (Abs. 2). Mehrarbeit in Notfällen ist durch eine entsprechende Arbeitszeitverkürzung 4 innerhalb der folgenden drei Wochen auszugleichen. **Mehrarbeit** ist jede über die in § 8 festgesetzte höchstzulässige Arbeitszeit hinausgehende Arbeit. Die Regelungen über Ersatzruhetage finden für Notfallarbeiten am Wochenende oder an Feiertagen daher keine Anwendung (*Zmarzlik/Anzinger* Rn. 19; *Bachmann/Lührs* Rn. 178; aA *Schoden* Rn. 5), wenn nicht entweder an diesem Tag mehr als acht Stunden, oder in dieser Woche mehr als 40 Stunden gearbeitet wurde. Der Ausgleichszeitraum von 3 Wochen bestimmt sich nach § 188 II BGB. Ist in dieser Zeit ein Ausgleich aus Gründen, die in der Person des Jugendlichen liegen, nicht möglich, kann die Frist verlängert werden. Ein Mehrarbeitszuschlag ist gesetzlich nicht vorgesehen.

4. Verstöße. Liegen die Voraussetzungen des Abs. 1 nicht vor, so ist die Beschäftigung Jugendlicher 5 nach § 58 I Nr. 5 und 8 bis 15 eine Ordnungswidrigkeit. Gleicht der AG die geleistete Mehrarbeit durch Verkürzung der Arbeitszeit entgegen Abs. 2 nicht aus, so handelt er ordnungswidrig nach § 58 I Nr. 17.

§ 21 a Abweichende Regelungen

(1) In einem Tarifvertrag oder auf Grund eines Tarifvertrages in einer Betriebsvereinbarung kann zugelassen werden
1. abweichend von den §§ 8, 15, 16 Abs. 3 und 4, § 17 Abs. 3 und § 18 Abs. 3 die Arbeitszeit bis zu neun Stunden täglich, 44 Stunden wöchentlich und bis zu fünfeinhalb Tagen in der Woche anders zu verteilen, jedoch nur unter Einhaltung einer durchschnittlichen Wochenarbeitszeit von 40 Stunden in einem Ausgleichszeitraum von zwei Monaten,
2. abweichend von § 11 Abs. 1 Satz 2 Nr. 2 und Abs. 2 die Ruhepausen bis zu 15 Minuten zu kürzen und die Lage der Pausen anders zu bestimmen,
3. abweichend von § 12 die Schichtzeit mit Ausnahme des Bergbaus unter Tage bis zu einer Stunde täglich zu verlängern,
4. abweichend von § 16 Abs. 1 und 2 Jugendliche an 26 Samstagen im Jahr oder an jedem Samstag zu beschäftigen, wenn statt dessen der Jugendliche an einem anderen Werktag derselben Woche von der Beschäftigung freigestellt wird,
5. abweichend von den §§ 15, 16 Abs. 3 und 4, § 17 Abs. 3 und § 18 Abs. 3 Jugendliche bei einer Beschäftigung an einem Samstag oder an einem Sonn- oder Feiertag unter vier Stunden an einem anderen Arbeitstag derselben oder der folgenden Woche vor- oder nachmittags von der Beschäftigung freizustellen,
6. abweichend von § 17 Abs. 2 Satz 2 Jugendliche im Gaststätten- und Schaustellergewerbe sowie in der Landwirtschaft während der Saison oder der Erntezeit an drei Sonntagen im Monat zu beschäftigen.

(2) Im Geltungsbereich eines Tarifvertrages nach Absatz 1 kann die abweichende tarifvertragliche Regelung im Betrieb eines nicht tarifgebundenen Arbeitgebers durch Betriebsvereinbarung oder, wenn ein Betriebsrat nicht besteht, durch schriftliche Vereinbarung zwischen dem Arbeitgeber und dem Jugendlichen übernommen werden.

(3) Die Kirchen und die öffentlich-rechtlichen Religionsgesellschaften können die in Absatz 1 genannten Abweichungen in ihren Regelungen vorsehen.

Schlachter

1. Normzweck. Den TVParteien sollen mehr Befugnisse und mehr Verantwortung im Jugendarbeitsschutz übertragen werden (BT-Drucks. 10/2012 S. 14). Die Arbeitszeitvorschriften können flexibler an die Bedürfnisse der Betriebe angepaßt werden, da die Tarifparteien schneller und leichter auf eintretende Veränderungen reagieren können als der Gesetzgeber und auch regionale Besonderheiten berücksichtigen.

2. Abweichungen (Abs. 1). Gem. Abs. 1 können Abweichungen von den gesetzlichen Arbeitszeitvorschriften in einem TV oder in einer Betriebsvereinbarung zugelassen werden, letzteres jedoch nur, wenn dies im TV ausdrücklich zugelassen worden ist. Die Vorschrift bestimmt abschließend, von welchen Vorschriften durch TV zuungunsten der Jugendlichen abgewichen werden darf.

3. Inhalt der Abweichungen. Nach Abs. 1 kann von fast allen arbeitszeitrechtlichen Vorschriften der §§ 8 bis 18 JArbSchG abgewichen werden. Ausgenommen sind nur die §§ 9, 10, 13 und 14.

Nr. 1 erlaubt eine **Verlängerung der täglichen Arbeitszeit** auf bis zu 9 Stunden, wobei jedoch die 40-Stunden-Woche grds. einzuhalten ist. Wird auch diese auf bis zu 44 Stunden verlängert, muß der Zeitausgleich innerhalb von 2 Monaten erfolgen. Dadurch können Jugendliche in begrenztem Umfang an gleitender Arbeitszeit mit Zeitausgleich und am Rolliersystem teilnehmen. Bei diesem Verlängerungszweck handelt es sich auch um einen „objektiven Grund" iSd. Art. 8 Abs. 5 RL 94/33/EG, so daß die Regelung zulässig ist (aA *Schmidt* BB 1998, 1363).

Nr. 2 erlaubt eine **Veränderung der Lage der Ruhezeiten** und ihre Verkürzung um 15 Minuten, letzteres jedoch nur noch bei der einstündigen Ruhepause des § 11 I 2 Nr. 2; die halbstündige Ruhepause des § 11 I 2 Nr. 1 ist durch Art. 12 der RL 94/33/EG bestandsfest und darf auch tariflich nicht mehr gekürzt werden.

Nr. 3 erlaubt eine **Verlängerung der Schichtzeiten** in allen Betrieben mit Ausnahme des Bergbaus unter Tage. Auch im Falle von gesetzlich zugelassenen Verlängerungsmöglichkeiten (§ 12) kann eine zusätzliche tarifliche Verlängerung vereinbart werden.

Nr. 4 erlaubt **Samstagsarbeit** in Bereichen, in denen eine Ausnahme gem. § 16 II nicht vorliegt. Auch eine Beschäftigung an mehr als 2 Samstagen im Monat kann zugelassen werden; die Verpflichtung, den Jugendlichen statt dessen einen anderen Tag derselben Woche freizustellen, wird dadurch nicht beseitigt; allerdings muß der Ersatzruhetag nicht berufsschulfrei sein.

Nr. 5 erlaubt eine **Verkürzung der Ersatzruhezeiten,** die zum Ausgleich einer Beschäftigung am Wochenende oder an Feiertagen gewährt werden müssen, wenn die Beschäftigung kürzer als 4 Stunden dauerte. Zugleich kann der Ausgleichszeitraum auf 2 Wochen verlängert werden. Vorgaben für die Gestaltung der Ruhezeitverkürzung bestehen nicht, sie kann den betrieblichen Bedürfnissen angepaßt werden.

Nr. 6 erlaubt die **Sonntagsarbeit** an 3 Sonntagen im Monat im Gaststättengewerbe, Schaustellergewerbe und der Landwirtschaft während der Erntezeit.

Sind Abweichungen von den gesetzlichen Vorschriften tariflich in zulässigem Umfang vereinbart worden, ist die Bußgeld- oder Strafdrohung der §§ 58, 59 insoweit beseitigt. Der AG darf die Jugendlichen beschäftigen, tarifgebundene Jugendliche sind zur Leistung verpflichtet.

4. Nicht tarifgebundene Arbeitgeber (Abs. 2). Im Geltungsbereich eines TV kann eine abw. tarifvertragliche Regelung für den Betrieb eines nicht tarifgebundenen AG durch **Betriebsvereinbarung** oder, wenn ein BR nicht besteht, durch schriftliche Vereinbarung zwischen dem AG und dem Jugendlichen übernommen werden, um einheitliche Arbeits- und Ausbildungsbedingungen in allen Betrieben eines Beschäftigungsbereiches zu ermöglichen. Eine „Regelung" meint alle Bestimmungen des TV zu einem einheitlichen Regelungsgegenstand. Um die vom Gesetz erwartete richtige und ausgewogene Lösung nicht zu verfehlen, müssen alle mit dem Regelungsgegenstand zusammenhängenden Bestimmungen insgesamt übernommen werden. Bei verbleibenden Zweifeln gilt wieder das Gesetz (BAG 29. 1. 1992 DB 1993, 278, 280).

5. Kirchen und öffentlich-rechtliche Religionsgemeinschaften (Abs. 3). Gem. Art. 140 GG iVm. Art. 137 III WRV verwalten die Religionsgesellschaften ihre Angelegenheiten selbständig innerhalb der für alle geltenden Gesetze. Daher sind sie und die ihnen zugeordneten karitativen Einrichtungen (Altenheime, Kindergärten, Krankenhäuser), auch nicht an das Tarifsystem gebunden, dürfen aber dennoch in ihren arbeitsrechtlichen Bestimmungen von der Tariföffnungsklausel Gebrauch machen wie Tarifparteien. Soweit innerkirchliche Regelungen über die Mitwirkung von AN bestehen, werden abweichende Regelungen iSd. § 21 a mit den Mitarbeitervertretungen vereinbart.

6. Verstöße. Überschreitet der AG die tariflich oder in einer Betriebsvereinbarung aufgrund TV festgelegten Grenzen, so wird sein Handeln nach §§ 58 und 59 iVm. der jeweiligen Vorschrift des JArbSchG als Ordnungswidrigkeit mit Geldbuße, bei schweren Verstößen als Straftat nach § 58 V, VI mit Freiheitsstrafe oder mit Geldstrafe geahndet.

§ 21 b Ermächtigung

Der Bundesminister für Arbeit und Sozialordnung kann im Interesse der Berufsausbildung oder der Zusammenarbeit von Jugendlichen und Erwachsenen durch Rechtsverordnung mit Zustimmung des Bundesrates Ausnahmen von den Vorschriften
1. des § 8, der §§ 11 und 12, der §§ 15 und 16, des § 17 Abs. 2 und 3 sowie des § 18 Abs. 3 im Rahmen des § 21 a Abs. 1,
2. des § 14, jedoch nicht vor 5 Uhr und nicht nach 23 Uhr, sowie
3. des § 17 Abs. 1 und des § 18 Abs. 1 an höchstens 26 Sonn- und Feiertagen im Jahr zulassen, soweit eine Beeinträchtigung der Gesundheit oder der körperlichen oder seelisch-geistigen Entwicklung der Jugendlichen nicht zu befürchten ist.

1. Normzweck und Inhalt der Ermächtigung. Die Vorschrift läßt Ausnahmen von §§ 8, 11, 12 und 14 bis 18 zu, um die Berufsausbildung und die Zusammenarbeit von Jugendlichen und Erwachsenen zu fördern. Im **Interesse der Berufsausbildung** liegt eine Lockerung des Arbeitszeitschutzes, wenn dies geeignet ist, die Ausbildungsmöglichkeiten der Jugendlichen oder die Qualität der Ausbildung iSd. § 1 II BBiG zu verbessern. Im **Interesse der Zusammenarbeit** von Jugendlichen und Erwachsenen liegt eine Ausnahme, wenn durch sie die Dauer oder Lage der Arbeitszeit der Jugendlichen an die der Erwachsenen angeglichen werden kann.

Rechtsverordnungen können Abweichungen nur für **ganze Beschäftigungsbereiche** zulassen, nicht für einzelne Betriebe oder einzelne Jugendliche. Nach Nr. 1 können Ausnahmen von den Bestimmungen zur täglichen und wöchentlichen Arbeitszeit, den Ruhepausen, den Schichtzeiten, der Fünf-Tage-Woche sowie zur Wochenend- und Feiertagsruhe im gleichen Umfang zugelassen werden wie durch die Tariföffnungsklausel des § 21 a. Abw. von § 14 dürfen gem. Nr. 2 der Arbeitsbeginn auf 5 Uhr vorverlegt und das Arbeitsende auf 23 Uhr hinausgeschoben werden. Nr. 3 erlaubt die Beschäftigung Jugendlicher an maximal 26 Sonn- und Feiertagen im Jahr. Die Gesundheit und die körperliche und seelisch-geistige Entwicklung der Jugendlichen dürfen nicht beeinträchtigt werden. Dabei ist auf den allgemeinen Gesundheits- und Entwicklungsstand von Jugendlichen des betreffenden Alters und die Belastungen im Rahmen des jeweiligen Beschäftigungszweiges abzustellen. Die allgemeinen Schutzvorschriften (§§ 9, 10, 13, 19) gelten jedoch neben den durch Rechtsverordnung bestimmten Ausnahmen.

Von den in Nr. 1 aufgeführten Bestimmungen kann sowohl durch TV als auch durch Rechtsverordnung abgewichen werden. Das Verhältnis der beiden rechtssetzenden Instanzen bestimmt sich nach dem Subsidiaritätsprinzip, dh. grundsätzlich gehen die tarifautonom geschaffenen Bestimmungen vor. Daher kann der BMA von seiner Kompetenz aus Nr. 1 nur Gebrauch machen, wenn feststeht, daß die TVParteien nicht in der Lage sind, die notwendigen Anpassungen an die Erfordernisse der Berufsausbildung und Beschäftigung der Jugendlichen vorzunehmen und das öffentliche Interesse ein Eingreifen des Staates erfordert (BVerfG 24. 5. 1977 E 44, 322, 342). Die in Nr. 2, 3 geregelten Ausnahmebestimmungen können dagegen ausschließlich im Wege der Rechtsverordnung getroffen werden.

2. Verstöße. Liegt eine Rechtsverordnung nicht vor, oder überschreitet der AG die dort festgesetzten Grenzen, verstößt er gegen die jeweilige Grundnorm und ist nach dieser iVm. §§ 58, 59 zu bestrafen.

Zweiter Titel. Beschäftigungsverbote und -beschränkungen

§ 22 Gefährliche Arbeiten

(1) Jugendliche dürfen nicht beschäftigt werden
1. mit Arbeiten, die ihre physische oder psychische Leistungsfähigkeit übersteigen,
2. mit Arbeiten, bei denen sie sittlichen Gefahren ausgesetzt sind,
3. mit Arbeiten, die mit Unfallgefahren verbunden sind, von denen anzunehmen ist, daß Jugendliche sie wegen mangelnden Sicherheitsbewußtseins oder mangelnder Erfahrung nicht erkennen oder nicht abwenden können,
4. mit Arbeiten, bei denen ihre Gesundheit durch außergewöhnliche Hitze oder Kälte oder starke Nässe gefährdet wird,
5. mit Arbeiten, bei denen sie schädlichen Einwirkungen von Lärm, Erschütterungen oder Strahlen ausgesetzt sind,
6. mit Arbeiten, bei denen sie schädlichen Einwirkungen von Gefahrstoffen im Sinne des Chemikaliengesetzes ausgesetzt sind,
7. mit Arbeiten, bei denen sie schädlichen Einwirkungen von biologischen Arbeitsstoffen im Sinne der Richtlinie 90/679/EWG des Rates vom 26. November 1990 zum Schutze der Arbeitnehmer gegen Gefährdung durch biologische Arbeitsstoffe bei der Arbeit ausgesetzt sind.

(2) ¹Absatz 1 Nr. 3 bis 7 gilt nicht für die Beschäftigung Jugendlicher, soweit
1. dies zur Erreichung ihres Ausbildungszieles erforderlich ist,

2. ihr Schutz durch die Aufsicht eines Fachkundigen gewährleistet ist und
3. der Luftgrenzwert bei gefährlichen Stoffen (Absatz 1 Nr. 6) unterschritten wird.
²Satz 1 findet keine Anwendung auf den absichtlichen Umgang mit biologischen Arbeitsstoffen der Gruppen 3 und 4 im Sinne der Richtlinie 90/679/EWG des Rates vom 26. November 1990 zum Schutze der Arbeitnehmer gegen Gefährdung durch biologische Arbeitsstoffe bei der Arbeit.

(3) Werden Jugendliche in einem Betrieb beschäftigt, für den ein Betriebsarzt oder eine Fachkraft für Arbeitssicherheit verpflichtet ist, muß ihre betriebsärztliche oder sicherheitstechnische Betreuung sichergestellt sein.

I. Normzweck

1   Die Vorschrift soll Gesundheit und Leben von Jugendlichen bei der Arbeit schützen und sittliche Gefahren von ihnen fernhalten (vgl. BT-Drucks. 7/2305 S. 32). Abs. 2 läßt Ausnahmen zu, damit Jugendliche während ihrer Ausbildung die besonderen Gefahren des jeweiligen Arbeitsplatzes und der Arbeitsverfahren unter Aufsicht kennenlernen können, um Maßnahmen zur Gefahrenabwehr anwenden und ihre Wirksamkeit beurteilen zu können. Die Beschäftigungsverbote sind zwingende Bestimmungen, die Zustimmung des Jugendlichen oder seiner Eltern kann den AG von ihrer Beachtung nicht entbinden.

2   Durch das Zweite Gesetz zur Änderung des JArbSchG ist der Katalog in Abs. 1 erweitert worden um Nr. 6 und Nr. 7.

II. Beschäftigungsverbote (Abs. 1)

3   Das Verbot gilt für **Jugendliche,** nicht aber für erwachsene Auszubildende, da der Gesetzgeber gerade den Jugendlichen mangelnde Erfahrung und mangelndes Sicherheitsbewußtsein unterstellt, Abs. I Nr. 3. Die Bestimmung ist nicht abschließend, sondern kann durch Rechtsverordnung gem. § 26 I Nr. 1 erweitert werden; derzeit liegt jedoch keine entsprechende Verordnung vor.

4   **1. Übersteigen der Leistungsfähigkeit, Nr. 1.** Nicht nur die körperliche, sondern auch die psychische Leistungsfähigkeit dürfen nicht überschritten werden. Maßgeblich ist die individuelle Leistungsfähigkeit des Jugendlichen, nicht die durchschnittliche Leistungsfähigkeit einer Person diesen Alters (BT-Drucks. 7/2305 S. 32). Die Beschäftigung ist bereits bei Vorliegen einer hinreichend wahrscheinlichen Gefahr verboten, nicht erst mit einem tatsächlichen Schadenseintritt. Beispiele: Heben, Tragen und Bewegen schwerer Lasten, dauerndes Stehen erfordernde Arbeiten, erzwungene Körperhaltung, hohe gleichmäßige Dauerleistung (BT-Drucks. 7/2305 S. 32).

5   **2. Sittliche Gefahren, Nr. 2.** Eine sittliche Gefährdung ist dann anzunehmen, wenn die allgemeinen moralischen Wertmaßstäbe Jugendlicher durch Handlungen und Wahrnehmungen bei der Arbeit negativ beeinflußt werden können. Hierbei ist ein objektiver Maßstab anzulegen, der sich insb. aus dem Gesetz über die Verbreitung jugendgefährdender Schriften, dem StGB und dem JöSchG ableiten läßt.

6   **3. Unfallgefahren, Nr. 3.** Maßstab sind die Umstände im konkreten Betrieb verbunden mit der – vom Gesetzgeber typischerweise als gering eingeschätzten – Erfahrung und dem Sicherheitsbewußtsein des einzelnen Jugendlichen, aber auch seine Lernfähigkeit und sein Kenntnisstand. Umstände, die auf Waghalsigkeit, Leichtsinn, mangelndes Verantwortungsgefühl oder spielerisches Verhalten schließen lassen, sind zu berücksichtigen. Eine abstrakte Gefahr anläßlich von Arbeiten in gefährlichen Arbeitssituationen, mit gefährlichen Betriebsmitteln oder gefährlichen Stoffen genügt. Beispiele: Aufbau von Gerüsten, Schornsteinbau, Arbeiten in Steinbrüchen, Abbrucharbeiten, Fällen von Bäumen, Arbeiten mit gefährlichen Arbeitsmitteln oder -stoffen, Arbeiten unter elektrischer Spannung. IdR kann eine Unfallgefahr verneint werden, wenn die sicherheitstechnischen Vorschriften beachtet werden.

7   **4. Hitze, Kälte, Nässe, Nr. 4.** Die Gesundheit des Jugendlichen ist bereits gefährdet, wenn konkrete Umstände vorliegen, die den Eintritt einer Gesundheitsschädigung nahelegen. Bei Hitze, Kälte oder Nässe ist das anzunehmen, sofern sie jahreszeitlich bedingte Verhältnisse erheblich übersteigen. Durch entsprechende Schutzvorkehrungen kann eine Gesundheitsgefährdung ausgeschaltet werden, jedoch ist zu beachten, daß dadurch der Jugendliche nicht in seiner Leistungsfähigkeit überfordert wird (schwere Schutzkleidung; BT-Drucks. 7/2305 S. 32) (Beispiele: Arbeiten in Hüttenwerken, Stahlwerken, Gießereien, Schmieden, in chemischen Betrieben, Härtereien, in der Nähe von Öfen oder in Kühlräumen, Nässearbeiten in Schlachthöfen, Brauereien oder bei Tiefbauarbeiten).

8   **5. Schädliche Einwirkungen, Nr. 5 bis 7.** Einwirkungen sind schädlich, wenn sie Risiken für akute oder chronische Gesundheitsstörungen bieten. Das ist anzunehmen, sobald die festgestellten Auslöseschwellen überschritten werden, weil MAK-Werte oder BAT-Werte nicht eingehalten werden; weil beim Umgang mit gefährlichen Stoffen, die durch die Haut aufgenommen werden können, unmittelbarer Hautkontakt besteht; weil beim Umgang mit krebserregenden Stoffen der TRK-Wert

nicht dauerhaft eingehalten werden kann; weil im Falle fehlender TRK-Werte eine Exposition gegenüber krebserregenden Stoffen nicht sicher ausgeschlossen ist; oder weil bei bestimmten stoffspezifischen Arbeitsverfahren in einer Technischen Regel die Überschreitung der Auslöseschwelle unterstellt wird (Bekanntmachung des BMA, BArbBl. 3/1990, S. 80).

a) Mit einer Gesundheitsgefährdung ist bei einer **Lärmeinwirkung** von 90 dB(A) zu rechnen (vgl. VDI- Richtl. 2058, Arbeitsschutz 1970 S. 346 f.). Nach § 15 ArbStättV darf der Lärm am Arbeitsplatz bei überwiegend geistiger Tätigkeit 55 dB(A), bei einfachen oder überwiegend mechanisierten Bürotätigkeiten und vergleichbaren Arbeiten 70 dB(A), bei allen sonstigen Tätigkeiten 85 dB(A) grds. nicht überschreiten. Der AG kann die Lärmeinwirkungen durch entsprechende Schutzvorkehrungen mindern, muß aber auch deren Anwendung überwachen, insb. die Jugendlichen zu ihrer Verwendung anhalten. Eine schädliche Einwirkung von **Erschütterungen** erfolgt durch akustisch nicht wahrnehmbare mechanische Schwingungen (zB beim Umgang mit Preßlufthämmern, Motorsägen oder bei Arbeiten auf ungenügend gefederten Fahrzeugen und schweren Erdbewegungsmaschinen), die im Stütz- und Bewegungsapparat des Jugendlichen gesundheitliche Schäden hervorrufen können und daher möglichst gering zu halten sind, § 16 ArbStättV. Beim Umgang mit radioaktiven **Strahlen,** Röntgenstrahlen und Laserstrahlen verbieten § 56 I der StrahlenschutzV und § 22 II der RöntgenV Personen unter 18 Jahren den Aufenthalt in Kontrollbereichen, es sei denn, eine Beschäftigung ist zu Ausbildungszwecken erforderlich und von der zuständigen Behörde genehmigt. 9

b) Von dem Verbot in Abs. 1 Nr. 6 sind alle Stoffe umfaßt, die zuvor zum Teil in § 15 b GefStoffV, zum Teil im bisherigen § 22 I Nr. 5 aufgeführt waren. Es ist sinnvoll und erleichtert die Übersicht für den AG, wenn der Schutz Jugendlicher vor Gefahrstoffen einheitlich im JArbSchG geregelt wird. Über den Umgang mit gefährlichen Stoffen und Zubereitungen iSd. § 3 a ChemG hinaus wird nunmehr ein Beschäftigungsverbot auch beim Umgang mit Stoffen verhängt, die chronisch schädigende Eigenschaften haben, die explosionsfähig sind, oder mit solchen, aus denen bei der Herstellung oder Verwendung derartige Stoffe entstehen oder freigesetzt werden können, oder solche, die erfahrungsgemäß Krankheitserreger übertragen können; auch der Umgang mit sensibilisierenden oder umweltgefährlichen Stoffen wird Jugendlichen grundsätzlich untersagt. Zu den Ausnahmen vom Beschäftigungsverbot vgl. Abs. 2 S. 1. 10

c) Von dem Verbot in Abs. 1 Nr. 7 sind die **biologischen Arbeitsstoffe** erfaßt, die in der Richtlinie 90/679/EWG (v. 26. 11. 1990 ABlEG L 374 S. 1) genannt sind. Danach sind biologische Arbeitsstoffe Mikroorganismen einschließlich genetisch veränderter Mikroorganismen, Zellkulturen und Humanendoparasiten, die Infektionen, Allergien oder toxische Wirkungen hervorrufen könnten. 11

III. Ausnahmen (Abs. 2)

Abs. 2 ersetzt das Beschäftigungsverbot durch abw. Schutzbestimmungen, bei deren Einhaltung die Beschäftigung Jugendlicher erlaubt wird; von den Beschäftigungsverboten bei kräfteübersteigenden oder sittlich gefährdenden Arbeiten sind bewußt keine Ausnahmen zugelassen worden. Voraussetzung einer Zulassung nach Abs. 2 ist, daß der Jugendliche in einem Ausbildungsverhältnis steht (§ 1 I) und die Beschäftigung mit einer der genannten Arbeiten zur Erreichung des Ausbildungszieles **erforderlich** ist. Ob die Tätigkeit erforderlich ist, richtet sich nach dem Ausbildungsberufsbild und dem Ausbildungsrahmen der Ausbildungsordnung (§ 25 BBiG, § 25 HandwO). Eine Beschäftigung mit gefährlichen bloßen Hilfs- oder Nebentätigkeiten, die nicht zur Ausbildung des Jugendlichen erforderlich ist, ist unzulässig. Kumulativ dazu ist der Jugendliche während der Beschäftigung durch die **Aufsicht eines Fachkundigen** zu schützen. Fachkundiger ist, wer über die erforderlichen Kenntnisse und Fertigkeiten verfügt, die Betriebsanlagen auf ihre Funktionstüchtigkeit zu überprüfen, Arbeitseinrichtungen zu überwachen und die Arbeitsverfahren unter dem Gesichtspunkt der Vermeidung von Gefährdungsmöglichkeiten zu gestalten, und wer eigenverantwortlich Entscheidungen treffen kann. Die Aufsichtsperson hat auf die strikte Einhaltung der Schutzvorschriften zu achten, muß aber nicht ständig anwesend sein, es genügt das Ausüben der Kontrollfunktion durch Unterweisung des Jugendlichen und eine gelegentliche Überprüfung. Ist in dem Betrieb des Jugendlichen ein Betriebsarzt oder eine Fachkraft für Arbeitssicherheit verpflichtet, §§ 2, 5 ASiG, muß die **betriebsärztliche oder sicherheitstechnische Betreuung** des Jugendlichen sichergestellt sein (Abs. 3). Die Aufsicht durch den Fachkundigen wird dadurch nicht ersetzt, die Fachkraft für Arbeitssicherheit kann aber im konkreten Fall zudem die Funktion des Fachkundigen iSd. § 22 II Nr. 2 ausüben. 12

Ausnahmen vom Verbot der Beschäftigung mit gefährlichen Stoffen sind nur in engen Grenzen zulässig. Gem. § 26 der GefStoffVO dürfen Jugendliche mit mindergiftigen **Gefahrstoffen** grds. nicht beschäftigt werden, wenn die Auslöseschwelle überschritten ist; Ausnahmen für Arbeiten, die unter fachkundiger Aufsicht durchgeführt werden und zur Erreichung des Ausbildungsziels erforderlich sind, sind zugelassen. Bei sehr giftigen Gefahrstoffen (§ 26 IV GefStoffVO) muß zudem eine ärztliche Untersuchung innerhalb von 12 Wochen vor Beschäftigungsbeginn vorausgegangen sein; dem AG muß eine Bescheinigung darüber vorliegen, daß gesundheitliche Bedenken gegen die Beschäftigung nicht bestehen. 13

14 Wird der **Luftgrenzwert** bei Gefahrstoffen (Abs. 1 Nr. 6) nicht unterschritten, ist ein Beschäftigung Jugendlicher auch zur Erreichung des Ausbildungszieles und unter Aufsicht eines Fachkundigen untersagt. Für erwachsene AN ist bei Erreichen bzw. Überschreiten des Luftgrenzwertes das Tragen von Schutzausrüstungen vorgeschrieben. Für Jugendliche hält der Gesetzgeber diese Maßnahme in Anbetracht ihres geringeren Sicherheitsbewußtseins nicht für ausreichend zur Gewährleistung des erforderlichen Schutzes.

15 Für den beabsichtigten Umgang mit den besonders gefährlichen **biologischen Arbeitsstoffen** der Gruppen 3 und 4 der Richtlinie 90/679/EWG, ABlEG L 374 S. 1/2 (zB sehr giftige, krebserzeugende, fruchtschädigende, erbgutverändernde oder sonst chronisch schädigende Stoffe) muß ebenfalls ein absolutes Beschäftigungsverbot gelten, da ein Umgang mit diesen Stoffen eine Gewissenhaftigkeit und Erfahrung voraussetzt, die bei Jugendlichen noch nicht erwartet werden kann. „Absichtlicher Umgang" ist bei der Produktion solcher Arbeitsstoffe und in Speziallabors der entsprechenden Gefahrklassen gegeben, nicht aber bei der Krankenbetreuung oder im Rahmen der Ausbildung in Gesundheitsfachberufen, da hier die Beschäftigung nicht gezielt auf den Umgang mit biologischen Arbeitsstoffen gerichtet ist (BT-Drucks. 13/5494 S. 10).

16 Nach dem Vorbild der RL 94/33/EG ist für die ausnahmsweise Beschäftigung von Jugendlichen keine Altersgrenze mehr vorgesehen. Die zuvor maßgebliche Altersgrenze von 16 Jahren ist toxikologisch nicht mehr zu begründen, zudem soll die Ausbildung von Jugendlichen unter 16 Jahren in Bereichen, in denen mit bestimmten Stoffen wie Holzstaub oder Benzin umgegangen wird, nicht ausgeschlossen werden.

IV. Verstöße

17 Beschäftigt ein AG vorsätzlich oder fahrlässig entgegen § 22 I einen Jugendlichen mit den dort genannten Arbeiten, oder liegen die in Abs. 2 genannten Voraussetzungen nicht vor, so handelt er ordnungswidrig nach § 58 I Nr. 18, bei schweren Verstößen macht er sich nach Abs. 5, 6 strafbar.

§ 23 Akkordarbeit; tempoabhängige Arbeiten

(1) **Jugendliche dürfen nicht beschäftigt werden**
1. mit **Akkordarbeit und sonstigen Arbeiten**, bei denen durch ein gesteigertes Arbeitstempo ein höheres Entgelt erzielt werden kann,
2. in einer **Arbeitsgruppe** mit erwachsenen Arbeitnehmern, die mit Arbeiten nach Nummer 1 beschäftigt werden,
3. mit Arbeiten, bei denen ihr Arbeitstempo nicht nur gelegentlich vorgeschrieben, vorgegeben oder auf andere Weise erzwungen wird.

(2) Absatz 1 Nr. 2 gilt nicht für die Beschäftigung Jugendlicher,
1. soweit dies zur Erreichung ihres Ausbildungszieles erforderlich ist oder
2. wenn sie eine Berufsausbildung für diese Beschäftigung abgeschlossen haben
und ihr Schutz durch die Aufsicht eines Fachkundigen gewährleistet ist.

1 **1. Normzweck.** Jugendliche sollen vor Gesundheitsschädigungen durch Überforderung und Leistungsdruck geschützt werden. Sie sollen nicht durch die Aussicht auf höheres Entgelt veranlaßt werden, durch ein zu schnelles, ihrem Entwicklungsstand nicht angemessenes Arbeitstempo ihre Kräfte übermäßig zu beanspruchen und ihre Gesundheit zu schädigen (OLG Düsseldorf 28. 1. 1986 GewArch 1986, 167 f.).

2 **2. Beschäftigungsverbote (Abs. 1).** Gem. **Abs. 1 Nr. 1** werden Arbeiten untersagt, bei denen durch ein gesteigertes Arbeitstempo ein höheres Entgelt erzielt werden kann. Das Verbot richtet sich nicht gegen bestimmte Tätigkeiten, sondern nur gegen bestimmte Entlohnungsformen. **Akkordarbeit** ist jede Tätigkeit, bei der die Vergütung allein oder ergänzend nach dem erzielten Arbeitsergebnis bemessen wird wie Stück-, Maß-, Geld-, Gewichts-, Flächen- oder Zeitakkord. Zu den „sonstigen" Arbeiten zählen Tätigkeiten, für die als Anreiz zur Steigerung des Arbeitstempos zusätzliche **Prämien** gezahlt werden, soweit es sich um Quantitätsprämien handelt. Qualitätsprämien (für besonders gute Qualität oder geringen Ausschuß, für besondere Sparsamkeit im Materialverbrauch oder für die pflegliche Behandlung von Maschinen und Werkzeugen) werden nicht erfaßt. Bei gemischten Lohnformen, die sowohl Qualität wie Quantität der Arbeitsleistung berücksichtigen, handelt es sich um verbotene Akkordarbeit, sofern eine der Bezugsgrößen einen spürbaren Anreiz für eine Steigerung des Arbeitstempos bildet.

3 **Abs. 1 Nr. 2** soll verhindern, daß Jugendliche sich dem Tempo der Erwachsenen anpassen und dabei ihre Kräfte überfordern. Diese Gefahr besteht auch dann, wenn nur die Erwachsenen akkord- oder tempoabhängige Arbeit verrichtet (BT-Drucks. 7/2305 S. 33; BT-Drucks. 7/4544 S. 7). Eine Arbeitsgruppe besteht, wenn bestimmte Arbeiten nach der Arbeitsorganisation des Betriebs von zwei oder mehr Personen verrichtet werden. Dazu zählt auch die nur mittelbare Teilnahme von Jugendlichen an

der Akkordarbeit, so zB die Zuarbeiten, bei denen die erwachsenen AN auf die Arbeit der Jugendlichen warten müssen, um selbst weiterzukommen. Ausnahmen sind nach § 23 II oder nach § 27 III möglich.

Abs. 1 Nr. 3 verbietet die Beschäftigung mit allen Arbeiten, bei denen das Arbeitstempo regelmäßig 4 nicht von dem Jugendlichen selbst abhängt (BT-Drucks. 7/4544 S. 7). Entscheidend ist allein ein Arbeiten unter Zeitdruck, Art und Form des Zwanges sind unerheblich. Verboten ist jede Tätigkeit, bei der das Arbeitstempo bestimmt wird durch die Arbeitsorganisation (Fließ- oder Taktarbeit), durch die Betriebsmittel (Maschinen, Bänder, Stanzen, Pressen), die Arbeitsstoffe (zeitlich bestimmte chemische oder physikalische Vorgänge) oder durch Anordnung des AG (Terminsetzung). Ausnahmen sind nur nach § 27 III möglich.

3. Ausnahmen (Abs. 2). Abs. 2 gestattet Jugendlichen ausnahmsweise die Tätigkeit in einer Ar- 5 beitsgruppe zusammen mit erwachsenen AN, die im Akkordlohn oder einem anderen ergebnisabhängigen Entgeltsystem arbeiten, solange dabei die Jugendlichen selbst nicht zu einer tempoabhängigen Arbeit herangezogen werden. Die Beschäftigung muß allerdings nach Abs. 1 Nr. 2 zur Erreichung des Ausbildungszieles erforderlich sein (Abs. 2 Nr. 1), oder die Jugendlichen müssen eine Berufsausbildung für diese Beschäftigung abgeschlossen haben (Abs. 2 Nr. 2) haben. Die Jugendlichen müssen in einer Arbeitsgruppe des der Ausbildung entsprechenden Berufs beschäftigt werden (typischerweise: Autoindustrie, Textilindustrie, Fliesenleger). Diese Ausnahme gewährleistet, daß Jugendliche nach Abschluß der Ausbildung bis zur Erreichung des 18. Lebensjahres in ihrem Beruf tätig werden können, obwohl das JArbSchG noch auf sie Anwendung findet. Von beiden Ausnahmen kann nur Gebrauch gemacht werden, wenn der Schutz der Jugendlichen durch die Aufsicht eines Fachkundigen gewährleistet ist (vgl. § 22 Rn. 12). Der Fachkundige muß über besondere Kenntnisse und Erfahrungen über die Arbeit in Akkordgruppen sowie einen spezifische Gefahren für jugendliche AN verfügen. Die Ausnahmen des Abs. 2 gelten bei Vorliegen ihrer Voraussetzungen kraft Gesetzes, die Beschäftigung Jugendlicher ist dann nicht von der Zustimmung der Aufsichtsbehörde abhängig.

4. Verstöße. Beschäftigt ein AG einen Jugendlichen entgegen Abs. 1, ohne daß eine Ausnahme gem. 6 Abs. 2 bzw. eine Ausnahmebewilligung nach § 27 III vorliegt, so kann dies nach § 58 I Nr. 19 als Ordnungswidrigkeit, bei schweren Verstößen als Straftat nach § 58 V, VI geahndet werden.

§ 24 Arbeiten unter Tage

(1) Jugendliche dürfen nicht mit Arbeiten unter Tage beschäftigt werden.
(2) Absatz 1 gilt nicht für die Beschäftigung Jugendlicher über 16 Jahre,
1. soweit dies zur Erreichung ihres Ausbildungszieles erforderlich ist,
2. wenn sie eine Berufsausbildung für die Beschäftigung unter Tage abgeschlossen haben oder
3. wenn sie an einer von der Bergbehörde genehmigten Ausbildungsmaßnahme für Bergjungarbeiter teilnehmen oder teilgenommen haben
und ihr Schutz durch die Aufsicht eines Fachkundigen gewährleistet ist.

1. Normzweck. Die Vorschrift verbietet in Übereinstimmung mit internationalem Recht (Überein- 1 kommen Nr. 123 der Internationalen Arbeitsorganisation über das Mindestalter für die Zulassung zu Untertagearbeiten in Bergwerken, BT-Drucks. V/1253 S. 2; BT-Drucks. V/1668 S. 2; Empfehlung Nr. 124 betr. das Mindestalter für die Zulassung zu Untertagearbeiten in Bergwerken, BT-Drucks. V/ 1253 S. 17) die Untertagebeschäftigung Jugendlicher. Untertagearbeiten sind geprägt durch schwere körperliche Belastungen und erhebliche Unfallgefahren und sind schwere, gefährdende und unter Umständen auch psychologisch belastende Arbeiten.

2. Verbot der Untertagearbeit (Abs. 1). Der Begriff der **Untertagearbeit** ist nicht auf den Bergbau 2 beschränkt, sondern erfaßt alle traditionell in unterirdischen Anlagen zu leistenden Arbeiten von entsprechender Belastung (Arbeiten in Steinbrüchen zur Gewinnung von Kalk, Ton, Schiefer uä.). Arbeiten in unterirdischen Verkaufs-, Schank- und Lagerräumen werden nicht erfaßt, aber auch nicht in Kanalisations- oder Verkehrsanlagen oder eine Tätigkeit in offenen Gruben und offenen Steinbrüchen.

3. Ausnahmen (Abs. 2). Ausnahmen vom Beschäftigungsverbot sind nur zulässig für Jugendliche 3 über 16 Jahren, wenn deren Schutz durch die Aufsicht eines Fachkundigen gewährleistet wird (vgl. § 22 Rn. 12) und eine der in Abs. 2 Nr. 1 bis 3 genannten Voraussetzungen vorliegt (vgl. § 23 Rn. 5). Nach Nr. 3 ist auch die Tätigkeit Jugendlicher als bzw. die Ausbildung zum Bergjungarbeiter zugelassen. Um einen Ausbildungsberuf handelt es sich dabei nicht, doch muß auch das Anlernen einem von der Bergbehörde (Oberbergamt) genehmigten Ausbildungsplan entsprechen.

4. Verstöße. Beschäftigt ein AG Jugendliche unter Tage, ohne daß eine Ausnahme des Abs. 2 4 vorliegt, so handelt er nach § 58 I Nr. 20 ordnungswidrig, bei schweren Verstößen macht er sich nach § 58 V, VI strafbar.

§ 25 Verbot der Beschäftigung durch bestimmte Personen

(1) ¹Personen, die
1. wegen eines Verbrechens zu einer Freiheitsstrafe von mindestens zwei Jahren,
2. wegen einer vorsätzlichen Straftat, die sie unter Verletzung der ihnen als Arbeitgeber, Ausbildender oder Ausbilder obliegenden Pflichten zum Nachteil von Kindern oder Jugendlichen begangen haben, zu einer Freiheitsstrafe von mehr als drei Monaten,
3. wegen einer Straftat nach den §§ 109h, 171, 174 bis 174c, 176 bis 181a, 182 bis 184b, 225 des Strafgesetzbuches,
4. wegen einer Straftat nach dem Betäubungsmittelgesetz oder
5. wegen einer Straftat nach dem Jugendschutzgesetz oder nach dem Gesetz über die Verbreitung jugendgefährdender Schriften wenigstens zweimal

rechtskräftig verurteilt worden sind, dürfen Jugendliche nicht beschäftigen sowie im Rahmen eines Rechtsverhältnisses im Sinne des § 1 nicht beaufsichtigen, nicht anweisen, nicht ausbilden und nicht mit der Beaufsichtigung, Anweisung oder Ausbildung von Jugendlichen beauftragt werden. ²Eine Verurteilung bleibt außer Betracht, wenn seit dem Tage ihrer Rechtskraft fünf Jahre verstrichen sind. ³Die Zeit, in welcher der Täter auf behördliche Anordnung in einer Anstalt verwahrt worden ist, wird nicht eingerechnet.

(2) ¹Das Verbot des Absatzes 1 Satz 1 gilt auch für Personen, gegen die wegen einer Ordnungswidrigkeit nach § 58 Abs. 1 bis 4 wenigstens dreimal eine Geldbuße rechtskräftig festgesetzt worden ist. ²Eine Geldbuße bleibt außer Betracht, wenn seit dem Tage ihrer rechtskräftigen Festsetzung fünf Jahre verstrichen sind.

(3) Das Verbot des Absatzes 1 und 2 gilt nicht für die Beschäftigung durch die Personensorgeberechtigten.

1 **1. Normzweck.** Der Vorschrift liegt der Gedanke zugrunde, daß bestimmte Personen auf Grund ihres bisherigen Verhaltens Anlaß zu Zweifeln an ihrer Zuverlässigkeit geboten haben und deshalb als nicht geeignet gelten, Kinder bzw. Jugendliche zu beschäftigen oder zu betreuen. Das Verbot richtet sich neben dem AG auch an alle anderen Personen, die Jugendliche beschäftigen, anweisen, beaufsichtigen oder ausbilden; bei erwachsenen Auszubildenden greift nur das Ausbildungsverbot gem. § 20 BBiG.

2 **2. Beschäftigungsverbote. Abs. 1** verbietet Personen, die aufgrund einer dort genannten Straftat **vorbestraft** sind, Jugendliche zu beschäftigen, zu beaufsichtigen, anzuweisen oder auszubilden. Das Verbot gilt auch für selbst nicht vorbestrafte AG, die andere vorbestrafte Personen mit der Beaufsichtigung, Anweisung oder Ausbildung von Jugendlichen beauftragen. Besteht zwischen der vorbestraften Person und dem Kind oder Jugendlichen ein Über-/Unterordnungsverhältnis, so reicht für die Anwendung des Verbots die Möglichkeit der Kontaktaufnahme zwischen diesen, auf tatsächlichen Kontakt kommt es nicht an (OLG Celle 1. 7. 1963 AP JArbSchG § 39 Nr. 1). Daher gilt das Verbot für eine Personengesellschaft insgesamt, sobald auch nur einer der vertretungsberechtigten Gesellschafter gem. Abs. 1 vorbestraft ist. Der Katalog der aufgeführten Straftaten ist abschließend und nicht erweiterungsfähig; Voraussetzung ist die rechtskräftige Verurteilung zu einer Geld- oder Freiheitsstrafe, Ordnungswidrigkeiten können nur nach § 25 II berücksichtigt werden. Bezüglich des Verbrechensbegriffs des Abs. 1 Nr. 1 vgl. § 12 StGB. Um eine Straftat unter Verletzung der AG- oder Ausbilderpflichten iSd. Abs. 1 Nr. 2 handelt es sich insb. bei gesundheitsgefährdenden vorsätzlichen Verstößen gegen die in § 58 I bis III genannten Vorschriften zum Nachteil von Kindern oder Jugendlichen. Im Rahmen von **Abs. 1 Nr. 3, Nr. 4 und Nr. 5** führt jede rechtskräftige Verurteilung nach den genannten Strafbestimmungen (Anwerben für fremden Wehrdienst; Verletzung der Fürsorge- oder Erziehungspflicht gegenüber einer Person unter 16 Jahren; Handlungen gegen die sexuelle Selbstbestimmung; Mißhandlung Schutzbefohlener; Verstoß gegen das Betäubungsmittelgesetz; wenigstens zweimaliger Verstoß gegen das JSchG oder das Gesetz über die Verbreitung jugendgefährdender Schriften) zu einem Beschäftigungsverbot. Auf Art und Höhe der Strafe kommt es im Gegensatz zu Abs. 2 Nr. 1 und 2 nicht an.

3 Das Verbot gilt für einen Zeitraum von 5 Jahren, sobald das Strafurteil formelle Rechtskraft erlangt hat; in den Fällen der Nr. 5, sobald das zweite Urteil formell rechtskräftig ist. Auf diesen Zeitraum wird die Zeit, die der Täter auf behördliche Anordnung in einer Anstalt verwahrt worden ist, nicht angerechnet; dasselbe gilt für die Zeit der Strafverbüßung. Abs. 2 richtet sich an Personen, gegen die wegen einer Ordnungswidrigkeit nach § 58 I bis IV wenigstens dreimal eine Geldbuße festgesetzt worden ist.

4 **3. Ausnahme (Abs. 3).** Einer Beschäftigung von Jugendlichen durch die für sie **Personensorgeberechtigten** ist trotz einer Verurteilung iSd. Abs. 1, 2 nicht untersagt. Ob Personensorgeberechtigte trotz begangener Straftaten oder Ordnungswidrigkeiten ihre Kinder weiterhin beschäftigen dürfen, richtet sich nach den speziellen familienrechtlichen Vorschriften, insb. § 1666 I BGB.

4. Verstöße. Verstöße gegen § 25 werden nach § 58 II, III als Ordnungswidrigkeit, bei schweren 5
Verstößen nach § 58 V, VI als Straftat geahndet.

§ 26 Ermächtigungen

Der Bundesminister für Arbeit und Sozialordnung kann zum Schutze der Jugendlichen gegen Gefahren für Leben und Gesundheit sowie zur Vermeidung einer Beeinträchtigung der körperlichen oder seelisch-geistigen Entwicklung durch Rechtsverordnung mit Zustimmung des Bundesrates
1. die für Kinder, die der Vollzeitschulpflicht nicht mehr unterliegen, geeigneten und leichten Tätigkeiten nach § 7 Satz 1 Nr. 2 und die Arbeiten nach § 22 Abs. 1 und den §§ 23 und 24 näher bestimmen,
2. über die Beschäftigungsverbote in den §§ 22 bis 25 hinaus die Beschäftigung Jugendlicher in bestimmten Betriebsarten oder mit bestimmten Arbeiten verbieten oder beschränken, wenn sie bei diesen Arbeiten infolge ihres Entwicklungsstandes in besonderem Maße Gefahren ausgesetzt sind oder wenn das Verbot oder die Beschränkung der Beschäftigung infolge der technischen Entwicklung oder neuer arbeitsmedizinischer oder sicherheitstechnischer Erkenntnisse notwendig ist.

1. Normzweck. § 26 ermöglicht eine für jedermann verbindliche Auslegung der sehr allgemein 1
gehaltenen Beschäftigungsverbote und -beschränkungen im Interesse ihrer effizienteren Durchführung. Dadurch können bisher zulässige Tätigkeiten eingeschränkt werden, um den Jugendarbeitsschutz zu verbessern; eine Ausweitung der Beschäftigungsmöglichkeiten ist nicht zulässig. Durch die Erweiterungen bestehender Beschäftigungsverbote und -beschränkungen wird eine Reaktion auf neue arbeitsmedizinische Erkenntnisse ermöglicht, ohne daß das Gesetz selbst geändert werden muß.

2. Anordnungen durch Rechtsverordnung. § 26 ermächtigt den BMA, die in den Nr. 1 und 2 2
genannten Materien durch Rechtsverordnung mit Zustimmung des Bundesrates näher zu regeln.

Nr. 1 erlaubt, den Begriff der für nicht vollzeitschulpflichtige Kinder geeigneten und leichten Tätig- 3
keiten nach § 7 S. 1 Nr. 2 näher zu bestimmen, um Schwierigkeiten bei der Einstellung und Beschäftigung Jugendlicher zu begegnen, die durch unterschiedliche Auslegung entstehen könnten (vgl. BT-Drucks. 7/2305 S. 45, 53 zu Nr. 25; 7/4544 S. 24). Näher bestimmt werden können auch die Arbeiten, die die Leistungsfähigkeit Jugendlicher übersteigen oder sie besonders gefährden (§ 22 I), die Akkordarbeiten und tempoabhängigen Arbeiten (§ 23) sowie die zulässigerweise unter Tage zu verrichtenden Tätigkeiten. Bisher ist es noch nicht zum Erlaß einer derartigen Verordnung gekommen.

Gemäß **Nr. 2** kann der BMA über die Beschäftigungsverbote der §§ 22 bis 25 hinaus weitere 4
Beschäftigungsverbote und -beschränkungen erlassen. Sie müssen für bestimmte Arten von Arbeit oder von Betrieben gelten; Einzelfallentscheidungen werden von der Aufsichtsbehörde gem. § 27 getroffen. Weitere Voraussetzung ist abstrakt das Bestehen einer besonderen Gefahr für Leben oder Gesundheit oder für die körperliche oder seelisch-geistige Entwicklung, einschließlich sittlicher Gefahren (*Zmarzlik/Anzinger* Rn. 7; aA wohl *Schoden* Rn. 7) für Personen jugendlichen Lebensalters. Die Rechtsverordnung kann auch erlassen werden, wenn eine Beschränkung oder ein Verbot infolge der technischen Entwicklung oder neuer arbeitsmedizinischer oder sicherheitstechnischer Erkenntnisse notwendig ist. **Arbeitsmedizinische Erkenntnisse** beruhen auf Beobachtungen und Untersuchungen der im Arbeitsprozeß stehenden Menschen und der Wechselbeziehung zwischen Arbeit und Gesundheit. Aus ihnen kann sich die Notwendigkeit von Vorsorgemaßnahmen ergeben. **Sicherheitstechnische Erkenntnisse** sind Beobachtungen über Unfall- und Gesundheitsgefahren bei der Arbeit, die Anlaß für technische Maßnahmen zur Regelung des Betriebs, insb. zur Gestaltung von Arbeitsverfahren bieten können. Grenzen einer Regelung durch Rechtsverordnung ergeben sich insb. aus Art. 12 II 1 GG. Zu den bisherigen Verboten und Beschränkungen vgl. *Zmarzlik* AR-Blattei SD 930 Rn. 280.

§ 27 Behördliche Anordnungen und Ausnahmen

(1) ¹Die Aufsichtsbehörde kann in Einzelfällen feststellen, ob eine Arbeit unter die Beschäftigungsverbote oder -beschränkungen der §§ 22 bis 24 oder einer Rechtsverordnung nach § 26 fällt. ²Sie kann in Einzelfällen die Beschäftigung Jugendlicher mit bestimmten Arbeiten über die Beschäftigungsverbote und -beschränkungen der §§ 22 bis 24 und einer Rechtsverordnung nach § 26 hinaus verbieten oder beschränken, wenn diese Arbeiten mit Gefahren für Leben, Gesundheit oder für die körperliche oder seelisch-geistige Entwicklung der Jugendlichen verbunden sind.

(2) Die zuständige Behörde kann
1. den Personen, die die Pflichten, die ihnen kraft Gesetzes zugunsten der von ihnen beschäftigten, beaufsichtigten, angewiesenen oder auszubildenden Kinder und Jugendlichen obliegen, wiederholt oder gröblich verletzt haben,

2. den Personen, gegen die Tatsachen vorliegen, die sie in sittlicher Beziehung zur Beschäftigung, Beaufsichtigung, Anweisung oder Ausbildung von Kindern und Jugendlichen ungeeignet erscheinen lassen,
verbieten, Kinder und Jugendliche zu beschäftigen oder im Rahmen eines Rechtsverhältnisses im Sinne des § 1 zu beaufsichtigen, anzuweisen oder auszubilden.

(3) Die Aufsichtsbehörde kann auf Antrag Ausnahmen von § 23 Abs. 1 Nr. 2 und 3 für Jugendliche über 16 Jahre bewilligen,
1. wenn die Art der Arbeit oder das Arbeitstempo eine Beeinträchtigung der Gesundheit oder der körperlichen oder seelisch-geistigen Entwicklung des Jugendlichen nicht befürchten lassen und
2. wenn eine nicht länger als vor drei Monaten ausgestellte ärztliche Bescheinigung vorgelegt wird, nach der gesundheitliche Bedenken gegen die Beschäftigung nicht bestehen.

1   1. **Normzweck.** § 27 bezweckt bei Zweifeln über die Auslegung der §§ 22 bis 24 und der Rechtsverordnungen nach § 26 eine schnelle Klärung (BT-Drucks. 7/2305 S. 34) und somit einen effektiveren Schutz der Jugendlichen. Dem Schutz vor konkret drohenden Gefahren für Leben, Gesundheit und Entwicklung der Jugendlichen dient auch die Befugnis der Behörde, im Einzelfall Beschäftigungsverbote oder -beschränkungen zu erlassen. Abs. 2 soll Jugendliche vor solchen Personen schützen, die zu ihrer Beschäftigung oder Ausbildung ungeeignet sind. Abs. 3 gestattet in einigen Fällen des § 23 I Nr. 2, 3 eine Ausnahme vom Beschäftigungsverbot.

2   2. **Beschäftigungsverbote in Einzelfällen (Abs. 1).** In Zweifelsfällen entscheidet die Behörde (§ 51 Rn. 1) auf Antrag oder von Amts wegen über das Vorliegen eines Beschäftigungsverbots bzw. einer -beschränkung. Die Entscheidung ist ein VA gem. § 35 VwVfG und kann im Verwaltungsrechtsweg angegriffen werden. Die Anordnung kann nur im Einzelfall ergehen, dh. wenn nur ein Jugendlicher, eine Gruppe Jugendlicher oder alle Jugendliche eines Betriebs mit bestimmten Arbeiten an bestimmten Arbeitsplätzen während bestimmter Zeiten betroffen sind. Die Behörde kann daneben bei Vorliegen einer objektiven, generellen Gefährlichkeit (OVG Münster 12. 10. 1965 AP JArbSchG § 37 Nr. 1) gem. **Abs. 1 S. 2** für alle Jugendlichen eines Betriebes oder für alle Jugendlichen eines bestimmten Alters oder Geschlechts die gesetzlich geregelten Beschäftigungsverbote und -beschränkungen erweitern oder bisher nicht bestehende erlassen. Beispiel: Einschränkung der Bedienung einer Knäuelwickelmaschine durch Jugendliche in einem Hanfseilbetrieb, wenn sich trotz einwandfreier Bedienungsanleitung mehrere Unfälle ereignen (OVG Münster 12. 10. 1965 AP JArbSchG § 37 Nr. 1).

3   3. **Beschäftigungsverbot für bestimmte Personen (Abs. 2).** Bei groben oder wiederholten Verstößen gegen Schutzbestimmungen kann die Behörde ein **Verbot** verhängen, Jugendliche zu beschäftigen oder auszubilden. Die Vorschrift ergänzt § 25, ist aber nicht von einer rechtskräftigen Verurteilung der Verbotsadressaten abhängig. Die beschäftigende oder ausbildende Person muß eine ihr kraft Gesetzes obliegende oder eine durch Anordnung der Aufsichtsbehörde begründete Pflicht verletzt haben (Nr. 1). Wird auf mehrere Pflichtverletzungen gegenüber Personen unter 18 Jahren abgestellt (vgl. BVerwG 14. 12. 1972 E 41, 286, 290), genügen auch leichte Verstöße gegen unterschiedliche Schutzvorschriften. Die Pflichtverletzung ist **gröblich** und kann damit auch bei einmaligem Vorfall ein Verbot rechtfertigen, wenn sie wegen ihrer Art oder ihrer Motive (ungezügeltes Erwerbsstreben, Rücksichtslosigkeit, bewußte Ausnutzung der Unerfahrenheit der Kinder oder Jugendlichen) besonders verwerflich war. Die Verstöße müssen erwiesen sein, bloßer Verdacht genügt nicht.

4   Eine Person erscheint **sittlich ungeeignet** (Nr. 2), wenn von ihr zu befürchten ist, daß sie einen moralisch ungünstigen Einfluß auf die von ihr beschäftigten Kinder und Jugendlichen ausübt (OVG Berlin 7. 10. 1970 GewArch 1971, 167). Das ist zB der Fall bei Personen, die erwiesenermaßen wiederholt vorsätzlich Straftaten begehen, bei Trunk- oder Drogensucht oder geschlechtlicher Zudringlichkeit.

5   Zeit und Dauer des Verbots stehen im Ermessen der Behörde; sie kann daher über die in § 25 festgesetzte Dauer von 5 Jahren hinausgehen (VG Karlsruhe 8. 9. 1970 GewArch 1972, 39). Ein auf Dauer ausgesprochenes Verbot ist jedoch von der Behörde zu überprüfen, wenn über die Betroffenen längere Zeit nichts Nachteiliges bekannt ist (BVerwG 14. 12. 1972 E 41, 286, 291; OVG Saarbrücken 10. 6. 1976 GewArch 1976, 299).

6   4. **Ausnahmebewilligung (Abs. 3).** Nach Abs. 3 kann die Behörde auf Antrag des AG für Jugendliche über 16 Jahre Ausnahmen von § 23 I Nr. 2 und 3 bewilligen. Die Art der Arbeit oder das Arbeitstempo dürfen eine **gesundheitliche Beeinträchtigung** der Jugendlichen nicht befürchten lassen (Nr. 1) und der AG muß seinem Antrag für jeden einzelnen Jugendlichen eine ärztliche Bescheinigung beifügen, derzufolge gesundheitliche Bedenken gegen die Beschäftigung des betreffenden Jugendlichen nicht bestehen (Nr. 2). Die Ausnahme kann nicht für eine Beschäftigung Jugendlicher im Akkord oder im sonst ergebnisabhängigen Lohnsystem (§ 23 I Nr. 1) erteilt werden. Der Antragsteller hat auf die Ausnahmebewilligung keinen Rechtsanspruch, selbst wenn alle Voraussetzungen vorliegen (BVerwG 8. 7. 1964 AP JArbSchG 1960 § 38 Nr. 1). Bei ihrer Entscheidung hat die Behörde einerseits die Interessen der Allgemeinheit und des Jugendlichen an der Erhaltung und Förderung von dessen Gesundheit und Entwicklung und andererseits das Interesse des AG an der Erteilung der Ausnahme

sowie uU das des Jugendlichen an dem Arbeits- und Ausbildungsplatz zu berücksichtigen. Sie kann die Bewilligung unter Auflagen und Bedingungen zum Schutz der Jugendlichen bzw. befristet erteilen (BVerwG 8. 7. 1964 AP JArbSchG 1960 § 38 Nr. 1). Die Ausnahmebewilligung ist ein VA, gegen deren Versagung oder Erteilung der Verwaltungsrechtsweg beschritten werden kann.

Dritter Titel. Sonstige Pflichten des Arbeitgebers

§ 28 Menschengerechte Gestaltung der Arbeit

(1) ¹Der Arbeitgeber hat bei der Einrichtung und der Unterhaltung der Arbeitsstätte einschließlich der Maschinen, Werkzeuge und Geräte und bei der Regelung der Beschäftigung die Vorkehrungen und Maßnahmen zu treffen, die zum Schutze der Jugendlichen gegen Gefahren für Leben und Gesundheit sowie zur Vermeidung einer Beeinträchtigung der körperlichen oder seelisch-geistigen Entwicklung der Jugendlichen erforderlich sind. ²Hierbei sind das mangelnde Sicherheitsbewußtsein, die mangelnde Erfahrung und der Entwicklungsstand der Jugendlichen zu berücksichtigen und die allgemein anerkannten sicherheitstechnischen und arbeitsmedizinischen Regeln sowie die sonstigen gesicherten arbeitswissenschaftlichen Erkenntnisse zu beachten.

(2) Der Bundesminister für Arbeit und Sozialordnung kann durch Rechtsverordnung mit Zustimmung des Bundesrates bestimmen, welche Vorkehrungen und Maßnahmen der Arbeitgeber zur Erfüllung der sich aus Absatz 1 ergebenden Pflichten zu treffen hat.

(3) Die Aufsichtsbehörde kann in Einzelfällen anordnen, welche Vorkehrungen und Maßnahmen zur Durchführung des Absatzes 1 oder einer vom Bundesminister für Arbeit und Sozialordnung gemäß Absatz 2 erlassenen Verordnung zu treffen sind.

§ 28 a Beurteilung der Arbeitsbedingungen

¹Vor Beginn der Beschäftigung Jugendlicher und bei wesentlicher Änderung der Arbeitsbedingungen hat der Arbeitgeber die mit der Beschäftigung verbundenen Gefährdungen Jugendlicher zu beurteilen. ²Im übrigen gelten die Vorschriften des Arbeitsschutzgesetzes.

§ 29 Unterweisung über Gefahren

(1) ¹Der Arbeitgeber hat die Jugendlichen vor Beginn der Beschäftigung und bei wesentlicher Änderung der Arbeitsbedingungen über die Unfall- und Gesundheitsgefahren, denen sie bei der Beschäftigung ausgesetzt sind, sowie über die Einrichtungen und Maßnahmen zur Abwendung dieser Gefahren zu unterweisen. ²Er hat die Jugendlichen vor der erstmaligen Beschäftigung an Maschinen oder gefährlichen Arbeitsstellen oder mit Arbeiten, bei denen sie mit gesundheitsgefährdenden Stoffen in Berührung kommen, über die besonderen Gefahren dieser Arbeiten sowie über das bei ihrer Verrichtung erforderliche Verhalten zu unterweisen.

(2) Die Unterweisungen sind in angemessenen Zeitabständen, mindestens aber halbjährlich, zu wiederholen.

(3) Der Arbeitgeber beteiligt die Betriebsärzte und die Fachkräfte für Arbeitssicherheit an der Planung, Durchführung und Überwachung der für die Sicherheit und den Gesundheitsschutz bei der Beschäftigung Jugendlicher geltenden Vorschriften.

§ 30 Häusliche Gemeinschaft

(1) Hat der Arbeitgeber einen Jugendlichen in die häusliche Gemeinschaft aufgenommen, so muß er
1. ihm eine Unterkunft zur Verfügung stellen und dafür sorgen, daß sie so beschaffen, ausgestattet und belegt ist und so benutzt wird, daß die Gesundheit des Jugendlichen nicht beeinträchtigt wird, und
2. ihm bei einer Erkrankung, jedoch nicht über die Beendigung der Beschäftigung hinaus, die erforderliche Pflege und ärztliche Behandlung zuteil werden lassen, soweit diese nicht von einem Sozialversicherungsträger geleistet wird.

(2) Die Aufsichtsbehörde kann im Einzelfall anordnen, welchen Anforderungen die Unterkunft (Absatz 1 Nr. 1) und die Pflege bei Erkrankungen (Absatz 1 Nr. 2) genügen müssen.

§ 31 Züchtigungsverbot; Verbot der Abgabe von Alkohol und Tabak

(1) Wer Jugendliche beschäftigt oder im Rahmen eines Rechtsverhältnisses im Sinne des § 1 beaufsichtigt, anweist oder ausbildet, darf sie nicht körperlich züchtigen.

(2) ¹Wer Jugendliche beschäftigt, muß sie vor körperlicher Züchtigung und Mißhandlung und vor sittlicher Gefährdung durch andere bei ihm Beschäftigte und durch Mitglieder seines Haushalts an der Arbeitsstätte und in seinem Hause schützen. ²Er darf Jugendlichen unter 16 Jahren keine alkoholischen Getränke und Tabakwaren, Jugendlichen über 16 Jahre keinen Branntwein geben.

I. Normzweck

1   Die §§ 28 bis 31 normieren besondere Pflichten des AG, Jugendliche vor Gesundheitsschäden durch arbeitsbedingte Gefahren zu schützen. Dazu wird der AG verpflichtet, zunächst die spezifisch für Jugendliche bestehenden Gefährdungen zu beurteilen, sodann die Jugendlichen dahingehend regelmäßig zu unterrichten.

II. Menschengerechte Gestaltung des Arbeitsplatzes, § 28

2   Die Verpflichtung zur Gestaltung des Arbeitsplatzes entspricht den §§ 120 a, 120 b GewO, § 618 BGB (vgl. dort Rn. 6 ff.), schützt über die Gesundheit der Jugendlichen hinaus aber auch ihre seelisch-geistige Entwicklung.

3   1. Der Begriff der **Arbeitsstätte** folgt § 2 ArbStättV, ist aber nicht darauf begrenzt. Erfaßt werden zB auch Arbeitsplätze außerhalb des Betriebsgeländes im Freien, in der Landwirtschaft oder nichtgewerblichen Betrieben. Auch die **Maschinen, Werkzeuge und Geräte**, die Jugendliche zur Ausführung der ihnen zugewiesenen Arbeiten benötigen, gehören zur Arbeitsstätte. Geräte sind Datensichtgeräte, Gerüste, Leitern, Hebebühnen, Regale sowie persönliche Ausrüstungsgegenstände wie Steigeisen, Sicherheitsgurte etc. (vgl. *Zmarzlik/Anzinger* Rn. 4; *Gröninger/Gehring/Taubert* Rn. 2 b).

4   Die **Regelungen der Beschäftigung** umfassen Beginn und Ende der Arbeitszeit, Dauer und Lager der Ruhepausen, das Arbeitstempo, das Bereitstellen von persönlicher Schutzausrüstung, Einteilung der Arbeit, Erholungspausen etc.

5   2. Arbeitsstätte und Regelungen der Beschäftigung müssen den Anforderungen an den Gefahrenschutz entsprechen. **Sicherheitstechnische und arbeitsmedizinische Regeln** sowie **arbeitswissenschaftliche Erkenntnisse** sind zu berücksichtigen, wenn die Mehrheit der Fachleute, die sie anzuwenden haben, von ihrer Richtigkeit überzeugt ist, und sich die Regeln in der Fachpraxis bewährt haben (aA bzgl. der arbeitswissenschaftlichen Erkenntnisse OVG Lüneburg 19. 4. 1984 GewArch 1985, 128, 130, wonach es auf eine Bewährung in der Praxis nicht ankommt). Solche Regeln sind beispielsweise DIN- oder ISO-Normen, UVV der Berufsgenossenschaften und die Verzeichnisse A und B der allgemeinen Verwaltungsvorschrift zum GerätesicherheitsG. Was dadurch gefordert wird, richtet sich nach dem konkreten Betrieb und den individuellen Bedürfnissen des Jugendlichen. Neben den allgemein geltenden Schutzmaßnahmen (GefStoffV, ArbStättV; Arbeitsschutz-Rahmenrichtlinie 89/3917 EWG v. 12. 6. 1989 ABlEG Nr. 1 183 S. 1 einschließlich der zugehörigen Einzelrichtl.) hat der AG alle notwendigen Vorkehrungen zu treffen, unabhängig von der finanziellen Belastung des Betriebes, um Unfälle zu verhüten und den Jugendlichen zu schützen.

6   3. Eine Rechtsverordnung nach Abs. 2 ist bisher nicht erlassen worden. In Einzelfällen (Abs. 3) kann die Aufsichtsbehörde durch Erlaß von VA anordnen, welche Vorkehrungen der AG zu treffen hat.

7   4. Verstöße des AG gegen seine Pflichten aus § 28 I sind nicht selbst Ordnungswidrigkeiten, erfüllen aber häufig zugleich die Voraussetzungen von Verstößen gegen §§ 22 bis 24.

III. Beurteilung der Arbeitsbedingungen, § 28 a

8   Vor Beginn der Beschäftigung Jugendlicher und bei wesentlicher Änderung der Arbeitsbedingungen hat der AG die mit der Beschäftigung verbundenen Gefährdungen Jugendlicher zu beurteilen. Daß diese Pflicht ausdrücklich formuliert wird, wird in Art. 6 II der RL 94/33/EG verlangt.

IV. Unterweisung über Gefahren, § 29

9   Der AG hat die Jugendlichen vor Aufnahme der Arbeit oder Ausbildung über die Unfall- und Gesundheitsgefahren, Berufskrankheiten und die Vorsorgemaßnahmen zur Abwendung dieser Gefahren zu unterweisen. Bei wesentlicher Änderung der Arbeitsbedingungen, des Arbeitsplatzes, der Arbeitsmethode, der Arbeitsstoffe, der Arbeitsgeräte und Maschinen ist eine neue Unterweisung notwendig.

1. Inhaltlich muß die **Unterweisung** auf diejenigen Gefahrenquellen hinweisen, die tatsächlich am Arbeitsplatz des Jugendlichen und in den Betriebsteilen, in denen er beschäftigt wird, auftreten können (*Zmarzlik/Anzinger* Rn. 5). Eine Aufklärung über alle Gefahrenquellen im Betrieb (*Schoden* Rn. 2) kann begünstigen, daß tatsächlich drohende Gefahren bei einer Fülle von Hinweisen auf abstrakte Gefahren unbeachtet bleiben; sie ist aber dann erforderlich, wenn der Arbeitsplatz des Jugendlichen innerhalb des Betriebes häufig wechselt sowie bei Montagearbeiten und auf Baustellen (*Zmarzlik/Anzinger* Rn. 5). Die **Art der Unterweisung** hängt von den vorhandenen Gefahrenquellen ab. Die Unterweisung kann in Gruppen erteilt werden; schriftliche Belehrungen ohne mündliche Erläuterung und praktische Vorführungen sind unzureichend. Der AG hat sich davon zu überzeugen, daß jeder einzelne Jugendliche die Unterweisung verstanden hat und auch befolgt. Die Unterweisung kann durch vom AG beauftragte geeignete Personen erfolgen, wie zB durch Fachkräfte für Arbeitssicherheit (Abs. 3), wenn sie mit den Betriebsverhältnissen vertraut sind.

2. Die Unterweisungen sind nach Abs. 2 in **angemessenen Abständen,** mindestens aber halbjährlich, zu wiederholen. Die Wiederholung der Unterweisung ist dem Kenntnisstand des Jugendlichen entsprechend zu erweitern und zu aktualisieren. Sind Betriebsärzte/Fachkräfte für Arbeitssicherheit im Betrieb vorhanden, sind sie bei der Planung, Durchführung und Überwachung der Sicherheitsmaßnahmen zu beteiligen (Abs. 3).

Verstöße gegen die Unterweisungspflichten des § 29 sind Ordnungswidrigkeiten gem. § 59 I Nr. 3. Aus Beweisgründen sollte der AG daher Art, Zeitpunkt und Umfang der Unterweisung aktenkundig machen.

V. Häusliche Gemeinschaft, § 30

Durch die Aufnahme des Jugendlichen in die häusliche Gemeinschaft entsteht zwischen AG und Jugendlichem eine über das übliche Arbeits- oder Ausbildungsverhältnis hinausgehende Beziehung, die eine gesteigerte Fürsorgepflicht des AG begründet; deshalb wird dem Jugendlichen ein besonderer Mindestschutz bei Unterbringung und Erkrankung gewährt.

1. Eine **häusliche Gemeinschaft** liegt vor, wenn der AG den Jugendlichen derart in seinen Familienhaushalt aufnimmt, daß dieser zum persönlichen Lebensmittelpunkt des Jugendlichen wird. Die Unterkunft muß so beschaffen und genutzt werden, daß die Gesundheit des Jugendlichen nicht beeinträchtigt wird. Die Anforderungen des § 120 c I GewO (ausreichende Grundfläche, Beleuchtung, Raumtemperatur, Lärmschutz) sind einzuhalten. Die Ausstattung muß den allgemein üblichen Mindestanforderungen genügen. Die Unterbringung umfaßt die Pflicht, für eine ausreichende und verträgliche **Verpflegung** zu sorgen.

2. Abs. 1 Nr. 2 normiert eine über § 617 BGB hinausgehende **Krankenfürsorgepflicht** des AG (dazu § 617 BGB Rn. 9 ff.); sie ist nicht abhängig von fehlendem Verschulden des Jugendlichen an der Erkrankung oder einer dadurch bedingten Arbeitsunfähigkeit. Diese Fürsorgepflicht besteht für die Zeit der Erkrankung während der Dauer des Beschäftigungsverhältnisses, dh. nicht beschränkt auf 6 Wochen; aus Treu und Glauben kann sich im Einzelfall sogar eine Fürsorgepflicht über das Beschäftigungsverhältnis hinaus ergeben (*Schoden* Rn. 4; *Zmarzlik/Anzinger* Rn. 7). Der Umfang hängt von Art und Schwere der Krankheit ab, umfaßt aber die tatsächliche Krankenpflege, die idR durch Dritte (Krankenhaus) erbracht wird, und deren Kosten. Soweit beides von einem Sozialversicherungsträger übernommen wird, entfällt die Krankenfürsorgepflicht des AG, gegebenenfalls ist er aber zur Vorleistung verpflichtet.

Bei unverschuldeter Krankheit hat der Jugendliche für 6 Wochen einen **Anspruch auf Entgeltfortzahlung** gem. § 3 EFZG, vgl. auch § 12 I 2 BBiG. Auf diesen Anspruch kann der AG nach § 617 I 3 BGB die Aufwendungen für die Krankenpflege des Jugendlichen anrechnen.

3. Im Einzelfall kann die Aufsichtsbehörde durch VA nach **Abs. 2** anordnen, welchen Anforderungen die Unterkunft oder die Pflege bei Erkrankungen genügen müssen. Die Anordnungen müssen der Gefahrenabwehr dienen. Verstöße gegen die Pflicht aus Abs. 1 sind nicht als solche mit Geldbuße oder Strafe bedroht; Verstöße gegen die vollziehbaren Anordnungen der Behörde nach Abs. 2 können als Ordnungswidrigkeit nach § 58 I Nr. 27 geahndet werden.

VI. Züchtigungsverbot, Abgabeverbot von Alkohol und Tabak, § 31

1. Abs. 1 verbietet jede körperliche **Züchtigung** von Jugendlichen innerhalb und außerhalb des Betriebes. Unter körperlicher Züchtigung versteht man jede Einwirkung auf den Körper des Jugendlichen, durch die er zu einem bestimmten Verhalten gezwungen oder für ein Verhalten bestraft werden soll. Eine Einwirkung geistig-seelischer Art, wie zB die Standpauke wird nicht von diesem Begriff erfaßt (*Schoden* Rn. 2; *Zmarzlik/Anzinger* Rn. 4). Die Einwilligung der Eltern oder des Jugendlichen heben das Verbot nicht auf; ist der AG zugleich Personensorgeberechtigter, so geht § 1631 BGB allerdings vor. Für Personen, die einen Jugendlichen iSd. § 1 beaufsichtigen, anweisen oder ausbilden gilt das Verbot ebenfalls.

19   2. **Abs. 2 S. 1** verpflichtet den AG, den Jugendlichen vor körperlicher Züchtigung und Mißhandlung und vor sittlicher Gefährdung durch andere bei ihm Beschäftigte und durch Mitglieder seines Haushalts zu schützen. Eine **Mißhandlung** ist jede üble, unangemessene Behandlung, die das Wohlbefinden oder die körperliche Unversehrtheit nicht unwesentlich beeinträchtigt. Auch Schikanen oder Beleidigungen fallen unter den Begriff der Mißhandlung (*Schoden* Rn. 3; *Bachmann/Lührs* Rn. 327; aA *Zmarzlik/Anzinger* Rn. 6), da auch die seelische Entwicklung der Jugendlichen zu schützen ist. Gegenmaßnahmen können umfassen: Zurechtweisung des betreffenden Mitarbeiters, eine räumliche Trennung, ggf. auch eine Kündigung. Personen, die wegen sittlicher Verfehlungen eine Gefahr für Jugendliche bedeuten, darf der AG nicht zusammen mit Jugendlichen beschäftigen (BVerwG 12. 3. 1965 DB 1965, 634).

20   3. **Abs. 2 S. 2** verbietet die Ausgabe von Alkohol und Tabakwaren an Jugendliche unter 16 Jahren, sowie die Ausgabe von Branntwein an Jugendliche über 16 Jahre. Zu den **Tabakwaren** gehören alle nikotinhaltigen Waren. Ein generelles Rauch- bzw. Alkoholverbot kann aus Abs. 2 S. 2 nicht hergeleitet werden. In Werkskantinen, Warenautomaten oder ähnlichen Einrichtungen, in denen Alkohol und Tabak mit dem Einverständnis des AG ausgegeben werden, dürfen Jugendliche sich diese Waren nicht selbst verschaffen können.

21   4. Verstöße gegen Abs. 1 und Abs. 2 S. 1 können als Körperverletzung nach §§ 223 ff. StGB, als Nötigung nach § 240 StGB und als Beleidigung nach § 185 StGB strafbar sein. Die Abgabe von Alkohol und Tabak ist nach § 58 I Nr. 21 als Ordnungswidrigkeit zu bestrafen.

Vierter Titel. Gesundheitliche Betreuung

§ 32 Erstuntersuchung

(1) Ein Jugendlicher, der in das Berufsleben eintritt, darf nur beschäftigt werden, wenn
1. er innerhalb der letzten vierzehn Monate von einem Arzt untersucht worden ist (Erstuntersuchung) und
2. dem Arbeitgeber eine von diesem Arzt ausgestellte Bescheinigung vorliegt.

(2) Absatz 1 gilt nicht für eine nur geringfügige oder eine nicht länger als zwei Monate dauernde Beschäftigung mit leichten Arbeiten, von denen keine gesundheitlichen Nachteile für den Jugendlichen zu befürchten sind.

§ 33 Erste Nachuntersuchung

(1) [1] Ein Jahr nach Aufnahme der ersten Beschäftigung hat sich der Arbeitgeber die Bescheinigung eines Arztes darüber vorlegen zu lassen, daß der Jugendliche nachuntersucht worden ist (erste Nachuntersuchung). [2] Die Nachuntersuchung darf nicht länger als drei Monate zurückliegen. [3] Der Arbeitgeber soll den Jugendlichen neun Monate nach Aufnahme der ersten Beschäftigung nachdrücklich auf den Zeitpunkt, bis zu dem der Jugendliche ihm die ärztliche Bescheinigung nach Satz 1 vorzulegen hat, hinweisen und ihn auffordern, die Nachuntersuchung bis dahin durchführen zu lassen.

(2) [1] Legt der Jugendliche die Bescheinigung nicht nach Ablauf eines Jahres vor, hat ihn der Arbeitgeber innerhalb eines Monats unter Hinweis auf das Beschäftigungsverbot nach Absatz 3 schriftlich aufzufordern, ihm die Bescheinigung vorzulegen. [2] Je eine Durchschrift des Aufforderungsschreibens hat der Arbeitgeber dem Personensorgeberechtigten und dem Betriebs- oder Personalrat zuzusenden.

(3) Der Jugendliche darf nach Ablauf von 14 Monaten nach Aufnahme der ersten Beschäftigung nicht weiterbeschäftigt werden, solange er die Bescheinigung nicht vorgelegt hat.

§ 34 Weitere Nachuntersuchungen

[1] Nach Ablauf jedes weiteren Jahres nach der ersten Nachuntersuchung kann sich der Jugendliche erneut nachuntersuchen lassen (weitere Nachuntersuchungen). [2] Der Arbeitgeber soll ihn auf diese Möglichkeit rechtzeitig hinweisen und darauf hinwirken, daß der Jugendliche ihm die Bescheinigung über die weitere Nachuntersuchung vorlegt.

§ 35 Außerordentliche Nachuntersuchung

(1) Der Arzt soll eine außerordentliche Nachuntersuchung anordnen, wenn eine Untersuchung ergibt, daß
1. ein Jugendlicher hinter dem seinem Alter entsprechenden Entwicklungsstand zurückgeblieben ist,
2. gesundheitliche Schwächen oder Schäden vorhanden sind,
3. die Auswirkungen der Beschäftigung auf die Gesundheit oder Entwicklung des Jugendlichen noch nicht zu übersehen sind.

(2) Die in § 33 Abs. 1 festgelegten Fristen werden durch die Anordnung einer außerordentlichen Nachuntersuchung nicht berührt.

§ 36 Ärztliche Untersuchungen und Wechsel des Arbeitgebers

Wechselt der Jugendliche den Arbeitgeber, so darf ihn der neue Arbeitgeber erst beschäftigen, wenn ihm die Bescheinigung über die Erstuntersuchung (§ 32 Abs. 1) und, falls seit der Aufnahme der Beschäftigung ein Jahr vergangen ist, die Bescheinigung über die erste Nachuntersuchung (§ 33) vorliegen.

§ 37 Inhalt und Durchführung der ärztlichen Untersuchungen

(1) Die ärztlichen Untersuchungen haben sich auf den Gesundheits- und Entwicklungsstand und die körperliche Beschaffenheit, die Nachuntersuchungen außerdem auf die Auswirkungen der Beschäftigung auf Gesundheit und Entwicklung des Jugendlichen zu erstrecken.

(2) Der Arzt hat unter Berücksichtigung der Krankheitsvorgeschichte des Jugendlichen auf Grund der Untersuchungen zu beurteilen,
1. ob die Gesundheit oder die Entwicklung des Jugendlichen durch die Ausführung bestimmter Arbeiten oder durch die Beschäftigung während bestimmter Zeiten gefährdet wird,
2. ob besondere der Gesundheit dienende Maßnahmen erforderlich sind,
3. ob eine außerordentliche Nachuntersuchung (§ 35 Abs. 1) erforderlich ist.

(3) Der Arzt hat schriftlich festzuhalten:
1. den Untersuchungsbefund,
2. die Arbeiten, durch deren Ausführung er die Gesundheit oder die Entwicklung des Jugendlichen für gefährdet hält,
3. die besonderen der Gesundheit dienenden Maßnahmen,
4. die Anordnung einer außerordentlichen Nachuntersuchung (§ 35 Abs. 1).

§ 38 Ergänzungsuntersuchung

Kann der Arzt den Gesundheits- und Entwicklungsstand des Jugendlichen nur beurteilen, wenn das Ergebnis einer Ergänzungsuntersuchung durch einen anderen Arzt oder einen Zahnarzt vorliegt, so hat er die Ergänzungsuntersuchung zu veranlassen und ihre Notwendigkeit schriftlich zu begründen.

§ 39 Mitteilung, Bescheinigung

(1) Der Arzt hat dem Personensorgeberechtigten schriftlich mitzuteilen:
1. das wesentliche Ergebnis der Untersuchung,
2. die Arbeiten, durch deren Ausführung er die Gesundheit oder die Entwicklung des Jugendlichen für gefährdet hält,
3. die besonderen der Gesundheit dienenden Maßnahmen,
4. die Anordnung einer außerordentlichen Nachuntersuchung (§ 35 Abs. 1).

(2) Der Arzt hat eine für den Arbeitgeber bestimmte Bescheinigung darüber auszustellen, daß die Untersuchung stattgefunden hat und darin die Arbeiten zu vermerken, durch deren Ausführung er die Gesundheit oder die Entwicklung des Jugendlichen für gefährdet hält.

§ 40 Bescheinigung mit Gefährdungsvermerk

(1) Enthält die Bescheinigung des Arztes (§ 39 Abs. 2) einen Vermerk über Arbeiten, durch deren Ausführung er die Gesundheit oder die Entwicklung des Jugendlichen für gefährdet hält, so darf der Jugendliche mit solchen Arbeiten nicht beschäftigt werden.

(2) Die Aufsichtsbehörde kann die Beschäftigung des Jugendlichen mit den in der Bescheinigung des Arztes (§ 39 Abs. 2) vermerkten Arbeiten im Einvernehmen mit einem Arzt zulassen und die Zulassung mit Auflagen verbinden.

§ 41 Aufbewahren der ärztlichen Bescheinigungen

(1) Der Arbeitgeber hat die ärztlichen Bescheinigungen bis zur Beendigung der Beschäftigung, längstens jedoch bis zur Vollendung des 18. Lebensjahres des Jugendlichen aufzubewahren und der Aufsichtsbehörde sowie der Berufsgenossenschaft auf Verlangen zur Einsicht vorzulegen oder einzusenden.

(2) Scheidet der Jugendliche aus dem Beschäftigungsverhältnis aus, so hat ihm der Arbeitgeber die Bescheinigungen auszuhändigen.

§ 42 Eingreifen der Aufsichtsbehörde

Die Aufsichtsbehörde hat, wenn die dem Jugendlichen übertragenen Arbeiten Gefahren für seine Gesundheit befürchten lassen, dies dem Personensorgeberechtigten und dem Arbeitgeber mitzuteilen und den Jugendlichen aufzufordern, sich durch einen von ihr ermächtigten Arzt untersuchen zu lassen.

§ 43 Freistellung für Untersuchungen

[1] Der Arbeitgeber hat den Jugendlichen für die Durchführung der ärztlichen Untersuchungen nach diesem Abschnitt freizustellen. [2] Ein Entgeltausfall darf hierdurch nicht eintreten.

§ 44 Kosten der Untersuchungen

Die Kosten der Untersuchungen trägt das Land.

§ 45 Gegenseitige Unterrichtung der Ärzte

(1) Die Ärzte, die Untersuchungen nach diesem Abschnitt vorgenommen haben, müssen, wenn der Personensorgeberechtigte und der Jugendliche damit einverstanden sind,
1. dem staatlichen Gewerbearzt,
2. dem Arzt, der einen Jugendlichen nach diesem Abschnitt nachuntersucht,
auf Verlangen die Aufzeichnungen über die Untersuchungsbefunde zur Einsicht aushändigen.

(2) Unter den Voraussetzungen des Absatzes 1 kann der Amtsarzt des Gesundheitsamtes einem Arzt, der einen Jugendlichen nach diesem Abschnitt untersucht, Einsicht in andere in seiner Dienststelle vorhandene Unterlagen über Gesundheit und Entwicklung des Jugendlichen gewähren.

§ 46 Ermächtigungen

(1) Der Bundesminister für Arbeit und Sozialordnung kann zum Zwecke einer gleichmäßigen und wirksamen gesundheitlichen Betreuung durch Rechtsverordnung mit Zustimmung des Bundesrates Vorschriften über die Durchführung der ärztlichen Untersuchungen und über die für die Aufzeichnungen der Untersuchungsbefunde, die Bescheinigungen und Mitteilungen zu verwendenden Vordrucke erlassen.

(2) Die Landesregierung kann durch Rechtsverordnung
1. zur Vermeidung von mehreren Untersuchungen innerhalb eines kurzen Zeitraumes aus verschiedenen Anlässen bestimmen, daß die Untersuchungen nach den §§ 32 bis 34 zusammen mit Untersuchungen nach anderen Vorschriften durchzuführen sind, und hierbei von der Frist des § 32 Abs. 1 Nr. 1 bis zu drei Monaten abweichen;
2. zur Vereinfachung der Abrechnung
   a) Pauschbeträge für die Kosten der ärztlichen Untersuchungen im Rahmen der geltenden Gebührenordnungen festsetzen,
   b) Vorschriften über die Erstattung der Kosten beim Zusammentreffen mehrerer Untersuchungen nach Nummer 1 erlassen.

I. Normzweck

1 Durch die Vorschriften der §§ 32 bis 46 soll Gesundheitsschäden vorgebeugt werden, zugleich auch dem Entstehen bzw. der Verschlimmerung von Berufskrankheiten. Darüber hinaus dienen die ärzt-

lichen Untersuchungen dem Ziel der Gesundheitspflege, um die Erforderlichkeit weiterer Behandlungsmaßnahmen festzustellen, §§ 37, 38. Die §§ 32 bis 45 sind zwingend, aber nur für Jugendliche, nicht für erwachsene Auszubildende.

Die Rechtspflichten aus §§ 32 ff. treffen den AG, doch ergibt sich aus dem Ausbildungs- bzw. Arbeitsvertrag eine **privatrechtliche Pflicht des Jugendlichen,** sich untersuchen zu lassen und die erforderlichen Bescheinigungen vorzulegen. Eine Weigerung kann eine fristlose Kündigung gem. § 626 BGB begründen. Der Jugendliche kann den untersuchenden Arzt grds. frei wählen (vgl. aber Anm. zu § 42). **Ärzte** in diesem Sinne sind Personen, die eine Approbation oder Bestallung als Arzt besitzen, dh. jeder frei praktizierende, beamtete oder angestellte Arzt; besondere arbeitsmedizinische Kenntnisse sind im Gesetz nicht vorausgesetzt.

II. Erstuntersuchung, § 32

1. **Erstuntersuchung.** Nach Abs. 1 darf ein Jugendlicher bei Eintritt in das Berufsleben nur beschäftigt werden, wenn er zuvor von einem Arzt untersucht worden ist und dem AG darüber eine Bescheinigung vorliegt. Ohne dies besteht ein gesetzliches Beschäftigungsverbot (BAG 22. 2. 1972 AP BBiG § 15 Nr. 1), damit sich der Jugendliche tatsächlich ärztlich untersuchen läßt; verboten ist aber nicht bereits der Vertragsschluß. Der Arbeits- oder Ausbildungsvertrag ist lediglich bis zur Vorlage der Bescheinigung oder der Vollendung des 18. Lebensjahres des Jugendlichen schwebend unwirksam (BAG 22. 2. 1972 AP BBiG § 15 Nr. 1 unter Hinweis auf § 308 f. BGB).

Die Erstuntersuchung ist nur bei Eintritt in das Berufsleben vorzunehmen, bei AGWechsel gilt § 36. Datiert eine Untersuchung früher als 14 Monate vor Aufnahme der Beschäftigung, muß sie erneut durchgeführt werden. Für die Fristberechnung ist der Tag des Beschäftigungsbeginns maßgeblich, nicht der des Vertragsschlusses.

Bezüglich **Form und Inhalt** der vom Arzt auszustellenden Bescheinigung vgl. § 39 II und § 6 JArbSchUV. Die Bescheinigung enthält keinen ärztlichen Befund, sondern ist bloßes Gesundheitszeugnis; das wesentliche Ergebnis der Untersuchung wird gem. § 39 lediglich dem Personensorgeberechtigten mitgeteilt. Andere als auf dem vorgeschriebenen Formblatt erteilte Bescheinigungen reichen nicht aus (OLG Koblenz 21. 3. 1974 BB 1974, 696). Der AG braucht nicht zu prüfen, ob die Untersuchung tatsächlich stattgefunden hat.

2. **Ausnahmen.** Nach Abs. 2 bedarf es einer Untersuchung und einer ärztlichen Bescheinigung nicht, wenn es sich um eine leichte Tätigkeit handelt, die keine gesundheitlichen Nachteile des Jugendlichen befürchten läßt, weil sie entweder nur geringfügig ist oder nicht länger als zwei Monate dauert. In beiden Fällen muß die Arbeit **leicht** sein; leicht ist eine Tätigkeit nur, wenn sie offensichtlich keinerlei gesundheitliche Schädigungen oder Gefährdungen des Jugendlichen erwarten läßt. Beispiele: Das Austragen von Zeitungen und Waren, Botentätigkeiten, Handreichungen beim Sport, kurzzeitige Statistenrollen beim Theater. Eine **geringfügige Beschäftigung** ist eine solche, die den Jugendlichen in zeitlicher und kräftemäßiger Hinsicht nicht nennenswert beansprucht (BayObLG 11. 1. 1983 AP JArbSchG § 32 Nr. 1), wobei Alter und persönlicher Entwicklungsstand des Jugendlichen zu berücksichtigen sind; eine feste zeitliche Grenze besteht nicht. Die geringfügige Beschäftigung muß nicht auf zwei Monate begrenzt sein, je geringer die körperliche Beanspruchung ist, desto länger kann die zeitliche Beanspruchung sein. Im Rahmen von Abs. 2, 2. Alt. ist eine zwei Monate nicht überschreitende Tätigkeit ohne Erstuntersuchung zulässig, auch wenn sie den Rahmen der täglich zulässigen Höchstarbeitszeit ganz ausnutzt.

Liegt entgegen § 32 weder eine ärztliche Bescheinigung über die Untersuchung vor noch eine Ausnahme des Abs. 2, so handelt der AG ordnungswidrig nach § 58 I Nr. 22, bei schweren Verstößen kann er sich nach § 58 V, VI strafbar machen. Die Nichtbeachtung des § 32 ist dagegen für den Jugendlichen, dessen Eltern oder den Arzt keine Ordnungswidrigkeit. Zu den Auswirkungen auf die Ausbildung, § 39 I Nr. 3 BBiG.

III. Erste Nachuntersuchung, § 33

Zwischen dem neunten und zwölften Beschäftigungsmonat des ersten Beschäftigungsjahres hat eine **erste Nachuntersuchung** zu erfolgen, mit der insb. die Auswirkungen der inzwischen erfolgten Beschäftigung auf Gesundheit und Entwicklung des Jugendlichen festgestellt werden sollen, um dem Jugendlichen die Entscheidung über die Berufswahl zu erleichtern. Wird der Jugendliche vor Ablauf des ersten Jahres nach der Erstuntersuchung volljährig, entfällt die Pflicht zur Nachuntersuchung. Ist die Untersuchung erfolgt, ist sie auf dem vorgegebenen Vordruck zu bescheinigen (Wirksamkeitsvoraussetzung). Die Pflicht des Jugendlichen, die Bescheinigung vorzulegen, folgt nicht aus § 33, sondern als Nebenpflicht aus dem Arbeits-/Ausbildungsvertrag. Liegt 14 Monate nach der ersten Beschäftigungsaufnahme allerdings noch keine Bescheinigung über die Nachuntersuchung vor, ist dem AG eine Weiterbeschäftigung des Jugendlichen verboten, Abs. 3. Neun Monate nach Aufnahme der ersten Beschäftigung soll der AG den Jugendlichen nachdrücklich zur Vorlage auffordern; anderenfalls verletzt er seine Fürsorgepflicht und es trifft ihn ein Mitverschulden am späteren Beschäftigungsverbot.

9   Abs. 2 verpflichtet den AG nach Ablauf eines Jahres, die Aufforderung unter Hinweis auf das Beschäftigungsverbot schriftlich zu wiederholen, sofern die Bescheinigung noch nicht vorliegt (Abs. 2 S. 1). Den Personensorgeberechtigten und dem Betriebs- oder Personalrat ist eine Durchschrift des Aufforderungsschreibens zuzusenden (Abs. 2 S. 2), damit auch diese auf den Jugendlichen einwirken können. Ein Verstoß gegen die Pflichten aus Abs. 2 S. 1 kann nach § 59 I Nr. 4 als Ordnungswidrigkeit geahndet werden. Reicht der Jugendliche die Bescheinigung nach, leben die Pflichten aus dem Vertragsverhältnis wieder auf. Hat der AG seine Pflicht aus Abs. 2 ergebnislos erfüllt, ist er idR zur außerordentlichen Kündigung des Jugendlichen berechtigt. Ein Verstoß gegen Abs. 3 wird nach § 58 I Nr. 23 mit Geldbuße belegt, bei schweren Verstößen macht sich der AG nach § 58 V, VI strafbar.

IV. Weitere Nachuntersuchungen, § 34

10   § 34 normiert ein Angebot an den Jugendlichen, sich auf Kosten des Landes (§ 44) und ohne Lohnausfall (§ 43) jährlich nachuntersuchen zu lassen, um mögliche arbeitsbedingte Veränderungen des Gesundheitszustandes rechtzeitig zu erkennen. Der AG soll den Jugendlichen auf diese Möglichkeit rechtzeitig hinweisen und auf die Vorlage der Bescheinigung hinwirken. § 34 begründet aber weder Pflichten für den AG noch den Jugendlichen; Beschäftigungsverbot oder Sanktionsvorschriften bestehen nicht.

V. Außerordentliche Nachuntersuchung, § 35

11   § 35 normiert eine ausdrückliche Aufforderung an den untersuchenden Arzt, in den Fällen des Abs. 1 Nr. 1 bis 3 weitere Zusatzuntersuchungen anzuordnen. Ob dies erforderlich ist, entscheidet der Arzt nach pflichtgemäßem Ermessen. Ob der Jugendliche nicht altersentsprechend entwickelt (Nr. 1) oder gesundheitlich geschwächt (Nr. 2) ist, wird bei der üblichen Untersuchung festzustellen sein; Zweifel über die Auswirkung der Beschäftigung auf die Gesundheit (Nr. 3) liegen bereits bei Fehlen einer gesicherten Prognosegrundlage vor. Die ärztliche Anordnung ist für den Jugendlichen nicht rechtlich verpflichtend; befolgt er sie nicht, ist ein eventueller Schadensersatzanspruch aber nach § 254 BGB zu kürzen. Den Eltern ist die Anordnung gem. § 39 I Nr. 4 mitzuteilen, nicht aber dem AG.

12   Abs. 2 bestimmt, daß die in § 33 I festgelegten Fristen nicht durch die Anordnung einer außerordentlichen Nachuntersuchung berührt werden, die Untersuchungen also zeitlich unabhängig voneinander sind. Wird die Untersuchung nach § 35 jedoch innerhalb der Fristen des § 33 durchgeführt, kann sie als erste Nachuntersuchung gelten, um unnötige Doppeluntersuchungen zu vermeiden.

VI. Ärztliche Untersuchungen und Wechsel des AG, § 36

13   Bei einem Wechsel des AG darf der neue AG einen Jugendlichen erst nach Vorlage der Bescheinigung über die Erstuntersuchung (§ 32 I) und ggf. die erste Nachuntersuchung (§ 33) beschäftigen. Die Bescheinigung muß im Zeitpunkt des tatsächlichen Arbeitsbeginns vorliegen, nicht bereits bei Vertragsschluß. War beim alten AG eine Untersuchung erfolgt, ist sie nachzuholen. Ohne Bescheinigung besteht für den neuen AG ein Beschäftigungsverbot. Dadurch wird gewährleistet, daß die in den Bescheinigungen dokumentierten Beschäftigungsverbote bzw. -beschränkungen auch dem neuen AG bekannt werden. Der Jugendliche kann gem. § 41 II Herausgabe der Bescheinigung vom alten AG verlangen. Ein Betriebsübergang (§§ 613a, 1922 BGB) löst die Pflichten auf § 36 nicht aus. Die Beschäftigung von Jugendlichen entgegen § 36 ist ordnungswidrig gem. § 58 I Nr. 24.

VII. Inhalt und Durchführung der ärztlichen Untersuchungen, § 37

14   § 37 legt für alle ärztlichen Untersuchungen einheitlich Inhalt, Beurteilungsgrundlagen und Beurteilungsziele sowie die Form der Beurteilung verbindlich fest. Einzelheiten sind gem. § 46 I durch die Verordnung über die ärztlichen Untersuchungen nach dem Jugendarbeitsschutzgesetz (JArbSchUV) geregelt worden. Der Arzt hat Befragung und Untersuchung zwingend nach den dort geregelten Vorgaben und auf einem Untersuchungsbogen nach Mustervordruck durchzuführen.

15   Abs. 1 bestimmt den wesentlichen Inhalt der Untersuchungen. Dazu muß der Arzt sich über die Tätigkeit und den Arbeitsplatz des Jugendlichen informieren, ihn umfassend befragen und eine Ganzkörperuntersuchung vorzunehmen. Beurteilungsgrundlage der ärztlichen Untersuchung sind nach **Abs. 2** die bei der Untersuchung erhobenen Befunde und eventuell die Ergebnisse einer Ergänzungsuntersuchung nach § 38. Die Beurteilungsziele sind in Abs. 2 Nr. 1 bis 3 festgelegt. Das Untersuchungsergebnis hat der Arzt auf dem Untersuchungsbogen schriftlich festzuhalten, **Abs. 3** iVm. § 4 I JArbSchUV. Der Untersuchungsbefund, die besonderen der Gesundheit dienenden Maßnahmen und die Anordnung einer außerordentlichen Nachuntersuchung dürfen aufgrund der ärztlichen Schweigepflicht nur dem Personensorgeberechtigten mitgeteilt werden, nicht aber dem AG, wenn der Arzt nicht durch eine Einwilligung des Jugendlichen bzw. dessen gesetzlichen Vertreters von der Schweigepflicht befreit ist oder gesetzliche Meldepflichten bestehen.

Verstöße des Arztes gegen § 37 oder die JArbSchUV stellen keine Ordnungswidrigkeiten dar; dem 16
Jugendlichen können aber Schadensersatzansprüche aus dem Arztvertrag zustehen.

VIII. Ergänzungsuntersuchung, § 38

§ 38 soll die ergänzende Teiluntersuchung durch einen Arzt mit bestimmtem Fachgebiet oder einer 17
bestimmten medizinisch-apparativen Ausrüstung ermöglichen. Die Untersuchung ist anzuordnen,
wenn der Erstuntersuchende sie für die Beurteilung des Gesundheits- und Entwicklungsstandes des
Jugendlichen benötigt. Auf ihrer Grundlage hat er dann die abschließende Beurteilung vorzunehmen.
Inhalt und Ergebnis der Ergänzungsuntersuchung können in jeder Form dokumentiert werden. Der
Jugendliche kann den anderen Arzt frei wählen und kann nicht zu einer Untersuchung gezwungen
werden; läßt er sich nicht untersuchen, kann die Bescheinigung (§§ 32, 33, 35, 42) jedoch nicht erteilt
werden. Nach § 39 I Nr. 4 erhalten die Personensorgeberechtigten aber eine Mitteilung über die
Anordnung einer Ergänzungsuntersuchung, damit sie auf den Jugendlichen einwirken können. Die
Kosten sind – als Teil der Gesamtuntersuchungskosten – gem. § 44 vom Land zu tragen.

IX. Mitteilung, Bescheinigung, § 39

§ 39 soll die Personensorgeberechtigten über den Gesundheits- und Entwicklungsstand des Jugend- 18
lichen, über bestehende Gefährdungen durch die Arbeit und über zu treffende Maßnahmen informieren, damit sie die Eignung des in Aussicht genommenen Ausbildungsplatzes besser einschätzen
können. Der Inhalt der Mitteilung ist in **Abs. 1** vorgegeben; sie hat auf einem Vordruck gem. § 5
JArbSchUV zu erfolgen. Gemäß **Abs. 2** hat der Arzt eine für den AG bestimmte Bescheinigung über
die vorgenommene Untersuchung auszustellen. Der Arzt darf gegenüber dem AG keine Mitteilung
über den im Vordruck bestimmten Inhalt hinaus machen. Ist bei Abschluß der Untersuchungen noch
kein AG bekannt, kann die Bescheinigung auch dem Jugendlichen oder den Eltern ausgehändigt
werden. Bei mehreren AG ist jedem eine Bescheinigung auszustellen.

X. Bescheinigung mit Gefährdungsvermerk, § 40

Enthält die Bescheinigung einen Vermerk über Arbeiten, bei deren Ausführung der Arzt die 19
Gesundheit oder Entwicklung des Jugendlichen für gefährdet hält (§ 39 II), so besteht für den Jugendlichen ein absolutes **Beschäftigungsverbot** bzgl. dieser Tätigkeiten, unabhängig von einer tatsächlichen Gefährdung. Das Verbot endet mit der Vollendung des 18. Lebensjahres des Jugendlichen, mit
dem Vorliegen einer Bescheinigung ohne Gefährdungsvermerk, oder mit einer behördlichen Zulassung
gem. Abs. 2. Der Gefährdungsvermerk selbst ist kein VA, kann also auch im Verwaltungsrechtsweg
nicht aufgehoben werden. Der Jugendliche kann nur die Ausnahme gem. Abs. 2 anstreben oder von
einem anderen Arzt eine Bescheinigung ohne Vermerk zu erlangen suchen. Bestand der Gefährdungsvermerk bereits bei Abschluß des Arbeits- oder Ausbildungsvertrages, so ist dieser nichtig nach § 134
BGB, soweit der Jugendliche in dem Betrieb nur mit verbotenen Arbeiten beschäftigt werden kann.

Gemäß **Abs. 2** kann die Aufsichtsbehörde nach pflichtgemäßem Ermessen vom Verbot eine **Aus-** 20
nahmebewilligung erteilen, sofern sie darüber Einvernehmen mit einem Arzt erzielt; dabei muß es
sich nicht um denselben Arzt handeln, der den Gefährdungsvermerk veranlaßt hat. Die Ausnahmebewilligung kann von dem Jugendlichen, von den Personensorgeberechtigten, dem AG oder dem gesetzlichen Vertreter des Jugendlichen beantragt werden; die Aufsichtsbehörde kann aber auch von sich aus
tätig werden. Die Bewilligung kann mit einer **Auflage** (kürzere Arbeitszeiten, zusätzliche Ruhepausen, besondere Gestaltung des Arbeitsplatzes, Nachuntersuchungen in einer bestimmten Frist) verbunden werden, wenn damit die Gefährdung des Jugendlichen vermeidbar ist. Gegen die Versagung
einer Ausnahmebewilligung steht dem Jugendlichen bzw. dem AG der Verwaltungsrechtsweg offen.

Bei einer Beschäftigung mit nach Abs. 1 verbotenen Tätigkeiten handelt der AG ordnungswidrig 21
gemäß § 58 I Nr. 25. Folgt der AG einer vollziehbaren Auflage der Behörde (Abs. 2) nicht, so handelt
er ordnungswidrig gemäß § 58 I Nr. 28. Bei schweren Verstößen macht er sich strafbar nach § 58 V,
VI. Bezeichnet der Arzt schuldhaft und fälschlicherweise eine Arbeit als gesundheitsgefährdend und
entsteht dem Jugendlichen hierdurch ein Schaden, so haftet der Arzt dem Jugendlichen aus dem
Arztvertrag; dasselbe gilt im Falle eines fälschlich nicht erteilten Gefährdungsvermerks.

XI. Aufbewahren der ärztlichen Bescheinigungen, § 41

Der AG hat die ärztlichen Originalbescheinigungen (gem. §§ 32 I, 33 bis 35, 40 II, 42) bis zur 22
Beendigung der Beschäftigung oder bis zur Vollendung des 18. Lebensjahres des Jugendlichen so
aufzubewahren, daß sie Unbefugten nicht zugänglich sind. Mit der Volljährigkeit des Jugendlichen
sind ihm alle vorhandenen Bescheinigungen herauszugeben, auch Fotokopien, Abschriften. Auf Verlangen sind die Bescheinigungen der Aufsichtsbehörde oder der Berufsgenossenschaft zur Einsicht
vorzulegen oder einzusenden, damit die Beachtung der §§ 32 ff. kontrollierbar wird.

23 Bei der Beendigung des Beschäftigungsverhältnisses sind alle vorhandenen Bescheinigungen **auszuhändigen,** Abs. 2. Diese Herausgabepflicht kann als privatrechtliche Nebenpflicht aus dem Arbeitsvertrag vor den Arbeitsgerichten geltend gemacht werden. Ein Zurückbehaltungsrecht aufgrund etwaiger Schadensersatz- oder Lohnrückforderungen hat der AG nicht, da die Aushändigungspflicht des Abs. 2 auch öffentlich-rechtlicher Natur ist. Ein Verstoß gegen die Pflichten des § 41 kann als Ordnungswidrigkeit nach § 59 I Nr. 5 geahndet werden.

XII. Eingreifen der Aufsichtsbehörde, § 42

24 Besteht ein durch Tatsachen (Betriebsbesichtigung, Anzeige) begründeter Verdacht einer Gesundheitsgefährdung, kann die Behörde den Jugendlichen **auffordern,** sich durch einen von ihr ermächtigten Arzt untersuchen zu lassen. Um Personensorgeberechtigten und AG zu ermöglichen, eine gesundheitlich unbedenkliche Beschäftigung zu finden oder Schutzvorkehrungen zu treffen, werden auch ihnen die gesundheitsgefährdenden Arbeiten mitgeteilt. Der Jugendliche kann nicht zu einer Untersuchung gezwungen werden; die Behörde kann allerdings ein Beschäftigungsverbot nach § 27 I 2 erlassen, um die befürchtete Gefährdung auszuschließen.

25 Die Untersuchung aufgrund behördlicher Aufforderung ist eine besondere Nachuntersuchung, die durch einen von der Behörde gesondert ermächtigten Arzt (zB staatlicher Gewerbearzt, Betriebsarzt) zu erfolgen hat; insofern ist § 42 eine Ausnahme zum Grundsatz der freien Arztwahl. Die Mitteilung gem. § 42 begründet selbst kein Beschäftigungsverbot, doch kann sich der AG dem Jugendlichen gegenüber schadensersatzpflichtig machen, wenn er den Jugendlichen trotz der Mitteilung weiterbeschäftigt. Umgekehrt kann der AG zur Kündigung des Arbeits- bzw. Ausbildungsvertrages berechtigt sein, wenn der Jugendliche der Aufforderung nicht nachkommt.

XIII. Freistellung für Untersuchungen, § 43

26 § 43 gibt dem Jugendlichen einen Anspruch, für alle Untersuchungen einschließlich der Wegezeiten nach den §§ 32 ff. unter Fortzahlung des Entgelts von der Verpflichtung zur Arbeit im Betrieb **freigestellt** zu werden; ausgenommen ist nur die Erstuntersuchung, da die Beschäftigung vorher ohnehin unzulässig ist. Der Jugendliche darf den Zeitpunkt der Untersuchung auch in die Arbeitszeit legen, muß dabei auf die betrieblichen Belange Rücksicht nehmen (*Zmarzlik/Anzinger* Rn. 5; *Bachmann/Lührs* Rn. 386). Ein Fernbleiberecht ohne Zustimmung des AG besteht nicht, wohl aber ein Anspruch auf deren Erteilung. Läßt der Jugendliche die Untersuchung während seiner Freizeit durchführen, hat er keinen Anspruch auf Freizeitausgleich. Der Arztbesuch wird nicht auf die höchstzulässige Arbeitszeit gem. § 8 angerechnet. Daher darf die ausgefallene Arbeitszeit nachgeholt werden; eine Verpflichtung zur Nacharbeit besteht jedoch nicht. Gem. S. 2 gilt das Lohnausfallprinzip: Der AG zahlt das Entgelt fort, das der Jugendliche verdient hätte, wenn er während der Zeit der Freistellung gearbeitet hätte. Ein Anspruch auf Fahrtkosten und andere Aufwendungen besteht nicht. Ein Verstoß des AG gegen die Freistellungsverpflichtung des § 43 S. 1 wird nach § 59 I Nr. 6 als Ordnungswidrigkeit geahndet.

XIV. Kosten der Untersuchung, § 44

27 § 44 gibt dem untersuchenden Arzt gegen das Land einen Anspruch auf **Erstattung** der Vergütung für ärztliche Leistungen bei der Untersuchung. Voraussetzung des Erstattungsanspruchs ist die Vorlage eines Untersuchungsberechtigungsscheins, § 2 JArbSchUV, der von der nach Landesrecht zuständigen Stelle ausgegeben wird. Legt der Jugendliche einen solchen Schein nicht vor, muß er selbst zahlen. Schuldner des Kostenanspruchs ist das Bundesland, das den Untersuchungsberechtigungsschein ausgegeben hat, unabhängig davon, in welchem Bundesland die Untersuchung durchgeführt wird.

XV. Gegenseitige Unterrichtung der Ärzte, § 45

28 Für Ärzte, die eine Untersuchung nach den §§ 32 ff. durchgeführt haben, normiert § 45 eine Pflicht zur **Aushändigung** der Aufzeichnungen über die Untersuchungsergebnisse zur Einsichtnahme. Dies erlaubt dem untersuchenden Arzt durch Hinzuziehung früherer Untersuchungsergebnisse eine umfassende Beurteilung des Gesundheitszustandes und der Leistungsfähigkeit des Jugendlichen. Die in Abs. 1 Nr. 1 und 2 genannten Ärzte sind dadurch zugleich berechtigt, Einsichtnahme zu fordern. Der staatliche Gewerbearzt kann Aktenaushändigung auch verlangen, um die Aufsichtsbehörde zu beraten, §§ 40 II, 42; daß er selbst eine Nachuntersuchung durchführt, ist nicht vorausgesetzt. Die Aushändigung der Unterlagen erfolgt nur zur Einsicht, nicht zum Verbleib.

29 Einem untersuchenden Arzt kann darüber hinaus gem. Abs. 2 durch den Amtsarzt **Einsicht** in andere Unterlagen über Gesundheit und Entwicklung gewährt werden. Die Entscheidung über die Einsicht steht im Ermessen des Amtsarztes und ist VA. Erfaßt werden Unterlagen, die zB bei schulärztlichen Untersuchungen oder bei Inanspruchnahme der Fürsorge- und Beratungsstellen des Ge-

sundheitsamtes entstanden sind. Alle Unterrichtungsrechte setzen ein entsprechendes Verlangen des untersuchenden Arztes auf Einsicht voraus sowie eine Einverständniserklärung der Personensorgeberechtigten und des betroffenen Jugendlichen, vgl. § 203 I Nr. 1, § 353 b StGB.

XVI. Ermächtigungen, § 46

Aufgrund der Ermächtigung des § 46 I ist die JArbSchUV vom 16. 10. 1990 erlassen worden. Sie standardisiert durch einheitliche Erhebungs- und Untersuchungsbögen die Untersuchung und erleichtert eine einheitliche gesundheitliche Betreuung der Jugendlichen im gesamten Bundesgebiet. 30

Durch Abs. 2 Nr. 1 werden die Landesregierungen ermächtigt, durch Rechtsverordnung Untersuchungen miteinander zu verbinden. Da Jugendliche relativ oft in kurzen Abständen nicht nur nach dem JArbSchG, sondern auch bei Schulabschluß, nach den Bergverordnungen der Länder sowie aufgrund von Arbeitsschutz- und Unfallverhütungsvorschriften untersucht werden, können sich bei einer getrennten Durchführung all dieser Untersuchungen erhebliche Belastungen für die Beteiligten ergeben (BT-Drucks. 7/2305 S. 36); einer dadurch bedingten Untersuchungsunlust soll begegnet werden (BT-Drucks. 7/2305 S. 36). Gem. Abs. 2 Nr. 2 können die Landesregierungen weiterhin Pauschbeträge für die Kosten der Untersuchung und Vorschriften über die Kostenerstattung beim Zusammentreffen mehrerer Untersuchungen festsetzen; alle Bundesländer haben von dieser Ermächtigung Gebrauch gemacht. 31

Vierter Abschnitt. Durchführung des Gesetzes

Erster Titel. Aushänge und Verzeichnisse

§ 47 Bekanntgabe des Gesetzes und der Aufsichtsbehörde

Arbeitgeber, die regelmäßig mindestens einen Jugendlichen beschäftigen, haben einen Abdruck dieses Gesetzes und die Anschrift der zuständigen Aufsichtsbehörde an geeigneter Stelle im Betrieb zur Einsicht auszulegen oder auszuhängen.

§ 48 Aushang über Arbeitszeit und Pausen

Arbeitgeber, die regelmäßig mindestens drei Jugendliche beschäftigen, haben einen Aushang über Beginn und Ende der regelmäßigen täglichen Arbeitszeit und der Pausen der Jugendlichen an geeigneter Stelle im Betrieb anzubringen.

§ 49 Verzeichnisse der Jugendlichen

Arbeitgeber haben Verzeichnisse der bei ihnen beschäftigten Jugendlichen unter Angabe des Vor- und Familiennamens, des Geburtsdatums und der Wohnanschrift zu führen, in denen das Datum des Beginns der Beschäftigung bei ihnen, bei einer Beschäftigung unter Tage auch das Datum des Beginns dieser Beschäftigung, enthalten ist.

§ 50 Auskunft; Vorlage der Verzeichnisse

(1) Der Arbeitgeber ist verpflichtet, der Aufsichtsbehörde auf Verlangen
1. die zur Erfüllung ihrer Aufgaben erforderlichen Angaben wahrheitsgemäß und vollständig zu machen,
2. die Verzeichnisse gemäß § 49, die Unterlagen, aus denen Name, Beschäftigungsart und -zeiten der Jugendlichen sowie Lohn- und Gehaltszahlungen ersichtlich sind, und alle sonstigen Unterlagen, die sich auf die nach Nummer 1 zu machenden Angaben beziehen, zur Einsicht vorzulegen oder einzusenden.

(2) Die Verzeichnisse und Unterlagen sind mindestens bis zum Ablauf von zwei Jahren nach der letzten Eintragung aufzubewahren.

1. Normzweck. Die Vorschriften sollen sicherstellen, daß sich Jugendliche über ihre Rechte jederzeit informieren und ggf. prüfen können, ob der AG die ihrem Schutz dienenden Vorschriften einhält. Zugleich soll klargestellt werden, wer Fragen zum Jugendarbeitsschutz beantwortet (BT-Drucks. 7/2305 S. 36). 1

2. Bekanntgabe des Gesetzes und der Aufsichtsbehörde, § 47. Wer regelmäßig mindestens einen Jugendlichen beschäftigt, muß einen Abdruck des JArbSchG an einer geeigneten Stelle im Betrieb 2

auslegen. Regelmäßigkeit liegt vor, wenn Jugendliche üblicherweise, durchweg, nicht nur hin und wieder tätig sind. Zum Begriff des Betriebes gilt § 4 BetrVG (vgl. dort Rn. 2 ff.). Das Gesetz ist in fehlerfreiem und lesbarem Zustand sowie in der jeweils gültigen Fassung auszulegen. Zur Auslage einer fremdsprachigen Version ist der AG nicht durch § 47 verpflichtet; aus der Fürsorgepflicht kann sich aber die Verpflichtung zur Information ausländischer Jugendlicher ergeben, zumal die fremdsprachigen Texte bei den Gewerkschaften und der Berufsgenossenschaften idR erhältlich sind. Zur Auslage **geeignet** ist eine Stelle, die leicht zugänglich ist und an der der Abdruck des Gesetzes ohne Inanspruchnahme Dritter gelesen werden kann, wie zB die Arbeitsräume und die dazugehörenden Treppen und Flure, der Aushangkasten, das Schwarze Brett, die Umkleideräume, die Pausenräume und die Kantine; Räume des AG und der Vorgesetzten sind ungeeignet, da hier idR eine ungestörte Einsichtnahme nicht möglich ist. Ebenfalls auszuhängen ist die Anschrift der zuständigen Aufsichtsbehörde, § 51 I. Ein Verstoß gegen § 47 begründet eine Ordnungswidrigkeit gem. § 59 I Nr. 7.

3   **3. Aushang über Arbeitszeit und Pausen, § 48.** § 48 erleichtert den Jugendlichen oder der Aufsichtsbehörde die Kontrolle der Einhaltung der Vorschriften über Dauer und Lage der Arbeitszeit und der Pausen. Gleichzeitig gewährleistet die Aushangpflicht, daß regelmäßige Pausen tatsächlich festgelegt werden. Regelmäßige tägliche Arbeitszeit ist die betriebsübliche Arbeitszeit, die nicht nur hin und wieder praktiziert wird. Auch nur vorübergehende Änderungen wie zB Kurzarbeit begründen eine Aushangpflicht, wenn sie eine gewisse Zeit andauern (*Bachmann/Lührs* Rn. 404; *Schoden* Rn. 1; aA *Zmarzlik/Anzinger* Rn. 5). Pausen, deren Beginn und Ende im Aushang anzugeben ist, sind die Unterbrechungen der Arbeit von mindestens 15 Minuten iSd. § 11; kürzere Arbeitsunterbrechungen brauchen nicht aufgeführt zu werden. Im Unterschied zu § 47 kommt § 48 nur zur Anwendung, wenn der AG regelmäßig mindestens drei Jugendliche beschäftigt.

4   **4. Verzeichnisse der Jugendlichen, § 49.** Die Verpflichtung zur Erstellung eines Verzeichnisses erleichtert der Aufsichtsbehörde die ihr nach § 51 I obliegende Aufsicht über die Einhaltung der Vorschriften. Die **Verzeichnispflicht** besteht, sobald auch nur ein Jugendlicher beschäftigt wird; „regelmäßige" Beschäftigung ist nicht vorausgesetzt.

5   Inhalt des Verzeichnisses sind die personenbezogenen Angaben sowie das Datum des Beschäftigungsbeginns. Der AG ist bei der Aufstellung des Verzeichnisses nicht an eine bestimmte Form gebunden, insb. wird nicht ein für alle Jugendlichen einheitliches Verzeichnis vorausgesetzt. Verstöße gegen § 49 werden nach § 59 I Nr. 9 als Ordnungswidrigkeit geahndet.

6   **5. Auskunft und Vorlage der Verzeichnisse, § 50.** Abs. 1 begründet eine umfassende Auskunftspflicht des AG gegenüber der Aufsichtsbehörde (§ 51). Auf Verlangen sind gem. **Abs. 1 Nr. 1** alle Tatsachen **mitzuteilen**, die die Behörde kennen muß, damit sie ihre Kontrollaufgabe wahrnehmen kann. Die Angaben müssen der Wahrheit entsprechen und vollständig sein. Ein Auskunftsverweigerungsrecht besteht nicht, solange die von der Behörde verlangten Angaben offensichtlich mit dem JArbSchG in Zusammenhang stehen.

7   Abs. 1 Nr. 2 verpflichtet den AG darüber hinaus zur **Vorlage bzw. Einsendung** von Verzeichnissen und Unterlagen zur Beschäftigung des Jugendlichen (Stempelkarten, Aufzeichnungen über Arbeitszeiten, Pausen und Urlaub, Briefwechsel mit der Berufsschule, der Handwerkskammer oder der Industrie- und Handelskammer, Lohn- und Gehaltslisten, betriebliche Ausbildungspläne). Die Aufsichtsbehörde kann zwischen der Vorlage zur Einsicht und der Einsendung von Unterlagen wählen. Die Kosten der Übersendung muß idR der AG tragen, nicht jedoch die Kosten zur Anfertigung von Fotokopien und Abschriften.

8   Die Unterlagen sind nach Abs. 2 vom AG für eine Dauer von zwei Jahren aufzubewahren, da einige Ordnungswidrigkeiten nach dem JArbSchG erst nach zwei Jahren verjähren, § 31 II Nr. 2 OWiG. Verstöße gegen § 50 I, II werden nach § 59 I Nr. 10 als Ordnungswidrigkeit geahndet.

Zweiter Titel. Aufsicht

§ 51 Aufsichtsbehörde; Besichtigungsrechte und Berichtspflicht

(1) ¹Die Aufsicht über die Ausführung dieses Gesetzes und der auf Grund dieses Gesetzes erlassenen Rechtsverordnungen obliegt der nach Landesrecht zuständigen Behörde (Aufsichtsbehörde). ²Die Landesregierung kann durch Rechtsverordnung die Aufsicht über die Ausführung dieser Vorschriften in Familienhaushalten auf gelegentliche Prüfungen beschränken.

(2) ¹Die Beauftragten der Aufsichtsbehörde sind berechtigt, die Arbeitsstätten während der üblichen Betriebs- und Arbeitszeit zu betreten und zu besichtigen; außerhalb dieser Zeit oder wenn sich die Arbeitsstätten in einer Wohnung befinden, dürfen sie nur zur Verhütung von dringenden Gefahren für die öffentliche Sicherheit und Ordnung betreten und besichtigt werden. ²Der Arbeitgeber hat das Betreten und Besichtigen der Arbeitsstätten zu gestatten. ³Das Grund-

recht der Unverletzlichkeit der Wohnung (Artikel 13 des Grundgesetzes) wird insoweit eingeschränkt.

(3) Die Aufsichtsbehörden haben im Rahmen der Jahresberichte nach § 139 b Abs. 3 der Gewerbeordnung über ihre Aufsichtstätigkeit gemäß Absatz 1 zu berichten.

§ 52 Unterrichtung über Lohnsteuerkarten an Kinder

Über die Ausstellung von Lohnsteuerkarten an Kinder im Sinne des § 2 Abs. 1 und 3 ist die Aufsichtsbehörde durch die ausstellende Behörde zu unterrichten.

§ 53 Mitteilung über Verstöße

¹ Die Aufsichtsbehörde teilt schwerwiegende Verstöße gegen die Vorschriften dieses Gesetzes oder gegen die auf Grund dieses Gesetzes erlassenen Rechtsverordnungen der nach dem Berufsbildungsgesetz oder der Handwerksordnung zuständigen Stelle mit. ² Das zuständige Arbeitsamt erhält eine Durchschrift dieser Mitteilung.

§ 54 Ausnahmebewilligungen

(1) ¹ Ausnahmen, die die Aufsichtsbehörde nach diesem Gesetz oder den auf Grund dieses Gesetzes erlassenen Rechtsverordnungen bewilligen kann, sind zu befristen. ² Die Ausnahmebewilligungen können
1. mit einer Bedingung erlassen werden,
2. mit einer Auflage oder mit einem Vorbehalt der nachträglichen Aufnahme, Änderung oder Ergänzung einer Auflage verbunden werden und
3. jederzeit widerrufen werden.

(2) Ausnahmen können nur für einzelne Beschäftigte, einzelne Betriebe oder einzelne Teile des Betriebs bewilligt werden.

(3) Ist eine Ausnahme für einen Betrieb oder einen Teil des Betriebs bewilligt worden, so hat der Arbeitgeber hierüber an geeigneter Stelle im Betrieb einen Aushang anzubringen.

1. **Aufsichtsbehörde; Besichtigungsrechte und Berichtspflicht, § 51.** Die Aufsicht über die Ausführung dieses Gesetzes und der aufgrund dieses Gesetzes erlassenen Rechtsverordnungen obliegen der nach Landesrecht zuständigen Behörde. Die meisten Länder haben als zuständige Behörde die staatlichen **Gewerbeaufsichtsämter** bestimmt, für bergbauliche Betriebe bundeseinheitlich die Bergämter. In Berlin ist Aufsichtsbehörde das Landesamt für Arbeitsschutz und technische Sicherheit, in Brandenburg, Hamburg und Thüringen das Amt für Arbeitsschutz, in Hessen das Staatliche Amt für Arbeitsschutz und Sicherheitstechnik. Die Entscheidungen und Anordnungen der Aufsichtsbehörde sind VA, gegen die dem AG der Verwaltungsrechtsweg offensteht.

Die Aufsichtsbehörde hat die Einhaltung der gesetzlichen Vorschriften zu überwachen, kann Auskünfte nach § 50 einholen, den Betrieb besichtigen, begründeten Beschwerden und Anzeigen nachgehen sowie helfend, beratend und notfalls klärend eingreifen. Daneben ist sie berechtigt, Ausnahmebewilligungen zu erteilen und nach den Verwaltungsvollstreckungsgesetzen der Länder auch Anordnungen zu treffen (§§ 6, 14 V bis VII, 27 I bis III, 28 III, 30, 40 II, 42, 52, 53, 56, 57 IV), die sie mit verwaltungsrechtlichen Zwangsmitteln durchsetzen kann. Für **Familienhaushalte** können die Landesregierungen gem. Abs. 1 S. 2 die Aufsicht auf gelegentliche Prüfungen beschränken. Allein wegen der großen Zahl der Haushalte wäre eine mit laufenden Kontrollen verbundene Aufsicht besonders schwierig und mit hohem Verwaltungsaufwand verbunden (vgl. BT-Drucks. 3/317 S. 34). Die Länder haben von der Ermächtigung Gebrauch gemacht.

Abs. 2 berechtigt die Beauftragten der Aufsichtsbehörde, die Arbeitsstätten (§ 28 Rn. 3) während der üblichen Betriebs- und Arbeitszeit zu **betreten und zu besichtigen.** Befindet sich die Arbeitsstätte in einer Wohnung oder werden Zutritt und Besichtigung außerhalb der üblichen Betriebs- und Arbeitszeit verlangt, ist dieses nur zulässig, wenn dies zur Verhütung von dringenden Gefahren für die Gesundheit oder Entwicklung eines Jugendlichen erforderlich ist. **Beauftragte der Aufsichtsbehörde** sind die Gewerbeaufsichtsbeamten und die Gewerbeärzte, im Bedarfsfall aber auch andere fachkundige Personen. Eine **Ankündigung** der Arbeitsstättenbesichtigung ist nicht vorgeschrieben.

Gemäß **Abs. 3** haben die Aufsichtsbehörden im Rahmen der Jahresberichte nach § 139 b III GewO über ihre Aufsichtstätigkeit über die Ministerien an die Länderparlamente zu **berichten.** Dieser Bericht wird zusammen mit dem Bericht des Landesausschusses für Jugendarbeitsschutz nach § 57 III veröffentlicht.

2. **Unterrichtung über Lohnsteuerkarten an Kinder, § 52.** § 52 dient der Aufdeckung unzulässiger Kinderarbeit. Die Unterrichtung umfaßt den Namen, das Geburtsdatum, die Wohnanschrift des

Kindes, für das die Lohnsteuerkarte ausgestellt worden ist. Kinder sind Personen unter 15 Jahren (§ 2 I), doch hat die Unterrichtung auch zu erfolgen, wenn vollzeitschulpflichtigen Jugendlichen eine Lohnsteuerkarte ausgestellt wird (§ 2 III). Der Gesetzeszweck wird jedoch im Regelfalle verfehlt werden (vgl. auch die Kritik des Bundesrates in BR-Drucks. 186/98 v. 8. 5. 1998), weil die Mehrheit der Schüler ohne Vorlage einer Lohnsteuerkarte beschäftigt wird; die Lohnsteuer kann für geringfügig oder kurzfristig Beschäftigte pauschaliert abgeführt werden. Eine effektive Überwachung der Kinderarbeit wird somit ohne eine Meldepflicht mißlingen.

6 **3. Mitteilung über Verstöße, § 53.** Die Aufsichtsbehörde informiert andere Behörden über **schwerwiegende Verstöße** gegen das JArbSchG oder die aufgrund dieses Gesetzes erlassenen Rechtsverordnungen, damit diese ggf. den Verantwortlichen die Ausbildung untersagen können, §§ 23, 24 BBiG. Die für die Arbeitsplatzvermittlung zuständigen Arbeitsämter sollen Jugendliche nur an Berufsausbildungs- und Arbeitsplätze vermitteln, bei denen die Gefahr einer Gefährdung des Jugendlichen nicht besteht. Ein Verstoß ist idR schwerwiegend, wenn er in § 58 mit Strafe oder Bußgeld bedroht ist. Bei Verstößen, die nach § 59 bußgeldbewehrt sind, muß sich die Einschätzung als schwerwiegend aus den Umständen der Begehung ergeben (wiederholt, uneinsichtig, rücksichtslos gewinnstrebend).

7 **4. Ausnahmebewilligungen, § 54.** Die Aufsichtsbehörde kann in den Fällen der §§ 6, 14 VI, VII, 27 III und 40 II **Ausnahmebewilligungen** von Beschäftigungsverboten erteilen. Diese Ausnahmebewilligungen sind nach § 54 I zu befristen. Ohne Befristung ist die Ausnahmebewilligung nichtig (*Zmarzlik/Anzinger* Rn. 5; *Schoden* Rn. 1). Mehrere befristete, zeitlich aneinander anschließende Ausnahmebewilligungen sind nur zulässig, wenn das dem Zweck des Befristungsgebotes nicht widerspricht. Die Ausnahmebewilligungen können nach pflichtgemäßem Ermessen der Behörde mit einer Bedingung oder Auflage versehen werden, Abs. 1 S. 2 Nr. 1 und 2. Die Nichterfüllung einer Auflage führt nicht zur Unwirksamkeit der Bewilligung; die Auflage muß lediglich mit Zwangsmitteln durchgesetzt werden. Die Ausnahmebewilligung kann zudem nach Abs. 1 Nr. 3 jederzeit **widerrufen** werden. Die Ausübung des Widerrufs steht grds. im Ermessen der Behörde, ist aber verpflichtend, falls die Voraussetzungen für die Erteilung der Ausnahmebewilligung nachträglich weggefallen sind oder wenn der Schutzzweck des JArbSchG nur durch einen Widerruf erreicht werden kann.

8 Gem. Abs. 2 sind Ausnahmebewilligungen nur im **Einzelfall** möglich, nicht für einen Ausbildungsberuf oder Wirtschaftszweig insgesamt. Ist die Ausnahme für einen ganzen Betrieb oder Betriebsteil bewilligt worden, so hat der AG hierüber an geeigneter Stelle einen Aushang anzubringen, Abs. 3, damit die Jugendlichen, der BR und die Jugendvertretung über Art und Umfang der Ausnahme Kenntnis erlangen. Auch die erteilten Auflagen und Bedingungen sowie die Befristung sind dem Aushang beizufügen.

Dritter Titel. Ausschüsse für Jugendarbeitsschutz

§ 55 Bildung des Landesausschusses für Jugendarbeitsschutz

(1) Bei der von der Landesregierung bestimmten obersten Landesbehörde wird ein Landesausschuß für Jugendarbeitsschutz gebildet.

(2) Dem Landesausschuß gehören als Mitglieder an:
1. je sechs Vertreter der Arbeitgeber und der Arbeitnehmer,
2. ein Vertreter des Landesjugendringes,
3. je ein Vertreter des Landesarbeitsamtes, des Landesjugendamtes, der für das Gesundheitswesen zuständigen obersten Landesbehörde und der für die berufsbildenden Schulen zuständigen obersten Landesbehörde und
4. ein Arzt.

(3) Die Mitglieder des Landesausschusses werden von der von der Landesregierung bestimmten obersten Landesbehörde berufen, die Vertreter der Arbeitgeber und Arbeitnehmer auf Vorschlag der auf Landesebene bestehenden Arbeitgeberverbände und Gewerkschaften, der Arzt auf Vorschlag der Landesärztekammer, die übrigen Vertreter auf Vorschlag der in Absatz 2 Nr. 2 und 3 genannten Stellen.

(4) [1]Die Tätigkeit im Landesausschuß ist ehrenamtlich. [2]Für bare Auslagen und für Entgeltausfall ist, soweit eine Entschädigung nicht von anderer Seite gewährt wird, eine angemessene Entschädigung zu zahlen, deren Höhe nach Landesrecht oder von der von der Landesregierung bestimmten obersten Landesbehörde festgesetzt wird.

(5) Die Mitglieder können nach Anhören der an ihrer Berufung beteiligten Stellen aus wichtigem Grund abberufen werden.

(6) [1]Die Mitglieder haben Stellvertreter. [2]Die Absätze 2 bis 5 gelten für die Stellvertreter entsprechend.

(7) ¹Der Landesausschuß wählt aus seiner Mitte einen Vorsitzenden und dessen Stellvertreter. ²Der Vorsitzende und sein Stellvertreter sollen nicht derselben Mitgliedergruppe angehören.

(8) ¹Der Landesausschuß gibt sich eine Geschäftsordnung. ²Die Geschäftsordnung kann die Bildung von Unterausschüssen vorsehen und bestimmen, daß ihnen ausnahmsweise nicht nur Mitglieder des Landesausschusses angehören. ³Absatz 4 Satz 2 gilt für die Unterausschüsse hinsichtlich der Entschädigung entsprechend. ⁴An den Sitzungen des Landesausschusses und der Unterausschüsse können Vertreter der beteiligten obersten Landesbehörden teilnehmen.

§ 56 Bildung des Ausschusses für Jugendarbeitsschutz bei der Aufsichtsbehörde

(1) ¹Bei der Aufsichtsbehörde wird ein Ausschuß für Jugendarbeitsschutz gebildet. ²In Städten, in denen mehrere Aufsichtsbehörden ihren Sitz haben, wird ein gemeinsamer Ausschuß für Jugendarbeitsschutz gebildet. ³In Ländern, in denen nicht mehr als zwei Aufsichtsbehörden eingerichtet sind, übernimmt der Landesausschuß für Jugendarbeitsschutz die Aufgaben dieses Ausschusses.

(2) Dem Ausschuß gehören als Mitglieder an:
1. je sechs Vertreter der Arbeitgeber und der Arbeitnehmer,
2. ein Vertreter des im Bezirk der Aufsichtsbehörde wirkenden Jugendringes,
3. je ein Vertreter eines Arbeits-, Jugend- und Gesundheitsamtes,
4. ein Arzt und ein Lehrer an einer berufsbildenden Schule.

(3) ¹Die Mitglieder des Jugendarbeitsschutzausschusses werden von der Aufsichtsbehörde berufen, die Vertreter der Arbeitgeber und Arbeitnehmer auf Vorschlag der im Aufsichtsbezirk bestehenden Arbeitgeberverbände und Gewerkschaften, der Arzt auf Vorschlag der Ärztekammer, der Lehrer auf Vorschlag der nach Landesrecht zuständigen Behörde, die übrigen Vertreter auf Vorschlag der in Absatz 2 Nr. 2 und 3 genannten Stellen. ²§ 55 Abs. 4 bis 8 gilt mit der Maßgabe entsprechend, daß die Entschädigung von der Aufsichtsbehörde mit Genehmigung der von der Landesregierung bestimmten obersten Landesbehörde festgesetzt wird.

§ 57 Aufgaben der Ausschüsse

(1) ¹Der Landesausschuß berät die oberste Landesbehörde in allen allgemeinen Angelegenheiten des Jugendarbeitsschutzes und macht Vorschläge für die Durchführung dieses Gesetzes. ²Er klärt über Inhalt und Ziel des Jugendarbeitsschutzes auf.

(2) Die oberste Landesbehörde beteiligt den Landesausschuß in Angelegenheiten von besonderer Bedeutung, insbesondere vor Erlaß von Rechtsvorschriften zur Durchführung dieses Gesetzes.

(3) Der Landesausschuß hat über seine Tätigkeit im Zusammenhang mit dem Bericht der Aufsichtsbehörden nach § 51 Abs. 3 zu berichten.

(4) ¹Der Ausschuß für Jugendarbeitsschutz bei der Aufsichtsbehörde berät diese in allen allgemeinen Angelegenheiten des Jugendarbeitsschutzes und macht dem Landesausschuß Vorschläge für die Durchführung dieses Gesetzes. ²Er klärt über Inhalt und Ziel des Jugendarbeitsschutzes auf.

1. Landesausschuß, § 55. § 55 I verpflichtet die jeweiligen Landesregierungen zur Bildung eines 1 **Landesausschusses** für Jugendarbeitsschutz bei einer zu bestimmenden obersten Landesbehörde. Alle Landesregierungen haben ihre jeweiligen Ministerien für Arbeit und/oder Soziales als oberste Landesbehörde in diesem Sinne bestimmt (*Zmarzlik/Anzinger* Rn. 6). In der Praxis liegt bei dieser Landesbehörde auch die Geschäftsführung, die die zur Vorbereitung und Durchführung der Ausschußsitzungen erforderliche Organisation übernimmt. Die Aufgabe des Ausschusses besteht in der Beratungs- und Vorschlagstätigkeit auf dem Gebiet des Arbeitsschutzes (§ 57 I), nicht in der Kontrolle von Behörden.

Abs. 2 regelt die **Zusammensetzung** des Ausschusses abschließend und zwingend. Er hat 18 Mit- 2 glieder, die möglichst alle betroffenen Interessen widerspiegeln und drei verschiedenen Gruppen angehören: 6 ANVertreter, 6 AGVertreter, sowie die sog. neutrale Gruppe mit 5 Behördenvertretern und einem Arzt. Dabei können auch Jugendliche bzw. Auszubildende berücksichtigt werden. Die **Berufung** der Mitglieder erfolgt durch die oberste Landesbehörde, Abs. 3. Sie ist dabei an die Vorschläge der Verbände und Institutionen gebunden, hat aber aus wichtigem Grund entsprechend dem Verfahren der Abberufung (Abs. 5) ein Ablehnungsrecht. Über die Dauer der Berufung schweigt das Gesetz. ZT wird daher angenommen, daß der Ausschuß dies selbst in seiner Geschäftsordnung festlegen kann (*Schoden* Rn. 18; auch BT-Drucks. 7/2305 S. 37; aA *Zmarzlik/Anzinger* Rn. 15). Die Tätigkeit im Landesausschuß ist ehrenamtlich, Abs. 4. Da das Ehrenamt im öffentlichen Interesse ausgeübt wird, sind die Mitglieder für die ordnungsgemäße Wahrnehmung ihrer Aufgaben von dienstoder arbeitsvertraglichen Pflichten freizustellen. Den Mitgliedern steht aus Abs. 4 S. 2 eine angemessene Entschädigung für Auslagen und Entgeltausfall zu, soweit eine solche nicht von anderer Seite gewährt wird.

3   Abs. 5 regelt die Beendigung der Mitgliedschaft durch **Abberufung,** doch bleibt auch die Niederlegung des Mandats möglich. Die Abberufung ist eine Ermessensentscheidung der obersten Landesbehörde, die auch die Berufung vorgenommen hat. Voraussetzung ist die Anhörung der vorschlagenden Stelle sowie ein wichtiger Grund. Der an der Berufung beteiligten Stelle ist vor einer Abberufung die Möglichkeit zur Stellungnahme zu geben; an sie besteht aber keine Bindung. Für die Ausschußmitglieder sind Stellvertreter zu berufen, § 55 VI, für die die Abs. 2 bis 5 entsprechend gelten.

4   Der Landesausschuß hat aus seiner Mitte einen **Vorsitzenden** und dessen **Stellvertreter** zu wählen, Abs. 7. Beide müssen also ordentliche Mitglieder des Ausschusses sein und sollen nicht derselben Mitgliedergruppe angehören. Einzelheiten zu Wahl und Aufgaben des Vorsitzenden sind vom Landesausschuß in der Geschäftsordnung festzulegen. Eine solche **Geschäftsordnung** ist nach Abs. 8 zwingend vorgeschrieben; sie kann alle Verfahrensfragen regeln, ausdrücklich angesprochen ist allein die Möglichkeit der Bildung von Unterausschüssen, in denen schwierigere und umfangreichere Entscheidungen in kleinerem Kreis vorbereitet werden können. Ihnen kommen allerdings nur Hilfsfunktionen zu, die Entscheidungen müssen im Landesausschuß selbst getroffen werden. Den Unterausschußmitgliedern steht eine angemessene Entschädigung für bare Auslagen und Entgeltausfall zu, Abs. 8 S. 3. Vertreter aller beteiligten obersten Landesbehörden können an den Sitzungen des Landesausschusses und der Unterausschüsse teilnehmen, Abs. 8 S. 4; ihre Vertreter haben allerdings kein Stimmrecht, sondern können sich nur über die Arbeit des Ausschusses informieren, sich zu den besprochenen Themen äußern und auch Anregungen geben.

5   **2. Ausschuß bei der Aufsichtsbehörde, § 56.** Ausschüsse für Jugendarbeitsschutz sind zusätzlich zwingend bei allen Aufsichtsbehörden zu bilden. Hierdurch soll eine örtliche Nähe zu den Betrieben geschaffen und ein besserer Kontakt zu den betroffenen AG und Jugendlichen ermöglicht werden (BT-Drucks. 7/2305 S. 37). Hat eine Stadt mehrere Aufsichtsbehörden, so ist ein gemeinsamer Ausschuß zu bilden, § 56 I 2. Bestehen in einem Bundesland nicht mehr als zwei Aufsichtsbehörden, übernimmt der Landesausschuß die Aufgaben des Ausschusses bei der Aufsichtsbehörde, Abs. 1 S. 3. Die in Abs. 2 geregelte Zusammensetzung des Ausschusses entspricht weitgehend der Zusammensetzung des Landesausschusses, vgl. § 55 Rn. 2. Zu den sonstigen Mitgliedern gehört auch ein Lehrer einer berufsbildenden Schule, der aber nicht als Vertreter seiner Schule berufen wird, sondern als pädagogischer Fachmann. Gem. Abs. 3 werden die Mitglieder auf Vorschlag der Verbände des Aufsichtsbezirks von der Aufsichtsbehörde berufen. Als Mitglieder vorgeschlagen werden sollen vor allem Personen, die mit den örtlichen Verhältnissen im Bezirk der Aufsichtsbehörde vertraut sind.

6   **3. Aufgaben der Ausschüsse, § 57.** Aufgabe des Landesausschusses ist die Beratung der obersten Landesbehörde in allgemeinen Angelegenheiten des Jugendarbeitsschutzes, die Ausarbeitung von Vorschlägen zur besseren Durchführung des Gesetzes sowie die Aufklärung über Inhalt und Ziele des Jugendarbeitsschutzes, Abs. 1. Der Begriff der **allgemeinen Angelegenheiten** (BT-Drucks. 7/2305 S. 48) umfaßt insb. den Erlaß von Rechtsverordnungen, Verwaltungsvorschriften, Richtl. oder Runderlassen, sowie die Planung von Aufklärungsaktionen. Der Landesausschuß kann von sich aus oder auf Anregung der obersten Landesbehörde tätig werden. Um beraten zu können, hat der Landesausschuß von der Landesbehörde unaufgefordert alle notwendigen Informationen über die Angelegenheiten des Jugendarbeitsschutzes zu erhalten. Gegebenenfalls kann er weitere Informationen anfordern. Er soll AG, Jugendliche, Eltern, Ausbilder und Lehrer über Inhalt und Ziel des Jugendarbeitsschutzes **aufklären,** Abs. 1 S. 2, zB durch Fachtagungen, das Erstellen von Filmen und die Herausgabe von Broschüren, Lehrerfortbildungsveranstaltungen, Plakatwettbewerbe oder Preisausschreiben, Unterrichtshilfen etc. (*Zmarzlik/Anzinger* Rn. 10). Die dafür erforderlichen Mittel stellt die Landesbehörde.

7   Gemäß Abs. 2 hat die oberste Landesbehörde den Landesausschuß in Angelegenheiten von besonderer Bedeutung zu beteiligen; eigene Entscheidungsrechte hat der Landesausschuß aber nicht. **Angelegenheiten von besonderer Bedeutung** sind solche, die wesentlichen Einfluß auf die Ausgestaltung des Jugendarbeitsschutzes haben, wie der Erlaß von Rechtsvorschriften, oder Verwaltungsvorschriften zur Durchführung des Gesetzes oder zur Ahndung von Ordnungswidrigkeiten bzw. die Vorbereitung einer Gesetzesinitiative. Der Landesausschuß hat gem. Abs. 3 jährlich einen Tätigkeitsbericht zu erstellen, um auf Probleme bei Einhaltung und Überwachung des JArbSchG hinzuweisen. Der Bericht ist zusammen mit dem Jahresbericht der Aufsichtsbehörden (§ 51 III) zu veröffentlichen.

8   Der **Ausschuß für Jugendarbeitsschutz bei der Aufsichtsbehörde** (Abs. 4) hat ihr gegenüber ebenfalls nur eine Beratungsfunktion, beschränkt auf den Tätigkeitsbereich der Aufsichtsbehörde. Der Ausschuß kann weiter dem Landesausschuß Vorschläge für die Durchführung des Gesetzes machen.

Fünfter Abschnitt. Straf- und Bußgeldvorschriften

§ 58 Bußgeld- und Strafvorschriften

(1) Ordnungswidrig handelt, wer als Arbeitgeber vorsätzlich oder fahrlässig
1. entgegen § 5 Abs. 1, auch in Verbindung mit § 2 Abs. 3, ein Kind oder einen Jugendlichen, der der Vollzeitschulpflicht unterliegt, beschäftigt,
2. entgegen § 5 Abs. 3 Satz 1 oder Satz 3, jeweils auch in Verbindung mit § 2 Abs. 3, ein Kind über 13 Jahre oder einen Jugendlichen, der der Vollzeitschulpflicht unterliegt, in anderer als der zugelassenen Weise beschäftigt,
3. *(aufgehoben)*
4. entgegen § 7 Satz 1 Nr. 2, auch in Verbindung mit einer Rechtsverordnung nach § 26 Nr. 1, ein Kind, das der Vollzeitschulpflicht nicht mehr unterliegt, in anderer als der zugelassenen Weise beschäftigt,
5. entgegen § 8 einen Jugendlichen über die zulässige Dauer der Arbeitszeit hinaus beschäftigt,
6. entgegen § 9 Abs. 1 oder 4 in Verbindung mit Absatz 1 eine dort bezeichnete Person an Berufsschultagen oder in Berufsschulwochen nicht freistellt,
7. entgegen § 10 Abs. 1 einen Jugendlichen für die Teilnahme an Prüfungen oder Ausbildungsmaßnahmen oder an dem Arbeitstag, der der schriftlichen Abschlußprüfung unmittelbar vorangeht, nicht freistellt,
8. entgegen § 11 Abs. 1 oder 2 Ruhepausen nicht, nicht mit der vorgeschriebenen Mindestdauer oder nicht in der vorgeschriebenen zeitlichen Lage gewährt,
9. entgegen § 12 einen Jugendlichen über die zulässige Schichtzeit hinaus beschäftigt,
10. entgegen § 13 die Mindestfreizeit nicht gewährt,
11. entgegen § 14 Abs. 1 einen Jugendlichen außerhalb der Zeit von 6 bis 20 Uhr oder entgegen § 14 Abs. 7 Satz 3 vor Ablauf der Mindestfreizeit beschäftigt,
12. entgegen § 15 einen Jugendlichen an mehr als fünf Tagen in der Woche beschäftigt,
13. entgegen § 16 Abs. 1 einen Jugendlichen an Samstagen beschäftigt oder entgegen § 16 Abs. 3 Satz 1 den Jugendlichen nicht freistellt,
14. entgegen § 17 Abs. 1 einen Jugendlichen an Sonntagen beschäftigt oder entgegen § 17 Abs. 2 Satz 2 Halbsatz 2 oder Abs. 3 Satz 1 den Jugendlichen nicht freistellt,
15. entgegen § 18 Abs. 1 einen Jugendlichen am 24. oder 31. Dezember nach 14 Uhr oder an gesetzlichen Feiertagen beschäftigt oder entgegen § 18 Abs. 3 nicht freistellt,
16. entgegen § 19 Abs. 1, auch in Verbindung mit Abs. 2 Satz 1 oder 2, oder entgegen § 19 Abs. 3 Satz 2 oder Abs. 4 Satz 2 Urlaub nicht oder nicht mit der vorgeschriebenen Dauer gewährt,
17. entgegen § 21 Abs. 2 die geleistete Mehrarbeit durch Verkürzung der Arbeitszeit nicht ausgleicht,
18. entgegen § 22 Abs. 1, auch in Verbindung mit einer Rechtsverordnung nach § 26 Nr. 1, einen Jugendlichen mit den dort genannten Arbeiten beschäftigt,
19. entgegen § 23 Abs. 1, auch in Verbindung mit einer Rechtsverordnung nach § 26 Nr. 1, einen Jugendlichen mit Arbeiten mit Lohnanreiz, in einer Arbeitsgruppe mit Erwachsenen, deren Entgelt vom Ergebnis ihrer Arbeit abhängt, oder mit tempoabhängigen Arbeiten beschäftigt,
20. entgegen § 24 Abs. 1, auch in Verbindung mit einer Rechtsverordnung nach § 26 Nr. 1, einen Jugendlichen mit Arbeiten unter Tage beschäftigt,
21. entgegen § 31 Abs. 2 Satz 2 einen Jugendlichen für seine Altersstufe nicht zulässige Getränke oder Tabakwaren gibt,
22. entgegen § 32 Abs. 1 einen Jugendlichen ohne ärztliche Bescheinigung über die Erstuntersuchung beschäftigt,
23. entgegen § 33 Abs. 3 einen Jugendlichen ohne ärztliche Bescheinigung über die erste Nachuntersuchung weiterbeschäftigt,
24. entgegen § 36 einen Jugendlichen ohne Vorlage der erforderlichen ärztlichen Bescheinigungen beschäftigt,
25. entgegen § 40 Abs. 1 einen Jugendlichen mit Arbeiten beschäftigt, durch deren Ausführung der Arzt nach der von ihm erteilten Bescheinigung die Gesundheit oder die Entwicklung des Jugendlichen für gefährdet hält,
26. einer Rechtsverordnung nach
    a) § 26 Nr. 2 oder
    b) § 28 Abs. 2
    zuwiderhandelt, soweit sie für einen bestimmten Tatbestand auf diese Bußgeldvorschrift verweist,
27. einer vollziehbaren Anordnung der Aufsichtsbehörde nach § 6 Abs. 3, § 27 Abs. 1 Satz 2 oder Abs. 2, § 28 Abs. 3 oder § 30 Abs. 2 zuwiderhandelt,

28. einer vollziehbaren Auflage der Aufsichtsbehörde nach § 6 Abs. 1, § 14 Abs. 7, § 27 Abs. 3 oder § 40 Abs. 2, jeweils in Verbindung mit § 54 Abs. 1, zuwiderhandelt,
29. einer vollziehbaren Anordnung oder Auflage der Aufsichtsbehörde auf Grund einer Rechtsverordnung nach § 26 Nr. 2 oder § 28 Abs. 2 zuwiderhandelt, soweit die Rechtsverordnung für einen bestimmten Tatbestand auf die Bußgeldvorschrift verweist.

(2) Ordnungswidrig handelt, wer vorsätzlich oder fahrlässig entgegen § 25 Abs. 1 Satz 1 oder Abs. 2 Satz 1 einen Jugendlichen beschäftigt, beaufsichtigt, anweist oder ausbildet, obwohl ihm dies verboten ist, oder einen anderen, dem dies verboten ist, mit der Beaufsichtigung, Anweisung oder Ausbildung eines Jugendlichen beauftragt.

(3) ¹Absatz 1 Nr. 4, 6 bis 29 und Absatz 2 gelten auch für die Beschäftigung von Kindern (§ 2 Abs. 1) oder Jugendlichen, die der Vollzeitschulpflicht unterliegen (§ 2 Abs. 3), nach § 5 Abs. 2. ²Absatz 1 Nr. 6 bis 29 und Absatz 2 gelten auch für die Beschäftigung von Kindern, die der Vollzeitschulpflicht nicht mehr unterliegen, nach § 7.

(4) Die Ordnungswidrigkeit kann mit einer Geldbuße bis zu dreißigtausend Deutsche Mark geahndet werden.

(5) ¹Wer vorsätzlich eine in Absatz 1, 2 oder 3 bezeichnete Handlung begeht und dadurch ein Kind, einen Jugendlichen oder im Falle des Absatzes 1 Nr. 6 eine Person, die noch nicht 21 Jahre alt ist, in ihrer Gesundheit oder Arbeitskraft gefährdet, wird mit Freiheitsstrafe bis zu einem Jahr oder mit Geldstrafe bestraft. ²Ebenso wird bestraft, wer eine in Absatz 1, 2 oder 3 bezeichnete Handlung beharrlich wiederholt.

(6) Wer in den Fällen des Absatzes 5 Satz 1 die Gefahr fahrlässig verursacht, wird mit Freiheitsstrafe bis zu sechs Monaten oder mit Geldstrafe bis zu einhundertachtzig Tagessätzen bestraft.

§ 59 Bußgeldvorschriften

(1) Ordnungswidrig handelt, wer als Arbeitgeber vorsätzlich oder fahrlässig
1. entgegen § 6 Abs. 4 Satz 2 ein Kind vor Erhalt des Bewilligungsbescheides beschäftigt,
2. entgegen § 11 Abs. 3 den Aufenthalt in Arbeitsräumen gestattet,
3. entgegen § 29 einen Jugendlichen über Gefahren nicht, nicht richtig oder nicht rechtzeitig unterweist,
4. entgegen § 33 Abs. 2 Satz 1 einen Jugendlichen nicht oder nicht rechtzeitig zur Vorlage einer ärztlichen Bescheinigung auffordert,
5. entgegen § 41 die ärztliche Bescheinigung nicht aufbewahrt, vorlegt, einsendet oder aushändigt,
6. entgegen § 43 Satz 1 einen Jugendlichen für ärztliche Untersuchungen nicht freistellt,
7. entgegen § 47 einen Abdruck des Gesetzes oder die Anschrift der zuständigen Aufsichtsbehörde nicht auslegt oder aushängt,
8. entgegen § 48 Arbeitszeit und Pausen nicht oder nicht in der vorgeschriebenen Weise aushängt,
9. entgegen § 49 ein Verzeichnis nicht oder nicht in der vorgeschriebenen Weise führt,
10. entgegen § 50 Abs. 1 Angaben nicht, nicht richtig oder nicht vollständig macht oder Verzeichnisse oder Unterlagen nicht vorlegt oder einsendet oder entgegen § 50 Abs. 2 Verzeichnisse oder Unterlagen nicht oder nicht vorschriftsmäßig aufbewahrt,
11. entgegen § 51 Abs. 2 Satz 2 das Betreten oder Besichtigen der Arbeitsstätten nicht gestattet,
12. entgegen § 54 Abs. 3 einen Aushang nicht anbringt.

(2) Absatz 1 Nr. 2 bis 6 gilt auch für die Beschäftigung von Kindern (§ 2 Abs. 1 und 3) nach § 5 Abs. 2 Satz 1.

(3) Die Ordnungswidrigkeit kann mit einer Geldbuße bis zu fünftausend Deutsche Mark geahndet werden.

§ 60 Verwaltungsvorschriften für die Verfolgung und Ahndung von Ordnungswidrigkeiten

Der Bundesminister für Arbeit und Sozialordnung kann mit Zustimmung des Bundesrates allgemeine Verwaltungsvorschriften für die Verfolgung und Ahndung von Ordnungswidrigkeiten nach §§ 58 und 59 durch die Verwaltungsbehörde (§ 35 des Gesetzes über Ordnungswidrigkeiten) und über die Erteilung einer Verwarnung (§§ 56, 58 Abs. 2 des Gesetzes über Ordnungswidrigkeiten) wegen einer Ordnungswidrigkeit nach §§ 58 und 59 erlassen.

1 1. **Normzweck.** Die §§ 58 und 59 sollen die Beachtung der Vorschriften des JArbSchG gewährleisten. Mit der Verhängung von Geldbußen sollen zudem wirtschaftliche Vorteile abgeschöpft werden, die AG durch verbotene Beschäftigung Jugendlicher erlangen. Daß es dem Gesetzgeber auf eine

Schlußvorschriften §§ 61, 62 JArbSchG 420

überzeugende Absicherung des Jugendarbeitsschutzes ankommt, zeigt auch die Anhebung des Bußgeldrahmens von 20 000 auf 30 000 DM. Ob die Vorschriften die Einhaltung des Gesetzes verbessern, hängt jedoch stark von ihrer praktischen Durchsetzung ab (zweifelnd *Reinecke* AuR 1997, 139, 144); die Erhöhung des Bußgeldrahmens wirkt sich anderenfalls nicht aus.

2. Täterkreis. Die Vorschriften der §§ 58 und 59 richten sich in erster Linie gegen den **AG**. 2 Lediglich im Rahmen des § 58 II kommt auch derjenige als Täter in Betracht, der entgegen § 25 I 1 oder II 1 einen Jugendlichen beschäftigt, beaufsichtigt, anweist oder ausbildet oder einen anderen, dem dies verboten ist, mit diesen Tätigkeiten beauftragt. Eine natürliche Person ist AG, wenn sie ein Kind/einen Jugendlichen beschäftigt; bei juristischen Personen, Personenhandelsgesellschaften und nicht geschäftsfähigen natürlichen Personen stellen § 14 I StGB bzw. § 9 I OWiG auch auf den Vertreter ab. Durch § 14 II StGB und § 9 OWiG wird der mögliche Täterkreis auf diejenigen Personen erweitert, die von einem anderen zur Leitung eines Betriebes oder zur eigenständigen Wahrnehmung von Aufgaben beauftragt worden sind. Gegen den Jugendlichen richtet sich die Straf- oder Bußgelddrohung auch dann nicht, wenn die Initiative für den Rechtsverstoß von ihm ausgegangen ist.

3. Ordnungswidrigkeiten (§ 58 I bis III und § 59). § 58 I bis III regelt schwerwiegende, materielle 3 Verstöße gegen Gebote des Jugendarbeitsschutzes; bis auf die Ergänzung in § 59 ist diese Aufzählung abschließend, der Verstoß gegen andere Vorschriften ist nicht sanktionsbewehrt. § 59 enthält Sanktionen für Verstöße gegen formelle Bestimmungen mit entsprechend niedrigeren Sanktionsdrohungen: Die Geldbußen können nach § 58 IV bis zu 30 000 DM, nach § 59 III bis zu 5000 DM betragen.

4. Straftaten (§ 58 V, VI). Gem. Abs. 5 und 6 werden qualifizierte Verstöße gegen die in Abs. 1 bis 3 4 genannten Bestimmungen als Straftaten geahndet. Abs. 5 benennt zwei Tatbestände, die Vorsatz bei der Tatbestandsverwirklichung voraussetzen. Zusätzlich muß ein Kind, ein Jugendlicher oder im Falle des Abs. 1 Nr. 6 eine Person unter 21 Jahren in ihrer Gesundheit oder Arbeitskraft vorsätzlich gefährdet worden sein (Abs. 5 S. 1); eine Schädigung wird nicht vorausgesetzt. Eine **Gesundheitsgefährdung** liegt vor, wenn nach den Umständen des Einzelfalles die Wahrscheinlichkeit besteht, daß eine körperliche oder geistig-seelische Schädigung eintritt oder die Entwicklung des Kindes/des Jugendlichen gefährdet wird. Die Arbeitskraft ist gefährdet, wenn die Fähigkeit, Arbeit zu leisten, beeinträchtigt wird. Eine Straftat nach Abs. 5 S. 2 liegt vor, wenn der Täter vorsätzlich eine in Abs. 1 bis 3 bezeichnete Handlung beharrlich wiederholt. Es muß also mindestens ein zweimaliger Verstoß gegen dieselbe Vorschrift vorliegen. Eine beharrliche Wiederholung liegt vor, wenn Täter durch die erneute Zuwiderhandlung eine so rechtsfeindliche Einstellung erkennen läßt, daß eine Ahndung mit den Mitteln des Strafrechts gerechtfertigt erscheint (BT-Drucks. 7/626 S. 14). Eine Straftat nach Abs. 6 begeht, wer bei vorsätzlicher Zuwiderhandlung gegen die Vorschriften der Abs. 1 bis 3 die Gefahr fahrlässig verursacht. Bzgl. der Begriffe Vorsatz, Fahrlässigkeit, Rechtswidrigkeit, Verschulden gelten die Vorschriften des StGB und des OWiG.

5. Verwaltungsvorschriften, § 60. § 60 ermächtigt zum Erlaß von Verwaltungsvorschriften für die 5 Verfolgung und Ahndung von Ordnungswidrigkeiten sowie über die Erteilung einer Verwarnung, um bundesweit einheitliches Vorgehen zu erleichtern. Der BMA hat von dieser Befugnis aber noch keinen Gebrauch gemacht. Doch wird das JArbSchG von den Ländern als eigene Angelegenheit ausgeführt (Art. 83 GG), so daß ihnen auch die Kompetenz zum Erlaß eigener Richtl. zukommt. Diese haben sie durch die Richtl. für die Verfolgung und Ahndung von Zuwiderhandlungen gegen Bestimmungen des JArbSchG genutzt.

Sechster Abschnitt. Schlußvorschriften

§ 61 Beschäftigung von Jugendlichen auf Kauffahrteischiffen

(1) Für die Beschäftigung von Jugendlichen auf Kauffahrteischiffen als Besatzungsmitglieder im Sinne des § 3 des Seemannsgesetzes gilt an Stelle dieses Gesetzes das Seemannsgesetz mit den nachfolgenden Änderungen.

(2) Das Seemannsgesetz wird wie folgt geändert: ... *(hier nicht abgedruckt)*

§ 62 Beschäftigung im Vollzug einer Freiheitsentziehung

(1) Die Vorschriften dieses Gesetzes gelten für die Beschäftigung Jugendlicher (§ 2 Abs. 2) im Vollzuge einer gerichtlich angeordneten Freiheitsentziehung entsprechend, soweit es sich nicht nur um gelegentliche, geringfügige Hilfeleistungen handelt und soweit in den Absätzen 2 bis 4 nichts anderes bestimmt ist.

(2) Im Vollzug einer gerichtlich angeordneten Freiheitsentziehung finden § 19, §§ 47 bis 50 keine Anwendung.

Schlachter

(3) Die §§ 13, 14, 15, 16, 17 und 18 Abs. 1 und 2 gelten im Vollzug einer gerichtlich angeordneten Freiheitsentziehung nicht für die Beschäftigung jugendlicher Anstaltsinsassen mit der Zubereitung und Ausgabe der Anstaltsverpflegung.

(4) § 18 Abs. 1 und 2 gilt nicht für die Beschäftigung jugendlicher Anstaltsinsassen in landwirtschaftlichen Betrieben der Vollzugsanstalten mit Arbeiten, die auch an Sonn- und Feiertagen naturnotwendig vorgenommen werden müssen.

1   Gem. § 61 gilt für die Beschäftigung von Jugendlichen auf „Kauffahrteischiffen" das Seemannsgesetz; erhebliche inhaltliche Abweichungen ergeben sich nicht. Da es in der Praxis für Reeder, Kapitäne und jugendliche Besatzungsmitglieder vorteilhafter ist, wenn alle für sie geltenden Bestimmungen in einem einheitlichen Gesetzeswerk zusammengefaßt sind, sind die Bestimmungen des Seemannsgesetzes über den Jugendarbeitsschutz in das JArbSchG nicht übernommen worden (BT-Drucks. 7/2305 S. 39). § 61 gilt nur für Kauffahrteischiffe, die die Bundesflagge führen (vgl. FlaggenrechtsG vom 8. 2. 1951, BGBl. I S. 79); nicht: für das „Zweite Schiffsregister". Kauffahrteischiffe sind solche Schiffe, die unmittelbar oder mittelbar dem Erwerb durch die Seefahrt dienen.

2   Die Vorschriften des SeemG gelten nur für **jugendliche Besatzungsmitglieder iSd. § 3 SeemG**, dh. Schiffsoffiziere, die sonstigen Angestellten und die Schiffsleute. Sie stehen zum Reeder in einem Heuerverhältnis und üben eine rentenversicherungspflichtige Tätigkeit im Deck- oder Maschinendienst aus. Für die übrigen Jugendlichen an Bord, die während der Reise im Rahmen des Schiffsbetriebs an Bord tätig sind, ohne in einem Heuerverhältnis zu stehen, gilt das JArbSchG: wie zB Friseure, Kellner, Verkäufer.

3   Die Beschäftigung Jugendlicher während einer gerichtlich angeordneten **Freiheitsentziehung** regelt § 62 JArbSchG, obwohl die jugendlichen Strafgefangenen nicht in einem Arbeits- oder Ausbildungsverhältnis, sondern in einem öffentlich-rechtlichen Verhältnis zur Vollzugsbehörde stehen. Die entsprechende Anwendung hat mit Rücksicht auf den Zweck der Freiheitsentziehung zu erfolgen, auf die Jugendlichen so einzuwirken, daß eine Wiedereingliederung in die Gesellschaft durch Erwerb von Fähigkeiten sozialer und beruflicher Art erleichtert wird. Auf geringfügige Hilfeleistungen ist das JArbSchG nicht anwendbar; dasselbe gilt für die ausdrücklich genannten Ausnahmen (Abs. 2 bis 4).

§§ 63–70. *(Änderungen von Gesetzen und Verordnungen)*

§ 71 Berlin-Klausel *(gegenstandslos)*

§ 72 Inkrafttreten

(1) Dieses Gesetz tritt am 1. Mai 1976 in Kraft.

(2) Zum gleichen Zeitpunkt treten außer Kraft: ... *(hier nicht abgedruckt)*

(3) ¹Die auf Grund des § 37 Abs. 2 und des § 53 des Jugendarbeitsschutzgesetzes vom 9. August 1960, des § 20 Abs. 1 des Jugendschutzgesetzes vom 30. April 1938 und des § 120 e der Gewerbeordnung erlassenen Vorschriften bleiben unberührt. ²Sie können, soweit sie den Geltungsbereich dieses Gesetzes betreffen, durch Rechtsverordnungen auf Grund des § 26 oder des § 46 geändert oder aufgehoben werden.

(4) Vorschriften in Rechtsverordnungen, die durch § 69 dieses Gesetzes geändert werden, können vom Bundesminister für Arbeit und Sozialordnung im Rahmen der bestehenden Ermächtigungen geändert oder aufgehoben werden.

(5) Verweisungen auf Vorschriften des Jugendarbeitsschutzgesetzes vom 9. August 1960 gelten als Verweisungen auf die entsprechenden Vorschriften dieses Gesetzes oder der auf Grund dieses Gesetzes erlassenen Rechtsverordnungen.

430. Kündigungsschutzgesetz (KSchG)

In der Fassung der Bekanntmachung vom 25. August 1969 (BGBl. I S. 1317)

Zuletzt geändert durch Gesetz vom 30. März 2000 (BGBl. I S. 333)

(BGBl. III/FNA 800-2)

Erster Abschnitt. Allgemeiner Kündigungsschutz

§ 1 Sozial ungerechtfertigte Kündigungen

(1) Die Kündigung des Arbeitsverhältnisses gegenüber einem Arbeitnehmer, dessen Arbeitsverhältnis in demselben Betrieb oder Unternehmen ohne Unterbrechung länger als sechs Monate bestanden hat, ist rechtsunwirksam, wenn sie sozial ungerechtfertigt ist.

(2) [1] Sozial ungerechtfertigt ist die Kündigung, wenn sie nicht durch Gründe, die in der Person oder in dem Verhalten des Arbeitnehmers liegen, oder durch dringende betriebliche Erfordernisse, die einer Weiterbeschäftigung des Arbeitnehmers in diesem Betrieb entgegenstehen, bedingt ist.
[2] Die Kündigung ist auch sozial ungerechtfertigt, wenn
1. in Betrieben des privaten Rechts
    a) die Kündigung gegen eine Richtlinie nach § 95 des Betriebsverfassungsgesetzes verstößt,
    b) der Arbeitnehmer an einem anderen Arbeitsplatz in demselben Betrieb oder in einem anderen Betrieb des Unternehmens weiterbeschäftigt werden kann
    und der Betriebsrat oder eine andere nach dem Betriebsverfassungsgesetz insoweit zuständige Vertretung der Arbeitnehmer aus einem dieser Gründe der Kündigung innerhalb der Frist des § 102 Abs. 2 Satz 1 des Betriebsverfassungsgesetzes schriftlich widersprochen hat,
2. in Betrieben und Verwaltungen des öffentlichen Rechts
    a) die Kündigung gegen eine Richtlinie über die personelle Auswahl bei Kündigungen verstößt,
    b) der Arbeitnehmer an einem anderen Arbeitsplatz in derselben Dienststelle oder in einer anderen Dienststelle desselben Verwaltungszweiges an demselben Dienstort einschließlich seines Einzugsgebietes weiterbeschäftigt werden kann
    und die zuständige Personalvertretung aus einem dieser Gründe fristgerecht gegen die Kündigung Einwendungen erhoben hat, es sei denn, daß die Stufenvertretung in der Verhandlung mit der übergeordneten Dienststelle die Einwendungen nicht aufrechterhalten hat.
[3] Satz 2 gilt entsprechend, wenn die Weiterbeschäftigung des Arbeitnehmers nach zumutbaren Umschulungs- oder Fortbildungsmaßnahmen oder eine Weiterbeschäftigung des Arbeitnehmers unter geänderten Arbeitsbedingungen möglich ist und der Arbeitnehmer sein Einverständnis hiermit erklärt hat. [4] Der Arbeitgeber hat die Tatsachen zu beweisen, die die Kündigung bedingen.

(3) [1] Ist einem Arbeitnehmer aus dringenden betrieblichen Erfordernissen im Sinne des Absatzes 2 gekündigt worden, so ist die Kündigung trotzdem sozial ungerechtfertigt, wenn der Arbeitgeber bei der Auswahl des Arbeitnehmers soziale Gesichtspunkte nicht oder nicht ausreichend berücksichtigt hat; auf Verlangen des Arbeitnehmers hat der Arbeitgeber dem Arbeitnehmer die Gründe anzugeben, die zu der getroffenen sozialen Auswahl geführt haben. [2] Satz 1 gilt nicht, wenn betriebstechnische, wirtschaftliche oder sonstige berechtigte betriebliche Bedürfnisse die Weiterbeschäftigung eines oder mehrerer bestimmter Arbeitnehmer bedingen und damit der Auswahl nach sozialen Gesichtspunkten entgegenstehen. [3] Der Arbeitnehmer hat die Tatsachen zu beweisen, die die Kündigung als sozial ungerechtfertigt im Sinne des Satzes 1 erscheinen lassen.

(4) [1] Ist in einem Tarifvertrag, in einer Betriebsvereinbarung nach § 95 des Betriebsverfassungsgesetzes oder in einer entsprechenden Richtlinie nach den Personalvertretungsgesetzen festgelegt, wie die sozialen Gesichtspunkte nach Absatz 3 Satz 1 zu berücksichtigen sind und wie diese Gesichtspunkte im Verhältnis zueinander zu bewerten sind, so kann die soziale Auswahl nur auf grobe Fehlerhaftigkeit überprüft werden.

(5) *(aufgehoben)*

Schrifttum: *Ascheid,* Urteils- und Beschlußverfahren im Arbeitsrecht, 1995 (zit.: *Ascheid* Urteilsverf.); *Baumgärtel/v. Altrock,* Handbuch der Beweislast Bd. I, 2. Aufl., 1991; *Beck,* Die Erklärung von Kündigung und Abmahnung durch den AG, Diss. 1996; *Gernhuber,* Das Schuldverhältnis, 1989; *Lange,* Schadensersatz, 1990; *Larenz,* Lehrbuch des Schuldrechts Bd. 1, 4. Aufl., 1987 und Bd. II Halbbd. 1 13. Aufl., 1986.

Übersicht

	Rn.		Rn.
A. Einleitung	1	b) Lang dauernde Leistungsunfähigkeit	211
I. Allgemeines	1	c) Sich häufig wiederholende, kurz dauernde Leistungsunfähigkeit	223
II. Geltungsbereich	8	V. Einzelfälle krankheitsbedingter und anderer Störungen	245
III. Zwingende Regelung	14	VI. Beweislastfragen	271
B. Voraussetzungen des Kündigungsschutzes	25	VII. Druckkündigung	276
I. Kündigung	25	E. Gründe im Verhalten des Arbeitnehmers	286
1. Allgemeines	25	I. Allgemeines	286
2. Zivilrechtliche Merkmale, Erfordernisse und Arten der Kündigung	28	II. Negative Prognose und Kündigungsankündigung (Abmahnung)	296
3. Inaktivierung des Arbeitsverhältnisses	45	III. Gewichtung der Vertragsinteressen innerhalb des Tatbestandes	319
II. Geschützter Personenkreis	47	IV. Abgrenzung zur außerordentlichen Kündigung	325
III. Nicht geschützte Personen	48	V. Beweislastfragen	328
IV. Kündigungsschutz in besonderen Arbeitsverhältnissen	62	VI. Beispiele aus der Rechtsprechung	338
V. Wartezeit	65	F. Betriebsbedingte Kündigung	371
1. Allgemeines	65	I. Allgemeines	371
2. Beginn der Wartezeit	69	II. Bedeutung der Unternehmerentscheidung	374
3. Dauer des Arbeitsverhältnisses	71	1. Allgemeines	374
4. Betriebs- und Unternehmensbezug	86	2. Schaffung kündigungsrelevanter Erfordernisse	379
5. Erfüllung der Wartezeit	91	3. Ermittlung der Arbeitsmenge – Wegfall von Beschäftigungsmöglichkeiten	383
VI. Ordentliche Kündigung	93	4. Umsetzung der Unternehmerentscheidung	398
VII. Darlegungs- und Beweislast	102	5. Dringlichkeit der betrieblichen Erfordernisse	424
C. Sozialwidrigkeit	106	6. Gerichtliche Überprüfung	429
I. Allgemeines	106	a) Unternehmerentscheidung	429
II. Die Störung als Kündigungsgrund	114	b) Sonstige Umstände	433
III. Ultima ratio und Grundsatz der Verhältnismäßigkeit	121	7. Maßgebender Zeitpunkt	435
IV. Negative Prognose	125	III. Fehlende Möglichkeit der Weiterbeschäftigung	438
V. Kündigungsankündigung (kündigungsrechtliche Abmahnung)	130	IV. Beweislastfragen	452
VI. Abwägung der Vertragsinteressen	141	G. Soziale Auswahl	461
VII. Gleichbehandlungsgrundsatz	153	I. Allgemeines	461
VIII. Beurteilungszeitpunkt	155	II. Personenkreis	471
IX. Mehrere Kündigungssachverhalte	162	1. Arbeitsvertragliche Anbindung	471
X. Verzeihung – Verzicht – Verwirkung	165	2. Betriebsbezogenheit und betriebliche Vergleichbarkeit	479
D. Gründe in der Person des Arbeitnehmers	169	III. Auswahlgesichtspunkte nach Abs. 3 S. 1	488
I. Allgemeines	169	1. Allgemeines	488
1. Einführung	169	2. Hauptfaktoren	492
2. Einteilung der personellen Störfaktoren	172	3. Weitere positive und negative Kriterien	497
II. Voraussetzungen	175	4. Tabellarische Abwägung	506
1. Unverschuldete Vertragsstörung und erhebliche Beeinträchtigung betrieblicher Interessen	175	IV. Auskunftpflicht	508
2. Negative Prognose	177	V. Betriebliche Bedürfnisse nach Abs. 3 S. 2	512
3. Fehlende Weiterbeschäftigungsmöglichkeit	180	VI. Kollektivrechtliche Regelungen nach Abs. 4	520
III. Gewichtung der Vertragsinteressen	183	1. Allgemeines	520
IV. Krankheit	188	2. Tarifvertragliche und betriebsverfassungsrechtliche Regelungen	521
1. Allgemeines	188		
2. Negative Prognose	195		
a) Bekannte Störursache	199		
b) Unbekannte Störursache	201		
3. Der erhebliche Umfang der Leistungsstörung	208		
a) Dauernde Leistungsunfähigkeit	208		

	Rn.		Rn.
VII. Beweislastfragen	536	4. Weiterbeschäftigung auf einem anderen Arbeitsplatz in demselben Betrieb	560
H. Widerspruchsgründe	540	5. Weiterbeschäftigung auf einem anderen Arbeitsplatz in einem anderen Betrieb des Unternehmens	562
I. Allgemeines	540		
II. Verstoß gegen Auswahlrichtlinie	546		
III. Weiterbeschäftigung des Arbeitnehmers	547	6. Weiterbeschäftigung unter geänderten Arbeitsbedingungen bei Einverständnis des Arbeitnehmers	563
1. Allgemeines	547		
2. Bedeutung des Widerspruchs des Betriebs- oder Personalrats	550	7. Weiterbeschäftigung nach Umschulung oder Fortbildung	564
3. Die freien Beschäftigungsmöglichkeiten	554	VI. Beweislastfragen	569

A. Einleitung

I. Allgemeines

Das erste Kündigungsschutzgesetz (KSchG) in Deutschland (KSchG 1951) trat am 14. 8. 1951 in Kraft (BGBl. I S. 499). Zuvor war am 20. 7. 1949 im Vereinigten Wirtschaftsgebiet (amerikanische und englische Zone) aufgrund eines vom Direktor der Verwaltung für Arbeit eingebrachten Entwurfs vom Wirtschaftsrat in Frankfurt ein KSchG beschlossen worden, dem die Militärregierungen allerdings die erforderliche Genehmigung versagten (vgl. dazu *Hueck/v. Hoyningen-Huene* Einl. Rn. 1 ff.; KDZ/ *Kittner* Einl. Rn. 18 ff.). Gewerkschaften und AGverbände einigten sich sodann auf den sog. Hattenheimer Entwurf vom 13. 1. 1950 (abgedruckt in RdA 1950, 63). Er lag im wesentlichen dem KSchG 1951 zugrunde. **1**

Eine Änderung des KSchG 1951 erfolgte durch Art. 1 des 1. Arbeitsrechtsbereinigungsgesetzes vom 14. 8. 1969 (BGBl. I S. 1106 – vgl. zu Einzelheiten der Änderung *Herschel/Löwisch* vor § 1 Rn. 19; KR/*Etzel* Rn. 10). Das KSchG wurde am 25. 8. 1969 neu gefaßt (BGBl. I S. 1317) und wird gemeinhin als „KSchG 1969" zitiert. Neben der Modifizierung einiger Vorschriften wurden die §§ 2 und 8 neu eingefügt. **2**

Spätere Änderungen des KSchG von 1969 betrafen vor allem die Aufhebung der früheren Mindestaltersgrenze in § 1 (Gesetz zur Änderung des KSchG vom 5. 7. 1976 – BGBl. I S. 1769) und die Vorschriften über den Kündigungsschutz bei Massenentlassungen (Zeites Gesetz zur Änderung des Kündigungschutzrechts vom 27. 4. 1978 – BGBl. I S. 550; Art. 5 des Gesetzes zur Anpassung arbeitsrechtlicher Vorschriften an das EG-Recht vom 20. 7. 1995 – BGBl. I S. 946; Art. 50 AFRG v. 24. 3. 1997 (BGBl. I S. 594). Durch das Arbeitsrechtliche Beschäftigungsförderungsgesetz vom 25. 9. 1996 (BGBl. I S. 1476) wurde die maßgebende ANzahl, die den Kündigungsschutz auslöst, in § 23 auf über zehn erhöht, die soziale Auswahl in § 1 III wurde umgestaltet und die Absätze 4 und 5 wurden neu eingefügt. Dieses Gesetz galt vom 1. 10. 1996 bis 31. 12. 1999 und ist auf alle Kündigungen anzuwenden, die in dieser Zeit zugegangen sind. Durch Art. 6 des **Gesetzes zu Korrekturen in der Sozialversicherung und zur Sicherung der ANRechte** vom 19. 12. 1998 (BGBl. I S. 3843) sind die §§ 1 und 23 mit Wirkung vom 1. 1. 1999 ohne Übergangsregelung wieder geändert worden (vgl. *Däubler* NJW 1999, 601). Es ist teilweise der alte Rechtszustand wieder hergestellt worden. Die soziale Auswahl aufgrund des Arbeitsrechtlichen Beschäftigungsförderungsgesetzes vom 25. 9. 1996 wurde in der ersten Auflage unter § 1 KSchG ab Rn. 497 kommentiert. Die Kommentierung der zweiten Auflage erfolgt ausschließlich unter Zugrundelegung des Korrekturgesetzes vom 19. 12. 1998, vgl. unten Rn. 497 ff. **3**

Bei Heranziehung von Entscheidungen, die auf Regelungen des KSchG von 1951 gestützt sind, und solchen, die Kündigungen vor der Neuregelung durch das Arbeitsrechtliche Beschäftigungsförderungsgesetz 1996 betreffen, muß darauf geachtet werden, daß gegenüber heute nicht nur die Paragraphenfolge verändert ist, sondern daß auch inhaltliche Modifizierungen vorliegen. **4**

Rechtspolitisch betrachtet ist der allgemeine Kündigungsschutz durch die gegensätzlichen Interessen der Arbeitsvertragsparteien gekennzeichnet. Der AN möchte seinen Arbeitsplatz nicht verlieren. Er lebt in der Regel von seiner Arbeitsleistung und findet in Zeiten größerer Arbeitslosigkeit nur schwer einen neuen Arbeitsplatz. Der AG sieht sich hingegen in der Verfolgung seiner unternehmerischen Ziele nicht beschränkt durch Vorschriften, die dem Schutz seiner AN dienen (vgl. *Zöllner/Loritz*, Gutachten D zum 52. DJT, 1978; *Preis* S. 51 ff., 117 ff.; *Herschel/Löwisch* vor § 1 Rn. 1 ff.; *Hueck/v. Hoyningen-Huene* Einl. Rn. 9; KR/*M. Wolf*, 3. Aufl., Grunds. Rn. 43 ff., 626). Die Interessen des AN werden geschützt durch das Sozialstaatsgebot, Art. 20 I, 28 I GG, für den AG sprechen die Grundrechte der Berufsfreiheit, Art. 12 und des Schutzes des Eigentums nach Art. 14 GG (KR/ *Etzel* Rn. 15; kritisch *Reuter* FS BAG 1979, 405; *ders.* RdA 1973, 345 und RdA 1978, 344, 348). Der seit 1951 im KSchG normierte Kündigungsschutz hat vorwiegend den Schutz des einzelnen AN zum **5**

Gegenstand. Die Regelungen im Dritten Abschnitt des KSchG dienen arbeitsmarktpolitischen Zielsetzungen.

6 Das KSchG regelt den allgemeinen Kündigungsschutz, §§ 1 bis 14, und in weiteren Abschnitten den besonderen Kündigungsschutz der Betriebsratsmitglieder, Personalratsmitglieder und der Mitglieder anderer ANvertretungen sowie der Wahlbewerber, §§ 15 und 16, und den Kündigungsschutz bei Massenentlassungen, §§ 17 bis 22. Unberührt vom KSchG bleiben Regelungen für einzelne Personengruppen im SchwbG, MuSchG, BErzGG, BBiG, ArbPlSchG, HAG. Diese **Regelungen in den besonderen Schutzgesetzen gelten neben** dem KSchG und werden von diesem nicht beeinflußt (*Hueck/v. Hoyningen-Huene* Einl. Rn. 75), vgl. zur Sozialauswahl, wenn Schwerbehinderte betroffen sind, Rn. 511, 526.

7 In Anlage I Kapitel XIX Sachgebiet A Abschnitt III Nr. 1 Abs. 4 und 5 zu Art. 20 **Einigungsvertrag** vom 31. 8. 1990 sind Sonderregelungen für AN im öffentlichen Dienst enthalten, wobei es sich bei Abs. 4 um eine zum 31. 12. 1993 ausgelaufene Übergangsregelung handelte. Diese Vorschriften werden vorliegend nicht kommentiert (vgl. dazu *Hueck/v. Hoyningen-Huene* Einl. Rn. 75 a ff.; MünchKommBGB/*Säcker/Oetker* Einigungsvertrag Rn. 897 ff.; *Müller-Glöge* HzA Gruppe 24 Rn. 192 ff.).

II. Geltungsbereich

8 Der **allgemeine Kündigungsschutz des ersten Abschnitts** findet Anwendung, soweit das **Arbeitsverhältnis dem deutschen Recht untersteht**. Das gilt regelmäßig für **alle Arbeitsverhältnisse in Deutschland**. Hierbei ist es unerheblich, ob es sich um Deutsche oder Ausländer handelt. Nach Art. 30 II EGBGB findet das Recht des Staates Anwendung, in dem der AN seine Arbeit verrichtet (vgl. BAG 20. 11. 1997 AP GVG § 18 Nr. 1; MünchKommBGB/*Martiny* EGBGB Art. 30 Rn. 30, 40 ff.; *Palandt/Heldrich* EGBGB Art. 30 Rn. 7). Werden AN, die dem deutschen Arbeitsrecht unterstehen, vorübergehend ins Ausland entsandt, bleibt das KSchG anwendbar (*Hueck/v. Hoyningen-Huene* Einl. Rn. 79; *Däubler* AuR 1990, 5 ff.). Hat ein AN gemäß einem deutschen Recht unterliegenden Vertrag seine Arbeitsleistung im Rahmen eines ergänzenden Vertrags mit einem ausländischen konzernzugehörigen Unternehmens zu erbringen, bleibt jedoch die Weisungsbefugnis des ursprünglichen AG erhalten, findet bei einer Kündigung deutsches Kündigungsrecht Anwendung (BAG 21. 1. 1999 AP KSchG 1969 § 1 Konzern Nr. 9).

9 **Für AN von deutschen Unternehmen im Ausland** kommt es gemäß dem internationalen Arbeitsrecht für die Bestimmung des maßgebenden Rechts in erster Linie auf den mutmaßlichen Willen der Vertragsschließenden an. Ist keine ausdrückliche Rechtswahl erfolgt, muß durch Auslegung festgestellt werden, welches Recht angewendet werden soll, vgl. Art. 30 II Nr. 1 und 2 EGBGB (*Hueck/v. Hoyningen-Huene* Einl. Rn. 80). Für Besatzungen von Seeschiffen und Luftfahrzeugen gelten die Grundsätze zu Art. 30 II EGBGB entsprechend. Es kann nicht auf die Nationalität oder Flagge abgestellt werden (BAG 24. 8. 1989 AP Internationales Privatrecht Arbeitsrecht Nr. 30 = NZA 1990, 841; *Hueck/v. Hoyningen-Huene* Einl. Rn. 81; *Lorenz* RdA 1990, 224; MünchKommBGB/*Martiny* EGBGB Art. 30 Rn. 40 ff.; *Palandt/Heldrich* EGBGB Art. 30 Rn. 7).

10 Nach Art. 27 I, 30 I EGBGB kann **ausländisches Recht vereinbart** werden. Die Wirksamkeit einer solchen Vereinbarung setzt nicht voraus, daß eine Auslandsberührung vorliegt (*Hueck/v. Hoyningen-Huene* Einl. Rn. 82; MünchKommBGB/*Martiny* EGBGB Art. 27 Rn. 18; *Palandt/Heldrich* EGBGB Art. 27 Rn. 3; Art. 30 Rn. 4). Eine solche Rechtswahl hat zur Folge, daß der Erste Abschnitt des KSchG keine Anwendung findet. Der AN wird damit den zwingenden Schutzvorschriften des deutschen Kündigungsschutzrechts entzogen. Die Regelungen des Kündigungsschutzes gehören jedoch weder zu den wesentlichen Grundsätzen des deutschen Rechts (ordre public) iSd. Art. 6 EGBGB noch gemäß Art. 34 EGBGB zu den Bestimmungen des deutschen Rechts, die ohne Rücksicht auf das auf den Vertrag anzuwendende Recht den Sachverhalt zwingend regeln (BAG 20. 7. 1967 AP Internationales Privatrecht Arbeitsrecht Nr. 10; BAG 24. 8. 1989 AP Internationales Privatrecht Arbeitsrecht Nr. 30 = NZA 1990, 841; *Hueck/v. Hoyningen-Huene* Einl. Rn. 82; aA MünchKommBGB/ *Martiny* EGBGB Art. 30 Rn. 60).

11 Eine **Rechtswahl hinsichtlich der Vorschriften des Zweiten und Dritten Abschnitts** des KSchG ist **nicht möglich** (BAG 24. 8. 1989 AP Internationales Privatrecht Arbeitsrecht Nr. 30 = NZA 1990, 841; *Hueck/v. Hoyningen-Huene* Einl. Rn. 83).

12 Für **AN bei den alliierten Streitkräften** gilt das Zusatzabkommen vom 3. 8. 1959 (BGBl. 1961 II S. 1218) zu dem Abkommen zwischen den Parteien des Nordatlantikpaktes über die Rechtsstellung ihrer Truppen vom 19. 1. 1951 (BGBl. II S. 1190) in der Fassung des Änderungsabkommens vom 18. 3. 1993 (BGBl. 1994 II S. 2598) (vgl. dazu KR/*Weigand* Art. 56 NATO-ZusAbk Rn. 14 ff.). Auf die Arbeitsverhältnisse der in Betracht kommenden AN ist im wesentlichen deutsches Arbeitsrecht anwendbar, Art. 56 Ia ZA-NTS. Für Kündigungen gilt das KSchG im Ersten bis Dritten Abschnitt (BAG 3. 7. 1969 AP TVAL II § 46 Nr. 1; BAG 21. 5. 1970 AP § 15 KSchG 1951 Nr. 11; BAG 9. 12. 1971 AP ZA-Nato-Truppenstatut Art. 56 Nr. 3; BAG 29. 1. 1981 AP KSchG 1969 § 15 Nr. 10; *Hueck/v. Hoyningen-Huene* Einl. Rn. 8).

A. Einleitung § 1 KSchG 430

Abweichungen bestehen hinsichtlich der Auflösung des Arbeitsverhältnisses: Nach Art. 56 (2) a) **13** ZA-NTS gilt § 9 Abs. (1) S. 2 KSchG mit der Maßgabe, daß der Antrag des AG auch darauf gestützt werden kann, daß der Fortsetzung des Arbeitsverhältnisses besonders schutzwürdige militärische Interessen entgegenstehen. Die oberste Dienstbehörde kann die besonders schutzwürdigen militärischen Interessen glaubhaft machen; in diesem Fall ist die Verhandlung vor dem erkennenden Gericht nicht öffentlich. Sofern die Offenlegung der Gründe die Gefahr eines schweren Schadens für die Sicherheit des Entsendestaates oder seiner Truppe verursachen könnte, kann die oberste Dienstbehörde der Truppe im Einvernehmen mit dem Chef des Bundeskanzleramtes die Glaubhaftmachung durch eine förmliche Erklärung bewirken (vgl. im übrigen KR/*Weigand* Art. 56 ZA-NTS Rn. 31 ff.). Im übrigen ist zu beachten, daß der Inhalt der Arbeitsverhältnisse der zivilen Bediensteten weitgehend ausgestaltet ist durch den Tarifvertrag für die AN bei den Stationierungsstreitkräften im Gebiet der Bundesrepublik Deutschland in seiner jeweiligen Fassung, TV AL II.

III. Zwingende Regelung

Nach § 1 ist die Kündigung des Arbeitsverhältnisses gegenüber einem AN, dessen Arbeitsverhältnis **14** in demselben Betrieb oder Unternehmen länger als sechs Monate bestanden hat, rechtswirksam, wenn sie sozial gerechtfertigt ist. Die soziale Rechtfertigung ergibt sich aus den Regelungen in Abs. 2, vgl. Rn. 169 ff., und Abs. 3 bis 5, vgl. Rn. 463 ff.

§ 1 schließt Kündigungen nicht aus. Er verhindert jedoch ungerechtfertigte Kündigungen. **§ 1 15 wirkt zugunsten des einzelnen AN zwingend.** Ein Ausschluß oder eine Beschränkung von Kündigungsschutz ist nichtig. Ebenso kann ein **Verzicht auf Kündigungsschutz im vorhinein** nicht rechtswirksam vereinbart werden (BAG 19. 12. 1974 AP BGB § 620 Bedingung Nr. 3; BAG 11. 3. 1976 AP BetrVG 1972 § 95 Nr. 1; *Hueck/v. Hoyningen-Huene* Rn. 7, 10; KR/*Friedrich* § 4 Rn. 296; *Löwisch* KSchG Rn. 33; *Schaub* § 134, 2; SPV Rn. 764). Es ist deshalb unzulässig, in Sozialplänen die Zahlung von Abfindungen abhängig zu machen vom Verbot gerichtlicher Schritte gegen die Kündigung (BAG 20. 12. 1983 AP BetrVG 1972 § 112 Nr. 17; *Hueck/v. Hoyningen-Huene* Rn. 10).

Die **zwingende Wirkung verbietet** es dem AN allerdings **nicht,** nach dem Zugang einer Kündigung **16 auf die Durchführung eines Kündigungsschutzverfahrens zu verzichten,** denn der AN kann sowohl wirksam einen Aufhebungsvertrag schließen, vgl. § 2 Rn. 13, als es auch unterlassen, eine Kündigungsschutzklage zu erheben (BAG 3. 5. 1979 KSchG 1969 § 4 Nr. 6 (zur Ausgleichsquittung); *Hueck/v. Hoyningen-Huene* Rn. 11; *Schaub* § 134, 2; SPV Rn. 765). Dieser Verzicht kann bereits vor Ablauf der Drei-Wochen-Frist erklärt werden (*Hueck/v. Hoyningen-Huene* Rn. 11). Die Erklärung muß klar und deutlich sein (SPV Rn. 765). Bloßes Schweigen nach einer Kündigung genügt nicht, denn der AN ist nicht verpflichtet, dem AG die Klageabsicht mitzuteilen (*Hueck/v. Hoyningen-Huene* Rn. 12; KR/*Friedrich* § 4 Rn. 298). Wird im Zusammenhang mit einem Auflösungsvertrag vom AG eine finanzielle Leistung erbracht, können sich Schwierigkeiten bei anschließender Arbeitslosigkeit ergeben, vgl. §§ 140 ff. SGB III.

Der **Verzicht** ist immer ein materiellrechtlicher Vertrag. Auf diesen finden die Vorschriften über **17** Auslegung und Mängel von Willenserklärungen Anwendung (BAG 27. 8. 1970 AP BGB § 133 Nr. 33; BAG 6. 4. 1977 AP KSchG 1969 § 4 Nr. 4). Der Verzicht kann in einem **Aufhebungsvertrag, Vergleich, Klageverzichtsvertrag** oder, wenn die Klage bereits erhoben ist, in einem vertraglichen **Klagerücknahmeversprechen** zu sehen sein (*Hueck/v. Hoyningen-Huene* Rn. 13). Der Verzicht auf Kündigungsschutz kann auch in einer **Ausgleichsquittung** erfolgen (SPV Rn. 765, 766), vgl. dazu § 611 BGB Rn. 604 ff. Aus Gründen der Rechtsklarheit muß der Verzicht in der Urkunde selbst unmißverständlich zum Ausdruck kommen (BAG 29. 6. 1978 AP KSchG 1969 § 4 Rn. 5; BAG 3. 5. 1979 AP KSchG 1969 § 4 Rn. 6; BAG 20. 8. 1980 AP LohnFG § 9 Nr. 3).

Die **zwingende Wirkung** besteht **auch gegenüber** dem Gesetz **rangniederen Normen.** Der Kündi- **18** gungsschutz kann weder durch Tarifvertrag noch durch Betriebsvereinbarung eingeschränkt werden (BAG 11. 3. 1976 AP BetrVG 1972 § 95 Nr. 1 (zu Richtlinien über die personelle Auswahl bei Kündigungen); *Herschel/Löwisch* Rn. 3, 4; *Hueck/v. Hoyningen-Huene* Rn. 7; KR/*Etzel* Rn. 25).

Der **zwingende Schutz** verbietet darüber hinaus den Arbeitsvertragsparteien, **bestimmte Gründe 19 festzulegen, die stets eine Kündigung rechtfertigen sollen,** sog. absolute Kündigungsgründe (BAG 11. 3. 1976 AP BetrVG 1972 § 95 Nr. 1; *Hueck/v. Hoyningen-Huene* Rn. 8; KDZ/*Kittner* Rn. 4; KR/ *Etzel* Rn. 25). Wird eine solche Vereinbarung getroffen, können daraus jedoch Schlüsse gezogen werden, welche Umstände die Arbeitsvertragsparteien zur reibungslosen Durchführung des Vertrags als besonders bedeutsam angesehen haben (*Herschel/Löwisch* Rn. 2; *Hueck/v. Hoyningen-Huene* Rn. 8). Zur Selbstbindung des AG in verfahrensrechtlichen Abläufen bei personen- und verhaltensbedingten Gründen vgl. Rn. 298.

Die **zwingende Wirkung des § 1** verhindert nur **dem AN gegenüber** dem KSchG **ungünstigere 20 Regelungen.** Es ist zulässig, den Kündigungsschutz zugunsten des AN zu erweitern (BAG 28. 2. 1990 AP KSchG 1969 § 1 Wartezeit Nr. 8 = NZA 1990, 858; BAG 14. 5. 1987 AP KSchG 1969 § 1 Wartezeit Nr. 5 = DB 1987, 2575; *Hueck/v. Hoyningen-Huene* Rn. 9; KR/*Etzel* Rn. 28; *Löwisch* BB 1997, 782, 790). So kann zB vereinbart werden, daß der Kündigungsschutz ohne Ablauf der Wartezeit eintreten soll, vgl. Rn. 68, oder es können Gründe festgelegt werden, auf die eine ordentliche Kündigung nicht soll gestützt werden können.

21 § 1 gilt für Betriebe und Verwaltungen des privaten und öffentlichen Rechts mit mehr als fünf AN, vgl. § 23. Das KSchG gilt insbesondere nicht in privaten Haushalten.

22 § 1 ist auch auf Kündigungen anzuwenden, die nach Eröffnung eines **Insolvenzverfahrens** ausgesprochen werden. Es müssen auch hier Gründe vorliegen, die die Kündigung nach § 1 als sozial gerechtfertigt erscheinen lassen (BAG 16. 9. 1982 AP KO § 22 Nr. 4; *Herschel/Löwisch* Rn. 8). Wegen der Besonderheiten im Hinblick auf die soziale Auswahl ab 1. 10. 1996 vgl. §§ 125 ff. InsO.

23 Die **Vorschriften über den Schutz gegen eine sozial ungerechtfertigte Kündigung** sind **nicht** als Schutzgesetz iSv. § 823 II BGB zu qualifizieren. Sie regeln die gegenseitigen **Vertragsbeziehungen** einschließlich der Möglichkeit ihrer Beendigung. Sie bewirken aber keinen besonderen Schutz gegen Rechtsgutverletzungen iSv. § 823 II BGB (*Herschel/Löwisch* Rn. 6; *Hueck/v. Hoyningen-Huene* Rn. 19; KR/*Etzel* Rn. 31; *Löwisch* KSchG vor § 1 Rn. 101). Deshalb scheidet auch eine Schadensersatzpflicht des AG bei einer ungerechtfertigten Kündigung nach § 823 BGB aus. Eine ungerechtfertigte Kündigung kann jedoch eine positive Vertragsverletzung sein, sofern der AG schuldhaft davon ausgehen mußte, die Kündigung sei nicht gerechtfertigt. Eine Schuld in diesem Sinn besteht nicht schon deshalb, weil die Kündigung in einem späteren Prozeß als ungerechtfertigt erachtet wird.

24 Der Kündigungsschutz ist so ausgestaltet, daß der AN bei ungerechtfertigten Kündigungen die Initiative ergreifen muß. Die **Konzeption des Kündigungsschutzes** beruht auf dem **Prinzip der nachträglichen Rechtsinhaltskontrolle** (BAG 26. 5. 1977 AP BGB § 611 Beschäftigungspflicht Nr. 5 zu III 5 a d. Gr.; KDZ/*Kittner* Rn. 6; *Ascheid* Rn. 202). Soweit die Sozialwidrigkeit der Kündigung in Frage steht, gilt bei Geltung des KSchG jede Kündigung gemäß § 7 nach Ablauf von drei Wochen als sozial gerechtfertigt, wenn der AN sie nicht angreift, vgl. §§ 4, 7.

B. Voraussetzungen des Kündigungsschutzes

I. Kündigung

25 **1. Allgemeines.** Die **materiellen Kündigungsbeschränkungen** des KSchG **betreffen nur** die vom AG ausgesprochene **ordentliche Kündigung.** Findet das KSchG keine Anwendung, erfordert die ordentliche Kündigung durch den AG keinen sachlichen Grund. Der AN kann immer aus freien Stücken unter Einhaltung der Kündigungsfrist kündigen (SPV Rn. 347; *Zöllner/Loritz* § 21 IV). Zur sog. willkürlichen Kündigung vgl. Rn. § 13 Rn. 24. Kündigt der AN selbst, kann er sich später nicht darauf berufen, durch seine Eigenkündigung sei der allgemeine Kündigungsschutz „vereitelt" worden (*Hueck/v. Hoyningen-Huene* Rn. 96).

26 Für die **Anwendung des KSchG reicht** es aus, **daß eine Kündigung erklärt worden ist.** Es kommt nicht darauf an, ob die Kündigung zivilrechtlich rechtsgültig war (*Herschel/Löwisch* Rn. 60; *Hueck/ v. Hoyningen-Huene* Rn. 99). Macht der AN im Klageweg die Unwirksamkeit der Kündigung geltend und findet das KSchG Anwendung, ist das Gericht nicht gezwungen, zunächst festzustellen, ob eine zivilrechtlich wirksame Kündigungserklärung vorliegt. Es kann der Klage auch mit der Begründung stattgeben, die Kündigung sei jedenfalls sozialwidrig (*Hueck/v. Hoyningen-Huene* Rn. 99), vgl. im übrigen § 4 Rn. 78, 83. Unabhängig davon kann der AN andere Unwirksamkeitsgründe als die der Sozialwidrigkeit außerhalb der Klagefrist des § 4 geltend machen, wenn er nicht fristgerecht eine Kündigungsschutzklage erhoben hat, vgl. dazu § 13.

27 Die vom AG ausgesprochene ordentliche Kündigung ist gemäß § 622 BGB fristgebunden. Sie ist gerichtet auf die Beendigung eines auf unbestimmte Zeit oder auf Höchstfrist befristet eingegangenen Arbeitsverhältnisses (*Hueck/v. Hoyningen-Huene* Rn. 97; SPV Rn. 349; zur Abgrenzung von außerordentlicher Kündigung vgl. BAG 13. 1. 1982 AP BGB § 620 Kündigungserklärung Nr. 2), vgl. zur außerordentlichen Kündigung § 13 Rn. 10 ff. Nach § 622 I BGB kann das Arbeitsverhältnis mit einer Frist von vier Wochen zum Fünfzehnten oder zum Ende des Kalendermonats gekündigt werden. Die Kündigungsfrist ist je nach Dauer des Arbeitsverhältnisses länger, vgl. hierzu § 622 BGB. Eine ordentliche Kündigung iSd. KSchG liegt auch vor, wenn ein Tarifvertrag, ohne daß die Voraussetzungen nach § 626 BGB vorliegen müßten, eine ordentliche Kündigung erlaubt (BAG 4. 6. 1987 AP KSchG 1969 § 1 Soziale Auswahl Nr. 16). Ist ein AN tarifvertraglich unkündbar, kann eine außerordentliche Kündigung in Betracht kommen, wenn eine Weiterbeschäftigung des AN auf Dauer ausscheidet (BAG 5. 2. 1998 AP BGB § 626 Nr. 143).

28 **2. Zivilrechtliche Merkmale, Erfordernisse und Arten der Kündigung.** Die **Kündigung** ist eine **einseitige empfangsbedürftige Willenserklärung**, gerichtet an den Vertragsgegner, daß die gemeinsame Schuldbeziehung nicht fortgesetzt werden wird. Sie ist ein typisches **Gestaltungsrecht**, vgl. § 620 BGB Rn. 188.

Als **Beendigungskündigung** ist sie eine auf die Beendigung der aus einem Schuldverhältnis folgenden Leistungspflichten gerichtete Erklärung. Wird ordentlich gekündigt, bedeutet die Kündigungs-

B. Voraussetzungen des Kündigungsschutzes § 1 KSchG 430

frist, daß das Arbeitsverhältnis nicht bereits mit Zugang der Erklärung, sondern erst nach Fristablauf eintritt.

Von der Beendigungskündigung zu unterscheiden ist die **Änderungskündigung.** Mit ihr wird das Arbeitsverhältnis als Ganzes gekündigt und gleichzeitig ein Angebot unterbreitet, zum Zeitpunkt der Beendigung des gekündigten Vertrages einen neuen Vertrag mit geänderten Bedingungen abzuschließen, vgl. dazu § 2 Rn. 4 ff. und § 620 BGB Rn. 233.

Unzulässig ist in der Regel eine **Teilkündigung,** sofern nicht wirksam vereinbart ist, vertragliche 29 Teilbereiche einseitig ändern zu können (zB Anpassung der Nebenkosten eines Chefarztes, der im Krankenhaus praktiziert) (vgl. zu der Problematik eingehend *Wank* in *Hromadka*, Arbeitsbedingungen, S. 48 ff.). Mit der **Teilkündigung** wird erstrebt, die **Rahmenbedingungen des Vertrages bestehen zu lassen** und **nur einzelne Punkte** innerhalb des Rahmens zu **ändern** (vgl. BAG 4. 12. 1986 – 2 AZR 776/85 nv.), vgl. zur Teilkündigung § 2 Rn. 7 ff. und § 620 BGB Rn. 235.

Die **Kündigung** war bis 30. 4. 2000 nicht formbedürftig. Nach dem seit 1. 5. 2000 geltenden § 623 BGB bedarf sie zu ihrer Wirksamkeit der **Schriftform,** vgl. dazu §§ 125–127 BGB Rn. 13 ff.

Die **Kündigung kann zu jeder Zeit und an jedem Ort erklärt werden** (BAG 14. 11. 1984 AP BGB 30 § 626 Nr. 88: Heiliger Abend; SPV Rn. 97). Auch an Sonn- und Feiertagen ist der Ausspruch einer Erkrankung eines AN ist der Ausspruch einer Kündigung zulässig und nicht deshalb unwirksam (*Lepke* S. 22). Eine Kündigung kann in Ausnahmefällen mit der Folge der Unwirksamkeit zurückgewiesen werden, wenn sie am völlig unpassenden Ort oder zur unpassenden Zeit erklärt wird (sog. ungehörige Kündigung) (BAG 14. 11. 1984 AP BGB § 626 Nr. 88; vgl. zu Beispielen SPV Rn. 189), vgl. § 13 Rn. 30.

Bei der Erklärung der ordentlichen Kündigung ist die **Angabe eines Grundes,** sofern nicht beson- 31 dere Vereinbarungen vorliegen, auch im Anwendungsbereich des KSchG nicht notwendig (BAG 27. 2. 1958 AP KSchG 1951 Betriebsbedingte Kündigung Nr. 1; BAG 21. 3. 1959 *Hueck/v. Hoyningen-Huene* Rn. 159; KDZ/*Kittner* Rn. 36; SPV Rn. 70), vgl. im übrigen § 620 BGB Rn. 261.

Gibt der AG im Kündigungsschreiben oder mündlich einen Kündigungsgrund an, ist er im Prozeß 32 nicht an diesen Grund gebunden. Er kann im Kündigungsschutzprozeß alle Tatsachen vortragen, die die Kündigung rechtfertigen sollen (SPV Rn. 77; BAG 25. 8. 1977 AP BMT-G II § 54 Nr. 1). Anders ist es, wenn eine wirksame Formvorschrift die Angabe des Kündigungsgrundes verlangt. Ebenso ist der AG, wenn ein **Betriebs- oder Personalrat anzuhören** war, nach der Rechtsprechung, die im Gesetz an sich keine Stütze findet, an die Gründe gebunden, die er dem Vertretungsgremium mitgeteilt hat. Er soll keine anderen **Gründe nachschieben** können, vgl. dazu § 102 BetrVG.

Die **Kündigung** muß vom **Berechtigten** erklärt werden. Dieser kann durch **Bevollmächtigte** 33 handeln, vgl. § 620 BGB Rn. 195 ff. Wird die Kündigung von einem Bevollmächtigten erklärt und weist der Gekündigte die Kündigung unverzüglich zurück, weil keine Vollmachtsurkunde vorgelegt worden ist, ist das Rechtsgeschäft nach § 174 BGB unwirksam vgl. § 620 BGB Rn. 195, 196. Die **Kündigung** ist **bedingungsfeindlich,** vgl. § 620 BGB Rn. 194.

Die **Kündigung** wird in dem Augenblick **wirksam,** in dem sie **dem Gegner zugeht** (KR/*M. Wolf,* 34 3. Aufl., Grunds. Rn. 288; vgl. auch § 620 BGB Rn. 245 ff.). Sie bedarf nicht einer „Annahme" durch den Gekündigten (*Schaub* § 123 II 1; SPV Rn. 98, 99). Die Probleme, die sich im Zusammenhang mit dem Zugang von Kündigungen ergeben, sind nach den Vorschriften des BGB abzuwickeln, vgl. dazu im einzelnen § 4 Rn. 25 ff. Nach § 164 III BGB ist Vertretung auch beim Empfang einer Kündigungserklärung möglich.

Die **Kündigung** unterliegt als Willenserklärung den allgemeinen Regeln des BGB (SPV Rn. 152 ff.; 35 *Zöllner/Loritz* § 22 I 3). Die **Kündigungserklärung kann** bei Vorliegen der entsprechenden Voraussetzungen **angefochten werden,** vgl. § 620 BGB Rn. 253.

Die **Kündigung** kann **nichtig** sein, vgl. zB §§ 105, 116 BGB. Die Nichtigkeit kann auch die Folge 36 eines Verstoßes gegen ein gesetzliches Verbot sein, § 134 BGB (vgl. BAG 2. 4. 1987 AP BGB § 612 a Nr. 1; SPV Rn. 155; *Zöllner/Loritz* § 22 I 3). So besteht nach § 611 a BGB ein geschlechtsbezogenes Benachteiligungsverbot. Außerdem darf niemand gemaßregelt werden, wenn er Gebrauch von seinen Rechten macht, § 612 a BGB, vgl. im übrigen § 13 Rn. 22.

Weitere Unwirksamkeitsgründe sind zB: Kündigung ohne vorherige Anhörung des Betriebs- oder 37 Personalrats, § 102 I S. 2 BGB, § 79 IV BPersVG; Verletzung von § 2 ArbPlSchG, Art. 1 § 9 Nr. 3 AÜG, § 58 BImSchG (vgl. BAG 22. 7. 1992 AP BImSchG § 58 Nr. 1 = NZA 1993, 557), Art. 1 § 2 I BSchFG (vgl. im übrigen SPV Rn. 168). Wenn zur Kündigung die Zustimmung eines Dritten, zB des Betriebsrats oder einer Verwaltungsbehörde (Hauptfürsorgestelle bei einem Schwerbehinderten), vorliegen muß, ergeben sich Probleme, wenn die Zustimmung zwar erteilt ist, sie aber mit einem Rechtsmittel angefochten wird. Nach der Rechtsprechung wird bei Betriebsratsmitgliedern die Rechtskraft der Entscheidung über die Zustimmungsersetzung verlangt, vgl. § 15 Rn. 42. In anderen Fällen soll geprüft werden, ob ein Kündigungsschutzprozeß bis zur Rechtskraft des Parallelprozesses auszusetzen ist (vgl. dazu *Lüke,* FS Kigawa 1994, S. 136).

Eine Kündigung kann nach § 138 BGB unwirksam sein. **Sittenwidrigkeit** liegt vor, wenn der AG 38 aus einem verwerflichen Motiv heraus handelt (SPV Rn. 174), vgl. hierzu § 13 Rn. 21. Zur Annahme einer Sittenwidrigkeit muß in jedem Fall die Grenze der Sozialwidrigkeit überschritten sein (KR/ *M. Wolf,* 3. Aufl., Grunds. Rn. 307).

39 Vor Geltung des KSchG spielte die **treuwidrige Kündigung** eine große Rolle. Heute werden die Treuwidrigkeitsgründe weitgehend durch § 1 erfaßt. Es gibt allerdings Situationen, bei denen der Unrechtsgehalt nicht durch § 1, wohl aber durch § 242 BGB erfaßt wird, vgl dazu § 13 Rn. 21 ff.

40 Einen eigenständigen **Unwirksamkeitsgrund** normiert § 613 a IV 1 BGB, wenn die **Kündigung wegen Betriebsübergangs** erfolgt, vgl. dazu § 613 a BGB. Hat der AG die Kündigung damit gerechtfertigt, es handele sich um eine Bestriebsstillegung, kann er sich später nicht darauf berufen, seine eigene Kündigung sei nach §§ 613 a IV, 134 BGB unwirksam, weil in Wirklichkeit ein Betriebsübergang vorgelegen habe (vgl. BAG 27. 6. 1995 AP BetrVG 1972 § 4 Nr. 7).

41 Kein Unwirksamkeitsgrund iSd. KSchG liegt vor, wenn der AG durch die Kündigung den **Gleichbehandlungsgrundsatz** verletzt, vgl dazu Rn. 174. In diesen Fällen ist allerdings im Rahmen der Sozialwidrigkeit zu prüfen, warum bei dem gekündigten AN eine Zukunftsrelevanz der Störung angenommen wurde, bei einem anderen AN unter den gleichen Umständen aber nicht (BAG 21. 10. 1969 BAGE 22, 162 = AP GG Art. 9 Arbeitskampf Nr. 41; BAG 22. 2. 1979 EzA BetrVG 1972 § 103 Nr. 23; SPV Rn. 198; enger KR/*M. Wolf*, 3. Aufl., Grunds. Rn. 445–450: Kündigung einzelner ist Rechtsmißbrauch).

42 Eine ordentliche **Kündigung** kann unwirksam sein, weil sie durch Individualvertrag oder Tarifvertrag **ausgeschlossen** ist (SPV Rn. 201; *Hanau/Preis* Kündigungsschutz, Erweiterung II K 50). Derartige Vereinbarungen sind – wenn sie nicht im Zusammenhang mit konkret auszusprechenden, bevorstehenden Kündigungen stehen – zulässig und stellen nicht im Hinblick auf § 1 III Verträge zu Lasten Dritter dar. Es wird in ein Recht eines anderen nicht eingegriffen (vgl. *Kania/Kramer* RdA 1995, 287), vgl. im übrigen Rn. 513. Solche Fälle liegen vor, wenn das Arbeitsverhältnis auf Lebenszeit geschlossen wird oder wenn das Arbeitsverhältnis kraft Vereinbarung nach Ablauf einer bestimmten Frist „unkündbar" ist. Haben die Parteien einen befristeten Arbeitsvertrag geschlossen, ist die ordentliche Kündigung ausgeschlossen (SPV Rn. 204). Anders ist es nur, wenn die Befristung als sog. Höchstbefristung vereinbart ist mit der Möglichkeit einer vorzeitigen Beendigung auch durch ordentliche Kündigung. Eine außerordentliche Kündigung nach § 626 BGB kann nicht wirksam ausgeschlossen werden, denn etwa Unzumutbares kann niemand zugemutet werden.

43 Die Wirkungen der Kündigung können nicht durch „**Rücknahme**" oder „**Widerruf**" rückgängig gemacht werden, vgl. § 620 BGB Rn. 269 ff.

44 Die Kündigung wird im Regelfall erklärt nach Vollzug des Arbeitsverhältnisses. Es kann im Einzelfall streitig sein, ob sie bereits vor Arbeitsantritt wirksam ausgesprochen werden kann, sog. **Kündigung vor Dienstantritt,** und ab wann die Kündigungsfrist dann zu laufen beginnt, vgl. § 620 BGB Rn. 264.

45 3. Inaktivierung des Arbeitsverhältnisses. **Keine Kündigung** liegt vor, **wenn beide Parteien das Arbeitsverhältnis nicht mehr vollziehen,** so wenn der AN nicht mehr zur Arbeit erscheint, der AG aber auch keine Kündigung ausspricht (vgl. auch *Hueck/v. Hoyningen-Huene* Rn. 111). Je nach konkretem Sachverhalt kann es dem AN nach gewissem Zeitablauf verwehrt sein, sich auf den Bestand des Arbeitsverhältnisses zu berufen (BAG 3. 10. 1961 AP BGB § 242 Geschäftsgrundlage Nr. 4; BAG 12. 3. 1963 AP BGB § 242 Geschäftsgrundlage Nr. 5; BAG 24. 8. 1995 AP BGB § 242 Geschäftsgrundlage Nr. 17). Die konkrete Ausgestaltung der Sachlage kann es ebenfalls rechtfertigen, von einem Ruhen des Arbeitsverhältnisses auszugehen (BAG 9. 8. 1995 AP BGB § 611 Gratifikation Nr. 181).

46 Von einem einvernehmlichen Ruhen des Arbeitsverhältnisses zu unterscheiden, ist die – einseitige – Suspendierung. Unter **Suspendierung** wird das vom AG veranlaßte **vollständige oder teilweise Ruhen der Rechte und Pflichten aus dem Arbeitsverhältnis** verstanden (vgl. SPV Rn. 21 ff.).

II. Geschützter Personenkreis

47 § 1 bezieht sich nur auf Kündigungen, die gegenüber einem **AN** ausgesprochen werden. Das KSchG selbst definiert den ANbegriff nicht. Es ist deshalb von dem ANbegriff auszugehen, wie ihn Rechtsprechung und Lehre für das allgemeine Arbeitsrecht entwickelt haben, vgl. dazu § 611 BGB Rn. 44 ff.

Die Tatsache, daß der Kündigungsschutz erst nach sechs Monaten beginnt, darf nicht damit verwechselt werden, daß die Bejahung eines Arbeitsverhältnisses nicht eine längere Vertragsdauer voraussetzt. Ein Arbeitsverhältnis liegt auch vor, wenn die Tätigkeit nur in geringem Umfang aushilfsweise ausgeübt wird oder wenn es sich um eine nebenberufliche Beschäftigung handelt (BAG 16. 3. 1972 AP BGB § 611 Lehrer, Dozenten Nr. 10; *Herschel/Löwisch* Rn. 12). Kündigungsschutz genießen auch **Teilzeitkräfte,** wobei es auf den Umfang der Arbeitszeit nicht ankommt (BAG 13. 3. 1987 AP KSchG 1969 § 1 Betriebsbedingte Kündigung Nr. 37; *Hueck/v. Hoyningen-Huene* Rn. 41; KR/*Etzel* Rn. 74; *Wank* ZIP 1986, 206).

Bei einer **Mehrfachbeschäftigung** ist für jedes einzelne Arbeitsverhältnis gesondert zu prüfen, ob die Voraussetzungen des Kündigungsschutzes erfüllt sind (BAG 9. 6. 1983 BB 1984, 143; *Herschel/Löwisch* Rn. 12; *Kittner/Trittin* Rn. 9).

B. Voraussetzungen des Kündigungsschutzes § 1 KSchG 430

Steht ein AN sowohl zu einer **Gesamthafengesellschaft** als auch zu einem Einzelhafen in einem Arbeitsverhältnis, genießt er Kündigungsschutz für jedes dieser Arbeitsverhältnisse (BAG 30. 5. 1985 AP KSchG 1969 § 1 Betriebsbedingte Kündigung Nr. 24).

III. Nicht geschützte Personen

Vom Kündigungsschutz ausgenommen sind alle **Selbständigen**, die Dienst- oder Werkvertragsleistungen erbringen. Hierzu gehören auch **Handelsvertreter**, selbst wenn sie nach § 5 III ArbGG der Arbeitsgerichtsbarkeit unterstehen (*Hueck/v. Hoyningen-Huene* Rn. 44). Es muß bei Letzteren immer geprüft werden, ob sie wirtschaftlich selbständig sind oder ob es sich um bloße Handlungsgehilfen handelt (BAG 20. 4. 1964 AP HGB § 90 a Nr. 1; BAG 4. 12. 1981 AP HGB § 84 Nr. 2; BAG 11. 3. 1982 AP HGB § 84 Nr. 3; *Hueck/v. Hoyningen-Huene* Rn. 44). 48

Das KSchG findet keine Anwendung auf **Heimarbeiter und Hausgewerbetreibende**. Diese sind zwar wirtschaftlich abhängig. Entscheidend für die Nichteinbeziehung in den Kündigungsschutz ist ihre persönliche Selbständigkeit (BAG 3. 4. 1990 EzA HAG § 2 Nr. 1; *Hueck/v. Hoyningen-Huene* Rn. 45). Für sie gilt die Regelung des § 29 HAG. 49

Nach § 5 ArbGG sind die Arbeitsgerichte zuständig für Streitigkeiten **arbeitnehmerähnlicher Personen**. Das sind persönlich selbständige, aber wirtschaftlich abhängige Personen, vgl. § 611 BGB Rn. 133 ff. Auf sie finden Regelungen des Arbeitsrechts nur Anwendung, wenn das in dem jeweiligen Gesetz angeordnet ist. Aus der Zuständigkeit der Arbeitsgerichte in diesen Fällen kann daher nicht auf die Anwendung des KSchG geschlossen werden (*Ascheid* Urteilsverf. Rn. 490 ff.; *Hueck/v. Hoyningen-Huene* Rn. 56; SPV Rn. 603; § 611 BGB Rn. 136). 50

Zu den arbeitnehmerähnlichen Personen zählen die **freien Mitarbeiter** (vgl. dazu BVerfG 13. 1. 1982 AP GG Art. 5 I Rundfunkfreiheit Nr. 1; BAG 13. 1. 1983 AP BGB § 611 Abhängigkeit Nr. 42). Es ist jedoch nicht auszuschließen, daß die konkrete Ausgestaltung des Vertrags es rechtfertigt, einen echten ANstatus anzunehmen (vgl. BAG 9. 6. 1993 AP BGB § 611 Abhängigkeit Nr. 66; BAG 29. 1. 1992 RzK I 4 a Nr. 50; BAG 23. 6. 1993 RzK I 4 a Nr. 57; *Hueck/v. Hoyningen-Huene* Rn. 46). 51

Keine AN sind Personen, die in einem **öffentlich-rechtlichen Dienstverhältnis** stehen, wie Richter, Beamte, Soldaten, Wehr- und Zivildienstleistende. Hingegen unterstehen Arbeiter und Angestellte des öffentlichen Dienstes dem KSchG. 52

Keinen Kündigungsschutz genießen **Familienangehörige**, die im Betrieb eines Verwandten **aufgrund familiärer Beziehungen, §§ 1353, 1356 II, 1619 BGB, mitarbeiten**. Allein die Tatsache einer Ehe oder eines Verwandtschaftsverhältnisses schließt es jedoch nicht aus, daß mit diesen Personen ein echter Arbeitsvetrag geschlossen ist, aufgrund dessen sie in Abhängigkeit gegen Entgelt Arbeit leisten (*Herschel/Löwisch* Rn. 21, 22; *Hueck/v. Hoyningen-Huene* Rn. 48; KR/*Etzel* Rn. 57). 53

Dem allgemeinen Kündigungsschutz unterfallen nicht **Gesellschafter** und **Personen, die aufgrund körperschaftlicher Verpflichtung Arbeit leisten**. Hierzu gehören Mitglieder eines Vereins oder einer Genossenschaft. Die Arbeitsleistung wird hier nicht aufgrund eines Arbeitsvetrags in persönlicher Abhängigkeit erbracht, sondern wegen der freien Mitgliedschaft (BAG 16. 2. 1983 AP AngKSchG § 2 Nr. 8; *Hueck/v. Hoyningen-Huene* Rn. 49; KR/*Etzel* Rn. 32). Das schließt es nicht aus, daß diese Personen unabhängig von ihrem Mitgliedschaftsverhältnis auch in einem regulären Arbeitsverhältnis zu ihrer Vereinigung oder Körperschaft stehen, so zB Kommanditisten, die in der Firma der KG mitarbeiten (BAG 8. 1. 1970 AP ZPO § 528 Nr. 14; BAG 11. 5. 1978 AP HGB § 161 Nr. 2; BAG 28. 11. 1990 AP TVG Tarifverträge: Bau Nr. 137 = NZA 1991, 392; *Hueck/v. Hoyningen-Huene* Rn. 49; zum Status von Amateurfußballspielern vgl. BAG 10. 5. 1990 AP BGB § 611 Abhängigkeit Nr. 51). 54

Vom **Kündigungsschutz ausgeschlossen** sind nach § 14 II die **zur gesetzlichen Vertretung in juristischen Personen berufenen Organmitglieder** und die zur Vertretung einer Personengesamtheit berufenen Personen, vgl. § 14 I. Hierzu gehören nicht die leitenden Angestellten. Sie genießen Kündigungsschutz mit der Sonderregelung hinsichtlich § 9, vgl. § 14 Rn. 14 ff. 55

AN sind auch **Auszubildende** (*Hueck/v. Hoyningen-Huene* Rn. 51; *Schaub* § 16 II 2). Dennoch genießen sie keinen Kündigungsschutz nach § 1; sie unterstehen vielmehr den Regelungen des BBiG (*Herschel/Löwisch* Rn. 15; *Hueck/v. Hoyningen-Huene* Rn. 51; KR/*Etzel* Rn. 49). In § 13 bis 16 BBiG ist abschließend die Beendigung der Berufsbildungsverhältnisses geregelt (*Hueck/v. Hoyningen-Huene* Rn. 51). Soweit das BBiG nicht greift, weil ein sonstiger Aus- oder Fortbildungsvertrag abgeschlossen worden ist, ist das KSchG anzuwenden (*Herschel/Löwisch* Rn. 15; *Hueck/v. Hoyningen-Huene* Rn. 53). Wegen der Besonderheiten der Klageerhebung vgl. § 13 Rn. 7. 56

Für **Volontäre** gelten gemäß § 19 BBiG die kündigungsrechtlichen Vorschriften der §§ 13 ff. BBiG. § 19 BBiG kommt indessen nicht zur Anwendung, wenn die beruflichen Kenntnisse, Fertigkeiten oder Erfahrungen im Rahmen eines Arbeitsverhältnisses vermittelt werden sollen (*Herschel/Löwisch* Rn. 15; *Hueck/v. Hoyningen-Huene* Rn. 53; KR/*Etzel* Rn. 51). 57

Als AN werden nicht **Personen** angesehen, **die die Leistung** überwiegend **aus karitativen oder religiösen Gründen erbringen** (*Herschel/Löwisch* Rn. 19; *Hueck/v. Hoyningen-Huene* Rn. 55; KR/*Etzel* Rn. 92). Das ist zB der Fall bei Ordensschwestern, Missionaren und Entwicklungshelfern (BAG 27. 4. 1977 AP BGB § 611 Entwicklungshelfer Nr. 1) oder bei Schwestern des Roten Kreuzes (BAG 58

3. 6. 1975 AP BetrVG 1972 § 5 Rotes Kreuz Nr. 1; BAG 20. 2. 1986 AP TVG § 1 Tarifverträge: DRK Nr. 1). Letztere erbringen die Leistung aufgrund eines Gestellungsvertrags ihrer Vereinigung mit dem Betreiber des Krankenhauses. Zu den Besonderheiten im **kirchlichen Dienst** vgl. Rn. 267.

59 Ebenso kann ein Arbeitsverhältnis nicht angenommen werden, wenn die Leistung aufgrund eines besonderen Gewaltverhältnisses erbracht wird, wie zB bei einem Strafgefangenen (BAG 3. 10. 1978 AP BetrVG 1972 § 5 Nr. 18; *Hueck/v. Hoyningen-Huene* Rn. 56).

60 Die Rechtsprechung hat sich in einer Vielzahl von Grenzfällen mit der Abgrenzung des Arbeitsverhältnisses von anderen schuldrechtlichen Beziehungen befaßt, vgl. dazu § 611 BGB und die Rechtsprechung zu § 5 ArbGG.

61 Im Arbeitsrecht ist das sog. **faktische Arbeitsverhältnis** anerkannt. Es liegt vor, wenn die Parteien eine Tätigkeit auf privatrechtlicher Grundlage wollen, der dahingehende Arbeitsvertrag aber nichtig ist. Das faktische Arbeitsverhältnis **bedarf zu seiner Beendigung keiner Kündigung.** Es kann durch einfache Erklärung mit unmittelbarer Wirkung beendet werden – sog. Lossagungsrecht. Ein Kündigungsschutz kommt nicht in Betracht (vgl. BAG 15. 11. 1957 AP BGB § 125 Nr. 2; *Hueck/v. Hoyningen-Huene* Rn. 54; KR/*Etzel* Rn. 56).

IV. Kündigungsschutz in besonderen Arbeitsverhältnissen

62 Der Kündigungsschutz gilt auch für **Gruppenarbeitsverhältnisse** (BAG 21. 10. 1971 AP BGB § 611 Gruppenarbeitsverhältnis Nr. 1; *Hueck/v. Hoyningen-Huene* Rn. 57; *Kittner/Trittin* Rn. 11; KR/*Etzel* Rn. 58; vgl. § 611 BGB Rn. 194 ff.; § 611 BGB Rn. 194). Ein Gruppenarbeitsverhältnis liegt vor, wenn die AN gemeinsam zur Arbeitsleistung verpflichtet sind, zB **Mitglieder einer Tanzkapelle.** Bei einer solchen Verflechtung der zu erbringenden Leistung ist beim Fehlen einer ausdrücklichen Regelung anzunehmen, daß die Verträge auch nur zusammen aufgelöst werden können (BAG 17. 5. 1962 AP BGB § 620 BGB Bedingung Nr. 2; SPV Rn. 145, 148). Hierbei sind allerdings zu trennen die Selbständigkeit der einzelnen Arbeitsverträge und die Auswirkungen eines Kündigungsgrundes in einem Arbeitsverhältnis auf die anderen, mit ihm verbundenen Arbeitsverhältnisse. Liegt ein Fall einer sog. **Eigengruppe** vor, kann der AG im Hinblick auf einen Kündigungsgrund gegenüber einem Gruppenmitglied der ganzen Gruppe kündigen (BAG 21. 10. 1971 AP BGB § 611 BGB Gruppenarbeitsverhältnis Nr. 1 unter Berufung auf BAG 9. 2. 1960 BAGE 9, 44 – AP BGB § 626 Nr. 39; SPV Rn. 145, 148). Die Kündigung eines einzelnen Mitglieds ist ausgeschlossen. Der AG kann auf keinen Fall die Zusammensetzung der Gruppe dadurch ändern, daß er nur einem Mitglied kündigt, um mit den anderen oder mit teilweise neuen Mitgliedern den Vertrag fortzusetzen. Eine wechselseitige Bindung kann auch bei **Arbeitsverträgen mit Ehegatten** bestehen, wenn diese zusammen tätig werden sollen, zB Hausmeisterehepaar, Heimleiterehepaar (vgl. BAG 17. 5. 1962 AP BGB § 620 Bedingung Nr. 2; 21. 10. 1971 AP BGB § 611 Gruppenarbeitsverhältnis Nr. 1; *Hueck/v. Hoyningen-Huene* Rn. 57; SPV Rn. 787; vgl. im übrigen § 9 MuSchG).

63 Teilen sich mehrere einen Arbeitsplatz (job-sharing), ist die Kündigung eines AN wegen Ausscheidens des anderen AN unwirksam, Art. 1 § 5 II 1 BeschFG (vgl. auch SPV Rn. 147, 787 a).

64 Der Kündigungsschutz greift auch, wenn ein sog. **mittelbares Arbeitsverhältnis** vorliegt (vgl. § 611 BGB Rn. 202). Das ist anzunehmen, wenn der AN von einem Mittelsmann beschäftigt wird, der seinerseits AN eines Dritten ist und die Arbeit mit Wissen des Dritten für diesen erbracht wird (BAG 21. 2. 1990 AP BGB § 611 Abhängigkeit Nr. 57), vgl. dazu § 611 BGB. Die Kündigung eines mittelbaren AN ist aufgrund der vertraglichen Konstruktion nur zwischen den jeweiligen Vertragspartnern möglich. Die Kündigungsschutzklage richtet sich in der Regel gegen den Mittelsmann, nicht gegen den mittelbaren AG (BAG 21. 2. 1990 AP BGB § 611 Abhängigkeit Nr. 57; *Hueck/v. Hoyningen-Huene* Rn. 61; KR/*Etzel* Rn. 71).

V. Wartezeit

65 **1. Allgemeines.** Nach § 1 entsteht der Kündigungsschutz, wenn das Arbeitsverhältnis in demselben Betrieb oder Unternehmen länger als sechs Monate bestanden hat. Art. 33 II GG steht der Wartezeitregelung in § 1 I KSchG nicht entgegen (BAG 1. 7. 1999 RzK I 8 l Nr. 28). Durch diese Regelung soll dem AG Gelegenheit gegeben werden, die Mitarbeiter zunächst kennenzulernen (BAG 15. 3. 1978 AP BGB § 620 Befristeter Arbeitsvertrag Nr. 45). Dieser Regelungszweck gilt auch unter Berücksichtigung der Tatsache, daß **ausschlaggebend der rechtliche Bestand des Arbeitsverhältnisses** ist, vgl. Rn. 71, und nicht die Dauer der tatsächlichen Beschäftigung (kritisch BAG 23. 9. 1978 AP KSchG 1969 § 1 Wartezeit Nr. 1; BAG 12. 2. 1981 AP BAT § 5 Nr. 1; KR/*Etzel* Rn. 102). Dem AG steht es nämlich frei, vor Ablauf von sechs Monaten zu kündigen. Er ist eingeschränkt nur durch das Schikane- und Willkürverbot (BAG 16. 2. 1989 AP BGB § 138 Nr. 46; *Hueck/v. Hoyningen-Huene* Rn. 64), vgl. § 13 Rn. 21 ff.

66 **Die Regelung in Abs. 1 ist zwingend.** Es wäre unzulässig, wenn die Arbeitsvertragsparteien vereinbaren würden, es sei nicht der rechtliche Bestand des Arbeitsverhältnisses, sondern die Dauer des tatsächlichen Einsatzes entscheidend, oder wenn sie die Wartezeit verlängern würden (*Herschel/*

B. Voraussetzungen des Kündigungsschutzes § 1 KSchG 430

Löwisch Rn. 41; KR/*Etzel* Rn. 104). Ist in einem unbefristeten Arbeitsvertrag eine längere Probezeit als sechs Monate vereinbart, kann das Arbeitsverhältnis nach Ablauf der Wartezeit von sechs Monaten dennoch nur wirksam gekündigt werden, wenn ein Grund nach § 1 II vorliegt (BAG 15. 8. 1984 AP KSchG 1969 § 1 Nr. 8; *Hueck/v. Hoyningen-Huene* Rn. 65; KDZ/*Kittner* Rn. 12). Zur zulässigen Befristung eines Arbeitsvetrages über sechs Monate hinaus vgl. § 620.

Eine Sonderregelung besteht bei Neueinstellungen unter den Voraussetzungen des **BeschFG**, vgl. 67 § 1 BeSchFG 1996. Das **Eingliederungsverhältnis** nach §§ 54a ff. SGB III ist kein Arbeitsverhältnis (vgl. § 611 BGB Rn. 42). Die Dauer des Eingliederungsvertrags ist in die Wartezeit nicht einzubeziehen (*Hanau* DB 1997, 1278, 1280; I. *Natzel* NZA 1997, 806, 808; unklar KR/*Etzel* Rn. 116 und 117)

Die **Wartezeit kann zugunsten des AN verkürzt oder ganz ausgeschlossen werden** (BAG 14. 5. 68 1987 AP KSchG 1969 § 1 Wartezeit Nr. 5; BAG 28. 2. 1990 AP KSchG 1969 § 1 Wartezeit Nr. 8). Solche Vereinbarungen sollten ausdrücklich und zum Zweck der späteren Beweisbarkeit schriftlich getroffen werden. Aufgrund bestimmter Umstände kann eine konkludente Zusage angenommen werden, so wenn der AN bei der Einstellung betont, er gebe eine unkündbare Dauerstellung auf und lege Wert auf eine Lebens- oder Dauerstellung und der AG dazu schweigt (BAG 18. 2. 1967 AP KSchG 1951 § 1 Nr. 81; BAG 7. 9. 1995 8 AZR 695/94 nv.; *Herschel/Löwisch* Rn. 42; *Hueck/ v. Hoyningen-Huene* Rn. 66, 67; KR/*Etzel* Rn. 104). Eine stillschweigende Zusage liegt nicht allein darin, daß der AG in einer Stellenanzeige oder bei Einstellungsgesprächen darauf verweist, es handele sich um eine Dauerstellung. Damit kommt nicht zum Ausdruck, eine Probezeit sei entbehrlich (BAG 8. 6. 1972 AP KSchG 1969 § 1 Nr. 1; *Herschel/Löwisch* Rn. 42).

2. Beginn der Wartezeit. Die sechsmonatige Wartezeit beginnt mit der **Begründung des Arbeits-** 69 **verhältnisses**. Für dessen Beginn entscheidend ist, ab wann der AN zur Verfügung des AG stehen sollte. Der Beginn des Arbeitsverhältnisses ist der Abschluß des Arbeitsvertrags, wenn der Arbeitsantritt sich unmittelbar anschließen soll. Soll der AN die Tätigkeit erst später aufnehmen (Vertragsschluß 1.4.; Arbeitsbeginn 1.6.) ist der Tag der Arbeitsaufnahme maßgebend (*Herschel/Löwisch* Rn. 52; *Hueck/v. Hoyningen-Huene* Rn. 77; KR/*Etzel* Rn. 109).

Der Beginn wird nicht dadurch hinausgezögert, daß der AG eine ordnungsgemäß angebotene 70 Arbeitsleistung nicht annimmt, noch wenn sich die vorgesehene Arbeitsaufnahme wegen Krankheit oder anderer, vom AN nicht zu vertretener Umstände verzögert (*Herschel/Löwisch* Rn. 52; KR/*Etzel* Rn. 106). Anders ist es, wenn der AN schuldhaft die Arbeit nicht aufnimmt (*Hueck/v. Hoyningen-Huene* Rn. 77).

3. Dauer des Arbeitsverhältnisses. Das **Arbeitsverhältnis muß länger als sechs Monate ohne** 71 **rechtliche Unterbrechung** bestanden haben. Es kommt nicht darauf an, daß der AN während dieser Zeit die volle Arbeitsleistung erbracht hat (BAG 6. 12. 1976 AP KSchG 1969 § 1 Wartezeit Nr. 2; *Hueck/v. Hoyningen-Huene* Rn. 80; KR/*Etzel* Rn. 125; SPV Rn. 607). Für die Wartezeit ist es unerheblich, ob der AN teilweise als Arbeiter oder Angestellter tätig war (BAG 23. 9. 1976 AP KSchG 1969 § 1 Wartezeit Nr. 1; KR/*Etzel* Rn. 117). Eine Ausbildungszeit, insbesondere eine Lehrzeit, ist einzurechnen (BAG 26. 8. 1976 AP BGB § 626 Nr. 68; *Hueck/v. Hoyningen-Huene* Rn. 78; KDZ/*Kittner* Rn. 24; KR/*Etzel* Rn. 114; *Schaub* § 128 I 4). Nicht berücksichtigt werden Vorbeschäftigungen in einem anderen Status, zB als freier Mitarbeiter, Beamter, gesetzlicher Vertreter, Leiharbeitnehmer (KDZ/*Kittner* Rn. 24; *Schaub* § 128 I 4). Ein betriebliches Praktikum ist nur anzurechnen, wenn es im Rahmen eines Arbeitsverhältnisses abgeleistet worden ist (BAG 18. 11. 1999 AP KSchG 1969 § 1 Wartezeit Nr. 11).

Für die Berechnung der Wartezeit ist es unerheblich, ob der AN als **Vollzeit- oder Teilzeitkraft** 72 tätig war. Bei einer Halbtagskraft beträgt die Wartezeit nicht etwa 12 Monate (BAG 21. 12. 1967 AP KSchG 1951 § 1 Wartezeit Nr. 1; BAG 13. 3. 1987 AP KSchG 1969 § 1 Betriebsbedingte Kündigung Nr. 37; *Herschel/Löwisch* Rn. 12; *Hueck/v. Hoyningen-Huene* Rn. 91; *Wank* ZIP 1986, 206, 212). Wird ein Vollzeitarbeitsverhältnis in ein Teilzeitarbeitsverhältnis umgewandelt, bilden die arbeitsrechtlichen Beziehungen der Parteien vor und nach der Änderung jedenfalls in kündigungsrechtlicher Hinsicht eine rechtliche Einheit (BAG 31. 10. 1985 AP BGB § 611 Gratifikation Nr. 87; KR/*Etzel* Rn. 115).

Die Dauer des rechtlichen Bestandes richtet sich nach dem zuletzt abgeschlossenen Arbeitsverhält- 73 nis. Eine Hinzurechnung der Dauer eines früheren Arbeitsverhältnisses kann ausdrücklich vereinbart werden. Im Weg der Auslegung kann sich ergeben, daß eine Zusammenrechnung konkludent gewollt ist, so zB wenn in saisonbedingten Betrieben frühere AN immer wieder eingestellt werden, ohne daß hierüber irgendwelche Absprachen bestehen (*Hueck/v. Hoyningen-Huene* Rn. 87).

Für die **Berechnung der Wartezeit** können **tarifvertragliche Regelungen** über die Dauer der 74 Betriebszugehörigkeit herangezogen werden (BAG 14. 5. 1987 AP KSchG 1969 § 1 Wartezeit Nr. 5; BAG 28. 2. 1990 AP KSchG 1969 § 1 Wartezeit Nr. 8; KDZ/*Kittner* Rn. 31). Bei solchen Bestimmungen ist jedoch genau zu prüfen, ob sie sich nicht ausschließlich auf Voraussetzungen für Ansprüche beziehen und ob sie überhaupt einen Kündigungsbezug haben. Werden betriebsbedingte Kündigungen durch tarifvertragliche Regelungen beschränkt, gilt das im Zweifel unabhängig davon, ob der AN bereits den allgemeinen Kündigungsschutz des KSchG genießt (BAG 25. 4. 1996 EzA TVG § 4 Luftfahrt Nr. 2).

75 Eine **Zusammenrechnung** ist geboten, wenn das neue Arbeitsverhältnis zeitlich unmittelbar an ein altes anschließt und die Möglichkeit einer Neubergründung bereits bei Abschluß des ersten Vertrags absehbar war, sog. Kettenarbeitsverhältnisse (weitergehend BAG 23. 9. 1976 AP KSchG 1969 § 1 Wartezeit Nr. 1; BAG 12. 2. 1981 AP BAT § 5 Nr. 1; BAG 10. 5. 1989 AP KSchG 1969 § 1 Wartezeit Nr. 7; *Hueck/v. Hoyningen-Huene* Rn. 82; KDZ/*Kittner* Rn. 22; KR/*Etzel* Rn. 124; *Ascheid* Rn. 179; SPV Rn. 608). Ein solcher Fall wäre gegeben, wenn der AG jemanden für sechs Monate zur Vertretung eines erkrankten AN einstellt und dessen Rückkehr völlig ungewiß ist. Eine Unterbrechung ist ebenfalls nicht anzunehmen, wenn mehrere befristete Arbeitsverhältnisse kommentarlos aufeinander folgen (BAG 12. 2. 1981 AP BAT § 5 Nr. 1; *Hueck/v. Hoyningen-Huene* Rn. 82).

76 Es ist dem AG eine neue Erprobungszeit zuzubilligen, so daß eine Zusammenrechnung ausscheidet, wenn der wieder eingestellte AN mit ganz anderen Aufgaben beschäftigt werden soll (*Herschel/ Löwisch* Rn. 46). Allerdings ist bei derartigen Fallkonstellationen zu prüfen, ob nicht das alte Arbeitsverhältnis mit geändertem Inhalt, aber ununterbrochen, fortgesetzt werden sollte (BAG 23. 9. 1976 AP KSchG 1969 § 1 Wartezeit Nr. 1). Von der echten Neubegründung eines Arbeitsverhältnisses kann ausgegangen werden, wenn der AN bei seiner ersten Tätigkeit den Anforderungen nicht gewachsen war und der AG es neu mit ihm auf einem anderen Arbeitsplatz versuchen will.

77 **Rechtliche Unterbrechungen des Arbeitsverhältnisses** werden auf die Wartezeit **nicht angerechnet.** Die Wartezeit ist nur erfüllt, wenn der AN bei dem AG insgesamt sechs Monate in einem Arbeitsverhältnis gestanden hat (*Hueck/v. Hoyningen-Huene* Rn. 89; KR/*Etzel* Rn. 118).

78 **Keine Unterbrechung** liegt vor, wenn sich der Arbeitsvertragsinhalt infolge einer Änderungskündigung verändert hat, denn die **Änderungskündigung** führt bei Annahme des Angebots nicht zur Auflösung der Vertragsbeziehungen (*Hueck/v. Hoyningen-Huene* Rn. 90), vgl. im übrigen § 2.

79 Für die Wartezeit ist es **unerheblich, wenn das Arbeitsverhältnis nur ganz kurzfristig unterbrochen war,** zB vier Tage, wenn zwischen beiden Arbeitsverhältnissen nicht nur ein **zeitlicher,** sondern auch ein **innerer Zusammenhang** besteht. Dann kann der AG nämlich die Erfahrungen aus der früheren Tätigkeit verwerten (BAG 18. 1. 1979 AP KSchG 1969 § 1 Wartezeit Nr. 3; BAG 10. 5. 1989 AP KSchG 1969 § 1 Wartezeit Nr. 3; *Hueck/v. Hoyningen-Huene* Rn. 83; KR/*Etzel* Rn. 120). Es kommt auf Anlaß und Dauer der Unterbrechung sowie auf die Art der Weiterbeschäftigung an. Je länger die zeitliche Unterbrechung währte, um so gewichtiger müssen die Gründe sein, die für einen sachlichen Zusammenhang sprechen (BAG 20. 8. 1998 AP KSchG 1969 § 1 Wartezeit Nr. 10; *Herschel/Löwisch* Rn. 47; *Hueck/v. Hoyningen-Huene* Rn. 84; *Ascheid* Rn. 179; SPV Rn. 609; vgl. BAG 17. 2. 1983 AP BGB § 620 Befristeter Arbeitsvertrag zur Vergleichbarkeit der Tätigkeitsbereiche). Werden zwei Lehrer-Arbeitsverhältnisse lediglich durch die Schulferien getrennt, wird ein enger zeitlicher Zusammenhang indiziert, wenn im ersten Vertrag eine bevorzugte Berücksichtigung bei der Besetzung von Dauerarbeitsplätzen zugesagt war (BAG 20. 8. 1998 AP KSchG 1969 § 1 Wartezeit Nr. 9).

80 Zur Konkretisierung des rechtlichen Zusammenhangs kann **nicht** auf § 1 III BeSchFG (1985) zurückgegriffen werden (zur alten Rechtslage: BAG 10. 5. 1989 AP KSchG 1969 § 1 Wartezeit Nr. 7; *Hueck/v. Hoyningen-Huene* Rn. 85; *Löwisch* Anm. EzA KSchG 1969 § 1 Nr. 46). § 1 III BeSchFG 1996 regelt ausschließlich Fragen einer zulässigen Befristung.

81 Eine rechtserhebliche Unterbrechung ist anzunehmen, wenn der zwischen den Arbeitsverhältnissen liegende Zeitraum länger währt. Es gibt hier keine festen Grenzen. Das BAG hat eine Unterbrechung bei vier Monaten (BAG 18. 1. 1979 AP KSchG 1969 § 1 Wartezeit Nr. 3) und bei fast drei Monaten (BAG 11. 11. 1982 AP BGB § 620 Befristeter Arbeitsvertrag Nr. 71) bejaht. Die Grenze sollte sinnvoll bei der kürzesten gesetzlichen Kündigungsfrist angenommen werden (aA BAG 18. 1. 1979 AP KSchG 1969 § 1 Wartezeit Nr. 3; *Herschel/Löwisch* Rn. 47; KDZ/*Kittner* Rn. 23: bis zu vier Monaten).

82 **Streikbedingte Ausfälle** berühren die Wartezeit nicht. Eine **Aussperrungsmaßnahme** beeinträchtigt die Dauer der Wartezeit nicht, denn die Aussperrung führt regelmäßig zur Suspendierung der Arbeitsverhältnisse (BAG 10. 6. 1980 AP GG Art. 9 Arbeitskampf Nr. 64 bis 67; *Hueck/v. Hoyningen-Huene* Rn. 80). Auch die Teilnahme des AN an einem Arbeitskampf unterbricht das Arbeitsverhältnis nicht (KDZ/*Kittner* Rn. 21). Spricht der AG kampfbedingte Beendigungskündigungen aus, dürften diese unzulässig sein (vgl. BVerfG 26. 6. 1991 SAE 1991, 329). Kündigt er während eines Streiks einem AN aus Gründen des § 1 II, finden die allgemeinen Kündigungsregelungen Anwendung, vgl. § 25.

83 **Sonderregelungen** hinsichtlich der Anrechnung von Zeiten auf das Arbeitsverhältnis bestehen für die Ableistung des **Wehrdienstes,** §§ 6 II, 10, 16a ArbPlSchG, § 6 EignÜG, § 78 ZDG, § 9 ZSchG, § 59 I Bundesgrenzschutzgesetz und bei Eigenkündigung einer Frau während der **Schwangerschaft,** die später wiedereingestellt wird, § 10 II MuSchG. Die Wehrdienstregelungen gelten für Staatsangehörige eines Mitglieds der EG entsprechend. Bei anderen AN ist zu prüfen, ob das Arbeitsverhältnis nur geruht hat während der Zeit der Leistung des Wehrdienstes im Ausland (BAG 22. 12. 1982 AP BGB § 123 Nr. 23; *Hueck/v. Hoyningen-Huene* Rn. 92; KDZ/*Kittner* Rn. 29).

Der AG ist auch während der Wartezeit an gesetzlichen **Sonderkündigungsschutz** gebunden, wie 84
§ 9 MuSchG, § 2 ArbPlSchG, § 12 SchwbG. Ebenso muß er beachten, daß noch vor der Kündigung die Anhörungsfrist nach § 102 BetrVG gewahrt wird (*Herschel/Löwisch* Rn. 55).

Eine Sonderregelung, die nicht auf andere Fälle übertragbar ist, stellt § 9 Nr. 3 AÜG dar (vgl. dazu 85
BAG 9. 4. 1987 AP AÜG Nr. 1), für die gewerbsmäßige ANÜberlassung (*Hueck/v. Hoyningen-Huene* Rn. 88).

4. Betriebs- oder Unternehmensbezug. Das **Arbeitsverhältnis muß in demselben Betrieb oder** 86
Unternehmen bestanden haben, zum Begriff des Betriebs, vgl. § 23 Rn. 4, zum sog. gemeinsamen Betrieb § 23 Rn. 5. Für die Dauer des Arbeitsverhältnisses ist nicht nur die Tätigkeit in demselben Betrieb maßgebend, sondern auch die in einem anderen, wenn er demselben Unternehmen gehört (*Hueck/v. Hoyningen-Huene* Rn. 70).

Unter einem **Unternehmen** ist die organisatorische Einheit zu verstehen, die bestimmt wird durch 87
den wirtschaftlichen oder ideellen Zweck, dem ein Betrieb oder mehrere vorhandene Betriebe desselben Unternehmens dienen (*Hueck/v. Hoyningen-Huene* Rn. 71). Für die Definiton des Unternehmensbegriffs ist weiter bedeutsam der einheitliche Leitungsapparat, der die für die verfolgten arbeitstechnischen Zwecke notwendigen Maßnahmen wahrnimmt (BAG 13. 6. 1985 AP KSchG 1969 § 1 Nr. 10; KDZ/*Kittner* Rn. 18). Allein die Identität des Betriebsinhabers reicht zur Annahme eines einheitlichen Unternehmens iSd. Vorschrift nicht aus, wenn diese auch oft gegeben sein wird. Demgegenüber ist der Konzern die Zusammenfassung mehrerer rechtlich selbständiger Unternehmen unter einheitlicher Leitung, § 18 AktG. Bei einer Vorbeschäftigung in einem Konzern liegt kein Unternehmensbezug vor, soweit nicht ausdrücklich etwas anderes vereinbart wird (KDZ/*Kittner* Rn. 26; KR/*Etzel* Rn. 65).

Ein Inhaber kann **ein** Unternehmen betreiben, zu dem mehrere Betriebe oder Betriebsteile gehören, zB 88
mehrere Verkaufsfilialen in einer Großstadt. Er kann aber auch mehrere Unternehmen betreiben, so z. B wenn er eine Produktionsstätte für Metallgeräte einerseits und einen Großmarkt andererseits unterhält.

Eine Unternehmenseinheit ist gegeben bei **Gesamtrechtsnachfolge** oder bei einem **Betriebsüber-** 89
gang nach § 613 a BGB. Der Betriebserwerber muß sich die bei Betriebsveräußerer erbrachte Wartezeit anrechnen lassen (BAG 8. 2. 1983 AP BGB § 613 a Nr. 35; KR/*Etzel* Rn. 129; RGRK/*Ascheid* § 613 a Rn. 132).

Wird ein AN bei **Aufspaltung oder Abspaltung eines Unternehmens** übernommen, wird die 90
Vorbeschäftigungszeit angerechnet (KDZ/*Kittner* Rn. 25), vgl. § 323 UmwG.

5. Erfüllung der Wartezeit. Die Wartezeit ist erfüllt, wenn das Arbeitsverhältnis länger als sechs 91
Monate bestanden hat, § 1 I. Das **Ende der sechsmonatigen Wartezeit** richtet sich nach § 188 Abs. 2 BGB. Gemäß § 187 S. 2 BGB zählt der erste Tag der Frist mit, so daß die sechsmonatige Frist mit Ablauf des Tages des letzten Monats endet, welcher dem Tag vorhergeht, der durch seine Benennung oder Zahl dem Anfangstag der Frist entspricht. Bei einem am 1. April begonnenen Arbeitsverhältnis endet die Wartezeit somit am 30. September. Der Kündigungsschutz ist erlangt, wenn die Kündigungserklärung nicht vor Ablauf der Sechs-Monats-Frist zugeht. Maßgebend ist nicht der Tag, an dem die Kündigungsfrist abläuft, also nicht der Kündigungstermin. Der AG kann also noch am letzten Tag der Sechs-Monats-Frist kündigen (BAG 16. 6. 1976 AP BGB § 611 Treuepflicht Nr. 8; BAG 28. 9. 1978 AP BetrVG 1972 § 102 Nr. 19).

Wird allein gekündigt, um den Zeitpunkt des Erreichens der Wartezeit nicht eintreten zu lassen, liegt 92
darin nur dann ein **Rechtsmißbrauch,** wenn sich aus weiteren Umständen ein zu mißbilligendes Verhalten ergibt (vgl. BAG 28. 9. 1978 AP BetrVG 1972 § 102 Nr. 19; BAG 18. 8. 1982 AP BetrVG 1972 Nr. 24; BAG 5. 3. 1987 RzK I 4 d Wartezeit Nr. 7; *Hueck/v. Hoyningen-Huene* Rn. 69; KR/*Etzel* Rn. 113). In diesen Fällen ist auch zu prüfen, ob die Kündigung wegen Verstoßes gegen das Maßregelungsverbot, § 612 a BGB, nichtig ist. Allein der Umstand, daß der AG unmittelbar vor Ablauf der Wartezeit kündigt, um rechtliche Auseinandersetzungen wegen der Sozialwidrigkeit zu vermeiden, ist kein Rechtsmißbrauch. Der AG macht nämlich dann von dem ihm nach § 1 I zustehenden Recht Gebrauch (BAG 18. 8. 1982 AP BetrVG 1972 § 102 Nr. 24; *Hueck/v. Hoyningen-Huene* Rn. 69).

VI. Ordentliche Kündigung

§ 1 bezieht sich auf die **ordentliche AGKündigung,** zur außerordentlichen vgl. § 13 I 1 (vgl. zur 93
Abgrenzung auch BAG 13. 1. 1982 AP BGB § 620 Nr. 2). Eine ordentliche Kündigung liegt vor, wenn die gesetzliche, tarifliche oder vertraglich vereinbarte Kündigungsfrist eingehalten wird. Von einer ordentlichen Kündigung ist daher auch auszugehen, wenn in Sonderfällen die Kündigungsfristen verkürzt sind, zB § 113 InsO, §§ 51 II iVm. § 50 II VerglO (BAG 16. 9. 1982 AP KO § 22 Nr. 4; *Herschel/Löwisch* Rn. 58; *Hueck/v. Hoyningen-Huene* Rn. 100, 106, 109).

Eine ordentliche Kündigung ist auch die ordentliche **Änderungskündigung** (*Herschel/Löwisch* 94
Rn. 62; *Hueck/v. Hoyningen-Huene* Rn. 110).

Ist durch Tarifvertrag die ordentliche Kündigung ausgeschlossen, in bestimmten Fällen, zB Betriebs- 95
stillegung, jedoch zugelassen, handelt es sich um ordentliche Kündigungen (vgl. BAG 4. 6. 1987 AP KSchG 1969 § 1 Soziale Auswahl Nr. 16).

430 KSchG § 1

96 Der Kündigungsschutz setzt nicht erst ein, wenn es sich – abgesehen von der Frage der Sozialwidrigkeit – um eine rechtswirksame Kündigung handelt. Der AN kann vielmehr ungeachtet möglicher anderer Unwirksamkeitsgründe die Sozialwidrigkeit geltend machen (*Herschel/Löwisch* Rn. 60; *Hueck/v. Hoyningen-Huene* Rn. 99).

97 Die gesetzlichen Kündigungsbestimmungen kommen nicht zur Anwendung, wenn das Arbeitsverhältnis nicht durch Kündigungserklärung sein Ende gefunden hat, so wenn geltend gemacht wird, es habe von vornherein kein rechtsgültiger Arbeitsvertrag bestanden oder ein bestehender sei wirksam angefochten worden (*Hueck/v. Hoyningen-Huene* Rn. 101). Hiervon zu trennen ist die Tatsache, daß im Fall der Anfechtung es hinsichtlich der Abwicklung eines vollzogenen Arbeitsverhältnisses nur um eine für die Zukunft wirkende Auflösung geht (BAG 20. 11. 1969 AP BGB § 123 Nr. 15; BAG 28. 3. 1974 AP BGB § 119 Nr. 3; *Hueck/v. Hoyningen-Huene* Rn. 102; *Schaub* § 35 III).

98 Eine Kündigung liegt demgemäß nicht vor, wenn eine Willenserklärung, die zum Abschluß eines Arbeitsvertrags geführt hat, nach §§ 119ff. BGB angefochten worden ist oder wenn der AG die Nichtigkeit, zB wegen fehlender Zustimmung des gesetzlichen Vertreters, geltend macht (*Herschel/Löwisch* Rn. 67; *Hueck/v. Hoyningen-Huene* Rn. 99). Will der AN sich in solche Fällen gegen die Weigerung des AG, ihn weiter zu beschäftigen wehren, muß er nicht die Klagefrist des § 4 einhalten.

99 Hat der Betriebsrat einer Einstellung nicht zugestimmt und endet eine vorläufige Einstellung nach § 100 III BetrVG durch Gerichtsentscheid, ist zu unterscheiden zwischen dem Arbeitsvertrag und der Maßnahme der Einstellung (BAG 2. 7. 1980 AP GG Art. 33 II Nr. 9; BAG 2. 7. 1980 AP BetrVG 1972 § 101 Nr. 5; *Herschel/Löwisch* Rn. 63). Der AG muß, wenn er den Arbeitsvertrag beenden will, eine Kündigung aussprechen.

100 Der AN genießt auch Kündigungsschutz, wenn eine Kündigung auf Verlangen des Betriebsrats nach § 104 I BetrVG oder aufgrund einer Maßgabe des Arbeitsgerichts nach § 104 II BetrVG ausgesprochen wird (*Herschel/Löwisch* Rn. 64).

101 Das KSchG findet keine Anwendung, wenn der AN selbst kündigt oder wenn das Arbeitsverhältnis durch Aufhebungsvertrag sein Ende findet (*Herschel/Löwisch* Rn. 65). Der AN kann insbesondere nicht geltend machen, durch seine Eigenkündigung sei der Kündigungsschutz vereitelt worden (LAG Hamm 22. 10. 1981 BB 1983, 61; *Hueck/v. Hoyningen-Huene* Rn. 96). Ebenso sind seine Regelungen nicht anzuwenden, wenn der AN sich auf die Unwirksamkeit einer Befristung beruft (*Herschel/Löwisch* Rn. 66).

VII. Darlegungs- und Beweislast

102 Der AN ist für alle Tatsachen beweispflichtig, die die Anwendung des Kündigungschutzgesetzes rechtfertigen (*Herschel/Löwisch* Rn. 55; *Hueck/v. Hoyningen-Huene* Rn. 94; KR/*Etzel* Rn. 139; *Ascheid* Rn. 52 ff.).

103 Der AN trägt zunächst die Beweislast dafür, daß überhaupt ein Arbeitsverhältnis besteht und daß dieses durch eine als Kündigung zu wertende Willenserklärung sein Ende gefunden haben soll (*Baumgärtel/v. Altrock* § 611 BGB Anhang Rn. 22). Macht der AG geltend, das Arbeitsverhältnis sei durch eine bestimmte Kündigung beendet, und beruft der AN sich darauf, die Kündigungserklärung sei ihm nicht zugegangen, hat der AG deren Zugang zu beweisen (*Baumgärtel/v. Altrock* § 611 BGB Anhang Rn. 25; SPV Rn. 113).

104 Der AN ist beweispflichtig dafür, daß er in einem Betrieb beschäftigt ist, der der Regelung des § 23 Abs. 1 S. 1 KSchG unterfällt (BAG 9. 9. 1982 AP BGB § 611 Hausmeister Nr. 1). Das BAG nimmt in dieser Entscheidung und in einer vom 23. 3. 1984 (AP KSchG 1969 § 23 Nr. 4; ebenso *Baumgärtel/v. Altrock* § 611 BGB Anhang Rn. 37) an, er müsse außerdem beweisen, daß in diesem Betrieb in der Regel mehr als fünf AN beschäftigt werden (zur Kritik vgl. *Ascheid* Beweislast S. 49 ff.). Hinsichtlich des persönlichen Geltungsbereichs des KSchG muß der AN außerdem darlegen und beweisen, daß die Voraussetzungen des § 1 Abs. 1 KSchG vorliegen, daß sein Arbeitsverhältnis in demselben Betrieb oder Unternehmen also länger als sechs Monate bestanden hat (*Baumgärtel/v. Altrock* § 611 BGB Anhang Rn. 35, 36; *Herschel/Löwisch* § 1 Rn. 56; *v. Hoyningen-Huene* § 1 Rn. 38).

105 Macht der AG geltend, das vom AN bewiesene Arbeitsverhältnis sei zwischenzeitlich beendet gewesen und neu begründet worden mit einer Vertragsdauer unter sechs Monaten, macht er eine rechtsvernichtende Einwendung geltend, für die er darlegungs- und beweispflichtig ist (BAG 16. 3. 1989 AP KSchG 1969 § 1 Wartezeit Nr. 6).

C. Sozialwidrigkeit

I. Allgemeines

106 Nach § 1 I ist die **Kündigung** bei Erfüllung der Wartezeit, vgl. Rn. 65 ff., **rechtsunwirksam, wenn sie sozial ungerechtfertigt** ist. Gemäß § 1 II ist die Kündigung sozial ungerechtfertigt, wenn sie nicht durch **Gründe, die in der Person** oder **in dem Verhalten des AN** liegen, oder durch **dringende betriebliche Erfordernisse**, die einer Weiterbeschäftigung des AN in diesem Betrieb entgegenstehen,

C. Sozialwidrigkeit

bedingt ist. **Weitere Gründe der Sozialwidrigkeit** enthalten Abs. 2 S. 2 und 3. Die für die Beurteilung einer ordentlichen Kündigung maßgebenden Gesichtspunkte lassen sich damit in zwei Gruppen aufteilen: In Abs. 2 S. 1 sind die allgemeinen Gründe für eine Sozialwidrigkeit definiert. In Abs. 2 S. 2 und S. 3 sind besondere Gründe der Sozialwidrigkeit geregelt. Diese Gründe unterscheiden sich von der in Abs. 2 S. 1 geregelten Sozialwidrigkeit dadurch, daß bei, vom Gericht zu überprüfendem, wirksamen Widerspruch der Betriebs- oder Personalvertretung von der Sozialwidrigkeit auszugehen ist. Soweit darauf verwiesen wird, es handele sich insoweit um absolute Gründe der Sozialwidrigkeit, denn es bedürfe bei ihrem Vorliegen nicht der sonst erforderlichen Interessenabwägung (BAG 13. 9. 1973 AP KSchG 1969 § 1 Nr. 2; BAG 6. 6. 1984 AP KSchG 1969 § 1 Betriebsbedingte Kündigung Nr. 16; KR/*Etzel* Rn. 218; SPV Rn. 755), trägt diese Begrifflichkeit wenig zur Problemlösung bei. Abgesehen davon, daß das Gesetz schon seinem Wortlaut nach keine Interessenabwägung bei der ordentlichen Kündigung vorsieht, erübrigt sie sich, wenn die Kündigung schon die vom Gesetz ausdrücklich geforderten Voraussetzungen nicht erfüllt. Zur Notwendigkeit einer sozialen Auswahl bei der betriebsbedingten Kündigung vgl. Rn. 463 ff.

Das KSchG erkennt ein Recht des AN auf seinen Arbeitsplatz an, wenn sein Arbeitsverhältnis länger als sechs Monate bestanden hat. Dieser Arbeitsplatz kann ihm nur genommen werden, wenn besondere Gründe der Kündigung diese rechtfertigen (*Herschel/Löwisch* vor § 1 Rn. 1; *Hueck/v. Hoyningen-Huene* Rn. 114; aA *Reuter*, FS BAG, S. 405). 107

Die Regelung in § 1 II und III wird allgemein als **unbestimmter Rechtsbegriff** erachtet (BAG 7. 3. 1980 AP KSchG 1969 § 1 Betriebsbedingte Kündigung Nr. 9; *Herschel/Löwisch* Rn. 82; KDZ/*Kittner* Rn. 42; KR/*Etzel* Rn. 217). Die Abs. 1 und 2 von § 1 können nur unter Beachtung eines nicht trennbaren Zusammenhangs ausgelegt werden. Da in § 1 I eine Kündigung für unwirksam erklärt wird, wenn sie sozial ungerechtfertigt ist, und in Abs. 2 Regelungen darüber enthalten sind, was sozial ungerechtfertigt ist, folgt, daß der Begriff „sozial ungerechtfertigt" selbst kein unmittelbar anwendbarer „unbestimmter Rechtsbegriff" ist, sondern ein „rechtstechnischer Begriff" (so BAG 20. 1. 1961 BAGE 10, 322, 324, 327 = AP KSchG 1951 § 1 Betriebsbedingte Kündigung Nr. 7; *Ascheid* Rn. 197). Was sozial ungerechtfertigt ist, ist in § 1 II bis IV im einzelnen konkretisiert und nicht mit einem beliebigem Inhalt zu füllen (so richtig *Herschel/Löwisch* Rn. 68; *Preis* DB 1988, 1387; *Söllner* § 36 II 2; SPV Rn. 613, 614). 108

Es wird angenommen, der Begriff „sozial ungerechtfertigt" trage gegenüber dem der schlichten „Unwirksamkeit" nichts zur Erkenntnis oder zur besseren Anwendung bei (so *Wank* RdA 1987, S. 135). Dem ist in dieser Absolutheit nicht beizupflichten. Richtig ist, daß das **Merkmal der sozialen Rechtfertigung nicht** als **selbständiges**, isoliert zu betrachtendes **Tatbestandsmerkmal** des § 1 KSchG angesehen werden kann, weil dadurch der in Abs. 2 konkretisierte Regelungsumfang unzulässig erweitert würde (*Preis* S. 197). § 1 II 1 enthält keine konkreten, subsumierbaren Tatbestandsvoraussetzungen (*Hueck/v. Hoyningen-Huene* Rn. 119). § 1 II ist allein auch nicht zu entnehmen, nach welchen Maßstäben je nach Störquelle gewertet werden soll. Hier spielt der Sozialbezug des Abs. 1 eine Rolle. So entspricht es allgemeiner Akzeptanz, daß eine durch ein nicht vorwerfbares Verhalten verursachte Störung eher hinzunehmen ist als eine durch bewußtes Zuwiderhandeln ausgelöste. Die **soziale Akzeptanz** ist damit ein zu berücksichtigender Faktor. Insofern kommt dem Begriff „sozial ungerechtfertigt" eine für die Normauslegung bestimmende Bedeutung zu. 109

Aus § 1 ergibt sich, daß für eine Kündigung ein sachlicher Grund vorliegen muß. Im Geltungsbereich des KSchG gibt es nicht eine an sich freie Kündigung. § 622 BGB und § 1 KSchG bilden insofern eine Einheit, als bei der Kündigung eines AN nicht nur Fristen und Termine einzuhalten sind, sondern bei Eingreifen des **KSchG** muß auch ein **sachlicher Grund**, nämlich die soziale Berechtigung, vorliegen (*Ascheid* Rn. 202; *Heinze*, Giessener rechtswissenschaftl. Abhdlg., Bd. 6, S. 63, 71; *Preis* S. 55, 56, 198; SPV Rn. 347; *Zöllner/Loritz* § 22 II 2 und § 23 III). Die Bindung des AG muß gesehen werden unter dem Gesichtspunkt der durch das GG garantierten Vertragsfreiheit. Diese ist insoweit beschränkt, wie sich das aus dem Gesetz ergibt (*Herschel/Löwisch* vor § 1 Rn. 7). 110

Gegen die Notwendigkeit eines sachlichen Grundes spricht nicht die Regelung der §§ 4, 7 KSchG. Das **Verhältnis** von **Kündigungsfreiheit und Kündigungsgrund** hätte gelöst werden können nach dem Prinzip einer Kündigungsfreiheit mit Mißbrauchsklausel oder nach dem Prinzip des berechtigten Kündigungsinteresses, wonach der Kündigende den Vertrag nur bei einem Lösungsinteresse beenden könnte. Das KSchG nimmt eine Zwischenstellung ein. Die gesetzliche Regelung zeigt, daß die Sozialstaatlichkeit nicht nur auf Abruf bereit steht, wohl aber nur der Richter. Der Bestandsschutz wird materiellrechtlich garantiert. Er erscheint aber selbst bei der wichtigen Frage des Erhalts des Arbeitsplatzes nicht als sozialstaatlicher Vormund. Der allgemeine Kündigungsschutz beruht auf dem **Prinzip einer nachträglichen Rechtswirksamkeitskontrolle** (*Preis* S. 56; *Ascheid* Rn. 202; SPV Rn. 594). Das KSchG ermöglicht es dem AN, aus welchen Gründen immer, Unrecht hinzunehmen. 111

Auch im Rahmen der sozialwidrigen Kündigung ist für die Wirksamkeit der Kündigung, soweit keine andere wirksame Vereinbarung besteht, die **Mitteilung der Kündigungsgründe** an den AN **nicht erforderlich** (*Herschel/Löwisch* Rn. 77). Da ein Kündigungsgrund nicht mitzuteilen ist, kann der AG im Kündigungsschutzprozeß sich auf alle Tatsachen berufen, die vor Zugang der Kündigung vorlagen. Es kommt nicht darauf an, ob sie ihm bekannt waren oder nicht (BAG 18. 1. 1980 AP BGB 112

§ 626 Nachschieben von Gründen Nr. 1; *Herschel/Löwisch* Rn. 79). Anders soll es nach der Rechtsprechung sein, wenn ein Betriebs- oder Personalrat vor Ausspruch der Kündigung anzuhören war, vgl. § 102 BetrVG.

113 Besteht die Pflicht des AG zur Mitteilung des Kündigungsgrundes und verletzt der AG diese Pflicht, kann er sich schadensersatzpflichtig machen. Zu ersetzen ist das negative Interesse (*Hueck/ v. Hoyningen-Huene* Rn. 163).

II. Störung als Kündigungsgrund

114 Rechtsprechung und Literatur nehmen im Ergebnis zu Recht an, die soziale Rechtfertigung der Kündigung erfordere hinsichtlich aller Kündigungsgründe eine **Beeinträchtigung des Arbeitsverhältnisses** (BAG 30. 4. 1987 AP KSchG 1969 § 1 Betriebsbedingte Kündigung Nr. 42; BAG 17. 3. 1988 AP BGB § 626 Nr. 99; BAG 16. 2. 1989 AP KSchG 1969 § 1 Krankheit Nr. 20; BAG 17. 1. 1991 AP KSchG 1969 § 1 Verhaltensbedingte Kündigung Nr. 25; *Hueck/v. Hoyningen-Huene* Rn. 122; KDZ/ *Kittner* Rn. 46). Kündigungsrechtlich relevant sollen dabei nur erhebliche Beeinträchtigungen der unternehmerischen Interessen sein. Geringfügige Störungen seien hinzunehmen. Die Beeinträchtigungen müßten andererseits nicht den Grad der Unzumutbarkeit iSv. § 626 BGB erreichen (*Hueck/ v. Hoyningen-Huene* Rn. 124).

115 Diese Aussage ist wenig erhellend. Gemeint ist offenbar schlicht und richtig, daß **alle Umstände, die sich nicht auf die Erfüllung der Vertragspflichten auswirken, kündigungsrechtlich irrelevant** sind. Mißverstanden werden könnte die Feststellung jedoch dahingehend, eine Vertragsverletzung sei unerheblich, wenn sie nicht mit weiteren negativen Folgen verbunden sei. Eine kündigungsrelevante Störung liegt vor, wenn der AG keine Beschäftigungsmöglichkeiten mehr anbietet oder wenn der AN nicht oder schlecht leistet. Das sind die betrieblichen Beeinträchtigungen.

116 Der Arbeitsvertrag ist dem Dienstvertrag zuzuordnen. Der Arbeitsvertrag enthält **Haupt- und Nebenpflichten.** Den Nebenpflichten zuzurechnen sind Verhaltenspflichten, wie die zur Leistungstreue und zur Mitwirkung. Bei einem **Dauerschuldverhältnis** wie dem Arbeitsvertrag kommt es im Gegensatz zu einem singulären Leistungsaustausch zu engeren Kontakten der Parteien, zu größeren gegenseitigen Abhängigkeiten, und damit auch zu einer gesteigerten Gefahr, bei Ausführung der Leistungsbeziehungen Rechtsgüter einschließlich des Vermögens des Vertragspartners zu verletzen. Das wird treffend als „Verdichtung des Pflichtengefüges" bezeichnet (*Gernhuber* § 16 II 2 a). Diese Verdichtung führt nicht in einer Verstärkung der Hauptleistungspflicht, sondern zeigt sich in einer **Erweiterung der Nebenleistungs- und der Verhaltenspflichten.** Es besteht eine ständige „Pflichtanspannung" des Schuldners (*Palandt/Heinrichs* Einl. Rn. 17; RGRK/*Alff* Rn. vor § 241 Rn. 15). Dauerschuldverhältnisse können zu ihrer Durchführung eine besondere Rücksicht und Sorgfalt bei der Wahrnehmung des fortbestehenden eigenen Interesses und der Ausführung einer übernommenen Tätigkeit verlangen. Diese Pflichten können dem Grundsatz von Treu und Glauben zugeordnet werden. Sie können je nach Vertragsgestaltung persönliche Rücksichtnahme und Loyalität verlangen (*Larenz* Bd. I § 2 VI). Im Arbeitsverhältnis wird von der „Treuepflicht" des AN gesprochen (vgl. dazu *Ascheid* Rn. 35). Die „**Treuepflicht**" wird am besten als die **Summe der einzelnen Nebenpflichten** gekennzeichnet, die der AN zur sach- und interessengemäßen Ausführung der Arbeit erfüllen muß (*Schaub* 53 I 1). Die Treuepflicht ist damit keine personenbezogene, sondern eine betriebsbezogene Pflicht des AN. Über die sog. Treuepflicht wird – unter Gebrauch eines aus dem Gebiet der unerlaubten Handlung bekannten Begriffs – das Integritäts- oder Erhaltungsinteresse des AG geschützt. Dieses besteht darin, seine Rechte und Rechtsgüter einschließlich der Unverletzlichkeit seiner Person nicht beschädigen zu lassen (*Lange* § 2 V 5). Durch die Erhaltung dieser Interessen wird mittelbar die Ertragslage des Unternehmens geschützt. Dadurch werden Arbeitsplätze erhalten (im Ergebnis wohl auch *Söllner* § 29 II; *Zöllner/Loritz* § 13 III).

117 Bei Vertragsstörungen sind die wirtschaftliche und die kündigungsrechtliche Abwicklung streng zu trennen (vgl. nur BAG 17. 3. 1988 BAGE 58, 37 = AP BGB § 626 Nr. 99). Die **Kündigung ist keine Konkurrenzeinrichtung zur Abwicklung von Leistungsstörungen.** Die Kündigung wickelt nicht eine Störung mit Bezug auf die Vergangenheit ab. Die Kündigung verhindert infolge der Beendigung der Vertragsbeziehungen, daß weitere Störungen eintreten (*Ascheid* Rn. 44). **Gestört werden können nur Vertragsbeziehungen.** Beim Arbeitsvertrag ist eine Besonderheit zu beachten. Die schlichte Nichterbringung einer noch möglichen und nicht verzögerten Leistung ist bei einem normalen schuldrechtlichen Vertrag noch keine Störung. Der Gläubiger kann vielmehr Erfüllung verlangen. Beim Arbeitsvertrag ist dem AN der Leistungszeitpunkt, möge er auch variabel sein (Gleitzeit), vorgegeben. Leistet der AN zum vorgegebenen Zeitpunkt nicht, ist die Arbeit, bezogen auf den Verlustzeitraum, nicht nachholbar. In solchen Fällen ist die Arbeit eine **Fixschuld** (vgl. *Beuthien* RdA 1972, 20; *ders.* JuS 1971, 478; *Schaub* § 49 2; § 59 II 1). Gestört werden schon Haupt- und Nebenpflichten. Hinsichtlich der Störquellen ist zu unterscheiden nach der Sphäre des AG und nach der des AN.

118 Der AG „stört", wenn er keine Beschäftigungsmöglichkeiten mehr anbietet. Die durch ihn erfolgte Störung wird als durch die **dringenden betrieblichen Erfordernisse** bedingt angesehen. In der **Sphäre des AN** wird die Störung durch **Nicht- oder Schlechtleistung** auf seine **Person** oder auf sein

C. Sozialwidrigkeit　　　　　　　　　　　　　　　　　　　　　　§ 1　KSchG 430

Verhalten bezogen. Das angebotene Verrichtungsvermögen wird nicht mehr vertragsgemäß realisiert. Die personenbedingte – und damit die nicht vorwerfbare – und die verhaltensbedingt bewußte – und damit steuerbare – Störung ist qualitativ mit kündigungsrechtlichem Bezug voneinander getrennt zu sehen. Das KSchG gibt durch die Differenzierung der Kündigungsgründe einen unterschiedlichen Prüfungsinhalt vor. Es zeigt nicht nur die „Richtung" an, aus der die Störung erfolgt (aA offenbar BAG 25. 11. 1982 AP Krankheit Nr. 7 unter Berufung auf *Herschel*, FS Schnorr v. Carolsfeld, 1972, S. 171). Werden die Elemente Leistungsstörung und Störungsqualität nicht sauber getrennt, ergeben sich kaum lösbare Konflikte.

Nebenpflichten, die den arbeitsvertraglichen Leistungsbereich betreffen, sind solche, die der Verrichtung der Leistung und nicht dem Leistungsgläubiger persönlich zuzuordnen sind, vgl. § 611 BGB Rn. 992. Sie können ausdrücklich vereinbart oder zulässig durch Ausübung des Direktionsrechts angeordnet sein (vgl. Beispiele *Ascheid* Rn. 57). Als den **personalen Bereich** berührende Umstände werden solche Handlungen angesehen, die die Arbeitsverrichtung nicht unmittelbar selbst betreffen, wohl aber den **Rechtsbereich des Gläubigers** des Leistungsanspruchs (vgl. Beispiele *Ascheid* Rn. 58). 119

Liegt eine Störung vor, ist die kündigungsrechtliche Gewichtung dieser Störung unter Integration des Wortlautes von § 1 II nach objektiven Kriterien zu ermitteln. Die „Ersatzformel", es sei vom Blickwinkel des ruhig und verständig urteilenden AG auszugehen, ist schon deshalb inhaltsleer, weil auch die Beurteilung von dessen konkreten Handeln nach objektiven Kriterien zu überprüfen wäre (wie hier *Preis* DB 1990, 631). Die Frage, ob durch die Vertragverletzung und damit gegebene Störung keine oder weitere „Beeinträchtigungen" ausgegangen sind, ist nur relevant bei der Frage der Gewichtung des Kündigungsgrundes. 120

III. Ultima ratio und Grundsatz der Verhältnismäßigkeit

Eine **Kündigung** kommt **nur** in Betracht, wenn die **gesetzlichen Voraussetzungen des § 1 oder des § 2 erfüllt** sind. Soweit in Entscheidungen ausgeführt wird (BAG 22. 2. 1980 AP KSchG 1969 § 1 Krankheit Nr. 6; BAG 27. 9. 1984 AP KSchG 1969 § 2 Nr. 8; BAG 17. 1. 1991 AP KSchG 1969 § 1 Verhaltensbedingte Kündigung Nr. 25; vgl. auch *Hueck/v. Hoyningen-Huene* Rn. 139; KDZ/*Kittner* Rn. 50; *Löwisch* KSchG Rn. 65; SPV Rn. 616), die Kündigung sei stets die ultima ratio, kommt dem neben den Tatbestandsmerkmalen der §§ 1 und 2 keine eigene Subsumierbarkeit zu. Tritt nach wirksamer Kündigungsankündigung eine Vertragsstörung ein, der zukünftig nicht im Weg der Versetzung, sei es durch Ausübung des Direktionsrechts, Änderungsvertrag oder Änderungskündigung begegnet werden kann, bleibt nur die Maßnahme der Kündigung. Der ultima-ratio-Grundsatz ist heute gesetzlich angesprochen in § 2 I Nr. 2 SGB III, wonach die AG vorrangig durch betriebliche Maßnahmen die Inanspruchnahme von Leistungen der Arbeitsförderung sowie die Entlassung von AN vermeiden sollen (*Niesel* NZA 1997, 580, 584: nicht umsetzbarer Appell). Dieses vom Gesetz vorgegebene Regelungsziel ist jedoch zu integrieren in die Auslegung der §§ 1 und 2 KSchG (vgl. *Schaub* NZA 1997, 810; *Löwisch* NZA 1998, 729). 121

Unter genauer Anwendung der §§ 1 und 2 KSchG gibt es außerhalb der Tatbestandsmerkmale des KSchG keinen, durch eine besondere Verfahrensweise einzuhaltenden „Vorrang der Änderungskündigung" vor der Beendigungskündigung (so aber BAG 27. 9. 1984 AP KSchG 1969 § 2 Nr. 8; BAG 30. 11. 1989 AP BetrVG § 102 Nr. 53; BAG 29. 3. 1990 AP KSchG 1969 § 1 Betriebsbedingte Kündigung Nr. 50). Ist eine Weiterbeschäftigung zu geänderten Arbeitsbedingungen möglich, ist eine Beendigungskündigung schlicht unwirksam, weil die Voraussetzungen nach § 1 nicht erfüllt sind (wie hier BAG 24. 3. 1983 AP KSchG 1969 § 1 Betriebsbedingte Kündigung Nr. 12; *Hueck/v. Hoyningen-Huene* Rn. 142). 122

Der **Grundsatz der Verhältnismäßigkeit** – „Übermaßverbot" (vgl. BAG 30. 5. 1978 AP BGB § 626 Nr. 70; *Herschel/Löwisch* Rn. 73; *Hueck/v. Hoyningen-Huene* Rn. 139; KDZ/*Kittner* Rn. 49; KR/*Etzel* Rn. 237; SPV Rn. 616; *Wank* RdA 1987, 129, 134 ff.) ist im Schuldrecht in § 242 BGB ausgeprägt und gilt auch im Arbeitsrecht. Auch eine **Kündigung muß geeignet und erforderlich** sein, das **angestrebte Ziel zu erreichen** und sie darf nicht unverhältnismäßig im engeren Sinn sein (*Däubler* II 8.5.1.2.; KDZ/*Kittner* Rn. 49; *Preis* S. 265; *Wank* RdA 1987, 136). Bei der betriebsbedingten Kündigung kommt der Grundssatz in dem Tatbestandsmerkmal „dringend" zum Ausdruck, vgl. Rn. 424. Die Frage, ob bei vorübergehendem Auftragsmangel und keiner unternehmerischer Umstrukturierung des Betriebs die Belegschaft durch Beendigungskündigungen verringert werden kann, ist danach zu beantworten, ob ein vorübergehender Mangel ein dauernder ist. Da er das nicht ist, ist eine Beendigungskündigung nicht angezeigt (vgl. BAG 25. 6. 1964 AP KSchG 1969 § 1 Betriebsbedingte Kündigung Nr. 14; *Herschel/Löwisch* Rn. 190; Preis S. 404; offen in BAG 5. 2. 1985 AP BetrVG 1972 § 87 Kurzarbeit Nr. 3; BAG 11. 9. 1986 EzA Betriebsbedingte Kündigung Nr. 54; kritisch *Wank* RdA 1987, 129, 142). 123

Bei den anderen Kündigungsgründen verlangt die Rechtsprechung eine „Interessenabwägung", in der praktisch die Verhältnismäßigkeit im engeren Sinn geprüft wird, vgl. Rn. 141. Auch das Erfordernis der Kündigungsankündigung ist neben der Manifestation der negativen Prognose ein Ausfluß des Grundsatzes der Verhältnismäßigkeit (so auch *Hueck/v. Hoyningen-Huene* Rn. 141). 124

IV. Negative Prognose

125 Die Kündigung wickelt nicht Störungen mit Wirkung für die Vergangenheit ab. Mit ihr wird erreicht, daß solche Abwicklungen in Zukunft nicht mehr nötig sind. Die Kündigung ist nur gerechtfertigt, wenn das gezeigte Verhalten weitere Störungen indiziert (*Hueck/v. Hoyningen-Huene* Rn. 126; KBK 10 Rn. 6; KDZ/*Kittner* Rn. 47; *Löwisch* Rn. 72; *Herschel*, FS G. Müller, 1981, 191, 202; *Preis* Rn. 325 ff.; *ders.* DB 1988, 1387, 1388; SPV Rn. 618).

126 Der **Kündigunggrund** setzt damit im Bereich der personen- und verhaltensbedingten Kündigung eine **negative Prognose** voraus, die der Kündigende vornimmt, da er die Vorgänge nicht selbst steuern kann (vgl. nur BAG 5. 7. 1990 AP KSchG 1969 § 1 Krankheit Nr. 26; *Preis* DB 1988, 1444; *Weller* ArbRdGeg. 20 (1982) 77, 79). Der AG setzt hier nicht eigene Fakten, wie bei der betriebsbedingten Kündigung, an die er sich zu halten hat. Er muß bei der personen- und verhaltensbedingten Kündigung vielmehr Folgerungen ziehen aus der Person oder dem Verhalten einer anderen Person, ohne daß er nähere Kenntnisse über den Zukunftsverlauf haben kann. Die **Prognose muß aus Vorgängen der Vergangenheit abgeleitet werden.** Es kommt nicht auf hellseherische Fähigkeiten des AG an. Die Anforderungen der Prognose unterscheiden sich nach der Art des Kündigungsgrundes.

127 Bei der personenbedingten Kündigung wegen Krankheit kommt es zB darauf an, ob weiter mit krankheitsbedingten Ausfällen zu rechnen ist, vgl. Rn. 188 ff. Bei der verhaltensbedingten Kündigung gibt es Störungsqualitäten, aus denen unmittelbar zu schließen ist, daß eine weitere Zusammenarbeit ausscheidet. Ist das nicht der Fall, muß die Prognose aus zusätzlichen anderen realen Umständen hergeleitet werden, vgl. Rn. 296 ff. Bei der betriebsbedingten Kündigung müssen zum Zeitpunkt des Ausspruchs der Kündigung Umstände vorliegen, die den Schluß zulassen, daß zum Kündigungstermin keine Beschäftigungsmöglichkeit mehr besteht (vgl. nur BAG 19. 6. 1991 AP KSchG 1969 § 1 Betriebsbedingte Kündigung Nr. 53; *Hueck/v. Hoyningen-Huene* Rn. 127), vgl. Rn. 379 ff.

128 Jede **Prognose** bringt **Unwägbarkeiten** mit sich (vgl. *Hueck/v. Hoyningen-Huene* Rn. 131 ff.; vgl. krit. *Adam* ZTR 1999, 113). Nach *Kraft* (ZfA 1995, 419, 429) reduziert die Beachtung des Prognoseprinzips die Reaktionsmöglichkeit des AG im personellen Bereich entscheidend. Die von *Kraft* aufgezeigten Bedenken und Unsicherheiten in der Praxis rühren jedoch nicht daher, daß eine Vorausschau nach Sinn und Zweck der Kündigung in Frage gestellt wird, als daß vielmehr die Anforderungen an die Prognose so ausgestaltet werden, daß sie wegen Überforderung der Nachweispflicht nicht mehr erfüllbar sind. Bei der personenbedingten Kündigung sind die Unabwägbarkeiten am größten, weil der AN in der Regel nicht in der Lage ist, die Ursachen abzustellen, aus denen die Störungen herrühren. Bei der betriebsbedingten Kündigung ist es Sache des AG, der seinen Betrieb organisiert und leitet, die Tatsachen nachzuweisen, aus denen auf einen Wegfall der Beschäftigungsmöglichkeit geschlossen werden kann.

129 Bei der verhaltensbedingten Kündigung, bei der Art und Qualität der Störung nicht bereits ausreichen, eine Pflicht zu einer weiteren Zusammenarbeit zu verneinen, wird die negative Prognose darauf gestützt, daß der AN trotz einer Kündigungsankündigung sein störendes Verhalten nicht umgestellt hat. Der Kündigungsankündigung kommt hier eine entscheidende Bedeutung zu.

V. Kündigungsankündigung (kündigungsrechtliche Abmahnung)

130 Der AG, der eine Kündigung in Erwägung zieht, will in Zukunft nicht mehr mit dem AN zusammenarbeiten. Anknüpfungspunkt für seine Überlegungen ist eine kündigungsrelevante **negative Vergangenheit oder Gegenwart.** Es muß eine **Störung der Vertragsbeziehungen** vorliegen. Es ist naheliegend, daß der AN sich gegenüber entsprechenden Erwägungen des AG darauf berufen wird, der Vertrag werde in Zukunft störungsfrei verlaufen. Hatte der AG für den Fall weiterer Störungen eine Kündigung in Aussicht gestellt – angedroht, kann er bei Eintritt des Wiederholungsfalls darauf verweisen, der AN habe trotz Kündigungsandrohung wiederum gar nicht oder schlecht geleistet. Der erneute Verstoß ist ein handfestes Indiz für die Wiederholungsgefahr, die die Kündigung begründet. Die **Abmahnung** dient damit gleichsam der **Objektivierung der Negativprognose** (*Preis* S. 330).

131 Die **Kündigungsankündigung** – einhellig als sog. Abmahnung bezeichnet – ist **keine** besondere zivilrechtliche **Wirksamkeitsvoraussetzung** für eine Kündigung (vgl. auch Becker-Schaffner ZTR 1999, 105; *Hoß* MDR 1998, 869; *ders.* MDR 1999, 333; aA KDZ/*Kittner* Einl. Rn. 140). Sie ist weder eine Gestaltungserklärung noch ein Rechtsgeschäft. Sie ist eine tatsächliche Erklärung auf individualrechtlicher Basis, eine rechtsgeschäftsähnliche Erklärung (KDZ/*Kittner* Einl. Rn. 75; *Ascheid* Rn. 66; SPV Rn. 6; *Hueck/v. Hoyningen-Huene* RdA 1990, 199; *Schaub* NJW 1990, 873). Sie **unterliegt nicht der Mitbestimmung des Betriebsrats** (*Hunold* BB 1986, 2055; *Preis* S. 314; Schaub NZA 1997, 1185; SPV Rn. 8). War eine Abmahnung erforderlich, ist eine ohne sie ausgesprochene Kündigung unbegründet. Letztere ist nicht sozialgemäß (KR/*Etzel* Rn. 239).

132 Im BGB sind bei Dauerschuldverhältnissen vor schwerwiegenden Reaktionen des Gläubigers solche Ankündigungen geregelt, zB: §§ 264, 303, 384, 550, 553 BGB. Im Kündigungsrecht soll nur bei Störungen im Leistungsbereich regelmäßig vor Ausspruch einer Kündigung eine vergebliche „Abmahnung" mit ausreichender Warnfunktion erforderlich sein (BAG 29. 7. 1976 EzA Nr. 34; BAG 18. 1.

C. Sozialwidrigkeit § 1 KSchG 430

1980 AP Verhaltensbedingte Kündigung Nr. 7; BAG 21. 11. 1985 Nr. 42; im übrigen *Bayer* DB 1992, 782; *Becker-Schaffner* DB 1985, 650; *Brill* NZA 1985, 109; *Bock* AuR 1987, 217; *Burger* DB 1992, 836; *Conze* ZTR 1987, 175; *ders.* DB 1987, 889; *Kammerer* AR-Blattei D Abmahnung I; *ders.* BB 1980, 1587; *Kraft* NZA 1989, 777; *Schmid* NZA 1985, 409; *Zachert* AuR 1981, 223). Bei verhaltensbedingten Gründen soll dies gelten, wenn diese Auswirkungen im **Leistungsbereich** aufweisen. Bei einem Fehlverhalten im **Vertrauensbereich** soll eine vorherige „Abmahnung" nur notwendig sein, wenn der AN mit vertretbaren Gründen habe annehmen können, sein Verhalten sei nicht vertragswidrig oder werde vom AG zumindest nicht als ein erhebliches, den Bestand des Arbeitsverhältnisses gefährdendes angesehen (BAG 4. 4. 1974 BAGE 26, 116 = AP BGB § 626 ANvertreter im Aufsichtsrat Nr. 1; BAG 30. 6. 1983 AP GG Art. 140 Nr. 15 *(Richardi)*; BAG 17. 5. 1984 AP BGB § 626 Verdacht strafbarer Handlung Nr. 14; BAG 10. 11. 1988 AP KSchG 1969 § 1 Abmahnung Nr. 3). Das BAG hält nunmehr auch im Vertrauensbereich eine Abmahnung für notwendig, wenn es um ein steuerbares Verhalten des AN gehe und eine Wiederherstellung des Vertrauens erwartet werden könne (BAG 4. 6. 1997 AP BGB § 626 Nr. 137).

Diese „**Bereichstheorien**" sind schon in ihrer praktischen Anwendbarkeit unbrauchbar. Die Bereiche lassen sich nicht scharf abgrenzen (*Bock* AuR 1987, 218; KDZ/*Kittner* Einl. Rn. 82; *Preis* S. 454; *ders.* DB 1990, 687). Die Theorien sind entbehrlich, denn es kann auf das allgemeine Leistungsstörungsrecht des BGB zurückgegriffen werden. Zur Abgrenzung anderer arbeitsrechtlich relevanter Vorgänge bleibt zu erwägen, ob im Bereich des Kündigungsrechts mit dem Begriff „Abmahnung" die Problemlage mißverständnisfrei erfaßt wird. 133

Von der Funktion der Warnung des AN vor einer Kündigung her ist der Begriff „Abmahnung" irreführend. Er ist negativ besetzt (vgl. zum folgenden *Ascheid* PersF 1990, 296). Gemeinhin wird unter einer „Abmahnung" – zumindest im Bereich personeller Beziehungen – der Vorwurf eines schuldhaften Verhaltens verstanden werden. Diese Begriffsauffassung wird noch dadurch verstärkt, daß in den Betrieben, in denen Personalakten geführt werden, solche Abmahnungen zu den Akten genommen werden. Hält der AN die gegen ihn erhobenen Vorwürfe für ungerechtfertigt, klagt er auf Entfernung des Abmahnungsvermerks aus den Akten (vgl. dazu *Conze* ZTR 1989, 237; *Herschel/Löwisch* Rn. 92). Außerdem entstehen Assoziationen zu kollektivrechtlichen Betriebsbußen, § 87 I Nr. 1 BetrVG. Diese werden vielfach nämlich auch in den Begriff „Abmahnung" gekleidet sein, obwohl sie keinen Bezug zu den individualrechtlichen Mitteln haben, mit denen der AG Störungen im arbeitsvertraglichen Bereich begegnet (BAG 17. 10. 1989 AP BetrVG 1972 § 87 Betriebsbuße Nr. 12; *Preis* S. 460; vgl. grundlegend *Heinze* NZA 1990, 169; *Leßmann* DB 1989, 1769). Es wird daher besser, im Zusammenhang mit kündigungsrechtlichen Erwägungen den Begriff „Abmahnung" durch den der „**Kündigungsandrohung**" zu ersetzen. 134

Die Notwendigkeit der Kündigungsandrohung läßt sich bei der ordentlichen Kündigung aus entsprechenden Regelungen im BGB herleiten. Hier ist der Grundsatz der Verhältnismäßigkeit bereits seit dem Jahre 1900 normiert. Kündigt der AG, bevor eine notwendige Kündigungsankündigung erfolgt war, verstößt er gleichsam gegen das „Übermaßverbot" (*Ascheid* Rn. 71; *Hueck/v. Hoyningen-Huene* Rn. 289). Während bei der ordentlichen Kündigung die Notwendigkeit einer Kündigungsankündigung mit dem Grundsatz der Verhältnismäßigkeit begründet wird (so *Herschel-Löwisch* Rn. 89), arbeitet das BAG bei der außerordentlichen Kündigung mit dem Gedanken des § 326 BGB und führt aus, bei Störungen im Leistungsbereich habe die fristlose Kündigung „die Funktion des gesetzlichen Rücktritts", der „in der Regel eine Abmahnung" erfordere (vgl. zB BAG 19. 6. 1967 BAGE 19, 351 = AP GewO § 124 Nr. 1 *(A. Hueck)*; BAG 9. 8. 1984 AP KSchG 1969 § 1 Verhaltensbedingte Kündigung Nr. 12; siehe auch *Herschel/Löwisch* Rn. 89 *Schaub* § 61 VI 1 b). Dieser Ansatz ist verfehlt. Liegen die Voraussetzungen nach § 626 BGB vor, kann der AG sich sofort aus dem Vertrag lösen und ist nicht auf Ankündigungen beschränkt (so richtig *Heinze*, Giessener rechtswissenschaftl. Abhandlungen, Bd. 6 S. 63, 66; *Söllner* SAE 1968, 39 ff.). Die Notwendigkeit einer Abmahnung kann sich im Vorfeld des § 626 BGB ergeben, sofern die Unzumutbarkeit der Fortsetzung des Vertrages aus einem Anwachsen wiederholter Störungen – die jedoch nicht abgemahnt wurden – hergeleitet werden soll (vgl. *Ascheid* Rn. 110). 135

Bei der ordentlichen Kündigung ist der Weg über § 326 BGB zu gehen (*Ascheid* Rn. 73; *Schaub* § 61 IV 1 a). § 1 KSchG und § 326 BGB lösen einen widerstreitenden Interessenkonflikt in einem Vertragsverhältnis. Beide verlangen einen Grund zur – ordentlichen – Auflösung des Vertragsverhältnisses. Wenn ausgeführt wird, es handele sich bei beiden Vorschriften um völlig **verschiedene Rechtsinstitute**, kann hieraus nichts abgeleitet werden. Beide Normen weisen nämlich gerade hinsichtlich des Erfordernisses einer Ankündigung der Kündigung eine **Rechtsähnlichkeit** auf, die insoweit eine Gleichbehandlung bei ihrer Auslegung erfordert. 136

Es überzeugt ebenso nicht der Hinweis, bei § 326 BGB sei die Erbringung der Hauptleistung noch möglich, bei Nichterbringung der Arbeitsleistung nicht (so *Preis* DB 1990, 687). Entscheidend ist die Funktion des § 326 BGB im Hinblick auf die Prognose. § 326 BGB setzt eine Vertragsstörung voraus, nämlich den Verzug. Dieser ist auch nicht mehr zu beseitigen. Übertragen auf das Arbeitsverhältnis heißt das, die bisherige Störung ist zwar nicht reparabel, es soll aber dafür gesorgt werden, daß weitere nicht eintreten. 137

138 Bedenken bestehen weiter nicht deshalb, weil § 326 BGB auf synallagmatische Bezüge zugeschnitten ist. Bei der positiven Forderungsverletzung, die gewohnheitsrechtlich anerkannt wird und der gerade solche Störungen zugeordnet werden, die weder nach den Unmöglichkeitsregeln noch nach denen des Verzugs abgewickelt werden können, werden Haupt- und Nebenpflichtverletzungen der Regelung des § 326 II BGB unterstellt (vgl. *Heinze,* Giessener rechtswissenschaftl. Abhandlungen, Bd. 6, S. 63, 73–78; MünchKommBGB/*Emmerich* vor § 275 Rn. 132 ff.; *Staudinger/Otto* zu § 326 Rn. 204 ff.).

139 Die Kündigungsankündigung ist entscheidend gefragt, wenn der AN sein Verhalten umstellen kann. Bei personenbedingten Kündigungen ist sie regelmäßig ausgeschlossen, wenn der AN die Störursache nicht ausschließen kann, so kann ein Kranker, der die Ursache nicht selbst gesetzt hat, nicht aufgefordert werden, seine Krankheit abzustellen. Die Kündigungsankündigung ist jedoch angebracht, wenn die personenbedingte Störung auf einer gesteuerten Handlung beruht, so zB bei einem Gewissenskonflikt (Hess. LAG 20. 12. 1994 RzK I 1 Nr. 95). In Ausnahmefällen wird es nicht verfehlt sein, den AN zumindest darüber zu unterrichten, daß allein das Fortbestehen des bisherigen Zustandes zu einer Auflösung des Arbeitsverhältnisses führen kann. Die Kündigungsankündigung scheidet völlig aus bei der betriebsbedingten Kündigung, denn hier geht die Initiative vom AG aus.

140 Zu den Voraussetzungen der Kündigungsankündigung, zu den zeitlichen Zusammenhängen, der Berechtigung zur Androhung einer Kündigung und zu ihrer Wirkungslosigkeit nach längerem Zeitablauf vgl. Rn. 296 ff.

VI. Abwägung der Vertragsinteressen

141 Nach herrschender Meinung ist zur Feststellung der Sozialwidrigkeit einer Kündigung eine umfassende Interessenabwägung erforderlich (BAG 20. 10. 1954 AP KSchG 1951 § 1 Nr. 6; BAG 13. 9. 1973 AP KSchG 1969 § 1 Nr. 2; BAG 12. 8. 1976 AP KSchG 1969 § 1 Nr. 3; BAG 7. 3. 1980 AP KSchG 1969 § 1 Betriebsbedingte Kündigung Nr. 9; BAG 22. 7. 1982 AP KSchG 1969 § 1 Verhaltensbedingte Kündigung Nr. 5; KDZ/*Kittner* Rn. 51; ablehnend *Herschel/Löwisch* Rn. 69: es geht nicht an, auch bei Vorliegen einer der in Abs. 2 genannten Gründe das Bestandsinteresse noch einmal in die Waagschale zu legen und je nach seinem Gewicht die Kündigung trotzdem auszuschließen). Die Interessenabwägung kann sich allerdings nur auf die personen- und verhaltensbedingte, nicht auf die betriebsbedingte Kündigung beziehen, denn bei letzterer sind die widerstreitenden Interessen durch das Gesetz genau subsumierbar erfaßt (BAG 30. 4. 1987 AP KSchG 1969 § 1 Betriebsbedingte Kündigung Nr. 42; BAG 18. 1. 1990 AP KSchG 1969 § 2 Nr. 27; *Hueck/v. Hoyningen-Huene* Rn. 137; SPV Rn. 619; kritisch KDZ/*Kittner* Rn. 51). **Soweit** eine **Abwägung in Betracht kommt,** ist allerdings **ausschließlich auf die vom Gesetzgeber getroffenen Wertungen abzustellen** (*Herschel/Löwisch* Rn. 69; *Hueck/v. Hoyningen-Huene* Rn. 204; *Wank* RdA 1987, 129, 130; aA BAG 20. 1. 2000 – 2 AZR 378/99 zVb., vgl. Rn. 187). Tatsächlich vorhandene Gründe können nicht über eine Interessenabwägung relativiert werden (*Löwisch* KSchG Rn. 56). Es können in die Abwägung nur solche Interessen einfließen, die einen Vertragsbezug haben. Insofern ist der Begriff „Interessen"-abwägung zu weitgehend.

142 Die gesamte Rechtsordnung hat im Grunde die Aufgabe, widerstreitende Interessen durch gesetzliche Regelungen einer Lösung zuzuführen. Was für die Rechtsordnung insgesamt gilt, gilt auch für jede Einzelregelung. Sie bewertet in ihrem Regelungsbereich einen Interessenkonflikt und nimmt damit eine an ihren Tatbestand geknüpfte Interessenabwägung vor (so richtig *Preis* S. 186, 199, 204; *ders.* DB 1988, 1388, 1446).

143 Allein der Gesetzgeber ist zu selbständigen Interessenabwägungen befugt, soweit er sie nicht delegiert hat (zB § 626 BGB). Der Richter steht unter dem Gesetz. Er hat den Maßstab für die Angemessenheit in erster Linie dem in Gesetzesform angegebenen Werturteil der Rechtsgemeinschaft zu entnehmen (so überzeugend *Heck* S. 38, 50).

144 Die Interessen der Parteien sind in der Norm selbst, in ihrem Tatbestand bei seiner richtigen Erfassung, gelöst (so richtig *Herschel/Löwisch* § 1 Rn. 69; *Preis* S. 221, vgl. Anm. *Rüthers* EzA § 1 KSchG Verhaltensbedingte Kündigung Nr. 26). Soweit eine „Interessenabwägung" stattzufinden hat, kann damit nur die nach dem Gesetz gebotene Abwägung im Rahmen des Verhältnismäßigkeitsprinzips bei der Proportionalität der Maßnahme gemeint sein (zutreffend *Herschel/Löwisch* Rn. 73; *Wank* RdA 1987, 145). Durch die Fassung von § 1 KSchG sollte gerade erreicht werden, daß kein Raum für Blankettbegriffe wie „unbillige Härte" bleibt (*Herschel,* FS Schnorr von Carolsfeld, S. 159; *ders.* DB 1973, 81; *ders.* DB 1984, 1523).

145 Interessen sind weniger als Rechte. **Berechtigte Interessen** sind die aus der Sachlage sich ergebenden Interessen. Die maßgebliche Sachlage ist eine die vertragliche Vereinbarung umfassende Lebenswirklichkeit. Abgewogen werden können nur die mit der **Eingehung des Vertrages** und die mit seiner weiteren **Durchführung** in berechtigtem Zusammenhang stehenden Interessen (KDZ/*Kittner* Rn. 53: Bezug zum Arbeitsverhältnis). Die tatbestandlich korrekte Interessenabwägung ist damit die Gewichtung der in den Tatbestandsmerkmalen enthaltenen widerstreitenden Interessen der Parteien, und zwar bezogen auf das Ziel der Verwirklichung des Vertragszwecks (so auch SPV Rn. 619). Der „Kündigungstatbestand" geht wegen der Anknüpfung an die Störung vom subjektiven Vertragsrecht aus.

Je enger ein Vertrag von den Parteien inhaltlich gefaßt wird, umso weniger Kriterien stehen für eine Abwägung zur Verfügung (vgl. *Ascheid* Rn. 209 ff.). Es lassen sich drei Bereiche unterscheiden: Das Vertragseingehungs-, das Vertragsdurchführungs- und das Vertragsbeendigungsinteresse. 146

Die gegenseitigen Interessen können bereits bei Vertragsabschluß widerstreitend bestimmt gewesen sein, **Eingehungsinteresse.** Wer ein Genie, das in seiner bisherigen Stellung genial aber nicht stetig gearbeitet hat, aus einer sicheren Stellung abgeworben hat, wird bei einer Abwägung hinzunehmen haben, daß die Arbeiten nicht mit der Gleichförmigkeit von Buchhaltungsaufgaben erledigt werden. Kommt es in einem solchen Fall nach einem Jahr zu einer Kündigung, wird das Beendigungsinteresse des AG sich an seinem „Abwerbungsinteresse" und dem daraus folgenden Eingehungsinteresse des Gekündigten messen lassen müssen. 147

Der AG, der einen AN einstellt, wird in der Regel davon ausgehen, er könne mit ihm den Vertrag durchführen, **Durchführungsinteresse.** Kommt es zu Störungen, kann sich im Hinblick auf diese Zielvorstellung die bisherige Durchführung des Vertrages im Sinne der Erreichung des Vertragszwecks unterschiedlich darstellen. Sie kann charakterisiert sein durch ein jahrelanges störungsfreies, durch ein in Phasen immer wieder störendes oder durch ein mehr oder weniger dauerstörendes Verhalten des AN. Wenn die Frage der **Weiter**beschäftigung geprüft werden muß, kann das nur in bezug auf die Dauer, die Art und den Verlauf der bisherigen Beschäftigung erfolgen (BAG 10. 3. 1977 BAGE 29, 49 = AP KSchG 1969 § 1 Krankheit Nr. 4; BAG 15. 2. 1984 DB 1984, 1627; *Preis* S. 225). Je geringer die bisherigen Störungen waren, je weniger ist das **Durchführungsinteresse** des AG durch den AN belastet. Bei der **Gewichtung der bisherigen Störungen** könnte die familiäre Situation des AN im Hinblick auf die Wertung in § 616 BGB eine Rolle spielen (vgl. *Preis* S. 232), wenn die Störung im Zusammenhang mit der Wahrnehmung von Unterhaltspflichten erfolgte (zB Fehlen wegen Erkrankung eines Kindes), selbst wenn die Voraussetzungen des § 616 BGB noch nicht erreicht sind. 148

Der Befürchtung der Vertragszielgefährdung durch den AG, **Beendigungsinteresse,** steht praktisch immer gegenüber das Vertragsfortführungsinteresse des AN, dokumentiert durch die Klageerhebung. Ein zu beachtendes Beendigungsinteresse des AG liegt vor, wenn das Durchführungsinteresse das Eingehungsinteresse überwiegt. Je geringer das Eingehungsinteresse war, umso größer der Wert des Beendigungsinteresses, insbesondere bei nicht lang dauernden Vertragsbeziehungen. 149

Abstrakt kaum lösbar ist die Gewichtung der widerstreitenden Interessenlagen, wenn eine eindeutige Ausrichtung nicht feststellbar ist (vgl. *Ascheid* Rn. 214). In solchen Sachlagen kann nicht danach entschieden werden, ob durch die Störungshandlung ein weiterer Schaden durch eine „konkrete Beeinträchtigung" entstanden ist. **Entscheidend** ist vielmehr der genaue **Arbeitsvertragsinhalt.** Ist die Tätigkeit des AN mehr **handlungs-** als **erfolgsbezogen,** kann zur Wertung der zukünftigen Gefährdung des Vertragszwecks nicht entscheidend darauf abgestellt werden, die Nichthandlung habe keine Folgen gehabt (*Ascheid* Rn. 215). War die **Tätigkeit rein erfolgsbestimmt,** kann sich die Situation völlig anders darstellen. 150

Bietet sich wirklich trotz genauer Ausleuchtung der widerstreitenden Interessen keine Lösung an, erscheint es vertretbar, zugunsten dessen zu entscheiden, der durch die Maßnahme, sei es nun die Bestätigung der Kündigung oder die Unwirksamkeitsfeststellung, unverhältnismäßig betroffen wird (vgl. dazu *Preis* S. 252, 254 ff.). Eine so verstandene Abwägung ist die Berücksichtigung der dem Vertrag zugrundeliegenden Lebenswirklichkeit. Was weder im Rahmen der Vertragsgrundlage noch in einzelnen Punkten im Vertrag selbst zum Ausdruck kommt, kann nicht abgewogen werden. 151

Das Ergebnis einer solchen „Interessenabwägung" kann nicht am Ende der „an sich" berechtigten Kündigung stehen und den Kündigungsgrund wieder beseitigen. Es ist untrennbar mit dem Kündigungsgrund verbunden. 152

VII. Gleichbehandlungsgrundsatz

Es wird herrschend die Auffassung vertreten, der **Gleichbehandlungsgrundsatz sei im Kündigungsrecht nicht anwendbar** (BAG 21. 10. 1969 AP GG Art. 9 Arbeitskampf Nr. 41; BAG 28. 4. 1982 AP KSchG 1969 § 2 Nr. 3; *Herschel/Löwisch* vor § 1 Rn. 39 a; *Hueck/v. Hoyningen-Huene* Rn. 153; kritisch KDZ/*Kittner* Rn. 55; KR/*Etzel* Rn. 257; aA für betriebsbedingte Kündigung: SPV Rn. 196 a). Es ist hierbei jedoch zu differenzieren. Es steht dem AG frei, einem AN zu kündigen oder nicht. Die Frage, ob ein Kündigungsgrund vorliegt, ist bei Klage des AN in Kündigungsschutzprozeß unter Berücksichtigung der Besonderheiten des Einzelfalls zu entscheiden (*Hueck/v. Hoyningen-Huene* Rn. 153). Aufgrund früherer Kündigungen darf nicht etwa ein Katalog des „Kündigungsverhaltens des AG" aufgestellt werden und es wäre nicht zulässig, neue Kündigungen daraufhin zu überprüfen, ob der AG bei Störungen anderer AN „gleich" verfahren ist. 153

Die **Situation** ist aber **anders, wenn zeitlich zusammen** mehrere AN sich gleichartig störend bei völliger **Gleichartigkeit der Störungen** und ihrer arbeitsvertraglichen Vorgeschichte verhalten. Kündigt der AG nicht allen, hat er darzulegen, warum er bei den Gekündigten das Verhalten als kündigungsrelevant erachtet hat, bei den anderen hingegen nicht. Der AG könnte sich zB darauf berufen, er sei dringend auf die weitere Mitarbeit mindestens eines der Störer angewiesen. 154

VIII. Beurteilungszeitpunkt

155 Maßgebend für die Beurteilung der Sozialwidrigkeit der Kündigung ist die **objektive Sachlage zum Zeitpunkt des Zugangs der Kündigungserklärung** (st. Rspr.: BAG 24. 3. 1983 AP KSchG 1969 § 1 Betriebsbedingte Kündigung Nr. 12; BAG 15. 8. 1984 AP KSchG 1969 § 1 Krankheit Nr. 16; BAG 19. 5. 1988 AP BGB § 613a Nr. 75; BAG 10. 10. 1996 AP KSchG 1969 § 1 Betriebsbedingte Kündigung Nr. 81; BAG 17. 6. 1999 – 2 AZR 639/98 zVb.; *Herschel/Löwisch* Rn. 75; KBK 10 Rn. 10, 47, 96; KDZ/*Kittner* Rn. 56; KR/*Etzel* Rn. 259; *Löwisch* KSchG Rn. 45, 70; SPV Rn. 617). Es kommt auf die Tatsachen an, die zu diesem Zeitpunkt vorlagen. Nicht entscheidend sind subjektive Erwägungen des kündigenden AG (BAG 2. 6. 1960 AP BGB § 626 Nr. 42). Der Kündigende hat dadurch eine subjektive Steuerungsmöglichkeit, daß er im Kündigungsschutzprozeß ihm günstige Tatsachen nicht vorträgt.

156 Kannte der Kündigende bei Zugang der Kündigungserklärung schon vorliegende Tatsachen nicht, können diese zur Rechtfertigung der bereits ausgesprochenen Kündigung unter kündigungsschutzrechtlichen Gesichtspunkten uneingeschränkt nachgeschoben werden (BAG 11. 4. 1985 AP BetrVG 1972 § 102 Nr. 39; KBK 10 Rn. 49; KR/*Etzel* Rn. 267). Zu der Problematik, daß ein zu hörender Betriebs- oder Personalrat von dem AG vor Ausspruch der Kündigung zwangsläufig nicht angehört worden ist, vgl. § 102 BetrVG. Treten nach Zugang der Kündigungserklärung neue Tatsachen auf, die einen eigenständigen Kündigungsgrund bilden, können sie zur Rechtfertigung der bereits ausgesprochenen Kündigung nicht als Kündigungsgrund herangezogen werden. Sie können jedoch eine erneute Kündigung rechtfertigen (KR/*Etzel* Rn. 237).

157 Tragend können auch Tatsachen sein, die vor Begründung des Arbeitsverhältnisses liegen, sofern sie dem AG bei Abschluß des Arbeitsvertrags nicht bekannt waren und sie sich bei Zugang der Kündigungserklärung noch störend auf die Vertragsbeziehungen auswirken (BAG 17. 8. 1972 AP BGB § 626 Nr. 65; *Hueck/v. Hoyningen-Huene* Rn. 156; KR/*Etzel* Rn. 236).

158 Da das KSchG vom Prognoseprinzip bestimmt ist, soll in Fällen, in denen sich eine Prognose, die zum Zeitpunkt des Zugangs der Kündigung auf den Zeitpunkt des Kündigungstermins abgestellt war, als unrichtig erweist, ein **Wiedereinstellungsanspruch** des gekündigten AN in Betracht kommen (vgl. APS/*Kiel* Rn. 74; *Hueck/v. Hoyningen-Huene* Rn. 507, 156a ff.; KR/*Etzel* Rn. 569; *Löwisch* KSchG Rn. 74; *Oetker* ZIP 2000, 643; *Zwanziger* BB 1997, 42; verneinend *Zöllner/Loritz* § 16 II 2c). Voraussetzung für einen Wiedereinstellungsanspruch ist – von Mißbrauchsfällen abgesehen – der Wegfall der objektiven Prognoselage bis zum Kündigungstermin (BAG 6. 8. 1997 AP KSchG 1969 § 1 Wiedereinstellung Nr. 2; HK/*Weller/Dorndorf* Rn. 946, 946a). Das soll uU anders sein, wenn der AG eine unternehmerische Entscheidung erst nach dem Kündigungstermin ändert (BAG 4. 12. 1997 AP KSchG 1969 § 1 Wiedereinstellung Nr. 4).

159 Wenn an dem Grundsatz festgehalten wird, daß die Wirksamkeit der Kündigung nach der Sachlage zu beurteilen ist, wie sie zum Zeitpunkt des Zugangs der Kündigung bestand, kann ein Wiedereinstellungsanspruch nur in den Fällen in Frage kommen, bei denen der AG, der die maßgebenden Fakten durch Unternehmerentscheidung selbst gesetzt hat, durch willentliche Beeinflussung diese Tatsachenlage wieder beseitigt, so wenn er sich entgegen seiner früheren Absicht entschließt, den Betrieb doch ganz oder teilweise fortzuführen (BAG 27. 2. 1997 AP KSchG 1969 § 1 Wiedereinstellung Nr. 1; BAG 4. 12. 1997 AP KSchG 1969 § 1 Wiedereinstellung Nr. 4). Der **Anwendungsbereich** beschränkt sich damit auf die **betriebsbedingte Kündigung** (KBK 13 Rn. 97; vgl. *Meinel/Bauer* NZA 1999, 575). Folgerichtig wäre es, den AG an seine eigene Unternehmensentscheidung zu binden. Ändert der AG sein unternehmerisches Wollen zwischen dem Zeitpunkt der Kündigungserklärung und dem Kündigungstermin, kann der AG sich auf die Wirksamkeit der Kündigung nicht berufen. Es stellt sich gar nicht die Frage eines Wiedereinstellungsanspruchs. Ein Wiedereinstellungsanspruch kommt nicht in Betracht, wenn sich die Sachlage im Einflußbereich des gekündigten AN ändert, wenn er zB wider Erwarten wieder in den Besitz einer Fahrerlaubnis gelangt (aA *Nägele* BB 1998, 1686; unklar BAG 17. 6. 1999 AP KSchG 1969 § 1 Krankheit Nr. 37: danach soll bei einer krankheitsbedingten Kündigung ein Wiedereinstellungsanspruch „allenfalls" in Betracht kommen, wenn eine negative Gesundheitsprognose nicht nur erschüttert wird, sondern wenn nach dem Vorbringen des AN von einer positiven Prognose auszugehen ist; aA zu recht KBK 11 Rn. 91). Zu den Besonderheiten des Wiedereinstellungsanspruchs, wenn sich bei einer **Verdachtskündigung** die Unrichtigkeit des Verdachts herausstellt, vgl. § 626 BGB Rn. 219.

160 Der Wiedereinstellungsanspruch ist gerichtet auf **Neubegründung des Arbeitsverhältnisses** (SPV Rn. 645). Es handelt sich um einen eigenen Streitgegenstand. Der Antrag muß gerichtet sein auf Abgabe einer entsprechenden Willenserklärung des AG (KBK 13 Rn. 104). Voraussetzung ist, daß der AG noch keine Dispositionen getroffen hat, so daß ihm die Fortsetzung des Arbeitsverhältnisses zumutbar ist (BAG 27. 2. 1997 AP KSchG 1969 § 1 Wiedereinstellung Nr. 1; HK/*Weller/Dorndorf* Rn. 946b; SPV Rn. 645). Ergibt sich aus der Wiedereinstellungsgrundlage, daß nur ein Teil der ehemals beschäftigten AN wieder eingesetzt werden kann, hat die Auswahl der einzustellenden nach den Grundsätzen der sozialen Auswahl zu erfolgen (BAG 4. 12. 1997 AP KSchG 1969 § 1 Wiedereinstellung Nr. 4; APS/*Kiel* Rn. 83; KBK 13 Rn. 101).

C. Sozialwidrigkeit § 1 KSchG 430

Eine **Besonderheit** besteht in den Fällen, in denen sich ein **Betriebsübergang** allein dadurch voll- 161
zieht, daß ein Auftrag endet und der Auftrag einem neuen Auftragnehmer erteilt wird, der die Hauptbelegschaft übernimmt. In diesem Fall kann der frühere Auftragnehmer zwar wirksam betriebsbedingt kündigen, wenn er nicht weiß, wer den Neuauftrag erhält und ob der neue Auftragnehmer die Hauptbelegschaft übernehmen wird. Den AN, die nicht übernommen worden sind, steht indessen ein Anspruch auf Beschäftigung oder Wiedereinstellung zu, da sich der Betriebserwerber nicht auf die Wirksamkeit der Kündigung berufen kann (BAG 13. 11. 1997 AP BGB § 613a Nr. 169; vgl. ArbRBGB/*Ascheid* § 613a BGB Rn. 138 ff.; *Ascheid*, FS Dieterich, S. 9).

IX. Mehrere Kündigungssachverhalte

Nach § 1 II kann eine Kündigung aus drei Gründen sozial ungerechtfertigt sein. Sie muß einem 162
dieser Gründe zugeordnet werden können (BAG 17. 5. 1984 AP KSchG 1969 § 1 Betriebsbedingte Kündigung Nr. 21; *Hueck/v. Hoyningen-Huene* Rn. 166; SPV Rn. 620). Liegen **völlig verschiedene Lebenssachverhalte vor, die verschiedenen Kündigungsgründen zuzuordnen sind,** aus denen bei einer Kündigung, die der AG nicht begründen muß, die soziale Rechtfertigung hergeleitet werden könnte (Arbeitskräfteüberhang seit 1. 5., Beleidigungen des AN am 29. 4., lange Krankheit seit 2. 5.), ist die Kündigung getrennt unter Zugrundelegung eines jeden dieser Sachverhalte zu beurteilen, sog. Doppeltatbestand (*Hueck/v. Hoyningen-Huene* Rn. 167; KR/*Etzel* Rn. 284; *Löwisch* KSchG Rn. 68; SPV Rn. 621; *Ascheid* Rn. 224; aA BAG 21. 11. 1985 AP KSchG 1969 § 1 Nr. 12; BAG 6. 11. 1997 AP KSchG 1969 § 1 Nr. 42: Kündigungsgrund muß ausschließlich **einem** der drei Gründe zugeordnet werden). Reicht keiner dieser Sachverhalte aus, kann auch nicht im Weg einer „einheitlichen Betrachtungsweise" geprüft werden, ob die einzelnen Gründe in ihrer Gesamtheit Umstände darstellen, die eine Kündigung als angemessen erscheinen lassen (*Hueck/v. Hoyningen-Huene* Rn. 168 ff.; *Ascheid* Rn. 224; *Rüthers/Henssler* ZfA 1988, 31, 33; SPV Rn. 622; aA BAG 22. 7. 1982 AP Verhaltensbedingte Kündigung Nr. 5). Daß bei Mischtatbeständen der Kündigungsgrund ausschließlich einem der Kündigungsgründe zugeordnet werden soll, wofür das Gesetz zwingend nichts hergibt, führt zu dogmatisch nicht zu bewältigenden Ergebnissen (vgl. BAG 6. 11. 1997 AP KSchG 1969 § 1 Nr. 42: bei Sozialauswahl keine Vergleichbarkeit wegen Krankheit; vgl. auch HK/*Dorndorf* Rn. 236 ff.), vgl. Rn. 171.

Das ist auch nicht anders, wenn ein **einziger Lebenssachverhalt** vorliegt, **der mehreren Kündi-** 163
gungsgründen zugeordnet werden könnte (wie hier *Rüthers/Henssler* ZfA 1988, 31, 33; aA *Hueck/ v. Hoyningen-Huene* Rn. 174). Es ist jeder Grund für sich auf seine Geeignetheit zu prüfen und nicht nur der, aus dem in erster Linie die Störung herrührt (anders BAG 17. 5. 1984 AP KSchG 1969 § 1 Betriebsbedingte Kündigung Nr. 21; BAG 21. 11. 1985 AP KSchG 1969 § 1 Nr. 12; BAG 13. 3. 1987 AP KSchG 1969 § 1 Betriebsbedingte Kündigung Nr. 37; KR/*Etzel* Rn. 281). Hierbei können zB Defizite eines personenbedingten Grundes nicht mit Defiziten eines verhaltensbedingten Grundes zu einem vollwertigen Grund addiert werden.

Gehen einer Kündigung hingegen mehrere Sachverhalte voraus, die nur einem Kündigunggrund 164
zugeordnet werden können (Beleidigung am 1. 2., unentschuldigtes Fehlen am 15. 2., Beleidigung am 2. 4.), ist – auch – zu prüfen, ob die Sachverhalte in ihrer Gesamtheit eine Auflösung des Arbeitsverhältnisses rechtfertigen. Die Rechtsprechung beachtet dies zB bei § 626 BGB im Zusammenhang mit der Frage, ob nach § 626 II BGB verfristete Gründe mit zur Kündigungsrechtfertigung herangezogen werden können, wenn sie Glieder einer Störungskette sind.

X. Verzeihung – Verzicht – Verwirkung

Der AG kann die Kündigung nicht auf Tatsachen stützen, die einen Kündigungsgrund gebildet haben, 165
wenn er dem AN das betreffende **Verhalten verziehen** hat (*Hueck/v. Hoyningen-Huene* Rn. 157). **Verzeihung** ist jede ausdrückliche oder konkludente Erklärung, aus der sich ergibt, daß der AG auf bestimmte Tatsachen eine Kündigung nicht stützen will. Die Verzeihung ist keine Willenserklärung, sondern eine „Gesinnungserklärung" (*Hueck/v. Hoyningen-Huene* Rn. 157). Sie kann nicht angefochten werden. Bei einer wirksamen Verzeihung ist kein Kündigungsgrund mehr vorhanden. Das unterscheidet sie von einem Verzicht. Kündigt der AG dennoch, fehlt es ihm an einem Kündigungsgrund.

Der AG kann auf den Ausspruch einer Kündigung verzichten. Bei einem **Verzicht** auf die Kündi- 166
gung ändert sich die Rechtslage hinsichtlich eines vorhandenen Kündigungsgrundes nicht. Der AG legt sich aber gegenüber dem AN fest, aus einer ihm günstigen Tatsachenlage keine Konsequenzen zu ziehen. Ein solcher Fall liegt vor, wenn der AG anstelle einer Kündigung eine Ermahnung oder Abmahnung ausspricht (BAG 31. 7. 1986 RzK I 8c Nr. 10). Hat der AG auf den Ausspruch einer Kündigung verzichtet und kündigt er dennoch, handelt er seinem eigenen Verhalten zuwider: „venire contra factum proprium". Es liegt damit ein Fall der unzulässigen Rechtsausübung iSv. § 242 BGB vor (*Herschel/Löwisch* Rn. 83; *Hueck/v. Hoyningen-Huene* Rn. 158).

Allein aus einem **Zuwarten des AG** kann weder auf eine Verzeihung noch auf einen Verzicht 167
geschlossen werden, denn der AG muß eine ordentliche Kündigung nicht innerhalb einer bestimmten Frist erklären (*Hueck/v. Hoyningen-Huene* Rn. 158a).

168 Der AG kann das Recht verwirken, sich auf einen Kündigungsgrund zu berufen. Die **Verwirkung** setzt im Regelfall voraus, daß eine bestimmte Zeit nach der Kündigung verstrichen ist – Zeitmoment – und daß weitere Umstände hinzugekommen sind, aus denen geschlossen werden kann, das Recht werde nicht mehr ausgeübt – Umstandsmoment (BAG 15. 7. 1960 AP BGB § 626 Nr. 43; BAG 20. 5. 1988 AP BGB § 242 Prozeßverwirkung Nr. 5; BAG 28. 2. 1990 AP BeschFG 1985 § 1 Nr. 14 = NZA 1990, 746; *Herschel/Löwisch* § 7 Rn. 3; *Hueck/v. Hoyningen-Huene* § 7 Rn. 3; KR/*Rost* § 7 Rn. 36; *Ascheid* Rn. 740).

D. Gründe in der Person des Arbeitnehmers

I. Allgemeines

169 **1. Einführung.** Nach § 1 II ist eine **Kündigung** auch **sozial ungerechtfertigt, wenn** sie nicht durch **Gründe, die in der Person des AN** liegen, bedingt ist. Liegen solche Gründe vor, ist die Kündigung auch sozial ungerechtfertigt, wenn der AN auf einem anderen Arbeitsplatz in demselben Betrieb oder in einem anderen Betrieb des Unternehmens weiterbeschäftigt werden kann (§ 1 II 2 Nr. 1 b) oder wenn die Weiterbeschäftigung nach zumutbaren Umschulungs- oder Fortbildungsmaßnahmen oder eine Weiterbeschäftigung unter geänderten Arbeitsbedingungen möglich ist und der AN sein Einverständnis hiermit erklärt hat (§ 1 II 2 und 3). Auswahlrichtlinien, § 1 II 2 Nr. 1 a, nach § 95 BetrVG spielen hier keine Rolle. Nach richtiger Ansicht sollen sie dazu dienen, von mehreren für eine Kündigung in Frage kommenden AN bestimmte zu ermitteln. Dies ist bei der **personenbedingten Kündigung** nicht denkbar. Sie **knüpft** bereits **an diejenige Person allein an, der gekündigt werden soll**. Es besteht insoweit kein soziales Konkurrenzverhältnis zu anderen AN (*Weller* RdA 1996, 222, 225). Eine Sozialauswahl nach § 1 III bis IV findet schon nach dem Wortlaut dieser Vorschrift nur bei betriebsbedingten Kündigungen statt. Sie wäre auch sinnwidrig, denn mittels einer Sozialauswahl würde das unternehmerische Ziel der Beseitigung der Störung nicht zu erreichen sein. Wenn anstelle eines kranken AN einem gesunden gekündigt werden müßte, würde sich die Nichterbringung der Leistung durch den Kranken fortsetzen.

170 In Abgrenzung zu den Gründen in dem Verhalten des AN erfaßt die **personenbedingte Kündigung** die Fälle, bei denen den **AN** ein **Verschulden** im Sinn einer negativen Vorwerfbarkeit, vgl. dazu Rn. 291, **nicht trifft.** Voraussetzung für eine personenbedingte Kündigung ist, daß der **AN aufgrund persönlicher Fähigkeiten und Eigenschaften nicht mehr in der Lage** ist, künftig eine **vertragsgerechte Leistung zu erbringen** (BAG 20. 5. 1988 AP KSchG 1969 § 1 Personenbedingte Kündigung Nr. 9; BAG 28. 2. 1990 AP KSchG 1969 § 1 Krankheit Nr. 25). Der Grund für die nicht vertragsgemäße Leistung liegt allein in der Sphäre des AN.

171 In der Praxis spielt die personenbedingte Kündigung, deren **Ursache eine Erkrankung** ist, die weitaus größte Rolle. Diese Kündigungsart wird deshalb unter Berücksichtigung ihrer ganz spezifischen Schwierigkeiten besonders dargestellt, vgl. Rn. 188. Es sind jedoch nicht nur Krankheitsfälle, die Praxis und Rechtsprechung vor Schwierigkeiten stellen. Es empfiehlt sich daher, schon im Hinblick auf die notwendige Gewichtung der Vertragsinteressen, auf eine genaue Abgrenzung zu achten. Wird es durch eine organisatorische Maßnahme (Zusammenlegung von zwei Abteilungen) einem AN wegen Krankheit (Lärmempfindlichkeit) unmöglich, die geschuldete Leistung zu erbringen, kann ihm personenbedingt gekündigt werden (aA BAG 6. 11. 1997 AP KSchG 1969 § 1 Nr. 42: nur betriebsbedingt mit „Hilfs"-Interessenabwägung). Deshalb reicht auch nicht aus, eine solche Kündigung im Zusammenhang mit der Auslegung eines Sozialplans als betriebsbedingt zu qualifizieren.

172 **2. Einteilung der personellen Störfaktoren.** Es sind verschiedene Fallkonstellationen denkbar, die einer personenbedingten Kündigung zugrunde liegen können. Die nachfolgende Einteilung ist daher im Sinn einer Hilfe, nicht im Sinn einer zwingenden logischen Ableitung zu verstehen.

Die Leistung kann vom AN nicht erbracht werden,
– weil er die geforderte Leistung aus nicht vorwerfbaren Gründen nicht erbringen *will*,
– weil er die Leistung aus Gründen nicht erbringen *kann*, die auf seinen Willen zurückzuführen sind, oder
– weil er sie aus solchen Gründen nicht erbringen kann, die ihre Ursache nicht in einem Willensentschluß des AN haben (vgl. *Ascheid* Rn. 351).

173 Kann der AN die geschuldete **Leistung nur noch teilweise** erbringen, ist ein **personenbedingter Beendigungskündigungsgrund** gegeben, **wenn ein teilweiser Einsatz des AN ausscheidet** (*Herschel/Löwisch* Rn. 145).

174 Die Fälle: nicht vorwerfbares Nichtwollen (bei fachlichem Können) der Leistungserbringung, Nichtkönnen der Leistungserbringung infolge zurechenbarer Willensentscheidung und Nichtkönnen der Leistungserbringung infolge nicht freier Willensbestimmung haben unterschiedliche Auswirkungen insbesondere bei Festellung der negativen Prognose, vgl. Rn. 177 ff., und bei der Gewichtung der gegenseitigen Vertragsinteressen, vgl. Rn. 201 ff. Zur ersten Fallgruppe ist zu rechnen die vorsätzliche Verweigerung der Arbeitsleistung infolge eines zu respektierenden Gewissenskonflikts oder wegen

D. Gründe in der Person des Arbeitnehmers § 1 KSchG 430

der Wahrnehmung als vorrangig erachteter und zu respektierender anderer Pflichten, zB ausländischer Wehrdienst, vgl. Rn. 183. In den Fällen des Nichtkönnens will der AN an sich die geschuldete Leistung erbringen. Er wendet nichts ein gegen den Inhalt der Leistungspflicht. Der Realisierung des Leistungswillens stehen aber **dauernde oder zeitweilige Hindernisse** entgegen, die der Sphäre des AN, wenn auch arbeitsrechtlich nicht schuldhaft vorwerfbar, zuzurechnen sind. Die zweite Fallgruppe umfaßt den Bereich der unterlassenen Fortbildung, die schließlich zur Unfähigkeit führt, die dritte Gruppe wird bestimmt durch die Krankheitsfälle.

II. Voraussetzungen

1. Unverschuldete Vertragsstörung und erhebliche Beeinträchtigung betrieblicher Interessen. 175
Eine **personenbedingte Kündigung** setzt unabdingbar die **Nicht- oder Schlechterfüllung der Leistung** voraus. Wer beanstandungsfrei leistet und wer eine erfüllungsgemäße Leistung erbringt, die vom AG nicht zurückgewiesen werden kann, dem kann nicht gekündigt werden. Insofern ist der in der Praxis verwendete Begriff „krankheitsbedingte Kündigung" irreführend. Es kann niemand „wegen Krankheit" entlassen werden, wenn trotz Krankheit die geschuldete Leistung störungsfrei erbracht wird.

Bei der verhaltensbedingten Kündigung liegt die Störung allein und ausschließlich in der Nicht- 176
oder Schlechtleistung. Ob weitere negative Folgen mit der Vertragsstörung verbunden sind, kann bei der Gewichtung der gegenseitigen Vertragsinteressen bedeutsam sein. Die personenbedingte Kündigung wäre unter sozialen Gesichtspunkten unverhältnismäßig, wenn dem Umstand keine Bedeutung beigemessen würde, daß dem AN kein Schuldvorwurf gemacht werden kann. Die Rechtsprechung und mit ihr weitgehend die Lehre verlangen daher zu Recht, daß neben der tatsächlichen Nichterbringung der Leistung noch die betrieblichen und wirtschaftlichen Belange des AG konkret und erheblich beeinträchtigt werden (BAG 20. 7. 1989 AP KSchG 1969 § 1 Sicherheitsbedenken Nr. 2; BAG 28. 2. 1990 AP KSchG 1969 § 1 Krankheit Nr. 25; BAG 7. 2. 1991 AP KSchG 1969 § 1 Umschulung Nr. 1 = NZA 1991, 806; BAG 26. 9. 1991 AP KSchG 1969 § 1 Krankheit Nr. 28 = NZA 1992, 1076; *Hueck/v. Hoyningen-Huene* Rn. 177; SPV Rn. 726; *Preis* S. 433). Diesem Umstand kommt eine besonders gewichtige Bedeutung bei einer Erkrankung des AN zu.

2. Negative Prognose. Eine **personenbedingte Kündigung** ist nur gerechtfertigt, wenn zum Zeit- 177
punkt des Zugangs der Kündigung davon auszugehen ist, daß nach dem Kündigungstermin noch mit weiteren Störungen bei der Leistungserbringung zu rechnen ist. Die personenbedingte Kündigung ist **keine Strafaktion,** durch sie soll vielmehr die Zukunft bewältigt werden (BAG 23. 6. 1983 BAGE 43, 129 = AP KSchG 1969 § 1 Krankheit Nr. 10; *Hueck/v. Hoyningen-Huene* Rn. 177; *Ascheid* Rn. 361; SPV Rn. 728). Der AG hat die Tatsachen darzutun, die die Kündigung bedingen. Er muß in der Regel substantiiert aufzeigen, welche Störungen bisher aufgetreten sind, und er muß darlegen, mit welchen Störungen in Zukunft zu rechnen sein wird.

In Ausnahmefällen kommt es auf Leistungsausfälle in der Vergangenheit nicht an. Der AG kann 178
dann kündigen, wenn feststeht, daß ab einem bestimmten Zeitpunkt die Arbeit nicht mehr erbracht werden kann (*Ascheid* Rn. 362). Dies gilt zB bei Eintritt einer rechtlichen Verhinderung, wie Nichterteilung einer weiteren Arbeitserlaubnis oder bei Erwerbsunfähigkeit.

Weigert sich der AN, die **geschuldete Leistung zu erbringen,** ohne daß ihm ein Schuldvorwurf zu 179
machen ist, **steht damit die negative Prognose fest.** Von dem weiteren – gestörten – Verlauf des Arbeitsverhältnisses ist aufgrund der maßgebenden Entscheidung des AN auszugehen. Es ist zwar nicht auszuschließen, daß sich der ursprüngliche Wille des AN später ändert. Der Rechtsverkehr kann aber nicht an diese Unwägbarkeit anknüpfen (*Ascheid* Rn. 352). Tragender Anknüpfungspunkt ist vielmehr die ernsthafte Erklärung des AN, die zum Zeitpunkt des Ausspruchs der Kündigung vorliegt.

3. Fehlende Weiterbeschäftigungsmöglichkeit. Auch und besonders bei der personenbedingten 180
Kündigung darf keine Weiterbeschäftigungsmöglichkeit auf einem anderen **freien** Arbeitsplatz gegeben sein, bei dem die Mängel entweder gar nicht oder nur unbedeutend zu Tage treten werden (BAG 10. 3. 1977 AP KSchG 1969 § 1 Krankheit Nr. 4; BAG 20. 5. 1988 AP KSchG 1969 § 1 Personenbedingte Kündigung Nr. 9; BAG 7. 2. 1991 AP KSchG 1969 § 1 Umschulung Nr. 1 = NZA 1991, 806; BAG 28. 4. 1998 AP SchbG 1986 § 14 Nr. 2; *Hueck/v. Hoyningen-Huene* Rn. 178; KR/*Etzel* Rn. 297; *Löwisch* KSchG Rn. 191; *Ascheid* Rn. 352; SPV Rn. 729). Zeigt ein AN Leistungsmängel als Redakteur, kann eine Weiterbeschäftigung auf einer freien Stelle eines Nachrichtenredakteurs angezeigt sein (BAG 16. 1. 1997 – 2 AZR 98/96 nv.). Als frei sind alle Arbeitsplätze anzusehen, die zum Zeitpunkt des Zugangs der Kündigung unbesetzt sind oder die mit Ablauf der Kündigungsfrist frei werden (BAG 29. 3. 1990 AP KSchG 1969 § 1 Betriebsbedingte Kündigung Nr. 50), vgl. im übrigen Rn. 474 ff. Ist ein AN auf Dauer nicht mehr in der Lage, die geschuldete Arbeit auf seinem bisherigen Arbeitsplatz zu erbringen, könnte der AN aber auf einem leidensgerechten Platz arbeiten, hat der AG einen anderen geeigneten Arbeitsplatz freizumachen, wenn er durch Ausübung des Direktionsrechts hierzu in der Lage ist (KBK 11 Rn. 65). Er muß sich insoweit ggf. auch um die Zustimmung des

Ascheid 2055

Betriebsrats bemühen. Zu einer weitergehenderen Umorganisation oder zur Durchführung eines Zustimmungsersetzungsverfahrens gemäß § 99 BetrVG ist er nicht verpflichtet. Ebenso scheidet eine entsprechende Anwendung von § 1 III aus. Es findet bei fehlenden geeigneten Plätzen nicht etwa eine soziale Auswahl zwischen dem kranken AN und einem gesunden AN statt (BAG 29. 1. 1997 AP KSchG 1969 § 1 Krankheit Nr. 32). Ist der AN ordentlich nicht kündbar, ist die **krankheitsbedingte Leistungsminderung** in der Regel **nicht geeignet, einen wichtigen Grund für eine außerordentliche Kündigung** darzustellen. Der AG muß hier hinsichtlich einer möglichen anderweitigen Beschäftigung, insbesondere bei älteren AN, darlegen, daß es ihm durch organisatorische Maßnahmen (Änderung des Arbeitsablaufs, Umgestaltung des Arbeitsplatzes) nicht möglich ist, der Leistungsminderung zu begegnen (BAG 4. 2. 1993 – 2 AZR 469/92 nv.; BAG 12. 7. 1995 AP BGB § 626 Krankheit Nr. 6 = NZA 1995, 1100). Ist ein schwerbehinderter AN nicht mehr in der Lage, seine bisher vertraglich geschuldete Leistung zu erbringen, und steht dem AG ein Arbeitsplatz zur Verfügung, den der Schwerbehinderte ausfüllen könnte, ist dem AN der Abschluß eines entsprechenden Arbeitsvertrags zu den betriebsüblichen Bedingungen anzubieten (BAG 28. 4. 1998 AP SchwbG 1986 § 14 Nr. 2).

181 Sind die Ausfälle krankheitsbedingt, kommt es darauf an, daß von dem neuen Arbeitsplatz keine Einwirkungen auf die Gesundheit des AN ausgehen (*Ascheid* Rn. 428; *Hunold* S. 283; *Lepke* S. 60).

182 Eine personenbedingte Kündigung wegen einer nur **vorübergehenden Verhinderung des AN** an der Erbringung der Arbeitsleistung kommt nicht in Betracht, solange für den AG **Überbrückungsmaßnahmen** oder **vertretbare Umschulungs- bzw. Fortbildungsmaßnahmen** tragbar sind (BAG 25. 11. 1982 AP KSchG 1969 § 1 Krankheit Nr. 7; BAG 7. 2. 1991 AP KSchG 1969 § 1 Umschulung Nr. 1 = NZA 1991, 806; *Herschel/Löwisch* Rn. 137; *Hueck/v. Hoyningen-Huene* Rn. 181; KBK 11 Rn. 60; KDZ/*Kittner* Rn. 70). Als Überbrückungsmaßnahmen kommen in Betracht die Einstellung von Aushilfskräften, die Durchführung von Mehrarbeit, die zeitweilige vertretungsweise Übertragung von Aufgaben.

III. Gewichtung der Vertragsinteressen

183 Wird die Leistung ohne vorwerfbares Verhalten nicht oder nicht ordnungsgemäß erbracht, sind vor einer Kündigung die gegenseitigen Vertragsinteressen abzuwägen. Es ist gegenüber dem Interesse des AN, seinen Arbeitsplatz zu behalten, zu prüfen, ob die Störung des Arbeitsverhältnisses so gewichtig ist, daß die erheblichen betrieblichen und wirtschaftlichen Interessen des AG überwiegen (BAG 7. 2. 1990 AP KSchG 1969 § 1 Personenbedingte Kündigung Nr. 14; BAG 5. 7. 1990 AP KSchG 1969 § 1 Krankheit Nr. 26). Das BAG hat früher auf eine „unzumutbare" Beeinträchtigung abgestellt (vgl. BAG 22. 2. 1980 BAGE 33, 1 = AP KSchG 1969 § 1 Krankheit Nr. 6; BAG 25. 11. 1982 BAGE 40, 361 = AP KSchG 1969 § 1 Krankheit Nr. 7; so auch noch *Herschel/Löwisch* Rn. 135). Diesen Begriff hat es zu Recht wegen nicht gerechtfertigter Assoziationen zu den Tatbestandsmerkmalen des § 626 BGB ersetzt durch den der „erheblichen" Beeinträchtigung, ohne daß dadurch eine inhaltliche Änderung gemeint wäre.

184 Die Gewichtung der gegenseitigen Interessen gehört nach der Rechtsprechung nicht zum Kündigungsgrund (BAG 16. 8. 1989 AP KSchG 1969 § 1 Krankheit Nr. 20; BAG 17. 1. 1991 AP KSchG 1969 § 1 Verhaltensbedingte Kündigung Nr. 25 = NZA 1991, 557; *Hueck/v. Hoyningen-Huene* Rn. 181).

185 Anknüpfungspunkte sind nur solche **Umstände, die im Zusammenhang mit dem Arbeitsverhältnis stehen** (BAG 6. 9. 1989 AP KSchG 1969 § 1 Krankheit Nr. 23; *Hueck/v. Hoyningen-Huene* Rn. 183; *Ascheid* Rn. 425; SPV Rn. 730; *Oetker* Anm. BAG EzA Krankheit Nr. 28; *Preis* S. 224; *Schwerdtner* DB 1990, 375; *Tschöpe* DB 1987, 1042, 1044). Auf Seiten des AN hierzu: Alter; Betriebszugehörigkeit iVm. der Zeit, in der das Arbeitsverhältnis störungsfrei verlaufen ist (aA *Herschel/Löwisch* Rn. 135); Ursache der fehlenden Eignung. Ein AN, der 20 Jahre störungsfrei gearbeitet hat und infolge langsam einsetzender Sehschwäche nicht mehr so leistungsfähig ist, erscheint schutzwürdiger als einer, dem infolge einer privaten Trunkenheitsfahrt die Fahrerlaubnis entzogen worden ist (BAG 30. 5. 1978 AP BGB § 626 Nr. 70). Auf seiten des AG findet Beachtung die Schwere der betrieblichen Beeinträchtigungen, der Umfang der störungsfreien Zeit des Arbeitsverhältnisses.

186 Sind sowohl betriebliche als auch besondere personenbezogene Umstände (erhöhte Reizbarkeit des Bronchialsystems) für die Erkrankungen ursächlich, ist es je nach konkreter Fallgestaltung möglich, der einen Ursachenquelle kein ausschlaggebendes Gewicht zuzuerkennen (BAG 5. 7. 1990 AP KSchG 1969 § 1 Krankheit Nr. 26).

187 Nach der Rechtsprechung sind bei einer krankheitsbedingten Kündigung im Rahmen der Gewichtung der gegenseitigen Interessen stets die **Schwerbehinderung** und die **Unterhaltspflichten** des AN von den Gerichten mitzuberücksichtigen (BAG 16. 2. 1989 AP KSchG 1969 § 1 Krankheit Nr. 20; BAG 20. 1. 2000 – 2 AZR 378/99 zVb). Die im Rahmen der Abwägung nochmals vorzunehmende Prüfung des Überbrückungsmaßnahmen kann sich nur darauf erstrecken, ob gerade die Besonderheiten des zu beurteilenden Einzelfalles über das übliche Maß hinausgehende Maßnahmen des AG rechtfertigen.

IV. Krankheit

1. Allgemeines. Die **Krankheit als solche ist kein Kündigungsgrund.** Die Krankheit wird kündi- 188
gungsrechtlich erst relevant, wenn von ihr störende Auswirkungen auf das Arbeitsverhältnis ausgehen.
Insofern kann sie eine Kündigung sozial rechtfertigen (vgl. *Hoß* MDR 1999, 777).
Die **Krankheit als solche bewirkt keine Kündigungssperre.** Der Zugang einer Kündigung während 189
einer Krankheit führt, von möglichen krassen Ausnahmefällen abgesehen (Kündigung zu Unzeit),
nicht zu deren Unwirksamkeit (KDZ/*Kittner* Rn. 73; *Lepke* S. 22).
Bei einem **krankheitsbedingten Nichtleisten** wird zu Recht auf eine Störung im weiteren Sinne 190
abgestellt. Das erfordert der **soziale Schutzzweck des KSchG** (st. Rspr. seit BAG 12. 3. 1968 AP
KSchG 1951 § 1 Krankheit Nr. 1; *Hueck/v. Hoyningen-Huene* Rn. 217 SPV). Die Störungen können
so gelagert sein, daß der AN die geschuldete Leistung überhaupt nicht mehr wird erbringen können,
vgl. Rn. 208, daß er für längere Zeit an der ordnungsgemäßen Leistungserbringung verhindert ist, vgl.
Rn. 211, oder daß seine störenden Ausfälle zwar kurz, aber sich häufig wiederholend sind, vgl.
Rn. 223.
Die Rechtsprechung hat Kriterien herausgearbeitet, die einen Ausgleich schaffen sollen zwischen 191
dem Interesse des infolge Krankheit besonders schutzwürdigen AN, seinen Arbeitsplatz nicht zu
verlieren, und dem des AG, betriebliche oder wirtschaftliche Störungen nicht länger hinnehmen zu
müssen.
Bei allen sog. Krankheitsfällen kommt es nicht darauf an, daß der Anknüpfungspunkt „Krankheit" 192
im Prozeß genau festgestellt wird. Unter einer **Krankheit im medizinischen Sinn** wird nach dem
derzeitigen Erkenntnisstand der Wissenschaft ein ärztlich diagnostizierbarer, nach außen in Erscheinung tretender auf die Funktionstauglichkeit abgestellter Körper- oder Geisteszustand verstanden, der
in der Regel durch eine ärztliche Heilbehandlung behoben, gelindert oder zumindest vor einer
drohenden Verschlimmerung bewahrt werden kann. Regelwidrig ist ein solcher körperlicher oder
geistiger Zustand dann, wenn er nach allgemeiner Erfahrung unter Berücksichtigung eines natürlichen
Verlaufes des Lebensganges nicht bei jedem anderen Menschen gleichen Alters oder Geschlechts zu
erwarten ist (so *Lepke* S. 24; vgl. auch *Hunold* S. 25). Ein AG, der weder weiß, aus welchen Gründen
der AN fehlt, der nur auf das insoweit inhaltsleere Attest angewiesen und der rechtlich nicht in der
Lage ist, den AN zu einer Begutachtung zu zwingen, ist zu einem solchen substantiierten Vortrag
überhaupt nicht in der Lage (vgl. *Ascheid* Rn. 380). Es kommt kündigungsrechtlich allein darauf an,
daß feststeht, daß der AN aus nicht vorwerfbaren Gründen in seiner Person, die ihn **psychisch oder
physisch** hindern, die Leistung ordnungsgemäß zu erbringen, gehindert ist (vgl. BAG 6. 10. 1959 AP
SchwBeschG § 14 Nr. 19; BAG 5. 4. 1976 AP LohnFG § 1 Nr. 40; BAG 25. 6. 1981 AP BGB § 616
Nr. 52; *Herschel/Löwisch* Rn. 147; *Hueck/v. Hoyningen-Huene* Rn. 218).
Bei einer **Leistungsstörung infolge Krankheit** zeigt sich, daß der AN nicht dafür bestraft wird, er 193
in der Vergangenheit Ausfälle gezeigt hat, sondern daß davon ausgegangen werden muß, daß das
Arbeitsverhältnis in Zukunft nicht störungsfrei verlaufen wird. Es kommt daher der **negativen
Prognose** eine besondere Bedeutung zu. Weitere Schwierigkeiten ergeben sich im Hinblick auf die
Darlegungslast, da oft die Parteien selbst keine sichere Aussage über die Entwicklung in der Zukunft
machen können.
Dem personenbedingten Kündigungsgrund nicht zuzurechnen ist das störende Verhalten des AN, 194
das unter dem Vorwand einer Erkrankung gezeigt wird. Das **Vortäuschen einer Krankheit** ist
vielmehr ein **verhaltensbedingter Kündigungsgrund**, vgl. Rn. 355.

2. Negative Prognose. Zum Kündigungsgrund gehört die aufgrund objektiver Umstände festzustel- 195
lende Tatsache, daß nach dem Kündigungstermin mit weiteren Störungen zu rechnen ist (*Hueck/
v. Hoyningen-Huene* Rn. 222; *Löwisch* KSchG Rn. 183; kritisch *Kasper* NJW 1994, 2979). Aus der
Sicht des AG ist im Hinblick auf seine Darlegungslast zu unterscheiden, ob er eine hinreichende
Kenntis von der Störursache hat (a), oder ob ihm die störende Krankheitsursache unbekannt ist (b).
Der für die Prognose **maßgebende Zeitpunkt** ist der des **Zugangs der Kündigung** (BAG 9. 4. 1987
AP KSchG 1969 § 1 Krankheit Nr. 18; BAG 16. 2. 1989 AP KSchG 1969 § 1 Krankheit Nr. 20; vgl.
auch BAG 15. 8. 1984 AP KSchG 1969 § 1 Krankheit Nr. 16; BAG 6. 9. 1989 AP KSchG 1969 § 1
Krankheit Nr. 22 gegen BAG 10. 11. 1983 AP KSchG 1969 § 1 Krankheit Nr. 11). Treten nach
Kündigungsausspruch neue Tatsachen ein, vermögen diese die vorher erstellte Prognose nicht zu
beeinträchtigen. Ihre **nachträgliche Korrektur durch einen neuen Sachverhalt ist nicht möglich**
(BAG 29. 4. 1999 AP KSchG 1969 § 1 Krankheit Nr. 36; BAG 17. 6. 1999 AP KSchG 1969 § 1
Krankheit Nr. 37; *Herschel/Löwisch* Rn. 75; *Hueck/v. Hoyningen-Huene* Rn. 226; *Ascheid* Rn. 369;
KBK 11 Rn. 80; *Lepke* S. 29; kritisch KDZ/*Kittner* Rn. 84 h). Neue Tatsachen liegen nicht nur vor,
wenn sich die objektive Lebenswirklichkeit ändert. Die Änderung der subjektiven Einstellung des AN
steht dem gleich. War dieser vor der Kündigung nicht bereit, sich einer ärztlichen Behandlung oder
einer Kur zu unterziehen, trägt die frühere negative Prognose die Kündigung, wenn er sich nach
Ausspruch der Kündigung mit einer Behandlung einverstanden erklärt oder wenn er erst jetzt seine

gesundheitsgefährdende Lebenseinstellung ändert (BAG 5. 7. 1990 AP KSchG 1969 § 1 Krankheit Nr. 26; *Ascheid* Rn. 369).

196 **Die ärztliche Untersuchung hat dem jeweiligen Stand der Wissenschaft zu entsprechen.** Ist sie fehlerhaft erfolgt und führt eine spätere Begutachtung, gestützt auf Tatsachen betreffend den Zeitpunkt vor Ausspruch der Kündigung, nach korrekter Untersuchung zu einem abweichenden, dem AN günstigen Ergebnis, stand zum Zeitpunkt des Ausspruchs der Kündigung die negative Prognose nicht fest (*Ascheid* Rn. 370; *ders.* Beweislast S. 90).

197 Es ist zu unterscheiden zwischen den Tatsachen, die der Prognose zugrunde liegen, und der Prognose selbst, also den Schlüssen, die aus diesen vor der Kündigung liegenden Tatsachen für die Zukunft zu ziehen sind. Würde für eine negative Prognose eine naturwissenschaftlich belegte Sicherheit verlangt, wäre sie bei dem menschlichen Erkenntnisstand nie zu erbringen. Da niemand die Zukunft voraussehen kann, reicht es für die Prognose aus, daß unter Berücksichtigung der zum Zeitpunkt ihrer Erstellung objektiv vorhandenen Tatsachen nach fachlichem Erkenntnisstand davon ausgegangen werden kann, für die Zukunft verbleibe es bei der dem AG ungünstigen Sachlage der Nichtleistungserbringung. Die Rechtsprechung bringt das durch den Begriff der „Besorgnis" zum Ausdruck. Sie formuliert, es müßten objektive Tatsachen vorliegen, die die ernste Besorgnis weiterer Erkrankungen rechtfertigten (st. Rspr. seit BAG 10. 3. 1977; BAG 6. 9. 1989 AP KSchG 1969 § 1 Krankheit Nr. 4 und 21; *Ascheid* Rn. 373).

198 Diese Gegebenheit darf nicht verwechselt werden mit der Frage, mit welchen Tatsachen bei Unklarheiten über das Vorliegen der früheren Tatsachen Beweis zu führen ist. Der Gesichtspunkt, daß im Kündigungsschutzprozeß auf eine Prognose abzustellen ist, die vor Ausspruch der Kündigung zu erstellen war, führt nicht zu **Beweisverwertungsverboten**, soweit mit späteren Tatsachen die Richtigkeit oder Falschheit der früheren Prognose erwiesen werden soll. Es darf nur nicht so sein, daß im Prozeß mit neuen Tatsachen eine neue Prognose erstellt wird. Die Richtigkeit der ex-ante-Sicht ist maßgebend. Es kann also nicht allein aufgrund des tatsächlichen Verlaufs einer Erkrankung eine früher korrekt erstellte Prognose korrigiert werden (BAG 15. 8. 1984 AP KSchG 1969 § 1 Krankheit Nr. 16 gegen BAG 10. 11. 1983 AP KSchG 1969 § 1 Krankheit Nr. 11; BAG 9. 4. 1987; BAG 6. 9. 1989; BAG 5. 7. 1990 AP KSchG 1969 § 1 Krankheit Nr. 18, 22, 26; *Hueck/v. Hoyningen-Huene* Rn. 226).

199 **a) Bekannte Störursache.** Eine für eine Kündigung ausreichend relevante Kenntnis des AG von der Störursache liegt vor, wenn der AN die Krankheitsursache und ihren weiteren Verlauf umfassend mitgeteilt hat. Bleibt zwischen den Parteien **streitig, ab wann** der AN wieder **wie leistungsfähig** sein wird, ist es ratsam, vor einer Kündigung eine **ärztliche Begutachtung** durchzuführen. Läßt sich die Diagnose erst nach Durchführung einer Heilbehandlung oder Kur erstellen, wartet der AG mit der Kündigung zweckmäßig das Ende der Behandlung oder der Kur ab. Das gilt nicht, wenn eine Kur bereits ohne Erfolg war (BAG 12. 12. 1996 EzA KSchG § 1 Krankheit Nr. 41).

200 Eine Kenntnis des AG von der Störursache kann vorliegen, wenn vor einer Kündigung eine **ärztliche Untersuchung** durchgeführt worden ist. Hat der Arzt hierbei festgestellt, der AN werde in Zukunft infolge einer Erkrankung im bisherigen Umfang Leistungsstörungen verursachen, ist von einer **negativen Prognose** auszugehen. Liegt eine gutachterliche Stellungnahme vor, wonach der AN die geschuldete Leistung nicht erbringen kann, wird allerdings von dem Arzt nicht die zugrundeliegende Ursache mitgeteilt, weil er insoweit nicht von der Schweigepflicht entbunden war, **kommt es nicht darauf an, aufgrund welcher Krankheit die Leistungsunfähigkeit besteht.** Es ist daher unerheblich, wenn der AN jetzt im Prozeß den Arzt, ihn untersucht hat, von der Schweigepflicht entbindet (BAG 6. 2. 1992 – 2 AZR 364/91 nv.). Nimmt die Untersuchung längere Zeit in Anspruch, oder läßt sich die Diagnose erst nach Durchführung einer Heilbehandlung oder Kur erstellen, wartet der AG mit der Kündigung zweckmäßig das Ende der Behandlung oder der Kur ab (*Ascheid* Rn. 368 *Löwisch* KSchG Rn. 194; *Lepke* S. 45; *Preis* DB 1988, 1444). Sind Arbeitsausfälle jedoch kontinuierlich seit vielen Jahren wegen verschiedener schwerwiegender Krankheiten mit hohen Fehlzeiten aufgetreten und war schon eine Kurmaßnahme erfolglos geblieben, kann der AG von einer negativen Prognose ausgehen, auch wenn der AN erklärt, er werde nochmals eine Kur antreten. Das wäre nur dann anders, wenn aufgrund besonderer Darlegungen des AN davon ausgegangen werden könnte, welche Krankheiten durch eine im Zeitpunkt des Zugangs der Kündigung bewilligte weitere ärztliche Maßnahme sich günstig mit welchen Auswirkungen verändern würden (BAG 12. 12. 1996 EzA KSchG § 1 Krankheit Nr. 41).

201 **b) Unbekannte Störursache.** Kennt der AG die krankheitsbedingten Ursachen nicht, die zur Leistungsstörung führen, und gibt der AN außer Vorlage des ärztlichen Attestes keine weiteren Auskünfte, kann der AG den Schluß ziehen, die Nichterbringung der Arbeitsleistung gehe jedenfalls nicht auf einen steuerbaren Willen des AN zurück. Entgegen früherer Rechtsprechung (so noch BAG 12. 3. 1968 BAGE 20, 345 = AP KSchG 1951 § 1 Krankheit Nr. 1; bei lang anhaltender Krankheit noch BAG 22. 2. 1980 BAGE 33, 1 = AP KSchG 1969 § 1 Krankheit Nr. 6) ist der AG nicht gehalten, Ermittlungen darüber anzustellen, an welcher Erkrankung der AN leidet (BAG 23. 6. 1983; BAG 15. 8. 1984 AP KSchG 1969 § 1 Krankheit Nr. 10, 16; *Hueck/v. Hoyningen-Huene* Rn. 223; SPV Rn. 744). Der AG ist zu solchen „Vorermittlungen" ohne Einverständnis des AN auch nicht in der

D. Gründe in der Person des Arbeitnehmers § 1 KSchG 430

Lage. Es gibt keine außerprozessuale **Auskunftspflicht des AN** über seinen Gesundheitszustand. Eine entsprechende gesetzliche Grundlage fehlt (BAG 25. 11. 1982 AP KSchG 1969 § 1 Krankheit Nr. 7; *Hueck/v. Hoyningen-Huene* Rn. 223; *Lepke* S. 34). Maßgebend ist allein, ob zum Zeitpunkt des Zugangs der Kündigung objektive Tatsachen vorlagen, die die Besorgnis weiterer Erkrankungen rechtfertigen (BAG 15. 8. 1984 AP KSchG 1969 § 1 Krankheit Nr. 16; BAG 19. 5. 1993 RzK I 5 g Nr. 53; *Hueck/v. Hoyningen-Huene* Rn. 222; *Ascheid* Rn. 367; KBK 11 Rn. 78; KR/*Etzel* Rn. 296; *Lepke* S. 32).

Unabhängig von dem Problem der ärztlichen Untersuchung zu Beweiszwecken ist der AN uU nach 202 § 275 I Nr. 3 b SGB V iVm. § 62 SGB I dazu verpflichtet, sich amtsärztlich untersuchen zu lassen. Im öffentlichen Dienst kann nach § 7 II BAT ein Amtsarzt eingeschaltet werden (BAG 25. 6. 1992 AP BGB § 611 Musiker Nr. 21).

Soweit die Rechtsprechung bei der Prognose darauf abstellt, für die Besorgnis weiterer Erkrankun- 203 gen sei die Art der bisherigen Erkrankung ein Anzeichen, ist das sicher richtig. Es führt aber in den Fällen nicht weiter, in denen der AG selbst die Art der bisherigen Erkrankung nicht kennt. Es ist ausreichend, wenn der AG sich auf bisherige Fehlzeiten beruft und geltend macht, die Sachlage werde sich nicht ändern (vgl. BAG 10. 3. 1977 AP KSchG 1969 § 1 Krankheit Nr. 4 zu häufigen Kurzerkrankungen). Es macht hierbei keinen Unterschied, ob der AN langanhaltend erkrankt war oder wiederholt kurz (*Ascheid* Rn. 380; aA BAG 25. 11. 1982 AP KSchG 1969 § 1 Krankheit Nr. 7 zu lang anhaltenden Erkrankungen). Es gibt weder bei lang anhaltenden noch bei sich wiederholenden Kurzerkrankungen einen Erfahrungssatz, wie sich die Zukunft gestalten wird.

Hat der AG überhaupt keine Kenntnis über die Art der Erkrankung seines AN, kann er in beiden 204 Fallvarianten seiner **Darlegungspflicht** nur so genügen, daß er auf die bisherigen Fehlzeiten verweist und sich darauf beruft, er folgere hieraus, der AN werde in Zukunft in gleicher Weise fehlen (BAG 16. 2. 1989 AP KSchG 1969 § 1 Krankheit Nr. 20; BAG 6. 9. 1989 AP KSchG 1969 § 1 Krankheit Nr. 21; *Hueck/v. Hoyningen-Huene* Rn. 227; SPV Rn. 744 b). **Krankheitsbedingte Fehlzeiten in der Vergangenheit indizieren** die Gefahr künftiger Erkrankungen (BAG 16. 2. 1989 AP KSchG 1969 § 1 Krankheit Nr. 20; vgl. auch BAG 15. 8. 1984 AP KSchG 1969 § 1 Krankheit Nr. 16; BAG 6. 9. 1989 AP KSchG 1969 § 1 Krankheit Nr. 22 unter Klarstellung von BAG 10. 11. 1983 AP KSchG 1969 § 1 Krankheit Nr. 11; BAG 21. 5. 1992 RzK I 5 g Nr. 47; BAG 14. 1. 1993 EzA KSchG § 1 Krankheit Nr. 39).

Bei der Erstellung der negativen Prognose ist die Art der früheren Krankheiten genau zu beachten. 205 Keine Probleme ergeben sich, wenn der AN bisher wegen sog. **chronischer Leiden** fehlte (zB Gastritis, Bronchitis). Hier ist die Wiederholungsgefahr gegeben. Nicht relevant sind demgegenüber zurückliegende Erkrankungen, denen ihrer Art nach keine Wiederholungsqualität zukommt, wie zB Unfallverletzung, Blinddarmoperation. Solche „Einzelereignisse" können für eine negative Prognose nicht herangezogen werden (BAG 6. 9. 1989 AP KSchG 1969 § 1 Krankheit Nr. 21; BAG 7. 12. 1989 EzA KSchG 1969 § 1 Krankheit Nr. 30; *Hueck/v. Hoyningen-Huene* Rn. 224; KDZ/*Kittner* Rn. 84 ff.; 84 d). Ist das häufige frühere Fehlen auf eine unglückliche Verkettung von Umständen zurückzuführen (neben Bronchitis zB Sportunfall, Verkehrsunfall, Blinddarmoperation (vgl. die Krankheitsursachen im Tatbestand des Urteils BAG 6. 9. 1989 AP KSchG 1969 § 1 Krankheit Nr. 21; zum Problem der Mitursächlichkeit betrieblicher Umstände vgl. BAG 5. 7. 1990 AP KSchG 1969 § 1 Krankheit Nr. 26), können diese besonderen Einzelerkrankungen nicht bei Aufstellung einer negativen Prognose Berücksichtigung finden. Ohne ganz besondere Umstände ist nicht anzunehmen, daß sich jemand mehrmals jährlich die Hand bricht oder daß er in regelmäßigen Abständen in Unfälle mit Körperschäden verwickelt wird. Fehlt jemand allerdings wiederholt wegen aller möglichen Sportunfälle, behält er dennoch seine bisherige Lebensführung bei, kann daraus geschlossen werden, er werde auch in Zukunft häufig wegen Sportunfällen fehlen (BAG 2. 11. 1989 RzK I 5 g Nr. 32).

Hat der **AG** die **negative Prognose** entsprechend **dargelegt**, ist es jetzt Sache des AN, nach § 138 II 206 ZPO Tatsachen vorzutragen, aus denen geschlossen werden kann, daß er in Zukunft nicht mehr oder nicht mehr im bisherigen Umfang fehlen wird (BAG 15. 8. 1984; BAG 6. 9. 1989 AP KSchG 1969 § 1 Krankheit Nr. 16, 21). Da der **AN** in der Regel medizinischer Laie sein wird, genügt er seiner **Substantiierungspflicht** bereits dadurch, daß er eine nachvollziehbare laienhafte Erklärung für seine Genesung abgibt und im übrigen den behandelnden Arzt von seiner Schweigepflicht entbindet (BAG 16. 2. 1989 AP KSchG 1969 § 1 Krankheit Nr. 20; BAG 6. 9. 1989 AP KSchG 1969 § 1 Krankheit Nr. 21; *Hueck/v. Hoyningen-Huene* Rn. 228; vgl. dazu auch *Ascheid* Beweislast S. 103 ff.). Trägt der AN nichts vor und beruft er sich auch nicht auf das sachverständige Zeugnis seiner Ärzte, ist der Vortrag des AG nach § 138 III ZPO als unstreitig anzusehen (BAG 6. 9. 1989 AP KSchG 1969 § 1 Krankheit Nr. 21; *Hueck/v. Hoyningen-Huene* Rn. 229). Der AN ist zwar zu Auskünften hinsichtlich seiner Erkrankung nicht verpflichtet. Er muß aber mit negativen Schlußfolgerungen rechnen, wenn er sich so verhält.

Hat der AN entsprechend § 138 ZPO vorgetragen, ist es dann gemäß § 1 II 4 im Prozeß Sache des 207 AG zu beweisen, vgl. Rn. 271 ff., daß dennoch mit weiteren Fehlzeiten zu rechnen sein wird. Dies wird in der Regel nur durch Einholung eines **Sachverständigengutachtens** geschehen können (BAG 6. 9. 1989 AP KSchG 1969 § 1 Krankheit Nr. 21; *Hueck/v. Hoyningen-Huene* Rn. 225; *Ascheid*

Beweislast S. 107). Die Berufung auf das Zeugnis des Betriebsarztes ist wegen der ärztlichen Schweigepflicht gemäß § 8 I 2 ASiG nicht zulässig, sofern der AN ihn nicht von der Schweigepflicht entbindet. Handelt es sich um Erkrankungen, die in einem Bezug zu der zu verrichtenden Tätigkeit stehen (zB Wirbelsäulenbeschwerden bei einem Gußputzer), empfiehlt sich die Begutachtung durch einen Arbeitsmediziner (BAG 28. 2. 1990 AP Krankheit Nr. 25). Weigert sich der AN, sich einer Begutachtung zu unterziehen oder überläßt er dem Gutachter nicht die notwendigen Krankenunterlagen, so vereitelt er damit den dem AG obliegenden Beweis (*Hueck/v. Hoyningen-Huene* Rn. 229; *Ascheid* Rn. 381; *ders.* Beweislast S. 100).

208 3. **Der erhebliche Umfang der Leistungsstörung. a) Dauernde Leistungsunfähigkeit.** Ist der AN bleibend nicht in der Lage, die geschuldete Leistung zu erbringen, berechtigt dies als personenbedingter Grund den AG nach § 1 KSchG zur **ordentlichen** Kündigung (BAG 28. 2. 1990 AP KSchG 1969 § 1 Krankheit Nr. 25; BAG 21. 5. 1992 AP KSchG 1969 § 1 Krankheit Nr. 30 = NZA 1993, 497; *Herschel/Löwisch* Rn. 140; SPV Rn. 749). Eine Kündigung könnte nur dann für den AG zu verneinen sein, wenn die Arbeitsleistung für den AG überflüssig wäre; für einen solchen Ausnahmezustand wäre der AN darlegungs- und beweispflichtig (BAG 3. 12. 1998 AP KSchG 1969 § 1 Krankheit Nr. 33). Ist der AN dauernd leistungsunfähig, ist er jedoch infolge einzelvertraglicher oder tarifvertraglicher Regelungen nicht mehr ordentlich kündbar, kommt eine **außerordentliche** Kündigung in Betracht, wenn ein freier Arbeitsplatz, auf dem der AN mit anderen Arbeiten beschäftigt werden könnte, nicht vorhanden ist (vgl. BAG 9. 9. 1992 AP BGB § 626 Krankheit Nr. 3 = NZA 1993, 598; BAG 12. 7. 1995 AP BGB § 626 Krankheit Nr. 7 = NZA 1995, 1100).

209 **Die Leistungsunfähigkeit kann auf körperlichen (Blindheit, Verletzung) oder psychischen Gründen beruhen.** Von einer dauernden Leistungsunfähigkeit ist auch auszugehen, wenn der AN alkoholabhängig ist und Entziehungskuren keinen Erfolg zeigten (BAG 13. 12. 1990 – 2 AZR 336/90 nv.). Eine dauernde Leistungsunfähigkeit liegt vor, wenn die **Erwerbsunfähigkeit** des AN feststeht. Fehlt dem Gericht selbst die erforderliche Sachkunde, um die Dauer der Leistungsunmöglichkeit feststellen zu können, hat es in der Regel ein Sachverständigengutachten einzuholen. Kann der AN in Zukunft weder die geschuldete Leistung noch eine andere erbringen, scheidet ein Einsatz somit für alle Beschäftigungsmöglichkeiten aus (*Herschel/Löwisch* Rn. 140; *Ascheid* Rn. 385). Ruht das Arbeitsverhältnis gemäß § 59 I BAT, soll dies einer Kündigung wegen dauernder Leistungsunfähigkeit nicht entgegenstehen (so BAG 3. 12. 1998 AP KSchG 1969 § 1 Krankheit Nr. 33).

210 Eine dauerade Leistungsunfähigkeit liegt nicht schon deshalb vor, weil der AN wegen einer bestimmten Erkrankung (Kontaktekzem) sehr oft krankheitsbedingt fehlt, aber auch Zeiten der Arbeitsfähigkeit aufweist. Ein solches Krankheitsbild ist nach den Regeln der häufigen Kurzerkrankungen abzuwickeln (BAG 23. 9. 1992 – 2 AZR 150/92 nv.).

211 b) **Lang dauernde Leistungsunfähigkeit.** Wird die geschuldete Leistung infolge einer Erkrankung des AN für längere Zeit in zusammenhängender Zeitfolge nicht erbracht, wobei eine Genesung des AN nicht ausgeschlossen ist – sog. **langanhaltende Krankheit** –, kann eine ordentliche Kündigung sozial gerechtfertigt sein (BAG 25. 11. 1982 AP KSchG 1969 § 1 Krankheit Nr. 7; BAG 15. 8. 1984 AP KSchG 1969 § 1 Krankheit Nr. 16: dauernde Leistungsunfähigkeit; BAG 28. 2. 1990 AP KSchG 1969 § 1 Krankheit Nr. 25; BAG 21. 5. 1992 AP KSchG 1969 § 1 Krankheit Nr. 30; *Herschel/Löwisch* Rn. 141; *Hueck/v. Hoyningen-Huene* Rn. 242; SPV Rn. 752). Von einer langanhaltenden Erkrankung, die einer Dauererkrankung gleichgestellt werden kann, ist auszugehen, wenn der AN etwa 1 1/2 Jahre arbeitsunfähig und ein Ende der Erkrankung nicht abzusehen ist (BAG 21. 5. 1992 AP KSchG 1969 § 1 Krankheit Nr. 30). Ebenso genügt es, wenn der AN erkrankt ist und in den nächsten 24 Monaten nicht mit einer Prognose zu rechnen ist, die auf eine Arbeitsfähigkeit schließen läßt (BAG 29. 4. 1999 – 2 AZR 431/98 – AP KSchG 1969 § 1 Krankheit Nr. 36).

212 Die soziale Rechtfertigung setzt voraus, daß
– der AN zum Zeitpunkt des Zugangs der Kündigung arbeitsunfähig erkrankt ist und damit zu rechnen ist, daß er auch weiterhin arbeitsunfähig sein wird, negative Prognose, vgl. Rn. 195,
– daß es durch die prognostizierte Arbeitsunfähigkeit zu weiteren erheblichen betrieblichen Beeinträchtigungen kommt, vgl. Rn. 208,
– daß sich bei Abwägung der gegenseitigen Vertragsinteressen ergibt, daß weitere Überbrückungsmaßnahmen nicht in Betracht kommen (vgl. zusammenfassend BAG 29. 4. 1999 AP KSchG 1969 § 1 Krankheit Nr. 36), vgl. Rn. 218.

213 Bei der langdauernden Krankheit sind Kündigungsgrund die betrieblichen Folgen zukünftiger langer Arbeitsunfähigkeit (*Hueck/v. Hoyningen-Huene* Rn. 243; *Popp* DB 1981, 2611, 2615; *Weller* ArbRdGgnw. 20 (1982) 77, 79). Dennoch rechtfertigt das nicht ohne weiteres nach Eintritt einer solchen Erkrankung eine ordentliche Kündigung (aA *Hueck/v. Hoyningen-Huene* Rn. 243). Wer krank ist, verdient aus den in § 1 normierten „sozialen" Gesichtspunkten besonderen Schutz.

214 Das Gesetz gibt keine Auskunft, ob und wenn ja, **welche Zeit abzuwarten ist.** Ihm ist einerseits zu entnehmen, daß Leistungsstörungen infolge Krankheit ein Grund zur Kündigung sein können. Andererseits ergibt sich aus Regelungen über die Fortzahlung der Vergütung im Falle einer Erkrankung, § 3 EFZG, daß die Rechtsordnung davon ausgeht, krankheitsbedingte Ausfälle seien in einem be-

D. Gründe in der Person des Arbeitnehmers

stimmten Umfang hinzunehmen (*Herschel/Löwisch* Rn. 141; *Ascheid* Rn. 390). Wird die Norm des § 1 II im Kontext zu diesen Bestimmungen gesehen, kommt eine Kündigung wegen Leistungsausfalls infolge einer **lang anhaltenden Erkrankung** regelmäßig erst dann in Betracht, wenn die **sechswöchige Frist** abgelaufen ist (*Herschel/Löwisch* Rn. 142; *Ascheid* Rn. 390). Ist dieser Zeitraum verstrichen, hängt die Beantwortung der Frage, welche Fehlzeiten in der Zukunft hinzunehmen sind, von den Umständen des Einzelfalles ab (BAG 25. 11. 1982 KSchG 1969 § 1 Krankheit Nr. 7; *Herschel/Löwisch* Rn. 142; kritisch KDZ/*Kittner* Rn. 97; *Ascheid* Rn. 390; *Schaub* § 129 II 6 c). Soweit das BAG annimmt, es müsse zum Zeitpunkt des Kündigungszugangs aufgrund objektiver Umstände auf eine Arbeitsunfähigkeit auf nicht absehbare Zeit zu schließen sein und gerade diese Ungewißheit müsse zu unzumutbaren betrieblichen oder wirtschaftlichen Belastungen führen, ist diese Betonung der Ungewißheit der Krankheitsdauer nicht einsichtig. Eine Ungewißheit hinsichtlich der Länge der zu erwartenden Ausfallzeit kann je nach Sachlage allenfalls das Gewicht der Störung vergrößern und ist bei der Abwägung erheblich (so auch *Hueck/v. Hoyningen-Huene* Rn. 245; *Lepke* S. 37).

Eine **personenbedingte Kündigung**, die auf eine **lang dauernde Erkrankung** gestützt wird, erfordert, daß es wegen der zu erwartenden Arbeitsunfähigkeit zu erheblichen betrieblichen Belastungen kommt, wobei dem vom BAG früher verwendeten Begriff der „Unzumutbarkeit" nicht die gleiche Bedeutung zukommt wie in § 626 BGB (BAG 22. 2. 1980 AP KSchG 1969 § 1 Krankheit Nr. 6; BAG 25. 11. 1982 AP KSchG 1969 § 1 Krankheit Nr. 7; *Hueck/v. Hoyningen-Huene* Rn. 247 *Hanau* ZfA 1984, 453, 560; *Preis* S. 171). Die **Erheblichkeit der Beeinträchtigung** bemißt sich nach der voraussichtlichen Dauer der Arbeitsunfähigkeit und der Ungewißheit des Heilungsverlaufs. Hiervon hängt es auch ab, ob der erkrankte AN durch eine Aushilfskraft ersetzt werden kann oder ob sein Ausfall durch Vertretungen ausgeglichen werden kann (BAG 22. 2. 1980 AP KSchG 1969 § 1 Krankheit Nr. 6; BAG 25. 11. 1982 KSchG 1969 § 1 Krankheit Nr. 7; *Hueck/v. Hoyningen-Huene* Rn. 249). Ist der AN bereits längere Zeit arbeitsunfähig krank (zB 1½ Jahre) und ist im Zeitpunkt der Kündigung die Wiederherstellung der Arbeitsfähigkeit noch völlig ungewiß, kann diese Ungewißheit wie eine feststehende dauernde Arbeitsunfähigkeit zu einer erheblichen Beeinträchtigung betrieblicher Interessen führen (BAG 21. 5. 1992 AP KSchG 1969 § 1 Krankheit Nr. 30). 215

Die Frage, wie lange der AG bis zu einer Kündigung zuwarten muß, bestimmt sich nach seinem Interesse, die **Disposition über** den zwar vergebenen, aber nicht besetzten **Arbeitsplatz** zurückzuerlangen (*Ascheid* Rn. 391). Das „Vertragsdurchführungsinteresse" ist danach zu beurteilen, ob der AG die Ausfälle überhaupt, und wenn ja, mit finanziell vertretbaren Auswirkungen überbrücken kann. 216

Es gibt **keine festen „Abwartezeiten"** (*Hueck/v. Hoyningen-Huene* Rn. 250; *Ascheid* Rn. 388). Es ist weder vertretbar, nach Ablauf der sechs Wochen jeden weiteren Fehltag als nicht mehr hinnehmbar anzusehen (vgl. dazu *Lepke* S. 38), noch kann pauschal auf die Länge der ordentlichen Kündigungsfrist abgestellt werden (vgl. *Ottow* DB 1977, 306; *Denck* JuS 1978, 157; siehe auch *Neumann* NJW 1978, 1838, 1840). Soweit generalisierend auf die Wartezeit des § 1 II abgestellt wird, überzeugt dies deshalb nicht, weil ein Aushilfsarbeitsverhältnis im Umfang eines zu erwartenden Ausfalls wirksam befristet werden kann. Sollte die Situation allerdings so sein, daß die den erkrankten AN vertretende Aushilfskraft auf eigene Schutzwürdigkeit hinweist, wäre ein Zeitraum von sechs Monaten geeignet, das Dispositionsinteresse des AG zu rechtfertigen (*Herschel/Löwisch* Rn. 142; *Ascheid* Rn. 392). 217

Es ist in jedem Fall, insbesondere bei einer vorübergehenden Verhinderung, wenn also angenommen werden kann, daß der AN irgendwann genesen wird, zu prüfen, ob **Überbrückungsmaßnahmen** (zB Einstellung von Aushilfskräften, Durchführung von Über- oder Mehrarbeit, personelle Umorganisation, organisatorische Umstellungen) möglich sind. Erst wenn diese nicht möglich oder „nicht mehr zumutbar" sind, kommt eine Kündigung in Betracht (BAG 22. 2. 1980 und BAG 25. 11. 1982 AP KSchG 1969 § 1 Krankheit Nr. 6, 7; *Herschel/Löwisch* Rn. 135; KDZ/*Kittner* Rn. 84, 101; KBK 11 Rn. 60; *Ascheid* Rn. 393). Abzustellen ist nur darauf, ob die aufzuwendenden Kosten in einem hinnehmbaren Verhältnis zu denen stehen, die dem AG entstehen würden, wenn der Erkrankte selbst arbeiten würde. 218

Im übrigen ist auf die **Besonderheiten des Einzelfalles** abzustellen. Eine Festlegung der Krankheitsdauer in zeitlicher Hinsicht oder eine Angabe, von welcher Art und von welchem Gewicht die vom AG zu tragenden Belastungen sein sollen, kann nicht erfolgen (BAG 10. 3. 1977; BAG 22. 2. 1980 AP KSchG 1969 § 1 Krankheit Nr. 4, 6). Die Beeinträchtigung muß von solchem Gewicht sein, daß erhebliche betriebliche oder wirtschaftliche Belastungen auftreten oder nur durch Aufwendungen vermieden werden können (vgl. BAG 25. 11. 1982 AP KSchG 1969 § 1 Krankheit Nr. 7; *Ascheid* Rn. 394; *Preis* S. 171 zur Ausuferung des Unzumutbarkeitsbegriffs). 219

Für den Umfang der Überbrückungsmaßnahmen ist auf den **Grundsatz der Verhältnismäßigkeit** abzustellen. Der AG hat bei einem langjährig beschäftigten AN einen längeren Zeitraum für geeignete und zumutbare Überbrückungsmaßnahmen hinzunehmen als bei einem nur kurzfristig beschäftigten (BAG 22. 2. 1980 AP KSchG 1969 § 1 Krankheit Nr. 6). Bei der Beurteilung, ob Überbrückungsmaßnahmen möglich sind, wird in der Regel bedeutsam sein, welche Stellung der erkrankte AN im Betrieb innehatte. Eine spezialisierte Fachkraft wird nur schwierig ersetzbar sein, während sich für das Verrichten von einfachen Arbeiten leichter eine Vertretung einsetzen läßt (*Ascheid* Rn. 395). 220

221 Auch bei der **personenbedingten Kündigung wegen lang dauernder Krankheit** ist eine **Abwägung der gegenseitigen Vertragsinteressen** vorzunehmen (BAG 25. 11. 1982 AP KSchG 1969 § 1 Krankheit Nr. 7; BAG 15. 8. 1984 AP KSchG 1969 § 1 Krankheit Nr. 16; *Hueck/v. Hoyningen-Huene* Rn. 251; KDZ/*Kittner* Rn. 101). Auf seiten des AG sind die dauernden Belastungen zu berücksichtigen. Auf Seiten des AN sind Lebensalter und Betriebszugehörigkeit bedeutsam. Eine besondere Bedeutung kommt der Ursache der Erkrankung zu. Hat der AN sich die Krankheit im Betrieb zugezogen, zB Betriebsunfall, und trifft ihn hieran kein Verschulden, hat der AG abzuwarten, bis eine Rückkehr in den Betrieb ausgeschlossen erscheint, vgl. im übrigen Rn. 262.

222 Ist der AN infolge seiner Erkrankung nicht mehr voll einsatzfähig, kann und will er aber noch **Teilleistungen** erbringen, setzt eine wirksame Kündigung voraus, daß keine Beschäftigungsmöglichkeit in dem Teilbereich besteht, den der AN sich vorstellt (*Herschel/Löwisch* Rn. 138, 145). Behauptet der AG, keine entsprechenden freien Stellen anbieten zu können, hat der AN substantiiert seine Einsatzmöglichkeit darzutun. Der AG hat dann im Hinblick auf diesen Vortrag die fehlende Verwendungsmöglichkeit darzutun (BAG 5. 8. 1976 AP KSchG 1969 § 1 Krankheit Nr. 1; BAG 26. 9. 1991 AP KSchG 1969 § 1 Krankheit Nr. 28).

223 **c) Sich häufig wiederholende, kurz dauernde Leistungsunfähigkeit.** Unter dem Begriff der „häufigen Kurzerkrankungen" werden Leistungsausfälle verstanden, die jeweils von kürzerer Dauer sind und sich häufig wiederholen, ohne daß die Ausfallzeitpunkte im voraus berechenbar wären. Die Häufigkeit des Fehlens wird auch begründet, wenn wiederholt nur eintägige Fehlzeiten vorlagen (BAG 23. 9. 1992 – 2 AZR 63/92 nv.). Die Schwierigkeiten, die kündigungsrelevanten Folgen des wiederholten Leistungsausfalls rechtlich zu bewerten, liegen sowohl auf dem Gebiet der negativen Prognose als auch auf dem der Bestimmung des zu einer Kündigung notwendigen Störungsumfanges. Ob häufige Kurzerkrankungen eine Kündigung sozial rechtfertigen könnten, läßt sich nicht generell und schematisch, sondern nur nach eingehender Abwägung der Belange des AG und dem Interesse des AN an der Erhaltung des Arbeitsplatzes beurteilen.

224 Die Rechtsprechung geht von einem **dreistufigen Prüfungsraster** aus. Diese Dreistufigkeit der Prüfung ergibt sich nicht aus dem Gesetz und ist deshalb nicht zwingend. Sie dient lediglich der Überschaubarkeit des Vorgehens (so auch *Preis* DB 1988, 1444). Entscheidend sind letztlich immer die Besonderheiten des Einzelfalls (KDZ/*Kittner* Rn. 101).

225 Nach st. Rspr. (seit BAG 19. 8. 1976 AP Krankheit Nr. 2; vgl. weiter BAG 16. 2. 1989 AP Krankheit Nr. 20 mit krit. Anm. *Preis*; BAG 5. 7. 1990 AP KSchG 1969 § 1 Krankheit Nr. 26; BAG 21. 5. 1992 AP KSchG 1969 § 1 Krankheit Nr. 30 = NZA 1993, 497; vgl. auch SPV Rn. 742 ff.; *Oetker* Anm. EzA Krankheit Nr. 29) müssen drei Voraussetzungen erfüllt sein:
1. Es müssen objektive Tatsachen vorliegen, die die ernste Besorgnis weiterer Erkrankungen rechtfertigen (negative Prognose), vgl. Rn. 195 ff.
2. Die prognostizierten Kurzerkrankungen müssen zu einer erheblichen Beeinträchtigung betrieblicher oder wirtschaftlicher Interessen des AG führen, vgl. Rn. 226.
3. Es hat eine abschließende Abwägung der Vertragsinteressen stattzufinden, vgl. Rn. 236.

226 Die **prognostizierten Fehlzeiten sind nur geeignet**, eine personenbedingte Kündigung wegen Krankheit zu rechtfertigen, **wenn sie zu erheblichen betrieblichen oder wirtschaftlichen Beeinträchtigungen** führen (*Hueck/v. Hoyningen-Huene* Rn. 231; KDZ/*Kittner* Rn. 100; KR/*Etzel* Rn. 361). Allgemeine wirtschaftliche Interessen des Unternehmens spielen keine Rolle (*Löwisch* KSchG Rn. 187). Eine Beeinträchtigung betrieblicher Belange ist gegeben, wenn Störungen im Produktionsablauf eintreten, wenn unentwegt vorübergehend Aushilfskräfte eingestellt werden, wenn der Betriebfrieden infolge sich wiederholender Vertretungsnotwendigkeiten gestört wird, wenn Kunden verärgert werden, weil Aufträge nicht termingerecht abgewickelt werden können (BAG 16. 2. 1989 AP KSchG 1969 § 1 Krankheit Nr. 20; BAG 10. 5. 1990 EzA KSchG 1969 § 1 Krankheit Nr. 31; *Hueck/v. Hoyningen-Huene* Rn. 231; KR/*Etzel* Rn. 362; SPV Rn. 743 c). Es ist Sache des AG, diese Störungen konkret darzulegen und gegebenenfalls zu beweisen. Allein schlagwortartige und pauschale Behauptungen, wie zB „dauernde Vertretung", „Unruhe bei den Kollegen", genügen nicht (BAG 2. 11. 1983 AP KSchG 1969 § 1 Krankheit Nr. 12; *Hueck/v. Hoyningen-Huene* Rn. 232). Für die betrieblichen Auswirkungen kommt es auch darauf an, welche Arbeitsleistungen der AN im Betrieb zu erbringen hat und welche Position er bekleidet (*Löwisch* KSchG Rn. 186).

227 Betriebliche Belastungen werden in der Praxis vorwiegend in kleineren Betrieben auftreten, die keine Personalreserve vorhalten und bei denen angesichts der jeweils abgestimmten Auftrags- und Erledigungsphase das Vorhalten einer Reserve nicht tragbar wäre. Größere Betriebe und Großbetriebe fangen die üblichen Ausfälle (Krankheit und Urlaub) in der Regel durch eine Personalreserve auf. In rechtlicher Hinsicht können Klein- und Großbetriebe nicht unterschiedlich behandelt werden. Es reichen daher zur Kündigungsrelevanz **wirtschaftliche Beeinträchtigungen** allein oder neben betrieblichen aus (BAG 25. 11. 1982; BAG 23. 6. 1983 AP KSchG 1969 § 1 Krankheit Nr. 7, 10).

228 Das BAG nimmt an, zu den kündigungsrelevanten wirtschaftlichen Belastungen rechneten die bei künftigen Kurzerkrankungen zu zahlenden Lohnfortzahlungskosten – heute Entgeltfortzahlungskosten (vgl. grundlegend BAG 23. 6. 1983 AP KSchG 1969 § 1 Krankheit Nr. 10; BAG 16. 2. 1989 AP

D. Gründe in der Person des Arbeitnehmers § 1 KSchG 430

KSchG 1969 § 1 Krankheit Nr. 2; BAG 29. 7. 1993 AP KSchG 1969 § 1 Krankheit Nr. 27; BAG 29. 5. 1993 RzK I 5 g Nr. 55). Dieser Auffassung wird teilweise zugestimmt (KR/*Etzel* Rn. 365; *Birkner-Kuschyk/Tschöpe* DB 1981, 264, 270; *Denck* JuS 1978, 156, 159; *Eich* BB 1988, 197, 204; *Herschel* Anm. zu EzA Krankheit Nr. 11; *Gola* BlStSozArbR 1984, 326; *Herschel/Löwisch* Rn. 144; *Hueck/v. Hoyningen-Huene* Rn. 233; *Hunold* S. 279; *Joost* Anm. EzA Krankheit Nr. 15; KBK 11 Rn. 57; *Kraft* Anm. zu EzA Krankheit Nr. 12; *Lepke* S. 41 ff.; *Mohr* DB 1984, 43; *Palme* BlStSozArbR 1978, 225; *Peterek* Anm. zu EzA Krankheit Nr. 13; *Schukai* DB 1976, 2015; *Sieg* SAE 1984, 26; SPV/*Tschöpe* DB 1987, 1042; *Weller* ArbGgnw. 1983, 77, 85). Sie wird teilweise ganz abgelehnt (*Coen* AuR 1984, 319; *Ide* AuR 1980, 225, 229; *Pachtenfels* BB 1983, 1479; *Popp* DB 1986, 1461; *Preis* DB 1988, 1444; *Stein* BB 1985, 605, 608; *ders.* AuR 1987, 388).

Die ablehnende Kritik ist berechtigt, denn beim Abstellen auf die Verpflichtung zur Entgeltfortzahlung wird ein falscher Bezugspunkt gewählt. Bei richtiger Anknüpfung entstehen auch keine Bedenken aus § 612 a BGB (vgl. auch KDZ/*Kittner* Rn. 84 o). Soweit allerdings in der Kritik ausgeführt wird, es sei überhaupt unzulässig, die Regelungen der Entgeltzahlungspflicht als Anknüpfungspunkt für die Prüfung der sozialen Rechtfertigung einer Kündigung heranzuziehen, denn das Lohn- (jetzt: Entgelt-)fortzahlungsgesetz verdränge den Austauschcharakter des Arbeitsverhältnisses zugunsten der personalen Struktur (vgl. hierzu besonders *Stein* und *Popp* Rn. 246), verweist das BAG zu Recht darauf, ein entgegenstehender Wille des Gesetzgebers liege nicht vor. Es lasse sich im Gegenteil aus § 6 I 1 LFGZ (heute § 8 EFZG) die Vorstellung des Gesetzgebers erkennen, eine personenbedingte Kündigung wegen Krankheit könne auch im Geltungsbereich des KSchG wirksam sein (so auch SPV Rn. 740). Nach dieser Vorschrift besteht im trotz wirksamer Kündigung aus Anlaß der Arbeitsunfähigkeit der Entgeltfortzahlungsanspruch fort. 229

Die **Verpflichtung** zur Entgeltfortzahlung ist zu trennen von dem Berechnungsfaktor der Höhe der Entgeltfortzahlungskosten. Die Verpflichtung zur Entgeltfortzahlung ist in keiner Weise bei der Bestimmung des personenbedingten Kündigungsgrundes relevant. Sie kann weder unmittelbar noch mittelbar einem der Tatbestandsmerkmale des § 1 II KSchG zugeordnet werden. Sie ergibt sich aus § 3 EFZG. 230

Der richtige Bezugspunkt ist die Frage nach dem durch die Krankheit des AN eingetretenen **Produktions-** und damit verbundenen **Einnahmeverlust** (vgl. *Ascheid* Rn. 407, 411, 415). Insoweit ist das Synallagma gestört. Die Höhe dieses Ausfalls entspricht den durch die Fehlzeiten verursachten und zu erwartenden Mindereinnahmen, nicht aber nur in der Höhe, in der der AG durch Entgeltzahlungen belastet ist. Die richtige Frage für die Ermittlung der betrieblichen Belastung kann also immer nur die sein, wie hoch entweder der unmittelbare Einnahmeverlust ist oder wie hoch die Kosten sind, die der AG zur Vermeidung des Einnahmeverlustes aufwendet. 231

Schon aus der Festlegung der Höhe des vereinbarten Lohns oder Gehalts ergibt sich die entsprechende Bedeutung des AN für den Betrieb. Fällt er aus, kann als Bezugspunkt für den damit verbundenen Produktionsausfall die Höhe der damit korrespondierenden Entgeltfortzahlung angenommen werden. Tritt kein Produktionsausfall ein, weil der AG drohende Ausfälle durch eine Personalreserve vermeidet, ist eine nicht weiter hinnehmbare wirtschaftliche Belastung des AG zu bejahen, wenn sie die betriebsinternen Ausfallzeiten übersteigt, denn das Vorhalten einer Personalreserve steht in einem wirtschaftlich vernünftigen Verhältnis zu den erwirtschaftbaren Einnahmen. 232

Die Ergebnisse der Rechtsprechung sind zutreffend. Als **erheblich und** damit **geeignet** als Kündigungsgrund wird erachtet, **wenn über einen Zeitraum von mindestens zwei Jahren in jedem Jahr Entgeltfortzahlung für mehr als sechs Wochen** zu gewähren war und wenn aufgrund der negativen Prognose anzunehmen ist, daß dieser Zustand sich nicht ändern wird (BAG 16. 2. 1989 AP KSchG 1969 § 1 Krankheit Nr. 20; BAG 19. 7. 1993 RzK I 5 g Nr. 54; *Hueck/v. Hoyningen-Huene* Rn. 233 a; KR/*Etzel* Rn. 366 SPV). Ein Zeitraum von 15 Monaten reicht aus, wenn die Störungen seit Beginn des Arbeitsverhältnisses vorlagen (BAG 19. 7. 1993 RzK I S g Nr. 54). Erkrankungen, die addiert den Zeitraum von 6 Wochen in einem Jahr nicht überschreiten, sind kündigungsrechtlich nicht relevant (*Löwisch* KSchG Rn. 184). Der Sechs-Wochen-Zeitraum bleibt auch maßgebend, wenn aufgrund tarifvertraglicher Regelungen Krankengeld für einen längeren Zeitraum zu zahlen ist (BAG 6. 9. 1989 AP KSchG 1969 § 1 Krankheit Nr. 23). Ob der so ermittelte Kündigungsgrund die Kündigung trägt, ist abschließend aufgrund der Umstände des Einzelfalls bei der Abwägung der Vertragsinteressen festzustellen, vgl. Rn. 236 ff. 233

Treten **gleichzeitig Betriebsablaufsstörungen und wirtschaftliche Belastungen** auf, können schon Ausfallzeiten von weniger als sechs Wochen kündigungsrelevant sein (BAG 6. 9. 1989 AP KSchG 1969 § 1 Krankheit Nr. 23; *Hueck/v. Hoyningen-Huene* Rn. 234; *Oetker* Anm. BAG EzA Krankheit Nr. 28). 234

Ist der AG aufrund eines Tarifvertrags verpflichtet, bei AN mit längerer Betriebszugehörigkeit im Krankheitsfall über den gesetzlichen Sechs-Wochen-Zeitraum hinaus für bestimmte Zeiträume einen Zuschuß zum Krankengeld zu zahlen, kann daraus nicht gefolgert werden, daß Ausfallzeiten, die sechs Wochen im Jahr übersteigen, nicht ausreichend sind, eine ordentliche Kündigung zu rechtfertigen (BAG 6. 9. 1989 AP KSchG 1969 § 1 Krankheit Nr. 23; *Hueck/v. Hoyningen-Huene* Rn. 234; *Oetker* Anm. BAG EzA Krankheit Nr. 28). 235

Ascheid

236 Bei der personenbedingten Kündigung wegen häufiger Kurzerkrankungen hat eine **Abwägung der gegenseitigen Vertragsinteressen** zu erfolgen. Den Kündigungsgrund bilden allein die negative Prognose und die deshalb zu erwartenden betrieblichen oder wirtschaftlichen Auswirkungen (BAG 7. 11. 1985 AP KSchG 1969 § 1 Krankheit Nr. 17; BAG 16. 2. 1989 AP KSchG 1969 § 1 Krankheit Nr. 20; SPV Rn. 746; *Weller* ArbRGeg. 20 (1982) 77, 81). Der Kündigunggrund wird also nicht erst durch die Abwägung gefunden.

237 Bei der Abwägung ist aufgrund der Besonderheiten des Einzelfalles zu prüfen, ob die betrieblichen oder wirtschaftlichen Beeinträchtigungen vom AG noch hinzunehmen sind oder ob sie ein solches Ausmaß erreicht haben, daß sie für ihn nicht mehr tragbar sind (st. Rspr. BAG 16. 2. 1989 AP KSchG 1969 § 1 Krankheit Nr. 20; BAG 6. 9. 1989 AP Krankheit Nr. 21 bis 23; *Hueck/v. Hoyningen-Huene* Rn. 235; SPV Rn. 371). Sind betriebliche Verhältnisse nicht die alleinige oder primäre Ursache für krankheitsbedingte Fehlzeiten, sondern wirken sie sich nur mit einer bestimmten Veranlagung des AN aus (zB erhöhte Reizbarkeit des Bronchialsystems), ist das für die Abwägung der Vertragsinteressen zwar erheblich. Es ist aber nicht zu beanstanden, wenn im Rahmen einer tatrichterlichen Beurteilung einer möglichen Mitursächlichkeit betrieblicher Umstände kein ausschlaggebendes Gewicht zuerkannt wird (BAG 5. 7. 1990 BAG AP KSchG 1969 § 1 Krankheit Nr. 26).

238 Auf seiten des AG ist zu prüfen, ob er Störungen des Arbeitsablaufs durch ihrerseits nicht störende organisatorische Maßnahmen hätte verhindern können (BAG 16. 2. 1989 AP KSchG 1969 § 1 Krankheit Nr. 20). Erheblich ist weiter, ob die in den Entgeltfortzahlungskosten zum Ausdruck kommenden Ausfälle in dem gekündigten Arbeitsverhältnis deutlich über denen von vergleichbaren AN liegen (BAG 15. 2. 1984 AP KSchG 1969 § 1 Krankheit Nr. 14; BAG 10. 5. 1990 EzA KSchG § 1 Krankheit Nr. 31; *Hueck/v. Hoyningen-Huene* Rn. 236). Hierbei kommt es wesentlich darauf an, daß diejenigen AN in die vergleichende Betrachtung einbezogen werden, die die gleiche Tätigkeit unter gleichen Bedingungen ausüben.

239 Bei der Frage der wirtschaftlichen Belastung ist nach der Rechtsprechung auf die **Kosten des Arbeitsverhältnisses** des gekündigten AN abzustellen. Es ist nämlich zu beachten, daß das Arbeitsverhältnis ein Austauschverhältnis ist, wenn auch mit personenrechtlichem Einschlag. Ist dieses Austauschverhältnis auf Dauer erheblich gestört, weil mit immer neuen beachtlichen Fehlzeiten und entsprechenden Ausfällen rechnen ist, kann eine Kündigung sozial gerechtfertigt sein. Ob die finanziellen Belastungen vom AG noch zu tragen sind, hängt insbesondere von der Dauer des ungestörten Bestandes des Arbeitsverhältnisses ab. Je länger ein Arbeitsverhältnis ungestört bestanden hat, desto mehr Rücksichtnahme ist vom AG zu erwarten (15. 2. 1984 BAGE 45, 146 = AP KSchG 1969 § 1 Krankheit Nr. 14; *Hunold* S. 26; *Lepke* S. 42: Grund ist immer die nachhaltige Äquivalenzstörung).

240 Unter den „**Kosten des Arbeitsverhältnisses**" (so BAG 7. 11. 1985 AP KSchG 1969 § 1 Krankheit Nr. 17) ist eine bilanzierende Überlegung zu verstehen, in welchem Verhältnis der bei geleisteter Arbeit in einem ungestörten Arbeitsverhältnis erbrachte Ertrag zu den Ausfällen steht, die der AG durch die Störung hinnehmen muß. Als ungestört ist hierbei ein durch keine krankheitsbedingten Fehlzeiten bestimmter Verlauf anzusehen. Ein ungestörter Verlauf liegt nicht schon vor, wenn der AN im Jahr nicht länger als sechs Wochen arbeitsunfähig krank gewesen ist (BAG 6. 9. 1989 AP KSchG 1969 § 1 Krankheit Nr. 23). Wegen der Relevanz des Austauschverhältnisses kommt es nicht auf die positiven oder negativen Bilanzen des Unternehmens an, sondern auf die Vor- und Nachteile des einzelnen Arbeitsverhältnisses (vgl. BAG 22. 5. 1986 RzK I 5 g Nr. 16).

241 Nach der Rechtsprechung (BAG 16. 2. 1989 AP KSchG 1969 § 1 Krankheit Nr. 20; vgl. auch KDZ/*Kittner* Rn. 89) ist bei der Abwägung – nicht nur beim Kündigungsgrund hinsichtlich der Beeinträchtigung – nochmals zu prüfen, ob die erhebliche betriebliche Beeinträchtigung nicht durch „weitere" Überbrückungsmaßnahmen verhindert werden kann. Der Unternehmer hat sich bei seiner betrieblichen Planung zu entscheiden, wie er sich unternehmerisch auf zu erwartende Fehlzeiten, wie Krankheit und Urlaub, einstellen soll. Es ist theoretisch denkbar, daß er überhaupt keine **Personalreserve** vorhält, sondern daß er den Produktionsausfall hinnimmt. In der Praxis verfügen größere Betriebe in der Regel über ein „Personalpolster". Wie der jeweilige AG sich entscheidet, ist seine Sache. **Er muß nicht, gleichsam als Wirksamkeitsvoraussetzung einer Kündigung, eine Personalreserve vorhalten,** um überhaupt im Falle häufiger Kurzerkrankungen eines AN kündigen zu können (BAG 29. 5. 1993 RzK I 5 g Nr. 55; BAG 29. 7. 1993 AP KSchG 1969 § 1 Krankheit Nr. 27; KBK 11 Rn. 61; *Löwisch* KSchG Rn. 187). Es ist demzufolge ebenso unzutreffend, dem AG nicht nur eine Personalreserve in einem wirtschaftlich vertretbaren Rahmen, sondern unbeschränkt zum Auffangen aller krankheitsbedingten Ausfälle vorzuschreiben (wie hier *Herschel/Löwisch* Rn. 144; *Ascheid* Rn. 415; aA *Ide* AuR 1980, 225; *Popp* DB 1981, 2611). Überbrückt der AG den Ausfall des erkrankten AN nicht durch eine Personalreserve, ist hinsichtlich der Relevanz der Höhe des Produktionsausfalls auf die üblichen Gegebenheiten des Wirtschaftslebens abzustellen. Der AG kann jedenfalls bei anderer betriebsüblicher Praxis keine Vorteile daraus herleiten, daß die Auswirkungen des Fehlens gerade bei ihm wegen Nichtbestehens einer Personalreserve größer seien.

242 Hinsichtlich der Gewichtung der Erheblichkeit der Ausfallzeiten sind die Auffassungen vielfältig. Es wird vertreten, hinreichend sei das Zehnfache des normalen Krankenstandes (vgl. LAG Düsseldorf 21. 10. 1982 DB 1983, 723; siehe auch Aufstellung bei *Herschel/Löwisch* Rn. 143; *Schukai* DB 1976,

2015; *Weisemann* BB 1977 1647: 15–25% Ausfall). Eine Auswertung der Instanzrechtsprechung hat ergeben, daß eine Kündigung für gerechtfertigt erachtet wird, wenn ein AN über einen Zeitraum von vier Jahren durchschnittlich 25 Prozent der geforderten Leistung nicht erbracht hat (*Hunold* S. 268; ähnlich *Schukai* DB 1976, 2015; *Weber* NZA 1989, 51; *Weisemann* BB 1977, 1647). Nach richtiger Ansicht ist die wirtschaftliche Belastung erheblich, wenn für den erkrankten AN jährlich Lohnfortzahlungskosten für einen Zeitraum von mehr als sechs Wochen aufzuwenden sind (BAG 5. 7. 1990 AP KSchG 1969 § 1 Krankheit Nr. 26; BAG 29. 7. 1993 AP KSchG 1969 § 1 Krankheit Nr. 27). Eine Kündigung wegen häufiger Kurzerkrankungen kann bereits sozial gerechtfertigt sein, wenn sich die Kurzerkrankungen auf einen Gesamtzeitraum von rund **15 Monaten seit Beginn des Arbeitsverhältnisses** erstrecken (BAG 19. 5. 1993 RzK I 5 g Nr. 54).

Auf seiten des AN ist neben dem Lebensalter die Betriebszugehörigkeit zu beachten. Hier spricht **243** zu seinen Gunsten, daß das Arbeitsverhältnis im Verhältnis zur Störungszeit lange ungestört verlaufen ist (BAG 15. 2. 1984 AP KSchG 1969 § 1 Krankheit Nr. 14; *Hueck/v. Hoyningen-Huene* Rn. 23). Ein ungestörter Verlauf ist auch ein solcher. Geringe Fehlzeiten in der Vergangenheit, die nicht den Wert eines Kündigungsgrundes haben, können nicht positiv berücksichtigt werden (BAG 6. 9. 1989 AP KSchG 1969 § 1 Krankheit Nr. 22; *Hueck/v. Hoyningen-Huene* Rn. 237).

Von ganz erheblicher Bedeutung ist, ob der AN sich die **Krankheit infolge betrieblicher Umstände** **244** zugezogen hat (BAG 6. 9. 1989 AP KSchG 1969 § 1 Krankheit Nr. 22; BAG 5. 7. 1990 AP KSchG 1969 § 1 Krankheit Nr. 26; *Hueck/v. Hoyningen-Huene* Rn. 238; KBK 11 Rn. 70; KR/*Etzel* Rn. 372; SPV Rn. 749; *Preis* S. 444 ff.). Indiz für betriebliche Ursache kann eine ähnlich hohe Ausfallquote von AN sein, die vergleichbare Tätigkeiten verrichten (BAG 16. 2. 1989 AP KSchG 1969 § 1 Krankheit Nr. 20; BAG 10. 5. 1990 EzA KSchG § 1 Krankheit Nr. 31; *Hueck/v. Hoyningen-Huene* Rn. 238; *Kohte* AiB 1990, 125, 130; *Oetker* Anm. BAG EzA Krankheit Nr. 28). Beruft der AN sich auf betriebliche Ursachen, hat er den Ursachenzusammenhang zwischen seiner Erkrankung und der Tätigkeit durch konkrete Tatsachen aufzuzeigen. Es ist Sache des AG, die fehlende Kausalität zwischen Arbeitsbedingungen und Erkrankungen zu beweisen. Zweifel gehen zu Lasten des AG (BAG 6. 9. 1989 AP KSchG 1969 § 1 Krankheit Nr. 22; *Hueck/v. Hoyningen-Huene* Rn. 240).

V. Einzelfälle krankheitsbedingter und anderer Störungen

Aids: Ist ein AN an Aids erkrankt, richtet sich die Kündigungen nach den Regelungen der **245** personenbedingten Kündigung wegen Krankheit (*Hueck/v. Hoyningen-Huene* Rn. 187; KR/*Etzel* Rn. 305; *Lepke* S. 96; *ders.* DB 1987, 1299; *Löwisch* DB 1987, 941; *Weller* PersF 1988, 41). Allein die Tatsache, daß ein AN HIV-infiziert ist, rechtfertigt noch keine Kündigung, sofern sich aus der Tätigkeit des AN nicht die Gefahr der Infektion für Dritte ergibt. In einem solche Fall ist zu prüfen, ob eine Umsetzung in einen Bereich möglich ist, in dem keine Gefahr für andere ausgeht (*Hueck/v. Hoyningen-Huene* Rn. 187; KDZ/*Kittner* Rn. 111; KR/*Etzel* Rn. 277; *Lepke* DB 1987, 1299, 1300; *Richardi* NZA 1988, 73, 78).

Alkohol und Drogensucht: Nach hA erfüllen die Tatbestände der Trunksucht und der Drogensucht **246** die Voraussetzungen einer Krankheit, sofern die jeweiligen Leistungsausfälle Folge einer Abhängigkeit sind (BAG 9. 4. 1987 AP KSchG 1969 § 1 Krankheit Nr. 18; BAG 13. 12. 1990 EzA KSchG 1969 § 1 Krankheit Nr. 33; *Herschel/Löwisch* Rn. 146; *Hueck/v. Hoyningen-Huene* Rn. 190; KDZ/*Kittner* Rn. 112; KR/*Etzel* Rn. 309; *Ascheid* Rn. 426; SPV Rn. 731; *Hunold* S. 127 ff.; *Lepke* S. 82 ff.).

Eine besondere Problematik ergibt sich bei der negativen Prognose. Bei **Alkoholabhängigkeit** **247** gehört es zur Krankheit, daß der Abhängige annimmt, er könne die Sucht willentlich beherrschen. Von einer negativen Prognose kann nur ausgegangen werden, wenn dem Erkrankten klar gemacht worden ist, daß er sich zur evtl. Heilung einer **Entziehungskur** unterziehen muß, und wenn er eine solche Maßnahme abgelehnt hat (BAG 9. 4. 1987 AP KSchG 1969 § 1 Krankheit Nr. 18; KDZ/*Kittner* Rn. 114; KR/*Etzel* Rn. 310; *Ascheid* Rn. 427). Hat der AN sich zu einer Entziehungskur bereit erklärt, hat der AG die Beendigung der Kur abzuwarten (KDZ/*Kittner* Rn. 114; KR/*Etzel* Rn. 220). Hatte die Entziehungskur keinen Erfolg, kommt eine personenbedingte Kündigung in Betracht (LAG Hamm 2. 5. 1986 LAGE KSchG 1969 § 1 Personenbedingte Kündigung Nr. 4; *Hueck/v. Hoyningen-Huene* Rn. 192; KR/*Etzel* Rn. 281; vgl. dazu *Fleck/Körkel* BB 1995, 722). Trotz eingehender Belehrungen sind diese Kranken oft erst nach einer Kündigung bereit, sich einer Behandlung zu unterziehen. Diese nachträgliche Bereitschaft nach Zugang der Kündigung ändert nichts daran, daß zum Zeitpunkt der Kündigung von einer negativen Prognose auszugehen war, da zu diesem Zeitpunkt die Behandlungsbereitschaft nicht bestand (BAG 13. 12. 1990 EzA KSchG § 1 Krankheit Nr. 31; BAG 7. 2. 1991 AP Umschulung Nr. 1; BAG 17. 6. 1999 AP KSchG 1969 § 1 Krankheit Nr. 37). Die gleichen Erwägungen gelten bei einer Drogensucht. Eine verhaltensbedingte Krankheit kommt bei Ausfällen infolge Alkoholgenusses nur in Betracht, wenn ein AN, der nicht mit Krankheitswert abhängig ist, alkoholbedingte Ausfälle zeigt (KR/*Etzel* Rn. 282).

Alter: Ein bestimmtes Alter allein ist kein personenbedingter Kündigungsgrund. Eine personenbe- **248** dingte Kündigung setzt eine **Leistungsstörung** voraus. Liegt sie nicht vor, kann einem AN nicht allein deshalb gekündigt werden, weil er ein bestimmtes Alter erreicht hat (BAG 20. 12. 1984 AP BGB § 620

Bedingung Nr. 9; BAG 20. 11. 1987 AP BGB § 620 Altersgrenze Nr. 2; *Herschel/Löwisch* Rn. 149; *Hueck/v. Hoyningen-Huene* Rn. 194; KDZ/*Kittner* Rn. 117; KR/*Etzel* Rn. 284; *Ascheid* Rn. 364; SPV Rn. 732).

249 Insbesondere ist **allein** die Erreichung des **65. Lebensjahres** kein Grund für eine personenbedingte Kündigung (KR/*Etzel* Rn. 313, 410). Das gilt auch, wenn der AN berechtigt zum Bezug einer **Rente** ist, vergl. insoweit auch das Rentenreformgesetz vom 18. 12. 1989 (BGBl I S. 2261), § 41 Abs. 4 S. 1 SGB VI (vgl. zum Rentenreformgesetz vom 18. 12. 1989 – BGBl. I S. 2261 – auch *Ammermüller* DB 1990, 223; *Leinemann* DB 1990, 737). Eine betriebsbedingte Kündigung eines 65-jährigen AN kann jedoch gerechtfertigt sein, wenn dieser ein gesetzliches Altersruhegeld beanspruchen kann und die Kündigung erfolgt, um einen vernünftigen Altersaufbau der Belegschaft zu erreichen (*Hueck/v. Hoyningen-Huene* Rn. 195; *Kienast* DB 1991, 1725).

250 **Arbeitserlaubnis:** Wußten die vertragschließenden Parteien bei Abschluß des Arbeitsvertrags, daß dem AN eine Arbeitserlaubnis fehlt und konnten sie nicht von einer Beibringung ausgehen, ist der Arbeitsvertrag nichtig (KDZ/*Kittner* Rn. 65). Ist einem ausländischen AN die erforderliche Arbeitserlaubnis versagt worden, führt das nicht zur Nichtigkeit des Arbeitsvertrags nach § 134 BGB. Die Folge ist vielmehr ein Beschäftigungsverbot, so daß der AN die Leistung, zu der er sich verpflichtet hat, in Zukunft wird nicht erbringen können (BAG 16. 12. 1986 AP AFG § 19 Nr. 4; BAG 7. 2. 1990 AP KSchG 1969 § 1 Personenbedingte Kündigung Nr. 14; *Hueck/v. Hoyningen-Huene* Rn. 196; KR/*Etzel* Rn. 285; *Löwisch* KSchG Rn. 198; SPV Rn. 733). Das Fehlen oder das Erlöschen der Arbeitserlaubnis rechtfertigt eine personenbedingte Kündigung (*Herschel/Löwisch* Rn. 151; *Hueck/v. Hoyningen-Huene* Rn. 196; SPV Rn. 733). Ist über die Arbeitserlaubnis noch nicht rechtskräftig entschieden, ist für die soziale Rechtfertigung einer wegen Fehlens der Erlaubnis ausgesprochenen Kündigung darauf abzustellen, ob für den AG bei objektiver Beurteilung zum Zeitpunkt des Zugangs der Kündigung mit der Erteilung in absehbarer Zeit zu rechnen war. Entscheidend ist weiter, daß der Arbeitsplatz für den AN ohne erhebliche betriebliche Beeinträchtigungen nicht offengehalten werden konnte (BAG 7. 2. 1990 AP KSchG 1969 § 1 Personenbedingte Kündigung Nr. 14; *Herschel/Löwisch* Rn. 151–155).
Außerbetriebliche Umstände: siehe Eignungsmängel.
Außerordentliche Kündigung: siehe Rn. 58.

251 **Berufsausübungserlaubnis:** Die Ausführungen zur Arbeitserlaubnis gelten entsprechend für andere Fälle einer gesetzlichen Berufsausübungserlaubnis, zB für Ärzte nach §§ 2, 10 Bundesärzteordnung (KDZ/*Kittner* Rn. 134; *Löwisch* KSchG Rn. 204). Verliert eine Lehrkraft die Lehrbefähigung (zB Entzug der missio canonica) kommt ebenfalls eine personenbedingte Kündigung in Betracht (wie hier KR/*Etzel* Rn. 316; aA BAG 17. 5. 1984 KSchG 1969 § 1 Betriebsbedingte Kündigung Nr. 21: Mischtatbestand zwischen personenbedingter und betriebsbedingter Kündigung). Wird die **Fluglizenz eines Verkehrsflugzeugführers** ungültig, kann dies eine personenbedingte Kündigung rechtfertigen (BAG 31. 1. 1996 AP KSchG 1969 § 1 Personenbedingte Kündigung Nr. 17).

252 **Betriebs- oder Geschäftsgeheimnis:** Verletzt der AN die Verschwiegenheitspflicht und insbesondere ein Betriebs- oder Geschäftsgeheimnis, kommt eine verhaltensbedingte Kündigung in Betracht, vgl. dazu Rn. 352. Eine personenbedingte Kündigung ist gerechtfertigt, wenn ein AN, der eine gewisse Vertrauensstellung bekleidet, den Inhaber eines Konkurrenzunternehmens heiratet oder sich eine Verwandtschaft oder enge Freundschaft herausstellt. Voraussetzung ist allerdings, daß konkrete Tatsachen vorliegen, die Sicherheitsbedenken des AG rechtfertigen (BAG 28. 2. 1963 AP KSchG 1951 § 1 Nr. 3; BAG 26. 10. 1978 AP KSchG 1969 § 1 Sicherheitsbedenken Nr. 1).

253 **Eheschließung und Ehescheidung:** Eine Eheschließung oder eine Ehescheidung berühren in der Regel das Arbeitsverhältnis nicht. Sog. Zölibatsklauseln sind demnach im allgemeinen wegen Verstoßes gegen Art. 6 I GG unwirksam (BAG 10. 5. 1957 AP GG Art. 6 I Ehe und Familie Nr. 1; *Herschel/Löwisch* Rn. 160; *Hueck/v. Hoyningen-Huene* Rn. 206; KDZ/*Kittner* Rn. 130; KR/*Etzel* Rn. 322). Eine Eheschließung kann bedeutsam werden in Zusammenhang mit Sicherheitsbedenken, vgl. Rn. 263. Ebenso bestehen bei Eheschließungen und Ehescheidungen Ausnahmen bei AN kirchlicher Einrichtungen, wenn dadurch gegen fundamentale Grundsätze der kirchlichen Glaubens- und Sittenlehre verstoßen wird (BVerfG 4. 6. 1985 AP GG Art. 140 Nr. 24; BAG 18. 11. 1986 AP GG Art. 140 Nr. 35; BAG 25. 5. 1988 AP GG Art. 140 Nr. 36: Heirat eines geschiedenen Partners; KR/*Etzel* Rn. 322; *Richardi*, Arbeitsrecht in der Kirche, S. 51 ff.; *Rüthers* NJW 1976, 1918 ff.; ders. NJW 1986, 356 ff.), vgl. im übrigen Rn. 284 zu den Besonderheiten beim Tendenzbetrieb. Scheitert eine Ehe, bei der der eine Ehegatte AN des anderen ist, ist eine Kündigung des Ehegatten im Hinblick auf die Scheidung nur gerechtfertigt, wenn sich die Fortsetzung der ehelichen Streitigkeiten negativ auf das Arbeitsverhältnis auswirkt (BAG 9. 2. 1995 RzK I 5 h Nr. 25 = NZA 1996, 249).

254 **Ehrenamt:** Die Übernahme einer ehrenamtlichen Tätigkeit, wie zB Mitgliedschaft im Gemeinderat, Vormund, Schöffe, rechtfertigt eine personenbedingte Kündigung nicht, auch wenn mit der Ausübung der Tätigkeit Versäumnisse der Arbeitszeit eintreten. Eine Kündigung würde insoweit gegen das Maßregelungsverbot verstoßen (*Herschel/Löwisch* Rn. 161; *Hueck/v. Hoyningen-Huene* Rn. 210; KDZ/*Kittner* Rn. 132; KR/*Etzel* Rn. 326). Es ist außerdem stets zu prüfen, ob nicht in Bundes- oder Landesgesetzen ein Kündigungsverbot geregelt ist (vgl. BAG 30. 6. 1994 AP Einigungsvertrag Art. 9 Nr. 2).

D. Gründe in der Person des Arbeitnehmers § 1 KSchG 430

Eignungsmängel: Eine fehlende Eignung, und zwar sowohl fachlicher als auch persönlicher Art, 255 die nicht durch Verschulden verursacht worden ist, rechtfertigt eine personenbedingte Kündigung (BAG 29. 7. 1976 AP KSchG 1969 § 1 Verhaltensbedingte Kündigung Nr. 9; BAG 15. 8. 1984 AP KSchG 1969 § 1 Nr. 8; KR/*Etzel* Rn. 327; *Leuchten/Zimmer* BB 1999, 1973). Das gilt auch, wenn sich nach einiger Zeit des Vertragsbeginns herausstellt, daß ein AN sich arbeitsvertraglich „übernommen" hat (*Herschel/Löwisch* Rn. 151, 162). Läßt sich die Ursache der Arbeitsmängel nicht eindeutig klären, ist vor Ausspruch der Kündigung eine Kündigungsankündigung erforderlich (BAG 29. 7. 1976 AP KSchG 1951 § 1 Verhaltensbedingte Kündigung Nr. 9; BAG 18. 1. 1980 AP KSchG 1969 § 1 Verhaltensbedingte Kündigung Nr. 3). Eine Kündigungsankündigung entfällt, wenn feststeht, daß es sich um einen nicht behebbaren Dauermangel handelt.

Außerbetriebliche Tatsachen können als Eignungsmangel nur bedeutsam sein, wenn sie das Arbeitsverhältnis konkret beeinträchtigen, also praktisch zu einer Schlechtleistung führen. Hierzu kann zu rechnen sein die nicht durch eine Notlage verursachte Verschuldung eines in einer Vertrauensstellung tätigen AN, wenn sie zu häufigen Lohnpfändungen führt und sich aus der Art und Höhe der Schulden ergibt, daß der AN voraussichtlich noch längere Zeit in ungeordneten wirtschaftlichen Verhältnissen leben wird (BAG 15. 10. 1992 RzK I 5 h Nr. 22).

Ein Eignungsmagel kann auch eintreten, wenn die technische Entwicklung dergestalt am AN vorbei 256 geht, daß er ohne konkretisierbares Verschulden die Eignung für die Tätigkeit verloren hat, zu der er sich vertraglich verpflichtet hat (*Herschel/Löwisch* Rn. 163; *Ascheid* Rn. 386). Hat er trotz Hinweises eine ihm angetragene **notwendige Fortbildung** unterlassen, so daß er dadurch die Eignung verliert, käme eine verhaltensbedingte Kündigung in Betracht (vgl. *Herschel/Löwisch* Rn. 165; *Ascheid* Rn. 386).

Es ist bei derartigen Fallkonstellationen genau zu prüfen, ob das vom AG jetzt Verlangte noch vom 257 Arbeitsvertrag umfaßt ist. Haben sich die Anforderungen an einen Arbeitsplatz so geändert, daß der ursprüngliche Arbeitsvertragsinhalt die neue Verrichtung nicht mehr abdeckt, ist die geschuldete Beschäftigungsmöglichkeit entfallen. Der AG könnte dann uU. betriebsbedingt kündigen (vgl. *A. Hueck* Anm. RAG ARS 20, 98).

Führt der AN die arbeitsvertraglich übernommenen Aufgaben korrekt aus und stellt der AG erst im 258 Lauf des Arbeitsverhältnisses bestimmte Qualifikationsanforderungen auf, ist das Fehlen der jetzt angeforderten Qualifikation kein personenbedingter Kündigunggrund. Es kommt allein darauf an, ob der AN die geschuldete Leistung voll erbringt (*Herschel/Löwisch* Rn. 169). Die Rechtslage ist anders zu beurteilen, wenn die zu erledigenden Aufgaben sich so geändert haben, daß sie nur noch mit einer anderen Qualifikation erledigt werden können.

Fahrerlaubnisentzug: Ist dem AN wegen **Trunkenheit am Steuer** auf einer Privatfahrt die Fahr- 259 erlaubnis vorübergehend entzogen worden, und kann er deshalb seinen arbeitsvertraglichen Verpflichtungen als Kraftfahrer vorübergehend nicht nachkommen, ist eine Kündigung sozial nur gerechtfertigt, wenn keine andere Beschäftigungsmöglichkeit, die das Innehaben der Fahrerlaubnis nicht voraussetzt, besteht (BAG 18. 12. 1986 AP BGB § 297 Nr. 2; BAG 16. 8. 1990 RzK I 5 h Nr. 18; *Hueck/v. Hoyningen-Huene* Rn. 178; KDZ/*Kittner* Rn. 134 ff; *Löwisch* KSchG Rn. 224; *Ascheid* Rn. 428; SPV Rn. 737). Zur **Fluglizenz** vgl. Rn. 251.

Gewissensentscheidung: Der AN kann sich aufgrund einer Gewissensentscheidung gehindert 260 sehen, die geschuldete Leistung zu erbringen. Das ist ein personenbedingter Kündigungsgrund (BAG 24. 5. 1989 AP BGB § 611 Gewissensfreiheit Nr. 1; *Hueck/v. Hoyningen-Huene* Rn. 213; KDZ/*Kittner* Rn. 141 a; KR/*Etzel* Rn. 338; *Ascheid* Rn. 353; SPV Rn. 739). Es ist vor der Kündigung zu prüfen, ob bei Respektierung der Überzeugung des AN eine andere Beschäftigungsmöglichkeit für ihn besteht, denn der AG hat einen ihm offenbarten Gewissenskonflikt im Rahmen des billigen Ermessens nach § 315 I BGB zu berücksichtigen. Gewissensentscheidungen können nicht objektiviert werden. Maßgebend ist daher der sog. **subjektive Gewissenskonflikt** (vgl. grundlegend Art. 4 GG Rn. 58 ff., 69; § 611 BGB Rn. 970). Dieser setzt voraus, daß der AN darlegt, ihm sei wegen einer aus einer spezifischen Sachlage folgenden Gewissensnot heraus nicht zuzumuten, die an sich vertraglich geschuldete Leistung zu erbringen. Läßt sich aus den festgestellten Tatsachen im konkreten Fall ein Gewissenskonflikt ableiten, unterliegt die Relevanz und Gewichtung der Gewissensbildung keiner gerichtlichen Kontrolle. Verbietet § 315 I BGB die Zuweisung einer bestimmten Arbeit, ist die Tatsache der Nichterbringung der Leistung eine Störung, die der Person des AN zuzurechnen ist. Besteht keine andere Beschäftigungsmöglichkeit, kann der AG kündigen (BAG 20. 12. 1984 BAGE 47, 363 = AP BGB § 611 Direktionsrecht Nr. 27; BAG 24. 5. 1989 AP BGB § 611 Gewissensfreiheit Nr. 1; *Hueck/v. Hoyningen-Huene* Rn. 214; KR/*Etzel* Rn. 338; *Löwisch* KSchG Rn. 215; *Ascheid* Rn. 353; *Gast* BB 1992, 785; *Berger-Delhey* Anm. EzA BAT § 53 Personenbedingte Kündigung Nr. 3; *Hohn* DB 1990, 1187; *Kohte* NZA 1989, 161; *Mayer* AuR 1985, 105; *Preuß* AuR 1986, 382; *Wendeling-Schröder* BB 1988, 1742; kritisch *Brox* Anm. BAG BGB § 611 Direktionsrecht Nr. 27; *Kraft* AcP 163 (1963), 472, 484). Kein Leistungsverweigerungsrecht steht in der Regel dem AN zu, der bei Abschluß des Vertrages wußte, welche Tätigkeiten er zu verrichten haben wird (BAG 20. 12. 1984 AP BGB § 611 Direktionsrecht Nr. 27; KR/*Etzel* Rn. 306).

Kirchliche AN – siehe Tendenzbetrieb.

261 **Leistungsunfähigkeit oder Leistungsminderung:** Wird die Leistung unverschuldet nicht voll erbracht oder vermindert sich die Leistungsfähigkeit, gelten die gleichen Erwägungen wie die bei den Eignungsmängeln, vgl. Rn. 255. Die Gründe hierfür können alters- oder krankheitsbedingt sein (BAG 5. 8. 1976 AP KSchG 1969 § 1 Krankheit Nr. 1; BAG 26. 9. 1991 AP KSchG 1969 § 1 Krankheit Nr. 28; *Hueck/v. Hoyningen-Huene* Rn. 253; KDZ/*Kittner* Rn. 143; KR/*Etzel* Rn. 398; SPV Rn. 751). Es ist außerdem zu beachten, daß der AG nur eine „individuelle Normalleistung" verlangen kann (BAG 20. 3. 1969 AP GewO § 123 Nr. 27; *Hueck/v. Hoyningen-Huene* Rn. 253; KDZ/*Kittner* Rn. 143). Leistungsmängel sind daher kündigungsrechtlich erst relevant, wenn sie sich signifikant vom Leistungsniveau der zwar unter dem Durchschnitt liegenden, aber noch hinreichend leistungsfähigen AN abheben (KDZ/*Kittner* Rn. 143). Beruft ein AN sich auf ein Leistungsverweigerungsrecht wegen einer Pflichtenkollision (berufstätige Eltern einigen sich nicht, wer das erkrankte Kleinkind versorgen soll), kann eine personenbedingte Kündigung in Betracht kommen, wenn die Eltern den Konflikt nicht umgehend durch das Familiengericht klären lassen (vgl. dazu BAG 21. 5. 1992 AP KSchG 1969 § 1 Verhaltensbedingte Kündigung Nr. 29).

262 Ist der AN unverschuldet nicht mehr voll einsatzfähig, kann und will er aber noch **Teilleistungen** erbringen, setzt eine wirksame Kündigung voraus, daß keine Beschäftigungsmöglichkeit in dem Teilbereich besteht, den der AN sich vorstellt (BAG 12. 7. 1995 AP BGB § 626 Krankheit Nr. 7 = NZA 1995, 1100; *Herschel/Löwisch* Rn. 138). Bei unkündbaren AN ist eine außerordentliche Kündigung nur gerechtfertigt, wenn eine den verbliebenen Fähigkeiten des AN genügende Arbeitsstelle nicht eingerichtet werden kann (BAG 12. 7. 1995 NZA 1995, 1100). Behauptet der AG, keine entsprechenden freien Stellen anbieten zu können, hat der AN substantiiert seine Einsatzmöglichkeit vorzutragen. Der AG hat dann im Hinblick auf diesen Vortrag die fehlende Verwendungsmöglichkeit darzutun (BAG 5. 8. 1976 AP KSchG 1969 § 1 Krankheit Nr. 1; BAG 26. 9. 1991 AP KSchG 1969 § 1 Krankheit Nr. 28; *Ascheid* Rn. 396).

263 **Loyalitätspflichten und Sicherheitsbedenken:** Im Bereich des öffentlichen Dienstes, aber auch in der Privatwirtschaft (*Herschel/Löwisch* Rn. 156), kann die unter Beachtung der staatlichen Aufgabenstellung dem AN obliegende Funktion es verlangen, daß dieser von seiner inneren Einstellung her die Werte vertritt oder zumindest nicht die Wertvorstellungen ablehnt, die er zu vermitteln hat. In der Vergangenheit spielte in der Rechtsprechung insbesondere die Zugehörigkeit zu verfassungsfeindlichen Organisationen (zB DKP) eine Rolle. Eine Störung, die geschuldete Leistung erbringen zu können, ist in diesen Fällen nur anzunehmen, wenn aufgrund greifbarer Tatsachen feststeht, der AN werde die berechtigten Interessen des AG beeinträchtigen. Ein solcher Bezug ist gegeben, wenn die Einstellung des AN die allgemeine Aufgabenstellung des öffentlichen AG oder das konkrete Aufgabengebiet berührt. Der AN ist seine Person her nicht geeignet, die geschuldete Leistung zu erbringen (BVerfG 22. 5. 1975 BVerfGE 39, 334; BAG 12. 3. 1986 AP GG Art. 33 Abs. 2 Nr. 23; BAG 20. 7. 1989 AP KSchG 1969 § 1 Sicherheitsbedenken Nr. 2; BAG 28. 9. 1989 AP KSchG 1969 § 1 Verhaltensbedingte Kündigung Nr. 24; KDZ/*Kittner* Rn. 150; *Löwisch* Rn. 206; *Ascheid* Rn. 359). Sind Sicherheitsfragen berührt, zB Arbeit in einem Atomkraftwerk, muß das Sicherheitsrisiko konkret ausmachbar sein. Die vom AN ausgehende Gefahr muß konkret feststellbar sein (*Herschel/Löwisch* Rn. 156).

264 **Straf- und Untersuchungshaft:** Wird der AN zu einer Freiheitsstrafe verurteilt oder befindet er sich in Untersuchungshaft, und ist die der verletzten Strafvorschrift zugrunde liegende Tat kündigungsrechtlich irrelevant, steht durch die Strafverbüßung der Arbeitsbringung ein Grund entgegen, der dem AN zuzurechnen ist, den der AG aber nicht als verhaltensbedingt im Sinne des Kündigungsrechts qualifizieren kann. Es kommt eine personenbedingte Kündigung in Betracht (BAG 15. 11. 1984 AP BGB § 626 Nr. 87; BAG 22. 9. 1994 AP KSchG 1969 § 1 Nr. 25; *Hueck/v. Hoyningen-Huene* Rn. 254; KDZ/*Kittner* Rn. 151 a; *Löwisch* KSchG Rn. 214; *Ascheid* Rn. 356; SPV Rn. 753). Die Frage, wann eine ordentliche Kündigung gerechtfertigt sein kann, hängt von der Dauer sowie der Art und dem Ausmaß der betrieblichen Auswirkungen ab (BAG 22. 9. 1994 AP KSchG 1969 § 1 Nr. 25; BAG 20. 11. 1997 – 2 AZR 805/96 nv.).

265 **Straftat:** Eine Straftat, die keinen Bezug zum Arbeitsverhältnis hat, vermag eine personenbedingte Kündigung nicht zu rechtfertigen (*Herschel/Löwisch* Rn. 159). Anders ist es jedoch, wenn aus der „außerbetrieblichen" Straftat negative Ausstrahlungen auf die arbeitsrechtlichen Beziehungen ausgehen. Soweit nicht bereits eine verhaltensbedingte Kündigung in Betracht kommt, ist eine personenbedingte zu erwägen (KR/*Etzel* Rn. 413), so zB Verstoß einer Erzieherin gegen das Betäubungsmittelgesetz (BAG 20. 9. 1984 AP KSchG 1969 § 1 Verhaltensbedingte Kündigung Nr. 13: außerbetrieblicher Diebstahl eines Kassierers; *Herschel/Löwisch* Rn. 159; *Hueck/v. Hoyningen-Huene* Rn. 255; KDZ/*Kittner* Rn. 141 b; KR/*Etzel* Rn. 259) oder außerbetriebliche Trunkenheitsdelikte eines Berufskraftfahrers (BAG 22. 8. 1963 AP BGB § 626 Nr. 51; BAG 30. 5. 1978 AP BGB § 626 Nr. 70; *Hueck/v. Hoyningen-Huene* Rn. 255). Zu Straftaten öffentlicher Bediensteter im Privatbereich vgl. BAG 20. 11. 1997 RzK I 5 i Nr. 129.

266 **Tendenzbetrieb:** Der Kündigungsschutz besteht auch in Tendenzbetrieben (*Hueck/v. Hoyningen-Huene* Rn. 256; KDZ/*Kittner* Rn. 152; *Ascheid* Rn. 463; SPV Rn. 707). Tendenzbetriebe sind solche, die unmittelbar oder überwiegend politischen, koalitionspolitischen, konfessionellen, karitativen, erzieherischen, wissenschaftlichen oder künstlerischen Bestimmungen oder Zwecken der Berichterstat-

D. Gründe in der Person des Arbeitnehmers § 1 KSchG 430

tung oder Meinungsäußerung dienen (*Hueck/v. Hoyningen-Huene* Rn. 256). Tendenzbezogene Mängel liegen vor, wenn die vom Tendenzträger erbrachte Arbeitsleistung bzw. dessen persönliche Eignung dem Tendenzzweck zuwider läuft (BAG 6. 12. 1979 AP KSchG 1969 § 1 Verhaltensbedingte Kündigung Nr. 2; BAG 3. 11. 1982 AP KSchG 1969 § 15 Nr. 12; *Hueck/v. Hoyningen-Huene* Rn. 256; KDZ/*Kittner* Rn. 152). Tendenzmängel spielen in der Praxis nicht nur eine Rolle im kirchlichen, sondern auch im gesellschaftlichen Bereich (BAG 6. 12. 1979 AP KSchG 1969 § 1 Verhaltensbedingte Kündigung Nr. 2: kommunistische Betätigung einer Gewerkschaftssekretärin). Über den maßgebenden „Tendenzinhalt" entscheidet der Tendenzbetrieb. Der AN gerät in Konflikt zur Ausrichtung des Tendenzbetriebes, in dessen Diensten er steht, wenn er seine Lebensführung auf diese Ausrichtung nicht einstellt.

Bei **kirchlichen Bediensteten** ist zu beachten, daß die Kirche in eigener Zuständigkeit darüber befindet, ob durch eine bestimmte Verhaltensweise ihre Glaubwürdigkeit, ihr Verkündungsauftrag, berührt wird, und was spezifisch aus diesen Bereichen zuzurechnen ist (vgl. dazu grundlegend Rn. 4 GG Art. 4 GG Rn. 38 ff.; § 611 BGB Rn. 146 ff.). Das Gericht prüft, ob die Kirche sich an ihre eigenen Vorgaben gehalten und ob sie nicht unverhältnismäßig gehandelt hat. Insoweit ist die Berechtigung der Kündigung nach den kündigungsschutzrechtlichen Vorschriften zu beurteilen (BVerfG 4. 6. 1985 AP GG Art. 140 GG Nr. 24; BAG 24. 4. 1997 AP BGB § 611 Kirchendienst Nr. 27; SPV Rn. 708). Die Kirche kann sich selbst binden, vor Ausspruch einer Kündigung ein bestimmtes Verfahren einzuhalten. Wird gegen eine solche Verfahrensordnung verstoßen, zB durch unterbleibende vorherige Anhörung eines AN, ist eine entsprechende Kündigung sozialwidrig (BAG 16. 9. 1999 AP GO kath. Kirche Art. 4 Nr. 1). 267

Kirchliche AN geraten in Konflikte bei **Entzug der kirchlichen Lehrerlaubnis** (BAG 25. 5. 1988 AP GG Art. 140 Nr. 36 mit Anm. *Dütz* EzA BGB § 611 BGB Kirchliche AN Nr. 27; BAG 14. 2. 1991 RzK I 8 g Nr. 15), bei Kirchenaustritten (BAG 23. 3. 1984 BAGE 47, 292 = AP GG Art. 140 Nr. 16 (*Mayer-Maly*) – aufgehoben von BVerfG 4. 6. 1985 AP GG Art. 140 Nr. 24; BAG 12. 12. 1984 AP GG Art. 140 Nr. 21 (*Dütz*); Ascheid Rn. 358), bei **Nichtbeachtung ethischer Grundsätze** (BAG 30. 6. 1983 AP GG Art. 140 Nr. 15), bei ärztlicher Tätigkeit und Schwangerschaftsabbruch (BAG 21. 10. 1982 AP GG Art. 140 Nr. 14 – aufgehoben von BVerfG 4. 6. 1985 AP GG Art. 140 Nr. 24), bei Verstoß eines Chefarztes gegen Kirchenrecht (BAG 7. 10. 1993 AP BGB § 626 Nr. 114); bei Heirat eines geschiedenen Partners (BAG 31. 10. 1984 BAGE 47, 144 = AP GG Art. 140 Nr. 20; BAG 25. 5. 1988 RzK I 8 g Nr. 13); zum Ehebruch als Kündigungsgrund bei Mormonen vgl. BAG 24. 4. 1997 AP BGB § 611 Kirchendienst Nr. 27. 268

Bei Vertragsstörungen ist zwischen personen- und verhaltensbedingten Gründen genau zu differenzieren. Bei Tendenzkonflikten kann eine verhaltensbedingte Kündigung in Betracht kommen, wenn der AN nicht nur eine abweichende Tendenz vertritt, sondern wenn er seine abweichende Ansicht provokant und verletzend umsetzt (vgl. *Ascheid* Rn. 463). 269

Verdachtskündigung: siehe § 626 BGB Rn. 208 ff.

Wehrdienst: Zu Wehr- und Eignungsübung deutscher AN vgl. § 2 ArbPlSchG. Ein gesetzlicher Arbeitsplatzschutz besteht nicht bei **EG-Ausländern**. Eine Pflichtenkollision, die auf eine Willensentscheidung des AN zurückzuführen ist, liegt hier vor, wenn ein ausländischer AN, auf den wegen seiner Staatsangehörigkeit das ArbPlSchG nicht anzuwenden ist, sich in zu respektierender Treue zu seinem Staat dazu entschließt, nicht den Vertrag gegenüber seinem AG, sondern die staatsbürgerliche Pflicht gegenüber seinem Staat zu erfüllen. Fällt die Arbeitsleistung dadurch für eine längere Zeit aus, kann der AG, sofern keine zumutbaren Überbrückungsmaßnahmen möglich sind, kündigen (BAG 22. 12. 1982 AP BGB § 123 Nr. 23; BAG 20. 5. 1988 BAGE 59, 32 = AP KSchG 1969 § 1 Personenbedingte Kündigung Nr. 9 (Anm. *Rüthers/Henssler* und *Kohte*; KDZ/*Kittner* Rn. 153; KR/*Etzel* Rn. 417; SPV Rn. 736; *Winterfeld* Anm. SAE 1990, 261). 270

VI. Beweislastfragen

Für personenbedingte Kündigungen gilt die Grundregel des § 1 II 4. Der AG ist danach beweispflichtig für die **negative Prognose,** vgl. auch Rn. 199, die **erhebliche Beeinträchtigung betrieblicher Interessen** (KDZ/*Kittner/Trittin* Rn. 104 ff.), vgl auch Rn. 178, und die **fehlende Weiterbeschäftigungsmöglichkeit,** vgl. auch Rn. 182. Bei der personenbedingten Kündigung wegen Krankheit ist hier zu unterscheiden, ob der AG die Ursache der Erkrankung und die spezifisch zu erwartenden Auswirkungen kennt oder nicht, vgl. dazu Rn. 199, 201. Gibt der AN keine Auskünfte, legt der AG die negative Prognose dar, indem er auf die Fehlzeiten der Vergangenheit hinweist und behauptet, der störende Zustand werde fortbestehen. Gibt der AN Auskunft, ist in der Regel ein medizinisches Gutachten einzuholen. Hat der AN in eine Untersuchung eingewilligt und hat der untersuchende Arzt ausgeführt, der AN sei auf absehbare Zeit nicht arbeitsfähig, fehlt aber die Angabe der Krankheitsursache, weil insoweit eine Entbindung von der Schweigepflicht nicht vorlag, ist es unerheblich, wenn der AN im Prozeß den Arzt jetzt von der Schweigepflicht entbindet. Maßgebend ist, daß zum Zeitpunkt des Zugangs der Kündigung die Leistungsunfähigkeit feststand (BAG 6. 2. 1992 – 2 AZR 364/91 nv). 271

Die Beweisanforderungen für die Feststellung der nicht absehbaren Dauer der Arbeitsunfähigkeit können nicht mit Hilfe des **Anscheinsbeweises** erleichtert werden, da es keinen Erfahrungssatz gibt, 272 aus der langanhaltenden Dauer der Arbeitsunfähigkeit in der Vergangenheit auf eine negative gesundheitliche Konstitution in der Zukunft zu schließen (BAG 25. 11. 1982 AP KSchG 1969 § 1 Krankheit Nr. 7). Ist eine Kündigung aus Anlaß einer krankheitsbedingten Unterbrechung tariflich ausgeschlossen, kann eine Kündigung unmittelbar nach Wiederaufnahme der Arbeit dafür sprechen, daß sie wegen der Arbeitsunterbrechung erfolgt ist (BAG 5. 2. 1998 AP TVG § 1 Tarifverträge: Apotheken Nr. 3 = NZA 1998, 644).

273 Die angeführten Grundsätze gelten auch für Kündigungen bei häufigen Kurzerkrankungen. Häufige Kurzerkrankungen in der Vergangenheit können zunächst für einen entsprechenden Krankheitsverlauf in der Zukunft sprechen. Den AN trifft dann nach § 138 II ZPO eine prozessuale Mitwirkungspflicht, näher darzulegen, weshalb die Besorgnis weiterer Kurzerkrankungen unberechtigt sein soll. Sind dem AN Krankheitsbefund und vermutliche Entwicklung selbst nicht hinreichend bekannt, genügt der AN seiner Mitwirkungspflicht schon dann, wenn er die Behauptung des AG bestreitet und die Ärzte von ihrer Schweigepflicht entbindet, die ihn behandelt haben (BAG 23. 6. 1983 AP KSchG 1969 § 1 Krankheit Nr. 10; BAG 6. 9. 1989 AP KSchG 1969 § 1 Krankheit Nr. 21). Trägt er selbst konkrete Umstände, wie die Krankheitsursachen vor, müssen diese geeignet sein, die Indizwirkung der bisherigen Fehlzeiten zu erschüttern; er muß jedoch nicht den Gegenbeweis führen, daß nicht mit weiteren künftigen Erkrankungen zu rechnen ist (BAG 6. 9. 1989 AP Krankheit Nr. 21).

274 Stehen die in der Vergangenheit angefallenen krankheitsbedingten Fehlzeiten des AN, ihre jeweilige Dauer und ihre Ursache fest, hat der Tatrichter nach § 286 ZPO zu entscheiden, ob diese Umstände die Annahme entsprechender Ausfälle in der Vergangenheit rechtfertigen. Beantragt der AN die Vernehmung seiner behandelnden Ärzte als sachverständige Zeugen nur für die Krankheitsursachen und nicht auch für die von ihm behauptete positive Gesundheitsprognose, ist der Tatrichter im Rahmen seines Ermessens nach § 144 ZPO nur dann zur Erhebung des Sachverständigenbeweises verpflichtet, wenn ihm die Sachkunde zur Prüfung fehlt, ob der bisherige Krankheitsverlauf ausreichende Indizien für eine negative Prognose enthält (BAG 6. 9. 1989 AP KSchG 1969 § 1 Krankheit Nr. 21).

275 Für die negative Prognose dürfen weitere Umstände, die erst nach Zugang der Kündigung eingetreten sind, nicht berücksichtigt werden (BAG 6. 9. 1989 AP Krankheit Nr. 22). Solche „neuen" Umstände sind zB das Antreten einer bisher abgelehnten Kur, die Umstellung der Lebensführung.

VII. Druckkündigung

276 Unter einer **Druckkündigung** versteht die Rechtsprechung einmal eine Situation, in der ein betroffener AN einen möglichen **Kündigungsgrund** verursacht und, **auf den sich andere AN oder Dritte berufen,** damit der AG dem betroffenen AN kündige (vgl. auch § 626 BGB Rn. 218 ff.). In einem solchen Fall ist die als Kündigungsgrund angeführte Drucksituation alternativ als personen-, verhaltens- oder betriebsbedingter Kündigungsgrund zu würdigen (BAG 19. 6. 1986 AP KSchG 1969 § 1 Betriebsbedingte Kündigung Nr. 33; BAG 31. 1. 1996 AP BGB § 626 Druckkündigung Nr. 13). Diese „Druckkündigung" unterscheidet sich nicht von der personen-, verhaltens- oder betriebsbedingten Kündigung. Die Rechtsprechung bejaht eine Druckkündigung auch für den Fall, daß der AG durch Eignungsmängel oder verhaltensbedingte Gründe des AN in eine betriebliche Drucksituation gerät, die ihm die Ausführung weiterer Aufträge nicht mehr ermöglicht, und erwägt für solche Fälle auch die Möglichkeit einer betriebsbedingten Kündigung (vgl. BAG 26. 6. 1997 – 2 AZR 502/96 nv.).

277 Eine echte **Druckkündigung** liegt vor, wenn die **Belegschaft oder Dritte die Kündigung eines AN verlangen, ohne daß ein Kündigungsgrund nachweisbar wäre,** und für den Fall, daß dies nicht geschieht, dem AG nachteilige Schritte androhen, zB Eigenkündigungen der AN oder Nichterteilung eines wichtigen Auftrags durch Kunden (BAG 26. 1. 1962 und BAG 18. 9. 1975 AP BGB § 626 Druckkündigung Nr. 8, 10; BAG 19. 6. 1986 AP KSchG 1969 § 1 Betriebsbedingte Kündigung Nr. 33; BAG 4. 10. 1990 AP BGB § 626 Druckkündigung Nr. 12; vgl. auch BAG 4. 6. 1998 AP BGB § 823 Nr. 7; *Herschel/Löwisch* Rn. 207; *Hueck/v. Hoyningen-Huene* Rn. 210; KR/*Etzel* Rn. 321; *Ascheid* Rn. 168; SPV Rn. 541). Bei dieser Druckkündigung sind in der Praxis zwei Fallkonstellationen denkbar: Der betreffende AN, dessen Entlassung verlangt wird, hat entweder ein **Verhalten** gezeigt, das die Dritten zu ihrem Druck veranlaßt hat, oder es liegt ein **Grund in seiner Person** vor, der den Druck ausgelöst hat. Würden Dritte willkürlich verlangen, einem bestimmten AN zu kündigen – in einem Fall, den es in der Praxis nicht geben wird, wäre eine Kündigung nicht zu rechtfertigen (vgl. BAG 19. 6. 1986 AP Betriebsbedingte Kündigung Nr. 33; *Hueck/v. Hoyningen-Huene* Rn. 202). Es ist bedenklich, eine solche Kündigung überhaupt für zulässig zu erachten (so zutreffend SPV Rn. 541; KDZ/*Kittner* Rn. 249; vgl. auch *Erman/Hanau* § 626 Rn. 76). Die Rechtsprechung läßt Druckkündigungen als äußerste „Notmaßnahme" zu.

278 Die Einordnung der Druckkündigung in das System der Kündigungsgründe ist umstritten, wenn sich hieraus auch keine Rechtsanwendungsprobleme ergeben. Wenn die betriebsbedingte Kündigung beschränkt wird auf den Wegfall oder die Änderung von Beschäftigungsmöglichkeiten, ist die Druckkündigung der personenbedingten Kündigung zuzurechnen. Der Druck auf den AG setzt immer an der Person des AN an, der entlassen werden soll, ohne daß er sich kündigungsrelevant aus der Sicht

E. Gründe im Verhalten des Arbeitnehmers § 1 KSchG 430

des AG verhalten hätte. Außerdem ist der Grund auf eine bestimmte Person konkretisiert. Eine Sozialauswahl ist nicht denkbar (*Hueck/v. Hoyningen-Huene* Rn. 205; aA hinsichtlich der Einordnung: BAG 19. 6. 1986 KSchG 1969 § 1 Betriebsbedingte Kündigung Nr. 33; BAG 4. 10. 1990 AP BGB § 626 Druckkündigung Nr. 12; *Herschel/Löwisch* Rn. 207). Hat der AN einen Kündigungsgrund gesetzt und soll ihm wegen dieses Umstandes (zB autoritärer Führungsstil) gekündigt werden, richtet sich die Abwicklung der Druckkündigung nach den üblichen Regelungen des KSchG (BAG 31. 1. 1996 AP BGB § 626 Nr. 13).

Der **AG muß** bei Druck zunächst **versuchen, die Kündigung abzuwenden.** Nur dann, wenn seine 279 Bemühungen keinen Erfolg haben, kommt eine Druckkündigung in Betracht. Hat der AG gar nichts getan, um die Belegschaft umzustimmen, ist eine außerordentliche Druckkündigung schon deshalb unwirksam (BAG 26. 1. 1962 und BAG 18. 9. 1975 AP BGB § 626 BGB Druckkündigung Nr. 8, 10; BAG 19. 6. 1986 RzK I 8 d Nr. 3; *Ascheid* Rn. 168; *Erman/Hanau* § 626 Rn. 76; *Staudinger/Preis* § 626 Rn. 54). Der AG verliert sein Kündigungsrecht nicht, wenn er Vorwürfe nicht aufklärt, die von dritter Seite gegen einen AN erhoben werden, ohne daß jedoch zunächst die Entlassung dieses AN gefordert wird (BAG 10. 2. 1977 BAGE 29, 7 = AP BetrVG 1972 § 103 Nr. 9).

Verlangt die Belegschaft die Kündigung eines HIV-infizierten AN, hat der AG mit allen ihm zur 280 Verfügung stehenden möglichen und zumutbaren Mitteln zu versuchen, die Drucksituation zu beseitigen. Nur wenn dem AG unbillige und für den Betrieb unzumutbare Nachteile erwachsen, er wirtschaftlich schwer geschädigt oder gar in seiner Existenz bedroht ist wie durch Androhung von Kunden oder Geschäftspartnern, die Geschäftsbeziehungen abzubrechen, ist er zu einer Druckkündigung berechtigt (*Hueck/v. Hoyningen-Huene* Rn. 189; *Bruns* MDR 1988, 353; *Lepke* S. 102; *ders.* DB 1987, 1299, 1301; *Löwisch* DB 1987, 936, 942).

Bleibenden ungerechtfertigten Forderungen darf der AG nur nachgeben, wenn die **Entlassung der** 281 **letzte Ausweg** ist, um einen unzumutbaren eigenen Schaden abzuwenden (BAG 10. 10. 1957 AP BGB § 626 BGB Druckkündigung Nr. 1 (*Herschel*); *Löwisch* KSchG Rn. 299). In einer solchen Situation ist der betroffene AN verpflichtet, durch ein entsprechendes Verhalten unzumutbare Nachteile für seinen AG zu vermeiden und seinerseits für einen für beide Seiten tragbaren Ausweg einzustehen, zB Änderungsvertrag, Versetzungsbereitschaft (BAG 26. 1. 1962 und BAG 18. 9. 1975 AP BGB § 626 Druckkündigung Nr. 8, 10).

Dem **AG** ist es verwehrt, sich auf eine **Drucksituation** zu berufen, wenn er sie **selbst in vorwerf-** 282 **barer Weise herbeigeführt** hat (BAG 26. 1. 1962 BAGE 12, 220 = AP BGB § 626 BGB Druckkündigung Nr. 8; *Hueck/v. Hoyningen-Huene* Rn. 204; *Ascheid* Rn. 168; *Staudinger/Preis* § 626 Rn. 54). Wird die Druckkündigung in einem solchen Fall dennoch unabwendbar, ist der AG dem AN wegen positiver Vertragsverletzung schadensersatzpflichtig (*Erman/Hanau* § 626 Rn. 76; *Herschel/ Löwisch* Rn. 207; *Hueck/v. Hoyningen-Huene* Rn. 204).

Soll durch den Druck veranlaßt werden, daß der AN anderweitig beschäftigt wird, ist zu beachten, 283 daß nach der Rechtsprechung einer entsprechenden Druckkündigung die Mitwirkung des Betriebsrats insofern voranzugehen hat, als dessen Mitwirkungsrechte, § 99 BetrVG, berührt werden (BAG 16. 12. 1960 AP BetrVG 1952 § 56 Nr. 22).

Anders als bei der Verdachtskündigung ist der **AG nicht verpflichtet, den AN vor der Druck-** 284 **kündigung anzuhören** (BAG 4. 10. 1990 AP BGB § 626 Druckkündigung Nr. 12; *Hueck/v. Hoyningen-Huene* Rn. 204; *Ascheid* Rn. 169). Bei der Verdachtskündigung kann der AN sein eigenes Verhalten klarstellen. Bei der Druckkündigung geht es jedoch um das fordernde Verlangen anderer.

Hat eine Druckkündigung Erfolg, kann dem AN unter Umständen ein **Schadensersatzanspruch** 285 gegen diejenigen Personen zustehen, § 826 BGB, die rechtswidrig seine Entlassung verursacht haben (BAG 18. 9. 1975 AP BGB § 626 Druckkündigung Nr. 10; *Löwisch* KSchG Rn. 299; *Ascheid* Rn. 170; *Erman/Hanau* § 626 Rn. 76; *Staudinger/Preis* § 626 Rn. 55). Soweit der AN geltend macht, es sei sein Recht am Arbeitsplatz verletzt, ist zu beachten, daß mit dem Vollzug der Kündigung nicht schon die Rechtswidrigkeit indiziert wird. Diese liegt nicht vor, wenn die den Druck ausübenden Personen berechtigte eigene Interessen wahrnehmen (BAG 4. 6. 1998 AP BGB § 823 Nr. 7). Auch ist zu prüfen, ob dem AN gegen den AG ein Anspruch nach den Grundsätzen der Aufopferung zusteht (*Löwisch* KSchG Rn. 299). Das kann zu bejahen sein, wenn der AN selbst keinerlei Anlaß für die Drucksituation gegeben hat.

E. Gründe im Verhalten des Arbeitnehmers

I. Allgemeines

Nach § 1 II 1 ist die **Kündigung auch sozial ungerechtfertigt, wenn** sie **nicht durch Gründe** in 286 dem **Verhalten des AN** bedingt ist. Das Gesetz definiert nicht, welcher Art das kündigungsrelevante Verhalten sein muß. In Abgrenzung zu Kündigungsgründen in der Person ist unter einem **kündigungsrelevanten „Verhalten"** eine solche Handlungsweise zu sehen, die **vom AN steuerbar** ist (vgl. *Ascheid* Rn. 223; SPV Rn. 680). Anders als bei der personenbedingten Kündigung ist Voraussetzung einer verhaltensbedingten Kündigung, daß dem AN vorgeworfen werden kann, er hätte sich auch anders verhalten können (KR/*Etzel* Rn. 383 ff.).

287 **Der AN muß handeln.** Ein bloßes Anhaften einer **Eigenschaft** an seiner Person **ist kein „Verhalten".** Dieses Handeln des AN ist tatbestandlich nur von Bedeutung, wenn es zu Störungen der Vertragsbeziehungen geführt hat. Es kann sich um die Verletzung von **Hauptpflichten** oder von vertraglichen **Nebenpflichten** handeln (BAG 9. 4. 1987 AP KSchG 1969 § 1 Krankheit Nr. 18; BAG 7. 12. 1988 AP KSchG 1969 § 1 Verhaltensbedingte Kündigung Nr. 26; BAG 25. 10. 1989 AP BGB § 611 Direktionsrecht Nr. 36; *Herschel/Löwisch* Rn. 84; *Hueck/v. Hoyningen-Huene* Rn. 271).

288 Soweit in Urteilen (zB BAG 4. 11. 1981 und 24. 9. 1987 AP KSchG 1969 § 1 Verhaltensbedingte Kündigung Nr. 4 und 19) davon gesprochen wird, das Arbeitsverhältnis müsse durch das beanstandete Verhalten **konkret berührt** werden, ist das eine rechtlich ungenaue Erfassung des Kündigungsgrundes. Eine „konkrete Berührung" zum Arbeitsverhältnis kann nur bestehen aufgrund von Vertragspflichten. Ein AN, der weder eine **Haupt**- noch eine **Nebenpflicht verletzt,** „berührt" das Arbeitsverhältnis nicht (*Hueck/v. Hoyningen-Huene* Rn. 272; KDZ/*Kittner* Rn. 155; vgl. auch SPV Rn. 680).

289 Eine **Hauptpflicht ist die Arbeitspflicht.** Tritt der AN die Arbeit nicht an, ohne dafür einen ihn entlastenden Grund zu haben, verletzt er die Arbeitspflicht (*Herschel/Löwisch* Rn. 94). Die Nebenpflichten ergeben sich entweder aus einer ausdrücklichen Vereinbarung oder konkludent aus dem Vertragsverhältnis. Sind sie vereinbart, erhalten sie kündigungsrechtliche Relevanz, wenn sie einer Inhaltskontrolle standhalten (SPV Rn. 681). Nebenpflichten ergeben sich auch aus dem Gebot, die Leistung so zu erbringen, wie Treu und Glauben mit Rücksicht auf die Verkehrssitte es erfordern, § 242 BGB. Der AN ist regelmäßig in den Betrieb eingegliedert. Er steht, wenn auch in größeren Betrieben nur über Mittelspersonen, in Kontakt zum AG und hat Zugang zu dessen Eigentum. Es gehört daher zu den Pflichten, die Person des AG, die seiner Kollegen und das Eigentum und sonstige Rechtsgüter des AG und seiner Kollegen nicht zu verletzen (*Hueck/v. Hoyningen-Huene* Rn. 273; *Ascheid* Rn. 59). Die Parteien haben außerdem alles zu unterlassen, was geeignet ist, den Vertragszweck zu gefährden. Hierzu gehört je nach Aufgabenstellung auch die Aufrechterhaltung eines gegenseitigen Vertrauens (*Hueck/v. Hoyningen-Huene* Rn. 273; *Ascheid* Rn. 39). Bei Beurteilung einer Schlechtleistung ist zu beachten, daß der AN, sofern nicht Besonderheiten zu beachten sind, eine Leistung mittlerer Art und Güte schuldet (SPV Rn. 716). Legt ein AG in einer Dienstanweisung im einzelnen fest, wie er auf bestimmte Pflichtverstöße des AN zu reagieren beabsichtigt, bindet er sich damit selbst und muß sich im konkreten Fall an das in der Dienstanweisung festgelegte Verfahren halten (BAG 25. 4. 1996 AP KSchG 1969 § 1 Personenbedingte Kündigung Nr. 18).

290 Die oft erwähnte „Treuepflicht" des AN ist nichts anderes als die Nebenpflicht des AN, auf die Vertragsbelange des AG Rücksicht zu nehmen und diesem keinen Schaden zuzufügen (*Ascheid* Rn. 435; SPV Rn. 717). Die berechtigten Belange des AG sind empfindlich gestört, wenn das Verhalten des AN geeignet ist, den Ruf des AG im Geschäftsverkehr zu gefährden. Ein solcher Fall liegt zB vor, wenn ein Bankangestellter dabei mitwirkt, eine „Scheingrundschuld" eintragen zu lassen, durch die die Zwangsvollstreckung gegen den Bankkunden vereitelt werden soll (BAG 21. 1. 1988 AP ZPO § 394 Nr. 1 *(Pleyer)*.

291 Ein steuerbares **Handeln** ist „verhaltensbedingt" iSv. § 1 II nur vorwerfbar, wenn der AN **schuldfähig** war (BAG 4. 4. 1974 AP BGB § 626 AN im Aufsichtsrat Nr. 1; BAG 25. 10. 1989 AP BGB § 611 Direktionsrecht Nr. 36; *Herschel/Löwisch* Rn. 85; *Hueck/v. Hoyningen-Huene* Rn. 279; KBK 12 Rn. 17; KR/*Etzel* Rn. 423; *Ascheid* Rn. 430; SPV Rn. 680; aA für die außerordentliche Kündigung, bei es maßgebend auf die Abwägung der gegenseitigen Interessen ankommt: BAG 21. 1. 1999 AP BGB § 626 Nr. 151). **Verschuldet** ist ein arbeitsvertragswidriges Verhalten nach § 276 BGB, wenn es **vorsätzlich oder fahrlässig** geschieht. Der AN hätte nach freiem Willensentschluß auch anders handeln können. Das hat uneingeschränkt und nicht nur in der Regel zu gelten (*Herschel/Löwisch* Rn. 85; *Preis* DB 1990, 632). Hat der AN infolge einer **geistigen Erkrankung** eine Störung herbeigeführt, kommt bei Vorliegen der sonstigen Voraussetzung eine personenbedingte Kündigung in Betracht (vgl. BAG 16. 2. 1989 RzK I 6 a Nr. 49: krankhafte Wahnvorstellungen).

292 Hiervon zu trennen ist kündigungsrechtlich der Fall, daß der AN zwar schuldfähig ist, daß er seine Handlungsweise jedoch infolge eines **Rechtsirrtums** für rechtmäßig erachtete. Ein solcher Rechtsirrtum **schließt** eine **verhaltensbedingte Kündigung nicht aus.** Ein Verschulden kann angenommen werden, wenn er sich über seine Rechte und Pflichten nicht hinreichend orientiert hat (*Hueck/ v. Hoyningen-Huene* Rn. 279; *Ascheid* Rn. 431; aA KDZ/*Kittner* Rn. 156: läßt Verschulden entfallen). Hat der AN unverschuldet rechtsirrig gehandelt, ist die Leistungsstörung zwar an sich tatbestandsmäßig im Sinne eines verhaltensbedingten Handelns. Bei der Prognose, vgl. Rn. 296, ist aber zu beachten, daß schwerlich auf weitere Störungen geschlossen werden kann, wenn der Irrtum aufgeklärt ist. Es handelt sich hierbei nicht um eine Frage der „Interessenabwägung" (so aber BAG 12. 4. 1973 AP BGB § 611 Direktionsrecht Nr. 24; BAG 14. 2. 1978 AP GG Art. 9 Arbeitskampf Nr. 57; *Hueck/ v. Hoyningen-Huene* Rn. 279; KDZ/*Kittner* Rn. 156; KR/*Etzel* Rn. 423; *Ascheid* Rn. 423).

293 Ein **verhaltensbedingter Grund** ist **nicht schon** eine **strafgesetzlich erfaßte Handlungsweise.** Der **verhaltensbedingte Grund** ist vielmehr ein die **vertraglich zu erbringende Leistung störender Grund.** Es kann sein, daß eine strafrechtliche Handlungsweise zugleich vertragsrelevant ist – dann

E. Gründe im Verhalten des Arbeitnehmers

spielt sie sich gleichsam innervertraglich ab (*Ascheid* Rn. 434; SPV Rn. 720). Sie muß es aber nicht sein. **Relevant ist nur der Inhalt des** konkret vereinbarten oder inhaltlich durch andere Normen bestimmten **Arbeitsverhältnisses**, nicht der eines vielleicht idealen. Deshalb spielt das vertraglich nicht erfaßte Privatleben des AN im Verhaltensbereich kündigungsrechtlich keine Rolle (*Herschel/Löwisch* Rn. 126; SPV Rn. 706; vgl. zum sog. außerdienstlichen Verhalten ausführlich KR/*Etzel* Rn. 472 ff.). Straftaten, die der öffentliche Bedienstete, wenn auch im Privatbereich, begeht, können wegen §§ 6, 8 BAT eine ordentliche Kündigung rechtfertigen (BAG 20. 11. 1997 NZA 1998, 323). § 4 BeschSchG gewährt kein eigenes Kündigungsrecht (BAG 8. 6. 2000 – 2 ABR 1/00 zVb.).

Ein **strafrechtlich relevantes Verhalten** wirkt sich auf die Beziehungen zwischen AG und AN nur aus, wenn sich die Relevanz des Handels insoweit dem **subjektiven Vertragsrecht** der Beteiligten, sei es im Leistungsbereich oder in dem des personalen Bereichs, **entnehmen** lassen kann. In Urteilen finden sich dazu Formulierungen, die Fortsetzung des Arbeitsverhältnisses müsse durch objektive Umstände, die Einstellung oder das Verhalten des Gekündigten im Leistungsbereich, im Bereich der betrieblichen Verbundenheit, im Vertrauensbereich der Vertragsparteien oder im Unternehmensbereich beeinträchtigt sein (BAG 20. 9. 1984 AP KSchG 1969 § 1 Verhaltensbedingte Kündigung Nr. 13). In dem zuletzt zitierten Urteil, nach dessen Tatbestand eine AN bei einer Konzernschwester ihrer AG einen Diebstahl begangen hatte, wird die Vertragsrelevanz aus der konkreten Parteivereinbarung hergeleitet, nicht nur beim AG, sondern bei allen Warenhäusern des Konzerns mit Personalrabatt einkaufen zu können. 294

Auch bei der verhaltensbedingten Kündigung hat der AG zu prüfen, **ob der AN nicht auf einem anderen freien Arbeitsplatz beschäftigt werden kann** (BAG 22. 7. 1982 AP KSchG 1969 § 1 Verhaltensbedingte Kündigung Nr. 5; *Hueck/v. Hoyningen-Huene* Rn. 276; KDZ/*Kittner* Rn. 168; aA *Herschel/Löwisch* Rn. 93). Eine solche Maßnahme muß aber geeignet sein, die Zukunftsrelevanz weiterer Störungen durch die Arbeit auf dem anderen Arbeitsplatz entfallen zu lassen, dh. die Störung muß arbeitsplatzbezogen gewesen sein (*Ascheid* Rn. 444; SPV Rn. 692). Wer in einer Abteilung trotz Abmahnungen dauernd zu spät kommt, muß nicht auf einen freien Platz in eine andere Abteilung umgesetzt werden, denn es spricht nichts dafür, daß er hier pünktlich sein wird. Anders kann es sein bei dauerndem Streit mit bestimmten Arbeitskollegen. Handelt es sich um eine Störung im Vertrauensbereich, wird eine Weiterbeschäftigungen auf einem anderen Platz in der Regel nicht in Betracht kommen. 295

II. Negative Prognose und Kündigungsankündigung (sog. Abmahnung)

Vertragsverletzungen sind nur relevant, wenn der AG daraus schließt, der Vertrag werde auch in Zukunft gestört. **Was den AG nicht gestört hat**, kann **kein Kündigungsgrund** sein. Zur sozialen Rechtfertigung einer verhaltensbedingten Kündigung gehört daher eine **negative Prognose**. Die **bereits erfolgte Störung ist** dabei der **maßgebende Anknüpfungspunkt**. Der AN soll durch die Kündigung nicht „bestraft" werden. Der AG macht vielmehr von seinem Recht Gebrauch, seine Ziele nur mit solchen Mitarbeitern erreichen zu wollen, die keine Vertragsbrüche erwarten lassen (BAG 7. 12. 1988 AP KSchG 1969 § 1 Verhaltensbedingte Kündigung Nr. 26; BAG 17. 1. 1991 AP KSchG 1969 § 1 Verhaltensbedingte Kündigung Nr. 25; *Herschel/Löwisch* Rn. 75; *Hueck/v. Hoyningen-Huene* Rn. 274; *Ascheid* Rn. 436; SPV Rn. 690; aA offenbar *Herschel/Löwisch* vor § 1 Rn. 4, § 1 Rn. 70: Reaktion des AG auf vertragswidriges Verhalten). 296

Die Anforderungen an eine Prognose bei der verhaltensbedingten Kündigung sind nicht so zu verstehen, daß ohne Tatsachengrundlage ins Blaue hinein Überlegungen hinsichtlich einer zukünftigen Entwicklung der Vertragsbeziehungen anzustellen wären. Die negative Prognose liegt vor, wenn die Vertragsstörung so geartet war, daß daraus geschlossen werden kann, der AN werde seine Vertragspflichten nicht erfüllen. Liegt ein gravierender Verstoß nicht vor, ist die **negative Prognose** regelmäßig **gegeben, wenn der AN nach einer Kündigungankündigung den Vertrag wieder in gleicher oder ähnlicher Art verletzt** hat (*Ascheid* Rn. 437; SPV Rn. 684). 297

Hat eine Störung allein den an sich zu fordernden Vertragsbindungswillen des AG für die Dauer der ordentlichen Bindungszeit noch nicht zerstört oder läßt sich aus der Art einer Störung noch nicht darauf schließen, daß in Zukunft weitere Störungen erfolgen werden, kann ein Schluß auf die negative Entwicklung des Arbeitsverhältnisses aus **wiederholten Vertragsverletzungen** hergeleitet werden (vgl. hierzu auch *Erman/Hanau* § 626 Rn. 30; SPV Rn. 682, 690). 298

Die **Kündigungsankündigung** (Abmahnung) spielt deshalb gerade bei den verhaltensbedingten Gründen eine erhebliche Rolle (BAG 17. 2. 1994 RzK I 5 i Nr. 86; vgl. KDZ/*Kittner* Rn. 168; KR/*Etzel* Rn. 425; *Löwisch* KSchG Rn. 92; *Ascheid* Rn. 62 ff.; SPV Rn. 684 ff.). Einem AN, dem nach einer Störungshandlung eine Kündigung nicht angedroht worden ist, nimmt aus seiner Sicht vielleicht an, sein AG lege auf eine genaue Einhaltung des Vertrages keinen so großen Wert. 299

Die **Kündigungsankündigung** dient der **Objektivierung der negativen Prognose** (*Ascheid* Rn. 64). Ist eine Kündigungsandrohung ordnungsgemäß erfolgt und wiederholt der AN das früher beanstandete Verhalten, ist regelmäßig davon auszugehen, daß mit weiteren Störungen zu rechnen sein wird. Zur dogmatischen Einordnung der Kündigungsankündigung in das Kündigungsrecht vgl. Rn. 132. 300

301   Durch die Kündigungsankündigung wird eine beanstandungsfreie Leistung für die Zukunft angefordert. Die Kündigungsankündigung hat eine **Ankündigungs- und Warnfunktion** (BAG 18. 1. 1980 AP KSchG 1969 § 1 Verhaltensbedingte Kündigung Nr. 3; BAG 10. 11. 1988 AP Abmahnung Nr. 3; *Herschel/Löwisch* Rn. 90; *Hueck/v. Hoyningen-Huene* Rn. 281; KDZ/*Kittner* Einl. Rn. 73; *Ascheid* Rn. 74). Der AN wird in allen Fällen eines willensbestimmten oder eines mitwillensbestimmten Verhaltens gewarnt, **bei Nichtänderung seines Verhaltens** werde eine **Kündigung** erfolgen (*Preis* S. 329, 456). Ist die Vertragsstörung nicht so gestaltet, daß eine sofortige Auflösung der Vertragsbeziehungen in Betracht kommt, muß dem AN Gelegenheit gegeben werden, sein Verhalten zu ändern (BAG 18. 11. 1986; BAG 13. 3. 1987 AP KSchG 1969 § 1 Verhaltensbedingte Kündigung Nr. 17, 18; BAG 10. 11. 1988 AP Abmahnung Nr. 3; *Hueck/v. Hoyningen-Huene* Rn. 280). Die Warn- und Ankündigungsfunktion ist auch erfüllt, wenn ein Alkoholverbot in einer Betriebsvereinbarung geregelt ist (LAG Hamm 11. 11. 1996 LAGE KSchG § 1 Verhaltensbedingte Kündigung Nr. 56).

302   Die Kündigungsankündigung ist bei allen Pflichtverletzungen angezeigt, nicht nur bei Störungen im Leistungsbereich (*Hueck/v. Hoyningen-Huene* Rn. 283; *Ascheid* Rn. 74 ff.; aA BAG 18. 11. 1986 AP KSchG 1969 § 1 Verhaltensbedingte Kündigung Nr. 17; BAG 10. 11. 1988 AP KSchG 1969 § 1 Abmahnung Nr. 3; KR/*Etzel* Rn. 390). Die Rechtsprechung hat in folgenden Fällen ausdrücklich eine Kündigungsankündigung für notwendig gehalten: **unentschuldigtes Fehlen** (BAG 17. 1. 1991 AP KSchG 1969 § 1 Verhaltensbedingte Kündigung Nr. 25); **Nichtanzeige der Arbeitsunfähigkeit** (BAG 16. 8. 1991 AP KSchG 1969 § 1 Verhaltensbedingte Kündigung Nr. 27); Betriebsratsmitglied wegen **Nicht-Abmeldung zur Betriebsratstätigkeit** (BAG 15. 7. 1992 AP BGB § 611 Abmahnung Nr. 9); **nicht zulässige Behandlungsmethode** in kirchlichem Krankenhaus (BAG 7. 10. 1993 AP BGB § 626 Nr. 114).

303   Eine verhaltensbedingte Kündigung setzt nicht immer eine **Kündigungsankündigung** voraus. Sie ist in zwei Fällen **entbehrlich**:
– **Der AN gibt zu erkennen**, daß er **nicht willig** ist, sich **vertragsgetreu zu verhalten**. Er tut damit nämlich selbst kund, daß er wieder Vertragsverletzungen begehen wird (BAG 12. 7. 1984 AP BetrVG 1972 § 102 Nr. 32; BAG 17. 2. 1994 AP KSchG 1969 § 626 Nr. 17; BAG 18. 5. 1994 RzK I 5 i Nr. 93; *Herschel/Löwisch* Rn. 89; *Hueck/v. Hoyningen-Huene* Rn. 285; KDZ/*Kittner* Einl. Rn. 83).

304   – **Der AN weiß** oder muß wissen, **daß der AG** das gezeigte **Verhalten unter keinen Umständen hinnehmen wird.** Hierzu gehören **schwerwiegende** und besonders auch **vorsätzliche Vertragsverstöße** in allen Bereichen (BAG 30. 11. 1978 AP SeemG § 64 Nr. 1; BAG 12. 7. 1984 AP BetrVG 1972 § 102 Nr. 32; BAG 13. 12. 1984 AP BGB § 626 Nr. 81; BAG 10. 11. 1988 AP Abmahnung Nr. 3; BAG 18. 5. 1994 AP BPersVG § 108 Nr. 3; BAG 10. 2. 1999 AP KSchG 1969 § 15 Nr. 42; *Herschel/Löwisch* Rn. 89; *Hueck/v. Hoyningen-Huene* Rn. 286; KDZ/*Kittner* Einl. Rn. 83; *Ascheid* Rn. 76). Ebenso verlangt ein „hartnäckiges" und „uneinsichtiges" Verhalten vor einer Kündigung nicht deren Androhung. Der AN zeigt durch ein solches Verhalten seine Unwilligkeit an, sich ändern zu wollen (*Hunold* BB 1986, 2053). Im Personalbereich kommen schwere Beleidigungen, Verleumdungen und Tätlichkeiten in Betracht (BAG 2. 5. 1958 AP BGB § 626 Nr. 20; *Herschel/Löwisch* Rn. 89; KR/*Hillebrecht* § 626 BGB Nr. 98).

305   Die Rechtsprechung hat in folgenden Beispielsfällen eine **Kündigung ohne Kündigungsankündigung** für **wirksam** erachtet: schwerwiegender **Verstoß gegen Alkoholverbot** (LAG Hamm 23. 8. 1990 LAGE BGB § 626 Nr. 52); vorsätzliche **Verletzung von Arbeitsschutzvorschriften** (LAG Hamm 17. 11. 1989 LAGE BGB § 626 Nr. 48); beharrliche, hartnäckige und **uneinsichtige Arbeitsverweigerung** (BAG 18. 5. 1994 AP BPersVG § 108 Nr. 3; BAG 21. 11. 1996 EzA KSchG § 1 Verhaltensbedingte Kündigung Nr. 50); **schwere Beleidigungen** (BAG 5. 11. 1992 AuR 1993, 124; LAG Frankfurt/M. 13. 2. 1984 NZA 1984, 200); **unangemessene Äußerungen** einer **Verkäuferin** gegenüber einer Kundin (LAG Schleswig-Holstein 5. 10. 1998 LAGE BGB § 626 Nr. 122); **Manipulationen bei der Zeiterfassung** (BAG 12. 8. 1999 AP BGB § 123 Nr. 51; LAG Berlin 6. 6. 1988 LAGE Verhaltensbedingte Kündigung Nr. 18; LAG Hamm 20. 2. 1986 DB 1986, 1338; LAG Niedersachsen 18. 10. 1994 LAGE Verhaltensbedingte Kündigung Nr. 44); **Vermögensdelikte** (BAG 10. 2. 1999 AP KschG 1969 § 15 Nr. 42); **Vortäuschen einer Arbeitsunfähigkeit** (BAG 26. 8. 1993 AP BGB § 626 Nr. 112; LAG Baden-Württemberg 10. 3. 1987 NZA 1987, 422); **Verstoß gegen Wettbewerbsverbot** (BAG 25. 4. 1991 AP BGB § 626 Nr. 104 = NZA 1992, 212); **Schmiergeldannahme** (LAG Köln 14. 1. 1984 DB 1984, 1101); **Ausübung einer Nebentätigkeit während** einer ärztlich attestierten **Arbeitsunfähigkeit** (BAG 26. 8. 1993 AP BGB § 626 Nr. 112); **Ausübung einer anderen Nebentätigkeit während** einer ärztlich attestierten **Arbeitsunfähigkeit** (BAG 26. 8. 1993 AP BGB § 626 Nr. 112); **sexuelle Belästigung anderer Mitarbeiter** (BAG 9. 1. 1986 AP BGB § 626 Ausschlußfrist Nr. 20); **fortgesetzte Beschimpfungen** und **Handgreiflichkeiten gegenüber Kollegen** (BAG 12. 7. 1984 AP BetrVG 1972 § 102 Nr. 32); **Geschlechtsverkehr** eines Krankenhausarztes im Krankenhaus mit Patientin (BAG 18. 10. 1990 ZTR 1993, 315); **Androhung von Arbeitsunfähigkeit** (BAG 5. 11. 1992 AP BGB § 626 Krankheit Nr. 4), wenn Pausenregelung nicht geändert wird (ArbG Paderborn 11. 5. 1994 EzA Verhaltensbedingte Kündigung Nr. 46); mehrfache **grob fahrlässige Pflichtverletzung mit erheblicher Schadensfolge** (BAG 4. 7. 1991 RzK I 6 a Nr. 73); **antisemitische Äußerungen** (ArbG Bremen 29. 6. 1994 BB 1994, 1568).

E. Gründe im Verhalten des Arbeitnehmers § 1 KSchG 430

Den Anforderungen an eine Kündigungsandrohung wird nicht genügt, wenn der AG sich selbst 306 nicht ernst nimmt. Wer in seinem Betrieb täglich „scharfe Abmahnungen" verkündet, ohne sie je zu realisieren, kann nicht davon ausgehen, daß seine AN ihn ernst nehmen. Wer sich durch Hinnahme von Leistungsstörungen als „gutmütiger" AG gezeigt hat, sollte ein deutliches Zeichen setzen, wenn die Toleranzgrenze erschöpft ist.

Die **Kündigungsankündigung erfordert keine bestimmte Form** und keine bestimmte Wortwahl. 307 Sie kann daher auch mündlich erfolgen. Letzteres empfiehlt sich allerdings aus Beweisgründen nicht (*Hueck/v. Hoyningen-Huene* Rn. 288; KDZ/*Kittner* Einl. Rn. 123, 124; *Ascheid* Rn. 77). Die Androhung muß die **Ernsthaftigkeit des AG** erkennen lassen. Der AN muß aus dem gezeigten Verhalten des AG deutlich entnehmen können, im Wiederholungsfalle müsse er mit einer Kündigung rechnen (BAG 18. 1. 1980 AP KSchG 1969 § 1 Verhaltensbedingte Kündigung Nr. 3; *Hueck/v. Hoyningen-Huene* Rn. 287; SPV Rn. 686). Dazu erachtet die Rechtsprechung es für notwendig, daß der AN den Sinn der an ihn gerichteten Erklärung inhaltlich versteht (BAG 15. 8. 1984 AP KSchG 1969 § 1 Nr. 8; BAG 9. 8. 1984 AP KSchG 1969 § 1 Verhaltensbedingte Kündigung Nr. 12; *Herschel/Löwisch* Rn. 90; *Ascheid* Rn. 77; *Hunold* BB 1986, 2050; vgl. im übrigen zu den formellen Problemen *Tschöpe* NZA Beilg. 1990 Nr. 2 S. 10 ff.). Sie sieht darin kein Problem des wirksamen Zugangs der Kündigungsankündigung. Dieser richtet sich nach § 130 BGB, der auf rechtsgeschäftliche Willenserklärungen anzuwenden ist (BGH 17. 4. 1967 BGHZ 47, 352, 357; KDZ/*Kittner* Einl. Rn. 126; MünchKommBGB/ *Förschler* § 130 Rn. 1 Fn. 1; aA *Dorndorf* Anm. SAE 1987, 135: bei Sprachunkenntnis kein Zugang). Die Konfliktlage des inhaltlichen Verstehens einer Erklärung ist zwar mit dem Zugang jeder Willenserklärung verbunden. Die verstärkten Anforderungen bei der Kündigungsandrohung lassen sich nur rechtfertigen mit den schwerwiegenden Folgen, die bei einem Nicht-Verstehen eintreten können. Das schließt nicht aus, daß es dem Empfänger der Erklärung nach Treu und Glauben verwehrt sein kann, sich auf eine Unkenntnis berufen zu können (BAG 9. 8. 1984 AP KSchG 1969 § 1 Verhaltensbedingte Kündigung Nr. 12). Wer nach einer ihm bewußten Vertragsstörung einen Brief des AG nicht liest oder ihn sich mangels entsprechender Sprachkenntnisse nicht übersetzen läßt, handelt auf eigene Gefahr.

Die **Kündigungsandrohung** ist dem individualrechtlichen Teil des Arbeitsverhältnisses zuzuord- 308 nen. Sie **bedarf** daher **nicht** der **Mitwirkung des Betriebsrats** (BAG 19. 7. 1983 AP BetrVG 1972 § 87 Nr. 5; BAG 17. 10. 1989 BetrVG 1972 § 87 Betriebsbuße Nr. 12).

Die **Ankündigungs- und Warnfunktion verlangt nicht**, daß bereits eine ganz **bestimmte Kündi-** 309 **gungsart** (ordentl., außerordentl., Beendigungs- oder Änderungskündigung) in Aussicht gestellt wird (BAG 18. 1. 1980 AP KSchG 1969 § 1 Verhaltensbedingte Kündigung Nr. 3; *Hueck/v. Hoyningen-Huene* Rn. 287; *Ascheid* Rn. 78).

Das Anfordern eines vertragsgerechten Verhaltens muß „**vertragsverletzungsspezifisch**" erfolgen, 310 nicht „einzeltatspezifisch". Jeder einer Kündigung zugrundeliegenden Vertragsstörung muß nicht hinsichtlich des Anknüpfungspunktes eine inhaltsgleiche Ankündigung vorangegangen sein (vgl. dazu *Heinze*, Giessener rechtswissenschaftl. Abhandlungen Bd. 6, 63, 83; *Ascheid* Rn. 80; enger BAG 27. 2. 1985 RzK I 1 Abmahnung Nr. 5; BAG 31. 5. 1987 DB 1987, 2367; *Herschel/Löwisch* Rn. 91: gleiche Ebene; *Hueck/v. Hoyningen-Huene* Rn. 291; KDZ/*Kittner* Einl. Rn. 140; *Hunold* BB 1986, 2054). Die negative Prognose stellt auf die Ungewißheit der Vertragserfüllung insgesamt ab und nicht darauf, welches konkrete Störungsverhalten der AN wohl demnächst an den Tag legen wird. Aus verschiedenen „Störkomplexen" läßt sich in der Regel eine Unzuverlässigkeit des AN insgesamt herleiten (vgl. *Ascheid* Rn. 63). Das schließt nicht aus, daß der AN aufgrund einer bestimmten Einzelfallgestaltung annehmen kann, der AG nehme die eine Störung hin, die andere nicht.

Soweit die Kündigungsandrohung auf **Leistungsmängel** zurückzuführen ist, muß dem AN Gele- 311 genheit gegeben werden, in einer „Umlernphase", die der jeweiligen Sachlage angepaßt sein muß, sein Verhalten umstellen zu können (*Ascheid* Rn. 81). Das gilt nur bei solchen Mängeln, die von den sachlichen Anforderungen her ein „Umlernen", ein Aneignen besonderer Fähigkeiten, erfordern. In vielen Fällen wird sich das Verhalten sofort ändern lassen.

Die **Kündigungsandrohung muß in** einem **zeitlichen Zusammenhang mit der Vertragsverlet-** 312 **zung stehen.** Kennt der AG die Vertragsstörung und unterläßt er es, in angemessener Zeit durch eine Kündigungsandrohung zu reagieren, wird der AN davon ausgehen, sein Verhalten bleibe folgenlos. Feste Zeitbezüge lassen sich nicht aufstellen (BAG 15. 1. 1986 BAGE 50, 362 = AP BGB § 611 Fürsorgepflicht Nr. 96; *Herschel/Löwisch* Rn. 91 a; *Ascheid* Rn. 82; KDZ/*Kittner* Einl. Rn. 137 aA *Hunold* BB 1986, 2050: 4 Wochen). Zeigt der AN sein Fehlverhalten selbst in allen Ausmaßen an, ist die Zeit kürzer, als wenn zunächst aufklärende Ermittlungen erforderlich sind. Ein Anhaltspunkt kann sein das Verstreichenlassen der ordentlichen Kündigungsfrist nach Kenntnis der Störung.

Eine **frühere Kündigung**, deren Unwirksamkeit gerichtlich festgestellt worden ist, kann die Funk- 313 tion einer **Kündigungsankündigung** ersetzen, wenn die vom Gericht festgestellten Gründe für die Unwirksamkeit der Kündigung nicht eine Vertragsverletzung durch den AN verneinen (vgl. BAG 31. 8. 1989 AP KSchG 1969 § 1 Verhaltensbedingte Kündigung Nr. 23; LAG Köln 1. 6. 1995 RzK I 1 Nr. 98). Ebenso entfaltet eine nach § 13 II 1 BAT wegen vorheriger Nichtanhörung formell unwirksame Abmahnung die erforderliche Warnfunktion (BAG 21. 5. 1992 AP KSchG 1969 § 1 Verhaltensbedingte Kündigung Nr. 28). Hat der AG Zweifel, ob die Kündigung die Warnfunktion auslösen konnte, kann er den AN nach erfolgloser Kündigung wegen eines an sich geeigneten Sachverhalts, der noch nicht für eine Kündigung reichte, zur Vertragserfüllung auffordern. Eine Kündigung, die vom Gericht nicht wegen Fehlens eines sachlichen Kündigungsgrundes für unwirksam erachtet wurde, hindert eine nachfolgende Kündigungsankündigung nicht (BAG 7. 9. 1988 AP BGB § 611 Abmahnung Nr. 2; *Hueck/v. Hoyningen-Huene* Rn. 295).

314 **Zur Ankündigung einer Kündigung berechtigt** ist nicht nur der Kündigungsberechtigte, sondern jeder Mitarbeiter, der befugt ist, verbindliche Anweisungen bezüglich des Ortes, der Zeit sowie der Art und Weise der arbeitsvertraglich geschuldeten Leistung zu erteilen (BAG 18. 1. 1980 AP KSchG 1969 § 1 Verhaltensbedingte Kündigung Nr. 3; *Herschel/Löwisch* Rn. 90; *Hueck/v. Hoyningen-Huene* Rn. 288; KBK 2 Rn. 88; *KDZ/Kittner* Einl. Rn. 128; *Ascheid* Rn. 87; SPV Rn. 687). Rügen bezüglich nicht ordnungsgemäßer Arbeitsausführung von zur Kündigung nicht befugten Personen sind noch keine Kündigungsandrohung.

315 Eine **wirksame Kündigungsankündigung setzt** in der Regel eine Vertragsstörung **voraus**. Hierfür genügt eine **objektive Vertragsverletzung**. Nicht erforderlich ist ein subjektiv vorwerfbares Verhalten (LAG Rheinland-Pfalz 5. 11. 1982 DB 1983, 1554; *Herschel/Löwisch* Rn. 91; *Ascheid* Rn. 85). Hiervon zu unterscheiden ist der Fall, daß der AG bei einer bestimmten Tätigkeit mit Hinweis auf Schadensfolgen eine besondere Aufmerksamkeit anfordert und ein AN sich daran nicht hält. Eine Kündigung kann nämlich ohne Kündigungsandrohung ausgesprochen werden, wenn der AN aufgrund der Art und Schwere seines Verhaltens annehmen konnte und mußte, sein Verhalten werde vom AG nicht hingenommen werden (vgl. *Ascheid* Rn. 76 und BGH 18. 9. 1985 WM 1985, 1497, 1498; BGH 26. 2. 1992 ZIP 1992, 483, 485; *Palandt/Heinrichs* § 326 Rn. 20 zur vergleichbaren Lage bei § 326 BGB).

316 Eine **Kündigungsandrohung verliert** in der Regel **mit der Zeit ihre Wirkung**. Bei Dauerschuldverhältnissen spielt der **Faktor Zeit** eine große Rolle. Eine dauernde Vertragsbeziehung verträgt keine Dauerdrohung, keinen psychischen Dauerdruck. Der AN wird je nach vorgeworfenem Verhalten nicht mehr an sie denken. Eine **Regelfrist**, nach deren Ablauf angenommen werden könnte, die Wirkungen der Kündigungsandrohung seien erloschen, **kann nicht bestimmt werden.** Entscheidend sind die Umstände des Einzelfalls (BAG 18. 11. 1986 AP KSchG 1969 § 1 Verhaltensbedingte Kündigung Nr. 17; BAG 12. 1. 1988 AP GG Art. 9 Arbeitskampf Nr. 90; *Herschel/Löwisch* Rn. 91: zwei Jahre; *KDZ/Kittner* Einl. Rn. 137; *Ascheid* Rn. 87; SPV Rn. 11; *Heinze,* Giessener rechtswissenschaftl. Abhdlg., Bd. 6, S. 63, 82; vgl. zu § 326 BGB: MünchKommBGB/*Emmerich* § 326 Rn. 40; *Staudinger/Otto* § 326 Rn. 92 ff.; aA *Brill* NZA 1985, 110; *Hunold* BB 1986, 2050: Verjährungsfrist).

317 Dem AN entstehen im Hinblick auf einen späteren Kündigungsschutzprozeß keine Nachteile, wenn er eine unberechtigte Kündigungsandrohung gerichtlich nicht angreift. Er kann sich noch im Kündigungsschutzprozeß auf die Unrichtigkeit der früheren Vorwürfe berufen (BAG 13. 3. 1987 AP KSchG 1969 § 1 Verhaltensbedingte Kündigung Nr. 18; *Ascheid* Rn. 88).

318 Die Kündigungsandrohung kann eine Kündigungsberechtigung „verbrauchen". Der AG, der infolge eines Fehlverhaltens nicht kündigt, sondern eine Kündigung in Aussicht stellt, zeigt damit konkludent an, ihm sei eine weitere Zusammenarbeit mit dem AN noch möglich. Er dokumentiert selbst eine positive und keine negative Prognose (BAG 10. 11. 1988 AP KSchG 1969 § 1 Abmahnung Nr. 3; *Hueck/v. Hoyningen-Huene* Rn. 294; *KDZ/Kittner* Einl. Rn. 144; *Ascheid* Rn. 89).

III. Gewichtung der Vertragsinteressen innerhalb des Tatbestandes

319 Anders als der Wortlaut bei § 626 I BGB enthält § 1 II als eigenständiges Tatbestandsmerkmal nicht die Notwendigkeit einer gesonderten Interessenabwägung. Dennoch verlangt die Rechtsprechung gleichsam zum Abschluß jeder Prüfung eine umfassende Abwägung der Interessen beider Vertragsteile. Die Kündigung ist danach nur gerechtfertigt, wenn ein Tatbestand vorliegt, der bei gewissenhafter Abwägung der beiderseitigen Interessen einen verständig urteilenden AG zur Kündigung veranlassen würde (BAG 22. 7. 1982 AP KSchG 1969 § 1 Verhaltensbedingte Kündigung Nr. 5; *Hueck/v. Hoyningen-Huene* Rn. 277). Bei dieser Prüfung soll der Maßstab „nicht so streng" sein wie bei der außerordentlichen Kündigung (BAG 22. 7. 1982 und BAG 13. 3. 1987 AP KSchG 1969 § 1 Verhaltensbedingte Kündigung Nr. 5 und 18; *Herschel/Löwisch* Rn. 88; *Hueck/v. Hoyningen-Huene* Rn. 277). Die inhaltliche Bestimmbarkeit einer wenig bestimmten Norm wird noch unklarer, wenn ihr Inhalt durch noch weniger bestimmbare Sekundärbegriffe ersetzt wird. Entscheidend ist, ob das Verhalten die Erreichung des Vertragszwecks noch ermöglicht oder ob eine weitere Beschäftigung nicht möglich erscheint (kritisch *Herschel/Löwisch* Rn. 69; vgl. zur Gewichtung der Tatbestandsmerkmale *Ascheid* Rn. 208).

320 Durch die von der Rechtsprechung geforderte „Abschlußbetrachtung" entsteht unnötig der Eindruck, es sei nicht berechenbar, ob eine verhaltensbedingte Kündigung wirksam sei oder nicht (vgl. zur Kritik SPV Rn. 694). Stehe der Kündigungsgrund schließlich fest, so könne er sich in der Interessenabwägung wieder verflüchtigen.

321 Die im Gesetz nicht normierte sog. Interessenabwägung dient bei genauer Betrachtungsweise nur der Korrektur einer zuvor nicht vollständig erfolgten Erfassung des Tatbestandes. Die Abwägung darf sich nur auf arbeitsvertragliche und sachverhaltsbezogene Umstände beziehen. Die zu beurteilende

E. Gründe im Verhalten des Arbeitnehmers § 1 KSchG 430

Intensität und Beharrlichkeit der Vertragsverletzung sowie das Maß des Verschuldens (BAG 17. 1. 1991 AP KSchG 1969 § 1 Verhaltensbedingte Kündigung Nr. 25; *Hueck/v. Hoyningen-Huene* Rn. 278) gehören schon zum Tatbestand (*Ascheid* Rn. 446; SPV Rn. 694). Auch die Dauer der Betriebszugehörigkeit (vgl. BAG 13. 12. 1984 AP BGB § 626 Nr. 81; *Hueck/v. Hoyningen-Huene* Rn. 278) ist bereits nach dem Tatbestand zu berücksichtigen, weil es auf die *Weiter*beschäftigung ankommt (*Ascheid* Rn. 446).

Soweit im Rahmen der Interessenabwägung geprüft wird, ob durch das Verhalten des AN eine konkrete **Störung des Betriebsablaufs oder des Betriebsfriedens** eingetreten ist (vgl. BAG 17. 3. 1988 AP BGB § 626 Nr. 79 (Anm. *Kraft/Raab* und *Willemsen* EzA BGB § 626 nF Nr. 116); BAG 7. 12. 1988 AP KSchG 1969 § 1 Verhaltensbedingte Kündigung Nr. 26 (Anm. *Rüthers* EzA KSchG § 1 Verhaltensbedingte Kündigung Nr. 26), gehören Überlegungen dieser Art ebenso zum Tatbestand. Unterfallen die genannten Auswirkungen nicht dem Tatbestand, dh. dem subjektiven Vertragsrecht der Beteiligten, sind sie irrelevant (vgl. *Ascheid* Rn. 447). Da der Tatbestand seinem Wortlaut nach nicht nur auf die Leistungsstörung als solche abstellt, sondern auf das „Verhalten" des AN, ist er weitergehend. Er erfaßt alle mit dem Verhalten verursachten oder – zum Glück des AN – nicht verursachten Folgen. Das so ermittelte „Tatbild" prägt den Kündigungsgrund mit, es steht aber nicht außerhalb von ihm. Es ist dann ein sachverhaltsbezogener Umstand, wenn der konkrete Lebenssachverhalt sich als Tatbestandsmerkmal findet. Auf das Nichteintreten von Folgen kann es dem Tatbestand gemäß nur ankommen, wenn die Tätigkeit des AN „folgen"- und nicht handlungsbestimmt ist (vgl. *Ascheid* Rn. 446, 215). 322

Insbesondere ist es nicht zulässig, entgegen dem Gesetzeswortlaut der Vorschrift eine Art auf nur eine Person bezogene „Sozialauswahl" mit Punkten für Lebensalter und Unterhaltspflichten durchzuführen. Das **Lebensalter des AN** ist tatbestandlich nur von Bedeutung, wenn es bei der Vertragseingehung eine Rolle gespielt hat, es also in den vorvertraglichen Beziehungen relevant für den Vertragsabschluß war, oder wenn es sich zwangsläufig über die Dauer der Betriebszugehörigkeit auswirkt (vgl. *Ascheid* Rn. 448). 323

Unterhaltspflichten des AN als solche können überhaupt nicht berücksichtigt werden (wie hier *Hueck/v. Hoyningen-Huene* Rn. 278; *Ascheid* Rn. 449; SPV Rn. 695; jetzt wohl auch BAG 13. 12. 1984 AP BGB § 626 Rn. 81). Eine Ausnahme nimmt das BAG an, wenn die Störung durch die Wahrnehmung von Unterhaltspflichten mit verurach ist (BAG 27. 2. 1997 EzA KSchG § 1 Verhaltensbedingte Kündigung Nr. 51: wiederholtes Zuspätkommen, weil ein krankes Kind nachts zu versorgen war). 324

IV. Abgrenzung zur außerordentlichen Kündigung

Die ordentliche verhaltensbedingte Kündigung unterscheidet sich von der außerordentlichen Kündigung im wesentlichen dadurch, daß bei der außerordentlichen Kündigung eine Lage gegeben sein muß, die es dem AG unter Abwägung der beiderseitigen Vertragsinteressen nicht zumutbar macht, den Arbeitsvertrag bis zum Ablauf der ordentlichen Kündigungfrist bestehen zu lassen. Beide Kündigungsarten verlangen, bezogen auf Gründe im Verhalten des AN, eine schuldhaft vertragswidrige Vertragsverletzung. Die für eine fristlose Kündigung in Frage kommenden Gründe sind regelmäßig geeignet, eine verhaltensbedingte Kündigung zu rechtfertigen. Da die Rechtsprechung auch bei der ordentlichen Kündigung eine sog. Interessenabwägung verlangt, verwischen sich die Grenzen beider Kündigungsarten. 325

In der Praxis wird es bei der Differenzierung im wesentlichen darauf ankommen, ob der AN ein Verhalten gezeigt hat, das zunächst einer Kündigungsandrohung, vgl. Rn. 299ff., bedarf, um im Wiederholungsfall eine verhaltensbedingte Kündigung rechtfertigen zu können. Er soll Gelegenheit erhalten, sein vertragswidriges Verhalten abzustellen. Ist davon auszugehen, der AN werde auch in Zukunft Vertragsverstöße begehen, kommt, unbeschadet der Interessenabwägung gemäß § 626 BGB, eine außerordentliche Kündigung in Betracht. Es ist in der Regel keinem AG zuzumuten, sehenden Auges nur darauf zu warten, bis der AN wieder vertragsbrüchig wird. 326

Ist zwar nicht mit weiteren Vertragsverstößen zu rechnen, ist aber die einmalige Vertragsverletzung vom Verschuldensgrad oder vom Ausmaß der Auswirkungen her so schwerwiegend, daß die Vertrauensgrundlage für eine weitere Zusammenarbeit entfallen ist, hängt es allein von den besonderen Umständen des Einzelfalls ab, ob der AG ordentlich ohne Kündigungsankündigung oder fristlos kündigen kann (vgl. *Ascheid* Rn. 108ff., 441). 327

V. Beweislastfragen

Auch bei einer verhaltensbedingten Kündigung ist der **AG**, der das Gestaltungsrecht der Kündigung ausgeübt hat, **darlegungs- und beweisbelastet** für alle Umstände, die einen Kündigungsgrund darstellen können, § 1 II 4. In Abgrenzung zur personenbedingten Kündigung ist davon auszugehen, daß eine verhaltensbedingte Kündigung nur bei schuldhaftem, also bei vorsätzlichem oder fahrlässigem Verhalten in Betracht kommt. Die Darlegungs- und Beweislast bezieht sich somit auf alle drei, das 328

Ascheid

beanstandete Verhalten ausmachenden Kriterien. Der AG muß also auch das Verschulden beweisen (BAG 17. 4. 1956 AP BGB § 626 Nr. 8; BAG 12. 8. 1976 AP KSchG 1969 § 1 Nr. 3; BAG 15. 8. 1984 AP KSchG 1969 § 1 Nr. 8; *Ascheid* Beweislast S. 61, 113 ff.; KDZ/*Kittner* Rn. 174; KR/*Etzel* Rn. 435; SPV Rn. 461 ff.).

329   Auch bei der verhaltensbedingten Kündigung hat der AG darzulegen und zu beweisen, daß eine **Weiterbeschäftigung**, vgl. Rn. 295, nicht in Betracht kommt (*Hueck/v. Hoyningen-Huene* Rn. 550).

330   **Vertragsrecht** ist zunächst „Erfüllungsrecht". Wird nicht oder schlecht erfüllt, spricht für die Rechtswidrigkeit der Handlungsweise weder eine Vermutung noch ist der Beweis durch Eingreifen des „prima-facie-Rechtsinstituts" erleichtert (*Baumgärtel/v. Altrock* § 611 BGB Anhang Rn. 46; SPV Rn. 462). Der AG ist dadurch nicht überfordert. Der AN hat sich nach § 138 II ZPO substantiiert zu erklären (BAG 19. 12. 1991 – 2 AZR 367/91 nv.; *Baumgärtel/v. Altrock* § 611 BGB Anhang Rn. 46).

331   Die beanstandeten **Mängel und Störungen** sind **substantiiert** nach ihrem speziellen Gehalt **zu behaupten**. Pauschale Erklärungen und Tatsachenwertungen, wie zB „grobe Beleidigung", „schludrige Arbeitsweise", „häufiges Zuspätkommen", reichen nicht (KR/*Etzel* Rn. 435).

332   Setzt die Wirksamkeit der Kündigung eine Kündigungsankündigung voraus, vgl. Rn. 296 ff., hat der AG darzulegen und zu beweisen, wann in welcher Form eine solche Ankündigung erfolgt ist (*Baumgärtel/v. Altrock* § 611 BGB Anhang Rn. 47; KDZ/*Kittner* Rn. 174).

333   Die Darlegungs- und Beweislast ist nicht so aufzuteilen, daß der Kündigende nur die objektiven Merkmale für den Kündigungsgrund und die für den Gekündigten ungünstigen Umstände und der Gekündigte Rechtfertigungsgründe und für ihn entlastende Tatsachen zu beweisen hätte. Vielmehr trifft den **Kündigenden die Darlegungs- und Beweislast auch für** diejenigen **Tatsachen, die** einen vom Gekündigten behaupteten **Rechtfertigungsgrund ausschließen** (BAG 24. 11. 1983 AP BGB § 626 BGB Nr. 76; BAG 6. 8. 1987 AP BGB § 626 BGB Nr. 97; BAG 12. 7. 1990 – 2 AZR 19/90 nv.; *Ascheid* Beweislast S. 118 ff.; KDZ/*Kittner* Rn. 221). Eine Ausnahme gilt nur für die üble Nachrede. Hier trägt der AN die Beweislast dafür, daß seine schädigenden und vertragswidrigen Behauptungen wahr sind. Andernfalls bestünde ein Wertungswiderspruch zu § 186 StGB (vgl. dazu im einzelnen *Ascheid* Beweislast S. 140 ff.). Hat ein Arzt den AN krankgeschrieben und arbeitet er demzufolge nicht bei seinem AG, übt er aber eine andere Tätigkeit aus, wird die Richtigkeit des ärztlichen Attestes erschüttert. Der AN obliegt seiner daraus folgenden Darlegungslast noch nicht, indem er den Arzt hinsichtlich eines Krankseins von der ärztlichen Schweigepflicht entbindet. Er muß vielmehr durch geeigneten Vortrag substantiiert dartun, warum er trotz seiner Erkrankung die eine Tätigkeit ausüben konnte, die andere aber nicht (BAG 7. 12. 1995 – 2 AZR 849/94 nv.).

334   Bei **Wettbewerbsverstößen** hat der AG darzulegen und zu beweisen, daß der AN **vertragswidrig** eine **Konkurrenztätigkeit ausgeübt** hat. Beruft der AN sich auf eine Genehmigung durch den AG, hat dieser das Fehlen einer solchen Genehmigung zu beweisen (BAG 6. 8. 1987 AP BGB § 626 Nr. 97 unter Aufgabe BAG 16. 6. 1976 AP BGB § 611 Treuepflicht Nr. 8; vgl. hierzu im einzelnen *Ascheid* Beweislast S. 127 ff.; KDZ/*Kittner* Rn. 213).

335   Beruft der AN sich bei einer verhaltensbedingten Kündigung unter substantiiertem Tatsachenvortrag darauf, er habe mit keiner oder zumindest mit geminderter Schuld gehandelt (Depressionen), ist diesem Vortrag nachzugehen. Stellt sich die Richtigkeit des Vortrags heraus, ist die ausgesprochene Kündigung je nach Sachlage unter dem rechtlichen Gesichtspunkt einer personenbedingten Kündigung zu prüfen (BAG 18. 10. 1990 RzK I 5 c Nr. 65).

336   Besonderheiten bestehen bei **Notwehrsituationen.** Nach § 227 BGB ist Notwehr diejenige Verteidigung, die notwendig ist, um einen gegenwärtigen rechtswidrigen Angriff von sich oder einem anderen abzuwenden. Die Voraussetzungen der Notwehr hat derjenige zu beweisen, der sich auf diesen Rechtfertigungsgrund beruft (einhellige Meinung, vgl nur *Baumgärtel/v. Altrock* § 227 BGB Rn. 1). Die Behauptung der Notwehr enthält eine rechtshindernde Einwendung, durch welche die Rechtswidrigkeit des Handelns ausgeschlossen werden soll.

337   Bei Tätlichkeiten und der Berufung auf eine Notwehrsituationen ist zu unterscheiden, ob der AG selbst angegriffen worden ist oder Arbeitskollegen. Wird der AG selbst angegriffen, indiziert § 823 BGB die Rechtswidrigkeit. Demgegenüber bedarf der Angriff auf einen Dritten zur Kündigungsrelevanz der Transformation in den Arbeitsvertrag. Die Umsetzung kann aber wegen § 1 II 4 nicht so erfolgen, daß einem nicht rechtswidrig Handelnden gekündigt werden könnte. Es muß vielmehr eine rechtswidrige schuldhafte Handlungsweise feststehen. Der AG hat daher die Rechtswidrigkeit zu beweisen (vgl. BAG 6. 8. 1987 AP BGB § 626 BGB Nr. 97; KR/*Hillebrecht* § 626 BGB Rn. 275 ff.).

VI. Beispiele aus der Rechtsprechung

338   Die Darstellung von Einzelfällen kann zu Fehlschlüssen verführen. Die Fallkonstellationen, die verhaltensbedingten Kündigungen zugrunde liegen, ähneln denen bei der außerordentlichen Kündigung. Die nachfolgende Aufzählung greift beispielhaft, ohne Anspruch auf Vollständigkeit, Tatbestände auf, die vielfach vor Gerichten verhandelt werden. Sie dient nur der Information (vgl. ergänzend *Ascheid* Rn. 141 ff.). Entscheidend sind immer die Besonderheiten des Einzelfalls. Soweit nicht die Voraussetzungen nach Rn. 336, 337 vorliegen, sind Kündigungsankündigungen notwendig.

E. Gründe im Verhalten des Arbeitnehmers   § 1 KSchG 430

Abkehrwille: Der AN hat in der Regel nicht die Nebenpflicht, während der Dauer der Beschäftigung jede Überlegung eines Wechsels des AG zu unterlassen. Ein sog. Abkehrwille ist kündigungsrechtlich erst relevant, wenn es im Zusammenhang mit seiner Realisierung zu Vertragsverletzungen kommt. Zu der inneren Willenshaltung müssen weitere Umstände hinzukommen (BAG 22. 10. 1964 AP KSchG 1969 § 1 Verhaltensbedingte Kündigung Nr. 16; *Herschel/Löwisch* Rn. 121; *Hueck/v. Hoyningen-Huene* Rn. 305; KDZ/*Kittner* Rn. 176; SPV Rn. 698). Das ist der Fall, wenn der AN in konkreten Verhandlungen mit einem Konkurrenzunternehmen steht und aufgrund seiner Stellung im Betrieb eine Vertrauensstellung genießt. 339

Abwerbung: Eine Vertragsstörung liegt vor, wenn der abkehrwillige AN Arbeitskollegen des derzeitigen AG zu veranlassen versucht, mit ihm den AG zu wechseln. Hierfür reichen allerdings allein Gespräche mit Arbeitskollegen über berufliche Veränderungen nicht aus. Der AN muß gezielt versuchen, diese zu einem Wechsel zu veranlassen, der mit Vertragsbruch, wie zB Nichteinhaltung der Kündigungsfrist, verbunden ist (*Herschel/Löwisch* Rn. 116; *Hueck/v. Hoyningen-Huene* Rn. 308; *Kittner/Trittin* Rn. 179; KR/*Etzel* Rn. 441; *Ascheid* Rn. 458; SPV Rn. 699). Wenn auch nicht jedes Orientierungsgespräch die Merkmale einer Abwerbung erfüllt, so ist eine echte Abwerbung jedoch nicht nur relevant, wenn sie als sittenwidrig zu qualifizieren ist (so BAG 22. 11. 1965 AP BGB § 611 Abwerbung Nr. 1; KR/*Etzel* Rn. 405). 340

Alkoholgenuß: Eine Kündigung kann sozial gerechtfertigt sein, wenn gegen wirksame einzelvertragliche oder kollektivrechtliche Alkoholverbote verstoßen wird (BAG 22. 7. 1982 und 26. 1. 1995 AP KSchG 1969 § 1 Verhaltensbedingte Kündigung Nr. 5 und 34; *Herschel/Löwisch* Rn. 109 a; *Hueck/v. Hoyningen-Huene* Rn. 309; KDZ/*Kittner* Rn. 180; *Ascheid* Rn. 454; SPV Rn. 700). Hierbei kann eine mit Zustimmung des AN durchgeführte Alkomatmessung bei der Feststellung des Alkoholspiegels sowohl zur Be- wie auch zur Entlastung des AN beitragen (BAG 26. 1. 1995 AP KSchG 1969 § 1 Verhaltensbedingte Kündigung Nr. 34). Wird eine gefahrgeneigte Tätigkeit verrichtet, zB Chirurg, Kraftfahrer, Pilot, kann schon ein einmaliger Verstoß die Kündigung rechtfertigen. Es ist bei diesem Personenkreis nicht erforderlich, daß es neben dem Vertragsverstoß noch zu weiteren Folgen kommt. Gehört der AN nicht zu einer besonderen „Gefahrengruppe", kann eine Kündigung berechtigt sein, soweit keine Alkoholabhängigkeit vorliegt, wenn es infolge Alkoholgenusses zu einer Nicht- oder Schlechtleistung kommt (*Herschel/Löwisch* Rn. 109 a; KDZ/*Kittner* Rn. 181; KR/*Etzel* Rn. 444; SPV Rn. 700). Wird einem AN wegen einer Trunkenheitsfahrt außerhalb der betrieblichen Tätigkeit die Fahrerlaubnis entzogen, die er zur Verrichtung seiner arbeitsvertraglichen Verpflichtung braucht, ist in der Regel nicht der Verhaltensbereich angesprochen. Je nach Sachlage kommt eine personenbedingte Kündigung in Betracht (BAG 22. 8. 1963 AP BGB § 626 Nr. 51; BAG 30. 5. 1978 AP BGB Nr. 70, vgl. Rn. 259. 341

Wegen der Häufigkeit der Fälle spielt Alkohol im Betrieb eine besondere Rolle. Handelt der AN infolge einer **Alkoholabhängigkeit** ist er krank. Ihm kann dann nur personenbedingt gekündigt werden (BAG 22. 7. 1982 AP KSchG 1969 § 1 Verhaltensbedingte Kündigung Nr. 5; *Herschel/Löwisch* Rn. 109 a; SPV Rn. 700), vgl. Rn. 246. 342

Anzeigen des AN gegen den AG: Erfolgen Anzeigen ohne sachlichen Grund, ist eine verhaltensbedingte Kündigung berechtigt. Anders ist die Rechtslage, wenn der AN berechtigte eigene Interessen wahrnimmt und sich zuvor dieserhalb erfolglos mit dem AG in Verbindung gesetzt hat (*Hueck/v. Hoyningen-Huene* Rn. 312; KDZ/*Kittner* Rn. 184, 185; KR/*Etzel* Rn. 449 *Ascheid* Rn. 461; SPV Rn. 702; *Preis* DB 1990, 1447; enger BAG 5. 2. 1959 HGB § 70 Nr. 2). Im Bereich des öffentlichen Dienstes ist es bedeutsam, daß auch die dort Beschäftigten von ihrem Petitionsrecht Gebrauch machen können. Dies rechtfertigt es allerdings nicht, den AG zu diffamieren (BAG 18. 6. 1970 AP KSchG 1951 § 1 Nr. 82). 343

Besteht die Gefahr, daß der AN sich durch Untätigkeit selbst strafbar macht, ist er ohne vorherige Mitteilung an den AG befugt, die Ermittlungsbehörden einzuschalten, sofern dem AG diese Gefährdung bekannt war oder hätte bekannt sein müssen. Das Arbeitsverhältnis berechtigt den AG nicht, von einem Mitarbeiter strafbares Tun zu verlangen. Insoweit überlagern öffentlichrechtliche Pflichten die aus dem Arbeitsverhältnis (LAG Hamm 12. 11. 1990 LAGE BGB § 626 Nr. 54; *Hueck/v. Hoyningen-Huene* Rn. 313). 344

Arbeitskampf: Die Teilnahme an einem rechtmäßigen Arbeitskampf rechtfertigt keine verhaltensbedingte Kündigung (BAG GS 28. 1. 1955 AP GG Art. 9 Arbeitskampf Nr. 1; *Hueck/v. Hoyningen-Huene* Rn. 314; KDZ/*Kittner* Rn. 187; KR/*Etzel* Rn. 451). Die Beteiligung an rechtswidrigen Arbeitskampfmaßnahmen rechtfertigt nach Abmahnung eine verhaltensbedingte Kündigung (BAG 17. 12. 1977 AP GG Art. 9 Arbeitskampf Nr. 51; BAG 24. 11. 1983 AP BGB § 626 Nr. 78; *Herschel/Löwisch* Rn. 101; aA KDZ/*Kittner* Rn. 188). Zur Frage der Anwendung des KSchG vgl. § 25. 345

Arbeitspapiere: Legt der AN trotz Aufforderung dem AG nicht die Arbeitspapiere wie Lohnsteuerkarte, Sozialversicherungsheft, vor, kann das eine verhaltensbedingte Kündigung rechtfertigen, wenn der AN die Nichtvorlage schuldhaft zu vertreten hat (BAG 7. 9. 1983 AP KSchG 1969 § 1 Verhaltensbedingte Kündigung Nr. 7; *Herschel/Löwisch* Rn. 133; *Hueck/v. Hoyningen-Huene* Rn. 320; KR/*Etzel* Rn. 453). 346

Arbeitsverweigerung: Wer bei einer nach Zeit zu entlohnenden Tätigkeit innerhalb der Arbeitszeit die Leistung nicht erbringt, erfüllt den Vertrag teilweise nicht. Er verletzt eine **Hauptpflicht**. Dies 347 berechtigt nach Abmahnung zu einer ordentlichen verhaltensbedingten Kündigung (BAG 24. 5. 1989 AP BGB § 611 Gewissensfreiheit Nr. 1 = NZA 1989, 2538; BAG 17. 1. 1991 AP KSchG 1969 § 1 Verhaltensbedingte Kündigung Nr. 25; *Herschel/Löwisch* Rn. 103; *Hueck/v. Hoyningen-Huene* Rn. 315; KDZ/*Kittner* Rn. 194; KR/*Etzel* Rn. 455; *Ascheid* Rn. 453; SPV Rn. 705). Zur Arbeitsverweigerung ist auch zu rechnen die **eigenmächtige Freizeitnahme, Urlaubsnahme und die Arbeitsbummelei** sowie die nicht ordnungsgemäße (vorzeitige Beendigung) Wahrnehmung von Bereitschaftsdienst (BAG 25. 10. 1989 RzK 5 i Nr. 53). Bei **beharrlicher Arbeitsverweigerung** kommt eine außerordentliche Kündigung in Betracht (BAG 21. 11. 1996 AP BGB § 626 Nr. 130). Befindet der AN sich in einem Rechtsirrtum, handelt er bei der Arbeitsverweigerung auf eigene Gefahr, wenn er nach einer Aufklärung durch den AG aufgrund seiner falschen Rechtsauffassung die Arbeit nicht aufnimmt (BAG 29. 11. 1983 AP BGB § 626 Nr. 78). Besteht Streit über den Inhalt der Arbeitspflicht, kann der AN das gerichtlich klären lassen. Beruft ein AN sich auf ein Leistungsverweigerungsrecht wegen einer Pflichtenkollision (berufstätige Eltern einigen sich nicht, wer das erkrankte Kleinkind versorgen soll), kann eine personenbedingte Kündigung in Betracht kommen, wenn die Eltern den Konflikt nicht umgehend durch das Familiengericht klären lassen (vgl. dazu BAG 21. 5. 1992 AP KSchG 1969 § 1 Verhaltensbedingte Kündigung Nr. 29 mit Anm. v. *Stebut* SAE 1993, 150). Macht ein AN berechtigterweise ein Zurückbehaltungsrecht hinsichtlich seiner Arbeitskraft wegen offenstehender Vergütungsansprüche geltend, liegt ein verhaltensbedingter Grund regelmäßig nicht vor (BAG 9. 5. 1996 AP BGB § 273 Nr. 5).

348 **Außerbetriebliches Verhalten:** Das außerbetriebliche Verhalten ist kündigungsrechtlich irrelevant, wenn zwischen der privaten Lebensführung und den konkreten Pflichten aus dem Arbeitsvertrag keine Verknüpfung besteht (*Herschel/Löwisch* Rn. 125; *Hueck/v. Hoyningen-Huene* Rn. 321; KDZ/*Kittner* Rn. 204 a; KR/*Etzel* Rn. 472; SPV Rn. 706; vgl. auch GG Art. 2 Rn. 81). Der AG hat im Regelfall keinen Anspruch auf eine bestimmte Lebensführung des AN (LAG Berlin 3. 11. 1964 DB 1965, 1291; *Herschel/Löwisch* Rn. 126; *Hueck/v. Hoyningen-Huene* Rn. 323;). Eine Verbindung zu arbeitsvertraglichen Nebenpflichten besteht, wenn aus dem außerbetrieblichen Verhalten des AN negative Auswirkungen auf den Betriebsbereich ausgehen (BAG 26. 5. 1977 AP BGB § 611 Beschäftigungspflicht Nr. 5; BAG 4. 11. 1981 AP KSchG 1969 § 1 Verhaltensbedingte Kündigung Nr. 4; BAG 6. 6. 1984 AP KSchG 1969 § 1 Verhaltensbedingte Kündigung Nr. 11: politische Betätigung in verfassungsfeindlicher Partei; BAG 20. 9. 1984 AP KSchG 1969 § 1 Verhaltensbedingte Kündigung Nr. 13; BAG 24. 9. 1987 AP KSchG 1969 § 1 Verhaltensbedingte Kündigung Nr. 19; *Hueck/v. Hoyningen-Huene* Rn. 321; *Kittner/Trittin* Rn. 204 a), wenn zB unter Ausnutzung einer Vorgesetztenstellung andere AN sexuell belästigt werden (BAG 9. 1. 1986 AP BGB § 626 Ausschlußfrist Nr. 20; SPV Rn. 532) oder wenn ein AN, der eine Vertrauensstellung bekleidet, in ungeordneten wirtschaftlichen Verhältnissen lebt (BAG 15. 10. 1992 EzA KSchG § 1 Verhaltensbedingte Kündigung Nr. 45). Der Vertrauensbereich wird gestört, wenn der Prokurist einer Bank in private Betrügereien verwickelt ist. Das gleiche gilt für Straftaten im außerbetrieblichen Bereich (BAG 20. 9. 1984 AP KSchG 1969 § 1 Verhaltensbedingte Kündigung Nr. 13; *Hueck/v. Hoyningen-Huene* Rn. 325). In der Regel wird allerdings eine personenbedingte Kündigung in Betracht kommen.

349 Bestimmte, in Aktivitäten umgesetzte Überzeugungen, wie die negative Haltung zur demokratischen Grundordnung der Bundesrepublik Deutschland, können eine Störung des Arbeitsverhältnisses darstellen, wenn das zum Inhalt der von dem AN zu erbringenden Arbeitsleistung gehört (BAG 6. 6. 1984 und BAG 20. 7. 1989 AP KSchG 1969 § 1 Sicherheitsbedenken Nr. 2 und 11; *Hueck/v. Hoyningen-Huene* Rn. 322). Vielfach wird es sich um eine persönliche Ungeeignetheit handeln, so daß eine personenbedingte Kündigung in Betracht kommen kann, vgl. Rn. 263.

350 **Beleidigungen:** Zu den Nebenpflichten, die den personellen Bereich des Arbeitsverhältnisses berühren, gehören Vertragsverletzungen, die den AG veranlassen können, die weitere Zusammenarbeit mit dem AN abzulehnen. Hierzu zählen – unbeschadet der Möglichkeit einer außerordentlichen Kündigung – Beleidigungen und Ehrverletzungen (BAG 26. 5. 1977 AP § 611 BGB Beschäftigungspflicht Nr. 5; BAG 23. 5. 1985 – 2 AZR 290/84 nv.; BAG 9. 8. 1990 RzK I 5 i Nr. 63: Beleidigende Unterstellungen: „Zustände wie unter Hitler", „Überwachung und Bespitzelung des Privatlebens"; BAG 11. 7. 1991 RzK I 5 i Nr. 68; *Herschel/Löwisch* Rn. 122; *Hueck/v. Hoyningen-Huene* Rn. 328; KDZ/*Kittner* Rn. 205; KR/*Etzel* Rn. 484; *Ascheid* Rn. 465; SPV Rn. 709). Auch Beleidigungen von Arbeitskollegen (BAG 15. 12. 1977 AP BGB § 626 Nr. 69; *Hueck/v. Hoyningen-Huene* Rn. 328) und **Denunziationen** rechnen hierzu (BAG 31. 10. 1965 AP KSchG 1951 § 1 Nr. 5; *Herschel/Löwisch* Rn. 110; KDZ/*Kittner* Rn. 208). Von Denunziationen abzugrenzen ist jedoch berechtigte sachliche Kritik. Insbesondere sind AN in Aufsichts- und Vorgesetztenfunktionen rechtlich verpflichtet, Nicht- und Schlechtleistungen zu erfassen. Bei Beleidigungen ist stets zu prüfen, inwieweit die Auseinandersetzung vom AG mit verursacht worden ist (BAG 19. 12. 1985 AP GewO § 133 b Nr. 1; *Hueck/ v. Hoyningen-Huene* Rn. 327; KDZ/*Kittner* Rn. 205). Auch unveranlaßte laute Wortwechsel mit Vorgesetzten können eine verhaltensbedingte Kündigung rechtfertigen (LAG Frankfurt/M. 16. 6. 1989 RzK I 5 i Nr. 49).

351 **Betriebsfrieden:** Die Faktoren, die unter Einschluß des AG das Zusammenleben und Zusammenwirken der im Betrieb tätigen Betriebsangehörigen ermöglichen, erleichtern oder erträglich machen,

E. Gründe im Verhalten des Arbeitnehmers § 1 KSchG 430

werden unter dem Begriff „Betriebsfrieden" zusammengefaßt. Stört ein AN diesen Betriebsfrieden, kann das eine verhaltensbedingte Kündigung rechtfertigen (BAG 6. 2. 1969 AP BGB § 626 Nr. 58; BAG 13. 10. 1977 AP KSchG 1969 § 1 Verhaltensbedingte Kündigung Nr. 1; BAG 9. 12. 1982 BGB § 626 Nr. 73; *Herschel/Löwisch* Rn. 110; *Hueck/v. Hoyningen-Huene* Rn. 330; *KDZ/Kittner* Rn. 206; *KR/Etzel* Rn. 489; *SPV* Rn. 710). Der Betriebsfrieden kann gestört werden, wenn AN sich im Betrieb zB politisch so betätigen, daß andere sich beeinträchtigt fühlen (BAG 9. 12. 1982 BGB § 626 Nr. 73; *Herschel/Löwisch* Rn. 111; *Hueck/v. Hoyningen-Huene* Rn. 331). Kein spezielles Kündigungsrecht gewährt § 4 BeschSchG (BAG 8. 6. 2000 – 2 ABR 1/00 zVb.).

Betriebsgeheimnisse – Verschwiegenheitspflicht: Jeder AN hat die vertragliche Nebenpflicht, Betriebs- und Geschäftsgeheimnisse zu wahren. Bei Betriebsratsmitgliedern folgt dies aus § 79 BetrVG (BAG 26. 2. 1987 AP BetrVG 1972 § 79 Nr. 2; *Hueck/v. Hoyningen-Huene* Rn. 332; *KR/Etzel* Rn. 469). Unter einem Betriebs- oder Geschäftsgeheimnis ist jede im Zusammenhang mit dem Betrieb stehende Tatsache zu verstehen, die nicht offenkundig, sondern nur einem eng begrenzten Personenkreis bekannt ist und nach dem Willen des AG aufgrund seines berechtigten wirtschaftlichen Interesses geheimgehalten werden soll. Der Verstoß gegen eine Verschwiegenheitspflicht rechtfertigt eine verhaltensbedingte Kündigung (BAG 4. 4. 1974 AP BGB § 626 AN im Aufsichtsrat Nr. 1; *Herschel/Löwisch* Rn. 113; *Hueck/v. Hoyningen-Huene* Rn. 332; *KDZ/Kittner* Rn. 230). Eine Abmahnung ist entbehrlich, wenn dem AG durch das Verhalten des AN ein Schaden entstanden ist. 352

Druckkündigung: siehe Rn. 276 ff.

Ehrenrührige Behauptungen: Ein illoyales Verhalten liegt vor, wenn der AN außerhalb des Betriebs in maßloser Weise betriebliche Verhältnisse kritisiert (BAG 28. 9. 1972 AP BGB § 134 Nr. 2; *Herschel/Löwisch* Rn. 123). Hierzu gehört auch die Verbreitung ehrenrühriger Behauptungen über den AG (*Herschel/Löwisch* Rn. 123), zu den Besonderheiten der Beweislast vgl. Rn. 323. Dem AN steht das Recht zu, jederzeit Sicherheits- und Gesundheitsbedenken den innerbetrieblichen Stellen zu unterbreiten und sachlich Kritik zu üben (*Herschel/Löwisch* Rn. 124). 353

Eigenmächtigkeiten: „Genehmigt" der AN sich **eigenwillig Freizeiten,** so wenn er sich **eigenmächtig in Urlaub** begibt, wird die geschuldete Leistung nicht erbracht. Das rechtfertigt eine verhaltensbedingte Kündigung (BAG 25. 2. 1983 AP BGB § 626 Ausschlußfrist Nr. 14; BAG 20. 1. 1994 AP BGB § 626 Nr. 114; *Herschel/Löwisch* Rn. 96; *Hueck/v. Hoyningen-Huene* Rn. 333; *KDZ/Kittner* Rn. 197, 109 a; *Ascheid* Rn. 455). Wenn es um die Gewährung von Urlaub geht, ist § 7 BUrlG zu beachten. Die Bestimmung des Urlaubszeitpunkts liegt nicht im billigen Ermessen des AG. Er ist vielmehr als Schuldner des Urlaubsanspruchs verpflichtet, nach § 7 I Halbs. 1 BUrlG die Urlaubswünsche des AN zu berücksichtigen. Tut er das nicht, kann eine verhaltensbedingte Kündigung ausgeschlossen sein, wenn der AN zum angekündigten Zeitpunkt in Urlaub geht (BAG 31. 1. 1996 – 2 AZR 282/95 nv.). Eine Eigenmächtigkeit liegt auch vor, wenn die Arbeitszeiten nicht korrekt eingehalten werden (*Herschel/Löwisch* Rn. 98; *KR/Etzel* Rn. 462), zu Unpünktlichkeiten vgl. Rn. 369. 354

Kirchliche AN: siehe Tendenzbetrieb.

Krankheit und Vortäuschen einer Krankheit: Eine Erkrankung des AN als solche kann regelmäßig keine verhaltensbedingte Kündigung rechtfertigen. Anders soll es nach der Rechtsprechung sein, wenn der AN während einer Erkrankung gegen ärztliche Anordnungen verstößt und dadurch die Genesung hinauszögert (BAG 13. 11. 1979 AP KSchG 1969 § 1 Krankheit Nr. 5; BAG 7. 12. 1995 – 2 AZR 849/94 nv.; *Herschel/Löwisch* Rn. 119). Hingegen rechtfertigt das **Vortäuschen einer Krankheit** eine verhaltensbedingte Kündigung (vgl. dazu *Künzl/Weinmann* AuR 1996, 256). Ob eine Kündigungsandrohung erforderlich ist, bestimmt sich nach den Umständen des Einzelfalls. Ist die Handlungsweise des AN noch mit einem Betrug verbunden, weil er ihm nicht zustehende Gelder kassiert, ist eine außerordentliche Kündigung gerechtfertigt (BAG 26. 8. 1993 AP BGB § 626 Nr. 112 = NZA 1994, 63; *Herschel/Löwisch* Rn. 99 a; *KDZ/Kittner* Rn. 217; *Ascheid* Rn. 462; *SPV* Rn. 705, 553). Eine ordentliche verhaltensbedingte Kündigung ist gerechtfertigt, wenn der AN für den Fall, daß ihm ein bestimmter Wunsch nicht erfüllt wird, androht, er werde sich andernfalls krankschreiben lassen, sofern keine Erkrankung vorliegt. Der AN verhält sich hier grob illoyal (BAG 5. 11. 1992 AP BGB § 626 Krankheit Nr. 2; LAG Hamm 23. 5. 1984 DB 1985, 49; LAG Düsseldorf 7. 12. 1980 DB 1981, 1094; *Herschel/Löwisch* Rn. 120; *Hueck/v. Hoyningen-Huene* Rn. 341; *KDZ/Kittner* Rn. 218). Ist der AN krankgeschrieben, verrichtet er anderswo bestimmte Arbeiten, ist der Beweiswert des Krankheitsattestes erschüttert (BAG 7. 12. 1995 – 2 AZR 849/94 nv.). 355

Lohnpfändungen: Die private Lebensführung des AN unterliegt regelmäßig nicht der Beurteilung des AG. Führt die private Lebensführung allerdings dazu, daß Lohnpfändungen in einer derartigen Häufigkeit auftreten, daß sie nach objektiver Beurteilung den üblichen Arbeitsaufwand der Lohnbuchhaltung übersteigen, kann diese auch eine verhaltensbedingte Kündigung rechtfertigen (BAG 4. 11. 1981 AP KSchG 1969 § 1 Nr. 4; *Herschel/Löwisch* Rn. 127; *Hueck/v. Hoyningen-Huene* Rn. 343; *KR/Etzel* Rn. 482; *SPV* Rn. 715). In diesen Fällen ist jedoch eine Kündigungsandrohung unerläßlich, damit der AN versuchen kann, die Übermaß-Störungen abzustellen (*Hueck/v. Hoyningen-Huene* Rn. 345). 356

Mehrarbeit: Die Ablehnung von Mehrarbeit stellt eine Arbeitspflichtverletzung dar, wenn der AN aufgrund Tarifvertrags, Betriebsvereinbarung oder Individualvertrags dazu verpflichtet ist oder wenn ein Notfall vorliegt (BAG 28. 2. 1958 AP AZO § 14 Nr. 1; *Herschel/Löwisch* Rn. 102). Unzulässige 357

430 KSchG § 1 Sozial ungerechtfertigte Kündigungen

Mehrarbeit darf verweigert werden (LAG Düsseldorf 21. 1. 1964 DB 1964, 628; LAG Baden-Württemberg 16. 3. 1967 BB 1967, 1294).

358 **Meldepflichten:** Zu den Nebenpflichten, die den Leistungsbereich betreffen, gehören Meldepflichten (vgl. BAG 30. 1. 1976 AP KSchG 1969 § 1 Krankheit Nr. 2; BAG 16. 8. 1991 RzK I 5 i Nr. 74: Nichtmeldung einer Erkrankung; BAG 7. 9. 1983 AP KSchG 1969 § 1 Verhaltensbedingte Kündigung Nr. 7: Nicht-Mitteilung von der Einberufung zum ausländischen Wehrdienst, der Folge geleistet werden soll; BAG 7. 12. 1988 AP KSchG 1969 § 1 Verhaltensbedingte Kündigung Nr. 26; BAG 15. 1. 1986 AP BGB § 626 Nr. 93; KDZ/*Kittner* Rn. 215; KR/*Etzel* Rn. 497 ff.; *Ascheid* Rn. 457; SPV Rn. 704). Wer krank oder aus sonstigen Gründen von der Erbringung der Arbeitsleistung befreit ist, stört den Arbeitsablauf, wenn er das dem AG nicht mitteilt, sondern schlichtweg fehlt. So kann die Verletzung der **Anzeige**pflicht nach § 5 EFZG nach Abmahnung ein verhaltensbedingter Kündigungsgrund sein (BAG 31. 8. 1989 und 16. 8. 1991 AP KSchG 1969 § 1 Verhaltensbedingte Kündigung Nr. 23 und 27; BAG 23. 9. 1992 EzA KSchG 1969 § 1 Verhaltensbedingte Kündigung Nr. 44; *Herschel/Löwisch* Rn. 118; *Hueck/v. Hoyningen-Huene* Rn. 336; KDZ/*Kittner* Rn. 215; KR/*Etzel* Rn. 498; *Ascheid* Rn. 457; SPV Rn. 704; *Hunold* S. 71; *Lepke* S. 140). Der AN kann sich insbesondere nicht darauf berufen, der AG erfahre von seiner Krankheit ja durch die nach dieser Vorschrift zeitlich später zu erfüllende **Nachweis**pflicht. Die Melde- und Nachweispflichten gelten für Arbeiter und Angestellte. Wenn ein ausländischer AN, der einen verkürzten Wehrdienst in seinem Heimatstaat erbringen muß, den AG nicht unverzüglich über den Zeitpunkt seiner Einberufung unterrichtet, kann dies ein verhaltensbedingter Kündigungsgrund sein (BAG 7. 9. 1983 BAGE 43, 263 = AP KSchG 1969 § 1 Verhaltensbedingte Kündigung Nr. 7). Die bewußte Falschbeantwortung zu Fragen einer Tätigkeit für das MfS kann je nach den Umständen eine verhandlungsbedingte Kündigung rechtfertigen (vgl. BAG 20. 8. 1997 RzK I 5 i Nr. 127).

Eine verhaltensbedingte Kündigung kann auch berechtigt sein, wenn der AN sich weigert, bei dem AG zu einer **Rücksprache** zu erscheinen (LAG Düsseldorf 9. 5. 1986 RzK I 5 i Nr. 16; LAG Rheinland-Pfalz 2. 7. 1987 RzK I 5 i Nr. 28).

359 **Mißbrauch von Kontrolleinrichtungen,** insbesondere von solchen der Arbeitszeiterfassung rechtfertigt eine ordentliche verhaltensbedingte, je nach Einzelfall auch eine außerordentliche Kündigung (BAG 27. 1. 1977 AP BetrVG § 103 Nr. 7; BAG 13. 8. 1987 RzK I 5 i Nr. 31; BAG 12. 8. 1999 AP BGB § 123 Nr. 51; *Hueck/v. Hoyningen-Huene* Rn. 346; KDZ/*Kittner* Rn. 233; *Ascheid* Rn. 456).

360 **Mißbrauch eingeräumter Befugnisse:** Mißbraucht der AN eine ihm vom AG eingeräumte Befugnis, zB Vollmacht (BAG 26. 11. 1964 AP BGB § 626 Nr. 53), kommt eine verhaltensbedingte Kündigung in Betracht. Ob zuvor die Kündigung angedroht worden sein muß, ist eine Frage der Schwere des Einzelfalls (*Herschel/Löwisch* Rn. 117). Zu solchen Mißbräuchen rechnen auch die Benutzung der Telefonanlage zu unzulässigen Privatgesprächen oder die Benutzung eines Betriebsfahrzeugs zu Privatzwecken (LAG Köln 2. 7. 1998 NZA-RR 1999, 192; *Herschel/Löwisch* Rn. 117).

361 **Nebentätigkeit:** Dem AN ist es durch den Vertrag mit seinem AG ohne besondere Abmachung nicht verboten, nebenher andere Tätigkeiten, auch unter Begründung von Arbeitsverhältnissen, auszuüben, sofern diese sich nicht nachteilig auswirken. Die Ausübung einer Nebentätigkeit rechtfertigt daher regelmäßig keine Kündigung (BAG 3. 12. 1970 AP BGB § 626 Nr. 60; BAG 26. 8. 1976 AP BGB § 626 Nr. 68; *Herschel/Löwisch* Rn. 113; KR/*Etzel* Rn. 510). Eine weitere Tätigkeit wird kündigungsrelevant, wenn sie zu einem verbotenen, dh., ohne Einwilligung des AG ausgeübten Wettbewerb führt. Das ergibt sich für Handlungsgehilfen aus § 60 HGB und für alle übrigen Beschäftigten aus der aus Treu und Glauben abzuleitenden vertraglichen Nebenpflicht (BAG 17. 10. 1969 AP BGB § 611 Treuepflicht Nr. 7; BAG 16. 6. 1976 AP HGB § 60 Nr. 6; BAG 3. 5. 1983 AP HGB § 60 Nr. 10; *Herschel/Löwisch* Rn. 113; *Hueck/v. Hoyningen-Huene* Rn. 348; KDZ/*Kittner* Rn. 211, 236; KR/*Etzel* Rn. 512; SPV Rn. 712, 713). Je nach Ausgestaltung des Einzelfalls kommt eine außerordentliche Kündigung in Betracht (BAG 6. 8. 1987 AP BGB § 626 Nr. 97; BAG 15. 3. 1990 RzK I 5 i Nr. 60; *Hueck/v. Hoyningen-Huene* Rn. 348). Der AN ist an das für die Dauer des rechtlichen Bestands des Arbeitsverhältnisses bestehende Wettbewerbsverbot auch noch gebunden, wenn der AG eine außerordentliche Kündigung ausspricht, deren Wirksamkeit vom AN bestritten wird. Wettbewerbshandlungen im Anschluß an eine unwirksame Kündigung können eine weitere Kündigung rechtfertigen (BAG 25. 4. 1991 AP BGB § 626 Nr. 104). Haben die Parteien **kein nachvertragliches Wettbewerbsverbot vereinbart,** hindert den AN § 60 HGB nicht daran, mit den Vorbereitungen für einen späteren Wettbewerb schon während des Arbeitsverhältnisses zu beginnen (LAG Köln 19. 1. 1996 LAGE BGB § 626 Nr. 93).

362 **Schlechtleistung:** Eine Kündigung kann durch eine Schlechtleistung des AN bedingt sein (BAG 22. 7. 1982 AP KSchG 1969 § 1 Verhaltensbedingte Kündigung Nr. 5; BAG 15. 8. 1984 AP KSchG 1969 § 1 Nr. 8; BAG 18. 10. 1990 RzK I 5 i Nr. 64: Geschlechtsverkehr eines Krankenhausarztes mit Patientin im Krankenzimmer; BAG 26. 6. 1997 RzK I 5 i Nr. 126: sexuelle Belästigung einer Mitarbeiterin einer Kundenfirma sowie Brüskierung wichtiger Gesprächspartner; *Herschel/Löwisch* Rn. 105; *Hueck/v. Hoyningen-Huene* Rn. 349; KR/*Etzel* Rn. 470; *Ascheid* Rn. 453; SPV Rn. 716). Hierzu rechnen auch Rassenwitze eines Lehrers (BAG 5. 11. 1992 RzK 5 i Nr. 81). In der Regel muß er zuvor auf die Mängel hingewiesen und es muß ihm je nach Sachlage ermöglicht worden sein, die

E. Gründe im Verhalten des Arbeitnehmers

beanstandeten Mängel abzustellen (vgl. *Herschel/Löwisch* Rn. 105, 106). Der AG hat bei Schlechtleistungen substantiiert darzutun, inwiefern die vom AN erbrachte Leistung unter einer solchen mittlerer Art und Güte lag und somit unterdurchschnittlich war (*Herschel/Löwisch* Rn. 106; *Hueck/v. Hoyningen-Huene* Rn. 350).

Schmiergeld: Die Annahme von Schmiergeld bei arbeitsvertraglichen Leistungen kann ein Grund zur ordentlichen Kündigung sein, wenn der AN seine Position dazu ausgenutzt hat, um sich persönliche Vorteile zu verschaffen (BAG 18. 7. 1972 AP BGB § 626 Nr. 65; *Herschel/Löwisch* Rn. 115; *Hueck/v. Hoyningen-Huene* Rn. 351; KDZ/*Kittner* Rn. 234; KR/*Etzel* Rn. 514). Hiervon zu unterscheiden ist die kündigungsrechtlich nicht relevante Entgegennahme geringfügiger Aufmerksamkeiten, wie Kugelschreiber, Kalender. 363

Strafbare Handlungen: Straftaten, die eine Pflicht aus dem Arbeitsvertrag betreffen, sind kündigungsrelevant (*Hueck/v. Hoyningen-Huene* Rn. 353; KDZ/*Kittner* Rn. 244; KR/*Etzel* Rn. 519; *Ascheid* Rn. 460; SPV Rn. 720). Bei Diebstählen im Betrieb kommt es nicht auf den Wert der entwendeten Sache an. AG und Arbeitskollegen müssen davon ausgehen können, daß die in dem Betrieb vorhandenen Sachen und die von den Kollegen jeweils mitgebrachten vor dem Zugriff anderer AN sicher sein können (BAG 17. 5. 1984 AP BGB § 626 Verdacht strafbarer Handlung Nr. 14; BAG 20. 9. 1984 AP BGB § 626 Nr. 80; BAG 3. 4. 1986 AP BGB § 626 Verdacht strafbarer Handlung Nr. 18; *Hueck/v. Hoyningen-Huene* Rn. 353). Die Besonderheiten des Einzelfalls sind immer zu beachten. Ein Lohn- oder Spesenbetrug ist auch bei geringen Beträgen geeignet, eine Kündigung sozial zu rechtfertigen (BAG 2. 6. 1960 AP BGB § 626 Nr. 42; BAG 22. 11. 1962 AP BGB § 626 Nr. 49; *Hueck/v. Hoyningen-Huene* Rn. 355, 356; KDZ/*Kittner* Rn. 242; KR/*Etzel* Rn. 521). Begeht ein AN in seiner Freizeit zu Lasten einer Konzernschwester seines AG einen Diebstahl, kann dies eine verhaltensbedingte Kündigung rechtfertigen (BAG 20. 9. 1984 AP KSchG 1969 § 1 Verhaltensbedingte Kündigung Nr. 13). Kündigt ein AG wegen strafbarer Handlung bzw. wegen des Verdachts einer solchen und wird das gegen den AN eingeleitete Ermittlungsverfahren eingestellt, hat dies keine Auswirkungen auf die Wirksamkeit der Kündigung. Auch hat der AN nicht deshalb einen Wiedereinstellungsanspruch (BAG 20. 8. 1997 AP BGB § 626 Verdacht strafbarer Handlung Nr. 27). 364

Begeht der AN ohne Bezug zu seinen arbeitsvertraglichen Pflichten Straftaten, kann eine **personenbedingte Kündigung** gerechtfertigt sein. Dies ist anzunehmen, wenn die Art des Delikts die **Eignung des AN** für die vertraglich geschuldete Leistung ausschließt (SPV Rn. 720). Ansonsten sind außerbetriebliche Straftaten des AN in der Regel kündigungsrechtlich irrelevant (BAG 20. 9. 1984 AP KSchG 1969 § 1 Verhaltensbedingte Kündigung Nr. 13; LAG Hamm 15. 5. 1990 LAGE BGB § 626 Nr. 53). Der Diebstahl eines AN in einem Betrieb eines anderen Konzernunternehmens richtet sich nicht gegen den AG (BAG 20. 9. 1984 AP KSchG 1969 § 1 Verhaltensbedingte Kündigung Nr. 13; *Hueck/v. Hoyningen-Huene* Rn. 326). Eine verhaltensbedingte Kündigung kann in Betracht kommen, wenn durch den Diebstahl das Arbeitsverhältnis zum AG nachweislich gestört worden ist (*Hueck/v. Hoyningen-Huene* Rn. 326; KDZ/*Kittner* Rn. 245). 365

Tätlichkeiten: Tätliche Auseinandersetzungen mit dem AG oder mit den Arbeitskollegen rechtfertigen eine verhaltensbedingte Kündigung, meist kommt sogar eine fristlose Kündigung in Betracht (BAG 12. 7. 1984 AP BetrVG 1972 § 102 Nr. 32; BAG 12. 3. 1987 AP BetrVG 1972 § 102 Nr. 47; BAG 30. 9. 1993 RzK I 5 i Nr. 85; *Herschel/Löwisch* Rn. 122; *Hueck/v. Hoyningen-Huene* Rn. 357; KDZ/*Kittner* Rn. 207; KR/*Etzel* Rn. 477; *Ascheid* Rn. 486). Ausnahmen hiervon sind gerechtfertigt, wenn der AN stark provoziert wurde und fremde Hilfe nicht zur Verfügung stand. Insbesondere ist dem AN eine Notwehrlage zuzuerkennen, wenn er selbst zu Unrecht angegriffen wurde und keine Hilfe durch den AG oder Kollegen zu erlangen war. 366

Tendenzbetrieb: Der Kündigungsschutz besteht auch in Tendenzbetrieben (*Ascheid* Rn. 463; SPV Rn. 707). Bei Vertragsstörungen ist zwischen personen- und verhaltensbedingten Gründen genau zu differenzieren. Bei **Gewissenskonflikten** kann eine verhaltensbedingte Kündigung in Betracht kommen, wenn der AN seine abweichende Ansicht provokant und verletzend vertreten hat (vgl. *Ascheid* Rn. 463). Selbst wer aus für ihn überzeugenden Gründen eine Auffassung vertritt, die sich mit dem Inhalt seines Arbeitsverhältnisses nicht vereinbaren läßt, handelt verhaltensbedingt relevant, wenn er seine Überzeugung störend in die Erfüllung seiner Arbeitspflichten einbringt (vgl. zu dieser Problematik: BAG 6. 6. 1984 AP KSchG 1969 § 1 Verhaltensbedingte Kündigung Nr. 11; *Herschel/Löwisch* Rn. 129 ff.). 367

Bei **kirchlichen Bediensteten** ist zu beachten, daß die Kirche in eigener Zuständigkeit darüber befindet, ob durch eine bestimmte Verhaltensweise ihre Glaubwürdigkeit, ihr Verkündungsauftrag, berührt wird, und was spezifisch diesen Bereichen zuzurechnen ist. Eine verhaltensbedingte Kündigung, sogar eine fristlose, kann in Betracht kommen, wenn der Chefarzt mit seinen Behandlungsmethoden (Insemination) gegen tragende Grundsätze des geltenden Kirchenrechts verstößt (BAG 7. 10. 1993 AP BGB § 626 Nr. 114). Das Gericht prüft, ob die Kirche sich an ihre eigenen Vorgaben gehalten und ob sie nicht unverhältnismäßig gehandelt hat. Insoweit ist die Berechtigung der Kündigung nach den kündigungsschutzrechtlichen Vorschriften zu beurteilen (BVerfG 4. 6. 1985 AP GG Art. 140 Nr. 24; siehe auch SPV Rn. 708), vgl. Rn. 267 ff. Hat die Kirche sich in einer Verfahrensordnung verpflichtet, vor einer Kündigung ein klärendes Gespräch mit dem Mitarbeiter zu führen, ist die 368

Kündigung sozialwidrig, wenn dieses Gespräch nicht geführt wird (BAG 16. 9. 1999 AP GrO kath. Kirche Art. 4 Nr. 1).

369   **Unpünktlichkeit:** Eine Unpünktlichkeit, die der AN zu vertreten hat, rechtfertigt nach einer Kündigungsandrohung eine verhaltensbedingte Kündigung (BAG 13. 3. 1987 AP KSchG 1969 § 1 Verhaltensbedingte Kündigung Nr. 18; BAG 17. 3. 1988 AP BGB § 626 Nr. 99; BAG 24. 3. 1988 RzK I 5 i; BAG 17. 1. 1991 AP KSchG 1969 § 1 Verhaltensbedingte Kündigung Nr. 25; BAG 27. 2. 1997 AP KSchG 1969 § 1 Verhaltensbedingte Kündigung Nr. 36 = NZA 1997, 761; *Herschel/Löwisch* Rn. 98; KDZ/*Kittner* Rn. 248; KR/*Etzel* Rn. 486). Der AN verletzt eine Hauptpflicht, indem er die geschuldete Leistung nicht erbringt. Treten dadurch noch zusätzlich nachteilige Folgen auf, ist das erschwerend zu berücksichtigen. Bei wiederholtem Zuspätkommen ist die negative Prognose allein durch die Tatsache, daß der AN sein Verhalten nicht umgestellt hat, gegeben. Irritationen durch die Rechtsprechung bestehen deshalb, weil nicht hinreichend beachtet wird, daß ein AG, der zwar eine Kündigung androht, sie aber im Wiederholungsfall nicht ausspricht, nicht unbedingt ernst genomen werden kann.

Verdachtskündigung: siehe § 626 Rn. 208 ff.

Verspätung: siehe Unpünktlichkeit.

370   **Vorstrafen:** Vorstrafen spielen zunächst eine Rolle bei Einstellungsgesprächen. Die Frage nach Vorstrafen ist zulässig, wenn für die Art der zu verrichtenden Tätigkeit eine Vorstrafe eine negative Indizwirkung entfaltet. Hat der AN auf eine zulässige Vorstrafenfrage eine wahrheitswidrige Anwort gegeben, rechtfertigt das, unabhängig von der Möglichkeit einer Anfechtung, eine personenbedingte Kündigung, wenn daraus eine noch bestehende mangelnde Eignung hergeleitet werden kann. Außerdem liegt darin bleibend die Verletzung einer Aufklärungspflicht, die eine verhaltensbedingte Kündigung rechtfertigt (BAG 15. 1. 1970 AP KSchG 1969 § 1 Verhaltensbedingte Kündigung Nr. 7; *Herschel/Löwisch* Rn. 132; SPV Rn. 722). Hat der AN nach Abschluß des Arbeitsvertrags eine wahrheitswidrige Antwort erteilt, rechtfertigt das eine verhaltensbedingte Kündigung (BAG 15. 1. 1970 AP KSchG 1969 § 1 Verhaltensbedingte Kündigung Nr. 7; *Hueck/v. Hoyningen-Huene* Rn. 360). Auch hier kann das Lügen offenbaren, daß der AN je nach Lage des Falles für die zu verrichtende Tätigkeit nicht geeignet ist.

Wettbewerbsverbot: siehe Nebentätigkeit.

F. Betriebsbedingte Kündigung

I. Allgemeines

371   Nach § 1 II 1 ist eine **Kündigung** auch **sozial ungerechtfertigt**, wenn sie nicht durch **dringende betriebliche Erfordernisse**, die einer Weiterbeschäftigung des ANs in diesem Betrieb entgegenstehen, bedingt ist. Anders als bei der personen- und verhaltensbedingten Kündigung ist es bei der betriebsbedingten Kündigung ausschließlich der AG, von dem die Ursache zur Beendigung des Arbeitsverhältnisses ausgeht.

372   Die Erfassung dessen, was dringende betriebliche Erfordernisse sind, ist nicht durchgehend stringent erfolgt (vgl. zum Meinungsstand *Herschel/Löwisch* Rn. 171, 195, 201; *Hueck/v. Hoyningen-Huene* Rn. 366 ff.; SPV Rn. 624 ff.; *Schaub* § 131 II; *Berkowsky* Rn. 75 ff.; *ders.* NJW 1983, 1292; *Ascheid* DB 1987, 1144; *Wank* RdA 1987, 129 ff.; *Buchner* DB 1984, 504; *Meisel* ZfA 1985, 213, 218). Die Rechtsprechung nahm zum Ausgangspunkt zunächst eine unternehmerische Entscheidung (vgl. nur LAG Düsseldorf 7. 8. 1953 AP KSchG 1951 § 1 Nr. 4; BAG 22. 11. 1973 AP KSchG 1951 § 1 Betriebsbedingte Kündigung Nr. 22; BAG 1. 7. 1976 AP KSchG 1969 § 1 Betriebsbedingte Kündigung Nr. 2) und argumentierte später mit „inner-" und „außerbetrieblichen" Gründen (BAG 7. 12. 1978 AP KSchG 1969 § 1 Betriebsbedingte Kündigung Nr. 6; BAG 24. 10. 1979 BAGE 32, 150 = AP KSchG 1969 § 1 Betriebsbedingte Kündigung Nr. 8; so auch jetzt noch KR/*Etzel* Rn. 535 ff.

373   Nach zutreffender Auffassung muß für den **Wegfall von Beschäftigungsmöglichkeiten allein** auf eine **unternehmerische Entscheidung** abgestellt werden. Maßgebend für den Wegfall von Beschäftigungsmöglichkeiten können nur **Umstände** sein, **die vom Willen des Unternehmers getragen sind** (*Hueck/v. Hoyningen-Huene* Rn. 373; *Löwisch* KSchG Rn. 235; *Schaub* § 131 I 2; SPV Rn. 626, 631; *Wank* RdA 1987, 135, 138; *Ascheid* Rn. 231).

II. Bedeutung der Unternehmerentscheidung

374   **1. Allgemeines.** Eine **Beschäftigungsmöglichkeit entsteht durch** einen **wirksamen Vertragsschluß** zwischen AG und AN. Ein Arbeitsvertrag ist nicht nur wirksam und rechtlich existent, wenn der in Vertrag genommene AN aufgrund der Auftragslage tatsächlich beschäftigt werden kann. Der Arbeitsvertrag begründet vielmehr die Verpflichtung des AG, den von ihm angestellten AN zu beschäftigen. Beschäftigungsmöglichkeiten verdanken ihre Existenz einer unternehmerischen Betätigung. Sie entstehen nicht von selbst aufgrund „außerbetrieblicher Gründe", etwa einer verstärkten Nachfrage nach einem vom AG hergestellten Produkt.

F. Betriebsbedingte Kündigung　　　　　　　　　　　　　§ 1　KSchG 430

Beschäftigungsmöglichkeiten verlieren ihre Existenz nicht durch „außerbetriebliche Gründe". 375
Sie verlieren ihre Existenz vielmehr bei Einschränkung oder Beendigung einer unternehmerischen Betätigung, die zum Wegfall von Beschäftigungsmöglichkeiten führt. Das ist letztlich als actus contrarius zur Schaffung der Beschäftigungsmöglichkeiten durch Vertrag die Kündigung des Vertrags. Die Gestaltung des Betriebs unterliegt der freien Entscheidung des Unternehmers (*Hueck/v. Hoyningen-Huene* Rn. 379). Er trägt auch allein das wirtschaftliche Risiko für Fehlentscheidungen.

Das KSchG verlangt, daß die Kündigung als actus contrarius durch dringende betriebliche Erforder- 376
nisse bedingt sein muß. Allein der **unternehmerische Entschluß, einem AN zu kündigen,** ist damit selbst **keine hinzunehmende Unternehmerentscheidung** iSv. § 1 (BAG 20. 2. 1986 AP KSchG 1969 § 1 Betriebsbedingte Kündigung Nr. 11; *Hueck/v. Hoyningen-Huene* Rn. 412; vgl. dazu auch *Ascheid* Rn. 235 ff.). Durch den Begriff „bedingt" kommt zum Ausdruck, daß die Kündigung nur die Folge anderer rechtlich relevanter Tatsachen sein kann, zur „Bedingtheit" vgl. unten Rn. 424. Die Abgabe einer Kündigungserklärung reicht nicht. Die Kündigung ist insofern der Unternehmerentscheidung immer nachgeordnet. Die Kündigung ist eine personelle, konkret personenbezogene Entscheidung. Die ihr vorgelagerte Unternehmerentscheidung ist zielgerichtet auf Belange des Betriebs. Die für den Arbeitsvertrag bedeutsame Relevanz entsteht erst durch die Umsetzung in den Betrieb, vgl. Rn. 398.

Die **Beschäftigungsmöglichkeit** wird **umgangssprachlich** umschrieben mit dem Begriff **Arbeits-** 377
platz. Das ist ungenau. Aus dem Umstand, daß jeder im Betrieb aufgrund seines Einsatzes einen bestimmten „Platz" einnimmt, darf nicht geschlossen werden, die für § 1 II maßgebende Beschäftigungsmöglichkeit sei nur dieser konkrete Arbeitsplatz (vgl. *Ascheid* Rn. 233). **Beschäftigungsmöglichkeit** iSd. Kündigungsrechts **ist die vertragliche Anbindung an bestimmte Verrichtungen**. Eine Beschäftigungsmöglichkeit entfällt demgemäß, wenn der AN aufgrund betrieblicher Umstände nicht mehr vertragsgerecht eingesetzt werden kann und der AG diese Tatsache umsetzt (vgl. BAG 30. 5. 1985 AP KSchG 1969 § 1 Betriebsbedingte Kündigung Nr. 24; *Ascheid* Rn. 233). Was **unternehmerisch** erforderlich ist, bestimmt subjektiv der Unternehmer. Was **betrieblich** erforderlich ist, ist unter Beachtung der subjektiven unternehmerischen Erwägungen und Umsetzungen nach objektiven Kriterien zu bestimmen, vgl. Rn. 383 ff. und zur Überprüfung der Unternehmerentscheidung Rn. 429 ff.

Maßgebend dafür, ob dringende betriebliche Erfordernisse zum Wegfall von Beschäftigungsmög- 378
lichkeiten geführt haben, sind allein die Verhältnisse des Betriebs, in dem der AN beschäftigt ist. Der Kündigungsschutz ist insoweit betriebsbezogen (BAG 22. 5. 1986 AP KSchG 1969 § 1 Konzern Nr. 4; BAG 11. 10. 1969 AP KSchG 1969 § 1 Betriebsbedingte Kündigung Nr. 47; *Herschel/Löwisch* Rn. 172; *Hueck/v. Hoyningen-Huene* Rn. 366). Es gilt hier der allgemeine Betriebsbegriff *Herschel/Löwisch* Rn. 173), vgl. § 23 Rn. 4. Im Bereich des öffentlichen Dienstes entspricht dem Betrieb die jeweilige Dienststelle (BAG 25. 9. 1956 AP KSchG 1969 § 1 Betriebsbedingte Kündigung § 1 Nr. 18; *Herschel/Löwisch* Rn. 174). Eine Beschränkung der Überprüfung der beabsichtigten Kündigung auf die Verhältnisse eines Betriebsteils ist nicht möglich (BAG 11. 10. 1989 AP KSchG 1969 § 1 Betriebsbedingte Kündigung Nr. 47; *Herschel/Löwisch* Rn. 172; *Hueck/v. Hoyningen-Huene* Rn. 368).

2. Schaffung kündigungsrelevanter Erfordernisse. Dringende betriebliche Erfordernisse für eine 379
Kündigung liegen vor, wenn die **Durchführung oder eingeleitete Durchführung** (vgl. hierzu BAG 19. 6. 1991 AP KSchG 1969 § 1 Betriebsbedingte Kündigung Nr. 53 = NZA 1991, 891) („greifbare Formen") **einer unternehmerischen Entscheidung einer Beschäftigungsmöglichkeit die Grundlage entzieht**. Das ist der Fall, wenn infolge einer unternehmerischen Maßnahme – nicht einer objektiven wirtschaftlichen Gegebenheit – die Anzahl der AN, die zur Erledigung bestimmter Aufgaben verpflichtet sind, größer ist als die Menge der zu erledigenden Arbeit (*Herschel/Löwisch* Rn. 171). Die Umstände, auf die der AG sich bezieht, müssen in einem konkreten Bezug zu seinem Betrieb stehen. Es genügen nicht allgemeine arbeitsmarkt-, beschäftigungs- oder sozialpolitische Gründe (BAG 13. 3. 1987 AP KSchG 1969 § 1 Betriebsbedingte Kündigung Nr. 37; *Hueck/v. Hoyningen-Huene* Rn. 370; *Ascheid* DB 1987, 1144). Kündigungsschutzrechtlich werden betriebliche Erfordernisse im Hinblick auf die Verringerung der Arbeitsmenge nicht dadurch geschaffen, daß weitere AN eingestellt werden, so daß im Zuge damit – nicht infolge ganz anderer Kausalverläufe – die Beschäftigungsmöglichkeiten für andere entfallen. Zu den unternehmerischen Entscheidungen des AG, die zum Wegfall von Beschäftigungsmöglichkeiten führen, gehört auch der Entschluß, den Personalbestand auf Dauer zu verringern. Eine solche Unternehmerentscheidung ist hinsichtlich ihrer organisatorischen Durchführbarkeit und hinsichtlich des Begriffs „Dauer" zu verdeutlichen. Reduziert sich die unternehmerische Organisationsentscheidung zur Personalreduzierung nur auf die Kündigung, hat der AG durch substantiierten Vortag darzutun, in welcher Weise ein Beschäftigungsbedürfnis für den gekündigten AN entfallen ist (BAG 17. 6. 1999 AP KSchG 1969 § 1 Betriebsbedingte Kündigung Nr. 101).

Die **Rechtsprechung knüpft an** Verhältnisse an, die sich aus dem Betrieb ergeben – **innerbetrieb-** 380
liche Gründe – oder an solche, die von außen auf den Betrieb einwirken – **außerbetriebliche** – **Gründe** (BAG 15. 6. 1989 AP KSchG 1969 § 1 Betriebsbedingte Kündigung Nr. 45; BAG 29. 3. 1990 AP KSchG 1969 § 1 Betriebsbedingte Kündigung Nr. 50; vgl. auch *Herschel/Löwisch* Rn. 195 ff.; *Hueck/v. Hoyningen-Huene* Rn. 369; KR/*Etzel* Rn. 535, 537; *Ascheid* DB 1987, 1144; *ders.* NZA 1991, 873 ff.), vgl. dazu näher Rn. 434 ff. Die vom BAG vorgenommene Unterscheidung ist nur

deskriptiv und nicht zwingend. Sie dient allerdings einer systematischen Erfassung der Gründe und ist bedeutsam für die Darlegungs- und Beweislast (*Hueck/v. Hoyningen-Huene* Rn. 369; *Ascheid* DB 1987, 1144, 1148; *ders.* NZA 1991, 873, 876).

381 Unter Zugrundelegung der Begriffswahl der Rechtsprechung und weitgehend der Literatur ist die Bedeutung der Unternehmerentscheidung unbestritten für die sog. innerbetrieblichen Gründe (vgl. nur BAG 18. 1. 1990 AP KSchG 1969 § 2 Nr. 27 = DB 1990, 1773 unter Berufung auf BAGE 28, 131, 133; 31, 157, 161). Hinsichtlich der sog. außerbetrieblichen Gründe ist die Ausdrucksweise nicht klar. Es wird hier von einer „verdeckten Unternehmerentscheidung" gesprochen (BAG 30. 5. 1985 AP KSchG 1969 § 1 Betriebsbedingte Kündigung Nr. 24) oder von einer „Selbstbindung" des AG (BAG 15. 6. 1989 AP KSchG 1969 § 1 Betriebsbedingte Kündigung Nr. 45 = NZA 1990, 65).

382 Der von der Rechtsprechung als **„verdeckte Unternehmerentscheidung"** oder als **„Selbstbindung"** umschriebene Lebensvorgang ist nichts anderes als der Entschluß des Unternehmers, die Anzahl der zur Verfügung gestellten Beschäftigungsmöglichkeiten den objektiv tatsächlich vorhandenen Beschäftigungsmöglichkeiten anzupassen. Der Wegfall einer Beschäftigungsmöglichkeit für einen AN ohne Willensakt des AG ist nicht denkbar (*Ascheid* DB 1987, 1144; *Wank* RdA 1987, 129, 135). Was **unternehmerisch** erforderlich ist, bestimmt subjektiv der Unternehmer, vgl. Rn. 375. Die sog. außerbetrieblichen Gründe sind damit nur das Motiv für die unternehmerische Entscheidung (*Hueck/v. Hoyningen-Huene* Rn. 373). Hat der AG sich unternehmerisch zum Wegfall von Beschäftigungsmöglichkeiten entschlossen und ändert er während des Laufs der Kündigungsfrist sein unternehmerisches Wollen – er will zB den Betrieb jetzt doch nicht stillegen –, kann der AG sich auf die Wirksamkeit der Kündigungen nicht berufen. Der AG, der die maßgebenden Fakten selbst setzt, kann nicht eine „falsche Prognose" geltend machen. Er ist vielmehr an seinen eigenen Vorgaben zu messen. Die Rechtsprechung nimmt hier einen Wiedereinstellungsanspruch an, vgl. Rn. 437.

383 **3. Ermittlung der Arbeitsmenge – Wegfall von Beschäftigungsmöglichkeiten.** Betriebliche Erfordernisse für eine Kündigung liegen vor, wenn die Zahl der an die zu verrichtende Tätigkeit vertraglich angebundenen AN größer ist, als die zur Verfügung stehende Arbeitsmenge (BAG 13. 3. 1987 AP KSchG 1969 § 1 Betriebsbedingte Kündigung Nr. 37; BAG 15. 6. 1989 AP KSchG 1969 § 1 Betriebsbedingte Kündigung Nr. 45; *Hueck/v. Hoyningen-Huene* Rn. 389; SPV Rn. 633). Die Feststellung betrieblicher Erfordernisse setzt demgemäß die Feststellung der Arbeitsmenge voraus.

384 Nach unserer Rechts- und Wirtschaftsordnung ist niemand gezwungen, sich unternehmerisch zu betätigen. Ebenso wenig gehalten, eine begonnene unternehmerische Betätigung überhaupt oder im bisherigen Umfang fortzusetzen. Nach unserer Rechtsordnung sind jedoch Gesetze und Verträge zu halten. Werden diese Grundsätze in das Kündigungsrecht übertragen, heißt das, ein **Bestandsschutz** nach § 1 KSchG **wird gewährleistet aufgrund einer konkreten unternehmerischen Betätigung** und im Rahmen von hierin zur Verfügung gestellten Beschäftigungsmöglichkeiten. Der Unternehmer, der mit einem AN einen unbefristeten Arbeitsvertrag schließt, garantiert nicht das eigene, zeitlich über die ordentlichen Kündigungsfristen hinausgehende, unbeschränkte Fortbestehen seines unternehmerischen Tuns im bisherigen Umfang. Er kann aber, soweit er weiter unternehmerisch tätig ist, unter Anwendung des KSchG wirksam nur bei Vorliegen von dessen Voraussetzungen ordentlich kündigen (*Ascheid* Rn. 241).

385 Kündigungsrechtlich sind unter der Arbeitsmenge die zur Verfügung stehenden Beschäftigungsmöglichkeiten in Bezug zu den AN zu sehen, die arbeitsvertraglich zu deren Verrichtung eingestellt sind, vgl. Rn. 375. Die **kündigungsrechtliche Arbeitsmenge** ist in der Regel nicht die **Summe aller in einem Betrieb zur Verfügung stehenden Arbeitsmöglichkeiten.** Will der AG betriebsbedingt kündigen, muß er zunächst feststellen, welche AN er aufgrund der Arbeitsverträge zur Erledigung der – verringerten – Arbeitsmenge einsetzen könnte (sog. „Vertragsfaktor" vgl. *Ascheid* Rn. 243 ff.). Arbeitsplätze fallen auch weg, wenn ein Teil der Produktion ins Ausland verlegt wird (BAG 18. 9. 1997 EzA KSchG § 1 Betriebsbedingte Kündigung Nr. 97). War der AN vertragsgemäß auch in einem konzernzugehörigen Unternehmen beschäftigt und kündigt der ursprüngliche AG, weil eine Beschäftigungsmöglichkeit bei dem konzernzugehörigen Unternehmen nicht mehr besteht, hat er das darzutun (BAG 21. 1. 1999 AP KSchG 1969 § 1 Konzern Nr. 9).

386 Hat ein AG nur **gleichartige Beschäftigungsmöglichkeiten** angeboten, zB in kleinen Dienstleistungsunternehmen, sind alle AN von der potentiellen Kündigung betroffen. Hat der AG ungleichartige Beschäftigungsmöglichkeiten angeboten, die auch entsprechend anders arbeitsvertraglich angebunden sind, muß er aus der Gesamtzahl seiner AN die Anzahl der AN ermitteln, die vertraglich an die verringerte Arbeitsmenge angebunden sind. Das wird regelmäßig in allen größeren Betrieben der Fall sein (vgl. instruktiv BAG 17. 1. 1991 RzK I 5 c Nr. 38).

387 Maßgebend für diese Ermittlung sind die **aktuellen Arbeitsvertragsinhalte**, sog. **betriebliche Auswahl der zu Kündigenden** (*Wank* RdA 1987, 138 ff.). Es kommt darauf an, welche Tätigkeit der betreffende AN zuletzt verrichtet hat (vgl. *Ascheid* Rn. 247). Ist eine Kündigung zu einem Zeitpunkt auszusprechen, zu dem der AN noch nicht lange die neue Tätigkeit verrichtet, die nach dem unternehmerischen Konzept weggefallen ist, ist es eine Frage des Einzelfalles, ob der betreffende AN auch noch seinem früheren Arbeitsbereich zuzurechnen ist (vgl. instruktiv BAG 15. 6. 1989 AP KSchG

F. Betriebsbedingte Kündigung § 1 KSchG 430

1969 § 1 Soziale Auswahl Nr. 18). Der AG ist an die Gegebenheiten, die er durch Vertragsschlüsse gesetzt hat, gebunden. Er kann bei gleichbleibender Arbeitsmenge nicht den beschäftigten AN kündigen mit der Maßgabe, er wolle an deren Stelle Arbeitslosen eine Chance geben, noch kann er mit dieser Begründung nebenberuflich Tätigen wirksam kündigen (BAG 13. 3. 1987 AP KSchG 1969 § 1 Betriebsbedingte Kündigung Nr. 37). Setzt der AG **Vollzeit- und Teilzeitbeschäftige** ein, kann er bei einer notwendigen betriebsbedingten Kündigungen nicht beliebig auf **eine** Vollzeit- oder **zwei** Halbtagsbeschäftigte zurückgreifen. Es muß sich aus seinem unternehmerischen Organisationskonzept ergeben, für welche Art von den bezeichneten AN eine Beschäftigungsmöglichkeit entfallen ist (vgl. BAG 19. 5. 1993 AP KSchG 1969 § 2 Nr. 31; *Reinfelder/Zwanziger* DB 1996, 677). Ist ein AN tarifvertraglich unkündbar, kann eine außerordentliche Kündigung in Betracht kommen, wenn eine Weiterbeschäftigung des AN auf Dauer ausscheidet (BAG 5. 2. 1998 AP BGB § 626 Nr. 143).

Für die Ermittlung, in welchem Umfang Beschäftigungsmöglichkeiten entfallen sind, muß außer- **388** dem feststehen, aufgrund welchen Umstandes, der der Unternehmerentscheidung zugrunde liegt, sich die Arbeitsmenge verringert hat. Arbeitet der AG nur aufgrund von Kundenaufträgen, zB Bauunternehmer, ist die Auftragslage entscheidend, wie sie sich zum Zeitpunkt des Kündigungstermins darstellt. Bestimmt der AG die Arbeitsmenge weitgehend selbst, indem er zB auch auf Halde produziert, ist die Umsetzung der unternehmerischen Entscheidung festzustellen, die zum Wegfall der Arbeitsmenge geführt hat.

Im Zusammenhang mit der Ermittlung des zur Verfügung stehenden Arbeitsvolumens spielt die **389** sog. „**Arbeitsdichte**" eine Rolle (*Herschel/Löwisch* Rn. 175). Will der AG kündigen, weil er der Auffassung ist, die unverändert gebliebene Arbeitsmenge könne von weniger AN verrichtet werden, hat er das substantiiert darzutun (BAG 17. 6. 1999 AP KSchG 1969 § 1 Betriebsbedingte Kündigung Nr. 101; vgl. Beispiel *Ascheid* Rn. 251; kritisch *B. Preis* DB 2000, 1122). Bei einer vom AG angeordneten sog. Leistungsverdichtung kann ein Wegfall von Beschäftigungsmöglichkeiten eintreten, wenn der AG seine Maßnahmen im Rahmen und unter Beachtung des Umfangs der arbeitsvertraglichen Verpflichtungen der AN trifft (*Löwisch* KSchG Rn. 239). Eine hinzunehmende Unternehmerentscheidung liegt vor, wenn der AG sich entschließt, auf Dauer mit weniger AN zu arbeiten (BAG 24. 4. 1997 AP KSchG 1969 § 2 Nr. 42 m. Anm. *Hümmerich/Spirolke* NZA 1998, 797), sofern dadurch gleichzeitig durch entsprechende organisatorische Maßnahmen die Arbeitsmenge verringert wird.

Das Arbeitsverhältnis wird gestaltet nicht nur durch individualrechtliche Abmachungen zwischen **390** AG und AN, die an beiden der Vertragsfaktoren zu beachten sind. Der Inhalt wird vielfach auch bestimmt sein durch Tarifverträge und Betriebsvereinbarungen. Bei der Ermittlung des Arbeitsvolumens sind diese kollektivrechtlichen Normen zu beachten. Der AG muß bei Darlegung der Arbeitsmenge auch diese Bindungen berücksichtigen, zB die Arbeitszeit und die Art, wie die Arbeit zu verrichten ist (bedenklich daher BAG 17. 6. 1998 AP KSchG 1969 § 2 Nr. 49).

Vereinfacht ausgedrückt läßt sich sagen, die Arbeitsmenge richtet sich danach, **was, wieviel, wie** zu **391** erledigen ist (vgl. dazu *Ascheid* Rn. 259).

Ein besonderes Problem stellt kündigungsrechtlich die **Kurzarbeit** dar. Der **Einführung von Kurz- 392 arbeit** liegt eine **unternehmerische Entscheidung** zugrunde (*Wank* RdA 1987, 142; vgl. auch ausführlich *Preis* DB 1988, 1390). „Materiellrechtlich betrachtet" ist Kurzarbeit nur bei einem nach Beurteilung des AG vorübergehenden Arbeitsmangel angezeigt (*Löwisch* KSchG Rn. 276). Es darf kein Dauermangel vorliegen. Es muß davon auszugehen sein, daß in absehbarer Zeit wieder Arbeit zur Verfügung steht. Sind neue Aufträge nicht in Sicht, liegt ein Dauermangel vor, dem der Unternehmer nicht mit Kurzarbeit begegnen muß. Die **Einführung von Kurzarbeit** durch den AG **bedarf** einer **einzelvertraglichen Vereinbarung oder** einer besonderen **kollektivrechtlichen Grundlage.** Andernfalls ist der Ausspruch einer Änderungskündigung erforderlich. Das Direktionsrecht des AG allein ist kein geeignetes Instrument, um die Beschäftigungs- und Vergütungspflicht einzuschränken (BAG 11. 7. 1990 AP BGB Betriebsrisiko Nr. 32; BAG 14. 2. 1991 AP BGB § 615 Kurzarbeit Nr. 4; BAG 18. 10. 1994 AP BGB § 615 Kurzarbeit Nr. 11).

Liegen im konkreten Einzelfall die **Voraussetzungen für die Einführung von Kurzarbeit vor,** ist **393** sie im Hinblick auf eine Beendigungskündigung nicht nur eine mildere Maßnahme (so BAG 8. 11. 1956 AP KSchG 1951 § 1 Nr. 19; BAG 25. 6. 1964 AP KSchG 1951 § 1 Nr. 14; *Hueck/v. Hoyningen-Huene* Rn. 384), sondern es **fehlt der für eine Beendigungskündigung notwendige Dauermangel der Arbeitsmenge.** Die Frage, ob materiellrechtlich ein nur vorübergehender Arbeitsmangel vorlag, dem mit Kurzarbeit hätte begegnet werden können, ist voll nachprüfbar. Wie sich bereits aus § 87 I Nr. 3 BetrVG ergibt, ist weder die Freiheit des Unternehmers noch die der AN maßgebend dadurch eingeschränkt, daß die regelmäßige Arbeitszeit vorübergehend geändert wird (*Herschel/Löwisch* Rn. 190). Ein solcher Dauermangel ist in diesem Zusammenhang nur für solche AN anzunehmen, für die trotz der Kurzarbeit keine Beschäftigungsmöglichkeit mehr besteht (BAG 17. 10. 1980 AP KSchG 1969 § 1 Betriebsbedingte Kündigung Nr. 10; *Herschel/Löwisch* Rn. 192; *Hueck/v. Hoyningen-Huene* Rn. 387). Will der AG im Rahmen von Kurzarbeit Beendigungskündigungen aussprechen, muß er darlegen und beweisen, daß die Beschäftigungsmöglichkeit für einzelne von der Kurzarbeit betroffene AN auf Dauer entfallen ist (BAG 26. 6. 1997 AP KSchG 1969 § 1 Betriebsbedingte Kündigung Nr. 86).

430 KSchG § 1 Sozial ungerechtfertigte Kündigungen

394 **Kündigt der AG bei nur vorübergehendem Auftragsmangel** im Wege der **Beendigungskündigung**, handelt er nicht aus *dringenden* betrieblichen Bedürfnissen und damit unverhältnismäßig. Es kann auch eine Arbeitsstreckung angebracht sein (vgl. BAG 17. 10. 1980 AP KSchG 1969 § 1 Betriebsbedingte Kündigung Nr. 10; BAG 7. 2. 1985 AP KSchG 1969 § 1 Soziale Auswahl Nr. 9; *Herschel/Löwisch* Rn. 196). Entfällt die Arbeit im Baugewerbe vorübergehend witterungsbedingt und steht zugleich fest, daß am Ende der Schlechtwetterperiode die Arbeitsmenge dauerhaft geringer sein wird, ist hinsichtlich des bleibenden Wegfalls der Arbeitmenge mit Eintritt des Schlechtwetters eine Beendigungskündigung zulässig (BAG 7. 3. 1996 RzK I 5 c Nr. 68). Will der AG im Rahmen von Kurzarbeit Beendigungskündigungen aussprechen, muß er darlegen und beweisen, daß die Beschäftigungsmöglichkeit für einzelne von der Kurzarbeit betroffene AN auf Dauer entfallen ist (BAG 26. 6. 1997 AP KSchG 1969 § 1 Betriebsbedingte Kündigung Nr. 93).

395 Der vorübergehende Arbeitsmangel kann in seiner materiellrechtlichen Beurteilung nicht davon abhängen, ob der **Betriebsrat** über § 87 BetrVG die Initiative zur Kurzarbeit ergreift (*Wank* RdA 1987, 129, 143; unklar BAG 7. 2. 1985 AP KSchG 1969 § 1 Soziale Auswahl Nr. 9; vgl. auch *Denck* ZfA 1985, 249 ff.; *Herschel/Löwisch* Rn. 190 ff.; *Preis* DB 1988, 1390; SPV Rn. 641). Verweigert der Betriebsrat die Einführung von Kurzarbeit, ist der AG nicht gehalten, anstelle einzelner betriebsbedingter Beendigungskündigungen Massenänderungskündigungen zur Einführung von Kurzarbeit auszusprechen (BAG 7. 2. 1985 AP KSchG 1969 § 1 Soziale Auswahl Nr. 9; *Hueck/v. Hoyningen-Huene* Rn. 385). Ebenso ist der AG nicht verpflichtet, Kurzarbeit gegen den Willen des Betriebsrats durch Anrufung der Einigungsstelle einzuführen (*Herschel/Löwisch* Rn. 191; *Hueck/v. Hoyningen-Huene* Rn. 385; KR/*Etzel* Rn. 548; *Wank* RdA 1987, 129, 143).

396 Hat der AG dargetan, daß nach seiner nachvollziehbaren wirtschaftlichen Beurteilung der Lage ein Dauermangel vorliegt und ist demgemäß keine Kurzarbeit eingeführt worden, unterliegt diese unternehmerische Entscheidung in Kündigungsschutzprozeß, wie auch sonst, vgl. Rn. 429, nur einer Mißbrauchskontrolle (BAG 11. 9. 1986 EzA KSchG 1969 § 1 Betriebsbedingte Kündigung Nr. 54; BAG 30. 4. 1987 AP KSchG 1969 § 1 Betriebsbedingte Kündigung Nr. 42; *Hueck/v. Hoyningen-Huene* Rn. 386; *Denck* ZfA 1985, 249, 261).

397 **Ist Kurzarbeit wirksam angeordnet,** ist die vorübergehend verkürzte Arbeitszeit **bei Berechnung des Arbeitsvolumens zu beachten.** Wird im Wege der Betriebsvereinbarung Kurzarbeit eingeführt, oder werden die Arbeitsverträge individualrechtlich einvernehmlich geändert, oder hat der AG aufgrund entsprechender individualrechtlicher oder tariflicher Absprachen Kurzarbeit wirksam angeordnet, sind die geänderten Arbeitszeiten über die Vertrags- oder Betriebsfaktoren bei Ermittlung der Anzahl der benötigten AN zu berücksichtigen. Die so bestimmte Arbeitszeit ist der Berechnung des akuten Personalbedarfs zugrundezulegen. Der AG kann in diesen Fällen im Kündigungsschutzprozeß nicht geltend machen, materiellrechtlich habe ein Dauermangel vorgelegen. Der AG hätte dann die Betriebsvereinbarung nicht abschließen sollen. Jedenfalls ist der Kündigungsschutzprozeß nicht das geeignete Instrumentarium, die Wirksamkeit betriebsverfassungsrechtlicher Fakten zu überprüfen, sofern nicht eine evidente Nichtigkeit vorliegt.

398 4. **Umsetzung der Unternehmerentscheidung.** Betriebliche Erfordernisse setzen nicht nur einen Willensentschluß des Unternehmers voraus. Dieser **innere Willensentschluß muß vielmehr in die Realität umgesetzt worden sein,** um kündigungsrelevant sein zu können. Der AG muß im Kündigungsschutzprozeß Tatsachen vortragen können, aus denen zu schließen ist, daß eine unternehmerische Entscheidung tatsächlich realisiert worden ist, oder daß aufgrund der Umsetzung dieser Entscheidung davon auszugehen ist, daß sie zum Kündigungstermin realisiert sein wird; sie muß „**greifbare Formen**" angenommen haben (KBK 13 Rn. 13; *Löwisch* Rn. 247), vgl. insoweit Rn. 458. Da der AG im Vorgriff auf den Kündigungstermin handelt, beurteilt hier das Gericht aufgrund einer Prognose, ob die vom AG behaupteten Umstände den Schluß zulassen, zum Kündigungstermin bestehe keine Beschäftigungsmöglichkeit für die gekündigten AN mehr. Diese Prognose ist nicht identisch mit der, die der AG bei der personen- und verhaltensbedingten Kündigung anstellt. Der AG orientiert sich zwar auch an gegenwärtigen Vorgängen und zieht Schlüsse für die Zukunft. Dieses Vorgehen ist jedoch nur Motiv für sein bindendes Handeln. Unterläßt der AG bis zum Kündigungstermin die Umsetzung seiner Entscheidung, kann er sich auf die darauf gestützten Kündigungen nicht berufen; vgl. Rn. 159.

399 In der Praxis ist hierbei, insbesondere im Hinblick auf die Darlegungslast, vgl. Rn. 452 ff., zu unterscheiden zwischen der sog. **selbstbindenden Unternehmerentscheidung** und der **gestaltenden Unternehmerentscheidung.** Die selbstbindende Unternehmerentscheidung wird in der Rechtsprechung „außerbetrieblicher" Grund genannt, die gestaltende als „innerbetrieblicher" Grund bezeichnet.

400 Bei der **selbstbindenden Unternehmerentscheidung** (außerbetrieblicher Grund) beschränkt sich der Unternehmer darauf, sich an äußere Sachzwänge zu binden. Er macht dann geltend, seine **Kündigungen seien die zwangsläufige Folge einer betrieblichen Anpassung an die Auftragslage** (zB Rückgang der Aufträge um 40 Prozent) gewesen. Diese Bindung an den von ihm zu benennenden Grund führt bei Vorliegen der entsprechenden Voraussetzungen unmittelbar zum Wegfall von Beschäftigungsmöglichkeiten (vgl. SPV Rn. 632).

401 Bindet der AG sich so selbst, muß er dartun,

Ascheid

F. Betriebsbedingte Kündigung

– daß der sog. außerbetriebliche Grund tatsächlich in dem von ihm behaupteten Umfang vorliegt,
– daß dieser Grund sich unmittelbar zwingend unter Beachtung der betrieblichen Gegebenheiten auf welche Beschäftigungsmöglichkeiten ausgewirkt hat, vgl. Rn. 385 ff., und
– daß nur solche AN in die betriebliche Auswahl einbezogen worden sind, die arbeitsvertraglich aktuell an die weggefallenen Beschäftigungsmöglichkeiten gebunden waren. Vgl. zur anschließenden sozialen Auswahl Rn. 463 ff.

Die Bindung an außerbetriebliche Gründe kann umfassend erfolgen. Der AG will dann letztlich 402 allen AN kündigen, die von dem außerbetrieblichen Ereignis unmittelbar erfaßt werden. Es kann ebenso sein, daß der Unternehmer das **außerbetriebliche Ereignis** zum **Anlaß von betrieblichen Umorganisationsentscheidungen** macht, den Umfang dieser Organisationsentscheidungen aber wiederum an das außerbetriebliche Ereignis binden will.

Eine Selbstbindung ist nur möglich an solche Tatsachen, die geeignet sind, das Arbeitsvolumen 403 unmittelbar zu verringern, wie zB der Auftragsrückgang. Werden dem AG Darlehen gekündigt oder entfällt eine sog. Drittmittelfinanzierung, führt das noch nicht zum Wegfall von Beschäftigungsmöglichkeiten (BAG 20. 2. 1986 AP KSchG 1969 § 1 Nr. 11; SPV Rn. 656). Der AG muß solche wirtschaftlichen Gegebenheiten zunächst betrieblich umsetzen.

Steht aufgrund der Umstände, an die der AG sich bindet, fest, daß die Beschäftigungsmöglichkeit 404 für eine bestimmte Anzahl von AN entfallen ist, kündigt der AG aber nicht allen, denen er deshalb betriebsbedingt deshalb kündigen könnte, sind die Kündigungen der Entlassenen nicht deshalb unwirksam. Eine **Kongruenz zwischen** dem Rückgang der **Arbeitsmenge** und der **Anzahl der zu entlassenden AN** besteht nicht. Der AG kann also sozial verträglicher handeln. Er kann zB überzähliges Personal als Personalreserve vorhalten (BAG 18. 9. 1997 EzA KSchG § 1 Betriebsbedingte Kündigung Nr. 53). Entscheidend ist allein, daß für die Gekündigten keine Beschäftigungsmöglichkeiten mehr bestanden (BAG 22. 10. 1987 RzK I 5 c Nr. 23; BAG 18. 9. 1997 – 2 AZR 657/96 nv.; *Ascheid* Rn. 276).

Bei der Selbstbindung spielen die vertraglichen und betrieblichen Faktoren eine ganz ausschlaggebende Rolle. Sind in einem Betrieb ungleichartige Beschäftigungsmöglichkeiten eingerichtet, kann aus 405 einem Umsatzrückgang regelmäßig nicht unmittelbar auf den Wegfall bestimmter Beschäftigungsmöglichkeiten geschlossen werden. In diesen Fällen ist es in der Regel so, daß der Umsatzrückgang nur der auslösende Faktor für die kündigungsrechtlich ausschlaggebenden innerbetrieblichen Maßnahmen ist (*Ascheid* Rn. 278).

Eine **Selbstbindung an außerbetriebliche Gründe** greift nur unmittelbar bei **gleichartigen Be-** 406 **schäftigungsmöglichkeiten**, zB in kleineren Dienstleistungsbetrieben. Wer nur 10 Gebäudereiniger beschäftigt, die er unter Zurverfügungstellung der entsprechenden Mittel jeweils einzeln zur Reinigung von Häusern einsetzt, kann bei einem Auftragsrückgang um 10% dartun, daß die Beschäftigungsmöglichkeit für einen Gebäudereiniger entfallen ist (*Hueck/v. Hoyningen-Huene* Rn. 374). Größere Betriebe sind strukturierter und nach den individuellen Bedürfnissen des Unternehmers, auch in personeller Hinsicht, organisiert. Die Arbeitsvertragsinhalte der Beschäftigten unterscheiden sich nach der Art der verrichtenden Tätigkeiten. Hier muß der Unternehmer in der Regel die sog. außerbetrieblichen Gründe erst durch andere Maßnahmen umsetzen, die sich dann auf Beschäftigungsmöglichkeiten auswirken.

Fälle der **selbstbindenden Unternehmerentscheidung** liegen vor, wenn der AG sich auf einen 407 **Umsatz- oder Auftragsrückgang** oder auf eine Änderung der Marktstruktur bezieht (BAG 13. 3. 1987; BAG 15. 6. 1989 AP KSchG 1969 § 1 Betriebsbedingte Kündigung Nr. 37 und 45; *Löwisch* KSchG Rn. 242), insb. wenn er geltend macht, infolge der technischen Entwicklung seien Arbeitsverrichtungsmöglichkeiten entfallen (BAG 29. 1. 1997 RzK I 5 c Nr. 82). Im **öffentlichen Dienst** gehören zu den sog. außerbetrieblichen Gründen die **Streichung von Haushaltsmitteln für bestimmte Stellen** (BAG 28. 11. 1956 AP KSchG 1951 § 1 Nr. 20; BAG 3. 5. 1978 AP KSchG 1969 § 1 Betriebsbedingte Kündigung Nr. 5; *Hueck/v. Hoyningen-Huene* Rn. 372). Ein betriebliches Erfordernis ergibt sich bei Vollzug dieser haushaltsrechtlichen Vorgaben. Handelt es sich um sog. kw-Vermerke (künftig wegfallend), liegt ein kündigungsrechtlich relevanter Vorgang erst vor, wenn feststeht, daß die Stelle tatsächlich nicht mehr besetzt werden soll (BAG 19. 3. 1998 AP Einigungsvertrag Anlage 1 Kap. XIX Nr. 76; BAG 18. 11. 1999 AP KSchG 1969 § 2 Nr. 55; BAG 18. 11. 1999 – 2 AZR 357/99 nv.; BAG 17. 2. 2000 – 2 AZR 109/99 nv.). Bei einem undatierten kw-Vermerk ist (nur) wahrscheinlich, daß die Stelle nicht mehr oder nicht mehr im bisherigen Umfang benötigt wird. Bei einem datierten kw-Vermerk kann ein betriebsbedingter Kündigungsgrund vorliegen, wenn der Vermerk noch im laufenden Haushaltsjahr wirksam werden soll und keine anderweitige Beschäftigungsmöglichkeit für den AN besteht (vgl. dazu *Lakies* NZA 1997, 745, 747, 748). Der **Wegfall von Drittmitteln** bei Forschungsvorhaben kann nur eine Kündigung rechtfertigen, wenn der AG aufgrund des Wegfalls das Forschungsvorhaben einstellt oder einschränkt (BAG 20. 2. 1986 AP KSchG 1969 § 1 Nr. 11; BAG 30. 10. 1987 RzK I 5 c; BAG 24. 8. 1989 RzK I 5 c Nr. 32; *Hueck/v. Hoyningen-Huene* Rn. 372; SPV Rn. 656). Bei einem mit Drittmitteln geförderten projektbezogenen Arbeitsplatz ist bei Wegfall der Drittmittel wie auch sonst zu prüfen, ob nicht die Möglichkeit besteht, den AN auf einem anderen Arbeitsplatz einzusetzen (BAG 21. 6. 1990 RzK I 5 c Nr. 37). Ist dem AG bezüglich des Auftragrückgangs eine – ihn bindende – Festlegung noch nicht möglich, ist eine betriebsbedingte Kündigung nicht deshalb zulässig, weil der AG den AN Aufhebungsverträge mit Wiedereinstellungszusagen anbietet (BAG 11. 3. 1998 RzK I 5 c Nr. 108).

408 Hat der AG außer der selbstbindenden Unternehmerentscheidung keine gestaltende getroffen, ist die Kündigung nur gerechtfertigt, wenn der außerbetriebliche Umstand sich unmittelbar auf Beschäftigungsmöglichkeiten auswirkt (BAG 15. 6. 1989 AP KSchG 1969 § 1 Betriebsbedingte Kündigung Nr. 45; *Hueck/v. Hoyningen-Huene* Rn. 427; *Ascheid* DB 1987, 1144, 1147).

409 Bei einer **selbstbindenden Unternehmerentscheidung kann die Unternehmerentscheidung mit dem Ausspruch der Kündigung zusammenfallen**. Sie ist aber dennoch existent. Der AG ist nicht etwa verpflichtet, bei einem alleinigen Bezug auf außerbetriebliche Umstände diesen Entschluß zunächst anderweitig nach außen zu dokumentieren. Er trifft die Unternehmerentscheidung gleichsam uno actu mit dem Ausspruch der Kündigung. Im Prozeß hat der AG im einzelnen darzutun, daß sich die außerbetrieblichen Gründe in welchem Umfang auf Beschäftigungsmöglichkeiten ausgewirkt haben. Hierzu genügen keine pauschalen Verweise auf eine schlechte Umsatzlage uä. (BAG 11. 9. 1986 EzA KSchG § 1 Betriebsbedingte Kündigung Nr. 54; BAG 15. 6. 1989 AP KSchG 1969 § 1 Betriebsbedingte Kündigung. Nr. 45; *Herschel/Löwisch* Rn. 195; *Hueck/v. Hoyningen-Huene* Rn. 429).

410 Eine **gestaltende Unternehmerentscheidungen** trifft der AG, wenn er sich dazu entschließt, aktiv die Ereignisse zu beeinflussen, indem er das „Was", das „Wieviel" und/oder das „Wie" seiner Produktion ändert. Die Gründe hierfür sind nicht erheblich. Er kann das zulässig tun, um eine unrentable Betriebsführung zu korrigieren. Er kann rationalisieren, indem er Investitionen tätigt, mit deren Hilfe er in weniger Zeit mit weniger Personal eine höhere Leistung erzielen will. **Er greift** dann **gestaltend in das Geschehen ein.** Diese sog. gestaltende Unternehmerentscheidung kann, sie muß aber nicht Beschäftigungsmöglichkeiten berühren (*Ascheid* Rn. 264).

411 Der typische Fall einer gestaltenden Unternehmerentscheidung ist der Entschluß, den gesamten Betrieb stillzulegen (vgl. *Plander* NZA 1999, 505). Eine **Betriebsstillegung** setzt den ernstlichen und endgültigen Entschluß des Unternehmers voraus, die Betriebs- und Produktionsgemeinschaft zwischen AG und AN für einen seiner Dauer nach unbestimmten, wirtschaftlich nicht unerheblichen Zeitraum aufzugeben. Bei einer juristischen Person bedarf es keines Beschlusses des für die Auflösung zuständigen Organs (BAG 11. 3. 1998 DB 1998, 1568). Die Gründe, die den AG zur Stillegung veranlaßt haben, sind unerheblich (vgl. nur BAG 28. 4. 1988 AP BGB § 613 a Nr. 74; BAG 19. 6. 1991 AP KSchG 1969 § 1 Betriebsbedingte Kündigung Nr. 53). Bei einer Betriebsstillegung entfallen alle Beschäftigungsmöglichkeiten. Wird ein Betrieb in Etappen stillgelegt, kommt es für die betriebsbedingte Kündigung zunächst darauf an, ob der AN in dem jeweils stillgelegten Teil beschäftigt war. In jedem Fall hat eine Sozialauswahl stattzufinden (BAG 16. 9. 1982 AP KO § 22 Nr. 4; *Herschel/Löwisch* Rn. 205). Auch die Auflösung eines Forschungsbereichs einer privaten Hochschule ist eine unternehmerische Entscheidung, die betriebsbedingte Kündigungen rechtfertigen kann (BAG 13. 8. 1992 RzK I 5 c Nr. 42). Eine Stillegung liegt vor, wenn der Unternehmer sein bisheriges „**Eigenunternehmen**" in ein **Franchising-Unternehmen umwandelt** und nur noch mit „Franchising-Nehmern" arbeitet (BAG 9. 5. 1996 AP KSchG 1969 § 1 Betriebsbedingte Kündigung Nr. 79). Eine Betriebsstillegung liegt nicht vor, wenn der Pächter (Gastwirt) nach Beendigung der Pachtzeit den Betrieb vertragsgemäß an der Verpächter (Brauerei) zurückgibt und dieser den Betrieb zur weiteren Nutzung in bisheriger Art sofort weiter verpachtet (BAG 27. 4. 1995 RzK I 5 e Nr. 24).

412 Bei einer **Betriebsstillegung** ist die **Kündigung nicht erst** dann **zulässig, wenn der Betrieb tatsächlich stillgelegt ist**, sondern wenn die Stillegung beabsichtigt ist (vgl. BAG 27. 2. 1987 AP KSchG 1969 § 1 Betriebsbedingte Kündigung Nr. 41; BAG 28. 4. 1988 AP BGB § 613 a Nr. 74; BAG 19. 6. 1991 AP KSchG 1969 § 1 Betriebsbedingte Kündigung Nr. 53). Das setzt weiter voraus, daß der Unternehmer im Zeitpunkt des Zugangs der Kündigung den ernsthaften und endgültigen Entschluß gefaßt hatte, den Betrieb endgültig und nicht nur vorübergehend stillzulegen. Hierfür müssen konkrete Anhaltspunkte vorliegen (BAG 23. 3. 1984 AP Betriebsbedingte Kündigung Nr. 38; BAG 19. 6. 1991 AP Betriebsbedingte Kündigung Nr. 53). Führt der AG ernsthaft Gespräche mit Interessenten über eine Betriebsübernahme oder über die Weiterveräußerung von Geschäftsanteilen, ist regelmäßig noch kein Kündigungsgrund gegeben (BAG 10. 10. 1996 AP KSchG 1969 § 1 Betriebsbedingte Kündigung Nr. 81). Zeichnet sich ein Erfolg der Gespräche nicht ab, ist eine vorsorgliche Kündigung für den Fall, daß die Gespräche scheitern, zulässig, wenn der AG den AN zugleich anbietet, daß sie für den Fall einer Betriebsübernahme ungekündigt weiter beschäftigt werden (aA BAG 27. 9. 1984 AP BGB § 613 a Nr. 39). Sind in einem Fall der Insolvenz Gespräche hinsichtlich der Übernahme des ganzen Betriebs gescheitert und spricht der Insolvenzverwalter deshalb Kündigungen aus, ist eine Kündigung zulässig, wenn er noch versucht, Betriebsteile zu veräußern, hierfür aber Erfolg versprechende, greifbare Anhaltspunkte noch nicht vorliegen. Wird ein Betrieb nach seiner Schließung alsbald wieder eröffnet, ist vom Gericht zu prüfen, ob der Vortrag des AG zur endgültigen Stillegung glaubhaft war (BAG 27. 9. 1984 AP BGB § 613 a Nr. 39).

413 Wird die Kündigung auf die zukünftige Entwicklung der betrieblichen Verhältnisse gestützt, setzt die Wirksamkeit der Kündigung voraus, daß die geplante Maßnahme bereits greifbare Formen ange-

F. Betriebsbedingte Kündigung § 1 KSchG 430

nommen hatte. Es muß bei einer vernünftigen betriebswirtschaftlichen Prognose anzunehmen gewesen sein, daß bis zum Ablaufen der einzuhaltenden ordentlichen Kündigungsfrist eine Beschäftigungsmöglichkeit für die gekündigten AN nicht mehr bestehen wird (BAG 19. 5. 1988 AP BGB § 613 a Nr. 75; BAG 19. 6. 1991 AP KSchG 1969 § 1 Betriebsbedingte Kündigung Nr. 53; *Hueck/v. Hoyningen-Huene* Rn. 416).

Eine Betriebsstillegung in diesem Sinn liegt nicht vor, wenn der Unternehmer zwar selbst nicht **414** mehr Betriebsinhaber sein will, seinen Betrieb aber an einen anderen veräußert. Dann liegt ein Betriebsübergang nach § 613a I BGB vor. Eine Kündigung „wegen" des Betriebsübergangs ist nicht möglich (*Herschel/Löwisch* Rn. 206; vgl. RGRK/*Ascheid* § 613 a Rn. 247 ff.; *Ascheid* NZA 1991, 873), vgl. im übrigen § 613 a BGB. Vollzieht sich ein Betriebsübergang allein dadurch, daß ein Auftrag nicht mehr dem bisherigen, sondern einem anderen Unternehmer erteilt wird, der die Hauptbelegschaft später übernimmt, kann der fühere AG betriebsbedingt kündigen, wenn er nicht weiß, wer den Neuauftrag erhält und ob dieser Auftragnehmer die Hauptbelegschaft übernehmen wird. Die gekündigten AN haben in solchen Fällen einen Wiedereinstellungsanspruch (BAG 13. 11. 1997 AP BGB § 613 a Nr. 169).

Der Unternehmer kann sich auch entschließen, einen **Betriebsteil** oder eine **Betriebsabteilung** (zB **415** Buchhaltung; Reparaturdienst) zu schließen. Dann bleiben Beschäftigungsmöglichkeiten im verbleibenden Betrieb erhalten. Unter kündigungsrechtlichen Aspekten läßt sich bei der Stillegung eines Betriebsteils oder einer Betriebsabteilung genau nachvollziehen, welche Beschäftigungsmöglichkeiten entfallen sind.

Eine gestaltende Unternehmerentscheidung liegt auch vor, wenn der Unternehmer **Rationalisie- 416 rungsmaßnahmen** trifft. Diese können technischer Art sein, wie bei Einführung neuer arbeitssparender Maschinen, Umstellung auf neue Fertigungsmethoden, Änderung der Arbeitsmethoden. Dabei können technische und organisatorische Maßnahmen ineinander übergreifen (BAG 30. 4. 1987 AP KSchG 1969 § 1 Betriebsbedingte Kündigung Nr. 42; BAG 29. 3. 1990 AP KSchG 1969 § 1 Soziale Auswahl Nr. 50; *Herschel/Löwisch* Rn. 201; *Hueck/v. Hoyningen-Huene* Rn. 424). Eine **Umorganisation des Betriebs** mit dem Ziel seiner Verkleinerung **liegt auch vor, wenn der AG Beschäftigungsmöglichkeiten abbaut, um den verkleinerten Betrieb veräußern zu können** (BAG 18. 7. 1996 AP BGB § 613 a Nr. 147). Der AG kann sich auch entschließen, bestimmte Arbeiten wegen Lärmbelästigung der Anlieger (Perkussionsunterricht in Musikschule) nicht mehr anzubieten. Auch dann fallen entsprechende Beschäftigungsmöglichkeiten weg (BAG 17. 1. 1991 – 2 AZR 386/90 nv.). Eine hinzunehmende Umstrukturierung, die zum Wegfall von Beschäftigungsmöglichkeiten führen kann, liegt vor, wenn Verrichtungsinhalte und -abläufe geändert werden, so wenn im Kontruktionsbereich ein Zeichnen am Reißbrett durch Erstellung entsprechender Software ersetzt wird (BAG 29. 1. 1997 – 2 AZR 44/96 nv.).

Der **Entschluß, Rationalisierungsmaßnahmen durchzuführen,** ist **der gerichtlichen Kontrolle 417** mit Ausnahme der Grenzen des Rechtsmißbrauchs **entzogen** (BAG 30. 4. 1987 AP KSchG 1969 § 1 Betriebsbedingte Kündigung Nr. 42; BAG 18. 1. 1990 KSchG 1969 § 1 Soziale Auswahl Nr. 19; *Hueck/v. Hoyningen-Huene* Rn. 425). Geprüft wird, ob die Durchführung der Rationalisierungsmaßnahme sich auf die Beschäftigungsmöglichkeiten der gekündigten AN ausgewirkt hat (BAG 24. 10. 1979 AP KSchG 1969 § 1 Betriebsbedingte Kündigung Nr. 8; BAG 30. 4. 1987 AP KSchG 1969 § 1 Betriebsbedingte Kündigung Nr. 42; *Hueck/v. Hoyningen-Huene* Rn. 425). Liegt die Unternehmerentscheidung darin, den Personalbestand zu reduzieren, hat der AG seine Entscheidung hinsichtlich ihrer Durchführbarkeit und bezüglich des Begriffs „Dauer" zu verdeutlichen, um Unsachlichkeit oder Willkürlichkeit auszuschließen (BAG 17. 6. 1999 AP KSchG 1969 § 1 Betriebsbedingte Kündigung Nr. 102; BAG 17. 6. 1999 AP KSchG 1969 § 1 Betriebsbedingte Kündigung Nr. 101; HK/*Weller/Dorndorf* Rn. 879).

Eine gestaltende Unternehmerentscheidung liegt auch vor, wenn der AG sich entschließt, **Aufga- 418 ben, die er bisher selbst wahrgenommen hat, an Fremdfirmen** zu vergeben (vgl. BAG 7. 3. 1980 AP KSchG 1969 § 1 Betriebsbedingte Kündigung Nr. 9; *Herschel/Löwisch* Rn. 203). Bei derartigen Fallkonstellationen ist jedoch zu prüfen, ob nicht die Voraussetzungen eines Betriebs- oder Betriebsteilsübergangs vorliegen, vgl. dazu § 613a BGB. Ist letzteres der Fall, ist eine Kündigung sozial nicht gerechtfertigt. Die Entscheidung des AG, das Personal nicht mehr selbst einzustellen, sondern von anderer Stelle einstellen zu lassen (sog. out-crewing bei Schiffsbesatzung), rechtfertigt eine betriebsbedingte Kündigung nicht, wenn die betriebliche Organisation im übrigen nicht geändert wird und wenn der ursprüngliche AG sich hinsichtlich der neuen Kräfte das Direktionsrecht vorbehalten hat (BAG 26. 9. 1996 AP KSchG 1969 Betriebsbedingte Kündigung Nr. 80).

Der Unternehmer wirkt auch gestaltend, wenn er die „Stellenpläne" ändert. Allein eine solche **419** Änderung von Stellenplänen muß jedoch nicht zur Verringerung einer bestimmten Arbeitsmenge führen. Das **Aufstellen von Stellenplänen** gehört zum unternehmerischen Konzept. Der AG kann die Anforderungsprofile für einen eingerichteten Arbeitsplatz festlegen (BAG 10. 11. 1994 AP KSchG 1969 § 1 Betriebsbedingte Kündigung Nr. 65). Das gilt insbesondere, wenn bei drittfinanzierten Arbeitsverträgen das festgelegte Anforderungsprofil den Vorgaben des Drittmittelgebers entspricht (BAG 7. 11. 1996 AP KSchG 1969 § 1 Betriebsbedingte Kündigung Nr. 82). Das unternehmerische

Konzept kann bei vorhandenem Auftragsbestand kündigungsrechtlich relevant nicht ohne Bezug zur tatsächlichen Auftragslage realisiert werden. Der **Stellenplan im kündigungsrechtlich relevanten Sinn** gibt an, **welche Tätigkeiten im Betrieb mit welchen Qualifikationen hinsichtlich Ausbildung und Fertigkeiten verbunden sind.** Er ist bezogen auf die zu verrichtenden Arbeiten und nicht auf die konkreten AN, die gerade diese Tätigkeiten ausüben. Eine solche Sachbezogenheit liegt auch dann vor, wenn der Unternehmer, der bisher nicht mit der Leitung des Betriebes befaßt war, sich entschließt, eine Zweigniederlassung selbst zu leiten. Fällt dadurch eine Beschäftigungsmöglichkeit für den Betriebsleiter fort, kann er diesem kündigen (BAG 26. 1. 1984 RzK I 5 c Nr. 7; BAG 22. 3. 1990 RzK I 5 c Nr. 36). Entschließt sich der AG, überhaupt nicht mehr mit eigenem Personal zu arbeiten, sondern nur noch mit Leiharbeitnehmern, fällt die Beschäftigungsmöglichkeit für die eigenen AN weg (vgl. zutreffend LAG Köln 28. 6. 1996 LAGE KSchG § 1 Betriebsbedingte Kündigung Nr. 40). Gestaltet der AG Arbeitsabläufe um, verlagert er Tätigkeiten von einer in eine andere Betriebsabteilung, verbleibt es aber trotz allem dabei, daß im wesentlichen die gleichen Arbeiten zu verrichten sind, ist eine betriebsbedingte Kündigung nicht gerechtfertigt. Das gilt auch für den Fall, daß die „neuen" Arbeitsplätze mit einer besseren Bezahlung ausgestattet sind (BAG 16. 11. 1994 AP KSchG 1969 § 1 Betriebsbedingte Kündigung Nr. 65). Bleibt die zu erledigende Arbeitsmenge unverändert, ist die arbeitsmarkt-, beschäftigungs- oder sozialpolitisch motivierte Absicht des AG, anstelle von nebenberuflich tätigen Teilzeitbeschäftigten jetzt Arbeitslose im Rahmen von Vollzeitarbeitsverhältnissen zu beschäftigen, kein dringendes betriebliches Erfordernis. Der AG muß sich insoweit an die von ihm gesetzten Tatsachen halten (BAG 13. 3. 1987 AP KSchG 1969 § 1 Betriebsbedingte Kündigung Nr. 37). Eine hinzunehmende Unternehmerentscheidung liegt vor, wenn der AG sich entschließt, auf Dauer mit weniger AN zu arbeiten (BAG 24. 4. 1997 AP KSchG 1969 § 2 Nr. 46), sofern er dadurch konkludent die Arbeitsmenge verringert vgl. Rn. 417.

420 Entschließt der AG sich **aus Gründen des Rückgangs der Arbeitsmenge,** geringwertige Tätigkeiten durch eigene höher qualifizierte AN ausführen zu lassen – deren Arbeitsverträge das zulassen, weil er diese umfassender einsetzen kann, ist das eine hinzunehmende unternehmerische Maßnahme (BAG 11. 9. 1986 RzK I 5 c Nr. 13: Bauwerker wird infolge Arbeitsmangel entlassen, weil Arbeit dem Fachwerkerbereich zugeteilt wurde; BAG 6. 8. 1987 – 2 AZR 559/86 nv.: Organisationsumgestaltung in Apotheke, die zum Wegfall von Beschäftigungsmöglichkeiten für Helferinnen führt; BAG 22. 3. 1990 RzK I 5 c Nr. 36: „Chef" übernimmt selbst Ressortleitung).

421 Greift der Unternehmer nicht gestaltend in die Organisation ein, sondern verringert er gestaltend unter Aufrechterhaltung der Betriebsorganisation die zur Verfügung stehende Arbeitsmenge, muß bei der Kündigung klar sein, wie sich dies innerbetrieblich auf die Beschäftigungsmöglichkeiten ausgewirkt hat. Will der Unternehmer im Zusammenhang mit gestaltenden Maßnahmen Kündigungen aussprechen, hat er darzulegen,
– daß und welchen unternehmerischen Entschluß er gefaßt hat,
– daß er diesen Entschluß umgesetzt hat,
– wie sich die Umsetzung unter Berücksichtigung der Betriebs- und Vertragsfaktoren auf welche Beschäftigungsmöglichkeiten in welchem Umfang ausgewirkt hat und
– daß nur solche AN in die betriebliche Auswahl einbezogen worden sind, die arbeitsvertraglich aktuell an die weggefallenen Beschäftigungsmöglichkeiten gebunden waren.

422 Allein ein **Entschluß ohne Umsetzung führt nicht zum Wegfall von Beschäftigungsmöglichkeiten,** es sei denn, außer dem Entschluß sei betriebsorganisatorisch vorerst nichts weiter umzusetzen. So kann es im Interesse des vorläufigen Weiterbestandes der Arbeitsverhältnisse wirtschaftlich sinnvoll sein, die beabsichtigte Stillegung des Betriebes vorerst zu verschweigen, um potentiele Kunden noch zu halten (vgl. instruktiv BAG 19. 6. 1991 AP KSchG 1969 § 1 Betriebsbedingte Kündigung Nr. 53). Wer die Produktion verringern will, wird den Einkauf von Rohmaterial nicht erhöhen. Wer die Produktion umstellt und keine Lagerbestände hat, wird keine Werbekampagne starten mit dem Ziel, den Absatz des alten Produktes zu erhöhen (*Ascheid* Rn. 269). Die Rechtsprechung verlangt, die Durchführung der unternehmerischen Entscheidung müsse **„greifbare Formen"** angenommen haben (vgl. BAG 28. 4. 1988 AP BGB § 613 a Nr. 74; BAG 19. 5. 1988 BAGE 59, 12 = AP § 613 a Nr. 75; *Löwisch* KSchG Rn. 247). Es muß aufgrund einer vernünftigen, betriebswirtschaftlichen Betrachtung die Prognose gerechtfertigt sein, daß der AN bis zum Auslaufen der Kündigungsfrist entbehrt werden kann. Es ist zur „Greifbarkeit" nicht notwendig, daß eine Entäußerung des Entschlusses an die Öffentlichkeit erfolgt. Ein durch Gesellschafterversammlung und Vorstand gefaßter Beschluß reicht aus (BAG 19. 6. 1991 AP KSchG 1969 § 1 Betriebsbedingte Kündigung Nr. 53).

423 Die **gestaltende und die selbstbindende Unternehmerentscheidung** sind **arteigene Entschlußformen** des Unternehmers. Da eine Kündigung nur von den Umständen getragen wird, die zum Zeitpunkt ihres Ausspruchs vorlagen, können nur die Unternehmerentscheidungen tragend sein, die zu diesem Zeitpunkt vorlagen und sich in der Umsetzung befanden (vgl. BAG 4. 12. 1986 RzK I 5 c Nr. 17; BAG 11. 9. 1986 RzK I 5 c Nr. 13).

424 **5. Dringlichkeit der betrieblichen Erfordernisse.** Nach § 1 II 1 müssen nicht nur betriebliche Erfordernisse vorliegen. Diese müssen zusätzlich **„dringend"** sein. Die Rechtsprechung nimmt an,

F. Betriebsbedingte Kündigung   § 1 KSchG 430

diese weitere Voraussetzung sei erfüllt, wenn es dem AG nicht möglich sei, der betrieblichen Lage durch andere Maßnahmen auf technischem, organisatorischem oder wirtschaftlichem Gebiet als durch eine Kündigung zu entsprechen. Die Kündigung muß wegen der betrieblichen Lage unvermeidbar sein (BAG 30. 5. 1985 AP KSchG 1969 § 1 Betriebsbedingte Kündigung Nr. 24; BAG 15. 6. 1989 AP KSchG 1969 § 1 Betriebsbedingte Kündigung Nr. 45; *Herschel/Löwisch* Rn. 175; *Hueck/v. Hoyningen-Huene* Rn. 375). Gemeint ist damit allerdings nicht, daß die Unternehmerentscheidung selbst insoweit umfassend überprüft werden könnte (BAG 24. 10. 1979 BAGE 32, 150 = AP KSchG 1969 § 1 Betriebsbedingte Kündigung Nr. 8; *Herschel/Löwisch* Rn. 176). Das notwendige Vorliegen der Dringlichkeit darf nicht zu dem Fehlschluß verleiten, wegen dieser Dringlichkeit seien außerordentliche Kündigungen gerechtfertigt. Da der AG das wirtschaftliche Risiko trägt, rechtfertigen betriebliche Gründe in der Regel keine außerordentliche Kündigung. Eine Ausnahme besteht dann, wenn der Betrieb stillgelegt wird und „unkündbare" AN entlassen werden sollen. Ihnen kann in einem solchen Fall außerordentlich mit ordentlicher Kündigungsfrist gekündigt werden (BAG 22. 7. 1992 EzA BGB § 626 nF. Nr. 141).

Durch den Begriff „dringend" wird auf das **Verhältnismäßigkeitsprinzip** verwiesen (KR/*Etzel* **425** Rn. 296; *Preis* S. 306 ff.; *Wank* RdA 1987, 136; BAG 18. 1. 1990 AP KSchG 1969 § 2 Nr. 27; vgl. auch GG Einl. Rn. 26 ff.). Dringend heißt nicht, daß die betrieblichen Erfordernisse sich bis zur Unzumutbarkeit iSv. § 626 BGB verdichtet haben müßten (*Herschel/Löwisch* Rn. 175; *Hueck/v. Hoyningen-Huene* Rn. 376). Wenn die Anwendung des § 1 nicht einer unkontrollierten „Interessenabwägung" überlassen bleiben soll, ist es geboten, das Verhältnismäßigkeitsprinzip so anzuwenden, wie es vom Bundesverfassungsgericht (BVerfG 7. 4. 1964 BVerfGE 17, 306, 314; BVerfG 9. 3. 1971 BVerfGE 30, 250, 262; BVerfG 19. 3. 1975 BVerfGE 39, 210, 230; BVerfG 20. 6. 1984 BVerfGE 67, 157, 173; BVerfG 14. 5. 1985 BVerGE 70, 1, 25) und der Literatur konkretisiert worden ist: die Maßnahme muß überhaupt geeignet sein, den angestrebten Zweck zu erreichen – **Eignung**. Es muß unter mehreren Mitteln dasjenige ausgewählt werden, das den Betroffenen am wenigsten belastet – **Erforderlichkeit**. Schließlich darf das mit der Maßnahme bezweckte Ziel nicht außer Verhältnis zu der mit der Maßnahme verbundenen Beeinträchtigung stehen – Verhältnismäßigkeit ieS = **Proportionalität** (so richtig *Wank* RdA 1987, 136). Ob die zur Kündigung vorgetragenen betrieblichen Erfordernisse dringend sind, ist also anhand des Maßstabs der Verhältnismäßigkeit zu ermitteln (BAG 18. 1. 1990 AP KSchG 1969 § 2 Nr. 27; BAG 29. 3. 1990 AP KSchG 1969 § 1 Betriebsbedingte Kündigung Nr. 50; *Hueck/v. Hoyningen-Huene* Rn. 381; *Ascheid* NZA 1991, 873, 877; *Wank* RdA 1987, 129, 136). Aus dem Erfordernis der Dringlichkeit ergibt sich insbesondere, daß der AG geringfügige Schwankungen des Personalbedarfs hinzunehmen hat, selbst wenn er sie nicht durch Einführung von Kurzarbeit auffangen kann (*Herschel/Löwisch* Rn. 175).

Neben der **Prüfung der Verhältnismäßigkeit** ist **kein Raum für** eine **allgemeine Interessenabwä- 426 gung** (BAG 30. 4. 1987 AP Betriebsbedingte Kündigung Nr. 42; BAG 18. 1. 1990 AP KSchG 1969 § 2 Nr. 27; *Herschel/Löwisch* Rn. 180; *Oetker* SAE 1991, 15, 18). Soweit das BAG annimmt, eine Interessenabwägung sei allenfalls in seltenen Ausnahmefällen möglich, ist damit offenbar gemeint, daß eine Kündigung unwirksam ist, wenn sie eben unverhältnismäßig in engerem Sinn ist.

Die Dringlichkeit bezieht sich auf die betrieblichen Erfordernisse und nicht auf die Unternehmer- **427** entscheidung (*Herschel/Löwisch* Rn. 176). Die **Dringlichkeit umfaßt** eine Überprüfung der Art der **Umsetzung der Unternehmerentscheidung**. Zu einer Kündigung kann es danach nur kommen, wenn die Umsetzung zwangsläufig zum Wegfall von Beschäftigungsmöglichkeiten führt. Eine Dringlichkeit ist zu bejahen, wenn bei verständiger betriebswirtschaftlicher Betrachtung, zu der auch die Erwägung der Möglichkeit einer Arbeitsstreckung und eines Abbaus von Überstunden gehört, im Betrieb für die Tätigkeit des AN kein Bedürfnis mehr besteht und auch eine Umsetzung auf einen anderen Arbeitsplatz nicht in Betracht kommt (BAG 15. 6. 1989 AP KSchG 1969 § 1 Betriebsbedingte Kündigung Nr. 45; BAG 18. 1. 1990 KSchG 1969 § 2 Nr. 27; APS/*Kiel* Rn. 60).

Eine Dringlichkeit ist zu verneinen, wenn die Durchführung des unternehmerischen Konzepts vom **428** Unternehmer selbst nicht ernst genommen wird. Wer seinen Betrieb umorganisiert und deshalb AN unter Änderung von deren Arbeitsverträgen umsetzen muß, kann nicht berechtigten Belangen des einen – entgegen seinem Konzept – nachgeben und denen eines andern – unter Berufung auf sein Konzept – eine Absage erteilen (BAG 18. 1. 1990 AP KSchG 1969 § 2 Nr. 27).

6. Gerichtliche Überprüfung. a) Unternehmerentscheidung. Der Unternehmer, der das wirt- **429** schaftliche Risiko trägt, kann sich unternehmenspolitisch frei entscheiden (*Herschel/Löwisch* Rn. 176; *Hueck/v. Hoyningen-Huene* Rn. 379; krit. *Bitter/Kiel* DB 1999, 1214). In Anerkennung dieser **Freiheit der Unternehmerentscheidung** wird von den Arbeitsgerichten nicht geprüft, ob der Entschluß des Unternehmers, der betrieblich umgesetzt wurde, wirtschaftlich sinnvoll war. Insbesondere ist nicht zu prüfen, ob die durch die Kündigung zu erwartenden Vorteile in einem vernünftigen Verhältnis zu den Nachteien stehen, die sich für den betreffenden AN ergeben (BAG 30. 4. 1987 AP KSchG 1969 § 1 Betriebsbedingte Kündigung Nr. 42 unter Aufgabe BAG 4. 2. 1960 AP KSchG 1951 § 1 Betriebsbedingte Kündigung Nr. 5; BAG 17. 10. 1980 AP KSchG 1969 § 1 Betriebsbedingte Kündigung Nr. 10; *Herschel/Löwisch* Rn. 179; *Hueck/v. Hoyningen-Huene* Rn. 380, 408; KR/*Etzel* Rn. 539;

Oetker SAE 1991, 15, 18; *Preis* S. 218 ff.). Auch umgesetzte **Fehldispositionen sind hinzunehmen** (LAG Köln 25. 8. 1994 LAGE KSchG § 1 Betriebsbedingte Kündigung Nr. 27). Eine Überprüfungsmöglichkeit würde dazu führen, daß die wirtschaftliche Entscheidungsfreiheit des Unternehmers unverhältnismäßig eingeschränkt wäre (*M. Reuter* NZA 1989, 241; SPV Rn. 626, 632). Hieran ändert auch die Regelung in § 2 I SGB III nichts (*J. H. Bauer/Haußmann* NZA 1997, 1100; *Ettwig* NZA 1997, 1152; *Fischermeier* NZA 1997, 1089, 1091; *Rüthers* NJW 1998, 283; aA *Rolfs* NZA 1998, 17, 18; *Schaub* NZA 1997, 810).

430   Der Freiheit der Entscheidung des Unternehmers im Privatbereich entspricht **im öffentlichen Dienst die Freiheit des Dienstherrn.** Er bestimmt im Rahmen der Gesetze, welche Aufgaben mit welchen Haushaltsmitteln erledigt werden sollen, insbesondere legt er durch Ausführung des Stellenplans fest, mit welchen und mit wieviel Personen die Aufgaben erledigt werden sollen (BAG GS 28. 11. 1956 AP KSchG 1951 § 1 Nr. 2; BAG 26. 6. 1975 AP KSchG 1969 § 1 Betriebsbedingte Kündigung Nr. 1; BAG 3. 5. 1978 AP KSchG 1969 § 1 Betriebsbedingte Kündigung Nr. 5; *Herschel/Löwisch* Rn. 177).

431   Organisatorische, technische und wirtschaftliche Unternehmerentscheidungen, die sich konkret nachteilig auf die Einsatzmöglichkeit des gekündigten AN auswirken, müssen gesetzmäßig sein. Die **Unternehmerentscheidung unterliegt damit einer Rechtskontrolle** (HK/*Weller/Dorndorf* Rn. 878). Eine Unternehmerentscheidung ist gesetzwidrig und kann eine Kündigung nicht tragen, wenn sie gegen § 2 BeschFG verstößt (BAG 24. 4. 1997 AP KSchG 1969 § 2 Nr 42). Eine Unternehmerentscheidung muß auch Regelungen in den den AG bindenden Tarifverträgen beachten, sonst kann sie nicht Grundlage einer wirksamen Kündigung sein (APS/*Kiel* Rn. 42), so wenn eine tarifwidrige Arbeitszeit angeboten wird (BAG 18. 12. 1997 AP KSchG 1969 § 2 Nr. 46). Bestehen in einem Tarifvertrag bestimmte Besetzungsvorschriften, kann ein gekündigter AN geltend machen, die Unternehmerentscheidung sei nicht hinzunehmen, weil sie der tarifvertragliche Regelung nicht beachtet (BAG 17. 6. 1999 AP KSchG 1969 § 1 Betriebsbedingte Kündigung Nr. 103). Bietet der AG rechtswidrig tarifwidrige Arbeitsbedingungen an, ist eine darauf gestützte Kündigung sozialwidrig, weil das Teilelement „Unternehmerentscheidung" rechtswidrig ist. Die Kündigung ist aber deshalb nicht schon unwirksam iSv. § 134 BGB und muß deshalb in der Drei-Wochen-Frist des § 4 angegriffen werden (so zutreffend BAG 18. 12. 1997 AP KSchG 1969 § 2 Nr. 46 (*Wiedemann*); aA jetzt BAG 10. 2. 1999 AP KSchG 1969 § 2 Nr. 52 m. abl. Anm. Berkowsky DB 1999, 1606). Im übrigen unterliegen Unternehmerentscheidungen nur einer gerichtlichen **Mißbrauchskontrolle** dahin, ob sie offensichtlich unsachlich oder willkürlich sind (BAG 24. 10. 1979 AP KSchG 1969 § 1 Betriebsbedingte Kündigung Nr. 8; BAG 30. 4. 1987 AP KSchG 1969 § 1 Betriebsbedingte Kündigung Nr. 48; *Herschel/Löwisch* Rn. 179; KR/*Etzel* Rn. 539; einschränkend *Preis* DB 1988, 1389: der AG ist unternehmenspolitisch frei). Hierbei ist auch zu berücksichtigen, daß bestimmte getroffene Fakten von den Arbeitsgerichten nicht in die alte Lage zurückversetzt werden können. Ist aufgrund einer offensichtlich unvernünftigen Unternehmerentscheidung ein Betrieb tatsächlich geschlossen worden, bestehen keine Beschäftigungsmöglichkeiten mehr. Der Unternehmer kann nicht durch die Arbeitsgerichte zur Fortführung des von ihm geschlossenen Betriebs gezwungen werden (vgl. *Herschel/Löwisch* Rn. 179).

432   Die so angesprochene beschränkte Überprüfungsmöglichkeit betrifft nicht die Umstände der **Umsetzung der Unternehmerentscheidung.** Diese werden unter dem Gesichtspunkt der Sachlichkeit (Einhaltung der Vertrags- und Betriebsfaktoren) und der dringenden Erforderlichkeit voll überprüft. Der AG muß substantiiert dartun, wie sich die Umsetzung seiner Entscheidung auf die Beschäftigungsmöglichkeiten ausgewirkt hat (APS/*Kiel* Rn. 55; *Herschel/Löwisch* Rn. 178; *Ascheid* Rn. 290; SPV Rn. 627). Geht der Unternehmer, zB bei Berechnung der Arbeitsmenge, von unrichtigen Arbeitszeiten aus, ist das nicht offensichtlich unsachlich oder willkürlich im Sinne der eben zitierten Rechtsprechung, sondern schlicht falsch und deshalb unsachlich. Es entspricht weder der Sach- noch der Rechtslage. Gemeint ist bei der Mißbrauchskontrolle die Überprüfung des unternehmerischen Entschlusses an sich, möge er im Rahmen seiner Durchführung auch die Vertrags- und Betriebsfaktoren beachten. Soweit ersichtlich, gibt es keine höchstrichterliche Entscheidung, die bisher den Fall einer mißbräuchlichen oder willkürlichen Unternehmerentscheidung festgestellt hätte (BAG 28. 1. 1988 – 2 AZR 500/87 nv.).

433   **b) Sonstige Umstände.** Hat der AG eine selbstbindende Unternehmerentscheidung getroffen, vgl. Rn. 400, prüft das Gericht, ob die Umstände, an die er seine Entscheidung gebunden hat, tatsächlich vorgelegen haben (BAG 15. 6. 1989 AP KSchG 1969 § 1 Betriebsbedingte Kündigung Nr. 45; BAG 11. 9. 1986 EzA KSchG § 1 Betriebsbedingte Kündigung Nr. 54; *Herschel/Löwisch* Rn. 178; *Hueck/v. Hoyningen-Huene* Rn. 409; *Ascheid* NZA 1991, 873, 876; *Hillebrecht* ZfA 1991, 87, 97; SPV Rn. 627).

434   Hat der AG die Kündigung auf eine eine gestaltende Unternehmerentscheidung gestützt, vgl. Rn. 410, ist von den Arbeitsgerichten zu prüfen, ob eine solche Entscheidung tatsächlich getroffen worden ist und ob durch ihre Umsetzung eine Beschäftigungsmöglichkeit für den gekündigten AN entfallen ist (BAG 20. 3. 1986 AP KSchG 1969 § 2 Nr. 14; BAG 29. 3. 1990 AP KSchG 1969 § 1 Betriebsbedingte Kündigung 50; *Hueck/v. Hoyningen-Huene* Rn. 410; *Schaub* NZA 1987, 217, 218).

F. Betriebsbedingte Kündigung § 1 KSchG 430

7. Maßgebender Zeitpunkt. Bei der betriebsbedingten Kündigung müssen – wie bei allen anderen 435 Kündigungen auch – die Tatsachen, die sie bedingen sollen, zum Zeitpunkt des Zugangs der Kündigung vorliegen (BAG 27. 2. 1958 AP KSchG 1951 § 1 Betriebsbedingte Kündigung Nr. 1; BAG 30. 5. 1985 AP KSchG 1969 § 1 Betriebsbedingte Kündigung Nr. 24; *Hueck/v. Hoyningen-Huene* Rn. 406; KBK 13 Rn. 16; SPV Rn. 644). Hat der AG zB mit der Behauptung gekündigt, sein Betrieb werde stillgelegt, muß er im Falle eines Bestreitens substantiiert darlegen, daß dieser Entschluß zum Zeitpunkt des Kündigungszugangs vorlag und daß er sich im Hinblick auf den Wegfall von Beschäftigungsmöglichkeiten in der Umsetzung befand (BAG 28. 4. 1988 AP BGB § 613a Nr. 74; BAG 19. 5. 1988 AP BGB § 613a Nr. 75; BAG 19. 6. 1991 AP KSchG 1969 § 1 Betriebsbedingte Kündigung Nr. 53; *Hueck/ v. Hoyningen-Huene* Rn. 155; KR/*Etzel* Rn. 567 SPV vgl. auch *Herschel/Löwisch* Rn. 197 ff.).

Der maßgebende Zeitpunkt des Zugangs der Kündigung schließt es nicht aus, daß feststehende künftige 436 Entwicklungen zu berücksichtigen sind. Es muß zum Zeitpunkt des Zugangs der Kündigung aufgrund einer vernünftigen betriebswirtschaftlichen Betrachtung davon auszugehen sein, daß mit Ablauf der ordentlichen Kündigungsfrist die geplante Maßnahme durchgeführt sein wird und die Beschäftigungsmöglichkeiten entfallen sein werden (BAG 19. 5. 1988 AP BGB § 613a Nr. 75; BAG 19. 6. 1991 AP KSchG 1969 § 1 Betriebsbedingte Kündigung Nr. 53; *Hueck/v. Hoyningen-Huene* Rn. 406). Finanziert der AG einen Arbeitsplatz mit Drittmitteln, ist allein die Befürchtung, die Drittmittel würden gestrichen, noch kein dringender Anlaß für eine betriebsbedingte Kündigung (BAG 24. 8. 1989 – 2 AZR 653/88 nv.).

Liegen zum Zeitpunkt des Zugangs der Kündigungserklärung die Voraussetzungen für eine be- 437 triebsbedingte Kündigung vor, wird diese nicht nachträglich unwirksam, wenn sich die betrieblichen Verhältnisse aufgrund unerwarteter Umstände positiv entwickelt haben (BAG 27. 2. 1997 NZA 1997, 757; *Hueck/v. Hoyningen-Huene* Rn. 407; *Wank* SAE 1986, 151, 153). Nimmt der AG an, bei Ablauf der Kündigungsfrist könne er den AN nicht mehr weiterbeschäftigen und trifft er eine dementsprechende Unternehmerentscheidung, erweist sich diese Annahme jedoch noch während des Laufs der Kündigungsfrist als falsch, gewährt die Rechtspr. dem AN einen Anspruch auf Wiedereinstellung, wenn der AG mit Rücksicht auf die Wirksamkeit der Kündigung noch keine Dispositionen getroffen hat und ihm die unveränderte Fortsetzung des Arbeitsverhältnisses zumutbar ist (BAG 27. 2. 1997 AP KSchG 1969 § 1 Wiedereinstellung Nr. 1 = NZA 1997, 757; zu Kündigung und Abfindungsvergleich: BAG 28. 6. 2000 – 7 AZR 904/98 zVb.; *Hueck/v. Hoyningen-Huene* Rn. 407; *Preis* S. 349 ff.; *ders.* Anm. LAG Köln LAGE BGB § 611 Einstellungsanspruch Nr. 1). Nach richtiger Ansicht, vgl. Rn. 159, 398, kann der AG sich auf die Wirksamkeit der Kündigung nicht berufen, weil der AG seine Unternehmerentscheidung nicht umgesetzt hat. Führt der AG den Betrieb mit einer verkleinerten Belegschaft weiter, hat die Wiedereinstellung gekündigter AN unter Beachtung sozialer Gesichtspunkte zu erfolgen (BAG 4. 12. 1997 NZA 1998, 701). Ein solcher Wiedereinstellungsanspruch besteht nicht, wenn eine neue Beschäftigungsmöglichkeit erst nach Ablauf der Kündigungsfrist eintritt (BAG 6. 8. 1997 AP KSchG 1969 § 1 Wiedereinstellung Nr. 2 = NZA 1998, 254). Zu Besonderheiten bei einem Betriebsübergang, der nach der Rechtsprechung des EuGH vorliegen kann, wenn ein neuer Auftragnehmer das Personal des früheren AG einstellt, vgl. § 613a BGB Rn. 450.

III. Fehlende Möglichkeit der Weiterbeschäftigung

Die Gründe, die die Kündigung rechtfertigen sollen, müssen nach § 1 II 1 **einer Weiterbeschäfti-** 438 **gung in diesem Betrieb entgegenstehen.** Nach § 1 II 2 ist die Kündigung *auch* sozial ungerechtfertigt, wenn die dann weiter normierten Beschäftigungsmöglichkeiten bestehen **und** der Betriebsrat oder die zuständige Personalvertretung widerspricht. § 1 II wurde durch § 123 Nr. 1 BetrVG vom 15. 1. 1972 (BGBl. I S. 17) sowie durch § 114 des BPersVG vom 15. 3. 1974 (BGBl. I S. 693) um die jetzt im Gesetz aufgeführten Widerspruchstatbestände erweitert. Die in den Widerspruchstatbeständen geregelten Fälle gelten auch im Individualbereich, vgl. deshalb zur Realisierung von Weiterbeschäftigungsmöglichkeiten Rn. 597 ff.

Hinsichtlich des Betriebs gilt hier der Begriff des BetrVG (BAG 13. 6. 1985 AP KSchG 1969 § 1 439 Nr. 10; *Herschel/Löwisch* Rn. 173; *Hueck/v. Hoyningen-Huene* Rn. 20; *Löwisch* KSchG Rn. 231).

Auch wenn ein Betriebsrat nicht besteht oder ein bestehender untätig geblieben ist, **sind die** 440 **Beschäftigungsmöglichkeiten nach § 1 II 2 zu berücksichtigen,** vgl. daher zu allen Weiterbeschäftigungsmöglichkeiten Rn. 540 ff. Allerdings obliegt dem AN die **Darlegungslast** für eine andere Beschäftigungsmöglichkeit. Der individualrechtliche Kündigungsschutz hängt weder vom Bestehen noch vom Belieben eines Betriebsrats ab (einhellige Meinung, vgl. nur BAG 13. 9. 1973 BAGE 25, 278 = AP KSchG 1969 § 1 Nr. 2; BAG 5. 8. 1976 AP KSchG 1969 § 1 Krankheit Nr. 1; BAG 26. 7. 1978 EzA KSchG 1969 § 1 Verhaltensbedingte Kündigung Nr. 10; BAG 17. 5. 1984 AP KSchG 1969 § 1 Betriebsbedingte Kündigung Nr. 21; APS/*Kiel* Rn. 189; *Herschel/Löwisch* Rn. 184; *Hueck/v. Hoyningen-Huene* Rn. 73; SPV Rn. 612).

Beide Sätze des Abs. 2 regeln verschiedene Materien und haben demgemäß einen selbständigen 441 Inhalt. Nach S. 1 werden die gerade **aktuell innegehabte Beschäftigungsmöglichkeit** und die durch **Direktionsrecht** in Verbindung mit freien Arbeitsplätzen zu realisierende Beschäftigungsmöglichkeit erfaßt. S. 1 ist betriebsbezogen zu prüfen (*Herschel/Löwisch* Rn. 181). S. 2 konkretisiert die Dringlichkeit, und zwar abschließend. Liegen die Voraussetzungen nach S. 2 vor, ist auch – individualrechtlich betrachtet – eine Kündigung nicht erforderlich (so richtig Wank *RdA* 1987, 137 ff.). S. 2 weist einen Unternehmensbezug auf (BAG 13. 9. 1973 AP KSchG 1969 § 1 Nr. 2; BAG 17. 5. 1984 AP KSchG 1969 § 1 Betriebsbedingte Kündigung Nr. 21; *Herschel/Löwisch* Rn. 184; *Hueck/v. Hoyningen-Huene* Rn. 391). Das Wort „auch" verknüpft die Individualseite mit dem kollektivrechtlichen Bereich. Besteht die bisherige Beschäftigungsmöglichkeit nicht mehr, ist zu prüfen, ob nicht eine solche nach S. 2 gegeben ist, vgl. zu der Regelung des S. 2 Rn. 597 ff.

442 Die im Gesetz angesprochene **Weiterbeschäftigungsmöglichkeit betrifft nur freie Arbeitsplätze**. Der AN hat keinen Anspruch auf die Einrichtung neuer Arbeitsplätze (BAG 29. 3. 1990 AP KSchG 1969 § 1 Betriebsbedingte Kündigung Nr. 50; BAG 7. 2. 1991 AP Umschulung Nr. 1; *Heinze* Rn. 551; *Herschel/Löwisch* Rn. 181; *Hueck/v. Hoyningen-Huene* Rn. 394; SPV Rn. 760). Als **frei** sind solche Arbeitsplätze anzusehen, die zum Zeitpunkt des Zugangs der Kündigung **unbesetzt** sind (BAG 27. 9. 1984 AP BGB § 613 a Nr. 39; *Hueck/v. Hoyningen-Huene* Rn. 394; *Wank* SAE 1986, 151, 153). Auch hinsichtlich der freien Arbeitsplätze gilt, daß der AG die Anforderungsprofile für einen eingerichteten Arbeitsplatz frei festlegen kann (BAG 10. 11. 1994 AP KSchG 1969 § 1 Betriebsbedingte Kündigung Nr. 65), vgl. auch Rn. 419. Sofern der AG bei Ausspruch der Kündigung mit hinreichender Sicherheit vorhersehen kann, daß ein Arbeitsplatz bis zum Ablauf der Kündigungsfrist (zB Ausscheiden eines AN aus Altersgründen) zur Verfügung stehen wird, ist ein derartiger Arbeitsplatz ebenfalls als „frei" anzusehen (BAG 6. 6. 1984 AP KSchG 1969 § 1 Betriebsbedingte Kündigung Nr. 16; BAG 29. 3. 1990 AP KSchG 1969 § 1 Betriebsbedingte Kündigung Nr. 50; BAG 7. 2. 1991 RzK I 5 b Nr. 9; SPV Rn. 635; aA *Löwisch* Rn. 254). Fällt eine Beschäftigungsmöglichkeit weg, weil Drittmittel nicht mehr gewährt werden, ist zu prüfen, ob der AN in einem anderen Bereich eingesetzt werden kann (BAG 21. 6. 1990 RzK I 5 c Nr. 37). Als frei sind auch solche Arbeitsplätze anzusehen, bei denen im Zeitpunkt der Kündigung bereits feststeht, daß sie in absehbarer Zeit nach Ablauf der Kündigungsfrist frei werden, sofern die Überbrückung dieses Zeitraums dem AG zumutbar ist. Zumutbar ist eine Zeitspanne, die ein anderer AN zur Einarbeitung benötigen würde (BAG 15. 12. 1994 RzK I 5 b Nr. 15).

443 Ist ein Arbeitsplatz in diesem Sinn als frei anzusehen, geht der Bestandsschutz des zu kündigenden AN dem Interesse eines außenstehenden Dritten vor. Eine Weiterbeschäftigungsmöglichkeit ist also auch gegeben, wenn der AG die freie Stelle für einen außenstehenden Dritten vorgesehen hatte (*Herschel/Löwisch* Rn. 182; *Hueck/v. Hoyningen-Huene* Rn. 397; *Preis* DB 1988, 1387, 1392).

444 Die Möglichkeit der Weiterbeschäftigung bezieht sich nur auf **vergleichbare** freie Arbeitsplätze (BAG 29. 3. 1990 AP KSchG 1969 § 1 Betriebsbedingte Kündigung Nr. 50; *Hueck/v. Hoyningen-Huene* Rn. 398). Im Rahmen des Wegfalls einer Beschäftigungsmöglichkeit erwächst dem betroffenen AN **kein Anspruch auf** eine **Beförderung**, wenn eine Beförderungsstelle frei ist (KBK 10 Rn. 21; *Löwisch* Rn. 256). Zu eventuell erforderlichen Umschulungs- oder Fortbildungsmaßnahmen (BAG 29. 7. 1976 AP ZPO § 373 Nr. 1; BAG 7. 2. 1991 AP KSchG 1969 § 1 Umschulung Nr. 1; *Herschel/Löwisch* Rn. 188; *Hueck/v. Hoyningen-Huene* Rn. 399), vgl. Rn. 564. Verlagert der AG Beschäftigungsmöglichkeiten von einem Betrieb des Unternehmens in einen anderen, genießt das Arbeitsverhältnis des bisherigen Arbeitsplatzinhabers auch dann Bestandsschutz, wenn die „neue" Arbeit höher vergütet wird, sofern sie dieselbe oder zumindest ganz überwiegend gleich geblieben ist (BAG 5. 10. 1995 AP KSchG 1969 § 1 Betriebsbedingte Kündigung Nr. 71).

445 Der AG ist nicht verpflichtet, „einen Platz frei zu kündigen". Er wäre hierzu auch rechtlich nicht in der Lage. „Betriebliche" Erfordernisse als Voraussetzung für eine betriebsbedingte Kündigung sind keine personellen Belange bestimmter AN. Muß mehr AN gekündigt werden als Weiterbeschäftigungsmöglichkeiten frei sind, hat auch die Auswahl derjenigen, die die freien Stellen besetzen sollen, nach sozialen Gesichtspunkten iSd. § 1 III 1 und 2 zu erfolgen. Ein Rückgriff auf § 315 BGB ist nicht notwendig (*Löwisch* KSchG Rn. 256; offen gelassen in BAG 15. 12. 1994 AP KSchG 1969 § 1 Nr. 66 = NZA 1995, 413).

446 Für die Wirksamkeit der Kündigung kommt es nicht darauf an, ob der AG vorher eine Prüfung der Weiterbeschäftigungsmöglichkeit im Sinne einer Wirksamkeitsvoraussetzung vorgenommen hat (BAG 18. 1. 1990 AP KSchG 1969 § 1 Soziale Auswahl Nr. 19). Entscheidend ist allein, ob die Umsetzung des gekündigten AN auf einen anderen freien Arbeitsplatz tatsächlich möglich war (BAG 3. 2. 1977 AP KSchG 1969 § 1 Betriebsbedingte Kündigung Nr. 4; *Hueck/v. Hoyningen-Huene* Rn. 395) und ob der AN bereit gewesen wäre, dort zu arbeiten (KBK 10 Rn. 49).

447 Im Rahmen der betriebsbedingten Kündigung wird anschaulich und umgangssprachlich vom **Wegfall des Arbeitsplatzes** gesprochen, ebenso ist in § 1 II 1 vom Arbeitsplatz die Rede. Der AN wird im Betrieb in der Regel einen ganz bestimmt zu umschreibenden Arbeitsplatz innegehabt haben. Führt die unternehmerische Entscheidung des AG in ihrer Umsetzung dazu, daß gerade die bestimmte Tätigkeit entfällt, ist der bisher innegehabte Arbeitsplatz nicht mehr vorhanden. Die in § 1 II gemeinten Gründe, die einer Weiterbeschäftigung entgegenstehen, sind nicht auf genau den bisher innegehabten Arbeitsplatz in diesem Betrieb bezogen, sondern sie erstrecken sich auf den Wegfall der arbeitsvertraglich vereinbarten Einsatzmöglichkeit, wobei es auf den aktuellen Arbeitsvertragsinhalt zum Zeitpunkt des Ausspruchs der Kündigung ankommt. Hat der AG die im Arbeitsvertrag nur

F. Betriebsbedingte Kündigung § 1 KSchG 430

allgemein der Art nach vereinbarte Arbeitsleistung durch Ausübung des Direktionsrechts festgelegt, ist das im Augenblick die vom AN vertraglich geschuldete Leistung. Andere – dann auch vertraglich geschuldete – Leistungen sind solche, die durch zulässige Ausübung des Direktionsrechts dem AN zugewiesen werden können (vgl. BAG 27. 4. 1960 AP BGB § 615 Nr. 10).

Bei Abs. 2 S. 1 ist mit „diesem Betrieb" der Betrieb gemeint, dem der gekündigte AN zum Zeit- 448 punkt der Kündigung angehört. Die Kündigung ist also unwirksam, wenn der AN an einem anderen Arbeitsplatz im selben Betrieb weiterbeschäftigt werden kann (BAG 25. 9. 1956 AP KSchG 1951 § 1 Nr. 18; *Herschel/Löwisch* Rn. 181).

Die Weiterbeschäftigungsmöglichkeit ist auch auf Arbeitsplätze zu beziehen, die von Leiharbeit- 449 nehmern besetzt sind. **Leiharbeitnehmer** stehen nicht in einem Arbeitsverhältnis zum Entleiher, so daß ihr Platz als nicht besetzt anzusehen ist (*Hueck/v. Hoyningen-Huene* Rn. 396).

Ist die Zuweisung der neuen Beschäftigungsmöglichkeit eine **Versetzung** iSv. § 95 III BetrVG und 450 somit an die Zustimmung des Betriebsrats gebunden und hat dieser die Zustimmung versagt, ist die Zuweisung der anderen Beschäftigungsmöglichkeit nicht möglich. Das gilt auch, wenn der AG dartun kann, daß ein nach § 99 II BetrVG beachtlicher Grund vorgelegen habe und daß der Betriebsrat im Fall eines Zustimmungsersuchens die Zustimmung verweigert haben würde (BAG 13. 9. 1977 AP KSchG 1969 § 1 Nr. 2; *Herschel/Löwisch* Rn. 186; *Hueck/v. Hoyningen-Huene* Rn. 402; *Löwisch* KSchG Rn. 264).

Im öffentlichen Dienst erstreckt sich die Weiterbeschäftigungspflicht auf Arbeitsplätze in derselben 451 Dienststelle oder in einer anderen Dienststelle desselben Verwaltungszweigs in demselben Dienstort einschließlich seines Einzugsbereichs, arg. § 1 II S. 2 Nr. 2 b (BAG 6. 2. 1997 – 2 AZR 50/96 nv.: Auflösung einer Technikerfachschule und Neuaufbau eines beruflichen Schulzentrums mit Fachabteilung Technik; *Herschel/Löwisch* Rn. 187; *Hueck/v. Hoyningen-Huene* Rn. 404). Es kommt auch hier nicht darauf an, ob der Personalrat widersprochen hat oder nicht (BAG 17. 5. 1984 AP KSchG 1969 § 1 Betriebsbedingte Kündigung Nr. 21).

IV. Beweislastfragen

Der AG hat hinsichtlich aller Kündigungsgründe nach § 1 II 4 die Tatsachen zu beweisen, die die 452 Kündigung bedingen. Bei der betriebsbedingten Kündigung unterscheidet sie sich danach, ob eine selbstbindende oder gestaltende Unternehmerentscheidung getroffen worden ist.

Der Inhalt der Darlegungs- und Beweislast hängt hier davon ab, auf welche Gründe der AG die 453 betriebsbedingte Kündigung stützt. Beruft er sich darauf, durch eine **gestaltende unternehmerische Entscheidung** (sog. innerbetrieblicher Grund) seien Beschäftigungsmöglichkeiten entfallen, hat er die Existenz dieser unternehmerischen Entscheidung darzulegen und im einzelnen darzutun, inwiefern aufgrund dieser Entscheidung welche Beschäftigungsmöglichkeiten in welcher Anzahl entfallen sind.

Beruft er sich auf eine **selbstbindende Unternehmerentscheidung** (sog. außerbetrieblicher Grund) 454 hat er darzulegen, durch welche von außen kommenden Umstände in welchen Bereichen Beschäftigungsmöglichkeiten in welcher Anzahl entfallen sind (BAG 7. 12. 1978 AP KSchG 1969 § 1 Betriebsbedingte Kündigung Nr. 6; *Herschel/Löwisch* Rn. 178; *Hueck/v. Hoyningen-Huene* Rn. 409). Wird eine Kündigung auf die Folgen eines Umsatzrückgangs gestützt und sind diese streitig, hat das Gericht zu prüfen, ob ein dauerhafter Umsatzrückgang vorliegt und in welchem Ausmaß er sich auf die Arbeitsmenge bestimmter AN auswirkt. Solche Nachweise sind durchaus möglich. Führt ein dauerhafter Umsatzrückgang unmittelbar zur Verringerung einer ganz bestimmten Arbeitsmenge (Verpackungstätigkeit in der Exportabteilung), kann der AG unter Berufung auf den Rückgang der Exporte dartun, daß Beschäftigungsmöglichkeiten für die Verpacker entfallen sind (BAG 15. 6. 1989 AP KSchG 1969 § 1 Betriebsbedingte Kündigung Nr. 45).

Das Gericht hat voll nachzuprüfen, ob die vom AG behaupteten innerbetrieblichen (gestaltende 455 Unternehmerentscheidung) oder – im Fall einer selbstbindenden Unternehmerentscheidung – außerbetrieblichen Gründe vorliegen und ob sie sich dahin auswirken, daß für die Weiterbeschäftigung des gekündigten AN kein Bedürfnis mehr besteht. Der AG kann sich nicht – pauschal – darauf berufen, „einschneidende Rationalisierungsmaßnahmen" machten eine Verringerung des Personalbestands erforderlich. Er muß im einzelnen darlegen, ob sich unmittelbar durch eine Rationalisierungsmaßnahme oder durch Umsatzrückgang der Arbeitsanfall und der Bedarf an Arbeitskräften verringert haben und wie sich die betriebliche Veränderung auf den Arbeitsplatz des gekündigten AN auswirkt (BAG 7. 12. 1978 AP KSchG 1969 § 1 Betriebsbedingte Kündigung Nr. 6; BAG 11. 9. 1986 EzA KSchG § 1 Betriebsbedingte Kündigung Nr. 54; BAG 15. 6. 1989 AP KSchG 1969 § 1 Betriebsbedingte Kündigung Nr. 45; BAG 17. 6. 1999 AP KSchG 1969 § 1 Betriebsbedingte Kündigung Nr. 101; *Herschel/Löwisch* Rn. 178; *Hueck/v. Hoyningen-Huene* Rn. 429).

Wird bei einer Betriebsstillegung bestritten, daß der Stillegungsbeschluß bereits im Kündigungszeit- 456 punkt gefaßt gewesen sei, muß der AG substantiiert darlegen, daß und zu welchem Zeitpunkt er diejenigen organisatorischen Maßnahmen geplant hat, die sich als Betriebsstillegung darstellen. Außerdem muß er darlegen, daß diese Maßnahmen bereits greifbare Formen angenommen haben (BAG 23. 3. 1984 AP Betriebsbedingte Kündigung Nr. 38; *Herschel/Löwisch* Rn. 178). Eine vernünftige, betriebswirtschaftliche Betrachtung muß die Annahme rechtfertigen, daß bis zum Auslaufen der Kündigungsfrist der AN entbehrt werden kann. Die greifbaren Formen können je nach den Umständen des Einzelfalls die Gründe für die Stillegungsabsicht oder auch ihre Durchführungsform betreffen (BAG 19. 6. 1991 AP KSchG 1969 § 1 Betriebsbedingte Kündigung Nr. 53).

457 Macht der AN geltend, eine unternehmerische Entscheidung sei offensichtlich unsachlich, unvernünftig oder willkürlich, trägt er hierfür die Beweislast (BAG 24. 3. 1983 AP KSchG 1969 § 1 Betriebsbedingte Kündigung Nr. 12; SPV Rn. 647; *Baumgärtel/v. Altrock* § 611 BGB Anhang Rn. 53).

458 Hinsichtlich der Möglichkeit einer anderweitigen Beschäftigung wird die Stellung des einzelnen AN der Situation gleichgestellt, wie sie bestanden hätte, wenn ein Betriebsrat widersprochen hätte. Daraus folgt eine abgestufte Darlegungs- und Beweislast (BAG 18. 1. 1990 AP KSchG 1969 § 1 Soziale Auswahl Nr. 19; BAG 29. 3. 1990 AP KSchG 1969 § 1 Betriebsbedingte Kündigung Nr. 50; *Hueck/ v. Hoyningen-Huene* Rn. 405; *Ascheid* Beweislast S. 151 ff.). Der AN muß dartun, wie er sich eine andere Beschäftigung vorstellt. Er braucht dazu keinen konkreten freien Arbeitsplatz aufzuzeigen (BAG 25. 2. 1988 RzK I 5 c). Es genügt also zB der Vortrag, er würde auch im Außendienst, als Fahrer, als Lagerverwalter arbeiten. Es ist dann Sache des AG darzulegen und zu beweisen, daß eine solche Beschäftigungsmöglichkeit nicht zur Verfügung steht (BAG 27. 9. 1984 AP KSchG 1969 § 2 Nr. 8; *Hueck/v. Hoyningen-Huene* Rn. 405).

459 Nach § 613 a IV BGB ist die Kündigung eines Arbeitsverhältnisses eines AN durch den bisherigen AG oder durch den neuen Inhaber wegen des Übergangs eines Betriebs oder Betriebsteils unwirksam. Der AN, der sich auf diesen Unwirksamkeitsgrund beruft, hat die Tatsachen zu beweisen, die ihn bedingen (BAG 15. 5. 1985 BAGE 48, 345 = AP BGB § 613 a Nr. 41 = NZA 1985, 736; BAG 22. 5. 1985 BAGE 48, 376 = AP BGB § 613 a Nr. 43 = NZA 1985, 773).

460 Über die Abgrenzung der betriebsbedingten Kündigung von der nach § 613 a BGB kann es an sich in der Praxis keine großen Schwierigkeiten geben. In der Regel beruft der AG sich auf einen betriebsbedingten Grund. Liegt der nicht vor (zB wegen Betriebsübergangs), ist die Kündigung schon deshalb unwirksam. Die Beweislast des AN im Rahmen von § 613 a IV BGB spielt in der Praxis eine Rolle, wenn das KSchG keine Anwendung findet oder wenn der AN die Klagefrist nach § 4 KSchG versäumt hat und er nur noch über § 613 a BGB zu der Feststellung der Unwirksamkeit einer Kündigung kommen kann (vgl. dazu ArbR-BGB/*Ascheid* Rn. 265 ff.).

G. Soziale Auswahl

I. Allgemeines

461 Zur Frage der sozialen Auswahl bei Kündigungen, die zwischen dem 1. 10. 1996 und dem 31. 12. 1998 ausgesprochen worden sind vgl. Voraufl. Rn. 497–591. Auch hinsichtlich der sozialen Auswahl sind die Kündigungen nach der Rechtslage zu beurteilen, die zwischen dem 1. 10. 1996 und dem 31. 12. 1998 bestand (BAG 21. 1. 1999 AP KSchG 1969 § 1 Namensliste Nr. 3). Abs. 3 gilt in der Fassung vor den Änderungen durch das Korrekturgesetz, vgl. Rn. 3. Abs. 4 in der jetzt geltenden Fassung schränkt die Möglichkeit der Nachprüfung der sozialen Auswahl ein, wenn kollektivrechtliche Regelungen bestehen, die die Bewertung der sozialen Gesichtspunkte regeln. Wegen der Besonderheiten im **Insolvenzverfahren** vgl. § 126 InsO.

462 Die soziale Auswahl ist auch bei **Massenentlassungen** zu beachten. Hier können große praktische Schwierigkeiten bei der Vergleichbarkeit auftreten, wenn einzelne Abteilungen geschlossen und andere fortgeführt werden. Das BAG (BAG 25. 4. 1985 AP KSchG 1969 § 1 Soziale Auswahl Nr. 7) hat dazu angenommen, der AG müsse zunächst ermitteln, wieviele AN der unterschiedlichen Qualifikationsstufen in der fortgeführten Betriebsabteilung ausgetauscht werden könnten, ohne daß dadurch der Arbeitsprozeß ernsthaft gefährdet werde. Entsprechend dieser vom AG ermittelten Anzahl der in jeder Qualifikationsstufe austauschbaren AN seien danach diejenigen zu bestimmen, die sozial am wenigsten schutzbedürftig seien und deshalb für eine Kündigung am ehesten in Betracht kämen. Entsprechend sei in der stillgelegten Abteilung die gleiche Anzahl der schutzbedürftigsten austauschbaren AN zu bestimmen. Habe der AG zwischen diesen ANGruppen eine § 1 III 1 genügende soziale Auswahl durchgeführt, habe er ausreichend soziale Gesichtspunkte und zugleich im erforderlichen Ausmaß die betrieblichen Bedürfnisse berücksichtigt. Die Schwierigkeiten bei Massenentlassungen sind heute durch die Regelung in Absatz 4, vgl. unten Rn. 520, gemildert.

463 Die soziale Auswahl dient, auch nach der Neufassung des Gesetzes der **personellen Konkretisierung** der zur Kündigung führenden dringenden betrieblichen Erfordernisse des § 1 II, wenn die Anzahl der AN die der vorhandenen Arbeitsplätze übersteigt (BAG 7. 2. 1985 Soziale Auswahl Nr. 9; *Hueck/v. Hoyningen-Huene* Rn. 432, 447; KDZ/*Kittner* Rn. 419). Das Gesetz verfolgt mit dieser Vorschrift das Ziel, im Verhältnis der AN untereinander Gerechtigkeit beim Arbeitsplatzverlust walten zu lassen (*Herschel/Löwisch* Rn. 211). Maßgebend sind die Umstände, wie sie zu dem Zeit-

punkt bestehen werden, zu dem das Arbeitsverhältnis endet (vgl. dazu *Moll/Steinbach* MDR 1997, 711).

Eine soziale Auswahl gibt es nur bei der betriebsbedingten Kündigung einschließlich der be- 464 triebsbedingten Änderungskündigung (BAG 18. 10. 1984 AP Soziale Auswahl Nr. 6 *(Löwisch)*. Bei außerordentlicher Kündigung eines tariflich unkündbaren AN ist dieser in die soziale Auswahl einzubeziehen (BAG 5. 2. 1998 AP BGB § 626 Nr. 143). Bei der personen- und verhaltensbedingten Kündigung scheidet sie bereits nach dem klaren Wortlaut des Gesetzes aus. Das Gegenteil wäre auch sinnwidrig. Bei personen- und verhaltensbedingten Gründen werden die zu Kündigenden durch die Gründe bereits abschließend konkretisiert (*Herschel/Löwisch* Rn. 214 a; *Hueck/v. Hoyningen-Huene* Rn. 433; KDZ/*Kittner* Rn. 424). Die Anwendung von § 1 III setzt voraus, daß der gesamte Betrieb auf Dauer weitergeführt wird. Erfolgt eine **Stillegung in Etappen**, ist die Sozialauswahl jeweils bei allen etappenweise durchgeführten Kündigungen vorzunehmen (BAG 16. 9. 1982 AP KO § 22 Nr. 4).

Das KSchG und damit die Absätze 3 und 4 enthält **zwingendes Gesetzesrecht.** Dieses Recht kann 465 zu Lasten des AN weder ausgeschlossen noch beschränkt werden (BAG 11. 3. 1976 BAGE 28, 40 = AP Nr. 1 zu § 95 BetrVG; KR-*Etzel* Rn. 559 a; *Ascheid* Rn. 316).

Wie sich aus der Regelung in § 1 III 3 zur Darlegungs- und Beweislast ergibt, findet seitens des 466 Gerichts **keine Amtsprüfung** darüber statt, ob die Grundsätze der Sozialauswahl eingehalten sind (*Ascheid* Rn. 317). Es bedarf immer eines **Anstoßes durch den klagenden AN.**

Das Gesetz stellt als Wirksamkeitsvoraussetzungen einer sozialgemäßen Kündigung darauf ab, daß 467 soziale Gesichtspunkte **ausreichend berücksichtigt** worden sind. Es verlangt die **Berücksichtigung** sozialer Gesichtspunkte und nicht – als Wirksamkeitsvoraussetzung – die Durchführung eines **Prüfungsverfahrens** (wegen Besonderheiten, die sich daraus ergeben können, daß AG und Betriebsrat in einer Betriebsvereinbarung, § 95 BetrVG, Verfahrensgrundsätze regeln, vgl. *Weller* RdA 1986, 222 ff.). Eine Kündigung kann demgemäß auch sozial gemäß sein, wenn der AG keinerlei Auswahlüberlegungen angestellt hat, wenn er aber im Ergebnis den sozial stärksten AN entlassen hat (*Ascheid* Rn. 317). Das Gericht überprüft nur, ob die vom AG vorgenommene Berücksichtigung den Anforderungen des Gesetzes genügt (*Herschel/Löwisch* Rn. 232; *Ascheid* Rn. 318; mißverständlich BAG 26. 6. 1964 AP § 1 KSchG 1951 Betriebsbedingte Kündigung Nr. 15). Im Rahmen der zu beachtenden Faktoren, vgl. unten Rn. 492, wird dem AG ein Beurteilungsspielraum zuerkannt, dessen Einhaltung in dem vom Gesetz gesetzten Grenzen der gerichtlichen Kontrolle, aber **nicht** einer „**Gerichts-Beurteilungswertung**", sondern einer „**Gerichts-Rechtsbewertung**" unterliegt (vgl. ausführlich KDZ/*Kittner* Rn. 487; *Ascheid* Rn. 318). Es ist also korrekt nur zu prüfen, ob dem **Gesetz** so genügt worden ist, wie es sich durch die Auslegung der Gerichte darstellt. Falsch wäre es anzunehmen, der AG hätte im konkreten Fall etwa genau mit dem gleichen Beurteilungsrahmen „berücksichtigen" müssen, wie es das Gericht getan hätte, wenn es eigenverantwortlich soziale Erwägungen hätte anstellen müssen. Das Gericht ist aus diesen Gründen nicht befugt, eigene „Punktetabellen" aufzustellen und die Sozialauswahl des AG daran zu messen (BAG 24. 3. 1983 BAGE 42, 151 = AP Betriebsbedingte Kündigung Nr. 12 *(Meisel)* – Verwerfung der sog. Hammer Tabelle; *Ascheid* Rn. 318). Da soziale Gesichtspunkte „ausreichend" zu berücksichtigen sind, können geringfügige Unterschiede hinsichtlich der sozialen Schutzbedürftigkeit für rechtlich unbeachtlich gehalten werden (BAG 18. 10. 1984 AP Soziale Auswahl Nr. 6). Leistungsgesichtspunkte sind hingegen unbeachtlich (aA für Änderungskündigung BAG 18. 6. 1986 AP Soziale Auswahl Nr. 34).

Der AG hat die im Gesetz bezeichneten **Grunddaten zu berücksichtigen.** Berücksichtigen kann er 468 nur, was ihm bekannt ist. Die Bekanntheit knüpft an Daten aus dem Arbeitsverhältnis an, die dem AG bekannt sind oder bekannt sein müssen. Der AG ist weder verpflichtet, noch hat er die rechtliche Handhabe, die Richtigkeit der personellen Daten seiner AN feststellen zu lassen. Die Berücksichtigung ist daher zwangsläufig beschränkt auf die Daten, die der AN ihm unter Vorlage der entsprechenden Unterlagen mitgeteilt hat. Da der AN die arbeitsvertragsrelevanten Faktoren im Hinblick auf seine Arbeitskollegen in der Regel gar nicht oder nur unvollständig kennen kann, ist der AG auskunftspflichtig, wobei sich die Auskunftspflicht sinnvollerweise nur auf den Umfang der „Berücksichtigungspflicht" beziehen kann (*Herschel/Löwisch* Rn. 234 b; *Ascheid* Rn. 322). Letzterer kennt die Betriebszugehörigkeit und regelmäßig aus der Lohnsteuerkarte das Lebensalter, den Familienstand und in der Regel bestimmte Unterhaltspflichten.

Die Anwendung von § 1 III setzt nicht voraus, daß der Betrieb überhaupt weitergeführt wird. 469 Erfolgt eine Stillegung in Etappen, ist die Sozialauswahl jeweils bei allen etappenweise durchgeführten Kündigungen vorzunehmen (BAG 16. 9. 1982 AP KO § 22 Nr. 4; *Herschel/Löwisch* Rn. 214; KDZ/ *Kittner* Rn. 425).

Ist die vom AG vorgenommene Sozialauswahl fehlerhaft, führt das zur Unwirksamkeit der 470 Kündigung. Auf diesen Fehler können sich alle sozial schwächeren AN berufen. Klagen alle insoweit fehlerhaft gekündigten AN, führt das nicht dazu, daß alle Kündigungen unwirksam sind (aA *Herschel/Löwisch* Rn. 247). Den Prozeß kann nur derjenige gewinnen, der der sozial schwächste war.

II. Personenkreis

471 **1. Arbeitsvertragliche Anbindung.** Die soziale Auswahl bezieht sich auf **alle vergleichbaren AN des Betriebs**. Es ist unerheblich, aus welchen Gründen die AN tätig sind (BAG 25. 4. 1985 BAGE 48, 314 = AP KSchG 1969 § 1 Soziale Auswahl Nr. 7 unter Aufgabe BAG 20. 1. 1961 BAGE 10, 323 = AP KSchG 1951 § 1 Betriebsbedingte Kündigung Nr. 7; KDZ/*Kittner* Rn. 435; KR/*Etzel* Rn. 625; SPV Rn. 661). § 1 III ist Teil der **Bestandsschutzgewährung**. Die Vorschrift erweitert den Bestandsschutz nicht auf Fälle, in denen nicht die Voraussetzungen nach § 1 I und II vorliegen. In die **Sozialauswahl** werden nur solche **AN** einbezogen, die **Bestandsschutz** genießen. AN, die dem Betrieb noch nicht länger als sechs Monate angehören, scheiden deshalb aus der Sozialauswahl aus (BAG 25. 4. 1985 BAGE 48, 314 = AP KSchG 1969 § 1 Soziale Auswahl Nr. 7 unter Aufgabe BAG 20. 1. 1961 BAGE 10, 323 = AP KSchG 1951 § 1 Betriebsbedingte Kündigung Nr. 7; *Hueck/v. Hoyningen-Huene* Rn. 460; KDZ/*Kittner* Rn. 441; KR/*Etzel* Rn. 676; *Löwisch* KSchG Rn. 321; *Ascheid* Rn. 323; SPV Rn. 663). Unter die Sozialauswahl fallen solche AN nicht, bei denen die ordentliche Kündigung **gesetzlich** ausgeschlossen ist, zB Betriebsratsmitglieder, § 15 I BetrVG, Wehrpflichtige, § 2 I ArbPlSchG, Zivildienstleistende, § 78 I Nr. 1 ZDG (*Herschel/Löwisch* Rn. 222; *Hueck/v. Hoyningen-Huene* Rn. 453; KDZ/*Kittner* Rn. 443; *Ascheid* Rn. 323; *Färber* NZA 1985, 179; *Schaub* RdA 1981, 375; SPV Rn. 662).

472 Handelt es sich um Personen, zu deren Kündigung die **Zustimmung einer Behörde notwendig** ist, zB § 9 III MSchG, § 15 SchwbG, 18 I 2 BErzGG, sind sie in die Sozialauswahl einzubeziehen, wenn die Zustimmung erteilt ist und bis zum Ausspruch der Kündigungen vorliegt (*Herschel/Löwisch* Rn. 222; *Hueck/v. Hoyningen-Huene* Rn. 454; KDZ/*Kittner* Rn. 444; KR/*Etzel* Rn. 678; *Löwisch* KSchG Rn. 322, 328; *Ascheid* Rn. 323; SPV Rn. 662), vgl. dazu Rn. 487. Liegt die Zustimmung nicht vor, scheiden sie als vergleichbare AN aus. Der AG ist nicht verpflichtet, die Zustimmung einzuholen (*Löwisch* KSchG Rn. 322).

473 **Befristet beschäftigte AN** unterfallen nicht der Sozialauswahl, vgl. jedoch Rn. 513 ff. Ihr Arbeitsverhältnis endet mit Ablauf der Befristungszeit. Vorher kann ihnen nur außerordentlich gekündigt werden (vgl. BAG 19. 6. 1980 AP BGB § 620 Befristeter Arbeitsvertrag Nr. 55; *Hueck/v. Hoyningen-Huene* Rn. 455; KDZ/*Kittner* Rn. 443; KR/*Etzel* Rn. 574). Anders ist es, wenn der Vertrag eine Höchstbefristung vorsieht mit der Möglichkeit einer früheren ordentlichen Kündigung.

474 **Tarifvertraglich (ordentlich) unkündbare AN** sind **nicht** in die Sozialauswahl einzubeziehen (LAG Nürnberg 4. 7. 1994 LAGE KSchG 1969 § 1 Soziale Auswahl Nr. 10; KDZ/*Kittner* Rn. 443; KR/*Etzel* Rn. 679; HK/*Dorndorf* Rn. 1055; *Herschel* AuR 1977, 137, 143; SPV Rn. 662; *Weller* RdA 1986, 222, 230; *Zöllner* FS G. Müller 1981, 665, 684 Fn. 64; aA *Herschel/Löwisch* Rn. 223; *Hueck/ v. Hoyningen-Huene* Rn. 456; *Löwisch* KSchG Rn. 323). Anders wäre es nur, wenn im Hinblick auf **bevorstehende Kündigungen** in einem Rationalisierungsschutztarifvertrag Regelungen enthalten wären, die den vorrangigen Wertungen des § 1 III widersprechen, vgl. dazu Rn. 492 ff.

475 Sofern keine konkreten Anhaltspunkte für eine absichtliche Umgehung von § 1 III vorliegen, unterfallen die AN, bei denen die ordentliche Kündigung **einzelvertraglich** ausgeschlossen ist, nicht der Sozialauswahl (HK/*Dorndorf* Rn. 1055 a; KDZ/*Kittner* Rn. 443; KR/*Etzel* Rn. 679; *Ascheid* Rn. 324; SPV Rn. 662; *Färber* NZA 1985, 179; *Jobs* DB 1986, 539; MünchKommBGB/*Schwerdtner* vor § 620 Rn. 520; *Pauly* AuR 1997, 94; *Schaub* RdA 1981, 375; aA *Hueck/v. Hoyningen-Huene* Rn. 459; *Herschel/Löwisch* Rn. 224; *Löwisch* KSchG Rn. 324). Es ist hierbei jedoch zu beachten, ob der AG aus sachlichen Erwägungen eine ordentliche Unkündbarkeit vereinbart hat oder ob er allgemein allen seinen AN anbietet, nach Ablauf bestimmter Betriebszeiten die ordentliche Kündigung auszuschließen. Anhaltspunkte für eine Umgehung der gesetzlichen Regelung liegen vor, wenn Vereinbarungen über die Unkündbarkeit in zeitlichem Zusammenhang mit erwogenen Kündigungen stehen und eines sachlichen Grundes entbehren. Eine solche Vertragsgestaltung würde Abs. 3 widersprechen.

476 Ob AN, deren **Arbeitsverhältnis ruht**, in die Sozialauswahl einzubeziehen sind (so *Hueck/v. Hoyningen-Huene* Rn. 437), hängt allein davon ab, ob ihnen betriebsbedingt gekündigt werden kann (vgl. dazu BAG 26. 2. 1987 AP KSchG 1969 § 1 Soziale Auswahl Nr. 15; SPV Rn. 662). Diese Frage ist danach zu beantworten, ob sie innerhalb des Zeitraums, der für die betriebsbedingte Kündigung maßgebend ist, weiterhin dem Zugriff ihres AG unterstehen. Das ist zu verneinen, wenn jemand für ein Jahr fest an einen anderen Unternehmer „verliehen" ist. Es kann zu bejahen sein, wenn ein AG sich zB verpflichtet, für einen Zeitraum von zwei Jahren wöchentlich fünf AN an eine ARGE auszuleihen, sofern ein Bindung, wer das jeweils sein soll, nicht besteht (KDZ/*Kittner* Rn. 437; vgl. auch SPV Rn. 662). Bei der ersten Fallvariante wäre eine betriebsbedingte Kündigung sinnlos. Sie wäre keine geeignete Maßnahme die zu bezahlende Überbesetzung abzubauen, wenn der AG rechtlich verpflichtet ist, dem Arbeitsgemeinschaft gerade den entsandten AN zu belassen.

477 Bei wirksamen **betriebsbedingten Kündigungen im Zusammenhang mit einem Betriebsübergang** (vgl. dazu *Ascheid* NZA 1991, 873) ergeben sich keine Besonderheiten. Hinsichtlich von Kündigungen wegen Betriebsübergangs vgl. § 613 a BGB. Für den Sonderfall der Betriebsveräußerung in der Insolvenz vgl. § 128 InsO. Nach § 613 a I 1 BGB tritt der Betriebserwerber in die Rechte und

G. Soziale Auswahl § 1 KSchG 430

Pflichten aus dem Arbeitsverhältnis ein. Das bedeutet für die AN, daß die Dauer der Betriebszugehörigkeit sich bei keinem ändert (vgl. ArbR-BGB/*Ascheid* § 613 a Rn. 64). Kündigt der **Veräußerer** aus Gründen der Rationalisierung **vor** dem Betriebsübergang, ist die Rechtslage die gleiche, wie wenn der Erwerber den übernommenen Betrieb als solchen selbständig fortführt und jetzt rationalisiert und kündigt. Die Sozialauswahl erstreckt sich hier nur auf die AN des übernommenen Betriebs. **Übernimmt der Erwerber den Betrieb und gliedert er ihn in einen bereits bestehenden ein**, gibt es auch hinsichtlich der Sozialauswahl nur noch **einen** maßgebenden **Betrieb**. Zu diesem gehören die früheren und die AN, in deren Rechte und Pflichten aus dem Arbeitsvertrag der Erwerber eingetreten ist, sozialdatenmäßig völlig gleichgewichtigt. Kündigt der Erwerber jetzt aus betriebsbedingten Gründen, erstreckt sich dadurch die Sozialauswahl auf alle AN (*Hueck/v. Hoyningen-Huene* Rn. 441; KDZ/*Kittner* Rn. 440; aA *Herschel/Löwisch* Rn. 216: wenn mit Übernahme saniert wird, nur auf die übernommenen AN).

Wird nur ein **Betriebsteil veräußert** und **widerspricht ein AN** dem Übergang seines Arbeitsverhältnisses und kommt es deshalb beim alten AG zu einer daraus folgenden notwendigen Kündigung, kann sich der widersprechende AN auf eine mangelhafte Sozialauswahl berufen. Bei der Prüfung der sozialen Gesichtspunkte sind die Gründe für den Widerspruch allerdings zu berücksichtigen. Es ist nämlich nicht zu verkennen, daß der Regelungsgehalt von § 1 III an den des § 1 II anknüpft, wonach eine Gerechtigkeit unter den AN geschaffen werden soll, die ihren Arbeitsplatz durch eine Maßnahme des AG verlieren. Dem widersprechenden AN ist durch die Betriebsteilveräußerung aber gerade sein Arbeitsplatz erhalten geblieben. Durch seinen Widerspruch stellt er sich gleichsam selbst in den alten Betrieb wieder ein und verdrängt einen AN, der nicht in dem Betriebsteil tätig war, der übergegangen ist. **Je geringer die Unterschiede in der sozialen Schutzbedürftigkeit** im übrigen sind, **desto gewichtiger müssen die Gründe des widersprechenden AN** sein. Nur wenn dieser einen alsbaldigen Arbeitsplatzverlust oder eine baldige wesentliche Verschlechterung seiner Arbeitsbedingungen bei dem Erwerber zu befürchten hat, kann er einen Arbeitskollegen, der nicht ganz erheblich weniger schutzbedürftig ist, verdrängen (BAG 18. 3. 1999 AP KSchG 1969 § 1 Soziale Auswahl Nr. 41; BAG 24. 2. 2000 AP KSchG 1969 § 1 Soziale Auswahl Nr. 47; unklar BAG 7. 4. 1993 AP KSchG 1969 § 1 Soziale Auswahl Nr. 22 = NZA 1993, 795: Einbeziehung nur, wenn für Widerspruch sachlicher Grund vorlag). 478

2. Betriebsbezogenheit und betriebliche Vergleichbarkeit. Von den gesetzlichen Bestandsschutz 479 genießenden AN werden für die Sozialauswahl nur solche erfaßt, die nach der **betrieblichen Auswahl** (vgl. *Ascheid* Rn. 246) für eine Kündigung in Frage kommen. Die betriebliche Auswahl erstreckt sich zum Zwecke der Durchführung der Sozialauswahl nur auf **AN des Betriebes**, nicht auf solche **des Unternehmens. Ebenso ist eine Beschränkung der Auswahl auf Mitarbeiter eines Betriebsteils oder einer Betriebsabteilung unzulässig** (BAG 22. 5. 1986 AP KSchG 1969 § 1 Konzern Nr. 4; BAG 26. 2. 1987 AP KSchG 1969 § 1 Soziale Auswahl Nr. 15; *Herschel/Löwisch* Rn. 215; *Hueck/v. Hoyningen-Huene* Rn. 434, 435; KDZ/*Kittner* Rn. 435, 441; KR/*Etzel* Rn. 625; *Ascheid* Rn. 325; SPV Rn. 661; *Schaub* § 132 I 2 d). Hinsichtlich des Betriebes gilt der Betriebsbegriff des BetrVG (*Löwisch* KSchG Rn. 309), vgl. § 23 Rn. 4. Die Rechtsprechung verweist zu Recht darauf, hinsichtlich der Frage der Weiterbeschäftigungsmöglichkeit enthalte § 1 II 2 einen Unternehmensbezug. Ein solcher fehle in Abs. 3. Fallen in verschiedenen Betrieben eines Unternehmens Arbeitsplätze weg und ist die Weiterbeschäftigung nur eines AN auf einem freien Arbeitsplatz in einem dieser Betriebe möglich, hat der AG bei der Besetzung des freien Arbeitsplatzes im Hinblick auf § 1 II 2 Nr. 1 b die sozialen Belange zumindest nach § 315 BGB mitzuberücksichtigen (BAG 15. 12. 1994 AP KSchG 1969 § 1 Betriebsbedingte Kündigung Nr. 66). Da bei einer solchen Fallkonstellation der Wegfall der Arbeitsplätze der auslösende Faktor war, wäre es angemessen, in bezug auf die Besetzung der freien Stelle die Grundsätze der sozialen Auswahl anzuwenden. Verlagert der AG unter Einsparung von Beschäftigungsmöglichkeiten Arbeitsplätze von einer in eine andere Betriebsabteilung, hat eine soziale Auswahl stattzufinden. Diese kann nicht dadurch umgangen werden, daß zunächst freie Arbeitsplätze in der anderen Abteilung besetzt werden (BAG 10. 11. 1994 RzK I 5 d Nr. 41).

Betreiben mehrere Unternehmen einen **gemeinsamen Betrieb**, vgl. dazu § 23 Rn. 5, sind **alle vergleichbaren AN des gemeinsamen Betriebs in die soziale Auswahl einzubeziehen** (BAG 13. 6. 1985 AP KSchG 1969 § 1 Nr. 10; BAG 5. 5. 1994 AP KSchG 1969 § 1 Soziale Auswahl Nr. 23 (*Mummenhoff*); *Hueck/v. Hoyningen-Huene* Rn. 436; KDZ/*Kittner* Rn. 437; *Löwisch* KSchG Rn. 311). Das resultiert letztlich daraus, daß in einem gemeinsamen Betrieb die AG-Mehrheit als einheitliche AG-Leitungsmacht auftritt. Würden die AG vereinbaren, bei Kündigungen sei allein von den Beziehungen zum einzelnen AG auszugehen, könnte nicht von einem gemeinsamen Betrieb ausgegangen werden (*Löwisch* KSchG Rn. 311). Wird die gemeinsame Leitungsstruktur (Führungsvereinbarung) beendet und dann der verbliebene Einzelbetrieb stillgelegt, entfällt die Notwendigkeit einer auf den gemeinsamen Betrieb bezogenen Sozialauswahl (BAG 13. 9. 1995 AP KSchG 1969 § 1 Betriebsbedingte Kündigung Nr. 72). 480

Die in die Sozialauswahl einzubeziehenden AN müssen **nach ihrem Arbeitsvertragsinhalt vergleichbar**, dh. austauschbar sein, sog. **horizontale Vergleichbarkeit** (BAG 15. 6. 1989 AP KSchG 1969 § 1 Soziale Auswahl Nr. 18; BAG 29. 3. 1990 AP KSchG 1969 § 1 Betriebsbedingte Kündigung 481

Nr. 50; BAG 17. 9. 1998 AP KSchG 1969 § 1 Soziale Auswahl Nr. 36 *(Oetker)*; APS/*Kiel* Rn. 276; *Herschel/Löwisch* Rn. 217; *Hueck/v. Hoyningen-Huene* Rn. 442, 445; KDZ/*Kittner* Rn. 447; KR/ *Etzel* Rn. 631; *Löwisch* KSchG Rn. 313; *Ascheid* Rn. 325; *Meisel* ZfA 1985, 233; *Schaub* NZA 1987, 221; *Schwerdtner* ZIP 1984, 15; *Schulin* Anm. BAG EzA § 1 KSchG Betriebsbedingte Kündigung Nr. 20; SPV Rn. 664; *Weng* DB 1978, 884). Die Abgrenzung wird sinnvoll danach vorgenommen, ob dem AN, der für die Sozialauswahl in Frage kommt, im Weg des Direktionsrechts, vgl. § 2 Rn. 14 ff., und nicht nur im Weg der Änderungskündigung eine andere Beschäftigung zugewiesen werden kann. **Vergleichbar** sind **diejenigen, die kraft Direktionsrecht mit den anderen Aufgaben beschäftigt werden können** (BAG 15. 6. 1989 AP KSchG 1969 § 1 Soziale Auswahl Nr. 18; BAG 29. 3. 1990 AP KSchG 1969 § 1 Betriebsbedingte Kündigung Nr. 50; BAG 21. 6. 1995 RzK I d d Nr. 50; *Hueck/ v. Hoyningen-Huene* Rn. 449; KDZ/*Kittner* Rn. 448; KR/*Etzel* Rn. 633; weitergehend *Löwisch* KSchG Rn. 316: auch diejenigen, die mit einer Änderung ihrer Arbeitsbedingungen einschließlich einer Versetzung, vorbehaltlich der Zustimmung des Betriebsrats, vgl. insoweit § 2 Rn. 30, einverstanden sind).

482 Die Austauschbarkeit muß **arbeitsplatzbezogen** sein, sich anhand des konkreten **Arbeitsvertragsinhalts** ermitteln lassen. Es genügt für die Einbeziehung in die Sozialauswahl nicht, daß einer die Tätigkeit des andern nach seinen Fähigkeiten, die aber arbeitsvertraglich nicht angebunden sind, tatsächlich ausführen könnte (vgl. hingegen zur Frage der Weiterbeschäftigungsmöglichkeit nach Abs. 2 S. 2 Rn. 474 ff). Es kommt auf die Gleichgewichtigkeit des Beschäftigungseinsatzes an. Hierbei spielt die konkrete Lage der Arbeitszeit keine Rolle (*Löwisch* KSchG Rn. 319). Nur wenn insoweit eine Deckungsgleichheit vorliegt, kann auch geprüft werden, ob aus besonderen Umständen der andere AN auch die Funktion des andern tatsächlich ausfüllen kann (BAG 15. 6. 1989 AP KSchG 1969 § 1 Soziale Auswahl Nr. 18; BAG 29. 3. 1990 AP KSchG 1969 § 1 Betriebsbedingte Kündigung Nr. 50; KDZ/*Kittner* Rn. 447). Letzteres wird in der Regel der Fall sein. Bezüge zur Rechtsprechung zur möglichen Weiterbeschäftigung sind verfehlt, denn die mögliche Weiterbeschäftigung setzt immer einen freien Arbeitsplatz voraus (*Herschel/Löwisch* Rn. 217; *Hueck/v. Hoyningen-Huene* Rn. 448). Kann ein AN nach dem Arbeitsvertrag nur innerhalb eines bestimmten Arbeitsbereichs eingesetzt werden, so soll beim Wegfall dieses Bereichs keine Sozialauswahl unter Einbeziehung der vom Tätigkeitsbereich her zwar vergleichbaren AN, die aber in anderen Arbeitsbereichen tätig sind (hier: Redaktionen anderer Zeitschriften des Verlags) vorzunehmen sein (so BAG 17. 2. 2000 AP KSchG 1969 § 1 Soziale Auswahl Nr. 46 im Hinblick auf eine tarifvertragl. Regelung). Entscheidend kann allein sein die Beschäftigungsmöglichkeit, wie sie der Vertrag ausgestaltet hat. In der Regel wird das nicht der gerade ausgeübte Tätigkeitsbereich sein.

483 Während die betriebliche Auswahl an den Arbeitsvertragsinhalt anknüpft, ist bei den danach betrieblich ausgewählten und für die Kündigungsüberlegungen verbleibenden AN auf die **aktuelle Vergleichbarkeit** abzustellen (*Ascheid* Rn. 326). Über die einzelnen Faktoren, die für die Feststellung der Austauschbarkeit entscheiden, besteht keine volle Einigkeit. Maßgebend für eine nicht mehr gegebene Vergleichbarkeit können Kenntnisse und Fähigkeiten in bestimmten Projekten sein, die andere AN sich erst durch längere Einarbeitungszeiten (hier: 3 Monate) aneignen müßten (BAG 5. 5. 1994 RzK I 5 d Nr. 38). **Nicht ausschlaggebend** ist jedoch der arbeitsplatzbezogene „**aktuelle Routinevorsprung**" (BAG 25. 4. 1985 AP KSchG 1969 § 1 Soziale Auswahl Nr. 7; *Herschel/Löwisch* Rn. 128; *Hueck/v. Hoyningen-Huene* Rn. 451; KDZ/*Kittner* Rn. 456; *Ascheid* Rn. 326). Kurze Einarbeitungszeiten schaden nicht (BAG 15. 6. 1989 AP Soziale Auswahl Nr. 18; BAG 5. 5. 1994 AP KSchG 1969 § 1 Soziale Auswahl Nr. 23; *Kittner/Trittin* Rn. 458). Es kommt auf die besonderen betrieblichen Umstände an. Da in dem laufenden Betriebsgeschehen auch aus außerkündigungsrelevanten Anlässen Umsetzungen und Versetzungen vollzogen werden, ist ein wichtiger Anhaltspunkt die Zeit, die der AG in diesen Fällen den umgesetzten AN zur Einarbeitung zubilligt (*Hueck/v. Hoyningen-Huene* Rn. 451; *Ascheid* Rn. 326; *Färber* NZA 1985, 176). Wurde einem AN unter Abänderung seines Arbeitsvertrags die Leitung eines Arbeitsbereichs übertragen und fällt dieser Tätigkeitsbereich später weg, sind bei einer betriebsbedingten Kündigung die ehemals vergleichbaren, ohne Leitungsfunktion in anderen Arbeitsbereichen beschäftigten AN regelmäßig nicht in die soziale Auswahl einzubeziehen (BAG 17. 9. 1998 AP KSchG 1969 § 1 Soziale Auswahl Nr. 36 *(Oetker)*).

484 Müßte der AN, dessen Beschäftigungsmöglichkeit entfallen ist und der deshalb zur Kündigung ansteht, zur Wahrung sozialer Gesichtspunkte auf den besetzten Platz eines anderen AN **versetzt** werden und hat der Betriebsrat rechtswirksam die Zustimmung gemäß § 99 BetrVG zur Versetzung versagt, kann der andere AN nicht in die Sozialauswahl einbezogen werden (*Herschel/Löwisch* Rn. 219; *Löwisch* KSchG Rn. 316). Der AG ist nicht verpflichtet, beim Arbeitsgericht gemäß § 99 IV BetrVG zu beantragen, die Zustimmung des Betriebsrats zu ersetzen.

485 Die **Pflicht zur Sozialauswahl bezieht sich auf Vollzeit- und Teilzeitkräfte** (LAG Köln 20. 8. 1993 RzK I 5 d Nr. 33; *Hueck/v. Hoyningen-Huene* Rn. 443; KDZ/*Kittner* Rn. 454; KR/*Etzel* Rn. 635 *Reinfelder/Zwanziger* DB 1996, 677). Nach § 2 I BeschFG darf die Teilzeitbeschäftigung bei der Sozialauswahl nicht zum Nachteil des AN berücksichtigt werden. Die arbeitsvertragliche Anbindung bezieht sich auf den Arbeits**inhalt**, nicht auf die Arbeitszeit. Ob bei der Kündigung teilzeitbeschäftigter AN Vollzeitbeschäftigte und bei der Kündigung vollzeitbeschäftigter AN Teilzeitbeschäf-

tigte in die Sozialauswahl einzubeziehen sind, hängt davon ab, ob aufgrund einer Organisationsentscheidung des AG in bestimmten Bereichen nur Vollzeit- oder Teilzeitkräfte einzusetzen sind. Soll hingegen die Zahl der insgesamt geleisteten Arbeitsstunden abgebaut werden, ohne daß der zu leistenden Arbeit eine bestimmte Organisationsstruktur zugtundeliegt, sind sämtliche in dem betreffenden Bereich beschäftigte AN in die Sozialauswahl einzubeziehen (BAG 3. 12. 1998 AP KSchG 1969 § 1 Soziale Auswahl Nr. 39; kritisch dazu *J. H. Bauer/Klein* BB 1999, 1162). Das gilt in gleicher Weise bei dem öffentlichen Dienst. Allein die Streichung einer Halbtagsstelle besagt noch nichts darüber, ob deshalb auch nur einer Halbtagskraft gekündigt werden müßte (BAG 12. 8. 1999 AP KSchG 1969 § 1 Soziale Auswahl Nr. 44).

Die Vergleichbarkeit bezieht sich auf **dieselbe Ebene der Betriebshierarchie,** soweit der Arbeitsvertrag nicht ausdrücklich andere Einsatzmöglichkeiten vorsieht. Es gibt daher **keine vertikale Vergleichbarkeit,** weder nach oben noch nach unten (BAG 29. 3. 1990 AP KSchG 1969 § 1 Betriebsbedingte Kündigung Nr. 50; BAG 4. 2. 1993 RzK I 5 d Nr. 31; *Hueck/v. Hoyningen-Huene* Rn. 446; KR/*Etzel* Rn. 639; *Löwisch* KSchG Rn. 320; *Ascheid* Rn. 325; *Färber* NZA 1985, 178; SPV Rn. 665; *Wank* RdA 1987, 129, 143). Wenn die Kündigung des Prokuristen ansteht, ist dieser mit dem Hofkehrer nicht deshalb vergleichbar, weil auch der Prokurist den Hof kehren könnte. Wem aus betriebsbedingten Gründen nicht gekündigt werden kann, der ist nicht in die soziale Auswahl einzubeziehen. 486

Personen, die einem **Sonderkündigungsschutz** unterliegen, zB **Schwerbehinderte,** hat der AG entsprechend den allgemeinen Kriterien einzustufen. Gehören sie danach zum Kreis derjenigen, denen zu kündigen wäre, kann der AG ihnen kündigen, wenn die Zustimmung der Hauptfürsorgestelle vorliegt. Ist die Zustimmung erteilt, kann er jedoch die Behinderung als einen besonderen Fall der Schutzwürdigkeit erachten und von einer Kündigung absehen. Ob er überhaupt die Hauptfürsorgestelle um Zustimmung angeht, steht allein in seinem Ermessen (*Löwisch* KSchG Rn. 322; weitergehend *Berkowsky* § 8 Rn. 86: Obliegenheit des AG den Antrag zu stellen, wenn Voraussetzungen vorliegen). Es genügt, wenn der Antrag auf Anerkennung als Schwerbehinderter unverzüglich nach Zugang der Kündigung gestellt wird (vgl. dazu *Löwisch* NZA 1996, 1009, 1010). Hat die zuständige Behörde die Zustimmung versagt, ist der AG allerdings nicht gezwungen, nunmehr einen Prozeß zur Erlangung der Zustimmung zu führen. 487

III. Auswahlgesichtspunkte nach Abs. 3 S. 1

1. Allgemeines. Durch die Änderung des KSchG mit Wirkung vom 1. 1. 1999 ist teilweise der Rechtszustand vor den Änderungen durch das Arbeitsrechtliche Beschäftigungsförderungsgesetz vom 25. 9. 1996 (BGBl. I S. 1476), die am 1. 10. 1996 in Kraft getreten waren, wiederhergestellt worden: § 1 Abs. 3 hat seine alte Fassung wiedererhalten. § 1 Abs. 4 ist neu gefaßt worden. § 1 Abs. 5 ist ersatzlos entfallen. Bei § 1 Abs. 4 ist zu beachten, daß auch hier „soziale Gesichtspunkte" entscheidend sind, und zwar ohne Eingrenzung auf die Dauer der Betriebszugehörigkeit, das Lebensalter und Unterhaltspflichten der AN. Geblieben ist die beschränkte Überprüfungsmöglichkeit der Festlegung der sozialen Gesichtspunkte und ihrer Bewertung zueinander auf grobe Fehlerhaftigkeit. Die Möglichkeit des Erlasses einer Richtlinie ist ersatzlos entfallen. 488

Nach § 1 III ist eine auf dringende betriebliche Erfordernisse gestützte Kündigung trotzdem sozialwidrig, wenn der AG bei der Auswahl des AN **soziale Gesichtspunkte nicht oder nicht ausreichend berücksichtigt** hat. Nach Absatz 3 Satz 2 gilt Satz 1 **nicht,** wenn **betriebstechnische, wirtschaftliche oder sonstige berechtigte betriebliche Bedürfnisse** die **Weiterbeschäftigung** eines oder mehrerer bestimmter AN **bedingen** und damit der Auswahl nach sozialen Gesichtspunkten entgegenstehen. Dem Gesetz ist nach der Neufassung – wie nach der Rechtslage vor dem 1. 10. 1996 – nicht zu entnehmen, welche konkreten Gesichtspunkte der Regelung des Absatzes 3 Satz 1 unterfallen sollen. Die hM nimmt an, es handele sich bei der Regelung um einen unbestimmten Rechtsbegriff (BAG 24. 3. 1983 AP KSchG 1969 § 1 Betriebsbedingte Kündigung Nr. 12; BAG 30. 10. 1983 AP KSchG 1969 § 1 Betriebsbedingte Kündigung Nr. 13; BAG 18. 1. 1990 AP KSchG 1969 § 1 Soziale Auswahl Nr. 19; *Hueck/v. Hoyningen-Huene* Rn. 462). Nach richtiger Ansicht steht dem AG aber ein Beurteilungsspielraum (*Herschel/Löwisch* Rn. 232). 489

AG und AN sind durch den Arbeitsvertrag verbunden. Die **Werte,** die bei § 1 III 1 den Ausschlag geben müssen, sind daher **nicht losgelöst von** den **arbeitsvertraglichen Beziehungen** zu sehen (*Hueck/v. Hoyningen-Huene* Rn. 463; *Ascheid* Rn. 329; *Wank* RdA 1987, 129, 144). Es kommen nur solche Fakten in Betracht 490
- die aufgrund des Arbeitsverhältnisses dem AG bekannt – und damit überhaupt für ihn berücksichtigungsfähig – sind,
- die sich als sozial zu bezeichnende Faktoren in den im Betrieb bestehenden Arbeitsverhältnissen der AN finden, die für eine Kündigung in Betracht kommen.

Der AG ist vor Ausspruch beabsichtigter Kündigungen berechtigt, die vergleichbaren AN nach den relevanten Sozialdaten zu befragen. Gibt der AN keine Auskunft, kann er sich auf verschwiegene Umstände im Prozeß nicht mit Erfolg berufen (*Herschel/Löwisch* Rn. 234 b). Die Geltendmachung ist 491 keine unzulässige Rechtsausübung (so *Hueck/v. Hoyningen-Huene* Rn. 465). Der AG hat vielmehr rechtmäßig ausgewählt, wenn er das, was er wußte, berücksichtigt hat.

492 **2. Hauptfaktoren.** Es ist allgemein anerkannt, daß der AG bei der Sozialauswahl drei Faktoren immer in seine Erwägungen einbeziehen muß: **Dauer** der **Betriebszugehörigkeit, Lebensalter,** Umfang tatsächlich bestehender **Unterhaltsverpflichtungen** (BAG 8. 8. 1985 AP KSchG 1969 § 1 Soziale Auswahl Nr. 10; BAG 15. 6. 1989 AP KSchG 1969 § 1 Soziale Auswahl Nr. 18; APS/*Kiel* Rn. 308; *Herschel/Löwisch* Rn. 225; HK/*Dorndort* Rn. 1072; *Hueck/v. Hoyningen-Huene* Rn. 466; KDZ/*Kittner* Rn. 469; KBK-Nachtrag Rn. 6; *Ascheid* Rn. 331; *Däubler* NJW 1999, 601, 602; kritisch zum Lebensalter SPV Rn. 667 b).

493 **Keinem dieser Kriterien kommt ein absoluter Vorrang zu** (BAG 8. 8. 1985 AP KSchG 1969 § 1 Soziale Auswahl Nr. 10; BAG 18. 1. 1990 AP KSchG 1969 § 1 Soziale Auswahl Nr. 19; *Herschel/ Löwisch* Rn. 230; HK/*Dorndorf* Rn. 1065; *Hueck/v. Hoyningen-Huene* Rn. 466; KR/*Etzel* Rn. 692; *Ascheid* Rn. 331). Der AG hat soziale Gesichtspunkte „ausreichend" zu berücksichtigen. Ihm ist deshalb in Zweifelsfällen ein **Wertungsspielraum** einzuräumen (*Herschel/Löwisch* Rn. 232; *Hueck/ v. Hoyningen-Huene* Rn. 466; *Ascheid* Rn. 331; SPV Rn. 669; vgl. auch *Rieble* NJW 1991, 65).

494 Die **Dauer der Betriebszugehörigkeit** ist von ganz erheblicher Bedeutung. Unter Dauer der **Betriebszugehörigkeit** ist der **rechtlich ununterbrochene Bestand des Arbeitsverhältnisses** zu dem AG zu verstehen, wobei besondere gesetzliche Anrechnungsvorschriften, zB § 10 II MuSchG, zu berücksichtigen sind (*Bader* NZA 1996, 1125, 1128). Es handelt sich also nicht um die „Betriebs"-zugehörigkeit, sondern um die „Unternehmens"-zugehörigkeit (*Fischermeier* NZA 1997, 1089, 1094). Mit diesem Kriterium wird die Betriebstreue belohnt. Aus diesem Gesichtspunkt heraus ist es erklärlich, daß sich die gesetzlichen Kündigungsfristen nach Ablauf bestimmter Zeiten verlängern und daß sich nach § 10 die zu zahlende Abfindung erhöht. Bei einem Dauerschuldverhältnis werden die Rechtsbeziehungen mit Zeitablauf immer enger. Wer dem Betrieb über Jahre verbunden war, darf erwarten, daß dies in erster Linie zu seinen Gunsten Beachtung findet (BAG 24. 3. 1983 AP KSchG 1969 § 1 Betriebsbedingte Kündigung Nr. 12; BAG 18. 10. 1984 AP KSchG 1969 § 1 Soziale Auswahl Nr. 6; *Herschel/Löwisch* Rn. 225; SPV Rn. 667 b; *Preis* S. 421; *ders.* DB 1986, 746 ff.).

495 Als weiteres Abwägungskriterium ist maßgebend das **Lebensalter** (aA SPV Rn. 667 b). Die Schwierigkeiten, die mit der Suche nach einem neuen Arbeitsplatz verbunden sind, sind einem jüngeren AN eher zuzumuten als einem älteren (BAG 12. 10. 1979 AP KSchG 1969 § 1 Betriebsbedingte Kündigung Nr. 7; *Herschel/Löwisch* Rn. 228). Maßgebend sind allein die Daten, aus denen sich das Alter herleitet, nicht jedoch die mit dem Alter verbundenen konkreten gesundheitlichen Probleme (*Löwisch* KSchG Rn. 333). Dennoch ist das Lebensalter für sich betrachtet eine ambivalente Größe. Gerade bei extremen Eckwerten (21-jähriger gegenüber 59-jährigem AN) läßt sich ohne Berücksichtigung der Besonderheiten des Betriebs nicht allgemein festlegen, wem ein Arbeitsplatz bevorzugt zuerkannt bleiben sollte. Die Chancen auf dem Arbeitsmarkt sind nicht gesondert zu beachten (aA *Kittner* AuR 1997, 182, 184). Allein durch die Berücksichtigung des Alters wird diesem Umstand bereits hinreichend Rechnung getragen.

496 Als weitere Sozialfaktoren sind tatsächlich **bestehende Unterhaltsverpflichtungen** zu beachten. Nicht der Familienstand als solcher, sondern die daraus resultierenden Verpflichtungen sind Anknüpfungspunkt (BAG 18. 10. 1984 AP KSchG 1969 § 1 Soziale Auswahl Nr. 6; *Herschel/Löwisch* Rn. 226; HK/*Dorndorf* Rn. 1074; *Hueck/v. Hoyningen-Huene* Rn. 468; KR/*Etzel* Rn. 689; SPV Rn. 667b; *Ascheid* Rn. 335; *Ehmann* BlStSozArbR 1984, 211; *Neyes* DB 1983, 2415; *Preis* S. 423). Es soll dem Umstand Rechnung getragen werden, daß von dem Einkommen des AN noch andere abhängig sind (*Herschel/Löwisch* Rn. 226; *Schaub* RdA 1987, 222; *Wank* ZIP 1986, 215; *Weller* AuR 1986, 231). Ebenso ist es als eine besonders erschwerende Art der Unterhaltpflicht anzusehen, wenn ein AN eine pflegebedürftige Person tatsächlich zu versorgen hat und er deshalb nahe der Arbeitsstätte wohnen muß (*v. Hoyningen-Huene/Linck* DB 1997, 42). Der AG kann seiner Pflicht, sie zu beachten, nur nachkommen, soweit sie ihm, insbesondere über die Lohnsteuerkarte, bekannt sind. Für die **Unterhaltspflichten** kommt es darauf an, **wie sie zum Zeitpunkt des Ausspruchs** der Kündigung bestanden oder fest abzusehen waren (HK/*Dorndorf* Rn. 1074; KDZ/*Kittner* Rn. 473; *Wlotzke* BB 1997, 414, 417). Einkünfte eines Ehegatten (Doppelverdienst) sind dabei zu berücksichtigen (*v. Hoyningen-Huene/Linck* DB 1997, 42; aA *Fischermeier* NZA 1997, 1089, 1094). Maßgeblich ist nicht, ob der AN bestehenden Pflichten tatsächlich nachkommt (APS/*Kiel* Rn. 319; *Bader* NZA 1996, 1125, 1128). Sind beide Ehegatten im Betrieb beschäftigt und muß einem gekündigt werden, ist damit die Aktivierung der Unterhaltspflicht des anderen absehbar und zu berücksichtigen (*Löwisch* KSchG Rn. 334). Leisten andere Personen den Unterhalt (der minderjährige Sohn wird von der Großmutter erzogen und unterhalten), ist dieser Umstand bei der Unterhaltspflicht des Vaters mindernd zu berücksichtigen, wenn er dem AG bekannt ist (*Löwisch* KSchG Rn. 336). Bei der Unterhaltpflicht kommt es nicht allein auf einen zahlenmäßigen Vergleich der Anzahl der unterhaltspflichtigen Personen an. Es sind auch besondere Erschwernisse der Unterhaltsgewährung zu beachten. Wer tatsächlich einen Pflegebedürftigen unterhält, kann aufgrund konkreter Gegebenheiten schutzwürdiger sein als einer, der nur finanziellen Ansprüchen genügt (*Kittner* AuR 1997, 182, 184). Innerhalb bestehender

Unterhaltspflichten sind Absprachen betroffener AN nicht zu berücksichtigen (Hueck/v. Hoyningen-Huene Rn. 482 b; aA BAG 7. 12. 1995 AP KSchG 1969 Soziale Auswahl Nr 29: Vater verzichtet zugunsten des Sohnes). Es genügt, daß sie nach dem Gesetz bestehen und die Möglichkeit der Aktivierung besteht.

3. Weitere positive und negative Kriterien. Neben den immer zu beachtenden Grunddaten der Dauer der Betriebszugehörigkeit, des Alters und der Unterhaltsverpflichtungen muß noch Raum zur Vermeidung von unbilligen **Härten im Einzelfall** verbleiben, die jede schematische Anwendung mit sich bringen kann. Diese eventuell zusätzlich erfaßbaren Tatsachen müssen in einem unmittelbaren Zusammenhang mit dem Arbeitsverhältnis stehen. Bei einer gerichtlichen Überprüfung der Beurteilungswertung in diesem Bereich kann es letztlich nicht darum gehen, dem AG absolute Berücksichtigungs- und Nichtberücksichtigungspflichten aufzuerlegen. Maßgebend muß allein sein, ob eine im Einzelfall vorgenommene Einbeziehung einer oder mehrerer dieser Faktoren als rechtswidrig zu erachten ist. Rechtswidrig ist eine Einbeziehung nur, wenn sich das entsprechende Verbot zwingend aus der Norm ergibt. Inwieweit das bei den nachstehenden Faktoren der Fall ist, ist streitig.

Gesundheitszustand des AN: Der Gesundheitszustand (nicht eine Leistungsminderung) kann beachtlich sein (BAG 24. 3. 1983 AP KSchG 1969 § 1 Betriebsbedingte Kündigung Nr. 12; APS/Kiel Rn. 324; Herschel/Löwisch Rn. 228; Hueck/v. Hoyningen-Huene Rn. 474), insbesondere ein solcher, der sich erst im Alter auswirkt, wenn der AN sich die gesundheitlichen Schäden im Betrieb zugezogen hat (Hueck/v. Hoyningen-Huene Rn. 474; Kittner AuR 1997, 182, 184). So wäre es als rechtmäßig zu erachten, wenn der AG einem 30-jährigen AN, der infolge eines von ihm nicht verschuldeten Betriebsunfalls ein Bein verloren hat, der aber seine Arbeiten als Buchhalter einwandfrei verrichtet und der auch nicht als Schwerbehinderter anerkannt ist, den Vorrang vor einem völlig gesunden 40-jährigen AN einräumt (Kittner AuR 1997, 182, 186).

Mitverdienst des Ehegatten oder anderer Familienangehöriger: Einkünfte anderer Familienangehöriger können nicht dergestalt mitberücksichtigt werden, daß sie dem Einkommen des AN hinzuaddiert werden, um so seine soziale Stärke zu errechnen (SPV Rn. 667 b). Nicht verdienende Angehörige werden mittelbar bei dem Umfang der Unterhaltspflichten in die Berechnung einbezogen. Angehörige mit eigenem Einkommen verringern die soziale Position des AN insofern, als sie im Rahmen des Faktors Unterhaltspflicht als Belastung ausfallen. Die maßgebenden Daten dürften im übrigen in der Regel schon weder dem darlegungspflichten AN noch dem auskunftspflichtigen AG bekannt sein (wie hier: BAG 8. 8. 1985 AP KSchG 1969 § 1 Soziale Auswahl Nr. 10; KDZ/Kittner Rn. 474; Ascheid Rn. 337; Däubler S. 280; Ehmann BlStSozArbR 1984, 217; Preis S. 423; ders. DB 1986, 747; DB 1988, 1394; Schwerdtner ZIP 1984, 16; aA Herschel/Löwisch Rn. 226: nur dann keine Berücksichtigung, wenn zur Existenzgrundlage der Familie erforderlich; Berkowsky NJW 1983, 1296; KR/Etzel Rn. 581; SPV Rn. 667; BAG 30. 11. 1956 AP KSchG 1951 § 1 Nr. 26; BAG 12. 10. 1979 AP Betriebsbedingte Kündigung Nr. 7; vermittelnd: v. Hoyningen-Huene NZA 1986, 449: wenn im übrigen keine Klarheit zu erzielen ist).

Berufsaussichten auf dem Arbeitsmarkt: Arbeitsmarkt- und sozialpolitische Zielsetzungen sind nicht berücksichtigungsfähig (so richtig APS/Kiel Rn. 326; SPV Rn. 667 b; Preis S. 117 ff., 237 ff., 418 ff.). Das schließt nicht aus, die **konkrete Vermittelbarkeit oder Nicht-Vermittelbarkeit** ganz bestimmter AN im Hinblick auf den bisherigen Verlauf des Arbeitsverhältnisses in die Sozialüberlegungen einzubeziehen (BAG 24. 3. 1983 AP KSchG 1969 § 1 Betriebsbedingte Kündigung Nr. 12; BAG 8. 8. 1985 AP KSchG 1969 § 1 Soziale Auswahl Nr. 10; Hueck/v. Hoyningen-Huene Rn. 472; Kittner/Trittin Rn. 469; Ascheid Rn. 339; SPV Rn. 667). Wer infolge eines Betriebsunfalls einen körperlichen Dauerschaden erlitten hat, ist schutzwürdiger als der AN, der noch über seine volle Einsatzfähigkeit verfügt (Preis S. 427). Im übrigen wird der Umstand, daß ältere AN in aller Regel schlechter vermittelbar sein werden als jüngere, dadurch beachtet, daß das Lebensalter als Abwägungskriteriun Berücksichtigung findet.

Vermögenslage des AN: Sie darf in der Regel keine Rolle spielen (HK/Dorndorf Rn. 1084; Hueck/v. Hoyningen-Huene Rn. 473; KDZ/Kittner Rn. 476; SPV Rn. 667 b; Ascheid Rn. 338; Meisel ZfA 1985, 213, 238; Preis S. 426; Schwerdtner ZIP 1984, 10, 16; aA Herschel/Löwisch Rn. 226; KR-Etzel Rn. 702; Schaub NZA 1987, 217). Es erscheint allerdings nicht unsozial und wohl von allgemeiner Akzeptanz getragen, wenn der AG in einem Zweifelsfall einen AN, der zB gerade einen hohen Zufallslottogewinn gemacht hat, als sozial stärker gegenüber einem solchen AN ansieht, der im Falle der Kündigung voraussichtlich auf Sozialhilfe angewiesen sein wird. Die Problematik besteht zudem in einer sicher verwertbaren Kenntnis. Es ist ja nicht auszuschließen, daß der angeblich mittellose AN Vermögenswerte geschickt zu verbergen weiß.

Leistungsgesichtspunkte sind allein im Rahmen von Absatz 3 Satz 2 beachtlich (BAG 24. 3. 1983 AP KSchG 1969 § 1 Betriebsbedingte Kündigung Nr. 12; BAG 20. 10. 1983 AP KSchG 1969 § 1 Betriebsbedingte Kündigung Nr. 13; Herschel/Löwisch Rn. 213; Hueck/v. Hoyningen-Huene Rn. 464; Ascheid Rn. 330). Abzulehnen ist daher die Auffassung, bei **Änderungskündigungen** könnten Vorbildung und persönliche Eigenschaften wie Wendigkeit, schnelle Auffassungsgabe, Anpassungsfähigkeit und Gesundheitszustand von Bedeutung sein (so BAG 13. 6. 1986 BAGE 52, 210 = AP

KSchG 1969 § 1 Soziale Auswahl Nr. 13). Ist der AN austauschfähig, können Wendigkeit, Auffassungsgabe und Anpassungsfähigkeit allenfalls eine Rolle bei § 1 III 2 spielen.

503   **Nicht berücksichtigungsfähig sind personenbedingte Gründe.** Gesundheitliche **Leistungsmängel** sind unbeachtlich (*Hueck/v. Hoyningen-Huene* Rn. 452). Wenn dem AN nicht personenbedingt gekündigt werden kann, eröffnet sich nicht eine Ersatzmöglichkeit über Absatz 3 Satz 1. Eine andere Tatsache ist, daß bei Vorliegen der Voraussetzungen nach Absatz 3 Satz 2 die Einsatzfähigkeit eine Rolle spielen kann. **Krankheitsbedingte Fehlzeiten** sind allenfalls relevant, wenn sie zugleich die Voraussetzungen einer personenbedingten Kündigung wegen Krankheit rechtfertigen (BAG 24. 3. 1983 BAGE 42, 151 = AP KSchG 1969 § 1 Betriebsbedingte Kündigung Nr. 12; vgl. im übrigen *Ascheid* Rn. 330).

504   Liegen **verhaltensbedingte Gründe** vor, sind sie entweder von dem Gewicht eines Kündigungsgrundes. Dann mag der AG kündigen. Oder sie sind für die Sozialauswahl unbeachtlich. Die Sozialauswahl ist für den AG nicht der Ort, alte Rechnungen zu begleichen. Verhaltensbedingte Gründe können auch nicht allein die Erfordernisse des Absatzes 3 Satz 2 erfüllen (*Herschel/Löwisch* Rn. 242).

505   Der AG ist berechtigt, vor Ausspruch beabsichtigter Kündigungen die vergleichbaren AN nach relevanten Sozialdaten zu befragen. Gibt ein AN keine Auskunft, kann er sich auf verschwiegene Umstände in einem späteren Prozeß nicht mit Erfolg berufen (*Herschel/Löwisch* Rn. 234 b). Die spätere Geltendmachung scheitert nicht daran, daß sie als unzulässige Rechtsausübung zu qualifizieren wäre (so *Hueck/v. Hoyningen-Huene* Rn. 465). Der AG hat vielmehr rechtmäßig ausgewählt, wenn er das, was er wußte, berücksichtigt hat.

506   **4. Tabellarische Abwägung.** Der AG hat die **Grunddaten ausreichend gegeneinander abzuwägen.** Es muß erkennbar sein, daß den Besonderheiten des Einzelfalls Rechung getragen werden soll (SPV Rn. 668). Der AG kann hierbei als Hilfsmittel von einem **eigenen Punkteschema** ausgehen (BAG 18. 10. 1984 AP KSchG 1969 § 1 Soziale Auswahl Nr. 6; BAG 18. 1. 1990 AP KSchG 1969 § 1 Soziale Auswahl Nr. 19; LAG Rheinland-Pfalz 5. 4. 1995 RzK I 5 d Nr. 46; APS/*Kiel* Rn. 330; HK/*Dorndorf* Rn. 1091; KR/*Etzel* Rn. 700; *Giesen* ZfA 1997, 145, 149). Ein solches Punkteschema muß die drei maßgebenden Auswahlkriterien: Betriebszugehörigkeit, Alter, Unterhaltsverpflichtungen berücksichtigen und in ein billigenswertes Verhältnis setzen. Aus der gesetzlichen Regelung läßt sich eine Reihenfolge der Kriterien hinsichtlich ihrer Gewichtigkeit nicht herleiten (*Löwisch* KSchG Rn. 337; *Wlotzke* BB 1997, 414, 417; vgl. zu Beispielen *Hümmerich/Spirolke* NZA 1998, 797, 801 ff.).

507   Bei der **Gewichtung der Sozialdaten** hat der **AG** einen **Wertungsspielraum** (BAG 16. 5. 1989 EzA KSchG § 1 Soziale Auswahl Nr. 27; BAG 18. 10. 1994 EzA KSchG 1969 § 1 Betriebsbedingte Kündigung Nr. 34; *Hueck/v. Hoyningen-Huene* Rn. 466; KR/*Etzel* Rn. 699; *Ascheid* Rn. 331; SPV Rn. 669; *Kittner* AuR 1997, 182, 185). Es kommt allein darauf an, daß er „ausreichend" berücksichtigt. Das verlangt, daß alle drei Daten in die Gewichtung einbezogen werden (*Kittner* AuR 1997, 182, 186). Der AG wird in der Regel zunächst die Betriebszugehörigkeit und dann das Lebensalter berücksichtigen, denn in der Regel wird der Betriebszugehörigkeit ein höherer Stellenwert zukommen (HK/*Dorndorf* Rn. 1066; *Löwisch* KSchG Rn. 329; zur alten Rechtslage: BAG 18. 10. 1984 AP KSchG 1969 § 1 Soziale Auswahl Nr. 6; KR/*Etzel* Rn. 579; SPV Rn. 668). Das ist jedoch nicht dahin zu verstehen, die Betriebszugehörigkeit müsse immer höher als das Alter des AN gewertet werden. Ausreichend kann abgewogen werden auch, wenn Lebensalter und Betriebszugehörigkeit gleichrangig beachtet werden (BAG 18. 1. 1990 AP KSchG 1969 § 1 Soziale Auswahl Nr. 19; BAG 16. 5. 1991 – 2 AZR 93/91 nv.).

IV. Auskunftspflicht

508   Der **AG** ist nach Abs. 3 S. 1 Halbs. 2 verpflichtet, dem AN **auf Verlangen die Gründe** mitzuteilen, **die zu der getroffenen Auswahl geführt haben.** Damit sind zunächst die subjektiven Auswahlüberlegungen gemeint, die der AG im Rahmen der Grunddatenwertung tatsächlich angestellt hat, nicht die, die er hätte anstellen müssen (SPV Rn. 676). Hierzu zählen die sozialen Daten: Dauer der Betriebszugehörigkeit, Lebensalter, Unterhaltsverpflichtungen des AN, besondere Umstände des Einzelfalls, **und Ausführungen** dazu, **wie** der AG die von ihm berücksichtigten **Faktoren untereinander in ein Verhältnis gesetzt hat** (BAG 24. 3. 1983 AP KSchG 1969 § 1 Betriebsbedingte Kündigung Nr. 12; KR/*Etzel* Rn. 712; *Ascheid* Rn. 340). Nicht unter die ausdrücklich geregelte gesetzliche Auskunftspflicht fällt die Bestimmung der AN nach Abs. 3 S. 2, vgl. dazu Rn. 512.

509   Der AG genügt seiner Auskunftspflicht nicht, wenn er nur angibt, daß die gesetzlichen Kriterien für ihn maßgebend waren. Der AN kann sich in der Regel erst anhand der **Gewichtung der Kriterien** durch den AG Klarheit darüber verschaffen, welche Arbeitskollegen er unter Beachtung der Beurteilungskriterien als weniger schutzwürdig benennen soll, denn der klagende AN hat im Prozeß die sozial Stärkeren namentlich zu benennen (BAG 21. 7. 1988 AP Soziale Auswahl Nr. 17; *Ascheid* Rn. 340).

510   Zu den Gründen, die zu der getroffenen sozialen Auswahl geführt haben, gehört ebenso die **Angabe,** aufgrund welcher betriebstechnischer, wirtschaftlicher oder sonstiger betrieblicher Bedürfnisse die Weiterbeschäftigung bestimmter AN iSv. S. 2 bedingt ist (vgl. *Herschel/Löwisch* Rn. 245;

G. Soziale Auswahl § 1 KSchG 430

Hueck/v. Hoyningen-Huene Rn. 490; KR/*Etzel* Rn. 600). Das Vorgehen des AG nach Abs. 3 S. 2 ist nicht einer gerichtlichen Nachprüfung entzogen.

Die **Beachtung der Mitteilungspflicht** ist **keine Wirksamkeitsvoraussetzung für die betriebsbe-** 511 **dingte Kündigung** (*Herschel/Löwisch* Rn. 246). Die Verletzung wirkt sich bei der Darlegungs- und Beweislast aus, vgl. Rn. 592 ff. Außerdem kann sich der AG dem AN wegen positiver Vertragsverletzung schadensersatzpflichtig machen. Zu diesem Schaden können kostenträchtige Fehldispositionen des AN gehören. Der Schaden bezieht sich allerdings nicht auf Prozeßkosten erster Instanz (BAG 30. 4. 1992 AP ArbGG 1979 Nr. 6; aA *Herschel/Löwisch* Rn. 246; *Hueck/v. Hoyningen-Huene* Rn. 491).

V. Betriebliche Bedürfnisse nach Abs. 3 S. 2.

Nach § 1 III 2 gilt Satz 1 nicht, wenn betriebstechnische, wirtschaftliche oder sonstige berechtigte 512 betriebliche Bedürfnisse die Weiterbeschäftigung eines oder mehrerer bestimmter AN bedingen und damit der Auswahl nach sozialen Gesichtspunkten entgegenstehen. Anders als in § 1 II 1 ist hier nicht von „dringenden" betrieblichen Erfordernissen, sondern u. a. von „berechtigten" betrieblichen Bedürfnissen die Rede. § 1 III 2 stellt damit weniger strenge Anforderung auf (KDZ/*Kittner* Rn. 493; KR/*Etzel* Rn. 595; *Ascheid* Rn. 341; SPV Rn. 675 c). Herrschend wird angenommen, Satz 2 greife nicht nur, wenn für den AG „eine gewisse Zwangslage" bestehe, sondern bereits, wenn die Weiterbeschäftigung eines bestimmten AN im Interesse eines geordneten Betriebsablaufs erforderlich sei (SPV Rn. 672). Zu den Bedürfnissen gehören Leistungsgesichtspunkte (BAG 29. 10. 1983 AP KSchG 1969 § 1 Betriebsbedingte Kündigung Nr. 28; BAG 25. 4. 1985 AP KSchG 1969 § 1 Soziale Auswahl Nr. 7), aber auch das Interesse des AG an einer ausgewogenen Alters- und demnach Leistungsstruktur (*Herschel/Löwisch* Rn. 238, 240; *Hueck/v. Hoyningen-Huene* Rn. 476; KR/*Etzel* Rn. 598 a; kritisch SPV Rn. 675 e). Die Personalstruktur kann auch durch andere Kriterien als den Alter charakterisiert sein, so zB nach dem jeweiligen Ausbildungsstand der AN, die für entsprechende Arbeiten eingesetzt sind. Die Personalstruktur knüpft an strukturell geschaffene betriebliche Gegebenheiten an, nicht an hiervon unabhängige persönliche Eigenschaften der AN. Sie kann sich im Laufe der Zeit zB auch durch Eigenkündigungen von AN geändert haben. Ein betriebliches Bedürfnis besteht, wenn bereits bestehende Funktions- und Betriebsabläufe aufrechterhalten werden sollen (*Löwisch* KSchG Rn. 355). Eine Ausgewogenheit setzt im Hinblick auf ältere AN voraus, daß nicht nur ihnen gekündigt wird (*Schwedes* BB 1996 Beilg. 17, 2, 4). Der AG kann jedoch Altersgruppen innerhalb der zur Sozialauswahl anstehenden Personen bilden und dann anteilmäßig aus dem jeweiligen Altersgruppen kündigen, zB bis 30-Jährige, 31–40-Jährige, 41–50-Jährige, 51–60-Jährige, 61-Jährige und ältere AN (*v. Hoyningen-Huene/Linck* DB 1997, 43; *Hueck/v. Hoyningen-Huene* Rn. 479 d; KR/*Etzel* Rn. 659; vgl. BAG 28. 9. 1961 AP KSchG 1951 § 1 Personenbedingte Kündigung Nr. 1; BAG 25. 3. 1971 EzA BGB § 620 Nr. 15). Beachtlich kann hier auch eine höhere oder bessere Qualifikation sein, die den entsprechenden AN befähigt, sporadisch auftretende Arbeiten zu erledigen (*Herschel/Löwisch* Rn. 236; SPV Rn. 675 d). Hingegen reichen reine Nützlichkeitserwägungen nicht (BAG 24. 3. 1983 AP KSchG 1969 § 1 Betriebsbedingte Kündigung Nr. 12; *Herschel/Löwisch* Rn. 492; *Hueck/v. Hoyningen-Huene* Rn. 477; KR/*Etzel* Rn. 654 ff.; 675 b). Zu den berechtigten betrieblichen Belangen kann auch gehören, daß ein AN besonders gute Kontakte zu Kunden und Lieferanten hat (*Herschel/Löwisch* Rn. 239). Der AN, der sich durch seine Leistung im Betrieb unentbehrlich gemacht hat, verliert seinen Arbeitsplatz bei notwendig gewordenen Kündigungen nicht deshalb, weil er gegenüber anderen AN sozial weniger schutzbedürftig ist (*Preis* S. 430; KR/*Etzel* Rn. 652; *Ascheid* Rn. 341). Krankheitsbedingte Fehlzeiten sind auch hier nur beachtlich, wenn sie die Voraussetzungen einer personenbedingten Kündigung wegen Krankheit erfüllen (BAG 24. 3. 1983 AP Betriebsbedingte Kündigung Nr. 12).

§ 1 III 2 ist eine Ausnahmevorschrift im Rahmen einer insgesamt vorzunehmenden Sozialauswahl 513 und keine Mußvorschrift, von der der AG Gebrauch machen müßte. Das **Bejahen** eines entsprechenden **berechtigten betrieblichen Bedürfnisses** steht **allein dem AG** zu (*Bader* NZA 1996, 1125, 1129; *Wlotzke* BB 1997, 414, 418). Es muß im Prozeß erkennbar sein, daß der AG bei der Nichtkündigung eines bestimmten AN von der Möglichkeit des S. 2 hat Gebrauch machen wollen. Ein AN kann die Fehlerhaftigkeit der Sozialauswahl nicht damit begründen, er hätte nach § 1 III 2 von der Sozialauswahl ausgenommen werden müssen (*Berkowsky* § 9 Rn. 37, 38; *v. Hoyningen-Huene/Linck* DB 1997, 43).

Will der AG von der Möglichkeit des Abs. 3 S. 2 Gebrauch machen, ist dogmatisch so vorzugehen, 514 daß zunächst die Sozialauswahl erfolgt und dann die Herausnahme nach Abs. 3 S. 2 (*Löwisch* KSchG Rn. 307; *ders.* NZA 1996, 1009, 1010). Dennoch empfiehlt sich aus praktischen Erwägungen ein abweichender Prüfungsablauf: Zunächst ist die Vergleichbarkeit der zu Kündigenden festzustellen. Sodann wird der AG diejenigen AN von der Sozialauswahl ausnehmen, die nach seiner Ansicht die Kriterien nach Abs. 3 S. 2 erfüllen. Hinsichtlich der verbliebenen AN erfolgt jetzt die Sozialauswahl (*Bader* NZA 1996, 1125, 1129; *Hueck/v. Hoyningen-Huene* Rn. 480 b; *Wlotzke* BB 1997, 414, 418; *v. Hoyningen-Huene/Linck* DB 1997, 43). Bei anderem Vorgehen ergeben sich sonst vermeidbare Konflikte, wenn der AG bei Festlegung der Reihenfolge der allgemeinen Sozialauswahl fehlerhaft davon ausgegangen ist, einem AN, dem er unter Berücksichtigung von S. 2 ohnehin nicht gekündigt hätte, gehöre schon nach den allgemeinen Erwägungen nicht zum Kreis der zu Kündigenden. Wenn die Ausnahmeregelung greifen soll, muß sie vom AG auch als maßgebend im Prozeß geltend gemacht werden. Allein die objektive Rechtslage ist nicht entscheidend, sonst könnten sich andere AN darauf berufen, sie hätten nach S. 2 von einer Kündigung ausgenommen werden müssen.

515 Zu den berechtigten betrieblichen Bedürfnissen rechnen **Kenntnisse, Fähigkeiten** und **Leistungen,** durch die sich einzelne AN von anderen unter dem Gesichtspunkt eines betrieblichen Einsatzes unterscheiden (BAG 29. 10. 1983 KSchG 1969 § 1 Betriebsbedingte Kündigung Nr. 13; BAG 25. 4. 1985 AP KSchG 1969 § 1 Soziale Auswahl Nr. 7; *Hueck/v. Hoyningen-Huene* Rn. 480d; KBK-Nachtrag Rn. 9; KR/*Etzel* Rn. 652). Es muß sich hierbei um **zusätzliche** Merkmale handeln, die den AN von anderen unterscheidet (*B. Preis* DB 1998, 1761, 1765).

516 **Kenntnisse** beziehen sich auf Fakten, die der AN aufgrund seiner Ausbildung, seiner bisherigen beruflichen Tätigkeit oder sonstigen Lebensführung erlangt hat. „**Fähigkeiten**" liegen vor, wenn ein AN ungeachtet welcher Ausbildung und Tätigkeiten den vertraglich übernommenen und anderen betrieblichen Aufgaben gewachsen ist, insbesondere wenn er Kenntnisse in die Praxis umsetzen kann. „**Leistungen**" sind charakterisiert durch das quantitative und qualitative Umsetzen der Kenntnisse und Fähigkeiten. Der AN, der sich durch solche Umstände im Betrieb unentbehrlich gemacht hat, verliert seinen Arbeitsplatz bei notwendig werdenden Kündigungen nicht deshalb, weil er gegenüber anderen AN sozial weniger schutzbedürftig ist (*Preis* S. 430; *Ascheid* Rn. 341). Zu den berechtigten betrieblichen Bedürfnissen kann zB gerechnet werden, daß ein AN besonders gute Kontakte zu Kunden und Lieferanten hat (HK-KSchG/*Dorndorf* Rn. 1104; *Herschel/Löwisch* Rn. 239).

517 Ein Bedürfnis an einer Weiterbeschäftigung ist mehr als ein durch eine Sachlage gegebenes Interesse (vgl. BAG 24. 3. 1983 AP KSchG 1969 § 1 Betriebsbedingte Kündigung Nr. 12; *Herschel/Löwisch* Rn. 492; *Hueck/v. Hoyningen-Huene* Rn. 477; SPV Rn. 672). Das Bedürfnis muß sich aus einer objektiv nachprüfbaren Sachlage ergeben und zwar in einer solchen Intensität, daß es die Weiterbeschäftigung eines entsprechenden AN bedingt. Die Weiterbeschäftigung muß für einen geordneten Betriebsablauf erforderlich sein (APS/*Kiel* Rn. 344; SPV Rn. 677 b). Es muß allerdings nicht, wie bei einer Kündigung, dringend bedingt sein. Ein berechtigtes Bedürfnis fehlt, wenn die zu erledigende Arbeit in gleicher Weise durch andere, sozial schutzwürdigere AN erledigt werden kann (*Löwisch* NZA 1996, 1009, 1011).

518 Die Regelung in Abs. 3 S. 2 bezieht sich in ihrer Anwendung auf ganz bestimmte AN. Das Gesetz enthält keine Regelung, wie der AG zu verfahren hat, wenn mehrere AN den Anforderungen entsprechen würden, jedoch zahlenmäßig nur einer gebraucht wird, so zB wenn ein AN verbleiben soll, der eine bestimmte Sprache spricht, dieser Anforderung aber mehrere genügen. Da S. 2 Bestandteil der insgesamt vorzunehmenden sozialen Auswahl ist, hat der AG, dem eine weitere Differenzierung und Spezifizierung hinsichtlich ganz bestimmter Personen nicht mehr möglich ist, aus den möglichen Kandidaten eine Auswahl nach den sozialen Kriterien des S. 1 vorzunehmen. Ein Rückgriff auf die Regelung des § 315 BGB verbietet sich.

519 Der **AG** hat die **Darlegungs- und Beweislast** dafür, daß das im Gesetz geforderte betrieblichen Bedürfniss an der Weiterbeschäftigung bestimmter AN besteht, (*v. Hoyningen-Huene/Linck* DB 1997, 43). Die Tatsache, ob die Umstände, die diese Bedürfnislage begründen sollen, vorliegen und sie auch begründen, ist gerichtlich voll überprüfbar. Es genügt nicht, daß nur ein plausibler Vortrag des AG vorliegt. Der AN hat nach Abs. 3 S. 3 hingegen die Tatsachen zu beweisen, die die Kündigung als sozial ungerechtfertigt im Sinn des S. 1 erscheinen lassen.

VI. Kollektivrechtliche Regelungen nach Abs. 4

520 **1. Allgemeines.** Abs. 4 gilt erst seit 1. 10. 1996 und seit 1. 1. 1999 in geänderter Fassung. Nach dieser Vorschrift kann in einem Tarifvertrag, einer Betriebsvereinbarung nach § 95 BetrVG oder in entsprechenden Richtlinien nach den Personalvertretungsgesetzen festgelegt werden, welche sozialen Gesichtspunkte nach Abs. 3 S. 1 zu berücksichtigen sind und wie diese Gesichtspunkte zueinander zu bewerten sind. Nach richtiger Ansicht regelt Abs. 4 nicht den möglichen Gegenstand von Betriebsvereinbarungen, sondern setzt ihn voraus (HK-KSchG/*Dorndorf* Rn. 1127). Ist das geschehen, ist die soziale Auswahl nur auf grobe Fehlerhaftigkeit überprüfbar. Die Vorschrift ist insgesamt unklar gefaßt. Sie könnte so zu verstehen sein, daß bei einer *wirksamen* Festlegung in Kollektivnormen der Normvollzug des AG nur auf grobe Fehlerhaftigkeit zu überprüfen wäre. Das würde ihren Anwendungsbereich stark einschränken. Auch wäre nicht einsichtig, warum dem AG gerade hier eine gewisse Unsorgfältigkeit nachgesehen werden soll. Einigkeit besteht wohl darüber, daß die neue **Vorschrift nicht die materiellen Auswahlkriterien,** wie sie bisher anerkannt waren, **ändern will.** Der Gesetzgeber wollte keinen Bruch mit der bisherigen Rechtsprechung, denn in der Begründung der Neuregelung (BT-Drucks. 14/45 S. 54) heißt es, „wie bisher" sei von grober Fehlerhaftigkeit auszugehen, wenn die drei Hauptkriterien der Sozialauswahl nicht oder völlig unangemessen berücksichtigt seien (KBK-Nachtrag Rn. 12; SPV Rn. 678 a). Auch in einer kollektivrechtlichen Vereinbarung müssen die Grunddaten beachtet werden (SPV Rn. 678 a; *Giesen* ZfA 1997, 145, 160). Es können keine anderen Kriterien allein oder im Zusammenhang mit den Grunddaten die Vorgaben des Abs. 3 S. 1 abändern.

G. Soziale Auswahl

Die Prüfung erfolgt daher sinnvoll so, daß zunächst die Rechtmäßigkeit der Regelung des Tarifvertrags oder der Betriebsvereinbarung vorliegen muß, wobei die Betriebsvereinbarung nicht einer allgemeinen Billigkeitskontrolle unterliegt, sondern die Betriebspartner einen Beurteilungsspielraum bis zum Grad der groben Fehlerhaftigkeit haben.

2. Tarifvertragliche und betriebsverfassungsrechtliche Regelungen. Ist in einem **Tarifvertrag,** einer **Betriebsvereinbarung nach § 95 BetrVG** oder in einer entsprechenden Richtlinie nach den Personalvertretungsgesetzen **festgelegt, welche sozialen Gesichtspunkte** nach Abs. 3 S. 1 zu berücksichtigen sind und wie diese Gesichtspunkte **zueinander zu bewerten sind,** kann die soziale Auswahl nur auf grobe Fehlerhaftigkeit überprüft werden. In tarifvertraglichen Regelungen und in einer Betriebsvereinbarung nach § 95 und § 112 BetrVG (ebenso nach den Regelungen der Personalvertretungsgesetze) oder in einer entsprechenden Richtlinie des BetrVG konnten bereits nach altem Recht Kriterien für eine personelle Auswahl bei Kündigungen aufgestellt werden (*Hueck/v. Hoyningen-Huene* Rn. 481; KR/*Etzel* Rn. 562; *Ascheid* Rn. 345). Nach dem unverändert weitergeltenden § 1 II 2 Nr. 1 a ist eine Kündigung auch sozial ungerechtfertigt, wenn sie gegen eine Richtlinie nach § 95 BetrVG verstößt. Entsprechendes gilt nach Nr. 2 a für Betriebe und Verwaltungen des öffentlichen Rechts. 521

Stellen die **Tarifvertragsparteien** Auswahlrichtlinien für die soziale Auswahl auf und beziehen sich diese Richtlinien auf die bei der Sozialauswahl zu beachtenden Kriterien, besteht ein Konkurrenzverhältnis zu § 1 III mit der Folge, daß § 1 III als zwingendes Gesetzesrecht vorgeht (vgl. BAG 11. 3. 1976 BAGE 28, 40 = AP BetrVG 1971 § 95 Nr. 1 (*G. Hueck*); APS/*Kiel* Rn. 368; *Hueck/v. Hoyningen-Huene* Rn. 482; KDZ/*Kittner* Rn. 489 c; KR/*Etzel* Rn. 24). Solche tarifvertraglichen Auswahlrichtlinien sind wegen ihrer notwendig einheitlichen Geltung – die Sozialauswahl hat sich auf alle vergleichbaren AN des Betriebs zu erstrecken – nach zutreffender Auffassung, jedenfalls was die Vorschriften über die vorzunehmende Sozialauswahl betrifft, als Betriebsnormen zu qualifizieren (vgl. zum Meinungsstand einerseits *Löwisch/Rieble* TVG § 1 Rn. 582; *Schaub* NZA 1987, 217, 223; *Weller* RdA 1986, 222, 229; andererseits *Däubler* TVG Rn. 931; *Buschmann,* AuR 1996, 285, 288). 522

Hiervon zu unterscheiden sind solche tarifvertraglichen Regelungen, die bei Vorliegen entsprechender Voraussetzungen eine ordentliche Kündigung der diese Voraussetzungen erfüllenden AN ausschließen. Diese AN unterfallen dann schon deshalb nicht der Sozialauswahl, weil sie nicht kündbar sind (vgl. zur Rechtmäßigkeit solcher tarifvertraglichen Regelungen *Weller* RdA 1986, 222, 229 m. zahlr. Nachw.), vgl. Rn. 474. 523

Richtlinien gemäß § 95 I BetrVG über die personelle Auswahl bei Kündigungen bedürfen der Zustimmung des Betriebsrats, wobei nach S. 2 bei Nichteinigung auf Antrag des AG die Einigungsstelle entscheidet. Handelt es sich um einen Betrieb mit mehr als 1000 AN, kann gemäß § 95 II BetrVG der Betriebsrat die Aufstellung von Richtlinien über die bei Maßnahmen des Abs. 1 S. 1 zu beachtenden fachlichen und persönlichen Voraussetzungen und sozialen Gesichtspunkte verlangen, bei Nichteinigung kann auch er die Einigungsstelle anrufen. 524

Die **Auswahlrichtlinien** sind praktisch auf **betriebsbedingte Kündigungen** bezogen (*Galperin/ Löwisch* § 102 Rn. 60; KR/*Etzel* § 102 BetrVG Rn. 156). Dies schließt aber nicht aus, sie bei entsprechendem Regelungsgehalt auf andere Kündigungsarten zu erstrecken (GKSB § 102 Rn. 78; *Heinze* Rn. 549). 525

Die **Auswahlrichtlinien** müssen die **Vorgaben des § 1 III beachten, wie sie durch Richterrecht geprägt** worden sind. § 1 KSchG ist in seiner Konkretisierung durch Richterrecht zwingendes Gesetzesrecht, während die in einem Tarifvertrag oder einer Betriebsvereinbarung aufgestellten Auswahlrichtlinien als rangniedere Rechtsquelle § 1 III unterworfen sind (BAG 15. 6. 1989 AP KSchG 1969 § 1 Soziale Auswahl Nr. 18; BAG 18. 1. 1990 AP KSchG 1969 § 1 Soziale Auswahl Nr. 19; *Fitting* § 95 Rn. 10; *Hueck/v. Hoyningen-Huene* Rn. 482; *Kittner/Trittin* Rn. 423). Die Auswahlrichtlinien unterliegen insoweit einer Rechtskontrolle (SPV Rn. 678 a; *Bader* NZA 1999, 64, 69). 526

Das Wort „Auswahl" bezieht alle in Frage kommenden AN ein. Eine „Auswahl" dahingehend, den Kreis der in die Sozialauswahl einzubeziehenden AN von vornherein zu reduzieren, vergleichbare AN also von einer Auswahl auszunehmen und somit von einer Kündigung auszuschließen, besteht nicht (*Richardi* § 95 Rn. 39; *Fitting* § 95 Rn. 4 ff.; *Weller* RdA 1986, 222, 226). Die Auswahl bezieht sich allerdings nicht auf die AN, die nach Abs. 3 S. 2 von der sozialen Auswahl ausgenommen werden können. Es bestehen allerdings keine Bedenken, daß der AG in einer freiwilligen Betriebsvereinbarung auch insoweit allgemeine Kriterien aufstellt. 527

Genügen die **Auswahlrichtlinien den gesetzlichen Anforderungen** an die Sozialauswahl nach § 1 III 1, besteht **im übrigen ein Beurteilungsspielraum** (so schon für die alte Rechtslage BAG 15. 6. 1989 AP KSchG 1969 § 1 Soziale Auswahl Nr. 18 = NZA 1990, 226; BAG 18. 1. 1990 AP KSchG 1969 § 1 Soziale Auswahl Nr. 19). Die vom Gesetz vorgeschriebenen drei Grunddaten: Dauer der Betriebszugehörigkeit, Lebensalter, Unterhaltsverpflichtungen des AN müssen ausgewogen beachtet werden, ohne daß einem dieser Faktoren auch hier ein absoluter Vorrang zukommt (BAG 15. 6. 1989 AP KSchG 1969 § 1 Soziale Auswahl Nr. 18; BAG 18. 1. 1990 AP KSchG 1969 § 1 Soziale Auswahl Nr. 19; *Hueck/v. Hoyningen-Huene* Rn. 482), vgl. Rn. 492. Die Richtlinien können dem AG erlauben, ganz besonderen Umständen des Einzelfalls Rechnung zu tragen, vgl. Rn. 497. 528

529 **Werden die Hauptfaktoren** in Auswahlrichtlinien **überhaupt nicht beachtet,** sind die Richtlinien gesetzwidrig und damit völlig unbeachtlich (BAG 24. 3. 1983 AP KSchG 1969 § 1 Betriebsbedingte Kündigung Nr. 12; BAG 18. 1. 1990 AP KSchG 1969 § 1 Soziale Auswahl Nr. 19; SPV Rn. 678 a; *Kittner* AuR 1997, 182, 186).

530 In den Richtlinien können die sozialen Gesichtspunkte mit Hilfe eines **Punkteschemas** bewertet werden. Bei der Festlegung der Punktwerte der Auswahlkriterien Dauer der Betriebszugehörigkeit, Lebensalter und Unterhaltsverpflichtungen gewährt das Gesetz einen Beurteilungsspielraum.

531 Die **Einschränkung der Überprüfungsmöglichkeit** bezieht sich **nur auf die Frage, wie** die **Grunddaten zueinander in ein Verhältnis gesetzt werden sollen** (HK-KSchG/*Dorndorf* Rn. 1136; SPV Rn. 678 a). Die Einschränkung besteht nach der eindeutigen Regelung im Gesetz nicht im Hinblick darauf, welche Grunddaten maßgebend sein sollen. In der Praxis wird sich die Überprüfung in Zukunft weitgehend darauf beschränken nachzuprüfen, ob der AG die maßgebenden Kriterien richtig beachtet hat (*Löwisch* NZA 1996, 1009, 1011).

532 Nach dem genauen Wortlaut der Vorschrift bezieht sich die eingeschränkte Überprüfung der Bewertung auf den Inhalt der Richtlinie selbst, die Überprüfung ist also eine „**Norminhaltsbewertung**", nicht eine „Anwendungsbewertung" (str., wie hier: HK/*Dorndorf* Rn. 1136; *Berkowsky* § 8 Rn. 209; *Loritz* DB 1996, 1973; weitergehend offenbar *Fischermeier* NZA 1997, 1089, 1095: auch Anwendungsbewertung; offenbar auch KDZ/*Kittner* Rn. 489 b). Hierfür spricht, daß in Abs. 5 S. 2 pauschal von der sozialen Auswahl (insgesamt) die Rede ist, die nur auf grobe Fehlerhaftigkeit überprüft werden kann.

533 **Auswahlrichtlinien,** soweit es sich um **betriebsverfassungsrechtliche Regelungen** handelt, unterliegen **nicht zusätzlich einer allgemeinen Inhalts- und Billigkeitskontrolle.** Das würde der gesetzlichen Regelung widersprechen (wie hier: *v. Hoyningen-Huene/Linck* DB 1997, 44; *Leinemann* BB 1996, 1381; *Löwisch* NZA 1996, 1009, 1011; *Lorenz* DB 1996, 1973, 1974; aA *Bader* NZA 1996, 1125, 1130). Es ist jedoch zu unterscheiden zwischen einer Rechtmäßigkeitskontrolle und einer Bewertungskontrolle. Ungeachtet der Regelung in Abs. 4 kann voll überprüft werden, ob die Bewertung überhaupt rechtmäßig ist (*v. Hoyningen-Huene/Linck* DB 1997, 44). Würde eine Richtliniengewichtung die Vorgaben nach Abs. 4 S. 1 mißachten, würde sie zB bestimmen, daß nur das Lebensalter und die Unterhaltspflichten zu berücksichtigen seien, wäre sie rechtswidrig und könnte nicht als Grundlage einer rechtmäßigen Sozialauswahl dienen. Demgegenüber ist die grobe Fehlerhaftigkeit, die zu einer falschen Sozialauswahl führt, bezogen auf eine Gewichtungsbewertung, der Rechtmäßigkeitskontrolle bereits bestanden hat. Insofern hat der Gesetzgeber die Rechte, die bisher nur den Tarifvertragsparteien zugestanden waren, auf die Betriebspartner ausgedehnt. Anders ist es auch nicht erklärlich, daß tarifvertragliche Regelungen ausdrücklich einbezogen sind.

534 Der Begriff „**Fehlerhaftigkeit**" weist aus, daß es auf eine objektive Unrichtigkeit und nicht auf ein schuldhaftes Verhalten ankommt. Es ist insbesondere nicht entscheidend, ob die Unrichtigkeit bei gehöriger Sorgfalt hätte erkannt werden können. **Grobe Fehlerhaftigkeit** bedeutet, daß **ganz tragende Gesichtspunkte nicht in die Bewertung einbezogen** worden sind, daß die Bewertung evident unzulänglich ist und jede Ausgewogenheit vermissen läßt (BAG 21. 1. 1999 AP KSchG 1969 § 1 Namensliste Nr. 3 zur „Zwischenrechtslage"; BAG 2. 12. 1999 AP KSchG 1969 § 1 Soziale Auswahl Nr. 45; *Hueck/v. Hoyningen-Huene* Rn. 484 b, 484 d; *Löwisch* Rn. 341; *Bader* NZA 1996, 1125, 1131; *v. Hoyningen-Huene/Linck* DB 1997, 44; *Kittner* AuR 1997, 182, 187; KDZ/*Kittner* Rn. 489 b; KR/*Etzel* Rn. 727; *U. Preis* NJW 1996, 3369, 3372; SPV Rn. 678 b; *Schiefer* ZfA 34 (1996), 95, 100) und damit schon gesetzwidrig ist. An einer hinreichenden Ausgewogenheit fehlt es auch, wenn eine nachvollziehbare Differenzierung nicht vorgenommen wird (HK-KSchG/*Dorndorf* Rn. 1131). Gelangt das Gericht zu dem Ergebnis, daß ein grober Bewertungsfehler vorliegt, ist die soziale Auswahl nicht schon allein deshalb fehlerhaft. Sie hat vielmehr vom Gericht unter Zugrundelegung der gesetzlichen Regelung nach Abs. 3 zu erfolgen (*v. Hoyningen-Huene/Linck* DB 1997, 44). Die Tarifvertragsparteien oder die Betriebspartner können nicht rückwirkend für bereits ausgesprochene Kündigungen Wertungsgesichtspunkte festlegen. Da nach § 1 III die soziale Auswahl insgesamt auf Fehlerhaftigkeit überprüft werden muß, wäre es denkbar, daß eine konkrete Auswahl, die auf eine grob fehlerhafte Richtlinie gestützt ist, die aber ihrerseits grob fehlerhaft angewandt wird, im Ergebnis gerechtfertigt wäre (*Bader* NZA 1999, 64, 70).

535 **In § 1 IV nicht erfaßt** sind **Auswahlrichtlinien,** die Kriterien aufstellen, die im Vorfeld betriebsbedingter Kündigungen der **Festlegung der Vergleichbarkeit der AN** dienen, die in die Sozialauswahl einzubeziehen sind (*Löwisch* KSchG Rn. 342), vgl. Rn. 479 ff. Ist in einer Betriebsvereinbarung nach § 95 BetrVG festgelegt, auf Grund welcher Kriterien die AN miteinander betrieblich vergleichbar sind, kann nach wie vor überprüft werden, ob diese Regelung hinzunehmen ist. Sie dient nämlich nicht unmittelbar der Sozialauswahl, sondern der Ermittlung der Personen, denen überhaupt gekündigt werden kann und die deshalb in eine Sozialauswahl einzubeziehen sind. Wird zB die betriebliche Vergleichbarkeit unrichtig festgesetzt (vgl. Fall BAG 15. 6. 1989 AP KSchG 1969 Soziale Auswahl Nr. 18), liegt in dieser Festlegung ein Verstoß gegen § 1 II 1, weil die betrieblichen Erfordernisse nicht abweichend vom Gesetz festgelegt werden können, sondern sich aus der Rechtsanwendung unmittelbar ergeben können müssen.

VII. Beweislastfragen

Die Darlegungs- und Beweislast dafür, daß soziale Gesichtspunkte iSv. § 1 III 1 nicht oder nicht 536
ausreichend berücksichtigt worden sind, obliegt nach der ausdrücklichen Regelung in § 1 III 3 dem AN.
Die Regelung in § 1 III 2 ist als Ausnahmevorschrift zu verstehen. Es ist nicht so, daß hinsichtlich
bestimmter Personen überhaupt keine Sozialauswahl stattzufinden hätte. Es wird vielmehr als sozial
verträglich erachtet, daß bestimmte Personen im Rahmen einer allgemeinen Sozialauswahl aus im
Gesetz festgelegten Gründen einen Vorrang genießen. Für den Nachweis eines betrieblichen Interesses, das die Herausnahme bestimmter AN rechtfertigt, ist der AG beweispflichtig (*Bader* NZA
1996, 1125, 1129; aA *Buschmann* AuR 1996, 285, 288; vgl. zur früheren Rechtslage: BAG 28. 3. 1957
AP KSchG 1951 § 1 Nr. 25; *Herschel/Löwisch* Rn. 255; *Hueck/v. Hoyningen-Huene* Rn. 492; *Ascheid*
Rn. 344; *ders.* Beweislast S. 181).

Durch die materiellrechtliche Regelung in § 1 III 1 Halbs. 2, wonach der AG dem AN auf 537
Verlangen die Gründe anzugeben hat, die zu der getroffenen sozialen Auswahl geführt haben, wird die
Darlegunglast beeinflußt. Es gilt die sog. abgestufte Darlegungs- und Beweislast, die das BAG aus
§ 138 ZPO entwickelt hat und die nur eine Konkretisierung der in dieser Norm bereits enthaltenen
Regelung ist (vgl. dazu *Ascheid* Beweislast S. 162 ff.; SPV Rn. 677).

In größeren Betrieben wird der AN die maßgebenden Daten seiner Mitarbeiter nicht kennen. Ihm 538
steht daher nach § 1 III 1 aE KSchG ein **materiellrechtlicher Auskunftsanspruch** zur Verfügung. Er
muß diesen nicht durch eine eigene Klage realisieren. Der AG hat ihn vielmehr im Kündigungsschutzprozeß oder vorher zur Vermeidung von Rechtsnachteilen zu erfüllen. Er muß nicht eine Gesamtübersicht der Daten seiner Belegschaft vorlegen. Nach dem Gesetzeswortlaut erstreckt sich die Auskunftspflicht auf die tatsächlich getroffenen Erwägungen und nicht auf die, die richtigerweise hätten
getroffen werden müssen. Die gegenseitige Vortragslast der Parteien entspricht der Regelung in § 138
ZPO. Jede Partei muß also substantiiert vortragen, was sie aus ihrem Kenntnisbereich genau weiß (vgl.
dazu im einzelnen *Ascheid* Beweislast S. 162 ff.; SPV Rn. 677). Hat der AG eine **unvollständige
Auskunft** erteilt, indem er die Namen der von ihm für vergleichbar angesehenen AN nicht nennt, hat
der AN im Kündigungsschutzprozeß seiner Darlegungslast allein dadurch genügt, daß er pauschal die
soziale Auswahl bestreitet (BAG 21. 7. 1988 AP Soziale Auswahl Nr. 17).

Unter Zugrundelegung von § 138 ZPO ergibt sich folgendes abgestuftes System der Darlegungs- 539
und Beweislast:
- Der AN muß behaupten, die soziale Auswahl sei fehlerhaft. Soweit er meint die Mängel zu kennen,
muß er die Tatsachen dazu vortragen. Kennt der AN selbst die Zahl und die Namen der vergleichbaren AN sowie deren Sozialdaten, genügt es nicht, wenn er seine Rüge allein damit begründet, die
Mehrheit der vergleichbaren AN sei zB hinsichtlich ihres Alters und der Dauer der Betriebszugehörigkeit weniger schutzbedürftig als er. Er muß in diesem Fall vielmehr unter Angabe der individuellen Sozialdaten der **AN** diejenigen **namentlich benennen,** die nach seiner Meinung die Kündigung
weniger hart treffen würde als ihn (BAG 8. 8. 1985 AP KSchG 1969 § 1 Soziale Auswahl Nr. 10;
KR/*Etzel* Rn. 609).
- Ist der AN nicht in der Lage, substantiiert zur sozialen Auswahl Stellung zu nehmen, hat er den
AG zur Auskunft aufzufordern; die Darlegungslast geht damit auf den AG über. Legt der AG die
von ihm angestellten Auswahlüberlegungen nicht oder nicht vollständig (vgl. BAG 21. 7. 1988 AP
KSchG 1969 § 1 Soziale Auswahl Nr. 17) dar, ist der AN von der ihm gemäß § 1 III 3 obliegenden
Darlegungs- und Beweislast insoweit befreit, als er ihr gerade aus diesem Grund nicht genügen
kann. **Schweigt der AG** völlig und ergänzt er seinen Vortrag auch nicht im Prozeß, **ist es unstreitig,
daß der AG soziale Gesichtspunkte nicht ausreichend berücksichtigt hat** (BAG 15. 6. 1989 AP
KSchG 1969 § 1 Soziale Auswahl Nr. 18; SPV Rn. 666).
- **Gibt** der **AG Auskunft, hat der AN wieder die Darlegungslast.** Er muß nun konkret vortragen
inwiefern die vom AG benannten Personen weniger schutzwürdig sein sollen als er. Ergibt sich aus
der Auskunft des AG, daß er die Sozialauswahl nicht auf nach dem Vortrag des AN weitere
vergleichbare AN erstreckt hat, und ergänzt der AG seinen Vortrag hinsichtlich dieser AN nicht, ist
die Behauptung des AN, der AG habe soziale Gesichtspunkte insoweit nicht ausreichend berücksichtigt, als unstreitig anzusehen (BAG 15. 6. 1989 AP KSchG 1969 § 1 Soziale Auswahl Nr. 18).
- Hat der AG seiner Auskunftspflicht genügt und bleiben letzte Zweifel, gehen die zu Lasten des
beweispflichtigen AN.

H. Widerspruchsgründe

I. Allgemeines

Nach Abs. 2 S. 2 ist die **Kündigung auch sozial ungerechtfertigt, wenn** 540
- die **Kündigung gegen eine Auswahlrichtlinie** nach § 95 BetrVG verstößt,
- der **AN an einem anderen Arbeitsplatz in demselben Betrieb oder in einem anderen des Unternehmens** beschäftigt werden kann,

– der AN nach einer einverständlichen **Umschulung oder Fortbildung** im Betrieb oder in einem anderen Betrieb des Unternehmens eingesetzt werden kann,
– und **in allen Fällen der Betriebs- oder Personalrat** der Kündigung **widersprochen hat,** vgl. Rn. 550.

541 Nach S. 1 werden die gerade **aktuell innegehabte Beschäftigungsmöglichkeit** und die durch **Direktionsrecht,** vgl. dazu § 2 Rn. 14, in Verbindung mit freien Arbeitsplätzen zu realisierende Beschäftigungsmöglichkeit erfaßt. S. 2 konkretisiert die Dringlichkeit, und zwar abschließend. Liegen die Voraussetzungen nach S. 2 vor, ist auch – individualrechtlich betrachtet – eine Kündigung nicht erforderlich (so richtig *Wank* RdA 1987, 137 ff.). Das Wort „auch" verknüpft die Individualseite mit dem kollektivrechtlichen Bereich. Besteht die bisherige Beschäftigungsmöglichkeit nicht mehr, ist zu prüfen, ob nicht eine solche nach S. 2 gegeben ist.

542 Die **kündigungsrechtliche Funktion der Widerspruchstatbestände** besteht in einer **Verbesserung der inhaltlichen Ausgestaltung des individuellen Kündigungsschutzes** durch die **Einbeziehung kollektiver Elemente.** Der AN soll sich im Kündigungsschutzprozeß wehren können, wenn der AG sich über die berechtigten Einwendungen des Betriebsrats hinwegsetzt (BAG 6. 6. 1984 AP KSchG 1969 § 1 Betriebsbedingte Kündigung Nr. 16; *Hueck/v. Hoyningen-Huene* Rn. 498, 508; KDZ/*Kittner* Rn. 354, 358; KR/*Etzel* Rn. 749). Die **Widerspruchsregelung gilt** für die **personen-, die verhaltens- und die betriebsbedingte Kündigung** (*Richardi* § 102 Rn. 150 ff.).

543 Voraussetzung für den erweiterten Kündigungsschutz ist ein **frist- und ordnungsgemäß erhobener Widerspruch.** Dieser wirkt in zweifacher Hinsicht: Er begründet eine vorläufige Weiterbeschäftigungspflicht, § 102 V BetrVG, und er schränkt die Überprüfungsmöglichkeiten ein, wenn sich der Widerspruch im Rahmen der Wertung des Kündigungsgrundes durch den AG bewegt. Er gibt dem Betriebsrat nicht das Recht, den Kündigungsgrund mitbestimmen zu können. Kündigt der AG einem AN mit der Begründung, er sei im Außendienst nicht einsetzbar, weil er nicht mit Kunden umgehen könne, kann der Betriebsrat auf eine freie Stelle im Innendienst, nicht jedoch auf einen anderen Posten im Außendienst verweisen, auf dem noch keine Konflikte mit Kunden aufgetreten seien. Bei der personen- und verhaltensbedingten Kündigung bedarf es nicht mehr der sonst notwendigen Interessenabwägung (*Hueck/v. Hoyningen-Huene* Rn. 498; KDZ/*Kittner* Rn. 354; KR/*Etzel* Rn. 749). Die Widerspruchstatbestände des § 1 II 2 und 3 sind deckungsgleich mit den Regelungen des § 102 III Nr. 2 bis 5 BetrVG bzw. des § 79 I Nr. 2 bis 5 BPersVG und denen der entsprechenden Landespersonalvertretungsgesetzen (*Hueck/v. Hoyningen-Huene* Rn. 516; KDZ/*Kittner* Rn. 356; KR/*Etzel* Rn. 750). Bei § 1 II Nr. 1 b muß der Arbeitsplatz konkret bezeichnet werden (vgl. BAG 11. 5. 2000 – 2 AZR 54/99). Wegen weiterer Einzelheiten vgl. Kommentierung zu § 102 BetrVG.

544 **Besteht ein Betriebsrat nicht** oder ist ein bestehender untätig geblieben ist, sind **dennoch die Beschäftigungsmöglichkeiten nach § 1 III 2 und 3 zu berücksichtigen.** Der individualrechtliche Kündigungsschutz hängt weder vom Bestehen noch vom Belieben eines Betriebsrats ab (einhellige Meinung: BAG 5. 8. 1976 AP KSchG 1969 § 1 Krankheit Nr. 1; BAG 22. 7. 1978 EzA KSchG § 1 Verhaltensbedingte Kündigung Nr. 10; BAG 17. 5. 1984 AP KSchG 1969 § 1 Betriebsbedingte Kündigung Nr. 21; *Herschel/Löwisch* Rn. 184, 259; *Hueck/v. Hoyningen-Huene* Rn. 145, 500; KDZ/*Kittner* Rn. 357 KR/*Etzel* Rn. 751; SPV Rn. 612; *Heinze* Rn. 568 ff.). § 1 II 2 enthält in den Nummern 1 b und 2 b sowie in S. 3 Tatbestände, die schon vor Einfügung der Vorschrift im Rahmen der allgemeinen Prüfung der Sozialwidrigkeit nach Abs. 2 S. 1 und Abs. 3 berücksichtigt worden sind (*Hueck/v. Hoyningen-Huene* Rn. 500). Der fehlende Widerspruch wirkt sich dahin aus, daß dem AN insoweit die Darlegungs- und Beweislast obliegt, vgl. Rn. 509.

545 Die Regelung in **Abs. 2 S. 2 und 3** beinhaltet **nicht** einen **anderen Unwirksamkeitsgrund iSv. § 13 III. Verstöße** kann der AN also **nur im Rahmen** einer nach §§ 4 bis 7 erhobenen **Kündigungsschutzklage** geltend machen. Hinsichtlich einer Weiterbeschäftigungsmöglichkeit besteht keine vorherige formelle Prüfungspflicht des AG iS einer Wirksamkeitsvoraussetzung der Kündigung. Besteht eine Weiterbeschäftigungsmöglichkeit, muß der AG dem AN vor der Kündigung den freien Platz auch nicht als Wirksamkeitsvoraussetzung der Kündigung zunächst mit einer Bedenkzeit anbieten (*Hueck/v. Hoyningen-Huene* Rn. 145; aA BAG 27. 9. 1984 AP KSchG 1969 § 2 Nr. 8; BAG 30. 11. 1989 AP BetrVG 1972 § 102 Nr. 53; *Herschel/Löwisch* Rn. 189). Beruft der AN sich im Prozeß auf die freie andere Stelle und war sie ihm nicht angeboten worden, ist die Beendigungskündigung unwirksam (wie hier *Hueck/v. Hoyningen-Huene* Rn. 147, 150). Das KSchG ist nicht ein Kündigungsanleitungsgesetz für den AG.

II. Verstoß gegen Auswahlrichtlinie

546 Nach Abs. 2 S. 2 Nr. 1 a ist die Kündigung sozial ungerechtfertigt, wenn sie gegen eine personelle Auswahlrichtlinie gemäß § 95 BetrVG verstößt und der Betriebsrat oder eine andere nach dem BetrVG zuständige Vertretung der AN aus diesem Grund der beabsichtigten Kündigung frist- und ordnungsgemäß widersprochen hat. Das gilt gemäß Nr. 2 a entsprechend für den öffentlichen Dienst. Beide Regelungen entsprechen dem Widerspruchstatbestand des § 102 III Nr. 2, § 79 I Nr. 2 BetrVG. Bei einem **Verstoß gegen eine wirksame Auswahlrichtlinie** ist die Kündigung sozialwidrig (BAG

13. 9. 1973 AP KSchG 1969 § 1 Nr. 2; KR/*Etzel* Rn. 754; SPV Rn. 759). Die Kündigung ist dann schon allein aufgrund des wirksamen Widerspruchs unwirksam. Eine Interessenabwägung entfällt (KR/*Etzel* Rn. 386).

III. Weiterbeschäftigung des Arbeitnehmers

1. Allgemeines. Die Weiterbeschäftigungsmöglichkeiten des AN, bei der eine Kündigung auch sozial ungerechtfertigt ist, sind im Gesetz nicht gerade verständlich formuliert. Bei einer „Übersetzung" stellt sich der erste Teil der Vorschrift des § 1 II 2 und 3 wie folgt dar:
Dringende betriebliche Erfordernisse liegen nicht vor, wenn eine Weiterbeschäftigung möglich ist
S. 2 Nr. 1 b (1): auf einem anderen Arbeitsplatz in demselben Betrieb, vgl. Rn. 560.
S. 2 Nr. 1 b (2): auf einem anderen Arbeitsplatz in einem anderen Betrieb des Unternehmens, vgl. Rn. 562.
S. 3 (Halbs. 2): unter geänderten Arbeitsbedingungen, wenn der AN sein Einverständnis erklärt hat, vgl. Rn. 563.
S. 3 (Halbs. 1): nach zumutbaren Umschulungs- oder Fortbildungsmaßnahmen, wenn der AN sein Einverständnis erklärt hat, vgl. Rn. 564.

Nach dem KSchG ist nicht zu prüfen, ob eine **Beschäftigung in einem anderen Betrieb des Konzerns** möglich ist, zu dem das Unternehmen gehört (BAG 14. 10. 1982 AP KSchG 1969 § 1 Konzern Nr. 1; BAG 22. 5. 1986 AP KSchG 1969 § 1 Konzern Nr. 4; *Herschel/Löwisch* Rn. 185; *Hueck/v. Hoyningen-Huene* Rn. 151, 392, 534 a; KR/*Etzel* Rn. 760; *Konzen* ZfA 1982, 259, 306; *ders.* RdA 1984, 65, 82 ff.; *Windbichler* S. 259 ff.; SPV Rn. 628). Ein Konzernbezug kann wegen kollektivrechtlicher Bestimmungen oder einer individualrechtlichen Vereinbarung anzunehmen sein. Ein kündigungsrechtlich relevanter Konzernbezug ist nicht bereits anzunehmen, wenn AN in einem Konzernunternehmen, ohne versetzt oder abgeordnet zu werden, bestimmten fachlichen Weisungen durch ein anderes Konzernunternehmen unterstellt werden und dadurch kein Vertrauenstatbestand begründet wird (BAG 27. 11. 1991 AP KSchG 1969 § 1 Konzern Nr. 6 = NZA 1992, 644; vgl. im übrigen KDZ/*Kittner* Rn. 389 ff.).

Die Weiterbeschäftigung im Konzern setzt voraus, daß der jeweilige AG rechtlich und nach den üblichen Verfahrensweisen in der Lage ist, den AN in einem anderen Konzernunternehmen unterzubringen (BAG 14. 10. 1982 AP Konzern Nr. 1; *Hueck/v. Hoyningen-Huene* Rn. 393). Das ist insbesondere anzunehmen, wenn der AN bereits einen sich auf den gesamten Konzernbereich beziehenden Arbeitsvertrag abgeschlossen und sich arbeitsvertraglich mit einer den Konzern umfassenden Zuweisung von Arbeitsplätzen bereit erklärt hat (BAG 18. 10. 1976 AP KSchG 1969 § 1 Betriebsbedingte Kündigung Nr. 3; *Herschel/Löwisch* Rn. 185; *Hueck/v. Hoyningen-Huene* Rn. 393; *Windbichler* S. 156 ff.). Ansonsten steht dem Konzernbezug die Selbständigkeit der Konzernunternehmen entgegen.

2. Bedeutung des Widerspruchs des Betriebs- oder Personalrats. In allen Fällen setzt das Gesetz einen **Widerspruch des Betriebs- oder Personalrats** voraus. Die Möglichkeiten sind aber auch zu berücksichtigen, wenn der AN darauf hinweist. Bei den Fällen des S. 3 muß der AN mit den Änderungen einverstanden sein. Für Betriebe und Verwaltungen des öffentlichen Rechts gilt das gleiche (§ 1 II 2 Nr. 2).

Das **Widerspruchsrecht des Betriebsrats umfaßt alle Kündigungsgründe** (BAG 22. 7. 1982 AP KSchG 1969 § 1 Verhaltensbedingte Kündigung Nr. 5; *Galperin/Löwisch* § 102 Rn. 64; GKSB § 102 Rn. 81; KDZ/*Kittner* Rn. 355; *Heinze* Rn. 553). Es werden aber nur solche Gründe berücksichtigt, auf die der Betriebsrat seinen Widerspruch gestützt hat (*Hueck/v. Hoyningen-Huene* Rn. 512; KDZ/*Kittner* Rn. 355). Widerspricht der Betriebsrat korrekt einer Kündigung nach § 102 III Nr. 3 BetrVG, schlägt er damit dem AG gleichzeitig vor, den AN auf den anderen Arbeitsplatz zu versetzen, sofern die Voraussetzungen nach § 95 BetrVG erfüllt sind. Geht der AG auf diesen Vorschlag ein, ist die Zustimmung nach § 99 BetrVG nicht mehr einzuholen. Sie liegt in dem wirksam erhobenen Widerspruch bereits vor (*Galperin/Löwisch* § 102 Rn. 67; *Herschel/Löwisch* Rn. 268; SPV Rn. 761). Die Beschäftigungsmöglichkeiten auf anderen Arbeitsplätzen können durch Regelungen im Arbeitsvertrag abgedeckt sein. Dann hat der AG die Möglichkeit, dem AN im Weg des **Direktionsrechts** einen anderen Tätigkeitsbereich zuzuweisen.

Soweit die andere Beschäftigung eine Änderung der Arbeitsbedingungen verlangt, setzt ein beachtlicher **Widerspruch des Betriebsrats** das **Einverständnis des AN mit** der beabsichtigten **Vertragsänderung** voraus. Der Betriebsrat hat dieses Einverständnis des betroffenen AN dem AG mitzuteilen (*Fitting* § 102 Rn. 49; KR/*Etzel* § 102 BetrVG Rn. 172 b, 173; *Ascheid* Rn. 304; vgl. auch *Heinze* Rn. 555, 562). Die Anwendung der Vorschrift im Individualbereich – ohne Berücksichtigung der Haltung eines Betriebsrats – muß der Rechtslage angepaßt sein, die hätte gegeben sein müssen, wenn ein Betriebsrat widersprochen hätte. Dann hätte das Einverständnis des AN vorliegen müssen, dh., der Betriebsrat hätte den AN vorher gefragt haben müssen, um dies geltend machen zu können. Nun ist der AG nicht gehalten, den AN vor einer ordentlichen betriebsbedingten Kündigung anzuhören. Die Anwendung der Vorschrift ohne Kollektivbezug bedeutet demgemäß, daß die Kündigung unwirksam ist, wenn eine Weiterbeschäftigung zu anderen Bedingungen möglich gewesen wäre und der AN seine Zustimmung entweder bereits vor der Kündigung erklärt hat oder bei Kenntnis der bevorstehenden Kündigung erklärt hätte (so richtig *Wank* RdA 1987, 137, 141). Es wird daher zu Recht angenommen, der AN müsse in diesen Fällen initiativ sein und aufzeigen, wie er sich eine andere Beschäftigung vorgestellt hätte, vgl. Rn. 509.

553 Verfehlt ist es, vom AG vor Ausspruch einer **Beendigungskündigung** zu verlangen, er müsse eine **Änderungskündigung** gleichsam als **Wirksamkeitsvoraussetzung** aussprechen, damit der AN sich schlüssig werden und die Rechtmäßigkeit nachprüfen könne (so aber BAG 27. 9. 1984 BAGE 47, 26 = AP KSchG 1969 § 2 Nr. 8). Der AG ist kein Vormund eines unmündigen AN. Liegen die Voraussetzungen des § 1 nicht vor, ist die Kündigung unwirksam. Es bedarf keines Rückgriffs auf § 2 (vgl. dazu *Ascheid* Rn. 487). Eine Änderungskündigung ist nur angezeigt, wenn der AG die Arbeitsbedingungen ändern will und der AN hiermit nicht einverstanden ist (*Wank* RdA 1987, 140, 141, 146).

554 **3. Die freien Beschäftigungsmöglichkeiten.** Die in allen Fallvarianten angesprochenen Weiterbeschäftigungsmöglichkeiten betreffen **nur freie Arbeitsplätze** (BAG 25. 4. 1985 AP KSchG 1969 § 1 Soziale Auswahl Nr. 7; BAG 7. 2. 1991 AP KSchG 1969 § 1 Umschulung Nr. 1; *Galperin/Löwisch* § 102 Rn. 62; *Heinze* Rn. 551; HSG § 102 Rn. 107, 108; *Hueck/v. Hoyningen-Huene* Rn. 394, 531; KDZ/*Kittner* Rn. 368; KR/*Etzel* Rn. 770; *Richardi* § 102 Rn. 156; *Ascheid* Rn. 296; SPV Rn. 760; *Stege/Weinspach* § 102 Rn. 132). Diese müssen genau bestimmbar angegeben sein, wenn der Betriebsrat nach § 102 V BetrVG wirksam widersprechen will (KR/*Etzel* § 102 Rn. 163).

555 Als **frei** sind solche Arbeitsplätze anzusehen, die mit der bisherigen Beschäftigungsmöglichkeit **vergleichbar** und zum Zeitpunkt des Zugangs der Kündigung **unbesetzt** sind. Sofern der AG bei Ausspruch der Kündigung mit hinreichender Sicherheit vorhersehen kann, daß ein Arbeitsplatz bis zum Ablauf der Kündigungsfrist (zB Ausscheiden eines AN aus Altersgründen) zur Verfügung stehen wird, ist ein derartiger Arbeitsplatz ebenfalls als „frei" anzusehen (BAG 29. 3. 1990 AP KSchG 1969 § 1 Betriebsbedingte Kündigung Nr. 50; BAG 7. 2. 1991 AP KSchG 1969 § 1 Umschulung Nr. 1; BAG 15. 12. 1994 AP KSchG 1969 § 1 Betriebsbedingte Kündigung Nr. 67; KR/*Etzel* Rn. 511; *Ascheid* Rn. 296; SPV Rn. 635). Als freier Arbeitsplatz, auf dem eine Weiterbeschäftigung möglich ist, gilt ein Arbeitsplatz, den ein Leiharbeitnehmer innehat (v. *Hoyningen-Huene/Linck* DB 1993, 1187; KDZ/*Kittner* Rn. 373).

556 Freie Arbeitsplätze auch im Sinn dieser Regelung sind nur solche, die hierarchisch gesehen auf der bisherigen Beschäftigungsebene liegen. Nach ständiger Rechtsprechung gibt es **keinen Anspruch auf „Beförderung"**. Damit nicht zu verwechseln sind vertraglich fixierte Fälle eines **„Bewährungsaufstiegs"** (vgl. BAG 29. 3. 1990 BAGE 65, 61 = AP KSchG 1969 § 1 Betriebsbedingte Kündigung Nr. 50; *Hueck/v. Hoyningen-Huene* Rn. 531; KR/*Etzel* Rn. 770; vgl. *Pottmeyer* SAE 1991, 203). Ebenso ist nicht von einer Beförderungsstelle im hierarchischen Sinn auszugehen, wenn der AG Arbeiten in andere Abteilungen verlagert, die dort besser bezahlt werden (BAG 10. 11. 1994 AP KSchG 1969 § 1 Betriebsbedingte Kündigung Nr. 65).

557 Soll wegen Wegfalls von Beschäftigungsmöglichkeiten mehreren AN gekündigt werden, und ist die Anzahl der Weiterbeschäftigungsmöglichkeiten geringer als die Anzahl der „änderungswilligen" AN, ist zunächst durch eine **betriebliche Auswahl** zu ermitteln, wer – gemessen an den Anforderungen der neuen Arbeitsmöglichkeiten – für eine Weiterbeschäftigung überhaupt in Frage kommt (*Wank* RdA 1987, 138, 139). Sind mehr AN für eine andere Beschäftigung geeignet, als Beschäftigungsmöglichkeiten zur Verfügung stehen, und will der AG vor Kündigungsausspruch die freien Stellen besetzen, hat er im Rahmen dieser Besetzung eine Sozialauswahl nach § 1 III analog vorzunehmen (vgl. BAG 15. 12. 1994 AP KSchG 1969 § 1 Betriebsbedingte Kündigung Nr. 66; *Ascheid* Rn. 314 ff.). Er kann diese Sozialauswahl nicht dadurch umgehen, daß er zunächst die freien Stellen besetzt (BAG 10. 11. 1994 AP KSchG 1969 § 1 Betriebsbedingte Kündigung Nr. 65). Für den Fall, daß – ohne Verlagerung von Aufgaben – in einem anderen Betrieb des Unternehmens freie Stellen vorhanden sind, nimmt das BAG hingegen an, die Besetzung dieser freien Stellen müsse gemäß § 315 BGB erfolgen (BAG 15. 12. 1994 AP KSchG 1969 § 1 Betriebsbedingte Kündigung Nr. 66).

558 Der **AG ist nicht verpflichtet,** etwa durch Organisationsmaßnahmen, einen **freien Platz zu schaffen** (BAG 29. 3. 1990 AP KSchG 1969 § 1 Betriebsbedingte Kündigung Nr. 50; BAG 7. 2. 1991 AP KSchG 1969 § 1 Umschulung Nr. 1; *Galperin/Löwisch* § 102 Rn. 62; HSG/*Schlochauer* § 102 Rn. 108; *Hueck/v. Hoyningen-Huene* Rn. 533; KDZ/*Kittner* Rn. 371) oder einen besetzten Platz „frei zu kündigen". Der Begriff des anderen Arbeitsplatzes ist hier weiter als der des betriebsverfassungsrechtlichen Versetzungsbegriffs. Anderer Arbeitsplatz bedeutet vertragsgemäßer Arbeitseinsatz (KDZ/*Kittner* Rn. 369, 370; *Ascheid* Rn. 233). Er wäre hierzu auch rechtlich nicht in der Lage. „Betriebliche" Erfordernisse als Voraussetzung für eine betriebsbedingte Kündigung sind keine personellen Belange bestimmter AN. Liegen betriebliche Erfordernisse vor, und sind die Arbeitsplätze eine Kündigung in Frage kommenden AN nach der vertraglichen Anbindung ihrer Arbeitsplätze betrieblich vergleichbar, erfolgt die Auswahl der zu Kündigenden über den Weg der Sozialauswahl (§ 1 III). Fallen sie schon nicht in die betriebliche Auswahl, sind sie nach dem Tatbestand des § 1 nicht kündbar (*Ascheid* Rn. 296).

H. Widerspruchsgründe § 1 KSchG 430

Stimmt der **Betriebsrat** einer Versetzung gemäß § 99 BetrVG **nicht zu** und ersetzt das Gericht die 559
fehlende Zustimmung nicht, wobei der AG nicht verpflichtet ist, das Arbeitsgericht zu bemühen, **ist
der betreffende Arbeitsplatz nicht frei.** Das gilt sowohl für Versetzungen in demselben Betrieb als
auch für solche in einen anderen Betrieb des Unternehmens (BAG 22. 1. 1991 AP BetrVG 1972 § 99
Nr. 86 = NZA 1991, 569; *Herschel/Löwisch* Rn. 186; *Hueck/v. Hoyningen-Huene* Rn. 534).

4. Weiterbeschäftigung auf einem anderen Arbeitsplatz in demselben Betrieb. Die Regelung gilt 560
für die personen-, die verhaltens- und die betriebsbedingte Kündigung (BAG 22. 7. 1982 AP
KSchG 1969 § 1 Verhaltensbedingte Kündigung Nr. 5; KDZ/*Kittner* Rn. 366). Der andere Arbeitsplatz in demselben Betrieb ist eine noch arbeitsvertraglich angebundene Beschäftigungsmöglichkeit,
die im Wege des **Direktionsrechts** realisiert werden könnte (BAG 27. 4. 1960 AP BGB § 615 Nr. 10;
vgl. *Ascheid* Rn. 302). Müssen die Arbeitsbedingungen geändert werden, greift Abs. 3 S. 3 Halbs. 2,
vgl. Rn. 563. Das KSchG kennt keinen eigenen **Betriebsbegriff.** Es ist hier von dem des BetrVG
auszugehen (BAG 13. 6. 1985 AP KSchG 1969 § 1 Nr. 10; *Herschel/Löwisch* § 1 Rn. 173). Gemeint
sind die Arbeitsplätze all der AN, die in die betriebliche Auswahl einzubeziehen sind. Die Zuweisung
kraft Direktionsrecht setzt keine Änderung der Arbeitsbedingungen voraus. Müssen die Arbeitsbedingungen geändert werden, greift Abs. 2 S. 3 Halbs. 2.

Nach § 102 II Nr. 3 BetrVG kann der Betriebsrat nur widersprechen, wenn der AN auf einem 561
anderen freien Arbeitsplatz als dem bisher innegehabten eingesetzt werden kann (BAG 12. 9. 1985 AP
BetrVG 1972 § 102 Weiterbeschäftigung Nr. 7; *Herschel/Löwisch* Rn. 268; *Hueck/v. Hoyningen-Huene* Rn. 531; *Richardi* § 102 Rn. 153). Die Gegenmeinung, ein Widerspruch sei auch berechtigt,
wenn der AN auf dem bisherigen „Arbeitsplatz" weiterbeschäftigt werden könne (*Fitting* § 102
Rn. 47; GKSB § 102 Rn. 83; *Heinze* Rn. 210; KR/*Etzel* § 102 BetrVG Rn. 164), billigt dem Betriebsrat unzulässig ein Mitwirkungsrecht bei der Frage zu, ob die Kündigung nach § 1 II 1 sozialwidrig ist
(vgl. BAG 12. 9. 1985 AP BetrVG 1972 § 102 Weiterbeschäftigung Nr. 7; *Galperin/Löwisch* § 102
Rn. 62 a; *Herschel/Löwisch* Rn. 268; HSG/*Schlochauer* § 102 Rn. 109; *Stege/Weinspach* § 102
Rn. 134). Wird darunter jedoch eine andere Beschäftigungsmöglichkeit verstanden, die im Wege des
Direktionsrechts realisiert werden kann, ist die Auffassung zutreffend.

5. Weiterbeschäftigung auf einem anderen Arbeitsplatz in einem anderen Betrieb des Unterneh- 562
mens. Die Weiterbeschäftigung zu geänderten Bedingungen ist nach dieser Vorschrift nicht auf den
Betrieb beschränkt, sondern erstreckt sich auch auf einen anderen **Arbeitsplatz im Unternehmen**
(BAG 17. 5. 1984 AP KSchG 1969 § 1 Betriebsbedingte Kündigung Nr. 21; BAG 22. 5. 1986 AP
KSchG 1969 § 1 Konzern Nr. 4; KR/*Etzel* § 102 Rn. 172; aA *Stege/Weinspach* § 102 Rn. 147). Es
spielt keine Rolle, ob der Arbeitsvertrag bereits eine solche Umsetzungsmöglichkeit vorsieht, so daß
der AG im Weg des Direktionsrechts vorgehen kann. Müssen die Arbeitsbedingungen geändert
werden, greift Abs. 2 S. 3 Halbs. 2. Eine Weiterbeschäftigungsmöglichkeit besteht nicht, wenn der
Betriebsrat des aufnehmenden Betriebs seine Zustimmung zur vorgesehenen Einstellung des AN
verweigert hat (BAG 22. 1. 1991 AP BetrVG 1972 § 99 Nr. 86 = NZA 1991, 569). Wird eine Dienststelle aufgelöst, ist zu prüfen, ob für den AN eine Beschäftigungsmöglichkeit auf einer neu geschaffenen Dienststelle innerhalb des gleichen Verwaltungszweigs besteht (BAG 6. 2. 1997 – 2 AZR 50/96
nv.: Auflösung einer Technikerfachschule und Neuaufbau eines beruflichen Schulzentrums mit Fachabteilung Technik). War der AN neben seinem ursprünglichen Arbeitsvertrag vertragsgemäß auch bei
einem Konzernunternehmen tätig, obliegt dem kündigenden AG eine gesteigerte Darlegungslast dafür,
daß bei zum Konzern gehörenden Unternehmen eine Beschäftigungsmöglichkeit besteht, wenn
der AN sich hierauf beruft (BAG 21. 1. 1999 AP KSchG 1969 § 1 Konzern Nr. 9). Erhebt der
Betriebsrat Widerspruch, ist dieser nur wirksam, wenn der Arbeitsplatz, auf dem der AN eingesetzt
werden soll, bestimmbar angegeben wird. Allgemeine Hinweise genügen nicht (BAG 17. 6. 1999 AP
BetrVG 1972 § 102 Weiterbeschäftigung Nr. 11).

6. Weiterbeschäftigung unter geänderten Arbeitsbedingungen bei Einverständnis des AN. Vor- 563
aussetzung ist auch hier, daß ein entsprechender freier Arbeitsplatz zur Verfügung steht. Eine geänderte Arbeitsbedingung iSd. Vorschrift ist auch die Möglichkeit einer Teilzeitbeschäftigung (*Löwisch*
KSchG Rn. 272). Für die Änderung der Arbeitsbedingungen muß das Einverständnis des AN vorliegen, andernfalls entfaltet der auch hier notwendige Widerspruch des Betriebsrats keine Wirkungen.
Änderungen iSd. Vorschrift sind nicht nur solche der Arbeitsverrichtung. In Betracht kommt auch
eine Kürzung übertariflicher Zulagen, von Gratifikationen und Prämien. Ebenso kann eine Umstellung auf eine Teilzeitbeschäftigung angesagt sein (*Herschel/Löwisch* Rn. 189). Liegt kein Einverständnis vor oder weiß der AG nicht, ob der AN mit einer Änderung der Arbeitsbedingungen einverstanden ist oder wäre, kommt eine Änderungskündigung in Betracht (*Hueck/v. Hoyningen-Huene*
Rn. 536), vgl. dazu § 2.

7. Weiterbeschäftigung nach Umschulung oder Fortbildung. Die Kündigung ist nach Abs. 2 S. 3 564
Halbs. 1 auch sozial ungerechtfertigt, wenn der AN nach zumutbaren Umschulungs- oder Fortbildungsmaßnahmen im Betrieb oder in einem anderen Betrieb des Unternehmens eingesetzt werden
kann und der Betriebsrat frist- und ordnungsgemäß widersprochen hat. Der Regelungsgehalt deckt

sich mit den Tatbeständen der §§ 102 III Nr. 4 BetrVG und § 79 I Nr. 4 BetrVG. Zur Kommentierung wird auf diese Vorschriften verwiesen.

565 Die Frage, was unter **zumutbaren Umschulungs- oder Fortbildungsmaßnahmen** zu verstehen ist, ist streitig (HSG/*Schlochauer* § 102 Rn. 116 und *Stege/Weinspach* § 102 Rn. 142 a: nur Betriebs-, nicht Unternehmensbereich; KR/*Etzel* § 102 Rn. 169: Beschränkung auf Betrieb nicht gerechtfertigt; GKSB § 102 Rn. 86: auch außerbetriebliche Maßnahmen). Insbesondere ergibt sich aus dem Gesetz nicht, wer die Maßnahme zu finanzieren hat, zumal wenn sie sich nicht innerbetrieblich durchführen läßt (für eine Kostenpflicht des AG: *Galperin/Löwisch* § 102 Rn. 70; *Herschel/Löwisch* Rn. 188: muß zumutbar sein; KR/*Etzel* § 102 BetrVG Rn. 169 b). Die Begriffserfassung der Worte „Umschulung" und „Fortbildung" bereitet Schwierigkeiten. Der Begriff „Umschulung" findet sich auch im BBiG, das jedoch das Ziel verfolgt, eine Abschluß in einem anerkannten Ausbildungsberuf, zumindest aber einen beruflichen Abschluß zu ermöglichen. Es spricht demgemäß von *beruflicher* Umschulung. Eine solche Zielsetzung verfolgt nicht das KSchG. Es **will erreichen, daß eine weitere Beschäftigung im bisherigen Betrieb nach Durchführung der Maßnahmen ermöglicht wird.** Zieht man die Überlegungen zur Weiterbeschäftigung hinsichtlich der hierarchischen Ebenen hinzu, kann Umschulung oder Fortbildung nur eine solche sein, die eine Weiterbeschäftigung auf gleicher Ebene ermöglichen wird (aA KR/*Etzel* Rn. 633: Umschulung ist Vermittlung von Kenntnissen und Fähigkeiten für eine andere berufliche Tätigkeit). Die Bestimmung einer zumutbaren Umschulungs- oder Fortbildungsmaßnahme hat daher unter Heranziehung arbeitsvertraglicher sowie betriebs- und unternehmensbezogener Umstände zu erfolgen. Gleiche Ebene heißt nicht unbedingt gleiche Funktion, sondern betrifft die allgemeinen Qualifikationsanforderungen.

566 Die kündigungsrechtlich relevanten begrifflichen **Unterschiede zwischen Umschulung und Fortbildung** werden am besten **quantitativ** und nicht qualitativ erfaßt. Die **Umschulung** zielt ab auf den Erwerb eines Bündels anderer Verrichtungsfähigkeiten, die – ab einem bestimmten Zeitpunkt – zeitlich gerafft zur Verfügung stehen müssen. Die **Fortbildung** bezieht sich auf die Beibehaltung der gleichen Funktion bei kontinuierlicher inhaltlicher Änderung der zu verrichtenden Tätigkeiten, jedoch immer noch im Rahmen des bestehenden Arbeitsvertrages. Sie betrifft die in jedem Beruf bestehende Notwendigkeit, die Fortentwicklung geistiger und technischer Bereiche in der ausgeübten Tätigkeit umzusetzen.

567 Gegenüber einer Kündigung wäre eine zumutbare Umschulung oder Fortbildung des AN eine mildere Maßnahme, sofern dadurch eine weitere Beschäftigung des AN nach Beendigung der Maßnahmen möglich ist. Diese andere Beschäftigung setzt einen freien Arbeitsplatz voraus. Eine mildere Maßnahme im Sinne des Grundsatzes der Verhältnismäßigkeit muß immer geeignet sein, die Kündigung zu vermeiden. Umschulungs- oder Fortbildungsmaßnahmen kommen daher nur in Betracht, wenn der AN nach Beendigung der Maßnahme eingesetzt werden kann. Steht zum Zeitpunkt des Kündigungsausspruchs fest, daß nach zeitlichem Ablauf von Umschulungs- oder Fortbildungsmaßnahmen keine Beschäftigungsmöglichkeit für den umgeschulten oder fortgebildeten AN besteht, hindern solche Maßnahmen keine Kündigung. Der absehbare Zeitraum richtet sich nach der konkreten Personalplanung des kündigenden Betriebs (vgl. BAG 7. 2. 1991 AP KSchG 1969 § 1 Umschulung Nr. 1). Die Zumutbarkeit kann sich nicht auf Umstände beziehen, die allein aus der Sicht des AN relevant sind, denn dieser kann frei ablehnen (*Ascheid* Rn. 313; *Preis* S. 164, 169; aA *Herschel/Löwisch* Rn. 188; *Hueck/v. Hoyningen-Huene* Rn. 539). Deshalb setzen **Umschulungsmaßnahmen die Zustimmung des AN** voraus (*Fitting* § 102 Rn. 48; *Galperin/Löwisch* § 102 Rn. 7; *Heinze* Rn. 558: spätestens im Kündigungsschutzprozeß; HSG § 102 Rn. 120; KR/*Etzel* § 102 BetrVG Rn. 169 c; *Stege/Weinspach* § 102 Rn. 145; aA *Heinze* Rn. 218).

568 Die **Zumutbarkeit einer Umschulung oder Fortbildung für** den **AG ergibt sich aus** einer **Abwägung**, bei der technische und wirtschaftliche Möglichkeiten des AG dem Qualifikationsbedarf des AN gegenüberzustellen sind (*Herschel/Löwisch* Rn. 188; KDZ/*Kittner* Rn. 402 ff.). Bei der Zumutbarkeit spielt die wirtschaftliche Leistungsfähigkeit des AG eine besondere Rolle. Sie kann aber nicht allein den Ausschlag geben (KDZ/*Kittner* Rn. 404). Zu beachten ist vordringlich auch die Tatsache, wer die Notwendigkeit der angesprochenen Maßnahmen verursacht hat. Der Fall, daß der AG alle Maschinen austauscht und durch neue, anders zu bedienende ersetzt, ist bezüglich der Zumutbarkeit anders zu beurteilen als der eines AN, der sich durch riskante Sportausübung und entsprechende Verletzungen außerstande gesetzt hat, die bisher ausgeübte Tätigkeit zu verrichten. Ebenso ist die Lage eines AN anders zu beurteilen, der sich die Untauglichkeit durch die bisherige berufliche Tätigkeit zugezogen hat. Auch spielt der Umstand, ob der AN gerade sieben Monate im Betrieb tätig war oder 20 Jahre, bei der Abwägung eine Rolle. Demgegenüber erscheint eine Operationalisierung der Norm dahingehend, die Zumutbarkeit an feste finanzielle Beträge und Zeitgrenzen binden zu wollen, nicht gangbar. Maßnahmen kommen in Betracht, wenn bereits angesichts der Art des Arbeitsgeräts davon auszugehen ist, daß ständige Neuerungen eintreten werden. Wirtschaftlich zumutbar ist die Maßnahme regelmäßig, wenn sie im Betrieb des AG durchgeführt werden kann. Bei einer außerbetrieblichen Fortbildungs- oder Umschulungsmaßnahme spielen die Kosten eine erhebliche Rolle.

IV. Beweislastfragen

Hinsichtlich einer fehlenden Weiterbeschäftigung auf einem anderen Arbeitsplatz gilt für die Darle- 569
gungs- und Beweislast die Regelung in § 1 II 2 S. 2 und 3. Zur Unmöglichkeit der Weiterbeschäftigung auf einem anderen Arbeitsplatz, § 1 II 2 S. 2 und 3, obliegt die **Beweislast**, daß keine Beschäftigungsmöglichkeit auf einer anderen freien Stelle besteht, auch hier dem AG. Es handelt sich um eine ihm günstige Tatsache (BAG 22. 7. 1982 AP KSchG 1969 § 1 Verhaltensbedingte Kündigung Nr. 5; *Hueck/v. Hoyningen-Huene* Rn. 541; KDZ/*Kittner* Rn. 417; *Ascheid* Beweislast S. 193). Der AG ist auch darlegungs- und beweispflichtig dafür, daß die Kündigung in Übereinstimmung mit bestehenden personellen Auswahlrichtlinie steht.

Die **Darlegungslast** ist mit der Regelung in § 102 BetrVG betreffend den Widerspruch des Betriebs- 570
rats harmonisiert. Der AN muß zunächst vortragen, wie er sich eine andere Beschäftigungsmöglichkeit vorstellt. Der AG muß dann beweisen, daß eine solche Möglichkeit nicht besteht (BAG 3. 2. 1977 AP KSchG 1969 § 1 Betriebsbedingte Kündigung Nr. 4; BAG 24. 3. 1983 AP KSchG 1969 § 1 Betriebsbedingte Kündigung Nr. 12; *Ascheid* Rn. 305; *ders.* Beweislast S. 151 ff.). Das gilt auch, wenn sich der AN auf einen nur ausnahmsweise anzuerkennenden konzernweiten Kündigungsschutz, also zB auf eine Weiterbeschäftigung in einem Tochterunternehmen, beruft (BAG 10. 1. 1994 AP KSchG 1969 § 1 Konzern Nr. 8).

§ 2 Änderungskündigung

¹Kündigt der Arbeitgeber das Arbeitsverhältnis und bietet er dem Arbeitnehmer im Zusammenhang mit der Kündigung die Fortsetzung des Arbeitsverhältnisses zu geänderten Arbeitsbedingungen an, so kann der Arbeitnehmer dieses Angebot unter dem Vorbehalt annehmen, daß die Änderung der Arbeitsbedingungen nicht sozial ungerechtfertigt ist (§ 1 Abs. 2 Satz 1 bis 3, Abs. 3 Satz 1 und 2). ²Diesen Vorbehalt muß der Arbeitnehmer dem Arbeitgeber innerhalb der Kündigungsfrist, spätestens jedoch innerhalb von drei Wochen nach Zugang der Kündigung erklären.

A. Allgemeines

§ 2 schützt indirekt den Arbeitsplatz, indem er dem AG die Möglichkeit gibt – und ihn auch 1
indirekt zum Gebrauch verpflichtet, dem AN die Fortsetzung des Arbeitsverhältnisses unter geänderten Arbeitsbedingungen anzubieten, vgl. Rn. 3. Eine **Änderungskündigung** ist **nur berechtigt, wenn der AG die Arbeitsbedingungen nicht einseitig ändern kann,** vgl. Rn. 13 ff. Die Änderungskündigung ist nicht nur das geeignete rechtliche Instrumentarium, wenn es um die Umgestaltung von Einzelarbeitsverträgen geht. Sie kommt vielmehr auch zur Anwendung, wenn kollektivrechtliche Regelungen, wie Tarifvertrag und Betriebsvereinbarung, nur noch kraft Nachwirkung gelten (§ 4 V TVG, § 77 VI BetrVG) und durch andere Abmachungen ersetzt werden sollen (KDZ/*Kittner* Rn. 2). Als Kündigung unterliegt auch die Änderungskündigung den besonderen gesetzlichen Schutzbestimmungen der §§ 9 MuSchG, 12 SchwbG und 2 ArbPlSchG (*Herschel/Löwisch* Rn. 5).

Ist eine **Kündigung** durch Tarifvertrag oder einzelvertraglich **ausgeschlossen,** gilt das regelmäßig **auch für die Änderungskündigung** (BAG 10. 3. 1982 AP BPersVG § 75 Nr. 7; *Löwisch* KSchG Rn. 8).

Die gemeinhin vertretene Auffassung, § 2 diene dem Vertragsinhaltsschutz (vgl. nur BAG 13. 6. 2
1986 AP KSchG 1969 § 2 Nr. 2; BAG 19. 5. 1993 AP KSchG 1969 § 2 Nr. 31; *Hueck/v. Hoyningen-Huene* Rn. 2; KR/*Rost* Rn. 7) ist mißverständlich. Der Inhaltsschutz besteht bei Verträgen darin, daß sie zu halten und nicht daß sie zu Lasten einer Partei geändert werden können. Der Regelungszweck des § 2 besteht allein darin, daß dem AN, dem die Beendigungskündigung droht, eine gerichtliche Überprüfung gewährt wird, ob ihm die zur Vermeidung der Beendigungskündigung angebotenen Ersatzbedingungen zumutbar sind, sofern überhaupt andere Möglichkeiten der weiteren Beschäftigung bestehen (vgl. *Hromadka* NZA 1996, 1, 3).

Es gibt keinen Vorrang der Änderungskündigung vor der Beendigungskündigung in dem Sinn, daß 3
eine Beendigungskündigung allein deshalb unwirksam ist, weil kein Änderungsangebot erfolgt ist (aA BAG 27. 9. 1984 AP KSchG 1969 § 2 Nr. 8; KDZ/*Kittner* Rn. 5; kritisch dazu zu Recht KR/*Rost* Rn. 18 c ff.). Richtig ist, daß eine Beendigungskündigung in der Regel sozialwidrig sein wird, wenn der AN zu geänderten Arbeitsbedingungen weiterbeschäftigt werden kann und wenn er ein entsprechendes Angebot angenommen hätte. Der AG trägt damit allein das Risiko, wenn er zumutbare andere Beschäftigungsmöglichkeiten nicht anbietet (HK-KSchG/*Hauck* Rn. 29). Kann er nicht beurteilen, welche von mehreren zumutbaren Möglichkeiten der AN annehmen wird, hat er Alternativangebote mit der Kündigung zu verbinden, vgl. § 1 Rn. 180, 295, 438 ff., 540 ff.

B. Begriff der Änderungskündigung

I. Kündigung

4   Die Änderungskündigung bedarf der **Schriftform**, § 623 BGB. Sie ist in zwei Formen möglich: Der AG kann **unbedingt kündigen** und im Zusammenhang damit **neue Arbeitsbedingungen** anbieten oder der **AG kündigt unter der Bedingung, daß der AN das ihm unterbreitete Änderungsangebot nicht annimmt.** Der AN kann das Angebot vorbehaltlos annehmen, vgl. Rn. 34, er kann das Änderungsangebot ganz ablehnen, vgl. Rn. 37, oder er kann das Angebot unter Vorbehalt annehmen, vgl. Rn. 39.

Die **Änderungskündigung** besteht demgemäß nach § 2 immer aus **zwei Elementen**:
- der Kündigung des Arbeitsverhältnisses;
- dem Angebot des AG auf Fortsetzung des Arbeitsverhältnisses zu geänderten Arbeitsbedingungen. Will der AG das Arbeitsverhältnis beenden, mit dem bisherigen AN aber in andere zivilrechtliche Beziehungen treten, die nicht dem Arbeitsrecht unterliegen, muß er eine Beendigungskündigung aussprechen. Er kann im Zusammenhang damit die anderen Vertragsbedingungen anbieten. Dieses Angebot unterliegt aber nicht dem Prüfungsmaßstab des § 2. Bei einer Klage wäre vielmehr allein zu prüfen, ob die Voraussetzungen für eine Beendigungskündigung vorliegen. Auch der AN kann gegenüber dem AG eine Änderungskündigung aussprechen. Ob der AG hierauf eingeht, steht jedoch in seinem freien Ermessen und unterliegt keiner gerichtlichen Nachprüfung im Hinblick auf einen sachlichen Grund (vgl. dazu *Ascheid* in Hromadka, Änderung von Arbeitsbedingungen, 1990, S. 109, 137). Änderungskündigung iSd. KSchG ist daher im folgenden nur die vom AG ausgesprochene Kündigung.

5   **Unerläßliche Voraussetzung** für eine Änderungskündigung ist eine **echte Kündigung**, die das gesamte Arbeitsvertragsverhältnis umfaßt. Es muß eindeutig feststehen, daß das Arbeitsverhältnis enden soll, wenn das Änderungsangebot nicht, auch nicht unter Vorbehalt, angenommen wird (BAG 30. 5. 1980 AP BGB § 611 Arzt-Krankenhaus-Vertrag Nr. 8; BAG 27. 5. 1982 DB 1984, 620; *Herschel/Löwisch* Rn. 4; *Hueck/v. Hoyningen-Huene* Rn. 5; *KDZ/Kittner* Rn. 7, 119; *KR/Rost* Rn. 9; SPV Rn. 770). Die Kündigungsabsicht, der Vertragsauflösungswille, muß klar erkennbar sein. Allein etwa die Ankündigung des AG, er werde den Lohn um 5 Prozent senken, würde nicht ausreichen, eine Kündigung anzunehmen (vgl. *Herschel/Löwisch* Rn. 4; *Hueck/v. Hoyningen-Huene* Rn. 7). Eine **vorsorgliche Änderungskündigung**, die für den Fall ausgesprochen wird, daß eine bereits erfolgte Maßnahme nicht wirksam ist, ist zulässig (BAG 11. 3. 1998 RzK I 7 a Nr. 43).

6   Es ist **nicht streitig,** daß eine **Änderungskündigung** auch als **außerordentliche Kündigung** gemäß § 626 BGB erklärt werden kann (BAG 7. 6. 1983 AP BGB Änderungskündigung Nr. 1; BAG 25. 3. 1976 AP BGB § 626 Änderungskündigung Nr. 10; KBK 4 Rn. 17; *KR/Rost* Rn. 30; *Löwisch* KSchG Rn. 64). **Streit** besteht nur darüber, **ob** auf eine solche außerordentliche Kündigung die Regelung des § 2 anzuwenden ist. Das Gesetz regelt nur die ordentliche Änderungskündigung, vgl. § 13. Der Gesetzgeber hat offensichtlich übersehen, daß die in § 2 geregelte Problematik auch im Zusammenhang mit einer außerordentlichen Kündigung auftreten kann. Nach hM ist **§ 2 auch auf eine außerordentliche Änderungskündigung anzuwenden** (BAG 19. 6. 1986 AP KSchG 1969 § 2 Nr. 16; BAG 27. 3. 1987 AP KSchG 1969 § 2 Nr. 20; BAG 4. 10. 1990 AP BGB § 626 Druckkündigung Nr. 12 = NZA 1991, 468; *Hueck/v. Hoyningen-Huene* Rn. 6; *KDZ/Kittner* Rn. 8; *KR/Rost* Rn. 32; *Schaub* in Hromadka, Änderung von Arbeitsbedingungen, 1990 S. 73; SPV Rn. 434, 1251; aA *Herschel/Löwisch* Rn. 52: Gesetzgeber kannte bei Novellierung § 13 I 2 und hat die Regelung dennoch so belassen).

II. Abgrenzung zur Teilkündigung

7   Die Änderungskündigung darf nicht verwechselt werden mit der **Teilkündigung**. Bei einer Änderungskündigung wird im ersten Teilakt das gesamte Vertragsverhältnis gekündigt. Bei einer Teilkündigung soll das Vertragsverhältnis als solches bestehen bleiben. Es sollen jedoch einzelne Elemente „rausgekündigt" werden. Die Teilkündigung stellt in aller Regel einen **Eingriff in das Gegenseitigkeitsverhältnis**, in das vereinbarte Äquivalenz- und Ordnungsgefüge, dar. Teilkündigungen werden von der hM als unzulässig erachtet (BAG 7. 10. 1982 AP BGB § 620 Teilkündigung Nr. 5; BAG 23. 8. 1989 AP § 565 e Nr. 3; *Hueck/v. Hoyningen-Huene* Rn. 29; *KDZ/Kittner* Rn. 9; KBK 4 Rn. 22; *KR/Rost* Rn. 9, 51; *Löwisch* KSchG Rn. 4; *Schaub* § 123 III 6). Die Teilkündigung ist auch unter dem Gesichtspunkt arbeitsrechtlichen Schutzes nicht als zulässig zu erachten. Sie erscheint hier zwar als von vornherein mildere Maßnahme, denn der AG setzt bei ihr das Arbeitsverhältnis nicht aufs Spiel (so zutreffend SPV Rn. 140; *Ascheid* Rn. 21; *Wank* in Hromadka, Änderung von Arbeitsbedingungen S. 35, 48). Die Berechtigung einer Teilkündigung könnte mit dem gleichen Maßstab wie dem des § 2 überprüft werden. Dem steht aber entgegen, daß es dem AN mit allen sozialrechtlichen Nachteilen überlassen bliebe, von sich aus zu kündigen, wenn er die angebotenen Teilbedingungen für zumutbar hielte, aber dennoch unter ihrer Geltung nicht arbeiten wollte.

B. Begriff der Änderungskündigung § 2 KSchG 430

Ist dem **AG** im Arbeitsvertrag unter bestimmten Umständen eine **„Teilkündigung" vorbehalten,** 8 handelt es sich um einen Widerrufs- oder Änderungsvorbehalt, nicht jedoch um die Vereinbarung einer Änderungskündigung (*Herschel/Löwisch* Rn. 3; *Hromadka* DB 1995, 1609; vgl. auch SPV Rn. 144), vgl. Rn. 22.

III. Änderungsangebot

Im **Zusammenhang mit der Kündigung** muß der AG ein Angebot iSv. § 145 BGB zur Fortsetzung 9 des Arbeitsverhältnisses unter geänderten Bedingungen erklären (SPV Rn. 769). Eine Einschränkung besteht insoweit nicht. Inhalt des Änderungsangebots soll nach neuerer Ansicht auch die **befristete Fortsetzung des Arbeitsverhältnisses** sein, da § 2 keine entsprechende Einschränkung enthalte (so BAG 25. 4. 1996 AP KSchG 1969 § 1 Betriebsbedingte Kündigung Nr. 78; *Hueck/v. Hoyningen-Huene* Rn. 8, 9; KR/*Rost* Rn. 10 a; *Löwisch* KSchG Rn. 6; krit. SPV Rn. 769 a; anders noch BAG 17. 5. 1984 AP KSchG 1969 § 1 Betriebsbedingte Kündigung Nr. 21; *Ascheid* Rn. 467). Geht es ausschließlich um die betriebsbedingte Beendigung des unbefristeten Arbeitsverhältnisses, das im übrigen weiter zu den früheren Vertragsbedingungen bestehen soll, wird es in der Regel an der Dringlichkeit der Maßgabe fehlen, vgl. dazu § 1 Rn. 460. Es ist allenfalls denkbar, daß bei Wegfall einer Beschäftigungsmöglichkeit von vornherein nur befristet eine Beschäftigungsmöglichkeit zu **geänderten** Arbeitsbedingungen zur Verfügung steht. Dann setzt die Befristung des bisher unbefristeten Arbeitsverhältnisses einen sachlichen Grund voraus. Andernfalls bestünde für der AG die Möglichkeit, den AN zeitlich zu binden, ohne daß dieser ordentlich kündigen könnte, vgl. Rn. 54. Das Arbeitsgericht überprüft auch für den Fall eines Änderungsangebots betreffend eine befristete Beschäftigungsmöglichkeit die Zumutbarkeit in vollem Umfang.

Das **Angebot muß im Zusammenhang mit der Kündigung stehen.** Der Wortlaut von § 2 S. 1 10 („kündigt ... und bietet er") spricht dafür, daß das Angebot rechtlich selbständig mit der Kündigung erklärt werden muß. Das ist aber nicht notwendig. Eine Änderungskündigung liegt auch vor, wenn der AG **unter der Bedingung** kündigt, daß der AN die vorgeschlagenen Bedingungen ablehnt. Eine solche Bedingung ist deshalb zulässig, weil ihr Eintritt allein vom Willen des AN anhängt (*Herschel/Löwisch* Rn. 7, 8; *Hueck/v. Hoyningen-Huene* Rn. 10; KDZ/*Kittner* Rn. 7; KR/*Rost* Rn. 13 ff.; *Schaub* RdA 1970, 230, 231; SPV Rn. 769). Der Zusammenhang verlangt ebenfalls nicht, daß Kündigung und Änderungsangebot „begriffsnotwendig" gleichzeitig erfolgen müßten (*Löwisch* KSchG Rn. 10; aA BAG 10. 12. 1975 AP BAT §§ 22, 23 Nr. 10). Das **Änderungsangebot** kann bereits **vor Ausspruch der Kündigung** abgegeben werden. Dann muß der AG allerdings bei späterem Ausspruch der Kündigung klarstellen, daß das Änderungsangebot fortgilt (BAG 27. 9. 1984 AP KSchG 1969 § 2 Nr. 8; BAG 30. 11. 1989 AP BetrVG 1972 § 102 Nr. 53; *Hueck/v. Hoyningen-Huene* Rn. 12; KDZ/*Kittner* Rn. 122; KR/*Rost* Rn. 18).

Keine Änderungskündigung iSv. § 2 liegt vor, wenn der AG eine **Kündigung erklärt und erst** 11 **später ein Änderungsangebot** unterbreitet (BAG 10. 12. 1975 AP BAT §§ 22, 23 Nr. 90; *Hueck/ v. Hoyningen-Huene* Rn. 11; SPV Rn. 769; kritisch KR/*Rost* Rn. 21 ff.; aA *Herschel/Löwisch* Rn. 8: sachlicher, kein zeitlicher Zusammenhang ist gemeint; *Löwisch* NZA 1988, 633, 634; *ders.* Rn. 10). Die Beendigungskündigung ist zu beurteilen nach den Umständen, die zum Zeitpunkt ihres Ausspruchs, prognostiziert auf den Zeitpunkt des Kündigungstermins, vorlagen, vgl. § 1 Rn. 155. Bestand zu diesem Zeitpunkt bereits die Möglichkeit, daß der AN in Zukunft anderweitig beschäftigt werden kann, ist die Beendigungskündigung sozialwidrig.

Spricht der AG eine Beendigungskündigung aus und schiebt er **später ein Änderungsangebot** 12 nach, ist zu prüfen, ob in dem späteren Angebot nicht die **„Rücknahme" der ersten Kündigung und der Ausspruch einer erstmaligen – neuen – Änderungskündigung** liegt. Ist das der Fall, laufen alle Fristen erst ab diesem späteren Zeitpunkt (LAG Rheinland-Pfalz 6. 2. 1987 DB 1987, 1098; KDZ/ *Kittner* Rn. 121; *Löwisch* KSchG Rn. 10; *ders.* NZA 1988, 634; *Adomeit* DB 1969, 2179). Bedenken an einer solchen Vorgehensweise bestehen nicht, wenn der AG einer neuen Sachlage gerecht werden will, etwa weil infolge plötzlichen Ausscheidens eines AN eine Beschäftigungsmöglichkeit frei geworden ist.

IV. Nicht erfaßte Bereiche

1. Einvernehmliche Vertragsänderung. AG und AN haben gemäß § 305 BGB jederzeit die 13 Möglichkeit, durch Vertrag die **Arbeitsbedingungen einvernehmlich zu ändern** (BAG 27. 9. 1984 AP KSchG 1969 § 2 Nr. 8). Die Willensbildung des AN muß frei bestehen. Bei typisierenden Fallgestaltungen, die ungewöhnlich belastende Folgen für einen Vertragsteil mit sich bringen, kann eine Inhaltskontrolle erfolgen (vgl. BVerfG 19. 10. 1993 BVerfGE 89, 214; BVerfG 2. 5. 1996 EzA § 611 Inhaltskontrolle Nr. 6). In der Regel kann bei solchen Fallkonstellationen zudem der Tatbestand des § 138 BGB erfüllt sein. Will der AG ein ihm nach der Sachlage nicht zustehendes Recht durchsetzen und droht er für den Fall einer Weigerung des AN mit einer Kündigung, ist die Möglichkeit einer Anfechtung zu prüfen, wenn der AN sich nur deshalb auf die Änderung eingelassen hat. Die Kündigungsandrohung ist jedenfalls dann ein rechtswidriges Übel, wenn die Unwirksamkeit der angedrohten Kündigung evident feststeht.

14 **2. Einseitiges Leistungsbestimmungsrecht – Direktionsrecht.** Das Leistungsbestimmungsrecht des AG kann in dem Recht bestehen, eine rahmenmäßig umschriebene Arbeitsbedingung näher zu bestimmen (konkretisierendes Leistungsbestimmungsrecht) oder in dem Recht, eine konkret umschriebene Arbeitsbestimmung zu ändern (änderndes Leistungsbestimmungsrecht) (vgl. *Hromadka* DB 1995, 1609). Das **Direktionsrecht** kann **arbeitsvertraglich** und insbesondere **tarifvertraglich** (*Hueck/v. Hoyningen-Huene* Rn. 21) **erweitert** sein durch sog. Umsetzungs- und Versetzungsklauseln. Dann ist eine Änderungskündigung nicht angezeigt (*Hueck/v. Hoyningen-Huene* Rn. 19; KR/ *Rost* Rn. 39, 54 a). Eine Änderungskündigung ist nicht berechtigt, wenn der AN die Arbeitsbedingungen durch Ausübung des **Direktionsrechts** nach Ort, Zeit und Art der Tätigkeit einseitig ändern kann (*Herschel/Löwisch* Rn. 68; *Hueck/v. Hoyningen-Huene* Rn. 13; KR/*Rost* Rn. 37; vgl. *Söllner* in Hromadka, Änderung von Arbeitsbedingungen 1990, S. 13 ff.; *ders.* DB 1995, 1609; SPV Rn. 15 ff.). In einem solchen Fall ist die Änderungskündigung schon nicht geeignet, das erstrebte Ziel zu erreichen, denn was durch die Änderungskündigung erreicht werden soll, liegt schon vor. Besteht zwischen den Parteien kein Streit über den Umfang des Direktionsrechts des AG – vgl. dazu Rn. 27, macht dieser hiervon jedoch keinen Gebrauch, sondern bedient er sich zur Umsetzung seines unternehmerischen Wollens einer Änderungskündigung, kann der AN sich hiergegen durch Klage wehren. Die Änderungskündigung wäre unwirksam, weil zum erstrebten Zweck ungeeignet. Der AN könnte außerdem hilfsweise für den Fall, daß das Gericht seine Rechtsauffassung zur Unzulässigkeit der Änderungskündigung an sich nicht teilt, das Änderungsangebot unter Vorbehalt annehmen. Eine andere Rechtsauffassung gäbe dem AG ein Recht zur Novation (im Ergebnis hinsichtlich des konkreten Falles zutreffend, jedoch in der Unbedingtheit der Aussage zu weitgehend BAG 26. 1. 1995 AP KSchG 1969 § 2 Nr. 36).

15 Das **Direktionsrecht** darf **nicht in den kündigungsschutzrechtlich geschützten Kernbereich** des Arbeitsverhältnisses **eingreifen** (BAG 12. 12. 1984 AP KSchG 1969 § 2 Nr. 6; *Herschel/Löwisch* Rn. 72; *Hueck/v. Hoyningen-Huene* Rn. 20; KDZ/*Kittner* Rn. 24; KR/*Rost* Rn. 48; *Ascheid* Rn. 480), vgl. Rn. 28. Inwieweit die Zuweisung einer anderen Arbeit noch vom Direktionsrecht umfaßt ist, ist stets eine Frage des Einzelfalls (BAG 14. 12. 1961 AP BGB § 611 Direktionsrecht Nr. 17; BAG 12. 4. 1973 AP BGB § 611 Direktionsrecht Nr. 24; *Herschel/Löwisch* Rn. 72; *Hueck/v. Hoyningen-Huene* Rn. 23). Es ist immer zu beachten, daß sich der Inhalt des Arbeitsverhältnisses durch eine länger dauernde Ausübung einer ganz bestimmten Tätigkeit so auf diese konkretisieren kann, daß Änderungen nur durch Einvernehmen oder Änderungskündigung herbeigeführt werden können.

16 Macht der AN eine Unzulässigkeit der Leistungsbestimmung durch Direktionsrecht geltend, berührt das aus prozessualer Sicht jedenfalls nicht Fragen des Kündigungsrechts. Der AN braucht also, wenn er sich gegen eine einseitige Änderung seiner Arbeitsbedingungen ohne Kündigung wehrt, nicht die Klagefrist des § 4 einzuhalten. Er kann sich mit der allgemeinen Feststellungsklage nach § 256 ZPO wehren (BAG 20. 1. 1960 AP BGB § 611 Direktionsrecht Nr. 8; *Herschel/Löwisch* Rn. 69; KDZ/*Kittner* Rn. 55).

17 Der AG handelt nicht unverhältnismäßig, wenn er **in Zweifelsfällen**, in denen eine gerichtliche Auseinandersetzung über den Inhalt des Direktionsrechts abzusehen ist, statt der einseitigen Leistungsbestimmung den **Weg der Änderungskündigung** beschreitet, denn in beiden Fällen prüft das Gericht die Berechtigung der Änderung in gleichem Umfang nach (wie hier *Herschel/Löwisch* Rn. 71; jetzt wohl auch BAG 26. 1. 1995 AP KSchG 1969 § 2 Nr. 36, vgl. jedoch Rn. 23; aA BAG 28. 4. 1982 AP KSchG 1969 § 2 Nr. 3; BAG 9. 2. 1989 RzK I 7 a Nr. 15). Der AG setzt insbesondere nicht den Bestand des Arbeitsverhältnisses aufs Spiel, denn der AN kann die Änderung unter Vorbehalt annehmen.

18 Der **Kernbereich des Arbeitsverhältnisses**, der nicht dem Direktionsrecht unterliegt, ist betroffen bei der vereinbarten **Vergütung** und der vereinbarten **Arbeitszeit** (BAG 28. 2. 1968 AP BGB § 611 Direktionsrecht Nr. 22; BAG 26. 2. 1976 AP BGB § 242 Ruhegehalt Nr. 172; BAG 12. 12. 1984 AP KSchG 1969 § 2 Nr. 6 = NZA 1985, 321; *Herschel/Löwisch* Rn. 73; KDZ/*Kittner* Rn. 24). Das gilt nicht, wenn ein vereinbarter Beschäftigungszeitrahmen („Halbtagskraft") den üblichen Arbeitszeiten angepaßt wird. Haben die Parteien eine Halbtagsbeschäftigung vereinbart in einer Zeit, als im Betrieb des AG allgemein die 40-Stunden-Woche galt, kann der AG im Weg des Direktionsrechts die Halbtagsarbeitszeit auf 19 Stunden senken, wenn jetzt in seinem Betrieb allgemein die 38-Stunden-Woche gilt (BAG 21. 2. 1991 RzK I 7 a Nr. 23).

19 Die **Anordnung von Kurzarbeit** ist nur wirksam, wenn die Möglichkeit der Anordnung einzelvertraglich wirksam vereinbart ist, wenn bei Tarifbindung eine tarifvertragliche Regelung besteht, wenn sie durch Betriebsvereinbarung, § 87 I Nr. 3 BetrVG, bestimmt wird. Scheiden diese Möglichkeiten aus, bleibt dem AG nur eine einvernehmliche Absprache oder die Änderungskündigung (BAG 15. 12. 1961 AP BGB § 615 Kurzarbeit Nr. 1; BAG 14. 2. 1991 AP BGB § 615 Kurzarbeit Nr. 4; *Hueck/v. Hoyningen-Huene* Rn. 20). Soll der AN **bei außergewöhnlichen Sachlagen und Notfällen** eine vertraglich andere Leistung erbringen, bedarf dies nicht einer Änderungskündigung. Eine solche

B. Begriff der Änderungskündigung § 2 KSchG 430

Pflicht, in Ausnahme- und Notfällen mitzuhelfen, ist dem Arbeitsverhältnis immanent (BAG 8. 10. 1962 BGB § 611 Direktionsrecht Nr. 18; BAG 3. 12. 1980 AP BGB § 615 Böswilligkeit Nr. 4; *Hueck/ v. Hoyningen-Huene* Rn. 18; KDZ/*Kittner* Rn. 43).

Als **vom Direktionsrecht gedeckt** wurde in der Rechtsprechung erachtet: **Einsatz** einer **Raumpfle-** 20 **gerin**, bei der der Arbeitsplatz nicht bestimmt war, in einem anderen Reinigungsobjekt (LAG Berlin 25. 4. 1988 DB 1988, 1228); **Versetzung** einer **Verkäuferin** von Kinder- in Herrenabteilung (LAG Köln 26. 10. 1984 NZA 1985, 258); Versetzung eines **Filialleiters**, der nicht für einen bestimmten Ort eingestellt war, in andere Filiale (LAG Schleswig-Holstein 23. 11. 1964 BB 1965, 417).

Nicht gedeckt vom **Direktionsrecht** ist die **Zuweisung einer hierarchisch geringerwertigeren** 21 **Tätigkeit** oder die einer grundlegend anderen, **selbst wenn** das **gleiche Entgelt** gezahlt werden soll (*Herschel/Löwisch* Rn. 74, 75; vgl. KDZ/*Kittner* Rn. 39 ff.). Ebenso hat es die Rechtsprechung dem AG in folgenden Fällen **verwehrt**, im **Weg des Direktionsrechts vorzugehen**: Beschäftigung eines langjährigen Kraftfahrers mit anderen, Nicht-Kraftfahrer-Tätigkeiten (BAG 3. 12. 1980 AP BGB § 615 Böswilligkeit Nr. 4; LAG Düsseldorf 3. 7. 1974 AuR 1974, 379); Umsetzung eines Beifahrers in den Innendienst (LAG Düsseldorf 26. 10. 1955 BB 1956, 110); Zuweisung einer arbeitsvertaglich vereinbarten anderen Tätigkeit, jedoch unter Kürzung einer Zulage (LAG Düsseldorf 31. 1. 1973 BB 1973, 1489); Verlegung des Tätigkeitsorts um mehr als 100 km (BAG 14. 6. 1973 DB 1973, 1304); Beschäftigung eines Handelsvertreters im Innendienst (LAG Baden-Württemberg 24. 10. 1969 BB 1970, 173); Einsatz eines Facharbeiters mit Hilfstätigkeiten (LAG Düsseldorf 20. 12. 1957 BB 1958, 449).

3. Änderungsvorbehalt. Eine Änderung des Arbeitsvertrags ist denkbar aufgrund eines wirksam 22 vereinbarten Widerrufs- oder Änderungsvorbehalts (vgl. *B. Gaul* ZTR 1998, 245). Die Vereinbarung eines Änderungs- oder Widerrufsvorbehalts soll nach neuerer Rechtsprechung keine Rolle mehr spielen, wenn der AN bei einer trotzdem ausgesprochenen Änderungskündigung diese unter Vorbehalt annimmt (BAG 16. 1. 1997 AP TVG § 1 Tarifverträge: Lufthansa Nr. 20 m. krit. Anm. *Berkowsky* NZA 1999, 293). Eine Änderungskündigung ist in der Regel unverhältnismäßig, wenn der AG sich eine Änderung der Arbeitsbedingungen vorbehalten hat, sog. **Änderungs- oder Widerrufsvorbehalt** (vgl. dazu *Berkowsky* NZA 1999, 293). Ist in einem Arbeitsvertrag eine Teilkündigung ausdrücklich vorbehalten, ist das ein vom AN akzeptierter Änderungsvorbehalt (BAG 7. 10. 1982 AP BGB § 620 Teilkündigung Nr. 5; *Hueck/v. Hoyningen-Huene* Rn. 30; KR/*Rost* Rn. 47 ff.; *Hromadka* DB 1995, 1609). Bei einem Änderungsvorbehalt darf der Widerruf nur nach billigem Ermessen erfolgen, § 315 BGB (BAG 7. 10. 1982 AP BGB § 620 Teilkündigung Nr. 5; BAG 13. 5. 1987 AP BGB § 305 Billigkeitskontrolle Nr. 4; *Hueck/v. Hoyningen-Huene* Rn. 31). Ein Widerrufsvorbehalt kann vorsehen, daß **Zusatzaufgaben**, die mit einer Zulage verbunden sind und die bei ihrem Wegfall das vorhandene Tätigkeitsbild nicht verändern, **entzogen** werden können (BAG 15. 11. 1995 AP TVG § 1 Tarifverträge: Lufthansa Nr. 20). Bei einem **Chefarztvertrag** kann wirksam vereinbart werden, daß die **Änderung gesetzlicher Vorschriften**, die sich auf das Arbeitsverhältnis auswirkt, sowie die der wissenschaftlichen und gesellschaftlichen Entwicklung den AG berechtigen soll, eine entsprechende **Anpassung des Vertrags** vorzunehmen (BAG 10. 12. 1992 AP BGB § 611 Arzt-Krankenhaus-Vertrag Nr. 27). Ebenso kann es möglich sein, daß einseitig die Anzahl der Betten gekürzt wird, hinsichtlich derer der Chefarzt privat liquidieren kann (BAG 15. 12. 1976 AP BGB § 611 Arzt-Krankenhaus-Vertrag Nr. 3). Eine Anpassung der Vergütung infolge grundlegender Änderung der Gebührenordnung kann nach den Grundsätzen des **Wegfalls der Geschäftsgrundlage** in Betracht kommen (BAG 3. 5. 1989 AP BGB Arzt-Krankenhaus-Vertrag Nr. 20).

Die **Berechtigung des Widerrufs** kann der AN im Weg der **allgemeinen Feststellungsklage** über- 23 prüfen lassen (BAG 7. 10. 1982 AP BGB § 620 Teilkündigung Nr. 5; *Hueck/v. Hoyningen-Huene* Rn. 32). Es ist daher für den Regelfall nicht einsichtig, wieso eine Umgehung des KSchG in Betracht kommen könnte (*Hueck/v. Hoyningen-Huene* Rn. 31). Erfolgt bei bestehendem Widerrufsrecht die Umsetzung des unternehmerischen Wollens durch eine Änderungskündigung und nimmt der AN das Änderungsangebot unter Vorbehalt an, soll die Änderungskündigung sozial gerechtfertigt sein, wenn die Ausübung des Widerrufsrechts billigem Ermessen entspricht (BAG 15. 11. 1995 AP TVG § 1 Tarifverträge: Lufthansa Nr. 20). Für eine Veränderung des Prüfungsmaßstabs besteht jedoch im Hinblick auf die klare gesetzliche Regelung kein Anlaß, wenn das Widerrufsrecht gar nicht ausgeübt wird.

V. Beteiligungsrechte des Betriebsrats

1. Anhörung nach § 102 BetrVG. Auch bei einer **ordentlichen Änderungskündigung** ist der 24 Betriebsrat nach § 102 I 1 BetrVG zu hören (BAG 20. 3. 1986 AP KSchG 1969 § 2 Nr. 14; BAG 30. 11. 1989 AP BetrVG 1972 § 102 Nr. 53). Zur Ordnungsmäßigkeit der Anhörung vgl. § 102 BetrVG. Hat der Personalrat fristgerecht Einwendungen gegen eine beabsichtigte (Änderungs-)Kündigung erhoben und unterläßt der AG eine nach dem einschlägigen Personalvertretungsgesetz vorgeschriebene Erörterung mit dem Personalrat, ist eine dennoch erklärte Kündigung unwirksam (BAG

20. 1. 2000 - 2 AZR 65/99 zVb.). Ist mit einer Änderungskündigung eine **Versetzung iSv. § 95 III BetrVG oder eine Umgruppierung** verbunden, ist der Betriebsrat zusätzlich nach § 99 I BetrVG zu unterrichten und es ist seine Zustimmung einzuholen.
Das Verfahren nach § 102 BetrVG und das nach § 99 BetrVG müssen nebeneinander durchgeführt werden (BAG 3. 11. 1977 AP BPersVG § 75 Nr. 1; *Richardi* § 102 Rn. 260; *Fitting* § 102 Rn. 17; HSG/*Schlochauer* § 102 Rn. 17; *Herschel/Löwisch* Rn. 63; *Hueck/v. Hoyningen-Huene* Rn. 34; KR/*Rost* Rn. 130; *Schaub* in Hromadka, Änderung von Arbeitsbedingungen, 1990, S. 73, 104). Die Beteiligungsverfahren nach § 102 BetrVG und § 99 BetrVG gelten auch für die **außerordentliche Änderungskündigung** (BAG 29. 6. 1988 AP LPVG NW § 72 Nr. 2 = DB 1989, 1090, 1091).

25 **Nimmt der AN das Änderungsangebot vorbehaltlos an,** kommt der Änderungsvertrag zustande. Die Frage der Ordnungsmäßigkeit der Anhörung des Betriebsrats spielt keine Rolle. Ob der AN zu den neuen Arbeitsbedingungen arbeiten muß, hängt davon ab, daß die Maßnahme nicht gleichzeitig eine solche nach § 99 BetrVG darstellt. Dann müßten für die Durchführung des geänderten Vertrags auch die Voraussetzungen nach § 99 BetrVG erfüllt sein (BAG 2. 7. 1980 AP GG Art. 33 II Nr. 9; *Herschel/Löwisch* Rn. 64; *Hueck/v. Hoyningen-Huene* Rn. 40; aA KDZ/*Kittner* Rn. 187), vgl. Rn. 30. Aus der Sicht beider Parteien wird in der Regel davon auszugehen sein – es besteht also kein Zweifel iSv. § 139 BGB, daß die Änderung gewollt ist ohne Rücksicht auf die Wirksamkeit der Kündigung. Die Kündigung ist also nicht mehr relevant. Es kommt daher auch nicht darauf an, ob der Betriebsrat ordnungsgemäß gemäß § 102 BetrVG angehört war.

26 **Lehnt der AN das Änderungsangebot ab und war** der **Betriebsrat nicht** oder nicht ordnungsgemäß nach § 102 I BetrVG **angehört worden,** ist die Kündigung schon nach § 102 I BetrVG unwirksam. Diesen Unwirksamkeitsgrund muß der AN nicht nach § 13 III innerhalb von drei Wochen geltend machen (*Hueck/v. Hoyningen-Huene* Rn. 39; KDZ/*Kittner* Rn. 187).

27 **Nimmt der AN das Angebot unter Vorbehalt an,** ist der Änderungsvertrag auflösend bedingt durch die rechtskräftige Feststellung der Unwirksamkeit der Sozialwidrigkeit der Kündigung. Der AN kann bei nicht oder nicht ordnungsgemäß erfolgter Anhörung die Unwirksamkeit der Kündigung nach § 102 I BetrVG geltend machen. Wird die Unwirksamkeit der Kündigung rechtskräftig festgestellt, entfällt damit der Änderungsvertrag. Der AN ist zu den alten Arbeitsbedingungen weiterzubeschäftigen (*Hueck/v. Hoyningen-Huene* Rn. 41).

28 Das in § 102 V BetrVG dem Betriebsrat und in den entsprechenden Personalvertretungsgesetzen dem Personalrat eingeräumte **Widerspruchsrecht** gilt auch hier, vgl. auch Rn. 597 ff. Es ist jedoch danach zu differenzieren, wie der AN reagiert hat. Hat der AN das **Änderungsangebot abgelehnt,** gilt die Widerspruchsregelung voll uneingeschränkt (*Herschel/Löwisch* Rn. 61). Wird **unter Vorbehalt angenommen,** entfaltet ein vom Betriebsrat gegen die Kündigung erhobener Widerspruch keine Wirkungen mehr. Ebenso scheidet ein Anspruch auf **vorläufige Weiterbeschäftigung** zu den alten Konditionen aus (BAG 28. 3. 1985 AP ZPO § 767 Nr. 4; BAG 18. 1. 1980 AP KSchG 1969 § 2 Nr. 27; GK-BetrVG/*Kraft* § 102 Rn. 131; *Hueck/v. Hoyningen-Huene* Rn. 92; KR/*Rost* Rn. 119; *Löwisch* KSchG Rn. 61).

29 **2. Mitbestimmung nach § 87 BetrVG.** Soll eine auf einer vertraglichen Einheitsregelung beruhende Auslösung abgeändert werden, bedarf dies kollektivrechtlich der Mitbestimmung nach § 87 I Nr. 10 BetrVG. Weder das kollektivrechtliche noch das individualrechtliche Erfordernis soll vorrangig sein. Eine nicht mitbestimmte, aber sozial gerechtfertigte Änderung der Vertragsbedingungen soll der AG lediglich nicht durchsetzen können, bis die Mitbestimmung durchgeführt ist (BAG 17. 6. 1998 AP KSchG § 2 Nr. 49 = RzK I 7 b Nr. 37), vgl. zur Kritik Rn. 33.

30 **3. Mitwirkung nach § 99 BetrVG.** Ist mit der Durchführung der Änderungskündigung eine Versetzung iSv. § 95 III BetrVG oder eine Umgruppierung verbunden und stimmt der Betriebsrat beiden Maßnahmen (§§ 102 und § 99 BetrVG) zu oder gilt die Zustimmung nach §§ 102 II, 99 III BetrVG als erteilt, kann der AN sich nur noch auf die Sozialwidrigkeit der Kündigung oder solche Unwirksamkeitsgründe berufen, die nicht im Bereich der Betriebsverfassung liegen (vgl. *Hueck/v. Hoyningen-Huene* Rn. 43). Stimmt der Betriebsrat nach § 99 BetrVG zu, widerspricht er aber der Kündigung und hat der AN das Änderungsangebot abgelehnt, kann er bei rechtzeitiger Erhebung der Kündigungsschutzklage uU einen Weiterbeschäftigungsanspruch nach § 102 V BetrVG geltend machen (*Hueck/v. Hoyningen-Huene* Rn. 44, 79; KR/*Rost* Rn. 135), vgl. dazu § 102 BetrVG.

31 Der Widerspruch kann im Rahmen von § 1 II 2 und 3 zur Sozialwidrigkeit der Änderungskündigung nach allgemeinen Grundsätzen führen (*Hueck/v. Hoyningen-Huene* Rn. 80), vgl. § 1 Rn. 540. Ein Verstoß gegen Kündigungsrichtlinien nach § 95 BetrVG (§ 79 II Nr. 8 BPersVG) kann nur eintreten, wenn die verletzten Richtlinien auch für Änderungskündigungen Geltung beanspruchen (*Hueck/v. Hoyningen-Huene* Rn. 80).

32 **Verweigert** der **Betriebsrat** die **Zustimmung nach § 99 BetrVG und nimmt der AN das Änderungsangebot unter Vorbehalt an,** berührt das im Fall der Sozialgemäßheit der Kündigung nicht die Wirksamkeit des Eintritts der individualrechtlichen Änderung des Arbeitsvertrags. Der AG kann den Arbeitsvertrag aber nicht umsetzen (BAG 30. 9. 1993 AP KSchG 1969 § 2 Nr. 33 mit Anm. *Stahlhacke* EzA BetrVG § 99 Nr. 118; *Herschel/Löwisch* Rn. 64; *Richardi* § 102 Rn. 262, 266). Der Be-

triebsrat kann nach Auffassung des BAG der Versetzung nach § 99 II Nr. 3 BetrVG mit der Begründung widersprechen, der AG habe soziale Gesichtspunkte nicht ausreichend beachtet (BAG 30. 8. 1995 AP BetrVG 1972 § 99 Versetzung Nr. 5). Damit werden individualrechtliche und kollektivrechtliche Gesichtspunkte vermengt. Die Auffassung ist auch deshalb bedenklich, weil es allein Sache des betroffenen AN ist, eine unrichtige Sozialauswahl geltend zu machen. Wird die Zustimmung auch nicht durch das Gericht ersetzt, werden beide Parteien wegen nachträglicher Unmöglichkeit, § 275 II BGB, von ihren eingegangenen vertraglichen Pflichten frei (*Herschel/Löwisch* Rn. 64; *Wlotzke* Anm. AP KSchG 1969 § 2 Nr. 33; Anm. *Waltermann* SAE 1995, 367). Das führt zu kaum lösbaren Konflikten. Es ist jedenfalls unrichtig, daß der AN dann zu den alten Arbeitsbedingungen weiterzuarbeiten hat (so aber BAG 30. 9. 1993 AP KSchG 1969 § 2 Nr. 33). Der alte Arbeitsvertrag existiert nämlich nicht mehr.

Zur Lösung dieses Konflikts bieten sich zwei Wege an: Entweder es wird angenommen, bei Mitberührung des Bereichs nach § 99 BetrVG könne der AG individualrechtlich nicht wirksam ein Angebot unterbreiten. Hiergegen spricht, daß die Versetzung eine tatsächliche Maßnahme und kein Rechtsgeschäft ist. Oder es wird vertreten, daß eine **Änderungskündigung nicht dringlich** sein kann, wenn nicht feststeht, daß sie später umgesetzt werden kann. Wird die Wirksamkeit der Änderungskündigung bejaht, bleibt dem AG bei Weigerungshaltung des AN nur die Möglichkeit einer Beendigungskündigung, wenn die alte Beschäftigungsmöglichkeit von dem AN nicht mehr ausgeübt werden kann oder eine weitere Änderungskündigung, mit der die früheren Arbeitsbedingungen wiederhergestellt werden sollen. 33

C. Annahme des Änderungsangebots ohne Vorbehalt

Der **AN kann das Änderungsangebot ohne Vorbehalt annehmen.** Die Änderung des Arbeitsvertrags wird dann zu dem Zeitpunkt wirksam, zu dem sie nach dem Änderungsangebot in Kraft treten soll. War die Kündigung unbedingt ausgesprochen, kommt ein neuer Arbeitsvertrag mit geändertem Inhalt zustande. War die Kündigung bedingt ausgesprochen, wird sie hinfällig und das alte Arbeitsverhältnis entsprechend dem Änderungsangebot geändert (*Herschel/Löwisch* Rn. 12). Bei einer Annahme unter Vorbehalt und Nicht-Klageerhebung innerhalb der Drei-Wochen-Frist des § 4 kann der AN außerhalb der Klagefrist geltend machen, die Kündigung sei aus anderen Gründen unwirksam (BAG 28. 5. 1998 AP KSchG 1969 § 2 Nr. 48 *(Löwisch); Löwisch* BB 1999, 1269; aA KR/*Rost* § 7 Rn. 14 a ff.; *Berkowsky* BB 1999, 1266). 34

Die Annahme ist eine **empfangsbedürftige Willenserklärung** (KR/*Rost* Rn. 58, 61; SPV Rn. 1238). Sie kann **ausdrücklich** erklärt werden. Das ist zur Vermeidung von Mißverständnissen empfehlenswert. Die Annahme kann auch **konkludent** erfolgen. Eine konkludente Annahme ist nicht stets anzunehmen, wenn der AN widerspruchslos unter geänderten Bedingungen weiterarbeitet. Eine konkludente Annahme kann aber in Ausnahmefällen bejaht werden, wenn sich die Änderung der Arbeitsbedingungen unmittelbar und nachhaltig auf das Arbeitsverhältnis auswirkt und der AN widerspruchslos die neue Tätigkeit verrichtet, zB wenn sie weit von der bisherigen Arbeitsstelle gelegenen Ort (BAG 19. 6. 1986 AP KSchG 1969 § 2 Nr. 16; BAG 27. 3. 1987 AP KSchG 1969 § 2 Nr. 20; *Herschel/Löwisch* Rn. 14; *Hueck/v. Hoyningen-Huene* Rn. 99; KDZ/*Kittner* Rn. 124; KR/*Rost* Rn. 62, 63). Von einer konkludenten Annahme wird jedoch in der Regel nicht auszugehen sein, solange noch die Frist für die Erklärung des Vorbehalts nach § 2 S. 2 läuft (*Herschel/Löwisch* Rn. 14). Ist die Kündigungsfrist kürzer als die Drei-Wochen-Frist des § 4 I, ist in der vorbehaltslosen Weiterabeit nach Ablauf der Kündigungsfrist eine konkludente Annahme zu sehen (*Herschel/Löwisch* Rn. 14; *Hueck/v. Hoyningen-Huene* Rn. 99; aA BAG 12. 1. 1961 AP BGB § 620 Änderungkündigung Nr. 10 vor Inkrafttreten des § 2). 35

Auch die Annahme des Angebots ohne Vorbehalt muß dem AG innerhalb der Frist des S. 2 **zugehen** (*Hueck/v. Hoyningen-Huene* Rn. 100; SPV Rn. 771; aA *Herschel/Löwisch* Rn. 13). § 2 S. 2 stellt für die Änderungskündigung die gesetzliche Konkretisierung des § 147 II BGB dar. Dem AG bleibt es allerdings unbenommen, sich auf eine verspätete Annahmeerklärung einzulassen. 36

D. Ablehnung des Änderungsangebots

Lehnt der **AN** das **Änderungsangebot** ab, ist ihm der Weg der **Änderungsschutzklage verschlossen.** Der Streit geht ausschließlich um die Frage der Wirksamkeit der Beendigung des Arbeitsverhältnisses. Der AN kann die Änderungskündigung dann mit der normalen Kündigungsschutzklage nach § 4 angreifen (*Herschel/Löwisch* Rn. 44; KDZ/*Kittner* Rn. 126; KR/*Rost* Rn. 77; SPV Rn. 775). Für die Prüfung ihrer Sozialwidrigkeit ist auf § 1 zurückzugreifen. Danach ist die Änderungskündigung als Kündigung sozialwidrig, wenn sie nicht durch Gründe in der Person oder im Verhalten des AN oder durch dringende betriebliche Erfordernisse bedingt ist. Hierbei ist das Änderungsangebot mit in die Prüfung der Sozialwidrigkeit einzubeziehen, vgl. Rn. 45. Stellt sich heraus, daß der AG nicht sozialwidrig gehandelt hat, wird die Klage abgewiesen. Der AN verliert damit seinen Arbeitsplatz. 37

38 Hat der AN das Änderungsangebot abgelehnt, steht ihm die Möglichkeit offen, gemäß § 9 die Auflösung des Arbeitsverhältnisses gegen Abfindung zu beantragen (BAG 29. 1. 1981 AP KSchG 1969 § 9 Nr. 6; *Herschel/Löwisch* Rn. 46). Das ist anders bei der Annahme unter Vorbehalt.

E. Annahme des Änderungsangebots unter Vorbehalt

39 Nimmt der AN das Angebot unter Vorbehalt an, bewirkt dies kraft Gesetzes, § 2 iVm. § 4 S. 2 und § 8, daß der durch die Annahme zustandegekommene **Änderungsvertrag unter** der mit Rückwirkung ausgestatteten **auflösenden Bedingung** steht, daß die **Sozialwidrigkeit** der Änderung der Arbeitsbedingungen gerichtlich **festgestellt wird** (BAG 28. 4. 1982 AP KSchG 1969 § 2 Nr. 3; BAG 27. 9. 1984 AP KSchG 1969 § 2 Nr. 8; *Hueck/v. Hoyningen-Huene* Rn. 83; KR/*Rost* Rn. 58; SPV Rn. 771). Die Nicht-Beendigung des Arbeitsverhältnisses ist damit völlig außer Streit (*Herschel/Löwisch* Rn. 31). **Andere Unwirksamkeitsgründe** können **außerhalb der Frist des § 4 geltend gemacht werden** (BAG 28. 5. 1998 AP KSchG 1969 § 2 Nr. 48). Hat der AN eine Änderungskündigung unter Vorbehalt angenommen, ist der AG nicht verpflichtet, ihn vorläufig zu den alten Arbeitsbedingungen weiterzubeschäftigen (BAG 18. 1. 1990 AP KSchG 1969 § 2 Nr. 27), vgl. auch § 4 Rn. 92. Hat der AG **mehrere Änderungsangebote** unterbreitet, ist jeder Änderungsvorschlag einzeln unter den Voraussetzungen des § 2 zu prüfen (*Herschel/Löwisch* Rn. 33; KDZ/*Kittner* Rn. 141).

40 Die Erklärung des AN ist eine privatrechtsgestaltende Willenserklärung (BAG 27. 9. 1984 AP KSchG 1969 § 2 Nr. 8; *Hueck/v. Hoyningen-Huene* Rn. 83; KDZ/*Kittner* Rn. 127). Es liegt nicht etwa ein Einigungsmangel nach §§ 154 I, 155 BGB vor oder eine modifizierte Annahme nach § 150 II BGB, die als Ablehnung, verbunden mit einem neuen Vertragsangebot zu qualifizieren wäre (*Hueck/v. Hoyningen-Huene* Rn. 83).

41 Nach § 2 S. 2 ist die **Erklärung**, mit der der Vorbehalt abgegeben wird, **fristgebunden.** Der AN muß den Vorbehalt innerhalb der **Kündigungsfrist, spätestens jedoch innerhalb von drei Wochen nach Zugang der Kündigung** erklären (KR/*Rost* Rn. 70; *Löwisch* KSchG Rn. 17; SPV Rn. 771). Soweit wirksam keine abweichende Kündigungsfrist vereinbart ist, gilt die des § 622 BGB. Entscheidend für die **Wahrung der Frist** ist der Zugang der Vorbehaltserklärung, § 130 BGB. Die Frist des § 2 S. 2 ist keine prozessuale Frist, so daß auf sie § 46 II ArbGG iVm. §§ 596, 270 III ZPO nicht anzuwenden ist (BAG 17. 6. 1998 AP KSchG 1969 § 2 Nr. 49; *Löwisch* KSchG Rn. 19). Die Fristberechnung erfolgt nach §§ 187ff. BGB, vgl. § 4 Rn. 53. Ist die Kündigungsfrist, abweichend von § 622 BGB, kürzer als drei Wochen, ist nach dem klaren Wortlaut des Gesetzes diese verkürzte Frist maßgebend, auch wenn dadurch zwangsläufig die Überlegungsfrist des AN verürzt wird (BAG 19. 6. 1986 AP KSchG 1969 § 2 Nr. 16; *Hueck/v. Hoyningen-Huene* Rn. 86; KDZ/*Kittner* Rn. 131; KR/*Rost* Rn. 67; *Löwisch* KSchG Rn. 17; SPV Rn. 771).

42 **Versäumt** der AN die **Frist zur Erhebung der Kündigungsschutzklage, verliert er** das **Recht zur Annahme unter Vorbehalt** (KDZ/*Kittner* Rn. 131). Solange die Drei-Wochen-Frist des § 4 nicht verstrichen ist mit der Rechtsfolge des § 7, bleibt es dem AG unbenommen, sich außergerichtlich auf den verspäteten Vorbehalt einzulassen (*Hueck/v. Hoyningen-Huene* Rn. 88; KR/*Rost* Rn. 70). Nach Ablauf der Drei-Wochen-Frist ist der Abschluß eines neuen Arbeitsvertrags notwendig (*Herschel/Löwisch* Rn. 20). Das kann auch konkludent geschehen.

43 **Die Erklärung des Vorbehalts ist an keine bestimmte Form gebunden.** Eine ausdrückliche Erklärung ist in jedem Fall zweckmäßig, damit etwa aus der bloßen Weiterarbeit nicht auf eine vorbehaltlose Annahme des Angebots geschlossen werden kann. Allein die Fortsetzung des Arbeitsverhältnisses kann nur unter außergewöhnlichen Umständen als vorbehaltlose Annahme gewertet werden (vgl. BAG 19. 6. 1986 AP KSchG 1969 § 2 Nr. 16; BAG 27. 3. 1987 AP KSchG 1969 § 2 Nr. 20; *Herschel/Löwisch* Rn. 18: der Weiterarbeit während des Fristlaufs kommt kein Erklärungswert zu; *Hueck/v. Hoyningen-Huene* Rn. 89; KDZ/*Kittner* Rn. 129; KR/*Rost* Rn. 66; weitergehend *Stahlhacke/Preis* Rn. 776), vgl. im übrigen Rn. 35. Eine **schlüssige Annahme unter Vorbehalt** ist in der Erhebung des **Änderungsschutzklage mit dem Antrag des § 4 S. 2** zu sehen (*Herschel/Löwisch* Rn. 18; KR/*Friedrich* Rn. 66). Soll der Vorbehalt zusammen mit der Kündigungsschutzklage erklärt werden, kommt es für den Zugang der Vorbehaltserklärung nicht auf den Eingang der Klage bei Gericht an, sondern auf den Tag von deren Zustellung an den AG (*Herschel/Löwisch* Rn. 19; *Hueck/v. Hoyningen-Huene* Rn. 89; SPV Rn. 771). Eine Rücknahme der Vorbehaltsannahme ist rechtlich nicht möglich (LAG Rheinland-Pfalz 2. 5. 1994 LAGE KSchG § 2 Nr. 14; *Löwisch* KSchG Rn. 21).

44 Erklärt der AN die **Annahme unter Vorbehalt,** ist der Bestand des Arbeitsverhältnisses außer Streit. Der **AN muß** mit Ablauf der Kündigungsfrist **zu** den vom AG angebotenen **neuen Arbeitsbedingungen arbeiten** (BAG 27. 3. 1987 AP KSchG 1969 § 2 Nr. 10; BAG 18. 10. 1990 AP KSchG 1969 § 2 Nr. 27). Er hat **keinen vorläufigen Weiterbeschäftigungsanspruch** – vgl. § 4 Rn. 94ff. – vorerst zu den alten Arbeitsbedingungen weiter eingesetzt zu werden (BAG 18. 1. 1990 AP KSchG 1969 § 2 Nr. 27). Bei einer **außerordentlichen Änderungskündigung** ist der **Vorbehalt unverzüglich,** also ohne schuldhaftes Zögern, zu erklären (BAG 19. 6. 1986 AP KSchG 1969 § 2 Nr. 16; BAG 27. 3. 1987 AP KSchG 1969 § 2 Nr. 20; *Hueck/v. Hoyningen-Huene* Rn. 90; KDZ/*Kittner* Rn. 132;

KR/*Rost* Rn. 33; SPV Rn. 434). Es ist eine Frage des Einzelfalls, ob dies geschehen ist. Dem AN ist in jedem Fall zuzubilligen, sich zunächst mit einem Rechtsanwalt zu beraten.

F. Materiellrechtliche Prüfung

I. Allgemeines

Bei der Beurteilung der **Sozialwidrigkeit** der Kündigung ist **zu prüfen, ob die Änderung der Arbeitsbedingungen sozial gerechtfertigt ist, nicht die Beendigung des Arbeitsverhältnisses.** Das Änderungsangebot des AG ist daher maßgebend zu berücksichtigen (BAG 3. 11. 1977 AP BPersVG § 75 Nr. 1; BAG 28. 4. 1982 AP KSchG 1969 § 2 Nr. 3; *Herschel/Löwisch* Rn. 31, 47; *Hueck/v. Hoyningen-Huene* Rn. 54; kritisch KDZ/*Kittner* Rn. 12 ff.; KR/*Rost* Rn. 84, 88; *Löwisch* KSchG Rn. 24; *Schaub* § 137 III 3 c; SPV Rn. 777; *Hromadka* NZA 1996, 1). Es kann nicht außer Betracht bleiben, daß es nicht Ziel des AG war, den AN zu entlassen. Der AN muß es deshalb hinnehmen, daß dies bei der Prüfung der Sozialwidrigkeit Einfluß findet. **Das gilt für die personen-, die verhaltens- und die betriebsbedingte Kündigung,** vgl. Rn. 69, 70, 72 ff. Bei allen drei Änderungskündigungsarten ist Voraussetzung für die soziale Rechtfertigung der Änderungskündigung, daß der geltend gemachte Kündigungsgrund geeignet ist, die angestrebte Vertragsänderung zu rechtfertigen (BAG 22. 3. 1990 RzK I 7 a Nr. 19). 45

Die Berechtigung der modifizierten Prüfung ergibt sich aus dem Wortlaut von § 2. Dort heißt es nämlich nicht: „Kündigt der AG sozialgemäß iSv. § 1 und ...", sondern: „Kündigt der AG und bietet er, ... , so kann der AN ... unter dem Vorbehalt annehmen, daß die **Änderung der Arbeitsbedingungen nicht sozial ungerechtfertigt ist** (§ 1 II 1 bis 3, III 1 und 2)". Die Kündigung im Eingangssatz bezieht sich auf alle Fallvarianten. Änderungsangebot und Kündigung sind nach dem Willen des Gesetzes tatsächlich und rechtlich so miteinander verknüpft, daß sie eine innere Einheit bilden und deshalb zusammen betrachtet werden müssen (BAG 7. 6. 1973 AP BGB § 626 Änderungskündigung Nr. 1; BAG 28. 4. 1982 AP KSchG 1969 § 2 Nr. 2; *Herschel/Löwisch* Rn. 31; *Hueck/v. Hoyningen-Huene* Rn. 60; KR/*Rost* Rn. 92 a). 46

Die Einheit zwischen Kündigung und Angebot kann es nie mit sich bringen, daß ein nicht vorhandener Kündigungsgrund deshalb zu einem hinzunehmenden wird (*Herschel/Löwisch* Rn. 48; KDZ/*Kittner* Rn. 15, 18). Die einheitliche Prüfung wirkt sich nur aus, wenn die Ermittlung der Sozialwidrigkeit Freiraum für Abwägungskriterien bietet. Das dürfte nur bei der personen- und verhaltensbedingten Kündigung relevant werden. Da vom AG nur eine Änderung der Arbeitsbedingungen angestrebt wird, sind keine so hohen Anforderungen zu stellen, wie bei einer Beendigungkündigung (BAG 7. 6. 1973 AP BGB § 626 Änderungskündigung Nr. 1; BAG 3. 11. 1977 AP BPersVG § 75 Nr. 1; BAG 27. 5. 1982 DB 1984, 620, 621; *Herschel/Löwisch* Rn. 32; KR/*Rost* Rn. 98 a: die Änderungskündigung ist sozial gerechtfertigt, wenn die Änderung der bisherigen Arbeitsbedingungen aus verhaltensbedingten oder personenbedingten Gründen oder wegen dringender betrieblicher Erfordernisse iSd. § 1 KSchG unvermeidbar ist und die neuen Bedingungen für den AN unter Berücksichtigung des Verhältnismäßigkeitsgrundsatzes annehmbar sind). 47

Aus der Berücksichtigung des Änderungsangebots bei der Prüfung der Sozialwidrigkeit ergibt sich ein **zweistufiges Prüfungsverfahren** (BAG 13. 6. 1986 AP KSchG 1969 § 1 Soziale Auswahl Nr. 13; BAG 19. 5. 1993 AP KSchG 1969 § 2 Nr. 31 = NZA 1993, 1075; *Hueck/v. Hoyningen-Huene* Rn. 63; KDZ/*Kittner* Rn. 134; KR/*Rost* Rn. 95; SPV Rn. 778). In einem ersten Schritt ist zu prüfen, ob für die Vertragsänderung ein Grund in der Person oder dem Verhalten des AN liegt oder ob dringende betriebliche Erfordernisse das Änderungsangebot nach § 1 II bedingen. Liegt insoweit überhaupt kein Kündigungsgrund vor, erübrigt sich die Prüfung des Änderungsangebots. Liegt ein Kündigungsgrund vor, ist zu prüfen, ob der AG sich darauf beschränkt hat, nur solche Änderungen vorzuschlagen, die der AN billigerweise hinnehmen muß (BAG 15. 3. 1991 AP KSchG 1969 § 2 Nr. 28; *Hueck/v. Hoyningen-Huene* Rn. 64; KDZ/*Kittner* Rn. 134; *Löwisch* KSchG Rn. 25). 48

Eine Änderungskündigung ist unzulässig, wenn der AN zwar an einem anderen Arbeitsplatz, jedoch ohne Änderung der Arbeitsbedingungen eingesetzt werden kann (*Herschel/Löwisch* Rn. 41). Nach § 2 S. 1 ist außerdem § 1 II 2 und 3 entsprechend anzuwenden. Bei allen Kündigungen ist hinsichtlich der Frage der Weiterbeschäftigung auf einem anderen freien Arbeitsplatz zu geänderten Arbeitsbedingungen zu unterscheiden, ob etwa gleichwertige Beschäftigungsmöglichkeiten vorhanden sind oder nicht, vgl. Rn. 67. Eine Versetzung darf zudem nicht gegen eine **Auswahlrichtlinie** verstoßen. 49

II. Personenbedingte Änderungskündigung

Eine **personenbedingte Kündigung** ist in Betracht zu ziehen, wenn der AN seine bisherige Tätigkeit nicht mehr wie früher fortsetzen kann und ein anderer freier Arbeitsplatz, dem er genügen würde, vorhanden ist. In der Praxis spielt das eine Rolle, wenn **wegen zunehmenden Alters** die **Leistungsfähigkeit** abnimmt, aber andere dem angemessene Arbeitsplätze vorhanden sind (BAG 20. 7. 1989 AP 50

KSchG 1969 § 1 Sicherheitsbedenken Nr. 2; BAG 21. 1. 1993 AP KSchG 1969 MitbestG Schleswig-Holstein § 52 Nr. 1 = NZA 1993, 1099; *Herschel/Löwisch* Rn. 39; *Hueck/v. Hoyningen-Huene* Rn. 70; KDZ/*Kittner* Rn. 148; KR/*Rost* Rn. 100). Ist kein freier Arbeitsplatz vorhanden, wäre dem AG vor einer Beendigungskündigung je nach Alter und Betriebszugehörigkeit des AN uU ein längeres Hinnehmen der nicht mehr vollen Leistungsfähigkeit zuzumuten, vgl. dazu § 1 Rn. 279.

III. Verhaltensbedingte Änderungskündigung

51   Die Erwägungen zur personenbedingten Änderungskündigung gelten in ähnlicher Weise bei einer **verhaltensbedingten Änderungskündigung** (BAG 22. 7. 1982 AP KSchG 1969 § 1 Verhaltensbedingte Kündigung Nr. 5; BAG 10. 11. 1988 AP KSchG 1969 § 1 Abmahnung Nr. 1; *Herschel/Löwisch* Rn. 40; *Hueck/v. Hoyningen-Huene* Rn. 70). Die verhaltensbedingte Kündigung ist zu erwägen, wenn durch eine Änderung der Arbeitsbedingungen mit dem Ende eines vertragswidrigen Verhaltens gerechnet werden kann, zB Versetzung bei dauernden Streitereien mit einem bestimmten Kollegen (BAG 10. 11. 1988 AP KSchG 1969 § 1 Abmahnung Nr. 1; BAG 22. 7. 1982 AP KSchG 1969 § 1 Verhaltensbedingte Kündigung Nr. 5).

IV. Betriebsbedingte Änderungskündigung

52   **1. Allgemeines. Hauptanwendungsbereich** des § 2 ist in der Praxis die **betriebsbedingte Änderungskündigung.** Es müssen zunächst sachliche Gründe vorliegen, die überhaupt ein Änderungsangebot rechtfertigen (BAG 11. 10. 1989 AP KSchG 1969 § 1 Betriebsbedingte Kündigung Nr. 47; BAG 18. 1. 1990 AP KSchG 1969 § 2 Nr. 27; BAG 19. 5. 1993 AP KSchG 1969 § 2 Nr. 31 = NZA 1993, 1075; *Herschel/Löwisch* Rn. 35; *Hueck/v. Hoyningen-Huene* Rn. 71; KDZ/*Kittner* Rn. 152, 153), vgl. Rn. 48. Liegen diese vor, ist die betriebsbedingte Änderungskündigung nur als sozial gerechtfertigt anzusehen, wenn die betrieblichen Erfordernisse so dringend sind, daß diese die Maßnahme unter Abwägung des Interesses des AG an der erstrebten Änderung und des Interesses des AN an der Aufrechterhaltung des bisherigen Arbeitsbedingungen als billigenswert und angemessen erscheinen lassen (*Herschel/Löwisch* Rn. 34). Notwendig ist ein organisatorisches Konzept, aus dem sich das Bedürfnis nach Änderung der Arbeitsbedingungen ergibt (*Löwisch* KSchG Rn. 31), also eine „konzeptionelle Unternehmerentscheidung". **Auch bei der betriebsbedingten Änderungskündigung** unterliegt die ihr zugrundeliegende **Unternehmerentscheidung nur einer Mißbrauchskontrolle.** Es ist jedoch zu prüfen, ob die Organisationsänderung eine Beendigungs- oder Änderungskündigung unabwendbar macht und ob das unternehmerische Konzept nicht mit anderen Maßnahmen realisiert werden kann (BAG 18. 1. 1990 AP KSchG 1969 § 2 Nr. 27).

53   Bei der **betriebsbedingten Änderungskündigung** ist zu unterscheiden, ob gleichwertige Beschäftigungsmöglichkeiten bestehen oder nicht. Ist die bisherige Beschäftigungsmöglichkeit ersatzlos weggefallen und kommt nur die Weiterbeschäftigung in einem anderen angebotenen, nicht gleichwertigen Tätigkeitsbereich in Betracht – und ist auch die Sozialauswahl nicht zu beanstanden, vgl. Rn. 56, kommt es nicht darauf an, ob die Beschäftigung in dem anderen Bereich zumutbar ist oder nicht, vgl. Rn. 81. Der AG kann in einem solchen Fall nicht mehr tun, als dem AN die andere Beschäftigungsmöglichkeit anzubieten, die er hat.

54   Eine betriebsbedingte Änderungskündigung soll nicht nur mit dem Ziel zulässig sein, daß weiterhin ein wenn auch ein geändertes, aber ein unbefristetes Arbeitsverhältnis besteht. Wenn entsprechende sachliche Voraussetzungen vorliegen, soll der AG mit der **Änderungskündigung** nach der neuesten Rspr. d. BAG auch eine **Befristung des Arbeitsverhältnisses** anbieten können (BAG 25. 4. 1996 AP KSchG 1969 § 1 Betriebsbedingte Kündigung Nr. 78 unter Aufgabe BAG 17. 5. 1984 BAGE 46, 191 = AP KSchG 1969 § 1 Betriebsbedingte Kündigung Nr. 21; *Löwisch* Rn. 6; aA *Ascheid* Rn. 467). In derartigen Fällen dürfte es, sofern nicht ganz besondere Umstände vorliegen, an der Dringlichkeit der Kündigung fehlen. Die Umwandlung des unbefristeten in ein befristetes Arbeitsverhältnis mag geeignet sein, das Arbeitsverhältnis zu beenden. Es ist jedoch schon fraglich, ob diese Maßnahme auch erforderlich ist, denn der gleiche Zweck kann verfolgt werden mit einer Beendigungskündigung zu geeigneter Zeit. Fehlen dürfte es jedenfalls an der Verhältnismäßigkeit im engeren Sinn. Durch ein solches Vorgehen des AG wird dem AN nämlich die je nach Kündigungsfrist zu realisierende Möglichkeit einer ordentlichen Eigenkündigung genommen, wenn mit den Änderungsbedingungen nicht nur eine Höchstbefristung verbunden ist. Eine nachträgliche Befristung, auch durch Änderungskündigung, ist daher nur für zulässig zu erachten, wenn hierfür ein sachlicher Grund vorliegt (BAG 8. 7. 1998 AP BGB § 620 Befristeter Arbeitsvertrag Nr. 201).

55   Dem KSchG läßt sich **nicht** die Wertung entnehmen, der AG müsse aufgrund einer Rationalisierungsmaßnahme im Dienstleistungsbereich ohne Rücksicht auf eine einschlägige Organisationsentscheidung in jedem Fall **anstelle mehrerer Änderungskündigungen** (mit dem Ziel von Halbtagsbeschäftigungen) eine **geringere Anzahl von Beendigungskündigungen** aussprechen. **Maßgebend ist allein, wie** der AG sein **unternehmerisches Konzept** gestaltet hat (BAG 19. 5. 1993 AP KSchG 1969 § 2 Nr. 31).

Auch bei einer **betriebsbedingten Änderungskündigung** ist eine **Sozialauswahl** vorzunehmen (BAG 18. 10. 1984 AP KSchG 1969 § 1 Soziale Auswahl Nr. 6; BAG 13. 6. 1986 AP KSchG 1969 § 1 Soziale Auswahl Nr. 13; BAG 23. 8. 1990 RzK I 7 b Nr. 10). Während § 1 um den Absatz 4 erweitert worden ist, wird in § 2 S. 1 (Klammer) weiterhin nur § 1 III 1 und 2 erwähnt. Es dürfte sich hierbei um ein redaktionelles Versehen, eine planwidrige Regelungslücke, handeln (aA *Kittner* AuR 1997, 182, 190). Gegen eine Nichteinbeziehung von § 1 IV spricht insbesondere, daß auch in § 125 I Nr. 1 InsO ein Interessenausgleich indirekt mit einer Änderungskündigung angesprochen ist, vgl. dazu § 125 InsO Rn. 4. Trotz der Neuregelung von § 1 III 1 und der zwingenden Festlegung der Auswahlkriterien hat der Gesetzgeber für § 2 keine geänderten Kriterien aufgestellt. Das war allerdings auch nach altem Recht so. Die Kriterien in § 1 III 1 sind auf eine Beendigung des Arbeitsverhältnisses abgestellt. So wäre es wenig einsichtig, daß bei einer vorgesehenen Änderung der Arbeitsbedingungen, die zwar Verschlechterungen hinsichtlich der Erreichbarkeit des Arbeitsplatzes mit sich bringen, aber mit einer Höherdotierung verbunden sind, gerade diejenigen AN ausgeschlossen sein sollen, die erhöhten Unterhaltspflichten ausgesetzt sind, die nur in Geld zu erbringen sind. Diese Ungereimtheit kann nur dadurch korrigiert werden, daß bei der Gewichtung der Beurteilungsfaktoren das Änderungsangebot ebenfalls als ausschlaggebend einbezogen wird (aA KDZ/*Kittner* Rn. 181 a: Abs. 4 des § 1 gilt nicht). Es kommt darauf an, welchem AN die angebotene Änderung der Arbeitsbedingungen in sozialer Hinsicht am ehesten zumutbar ist (*Löwisch* KSchG Rn. 44). Bei der Beurteilung der Auswahlkriterien ist zu beachten, daß die soziale Schutzbedürftigkeit des AN nicht in bezug auf eine Beendigung des Arbeitsverhältnisses zu prüfen ist, sondern im Hinblick auf die Veränderung der Arbeitsbedingungen (BAG 18. 10. 1984 AP KSchG 1969 § 1 Soziale Auswahl Nr. 6; BAG 13. 6. 1986 AP KSchG 1969 § 1 Soziale Auswahl Nr. 13; *Hueck/v. Hoyningen-Huene* Rn. 77; *Fischermeier* NZA 1997, 1089, 1100). Es ist bei der Sozialauswahl nicht fiktiv zu prüfen, wer von den vergleichbaren AN am härtesten von einem Verlust des Arbeitsplatzes betroffen wäre. Vielmehr kommt es allein darauf an, wie sich die vorgeschlagene Vertragsänderung auf den sozialen Status vergleichbarer AN auswirkt (BAG 19. 5. 1993 RzK I 7 b Nr. 13).

2. Änderung des Tätigkeitsbereichs. Der Tätigkeitsbereich kann geändert werden durch Ausübung des Direktionsrechts, vgl. Rn. 14 ff. Das setzt voraus, daß die neu zugewiesene Aufgabe vom arbeitsvertraglich angebunden ist. Die **Änderungskündigung ist notwendig, wenn** erst eine **vertragliche Anbindung neu geschaffen werden soll,** vgl. zu der vertraglichen Anbindung § 1 Rn. 421. Hat der AG hierarchisch und in Bezug auf das Entgelt vergleichbare andere Beschäftigungsmöglichkeiten zur Besetzung frei, wird es in der Regel dem AN nicht zuzumuten sein, auf einem hierarchisch schlechter eingestuften und entlohnten Arbeitsplatz zu arbeiten.

Die **freien anderen Arbeitsplätze** sind **immer im Zusammenhang mit** der ihnen zugeordneten **Entgelthöhe** zu sehen. Ist der AN bereit, einen hierarchischen Abstieg hinzunehmen, zB der Referatsleiter, der nur noch als Referent eingesetzt werden kann, ist die angebotene Referentenstelle nicht etwa deshalb unzumutbar, weil das dafür üblicherweise gezahlte Entgelt geringer ist. Bei krassen Unterschieden kann es allerdings zu erwägen sein, daß eine sukzessive Gehaltsanpassung in Frage kommt. Sind überhaupt, bezogen auf die bisherige Tätigkeit, **nur minderwertige Beschäftigungsmöglichkeiten vorhanden** und bietet der AG diese an, zB dem Buchhalter eine Beifahrertätigkeit, ist die Kündigung nicht wegen Unzumutbarkeit der Änderungsbedingungen unwirksam. Es mag aus der Sicht des AN berechtigt eine Unzumutbarkeit vorliegen. Hierauf kommt es indessen nicht an. Entscheidend ist die Frage der Unzumutbarkeit an den Möglichkeiten des AG zu messen. Soweit die Änderung der Arbeitsbedingungen eine Versetzung notwendig machen, sind die Rechte des Betriebsrats nach §§ 95, 99 BetrVG zu beachten (BAG 30. 9. 1993 AP KSchG 1969 § 2 Nr. 33), vgl. Rn. 45 ff.

Eine Zumutbarkeit wäre zu verneinen bei der Aufteilung einer einheitlichen Chefarztabteilung auf zwei Chefärzte mit entsprechender Entgeltminderung, wenn der ursprüngliche Chefarzt nicht in gleichem Umfang, auch was seine Einnahmemöglichkeiten angeht, arbeiten könnte (*Hromadka* NZA 1996, 1). Ein Grund wurde verneint, nur weil eine organisatorische Änderung bei im wesentlichen gleichartigem Tätigkeitsbereich erfolgen soll (BAG 6. 3. 1986 AP KSchG 1969 § 15 Nr. 19). Bejaht wurde von der Rechtsprechung die Zuweisung einer anderen Tätigkeit (Schwimmeisterfall) (BAG 13. 6. 1986 AP KSchG 1969 § 1 Soziale Auswahl Nr. 13); Zuweisung einer Tätigkeit als Verkäuferin mit Kassiererfunktion wegen Wegfall der bisher innegehabten höheren Position (BAG 26. 1. 1995 AP KSchG 1969 § 2 Nr. 36).

3. Änderung der Arbeitszeit. Eine Änderungskündigung kann in Frage kommen, wenn die Arbeitszeit geändert werden soll (vgl. dazu *Gaul* DB 1998, 1913). Es ist einmal möglich, daß die vorhandene Arbeitsmenge in geringerer Zeit erledigt werden kann. Eine vertraglich vereinbarte Arbeitszeit kann so herabgesetzt werden, wenn die Berechnung der Arbeitsbelastung ergibt, daß die Arbeitszeit bisher zu hoch angesetzt war (BAG 26. 6. 1975 AP KSchG 1969 § 1 Betriebsbedingte Kündigung Nr. 1). Gilt für die Arbeitszeit eine tarifliche Regelung, ist eine diese mißachtende Änderungskündigung sozialwidrig (aA BAG 10. 2. 1999 RzK I 7 a Nr. 44: rechtsunwirksam). Sind von der Änderung der Arbeitszeit Voll- und Teilzeitkräfte betroffen, kann eine Änderung der Arbeitsbedingungen deshalb sozialwidrig sein, weil der AG gegen § 2 BeschFG verstößt (BAG 24. 4. 1997 AP

KSchG 1969 § 2 Nr. 42). Erfolgt ein Änderungsangebot unter Verletzung tarifvertraglicher Vorschriften, ist eine dennoch ausgesprochenen Änderungskündigung sozialwidrig (so zutreffend BAG 18. 12. 1997 AP KSchG § 2 Nr. 46 *(Wiedemann)*. Es erscheint nicht gerechtfertigt, die Kündigung als unwirksam iSv. § 134 BGB zu qualifizieren (so jetzt BAG 10. 2. 1999 AP KSchG 1969 § 2 Nr. 52 m. abl. Anm. *Berkowsky* DB 1999, 1606).

61   Eine Änderung der Arbeitszeit kann auch gerechtfertigt sein, wenn der AG eine **unternehmerische Entscheidung zur Gestaltung der Arbeitsstruktur** geschaffen hat, die dazu führt, daß die anders zu erledigende Arbeit sinnvoll nur mit einer geänderten Arbeitszeit erledigt werden kann (BAG 19. 5. 1993 AP KSchG 1969 § 2 Nr. 31 = NZA 1993, 1075; KDZ/*Kittner* Rn. 156). Der AG hat hierbei tarifliche Arbeitszeitregelungen zu beachten (BAG 18. 12. 1997 NZA 1998, 304). Eine Zeitänderung kann erfolgen wegen zukünftiger Anrechnung und Kürzung sog. Beizeiten (BAG 23. 6. 1993 RzK I 7 b Nr. 15). Unternehmerische Entscheidungen können ebenso dazu führen, daß von einem **Einschichtbetrieb** in einen **Mehrschichtenbetrieb** übergegangen werden muß (BAG 18. 1. 1990 AP KSchG 1969 § 2 Nr. 27; KDZ/*Kittner* Rn. 160). Eine Änderungskündigung kann auch berechtigt sein, wenn der AG anordnen will, daß Arbeiten, die außerhalb der üblichen Arbeitszeit mit Überstundenvergütung erledigt wurden, jetzt während der regulären Arbeitszeit erledigt werden, sofern hierdurch keine unzulässig „Arbeitsverdichtung" während der Normalarbeitszeit eintritt (BAG 16. 1. 1997 – 2 AZR 240/96 nv.).

62   Es ist denkbar, daß eine **Vertragskorrektur** nur dadurch erfolgen kann, daß **entweder die momentane Arbeitszeit gleich** bleibt **und das Entgelt verringert** wird **oder** daß bei **Aufrechterhaltung des Entgelts** die **Arbeitszeit erhöht** wird. Hierbei sind zwei Fallkonstellationen zu unterscheiden: Beinhaltet der Arbeitsvertrag eine Verpflichtung, gegen entsprechendes Entgelt eine bestimmte Arbeitsmenge zu erledigen, wurde sie aber in der Vergangenheit nicht angefordert (Musikschullehrer während der allgemeinen Schulferien, sog. Ferienüberhang) und will oder muß der AG aufgrund haushaltsrechtlicher Gegebenheiten jetzt die Arbeitspflichten voll realisieren, ist eine Änderungskündigung mit dem Ziel der Stundenreduzierung und entsprechend weniger Entgelt nur zulässig, wenn er in dem von ihm allein zu verantwortenden unternehmerischen Bereich die Schule weiter während der allgemeinen Ferien geschlossen hält und auch sonst keine „Mehr"-Stunden anbieten kann, weil es an einer entsprechenden Nachfrage fehlt (BAG 22. 3. 1990 – 2 AZR 104/89 nv.; BAG 26. 1. 1995 AP KSchG 1969 § 2 Nr. 36). Liegen diese Voraussetzungen nicht vor, kann er nicht das Entgelt den Schulferien entsprechend durch Änderungskündigung mindern, denn er muß den Vertrag, in dem er eine dem Entgelt entsprechende Stundenzahl oder nur eine entsprechende Stundenzahl angeboten hat, halten (BAG 26. 1. 1995 AP KSchG 1969 § 2 Nr. 37). Verringert sich die zu leistende Stundenzahl, bleibt das Entgelt aber gleich, kann der Vertrag durch Änderungskündigung entsprechend angepaßt werden (BAG 21. 2. 1991 – 2 AZR 432/90 nv.).

63   Eine Änderungskündigung kann auch berechtigt sein, wenn der AG dringende betriebliche Gründe aufzeigen kann, die es rechtfertigen, **zwei Halbtagsstellen in eine Ganztagsstelle umzuwandeln** und wenn er den Halbtagsbeschäftigten diese Stelle anbietet (BAG 19. 5. 1993 AP KSchG 1969 § 2 Nr. 31 = NZA 1993, 1075; *Herschel/Löwisch* Rn. 37; *Hueck/v. Hoyningen-Huene* Rn. 73; kritisch KDZ/ *Kittner* Rn. 157). Will der AG wegen der Ausdehnung des Arbeitsvolumens statt einer Teilzeitkraft zukünftig eine Ganztagskraft einsetzen, hat er zunächst der beschäftigten Teilzeitkraft eine Vertragsänderung im Hinblick auf eine Ganztagsbeschäftigung anzubieten (LAG Berlin 10. 9. 1996 LAGE KSchG § 2 Nr. 20).

64   **4. Änderung des Entgelts.** Besteht der bisherige Tätigkeitsbereich fort und werden auch alle AN in der bisherigen Einsatzweise weiterhin benötigt, kann eine **Änderungskündigung zur Minderung der Entgelte** wegen wirtschaftlicher Existenzgefährdung des Betriebs sozial gerechtfertigt sein. Hierbei ist zunächst zu beachten, daß Verträge zu halten sind und daß das Arbeitsverhältnis durch den Grundsatz geprägt wird, daß der AG das sog. Wirtschaftsrisiko trägt (BAG 28. 9. 1972 AP BGB § 615 Betriebsrisiko Nr. 28; BAG 11. 7. 1990 AP BGB § 615 Betriebsrisiko Nr. 32 SPV Rn. 779 a ff.; *Hromadka* RdA 1992, 255). Ein Abweichen von diesem Grundsatz läßt sich nur rechtfertigen durch das Prinzip der Verhältnismäßigkeit. Es ist zu fragen, ob der Arbeitsplatz mit der Folge einer Beendigungskündigung wegfällt, wenn die Arbeitsentgelte nicht gemindert werden (BAG 20. 3. 1986 EzA KSchG 1969 § 2 Nr. 6; BAG 30. 10. 1987 RzK I 7 a Nr. 8; BAG 12. 11. 1998 AP KSchG 1969 Nr. 51; KDZ/*Kittner* Rn. 168 ff.; KR/*Rost* Rn. 107 a, b; *Hromadka* RdA 1992, 255).

65   **Bevor** eine **Entgeltminderung** in Frage kommt, muß feststehen, daß **alle Ressourcen ausgeschöpft** sind und die Kosten auch nicht durch andere Einnahmen gedeckt werden können (BAG 20. 3. 1986 EzA KSchG 1969 § 2 Nr. 6; BAG 11. 11. 1993 – 2 AZR 454/93 nv.: Streichung einer Zulage; KDZ/ *Kittner* Rn. 172). Aufgrund eines **Sanierungskonzepts** muß nachvollziehbar sein, daß die angestrebten Einsparungen unumgänglich sind (BAG 11. 10. 1989 AP KSchG I 7 b Nr. 9; BAG 23. 6. 1993 – 2 AZR 615/ 92 nv.). Maßgebend ist immer die wirtschaftliche Situation des gesamten Betriebs, nicht einer Betriebsabteilung (BAG 20. 3. 1986 AP KSchG 1969 § 2 Nr. 14; BAG 30. 10. 1987 RzK I 7 a Änderungskündigung Nr. 8; BAG 11. 10. 1989 AP KSchG 1969 § 1 Betriebsbedingte Kündigung Nr. 47; BAG 12. 11. 1998 RzK I 7 b Nr. 39). Ist nur die Arbeit in einem Betriebsteil defizitär, können

G. Verfahrensfragen

nicht die dort tätigen AN allein durch Lohnminderung einen Ausgleich schaffen (BAG 20. 8. 1998 AP KSchG 1969 § 2 Nr. 50). Die Unrentabilität einer unselbständigen Betriebsabteilung stellt ein dringendes betriebliches Erfordernis zur Änderung von Arbeitsbedingungen nur dar, wenn sie auf das wirtschaftliche Ergebnis des Gesamtbetriebs durchschlägt **und** ohne Anpassung der Personalkosten Beendigungskündigungen nicht zu vermeiden wären (BAG 12. 11. 1998 AP KSchG 1969 § 2 Nr. 51). Ist nach diesen Grundsätzen eine Entgeltminderung in Betracht zu ziehen, muß die vorgesehene Kürzung von Entgeltbestandteilen dem Grundsatz der Verhältnismäßigkeit genügen (BAG 12. 12. 1996 – 2 AZR 879/95 nv.). Die Änderungskündigung ist nicht geeignet, das angestrebte Ziel zu erreichen, wenn die durchzusetzende Einsparung so gering ist, daß sie letztendlich nichts verbessert (BAG 12. 1. 1961 BGB § 620 Änderungskündigung Nr. 10; BAG 25. 3. 1976 BGB § 626 Ausschlußfrist Nr. 10). Ausgeschlossen ist eine Änderungskündigung mit dem Ziel der Entgeltminderung, wenn der Betrieb wirtschaftlich nicht gefährdet ist, der AG aber die Rentabilität erhöhen will. Will der AG die Lohnstrukturen ändern, soll das Verfahren nach § 87 I Nr. 10 BetrVG nicht vorrangig sein (BAG 17. 6. 1998 AP KSchG 1969 § 2 Nr. 49).

Bejaht wurde die Möglichkeit der **Einstellung eines Kohledeputats** aus Ersparnisgründen (BAG 66 25. 4. 1963 AP BGB § 620 Änderungskündigung Nr. 17), die **Kürzung von Provisionssätzen** wegen erheblicher Verluste (BAG 20. 3. 1986 AP KSchG 1969 § 2 Nr. 14), die **Umgruppierung in eine niedrigere Entgeltgruppe** aufgrund einer neuen Schlüsselbewertung (BAG 15. 3. 1991 AP KSchG 1969 § 2 Nr. 28) oder fehlerhaft vorgenommenen Eingruppierung, sog. korrigierende Eingruppierung (BAG 9. 7. 1997 RzK I 7 a Nr. 40). Nicht zulässig ist die Minderung des vereinbarten Entgelts allein mit der Begründung, es werde eine neue Lohnfindungsmethode eingeführt (LAG Rheinland-Pfalz 9. 1. 1997 LAGE KSchG § 2 Nr. 24: Übergang von einem Grundlohn mit Gewinnbeteiligung zu einem leistungsbezogenem Entgelt).

Das BAG (BAG 28. 4. 1982 AP KSchG 1969 § 2 Nr. 3; ebenso *Hueck/v. Hoyningen-Huene* 67 Rn. 74; KDZ/*Kittner* Rn. 140; KR/*Rost* Rn. 110) vertritt die Auffassung, der AG könne bei einer entgeltlichen Besserstellung einer Gruppe von AN wirksam eine **Änderungskündigung** nicht **zur Herbeiführung einer Lohngleichheit unter Berufung auf den Gleichbehandlungsgrundsatz** rechtfertigen. Das gilt nach der Rechtsprechung auch, wenn der AG sich im Hinblick auf die angestrebte Neuregelung auf eine (Gesamt-)Betriebsvereinbarung berufen kann (BAG 20. 1. 2000 AP BetrVG 1972 § 103 Nr. 40). Diese Überlegung ist nur akzeptabel, wenn der AG die Ungleichheit selbst herbeigeführt hat (vgl. *Herschel/Löwisch* Rn. 36). Entsteht jedoch infolge eines **Betriebsübergangs** eine unterschiedliche Lohnstruktur, läßt sich schon aus dem Regelungsgehalt von § 613 a II BGB herleiten, daß es geradezu erwünscht ist, die Arbeitsbedingungen zu vereinheitlichen (so auch *Herschel/Löwisch* Rn. 36). Das kann nicht nur derart geschehen, daß alle Entgelte auf den Höchstsatz angehoben oder den Mindestsatz gesenkt werden. Der AG wird vielmehr eine neue Lohnstruktur erarbeiten müssen (aA KDZ/*Kittner* Rn. 140). Ist die Entgeltungleichheit auf eigenes Handeln des AG zurückzuführen, können Umstände, die die Annahme eines Wegfalls der Geschäftsgrundlage rechtfertigen, Änderungsmaßnahmen rechtfertigen (vgl. dazu *Ascheid* in Hromadka, Änderung von Arbeitsbedingungen, 1990, S. 109).

Eine **irrtümliche Eingruppierung** kann durch eine Änderungskündigung korrigiert werden (BAG 68 15. 3. 1991 AP KSchG 1969 § 2 Nr. 28; *Herschel/Löwisch* Rn. 36; kritisch KDZ/*Kittner* Rn. 178; KR/*Rost* Rn. 108 ff.). Bei Prüfung der Zumutbarkeit kann insbesondere entscheidend sein, daß der AG von dritter Seite, zB Rechnungshof, gehalten ist, Fehlvergütungen zu korrigieren.

G. Verfahrensfragen

I. Allgemeines

Der **Klageantrag** ist dem Wortlaut des § 2 gemäß dahin zu fassen, festzustellen, daß die Änderung 69 der Arbeitbedingungen sozial ungerechtfertigt ist, sog. **Änderungsschutzklage**. Weitere Zusätze sind entbehrlich. Wie bei der allgemeinen Kündigungsschutzklage wird die Berechtigung der Kündigung nicht nur unter dem Gesichtspunkt der Sozialwidrigkeit geprüft, vgl. § 4 Rn. 66. Es werden vielmehr alle möglichen Unwirksamkeitsgründe in die Prüfung einbezogen (BAG 23. 3. 1983 BB 1983, 2260; *Herschel/Löwisch* Rn. 22; KDZ/*Kittner* Rn. 146, 190; KR/*Friedrich* Rn. 150), vgl. zu den sonstigen Unwirksamkeitsgründen § 13.

Der AN kann **neben der Änderungsschutzklage** vorsorglich eine **allgemeine Kündigungsschutz-** 70 **klage** erheben, wenn er befürchtet, mit der Änderungsschutzklage deshalb zu unterliegen, weil die Annahme des Vorbehalts nicht wirksam erfolgt ist, insbesondere die Frist des § 2 S. 2 nicht eingehalten ist (*Herschel/Löwisch* Rn. 59).

Der **Streitwert** im Änderungsschutzverfahren bemißt sich nach der Differenz zwischen dem Wert 71 der alten Arbeitsbedingungen und den geänderten Bedingungen (KDZ/*Kittner* Rn. 198; KR/*Rost* Rn. 174; vgl hierzu im einzelnen GMP § 12 Rn. 111 ff.; GK-ArbGG/*Wenzel* § 12 Rn. 108 ff.).

II. Obsiegen des AG

72 Wird die Änderungsschutzklage abgewiesen, wird der Vorbehalt wirkungslos. Es steht fest, daß die Änderung der Arbeitsbedingungen endgültig wirksam ist (*Herschel/Löwisch* Rn. 25; KDZ/*Kittner* Rn. 197). Der AN muß endgültig nach den neuen Arbeitsbedingungen arbeiten. Das gleiche gilt nach § 7 Halbs. 2, wenn die Klage nicht rechtzeitig erhoben (*Herschel/Löwisch* Rn. 24) oder die rechtzeitig erhobene Klage zurückgenommen wird, § 269 ZPO. Es kommt hier nicht darauf an, ob die Rücknahme vor oder nach Ablauf der Drei-Wochen-Frist erfolgt. In der Klagerücknahme ist, soweit nicht ausdrücklich ein entsprechender Vorbehalt erfolgt, konkludent das Einverständnis mit den geänderten Arbeitsbedingungen zu sehen. Will der AN nicht zu den geänderten Bedingungen arbeiten, bleibt ihm nur die Möglichkeit einer Eigenkündigung (*Herschel/Löwisch* Rn. 26).

III. Rücknahme der Änderungskündigung

73 **Hat der AN die Änderung der Arbeitsbedingungen unter Vorbehalt angenommen**, bietet er damit gleichzeitig dem AG an, unter den ursprünglichen Arbeitsbedingungen arbeiten zu wollen. **Nimmt der AG die Änderungskündigung zurück**, ist darin die **Annahme des Angebots des AN** zu sehen. Die Situation ist eine völlig andere als die bei der allgemeinen Kündigungsschutzklage (*Herschel/Löwisch* Rn. 29; KR/*Rost* Rn. 159a; aA KDZ/*Kittner* Rn. 192 unter Berufung auf BAG 19. 8. 1982 AP KSchG 1969 § 9 Nr. 9, die eine Beendigungskündigung betrifft). Durch die Rücknahme der Kündigung erledigt sich die Hauptsache. Die Kosten hat gemäß § 46 II ArbGG iVm. § 91 a ZPO der AG zu tragen, wenn die Parteien den Rechtsstreit übereinstimmend für erledigt erklären. Der AN hat hier im Fall der Kündigungsrücknahme auch kein Rechtsschutzinteresse mehr, ein Urteil über die Rechtmäßigkeit der Änderungskündigung zu erhalten, denn die Stellung eines Auflösungsantrags ist ausgeschlossen (*Herschel/Löwisch* Rn. 29; KDZ/*Kittner* Rn. 195; KR/*Rost* Rn. 166), vgl. § 9 Rn. 5.

IV. Obsiegen des AN

74 Gibt das Gericht der Änderungsschutzklage statt, gilt die Änderungskündigung als von Anfang an rechtsunwirksam, § 8. Die auflösende Bedingung tritt ein und die **alten Arbeitsbedingungen werden rückwirkend** wiederhergestellt. Hatte die Änderungskündigung Auswirkungen auf die Höhe des Arbeitsentgelts, muß der AG dem AN die Differenz zwischen dem ursprünglichen Entgelt und dem tatsächlich gezahlten nachleisten (*Herschel/Löwisch* Rn. 27; *Hueck/v. Hoyningen-Huene* Rn. 97; KDZ/*Kittner* Rn. 196). Eine **Rückwirkung** kommt **nur** in Betracht, **wenn** sie **tatsächlich durchführbar** ist. War der AN in eine andere Abteilung versetzt worden bei gleichem Entgelt, kann er allenfalls Ersatzansprüche geltend machen, wenn ihm materiell ein Schaden entstanden ist (*Hueck/v. Hoyningen-Huene* Rn. 98).

75 Der **AN** kann **im Fall** der Änderungsschutzklage nicht die **Auflösung des Arbeitsverhältnisses** gegen Zahlung einer Abfindung gemäß § 9 erreichen. Der Bestand des Arbeitsverhältnisses stand bei Annahme unter Vorbehalt außer Streit und kann nicht über den Umweg des Auflösungsantrags wieder in Frage gestellt werden (*Herschel/Löwisch* Rn. 228; KR/*Rost* Rn. 166; *Löwisch* KSchG Rn. 58). Ebenso scheidet aus diesem Grund eine Anwendung von § 12 aus (*Herschel/Löwisch* Rn. 28).

H. Beweislastfragen

76 Die Änderungskündigung ist eine echte Kündigung. Die Beweislastverteilung richtet sich bei ihr nach den Grundsätzen, die für die Beendigungskündigung gelten (*Baumgärtel/v. Altrock* § 611 BGB Anhang Rn. 86; KR/*Rost* Rn. 160). Der AG hat die Tatsachen darzulegen und zu beweisen, die die Änderungskündigung bedingen. Dem AN hingegen obliegt die Beweislast für die fehlerhafte soziale Auswahl. Etwas anderes ist nicht daraus abzuleiten, daß § 2 S. 1 nicht § 1 II 4 und III S. 3 erwähnt (*Herschel/Löwisch* Rn. 43; KDZ/*Kittner* Rn. 194: ist durch Verweis auf § 1 II gedeckt; KR/*Friedrich* Rn. 161).

§ 3 Kündigungseinspruch

¹ Hält der Arbeitnehmer eine Kündigung für sozial ungerechtfertigt, so kann er binnen einer Woche nach der Kündigung Einspruch beim Betriebsrat einlegen. ² Erachtet der Betriebsrat den Einspruch für begründet, so hat er zu versuchen, eine Verständigung mit dem Arbeitgeber herbeizuführen. ³ Er hat seine Stellungnahme zu dem Einspruch dem Arbeitnehmer und dem Arbeitgeber auf Verlangen schriftlich mitzuteilen.

1 Nach § 3 kann der AN, der eine ordentliche Kündigung für sozial ungerechtfertigt hält, **binnen einer Woche beim Betriebsrat Einspruch** einlegen. § 3 gilt für die **Beendigungs- und die Ände-**

rungskündigung (KR/*Rost* Rn. 27). Die Wochenfrist ist keine Ausschlußfrist. Der Betriebsrat kann sich auch mit einem verspäteten Einspruch befassen (*Hueck/v. Hoyningen-Huene* Rn. 5; KR/*Rost* Rn. 16). Behandelt der Betriebsrat einen verspäteten Einspruch, kann der AG Verhandlungen nicht unter Berufung auf die Nichteinhaltung der Wochenfrist verweigern (*Herschel/Löwisch* Rn. 4). Nach § 13 findet § 3 auf Kündigungen, die aus anderen Gründen unwirksam sind, keine Anwendung. Es ist allerdings niemand gehindert, sich dennoch um Vermittlung an den Betriebsrat zu wenden (*Hueck/v. Hoyningen-Huene* § 13 Rn. 16).

Erachtet der **Betriebsrat** den Einspruch für begründet, **hat er zu versuchen, eine Verständigung** 2 **mit dem AG herbeizuführen.** Die Verständigung umfaßt jede denkbare Art der Bereinigung des Streits, nicht etwa nur die Rücknahme der Kündigung. Der Betriebsrat kann sich auch für eine Abfindung oder eine Verlängerung der Kündigungsfrist einsetzen (*Herschel/Löwisch* Rn. 6; *Hueck/v. Hoyningen-Huene* Rn. 7; KR/*Rost* Rn. 20). Eine Stellungnahme zu dem Einspruch hat der Betriebsrat dem AN und dem AG schriftlich mitzuteilen. Das gilt auch, wenn dem AG eine Abschrift der Stellungnahme des Betriebsrats im Rahmen der Anhörung gemäß § 102 BetrVG zugeleitet worden ist (*Hueck/v. Hoyningen-Huene* Rn. 9).

§ 3 findet keine Anwendung auf die Arbeitsverhältnisse von Geschäftsführern, Betriebsleitern, 3 Kapitänen und ähnlichen leitenden Angestellten, soweit diese zur selbständigen Einstellung oder Entlassung von AN berechtigt sind, § 14 II 1 (KR/*Rost* Rn. 29).

§ 3 hat **allein individualrechtliche Bedeutung** und gilt unbeschadet der Regelungen in §§ 102, 103 4 BetrVG (*Hueck/v. Hoyningen-Huene* Rn. 4; KR/*Rost* Rn. 5). Im Hinblick auf § 102 I 1 und II BetrVG ist § 3 KSchG in der Praxis weitgehend bedeutungslos (*Herschel/Löwisch* Rn. 1; *Hueck/v. Hoyningen-Huene* Rn. 1, 12; KDZ/*Kittner* Rn. 2; KR/*Rost* Rn. 7; SPV Rn. 1042). Ein zusätzlicher Schutz kommt der Wahrnehmung des Einspruchs allenfalls zu, wenn der Betriebsrat den AN nach § 102 II 4 BetrVG nicht angehört hat. Außerdem kann der AN mit dem Einspruch erreichen, daß der Betriebsrat zur Kündigung schriftlich Stellung nimmt, selbst wenn er dies im Rahmen von § 102 BetrVG nicht beabsichtigte. Für den AN ist es wichtig zu beachten, daß **durch die Einlegung des Einspruchs die Drei-Wochen-Frist des § 4 nicht beeinflußt wird** (*Herschel/Löwisch* Rn. 4; *Hueck/v. Hoyningen-Huene* Rn. 5; KDZ/*Kittner* Rn. 9; KR/*Rost* Rn. 26). Ein Irrtum des AN in dieser Hinsicht rechtfertigt in der Regel **nicht** die nachträgliche Zulassung der Kündigungsschutzklage (*Herschel/Löwisch* Rn. 4; *Hueck/v. Hoyningen-Huene* Rn. 4; KR/*Rost* Rn. 26; aA *Moehn* NZA 1995, 114; *Fischer* NZA 1995, 1133).

Die Regelung in § 3 S. 3 wird ergänzt durch die in § 4 S. 3, wonach im Fall des Einspruchs beim 5 Betriebsrat der Klage die Stellungnahme des Betriebsrats beigefügt werden soll. Geschieht dies nicht, hat das allerdings keine rechtlichen Folgen.

Das Gesetz sieht für die Einlegung des Einspruchs keine besondere Form und keine Begründung 6 vor. Der Einspruch kann daher auch mündlich eingelegt werden (KDZ/*Kittner* Rn. 5; KR/*Rost* Rn. 10). Macht der AN von dem Einspruchsrecht Gebrauch, liegt darin **keine Vollmachterteilung an den Betriebsrat**, für den AN rechtsverbindlich zu handeln. Dem Betriebsrat kommt nur eine Vermittlerrolle zu (*Hueck/v. Hoyningen-Huene* Rn. 8; KDZ/*Kittner* Rn. 7; KR/*Rost* Rn. 21). Abschließende Übereinkünfte sind zwischen AG und AN zu treffen. Unterbreitet der AG dem Betriebsrat ein „Bereinigungsangebot", kann der Betriebsrat als Empfangsbote fungieren und das Angebot an den AN weiterleiten (*Herschel/Löwisch* Rn. 6; *Hueck/v. Hoyningen-Huene* Rn. 8).

Befaßt sich der Betriebsrat mit dem Einspruch, erfolgt die Entscheidung durch Beschluß, § 33 7 BetrVG. Die schriftliche Stellungnahme nach § 3 S. 3 muß eine Begründung des Ergebnisses der Verständigung zwischen Betriebsrat und AG enthalten. Eine einfache Mitteilung reicht nicht aus (*Hueck/v. Hoyningen-Huene* Rn. 10; KDZ/*Kittner* Rn. 8; KR/*Rost* Rn. 24). Der Betriebsrat ist nicht an eine frühere Stellungnahme im Rahmen der Anhörung nach § 102 BetrVG gebunden. Er kann insbesondere neue Umstände berücksichtigen (*Hueck/v. Hoyningen-Huene* Rn. 4).

§ 3 ist kein Schutzgesetz iSv. § 823 II BGB, denn durch § 3 sollen die Pflichten des Betriebsrats 8 konkretisiert, nicht aber Pflichtverletzungen verhindert werden (*Herschel/Löwisch* Rn. 8; *Hueck/v. Hoyningen-Huene* Rn. 11; SPV Rn. 1043; eingehend KR/*Rost* Rn. 33 ff.).

§ 4 Anrufung des Arbeitsgerichtes

¹ Will ein Arbeitnehmer geltend machen, daß eine Kündigung sozial ungerechtfertigt ist, so muß er innerhalb von drei Wochen nach Zugang der Kündigung Klage beim Arbeitsgericht auf Feststellung erheben, daß das Arbeitsverhältnis durch die Kündigung nicht aufgelöst ist. ² Im Falle des § 2 ist die Klage auf Feststellung zu erheben, daß die Änderung der Arbeitsbedingungen sozial ungerechtfertigt ist. ³ Hat der Arbeitnehmer Einspruch beim Betriebsrat eingelegt (§ 3), so soll er der Klage die Stellungnahme des Betriebsrates beifügen. ⁴ Soweit die Kündigung der Zustimmung einer Behörde bedarf, läuft die Frist zur Anrufung des Arbeitsgerichtes erst von der Bekanntgabe der Entscheidung der Behörde an den Arbeitnehmer ab.

I. Allgemeines

1 Findet das KSchG Anwendung, soll durch die Regelung in §§ 4, 7 nach einer Kündigung alsbald Klarheit über den Bestand des Arbeitsverhältnisses geschaffen werden. Will der AN eine ordentliche Kündigung **wegen ihrer Sozialwidrigkeit** angreifen, muß er gemäß § 4 S. 1 innerhalb von drei Wochen nach ihrem Zugang **Klage** beim Arbeitsgericht **auf Festellung** erheben, daß das Arbeitsverhältnis durch die Kündigung nicht aufgelöst ist. Nach der ausdrücklichen Regelung in § 4 S. 2 ist auch die Sozialwidrigkeit einer **Änderungskündigung** innerhalb von drei Wochen geltend zu machen. Die Frist des § 4 wird nicht gewahrt, wenn der AN eine bloße Lohnzahlungsklage erhebt, selbst wenn diese Ansprüche nach dem Kündigungstermin erfaßt, so daß die Wirksamkeit der Kündigung incidenter geprüft werden muß (BAG 25. 3. 1976 AP BGB § 626 Ausschlußfrist Nr. 10; *Herschel/Löwisch* Rn. 12; *Hueck/v. Hoyningen-Huene* Rn. 7; *KDZ/Kittner* Rn. 15; *KR/Friedrich* Rn. 20). Wird **keine Klage** oder wird verspätet Klage erhoben, gilt die **Kündigung im Hinblick auf eine eventuelle Sozialwidrigkeit als** von Anfang an **wirksam**, § 7.

2 Es besteht **keine Pflicht des AG**, den AN auf die **Notwendigkeit einer Klageerhebung** hinzuweisen (*Hueck/v. Hoyningen-Huene* Rn. 1; *Schaub* § 136 II 3; SPV Rn. 1102), vgl. im übrigen § 5 Rn. 3.

3 § 4 befindet sich im Ersten Teil des KSchG und findet keine Anwendung auf AN, die vom betrieblichen Geltungsbereich dieses Gesetzes, § 23, nicht erfaßt werden oder auf solche, deren Arbeitsverhältnis noch keine sechs Monate bestanden hat, § 1 I (*KDZ/Kittner* Rn. 3; *KR/Friedrich* Rn. 13). Das gilt nach der Rechtsprechung auch für den Fall, daß der AN die Unwirksamkeit einer außerordentlichen Kündigung geltend machen will (BAG 27. 1. 1955 AP KSchG 1951 § 11 Nr. 5; BAG 17. 8. 1972 AP BGB § 626 Nr. 65; KR/*Friedrich* Rn. 13).

4 Der Regelungsbereich des § 4 erfaßt nur die **Sozialwidrigkeit einer Kündigung.** Will der AN geltend machen, das Arbeitsverhältnis bestehe fort, weil die ordentliche Kündigung – nur – aus anderen Gründen unwirksam sei, vgl. dazu § 13 Rn. 21 ff., 28 ff., braucht er nicht innerhalb der drei Wochen Feststellungsklage zu erheben (*Herschel/Löwisch* Rn. 3). Zur außerordentlichen Kündigung vgl. § 13 Rn. 16. Auch andere **Änderungen des Leistungsinhalts**, etwa durch **Direktionsrecht** oder **Ausübung eines Widerrufsrechts** – vgl. dazu § 2 Rn. 14 ff. – brauchen **nicht innerhalb der Drei-Wochen-Frist** angegriffen zu werden (BAG 20. 10. 1960 AP BGB § 611 Direktionsrecht Nr. 8; BAG 27. 3. 1980 BGB § 611 Direktionsrecht Nr. 26; *Herschel/Löwisch* Rn. 4; *KR/Friedrich* Rn. 16). Das Recht, sich auf andere Unwirksamkeitsgründe berufen zu können, kann jedoch verwirkt werden, vgl. § 7 Rn. 5.

5 Steht der AN in einem **befristeten Arbeitsverhältnis** und will er geltend machen, die Befristung sei unwirksam, weil sie Wertungen des KSchG widerspreche, findet zwar § 4 keine Anwendung. Seit 1. 10. 1996 muß der AN jedoch nach § 1 V BeschFG 1996 **innerhalb von drei Wochen nach dem vereinbarten Ende des befristeten Arbeitsvertrags** Klage beim Arbeitsgericht auf Feststellung erheben, daß das Arbeitsverhältnis auf Grund der Befristung nicht geendet hat. Die §§ 5 bis 7 KSchG gelten entsprechend.

6 Die **Drei-Wochen-Frist** des § 4 muß **nicht** eingehalten werden, wenn der AG den **Arbeitsvertrag nach § 119 BGB wegen Irrtums angefochten** hat und der AN wegen Unwirksamkeit der Anfechtung das Bestehen eines Arbeitsverhältnisses geltend machen will (*Hueck/v. Hoyningen-Huene* § 1 Rn. 104; KBK 14 Rn. 43; SPV Rn. 1050; offengelassen in BAG 14. 12. 1979 AP BGB § 119 Nr. 4; aA KR/*Friedrich* Rn. 16 a). § 4 greift nicht, wenn ein **faktisches Arbeitsverhältnis** für beendet erklärt wird (BAG 24. 6. 1981 – 7 AZR 198/79 nv.; KR/*Friedrich* Rn. 168).

7 Die Vorschriften des KSchG über die fristgebundene Klageerhebung sind auch auf außerordentliche Kündigungen von Berufsausbildungsverhältnissen anzuwenden. Das gilt nicht, wenn ein **Auszubildender** – ihm kann nur außerordentlich gekündigt werden – klagt und nach § 111 II ArbGG eine Verhandlung vor einem zur Beilegung von Streitigkeiten aus dem Berufsausbildungsverhältnis gebildeten Ausschuß stattfinden muß (BAG 13. 4. 1989 AP KSchG 1969 § 4 Nr. 21; BAG 5. 7. 1990 AP KSchG 1969 § 4 Nr. 23; BAG 26. 1. 1999 AP KSchG 1969 § 4 Nr. 43; *KDZ/Kittner* Rn. 9; KR/*Friedrich* § 13 Rn. 36; SPV Rn. 1051 a). Die in § 111 II 5 ArbGG vorgeschriebene Verhandlung vor dem Schlichtungsausschuß ist eine unverzichtbare Prozeßvoraussetzung für die Klage. Die Nichtanwendung der §§ 4, 7 muß aus Gründen der Rechtssicherheit auch gelten, wenn kein Schlichtungsausschuß gebildet ist, denn allein damit in Zusammenhang stehende Unklarheiten können nicht zu Lasten des Auszubildenden gehen (*KDZ/Kittner* Rn. 9; KBK 8 Rn. 74; aA ausdrücklich BAG 5. 7. 1990 AP KSchG 1969 § 4 Nr. 23).

II. Klage

8 Für den **Kündigungsschutzprozeß** sind die **Vorschriften über das Urteilsverfahren** maßgebend (*Herschel/Löwisch* Rn. 7).

1. Klageart. Die **Kündigungsschutzklage ist eine Feststellungklage.** Sie zielt auf die Feststellung ab, eine bestimmte Kündigung habe das Arbeitsverhältnis nicht aufgelöst. Die vom AG ausgespro-

II. Klage

chene Kündigung ist nicht etwa zunächst wirksam und wird später durch richterlichen Gestaltungsakt aufgehoben. Durch die Regelung in §§ 4, 7 soll nicht die Änderung des bis zum Erlaß des Urteils bestehenden Rechtszustandes herbeigeführt werden (BAG GS 27. 2. 1985 AP BGB § 611 Beschäftigungspflicht Nr. 14; BAG 26. 6. 1986 AP KSchG 1969 § 4 Nr. 14; BAG 2. 4. 1987 AP BGB § 626 Nr. 96; *Herschel/Löwisch* Rn. 2; *Hueck/v. Hoyningen-Huene* Rn. 4; KR/*Friedrich* Rn. 17; KBK 14 Rn. 3; SPV Rn. 1055). Die vom AN zu erhebende Klage ist daher nicht eine Gestaltungsklage (*Herschel/Löwisch* Rn. 2; *Hueck/v. Hoyningen-Huene* Rn. 4; KR/*Friedrich* Rn. 17).

Die **Feststellungsklage nach § 4** erfordert **nicht** die **Darlegung eines besonderen Feststellungs- 9 interesses**. Das Feststellungsinteresse ergibt sich aus der zwingenden Folgeregelung in § 7 (BAG 11. 2. 1981 KSchG 1969 § 4 AP Nr. 8). Das gilt auch, wenn der AN inzwischen ein neues Arbeitsverhältnis eingegangen ist und das alte nicht fortsetzen will (*Herschel/Löwisch* Rn. 30; *Hueck/v. Hoyningen-Huene* Rn. 15; KR/*Friedrich* Rn. 27, 28). Ein Rechtsschutzinteresse fehlt allerdings, wenn zwischen den Parteien unstreitig ist oder wenn sich aus einer sie bindenden rechtskräftigen Entscheidung ergibt, daß das Arbeitsverhältnis spätestens mit Ablauf der Kündigungsfrist aus einem anderen Grund beendet worden ist (BAG 11. 2. 1981 AP KSchG 1969 § 4 Nr. 8; *Hueck/v. Hoyningen-Huene* Rn. 16).

2. Klageerhebung. Die Klage kann **schriftlich** eingereicht oder zu **Protokoll der Geschäftsstelle** 10 des Arbeitsgerichts erklärt werden, §§ 46 II ArbGG, 496 ZPO. Die Klage nach § 4 muß **unbedingt** erhoben werden. Durch eine – unzulässige – eventuelle Klageerhebung gegen einen am Prozeß bisher nicht Beteiligten wird die Frist des § 4 nicht gewahrt (unklar BAG 31. 3. 1993 AP KSchG 1969 § 4 Nr. 27 = NZA 1994, 237; Anm. *Schreiber* SEA 1996, 127; KR/*Friedrich* Rn. 24; kritisch SPV Rn. 1110). Ein solcher Fall läge vor, wenn der AN einen Betriebserwerber auf Lohnzahlung in Anspruch nehmen und geltend machen würde, für den Fall daß dieser sich darauf berufe, der Veräußerer habe ihm gekündigt, mache er hilfsweise gegenüber dem – bisher am Verfahren nicht beteiligten – Betriebsveräußerer die Unwirksamkeit der Kündigung geltend.

Von der eventuellen Klageerhebung ist die **unbedingte, aber vorsorgliche Klageerhebung** zu 11 unterscheiden. Eine **vorsorgliche Klageerhebung wahrt die Klagefrist** (KDZ/*Kittner* Rn. 17; KR/*Friedrich* Rn. 24). Eine vorsorgliche Klageerhebung liegt auch in der Stellung eines Hilfsantrags im Rahmen eines anhängigen Hauptprozesses, in dem der Beklagte des Hauptantrages in Anspruch genommen wird. Ein Hilfsantrag wird sofort rechtshängig (so die Fallkonstellation in BAG 31. 3. 1993 AP KSchG 1969 § 4 Nr. 27; KR/*Friedrich* Rn. 24). Ein solcher Fall liegt zB vor, wenn der AN in einer Erklärung seines AG, der keinen Lohn mehr zahlt, keine Kündigung sieht und seinen Lohn einklagt, innerhalb der Drei-Wochen-Frist geltend macht, für den Fall des Vorliegens einer Kündigungserklärung, die sich aus den genau zu bezeichnenden Umständen ergeben könnte, mache er die Unwirksamkeit der Kündigung geltend. Dieser Antrag ist nicht als Hilfsantrag im Sinn gestellt, daß das Gericht gezwungen wäre, zunächst über das Zahlungsbegehren zu entscheiden, sondern im Sinn einer Rechtsbedingung (vgl. BAG 21. 12. 1967 AP KSchG 1951 § 3 Nr. 33; *Herschel/Löwisch* Rn. 8, 11; *Hueck/v. Hoyningen-Huene* Rn. 9; KR/*Friedrich* Rn. 24). Kommt das Gericht zu der Auffassung, es liege eine Kündigung vor, hat es über die Kündigungsschutzklage vorrangig oder gleichzeitig – je nach Entscheidungsreife – zu richten.

Klagt der AG innerhalb von drei Wochen nach Ausspruch einer Kündigung auf Feststellung, ein 12 Arbeitsverhältnis bestehe infolge Wirksamkeit der Kündigung nicht – wobei für eine solche Klage von Ausnahmefällen abgesehen in der Regel kaum ein Rechtsschutzinteresse bestehen dürfte (*Hueck/v. Hoyningen-Huene* Rn. 80) – und stellt der AN einen bloßen Klagabweisungsantrag, ist darin nicht die Erhebung einer Kündigungsschutzklage nach § 4 zu sehen (*Herschel/Löwisch* Rn. 11; *Hueck/v. Hoyningen-Huene* Rn. 8; KDZ/*Kittner* Rn. 17). Das Gericht müßte beim Vorliegen eines Rechtsschutzinteresse der Klage des AG wegen der Wirkung von § 7 stattgeben. Der AN muß in einem solchen Fall Feststellungswiderklage erheben (*Hueck/v. Hoyningen-Huene* Rn. 9).

3. Örtlich zuständiges Gericht. Die Klage ist beim örtlich zuständigen Arbeitsgericht zu erheben. 13 Die örtliche Zuständigkeit ergibt sich für natürliche Personen aus deren Wohnsitz, bei juristischen aus deren Sitz, § 46 II ArbGG iVm. §§ 12 bis 27 ZPO (KR/*Friedrich* Rn. 171). Wird die Klage beim unzuständigen Gericht eingereicht, finden nach der zwingenden Vorschrift des § 48 I ArbGG auch für die örtliche Zuständigkeit die §§ 17 bis 17 b GVG entsprechend Anwendung. Das zu Unrecht angerufene Gericht hat seine Unzuständigkeit auszusprechen und den Rechtsstreit förmlich an das örtlich zuständige zu verweisen. In einem solchen Fall bleiben nach § 17 b S. 2 GVG die Wirkungen der Rechtshängigkeit bestehen. Die Klagefrist bleibt also gewahrt, auch wenn die Verweisung nach der Drei-Wochen-Frist erfolgt (*Hueck/v. Hoyningen-Huene* Rn. 57; KDZ/*Kittner* Rn. 49; KR/*Friedrich* Rn. 181; SPV Rn. 1100).

Gibt das unzuständige Gericht außerhalb der Drei-Wochen-Frist die Sache formlos an das örtlich 14 zuständige Gericht ab, hat dieses die Annahme zu verweigern und auf eine förmliche Beschlußfassung zu drängen (aA BAG 15. 9. 1977 – 2 AZR 333/73 nv. (zur alten Rechtslage); LAG Sachsen-Anhalt 23. 2. 1995 LAGE Nr. 26; *Herschel/Löwisch* Rn. 19; KR/*Friedrich* Rn. 182; SPV Rn. 1100). An die Stelle des Arbeitsgerichts tritt ein Schiedsgericht, wenn ein solches gültig vorgesehen ist (BAG 24. 9. 1970 AP KSchG 1951 § 3 Nr. 37; vgl. §§ 100 ff. ArbGG).

15 **4. Höchstpersönliches Klagerecht. Klage auf Feststellung der Sozialwidrigkeit** der Kündigung nach § 4 **kann nur der AN erheben.** Es handelt sich insoweit um ein **höchstpersönliches Recht** (*Hueck/v. Hoyningen-Huene* Rn. 33; KR/*Friedrich* Rn. 74; *Löwisch* KSchG Rn. 26; SPV Rn. 1098). Dritte, insbesondere solche Rechtssubjekte, auf die Ansprüche durch Abtretung oder kraft Gesetzes, zB § 115 SGB X, übergegangen sind, können die Unwirksamkeit einer Kündigung nicht geltend machen. Sie müssen abwarten, ob der AN Klage erhebt oder nicht (*Herschel/Löwisch* Rn. 21; *Hueck/v. Hoyningen-Huene* Rn. 34; KR/*Friedrich* Rn. 75; SPV Rn. 1099).

16 Bestehen Zweifel an der Wirksamkeit einer Kündigung aufgrund **anderer Unwirksamkeitsgründe,** die nicht innerhalb der Drei-Wochen-Frist geltend zu machen sind, können sich **Pfändungsgläubiger** und **Zessionare** von Entgeltansprüchen auf die Unwirksamkeit der Kündigung der AN berufen, solange der AN sich nicht mit der Auflösung des Arbeitsverhältnisses einverstanden erklärt oder sein Recht verwirkt hat (BAG 29. 11. 1978 AP LohnFG § 6 Nr. 7; *Herschel/Löwisch* Rn. 21; krit. KR/*Friedrich* Rn. 78 ff.).

17 Die Rechtslage für die **Erben** ist anders. Stirbt der AN **vor Ablauf der Kündigungsfrist,** endet das Arbeitsverhältnis mit dem Tod des AN. Es kann nicht mehr auf die Wirksamkeit oder Unwirksamkeit einer Kündigung ankommen. Hatte der AN bereits Klage erhoben und stirbt er vor Ablauf der Kündigungsfrist, ist der Rechtsstreit durch den Tod des AN erledigt (*Hueck/v. Hoyningen-Huene* Rn. 36; KDZ/*Kittner* Rn. 19; KR/*Friedrich* Rn. 84).

18 Stirbt der AN **nach Ablauf der Kündigungsfrist,** aber vor Ablauf der Klagefrist nach § 4 oder den nach §§ 5, 6 verlängerten Fristen, können die Erben die Kündigungsschutzklage erheben (*Hueck/v. Hoyningen-Huene* Rn. 35; KDZ/*Kittner* Rn. 19; KR/*Friedrich* Rn. 82; *Schaub* § 136 I; modifizierend *Herschel/Löwisch* Rn. 23: können unmittelbar Leistungsklage erheben, da Auflösungsantrag entfällt.

19 **5. Person des Beklagten. Beklagter** im Kündigungsschutzprozeß ist der **AG.** Das ist der unmittelbare Vertragspartner des AN (KR/*Friedrich* Rn. 85; SPV Rn. 1093). Bei mittelbaren Arbeitsverhältnissen, vgl. dazu § 1 Rn. 84, ist das der Mittelsmann (BAG 9. 4. 1957 AP BGB § 611 Mittelbares Arbeitsverhältnis Nr. 2; BAG 21. 2. 1990 AP BGB § 611 Abhängigkeit Nr. 57; *Herschel/Löwisch* Rn. 27; KR/*Friedrich* Rn. 88). Ist der AG eine juristische Person, ist diese zu verklagen (KR/*Friedrich* Rn. 86, 92). Das gleiche gilt nach § 50 II ZPO für einen nicht rechtsfähigen Verein (*Herschel/Löwisch* Rn. 25; *Hueck/v. Hoyningen-Huene* Rn. 40; KDZ/*Kittner* Rn. 20). Zur Passivlegitimation, insbesondere zur Vertretung, einer Sparkasse in einem gegen diese gerichteten Kündigungsschutzprozeß eines stellvertretenden Vorstandsmitglieds vgl. BAG 20. 8. 1999 – 2 AZR 12/98 nv. Im Rahmen von Art. 56 Nato-Zusatzabkommen, vgl. § 1 Rn. 12, ist die Kündigungsschutzklage gegen die Bundesrepublik Deutschland zu erheben.

20 Ist AG eine Gesellschaft des bürgerlichen Rechts, müssen alle Gesellschafter verklagt werden (BAG 17. 2. 1982 AP SchwbG § 15 Nr. 1; BAG 6. 7. 1989 AP BGB § 705 Nr. 4; *Herschel/Löwisch* Rn. 25; *Hueck/v. Hoyningen-Huene* Rn. 41; KR/*Friedrich* Rn. 94; SPV Rn. 1094). Erhebt der AN Klage gegen die BGB-Gesellschaft als solche oder gegen einzelne Gesellschafter, ist die Klage unzulässig (BAG 27. 3. 1981 AP BGB § 611 Arbeitnehmergruppe Nr. 1; *Herschel/Löwisch* Rn. 25; *Hueck/v. Hoyningen-Huene* Rn. 41; KDZ/*Kittner* Rn. 21). Bei einer offenen Handelsgesellschaft oder einer Kommanditgesellschaft ist die Gesellschaft unter ihrer Firma zu verklagen, § 124 HGB. Bei einer Partnerschaft nach dem Gesetz über Partnerschaftsgesellschaften Angehöriger Freier Berufe finden nach § 1 IV PartGG die Vorschriften des BGB über die Gesellschaft Anwendung. Gemäß § 7 II PartGG iVm. § 124 HGB können die Partner jedoch unter dem Namen ihrer Partnerschaft gemäß § 2 PartGG verklagt werden.

21 Hält der AN die Kündigung für sozialwidrig nach § 1 II, weil der Arbeitsplatz infolge eines **Betriebsübergangs** nicht weggefallen sei, ist die Klage gegen die Rechtspersönlichkeit zu richten, die zum Zeitpunkt der Klageerhebung nach materiellem Recht AG ist. Erfolgt die Klageerhebung nach einem dem AN bekannten Betriebsübergang ist die Klage gegen die Rechtspersönlichkeit zu richten, die in die Rechte und Pflichten aus dem Arbeitsverhältnis eingetreten ist (RGRK/*Ascheid* § 613a Rn. 290; *Löwisch* KSchG Rn. 33). Die Klage gegen den alten AG wahrt die Frist, wenn dem AN die Tatsache des Betriebsübergangs nicht mitgeteilt worden war, denn der Erwerber tritt auch in diese unklare Rechtslage ein, die er gegen sich gelten lassen muß, oder wenn der AN die Tatsache des Betriebsübergangs bestreitet.

22 Das BAG und die überwiegende Literaturmeinung sind demgegenüber der Ansicht, der alte AG, der die Kündigung ausgesprochen habe, bleibe für den Kündigungsschutzprozeß passiv legitimiert (BAG 14. 2. 1978 AP Art. 9 Arbeitskampf Nr. 60; BAG 26. 5. 1983 AP BGB § 613a Nr. 34; BAG 27. 9. 1984 AP BGB § 613a Nr. 39; BAG 18. 3. 1999 AP KSchG 1969 § 4 Nr. 44; vgl. zur Rechtskraftwirkung auch BAG 18. 2. 1999 AP ZPO § 325 Nr. 5; *Herschel/Löwisch* Rn. 26; *Hueck/v. Hoyningen-Huene* Rn. 38; KR/*Friedrich* Rn. 96; SPV Rn. 1097). Klagt der AN gegen den Betriebserwerber nur mit dem Kündigungsschutzantrag, steht bei gewonnenem Prozeß nicht fest, daß der Erwerber in die Rechte und Pflichten aus dem gekündigten Arbeitsverhältnis eingetreten ist. Ist der Übergang des Arbeitsverhältnisses streitig, ist der Fortbestand des Arbeitsverhältnisses durch Feststellungsklage

nach § 256 ZPO gegen den Erwerber geltend zu machen (BAG 14. 2. 1978 AP Art. 9 Arbeitskampf Nr. 60; KR/*Friedrich* Rn. 96).

Macht der AN im Zusammenhang mit einem Betriebsübergang einen Verstoß gegen § 613 a IV BGB **23** geltend, handelt es sich insoweit um einen eigenen Unwirksamkeitsgrund. Der AN kann gemäß § 256 ZPO gegen den Erwerber auf Feststellung klagen, daß mit ihm ein Arbeitsverhältnis besteht (BAG 31. 1. 1985 AP BGB § 613 a Nr. 40; *Hueck/v. Hoyningen-Huene* Rn. 38; KR/*Friedrich* Rn. 97; SPV Rn. 1097), vgl. im übrigen § 613 a BGB.

Befindet der AG sich in Insolvenz, ist die Klage gegen den Insolvenzverwalter zu richten, der Partei **24** kraft Amtes ist (*Herschel/Löwisch* Rn. 28).

6. Zugang der Kündigung und Klagefrist. a) Zugang der Kündigung. Die Klage ist innerhalb **25** von drei Wochen nach Zugang der Kündigung zu erheben. Hinsichtlich des **Zugangs von empfangsbedürftigen Willenserklärungen,** zu denen die Kündigung rechnet, ist zu unterscheiden, ob die **Erklärung unter Anwesenden oder Abwesenden** abgegeben wird. Geregelt ist ausdrücklich in § 130 I S. 1 BGB nur der Zugang unter Abwesenden. Bei **Erklärungen unter Anwesenden** gilt § 130 I S. 1 BGB entsprechend (RGRK/*Krüger-Nieland* § 130 Rn. 30; vgl. auch *Laber* FA 1998, 170; *Hansen/Meier* AuA 1999, 262). Sowohl bei Erklärungen unter An- als auch unter Abwesenden ist für den Zugang nicht entscheidend der Zeitpunkt der Entäußerung der Erklärung, sondern der, in welchem der Empfänger von der Existenz der Willenserklärung tatsächlich Kenntnis erlangt. Das ist der Zeitpunkt des Empfangs, des Zugangs der Erklärung.

Eine **mündliche Erklärung** einer **Kündigung** ist mit Wirkung vom 1. 5. 2000 nach § 623 BGB **26** unwirksam. Eine **telefonisch** erklärte Kündigung ist eine **mündlich** erklärte (KR/*Friedrich* Rn. 100; RGRK/*Krüger-Nieland* § 130 Rn. 31). Das gilt auch, wenn die Kündigung per Telefon auf einen Anrufbeantworter gesprochen wird.

Eine **schriftliche Erklärung, die zur Wirksamkeit der Kündigung notwendig ist, ist zugegangen,** **27** wenn sie derart in den **Machtbereich des Empfängers** gelangt ist, daß dieser sich unter normalen Umständen von ihrem Inhalt Kenntnis verschaffen kann, und wenn die Kenntnisnahme nach den Gepflogenheiten des Verkehrs von ihm erwartet werden muß (BAG 16. 3. 1988 AP BGB § 130 Nr. 16; BAG 2. 3. 1989 AP BGB § 130 Nr. 17; BGH 3. 11. 1976 BGHZ 67, 271; KR/*Friedrich* § 4 Rn. 100 ff. mwN; MünchKommBGB/*Förschler* § 130 Rn. 3; RGRK/*Krüger-Nieland* § 130 Rn. 9; Staudinger/*Dilcher* § 130 BGB Rn. 1; SPV Rn. 100).

Wird ein **Kündigungsschreiben einem Anwesenden überreicht,** ist die Kündigung an dem Tag der **28** Übergabe des Schriftstücks zugegangen, sofern der Empfänger noch die übliche Zeit hatte, von seinem Inhalt Kenntnis nehmen zu können (*Herschel/Löwisch* Rn. 34; KR/*Friedrich* Rn. 101). Das wäre zu verneinen, wenn ihm das Schreiben Sekunden vor 24 Uhr überreicht wird.

Wird einem ausländischen AN, der nicht lesen kann, ein in deutscher Sprache gehaltenes Kündi- **29** gungsschreiben überreicht, ist der Zugang dieser Erklärung maßgebend (KR/*Friedrich* Rn. 101). Schwierigkeiten des Verstehens sind nicht über die Zugangsproblematik, sondern über die Möglichkeit der nachträglichen Zulassung einer Kündigungsschutzklage zu lösen (so zutreffend KR/*Friedrich* Rn. 101).

Wird eine **Kündigung mündlich erklärt und später schriftlich „bestätigt",** ist nur die schriftliche **30** Kündigung maßgebend. Die Klagefrist berechnet sich nach dem Zugang der schriftlichen Kündigung.

Wird die schriftliche Erklärung nicht dem Empfänger selbst, sondern einem Dritten ausgehändigt, **31** sind an die Geeignetheit der Übermittlungsperson geringere Anforderungen zu stellen als bei einer mündlichen Erklärung, vgl. dazu Rn. 32. Zur Übermittlung geeignet sind erwachsene Familienangehörige, Angestellte, aber zB auch die Zimmervermieterin (vgl. BAG 16. 1. 1976 AP BGB § 130 Nr. 7; BAG 18. 2. 1977 AP BGB § 130 Nr. 10; KR/*Friedrich* Rn. 105, 106; RGRK/*Krüger-Nieland* § 130 Rn. 20). Werden Kündigungserklärungen an Personen ausgehändigt, die regelmäßig weder als Empfangsvertreter oder Empfangsboten anzusehen sind, zB an den Nachbarn, an einen anderen Hausbewohner, sind diese Personen als Erklärungsboten zu qualifizieren. Die Erklärung geht dann zu, wenn sie dem Empfänger ausgehändigt wird oder sonst in seinen Machtbereich gelangt (der Nachbar wirft das Schreiben zB in den Briefkasten) (BGH 11. 5. 1979 LM BGB § 130 Nr. 13; KR/*Friedrich* Rn. 106 b).

Nicht zugegangen ist eine Kündigungserklärung, wenn sie einem Rechtsanwalt übermittelt wird, **32** der keine Empfangsvollmacht hat. Das kann sein, wenn in einem laufenden Prozeß dem Anwalt des AN ein neues Kündigungsschreiben überreicht wird (*Becker-Schaffner* BB 1998, 422, 425). War der Rechtsanwalt beauftragt, gegen die Berechtigung weiterer Kündigungen anzugehen, ist er hingegen berechtigt als zum Empfang entsprechender Erklärungen anzusehen (vgl. auch BGH 13. 2. 1980 LM BGB § 130 Nr. 15; KR/*Friedrich* Rn. 106 a). Es kommt dann nicht darauf an, wann die Kündigung dem AN selbst zugegangen ist (BAG 21. 1. 1988 AP KSchG 1969 § 4 Nr. 19; KR/*Friedrich* Rn. 106 a).

Liegen die Voraussetzungen des Zugangs vor, ist es unerheblich, wann der Kündigungsgegner die **33** Erklärung tatsächlich ihrem Inhalt nach zur Kenntnis genommen hat. Dadurch trägt derjenige das **Übermittlungsrisiko,** der die Gefahr am ehesten beherrschen kann und in dessen Sphäre ein zugangsvereitelnder Umstand fällt (BAG 13. 10. 1976 AP BGB § 130 BGB Nr. 8; RGRK/*Krüger-Nieland*

§ 130 Rn. 2). Kommt es infolge eines vom Gegner zu vertretenden Umstands nicht zur Empfangnahme, muß dieser sich so behandeln lassen, als ob ihm die Erklärung zugegangen sei (RAG 11, 170; BGH 13. 6. 1952 LM BGB § 130 Nr. 1).

34 Wird die **Willenserklärung gegenüber einem Abwesenden schriftlich** abgegeben, geht sie ihm zu, wenn sie in seinen Machtbereich gelangt, vgl. Rn. 28. **Maßgeblich** für den Zugang ist die **Üblichkeit des Verkehrs**. Ein **Brief** ist zugegangen, wenn er dem Empfänger selbst oder einem seiner Familienangehörigen oder einer Hausangestellten in der Wohnung (RG 13. 7. 1904 RGZ 58, 406; RG 29. 3. 1905 RGZ 60, 336; RGRK/*Krüger-Nieland* § 130 Rn. 11) oder einem empfangsberechtigten Angestellten im Geschäftsbetrieb ausgehändigt wird (BGH 15. 6. 1964 NJW 1964, 1951). Wird der Brief in einen **Briefkasten,** der sich bei der Wohnung befindet, eingeworfen, ist der Zugang in dem Augenblick erfolgt, zu welchem nach der Verkehrsauffassung mit der Leerung des Briefkastens gerechnet werden kann. Das ist bei einem über Nacht eingeworfenen Brief der nächste Morgen (BAG 14. 11. 1984 AP BGB § 626 Nr. 88; KR/*Friedrich* Rn. 103; RGRK/*Krüger-Nieland* § 130 Rn. 12). Läßt der AG abends eine Kündigung in den Briefkasten des AN werfen, ist diese erst am nächsten Tag zugegangen, wenn der Briefkasten üblicherweise morgens nach der Postzustellung geleert wird und im konkreten Fall das Schreiben nicht abends vorher entnommen worden ist (LAG Düsseldorf 5. 11. 1987 LAGE BGB § 130 Nr. 10; KR/*Friedrich* Rn. 53, 103). Ist ein Briefkasten nicht vorhanden, ist der Zugang dadurch bewirkt, daß der Brief unter oder unter der Wohnungstür voll durchgeschoben wird (KR/ *Friedrich* Rn. 103 a; *Becker-Schaffner* BB 1998, 422, 423). Hat der AN einen Nachsendeantrag gestellt oder sonst für die Übermittlung eingehender Post innerhalb angemessener Zeit gesorgt, geht ihm die Kündigungserklärung erst an dem Ort zu, an dem sie ihn tatsächlich bestimmungsgemäß erreicht (LAG Hamm 25. 2. 1988 LAGE BGB § 130 Nr. 18).

35 Ist die Anschrift des Empfängers undeutlich oder mehrdeutig, ist die Erklärung zugegangen, wenn sie beim richtigen Empfänger eintrifft und dieser auch annimmt, er sei derjenige, an den die Sendung adressiert ist (RGRK/*Krüger-Nieland* § 130 Rn. 13).

36 Unterhält der Empfänger ein **Postschließfach,** ist eine darin abgelegte Erklärung an dem Tag zugegangen, an dem die Einsortierung erfolgt war, sofern nach der Verkehrsauffassung mit dem Abholen der Post an diesem Tag zu rechnen war (BAG 24. 10. 1985 AP ZPO § 794 Nr. 38; BGH 19. 1. 1955 LM BGB § 130 Nr. 2; BVerwG 11. 5. 1960 NJW 1960, 1587; RGRK/*Krüger-Nieland* § 130 Rn. 14). **Postlagernde Sendungen** sind zugegangen, wenn sie zur Abholung beim Postamt bereit liegen und sobald nach der Auffassung des Verkehrs mit der Abholung gerechnet werden kann (KR/*Friedrich* Rn. 104; *Becker-Schaffner* BB 1998, 422, 424). Die Erklärung ist auch zugegangen, wenn der Empfänger seine Post nicht abholt und der Brief nach Ablauf der Lagerfrist an den Absender zurückgeht (RG 3. 5. 1934 RGZ 144, 289; RGRK/*Krüger-Nieland* § 130 Rn. 15).

37 Sofern es um die Wahrung von Fristen geht, sind **Übergabe-Einschreiben** ungeeignet. Ein Übergabe-Einschreiben geht nicht schon deshalb zu, weil bei Abwesenheit der empfangsberechtigten Person der Postbote eine Nachricht hinterläßt, es liege ein Einschreiben für den Empfänger bei der Post bereit. Ebenso ersetzt der Benachrichtigungszettel im Briefkasten nicht den Zugang zur Sendung (str. BAG 30. 6. 1983 AP SchwbG § 12 Nr. 11; BAG 24. 10. 1985 AP ZPO § 794 Nr. 38; BAG 3. 4. 1986 AP SchwbG § 18 Nr. 9; BGH 18. 12. 1970 VersR 1971, 262; KR/*Friedrich* Rn. 113; RGRK/ *Krüger-Nieland* § 130 Rn. 16; *Soergel*/*Hefermehl* § 130 Rn. 8). Selbst wenn der AN mit einer Kündigung per Einschreiben rechnen muß, erfolgt der Zugang erst, wenn er das Einschreiben innerhalb der von der Post mitgeteilten Aufbewahrungspflicht abholt (BAG 25. 4. 1996 AP KSchG 1969 § 4 Nr. 35). Es ist eine andere Frage, ob der Empfänger, der eine abholbereite Sendung nicht abholt, sich so behandeln lassen muß, als hätte er sie zu geeigneter Zeit abgeholt (BGH 15. 11. 1962 NJW 1963, 554), vgl. Rn. 42. Anders ist es seit 1. 9. 1997 bei reinen **Einwurf-Einschreiben.** Dieses wird wie ein einfacher Brief eingeworfen, wobei dieser Umstand abrufbar bei der Post dokumentiert wird (vgl. dazu *Neuvians/Mensler* BB 1998, 1206; *Hohmeister* BB 1998, 1477).

38 Wird die Kündigung im Weg der **Postzustellung mit Postzustellungsurkunde** bewirkt, gilt das gleiche wie für Einschreibesendungen, vgl. Rn. 37. Wird der Empfänger nicht angetroffen und erfolgt auch keine wirksame Ersatzzustellung an eine anwesende Person, sondern wird sie durch Niederlegung bei der Post zugestellt, geht das Schreiben zu, wenn der AN das Schriftstück bei der Post abholt; § 182 ZPO ist nicht entsprechend anwendbar (BAG 30. 6. 1983 AP SchwbG § 12 Nr. 11; KR/ *Friedrich* Rn. 115).

39 Ein **Telegramm** genügt der Form des § 623 BGB nicht. Hieran ändert nichts, daß das Aufgabetelegramm eigenhändig unterschrieben ist (BGH 24, 297 = NJW 1957, 1279; *Preis*/*Gotthardt* NZA 2000, 351). Gleiches gilt für die Übermittlung durch Telefax.

40 Es gibt **keine allgemeine Pflicht, Empfangsvorkehrungen zu treffen.** Wechselt der AN allerdings seinen Wohnsitz, hat er seinem AG die neue Anschrift mitzuteilen (KR/*Friedrich* Rn. 117; offengelassen in BAG 18. 2. 1977 AP BGB § 130 Nr. 10). Das heißt andererseits nicht, daß eine Erklärung nicht zugeht, wenn eine übliche Zugangsmöglichkeit besteht (BGH 18. 12. 1970 VersR 1971, 262; RGRK/*Krüger-Nieland* § 130 Rn. 24).

41 Es ist streitig, wann ein Zugang in den Fällen von **Urlaub, Kur oder Krankheit des AN** anzunehmen ist. Auszugehen ist davon, daß § 130 BGB der Disposition der Parteien unterliegt (RGRK/

II. Klage

Krüger-Nieland § 130 Rn. 1). Haben die Parteien für solche Fälle eine ausdrückliche Regelung getroffen (zB Zustellung im Krankenhaus oder am Urlaubsort), richtet sich die Zustellung nach dieser Absprache. Besteht, was in der Praxis die Regel sein dürfte, eine solche Vereinbarung nicht, so ist davon auszugehen, daß die Kündigungserklärung zugegangen ist, wenn der AG ein Kündigungsschreiben an die Wohnungsanschrift des abwesenden AN richtet und der Brief in den Hausbriefkasten des AN eingeworfen wird (vgl. BAG 16. 3. 1988 AP BGB § 130 BGB Nr. 16; BAG 11. 8. 1988 RzK I 2 c Nr. 14; LAG Hamm 30. 7. 1981 EzA BGB § 130 Nr. 13; KR/*Friedrich* Rn. 112; SPV Rn. 102; für die Untersuchungshaft: BAG 8. 12. 1988 RzK I 2 c Nr. 6; 2. 3. 1989 AP BGB § 130 BGB Nr. 17). Unterläßt es der Empfänger, im Fall eines Umzugs, einer Reise oder einer längeren anderen Abwesenheit Zugangsvorkehrung zu treffen, kann er sich unter Umständen nach dem Grundsatz von Treu und Glauben nicht auf einen verspäteten Zugang berufen (BGH LM § 130 Nr. 1; RGRK/*Krüger-Nieland* § 130 Rn. 24).

Der Gekündigte muß einen **Zugang gegen sich gelten lassen,** wenn er den üblichen **Zugangsweg bewußt verhindert** hat. Das ist anzunehmen, wenn er aufgrund der Erklärung des AG, es sei eine Kündigung an ihn unterwegs, den Briefkasten abhängt und das Türschild entfernt (KR/*Friedrich* Rn. 119; SPV Rn. 111). Die Berufung auf einen durch eine Vereitelung herbeigeführten Umstand durch den Vereitelnden ist Rechtsmißbrauch. Der Adressat, der es rechtsmißbräuchlich unterläßt, einen Einschreibebrief abzuholen bei der zu lassen, muß sich so stellen lassen, als wenn ihm die Sendung zugegangen wäre (BAG 15. 11. 1962 BAGE 13, 313 = AP BGB § 130 Nr. 4). 42

Verweigert der Empfänger die Annahme einer Kündigungserklärung, die ihm durch einfachen Brief oder eingeschriebenen Brief vorgelegt worden ist, gilt die Erklärung als zugegangen (LAG Düsseldorf 28. 6. 1974 DB 1974, 1584; KR/*Friedrich* Rn. 120). Das gilt nicht, wenn der Empfänger einen triftigen Grund hatte, die Annahme zu verweigern, so zB, weil er Porto zahlen soll (KR/*Friedrich* Rn. 121; SPV Rn. 112). 43

Ist die Erklärung zugegangen, muß der Erklärungsempfänger sich so behandeln lassen, als ob ihm der **Inhalt der Erklärung bekannt** geworden sei (BGH 3. 3. 1956 BGHZ 20, 149, 152). Es kommt nicht darauf an, ob er von der Erklärung tatsächlich Kenntnis nimmt (KR/*Friedrich* Rn. 133; RGRK/*Krüger-Nieland* § 130 Rn. 10). Nimmt der Empfänger Kenntnis, versteht er aber den Inhalt der Erklärung falsch, ist die Erklärung dennoch als solche zugegangen. Dieser Umstand darf nicht mit dem Problem verwechselt werden, daß eine Erklärung nur mit dem Inhalt als zugegangen angesehen werden kann, wie sie der Empfänger vernünftigerweise verstehen konnte (BAG 11. 6. 1959 AP BGB § 130 Nr. 1). Teilt der AG zB einem AN, der keinen Urlaub mehr zu beanspruchen hat, in Kündigungsabsicht zynisch mit, er wünsche ihm erholsame Tage am Mittelmeer, kann das ohne weitere Umstände nicht als Kündigungserklärung gewertet werden. 44

Der Schriftform genügende **Massenkündigungen** können durch **Aushang am schwarzen Brett** erfolgen, wenn eine solche Regelung in einem anzuwendenden Tarifvertrag oder in einer Betriebsvereinbarung vorgehen ist (KR/*Friedrich* Rn. 130; SPV Rn. 110). Von einem Zugang durch Aushang am schwarzen Brett ist jedoch bei solchen AN nicht auszugehen, die wegen Urlaubs oder Krankheit während der Dauer des Aushangs abwesend waren (str., wie hier KR/*Friedrich* Rn. 132; *Becker-Schaffner* BB 1998, 422). 45

Besteht Streit über die Frage, wann die Kündigung zugegangen ist, trägt der AG die Darlegungs- und Beweislast (KDZ/*Kittner* Rn. 33; KR/*Friedrich* Rn. 133 a, 134 SPV). Einen Anscheinsbeweis dafür, daß abgesandte Briefe den Empfänger erreicht haben, gibt es nicht (vgl. BGH 27. 5. 1957 BGHZ 24, 309, 312; KR/*Friedrich* Rn. 133 a). Allerdings kann die Tatsache, daß ein ordnungsgemäß adressiertes Schreiben nicht an den Absender zurückgelangt ist, als Beweiszeichen, als Indiz, für einen Zugang angesehen werden (vgl. BVerfG 10. 3. 1992 NJW 1992, 2217; KR/*Friedrich* Rn. 133 a). 46

Nach § 130 I 2 BGB wird eine **Willenserklärung nicht wirksam, wenn** dem anderen **vorher oder gleichzeitig ein Widerruf** zugeht. Entscheidend ist auch hier allein der Zeitpunkt des **Zugangs** der Erklärung, nicht die Reihenfolge, in der der Empfänger von den ihm zugegangenen Erklärung Kenntnis nimmt (RGRK/*Krüger-Nieland* § 130 Rn. 33). Nach § 130 Abs. 2 BGB ist es für die Wirksamkeit der Willenserklärung ohne Einfluß, wenn der Erklärende nach der Abgabe stirbt oder geschäftsunfähig wird. 47

b) Klagefrist. Die Klage muß binnen **drei Wochen nach Zugang der Kündigung** beim Arbeitsgericht eingegangen sein, vgl. zum Zugang Rn. 30 ff. Wird die Klage bei einem Gericht eines anderen Rechtswegs fristgerecht eingereicht und verweist dieses den Rechtsstreit nach §§ 17 ff. GVG an das zuständige Arbeitsgericht, ist die Klagefrist gewahrt (unzutreffend LAG Sachsen-Anhalt 23. 2. 1995 RzK I 10 c Nr. 30: formlose Abgabe genügt). Für die **Rechtzeitigkeit der Erhebung der Klage** ist in der Regel der **Zeitpunkt** maßgebend, zu dem die **Klage beim Arbeitsgericht eingeht.** Die Rechtshängigkeit tritt zwar erst ein, wenn das Gericht dem Beklagten zustellt wird. Die Frist ist jedoch gewahrt, wenn das Gericht dem AG die Klage „demnächst" zustellt, § 46 II ArbGG iVm. §§ 495, 270 III ZPO (BGH 13. 7. 1972 DB 1972, 2108; *Herschel/Löwisch* Rn. 44; *Hueck/v. Hoyningen-Huene* Rn. 54; KDZ/*Kittner* Rn. 31; KR/*Friedrich* Rn. 142 ff.; SPV Rn. 1106). Sie ist als „demnächst" erfolgt anzusehen, wenn sie innerhalb einer den jeweiligen Umständen noch angemessenen 48

430 KSchG § 4   Anrufung des Arbeitsgerichtes

Frist erfolgt (BAG 8. 4. 1976 AP Nr. 29). Das sind zB 10 Tage nach Ablauf der Drei-Wochen-Frist, selbst wenn den Kläger ein Verschulden an der Verzögerung trifft (BAG 13. 5. 1987 AP BGB § 209 Nr. 3). Trifft den Kläger kein Verschulden, schadet eine längere Verzögerung nicht (BAG 8. 4. 1976 AP KSchG 1969 § 4 Nr. 2; BGH 16. 12. 1959 BGHZ 31, 342, 346; *Hueck/v. Hoyningen-Huene* Rn. 54).

49   Die **Zustellung erfolgt nicht „demnächst"**, wenn sie zunächst deshalb unterbleibt, weil der Kläger bei Klageeinreichung beantragt hatte, die Klage wegen schwebender Vergleichsverhandlung vorerst nicht zuzustellen (*Herschel/Löwisch* Rn. 45; *Hueck/v. Hoyningen-Huene* Rn. 56; *KR/Friedrich* Rn. 144). Das Gericht hat bei einem solchen Antrag, soweit dies zeitlich noch möglich ist, auf die damit verbundenen Folgen hinzuweisen. Ist die Klage fristgerecht zugestellt, ist es unerheblich, wann das Gericht einen Termin ansetzt (*Herschel/Löwisch* Rn. 45).

50   Wird vor Zugang der Kündigung bereits Kündigungsschutzklage erhoben, kann eine nochmalige Klageerhebung nach Ausspruch der Kündigung entbehrlich sein, wenn die Kündigung dem AN als sicher in Aussicht gestellt war, denn der Regelungszweck des § 4 ist auch so erreicht (BAG 4. 3. 1980 AP GG Art. 140 Nr. 3; BAG 14. 9. 1994 AP KSchG 1969 § 4 Nr. 32; *Hueck/v. Hoyningen-Huene* Rn. 55 SPV). Dennoch ist aus Gründen der Klarheit von einem solchen Vorgehen dringend abzuraten.

51   Die **Klagefrist** ist eine **prozessuale Frist**, an deren Versäumung sich **materiellrechtliche Folgen** anschließen (BAG 26. 6. 1986 AP KSchG 1969 § 4 Nr. 14 = NZA 1986, 761 unter Aufgabe BAG 27. 1. 1955 AP KSchG 1951 § 11 Nr. 5; *Hueck/v. Hoyningen-Huene* Rn. 83; vgl. aber auch SPV Rn. 1110a). Mängel bei der Klageerhebung, wie zB eine fehlende Unterschrift, können nach § 295 ZPO geheilt werden (SPV Rn. 1109; aA *Herschel/Löwisch* Rn. 18 unter Berufung auf die Entscheidung BAG 27. 1. 1955 AP KSchG § 11 Nr. 5).

52   Es genügt, wenn die Klage bis 24 Uhr des letzten Tages des Klagefrist in den Machtbereich der Gerichtsverwaltung gelangt ist (*KDZ/Kittner* Rn. 35; KBK 11 Rn. 35). Auch wenn ein Nachtbriefkasten vorhanden ist, genügt der Einwurf in den regulären Briefkasten. Der AN muß aber allerdings beweisen, daß dies vor 24 Uhr geschehen ist (BAG 22. 2. 1980 AP KSchG 1969 § 1 Krankheit Nr. 6; *Herschel/Löwisch* Rn. 44; *KDZ/Kittner* Rn. 35; KBK 11 Rn. 35; SPV Rn. 1105).

53   Für die **Berechnung der Frist** gelten die §§ 187, 193 BGB. Der Tag, an dem die Kündigung nach § 130 BGB zugegangen ist, wird nicht mitgerechnet, § 187 BGB. Die Frist endet nach § 188 II BGB mit dem Ablauf des gleichen Wochentages der folgenden Woche. Ist dieser Tag ein Samstag, Sonntag oder gesetzlicher Feiertag, tritt an die Stelle eines solchen Tages der nächste Werktag, § 193 BGB. Bei gesetzlichen Feiertagen ist die Feiertagsregelung maßgebend, die in dem Land gilt, in dem die Klage zu erheben ist. Wird die **Klage verspätet** erhoben, besteht die Möglichkeit ihrer **nachträglichen Zulassung** nach § 5.

54   Bei **mehreren Kündigungen** hat der AN jede der einzelnen Kündigungen fristgerecht anzugreifen, wenn er nach § 4 vorgehen will (BAG 12. 10. 1954 AP KSchG 1951 § 3 Nr. 5; BAG 21. 1. 1988 AP Nr. 19; *Herschel/Löwisch* Rn. 48; *KDZ/Kittner* Rn. 52; *Löwisch* Rn. 15; *Schaub* NZA 1990, 85; SPV Rn. 1147; zur Haftung eines Anwalts, der das unterlässt vgl. BGH 11. 2. 1999 EzA BGB § 675 Nr. 1). Im Fall der Feststellung der Unwirksamkeit einer späteren Kündigung wird nicht zwangsläufig die Unwirksamkeit der früheren festgestellt (str., vgl. zum Streitgegenstand Rn. 78 und zur Kombination der Klage nach § 4 mit einer solchen nach § 256 ZPO Rn. 79 ff.).

55   Ist dem AN **außerordentlich und ordentlich gekündigt worden**, muß er Klage gegen beide Kündigungen erheben. Ist ihm in erster Linie außerordentlich und nur hilfsweise ordentlich gekündigt worden, liegt **eine** Kündigungserklärung vor. Ein auf die fristlose Kündigung gerichteter Feststellungsantrag des AN wahrt daher die Drei-Wochen-Frist auch für die ordentliche Kündigung, wenn der AN bis zum Ende der letzten mündlichen Verhandlung erklärt, auch die hilfsweise ordentliche Kündigung angreifen zu wollen (BAG 16. 11. 1970 AP KSchG 1951 § 3 Nr. 38; *Herschel/Löwisch* Rn. 53; KDZ/*Kittner* Rn. 52). Das gilt ebenso für den Fall der Umdeutung einer außerordentlichen Kündigung in eine ordentliche, vgl. § 13 Rn. 18.

56   Wird im Lauf eines Rechtsstreits eine weitere Kündigung schriftlich erklärt, kann der Kläger innerhalb der Drei-Wochen-Frist den Klageantrag auf diese Kündigung erweitern. Er muß nicht eine neue Klage einreichen (BAG 9. 3. 1961 AP KSchG 1951 § 3 Nr. 31; *Herschel/Löwisch* Rn. 10; *Hueck/ v. Hoyningen-Huene* Rn. 9; KBK 11 Rn. 80). Das ist auch noch in der Berufungsinstanz möglich (BAG 10. 12. 1970 AP KSchG 1951 § 3 Nr. 40; *Herschel/Löwisch* Rn. 10; *Hueck/v. Hoyningen-Huene* Rn. 9). Läßt das Gericht die Klageänderung nicht zu, reicht es aus, wenn der AN unverzüglich nach einer solchen Entscheidung des Gerichts, die auch außerhalb der Drei-Wochen-Frist liegen kann, erneut Klage erhebt (BAG 10. 12. 1970 AP KSchG 1951 § 3 Nr. 40; *Herschel/Löwisch* Rn. 10). Die Kündigungsschutzklage kann innerhalb der Drei-Wochen-Frist auch als Widerklage erhoben werden (*Herschel/Löwisch* Rn. 11). **Trotz- und Wiederholungskündigungen** sind neue Kündigungen, die erneut nach § 4, 7 angegriffen werden müssen (BAG 26. 8. 1993 AP BGB § 626 Nr. 113; hinsichtlich ihrer Behandlung vgl. *Ascheid* FS Stahlhacke 1995 S. 1).

57   Das Gericht hat **von Amts wegen zu prüfen, ob die Klagefrist eingehalten ist.** Im Fall der Versäumung ist die Klage zwar zulässig. Es ist jedoch von der in § 7 angeordneten Rechtsfolge der Sozialgemäßheit der Kündigung auszugehen (BAG 26. 6. 1986 AP KSchG 1969 § 4 Nr. 14; BAG

II. Klage § 4 KSchG 430

13. 4. 1989 AP KSchG 1969 § 4 Nr. 21; *Herschel/Löwisch* Rn. 49; *Hueck/v. Hoyningen-Huene* Rn. 53; KR/*Friedrich* Rn. 136, 137, 217). Die Klage ist dann wegen der Wirkung des § 7 als unbegründet abzuweisen (KDZ/*Kittner* Rn. 51; KR/*Friedrich* Rn. 217). Der AN hat die Möglichkeit in dem anhängigen Prozeß oder, sofern die Klage nicht erhoben war, in einem späteren Verfahren andere Unwirksamkeitsgründe, die nicht die Sozialwidrigkeit betreffen, geltend zu machen, vgl. § 13 Rn. 28; zur Verwirkung § 7 Rn. 5.

Die Regelung in § 4 S. 4 modifiziert die Drei-Wochen-Frist. Bedarf die **Kündigung der Zustim- 58 mung einer Behörde,** läuft die Frist von der Bekanntgabe der Entscheidung der Behörde an den AN an. Die Vorschrift hat nur Bedeutung für Fälle, bei denen es um die **nachträgliche** Zustimmung durch eine Behörde zu einer bereits ausgesprochenen Kündigung geht (*Hueck/v. Hoyningen-Huene* Rn. 61; vgl. Nachweise bei KR/*Friedrich* Rn. 199). Der praktische Anwendungsbereich von § 4 ist heute äußerst gering. Es können landesrechtliche Vorschriften anzuwenden sein, so zB bei Inhabern von Bergmannsversorgungsscheinen (Nordrhein-Westfalen GVBL. 1983, 635). S. 4 bezieht sich nicht auf die Fälle, bei denen die Wirksamkeit der Kündigung der **vorherigen Zustimmung** einer Behörde bedarf, so zB bei **Schwangeren,** § 9 MuSchG, und **Schwerbehinderten,** § 15 SchwbG. Zum **Wehrdienst** vgl. §§ 2 IV, 10 ArbPlSchG. Zugunsten der AN in der **Seeschiffahrt** und im **Luftverkehr** verdrängt § 24 III die Drei-Wochen-Frist. § 4 S. 4 kann entsprechend angewandt werden, wenn ein vorheriger behördlicher Beschied vorliegt, der dem AN aber erst nach Zugang der Kündigung zugeht (BAG 17. 2. 1982 AP SchwbG § 15 Nr. 1; *Herschel/Löwisch* Rn. 41; *Hueck/v. Hoyningen-Huene* Rn. 62).

7. Inhalt der Klageschrift. Die Klage muß innerhalb der Drei-Wochen-Frist des § 4 entweder 59 schriftlich beim Arbeitsgericht eingereicht oder dort mündlich zu **Protokoll der Geschäftsstelle** angebracht werden, § 46 II ArbGG iVm. § 496 ZPO. Die Anforderungen an eine Klageschrift ergeben sich aus § 253 II ZPO (vgl. HZA/*Ascheid* Gruppe 21 Rn. 785 ff.). Sie muß enthalten:

Nr. 1: **die Bezeichnung der Parteien und des Gerichts.** Eine unklare Parteibezeichnung kann fristwahrend klargestellt werden. Es ist allerdings nicht möglich, unter Wahrung der Frist einen falschen Beklagten durch den richtigen auszuwechseln, also die Identität der beklagten Partei zu ändern (LAG Berlin BAG 18. 1. 1982 EzA KSchG § 4 Nr. 21; *Herschel/Löwisch* Rn. 29; KDZ/*Kittner* Rn. 37).

Nr. 2: **die bestimmte Angabe des Gegenstandes und des Grundes des erhobenen Anspruchs,** 60 sowie einen bestimmten Antrag. Der Antrag ist bei der Klage nach § 4 darauf zu richten festzustellen, daß die bestimmte Kündigung das Arbeitsverhältnis nicht aufgelöst hat. Es empfiehlt sich, den Wortlaut des § 4 streng zu beachten. Unklare Anträge sind allerdings einer Auslegung iSv. § 4 zugänglich. Es genügt, wenn erkenntlich ist, daß der AN eine bestimmte Kündigung nicht hinnehmen will (BAG 21. 5. 1981 AP KSchG 1969 § 4 Nr. 7; BAG 17. 2. 1982 AP SchwbG § 15 Nr. 1; *Herschel/ Löwisch* Rn. 8, 18; *Hueck/v. Hoyningen-Huene* Rn. 5; KDZ/*Kittner* Rn. 39; vgl. zur Antragsfassung *Schaub* Arb-Formb. §§ 33, 34). Es ist unschädlich, wenn sich eine Kündigungsschutzklage unrichtigerweise gegen eine vermeintlich fristlose Kündigung anstatt gegen eine tatsächlich ausgesprochene ordentliche Kündigung richtet, sofern die Beendigungstermine übereinstimmen (BAG 21. 5. 1981 AP Nr. 7). Die bestimmte **Angabe des Klagegegenstandes** ergibt sich aus dem Antrag (*Thomas/Putzo* § 253 Rn. 8, 9).

Die **Angabe des Klagegrundes** bedeutet den **konkreten Sachverhalt, Lebensvorgang,** aus dem der 61 Kläger die begehrte Rechtsfolge ableitet (*Thomas/Putzo* § 253 Rn. 10). Zur Klagebegründung im Kündigungsschutzprozeß reicht es aus, daß der Kläger die Kündigung bezeichnet, die er angreifen will. Es genügt, daß der Kläger sich schlicht auf die Sozialwidrigkeit der Kündigung beruft. Nach § 1 II 4 ist es Sache des AG, die Tatsachen, die die Kündigung sozial rechtfertigen sollen, vorzutragen und zu beweisen, vgl. § 1. Der Kläger hat jedoch die Voraussetzungen nach § 1 I und § 23 I schlüssig vorzutragen (*Hueck/v. Hoyningen-Huene* Rn. 13).

Es ist nicht notwendig, daß der Kläger angibt, ob es sich um eine ordentliche oder außerordentliche 62 Kündigung handelt (BAG 11. 9. 1956 AP KSchG 1951 § 3 Nr. 8; BAG 21. 5. 1981 AP KSchG 1969 § 4 Nr. 7; *Herschel/Löwisch* Rn. 17; *Hueck/v. Hoyningen-Huene* Rn. 10; KDZ/*Kittner* Rn. 36). Bei der Kündigung ist in der Regel die genaue Datumsangabe notwendig. Fehlt sie, läßt sie sich aber aus anderen Umständen zweifelsfrei ermitteln, bleibt die Klagefrist gewahrt. Das gilt insbesondere, wenn nur eine einzige Kündigung ausgesprochen worden ist, gegen die der AN sich wehrt (BAG 21. 5. 1981 AP KSchG 1969 § 4 Nr. 7; *Herschel/Löwisch* Rn. 8, 18; *Hueck/v. Hoyningen-Huene* Rn. 10; KDZ/ *Kittner* Rn. 36; KR/*Friedrich* Rn. 158).

Die Klageschrift muß vom Kläger oder von seinem Prozeßbevollmächtigten **eigenhändig unter-** 63 **schrieben** sein, §§ 253 IV, 130 Nr. 6 ZPO. Eine nicht unterschriebene Klageschrift ist lediglich als Entwurf zu werten, der die Frist des § 4 nicht wahrt (BAG 26. 1. 1976 AP KSchG 1969 § 4 Nr. 1; BAG 26. 6. 1986 AP KSchG 1969 § 4 Nr. 14; *Herschel/Löwisch* Rn. 18; KDZ/*Kittner* Rn. 41; SPV Rn. 1091). Der Mangel kann uU durch ein entsprechendes Begleitschreiben ersetzt werden. Hierfür reicht allerdings eine vom Kläger unterschriebene Vollmachtsurkunde, die dem Klageentwurf beigefügt ist, nicht aus (BAG 26. 1. 1976 AP KSchG 1969 § 4 Nr. 1; BAG 26. 6. 1986 AP KSchG 1969

§ 4 Nr. 14; *Herschel/Löwisch* Rn. 18; *Hueck/v. Hoyningen-Huene* Rn. 11; KDZ/*Kittner* Rn. 41; KR/ *Friedrich* Rn. 165; KBK 11 Rn. 8; SPV Rn. 1091). Das BAG erlaubt eine solche Bezugnahme bei Massenkündigungen, wenn innerhalb der Drei-Wochen-Frist ein vom Prozeßbevollmächtigten eigenhändig unterschriebener Schriftsatz eingeht, der alle Kündigungsschutzprozesse betrifft (BAG 14. 2. 1978 AP GG Art. 9 Arbeitskampf Nr. 60; *Hueck/v. Hoyningen-Huene* Rn. 11; KDZ/*Kittner* Rn. 41; SPV Rn. 1011).

64 Dem Formerfordernis des § 130 Nr. 6 ZPO genügt eine durch **Telefax** (oder Telekopie) eingereichte Klage, sofern das Original unterschrieben ist und die Unterschrift auf der Kopie wiedergegeben ist (GS-OGH 30. 4. 1979 BGHZ 75, 340, 348; BAG 1. 7. 1971 ZPO § 129 Nr. 1; BAG 14. 1. 1986 AP BGB § 94 ArbGG 1979 Nr. 2; BGH 11. 10. 1989 NJW 1990, 188; *Hueck/v. Hoyningen-Huene* Rn. 11; KDZ/*Kittner* Rn. 41).

65 Die Klageschrift muß in **deutscher Sprache** abgefaßt sein, denn die Gerichtssprache ist deutsch, § 184 GVG (BAG 17. 2. 1982 AP SchwbG § 15 Nr. 1; *Hueck/v. Hoyningen-Huene* Rn. 12; KDZ/ *Kittner* Rn. 40; KR/*Friedrich* Rn. 167 b).

66 **8. Umfang der Prüfung des Gericht.** Ist die Klage fristgerecht erhoben, werden in diesem Verfahren **alle Nichtigkeitsgründe** geprüft, nicht nur die der Sozialwidrigkeit (BAG 12. 1. 1977 AP KSchG 1969 § 4 Nr. 3; BAG 23. 3. 1983 AP KSchG 1969 § 6 Nr. 1; BAG 12. 6. 1986 AP KSchG 1969 § 4 Nr. 17; *Herschel/Löwisch* Rn. 58, 59; *Hueck/v. Hoyningen-Huene* Rn. 24; KDZ/*Kittner* Rn. 51; KR/*Friedrich* Rn. 221). Der AN, der sich zu einer Klageerhebung entschließt, muß daher alle möglichen Unwirksamkeitsgründe vortragen. Wird die Klage abgewiesen, steht damit rechtskräftig fest, daß die Kündigung wirksam war. Der AN kann also mit zurückgehaltenen Tatsachen, die nicht die Sozialwidrigkeit betreffen, nicht zulässig einen zweiten Prozeß zu führen (BAG 12. 1. 1977 AP Nr. 3; BAG 12. 6. 1986 AP Nr. 17; *Hueck/v. Hoyningen-Huene* Rn. 25; KDZ/*Kittner* Rn. 45; KR/*Rost* § 2 Rn. 151). Das gilt auch, wenn eine Klage allein im Hinblick auf die durch eine verspätete Klage eingetretene Wirkung des § 7 als unbegründet abgewiesen wird. Da es sich bei der Klageabweisung um ein Urteil handelt, sind alle Unwirksamkeitsgründe erfaßt. Der AN hätte sie in seiner verspäteten Klage geltend machen können (*Herschel/Löwisch* Rn. 60).

III. Änderungskündigung

67 Die bisherigen Ausführungen zur Beendigungskündigung gelten im wesentlichen auch für die Änderungskündigung (vgl. zu praktisch kaum bedeutsamen Ausnahmen *Hueck/v. Hoyningen-Huene* Rn. 45 bis 50; KR/*Friedrich* Rn. 283 ff.). An die Stelle der Kündigungsschutzklage nach § 4 S. 1 tritt die Änderungsschutzklage nach S. 2, wenn der AN das Angebot unter Vorbehalt angenommen hat. Nach § 4 S. 2 ist im Fall der Änderungskündigung, § 2, die **Klage auf Feststellung zu richten, daß die Änderung der Arbeitsbedingungen sozial ungerechtfertigt ist.** Das gilt für die außerordentliche Änderungskündigung, § 13 I, entsprechend (KDZ/*Kittner* Rn. 43). Wird die Frist nicht eingehalten, gilt die Änderungskündigung als von Anfang an rechtswirksam, § 7.

68 Nimmt der AG nach Klageerhebung die Änderungskündigung zurück, bietet er dem AN damit an, das Arbeitsverhältnis unverändert und ununterbrochen fortzusetzen (*Hueck/v. Hoyningen-Huene* Rn. 45; KDZ/*Kittner* Rn. 44), vgl. dazu Rn. 75.

69 Bei der Änderungskündigung prüft das Gericht in dem gleichen Umfang wie bei der Beendigungskündigung. Streitgegenstand ist auch hier insgesamt die Wirksamkeit der Änderung der Arbeitsbedingungen (BAG 23. 3. 1983 AP KSchG 1969 § 6 Nr. 1; *Herschel/Löwisch* Rn. 22; *Hueck/v. Hoyningen-Huene* Rn. 44; KR/*Friedrich* Rn. 290; KR/*Rost* § 2 Rn. 151). Bei einem klagabweisenden Urteil können andere Nichtigkeitsgründe später nicht mehr geltend gemacht werden.

IV. Stellungnahme des Betriebsrats

70 Hat der AN gemäß § 3 Einspruch beim Betriebsrat eingelegt, **soll** er nach § 4 S. 3 der Kündigungsschutzklage die Stellungnahme des Betriebsrats beifügen. Das Unterlassen hat keine Auswirkungen auf die Zulässigkeit der Klage (*Herschel/Löwisch* Rn. 32; KDZ/*Kittner* Rn. 48; KR/*Friedrich* Rn. 169).

V. Rücknahme der Klage

71 Solange noch nicht zur Sache verhandelt ist, kann der AN die Klage ohne Zustimmung des AG zurücknehmen, § 269 I ZPO. Nach mündlicher Verhandlung, die nach § 137 I ZPO dadurch eingeleitet wird, daß die Parteien ihre Anträge stellen, bedarf die Klagerücknahme der Zustimmung des AG. Mit der wirksamen Klagerücknahme nach Ablauf der Drei-Wochen-Frist tritt die Wirkung des § 7 ein, denn nach § 269 III ZPO ist der Rechtsstreit als nicht anhängig geworden anzusehen (*Herschel/Löwisch* Rn. 61; *Hueck/v. Hoyningen-Huene* Rn. 42; KDZ/*Kittner* Rn. 63; KR/*Friedrich* Rn. 294). War die Drei-Wochen-Frist noch nicht abgelaufen, kann erneut Klage erhoben werden, ohne daß die Fiktionswirkung nach § 7 eingetreten wäre (KDZ/*Kittner* Rn. 63; KR/*Friedrich* Rn. 294).

VII. Entscheidung des Gerichts – Rechtskraft　　　　　　　§ 4　KSchG 430

Verzichtet der AN auf den Klageanspruch, ist auf Antrag des Beklagten die Klage abzuweisen, § 306 ZPO.

Verzichtet der AN außerhalb des Prozesses auf den Kündigungsschutz, etwa durch Ausgleichs- 72 quittung, muß geprüft werden, ob sich die materielle Rechtslage verändert hat. Die Parteien können einen Aufhebungsvertrag, einen Vergleich, einen Klageverzichtsvertrag oder ein Klagerücknahmeversprechen vereinbart haben (BAG 3. 5. 1979 AP KSchG 1969 § 4 Nr. 6; *Herschel/Löwisch* Rn. 63).

VI. Rücknahme der Kündigung

Der AG kann eine zugegangene Kündigung nicht einseitig zurücknehmen, denn diese ist ein ein- 73 seitiges Gestaltungsrecht. Mit der wirksamen Ausübung des Gestaltungsrechts tritt die damit beabsichtigte Wirkung ein (BAG 19. 8. 1982 AP KSchG 1969 § 9 Nr. 9; BAG 17. 4. 1986 AP BGB § 615 Nr. 40; KDZ/*Kittner* Rn. 61; KR/*Friedrich* Rn. 54; SPV Rn. 121, 124, 1072). Die Rücknahme ist auch nicht möglich, wenn der AG erklärt, er halte die Kündigung für unwirksam, weil er sie als sozialwidrig erachte (*Löwisch* KSchG Rn. 80).

Erklärt der AG vor Klageerhebung, er nehme die Kündigung zurück, und erklärt sich der AN 74 nicht, erhebt er auch keine Klage nach § 4, gilt die nicht rücknehmbare wirksame Kündigung nach § 7 als von Anfang an als nicht sozialwidrig (BAG 21. 2. 1957 AP KSchG 1951 § 1 Nr. 22; *Herschel/Löwisch* Rn. 64; *Hueck/v. Hoyningen-Huene* Rn. 28; KR/*Friedrich* Rn. 57 ff.; SPV Rn. 122, 1073). Arbeitet der AN über den Kündigungstermin hinaus ohne Widerspruch des AG weiter, wird das alte Arbeitsverhältnis konkludent zu den ursprünglichen Vereinbarungen fortgesetzt.

Erhebt der AN fristgerecht Klage und erklärt der AG im Lauf des Prozesses, er nehme die 75 Kündigung zurück, ist darin ein Angebot des AG zu sehen, das Arbeitsverhältnis ungekündigt und ununterbrochen fortzusetzen (BAG 25. 1. 1981 AP KSchG 1969 § 9 Nr. 6; BAG 19. 8. 1982 AP KSchG 1969 § 9 Nr. 9; *Herschel/Löwisch* Rn. 66; *Hueck/v. Hoyningen-Huene* Rn. 29; KDZ/*Kittner* Rn. 61; KR/*Friedrich* Rn. 63; *Ascheid* Rn. 18). Der AN kann dieses Angebot nach §§ 145 ff. BGB annehmen (vgl. dazu *Thüsing* AuR 1996, 245).

In der Erhebung einer Kündigungsschutzklage kann nicht die Zustimmung des AN gesehen zu 76 werden, im Fall einer „Beendigungskündigung-Rücknahme" das Arbeitsverhältnis zu unveränderten Bedingungen fortsetzen zu wollen. Es muß ihm die Möglichkeit verbleiben, eine Auflösung des Arbeitsverhältnisses nach § 9 zu erzielen. Lehnt der AN es ab, einer „Kündigungsrücknahme" zuzustimmen, verliert er deshalb auch nicht das Rechtsschutzinteresse an seiner Kündigungsschutzklage (BAG 19. 8. 1982 AP KSchG 1969 § 9 Nr. 9 unter Klarstellung von BAG 26. 11. 1981 AP KSchG 1969 § 9 Nr. 8; *Herschel/Löwisch* Rn. 66; *Hueck/v. Hoyningen-Huene* Rn. 29, 30; KDZ/*Kittner* Rn. 62; KR/*Friedrich* Rn. 69, 70; SPV Rn. 131). Eine Annahme ist auch nicht darin zu sehen, daß der AN nicht unverzüglich einen Auflösungsantrag nach § 9 stellt (*Hueck/v. Hoyningen-Huene* Rn. 31; aA KR/*Friedrich* Rn. 72).

Von einer „Kündigungsrücknahme" zu trennen ist ein Anerkenntnis nach § 307 ZPO. Erkennt der 77 AG das prozessuale Begehren des AN an, kann der AN ein Anerkenntnisurteil erwirken (*Herschel/Löwisch* Rn. 68). Bei einem Anerkenntnis wird die Wirksamkeit der Kündigung nicht geprüft. Selbst wenn die Kündigung offensichtlich wirksam wäre, ist dem Anerkenntnis gemäß zu befinden.

VII. Entscheidung des Gerichts – Rechtskraft

1. **Streitgegenstand.** Die **Kündigungsschutzklage nach § 4** ist darauf gerichtet, eine **bestimmt zu** 78 **bezeichnende Kündigung** auf ihre Wirksamkeit hin **zu überprüfen.** Untersucht wird die Wirksamkeit einer Willenserklärung. Die **Klage nach § 4** ist deshalb **nicht – allein – die allgemeine Feststellungsklage nach § 256 ZPO**, vgl. Rn. 86. Nach § 256 ZPO kann auf Feststellung des Bestehens oder Nichtbestehens eines Rechtsverhältnisses, auf Anerkennung einer Urkunde oder auf Feststellung ihrer Unechtheit Klage erhoben werden, nicht jedoch auf Feststellung der Wirksamkeit oder Unwirksamkeit einer Willenserklärung. Durch die Regelung in § 4 wird erreicht, daß jede Kündigung einzeln im Hinblick darauf überprüft wird, ob sie das Arbeitsverhältnis zum Kündigungstermin beendet hat, sog. **punktueller Streitgegenstandsbegriff** (st. Rspr. seit BAG 13. 11. 1958 AP KSchG 1951 § 3 Nr. 17; vgl. nur BAG 12. 6. 1986 AP KSchG 1969 § 4 Nr. 17; BAG 21. 1. 1988 AP KSchG 1969 § 4 Nr. 19; BAG 16. 8. 1990 AP BGB § 611 Teuepflicht Nr. 10; BAG 27. 1. 1994 AP KSchG 1969 § 4 Nr. 28; = NZA 1997, 844; *Herschel/Löwisch* Rn. 51; *Hueck/v. Hoyningen-Huene* Rn. 69 ff.; KBK 14 Rn. 94; KR/*Friedrich* Rn. 227; SPV Rn. 1147; *Bitter* DB 1997, 1407; *Boemke* RdA 1995, 211; *Boewer* NZA 1997, 359, 360; *A. Hueck*, FS Nipperdey, 1955, 99). Durch den punktuellen Streitgegenstand wird es den AN ermöglicht, bei mehreren Kündigungen nur die anzugreifen, die sie für sozialwidrig erachten oder andere Beendigungsgründe nicht zur Entscheidung des Gerichts zu stellen.

Bei bestehendem Rechtsschutzinteresse ist es zulässig, daß der AN **neben der Klage nach § 4 die** 79 **allgemeine Feststellungsklage nach § 256 ZPO** erhebt, vgl. Rn. 86, 87 (BAG 21. 1. 1988 AP Nr. 19; BAG 27. 1. 1994 AP KSchG 1969 § 4 Nr. 28; BAG 16. 3. 1994 AP KSchG 1969 § 4 Nr. 29; BAG 13. 3. 1997 AP KSchG 1969 § 4 Nr. 38 = NZA 1997, 844; *Herschel/Löwisch* Rn. 52; *Hueck/v. Hoy-*

ningen-Huene Rn. 72 ff.; KBK 11 Rn. 85; *Schaub* NZA 1990, 85, 87; SPV Rn. 1150). Die Kündigungsschutzklage ist gegenüber der allgemeinen Feststellungsklage in ihrem Streitgegenstand nicht ein „Weniger", sondern ein „Aliud" (so richtig *Boemke* RdA 1995, 211; aA *Stahlhacke,* FS Wlotzke, 1996, S. 173; *Weißenfels* BB 1996, 1326). Befaßt sich die Klagebegründung nur mit einer ganz bestimmten Kündigung, ist es bedenklich, allein wegen des Antrags festzustellen, daß das Arbeitsverhältnis „fortbesteht", von einer weiteren selbständigen Klage auszugehen (vgl. BAG 16. 3. 1994 AP KSchG 1969 § 4 Nr. 29). Bei Unklarheiten im Zusammenhang mit der Formulierung des Klageantrags ist das Gericht jedoch zur Aufklärung verpflichtet (BAG 27. 1. 1994 AP KSchG 1969 § 4 Nr. 28). Wird keine selbständige Klage nach § 256 ZPO erhoben, werden durch die Klage nach § 4 dann auch nicht weitere Kündigungen erfaßt (BAG 16. 3. 1994 AP KSchG 1969 § 4 Nr. 29; Hess. LAG 24. 10. 1994 LAGE KSchG § 4 Nr. 25).

80   Die **Streitgegenstände** des § 4 und des § 256 ZPO **können sich nicht zulässig decken.** Würde die spätere Klage nach § 256 ZPO die früher erhobene nach § 4 einbeziehen, wäre sie insoweit unzulässig, denn nach § 261 III Nr. 1 ZPO kann die Streitsache während der Dauer der Rechtshängigkeit von keiner Partei anderweitig anhängig gemacht werden (*Boewer* NZA 1997, 359, 362). Ist also eine Klage nach § 4, die sich auf eine bestimmte Kündigung bezieht, bereits rechtshängig, kann bei einer Folgeklage nach § 256 ZPO die Rechtsfolge bei richtiger Auslegung des Klagebegehrens nur mit einer anderen möglichen Beendigungs- oder Nichtbeendigungsgrund betreffen, der nicht bereits Gegenstand der Klage nach § 4 ist. Die Auffassung des BAG (BAG 16. 8. 1990 AP BGB § 611 Treuepflicht Nr. 10), durch eine spätere Klage entfalle das Rechtsschutzinteresse für die früher erhobene, beachtet nicht § 261 III Nr. 1 ZPO. Entweder sind die Streitgegenstände verschieden, dann gibt es keine Berührungspunkte, oder sie sind teilweise identisch, dann ist insoweit die spätere unzulässig (*Hueck/v. Hoyningen-Huene* Rn. 78; *Boewer* NZA 1997, 359, 362). Unklarheiten ergeben sich weiter daraus, daß nach der Rechtsprechung angenommen wird, bei erfolgreicher Klage nach § 4 stehe zugleich rechtskräftig fest, daß zum Zeitpunkt des Zugangs der Kündigung (BAG 12. 1. 1977 AP § 4 Nr. 3; BAG 30. 8. 1993 AP GVG § 17a Nr. 6; BAG 28. 10. 1993 AP ArbGG 1979 § 2 Nr. 19; BAG 27. 1. 1994 AP KSchG 1969 § 4 Nr. 28; BAG 28. 2. 1995 AP GVG § 17a Nr. 17) oder – richtigerweise – zu dem des Kündigungstermins ein Arbeitsverhältnis bestanden habe (BAG 31. 3. 1979 AP ZPO § 256 Nr. 50), vgl. hierzu § 11 Rn. 1. Sinnvoll ist es allein, bei erfolgreicher Kündigungsschutzklage zu vertreten, es habe **zum Zeitpunkt des Kündigungstermins ein Arbeitsverhältnis bestanden** (so jetzt BAG 13. 3. 1997 AP KSchG 1969 § 4 Nr. 38; KBK 14/96). Insoweit entspräche die erfolgreiche Klage dem Ergebnis, das umgekehrt bei Nichterhebung der Klage gemäß der Fiktionswirkung des § 7 anzunehmen wäre.

81   Erhebt der AN durch den Antrag, daß das Arbeitsverhältnis über den in der Klage nach § 4 bezeichneten Kündigungstermin fortbesteht, eine selbständige Klage nach § 256 ZPO, ist diese nur zulässig, wenn der AN weitere Beendigungstatbestände in den Prozeß einführt oder wenigstens deren Möglichkeit darstellt und damit belegt, warum ein dem § 256 ZPO genügendes Feststellungsinteresse gegeben sein soll (BAG 27. 1. 1994 AP KSchG 1969 § 4 Nr. 28; BAG 16. 3. 1994 AP KSchG 1969 § 4 Nr. 29; BAG 13. 3. 1997 AP KSchG 1969 § 4 Nr. 38). Dieser Tatsachenvortrag, der die Zulässigkeit der Klage nach § 256 ZPO betrifft, muß bis zum Zeitpunkt der mündlichen Verhandlung erster Instanz vorliegen, wenn die Sozialwidrigkeit weiterer Kündigungen geltend gemacht werden soll. Bringt der AN überhaupt keine weiteren Tatsachen bis zum Zeitpunkt dieser mündlichen Verhandlung vor, ist die Klage nach § 256 ZPO zwar erhoben, sie muß jedoch als unzulässig abgewiesen werden. Trägt der AN den Anforderungen des § 256 ZPO genügende Tatsachen vor, ist die Klage zulässig. Wird ihr stattgegeben, steht fest, daß zum Zeitpunkt der letzten mündlichen Verhandlung in einem Arbeitsverhältnis bestanden hat. Ist eine Klage noch über Kündigungen anhängig, die das Arbeitsverhältnis vor dem Termin der letzten mündlichen Verhandlung beendet haben sollen, muß das Gericht zunächst über diese Klage entscheiden. Hält das Gericht die Entscheidung über die – nachrangige – Feststellungsklage für entscheidungsreif, muß es die Entscheidung vorbehaltlich des Erkenntnisses über die vorrangige Klage treffen.

82   Ist eine Klage nach § 256 ZPO erhoben und werden bis zum Zeitpunkt der mündlichen Verhandlung erster Instanz Tatsachen vorgetragen, die den Zulässigkeitsanforderungen genügen, und gibt das Gericht der Klage nach § 256 ZPO statt, erfaßt ein solches Urteil auch die Unwirksamkeit weiterer Kündigungen, die nach der in der Klage nach § 4 bezeichneten Kündigung bis zum Zeitpunkt dieser letzten Tatsachenverhandlung ausgesprochen worden sind, und zwar einschließlich ihrer Sozialwidrigkeit. Es ist nicht notwendig, daß der AN die die Zulässigkeit der Klage betreffenden Tatsachen innerhalb der Drei-Wochen-Frist des § 4 in den Prozeß einführt, und zwar selbst dann nicht, wenn sie sich auf die Sozialwidrigkeit einer weiteren Kündigung beziehen. Dies ergibt sich aus einer erweiternden Auslegung des § 6 S. 1. § 6 S. 1 will gerade die **nachträgliche Berufung** darauf zulassen, eine Kündigung sei sozial nicht gerechtfertigt, wobei für die rechtzeitige Anrufung des Arbeitsgerichts selbst eine zunächst unzulässige Klage ausreicht (BAG 24. 9. 1970 AP KSchG 1951 § 3 Nr. 16; BAG 26. 6. 1986 AP KSchG 1969 § 4 Nr. 14; BAG 13. 3. 1997 AP KSchG 1969 § 4 Nr. 38 = NZA 1997, 844). Dadurch werden Interessen des AG, die die Unklarheit des Angriffs seiner Kündigung betreffen könnten, nicht beeinträchtigt. Wird eine Klage nach § 256 ZPO erhoben, weiß der AG, daß der AN

sich gegen jede weitere Kündigung auch im Hinblick auf eine mögliche Sozialwidrigkeit wehren wird. Die Einhaltung der Drei-Wochen-Frist wäre eine reine Förmelei (BAG 13. 3. 1997 AP KSchG 1969 § 4 Nr. 38), vgl. zum Regelungszweck der Frist des § 4 auch Rn. 50. Will der AG eine entsprechende Rechtskraftwirkung verhindern, muß er – soweit nicht der AN eine weitere Kündigung vorgetragen, sondern nur deren Möglichkeit angezeigt hat, eine weitere von ihm ausgesprochene Kündigung in den Prozeß einführen. Tut er das nicht, steht bei Stattgabe der Klage nach § 256 ZPO fest, daß eine weitere Kündigung nicht zur Beendigung des Arbeitsverhältnisses geführt hat. Liegen zulässig zwei Klagen vor, die erste nach § 4 und die zweite nach § 256 ZPO, ist zunächst über die Klage nach § 4 zu befinden, vgl. Rn. 81.

2. Entscheidung. Das **Gericht gibt der Kündigungsschutzklage nach § 4** statt, wenn es die 83 Kündigung für sozialwidrig oder aus anderen Gründen für unwirksam hält. Wird die Sozialwidrigkeit einer Änderungskündigung festgestellt, muß der AG den AN gemäß § 159 BGB so stellen, wie er stehen würde, wenn er unverändert mit den bisherigen Arbeitsbedingungen weitergearbeitet hätte (BAG 27. 9. 1984 AP KSchG 1969 § 2 Nr. 8; KDZ/*Kittner* Rn. 59).

Weist das **Gericht** die **Kündigungsschutzklage ab**, ist das Arbeitsverhältnis als durch die Kündi- 84 gung aufgelöst anzusehen. Hierbei wird nicht darüber befunden, ob es zu einem früheren Zeitpunkt bestanden hat (BAG 15. 1. 1991 AP BetrVG 1972 § 113 Nr. 21). Die Klage wird bei Versäumung der Drei-Wochen-Frist als unbegründet abgewiesen, weil die Wirkung des § 7 eingetreten ist (BAG 26. 6. 1986 AP KSchG 1969 § 4 Nr. 14; *Herschel/Löwisch* Rn. 60; *Hueck/v. Hoyningen-Huene* Rn. 82; *Schaub* § 136 I 6; SPV Rn. 1120). Nach Rechtskraft des Urteils kann die Kündigung nicht mehr wegen anderer Mängel angegriffen werden (BAG 12. 6. 1986 AP KSchG 1969 § 4 Nr. 17; *Herschel/Löwisch* Rn. 58; *Boewer* NZA 1997, 359, 361). Wenn eine Klage nach § 4 zulässig erhoben war, befaßt sich das Gericht nicht nur mit der Frage der Sozialwidrigkeit, sondern mit allen Unwirksamkeitsgründen.

Der **Streitwert der Kündigungsschutzklage** bemißt sich nach § 12 VII ArbGG. Er übersteigt drei 85 Monatsverdienste nicht. Die Rechtsprechung des BAG (BAG 30. 11. 1984 AP ArbGG 1979 § 12 Streitwert Nr. 9), wonach je nach Dauer des Arbeitsverhältnisses ein typisierender Maßstab angelegt werden solle, ist von den LAG nicht übernommen worden. Die Streitwertbemessung durch die einzelnen LAG ist unterschiedlich (vgl. *Germelmann/Matthes/Prütting* § 12 Rn. 89 ff.; GK-ArbGG/*Wenzel* § 12 Rn. 108 ff., 128 ff.).

VIII. Verhältnis der Kündigungsschutzklage zu anderen Klagen

1. Allgemeine Feststellungklage nach § 256 ZPO. Der AN kann **nicht anstelle der Klage nach** 86 **§ 4 eine solche nach § 256 ZPO** erheben. **§ 4 ist die speziellere Vorschrift.** Der AN kann allerdings **neben** der Klage nach § 4 die allgemeine Feststellungsklage nach § 256 ZPO erheben, wenn er geltend machen will, zu einem bestimmten Zeitpunkt habe ein Arbeitsverhältnis bestanden (BAG 21. 1. 1988 AP KSchG 1969 § 4 Nr. 9; BAG 16. 8. 1990 AP KSchG 1969 § 4 Nr. 38; *Herschel/Löwisch* Rn. 52; *Hueck/v. Hoyningen-Huene* Rn. 47; KBK 14 Rn. 4; KR/*Friedrich* Rn. 237; SPV Rn. 1150). In Anbetracht der oft floskelhaft verwendeten Klage-Zusatz-Formel „sondern fortbesteht" muß eindeutig erkennbar sein, daß der AN nicht nur eine Klage nach § 4, sondern auch eine solche nach § 256 ZPO erhoben hat (BAG 16. 3. 1994 AP KSchG 1969 § 4 Nr. 29). Erhebt der AN eine zulässige Feststellungsklage nach § 256 ZPO mit dem Antrag, das Arbeitsverhältnis bestehe fort, ist Streitgegenstand die Frage, ob das Arbeitsverhältnis bis zu dem im Klageantrag genannten Zeitpunkt bestanden hat, jedoch nicht über den Zeitpunkt der letzten mündlichen Verhandlung in der Tatsacheninstanz hinaus (BAG 21. 1. 1988 AP KSchG 1969 § 4 Nr. 19).

Beruft der AN sich **im Zusammenhang mit einer Kündigung auf andere Unwirksamkeits-** 87 **gründe**, braucht er die Klage nicht innerhalb von drei Wochen zu erheben (BAG 21. 1. 1988 AP KSchG 1969 § 4 Nr. 19; *Hueck/v. Hoyningen-Huene* Rn. 75; KR/*Friedrich* Rn. 249; KBK 11 Rn. 87; SPV Rn. 1155). Nach einer Entscheidung vom 7. 12. 1995 (BAG 7. 12. 1995 AP KSchG 1969 § 4 Nr. 33) wahrt eine fristgerechte Klageerhebung gegen eine erste Kündigung nach § 4 KSchG iVm. § 256 ZPO auch spätere Kündigungen, wenn der AN ohne Beachtung von § 4 nur bis zum Schluß der mündlichen Verhandlung erster Instanz die Sozialwidrigkeit im Prozeß geltend macht, vgl. oben Rn. 82.

Eine zulässige Feststellungsklage nach § 256 ZPO – allein oder neben der nach § 4 – setzt ein 88 **Rechtsschutzinteresse** voraus. Das **muß die Interessenlage von § 4 überschreiten** (BAG 27. 1. 1994 AP KSchG 1969 § 4 Nr. 28; BAG 16. 3. 1994 AP KSchG 1969 § 4 Nr. 29 = NZA 1994, 860; *Hueck/ v. Hoyningen-Huene* Rn. 76; KDZ/*Kittner* Rn. 56; SPV Rn. 1155 a). Der AN muß also substantiiert Tatsachen vortragen, aus denen sich außer einer durch § 4 geltend zu machenden Unwirksamkeit andere Unwirksamkeitsgründe ergeben, die den Bestand des Arbeitsverhältnisses als streitig erscheinen lassen. Außerdem muß er vortragen, warum eine Feststellungs- und nicht eine Leistungsklage ausreichen soll, den Rechtsfrieden herzustellen. Das Gericht hat den AN über § 139 ZPO auf Unklarheiten hinzuweisen und für einen erschöpfenden Sachvortrag zu sorgen (BAG 27. 1. 1994 AP KSchG 1969 § 4 Nr. 28; *Hueck/v. Hoyningen-Huene* Rn. 76; KDZ/*Kittner* Rn. 56). Das Feststellungsinteresse muß zum Zeitpunkt der letzten mündlichen Verhandlung gegeben sein (KR/*Friedrich* Rn. 243).

89 Die **allgemeine Feststellungsklage** ist **geboten,** wenn der AN nicht eine Klage nach § 4 erhebt, sondern **ausschließlich andere Unwirksamkeitsgründe,** zB Verstoß gegen § 102 BetrVG, § 9 MuSchG, § 15 SchwbG, geltend machen will (*Herschel/Löwisch* Rn. 6).

90 Bei der allgemeinen **Feststellungsklage** lautet der **Tenor** dahingehend, daß zwischen den Parteien ein Arbeitsverhältnis besteht oder zu einem bestimmten Zeitpunkt bestanden hat. Ergibt sich aus dem Tenor oder aus den zur Auslegung heranzuziehenden Entscheidungsgründen kein bestimmter Termin, bezieht sich die Feststellung auf den Zeitpunkt der letzten mündlichen Verhandlung in der Tatsacheninstanz. Sind noch Rechtsstreitigkeiten nach § 4 anhängig, die dem Gericht bekannt sind, ist die weitergreifende allgemeine Feststellungsklage, wenn sie sich auf diese Kündigungen erstreckt, als unzulässig abzuweisen, denn der AN kann nicht mehrere Rechtsstreitigkeiten führen, die denselben Streitgegenstand betreffen. Es ist ratsam, daß der Beklagte das Gericht auf solche Prozesse hinweist, um widerstreitende Urteile zu vermeiden.

91 **2. Andere Klagen.** Will der AN **Lohnansprüche** geltend machen, muß er insoweit Zahlungklage erheben. Die Klage nach § 4 allein unterbricht nicht die Verjährung von Lohnansprüchen noch tritt eine Hemmung ein (BAG 29. 5. 1961 AP BGB § 209 Nr. 2; BAG 7. 11. 1991 AP BGB § 209 Nr. 6; vgl. auch BAG 10. 4. 1963 AP BGB § 615 Nr. 23; *Herschel/Löwisch* Rn. 14; krit. *Hueck/v. Hoyningen-Huene* Rn. 17, 18; KBK 14 Rn. 37; KDZ/*Kittner* Rn. 11; KR/*Friedrich* Rn. 30; SPV Rn. 1061). Das gilt auch für Urlaubs- und Urlaubsabgeltungsansprüche (BAG 21. 9. 1999 AP BUrlG § 7 Abgeltung Nr. 77).

92 Bei **Ausschlußfristen** und deren Fristwahrung ist zu unterscheiden nach dem genauen Inhalt der in der Regel tariflichen Bestimmung (vgl. zu Anschlußfristen § 225 BGB Rn. 28 ff.). Schreibt eine **einstufige Ausschlußklausel** vor, die Ansprüche seien innerhalb einer bestimmten Frist „geltend zu machen" (formlos oder schriftlich), reicht die Erhebung einer Kündigungsschutzklage zur Geltendmachung eines Lohnanspruchs aus (BAG 26. 3. 1986 EzA BGB § 615 Nr. 48; BAG 9. 8. 1990 AP BGB § 615 Nr. 46; *Herschel/Löwisch* Rn. 15; *Hueck/v. Hoyningen-Huene* Rn. 20; KR/*Friedrich* Rn. 38). Ein Tarifvertrag kann auch vorsehen, daß nur Ansprüche des AN dem tariflichen Verfall unterliegen (BAG 4. 12. 1997 EzA TVG § 1 Ausschlußfristen Nr. 127). Schreibt eine einstufige Klausel vor, Zahlungsansprüche seien **gerichtlich** geltend zu machen, muß eine **Zahlungsklage** zur Fristwahrung erhoben werden. Bei einer **zweistufigen Ausschlußklausel** wird in der Regel verlangt, daß der AN nach Ablehnung eines (einfach) geltend gemachten Anspruchs eine Forderung gerichtlich geltend zu machen habe. Auch hier reicht dann die Erhebung einer bloßen Kündigungsschutzklage nicht aus (st. Rechtspr., vgl. nur BAG 13. 9. 1984 AP TVG § 4 Ausschlußfristen Nr. 86; BAG 9. 8. 1990 DB 1991, 498; *Herschel/Löwisch* Rn. 15; *Hueck/v. Hoyningen-Huene* Rn. 21; KDZ/*Kittner* Rn. 14; KR/*Friedrich* Rn. 43 ff.; SPV Rn. 1068).

93 Soweit eine **Kündigungsschutzklage** die **Ausschlußfrist wahren** soll, kommt es auf den Zeitpunkt der **Zustellung der Klageschrift** an. Die bloße **Einreichung bei Gericht genügt** für die Geltendmachung **nicht,** es sei denn es ist etwas anderes bestimmt. Der Sinn der Ausschlußfrist besteht darin, daß der AG erfährt, er müsse nicht mehr mit Ansprüchen rechnen (BAG 4. 11. 1969 AP ZPO § 496 Nr. 3; BAG 8. 3. 1976 AP ZPO § 496 ZPO Nr. 4; *Herschel/Löwisch* Rn. 15; *Hueck/v. Hoyningen-Huene* Rn. 22). Ebenso reicht ein Klagabweisungsantrag des AG nicht aus, die Ausschlußfrist für solche Ansprüche zu wahren, die Leistungen für die Zeit nach der rechtskräftig festgestellten Beendigung des Arbeitsverhältnisses betrifft, die rechtsgrundlos dem AN erbracht worden sind (BAG 19. 1. 1999 AP BAT-O § 70 Nr. 1).

IX. Der vorläufige Weiterbeschäftigungsanspruch

94 Nach § 102 V BetrVG (§ 79 II BPersVG) und den entsprechenden landesrechtlichen Vorschriften muß der AG den AN auf dessen Verlangen nach Ablauf der Kündigungsfrist bis zum rechtskräftigen Abschluß des Kündigungsschutzprozesses zu unveränderten Arbeitsbedingungen weiterbeschäftigen, wenn der Betriebsrat (Personalrat) der Kündigung fristgerecht und ordnungsgemäß widersprochen hat. Diesen Anspruch kann der AN gerichtlich durchsetzen, vgl. § 102.

95 Nach der Rechtsprechung des BAG (BAG GS 27. 2. 1985 AP BGB § 611 Beschäftigungspflicht Nr. 14) kann der AN verlangen, **vorläufig weiterbeschäftigt** zu werden, wenn er ein noch nicht rechtskräftiges positives Kündigungsschutzurteil erlangt hat und wenn die Interessen des AN an der Weiterbeschäftigung die des AG an einer Nichtbeschäftigung übersteigen. Die Frage der vorläufigen Weiterbeschäftigung bis zur Rechtskraft des Urteils kann kein Problem des materiellen Rechts sein, sondern allein ein prozessuales (vgl. zur Kritik *Bengelsdorf* DB 1986, 168; *Dänzer-Vanotti* DB 1985 2610; *Dütz* NZA 1986, 209; *Färber/Kappes* NZA 1986, 215; *Eich* DB 1986, 692; *Gamillscheg* Anm. EzA BGB § 611 Beschäftigungspflicht Nr. 9; *Hanau* ZIP 1986, 8; *Hueck/v. Hoyningen Huene* Rn. 99; *Lieb* SAE 1986, 48; *Ramm* AuR 1986, 326; *Schwerdtner* ZIP 1985, 1361; *Wank* RdA 1987, 129; ders. Anm. LAGE BGB § 611 Weiterbeschäftigungspflicht Nr. 17; vgl. im übrigen KR/*Etzel* BetrVG § 102 Rn. 269 ff.). Dem deutschen Recht ist ein materieller Verdachtsanspruch fremd.

IX. Der vorläufige Weiterbeschäftigungsanspruch § 4 KSchG 430

Die Klage auf vorläufige Weiterbeschäftigung ist eine eigene Klage. Der AN kann sie bereits mit der Kündigungsschutzklage erheben. Der **Weiterbeschäftigungsantrag** ist ein **unechter Hilfsantrag** (BAG 8. 4. 1988 AP BGB § 611 Weiterbeschäftigung Nr. 4). Er ist nur für den Fall des Obsiegens gestellt (*Hueck/v. Hoyningen-Huene* Rn. 120). Der Kläger muß im Antrag die Tätigkeit genau umschreiben, die er vorläufig ausüben will, andernfalls wäre ein stattgebendes Urteil nicht vollstreckbar (SPV Rn. 1309). 96

Der Weiterbeschäftigungsanspruch ist auf eine rein tatsächliche Weiterbeschäftigung gerichtet. Es steht dem insoweit obsiegenden AN frei, ob er von dem Recht Gebrauch machen will oder nicht. Aus dem ausgeurteilten Weiterbeschäftigungsanspruch erwächst keine Arbeitspflicht des AN (SPV Rn. 1318). 97

Hat das Gericht die Unwirksamkeit der Kündigung festgestellt und will der AG den vorläufigen Weiterbeschäftigungsanspruch abwehren, muß er zusätzliche, über die Ungewißheit des Prozeßausgangs hinausgehende Umstände vortragen, aus denen sich im Einzelfall sein überwiegendes Interesse an der Nicht-Weiterbeschäftigung des AN ergeben soll (SPV Rn. 1303). Das **Interesse des AG überwiegt, wenn eine weitere Beschäftigung nicht möglich ist** oder jedenfalls unzumutbar wäre (LAG Hamburg 6. 8. 1985 LAGE BGB § 611 Beschäftigungspflicht Nr. 7). Es überwiegt ebenso, wenn von ihm eine weitere Kündigung ausgesprochen worden ist, die nicht offensichtlich unwirksam ist (vgl. BAG 19. 12. 1985 EzA BGB § 611 Beschäftigungspflicht Nr. 17). Hierzu rechnen weiter Umstände, die den AG zu einer vorläufigen Suspendierung berechtigten (SPV Rn. 1303). Hat der AG im Kündigungsschutzprozeß eines leitenden Angestellten zulässig einen Auflösungsantrag gestellt, überwiegt sein Interesse, den AN nicht bis zum Ende des Prozesses weiterzubeschäftigen (BAG 16. 11. 1995 AP Einigungsvertrag Art. 20 Anlage I Kap. XIX Nr. 47; aA *Löwisch* KSchG Rn. 94). 98

Hat der AN bei einer **Änderungskündigung** das Änderungsangebot des AG unter Vorbehalt der sozialen Rechtfertigung der Änderung angenommen, ist er verpflichtet, zu den geänderten Bedingungen weiterzuarbeiten. Er hat dann keinen vorläufigen Weiterbeschäftigungsanspruch zu den bisherigen Arbeitsbedingungen (BAG 18. 1. 1990 AP § 2 Nr. 27; SPV Rn. 1308). 99

Die Pflicht des AG, den AN **vorläufig weiterzubeschäftigen**, erstreckt sich **nur auf den Zeitraum bis zum rechtskräftigen Abschluß des Kündigungsschutzprozesses**. Es ist daher nicht möglich, zulässig ein Rechtsmittel, beschränkt auf die Frage der vorläufigen Weiterbeschäftigungspflicht, einzulegen. Die Verurteilung des AG für einen vergangenen Zeitraum ist unzulässig. Hat die erste Instanz einem Weiterbeschäftigungsanspruch nicht stattgegeben, kann der AN in der Berufung, sofern er ein entsprechendes Rechtsschutzinteresse hat, für den vergangenen Zeitraum einen entsprechenden Feststellungsantrag stellen (SPV Rn. 1312). 100

Bei der Abwicklung der erfolgten Weiterbeschäftigung nach Rechtskraft eines die Kündigungsschutzklage abweisenden Urteils ist zu unterscheiden, ob im Rahmen der Weiterbeschäftigung eine vertragliche Vereinbarung zustande gekommen ist (vgl. BAG 15. 1. 1986 AP LohnFG § 1 Nr. 66 = NZA 1986, 561). Ist die Weiterbeschäftigung zur Abwendung oder im Weg der Zwangsvollstreckung erfolgt und stellt sich die Wirksamkeit der Kündigung heraus, erfolgt die **Abwicklung über § 812 I S. 1 Altern. 1 BGB** (BAG 10. 3. 1987 AP BGB § 611 Weiterbeschäftigung Nr. 1; BAG 12. 2. 1992 EzA BGB § 611 Beschäftigungspflicht Nr. 52; *LAG Düsseldorf* LAGE BGB § 611 Beschäftigungspflicht Nr. 30; SPV Rn. 1316). 101

Die **Durchsetzung des vorläufigen Weiterbeschäftigungsanspruchs im Weg der einstweiligen Verfügung** setzt als Verfügungsgrund ein besonderes, objektiv bestehendes Beschäftigungsinteresse voraus, das sich aus dem mit der rechtlichen Anerkennung des allgemeinen Weiterbeschäftigungsanspruchs bezweckten Schutzes der Persönlichkeitsrechte des AN ergibt (LAG Rheinland-Pfalz 21. 1. 1986 LAGE BGB § 611 Beschäftigungspflicht Nr. 19). Der AN muß glaubhaft machen, daß eine Beschäftigungslage zweifelsfrei besteht und daß er keine Möglichkeit hat, die Beschäftigung im Hauptsacheverfahren in angemessener Zeit durchzusetzen (LAG Hamburg 6. 8. 1985 LAGE BGB § 611 Beschäftigungspflicht Nr. 7). Das setzt voraus, daß die Kündigung mit hoher Wahrscheinlichkeit als unwirksam zu erachten ist (LAG Hamburg 6. 8. 1985 LAGE BGB § 611 Beschäftigungspflicht Nr. 7; LAG Köln 26. 11. 1985 LAGE BGB § 611 Beschäftigungspflicht Nr. 8; aA. LAG Niedersachsen 22. 5. 1987 LAGE BGB § 611 Beschäftigungspflicht Nr. 21; LAG Niedersachsen 18. 11. 1994 LAGE BGB § 611 Beschäftigungspflicht Nr. 38: Abwendung wesentlicher Nachteile; LAG Hamm 18. 2. 1998 LAGE BGB § 611 Beschäftigungspflicht Nr. 41: Notlage). An einem Verfügungsgrund fehlt es, wenn der AN in einem von ihm geführten Kündigungsschutzprozeß bereits erstinstanzlich obsiegt hat und es unterlassen hatte, im Erkenntnisverfahren den Weiterbeschäftigungsantrag zu stellen (LAG Köln LAGE BGB § 611 Beschäftigungspflicht Nr. 40). 102

Bei der **Streitwertfestsetzung** ist der Weiterbeschäftigungsanspruch mit einem Bruttomonatslohn dem Streitwert des Kündigungsschutzprozesses hinzuzurechnen (LAG Hamm 28. 7. 1988 RzK I 10l Nr. 37; LAG Nürnberg 3. 1. 1989 NZA 1989, 862; LAG München 30. 10. 1990 RzK I 10l Nr. 52; LAG Rheinland-Pfalz 16. 4. 1992 LAGE GKG § 19 Nr. 13; LAG Chemnitz 14. 6. 1993 RzK I 10l Nr. 64; aA: LAG Saarland 12. 12. 1989 RzK I 10l Nr. 48: Hälfte des Wertes des Kündigungsschutzprozesses; LAG Hamm 11. 9. 1986 LAGE ArbGG 1979 § 12 Streitwert Nr. 56: 2/3 des Wertes). Gegen eine wertmäßige Berücksichtigung überhaupt: LAG München 12. 5. 1987 LAGE GKG § 19 103

Nr. 5; LAG Düsseldorf 13. 7. 1989 RzK I 10l Nr. 45; LAG Düsseldorf 8. 11. 1990 LAGE GKG § 19 Nr. 10.

§ 5 Zulassung verspäteter Klagen

(1) War ein Arbeitnehmer nach erfolgter Kündigung trotz Anwendung aller ihm nach Lage der Umstände zuzumutenden Sorgfalt verhindert, die Klage innerhalb von drei Wochen nach Zugang der Kündigung zu erheben, so ist auf seinen Antrag die Klage nachträglich zuzulassen.

(2) [1] Mit dem Antrag ist die Klageerhebung zu verbinden; ist die Klage bereits eingereicht, so ist auf sie im Antrag Bezug zu nehmen. [2] Der Antrag muß ferner die Angabe der die nachträgliche Zulassung begründenden Tatsachen und der Mittel für deren Glaubhaftmachung enthalten.

(3) [1] Der Antrag ist nur innerhalb von zwei Wochen nach Behebung des Hindernisses zulässig. [2] Nach Ablauf von sechs Monaten, vom Ende der versäumten Frist an gerechnet, kann der Antrag nicht mehr gestellt werden.

(4) [1] Über den Antrag entscheidet die Kammer durch Beschluss, der ohne mündliche Verhandlung ergehen kann. [2] Gegen diesen ist die sofortige Beschwerde zulässig.

I. Allgemeines

1   Die in § 7 angeordnete Rechtsfolge der rückwirkenden Heilung der Sozialwidrigkeit der Kündigung erscheint unbillig, wenn der AN trotz Anwendung aller nach der Lage ihm zuzumutenden Sorgfalt an der rechtzeitigen Klageerhebung gehindert war. Dem trägt § 5 Rechnung, indem er die **Möglichkeit eröffnet, verspätete Klagen zuzulassen**. Die Zulassung verspäteter Klagen nach § 5 ist verwandt der Wiedereinsetzung in den vorigen Stand nach § 233 ZPO. Rechtsprechung und Literatur zu dieser Vorschrift sind daher teilweise auch hier einschlägig. In beiden Fällen hat die Einzelfallgerechtigkeit Vorrang vor der Rechtssicherheit (*Herschel/Löwisch* Rn. 2; *Hueck/v. Hoyningen-Huene* Rn. 3). Der Zulassungsantrag setzt ein Rechtsschutzinteresse voraus. Dieses muß sich nur auf den Zulassungsantrag beziehen (*Herschel* Anm. AP KSchG 1951 § 4 Nr. 7; *KR/Friedrich* Rn. 100). **Im Zulassungsverfahren** ist **nicht zu prüfen, ob** die **Kündigungsschutzklage** selbst **Aussicht auf Erfolg** hat (*Hueck/v. Hoyningen-Huene* Rn. 27; *KR/Friedrich* Rn. 102 ff.). Die „Zulassung" der verspäteten Klage betrifft nicht etwa ihre Zulässigkeit. Mit der Zulassung soll erreicht werden, daß die Fiktion des § 7, die sich allein materiellrechtlich auswirkt, nicht eintritt (*Berkowsky* NZA 1997, 352, 353).

II. Verhinderung an rechtzeitiger Klageerhebung

2   Die nachträgliche Zulassung einer verspäteten Klage setzt voraus, daß der AN nach erfolgter Kündigung trotz Anwendung aller ihm nach der Lage der Umstände zuzumutenden Sorgfalt verhindert war, die Klage innerhalb von drei Wochen nach Zugang der Kündigung zu erheben. Den **AN** darf demnach **kein Verschulden an der verspäteten Klageerhebung** treffen. Da er alle ihm zuzumutende Sorgfalt beachtet haben muß, legt das Gesetz einen strengen Maßstab an. Dem AN darf noch nicht einmal leichte Fahrlässigkeit vorwerfbar sein (LAG Berlin 4. 1. 1982 LAGE Nr. 13; *Herschel/Löwisch* Rn. 3; *Hueck/v. Hoyningen-Huene* Rn. 2; *KR/Friedrich* Rn. 10, 13; *Löwisch* KSchG Rn. 3; SPV Rn. 1127). Kein Verschulden trifft den AN, wenn er am letzten Tag der Frist die Klageschrift beim Arbeitsgericht persönlich nicht abgeben kann, weil dieses wegen eines Betriebsausflugs nicht funktionsfähig ist (Hess. LAG 29. 9. 1993 RzK I 10 d Nr. 55). Erhebt der AN eine mangelhafte Klage (fehlende Unterschrift) so rechtzeitig, daß der Mangel hätte rechtzeitig behoben werden können, wenn das Gericht einen Hinweis gegeben hätte, kommt eine nachträgliche Zulassung in Betracht (LAG Mecklenburg-Vorpommern 27. 7. 1999 – 3 Ta 41/99 EzA SD 17/99 S. 8).

3   Der AG ist **nicht verpflichtet, den AN auf die einzuhaltende Frist hinzuweisen**, die Kündigung also gleichsam mit einer Rechtsmittelbelehrung zu versehen (LAG Frankfurt/M. 20. 9. 1974 DB 1968, 2016; LAG Hamm 7. 3. 1967 DB 1967, 912; LAG Baden-Württemberg 12. 11. 1968 DB 1968, 2180; SPV Rn. 1102; kritisch KDZ/*Kittner* Rn. 5). Ein Verschulden des AN ist jedoch auszuschließen, wenn der AG die Unterlassung der Klageerhebung veranlaßt hat (LAG Frankfurt/M. 5. 9. 1988 LAGE KSchG 1969 § 5 Nr. 40; KDZ/*Kittner* Rn. 5), insbesondere wenn er den AN arglistig von der Klageerhebung abgehalten hat (LAG Frankfurt/M. 17. 8. 1954 NJW 1954, 1952; LAG Baden-Württemberg 26. 3. 1965 DB 1965, 1712; KDZ/*Kittner* Rn. 5; aA *Hueck/v. Hoyningen-Huene* Rn. 5).

4   Bei Beurteilung der Frage des Verschuldens kommt es darauf an, ob der AN **die nach Lage der Umstände** zuzumutende Sorgfalt beachtet hat. Es ist demnach der konkret betroffene AN in seiner ganz individuellen Situation und nach seinen persönlichen Fähigkeiten zu beurteilen (*Herschel/Löwisch* Rn. 4; *KR/Friedrich* Rn. 12). Es gilt somit ein **subjektiver Maßstab** (*Hueck/v. Hoyningen-Huene* Rn. 2; KDZ/*Kittner* Rn. 4; *KR/Friedrich* Rn. 11; *Berkowsky* NZA 1997, 352, 354).

5   Die Frage, ob der AN sich das **Verschulden seines Prozeßbevollmächtigten anrechnen lassen** muß, ist äußerst umstritten (**dafür**: LAG Düsseldorf 1. 2. 1972 DB 1972, 1975; LAG Berlin 28. 8. 1978

II. Verhinderung an rechtzeitiger Klageerhebung § 5 KSchG 430

KSchG 1969 § 5 AP Nr. 2; LAG München 12. 5. 1981 DB 1981, 915; LAG Frankfurt/M. 22. 12. 1983 NZA 1984, 40; LAG Köln 27. 2. 1986 NZA 1986, 441; LAG Köln 8. 5. 1987 LAGE KSchG 1969 § 5 Nr. 28; LAG Nürnberg 28. 7. 1987 LAGE KSchG 1969 § 5 Nr. 30; LAG Rheinland-Pfalz 9. 8. 1989 LAGE KSchG 1969 § 5 Nr. 43; LAG Baden-Württemberg 26. 8. 1992 LAGE KSchG § 5 Nr. 58; LAG Mecklenburg-Vorpommern 18. 3. 1993 AuA 1994, 86; LAG Frankfurt/M. 26. 10. 1993 LAGE KSchG § 5 Nr. 63; LAG Köln 26. 7. 1994 KSchG § 5 Nr. 67; *Herschel/Löwisch* Rn. 5; *Hueck/v. Hoyningen-Huene* Rn. 16; KBK 14 Rn. 75; KDZ/*Kittner* Rn. 15; *Löwisch* KSchG Rn. 5; SPV Rn. 1137 *U. Tschöpe/Fleddermann* BB 1998, 157, 160; *Berkowsky* NZA 1997, 352, 355: wenn nach Verfahrenseinleitung; **dagegen**: LAG Hamm 9. 12. 1982 LAGE KSchG 1969 § 5 Nr. 17; LAG Hamburg 3. 6. 1985 LAGE KSchG 1969 § 5 Nr. 19; LAG Hamm 27. 1. 1994 LAGE KSchG 1969 § 5 Nr. 65; LAG Hamm 21. 12. 1995 LAGE KSchG § 5 Nr. 73 *(Brehm)*; KR/*Friedrich* Rn. 70 ff.; *Berkowsky* NZA 1997, 352, 355: wenn vor Verfahrenseinleitung; *Bauer* Rn. 204). Eine Entscheidung des BAG in der Sache selbst ist nicht möglich, denn das BAG wird im Verfahren nach § 5 nicht tätig. Die Beantwortung der Frage ergibt sich nicht aus der Rechtsnatur der Klagefrist (vgl. dazu BAG 26. 6. 1986 AP KSchG 1969 § 4 Nr. 17; LAG Nürnberg 28. 7. 1987 LAGE KSchG 1969 § 5 Nr. 30; *Hueck/v. Hoyningen-Huene* Rn. 15). Entscheidend ist allein, ob in der Anrechnung eines Fremdverschuldens bei einem selbst säumigen AN eine unzumutbare Erschwerung des Zugangs zu den Gerichten gesehen wird. Das ist zu bejahen. Ein gegensätzliches schutzwürdiges Interesse des AG besteht nicht, denn er muß ohnehin über einen Zeitraum von sechs Monaten noch damit rechnen, daß eine verspätete Klage zugelassen wird (vgl. dazu grundlegend *Vollkommer*, FS Stahlhacke, 1995, S. 599, 613). Die Art des Prozeßbevollmächtigten: Rechtsanwalt, Gewerkschaftssekretär, ist hierbei unerheblich.

Der AN muß sich in keinem Fall das **Verschulden von Hilfspersonen des Bevollmächtigten** 6 anrechnen lassen, denn auf ihr Tätigwerden findet § 85 II ZPO keine Anwendung. Der Bevollmächtigte muß sich ein Falschhandeln dieser Personen nur anrechnen lassen, wenn er das Personal nicht sorgfältig ausgewählt oder überwacht hat (*Herschel/Löwisch* Rn. 6; KR/*Friedrich* Rn. 74) oder weil er ihm Aufgaben übertragen hat, die er selbst wahrnehmen muß (std. Rspr. BAG 27. 11. 1974 AP ZPO § 233 Nr. 68; BAG 9. 1. 1990 AP ZPO § 233 1977 Nr. 16; *Herschel/Löwisch* Rn. 6; *Hueck/v. Hoyningen-Huene* Rn. 16; KDZ/*Kittner* Rn. 16; KR/*Friedrich* Rn. 74).

Hat der AN nur einen **Rechtsrat** eingeholt, trifft ihn bei einer Falschauskunft kein Verschulden, 7 wenn er von der Kompetenz des um Rat Befragten ausgehen konnte (*Herschel/Löwisch* Rn. 7; *Hueck/v. Hoyningen-Huene* Rn. 6, 17; KDZ/*Kittner* Rn. 6; KR/*Friedrich* Rn. 30 ff. m. zahlr. Nachw.; SPV Rn. 1129).

Als **zur Auskunfterteilung geeignet** ist eine Stelle anzusehen, die über die notwendige Fachkunde 8 verfügt und zur Auskunft in rechtserheblichen Fragen berufen ist (*Herschel/Löwisch* Rn. 7; KDZ/*Kittner* Rn. 6): Rechtsantragsstelle des Arbeitsgerichts; Rechtsanwalt; Rechtsschutzstelle der Gewerkschaft (LAG Düsseldorf 26. 7. 1976 LAGE KSchG 1969 § 5 Nr. 1; LAG Köln 13. 9. 1982 LAGE KSchG 1969 § 5 Nr. 16; *Hueck/v. Hoyningen-Huene* Rn. 6; KR/*Friedrich* Rn. 31).

Nicht zur Auskunft geeignet sind: **Kanzleipersonal** von Gericht und Anwälten (*Herschel/Löwisch* 9 Rn. 7; *Hueck/v. Hoyningen-Huene* Rn. 6; KDZ/*Kittner* Rn. 6; KR/*Friedrich* Rn. 31; SPV Rn. 1129), **Arbeitsamt** (LAG Düsseldorf 25. 4. 1991 NZA 1992, 44), **Betriebsrat** (LAG Köln 13. 9. 1982 LAGE KSchG 1969 § 5 Nr. 16; LAG Rheinland-Pfalz 19. 9. 1984 NZA 1985, 430, 431; LAG Hamburg 10. 4. 1987 DB 1987, 1744; LAG Berlin 17. 6. 1991 DB 1991, 1887; *Herschel/Löwisch* Rn. 7; *Hueck/v. Hoyningen-Huene* Rn. 7; SPV Rn. 1130; aA KDZ/*Kittner* Rn. 7: entscheidend sind Umstände des Einzelfalls; KR/*Friedrich* Rn. 33). Beim Betriebsrat kann die Situation anders zu beurteilen sein, wenn es sich um einen Großbetrieb handelt und der Betriebsrat eine Fachkompetenz aufgrund besonderer Umstände kundtut (KR/*Friedrich* Rn. 33). Nicht kompetent sind **Organisationen der Parteien** oder Schadensabteilungen von Versicherungen (*Herschel/Löwisch* Rn. 7; *Hueck/v. Hoyningen-Huene* Rn. 7; aA KDZ/*Kittner* Rn. 6; KR/*Friedrich* Rn. 34). Wird dem AN in der **Strafhaft** vom Anstaltspersonal eine unzutreffende Auskunft erteilt, ist die Versäumung der Frist allerdings unverschuldet (LAG Bremen 13. 6. 1994 RzK I 10 d Nr. 62).

Nicht entschuldigen kann den AN die **Unkenntnis von der Klagefrist**. Es gehört zu den an jeden 10 AN zu stellenden Sorgfaltsanforderungen, daß er sich zumindest nach Ausspruch einer Kündigung unverzüglich darum kümmert, ob und wie er dagegen vorgehen kann (BAG 26. 8. 1993 LPVG NW § 72 Nr. 8 = NZA 1994, 281; LAG Düsseldorf 12. 6. 1980 DB 1980, 1551; LAG Düsseldorf 2. 4. 1976 LAGE KSchG 1969 § 5 Nr. 2; LAG Hamburg 10. 4. 1987 LAGE KSchG 1969 § 5 Nr. 34; *Herschel/Löwisch* Rn. 8; *Hueck/v. Hoyningen-Huene* Rn. 11; KDZ/*Kittner* Rn. 12; KR/*Friedrich* Rn. 64; *Löwisch* KSchG Rn. 9; SPV Rn. 1128). Das gilt auch für **ausländische AN** (LAG Hamburg 6. 7. 1990 LAGE BGB § 130 Nr. 16; LAG Hamm 15. 2. 1979 BB 1979, 428; *Herschel/Löwisch* Rn. 8; *Hueck/v. Hoyningen-Huene* Rn. 10; KR/*Friedrich* Rn. 64). Mangelnde Sprachkenntnisse hindern insbesondere in der Regel nicht den Zugang der Kündigung (KDZ/*Kittner* Rn. 11). Wenn der AN erkennt, daß ihm ein Schreiben seines AG zugegangen ist, hat er sich unverzüglich um eine Übersetzung zu bemühen (LAG Hamm 24. 3. 1988 LAGE KSchG 1969 § 5 Nr. 32; *Hueck/v. Hoyningen-Huene* Rn. 10; KR/*Friedrich* Rn. 58). Wird ihm im Betrieb hierzu eine falsche Auskunft erteilt, kommt eine Zulassung in Betracht. Der AN kann sich auch nicht mit Erfolg darauf berufen, er habe es als ausreichend erachtet, beim Betriebsrat Einspruch nach § 3 einzulegen (*Herschel/Löwisch* Rn. 8; KR/ *Friedrich* Rn. 67).

11   Erkennt der AN die Notwendigkeit einer fristgebundenen Klageerhebung, trifft ihn ein Verschulden, wenn er die mögliche Klage nicht fristgebunden einreicht, weil er sich **zunächst Rechtsrat einholen** will (LAG Hamm 19. 9. 1985 LAGE KSchG 1969 § 5 Nr. 20; LAG Frankfurt/M. 6. 4. 1990 LAGE KSchG 1969 § 5 Nr. 49; *Hueck/v. Hoyningen-Huene* Rn. 8; KDZ/*Kittner* Rn. 9). Einem einfachen, nicht rechtkundigen AN muß allerdings für die Frage, ob er eine Kündigungsschutzklage erheben will, eine Überlegungsfrist von mindestens drei Tagen zugebilligt werden (LAG München 23. 1. 1992 NZA 1993, 266; KDZ/*Kittner* Rn. 10). Kennt der AN die Frist, bedient er sich aber keines Rechtskundigen, sondern fertigt er selbst eine Klageschrift, die nicht den Anforderungen an § 253 ZPO genügt, entschuldigt ihn das nicht. Es kann erwartet werden, daß er von der Möglichkeit Gebrauch macht, die Klage zu Protokoll der Geschäftsstelle des Arbeitgericht zu erklären, § 46 II ArbGG iVm. § 496 ZPO. Andernfalls handelt er auf eigenes Risiko (*Herschel/Löwisch* Rn. 9). Anders ist die Situation, wenn das Gericht trotz zeitlich möglicher Aufklärung keinen Hinweis auf die Unzulänglichkeit des Vorgehens gibt (*Herschel/Löwisch* Rn. 9). Nimmt der AN eine rechtzeitig erhobene Klage wieder zurück, ist ein Zulassungsgrund für eine neue – verspätete – Klage regelmäßig nicht gegeben (LAG Mecklenburg-Vorpommern 9. 12. 1993 RzK I 10 d Nr. 57). Beruft der AN sich auf einen Irrtum, trägt die Zurückweisung des Zulassungsantrags allerdings nicht die Begründung, der AN habe durch die erste rechtzeitige Klageerhebung gezeigt, daß er sich über die Frist im klaren gewesen sei (LAG Hamm 27. 10. 1994 RzK I 10 d Nr. 64).

12   **Kein Entschuldigungsgrund** ist der Umstand, daß der AN selbst zunächst den **Erfolg der Klage falsch eingeschätzt** hat (*Herschel/Löwisch* Rn. 10; KR/*Friedrich* Rn. 38; SPV Rn. 1136), etwa weil ein Kollege in ähnlicher Situation einen Prozeß verloren hatte. Auch die Auffassung, der AG werde aufgrund von Gegenvorstellungen die Kündigung zurücknehmen, rechtfertigt nicht das Verstreichenlassen der Frist zur Klageerhebung (LAG Hamm 29. 10. 1987 KSchG 1969 § 5 LAGE Nr. 33; *Hueck/ v. Hoyningen-Huene* Rn. 5; aA LAG Frankfurt/M. 5. 9. 1988 LAGE KSchG 1969 § 5 Nr. 40; KR/ *Friedrich* Rn. 40). Ebenso ist der Fehlschluß, die Kündigung sei schon deshalb bestandskräftig, weil der Arbeitsplatz inwischen neu besetzt sei, nicht entschuldigend (*Herschel/Löwisch* Rn. 10). Anders ist es in diesen Fällen, wenn der AG eine entsprechende Klageerhebung durch eine bewußt falsche Auskunft in dieser Richtung verursacht hat (*Herschel/Löwisch* Rn. 10; KR/*Friedrich* Rn. 40), vgl. Rn. 3. Ebenso darf der AN nicht abwarten, bis er eine Deckungszusage seiner Versicherung erhalten hat (LAG Rheinland-Pfalz 23. 1. 1972 BB 1972, 839; *Hueck/v. Hoyningen-Huene* Rn. 9; KDZ/ *Kittner* Rn. 13). **Kein Entschuldigungsgrund** für eine unterlassene Klageerhebung sind **schwebende Vergleichsverhandlungen** zwischen AG und AN (LAG Baden-Württemberg 26. 3. 1965 DB 1965, 712; LAG Düsseldorf 19. 11. 1965 BB 1966, 210; LAG Hamm 21. 12. 1972 BB 1973, 336; *Kittner/ Trittin* Rn. 14; KR/*Friedrich* Rn. 66; *Bauer* Rn. 194). Anders ist es, wenn der AG den AN unter Hinweis auf solche Verhandlungen veranlaßt hat, vorerst von einer Klageerhebung abzusehen (LAG Frankfurt/M. 17. 8. 1954 NJW 1954, 1952; *Kittner/Trittin* Rn. 14; KR/*Friedrich* Rn. 40; aA *Hueck/ v. Hoyningen-Huene* Rn. 5; LAG Hamm 29. 10. 1987 LAGE KSchG 1969 § 5 Nr. 33). Ist der AN mittellos, kommt dieser Umstand als Hindernis für eine rechtzeitige Klageerhebung regelmäßig nicht in Betracht, denn die Klageerhebung nach § 4 stellt nur geringe Anforderungen und kann mit Hilfe der Rechtsantragsstelle ohne Gerichtskostenvorschuß erfolgen (LAG Köln 11. 3. 1996 LAGE KSchG § 4 Nr. 34).

13   Auch im Bereich der Klageerhebung nach § 4 darf der AN auf die regelmäßigen **Postbeförderungszeiten** vertrauen (BVerfG 4. 12. 1979 AP ZPO § 233 Nr. 74; BVerfG 27. 2. 1992 EzA ZPO § 233 Nr. 14; BAG 24. 11. 1977 AP ZPO § 233 1977 Nr. 1; *Herschel/Löwisch* Rn. 12; *Hueck/v. Hoyningen-Huene* Rn. 14; KR/*Friedrich* Rn. 21; SPV Rn. 1132). Das gilt im Grunde auch hinsichtlich der nachträglichen Zulassung bei verzögerter Päckchen- statt Briefbeförderung (vgl. BAG 19. 4. 1990 AP KSchG 1969 § 23 Nr. 8). Der AN darf die Frist also voll ausschöpfen, trägt jedoch das Risiko der rechtzeitigen Klageerhebung, wenn ihm im letzten Augenblick nicht mehr korrigierbare Fehler unterlaufen (*Hueck/v. Hoyningen-Huene* Rn. 9; KDZ/*Kittner* Rn. 13). Es ist hierbei auch zu beachten, daß Einschreibesendungen nicht zweckmäßig zur Fristwahrung sind. Es ist zu bedenken, daß empfangsberechtigte Personen nur während der Bürostunden des Gerichts zur Verfügung stehen (SPV Rn. 1133). Ist eine Rechtsantragsstelle eines Arbeitsgerichts am letzten Tag der Frist nicht besetzt, ist das ein Grund für eine nachträgliche Zulassung der Klage (LAG Frankfurt/M. 29. 9. 1993 AuR 1994, 200; KDZ/*Kittner* Rn. 13). Das gilt auch, wenn die Klage am letzten Tag der Frist in den regulären Briefkasten des Gerichts eingeworfen wird, weil ein Nachtbriefkasten nicht vorhanden ist oder ein vorhandener nicht richtig funktioniert (*Hueck/v. Hoyningen-Huene* Rn. 13; KR/*Friedrich* Rn. 22). Sofern allseits bekannte Streikmaßnahmen im Gang sind, darf der AN nicht darauf vertrauen, die Post werde wie üblich zugestellt. Er muß die Unsicherheit durch Nachfrage bei Gericht aufklären (BVerfG 29. 12. 1994 EzA ZPO § 233 Nr. 28).

14   **Krankheit** allein **rechtfertigt** noch **nicht die nachträgliche Zulassung** (*Hueck/v. Hoyningen-Huene* Rn. 12). **Kein Verschulden** trifft den AN allerdings, **wenn er durch Krankheit** an der Erhebung der Klage **verhindert** war, wenn die Krankheit so beschaffen war, daß er aus medizinischen

Gründen die Wohnung nicht verlassen konnte und deshalb weder die Klage selbst noch durch beauftragte dritte Personen (Ehegatte, Verwandte, Freunde) einreichen, noch sich Rechtsrat einholen konnte (LAG Berlin 24. 7. 1977 AuR 1977, 346; LAG Hamm 11. 8. 1977 LAGE KSchG 1969 § 5 Nr. 3; LAG Hamm 8. 7. 1982 DB 1982, 2706; LAG Hamm 12. 9. 1985 LAGE KSchG 1969 § 5 Nr. 20; LAG Hamm 31. 1. 1990 LAGE KSchG 1969 § 5 Nr. 45; *Herschel/Löwisch* Rn. 13; *Hueck/ v. Hoyningen-Huene* Rn. 12; KDZ/*Kittner* Rn. 8; KR/*Friedrich* Rn. 42; *Löwisch* KSchG Rn. 15; SPV Rn. 1131). Kriterium dafür, ob diese Voraussetzungen vorliegen, ist, wie der AN seine anderen persönlichen Angelegenheiten in dieser Zeit besorgt hat. War er in der Lage, sich Zeitschriften zu besorgen, Toto- und Lottogeschäfte zu tätigen, konnte ihm auch die Einholung von Rechtsrat zugemutet werden (LAG Düsseldorf 18. 7. 1978 LAGE KSchG 1969 § 5 Nr. 4; *Herschel/Löwisch* Rn. 13). Erkrankt der AN erst am Ende der Drei-Wochen-Frist so schwer, daß ihm die Klageerhebung nicht möglich ist, ist die Klage nachträglich zuzulassen (LAG München 3. 11. 1975 DB 1976, 732; *Hueck/ v. Hoyningen-Huene* Rn. 12; KR/*Friedrich* Rn. 54).

Das gilt auch für einen **Krankenhausaufenthalt**. Auch hier ist entscheidend, wie der AN seine 15 sonstigen Angelegenheiten besorgt hat (LAG Berlin 28. 3. 1963 BB 1963, 1178; LAG Hamm 12. 9. 1985 LAGE KSchG 1969 § 5 Nr. 20; KDZ/*Kittner* Rn. 8; KR/*Friedrich* Rn. 44). Bei einer **Erkrankung im Ausland** ist zugunsten des AN zu berücksichtigen, daß es in der Regel schwierig ist, sich an Ort und Stelle sachkundig zu machen (LAG Baden-Württemberg 8. 9. 1966 BB 1966, 1188; LAG Düsseldorf 6. 3. 1980 LAGE KSchG 1969 § 5 Nr. 9; LAG Köln 14. 1. 1982 LAGE KSchG 1969 § 5 Nr. 14; LAG Köln 22. 4. 1982 AuR 1982, 321; KDZ/*Kittner* Rn. 9).

Bei allen Krankheitsfällen verlängert sich die Drei-Wochen-Frist nicht etwa um den Zeitraum der 16 Erkrankung. Der AN muß, wenn nach seiner Gesundung die Frist noch nicht verstrichen ist, unverzüglich tätig werden (LAG Hamm 5. 8. 1981 EzA Nr. 11; *Herschel/Löwisch* Rn. 13; SPV Rn. 1131).

Bei **Ortsabwesenheit** ergeben sich besondere Schwierigkeiten, insbesondere, wenn der AN sich im 17 Urlaub befindet. Auch bei Ortsabwesenheit oder einem Auslandsaufenthalt ist die Klage innerhalb von drei Wochen zu erheben (*Hueck/v. Hoyningen-Huene* Rn. 8). Ohne Vorliegen besonderer Umstände kann vom AN nicht verlangt werden, daß er Vorsorge dafür trifft, daß ihm die Post an seinen Urlaubsort nachgesandt wird, insbesondere, wenn er sich im Ausland befindet. Das gilt auch, wenn er für fünf Wochen einen Bootsurlaub auf See verbringt und während dieser Zeit keine Kenntnis von Posteingängen erhält, und zwar selbst dann, wenn eine Kündigung nicht auszuschließen war, der AG jedoch über den Urlaub vorher unterrichtet worden war (LAG Köln 4. 3. 1996 LAGE KSchG 1969 § 5 Nr. 74). Wird dem AN während seines Urlaubs gekündigt, geht ihm das an die Wohnanschrift gerichtete Kündigungsschreiben allerdings zu, wenn er während des Urlaubs verreist ist (BAG 16. 3. 1988 AP BGB § 130 Nr. 16 gegen BAG 16. 12. 1980 AP BGB § 130 Nr. 11; *Hueck/v. Hoyningen-Huene* Rn. 18; KR/*Friedrich* Rn. 59; SPV Rn. 1135). Geht die Kündigung während des Urlaubs bei Ortsabwesenheit zu Hause zu und erhält der AN erst nach Rückkehr nach Ablauf der Drei-Wochen-Frist Kenntnis, ist die Klage nachträglich zuzulassen (LAG Hamm 30. 7. 1981 EzA BGB § 130 Nr. 11; LAG Köln 4. 3. 1996 LAGE KSchG 1969 § 5 Nr. 74; *Herschel/Löwisch* Rn. 14; *Hueck/ v. Hoyningen-Huene* Rn. 18; KDZ/*Kittner* Rn. 10; KR/*Friedrich* Rn. 59; SPV Rn. 1135). Kehrt der AN noch innerhalb der Drei-Wochen-Frist aus dem Urlaub zurück, muß er sich jetzt unverzüglich beraten lassen und Klage erheben (*Hueck/v. Hoyningen-Huene* Rn. 18; KDZ/*Kittner* Rn. 10; KR/ *Friedrich* Rn. 61; SPV Rn. 1135). Geht dem AN die Kündigung während des Urlaubs im Ausland zu, reicht es aus, wenn er nach der Rückkehr ins Inland unverzüglich tätig wird.

III. Antrag auf Zulassung

1. Inhalt des Antrags. Die nachträgliche Zulassung setzt immer einen **Antrag des AN** voraus 18 (*Herschel/Löwisch* Rn. 15; KDZ/*Kittner* Rn. 2). Das **Gericht wird nicht von Amts wegen tätig**. An die Form des Antrags werden keine hohen Anforderungen gestellt. Er braucht nicht ausdrücklich gestellt zu werden. Es genügt, wenn aus der Eingabe erkennbar wird, daß eine Zulassung einer verspäteten Klage erstrebt wird (BAG 9. 2. 1961 AP VerwGO § 41 Nr. 1; BAG 2. 3. 1989 AP BGB § 130 Nr. 17; LAG Berlin 11. 2. 1964 AP KSchG 1951 § 5 Nr. 11; *Herschel/Löwisch* Rn. 16; *Hueck/ v. Hoyningen-Huene* Rn. 20; KDZ/*Kittner* Rn. 2, 17; KR/*Friedrich* Rn. 78; SPV Rn. 1141). Allein die Tatsache einer verspäteten Klageerhebung reicht jedoch als Zulassungsantrag nicht aus (KR/*Friedrich* Rn. 79). Mit dem Antrag ist die Klageerhebung zu verbinden. Ist die Klage bereits eingereicht, ist auf sie Bezug zu nehmen, § 5 II 1.

Der **Antrag ist beim zuständigen Arbeitsgericht** zu stellen (KDZ/*Kittner* Rn. 25). Ein beim 19 örtlich unzuständigen Arbeitsgericht eingereichter Antrag ist fristwahrend, wenn der Antrag an das zuständige Gericht verwiesen und demnächst zugestellt wird (KDZ/*Kittner* Rn. 25; KR/*Friedrich* 98; mißverständlich *Berkowsky* NZA 1997, 352, 354, der offenbar annimmt, wenn die Verfahrensordnung das Arbeitsgericht bezeichne, sei auch das unzuständige gemeint). Ein bei einem anderen Gericht eingereichter Antrag ist fristwahrend, wenn die Sache entsprechend §§ 48 ArbGG, 17 ff. GVG an das Arbeitsgericht verwiesen wird (aA KR/*Friedrich* Rn. 99; *Berkowsky* NZA 1997, 352, 354: nur, wenn innerhalb der Frist verwiesen wird; unzutreffend weitergehend LAG Sachsen-Anhalt 23. 2. 1995 RzK

430 KSchG § 5   Zulassung verspäteter Klagen

I 10 c Nr. 30: formlose Abgabe genügt). Wird der Antrag bei einem zum Rechtsweg nicht gehörenden Gericht eingereicht (Amtsgericht unter der Adresse des Arbeitsgerichts), darf im übrigen darauf vertraut werden, daß das unzuständige Gericht die Sache – sofern die Zeit noch ausreicht – an das zuständige Gericht weiterleitet (Hess. LAG 30. 5. 1996 LAGE KSchG § 5 Nr. 82).

20 Über den Antrag entscheidet das Arbeitsgericht nur, wenn es die Drei-Wochen-Frist des § 4 für anwendbar und nicht eingehalten hält. Insofern ist der **Antrag auf nachträgliche Zulassung** stets **nur ein Hilfsantrag für den Fall**, daß das Gericht die **Klage** für **verspätet** erachtet (BAG 5. 4. 1984 AP KSchG 1969 § 5 Nr. 6; *Herschel/Löwisch* Rn. 24; *Hueck/v. Hoyningen-Huene* Rn. 31; KBK 14 Rn. 84; KR/*Friedrich* Rn. 158; *Löwisch* KSchG Rn. 27).

21 Nach § 5 II 2 müssen in dem Antrag die Tatsachen angeben werden, die die nachträgliche Zulassung begründen, und die Mittel für deren Glaubhaftmachung (*Hueck/v. Hoyningen-Huene* Rn. 20). Hierzu gehören: Angaben zu dem Zeitpunkt, zu dem das Hindernis für die Klageerhebung behoben war, da nur dann ein Verschulden geprüft werden kann; Angaben, aus denen geschlossen werden kann, daß kein Verschulden vorliegt (*Herschel/Löwisch* Rn. 17; KR/*Friedrich* Rn. 82). Den AN trifft insoweit die volle Darlegungs- und Beweislast (KDZ/*Kittner* Rn. 19).

22 Nach § 5 II 2 ist es weiter notwendig, daß die **Mittel zur Glaubhaftmachung** der die nachträgliche Zulassung begründenden Tatsachen **angegeben** werden. Das hat nach § 5 II anders als bei § 236 II 1 ZPO sofort zu geschehen und nicht erst durch Nachreichung im laufenden Verfahren über den Antrag (LAG Baden-Württemberg 23. 3. 1978 MDR 1978, 788 mwN; *Herschel/Löwisch* Rn. 18). Sind die Mittel im Antrag nicht bezeichnet, reicht es aus, wenn sie bis zum Ablauf der Zwei-Wochen-Frist des § 5 III 1 nachgereicht werden (Hess. LAG 23. 12. 1993 ARSt 1994, 137; *Herschel/Löwisch* Rn. 19; KR/*Friedrich* Rn. 83). Zur Glaubhaftmachung kann der AN sich nach § 294 ZPO aller Beweismittel bedienen. Er kann auch zur Versicherung an Eides statt zugelassen werden (*Herschel/Löwisch* Rn. 20; KDZ/*Kittner* Rn. 20; KR/*Friedrich* Rn. 83). Entbehrlich sind die Mittel für die Glaubhaftmachung, wenn sich die Tatsachen, auf die der AN sich beruft, aus den Akten des Gerichts ergeben (BAG 9. 12. 1954 AP ZPO § 182 Nr. 1; *Herschel/Löwisch* Rn. 20). Die Mittel zur Glaubhaftmachung müssen angegeben sein; sie brauchen **nicht bereits dem Antrag beigefügt zu werden** (LAG Berlin 20. 7. 1983 AuR 1984, 89; *Herschel/Löwisch* Rn. 20).

23 2. Antragsfrist. Der Antrag ist fristgebunden. Er ist nach § 5 III 1 nur innerhalb von **zwei Wochen** nach Behebung des Hindernisses zulässig. Die Begründung des Nichtverschuldens und die **Mittel zur Glaubhaftmachung hierfür müssen innerhalb der Zwei-Wochen-Frist des § 5 III vorgetragen werden**; danach ist das nicht mehr möglich (LAG Hamburg 8. 11. 1967 DB 1967, 2123; LAG Baden-Württemberg 14. 2. 1990 LAGE BGB § 130 Nr. 13; *Hueck/v. Hoyningen-Huene* Rn. 25; KR/*Friedrich* Rn. 86; SPV Rn. 1142). Eine Konkretisierung bereits in der Substanz vorgetragener Gründe ist auch noch nach der Zwei-Wochen-Frist zulässig, insbesondere wenn das Gericht auf Unklarheiten hingewiesen hat (LAG München 3. 11. 1975 DB 1976, 732; LAG Bremen 17. 2. 1988 DB 1988, 814; *Hueck/v. Hoyningen-Huene* Rn. 25; KDZ/*Kittner* Rn. 23). Die Glaubhaftmachung selbst kann aufgrund der fristgerecht angegebenen Mittel im Laufe des Verfahrens erfolgen (LAG Berlin 20. 7. 1983 DB 1984, 885; LAG Baden-Württemberg 8. 3. 1988 LAGE Nr. 47; *Hueck/v. Hoyningen-Huene* Rn. 26; KDZ/*Kittner* Rn. 24; KR/*Friedrich* Rn. 95).

24 Eine **Wiedereinsetzung gegen die Versäumung der Zwei-Wochen-Frist ist ausgeschlossen** (BAG 16. 3. 1988 AP BGB § 130 Nr. 16; LAG Berlin 11. 12. 1964 AP KSchG 1951 § 4 Nr. 11; *Hueck/v. Hoyningen-Huene* Rn. 21; KDZ/*Kittner* Rn. 33; KBK 14 Rn. 61; KR/*Friedrich* Rn. 122; SPV Rn. 1127). Der **Antrag kann mit Erfolg nicht mehr nach Ablauf von sechs Monaten,** vom Ende der versäumten Frist an gerechnet, **gestellt werden,** § 5 III 2. Ist die Sechs-Monats-Frist abgelaufen, kommt unter keinen Umständen eine nachträgliche Zulassung in Betracht (LAG Berlin 11. 12. 1964 AP KSchG 1951 § 4 Nr. 11; *Herschel/Löwisch* Rn. 21; KR/*Friedrich* Rn. 119).

25 Die **Zwei-Wochen-Frist** des § 5 III 1 **beginnt** mit der **Behebung des Hindernisses** für die Einhaltung der Klagefrist. Das Hindernis ist behoben, wenn der AN erkennt, daß die Klage verspätet ist, daß eine nachträgliche Zulassung beantragt werden kann und daß dabei die Frist des § 5 III 1 einzuhalten ist und er weiter in der Lage ist, die Klage zu erheben oder, wenn er bei Anwendung der ihm zumutbaren Sorgfalt hierzu in der Lage wäre (LAG Hamm 11. 8. 1977 LAGE KSchG 1969 § 5 Nr. 3; LAG Frankfurt/M. 22. 12. 1993 BB 1994, 1868; LAG Köln 8. 11. 1994 RzK I 10 d Nr. 65; *Herschel/Löwisch* Rn. 23; *Hueck/v. Hoyningen-Huene* Rn. 22; KDZ/*Kittner* Rn. 3, 26; KR/*Friedrich* Rn. 111). War das Hindernis durch eine unverschuldet falsche Rechtsauskunft verursacht, ist es behoben, wenn der AN Kenntnis von der Drei-Wochen-Frist der Klageerhebung erhält oder hätte erlangen können (*Herschel/Löwisch* Rn. 22 a). Die Zwei-Wochen-Frist des § 5 III 1 wird nicht erst durch die positive Kenntnis von der Versäumung der Klagefrist in Lauf gesetzt, sondern bereits ausgelöst, wenn der AN aufgrund konkreter Anhaltspunkte bei gehöriger Sorgfalt erkennen muß, daß die Frist möglicherweise versäumt ist (LAG Frankfurt/M. 22. 12. 1993 BB 1994, 1868; LAG Hamm 4. 11. 1996 LAGE KSchG 1969 § 5 Nr. 81; KDZ/*Kittner* Rn. 28; KR/*Friedrich* Rn. 110).

26 Nach § 5 II ist die **Klageerhebung mit dem Antrag auf nachträgliche Zulassung zu verbinden.** Die Klageerhebung kann noch nach Antragseinreichung nachgeholt werden, wenn dies innerhalb der

Zwei-Wochen-Frist geschieht (LAG Düsseldorf 31. 10. 1975 DB 1976, 106; LAG Baden-Württemberg 8. 3. 1988 LAGE KSchG 1969 § 5 Nr. 37; *Hueck/v. Hoyningen-Huene* Rn. 24). Gewinnt der AN erstinstanzlich einen Prozeß, wobei die Versäumung der Klagefrist zunächst von allen Beteiligten übersehen worden ist und erkennt der AN nunmehr das Versäumnis, darf er den Zulassungsantrag nicht zurückstellen, bis der AG ein Rechtsmittel gegen die Entscheidung einlegt (LAG Hamm 5. 4. 1982 BB 1982, 1671; *Herschel/Löwisch* Rn. 22 b).

Für die Berechnung der Fristen gelten die allgemeinen Vorschriften, §§ 187 ff. BGB. Der Tag, an dem das Hindernis für die Klageerhebung entfällt, wird nicht mitgerechnet. Die Antragsfrist läuft mit dem Tag nach zwei Wochen ab, der durch die Benennung dem Tag entspricht, an dem das Hindernis fortgefallen ist. Das gilt entsprechend für den Ablauf der sechsmonatigen Frist des § 5 III 2 (KR/*Friedrich* Rn. 121). 27

IV. Entscheidung über den Antrag – Verfahrensfragen

Über den Antrag ist **gesondert durch Beschluß des Arbeitsgerichts** zu entscheiden, § 5 IV. Es ist 28 unzulässig, über eine verspätete Klage und einen hierzu gestellten Zulassungsantrag zusammen im Urteil zu befinden (BAG 14. 10. 1982 ArbGG 1979 § 72 Nr. 2; *Herschel/Löwisch* Rn. 23; *Hueck/v. Hoyningen-Huene* Rn. 28; KDZ/*Kittner* Rn. 37; KR/*Friedrich* Rn. 127; SPV Rn. 1143). Das Gericht entscheidet bei mündlicher Verhandlung in voller Kammerbesetzung, sofern nicht die Alleinentscheidung des Vorsitzenden nach § 55 III ArbGG beantragt wird (LAG Frankfurt/M. 27. 3. 1987 ArbGG 1979 § 55 Nr. 2; *Hueck/v. Hoyningen-Huene* Rn. 28; KDZ/*Kittner* Rn. 37; KR/*Friedrich* Rn. 126). Wird über die nachträgliche Zulassung ohne mündliche Verhandlung befunden, entscheidet der Vorsitzende allein, § 53 I ArbGG (LAG Frankfurt/M. 26. 10. 1993 LAGE KSchG 1969 § 5 Nr. 63; SPV Rn. 1143 c). Hat das Arbeitsgericht durch Beschluß über die Zulassung entschieden, betreibt es das Hauptverfahren über die Kündigungsschutzklage zweckmäßig erst weiter nach Rechtskraft seines Beschlusses (*Hueck/v. Hoyningen-Huene* Rn. 30; KR/*Friedrich* Rn. 169). Ein Urteil des Arbeitsgerichts, das hinsichtlich der Zulassung einer verspäteten Klage von einem späteren Beschluß des LAG im nachträglichen Zulassungsverfahren abweicht, wird trotz Rechtskraft gegenstandslos, weil der Beschluß über die nachträgliche Zulassung Bedingung für das Urteil im Kündigungsschutzprozeß ist (KR/*Friedrich* Rn. 171), vgl. im übrigen zur Rechtskraftwirkung unten Rn. 34.

Ist das Arbeitsgericht von einer **rechtzeitigen** Klageerhebung ausgegangen, hält das LAG diese 29 Auffassung jedoch für unzutreffend, muß es dem AN einen entsprechenden Hinweis geben. Stellt dieser sodann einen Zulassungsantrag, hat über diesen allein das **Arbeitsgericht** zu befinden, vgl. Rn. 33. Lehnt das Arbeitsgericht den Antrag auf verspätete Zulassung der Klage rechtskräftig ab, ist die Kündigungsschutzklage wegen Nichteinhaltung der Drei-Wochen-Frist und damit der eingetretenen Fiktionswirkung des § 7 unbegründet (BAG 28. 4. 1984 EzA KSchG 1969 § 5 Nr. 20; KDZ/*Kittner* Rn. 39; KR/*Friedrich* Rn. 7).

Streit besteht über die **Bindungswirkung der Entscheidung des Arbeitsgerichts**. Sie geht bei der 30 Ablehnung der Zulassung dahin, daß eine Zulassung einer **verspäteten** Klage nicht in Betracht kommt. Die **Prüfung erstreckt sich** damit **nur auf** die **Frage des Verschuldens**. Das war Streitgegenstand des Sonderverfahrens. Das **erkennende Gericht** prüft allerdings die Rechtzeitigkeit der Klageerhebung selbständig. Stellt das erkennende Gericht fest, daß die Klage rechtzeitig eingereicht war, ist es an einer Sachentscheidung zugunsten des AN nicht durch die Ablehnung der gar nicht verspäteten Klage gebunden (wie hier LAG Berlin 19. 1. 1987 LAGE KSchG 1969 § 5 Nr. 27; LAG Köln 20. 11. 1987 LAGE KSchG 1969 § 5 Nr. 39; LAG Hamburg 11. 4. 1989 LAGE KSchG 1969 § 5 Nr. 47; LAG Sachsen-Anhalt 22. 10. 1997 LAGE KSchG § 5 Nr. 92; *Hueck/v. Hoyningen-Huene* Rn. 34; KDZ/*Kittner* Rn. 41; KR/*Friedrich* Rn. 156 a; *Löwisch* KSchG Rn. 32; *Berkowsky* NZA 1997, 352, 356; aA BAG 28. 4. 1983 AP KSchG 1969 § 5 Nr. 4; BAG 5. 4. 1984 AP KSchG 1969 § 5 Nr. 6: die Bindungswirkung erstreckt sich neben der Verschuldensfrage auch auf die Feststellung, daß die Kündigungsschutzklage verspätet war).

Ein **unzulässiger Antrag ist zu verwerfen**. Eine Unzulässigkeit liegt vor, wenn der Antrag nicht 31 innerhalb der Zwei-Wochen-Frist gestellt ist, wenn er nach Ablauf der Sechs-Monats-Frist gestellt ist oder wenn im Fall der Wahrung der Zwei-Wochen-Frist die Tatsachen, die die Verspätung entschuldigen sollen, nicht angegeben oder die Mittel der Glaubhaftmachung nicht bezeichnet sind (*Herschel/Löwisch* Rn. 25). Der **Antrag ist als unbegründet abzuweisen**, wenn schon die vorgetragenen Tatsachen eine Entschuldigung nicht ausweisen oder wenn sie zwar als glaubhaft erachtet werden (*Herschel/Löwisch* Rn. 26). Die Angaben sind als glaubhaft zu erachten, wenn eine überwiegende Wahrscheinlichkeit für ihre Richtigkeit spricht. Darüber hat das Gericht unter Würdigung aller im Antrag angegebenen und in der mündlichen Verhandlung verfügbaren Beweismittel zu entscheiden. Ist ein Beweismittel nicht sofort verfügbar, geht das nach § 294 II ZPO zu Lasten des AN (LAG Düsseldorf 9. 3. 1971 DB 1972, 52; LAG München 3. 11. 1975 DB 1976, 732; LAG Baden-Württemberg 8. 3. 1988 LAGE KSchG 1969 § 5 Nr. 37; *Herschel/Löwisch* Rn. 26; KR/*Friedrich* Rn. 142).

32 Gegen den Beschluß, durch den das Arbeitsgericht die verspätete Klage zuläßt oder die Zulassung ablehnt, ist nach § 5 IV 2 die **sofortige Beschwerde** zulässig. Sie ist nach § 577 II 1 ZPO binnen einer Notfrist von zwei Wochen seit Zustellung entweder beim LAG oder beim Arbeitsgericht einzulegen, §§ 269 I iVm. 577 II 2 ZPO. Die Notfrist beginnt zu laufen, wenn dem Beschluß eine Rechtsmittelbelehrung beigefügt war, § 9 V ArbGG. Beschwerdeberechtigt ist, wer durch den Beschluß benachteiligt ist. Das können je nach Entscheidungsinhalt der AG oder der AN sein. Über die sofortige Beschwerde entscheidet das LAG. Die Entscheidung kann gemäß § 78 I ArbGG iVm. § 573 I ZPO ohne mündliche Verhandlung ergehen (*Hueck/v. Hoyningen-Huene* Rn. 30; KR/*Friedrich* Rn. 151). Kommt das LAG zu dem Ergebnis, daß die Klage überhaupt nicht verspätet ist, hebt es den Beschluß des Arbeitsgerichts mit dieser Begründung ersatzlos auf (*Hueck/v. Hoyningen-Huene* Rn. 32). Eine **weitere Beschwerde** ist **nicht zulässig**.

33 Wird die Frage, ob die Kündigungsschutzklage verspätet ist, erst in zweiter oder dritter Instanz erstmals relevant, so weil das Arbeitsgericht zB die Kündigung unzutreffend aus anderen Gründen für unwirksam erachtet hat, und hat der AN rechtzeitig einen Antrag auf Zulassung gestellt, ist in jedem Fall über den Antrag durch das Arbeitsgericht zu entscheiden (LAG Hamm 5. 4. 1982 BB 1982, 1671; LAG Berlin 23. 8. 1988 LAGE KSchG 1969 § 5 Nr. 38; *Grunsky* § 68 Rn. 7; KDZ/*Kittner* Rn. 42; KR/*Friedrich* Rn. 162; SPV Rn. 1143 a). Wird das Hauptverfahren vor dem LAG nur ausgesetzt (so *Kittner/Trittin* Rn. 42; KR/*Friedrich* Rn. 166), kann das Arbeitsgericht über diesen Weg nicht gezwungen werden, über den Antrag zu befinden, denn das arbeitsgerichtliche Urteil ist weiter existent. Der Rechtsstreit ist daher unter Aufhebung des erstinstanzlichen Urteils insgesamt an das Arbeitsgericht zurückzuverweisen (LAG Düsseldorf 26. 9. 1974 BB 1975, 139; LAG Düsseldorf 28. 10. 1980 AR-Blattei D Kündigungsschutz Entscheidung Nr. 209; LAG Nürnberg 19. 9. 1995 NZA 1996, 503; LAG Brandenburg 13. 3. 1996 LAGE § 5 Nr. 77; GMP § 68 Rn. 5; GK-ArbGG/*Stahlhacke* § 68 Rn. 11; *Schaub* ArbR-Formb. § 136 II 4; SPV Rn. 1143 b). Hierin liegt kein Verstoß gegen § 68 ArbGG, da die funktionelle Zuständigkeit nicht anders gewahrt werden kann.

34 Hat das Arbeitsgericht über die nachträgliche Zulassung der Klage und über die Kündigungsschutzklage rechtsfehlerhaft einheitlich entschieden, kann gegen diese Entscheidung sowohl Berufung als auch sofortige Beschwerde eingelegt werden. Wird Berufung eingelegt, ist diese als sofortige Beschwerde zu behandeln. Es ist sodann über den Zulassungsantrag durch Beschluß zu entscheiden. Entscheidet das LAG über den Antrag nach § 5 und die Kündigungsschutzklage einheitlich und läßt es die Revision zu, ist die Revisionszulassung nicht bindend, soweit es um die Zulassung der verspäteten Klage geht (BAG 14. 10. 1982 AP ArbGG 1979 § 72 Nr. 2; *Herschel/Löwisch* Rn. 27). Ist vom Arbeitsgericht korrekt in getrennten Verfahren entschieden worden und entscheidet das LAG abschließend zugleich negativ über die Zulassung, ist die Kündigungsschutzklage in der Revision als unbegründet zu erachten wegen des Eintritts der Fiktion des § 7 (BAG 28. 4. 1983 AP AFG § 117 Nr. 3 = BB 1983, 1859; *Herschel/Löwisch* Rn. 28). Da die Entscheidung über die Zulassung einer verspäteten Kündigungsschutzklage vorrangig ist, ist es angezeigt, die Entscheidung in der Hauptsache auszusetzen, bis über die Zulassung entschieden ist. Läßt das Arbeitsgericht eine verspätete Klage nicht zu und entscheidet es vor Rechtskraft seines Beschlusses in der Sache unter Anwendung von § 7 negativ über die Kündigungsschutzklage, legt der AN zweckmäßig sowohl sofortige Beschwerde als auch Berufung ein. Teilt das LAG hinsichtlich der Zulassung der verspäteten Klage die Auffassung des Arbeitsgerichts nicht und läßt es die verspätete Klage zu, verliert das darauf gestützte Urteil des Arbeitsgerichts seine Wirkung, § 280 ZPO entsprechend (*Herschel/Löwisch* Rn. 30).

35 Durch das **Zulassungsverfahren** entstehen **keine zusätzliche Gerichtsgebühren**. Sie sind in den Gebühren des Kündigungsschutzprozesses enthalten (KDZ/*Kittner* Rn. 46; KR/*Friedrich* Rn. 174). Der Streitwert richtet sich nach dem Wert der Hauptsache (KR/*Friedrich* Rn. 178).

§ 6 Verlängerte Anrufungsfrist

[1] Hat ein Arbeitnehmer innerhalb von drei Wochen nach Zugang der Kündigung aus anderen als den in § 1 Abs. 2 und 3 bezeichneten Gründen im Klagewege geltend gemacht, daß eine rechtswirksame Kündigung nicht vorliege, so kann er in diesem Verfahren bis zum Schluß der mündlichen Verhandlung erster Instanz auch die Unwirksamkeit der Kündigung gemäß § 1 Abs. 2 und 3 geltend machen. [2] Das Arbeitsgericht soll ihn hierauf hinweisen.

1 § 6 ergänzt die §§ 4, 5 und 7 hinsichtlich der **Möglichkeit, später als drei Wochen** nach Zugang der Kündigung deren **Sozialwidrigkeit** geltend machen zu können. In § 6 wird nur § 1 Abs. 2 und 3 zitiert. Es ist nicht anzunehmen, daß § 6 die Möglichkeit verschließt, daß der AN sich auch auf Unwirksamkeitsgründe nach Abs. 4 in § 1 berufen will, vgl. dazu § 1 Rn. 563 ff., 584 ff. Das folgt daraus, daß § 1 IV rechtlich teilweise untrennbar mit § 1 II und III verbunden ist.

2 Gemäß § 6 tritt die Wirkung des § 7 nicht ein, wenn der AN sich nur innerhalb von drei Wochen überhaupt durch Klage gegen die Kündigung gewehrt hat. Es ist unabdingbare Voraussetzung, daß die andere Klage binnen der Drei-Wochen-Frist erhoben war. War sie später erhoben worden, kann die

Sozialwidrigkeit der Kündigung nicht mehr geltend gemacht werden (BAG 22. 11. 1956 AP KSchG 1951 § 4 Nr. 8; *Hueck/v. Hoyningen-Huene* Rn. 2; *KDZ/Kittner* Rn. 2; *KR/Friedrich* Rn. 9). Bei Klageerhebung innerhalb von drei Wochen kann der AG sich darauf einstellen, daß er je nach Ausgang des Prozesses den AN weiter beschäftigen muß. § 6 verlangt ein **aktives gerichtliches Vorgehen**. Ein bloßes Bestreiten der Wirksamkeit der Kündigung außerhalb eines Prozesses genügt nicht (*Herschel/ Löwisch* Rn. 8; *Hueck/v. Hoyningen-Huene* Rn. 7; *KR/Friedrich* Rn. 28). § 6 findet auch Anwendung, wenn der AN eine Kündigungsschutzklage nach § 4 erhoben hat und durch weitere Feststellungsklage nach § 256 ZPO wegen angeblich anderer Unwirksamkeitgründe Feststellung begehrt, das Arbeitsverhältnis habe über den in der Klage nach § 4 bezeichneten Kündigungstermin hinaus fortbestanden (BAG 13. 3. 1997 AP KSchG 1969 § 4 Nr. 38), vgl. dazu § 4 Rn. 81 ff.

§ 6 gilt sowohl bei der Klage gegen eine **Beendigungskündigung als auch** bei einer **Änderungs-** 3 **kündigung**. Hat der AN sich zunächst darauf berufen, die Änderung der Arbeitsbedingungen sei sozial ungerechtfertigt, § 4 S. 2, und stellt sich im Verlauf des Prozesses heraus, daß eine wirksame Annahme des Änderungsangebots nicht vorlag, kann der AN in entsprechender Anwendung von § 6 bis zum Schluß der mündlichen Verhandlung erster Instanz auf eine Beendigungsschutzklage übergehen (BAG 23. 3. 1983 AP KSchG 1969 § 6 Nr. 1; *Herschel/Löwisch* Rn. 9; *Hueck/v. Hoyningen-Huene* Rn. 5; *KDZ/Kittner* Rn. 9; *KR/Rost* § 2 Rn. 165; *KR/Friedrich* Rn. 26, 27; vgl. auch BAG 9. 11. 1967 BB 1968, 293).

§ 6 erfaßt den Fall, daß der AN die Kündigung mit anderen Gründen als denen der Sozialwidrigkeit 4 bekämpft. Als solche kommen in Betracht: Berufung auf Nichtigkeit wegen **Sittenwidrigkeit, fehlende Anhörung des Betriebsrats**, § 102 I BetrVG, oder Personalrats, §§ 79 IV, 108 BPersVG, **Verstoß gegen gesetzliches Verbot, Fehlen einer behördlichen Zustimmung**, wie zB § 9 I MuSchG, § 15 SchwbG. § 6 erlangt insbesondere Bedeutung, wenn der AN in diesen Fällen nachträglich zu der Auffassung kommt, die Kündigung sei auch sozialwidrig und wenn er die Auflösung des Arbeitsverhältnisses gegen eine Abfindung nach § 9 erreichen will (*Hueck/v. Hoyningen-Huene* Rn. 1; *KDZ/ Kittner* Rn. 1, 4; *KR/Friedrich* Rn. 7; SPV Rn. 1111). Hat der AN sich für den Fall der Unwirksamkeit einer außerordentlichen Kündigung damit einverstanden erklärt, daß das Arbeitsverhältnis mit Ablauf der bei einer ordentlichen Kündigung eintretenden Frist (so ausdrücklicher Klageantrag) enden soll, bleibt bei der Umdeutung der außerordentlichen Kündigung in eine ordentliche für eine Fristverlängerung kein Raum (vgl. BAG 13. 8. 1987 AP KSchG 1969 § 6 Nr. 3).

§ 6 greift auch, wenn der AN zunächst die **Unwirksamkeit** einer ihm gegenüber erklärten **fristlosen** 5 **Kündigung**, geltend gemacht hat, ohne sich für den Fall der Umdeutung auf die Sozialwidrigkeit der ordentlichen zu berufen (BAG 30. 11. 1961 AP KSchG § 5 Nr. 3; *KDZ/Kittner* Rn. 5; *KR/Friedrich* Rn. 17; SPV Rn. 1113). Hat der AN jedoch eine ordentliche Kündigung hingenommen oder hat er im Fall einer fristlosen und hilfsweisen ordentlichen Kündigung ausdrücklich nur die Unwirksamkeit der fristlosen geltend gemacht, ist kein Raum mehr für eine Verlängerung der Klagefrist nach § 6 (BAG 13. 8. 1987 AP KSchG 1969 § 6 Nr. 3; *Hueck/v. Hoyningen-Huene* Rn. 3; *KR/Friedrich* Rn. 17; aA *Herschel/Löwisch* Rn. 3; *KDZ/Kittner* Rn. 6). § 6 ist ebenfalls einschlägig, wenn der AN zunächst nur geltend gemacht hatte, die Kündigung greife nicht zu dem angenommenen Kündigungstermin (*Herschel/Löwisch* Rn. 4; *Hueck/v. Hoyningen-Huene* Rn. 2; *KR/Friedrich* Rn. 13; SPV Rn. 1112).

Aus der Formulierung des Gesetzes ist zu schließen, daß der Gesetzgeber als „Vorklage" von einer 6 Feststellungsklage ausgegangen ist. Eine **Leistungsklage** genügt jedoch ebenfalls den Voraussetzungen des § 6, wenn der AN Ansprüche geltend macht, die die Unwirksamkeit der ihm gegenüber ausgesprochenen Kündigung voraussetzen (BAG 30. 11. 1961 AP KSchG 1951 § 5 Nr. 3; BAG 28. 6. 1973 AP KSchG 1969 § 13 Nr. 2; *Herschel/Löwisch* Rn. 5; *Hueck/v. Hoyningen-Huene* Rn. 4; *KDZ/ Kittner* Rn. 7; *KR/Friedrich* Rn. 23 ff.; SPV Rn. 1116). Es kommt hierbei nicht darauf an, um welche Leistungsansprüche es sich handelt. Es kommen also zB Zahlungsansprüche und ein solcher auf Beschäftigung in Betracht (*Herschel/Löwisch* Rn. 5).

Die **Sozialwidrigkeit** der Kündigung muß bei Erhebung der zunächst anderen Klage **bis zum** 7 **Schluß der mündlichen Verhandlung erster Instanz** geltend gemacht werden (SPV Rn. 1114). Hat der AN bereits eine Feststellungsklage erhoben, muß er sich bis zu dem angegebenen Zeitpunkt auf die Sozialwidrigkeit der Kündigung **ausdrücklich berufen**. Diese Berufung auf die Sozialwidrigkeit – neben den anderen Gründen – führt nicht zu einer Klagenhäufung. Es liegt vielmehr eine mehrfache Begründung desselben Klageanspruchs vor (*Hueck/v. Hoyningen-Huene* Rn. 9; *KR/Friedrich* Rn. 20). War eine Leistungsklage rechtshängig, muß er bis zum Schluß der mündlichen Verhandlung einen Feststellungsantrag stellen (BAG 30. 11. 1961 AP KSchG 1951 § 5 Nr. 3; *Herschel/ Löwisch* Rn. 10; *KDZ/Kittner* Rn. 10).

Nach § 6 S. 2 soll das Arbeitsgericht den AN auf die Möglichkeit nach S. 1 hinweisen. Lagen 8 Anhaltspunkte für eine Sozialwidrigkeit der Kündigung vor und **unterläßt das Arbeitsgericht einen entsprechenden Hinweis**, liegt ein Verfahrensverstoß vor, § 278 III ZPO (*Herschel/Löwisch* Rn. 11; *Hueck/v. Hoyningen-Huene* Rn. 11; *KR/Friedrich* Rn. 33; SPV Rn. 1118). In einem solchen Fall muß es dem AN möglich sein, sich noch in der Berufungsinstanz auf die Sozialwidrigkeit zu berufen (sehr str.; aA *Herschel/Löwisch* Rn. 11; *Hueck/v. Hoyningen-Huene* Rn. 12; *KDZ/Kittner* Rn. 12 unter Berufung auf BAG 30. 11. 1961 AP KSchG 1951 § 5 Nr. 3: entgegen § 68 ArbGG Zurückverweisung an Arbeitsgericht zulässig; KR/*Friedrich* Rn. 38; SPV Rn. 1119). Ist ein Hinweis nach § 6 S. 2 unterblieben und hat der AN die **Klage zurückgenommen,** kann eine erneut eingelegte – verspätete – Kündigungsschutzklage bei Vorliegen der entsprechenden Voraussetzungen nachträglich zuzulassen sein (KR/*Friedrich* Rn. 39).

§ 7 Wirksamwerden der Kündigung

Wird die Rechtsunwirksamkeit einer sozial ungerechtfertigten Kündigung nicht rechtzeitig geltend gemacht (§ 4 Satz 1, §§ 5 und 6), so gilt die Kündigung, wenn sie nicht aus anderem Grunde rechtsunwirksam ist, als von Anfang an rechtswirksam; ein vom Arbeitnehmer nach § 2 erklärter Vorbehalt erlischt.

1 § 7 ergänzt die §§ 4, 5 und 6, indem er die Folgen der nicht rechtzeitigen Klageerhebung regelt. Wird die Rechtsunwirksamkeit einer **sozial ungerechtfertigen** Kündigung **nicht rechtzeitig geltend gemacht,** gilt sie als **von Anfang an rechtswirksam,** sofern sie nicht aus einem andern Grund rechtsunwirksam ist, vgl. dazu insbesondere Rn. 3. Die Rechtzeitigkeit erfaßt die Klageerhebung **innerhalb von drei Wochen,** die verspätet erhobene, aber **nachträglich zugelassene Klage** und die **verlängerte Anrufungsfrist** des § 6 (KR/*Rost* Rn. 7). Wird eine verspätet erhobene Klage nachträglich zugelassen, werden die nach Ablauf der Drei-Wochen-Frist zunächst eingetretenen Rechtsfolgen des § 7 wieder beseitigt (KR/*Rost* Rn. 8). In § 7 Halbs. 1 wird im Hinblick auf die Rechtzeitigkeit nur § 4 S. 1 erwähnt. Die Nichtzitierung von § 4 S. 4 ist ein redaktionelles Versehen (*Herschel/Löwisch* Rn. 1; *Hueck/v. Hoyningen-Huene* Rn. 7; KDZ/*Kittner* Rn. 10; KR/*Rost* Rn. 9). § 7 greift auch, wenn eine zunächst rechtzeitig erhobene **Klage nach Ablauf der Drei-Wochen-Frist zurückgenommen wird** (*Hueck/v. Hoyningen-Huene* Rn. 2). Gemäß § 269 III 1 ZPO gilt der Rechtsstreit in einem solchen Fall als nicht anhängig geworden. Die Wirkungen der Klagerücknahme treten rückwirkend ein, und zwar bezogen auf den Tag des Ausspruchs der Kündigung (*Hueck/v. Hoyningen-Huene* Rn. 2; KR/*Rost* Rn. 8).

2 Durch die Regelung in § 7 tritt eine **rückwirkende Heilung** ein (*Herschel/Löwisch* Rn. 1; *Hueck/v. Hoyningen-Huene* Rn. 1; KR/*Rost* Rn. 2, 4). Die zwingende Wirkung der gesetzlichen Regelung steht einem **nachträglichen** Verzicht des AN, gegen eine ausgesprochene Kündigung vorzugehen, nicht entgegen (*Löwisch* KSchG Rn. 7). Das folgt daraus, daß ein Arbeitsverhältnis jederzeit auch einvernehmlich aufgehoben werden kann (*Herschel/Löwisch* Rn. 4). Soll der Klageverzicht aus einer Ausgleichsquittung hergeleitet werden, muß diese insoweit eindeutig und klar sein (*Löwisch* KSchG Rn. 8). Unklarheiten gehen zu Lasten des AG. Nach dem klaren Wortlaut des Gesetzes bezieht sich die rückwirkende Heilung nur auf den in der Sozialwidrigkeit liegenden Mangel. Auf andere Unwirksamkeitsgründe hat der Ablauf der Drei-Wochen-Frist keinen Einfluß. Solche Unwirksamkeitsgründe können noch nach der Drei-Wochen-Frist geltend gemacht werden (BAG 19. 1. 1961 AP KSchG 1951 § 6 Nr. 1; BAG 28. 5. 1998 AP KSchG 1969 § 2 Nr. 48 (*Löwisch*) zur Änderungskündigung; *Hueck/v. Hoyningen-Huene* Rn. 3; KR/*Rost* Rn. 5, 6), vgl. jedoch Rn. 5.

3 Zu **anderen Unwirksamkeitsgründen** gehören zB: Verstoß gegen allgemeine rechtsgeschäftliche Wirksamkeitsvoraussetzungen, wie **Nichtbeachtung einer gesetzlich, tarifvertraglich oder vertraglich vorgeschriebenen Form,** § 125 BGB, **Geschäftsunfähigkeit,** §§ 104 ff. BGB; Mängel bei den **Vertretungsvoraussetzungen,** §§ 164 ff. BGB, Vorliegen von **Willensmängeln,** §§ 116 ff. BGB, Nichtbeachtung von **Sonderkündigungsschutz** (MuSchG, SchwbG, ArbPlSchG), Sonderkündigungsschutz für Betriebsrats- und Personalratsmitglieder, § 15, **Kündigung wegen Betriebsübergangs** (BAG 31. 1. 1985 AP BGB § 613 a Nr. 40; KR/*Rost* Rn. 25 a), vgl. insoweit § 613 a IV BGB, nicht ordnungsgemäße **Anhörung des Betriebs- oder Personalrats,** § 102 BetrVG, §§ 79, 108 BPersVG, Nichtbeachtung des Zustimmungsverfahren, § 103 BetrVG, §§ 47, 108 BPersVG, Verstoß gegen ein gesetzliches Verbot, § 134 BGB. Bestand zum Zeitpunkt des Zugangs einer ordentlichen Kündigung oder Änderungskündigung ein entsprechendes **tarifliches Kündigungsverbot,** ist eine dennoch ausgesprochene Kündigung ebenfalls aus anderen Gründen unwirksam (BAG 10. 3. 1982 AP KSchG 1969 § 2 Nr. 2). Verstößt eine Kündigung, abgesehen von ihrer Sozialwidrigkeit, gegen Treu und Glauben, ist sie ebenfalls unwirksam (*Herschel/Löwisch* § 13 Rn. 52).

4 Für alle nicht die Sozialwidrigkeit betreffenden Unwirksamkeitsgründe ist zu beachten, daß über ihr Vorliegen oder Nichtvorliegen mit entschieden wird, wenn der AN Klage erhoben und die Sozialwidrigkeit der Kündigung geltend macht. Der AN kann nicht etwa in zwei getrennten Prozessen die Unwirksamkeit der **einen** Kündigung durchsetzen wollen (vgl. *Hueck/v. Hoyningen-Huene* § 13 Rn. 5; KR/*Rost* Rn. 34; SPV Rn. 1121), vgl. insoweit § 4 Rn. 66. Die Möglichkeit der späteren Klageerhebung ist also auf die Fälle beschränkt, in denen nicht wegen derselben Kündigung bereits ein Rechtsstreit anhängig ist.

5 Eine verspätete Klageerhebung kann materiellrechtlich ohne Erfolg bleiben, wenn die **Möglichkeit, sich auf solche Mängel berufen zu können, verwirkt ist.** Das ist anhand aller Umstände des Einzelfalls zu beurteilen. Es gibt keine festen Zeitgrenzen (*Hueck/v. Hoyningen-Huene* Rn. 3; *Löwisch* KSchG Rn. 6; vgl. zahlr. Beispiele bei KR/*Rost* Rn. 41, 42). Maßgebend für das Eintreten der Verwir-

kung ist der Zeitablauf (Zeitmoment) und die Beantwortung der Frage, ob Umstände vorliegen, aufgrund derer der AG annehmen konnte, der AN werde die Kündigung hinnehmen (Umstandsmoment) (BAG 28. 2. 1990 AP BeschFG 1985 § 1 Nr. 14; *Herschel/Löwisch* Rn. 3; *Hueck/v. Hoyningen-Huene* Rn. 3; KDZ/*Kittner* Rn. 8; KR/*Friedrich* § 13 Rn. 303 ff.; KR/*Rost* Rn. 36; KR/*Friedrich* § 13 Rn. 303 ff.). Das Zeitmoment und das Umstandsmoment sind ohne kausalen Bezug zueinander zu prüfen. Ist das Zeitmoment nicht erfüllt, kommt das Umstandsmoment nicht zum Tragen. Ist das Zeitmoment erfüllt, kann das Umstandsmoment nicht deshalb verneint werden, weil der AG vor Ablauf des Zeitmoments über den Arbeitsplatz verfügt hat (BAG 2. 12. 1999 AP BGB § 242 Prozeßverwirkung Nr. 6). Hat der AN das Recht zur Geltendmachung der Unwirksamkeit verwirkt, ist seine Klage als unbegründet abzuweisen (KR/*Rost* Rn. 38). Eine sog. Prozeßverwirkung (so st. Rspr., vgl. nur BAG 7. 3. 1980 AP BGB § 620 Befristeter Arbeitsvertrag Nr. 54; BAG 31. 1. 1985 AP § 613 a BGB Nr. 40; BAG 22. 3. 1985 AP BGB § 620 Befristeter Arbeitsvertrag Nr. 89) gibt es nicht. Die Parteien verwirken nicht einen Prozeß, sondern der Kläger verliert eine Klage. Beide Parteien können eine Sachentscheidung verlangen.

Als Folge der Wirkung des § 7 ist für alle aus dem Arbeitsverhältnis folgenden **Vergütungsansprüche** davon auszugehen, daß die eine ganz bestimmte Kündigung als rechtswirksam gilt, daß diese ganz bestimmte Kündigung das Arbeitsverhältnis beendet hat. Der AN kann sich in Folgeprozessen mit seinem AG nicht auf die Unwirksamkeit der Kündigung berufen (*Herschel/Löwisch* Rn. 4; *Kittner* Rn. 2; SPV Rn. 1123). Ist ein vor der Kündigung liegender Begründungstatbestand eines Arbeitsverhältnisses gegeben, kann der AN Leistungsansprüche bis zu einem neuen, anderen Beendigungsgrund geltend machen. Der AG, der in einem solchen Folgeprozeß erstmals geltend machen würde, es habe überhaupt nie ein Arbeitsverhältnis bestanden, ist mit diesem Einwand aus Gründen der Verwirkung ausgeschlossen. Er hätte im Kündigungsschutzprozeß geltend machen und notfalls durch negative Feststellungsklage durchsetzen müssen. Bestehen keine sonstigen Nichtigkeitsgründe, kann der AN Leistungsansprüche nur bis zum Ablauf der Kündigungsfrist geltend machen. 6

Die Wirkung des § 7 bezieht sich – wie es ein entsprechende Urteil täte – nur auf das mögliche Begehren eines unterlegenen Klägers. Es gilt die **Kündigung** als **rechtswirksam**. Nicht jedoch steht damit fest, daß **die sie tragenden Gründe** vorlagen (*Hueck/v. Hoyningen-Huene* Rn. 5; KDZ/*Kittner* Rn. 2; KR/*Rost* Rn. 20 a; *Löwisch* KSchG Rn. 2; vgl. auch BAG 23. 5. 1984 AP BGB § 339 Nr. 9). Wurde dem AN zB mit der Begründung gekündigt, er habe seinem AG einen schweren Schaden zugefügt, kann der AN sich in nachfolgenden Schadensersatzprozeß ohne irgendeine Rechtskraftbindung hinsichtlich des Urteils im Kündigungsschutzprozeß darauf berufen, er habe den Schaden nicht verursacht, zumindest treffe ihn kein Verschulden. 7

Nach § 7 II bezieht sich das Wirksamwerden der Kündigung auch auf eine unter Vorbehalt angenommene **Änderungskündigung**; ein von dem AN erklärter Vorbehalt erlischt. Ist eine Änderungskündigung aus anderen Gründen unwirksam, kann der AN diese Unwirksamkeit nach Ablauf der Drei-Wochen-Frist nicht mehr geltend machen (KR/*Rost* Rn. 14 b–g; aA *Herschel/Löwisch* § 2 Rn. 24; KDZ/*Kittner* Rn. 3). 8

Nach § 13 II sind die §§ 4, 7 auch auf **außerordentliche Kündigungen und Änderungskündigungen** anzuwenden. Bei einer fristlosen Kündigung erstreckt sich die Wirkung des § 7 nur auf die Frage des Vorliegens eines wichtigen Grundes einschließlich der der Wahrung der Zwei-Wochen-Frist des § 626 II BGB (KR/*Rost* Rn. 18). Auch bei einer außerordentlichen Kündigung können andere Unwirksamkeitsgründe noch nach Ablauf der Drei-Wochen-Frist geltend gemacht werden (KDZ/*Kittner* Rn. 4; KR/*Rost* Rn. 16). 9

Die Wirkung des § 7 gilt auch Dritten gegenüber, wie dem **Lohnpfändungsgläubiger** oder einem **Sozialversicherungsträger** (KR/*Rost* Rn. 20 b; vgl. auch BAG 20. 8. 1980 AP LohnFG § 6 Nr. 14). 10

§ 8 Wiederherstellung der früheren Arbeitsbedingungen

Stellt das Gericht im Falle des § 2 fest, daß die Änderung der Arbeitsbedingungen sozial ungerechtfertigt ist, so gilt die Änderungskündigung als von Anfang an rechtsunwirksam.

§ 8 ergänzt § 2 auf der Rechtsfolgenseite (*Löwisch* KSchG Rn. 1). Die Vorschrift ist nicht klar gefaßt. Bei Annahme unter Vorbehalt ist streitbefangen das mit der Kündigung unterbreitete Änderungsangebot, nicht jedoch mehr die Kündigung als solche (KR/*Rost* Rn. 6). Die Annahme der geänderten Arbeitsbedingungen unter Vorbehalt ist rechtlich als Annahme des Angebots des AN unter einer auflösenden Bedingung zu verstehen, § 158 BGB (*Herschel/Löwisch* Rn. 3; KR/*Rost* § 2 Rn. 58; *ders.* § 8 Rn. 3), vgl. im übrigen § 2 Rn. 39. Obsiegt der AN, tritt die Bedingung ein. Es gilt nicht § 158 II BGB wonach der frühere Zustand erst mit Eintritt der auflösenden Bedingung wieder eintreten würde. Vielmehr soll die Annahme des Änderungsangebots als nicht erfolgt gelten. Der AG hat den AN in Anwendung von § 159 BGB so zu stellen, wie er stünde, wenn er von vornherein zu nicht geänderten Bedingungen gearbeitet hätte (*Herschel/Löwisch* Rn. 3). Nimmt der AN bei einer Änderungskündigung die geänderten Arbeitsbedingungen unter Vorbehalt an und obsiegt er im Kündigungsschutzprozeß, bestand der Arbeitsvertragsinhalt von Anfang an unverändert fort. Die 1 rechtliche Bedeutung der Vorschrift liegt somit in der Begründung einer **Rückwirkung des Bedingungseintritts** (*Herschel/Löwisch* Rn. 4; *Hueck/v. Hoyningen-Huene* § 2 Rn. 97; KR/*Rost* Rn. 4).

2 **§ 8 bezieht sich auf alle Unwirksamkeitsgründe**, nicht nur auf solche der Sozialwidrigkeit. Die Unwirksamkeit kann sich zB daraus ergeben, daß der Betriebsrat nach § 102 BetrVG nicht angehört worden ist (KR/*Rost* Rn. 8; *Löwisch* KSchG Rn. 2).

3 Hat der AN eine Änderungskündigung unter Vorbehalt angenommen, hat er zunächst zu den geänderten Bedingungen zu arbeiten (BAG 18. 1. 1990 AP KSchG 1969 § 2 Nr. 27; KR/*Rost* § 2 Rn. 158 a; SPV Rn. 773). Durch das obsiegende Urteil kann der AN jetzt den unveränderten Erfüllungsanspruch für Vergangenheit und Zukunft durchsetzen, soweit dem nicht die Unmöglichkeit entgegensteht. War durch das Änderungsangebot das Arbeitsentgelt verringert worden, ist dem AN die Differenz zwischen dem tatsächlich gezahlten Entgelt und dem nachzuzahlen, das er erhalten hätte, wenn die Arbeitsbedingungen nicht geändert worden wären (*Hueck/v. Hoyningen-Huene* § 2 Rn. 97; *Löwisch* KSchG Rn. 4). War die Arbeitszeit zB um die Hälfte verkürzt worden, hat der AN für die Vergangenheit Anspruch auf Lohnersatz für die Zeit, in der er nicht gemäß dem ursprünglichen Arbeitsvertrag eingesetzt worden ist (*Herschel/Löwisch* Rn. 5; KR/*Rost* Rn. 11). Dabei sind Entgelte, die der AN anderweitig erzielt hat, aber nicht erzielt hätte, wenn er entsprechend den ursprünglichen Arbeitsbedingungen gearbeitet hätte, nach § 159 BGB voll anzurechnen (*Herschel/Löwisch* Rn. 5; KR/*Rost* Rn. 5: der Anspruch bemißt sich nach § 11 KSchG entsprechend). In der Regel werden Ersatzansprüche in Frage kommen, weil tatsächlich vollzogene Änderungen wie Versetzung, Verkürzung der Arbeitszeit, rückwirkend nicht zu korrigieren sind (*Herschel/Löwisch* Rn. 6; KDZ/*Kittner* Rn. 2). Die Nachzahlungspflicht bewirkt nicht, daß zugleich rückwirkend Verzug fingiert wird (*Löwisch* KSchG Rn. 4). Wegen der Einzelheiten hinsichtlich des Verdienstes, den der AN sich anrechnen lassen muß, vgl. § 11. **Tarifliche Ausschlußfristen und Verjährungsfristen** laufen hinsichtlich der Ansprüche, die erst mit Rechtskraft des obsiegenden Urteils zu realisieren sind, erst ab Rechtskraft dieser Entscheidung (*Hueck/v. Hoyningen-Huene* § 2 Rn. 97; § 4 Rn. 23; KR/*Rost* Rn. 13).

4 § 8 ist auf eine **außerordentliche Änderungskündigung** entsprechend anwendbar (*Herschel/Löwisch* Rn. 7; KDZ/*Kittner* Rn. 4; KR/*Rost* Rn. 14), vgl. dazu im übrigen § 2 Rn. 6.

§ 9 Auflösung des Arbeitsverhältnisses durch Urteil des Gerichts; Abfindung des Arbeitnehmers

(1) ¹ Stellt das Gericht fest, daß das Arbeitsverhältnis durch die Kündigung nicht aufgelöst ist, ist jedoch dem Arbeitnehmer die Fortsetzung des Arbeitsverhältnisses nicht zuzumuten, so hat das Gericht auf Antrag des Arbeitnehmers das Arbeitsverhältnis aufzulösen und den Arbeitgeber zur Zahlung einer angemessenen Abfindung zu verurteilen. ² Die gleiche Entscheidung hat das Gericht auf Antrag des Arbeitgebers zu treffen, wenn Gründe vorliegen, die eine den Betriebszwecken dienliche weitere Zusammenarbeit zwischen Arbeitgeber und Arbeitnehmer nicht erwarten lassen. ³ Arbeitnehmer und Arbeitgeber können den Antrag auf Auflösung des Arbeitsverhältnisses bis zum Schluß der letzten mündlichen Verhandlung in der Berufungsinstanz stellen.

(2) Das Gericht hat für die Auflösung des Arbeitsverhältnisses den Zeitpunkt festzusetzen, an dem es bei sozial gerechtfertigter Kündigung geendet hätte.

I. Allgemeines

1 § 9 räumt unter bestimmten Voraussetzungen dem AN und dem AG das Recht ein, das **Arbeitsverhältnis** durch das Gericht **auflösen** zu lassen, **wenn gerichtlich festgestellt wird, daß die Kündigung sozialwidrig ist**. Notwendig ist immer, daß im Rahmen eines Prozesses gegen den Kündigenden oder den Rechtsnachfolger durch Klage oder Widerklage rechtzeitig die Feststellung nach § 4 begehrt wird (BAG 29. 5. 1959 AP KSchG 1951 § 3 Nr. 19; *Herschel/Löwisch* Rn. 14; *Hueck/v. Hoyningen-Huene* Rn. 23; KR/*Spilger* Rn. 14; SPV Rn. 1188). Der Auflösungsantrag kann nicht losgetrennt von einem Kündigungsschutzprozeß verfolgt werden (LAG Baden-Württemberg 3. 6. 1991 LAGE KSchG 1969 § 9 Nr. 20). Durch § 9 wird der Grundsatz des Bestandsschutzes durchbrochen. Die Verpflichtung des AG, eine angemessene Abfindung zu zahlen, ist darin gerechtfertigt, daß der AN letztlich seinen Arbeitsplatz zu Unrecht verliert (BVerfG 12. 5. 1976 AP AFG § 117 Nr. 1; BAG 15. 2. 1973 AP KSchG 1969 § 9 Nr. 2; *Herschel/Löwisch* Rn. 29; *Hueck/v. Hoyningen-Huene* Rn. 5; *Löwisch* KSchG Rn. 1). § 9 II verstößt weder gegen den Gleichheitssatz des Art. 3 I GG noch gegen die Eigentumsgarantie des Art. 14 GG, noch gegen den Grundsatz der Rechtsstaatlichkeit des Art. 20 III GG oder Art. 1 und 2 GG (BVerfG 29. 1. 1990 EzA KSchG 1969 § 9 Nr. 34; BAG 16. 5. 1984 AP KSchG 1969 § 9 Nr. 12). Abfindungen werden nach § 140 SGB III beim Arbeitslosengeld berücksichtigt, vgl. dazu § 10 Rn. 18.

2 Ist das Arbeitsverhältnis **vor** dem Auflösungszeitpunkt beendet worden, ist eine gerichtliche Auflösung nicht mehr möglich. Schließen die Arbeitsvertragsparteien nach einer ordentlichen Kündigung

allerdings einen **Abfindungsvergleich** gegen Zahlung einer Abfindung für den Zeitpunkt des Ablaufs der Kündigungsfrist, ist das Erleben des vereinbarten Auflösungszeitraums nicht Bedingung für die Verpflichtung zur Zahlung der Abfindung. Der Abfindungsanspruch geht, falls der AN vor dem vereinbarten Auflösungstermin stirbt, auf die Erben über (BAG 25. 6. 1987 EzA KSchG § 9 nF Nr. 23; KDZ/*Kittner* Rn. 9; KR/*Spilger* Rn. 32), vgl. Rn. 24 ff. Wird einem Auflösungsantrag stattgegeben, tritt die **Gestaltungswirkung der Auflösung erst mit Rechtskraft des Urteils** ein (BAG 28. 1. 1961 AP KSchG 1951 § 7 Nr. 8; *Herschel/Löwisch* Rn. 16); wegen der vorläufigen Vollstreckbarkeit des Urteils im Hinblick auf die Abfindung und deren Verzinsung vgl. § 10 Rn. 20.

Unabdingbare Voraussetzung für eine Auflösung ist in allen Fällen, daß sich im Kündigungsschutz- 3 prozeß die **Sozialwidrigkeit der Kündigung** herausstellt (BAG 29. 1. 1981 AP KSchG 1969 § 9 Nr. 6; *Herschel/Löwisch* Rn. 2; *Hueck/v. Hoyningen-Huene* Rn. 12; KDZ/*Kittner* Rn. 4; SPV Rn. 1192). Eine gerichtliche Auflösung des Arbeitsverhältnisses gegen Abfindung bei gerechtfertigter Kündigung ist nur durch Vergleich möglich (*Herschel/Löwisch* Rn. 2). Eine **Sonderregelung** enthält § 13 I 3 für den Fall der **unbegründeten außerordentlichen Kündigung**, wenn dem AN die Fortsetzung des Arbeitsverhältnisses nicht zumutbar ist. Auch bei einer sittenwidrigen Kündigung besteht nach § 13 II 2 eine solche Möglichkeit nach § 13.

Bei einer **Änderungskündigung**, gegen die der AN nach § 4 II Klage erhoben hat, ist die Auflösung 4 nur für den Fall denkbar, daß der AN das Änderungsangebot der AG ablehnt, also nicht unter Vorbehalt annimmt, und Kündigungsschutzklage nach § 4 S. 1 erhebt (BAG 29. 1. 1981 AP KSchG 1969 § 9 Nr. 6; *Hueck/v. Hoyningen-Huene* Rn. 17; KR/*Spilger* Rn. 30; *Löwisch* KSchG Rn. 4; SPV Rn. 1195). Die gerichtliche Auflösung eines **Ausbildungsverhältnisses** ist **nicht möglich** (BAG 29. 11. 1984 AP KSchG 1969 § 13 Nr. 6; *Hueck/v. Hoyningen-Huene* § 13 Rn. 18; KDZ/*Kittner* Rn. 8; KR/*Spilger* Rn. 146). Eine **Sonderregelung** gilt für **leitende Angestellte**. Gemäß § 14 II 2 ist § 9 S. 2 mit der Maßgabe anzuwenden, daß der Antrag der AG auf Auflösung des Arbeitsverhältnisses keiner Begründung bedarf. Eine weitere **Spezialregelung** enthält **Art. 56 IIa des Zusatzabkommens zum Nato-Truppenstatut**, geändert durch Änderungsabkommen vom 18. 3. 1993 (BGBl. II S. 2594, 2598). § 9 I 2 gilt danach mit der Maßgabe, daß eine Auflösung des Arbeitsverhältnisses auch möglich ist, wenn seiner Fortsetzung schutzwürdige militärische Interessen entgegenstehen. Zur Abfindungsregelung in der Seeschiffahrt vgl. § 65 SeemG.

II. Antrag des Arbeitnehmers

1. Sozialwidrigkeit der Kündigung. Eine Auflösung des Arbeitsverhältnisses kommt nur in Be- 5 tracht, wenn das Gericht feststellt, daß die **Kündigung sozialwidrig** ist und wenn ein entsprechender **Antrag** des AN auf Auflösung gestellt wird. War die Kündigung ausschließlich aus anderen Gründen unwirksam, kann das Gericht unter keinen Umständen eine Abfindung zuerkennen. Es ist unerheblich, ob die Kündigung **zusätzlich** noch aus einem anderen Grund unwirksam ist, wenn sie nur **auch sozialwidrig** ist (BAG 29. 1. 1981 AP KSchG 1969 § 9 Nr. 6). Ist sie **auch** sozialwidrig, hat die Entscheidung über die Sozialwidrigkeit praktisch Vorrang. Das Gericht hat in einem solchen Fall die Sozialwidrigkeit festzustellen, selbst wenn die Kündigung aus anderen Gründen, vgl. dazu § 13, unwirksam ist (*Herschel/Löwisch* Rn. 12).

Ist die **Kündigung nicht sozialwidrig**, aber aus einem anderen Grund unwirksam, stellt das Gericht 6 lediglich das Fortbestehen des Arbeitsverhältnisses fest. Eine Auflösung nach § 9 scheidet aus. Eine Ausnahme besteht für die ungerechtfertigte außerordentliche Kündigung, vgl. § 13 Rn. 15, und die sittenwidrige Kündigung, vgl. § 13 Rn. 26. Bei der außerordentlichen Kündigung kann nur der AN einen zulässigen Auflösungsantrag stellen, nicht der AG.

2. Antrag. Die Auflösung des Arbeitsverhältnisses gegen Abfindung nach § 9 setzt einen Antrag 7 des AN voraus. Eine **Auflösung von Amts wegen kommt nicht in Betracht** (BAG 28. 1. 1961 AP KSchG 1951 § 7 Nr. 8; *Hueck/v. Hoyningen-Huene* Rn. 18; KR/*Spilger* Rn. 15; *Schaub* § 141 III 1). Der Antrag muß als sog. **unechter Eventualantrag** neben dem **Feststellungsantrag**, daß das Arbeitsverhältnis durch die Kündigung nicht aufgelöst ist, gestellt werden (BAG 29. 5. 1959 AP KSchG 1951 § 3 Nr. 19; BAG 5. 11. 1964 AP KSchG 1951 § 7 Nr. 20; *Hueck/v. Hoyningen-Huene* Rn. 24; KDZ/*Kittner* Rn. 33; KR/*Spilger* Rn. 16; *Bauer* Rn. 212; SPV Rn. 1198). Es ist unzulässig, den Auflösungsantrag als echten Eventualantrag in dem Sinn zu stellen, daß über ihn auch bei Abweisung des Klageantrags entschieden werden soll (BAG 21. 3. 1959 AP KSchG 1951 § 1 Nr. 55; *Hueck/v. Hoyningen-Huene* Rn. 24). Ein Antrag des AN liegt noch nicht darin, daß er im Hinblick auf einen vom AG gestellten Antrag eine höhere Abfindungszahlung fordert (BAG 28. 1. 1961 AP KSchG 1951 § 7 Nr. 8; *Hueck/v. Hoyningen-Huene* Rn. 19). Hatte der AG einen Auflösungsantrag gestellt und hat er diesen wieder zurückgenommen, muß der AN jetzt einen eigenen Antrag stellen, wenn er ein entsprechendes Urteil erreichen will (BAG 28. 1. 1961 AP KSchG 1951 § 7 Nr. 8; *Herschel/Löwisch* Rn. 14). Haben beide Parteien einen Auflösungsantrag gestellt und wird das Arbeitsverhältnis aufgrund des Antrags des AG gegen Festsetzung einer Abfindung, gegen die der AN der Höhe nach nichts einzuwenden hat, aufgelöst, kann der AN nicht zulässig Berufung mit dem Ziel einlegen, seinen

Auflösungsantrag in der Berufungsinstanz zurücknehmen zu wollen. Er ist durch das angefochtene Urteil nicht beschwert (BAG 23. 6. 1993 AP KSchG 1969 § 9 Nr. 23). Ein Antrag hinsichtlich der **Festsetzung einer Abfindung** ist nicht erforderlich. Das Gericht entscheidet insoweit **von Amts wegen** (*Löwisch* KSchG Rn. 19), vgl. Rn. 32.

8 Die **Stellung des Antrags** ist eine **Prozeßhandlung**. Der Antrag kann bis zum Schluß der mündlichen Verhandlung in der **Berufungsinstanz** gestellt werden, § 9 I 4. Es kommt nicht darauf an, daß die Gründe nicht vorher vorgelegen haben (*Herschel/Löwisch* Rn. 15; *Hueck/v. Hoyningen-Huene* Rn. 22; KR/*Spilger* Rn. 20; SPV Rn. 1191). Ein solcher Antrag bedarf keiner Zulassung als Klageänderung noch kann er gemäß § 67 ArbGG zurückgewiesen werden (*Herschel/Löwisch* Rn. 15; *Hueck/ v. Hoyningen-Huene* Rn. 22; KR/*Spilger* Rn. 20). In der Revisionsinstanz kann der Antrag zulässig nicht mehr gestellt werden. Der Rechtsstreit muß sich, wenn der AN den Antrag erst in der Berufungsinstanz stellen will, **zulässig im Berufungsrechtszug** befinden, vgl. zur Rechtsmittelinstanz Rn. 39 ff.

9 Der **Antrag kann bis zum Schluß der letzten mündlichen Verhandlung** in der **Berufungsinstanz zurückgenommen werden** (BAG 28. 1. 1961 AP KSchG 1951 § 7 Nr. 8; *Herschel/Löwisch* Rn. 16; *Hueck/v. Hoyningen-Huene* Rn. 27; KR/*Spilger* Rn. 24). Es bedarf insoweit nicht der Zustimmung des AG (BAG 26. 10. 1979 AP KSchG 1969 § 9 Nr. 5; KR/*Spilger* Rn. 29; aA *Hueck/v. Hoyningen-Huene* Rn. 29: § 269 ZPO ist entsprechend anzuwenden). Hat das Arbeitsgericht dem Auflösungsantrag stattgegeben und hat der AG gegen das Urteil Berufung eingelegt, kann der Antrag noch in der Berufungsinstanz zurückgenommen werden, denn die Gestaltungswirkung des Auflösungsurteiles entfaltet sich erst mit Eintritt der Rechtskraft der Entscheidung (BAG 28. 1. 1961 AP KSchG 1951 § 7 Nr. 8; *Herschel/Löwisch* Rn. 16; *Hueck/v. Hoyningen-Huene* Rn. 27; KR/*Spilger* Rn. 22; *Schaub* § 141 III 1). Bei § 9 handelt es sich um ein eigenständiges prozessuales Institut. In der Rücknahme eines Auflösungsantrags kann in der Regel kein Klageverzicht entsprechend § 306 ZPO gesehen werden. Es muß auf die Umstände des Einzelfalls ankommen. Zur Nichtweiterverfolgung eines zunächst gestellten Auflösungsantrags bedarf es keiner Einwilligung des Prozeßgegners (BAG 26. 10. 1979 AP KSchG 1969 § 9 Nr. 5; kritisch *Hueck/v. Hoyningen-Huene* Rn. 28; KR/*Spilger* Rn. 25). Ein zurückgenommener Antrag kann bis zum Schluß der mündlichen Verhandlung in der Berufungsinstanz erneut gestellt werden (*Löwisch* KSchG Rn. 24).

10 „**Nimmt der AG die Kündigung** zurück", ist das nur ein Angebot an den AN, das Arbeitsverhältnis als ungekündigtes ununterbrochen fortzusetzen. Der AN muß das Angebot nicht annehmen. Er kann auch bei einer solchen „Rücknahme" eine Entscheidung über die Sozialwidrigkeit der Kündigung und die Auflösung des Arbeitsverhältnisses nach § 9 gegen Abfindung verlangen (BAG 19. 8. 1982 AP KSchG 1969 § 9 Nr. 9; *Herschel/Löwisch* Rn. 18; KDZ/*Kittner* Rn. 38; KR/*Spilger* Rn. 20 a).

11 Nach § 9 muß bei der Auflösung des Arbeitsverhältnisses der **Zeitpunkt** festgesetzt werden, zu dem es bei sozial gerechtfertigter Kündigung geendet hätte, vgl. Rn. 33. **Das Arbeitsverhältnis muß** zu dem nach § 9 II für die Auflösung festgesetzten Zeitpunkt **noch bestehen** (*Herschel/Löwisch* Rn. 19; *Hueck/v. Hoyningen-Huene* Rn. 31; KR/*Spilger* Rn. 32; SPV Rn. 1196, 1222; vgl. hingegen zu einem Abfindungsvertrag BAG 25. 6. 1987 EzA KSchG § 9 Nr. 23). Ein Antrag auf Auflösung kann daher nicht mehr mit Erfolg gestellt werden durch die Erben des AN, wenn zu diesem Zeitpunkt das Arbeitsverhältnis bereits aus anderem Grund, nämlich dem Tod des AG, beendet war. Kündigungsschutzklage und Auflösungsbegehren sind dann erledigt (BAG 15. 12. 1960 AP KSchG 1951 § 3 Nr. 21; *Herschel/Löwisch* Rn. 19; KDZ/*Kittner* Rn. 9; aA KR/*Spilger* Rn. 34). Es kann jedoch noch aufgelöst werden, wenn es vor der letzten mündlichen Verhandlung in der Tatsacheninstanz bereits dadurch sein Ende gefunden hatte, daß der AN eine tariflich vorgesehene Altersgrenze erreicht hatte, wenn das Arbeitsverhältnis zum Auflösungszeitpunkt selbst jedoch noch rechtlichen Bestand hatte (BAG 21. 1. 1965 AP KSchG 1951 § 7 Nr. 21; BAG 21. 1. 1965 AP KSchG 1951 § 7 Nr. 21; KDZ/ *Kittner* Rn. 9). Hat nach Klageerhebung und vor der letzten mündlichen Verhandlung in der Tatsacheninstanz ein dem AN bekannter **Betriebsübergang** stattgefunden, kann der Auflösungsantrag nur in einem Prozeß gegen den neuen AG gestellt werden. Auf ihn hat der AN den Prozeß zu erstrecken (BAG 20. 3. 1997 AP KSchG 1969 § 9 Nr. 30; *Löwisch* KSchG Rn. 26). Kennt der AN den Betriebsübergang nicht und wird er bei bestrittenem Vortrag auch nicht vom Gericht festgestellt, wird der Prozeß allein mit dem alten AG weitergeführt. Der Betriebserwerber hat die Rechtswirkungen auch eines Auflösungsantrags mit Abfindung gegen sich gelten zu lassen. Stellt der AN allein darauf ab, die Nichtzumutbarkeit ergebe sich ausschließlich aus Umständen des Arbeitsverhältnisses bei dem Veräußerer, muß er Widerspruch gegen den Übergang des Arbeitsverhältnisses einlegen, vgl. Rn. 13. Wird das Auflösungsurteil vor dem Zeitpunkt der Auflösung rechtskräftig, muß der AG die Abfindung an die Erben zahlen (BAG 25. 6. 1987 EzA KSchG § 9 Nr. 23; KDZ/*Kittner* Rn. 9). Die Auflösung des Arbeitsverhältnisses und die Festsetzung einer Abfindung kommt noch in Betracht, wenn der Zeitpunkt der anderweitigen Beendigung zwar **nach** dem Zeitpunkt des § 9 II liegt, dieser Zeitpunkt aber vor der letzten mündlichen Verhandlung gelegen ist (*Löwisch* KSchG Rn. 27). Anders ist es, wenn der Auflösungszeitpunkt vor dem des § 9 II liegt. Die Auflösung scheidet hier aus, weil sich die Frage der Unzumutbarkeit der Fortsetzung des Arbeitsverhältnisses nicht mehr stellt (BAG 21. 1. 1965 AP KSchG 1951 § 7 Nr. 21; *Herschel/Löwisch* Rn. 19; *Hueck/v. Hoyningen-Huene*

II. Antrag des Arbeitnehmers

Rn. 53; KR/*Spilger* Rn. 34). **Stirbt** der **AN**, dem in einem gerichtlichen Vergleich eine Abfindung zugesagt worden war, **vor** dem in dem Vergleich genannten **Zeitpunkt der Auflösung des Arbeitsverhältnisses,** entfällt nicht ohne weiteres die Abfindung (vgl. BAG 16. 10. 1969 AP ZPO § 794 Nr. 20; BAG 25. 6. 1987 EzA KSchG § 9 Nr. 23; *Herschel/Löwisch* Rn. 19).

3. Unzumutbarkeit der Fortsetzung des Arbeitsverhältnisses. Stellt das Gericht fest, daß die Kündigung sozial nicht gerechtfertigt ist, kann der **AN die Auflösung nur verlangen, wenn** ihm die **Fortsetzung des Arbeitsverhältnisses** mit dem **AG nicht mehr zuzumuten ist.** Bei der Unzumutbarkeit der Fortsetzung des Arbeitsverhältnisses handelt es sich um einen unbestimmten Rechtsbegriff. Das Gericht hat dessen Voraussetzungen voll nachzuprüfen und ist nicht an Wertungen der Parteien gebunden (*Herschel/Löwisch* Rn. 28; KDZ/*Kittner* Rn. 10). Das schließt nicht aus, daß das Gericht eine Unzumutbarkeit anzunehmen hat, wenn auch der AG die Fortsetzung des Arbeitsverhältnisses nicht mehr für sinnvoll durchführbar hält (*Herschel/Löwisch* Rn. 28; *Hueck/v. Hoyningen-Huene* Rn. 47).

Die **Frage der Unzumutbarkeit** ist unter Zugrundelegung der **Umstände,** die bis zum **Zeitpunkt der letzten mündlichen Verhandlung** vor dem Tatsachengericht über den Auflösungsantrag vorliegen, zu beurteilen. Die Umstände müssen im Zusammenhang mit der Kündigung oder dem Kündigungsschutzprozeß stehen (BAG 18. 1. 1962 AP BetrVG 1952 § 66 Nr. 20; BAG 24. 9. 1992 AP Einigungsvertrag Anlage I Kap. XIX Nr. 3 = NZA 1993, 362; BAG 30. 9. 1976 AP KSchG 1969 § 9 Nr. 3 für den Antrag des AG; *Herschel/Löwisch* Rn. 20; *Hueck/v. Hoyningen-Huene* Rn. 36; KDZ/*Kittner* Rn. 12, 14; KR/*Spilger* Rn. 40, 41). § 9 gewährt dem AN nicht etwa einen eigenständigen Kündigungsgrund mit Abfindungsanspruch (*Löwisch* KSchG Rn. 30; SPV Rn. 1200). Der Regelungsgehalt von § 9 stellt darauf ab, ob der AN nach der vom AG ausgesprochenen Kündigung das Arbeitsverhältnis noch in zumutbarer Weise **auf Dauer** fortsetzen kann. Der Maßstab für die Unzumutbarkeit in § 9 I ist deshalb nicht der in § 626 BGB (BAG 26. 11. 1981 AP KSchG 1969 § 9 Nr. 8 unter Aufgabe BAG 5. 11. 1964 AP KSchG 1951 § 7 Nr. 20; *Herschel/Löwisch* Rn. 21; *Hueck/v. Hoyningen-Huene* Rn. 32; KDZ/*Kittner* Rn. 10; KR/*Spilger* Rn. 39; SPV Rn. 1199). Hat ein Betriebsübergang stattgefunden, kommt es auf die Unzumutbarkeit der Fortsetzung des Arbeitsverhältnisses bei dem Betriebserwerber an (BAG 20. 3. 1997 EzA BGB § 613 a Nr. 148; *Löwisch* KSchG Rn. 32). Will der AN das Arbeitsverhältnis aufgelöst haben, weil er ausschließlich auf eine Unzumutbarkeit der Fortsetzung bei dem alten AG abstellt, kann er das nur, wenn er Widerspruch gegen den Übergang des Arbeitsverhältnisses erhebt.

Die **Unzumutbarkeit** kann sich einmal **aus den Umständen der Kündigung selbst** ergeben (*Herschel/Löwisch* Rn. 22; KR/*Spilger* Rn. 41). Sie wäre zu bejahen, wenn der AG zB eine betriebsbedingte Kündigung mit beleidigenden und ehrverletzenden Äußerungen ausspricht, so wenn der AG die Kündigung eines ausländischen AN mit der Begründung versieht, die Ausländer müßten alle gehen (LAG Hamm 27. 5. 1993 RzK I 11 b Nr. 12). Nicht ausreichend ist hingegen, wenn die – nicht beleidigenden oder sonst zu beanstandenden – Behauptungen des AG zum Kündigungsgrund nicht zutreffen (LAG Köln 26. 1. 1995 RzK I 11 b Nr. 15). Die **Unzumutbarkeit** kann sich aber auch aus **Umständen** ergeben, die **nach Ausspruch der Kündigung** liegen, so wenn der AG den AN im Verlauf des Kündigungsschutzprozesses beleidigt (*Herschel/Löwisch* Rn. 22; *Hueck/v. Hoyningen-Huene* Rn. 33). Auch muß es ein AN nicht hinnehmen, daß sich sein AG während des Kündigungsschutzprozesses an den den AN behandelnden Arzt wendet und eine Krankschreibung ungerechtfertigt bezweifelt (BAG 20. 11. 1997 – 2 AZR 803/96 nv.). Das **Verhalten Dritter** ist als Auflösungsgrund nur geeignet, wenn der AG dieses Verhalten durch eigenes Tun entscheidend veranlaßt hat (BAG 14. 5. 1987 AP KSchG 1969 § 9 Nr. 18; weitergehend *Löwisch* KSchG Rn. 35). Umstände nach § 9 können vorliegen, wenn der AN anhand konkreter Umstände befürchten muß, er werde nach der Rückkehr in den Betrieb inkorrekt behandelt, so etwa, weil er die Kündigung wegen falscher Sozialauswahl angegriffen hat und er Spannungen mit seinen Kollegen befürchten muß, weil nun einem allseits beliebten Kollegen die Kündigung droht (*Hueck/v. Hoyningen-Huene* Rn. 33; KDZ/*Kittner* Rn. 11; KR/*Spilger* Rn. 41; *Löwisch* KSchG Rn. 38). Eine Unzumutbarkeit ist auch zu bejahen, wenn der AN anhand konkreter Umstände dartun kann, daß der AG ihm nach gewonnenem Prozeß erneut kündigen wird (*Herschel/Löwisch* Rn. 24).

Kein Unzumutbarkeitstatbestand liegt allein deshalb vor, weil der **AN inzwischen ein neues Arbeitsverhältnis** eingegangen ist. Dieser Konflikt wird vielmehr über § 12 gelöst (BAG 19. 10. 1972 AP KSchG 1969 § 12 Nr. 1; *Hueck/v. Hoyningen-Huene* Rn. 34; KDZ/*Kittner* Rn. 11; KR/*Spilger* Rn. 44; *Löwisch* KSchG Rn. 39; *Schaub* § 141 IV 1; SPV Rn. 1200). **Keine Unzumutbarkeit** ist schon dadurch gegeben, daß der AG die Berechtigung der von ihm ausgesprochenen Kündigung im Prozeß sachlich verteidigt (*Herschel/Löwisch* Rn. 22; KDZ/*Kittner* Rn. 11). Der AN kann sich außerdem unter entsprechender Anwendung von § 162 BGB **auf eine Unzumutbarkeit nicht berufen,** wenn er die Gründe, aus denen er die Unzumutbarkeit herleiten will, **in treuwidriger Weise** selbst oder durch Personen, für deren Verhalten er einzutreten hat, **herbeigeführt** hat (BAG 15. 2. 1973 AP KSchG 1969 § 9 Nr. 2; *Herschel/Löwisch* Rn. 26; *Hueck/v. Hoyningen-Huene* Rn. 35; KR/*Spilger* Rn. 46).

16 Darlegungs- und beweispflichtig für die Tatsachen, die die Unzumutbarkeit begründen, ist derjenige, der einen Auflösungsantrag stellt (BAG 30. 9. 1976 AP Nr. 3; *Hueck/v. Hoyningen-Huene* Rn. 10; *Kittner* Rn. 15; KR/*Spilger* Rn. 47 ff.; *Löwisch* KSchG Rn. 33). Er muß die Umstände, aus denen er die Unzumutbarkeit herleiten will, konkret vortragen. Pauschale Behauptungen genügen nicht (*Herschel/Löwisch* Rn. 27; *Hueck/v. Hoyningen-Huene* Rn. 10).

17 Stellen die Gründe, die die Unzumutbarkeit begründen sollen, solche iSv. § 626 BGB dar, kann der AN das Arbeitsverhältnis **fristlos kündigen** und **Entschädigung über § 628 II BGB** verlangen.

III. Antrag des Arbeitgebers

18 **1. Sozialwidrigkeit der Kündigung.** Auch der Auflösungsantrag des AG setzt voraus, daß die Kündigung sozialwidrig ist. Während der AN den Antrag mit Erfolg stellen kann, wenn die Kündigung **auch** sozialwidrig war, erfordert der **Antrag des AG** nach hM, daß die **Klage des AN allein Erfolg hat, weil die Kündigung sozialwidrig ist.** Ist sie auch aus anderen Gründen unwirksam, muß der AG die Fortsetzung des Arbeitsverhältnisses danach hinnehmen (BAG 30. 11. 1989 AP BetrVG § 1972 § 102 Nr. 53; BAG 25. 11. 1993 AP KSchG 1969 § 14 Nr. 3; BAG 10. 11. 1994 AP KSchG 1969 § 9 Nr. 24; *Herschel/Löwisch* Rn. 30; *Hueck/v. Hoyningen-Huene* Rn. 15; KDZ/*Kittner* Rn. 6; aA KR/*Spilger* Rn. 27; SPV Rn. 1194). Nach hM mildert § 9 I 2 für den AG die Folgen, die sich daraus ergeben, daß die Kündigung bei Geltung des KSchG eines sachlichen Grunds bedarf (*Herschel/ Löwisch* Rn. 30). Ist die Kündigung bereits aus einem anderen Grund ohnehin unwirksam, besteht danach kein Anlaß, dem AG eine Auflösungsmöglichkeit zuzubilligen (*Löwisch* KSchG Rn. 43; aA noch *Ascheid* Rn. 703, 806). Beruft der AN sich gegenüber einem Auflösungsantrag des AG auf eine andere Unwirksamkeit der Kündigung als die der Sozialwidrigkeit, hat das nur Erfolg, wenn diese Unwirksamkeit Folge eines Verstoßes gegen eine Schutznorm zu Gunsten des AN ist. Das ist nicht der Fall, wenn geltend gemacht wird, der AG hätte intern die privatrechtlich vereinbarte Mitwirkung eines Dritten, die im Interesse allein des Dritten lag, zur Kündigung nicht beachten (BAG 10. 11. 1994 AP KSchG 1969 § 9 Nr. 24).

19 **Hat der AG außerordentlich und nur hilfsweise ordentlich gekündigt** oder beruft er sich auf die Umdeutung einer außerordentlichen Kündigung, vgl. oben § 13 Rn. 18, kann der AG die Auflösung begehren, wenn die außerordentliche Kündigung unwirksam und die ordentliche sozialwidrig ist (BAG 26. 10. 1979 AP KSchG 1969 § 9 Nr. 5; *Herschel/Löwisch* Rn. 31).

20 **2. Antrag.** Der **Antrag des AG** ist, anders als der des AN, ein **echter Hilfsantrag**. Er wird nur für den Fall gestellt, daß der AG mit seinem Klagabweisungsantrag unterliegt (BAG 18. 12. 1980 AP BetrVG 1972 § 102 Nr. 22; BAG 25. 10. 1989 AP BGB § 611 Direktionsrecht Nr. 36; *Herschel/ Löwisch* Rn. 32; *Hueck/v. Hoyningen-Huene* Rn. 25; KDZ/*Kittner* Rn. 34; KR/*Spilger* Rn. 17; *Bauer* Rn. 212). Er setzt voraus, daß die Tatsachen, die die Sozialwidrigkeit begründen, unstreitig oder bewiesen sind oder daß der AG keinen Klageabweisungsantrag stellt, sondern nur die Auflösung begehrt (*Herschel/Löwisch* Rn. 32). Befindet sich ein AN mit mehreren AG in einem sog. einheitlichen Arbeitsverhältnis, können die AG ihr Antragsrecht nur gemeinsam ausüben. Das Arbeitsverhältnis kann in einem solchen Fall nur einheitlich aufgelöst werden. Es ist allerdings ausreichend, daß ein Auflösungsgrund nur hinsichtlich eines AG vorliegt (BAG 27. 3. 1981 AP BGB § 611 Arbeitgebergruppe Nr. 1; KR/*Spilger* Rn. 15; kritisch *Schwerdtner* ZIP 1982, 900). Der **Antrag des AG kann**, wie der des AN, bis zum Zeitpunkt der letzten mündlichen Verhandlung in der Berufungsinstanz gestellt und **zurückgenommen werden.**

21 **3. Keine weitere dienliche Zusammenarbeit.** Beim Auflösungsantrag des AG sind die Anforderungen anders als bei dem des AN. Die Auflösung auf Antrag des AG setzt gemäß § 9 I 2 voraus, daß **eine den Betriebszwecken dienliche weitere Zusammarbeit zwischen AG und AN nicht zu erwarten** ist. Damit ist keine Unzumutbarkeit iSv. § 626 BGB gemeint. Ebenso müssen die Gründe nicht geeignet sein, eine Kündigung sozial zu rechtfertigen (BAG 29. 3. 1960 AP KSchG 1951 § 7 Nr. 7; BAG 30. 9. 1976 AP KSchG 1969 § 9 Nr. 3; *Herschel/Löwisch* Rn. 36; *Hueck/v. Hoyningen-Huene* Rn. 37; KR/*Spilger* Rn. 38). Beruft der AG sich allerdings nicht auf andere mit den Kündigungsgründen nicht im Zusammenhang stehende weitere Auflösungsgründe, muß er zusätzlich greifbare Tatsachen dafür vortragen, weshalb der Kündigungssachverhalt, obwohl er die Kündigung selbst nicht rechtfertigt, jedenfalls so beschaffen sein soll, daß er eine weitere Zusammenarbeit nicht erwarten läßt (BAG 18. 12. 1980 AP BetrVG 1972 § 102 Nr. 22). Die Regelung setzt eine differenzierende Würdigung der Betriebszwecke voraus (BAG 2. 2. 1990 EzA KSchG 1969 § 9 nF Nr. 36). Ob dies zutrifft, ist auch hier nach den Umständen zu beurteilen, die zum Zeitpunkt der letzten mündlichen Verhandlung vorliegen. Das Gericht muß insoweit eine Prognose anstellen und alle Umstände berücksichtigen, die vor und nach der Kündigung eingetreten sind. Es ist nicht erforderlich, daß der AN an den Gründen, die die Auflösung tragen, ein Verschulden trifft (BAG 14. 5. 1987 AP KSchG 1969 § 9 Nr. 18; BAG 25. 10. 1989 AP BGB § 611 Direktionsrecht Nr. 36; BAG 14. 1. 1993 NZA 1994, 309; *Hueck/v. Hoyningen-Huene* Rn. 40, 43; KDZ/*Kittner* Rn. 18, 19; KR/*Spilger* Rn. 57; *Löwisch* KSchG Rn. 54). § 9 I 2 hat einen eigenständigen Zweck. Er erlaubt eine Auflösung, wenn die in der Regel

durch die Kündigung eingetretene Störung so weiterbesteht, daß eine vertrauensvolle Zusammenarbeit nicht mehr erwartet werden kann, arg. § 14 II. Je höher die Position des AN im Betrieb, um so eher können solche Umstände anzunehmen sein.

Die eine **Auflösung** tragenden Tatsachen können sich ergeben aus dem **Verhalten des AN** nach der 22 Kündigung, insbesondere während des Kündigungsschutzprozesses, zB die Beleidigung des AG im Prozeß oder ihn diskreditierende Äußerungen in der Öffentlichkeit (BAG 30. 6. 1959 AP KSchG 1951 § 1 Nr. 56; *Herschel/Löwisch* Rn. 37; *Hueck/v. Hoyningen-Huene* Rn. 39). Wie sich aus der Wertung des § 12 ergibt, genügt allein die Tatsache, daß der AN ein anderes Arbeitsverhältnis eingegangen ist, in der Regel nicht für eine Auflösung (*Herschel/Löwisch* Rn. 37). Der Auflösungsgrund kann sich auch aus **sachlichen Notwendigkeiten** ergeben. Eine den **Betriebszwecken dienliche weitere Zusammenarbeit** kann zB zu verneinen sein, wenn infolge der betrieblichen Unterbrechung des Arbeitsverhältnisses der AN den Kontakt zum Betrieb und zu seiner Arbeit so verloren hat, daß er seine Aufgaben selbst nach angemessener Einarbeitungszeit nicht mehr sachgerecht erledigen kann (vgl. BAG 25. 11. 1982 AP KSchG 1969 § 9 Nr. 10; *Herschel/Löwisch* Rn. 38). **Wirtschaftliche Schwierigkeiten** und andere allein betriebliche Gegebenheiten, die keinen Bezug zur Person oder zum Verhalten des AN haben, **reichen als Auflösungsgrund nicht aus**. § 9 I 2 soll nicht auf dem Umweg über die Auflösung die Kündigungsvoraussetzungen nach § 1 II erleichtern (BAG 14. 10. 1954 AP KSchG 1951 § 3 Nr. 6; *Herschel/Löwisch* Rn. 39).

Hat der AG den **Auflösungsgrund treuwidrig herbeigeführt**, kann er entsprechend § 162 BGB 23 eine Auflösung nicht verlangen (BAG 15. 2. 1973 AP KSchG 1969 § 9 Nr. 2; *Hueck/v. Hoyningen-Huene* Rn. 42; KR/*Spilger* Rn. 59). Ebenso kann der AG sich mit Erfolg nicht allein darauf berufen, er habe den Arbeitsplatz des AN inzwischen anders besetzt (*Herschel/Löwisch* Rn. 40). Das **Verhalten Dritter** ist ihm zuzurechen, wenn er für solche Personen nach § 278 BGB einzustehen hat oder wenn er es entscheidend veranlaßt hat (BAG 15. 2. 1973 AP KSchG 1969 § 9 Nr. 2; BAG 14. 5. 1987 AP KSchG 1969 § 9 Nr. 18; *Hueck/v. Hoyningen-Huene* Rn. 39; KDZ/*Kittner* Rn. 21; SPV Rn. 1200). Er muß sich auch die **Ausführungen seines Prozeßbevollmächtigten** im Prozeß anrechnen lassen, wenn er ihnen nicht in geeigneter Weise entgegengetreten ist (BAG 30. 6. 1959 AP KSchG 1951 § 1 Nr. 56; *Hueck/v. Hoyningen-Huene* Rn. 39; aA KDZ/*Kittner* Rn. 21; KR/*Spilger* Rn. 56).

Gründe, die im Kündigungsschutzprozeß nicht berücksichtigt werden dürfen, weil der **Betriebsrat** 24 über sie **nicht gemäß § 102 BetrVG unterrichtet** worden ist, können im Verfahren nach § 9 nachgeschoben werden, denn das Gesetz sieht insoweit keine Beteiligung des Betriebsrats vor (*Hueck/v. Hoyningen-Huene* Rn. 46; *Löwisch* KSchG Rn. 48; offen gelassen in BAG 18. 12. 1980 AP BetrVG § 102 Nr. 22; aA KDZ/*Kittner* Rn. 23; KR/*Spilger* Rn. 58 a).

Wird der gekündigte AN während des noch laufenden Prozesses in den Betriebs- oder Personalrat 25 gewählt, muß das besonders beachtet werden (*Hueck/v. Hoyningen-Huene* Rn. 38). In der Regel wird eine Auflösung nur in Betracht kommen, wenn Gründe nach dem Zeitpunkt der Wahl vorgebracht werden, die eine Kündigung des AN aus wichtigem Grund rechtfertigen würden. Der Schutz des § 15 geht der Auflösungsmöglichkeit nach § 9 I 2 vor (BAG 7. 12. 1972 AP KSchG 1969 § 9 Nr. 1; *Herschel/Löwisch* Rn. 41; KDZ/*Kittner* Rn. 24; *Löwisch* KSchG Rn. 60; aA KR/*Spilger* Rn. 62).

Auch dem Antrag des AG kann nur stattgegeben werden, wenn das **Arbeitsverhältnis zum Zeit-** 26 **punkt der letzten mündlichen Verhandlung noch bestanden hat** und nicht bereits vor dem Auflösungszeitpunkt nach § 9 II sein Ende gefunden hatte (vgl. dazu *Hueck/v. Hoyningen-Huene* Rn. 53 ff.). Wird während des Prozesses der **Betrieb veräußert**, kann der Betriebsveräußerer einen Auflösungsantrag mit Erfolg nur stellen, wenn der AN dem Betriebsübergang widersprochen hat, vgl. Rn. 11.

Für das Vorliegen der Tatsachen, die die **Auflösung** rechtfertigen sollen, trägt der AG die **volle** 27 **Darlegungs- und Beweislast** (BAG 30. 9. 1976 AP KSchG 1969 § 9 Nr. 3; *Herschel/Löwisch* Rn. 42; *Hueck/v. Hoyningen-Huene* Rn. 9, 44; KDZ/*Kittner* Rn. 26; KR/*Spilger* Rn. 60). Der AG muß hierfür substantiierte Behauptungen aufstellen. Es kann nur beachtet werden, was er tatsächlich vorträgt, nicht jedoch nicht vorgetragenen Sachverhalt, den das Gericht für beachtlich halten würde (*Hueck/v. Hoyningen-Huene* Rn. 9). Beruft der AG sich auf Gründe, die die Kündigung nicht sozial rechtfertigen konnten, muß insbesondere klar werden, weshalb dieser Kündigungssachverhalt jetzt so beschaffen sein soll, daß er eine weitere Zusammenarbeit nicht erwarten läßt (BAG 18. 12. 1980 AP BetrVG 1972 § 102 Nr. 22; BAG 30. 9. 1976 AP KSchG 1969 § 9 Nr. 3; *Hueck/v. Hoyningen-Huene* Rn. 37; KDZ/*Kittner* Rn. 19). Globale und pauschale Erklärungen reichen nicht aus (BAG 14. 1. 1993 NZA 1994, 311; *Hueck/v. Hoyningen-Huene* Rn. 9). Tritt der AN dem Vortrag des AG nicht entgegen, stellt er aber dennoch selbst keinen eigenen Antrag, hat das Gericht in vollem Umfang zu prüfen, ob die Voraussetzungen nach § 9 I 2 vorliegen. Allerdings kann das Gericht je nach Sachlage hierin ein Indiz in dem Sinn sehen, daß eine den Betriebszwecken dienliche weitere Zusammenarbeit auch aus der Sicht des AN nicht gesehen wird (BAG 29. 3. 1960 AP KSchG 1951 § 7 Nr. 7; *Herschel/Löwisch* Rn. 44).

IV. Beiderseitiger Auflösungsantrag

Stellen **AN und AG einen Auflösungsantrag**, ist davon auszugehen, daß beide Parteien aus ihrer 28 Sicht eine Fortsetzung des Arbeitsverhältnisses nicht mehr für durchführbar halten. Das Gericht hat in einem solchen Fall das **Arbeitsverhältnis auf Antrag beider Parteien aufzulösen** und eine angemessene Entschädigung festzusetzen (*Herschel/Löwisch* Rn. 45; *Hueck/v. Hoyningen-Huene* Rn. 47; KBK 14 Rn. 134; SPV Rn. 1212; *Bauer* Rn. 221 a; aA KDZ/*Kittner* Rn. 29; KR/*Spilger* Rn. 66: Gericht ist es nicht verwehrt, die Zumutbarkeit zu prüfen). Haben beide Parteien einen Auflösungsantrag gestellt und wird das Arbeitsverhältnis aufgrund des Antrags des AG gegen Festsetzung einer Abfindung, gegen die der AN der Höhe nach nichts einzuwenden hat, aufgelöst, kann der AN nicht zulässig Berufung mit dem Ziel einlegen, seinen Auflösungsantrag in der Berufunfsinstanz zurücknehmen zu wollen. Er ist durch das angefochtene Urteil nicht beschwert (BAG 23. 6. 1993 AP KSchG 1969 § 9 Nr. 23). Hat der AN bei einer **Änderungskündigung** das Angebot unter Vorbehalt angenommen, kann das Gericht auch bei beiderseitigem Auflösungsantrag das Arbeitsverhältnis nicht auflösen (*Hueck/v. Hoyningen-Huene* Rn. 17; KR/*Spilger* Rn. 30; SPV Rn. 1195). Die Gewichtung der gegenseitigen Gründe hat in die Bemessung der Entschädigung einzufließen.

V. Entscheidung über den Antrag

29 1. **Abweisung.** Ein **Auflösungsantrag** ist **unbegründet, wenn** das Gericht die **Kündigung** als **sozial gerechtfertigt** beurteilt. Es bedarf dann keiner Abweisung des Auflösungsantrags, denn sowohl der des AN als auch der des AG werden nur für den Fall der Sozialwidrigkeit der Kündigung gestellt (BAG 21. 3. 1959 AP KSchG 1951 § 1 Nr. 55; *Herschel/Löwisch* Rn. 46; *Hueck/v. Hoyningen-Huene* Rn. 49; KDZ/*Kittner* Rn. 42; KR/*Spilger* Rn. 81). Hält das Gericht die **Kündigung** für **sozialwidrig**, verneint es aber die Voraussetzungen für einen Auflösungsantrag, stellt es fest, daß das Arbeitsverhältnis durch die Kündigung nicht aufgelöst ist. Zugleich weist es den Antrag auf Auflösung des Arbeitsverhältnisses im Tenor ab (*Herschel/Löwisch* Rn. 47; *Hueck/v. Hoyningen-Huene* Rn. 50; KDZ/*Kittner* Rn. 43; KR/*Spilger* Rn. 82).

30 Über den **Feststellungsantrag hinsichtlich der Unwirksamkeit der Kündigung** muß immer **vor dem Auflösungsantrag entschieden werden**. Es muß aber nicht zwangsläufig über beide Anträge gleichzeitig entschieden werden (so offensichtlich zutreffend bei einem Anerkenntnisurteil BAG 29. 1. 1981 AP KSchG 1969 § 9 Nr. 6; vgl. auch zur Möglichkeit einer Wiederaufnahmeklage BAG 2. 12. 1999 AP ArbGG 1979 § 79 Nr. 4; *Herschel/Löwisch* Rn. 48; *Löwisch* KSchG Rn. 64; aA LAG Rheinland-Pfalz 10. 7. 1997 LAGE ArbGG 1979 § 68 Nr. 4; *Hueck/v. Hoyningen-Huene* Rn. 52; kritisch KDZ/*Kittner* Rn. 46; KR/*Spilger* Rn. 14 a, 83). Eine Trennung beider Begehren erfolgt zB immer, wenn ein Rechtsmittel nur hinsichtlich eines Auflösungsantrags eingelegt wird. Eine einheitliche Entscheidung ist allerdings empfehlenswert. Stellt das Gericht in einem Teilurteil die Sozialwidrigkeit der Kündigung fest, hat es zur Karstellung zum Ausdruck zu bringen, daß die Entscheidung **vorbehaltlich der Entscheidung über den Auflösungsantrag** ergeht.

31 2. **Stattgabe.** Bejaht das Gericht die **Sozialwidrigkeit der Kündigung** und will es dem Auflösungsantrag stattgeben, genügt es, wenn es auf Auflösung und Abfindung erkennt und in den Gründen feststellt, daß das Arbeitsverhältnis durch die Kündigung nicht aufgelöst ist (BAG 13. 12. 1956 AP KSchG 1951 § 7 Nr. 5; BAG 28. 11. 1968 AP KSchG 1951 § 1 Betriebsbedingte Kündigung Nr. 19; *Herschel/Löwisch* Rn. 49; *Hueck/v. Hoyningen-Huene* Rn. 51; KDZ/*Kittner* Rn. 44; KR/*Spilger* Rn. 84). Andererseits ist die Feststellung im Tenor unschädlich, sie hat jedoch nur klarstellende Funktion.

32 Bei stattgebender Entscheidung ist eine **Abfindung** festzusetzen (vgl. *Rolfs* AR-Blattei SD 10). Die **Entscheidung** hierüber ergeht **von Amts wegen**. Es bedarf hinsichtlich der zu zahlenden Abfindung keines Antrags des AN (*Löwisch* KSchG Rn. 19). Stellt der AN den Auflösungsantrag unter der Bedingung, daß ihm eine Abfindung in einer bestimmten Mindesthöhe gewährt wird, ist der Auflösungsantrag als unzulässig abzuweisen (*Herschel/Löwisch* Rn. 50; *Hueck/v. Hoyningen-Huene* Rn. 57). Bei der Festsetzung der Abfindung ist das **Gericht an bezifferte Anträge nicht gebunden**. Es kann auch eine höhere als die beantragte festsetzen (*Herschel/Löwisch* Rn. 50; KR/*Spilger* Rn. 64 ff.). Stellt der AN unbedingt einen Zahlungsantrag und bleibt das Gericht unter diesem Antrag, ist das bei der Kostenentscheidung zu berücksichtigen (BAG 26. 6. 1986 AP KSchG 1969 § 10 Nr. 3; *Herschel/Löwisch* Rn. 32).

33 Das Gericht muß in dem Urteil, in dem es die Auflösung ausspricht, den **Zeitpunkt festsetzen, zu dem das Arbeitsverhältnis endet**. Das ist nach § 9 II der Termin, zu dem das Arbeitsverhältnis bei sozial gerechtfertigter Kündigung geendet hätte und ist damit das Ende der regulären Kündigungsfrist. Das gilt auch bei der Umdeutung einer außerordentlichen in eine ordentliche Kündigung. Sind eine außerordentliche **und** eine ordentliche Kündigung in Streit, kann der AN sowohl nach § 13 I 3 als auch nach § 9 I einen Auflösungsantrag stellen. Es hängt dann von seinem Begehren ab, zu welchem Zeitpunkt das Arbeitsverhältnis aufgelöst werden soll (BAG 26. 8. 1993 AP BGB § 626 Nr. 113; KR/*Spilger* Rn. 31 a). Das **Gericht hat bei Festsetzung des Auflösungszeitpunkts** aufgrund des klaren Wortlaut des § 9 II **kein Ermessen**. Es kann auch nicht aus Billigkeitsgründen Ausnahmen machen (BAG 25. 11. 1982 KSchG 1969 § 9 AP Nr. 10; *Herschel/Löwisch* Rn. 51; *Hueck/v. Hoyningen-Huene* Rn. 58; KR/*Spilger* Rn. 31). § 9 II ist verfassungsgemäß. Auch wenn der Prozeß sich länger hinzieht, muß der AN damit rechnen, daß das Arbeitsverhältnis zu dem früher liegenden Kündigungstermin

aufgelöst wird (BVerfG 29. 1. 1990 EzA KSchG 1969 § 9 nF Nr. 34; BVerfG 2. 2. 1990 EzA KSchG 1969 § 9 nF Nr. 36; BAG 16. 5. 1984 AP KSchG 1969 § 9 Nr. 12). Das **Arbeitsverhältnis** wird erst **mit Rechtskraft der Auflösungsentscheidung aufgelöst**. Das Urteil ist jedoch hinsichtlich der Verpflichtung zur Zahlung einer Abfindung vorläufig vollstreckbar (*Löwisch* Rn. 71), vgl. Rn. 43. Ein Anspruch auf Entgeltzahlung oder aus Annahmeverzug, § 615 BGB, entfällt nicht dadurch, daß der AN einen Auflösungsantrag gestellt, jedoch wieder zurückgenomen hat (BAG 18. 1. 1963 AP BGB § 615 Nr. 22; *Herschel/Löwisch* Rn. 52; *Hueck/v. Hoyningen-Huene* Rn. 60).

3. Kosten und Streitwert. Verliert der AN den Kündigungsschutzprozeß, trägt er allein die Kosten **34** nach § 91 ZPO; über den Auflösungsantrag wird nicht entschieden. Gibt das Gericht der Kündigungsschutzklage statt und löst es zugleich das Arbeitsverhältnis auf Antrag des AN auf, trägt der AG gemäß § 91 ZPO allein die Kosten des Rechtsstreits (*Hueck/v. Hoyningen-Huene* Rn. 61; *KDZ/Kittner* Rn. 49; *KR/Spilger* Rn. 89). Das gilt auch, wenn nur der AG einen Auflösungsantrag gestellt und der AN dem nicht mit einem Abweisungsantrag entgegengetreten ist. Stellt das Gericht fest, daß das Arbeitsverhältnis durch die Kündigung nicht aufgelöst ist und weist es den Auflösungsantrag des AN ab, hat es über die Kosten nach § 92 ZPO zu befinden, denn beide Parteien haben teilweise obsiegt (BAG 9. 12. 1955 AP KSchG 1951 § 7 Nr. 2; *Hueck/v. Hoyningen-Huene* Rn. 62; *KR/Spilger* Rn. 89). Den Hauptstreitpunkt bildet immer die Frage der Wirksamkeit der Kündigung. Dem mit dem Auflösungsantrag unterlegenen AN sind allenfalls Kosten von einem Drittel oder einem Viertel aufzuerlegen (*KR/Spilger* Rn. 89). Die Quotelung hängt davon ab, in welchem Umfang durch den Auflösungsantrag Kosten (zB Zeugengeld uä.) verursacht worden sind. Hat der Auflösungsantrag überhaupt keine Kosten verursacht, kann das Gericht nach § 92 II Alt. 1 ZPO dem AG die Kosten insgesamt auferlegen.

Ist der AN mit seinem Auflösungsantrag durchgedrungen, hat er aber einen der Höhe nach **35** bestimmten Abfindungsbetrag verlangt, den das Gericht unterschritten hat, hat der AN insoweit anteilmäßig die Kosten zu tragen (BAG 26. 6. 1986 AP KSchG 1969 § 10 Nr. 3; *KR/Spilger* Rn. 92; aA *Herschel/Löwisch* Rn. 55; *KDZ/Kittner* Rn. 49).

Hat der AG Abweisung der Kündigungsschutzklage und selbst Auflösung des Arbeitsverhältnisses **36** beantragt und unterliegt er in beiden Fällen, trägt er nach § 91 ZPO allein die Kosten des Rechtsstreits. Wird der Auflösungsantrag des AN abgewiesen oder wird auf Antrag des AG bei Gegenwehr des AN das Arbeitsverhältnis aufgelöst, kommt es zur Kostenteilung. Hierbei ist zu berücksichtigen, daß die Frage der Sozialwidrigkeit in der Regel den Schwerpunkt des Rechtsstreits bildet und daß der AN insoweit obsiegt hat. Der AG hat also nach § 92 I ZPO den größeren Teil der Kosten zu tragen (BAG 28. 1. 1961 AP KSchG 1951 § 7 Nr. 8; *Herschel/Löwisch* Rn. 56; *Hueck/v. Hoyningen-Huene* Rn. 62; *KDZ/Kittner* Rn. 49; *KR/Spilger* Rn. 90). Das gilt auch, wenn der AG sich nicht gegen die Sozialwidrigkeit der Kündigung gewandt und nur Auflösung beantragt hat (*Hueck/v. Hoyningen-Huene* Rn. 63; *KDZ/Kittner* Rn. 49). Hat der AN sich in einem Kündigungsschutzprozeß gegen den Auflösungsantrag des AG nicht gewehrt, können dem AG alle Kosten auferlegt werden, wenn er mit seinem Antrag, die Klage abzuweisen, keinen Erfolg gehabt hat, das Gericht aber seinem Auflösungsantrag entsprochen hat (BAG 28. 11. 1968 AP KSchG 1951 § 1 Betriebsbedingte Kündigung Nr. 19).

Haben **beide Parteien den Auflösungsantrag gestellt** und hat das Gericht ihm stattgegeben, trägt **37** der AG die Kosten, denn der AN hat im wesentlichen obsiegt, sofern sich nicht eine andere Quotelung im Hinblick auf Anträge zur Abfindungshöhe rechtfertigt (*Hueck/v. Hoyningen-Huene* Rn. 64).

Der **Streitwert** für die Kündigungsschutzklage ist gemäß § 12 VII ArbGG zu berechnen, vgl. **38** insoweit GK-ArbGG/*Wenzel* § 12 Rn. 163; *Germelmann/Matthes/Prütting* § 12 Rn. 89ff. Zu dem Streitwert nach § 12 VII 1 ArbGG wird im Fall des Auflösungsantrags die Abfindung nicht hinzugerechnet. Die Wertberechnung nach § 12 VII 1 ArbGG gilt auch für die Berechnung des Wertes der Auflösung (*Herschel/Löwisch* Rn. 58; *Hueck/v. Hoyningen-Huene* Rn. 65; *KDZ/Kittner* Rn. 48; *KR/Spilger* Rn. 94). Drei Monatsverdienste bilden dabei die Höchstgrenze (BAG 30. 11. 1984 AP ArbGG 1979 § 12 Streitwert Nr. 9; *KDZ/Kittner* Rn. 48; *KR/Spilger* Rn. 93 ff.).

4. Rechtsmittelfragen. Wer durch die Auflösungsentscheidung beschwert ist, kann gegen das Urteil **39** des Arbeitsgerichts Berufung einlegen. Der **AN ist beschwert, wenn sein Auflösungsantrag zurückgewiesen** worden, wenn er einen Antrag hinsichtlich der Mindest-Abfindungssumme gestellt hat, den das Gericht unterschritten hat, wenn er keinen Antrag hinsichtlich der Höhe gestellt hat, das Gericht aber unter der Höchstgrenze geblieben ist oder wenn das Arbeitsverhältnis gegen seinen Antrag auf Antrag des AG aufgelöst worden ist (*Herschel/Löwisch* Rn. 59; *KDZ/Kittner* Rn. 47). Ist in der Vorinstanz die Klage des AN auf Feststellung der Unwirksamkeit der Kündigung abgewiesen worden und hatte der AG hilfsweise einen Auflösungsantrag gestellt, über den zwangsläufig nicht entschieden worden ist, fällt der Hilfsantrag in der Rechtsmittelinstanz an, wenn der AN ein Rechtsmittel gegen die Abweisung der Klage einlegt. Der AG muß den Auflösungsantrag in der Berufung nicht erneut in den Prozeß einführen (BAG 25. 10. 1989 AP BGB § 611 Direktionsrecht Nr. 36; *Hueck/v. Hoyningen-Huene* Rn. 25; *KDZ/Kittner* Rn. 34). Hat der AN in erster Instanz keinen Auflösungsantrag gestellt, kann er zulässig Berufung nicht mit dem Ziel einlegen, in der Berufungsinstanz erstmals einen Auflösungsantrag stellen zu wollen, denn er ist durch das Urteil nicht beschwert (*KDZ/Kittner*

Rn. 47; *Löwisch* KSchG Rn. 21). Ebenso ist eine Berufung unzulässig, die allein mit dem Ziel gestellt wird, einen richtig positiv beschiedenen Auflösungsantrag in der Berufungsinstanz zurücknehmen zu wollen, denn der AN ist durch ein solches Urteil nicht beschwert (BAG 23. 6. 1993 AP KSchG 1969 § 9 Nr. 23 = NZA 1994, 264).

40 Der **AG ist beschwert,** wenn dem Auflösungsantrag des AN entgegen dem Antrag des AG stattgegeben worden ist, wenn sein Auflösungsantrag zurückgewiesen worden ist oder wenn er einen Auflösungsantrag mit einer Höchstsumme gestellt hatte und das Gericht darüber hinausgegangen ist (*Herschel/Löwisch* Rn. 59; aA KR/*Spilger* Rn. 69). Hat der **AG Berufung** eingelegt, kann der AN in der Berufungsinstanz den Antrag bis zum Schluß der mündlichen Verhandlung stellen (*Herschel/ Löwisch* Rn. 15).

41 Haben **beide Parteien einen Auflösungsantrag** gestellt und löst das Arbeitsgericht das Arbeitsverhältnis unter Festsetzung einer Abfindung auf, die der AN der Höhe nach nicht angreifen will, ist er durch das Urteil nicht beschwert. Er kann nicht zulässig Berufung einlegen mit dem Ziel, seinen erstinstanzlich gestellten Auflösungsantrag zurückzunehmen, um eine Fortsetzung des Arbeitsverhältnisses zu erreichen (BAG 23. 6. 1993 AP KSchG 1969 § 9 Nr. 23).

42 In der **Revisionsinstanz** kann erstmals ein Auflösungsantrag nicht gestellt werden (KDZ/*Kittner* Rn. 37). Das Revisionsgericht kann über einen in zweiter Instanz gestellten und falsch beschiedenen Auflösungsantrag selbst befinden, wenn alle Umstände, die zu würdigen sind, unstreitig feststehen (BAG 9. 12. 1955 AP KSchG 1951 § 7 Nr. 2). Das wird in der Regel nur dann in Frage kommen, wenn die Parteien hinsichtlich der Höhe der Abfindung einen Teilvergleich geschlossen haben oder wenn das Revisionsgericht zur Ablehnung des Antrags gelangt (BAG 18. 12. 1989 AP BetrVG 1972 § 102 Nr. 22; KDZ/*Kittner* Rn. 37).

43 Urteile im Kündigungsschutzprozeß auf **Zahlung einer Abfindung** sind gemäß § 62 I ArbGG **vorläufig vollstreckbar.** Eine Zwangsvollstreckung gegen den AG ist also schon vor Rechtskraft des Urteils möglich (BAG 9. 12. 1987 AP § 62 ArbGG 1979 Nr. 4), zur Fälligkeit und Verzinsung vgl. § 10 Rn. 23.

44 **5. Vergleich.** Das Arbeitsverhältnis kann außergerichtlich oder durch gerichtlichen Vergleich aufgelöst werden, und zwar auch in Verbindung mit einer Abfindungsregelung. Die Parteien sind hierbei an die Regelung des § 9 nicht gebunden, ebenso nicht an den Auflösungszeitpunkt. Wird in dem Vergleich ein **Auflösungszeitpunkt** festgelegt, der **vor** dem **Ende der ordentlichen Kündigungsfrist** liegt, entfällt damit die Entgeltfortzahlungspflicht des AG für den bis zum Ende der Kündigungsfrist währenden Zeitraum, sofern nicht ausdrücklich etwas anderes vereinbart ist. Bei Vergleichen hinsichtlich der Auflösung des Arbeitsverhältnisses ist zu beachten, daß Entgeltansprüche nach § 115 I SGB X auf die BAnstArb. übergegangen sein können, wenn der AN Arbeitslosengeld erhalten hat. Abfindungen werden nach § 140 SGB III beim Arbeitslosengeld berücksichtigt, vgl. dazu § 10 Rn. 18.

VI. Konkurrenz von Abfindungsregelungen

45 Ist in einem **Sozialplan,** § 112 BetrVG, die Zahlung einer Abfindung vorgesehen oder liegen die Voraussetzungen nach § 113 BetrVG vor, hat das Gericht auf Zahlung einer Abfindung zu erkennen, ohne daß durch gerichtlichen Akt das Arbeitsverhältnis aufgelöst wird. In einem solchen Fall findet § 9 keine Anwendung (*Hueck/v. Hoyningen-Huene* Rn. 67). Die Abfindung nach § 9 verfolgt einen anderen Regelungszweck als die in § 111 ff. BetrVG. Beide stehen unabhängig nebeneinander (vgl. *Herschel/Löwisch* Rn. 7 ff.; *Hueck/v. Hoyningen-Huene* Rn. 68; KR/*Spilger* Rn. 69 ff.). Die §§ 111 ff. BetrVG gehen von der Wirksamkeit der AG-Kündigung aus und nicht von einem unberechtigten Verlust des Arbeitsplatzes (*Löwisch* KSchG Rn. 9). Sie sollen die Anpassung des AN im weiteren Arbeitsleben erleichtern (BAG 31. 10. 1995 AP ArbGG 1979 § 72 Nr. 29 = NZA 1996, 499).

46 Für den AN besteht deshalb uU die doppelte Möglichkeit Abfindungsansprüche zu **verfolgen** (allerdings nicht doppelt zu erhalten), nämlich die nach dem KSchG und die nach dem BetrVG. Allerdings können die **Ansprüche nach § 9 und nach §§ 112 ff. BetrVG nicht kumulativ geltend gemacht werden** (*Hueck/v. Hoyningen-Huene* Rn. 68; KR/*Spilger* Rn. 70). Es kann nämlich zweifelhaft sein, ob eine Kündigung dringend betrieblich erforderlich war, ob der AN, bei Bejahung dieser Frage, sozialgerecht ausgewählt worden ist und ob andererseits der AG ohne dringenden Grund von einem Interessenausgleich abgewichen ist. Das Gericht darf in einem solchen Fall die Verurteilung zu einer Abfindungszahlung nicht alternativ aus § 9 oder § 113 BetrVG begründen, denn § 9 setzt die Sozialwidrigkeit der Kündigung und die Auflösung des Arbeitsverhältnisses voraus, § 113 BetrVG setzt hingegen die Zulässigkeit der Kündigung voraus (*Herschel/Löwisch* Rn. 9, 10; *Hueck/v. Hoyningen-Huene* Rn. 68).

47 In Zweifelsfällen wird der AN in erster Linie die Sozialwidrigkeit der Kündigung geltend machen und falls gewünscht einen Auflösungsantrag nach § 9 stellen, **und hilfsweise** für den Fall, daß das Gericht die Sozialgemäßheit der Kündigung bejaht, eine Abfindung nach § 113 BetrVG verlangen, weil kein dringender Grund für eine Abweichung vom Interessenausgleich vorgelegen habe. Beide Anträge werden in Form von **Haupt- und Hilfsantrag** gestellt (*Fitting* § 113 Nr. 13; *Herschel/Lö-*

wisch Rn. 10; *Hueck/v. Hoyningen-Huene* Rn. 68; KDZ/*Kittner* Rn. 16; KR/*Spilger* Rn. 71). Die Abfindungshöhe richtet sich in beiden Fällen nach § 10 (vgl. *Hueck/v. Hoyningen-Huene* Rn. 70 m. zahlr. Nachw.; KDZ/*Kittner* Rn. 16; KR/*Spilger* Rn. 71).

Der AN, der ungeachtet der Geltung eines Sozialplans, der auf ihn Anwendung findet, eine Kündigungsschutzklage erhebt und obsiegt, muß entweder das Arbeitsverhältnis fortsetzen oder er kann nach Auflösungsantrag eine Entschädigung nach § 9 erreichen. Dann erhält er aber in der Regel nicht die Abfindung nach dem Sozialplan (*Herschel/Löwisch* Rn. 8). Eine **Ausschlußklausel**, wonach der AN seinen Sozialplananspruch verliert, falls er gegen die Kündigung klagt, ist unwirksam (BAG 20. 12. 1983 AP BetrVG 1972 § 112 Nr. 17; BAG 20. 6. 1985 AP BetrVG 1972 § 112 Nr. 33). Zulässig ist aber eine Regelung in einem Sozialplan, nach der die Fälligkeit der Abfindung auf den Zeitpunkt des rechtskräftigen Abschlusses eines Kündigungsrechtsstreits hinausgeschoben und bestimmt wird, daß eine Abfindung gemäß den §§ 9, 10 KSchG auf die Sozialplanabfindung anzurechnen ist (BAG 20. 6. 1985 AP BetrVG 1972 Nr. 33). 48

§ 10 Höhe der Abfindung

(1) Als Abfindung ist ein Betrag bis zu zwölf Monatsverdiensten festzusetzen.

(2) ¹ Hat der Arbeitnehmer das fünfzigste Lebensjahr vollendet und hat das Arbeitsverhältnis mindestens fünfzehn Jahre bestanden, so ist ein Betrag bis zu fünfzehn Monatsverdiensten, hat der Arbeitnehmer das fünfundfünfzigste Lebensjahr vollendet und hat das Arbeitsverhältnis mindestens zwanzig Jahre bestanden, so ist ein Betrag bis zu achtzehn Monatsverdiensten festzusetzen. ² Dies gilt nicht, wenn der Arbeitnehmer in dem Zeitpunkt, den das Gericht nach § 9 Abs. 2 für die Auflösung des Arbeitsverhältnisses festsetzt, das in der Vorschrift des Sechsten Buches Sozialgesetzbuch über die Regelaltersrente bezeichnete Lebensalter erreicht hat.

(3) Als Monatsverdienst gilt, was dem Arbeitnehmer bei der für ihn maßgebenden regelmäßigen Arbeitszeit in dem Monat, in dem das Arbeitsverhältnis endet (§ 9 Abs. 2), an Geld und Sachbezügen zusteht.

I. Höhe der Abfindung

1. Höchstgrenzen. Der **Grundsatz der Angemessenheit** der Abfindung in § 9 I 1 und die Bemessungsfaktoren in § 10 gelten unmittelbar **nur für vom Gericht festzusetzende Abfindungen**. Einzelvertragliche Abmachungen, insb. Vergleiche, brauchen die Faktoren des § 10 nicht zu berücksichtigen (*Herschel/Löwisch* Rn. 1; KDZ/*Kittner* Rn. 3; KR/*Spilger* Rn. 7, 9, 24). Die Abfindung ist eine Entschädigung für den Verlust des Arbeitsplatzes, der eingetreten ist, obwohl die Kündigung ungerechtfertigt war. Sie ist kein Arbeitsentgelt und kein Ersatz für Arbeitsentgelt (st. Rspr. BAG 22. 4. 1971 AP KSchG 1951 § 7 Nr. 24; BAG 6. 12. 1984 AP KO § 61 Nr. 14; BAG 9. 11. 1988 AP KSchG 1969 § 10 Nr. 6; *Hueck/v. Hoyningen-Huene* Rn. 21; KR/*Spilger* Rn. 11; SPV Rn. 1220). 1

Nach § 10 I ist bei Auflösung des Arbeitsverhältnisses als Abfindung ein **Betrag von bis zu zwölf Monatsverdiensten** festzusetzen. Das ist die **Höchstgrenze der Abfindung**, die nur im Rahmen von § 10 II überschritten werden darf (*Herschel/Löwisch* Rn. 1; *Hueck/v. Hoyningen-Huene* Rn. 2; KR/*Spilger* Rn. 25). Nach § 10 II 1 erhöht sich die Höchstgrenze für die Abfindung auf 15 Monatsverdienste, wenn der AN bereits das 50. Lebensjahr vollendet und das Arbeitsverhältnis mindestens 15 Jahre bestanden hat. 18 Monatsverdienste können zuerkannt werden, wenn der AN das 55. Lebensjahr vollendet und das Arbeitsverhältnis mindestens 20 Jahre bestanden hat. Beide Voraussetzungen müssen jedoch zusammen vorliegen. Maßgebend ist der Zeitpunkt, zu dem das Gericht gemäß § 9 II das Arbeitsverhältnis aufzulösen hat. Die Begrenzung der Abfindungshöhe dient dem Schutz des AG. Das Gericht ist bei Festsetzung der Abfindung an den gesetzlichen Bewertungsmaßstab gebunden. Es kann nicht nach freiem Ermessen entscheiden (KR/*Spilger* Rn. 24). Als **Monatsverdienst** gilt nach Abs. 3, was dem AN bei der für ihn maßgebenden **regelmäßigen Arbeitszeit** in dem Monat, in dem das Arbeitsverhältnis endet, § 9 II, an Geld und Sachbezügen zusteht. Maßgebend ist nach § 10 III die für den Arbeitnehmer **regelmäßige Arbeitszeit, nicht die betriebsübliche** (*Hueck/v. Hoyningen-Huene* Rn. 4; KR/*Spilger* Rn. 28). Es kommt nicht darauf an, ob der nach § 10 III maßgebende Kalendermonat über- oder unterdurchschnittliche Arbeitstage aufweist (*Herschel/Löwisch* Rn. 2; *Hueck/v. Hoyningen-Huene* Rn. 6; KDZ/*Kittner* Rn. 18). 2

Dem AN stehen alle Bestandteile des Arbeitsentgelts zu, die er regulär erhalten hätte, die einen **Entgeltcharakter** aufweisen. Zu diesen rechnen **neben dem Lohn** oder Gehalt auch **Zulagen**, der Wert von Naturalleistungen, **Tantiemen, Gratifikationen** und **Urlaubsgelder** (*Hueck/v. Hoyningen-Huene* Rn. 5; KDZ/*Kittner* Rn. 19; *Löwisch* KSchG Rn. 3; aA zu Gratifikationen KR/*Spilger* Rn. 33). Für längere Zeiträume berechnete Leistungen müssen auf den Gesamtzeitraum umgelegt werden, so daß auf den maßgebenden Monat nur ein Zwölftel entfällt (*Hueck/v. Hoyningen-Huene* Rn. 8; SPV Rn. 1225). **Nicht zu berücksichtigen** sind Leistungen, die nicht dem Entgelt zuzurechnen 3 sind, sondern die einen **Aufwendungscharakter** haben, wie zB Aufwandsentschädigungen und Spesen (*Hueck/v. Hoyningen-Huene* Rn. 8; KDZ/*Kittner* Rn. 19; KR/*Spilger* Rn. 33).

4   Es ist vom **Bruttoverdienst** auszugehen. Lohnsteuer und Sozialversicherungsbeiträge sind nicht abzuziehen (KDZ/*Kittner* Rn. 18). Verdienstminderungen, die durch Urlaub oder Krankheit in dem betreffenden Monat eintreten, sind ebenfalls nicht zu berücksichtigen (*Herschel/Löwisch* Rn. 4; KDZ/ *Kittner* Rn. 18).

5   Für die **Berechnung der Dauer des Arbeitsverhältnisses** ist der vom Gericht im Urteil festzulegende Auflösungszeitpunkt maßgebend (KR/*Spilger* Rn. 36). Die in § 10 geforderten Bestandszeiten gehen von einem **ununterbrochenen** Bestand des Arbeitsverhältnisses aus. Für die Berechnung der Beschäftigungsjahre gelten die gleichen Grundsätze wie für die der Wartezeit nach § 1 I. Verschiedene, rechtlich völlig getrennte Arbeitsverhältnisse bei demselben Arbeitgeber können nicht addiert werden. Anders ist es allerdings, wenn sich das rechtlich neue Arbeitsverhältnis nahtlos an das vorangegangene anschließt oder wenn nur eine ganz unerhebliche Unterbrechung vorlag (BAG 26. 8. 1976 AP BGB § 626 Nr. 68; *Herschel/Löwisch* Rn. 6; *Hueck/v. Hoyningen-Huene* Rn. 18; KDZ/*Kittner* Rn. 9, 20; KR/*Spilger* Rn. 36), vgl. im übrigen § 1 Rn. 95. Die unmittelbar vor der Begründung des Arbeitsverhältnisses zurückgelegten Zeiten der beruflichen Ausbildung sind mit zu berücksichtigen (BAG 26. 8. 1976 AP BGB § 626 Nr. 68). Das gilt auch für Praktikanten- und Volontärszeiten (KR/*Spilger* Rn. 36). Frühere Beschäftigungszeiten werden außerdem angerechnet, wenn hierfür eine gesetzliche, zB § 10 II MuSchG, oder eine vertragliche Grundlage besteht (KR/*Spilger* Rn. 37).

6   § 10 II 1 gilt gemäß § 10 II 2 nicht, wenn der AN im Auflösungszeitpunkt das in der Vorschrift des Sechsten Buches Sozialgesetzbuch (SGB VI) über die Regelaltersgrenze bezeichnete Alter erreicht hat. Das ist zur Zeit das 65. Lebensjahr. Berechtigung zu einem früheren Rentenbezug nach der in der Vorschrift nicht genannten Bestimmungen wird von § 10 II 2 nicht erfaßt (*Herschel/Löwisch* Rn. 8; KR/*Spilger* Rn. 36).

7   **2. Bemessungsfaktoren.** Rechtsprechung und Literatur billigen dem Arbeitsgericht bei Festsetzung der Abfindung ein **Ermessen** zu. Es ist hierbei an die Anträge der Parteien nicht gebunden (BAG 28. 11. 1968 AP KSchG 1951 § 1 Betriebsbedingte Kündigung Nr. 19; BAG 26. 8. 1976 AP BGB § 626 Nr. 68; *Herschel/Löwisch* Rn. 9; *Hueck/v. Hoyningen-Huene* Rn. 9). Eine Schematisierung würde dem Charakter einer notwendigen Einzelfallprüfung widersprechen (KDZ/*Kittner* Rn. 5; SPV Rn. 1219). Das **Gericht** ist **an** die sich aus § 10 I und II ergebenden **Höchstgrenzen** gebunden. Es muß eine bestimmte Summe festsetzen, die nicht immer einem Vielfachen eines Monatsverdienstes entsprechen muß (*Herschel/Löwisch* Rn. 10; *Hueck/v. Hoyningen-Huene* Rn. 16; KR/*Spilger* Rn. 67). Die Angemessenheit der Abfindung hat sich an ihrem Zweck zu orientieren. Er besteht in erster Linie darin, dem AN einen Ausgleich für die Vermögens- und Nichtvermögensschäden zu gewähren, die sich aus dem an sich nicht gerechtfertigten Verlust des Arbeitsplatzes ergeben. Die Abfindung soll auch eine Sanktionswirkung entfalten, indem sie den AG davon abhalten soll, in Zukunft sozial ungerechtfertigte Kündigungen auszusprechen (BAG 15. 2. 1973 AP KSchG § 9 Nr. 2; *Herschel/ Löwisch* Rn. 11). Das Gesetz gibt nicht unmittelbar eine Rangordnung bestimmter Umstände vor.

8   Die **wichtigsten Faktoren** sind die **Dauer der Betriebszugehörigkeit** und das **Lebensalter des AN**. Das folgt aus der gesetzlichen Regelung, daß die Höchstsumme der Abfindung nach § 10 II bei längerer Betriebszugehörigkeit vergrößert wird. Es gibt keine bestimmten Festzeiten. Bei kurzer Betriebszugehörigkeit kann es angemessen sein, je ein Jahr Betriebszugehörigkeit einen Monatsverdienst zuzuerkennen, wobei, wie sich aus § 10 II ergibt, bei längere Betriebszugehörigkeit ein Abschlag in Betracht kommt. Die Gerichte gewähren weitgehend ein Monatseinkommen für zwei Beschäftigungsjahre, vgl. zur arbeitsgerichtlichen Praxis umfassend *Hümmerich* NZA 1999, 342 (KDZ/ *Kittner* Rn. 10; *Schaub* § 141 VII 1; vgl. auch *Hueck/v. Hoyningen-Huene* Rn. 10 und § 87 II Betriebsrätegesetz vom 4. 2. 1920 (RGBl. I S. 147). Die Bemessung hat weiter auf das **Lebensalter** des AN Rücksicht zu nehmen. Das folgt aus § 10 II, ist aber auch darin begründet, daß der Verlust des Arbeitsplatzes den AN in fortgeschrittenem Alter härter trifft. Anderseits wird die Abfindung geringer sein, wenn der AN kurz vor dem Ruhestandsalter steht (KDZ/*Kittner* Rn. 8). Das Lebensalter hat somit eine ambivalente Auswirkungen (KR/*Spilger* Rn. 49).

9   Zu berücksichtigen ist außerdem, welche **Chancen** der AN hat, **auf dem Arbeitsmarkt** eine neue Stelle zu finden, denn die Abfindung soll gerade den Schaden ausgleichen, daß der AN seinen Arbeitsplatz verloren hat (BAG 15. 2. 1973 AP KSchG 1969 § 9 Nr. 2). Das gilt insbesondere, wenn die Arbeitslosigkeit schon feststeht (KDZ/*Kittner* Rn. 13; KR/*Spilger* Rn. 54). Hat er bereits eine neue, gleichwertige Stelle erhalten, wird sich das in Regel mindernd für die Abfindungssumme auswirken (*Herschel/Löwisch* Rn. 14; KR/*Spilger* Rn. 55).

10 Das Gericht kann weitere Sozialdaten wie **Familienstand,** die **Anzahl der unterhaltspflichtigen Personen,** den **Gesundheitszustand** des AN in die Berechnung der Abfindungssumme einbeziehen (BAG 25. 11. 1982 AP KSchG 1969 § 9 Nr. 10; KR/*Spilger* Rn. 52). Die **Berücksichtigung der Vermögensverhältnisse** ist nur in **Ausnahmefällen** angezeigt. Es darf keinem AN ein Nachteil daraus erwachsen, daß er mit seinem früheren Arbeitseinkommen vorsorglich umgegangen ist (*Herschel/Löwisch* Rn. 15; *Hueck/v. Hoyningen-Huene* Rn. 11; KDZ/*Kittner* Rn. 12; KR/*Spilger* Rn. 53).

Wesentliches Gewicht kann bei der Bemessung der Abfindung dem Umstand zukommen, daß der **AN eine verfallbare Anwartschaft auf Ruhegeld verliert** (BAG 28. 11. 1968 AP KSchG 1951 § 1 Betriebsbedingte Kündigung Nr. 19; vgl. zum Verfall der Anwartschaft: BAG 24. 10. 1974 AP BGB § 242 Ruhegehalt-Unverfallbarkeit Nr. 6; *Hueck/v. Hoyningen-Huene* Rn. 14; KR/*Spilger* Rn. 58). **Mindernd zu berücksichtigen** ist, wenn dem AN unabhängig von der zu beanspruchenden Abfindung aus Einzelvertrag oder Tarifvertrag ein Anspruch auf Abfindung oder Überbrückungsgeld zusteht (*Herschel/Löwisch* Rn. 15).

Die **Sanktionsfunktion der Abfindung** greift im Hinblick auf den Grad der Sozialwidrigkeit der Kündigung. So ist der Umstand beachtlich, ob die Kündigung grob sozialwidrig war oder ob nur ein geringer Grad von Sozialwidrigkeit vorlag (BAG 29. 3. 1960 AP KSchG 1951 § 7 Nr. 7; BAG 15. 2. 1973 AP KSchG 1969 § 9 Nr. 2; BAG 20. 11. 1997 RzK I 11c Nr. 13; *Hueck/v. Hoyningen-Huene* Rn. 13; KDZ/*Kittner* Rn. 14; KR/*Spilger* Rn. 56; *Löwisch* KSchG Rn. 17; *Schaub* § 147 VII 1). Eine grobe Sozialwidrigkeit liegt vor, wenn sich aus Tatsachen die Annahme rechtfertigt, der AG habe bewußt den Weg über eine unwirksame Kündigung gewählt, um den AN vielleicht über diesen Umweg loszuwerden. Bedeutsam ist andererseits das Verhalten des AN im Prozeß, so, wenn er versucht hat, durch falsche Angaben hinsichtlich eines Zwischenerwerbs eine höhere Abfindung zu erreichen (BAG 25. 11. 1982 AP KSchG 1969 § 9 Nr. 10). 11

Die **wirtschaftliche Lage des AG** ist im Regelfall unbeachtlich. Sie kann jedoch Bedeutsamkeit erlangen, wenn durch die Abfindungszahlung die Existenz des Unternehmens gefährdet wird und damit andere Arbeitsplätze bedroht sind (*Hueck/v. Hoyningen-Huene* Rn. 14; KDZ/*Kittner* Rn. 15; KR/*Spilger* Rn. 60; *Löwisch* KSchG Rn. 18). Die Betriebsgröße „Kleinbetrieb" kann abfindungsmindernd berücksichtigt werden (BAG 20. 11. 1997 RzK I 11c Nr. 13). 12

Maßgebender Zeitpunkt für die Bewertung aller Umstände, die für die Festsetzung der Höhe der Abfindung bedeutsam sind, ist der der letzten mündlichen Verhandlung der Tatsacheninstanz (BAG 15. 2. 1973 AP KSchG 1969 § 9 Nr. 2; BAG 25. 11. 1982 AP KSchG 1969 § 9 Nr. 10; KDZ/*Kittner* Rn. 7; *Löwisch* KSchG Rn. 21). Es kommt nicht auf den Zeitpunkt an, zu dem das Arbeitsverhältnis endet (LAG Rheinland-Pfalz 16. 12. 1994 RzK I 11c Nr. 11). 13

II. Rechtliche Behandlung des Abfindungsanspruchs

1. Lohnpfändungs- und Insolvenzschutz. Abfindungen nach §§ 9, 10 gehören zum Arbeitseinkommen nach § 850 ZPO (BAG 12. 9. 1976 AP ZPO § 850 Nr. 10; BAG 13. 11. 1991 RzK I 11c Nr. 8; KR/*Spilger* Rn. 17). Sie unterliegen jedoch nicht dem Pfändungsschutz des § 850c ZPO, denn es handelt sich nicht um Arbeitseinkommen, das für einen fest umrissenen Zeitraum gezahlt wird. Abfindungen sind vielmehr nicht wiederkehrende zahlbare Vergütungen nach § 850i ZPO (BAG 12. 9. 1976 AP ZPO § 850 Nr. 10; BAG 13. 11. 1991 RzK I 11c Nr. 8; *Herschel/Löwisch* Rn. 22; *Hueck/v. Hoyningen-Huene* Rn. 24; KDZ/*Kittner* Rn. 32; KR/*Spilger* Rn. 17; SPV Rn. 1220). 14

Die Abfindungen waren bis 31. 12. 1998 einfache Konkursforderungen gemäß § 61 I KO. Seit Inkrafttreten der InsO am 1. 1. 1999 handelt es sich um Insolvenzforderungen nach §§ 38, 108 II InsO. Löst das Gericht das Arbeitsverhältnis aufgrund einer vom Insolvenzverwalter ausgesprochenen Kündigung auf, handelt es sich um Masseverbindlichkeiten nach § 55 I Nr. 1 InsO (SPV Rn. 1222). 15

2. Steuer und Sozialversicherung. Abfindungen nach §§ 9, 10 stellen Einkünfte aus nicht selbständiger Tätigkeit dar (zur steuerlichen Behandlung der Abfindung vgl. *Hümmerich/Spirolke*, NZA 1998, 225). Gemäß § 3 Nr. 9 EStG sind Abfindungen auch nach dem Steuerentlastungsgesetz 1999/2000/2002 vom 24. 3. 1999 (BGBl. I S. 402) steuerbegünstigt. Allerdings wurden die Freibeträge auf jetzt 16 000 DM, 20 000 DM und 24 000 DM gekürzt. Voraussetzung für die Steuerfreiheit im Rahmen der Höchstbeträge ist, daß die Abfindung an einen AN iSd. Steuerrechts gezahlt wird, das Arbeitsverhältnis aufgelöst wird, die Auflösung vom Arbeitgeber veranlaßt ist, und die Abfindung wegen der Auflösung gezahlt wird (vgl. *Düwell* AuR 1999, 262; *ders.* FA 1999, 187; *Hümmerich* NZA 1999, 342; *Schaub* BB 1999, 1059; vgl. zur Berücksichtigung steuerlicher Gesichtspunkte mit Beispielen *Bauer* Rn. 956 b ff.). Der Umfang der Steuerbefreiung richtet sich nach dem Lebensalter und der Dauer der Betriebszugehörigkeit: allgemein beträgt der Steuerfreibetrag 16 000 DM. Bei einer Betriebszugehörigkeit von über 15 Jahren und einem Lebensalter von über 50 Jahren 20 000 DM, bei einer Betriebszugehörigkeit von über 20 Jahren und einem Lebensalter von über 55 Jahren 24 000 DM. Maßgebend ist der Zeitpunkt, zu dem das Arbeitsverhältnis aufgelöst wird. Abfindungen, die die Freibeträge überschreiten, können nach §§ 24, 34 EStG einem ermäßigten Steuersatz unterliegen (vgl. *G. Wisskirchen* NZA 1999, 405). Für Abfindungszahlungen, die von der Neuregelung nicht erfasst werden, gilt nach § 52 V EStG eine Übergangsregelung (vgl. dazu *Düwell* FA 1999, 187, 188). Voraussetzung für die steuerliche Begünstigung ist, daß die Abfindung innerhalb eines Veranlagungszeitraums gezahlt wird (BFH 18. 9. 1991 AP EStG § 34 Nr. 2). § 3 Nr. 9 EStG findet auch Anwendung, wenn sich AN und AG sich außergerichtlich oder gerichtlich entsprechend vergleichen. Das gilt auch, wenn die Auflösung für einen Zeitpunkt erfolgt, der vor dem Ablauf der ordentlichen Kündigungsfrist liegt (BFH 11. 1. 1980 BB 1980, 667; *Herschel/Löwisch* Rn. 26; KR/*Spilger* Rn. 88). Die Steuerfreiheit setzt immer voraus, 16 daß der AG die Auflösung veranlaßt hat, im Regelfall durch eine sozialwidrige Kündigung (BFH 1. 4. 1977 BB 1977, 1288; KDZ/*Kittner* Rn. 42; KR/*Spilger* EstG Rn. 6) oder durch eine unwirksame außerordentliche Kündigung (BFH 6. 10. 1978 DB 1979, 726; KDZ/*Kittner* Rn. 42). Steuerfreiheit im beschriebenen Umfang besteht auch, wenn auf Veranlassung des AG eine vergleichsweise Auflösung mit Abfindung vereinbart wird (BFH 10. 10. 1986, BB 1987, 457; BFH 13. 10. 1978 DB 1979, 481; BFH 6. 10. 1978, DB 1979, 726; *Schaub* § 142 VII 3). Sie ist auch dann steuerfrei, wenn sie entgangenen Verdienst bis zum Ende der Kündigungsfrist mit abgilt (BFH 13. 10. 1978 DB 1978, 481). Wird infolge einer Änderungskündigung das Arbeitsverhältnis mit anderen Konditionen fortgesetzt, gilt das alte als nicht aufgelöst (KDZ/*Kittner* Rn. 42), so daß selbst im Fall einer Abfindungszahlung eine Steuerfreiheit nicht greift. Der Teil der Abfindung, der den steuerfreien Teil der Abfindung überschreitet, ist zu versteuern. Vereinbaren die Parteien eine **Brutto-Abfindung,** hat der AN die darauf fallenden Steuern zu zahlen. Von einer Brutto-Abfindung ist auszugehen, wenn keine ausdrückliche anderweitige Vereinbarung erfolgt (KDZ/*Kittner* Rn. 44; KR/*Spilger* EstG Rn. 8). Vereinbaren die Parteien eine **Netto-Abfindung,** hat der AG die sich aus der Zahlung ergebende Steuerschuld zu übernehmen. Die mitunter anzutreffende Formel „brutto = netto" ist ohne Sinn. Es bedarf dann der Auslegung aus anderen Umständen, was die Parteien damit gemeint haben könnten (vgl. dazu LAG Baden-Württemberg 17. 4. 1997 LAGE KSchG § 9 Nr. 31; *Hueck/v. Hoyningen-Huene* Rn. 30; KR/*Spilger* EstG Rn. 8).

17 Abfindungen nach §§ 9, 10 sind nicht mehr der versicherungspflichtigen Beschäftigung zuzurechen. Diese ist beendet. Sie sind damit nicht als Arbeitsentgelt sozialversicherungspflichtig. Anders ist es, wenn sie verdeckt rückständiges Arbeitsentgelt enthalten (BAG 9. 11. 1988 AP KSchG 1969 § 10 Nr. 6; BSG 21. 2. 1990 EzA KSchG § 9 Nr. 35; *Hueck/v. Hoyningen-Huene* Rn. 31; KR/*Spilger* Rn. 92).

18 **3. Zivilrechtliche Probleme.** Der **Anspruch auf Abfindung entsteht durch die richterliche Festsetzung im Urteil** und wird bereits mit dieser Festsetzung im Urteil, frühestens jedoch zum Zeitpunkt des festgesetzten Endes des Arbeitsverhältnisses, fällig (BAG 13. 5. 1969 AP ArbGG 1979 § 62 Nr. 4; *Löwisch* KSchG Rn. 35; vgl. auch BAG 26. 8. 1997 AP BGB § 620 Aufhebungsvertrag Nr. 8). Ab diesem Zeitpunkt kommt eine Verzinsung in Betracht (BAG 13. 5. 1969 AP KSchG 1951 § 8 Nr. 2 (*Hersche*); *Bauer* Rn. 249). Insoweit ist § 284 I 2 BGB entsprechend anzuwenden. Der verurteilte AG weiß jetzt genau, daß er sofort zur Zahlung verpflichtet ist (*Löwisch* KSchG Rn. 36). Hat das Gericht im Kündigungsschutzprozeß mit der Auflösung des Arbeitsverhältnisses eine Abfindung festgesetzt, ist dieses Urteil vorläufig vollstreckbar (BAG 9. 12. 1987 AP ArbGG 1979 § 62 Nr. 4).

19 **Tarifliche Ausschlußfristen** finden auf durch Urteil oder einen gerichtlichen Vergleich festgesetzte Abfindungen keine Anwendung, wenn dies nicht ausdrücklich in einem Tarifvertrag anders geregelt ist (BAG 13. 1. 1982 AP KSchG 1969 § 9 Nr. 7; KDZ/*Kittner* Rn. 29; *Löwisch* KSchG Rn. 38; *Rolfs* AR-Blattei SD 10 Rn. 173, 174). Der Anspruch verjährt in 30 Jahren (LAG Bremen 23. 11. 1982 EzA KSchG 1969 § 9 Nr. 12; anders für vertragliche Abfindungsregelungen: LAG Hamm 15. 1. 1990 LAGE KSchG 1969 § 9 Nr. 18.

20 Der **Anspruch auf Abfindung ist abtretbar** (*Hueck/v. Hoyningen-Huene* Rn. 24, 35; SPV Rn. 1220) und **vererblich** (*Herschel/Löwisch* Rn. 33, 34; KDZ/*Kittner* Rn. 30, 33; KR/*Spilger* Rn. 14, 18). Eine Vorausabtretung ist zulässig (*Herschel/Löwisch* Rn. 33; *Hueck/v. Hoyningen-Huene* Rn. 35; KR/*Spilger* Rn. 15; SPV Rn. 1220). Voraussetzung für die Vererblichkeit ist, daß der AN selbst noch einen Auflösungantrag gestellt hat, daß er erst nach der letzten mündlichen Verhandlung verstorben ist und daß das Auflösungsurteil rechtskräftig wird. Der Anspruch geht ebenfalls auf den Erben über, wenn der AN vor einem bereits durch Urteil oder Abfindungsvergleich zwischen den Parteien festgesetzen Auflösungszeitpunkt verstirbt (BAG 25. 6. 1987 EzA KSchG 1969 § 9 Nr. 23; KDZ/*Kittner* Rn. 33; KR/*Spilger* Rn. 18). Stirbt der AN **vor** der letzten mündlichen Verhandlung, kommt eine Auflösung des Arbeitsverhältnisses ohnehin nicht mehr in Betracht, vgl. § 9 Rn. 11. Der AG kann gegen die Abfindungsforderung **mit Gegenansprüchen aufrechnen,** soweit der Abfindungsanspruch – der Höhe nach – der Pfändung unterliegt (KR/*Spilger* Rn. 16; SPV Rn. 1221).

21 **Andere Ansprüche** des AN, zB Entgeltansprüche, werden durch den Anspruch auf Abfindung in der Regel **nicht berührt** (KDZ/*Kittner* Rn. 35). Eine sozial ungerechtfertigte Kündigung kann uU eine schuldhafte positive Vertragsverletzung darstellen, die den AG zum Schadensersatz verpflichtet. Die Zuerkennung einer Abfindung nach §§ 9, 10 schließt Schadensersatz auf Verdienstausfall für die Zeit, die nach der Auflösung des Arbeitsverhältnisses liegt, aus. Die Auflösung ist Folge eines staatlichen Handelns und nicht rechtswidrig (vgl. BAG 22. 4. 1971 AP KSchG 1951 § 7 Nr. 24; BAG 15. 2. 1973 AP KSchG 1969 § 9 Nr. 2; *Hueck/v. Hoyningen-Huene* Rn. 23; *Kittner/Trittin* Rn. 37; KR/*Spilger* Rn. 74). Bedarf der Auflösungsantrag des AG keiner Begründung, § 14 II, ist die Nichtzahlungspflicht gesetzesimmanent. Die **Geltendmachung weiterer Schäden,** die nicht unmittelbar mit dem Verlust des Arbeitsplatzes in Verbindung stehen, zB unrichtige Zeugniserteilung uä., wird durch die Gewährung einer Abfindung nicht berührt (BAG 22. 4. 1971 AP KSchG § 7 Nr. 24; BAG 15. 2. 1973 AP KSchG 1969 § 9 Nr. 2; *Herschel/Löwisch* Rn. 35; *Hueck/v. Hoyningen-Huene* Rn. 23; KR/*Spilger* Rn. 74).

4. Verfahrensfragen. Der AN braucht keinen Antrag hinsichtlich der Höhe der Abfindung zu 22 stellen. **Das Gericht hat hierüber von Amts wegen zu befinden** (BAG 26. 6. 1986 AP KSchG 1969 § 10 Nr. 3; KR/*Spilger* Rn. 64). Hat der AN die Abfindung als Mindestbetrag ausdrücklich beantragt und unterschreitet das Gericht seinen Antrag, ist der AN nach § 92 ZPO anteilig an den Kosten zu beteiligen (BAG 26. 6. 1987 AP KSchG 1969 § 10 Nr. 3). Hat der AN keinen Antrag gestellt und ist das Gericht unter der Höchstgrenze des Abs. 1 geblieben, ist der Arbeitnehmer beschwert und kann Rechtsmittel einlegen, sofern die sonstigen Zulässigkeitsvoraussetzungen erfüllt sind. Der AG ist beschwert, wenn er darlegt, daß die Abfindung unangemessen bemessen ist (*Hueck/v. Hoyningen-Huene* Rn. 17; KDZ/*Kittner* Rn. 24; KR/*Spilger* Rn. 69). Das Berufungsgericht trifft eine neue Ermessensentscheidung (KDZ/*Kittner* Rn. 24).

In der Revisionsinstanz ist nur zu prüfen, ob das Gericht den Rechtsbegriff „angemessene Abfin- 23 dung" verkannt, ob es bei der Anwendung von § 10 Denkgesetze oder allgemeine Erfahrungssätze verletzt und ob es bei der Bestimmung der Höhe der Abfindung alle maßgebenden Umstände in seine Überlegungen einbezogen hat, ob es also die Voraussetzungen und Grenzen des Ermessens beachtet hat (BAG 19. 8. 1982 AP KSchG 1969 § 9 Nr. 9; *Herschel/Löwisch* Rn. 21; KDZ/*Kittner* Rn. 25).

§ 11 Anrechnung auf entgangenen Zwischenverdienst

Besteht nach der Entscheidung des Gerichts das Arbeitsverhältnis fort, so muß sich der Arbeitnehmer auf das Arbeitsentgelt, das ihm der Arbeitgeber für die Zeit nach der Entlassung schuldet, anrechnen lassen,
1. was er durch anderweitige Arbeit verdient hat,
2. was er hätte verdienen können, wenn er es nicht böswillig unterlassen hätte, eine ihm zumutbare Arbeit anzunehmen,
3. was ihm an öffentlich-rechtlichen Leistungen infolge Arbeitslosigkeit aus der Sozialversicherung, der Arbeitslosenversicherung, der Arbeitslosenhilfe oder der Sozialhilfe für die Zwischenzeit gezahlt worden ist. Diese Beträge hat der Arbeitgeber der Stelle zu erstatten, die sie geleistet hat.

I. Allgemeines

§ 11 knüpft hinsichtlich der Voraussetzungen der Anrechnung an eine Klage nach § 256 ZPO an. 1 Bei einer erfolgreichen Klage nach § 256 ZPO steht durch den Ausspruch im Tenor fest, daß zum Zeitpunkt der letzten mündlichen Verhandlung in der Tasacheninstanz über die Feststellungsklage ein Arbeitsverhältnis bestanden hat (BAG 31. 3. 1979 AP ZPO § 256 Nr. 50). Hat eine Klage nach § 4 Erfolg, stellt das Gericht fest, daß eine bestimmte Kündigung unwirksam ist, sog. **punktueller Streitgegenstandbegriff**, vgl. § 4 Rn. 78. Bei einer Klage, die darauf gerichtet ist, eine bestimmte Kündigung sei unwirksam, wird incidenter geprüft, ob zwischen den Parteien überhaupt ein Arbeitsverhältnis bestand, denn andernfalls könnte eine Kündigung keine Wirkungen entfalten. Gewinnt der AN seinen Prozeß, nimmt die Rechtsprechung an, damit stehe fest, daß zu dem Zeitpunkt, zu dem die in der Klage bezeichnete Kündigung zugegangen ist, ein Arbeitsverhältnis bestanden habe (BAG 12. 1. 1977 AP § 4 Nr. 3; BAG 30. 8. 1993 AP GVG § 17 a Nr. 6; BAG 28. 10. 1993 AP ArbGG 1979 § 2 Nr. 19; BAG 27. 1. 1994 AP KSchG 1969 § 4 Nr. 28; BAG 28. 2. 1995 AP GVG § 17 a Nr. 17; BAG 20. 12. 1995 – 5 AZB 28/95 nv.). In anderen Entscheidungen wird hingegen zutreffend angenommen, es stehe zugleich rechtskräftig fest, daß zu dem angegebenen **Kündigungstermin** ein Arbeitsverhältnis bestanden habe (BAG 31. 3. 1979 AP ZPO § 256 Nr. 50; BAG 13. 3. 1997 AP KSchG 1969 § 4 Nr. 38). Macht der AN, der eine Klage nach § 4 KSchG oder nach § 256 ZPO gewonnen hat, **Ansprüche aus Annahmeverzug** geltend, muß er sich die in § 11 bezeichneten Leistungen auf das **Arbeitsentgelt, das ihm der AG für die Zeit nach der Entlassung** schuldet, **anrechnen lassen.** Unter „Zeit nach der Entlassung" ist die Zeit zwischen der Beendigung des Arbeitsverhältnisses und der Wiederaufnahme der Arbeit beim alten AG zu verstehen. Wird der AN vor dem Zeitpunkt der rechtlichen Beendigung des Arbeitsverhältnisses von der Verpflichtung zur Arbeitsleistung vom AG freigestellt, richtet sich die Abwicklung nach § 615 S. 1 Nr. 2 BGB (BAG 6. 2. 1964 AP BGB § 615 Nr. 24; KR/*Spilger* Rn. 9).

§ 11 findet gemäß § 13 I 3 auf den Fall einer innerhalb der Drei-Wochen-Frist des § 4 angegriffenen 2 **außerordentlichen Kündigung** entsprechend Anwendung. Ebenso gilt § 11 nach § 13 II 2 für den Fall einer gerichtlich festgestellten **sittenwidrigen Kündigung** und gemäß § 12 S. 5, wenn der AN sich entschließt, ein inzwischen neu eingegangenes Arbeitsverhältnis fortzusetzen. § 11 findet **keine Anwendung**, wenn das **Arbeitsverhältnis nach § 9 aufgelöst** wird. Befand sich der AG bis zu dem Auflösungszeitpunkt in Annahmeverzug, richtet sich die Anrechnung anderweitiger Verdienste ausschließlich nach § 615 S. 2 BGB (*Herschel/Löwisch* Rn. 1; KR/*Spilger* Rn. 63). § 11 gilt entsprechend, wenn das Arbeitsverhältnis einvernehmlich fortgesetzt wird, ohne daß es zu einer gerichtlichen Entscheidung oder einer Absprache über Entgeltansprüche gekommen ist (BAG 17. 4. 1986 AP BGB

§ 615 Nr. 40; *Hueck/v. Hoyningen-Huene* Rn. 21; *Löwisch* KSchG Rn. 3). § 11 greift allerdings nicht, wenn die Arbeitsvertragsparteien eine einvernehmliche Regelung der Weiterbeschäftigung bis zur Rechtskraft des Urteils im Kündigungsschutzprozeß auch in finanzieller Hinsicht getroffen haben (KR/*Spilger* Rn. 6).

II. Annahmeverzug

3 Wird der AN aufgrund einer unwirksamen Kündigung nicht mehr beschäftigt, gerät der AG in Annahmeverzug, ohne daß ihn ein Verschulden treffen müßte. Der AN kann für die infolge des Verzugs nicht geleisteten Dienste Arbeitsentgelt verlangen, ohne zur Nachleistung verpflichtet zu sein, § 615 S. 1 BGB. § 11 ist nunmehr eine **Sonderregelung zu § 615 S. 2 BGB** (BAG 6. 9. 1990 AP BGB § 615 Nr. 47 = NZA 1991, 222; BBDW Rn. 1; *Löwisch* KSchG Rn. 1). Die Anwendung der Sonderregelung setzt voraus, daß das Gericht die Sozialwidrigkeit der Kündigung festgestellt und das Arbeitsverhältnis nicht nach § 9 aufgelöst hat (*Löwisch* KSchG Rn. 1). § 11 bestimmt nicht eigenständig die Voraussetzungen des Annahmeverzugs. Diese regelt § 615 BGB (KR/*Spilger* Rn. 4; *Herschel* Anm. AP BGB § 615 Nr. 23). § 11 legt die Folgen fest, die im Fall eines Annahmeverzugs eintreten. **§ 11 ist zwingender Natur.** Abweichende Anrechnungsregelungen zum Nachteil des AN können nicht wirksam vereinbart werden (KDZ/*Kittner* Rn. 8; KR/*Spilger* Rn. 7).

4 Die **Voraussetzungen des Annahmeverzugs** richten sich nach §§ 293 ff. BGB. Der AG gerät in Annahmeverzug, wenn er die vom AN nach § 294 BGB tatsächlich am rechten Ort, zur rechten Zeit und in rechter Weise angebotene Arbeitsleitung nicht annimmt. Der AN kann für die infolge des Verzugs nicht geleisteten Dienste das Arbeitsentgelt verlangen, ohne zur Nachleistung verpflichtet zu sein. Nach § 295 S. 1 BGB genügt ein wörtliches Angebot des AN, wenn der AG erklärt hat, er werde die Arbeitsleistung nicht annehmen oder wenn es zur Bestimmung der Arbeitsleistung einer Mitwirkungshandlung des AG bedarf, vgl. dazu § 615 BGB. Das Angebot ist regelmäßig in der Erhebung der Kündigungsschutzklage zu sehen (BAG 10. 4. 1963 AP BGB § 615 Nr. 23; BAG 26. 8. 1971 AP BGB § 615 Nr. 26). Das BAG nimmt unter Bemühung von § 296 BGB – ohne Berücksichtigung der jeweils konkreten Einzelfallkonstellation – an, in der dem AG obliegenden Zuweisung einer konkret zu verrichtenden Arbeit sei eine kalendermäßig bestimmte Mitwirkungshandlung zu sehen (BAG 21. 1. 1992 AP BGB § 615 Nr. 53; BAG 24. 11. 1994 AP BGB § 615 Nr. 60), so daß der AG in Annahmeverzug gerate, wenn er nach einer unberechtigten Kündigung den AN nicht von sich aus zur Weiterarbeit auffordere (BAG 19. 4. 1990 AP BGB § 615 Nr. 45; BAG 24. 10. 1991 AP BGB § 615 Nr. 50). Das soll auch als Ausspruch einer unwirksamen Beendigungskündigung gelten, wenn eine Änderungskündigung berechtigt gewesen wäre (BAG 27. 1. 1994 AP KSchG 1969 § 2 Nr. 34). Weitere Voraussetzung für den Annahmeverzug ist, daß der AN zum Zeitpunkt des Angebots zur Leistung der Dienste tatsächlich und rechtlich in der Lage ist (BAG 6. 11. 1986 RzK I 13 b Nr. 4; BBDW Rn. 11). Dazu ergeben sich besondere Schwierigkeiten, wenn der AN erkrankt ist oder nachträglich erkrankt, vgl. § 615 BGB. Der AG muß weiter die angebotene Dienstleistung als vertragsgemäße entgegennehmen (*Herschel/Löwisch* Rn. 3). Der Annahmeverzug im fortbestehenden Arbeitsverhältnis endet im Augenblick, in dem der AG den AN zur Wiederaufnahme der geschuldeten Arbeitsleistung auffordert, spätestens mit der vertragsgemäßen Weiterbeschäftigung des AN an eine erfolgreiche Kündigungsschutzklage (BBDW Rn. 15). Beweispflichtig für das Vorliegen der Verzugsfolgen ist der AN (BBDW § 11 KSchG Rn. 26).

5 Bei **entgangenem Verdienst** schuldet der AG die Bezüge, mit denen der AN bei Fortbestand des Arbeitsverhältnisses im Betrieb hätte rechnen können (*Herschel/Löwisch* Rn. 4), es gilt das sog. **Lohnausfallprinzip** (BBDW Rn. 19; KR/*Spilger* Rn. 26). Hierbei ist ein **Bruttovergleich** vorzunehmen (KR/*Spilger* Rn. 26). Der Anspruch auf entgangenen Verdienst ist ein echter Lohnanspruch. Zur vereinbarten Vergütung gehören neben dem Arbeitsentgelt alle Sonderleistungen wie 13. Monatsgehalt, Prämien, Gratifikationen (vgl. BBDW Rn. 22; *Löwisch* KSchG Rn. 6). § 254 BGB ist daher weder unmittelbar noch entsprechend anwendbar. Der Anspruch unterliegt dem besonderen Pfändungsschutz, §§ 850 ff. ZPO (*Herschel/Löwisch* Rn. 5; *Hueck/v. Hoyningen-Huene* Rn. 20; KR/*Spilger* Rn. 29; *Löwisch* KSchG Rn. 7).

6 § 11 bestimmt nun, welche Beträge der AN sich aus Gründen der Billigkeit auf seine Verzugslohnforderung anrechnen lassen muß (vgl. BAG 6. 9. 1990 AP BGB § 615 Nr. 47).

Nr. 1: Dasjenige, das er durch anderweitige Arbeit verdient hat. Es muß sich um Einkommen handeln, das der AN nur deshalb erzielen konnte, weil er die Leistung beim AG nicht erbracht hat (BAG 1. 3. 1958 KSchG 1951 § 9 Nr. 1; BAG 6. 9. 1990 AP BGB § 615 Nr. 47; *Herschel/Löwisch* Rn. 11; *Löwisch* KSchG Rn. 9). Verdienst iSd. Vorschrift ist nicht nur Arbeitsentgelt, sondern sind auch Einnahmen aus freier Geschäftstätigkeit, wenn diese nur deshalb möglich war, weil der AN nicht seinem alten AG zur Verfügung stehen mußte (BBDW Rn. 29; *Hueck/v. Hoyningen-Huene* Rn. 17; KR/*Spilger* Rn. 35; *Löwisch* KSchG Rn. 8). Nicht anzurechnen ist der Wert von Arbeitsleistungen, die der AN auch sonst unentgeltlich erbringt, zB Nachbarschaftshilfe (KR/*Spilger* Rn. 36). Nicht zu berücksichtigen sind Einnahmen, die der AN ohne Beeinträchtigung einer Tätigkeit beim alten AG hätte erzielen können, wie Nebenverdienste, die außerhalb der regulären Arbeitszeit erzielt werden

II. Annahmeverzug § 11 KSchG 430

(BAG 14. 8. 1974 AP KSchG § 13 Nr. 3; BAG 6. 9. 1990 AP BGB § 615 Nr. 47; *Hueck/v. Hoyningen-Huene* Rn. 11; *Löwisch* KSchG Rn. 9).

Der **anderweitige Verdienst** ist auf die vertragsgemäße Vergütung **für die gesamte Dauer des** 7 **Annahmeverzugs anzurechnen.** Eine Anrechnung erfolgt nicht nur auf denjenigen Zeitabschnitt, in dem der anderweitige Arbeitsverdienst erzielt worden ist. Es gilt das **Prinzip der Gesamtabrechnung** (BAG 1. 3. 1958 AP KSchG 1969 § 9 Nr. 1; BAG 29. 7. 1993 AP BGB § 615 Nr. 52; BBDW Rn. 32; KR/*Spilger* Rn. 33; *Löwisch* KSchG Rn. 10). Der Umfang der Anrechnung bestimmt sich allerdings nach der für den AN beim alten AG maßgebenden Arbeitszeit. Der **teilzeitbeschäftigte AN** muß sich nur den Verdienst anrechnen lassen, der durch das Freiwerden der Arbeitskraft ermöglicht worden ist (BAG 6. 9. 1990 AP BGB § 615 Nr. 47; KR/*Spilger* Rn. 34).

Besteht Streit über die Frage, ob der AN Einnahmen erzielt hat, ist der **AG beweispflichtig** (BAG 8 19. 7. 1978 AP BGB § 242 Auskunftspflicht Nr. 16; BAG 6. 9. 1990 AP BGB § 615 Nr. 47; BBDW Rn. 33; *Hueck/v. Hoyningen-Huene* Rn. 12; KR/*Spilger* Rn. 38). Der **AN ist** hinsichtlich der Höhe der erzielten Einnahmen dem AG **auskunftspflichtig,** denn der AG wird in der Regel nicht wissen, ob und wie sich der AN anderweitig betätigt hat (BAG 27. 3. 1974 AP BGB § 242 Auskunftspflicht Nr. 15; BAG 19. 7. 1978 AP BGB § 242 Auskunftspflicht Nr. 16; BBDW Rn. 34; *Hueck/v. Hoyningen-Huene* Rn. 12; KR/*Spilger* Rn. 38). Erteilt der AN die Auskunft nicht oder nicht vollständig, hat der AG ein Leistungsverweigerungsrecht bis zur Erteilung der Auskunft (BAG 29. 7. 1993 AP § 615 Nr. 52 (Anm. *Gravenhorst* EzA BGB § 615 Nr. 79); BBDW Rn. 35; *Löwisch* KSchG Rn. 10).

Nr. 2: Was er hätte verdienen können, wenn er es nicht böswillig unterlassen hätte, eine ihm 9 **zumutbare Arbeit anzunehmen.** Die Formulierung unterscheidet sich von der in § 615 BGB durch den Begriff der Zumutbarkeit der Arbeit. Sachlich besteht indessen kein Unterschied (*Hueck/v. Hoyningen-Huene* Rn. 13; KR/*Spilger* Rn. 39). Zumutbar ist eine Tätigkeit, die den Kenntnissen, Fähigkeiten und Erfahrungen des AN sowie seiner bisherigen Lebensstellung entspricht (*Hueck/v. Hoyningen-Huene* Rn. 13). Es kommt nicht auf die Zumutbarkeitsfestlegung in öffentlich-rechtlichen Vorschriften an. Es sind die Umstände des Einzelfalls entscheidend (BBDW Rn. 38; *Löwisch* KSchG Rn. 14). Eine deutliche Statusverschlechterung ist nicht zumutbar (vgl. *Herschel/Löwisch* Rn. 8; KR/*Spilger* Rn. 42). Aushilfstätigkeiten sind dem AN zumutbar, wenn er solche auch zu Zeiten des ungekündigten Arbeitsverhältnisses verrichtet hat (KR/*Spilger* Rn. 42).

Die **Böswilligkeit** deckt sich mit dem Begriff in § 324 BGB. Eine Böswilligkeit liegt danach vor, 10 wenn dem AN bewußt ist, daß er durch die Ablehnung einer zumutbaren Arbeit den AG schädigt. Eine direkte Absicht, dem AG einen Schaden zuzufügen, ist nicht erforderlich (BAG 18. 10. 1958 AP BGB § 615 Böswilligkeit Nr. 1; BBDW Rn. 39; *Hueck/v. Hoyningen-Huene* Rn. 14; KR/*Spilger* Rn. 40; *Löwisch* KSchG Rn. 12). Böswilligkeit ist praktisch Arbeitsunwilligkeit trotz zur Verfügung stehender zumutbarer Arbeit. Der AN handelt demnach auch böswillig, wenn er sich der Arbeitsvermittlung nicht zur Verfügung stellt (KR/*Rost* Rn. 40; *Löwisch* KSchG Rn. 13), sofern ihm über diesen Weg Arbeit hätte zugewiesen werden können. Er hat sich beim Arbeitsamt als arbeitslos zu melden und sich mit ihm unterbreiteten Angeboten zu befassen (*Herschel/Löwisch* Rn. 9; *Hueck/v. Hoyningen-Huene* Rn. 16; KR/*Spilger* Rn. 40). Bietet der AG dem AN bis zur Rechtskraft des Urteils im Kündigungsschutzprozeß ein befristetes Arbeitsverhältnis an, kann in der Ablehnung eines solchen Angebots ein böswilliges Unterlassen anderweitigen Erwerbs gesehen werden (BAG 14. 11. 1985 AP BGB § 615 Nr. 39; BAG 22. 2. 2000 AP KSchG 1969 § 11 Nr. 2). Von dem AN wird nicht verlangt, daß er besondere Anstrengungen unternimmt, um eine entsprechende Beschäftigung zu erhalten (KR/*Spilger* Rn. 40). Keine Böswilligkeit liegt vor, wenn der AN es unterläßt, ein Urteil des Arbeitsgerichts, mit dem der AG verurteilt worden ist, den AN für die Dauer des Kündigungsschutzprozesses weiterzubeschäftigen, zu vollstrecken oder die Vollstreckung anzudrohen (BAG 22. 2. 2000 AP KSchG 1969 § 11 Nr. 2). Es ist jedoch nicht hinzunehmen, wenn er Möglichkeiten, die eine Beschäftigung ausweisen könnten, unbeachtet läßt, so, wenn er zwar eine Tageszeitung bezieht, die Stellenanzeigen aber unbeachtet läßt. Die Ablehnung eines angebotenen Arbeitsplatzes begründet keine Böswilligkeit, wenn der AN hierfür einen sachlichen Grund aufweisen kann. So ist der AN nicht verpflichtet, ein Arbeitsverhältnis von solcher Dauer einzugehen, daß die Rückkehr in das alte Arbeitsverhältnis erschwert werden könnte (BAG 18. 6. 1965 AP BGB § 615 Böswilligkeit Nr. 2; *Hueck/v. Hoyningen-Huene* Rn. 15). Hält der AN sich nach der Kündigung im Ausland auf, kann darin ein böswilliges Verhalten nur gesehen werden, wenn im Inland Beschäftigungsmöglichkeiten bestanden hätten (BAG 11. 7. 1985 AP BGB § 615 Nr. 35 a; KR/*Spilger* Rn. 40).

Nicht anzurechnen ist – im Unterschied zu § 615 S. 2 BGB –, was der AN infolge des Unter- 11 bleibens der Arbeitsleistung erspart hat, wie zB Fahrtkosten (BBDW Rn. 23; *Hueck/v. Hoyningen-Huene* Rn. 18; KR/*Spilger* Rn. 50; *Löwisch* KSchG Rn. 2). Konkrete Umstände des Einzelfalls werden damit nicht berücksichtigt. Das wird damit begründet, es handele sich bei derartigen Ersparnissen in aller Regel um unbedeutende Beträge.

Nr. 3: Bezogene Sozialleistungen. Die Regelung stellt klar, was ohnehin gilt (*Herschel/Löwisch* 12 Rn. 10). Die Regelung in Nr. 3 ist gegenstandslos (BBDW Rn. 43). Solche Ansprüche gehen nämlich in der Regel auf die öffentliche Stelle, die geleistet hat, kraft Gesetzes über, zB nach § 115 SGB X. Der AN hat derartige Beträge letztlich zu Unrecht bezogen, weil ihm infolge der Unwirksamkeit der

Kündigung ein Lohnanspruch zustand (*Hueck/v. Hoyningen-Huene* Rn. 19). Die dem AG nach § 11 Nr. 3 S. 2 obliegende Erstattungspflicht an die zuständige öffentliche Stelle ändert nichts an der Rechtsnatur des Nachzahlungsanspruchs (BAG 17. 4. 1986 AP BGB § 615 Nr. 40; KR/*Spilger* Rn. 49). § 11 Nr. 3 erfaßt auch die Beträge, die die BAnstArb. für den AN an die gesetzliche Krankenkasse gezahlt hat (BAG 9. 4. 1981 AP KSchG 1969 § 11 Nr. 1).

III. Fortsetzung des Arbeitsverhältnisses nach Vereinbarung

13 Erklärt der AG nach Klageerhebung, „er nehme die Kündigung zurück" und nimmt der AN seine Tätigkeit wieder auf, sind die Parteien sich darüber einig, das Arbeitsverhältnis als ungekündigtes ununterbrochen fortzusetzen. Auf einen solchen Fall ist § 11 entsprechend anzuwenden, denn der AG erkennt damit konkludent die Sozialwidrigkeit der Kündigung an (BAG 26. 7. 1995 – 2 AZR 665/94 nv.; BBDW Rn. 6; *Hueck/v. Hoyningen-Huene* Rn. 21). Das gleiche gilt, wenn die Parteien sich in einem Vergleich entsprechend einigen (*Herschel/Löwisch* Rn. 1 a; KR/*Spilger* Rn. 8).

§ 12 Neues Arbeitsverhältnis des Arbeitnehmers; Auflösung des alten Arbeitsverhältnisses

¹ Besteht nach der Entscheidung des Gerichts das Arbeitsverhältnis fort, ist jedoch der Arbeitnehmer inzwischen ein neues Arbeitsverhältnis eingegangen, so kann er binnen einer Woche nach der Rechtskraft des Urteils durch Erklärung gegenüber dem alten Arbeitgeber die Fortsetzung des Arbeitsverhältnisses bei diesem verweigern. ² Die Frist wird auch durch eine vor ihrem Ablauf zur Post gegebene schriftliche Erklärung gewahrt. ³ Mit dem Zugang der Erklärung erlischt das Arbeitsverhältnis. ⁴ Macht der Arbeitnehmer von seinem Verweigerungsrecht Gebrauch, so ist ihm entgangener Verdienst nur für die Zeit zwischen der Entlassung und dem Tage des Eintritts in das neue Arbeitsverhältnis zu gewähren. ⁵ § 11 findet entsprechende Anwendung.

I. Allgemeines

1 § 12 löst den **Konflikt, wenn der AN** in Unkenntnis des Ausgangs des Kündigungsschutzprozesses und in Wahrung seiner Interessen nach § 615 II BGB ein **neues Arbeitsverhältnis eingegangen ist**. Nach § 12 S. 1 kann der AN **binnen einer Woche** seit Rechtskraft des Urteils durch Erklärung gegenüber dem **früheren AG** die **Fortsetzung des Arbeitsverhältnisses** bei diesem **verweigern**. Hierdurch soll eine Kollision von Interessen und Pflichten des AN vermieden werden: einerseits die Pflicht, sich um eine zumutbare, anderweitige Beschäftigung zu bemühen; andererseits die Pflicht, nach gewonnenem Prozeß die Arbeit wieder aufzunehmen (BBDW Rn. 2 ff.; *Hueck/v. Hoyningen-Huene* Rn. 1; KR/*Rost* Rn. 2). Ein neues Arbeitsverhältnis liegt nicht vor, wenn der AG den AN bis zur Klärung der Wirksamkeit der Kündigung im Rahmen eines faktischen Arbeitsverhältnisses beschäftigt (vgl. BAG 21. 5. 1981 AP BGB § 615 Nr. 32). Lehnt der AN den Abschluß eines befristeten Arbeitsverhältnisses bis zur Rechtskraft des Urteils im Kündigungsschutzprozeß ab, kann die Ablehnung ein böswilliges Unterlassen anderweitigen Erwerbs iSv. § 615 S. 2 BGB sein (vgl. BAG 21. 5. 1981 AP BGB § 615 Nr. 32; BAG 14. 11. 1985 AP BGB § 615 Nr. 39). Die Formulierung in § 12 ist nicht klar. Soweit das Gesetz von „verweigern" spricht, handelt es sich um ein **fristgebundenes Sonderkündigungsrecht des AN** (*Hueck/v. Hoyningen-Huene* Rn. 5; KDZ/*Kittner* Rn. 4; KR/*Rost* Rn. 22) und nicht um ein Leistungsverweigerungsrecht bei Fortbestehen der ursprünglichen Vertragsbeziehungen. Die Erklärung bedarf der **Schriftform**, § 623 BGB.

2 § 12 gewährt dem **AN ein Wahlrecht**. Die Möglichkeit, das alte Arbeitsverhältnis nicht fortsetzen zu wollen, bietet sich dem AN in Form eines einseitigen Gestaltungsrechts (BAG 19. 10. 1972 AP KSchG 1969 § 12 Nr. 1). Dieses steht nur dem AN, nicht aber dem AG zu. Macht der AN hiervon dergestalt Gebrauch, daß er die Fortsetzung des bisherigen Arbeitsverhältnisses verweigert, kann er Verdienst nur vom Ende der Kündigungsfrist bis zur Aufnahme des neuen Arbeitsverhältnisses verlangen, vgl. Rn. 9 ff.

II. Voraussetzungen des Wahlrechts

3 **Voraussetzung** für die Ausübung des Wahlrechts ist ein **gerichtliches Urteil** in einem Kündigungsschutzprozeß nach §§ 4, 13 I und II KSchG, in dem festgestellt wird, daß das **Arbeitsverhältnis** durch die mit der Klage angegriffene ordentliche Kündigung **nicht aufgelöst** worden ist. Einem Urteil steht gleich die Abweisung eines Auflösungsantrags des AN (BBDW Rn. 6; *Herschel/Löwisch* Rn. 3; *Hueck/v. Hoyningen-Huene* Rn. 12; KDZ/*Kittner* Rn. 5). § 12 ist auch anwendbar, wenn die **Unwirksamkeit einer außerordentlichen** Kündigung festgestellt wird, § 13 I S. 3 Halbs. 2 (KR/*Rost* Rn. 5). **Wird das Arbeitsverhältnis durch Urteil aufgelöst**, ist **für ein Wahlrecht** nach § 12 **kein Raum** (KR/*Rost* Rn. 7). Der AN kann die Erklärung iSv. § 12 bereits vorsorglich im Prozeß abgeben. Hieran ist er auch nicht gehindert durch die Stellung eines Auflösungsantrags (BAG 19. 10. 1972 AP

KSchG 1969 § 12 Nr. 1; *Herschel/Löwisch* Rn. 3; KDZ/*Kittner* Rn. 5). Hat der Auflösungsantrag Erfolg, wird die Erklärung gemäß § 12 gegenstandslos (*Herschel/Löwisch* Rn. 4; *Hueck/v. Hoyningen-Huene* Rn. 12). Eine erfolgreiche **Klage nach § 13 III** eröffnet die Möglichkeit nach § 12 nicht (BBDW § 12 Rn. 5; KR/*Friedrich* § 13 Rn. 3455; aA BAG 19. 7. 1978 AP BGB § 242 Auskunftspflicht Nr. 16).

Der **neue Arbeitsvertrag** muß **nach Zugang der Kündigung** abgeschlossen worden sein (KDZ/ *Kittner* Rn. 8) **und vor Rechtskraft des Urteils im Kündigungsschutzprozeß** (*Herschel/Löwisch* Rn. 5; *Hueck/v. Hoyningen-Huene* Rn. 2, 3; KR/*Rost* Rn. 8 ff.; *Löwisch* KSchG Rn. 2). Geht der AN erst **nach** Rechtskraft des Urteils ein neues Arbeitsverhältnis ein, greift § 12 nicht. Er muß dann das alte Arbeitsverhältnis fortsetzen, andernfalls gerät er in Schuldnerverzug (*Herschel/Löwisch* Rn. 2). Ein Abschluß iSv. § 12 liegt auch vor, wenn die Arbeit in dem neuen Arbeitsverhältnis erst später angetreten werden soll (*Herschel/Löwisch* Rn. 5). Das neue Arbeitsverhältnis muß länger dauern als bis zum Tag der Rechtskraft des Urteils im Kündigungsschutzprozeß, sonst kann § 12 nicht greifen (KR/*Rost* Rn. 11). Die Ausgestaltung des neuen Arbeitsverhältnisses spielt keine Rolle: befristet, unbefristet, Probe-, Aushilfs- oder Leiharbeitsverhältnis. Auch ein Berufsausbildungsverhältnis kommt in Betracht (BBDW Rn. 9; KDZ/*Kittner* Rn. 6; KR/*Rost* Rn. 8). Ebenso löst ein Dienstvertrag als Organmitglied einer juristischen Person das Wahlrecht aus. Nicht genügend ist indessen die Aufnahme einer freiberuflichen Tätigkeit. Es mag in einem solchen Fall zwar eine ähnliche Interessenlage gegeben sein. Das Gesetz stellt jedoch zumindest auf eine Tätigkeit im Dienste eines anderen ab (*Hueck/v. Hoyningen-Huene* Rn. 2; aA KDZ/*Kittner* Rn. 6; KR/*Rost* Rn. 8; *Löwisch* KSchG Rn. 5).

III. Ausübung des Wahlrechts

Der AN muß sich **binnen Wochenfrist entscheiden,** das einseitige Gestaltungsrecht auszuüben (BAG 19. 10. 1972 AP KSchG 1969 § 12 Nr. 1). Innerhalb dieses Zeitraums muß er eine Beendigungserklärung bezüglich des alten Arbeitsverhältnisses abgeben. Das Gestaltungsrecht erlischt, wenn der AN die Frist verstreichen läßt oder wenn er die Erklärung nicht rechtzeitig abgibt (BBDW Rn. 21; *Hueck/v. Hoyningen-Huene* Rn. 8; KDZ/*Kittner* Rn. 9; KR/*Rost* Rn. 25). Während der dem AN eingeräumten Überlegungszeit von einer Woche ist die Weigerung, die Arbeit beim alten AG wieder aufzunehmen, nicht schuldhaft. Der AN gerät insoweit nicht in Schuldnerverzug (*Löwisch* KSchG Rn. 6). Will der AN das ursprüngliche Arbeitsverhältnis fortsetzen, bedarf es nicht der Abgabe irgendeiner Erklärung (KDZ/*Kittner* Rn. 9; KR/*Rost* Rn. 13). Der AN kann sich gemäß § 12 bereits vorsorglich im Kündigungsschutzprozeß schriftlich erklären (BAG 19. 10. 1972 AP KSchG 1969 § 12 Nr. 1; BBDW Rn. 19; *Herschel/Löwisch* Rn. 3; *Hueck/v. Hoyningen-Huene* Rn. 8; KDZ/*Kittner* Rn. 10; KR/*Rost* Rn. 26). Die Erklärungsfrist von einer Woche beginnt mit der Rechtskraft des der Feststellungsklage stattgebenden Urteils. Der Tag, an dem das Urteil rechtskräftig geworden ist, wird nach § 187 I BGB nicht mitgerechnet (BBDW Rn. 20; *Hueck/v. Hoyningen-Huene* Rn. 10; KDZ/ *Kittner* Rn. 11; KR/*Rost* Rn. 23). Sie endet nach § 188 I BGB am entsprechenden Tag der folgenden Woche mit den Modifizierungen nach § 193 BGB.

Die **Erklärung** des AN bedarf gemäß § 623 BGB der **Schriftform.** Eine mündliche Erklärung genügt nicht. Gibt der AN die Erklärung schriftlich ab, reicht es, wenn die schriftliche Erklärung innerhalb einer Woche zur Post gegeben wird, § 12 S. 2. Die Erklärungsfrist ist eine materiellrechtliche Ausschlußfrist. Gegen ihre Versäumung gibt es keine Wiedereinsetzung in den vorigen Stand (BBDW Rn. 21; *Hueck/v. Hoyningen-Huene* Rn. 11; KDZ/*Kittner* Rn. 13; KR/*Rost* Rn. 25). Eine hinreichende Erklärung liegt auch vor, wenn der AN innerhalb der Wochenfrist eine Eigenkündigung erklärt (*Löwisch* KSchG Rn. 7).

Das **bisherige Arbeitsverhältnis erlischt,** wenn die Erklärung dem AG zugeht, § 12 S. 3 (BAG 19. 7. 1978 AP BGB § 242 Auskunftspflicht Nr. 16; BBDW Rn. 16). Es erlischt jedoch frühestens zu dem Zeitpunkt, zu dem es bei Rechtswirksamkeit der Kündigung geendet hätte (*Herschel/Löwisch* Rn. 8). Hatte der AN die Erklärung bereits vor Rechtskraft des Urteils abgegeben, endet das Arbeitsverhältnis mit Rechtskraft des Urteils (KDZ/*Kittner* Rn. 14). Ungeachtet der Gestaltungsmöglichkeit nach § 12 kann der AN das bisherige Arbeitsverhältnis auch anderweitig beenden (KDZ/*Kittner* Rn. 15).

IV. Neues Arbeitsverhältnis

Der **AN** ist **nicht gehalten,** den neuen Arbeitsvertrag so auszugestalten, daß er im Fall des Obsiegens **sofort zum alten AG zurückkehren** kann. Willigt der neue AG nicht in eine vorzeitige Beendigung des neuen Arbeitsverhältnisses ein, kommt für den AN nur die ordentliche Kündigung des neuen Arbeitsverhältnisses in Betracht (KR/*Rost* Rn. 16). Die Tatsache, daß der AN den Kündigungsschutzprozeß gegen seinen alten AG gewonnen hat, gibt ihm noch kein Recht zur fristlosen Beendigung des alten Arbeitsverhältnisses. Bei einer außerordentlichen Kündigung müssen die Voraussetzungen des § 626 BGB erfüllt sein. Im Hinblick darauf kann der alte AG das alte Arbeitsverhältnis nicht wegen Arbeitsverweigerung außerordentlich kündigen, wenn der AN nicht binnen einer Woche die

Tätigkeit bei ihm wieder aufnimmt. Ist der AN allerdings eine langfristige Bindung eingegangen, bei der abzusehen war, daß sie das Ende des Kündigungsschutzprozesses überschreitet, ist die Frage der Kündigungsberechtigung des alten AG unter Berücksichtigung auch dieses Umstandes zu treffen (*Hueck/v. Hoyningen-Huene* Rn. 4; KDZ/*Kittner* Rn. 16; KR/*Rost* Rn. 18; *Löwisch* Rn. 12). Ist das neue Arbeitsverhältnis beendet, muß der AN die alte Tätigkeit unverzüglich aufnehmen, andernfalls riskiert er eine verhaltensbedingte Kündigung (KDZ/*Kittner* Rn. 17; KR/*Rost* Rn. 19).

V. Nachzahlung und Anrechnung von Verdienst

9   Beendet der AN das **ursprüngliche Arbeitsverhältnis**, kann er **Ansprüche nach § 615 BGB bis zum Termin der rechtlichen Beendigung** des Arbeitsverhältnisses geltend machen (*Löwisch* KSchG Rn. 10). Hat der AN die anderweitige Beschäftigung bereits vor Rechtskraft des Urteils aufgenommen, wird der Nachzahlungszeitraum begrenzt. Gemäß § 12 S. 4 ist dem AN entgangener Verdienst nur für die Zeit zwischen der Entlassung und dem **Tag des Eintritts in das neue Arbeitsverhältnis** zu gewähren (BAG 19. 7. 1978 AP BGB § 242 Auskunftspflicht Nr. 1). Tag des Eintritts ist der Tag der Arbeitsaufnahme, nicht der des Vertragsschlusses (BBDW Rn. 31; *Hueck/v. Hoyningen-Huene* Rn. 7). In einem solchen Fall kann der AN einen niedrigeren Verdienst im neuen Arbeitsverhältnis für diesen Zeitraum nicht mit Ansprüchen gegenüber seinem alten AG ausgleichen (KDZ/*Kittner* Rn. 18, 20). Das Gesetz vermeidet damit eine Verrechnung der Entgelte zwischen dem alten und dem neuen Arbeitsverhältnis (*Herschel/Löwisch* Rn. 9; *Hueck/v. Hoyningen-Huene* Rn. 6). Wenn der AN diese nachteilige Folge vermeiden will, muß er anstelle der Wahl nach § 12 eine Beendigung des Arbeitsverhältnisses in anderer Weise (Kündigung, Aufhebungsvertrag) herbeiführen. § 12 S. 4 verpflichtet den AG nicht, über den Zeitpunkt des Erlöschens des alten Arbeitsverhältnisses hinaus weiter Arbeitsentgelt zu zahlen bis die neue Tätigkeit tatsächlich aufgenommen wird (*Löwisch* KSchG Rn. 10; aA *Hueck/v. Hoyningen-Huene* Rn. 7). Es kommt bei Verschulden des AG allenfalls ein Anspruch aus positiver Forderungsverletzung in Betracht (*Löwisch* KSchG Rn. 10).

10 Nach § 12 S. 3 ist § 11 entsprechend anzuwenden auf den bis zur Beendigung des alten Arbeitsverhältnisses dem AN zustehenden Entgeltanspruch gegen den alten AG. Hatte der AN also **vor Eintritt** in das neue Arbeitsverhältnis anderweitige Einkünfte oder hat er es böswillig unterlassen, solche zu erzielen, muß er sich diese anrechnen lassen (KR/*Rost* Rn. 20). Das gilt auch für öffentlich-rechtliche Leistungen wegen Arbeitslosigkeit (*Herschel/Löwisch* Rn. 11).

11 Der AN kann den **Anspruch auf Nachzahlung bereits während des Kündigungsschutzprozesses geltend machen** (BAG 1. 2. 1960 AP BGB § 209 Nr. 1; KDZ/*Kittner* Rn. 21; KR/*Rost* Rn. 33). Der auf Zahlung gerichtete Rechtsstreit muß nicht bis zur rechtskräftigen Erledigung des Kündigungsschutzprozesses ausgesetzt werden (LAG Köln 17. 12. 1985 BB 1986, 464; LAG Hamm 18. 4. 1985 BB 1985, 1735).

VI. Fortsetzung des alten Arbeitsverhältnisses

12 **Gibt** der AN innerhalb der **Wochenfrist** des § 12 S. 1 **keine Erklärung** gegenüber seinem alten **AG ab**, wird das **alte Arbeitsverhältnis fortgesetzt**. Stand der AN noch in einem anderen Arbeitsverhältnis, gerät er bei einer entsprechenden Aufforderung seines alten AG, bei ihm die Arbeit wieder aufzunehmen, nicht in Schuldnerverzug, sofern er das neue Arbeitsverhältnis unverzüglich gekündigt hat. Das Nicht-Leisten-Können beruht auf einem Umstand, den nicht der AN, sondern der AG zu vertreten hat (*Herschel/Löwisch* Rn. 13). Der AN behält gegenüber seinem alten AG in einem solchen Fall auch nach § 615 S. 1 BGB seinen Vergütungsanspruch, denn der AG hat die mangelnde Leistungsbereitschaft des AN selbst herbeigeführt (*Herschel/Löwisch* Rn. 13). Anders ist es, wenn der AN die Arbeitsleistung auf Dauer verweigert (*Herschel/Löwisch* Rn. 14) oder wenn er sich für ihn erkennbar unangemessen lang durch einen befristeten Vertrag gebunden hat.

§ 13 Verhältnis zu sonstigen Kündigungen

(1) ¹Die Vorschriften über das Recht zur außerordentlichen Kündigung eines Arbeitsverhältnisses werden durch das vorliegende Gesetz nicht berührt. ²Die Rechtsunwirksamkeit einer außerordentlichen Kündigung kann jedoch nur nach Maßgabe des § 4 Satz 1 und der §§ 5 bis 7 geltend gemacht werden. ³Stellt das Gericht fest, daß die außerordentliche Kündigung unbegründet ist, ist jedoch dem Arbeitnehmer die Fortsetzung des Arbeitsverhältnisses nicht zuzumuten, so hat auf seinen Antrag das Gericht das Arbeitsverhältnis aufzulösen und den Arbeitgeber zur Zahlung einer angemessenen Abfindung zu verurteilen; die Vorschriften des § 9 Abs. 2 und der §§ 10 bis 12 gelten entsprechend.

(2) ¹Verstößt eine Kündigung gegen die guten Sitten, so kann der Arbeitnehmer ihre Nichtigkeit unabhängig von den Vorschriften dieses Gesetzes geltend machen. ²Erhebt er innerhalb von drei Wochen nach Zugang der Kündigung Klage auf Feststellung, daß das Arbeitsverhältnis durch die Kündigung nicht aufgelöst ist, so finden die Vorschriften des § 9 Abs. 1 Satz 1 und

Abs. 2 und der §§ 10 bis 12 entsprechende Anwendung; die Vorschriften des § 5 über Zulassung verspäteter Klagen und des § 6 über verlängerte Anrufungsfrist gelten gleichfalls entsprechend.

(3) ³ Im übrigen finden die Vorschriften dieses Abschnitts auf eine Kündigung, die bereits aus anderen als den in § 1 Abs. 2 und 3 bezeichneten Gründen rechtsunwirksam ist, keine Anwendung.

I. Allgemeines

§ 13 behandelt **Kündigungen**, die nicht wegen Sozialwidrigkeit, sondern **wegen sonstiger Mängel** 1 **unwirksam** sind. Es sind drei Fälle zu unterscheiden: Unwirksamkeit der **außerordentlichen Kündigung**, Abs. 1, Nichtigkeit wegen **Sittenwidrigkeit**, Abs. 2, und **sonstige Unwirksamkeitsgründe**, Abs. 3 (*Hueck/v. Hoyningen-Huene* Rn. 2; KR/*Friedrich* Rn. 11 ff.). Alle drei Fälle sind unterschiedlich an die Notwendigkeit einer Fristeinhaltung gemäß § 4 angebunden.

Die **materiellrechtlichen Voraussetzungen** für eine **außerordentliche Kündigung** bleiben durch 2 das KSchG unberührt, § 13 I 1. Die Unwirksamkeit richtet sich allein nach den maßgebenden materiellrechtlichen Vorschriften, zB nach § 626 BGB (*Herschel/Löwisch* Rn. 1; *Hueck/v. Hoyningen-Huene* Rn. 12; KR/*Friedrich* Rn. 25). Gemäß § 13 I 2 kann der AN die Unwirksamkeit einer außerordentlichen Kündigung jedoch nur innerhalb der Drei-Wochen-Frist des § 4 geltend machen. **Versäumt der AN die Drei-Wochen-Frist,** wird der Mangel der Unwirksamkeit insoweit geheilt. Die außerordentliche Kündigung gilt als von Anfang an wirksam, § 7 KSchG. Diese rechtliche Wirkung bezieht sich nur darauf, daß die **Kündigung mit wichtigem Grund erfolgt** ist (*Hueck/v. Hoyningen-Huene* Rn. 24; KDZ/*Kittner* Rn. 8; KR/*Friedrich* Rn. 53, 61; *Löwisch* KSchG Rn. 17; SPV Rn. 1165). Weist eine außerordentliche Kündigung **sonstige Mängel** auf, vgl. Rn. 28 ff., müssen diese nicht innerhalb der Drei-Wochen-Frist geltend gemacht werden, vgl. wegen möglicher Verwirkung jedoch § 7 Rn. 5 (*Herschel/Löwisch* Rn. 16; *Hueck/v. Hoyningen-Huene* Rn. 24; KR/*Friedrich* Rn. 54; *Löwisch* KSchG Rn. 17). Bei einer **sittenwidrigen Kündigung** kann der AN, wenn er deren Unwirksamkeit innerhalb von drei Wochen geltend macht, Abs. 2 S. 2 – das steht in seinem Belieben, Abs. 2 S. 1 – auch hier die Auflösung des Arbeitsverhältnisses gegen Zahlungen einer Abfindung erreichen.

Die Geltendmachung der Unwirksamkeit muß in Form einer **Feststellungsklage** erfolgen, wenn der 3 AN sich auf das Fehlen eines wichtigen Grundes beruft. Es genügt nicht, daß er die Unwirksamkeit im Rahmen einer Leistungsklage geltend macht (KR/*Friedrich* Rn. 55). Bei Unzumutbarkeit der Fortsetzung des Arbeitsverhältnisses steht dem AN das **Recht** zu, die **Auflösung des Arbeitsverhältnisses** nach § 9 herbeizuführen oder eine Beendigungerklärung nach § 12 abzugeben. Da in den Fällen des § 13 die Regelung in § 4 nicht greift, ist eine allgemeine Feststellungsklage gemäß § 256 ZPO zu erheben (vgl. dazu ausführlich KR/*Friedrich* Rn. 311; BAG 3. 12. 1964 AP KSchG 1951 § 1 Nr. 79). Das Gesetz sieht nicht vor, daß bei einer außerordentlichen Kündigung der AG einen Auflösungsantrag stellen kann (aA für außerordentliche Kündigungen ordentlich nicht mehr kündbarer AN *Trappehl/Lambrich* RdA 1999, 243).

Auch für die Geltendmachung der Unwirksamkeit einer außerordentlichen Kündigung kommt eine 4 **nachträgliche Zulassung der Klage** nach § 5 in Betracht. Ebenso kann die Unwirksamkeit in der verlängerten Anrufungsfrist nach § 6 geltend gemacht werden (KDZ/*Kittner* Rn. 12; KR/*Friedrich* Rn. 51, 52).

§ 13 III hat eine **klarstellende Funktion:** Der AN ist bei Geltendmachung von anderen Unwirk- 5 samkeitsgründen als denen der Sozialwidrigkeit einer ordentlichen Kündigung bzw. des Fehlens eines wichtigen Grundes bei der außerordentlichen Kündigung nach § 626 BGB nicht an die Verfahrensregeln des KSchG gebunden. Er kann in einem solchen Fall nicht die Auflösung des Arbeitsverhältnisses gegen Abfindung erreichen.

Nach hM findet **§ 13** in den bezeichneten Fällen **nur Anwendung, wenn** der AN die **Wartefrist** 6 des **§ 1 I erfüllt** hat (BAG 27. 1. 1955 AP KSchG 1951 § 11 Nr. 5; BAG 17. 8. 1972 AP BGB § 626 Nr. 65; *Hueck/v. Hoyningen-Huene* Rn. 28; KDZ/*Kittner* Rn. 3; KR/*Friedrich* Rn. 29; SPV Rn. 1047; aA *Herschel/Löwisch* Rn. 4; *Löwisch* KSchG Rn. 4).

§ 13 gilt grundsätzlich auch für **Auszubildende bei Kündigungen aus wichtigem Grund** iSv. 7 § 15 II BBiG (BAG 5. 7. 1990 AP § 4 Nr. 23 = NZA 1991, 671; *Hueck/v. Hoyningen-Huene* Rn. 23, 32; KDZ/*Kittner* Rn. 5; *Löwisch* KSchG Rn. 5; vgl. zum Meinungsstand KR/*Friedrich* Rn. 36). Im Insolvenzfall kann das Ausbildungsverhältnis für den Regelfall nicht außerordentlich, sondern nur unter Einhaltung einer ordentlichen Kündigungsfrist gekündigt werden (BAG 27. 5. 1993 AP KO § 22 Nr. 9). Bei Berufsausbildungsverhältnissen hat nach § 111 II 5 ArbGG zwingend ein Schlichtungsverfahren voranzugehen. Die Anrufung dieses Schlichtungsausschusses unterliegt nicht der Drei-Wochen-Frist des § 4 (BAG 13. 4. 1989 AP KSchG 1969 § 4 Nr. 21; *Hueck/v. Hoyningen-Huene* Rn. 34; KDZ/*Kittner* Rn. 5; *Löwisch* KSchG Rn. 5).

§ 13 gilt **nicht in Kleinbetrieben,** § 23 I 2 (KDZ/*Kittner* Rn. 3; KR/*Friedrich* Rn. 28; *Löwisch* 8 KSchG Rn. 7), und nicht für die in § 14 I bezeichneten Organmitglieder. Dagegen findet der Erste Abschnitt des KSchG Anwendung auf leitende Angestellte iSv. § 14 II (*Hueck/v. Hoyningen-Huene* Rn. 27; KDZ/*Kittner* Rn. 4; KR/*Friedrich* Rn. 27).

430 KSchG § 13 Verhältnis zu sonstigen Kündigungen

9   AN, die nicht der Regelung des § 13 I 2 iVm. § 4 unterliegen, können ohne Berücksichtigung der Drei-Wochen-Frist eine Feststellungsklage nach § 256 ZPO hinsichtlich des Fortbestands ihres Arbeitsverhältnisses erheben, wenn hierüber infolge einer Kündigung des AG gestritten wird, sie können diese Frage jedoch auch incidenter im Zusammenhang mit einer Leistungsklage klären lassen (KR/*Friedrich* Rn. 35).

II. Außerordentliche Kündigung

10 **Maßgebend** für die Anwendung von § 13 ist, daß der **AG** sich auf einen **wichtigen** Grund beruft. **Außerordentliche Kündigungen** iSd. Vorschrift sind solche, bei denen die Vertragsbeziehungen **ohne Einhaltung einer ordentlichen Kündigungsfrist** oder eines vereinbarten Beendigungstermins aufgelöst werden können: zB § 626 BGB, § 15 II Nr. 1 BBiG, § 64 SeemG. Die Kündigung nach § 113 InsO ist eine ordentliche mit anderer Frist (zu § 22 KO: BAG 19. 10. 1977 AP KO § 22 Nr. 3; BAG 27. 5. 1993 AP KO § 22 Nr. 9; aA *Hueck/v. Hoyningen-Huene* Rn. 6). Eine **außerordentliche Kündigung** liegt **auch** vor, wenn der AG aus wichtigem Grund, jedoch mit einer **sozialen Auslauffrist** kündigt (BAG 23. 1. 1958 AP KSchG 1951 Nr. 50; BAG 16. 7. 1959 AP BGB § 626 Nr. 31; *Herschel/Löwisch* Rn. 10; HK/*Dorndorf* Rn. 31; *Hueck/v. Hoyningen-Huene* Rn. 6). Ebenso ist § 13 anzuwenden, wenn ein länger als sechs Monate **befristetes Arbeitsverhältnis außerordentlich gekündigt** wird (BAG 13. 4. 1967 AP KSchG 1951 § 11 Nr. 10; BAG 8. 6. 1972 AP KSchG 1969 § 13 Nr. 1; *Herschel/Löwisch* Rn. 6; *Hueck/v. Hoyningen-Huene* Rn. 36; KDZ/*Kittner* Rn. 6; KR/*Friedrich* Rn. 37; SPV Rn. 1049). **Nicht** unter § 13 I 1, sondern bei Erfüllung der Wartezeit unter die Regelungen der §§ 1 ff., fällt die sog. **entfristete Kündigung**. Sie ist eine ordentliche Kündigung, bei der eine Kündigungsfrist nicht einzuhalten ist (KR/*Friedrich* Rn. 22). Auf Berufsausbildungsverhältnisse ist § 13 I 3 (Auflösung des Arbeitsverhältnisses) nicht anzuwenden (BAG 29. 11. 1984 AP Nr. 6; *Hueck/v. Hoyningen-Huene* Rn. 182).

11 **Betriebs- oder Personalratsmitglieder,** denen unter den Voraussetzungen des § 15 gekündigt werden kann, müssen nach § 13 I 2 iVm. § 4 die Drei-Wochen-Frist einhalten, wenn es um die Unwirksamkeit der Kündigung wegen Fehlen eines Grundes geht, nicht jedoch, wenn sie andere Mängel, wie die fehlende Zustimmung des Betriebsrats, geltend machen wollen (*Kittner* Rn. 7; KR/*Friedrich* Rn. 39; KR/*Etzel* § 15 Rn. 41).

12 Ist eine **ordentliche Kündigung nach dem Gesetz oder aufgrund eines Tarifvertrags aufgrund besonderer Umstände ohne Einhaltung einer Frist möglich,** sind auf sie §§ 1 ff. anzuwenden (BAG 4. 6. 1987 AP KSchG 1969 § 1 Soziale Auswahl Nr. 16; KR/Friedrich Rn. 22). Anders ist es, wenn eine solche „ordentliche" Kündigung nur bei Vorliegen wichtiger Gründe, die denen des § 626 BGB ähneln, möglich sein soll. Eine solche Kündigung ist dann als außerordentliche in weiterem Sinn zu verstehen (BAG 8. 10. 1957 AP BGB § 626 Nr. 15; *Hueck/v. Hoyningen-Huene* Rn. 9). Bei vertraglichen oder tarifvertraglichen Regelungen können Zweifel bestehen, ob dem AG unzulässig entgegen dem Regelungsgehalt von § 626 BGB ein außerordentliches Kündigungsrecht eingeräumt worden ist. Der AN kann sich dann auf den Standpunkt stellen, es handele sich um eine ordentliche Kündigung und er kann deren Sozialwidrigkeit geltend machen. Er kann sich aber auch darauf berufen, es fehle ein wichtiger Grund, so daß über § 13 I die §§ 4 und 6 ff. gelten (*Herschel/Löwisch* Rn. 11). Sieht ein **Tarifvertrag** vor, daß sog. „unkündbaren" AN unter bestimmten Umständen – wenn auch mit Frist – gekündigt werden kann, handelt es sich um eine außerordentliche Kündigung (BAG 29. 8. 1991 AP BetrVG 1972 § 102 Nr. 58; Sie steht hinsichtlich der Sozialauswahl einer ordentlichen gleich (BAG 5. 2. 1998 AP BGB § 626 Nr. 143).

13 § 13 I erfaßt nach seinem Wortlaut auch die **außerordentliche Änderungskündigung** unter Berücksichtigung der begrenzten Anwendungsregelung des Abs. 1 S. 2 (BAG 19. 6. 1986 AP KSchG 1969 § 2 Nr. 16; BAG 27. 3. 1987 AP KSchG 1969 § 2 Nr. 20; *Hueck/v. Hoyningen-Huene* Rn. 7; KR/*Friedrich* Rn. 24 a; aA *Herschel/Löwisch* Rn. 13: auf die Änderungskündigung findet § 2 keine Anwendung).

14 Nach § 13 I 2 kann die **Rechtsunwirksamkeit der außerordentlichen Kündigung nur innerhalb der Drei-Wochen-Frist** des § 4 S. 1 geltend gemacht werden. Versäumt der AN diese Frist, gilt die außerordentliche Kündigung nach § 7 als von Anfang an rechtswirksam. Das gilt bei befristeten und bei unbefristeten Arbeitsverhältnissen (BAG 13. 4. 1967 AP KSchG 1951 § 11 Nr. 10; BAG 8. 6. 1972 AP KSchG 1969 § 13 Nr. 1; *Herschel/Löwisch* Rn. 14; *Hueck/v. Hoyningen-Huene* Rn. 14; KR/*Friedrich* Rn. 53). Der AN muß sich innerhalb dieser Frist auf das Fehlen eines wichtigen Grundes einschließlich der Nichteinhaltung der Zwei-Wochen-Frist gemäß § 626 II BGB berufen (*Löwisch* KSchG Rn. 18). Andere Unwirksamkeitsgründe kann er später geltend machen (BAG 8. 6. 1972 AP Nr. 1; *Herschel/Löwisch* Rn. 16, 17; *Hueck/v. Hoyningen-Huene* Rn. 4, 15; KR/*Friedrich* Rn. 62).

15 Obsiegt der AN und stellt das Gericht den Fortbestand des Arbeitsverhältnisses fest, kann der **AN,** wie bei der sozialwidrigen Kündigung, die **Auflösung des Arbeitsverhältnisses** entsprechend § 9 **verlangen.** Dieses Recht steht hier dem AG nicht zu (BAG 15. 3. 1978 AP BGB § 620 Befristeter Arbeitsvertrag Nr. 45; BAG 26. 10. 1979 AP KSchG 1969 § 9 Nr. 5), zum Berufsausbildungsverhältnis vgl Rn. 7. Es ist unschädlich, wenn die Kündigung auch aus einem anderen Grund als einem Verstoß

gegen § 626 BGB unwirksam ist (*Herschel/Löwisch* Rn. 19). Wegen der Unzumutbarkeit der Fortsetzung des Arbeitsverhältnisses vgl. § 9 Rn. 13.

Für den **Auflösungszeitpunkt** gilt nach § 13 I S. 3 der § 9 II entsprechend. Das Arbeitsverhältnis ist zu dem Zeitpunkt aufzulösen, zu dem die außerordentliche Kündigung gewirkt hätte. Das ist entweder der Tag des Zugangs der außerordentlichen Kündigung oder bei einer mit Kündigungsfrist erklärten Kündigung der Tag, mit dessen Ablauf das Arbeitsverhältnis enden sollte (BAG 22. 2. 1968 AP KSchG 1951 § 7 Nr. 22; BAG 9. 4. 1981 AP KSchG § 11 Nr. 1). Wird einem Auflösungsantrag stattgegeben, gilt für die Höhe der Abfindung gemäß § 13 I 3 Halbs. 2 der § 10 entsprechend. **16**

Hat der AG außerordentlich und hilfsweise ordentlich gekündigt, hat der AN beide Kündigungen angegriffen und ist die ordentliche Kündigung sozialwidrig und die außerordentliche ohne wichtigen Grund erfolgt, ist das Arbeitsverhältnis zu dem Zeitpunkt aufzulösen, den der AN in seinem Antrag bestimmt (*Löwisch* KSchG Rn. 28). Es gibt insoweit keinen logischen Vorrang. Ist nur eine der Kündigungen unwirksam, bestimmt sich der Auflösungszeitpunkt nach dem sich daraus ergebenden Termin (*Herschel/Löwisch* Rn. 26). **17**

Eine **außerordentliche Kündigung kann in eine ordentliche Kündigung umgedeutet werden**, vgl. dazu § 626 BGB. Probleme mit der Drei-Wochen-Frist ergeben sich aus der Umdeutung nicht. Die ursprünglich ausgesprochene Kündigung ist auch die umgedeutete. Obsiegt der AN im Fall der Umdeutung, steht fest, daß das Arbeitsverhältnis weder fristlos noch fristgerecht beendet worden ist (BAG 15. 11. 1984 AP BGB § 626 Nr. 87; *Hueck/v. Hoyningen-Huene* Rn. 47; KR/*Friedrich* Rn. 83). Der AG kann **außerordentlich kündigen und ausdrücklich erklären**, wenn die außerordentliche Kündigung unwirksam sei, kündige er – mit der abgegebenen Erklärung – **hilfsweise ordentlich**. Dann wird zunächst die außerordentliche und im Fall ihrer Unwirksamkeit die ordentliche Kündigung geprüft. Dies ist kein Fall der Umdeutung. **Kündigt der AG außerordentlich und gibt er keine ausdrückliche Erklärung** dazu ab, **ob** er das Arbeitsverhältnis **hilfsweise** auch mit **ordentlicher** Kündigungsfrist für beendet halte, stellt sich die Frage der Umdeutung (vgl. dazu ausführlich *Hueck/v. Hoyningen-Huene* Rn. 38 ff.). Die Auslegung einer abgegebenen Erklärung geht einer Umdeutung vor (*Herschel/Löwisch* Rn. 25; *Hueck/v. Hoyningen-Huene* Rn. 42; KR/*Friedrich* Rn. 76). Die Umdeutung einer außerordentlichen Kündigung in eine ordentliche kommt nur in Betracht, wenn die ordentliche Kündigung nicht ausgeschlossen ist (KR/*Friedrich* Rn. 96). Sie kann auch deshalb scheitern, weil es hinsichtlich einer ordentlichen Kündigung an formellen Erfordernissen mangelt, zB fehlende Anhörung des Betriebsrats, der einer außerordentlichen Kündigung nicht zugestimmt hatte (KR/*Friedrich* Rn. 98). **18**

Die **Umdeutung im Prozeß** ist im Grund die **Ermittlung einer verdeckt schon vorhandenen Willenserklärung**, nicht die „Schaffung" einer bisher nicht existenten. Bei Beantwortung der Frage, ob eine solche Erklärung vorhanden ist, kommt es darauf an, ob der AG die außerordentliche Kündigung **mutmaßlich** als ordentliche Kündigung ausgesprochen hätte und dies für den AN zum Zeitpunkt des Zugangs der Kündigungserklärung erkennbar gewesen ist (BAG 12. 8. 1976 AP BetrVG 1972 § 102 Nr. 10; BAG 31. 5. 1979 AP ZPO § 256 Nr. 50; *Hueck/v. Hoyningen-Huene* Rn. 43; KR/*Friedrich* Rn. 76; vgl. auch SPV Rn. 334, 338, 1170 ff.). Das BAG (BAG 14. 8. 1974 AP KSchG 1969 § 13 Nr. 3; BAG 18. 9. 1975 AP BGB § 626 Druckkündigung Nr. 10) nimmt an, das Gericht könne im Prozeß eine außerordentliche Kündigung nur in eine ordentliche umdeuten, wenn der Kündigende sich darauf **beruft**. Eine **Umdeutung von Amts wegen im Prozeß scheidet** daher **aus**. Dem liegt die Überlegung zugrunde, daß ein Dritter nicht etwas in eine Erklärung deuten soll, wozu der Erklärende sich ausschweigt. Es muß allerdings ausreichen, wenn der AG hinreichende Gründe vorträgt, aus denen auf die Möglichkeit einer Umdeutung zu schließen ist (*Herschel/Löwisch* Rn. 31 a; *Hueck/v. Hoyningen-Huene* Rn. 45; KR/*Friedrich* Rn. 83; SPV Rn. 338). Angesichts dieser Unklarheiten empfiehlt es sich für den AG, im Prozeß eine klare Erklärung im Hinblick auf eine gewollte Umdeutung abzugeben. Im Zweifel wird davon auszugehen sein, daß der AG in jedem Fall den AN „los sein will", wenn er ihm außerordentlich kündigt, so daß er mutmaßlich eine ordentliche Kündigung will (KR/*Friedrich* Rn. 78; *Löwisch* KSchG Rn. 32; *Ascheid* Rn. 105; SPV Rn. 338). **19**

Ist eine außerordentliche in eine ordentliche Kündigung **umgedeutet**, finden die allgemeinen Vorschriften über die Sozialwidrigkeit Anwendung. Das bedeutet, daß jetzt **AN und AG einen Auflösungsantrag nach § 9** stellen können (BAG 26. 10. 1979 AP § 9 Nr. 5; *Herschel/Löwisch* Rn. 35; *Hueck/v. Hoyningen-Huene* Rn. 51; KR/*Friedrich* Rn. 107). **20**

III. Sittenwidrige Kündigung

Eine **sittenwidrige Kündigung** ist nach **§ 138 BGB nichtig**. Sie spielt in der Praxis keine große Rolle. Ihre Existenzberechtigung ist durch die Regelung in § 13 allerdings durch das Gesetz anerkannt. Wenn die Voraussetzungen nach § 1 KSchG oder nach § 626 BGB vorliegen, besteht in der Regel kein Bedürfnis für eine **zusätzliche** Qualifizierung einer Kündigung als sittenwidrig. Die Sozialwidrigkeitsgründe sind nicht allein schon solche der Sittenwidrigkeit. Umstände, die in den Schutzbereich des KSchG fallen, begründen keinen Sittenwidrigkeitstatbestand. Der Geltungsbereich des KSchG kann nicht über die §§ 138, 242 BGB erweitert werden (KBK 9 Rn. 8). Es müssen weitere Umstände dazu **21** kommen (BAG 2. 4. 1987 AP BGB § 612a Nr. 1; LAG Schleswig-Holstein 20. 2. 1985 RzK I 8 k Nr. 2; *Hueck/v. Hoyningen-Huene* Rn. 61; KDZ/*Kittner* Rn. 21; KR/*Friedrich* Rn. 118). **Sittenwidrig ist eine Kündigung,** wenn entweder die sie tragenden Gründe oder die hinter ihr stehenden **Motive oder** die **Umstände,** unter denen sie ausgesprochen worden ist, **den allgemeinen Wertvorstellungen grob widersprechen** (BAG 23. 11. 1961 AP BGB § 138 Nr. 22; BAG 19. 7. 1973 AP BGB § 138 Nr. 32; *Herschel/Löwisch* Rn. 37; KDZ/*Kittner* Rn. 22; *Löwisch* KSchG Rn. 41) und den **Kündigenden ein subjektiver Vorwurf** zumindest in Form eines leichtfertigen Verhaltens trifft (BGH 9. 7. 1953 BGHZ 10, 228, 232; BGH 27. 1. 1994 NJW 1994, 2289, 2291; *Löwisch* BB 1997, 784). Eine Sittenwidrigkeit ist nicht schon gegeben, wenn der AN wegen einer früheren Schuld seinen zukünftigen Lohnanspruch gegen den AG abgetreten hat und dieser nunmehr ordentlich kündigt (BAG 19. 7. 1973 AP BGB § 138 Nr. 32). Eine Sittenwidrigkeit wird ausscheiden, wenn der AG für sein Verhalten sachlich zu respektierende Gründe anführen kann (KR/*Friedrich* Rn. 125). Eine Kündigung ist nicht schon deshalb sittenwidrig, weil der AG weder bei ihrem Ausspruch noch später Gründe für sie angibt (BAG 21. 3. 1959 AP KSchG 1951 § 1 Nr. 55; *Löwisch* KSchG Rn. 39).

22   **Sittenwidrigkeit ist mehr als** ein Verstoß gegen **§ 242 BGB** (*Löwisch* KSchG Rn. 41). Die Regelungsbereiche der §§ 138 und 242 BGB lassen sich allerdings nicht immer scharf trennen. § 138 BGB bezieht sich auf die Substanz des Handlungsunwerts. § 242 BGB stellt auf den Unwert der Art und Weise des Handelns ab. Setzt sich der AG durch Ausspruch einer Kündigung zB in Widerspruch zu seinem früheren Verhalten (venire contra factum proprium), kann ein Verstoß gegen § 242 BGB vorliegen (*Löwisch* BB 1997, 785). Es ist aber nicht nicht der Grad der Sittenwidrigkeit erreicht (*Herschel/Löwisch* Rn. 42). Sittenwidrigkeit wurde früher bejaht, wenn die Kündigung als ein „**Vergeltungsakt",** als Maßnahme, gegen ein rechtlich korrektes Verhalten des AN eingesetzt wird, das aber dem AG nicht genehm ist (BAG 23. 11. 1961 AP BGB § 138 Nr. 22; vgl. auch BAG 2. 4. 1987 AP BGB § 612a Nr. 1; *Herschel/Löwisch* Rn. 38; KDZ/*Kittner* Rn. 22; *Löwisch* KSchG Rn. 42). Als sittenwidrig erachtet wurde eine Kündigung, wenn der AG zunächst mit ihr gedroht hat, um den AN zu einem bestimmten Verhalten zu zwingen. Eine **verwerfliche Zweck-Mittel-Relation** liegt ebenso vor, wenn der AG zunächst mit der später realisierten Kündigungsandrohung versucht hat, sich Vorteile zu verschaffen, die außerhalb der Vertragsbeziehungen der Parteien liegen, zB den Ankauf eines Grundstücks (vgl. BGH 26. 2. 1970 AP BGB § 138 Nr. 28; *Löwisch* BB 1997, 785). Diese frühere Rechtsprechung zur Sittenwidrigkeit von Kündigungen wegen Maßregelungen ist durch das jetzt in § 612a BGB normierte Maßregelungsverbot insoweit überholt, als sich die Vergeltung auf die Ausübung dem AN gesetzlich oder vertraglich zustehender Rechte bezieht. **§ 612a BGB** ist insofern **lex specialis gegenüber der sittenwidrigen Kündigung** (BAG 2. 4. 1987 AP BGB § 612a Nr. 1; BAG 21. 7. 1988 AP TVG § 1 Rückwirkung Nr. 10; BAG 20. 4. 1989 RzK I l Nr. 15; *Hueck/v. Hoyningen-Huene* Rn. 65; KR/*Friedrich* 141 a; SPV Rn. 179; *Preis*, Vertragsgestaltung, S. 172).

23   Eine Kündigung ist sittenwidrig, wenn sie aus einem Motiv heraus erfolgt, das das GG schlechterdings mißbilligt, zB wenn eine Kündigung erfolgt, weil der **AN sich gewerkschaftlich betätigt,** Art. 9 III GG (BAG 5. 3. 1987 RzK I 8l Nr. 6; *Herschel/Löwisch* Rn. 40; *Löwisch* KSchG Rn. 44; *ders.* BB 1997, 782, 785). Die Wertungen der Verfassung sind in § 138 BGB zu integrieren. **Maßgeblich ist in allen Fällen** das **Motiv des AG,** nicht das von bloßen Hilfspersonen, das er nicht kennt und sich nicht zu eigen gemacht hat (*Herschel/Löwisch* Rn. 41; KR/*Friedrich* Rn. 126). Eine Kündigung kann auch sittenwidrig sein gemäß § 138 BGB (nicht treuwidrig nach § 242 BGB), weil der AG ausschließlich beabsichtigt, mit ihr unzulässig in die sexuelle Privatsphäre des AN – ohne Bezug zu Pflichten aus dem Arbeitsverhältnis – einzudringen (BAG 23. 6. 1994 AP BGB Kündigung § 242 Nr. 9; *Löwisch* KSchG Rn. 41). Im übrigen kommt es auf eine Gesamtabwägung aller Umstände an (BAG 28. 4. 1994 RzK I 8k Nr. 8). Eine Kündigung ist nicht allein deshalb sittenwidrig, weil ein AN **HIV-infiziert** ist (vgl. BAG 16. 2. 1989 AP BGB § 138 Nr. 46).

24   Eine **Kündigung, die aus freien Stücken** erfolgt, ist **zulässig.** Dieses Recht wird dem AG außerhalb des Anwendungsbereich des KSchG gewährt, soweit er die übrigen einschlägigen Vorschriften beachtet (*Löwisch* BB 1997, 782, 787). „Aus freien Stücken" heißt nicht willkürlich. Im Hinblick auf § 1 ist beachtlich, daß dem AG in den ersten sechs Monaten ein weiter und freier Beurteilungsspielraum zusteht, ob er zukünftig mit einem AN weiter zusammenarbeiten will oder nicht. Fließen bereits hier Benachteiligungselemente ein, wird der Sinngehalt von § 1 I verkannt (*Löwisch* BB 1997, 782, 787). Der AG wird über diesen Umstand praktisch zu einer Einstellung gezwungen (nicht bedenkenfrei: BAG 23. 6. 1994 AP BGB § 242 Kündigung Nr. 9). Das bezieht sich auch auf Auswahlüberlegungen (*Löwisch* BB 1997, 782, 787). Das Anknüpfen an sachliche Gründe, die das KSchG nicht – mehr – kennt, zB das Abstellen auf den Grad der Ausbildung, ist hier hinzunehmen. Höchstrichterliche Entscheidungen stehen dem nicht entgegen. Die BAG-Entscheidung zum Einigungsvertrag (BAG 19. 1. 1995 AP Einigungsvertrag Art. 13 Nr. 12) bezog sich auf ein den AN schützendes Gesetz und füllte innerhalb dieses Schutzgesetzes eine Lücke aus. Demgegenüber ist eine **Kündigung, die ohne Grund erfolgt, willkürlich,** aber deshalb noch **nicht sittenwidrig** (BAG 2. 11. 1983 AP BetrVG 1972 § 102 Nr. 29 aE; *Herschel/Löwisch* Rn. 36; *Hueck/v. Hoyningen-Huene* Rn. 61 SPV). Eine Kündigung, für die der AG nicht irgendeinen Grund hätte, ist in der Praxis kaum denkbar. Willkür kann sich in der Praxis zeigen, wenn das Handeln des AG gegenüber einem AN im Hinblick auf vergleichbare

IV. Sonstige Unwirksamkeitsgründe § 13 KSchG 430

andere AN gewürdigt wird. Richtet der AG sein Handeln an allgemeinen abstrakten Kriterien aus, benachteiligt er willkürlich einen AN, wenn er diese Kriterien bei ihm nicht beachtet.

Nach Abs. 2 S. 1 kann der AN die Nichtigkeit einer gegen die guten Sitten verstoßenden Kündi- 25 gung „unabhängig von den Vorschriften dieses Gesetzes" geltend machen. **Er braucht die Drei-Wochen-Frist nicht einzuhalten** (*Hueck/v. Hoyningen-Huene* Rn. 69; KR/*Friedrich* Rn. 157). Außerdem ist es unerheblich, ob er bereits dem persönlichen Geltungsbereich des KSchG nach § 1 I unterfällt. Auch im Fall der Sittenwidrigkeit kann das Recht, sich auf sie zu berufen, **verwirkt** werden, vgl. dazu § 7 Rn. 5. Eine wegen Sittenwidrigkeit unwirksame Kündigung ist nicht umdeutbar in eine wirksame nach § 1 KSchG (*Löwisch* KSchG Rn. 47).

Klagt der AN innerhalb der Drei-Wochen-Frist des § 4, steht ihm nach § 13 II 2 das Recht zu, die 26 Auflösung des Arbeitsverhältnisses gegen Zahlung einer Abfindung in entsprechender Anwendung von § 9 I 1 und II zu verlangen oder das Arbeitsverhältnis nach § 12 zu beenden. Das gilt auch, wenn die sittenwidrige Kündigung nicht zugleich sozialwidrig ist, was in der Praxis kaum denkbar ist (*Herschel/Löwisch* Rn. 46; *Hueck/v. Hoyningen-Huene* Rn. 71, 73). Auflösungszeitpunkt ist bei der sittenwidrigen ordentlichen Kündigung das Ende der ordentlichen Kündigungsfrist, im Fall der außerordentlichen Kündigung der Tag des Zugangs der Kündigungserklärung, vgl. im übrigen Rn. 16. Gemäß § 13 II S. 2 Halbs. 2 finden die §§ 5 und 6 Anwendung. Aus der Anwendung von § 6 folgt, daß der AN, der innerhalb von drei Wochen auf Feststellung der Sozialwidrigkeit der Kündigung geklagt hat, sich auch noch danach auf die Sittenwidrigkeit berufen kann (*Herschel/Löwisch* Rn. 48).

Anders als nach § 1 II 4 trägt der **AN** für das Vorliegen der Voraussetzungen, die eine **Kündigung** 27 als **sittenwidrig** erscheinen lassen, die volle **Darlegungs- und Beweislast** (BAG 19. 7. 1973 AP BGB § 138 Nr. 32; BAG 16. 2. 1989 AP BGB § 138 Nr. 46; *Hueck/v. Hoyningen-Huene* Rn. 62; KR/*Friedrich* Rn. 175; *Löwisch* KSchG Rn. 48).

IV. Sonstige Unwirksamkeitsgründe

Nach § 13 III finden die Vorschriften des ersten Abschnitts des KSchG auf eine Kündigung, die aus 28 anderen als den in § 1 II und III bezeichneten Gründen rechtsunwirksam ist, keine Anwendung. In § 13 III wird nur § 1 II und III zitiert. Es ist nicht anzunehmen, daß die Unwirksamkeitsgründe nach dem neuen Abs. 4 nicht einbezogen sein sollen, zumal sie rechtlich teilweise untrennbar mit den Abs. 2 und 3 verbunden sind. Offenbar handelt es sich bei der Nicht-Ergänzung von § 13 III um ein gesetzgeberisches Versehen. Die Unwirksamkeit einer solchen Kündigung kann außerhalb der Drei-Wochen-Frist des § 4 angegriffen werden. Zur **Verwirkung**, die auch hier greifen kann (*Hueck/v. Hoyningen-Huene* Rn. 94), vgl. § 7 Rn. 5. § 13 III ist restriktiv dahin auszulegen, daß sonstige Mängel nicht innerhalb dieser Frist geltend gemacht werden **müssen**, jedoch können. Klagt der AN außerhalb der Frist, kann er, vorbehaltlich § 6, nicht die Auflösung des Arbeitsverhältnisses gegen Zahlung einer Abfindung verlangen (*Herschel/Löwisch* Rn. 54; *Hueck/v. Hoyningen-Huene* Rn. 93; KR/*Friedrich* Rn. 351).

Sonstige Unwirksamkeitsgründe sind: Verstoß gegen allgemeine rechtsgeschäftliche Wirksam- 29 keitsvoraussetzungen, wie **Nichtbeachtung einer gesetzlich, § 623 BGB, tarifvertraglich oder vertraglich vorgeschriebenen Form, § 125 BGB, Geschäftsunfähigkeit, §§ 104 ff. BGB; Fehlen der Vertretungsvoraussetzungen, §§ 164 ff. BGB, § 174 BGB** (Kündigung ohne Vorlage einer Vollmachtsurkunde), Vorliegen von **Willensmängeln,** §§ 116 ff. BGB, Nichtbeachtung von **Sonderkündigungsschutz** (MuSchG, SchwbG, ArbPlSchG, Bergmannsversorgungsgesetze), **Kündigung zum Zweck der Verhinderung der Wahl in den Betriebsrat** (BAG 13. 10. 1977 AP KSchG 1969 § 1 Verhaltensbedingte Kündigung Nr. 1), **Kündigung wegen Betriebsübergangs** (BAG 31. 1. 1985 AP BGB § 613 a Nr. 40; *Hueck/v. Hoyningen-Huene* Rn. 82; KR/*Rost* § 7 Rn. 25 a), nicht ordnungsgemäße **Anhörung des Betriebs- oder Personalrats**, § 102 BetrVG, §§ 79, 108 BPersVG (KR/*Friedrich* Rn. 217), **Kündigung von in § 15 geschützten Personen** unter Nichtbeachtung des Zustimmungsverfahrens, § 103 BetrVG, §§ 47, 108 BPersVG (BAG 14. 2. 1978 AP GG Art 9 Arbeitskampf Nr 57; KR/*Friedrich* Rn. 204), **Verstoß gegen ein gesetzliches Verbot**, § 134 BGB (zu der Frage des Verstoßes gegen Grundrechtsbestimmungen vgl. KR/*Friedrich* Rn. 179 ff.). Bestand zum Zeitpunkt des Zugangs einer ordentlichen Kündigung oder Änderungskündigung ein entsprechendes **tarifliches Kündigungsverbot**, ist eine dennoch ausgesprochene Kündigung aus anderen Gründen unwirksam (BAG 10. 3. 1982 AP § 2 Nr. 2; *Hueck/v. Hoyningen-Huene* Rn. 84; KR/*Friedrich* Rn. 260 ff.). Aus der Nichtbeachtung tarifvertraglicher Vorschriften, die nicht ein Kündigungsverbot enthalten, läßt sich nicht die Aussprach einer Kündigung als sonstige Unwirksamkeit herleiten. Eine solche Kündigung ist vielmehr sozialwidrig, vgl. § 1 Rn. 431. Eine sonstige Unwirksamkeit ist gegeben bei Verstoß gegen die betriebsverfassungsrechtlichen Verbote der §§ 20, 78 BetrVG (vgl. BAG 13. 10. 1977 AP KSchG Verhaltensbedingte Kündigung Nr. 1; *Hueck/v. Hoyningen-Huene* Rn. 80; KR/ *Friedrich* Rn. 206, 207). Werden bei einer **Kündigung** die gesetzlichen, tarifvertraglichen oder vertraglichen **Kündigungsfristen** nicht beachtet, ist dies ein Mangel nach § 13 III. Der Mangel wird jedoch selten zu einer völligen Nichtigkeit der Kündigung führen. Vielmehr wird sie in der Regel umzudeuten sein in eine zum nächst möglichen Termin (KR/*Friedrich* Rn. 225). Wird eine Kündigung auf eine Unternehmerentscheidung gestützt, die hinsichtlich ihrer inhaltlichen Vorgaben tarifwidrig ist, ist die

Kündigung sozialwidrig (aA BAG 10. 2. 1999 AP KSchG 1969 § 2 Nr. 52, vgl. auch § 1 Rn. 431). Eine Kündigung kann auch unwirksam sein, wenn der gekündigte AN daurch die Maßnahme diskriminiert wird (vgl. *Schiek/Horstkötter* NZA 1998, 863).

30 **Verstößt eine Kündigung,** abgesehen von ihrer Sozialwidrigkeit, **gegen Treu und Glauben,** ist sie ebenfalls unwirksam (*Herschel/Löwisch* Rn. 52; KR/*Friedrich* Rn. 229). Eine solche Kündigung wird auch als **treuwidrige Kündigung** bezeichnet (BAG 2. 11. 1983 AP BetrVG 1972 § 102 Nr. 29; BAG 16. 2. 1989 AP BGB § 138 Nr. 46; *Hueck/v. Hoyningen-Huene* Rn. 86; SPV Rn. 185). Über § 242 BGB kann der Kündigungsschutz nicht über § 1 I und § 23 hinaus ausgedehnt werden (*Hueck/v. Hoyningen-Huene* Rn. 90; *Löwisch* KSchG vor § 1 Rn. 32; *ders.,* BB 1997, 782, 785). Sie kann dann gegen § 242 BGB verstoßen und deshalb nichtig sein, wenn sie aus Gründen, die von § 1 nicht erfaßt sind, Treu und Glauben verletzt (BAG 12. 7. 1990 AP BGB § 613a Nr. 87; BAG 16. 2. 1989 AP BGB § 138 Nr. 46; KR/*Friedrich* Rn. 232), so zB bei widersprüchlichem Verhalten (*Löwisch* BB 1997, 782, 785), vgl. Rn. 22 (*Hueck/v. Hoyningen-Huene* Rn. 89, 92; KR/*Friedrich* Rn. 236). Einen Sonderfall des Verstoßes gegen Treu und Glauben stellt die sog. **ungehörige Kündigung** dar. Bei ihr leitet sich die Unwirksamkeit aus der Art und Weise sowie den Umständen, aus denen heraus sie ausgesprochen wird, ab, zB Kündigung vor versammelter Belegschaft (BAG 23. 9. 1976 AP KSchG § 1 Wartezeit Nr. 1; SPV Rn. 189), Kündigung in beleidigender Form (*Löwisch* BB 1997, 782, 785).

31 **Keine treuwidrige Kündigung** ist diejenige, die kurz vor Ablauf der Wartefrist des § 1 I erklärt wird, um den Eintritt des Kündigungsschutzes zu verhindern. Dieses Recht steht dem AG zu (KR/*Friedrich* Rn. 250).

32 **Der AN ist durch § 13 III nicht gehindert,** sich bei Vorliegen eines sonstigen Unwirksamkeitsgrundes zugleich **auf einen solchen der Sozialwidrigkeit zu berufen.** Er kann dann die Auflösung des Arbeitsverhältnisses gegen Zahlung einer Abfindung begehren (*Herschel/Löwisch* Rn. 55).

§ 14 Angestellte in leitender Stellung

(1) **Die Vorschriften dieses Abschnitts gelten nicht**
1. in Betrieben einer juristischen Person für die Mitglieder des Organs, das zur gesetzlichen Vertretung der juristischen Person berufen ist,
2. in Betrieben einer Personengesamtheit für die durch Gesetz, Satzung oder Gesellschaftsvertrag zur Vertretung der Personengesamtheit berufenen Personen.

(2) ¹Auf Geschäftsführer, Betriebsleiter und ähnliche leitende Angestellte, soweit diese zur selbständigen Einstellung oder Entlassung von Arbeitnehmern berechtigt sind, finden die Vorschriften dieses Abschnitts mit Ausnahme des § 3 Anwendung. ²§ 9 Abs. 1 Satz 2 findet mit der Maßgabe Anwendung, daß der Antrag des Arbeitgebers auf Auflösung des Arbeitsverhältnisses keiner Begründung bedarf.

I. Allgemeines

1 Nach § 14 I Nr. 1 gilt der allgemeine **Kündigungsschutz nicht für gesetzliche Vertreter von juristischen Personen.** Abs. 1 bezieht sich auf die unmittelbaren Organvertreter (BAG 15. 4. 1982 AP KSchG 1969 § 14 Nr. 1; KR/*Rost* Rn. 6); § 14 I Nr. 1 kommt nur klarstellende Funktion zu. Die dort bezeichneten Personengruppen sind schon nach allgemeiner Ansicht keine AN (BAG 27. 6. 1985 AP AngKSchG § 1 Nr. 2; BAG 12. 3. 1987 AP ArbGG 1979 § 5 Nr. 6; *Herschel/Löwisch* Rn. 1; *Hueck/v. Hoyningen-Huene* Rn. 2; KDZ/*Kittner* Rn. 1; KR/*Rost* Rn. 6). Die nichtvertretungsberechtigten Gesellschafter, Kommanditisten oder Vereinsmitglieder können AN sein und dem Kündigungsschutz unterfallen (*Löwisch* KSchG Rn. 8). Nach Abs. 2 wird der **Kündigungsschutz** auf die dort bezeichneten Personen, sog. **leitende Angestellte,** mit Einschränkungen (kein Einspruch beim Betriebsrat, § 3, Modifizierung des Verfahrens bei Auflösungsantrag, § 9), erstreckt.

2 Für **Kündigungsstreitigkeiten** der **unmittelbaren Organvertreter,** § 14 I, sind die **ordentlichen Gerichte** zuständig, sofern nicht aus einem daneben bestehenden Arbeitsverhältnis geklagt wird (KDZ/*Kittner* Rn. 32), für **Kündigungsstreitigkeiten** der **leitenden Angestellten,** § 14 II, sind ausschließlich die **Arbeitsgerichte** zuständig, § 2 ArbGG iVm. § 5 ArbGG.

II. Mitglieder von Vertretungsorganen und sonstige organschaftliche Vertreter – § 14 I

3 § 14 I Nr. 1: Nach § 14 I Nr. 1 gilt der Kündigungsschutz nicht für **Mitglieder des Organs,** das in **Betrieben zur gesetzlichen Vertretung** der juristischen Person **berufen** ist. Maßgeblich ist, daß der jeweilige Betrieb von einer juristischen Person geführt wird. Es ist ohne Belang, ob die juristische Person einen oder mehrere Betriebe führt (KR/*Rost* Rn. 7). Solche Organvertreter sind nach § 17 IV Nr. 4 auch vom Massenkündigungsschutz ausgeschlossen. Organvertreter sind: Vorstandsmitglieder einer Aktiengesellschaft, § 78 I AktG, und zwar unabhängig davon, ob ein Vorstandsvorsitzender bestellt ist (KR/*Rost* Rn. 8), Vorstandsmitglieder einer Genossenschaft, § 24 I GenG, Vorstandsmit-

glieder eines rechtsfähigen Vereins, § 26 II BGB, sowie die einer rechtsfähigen Stiftung, § 86 iVm. § 26 II BGB, Geschäftsführer einer GmbH, § 35 I GmbHG, in dieser Eigenschaft. Wegen der Vergleichbarkeit der Sach- und Rechtslage gilt § 14 I Nr. 1 auch für die nicht beamteten organschaftlichen Vertreter der juristischen Personen des öffentlichen Rechts, zB Gemeinde, Kreis (*Hueck/ v. Hoyningen-Huene* Rn. 10; KR/*Rost* Rn. 7; *Löwisch* KSchG Rn. 5).

§ 14 I Nr. 1 gilt **nicht** für die **Mitglieder des Aufsichtsrats**. Der Aufsichtsrat ist, abgesehen von 4 § 112 AktG, kein Vertretungsorgan. Vertreter der AN im Aufsichtsrat verlieren also nicht wegen § 14 I Nr. 1 den allgemeinen Kündigungsschutz (*Herschel/Löwisch* Rn. 3; KR/*Rost* Rn. 8). Stehen gesetzliche Vertreter neben ihrer Organstellung noch in einem gesonderten Arbeitsverhältnis zur juristischen Person, findet auf dieses das KSchG Anwendung (BAG 9. 5. 1985 AP ArbGG 1979 § 5 Nr. 3; vgl. BAG 27. 6. 1985 AP AngKschG § 1 Nr. 2; *Herschel/Löwisch* Rn. 7; KR/*Rost* Rn. 10). Bei **Geschäftsführern einer GmbH** in einer GmbH und Co KG ist das KSchG auf ein neben dem Anstellungsverhältnis zur Komplementär-GmbH bestehendes Arbeitsverhältnis zur KG anwendbar (BAG 10. 7. 1980 AP ArbGG 1979 § 5 Nr. 1; BAG 15. 4. 1982 AP KSchG 1969 § 14 Nr. 1; *Hueck/ v. Hoyningen-Huene* Rn. 6; KR/*Rost* Rn. 10 a; aA *Herschel/Löwisch* Rn. 6: hat auch Organstellung zur KG und unterfällt Nr. 2).

Sofern die genannten Personen **bei** ihrer **Berufung** als Organvertreter **bereits AN der Gesellschaft** 5 waren, ist bei Streitigkeiten zu prüfen, ob das frühere Arbeitsverhältnis mit der Begründung des Anstellungsverhältnisses sein Ende gefunden hat. Ist es nur zum Ruhen gekommen und wird das frühere Dienstverhältnis nach Beendigung des Organstellung als Arbeitsverhältnis mit der bezeichneten Person fortgesetzt, findet das KSchG Anwendung (*Herschel/Löwisch* Rn. 8; *Hueck/v. Hoyningen-Huene* Rn. 7; KR/*Rost* Rn. 10). Das BAG nimmt an, im Zweifel komme das Arbeitsverhältnis bei Berufung zum Organvertreter nur zum Ruhen (BAG 9. 5. 1985 AP ArbGG 1979 § 5 Nr. 3; BAG 27. 6. 1985 AP AngKschG § 1 Nr. 2; BAG 12. 3. 1987 AP ArbGG 1979 § 5 Nr. 6). Nach richtiger Auffassung ist es umgekehrt. Wenn bei Bestellung zum Organvertreter keine ausdrückliche Regelung getroffen wird, ist von einer Beendigung des bis dahin bestehenden Arbeitsverhältnisses auszugehen (vgl. *Martens* Anm. BAG 9. 5. 1985 AP ArbGG 1979 § 5 Nr. 3; *Grunsky* ZIP 1988, 76, 78; *Löwisch* KSchG Rn. 10; offen: *Hueck/v. Hoyningen-Huene* Rn. 7). In einem **Konzern** kommt es vor, daß das Organmitglied einer Konzerngesellschaft zusätzlich in einem **Dienstverhältnis in einem anderen Konzernunternehmen** steht. Die Frage, ob das KSchG Anwendung findet, ist dann nicht nach § 14 I zu beantworten, sondern danach zu entscheiden, welche Verträge zu den einzelnen Unternehmen bestehen und ob diese als Arbeitsverträge zu qualifizieren sind (vgl. BAG 24. 8. 1972 AP BGB § 611 Gemischter Vertrag Nr. 2; *Hueck/v. Hoyningen-Huene* Rn. 8).

§ 14 I Nr. 2: Zu dem Personenkreis nach § 14 Nr. 2 gehören die **Personen**, die in Betrieben einer 6 Personengesamtheit **durch Gesetz, Satzung oder Gesellschaftsvertrag** zur **Vertretung der Personengesamtheit** berufen sind. Erfaßt werden nur die unmittelbaren Organvertreter: die – vertretungsberechtigten – Gesellschafter einer offenen Handelsgesellschaft, § 105 HGB, die Komplementäre einer KG, § 161 HGB, und die vertretungsberechtigten Gesellschafter einer Gesellschaft des bürgerlichen Rechts, § 705 BGB, sowie die Vorstandsmitglieder eines nicht rechtsfähigen Vereins, § 54 BGB – Partnerschaftsgesellschaft – (*Herschel/Löwisch* Rn. 5; *Hueck/v. Hoyningen-Huene* Rn. 11; KR/*Rost* Rn. 19 ff.). Die nicht organschaftlichen Vertreter der Personengesamtheit, wie Prokuristen, Generalbevollmächtigte, Handlungsbevollmächtigte, werden von der Regelung des § 14 I Nr. 2 nicht erfaßt (*Herschel/Löwisch* Rn. 9; *Hueck/v. Hoyningen-Huene* Rn. 11; KR/*Rost* Rn. 18).

III. Leitende Angestellte – § 14 II

Im Gegensatz zu den organschaftlichen Vertretern nach § 14 I sind die in Abs. 2 bezeichneten 7 **leitenden Angestellten echte AN.** § 14 II legt die Merkmale des leitenden Angestellten begrifflich nicht genau fest. Es wird beispielhaft auf Geschäftsführer und Betriebsleiter verwiesen und festgelegt, Angestellte, die ähnliche Merkmale aufweisen und darüber hinaus noch die Berechtigung zur selbständigen Einstellung **oder** Entlassung hätten, seien als leitende Angestellte iS der Vorschrift anzusehen. Damit wird für nur ganz bestimmte leitende Angestellte der Kündigungsschutz gegenständlich beschränkt (KR/*Rost* Rn. 25). Der **Begriff des leitenden Angestellten iSd. KSchG** deckt sich nicht mit dem nach dem BetrVG. Er ist weiter als der nach § 5 BetrVG, weil der die Einstellungs- **oder** Entlassungsbefugnis genügen läßt (KDZ/*Kittner* Rn. 17; KR/*Rost* Rn. 25; *Löwisch* KSchG Rn. 14). Er ist enger, weil es sich um Geschäftsleiter, Betriebsleiter oder ähnliche Angestellte handeln muß. Es gibt AN, die nach § 5 III BetrVG als leitende Angestellte anzusehen sind, nicht jedoch nach § 14 II. Der umgekehrte Fall dürfte indessen kaum vorkommen (*Hueck/v. Hoyningen-Huene* Rn. 12). In Zweifelsfällen ist es zweckmäßig, zur Begriffsbestimmung des leitenden Angestellten zunächst von dem weiteren Begriff des § 5 III BetrVG auszugehen, wobei auf die hierfür entwickelten Abgrenzungskriterien zurückgegriffen werden kann (KDZ/*Kittner* Rn. 17; SPV Rn. 602; KR/*Rost* Rn. 26). Dieser weite Begriff ist sodann auf die in § 14 II beschriebene Funktionsebene zu reduzieren. In allen Fällen ist unabdingbare Voraussetzung, daß die betreffende Person ihre Funktion auch tatsächlich ausübt (*Löwisch* KSchG Rn. 14).

8   Bei einem leitenden Angestellten nach dem KSchG müssen nach der wohl hM jeweils **drei Erfordernisse** erfüllt sein:
– **Eigenschaft als leitender Angestellter,**
– **Funktion als oder ähnlich wie ein Geschäftsführer oder Betriebsleiter,**
– **Berechtigung zur selbständigen Einstellung oder Entlassung von Arbeitnehmern.**
Unter **Geschäftsführer** iSd. Abs. 2 sind nicht etwa GmbH-Geschäftsführer zu verstehen; diese sind unter Nr. 1 erfaßt (*Herschel/Löwisch* Rn. 11; *Hueck/v. Hoyningen-Huene* Rn. 14; KDZ/*Kittner* Rn. 19; KR/*Rost* Rn. 27). Gemeint sind Personen, die leitende unternehmerische Aufgaben wahrnehmen, denen die Führung des Unternehmens oder eines Betriebs obliegt. Hierbei ist es unerheblich, ob dies im kaufmännischen, organisatorischen, technischen oder personellem Bereich geschieht (*Hueck/v. Hoyningen-Huene* Rn. 14). Es ist nicht entscheidend, wie die Parteien diese Personen begrifflich ausgestattet haben (KR/*Rost* Rn. 27).

9   Der **leitende Angestellte** muß kraft seiner Funktion für Bestand und Entwicklung des Betriebs **Aufgaben mit besonderer Bedeutung** wahrnehmen, dh. unternehmerische Teilaufgaben. Er muß maßgeblichen Einfluß auf die wirtschaftliche, technische, kaufmännische, organisatorische, personelle **oder** wirtschaftliche Führung des Unternehmens oder eines Betriebs ausüben (BAG 25. 11. 1993 AP KSchG 1969 § 14 Nr. 4; KR/*Rost* Rn. 27). Die genannten Aufgaben müssen ihm nicht kumulativ übertragen sein. Er muß wesentlich eigenverantwortlich handeln. Das erfordert einen erheblichen **Entscheidungsspielraum.** Es kommt hierbei weder auf bestimmte Einkommensgrenzen an noch darauf, auf welcher Leitungsebene im Unternehmen die Tätigkeit ausgeübt wird (BAG 23. 1. 1986 AP BetrVG 1972 § 5 Nr. 32; KDZ/*Kittner* Rn. 18; vgl. im übrigen *Hromadka* SprAuG Einl. Rn. 9 ff.).

10   Die leitenden Angestellten iSd. KSchG müssen nach hM darüber hinaus zur **selbständigen Einstellung oder Entlassung von AN** berechtigt sein (BAG 25. 11. 1993 AP KSchG 1969 § 14 Nr. 3; BFH 20. 12. 1961 AP KSchG 1951 § 12 Nr. 1; *Hueck/v. Hoyningen-Huene* Rn. 19; KR/*Rost* Rn. 24, 27; KDZ/*Kittner* Rn. 15). Das ist unzutreffend, denn der Zusatz „soweit diese" bezieht sich nur auf die ähnlichen Angestellten (*Löwisch* KSchG Rn. 17). Die Einstellungs- oder Entlassungsbefugnis – ein alternatives Vorliegen genügt – muß mit einem rechtlichen Dürfen verbunden sein. Es genügt nicht, daß entsprechende Maßnahmen von Fall zu Fall von der Unternehmensleitung toleriert werden (*Herschel/Löwisch* Rn. 15; *Hueck/v. Hoyningen-Huene* Rn. 21; KDZ/*Kittner* Rn. 22; KR/*Rost* Rn. 30). **Die Befugnis muß demnach im Innen- und im Außenverhältnis bestehen.** Das alleinige Vorliegen der Außenvertretung (Titularprokura) reicht nicht (BAG 11. 3. 1982 AP BetrVG 1972 § 5 Nr. 28; *Hueck/v. Hoyningen-Huene* Rn. 21; KDZ/*Kittner* Rn. 23; KR/*Rost* Rn. 30). Von einer selbständigen Einstellungsbefugnis des „ähnlich leitenden Angestellten" iSv. § 14 II Satz 1 kann nicht ausgegangen werden, wenn diese dem Angestellten (Chefarzt) nur intern, nicht aber im Außenverhältnis zusteht (BAG 18. 11. 1999 AP KSchG 1969 § 14 Nr. 5).

11   Die **Berechtigung** zur selbständigen Einstellung oder Entlassung muß **nicht zwingend unternehmens- oder betriebsbezogen** sein. Es genügt, wenn der im übrigen unternehmerische (Teil-)Aufgaben wahrnehmende Angestellte in zumindest einer Betriebsabteilung zur selbständigen Einstellung oder Entlassung von AN berechtigt ist (BAG 28. 9. 1961 AP KSchG 1951 § 1 Personenbedingte Kündigung Nr. 1; *Hueck/v. Hoyningen-Huene* Rn. 18; KR/*Rost* Rn. 29). Die rechtliche Befugnis muß sich damit nicht auf alle AN des Betriebs beziehen. Es muß aber eine bedeutende Anzahl von Beschäftigten des betreffenden Betriebs erfaßt sein (vgl. zu dem insoweit vergleichbaren § 5 BetrVG: BAG 11. 3. 1982 AP BetrVG § 5 Nr. 28; *Herschel/Löwisch* Rn. 16; *Hueck/v. Hoyningen-Huene* Rn. 24; KR/*Rost* Rn. 29). Wird die Befugnis notwendig von zwei Personen ausgeübt, zB von dem Leiter der Personalabteilung und dem jeweiligen Leiter der Fachabteilung, sind beide nicht selbständig iSv. § 14 (*Herschel/Löwisch* Rn. 16).

12   Die zu fordernde **Selbständigkeit setzt Eigenverantwortlichkeit voraus,** vgl. Rn. 9. Jemand, der sich in der Regel bei seinem AG rückversichern muß, handelt nicht selbständig (BAG 11. 3. 1982 AP BetrVG 1972 § 5 Nr. 28; *Herschel/Löwisch* Rn. 16; KR/*Rost* Rn. 29). Die Eigenverantwortlichkeit ist hingegen gegeben, wenn bei Ausübung des Rechts nur interne Richtlinien zu beachten sind oder wenn vor einer entsprechenden Entscheidung eine Beratung mit einer Fachabteilung zu erfolgen hat, sofern die letzte Entscheidungsfreiheit erhalten bleibt (*Herschel/Löwisch* Rn. 16; *Hueck/v. Hoyningen-Huene* Rn. 22; KDZ/*Kittner* Rn. 22; KR/*Rost* Rn. 31). Die Selbständigkeit fehlt, wenn die personelle Maßnahme der Zustimmung anderer Personen bedarf (*Herschel/Löwisch* Rn. 22; *Hueck/v. Hoyningen-Huene* Rn. 22; KR/*Rost* Rn. 31).

13   Die **Einstellungs- oder Entlassungsbefugnis** muß einen **wesentlichen Teil der Tätigkeit** ausmachen. Nicht ausreichend ist das Tätigwerden lediglich im Hinblick auf ein oder zwei engere Mitarbeiter (Sekretärin) oder im Vertretungsfall des nur vorübergehend verhinderten, eigentlich Berechtigten (*Hueck/v. Hoyningen-Huene* Rn. 23; KDZ/*Kittner* Rn. 24; KR/*Rost* Rn. 30, 32; *Löwisch* KSchG Rn. 20). Die Rechtslage kann anders zu beurteilen sein bei einem sog. ständigen Vertreter, der die Vertretungsaufgabe auch wesentlich und nicht nur wegen nur zeitweiser Verhinderung des Vertretenen wahrnimmt. Der sog. Titularprokurist ist nicht als leitender Angestellter iSv. § 14 II 1 anzusehen (KR/*Rost* Rn. 30).

Betriebsleiter sind Personen, die einen Betrieb oder einen Betriebsteil eines Unternehmens führen 14 (BAG 28. 9. 1961 AP KSchG 1951 § 1 Personenbedingte Kündigung Nr. 1). Sie müssen gegenüber anderen Beschäftigten eine Vorgesetztenstellung einnehmen und das Weisungsrecht ausüben. Eine bloße Aufsichtsfunktion gegenüber AN über den Betriebsablauf genügt nicht (*Herschel/Löwisch* Rn. 12; *Hueck/v. Hoyningen-Huene* Rn. 15, 16; *KDZ/Kittner* Rn. 20; *KR/Rost* Rn. 27). Betriebleiter ist noch nicht ein Filialleiter, wenn der Filialbetrieb im wesentlichen von der Zentrale geleitet wird (BAG 25. 11. 1993 AP KSchG 1969 § 14 Nr. 3; *KDZ/Kittner* Rn. 20). Jedoch kann der Leiter eines einzelnen Restaurants einer Restaurantkette Betriebsleiter iSv. § 14 II sein (BAG 25. 11. 1993 RzK I 11 a Nr. 21).

Die sog. **ähnlichen leitenden Angestellten** müssen ihrer Stellung nach den unter Rn. 9 ff. beschrie- 15 benen Geschäftsführern oder Betriebsleitern entsprechen und eine Schlüsselfunktion ausüben (*KDZ/ Kittner* Rn. 21). Sie müssen eine Vorgesetztenstellung innehaben und AG-Funktionen ausüben. Eine Vertrauensstellung allein genügt nicht (BAG 28. 9. 1961 AP KSchG 1951 § 1 Personenbedingte Kündigung Nr. 1; *Herschel/Löwisch* Rn. 14; *Hueck/v. Hoyningen-Huene* Rn. 17; *KR/Rost* Rn. 28). Es reicht nicht aus, wenn das Weisungsrecht nur gegenüber einem klein umgrenzten Personenkreis, zB Sekretärinnen, ausgeübt wird. Es muß eine **Führungsaufgabe** wahrgenommen werden. Zu den ähnlichen leitenden Angestellten sind bei Vorliegen dieser Voraussetzungen zu rechen: Leiter von Rechtsabteilungen, uU Filialleiter, vgl. Rn. 14, nicht dagegen Werkmeister, Poliere oder Lagerverwalter (*Herschel/Löwisch* Rn. 14; *Hueck/v. Hoyningen-Huene* Rn. 18; *KDZ/Kittner* Rn. 21).

IV. Der Kündigungsschutz leitender Angestellter

Nach § 14 II finden die **Vorschriften** des allgemeinen **Kündigungsschutzes mit** zwei **Modifizie-** 16 **rungen** Anwendung. Nicht anwendbar ist § 3, der den Einspruch beim Betriebsrat regelt, hinsichtlich derjenigen Angestellten, die der Regelung des § 5 BetrVG unterfallen (*Herschel/Löwisch* Rn. 19; *Hueck/v. Hoyningen-Huene* Rn. 27; *KR/Rost* Rn. 36; *Oetker* ZfA 1990, 43, 76). Bei leitenden Angestellten nur iSd. KSchG, die jedoch nicht leitende Angestellte iSd. BetrVG sind, die damit voll zur Belegschaft gehören, greift § 3. Es ist bei ihnen nicht in entsprechender Anwendung von § 3 ein Einspruch beim Sprecherausschuß anzunehmen (so *Hromadka* SprAuG § 31 Rn. 20). Der **Sonderkündigungsschutz:** §§ 15 SchwbG, 9 MuSchG gilt auch für leitende Angestellte (*KDZ/Kittner* Rn. 29). Vor der Kündigung eines leitenden Angestellten ist gemäß § 31 II SprAuG der Sprecherausschuß zu hören (vgl. dazu *Hromadka* § 31 Rn. 16 ff.; *KDZ/Kittner* Rn. 30).

Besonderheiten gelten **hinsichtlich der Auflösung des Arbeitsverhältnisses** nach § 9. Gemäß § 14 17 II 2 findet § 9 I 2 mit der Maßgabe Anwendung, daß der Antrag des AG auf Auflösung des Arbeitsverhältnisses keiner Begründung bedarf. Voraussetzung ist auch hier, daß das Gericht die Sozialwidrigkeit der Kündigung feststellt. Der AG ist damit von der Darlegungs- und Beweislast dafür befreit, daß eine den Betriebszwecken dienliche weitere Zusammenarbeit nicht mehr erwartet werden kann. Wenn das mit einem leitenden Angestellten bestehende Arbeitsverhältnis so gestört ist, daß es zu einer Kündigung gekommen ist, soll der AG letztlich die Möglichkeit haben, durch einen Auflösungsantrag die Beendigung der Vertragsbeziehungen zu erzwingen (*Herschel/Löwisch* Rn. 2, 20; *Hueck/v. Hoyningen-Huene* Rn. 28; *KDZ/Kittner* Rn. 25; *KR/Rost* Rn. 38). Der AG hat allerdings eine vom Gericht festzusetzende Entschädigung zu zahlen (*Herschel/Löwisch* Rn. 21; *KR/Rost* Rn. 41). Bei einem leitenden Angestellten ist der AG daher auch nicht zu einer Weiterbeschäftigung bis zum Abschluß des Kündigungsschutzprozesses verpflichtet, sofern der AG einen Auflösungsantrag gestellt hat (BAG 16. 11. 1995 AP EV Art. 20 Anlage I Kap. XIX Nr. 47; *Löwisch* KSchG Rn. 27). Stellt der leitende Angestellte einen Auflösungsantrag, bedarf dieser nach § 9 I 1 der Begründung (*KR/Rost* Rn. 38). Bei einem **beiderseitigen Auflösungsantrag** kann das Gericht das Arbeitsverhältnis auf Antrag des AG auflösen, ohne die vom leitenden Angestellten vorgebrachte Gründe prüfen zu müssen (*KDZ/Kittner* Rn. 26; *KR/Rost* Rn. 40).

Für **leitende Angestellte** in Betrieben der **Seeschiffahrt und des Luftverkehrs** ist zu beachten, daß 18 die Formulierung in § 24 V, daß das KSchG des ersten Abschnitts „abweichend von § 14" auch für den Kapitän und die übrigen leitenden Angestellten gelte, nicht bedeutet, daß für diese Personen eine von § 14 abweichende Regelung gilt. Es handelt sich hierbei um eine gesetzgeberische Fehlleistung im Zusammenhang mit der Neufassung des Gesetzes (vgl. dazu im einzelnen *Hueck/v. Hoyningen-Huene* Rn. 31; *KR/Rost* Rn. 33). Die Einschränkungen des § 14 II hinsichtlich der §§ 3 und 9 I 2 gelten daher auch für leitende Angestellte der Seeschiffahrt und des Luftverkehrs.

Zweiter Abschnitt. Kündigungsschutz im Rahmen der Betriebsverfassung und Personalvertretung

§ 15 Unzulässigkeit der Kündigung

(1) ¹Die Kündigung eines Mitglieds eines Betriebsrats, einer Jugend- und Auszubildendenvertretung, einer Bordvertretung oder eines Seebetriebsrats ist unzulässig, es sei denn, daß Tatsachen

430 KSchG § 15

vorliegen, die den Arbeitgeber zur Kündigung aus wichtigem Grund ohne Einhaltung einer Kündigungsfrist berechtigen, und daß die nach § 103 des Betriebsverfassungsgesetzes erforderliche Zustimmung vorliegt oder durch gerichtliche Entscheidung ersetzt ist. ²Nach Beendigung der Amtszeit ist die Kündigung eines Mitgliedes eines Betriebsrats, einer Jugend- und Auszubildendenvertretung oder eines Seebetriebsrats innerhalb eines Jahres, die Kündigung eines Mitglieds einer Bordvertetung innerhalb von sechs Monaten, jeweils vom Zeitpunkt der Beendigung der Amtszeit an gerechnet, unzulässig, es sei denn, daß Tatsachen vorliegen, die den Arbeitgeber zur Kündigung aus wichtigem Grund ohne Einhaltung einer Kündigungsfrist berechtigen; dies gilt nicht, wenn die Beendigung der Mitgliedschaft auf einer gerichtlichen Entscheidung beruht.

(2) ¹Die Kündigung eines Mitglieds einer Personalvertretung, einer Jugend- und Auszubildendenvertretung oder einer Jugendvertretung ist unzulässig, es sei denn, daß Tatsachen vorliegen, die den Arbeitgeber zur Kündigung aus wichtigem Grund ohne Einhaltung einer Kündigungsfrist berechtigen, und daß die nach dem Personalvertretungsrecht erforderliche Zustimmung vorliegt oder durch gerichtliche Entscheidung ersetzt ist. ²Nach Beendigung der Amtszeit der in Satz 1 genannten Personen ist ihre Kündigung innerhalb eines Jahres, vom Zeitpunkt der Beendigung der Amtszeit an gerechnet, unzulässig, es sei denn, daß Tatsachen vorliegen, die den Arbeitgeber zur Kündigung aus wichtigem Grund ohne Einhaltung einer Kündigungsfrist berechtigen; dies gilt nicht, wenn die Beendigung der Mitgliedschaft auf einer gerichtlichen Entscheidung beruht.

(3) ¹Die Kündigung eines Mitglieds eines Wahlvorstands ist vom Zeitpunkt seiner Bestellung an, die Kündigung eines Wahlbewerbers vom Zeitpunkt der Aufstellung des Wahlvorschlags an, jeweils bis zur Bekanntgabe des Wahlergebnisses unzulässig, es sei denn, daß Tatsachen vorliegen, die den Arbeitgeber zur Kündigung aus wichtigem Grund ohne Einhaltung einer Kündigungsfrist berechtigen, und daß die nach § 103 des Betriebsverfassungsgesetzes oder nach dem Personalvertretungsrecht erforderliche Zustimmung vorliegt oder durch eine gerichtliche Entscheidung ersetzt ist. ²Innerhalb von sechs Monaten nach Bekanntgabe des Wahlergebnisses ist die Kündigung unzulässig, es sei denn, daß Tatsachen vorliegen, die den Arbeitgeber zur Kündigung aus wichtigem Grund ohne Einhaltung einer Kündigungsfrist berechtigen; dies gilt nicht für Mitglieder des Wahlvorstands, wenn dieser durch gerichtliche Entscheidung durch einen anderen Wahlvorstand ersetzt worden ist.

(4) Wird der Betrieb stillgelegt, so ist die Kündigung der in den Absätzen 1 bis 3 genannten Personen frühestens zum Zeitpunkt der Stillegung zulässig, es sei denn, daß ihre Kündigung zu einem früheren Zeitpunkt durch zwingende betriebliche Erfordernisse bedingt ist.

(5) ¹Wird eine der in den Absätzen 1 bis 3 genannten Personen in einer Betriebsabteilung beschäftigt, die stillgelegt wird, so ist sie in eine andere Betriebsabteilung zu übernehmen. ²Ist dies aus betrieblichen Gründen nicht möglich, so findet auf ihre Kündigung die Vorschrift des Absatzes 4 über die Kündigung bei Stillegung des Betriebs sinngemäß Anwendung.

I. Allgemeines

1 Durch die Regelung in § 15 werden die **Organe der Betriebsverfassung**, Abs. 1, der **Personalvertretung**, Abs. 2, die Mitglieder des **Wahlvorstands** und die **Wahlbewerber**, Abs. 3, **geschützt**. Sie sollen ihre Tätigkeit ohne Furcht vor Repressalien durch den AG im Schutz vor einer ordentlichen Kündigung ausüben können (KR/*Etzel* Rn. 9). Der besondere Kündigungsschutz des § 15 wird durch die Kleinbetriebsklausel hinsichtlich der maßgebenden Anzahl der beschäftigten AN nicht eingeschränkt, § 23 I 2. Maßgebend ist allein, daß ein betriebsratsfähiger Betrieb vorliegt (*Löwisch* BB 1997, 782). § 15 schützt vor allen Arten von Kündigungen des AG. Der Kündigungsschutz ist allerdings für die ordentliche, vgl. Rn. 20, und für die außerordentliche, vgl. Rn. 22, unterschiedlich ausgestaltet. Außerdem soll durch die Regelung die personelle Zusammensetzung der Gremien unverändert erhalten bleiben. **Eine ordentliche Kündigung** dieser Personen ist deshalb in der Regel unzulässig. Das wird nach der Rechtsprechung auch für Änderungskündigung einschließlich der Massenänderungskündigung angenommen, vgl. Rn. 20 (BAG 24. 4. 1969 AP KSchG 1951 § 13 Nr. 18; zum Problem der Kündigung eines befristeten Vertrags: BAG 17. 2. 1983 AP KSchG 1969 § 15 Nr. 14; *Herschel/Löwisch* Rn. 1; *Hueck/v. Hoyningen-Huene* Rn. 1; KDZ/*Kittner* Rn. 1). Die Vorschrift ist zwingend und kann für Kündigungen nicht abbedungen werden. Es ist allerdings **möglich**, das **Arbeitsverhältnis einvernehmlich aufzuheben** (*Hueck/v. Hoyningen-Huene* Rn. 2, 65; KDZ/*Kittner* Rn. 2; KR/*Etzel* Rn. 136, 138; SPV Rn. 969). Ebenso wird die **Anfechtung** nicht erfaßt (*Herschel/Löwisch* Rn. 38). § 15 gilt auch **nicht** bei einer wirksamen **Befristung** des Arbeitsverhältnisses mit der Maßgabe, daß infolge der Wahl in ein Organ der Betriebsverfassung etwa das Ende des Arbeitsverhältnisses nicht eintreten würde (BAG 17. 2. 1983 AP KSchG 1969 § 15 Nr. 14; *Herschel/Löwisch* Rn. 39; *Hueck/v. Hoyningen-Huene* Rn. 64; KR/*Etzel* Rn. 14). Endet das Arbeitsverhältnis bei Erreichen eines bestimmten Lebensalters, wird diese Fallkonstellation nicht von § 15 erfaßt (BAG

25. 3. 1971 AP BetrVG 1952 § 57 Nr. 5; *Herschel/Löwisch* Rn. 40; *Hueck/v. Hoyningen-Huene* Rn. 65; KR/*Etzel* Rn. 14).

§ 15 ist **kein Schutzgesetz** iSv. § 823 II BGB. Die Vorschrift schützt nicht Individualrechte, sondern dient dem kollektiven Interesse. Der Kündigungsschutz wird dem Betriebsratsmitglied wegen seines Amtes gewährt und nicht aus persönlichen Gründen (BAG 6. 11. 1959 AP KSchG 1951 § 13 Nr. 15; *Hueck/v. Hoyningen-Huene* Rn. 1; SPV Rn. 970; KR/*Etzel* Rn. 139). 2

In **Tendenzbetrieben** gilt § 15 ohne Einschränkung. Es kommt nicht darauf an, ob eine ordentliche Kündigung aus tendenzbezogenen oder aus anderen Gründen erklärt wird: Eine Tendenzbezogenheit liegt vor, wenn die erbrachte Arbeit dem Tendenzzweck zuwiderläuft. § 15 I 1 greift ebenso, wenn ein Tendenzunternehmen einem Tendenzträger wegen nicht tendenzbezogener Leistungsmängel kündigt, wie zB bei einem schlechten Spiel eines Musikers (BAG 3. 11. 1982 AP KSchG 1969 § 15 Nr. 12; *Herschel/Löwisch* Rn. 7; KDZ/*Kittner* Rn. 20; KR/*Etzel* Rn. 11; modifizierend *Hueck/v. Hoyningen-Huene* Rn. 20). 3

§ 15 enthält eine **in sich geschlossene Regelung**. Die §§ 1 bis 14 finden nur über § 15 Anwendung. Wird eine außerordentliche Kündigung ausgesprochen, steht sie jeder anderen außerordentlichen Kündigung gleich. Soweit das Fehlen eines wichtigen Grundes geltend gemacht wird, hat der AN die Drei-Wochen-Frist des § 4 einzuhalten (KR/*Etzel* Rn. 140). Will der AN nur die Verletzung von § 15 rügen, ist er an diese Frist nicht gebunden (KDZ/*Kittner* Rn. 2; KR/*Etzel* Rn. 140). Im Rahmen eines Verfahrens über die aus § 15 hergeleitete Unwirksamkeit einer Kündigung kann das Arbeitsverhältnis nach §§ 9, 10 aufgelöst werden (*Löwisch* KSchG Rn. 4; aA *Hueck/v. Hoyningen-Huene* Rn. 163; KDZ/*Kittner* Rn. 2; KR/*Etzel* Rn. 140). Neben § 15 sind die sonstigen kündigungsrechtlichen Vorschriften außerhalb des KSchG voll anzuwenden. Hierzu rechnen zB § 15 ff. SchwbG, § 9 MuSchG, § 2 ArbPlSchG (KR/*Etzel* Rn. 142). 4

Der Schutz der Funktionsträger ist unterschiedlich ausgestaltet. **Während der Dauer der Funktion** besteht **voller Schutz vor ordentlichen Kündigungen**. Für eine bestimmte Zeit **nach Ablauf der Amtszeit** besteht hinsichtlich ordentlicher Kündigungen **nachwirkender Schutz**. Im Fall einer vollständigen Betriebsschließung, vgl. Rn. 38 oder der Schließung einer Betriebsabteilung, vgl. Rn. 45, besteht eine modifizierte Kündigungsmöglichkeit. 5

II. Geschützter Personenkreis

1. Mitglieder der Vertretungen. Der geschützte Personenkreis umfaßt **Mitglieder des Betriebsrats,** der **Jugend- und Auszubildendenvertretung,** einer **Bordvertretung** oder eines **Seebetriebsrats**. Da nur Mitglieder des Betriebsrats im Gesamt- oder Konzernbetriebsrat Mitglied sein können, sind auch diese Mitglieder des Gesamt- oder Konzernbetriebsrats geschützt. Das gilt auch für Mitglieder der Gesamtjugend- oder Auszubildendenvertretung (*Hueck/v. Hoyningen-Huene* Rn. 8; KDZ/*Kittner* Rn. 7). Für Auszubildende, die ein Amt im Betrieb oder in der Dienststelle inne haben, wird der Kündigungsschutz nach den §§ 15 ff. durch § 78 a BetrVG und die entsprechenden Vorschriften des Personalvertretungsrechts ergänzt (vgl. *Herschel/Löwisch* Rn. 3). Vor der außerordentlichen **Kündigung eines Betriebsobmanns** muß der AG, wenn ein Ersatzmitglied fehlt (vgl. dazu im übrigen *Oetker* AuR 1987, 224), entsprechend § 103 II BetrVG die Zustimmung des Arbeitsgerichts einholen (BAG 16. 12. 1982 AP Nr. 13). 6

Für **Funktionsträger der Personalvertretung im öffentlichen Dienst** gilt nach Nr. 2 das Entsprechende wie für die der Betriebsverfassung (vgl. dazu im einzelnen *Hueck/v. Hoyningen-Huene* Rn. 12 ff.; KDZ/*Kittner* Rn. 8). § 15 gilt für Mitglieder von Betriebsvertretungen für deutsche AN bei den alliierten Streitkräften (BAG 29. 1. 1981 AP KSchG 1969 § 15 Nr. 10; *Hueck/v. Hoyningen-Huene* Rn. 15; KR/*Etzel* Rn. 12 a). 7

Nicht dem **besonderen Kündigungsschutz unterliegen**: Mitglieder von Einigungsstellen, betrieblichen Schlichtungsstellen und des Wirtschaftsausschusses. Für sie gilt § 78 BetrVG (*Herschel/Löwisch* Rn. 9; *Hueck/v. Hoyningen-Huene* Rn. 9, 27; KDZ/*Kittner* Rn. 9). Nicht erfaßt sind ebenfalls die Mitglieder des Sprecherausschusses der leitenden Angestellten (*Hueck/v. Hoyningen-Huene* Rn. 9; KDZ/*Kittner* Rn. 9). Ebenso greift § 15 nicht für AN im Aufsichtsrat, sofern sie nicht gleichzeitig Betriebsratsmitglieder sind (BAG 4. 4. 1974 AP BGB § 626 ANvertreter im Aufsichtsrat Nr. 1; *Hueck/v. Hoyningen-Huene* Rn. 28; KDZ/*Kittner* Rn. 10; *Löwisch* KSchG Rn. 11). Für Mitglieder einer gemäß § 117 II BetrVG errichteten Vertretung für AN im Flugbetrieb gilt § 15 nur entsprechend dem Tarifvertrag (LAG Frankfurt/M. 4. 10. 1983 AuR 1985, 29; aA *Hueck/v. Hoyningen-Huene* Rn. 9; KDZ/*Kittner* Rn. 11: unmittelbare Anwendung). 8

Für **AN-Vertretungen aufgrund eines Tarifvertrags** ist zu differenzieren: Mitglieder einer Vertretung nach § 3 I Nr. 2 BetrVG, die anstelle des Betriebsrats eingerichtet ist, sind über § 15 geschützt (*Herschel/Löwisch* Rn. 8; *Hueck/v. Hoyningen-Huene* Rn. 9; KDZ/*Kittner* Rn. 11). **Nicht** geschützt sind Mitglieder einer zusätzlichen AN-Vertretung nach § 3 I Nr. 1 BetrVG (*Hueck/v. Hoyningen-Huene* Rn. 9; KDZ/*Kittner* Rn. 11). § 15 KSchG und § 103 BetrVG gelten nach § 26 III, 24 VI SchwbG entsprechend für Mitglieder der Schwerbehindertenvertretung. Sofern sie selbst schwerbehindert sind, ist zusätzlich zur Zustimmung des Betriebsrats die Zustimmung der Hauptfürsorgestelle 9 einzuholen (*Herschel/Löwisch* Rn. 11; *Hueck/v. Hoyningen-Huene* Rn. 26, 27; KDZ/*Kittner* Rn. 13). Für Heimarbeiter regelt § 29 a HAG einen entsprechenden Kündigungsschutz unter Einbeziehung von § 103 BetrVG (*Herschel/Löwisch* Rn. 11; *Hueck/v. Hoyningen-Huene* Rn. 11; KDZ/*Kittner* Rn. 14).

10 **2. Mitglieder des Wahlvorstands und Wahlbewerber.** Mitglieder des **Wahlvorstands** und **Wahlbewerber** werden nach Abs. 3 geschützt. Der Kündigungsschutz besteht insoweit auch in betriebsratslosen Betrieben (KDZ/*Kittner* Rn. 15). Nicht erfaßt werden Bewerber für die Bestellung als Wahlvorstandsmitglieder (LAG Baden-Württemberg 31. 5. 1974 AuR 1975, 57; *Herschel/Löwisch* Rn. 29; *Hueck/v. Hoyningen-Huene* Rn. 16; KDZ/*Kittner* Rn. 15). Den Schutz genießen Wahlbewerber, also die **Kandidaten, sofern sie wählbar sind** (BAG 26. 9. 1996 AP KSchG 1969 § 15 Wahlbewerber Nr. 3; *Hueck/v. Hoyningen-Huene* Rn. 18; KDZ/*Kittner* Rn. 16). Maßgebend für den Schutz ist, daß der Wahlbewerber im Zeitpunkt der Betriebsratswahl eine sechsmonatige Beschäftigungszeit besitzt. Es kommt nicht darauf an, daß er zum Zeitpunkt des Zugangs der Kündigung schon sechs Monate dem Betrieb angehört hat (LAG Hamm 21. 4. 1982 DB 1982, 2709; KDZ/*Kittner* Rn. 16). Der besondere Kündigungsschutz greift nicht, wenn die Wahl nichtig war, vgl. Rn. 18 ff. Wie bei Betriebsratsmitgliedern ist das BAG der Auffassung, auch eine Massenänderungskündigung sei unzulässig (BAG 9. 4. 1987 AP KSchG 1969 § 15 Nr. 28).

11 Nach § 15 III beginnt der **Schutz der Wahlbewerber mit** dem **Zeitpunkt der Aufstellung des Wahlvorschlags.** Die Mitgliedschaft im Wahlvorstand wird erlangt durch die Bestellung, die nach §§ 16, 17 BetrVG in der Regel durch den Betriebsrat erfolgt (vgl. im einzelnen *Hueck/v. Hoyningen-Huene* Rn. 17). Der Schutz wird ausgelöst, wenn das Wahlverfahren durch die Bestellung eines Wahlvorstands eröffnet ist und der Wahlbewerber auf einem Wahlvorschlag mit der ausreichenden Zahl von Stützunterschriften, § 14 V bis VII BetrVG, steht. Auf die Einreichung des Wahlvorschlags beim Wahlvorstand ist für den Kündigungsschutz nicht abzustellen (BAG 4. 3. 1976 AP KSchG 1969 § 15 Wahlbewerber Nr. 1; BAG 5. 12. 1980 AP KSchG 1969 § 15 Nr. 9; KDZ/*Kittner* Rn. 16; *Löwisch* KSchG Rn. 34; aA *Hueck/v. Hoyningen-Huene* Rn. 19). Eine formelle Protokollierung des Wahlvorgangs ist nicht notwendig (BAG 24. 3. 1988 – 2 AZR 629/87 nv.). Nicht ausreichend ist allerdings die bloße Benennung eines AN und die Aufzeichnung seines Namens auf einem Zettel sowie seine Zustimmung (BAG 4. 4. 1974 AP BGB § 626 Arbeitnehmervertreter im Aufsichtsrat Nr. 1). Der Kündigungsschutz entfällt nachträglich, wenn der Wahlvorschlag durch Streichung von Unterschriften gemäß § 8 Nr. 3 WahlO-BetrVG ungültig wird, denn in einem solchen Fall lag im Ergebnis kein wirksamer Wahlvorschlag vor (*Löwisch* KSchG Rn. 34; unklar *Hueck/v. Hoyningen-Huene* Rn. 20 und Rn. 51; aA BAG 5. 12. 1980 AP KSchG 1969 § 15 Nr. 9; KDZ/*Kittner* Rn. 16). Wahlbewerber ist immer nur derjenige, der mit seiner Aufstellung einverstanden ist (*Herschel/Löwisch* Rn. 30). Er muß außerdem wählbar sein (vgl. im einzelnen *Hueck/v. Hoyningen-Huene* Rn. 18).

12 **3. Ersatzmitglieder. Ersatzmitglieder** werden als solche in den ersten sechs Monaten nach Bekanntgabe des Wahlergebnisses vom **nachwirkenden Kündigungsschutz** für Wahlbewerber erfaßt (*Herschel/Löwisch* Rn. 25; *Hueck/v. Hoyningen-Huene* Rn. 21). Der **besondere Kündigungsschutz** tritt erst ein **mit der Amtsausübung.** Sie liegt vor, wenn ein Ersatzmitglied für ein ausgeschiedenes Mitglied voll nachrückt oder wenn es vorübergehend ein zeitweilig verhindertes Mitglied vertritt, § 25 I BetrVG (*Hueck/v. Hoyningen-Huene* Rn. 22; *Löwisch* KSchG Rn. 28; SPV Rn. 975). Das Ersatzmitglied muß tatsächlich vertretungsweise tätig geworden sein. Rückt ein Ersatzmitglied für ein ordentliches Mitglied bei dessen Ausscheiden nach, erlangt es den Kündigungsschutz mit dem Erlöschen des Betriebsratsamts seines Vorgängers, ohne daß es einer besonderen Annahmeerklärung bedürfte (BAG 17. 1. 1979 AP Nr. 5; *Herschel/Löwisch* Rn. 26; *Hueck/v. Hoyningen-Huene* Rn. 24). Im Fall der **Vertretung eines zeitweilig verhinderten Betriebsratsmitglieds** steht dem Ersatzmitglied der besondere Kündigungsschutz nur für die Dauer der Vertretung einschließlich einer ausreichenden Vorbereitungszeit zu (BAG 9. 11. 1977 AP KSchG 1969 § 15 Nr. 3; BAG 6. 9. 1979 AP KSchG 1969 § 15 Nr. 7; KR/*Etzel* Rn. 65; *Löwisch* KSchG Rn. 29). Ersatzmitglieder genießen den Schutz nach § 15 I 1 für die gesamte Dauer der Vertretung eines ordentlichen Mitglieds und nicht nur an dem Tag, an dem sie die Geschäfte eines Mitglieds wahrnehmen (BAG 9. 11. 1977 AP KSchG 1969 § 15 Nr. 3; BAG 17. 1. 1979 AP KSchG 1969 § 15 Nr. 5; *Herschel/Löwisch* Rn. 27; *Hueck/v. Hoyningen-Huene* Rn. 24). Das gilt auch für vorübergehend nachgerückte Ersatzmitglieder der Jugendvertretung (BAG 13. 3. 1986 AP BPersVG § 9 Nr. 2; BAG 23. 3. 1986 BPersVG § 9 Nr. 3). Ein Vertretungsfall liegt vor, wenn das ordentliche Betriebsratsmitglied erkrankt ist, Urlaub hat oder aufgrund der zu erbringenden Arbeitsleistung verhindert ist (*Hueck/v. Hoyningen-Huene* Rn. 24). Der durch die Vertretungstätigkeit ausgelöste Kündigungsschutz bleibt bestehen, wenn sich später herausstellt, daß das vertretene Mitglied nicht verhindert war oder unerlaubt fehlte. Anders ist es allerdings bei einem dolosen Zusammenwirken zwischen Vertretenem und Vertreter, um letzterem den Kündigungsschutz zukommen zu lassen (BAG 5. 9. 1986 AP KSchG 1969 § 15 Nr. 26; *Hueck/v. Hoyningen-Huene* Rn. 24).

13 Der Kündigungsschutz greift auch, wenn das in seine Funktion berufene **Ersatzmitglied während** eines **Vertretungsfalls** seinerseits **verhindert** ist, wobei die Verhinderung im Verhältnis zur Gesamtdauer der Vertretung nicht zu lange dauern darf (BAG 9. 11. 1977 AP KSchG 1969 § 15 Nr. 3; BAG

6. 9. 1979 AP KSchG 1969 § 15 Nr. 7; *Herschel/Löwisch* Rn. 27; *Hueck/v. Hoyningen-Huene* Rn. 25; KDZ/*Kittner* Rn. 19). Tritt für das verhinderte Ersatzmitglied ein weiteres Ersatzmitglied in Aktion, genießt dies für die Dauer des Vertretungsfalls den besonderen Kündigungsschutz (*Hueck/v. Hoyningen-Huene* Rn. 19; KDZ/*Kittner* Rn. 19). Ersatzmitglieder, die nach Beendigung des Vertretungsfalls wieder ausgeschieden sind, genießen den nachwirkenden Kündigungsschutz für die volle Frist des § 15 I 2 bzw. II 2, wenn sie während der Vertretungszeit tatsächlich Aufgaben des betreffenden Organs wahrgenommen haben, ohne daß es auf den Umfang der Tätigkeit ankommt (BAG 6. 7. 1979 AP KSchG 1969 § 15 Nr. 7; aA *Herschel/Löwisch* Rn. 28).

III. Dauer des Schutzes

1. Beginn. Der **besondere Kündigungsschutz** entfaltet **keine Rückwirkung.** Er erstreckt sich nicht auf eine bereits ausgesprochene Kündigung. Diese bleibt wirksam, auch wenn der Betreffende später zum Betriebsratsmitglied gewählt wird (*Hueck/v. Hoyningen-Huene* Rn. 34; KDZ/*Kittner* Rn. 23). Der **Schutz** erstreckt sich einmal auf die **Zeit der Innehabung einer Funktion,** andererseits auf die Zeit danach, sog. **Nachwirkung,** vgl. Rn. 33. Bei allen **Funktionsträgern** ist Voraussetzung für den besonderen Kündigungsschutz, daß ihre Wahl nicht nichtig war, vgl. dazu Rn. 18 ff. Bei nicht nichtiger Wahl beginnt der besondere Kündigungsschutz mit dem Beginn der Amtszeit (*Herschel/Löwisch* Rn. 12; *Hueck/v. Hoyningen-Huene* Rn. 30; KDZ/*Kittner* Rn. 21; vgl. auch § 21 BetrVG Rn. 2). War bisher kein Betriebrat vorhanden, beginnt die Amtszeit des Betriebsrats nach § 21 S. 2 Halbs. 1 BetrVG mit der Bekanntgabe des Wahlergebnisses. Erfolgt die Wahl während der regulären Amtszeit des vorhergehenden Betriebsrats, beginnt die Amtszeit mit Ablauf von dessen Amtszeit (*Hueck/v. Hoyningen-Huene* Rn. 30; *Löwisch* KSchG Rn. 13). Maßgebend ist, ob zum **Zeitpunkt der Erklärung der Kündigung,** also ihres Zugangs, die Amtszeit begonnen hatte. Eine vor Beginn des besonderen Kündigungsschutzes ausgesprochene Kündigung ist daher wirksam, auch wenn die Kündigungsfrist erst später abläuft (*Herschel/Löwisch* Rn. 32; *Hueck/v. Hoyningen-Huene* Rn. 22, 54). Besteht zwischen dem Ende des Kündigungsschutzes als Wahlbewerber mit der Bekanntgabe des Wahlergebnisses und dem besonderen Kündigungsschutz als Mandatsträger mit Beginn der Amtszeit eine Lücke, genießt der Gewählte den Schutz des Wahlbewerbers, so daß eine „Schutzlücke" nicht besteht (*Herschel/Löwisch* Rn. 12; *Löwisch* Rn. 13). § 15 ist nicht entsprechend anzuwenden (so aber BAG 22. 9. 1983 AP BetrVG § 78 a Nr. 11 (*Löwisch*); KDZ/*Kittner* Rn. 21). Jedoch ist in diesem Zeitraum ein Beginn der Amtszeit § 103 BetrVG analog anzuwenden (*Hueck/v. Hoyningen-Huene* Rn. 31; KR/*Etzel* § 103 BetrVG Nr. 19; SPV Rn. 978; aA *Herschel/Löwisch* Rn. 12: voller Schutz nach Abs. 3 S. 1 bis zum Amtsantritt). 14

Für die **Mitglieder des Wahlvorstands** beginnt der besondere **Kündigungsschutz** mit der **Bestellung** aufgrund der jeweils einschlägigen Vorschriften (*Hueck/v. Hoyningen-Huene* Rn. 17; KDZ/*Kittner* Rn. 22; SPV Rn. 982). War die Wahl des Wahlvorstands nichtig, genießen die Wahlvorstandsmitglieder keinen Kündigungsschutz. Eine Nichtigkeit der Wahl des Wahlvorstands liegt zB vor, wenn die Einladung zu einer Betriebsversammlung nicht so bekannt gemacht worden ist, daß alle AN des Betriebs hiervon Kenntnis nehmen konnten, auch nicht in anderer Weise tatsächlich hiervon erfahren haben und durch das Fernbleiben der nicht unterrichteten AN das Wahlergebnis beeinflußt werden konnte (BAG 7. 5. 1986 AP KSchG 1969 § 15 Nr. 18; *Hueck/v. Hoyningen-Huene* Rn. 30). Wird eine Kündigung lediglich im Hinblick auf die demnächst eintretende Unkündbarkeit des Arbeitsverhältnisses ausgesprochen, kann sie bei Wahlbewerbern und Wahlvorstandsmitgliedern wegen Verstoßes gegen §§ 20 I und II BetrVG oder gegen die entsprechenden Vorschriften des Personalvertretungsrechts nichtig sein (BAG 4. 4. 1974 AP BGB § 626 ANvertreter im Aufsichtsrat Nr. 1; *Herschel/Löwisch* Rn. 32; *Hueck/v. Hoyningen-Huene* Rn. 22). 15

2. Ende. Der **besondere Kündigungsschutz endet** für Funktionsträger mit dem Ende der Amtszeit, der Auflösung des Betriebsrats oder dem Ausscheiden des einzelnen Mitglieds aus dem Organ (vgl. § 21 BetrVG Rn. 3). Werden die Geschäfte des Betriebsrats gemäß § 22 BetrVG weitergeführt, bleibt der besondere Kündigungsschutz bestehen bis der neue Betriebsrat gewählt ist (BAG 27. 9. 1957 AP KSchG 1951 § 13 Nr. 7; *Herschel/Löwisch* Rn. 12 a; *Hueck/v. Hoyningen-Huene* Rn. 38; KDZ/*Kittner* Rn. 25; SPV Rn. 980). Endet die Mitgliedschaft durch gerichtliche Entscheidung, § 24 I Nr. 5 und 6 BetrVG, endet der Kündigungsschutz erst mit deren Rechtskraft. Ein Betriebsratsmitglied behält den besonderen Kündigungsschutz, wenn seine Nichtwählbarkeit als leitender Angestellter zwar bereits vor Ausspruch der Kündigung festgestellt wurde, die gerichtliche Entscheidung aber erst später rechtskräftig wird (BAG 29. 9. 1983 AP KSchG 1969 § 15 Nr. 15; *Hueck/v. Hoyningen-Huene* Rn. 38). Die Mitgliedschaft im Betriebsrat endet auch durch die endgültige Versetzung in einen anderen Betrieb des Unternehmens (BAG 21. 9. 1989 AP BetrVG 1972 § 99 Nr. 72; *Hueck/v. Hoyningen-Huene* Rn. 38). Für Mitglieder des Wahlvorstands, die nicht gewählt wurden, endet der volle Kündigungsschutz nach Abs. 3 S. 1 mit Bekanntgabe des Wahlergebnisses, § 18 III BetrVG, § 23 II BPersVG (BAG 30. 5. 1978 AP KSchG 1969 § 15 Nr. 4). Wird ein Wahlvorschlag nachträglich ungültig, entfällt der Kündigungsschutz ab diesem Zeitpunkt (*Herschel/Löwisch* Rn. 31; *Hueck/* 16 *v. Hoyningen-Huene* Rn. 41; KDZ/*Kittner* Rn. 27). Bei Wahlbewerbern, die nicht gewählt worden sind, endet der volle Kündigungsschutz nach Abs. 3 S. 1 mit der Bekanntgabe des Wahlergebnisses oder vorzeitig, bei Rücknahme der Kandidatur (*Herschel/Löwisch* Rn. 31; *Hueck/v. Hoyningen-Huene* Rn. 41; KR/*Etzel* Rn. 71).

17 Die Beendigung des vollen Kündigungsschutzes führt dazu, daß ab diesem Zeitpunkt die Zustimmung des Betriebs- oder Personalrats nach §§ 103 BetrVG, 47 I, 108 I BPersVG zu außerordentlichen Kündigungen nicht mehr erforderlich ist. Es sind nur noch die Anhörungspflichten nach §§ 102 I BetrVG, 79 III BPersVG zu beachten (BAG 30. 5. 1978 AP KSchG 1969 § 15 Nr. 4; *Hueck/v. Hoyningen-Huene* Rn. 37). Jedoch ist die ordentliche Kündigung bis zum Ende des Nachwirkungszeitraums ausgeschlossen.

18 **3. Mängel der Wahl.** Bei Mängeln der Wahl ist zu unterscheiden: War die **Wahl von vornherein ohne Anfechtung nichtig**, besteht kein besonderer Kündigungsschutz, denn der Gewählte ist nie Betriebsratsmitglied gewesen. Die betreffenden AN unterliegen dann dem nachwirkenden Kündigungsschutz als Wahlbewerber (BAG 27. 4. 1976 AP BetrVG 1972 § 19 Nr. 4; *Herschel/Löwisch* Rn. 13; *Hueck/v. Hoyningen-Huene* Rn. 36; KDZ/*Kittner* Rn. 30). Die Nichtigkeit der Wahl kann auch in einem Kündigungsschutzprozeß festgestellt werden (BAG 27. 4. 1976 AP BetrVG § 19 Nr. 4; BAG 7. 5. 1986 AP KSchG 1969 § 15 Nr. 18).

19 Ist eine **Wahl beim Arbeitsgericht angefochten worden**, besteht der Kündigungsschutz fort bis zur rechtskräftigen Entscheidung über die Wirksamkeit der Wahl (BAG 29. 9. 1983 AP KSchG 1969 § 15 Nr. 15; BVerwG 13. 6. 1968 AP PersVG 1955 § 22 Nr. 21; *Hueck/v. Hoyningen-Huene* Rn. 35; KDZ/*Kittner* Rn. 30; *Löwisch* KSchG Rn. 15).

IV. Ausschluß der ordentlichen Kündigung

20 Gegenüber allen in § 15 geschützten Personen sind **ordentliche Kündigungen ausgeschlossen**. Eine Ausnahme bilden die ordentlichen Kündigungen nach den Abs. 4 und 5 bei Betriebs- und Betriebsteilstillegung, vgl. Rn. 38, 45. Eine gegen § 15 verstoßende Kündigung ist gemäß § 134 BGB nichtig (BAG 5. 7. 1979 AP KSchG 1969 § 15 Nr. 6; *Herschel/Löwisch* Rn. 1; *Hueck/v. Hoyningen-Huene* Rn. 5, 54, 74; KR/*Etzel* Rn. 56; SPV Rn. 990). Es handelt sich um einen sonstigen Unwirksamkeitsgrund nach § 13 (*Löwisch* KSchG Rn. 39, 71). Der Schutz erfaßt auch die **Änderungskündigung** (BAG 29. 1. 1981 AP KSchG 1969 § 15 Nr. 10; BAG 6. 3. 1986 AP KSchG 1969 § 15 Nr. 19; *Herschel/Löwisch* Rn. 42; *Hueck/v. Hoyningen-Huene* Rn. 59; KDZ/*Kittner* Rn. 32; KR/*Etzel* Rn. 18; SPV Rn. 991) und nach Auffassung des BAG die ordentliche **Massenänderungskündigung** (BAG 6. 3. 1986 AP KSchG 1969 § 15 Nr. 19; BAG 9. 4. 1987 AP Nr. 28; BAG 2. 4. 1992 RzK II 1 c Nr. 2; *Hueck/v. Hoyningen-Huene* Rn. 60, 61; KDZ/*Kittner* Rn. 32; KR/*Etzel* Rn. 18), und zwar sowohl für den vollen Sonderkündigungsschutz als den für Kündigungen im Nachwirkungszeitraum (BAG 9. 4. 1987 AP KSchG 1969 § 15 Nr. 28). Das soll selbst dann gelten, wenn durch die Änderungskündigung die Arbeitsbedingungen denen einer Gruppe von AN angepaßt werden sollen, zu der auch der Amtsträger gehört. Angeblich liegt insoweit kein Verstoß gegen das Begünstigungsverbot des § 78 BetrVG vor. Die Bevorzugung von AN mit betriebsverfassungsrechtlichen oder personalvertretungsrechtlichen Aufgaben gegenüber anderen AN soll um der ordnungsgemäßen Arbeit der jeweiligen Vertretung der AN willen sachlich gerechtfertigt sein. Diese exzessive Auffassung überdehnt den Schutzzweck des § 15 und begünstigt im Ergebnis entgegen § 78 BetrVG die Amtsträger (wie hier *Herschel/Löwisch* Rn. 43; *Löwisch* Rn. 52; SPV Rn. 991 a). Der Sonderkündigungsschutz ist bei Massenänderungskündigungen nicht angezeigt, wenn er zur völlig ungerechtfertigten Besserstellung der Amtsträger führt. Es überzeugt nicht, wenn das BAG das unbefriedigende Ergebnis seiner Rechtsprechung durch Erweiterung der außerordentlichen Kündigungsmöglichkeit zu vermeiden versucht (so jetzt BAG 21. 6. 1995 AP KSchG 1969 § 15 Nr. 36 m. krit. Anm. *Preis* und abl. Anm. *Oetker* EzA KSchG § 15 Nr. 43).

21 Maßgebend für die Frage, ob eine Kündigung noch wirksam wird, ist allein der Zeitpunkt, in dem die Kündigungserklärung zugeht. Es kommt allein darauf an, ob der AN zu diesem Zeitpunkt bereits zu dem nach § 15 geschützten Personenkreis gehört (*Hueck/v. Hoyningen-Huene* Rn. 56). § 15 greift nicht bei sonstigen Beendigungen des Arbeitsverhältnisses, insbesondere nicht bei Aufhebungsverträgen. Der Schutz bezieht sich nur auf ordentliche Kündigungen. Eine **Abmahnung** gegenüber einer nach § 15 geschützten Person zur Vorbereitung einer verhaltensbedingten Kündigung nach Ablauf der Schutzfrist ist auch während der Schutzzeit zulässig (BAG 30. 1. 1979 AP BetrVG § 87 Nr. 2; BAG 19. 7. 1983 AP BetrVG 1972 § 87 Betriebsbuße Nr. 5; *Hueck/v. Hoyningen-Huene* Rn. 73).

V. Außerordentliche Kündigung

22 Gegenüber den geschützten Mitgliedern sind außerordentliche **fristlose Kündigungen zulässig**. Maßgebend ist, ob nach dem **Gesetz** ein wichtiger Grund für eine Kündigung ohne Einhaltung der Kündigungsfrist gegeben ist. Tarifvertragliche oder einzelvertraglich vereinbarte Kündigungsrechte können den zwingenden Schutz des § 15 nicht einschränken (*Herschel/Löwisch* Rn. 34; *Hueck/*

V. Außerordentliche Kündigung § 15 KSchG 430

v. Hoyningen-Huene Rn. 81). Außerordentliche Kündigungen bedürfen aber während der Amtszeit – nicht jedoch im Nachwirkungszeitraum – gemäß § 103 BetrVG der **Zustimmung des Betriebsrats** bzw. der Ersetzung der Zustimmung des Betriebsrats nach § 103 (*Herschel/Löwisch* Rn. 33; *Hueck/ v. Hoyningen-Huene* Rn. 77, 93; KDZ/*Kittner* Rn. 35; KR/*Etzel* Rn. 19). Eine zulässige außerordentliche und fristlose Kündigung liegt auch vor, wenn sie als außerordentliche eindeutig erklärt, jedoch unter Wahrung einer sozialen Auschlußfrist ausgesprochen wird (BAG 3. 12. 1954 AP KSchG 1951 § 13 Nr. 2; *Herschel/Löwisch* Rn. 36; *Hueck/v. Hoyningen-Huene* Rn. 74, 85; KR/*Etzel* Rn. 33). **Nicht zulässig** ist eine **ordentliche Kündigung** (mit Frist) schon deshalb, weil ein wichtiger Grund für eine außerordentliche Kündigung vorgelegen hat. Es kommt darauf an, daß der AG von dem Recht der außerordentlichen Kündigung auch Gebrauch gemacht hat (BAG 5. 7. 1979 AP KSchG 1969 § 15 Nr. 6). § 15 gilt nach Auffassung des BAG auch für die außerordentliche Änderungskündigung (BAG 12. 8. 1976 AP KSchG 1969 § 15 Nr. 2; BAG 6. 3. 1986 AP KSchG 1969 § 15 Nr. 19; *Hueck/ v. Hoyningen-Huene* Rn. 84). Im Rahmen der Prüfung des § 626 BGB ist jedoch nicht auf eine fiktive Kündigungsfrist abzustellen (BAG 21. 6. 1995 AP KSchG 1969 § 15 Nr. 36 gegen BAG 6. 3. 1986 AP Nr. 19).

Bei außerordentlichen Kündigungen von durch § 15 geschützten Personen sind nebeneinander zu beachten: § 626 BGB, § 15 KSchG, § 103 BetrVG, bzw. §§ 47 I oder 108 I BPersVG. Maßgebend ist ein Recht zu einer fristlosen Kündigung („ohne Einhaltung einer Kündigungsfrist"). Auch im Fall der Insolvenz kann daher wirksam nur gekündigt werden, wenn neben der Tatsache der Eröffnung des Insolvenzverfahren noch ein wichtiger Grund iSv. § 626 BGB vorliegt (*Herschel/Löwisch* Rn. 34; *Hueck/v. Hoyningen-Huene* Rn. 83). 23

Die **außerordentliche Kündigung** erfordert zunächst einen **wichtigen Grund** iSv. § 626 BGB (KR/*Etzel* Rn. 21) sowie die Wahrung der Frist des § 626 II BGB, vgl. zu letzterem Rn. 32. Für den **Begriff des wichtigen Grundes** gelten die allgemeinen Regeln, wie sie für die außerordentliche Kündigung gegenüber jedem anderen AN auch gelten (BAG 18. 2. 1993 AP KSchG 1969 § 15 Nr. 35; BAG 21. 6. 1995 AP KSchG 1969 § 15 Nr. 36 = NZA 1995, 1157; *Hueck/v. Hoyningen-Huene* Rn. 86; KR/*Etzel* Rn. 21), vgl. dazu § 626 BGB. Bei der Beurteilung der Zumutbarkeit ist bei außerordentlichen Kündigungen von AN, die nicht den besonderen Schutz von Funktionsträgern genießen, zu prüfen, ob dem AG die Fortsetzung des Arbeitsverhältnisses bis zum Ablauf der Kündigungsfrist zuzumuten ist. Diese Regelung in § 626 I BGB kann bei Funktionsträgern nicht greifen, weil ihnen ordentlich nicht gekündigt werden kann. Das Gesetz enthält insoweit eine Regelungslücke. Nach der Rechtsprechung ist bei der Zumutbarkeitsprüfung eine fiktive Kündigungsfrist zugrundezulegen, nämlich die, die gelten würde, wenn dem Funktionsträger ordentlich gekündigt werden könnte (BAG 17. 3. 1988 AP BGB § 626 Nr. 99; BAG 18. 2. 1993 AP KSchG 1969 § 15 Nr. 35; BAG 10. 2. 1999 AP KSchG 1969 § 15 Nr. 42). Das BAG hat diese Rechtsprechung für den Fall einer betriebsbedingten Massenänderungskündigung aufgegeben (BAG 21. 6. 1995 AP Nr. 36; KR/*Etzel* Rn. 23 a) 24

Bei den Gründen, die eine **außerordentliche Kündigung** tragen sollen, sind **drei Bereiche zu trennen:** 25
 – Verletzung von **Pflichten allein aus dem Arbeitsverhältnis;**
 – Verletzung von **Pflichten allein aus dem Betriebsratsamt;**
 – gleichzeitige **Verletzung von Pflichten aus dem Arbeitsverhältnis und dem Betriebsratsamt.**

Verletzt das Betriebsratsmitglied allein arbeitsvertragliche Pflichten, steht es jedem anderen AN gleich. Die Wirksamkeit der Kündigung hängt allein davon ab, ob die Voraussetzungen nach § 626 BGB vorliegen (BAG 16. 10. 1986 AP § 626 BGB Nr. 95; *Hueck/v. Hoyningen-Huene* Rn. 86; KDZ/ *Kittner* Rn. 35; KR/*Etzel* Rn. 27). Die Rechtsprechung hat bei Betriebsräten als hinreichende arbeitsvertragliche Pflichtverletzung zB anerkannt: **Arbeitsverweigerung** nach mehrmaliger Abmahnung (LAG Hamm 6. 3. 1985 – TaBV 74/84 nv.), **unrichtige Spesenabrechnung** (BAG 22. 8. 1974 AP BetrVG 1972 § 103 Nr. 1), **Manipulationen bei der Zeiterfassung** (BAG 24. 4. 1975 AP BetrVG 1972 § 103 Nr. 3; BAG 27. 1. 1977 AP BetrVG § 103 Nr. 7), **Bereitschaft zur Falschaussage gegen den AG** (BAG 16. 10. 1986 AP BGB § 626 Nr. 95), **vorsätzlich falsche eidesstattliche Versicherung** in einem Verfahren gegen den AG (BAG 20. 11. 1987 RzK II 1 b Nr. 4), bewußt wahrheitswidrige, **ehrenrührige Behauptungen über einen Vorgesetzten** (BAG 25. 5. 1982 – 7 AZR 155/80 nv.), **Vermögensdelikte** (BAG 10. 2. 1999 AP KSchG 1969 § 15 Nr. 42). 26

Verletzt das Betriebsratsmitglied allein Pflichten, die sich aus dem Betriebsratsamt ergeben, kann dem nicht wirksam mit den individualrechtlichen Mittel der Kündigung begegnet werden. Der AG ist auf das Verfahren nach § 23 I BetrVG angewiesen (st. Rspr. BAG 3. 12. 1954 AP KSchG 1951 § 13 Nr. 2; BAG 22. 8. 1974 AP BetrVG 1972 § 103 Nr. 1; BAG 16. 10. 1986 AP BGB § 626 Nr. 95; *Hueck/v. Hoyningen-Huene* Rn. 89; KR/*Etzel* Rn. 25). 27

Verletzt das **Betriebsratsmitglied sowohl eine arbeitsvertragliche Pflicht als auch zugleich eine solche aus dem Betriebsratsamt,** kommt sowohl die Abberufung nach § 23 I BetrVG als auch eine außerordentliche Kündigung in Betracht, wenn die Verletzung der arbeitsvertraglichen Pflicht die Voraussetzungen nach § 626 BGB erfüllt. Hierbei ist bei einem Betriebsratsmitglied die tatsächlich vorhandene, besondere Situation zu werten, wenn es die arbeitsvertragliche Pflicht nur verletzt hat, 28 weil es zugleich in seiner Funktion als Betriebsratsmitglied tätig war. Das ist keine Begünstigung des Funktionsträgers, sondern bedingt durch das Erfordernis, alle Umstände des Einzelfalls zu berücksichtigen. Die Rechtsprechung beschreibt das inhaltsleer mit der Floskel, es sei ein besonders strenger Prüfungsmaßstab anzulegen (vgl. zB BAG 22. 8. 1974 AP BetrVG 1972 § 103 Nr. 1; BAG 11. 12. 1975 AP KSchG 1969 § 15 Nr. 1; BAG 16. 10. 1986 AP BGB § 626 Nr. 95; *Hueck/v. Hoyningen-Huene* Rn. 90; wie hier wohl KR/*Etzel* Rn. 26, 26 d; SPV Rn. 1000; aA KDZ/*Kittner* Rn. 36: auch hier nur Verfahren nach § 23 BetrVG). Bei den sog. **Mischsituationen** hat die Rechtsprechung in folgenden Fällen die Wirksamkeit einer außerordentlichen Kündigung nicht ausgeschlossen: **beleidigende Äußerungen** eines Betriebsratsmitglieds gegenüber dem Werksleiter in einer Sitzung: „KZ-Methoden" (BAG 2. 4. 1987 AP BGB § 626 Nr. 96); **bewußt wahrheitswidrige öffentliche Äußerungen**, die den Betriebsfrieden stören können (BAG 26. 5. 1977 AP BGB § 611 Beschäftigungspflicht Nr. 5); **schwerwiegende Ehrverletzung anderer AN** im Betriebsratswahlkampf mit zugleich verfassungsfeindlicher Zielsetzung (BAG 15. 12. 1977 AP BGB § 626 Nr. 69).

29 Die **außerordentliche Kündigung** erfordert außerdem die **Zustimmung des Betriebsrats**. Wird die außerordentliche Kündigung ohne diese Zustimmung ausgesprochen, ist sie nach § 134 BGB unheilbar nichtig. Die Zustimmung muß **vor Ausspruch** der Kündigung vorliegen und kann nicht nachgeholt werden (st. Rspr. BAG 22. 8. 1974 AP BetrVG 1972 § 103 Nr. 1; BAG 30. 5. 1978 AP KSchG 1969 § 15 Nr. 4; *Hueck/v. Hoyningen-Huene* Rn. 93; SPV Rn. 1011). Zur Zuständigkeit des Betriebs- bzw. Personalrats vgl. *Hueck/v. Hoyningen-Huene* Rn. 98 ff. Das Erfordernis der Zustimmung entfällt im Zeitraum der Nachwirkung (*Hueck/v. Hoyningen-Huene* Rn. 97). Im Unterschied zu § 102 BetrVG bedeutet ungenutztes Verstreichenlassen der Drei-Tage-Frist nicht Zustimmung, sondern Zustimmungsverweigerung (*Hueck/v. Hoyningen-Huene* Rn. 112; KR/*Etzel* § 103 BetrVG Rn. 94). Ist allerdings die Zustimmung rechtzeitig eingeholt worden, kann der Betriebsrat noch nachträglich zustimmen (BAG 17. 9. 1981 AP BetrVG 1972 § 103 Nr. 14; *Hueck/v. Hoyningen-Huene* Rn. 113). Ein bereits eingeleitetes Zustimmungsersetzungsverfahren wird damit gegenstandslos.

30 Verweigert der Betriebsrat die nach Abs. 1 bis 3, jeweils S. 1, erforderliche Zustimmung, kann nach § 103 II BetrVG das Arbeitsgericht auf Antrag des AG die Zustimmung ersetzen. Entsprechendes gilt nach Abs. 2 S. 1 für den öffentlichen Dienst, wobei hier die Zuständigkeit des Verwaltungsgerichts gegeben ist, §§ 47, 108 BPersVG. Die vorherige ordnungsgemäße Mitwirkung des Betriebsrats ist Zulässigkeitsvoraussetzung für das gerichtliche Ersetzungsverfahren. Die notwendige Mitwirkung kann nicht dadurch umgangen werden, daß der AG bereits vor der Entscheidung des Betriebsrats einen Zustimmungsersetzungsantrag stellt (BAG 7. 5. 1986 AP BetrVG 1972 § 103 Nr. 18; BAG 24. 10. 1996 AP BetrVG 1972 § 103 Nr. 32; *Hueck/v. Hoyningen-Huene* Rn. 118; KR/*Etzel* BetrVG § 103 Rn. 111). Nach hM entfaltet der Ersetzungsbeschluß im späteren Kündigungsschutzverfahren hinsichtlich der Bejahung eines wichtigen Grundes bindende Wirkung. Der AN kann nur neue Tatsachen geltend machen (BAG 24. 4. 1975 AP BetrVG 1972 § 103 Nr. 3; *Fitting* § 103 Rn. 30; *Richardi* BetrVG § 103 Rn. 78; vgl. dazu *Ascheid* FS Hanau 1999, 685).

31 Hat der Betriebsrat die Zustimmung rechtzeitig erteilt, muß die Kündigung innerhalb der Zwei-Wochen-Frist des § 626 II BGB erklärt werden (*Hueck/v. Hoyningen-Huene* Rn. 132). Hat der AG bei Verweigerung der Zustimmung des Betriebsrats die Zustimmung gerichtlich ersetzen lassen, muß er die fristlose Kündigung unverzüglich nach der **rechtskräftigen** Zustimmungsersetzung erklären (BAG 21. 10. 1983 AP BGB § 626 Nr. 16; BAG 22. 1. 1987 AP BetrVG 1972 § 103 Nr. 24; *Hueck/v. Hoyningen-Huene* Rn. 134; KR/*Etzel* Rn. 32; SPV Rn. 1013). Hat der AN gegen eine Entscheidung des LAG eine offensichtlich unstatthafte Divergenzbeschwerde eingelegt, kann der AG auch in diesem Fall die Rechtskraft der maßgebenden BAG-Entscheidung abwarten (BAG 9. 7. 1998 AP BetrVG 1972 § 103 Nr. 36 unter Klarstellung BAG 25. 1. 1979 AP BetrVG 1972 § 103 Nr. 12).

32 Die Notwendigkeit der Fristeinhaltung nach § 626 II BGB und die der Zustimmung des Betriebsrats sind nicht miteinander in Einklang zu bringen. Anstatt nun vom Regelungszweck des § 626 II BGB her davon auszugehen, der AG, der innerhalb der Zwei-Wochen-Frist des § 626 II BGB das Mitwirkungsverfahren einleite, gebe hinreichend zu erkennen, daß er etwas Unzumutbares nicht hinnehmen will, und seine weiteren Schritte nur dem Gebot der Unverzüglichkeit zu unterstellen, verlangt die Rechtsprechung eine regelrechte Fristenhetze. Innerhalb der Zwei-Wochen-Frist des § 626 II BGB muß nach st. Rspr. die Zustimmung des Betriebsrats nach § 103 BetrVG **eingeholt** – nicht nur beantragt – sein. Wird sie verweigert, hat der AG noch innerhalb der Zwei-Wochen-Frist den Antrag auf Ersetzung der Zustimmung beim Arbeitsgericht zu stellen. In betriebsratslosen Betrieben hat der AG innerhalb der Zwei-Wochen-Frist die gerichtliche Zustimmung zu beantragen (BAG 27. 5. 1975 AP BetrVG 1972 § 103 Nr. 4; BAG 18. 8. 1977 AP BetrVG 1972 § 103 Nr. 10; BAG 7. 5. 1986 AP BetrVG 1972 § 103 Nr. 18; BAG 24. 10. 1996 AP BetrVG 1972 § 103 Nr. 32; vgl. hierzu im einzelnen *Hueck/v. Hoyningen-Huene* Rn. 79; KR/*Etzel* Rn. 30 ff.). Verweigert der Betriebsrat bei einem Schwerbehinderten, der zugleich Betriebsratsmitglied ist, die Zustimmung zur außerordentlichen Kündigung, ist das Beschlußverfahren auf Ersetzung der Zustimmung in entsprechender Anwendung von § 18 VI SchwbG unverzüglich nach Erteilung der Zustimmung durch die Hauptfürsorgestelle oder nach Eintritt der Zustimmungsfiktion des § 18 III SchwbG einzuleiten (BAG 22. 1. 1987 AP BetrVG 1972 § 103 Nr. 24). Die Auslegung des § 626 II BGB im Zusammenhang mit dem Zustim-

mungserfordernis überzieht den Regelungsgehalt dieser Vorschrift. Es wird nach außen klar erkenntlich, daß der AG einen ihm unzumutbaren Zustand nicht hinnehmen will, wenn er innerhalb der Zwei-Wochen-Frist um die Zustimmung des Betriebs- oder Personalrats nachsucht. Ist die Zustimmung gerichtlich ersetzt, muß der AG nach der Rechtsprechung die Rechtskraft der Ersetzungsentscheidung abwarten und dann die Kündigung unverzüglich nach Eintritt der Rechtskraft aussprechen, vgl. Rn. 50.

VI. Nachwirkender Kündigungsschutz

Nach Abs. 1 S. 2 wirkt der **besonderer Kündigungsschutz über die Amtszeit des Betriebsrats** 33 **hinaus** für die Dauer eines Jahres, bei Mitgliedern der Bordvertretung sechs Monate, fort. Die Nachwirkung dient einer Abkühlung eventuell während der betriebsverfassungsrechtlichen Tätigkeit aufgetretener Spannungen mit dem AG (*Hueck/v. Hoyningen-Huene* Rn. 1; KR/*Etzel* Rn. 63). Im Nachwirkungszeitraum ist die ordentliche Kündigung, vorbehaltlich der Regelung in den Abs. 4 und 5 ausgeschlossen. Maßgebend ist der Zugang der Kündigungserklärung (*Löwisch* KSchG Rn. 40). Im Nachwirkungszeitraum kann das Arbeitsverhältnis jedoch aus wichtigem Grund gekündigt werden. Eine Zustimmung des Betriebsrats gemäß § 103 BetrVG ist jetzt nicht mehr erforderlich. Es genügt die Anhörung nach § 102 BetrVG (*Hueck/v. Hoyningen-Huene* Rn. 42; KDZ/*Kittner* Rn. 38; KR/*Etzel* Rn. 56). Die außerordentliche Kündigung muß als solche fristlos ausgesprochen werden. Das Vorliegen von Tatsachen, die eine außerordentliche Kündigung rechtfertigen würden, rechtfertigt auch in diesem Zeitraum nicht eine ordentliche Kündigung (BAG 5. 7. 1979 AP KSchG 1969 § 15 Nr. 6; *Hueck/v. Hoyningen-Huene* Rn. 74).

Für **Mitglieder des Betriebs- oder Personalrats** beginnt die Nachwirkung nach Abs. 1 S. 2 mit dem 34 Ende der Amtszeit. Führt der Betriebsrat die Geschäfte nach § 22 BetrVG fort, endet die Amtszeit mit Bekanntgabe des Ergebnisses der Nachfolgewahl (*Herschel/Löwisch* Rn. 18; *Hueck/v. Hoyningen-Huene* Rn. 43; KR/*Etzel* Rn. 60). Die Nachwirkung gilt nicht nur, wenn das Ende des Amtes als Organmitglied durch die Beendigung der Amtszeit des ganzen Organs herbeigeführt wird. Die Nachwirkung greift auch, wenn ein einzelnes Mitglied vor Ablauf der Amtszeit ausscheidet (BAG 5. 7. 1979 AP KSchG 1969 § 15 Nr. 6; *Hueck/v. Hoyningen-Huene* Rn. 44; KR/*Etzel* Rn. 64; *Löwisch* KSchG Rn. 17). Besteht der Betriebsrat aus nur einer Person, genießt diese den nachwirkenden Schutz, wenn die Zahl der wahlberechtigten Mitglieder unter fünf sinkt (*Herschel/Löwisch* Rn. 15). Wird ein Betrieb nach dem UmwG abgespalten, endet damit für ein Betriebsratsmitglied die Mitgliedschaft im Betriebsrat. Nach § 323 I behält das Betriebsratsmitglied für zwei Jahre den Schutz als Betriebsratsmitglied. Insoweit geht § 323 I dem § 15 I 2 KSchG vor (Lutter/*Joost* Rn. 12). Der nachwirkende Kündigungsschutz ehemaliger Personalratsmitglieder greift nicht, wenn ein auf Probe beschäftigter Dienstordnungsangestellter eines Sozialversicherungsträgers, für dessen Dienstverhältnis nach der Dienstordnung die Vorschriften für Beamte auf Probe gelten, wegen mangelnder Bewährung nach § 31 I Nr. 2 BBG entlassen wird (BAG 5. 9. 1986 AP KSchG 1969 § 15 Nr. 27). Hat ein vorübergehend tätig gewesenes Ersatzmitglied im Vertretungsfall eine Funktion wahrgenommen, genießt es den nachwirkenden Kündigungsschutz (BAG 6. 9. 1979 AP KSchG 1969 § 15 Nr. 7; BAG 17. 3. 1988 AP BGB § 626 Nr. 99; *Hueck/v. Hoyningen-Huene* Rn. 47; KDZ/*Kittner* Rn. 39; KR/*Etzel* Rn. 65), wobei jeder Vertretungsfall erneut den nachwirkenden Kündigungsschutz auslöst. Hiebei ist es unerheblich, ob dem AG bekannt ist, daß das Ersatzmitglied in den letzten zwölf Monaten amtiert hat. Wenn kein Mißbrauch vorliegt, besteht der Schutz auch, wenn sich nachträglich herausstellt, daß ein Vertretungsfall objektiv nicht vorlag (BAG 5. 9. 1986 AP KSchG 1969 § 15 Nr. 26; *Hueck/v. Hoyningen-Huene* Rn. 48; KDZ/*Kittner* Rn. 39).

Für Mitglieder des **Wahlvorstands und für Wahlbewerber** beginnt der sechsmonatige nachwir- 35 kende Schutz mit der Bekanntgabe des Wahlergebnisses (*Hueck/v. Hoyningen-Huene* Rn. 49; KDZ/*Kittner* Rn. 40; KR/*Etzel* Rn. 67). Scheidet ein Mitglied des Wahlvorstands vorzeitig durch Amtsniederlegung aus, greift ab diesem Zeitpunkt der nachwirkende Schutz gemäß Abs. 3 S. 2 ebenfalls. Eine Zustimmung des Betriebsrats gemäß § 103 BetrVG ist jedoch nicht mehr erforderlich (*Hueck/v. Hoyningen-Huene* Rn. 42; KDZ/*Kittner* Rn. 38; KR/*Etzel* Rn. 68). Allein das Vorliegen von Tatsachen, die eine außerordentliche Kündigung rechtfertigen würden, rechtfertigt nicht eine ordentliche Kündigung (BAG 5. 7. 1979 AP KSchG 1969 § 15 Nr. 6). Wahlbewerber verlieren ihre Funktion vor Bekanntgabe des Wahlergebnisses, wenn die Wahlbewerbung vorzeitig wegfällt. Das ist zB der Fall, wenn vom Wahlvorstand beanstandete Mängel nicht fristgerecht beseitigt werden und der Wahlvorschlag damit ungültig wird, § 8 II WahlO. In diesen Fällen erlangen die bisherigen Wahlbewerber den nachwirkenden Kündigungsschutz (BAG 9. 10. 1986 AP KSchG 1969 § 15 Nr. 23; *Hueck/v. Hoyningen-Huene* Rn. 51; KR/*Etzel* Rn. 71).

Kraft ausdrücklicher Regelung, Abs. 1 bis 3, Sätze 2 aE, ist eine Nachwirkung ausgeschlossen, wenn 36 die Mitgliedschaft durch Gerichtsentscheid beendet wird, zB gemäß § 23 II BetrVG (*Herschel/Löwisch* Rn. 16; KDZ/*Kittner* Rn. 41; KR/*Etzel* Rn. 66). Eine Nachwirkung entfällt ebenfalls, wenn eine Wahl erfolgreich angefochten worden ist (*Hueck/v. Hoyningen-Huene* Rn. 52; KDZ/*Kittner* Rn. 41; KR/*Etzel* Rn. 66; aA *Herschel/Löwisch* Rn. 17).

37 Ist der **Nachwirkungszeitraum abgelaufen,** kann der AG dem vorher geschützten AN wie jedem anderen AN kündigen. Der **AG ist nicht gehindert,** die **Kündigung** auf **Pflichtverletzungen** des AN zu stützen, die dieser **während der Schutzfrist** begangen hat und die erkennbar nicht in einem Zusammenhang mit seiner Amtstätigkeit stehen (BAG 13. 6. 1996 AP KSchG 1969 § 15 Wahlbewerber Nr. 2; *Löwisch* KSchG Rn. 40).

VII. Kündigung bei Betriebsstillegung

38 Der **besondere Kündigungsschutz** ist wesentlich **eingeschränkt,** wenn der **Betrieb stillgelegt** wird, Abs. 4. Liegt eine endgültige Betriebsstillegung vor, darf gegenüber dem in § 15 geschützten Personenkreis eine **ordentliche Kündigung** ausgesprochen werden (KR/*Etzel* Rn. 73). Der in Abs. 4 verwendete Begriff der Betriebsstillegung ist der gleiche wie in §§ 106 III Nr. 6, 111 S. 2 Nr. 1 BetrVG (*Hueck/v. Hoyningen-Huene* Rn. 145; KDZ/*Kittner* Rn. 61). Kündigt ein AG das Arbeitsverhältnis eines Betriebsratsmitglieds zum voraussichtlichen Termin der Betriebsstillegung, endet es für den Fall, daß sich die Betriebsstillegung verzögert, mit dem nächstmöglichen Termin nach der Betriebsstillegung. Kommt es nicht zur Stillegung, weil der Betrieb zB veräußert wird, ist die Kündigung gegenstandslos. Im Fall der Veräußerung tritt der Erwerber in die Rechte und Pflichten aus dem Arbeitsverhältnis ein (BAG 23. 4. 1980 AP KSchG 1969 § 15 Nr. 8). Die Vorschriften über den Kündigungsschutz bei Massenentlassungen, §§ 17 ff., sind neben dem § 15 IV und V anwendbar (*Herschel/ Löwisch* Rn. 46; *Hueck/v. Hoyningen-Huene* Rn. 164; KR/*Etzel* Rn. 141). Ebenso bleiben die kündigungsrechtlichen Vorschriften der §§ 12 ff. SchwbG, § 9 MuSchG, § 2 ArbPlSchG, unberührt (*Herschel/Löwisch* Rn. 5).

39 Keine Bedenken an einer Betriebsstillegung bestehen, wenn die vom Unternehmer beschlossene und durchgeführte Maßnahme endgültig ist und es für immer bei der Stillegung verbleibt. Eine Stillegung ist jedoch auch zu bejahen, wenn der Betrieb für längere Zeit nicht weiterbetrieben werden soll und die Frage, ob es je noch einmal zu einer Weiterführung kommt, völlig ungewiß ist (BAG 23. 4. 1980 AP KSchG 1969 § 15 Nr. 8; BAG 16. 6. 1987 AP BetrVG 1972 § 111 Nr. 20; *Hueck/v. Hoyningen-Huene* Rn. 147). Die Abgrenzung im Einzelfall ist schwierig. Es ist in jedem Fall unzulässig, durch eine bloße „Betriebsunterbrechung" sich sonst nicht kündbarer AN zu entledigen. Ein solcher Fall liegt vor, wenn vorsorglich für den Fall, daß es nicht zu einer geplanten Veräußerung kommt, gekündigt wird (BAG 27. 9. 1984 AP BGB § 613 a Nr. 39; *Herschel/Löwich* Rn. 46; *Hueck/v. Hoyningen-Huene* Rn. 147; KR/*Etzel* Rn. 88). Wird der Betrieb alsbald wiedereröffnet, kann je nach konkreter Sachlage den AG die Darlegungs- und Beweislast dafür treffen, daß die Wiedereröffnung nicht bereits vorausaehbar oder gar geplant war (*Hueck/v. Hoyningen-Huene* Rn. 147; KDZ/*Kittner* Rn. 62).

40 **Keine Betriebsstillegung** ist die Änderung des Betriebszwecks. Ebenso ist es nicht allein die **Insolvenzeröffnung** (*Herschel/Löwisch* Rn. 50; *Hueck/v. Hoyningen-Huene* Rn. 150; KDZ/*Kittner* Rn. 63; KR/*Etzel* Rn. 82). Es ist Sache des Insolvenzverwalters, einen bisher nicht stillgelegten Betrieb zu schließen (BAG 16. 9. 1982 AP KO § 22 Nr. 4). Keine Betriebsstillung ist die **Betriebsveräußerung oder -verpachtung** (*Herschel/Löwisch* Rn. 49; *Hueck/v. Hoyningen-Huene* Rn. 70, 152; KR/ *Etzel* Rn. 86). Bei ihr tritt der Erwerber in die Rechte und Pflichten aus dem Arbeitsverhältnis ein, § 613 a I BGB (vgl. dazu § 613 a BGB Rn. 39 ff. und RGRK/*Ascheid* § 613 a Rn. 125 ff.). Arbeitsverhältnisse und Betriebsratsamt bleiben bestehen (BAG 23. 4. 1980 AP KSchG 1969 § 15 Nr. 8; BAG 28. 9. 1988 AP BetrVG 1972 § 99 Nr. 55). Bei Umwandlungen nach dem UmwG bleibt der Betrieb ebenfalls erhalten. Beim Übergang eines Betriebsteils endet das Betriebsratsamt eines in diesem Teil beschäftigten AN. Mit dem Zeitpunkt des Betriebsübergangs beginnt gegenüber dem Erwerber der nachwirkende Kündigungsschutz nach § 15 I 2 (KDZ/*Kittner* Rn. 65), sofern der Betriebsteil nicht einen eigenen Betriebsrat hatte, der insgesamt im Amt verbleibt. Liegt ein Betriebsteilübergang vor und widerspricht ein Betriebsratsmitglied dem Übergang seines Arbeitsverhältnisses, bleibt es Mitglied des verbleibenden Betriebsrats. Eine Betriebsstillegung liegt auch vor, wenn daß unter Auflösung der alten Belegschaft und der Fortsetzung des bisherigen Betriebszwecks eine räumlich nicht unerhebliche Verlagerung des Betriebs erfolgt (KR/*Etzel* Rn. 85; aA BAG 6. 11. 1959 AP KSchG 1951 § 13 Nr. 15).

41 Abs. 4 läßt im Fall der Betriebsstillegung eine **ordentliche** Kündigung zu. Abs. 4 ist nicht etwa dahin zu verstehen, es handele sich bei der Kündigung nach Abs. 4 um eine außerordentliche Kündigung (BAG 23. 4. 1980 AP KSchG 1969 § 15 Nr. 8; BAG 14. 10. 1982 AP KSchG 1969 § 1 Konzern Nr. 1; *Hueck/v. Hoyningen-Huene* Rn. 157; KR/*Etzel* Rn. 73). Ob eine auf Stillegung gestützte Kündigung wirksam ist, ist nach Abs. 4 zu beurteilen. Da die von § 15 erfaßten Personen jedoch geschützt und nicht schlechter als die anderen AN gestellt werden sollen, kann sie unwirksam sein, wenn eine Weiterbeschäftigung in einem anderen Betrieb des Unternehmens möglich ist (BAG 20. 1. 1984 AP KSchG 1969 § 15 Nr. 16; BAG 13. 8. 1992 AP KSchG 1969 § 15 Nr. 32; *Hueck/v. Hoyningen-Huene* Rn. 156; KDZ/*Kittner* Rn. 67; KR/*Etzel* Rn. 93; aA *Herschel/Löwisch* Rn. 4 a: Es ist nach Abs. 4 nur auf den Betrieb abzustellen). Kann nur ein Teil der nach § 15 besonders geschützten Personen weiterbeschäftigt werden, finden die Grundsätze zur sozialen Auswahl entsprechende Anwendung (BAG 16. 9. 1982 AP KO § 22 Nr. 4).

Bei einer **Kündigung nach Abs. 4** muß die jeweils **einschlägige Kündigungsfrist** eingehalten 42
werden (BAG 29. 3. 1977 AP BetrVG § 102 Nr. 11). Ist die ordentliche Kündigung durch Tarifvertrag
ausgeschlossen, ist eine Betriebsstillegung geeignet, eine außerordentliche Kündigung zu rechtfertigen.
Es ist in einem solchen Fall die gesetzliche oder tarifliche Kündigungsfrist einzuhalten, die gelten
würde, wenn die ordentliche Kündigung nicht ausgeschlossen wäre (BAG 29. 3. 1985 AP BGB § 626
Nr. 86). Diese außerordentliche Kündigung bedarf nicht der Zustimmung des Betriebsrats (BAG
18. 9. 1997 AP BetrVG 1972 § 103 Nr. 35). Der AG kann frühestens zum Zeitpunkt der Betriebsstillegung kündigen. Der durch § 15 geschützte Personenekreis darf in diesem Fall erst mit der letzten
Gruppe entlassen werden (BAG 26. 10. 1967 AP KSchG 1951 § 13 Nr. 17; *Hueck/v. Hoyningen-Huene* Rn. 159; KR/*Etzel* Rn. 102; *Löwisch* KSchG Rn. 62). Eine Kündigung zu einem früheren
Zeitpunkt ist nur zulässig, wenn sie durch dringende betriebliche Erfordernisse auch in diesem Punkt
bedingt ist. Ein solches Erfordernis kann vorliegen, wenn für den betroffenen AN überhaupt keine
Beschäftigungsmöglichkeit mehr besteht (*Herschel/Löwisch* Rn. 51; *Hueck/v. Hoyningen-Huene*
Rn. 160, 161; KDZ/*Kittner* Rn. 70; KR/*Etzel* Rn. 103), so daß freigestellte Betriebsratsmitglieder
nicht betroffen sein können.

Ist eine ordentliche Kündigung nach Abs. 4 zulässig, ist der Betriebsrat vor Ausspruch der Kündi- 43
gung nach § 102 BetrVG zu hören. Unterläßt der AG dies, ist die dennoch ausgesprochene Kündigung
unwirksam (BAG 29. 3. 1977 AP BetrVG 1972 § 102 Nr. 11; *Herschel/Löwisch* Rn. 55; KDZ/*Kittner*
Rn. 73). Eine Zustimmung des Betriebsrats nach § 103 BetrVG scheidet aus, weil die Kündigung nach
Abs. 4 keine außerordentliche ist (BAG 29. 3. 1977 AP BetrVG 1972 § 102 Nr. 11; BAG 20. 1. 1984
AP KSchG 1969 § 15 Nr. 16; *Hueck/v. Hoyningen-Huene* Rn. 157; *Löwisch* KSchG Rn. 68).

Ist eine Kündigung nach Abs. 4 ausgesprochen worden, obwohl keine Betriebsstillegung vorliegt, 44
ist sie unwirksam. Es handelt sich hierbei um den Fall einer sonstigen Unwirksamkeit nach § 13 III
(*Hueck/v. Hoyningen-Huene* Rn. 163; KDZ/*Kittner* Rn. 74; KR/*Etzel* Rn. 110; aA *Herschel/Löwisch*
Rn. 4). Die Unwirksamkeit kann außerhalb der Drei-Wochen-Frist geltend gemacht werden (BAG
1. 2. 1957 AP KSchG 1951 § 13 Nr. 5; *Hueck/v. Hoyningen-Huene* Rn. 163). Eine gerichtliche Auflösung des Arbeitsverhältnisses kommt nicht in Betracht (*Hueck/v. Hoyningen-Huene* Rn. 163;
KDZ/*Kittner* Rn. 74; KR/*Etzel* Rn. 112; aA *Herschel/Löwisch* Rn. 4).

VIII. Kündigung bei Stillegung einer Betriebsabteilung

Wurde eine der in den Abs. 1 bis 3 geschützte Person in einer Betriebsabteilung beschäftigt, die 45
stillgelegt wurde, ist sie in eine andere Betriebsabteilung zu übernehmen, Abs. 5 S. 1. Abs. 5 setzt
voraus, daß es um die Stillegung einer **Abteilung** geht. Eine Betriebsabteilung liegt vor, wenn AN in
einer organisatorisch abgrenzbaren Einheit mit eigenen Betriebsmitteln bestimmte arbeitstechnische
Zwecke verfolgen. Abs. 5 spricht von einer Abteilung, nicht von einem Betriebsteil. Maßgebend für
Abs. 5 ist der eigenständige Zweck der Abteilung, also die arbeitstechnische Abgrenzbarkeit (BAG
20. 1. 1984 AP Nr. 16; BAG 11. 10. 1989 AP KSchG 1969 § 1 Betriebsbedingte Kündigung Nr. 47;
Hueck/v. Hoyningen-Huene Rn. 167; KR/*Etzel* Rn. 121). Besteht ein Betrieb aus mehreren räumlich
nahe beieinanderliegenden Betriebsteilen und befinden sich in diesen Betriebsteilen organisatorisch
abgrenzbare Arbeitseinheiten, die jeweils denselben Betriebszweck verfolgen, bilden diese Arbeitseinheiten **eine** Betriebsabteilung iSv. § 15 (BAG 20. 1. 1984 AP Nr. 16; *Herschel/Löwisch* Rn. 54).
Abs. 5 findet auch Anwendung auf einen Gemeinschaftsbetrieb mehrerer Unternehmen (*Hueck/
v. Hoyningen-Huene* Rn. 168).

Ist eine **Übernahme nicht möglich** ist, wird die **ordentliche Kündigung erlaubt**, Abs. 5 S. 2 46
(BAG 14. 10. 1982 AP KSchG 1969 § 1 Konzern Nr. 1; BAG 20. 1. 1984 AP KSchG 1969 § 15 Nr. 16;
Herschel/Löwisch Rn. 53; *Hueck/v. Hoyningen-Huene* Rn. 157). Übernahme bedeutet Beschäftigung
auf einem gleichwertigem Arbeitsplatz. Das Angebot eines geringerwertigen Arbeitsplatzes mit geringerer Entlohnung reicht nicht (BAG 1. 2. 1957 AP KSchG 1951 § 13 Nr. 5; *Hueck/v. Hoyningen-Huene* Rn. 170). Die Kündigung ist ausgeschlossen, wenn in einem anderen Betrieb des Unternehmens ein gleichwertiger Arbeitsplatz frei ist oder wenn eine Übernahme ausdrücklich vereinbart ist
(BAG 13. 8. 1992 AP KSchG 1969 § 15 Nr. 32; *Hueck/v. Hoyningen-Huene* Rn. 171; SPV Rn. 994 b).
Ist ein freier Arbeitsplatz in einem entfernter gelegenen Betrieb vorhanden, ist der AG nicht verpflichtet, einen örtlich näher gelegenen und deshalb das Betriebsratsmitglied weniger belastenden Arbeitsplatz freizukündigen (BAG 28. 10. 1999 AP KSchG 1969 § 15 Nr. 44). Eine Unmöglichkeit der
Übernahme liegt auch vor, wenn es nur durch Kündigung anderer, nicht durch § 15 geschützter AN
und Umverteilung der vorhandenen Arbeit unter den verbleibenden AN möglich wäre, den gekündigten AN in wirtschaftlich vertretbarer Weise einzusetzen (aA BAG 25. 11. 1981 AP KSchG 1969 § 15
Nr. 11; *Herschel/Löwisch* Rn. 53; HK-KSchG/*Dorndorf* Rn. 142; *Hueck/v. Hoyningen-Huene*
Rn. 170 a; KR/*Etzel* Rn. 126; *Löwisch* KSchG Rn. 64). Das Betriebsratsmitglied ist bei Kündigung
einer Betriebsabteilung den anderen AN gleichzustellen. Es ist nicht gerechtfertigt, daß anderen AN
durch eine „Freikündigung" der Arbeitsplatz genommen wird (BBDW/*Dörner* Rn. 99; *Schleusener*
DB 1998, 2368).

IX. Verfahrensfragen

47 Eine **ordentliche Kündigung**, die gegenüber einem nach § 15 geschützten AN ausgesprochen wird, Ausnahme Abs. 4, ist **unzulässig**. Liegt dieser Ausnahmefall für eine ordentliche Kündigung vor, ist der Betriebsrat vorher nach § 102 I BetrVG anzuhören (SPV Rn. 995). Die Unwirksamkeit ist ein **anderer Unwirksamkeitsgrund** nach § 13 III. Sie kann außerhalb der Dreiwochenfrist geltend gemacht werden (BAG 1. 2. 1957 AP KSchG 1951 § 13 Nr. 5; *Herschel/Löwisch* Rn. 32, 57; KDZ/*Kittner* Nr. 42; KR/*Etzel* Rn. 112). Der AG hat auch bei einer außerordentlichen Kündigung die Zustimmung des Betriebsrats nach § 103 BetrVG einzuholen. Unterläßt er dies, ist die Kündigung unwirksam (BAG 4. 3. 1976 AP BetrVG 1972 § 103 Nr. 5; BAG 25. 3. 1976 AP BetrVG 1972 § 103 Nr. 6; *Herschel/Löwisch* Rn. 58; SPV Rn. 996). Auch ein Verstoß gegen § 103 BetrVG ist ein sonstiger Unwirksamkeitsgrund, der außerhalb der Drei-Wochen-Frist geltend gemacht werden kann (KDZ/*Kittner* Rn. 44).

48 Die **Ausschlußfrist des § 626 BGB** gilt **auch im Rahmen von § 103 BetrVG**. Der AG muß also innerhalb der Frist die Zustimmung des Betriebsrats beantragen, und zwar so rechtzeitig, daß er bei Nichterteilung der Zustimmung noch innerhalb der Zwei-Wochen-Frist des § 626 II BGB die Ersetzung der Zustimmung beim Arbeitsgericht beantragen kann (BAG 20. 3. 1975 AP BetrVG 1972 § 103 Nr. 2; BAG 18. 8. 1977 AP BetrVG 1972 § 103 Nr. 10), vgl. Rn. 25. Ein vor der Entscheidung des Betriebsrats gestellter vorsorglicher Zustimmungsersetzungsantrag des AG ist unzulässig (BAG 7. 5. 1986 AP BetrVG 1972 § 103 Nr. 18; BAG 24. 10. 1996 AP BetrVG 1972 § 103 Nr. 32). Versäumt der AG die Ausschlußfrist, verliert er, bezogen auf die vorgelegenen Kündigungsgründe, sein Kündigungsrecht. Ein zu spät gestellter Ersetzungsantrag ist unbegründet (BAG 7. 5. 1986 AP BetrVG 1972 § 103 Nr. 18; BAG 22. 1. 1987 AP BetrVG 1972 § 103 Nr. 24). Hat der AG die Zustimmung des Betriebsrats eingeholt und danach eine **außerordentliche** Kündigung ausgesprochen, muß der AN die Klage nach dem KSchG, mit der er sich auf das Fehlen des wichtigen Grundes oder die Nichteinhaltung der Zweiwochenfrist des § 626 II BGB beruft, erheben. Er muß in einem solchen Fall die Drei-Wochen-Frist einhalten (*Herschel/Löwisch* Rn. 58; *Hueck/v. Hoyningen-Huene* Rn. 138; KDZ/*Kittner* Rn. 48). Hier kommt auch eine Auflösung des Arbeitsverhältnisses nach §§ 9, 10 in Betracht (*Herschel/Löwisch* Rn. 58; *Hueck/v. Hoyningen-Huene* Rn. 140). **In betriebsratslosen Betrieben** ist die **Zustimmung unmittelbar beim Arbeitsgericht einzuholen** (BAG 12. 8. 1978 AP KSchG 1969 § 15 Nr. 2; BAG 30. 5. 1978 AP KSchG 1969 § 15 Nr. 4; KDZ/*Kittner* Rn. 50).

49 Ist die fehlende Zustimmung des Betriebsrats durch gerichtliche Entscheidung rechtskräftig ersetzt worden, muß der AG die außerordentliche Kündigung **unverzüglich nach Eintritt der Rechtskraft der Ersetzungsentscheidung** aussprechen (BAG 21. 10. 1983 AP BGB § 626 Ausschlußfrist Nr. 16; BAG 22. 1. 1987 AP BetrVG 1972 § 103 Nr. 24 (nach Zustimmung der Hauptfürsorgestelle); *Hueck/v. Hoyningen-Huene* Rn. 134; KDZ/*Kittner* Rn. 54; kritisch zum Erfordernis der Rechtskraft der Ersetzungsentscheidung: *Lüke*, FS Kigawa, 1994, S. 136). Ist gegen den die Zustimmung ersetzenden Beschluß des LAG Nichtzulassungsbeschwerde eingelegt worden, ist die Kündigung erst zulässig, wenn das BAG die Nichtzulassungsbeschwerde zurückgewiesen hat (KDZ/*Kittner* Rn. 56).

50 Hat das Arbeitsgericht die fehlende Zustimmung des Betriebsrats zur außerordentlichen Kündigung rechtskräftig ersetzt, kann der betroffene AN Kündigungsschutzklage erheben. Die Klageerhebung muß innerhalb drei Wochen erfolgen. Die Klage ist nicht etwa deshalb unzulässig, weil das Arbeitsgericht im vorausgegangenen Zustimmungsersetzungsverfahren die Berechtigung der außerordentlichen Kündigung bejaht hat (BAG 24. 4. 1975 AP BetrVG 1972 § 103 Nr. 3; *Hueck/v. Hoyningen-Huene* Rn. 142; KDZ/*Kittner* Rn. 58). Ist bei einer Tatkündigung die Zustimmungsersetzung abgelehnt worden, kann die Zustimmungsersetzung in einem neuen Verfahren angezeigt sein, wenn das Betriebsratsmitglied wegen der Tatvorwürfe inzwischen rechtskräftig strafrechtlich verurteilt worden ist (BAG 16. 9. 1999 – 2 ABR 68/98 zVb.).

51 Nach Auffassung des BAG sind die Arbeitsgerichte im Kündigungsschutzprozeß an die bereits im Beschlußverfahren getroffene Feststellung gebunden, daß die außerordentliche Kündigung unter Berücksichtigung aller Umstände gerechtfertigt ist (BAG 24. 4. 1975 AP BetrVG 1972 § 103 Nr. 3). Die Überprüfung im Erkenntnisverfahren soll darauf beschränkt sein, ob das Beschwerdegericht den Begriff des wichtigen Grundes richtig erkannt hat (BAG 27. 1. 1977 AP BetrVG 1972 § 103 Nr. 7). Diese Auffassung ist aus Gründen der Prozeßökonomie einsichtig, jedoch aus dem Gesetz so nicht ableitbar (vgl. dazu *Ascheid*, FS Hanau 1999, 685).

§ 16 Neues Arbeitsverhältnis; Auflösung des alten Arbeitsverhältnisses

¹ Stellt das Gericht die Unwirksamkeit der Kündigung einer der in § 15 Abs. 1 bis 3 genannten Personen fest, so kann diese Person, falls sie inzwischen ein neues Arbeitsverhältnis eingegangen ist, binnen einer Woche nach Rechtskraft des Urteils durch Erklärung gegenüber dem alten Arbeitgeber die Weiterbeschäftigung bei diesem verweigern. ² Im übrigen finden die Vorschriften des § 11 und des § 12 Satz 2 bis 4 entsprechende Anwendung.

§ 16 gewährt den durch § 15 geschützten Personen nach rechtskräftig gewonnenem Prozeß ein **Wahlrecht** zwischen der **Rückkehr in den alten Betrieb** oder der **Aufrechterhaltung** eines inzwischen eingegangenen **neuen Arbeitsverhältnisses.** § 16 ergänzt die Regelungen in § 12. § 16 gilt für alle Fälle der Kündigung nach § 15 I bis V (*Hueck/v. Hoyningen-Huene* Rn. 1). Die Vorschrift ist nicht an die Voraussetzung gebunden, daß die Feststellungsklage in der Drei-Wochen-Frist des § 4 erhoben worden ist. Will der AN an dem neuen Arbeitsverhältnis festhalten, muß er binnen einer Woche nach Rechtskraft des Urteils durch Erklärung gegenüber dem alten AG die Weiterbeschäftigung bei diesem verweigern.

§ 16 **setzt voraus**, daß das **Gericht** festgestellt hat, daß eine entprechende **Kündigung unwirksam** oder daß das Arbeitsverhältnis durch die Kündigung nicht aufgelöst worden ist. Der Antrag auf eine solche Feststellung muß Streitgegenstand des Prozesses gewesen sein (KR/*Etzel* Rn. 3). Aus der in S. 2 angeordneten entsprechenden Anwendung von § 12 S. 2 bis 4 folgt, daß der AN die Erklärung, am alten Arbeitsverhältnis nicht festhalten zu wollen, auch durch eine vor Fristablauf zur Post gegebene schriftliche Mitteilung abgeben kann, vgl. § 12 Rn. 7. Mit dem Zugang der Erklärung erlischt das alte Arbeitsverhältnis.

Verweigert der AN die Fortsetzung des alten Arbeitsverhältnisses, ist ihm entgangener Verdienst nur für die Zeit zwischen der Entlassung und dem Tag des Eintritts in das neue Arbeitsverhältnis zu gewähren, § 12 S. 3, vgl. im übrigen § 11.

Kommt es nach einer gegenüber einem durch § 15 geschützten AN erklärten Kündigung **nicht** zu einem Prozeß, berühmt sich der AN aber der Unwirksamkeit dieser Kündigung und erkennt der AG schließlich die Nichtigkeit der Kündigung an, ist der Fortbestand des alten Arbeitsverhältnisses unstreitig. Der AN kann sich der fortbestehenden arbeitsvertraglichen Beziehung nur durch eine ordentliche oder, falls die Voraussetzungen vorliegen, außerordentlichen Kündigung entziehen (*Herschel/Löwisch* Rn. 2; *Hueck/v. Hoyningen-Huene* Rn. 2; KR/*Etzel* Rn. 6). Der AN ist zur Wiederaufnahme der Arbeit nicht verpflichtet. Weigert der AN sich, die alte Tätigkeit fortzusetzen, kann er von dem früheren AG keine Vergütung aus Annahmeverzug, § 615 BGB, verlangen, weil er nicht leistungswillig ist (BAG 18. 12. 1974 AP BGB § 615 Nr. 30).

Fordert der alte AG den AN nicht zur Arbeit auf und verbleibt der AN ohne Abgabe einer Erklärung bei seinem neuen AG, kann es nach entsprechendem Zeitablauf rechtsmißbräuchlich sein, wenn der AN sich jetzt, zB weil ihm in seiner neuen Position gekündigt worden ist, auf den Fortbestand des alten Arbeitsverhältnisses beruft (vgl. zu dieser Problematik BAG 24. 8. 1995 AP BGB § 242 Geschäftsgrundlage Nr. 17).

Dritter Abschnitt. Anzeigepflichtige Entlassungen

§ 17 Anzeigepflicht

(1) ¹Der Arbeitgeber ist verpflichtet, dem Arbeitsamt Anzeige zu erstatten, bevor er
1. in Betrieben mit in der Regel mehr als 20 und weniger als 60 Arbeitnehmern mehr als 5 Arbeitnehmer,
2. in Betrieben mit in der Regel mindestens 60 und weniger als 500 Arbeitnehmern 10 vom Hundert der im Betrieb regelmäßig beschäftigten Arbeitnehmer oder aber mehr als 25 Arbeitnehmer,
3. in Betrieben mit in der Regel mindestens 500 Arbeitnehmern mindestens 30 Arbeitnehmer
innerhalb von 30 Kalendertagen entläßt. ²Den Entlassungen stehen andere Beendigungen des Arbeitsverhältnisses gleich, die vom Arbeitgeber veranlaßt werden.

(2) ¹Beabsichtigt der Arbeitgeber, nach Absatz 1 anzeigepflichtige Entlassungen vorzunehmen, hat er dem Betriebsrat rechtzeitig die zweckdienlichen Auskünfte zu erteilen und ihn schriftlich insbesondere zu unterrichten über
1. die Gründe für die geplanten Entlassungen,
2. die Zahl und die Berufsgruppen der zu entlassenden Arbeitnehmer,
3. die Zahl und die Berufsgruppen der in der Regel beschäftigten Arbeitnehmer,
4. den Zeitraum, in dem die Entlassungen vorgenommen werden sollen,
5. die vorgesehenen Kriterien für die Auswahl der zu entlassenden Arbeitnehmer,
6. die für die Berechnung etwaiger Abfindungen vorgesehenen Kriterien.
²Arbeitgeber und Betriebsrat haben insbesondere die Möglichkeiten zu beraten, Entlassungen zu vermeiden oder einzuschränken und ihre Folgen zu mildern.

(3) ¹Der Arbeitgeber hat gleichzeitig dem Arbeitsamt eine Abschrift der Mitteilung an den Betriebsrat zuzuleiten; sie muß zumindest die in Absatz 2 Satz 1 Nr. 1 bis 5 vorgeschriebenen Angaben enthalten. ²Die Anzeige nach Absatz 1 ist schriftlich unter Beifügung der Stellungnahme des Betriebsrates zu den Entlassungen zu erstatten. ³Liegt eine Stellungnahme des Betriebsrates nicht vor, so ist die Anzeige wirksam, wenn der Arbeitgeber glaubhaft macht, daß er

den Betriebsrat mindestens zwei Wochen vor Erstattung der Anzeige nach Absatz 2 Satz 1 unterrichtet hat, und er den Stand der Beratungen darlegt. [4] Die Anzeige muß Angaben über den Namen des Arbeitgebers, den Sitz und die Art des Betriebes enthalten, ferner die Gründe für die geplanten Entlassungen, die Zahl und die Berufsgruppen der zu entlassenden und der in der Regel beschäftigten Arbeitnehmer, den Zeitraum, in dem die Entlassungen vorgenommen werden sollen, und die vorgesehenen Kriterien für die Auswahl der zu entlassenden Arbeitnehmer. [5] In der Anzeige sollen ferner im Einvernehmen mit dem Betriebsrat für die Arbeitsvermittlung Angaben über Geschlecht, Alter, Beruf und Staatsangehörigkeit der zu entlassenden Arbeitnehmer gemacht werden. [6] Der Arbeitgeber hat dem Betriebsrat eine Abschrift der Anzeige zuzuleiten. [7] Der Betriebsrat kann gegenüber dem Arbeitsamt weitere Stellungnahmen abgeben. [8] Er hat dem Arbeitgeber eine Abschrift der Stellungnahme zuzuleiten.

(3 a) [1] Die Auskunfts-, Beratungs- und Anzeigepflichten nach den Absätzen 1 bis 3 gelten auch dann, wenn die Entscheidung über die Entlassungen von einem den Arbeitgeber beherrschenden Unternehmen getroffen wurde. [2] Der Arbeitgeber kann sich nicht darauf berufen, daß das für die Entlassungen verantwortliche Unternehmen die notwendigen Auskünfte nicht übermittelt hat.

(4) [1] Das Recht zur fristlosen Entlassung bleibt unberührt. [2] Fristlose Entlassungen werden bei Berechnung der Mindestzahl der Entlassungen nach Absatz 1 nicht mitgerechnet.

(5) Als Arbeitnehmer im Sinne dieser Vorschrift gelten nicht
1. in Betrieben einer juristischen Person die Mitglieder des Organs, das zur gesetzlichen Vertretung der juristischen Person berufen ist,
2. in Betrieben einer Personengesamtheit die durch Gesetz, Satzung oder Gesellschaftsvertrag zur Vertretung der Personengesamtheit berufenen Personen,
3. Geschäftsführer, Betriebsleiter und ähnliche leitende Personen, soweit diese zur selbständigen Einstellung oder Entlassung von Arbeitnehmern berechtigt sind.

I. Allgemeines und Geltungsbereich

1 **1. Übersicht.** Der Dritte Abschnitt regelt den **besonderen Kündigungsschutz bei Massenentlassungen.** § 17 ist neu gefaßt durch das EG-Anpassungsgesetz vom 20. 7. 1995 (BGBl I S. 946). Die Fassung des § 17 beruhte zunächst auf einer Angleichung an die EG-Richtlinie 75/129 EWG vom 17. 2. 1975, die jedoch hinsichtlich der Stellung der leitenden Angestellten nicht voll umgesetzt worden ist, vgl. Rn. 6. Die jetzige Fassung geht zurück auf die Richtlinie 92/56 EWG vom 24. 6. 1992 zur Änderung der Richtlinie 75/129 EWG. Die Anpassung führte nicht zu grundlegenden Änderungen. Die Regelungen der Richtlinie 92/56 EWG vom 24. 6. 1992 entsprachen vielmehr im wesentlichen der Rechtslage in Deutschland. Es erscheint allerdings fraglich, ob die RL 75/129/EWG in Deutschland hinreichend in nationales Recht umgesetzt worden ist (vgl. dazu *Wißmann* RdA 1998, 221). In Abs. 1 sind jetzt andere vom AG veranlaßte Beendigungen als Kündigungen erfaßt. Das entsprach schon bisher der höchstrichterlichen Rechtsprechung. Abs. 2 S. 1 konkretisiert die Unterrrichtungspflicht gegenüber dem Betriebsrat. Abs. 3 S. 1 sichert, daß die Auskünfte dem AA auch übermittelt werden, wenn ein Betriebsrat nicht vorhanden ist. Schließlich stellt Abs. 3 a klar, daß die Auskunftspflicht nicht dadurch entfällt oder eingeschränkt wird, daß der AG in einem Konzernverbund steht und das herrschende Unternehmen die maßgebenden Entscheidungen trifft. § 17 sieht keine Ausnahmeregelung für Massenentlassungen in der Insolvenz vor.

2 Entgegen der Überschrift „Anzeigepflicht" regelt § 17 nicht nur Anzeigepflichten. Es handelt sich vielmehr um sachliche **Einschränkungen der Kündigungsmöglichkeiten.** Die **Zielsetzung** des Gesetzes ist **arbeitsmarktpolitischer Art.** Es geht nicht um den Kündigungsschutz des einzelnen AN (*Herschel/Löwisch* Rn. 3; *Hueck/v. Hoyningen-Huene* Rn. 65; *KR/Weigand* Rn. 12). Im Verwaltungsverfahren wird daher nicht die Wirksamkeit der einzelnen Kündigung geprüft (*Löwisch* KSchG Rn. 2). Die Arbeitsverwaltung soll in die Lage versetzt werden, Massenentlassungen, etwa durch Beschaffung von Krediten, zu verhindern, oder sich rechtzeitig auf zu erwartende Entlassungen größeren Umfangs einzustellen (*Herschel/Löwisch* Rn. 2; *Hueck/v. Hoyningen-Huene* vor § 17 Rn. 6; *KDZ/Kittner* Rn. 3; *KR/Weigand* Rn. 7). § 17 stellt daher **kein Schutzgesetz** zugunsten der AN iSv. § 823 II BGB dar (*Herschel/Löwisch* Rn. 2).

3 Die Kündigungsbeschränkungen der §§ **17 ff.** und diejenigen der §§ **1 ff.** gelten völlig **unabhängig voneinander.** Der AN kann die Sozialwidrigkeit einer Kündigung gemäß § 1 KSchG auch bei einer Massenentlassung geltend machen (BAG 6. 12. 1973 AP KSchG 1969 § 17 Nr. 1; BAG 25. 4. 1985 AP KSchG 1969 § 1 Soziale Auswahl Nr. 7). Ebenso wird der besondere Kündigungsschutz (Mutterschutz, Schwerbehindertenschutz) und der im Rahmen der Betriebsverfassung, §§ 15 ff., nicht berührt. In die Zielrichtung des Gesetzes sind die Interessen der Belegschaft und des Betriebs einbezogen worden. Es soll Arbeitslosigkeit verhindert werden. Deshalb sollen solche größeren Entlassungen erschwert werden, die nicht tatsächlich notwendig sind (*Herschel/Löwisch* Rn. 5; *Hueck/v. Hoyningen-Huene* vor § 17 Rn. 7; *KR/Weigand* Rn. 8). Die Anzeige einer Massenentlassung setzt die Sperrfrist des § 18 in Lauf. Durch die Sperrfrist werden zwar letztlich keine Entlassungen verhindert, sie werden jedoch

II. Voraussetzungen der Anzeigepflicht § 17 KSchG 430

hinausgezögert. Fehlt die Anzeige oder ist sie unwirksam, werden Entlassungen nicht wirksam (BAG 31. 7. 1986 AP KSchG 1969 § 17 Nr. 5; *Herschel/Löwisch* Rn. 55; *KDZ/Kittner* Rn. 4; *KR/Weigand* Rn. 8). Neben der Anzeigepflicht nach §§ 17 ff. ist die Anzeigepflicht gemäß anderen sozialrechtlichen Vorschriften zu beachten.

Die §§ 17 ff. **enthalten zwingendes Recht.** Sie können nicht im voraus ausgeschlossen werden, 4 und zwar auch nicht durch kollektivvertragliche Regelungen (*KR/Weigand* Rn. 13). Ist der Tatbestand des § 17 (durch ordentliche Kündigung) eingetreten, kann der AN auf den Kündigungsschutz dadurch verzichten, daß er sich mit der Beendigung des Arbeitsverhältnisses einverstanden erklärt (*Hueck/v. Hoyningen-Huene* vor § 17 Rn. 17; *KR/Weigand* Rn. 14). Ebenso greifen die §§ 17, 18 nicht, wenn der AG eine nach §§ 17, 18 an sich unwirksame Kündigung erklärt, die der AN akzeptiert (*Hueck/v. Hoyningen-Huene* vor § 17 Rn. 17; *KR/Weigand* Rn. 14). Nach § 17 I 2 stehen Entlassungen andere Beendigungen des Arbeitsverhältnisses gleich, die vom AG veranlaßt wurden. Hierunter fallen Auflösungsverträge nur, die der AG initiiert hat, vgl. Rn. 13. Schon nach früherer Ansicht waren die §§ 17 ff. anzuwenden auf Vergleiche, die nach der Entlassung abgeschlossen werden (LAG Düsseldorf 23. 2. 1976 DB 1976, 1019; *Hueck/v. Hoyningen-Huene* vor § 17 Rn. 17; *KR/Weigand* Rn. 43).

2. Geltungsbereich. Der **betriebliche Geltungsbereich** ergibt sich aus § 23 iVm. der Modifizierung 5 des § 17: es müssen mindestens 20 AN beschäftigt werden. Nach § 22 finden die Vorschriften der §§ 17 ff. auf Saison- und Kampagnebetriebe keine Anwendung, wenn es sich um Entlassungen handelt, die durch die Eigenart dieser Betriebe bedingt sind (*Hueck/v. Hoyningen-Huene* Rn. 5; *KR/Weigand* Rn. 24).

Der **persönliche Geltungsbereich** der §§ 17 ff. erstreckt sich auf alle (nicht leitenden) Angestellten 6 und Arbeiter, auf Auszubildende und Volontäre. Unerheblich ist das Lebensalter oder die Dauer der Betriebszugehörigkeit. Mitgezählt werden auch Teilzeitbeschäftigte und AN, die eine Beschäftigungszeit von weniger als sechs Monaten aufweisen (BAG 13. 3. 1969 AP KSchG 1951 § 15 Nr. 10; *Herschel/Löwisch* Rn. 25; *Hueck/v. Hoyningen-Huene* vor § 17 Rn. 15; *KDZ/Kittner* Rn. 10; *KR/Weigand* Rn. 31). Ausgenommen sind die in Abs. 5 Nr. 1 bis 3 bezeichneten Personen. Die Vorschrift steht insoweit nicht in Übereinstimmung mit der Richtlinie 75/129/EWG, geändert durch Richtlinie 92/96 EWG, die eine Ausnahme bestimmter ANgruppen nicht vorsieht. Es ist insoweit der Sprecherausschuß zu beteiligen.

Der **sachliche Geltungsbereich** erfaßt alle Entlassungen aufgrund **ordentlicher** Kündigungen des 7 AG (BAG 6. 12. 1973 AP KSchG 1969 § 17 Nr. 1; *Herschel/Löwisch* Rn. 35; *Hueck/v. Hoyningen-Huene* vor §§ 17 ff. Rn. 16; *KDZ/Kittner* Rn. 13; *KR/Weigand* Rn. 32). Er bezieht sich auch auf **Änderungskündigungen,** soweit diese zur Entlassung führen. Das setzt voraus, daß der AN das Änderungsangebot nicht unter Vorbehalt angenommen hat (BAG 10. 3. 1983 AP KSchG 1969 § 2 Nr. 2). Nach § 17 IV erfaßt er nicht fristlose Kündigungen und nach § 25 nicht Entlassungen, die Maßnahmen des Arbeitskampfs sind. Fristlose Entlassungen werden nach Abs. 4 S. 2 bei der Berechnung der Mindestzahl der Entlassungen nach Abs. 1 nicht mitgerechnet.

II. Voraussetzungen der Anzeigepflicht

1. Betrieb. Die Entlassungen beziehen sich jeweils auf einen Betrieb. Es wird bisher vom Betriebs- 8 begriff des BetrVG ausgegangen (BAG 13. 6. 1985 AP KSchG 1969 § 1 Nr. 10; BAG 30. 5. 1985 AP KSchG 1969 § 1 Betriebsbedingte Kündigung Nr. 24; *KDZ/Kittner* Rn. 5; *KR/Weigand* Rn. 15, 17; *Löwisch* Rn. 29), vgl. zum Betriebsbegriff § 1 BetrVG Rn. 7. Richtigerweise ist der Betriebsbegriff anzuwenden, wie ihn der EuGH versteht (vgl. nur EuGH 7. 12. 1995 Rs. C – 449/93 (Rockfon) Slg. 1995, I – 4291, 4316; vgl. *Wißmann* RdA 1998, 221, 223). **Maßgebend ist die wirtschaftliche Einheit der Organisation,** eine räumliche Einheit der Betriebsstätte ist nicht wesensnotwendig (*Herschel/Löwisch* Rn. 12, 13; *Hueck/v. Hoyningen-Huene* Rn. 2; *KR/Weigand* Rn. 15). Im Bereich des öffentlichen Rechts fallen Betriebe unter die Regelung der §§ 17 ff., wenn die Verwaltung wirtschaftliche Zwecke verfolgt (*Löwisch* KSchG Rn. 7). Verschiedene AG oder Unternehmer können auch einen gemeinsamen Betrieb iSv. § 17 bilden, sofern sie mit ihren AN arbeitstechnische Zwecke innerhalb einer organisatorischen Einheit verfolgen und eine entsprechende rechtliche Bindung besteht (BAG 13. 6. 1985 AP KSchG 1969 § 1 Nr. 10; *Herschel/Löwisch* Rn. 17: regelmäßig BGB-Gesellschaft; *KDZ/Kittner* Rn. 5), vgl. § 24 Rn. § 323 I UmwG greift hier nicht, denn diese Vorschrift regelt den individuellen Kündigungsschutz (*Löwisch* KSchG Rn. 1). Hinsichtlich von Nebenbetrieben und Betriebsteilen ist die Regelung in § 4 BetrVG entsprechend anzuwenden (*Herschel/Löwisch* Rn. 19; *KDZ/Kittner* Rn. 6). Für den Kündigungsschutz der §§ 17 ff. ist zu unterscheiden zwischen **einem einheitlichen Betrieb** und **mehreren selbständigen** Betrieben eines Unternehmers. Entlassungen in verschiedenen selbständigen Betrieben eines Unternehmers müssen gesondert behandelt werden (*Hueck/v. Hoyningen-Huene* Rn. 4). § 17 nimmt bestimmte **Kleinbetriebe** von der Anzeigepflicht aus. Demnach liegt iSv. § 17 kein Betrieb vor, wenn in der Regel nicht mehr als 20 AN beschäftigt werden. Wegen Saison- und Kampagnebetriebe, vgl. Rn. 5. **Betriebe der öffentlichen Hand** unterfallen den §§ 17 ff., wenn sie wirtschaftliche Zwecke verfolgen. Das sind Aufgaben, die auch von Privatpersonen durchgeführt werden können (KR/*Weigand* Rn. 25).

9   **2. Gesamtzahl der AN.** Die Anzeigepflicht hängt ab von der Anzahl der zu entlassenden AN. **Es gilt der allgemeine ANBegriff,** vgl. § 611 BGB. AN iSv. § 17 sind alle AN iSd. § 1 (*Hueck/v. Hoyningen-Huene* Rn. 7; KDZ/*Kittner* Rn. 9; KR/*Weigand* Rn. 29; *Löwisch* KSchG Rn. 21). Es ist jedoch zu beachten, daß dieser ANBegriff nicht abweichen darf von dem, wie ihn die vorrangige Richtlinie 75/129/EWG, geändert durch Richtlinie 92/56/EWG, versteht. Anhaltspunkte dafür, daß die Festlegung des ANBegriffs hier den einzelnen Staaten der Gemeinschaft überlassen bleiben sollte, bestehen nicht (*Wißmann* RdA 1998, 221, 223). AN sind demnach Arbeiter, Angestellte, zur Berufsbildung Beschäftigte (Auszubildende) und Volontäre. Mitzuzählen sind bei § 17 (anders als bei §§ 1 ff.) auch AN, die dem Betrieb oder Unternehmen noch nicht sechs Monate angehören (BAG 13. 3. 1969 AP KSchG 1951 § 15 Nr. 10). Mitzuzählen sind ebenfalls **Teilzeitbeschäftigte,** die im Rahmen eines Arbeitsverhältnisses tätig sind (*Herschel/Löwisch* Rn. 25; *Hueck/v. Hoyningen-Huene* Rn. 7; KDZ/*Kittner* Rn. 10).

10   **Nicht mitzurechnen** sind die Personen, die nach Abs. 5 jedenfalls nicht als AN iSd. Vorschrift gelten: in Betrieben einer juristischen Person die Mitglieder des Organs, das zur **gesetzlichen** Vertretung der juristischen Person berufen ist, zB Geschäftsführer der GmbH, Abs. 5 Nr. 1, in Betrieben einer Personengesamtheit die durch Gesetz, Satzung oder Gesellschaftsvertrag zur Vertretung der Personengesamtheit berufenen Personen, zB OHG-Gesellschafter, Komplementär der KG, Abs. 5 Nr. 2, außerdem Geschäftsführer, Betriebsleiter und ähnliche leitende Personen, soweit sie zur selbständigen Einstellung oder Entlassung von AN berechtigt sind, Abs. 5 Nr. 3, vgl. im übrigen § 14. § 17 Abs. 5 Nr. 3 stimmt mit der EG-Richtlinie 75/129 EWG vom 17. 2. 1975 über Massenentlassungen nicht überein. Diese sieht keine Ausnahme für leitende Angestellte vor (KDZ/*Kittner* Rn. 1; *Wißmann* RdA 1998, 221, 222). Nicht dazu rechnen Heimarbeiter und arbeitnehmerähnliche Personen (*Herschel/Löwisch* Rn. 23; *Hueck/v. Hoyningen-Huene* Rn. 7; KR/*Weigand* Rn. 30). Keine mitzurechnenden AN sind die Personen, die aufgrund eines Eingliederungsverhältnisses, § 231 SGB III, im Betrieb tätig sind (*Hold* AuA 1997, 285, 286).

11   **Maßgebend für die Ermittlung** der **Anzahl der in der Regel beschäftigten AN** ist der **Zeitpunkt der Entlassung,** nicht der des Zugangs der Kündigung (BAG 31. 7. 1986 AP KSchG 1969 § 17 Nr. 5; BAG 8. 6. 1989 AP KSchG 1969 § 17 Nr. 6; *Herschel/Löwisch* Rn. 26; *Hueck/v. Hoyningen-Huene* Rn. 9; KDZ/*Kittner* Rn. 11; KR/*Weigand* Rn. 28 a). Entscheidend ist hierbei die **Zahl der in der Regel beschäftigten AN.** Das ist die Zahl der im Normalfall beschäftigten AN, dh. die Personalstärke, die für den Betrieb im allgemeinen kennzeichnend ist (BAG 19. 7. 1983 BB 1983, 2118; *Löwisch* Rn. 24). Es bedarf eines Rückblicks auf die bisherige Personalstärke des Betriebs und einer Einschätzung seiner künftigen Entwicklung (BAG 8. 6. 1989 AP KSchG 1969 § 17 Nr. 6 = NZA 1990, 224; BAG 31. 1. 1991 BB 1991, 1047). Nicht maßgebend ist die zufällige gegenwärtige Beschäftigtenzahl im Zeitpunkt der Entlassungen (BAG 31. 7. 1986 AP KSchG 1969 § 17 Nr. 5; BAG 31. 1. 1991 AP KSchG 1969 § 23 Nr. 11) oder die Jahresdurchschnittszahl der Beschäftigten (*Herschel/Löwisch* Rn. 26; KR/*Weigand* Rn. 28). Bei schwankenden ANZahlen kommt es darauf an, ob der Eigenart des Betriebs die erhöhte Beschäftigtenzahl das Gepräge gibt. Dann ist sie zugrundezulegen (*Hueck/v. Hoyningen-Huene* Rn. 12). Bei einer Betriebsstillegung kommt nur noch ein Rückblick auf die bisherige Belegschaftsstärke in Betracht (KDZ/*Kittner* Rn. 12). Nicht mitgerechnet werden AN, die nur vorübergehend (Schlußverkauf, Weihnachtsgeschäft) oder als Urlaubs- oder Krankheitsvertreter eingestellt sind. Voraussetzung für die Nichtberücksichtigung der **Aushilfskräfte** ist, daß sie allenfalls bis zu einem Zeitraum von sechs Monaten beschäftigt werden (vgl. dazu BAG 12. 10. 1976 AP BetrVG 1972 § 8 Nr. 1). Werden **stufenweise Entlassungen** vorgenommen, ist zu prüfen, auf welchem Konzept diese Maßnahmen beruhen. Ist von vornherein eine Betriebseinschränkung größeren Umfangs oder eine Betriebsstillegung geplant, handelt es sich trotz des sukzessiven Vorgehens um eine langfristige und endgültige Festlegung der ANZahl. Maßgebend ist dann die Beschäftigtenzahl zum Zeitpunkt der Beschlußfassung (BAG 8. 6. 1989 AP KSchG 1969 § 17 Nr. 6). Hatte der AG allerdings vor dem Entlassungszeitpunkt eine Betriebseinschränkung geplant und wollte er den Betrieb mit einer bestimmten verminderten Beschäftigtenzahl weiterführen, ist die geminderte Beschäftigtenzahl als die den Betrieb kennzeichnende anzusehen (BAG 31. 7. 1986 AP KSchG 1969 § 17 Nr. 5; KDZ/*Kittner* Rn. 12).

12   **3. Zahl der beabsichtigten Entlassungen.** Maßgebend für das **Auslösen der Anzeigepflicht** ist die **Zahl der beabsichtigten Entlassungen.** Die Entlassung ist von der Kündigung zu unterscheiden. **Entlassung ist** die **vom AG** durch einseitige Willenserklärung **aufgrund ordentlicher Kündigung herbeigeführte, rechtliche** Beendigung des Arbeitsverhältnisses, also das **Ausscheiden aus dem Betrieb** (BAG 6. 12. 1973 AP KSchG 1969 § 17 Nr. 1; BAG 31. 7. 1986 AP KSchG 1969 § 17 Nr. 5; *Hueck/v. Hoyningen-Huene* Rn. 15; KR/*Weigand* Rn. 32; *Löwisch* KSchG Rn. 26). Es kommt bei § 17 nicht darauf an, was Grund der der Entlassung vorausgehenden Kündigung im Einzelfall war. Es zählen demnach **alle** Entlassungen, mögen ihnen personenbedingte, verhaltensbedingte oder – wie im Regelfall – betriebsbedingte Kündigungsgründe zugrunde liegen. Nicht unter § 17 fällt die Entlassung

II. Voraussetzungen der Anzeigepflicht § 17 KSchG 430

solcher AN, die anschließend nicht mehr dem Arbeitsmarkt zur Verfügung stehen (vgl. *Löwisch* KSchG Rn. 27; KR/*Weigand* Rn. 43 c zu sog. Vorruhestandsvereinbarungen). Es muß sich immer um eine **endgültige Entlassung** handeln. Nicht erfaßt wird das vorübergehende Aussetzen der Arbeitsleistung bei Fortbestand des Arbeitsverhältnisses, zB bei unbezahltem Urlaub (*Herschel/Löwisch* Rn. 32; *Hueck/v. Hoyningen-Huene* Rn. 24; KDZ/*Kittner* Rn. 16). Nimmt der AG in dem 30-Tage-Zeitraum eine Kündigung „zurück", einigen die Parteien sich also auf die ungekündigte Fortsetzung des Arbeitsverhältnisses, zählt ein solcher Vorgang nicht mit (*Herschel/Löwisch* Rn. 28). Hat der AG, unter welchen Umständen auch immer, die AN zu Eigenkündigungen zu ungefähr dem Zeitpunkt veranlaßt, zu dem der AG Entlassungen eingeplant hatte, stellt das Ausscheiden aus dem Betrieb eine Entlassung iSv. § 17 dar (BAG 6. 12. 1973 AP KSchG 1969 § 17 Nr. 1). Ansonsten zählt eine Eigenkündigung eines AN nicht mit (*Löwisch* KSchG Rn. 27).

§ 17 greift, wenn das **Ende** des Arbeitsverhältnisses **durch** eine **Änderungskündigung** herbeige- 13 führt wird. Es kommt allein darauf an, daß die Änderungskündigung letztlich zur Beendigung des Arbeitsverhältnisses geführt hat. Das hängt bei der Änderungskündigung vom AN ab. Nimmt der AN eine Änderungskündigung vorbehaltlos an, wird § 17 nicht berührt, denn das Arbeitsverhältnisses besteht, wenn auch mit geändertem Inhalt, fort (BAG 3. 10. 1963 AP KSchG 1951 § 15 Nr. 9; BAG 10. 3. 1982 AP KSchG 1969 § 2 Nr. 2). Da der AG bei Ausspruch einer Änderungskündigung nicht weiß, ob der AN auf die geänderten Vertragsbedingungen eingeht oder ob sie ihm bei Annahme unter Vorbehalt als zumutbar erachtet werden, empfiehlt es sich bei beabsichtigten Änderungskündigungen eine vorsorgliche Anzeige zu erstatten (KR/*Weigand* Rn. 42), vgl. Rn. 35.

Anzeigepflichtig sind die mit **Aufhebungsverträgen** bezweckten Massenentlassungen. Sie stehen 14 nach § 17 I Nr. 3 S. 2 anderen Beendigungen gleich (BAG 11. 3. 1999 AP KSchG 1969 § 17 Nr. 12). Hierzu rechnen die Fälle, in denen der AN den Auflösungsvertrag unter dem Eindruck einer vom AG beabsichtigten Kündigung schließt, wenn ohne Auflösungsvertrag das Arbeitsverhältnis zum selben Zeitpunkt durch zu erwartende arbeitgeberseitige Kündigung geendet hätte (*Herschel/Löwisch* Rn. 30; *Hueck/v. Hoyningen-Huene* Rn. 19; KDZ/*Kittner* Rn. 22; KR/*Weigand* Rn. 43). Das wird gestützt durch die Regelung in § 112 a BetrVG, wonach als Entlassung iS dieser Vorschrift auch das vom AG aus Gründen der Betriebsänderung veranlaßte Ausscheiden von AN auf Grund von Auflösungsverträgen (KR/*Weigand* Rn. 43 a). Wird nach einer Kündigung des AG ein **Vergleich** geschlossen, ist das darauf zurückzuführende Ausscheiden eines AN aus dem Betrieb als Entlassung iSv. § 17 anzusehen (BAG 13. 3. 1969 AP KSchG 1951 § 15 Nr. 10; *Hueck/v. Hoyningen-Huene* Rn. 21). **Nicht zu den Entlassungen zählen** Arbeitsvertragsbeendigungen infolge des Abschlusses von solchen **Auflösungsverträgen**, die allein auf **Initiative der AN** geschlossen werden. Hierbei ist es unerheblich, ob dem AN eine Abfindung gezahlt wird oder nicht (*Herschel/Löwisch* Rn. 30; KR/*Weigand* Rn. 43 b). Ebenso findet § 17 keine Anwendung, wenn wirksam befristete oder auflösend bedingte Arbeitsverhältnisse durch Zeitablauf enden (*Herschel/Löwisch* Rn. 31; *Hueck/v. Hoyningen-Huene* Rn. 22; KDZ/*Kittner* Rn. 24; KR/*Weigand* Rn. 44). Unter § 17 fallen nicht die Tatbestände, bei denen eine Beschäftigung sein Ende findet, weil eine Partei sich auf die Nichtigkeit der Vertragsbeziehungen beruft oder die Willenserklärung wirksam angefochten hat, die zum Vertragsschluß geführt hat (KDZ/*Kittner* Rn. 25; KR/*Weigand* Rn. 44). Scheidet ein **AN** aufgrund einer **Eigenkündigung** aus, liegt keine Entlassung vor (*Herschel/Löwisch* Rn. 29). Die nach § 17 relevante Entlassung muß vom AG initiiert sein (BAG 6. 12. 1973 AP KSchG 1969 § 17 Nr. 1; KR/*Weigand* Rn. 39).

Nicht abzustellen ist bei § 17 darauf, ob der AG anstelle der ausscheidenden AN neue einstellen 15 will, daß also im Endeffekt die **Anzahl der AN nicht verändert** wird. Die Anzeigepflicht wird auch in den Fällen ausgelöst, in denen den Entlassungen Neueinstellungen gegenüberstehen (BAG 13. 3. 1969 AP KSchG 1951 § 15 Nr. 10; *Hueck/v. Hoyningen-Huene* Rn. 27; KDZ/*Kittner* Rn. 26; KR/ *Weigand* Rn. 51; aA *Herschel/Löwisch* Rn. 39). Der Grund hierfür liegt darin, daß die größere Zahl der Entlassenen den Arbeitsmarkt beunruhigt, denn sie müssen uU neu vermittelt werden.

Kraft der ausdrücklichen Regelung in Abs. 4 S. 2 **zählen fristlose Entlassungen** bei der Berechnung 16 der Mindestzahl der Entlassungen nach Abs. 1 **nicht mit**. Erfaßt von der Sonderregelung werden nur außerordentliche Kündigungen, nicht auch durch tarifvertragliche Regelung ermöglichte, „entfristete" ordentliche Kündigungen (KR/*Weigand* Rn. 34, 35). Abs. 4 S. 2 muß im Zusammenhang mit S. 1 interpretiert werden. Da nach S. 1 das Recht zur fristlosen Entlassung unberührt bleibt, sind anzeigepflichtig nicht außerordentliche Entlassungen, bei denen der AG eine soziale Auslauffrist gewährt (*Herschel/Löwisch* Rn. 36; *Hueck/v. Hoyningen-Huene* Rn. 28, 30; KDZ/*Kittner* Rn. 19; KR/ *Weigand* Rn. 36). Anders ist es, wenn der AG von der Möglichkeit einer außerordentlichen Kündigung keinen Gebrauch macht, sondern trotz eines außerordentlichen Kündigungsgrundes nur ordentlich kündigt. Ob vom Sinn des Gesetzes her fristlose Kündigungen, die allein auf wirtschaftlichen Gründen beruhen, mitzuzählen sind (so KR/*Weigand* Rn. 37), kann unentschieden bleiben, weil solche Gründe in der Regel keine fristlose Kündigung zu rechtfertigen vermögen, vgl. dazu § 626 BGB. Nicht unter Abs. 4, wohl aber unter die Normalregelung des Abs. 1 fallen außerordentliche befristete Kündigungen, wie zB die bei Insolvenz, § 113 InsO. Hier ist nämlich eine gesetzliche Kündigungsfrist einzuhalten (*Hueck/v. Hoyningen-Huene* Rn. 32; KDZ/*Kittner* Rn. 20; KR/*Weigand* Rn. 38).

17 **4. Zeit der Entlassungen.** Nach Abs. 1 ist **weitere Voraussetzung** für die Anzeigeverpflichtung, daß die **Entlassungen innerhalb eines Zeitraums von 30 Kalendertagen** wirksam werden (*Herschel/ Löwisch* Rn. 38; *Hueck/v. Hoyningen-Huene* Rn. 35; KR/*Weigand* Rn. 53 ff.). Alle Entlassungen, die innerhalb eines Zeitraums von 30 Tagen liegen, sind somit zusammenzurechnen. Als Fristbeginn ist jeder der jeweiligen Entlassungstage anzusehen. Die **Frist für die Ermittlung der 30-Tage-Frist beginnt also immer neu** mit dem Tag, an dem eine Entlassung durchgeführt wird (KDZ/*Kittner* Rn. 28). § 17 kann somit nicht dadurch umgangen werden, daß die AN nicht gleichzeitig, sondern sukzessive in dem relevanten Zeitraum entlassen werden. § 17 will eine plötzliche Überlastung des Arbeitsmarkts vermeiden. Es ist deshalb kein Mißbrauch, wenn der AG Entlassungen in einer solchen zeitlichen Reihenfolge vornimmt, daß die Voraussetzungen des § 17 nicht erfüllt sind (*Herschel/ Löwisch* Rn. 37; *Hueck/v. Hoyningen-Huene* Rn. 36; KDZ/*Kittner* Rn. 28). Hatte der AG ursprünglich geplant, AN in einer für § 17 nicht relevanten Anzahl zu entlassen, kann nachträglich eine Anzeigepflicht entstehen, wenn innerhalb des Zeitraums von 30 Tagen die notwendige Zahl erreicht wird (KR/*Weigand* Rn. 54, 76). Zeitpunkt und Wirksamkeit der Entlassungen werden nicht dadurch beeinflußt, daß nach der Kündigung eine Weiterbeschäftigungspflicht nach § 102 V BetrVG greift oder daß der AG in einem Kündigungsschutzprozeß zur vorläufigen Weiterbeschäftigung verurteilt wird. Gekündigte, aber weiterbeschäftigte AN sind als mit dem Ablauf der Kündigungsfrist als entlassen iSv. § 17 anzusehen (*Herschel/Löwisch* Rn. 28; *Hueck/v. Hoyningen-Huene* Rn. 38; KDZ/ *Kittner* Rn. 15; KR/*Weigand* Rn. 43 d).

18 **5. Verhältnis der Entlassungen zur Anzahl der Arbeitnehmer.** Die Anzeigepflicht wird nur ausgelöst bei einem bestimmten Verhältnis der Anzahl der Entlassungen zu der Anzahl der AN. Nach Abs. 1 Nr. 1 werden Betriebe zwischen 21 und 59 AN, nach Nr. 2 solche zwischen 60 und 499, nach Nr. 3 solche Betriebe mit mindestens 500 AN erfaßt.

III. Mitwirkung des Betriebsrats

19 Die Absätze 2 und 3 des § 17 enthalten **betriebsverfassungsrechtliche Regelungen,** die systemwidrig in das KSchG eingefügt sind. Das betriebsinterne Beteiligungsverfahren ist zu trennen von dem sich anschließenden Anzeigeverfahren gegenüber dem AA. Nach dem Wortlaut der Vorschrift, Abs. 5, findet § 17 auch Anwendung auf leitende Angestellte iSd. § 5 III BetrVG, die **nicht** unter die Ausnahmevorschrift des Abs. 5 fallen. Dennoch findet in diesen Fällen eine Mitwirkung des Betriebsrats nicht statt. Da Abs. 2 eine betriebsverfassungsrechtliche Regelung enthält, überlagert § 5 III 1 BetrVG die Vorschrift des Abs. 2. Es ist jedoch offenbar bei Schaffung des SprAuG vom 20. 12. 1988 vergessen worden, eine Regelung für diesen Personenkreis zu treffen. Abs. 2 ist daher dahin auszulegen, daß der Sprecherausschuß nach § 31 SprAuG bei den leitenden Angestellten, die nicht unter Abs. 5 Nr. 3 fallen, zu beteiligen ist (*Hueck/v. Hoyningen-Huene* Rn. 46; aA KDZ/*Kittner* Rn. 30).

20 Will der AG anzeigepflichtige Entlassungen vornehmen, hat er dem **Betriebsrat** nach Abs. 2 S. 1 **rechtzeitig die zweckdienlichen Auskünfte zu erteilen und ihn schriftlich insbesondere zu unterrichten über**
1. die Gründe für die geplanten Entlassungen,
2. die Zahl und die Berufsgruppen der zu entlassenden AN,
3. die Zahl und die Berufsgruppen der in der Regel beschäftigten AN,
4. den Zeitraum, in dem die Entlassungen vorgenommen werden sollen,
5. die vorgesehenen Kriterien für die Auswahl der zu entlassenden AN,
6. die für die Berechnung etwaiger Abfindungen vorgesehenen Kriterien.

Zu den Gründen der geplanten Entlassungen gehört die Angabe des Sachverhalts, der den AG zur Kündigung veranlaßt hat (KR/*Weigand* Rn. 62 c). Zu vorgesehenen Kriterien nach Abs. 2 Nr. 5 rechnen fachliche, persönliche, soziale und betriebliche Gesichtspunkte. Zu den sozialen Kriterien gehören Lebensalter, Dauer der Betriebszugehörigkeit, Unterhaltsverpflichtungen. Es kann im wesentlichen auf die Kriterien nach § 1 III zurückgegriffen werden (KR/*Weigand* Rn. 62 g). Da nach der RL 75/129/EWG auch die in Abs. 5 Nr. 3 genannten Personen erfasst werden, fehlt eine nationale Regelung, daß der Sprecherausschuß gehört werden muß (*Wißmann* RdA 1998, 221, 224).

21 Der Betriebsrat hat über die Entlassungen zu beraten. **Er hat aber keine Pflicht, eine Stellungnahme abzugeben.** Die schriftliche Unterrichtung des Betriebsrats muß der AG nach Abs. 3 S. 1 in Form einer Durchschrift gleichzeitig, dh. also nicht erst mit der Anzeige, sondern vorher, dem AA zuzuleiten (KR/*Weigand* Rn. 62). Die Unterrichtung bezieht sich nicht auf die Angaben nach Abs. 2 Nr. 6 (Berechnungskriterien für Abfindungen). Liegt eine Stellungnahme des Betriebsrats nicht vor, hat der AG glaubhaft zu machen, daß er den Betriebsrat mindestens zwei Wochen vor Erstattung der Anzeige gemäß § 17 II 1 unterrichtet hat (*Hueck/v. Hoyningen-Huene* Rn. 47;). Beteiligt der AG den Betriebsrat nicht, kann er unter keinen Umständen eine wirksame Anzeige erstatten, vgl. Rn. 36. Die Anzeige muß rechtzeitig erfolgen. Vorschläge und Bedenken des Betriebsrats bei der Planung von Massenentlassungen müssen noch berücksichtigt werden können, vgl. § 90 I 1 BetrVG. Die Unterrichtung wird sinnvoll zwei Wochen vor der zu erstattenden Anzeige zu erfolgen haben, weil andern-

falls der AG uU nach Abs. 3 S. 3 keine wirksame Anzeige abgeben kann (*Hueck/v. Hoyningen-Huene* Rn. 48; KDZ/*Kittner* Rn. 31; KR/*Weigand* Rn. 58).

Ist die Unterrichtung mit Auskunft erfolgt, greift nach Abs. 2 S. 2 die Verpflichtung von AG und 22 Betriebrat die Möglichkeiten zu beraten, Entlassungen zu vermeiden oder einzuschränken und ihre Folgen zu mildern. Es besteht insoweit eine **Beratungspflicht**. Die Beratung hat mit dem gesamten Betriebsrat oder mit dem entsprechenden Ausschuß nach §§ 27, 28 BetrVG zu erfolgen (*Hueck/ v. Hoyningen-Huene* Rn. 51). Dennoch ist die Beratung nach Abs. 2 S. 2 keine Wirksamkeitsvoraussetzung für die spätere Anzeige. Das AA kann die Unterlassung bei der Entscheidung nach §§ 18 ff. jedoch im Rahmen seines Ermessens berücksichtigen. Gibt der Betriebsrat keine Stellungnahme ab, kann der Arbeitgeber dennoch unter den Voraussetzungen des Abs. 3 S. 3 eine wirksame Anzeige von Massenentlassungen erstatten (*Hueck/v. Hoyningen-Huene* Rn. 53; aA KDZ/*Kittner* Rn. 38).

Zu dem Ergebnis der Beratungen mit dem AG hat der **Betriebsrat eine Stellungnahme abzugeben**. 23 Diese hat der AG mit der Anzeige nach Abs. 3 S. 2 dem AA vorzulegen. Es empfiehlt sich, daß der Betriebsrat nicht nur zustimmt oder ablehnt, sondern daß er, soweit er dazu in der Lage ist, detailliert auf die Folgen der Entlassung für die einzelnen AN eingeht (*Hueck/v. Hoyningen-Huene* Rn. 53; KR/*Weigand* Rn. 93). Nach Abs. 3 S. 5 sollen ferner im Einvernehmen mit dem Betriebsrat für die Arbeitsvermittlung Angaben über Geschlecht, Alter, Beruf und Staatsangehörigkeit der zu entlassenden AN gemacht werden. Dieses ist eine Sollvorschrift, deren Nichtbeachtung keine rechtlichen Folgen hat (*Hueck/v. Hoyningen-Huene* Rn. 54).

Andere Mitwirkungsrechte des Betriebsrats bestehen neben den Beteiligungsrechten nach Abs. 2 24 unverändert (*Herschel/Löwisch* Rn. 41; *Hueck/v. Hoyningen-Huene* Rn. 55; KR/*Weigand* Rn. 66 ff.): §§ 92 I, 106 III Nr. 6, 111, 112 BetrVG. **Insbesondere berührt § 17 nicht das Anhörungsrecht des Betriebsrats nach § 102 II 1 BetrVG**. Ebenso verlängert sich wegen der Vielzahl von Kündigungen nicht die Anhörungsfrist (BAG 14. 8. 1986 AP BetrVG 1972 § 102 Nr. 43; *Hueck/v. Hoyningen-Huene* Rn. 58). Die Tatsache, daß unterschiedliche Mitwirkungsrechte bestehen, verlangt nicht die Durchführung formell völlig getrennter Verfahren. Es kann ein einheitliches Verfahren stattfinden, wenn der Betriebsrat klar erkennbar mit den einzelnen Komplexen seiner Zuständigkeit befaßt wird und wenn ihm die jeweils dafür notwendigen Tatsachen mitgeteilt werden (*Hueck/v. Hoyningen-Huene* Rn. 59; KDZ/*Kittner* Rn. 37; KR/*Weigand* Rn. 59, 70, 71).

Der AG hat nach Abs. 3 S. 6 dem Betriebsrat eine Abschrift der Anzeige an das AA zuzuleiten. Der 25 Betriebsrat soll feststellen können, in welchem Umfang der AG auf seine Vorschläge eingegangen ist (*Hueck/v. Hoyningen-Huene* Rn. 60). Der Betriebrat kann im Bedarfsfall nach Abs. 3 S. 7 **weitere** Stellungnahmen abgeben. Diese weiteren Stellungnahmen ersetzen nicht die erste Stellungnahme, die der AG nach Abs. 3 S. 2 der Anzeige beizufügen hat (*Hueck/v. Hoyningen-Huene* Rn. 61; KR/ *Weigand* Rn. 91 a). Damit der AG entsprechend unterrichtet bleibt, hat der Betriebsrat diesem nach Abs. 3 S. 8 eine Abschrift der Stellungnahme zuzuleiten. Ein Verstoß gegen die in Abs. 3 S. 6 bis 8 vorgesehenen Verpflichtungen führt nicht zur Unwirksamkeit der Anzeige (*Hueck/v. Hoyningen-Huene* Rn. 62).

IV. Anzeige

1. Übersicht. Liegen die Voraussetzungen anzeigepflichtiger Entlassungen vor und ist der Betriebs- 26 rat entsprechend beteiligt worden, hat der AG dem zuständigen AA eine **schriftliche Anzeige** zu erstatten, der eine **Stellungnahme des Betriebsrats**, sofern diese vorliegt, **beizufügen** ist. Zeigt der AG nicht an, sind Entlassungen unwirksam (vgl. BAG 10. 3. 1982 AP KSchG 1969 § 2 Nr. 2), vgl. im übrigen § 18. Es beginnt weder die Sperrfrist noch die Freifrist zu laufen (*Herschel/Löwisch* Rn. 55).

2. Zuständigkeit des Arbeitsamts und Form der Anzeige. Die Anzeige ist vom AG abzugeben. Er 27 kann sich eines Bevollmächtigten bedienen. Die Anzeige bedarf zwingend der Schriftform, Abs. 3 S. 2. Sie muß daher vom AG oder seinem Bevollmächtigten eigenhändig unterzeichnet werden. Eine mündliche oder telefonische Anzeige genügt nicht (*Herschel/Löwisch* Rn. 45; *Hueck/v. Hoyningen-Huene* Rn. 67). Zulässig sind hingegen telegrafische Anzeigen, ebenso Telefaxübermittlungen (BAG 24. 9. 1986 AP ArbGG 1979 Nr. 12; KDZ/*Kittner* Rn. 40). Die Anzeige ist an das **AA** zu richten, **in dessen Bezirk der Betrieb liegt**. Nicht maßgebend ist der Sitz des Unternehmens (*Hueck/v. Hoyningen-Huene* Rn. 68; KR/*Weigand* Rn. 74). Die Anzeige wird wirksam mit Eingang beim zuständigen AA, §§ 130 I und III BGB, § 18 I KSchG. Die Zuständigkeit des AA ergibt sich aus den Festlegungen des Verwaltungsrats der BAnstArb.

3. Inhalt der Anzeige. Abs. 3 unterscheidet zwischen Angaben, die in der Anzeige enthalten sein 28 **müssen**, und solchen, die in ihr enthalten sein **sollen**. Nach Abs. 3 S. 4 muß die **Anzeige enthalten: Name des AG, Sitz und Art des Betriebs, die Zahl und die Berufsgruppen der zu entlassenden und in der Regel beschäftigten AN, die Gründe** für die Entlassungen, **Zeitraum** – nach Kalendertagen –, in dem die Entlassungen vorgenommen werden sollen, und die **vorgesehenen Kriterien für die Auswahl der zu entlassenden AN**. Diese Aufzählung ist abschließend und zwingend. Fehlt eine dieser Angaben, ist die Anzeige unwirksam (*Herschel/Löwisch* Rn. 47; *Hueck/v. Hoyningen-Huene*

Rn. 70; KDZ/*Kittner* Rn. 43; KR/*Weigand* Rn. 83). Eine Heilung des Mangels durch Nachholung bis zum Zeitpunkt der Entlassung oder bis zur Entscheidung des Arbeitsamtes ist mit ex-nunc-Wirkung nur innerhalb der Fristen des § 18 möglich, sonst können Entlassungen erst zu einem späteren Zeitpunkt wirksam werden (*Hueck/v. Hoyningen-Huene* Rn. 70; KDZ/*Kittner* Rn. 43).

29 Nach Abs. 3 S. 5 **soll** die Anzeige im Einvernehmen mit dem Betriebsrat enthalten: Angaben über Geschlecht, Alter, Beruf und Staatsangehörigkeit der zu entlassenden AN. Der AG kann diese Angaben auch machen, wenn kein Einvernehmen mit dem Betriebsrat besteht. Der Betriebsrat erhält hiervon aus der ihm nach Abs. 3 S. 6 zuzuleitenden Abschrift der Anzeige Kenntnis. Macht der AG gegenüber dem AA entsprechende Angaben, aus denen zu schließen ist, daß sie definitiv sind, muß er diese auch bei den Entlassungen berücksichtigen, denn das AA wird sich bei seinen Vermittlungsbemühungen auf diese Angaben stützen (BAG 6. 10. 1960 AP KSchG 1951 § 15 Nr. 7; *Herschel/Löwisch* Rn. 49; KR/*Weigand* Rn. 88 ff.; *Löwisch* KSchG Rn. 54).

30 **4. Beifügung der Stellungnahme des Betriebsrats.** Nach Abs. 3 S. 2 ist der Anzeige nach Abs. 1 eine Stellungnahme des Betriebsrats beizufügen. **Die Stellungnahme des Betriebsrats ist Teil der Anzeige und damit Wirksamkeitsvoraussetzung** (*Herschel/Löwisch* Rn. 46; *Hueck/v. Hoyningen-Huene* Rn. 73; KR/*Weigand* Rn. 73; SPV Rn. 958). Eine Ausnahme gilt nach Abs. 3 S. 3 nur für den Fall, daß der AG glaubhaft macht, daß er den Betriebsrat mindestens zwei Wochen vor Erstattung der Anzeige nach Abs. 2 S. 1 unterrichtet hat und daß der AG selbst den Stand der Beratungen mitteilt (LAG Hamm 6. 6. 1986 LAGE Nr. 2; *Herschel/Löwisch* Rn. 46; *Hueck/v. Hoyningen-Huene* Rn. 74; KR/*Weigand* Rn. 94). Aus dieser Regelung folgt, daß der AG, wenn der Betriebsrat nicht vorher eine Stellungnahme abgibt, eine Frist von mindestens zwei Wochen zwischen der Mitteilung an den Betriebsrat und ihrer Anzeige an das AA einhalten muß. Vor Ablauf der Frist ist die Anzeige nicht wirksam. Die ordnungsgemäße Unterrichtung des Betriebsrats wird in der Regel glaubhaft gemacht durch Vorlage einer Durchschrift der Mitteilung an den Betriebsrat und einer Empfangsbestätigung des Betriebsratsvorsitzenden.

31 Stellt sich trotz Glaubhaftmachung später heraus, daß der Betriebsrat nicht ordnungsgemäß unterrichtet war, ändert das nichts an der Wirksamkeit der Anzeige und dem Anlaufen der Sperrfrist, wobei ein solcher Umstand sich jedoch bereits bei der Anhörung des Betriebsrats nach § 20 herausstellen dürfte (*Herschel/Löwisch* Rn. 46; KR/*Weigand* Rn. 96).

32 Die Anzeige ist auch wirksam, wenn der Betriebsrat seine Stellungnahme unmittelbar dem AA zugeleitet hat (*Hueck/v. Hoyningen-Huene* Rn. 75; KR/*Weigand* Rn. 91 a). Hat der AG die Stellungnahme des Betriebsrats der Anzeige nicht beigefügt, kann er sie nachreichen. Die Frist des § 18 beginnt allerdings erst ab dem Eingang der nachgereichten Stellungnahme (KR/*Weigand* Rn. 92). Gibt es in einem Betrieb keinen Betriebsrat, hat der AG hierauf hinzuweisen. Von der beizufügenden Stellungnahme des Betriebsrats zu unterscheiden ist die Pflicht des AG nach Abs. 3 S. 1, die Abschrift der Mitteilung an den Betriebsrat gleichzeitig dem AA zuzuleiten.

33 **5. Zeitpunkt der Anzeige.** Die Anzeige ist in jedem Fall vor der Entlassungen zu erstatten. Nicht notwendig ist, daß die Anzeige vor Ausspruch der Kündigung erfolgt (BAG 25. 5. 1960 AP KSchG 1951 § 15 Nr. 6; *Herschel/Löwisch* Rn. 51; *Hueck/v. Hoyningen-Huene* Rn. 80; KDZ/*Kittner* Rn. 42; KR/*Weigand* Rn. 75). Bei stufenweisen Entlassungen im Rahmen einer sich länger hinziehenden Betriebseinschränkung ist nach § 17 I stets von einer erneuten Anzeigepflicht nach Ablauf von 30 Kalendertagen auszugehen. Der Zeitraum kann sich bis zu drei Monaten hinausschieben, wenn die Sperrfrist nach § 18 II verlängert worden ist und die Entlassungen anschließend innerhalb der Freifrist des § 18 IV durchgeführt werden (*Hueck/v. Hoyningen-Huene* Rn. 81).

34 **6. Vorsorgliche Anzeige und Rücknahme der Anzeige.** Bei einer wirtschaftlich ungeklärten Lage, bei der der AG die Notwendigkeit von Entlassungen nicht sicher voraussehen kann, kann die Anzeige vorsorglich erstattet werden. Auch eine solche Vorratsanzeige setzt die Sperrfrist in Lauf (BAG 3. 10. 1963 AP KSchG 1951 § 15 Nr. 9; *Herschel/Löwisch* Rn. 52; *Hueck/v. Hoyningen-Huene* Rn. 82; KR/*Weigand* Rn. 78). Das setzt allerdings voraus, daß eine entsprechende Zwangslage bestand. Der AG handelt rechtsmißbräuchlich, wenn er ohne Not das Anzeigeverfahren in Gang setzt (KDZ/*Kittner* Rn. 42). Eine **Zurücknahme der Anzeige** ist jederzeit zulässig (*Herschel/Löwisch* Rn. 53; *Hueck/v. Hoyningen-Huene* Rn. 83; KDZ/*Kittner* Rn. 51; KR/*Weigand* Rn. 79). Durch die Rücknahme werden die Wirkungen der Anzeige wieder beseitigt.

35 **7. Rechtsfolge der mangelhaften Anzeige.** Erstattet der AG die Anzeige nicht oder ist die Anzeige unwirksam, darf der AG trotz privatrechtlich wirksamer Kündigung den AN so lange nicht entlassen, bis die Zustimmung erteilt ist (BAG 13. 4. 2000 – 2 AZR 215/99 – RzK I 8 b Nr. 13). Eine richtlinienkonforme Auslegung der Vorschrift erfordert, daß nicht nur der Anzeigepflicht, sondern auch der Beratungspflicht nach Abs. 2 S. 2 genügt sein muß (*Löwisch* RdA 1997, 80, 84; KR/*Weigand* Rn. 63; *Wißmann* RdA 1998, 221, 226). Im Individualprozeß kann der AN sich durch Feststellungsklage auf die Unwirksamkeit der ihm gegenüber ausgesprochenen Entlassungen wegen Verstoßes gegen §§ 17 ff. berufen (KR/*Weigand* Rn. 9; *Löwisch* KSchG Rn. 58; SPV Rn. 962). Diese Unwirksamkeit erstreckt sich nicht auf die Kündigung selbst. Diese ist an sich gültig. Das wirkt sich aus, wenn die Kündigungs-

frist länger ist als die Sperrfrist (SPV Rn. 962). War die Kündigungsfrist bereits abgelaufen, ist die Entlassung endgültig unwirksam (*Herschel/Löwisch* Rn. 56). Das hat zwangsläufig zur Folge, daß die Kündigung keine Wirkungen entfalten kann (*Löwisch* Rn. 57). Ist die Zustimmung weder vor noch nach dem vorgesehenen Entlassungszeitpunkt beantragt worden, steht fest, daß das Arbeitsverhältnis durch die entsprechende Kündigung nicht aufgelöst worden ist (BAG 13. 4. 2000 – 2 AZR 215/99 zVb.; zur Heilung unterbliebener Massenentlassungsanzeigen vgl. *J. H. Bauer/Powietzka* DB 2000, 1073). Diese Unwirksamkeit der Kündigung kann der AN außerhalb der Drei-Wochen-Frist des § 4 geltend machen. Der AN kann allerdings infolge Verwirkung das Recht verlieren, sich auf die Unwirksamkeit der Kündigung zu berufen (*Herschel/Löwisch* Rn. 57). Das BAG vertritt demgegenüber die Auffassung, die Unwirksamkeit greife nur, wenn der AN sich darauf berufe (BAG 31. 7. 1986 AP KSchG 1969 § 17 Nr. 5; BAG 19. 6. 1991 AP KSchG 1969 § 1 Betriebsbedingte Kündigung Nr. 53). In der Praxis spielt diese Differenzierung keine Rolle. Nimmt der AN eine unwirksame Entlassung hin, ist nicht ersichtlich, in welchem Verfahren von Amts wegen zu prüfen wäre, wie der Entlassung zugrundeliegende Kündigung rechtlich zu qualifizieren ist.

V. Beherrschungsklausel nach Absatz 3 a

Durch die Neuregelung in Abs. 3 a ist sichergestellt, daß der AG, der ein anderes Unternehmen **36** beherrscht, was bei der Zugehörigkeit zu einem Konzernverbund in der Regel der Fall sein wird, sich der Unterrichtung nicht dadurch entziehen kann, daß er auf den maßgebenden Einfluß des herrschenden Unternehmens und seine eventuelle nicht ausreichende Kenntnis verweist. Hinsichtlich des Begriffs des herrschenden Unternehmens ist auf §§ 17, 18 AktG abzustellen (KR/*Weigand* Rn. 98 b). Es kann die Möglichkeit der Einflußnahme genügen, wenn sie beständig und gesellschaftsrechtlich abgesichert ist. Die Richtlinie und das Gesetz stellen nicht darauf ab, daß es sich ausschließlich um die Fälle des § 17 AktG handelt (*Wißmann* RdA 1998, 221, 225).

VI. Verfahrensfragen

Soweit die §§ 17 ff. die Rechtsbeziehungen zwischen AG und AN regeln, insbesondere die Wirk- **37** samkeit der Entlassungen, sind solche Streitigkeiten dem Individualarbeitsrecht zuzuordnen. Sie werden im Urteilsverfahren erledigt, § 2 I Nr. 3 b ArbGG. Handelt es sich um die Mitbestimmung des Betriebsrats beim Anzeigeverfahren, § 17 II und III, ist das Beschlußverfahren die zutreffende Verfahrensart, § 2 a I Nr. 1 ArbGG (*Hueck/v. Hoyningen-Huene* vor § 17 Rn. 18). Geht es um Streitigkeiten zwischen AG und AA oder LA, sind die Sozialgerichte zur Entscheidung berufen, § 51 I SGG.

§ 18 Entlassungssperre

(1) **Entlassungen, die nach § 17 anzuzeigen sind, werden vor Ablauf eines Monats nach Eingang der Anzeige beim Arbeitsamt nur mit dessen Zustimmung wirksam; die Zustimmung kann auch rückwirkend bis zum Tage der Antragstellung erteilt werden.**

(2) **Das Arbeitsamt kann im Einzelfall bestimmen, daß die Entlassungen nicht vor Ablauf von längstens zwei Monaten nach Eingang der Anzeige wirksam werden.**

(3) *(aufgehoben)*

(4) **Soweit die Entlassungen nicht innerhalb von 90 Tagen nach dem Zeitpunkt, zu dem sie nach den Absätzen 1 und 2 zulässig sind, durchgeführt werden, bedarf es unter den Voraussetzungen des § 17 Abs. 1 einer erneuten Anzeige.**

I. Allgemeines

§ 18 ist geändert worden durch Art. 50 Nr. 1 AFRG: Die Zuständigkeit ist allein auf das AA **1** verlagert, die Freifrist auf 90 Tage ausgedehnt worden. § 18 regelt in Verbindung mit § 19 die **Rechtsfolgen**, die **bei Vorliegen anzeigepflichtiger Entlassungen** eintreten:
– **zeitlich begrenzte Entlassungssperre**; während ihrer Dauer werden Entlassungen nur mit Zustimmung des AA wirksam, § 18 I, wobei das LA während der Sperrfrist Kurzarbeit anordnen kann, § 19;
– **Eintritt der Freifrist**, innerhalb der die Entlassungen durchzuführen sind, § 18 IV, vgl. Rn. 16.
Durch die in § 18 angeordnete Sperrfrist soll der Arbeitsverwaltung Gelegenheit gegeben werden, rechtzeitig Maßnahmen zur anderweitigen Vermittlung der freiwerdenden Arbeitskräfte zu treffen. Der Zweck der Sperrfrist dient damit allein öffentlichen Belangen (*Herschel/Löwisch* § 17 Rn. 1; *Hueck/v. Hoyningen-Huene* Rn. 2; KDZ/*Kittner* Rn. 2; KR/*Weigand* Rn. 3). Der Individualschutz des einzelnen AN wird dadurch nicht berührt. Die Genehmigung der Entlassung durch das AA ersetzt nicht etwa die sonstigen Voraussetzungen für eine wirksame Kündigung (*Hueck/v. Hoyningen-Huene* Rn. 13). Wehrt ein vorzeitig entlassener AN sich nicht gegen die Unwirksamkeit der Entlassung wegen Verstoßes gegen §§ 17 ff., bleibt die Kündigung wirksam.

2   Die **Unwirksamkeit** der **vor Ablauf der Sperrfrist vorgenommenen Entlassungen** erfaßt **alle anzeigepflichtigen Entlassungen**. Es bleibt nicht etwa eine solche Anzahl wirksam, die unter der Grenze des § 17 I liegt (BAG 23. 10. 1959 AP KSchG 1951 § 15 Nr. 5; BAG 3. 10. 1963 AP KSchG 1951 § 15 Nr. 9; *Herschel/Löwisch* § 17 Rn. 38; *Hueck/v. Hoyningen-Huene* Rn. 35). Hierbei sind alle anzeigepflichtigen Entlassungen einzubeziehen, die innerhalb eines Zeitraums von 30 Kalendertagen wirken, § 17 I. Erfüllt sich die Anzeigepflicht erst durch sukzessiv vorgenommene Entlassungen, können zunächst nicht anzeigepflichtige Entlassungen nunmehr unwirksam werden. Sie können dann erst nach Ablauf der Sperrfrist wirksam durchgeführt werden (BAG 23. 10. 1959 AP KSchG 1951 § 15 Nr. 5; BSG 9. 12. 1958 AP KSchG 1951 § 15 Nr. 3; BSG 30. 10. 1959 AP KSchG 1951 § 18 Nr. 1; *Hueck/v. Hoyningen-Huene* Rn. 37; KDZ/*Kittner* Rn. 11; KR/*Weigand* Rn. 43). Die Genehmigung wirkt in einem solchen Fall – trotz des entgegenstehenden Wortlauts – auf den Zeitpunkt der früheren Entlassungen zurück, weil unabhängig von ihrer Wirksamkeit auch die früheren Entlassungen hätten wirksam vorgenommen werden können (*Herschel/Löwisch* § 17 Rn. 38, § 18 Rn. 7; *Hueck/v. Hoyningen-Huene* Rn. 9; aA KDZ/*Kittner* Rn. 11; KR/*Weigand* Rn. 17: beschränkt auf den Tag der Antragstellung). Die Arbeitsverwaltung kann eine Rückwirkung der Genehmigung ausschließen (*Hueck/v. Hoyningen-Huene* Rn. 10). Eine Rückwirkung setzt immer voraus, daß die sonstigen Voraussetzungen für die Entlassung vorliegen, daß insbesondere die Kündigungsfrist abgelaufen ist (*Hueck/v. Hoyningen-Huene* Rn. 12).

3   Die §§ 17 ff. wirken sich nur aus, wenn die tatsächlichen Voraussetzungen vorliegen. Es kommt nicht auf die Willensvorstellungen der Beteiligten an. Allerdings genießt der AG bei irrtümlichen Mitteilungen der zuständigen Behörde Vertrauensschutz. Hat der AG Massenentlassungen angezeigt, ohne daß die Voraussetzungen nach § 17 vorliegen, ist er nicht etwa an die falsche Anzeige gebunden. Er kann die Entlassungen ohne eine Entscheidung des AA abzuwarten, vornehmen. Stimmt das AA einer nach § 17 anzeigepflichtigen Entlassung zu einem bestimmten Zeitpunkt zu, stellt es damit incidenter fest, daß eine wirksame Massenentlassungsanzeige vorlag. Die Arbeitsgerichte sind durch die Bestandskraft dieses Verwaltungsakts gehindert, im Kündigungsschutzprozeß die Entscheidung der Arbeitsverwaltung nachzuprüfen (BAG 24. 10. 1996 AP KSchG 1969 § 17 Nr. 8). Hat der nach § 20 zuständige Entscheidungsträger irrtümlich angenommen, es handele sich nicht um anzeigepflichtige Entlassungen und hat er dem AG ein entsprechendes **Negativattest** erteilt, wirkt dies wie eine Zustimmung zur vorzeitigen Entlassung (BAG 21. 5. 1970 AP KSchG 1951 § 15 Nr. 11; BAG 6. 12. 1973 AP KSchG 1969 § 17 Nr. 1). Das Vertrauen des AG wird nur geschützt, wenn der zuständige Entscheidungsträger gem. § 20 das sog. Negativattest erteilt hat.

II. Sperrfrist

4   Nach § 18 I 1 Halbs. 1 werden **Entlassungen,** die nach § 17 anzuzeigen sind, **vor Ablauf eines Monats nach Eingang der Anzeige** beim **AA nur mit dessen Zustimmung wirksam.** Die Frist beginnt mit Eingang der Anzeige beim örtlich zuständigen AA, vgl. § 17 Rn. 27. Voraussetzung ist eine rechtswirksame Anzeige nach § 17 (*Hueck/v. Hoyningen-Huene* Rn. 3; KR/*Weigand* Rn. 6), vgl. § 17 Rn. 26 ff.

5   Der Lauf der Frist bemißt sich nach §§ 187 BGB, § 26 SGB X. Der Tag des Eingangs der Anzeige wird bei der Berechnung der Frist nicht mitgerechnet, § 187 I BGB. Die Monatsfrist endet, falls sie nicht verlängert wird, nach § 188 II BGB mit dem Ablauf des Tags des folgenden Monats, der durch seine Zahl dem Tag entspricht, an dem die Anzeige beim örtlich zuständigen AA eingegangen ist. Das ist das AA, in dessen Bezirk der Betrieb seinen Sitz hat. Bei einem privaten Luftfahrtunternehmen ist die Anzeige an das örtlich zuständige AA zu richten, nicht an die BAnstArb (BAG 4. 3. 1993 AP KSchG 1969 § 1 Betriebsbedingte Kündigung Nr. 60). Geht die Anzeige beim unzuständigen AA ein, läuft die Sperrfrist erst mit erfolgreicher Weitergabe an das zuständige AA (*Hueck/v. Hoyningen-Huene* Rn. 3; KR/*Weigand* Rn. 7; aA *Herschel/Löwisch* Rn. 2). Stimmt das AA der Kündigung innerhalb der Sperrfrist zu, ohne ein Datum festzusetzen, läuft die Frist mit der Bekanntgabe der Entscheidung an den AG ab (KR/*Weigand* Rn. 8). Äußert sich das AA überhaupt nicht oder bestätigt es lediglich den Eingang der Anzeige, kann der AG nach Ablauf des Monats die Entlassungen vornehmen (KR/*Weigand* Rn. 9).

6   Die **wirksame Entlassung vor Ablauf der Sperrfrist** setzt zunächst einen besonderen **Antrag des AG** voraus. Dieser Antrag liegt nicht bereits konkludent in der Anzeige (KR/*Weigand* Rn. 11; aA *Herschel/Löwisch* Rn. 6). Gibt das AA dem Antrag statt, erläßt es einen begünstigenden Verwaltungsakt. Die Entscheidung des AA wird in der Regel nur dem AG bekannt gemacht (*Hueck/v. Hoyningen-Huene* Rn. 7; KR/*Weigand* Rn. 13). Damit wird der Verwaltungsakt wirksam, nicht jedoch werden es bereits die Entlassungen. Eine wirksame Entlassung des AN durch den AG setzt vielmehr zusätzlich eine Erklärung des AG – oder einer Mitteilung des AA voraus, in welcher **dem AN** die Zustimmung des AA und zugleich die endgültige Entlassung bekanntgegeben wird (*Herschel/Löwisch* Rn. 8; *Hueck/v. Hoyningen-Huene* Rn. 7; KDZ/*Kittner* Rn. 7; KR/*Weigand* Rn. 13). Die Bekanntgabe an den AN ist damit Wirksamkeitsvoraussetzung für die Entlassung. Hatte der AG den AN trotz der Sperrfrist bereits vorher tatsächlich entlassen und hatte der AN zunächst die Unwirksamkeit

geltend gemacht, hat der AG dem AN die erteilte Zustimmung des AA mitzuteilen, damit der AN weiß, daß der Schwebezustand beendet ist (*Hueck/v. Hoyningen-Huene* Rn. 7; KR/*Weigand* Rn. 13). Gibt der AG dem AN den Verwaltungsakt nicht bekannt und beschäftigt er den AN weiter, ist zu prüfen, ob die Voraussetzungen nach § 625 BGB erfüllt sind (KDZ/*Kittner* Rn. 7; KR/*Weigand* Rn. 13).

Die **Zustimmung kann rückwirkend** auf den Tag der Antragstellung **erteilt werden**, § 18 I Halbs. 7 2. Für die Erteilung einer rückwirkenden Zustimmung kann sprechen, daß die Ereignisse, die die Massenentlassungen verursachen, unvorhersehbar waren (vgl. *Herschel/Löwisch* § 20 Rn. 12), oder wenn zunächst wirksam vorgenommene Entlassungen nachträglich unwirksam wurden, weil im nach § 17 I maßgebenden Zeitraum von 30 Kalendertagen die Zahl der anzeigepflichtigen Entlassungen noch verwirklicht wird (*Herschel/Löwisch* Rn. 7; KR/*Weigand* Rn. 15). Durch die rückwirkende Zustimmung wird nur das in §§ 17, 18 liegende Hindernis beseitigt. Alle sonstigen Erfordernisse für eine wirksame Kündigung bleiben unberührt (*Hueck/v. Hoyningen-Huene* Rn. 13; KDZ/*Kittner* Rn. 8).

Ist einem Antrag des AG auf rückwirkende Entlassung vom AA zugestimmt worden, hatte der AG 8 die AN aber vorsorglich weiterbeschäftigt, bleibt der AG verpflichtet, das Arbeitsentgelt über den Tag der rückwirkenden Zustimmung hinaus bis zur tatsächlichen Beendigung des Arbeitsverhältnisses zu zahlen (KR/*Weigand* Rn. 19).

Nach § 18 II kann das AA im Einzelfall bestimmen, daß die Entlassungen nicht vor Ablauf von 9 längstens **zwei Monaten** nach Eingang der Anzeige beim AA wirksam werden. Es bedarf insoweit eines Antrags (*Herschel/Löwisch* Rn. 4). Die Anordnung einer solchen Verlängerung muß dem AG vor Ablauf der Monatsfrist des § 18 I zugegangen sein. Ist das nicht der Fall, sind die Entlassungen bereits wirksam geworden (*Herschel/Löwisch* Rn. 4). Die Verlängerung bedarf einer eingehenden Prüfung der Umstände des Einzelfalls. Hierbei ist auch zu berücksichtigen, ob der AG seiner Anzeigepflicht nach § 18 III nachgekommen ist (*Herschel/Löwisch* Rn. 5; *Hueck/v. Hoyningen-Huene* Rn. 12; KR/*Weigand* Rn. 24). Das AA ist nicht auf einen Zeitraum von zwei Monaten beschränkt; es kann auch eine kürzere Verlängerung, zB sechs Wochen, ansetzen (*Hueck/v. Hoyningen-Huene* Rn. 4). Eine solche Verlängerung kommt nur in Betracht **vor** Ablauf der einmonatigen Frist des § 18 I Halbs. 1.

Ob die Voraussetzungen für eine **Verlängerung der Sperrfrist** vorliegen, hat der zuständige 10 Entscheidungsträger, vgl. § 20, **unter sorgfältiger Abwägung aller Umstände des Einzelfalls** nach pflichtgemäßem Ermessen zu prüfen. § 18 ist keine Schutzvorschrift für die BAnstArb. zur Vermeidung von Leistungen an Arbeitslose. Sie dient vielmehr dazu, eine Klärung des Sachverhalts sowie Hilfsmaßnahmen zur Vermeidung oder Einschränkung von Entlassungen oder aber auch die alsbaldige Unterbringung von AN zu ermöglichen. Nur zur Erreichung dieser Ziele darf die Sperrfrist angeordnet werden. Nicht ausreichend ist allein die fiskalische Erwägung, die Arbeitslosenversicherung um einen weiteren Monat von der Zahlung von Arbeitslosengeld zu entlasten (Bayerisches LSG 8. 8. 1985 NZA 1986, 654; *Herschel/Löwisch* Rn. 5; *Hueck/v. Hoyningen-Huene* Rn. 4; KR/*Weigand* Rn. 24). Die Verlängerung oder Abkürzung der Sperrfrist kann auf bestimmte Gruppen der zu entlassenden AN beschränkt werden. Die Zustimmung zur vorzeitigen Entlassung kann auch von bestimmten Voraussetzungen, zB Zahlung einer Abfindung, abhängig gemacht werden (*Herschel/Löwisch* Rn. 6; *Hueck/v. Hoyningen-Huene* Rn. 14; KDZ/*Kittner* Rn. 13; KR/*Weigand* Rn. 26). Der Auschuß kann **erzwingbare** Auflagen nicht erteilen. Er hat allerdings die Möglichkeit, die Zustimmung unter die Bedingung zu stellen, daß der AG entsprechende privatrechtliche Verpflichtungen gegenüber dem betroffenen AN eingeht (*Herschel/Löwisch* § 20 Rn. 15). Der AG hat dann die Wahl, ob er die AN unter Auflagenerfüllung vorzeitig entlassen oder ob er ohne Verpflichtungserfüllung den Ablauf der Sperrfrist abwarten will.

III. Entlassungen während der Sperrfrist

Bei Anwendung von § 18 sind die Kündigung und die Entlassung mit den sich ergebenden Wirkun- 11 gen zu trennen. Hierbei ist auch zu beachten, ob der AG überhaupt eine Anzeige erstattet hat oder ob er Entlassungen vorgenommen hat, ohne eine Anzeige erstattet zu haben. Hat er eine **wirksame Anzeige erstattet**, sind vor dem in § 18 I vorgegebenen Zeitpunkt vorgenommene Entlassungen nicht endgültig unwirksam. Sie sind jedoch in ihrer Wirksamkeit gehemmt (*Herschel/Löwisch* Rn. 15; KR/ *Weigand* Rn. 31; SPV Rn. 962). **Im Fall der Nichtanzeige** ist die Unwirksamkeit hingegen unbegrenzt: Ohne Anzeige keine wirksame Entlassung. Die Anzeige muß vor der Entlassung erfolgen. Die nachträgliche Anzeige einer vorgenommenen unwirksamen Entlassung geht ins Leere (LAG Düsseldorf 6. 4. 1956 BB 1956, 752; *Hueck/v. Hoyningen-Huene* Rn. 39 ff.; KDZ/*Kittner* Rn. 24; KR/ *Weigand* Rn. 51). Eine rückwirkende Heilung scheidet aus, denn diese könnte nur auf den Tag der verspäteten Anzeige wirken. Die Unwirksamkeit der Kündigung kann gemäß § 13 III auch noch nach Ablauf der Drei-Wochen-Frist geltend gemacht werden (*Hueck/v. Hoyningen-Huene* Rn. 40; KR/ *Weigand* Rn. 40). Hatte der AN bereits Kündigungsschutzklage erhoben, muß er die Unwirksamkeit im laufenden Prozeß geltend machen (BAG 3. 10. 1963 AP KSchG 1951 § 15 Nr. 9; KR/*Weigand*

Rn. 40). Im übrigen kann der AN bei Verstreichenlassen einer unangemessen langen Frist das Recht verwirken, sich auf die Unwirksamkeit der Entlassung berufen zu können, vgl. Rn. 14. Die Beweislast für die Voraussetzungen der Anzeigepflicht trägt nach allgemeine Beweisgrundsätzen der AN (BAG 19. 6. 1991 AP KSchG 1969 § 1 Betriebsbedingte Kündigung Nr. 53 = NZA 1991, 891; *Hueck/v. Hoyningen-Huene* Rn. 40; KR/*Weigand* Rn. 40).

12   Hat der AG eine fristgerechte Kündigung ausgesprochen, deren Kündigungsfrist vor dem nach § 18 I und II maßgebenden Zeitpunkt abläuft, besteht das Arbeitsverhältnis bis zum Ende der Sperrfrist fort. Ist die Kündigung nur zu einem bestimmten Zeitpunkt möglich, zB Quartalsende, und liegt dieser Termin in der Sperrfrist, läuft das Arbeitsverhältnis mit Ablauf der Sperrfrist aus, nicht etwa erst zum nächst möglichen Kündigungstermin (*Hueck/v. Hoyningen-Huene* Rn. 22; KR/*Weigand* Rn. 31a; aA LAG Frankfurt/M. 16. 3. 1990 DB 1991, 658).

13   Die aus der Verletzung der Anzeigepflicht herrührende Unwirksamkeit der Kündigung wirkt nur **zugunsten des AN.** Die Sperrfrist führt nicht dazu, daß ein AN bei fristgerechter Kündigung verpflichtet wird, über den Zeitpunkt des Kündigungstermins hinaus bis zu dem der Sperrfrist zu arbeiten. Der AG kann ihn nicht etwa unter Berufung auf eine selbst veranlaßte Unwirksamkeit der Entlassung am Arbeitsverhältnis festhalten (*Herschel/Löwisch* § 17 Rn. 58; *Hueck/v. Hoyningen-Huene* Rn. 4; KR/*Weigand* Rn. 32). Das „Entlassungsverbot" richtet sich allein an den AG und enthält kein Beschäftigungsgebot für den AN.

14   Die Entlassung ist ein Realakt, mit dem eine Kündigung vollzogen wird. Ist eine Entlassung unzulässig, wirkt sich das dahin aus, daß die konkrete Kündigung unwirksam ist. Diese Unwirksamkeit der Kündigung kommt aber nur zum Tragen, wenn sich der gekündigte AN auf diese Unwirksamkeit gegenüber dem AG beruft (BAG 8. 6. 1989 AP KSchG 1969 § 17 Nr. 6; BAG 19. 6. 1991 AP KSchG 1969 § 1 Betriebsbedingte Kündigung Nr. 53 = NZA 1991, 891; *Hueck/v. Hoyningen-Huene* Rn. 28 ff.; KDZ/*Kittner* Rn. 24). Nach Auffassung des BAG ist die Kündigung auflösend bedingt durch die Verweigerung der Einwilligung des AN (BAG 23. 10. 1959 AP KSchG 1951 § 15 Nr. 5). Eine solche Potestativbedingung ist zulässig. Nimmt der AN die Kündigung hin, wird der Schwebezustand beendet, sie wird endgültig wirksam, soweit sie nicht aus anderen Gründen als denen der §§ 17 ff. unwirksam ist (*Hueck/v. Hoyningen-Huene* Rn. 32). Nicht zulässig ist es, daß der **AG** sich auf die Unwirksamkeit beruft (*Herschel/Löwisch* § 17 Rn. 58; *Hueck/v. Hoyningen-Huene* Rn. 33). Reagiert der AN längere Zeit nicht, kann er das Recht verwirken, sich auf die Unwirksamkeit berufen zu können (*Herschel/Löwisch* § 17 Rn. 57; *Hueck/v. Hoyningen-Huene* Rn. 33; KR/*Weigand* Rn. 40).

15   Rechtsfolge der Unwirksamkeit der Kündigung ist ua., daß der AG – da das Arbeitsverhältnis fortbesteht – in Annahmeverzug geraten kann. Will der AN Annahmeverzug geltend machen, muß er dem AG seine Leistungsbereitschaft anzeigen, (*Herschel/Löwisch* § 17 Rn. 57; *Hueck/v. Hoyningen-Huene* Rn. 39; KR/*Weigand* Rn. 38). Hat der AG überhaupt keine Anzeige erstattet, ist Rechtsfolge der Berufung des AN auf die Unwirksamkeit der Entlassung wegen Verstoßes gegen die §§ 17 ff. die dauernde Unwirksamkeit der Kündigung. Hat der AG eine Anzeige nach §§ 17 ff. erstattet und erfolgen die Entlassungen vor der Sperrfrist, hat die Berufung des AN auf die Unwirksamkeit der Kündigung nicht ihre „Gesamtnichtigkeit" zur Folge. Rechtsfolge ist in diesem Fall allein, daß das Arbeitsverhältnis bis zum Ende der Sperrfrist fortdauert (KR/*Weigand* Rn. 39).

IV. Freifrist

16   Ist die einmonatige oder verlängerte Sperrfrist abgelaufen, hat der AG **90 Tage** Zeit, die beabsichtigten Entlassungen durchzuführen, sog. Freifrist. Entlassung heißt, daß das Arbeitsverhältnis innerhalb dieser Zeit beendet sein muß. Es genügt nicht, daß innerhalb der Frist die Kündigung ausgesprochen wird (*Herschel/Löwisch* Rn. 17). Diese Freifrist folgt aus § 18 IV, wonach Entlassungen, die nicht innerhalb von 90 Tagen nach dem Zeitpunkt durchgeführt werden, zu dem sie nach den Abs. 1 und 2 zulässig sind, der erneuten Anzeige nach § 17 bedürfen. Die Freifrist beginnt mit dem Tag des Ablaufs der Sperrfrist, bei rückwirkender Bewilligung mit dem Tag, auf den die Rückwirkung festgesetzt wird. Praktische Bedeutung hat die Regelung nur, wenn die Kündigungsfristen bereits abgelaufen sind (KDZ/*Kittner* Rn. 21; KR/*Weigand* Rn. 45). Die Freifrist kann weder verkürzt noch verlängert werden (*Herschel/Löwisch* Rn. 19; *Hueck/v. Hoyningen-Huene* Rn. 25; KDZ/*Kittner* Rn. 19).

17   **Durchzuführen sind in der Freifrist die Entlassungen.** Das ist der Vollzug der durch eine wirksame Kündigung ausgesprochenen Rechtsfolge. Die Freifrist erfaßt nicht Kündigungen, deren Kündigungsfrist erst nach dem Ende der Freifrist abläuft (*Herschel/Löwisch* Rn. 17; *Hueck/v. Hoyningen-Huene* Rn. 29; KR/*Weigand* Rn. 47). Auch die Freifrist bezweckt nicht den individuellen Kündigungsschutz (KR/*Weigand* Rn. 48). Entlassungen, die nicht innerhalb der Freifrist durchgeführt werden, bedürfen unter den Voraussetzungen des § 17 auch dann einer erneuten Anzeige, wenn die Kündigungsfrist zu lang ist und sich über die Freifrist hinaus erstreckt (*Hueck/v. Hoyningen-Huene* Rn. 25; KR/*Weigand* Rn. 49).

§ 19 Zulässigkeit von Kurzarbeit

(1) Ist der Arbeitgeber nicht in der Lage, die Arbeitnehmer bis zu dem in § 18 Abs. 1 und 2 bezeichneten Zeitpunkt voll zu beschäftigen, so kann das Landesarbeitsamt zulassen, daß der Arbeitgeber für die Zwischenzeit Kurzarbeit einführt.

(2) Der Arbeitgeber ist im Falle der Kurzarbeit berechtigt, Lohn oder Gehalt der mit verkürzter Arbeitszeit beschäftigten Arbeitnehmer entsprechend zu kürzen; die Kürzung des Arbeitsentgelts wird jedoch erst von dem Zeitpunkt an wirksam, an dem das Arbeitsverhältnis nach den allgemeinen gesetzlichen oder den vereinbarten Bestimmungen enden würde.

(3) Tarifvertragliche Bestimmungen über die Einführung, das Ausmaß und die Bezahlung von Kurzarbeit werden durch die Absätze 1 und 2 nicht berührt.

I. Allgemeines

§ 19 ergänzt § 18 insoweit, als das LA nach § 19 I die **Möglichkeitkeit** hat, dem AG für den Zeitraum nach § 18 I und II die Einführung von **Kurzarbeit** zuzulassen, wenn er die AN bis zu dem in § 18 I und II bezeichneten Zeitraum nicht voll beschäftigen kann. Die praktische Bedeutung der Vorschrift ist äußerst gering. Bis zum Ende der jeweiligen Kündigungsfrist ist der volle Lohn zu zahlen, vgl. Rn. 10, tarifliche Regelungen bleiben unberührt, vgl. Rn. 6, die Mitbestimmung des Betriebsrats bleibt bestehen, vgl. Rn. 5. Betroffen sind daher eigentlich nur nicht tarifgebundene AN in betriebsratslosen Betrieben (*Hueck/v. Hoyningen-Huene* Rn. 19; *KDZ/Kittner* Rn. 2). 1

Die **Zulassung von Kurzarbeit** durch das LA ist nicht – gesondert von den Regelungen in § 17 ff. betrachtet – bei einer wirtschaftlichen Krise generell zulässig. Sie **tritt** vielmehr **neben die Zustimmung zu den Entlassungen**. Deshalb müssen für die Zustimmung von Kurzarbeit die gleichen Voraussetzungen vorliegen wie bei § 17 (*Hueck/v. Hoyningen-Huene* Rn. 3; *KDZ/Kittner* Rn. 3; *KR/Weigand* Rn. 6). Der AG darf darüber hinaus nicht in der Lage sein, die AN bis zum Ablauf der Sperrfrist voll zu beschäftigen. Das ist nicht im Sinn einer objektiven Unmöglichkeit zu verstehen. Es genügt, daß dem AG nach der wirtschaftlichen Lage seines Betriebs die Vollbeschäftigung **nicht zuzumuten** ist (*Herschel/Löwisch* Rn. 6; *Hueck/v. Hoyningen-Huene* Rn. 4; *KDZ/Kittner* Rn. 3; *KR/Weigand* Rn. 7). Nach dem Sinn der Vorschrift betrifft die Kurzarbeit nicht nur die von der Entlassung betroffenen AN, sondern alle AN. Dabei können auch AN, die einen Sonderkündigungsschutz genießen: Schwerbehinderte, Personen, die nach § 9 MuSchG geschützt sind, einbezogen werden (*Herschel/Löwisch* Rn. 2). Das LA entscheidet nach pflichtgemäßem Ermessen. In Frage kommt die Bewilligung von Kurzarbeit vor allem bei einer Verlängerung der Sperrfrist (*KR/Weigand* Rn. 8). Eine Nachprüfung der Zustimmungsentscheidung **durch das Arbeitsgericht** findet nicht statt, wohl aber eine solche durch die Sozialgerichte (*Hueck/v. Hoyningen-Huene* Rn. 4; *KDZ/Kittner* Rn. 7; *KR/Weigand* Rn. 16). 2

II. Zulassung der Kurzarbeit

1. Antrag und Zulassungsentscheidung. Die Zulassung der Kurzarbeit durch das LA setzt einen **Antrag des AG** voraus. Die Entscheidung über die Kurzarbeit trifft das LA. Die Zulassungsentscheidung ist ein privatrechtsgestaltender **Verwaltungsakt** (*Herschel/Löwisch* Rn. 5; *Hueck/v. Hoyningen-Huene* Rn. 6; *KR/Weigand* Rn. 15). Der AG wird durch den Verwaltungsakt begünstigt, denn ihm wird ein einseitiges Gestaltungsrecht eingeräumt. Die Entscheidung wird wirksam durch Bekanntgabe an den AG (*KR/Weigand* Rn. 15). Die Kurzarbeit darf zeitlich die Dauer der Sperrfrist nicht übersteigen. Ansonsten enthält das Gesetz keine Einschränkungen hinsichtlich des Umfangs der Zulassung der Kurzarbeit. Das LA hat daher folgende Möglichkeiten: Kurzarbeit nur für einen Teil der Sperrfrist; Kurzarbeit für die gesamte Belegschaft oder nur für eine bestimmte Betriebsabteilung oder eine bestimmte Gruppe von AN; inhaltliche Beschränkung der Kurzarbeit (*Herschel/Löwisch* Rn. 7; *Hueck/v. Hoyningen-Huene* Rn. 8; *KDZ/Kittner* Rn. 8; *KR/Weigand* Rn. 18). Die Zulassung von Kurzarbeit mit rückwirkender Kraft vor den Zeitpunkt der Antragstellung ist im Rahmen von § 19 unzulässig. Mit Ablauf der Sperrfrist tritt die Zulassung von selbst außer Kraft (*Herschel/Löwisch* Rn. 8; *Hueck/v. Hoyningen-Huene* Rn. 12; *KR/Weigand* Rn. 19). 3

2. Bedeutung der Zulassung. § 19 erweitert die **Individualrechte des AG**. Der AN kann aufgrund des Arbeitsvertrags verlangen, entsprechend der mit seinem AG vereinbarten Arbeitszeit voll beschäftigt zu werden. Es ist möglich, in dem Individualarbeitsvertrag zu vereinbaren, daß der AG unter bestimmten konkretisierten Umständen die Arbeitszeit vorübergehend herabsetzen kann (*Herschel/Löwisch* Rn. 3). Sind die Arbeitsvertragsparteien tarifvertraglich gebunden, wird das anzuwendende Tarifvertrag vielfach eine entsprechende Regelung enthalten. Liegen die individual- oder tarifvertraglichen Voraussetzungen vor, kann der AG durch Betriebsvereinbarung Kurzarbeit anordnen (*Herschel/Löwisch* Rn. 3). Fehlen tarifvertragliche oder einzelvertragliche Regelungen, kann der AG die Arbeitsbedingungen nur durch eine Änderungskündigung bewirken (*KR/Weigand* Rn. 3). Durch die Re- 4 gelung in § 19 wird der AG nicht gezwungen, zur schwerfälligen Änderungskündigung greifen zu müssen. § 19 führt vielmehr zu einer Ermächtigung für ihn, bei fehlender tarifvertraglicher oder einzelvertraglicher Regelung Kurzarbeit anordnen zu können, vorbehaltlich der Rechte des Betriebsrats nach § 87 I Nr. 3 BetrVG. Liegt die Zulassung der Kurzarbeit durch den Ausschuß vor, führt das nicht automatisch zu einer Änderung der individualrechtlichen Vereinbarungen. Der AG ist auch nicht verpflichtet, von einer entsprechenden Ermächtigung Gebrauch zu machen. Er hat vielmehr nun die Wahl, ob er in dem zugelassenen Umfang die Kurzarbeit anordnen will oder nicht (*Hueck/v. Hoyningen-Huene* Rn. 16; *KR/Weigand* Rn. 20). Die Zulassung von Kurzarbeit nach § 19 beseitigt auch das Hindernis einer etwa entgegenstehenden Betriebsvereinbarung, wie sich aus einem Umkehrschluß aus § 19 III ergibt (*Herschel/Löwisch* Rn. 5; *Hueck/v. Hoyningen-Huene* Rn. 6; *KR/Weigand* Rn. 29).

5   Die **Ermächtigung greift gegenüber allen AN**. Der Sonderkündigungsschutz für Schwerbehinderte, Betriebsratsmitglieder und nach § 9 MuSchG geschützte Frauen greift nicht, denn eine Kündigung des Arbeitsverhältnisses findet nicht statt (*Hueck/v. Hoyningen-Huene* Rn. 20; *Löwisch* KSchG Rn. 21). Entscheidet der AG sich zur Anwendung von Kurzarbeit, hat er jetzt die Mitwirkungsrechts des Betriebsrats nach § 87 I Nr. 3 BetrVG zu beachten. Danach hat der Betriebsrat ein Mitbestimmungsrecht bei vorübergehender Verkürzung oder Verlängerung der betriebsüblichen Arbeitszeit. Der **Betriebsrat hat** hierbei auch im Rahmen von § 19 nicht nur bei dem „Wie", sondern auch bei dem „Ob" der Einführung der Kurzarbeit **mitzubestimmen** (*Richardi* § 87 Rn. 413; *Fitting* § 87 Rn. Rn. 51; GK-BetrVG/*Wiese* § 87 Rn. 72; *Hueck/v. Hoyningen-Huene* Rn. 16, 17; KDZ/*Kittner* Rn. 14; *KR/Weigand* Rn. 31; aA mit dem Hinweis, daß der Vorschrift sonst keinerlei praktische Bedeutung mehr zukomme; HSG/*Glaubitz* § 87 Rn. 196; *Löwisch* KSchG Rn. 2, 10: nur bei der Lage der verkürzten Arbeitszeit). Es ist hingegen völlig unstreitig, daß der Betriebsrat bei der Lage der Arbeitszeit mitzubestimmen hat.

6   Besteht eine **tarifliche Regelung**, ist § 19 III zu beachten. Danach werden tarifvertragliche Bedingungen über die Einführung, das Ausmaß und die Bezahlung von Kurzarbeit durch die Abs. 1 und 2 nicht berührt. Verbietet ein Tarifvertrag die Einführung von Kurzarbeit, ist für die Zulassung durch das LA kein Raum. Ebenso sind von den Tarifvertragsparteien aufgestellte besondere Erfordernisse zu beachten (*Herschel/Löwisch* Rn. 9; *Hueck/v. Hoyningen-Huene* Rn. 18; *KR/Weigand* Rn. 22 ff.). § 19 III greift nur, wenn AG **und** AN tarifgebunden sind (*KR/Weigand* Rn. 28).

7   In betriebsratslosen Betrieben behält § 19 I und II Bedeutung für nicht tarifgebundene AN. Es ist denkbar, daß Kurzarbeit für den tariflich nicht gebundenen Teil der AN angeordnet wird, während der tariflich gebundene voll beschäftigt wird (str., wie hier *Herschel/Löwisch* Rn. 9; *Hueck/v. Hoyningen-Huene* Rn. 19; *KR/Weigand* Rn. 23 ff., 28). Der Vorrang des Tarifrechts gilt auch für die Bezahlung der Kurzarbeit (*KR/Weigand* Rn. 25).

8   Die **Zulassung von Kurzarbeit** durch das LA nach § 19 **umfaßt nicht** zugleich die **Bewilligung von Kurzarbeitergeld**. Dieses wird auf Antrag des AG an die von der Kurzarbeit betroffenen AN bezahlt. Hierfür müssen die nach dem SGB III festgelegten Voraussetzungen erfüllt sein (*Herschel/Löwisch* Rn. 4; *Hueck/v. Hoyningen-Huene* Rn. 21; *KR/Weigand* Rn. 34).

III. Durchführung der Kurzarbeit

9   1. **Allgemeines.** Die **Kurzarbeit** tritt **erst** ein, wenn der AG **von der Ermächtigung Gebrauch gemacht** hat. Es bleibt ihm überlassen, ob und in welchem Umfang er von der Ermächtigung Gebrauch machen will. Will er **Kurzarbeit einführen**, geschieht dies durch **Ankündigung der Kurzarbeit gegenüber den betroffenen AN** (*Löwisch* KSchG Rn. 12). Dadurch werden die Arbeitsverträge kraft des dem AG verliehenen Gestaltungsrechts umgestaltet. Die Arbeitspflicht des AN und die Beschäftigungspflicht des AG werden eingeschränkt (*Hueck/v. Hoyningen-Huene* Rn. 22). Die umgestaltende Wirkung tritt zu dem Zeitpunkt ein, den der AG ankündigt. Er ist hinsichtlich des Zeitpunktes und des Ausmaßes der Arbeitskürzung frei, vgl. Rn. 14 (*Herschel/Löwisch* Rn. 12; *Hueck/v. Hoyningen-Huene* Rn. 24; *KR/Weigand* Rn. 37). Die Änderung des Arbeitsvertragsinhalts tritt ein, ohne daß der AN zustimmen müßte. Da es sich bei dem Gebrauchmachen von der Ermächtigung nicht um eine Kündigung handelt, hat der AN rechtlich nicht die Möglichkeit, mit Erfolg eine Kündigungsschutzklage dagegen anzugehen (KDZ/*Kittner* Rn. 12; *KR/Weigand* Rn. 38). Dem AN, der sich dem nicht fügen will, bleibt nur die Möglichkeit, das Arbeitsverhältnis **ordentlich** zu kündigen. Ein Grund zu einer außerordentlichen Kündigung wird in der Regel nicht vorliegen (*Herschel/Löwisch* Rn. 11; *Hueck/v. Hoyningen-Huene* Rn. 25; *KR/Weigand* Rn. 21). Die alten Arbeitsbedingungen leben nach Ablauf der Sperrfrist in jedem Fall wieder auf (*Herschel/Löwisch* Rn. 19; *Hueck/v. Hoyningen-Huene* Rn. 218; *KR/Weigand* Rn. 41). Wie der AG die verbleibende Arbeitszeit aufteilt, ist seine Sache (*Herschel/Löwisch* Rn. 12; *KR/Weigand* Rn. 36). Er muß bei der Verteilung der Arbeitsstunden die Mitbestimmungsrechte des Betriebsrats nach § 87 I Nr. 2 und 3 BetrVG achten. Es ist mit dem Betriebsrat gemeinsam zu beschließen, wann und in welchem Umfang die verbleibende Arbeitszeit auf die Kurzarbeitsperiode verteilt wird (*Herschel/Löwisch* Rn. 13; *Hueck/v. Hoyningen-Huene* Rn. 28; *KR/Weigand* Rn. 36).

2. Die Lohnzahlung. Nach § 19 II Halbs. 1 ist der AG im Fall der Kurzarbeit berechtigt, Lohn 10
oder Gehalt der mit verkürzter Arbeitszeit beschäftigten AN entsprechend zu kürzen. Nach Abs. 2
wird die Kürzung des Arbeitsentgelts jedoch **erst von dem Zeitpunkt an wirksam**, zu dem das
Arbeitsverhältnis nach den allgemeinen gesetzlichen oder den vereinbarten Bedingungen enden
würde. Unter den allgemeinen gesetzlichen Bedingungen sind die Vorschriften zu verstehen, die für
alle AN gelten, § 622 BGB. Die besonderen Kündigungsvorschriften für Schwerbehinderte, Auszubildende, Betriebsratsmitglieder und sonstige nach § 15 geschützte Personen sowie die Bestimmungen des Mutterschutzes greifen nicht (*Herschel/Löwisch* Rn. 16; *Hueck/v. Hoyningen-Huene* Rn. 32;
KDZ/*Kittner* Rn. 16; KR/*Weigand* Rn. 45). Den allgemeinen gesetzlichen Bestimmungen stehen die
vereinbarten Bestimmungen gleich. Es kommt hierbei nicht darauf an, ob diese länger oder kürzer als
die gesetzlichen sind (*Herschel/Löwisch* Rn. 16; *Hueck/v. Hoyningen-Huene* Rn. 34). Die der vertraglichen, tariflichen oder gesetzlichen Kündigungsfrist entsprechende Frist, während der noch der volle
Lohn zu zahlen ist, beginnt in der Regel mit der Ankündigung der Kurzarbeit. Hat der AG – in der
Auffassung, das LA werde die Sperrfrist kürzen – bereits Kündigungen ausgesprochen, beginnt die
Frist mit der Kündigung des Arbeitsvertrags (*Herschel/Löwisch* Rn. 17; *Hueck/v. Hoyningen-Huene*
Rn. 35; KR/*Weigand* Rn. 40).

§ 20 Entscheidungen des Arbeitsamtes

(1) ¹Die Entscheidungen des Arbeitsamtes nach § 18 Abs. 1 und 2 trifft dessen Direktor oder
ein Ausschuß (Entscheidungsträger). ²Der Direktor darf nur dann entscheiden, wenn die Zahl
der Entlassungen weniger als 50 beträgt.

(2) ¹Der Ausschuß setzt sich aus dem Direktor des Arbeitsamtes oder einem von ihm beauftragten Angehörigen des Arbeitsamtes als Vorsitzenden und je zwei Vertretern der Arbeitnehmer,
der Arbeitgeber und der öffentlichen Körperschaften zusammen, die von dem Verwaltungsausschuß des Arbeitsamtes benannt werden. ²Er trifft seine Entscheidungen mit Stimmenmehrheit.

(3) ¹Der Entscheidungsträger hat vor seiner Entscheidung den Arbeitgeber und den Betriebsrat anzuhören. ²Dem Entscheidungsträger sind, insbesondere vom Arbeitgeber und Betriebsrat,
die von ihm für die Beurteilung des Falles erforderlich gehaltenen Auskünfte zu erteilen.

(4) Der Entscheidungsträger hat sowohl das Interesse des Arbeitgebers als auch das der zu
entlassenden Arbeitnehmer, das öffentliche Interesse und die Lage des gesamten Arbeitsmarktes
unter besonderer Beachtung des Wirtschaftszweiges, dem der Betrieb angehört, zu berücksichtigen.

I. Allgemeines

§ 20 ist geändert worden durch Art. 50 Nr. 2 AFRG. Im wesentlichen sind die Zuständigkeiten 1
vom LA auf das AA übertragen worden. Die nach § 18 I und II notwendigen **Entscheidungen** werden
nach § 20 I im Weg der Selbstverwaltung vom **Direktor des AA** oder von einem **Ausschuß** (Entscheidungsträger) getroffen. Der Direktor des AA ist nur zuständig, wenn die Zahl der Entlassungen
weniger als 50 beträgt. Der Ausschuß besteht aus sieben Mitgliedern: Neben dem Direktor des AA
oder einem von ihm beauftragten Angehörigen des AA als Vorsitzenden gehören ihm noch je zwei
Vertreter der AN, der AG und der öffentlichen Körperschaften, die von dem Verwaltungsausschuß
des AA benannt werden, an. Der Ausschuß ist ein unabhängiges Gremium. Die Zuständigkeit der
Entscheidungsträger nach § 20 erfaßt nur die Erteilung der **Zustimmung zu den Entlassungen**
während der Sperrfrist, und die **Verlängerung der Sperrfrist**, nicht jedoch die Bewilligung von
Kurzarbeit (*Herschel/Löwisch* Rn. 2), vgl. dazu § 19.

II. Verfahren

Außer den in § 20 enthaltenen Regelungen schreibt das Gesetz das Verfahren nicht vor. Soweit 2
darüberhinaus nicht das SGB X zwingende Verfahrensregeln enthält, kann der Ausschuß das Verfahren nach § 9 SGB X nach Zweckmäßigkeit bestimmen. Der Entscheidungsträger hat nach § 20 III
zwingend den AG und den Betriebsrat anzuhören. Die Anhörung kann schriftlich oder mündlich
erfolgen (*Herschel/Löwisch* Rn. 6; *Hueck/v. Hoyningen-Huene* Rn. 13; KR/*Weigand* Rn. 41). Der
Ausschuß kann von einer Anhörung nicht mit der Begründung absehen, er habe die nötigen Kenntnisse bereits durch die Anzeige des AG und die Stellungnahme des Betriebsrats nach § 17 erlangt
(*Hueck/v. Hoyningen-Huene* Rn. 13; KDZ/*Kittner* Rn. 11; KR/*Weigand* Rn. 42; aA *Herschel/Löwisch* Rn. 6). AG und Betriebsrat können sich durch Vertreter (AGVerband/Gewerkschaft) vertreten
lassen (*Herschel/Löwisch* Rn. 6; *Hueck/v. Hoyningen-Huene* Rn. 13; KR/*Weigand* Rn. 41). Der Ausschuß kann außerdem weitere Personen anhören. Nach § 20 III 2 haben alle in Frage kommenden
Personen dem Entscheidungsträger alle von diesem für die Beurteilung des Falles für erforderlich
gehaltenen Auskünfte zu erteilen. Zwangsmittel stehen dem Entscheidungsträger nicht zu. Er kann

jedoch bei Verweigerung der Mitwirkung je nach den Umständen des Einzelfalls entsprechende Schlüsse ziehen (*Herschel/Löwisch* Rn. 7; KDZ/*Kittner* Rn. 12; KR/*Weigand* Rn. 45). Der Ausschuß trifft seine Entscheidung mit Stimmenmehrheit. Es genügt die einfache Mehrheit (*Herschel/Löwisch* Rn. 9; *Hueck/v. Hoyningen-Huene* Rn. 15; KR/*Weigand* Rn. 52). Die Mitglieder des Ausschusses unterliegen der Verschwiegenheitspflicht (vgl. dazu im einzelnen *Herschel/Löwisch* Rn. 8; *Hueck/v. Hoyningen-Huene* Rn. 16; KDZ/*Kittner* Rn. 24; KR/*Weigand* Rn. 31 ff.).

3   Liegen die Voraussetzungen nach § 17 vor, hat der Entscheidungsträger nach pflichtgemäßem Ermessen zu entscheiden (BSG 21. 3. 1978 BSGE 46, 99; *Herschel/Löwisch* Rn. 10). Nach Abs. 4 hat er bei einer Entlassung sowohl das Interesse des AG als auch diejenigen der zu entlassenden AN, das öffentliche Interesse und die Lage des gesamten Arbeitsmarktes unter besonderer Beachtung des Wirtschaftszweigs, dem der Betrieb angehört, zu berücksichtigen. Der Entscheidungsträger hat insbesondere zu prüfen, ob die Beschäftigung der zu entlassenden AN während der Sperrfrist wirtschaftlich noch zumutbar ist, wobei auch die Möglichkeit einer Arbeitsstreckung nach § 19 zu erwägen ist, und ob der Betrieb die bei Verweigerung der Genehmigung und bei Verlängerung der Sperrfrist eintretenden Lohnkosten tragen kann (*Hueck/v. Hoyningen-Huene* Rn. 19; KR/*Weigand* Rn. 57 ff.). Eine rückwirkende Zustimmung kommt in Frage, wenn der AG durch **unvorhersehbare Ereignisse** zu Massenentlassungen genötigt war, so daß er die in § 18 I vorgesehene Sperrfrist von einem Monat bei seiner Arbeitsplanung nicht berücksichtigen konnte (*Herschel/Löwisch* Rn. 12). Bei den zu berücksichtigenden Interessen der zu entlassenden AN spielt es eine Rolle, ob diese wieder eine Beschäftigung finden können oder nicht. Schließlich ist das öffentliche Interesse an der Verhinderung der Arbeitslosigkeit in Betracht zu ziehen. Der Entscheidungsträger kann auch helfend und vermittelnd tätig werden (*Herschel/Löwisch* Rn. 14; *Hueck/v. Hoyningen-Huene* Rn. 22).

III. Entscheidung

4   Liegen die Voraussetzungen nach § 17 überhaupt nicht vor, teilt der Entscheidungsträger dem AG mit, daß eine Zustimmung zu den beabsichtigten Entlassungen nicht nötig ist, sog. **Negativattest**. Das Negativattest des Entscheidungsträgers gibt dem AG das Recht, die Entlassungen nunmehr durchzuführen, selbst wenn die Auffassung des Entscheidungsträgers unrichtig ist (KDZ/*Kittner* Rn. 13; KR/*Weigand* Rn. 56). Ein Irrtum des Entscheidungsträgers wirkt sich danach nicht zum Nachteil des AG aus. Sind die Voraussetzungen nach § 17 gegeben, ist aber kein Grund ersichtlich, eine Entlassung während der Sperrfrist zu gestatten oder umgekehrt die Sperrfrist zu verlängern, lehnt der Entscheidungsträger die betreffenden Anträge ab. In den übrigen Fällen trifft er eine positive Entscheidung. Diese wird nach § 39 SGB X wirksam, wenn sie dem AG bekanntgemacht wird. Dies wird in der Regel schriftlich geschehen, kann jedoch auch mündlich erfolgen (*Hueck/v. Hoyningen-Huene* Rn. 24; KR/*Weigand* Rn. 66). Die **Entscheidung** ist ein **Verwaltungsakt** gemäß § 31 SGB X (BSG 30. 10. 1959 AP KSchG 1951 § 18 Nr. 1). Wird der Bescheid schriftlich erteilt, ist er nach §§ 35, 36 SGB X mit einer ausreichenden Begründung und mit einer Rechtsmittelbelehrung zu versehen. Die Mitteilung, daß mangels Vorliegen der gesetzlichen Voraussetzungen kein Verwaltungsakt erlassen wird, ist selbst kein Verwaltungsakt und kann daher nicht mit Rechtsmitteln angegriffen werden (KR/*Weigand* Rn. 65). Eine bekanntgemachte Entlassungszustimmung kann in der Regel nicht widerrufen werden, da sie auf erfolgte Entlassungen rechtsgestaltend gewirkt hat, § 45 SGB X. Eine ablehnende Entscheidung bindet den Entscheidungsträger nicht. Er kann bei Änderung der Verhältnisse und bei neuen Anträgen anders entscheiden.

IV. Rechtsmittel

5   Gegen die Entscheidung des Entscheidungsträgers kann nach §§ 51 ff. SGB X vor den Sozialgerichten Klage auf Aufhebung oder Abänderung des Verwaltungsakts sowie auf Verurteilung zum Erlaß eines abgelehnten oder unterlassenen Verwaltungsakts erhoben werden (*Herschel/Löwisch* Rn. 16, 17; *Hueck/v. Hoyningen-Huene* Rn. 27; KDZ/*Kittner* Rn. 19; KR/*Weigand* Rn. 69). Vor der Klageerhebung ist ein Vorverfahren, §§ 77 ff. SGG, einzuhalten. Klageberechtigt ist der AG, sofern er in seinen Rechten verletzt ist. Die Klage ist zu richten gegen die BAnstArb.(BSG 21. 3. 1978 BSGE 46, 99; vgl. dazu auch BSG 9. 12. 1958 AP KSchG 1951 § 15 Nr. 3; BSG 30. 10. 1959 AP KSchG 1951 § 18 Nr. 1; *Herschel/Löwisch* Rn. 19; KDZ/*Kittner* Rn. 20; KR/*Weigand* Rn. 71). Der AN oder der Betriebsrat ist hingegen nicht klagebefugt (BSG 30. 10. 1959 AP KSchG 1951 § 18 Nr. 1; *Herschel/Löwisch* Rn. 16; *Hueck/v. Hoyningen-Huene* Rn. 27; KDZ/*Kittner* Rn. 21; KR/*Weigand* Rn. 71).

6   Besteht in einem Individualprozeß Streit zwischen AG und AN, ob eine Entlassung nach §§ 17 ff. anzeigepflichtig ist oder ob eine Anzeige vorgenommen werden mußte, sind die Arbeitsgerichte zur Entscheidung berufen. Sie sind an die Auffassung des Entscheidungsträgers zur Anzeigepflicht, der diese Frage als Vorfrage für seine Entscheidung zu prüfen hat, nicht gebunden (*Herschel/Löwisch* Rn. 20; *Hueck/v. Hoyningen-Huene* Rn. 26; KR/*Weigand* Rn. 72 ff.). Die Arbeitsgerichte haben zu prüfen, ob die Entlassungen anzeigepflichtig waren (*Herschel/Löwisch* Rn. 20). Entzogen ist dem

Arbeitsgericht die Nachprüfung der Entscheidung über die Verlängerung oder Abkürzung der Sperrfrist (KR/*Weigand* Rn. 72).

§ 21 Entscheidungen der Hauptstelle der Bundesanstalt für Arbeit

¹ Für Betriebe, die zum Geschäftsbereich des Bundesministers für Verkehr oder des Bundesministers für Post und Telekommunikation gehören, trifft, wenn mehr als 500 Arbeitnehmer entlassen werden sollen, ein gemäß § 20 Abs. 1 bei der Hauptstelle der Bundesanstalt für Arbeit zu bildender Ausschuß die Entscheidungen nach § 18 Abs. 1 und 2. ² Der zuständige Bundesminister kann zwei Vertreter mit beratender Stimme in den Ausschuß entsenden. ³ Die Anzeigen nach § 17 sind in diesem Falle an die Hauptstelle der Bundesanstalt für Arbeit zu erstatten. ⁴ Im übrigen gilt § 20 Abs. 1 bis 3 entsprechend.

§ 21 enthält eine Sonderregelung für Massenentlassungen in Betrieben des Verkehrswesens und der 1 Post, sofern sie unmittelbar der Bundesregierung unterstehen. Die Vorschrift ist heute obsolet, soweit sie den Geschäftsbereich des Bundesministers für Post und Telekommunikation betrifft. Der Regelung unterfallen nur Betriebe mit wirtschaftlichen Zwecken, § 23 II (*Hueck*/v. *Hoyningen-Huene* Rn. 1; KDZ/*Kittner* Rn. 2; KR/*Weigand* Rn. 2). Erforderlich ist mehr als eine bloße ministerielle Zuständigkeit. Es muß eine dem Eigentum vergleichbare Rechtsposition gegeben sein (BAG 4. 3. 1993 AP § 1 Betriebsbedingte Kündigung Nr. 60 = NJW 1993, 2889; KDZ/*Kittner* Rn. 2). § 21 betrifft daher nicht private Luftfahrtunternehmen. Voraussetzung für die Anwendung der Vorschrift ist, daß es sich um eine **Entlassung von mehr als 500 AN** handelt. Erreichen die Entlassungen diese Anzahl nicht, gelten die allgemeinen Vorschriften.

Bei S. 1 kommt es auf den jeweiligen Betrieb an. Mehrere Betriebe sind nicht zusammenzurechnen (str., wie hier: *Hueck*/v. *Hoyningen-Huene* Rn. 2; aA *Herschel*/*Löwisch* Rn. 2; KDZ/*Kittner* Rn. 3; KR/*Weigand* Rn. 5: mehrere Betriebseinheiten sind zusammenzufassen).

§ 22 Ausnahmebetriebe

(1) **Auf Saisonbetriebe und Kampagne-Betriebe finden die Vorschriften dieses Abschnitts bei Entlassungen, die durch diese Eigenart der Betriebe bedingt sind, keine Anwendung.**

(2) ¹ **Keine Saisonbetriebe oder Kampagne-Betriebe sind Betriebe des Baugewerbes, in denen die ganzjährige Beschäftigung nach dem Dritten Buch Sozialgesetzbuch gefördert wird.** ² Der Bundesminister für Arbeit und Sozialordnung wird ermächtigt, durch Rechtsverordnung Vorschriften zu erlassen, welche Betriebe als Saisonbetriebe oder Kampagne-Betriebe im Sinne des Absatzes 1 gelten.

Die Vorschriften des Dritten Abschnitt, §§ 17 ff., finden auf Saisonbetriebe und Kampagnebetriebe 1 bei Entlassungen, die durch die Eigenart der Betriebe bedingt ist, keine Anwendung. Nach Abs. 2 S. 1 wird der Bundesminister für Arbeit ermächtigt, durch Rechtsverordnung Vorschriften zu erlassen, welche Betriebe als Saison- oder Kampagnebetriebe iSd. Abs. 1 gelten. Solange eine solche Verordnung nicht existiert, kann an den Begriffsbestimmungen des früheren Rechts (§ 20 II AOG, mit Ausnahme der Drei-Monats-Frist) festgehalten werden (*Herschel*/*Löwisch* Rn. 1; *Hueck*/v. *Hoyningen-Huene* Rn. 2). Die Regelung trägt dem Umstand Rechnung, daß die Beschäftigtenzahl in derartigen Betrieben zwangsläufig starken Schwankungen unterworfen ist (KR/*Weigand* Rn. 3). Das Gesetz regelt die Besonderheiten der Saison- und Kampagnebetriebe gleich. Auf eine scharfe begriffliche Abgrenzung beider kommt es daher nicht an (KR/*Weigand* Rn. 5).

§ 22 schränkt den betrieblichen Geltungsbereich nur hinsichtlich des Dritten Abschnitts des KSchG 2 ein. Es gilt demnach in den in § 22 erfaßten Betrieben der allgemeine Kündigungsschutz, §§ 1 bis 14, und der besondere Schutz betriebsverfassungsrechtlicher Funktionsträger uneingeschränkt (KDZ/*Kittner* Rn. 6; KR/*Weigand* Rn. 8), vgl. zu der Frage, ob uU ein Kleinbetrieb vorliegt § 23. § 17 I Nr. 1 gilt auch bei Saison- und Kampagnebetrieben. Werden in der Regel nicht mehr als 20 AN beschäftigt, unterfallen diese Betriebe nicht den Regelungen des Dritten Abschnitts (KR/*Weigand* Rn. 10). § 22 findet auch Anwendung, wenn zwar nicht der ganze Betrieb, wohl aber **einzelne abgrenzbare Abteilungen** Saison- oder Kampagnearbeiten verrichten (*Herschel*/*Löwisch* Rn. 5). Die Vorschrift hat keine große praktische Bedeutung, weil in den bezeichneten Betrieben der Problematik weitgehend durch zulässig befristete Arbeitsverhältnisse begegnet wird (vgl. BAG 29. 1. 1987 AP BGB § 620 Saisonarbeit Nr. 1; *Löwisch* KSchG Rn. 1).

Saisonbetriebe sind Betriebe, die ganzjährig arbeiten, bei denen aber die Tätigkeit regelmäßig in 3 einer bestimmten Jahreszeit **verstärkt** ist (*Löwisch* Rn. 2). Das kann vom Wetter abhängig, zB Seilbahnen zu Aussichtspunkten, oder auf sonstige Gründe zurückzuführen sein, sofern es sich nur regelmäßig in einer bestimmten Jahreszeit wiederholt, zB Herstellung von Feuerwerkskörpern für Sylvester (BSG 20. 10. 1960 AP KSchG 1951 § 20 Nr. 1; *Herschel*/*Löwisch* Rn. 2; *Hueck*/v. *Hoyningen-Huene* Rn. 4; KDZ/*Kittner* Rn. 2). Kraft der ausdrücklichen Regelung in Abs. 2 S. 1 sind keine

Saison- oder Kampagnebetriebe Betriebe des Baugewerbes, in denen die ganzjährige Beschäftigung nach dem SGB III gefördert wird.

4 **Kampagnebetriebe** sind solche, die regelmäßig nur einige Monate im Jahr arbeiten, wie zB: Gemüse- und Obstkonservefabriken, Zuckerfabriken, nicht beheizte Freischwimmbäder (*Hueck/ v. Hoyningen-Huene* Rn. 7; *KDZ/Kittner* Rn. 4; *KR/Weigand* Rn. 7; *Löwisch* KSchG Rn. 3). Ein Kampagnebetrieb kann auch dann angenommen werden, wenn während der Jahreszeit Stammarbeiter weiterbeschäftigt werden, zB zum Instandhalten der Maschinen (*KR/Weigand* Rn. 7). Die Festlegung der Kampagnefrist hängt von den besonderen Umständen des Einzelfalls ab (*Herschel/Löwisch* Rn. 4; *Hueck/v. Hoyningen-Huene* Rn. 7; *KR/Weigand* Rn. 7).

5 Bei den bezeichneten Betrieben sind nur solche Entlassungen ausgenommen, die gerade durch die Eigenart des Betriebs bedingt sind (*Herschel/Löwisch* Rn. 6; *KR/Weigand* Rn. 11). Der Nachweis, daß die Entlassungen saison- oder kampagnebedingt sind, ist vom AG zu führen (*Herschel/Löwisch* Rn. 6), vgl. auch Rn. 7. **Entlassungen während der Saison oder Kampagne** sind anzeigepflichtig nach § 17. Das gilt auch, wenn der Unternehmer aus anderen Gründen, zB solchen der Rentabilität oder der Konjunktur, den Betrieb vorzeitig schließt, also das übliche Ende der Saison oder Kampagne nicht abwartet (*Herschel/Löwisch* Rn. 6; *Hueck/v. Hoyningen-Huene* Rn. 8; *KR/Weigand* Rn. 12). In letzteren Fällen fehlt es an der Kausalität zwischen dem Ausnahmetatbestand und dem Betriebsbeendigungsgrund.

6 Bei Mischtatbeständen fällt die Belegschaft unter die Regelung von § 22, die nur saisonbedingt bechäftigt ist, falls sich die verschiedenen Gruppen der Betriebstätigkeit trennen lassen (*Herschel/ Löwisch* Rn. 5; *Hueck/v. Hoyningen-Huene* Rn. 9; *KDZ/Kittner* Rn. 5; *KR/Weigand* Rn. 6, 13).

7 Beruft sich der AG in einem Streitfall auf die Ausnahmeregelung in § 22, ist er für die Tatsachen, die diese Vorschrift ausfüllen, darlegungs- und beweispflichtig (*Hueck/v. Hoyningen-Huene* Rn. 10; *KR/ Weigand* Rn. 15).

§ 22 a. *(aufgehoben)*

§ 23 Geltungsbereich

(1) ¹ Die Vorschriften des Ersten und Zweiten Abschnitts gelten für Betriebe und Verwaltungen des privaten und des öffentlichen Rechts, vorbehaltlich der Vorschriften des § 24 für die Seeschifffahrts-, Binnenschiffahrts- und Luftverkehrsbetriebe. ² Die Vorschriften des Ersten Abschnitts gelten nicht für Betriebe und Verwaltungen, in denen in der Regel fünf oder weniger Arbeitnehmer ausschließlich der zu ihrer Berufsbildung Beschäftigten beschäftigt werden. ³ Bei der Feststellung der Zahl der beschäftigten Arbeitnehmer nach Satz 2 sind teilzeitbeschäftigte Arbeitnehmer mit einer regelmäßigen wöchentlichen Arbeitszeit von nicht mehr als 20 Stunden mit 0,5 und nicht mehr als 30 Stunden mit 0,75 zu berücksichtigen.

(2) ¹ Die Vorschriften des Dritten Abschnitts gelten für Betriebe und Verwaltungen des privaten Rechts sowie für Betriebe, die von einer öffentlichen Verwaltung geführt werden, soweit sie wirtschaftliche Zwecke verfolgen. ² Sie gelten nicht für Seeschiffe und ihre Besatzung.

I. Übersicht

1 § 23 KSchG ist geändert worden durch das Gesetz zu Korrekturen in der Sozialversicherung und zur Sicherung der ANRechte vom 19. 12. 1998 (BGBl. I S. 3843). Wie nach der alten Rechtslage findet das KSchG Anwendung, wenn **mehr als fünf AN** ausschließlich der zu ihrer Berufsbildung Beschäftigten beschäftigt werden (vgl. *Bader* NZA 1999, 64; *Lakies* NJ 1999, 74). In § 23 I 3 sind die Anrechnungsfaktoren für Nicht-Vollzeitkräfte geändert worden. Wegen der vom 1. 10. 1996 bis 31. 12. 1998 geltenden Rechtslage vgl. Vorauflage Rn. 1 und 16.

2 § 23 regelt den **betrieblichen Bereich der Geltung des KSchG**. Der betriebliche Geltungsbereich ist außerdem angesprochen in §§ 17 I, 22, 24 I. Der **persönliche** Geltungsbereich ist in §§ 1 I, 14, 17 III und 24 V erfaßt, der **gegenständliche** in §§ 1, 2, 13, 15, 17 II und 25.

II. Erfaßte Betriebe

3 Maßgebend für die Auslösung des Kündigungsschutzes ist die Anzahl der AN eines **in Deutschland gelegenen Betriebs.** Unterhält ein ausländisches Unternehmen in Deutschland eine Niederlassung und bildet die Niederlassung zusammen mit dem im Ausland befindlichen Betrieb einen gemeinsamen Betrieb, werden die im Ausland tätigen AN nicht in die maßgebliche Beschäftigtenzahl eingerechnet (BAG 7. 11. 1996 – 2 AZR 648/95 nv.; LAG Köln 27. 5. 1994 RzK I 4 c Nr. 18). Das Gesetz unterscheidet zwischen **Betrieben und Verwaltungen des privaten und des öffentlichen Rechts.** Durch diese Formulierung sollen alle Organisationen erreicht werden, in denen AN beschäftigt werden (*Herschel/Löwisch* Rn. 3; *Hueck/v. Hoyningen-Huene* Rn. 3). Es kommt nicht darauf an, ob wirt-

II. Erfaßte Betriebe § 23 KSchG 430

schaftliche Zwecke verfolgt werden (*Löwisch* Rn. 4). Sondervorschriften gelten für die Seeschiffahrts-, Binnenschiffahrts- und Luftverkehrsbetriebe, vgl. § 24.

§ 23 stellt seinem Wortlaut nach auf den Betrieb und nicht auf das Unternehmen ab, zu dem uU 4 mehrere Betriebe gehören können (*Bader* NZA 1999, 64, 66). Maßgebend für die Anwendung des KSchG ist im Regelfall also allein die Anzahl der AN des selbständigen (Einzel-)Betriebs (BBDW Rn. 14). Weder bei der Neufassung der Vorschrift durch das Arbeitsrechtliche Beschäftigungsförderungsgesetz vom 25. 9. 1996 (BGBl. I S. 1476) noch bei der durch das Gesetzes zu Korrekturen in der Sozialversicherung und zur Sicherung der ANRechte vom 19. 12. 1998 (BGBl. I S. 3843) ist der Begriff Betrieb durch den des Unternehmens ersetzt worden (vgl. *Schwedes* BB 1996, Beil. 17, 2; *Preis* RdA 1999, 311). Die über den Einzelbetrieb hinausgehende Berechnung der Anzahl der AN kommt in Betracht, wenn aufgrund einer Führungsvereinbarung der beteiligten AG (Unternehmer) eine einheitliche institutionelle Leitung hinsichtlich des Kerns der AGfunktionen im sozialen und personellen Bereich besteht (BAG 12. 11. 1998 AP KSchG 1969 § 23 Nr. 20). In der Regel wird auch im Bereich des KSchG vom Betriebsbegriff des BetrVG auszugehen sein (BAG 13. 6. 1985 AP KSchG 1969 § 1 Nr. 10). **Betrieb des Privatrechts** ist auch iSv. § 23 die **organisatorische Einheit**, innerhalb derer ein AG mit seinen AN durch Einsatz technischer und immaterieller Mittel **bestimmte arbeitstechnische Zwecke fortgesetzt verfolgt**, die sich nicht in der Befriedigung des Eigenbedarfs erschöpfen (so auch BVerfG 27. 1. 1998 AP KSchG 1969 § 23 Nr. 17). Der Betriebsbegriff des KSchG bedarf jedoch zur Verwirklichung des grundgesetzlich garantierten Schutzes des Arbeitsplatzes einer einschränkenden Auslegung dahingehend, daß sachliche Gründe dafür bestehen müssen, eine bestimmte typische Art von Kleinbetrieben vom Kündigungsschutz auszunehmen. Diese zeichnen sich durch Teamarbeit im kleinen Kreis aus, bei der die Mitarbeiter sich untereinander kennen und in einem Vertrauensverhältnis stehen (so BVerfG 27. 1. 1998 AP KSchG 1969 § 23 Nr. 17; vgl. zu dieser Problematik *Hanau*, Arbeitnehmerinteressen und Verfassung, S. 84 ff.). Wird bei der Auslegung des § 23 von dieser Begriffsdefinition ausgegangen, ist die Neuregelung ebenfalls nicht verfassungswidrig (vgl. zur alten Rechtslage *U. Preis* NJW 1996, 3369; *Stahlhacke/Preis* Nachtrag 1996 N 29 ff.; aA *Löwisch* KSchG Rn. 7 unter Berufung auf BAG 21. 6. 1995 – 2 AZR 693/94 nv.). Die Herausnahme von Kleinbetrieben geht auf mittelstandspolitische Erwägungen zurück und soll den engen persönlichen Beziehungen des Kleinbetriebsinhabers sowie der geringen verwaltungsmäßigen und wirtschaftlichen Belastbarkeit Rechnung tragen (BAG 20. 12. 1988 AP KSchG 1969 § 23 Nr. 8). Zum Zweck einer verfassungskonformen Auslegung sollte daher **der Betrieb iSv. § 23 vom AG her definiert werden** (*Löwisch* NZA 1996, 1009; *Löwisch* KSchG Rn. 7; vgl. *Lakies* DB 1997, 1078, 1080: ein Betrieb, wenn ein AG mehrere Kleinbetriebe unterhält; weitergehend *Kittner* AuR 1997, 182, 190: maßgebend Unternehmen) und dabei berücksichtigt werden, inwieweit selbständige oder unselbständige Organisationseinheiten bestehen. Maßgebend für die Einflußnahme des AG ist, ob von zentraler Stelle das Personal verwaltet wird, oder ob tatsächlich jede Einheit selbständig über Einstellungs- und Entlassungsfragen entscheidet. Auch das BAG, das die Verfassungsmäßigkeit von § 23 I aF bejaht hat (BAG 19. 4. 1990 AP KSchG 1969 § 23 Nr. 8 = NZA 1990, 724), hat in seiner Entscheidung maßgebend auf Kriterien abgestellt, die sich aus der Verbindung eines AG mit seinen AN ergibt (aA *Bader* NZA 1996, 1125, 1126: es besteht keine Veranlassung, den bisherigen Betriebsbegriff aufzugeben). Unterhält ein AG mehrere, jeweils nur mit fünf oder weniger Angestellten zentral gelenkte Verkaufsstellen, ist die Gesamtheit der Verkaufsstellen ein Betrieb iSd. KSchG (BAG 26. 8. 1971 AP KSchG 1969 § 23 Nr. 1; *Hueck/v. Hoyningen-Huene* Rn. 6).

Die Rechtsprechung erkennt darüber hinaus den **gemeinsamen Betrieb** mehrerer Unternehmer an. 5 Ein gemeinsamer Betrieb liegt danach vor, wenn im Rahmen einer gemeinsamen Arbeitsorganisation unter einheitlicher Leitungsmacht arbeitstechnische Zwecke fortgesetzt verfolgt werden. Hierzu bedarf es einer ausdrücklichen oder stillschweigenden rechtlichen Leitungsvereinbarung, die sich aus den Umständen des Einzelfalls konkludent ergeben kann. Indiz hierfür ist die einheitliche Ausübung von Funktionen von Arbeitgebern im sozialen und personellen Bereich, zB Bürogemeinschaften und Gemeinschaftspraxen (BAG 23. 3. 1984 AP KSchG 1969 § 23 Nr. 4; BAG 13. 6. 1985 AP KSchG 1969 § 23 Nr. 6; BAG 29. 1. 1987 AP BetrVG 1972 § 1 Nr. 6; BAG 14. 9. 1988 AP BetrVG 1972 § 1 Nr. 9; BAG 18. 1. 1990 AP KSchG 1969 § 23 Nr. 9; BBDW Rn. 27; *Herschel/Löwisch* Rn. 5; *Hueck/v. Hoyningen-Huene* Rn. 10; *Löwisch* KSchG Rn. 8). Der Annahme einer konkludenten Leitungsvereinbarung zur Führung eines gemeinschaftlichen Betriebs mehrerer Unternehmen steht die formale Ausübung von AGBefugnissen durch den jeweiligen Vertragsarbeitgeber nicht entgegen. Ob eine einheitliche Leitung hinsichtlich wesentlicher AGFunktionen vorliegt, beurteilt sich nach der innerbetrieblichen Entscheidungsfindung und deren Umsetzung (BAG 24. 1. 1996 AP BetrVG 1972 § 1 Gemeinsamer Betrieb Nr. 8). Ein gemeinschaftlicher Betrieb zwischen einer Konzernholding und einer Tochtergesellschaft liegt nicht schon vor, wenn die Holding aufgrund ihrer konzernrechtlichen Leitungsmacht gegenüber dem Vorstand der Tochter-AG anordnet, die Tochter solle bestimmte Aufgaben miterledigen. Besteht kein Gemeinschaftsbetrieb zwischen Holding und Tochter, genießt ein AN der Holding nur Kündigungsschutz, wenn die Holding ihrerseits hinsichtlich der Anzahl der AN dem Kündigungsschutz unterliegt (BAG 29. 4. 1999 BAG AP KSchG 1969 § 23 Nr. 21). Behauptet ein **AN,** es liege ein **gemeinsamer Betrieb** vor, ist er hierfür **darlegungs- und beweispflichtig** (BAG 23. 3. 1984 AP KSchG 1969 § 23 Nr. 4).

6   Zu den **Betrieben des öffentlichen Rechts** zählen alle Verwaltungsbehörden des Bundes, der Länder und der Gemeinden, die anderer öffentlich-rechtlicher Körperschaften, zB öffentlich-rechtlicher Rundfunkanstalten, öffentlich-rechtlicher Stiftungen (*Herschel/Löwisch* Rn. 20). Es ist hier nicht auf den personalvertretungsrechtlichen Begriff der Dienststelle abzustellen, sondern auf die Gesamtheit der nachgeordneten Dienststellen einer größeren öffentlichen Verwaltung (BAG 29. 10. 1998 – 2 AZR 759/97 nv.; vgl. auch BAG 29. 8. 1996 AP Einigungsvertrag Anlage I Kap. XIX Nr. 62: Schulamtsbezirk statt Schule; BAG 17. 7. 1997 AP Einigungsvertrag Art. 20 Nr. 43). Einbezogen sind ebenso Bedienstete der Religionsgemeinschaften, soweit diese sich der Rechtsfigur des Arbeitsverhältnisses bedienen (BAG 7. 2. 1990 AP GG Art. 140 Nr. 37 = NJW 1990, 2083; *Herschel/Löwisch* Rn. 3; *KR/Weigand* Rn. 30; *Löwisch* KSchG Rn. 5). AN einer Kirchengemeinde der Evangelischen Kirche im Rheinland genießen keinen Kündigungsschutz nach dem Ersten Abschnitt des KSchG, wenn die Kirchengemeinde nicht eine größere als die in § 23 I 2 genannte Zahl von AN beschäftigt (BAG 12. 11. 1998 AP KSchG 1969 § 23 Nr. 20). Zu den Verwaltungen des privaten Rechts rechnen Verbände, privatrechtliche Stiftungen, Häuserverwaltungen, Gesamthafenbetriebe uä.

7   **Kein Betrieb** iSd. KSchG ist der **Familienhaushalt.** Er dient nur der Befriedigung privater Bedürfnisse (*Herschel/Löwisch* Rn. 3; *Hueck/v. Hoyningen-Huene* Rn. 8; *KR/Weigand* Rn. 30; *Löwisch* KSchG Rn. 6).

III. Geltungsbereich des Ersten und Zweiten Abschnitts

8   Nach Abs. 1 S. 1 gelten die Vorschriften des Ersten (Allgemeiner Kündigungsschutz) und Zweiten (Kündigungsschutz im Rahmen der Betriebsverfassung und Personalvertretung) Abschnitts für Betriebe und Verwaltungen des privaten und öffentlichen Rechts, vorbehaltlich der in § 24 bezeichneten Betriebe. Die Anwendung des KSchG hängt hier jedoch ab von der Anzahl der in diesen Betrieben und Verwaltungen Beschäftigten. Nach Abs. 1 S. 2 gelten die Vorschriften des **Ersten** Abschnitts nicht für Betriebe und Verwaltungen, in denen in der Regel **fünf oder weniger AN** ausschließlich der zu ihrer Berufsbildung Beschäftigten beschäftigt werden. Die Einschränkung durch § 23 bezieht sich damit nicht auf den besonderen Kündigungsschutz nach § 15 (*Löwisch* BB 1997, 782, 783) und die übrigen gesetzlich geregelten Fälle des Sonderschutzes wie Mutterschutz und Schwerbehindertenschutz (*Löwisch* BB 1997, 782, 783, 784). Die nur anteilige Berechnung der Teilzeitkräfte bezieht sich allein auf die Errechnung des Schwellenwertes fünf. Wird die Schwellenzahl fünf überschritten (5,25), wird dadurch der Kündigungsschutz ausgelöst. Der AN, der – gleichgültig mit welcher Arbeitszeit – über dem Wert 5 liegt, ist der 6. AN (so zur alten rechtslage *Bader* NZA 1996, 1125, 1126; *Stahlhacke/Preis* Nachtrag 1996 Rn. 67; *Wlotzke* BB 1997, 414, 415; aA *Hueck/v. Hoyningen-Huene* Rn. 16 a; *v. Hoyningen-Huene/Linck* DB 1997, 41; *Leinemann* BB 1996, 1381).

9   Hinsichtlich der Festlegung dessen, wer als AN anzusehen ist, ist vom **allgemeinen** Begriff des AN **auszugehen.** Ob die AN im Betrieb selbst oder vorwiegend im Außendienst (Montagearbeiter) eingesetzt werden, ist unerheblich (*Herschel/Löwisch* Rn. 6). Auch ausländische AN, die in einem deutschen Betrieb beschäftigt werden, sind mitzuzählen. Es kommt nicht darauf an, ob deutsches Arbeitsrecht auf ihr Arbeitsverhältnis anzuwenden ist (LAG Frankfurt/M. 18. 12. 1979 NJW 1980, 2664; *Herschel/Löwisch* Rn. 6; *Hueck/v. Hoyningen-Huene* Rn. 16; *KDZ/Kittner* Rn. 21; *KR/Weigand* Rn. 19; aA *Löwisch* Rn. 13), ebenso leitende Angestellte iSv. § 14 II (*Herschel/Löwisch* Rn. 6; *Hueck/v. Hoyningen-Huene* Rn. 25; *Löwisch* KSchG Rn. 13), ebenso AN mit vorübergehend ruhendem Arbeitsverhältnis (*Hueck/v. Hoyningen-Huene* Rn. 26 und NJW 1981, 713). Bei Erziehungsurlaub wird nur der oder die Erziehungsberechtigte **oder** die dafür eingestellte Ersatzkraft mitgerechnet (BAG 31. 1. 1991 AP KSchG 1969 § 23 Nr. 11).

10 Der Ausschluß des allgemeinen Kündigungsschutzes gilt auch für § 13 (BAG 5. 8. 1965 KSchG 1951 § 21 Nr. 2; *Herschel/Löwisch* Rn. 14; *Hueck/v. Hoyningen-Huene* Rn. 18).

11 Ob der Ausschluß der Kleinbetriebe aus dem Kündigungsschutz aufgrund der **Altfassung** verfassungsgemäß ist, steht bei dem BVerfG zur Entscheidung an. Das BAG hielt die Regelung für verfassungsgemäß (BAG 19. 4. 1990 AP KSchG 1969 § 23 Nr. 8). Der EuGH sieht darin keinen Verstoß gegen EG-Recht (EuGH 30. 11. 1993 AP KSchG 1969 § 23 Nr. 13). Wegen verfassungsrechtlicher Bedenken, die sich aus dem Abstellen auf die Anzahl der AN aus dem (Einzel-)Betrieb und nicht aus dem Unternehmen ergeben, vgl. BBDW Rn. 9 ff.; *Stahlhacke/Preis* Kündigung und Kündigungsschutz, 6. Aufl. Nachtrag 1996 Rn. N 29 ff.

12 Der **betriebliche Geltungsbereich** des KSchG kann durch **arbeitsvertragliche Einzelvereinbarung** auf solche **Kleinbetriebe ausgedehnt** werden, deren regelmäßige Beschäftigtenzahl unter der in § 23 I 2 genannten Grenze liegt (*Herschel/Löwisch* Rn. 13; *KR/Weigand* Rn. 32; *Löwisch* BB 1997, 790). Für betriebsratsfähige Kleinbetriebe iSv. §§ 1, 5 BetrVG mit mindestens fünf AN, von denen drei wählbar sein müssen, einschließlich der zu ihrer Berufsausbildung Beschäftigten, gilt der Zweite Abschnitt, also der Kündigungsschutz im Rahmen der Betriebsverfassung und damit der Personalvertretung der §§ 15, 16 (*Hueck/v. Hoyningen-Huene* Rn. 17; *KDZ/Kittner* Rn. 13). Durch Tarifvertrag

können Kleinbetriebe nicht einbezogen werden, denn eine solche Norm würde § 23 widersprechen (*Löwisch* Rn. 22).

Das Gesetz geht von einer **regelmäßigen Beschäftigtenzahl** aus. Beschäftigte sind AN. Hierbei 13 werden auch **vorübergehend** ruhende Arbeitsverhältnisse (zB während des Wehrdienstes) mit erfaßt, vgl. Rn. 6. Diese Beschäftigtenzahl ist zu ermitteln für den **Zeitpunkt des Zugangs der Kündigung** (BAG 16. 6. 1976 AP BGB § 611 Treuepflicht Nr. 8; BAG 31. 1. 1991 AP KSchG 1969 § 23 Nr. 11; BBDW Rn. 22; *Hueck/v. Hoyningen-Huene* Rn. 16; KR/*Weigand* Rn. 37). Nicht maßgeblich ist der Tag der Beendigung des Arbeitsverhältnisses, der der Entlassung. Abzustellen ist auf die Zahl der regelmäßig beschäftigten AN bei normaler Betriebstätigkeit (*Herschel/Löwisch* Rn. 9; KDZ/*Kittner* Rn. 14; KR/*Weigand* Rn. 37). Diese Beschäftigtenlage, die im allgemeinen für den Betrieb kennzeichnend ist, ist festzustellen durch einen Rückblick auf die bisherige personelle Situation und einer Einbeziehung der zukünftigen Entwicklung (BAG 31. 1. 1991 AP KSchG 1969 § 23 Nr. 11). Es kommt also nicht auf eine Zufallszahl am Tag des Zugangs der Kündigung an.

Werden in einem Betrieb **Aushilfsarbeitnehmer** beschäftigt, sind sie nur zu berücksichtigen, wenn, 14 bezogen auf den Zeitpunkt des Zugangs der Kündigung, festgestellt werden kann, welche Anzahl von ihnen regelmäßig in dem Betrieb tätig ist (*Hueck/v. Hoyningen-Huene* Rn. 26; KDZ/*Kittner* Rn. 16; KR/*Weigand* Rn. 39). Wird regelmäßig eine bestimmte Zahl solcher Personen beschäftigt, ist die Dauer der einzelnen Aushilfsbeschäftigung unerheblich (*Herschel/Löwisch* Rn. 10; *Hueck/v. Hoyningen-Huene* Rn. 26; KDZ/*Kittner* Rn. 16; aA KR/*Weigand* Rn. 39: es zählen nur solche mit mindestens sechs Monaten Beschäftigungszugehörigkeit).

Auf **Kampagnebetriebe** (nicht ganzjährige Betriebsdauer, zB Eissalon, Freischwimmbad) findet der 15 Erste Abschnitt dann Anwendung, wenn in ihnen während der Betriebszeit in der Regel mehr als fünf AN ausschließlich der zu ihrer Berufsbildung Beschäftigten tätig sind (*Herschel/Löwisch* Rn. 11; KR/*Weigand* Rn. 44). Bei **Saisonbetrieben** (ganzjährige Betriebstätigkeit, jedoch mit saisonalem Einfluß auf den Umfang der Betriebstätigkeit) kommt es auf die Beschäftigtenzahl während der Saison an. Erfaßt die saisonale Beschäftigungszeit mit sechs oder mehr AN einen Zeitraum von mindestens sechs Monaten im Jahr, wird der Saisonbetrieb ganz mitgezählt (*Herschel/Löwisch* Rn. 11; KR/*Weigand* Rn. 45).

Teilzeitbeschäftigte werden **zur Festlegung der Betriebsgröße nach § 23** – nicht im Hinblick auf 16 ihren sonstigen Kündigungsschutz, sofern das KSchG greift –, nach dem Umfang ihrer Beschäftigung berücksichtigt. Teilzeitbedingte AN mit einer regelmäßigen wöchentlichen Arbeitszeit von nicht mehr als 20 Stunden sind mit dem Faktor 0,5, von nicht mehr als 30 Stunden mit dem Faktor 0,75 zu berücksichtigen. Findet das KSchG nach dieser Berechnungsmethode Anwendung, erfaßt es alle Teilzeitbeschäftigte, und zwar ungeachtet des Umfangs ihrer Arbeitsverpflichtung. **Entscheidend** ist insoweit die **vereinbarte regelmäßige wöchentliche Arbeitszeit,** nicht die tatsächlich geleistete. Überstunden bleiben regelmäßig außer Betracht (*v. Hoyningen-Huene/Linck* DB 1997, 41). Bei unregelmäßiger Arbeitszeit ist auf die im Jahresdurchschnitt geleistete Arbeitszeit abzustellen (*v. Hoyningen-Huene/Linck* DB 1997, 41, 42; KR/*Weigand* Rn. 35). Die Regelung für die Teilzeitbeschäftigten gilt auch für AN, die im Rahmen eines **Job-sharing**-Arbeitsverhältnisses regelmäßig mit verkürzter Arbeitszeit beschäftigt werden.

Nicht mitgerechnet werden nach Abs. 1 S. 2 **die zu ihrer Berufsbildung Beschäftigten.** Die 17 Legaldefinition des § 1 I BBiG kann zur Auslegung herangezogen werden (*Hueck/v. Hoyningen-Huene* Rn. 20). Nicht gemeint sind die zu ihrer Berufsausbildung Beschäftigten iSv. § 5 BetrVG (*Hueck/v. Hoyningen-Huene* Rn. 20). Maßgebendes Kriterium für die Abgrenzung ist, daß nicht die Erbringung einer Arbeitsleistung, sondern die Berufsbildung den Schwerpunkt des Vertragsverhältnisses bildet (*Herschel/Löwisch* Rn. 8; KDZ/*Kittner* Rn. 18). Zur Berufsbildung zählen die Berufsausbildung iSv. § 1 BBiG, die berufliche Fortbildung und die berufliche Umschulung (KDZ/*Kittner* Rn. 18; KR/*Weigand* Rn. 43; zur Umschulung vgl. BAG 7. 9. 1983 AP KSchG 1969 § 23 Nr. 3), Auszubildende iSd. §§ 3 ff. BBiG. Anlernlinge, Volontäre, Praktikanten und Umschüler sind nur mitzurechnen, wenn der Schwerpunkt des Vertragsverhältnisses die Erledigung von Arbeit bildet (KR/*Weigand* Rn. 43).

Nicht als Beschäftigte **gezählt werden Leiharbeitnehmer im Entleiherbetrieb,** Heimarbeiter, 18 Hausgewerbetreibende, aufgrund eines Werkvertrags Tätige oder arbeitnehmerähnliche Personen (BBDW Rn. 17; KDZ/*Kittner* Rn. 23; KR/*Weigand* Rn. 41; *Löwisch* Rn. 13). Leiharbeitnehmer rechnen im Verleiherbetrieb zu den mit zu berücksichtigenden AN. Ebenso nicht berücksichtigt werden mitarbeitende Geschäftsführer (LAG Bremen 21. 7. 1988 LAGE KSchG Nr. 3; KDZ/*Kittner* Rn. 24). **Familienangehörige** sind nur mitzuzählen, **wenn** sie sich in einem **Arbeitsverhältnis zum Inhaber des Kleinbetriebs** befinden (*Herschel/Löwisch* Rn. 6; *Hueck/v. Hoyningen-Huene* Rn. 25; KR/*Weigand* Rn. 41).

IV. Geltungsbereich des Dritten Abschnitts

Nach Abs. 2 S. 1 gelten die Vorschriften des Dritten Abschnitts (Anzeigepflichtige Entlassungen) 19 für Betriebe und Verwaltungen des privaten Rechts sowie für Betriebe, die von einer öffentlichen

Verwaltung geführt werden, soweit sie wirtschaftliche Zwecke verfolgen. Einen wirtschaftlichen Zweck verfolgt eine Einrichtung einer öffentlichen Verwaltung, wenn sie den wirtschaftlichen Bedürfnissen des einzelnen zu dienen bestimmt ist, wobei es unerheblich ist, ob sie die Absicht der Gewinnerzielung hat oder nicht (*Herschel/Löwisch* Rn. 21; *Hueck/v. Hoyningen-Huene* Rn. 33). Hierzu rechnen Krankenhäuser, Theater, Sportstätten. Von der Anzeigepflicht ausgenommen sind Versorgungsbetriebe (Gas-, Wasser- und Elektrizitätsbetriebe), Verkehrsbetriebe. Nicht erfaßt werden Einrichtungen, die einen gemeinnützigen Zweck verfolgen, zB einen erzieherischen, wissenschaftlichen, wie Schulen und Universitäten (*Herschel/Löwisch* Rn. 21). Die Vorschriften des Dritten Abschnitts gelten nach S. 2 nicht für Seeschiffe und ihre Besatzung. Die Landbetriebe der Seeschiffahrt sind hingegen nicht betroffen. In den von Abs. 2 S. 1 erfaßten Betrieben gilt außerdem § 17 I Nr. 1. Es müssen in der Regel mehr als 20 AN beschäftigt werden (*Hueck/v. Hoyningen-Huene* Rn. 30).

VI. Beweislastfragen

20 Die Geltung des KSchG ist anspruchsbegründende Tatsache. Das schließt nicht aus, daß die üblichen Auslegungsregeln hinsichtlich der Beweislast gelten. Danach muß der AN darlegen und beweisen, daß er in einem Betrieb oder einer Verwaltung des privaten oder des öffentlichen Rechts beschäftigt ist. Nach den Regeln des allgemeinen Beweisrechts ist Abs. 1 S. 2 hingegen als Ausnahmevorschrift zu S. 1 gefaßt. Der AG hat daher zu beweisen, daß er nicht mehr als fünf mitzuberücksichtigende AN beschäftigt (LAG Berlin 28. 10. 1994 LAGE KSchG 1969 § 23 Nr. 11; *Ascheid*, Beweislastfragen, S. 48 ff.; *Germelmann/Matthes/Prütting* § 58 Rn. 91; *Herschel/Löwisch* Rn. 12; KR/*Weigand* Rn. 54 a; *Lakies* DB 1997, 1078, 1080; *Löwisch* Rn. 21). Demgegenüber vertreten das BAG und ein Teil der Literatur die Auffassung, der AN müsse insgesamt das Vorliegen des betrieblichen Geltungsbereichs darlegen und beweisen (BAG 4. 7. 1951 AP KSchG 1951 § 21 Nr. 1; BAG 9. 9. 1982 AP BGB § 611 Hausmeister Nr. 1; BAG 18. 1. 1990 EzA KSchG § 23 Nr. 9; BBDW Rn. 25; *Hueck/v. Hoyningen-Huene* Rn. 28). In der Praxis spielt der Streit keine große Rolle, weil der AG als der Sachnahe nach § 138 II BGB substantiierte Angaben zu machen hat (vgl. hierzu *Hueck/v. Hoyningen-Huene* Rn. 29). Bleiben allerdings für das Gericht letzte Zweifel, sollen diese zu Lasten des AN gehen.

VII. Übergangsregelung

21 Das Gesetz zu Korrekturen in der Sozialversicherung und zur Sicherung der ANrechte vom 19. 12. 1998 (BGBl. I S. 3843) enthält keine Übergangsregelung hinsichtlich früher erworbener Besitzstände, wie dies bei der Neufassung des § 23 durch das Arbeitsrechtliche Beschäftigungsförderungsgesetz vom 25. 9. 1996 (BGBl. I S. 1476) geschehen war, vgl. dazu ErfK/*Ascheid*[1] Rn. 19 bis 23. Hierdurch dürften sich infolge Zeitablaufs in der Praxis keine Nachteile für AN ergeben (vgl. dazu *Pietrek* BB 1999, 586; *Rossa* BB 1999, 1160).

§ 24 Anwendung des Gesetzes auf Betriebe der Schiffahrt und des Luftverkehrs

(1) [1]Die Vorschriften des Ersten und Zweiten Abschnitts finden nach Maßgabe der Absätze 2 bis 5 auf Arbeitsverhältnisse der Besatzung von Seeschiffen, Binnenschiffen und Luftfahrzeugen Anwendung. [2] Als Betrieb im Sinne dieses Gesetzes gilt jeweils die Gesamtheit der Seeschiffe oder der Binnenschiffe eines Schiffahrtsbetriebs oder der Luftfahrzeuge eines Luftverkehrsbetriebs.

(2) Dauert die erste Reise eines Besatzungsmitglieds im Dienste einer Reederei oder eines Luftverkehrsbetriebs länger als sechs Monate, so verlängert sich die Sechsmonatsfrist des § 1 Abs. 1 bis drei Tage nach Beendigung dieser Reise.

(3) [1]Die Klage nach § 4 ist binnen drei Wochen, nachdem das Besatzungsmitglied zum Sitz des Betriebes zurückgekehrt ist, zu erheben, spätestens jedoch binnen sechs Wochen nach Zugang der Kündigung. [2] Wird die Kündigung während der Fahrt des Schiffes oder des Luftfahrzeuges ausgesprochen, so beginnt die sechswöchige Frist nicht vor dem Tage, an dem das Schiff oder das Luftfahrzeug einen deutschen Hafen oder Liegeplatz erreicht. [3] An die Stelle der Dreiwochenfrist in § 6 treten die hier in den Sätzen 1 und 2 bestimmten Fristen.

(4) [1]Für Klagen der Kapitäne und der Besatzungsmitglieder im Sinne der §§ 2 und 3 des Seemannsgesetzes nach § 4 dieses Gesetzes tritt an die Stelle des Arbeitsgerichts das Gericht, das für Streitigkeiten aus dem Arbeitsverhältnis dieser Personen zuständig ist. [2] Soweit in Vorschriften des Seemannsgesetzes für die Streitigkeiten aus dem Arbeitsverhältnis Zuständigkeiten des Seemannsamtes begründet sind, finden die Vorschriften auf Streitigkeiten über Ansprüche aus diesem Gesetz keine Anwendung.

(5) Der Kündigungsschutz des Ersten Abschnitts gilt, abweichend von § 14, auch für den Kapitän und die übrigen als leitende Angestellte im Sinne des § 14 anzusehenden Angehörigen der Besatzung.

I. Allgemeines

Bei der Schiffahrt und im Luftverkehr sind die Landbetriebe (zB Werften, Lagerhäuser) und die in § 24 definierten Betriebe zu unterscheiden. Der **eigenständige Betriebsbegriff** des § 24 hat **nur kündigungsrechtliche Bedeutung**. Im Bereich der Betriebsverfassung gelten die Sonderregelungen der §§ 114 bis 117 BetrVG. **Für Landbetriebe** der Schiffahrt und des Luftverkehrs gelten die **üblichen Kündigungsschutzregelungen** (BAG 28. 12. 1956 AP KSchG 1951 § 22 Nr. 1; BBDW Rn. 3). Auf Seeschiffe und ihre Besatzungen finden die Vorschriften des Dritten Abschnitts (§§ 17 bis 22) gemäß § 23 II 2 keine Anwendung. Nach § 24 I 1 finden die Vorschriften des Ersten und Zweiten Abschnitts auf Arbeitsverhältnisse der Besatzung von Seeschiffen, Binnenschiffen und Luftfahrzeugen nach Maßgabe der Abs. 2 bis 5 Anwendung. Die Einbeziehung der Luftfahrt in die Sonderregelung ist nur von theoretischer Bedeutung. Flugreisen mit einem Aufenthalt von Besatzungsmitgliedern von mehr als sechs Monaten kommen praktisch nicht vor (KR/*Weigand* Rn. 6). Abs. 3 erfaßt auch die Änderungsschutzklage. Anders ist es mit der Erklärung des Vorbehalts, § 2 S. 1. Den Vorbehalt muß das Besatzungsmitglied spätestens innerhalb von drei Wochen nach Zugang der Kündigung erklären (*Herschel/Löwisch* Rn. 11).

Nach dem strengen Wortlaut des Gesetzes rechnet zur Binnenschiffahrt auch der Hafentransportverkehr. Aus der Gesamtregelung des § 24 in seinen Absätzen 2 bis 5 ist jedoch ersichtlich, daß auf den Hafentransportverkehr die Vorschriften des Ersten und Zweiten Abschnitts ohne die Maßgaben gemäß § 24 II bis V anzuwenden sind, weil durch die Sonderregelung nur den besonderen Erschwernissen längerer Ortsabwesenheit Rechnung getragen werden soll (*Herschel/Löwisch* Rn. 2; *Hueck/v. Hoyningen-Huene* Rn. 4). Zum Landbetrieb rechnen hingegen nicht Schiffe, die in der Regel binnen 24 Stunden nach dem Auslaufen an den Sitz des Landbetriebs zurückkehren. Nach § 114 IV 2 BetrVG sind sie zwar dem Landbetrieb zuzurechnen. Diese auf die Betriebsverfassung bezogene Sonderregelung kann jedoch nicht auf das KSchG übertragen werden (*Herschel/Löwisch* Rn. 2).

Besatzungsmitglieder sind nach § 3 SeemG die Schiffsoffiziere (§ 4 SeemG), die sonstigen Angestellten (§ 5 SeemG) und die Schiffsleute (§ 6 SeemG). Erfaßt von der Sonderregelung werden neben dem Kapitän, den Offizieren und der Mannschaft auch sonstige im Rahmen des Schiffsbetriebs an Bord tätige Personen. Hierzu rechnen Ärzte, Zahlmeister, Kellner, Musiker, Köche (*Herschel/Löwisch* Rn. 3; *Hueck/v. Hoyningen-Huene* Rn. 2; KR/*Weigand* Rn. 11). Sie sind hinsichtlich von Kündigungen den gleichen Schwierigkeiten ausgesetzt wie die im Schiffsbetrieb tätigen Mitglieder der Besatzung.

II. Betriebsbegriff

Abs. 1 S. 2 stellt einen **besonderen Begriff des Betriebs** auf. Danach gilt als Betrieb iSd. KSchG jeweils die Gesamtheit der Seeschiffe und der Binnenschiffe eines Schiffahrtsbetriebs oder der Luftfahrzeuge eines Luftverkehrsbetriebs. Abs. 1 S. 2 ist eine Fiktion. Es kommt nicht darauf an, ob die einzelnen Schiffe oder Luftfahrzeuge tatsächlich in arbeitstechnischer oder organisatorischer Hinsicht eine Einheit darstellen (KR/*Weigand* Rn. 15). Der aus der Gesamtheit der Schiffe oder Luftfahrzeuge gebildete Betrieb steht selbständig neben dem Landbetrieb der jeweiligen Unternehmung (BAG 28. 12. 1956 KSchG 1951 § 22 Nr. 1; *Hueck/v. Hoyningen-Huene* Rn. 4; KDZ/*Kittner* Rn. 1; KR/ *Weigand* Rn. 16). Besteht der Landbetrieb aus nicht mehr als fünf Personen, genießen diese keinen Kündigungsschutz. Die begriffliche Erfassung des Betriebs in Abs. 1 hat Bedeutung bei Feststellung der Zahl der Beschäftigten, §§ 17 I und 23 I 2, wie auch bei anderen Regelungen, die an betriebliche Gegebenheiten anknüpfen, wie zB § 1 II 1: „betriebliche Erfordernisse, die einer Weiterbeschäftigung des AN in diesem Betrieb entgegenstehen". Soweit eine soziale Auswahl vorzunehmen ist, sind alle vergleichbaren Besatzungsmitglieder der Gesamtheit der Schiffe oder Luftfahrzeuge des Reeders in Betracht zu ziehen (*Herschel/Löwisch* Rn. 4). Nach § 136 SeemG gelten hinsichtlich des Heuerverhältnisses der Besatzungsmitglieder mehrere Partnerreedereien, deren Geschäfte von demselben Korrespondenzreeder geleistet werden, als ein Reeder. Nicht maßgebend ist das einzelne Schiff oder Fluggerät. Nicht zum „Gesamt-Schiffs-/Luftbetrieb", sondern zum Landbetrieb rechnen kaufmännische Büros, Kai-Betriebe, Reparaturbetriebe, Lagerhäuser oder sonstige mit dem Schiffs- oder Luftverkehr verbundene Einrichtungen, wie zB fest vertäute Gaststättenschiffe (*Herschel/Löwisch* Rn. 4; *Hueck/v. Hoyningen-Huene* Rn. 4).

III. Verlängerung der Sechs-Monats-Frist des § 1 I

Für Besatzungsmitglieder gilt zunächst die allgemeine Wartezeitregelung des § 1 I. Nach Abs. 2 verlängert sich die Sechs-Monats-Frist nach § 1 I 1, wenn die **erste** Reise eines Besatzungsmitglieds im Dienst einer Reederei oder eines Luftverkehrsbetriebs länger als sechs Monate dauert, bis drei Tage nach Beendigung dieser Reise. Dabei rechnet der Tag der Beendigung der Reise nicht mit, § 187 BGB. Durch die Regelung soll einmal vermieden werden, daß während der Reise eine Kündigung ausgesprochen werden muß, um die Wartezeit nicht erfüllen zu lassen, zum andern soll der Reeder oder

Luftverkehrsunternehmer Gelegenheit erhalten, sich erst aufgrund eines Berichts des Kapitäns über die Tätigkeit des zu Kündigenden zu unterrichten (*Herschel/Löwisch* Rn. 5; *Hueck/v. Hoyningen-Huene* Rn. 6; KR/*Weigand* Rn. 23). Die Vorschrift greift auch, wenn die Reise nicht am ersten Tag der Begründung des Arbeitsverhältnisses angetreten wird, sondern erst später. Voraussetzung allein ist, daß bei Reiseantritt die Wartezeit noch nicht abgelaufen war und die erste Reise länger als sechs Monate dauerte. Reise ist die Zeit, in der das Besatzungsmitglied auf einem Schiff oder Luftfahrzeug unterwegs und vom Sitz des Betriebs abwesend ist (*Herschel/Löwisch* Rn. 5; aA *Hueck/v. Hoyningen-Huene* Rn. 6: Ende der Reise auch möglich ohne Rückkehr zum Betrieb). Die Reise muß nicht notwendig auf demselben Schiff oder Luftfahrzeug verbracht werden. Sind die Voraussetzungen des Abs. 2 erfüllt, finden auf eine Kündigung, die innerhalb von drei Tagen nach Beendigung der ersten Reise dem AN zugegangen ist, die §§ 1 ff. keine Anwendung. Der Reeder oder Luftverkehrsunternehmer kann das Arbeitsverhältnis frei lösen. Hatte ein Besatzungsmitglied schon vor Antritt der ersten Reise die Wartefrist des § 1 I erreicht, greift Abs. 2 nicht (*Herschel/Löwisch* Rn. 6; *Hueck/v. Hoyningen-Huene* Rn. 6; KR/*Weigand* Rn. 24).

IV. Frist für Erhebung der Kündigungsschutzklage

6 Abs. 3 regelt, abweichend von § 4, die Frist zur Erhebung der Kündigungsschutzklage, **wenn die Kündigung während einer Reise erfolgt**. Die Bestimmung unterscheidet danach, wann und wohin das Besatzungsmitglied oder Schiff/Luftfahrzeug zurückkehrt. Kehrt das Besatzungsmitglied nach Ausspruch der Kündigung zum Betriebssitz zurück, ist gemäß Abs. 3 die Kündigungsschutzklage **binnen drei Wochen** zu erheben, spätestens jedoch sechs Wochen nach Zugang der Kündigung. Der Sinn der Regelung des Abs. 3 erschließt sich nur, wenn die besonderen tatsächlichen Umstände eines Besatzungsmitglieds bedacht werden (BT-Drucks. I/2090 zu § 22 KSchG 1951). Es soll einerseits die Kündigungsschutzklage fristgebunden erhoben werden, andererseits aber soll die Drei-Wochen-Frist des § 4 ein Besatzungsmitglied, das sich eben nicht ständig an seinem Wohnort aufhält, nicht in unnötigen Zugzwang versetzen.

7 Nach Abs. 1 S. 1 Halbs. 1 beginnt der Lauf der dreiwöchigen Klagefrist des § 4 ab dem Zeitpunkt, zu dem das **Besatzungsmitglied zum Sitz des Betriebs zurückgekehrt** ist (KR/*Weigand* Rn. 26). Kehrt das Besatzungsmitglied an einen anderen Ort im Inland zurück, ist die Klage nach S. 1 Halbs. 2 innerhalb von sechs Wochen nach Zugang der Kündigung zu erheben. Durch diese Regelung soll verhindert werden, daß das Besatzungsmitglied seine Rückkehr ins Inland verzögert und dadurch die Klagefrist unangemessen hinausschiebt (BAG 9. 1. 1986 AP KSchG 1969 § 24 Nr. 1; *Hueck/v. Hoyningen-Huene* Rn. 8). Die Kündigung muß während der Fahrt ausgesprochen worden sein (KR/*Weigand* Rn. 28). Die Vorschrift greift **nicht** bei Kündigungen, die vor Fahrtantritt, als auch für solche, die nach der Rückkehr ausgesprochen werden. Wird dem Betroffenen am Sitz des Betriebs gekündigt, gilt die Sechs-Wochen-Frist selbst dann nicht, wenn er unmittelbar im Anschluß daran eine neue Reise mit dem Schiff oder Flugzeug antritt (*Herschel/Löwisch* Rn. 10).

8 Verläßt das Besatzungsmitglied das Schiff vor Rückkehr des Schiffs nicht, beginnt nach Abs. 3 S. 1 Halbs. 2 die sechswöchige Frist nicht vor dem Tag, an dem das Schiff oder das Luftfahrzeug einen deutschen Hafen oder Liegeplatz erreicht hat, zu laufen. Kehrt das Schiff oder Luftfahrzeug nach einer Auslandsreise – mit dem gekündigten Besatzungsmitglied – nicht an den Betriebssitz, sondern an einen anderen deutschen Hafen oder Liegeplatz zurück, beginnt die sechswöchige Frist nicht mit der Kündigungserklärung, sondern am Ankunftstag des Schiffs oder Fluggeräts. Kehrt das Beatzungsmitglied vor Rückkehr des Schiffs/Luftfahrzeuges zum Betriebssitz zurück, läuft ab diesem Zeitpunkt die reguläre dreiwöchige Klagefrist (*Herschel/Löwisch* Rn. 10; *Hueck/v. Hoyningen-Huene* Rn. 9).

9 Unklar ist die Rechtslage, wenn die Kündigung während der Fahrt ausgesprochen wird und das Besatzungsmitglied vor Rückkehr des Schiffs oder Flugfahrzeugs an einen anderen als den Betriebssitz zurückkehrt. Nach dem Wortlaut der Vorschrift wäre in einem solchen Fall allein entscheidend der Zeitpunkt der Rückkehr des Schiffs oder Flugzeugs. Das BAG hat die Frage offen gelassen und angenommen, die Klagefrist beginne jedenfalls frühestens an dem Tag der tatsächlichen Rückkehr des Seemanns, selbst wenn er aus privaten Gründen nicht sofort, sondern später als ihm möglich gewesen wäre, zurückkehrt (BAG 9. 1. 1986 AP KSchG 1969 § 24 Nr. 1). Nach dem Regelungszweck der Vorschrift kann nur entscheidend sein die Rückkehr dessen, der die Kündigungsschutzklage erheben muß, also die des Besatzungsmitglieds. Kehrt es an den Betriebssitz zurück, läuft nach Abs. 3 S. 1 die Drei-Wochen-Frist des § 4 mit der Obergrenze der sechs Wochen. Kehrt das Besatzungsmitglied an einen anderen Ort zurück, gilt die Sechs-Wochen-Frist (*Herschel/Löwisch* Rn. 9, 10; *Hueck/v. Hoyningen-Huene* Rn. 10; KDZ/*Kittner* Rn. 8; KR/*Weigand* Rn. 28).

10 Die verlängerten Fristen gelten nur für solche Besatzungsmitglieder, die die Funktion eines Mitglieds der Schiffsbesatzung iSd. SeemG ausüben, §§ 3, 13 SeemG. Abs. 3 ist nicht anzuwenden bei Ortsabwesenheit privater Natur (ArbG Hamburg 29. 1. 1980 SeeAE Nr. 1). Die verlängerte Frist gilt ebenfalls nicht, wenn der Betreffende die Kündigung während des Urlaubsaufenthalts an seinem inländischen Wohnsitz, der mit dem Sitz des Unternehmers nicht identisch ist, oder an seinem ausländischen Wohnsitz erhält.

Sitz des Betriebs ist der Sitz des Landbetriebs des Reeders oder Luftfahrtunternehmers. Das ist der 11
Ort, an dem sich die Hauptverwaltung befindet (KR/*Weigand* Rn. 26). Fehlt ein solcher, ist maßgebend der Heimathafen des Schiffs der Dienstleistung (*Herschel/Löwisch* Rn. 9; *Hueck/v. Hoyningen-Huene* Rn. 8). Das Gesetz stellt bei Abs. 3 S. 1 ab auf die Rückkehr des Besatzungsmitglieds, nicht auf die des Schiffs oder Flugzeugs. An die Stelle der verlängerten Anrufungsfrist des § 6, treten die in § 24 III 1 und 2 bestimmten Fristen. Wird die Frist versäumt, gilt für die Wiedereinsetzung in den vorigen Stand § 5.

V. Zuständiges Gericht

Die Regelung in Abs. 4 S. 1 ist überholt (*Hueck/v. Hoyningen-Huene* Rn. 12; KDZ/*Kittner* Rn. 4; 12
KR/*Weigand* Rn. 31). Seit 1953 sind auch für Kündigungsschutzklagen der Kapitäne und der Besatzungsmitglieder die Arbeitsgerichte zuständig. Nach Abs. 4 S. 2 werden für kündigungsrechtliche Streitigkeiten auch die Vorschriften des SeemG über die Zuständigkeit der Seeämter ausgeschlossen. Heute besteht allerdings nach § 69 SeemG für Seemannsämter nur noch die Befugnis, eine vorläufige Entscheidung über die Berechtigung einer außerordentlichen Kündigung im Ausland zu treffen. Diese Zuständigkeit ist nicht ausgeschlossen (*Herschel/Löwisch* Rn. 13; *Hueck/v. Hoyningen-Huene* Rn. 13). S. 2 ergibt nur einen Sinn vor dem Hintergrund der Vorgänger-Regelung und dem KSchG 1951, wonach das KSchG 1951 keine Anwendung fand, soweit in den Vorschriften der Seemannsordnung für die Streitigkeiten aus dem Arbeitsverhältnis Zuständigkeiten des Seeamts begründet waren.

Nach § 101 II kann für Kapitäne und Besatzungsmitglieder iSd. §§ 2 und 3 SeemG die Entschei- 13
dung über Rechtsstreitigkeiten **aus** einem Arbeitsverhältnis auf ein Schiedsgericht übertragen werden. Hierzu rechnen Kündigungsrechtsstreitigkeiten nicht (GK-ArbGG/*Ascheid* § 101 Rn. 15; *Hueck/v. Hoyningen-Huene* Rn. 13; KR/*Weigand* Rn. 32; aA *Herschel/Löwisch* Rn. 14).

VI. Kündigungsschutz für Kapitäne und sonstiges leitendes Personal

Abs. 5 ist nur verständlich vor dem Hintergrund der Vorgänger-Vorschrift des § 14. Nach der 14
Neufassung des KSchG 1969 finden gemäß § 14 II auf Gesellschafter, Betriebsleiter und ähnliche leitende Angestellte, soweit diese zur selbständigen Einstellung von AN berechtigt sind, die Vorschriften des ersten Absatzes mit Ausnahme des § 3 (Kündigungseinspruch beim Betriebsrat) und der Modifizierung des § 9 volle Anwendung. Die **Regelung in Abs. 5** hat daher **keine Bedeutung mehr** (BBDW Rn. 22). Es ist kein Grund ersichtlich, daß durch die Fortgeltung der Altfassung der Vorschrift die Kapitäne und die anderen leitenden Besatzungsmitglieder den übrigen leitenden Angestellten gleichgestellt werden sollten (*Herschel/Löwisch* Rn. 15; *Hueck/v. Hoyningen-Huene* Rn. 14; KR/*Weigand* Rn. 34). Bei Kapitänen und anderen leitenden Besatzungsmitgliedern bedarf also der Antrag des AG auf Auflösung des Arbeitsverhältnisses nach § 9 I 2 keiner Begründung. Ebenso findet § 3 keine Anwendung (*Herschel/Löwisch* Rn. 15).

§ 25 Kündigung in Arbeitskämpfen

Die Vorschriften dieses Gesetzes finden keine Anwendung auf Kündigungen und Entlassungen, die lediglich als Maßnahmen in wirtschaftlichen Kämpfen zwischen Arbeitgebern und Arbeitnehmern vorgenommen werden.

§ 25 bezieht sich ausschließlich auf Kündigungen und Entlassungen als **Maßnahmen in Arbeits-** 1
kämpfen. Es nimmt solche Kündigungen vom Kündigungsschutz aus. Arbeitskampfmaßnahmen sind in erster Linie Streik und Aussperrung, vgl. insoweit Art. 9 GG.

Die **Vorschrift** hat heute **keine praktische Bedeutung mehr**. Ihr kommt nur noch klarstellende 2
Funktion zu (*Löwisch* KSchG Rn. 1). Für den AG ist die Aussperrung das geeignete Kampfmittel (BAG 26. 4. 1988 AP GG Art. 9 Arbeitskampf Nr. 101; KR/*Weigand* Rn. 6, 7). Es bedarf deshalb keiner „Kampfkündigungen". § 25 bezieht sich auf die zur Zeit der Verabschiedung des KSchG 1951 geltende herrschende individualrechtliche Arbeitskampftheorie (KR/*Weigand* Rn. 3). Nach ihr konnte aus Arbeitskampfgründen einem AN fristlos gekündigt werden, wenn er im Hinblick auf einen Streik seine Arbeit verweigerte, ohne zuvor selbst ordentlich gekündigt zu haben. Durch § 25 sollte im Interesse der Arbeitskampfparität für arbeitskampfbedingte Kündigungen und Entlassungen der Grundsatz der Kündigungsfreiheit gelten. Durch **§ 25** wird **nicht die Durchführung von Arbeitskämpfen** gesetzlich **geregelt**. § 25 beschränkt vielmehr den gegenständlichen Geltungsbereich des KSchG und setzt die Existenz rechtmäßiger Arbeitskämpfe in der Form von Streiks und Aussperrungen voraus (BAG 21. 4. 1971 AP GG Art. 9 GG Arbeitskampf Nr. 43; BAG 10. 6. 1980 AP GG Art. 9 Arbeitskampf Nr. 64 und 65; *Herschel/Löwisch* Rn. 1; *Hueck/v. Hoyningen-Huene* Rn. 4; KR/*Weigand* Rn. 5). Nach der heute herrschend vertretenen Arbeitskampftheorie ist die Aussperrung, auch in Form der sog. lösenden Aussperrung, nicht mehr als individualrechtliche Kündigung des Arbeitsverhältnisses, sondern als kollektivrechtliche Arbeitskampfmaßnahme zu verstehen (vgl. BAG

GS 28. 1. 1955 AP GG Art. 9 Arbeitskampf Nr. 1 und zur Modifizierung der früheren Entscheidung BAG GS 21. 4. 1971 AP GG Art. 9 Arbeitskampf Nr. 43, insb. zur lösenden Aussperrung; *Herschel/ Löwisch* Rn. 1). AN, die streikbedingt ihre Arbeit verweigern, verstoßen nicht gegen vertragliche Pflichten, denn die Arbeitspflicht wird infolge des rechtmäßigen Streiks suspendiert, wenn der AN sich dem Streik anschließt. Der AN, der streikbedingt die Arbeit niederlegt, handelt nicht vertrags- und rechtswidrig (BAG 28. 1. 1955 AP GG Art. 9 Arbeitskampf Nr. 1).

3 § 25 setzt voraus, daß eine **Kündigung als Maßnahme in wirtschaftlichen Kämpfen** zwischen AG und AN ausgesprochen wird. Solche Kündigungen sind nach der kollektiven Arbeitskampftheorie schlechthin unzulässig (BAG 17. 12. 1976 AP GG Art. 9 Arbeitskampf Nr. 51; KR/*Weigand* Rn. 8; *Löwisch* KSchG Rn. 3: kein Raum mehr). Greift der AG entgegen der kollektiven Arbeitskampftheorie zu sog. aussperrungsbedingten Massenänderungskündigungen und erklärt er allen oder bestimmten Gruppen von AN eine außerordentliche oder ordentliche Kündigung, mit der er geänderte Arbeitsbedingungen durchsetzen will, greift § 25 nicht. Vielmehr findet das KSchG insgesamt Anwendung. Eine solche Massenänderungskündigung ist als reguläre Kündigung anzusehen (BAG 1. 2. 1957 AP BetrVG 1952 § 56 Nr. 4; BAG 21. 4. 1971 AP GG Art. 9 Arbeitskampf Nr. 43 unter III D 2 b; *Herschel/Löwisch* Rn. 5; *Hueck/v. Hoyningen-Huene* Rn. 15; KR/*Weigand* Rn. 7 a und 31). Von einer Kündigung im Arbeitskampf als unzulässige kollektivrechtliche Maßnahme kann nicht ausgegangen werden, wenn der AG anläßlich eines Arbeitskampfs einigen ganz bestimmten AN unter Berufung auf einen Kündigungsgrund nach § 1 oder ohne Angabe eines Grundes kündigt. Auf solche Kündigungen findet das KSchG uneingeschränkt Anwendung (*Hueck/v. Hoyningen-Huene* Rn. 3).

4 Ist ein **Streik rechtswidrig** und wird wegen eines rechtswidrigen Streiks die **Arbeit verweigert,** können **ordentliche und außerordentliche Kündigungen zulässig** sein, wenn die AN trotz wiederholter Aufforderung die Arbeit nicht aufnehmen. Auf diese Kündigungen ist das KSchG anzuwenden (BAG 14. 2. 1978 AP GG Art. 9 Arbeitskampf Nr. 58; BAG 29. 11. 1983 AP BGB § 626 Nr. 78; BBDW Rn. 8; *Herschel/Löwisch* Rn. 4; aA *Hueck/v. Hoyningen-Huene* Rn. 20: § 25 ist nicht ausgeschlossen. Der AG muß dann klar erklären, daß er kündigt. Beteiligen sich AN an einem von der Gewerkschaft geführten Streik, mit dem der Abschluß eines Firmentarifvertrags erzwungen werden soll, rechtfertigt dies nicht ohne weiteres eine fristlose oder ordentliche Kündigung, wenn die AN mit der Möglichkeit rechnen mußten, daß die Gewerkschaft für ihren Streik nicht zuständig ist und der Streik deswegen rechtswidrig ist (BAG 29. 11. 1983 AP BGB § 626 Nr. 78). Ebenso sind Kündigungen, die wegen sog. Arbeitskampfexzesse erfolgen, nach allgemeinen kündigungsrechtlichen Bestimmungen zu behandeln. Zu solchen Exzessen rechnen Maßnahmen, die besonders von der Rechtsordnung geschützte Interessen verletzen, deren Beeinträchtigung der Streik als solcher keineswegs erfordert (BAG 21. 10. 1969 GG Art. 9 Arbeitskampf Nr. 41; *Hueck/v. Hoyningen-Huene* Rn. 19; vgl. auch BAG 21. 6. 1988 AP GG Art. 9 Arbeitskampf Nr. 108; BAG 8. 11. 1988 AP GG Art. 9 Arbeitskampf Nr. 111).

5 Das KSchG findet außerdem uneingeschränkt Anwendung, wenn der AG betriebsbedingte Kündigungen ausspricht, weil er durch unternehmerische Entscheidung während des Arbeitskampfes eine Umstrukturierung des Betriebs derart vorgenommen hat, daß Arbeitsplätze dauerhaft entfallen (BBDW Rn. 13; *Herschel/Löwisch* Rn. 3).

§ 25 a Berlin-Klausel *(gegenstandslos)*

§ 26 Inkrafttreten

Dieses Gesetz tritt am Tage nach seiner Verkündung in Kraft.

Die Vorschrift betrifft das Inkrafttreten des KSchG idF vom 10. 8. 1951 (BGBl. I S. 499). Das KSchG 1951 ist am 13. 8. 1951 verkündet worden und demgemäß am 14. 8. 1951 in Kraft getreten.

440. Gesetz über den Ladenschluß

Vom 28. November 1956 (BGBl. I S. 875)

Zuletzt geändert durch Gesetz vom 30. Juli 1996 (BGBl. I S. 1186)

(BGBl. III/FNA 8050-20)

Schrifttum: *Anzinger,* Das neue Ladenschlußrecht, 1996; *Neumann,* Das neue Ladenschlußgesetz, 3. Aufl. 1997; *Stober,* Ladenschlußgesetz, 3. Aufl. 1990; *Täger/Vogler-Ludwig/Munz* (Hrsg.), Das deutsche Ladenschlußgesetz auf dem Prüfstand, 1995; *Theis,* Ladenschlußgesetz 1991; *Zmarzlik/Roggendorff,* Ladenschlußgesetz, 2. Aufl. 1997.

Erster Abschnitt. Begriffsbestimmungen

§ 1 Verkaufsstellen

(1) Verkaufsstellen im Sinne dieses Gesetzes sind
1. Ladengeschäfte aller Art, Apotheken, Tankstellen, Warenautomaten und Bahnhofsverkaufsstellen,
2. sonstige Verkaufsstände und -buden, Kioske, Basare und ähnliche Einrichtungen, falls in ihnen ebenfalls von einer festen Stelle aus ständig Waren zum Verkauf an jedermann feilgehalten werden. Dem Feilhalten steht das Zeigen von Mustern, Proben und ähnlichem gleich, wenn Warenbestellungen in der Einrichtung entgegengenommen werden,
3. Verkaufsstellen von Genossenschaften.

(2) Zur Herbeiführung einer einheitlichen Handhabung des Gesetzes kann das Bundesministerium für Arbeit und Sozialordnung im Einvernehmen mit dem Bundesministerium für Wirtschaft durch Rechtsverordnung mit Zustimmung des Bundesrates bestimmen, welche Einrichtungen Verkaufsstellen gemäß Absatz 1 sind.

I. Normzweck

Die ersten Ladenschlußvorschriften dienten dem Arbeitszeitschutz von AN (vgl. Gesetz betr. die **1** Abänderung der ReichsGewO vom 30. 6. 1900, RGBl. S. 321). Rspr. und Literatur halten bis heute daran fest, daß dies der (primäre) Zweck des Gesetzes ist (*Anzinger* Rn. 18; *Stober* Einf. Rn. 30; *Theis* Einf. Rn. 26; *Zmarzlik/Roggendorff,* Einf. Rn. 9). Dieser Schutz wird aber längst durch das ArbZG im Hinblick auf Höchstarbeitszeit und Arbeit an Sonn- und Feiertagen gewährleistet (s. auch *Stober* JZ 1996, 541, 543 sowie die Kommentierung zum ArbZG); im übrigen ist der Schutz von AN in erster Linie Sache der TVParteien. Tatsächlich dient das Gesetz daher längst einem ganz anderen Zweck, nämlich der Gleichheit der Wettbewerbsbedingungen für Unternehmen (*Vogt/Vogt* NJW 1984, 2867), insb. für mittelständische Unternehmen (*Stober* JZ 1996, 541, 544). Das zeigt sich insb. an folgendem: Der Bundesrat hatte auf Initiative des Landes Berlin am 25. 11. 1994 den Entwurf eines Gesetzes zur Änderung des Ladenschlußgesetzes beschlossen (BT-Drucks. 13/201). Danach sollten die Ladenschlußzeiten nicht für solche Verkaufsstellen gelten, die keine AN beschäftigen. Wäre das LadSchlG wirklich ein ANSchutzgesetz, hätte der Entwurf allgemeine Zustimmung finden müssen, da es in diesen Verkaufsstellen keine schutzbedürftigen AN gibt. Dennoch hat der Deutsche Bundestag den Entwurf anläßlich der Dritten Lesung des jetzigen LadSchlG am 21. 6. 1996 für erledigt erklärt (BT-Prot. 13/114, S. 10 225).

Die vorliegende Regelung beruht auf dem Gesetz zur Änderung des Gesetzes über den Ladenschluß **2** und zur Neuregelung der Arbeitszeit in Bäckereien und Konditoreien vom 30. 7. 1996, BGBl. I S. 1186.

Die Bundesregierung hat am 15. 12. 1999 auf der Grundlage der Gutachten der Sozialforschungs- **2a** stelle Dortmund und des ifo-Instituts München einen Erfahrungsbericht vorgelegt; danach soll kein politischer Handlungsbedarf bestehen (s. BT-Drucks. 14/2489 = BR-Drucks. 766/99 v. 16. 12. 1999; info RdA 4/2000 sowie *Hein* BArbBl. 2000, Heft 3, S. 16).

II. Verfassungsmäßigkeit

Das BVerfG hat zwar einzelne Vorschriften des früheren LadSchlG für unwirksam erklärt oder **3** verfassungskonform ausgelegt (BVerfG 21. 2. 1962 BVerfGE 14, 19; BVerfG 9. 2. 1982 BVerfGE 59,

336). Im übrigen hat es aber das Gesetz für verfassungsgemäß erklärt (BVerfG 29. 11. 1961 BVerfGE 13, 225; BVerfGE 29. 11. 1961 BVerfGE 13, 230 = AP LadSchlG § 3 Nr. 3; BVerfG 29. 11. 1961 BVerfGE 13, 237 = AP LadSchlG § 3 Nr. 4; BVerfG AuR 1998, 384). Die Literatur bejaht überwiegend die Verfassungsmäßigkeit des Gesetzes (s. zB MünchArbR/*Anzinger* § 224 Rn. 3; *Rozek* NJW 1999, 2921, 2923; *Zmarzlik/Roggendorff* Einf. Rn. 16).

4   Da der ursprüngliche Zweck des ANSchutzes durch das ArbZG verwirklicht wird, sind die in der Literatur geäußerten Bedenken aus Art. 12 GG im Hinblick auf die arbeitnehmerschutzrechtliche Zielsetzung berechtigt (*Heckmann* JZ 1999, 1143, 1146; *Hufen* NJW 1986, 1291, 1301; *Reineck/Döhring* BB 1996, 703; *Schunder*, FS für Wlotzke, 1996, S. 599, 615; *ders.*, Das Ladenschlußgesetz – heute, 1994). Auch beschränkt das Gesetz unverhältnismäßig die Tarifautonomie, da eine Arbeitszeitregelung mit Tariföffnungsklausel wie in § 7 ArbZG möglich wäre (*Rieble*, Arbeitsrecht und Wettbewerb, 1996, Rn. 366). Zu prüfen bleibt, ob der sekundäre Schutzzweck des **lauteren Wettbewerbs** die Regelung rechtfertigt (s. dazu *Schunder*, FS für Wlotzke, 1996, S. 599, 604). Jedenfalls ist der Schutz vor Konkurrenz kein zulässiges Motiv (vgl. BVerfG 11. 6. 1958 BVerfGE 7, 377; BVerwG 12. 12. 1967 BVerwGE 28, 292, 295).

III. Europarechtskonformität

5   Der EuGH hat einen Verstoß der nationalen Ladenschlußgesetze gegen Gemeinschaftsrecht verneint (EuGH 2. 6. 1994 NJW 1994, 2141 = EuZW 1994, 434; 20. 6. 1996 EuZW 1996, 600). Zwar sind nach Art. 30 EGV mengenmäßige Einfuhrbeschränkungen sowie Maßnahmen gleicher Wirkung zwischen den Mitgliedstaaten verboten. Doch gilt dies nicht für nationale Ladenschlußvorschriften, die sich nicht grenzüberschreitend auswirken. Auch ein Verstoß gegen Art. 49 EGV (Art. 59 EGV aF) liegt nicht vor (Kommissar *Monti* ABlEG Nr. C 11 vom 13. 1. 1997, S. 25). Des weiteren verstoßen die nationalen Ladenschlußgesetze nicht gegen Art. 81 und 82 EGV (Art. 85 und 86 aF; EuGH 2. 6. 1994 NJW 1994, 2142; Kommissar *Monti* aaO).

IV. Art der Regelung

6   Die Kernaussage des Gesetzes findet sich in § 3 I 1: Verkaufsstellen müssen zu bestimmten Zeiten für den geschäftlichen Verkehr mit Kunden geschlossen sein. Die übrigen Vorschriften betreffen im wesentlichen Begriffsbestimmungen, Sondervorschriften für bestimmte Verkaufsstellen sowie Durchführungsbestimmungen. Bei der Anwendung des Gesetzes ist von der Kernaussage in § 3 I 1 auszugehen; sodann ist zu prüfen, ob einer der zahlreichen Sondertatbestände vorliegt (zum Regel-Ausnahme-Verhältnis *Heckmann* JZ 1999, 1143, 1145).

7   Im **Überblick** ergibt sich folgende Regelung der Ladenschlußzeiten:
– montags bis freitags
  – bis 6 Uhr
  – Ausnahme: in Verkaufsstellen für Bäckerwaren bis 5.30 Uhr
  – ab 20 Uhr
– samstags
  – bis 6 Uhr
  – Ausnahme: In Verkaufsstellen für Bäckerwaren bis 5.30 Uhr
  – ab 16 Uhr
– an Sonn- und Feiertagen von 0.00 bis 24 Uhr
  – Ausnahme: wenn der 24. Dezember auf einen Werktag fällt, bis 6 Uhr und ab 14 Uhr.

V. Verkaufsstellen

8   Regelungsobjekt sind Verkaufsstellen, Regelungsadressaten sind die Leiter von Verkaufsstellen. Die Definition in § 1 I wird für die Anwendung des § 3 I benötigt. Verkaufsstelle ist der Oberbegriff, der durch die Legaldefinition in § 1 I konkretisiert wird. Die Definition setzt sich aus folgenden Merkmalen zusammen:
– Ladengeschäft oder andere Einrichtung, in der
– von einer festen Stelle aus
– ständig
– Waren zum Verkauf an jedermann feilgehalten werden.

9   Werden in einem Laden sowohl Waren angeboten als auch Werk- oder Dienstleistungen erbracht (**Mischbetrieb**), so unterliegt nur die Verkaufstätigkeit dem LadSchlG (BVerwG 9. 6. 1960 BB 1960, 1109; BGH 3. 10. 1983 BB 1983, 2078; *Theis* Rn. 79 ff.; *Stober* Rn. 62 ff.; *Zmarzlik/Roggendorff* Rn. 27).

10   Unterhält eine Verkaufsstelle einen **Nebenbetrieb,** zB die Imbißecke einer Metzgerei, so gilt für diese das LadSchlG (*Theis* Rn. 83; *Zmarzlik/Roggendorff* Rn. 29).

Die Ladenschlußzeiten für den Verkauf von **Zubehör** richten sich nach denen für die Hauptleistung 11
(zB Verkauf von Süßigkeiten in Kinos; s. MünchArbR/*Anzinger* § 224, Rn. 10; *Zmarzlik/Roggendorff*
Rn. 30ff.).

VI. Ladengeschäfte

Ladengeschäfte sind Verkaufsstellen, die in Räumen betrieben werden, die nicht nur vorübergehend 12
mit dem Grund und Boden fest verbunden sind. Auch die Nebenräume gehören dazu (*Neumann/
Biebl* Rn. 3). Sonstige Verkaufsstände fallen unter das Gesetz, wenn sie wenigstens für eine gewisse
Zeit fest errichtet werden. Gaststätten (vgl. § 1 GaststG) sind keine Verkaufsstellen, da sie Waren zum
Verzehr auf der Stelle anbieten (*Neumann/Biebl* Rn. 15). Die Vorschrift wird ergänzt durch § 20 im
Hinblick auf Verkäufe außerhalb von Verkaufsstellen.

Verkauft ein **Landwirt** seine Erzeugnisse direkt vom Hof aus, so fehlt es idR an einer Verkaufsstelle, 13
so daß §§ 1, 3 nicht anwendbar sind; § 20 I ist nicht anwendbar, da die Urproduktion nicht unter den
Gewerbebegriff fällt (s. auch *Zmarzlik/Roggendorff* Rn. 8).

VII. Sonderbestimmungen

Für die meisten der in § 1 I genannten Verkaufsstellen gelten Sonderbestimmungen; so für Apothe- 14
ken § 4, für Tankstellen § 6, für Warenautomaten § 7, für Bahnhofsverkaufsstellen § 8. Bei Kiosken ist
zwischen dem Warenverkauf und dem Ausschank zu unterscheiden: Der Warenverkauf unterliegt dem
LadSchlG, der Ausschank dem GaststG (vgl. *Neumann/Biebl* § 2 Rn. 19).

VIII. Die Tatbestandsmerkmale

1. Die Verkaufseinrichtung muss von einer **festen Stelle** aus betrieben werden. Die Einrichtung muß 15
daher ortsfest sein oder eine gewisse, nicht ohne weiteres zu lösende Verbindung mit dem Boden
aufweisen (BR-Drucks. 310/54 S. 7). Daran fehlt es, wenn von Kraftwagen mit Verkaufstischen (OLG
Koblenz 23. 10. 1991 GewA 1991, 147) oder von Anhängern aus verkauft wird (OLG Köln 7. 12.
1984 GewA 1985, 242). In diesen Fällen ist allerdings § 20 I zu beachten.

2. Es muß sich um eine **ständige Einrichtung** handeln. Dafür genügt auch ein Saisonbetrieb (*Stober* 16
Rn. 23).

3. Mit **Waren** sind nur bewegliche Sachen gemeint. Damit sind sowohl unbewegliche Sachen 17
(Grundstücke) als auch Dienstleistungen ausgenommen. Nur für Friseurbetriebe enthält § 18 eine
Sondervorschrift. Damit werden zB Bibliotheken, Reparaturwerkstätten und Autowaschanlagen nicht
erfaßt (*Stober* Rn. 25; *Zmarzlik/Roggendorff* Rn. 16; s. auch § 6).

4. Die Waren müssen zum Verkauf **an jedermann** dienen. Damit ist nur der Endverbraucher 18
gemeint, so daß Großhandelsverkaufsstellen nicht unter § 1 fallen (BGH 22. 12. 1965 AP LadSchlG
§ 1 Nr. 3). Insoweit ist es aber unschädlich, wenn sie (bis zu 10% des Gesamtumsatzes) an Gewerbetreibende und Großverbraucher zur Deckung ihres Eigenbedarfs verkaufen (BGH 11. 11. 1977 AP
LadSchlG § 1 Nr. 5).

5. Feilhalten bedeutet, die Ware zur sofortigen Abgabe zum Mitnehmen bereitzuhalten (BVerwG 19
9. 6. 1960 AP LadSchlG § 3 Nr. 9). Nach § 1 I Nr. 2 S. 2 steht dem Feilhalten das Zeigen von Mustern
dann gleich, wenn in der Einrichtung Warenbestellungen entgegengenommen werden. Eine reine Be-
sichtigungsschau, bei der auch keine Bestellkarten ausliegen, ist dagegen auch zu den Ladenschlußzeiten
möglich (BGH 7. 11. 1980 BGHZ 79, 99; s. ferner *Theis* Rn. 65; *Zmarzlik/Roggendorff* Rn. 9, 23).

IX. Genossenschaftliche Verkaufsstellen

Diese Verkaufsstellen sind deshalb in § 1 I Nr. 3 eigens aufgeführt, weil sie früher nicht an jeder- 20
mann, sondern nur an Mitglieder verkauft haben.

X. Rechtsverordnung

Eine Rechtsverordnung nach § 1 II ist bisher noch nicht erlassen worden. 21

§ 2 Begriffsbestimmungen

(1) Feiertage im Sinne dieses Gesetzes sind die gesetzlichen Feiertage.

(2) Reisebedarf im Sinne dieses Gesetzes sind Zeitungen, Zeitschriften, Straßenkarten, Stadt-
pläne, Reiselektüre, Schreibmaterialien, Tabakwaren, Schnittblumen, Reisetoilettenartikel, Filme,
Tonträger, Bedarf für Reiseapotheken, Reiseandenken und Spielzeug geringeren Wertes, Lebens-
und Genußmittel in kleineren Mengen sowie ausländische Geldsorten.

440 LadSchlG § 3

1   Verkaufsstellen müssen an **Feiertagen** geschlossen sein, § 3 I 1 Nr. 1. Die §§ 10 bis 15 enthalten Ausnahmen. Die Festsetzung der gesetzlichen Feiertage obliegt den Landesgesetzgebern. Alle Bundesländer haben insoweit Sonn- und Feiertagsgesetze erlassen. Der 3. 10. ist bundeseinheitlicher Feiertag (Art. 2 II EVertr., BGBl. II 1990 S. 889, 890). Übereinstimmend haben alle Bundesländer Neujahr, Karfreitag, Ostermontag, 1. Mai, Christi Himmelfahrt, Pfingstmontag und den 1. und 2. Weihnachtsfeiertag zu Feiertagen erklärt. Einige weitere Feiertage sind jeweils auf einzelne Bundesländer beschränkt. Der Buß- und Bettag ist nur noch in Sachsen Feiertag.

2   Auf die Abgabe von **Reisebedarf** wird in den Vorschriften für Bahnhöfe (§ 8 I 2) und für Flughäfen und Fährhäfen (§ 9 I 3) bezug genommen. Nach der früheren Fassung des Gesetzes durften Tankstellen nur Zubehörteile zur Erhaltung oder Wiederherstellung der Fahrbereitschaft außerhalb der Ladenöffnungszeiten verkaufen. Nachdem die Rspr. aber bereits den Verkauf von Reisebedarf durch Tankstellen zugelassen hatte (BVerwG 26. 10. 1993 GewA 1994, 117; BGH 7. 6. 1996 GewA 1996, 387), stellt § 6 II jetzt Tankstellen den anderen Einrichtungen im Zusammenhang mit der Personenbeförderung gleich.

3   Zum Reisebedarf gehören zwar Filme, nicht aber Fotoapparate, zwar Tonträger (Cassetten), nicht aber Radios, Schnittblumen, nicht aber Topfblumen (*Kollmer* GewA 1977, 92, 96). Die Aufzählung im Gesetz ist abschließend (*Zmarzlik/Roggendorff* Rn. 8 f.).

4   Bei Lebens- und **Genußmitteln** in kleineren Mengen soll sich nach Ansicht der Literatur die zulässige Menge nach der Art der Reise richten (Personenzahl, Reisedauer; s. auch *Kollmer* GewA 1997, 92, 96 f.). Es ist aber zweifelhaft, ob man vom Verkaufsstellenpersonal eine dahingehende Kontrolle erwarten kann.

Zweiter Abschnitt. Ladenschlußzeiten

§ 3 Allgemeine Ladenschlußzeiten

(1) ¹Verkaufsstellen müssen zu folgenden Zeiten für den geschäftlichen Verkehr mit Kunden geschlossen sein:
1. an Sonn- und Feiertagen,
2. montags bis freitags bis 6 Uhr und ab 20 Uhr,
3. samstags bis 6 Uhr und ab 16 Uhr,
4. an den vier aufeinanderfolgenden Samstagen vor dem 24. Dezember bis 6 Uhr und ab 18 Uhr,
5. am 24. Dezember, wenn dieser Tag auf einen Werktag fällt, bis 6 Uhr und ab 14 Uhr.

²Verkaufsstellen für Bäckerwaren dürfen abweichend von Satz 1 den Beginn der Ladenöffnungszeit an Werktagen auf 5.30 Uhr vorverlegen. ³Die beim Ladenschluß anwesenden Kunden dürfen noch bedient werden.

(2) Empfehlungen über Ladenöffnungszeiten nach § 38 Abs. 2 Nr. 1 des Gesetzes gegen Wettbewerbsbeschränkungen sind auch unter Einbeziehung der Großbetriebsformen des Einzelhandels zulässig.

I. Geschäftlicher Verkehr

1   Zum geschäftlichen Verkehr gehört nicht nur der Verkauf selbst, also das Feilhalten von Waren (§ 1 I Nr. 2), sondern dazu gehören auch die Vorbereitungshandlungen, wie Beratung oder Entgegennahme von Bestellungen oder das Anprobieren (*Neumann/Biebl* Rn. 4; *Zmarzlik/Roggendorff* Rn. 15 ff.).

II. Zuendebedienen

2   Die Kunden, die beim Ladenschluß anwesend sind, dürfen noch zu Ende bedient werden, § 3 I 3 (dazu *Neumann/Biebl* Rn. 9 bis 11). Das gilt auch, wenn noch großer Andrang herrscht (BGH 9. 6. 1972 AP LadSchlG § 3 Nr. 20).

III. Schließung

3   Außerhalb der Ladenöffnungszeiten müssen die Verkaufsstellen geschlossen sein. Das geschieht durch Abschließen, durch Aushang „geschlossen" oder andere nach außen erkennbare Maßnahmen (BayObLG 2. 4. 1958 AP LadSchlG § 3 Nr. 2).

4   Nur die Verkaufsstelle muß geschlossen sein. Daher ist das **Ausfahren** gekaufter Waren auch während der allgemeinen Ladenschlußzeiten zulässig. Entgegen der Rspr. (OLG Oldenburg 31. 5. 1963 GewA 1964, 114) kommt es nicht darauf an, ob mit der Tätigkeit schon vor dem Ladenschluß begonnen wurde (ebenso *Neumann* Anm. 6; *Stober* Rn. 23 ff.; *Theis* Rn. 14; *Zmarzlik/Roggendorf* Rn. 12).

IV. Keine Verpflichtung zur Öffnung

Die Ladenschlußzeiten sind nur insoweit verbindlich, als die Verkaufsstellen zu den angegebenen 5
Zeiten nicht geöffnet haben dürfen. Eine Verpflichtung, während der gesetzlichen Ladenöffnungszeiten die Verkaufsstelle geöffnet zu halten, besteht dagegen nicht. Der Inhaber kann also beliebig spät eröffnen, eine beliebig lange Mittagspause einlegen oder auch die Verkaufsstelle ganz geschlossen halten (*Neumann* Anm. 4).

V. Werktage und andere Tage

Bei den Ladenschlußzeiten ist zwischen Werktagen, Samstagen, Sonntagen und Feiertagen zu unter- 6
scheiden.

1. An **Werktagen** müssen die Verkaufsstellen von montags bis freitags von 20 Uhr bis 6 Uhr 7
geschlossen sein, § 3 I 1 Nr. 2. Eine Ausnahme besteht für Verkaufsstellen für **Bäckerwaren**, die schon um 5.30 Uhr öffnen dürfen, § 3 I 2.

Bäckereien und Konditoreien unterlagen seit 1915 einem Nachtbackverbot. Durch die Neufassung 8
des LadSchlG wurde das BäckerArbZG aufgehoben (s. *Zmarzlik* DB 1996, 1774, 1776 f.). Die Regelungen über die Verkaufsstellen sind in das LadSchlG übernommen worden, diejenigen über die AN in Bäckereien und Konditoreien in das ArbZG (dazu *Anzinger/Roggendorff* Rn. 23 ff.). Nach der amtlichen Begründung zum Änderungsgesetz zum ArbZRG vom 30. 7. 1996 (BGBl. I S. 1186) sind das Nachtback- und Ausfahrverbot und das Sonntagsbackverbot heute weder geeignet noch erforderlich zum Schutze der AN (BT-Drucks. 13/4245 S. 11; anders noch die amtl. Begr. zum neuen ArbZG, BT-Drucks. 12/5888 S. 53 zu Nr. 26); s. auch die Kommentierung zu § 12.

2. Für alle **Samstage** gilt einheitlich, daß zwischen 16 Uhr und 6 Uhr geschlossen sein muß, § 3 I 1 9
Nr. 3. Nur an den vier Samstagen vor Heiligabend kann die Verkaufsstelle bis 18 Uhr offengehalten werden, § 3 I 1 Nr. 4.

3. An **Sonntagen** muß grds. immer geschlossen bleiben. Ausnahmen ermöglichen die §§ 10 bis 15 10
sowie die Verordnung über den Verkauf bestimmter Waren an Sonn- und Feiertagen vom 21. 12. 1957. Sie betrifft den Verkauf von frischer Milch, Bäcker- oder Konditorware, Blumen und Zeitungen (s. die Kommentierung zu § 12).

4. Auch an den **Feiertagen** (s. § 2 I) müssen die Verkaufsstellen grds. geschlossen sein. Insoweit 11
sind ebenfalls nach §§ 10 bis 15 sowie der o. g. Verordnung Ausnahmen möglich.

5. **Sonderregelungen** enthalten §§ 4 bis 16 und §§ 18, 19. 12

VI. Mitbestimmung

Nach Ansicht des BAG (31. 8. 1982 AP BetrVG 1972 § 87 Arbeitszeit Nr. 8) hat der **Betriebsrat** 13
auch insoweit ein Mitbestimmungsrecht nach § 87 I Nr. 2 BetrVG, als dadurch die Ausschöpfung der gesetzlichen Ladenschlußzeiten unmöglich gemacht wird. – Die Entscheidung ist abzulehnen, da sie einen vom BetrVG nicht gedeckten Eingriff in die unternehmerische Freiheit bedeutet (*Goos* NZA 1988, 870; *Lieb* DB 1981 Beil. 17, 1 ff.; *Reuter* ZfA 1981, 165; *ders.* in Täger/Vogler-Ludwig/Munz, Das deutsche Ladenschlußgesetz, Anh. S. 179 ff.; *Richardi* Anm. EzA BetrVG § 87 Arbeitszeit Nr. 13).

VII. Kartellvertrag

Wenn sich einzelne Einzelhändler über die Ladenöffnungszeiten absprechen, handelt es sich um 14
einen nach § 1 GWB unzulässigen Kartellvertrag. Unzulässig ist auch ein abgestimmtes Verhalten, § 15 GWB. Dagegen sind nach Abs. 2 Mittelstandsempfehlungen gem. § 38 II Nr. 1 GWB zulässig (s. *Zmarzlik/Roggendorff* Rn. 26 ff.; s. auch *Immenga* in Täger/Vogler-Ludwig/Munz, Das deutsche Ladenschlußgesetz, Anh. S. 267 ff.).

VIII. Arbeitszeit

Die Regelung im LadSchlG betrifft nur die Ladenschlußzeiten. Welche Arbeitszeiten für die Mitar- 15
beiter gelten, richtet sich demgegenüber nach anderen Rechtsquellen. Die **höchstzulässige Arbeitszeit** ergibt sich aus ArbZG, JArbSchG und MuSchG (s. § 17 Rn. 1 f.).

Die **arbeitsrechtliche Verpflichtung,** zu bestimmten Zeiten in der Verkaufsstelle zu arbeiten, kann 16
sich aus einem TV, einer Betriebsvereinbarung oder aus dem Einzelarbeitsvertrag ergeben (s. zum Ganzen *Zmarzlik/Roggendorff* Rn. 32 ff. sowie *Kerwer* NZA 1999, 1317 f.).

§ 4 Apotheken

(1) ¹Abweichend von den Vorschriften des § 3 dürfen Apotheken an allen Tagen während des ganzen Tages geöffnet sein. ²An Werktagen während der allgemeinen Ladenschlußzeiten (§ 3) und an Sonn- und Feiertagen ist nur die Abgabe von Arznei-, Krankenpflege-, Säuglingspflege- und Säuglingsnährmitteln, hygienischen Artikeln sowie Desinfektionsmitteln gestattet.

(2) ¹Die nach Landesrecht zuständige Verwaltungsbehörde hat für eine Gemeinde oder für benachbarte Gemeinden mit mehreren Apotheken anzuordnen, daß während der allgemeinen Ladenschlußzeiten (§ 3) abwechselnd ein Teil der Apotheken geschlossen sein muß. ²An den geschlossenen Apotheken ist an sichtbarer Stelle ein Aushang anzubringen, der die zur Zeit offenen Apotheken bekanntgibt. ³Dienstbereitschaft der Apotheken steht der Offenhaltung gleich.

1   Anders als andere Verkaufsstellen können Apotheken grds. an allen Tagen während des ganzen Tages geöffnet sein. (Die Definition der Apotheke richtet sich nach § 1 I Apothekengesetz, die der Arzneimittel nach § 2 Arzneimittelgesetz.) Tatsächlich beschränkt sich das Offenhalten außerhalb der Ladenschlußzeiten aber auf bestimmte dienstbereite Apotheken. Die nach Landesrecht zuständigen Verwaltungsbehörden treffen nämlich sogenannte **Apothekennotdienstregelungen**, § 4 II. Deren Anordnung ist ein VA in Form der Allgemeinverfügung (BVerwG 15. 10. 1985 NJW 1986, 1564). Die geschlossenen Apotheken müssen einen sichtbaren Aushang bezüglich der geöffneten Apotheken anbringen. Für die offenen Apotheken genügt Dienstbereitschaft zur Erfüllung ihrer Verpflichtung aus der Notdienstregelung.

2   Nach § 23 I 2 Apothekenbetriebsordnung (ApBetrO) entfällt die Pflicht zur ständigen **Dienstbereitschaft** zu folgenden Zeiten:
– montags bis samstags von 6 Uhr bis 8 Uhr,
– montags bis freitags von 18.30 Uhr bis 20 Uhr,
– samstags von 14 Uhr bis 16 Uhr,
– an den vier aufeinanderfolgenden Samstagen vor dem 24. Dezember von 14 Uhr bis 18 Uhr.

3   Außerhalb der Ladenschlußzeiten dürfen nur typische **Apothekerwaren** verkauft werden. Nicht dazu gehören zB Seifen, Süßigkeiten oder Genußmittel, § 4 I 2 (s. auch *Theis* Rn. 17 f.). §§ 8, 14 und 16 gelten für Apotheken nicht, s. §§ 8 III, 14 IV, 16 III.

4   Wer als Apotheker während der allgemeinen Ladenschlußzeiten andere Waren als die in § 4 I 2 LadSchlG genannten verkauft, handelt gem. § 24 I Nr. 2 **ordnungswidrig**. Ordnungswidrig handelt nach § 34 Nr. 1 i und j ApBetrO, wer als Apotheker schuldhaft entgegen § 23 I, V ApBetrO die Apotheke nicht dienstbereit hält oder den Hinweis auf die nächstgelegenen dienstbereiten Apotheken nicht anbringt.

§ 5 Zeitungen und Zeitschriften

Abweichend von den Vorschriften des § 3 dürfen Kioske für den Verkauf von Zeitungen und Zeitschriften
1. an Samstagen durchgehend von 6 Uhr bis 19 Uhr,
2. an Sonn- und Feiertagen von 11 Uhr bis 13 Uhr geöffnet sein.

1   § 5 enthält eine Ausnahme zu § 3 für bestimmte Arten von Verkaufsstellen und für bestimmte Waren. **Kioske** sind Bauwerke, die idR nur aus einem Raum bestehen, der nicht für den Zutritt von Kunden bestimmt ist, und von dem aus Schalterverkauf betrieben wird. Unabhängig von der Sonderregelung des § 5 gilt die **Verordnung über den Verkauf bestimmter Waren an Sonn- und Feiertagen** vom 21. 12. 1957 (BGBl. I S. 1881). Sie erlaubt auch anderen Verkaufsstellen als Kiosken den Verkauf von Zeitungen für die Dauer von fünf Stunden; also nicht auch den Verkauf von Zeitschriften.

2   Für Kioske mit Schank- oder Speisebetrieb gilt das GaststG.

§ 6 Tankstellen

(1) Abweichend von den Vorschriften des § 3 dürfen Tankstellen an allen Tagen während des ganzen Tages geöffnet sein.

(2) An Werktagen während der allgemeinen Ladenschlußzeiten (§ 3) und an Sonn- und Feiertagen ist nur die Abgabe von Ersatzteilen für Kraftfahrzeuge, soweit dies für die Erhaltung oder Wiederherstellung der Fahrbereitschaft notwendig ist, sowie die Abgabe von Betriebsstoffen und von Reisebedarf gestattet.

1   § 6 enthält eine **Sonderregelung** zu § 3. Danach dürfen Tankstellen rund um die Uhr offengehalten werden (s. dazu *Stober* NJW 1984, 2499; *ders.* NJW 1990, 1335; *ders.* JZ 1996, 541, 545). Die Privilegierung beschränkt sich auf Ersatzteile, Betriebsstoffe und Reisebedarf. Eine Pflicht zur Offenhaltung besteht nicht.

Zur Abgabe von **Ersatzteilen** und Betriebsstoffen gehören auch die Vornahme von Ölwechsel oder der Austausch von Kraftfahrzeug-Zubehör, soweit dies für die Fahrbereitschaft notwendig ist. Bis zur Gesetzesänderung im Juli 1996 war der Verkauf von **Reisebedarf** (s. zur Definition § 2 II) nicht privilegiert, sondern nur der von Zubehör. Der Zubehörbegriff wurde von der Rspr. immer weiter in Richtung auf Reisebedarf ausgedehnt (s. insb. BVerwG 26. 10. 1993 GewA 1994, 117; krit. BGH 7. 6. 1996 NJW 1996, 2577, 2578, wonach das Privileg des Blumenverkaufs nicht für Tankstellen gilt). – Die Rspr. ist insofern überholt, als nunmehr der Verkauf von Reisebedarf ausdrücklich genannt wird.

Damit werden Tankstellen den Verkaufsstellen auf Personenbahnhöfen und an Flughäfen gleichgestellt. Allerdings soll nach Ansicht der Literatur die Art des Reisebedarfs jeweils unterschiedlich sein (*Zmarzlik/Roggendorff* Rn. 11).

Da es sich bei der **Autowäsche** nicht um einen Verkauf, sondern um eine Dienstleistung handelt, gilt insoweit das LadSchlG nicht (BGH 10. 3. 1983 BB 1983, 2078; *Stober* § 1 Rn. 12; *Theis* § 1 Rn. 6 f.; *Zmarzlik/Roggendorff* Rn. 5; aA BayObLG 9. 3. 1967 NJW 1967, 1479; *Neumann/Biebl* Rn. 2 f. unter Berufung auf § 6 II).

Für Tankstellen an Bundesautobahnen gilt eine Sonderregelung in § 15 I, III Fernstraßengesetz.

Beim Verkauf von anderen als den in Abs. 2 genannten Waren während der allgemeinen Ladenschlußzeiten begeht der Tankstellenbetreiber eine **Ordnungswidrigkeit** nach § 24 II Nr. 2 a.

§ 7 Warenautomaten

(1) Abweichend von den Vorschriften des § 3 dürfen Warenautomaten an allen Tagen während des ganzen Tages benutzbar sein.

(2) ¹Für Warenautomaten, die Verkaufsstellen auf Personenbahnhöfen oder auf Flughäfen im Sinne der §§ 8 und 9 sind, treten an die Stelle der Vorschriften des Absatzes 1 die Vorschriften der §§ 8 und 9. ²Warenautomaten, die in Gaststätten oder Betrieben aufgestellt sind, unterliegen nicht den Vorschriften dieses Gesetzes.

(3) Das Bundesministerium für Arbeit und Sozialordnung wird ermächtigt, im Einvernehmen mit dem Bundesministerium für Wirtschaft zur Durchführung der Vorschrift des Absatzes 1 Rechtsverordnungen mit Zustimmung des Bundesrates zu erlassen, die den Verkauf aus Warenautomaten während der allgemeinen Ladenschlußzeiten (§ 3) näher regeln.

Warenautomaten sind nach § 1 I Nr. 1 jedenfalls Verkaufsstellen iSd. Gesetzes. Sie können an allen Tagen und rund um die Uhr in Betrieb sein. Die frühere einschränkende Regelung, die zwischen mit einer Verkaufsstelle verbundenen und anderen Automaten unterschied, wurde vom BVerfG für nichtig erklärt (BVerfG 21. 2. 1962 NJW 1962, 569). Die Abs. 2 und 3 wurden beibehalten, sind aber aufgrund der Neuregelung vom Juli 1996 überflüssig. Mischbetriebe unterliegen dem GaststG (BayObLG DÖV 1998, 161).

AN dürfen nach § 17 V nur während der allgemeinen Öffnungszeiten zum **Beschicken von Automaten** eingesetzt werden; der Inhaber selbst darf den Automaten zu jeder Zeit beschicken.

Rechtsverordnungen nach Abs. 3 bestehen bisher nicht.

§ 8 Verkaufsstellen auf Personenbahnhöfen

(1) ¹Abweichend von den Vorschriften des § 3 dürfen Verkaufsstellen auf Personenbahnhöfen von Eisenbahnen und Magnetschwebebahnen, soweit sie den Bedürfnissen des Reiseverkehrs zu dienen bestimmt sind, an allen Tagen während des ganzen Tages geöffnet sein, am 24. Dezember jedoch nur bis 17.00 Uhr. ²Während der allgemeinen Ladenschlußzeiten ist der Verkauf von Reisebedarf zulässig.

(2) Das Bundesministerium für Verkehr wird ermächtigt, im Einvernehmen mit den Bundesministerien für Wirtschaft und für Arbeit und Sozialordnung durch Rechtsverordnung mit Zustimmung des Bundesrates Ladenschlußzeiten für die Verkaufsstellen auf Personenbahnhöfen vorzuschreiben, die sicherstellen, daß die Dauer der Offenhaltung nicht über das von den Bedürfnissen des Reiseverkehrs geforderte Maß hinausgeht; er kann ferner die Abgabe von Waren in den genannten Verkaufsstellen während der allgemeinen Ladenschlußzeiten (§ 3) auf bestimmte Waren beschränken.

(2 a) Die Landesregierungen werden ermächtigt, durch Rechtsverordnung zu bestimmen, daß in Städten mit über 200 000 Einwohnern zur Versorgung der Berufspendler und der anderen Reisenden mit Waren des täglichen Ge- und Verbrauchs sowie mit Geschenkartikeln
1. Verkaufsstellen auf Personenbahnhöfen des Schienenfernverkehrs und
2. Verkaufsstellen innerhalb einer baulichen Anlage, die einen Personenbahnhof des Schienenfernverkehrs mit einem Verkehrsknotenpunkt des Nah- und Stadtverkehrs verbindet, an Werktagen von 6 bis 22 Uhr geöffnet sein dürfen; sie haben dabei die Größe der Verkaufsfläche auf das für diesen Zweck erforderliche Maß zu begrenzen.

(3) Für Apotheken bleibt es bei den Vorschriften des § 4.

1 Verkaufsstellen auf Personenbahnhöfen dürfen an allen Tagen während des ganzen Jahres, mit Ausnahme des 24. Dezember, geöffnet haben. Die Regelung gilt für bundeseigene Eisenbahnen der Deutschen Bahn Aktiengesellschaft. Für nicht bundeseigene Eisenbahnen gilt demgegenüber aufgrund der Verordnungsermächtigung in § 8 II die **Verordnung über die Ladenschlußzeiten für die Verkaufsstellen** auf Personenbahnhöfen **der nichtbundeseigenen Eisenbahnen** (NE-Ladenschlußzeiten-V) vom 18. 7. 1962 (BGBl. I S. 501). Die davon erfaßten Verkaufsstellen müssen an allen Tagen von 22 Uhr bis 5 Uhr geschlossen haben.
2 Sowohl für die bundeseigenen (§ 8 I 2) als auch für die nichtbundeseigenen Verkaufsstellen (§ 3 I der NE-Ladenschlußzeiten-V) ist der Verkauf auf **Reisebedarf** beschränkt. Insoweit gilt die Legaldefinition des § 2 II.
3 **Auf einem Personenbahnhof** liegt die Verkaufsstelle auch dann, wenn sie nicht im Bahnhof selbst untergebracht ist; jedoch wird eine Verkaufsstelle auf einem Bahnhofsvorplatz nicht erfaßt.
4 Zu den Personenbahnhöfen gehören Bahnhöfe für Eisenbahnen (der Deutschen Bahn ua.) sowie für S-Bahnen (*Zmarzlik* DB 1986, 1622 f.), nicht aber für U-Bahnen, Hochbahnen oder Omnibusse.
5 Für **Städte mit über 200 000 Einwohnern** kann durch Rechtsverordnung der Landesregierung außer dem Verkauf von Reisebedarf auch der Verkauf von Waren des täglichen Ge- und Verbrauchs sowie von Geschenkartikeln zugelassen werden, § 8 II a (dazu *Zmarzlik* DB 1986, 1622 ff.). Da nicht unterschieden werden kann, ob der Käufer „Berufspendler oder ein anderer Reisender" ist, ist der Verkauf an jedermann zulässig. Die abendliche Öffnungszeit wird um zwei Stunden verlängert. Entsprechende Rechtsverordnungen haben Baden-Württemberg, Berlin, Hamburg und Sachsen erlassen (zur Sächsischen Ladenschlußverordnung s. *Kerwer* NZA 1999, 1314 und OVG Bautzen 2. 12. 1998 NJW 1999, 2539; dazu *Tillmann-Gehrken* NVwZ 2000, 162).
6 Für **Bahnhofsapotheken** verbleibt es bei der allgemeinen Regelung in § 4. Diese Regelung verstößt nicht gegen das GG (BVerfG 29. 11. 1961 BVerfGE 13, 225).
7 Verstöße stellen **Ordnungswidrigkeiten** nach § 24 I Nr. 2 a dar.

§ 9 Verkaufsstellen auf Flughäfen und in Fährhäfen

(1) ¹Abweichend von den Vorschriften des § 3 dürfen Verkaufsstellen auf Flughäfen an allen Tagen während des ganzen Tages geöffnet sein, am 24. Dezember jedoch nur bis siebzehn Uhr. ²An Werktagen während der allgemeinen Ladenschlußzeiten (§ 3) und an Sonn- und Feiertagen ist nur die Abgabe von Reisebedarf an Reisende gestattet.

(2) Das Bundesministerium für Verkehr wird ermächtigt, im Einvernehmen mit den Bundesministerien für Wirtschaft und für Arbeit und Sozialordnung durch Rechtsverordnung mit Zustimmung des Bundesrates Ladenschlußzeiten für die in Absatz 1 genannten Verkaufsstellen vorzuschreiben und die Abgabe von Waren näher zu regeln.

(3) Die Landesregierungen werden ermächtigt, durch Rechtsverordnung abweichend von Absatz 1 Satz 2 zu bestimmen, daß auf internationalen Verkehrsflughäfen und in internationalen Fährhäfen Waren des täglichen Ge- und Verbrauchs sowie Geschenkartikel an Werktagen während der allgemeinen Ladenschlußzeiten (§ 3) und an Sonn- und Feiertagen auch an andere Personen als an Reisende abgegeben werden dürfen; sie haben dabei die Größe der Verkaufsflächen auf das für diesen Zweck erforderliche Maß zu begrenzen.

1 **Verkaufsstellen auf Flughäfen** und in Fährhäfen dürfen zwar an allen Tagen offenhalten, § 8 I. Das Gesetz sieht jedoch zwei Einschränkungen vor. Es darf nur Reisebedarf verkauft werden (s. die Legaldefinition in § 2 II) und auch nur an (Flug-)Reisende. Der BGH ist der Meinung, der Inhaber der Verkaufsstelle müsse sicherstellen, daß diese Voraussetzungen erfüllt sind (BGH 19. 5. 1982 AP LadSchlG § 9 Nr. 1 = NJW 1982, 2502; dazu *Zmarzlik* DB 1988, 119).
2 Für **internationale Verkehrsflughäfen** und in internationalen Fährhäfen existieren jedoch weitergehende Rechtsverordnungen mehrerer Landesregierungen (vgl. § 9 III), nach denen nicht nur Reisebedarf, sondern auch Waren des täglichen Ge- und Verbrauchs sowie Geschenkartikel während der Ladenschlußzeiten verkauft werden dürfen, und zwar nicht nur an Flugreisende, sondern an jedermann.
3 **Internationale Verkehrsflughäfen** sind die Flughäfen in Berlin-Tegel, Bremen, Düsseldorf, Frankfurt aM, Hamburg, Hannover, Köln/Bonn, München-Riem, Nürnberg, Stuttgart und Saarbrücken-Ensheim (s. § 1 der Verordnung über die Luftfahrtstatistik vom 30. 10. 1967 BGBl. I S. 1056).

§ 10 Kur- und Erholungsorte

(1) ¹Die Landesregierungen können durch Rechtsverordnung bestimmen, daß und unter welchen Voraussetzungen und Bedingungen in Kurorten und in einzeln aufzuführenden Ausflugs-, Erholungs- und Wallfahrtsorten mit besonders starkem Fremdenverkehr, Badegegenstände, Devotionalien, frische Früchte, alkoholfreie Getränke, Milch und Milcherzeugnisse im Sinne des § 4

Abs. 2 des Milch- und Fettgesetzes in der Fassung vom 10. Dezember 1952 (Bundesgesetzbl. I S. 811), Süßwaren, Tabakwaren, Blumen und Zeitungen sowie Waren, die für diese Orte kennzeichnend sind, abweichend von den Vorschriften des § 3 Abs. 1 Nr. 1 und 3
1. an jährlich höchstens vierzig Sonn- und Feiertagen bis zur Dauer von acht Stunden,
2. sonnabends bis spätestens zwanzig Uhr verkauft werden dürfen.
²Sie können durch Rechtsverordnung die Festsetzung der zugelassenen Öffnungszeiten auf andere Stellen übertragen. ³Bei der Festsetzung der Öffnungszeiten ist auf die Zeit des Hauptgottesdienstes Rücksicht zu nehmen.

(2) ¹In den nach Absatz 1 erlassenen Rechtsverordnungen kann die Offenhaltung auf bestimmte Ortsteile beschränkt werden. ²Wird die Offenhaltung am Sonnabendnachmittag zugelassen, so muß gleichzeitig angeordnet werden, daß die Verkaufsstellen, die am Sonnabendnachmittag offenhalten dürfen, an einem bestimmten anderen Nachmittag derselben Woche ab vierzehn Uhr geschlossen sein müssen.

(3) ¹Die Landesregierungen können durch Rechtsverordnung bestimmen, daß in einzeln aufzuführenden Orten, die in der Nähe der Bundesgrenze liegen, die Verkaufsstellen an Sonnabenden abweichend von der Vorschrift des § 3 Abs. 1 Nr. 3 bis achtzehn Uhr geöffnet sein dürfen. ²In diesem Falle muß gleichzeitig angeordnet werden, daß die Verkaufsstellen an einem bestimmten anderen Nachmittag derselben Woche ab vierzehn Uhr geschlossen sein müssen.

(4) *(gegenstandslos)*

Alle Landesregierungen haben inzwischen Rechtsverordnungen erlassen, die für **Kurorte**, Ausflugs-, Erholungs- und Wallfahrtsorte von § 3 abweichende Öffnungszeiten vorsehen, § 10 I, II. Eine ähnliche Regelung ist für **Grenzorte** möglich, § 10 III. Welche Waren verkauft werden dürfen, ist in § 10 I 1 im einzelnen aufgeführt. Eine Öffnung am Samstagnachmittag, die hier statt bis 16 Uhr bis 20 Uhr möglich ist, muß durch ein Schließen der Verkaufsstelle an einem bestimmten anderen Nachmittag derselben Woche kompensiert werden, § 10 II 2. 1

Werden zB Waren, die nicht zu den in einer entsprechenden Verordnung zugelassenen Warengruppen gehören, mit einem Aufkleber „Berlin-Souvenir" versehen, so handelt es sich um eine Umgehung, vgl. § 24 I Nr. 2 a LadSchlG (VG Berlin 5. 8. 1999 NJW 1999, 2988; s. auch *Kerwer* NZA 1999, 1314 f.; *Rozek* NJW 1999, 2921, 2922). 2

AN im Geltungsbereich einer die Ladenöffnungszeiten erweiternden Norm steht die Antragsbefugnis für ein Normenkontrollverfahren zu; OVG Magdeburg 6. 8. 1999 NJW 1999, 2985; dazu *Kohte* AuR 1999, 455). 3

Nach Abs. 1 S. 2 ist die Festlegung der Ausflugsorte Sache der Landesregierungen; die Kommunen dürfen lediglich die Öffnungszeiten festlegen (OVG Magdeburg 6. 8. 1999 NJW 1999, 2985). 4

Der Inhaber der Verkaufsstelle hat ein **Wahlrecht**, ob er die allgemeine Ladenschlußregelung nach § 3 oder die nach § 10 zugrundelegen will (ebenso *Zmarzlik/Roggendorff* Rn. 9; aA *Theis* Rn. 34). 5

Für die Beschäftigung von AN ist § 17 II a zu beachten. 6

Besteht noch keine Rechtsverordnung, so bedeutet ein Verstoß gegen § 10 eine **Ordnungswidrigkeit** nach § 3 iVm. § 24 I Nr. 2 a erster Halbs.; beim Bestehen einer Rechtsverordnung greift § 24 I Nr. 2 a letzter Halbs. ein. 7

§ 11 Verkauf in ländlichen Gebieten an Sonntagen

Die Landesregierungen oder die von ihnen bestimmten Stellen können durch Rechtsverordnung bestimmen, daß und unter welchen Voraussetzungen und Bedingungen in ländlichen Gebieten während der Zeit der Feldbestellung und der Ernte abweichend von den Vorschriften des § 3 alle oder bestimmte Arten von Verkaufsstellen
1. an Sonn- und Feiertagen bis zur Dauer von zwei Stunden,
2. an Samstagen eine Stunde länger als nach § 3 Abs. 1 Nr. 3 zulässig ist,
geöffnet sein dürfen, falls dies zur Befriedigung dringender Kaufbedürfnisse der Landbevölkerung erforderlich ist.

Die „Zeit der Feldbestellung und der Ernte" ist weit zu verstehen und umfaßt die Zeit vom Frühjahr bis zum Herbst. Auch Weinbau und Viehwirtschaft fallen unter die Sondervorschrift. 1

Alle Bundesländer außer Berlin, Bremen, Hamburg und dem Saarland haben **Rechtsverordnungen** nach Abs. 1 erlassen. 2

§ 12 Verkauf bestimmter Waren an Sonntagen

(1) Das Bundesministerium für Arbeit und Sozialordnung bestimmt im Einvernehmen mit den Bundesministerien für Wirtschaft und für Ernährung, Landwirtschaft und Forsten durch Rechtsverordnung mit Zustimmung des Bundesrates, daß und wie lange an Sonn- und Feiertagen

440 LadSchlG §§ 13, 14

abweichend von der Vorschrift des § 3 Abs. 1 Nr. 1 Verkaufsstellen für die Abgabe von Milch und Milcherzeugnissen im Sinne des § 4 Abs. 2 des Milch- und Fettgesetzes in der Fassung vom 10. Dezember 1952, Bäcker- und Konditorwaren, frischen Früchten, Blumen und Zeitungen geöffnet sein dürfen.

(2) ¹In den nach Absatz 1 erlassenen Rechtsverordnungen kann die Offenhaltung auf bestimmte Sonn- und Feiertage oder Jahreszeiten sowie auf bestimmte Arten von Verkaufsstellen beschränkt werden. ²Eine Offenhaltung am 2. Weihnachts-, Oster- und Pfingstfeiertag soll nicht zugelassen werden. ³Die Lage der zugelassenen Öffnungszeiten wird unter Berücksichtigung der Zeit des Hauptgottesdienstes von den Landesregierungen oder den von ihnen bestimmten Stellen durch Rechtsverordnung festgesetzt.

(3) *(gegenstandslos)*

1   Von der in § 12 eröffneten Ermächtigung zum Erlaß einer Rechtsverordnung hat der Bund durch die Verordnung über den **Verkauf bestimmter Waren an Sonn- und Feiertagen** vom 21. 12. 1957 (BGBl. I S. 1881), zuletzt geändert durch Gesetz vom 30. 7. 1996 (BGBl. I S. 1186) Gebrauch gemacht. Danach sind folgende Verkaufszeiten möglich:
    - 2 Stunden   frische Milch, Blumen
    - 3 Stunden   Bäcker- und Konditorwaren
    - 5 Stunden   Zeitungen
    - 6 Stunden   Blumen am 1. November (Allerheiligen),
                  am Volkstrauertag, am Buß- und Bettag (betrifft nur Sachsen),
                  am Totensonntag und am 1. Adventssonntag.

2   Die genaue Lage wird durch Rechtsverordnungen festgesetzt, Abs. 2 S. 3, die inzwischen von allen Ländern erlassen wurden.

3   Ein **Verstoß** gegen eine Rechtsverordnung auf der Grundlage des § 12 führt nicht zu einer Strafe oder Geldbuße (vgl. den abschließenden Katalog in §§ 24 f.), kann aber zum Verwaltungszwang führen.

§ 13. *(aufgehoben)*

§ 14 Weitere Verkaufssonntage

(1) ¹Abweichend von der Vorschrift des § 3 Abs. 1 Nr. 1 dürfen Verkaufsstellen aus Anlaß von Märkten, Messen oder ähnlichen Veranstaltungen an jährlich höchstens vier Sonn- und Feiertagen geöffnet sein. ²Wird hiervon Gebrauch gemacht, so müssen die offenen Verkaufsstellen an den jeweils vorausgehenden Sonnabenden ab vierzehn Uhr geschlossen werden. ³Diese Tage werden von den Landesregierungen oder den von ihnen bestimmten Stellen durch Rechtsverordnung freigegeben.

(2) ¹Bei der Freigabe kann die Offenhaltung auf bestimmte Bezirke und Handelszweige beschränkt werden. ²Der Zeitraum, während dessen die Verkaufsstellen geöffnet sein dürfen, ist anzugeben. ³Er darf fünf zusammenhängende Stunden nicht überschreiten, muß spätestens um achtzehn Uhr enden und soll außerhalb der Zeit des Hauptgottesdienstes liegen.

(3) ¹Sonn- und Feiertage im Dezember dürfen nicht freigegeben werden. ²In Orten, für die eine Regelung nach § 10 Abs. 1 Satz 1 getroffen ist, dürfen Sonn- und Feiertage nach Absatz 1 nur freigegeben werden, soweit die Zahl dieser Tage zusammen mit den nach § 10 Abs. 1 Nr. 1 freigegebenen Sonn- und Feiertagen vierzig nicht übersteigt.

(4) Für Apotheken bleibt es bei den Vorschriften des § 4.

1   Durch Rechtsverordnung der Landesregierung oder einer von ihr bestimmten Stelle können jährlich höchstens 4 **Sonn- und Feiertage** für Verkaufsstellen aus Anlaß von Märkten, Messen und ähnlichen Veranstaltungen (dazu *Kerwer* NZA 1999, 1315) zum Verkauf freigegeben werden. An den jeweils voraufgehenden Samstagen muß die Verkaufsstelle dafür um 14 Uhr statt um 16 Uhr schließen (dazu *Huber* GewA 1998, 406). Der Inhaber der Verkaufsstelle hat aber ein Wahlrecht: Er kann die vorstehend erläuterte Möglichkeit wählen oder auf die Sonntags- und Feiertagsöffnungen verzichten zugunsten der längeren Öffnung am Samstag (*Anzinger* Rn. 73; *Zmarzlik/Roggendorff* Rn. 7).

2   Die Definition für die **Messe** findet sich in § 64 I GewO, die für Märkte in §§ 66 bis 68 GewO.

3   **§§ 14 und 16** gelten nebeneinander, BVerwG 17. 12. 1998 NJW 1999, 1567; dazu *Hufen* JuS 2000, 197. Die Landesregierung kann in ihrer Rechtsverordnung das Verhältnis der Öffnungszeiten zueinander bestimmen (*Neumann* Anm. 3; *Zmarzlik/Roggendorff* Rn. 8). Jedoch erstreckt sich die Ermäch-

tigungsgrundlage in § 16 I 2 nicht darauf, eine Abweichung von § 14 I 2 zu erlauben (BVerwG 17. 12. 1998 NJW 1999, 1567; ferner OVG Rheinland-Pfalz 29. 4. 1998 DZWir 1998, 339 *(T. G. Bauer)* = AuR 1998, 381 *(Barkow von Creytz)*. Obwohl § 14 I 2 unmittelbar nur die Öffnung von Verkaufsstellen ermöglicht, können betroffene AN einen Normenkontrollantrag stellen (BVerwG 17. 12. 1998 NJW 1999, 1567). Allerdings berechtigt dieser nicht dazu, die Verordnung gem. § 47 VI VwGO vorläufig außer Vollzug zu setzen (VGH Mannheim 23. 11. 1998 NJW 1999, 1569; OVG Rheinland-Pfalz 24. 10. 1997 DZWir 1998, 116).

Für **Kur-**, Ausflugs-, Erholungs- und Wallfahrtsorte bestimmt § 14 III, daß die Zahl der Sonn- und 4 Feiertage nach § 14 I zusammen mit der nach § 10 I vierzig nicht übersteigen darf.

§ 15 Sonntagsverkauf am 24. Dezember

[1] Abweichend von der Vorschrift des § 3 Abs. 1 Nr. 1 dürfen, wenn der 24. Dezember auf einen Sonntag fällt,
1. Verkaufsstellen, die gemäß § 12 oder den hierauf gestützten Vorschriften an Sonn- und Feiertagen geöffnet sein dürfen,
2. Verkaufsstellen, die überwiegend Lebens- und Genußmittel feilhalten,
3. alle Verkaufsstellen für die Abgabe von Weihnachtsbäumen

während höchstens drei Stunden bis längstens vierzehn Uhr geöffnet sein. [2] Die Öffnungszeiten werden von den Landesregierungen oder den von ihnen bestimmten Stellen durch Rechtsverordnung festgesetzt.

§ 15 ist eine Sonderregelung für den Fall, daß Heiligabend auf einen Sonntag fällt. Aufgrund der 1 Rechtsverordnung eines Bundeslandes können dann bestimmte Verkaufsstellen höchstens drei Stunden bis höchstens 14 Uhr am 24. Dezember geöffnet haben. Wenn der 24. 12. auf einen Werktag fällt, gilt § 2 I Nr. 4.

§ 16 Verkauf an Werktagen nach achtzehn Uhr dreißig Minuten

(1) [1] Abweichend von der Vorschrift des § 3 Abs. 1 Nr. 3 dürfen Verkaufsstellen aus Anlaß von Märkten, Messen oder ähnlichen Veranstaltungen an jährlich höchstens sechs Werktagen bis spätestens einundzwanzig Uhr geöffnet sein. [2] Diese Tage werden durch die Landesregierungen oder die von ihnen bestimmten Stellen durch Rechtsverordnung freigegeben.

(2) Bei der Freigabe kann die Offenhaltung auf bestimmte Bezirke und Handelszweige beschränkt werden.

(3) Für Apotheken bleibt es bei den Vorschriften des § 4.

Durch Rechtsverordnung kann eine zusätzliche Ladenöffnung an jährlich höchstens 6 Werktagen 1 bis 21 Uhr erlaubt werden. Angesichts der Verlängerung der Öffnungszeit an Montagen bis Freitagen bis 20 Uhr ist die einstündige Verlängerung zwar möglich, aber wohl entbehrlich. Wichtig ist die Verlängerungsmöglichkeit an Samstagen (21 Uhr statt 16 Uhr). Durch Rechtsverordnungen nach § 16 dürfen keine von § 14 I 2 LadSchlG abweichenden Öffnungszeiten zugelassen werden (OVG Bremen 15. 9. 1998 AuR 1998, 508; OVG Rheinland-Pfalz 29. 4. 1998 DZWir 1998, 339).

Dritter Abschnitt. Besonderer Schutz der Arbeitnehmer

§ 17 [Arbeitszeit an Sonn- und Feiertagen]

(1) In Verkaufsstellen dürfen Arbeitnehmer an Sonn- und Feiertagen nur während der ausnahmsweise zugelassenen Öffnungszeiten (§§ 4 bis 15 und die hierauf gestützten Vorschriften) und, falls dies zur Erledigung von Vorbereitungs- und Abschlußarbeiten unerläßlich ist, während insgesamt weiterer dreißig Minuten beschäftigt werden.

(2) Die Dauer der Beschäftigungszeit des einzelnen Arbeitnehmers an Sonn- und Feiertagen darf acht Stunden nicht überschreiten.

(2 a) [1] In Verkaufsstellen, die gemäß § 10 oder den hierauf gestützten Vorschriften an Sonn- und Feiertagen sowie an Sonnabenden geöffnet sein dürfen, dürfen Arbeitnehmer an jährlich höchstens 22 Sonn- und Feiertagen und sonnabends höchstens bis 18 Uhr beschäftigt werden. [2] Ihre Arbeitszeit an Sonn- und Feiertagen darf vier Stunden nicht überschreiten.

(3) [1] Arbeitnehmer, die an Sonn- und Feiertagen in Verkaufsstellen gemäß §§ 4 bis 6, 8 bis 12, 14 und 15 und den hierauf gestützten Vorschriften beschäftigt werden, sind, wenn die Beschäftigung länger als drei Stunden dauert, an einem Werktage derselben Woche ab dreizehn

Uhr, wenn sie länger als sechs Stunden dauert, an einem ganzen Werktage derselben Woche von der Arbeit freizustellen; mindestens jeder dritte Sonntag muß beschäftigungsfrei bleiben. ²Werden sie bis zu drei Stunden beschäftigt, so muß jeder zweite Sonntag oder in jeder zweiten Woche ein Nachmittag ab dreizehn Uhr beschäftigungsfrei bleiben. ³Statt an einem Nachmittag darf die Freizeit am Sonnabend- oder Montagvormittag bis vierzehn Uhr gewährt werden. ⁴Während der Zeiten, zu denen die Verkaufsstelle geschlossen sein muß, darf die Freizeit nicht gegeben werden.

(4) ¹Arbeitnehmer, die an einem Montagvormittag in Verkaufsstellen gemäß § 3 Abs. 3 beschäftigt werden, sind an einem Werktage derselben oder der vorhergehenden Woche ab dreizehn Uhr von der Arbeit freizustellen. ²Absatz 3 Satz 3 und 4 findet Anwendung.

(5) Mit dem Beschicken von Warenautomaten dürfen Arbeitnehmer außerhalb der Öffnungszeiten, die für die mit dem Warenautomaten in räumlichem Zusammenhang stehende Verkaufsstelle gelten, nicht beschäftigt werden.

(6) *(aufgehoben)*

(7) Das Bundesministerium für Arbeit und Sozialordnung wird ermächtigt, zum Schutze der Arbeitnehmer in Verkaufsstellen vor übermäßiger Inanspruchnahme ihrer Arbeitskraft oder sonstiger Gefährdung ihrer Gesundheit durch Rechtsverordnung mit Zustimmung des Bundesrates zu bestimmen,
1. daß während der ausnahmsweise zugelassenen Öffnungszeiten (§§ 4 bis 16 und die hierauf gestützten Vorschriften) bestimmte Arbeitnehmer nicht oder die Arbeitnehmer nicht mit bestimmten Arbeiten beschäftigt werden dürfen,
2. daß den Arbeitnehmern für Sonn- und Feiertagsarbeit über die Vorschriften des Absatzes 3 hinaus ein Ausgleich zu gewähren ist,
3. daß die Arbeitnehmer während der Ladenschlußzeiten an Werktagen (§ 3 Abs. 1 Nr. 2 bis 4, §§ 5, 6, 8 bis 10 und 16 und die hierauf gestützten Vorschriften) nicht oder nicht mit bestimmten Arbeiten beschäftigt werden dürfen.

(8) ¹Das Gewerbeaufsichtsamt kann in begründeten Einzelfällen Ausnahmen von den Vorschriften der Absätze 1 bis 5 bewilligen. ²Die Bewilligung kann jederzeit widerrufen werden.

(9) Die Vorschriften der Absätze 1 bis 8 finden auf pharmazeutisch vorgebildete Arbeitnehmer in Apotheken keine Anwendung.

1 Das LadSchlG regelt im Grunde nur die Schließungszeiten von Verkaufsstellen. Wie lange AN höchstens arbeiten müssen und wann sie nicht arbeiten dürfen, wird dagegen nicht durch das LadSchlG geregelt, sondern – für alle AN – im **ArbZG**, ferner für Jugendliche im **JArbSchG** und für werdende und stillende Mütter durch das **MuSchG**.

2 Die genannten Gesetze regeln den **öffentlich-rechtlichen Arbeitsschutz.** Die tatsächlich zu leistende Arbeitszeit ergibt sich idR – wenn AG und AN tarifgebunden sind – durch einen TV; bei Tarifbindung nur des AG idR dadurch, daß auf den entsprechenden TV im Arbeitsvertrag verwiesen wird (s. zur Regelung durch TV *Kerwer* NZA 1999, 1313, 1317; *Sowka* NZA 1995, 1126 ff.; zum Mitbestimmungsrecht des BR nach § 87 I Nr. 2 BetrVG beim Sonntagsverkauf s. BAG 25. 2. 1997 NZA 1997, 955).

3 Nach dem allgemeinen Arbeitsschutzrecht dürfen AN an Sonn- und Feiertagen nicht beschäftigt werden, § 9 I ArbZG. Unter bestimmten Voraussetzungen ist nach § 10 ArbZG auch eine Arbeit an Sonn- und Feiertagen erlaubt. Hierzu enthält § 17 LadSchlG **Spezialvorschriften**, die denen des ArbZG vorgehen. Da die Arbeitszeit nach § 17 II 8 Stunden nicht überschreiten darf, tritt die Regelung im ArbZG, die auch eine Beschäftigung bis zu 10 Stunden zuläßt, dann zurück, wenn das LadSchlG für die entsprechenden Sonn- und Feiertage eingreift. Durch die Ausgleichsregelung in § 11 ArbZG wird die Spezialregelung in § 17 III verdrängt.

4 Für Verkaufsstellen in **Kur-,** Ausflugs-, Erholungs- und Wallfahrtsorten gilt § 17 II a.

5 Eine Zuwiderhandlung gegen eine Vorschrift des § 17 I bis III bedeutet eine **Ordnungswidrigkeit,** § 24 I Nr. 1 a.

6 Darüber hinaus können Verstöße gegen das LadSchlG auch **privatrechtliche Auswirkungen** haben. Ebenso wie die Vorschriften im ArbZG, im JArbSchG und im MuSchG enthalten die Vorschriften des LadSchlG gesetzliche Verbote. Nach § **134 BGB** sind dagegen verstoßende Bestimmungen in Arbeitsverträgen nichtig; das gleiche gilt für Weisungen des AG.

7 Da das LadSchlG ein dem Schutz des einzelnen AN dienendes Gesetz ist, ist es ein Schutzgesetz iSd. § **823 II BGB.**

8 Die öffentlich-rechtlichen Pflichten nach dem LadSchlG sind zugleich privatrechtliche Pflichten des AG aus dem Arbeitsvertrag (s. *Wlotzke,* FS für Hilger/Stumpf, 1983, S. 723, 726 mwN). Bei einem Verstoß hat der AN ggf. **Erfüllungsansprüche,** Unterlassungs- und Schadensersatzansprüche sowie nach § 17 ArbSchG ein Beschwerderecht und evtl. nach § 273 BGB ein Zurückbehaltungsrecht bezüglich der Arbeitskraft oder ein Kündigungsrecht.

Vierter Abschnitt. Bestimmungen für einzelne Gewerbezweige und für den Marktverkehr

§ 18 Friseurbetriebe

(1) Auf Betriebe des Friseurhandwerks und die in ihnen Beschäftigten finden die Vorschriften dieses Gesetzes mit der Maßgabe Anwendung, daß dem Feilhalten von Waren das Anbieten von Dienstleistungen gleichgestellt wird.

(2) Abweichend von § 3 Abs. 1 Nr. 3 dürfen Betriebe des Friseurhandwerks sonnabends bis achtzehn Uhr geöffnet sein; sie müssen statt dessen am Montagvormittag bis dreizehn Uhr geschlossen sein.

(3) Nicht unter dieses Gesetz fällt die Ausübung des Friseurhandwerks
1. in der Wohnung und der Arbeitsstätte der Kunden,
2. auf Personenbahnhöfen und auf Flughäfen.

Während das LadSchlG grds. nur für den Verkauf von Waren gilt, wird sein Anwendungsbereich durch § 18 auch auf bestimmte Dienstleistungen erstreckt. Der Friseur hat ein **Wahlrecht** (*Anzinger* Rn. 114): Entweder er hält samstags bis 18 Uhr auf, schließt dafür aber montags bis 13 Uhr, oder er hält am Samstag nur bis 16 Uhr auf und darf dann montags um 6 Uhr öffnen, § 3 I 1 Nr. 2 (BayObLG 6. 5. 1976 AP LadSchlG § 18 Nr. 3). 1

Ob ein Betrieb des **Friseurhandwerks** vorliegt, richtet sich nach der HandwO. Ein Friseurbetrieb in einem Kaufhaus unterliegt nicht § 18, sondern den allgemeinen Vorschriften (BVerwG 13. 6. 1963 AP LadSchlG § 18 Nr. 2). 2

Bei einem Verstoß gegen § 3 iVm. § 18 I oder gegen § 18 II liegt eine **Ordnungswidrigkeit** vor, § 24 I Nr. 2 a. 3

§ 18 a [Blumenverkauf auf Friedhöfen]

Abweichend von § 3 Abs. 1 Nr. 3 dürfen Verkaufsstellen für Blumen und Pflanzen auf Friedhöfen sowie in einem Umkreis bis zu 300 m von Friedhöfen sonnabends bis siebzehn Uhr geöffnet sein.

Für die Grenze von 300 Metern ist die Entfernung von der Friedhofsgrenze maßgebend und nicht die Entfernung vom Friedhofseingang (allg. Ansicht). Im Hinblick auf die Öffnung an Sonntagen ist § 12 zu beachten. 1

§ 19 Marktverkehr

(1) Während der allgemeinen Ladenschlußzeiten (§ 3) dürfen auf behördlich genehmigten Groß- und Wochenmärkten Waren zum Verkauf an den letzten Verbraucher nicht feilgehalten werden; jedoch kann die nach Landesrecht zuständige Verwaltungsbehörde in den Grenzen einer gemäß § 10 bis 16 oder hierauf gestützten Vorschriften zulässigen Offenhaltung der Verkaufsstellen einen geschäftlichen Verkehr auf Groß- und Wochenmärkten zulassen.

(2) Am 24. Dezember dürfen nach vierzehn Uhr Waren auch im sonstigen Marktverkehr nicht feilgehalten werden.

(3) Im übrigen bleibt es bei den Vorschriften der §§ 64 bis 71 a der Gewerbeordnung, insbesondere bei den auf Grund des § 69 Abs. 1 Satz 1 der Gewerbeordnung festgesetzten Öffnungszeiten für Messen, Ausstellungen und Märkte.

Die **gewerberechtliche Regelung** für Messen, Ausstellungen und Märkte findet sich in §§ 64 bis 71 b GewO, vgl. § 19 III LadSchlG. Die GewO enthält Legaldefinitionen bezüglich Messen (§ 64), Ausstellungen (§ 65), Märkte (§ 66), Wochenmärkte (§ 67), sowie Spezialmärkte und Jahrmärkte (§ 68). Nach § 69 GewO setzt die zuständige Behörde für Veranstaltungen iSd. §§ 64 bis 68 eine Veranstaltung nach Gegenstand, Zeit, Öffnungszeiten und Platz für jeden Fall der Durchführung fest. 1

Sind auf einem **Großmarkt** Letztverbraucher ausgeschlossen, so fällt diese Veranstaltung nur unter die GewO und nicht unter das LadSchlG (vgl. § 1 I Nr. 2 LadSchlG: „Verkauf an jedermann"). Nur wenn auch Letztverbraucher zugelassen sind, darf der Großmarkt während der allgemeinen Ladenschlußzeiten nach § 3 LadSchlG nicht geöffnet sein, soweit nicht eine Ausnahme nach §§ 10 bis 16 LadSchlG eingreift. 2

§ 20 Sonstiges gewerbliches Feilhalten

(1) ¹ Während der allgemeinen Ladenschlußzeiten (§ 3) ist auch das gewerbliche Feilhalten von Waren zum Verkauf an jedermann außerhalb von Verkaufsstellen verboten; dies gilt nicht für Volksbelustigungen, die den Vorschriften des Titels III der Gewerbeordnung unterliegen und von der nach Landesrecht zuständigen Behörde genehmigt worden sind, sowie für das Feilhalten von Tageszeitungen an Werktagen. ² Dem Feilhalten steht das Zeigen von Mustern, Proben und ähnlichem gleich, wenn dazu Räume benutzt werden, die für diesen Zweck besonders bereitgestellt sind, und dabei Warenbestellungen entgegengenommen werden.

(2) Soweit für Verkaufsstellen gemäß §§ 10 bis 16 oder den hierauf gestützten Vorschriften Abweichungen von den Ladenschlußzeiten des § 3 zugelassen sind, gelten diese Abweichungen unter denselben Voraussetzungen und Bedingungen auch für das Feilhalten gemäß Absatz 1.

(2 a) Die nach Landesrecht zuständige Verwaltungsbehörde kann abweichend von den Vorschriften der Absätze 1 und 2 Ausnahmen für das Feilhalten von leichtverderblichen Waren und Waren zum sofortigen Verzehr, Gebrauch oder Verbrauch zulassen, sofern dies zur Befriedigung örtlich auftretender Bedürfnisse notwendig ist und diese Ausnahmen im Hinblick auf den Arbeitsschutz unbedenklich sind.

(3) Die Vorschriften des § 17 Abs. 1 bis 4 gelten entsprechend.

(4) Das Bundesministerium für Arbeit und Sozialordnung kann durch Rechtsverordnung mit Zustimmung des Bundesrates zum Schutze der Arbeitnehmer vor übermäßiger Inanspruchnahme ihrer Arbeitskraft oder sonstiger Gefährdung ihrer Gesundheit Vorschriften, wie in § 17 Abs. 7 genannt, erlassen.

1 Um Umgehungen des § 3 zu vermeiden, gilt das Gesetz nicht nur für Verkaufsstellen (§§ 3 I, 1 I) und damit für „feste Stellen", sondern auch für den Verkauf an jedermann **außerhalb von Verkaufsstellen**. Während § 1 II Nr. 2 allgemein auf das Feilhalten abstellt, wird von § 20 nur das „gewerbliche Feilhalten" erfaßt. Nach der allgemeinen Definition des Gewerbes ist darunter jede auf Dauer angelegte selbständige Tätigkeit mit Ausnahme von Urproduktion, freiberuflicher Tätigkeit oder bloßer Verwaltung eigenen Vermögens zu verstehen; ob es auf die Gewinnerzielungsabsicht ankommt, ist streitig (s. *Tettinger/Wank*, GewO, 6. Aufl. 1999, § 1 Rn. 12 ff.). Zum Feilhalten s. o. § 1 Rn. 19.

2 Ausgenommen von den Ladenschlußzeiten sind „Volksbelustigungen" (vgl. §§ 60 a, 60 b GewO) und der Verkauf von Zeitungen (zu Zeitungen s. auch § 5).

3 § 20 II a ermächtigt die nach Landesrecht zuständige Verwaltungsbehörde zu einer Ausnahmeregelung betr. das **Feilhalten leichtverderblicher Waren**.

4 Die „**entsprechende**" Anwendung des § 17 bedeutet, daß die Besonderheiten einer Tätigkeit außerhalb von Verkaufsstellen zu beachten sind.

5 Eine **Rechtsverordnung** nach § 20 IV ist bisher noch nicht erlassen worden.

Fünfter Abschnitt. Durchführung des Gesetzes

§ 21 Auslage des Gesetzes, Verzeichnisse

(1) Der Inhaber einer Verkaufsstelle, in der regelmäßig mindestens ein Arbeitnehmer beschäftigt wird, ist verpflichtet
1. einen Abdruck dieses Gesetzes und der auf Grund dieses Gesetzes erlassenen Rechtsverordnungen mit Ausnahme der Vorschriften, die Verkaufsstellen anderer Art betreffen, an geeigneter Stelle in der Verkaufsstelle auszulegen oder auszuhängen,
2. ein Verzeichnis über Namen, Tag, Beschäftigungsart und -dauer der an Sonn- und Feiertagen beschäftigten Arbeitnehmer und über die diesen gemäß § 17 Abs. 3 als Ersatz für die Beschäftigung an diesen Tagen gewährte Freizeit zu führen; dies gilt nicht für die pharmazeutisch vorgebildeten Arbeitnehmer in Apotheken. Die Landesregierungen können durch Rechtsverordnung eine einheitliche Form für das Verzeichnis vorschreiben.

(2) Die Verpflichtung nach Absatz 1 Nr. 2 obliegt auch den in § 20 genannten Gewerbetreibenden.

1 Um es dem AN zu ermöglichen, sich über den Inhalt des LadSchlG zu informieren, muß der Inhaber einer Verkaufsstelle einen Abdruck der gesetzlichen Vorschriften im Betrieb auslegen. Ähnliche Verpflichtungen ergeben sich aus § 16 I ArbZG, § 47 JArbSchG und § 18 MuSchG. Die Verpflichtung besteht, wenn regelmäßig mindestens ein AN beschäftigt wird.

§ 22 Aufsicht und Auskunft

(1) Die Aufsicht über die Ausführung der Vorschriften dieses Gesetzes und der auf Grund dieses Gesetzes erlassenen Vorschriften üben, soweit es sich nicht um Wochenmärkte (§ 19) handelt, die nach Landesrecht für den Arbeitsschutz zuständigen Verwaltungsbehörden aus; ob und inwieweit andere Dienststellen an der Aufsicht beteiligt werden, bestimmen die obersten Landesbehörden.

(2) Auf die Befugnisse und Obliegenheiten der in Absatz 1 genannten Behörden finden die Vorschriften des § 139 b der Gewerbeordnung entsprechend Anwendung.

(3) Die Inhaber von Verkaufsstellen und die in § 20 genannten Gewerbetreibenden sind verpflichtet, den Behörden, denen auf Grund des Absatzes 1 die Aufsicht obliegt, auf Verlangen
1. die zur Erfüllung der Aufgaben dieser Behörden erforderlichen Angaben wahrheitsgemäß und vollständig zu machen,
2. das Verzeichnis gemäß § 21 Abs. 1 Nr. 2, die Unterlagen, aus denen Namen, Beschäftigungsart und -zeiten der Arbeitnehmer sowie Lohn- und Gehaltszahlungen ersichtlich sind, und alle sonstigen Unterlagen, die sich auf die nach Nummer 1 zu machenden Angaben beziehen, vorzulegen oder zur Einsicht einzusenden. Die Verzeichnisse und Unterlagen sind mindestens bis zum Ablauf eines Jahres nach der letzten Eintragung aufzubewahren.

(4) Die Auskunftspflicht nach Absatz 3 Nr. 1 obliegt auch den in Verkaufsstellen oder beim Feilhalten gemäß § 20 beschäftigten Arbeitnehmern.

Die Aufsicht über die Durchführung des LadSchlG obliegt (je nach landesgesetzlicher Zuständigkeitsbestimmung) idR den Gewerbeaufsichtsämtern. 1

§ 23 Ausnahmen im öffentlichen Interesse

(1) ¹Die obersten Landesbehörden können in Einzelfällen befristete Ausnahmen von den Vorschriften der §§ 3 bis 16 und 18 bis 21 dieses Gesetzes bewilligen, wenn die Ausnahmen im öffentlichen Interesse dringend nötig werden. ²Die Bewilligung kann jederzeit widerrufen werden. ³Die Landesregierungen werden ermächtigt, durch Rechtsverordnung die zuständigen Behörden abweichend von Satz 1 zu bestimmen. ⁴Sie können diese Ermächtigung auf oberste Landesbehörden übertragen.

(2) Das Bundesministerium für Arbeit und Sozialordnung kann im Einvernehmen mit dem Bundesministerium für Wirtschaft durch Rechtsverordnung mit Zustimmung des Bundesrates Vorschriften über die Voraussetzungen und Bedingungen für die Bewilligung von Ausnahmen im Sinne des Absatzes 1 erlassen.

Die Ausnahmeregelung nach § 23 hat zur Voraussetzung ein „öffentliches Interesse" und die 1 „dringende" Notwendigkeit. Deshalb ist hier ein strenger Maßstab anzulegen (BVerwG 23. 3. 1982 NJW 1982, 2513). Die Voraussetzungen des § 23 sind im Falle der allgemeinen „Fremdenverkehrsregelungen" nicht erfüllt; *Rozek* NJW 1999, 2921. Ein öffentliches Interesse ist zB gegeben, wenn bei Großveranstaltungen eine größere Menschenmenge versorgt werden muß oder wenn größere Mengen von Lebensmitteln vor dem Verderb bewahrt werden sollen.

Voraussetzung ist ein Versorgungsinteresse (BVerwG 23. 3. 1982 NJW 1982, 2513). Das öffentliche 2 Interesse am Erhalt von Arbeitsplätzen oder an der Förderung strukturschwacher Regionen reichen nicht aus (s. auch OVG LSA 17. 8. 1999 DVBl 1999, 1447). So besteht beispielsweise für eine verkürzte Ladenschlußzeit während einer Bundesgartenschau kein dringendes öffentliches Interesse (OVG Magdeburg 23. 4. 1999 NJW 1999, 2538). Der in einer nahegelegenen Stadt erlaubte Sonntagsverkauf ermöglicht keine Ausnahme (OVG Magdeburg 17. 8. 1999 NJW 1999, 2982 mit Anm. *Kohte* AuR 1999, 453).

Eine Rechtsverordnung nach § 23 II ist bisher noch nicht ergangen. 3

Sechster Abschnitt. Straftaten und Ordnungswidrigkeiten

§ 24 Ordnungswidrigkeiten

(1) Ordnungswidrig handelt, wer vorsätzlich oder fahrlässig
1. als Inhaber einer Verkaufsstelle oder eines Betriebes des Friseurhandwerks oder als Gewerbetreibender im Sinne des § 20
   a) einer Vorschrift des § 17 Abs. 1 bis 3 über die Beschäftigung an Sonn- und Feiertagen, die Freizeit oder den Ausgleich,

b) einer Vorschrift einer Rechtsverordnung nach § 17 Abs. 7 oder § 20 Abs. 4, soweit sie für einen bestimmten Tatbestand auf diese Bußgeldvorschrift verweist,
c) einer Vorschrift des § 21 Abs. 1 Nr. 2 über Verzeichnisse oder des § 22 Abs. 3 Nr. 2 über die Einsicht, Vorlage oder Aufbewahrung der Verzeichnisse,
2. als Inhaber einer Verkaufsstelle oder eines Betriebes des Friseurhandwerks
a) einer Vorschrift der §§ 3, 4 Abs. 1 Satz 2, des § 6 Abs. 2, des § 9 Abs. 1 Satz 2, des § 14 Abs. 1 Satz 2, des § 17 Abs. 5, des § 18 Abs. 2 oder einer nach § 4 Abs. 2 Satz 1, § 8 Abs. 2, § 9 Abs. 2 oder nach § 10 oder § 11 erlassenen Rechtsvorschrift über die Ladenschlußzeiten,
b) einer sonstigen Vorschrift einer Rechtsverordnung nach § 10 oder § 11, soweit sie für einen bestimmten Tatbestand auf diese Bußgeldvorschrift verweist,
c) der Vorschrift des § 21 Abs. 1 Nr. 1 über Auslagen und Aushänge,
3. als Gewerbetreibender im Sinne des § 19 oder des § 20 einer Vorschrift des § 19 Abs. 1, 2 oder des § 20 Abs. 1, 2 über das Feilhalten von Waren im Marktverkehr oder außerhalb einer Verkaufsstelle oder
4. einer Vorschrift des § 22 Abs. 3 Nr. 1 oder Abs. 4 über die Auskunft zuwiderhandelt.

(2) Die Ordnungswidrigkeit nach Absatz 1 Nr. 1 Buchstabe a und b kann mit einer Geldbuße bis zu fünftausend Deutsche Mark, die Ordnungswidrigkeit nach Absatz 1 Nr. 1 Buchstabe c und Nr. 2 bis 4 mit einer Geldbuße bis zu tausend Deutsche Mark geahndet werden.

1 § 24 zählt abschließend die Bestimmungen auf, die als Ordnungswidrigkeiten geahndet werden können. Die Höhe der Geldstrafe wird durch § 24 II festgelegt. **Täter** sind entweder natürliche Personen oder bei einer juristischen Person die gesetzlichen Vertreter (Vorstandsmitglieder einer AG, Geschäftsführer einer GmbH, Vorstandsmitglieder einer Genossenschaft, Vorstandsmitglieder eines rechtsfähigen Vereins, § 9 OWiG). Bei einer OHG sind die Gesellschafter verantwortlich, bei einer KG die persönlich haftenden Gesellschafter, bei einer GbR deren Gesellschafter.
2 Bei einer Verletzung von Auskunftspflichten nach § 22 IV ist nach § 24 I Nr. 4 auch ein **Arbeitnehmer** verantwortlich.
3 Zuständige **Behörden** sind idR die Gewerbeaufsichtsämter.

§ 25 Straftaten

Wer vorsätzlich als Inhaber einer Verkaufsstelle oder eines Betriebes des Friseurhandwerks oder als Gewerbetreibender im Sinne des § 20 eine der in § 24 Abs. 1 Nr. 1 Buchstaben a und b bezeichneten Handlungen begeht und dadurch vorsätzlich oder fahrlässig Arbeitnehmer in ihrer Arbeitskraft oder Gesundheit gefährdet, wird mit Freiheitsstrafe bis zu sechs Monaten oder mit Geldstrafe bis zu einhundertachtzig Tagessätzen bestraft.

1 Adressat ist der AG oder sein Vertreter. Zwischen der Verletzung der Schutzbestimmung und der Gefahr für die Arbeitskraft oder Gesundheit muß Kausalität bestehen. Für die Verfolgung zuständig sind die Staatsanwaltschaften.

§ 26. *(aufgehoben)*

Siebenter Abschnitt. Schlußbestimmungen

§ 27 Vorbehalt für die Landesgesetzgebung

Unberührt bleiben die landesrechtlichen Vorschriften, durch die der Gewerbebetrieb und die Beschäftigung von Arbeitnehmern in Verkaufsstellen an anderen Festtagen als an Sonn- und Feiertagen beschränkt werden.

§ 28 Bestimmung der zuständigen Behörden

Soweit in diesem Gesetz auf die nach Landesrecht zuständige Verwaltungsbehörde verwiesen wird, bestimmt die Landesregierung durch Verordnung, welche Behörden zuständig sind.

§ 29 Änderung des Jugendschutzgesetzes. *(gegenstandslos)*

§ 30. *(aufgehoben)*

§ 31 Inkrafttreten; Aufhebung bisher geltenden Rechts. *(nicht abgedruckt)*

470. Gesetz über die Mitbestimmung der Arbeitnehmer (Mitbestimmungsgesetz – MitbestG)

Vom 4. Mai 1976 (BGBl. I S. 1153)

Zuletzt geändert durch Gesetz vom 28. Oktober 1994 (BGBl. I S. 3210)

(BGBl. III/FNA 801-8)

Schrifttum: Badura, Paritätische Mitbestimmung und Verfassung, 1985; *Badura/Rittner/Rüthers,* Mitbestimmungsgesetz 1976 und Grundgesetz, 1977; *Köstler,* Das steckengebliebene Reformvorhaben, 1987; *Krieger,* Personalentscheidungen des Aufsichtsrats, 1981; *Kübler/Schmidt/Simitis,* Mitbestimmung als gesetzgebungspolitische Aufgabe, 1978; *Paefgen,* Struktur und Aufsichtsratsverfassung der mitbestimmten Aktiengesellschaft, 1982; *Säcker,* Die Wahlordnungen zum Mitbestimmungsgesetz, 1978; *Thau,* Mängel der Aufsichtsratswahlen nach dem MitbestG, 1983; *Ulmer,* Die Anpassung der Satzungen mitbestimmter Aktiengesellschaften an das MitbestG 1976, 1980.

Einleitung

I. Allgemeines

Mit dem Inkrafttreten des MitbestG am 1. 7. 1976 wurde die Unternehmensmitbestimmung der 1
AN, wie sie zuvor durch das BetrVG 1952, das Montan-MitbestG und das MitbestErgG errichtet wurde, in den vom MitbestG erfaßten Unternehmen ausgeweitet. Das Ziel, die ANInteressen bei der Unternehmensführung stärker als zuvor zu berücksichtigen, wurde durch die (formelle) paritätische Besetzung des Aufsichtsrats mit Vertretern der Anteilseigner und der AN umgesetzt. Eine Abschwächung dieser Parität wird aber durch das Zweitstimmrecht des Aufsichtsratsvorsitzenden (§§ 29 II, 31 IV) bewirkt, der regelmäßig den Vertretern der Anteilseigner angehört. Zudem erstreckt sich die ANMitbestimmung abw. von den bisherigen Mitbestimmungsmodellen auch auf die Gruppe der leitenden Angestellten (§ 3), denen § 15 II 3 einen Sitz im Aufsichtsrat als Vertreter der AN vorbehält. Auf ein neutrales Mitglied im Aufsichtsrat entsprechend dem Montan-MitbestG wurde verzichtet. Dagegen ist nach dem MitbestG ebenfalls ein Mitglied des gesetzlichen Vertretungsorgans speziell für Arbeits- und Sozialfragen verantwortlich (Arbeitsdirektor; vgl. §§ 33, 13 Montan-MitbestG, 13 MitbestErgG). Die Wahl des Arbeitsdirektors ist jedoch auch gegen die Mehrheit der Mitglieder der AN im Aufsichtsrat möglich (näher § 33).

II. Entstehung

Das MitbestG ist das Ergebnis einer umfassenden Diskussion über das Erfordernis und die Berech- 2
tigung der ANMitbestimmung in den Unternehmen, die Anfang der 60er Jahre einsetzte. Eine erste Aufarbeitung des Diskussionsstands fand sich in dem Bericht der von der Bundesregierung eingesetzten Mitbestimmungskommission (sog. Biedenkopf-Kommission) aus dem Jahre 1970 (BT-Drucks. VI/334). Am 18. 1. 1973 kündigte die Bundesregierung die Weiterentwicklung des Unternehmensrechts im Sinne der ANMitbestimmung nach dem Grundsatz der Gleichberechtigung und Gleichgewichtigkeit der AN und Anteilseigner an und verabschiedete nach heftigen Kontroversen zwischen den Parteien der Regierungskoalition am 20. 2. 1974 einen RegEntw. (BT-Drucks. 7/2172). Er löste erhebliche Kritik des Bundesrats (BT-Drucks. 7/2172, 31), der betroffenen Verbände und der Wissenschaft aus. Trotz der Interessengegensätze zwischen den Koalitionsparteien SPD und FDP wurde der Entwurf in der vom Bundestagsausschuß für Arbeit und Sozialordnung beschlossenen Fassung am 18. 3. 1976 durch den Bundestag mit großer Mehrheit verabschiedet und passierte den Bundesrat. Das am 8. 5. 1976 verkündete Gesetz trat nach § 41 am 1. 7. 1976 in Kraft.

III. Verfassungsrechtliche Bedenken

Bereits im Rahmen der öffentlichen Diskussion wurden gegen eine paritätische ANMitbestimmung 3
verfassungsrechtliche Bedenken geltend gemacht (*Badura* ZfA 1974, 357; *Raiser,* Grundgesetz und paritätische Mitbestimmung, 1975; *Schwerdtfeger,* Unternehmerische Mitbestimmung und Grundgesetz, 1972). Sie setzten sich nach Inkrafttreten des MitbestG fort (umfassende Zusammenstellung des Schrifttums bei *Raiser* Einl. vor Rn. 40). Aufgrund einer Verfassungsbeschwerde hatte das BVerfG bereits im Jahre 1979 die Vereinbarkeit des Gesetzes mit dem GG zu beurteilen. Von den Beschwerde-

470 MitbestG § 1 Erfaßte Unternehmen

führern wurde insb. die Verletzung der Eigentumsgarantie (Art. 14 GG), der Berufsfreiheit in der Form der Gewerbe- und Unternehmensfreiheit (Art. 12 GG) sowie der Koalitionsfreiheit (Art. 9 III GG) gerügt; vgl. näher *Badura/Rittner/Rüthers,* Mitbestimmungsgesetz 1976 und Grundgesetz; dagegen jedoch *Kübler/Schmidt/Simitis,* Mitbestimmung als gesetzgebungspolitische Aufgabe).

4 In seiner Entscheidung von 1. 3. 1979 hat das BVerfG die Verfassungsmäßigkeit des MitbestG, soweit angegriffen, festgestellt (BVerfG 1. 3. 1979 E 50, 290 ff.; näher zur Würdigung *Badura,* Paritätische Mitbestimmung und Verfassung; *Hanau* ZGR 1979, 524 ff.; *Richardi* AöR Bd. 104, 1979, 546 ff.; *Säcker* RdA 1979, 380 ff.). Im wesentlichen stellte das BVerfG darauf ab, daß die Ausgestaltung der ANMitbestimmung durch das MitbestG nicht zu einer Überparität der AN führt. Die Zweitstimme des Aufsichtsratsvorsitzenden, der regelmäßig von den Vertretern der Anteilseigner gestellt wird, wahre vielmehr ein leichtes Übergewicht derselben (BVerfG 1. 3. 1979 E 50, 290, 324 ff.). Aufgrund des sozialen Bezugs und der sozialen Funktion des Anteilseigentums am Unternehmen überschreite das Gesetz dadurch nicht die Grenze einer verhältnismäßigen Inhalts- und Schrankenbestimmung iSv. Art. 14 I GG (BVerfG 1. 3. 1979 E 50, 290, 339 ff.). Auch die Beeinträchtigung der Berufsausübungsfreiheit ist weder unsachlich noch unverhältnismäßig (BVerfG 1. 3. 1979 E 50, 290, 361 ff.). Hinsichtlich der Koalitionsfreiheit führte das BVerfG aus, daß diese nur in einem Kernbereich geschützt sei, welcher durch die Regelungen des MitbestG nicht berührt werde (BVerfG 1. 3. 1979 E 50, 290, 368). Diese Begründung ist durch die aktuelle Rspr. des BVerfG zum Schutzbereich von Art. 9 III GG zwar überholt (vgl. BVerfG 14. 11. 1995 E 93, 352, 358 ff.), der Eingriff in die Koalitionsfreiheit der AGVerbände, insb. im Hinblick auf die Gegnerfreiheit, findet seine verfassungsrechtliche Rechtfertigung aber im Erfordernis einer sozial ausgestalteten Wirtschaftsordnung (Art. 20 I, 28 I 1 GG). Auch ein Verstoß gegen Art. 9 I GG (Vereinigungsfreiheit) und Art. 2 I GG (Wirtschaftsfreiheit) wurde, entgegen der Auffassung der Beschwerdeführer, verneint (BVerfG 1. 3. 1979 E 50, 290, 353 ff., 361 ff.).

5 Das BVerfG hat sich in seiner Entscheidung nicht abschließend zur Verfassungsmäßigkeit des MitbestG geäußert, sondern nur, soweit dies von den Beschwerdeführern gerügt wurde. Offengeblieben ist, ob ein Verstoß gegen Art. 3 I GG darin zu sehen ist, daß der VVaG nicht von § 1 erfaßt wird. Er unterliegt auch dann, wenn er die Schwellenzahl von regelmäßig mehr als 2000 AN überschreitet, ausschließlich dem BetrVG 1952. Einen sachlichen Grund für diese Ungleichbehandlung führen die Gesetzesmaterialien nicht an (BT-Drucks. 7/2172, S. 19) und ist auch nicht erkennbar (siehe *Fitting/Wlotzke/Wißmann* § 1 Rn. 11; *Naendrup* BlStSozArbR 1976, 164, 165). Zur Verfassungsmäßigkeit der Wahlvorschlagsquoren in den §§ 12 I, 15 IV siehe BAG 13. 5. 1998 AP MitbestG § 12 Nr. 1; *Hanau,* FS für Friauf, 1996, S. 621; *Löwisch,* FS für Zöllner, 1998, S. 847; *Spindler,* AG 1993, 25.

IV. Gesetzesänderungen

6 Seit seinem Inkrafttreten hat das MitbestG keine wesentlichen Änderungen erfahren. Das Arbeitsgerichtsgesetz-Änderungsgesetz vom 26. 6. 1990 (BGBl. I S. 1206) ersetzte in den §§ 9 bis 16, 18, 21, 23, 34, 39 das Wort „Wahlmänner" durch das Wort „Delegierte". § 40 wurde durch das Sechste Überleitungsgesetz vom 25. 9. 1990 (BGBl. I S. 2106) gegenstandslos. Das Umwandlungsrechtsbereinigungsgesetz vom 28. 10. 1994 (BGBl. I S. 3210) strich in § 32 die Angabe „Verschmelzung".

Erster Teil. Geltungsbereich

§ 1 Erfaßte Unternehmen

(1) In Unternehmen, die
1. in der Rechtsform einer Aktiengesellschaft, einer Kommanditgesellschaft auf Aktien, einer Gesellschaft mit beschränkter Haftung, einer bergrechtlichen Gewerkschaft mit eigener Rechtspersönlichkeit oder einer Erwerbs- und Wirtschaftsgenossenschaft betrieben werden und
2. in der Regel mehr als 2000 Arbeitnehmer beschäftigen,
haben die Arbeitnehmer ein Mitbestimmungsrecht nach Maßgabe dieses Gesetzes.

(2) Dieses Gesetz ist nicht anzuwenden auf die Mitbestimmung in Organen von Unternehmen, in denen die Arbeitnehmer nach
1. dem Gesetz über die Mitbestimmung der Arbeitnehmer in den Aufsichtsräten und Vorständen der Unternehmen des Bergbaus und der Eisen und Stahl erzeugenden Industrie vom 21. Mai 1951 (Bundesgesetzbl. I S. 347) – Montan-Mitbestimmungsgesetz –, zuletzt geändert durch das Einführungsgesetz zum Aktiengesetz vom 6. September 1965 (Bundesgesetzbl. I S. 1185), oder
2. dem Gesetz zur Ergänzung des Gesetzes über die Mitbestimmung der Arbeitnehmer in den Aufsichtsräten und Vorständen der Unternehmen des Bergbaus und der Eisen und Stahl erzeugenden Industrie vom 7. August 1956 (Bundesgesetzbl. I S. 707) – Mitbestimmungsergänzungsgesetz –, zuletzt geändert durch das Gesetz zur Änderung des Gesetzes zur Ergänzung des Gesetzes über die Mitbestimmung der Arbeitnehmer in den Aufsichtsräten und Vorständen

der Unternehmen des Bergbaus und der Eisen und Stahl erzeugenden Industrie vom 27. April 1967 (Bundesgesetzbl. I S. 505), ein Mitbestimmungsrecht haben.

(3) Die Vertretung der Arbeitnehmer in den Aufsichtsräten von Unternehmen, in denen die Arbeitnehmer nicht nach Absatz 1 oder nach den in Absatz 2 bezeichneten Gesetzen ein Mitbestimmungsrecht haben, bestimmt sich nach den Vorschriften des Betriebsverfassungsgesetzes 1952 (Bundesgesetzbl. I S. 681), zuletzt geändert durch das Betriebsverfassungsgesetz vom 15. Januar 1972 (Bundesgesetzbl. I S. 13).

(4) ¹Dieses Gesetz ist nicht anzuwenden auf Unternehmen, die unmittelbar und überwiegend
1. politischen, koalitionspolitischen, konfessionellen, karitativen, erzieherischen, wissenschaftlichen oder künstlerischen Bestimmungen oder
2. Zwecken der Berichterstattung oder Meinungsäußerung, auf die Artikel 5 Abs. 1 Satz 2 des Grundgesetzes anzuwenden ist,

dienen. ²Dieses Gesetz ist nicht anzuwenden auf Religionsgemeinschaften und ihre karitativen und erzieherischen Einrichtungen unbeschadet deren Rechtsform.

I. Anwendungsvoraussetzungen

1. Rechtsform. Nach § 1 I Nr. 1 erfaßt das MitbestG nur Unternehmen, die in der Rechtsform der 1 AG, KGaA, GmbH oder der Erwerbs- und Wirtschaftsgenossenschaft verfaßt sind. Dies gilt auch, wenn sich die Mitgliedschaftsrechte im Eigentum der öffentlichen Hand befinden (*Raiser* Rn. 11 f.). Der Konflikt der paritätischen Mitbestimmung der AN in Unternehmen in öffentlicher Trägerschaft, die der Wahrnehmung öffentlicher Zwecke dienen, mit der kommunalen Selbstverwaltung steht der Anwendung des MitbestG nicht entgegen (BGH 3. 7. 1975 NJW 1975, 1657; *Raiser* RdA 1972, 65, 69; kritisch *Ossenbühl* ZGR 1996, 504 ff.; *Scholz* ZBR 1980, 297, 302). Die in § 1 I Nr. 1 aufgeführten bergrechtlichen Gewerkschaften wurden als selbständige Gesellschaftsform durch das BBergG (BGBl. 1980 I S. 1310; 1988 I S. 2450) mit Wirkung vom 1. 1. 1986 bzw. 1. 1. 1994 aufgelöst; Neugründungen sind nicht möglich. Dem Unternehmensbegriff kommt keine eigenständige rechtliche Bedeutung zu (*Hanau/Ulmer* Rn. 35; *Raiser* Rn. 9).

Die Aufzählung der Rechtsformen der Unternehmen in § 1 I Nr. 1 ist abschließend und einer 2 analogen Anwendung auf andere Gesellschaftsformen nicht zugänglich (*Hanau/Ulmer* Rn. 31; *Raiser* Rn. 10). Dies gilt auch für den VVaG, der abweichend von § 77 II BetrVG 1952 in § 1 I Nr. 1 nicht aufgeführt ist (vgl. Einl. Rn. 5).

2. Anwendung auf ausländische Unternehmen. Das MitbestG beschränkt sich aufgrund des 3 Territorialitätsprinzips grds. auf inländische Unternehmen; es erfaßt somit nicht solche, die ihren **Verwaltungssitz** im Ausland haben (vgl. OLG Stuttgart 30. 3. 1995 ZIP 1995, 1004). Dies gilt selbst dann, wenn sie unselbständige Betriebsstätten im Inland unterhalten (zur abw. Ansicht vgl. *Großfeld/ Erlinghagen* JZ 1993, 221 ff.) oder zusammen mit inländischen Unternehmen einer einheitlichen Leitung unterliegen (*Hanau/Ulmer* Rn. 6). Problematisch ist jedoch die Behandlung von Unternehmen, die nach **ausländischem Recht gegründet** sind und ihren Sitz formal im Ausland, den **tatsächlichen Verwaltungssitz** aber im **Inland** haben. Diese Konstellation tritt vor allem bei einer inländischen KG auf, deren Komplementär eine ausländische Gesellschaft ist.

Die überwiegende Ansicht verneint die Anwendbarkeit des MitbestG (*Bellstedt* BB 1977, 1327; 4 *Fitting/Wlotzke/Wißmann* Rn. 14; *Meilicke/Meilicke* BB 1977, 1063). Dies folgt aus der noch herrschenden „Sitztheorie" (s. dazu BGH 30. 3. 2000 BB 2000, 1106: Vorlagebeschluß an EuGH), die für die Bestimmung des Rechts herangezogen wird, nach welchem sich das Personalstatut der Gesellschaft beurteilt (*Ebenroth* DB 1988, Beil. Nr. 2, 4). Danach ist auf die nach ausländischem Recht gegründete Gesellschaft dasjenige Recht anzuwenden, das an ihrem Verwaltungssitz Geltung hat, also nationales Recht (statt aller *K. Schmidt* Gesellschaftsrecht, 3. Aufl., 1997, S. 27). Insoweit fehlt bereits eine nach deutschem Recht wirksam gegründete Gesellschaft, auf die das MitbestG Anwendung finden könnte (*Großfeld/Erlinghagen* JZ 1993, 223; *Meilicke/Meilicke* BB 1977, 1063; abw. *Zimmer*, Internationales Gesellschaftsrecht, 1996, S. 146 ff.).

Zu einem anderen Ergebnis kommen die Vertreter der „eingeschränkten Gründungstheorie", die 5 hinsichtlich des Personalstatuts der Gesellschaft auf das Recht des Gründungsstaates abstellen, zwingende Vorschriften des Staates des Verwaltungssitzes aber für anwendbar erklären (hierfür *Birk* RiW 1975, 595; *Hanau/Ulmer* Rn. 7). Das MitbestG als im öffentlichen Interesse zwingende Vorschrift (*Ebenroth/Sura* RabelsZ Bd. 43 [1979], 319; *Hanau/Ulmer* Einl. Rn. 36) ist danach auch auf ausländische Gesellschaften mit Verwaltungssitz im Inland anwendbar. Der hiermit verbundenen Vermischung aus- und inländischen Rechts stehen jedoch rechtliche Vollzugsschwierigkeiten entgegen, die insb. die Bestimmung der zuständigen Gerichte, die Vollstreckung innerstaatlicher Gerichtsbeschlüsse gegenüber ausländischen Kapitalgesellschaften sowie die Eintragung der Vertretungsorgane in das Handelsregister betreffen (*Bellstedt* BB 1977, 1327; *Meilicke/Meilicke* BB 1977, 1063; *Merkt*, Gesellschaftsrecht in der Diskussion 1999, 2000, S. 111, 143 f.).

Oetker

6   **3. Arbeitnehmerzahl.** § 1 I Nr. 2 beschränkt den Anwendungsbereich des MitbestG auf Unternehmen nach Nr. 1, die in der Regel mehr als 2000 AN beschäftigen (zum ANBegriff siehe § 3). Die Beschäftigtenzahl ist nicht durch Abzählen an einem bestimmten Stichtag, sondern unter Berücksichtigung der Vergangenheit des Unternehmens und seiner zukünftigen Entwicklung festzulegen (LG Nürnberg-Fürth 11. 6. 1982 BB 1982, 1625). Die Festlegung eines dafür angemessenen Bemessungszeitraums (sog. Referenzperiode) hat dem Zweck zu dienen, daß bei Schwankungen der Belegschaftszahl kein häufiger Wechsel der Mitbestimmungsform eintritt. Eine Berücksichtigung der Unternehmensplanung über 17 bis 20 Monate ist nach OLG Düsseldorf 9. 12. 1994 (DB 1995, 277, 278) erforderlich und ausreichend (vgl. auch LG Nürnberg-Fürth 10. 11. 1983 DB 1983, 2675; enger jedoch *Ulmer,* FS für Heinsius, 1991, S. 855, 863 f.). Sinkt die ANZahl nur vorübergehend auf unter 2000, führt dies nicht zur Beendigung der Mitbestimmung nach dem MitbestG (OLG Frankfurt/Main 7. 6. 1985 EWiR 1988, 607). Zu den weiteren Einzelheiten siehe die Erl. zu § 1 BetrVG; sowie *Rittner* AG 1983, 99; *Ulmer,* FS für Heinsius, 1991, S. 855 ff.

7   Besondere Probleme bei der Ermittlung der ANZahlen treten auf, wenn das Unternehmen grenzüberschreitend agiert, sei es durch einzelne AN, unselbständige Betriebsstätten oder verbundene Unternehmen. Die Staatsangehörigkeit eines AN spielt für das MitbestG jedoch keine Rolle (*Hanau/Ulmer* § 3 Rn. 23). Sofern AN aufgrund ihres in Deutschland begründeten Arbeitsverhältnisses zeitlich befristet oder bedingt durch den Arbeitsort im Ausland tätig sind, ohne dabei in ein ausländisches Unternehmen eingegliedert zu sein, bleibt ihre Zugehörigkeit zum inländischen Unternehmen bestehen (BAG 25. 4. 1978 AP Internationales Privatrecht, Arbeitsrecht Nr. 16; BAG 21. 10. 1981 AP Internationales Privatrecht, Arbeitsrecht Nr. 17; LAG Düsseldorf 14. 2. 1979 DB 1979, 2233). Das gilt auch, wenn eine Ausstrahlung im eigentlichen Sinn nicht vorliegt, aufgrund eines Weisungsrechts des inländischen AG aber eine enge Bindung an das Unternehmen sowie ein unmittelbares Betroffensein der AuslandAN von den unternehmerischen Planungen und Entscheidungen besteht (LG Frankfurt 1. 4. 1982 DB 1982, 1312). Auf AN, die in ausländischen Tochterunternehmen beschäftigt sind und dort nicht nur vorübergehend eingegliedert sind, findet das MitbestG, insb. § 5, nach hM keine Anwendung; das gilt auch für unselbständige Niederlassungen im Ausland (LG Düsseldorf 5. 6. 1979 DB 1979, 1451; *Birk* RiW 1975, 589, 595; *Ebenroth/Sura* ZHR Bd. [1980], 610, 618; *Fitting/Wlotzke/Wißmann* § 3 Rn. 15; GK-MitbestG/*Matthes* § 3 Rn. 18 ff.; *Hanau/Ulmer* § 5 Rn. 55; *Raiser* § 5 Rn. 26; aA *Däubler* RabelsZ 39 [1975], 451; *Reich/Lewerenz* AuR 1976, 264). Zur Zurechnung im Konzern siehe die Erl. zu § 5.

II. Verhältnis zu anderen Mitbestimmungsmodellen

8   Nach § 1 II ist der Anwendungsbereich des MitbestG insoweit eingeschränkt, als dem **Montan-MitbestG** sowie dem **MitbestErgG** der Vorrang gebührt, sofern deren Anwendungsvoraussetzungen vorliegen (vgl. dazu 1 Montan-MitbestG und §§ 1, 3 MitbestErgG). Sofern eine Mitbestimmung der AN weder nach dem MitbestG noch nach den Vorschriften des Montan-MitbestG bzw. des MitbestErgG eingreift, steht den AN ein Mitbestimmungsrecht unter den Voraussetzungen des § 76 BetrVG 1952 zu. Dies stellt § 1 III ausdrücklich klar.

III. Tendenzunternehmen

9   Das Mitbestimmungsrecht der AN nach dem MitbestG ist in Tendenzunternehmen und Religionsgemeinschaften sowie deren erzieherischen und karitativen Einrichtungen durch § 1 IV ausgeschlossen. Damit soll vor allem die Entfaltung der Grundrechte für Unternehmen gewährleistet werden, die politischen und geistig-ideellen Zielen dienen (BT-Drucks. 7/2172, 20). Dem entspricht auf tatbestandlicher Ebene § 118 I und II BetrVG, allerdings mit dem Unterschied, daß der Ausschluß nach § 1 IV generell und nicht nur bei tendenzbezogenen Entscheidungen gilt. Auf die Ausführungen zu § 118 BetrVG kann verwiesen werden. Dies gilt insb. hinsichtlich der einzelnen Anforderungen an karitative Einrichtungen (BayObLG 10. 8. 1995 AP MitbestG § 4 Nr. 1). Danach liegt auch für den Bereich des MitbestG ein Unternehmen mit karitativer Bestimmung nur vor, wenn seine Betätigung ohne Gewinnerzielungsabsicht erfolgt. Zum Problem des Tendenzkonzerns vgl. § 5 Rn. 15 f.

§ 2 Anteilseigner

Anteilseigner im Sinne dieses Gesetzes sind je nach der Rechtsform der in § 1 Abs. 1 Nr. 1 bezeichneten Unternehmen Aktionäre, Gesellschafter, Gewerken oder Genossen.

1   § 2 definiert den Begriff des Anteilseigners, der im Gesetz als Sammelbegriff Anwendung findet und nur gesetzestechnische Bedeutung besitzt (vgl. BT-Drucks. 7/2172, 20). Je nach Unternehmensform sind Anteilseigner die Aktionäre der AG oder KGaA, die Gesellschafter der GmbH oder die Genossen der Erwerbs- und Wirtschaftsgenossenschaften.

§ 3 Arbeitnehmer

(1) ¹Arbeitnehmer im Sinne dieses Gesetzes sind Arbeiter und Angestellte. ²Die in § 5 Abs. 2 des Betriebsverfassungsgesetzes bezeichneten Personen sind keine Arbeitnehmer im Sinne dieses Gesetzes.

(2) Arbeiter im Sinne dieses Gesetzes sind die in § 6 Abs. 1 des Betriebsverfassungsgesetzes bezeichneten Arbeitnehmer.

(3) Angestellte im Sinne dieses Gesetzes sind
1. die in § 6 Abs. 2 des Betriebsverfassungsgesetzes bezeichneten Arbeitnehmer mit Ausnahme der in § 5 Abs. 3 des Betriebsverfassungsgesetzes bezeichneten leitenden Angestellten,
2. die in § 5 Abs. 3 des Betriebsverfassungsgesetzes bezeichneten leitenden Angestellten.

Da das Gesetz sowohl für seine Anwendbarkeit (§ 1) als auch für die Zahl der Aufsichtsratsmitglieder (§ 7) sowie für die Wahlmodalitäten (§ 9) auf die Zahl der im Unternehmen beschäftigten AN abstellt und der Gesetzgeber den ANBegriff nicht ausschließlich Literatur und Rspr. zur Konkretisierung überlassen wollte, enthält § 3 eine nähere Umschreibung des ANBegriffes iSd. MitbestG. Danach sind AN des Unternehmens die Arbeiter und Angestellten (Abs. 1), mit Ausnahme der in § 5 II BetrVG bezeichneten Personen (vgl. zu diesen § 5 BetrVG Rn. 24 ff.) unter Einbeziehung der leitenden Angestellten (§ 3 II Nr. 2).

Mit der Verweisung auf § 6 I BetrVG für den Arbeiterbegriff, § 6 II BetrVG für den Angestelltenbegriff und § 5 III BetrVG für den Begriff der leitenden Angestellten übernimmt § 3 die Legaldefinitionen des BetrVG in das MitbestG. Auf die dortigen Ausführungen kann insoweit zurückgegriffen werden. Inwieweit auch § 5 IV BetrVG, eingefügt durch Gesetz vom 20. 12. 1988 (BGBl. 1988 I S. 2312), auf § 3 III Nr. 2 Anwendung findet, ist nicht abschließend geklärt. Allein aus der fehlenden Verweisung in § 3 III kann nicht der Schluß gezogen werden, § 5 IV BetrVG bleibe für das MitbestG unbeachtlich (so iE auch KölnKomm/*Mertens* Anhang § 117 B § 3 MitbestG Rn. 19; *Fuchs/Köstler*, Handbuch für Aufsichtsratswahl, 1994, Rn. 196). Da § 5 IV BetrVG die nach den dortigen Kriterien eingruppierten leitenden Angestellten als solche iSv. § 5 III Nr. 3 BetrVG bezeichnet, erscheint es sachgerecht auch § 5 IV BetrVG in § 3 III einzubeziehen (so auch KölnKomm/*Mertens* Anhang § 117 B § 3 MitbestG Rn. 19; aA *Raiser* Rn. 26).

1

2

§ 4 Kommanditgesellschaft

(1) ¹Ist ein in § 1 Abs. 1 Nr. 1 bezeichnetes Unternehmen persönlich haftender Gesellschafter einer Kommanditgesellschaft und hat die Mehrheit der Kommanditisten dieser Kommanditgesellschaft, berechnet nach der Mehrheit der Anteile oder der Stimmen, die Mehrheit der Anteile oder der Stimmen in dem Unternehmen des persönlich haftenden Gesellschafters inne, so gelten für die Anwendung dieses Gesetzes auf den persönlich haftenden Gesellschafter die Arbeitnehmer der Kommanditgesellschaft als Arbeitnehmer des persönlich haftenden Gesellschafters, sofern nicht der persönlich haftende Gesellschafter einen eigenen Geschäftsbetrieb mit in der Regel mehr als 500 Arbeitnehmern hat. ²Ist die Kommanditgesellschaft persönlich haftender Gesellschafter einer anderen Kommanditgesellschaft, so gelten auch deren Arbeitnehmer als Arbeitnehmer des in § 1 Abs. 1 Nr. 1 bezeichneten Unternehmens. ³Dies gilt entsprechend, wenn sich die Verbindung von Kommanditgesellschaften in dieser Weise fortsetzt.

(2) Das Unternehmen kann von der Führung der Geschäfte der Kommanditgesellschaft nicht ausgeschlossen werden.

Schrifttum: *Ahlbrecht*, Die GmbH & Co. KG unter dem MitbestG 1976, Diss. Frankfurt/Main 1980; *Bäumer*, Die Anwendung des Mitbestimmungsgesetzes auf die Kommanditgesellschaft, 1978.

I. Allgemeines

§ 4 erstreckt die Mitbestimmung mittelbar auf die KG, wenn sie in der Form der Kapitalgesellschaft (AG, GmbH) & Co. KG verfaßt ist. Rechtstechnisch werden die bei der KG beschäftigten AN unter den Voraussetzungen des § 4 bei der Komplementärgesellschaft hinzugerechnet, wenn diese eine in § 1 I Nr. 1 aufgeführte Rechtsform aufweist und bei ihr nicht mehr als 500 AN beschäftigt sind. Von dem Grundsatz, daß das MitbestG nur für Kapitalgesellschaften iSv. § 1 I Nr. 1 gilt (§ 1 Rn. 4), stellt dies keine Ausnahme dar, da die Mitbestimmung über die Komplementärkapitalgesellschaft erfolgt. Die Anwendung von § 4 ist unabhängig davon, ob in der KG noch mehrere natürliche oder juristische Personen zusätzlich persönlich haftende Gesellschafter sind (vgl. BT-Drucks. 7/2172, 21; *Hanau/Ulmer* Rn. 9). Ist der persönlich haftende Gesellschafter dagegen eine ausländische Kapitalgesellschaft, ist das MitbestG nicht anwendbar (näher § 1 Rn. 3).

1

II. Die einfache Kapitalgesellschaft & Co. KG

2 Der ANZurechnung liegt der Gedanke zugrunde, daß bei einer Unternehmenseinheit von KG und Komplementärkapitalgesellschaft und der damit verbundenen einheitlichen Willensbildung die Mitbestimmung nicht aufgrund der Wahl der für die Personalgesellschaft atypischen Gesellschaftsform entfallen soll (vgl. BT-Drucks. 7/2172, 20; *Reich/Lewerenz* AuR 1976, 261, 267).

3 **1. Mehrheitsidentität.** Eine Unternehmenseinheit setzt nach § 4 I 1 eine Mehrheitsidentität zwischen den Kommanditisten der KG und der Mehrheit in der Komplementärkapitalgesellschaft voraus. Dabei kann es sich alternativ um eine Stimm- oder Anteilsmehrheit handeln (*Hanau/Ulmer* Rn. 13; *Raiser* Rn. 9). Sofern neben der betreffenden Kapitalgesellschaft weitere persönlich haftende Gesellschafter der KG angehören, sind auch diese entgegen dem Wortlaut des § 4 I 1 bei der Mehrheitsberechnung mitzuzählen. Nur so können die in der KG herrschenden und für die Annahme einer Unternehmenseinheit mit der Komplementärkapitalgesellschaft maßgeblichen Beteiligungsverhältnisse zutreffend wiedergegeben werden (*Hanau/Ulmer* Rn. 16; *Hölters* DB 1977, 2232, 2234; *Raiser* Rn. 9).

4 Nach dem Zweck des § 4 I 1 liegt eine Mehrheitsidentität auch vor, wenn die Beteiligten durch besondere Vereinbarungen oder Gestaltungsmöglichkeiten eine rechtlich verankerte einheitliche Willensbildung und Entscheidung in der KG herbeiführen (OLG Celle 30. 8. 1979 AG 1980, 161, 162; aA OLG Bremen 30. 4. 1980 DB 1980, 1332, 1334). So findet die Vorschrift entsprechende Anwendung auf die sog. Einheitsgesellschaft, bei der die Anteile an der Komplementärkapitalgesellschaft mehrheitlich oder allein von der KG gehalten werden (vgl. OLG Celle 30. 8. 1979 AG 1980, 161, 162; *Hanau/Ulmer* Rn. 17; *Hölters* DB 1977, 2232, 2233; *Kunze* ZGR 1978, 321, 335). Die von einem fremdnützigen Treuhänder oder Strohmann gehaltenen Anteile sind für die Feststellung der Mehrheitsverhältnisse dem Treugeber zuzurechnen (OLG Celle 30. 8. 1979 AG 1980, 161, 162; *Hölters* DB 1977, 2232, 2233). Sofern Stimmbindungsverträge für die Mehrheitsbestimmung außer Betracht bleiben, können sie für ein Treuhandverhältnis ebenso eine Indizwirkung besitzen, wie enge familiäre Bindungen (OLG Bremen 30. 4. 1980 DB 1980, 1332, 1334; *Hanau/Ulmer* Rn. 15). Werden Anteile von verbundenen Unternehmen gehalten oder bestehen eigene Anteile der Gesellschaften, finden die Grundsätze in § 16 II bis IV AktG entsprechende Anwendung (*Hanau/Ulmer* Rn. 14; *Raiser* Rn. 16). Für den Fall, daß zwischen der KG und ihrer Komplementärkapitalgesellschaft ein Konzernverhältnis besteht, vgl. § 5 Rn. 4.

5 **2. Kein eigener Geschäftsbetrieb mit in der Regel mehr als 500 AN.** Eine Zurechnung der bei der KG beschäftigten AN scheidet trotz Mehrheitsidentität aus, wenn die persönlich haftende Kapitalgesellschaft einen eigenen Geschäftsbetrieb mit idR mehr als 500 AN hat, der einer gegenüber den wirtschaftlichen Zielen der KG selbständigen, im Eigeninteresse ausgeübten Tätigkeit dient (*Hanau/Ulmer* Rn. 19). Bei der Bestimmung der ANZahl werden nur solche AN berücksichtigt, die in dem Geschäftsbetrieb beschäftigt sind. AN, die mit der Wahrnehmung der Komplementärfunktion betraut sind, bleiben unberücksichtigt. AN der von der Kapitalgesellschaft im Rahmen des eigenen Geschäftsbetriebs abhängigen Unternehmen sind ihr dagegen zuzurechnen (*Hanau/Ulmer* Rn. 20; aA *Raiser* Rn. 16).

6 **3. Rechtsfolge.** Sind die Voraussetzungen des § 4 I 1 erfüllt, so werden der Komplementärkapitalgesellschaft die AN der KG zugerechnet, mit der Folge, daß sie bei der Ermittlung der ANZahl im Rahmen von § 1 I Nr. 2 für die Komplementärkapitalgesellschaft Berücksichtigung finden. Ist die Kapitalgesellschaft an mehreren KG sternförmig als persönlich haftender Gesellschafter beteiligt, so werden ihr alle AN von KG, bei denen die Voraussetzungen von § 4 I 1 vorliegen, zugerechnet (*Hanau/Ulmer* Rn. 10). Hat eine KG mehrere Kapitalgesellschaften als persönlich haftende Gesellschafter, so werden jeder von ihnen alle AN der KG zugerechnet (*Hanau/Ulmer* Rn. 24; *Raiser* Rn. 17).

III. Doppel- und mehrstöckige Kapitalgesellschaft & Co. KG

7 § 4 I 2 und 3 erstrecken § 4 I 1 auf die doppel- oder mehrstöckige Kapitalgesellschaft & Co. KG. Das sind solche, bei denen eine Kapitalgesellschaft & Co. KG persönlich haftender Gesellschafter einer KG ist bzw. sich dies fortsetzt. Die Zurechnung der AN der nachfolgenden KG erfolgt jedoch lediglich bei der persönlich haftenden Kapitalgesellschaft als persönlich haftender Gesellschaft der obersten KG. Eine Zurechnung auf die Komplementär-KG der zweiten oder dritten Stufe und damit eine unmittelbare Einbeziehung in die Mitbestimmung unterbleibt. Entsprechend dem Wortlaut des § 4 I 2 müssen die Voraussetzungen in § 4 I 1 nur für die Komplementärkapitalgesellschaft und nicht auch für die Komplementär-KG vorliegen (so auch *Fitting/Wlotzke/Wißmann* Rn. 38; GK-MitbestG/ *Naendrup* Rn. 28; *Hanau/Ulmer* Rn. 22; aA *Raiser* Rn. 15).

IV. Geschäftsführung der Komplementärkapitalgesellschaft

Um zu verhindern, daß die mittelbare Mitbestimmung in der KG nach § 4 I 1 dadurch unterlaufen 8 wird, daß die dem MitbestG unterworfene Komplementärkapitalgesellschaft von der Geschäftsführung (§§ 114 I, 161 II HGB) ausgeschlossen wird, erklärt Abs. II einen solchen Ausschluß für unzulässig (vgl. BT-Drucks. 7/2172, 21). Dem steht jedoch nicht entgegen, daß die Geschäftsführungsbefugnis vor allem bei der Existenz mehrerer Komplementäre im Rahmen des dispositiven Gesellschaftsrechts ausgestaltet werden kann, sofern sichergestellt bleibt, daß der Mitbestimmungseinfluß in der KG entsprechend dem Normzweck des § 4 I 1 (Rn. 1) erhalten bleibt (vgl. *Hanau/Ulmer* Rn. 28). So kann den Komplementären zum Beispiel Gesamtgeschäftsführungsbefugnis oder auch Einzelgeschäftsführungsbefugnis mit Widerspruchsrecht der übrigen Komplementäre eingeräumt werden. Nach überwiegender Meinung findet § 4 II auch auf die Vertretungsmacht der Komplementärgesellschaft Anwendung (§§ 125 I, 161 II HGB; so *Fitting/Wlotzke/Wißmann* Rn. 44; *Hanau/Ulmer* Rn. 27; *Raiser* Rn. 25; aA *Bäumer* S. 74).

§ 5 Konzern

(1) ¹Ist ein in § 1 Abs. 1 Nr. 1 bezeichnetes Unternehmen herrschendes Unternehmen eines Konzerns (§ 18 Abs. 1 des Aktiengesetzes), so gelten für die Anwendung dieses Gesetzes auf das herrschende Unternehmen die Arbeitnehmer der Konzernunternehmen als Arbeitnehmer des herrschenden Unternehmens. ²Dies gilt auch für die Arbeitnehmer eines in § 1 Abs. 1 Nr. 1 bezeichneten Unternehmens, das persönlich haftender Gesellschafter eines abhängigen Unternehmens (§ 18 Abs. 1 des Aktiengesetzes) in der Rechtsform einer Kommanditgesellschaft ist.

(2) ¹Ist eine Kommanditgesellschaft, bei der für die Anwendung dieses Gesetzes auf den persönlich haftenden Gesellschafter die Arbeitnehmer der Kommanditgesellschaft nach § 4 Abs. 1 als Arbeitnehmer des persönlich haftenden Gesellschafters gelten, herrschendes Unternehmen eines Konzerns (§ 18 Abs. 1 des Aktiengesetzes), so gelten für die Anwendung dieses Gesetzes auf den persönlich haftenden Gesellschafter der Kommanditgesellschaft die Arbeitnehmer der Konzernunternehmen als Arbeitnehmer des persönlich haftenden Gesellschafters. ²Absatz 1 Satz 2 sowie § 4 Abs. 2 sind entsprechend anzuwenden.

(3) Stehen in einem Konzern die Konzernunternehmen unter der einheitlichen Leitung eines anderen als eines in Absatz 1 oder 2 bezeichneten Unternehmens, beherrscht aber die Konzernleitung über ein in Absatz 1 oder 2 bezeichnetes Unternehmen oder über mehrere solcher Unternehmen andere Konzernunternehmen, so gelten die in Absatz 1 oder 2 bezeichneten und der Konzernleitung am nächsten stehenden Unternehmen, über die die Konzernleitung andere Konzernunternehmen beherrscht, für die Anwendung dieses Gesetzes als herrschende Unternehmen.

Schrifttum: *Bayer,* Der grenzüberschreitende Beherrschungsvertrag, 1989; *Klinkhammer,* Mitbestimmung in Gemeinschaftsunternehmen, 1977; *Klückers,* Problemfälle der Arbeitnehmerzurechnung auf der Grundlage von § 5 Abs. 1 S. 1 MitbestG, Diss. Köln 1978; *Lutter,* Mitbestimmung im Konzern, 1975; *Richardi,* Konzernzugehörigkeit eines Gemeinschaftsunternehmens nach dem Mitbestimmungsgesetz, 1977; *Scholz,* Pressefreiheit und Arbeitsverfassung, 1978.

I. Normzweck

In Unternehmensverbindungen werden vielfach maßgebliche Entscheidungsprozesse auf andere 1 Unternehmen und deren Organe übertragen. Der dabei für die Mitbestimmung entstehenden Gefahr, daß durch die Verlagerung von Entscheidungszuständigkeiten die gleichberechtigte und gleichgewichtige Beteiligung der AN leerläuft, wird für den Bereich der Konzernbildung durch § 5 entgegengewirkt, indem die AN abhängiger Unternehmen dem Unternehmen der Konzern- oder Teilkonzernspitze zugerechnet werden. Dadurch wird den AN der abhängigen Unternehmen ein Wahl- und Mitspracherecht im Konzernaufsichtsrat eingeräumt bzw. die Bildung eines mitbestimmten Aufsichtsrats bei der Konzernspitze ermöglicht.

II. Mitbestimmung in der Konzernspitze

1. Unterordnungskonzern. Die Zurechnung der AN von Konzernunternehmen zur Konzernspitze 2 setzt voraus, daß diese in einer der in § 1 I Nr. 1 genannten Unternehmensformen verfaßt und herrschendes Unternehmen eines Konzerns ist. Für den Konzernbegriff verweist § 5 I 1 auf § 18 I AktG. Die aktienrechtliche Definition des Unterordnungskonzerns gilt damit grds. auch im Rahmen des MitbestG (vgl. BT-Drucks. 7/2172, 21). Da das MitbestG anders als die aktienrechtlichen Konzernvorschriften nicht dem Minderheitsgesellschafter- und Gläubigerschutz dient, sondern die ANMitbestimmung sichern soll, sind im Einzelfall Abweichungen von einzelnen Tatbestandsmerkmalen des aktienrechtlichen Konzernbegriffs erforderlich (so auch BayObLG 24. 3. 1998 DB 1998, 973, 974; OLG

Düsseldorf 30. 1. 1979 DB 1979, 699; *Gessler* BB 1977, 1313, 1314; *Hanau/Ulmer* Rn. 11; *Raiser* Rn. 5; GK-MitbestG/*Schneider* Rn. 28). Zum Konzernbegriff und zum Begriff des abhängigen und herrschenden Unternehmens s. die Erl. zu §§ 17, 18 AktG.

3   a) **Herrschendes Unternehmen.** Herrschendes Unternehmen iSv. § 5 I 1 kann jedes Unternehmen sein, das in einer der in § 1 I Nr. 1 genannten Rechtsformen verfaßt ist. Zweifelhaft ist, ob diese Gesellschaft für den Unternehmensbegriff in § 5 I 1 über eine anderweitige wirtschaftliche Interessenbindung in Form eigener Unternehmenstätigkeit oder maßgeblicher Beteiligung an anderen Gesellschaften verfügen muß (so für den aktienrechtlichen Konzernunternehmensbegriff § 15 AktG Rn. 3; für das Mitbestimmungsgesetz OLG Bremen 30. 4. 1980 DB 1980, 1332, 1334; *Meilicke/ Meilicke* BB 1978, 406, 409). Des Erfordernisses einer anderweitigen wirtschaftlichen Interessenbindung bedarf es im Aktienkonzernrecht aufgrund des dortigen Schutzzweckes; eine Gefährdung der Minderheitsgesellschafter und Gesellschaftsgläubiger besteht nur, wenn das herrschende Unternehmen andere Interessen als die des abhängigen Unternehmens verfolgt. Die Gefahr einer Verringerung des Einflusses der ANVertreter im Aufsichtsrat des abhängigen Unternehmens auf maßgebliche Entscheidungsprozesse besteht demgegenüber bereits dann, wenn die Leitungsmacht von einem anderen Unternehmen iSv. § 1 I Nr. 1 mit Herrschaftsmacht ausgeübt wird. Welche wirtschaftlichen Interessen dieses Unternehmen dabei verfolgt, ist für die Frage der Mitbestimmung unerheblich. Daher bedarf es im Rahmen von § 5 I 1 keiner eigenen Unternehmenstätigkeit und keiner maßgeblichen Beteiligung des herrschenden Unternehmens an weiteren Gesellschaften (so auch BayObLG 24. 3. 1998 DB 1998, 973, 975; OLG Stuttgart 3. 5. 1989 BB 1989, 1005, 1006; *Fitting/Wlotzke/Wißmann* Rn. 9; *Hanau/ Ulmer* Rn. 16; *Raiser* Rn. 5); auch eine arbeitnehmerlose Gesellschaft kann herrschendes Unternehmen iSv. § 5 I 1 sein (BayObLG 24. 3. 1998, DB 1998, 973; OLG Stuttgart 3. 5. 1989 BB 1989, 1005, 1006; aA OLG Bremen 30. 4. 1980, DB 1980, 1332, 1334).

4   Fraglich ist, ob dies auch für das Verhältnis einer Kapitalgesellschaft & Co. KG zu ihrer Komplementärkapitalgesellschaft (GmbH, AG) gilt, wenn die KG von der Komplementärkapitalgesellschaft aufgrund entsprechender Ausgestaltung des Gesellschaftsvertrages abhängig ist und unter der einheitlichen Leitung der Kapitalgesellschaft steht (zur Möglichkeit eines solchen Konzernverhältnisses BGH 5. 6. 1975 Z 65, 15, 20). Dabei geht es in erster Linie um die Frage des Verhältnisses von § 4 und § 5. Teilweise wird § 4 als gegenüber § 5 speziellere Regelung angesehen, so daß eine Anwendung des § 5 I 1 auf die Kapitalgesellschaft & Co. KG, bei der die Komplementärkapitalgesellschaft keine eigenen wirtschaftlichen Interessen verfolgt, von vornherein ausscheidet (vgl. *Hölters* RdA 1979, 335, 338; *Joost* ZGR 1998, 334, 346 ff.). Eine solche Spezialität läßt sich dem Gesetz jedoch nicht entnehmen. Die §§ 4 und 5 regeln nebeneinander die Mitbestimmung bei der Verbindung mehrerer selbständiger Unternehmen und stellen jeweils unterschiedliche Tatbestandsvoraussetzungen auf (so auch die überwiegende Ansicht, vgl. OLG Celle 30. 8. 1979 BB 1979, 1577, 1578; *Hanau/ Ulmer* Rn. 9; GK-MitbestG/*Schneider* Rn. 62; *Raiser* Rn. 20). Für den Fall, daß die Komplementärkapitalgesellschaft keine anderweitige wirtschaftliche Interessenbindung aufweist, wird in der Rspr. ein Konzernverhältnis und damit die Anwendung des § 5 I 1 dennoch abgelehnt, weil ansonsten § 4 I aufgrund des weiten Anwendungsbereichs des § 5 I seinen Sinn verlöre (vgl. OLG Celle 30. 8. 1979 BB 1979, 1577, 1578; OLG Bremen 30. 4. 1980 DB 1980, 1332, 1335). Für eine derartige Einschränkung von § 5 besteht jedoch kein Grund. Entscheidend ist vielmehr, ob die gesellschaftsvertraglichen Rechte der Komplementärkapitalgesellschaft so ausgestaltet sind, daß die KG zu ihr in einem Abhängigkeitsverhältnis und unter ihrer einheitlichen Leitungsmacht steht. Auf eine eigene Unternehmenstätigkeit der Komplementärkapitalgesellschaft oder der maßgeblichen Beteiligung an mehreren Gesellschaften kommt es dabei nicht an (so auch *Fitting/Wlotzke/Wißmann* Rn. 29; *Hanau/Ulmer* Rn. 9, *Raiser* Rn. 21).

5   b) **Abhängiges Unternehmen.** Eine besondere Rechtsform schreibt § 5 I 1 für das abhängige Unternehmen nicht vor, damit kommen alle Formen des Privatrechts, insb. auch Personengesellschaften in Betracht (vgl. *Fitting/Wlotzke/Wißmann* Rn. 17; *Raiser* Rn. 7). Bezüglich Körperschaften und Anstalten des öffentlichen Rechts ist die Rechtslage umstritten; im Grundsatz ist deren Eignung als abhängiges Unternehmen zu bejahen, lediglich die Ausgestaltung der Leitungsmacht kann im Einzelfall im Widerspruch zu öffentlich-rechtlichen Vorgaben stehen (vgl. wie hier *Raiser* Rn. 9; *Köstler/Kittner/Zachert* Rn. 163; aA LAG Berlin 27. 10. 1995 AG 1996, 140 ff.; ausführlich dazu jetzt VerfGH Berlin 21. 10. 1999, DVBl. 2000, 51 ff.; *Schuster*, FS für Bezzenberger, 2000, S. 757).

6   c) **Einheitliche Leitung.** Abw. vom Aktienrecht (zum Streitstand vgl. § 18 AktG Rn. 3) gilt nach hM aufgrund der verschiedenen Gesetzeszwecke für den Bereich des MitbestG ein weiter Begriff der einheitlichen Leitung. Danach genügt es, wenn das herrschende Unternehmen einzelne Unternehmensbereiche (Funktionen, Sparten) des abhängigen Unternehmens leitet (so BayObLG 24. 3. 1998 DB 1998, 973, 974; OLG Düsseldorf 30. 1. 1979 DB 1979, 699; LG Köln 3. 4. 1984 AG 1985, 252, 253; *Hanau/Ulmer* Rn. 23; *Raiser* Rn. 12; GK-MitbestG/*Schneider* Rn. 38).

7   d) **Rechtsfolge.** Liegen die Konzernvoraussetzungen vor, so gelten die AN der abhängigen Unternehmen zugleich als AN des herrschenden Unternehmens und sind bei der Feststellung der ANZahl des herrschenden Unternehmens nach §§ 1 I Nr. 2, 7 I zu berücksichtigen. Liegen die Voraussetzun-

II. Mitbestimmung in der Konzernspitze

gen für die Bildung eines Aufsichtsrats nach dem MitbestG auch im abhängigen Unternehmen vor, so bleibt dieser neben dem Konzernaufsichtsrat bestehen. Die AN des abhängigen Unternehmens haben dann ein doppeltes Wahlrecht. Ist das abhängige Unternehmen eine KG in der Form der Kapitalgesellschaft & Co. KG, so sind die AN der Komplementärgesellschaft ebenfalls dem herrschenden Unternehmen zuzurechnen (§ 5 I 2). Die Voraussetzungen des § 4 I müssen zwischen der KG und ihrer Komplementärkapitalgesellschaft hierfür nicht vorliegen. § 5 I 2 greift jedoch nur ein, wenn nicht auch die Komplementärkapitalgesellschaft abhängiges Unternehmen der Konzernspitze ist, da in diesem Fall bereits § 5 I 1 Anwendung findet.

2. Sonderfälle. a) Konzern im Konzern. Im mehrstufigen Konzern werden die AN der Enkelunternehmen unter den Voraussetzungen des § 5 I 1 ebenso wie die des Tochterunternehmens der Muttergesellschaft zugerechnet. Diskutiert wird jedoch, ob dann, wenn eine Konzernzwischengesellschaft einen von der Konzernspitze eingeräumten Entscheidungsspielraum hat und insoweit Leitungsmacht über die nachgeordneten Konzernunternehmen ausübt (Konzern im Konzern), die AN dieser nachgeordneten Unternehmen auch der Konzernzwischengesellschaft zuzurechnen sind. Die Rechtsfigur des Konzerns im Konzern wird in Rspr. und Schrifttum für den Bereich des Mitbestimmungsrechts überwiegend anerkannt (BAG 21. 10. 1980 AP BetrVG 1972 § 54 Nr. 1; OLG Frankfurt/Main 10. 11. 1986 BB 1986, 2288 und 19. 12. 1985 WM 1986, 885, 886; OLG Zweibrücken 9. 11. 1983 DB 1984, 107; OLG Düsseldorf 30. 1. 1979 DB 1979, 699; LG München I 25. 9. 1995 AG 1996, 186, 187; LG Nürnberg-Fürth 10. 11. 1983 DB 1983, 2675; *Gessler* BB 1977, 1313, 1318; *Hanau/Ulmer* Rn. 38; *Konzen* ZIP 1984, 269, 270; MünchArbR/*Wißmann* § 367 Rn. 21; *Raiser* Rn. 22; offen OLG Düsseldorf 27. 12. 1996 ZIP 1997, 546, 547; aA zB *Meilicke/Meilicke* BB 1978, 406, 409). Dies folgt in Abweichung vom Aktienrecht aus dem Zweck des § 5, die ANMitbestimmung im mehrstufigen Konzern dort anzusiedeln, wo vom Einfluß Dritter freie Unternehmensentscheidungen getroffen werden (vgl. OLG Düsseldorf 30. 1. 1979 DB 1979, 699; *Konzen* ZIP 1984, 269, 270 f.). Zur aktienrechtlichen Diskussion der Rechtsfigur des Konzerns im Konzern vgl. § 18 AktG Rn. 4.

Wann eine Verlagerung von einheitlicher Unternehmensleitungsmacht auf eine Zwischenobergesellschaft und damit ein Konzern im Konzern vorliegt, ist nach den Umständen des Einzelfalls zu prüfen. Eine dezentralisierte Unternehmensform oder ein eigener Konzernabschluß bzw. Konzerngeschäftsbericht der Zwischengesellschaft ist noch kein Indiz für eine Aufspaltung der Leitungsmacht (OLG Zweibrücken 9. 11. 1983 DB 1984, 107, 108; LG Hamburg 26. 6. 1995 AG 1996, 89, 90; LG München I 29. 8. 1995 AG 1996, 186, 187). Selbst wenn die Konzernspitze sich gegenüber der Zwischengesellschaft auf die Festlegung bestimmter Unternehmensgrundsätze beschränkt und ihr innerhalb dieses Rahmens einen großzügigen Entscheidungsspielraum läßt, verbleibt die einheitliche Leitungsmacht regelmäßig bei der Konzernobergesellschaft (OLG Frankfurt/Main 10. 11. 1986 BB 1986, 2288 und 19. 12. 1985 WM 1986, 885, 886; LG Nürnberg-Fürth 10. 11. 1983 DB 1983, 2675). Es kommt vielmehr maßgeblich darauf an, ob die Konzernspitze ihre zentrale Leitungsbefugnis in vollem Umfang abgegeben hat, so daß zwischen ihr und der Zwischengesellschaft nur noch eine lose Rechtsbeziehung verbleibt und der Aufsichtsrat des herrschenden Unternehmens sein Aufsichtsamt hinsichtlich des „ausgelagerten" Geschäftsbereichs nicht mehr wahrzunehmen vermag (OLG Düsseldorf 27. 12. 1996 ZIP 1997, 546, 547; OLG Zweibrücken 9. 11. 1983 DB 1983, 107, 108). Dies kommt insb. dann in Betracht, wenn das Zwischenunternehmen mittels eigener Weisungen, Leitlinien, Empfehlungen und von ihm selbst gesetzten Rahmenbedingungen die Geschäftspolitik der nachgeordneten Unternehmen beeinflußt, ohne daß dies der Kontrollbefugnis des herrschenden Mutterunternehmens unterliegt. Das Fehlen einer Kontrollbefugnis des Mutterunternehmens kann sich daraus ergeben, daß in Beherrschungsverträgen mitbestimmungspflichtige Bereiche nicht der Obergesellschaft zugeordnet sind oder wenn bei Abhängigkeit infolge von Mehrheitsbeteiligung keine Bindung des Tochterunternehmens veranlaßt ist (vgl. BAG 21. 10. 1980 AP BetrVG 1972 § 54 Nr. 1; LG Hamburg 26. 6. 1995 AG 1996, 89, 90). Bestehen Zweifel, wo im Unternehmen einheitliche Leitungsmacht ausgeübt wird, ist vom Regelfall auszugehen, nämlich der Ausübung der Leitungsmacht durch die Konzernspitze (so auch *Hanau/Ulmer* Rn. 42; *Raiser* Rn. 24).

b) Gemeinschaftsunternehmen. Sind mehrere Muttergesellschaften an einem Tochterunternehmen in der Weise beteiligt, daß nicht jede für sich, sondern alle aufgrund gemeinsamer Willensbildung Einfluß auf das Gemeinschaftsunternehmen nehmen, stellt sich die Frage, ob das abhängige Tochterunternehmen mehreren Konzernen angehört. Für das Mitbestimmungsrecht wird dies überwiegend bejaht (BAG 18. 6. 1970 AP BetrVG 1952 § 76 Nr. 20; LAG Hamm 17. 8. 1977 DB 1977, 2052; *Fitting/Wlotzke/Wißmann* Rn. 40; *Hanau/Ulmer* Rn. 48; KölnKomm/*Mertens* Anhang § 117 B § 5 MitbestG Rn. 34; *Lutter* S. 11; *Raiser* Rn. 26 f.; GK-MitbestG/*Schneider* Rn. 95; aA *Duden* ZHR Bd. 141 [1977], 145, 164; *Meilicke/Meilicke* BB 1978, 406, 407; *Richardi* S. 30; zur aktienrechtlichen Beurteilung vgl. § 17 AktG Rn. 10 f.). Das Vorliegen einer mehrfachen Konzernzugehörigkeit ist nicht allein nach den Beteiligungsverhältnissen der Muttergesellschaften zu beurteilen. Vielmehr ist im Einzelfall zu prüfen, ob die einheitliche Leitungsmacht tatsächlich von allen Mutterunternehmen gemeinsam ausgeübt wird.

Oetker

11 Bei einer paritätischen Beteiligung zweier Mutterunternehmen (50:50) ergibt sich aufgrund der Patt-Situation hinsichtlich des Gemeinschaftsunternehmens ein „Kooperationszwang". Dieser führt faktisch dazu, daß die Mutterunternehmen dauerhaft einheitlich auf das Gemeinschaftsunternehmen einwirken; damit liegt die in § 17 I AktG vorausgesetzte Abhängigkeitssituation vor. Für diese Fälle greift die Konzernvermutung in § 18 I 3 AktG ein (vgl. *Klinkhammer* S. 68; *Säcker* NJW 1980, 801, 804; anders die hM, s. § 17 AktG Rn. 11). Fehlt es aber tatsächlich an der Bildung und Ausübung eines gemeinsamen Beherrschungswillens, so ist die Konzernvermutung widerlegt (MünchArbR/*Wißmann* § 367 Rn. 22; *Säcker* NJW 1980, 801, 806).

12 Sind mehr als zwei Mutterunternehmen an dem Gemeinschaftsunternehmen beteiligt oder liegt eine imparitätische Beteiligung vor, so ist das Gemeinschaftsunternehmen von jedem Mutterunternehmen nur dann iSv. § 17 I AktG abhängig, wenn jedes Mutterunternehmen eine gesicherte Beherrschungsmöglichkeit gegenüber dem Gemeinschaftsunternehmen besitzt. Diese ergibt sich nicht bereits aus den Beteiligungsverhältnissen. Vielmehr bedarf es vertraglicher oder sonstiger Ausgestaltungen, die eine ständige einheitliche Einflußnahme aller Mutterunternehmen sicherstellen. Als solche kommen Konsortialverträge, Poolbildung und die Vereinbarung des Einstimmigkeitsprinzips für Leitungsentscheidungen der Mutterunternehmen hinsichtlich des Gemeinschaftsunternehmens in Betracht (*Hanau/Ulmer* Rn. 52; *Säcker* NJW 1980, 801, 805; *Raiser* Rn. 26; GK-MitbestG/*Schneider* Rn. 95).

13 Liegen die Voraussetzungen von § 5 I 1 im Verhältnis zu mehreren Mutterunternehmen vor, so sind die AN des Tochterunternehmens jeder Muttergesellschaft zuzurechnen; die AN erhalten also ein mehrfaches Mitwirkungsrecht (OLG Hamm 17. 8. 1977 DB 1977, 2052; *Hanau/Ulmer* Rn. 54; GK-MitbestG/*Schneider* Rn. 95; kritisch aber iE ebenso *Raiser* Rn. 26).

14 **c) Sachverhalte mit Auslandsbezug.** Da sich der Geltungsbereich des MitbestG auf das Inland beschränkt, werden AN ausländischer Tochtergesellschaften der Konzernspitze nicht zugerechnet (vgl. § 1 Rn. 3). Einer Zurechnung von AN eines inländischen Enkelunternehmens nach § 5 I steht es jedoch nicht entgegen, wenn dieses über eine ausländische Tochtergesellschaft einer inländischen Konzernspitze angehört (*Hanau/Ulmer* Rn. 59; *Raiser* Rn. 30; GK-MitbestG/*Schneider* Rn. 87). Hat die Konzernspitze ihren Sitz im Ausland, entfällt eine ANZurechnung nach § 5 I (LG Stuttgart 11. 5. 1993 BB 1993, 1541), jedoch findet die Teilkonzernregelung in § 5 III Anwendung (Rn. 18 ff.). Fällt der Gründungs- und der Verwaltungssitz der ausländischen Konzernspitze auseinander, gelten die Ausführungen zu § 1 Rn. 4. Bisher ungeklärt ist, ob Beherrschungsverträge zugunsten ausländischer Mutterunternehmen aufgrund der Umgehungsmöglichkeit des Mitbestimmungsrechts zulässig sind. Teilweise werden solche Vertragsschlüsse für unzulässig erklärt, wenn dem nationalen Recht vergleichbare Mitbestimmungsregelungen fehlen (so *Däubler* RabelsZ Bd. 39 [1975], 444, 473; *Duden* ZHR Bd. 141 [1977], 145, 188). Nach aA sind entsprechende Beherrschungsverträge zulässig (vgl. *Bayer* S. 96ff., 142 sowie zu einer umfassenden Darstellung des Diskussionsstandes S. 85 ff.). Das Recht des herrschenden Unternehmens, durch doppelte Weisung den Zustimmungsvorbehalt des Aufsichtsrats des abhängigen Unternehmens (§ 111 IV 3 AktG) zu umgehen (§ 308 III 2 AktG), entfällt jedoch im Wege teleologischer Reduktion (so *Hanau/Ulmer* Rn. 56; *Raiser* Rn. 31; aA KölnKomm/*Mertens* Anhang § 117 B § 5 MitbestG Rn. 40; *Bayer* S. 106 ff.).

15 **d) Tendenzkonzern.** Hat das herrschende Konzernunternehmen selbst Tendenzcharakter iSv. § 1 IV, entfällt auch eine ANZurechnung nach § 5 I (OLG Hamburg 3. 5. 1980 DB 1980, 635; LG Hamburg 24. 6. 1999, NZA-RR 2000, 209, 210); zur Anwendbarkeit von § 5 III siehe Rn. 22. Dagegen steht der Tendenzcharakter eines abhängigen Unternehmens einer ANZurechnung zur tendenzfreien Konzernspitze nicht entgegen (*Fitting/Wlotzke/Wißmann* § 1 Rn. 39; *Hanau/Ulmer* Rn. 58).

16 Problematisch sind die Fälle, wenn im Konzern der Tendenzcharakter insgesamt überwiegt, das herrschende Unternehmen die Tendenzvoraussetzungen selbst aber nicht erfüllt, insb., wenn sich die Konzernspitze als Holding oder Wirtschaftsunternehmen ausschließlich mit der Verwaltung der abhängigen Tendenzunternehmen befaßt. In der Rspr. wurde eine Anwendung des § 1 IV auf die Konzernspitze in dieser Konstellation mehrfach abgelehnt (OLG Stuttgart 3. 5. 1989 BB 1989, 1005; LG Stuttgart 29. 11. 1988 AG 1989, 445, 446; LG Hamburg 24. 9. 1979 DB 1979, 2279; so auch *Wiedemann* BB 1978, 5, 10). Ausschlaggebend sei entsprechend dem Wortlaut des § 1 IV, ob die Tätigkeit des herrschenden Unternehmens selbst unmittelbar einer dem Tendenzschutz unterliegenden Tätigkeit dient. Eine analoge Anwendung des § 1 IV scheide aus, da § 1 IV eine Ausnahmevorschrift und deshalb eine Ausweitung auf vom Gesetzgeber nicht vorgesehene Fälle unzulässig sei (LG Hamburg 24. 9. 1979 DB 1979, 2279). Dieses Ergebnis wird dem Schutzzweck des § 1 IV nicht gerecht. Eine Mitbestimmung der AN im Aufsichtsrat des herrschenden Unternehmens bei der Leitung der abhängigen Tendenzunternehmen steht gerade dem Ziel entgegen, die Leitung solcher Unternehmen aus verfassungsrechtlichen Gründen vom Einfluß der ANSeite freizuhalten (vgl. § 1 Rn. 10). Aus diesem Grund ist § 1 IV auf die Konzernspitze des Tendenzunternehmens analog anzuwenden, so daß auch eine ANZurechnung nach § 5 I nicht in Betracht kommt (*Fitting/Wlotzke/Wißmann* § 1 Rn. 42; *Hanau/Ulmer* Rn. 60; KölnKomm/*Mertens* Anhang § 117 B § 5 MitbestG Rn. 38; MünchArbR/*Wißmann* § 367 Rn. 35; *Raiser* Rn. 19; *Scholz*, Pressefreiheit und Arbeitsverfassung, S. 205). Zum selben Ergebnis kommt auch das OLG Hamburg, wendet § 1 IV aber direkt an, indem es den Tendenzcharakter des herrschenden und allein in der Konzernverwaltung tätigen Unternehmens aus der Ausübung der Leitungsmacht für einen Tendenzkonzern ableitet (OLG Hamburg 3. 5. 1980 DB 1980, 635, 636). Dagegen nimmt ein abhängiges Unternehmen, das selbst keiner dem Tendenzschutz unterliegenden Tätigkeit dient, nicht am Tendenzcharakter des Tendenzkonzerns teil, dem es angehört (BAG 30. 6. 1981 AP BetrVG 1972 § 118 Nr. 20).

III. Einbeziehung der Kapitalgesellschaft & Co. KG als Konzernspitze

§ 5 II 1 bestimmt für den Fall, daß eine Kapitalgesellschaft & Co. KG herrschendes Unternehmen eines Konzerns ist, daß die AN der abhängigen Unternehmen nach § 5 I 1 der Komplementärkapitalgesellschaft zuzurechnen sind. Dies gilt jedoch nur, wenn die Voraussetzungen des § 4 I zwischen der herrschenden KG und ihrer Komplementärkapitalgesellschaft gegeben sind. Gemäß § 5 II 2 1. Halbs. iVm. § 5 I 2 sind der Komplementärkapitalgesellschaft die AN von Komplementärkapitalgesellschaften abhängiger Kapitalgesellschaft & Co. KG zuzurechnen. Ist die Komplementärkapitalgesellschaft der abhängigen KG selbst abhängiges Unternehmen der herrschenden KG, greift aber bereits § 5 II 1 ein. Zudem bestimmt § 5 II 2. Halbs. durch Verweis auf § 4 II, daß die mitbestimmte Komplementärkapitalgesellschaft nicht von der Geschäftsführung der herrschenden KG ausgeschlossen werden darf (vgl. § 4 Rn. 8).

IV. Mitbestimmter Teilkonzern

1. Voraussetzungen. Der Grundsatz, daß im Konzern die Mitbestimmung im herrschenden Konzernunternehmen stattzufinden hat, scheitert, wenn dieses selbst nicht mitbestimmungspflichtig ist. Um diese Lücke zu schließen, fingiert § 5 III das abhängige Unternehmen, das dem herrschenden Unternehmen am nächsten steht und in der Form von Abs. 1 oder 2 verfaßt ist, als herrschendes Unternehmen iSv. § 5 I und II, sofern die Konzernspitze über dieses die Konzernleitung über weitere abhängige Unternehmen ausübt. Im Ergebnis wird damit die Mitbestimmung auf die Teilkonzernspitze verlagert, indem dort der mitbestimmte Aufsichtsrat zu bilden ist und dabei die AN der untergeordneten Unternehmen der Teilkonzernspitze nach § 5 I oder II zuzurechnen sind. Die Mitbestimmungsfreiheit der Konzernspitze kann darauf beruhen, daß das Unternehmen nicht in einer der in § 1 I Nr. 1 genannten Rechtsformen verfaßt ist, sondern es sich um eine Personengesellschaft, natürliche Person oder öffentlich-rechtliche Körperschaft (LG Köln 3. 4. 1984 AG 1985, 252, 255) handelt, die Gesellschaft ihren Sitz im Ausland hat (§ 1 Rn. 3) oder bei einer Kapitalgesellschaft & Co. KG die Voraussetzungen des § 4 I 1 nicht vorliegen.

Voraussetzung für die Anwendung des § 5 III ist, daß das herrschende Unternehmen gerade über das ihm am nächsten stehende Unternehmen andere Konzernunternehmen beherrscht. Welche Anforderungen an die Einschaltung des Zwischenunternehmens in die Ausübung der Konzernleitungsmacht zu stellen sind, ist umstritten. Sofern für das Zwischenunternehmen in bezug auf nachfolgende Konzernunternehmen die Voraussetzungen der §§ 17 II, 18 I 3 AktG vorliegen und die Vermutung nicht widerlegt wird, ist § 5 III anwendbar. Unabhängig von den Konzernvermutungsvorschriften ist fraglich, ob es für die Ausübung einheitlicher Leitungsmacht über das Zwischenunternehmen einer kapitalmäßigen Verflechtung zwischen Konzernspitze und Zwischenunternehmen bedarf (so *Lutter* ZGR 1977, 195, 213; *Meilicke/Meilicke* BB 1978, 406, 410; GK-MitbestG/*Schneider* Rn. 107) oder ob es genügt, wenn das Zwischenunternehmen auf sonstige Weise Konzernleitungsmacht ausüben kann (so *Raiser* Rn. 42; *Hanau/Ulmer* Rn. 70).

Ausgehend vom Gesetzeszweck des § 5 III (Rn. 18) bedeutet es keinen Unterschied, ob ein Zwischenunternehmen, dem von der Konzernspitze die Möglichkeit der Ausübung von Leitungsmacht auf untergeordnete Konzernunternehmen eingeräumt ist, mit diesen Unternehmen kapitalmäßig verflochten ist oder nicht. Maßgeblich ist allein, daß das herrschende Konzernunternehmen seine Leitungsmacht unter Einbeziehung des Zwischenunternehmens auf weitere Konzernunternehmen ausübt. Die Anforderungen an die Ausübung von Leitungsfunktionen durch die Teilkonzernspitze sind dabei geringer, als an die Ausübung einheitlicher Leitungsmacht in den Fällen des Konzerns im Konzern (Rn. 9).

Eine bloße Beteiligung einer Zwischengesellschaft, deren Aufgabe sich auf das Halten und Verwalten von Beteiligungen an weiteren Konzernunternehmen beschränkt (sog. Zwischen-Holding) ohne Einflußnahme auf die Geschäftsführung dieser Konzernunternehmen, genügt nicht (LG Stuttgart 11. 5. 1993 BB 1993, 1541, 1542). Nach der gegenteiligen Ansicht des OLG Stuttgart soll es für die Anwendung des § 5 III genügen, wenn die Konzernzwischengesellschaft aufgrund ihrer Beteiligung an nachfolgenden Unternehmen die Leitungsmacht der Konzernspitze vermittelt, eigene Leitungsmacht müsse sie nicht ausüben (OLG Stuttgart 30. 3. 1995 JZ 1995, 795). Dagegen spricht der Gesetzeszweck des § 5 III, der darin besteht, die Mitbestimmung, die an sich im herrschenden Konzernunternehmen stattfinden würde, auf ein nachgeordnetes an der Leitungsmacht teilhabendes Konzernunternehmen zu verlagern, um sie zumindest auf dieser Ebene stattfinden zu lassen. Folgt man dagegen der Ansicht des OLG Stuttgart, führt dies dazu, daß ein mitbestimmter Aufsichtsrat auch in solchen Zwischenunternehmen zu bilden ist, die keinerlei maßgebliche Entscheidungen für nachfolgende Unternehmen treffen. Die Bildung des Aufsichtsrats hat in diesem Fall nur eine formale Funktion für die beherrschten Unternehmen. Die Sicherstellung einer funktionslosen Mitbestimmung ist aber nicht der Zweck von § 5 III.

22 2. **Entsprechende Anwendung des § 5 III.** Ist ein herrschendes Unternehmen iSv. § 1 I Nr. 1 nach § 1 IV nicht mitbestimmungspflichtig, so scheidet eine unmittelbare Anwendung des § 5 III aus, da es sich dabei um ein in § 5 I 1 genanntes Unternehmen handelt. Sofern nachgeordnete Unternehmen selbst keinen Tendenzcharakter aufweisen, kommt jedoch aufgrund des Zwecks des § 5 (Rn. 1) eine entsprechende Anwendung des § 5 III in Betracht (so auch *Hanau/Ulmer* Rn. 73; KölnKomm/*Mertens* Anhang § 117 B § 5 MitbestG Rn. 51; *Raiser* Rn. 38; aA *Hölters* RdA 1979, 335, 339; *Loritz* ZfA 1985, 497, 528 f.; GK-MitbestG/*Schneider* Rn. 114). Unterliegt das herrschende Unternehmen der Mitbestimmung nach dem Montan-MitbestG, so scheidet eine analoge Anwendung des § 5 III aus (GK-MitbestG/*Schneider* Rn. 112; *Hölters* RdA 1979, 335, 339; KölnKomm/*Mertens* Anhang § 117 B § 5 MitbestG Rn. 51). Die gegenteilige Ansicht (*Hanau/Ulmer* Rn. 74; *Raiser* Rn. 38) kann sich nach der Einführung der Konzernzurechnung in § 1 IV Montan-MitbestG durch Gesetz vom 21. 5. 1981 (BGBl. I S. 441) nicht mehr auf den Gesetzeszweck des § 5 III stützen, da damit die Teilnahme der AN abhängiger Unternehmen an der Unternehmensmitbestimmung sichergestellt ist (KölnKomm/*Mertens* Anhang § 117 B § 5 MitbestG Rn. 51).

Zweiter Teil. Aufsichtsrat

Erster Abschnitt. Bildung und Zusammensetzung

§ 6 Grundsatz

(1) Bei den in § 1 Abs. 1 bezeichneten Unternehmen ist ein Aufsichtsrat zu bilden, soweit sich dies nicht schon aus anderen gesetzlichen Vorschriften ergibt.

(2) [1] Die Bildung und die Zusammensetzung des Aufsichtsrats sowie die Bestellung und die Abberufung seiner Mitglieder bestimmen sich nach den §§ 7 bis 24 dieses Gesetzes und, soweit sich dies nicht schon aus anderen gesetzlichen Vorschriften ergibt, nach § 96 Abs. 2, den §§ 97 bis 101 Abs. 1 und 3 und den §§ 102 bis 106 des Aktiengesetzes mit der Maßgabe, daß die Wählbarkeit eines Prokuristen als Aufsichtsratsmitglied der Arbeitnehmer nur ausgeschlossen ist, wenn dieser dem zur gesetzlichen Vertretung des Unternehmens befugten Organ unmittelbar unterstellt und zur Ausübung der Prokura für den gesamten Geschäftsbereich des Organs ermächtigt ist. [2] Andere gesetzliche Vorschriften und Bestimmungen der Satzung (des Gesellschaftsvertrags, des Statuts) über die Zusammensetzung des Aufsichtsrats sowie über die Bestellung und die Abberufung seiner Mitglieder bleiben unberührt, soweit Vorschriften dieses Gesetzes dem nicht entgegenstehen.

(3) [1] Auf Erwerbs- und Wirtschaftsgenossenschaften sind die §§ 100, 101 Abs. 1 und 3 und die §§ 103 und 106 des Aktiengesetzes nicht anzuwenden. [2] Auf die Aufsichtsratsmitglieder der Arbeitnehmer ist § 9 Abs. 2 des Gesetzes betreffend die Erwerbs- und Wirtschaftsgenossenschaften nicht anzuwenden.

1 1. **Allgemeines.** § 6 I stellt klar, daß die Mitbestimmung im Unternehmen über die Bildung eines Aufsichtsrats erfolgt. Eigenständige Bedeutung besitzt die Vorschrift nur für die GmbH (zur bergrechtlichen Gewerkschaft § 1 Rn. 1), da für die AG und die KGaA die Bildung eines Aufsichtsrats obligatorisch ist (§§ 95, 278 III AktG). Dies gilt auch für die Erwerbs- und Wirtschaftsgenossenschaften (§ 9 I GenG). Für die Bildung und Zusammensetzung dieses Aufsichtsrats sowie die Bestellung und Abberufung seiner Mitglieder gelten nach § 6 II 1 die §§ 7 bis 24 und daneben die §§ 96 II, 97 bis 101 I und III, 102 bis 106 AktG (vgl. hierzu §§ 96 ff. AktG). § 6 III schränkt die Anwendung einzelner aktienrechtlicher Vorschriften für Erwerbs- und Wirtschaftsgenossenschaften wieder ein (vgl. Rn. 5).

2 2. **Bildung des ersten mitbestimmten Aufsichtsrats.** Wann der mitbestimmte Aufsichtsrat zu bilden ist, regelt § 6 nicht. Sofern das Unternehmen iSv. § 1 I bereits besteht, aber noch keinen Aufsichtsrat hat, was mangels Aufsichtsratspflicht nur bei der GmbH möglich ist, ist er ohne weiteres nach den maßgeblichen Vorschriften des MitbestG und des AktG zu bilden. Da § 6 II für die Bildung des Aufsichtsrats auf die §§ 96 ff. AktG verweist, ist aber zunächst das Statusverfahren der §§ 96 II bis 99 AktG durchzuführen (so auch *Fitting/Wlotzke/Wißmann* Rn. 8; *Hanau/Ulmer* Rn. 11).

3 Befindet sich das Unternehmen im Gründungsstadium, ist entsprechend der Rechtsform des Unternehmens zu differenzieren. Bei der AG und KGaA (§ 278 III AktG) findet gemäß § 30 II AktG das MitbestG, abgesehen vom Fall der Sachgründung bei der AG für die Bestimmung der Zahl der

Aufsichtsratsmitglieder der Anteilseigner nach § 31 AktG, keine Anwendung. Die Bildung des mitbestimmten Aufsichtsrats wird erst durch die Bekanntmachung des Vorstands nach § 97 I AktG über die Neuzusammensetzung des Aufsichtsrats, die rechtzeitig iSv. § 30 III 2 AktG zu erfolgen hat, eingeleitet. Den §§ 30, 31 AktG entsprechende Vorschriften existieren für die Gründung einer GmbH oder Erwerbs- und Wirtschaftsgenossenschaft nicht. Da § 6 I mit dem Verweis auf § 1 I Nr. 1 ein bereits entstandenes Unternehmen voraussetzt, gelten für die Gründung dieser Unternehmen nur die einschlägigen gesellschaftsrechtlichen Vorschriften. Die Gründung der GmbH erfolgt damit ohne Bestellung eines Aufsichtsrats (BayObLG 9. 6. 2000 Z 2000, 173; *Hanau/Ulmer* Rn. 7; aA GK-MitbestG/ *Fabricius* Rn. 39 ff.; *Halm* BB 2000, 1849; *Raiser* § 1 Rn. 20), der erste Aufsichtsrat einer Erwerbs- und Wirtschaftsgenossenschaft bleibt mitbestimmungsfrei. Erst nach Eintragung des Unternehmens in das Handels- bzw. Genossenschaftsregister ist das Statusverfahren nach § 97 AktG zur Bildung des mitbestimmten Aufsichtsrats einzuleiten (so auch *Hanau/Ulmer* Rn. 8; aA GK-MitbestG/*Fabricius* Rn. 38, 39 ff.; *Raiser* § 1 Rn. 20).

3. Änderungen der Aufsichtsratszusammensetzung. Ändern sich die für die Zusammensetzung 4 des Aufsichtsrats maßgeblichen gesetzlichen Vorschriften, ist das Statusverfahren nach § 6 II 1 iVm. §§ 96, 97 AktG durchzuführen, näher §§ 97 bis 99 Rn. 3 ff. AktG.

4. Bestellung und Abberufung der Aufsichtsratsmitglieder. Sofern die §§ 7 ff. keine abweichen- 5 den Regelungen treffen, finden für die Bestellung und Abberufung der Aufsichtsratsmitglieder die §§ 100, 101 I und III, 102 bis 106 AktG Anwendung (§ 6 II 1; hierzu §§ 100 ff. AktG). Für Erwerbs- und Wirtschaftsgenossenschaften gilt dies gem. § 6 III 1 jedoch nur für die §§ 102, 104 und 105 AktG; daneben finden die §§ 9, 36, 37 GenG Anwendung. Abw. von § 9 II GenG müssen nur die Aufsichtsratsmitglieder der Anteilseigner zugleich Mitglieder der Genossenschaft sein (§ 6 III 2).

Abw. von § 105 I AktG bestimmt § 6 II 2. Halbs. zugunsten der leitenden Angestellten, daß 6 Prokuristen der Unternehmen als Aufsichtsratsmitglieder der AN nur dann ausscheiden, wenn sie dem zur gesetzlichen Vertretung des Unternehmens befugten Organ unmittelbar unterstellt sind und die Prokura sich auf den gesamten Geschäftsbereich des Organs erstreckt. Letzteres Merkmal ist nur gegeben, wenn sich die Prokura auch im Innenverhältnis auf alle Organmitglieder und deren Geschäftsbereiche, also auf die Vertretung des gesamten Unternehmens erstreckt; ob es sich dabei um eine Einzel- oder Gesamtprokura handelt, ist unerheblich (vgl. *Hanau/Ulmer* Rn. 52; *Raiser* Rn. 52).

§ 7 Zusammensetzung des Aufsichtsrats

(1) ¹Der Aufsichtsrat eines Unternehmens
1. mit in der Regel nicht mehr als 10 000 Arbeitnehmern setzt sich zusammen aus je sechs Aufsichtsratsmitgliedern der Anteilseigner und der Arbeitnehmer;
2. mit in der Regel mehr als 10 000, jedoch nicht mehr als 20 000 Arbeitnehmern setzt sich zusammen aus je acht Aufsichtsratsmitgliedern der Anteilseigner und der Arbeitnehmer;
3. mit in der Regel mehr als 20 000 Arbeitnehmern setzt sich zusammen aus je zehn Aufsichtsratsmitgliedern der Anteilseigner und der Arbeitnehmer.

²Bei den in Satz 1 Nr. 1 bezeichneten Unternehmen kann die Satzung (der Gesellschaftsvertrag, das Statut) bestimmen, daß Satz 1 Nr. 2 oder 3 anzuwenden ist. ³Bei den in Satz 1 Nr. 2 bezeichneten Unternehmen kann die Satzung (der Gesellschaftsvertrag, das Statut) bestimmen, daß Satz 1 Nr. 3 anzuwenden ist.

(2) Unter den Aufsichtsratsmitgliedern der Arbeitnehmer müssen sich befinden
1. in einem Aufsichtsrat, dem sechs Aufsichtsratsmitglieder der Arbeitnehmer angehören, vier Arbeitnehmer des Unternehmens und zwei Vertreter von Gewerkschaften;
2. in einem Aufsichtsrat, dem acht Aufsichtsratsmitglieder der Arbeitnehmer angehören, sechs Arbeitnehmer des Unternehmens und zwei Vertreter von Gewerkschaften;
3. in einem Aufsichtsrat, dem zehn Aufsichtsratsmitglieder der Arbeitnehmer angehören, sieben Arbeitnehmer des Unternehmens und drei Vertreter von Gewerkschaften.

(3) Die in Absatz 2 bezeichneten Arbeitnehmer des Unternehmens müssen das 18. Lebensjahr vollendet haben, ein Jahr dem Unternehmen angehören und die weiteren Wählbarkeitsvoraussetzungen des § 8 des Betriebsverfassungsgesetzes erfüllen.

(4) Die in Absatz 2 bezeichneten Gewerkschaften müssen in dem Unternehmen selbst oder in einem anderen Unternehmen vertreten sein, dessen Arbeitnehmer nach diesem Gesetz an der Wahl von Aufsichtsratsmitgliedern des Unternehmens teilnehmen.

1. Allgemeines. § 7 I 1 bindet die Zahl der Aufsichtsratsmitglieder an die regelmäßige ANzahl, die 1 nach den §§ 1, 3, 4 und 5 zu ermitteln ist. Die Vorschrift ist mit Ausnahme der Erhöhung der Mitgliederzahl durch Satzung, Gesellschaftsvertrag oder Statut im Rahmen von § 7 I 2 und 3 zwingend (*Fitting/Wlotzke/Wißmann* Rn. 2; *Hanau/Ulmer* Rn. 1). Gleichzeitig führt § 7 I 1 den Grundsatz der paritätischen Aufsichtsratsbesetzung durch Mitglieder der Anteilseigner und AN ein. § 7 II legt für die Aufsichtsratsmitglieder der AN darüber hinaus das Gruppenprinzip fest, das heißt, daß diese in entsprechendem Verhältnis der Gruppe der vom Unternehmen beschäftigten AN (§ 3) und der Gruppe der Vertreter von Gewerkschaften entstammen müssen.

2 2. **Wählbarkeit der Arbeitnehmervertreter.** Die im Unternehmen beschäftigten AN iSv. § 7 II sind neben den Anforderungen in den §§ 100 I, II, 105 AktG iVm. § 6 II 1 nur unter den Voraussetzungen in § 7 III in den Aufsichtsrat wählbar. Insb. besteht die Wählbarkeit nur, wenn der AN zu Beginn der Amtszeit des Aufsichtsrats in einem Arbeitsverhältnis zu dem an der Wahl beteiligten Unternehmen steht (*Fitting/Wlotzke/Wißmann* Rn. 21, 25; *Hanau/Ulmer* Rn. 20) und die Unternehmenszugehörigkeit seit mindestens einem Jahr besteht. Bezüglich der Wirkung von Unterbrechungen der Tätigkeit und der Kündigung des Arbeitsverhältnisses vgl. die Erl. zu § 8 BetrVG. Besteht das Unternehmen weniger als ein Jahr, gilt § 8 II BetrVG entsprechend (*Fitting/Wlotzke/Wißmann* Rn. 30; *Hanau/Ulmer* Rn. 23). Das 18. Lebensjahr muß erst zum Amtsantritt des Aufsichtsrats vollendet sein (*Hanau/Ulmer* Rn. 26; *Raiser* Rn. 12). Zu den weiteren Wählbarkeitsvoraussetzungen in § 8 BetrVG s. die dortigen Erl.

3 3. **Wählbarkeit der Gewerkschaftsvertreter.** Die Gewerkschaftsvertreter, die nach § 16 II ausschließlich durch die Gewerkschaften zur Wahl vorgeschlagen werden, müssen nicht in den an der Wahl beteiligten Unternehmen beschäftigt sein, jedoch in der Gewerkschaft organisiert sein (*Fitting/Wlotzke/Wißmann* Rn. 42; *Hanau/Ulmer* Rn. 18, 49; *Raiser* Rn. 21), jedoch gelten auch für sie die allgemeinen aktienrechtlichen Wählbarkeitsvoraussetzungen der §§ 100 I, II, 105 AktG iVm. § 6 II 1. Das Wahlvorschlagsrecht steht nur solchen Gewerkschaften zu, die in einem Unternehmen, dessen AN an der Wahl teilnehmen, vertreten sind, das heißt, sie müssen dort zumindest ein Mitglied haben (*Fitting/Wlotzke/Wißmann* Rn. 41; *Hanau/Ulmer* Rn. 45; *Raiser* Rn. 19). Entfällt diese Voraussetzung während der Amtszeit des Aufsichtsrats, so erlischt das Amt des Gewerkschaftsvertreters, wobei tlw. eine Analogie zu § 24 I befürwortet wird (*Hanau/Ulmer* Rn. 45; s. auch § 24). Zum Gewerkschaftsbegriff vgl. § 2 BetrVG Rn. 4.

Zweiter Abschnitt. Bestellung der Aufsichtsratsmitglieder

Erster Unterabschnitt. Aufsichtsratsmitglieder der Anteilseigner

§ 8

(1) Die Aufsichtsratsmitglieder der Anteilseigner werden durch das nach Gesetz, Satzung, Gesellschaftsvertrag oder Statut zur Wahl von Mitgliedern des Aufsichtsrats befugte Organ (Wahlorgan) und, soweit gesetzliche Vorschriften dem nicht entgegenstehen, nach Maßgabe der Satzung, des Gesellschaftsvertrags oder des Statuts bestellt.

(2) § 101 Abs. 2 des Aktiengesetzes bleibt unberührt.

1 1. **Allgemeines.** § 8 I iVm. § 6 läßt für die Wahl der Mitglieder der Anteilseigner im Aufsichtsrat das geltende Recht, wie das spezifische Gesellschaftsrecht, Satzung, Gesellschaftsvertrag oder Statut es bestimmen, unverändert. Zwingendes Wahlorgan für die Vertreter der Anteilseigner ist bei der AG und der KGaA die Hauptversammlung (§§ 101 I, 278 III AktG), bei der eingetragenen Genossenschaft die General- oder Vertreterversammlung (§§ 36, 43 a GenG, § 6 III). Bei der GmbH obliegt die Wahl nach § 6 II iVm. § 101 I AktG der Gesellschafterversammlung, sofern der Gesellschaftsvertrag die Zuständigkeit nicht auf ein anderes Gremium übertragen hat (§ 8 I iVm. § 52 GmbHG; *Scholz/Schneider*, GmbHG, 8. Aufl. 1995, § 52 Rn. 149).

2 2. **Wahlverfahren.** Die Anteilseigner sind bei der Wahl der Mitglieder des Aufsichtsrats frei, insb. nicht an Wahlvorschläge gebunden (§ 101 I 2 AktG; zur analogen Anwendung im Genossenschaftsrecht vgl. *Müller* § 36 GenG Rn. 10). Das Wahlverfahren richtet sich bei der AG und der KGaA (§ 278 III AktG) nach § 8 I iVm. §§ 124, 127, 133 bis 137 AktG (näher § 101 AktG Rn. 3). Auf die GmbH sind die Regelungen des Gesellschaftsvertrags (§ 8 I iVm. § 45 II GmbHG) und hilfsweise die §§ 47 bis 51 GmbHG und auf die eingetragene Genossenschaft die §§ 36 I, 43 bis 47 GenG anzuwenden.

3 3. **Entsendungsrechte.** Nach § 8 II bleibt die Regelung für Entsendungsrechte iSv. § 101 II AktG unberührt. § 101 II AktG findet jedoch nur bei der AG und der KGaA (§ 278 III AktG) Anwendung (näher § 101 AktG Rn. 5). Auf die GmbH und die eingetragene Genossenschaft ist § 101 II AktG weder nach § 6 II und III noch nach den spezifischen Regelungen des Gesellschaftsrechts (vgl. § 52 I GmbH sowie § 36 I GenG, aus dem ein Verbot der Beschränkung der Wahlfreiheit der General-/Vertreterversammlung hergeleitet wird; *Lang/Weidmüller/Metz* § 36 GenG Rn. 11) anzuwenden (*Raiser* Rn. 7 ff.).

Zweiter Unterabschnitt. Aufsichtsratsmitglieder der Arbeitnehmer, Grundsatz

§ 9

(1) Die Aufsichtsratsmitglieder der Arbeitnehmer (§ 7 Abs. 2) eines Unternehmens mit in der Regel mehr als 8000 Arbeitnehmern werden durch Delegierte gewählt, sofern nicht die wahlberechtigten Arbeitnehmer die unmittelbare Wahl beschließen.

(2) Die Aufsichtsratsmitglieder der Arbeitnehmer (§ 7 Abs. 2) eines Unternehmens mit in der Regel nicht mehr als 8000 Arbeitnehmern werden in unmittelbarer Wahl gewählt, sofern nicht die wahlberechtigten Arbeitnehmer die Wahl durch Delegierte beschließen.

(3) ¹Zur Abstimmung darüber, ob die Wahl durch Delegierte oder unmittelbar erfolgen soll, bedarf es eines Antrags, der von einem Zwanzigstel der wahlberechtigten Arbeitnehmer des Unternehmens unterzeichnet sein muß. ²Die Abstimmung ist geheim. ³Ein Beschluß nach Absatz 1 oder 2 kann nur unter Beteiligung von mindestens der Hälfte der wahlberechtigten Arbeitnehmer und nur mit der Mehrheit der abgegebenen Stimmen gefaßt werden.

1. Grundsatz. § 9 enthält den Grundsatz, daß sämtliche Vertreter der AN durch die AN des Unternehmens zu wählen sind (Regierungsbegründung BT-Drucks. 7/2172, 22). 1

2. Wahlverfahren. Die Wahl ist abhängig von der regelmäßigen ANZahl des Unternehmens oder einem Beschluß der AN (§ 9 III) als unmittelbare Wahl (Urwahl, § 18) oder mittelbare Wahl (Wahl durch Delegierte, §§ 10 bis 17) durchzuführen (§ 9 I und II). § 9 I und II sind zwingend (*Raiser* Rn. 6). Ob das Unternehmen in der Regel mehr oder weniger als 8000 AN hat, bestimmt sich nach den Grundsätzen zu § 1 (§ 1 Rn. 7ff.). AN einer KG oder von abhängigen Unternehmen sind unter den Voraussetzungen der §§ 4, 5 mitzuzählen. Auf die Wahlberechtigung der AN kommt es hierbei nicht an (*Raiser* Rn. 5). 2

3. Beschluß über die Art der Wahl. Nach § 9 III haben die AN des Unternehmens die Möglichkeit, zu beschließen, ob sie entgegen den Grundsätzen in § 9 I und II die Vertreter der AN in Urwahl oder mittels Delegierte wählen wollen. Die Modalitäten hierfür sind in den §§ 12 bis 21 1. WO, 13 bis 23 2. WO und 14 bis 24 3. WO geregelt. Die Vorabstimmung nach § 9 III setzt einen Antrag voraus, der von einem Zwanzigstel der wahlberechtigten AN (§§ 10 III, 18 Satz 1; zur ANZahl vgl. Rn. 2) des Unternehmens unterzeichnet sein muß (§ 9 III 1). Der Beschluß ist in geheimer Abstimmung und mit der Mehrheit der abgegebenen Stimmen zu fassen (§ 9 III 2 und 3) und nur dann wirksam, wenn mindestens die Hälfte der wahlberechtigten AN durch die Abgabe von Stimmzetteln, die auch Enthaltungen beinhalten oder unwirksam sein können, mitwirken (§ 9 III 3; *Raiser* Rn. 8). 3

4. Streitigkeiten. Streitigkeiten, die § 9 betreffen, sind nach § 2a I Nr. 3 ArbGG vor den ArbG anhängig zu machen. Ihre Geltendmachung setzt eine Anfechtung der Wahl nach § 22 nicht voraus (BAG 25. 8. 1982 AP ArbGG 1979 § 83 Nr. 2). 4

Dritter Unterabschnitt. Wahl der Aufsichtsratsmitglieder der Arbeitnehmer durch Delegierte

§ 10 Wahl der Delegierte

(1) ¹In jedem Betrieb des Unternehmens wählen die Arbeiter (§ 3 Abs. 2) und die Angestellten (§ 3 Abs. 3) in getrennter Wahl, geheim und nach den Grundsätzen der Verhältniswahl Delegierte. ²Auf Nebenbetriebe und Betriebsteile sind § 4 des Betriebsverfassungsgesetzes und nach § 3 Abs. 1 Nr. 3 des Betriebsverfassungsgesetzes in Tarifverträgen getroffene Regelungen über die Zuordnung von Betriebsteilen und Nebenbetrieben anzuwenden.

(2) ¹Abweichend von Absatz 1 werden die Delegierten in gemeinsamer Wahl gewählt, wenn die wahlberechtigten Arbeiter und Angestellten des Betriebs dies in getrennten, geheimen Abstimmungen beschließen. ²Beschlüsse nach Satz 1 können jeweils nur auf Antrag eines Zwanzigstels und unter Beteiligung von mindestens der Hälfte der wahlberechtigten Gruppenangehörigen sowie nur mit der Mehrheit der abgegebenen Stimmen gefaßt werden.

(3) Wahlberechtigt für die Wahl von Delegierten sind die Arbeitnehmer des Unternehmens, die das 18. Lebensjahr vollendet haben.

(4) Zu Delegierten wählbar sind die in Absatz 3 bezeichneten Arbeitnehmer, die die weiteren Wählbarkeitsvoraussetzungen des § 8 des Betriebsverfassungsgesetzes erfüllen.

(5) ¹Wird für einen Wahlgang nur ein Wahlvorschlag gemacht, so gelten die darin aufgeführten Arbeitnehmer in der angegebenen Reihenfolge als gewählt. ²§ 11 Abs. 2 ist anzuwenden.

§ 11 Errechnung der Zahl der Delegierten

(1) ¹In jedem Betrieb entfällt auf je 60 wahlberechtigte Arbeitnehmer ein Delegierter. ²Ergibt die Errechnung nach Satz 1 in einem Betrieb für eine Gruppe mehr als
1. 30 Delegierte, so vermindert sich die Zahl der zu wählenden Delegierten auf die Hälfte; diese Delegierten erhalten je zwei Stimmen;
2. 90 Delegierte, so vermindert sich die Zahl der zu wählenden Delegierten auf ein Drittel; diese Delegierten erhalten je drei Stimmen;
3. 150 Delegierte, so vermindert sich die Zahl der zu wählenden Delegierten auf ein Viertel; diese Delegierten erhalten je vier Stimmen.

³Bei der Errechnung der Zahl der Delegierten werden Teilzahlen voll gezählt, wenn sie mindestens die Hälfte der vollen Zahl betragen.

(2) ¹Die Arbeiter und die Angestellten müssen unter den Delegierten in jedem Betrieb entsprechend ihrem zahlenmäßigen Verhältnis vertreten sein. ²Unter den Delegierten der Angestellten müssen die in § 3 Abs. 3 Nr. 1 bezeichneten Angestellten und die leitenden Angestellten entsprechend ihrem zahlenmäßigen Verhältnis vertreten sein. ³Sind in einem Betrieb mindestens neun Delegierte zu wählen, so entfällt auf die Arbeiter, die in § 3 Abs. 3 Nr. 1 bezeichneten Angestellten und die leitenden Angestellten mindestens je ein Delegierter; dies gilt nicht, soweit in dem Betrieb nicht mehr als fünf Arbeiter, in § 3 Abs. 3 Nr. 1 bezeichnete Angestellte oder leitende Angestellte wahlberechtigt sind. ⁴Soweit auf die Arbeiter, die in § 3 Abs. 3 Nr. 1 bezeichneten Angestellten und die leitenden Angestellten lediglich nach Satz 3 Delegierte entfallen, vermehrt sich die nach Absatz 1 errechnete Zahl der Delegierten des Betriebs entsprechend.

(3) ¹Soweit nach Absatz 2 auf die Arbeiter, die in § 3 Abs. 3 Nr. 1 bezeichneten Angestellten und die leitenden Angestellten eines Betriebs nicht mindestens je ein Delegierter entfällt, gelten diese für die Wahl der Delegierten als Arbeitnehmer des Betriebs der Hauptniederlassung des Unternehmens. ²Soweit nach Absatz 2 und nach Satz 1 auf die Arbeiter, die in § 3 Abs. 3 Nr. 1 bezeichneten Angestellten und die leitenden Angestellten des Betriebs der Hauptniederlassung nicht mindestens je ein Delegierter entfällt, gelten diese für die Wahl der Delegierten als Arbeitnehmer des nach der Zahl der wahlberechtigten Arbeitnehmer größten Betriebs des Unternehmens.

(4) Entfällt auf einen Betrieb kein Delegierter, so ist Absatz 3 entsprechend anzuwenden.

(5) ¹Die Eigenschaft eines Delegierten als Delegierter der Arbeiter oder der Angestellten bleibt bei einem Wechsel der Gruppenzugehörigkeit erhalten. ²Satz 1 ist entsprechend anzuwenden, wenn ein Delegierter der Angestellten seine Eigenschaft als in § 3 Abs. 3 Nr. 1 bezeichneter Angestellter oder leitender Angestellter wechselt.

§ 12 Wahlvorschläge für Delegierte

(1) ¹Zur Wahl der Delegierten können die wahlberechtigten Arbeitnehmer des Betriebs Wahlvorschläge machen. ²Jeder Wahlvorschlag für Delegierte
1. der Arbeiter muß von einem Zehntel oder 100 der wahlberechtigten Arbeiter,
2. der Angestellten, die auf die in § 3 Abs. 3 Nr. 1 bezeichneten Angestellten entfallen, muß von einem Zehntel oder 100 der wahlberechtigten in § 3 Abs. 3 Nr. 1 bezeichneten Angestellten,
3. der Angestellten, die auf die leitenden Angestellten entfallen, muß von einem Zehntel oder 100 der wahlberechtigten leitenden Angestellten

des Betriebs unterzeichnet sein.

(2) Jeder Wahlvorschlag soll mindestens doppelt so viele Bewerber enthalten, wie in dem Wahlgang Delegierte zu wählen sind.

§ 13 Amtszeit der Delegierten

(1) ¹Die Delegierten werden für eine Zeit gewählt, die der Amtszeit der von ihnen zu wählenden Aufsichtsratsmitglieder entspricht. ²Sie nehmen die ihnen nach den Vorschriften dieses Gesetzes zustehenden Aufgaben und Befugnisse bis zur Einleitung der Neuwahl der Aufsichtsratsmitglieder der Arbeitnehmer wahr.

(2) In den Fällen des § 9 Abs. 1 endet die Amtszeit der Delegierten, wenn
1. die wahlberechtigten Arbeitnehmer nach § 9 Abs. 1 die unmittelbare Wahl beschließen;
2. das Unternehmen nicht mehr die Voraussetzungen für die Anwendung des § 9 Abs. 1 erfüllt, es sei denn, die wahlberechtigten Arbeitnehmer beschließen, daß die Amtszeit bis zu dem in Absatz 1 genannten Zeitpunkt fortdauern soll; § 9 Abs. 3 ist entsprechend anzuwenden.

(3) In den Fällen des § 9 Abs. 2 endet die Amtszeit der Delegierten, wenn die wahlberechtigten Arbeitnehmer die unmittelbare Wahl beschließen; § 9 Abs. 3 ist anzuwenden.

(4) Abweichend von Absatz 1 endet die Amtszeit der Delegierten eines Betriebs, wenn nach Eintreten aller Ersatzdelegierten des Wahlvorschlags, dem die zu ersetzenden Delegierten angehören, die Gesamtzahl der Delegierten des Betriebs unter die im Zeitpunkt ihrer Wahl vorgeschriebene Zahl der auf den Betrieb entfallenden Delegierten gesunken ist.

§ 14 Vorzeitige Beendigung der Amtszeit oder Verhinderung von Delegierten

(1) Die Amtszeit eines Delegierten endet vor dem in § 13 bezeichneten Zeitpunkt
1. durch Niederlegung des Amtes,
2. durch Beendigung der Beschäftigung des Delegierten in dem Betrieb, dessen Delegierter er ist,
3. durch Verlust der Wählbarkeit.

(2) [1] Endet die Amtszeit eines Delegierten vorzeitig oder ist er verhindert, so tritt an seine Stelle ein Ersatzdelegierter. [2] Die Ersatzdelegierten werden der Reihe nach aus den nicht gewählten Arbeitnehmern derjenigen Wahlvorschläge entnommen, denen die zu ersetzenden Delegierten angehören.

§ 15 Wahl der unternehmensangehörigen Aufsichtsratsmitglieder der Arbeitnehmer

(1) Die Delegierten wählen die Aufsichtsratsmitglieder, die nach § 7 Abs. 2 Arbeitnehmer des Unternehmens sein müssen, geheim und nach den Grundsätzen der Verhältniswahl für die Zeit, die im Gesetz oder in der Satzung (im Gesellschaftsvertrag, im Statut) für die durch das Wahlorgan der Anteilseigner zu wählenden Mitglieder des Aufsichtsrats bestimmt ist.

(2) [1] Unter den nach Absatz 1 zu wählenden Mitgliedern des Aufsichtsrats müssen sich Arbeiter und Angestellte entsprechend ihrem zahlenmäßigen Verhältnis im Unternehmen befinden. [2] Unter den Aufsichtsratsmitgliedern der Angestellten müssen sich in § 3 Abs. 3 Nr. 1 bezeichnete Angestellte und leitende Angestellte entsprechend ihrem zahlenmäßigen Verhältnis befinden. [3] Dem Aufsichtsrat müssen mindestens ein Arbeiter, ein in § 3 Abs. 3 Nr. 1 bezeichneter Angestellter und ein leitender Angestellter angehören.

(3) [1] Die Aufsichtsratsmitglieder der Arbeiter werden von den Delegierten der Arbeiter, die Aufsichtsratsmitglieder der Angestellten von den Delegierten der Angestellten gewählt. [2] Abweichend von Satz 1 werden die Mitglieder des Aufsichtsrats in gemeinsamer Wahl gewählt, wenn die Delegierten der Arbeiter und die Delegierten der Angestellten dies in getrennten, geheimen Abstimmungen beschließen; § 10 Abs. 2 Satz 2 ist entsprechend anzuwenden.

(4) [1] Die Wahl erfolgt auf Grund von Wahlvorschlägen. [2] Jeder Wahlvorschlag für
1. Aufsichtsratsmitglieder der Arbeiter muß von einem Fünftel oder 100 der wahlberechtigten Arbeiter des Unternehmens unterzeichnet sein;
2. Aufsichtsratsmitglieder der Angestellten, die auf die in § 3 Abs. 3 Nr. 1 bezeichneten Angestellten entfallen, muß von einem Fünftel oder 100 der wahlberechtigten in § 3 Abs. 3 Nr. 1 bezeichneten Angestellten des Unternehmens unterzeichnet sein;
3. Aufsichtsratsmitglieder der Angestellten, die auf die leitenden Angestellten entfallen, wird auf Grund von Abstimmungsvorschlägen durch Beschluß der wahlberechtigten leitenden Angestellten aufgestellt. Jeder Abstimmungsvorschlag muß von einem Zwanzigstel oder 50 der wahlberechtigten leitenden Angestellten unterzeichnet sein. Der Beschluß wird in geheimer Abstimmung mit der Mehrheit der abgegebenen Stimmen gefaßt. Soweit diese Mehrheit nicht für die in Absatz 5 Satz 3 vorgeschriebenen Anzahl von Bewerbern erreicht wird, findet eine zweite Abstimmung statt, für die neue Abstimmungsvorschläge gemacht werden können. Nach der zweiten Abstimmung sind so viele Bewerber, wie nach der ersten Abstimmung an der in Absatz 5 Satz 3 vorgeschriebenen Anzahl von Bewerbern fehlen, nach der Reihenfolge der auf sie entfallenden Stimmenzahlen in den Wahlvorschlag aufzunehmen. Bei den Abstimmungen hat jeder leitende Angestellte so viele Stimmen, wie durch sie für den Wahlvorschlag nach Absatz 5 Satz 3 Bewerber zu benennen sind.

(5) [1] Abweichend von Absatz 1 findet Mehrheitswahl statt, soweit dem Aufsichtsrat nach Absatz 2 nur ein Arbeiter, ein in § 3 Abs. 3 Nr. 1 bezeichneter Angestellter oder ein leitender Angestellter angehören muß. [2] Außerdem findet Mehrheitswahl statt, soweit für die
1. Aufsichtsratsmitglieder der Arbeiter,
2. Aufsichtsratsmitglieder der Angestellten, die auf die in § 3 Abs. 3 Nr. 1 bezeichneten Angestellten entfallen,
3. Aufsichtsratsmitglieder der Angestellten, die auf die leitenden Angestellten entfallen,
nur ein Wahlvorschlag gemacht wird. [3] Soweit nach Satz 2 Mehrheitswahl stattfindet, muß der Wahlvorschlag doppelt so viele Bewerber enthalten, wie Aufsichtsratsmitglieder auf die Arbeiter, die in § 3 Abs. 3 Nr. 1 bezeichneten Angestellten oder die leitenden Angestellten entfallen.

§ 16 Wahl der Vertreter von Gewerkschaften in den Aufsichtsrat

(1) Die Delegierten wählen die Aufsichtsratsmitglieder, die nach § 7 Abs. 2 Vertreter von Gewerkschaften sind, in gemeinsamer Wahl, geheim und nach den Grundsätzen der Verhältniswahl für die in § 15 Abs. 1 bestimmte Zeit.

(2) [1] Die Wahl erfolgt auf Grund von Wahlvorschlägen der Gewerkschaften, die in dem Unternehmen selbst oder in einem anderen Unternehmen vertreten sind, dessen Arbeitnehmer nach diesem Gesetz an der Wahl von Aufsichtsratsmitgliedern des Unternehmens teilnehmen. [2] Wird nur ein Wahlvorschlag gemacht, so findet abweichend von Satz 1 Mehrheitswahl statt. [3] In diesem Falle muß der Wahlvorschlag mindestens doppelt so viele Bewerber enthalten, wie Vertreter von Gewerkschaften in den Aufsichtsrat zu wählen sind.

Vierter Unterabschnitt. Unmittelbare Wahl der Aufsichtsratsmitglieder der Arbeitnehmer

§ 17 Ersatzmitglieder

(1) [1] In jedem Wahlvorschlag kann zusammen mit jedem Bewerber für diesen ein Ersatzmitglied des Aufsichtsrats vorgeschlagen werden. [2] Für einen Bewerber, der Arbeiter ist, kann nur ein Arbeiter, für einen in § 3 Abs. 3 Nr. 1 bezeichneten Angestellten nur ein in § 3 Abs. 3 Nr. 1 bezeichneter Angestellter und für einen leitenden Angestellten nur ein leitender Angestellter als Ersatzmitglied vorgeschlagen werden. [3] Ein Bewerber kann nicht zugleich als Ersatzmitglied vorgeschlagen werden.

(2) Wird ein Bewerber als Aufsichtsratsmitglied gewählt, so ist auch das zusammen mit ihm vorgeschlagene Ersatzmitglied gewählt.

§ 18

[1] Sind nach § 9 die Aufsichtsratsmitglieder der Arbeitnehmer in unmittelbarer Wahl zu wählen, so sind die Arbeitnehmer des Unternehmens, die das 18. Lebensjahr vollendet haben, wahlberechtigt. [2] Für die Wahl sind die §§ 15 bis 17 mit der Maßgabe anzuwenden, daß an die Stelle der
1. Delegierten der Arbeiter die wahlberechtigten Arbeiter,
2. Delegierten der Angestellten die wahlberechtigten Angestellten
des Unternehmens treten.

I. Wahl der Aufsichtsratsmitglieder der Arbeitnehmer durch Delegierte

1 Das Verfahren der Wahl der Aufsichtsratsmitglieder der AN durch Delegierte ist in den §§ 10 bis 17 zwingend geregelt. Ergänzende Vorschriften enthalten die Wahlordnungen.

2 **1. Wahl der Delegierten. a) Wahlverfahren.** Erfolgt die Wahl der Aufsichtsratsmitglieder der AN in mittelbarer Wahl, so sind zunächst im Verfahren nach den §§ 10 bis 12 iVm. den §§ 56 bis 79 1. WO, §§ 61 bis 86 2. WO, §§ 62 bis 87 3. WO die Delegierten zu wählen. Die Wahl der Delegierten findet nach § 10 I 1 in den einzelnen Betrieben des Unternehmens, dh. in für die AN überschaubaren Bereichen statt (vgl. BT-Drucks. 7/2172, 22). Die Zuordnung von Betriebsteilen und Nebenbetrieben erfolgt nach § 10 I 2 iVm. den §§ 4, 3 I Nr. 3 BetrVG. Auch hinsichtlich des Betriebsbegriffs gelten die betriebsverfassungsrechtlichen Grundsätze (*Raiser* § 10 Rn. 5). Die Delegierten der einzelnen Gruppen werden in getrennter Wahl von den jeweiligen Gruppenangehörigen gewählt (§ 10 I 1), sofern die Arbeiter und Angestellten des Betriebs nicht in getrennter Abstimmung nach § 10 II die Durchführung einer gemeinsamen Wahl beschlossen. Die Beschlußfassung erfolgt nach § 10 II 2; die Regelung ist § 9 III nachgebildet (vgl. dort Rn. 3). Die Wahl der Delegierten folgt den Grundsätzen der Verhältniswahl (§ 10 I 1; näher dazu § 14 BetrVG Rn. 10). Sofern nur ein Wahlvorschlag gemacht wurde, gelten die aufgeführten AN in der dortigen Reihenfolge unter Berücksichtigung der Gruppenverhältnisse (§ 11 II) nach § 10 V als gewählt (sog. Friedenswahl). Die Vorschrift entspricht § 8 V MitbestErgG.

3 **b) Aktives und passives Wahlrecht; Wahlvorschläge.** Wahlberechtigt für die Wahl der Delegierten sind alle AN des Unternehmens, die das 18. Lebensjahr vollendet haben (§ 10 III). Das passive Wahlrecht steht den wahlberechtigten AN des Unternehmens zu, die zudem die Voraussetzungen des § 8 BetrVG erfüllen. Die Wahlvorschläge werden von den wahlberechtigten AN des Betriebs (§ 10 III) unterbreitet. Dabei können 100 bzw. 10% der Arbeiter, Angestellten iSv. § 3 III Nr. 1 und leitenden Angestellten die von ihrer Gruppe zu wählenden Delegierten vorschlagen (§ 12 I 2), wobei ein Wahlvorschlag nach § 12 II mindestens doppelt so viele Bewerber enthalten soll, wie nach § 11 Delegierte zu wählen sind. Die Wahlvorschlagsquoren werden überwiegend als verfassungsgemäß angesehen (so

I. Wahl der Aufsichtsratsmitglieder der Arbeitnehmer durch Delegierte §§ 10–18 **MitbestG 470**

BAG 13. 5. 1998 AP MitbestG § 12 Nr. 1; *Hanau*, FS für Friauf, 1996, S. 621; aA *Löwisch*, FS für Zöllner, 1998, S. 847; *Spindler*, AG 1993, 25).

c) Zahl der Delegierten. Die Zahl der in jedem Betrieb zu wählenden Delegierten hängt von der 4 ANZahl ab und berechnet sich nach § 11 I. Das Verhältnis von Arbeitern und Angestellten iSv. § 3 III Nr. 1 und leitenden Angestellten muß sich bei der Verteilung der Delegierten widerspiegeln (§ 11 II 1, 2). Ein nachträglicher Gruppenwechsel läßt nach § 11 V das Amt des Delegierten unberührt (s. auch LAG Niedersachsen 25. 5. 1988 DB 1988, 1760). Ist aufgrund der geringen ANZahl einer Gruppe im Betrieb kein Delegierter zu wählen (§ 11 II 3), so werden diese AN für die Wahl der Delegierten den AN ihrer Gruppe der Hauptniederlassung des Unternehmens bzw. dem nach der ANZahl größten Betrieb des Unternehmens zugerechnet (§ 11 III). Dies gilt nach § 11 IV auch, wenn auf einen Betrieb kein Delegierter entfällt. Diese Vorschriften dienen ebenso wie § 10 II 3 und 4, wonach in einem Betrieb, in dem nach § 11 I mindestens 9 Delegierte zu wählen sind, auf jede Gruppe mindestens 1 Delegierter entfällt, dem Minderheitenschutz für besonders kleine ANGruppen.

d) Amtszeit der Delegierten. Die Amtszeit der Delegierten des Unternehmens ist gleich lang und 5 orientiert sich an der Amtszeit der von ihnen zu wählenden Aufsichtsratsmitglieder (§ 13 I 1), endet aber nicht mit dieser. Die Delegierten bleiben so lange im Amt, bis eine Neuwahl der Aufsichtsratsmitglieder der AN durch die Einberufung der Delegiertenversammlung eingeleitet wird (§ 13 I 2; *Raiser* § 13 Rn. 4). Damit stehen die Delegierten nach Abschluß der Aufsichtsratswahl für etwaige Nachwahlen oder Abberufungen (§ 23) zur Verfügung. Die Amtsperiode beginnt mit der Einleitung der Wahl der Aufsichtsratsmitglieder, dh. mit der Einberufung der Delegiertenversammlung (*Fitting/Wlotzke/Wißmann* § 13 Rn. 6; *Hanau/Ulmer* § 13 Rn. 12; *Raiser* Rn. 4; aA GK-MitbestG/*Matthes* § 13 Rn. 16, der auf die Wahl abstellt). In den in § 13 II bis IV geregelten Fällen sowie bei Niederlegung des Amts (§ 14 I Nr. 1), bei Beendigung der Beschäftigung des Delegierten im Betrieb (§ 14 I Nr. 2) und beim Verlust der Wählbarkeit (§ 14 I Nr. 3) endet die Amtszeit der Delegierten vorzeitig. Dabei betrifft § 13 II bis IV die Amtszeit aller Delegierten des Betriebs, wogegen nach § 14 I nur die Amtszeit desjenigen Delegierten endet, in dessen Person die besonderen Gründe eingetreten sind. Die Amtszeit der Delegierten endet auch, wenn der Betrieb aufgelöst (BAG 13. 5. 1998 AP MitbestG § 12 Nr. 1), stillgelegt oder an ein Unternehmen veräußert wird, dessen AN nicht an der Wahl der Aufsichtsratsmitglieder teilnehmen (*Hanau/Ulmer* § 13 Rn. 61; *Raiser* § 13 Rn. 14).

Nach § 14 II tritt an die Stelle eines vorzeitig ausscheidenden Delegierten oder eines aus tatsäch- 6 lichen oder rechtlichen Gründen vorübergehend verhinderten Delegierten ein Ersatzdelegierter. Dies sind die dem ausscheidenden oder verhinderten Delegierten auf der Wahlliste Folgenden, aber nicht Gewählten (§ 14 II 2). Ist die Wahlliste erschöpft, kann nicht auf eine andere Liste zurückgegriffen werden; nach § 14 V endet die Amtszeit aller Delegierten. Eine Verhinderung iSv. § 14 II 1 liegt, da sich die Tätigkeit der Delegierten während ihrer Amtszeit auf nur wenige Akte beschränkt und der Einhaltung des Gruppenproporzes und Minderheitenschutzes in § 11 II bis IV große Bedeutung beigemessen ist, nach hM bereits vor, wenn der Delegierte an nur einer Sitzung nicht teilnehmen kann (*Hanau/Ulmer* § 14 Rn. 29; *Raiser* § 14 Rn. 6; zur Verhinderung vgl. auch § 25 BetrVG Rn. 5).

2. Wahl der Aufsichtsratsmitglieder. a) Unternehmensangehörige Aufsichtsratsmitglieder. Die 7 Aufsichtsratsmitglieder der AN, die nach § 7 II dem Unternehmen angehören müssen, werden nach § 15 iVm. den §§ 80 bis 98 1. WO, §§ 87 bis 105 2. WO, §§ 88 bis 107 3. WO durch die Delegiertenversammlung des Unternehmens gewählt. Die Wahl ist geheim und folgt den Grundsätzen der Verhältniswahl (§ 15 I). Abw. davon findet in den Fällen des § 15 V eine Mehrheitswahl statt, wenn nur ein Wahlvorschlag gemacht wurde und dieser doppelt so viele Bewerber, wie zu bestellende Aufsichtsratsmitglieder der betreffenden Gruppe (§ 15 II) enthält. Die Verteilung der Aufsichtsratssitze der unternehmensangehörigen AN muß das Verhältnis sämtlicher Arbeiter, Angestellten iSv. § 3 III Nr. 1 und leitenden Angestellten im Unternehmen widerspiegeln, wobei im Aufsichtsrat mindestens ein Angehöriger jeder Gruppe vertreten sein muß (§ 15 II). Da eine Regelung entsprechend § 11 II 4 fehlt, vermindern sich dort auf die anderen Gruppen entfallenden Sitze, wenn einer Gruppe ein Sitz nach § 15 II 3 einzuräumen ist. Ein so zu besetzender Sitz der leitenden Angestellten geht zu Lasten der Angestellten iSv. § 3 III Nr. 1 und umgekehrt. Nur wenn auch dieser Gruppe lediglich ein Sitz zusteht, vermindert sich die Zahl der Sitze der Arbeiter (*Raiser* § 15 Rn. 7). Die Wahl wird nach § 15 III getrennt nach den jeweiligen Gruppen durchgeführt, sofern sich die Delegierten der Arbeiter und der Angestellten nicht durch getrennten Beschluß (§§ 15 III 2, 10 II 2) für eine gemeinsame Wahl entschließen.

Die Wahl der unternehmensangehörigen Aufsichtsratsmitglieder der AN erfolgt aufgrund von 8 Wahlvorschlägen, die nach § 15 IV von 20% oder 100 der wahlberechtigten Arbeiter oder Angestellten iSv. § 3 III Nr. 1 unterzeichnet sein müssen bzw. aufgrund von Abstimmungsbeschlüssen der leitenden Angestellten (§ 15 IV Nr. 3).

b) Vertreter von Gewerkschaften. Die Aufsichtsratsmitglieder der AN, die nach § 7 II Vertreter 9 der Gewerkschaften sein müssen, werden nach § 16 I sowie den §§ 90 I 4, 24 V 1. WO, §§ 97 I 4, 26 V 2. WO, §§ 98 I 4, 27 V 3. WO von den Delegierten des Unternehmens in gemeinsamer Wahl gewählt. Die Wahl ist geheim und folgt den Grundsätzen der Verhältniswahl, sofern mehr als ein Wahlvorschlag gemacht wurde, da ansonsten nach § 16 II 2 eine Mehrheitswahl stattfindet, wenn der Vorschlag mindestens doppelt so viele Bewerber wie zu bestellende Vertreter enthält. Vorschlagsberechtigt sind die Gewerkschaften, die in dem Unternehmen oder einem Unternehmen, dessen AN an der Wahl beteiligt sind, vertreten sind, dh. denen mindestens ein AN des Unternehmens angehört (§ 7 Rn. 3).

10   c) Ersatzmitglieder. Nach § 17 I kann über § 6 II iVm. § 101 III 2 AktG hinaus für jedes Aufsichtsratsmitglied der AN ein Ersatzmitglied bestellt werden. Die Ersatzmitglieder müssen zur Wahrung des Gruppenverhältnisses zwischen den Aufsichtsratsmitgliedern der AN nach § 11 II derselben Gruppe angehören, wie die Aufsichtsratsmitglieder selbst (§ 17 I 2). Ein Vorschlag sowohl zur Wahl als Aufsichtsratsmitglied als auch zum Ersatzmann ist nach § 17 I 3 ausgeschlossen, um sicherzustellen, daß Kandidaten, die die erforderliche Mehrheit für die Bestellung zum Aufsichtsratsmitglied nicht erreichen, nicht nachträglich als Ersatzmitglied in den Aufsichtsrat gelangen (*Fitting/Wlotzke/Wißmann* § 17 Rn. 5; *Raiser* § 17 Rn. 2). Entsprechend dem Wortlaut des § 17 I 1 kann für jedes Aufsichtsratsmitglied der AN nur ein Ersatzmitglied bestellt werden (*Fitting/Wlotzke/Wißmann* § 17 Rn. 4; *Hanau/Ulmer* § 17 Rn. 8; *Raiser* § 17 Rn. 3). Die Bestellung eines Ersatzmitglieds für mehrere Aufsichtsratsmitglieder der AN ist dagegen möglich, wobei die Bewerbung auf mehreren konkurrierenden Wahllisten jedoch unzulässig ist (*Hanau/Ulmer* § 17 Rn. 10; GK-MitbestG/*Matthes* § 17 Rn. 14; *Raiser* § 17 Rn. 3). Sofern ein Aufsichtsratsbewerber gewählt wird, ist auch der mit ihm vorgeschlagene Ersatzmann gewählt (§ 17 II), ein gesondertes Wahlverfahren findet nicht statt. Die Rechtsstellung der Ersatzmitglieder bestimmt sich nach § 6 II iVm. § 101 III AktG (s. § 101 AktG Rn. 8).

11   3. Wahlvorstand. Die rechtzeitige Einleitung der Wahl, ihre Durchführung sowie die Feststellung der Wahlergebnisse obliegt dem Wahlvorstand. Daneben hat dieser über die Einhaltung der Verfahrensvorschriften zu wachen und Verstöße im Rahmen des Möglichen zu berichten. Die Berichtigungskompetenz unterliegt keinen Einschränkungen (BAG 20. 2. 1991 AP MitbestG § 9 Nr. 1). Der Wahlvorstand ist unmittelbar nach der Bekanntmachung des Unternehmens, daß Aufsichtsratsmitglieder der AN zu wählen sind, abhängig vom Anwendungsbereich der Wahlordnungen als Betriebs-, Unternehmens- oder Hauptwahlvorstand zu bilden (§ 3 1. bis 3. WO). Die Zusammensetzung, Bestellung, innere Ordnung und Beschlußfassung sind in den §§ 3 ff. 1. bis 3. WO geregelt. Die Amtszeit der Mitglieder des Wahlvorstands beginnt mit ihrer Wahl und endet mit dem Abschluß der Aufsichtsratswahl (BAG 25. 8. 1981 AP ArbGG 1979 § 83 Nr. 2; LAG Hamburg 31. 1. 1979 DB 1979, 899, 900).

II. Unmittelbare Wahl der Aufsichtsratsmitglieder der Arbeitnehmer

12   Sind die Aufsichtsratsmitglieder der AN unmittelbar durch die AN des Unternehmens zu wählen (Urwahl), so ist das Verfahren der §§ 15 bis 17 nach § 18 Satz 2 entsprechend anzuwenden, mit dem Unterschied, daß an die Stelle der Delegierten die Gruppen der wahlberechtigten Arbeiter und Angestellten treten. § 18 ist zwingend, ergänzende Vorschriften finden sich in den §§ 37 bis 55 1. WO, §§ 39 bis 60 2. WO, §§ 40 bis 61 3. WO. Wahlberechtigt sind nach § 18 Satz 1 alle AN des Unternehmens, die das 18. Lebensjahr vollendet haben.

Fünfter Unterabschnitt. Weitere Vorschriften über das Wahlverfahren sowie über die Bestellung und Abberufung von Aufsichtsratsmitgliedern

§ 19 Bekanntmachung der Mitglieder des Aufsichtsrats

¹Das zur gesetzlichen Vertretung des Unternehmens befugte Organ hat die Namen der Mitglieder und der Ersatzmitglieder des Aufsichtsrats unverzüglich nach ihrer Bestellung durch zweiwöchigen Aushang in den Betrieben des Unternehmens bekanntzumachen und im Bundesanzeiger zu veröffentlichen. ²Nehmen an der Wahl der Aufsichtsratsmitglieder des Unternehmens auch die Arbeitnehmer eines anderen Unternehmens teil, so ist daneben das zur gesetzlichen Vertretung des anderen Unternehmens befugte Organ zu dem Aushang in seinen Betrieben verpflichtet.

1   1. Bekanntmachungspflicht. Nach § 19 S. 1 hat das gesetzliche Vertretungsorgan des Unternehmens die Namen der Mitglieder und Ersatzmitglieder des Aufsichtsrats unverzüglich (§ 121 BGB) nach ihrer Bestellung durch zweiwöchigen Aushang im Betrieb und durch Veröffentlichung im Bundesanzeiger bekanntzumachen. Daneben ist die Bekanntmachung mit Ausnahme bei der eingetragenen Genossenschaft in den Gesellschaftsblättern und durch Einreichung zum Handelsregister nach § 6 II, III iVm. § 106 AktG notwendig. Die Pflicht zum Aushang im Betrieb trifft nach § 19 S. 2 auch

die gesetzlichen Vertretungsorgane von Unternehmen, deren AN an der Wahl der Aufsichtsratsmitglieder zu beteiligen waren.

2. Inhalt und Wirkung der Bekanntmachung. Bekanntzumachen sind nur die Namen der betref- 2 fenden Aufsichtsratsmitglieder und Ersatzmitglieder (*Hanau/Ulmer* Rn. 7; *Raiser* Rn. 1), dies jedoch bei jeder Bestellung, dh. auch im Fall von Nachwahlen, einer gerichtlichen Ersatzbestellung sowie beim Eintritt eines Ersatzmitglieds in den Aufsichtsrat (*Hanau/Ulmer* Rn. 5; *Raiser* Rn. 1). Beim Ausscheiden von Aufsichtsratsmitgliedern findet § 19 entsprechend seinem Wortlaut im Gegensatz zu § 106 AktG keine Anwendung. Die Bekanntmachung der Mitglieder und Ersatzmitglieder des Aufsichtsrats hat für die Bestellung nur deklaratorische Bedeutung und ist von der Bekanntmachung des Wahlergebnisses nach den §§ 54 I, 98 I 1. WO, §§ 59 I, 105 I 2. WO, §§ 60 I, 106 II 3. WO zu unterscheiden. Unterbleibt die Bekanntmachung nach § 19, so beginnt die Wahlanfechtungsfrist des § 22 II 2 nicht zu laufen.

§ 20 Wahlschutz und Wahlkosten

(1) ¹Niemand darf die Wahlen nach den §§ 10, 15, 16 und 18 behindern. ²Insbesondere darf niemand in der Ausübung des aktiven und passiven Wahlrechts beschränkt werden.

(2) Niemand darf die Wahlen durch Zufügung oder Androhung von Nachteilen oder durch Gewährung oder Versprechen von Vorteilen beeinflussen.

(3) ¹Die Kosten der Wahlen trägt das Unternehmen. ²Versäumnis von Arbeitszeit, die zur Ausübung des Wahlrechts oder der Betätigung im Wahlvorstand erforderlich ist, berechtigt den Arbeitgeber nicht zur Minderung des Arbeitsentgelts.

Die Regelung in § 20 entspricht inhaltlich § 20 BetrVG; auf die dortige Kommentierung wird 1 verwiesen.

§ 21 Anfechtung der Wahl von Delegierten

(1) Die Wahl der Delegierten eines Betriebs kann beim Arbeitsgericht angefochten werden, wenn gegen wesentliche Vorschriften über das Wahlrecht, die Wählbarkeit oder das Wahlverfahren verstoßen worden und eine Berichtigung nicht erfolgt ist, es sei denn, daß durch den Verstoß das Wahlergebnis nicht geändert oder beeinflußt werden konnte.

(2) ¹Zur Anfechtung berechtigt sind
1. mindestens drei wahlberechtigte Arbeitnehmer des Betriebs,
2. der Betriebsrat,
3. das zur gesetzlichen Vertretung des Unternehmens befugte Organ.
²Die Anfechtung ist nur binnen einer Frist von zwei Wochen, vom Tage der Bekanntgabe des Wahlergebnisses an gerechnet, zulässig.

1. Regelungszweck. § 21 regelt die Anfechtung der Wahl der Delegierten (§ 10). Die Möglichkeit 1 der isolierten Anfechtung der Delegiertenwahl soll verhindern, daß ihre Fehlerhaftigkeit zur Anfechtung der Wahl der Aufsichtsratsmitglieder führt (BT-Drucks. 7/2172, 25). Daraus folgt, daß Gründe, die eine Anfechtung der Delegiertenwahl rechtfertigen, gegen die Wahl der Aufsichtsratsmitglieder nicht mehr geltend gemacht werden können, wenn eine Anfechtung nach § 21 innerhalb der Frist von 2 Wochen (§ 21 II 2) unterblieben ist (*Hanau/Ulmer* Rn. 2; *Raiser* Rn. 1; § 22 Rn. 2). § 21 ist § 19 BetrVG und § 10k MitbestErgG nachgebildet. Eine Geltendmachung von Fehlern im Wege der Anfechtung nach § 21 I ist ausgeschlossen, wenn der Einfluß des Wahlfehlers auf das Wahlergebnis durch eine Berichtigung beseitigt wurde. Die Berichtigung ist nicht auf bestimmte Verfahrensfehler beschränkt und richtet sich nach der Art des zu korrigierenden Fehlers. Sie kann insb. auch darin bestehen, fehlerhafte Verfahrensabschnitte zu wiederholen (BAG 20. 2. 1991 AP MitbestG § 9 Nr. 1; näher § 19 BetrVG).

2. Anfechtungsgründe. Die Anfechtung der Wahl von Delegierten ist aus denselben Gründen 2 möglich, wie die Anfechtung der Wahl von Betriebsratsmitgliedern (§ 19 I BetrVG), auf die dortigen Erl. kann deshalb verwiesen werden. Hinsichtlich eines einzelnen Delegierten kann die Wahlanfechtung jedoch nur auf solche Gründe gestützt werden, die ausschließlich in dessen Person vorliegen (vgl. BAG 11. 6. 1997 AP MitbestG § 22 Nr. 1).

3. Anfechtungsberechtigte und Anfechtungsgegner. Den Kreis der Anfechtungsberechtigten 3 zählt § 21 II 1 abschließend auf. Die Delegiertenwahl können mindestens drei nach § 10 III wahlberechtigte AN des Betriebs, der Betriebsrat sowie das gesetzliche Vertretungsorgan des Unternehmens anfechten. Anfechtungsgegner sind die Delegierten, deren Wahl angefochten wird (*Hanau/Ulmer* Rn. 14; *Raiser* Rn. 9). Haben drei wahlberechtigte AN die Wahl der Delegierten angefochten und fällt ein AN während des Verfahrens nach Ablauf der Anfechtungsfrist fort, so kann an seine

Stelle nicht ein anderer die Anfechtung weiterbetreiben (BAG 12. 2. 1985 AP BetrVG 1952 § 76 Nr. 27). Die Anfechtung kann sich auf die Wahl eines einzelnen Delegierten, eine Gruppe von Delegierten oder sämtliche Delegierte beziehen (*Fitting/Wlotzke/Wißmann* Rn. 9; *Hanau/Ulmer* Rn. 2; *Raiser* Rn. 7; s. aber auch § 22 Rn. 3). Sie erfolgt durch Anrufung des ArbG nach §§ 2 a I Nr. 3, 80 ArbGG.

4   **4. Rechtswirkung der Anfechtung.** Die Rechtswirkung der Anfechtung folgt den Grundsätzen zu § 19 BetrVG (vgl. dort). Haben die fehlerhaft bestellten Delegierten trotz wirksamer Anfechtung nach § 21 an der Wahl der Aufsichtsratsmitglieder mitgewirkt und war ihre Mitwirkung für das Wahlergebnis entscheidend, so ist auch die Wahl der Aufsichtsratsmitglieder nach § 22 anfechtbar.

5   **5. Nichtigkeit der Wahl.** Verstößt die Wahl grob und offensichtlich gegen grundlegende Wahlregeln, so kommt neben der Anfechtbarkeit auch die gesetzlich nicht geregelte Nichtigkeit der Wahl in Betracht. So etwa, wenn ein Delegierter die Wählbarkeitsvoraussetzungen des § 10 IV nicht erfüllt (*Fitting/Wlotzke/Wißmann* Rn. 3; *Raiser* Rn. 13; aA *Hanau/Ulmer* Rn. 22; zum Streitstand bei § 22 vgl. *Hanau/Ulmer* § 22 Rn. 11 ff.; GK-MitbestG/*Matthes* Rn. 45) oder gegen den Grundsatz der geheimen Wahl verstoßen wird (näher § 19 BetrVG Rn. 15 ff.).

§ 22 Anfechtung der Wahl von Aufsichtsratsmitgliedern der Arbeitnehmer

(1) Die Wahl eines Aufsichtsratsmitglieds oder eines Ersatzmitglieds der Arbeitnehmer kann beim Arbeitsgericht angefochten werden, wenn gegen wesentliche Vorschriften über das Wahlrecht, die Wählbarkeit oder das Wahlverfahren verstoßen worden und eine Berichtigung nicht erfolgt ist, es sei denn, daß durch den Verstoß das Wahlergebnis nicht geändert oder beeinflußt werden konnte.

(2) ¹Zur Anfechtung berechtigt sind
1. mindestens drei wahlberechtigte Arbeitnehmer des Unternehmens,
2. der Gesamtbetriebsrat des Unternehmens oder, wenn in dem Unternehmen nur ein Betriebsrat besteht, der Betriebsrat sowie, wenn das Unternehmen herrschendes Unternehmen eines Konzerns ist, der Konzernbetriebsrat, soweit ein solcher besteht,
3. der Gesamtbetriebsrat eines anderen Unternehmens, dessen Arbeitnehmer nach diesem Gesetz an der Wahl der Aufsichtsratsmitglieder des Unternehmens teilnehmen, oder, wenn in dem anderen Unternehmen nur ein Betriebsrat besteht, der Betriebsrat,
4. jede nach § 16 Abs. 2 vorschlagsberechtigte Gewerkschaft,
5. das zur gesetzlichen Vertretung des Unternehmens befugte Organ.
²Die Anfechtung ist nur binnen einer Frist von zwei Wochen, vom Tage der Veröffentlichung im Bundesanzeiger an gerechnet, zulässig.

1   **1. Allgemeines.** § 22 regelt die Anfechtbarkeit der Wahl der Aufsichtsratsmitglieder oder eines Ersatzmitglieds der AN zwingend und abschließend (*Raiser* Rn. 4). Die Anfechtung der Wahl der Aufsichtsratsmitglieder der Anteilseigner erfolgt bei der AG und der KGaA nach § 6 II iVm. den §§ 243, 251 AktG und bei der eingetragenen Genossenschaft nach § 6 II iVm. § 51 GenG. Auf die GmbH findet § 251 AktG entsprechende Anwendung (*Scholz/Schneider*, GmbH-Gesetz, Kommentar, 8. Aufl., 1995, § 52 Rn. 152). Die Vorschrift des § 22 ist § 19 BetrVG und § 10 l MitbestErgG nachgebildet. Zur Berichtigungsmöglichkeit siehe § 21 Rn. 1, § 19 BetrVG Rn. 9. Bei groben und offensichtlichen Verstößen kommt neben der Anfechtbarkeit auch die Nichtigkeit der Wahl in Betracht (näher § 21 Rn. 5; § 19 BetrVG Rn. 15 ff.).

2   **2. Verhältnis von § 21 und § 22.** Problematisch ist das Verhältnis der Anfechtungsmöglichkeit nach § 21 und § 22. Wenn die Anfechtungsgründe, die im Verfahren nach § 21 geltend gemacht werden können, auch nach § 22 zur Anfechtung berechtigen würden (so wohl *Fitting/Wlotzke/Wißmann* Rn. 21; MünchArbR/*Wißmann* § 368 Rn. 60), führt dies dazu, daß das eigenständige Verfahren nach § 21, insb. die Anfechtungsfrist des § 21 II 2, jede Bedeutung verliert (*Raiser* Rn. 3). Der Gesetzessystematik und dem Regelungszweck des § 21 (§ 21 Rn. 1) entspricht es besser, wenn die Gründe, die zur Anfechtung nach § 21 berechtigen, nur dann nach § 22 gegen die Wahl der Aufsichtsratsmitglieder und Ersatzmänner vorgebracht werden dürfen, wenn das Verfahren nach § 21 erfolgreich durchgeführt wurde (*Hanau/Ulmer* Rn. 2; *Matthes* DB 1978, 635, 636; *Raiser* Rn. 3). Entgegen der Ansicht von *Raiser* (*Raiser* Rn. 3) gilt dies nicht nur für die nach § 21 II 1 Anfechtungsberechtigten. Die gesetzgeberische Entscheidung, die Anfechtungsbefugnis nach § 21 auf den dortigen Personenkreis zu beschränken, spricht dafür, daß nur dieser zur Geltendmachung von Fehlern bei der Bestellung der Delegierten berechtigt sein soll (*Matthes* DB 1978, 635, 636). Sofern diese auf eine Anfechtung nach § 21 verzichten, werden wesentliche Belange der AN und BR anderer Betriebe des Unternehmens sowie der Gewerkschaften nicht berührt (*Hanau/Ulmer* Rn. 2). Bei einer Urwahl (§ 9) kann die Anfechtung dagegen auf sämtliche Anfechtungsgründe gestützt werden (*Raiser* Rn. 5).

3. Anfechtungsberechtigte und Anfechtungsgegner. Die Anfechtungsberechtigten führt § 22 II 1 **3** abschließend auf. Dazu gehören die auch nach § 21 II 1 Anfechtungsberechtigten. Da die Wahl der Aufsichtsratsmitglieder und Ersatzmitglieder entgegen der Delegiertenwahl nicht betriebs-, sondern unternehmensbezogen erfolgt, genügt es, wenn drei AN (§ 22 II 1 Nr. 1) dem Unternehmen und nicht demselben Betrieb angehören. Aus demselben Grund sind nach § 22 II 1 Nr. 2 neben dem BR eines Betriebs auch der GesamtBR und der KonzernBR anfechtungsberechtigt. Daneben steht das Anfechtungsrecht nach § 22 II 1 Nr. 3 dem (Gesamt-)BR eines Unternehmens, dessen AN nach den §§ 4, 5 an der Wahl beteiligt sind, sowie den nach § 16 II vorschlagsberechtigten Gewerkschaften zu (§ 22 II 1 Nr. 4). Anfechtungsgegner sind die Aufsichtsratsmitglieder und Ersatzmitglieder, deren Wahl angefochten wird (*Raiser* Rn. 15). Dabei ist ein auf einzelne Aufsichtsratsmitglieder beschränkter Antrag nur dann zulässig, wenn der Anfechtungsgrund auf das jeweilige Aufsichtsratsmitglied beschränkt ist (BAG 11. 6. 1997 AP MitbestG § 22 Nr. 1). Betrifft der Anfechtungsgrund die Wahl aller ANVertreter (zB das Gebot der öffentlichen Stimmauszählung), dann muß die Wahl aller ANVertreter einschließlich der nach § 17 II mitgewählten Ersatzmitglieder angefochten werden (BAG 11. 6. 1997 AP MitbestG § 22 Nr. 1).

4. Anfechtungsfrist, -gründe und Wirkung der Anfechtung. Die Anfechtung nach § 22 ist nur **4** innerhalb von zwei Wochen nach Veröffentlichung des Wahlergebnisses im Bundesanzeiger (§ 19) zulässig. Einzelne Entscheidungen und Maßnahmen des Wahlvorstands können bereits vor Abschluß der Wahl während des Wahlverfahrens selbständig angegriffen werden (LAG Baden-Württemberg 15. 2. 1988 BB 1988, 1344, 1345; LAG Düsseldorf 19. 12. 1977 DB 1978, 255; *Fitting/Wlotzke/Wißmann* Rn. 39; *Raiser* Rn. 24). Sie hat im Verfahren nach den §§ 2 a Nr. 3, 80 I ArbGG zu erfolgen. Zu den Anfechtungsgründen und der Wirkung der Anfechtung s. § 21 Rn. 2, 4 und § 19 BetrVG Rn. 2 ff., 8 f.

§ 23 Abberufung von Aufsichtsratsmitgliedern der Arbeitnehmer

(1) ¹Ein Aufsichtsratsmitglied der Arbeitnehmer kann vor Ablauf der Amtszeit auf Antrag abberufen werden. ²Antragsberechtigt sind für die Abberufung eines
1. Aufsichtsratsmitglieds der Arbeiter drei Viertel der wahlberechtigten Arbeiter,
2. Aufsichtsratsmitglieds der Angestellten, das auf die in § 3 Abs. 3 Nr. 1 bezeichneten Angestellten entfällt, drei Viertel der wahlberechtigten in § 3 Abs. 3 Nr. 1 bezeichneten Angestellten,
3. Aufsichtsratsmitglieds der Angestellten, das auf die leitenden Angestellten entfällt, drei Viertel der wahlberechtigten leitenden Angestellten,
4. Aufsichtsratsmitglieds, das nach § 7 Abs. 2 Vertreter einer Gewerkschaft ist, die Gewerkschaft, die das Mitglied vorgeschlagen hat.

(2) ¹Ein durch Delegierte in getrennter Wahl (§ 15 Abs. 3 Satz 1) gewähltes Aufsichtsratsmitglied wird durch Beschluß der Delegierten seiner Gruppe abberufen. ²Ein durch Delegierte in gemeinsamer Wahl (§ 15 Abs. 3 Satz 2) gewähltes Aufsichtsratsmitglied wird durch Beschluß der Delegierten abberufen. ³Beschlüsse nach Satz 1 und 2 werden in geheimer Abstimmung gefaßt; sie bedürfen einer Mehrheit von drei Vierteln der abgegebenen Stimmen.

(3) ¹Ein von den Arbeitnehmern einer Gruppe unmittelbar gewähltes Aufsichtsratsmitglied wird durch Beschluß der wahlberechtigten Arbeitnehmer dieser Gruppe abberufen. ²Ein von den Arbeitnehmern in gemeinsamer Wahl unmittelbar gewähltes Aufsichtsratsmitglied wird durch Beschluß der wahlberechtigten Arbeitnehmer abberufen. ³Beschlüsse nach Satz 1 und 2 werden in geheimer, unmittelbarer Abstimmung gefaßt; sie bedürfen einer Mehrheit von drei Vierteln der abgegebenen Stimmen.

(4) Die Absätze 1 bis 3 sind für die Abberufung von Ersatzmitgliedern entsprechend anzuwenden.

§ 23 regelt die Abberufung der Aufsichtsratsmitglieder der AN sowie nach § 23 IV die Abberufung **1** der Ersatzmitglieder (§ 17) zwingend. Die Abberufung der Aufsichtsratsmitglieder der Anteilseigner erfolgt nach § 6 II, III iVm. § 103 I, II AktG bzw. § 36 III GenG. Eines besonderen Grundes bedarf es neben der ¾-Mehrheit der Abberufungsberechtigten, anders als bei der uneingeschränkt neben § 23 anwendbaren gerichtlichen Abberufung nach § 6 II iVm. § 103 III AktG, für die Abberufung nach § 23 nicht. § 23 I legt den Kreis der Antragsberechtigten für den Abberufungsantrag fest. Dies ist jeweils die Gruppe der AN, der das Aufsichtsratsmitglied zuzuordnen ist. Antragsberechtigt sind danach je ¾ der wahlberechtigten Arbeiter, Angestellten iSv. § 3 III Nr. 1, leitenden Angestellten oder die Gewerkschaft, die das betreffende Aufsichtsratsmitglied vorgeschlagen hat. Der Beschluß über die Abberufung ist nach § 23 II, III ebenfalls mit ¾-Mehrheit zu fassen. Zuständig ist das Gremium, das das Aufsichtsratsmitglied nach den §§ 15 III, 18 gewählt hat (§ 23 II und III). Das Erlöschen des Mandats, das mit Bekanntgabe der Beschlüsse eintritt, ist nach § 6 II iVm. § 106 AktG mitzuteilen. Das Verfahren ist in den §§ 100 bis 109 1. WO, §§ 107 bis 116 2. WO, §§ 108 bis 117, 129 bis 134 3. WO geregelt.

Oetker

§ 24 Verlust der Wählbarkeit und Wechsel der Gruppenzugehörigkeit unternehmensangehöriger Aufsichtsratsmitglieder

(1) Verliert ein Aufsichtsratsmitglied, das nach § 7 Abs. 2 Arbeitnehmer des Unternehmens sein muß, die Wählbarkeit, so erlischt sein Amt.

(2) ¹ Der Wechsel der Gruppenzugehörigkeit eines Aufsichtsratsmitglieds der Arbeiter oder der Angestellten führt nicht zum Erlöschen seines Amtes. ² Satz 1 ist entsprechend anzuwenden, wenn sich die Zuordnung eines Aufsichtsratsmitglieds der Angestellten zu den in § 3 Abs. 3 Nr. 1 bezeichneten Angestellten oder den leitenden Angestellten ändert.

1 Nach § 24 I, der § 24 I Nr. 4 BetrVG entspricht, verliert ein Aufsichtsratsmitglied sein Amt, wenn es die Wählbarkeit verliert. Das gilt nur für die Mitglieder der AN im Aufsichtsrat, die nach § 7 II dem Unternehmen angehören müssen, also nicht für die Vertreter der Gewerkschaften (*Raiser* Rn. 2; GK-MitbestG/*Matthes* Rn. 4; aA *Hanau/Ulmer* Rn. 1, wonach § 24 I entsprechend anzuwenden ist). Da sich diese Rechtsfolge bei Verlust der Voraussetzungen in den § 100 I, II AktG iVm. § 6 II bereits nach den aktienrechtlichen Regeln ergibt (vgl. § 103 AktG Rn. 13), sind die Hauptanwendungsfälle des § 24 I der Verlust der ANEigenschaft (§ 3 I iVm. § 5 BetrVG) sowie das Ausscheiden des Aufsichtsratsmitglieds aus dem Unternehmen. Dies liegt aber nicht vor, wenn ein Aufsichtsratsmitglied in ein anderes Unternehmen wechselt, dessen AN nach den §§ 4, 5 an der Wahl beteiligt waren (*Raiser* Rn. 2). Der Wechsel der Gruppenzugehörigkeit läßt das Amt des Aufsichtsratsmitglieds nach § 24 II unberührt. Die Vorschrift entspricht § 24 II BetrVG und ist über ihren Wortlaut hinaus auf Ersatzmitglieder (§ 17) entsprechend anzuwenden (*Hanau/Ulmer* Rn. 3; GK-MitbestG/*Matthes* Rn. 29; *Raiser* Rn. 3).

Dritter Abschnitt. Innere Ordnung, Rechte und Pflichten des Aufsichtsrats

§ 25 Grundsatz

(1) ¹Die innere Ordnung, die Beschlußfassung sowie die Rechte und Pflichten des Aufsichtsrats bestimmen sich nach den §§ 27 bis 29, den §§ 31 und 32 und, soweit diese Vorschriften dem nicht entgegenstehen,
1. für Aktiengesellschaften und Kommanditgesellschaften auf Aktien nach dem Aktiengesetz,
2. für Gesellschaften mit beschränkter Haftung und bergrechtliche Gewerkschaften mit eigener Rechtspersönlichkeit nach § 90 Abs. 3, 4 und 5 Satz 1 und 2, den §§ 107 bis 116, 118 Abs. 2, § 125 Abs. 3 und den §§ 171 und 268 Abs. 2 des Aktiengesetzes,
3. für Erwerbs- und Wirtschaftsgenossenschaften nach dem Gesetz betreffend die Erwerbs- und Wirtschaftsgenossenschaften.
² § 4 Abs. 2 des Gesetzes über die Überführung der Anteilrechte an der Volkswagenwerk Gesellschaft mit beschränkter Haftung in private Hand vom 21. Juli 1960 (Bundesgesetzbl. I S. 585), zuletzt geändert durch das Zweite Gesetz zur Änderung des Gesetzes über die Überführung der Anteilrechte an der Volkswagenwerk Gesellschaft mit beschränkter Haftung in private Hand vom 31. Juli 1970 (Bundesgesetzbl. I S. 1149), bleibt unberührt.

(2) Andere gesetzliche Vorschriften und Bestimmungen der Satzung (des Gesellschaftsvertrags, des Status) oder der Geschäftsordnung des Aufsichtsrats über die innere Ordnung, die Beschlußfassung sowie die Rechte und Pflichten des Aufsichtsrats bleiben unberührt, soweit Absatz 1 dem nicht entgegensteht.

I. Allgemeines

1 Primär finden für die innere Ordnung, die Beschlußfassung und die Rechte und Pflichten des Aufsichtsrats nach § 25 I 1 die Bestimmungen des MitbestG (§§ 27 bis 29, 31, 32) Anwendung und daneben, abhängig von der Unternehmensform, in unterschiedlichem Umfang die Normen des AktG und des GenG, sofern mitbestimmungsrechtliche Regelungen dem nicht entgegenstehen. Dadurch soll gewährleistet werden, daß die wesentlichen Bestimmungen für die Aufsichtsratsarbeit aller mitbestimmten Unternehmensformen einheitlich geregelt sind und sich der Aufsichtsrat trotz der verschiedenen rechtlichen Anforderungen aufgrund der unterschiedlichen Unternehmensform auch weiterhin in die rechtliche Struktur des Unternehmens einfüge (vgl. BT-Drucks. 7/2172, 27). Weitere in § 25 I nicht benannte gesetzliche Vorschriften sowie nach Maßgabe der gesellschaftsrechtlichen Rahmendaten zulässige Bestimmungen in Satzung, Statut oder Gesellschaftsvertrag sowie in der Geschäftsordnung des Aufsichtsrats gelten nur, sofern sie den in § 25 I genannten Normen nicht entgegenstehen.

II. Verhältnis von Mitbestimmungs- und Gesellschaftsrecht

Trotz der scheinbar eindeutigen Verweisungen in § 25 I ergeben sich im Verhältnis von Mitbestimmungs- und Gesellschaftsrecht tlw. Widersprüche und Lücken. Wie die Widersprüche zu lösen, etwaige Lücken zu schließen und die Regelungen des MitbestG auszulegen sind, wird im Schrifttum lebhaft diskutiert (vgl. zB *Ballerstedt* ZGR 1977, 133; *Martens* AG 1976, 113; *Rittner* JZ 1975, 457; *Säcker* ZHR Bd. 148 [1984], 153 ff.; *Ulmer* BB 1979, 398; weitere Nachweise bei *Raiser* vor Rn. 8). 2

Die Begründung des RegEntw. ist hierfür unergiebig, da sowohl auf den Zweck des MitbestG, die Herbeiführung einer gleichberechtigten und gleichgewichtigen Teilnahme von Anteilseignern und AN an den Entscheidungsprozessen im Unternehmen, als auch auf die Beibehaltung des geltenden Gesellschaftsrechts Bezug genommen wird (BT-Drucks. 7/2172, 17). Sofern gesellschaftsrechtliche Normen im Widerspruch zu den Regelungen des MitbestG stehen, sind letztere aufgrund der in § 25 I zum Ausdruck kommenden Entscheidung für die Subsidiarität des Gesellschaftsrechts vorrangig (*Fitting/Wlotzke/Wißmann* Rn. 8; *Raiser* Rn. 9). 3

Ob und in welchem Umfang Regelungslücken im MitbestG bestehen, hängt zunächst davon ab, welche Interpretationsmaximen die klassischen Auslegungskriterien (grammatische, historische, systematische und teleologische Auslegung) beeinflussen. Nicht durchgesetzt hat sich die Ansicht, daß der dem MitbestG innewohnende Mitbestimmungsgedanke die maßgebliche Interpretationsrichtlinie enthält (so *Reich/Lewerenz* AuR 1976, 261, 264). Das gilt gleichfalls für die entgegengesetzte Auffassung, nach der das MitbestG eng auszulegen sei und im übrigen uneingeschränkt die gesellschaftsrechtlichen Vorschriften gelten (so *Mertens* ZGR 1983, 189, 190 ff.). Nach einer dritten Ansicht, die einen vermittelnden Ansatz wählt, ist es Aufgabe der Rechtsanwendung, Mitbestimmungs- und Gesellschaftsrecht zu harmonisieren (*Hanau/Ulmer* Rn. 6; *Raiser* Rn. 12). Durch die Begründung strenger Vorrangregeln kann dies nicht erreicht werden (*Raiser* Rn. 12). Aufgrund der Systematik der Verweisungsnorm in § 25 finden die geltenden gesellschaftsrechtlichen Normen dort Anwendung, wo Regelungen des MitbestG fehlen, wobei jedoch die Interessen der Anteilseigner und AN gleichermaßen zu berücksichtigen sind (*Raiser* Rn. 12). 4

Dem letztgenannten Ansatz ist der BGH in seiner Entscheidung vom 25. 2. 1982 insoweit gefolgt, daß der Regelungszweck des MitbestG nicht dazu herangezogen werden kann, die nur partikulären Bestimmungen in den §§ 27 bis 29, 31, 32 über ihren Regelungsbereich hinaus anzuwenden, sondern vielmehr gelangen die gesellschaftsrechtlichen Vorschriften bei fehlender mitbestimmungsrechtlicher Regelung zur Anwendung (BGH 25. 2. 1982 Z 83, 144, 148). Die Heranziehung spezifischen Gesellschaftsrechts steht jedoch unter dem Vorbehalt gleichmäßiger Berücksichtigung der Interessen der Anteilseigner und AN, darf andererseits aber auch nicht dazu führen, daß nach dessen Sinn und Zweck zwingendes Mitbestimmungsrecht unterlaufen wird (BGH 25. 2. 1982 Z 83, 144, 149). 5

III. Gestaltungsfreiheit in Satzung und Geschäftsordnung

Im Zusammenhang mit der vorangegangenen Problematik steht die Frage, inwieweit die Arbeit des Aufsichtsrats in der Satzung (Gesellschaftsvertrag, Statut) oder der Geschäftsordnung des Aufsichtsrats geregelt werden kann. § 25 schließt weder die Regelungsbefugnis der Anteilseigner noch die des Aufsichtsrats generell aus (vgl. § 25 II; BGH 25. 2. 1982 Z 83, 144, 148; BGH 25. 2. 1982 Z 83, 106 ff.; *Hanau/Ulmer* Rn. 9, 10; *Mertens* ZGR 1977, 270, 287). Dies kann nicht aus einem „Mitbestimmungstelos" (so *Naendrup* AuR 1977, 225, 226 ff. und 268, 270 ff.) bzw. der Erwägung, daß jedem Gremium die Entscheidung über die Art seiner Arbeit überlassen bleiben soll (*Säcker/Theisen* AG 1980, 29, 30), gefolgert werden. Ebenso wie durch die gesellschaftsrechtlichen Vorschriften (vgl. §§ 23 V AktG, 18 GenG; näher § 107 AktG Rn. 3) wird die Regelungsbefugnis der Anteilseigner und des Aufsichtsrats durch das MitbestG eingeschränkt. Dies gilt zunächst, soweit die Regelungen den §§ 27 bis 29, 31, 32 entgegenstehen (§ 25 II). Tlw. wird aufgrund des Verweises in § 25 II auf § 25 I Nr. 2 geschlossen, daß die aktienrechtlichen Beschränkungen der Satzungsautonomie für die GmbH auch für die GmbH gelten (*Hanau/Ulmer* Rn. 9). Einen Verweis auf § 23 V AktG enthält § 25 I Nr. 2 aber gerade nicht (vgl. auch *Raiser* BB 1977, 1461, 1465 Fn. 30). Dennoch können die Gesellschafterversammlung oder der Aufsichtsrat der GmbH nach § 25 II von den in § 25 I Nr. 2 angeführten Regelungen nicht abweichen. 6

Auch über die Regelungen in den §§ 27 bis 29, 31, 32 hinaus ergeben sich aus dem MitbestG Beschränkungen der Satzungs- und Geschäftsordnungsautonomie, soweit dadurch nach Sinn und Zweck zwingendes Mitbestimmungsrecht unterlaufen würde (vgl. BGH 25. 2. 1982 Z 83, 144, 149). Dies betrifft vor allem solche Regelungen, die die Funktionsfähigkeit des Aufsichtsrats als Unternehmensorgan vermindern würden (vgl. § 28 Rn. 2) oder die mittelbar die Beteiligung der AN bei der Entscheidungsfindung im Unternehmen beseitigen (*Canaris* DB 1981, Beil. 14, 3 ff.; *Hanau/Ulmer* Rn. 11; *Raiser* Rn. 13; *Rittner* DB 1980, 2493, 2499 ff.; *Wiedemann* ZGR 1977, 160, 167). 7

Zum Grundsatz der Gleichbehandlung aller Aufsichtsratsmitglieder sowie zum Verhältnis von Satzungsregelungen und Geschäftsordnung des Aufsichtsrats § 107 AktG Rn. 3. 8

IV. Innere Ordnung und Beschlußfassung des Aufsichtsrats

9   Die innere Ordnung und Beschlußfassung des Aufsichtsrats bestimmt sich bei der AG, der KGaA und der GmbH einheitlich nach § 25 I Nr. 1, 2 iVm. §§ 107 bis 110 AktG und den §§ 27, 28, 29 (s. die dortigen Ausführungen).

10 Auf den mitbestimmten Aufsichtsrat der eingetragenen Erwerbs- und Wirtschaftsgenossenschaft finden nach § 25 I Nr. 3 neben den §§ 27 bis 29, 31, 32 die Vorschriften des GenG (§§ 36 ff. GenG) Anwendung. Wesentliche Abweichungen von den übrigen Unternehmensformen ergeben sich dadurch nicht. Aufgrund der geringen Regelungsdichte für die innere Ordnung und Beschlußfassung des Aufsichtsrats im GenG kommt der General-/Vertreterversammlung bzw. dem Aufsichtsrat größere Gestaltungsfreiheit zu. Mangels eines Verweises in § 25 auf § 101 III AktG besteht für die Aufsichtsratsmitglieder kein Vertretungsverbot. Dies ist insoweit von Bedeutung, da eine Stimmbotenschaft nach § 108 III AktG für die Mitglieder des Aufsichtsrats und insb. für die Ausübung des Zweitstimmrechts des Aufsichtsratsvorsitzenden nach den §§ 29 II, 31 IV nicht zulässig ist (*Fitting/Wlotzke/Wißmann* Rn. § 29 Rn. 19; *Hanau/Ulmer* Rn. 42; *Müller* § 36 GenG Rn. 4, 92; *Raiser* Rn. 44). Fehlen im Statut oder der Geschäftsordnung des Aufsichtsrats entsprechende Regelungen, finden die allgemeinen Verfahrensgrundsätze über die Einberufung von Sitzungen, die Erstellung einer Niederschrift und die Sitzungsleitungsbefugnis entsprechende Anwendung (*Hanau/Ulmer* Rn. 42).

V. Rechte und Pflichten des Aufsichtsrats

11 Die Kompetenzen des Aufsichtsrats bestimmen sich nach § 25 iVm. dem spezifischen Gesellschaftsrecht sowie nach den §§ 31, 32. Soweit das MitbestG keine Sonderregelungen enthält, bleiben die Kompetenzen der Gesellschaftsorgane unberührt (*Hanau/Ulmer* Rn. 44). Das gilt insb. für die Geschäftsführungskompetenz der zuständigen Gesellschaftsorgans (vgl. §§ 76 I AktG, 27 I I GenG), wobei für die GmbH im Rahmen der Satzungsautonomie die Möglichkeit besteht, die Ausübung von Rechten, die der Gesellschafterversammlung aufgrund des Weisungsrechts gegenüber den Geschäftsführern zustehen (§ 37 I GmbHG; BGH 6. 3. 1997 Z 135, 48, 53; s. auch Rn. 14), auf den Aufsichtsrat zu übertragen (*Hanau/Ulmer* Rn. 46). Sieht sie hiervon ab, so bleiben die der Gesellschafterversammlung zugewiesenen Zuständigkeiten für die Prüfung und Überwachung der Geschäftsführung bestehen (BGH 6. 3. 1997 Z 135, 48 ff., insb. auch zu § 51 a GmbHG).

12 Zu den wichtigsten Kompetenzen des Aufsichtsrats gehört nach § 31, mit Ausnahme bei der KGaA (§ 31 I 2), die Personalkompetenz gegenüber dem Vorstand (Geschäftsführern).

13 Der Aufsichtsrat ist auch nach dem MitbestG in erster Linie Überwachungsorgan im Verhältnis zum Geschäftsführungsorgan des Unternehmens (§ 25 I Nr. 1 bis 3 iVm. § 111 I AktG bzw. § 38 I 1 GenG). Zum Umfang und den Mitteln der Überwachung s. § 111 AktG Rn. 9 ff. Anders als bei der AG und der KGaA sind die Geschäftsführer der GmbH mangels Verweis auf die §§ 90 I, II, 170 AktG in § 25 I Nr. 2 nicht zur selbständigen periodischen Berichterstattung bzw. Vorlage des Jahresabschlusses und des Lageberichts verpflichtet (*Fitting/Wlotzke/Wißmann* Rn. 71; *Hanau/Ulmer* Rn. 55; *Raiser* Rn. 48; aA GK-MitbestG/*Naendrup* Rn. 151). Dieser Informationslücke kann der Aufsichtsrat jedoch entgegentreten, indem er sein Berichtsverlangen nach § 25 I Nr. 2 iVm. § 90 III AktG entsprechend ausgestaltet (*Hanau/Ulmer* Rn. 55). Dies gilt ebenso für die eingetragene Erwerbs- und Wirtschaftsgenossenschaft, da eine Berichtspflicht des Vorstands nach § 25 I Nr. 3 iVm. § 38 I GenG ebenfalls nicht besteht (*Hanau/Ulmer* Rn. 55). Der Aufsichtsrat ist unabhängig von der Rechtsform des Unternehmens nach § 25 I Nr. 1 bis 3 iVm. § 171 I AktG bzw. § 38 I 3 GenG zur Prüfung des Jahresabschlusses, des Lageberichts etc. verpflichtet. Abw. von der Kompetenz des Aufsichtsrats der mitbestimmten AG nach § 25 I Nr. 1 iVm. § 172 AktG obliegt die Feststellung des Jahresabschlusses bei der KGaA nach § 25 I Nr. 1 iVm. § 286 I AktG sowie bei der GmbH und der eingetragenen Erwerbs- und Wirtschaftsgenossenschaft mangels Verweises in § 25 I Nr. 2 und 3 auf § 172 AktG der Anteilseignerversammlung (vgl. § 46 Nr. 6 GmbHG; § 48 I GenG).

14 Weiterhin stehen dem Aufsichtsrat im Verhältnis zum Geschäftsführungsorgan der Gesellschaft vereinzelte Mitsprache- und Mitentscheidungsrechte zu, so neben § 32 vor allem das Recht in § 111 IV 2 AktG, wonach bestimmte Geschäftsführungsmaßnahmen von der Zustimmung des Aufsichtsrats abhängig gemacht werden können. § 111 IV 2 AktG findet auf die eingetragene Erwerbs- und Wirtschaftsgenossenschaft nach § 25 I Nr. 3 keine Anwendung. Gleiches gilt nach § 278 II AktG für die KGaA. Bei der GmbH kann das Zustimmungsrecht des Aufsichtsrats nach § 25 I Nr. 2 iVm. § 111 IV 2 AktG in Konflikt mit dem Weisungsrecht der Gesellschafterversammlung gegenüber den Geschäftsführern (vgl. Rn. 11) geraten. Eine Einschränkung des Zustimmungsrechts im Gesellschaftsvertrag ist aus denselben Gründen wie bei der AG nicht möglich (*Ballerstedt* ZGR 1977, 133, 152; *Fitting/Wlotzke/Wißmann* Rn. 68; *Hanau/Ulmer* Rn. 64; *Immenga* ZGR 1977, 249, 264; *Raiser* Rn. 81 ff.; *Säcker* DB 1977, 1845, 1848; aA *Hölters* BB 1975, 797, 799). Tlw. wird vertreten, daß bei entgegenstehender Weisung der Gesellschafterversammlung der Zustimmungsvorbehalt des Aufsichtsrats unbeachtlich ist (*Zöllner* ZGR 1977, 319, 327). Dem steht entgegen, daß nach den allgemeinen Auslegungsregeln für das MitbestG (vgl. Rn. 3) kein Raum für eine einschränkende Auslegung der

eindeutigen Regelung in § 25 I Nr. 2 iVm. § 111 IV 2 AktG aufgrund gesellschaftsrechtlichen Strukturabweichungen besteht (vgl. *Raiser* Rn. 81). Eine Weisung der Gesellschafterversammlung steht dem Zustimmungsvorbehalt des Aufsichtsrats nicht entgegen. Sofern er die Zustimmung verweigert, kann die Gesellschafterversammlung durch Beschluß, der nach § 25 I Nr. 2 iVm. § 111 IV 4 AktG der ³/₄-Mehrheit bedarf, die Geschäftsführungsmaßnahme durchsetzen (*Hanau/Ulmer* Rn. 66; GK-MitbestG/*Naendrup* Rn. 139; *Raiser* Rn. 81; *Säcker* DB 1977, 1845, 1848). Abw. von § 111 IV 3 AktG ist die Gesellschafterversammlung nicht auf das Verlangen der Geschäftsführer angewiesen, da die Kompetenz der Gesellschafterversammlung zur Geschäftsführung im Rahmen des MitbestG, abw. von § 119 II AktG, fortbesteht (Rn. 11; *Hanau/Ulmer* Rn. 66; *Raiser* Rn. 82; *Säcker* DB 1977, 1845, 1849; iE auch BGH 6. 3. 1997 Z 135, 48, 55 f.; aA *Reich/Lewerenz* AuR 1976, 261, 272).

VI. Rechtsstellung der Aufsichtsratsmitglieder

Die Rechtsstellung der Aufsichtsratsmitglieder bestimmt sich über die Regelungen in § 26 hinaus 15 für die AG, KGaA und GmbH wegen § 25 I Nr. 1 und 2 nach den aktienrechtlichen Vorschriften; näher § 111 AktG Rn. 24 ff. Für die Aufsichtsratsmitglieder eingetragener Erwerbs- und Wirtschaftsgenossenschaften gelten neben dem MitbestG nach § 25 I Nr. 3 die §§ 36 ff. GenG. Sofern insoweit spezifische Regelungen fehlen, finden die aktienrechtlichen Grundsätze entsprechend Anwendung (*Hanau/Ulmer* Rn. 71; GK-MitbestG/*Naendrup* Rn. 162).

VII. Aufsichtsratsausschüsse

Neben der Bildung des ständigen Ausschusses nach § 27 III, richtet sich die Einsetzung weiterer 16 Ausschüsse durch den Aufsichtsrat in der AG, KGaA und GmbH nach allgemeinem Aktienrecht, insb. nach § 25 I Nr. 1, 2 iVm. § 107 III AktG. Zur Errichtung, Zusammensetzung, inneren Ordnung sowie den Aufgaben dieser Ausschüsse s. § 107 AktG Rn. 17 ff. sowie §§ 31 Rn. 11, 32 Rn. 6. Das GenG, das nach § 25 I Nr. 3 auf die Erwerbs- und Wirtschaftsgenossenschaften Anwendung findet, enthält bezüglich der Bildung von Aufsichtsratsausschüssen keine speziellen Regelungen. Die Kompetenz, über die Einsetzung weiterer Ausschüsse zu entscheiden, obliegt dem Aufsichtsrat (*Hanau/Ulmer* Rn. 137; *Lang/Weidmüller* § 38 GenG Rn. 40), wobei die aktienrechtlichen Grundsätze bezüglich der Zusammensetzung solcher Ausschüsse zu beachten sind.

§ 26 Schutz von Aufsichtsratsmitgliedern vor Benachteiligung

¹Aufsichtsratsmitglieder der Arbeitnehmer dürfen in der Ausübung ihrer Tätigkeit nicht gestört oder behindert werden. ²Sie dürfen wegen ihrer Tätigkeit im Aufsichtsrat eines Unternehmens, dessen Arbeitnehmer sie sind oder als dessen Arbeitnehmer sie nach § 4 oder § 5 gelten, nicht benachteiligt werden. ³Dies gilt auch für ihre berufliche Entwicklung.

1. Allgemeines. § 26 enthält für die Aufsichtsratsmitglieder der AN ein Behinderungs- und Benach- 1 teiligungsverbot zum Schutz ihrer Tätigkeit im Aufsichtsrat sowie von persönlichen und beruflichen Nachteilen. Dabei handelt es sich um ein Verbotsgesetz iSv. § 134 BGB (*Hanau/Ulmer* Rn. 2), das sich gegen jedermann richtet (*Fitting/Wlotzke/Wißmann* Rn. 4, 12; *Hanau/Ulmer* Rn. 2; *Raiser* Rn. 2). Ein Verbot von Begünstigungen aufgrund der Aufsichtsratstätigkeit stellt § 26 nicht auf. Sachlich unbegründete Begünstigungen verbietet jedoch der arbeitsrechtliche Gleichbehandlungsgrundsatz (*Fitting/Wlotzke/Wißmann* Rn. 3; *Hanau/Ulmer* Rn. 3).

2. Verbot von Behinderungen. Nach § 26 S. 1 ist jedes Handeln oder Unterlassen verboten, das die 2 Tätigkeit der Aufsichtsratsmitglieder der AN in objektiv feststellbarer Weise beeinträchtigt (*Fitting/Wlotzke/Wißmann* Rn. 6).

a) Arbeitsfreistellung und -entgelt. Die Wahl in den Aufsichtsrat und die Wahlannahme begründen 3 ein eigenständiges Rechtsverhältnis zwischen Aufsichtsratsmitglied und Unternehmen. Dieses steht bei im Unternehmen beschäftigten AN neben dem Arbeitsverhältnis. Grds. sind die Pflichten aus beiden Rechtsverhältnissen nebeneinander zu erfüllen. Ein gesetzlicher Anspruch auf entgeltliche Arbeitsfreistellung zur Erfüllung der Aufsichtsratspflichten besteht nicht (*Hanau/Ulmer* Rn. 5; *Raiser* Rn. 5).

Kollidieren beide Verpflichtungen, weil die Wahrnehmung der Aufsichtsratstätigkeit nur während 4 der Arbeitszeit möglich ist, geht das Aufsichtsratsmandat gemäß § 26 S. 1 vor (*Fitting/Wlotzke/Wißmann* Rn. 7; *Hanau/Ulmer* Rn. 5; *Raiser* Rn. 5). Ist der AN von seiner Arbeitspflicht befreit, entfällt nach § 323 BGB auch der arbeitsvertragliche Entgeltanspruch (*Hanau/Ulmer* Rn. 5; *Raiser* Rn. 5). Nach aA besteht der Entgeltanspruch aus dem Arbeitsverhältnis analog § 37 II BetrVG fort (*Fitting/Wlotzke/Wißmann* Rn. 10; GK-MitbestG/*Naendrup* Rn. 17; *Reich/Lewerenz* AuR 1976, 353, 366). Mangels planwidriger Regelungslücke ist ein Analogieschluß zu § 37 II BetrVG aber nicht möglich. Fehlt eine Aufsichtsratsvergütung (§ 113 I AktG) oder schafft sie keinen angemessenen Ausgleich, so bleibt der Arbeitsentgeltanspruch nach § 26 S. 2 bestehen, da die Aufsichtsratstätigkeit ansonsten einen Nachteil für die Aufsichtsratsvertreter der AN schaffen würde (*Hanau/Ulmer* Rn. 6; *Raiser* Rn. 5). Da auch die ANVertreter im Aufsichtsrat im Interesse des Unternehmens tätig werden, erscheint es auch denkbar, den Ausfall der Arbeitsleistung dem Betriebsrisiko des AG zuzurechnen. Der Arbeitsentgeltanspruch bliebe dann nach § 324 I BGB bestehen. Sofern die Aufsichtsratstätigkeit aufgrund der Satzung oder eines Hauptversammlungsbeschlusses eine angemessene Vergütung erfährt (§ 113 I AktG), wird der Arbeitsentgeltanspruch jedoch verdrängt, da sowohl das Arbeitsentgelt als auch die Aufsichtsratsvergütung die im Interesse des Unternehmens erbrachte Tätigkeit vergüten soll.

5   b) **Schulungsveranstaltungen.** Das Gesetz räumt den Aufsichtsratsmitgliedern der AN keinen Anspruch auf entgeltliche Arbeitsfreistellung zum Besuch von Schulungs- und Informationsveranstaltungen ein. Eine analoge Anwendung des § 37 VI BetrVG scheidet aus, da das Bedürfnis der Aufsichtsratsmitglieder der AN auf Fortbildung bei Schaffung des MitbestG bekannt war, eine planwidrige Gesetzeslücke somit fehlt (*Fitting/Wlotzke/Wißmann* Rn. 11). Sofern die Aufsichtsratstätigkeit besondere fachliche Anforderungen stellt, die eine Schulungsmaßnahme zwingend erforderlich machen, steht dem Aufsichtsratsmitglied aber ein Aufwendungsersatzanspruch gemäß den §§ 675, 670 BGB gegen das Unternehmen aus dem aufgrund der Aufsichtsratsmitgliedschaft bestehenden Rechtsverhältnis zu (*Hanau/Ulmer* Rn. 7; *Säcker* NJW 1979, 1521, 1526; aA *Faude* DB 1983, 2249, 2251).

6   **3. Verbot von Benachteiligungen.** Das Benachteiligungsverbot in § 26 S. 2 und 3 schützt die Aufsichtsratsmitglieder der AN während der gesamten Amtszeit des Aufsichtsrats vor objektiven Schlechterstellungen, die nicht aus sachlichen Gründen gerechtfertigt sind (*Fitting/Wlotzke/Wißmann* Rn. 13). Darüber hinaus entfaltet § 26 S. 2 und 3 Vor- und Nachwirkung hinsichtlich einer zukünftigen oder beendeten Aufsichtsratsmitgliedschaft (*Fitting/Wlotzke/Wißmann* Rn. 12). Bei einem schuldhaften Verstoß gegen das Benachteiligungsverbot steht dem Aufsichtsratsmitglied ein Schadensersatzanspruch gegen das Unternehmen nach § 823 II BGB zu (*Fitting/Wlotzke/Wißmann* Rn. 25; *Hanau/Ulmer* Rn. 2).

7   **4. Kündigungsschutz.** Ein absoluter Kündigungsschutz für Aufsichtsratsmitglieder der AN ergibt sich aus § 26 nicht. Eine analoge Anwendung des § 15 KSchG scheidet mangels planwidriger Regelungslücke aus (*Fitting/Wlotzke/Wißmann* Rn. 16; *Hanau/Ulmer* Rn. 14; *Raiser* Rn. 8; aA *Reich/Lewerenz* AuR 1976, 353, 365). Dies gilt auch für § 103 BetrVG. Soweit die Kündigung allein aufgrund der Stellung als Aufsichtsratsmitglied erfolgt, gewährt § 26 aber einen relativen Kündigungsschutz (*Hanau/Ulmer* Rn. 13; *Raiser* Rn. 10). Zudem ist die Aufsichtsratsmitgliedschaft bei der Abwägung der Kündigungsgründe im Rahmen der §§ 1 KSchG, 626 BGB zugunsten des AN zu berücksichtigen (*Hanau/Ulmer* Rn. 15; *Raiser* Rn. 8). Ein die Kündigung rechtfertigender wichtiger Grund iSv. § 626 BGB liegt aber dann nicht vor, wenn der AN lediglich gegen Pflichten aus dem Aufsichtsratsverhältnis verstoßen hat (*Fitting/Wlotzke/Wißmann* Rn. 18; *Hanau/Ulmer* Rn. 16). In diesem Fall kommt ausschließlich eine Abberufung gemäß § 103 III AktG iVm. § 6 II in Betracht. Verstößt die Handlung dagegen auch oder nur gegen arbeitsvertragliche Pflichten ist § 626 BGB anwendbar (vgl. dazu BAG 4. 4. 1974 AP BGB § 626 Arbeitnehmervertreter im Aufsichtsrat Nr. 1; BAG 22. 8. 1974 AP BetrVG 1972 § 103 Nr. 1). Dabei ist nach vorherrschender Ansicht ein besonders strenger Maßstab anzulegen (*Fitting/Wlotzke/Wißmann* Rn. 22; *Hanau/Ulmer* Rn. 17; zur vergleichbaren Problematik bei der außerordentlichen Kündigung von BRmitgliedern § 103 BetrVG Rn. 12).

§ 27 Vorsitz im Aufsichtsrat

(1) Der Aufsichtsrat wählt mit einer Mehrheit von zwei Dritteln der Mitglieder, aus denen er insgesamt zu bestehen hat, aus seiner Mitte einen Aufsichtsratsvorsitzenden und einen Stellvertreter.

(2) ¹Wird bei der Wahl des Aufsichtsratsvorsitzenden oder seines Stellvertreters die nach Absatz 1 erforderliche Mehrheit nicht erreicht, so findet für die Wahl des Aufsichtsratsvorsitzenden und seines Stellvertreters ein zweiter Wahlgang statt. ²In diesem Wahlgang wählen die Aufsichtsratsmitglieder der Anteilseigner den Aufsichtsratsvorsitzenden und die Aufsichtsratsmitglieder der Arbeitnehmer den Stellvertreter jeweils mit der Mehrheit der abgegebenen Stimmen.

(3) Unmittelbar nach der Wahl des Aufsichtsratsvorsitzenden und seines Stellvertreters bildet der Aufsichtsrat zur Wahrnehmung der in § 31 Abs. 3 Satz 1 bezeichneten Aufgabe einen Ausschuß, dem der Aufsichtsratsvorsitzende, sein Stellvertreter sowie je ein von den Aufsichtsratsmitgliedern der Arbeitnehmer und von den Aufsichtsratsmitgliedern der Anteilseigner mit der Mehrheit der abgegebenen Stimmen gewähltes Mitglied angehören.

I. Allgemeines

1   Nach der Neuwahl des Aufsichtsrats bzw. nach Beendigung der Amtsdauer der bisherigen Amtsinhaber hat der Aufsichtsrat zur Herbeiführung seiner Arbeitsfähigkeit alsbald seinen Vorsitzenden und

dessen Stellvertreter zu wählen (§ 27 I, II) und im Anschluß den ständigen Aufsichtsratsausschuß nach § 27 III zu bilden. Die Vorschrift ist zwingend, abw. Regelungen in Satzung oder Geschäftsordnung des Aufsichtsrats sind unwirksam (*Hanau/Ulmer* Rn. 1; *Raiser* Rn. 14, 35). Dagegen können einzelne, das Gesetz ergänzende Wahlmodalitäten festgelegt werden (*Hanau/Ulmer* Rn. 5; *Raiser* Rn. 14).

II. Aufsichtsratsvorsitzender und Stellvertreter (§ 27 I, II)

Der Vorsitzende des Aufsichtsrats und sein Stellvertreter sind aus der Mitte des Aufsichtsrats zu wählen (§ 27 I). Das gilt auch, wenn die Wahl nach § 27 II in einem zweiten Wahlgang erfolgt. Wer für die Ämter in Betracht kommt, obliegt der freien Entscheidung der Aufsichtsratsmitglieder. Beschränkungen in der Satzung oder der Geschäftsordnung des Aufsichtsrats sind nicht möglich (BGH 25. 2. 1982 Z 83, 106, 112 für die Bestellung eines weiteren Stellvertreters; *Hanau/Ulmer* Rn. 3). Welcher Gruppe der AN das betreffende Aufsichtsratsmitglied angehört, ist sowohl im ersten als auch im zweiten Wahlgang unerheblich (*Hanau/Ulmer* Rn. 8; *Säcker* Aufsichtsratsausschüsse, S. 60).

Der 1. Wahlgang ist nur erfolgreich, wenn Vorsitzender und Stellvertreter die erforderliche 2/3-Mehrheit der Mitgliederzahl des Aufsichtsrats (§ 7 I) auf sich vereinen. Scheitert die Wahl, so kann der 1. Wahlgang im Einverständnis aller Teilnehmer wiederholt werden (*Hanau/Ulmer* Rn. 6; *Raiser* Rn. 12). Ist ein 2. Wahlgang gemäß § 27 II erforderlich, genügt die einfache Mehrheit der Aufsichtsratsmitglieder der Anteilseigner für die Wahl des Vorsitzenden und der Aufsichtsratsmitglieder der AN für die Wahl des Stellvertreters. Die jeweiligen Gruppen sind entsprechend § 28 beschlußfähig, wenn mindestens die Hälfte ihrer Mitglieder (§ 7 I) anwesend sind (*Fitting/Wlotzke/Wißmann* Rn. 12; *Hanau/Ulmer* Rn. 8; *MünchArbR/Wißmann* § 370 Rn. 1; *GK-MitbestG/Naendrup* Rn. 20; *Raiser* Rn. 13). Die Namen des Vorsitzenden und des Stellvertreters sind gemäß § 25 I 1 Nr. 1 und 2 iVm. § 107 I 2 AktG vom Vorstand/Geschäftsführer zur Eintragung in das Handelsregister anzumelden. Dies gilt nicht für die Erwerbs- u. Wirtschaftsgenossenschaft, da das GenG keine Eintragung vorsieht. Bei verzögerter Wahl steht dem Gericht entsprechend § 6 II iVm. § 104 II AktG ein Notbestellungsrecht zu, da ansonsten die Funktionsfähigkeit des Aufsichtsrats erheblich eingeschränkt wäre (*Hanau/Ulmer* Rn. 4; *Raiser* Rn. 8; *Rittner*, FS für Fischer, 1979, S. 632; vgl. auch § 107 AktG Rn. 5; aA *Fitting/Wlotzke/Wißmann* Rn. 7; *GK-MitbestG/Naendrup* Rn. 22).

Die Bestellung ist jederzeit frei widerruflich (siehe dazu § 107 AktG Rn. 8). Der Widerrufsbeschluß bedarf derselben Mehrheit wie die Bestellung. Erfolgte die Wahl nach § 27 II, so ist nur die ursprünglich wahlberechtigte Gruppe widerrufsberechtigt, da ansonsten die jeweils andere Gruppe die Wahl der Gegengruppe durch sofortigen Widerruf der Bestellung behindern könnte (so auch *Fitting/Wlotzke/Wißmann* Rn. 19; *Hanau/Ulmer* Rn. 13; *GK-MitbestG/Naendrup* Rn. 20; aA bezüglich der Stimmenerfordernisse *Meyer-Landrut* DB 1978, 443, 444).

Die Dauer des Amtes bestimmt sich mangels gesetzlicher Regelung nach der Satzung bzw. der Geschäftsordnung des Aufsichtsrats oder einem entsprechenden Aufsichtsratsbeschluß (*Hanau/Ulmer* Rn. 10). Aufgrund der Einheitlichkeit des Wahlverfahrens muß auch die Amtsdauer des Vorsitzenden und des Stellvertreters einheitlich sein (*Hanau/Ulmer* Rn. 10; *Raiser* Rn. 16). Fehlt eine Festlegung, so gilt die Bestellung im Zweifel für die gesamte Amtszeit des Aufsichtsrats. Scheidet das Aufsichtsratsmitglied vor Ablauf der Amtszeit aus dem Aufsichtsrat aus, so entfällt auch das Amt als Vorsitzender oder Stellvertreter. In diesem und in sonstigen Fällen vorzeitiger Amtsbeendigung ist eine Nachwahl durchzuführen, die sich ebenfalls nach § 27 I und II richtet (*Hanau/Ulmer* Rn. 11; *Paefgen* S. 274; *Raiser* Rn. 21). Endet nur das Amt eines Inhabers vorzeitig, so erlischt im Interesse der Arbeitsfähigkeit des Aufsichtsrats nicht automatisch die Amtsstellung des verbleibenden, falls sich für den Nachfolger keine 2/3-Mehrheit ergibt (so aber die Vertreter der sog. „Tandem"-Theorie, vgl. *Fitting/Wlotzke/Wißmann* Rn. 16, 17; *MünchArbR/Wißmann* § 370 Rn. 3; *GK-MitbestG/Naendrup* Rn. 18). Vielmehr steht das Wahlrecht nach § 27 II derjenigen Gruppe zu, die den ausscheidenden Amtsinhaber ursprünglich bestellt hat (*Hanau/Ulmer* Rn. 11, 12; *Raiser* Rn. 22; *Meyer-Landrut* DB 1978, 443, 444). Satzungsregelungen, die eine präventive Ersatzwahl oder die Bestellung eines Ersatzmitglieds bei der ursprünglichen Wahl vorsehen, sind mit § 27 nicht vereinbar (*Hanau/Ulmer* Rn. 11; *Raiser* Rn. 21; *Säcker* DB 1977, 1796 Fn. 38; aA *Philipp* ZGR 1978, 60, 74).

Zu den Rechten und Funktionen des Vorsitzenden des Aufsichtsrats und seines Stellvertreters s. § 107 AktG; darüber hinaus gehören sie nach § 27 III kraft Amtes dem ständigen Ausschuß an. Der Vorsitzende des Aufsichtsrats hat daneben bei Stimmengleichheit im Aufsichtsrat in den Fällen der §§ 29 II, 31 IV bei wiederholter Abstimmung ein Zweitstimmrecht.

§ 27 I und II regelt nur die Wahl des ersten Stellvertreters des Aufsichtsratsvorsitzenden. Ob § 27 abschließend ist, so daß weitere Stellvertreter im mitbestimmten Aufsichtsrat nicht bestellt werden können, war zunächst umstritten. Die Rspr. hat die Bestellung weiterer Stellvertreter und entsprechende Satzungsregelungen jedoch anerkannt (BGH 25. 2. 1982 AP MitbestG § 25 Nr. 2; OLG Hamburg 23. 7. 1982 AG 1983, 21, 22; so auch *Raiser* Rn. 15; *Hanau/Ulmer* Rn. 20). Die Wahl erfolgt nach überwiegender Ansicht durch Beschluß (§ 29), sofern anderweitige Satzungsregelungen fehlen (OLG Hamburg 23. 7. 1982 AG 1983, 21, 22; *Hanau/Ulmer* Rn. 20; *Hönig* DB 1979, 744, 745; aA *Raiser* Rn. 15; *Wank* AG 1980, 148, 153, die § 27 I bzw. I und II analog anwenden wollen.

III. Ständiger Ausschuß (sog. Vermittlungsausschuß)

8   Nach § 27 III hat der Aufsichtsrat unmittelbar nach der Wahl des Vorsitzenden und seines Stellvertreters einen ständigen Ausschuß zu bilden, dem die Vermittlung bei einer gescheiterten Wahl der Mitglieder des gesetzlichen Vertretungsorgans gemäß § 31 III 1 obliegt.

9   Dem Vermittlungsausschuß gehören der Vorsitzende und sein Stellvertreter kraft Amtes sowie jeweils ein von den Aufsichtsratsmitgliedern der Anteilseigner und der AN gewähltes weiteres Mitglied an. Satzungsregelungen, die für die zu wählenden Mitglieder einschränkende Bestimmungen enthalten, sind mit Rücksicht auf die Entscheidungsfreiheit des Aufsichtsrats unzulässig (LG München I 16. 1. 1980 DB 1980, 678). Die Zusammensetzung des st. Ausschusses regelt § 27 III abschließend und zwingend (*Hanau/Ulmer* Rn. 21). Neben der Vermittlungsfunktion nach § 31 III 1 können dem st. Ausschuß durch den Aufsichtsrat weitere Aufgaben in den Grenzen von § 25 iVm. § 107 III 2 AktG zugewiesen werden (*Hanau/Ulmer* Rn. 25; *Raiser* Rn. 37). In diesen Fällen wird der Ausschuß als normaler Aufsichtsratsausschuß tätig, so daß die allgemeinen Grundsätze für Aufsichtsratsausschüsse in mitbestimmten Unternehmen Anwendung finden (vgl. § 107 AktG Rn. 17 ff.). Abw. hiervon ist der st. Aufsichtsratsausschuß für einen Vorschlag nach § 31 III 1 nur beschlußfähig, wenn alle Mitglieder anwesend sind, denn nur dann wird er seiner Vermittlungsfunktion tatsächlich gerecht (*Fitting/Wlotzke/Wißmann* Rn. 29; *Hanau/Ulmer* Rn. 23; *Säcker/Theisen* AG 1980, 29, 41). Die Beschlußfassung erfolgt nach den Grundsätzen des Mehrheitsprinzips, ein Zweitstimmrecht des Aufsichtsratsvorsitzenden besteht bei Abstimmungen im Vermittlungsausschuß nicht (*Hanau/Ulmer* Rn. 24; aA *Säcker/Theisen* AG 1980, 29, 41).

§ 28 Beschlußfähigkeit

¹ Der Aufsichtsrat ist nur beschlußfähig, wenn mindestens die Hälfte der Mitglieder, aus denen er insgesamt zu bestehen hat, an der Beschlußfassung teilnimmt. ² § 108 Abs. 2 Satz 4 des Aktiengesetzes ist anzuwenden.

1   Der Aufsichtsrat ist gem. § 28 beschlußfähig, wenn mindestens die Hälfte seiner Mitglieder, aus denen er nach § 7 I zu bestehen hat, an der Beschlußfassung teilnehmen. Damit kann keine der Gruppen die Aufsichtsratsarbeit blockieren und die Gefahr bloßer Zufallsmehrheiten ist weitgehend ausgeschlossen (*Hanau/Ulmer* Rn. 1; *Raiser* Rn. 1). Zum Begriff der Teilnahme § 108 AktG Rn. 3 ff. Die Verweisung in § 28 S. 2 auf § 108 II 4 AktG hat im Zusammenhang mit § 25 I nur für die Erwerbs- und Wirtschaftsgenossenschaft eigenständige Bedeutung. Durch § 28 S. 2 iVm. § 108 II 4 AktG wird klargestellt, daß bei einer unvollständigen Aufsichtsratsbesetzung die Beschlußfähigkeit nach § 28 S. 1 auch dann gegeben ist, wenn das durch § 7 I vorgegebene Zahlenverhältnis zwischen den Gruppen nicht gewahrt ist (*Hanau/Ulmer* Rn. 3; *Raiser* Rn. 2).

2   § 28 S. 1 ist zwingendes Recht, soweit die Mindestanforderungen für die Beschlußfähigkeit des Aufsichtsrats geregelt werden. Umstritten ist, ob eine Verschärfung der Anforderungen ebenfalls gegen § 28 S. 1 verstößt. Nach der überwiegenden Meinung im Schrifttum entfaltet § 28 S. 1 auch insoweit zwingende Wirkung (*Fitting/Wlotzke/Wißmann* Rn. 6; *Hanau/Ulmer* Rn. 4; MünchArbR/*Wißmann* § 370 Rn. 8; GK-MitbestG/*Naendrup* Rn. 11; *Oetker* BB 1984, 1766, 1769; *Raiser* Rn. 3; *Säcker* JZ 1980, 82, 85; *Wiesner* AG 1979, 205, 206; auch OLG Karlsruhe 6. 10. 1980 NJW 1980, 2137, 2139; aA OLG Hamburg 4. 4. 1984 DB 1984, 1616, 1617; *Feldmann* DB 1985, 29; *Preusche* AG 1980, 125, 126). In der Rspr. wurden nach Inkrafttreten des MitbestG dagegen Klauseln gebilligt, die für die Beschlußfähigkeit strengere Voraussetzungen als § 28 aufstellten (LG Hamburg 29. 6. 1979 NJW 1980, 235; LG Frankfurt 3. 10. 1978 NJW 1978, 2398, 2399). Unabhängig vom zwingenden Charakter des § 28, sind aber auch nach der Rspr. solche Satzungsregelungen unwirksam, die gegen den allgemeinen Grundsatz der Gleichbehandlung aller Aufsichtsratsmitglieder verstoßen oder die Funktionsfähigkeit des Aufsichtsrats beeinträchtigen. Das ist der Fall, wenn die Beschlußfähigkeit davon abhängig gemacht wird, daß mindestens die Hälfte der an der Beschlußfassung Teilnehmenden Aufsichtsratsmitglieder der Anteilseigner sind oder der Aufsichtsrat nur bei Teilnahme des Aufsichtsratsvorsitzenden beschlußfähig ist (BGH 25. 2. 1982 AP MitbestG § 28 Nr. 1; LG Hamburg 17. 3. 1980 WM 1980, 688; aA OLG Hamburg 4. 4. 1984 DB 1984, 1616, 1618 für eine Satzungsregelung, nach der der Aufsichtsrat beschlußfähig ist, wenn ³/₄ seiner Mitglieder oder die Hälfte und darunter der Aufsichtsratsvorsitzende anwesend sind.

3   Unter Berücksichtigung des Grundsatzes der Gleichbehandlung aller Aufsichtsratsmitglieder sind Klauseln, die vorschreiben, daß die Aufsichtsratssitzung zu unterbrechen oder zu vertagen ist, wenn nicht die Hälfte der Aufsichtsratsmitglieder der Anteilseigner anwesend sind, unwirksam (*Hanau/Ulmer* Rn. 7; *Raiser* Rn. 4). Satzungsregelungen, die dem Aufsichtsratsvorsitzenden das Recht einräumen, die Aufsichtsratssitzung nach pflichtgemäßem Ermessen zu vertagen, sind dagegen mit § 28 vereinbar. Die Ermessensausübung ist aber dann pflichtwidrig, wenn durch mehrfache Vertagung § 28 S. 1 umgangen wird (vgl. *Hanau/Ulmer* Rn. 7; *Raiser* Rn. 4).

§ 29 Abstimmungen

(1) Beschlüsse des Aufsichtsrats bedürfen der Mehrheit der abgegebenen Stimmen, soweit nicht in Absatz 2 und in den §§ 27, 31 und 32 etwas anderes bestimmt ist.

(2) ¹Ergibt eine Abstimmung im Aufsichtsrat Stimmengleichheit, so hat bei einer erneuten Abstimmung über denselben Gegenstand, wenn auch sie Stimmengleichheit ergibt, der Aufsichtsratsvorsitzende zwei Stimmen. ² § 108 Abs. 3 des Aktiengesetzes ist auch auf die Abgabe der zweiten Stimme anzuwenden. ³ Dem Stellvertreter steht die zweite Stimme nicht zu.

I. Verhältnis zum Aktienrecht

§ 29 regelt die Beschlußfassung des Aufsichtsrats. Daneben finden nach § 25 I die Vorschriften des 1 AktG und des GenG Anwendung. Entsprechend den Grundsätzen zu § 108 AktG (vgl. dort Rn. 22) steht deshalb auch für den Bereich des MitbestG weder der Minderheit noch den einzelnen Aufsichtsratsmitgliedern ein Recht zur Anfechtung von Aufsichtsratsbeschlüssen entsprechend den §§ 241 ff. AktG zu (BGH 17. 5. 1993 Z 122, 342, 346 ff.; OLG Frankfurt aM 22. 1. 1988 BB 1988, 364). Bei Verstößen gegen Gesetz oder Satzung besteht aber die Möglichkeit, die Feststellung der Nichtigkeit des Beschlusses zu begehren (BGH 17. 5. 1993 Z 122, 342, 351). Aufsichtsratsbeschlüsse, die unter Verstoß gegen § 29 zustandekommen, sind unwirksam (*Hanau/Ulmer* Rn. 22).

II. Abstimmung im Aufsichtsrat

Ein Aufsichtsratsbeschluß bedarf nach § 29 I zu seiner Wirksamkeit der Mehrheit der abgegebenen 2 Stimmen. Enthaltungen und ungültige Stimmen zählen für die Mehrheitsberechnung nicht mit (*Hanau/Ulmer* Rn. 6; *Raiser* Rn. 5; s. auch § 108 AktG Rn. 12). Gegenteilige Satzungs- oder Geschäftsordnungsregelungen sind zulässig (*Fitting/Wlotzke/Wißmann* Rn. 6; MünchArbR/*Wißmann* § 370 Rn. 9; *Raiser* Rn. 6; aA *Hanau/Ulmer* Rn. 6). Das Erfordernis der einfachen Stimmenmehrheit für Aufsichtsratsbeschlüsse soll durch den davon ausgehenden faktischen Einigungszwang die Kooperation zwischen den Aufsichtsratsmitgliedern der Anteilseigner und der AN fördern (vgl. BT-Drucks. 7/2172, 28), ohne die Parität in Frage zu stellen oder einer Gruppe ein Vetorecht einzuräumen (*Fitting/Wlotzke/Wißmann* Rn. 2; *Hanau/Ulmer* Rn. 3). § 29 I gilt zwingend für alle Aufsichtsratsbeschlüsse, sofern nicht Abs. 2 und die §§ 27, 31, 32 etwas anderes bestimmen. Satzungs- oder Geschäftsordnungsregelungen, die höhere Mehrheitserfordernisse aufstellen oder den einzelnen Aufsichtsratsmitgliedern unterschiedliche Stimmrechte oder Zustimmungsbefugnisse einräumen, sind unwirksam (*Fitting/Wlotzke/Wißmann* Rn. 8; *Hanau/Ulmer* Rn. 8; *Raiser* Rn. 7; *Säcker* DB 1977, 1791, 1797 Fn. 41).

III. Die Zweitstimme des Aufsichtsratsvorsitzenden

Nach § 29 II 1 hat der Aufsichtsratsvorsitzenden eine zweite Stimme, wenn sowohl die erste als 3 auch die zweite Abstimmung über denselben Gegenstand zur Stimmengleichheit im Aufsichtsrat geführt hat. Dadurch sollen Patt-Situationen, die sich aufgrund der paritätischen Zusammensetzung des Aufsichtsrats ergeben, im Interesse der Funktionsfähigkeit aufgelöst werden (*Hanau/Ulmer* Rn. 4; *Raiser* Rn. 1, 8). Darüber hinaus stellt die Zweitstimme des Aufsichtsratsvorsitzenden regelmäßig ein leichtes Übergewicht der Aufsichtsratsmitglieder der Anteilseigner sicher (zur verfassungsrechtlichen Bedeutung dieses Übergewichtes s. Einl. Rn. 4). § 29 II enthält zwingendes Recht, steht lediglich ergänzenden Satzungs- oder Geschäftsordnungsregelungen aber nicht entgegen (*Hanau/Ulmer* Rn. 18; *Raiser* Rn. 14).

Die Anwendung des § 29 II 1 setzt voraus, daß bei der ersten Abstimmung Stimmengleichheit, dh. 4 eine identische Zahl von Ja- und Nein-Stimmen erzielt wurde. Unerheblich ist die Ursache der Stimmengleichheit (*Hanau/Ulmer* Rn. 11; *Raiser* Rn. 9). Der Antrag ist in diesem Fall entgegen allgemeinen Grundsätzen nicht abgelehnt, sofern über ihn alsbald nochmals abgestimmt wird (*Hanau/Ulmer* Rn. 9). Dabei muß es sich um eine Beschlußfassung iSv. § 29 I handeln, denn nur in dessen Anwendungsbereich gilt § 29 II (*Fitting/Wlotzke/Wißmann* Rn. 9; *Hanau/Ulmer* Rn. 9; *Raiser* Rn. 8). Eine Beschränkung auf bestimmte Beschlußgegenstände besteht nicht (*Fitting/Wlotzke/Wißmann* Rn. 10; *Hanau/Ulmer* Rn. 10; *Raiser* Rn. 9; *Säcker* DB 1977, 2031, 2034; aA *Reich/Lewerenz* AuR 1976, 261, 269, 271). Keine Anwendung findet § 29 II auf Beschlüsse von Aufsichtsratsausschüssen (§ 107 AktG Rn. 26, § 27 Rn. 9); zur Möglichkeit entsprechender Satzungsregelungen s. § 107 AktG Rn. 26.

Der Aufsichtsrat ist zur nochmaligen Abstimmung über den Beschlußgegenstand nicht verpflichtet. 5 Beläßt er es bei dem ersten Beschlußergebnis, so ist der Antrag abgelehnt (*Fitting/Wlotzke/Wißmann* Rn. 13; *Hanau/Ulmer* Rn. 13; *Raiser* Rn. 10). Satzungsregelungen, die die erneute Abstimmung vorschreiben, sind mit dem zwingenden Charakter des § 29 II nicht vereinbar und unwirksam (*Hanau/Ulmer* Rn. 20; *Raiser* Rn. 10; GK-MitbestG/*Schneider* Rn. 110). Ob eine zweite Abstimmung stattfindet, entscheidet der Aufsichtsratsvorsitzende im Rahmen seiner Sitzungsleitungskompetenzen, sofern der Aufsichtsrat nicht mehrheitlich einen anderen Beschluß faßt (*Fitting/Wlotzke/Wißmann* Rn. 13; *Hanau/Ulmer* Rn. 13; MünchArbR/*Wißmann* § 370 Rn. 10; *Raiser* Rn. 10; *Säcker* DB 1977, 1791, 1797 Fn. 42). Gleiches gilt für den Zeitpunkt der zweiten Abstimmung (*Hanau/Ulmer* Rn. 14; *Raiser* Rn. 11). Seine Entscheidung hat sich am Unternehmensinteresse zu orientieren. Ein Anspruch der einzelnen Aufsichtsratsmitglieder oder des Vorstands auf nochmalige Abstimmung des Beschlußantrages besteht nicht (*Hanau/Ulmer* Rn. 13; *Raiser* Rn. 10), er kann jedoch durch Satzung oder Geschäftsordnung für diese begründet werden (*Hanau/Ulmer* Rn. 19; *Raiser* Rn. 14; *Paefgen* S. 243). Dies gilt jedoch nicht für den Vorstand, da eine solche Regelung die Beschlußautonomie des Aufsichtsrats unangemessen einschränken würde (*Raiser* Rn. 14; *Säcker/Theisen* AG 1980, 29, 38; *Paefgen* S. 244). Regelungen über den Zeitpunkt der zweiten Abstimmung sind zulässig, sofern sie die Entscheidungsautonomie des Aufsichtsrats angemessen berücksichtigen. So kann zB festgelegt werden, daß die nochmalige Abstimmung in derselben Sitzung oder in der nächsten Aufsichtsratssitzung stattzufinden hat oder im zeitlichen Zusammenhang mit der ersten Abstimmung stehen muß (*Hanau/Ulmer* Rn. 19; *Raiser* Rn. 15).

6 Für die zweite Abstimmung muß der Beschlußantrag unverändert aufrechterhalten werden. Werden Änderungen vorgenommen, so hat erneut eine erste Beschlußfassung nach § 29 I stattzufinden. Bei Beschlußanträgen des Vorstands besteht an Stelle der Zweitabstimmung nach § 29 II 1 auch die Möglichkeit, die Beschlußfassung der Hauptversammlung zuzuweisen (§ 25 I iVm. § 111 IV 3 AktG). Zieht das antragsstellende Aufsichtsratsmitglied den Antrag zurück, ist eine zweite Beschlußfassung nur möglich, wenn sich ein anderes Aufsichtsratsmitglied den Antrag zu eigen macht (*Hanau/Ulmer* Rn. 12). Der Aufsichtsrat hat vor der zweiten Abstimmung das Recht, eine erneute Aussprache durchzuführen, das ihm nicht durch Satzung oder Geschäftsordnung entzogen werden kann (*Hanau/Ulmer* Rn. 19; *Raiser* Rn. 15). Ein Aussprachezwang besteht dagegen nicht. Die Aufsichtsratsmitglieder sind bei der zweiten Abstimmung nicht an ihre erste Stimmabgabe gebunden. Auch der Kreis der Abstimmenden muß nicht identisch sein (*Hanau/Ulmer* Rn. 15).

7 Erst wenn die nochmalige Abstimmung über den Beschlußgegenstand Stimmengleichheit ergibt, steht dem Aufsichtsratsvorsitzenden eine zweite Stimme zu (§ 29 II 1; *Fitting/Wlotzke/Wißmann* Rn. 17; *Hanau/Ulmer* Rn. 16; *Raiser* Rn. 12). In der Ausübung der Zweitstimme ist der Aufsichtsratsvorsitzende nach hM nicht gebunden. Es obliegt seiner Entscheidung, ob und wie er die Stimme abgibt (*Fitting/Wlotzke/Wißmann* Rn. 18; *Hanau/Ulmer* Rn. 16; *Raiser* Rn. 12; GK-MitbestG/*Schneider* Rn. 77; *H. P. Westermann*, FS für Fischer, 1979, S. 847; aA *Paefgen* S. 261; *Säcker/Theisen* AG 1980, 29, 38, die von einer automatischen Doppelzählung der Stimme des Aufsichtsratsvorsitzenden in der zweiten Abstimmung ausgehen). Insb. ist er nicht verpflichtet, die Zweitstimme im Interesse der Anteilseigner auszuüben. Abw. Satzungs- oder Geschäftsordnungsregelungen, die den Aufsichtsratsvorsitzenden zum Beispiel zum Einsatz der Zweitstimme verpflichten, eine bestimmte Abgabe vorschreiben oder anordnen, daß die zuerst abgegebene Stimme doppelt gezählt wird, sind nach hM unwirksam (*Hanau/Ulmer* Rn. 20; *Raiser* Rn. 16; GK-MitbestG/*Schneider* Rn. 115; aA *Paefgen* S. 261; *Säcker/Theisen* AG 1980, 29, 38).

8 Ist der Aufsichtsratsvorsitzende bei der Beschlußfassung abwesend, so kann er die Zweitstimme durch einen Stimmboten nach § 108 III AktG abgeben. Dies gilt mangels Verweisung auf § 108 III AktG in § 25 I Nr. 3 nicht für die eingetragene Erwerbs- und Wirtschaftsgenossenschaft, sofern eine Regelung im Statut oder der Geschäftsordnung des Aufsichtsrats fehlt (§ 25 Rn. 10; *Fitting/Wlotzke/Wißmann* Rn. 19; widersprüchlich *Hanau/Ulmer* Rn. 17, § 25 Rn. 42; *Raiser* Rn. 13, § 25 Rn. 44). Zur generellen Möglichkeit der schriftlichen Stimmabgabe durch die Aufsichtsratsmitglieder s. § 108 AktG Rn. 5 f. Der Aufsichtsratsvorsitzende kann sein Stimmrecht dagegen nicht auf Dritte, insb. seinen Stellvertreter übertragen (*Fitting/Wlotzke/Wißmann* Rn. 20; *Hanau/Ulmer* Rn. 17, § 27 Rn. 19; *Wank* AG 1980, 148, 151). Auch wenn der Aufsichtsratsvorsitzende verhindert ist, ohne daß er seine Zweitstimme iSv. § 108 III AktG schriftlich niedergelegt hat oder sein Amt vorzeitig beendet ist, steht die Zweitstimme nicht dem Stellvertreter zu (§ 29 II 3).

Dritter Teil. Gesetzliches Vertretungsorgan

§ 30 Grundsatz

Die Zusammensetzung, die Rechte und Pflichten des zur gesetzlichen Vertretung des Unternehmens befugten Organs sowie die Bestellung seiner Mitglieder bestimmen sich nach den für die Rechtsform des Unternehmens geltenden Vorschriften, soweit sich aus den §§ 31 bis 33 nichts anderes ergibt.

1 **1. Allgemeines.** Neben den Vorschriften über den Aufsichtsrat bestehen auch für die Zusammensetzung (§ 33) und die Rechte und Pflichten (§ 32) des zur gesetzlichen Vertretung des Unternehmens befugten Organs sowie für die Bestellung seiner Mitglieder (§ 31) besondere Regelungen. Die Grundsatznorm des § 30 stellt ähnlich wie die §§ 6, 25 klar, daß das für die jeweilige Rechtsform geltende

Gesellschafts- und Unternehmensrecht anwendbar bleibt, sofern sich aus den mitbestimmungsrechtlichen Vorschriften nichts anderes ergibt.

2. Einzelne Unternehmensformen. a) Aktiengesellschaft. Die wesentlichen Bestimmungen für 2 den Vorstand der AG finden sich in den §§ 76 bis 94 AktG. Weitere Regelungen sind über das gesamte Aktiengesetz verstreut (ua. §§ 119 II, 131, 172 AktG). Abweichungen aufgrund der §§ 30 bis 33 ergeben sich insb. für die Zahl der Vorstandsmitglieder nach § 76 II AktG (§ 33 Rn. 2) sowie den Umfang der Vertretungsmacht nach § 78 I AktG (§ 32 Rn. 4, § 33 Rn. 6). Die Bestellung und Abberufung der Aufsichtsratsmitglieder ist in § 31 mit Bezug auf §§ 84 und 85 AktG abschließend geregelt (§ 31 Rn. 2).

b) KGaA. Vertretungsberechtigtes Organ der KGaA sind nach §§ 125 I, 161 II, 170 HGB iVm. 3 § 278 II AktG die persönlich haftenden Gesellschafter. Ihre Rechte und Pflichten sowie der Umfang ihrer Geschäftsführungs- und Vertretungsbefugnis ergeben sich maßgeblich aus dem Gesellschaftsvertrag iVm. den §§ 114 ff., 125, 161 II HGB. Diese Strukturen läßt das MitbestG weitgehend unberührt, da sich die Anwendung der §§ 31, 33 nicht auf die KGaA erstreckt (§§ 31 I 2, 33 I 2). Dies war erforderlich, da eine Bestellung des geschäftsführenden und vertretungsbefugten Organs durch den Aufsichtsrat aufgrund des Grundsatzes der Selbstorganschaft nicht in Betracht kommt (*Joost* ZGR 1998, 334, 340). Dem Komplementär obliegt immer die Geschäftsführung und Vertretung der Gesellschaft (vgl. BT-Drucks. 7/2172, 28). Zur Geltung von § 32 s. dort Rn. 2.

c) GmbH. Wesentlich stärkere Änderungen als bei der AG ergeben sich nach den §§ 31 bis 33 für 4 die §§ 6, 35 ff. GmbHG, die Stellung und Funktion der Geschäftsführer der GmbH regeln. Die Kompetenz zur Bestellung der Geschäftsführer steht nicht den Gesellschaftern, sondern nach § 31 I dem Aufsichtsrat zu (§ 31 Rn. 1). Gleiches gilt für den Abschluß der Anstellungsverträge zwischen der Gesellschaft und den Geschäftsführern (§ 31 Rn. 12). Zur Zahl der Geschäftsführer s. § 33 Rn. 2; zur Befugnis der Gesellschafter, den Umfang der Geschäftsführungs- und Vertretungsbefugnis zu regeln, § 32 Rn. 2, § 33 Rn. 6.

d) Eingetragene Wirtschafts- und Erwerbsgenossenschaften. Der Vorstand der eingetragenen 5 Genossenschaft (§§ 24 ff. GenG) wird nach § 31 I ebenfalls nicht durch die Generalversammlung, sondern durch den mitbestimmten Aufsichtsrat gewählt. Der Aufsichtsrat schließt auch die Anstellungsverträge mit den Vorstandsmitgliedern ab (§ 31 Rn. 13). Für den Vorstand und sein Verhältnis zur Generalversammlung gilt wegen § 25 I Nr. 3 weiterhin das Genossenschaftsrecht.

e) Bergrechtliche Gewerkschaften. Zu den bergrechtlichen Gewerkschaften s. § 1 Rn. 1. 6

§ 31 Bestellung und Widerruf

(1) ¹Die Bestellung der Mitglieder des zur gesetzlichen Vertretung des Unternehmens befugten Organs und der Widerruf der Bestellung bestimmen sich nach den §§ 84 und 85 des Aktiengesetzes, soweit sich nicht aus den Absätzen 2 bis 5 etwas anderes ergibt. ²Dies gilt nicht für Kommanditgesellschaften auf Aktien.

(2) Der Aufsichtsrat bestellt die Mitglieder des zur gesetzlichen Vertretung des Unternehmens befugten Organs mit einer Mehrheit, die mindestens zwei Drittel der Stimmen seiner Mitglieder umfaßt.

(3) ¹Kommt eine Bestellung nach Absatz 2 nicht zustande, so hat der in § 27 Abs. 3 bezeichnete Ausschuß des Aufsichtsrats innerhalb eines Monats nach der Abstimmung, in der die in Absatz 2 vorgeschriebene Mehrheit nicht erreicht worden ist, dem Aufsichtsrat einen Vorschlag für die Bestellung zu machen; dieser Vorschlag schließt andere Vorschläge nicht aus. ²Der Aufsichtsrat bestellt die Mitglieder des zur gesetzlichen Vertretung des Unternehmens befugten Organs mit der Mehrheit der Stimmen seiner Mitglieder.

(4) ¹Kommt eine Bestellung nach Absatz 3 nicht zustande, so hat bei einer erneuten Abstimmung der Aufsichtsratsvorsitzende zwei Stimmen; Absatz 3 Satz 2 ist anzuwenden. ²Auf die Abgabe der zweiten Stimme ist § 108 Abs. 3 des Aktiengesetzes anzuwenden. ³Dem Stellvertreter steht die zweite Stimme nicht zu.

(5) Die Absätze 2 bis 4 sind für den Widerruf der Bestellung eines Mitglieds des zur gesetzlichen Vertretung des Unternehmens befugten Organs entsprechend anzuwenden.

I. Allgemeines

§ 31 überträgt die Kompetenz zur Bestellung und Abberufung der Mitglieder des Vertretungs- 1 organs der mitbestimmten Gesellschaft auf den Aufsichtsrat. Das gilt nicht für die KGaA (§ 31 I 2; vgl. § 30 Rn. 3). Die Personalkompetenz des Aufsichtsrats gewährleistet, daß die Unternehmensleitung sowohl durch die Anteilseigner als auch die AN legitimiert ist (vgl. BT-Drucks. 7/2172, 28). Das in § 31 II bis IV geregelte dreistufige Bestellungsverfahren soll erreichen, daß sich die Mitglieder des Vertretungsorgans auf eine möglichst breite Aufsichtsratsmehrheit stützen können (*Hanau/ Ulmer* Rn. 1).

2   Die Vorschrift ist zwingend. Änderungen durch die Satzung oder durch Aufsichtsratsbeschluß sind im Unterschied zu bloß ergänzenden Satzungsregelungen unwirksam (*Hanau/Ulmer* Rn. 2). Die Personalkompetenz des Aufsichtsrats kann insb. nicht auf Aufsichtsratsausschüsse übertragen werden (§ 25 I iVm. § 107 III 2 AktG). Trotz fehlender Verweisung gilt dies auch für die Erwerbs- und Wirtschaftsgenossenschaft, da keine Gründe für eine abw. Behandlung bestehen (*Hanau/Ulmer* Rn. 5; *Raiser* Rn. 6). Unangemessene Einschränkungen der Wahlfreiheit des Aufsichtsrats verstoßen ebenfalls gegen § 31. Dies gilt vor allem für Satzungsregelungen, die die Stimmrechtsausübung der Aufsichtsratsmitglieder unmittelbar oder mittelbar an die Entscheidung Dritter binden (*Fitting/Wlotzke/Wißmann* Rn. 9; *Raiser* Rn. 8). Persönliche Eignungsvoraussetzungen für die Person des zu Wählenden können dagegen in der Satzung festgelegt werden, sofern sie die Mitbestimmungsrechte der AN und die Wahlfreiheit des Aufsichtsrats nicht unangemessen beeinträchtigen (*Fitting/Wlotzke/Wißmann* Rn. 11; *Hanau/Ulmer* Rn. 13; *MünchArbR/Wißmann* § 369 Rn. 5; *Raiser* Rn. 9; aA *Säcker* DB 1977, 1791, 1792, der entsprechende Satzungsregelungen generell für unzulässig hält). Eine unangemessene Beeinträchtigung liegt nur dann vor, wenn die Eignungsvoraussetzungen nicht durch sachliche, am Unternehmensinteresse orientierte Kriterien gerechtfertigt sind, sondern den Anteilseignern die Wahl bestimmter Personen in das Vertretungsorgan sichern sollen (*MünchArbR/Wißmann* § 369 Rn. 5; *Raiser* Rn. 10, 11) bzw. der Kreis der wählbaren Personen so stark eingeschränkt wird, daß für den Aufsichtsrat keine Auswahlfreiheit mehr besteht (*Hanau/Ulmer* Rn. 13; *Raiser* Rn. 9).

II. Bestellung

3   **1. Allgemeines.** Die Bestellung der Mitglieder des Vertretungsorgans richtet sich nach § 31 I iVm. den §§ 84, 85 AktG, sofern § 31 II bis IV keine abweichenden Bestimmungen enthält. Das gilt auch für die Bestellung des Arbeitsdirektors (§ 33) sowie für die kraft Gesetzes zu bestellenden Stellvertreter der Mitglieder des Vertretungsorgans (§ 94 AktG, § 44 GmbHG, § 35 GenG). Der Bestellungszeitraum beträgt höchstens 5 Jahre (§ 84 I AktG).

4   Über jeden zu besetzenden Sitz des Vertretungsorgans wird anders als bei § 27 II (§ 27 Rn. 3) selbständig im Verfahren nach § 31 II bis IV abgestimmt. Dementsprechend können die Kandidaten in unterschiedlichen Verfahrensabschnitten erfolgreich sein. Vorschlagsberechtigt sind alle Mitglieder des Aufsichtsrats (*Hanau/Ulmer* Rn. 17; *Raiser* Rn. 13).

5   **2. Erster Wahlgang.** Im ersten Wahlgang ist nach § 31 II gewählt, wer mindestens $2/3$ der Aufsichtsratsstimmen auf sich vereinigt. Aufgrund des von § 27 I abw. Wortlauts ist die tatsächliche Mitgliederzahl des Aufsichtsrats ausschlaggebend (*Fitting/Wlotzke/Wißmann* Rn. 15; *Hanau/Ulmer* Rn. 19; *Raiser* Rn. 14). Da es sich um einen Akt körperschaftlicher Willensbildung handelt, sind Aufsichtsratsmitglieder, die selbst kandidieren, von der Abstimmung nicht ausgeschlossen (*Fitting/Wlotzke/Wißmann* Rn. 14; *Raiser* Rn. 13; aA *Hanau/Ulmer* Rn. 18 a).

6   **3. Vermittlungsverfahren und zweiter Wahlgang.** Für diejenigen Sitze, die mangels $2/3$-Mehrheit nicht nach § 31 II besetzt werden, hat der st. Ausschuß (§ 27 III) innerhalb eines Monats einen Wahlvorschlag zu machen (§ 31 III 1). Zur Beschlußfähigkeit des Vermittlungsausschusses s. § 27 Rn. 9. Auf die Einschaltung des st. Ausschusses innerhalb der Monatsfrist kann nicht verzichtet werden (*Fitting/Wlotzke/Wißmann* Rn. 16; *Hanau/Ulmer* Rn. 20; *Raiser* Rn. 16; GK-MitbestG/ *Rumpff* Rn. 27). Liegt der Vorschlag nach Ablauf der Monatsfrist nicht vor, ist der Aufsichtsrat an der weiteren Beschlußfassung nicht gehindert (*Hanau/Ulmer* Rn. 21; *Raiser* Rn. 20). Besteht ein Vorschlag des st. Ausschusses, hat der Aufsichtsrat hierüber nach § 31 III 2 abzustimmen. Er ist an den Vorschlag nicht gebunden (§ 31 III 1 2. Halbs.), sondern kann auch über wiederholte oder neue Vorschläge einen Beschluß fassen. Ein Kandidat ist im 2. Wahlgang gewählt, wenn er die Mehrheit der Stimmen des Aufsichtsrats auf sich vereint (§ 31 III 2; absolute Mehrheit). Dabei ist die tatsächliche Mitgliederzahl des Aufsichtsrats ausschlaggebend (vgl. Rn. 5).

7   **4. Dritter Wahlgang.** Wird die absolute Mehrheit im Verfahren nach § 31 III 2 verfehlt, kann ein dritter Wahlgang durchgeführt werden, bei dem der Aufsichtsratsvorsitzende über zwei Stimmen verfügt (§ 31 IV 1). Eine Pflicht des Aufsichtsrats hierzu besteht nicht und kann auch nicht durch die Satzung begründet werden (*Hanau/Ulmer* Rn. 22). Bezüglich des Ob des dritten Wahlgangs gelten die Grundsätze zu § 29 II entsprechend, § 29 Rn. 5. Bei der nochmaligen Abstimmung nach § 31 IV ist der Aufsichtsrat nicht an die Vorschläge der vorangegangenen Wahlgänge gebunden. Die zweite Stimme steht dem Aufsichtsratsvorsitzenden anders als bei § 29 II sofort zu. Nach verbreiteter Meinung kann der Aufsichtsratsvorsitzende die Zweitstimme nur dazu einsetzen, die nach § 31 IV 1 erforderliche absolute Mehrheit (§ 31 IV 1, III 2) herzustellen (*Fitting/Wlotzke/Wißmann* Rn. 20; *Krieger* S. 114; *MünchArbR/Wißmann* § 370 Rn. 11; *Raiser* Rn. 17; *Reich/Lewerenz* AuR 1976, 261, 270; GK-MitbestG/*Rumpff* Rn. 30). Eine solche Einschränkung der Stimmrechtsausübung kann dem Wortlaut des § 31 IV nicht entnommen werden und ergibt sich auch nicht aus dem Normzweck, da

die Zweitstimme des Aufsichtsratsvorsitzenden nicht nur der Herbeiführung einer Aufsichtsratsentscheidung dient, sondern auch das Übergewicht der Anteilseigner im Konfliktfall sichern soll (*Hanau/Ulmer* Rn. 22). Zur Möglichkeit der Stimmbotenschaft nach § 108 III AktG bei Verhinderung des Aufsichtsratsvorsitzenden vgl. § 29 Rn. 8.

Wird auch im dritten Wahlgang die absolute Mehrheit nicht erreicht, bleibt die Besetzung des Sitzes 8 des Vertretungsorgans ergebnislos. Das Verfahren nach § 31 II hat von vorn zu beginnen. In dringenden Fällen besteht nach § 31 I iVm. § 85 I AktG die Möglichkeit der gerichtlichen Notbestellung (*Hanau/Ulmer* Rn. 24).

III. Widerruf der Bestellung

Nach § 31 V findet auf den Widerruf der Bestellung der Mitglieder des gesetzlichen Vertretungs- 9 organs der Gesellschaft § 31 II bis IV entsprechend Anwendung sowie nach § 31 I subsidiär § 84 III AktG. Danach bedarf es zur Abberufung unabhängig von der Rechtsform des Unternehmens eines wichtigen Grundes. Die Grundsätze zu § 84 III AktG sind auf das MitbestG entsprechend anwendbar (*Hanau/Ulmer* Rn. 30). Im Falle eines Vertrauensentzugs durch die Anteilseigner ist den mitbestimmungsrechtlichen Besonderheiten jedoch Rechnung zu tragen. Danach rechtfertigt allein die ANNähe eines Mitglieds des Vertretungsorgans den Entzug des Vertrauens nicht, vielmehr bedarf es sachlicher Gründe, die die Organmitgliedschaft für das Unternehmen unzumutbar machen (*Hanau/Ulmer* Rn. 30; *Raiser* Rn. 37). Das Erfordernis des wichtigen Grundes ist zwingend und kann weder durch die Satzung noch durch Aufsichtsratsbeschluß beseitigt oder eingeschränkt werden (*Fitting/Wlotzke/Wißmann* Rn. 26; *Hanau/Ulmer* Rn. 29; *Raiser* Rn. 35). Die Übertragung der Entscheidung auf einen Aufsichtsratsausschuß ist unzulässig (§ 25 I iVm. § 107 III 2 AktG; vgl. Rn. 2). Das Verfahren und die erforderliche Abberufungsmehrheit ergibt sich aus § 31 II bis IV. Wird bei der ersten Abstimmung die qualifizierte Mehrheit (§ 31 II) verfehlt, so hat der Vermittlungsausschuß innerhalb der Monatsfrist zur Abberufung Stellung zu nehmen (*Hanau/Ulmer* Rn. 33; *Raiser* Rn. 33). Wird in der ersten Abstimmung nicht einmal die einfache Mehrheit erreicht, ist das Verfahren aufgrund der Eindeutigkeit des Ergebnisses zugunsten des Mitglieds des Vertretungsorgans nicht fortzusetzen (*Hanau/Ulmer* Rn. 33; *Krieger* S. 143; *Raiser* Rn. 33; *Säcker* BB 1979, 1321, 1322 Fn. 8; nach LG Ravensburg 4. 3. 1985 EWiR § 31 MitbestG 1/85, 415 gilt dies nur, wenn im 1. Wahlgang eine Minderheit für die Abberufung gestimmt hat, die die Abberufung auch im 3. Wahlgang nicht erreichen könnte; differenzierend *Riegger* NJW 1988, 2991; *Wiesner* EWiR § 31 MitbestG 1/85, 415, 416).

IV. Bestellung und Abberufung des Vorstandsvorsitzenden

In der AG wird der Vorsitzende des Vertretungsorgans nach § 84 II, III AktG durch den Aufsichts- 10 rat bestellt und abberufen. Diese Kompetenz des Aufsichtsrats gilt entsprechend § 31 I iVm. § 84 II, III AktG auch für die übrigen mitbestimmten Unternehmensformen. Zwar beschränkt sich die Verweisung nur auf die Bestellung und Abberufung der Mitglieder des Vertretungsorgans. Aufgrund des engen Zusammenhangs ist eine getrennte Zuständigkeit für die Wahl der Mitglieder des Vertretungsorgans und dessen Vorsitzenden zwischen Aufsichtsrat und Anteilseignerversammlung aber nicht sachgerecht (*Fitting/Wlotzke/Wißmann* § 30 Rn. 6; *Hanau/Ulmer* Rn. 28, § 30 Rn. 9; *Raiser* Rn. 28; aA *Werner*, FS für Fischer, 1979, S. 826). Die Beschlußfassung erfolgt aber nicht nach § 31 II bis IV, sondern nach § 29 (*Fitting/Wlotzke/Wißmann* Rn. 25, § 30 Rn. 5; *Hanau/Ulmer* Rn. 28, § 30 Rn. 8; *Raiser* Rn. 33; aA *Säcker* Aufsichtsratsausschüsse, 1979, S. 61).

V. Anstellungsvertrag

Grds. zu unterscheiden ist nach hM zwischen körperschaftlicher Bestellung der Organmitglieder 11 und dem Anstellungsvertrag zwischen diesen und der Gesellschaft (vgl. § 37 III). § 84 I 5 AktG ist über die Verweisung in § 31 I hinaus aufgrund gleicher Interessenlage auf den Anstellungsvertrag anwendbar (*Hanau/Ulmer* Rn. 36). Für den Abschluß des Anstellungsvertrags findet sich im MitbestG keine Regelung. Unproblematisch ist dies für die AG, da durch die Verweisung in § 25 I Nr. 1 auch § 84 I 5 AktG Anwendung findet, so daß kraft Gesetzes der Aufsichtsrat zuständig ist. Der Abschluß des Anstellungsvertrags kann, da die Sperrwirkung in § 25 I iVm. § 107 III 2 AktG nur für die Bestellung und Abberufung gilt, auf einen Aufsichtsratsausschuß übertragen werden (BGH 23. 10. 1975 Z 65, 190, 193; *Hanau/Ulmer* Rn. 41).

Da in der GmbH die Anstellungskompetenz nach gesellschaftsrechtlichen Grundsätzen der Gesell- 12 schafterversammlung zusteht (siehe § 77 BetrVG 1952 Rn. 10), war zunächst umstritten, ob es hierbei nach Inkrafttreten des MitbestG bleiben sollte. Tlw. wurde mangels entgegenstehender mitbestimmungsrechtlicher Regelung von der Beibehaltung der Gesellschafterkompetenz ausgegangen (*Werner*, FS für Fischer, 1979, S. 834; *Rittner* DB 1979, 973, 978). Aufgrund des engen sachlichen Zusammenhangs zwischen Bestellung und Anstellungsvertrag obliegt der Vertragsabschluß zwischen GmbH und Geschäftsführer ebenfalls und in Abweichung zu der Rechtslage nach § 77 I BetrVG 1952 dem Aufsichtsrat (BGH 14. 11. 1983 Z 89, 48, 57; *Fitting/Wlotzke/Wißmann* Rn. 35; *Hanau/Ulmer*

Rn. 39; MünchArbR/*Wißmann* § 369 Rn. 5; *Raiser* Rn. 24). Der Gesellschafterversammlung fehlt insoweit nicht nur die Kompetenz zum Abschluß der Anstellungsverträge, sie ist auch nicht befugt, die Anstellungskompetenz mittels Satzung oder Beschluß auf Dritte, insb. die Konzernobergesellschaft zu übertragen (*Hachenburg/Stein* § 35 Rn. 183; aA *Scholz/Schneider* § 35 Rn. 177).

13   Auch für die eingetragene Erwerbs- und Wirtschaftsgenossenschaft ist die Zuordnung der Anstellungskompetenz nicht unproblematisch. Nach § 39 I GenG ist der Aufsichtsrat bei der Schließung von Verträgen mit dem Vorstand zur Vertretung der Genossenschaft ermächtigt. Damit ist aber noch nicht die Frage beantwortet, wem die genossenschaftsinterne Entscheidungskompetenz zusteht. So wie bei der GmbH (vgl. § 77 BetrVG 1952 Rn. 10) wird auch für das Genossenschaftsrecht aus der Bestellungskompetenz der Generalversammlung (§ 24 II 1 GenG) die Annexkompetenz für die Entscheidung über das Ob und den Inhalt des Anstellungsvertrages hergeleitet (*Lang/Weidmüller* § 24 GenG Rn. 40). Da durch § 31 I die Bestellungskompetenz auf den Aufsichtsrat übergeht, ist dieser aus demselben Grund wie bei der GmbH auch für den Abschluß der Anstellungsverträge zuständig (iE ebenso *Hanau/Ulmer* Rn. 38; MünchArbR/*Wißmann* § 369 Rn. 5; *Raiser* Rn. 24).

§ 32 Ausübung von Beteiligungsrechten

(1) ¹Die einem Unternehmen, in dem die Arbeitnehmer nach diesem Gesetz ein Mitbestimmungsrecht haben, auf Grund von Beteiligungen an einem anderen Unternehmen, in dem die Arbeitnehmer nach diesem Gesetz ein Mitbestimmungsrecht haben, zustehenden Rechte bei der Bestellung, dem Widerruf der Bestellung oder der Entlastung von Verwaltungsträgern sowie bei der Beschlußfassung über die Auflösung oder Umwandlung des anderen Unternehmens, den Abschluß von Unternehmensverträgen (§§ 291, 292 des Aktiengesetzes) mit dem anderen Unternehmen, über dessen Fortsetzung nach seiner Auflösung oder über die Übertragung seines Vermögens können durch das zur gesetzlichen Vertretung des Unternehmens befugte Organ nur auf Grund von Beschlüssen des Aufsichtsrats ausgeübt werden. ²Diese Beschlüsse bedürfen nur der Mehrheit der Stimmen der Aufsichtsratsmitglieder der Anteilseigner; sie sind für das zur gesetzlichen Vertretung des Unternehmens befugte Organ verbindlich.

(2) Absatz 1 ist nicht anzuwenden, wenn die Beteiligung des Unternehmens an dem anderen Unternehmen weniger als ein Viertel beträgt.

I. Regelungszweck

1   Ist ein mitbestimmtes Unternehmen an einem anderen mitbestimmten Unternehmen beteiligt, so stehen der Obergesellschaft zahlreiche Gesellschafterrechte in der Untergesellschaft zu. Bei der Ausübung dieser Rechte durch die Obergesellschaft besteht die Gefahr, daß sich neben dem Einfluß der AN über ihre Vertreter im Aufsichtsrat der Untergesellschaft auch der Einfluß der Mitglieder der AN im Aufsichtsrat der Obergesellschaft maßgeblich auswirkt. Eine solche Potenzierung der ANMitbestimmung soll durch § 32 I verhindert werden. Daneben dient die Vorschrift dem Zweck, Entscheidungen, die in unabhängigen Unternehmen den Anteilseignern vorbehalten sind, auch nicht mittelbar über den mitbestimmten Aufsichtsrat der Obergesellschaft dem ANEinfluß auszusetzen (*Hanau/Ulmer* Rn. 2; *Raiser* Rn. 1).

II. Anwendungsbereich

2   § 32 I 1 setzt voraus, daß sowohl die Ober- als auch die Untergesellschaft der Mitbestimmung nach dem MitbestG unterliegt. Das ist auch gegeben, wenn die Mitbestimmungspflicht aufgrund der ANZurechnung nach § 5 besteht. Dagegen findet § 32 I im Wege teleologischer Reduktion keine Anwendung, wenn es sich bei der Obergesellschaft um eine KGaA handelt, da bei dieser aufgrund der §§ 31 I 2, 33 I 2 der ANEinfluß so gering ist, daß die dem Regelungszweck des § 32 zugrunde liegende Anteilseignergefährdung fehlt (*Hanau/Ulmer* Rn. 5; *Raiser* Rn. 4; aA *Fitting/Wlotzke/Wißmann* Rn. 14). Ist die Obergesellschaft eine Kapitalgesellschaft & Co. KG iSv. § 4 I, so werden die ihr zustehenden Beteiligungsrechte durch die geschäftsführende und mitbestimmte Komplementärkapitalgesellschaft ausgeübt. Die Gefahr der Potenzierung des ANEinflusses in der Untergesellschaft besteht ebenso, eine direkte Anwendung des § 32 scheidet jedoch aus, da die an der Untergesellschaft beteiligte KG selbst nicht mitbestimmungspflichtig ist. Aufgrund der vergleichbaren Interessenlage findet § 32 I entsprechende Anwendung (*Fitting/Wlotzke/Wißmann* Rn. 6; *Hanau/Ulmer* Rn. 8; *Raiser* Rn. 6; GK-MitbestG/*Schneider* Rn. 15). Eine Mitbestimmungspflicht nach anderen Vorschriften ist für die Anwendbarkeit des § 32 bedeutungslos (*Fitting/Wlotzke/Wißmann* Rn. 5; *Raiser* Rn. 4).

3   Nach § 32 II muß die Beteiligung der Obergesellschaft an der Untergesellschaft mindestens 25% betragen, das heißt der Obergesellschaft müssen entweder ein Viertel der Anteile oder der Stimmen zustehen. Die § 16 II bis IV AktG finden keine Anwendung (*Fitting/Wlotzke/Wißmann* Rn. 9; *Hanau/Ulmer* Rn. 7; *Raiser* Rn. 7; aA GK-MitbestG/*Schneider* Rn. 19).

III. Rechtsfolgen

1. Weisungsrecht des Aufsichtsrats. Liegen die Voraussetzungen des § 32 vor, kommt es zu einer 4 Durchbrechung des Grundsatzes, daß die Wahrnehmung von Beteiligungsrechten durch die Obergesellschaft zu den Geschäftsführungsaufgaben gehört und damit in die Kompetenz des gesetzlichen Vertretungsorgans fällt. Die Entscheidungsbefugnis für die Ausübung der in § 32 I 1 genannten Beteiligungsrechte wird dem Aufsichtsrat zugewiesen, indem die Ausübung durch das vertretungsberechtigte Gesellschaftsorgan an einen entsprechenden Aufsichtsratsbeschluß gebunden wird. Dadurch wird das Vertretungsorgan der Gesellschaft abw. von § 82 I AktG, § 37 II GmbHG, § 27 II GenG nach hM zugleich in seiner Vertretungsmacht beschränkt (*Fitting/Wlotzke/Wißmann* Rn. 23; *Hanau/Ulmer* Rn. 15; *Raiser* Rn. 24; aA *Säcker* DB 1977, 2031, 2035). Fehlt der Aufsichtsratsbeschluß oder weicht das Vertretungsorgan der Gesellschaft unberechtigt von diesem ab, so ist die Wahrnehmung der Beteiligungsrechte in der Untergesellschaft nach § 180 Satz 1 BGB unwirksam (*Raiser* Rn. 24, 25).

Die betroffenen Rechte der Obergesellschaft müssen gerade aufgrund der Beteiligung an der Unter- 5 gesellschaft bestehen. Ihre Aufzählung in § 32 I 1 ist abschließend (*Raiser* Rn. 17).

2. Beschlußfassung. Der Aufsichtsratsbeschluß kommt abw. von § 29 nicht durch eine Beschlußfas- 6 sung des gesamten Organs, sondern nur durch Beschluß der Vertreter der Anteilseigner zustande. Dadurch wird die Fortsetzung des ANEinflusses in der Obergesellschaft auf die Untergesellschaft unterbrochen (s. Rn. 1). Die Aufsichtsratsmitglieder der Anteilseigner sind entsprechend § 28 beschlußfähig, wenn mindestens die Hälfte der Mitglieder der Anteilseigner, die nach § 7 I in den Aufsichtsrat zu bestellen sind, an der Beschlußfassung teilnehmen (*Fitting/Wlotzke/Wißmann* Rn. 18; *Hanau/Ulmer* Rn. 26; *Raiser* Rn. 20; *Spieker*, FS für Däubler, 1999, S. 406, 415). Der Beschluß bedarf der absoluten Mehrheit der Stimmen, das heißt der Mehrheit der im Aufsichtsrat tatsächlich vertretenen Mitglieder der Anteilseigner (*Fitting/Wlotzke/Wißmann* Rn. 17; *Hanau/Ulmer* Rn. 27; *Raiser* Rn. 21). Die Gegenansicht, die auf die Mehrheit der tatsächlich abgegebenen Stimmen abstellt (*Säcker* DB 1977, 2031, 2035), ist mit dem Wortlaut und der Gesetzessystematik nicht vereinbar (vgl. § 31 II 2 und § 32 I 2). Die Aufsichtsratsmitglieder der AN sind von der Teilnahme an der Aufsichtsratssitzung nach hM nicht ausgeschlossen (*Fitting/Wlotzke/Wißmann* Rn. 16; *Hanau/Ulmer* Rn. 24; *Raiser* Rn. 18; GK-MitbestG/*Schneider* Rn. 40; aA *Kallmeyer* DB 1978, Beil. 11, 7). Sie sind in die Beratung einzubeziehen. Eine Mitwirkung an der Verfahrensentscheidung und das Recht zum Stellen von Geschäftsordnungsanträgen steht ihnen jedoch nicht zu (*Hanau/Ulmer* Rn. 25; GK-MitbestG/*Schneider* Rn. 39; aA *Fitting/Wlotzke/Wißmann* Rn. 16; *Raiser* Rn. 18; *Spieker*, FS für Däubler, 1999, S. 406, 414).

Der Aufsichtsrat kann die Zuständigkeit nach § 32 auf einen Aufsichtsratsausschuß (Beteiligungs- 7 ausschuß) übertragen. Dem steht § 107 III AktG nicht entgegen (*Fitting/Wlotzke/Wißmann* Rn. 19; *Hanau/Ulmer* Rn. 28; *Raiser* Rn. 21; *Säcker* DB 1977, 2031, 2035; GK-MitbestG/*Schneider* Rn. 47; aA *Phillipp* DB 1976, 1622, 1628). Dieser ist entsprechend dem Mehrheitserfordernis in § 32 I 2 zu besetzen, so daß ihm die Mehrheit der Aufsichtsratsmitglieder der Anteilseigner angehört (*Hanau/Ulmer* Rn. 28).

§ 33 Arbeitsdirektor

(1) ¹Als gleichberechtigtes Mitglied des zur gesetzlichen Vertretung des Unternehmens befugten Organs wird ein Arbeitsdirektor bestellt. ²Dies gilt nicht für Kommanditgesellschaften auf Aktien.

(2) ¹Der Arbeitsdirektor hat wie die übrigen Mitglieder des zur gesetzlichen Vertretung des Unternehmens befugten Organs seine Aufgaben im engsten Einvernehmen mit dem Gesamtorgan auszuüben. ²Das Nähere bestimmt die Geschäftsordnung.

(3) Bei Erwerbs- und Wirtschaftsgenossenschaften ist auf den Arbeitsdirektor § 9 Abs. 2 des Gesetzes betreffend die Erwerbs- und Wirtschaftsgenossenschaften nicht anzuwenden.

Schrifttum: *Leicht*, Der Arbeitsdirektor des Mitbestimmungsgesetzes 1976, Diss. Freiburg 1980; *Martens*, Der Arbeitsdirektor nach dem Mitbestimmungsgesetz, 1980; *Spie/Piesker*, Der Geschäftsbereich des Arbeitsdirektors, 1983; *Weck*, Der Arbeitsdirektor, Diss. Münster 1994.

1. Allgemeines. Nach § 33 ist die Bestellung eines Arbeitsdirektors als Mitglied des vertretungsbe- 1 rechtigten Organs, mit Ausnahme bei der KGaA (§ 33 I 2), zwingend. Er ist im wesentlichen für Sozial- und Personalfragen zuständig (vgl. Rn. 7). Die Vorschrift unterlag im Gesetzgebungsverfahren heftigen Diskussionen (vgl. *Hoffmann* BB 1976, 1233), wobei es vor allem um die Frage ging, in welcher Beziehung der Arbeitsdirektor zu den AN des Unternehmens stehen soll. Auf die Möglichkeit eines AN-Vetos ähnlich § 13 I 2 Montan-MitbestG und damit ein faktisches Vorschlagsrecht der Mitglieder der AN im Aufsichtsrat wurde verzichtet. Dennoch ging man davon aus, daß der Arbeitsdirektor entsprechend der Praxis zu § 13 MitbestErgG auf das Vertrauen der AN angewiesen sein wird (vgl. *Arendt* BArbBl. 1976, 43, 44). Tatsächlich ist der Einfluß der AN und der Gewerkschaften auf die Bestellung des Arbeitsdirektors geringer als im Rahmen des Montan-MitbestG und des MitbestErgG. Zwar wird im Unternehmensinteresse die Bestellung des Arbeitsdirektors gegen den ausdrücklichen Widerstand der AN kaum erfolgen, ein besonderes Vertrauen der AN benötigt der Arbeitsdirektor aber nicht.

2   **2. Bestellung und Abberufung.** Der Arbeitsdirektor ist im Verfahren nach § 31 II bis IV zu bestellen. Dies gilt auch dann, wenn ein bereits früher bestelltes Mitglied des Vertretungsorgans die Funktion des Arbeitsdirektors übernehmen soll (*Hanau/Ulmer* Rn. 6). In der Entscheidung, wer als Arbeitsdirektor zu wählen ist, ist der Aufsichtsrat grds. frei (vgl. § 31 Rn. 4). Beschränkt die Satzung der Gesellschaft die Zahl der Mitglieder des vertretungsberechtigten Organs auf eine bestimmte Zahl, kann dies durch § 33 Modifizierungen erfahren. Da der Arbeitsdirektor den ihm zugeordneten Kernbereich der Personal- und Sozialfragen effektiv ausüben soll, ist die Besetzung des Vertretungsorgans mit mindestens zwei Mitgliedern erforderlich (*Hanau/Ulmer* Rn. 2, § 30 Rn. 6; MünchArbR/*Wißmann* § 369 Rn. 6; *Raiser* Rn. 6). Das Erfordernis des § 9 II GenG, wonach die Vorstandsmitglieder einer Genossenschaft Mitglieder derselben sein müssen, gilt nach § 33 III für den Arbeitsdirektor nicht. Zur Möglichkeit einer gerichtlichen Notbestellung vgl. § 31 Rn. 8.

3   Für den Widerruf der Bestellung des Arbeitsdirektors gelten die allgemeinen Grundsätze (§ 31 Rn. 9). Eine schwerwiegende Störung des Vertrauensverhältnisses zwischen dem Arbeitsdirektor und den AN des Unternehmens stellt nicht ohne weiteres einen wichtigen Grund für die Abberufung des Arbeitsdirektors als Organmitglied dar. Dies ist erst dann der Fall, wenn die Unternehmensinteressen auf andere Weise nicht mehr gewahrt werden können (*Hanau/Ulmer* Rn. 34; *Raiser* Rn. 14). Das Widerrufsverfahren ist auch dann einzuhalten, wenn der Arbeitsdirektor aufgrund der Zuweisung eines anderen Ressorts lediglich seine Funktion, nicht aber seine Mitgliedschaft im Vertretungsorgan verlieren soll. Eines wichtigen Grundes iSv. § 84 III AktG bedarf es hierfür nicht (*Hanau/Ulmer* Rn. 33).

4   **3. Kompetenzbereich des Arbeitsdirektors.** Der Arbeitsdirektor ist gleichberechtigtes Mitglied des gesetzlichen Vertretungsorgans der Gesellschaft (§ 33 I 1). Satzungsvorschriften, die willkürlich eine personale oder sachliche Ungleichstellung des Arbeitsdirektors bewirken, sind nach § 134 BGB nichtig (*Fitting/Wlotzke/Wißmann* Rn. 56; *Hanau/Ulmer* Rn. 37; im einzelnen s. § 13 Montan-MitbestG Rn. 9ff. sowie BGS 14. 11. 1983 Z 89, 48, 58ff.; OLG Frankfurt 23. 4. 1985 DB 1985, 1459, 1460). Die Aufgaben und Befugnisse des Arbeitsdirektors bestimmen sich nach § 33 II 2 nach der Geschäftsordnung des Vertretungsorgans.

5   Entsprechend der Entstehungsgeschichte des § 33 handelt es sich bei dem Arbeitsdirektor um das Mitglied des Vertretungsorgans, das vorrangig mit Personal- und Sozialangelegenheiten des Unternehmens befaßt ist (vgl. BTAusschuß für Arbeit und Sozialordnung, BT-Drucks. 7/4845, 9). Dieser Geschäftsbereich wird dem Arbeitsdirektor mit seiner Bestellung kraft Gesetzes zugeordnet (*Hammacher* RdA 1993, 163, 164; *Säcker* DB 1977, 1993, 1994; *Weck* § 5. 77). Zum Umfang der Mindestzuständigkeitsbereichs (sog. Kernbereich) und der Zuweisung weiterer Aufgabenbereiche s. ausführlich § 13 Montan-MitbestG Rn. 20ff.; näher zur Zuständigkeit für leitende Angestellte *Haake* BB 1983, 1490ff., den Aufgaben in der Konzernobergesellschaft *Buchner*, FS für Wlotzke, 1996, S. 227ff. und zur Zuständigkeit in divisionalisierten Unternehmen *Schiessl* ZGR 1992, 64, 72ff. Bei der Wahrnehmung seiner Geschäftsführungsbefugnisse hat der Arbeitsdirektor im engsten Einvernehmen mit dem Gesamtorgan vorzugehen (näher § 13 Montan-MitbestG Rn. 29). Daraus ergibt sich, daß er bedeutsame Angelegenheiten seines Geschäftsbereichs zur Entscheidung des Gesamtorgans zu stellen hat (*Hanau/Ulmer* Rn. 52).

6   Der Arbeitsdirektor ist nicht nur intern an der Geschäftsführung des Unternehmens zu beteiligen, sondern auch an der Vertretung und Repräsentation der Gesellschaft im Außenverhältnis. Auch insoweit gilt das Gleichbehandlungsgebot des § 33 I 1 (näher dazu § 13 Montan-MitbestG Rn. 9ff., 26).

Vierter Teil. Seeschiffahrt

§ 34

(1) Die Gesamtheit der Schiffe eines Unternehmens gilt für die Anwendung dieses Gesetzes als ein Betrieb.

(2) ¹Schiffe im Sinne dieses Gesetzes sind Kauffahrteischiffe, die nach dem Flaggenrechtsgesetz die Bundesflagge führen. ²Schiffe, die in der Regel binnen 48 Stunden nach dem Auslaufen an den Sitz eines Landbetriebs zurückkehren, gelten als Teil dieses Landbetriebs.

(3) Leitende Angestellte im Sinne des § 3 Abs. 3 Nr. 2 dieses Gesetzes sind in einem in Absatz 1 bezeichneten Betrieb nur die Kapitäne.

(4) Die Arbeitnehmer eines in Absatz 1 bezeichneten Betriebs nehmen an einer Abstimmung nach § 9 nicht teil und bleiben für die Errechnung der für die Antragstellung und für die Beschlußfassung erforderlichen Zahl von Arbeitnehmern außer Betracht.

(5) ¹ Werden die Aufsichtsratsmitglieder der Arbeitnehmer durch Delegierte gewählt, so werden abweichend von § 10 in einem in Absatz 1 bezeichneten Betrieb keine Delegierten gewählt. ² Abweichend von § 15 Abs. 1 nehmen die Arbeitnehmer dieses Betriebs unmittelbar an der Wahl der Aufsichtsratsmitglieder der Arbeitnehmer teil mit der Maßgabe,
1. daß die Stimme eines dieser Arbeitnehmer als ein Sechzigstel der Stimme eines Delegierten zu zählen ist; § 11 Abs. 1 Satz 3 ist entsprechend anzuwenden;
2. daß diese Arbeitnehmer an Abstimmungen über die gemeinsame Wahl der Aufsichtsratsmitglieder der Arbeitnehmer durch die Delegierten nicht teilnehmen und für die Errechnung der für die Antragstellung und für die Beschlußfassung erforderlichen Zahlen von Delegierten der Arbeiter und Delegierten der Angestellten außer Betracht bleiben.

(6) Werden die Aufsichtsratsmitglieder der Arbeitnehmer in unmittelbarer Wahl gewählt und gehören nicht mehr als ein Zehntel der Arbeitnehmer des Unternehmens zu einem in Absatz 1 bezeichneten Betrieb, so nehmen diese Arbeitnehmer an einer Abstimmung über die gemeinsame Wahl der Aufsichtsratsmitglieder der Arbeitnehmer nicht teil und bleiben für die Errechnung der für die Antragstellung und für die Beschlußfassung erforderlichen Zahlen von Arbeitern und Angestellten außer Betracht.

Fünfter Teil. Übergangs- und Schlußvorschriften

§ 35 Änderung und Außerkrafttreten von Gesetzen

(betrifft Änderung des Aktiengesetzes, Betriebsverfassungsgesetzes 1952 und Arbeitsgerichtsgesetzes)

§ 36 Verweisungen

(1) Soweit in anderen Vorschriften auf Vorschriften des Betriebsverfassungsgesetzes 1952 über die Vertretung der Arbeitnehmer in den Aufsichtsräten von Unternehmen verwiesen wird, gelten diese Verweisungen für die in § 1 Abs. 1 dieses Gesetzes bezeichneten Unternehmen als Verweisungen auf dieses Gesetz.

(2) Soweit in anderen Vorschriften für das Gesetz über die Mitbestimmung der Arbeitnehmer in den Aufsichtsräten und Vorständen der Unternehmen des Bergbaus und der Eisen und Stahl erzeugenden Industrie vom 21. Mai 1951 (Bundesgesetzbl. I S. 347), zuletzt geändert durch das Einführungsgesetz zum Aktiengesetz vom 6. September 1965 (Bundesgesetzbl. I S. 1185), die Bezeichnung „Mitbestimmungsgesetz" verwendet wird, tritt an ihre Stelle die Bezeichnung „Montan-Mitbestimmungsgesetz".

§ 37 Erstmalige Anwendung des Gesetzes auf ein Unternehmen

(1) ¹ Andere als die in § 97 Abs. 2 Satz 2 des Aktiengesetzes bezeichneten Bestimmungen der Satzung (des Gesellschaftsvertrags, des Statuts), die mit den Vorschriften dieses Gesetzes nicht vereinbar sind, treten mit dem in § 97 Abs. 2 Satz 2 des Aktiengesetzes bezeichneten Zeitpunkt oder, im Falle einer gerichtlichen Entscheidung, mit dem in § 98 Abs. 4 Satz 2 des Aktiengesetzes bezeichneten Zeitpunkt außer Kraft. ² Eine Hauptversammlung (Gesellschafterversammlung, Gewerkenversammlung, Generalversammlung), die bis zu diesem Zeitpunkt stattfindet, kann an Stelle der außer Kraft tretenden Satzungsbestimmungen mit einfacher Mehrheit neue Satzungsbestimmungen beschließen.

(2) Die §§ 25 bis 29, 31 bis 33 sind erstmalig anzuwenden, wenn der Aufsichtsrat nach den Vorschriften dieses Gesetzes zusammengesetzt ist.

(3) ¹ Die Bestellung eines vor dem Inkrafttreten dieses Gesetzes bestellten Mitglieds des zur gesetzlichen Vertretung befugten Organs eines Unternehmens, auf das dieses Gesetz bereits bei seinem Inkrafttreten anzuwenden ist, kann, sofern die Amtszeit dieses Mitglieds nicht aus anderen Gründen früher endet, nach Ablauf von fünf Jahren seit dem Inkrafttreten dieses Gesetzes von dem nach diesem Gesetz gebildeten Aufsichtsrat jederzeit widerrufen werden. ² Für den Widerruf bedarf es der Mehrheit der abgegebenen Stimmen der Aufsichtsratsmitglieder, aller Stimmen der Aufsichtsratsmitglieder der Anteilseigner oder aller Stimmen der Aufsichtsratsmitglieder der Arbeitnehmer. ³ Für die Ansprüche aus dem Anstellungsvertrag gelten die allgemeinen Vorschriften. ⁴ Bis zum Widerruf bleiben für diese Mitglieder Satzungsbestimmungen über die

Oetker

Amtszeit abweichend von Absatz 1 Satz 1 in Kraft. ⁵Diese Vorschriften sind entsprechend anzuwenden, wenn dieses Gesetz auf ein Unternehmen erst nach dem Zeitpunkt des Inkrafttretens dieses Gesetzes erstmalig anzuwenden ist.

(4) Absatz 3 gilt nicht für persönlich haftende Gesellschafter einer Kommanditgesellschaft auf Aktien.

1   **1. Allgemeines.** Für den Fall der erstmaligen Anwendung des MitbestG auf ein Unternehmen ordnet § 37 verschiedene Ergänzungen für das nach § 6 II iVm. §§ 97, 98 AktG durchzuführende Statusverfahren an. Weitere Verfahrensvorschriften enthalten die §§ 110 1. WO, 134 2. WO, 135 3. WO.

2   **2. Außerkrafttreten von Satzungsvorschriften.** Die Vorschrift in § 97 II 2 AktG über das Außerkrafttreten von Satzungsvorschriften wird in § 37 I 1 auf Satzungsregelungen erweitert, die von § 97 II 2 AktG nicht erfaßt werden, dem MitbestG aber entgegenstehen. Dazu gehören vor allem Vorschriften, die den §§ 25 bis 31 widersprechen. Sie treten zu dem in den §§ 97 II 2, 98 IV 2 AktG bestimmten Zeitpunkt außer Kraft. Die Anteilseignerversammlung hat nach § 37 I 2 die Möglichkeit, die Satzungsvorschriften, die nach § 37 I 1 ihre Geltung verlieren, vor Ablauf der Frist durch andere Vorschriften zu ersetzen. Der Beschluß bedarf entgegen den gesellschaftsrechtlichen Vorschriften (§ 179 I und II AktG, § 53 I und II GmbHG, § 16 IV GenG) nur der einfachen Mehrheit.

3   Dem MitbestG widersprechende Vorschriften im Gesellschaftsvertrag einer KG, die in den Anwendungsbereich des § 4 fällt, werden von § 37 I nicht erfaßt, da das Verfahren nach § 6 II iVm. §§ 97, 98 AktG nur auf die Komplementärkapitalgesellschaft Anwendung findet (*Hanau/Ulmer* Rn. 11; *Raiser* Rn. 5). Sie sind jedoch nach § 134 BGB nichtig, sobald der mitbestimmte Aufsichtsrat in der Komplementärkapitalgesellschaft gebildet ist (*Hanau/Ulmer* Rn. 12; *Raiser* Rn. 5).

4   **3. Anwendbarkeit der §§ 25 bis 29, 31 bis 33.** Die Vorschriften über die innere Ordnung des Aufsichtsrats und die Rechte und Pflichten der Aufsichtsratsmitglieder (§§ 25 bis 29) sowie über das gesetzliche Vertretungsorgan des Unternehmens (§§ 31 bis 33) finden nach § 37 II erstmalig Anwendung, wenn der mitbestimmte Aufsichtsrat gebildet ist. Geschäftsordnungsregeln des Aufsichtsrats, die den §§ 25 bis 29 widersprechen, treten mit diesem Zeitpunkt nach § 25 II außer Kraft. Geschäftsordnungsregeln des Vertretungsorgans sind nach § 134 BGB nichtig, wenn sie gegen die §§ 31 bis 33 verstoßen.

5   Umstritten ist der Zeitpunkt der erstmaligen Bestellung eines Arbeitsdirektors nach den §§ 33, 31. Durch § 37 III wird den Mitgliedern des gesetzlichen Vertretungsorgans, die bereits vor der Bildung des mitbestimmten Aufsichtsrats bestellt wurden, Bestandsschutz gewährt (BT-Drucks. 7/2172, 30). Zudem haben die Mitglieder des Vertretungsorgans aus dem Anstellungsvertrag einen Anspruch auf Wahrnehmung des ihnen zugewiesenen Ressorts (*Mertens* AG 1979, 334, 337; *Säcker* DB 1977, 1993, 1996). Sofern bereits ein Mitglied des gesetzlichen Vertretungsorgans mit der Zuständigkeit für Personal- und Sozialfragen gesondert betraut ist, wird der Bestandsschutz in § 37 III nicht durch die §§ 33, 37 II verdrängt, denn das Amt des Arbeitsdirektors zielt nicht auf die Schaffung eines neuen Ressorts ab, sondern soll den gesonderten Kompetenzbereich der Arbeits- und Sozialangelegenheiten im Vertretungsorgan sichern (*Ballerstedt* ZGR 1977, 133, 147; *Säcker* DB 1977, 1993, 1996). Ist ein Mitglied des gesetzlichen Vertretungsorgans bereits vor der Bildung des mitbestimmten Aufsichtsrats mit dem Ressort für Arbeits- und Sozialfragen betraut worden, bedarf es nach hM nicht der Bestellung des Arbeitsdirektors nach den §§ 33, 31, es gilt § 37 III (*Ballerstedt* ZGR 1977, 133, 147; *Hanau/Ulmer* Rn. 21; *Mertens* AG 1979, 334, 337; *Peltzer* DB 1978, 984; *Raiser* Rn. 7; *Säcker* DB 1977, 1993, 1996; aA AG Bremen 5. 12. 1978 WM 1979, 154, 155; LG Kreuznach 3. 10. 1979 BB 1979, 1680, 1681; *Fitting/Wlotzke/Wißmann* Rn. 18).

6   **4. Mitglieder des gesetzlichen Vertretungsorgans.** Die Amtszeit der Mitglieder des gesetzlichen Vertretungsorgans des Unternehmens wird durch die erstmalige Bildung eines mitbestimmten Aufsichtsrats nicht berührt. Dies ergibt sich aus § 37 III. Sie endet bei der AG wegen § 84 I AktG nach spätestens fünf Jahren. Bei der GmbH und der eingetragenen Erwerbs- und Wirtschaftsgenossenschaft ist jedoch eine längere Bestellung möglich. Für diese Fälle bestimmt § 37 III, daß die Bestellung nach fünf Jahren widerrufen werden kann. Nach § 37 IV findet § 37 III auf die persönlich haftenden Gesellschafter einer KGaA keine Anwendung, da diese nach § 31 I 2 nicht durch den mitbestimmten Aufsichtsrat bestellt werden. Bedeutung hat § 37 III heute nur noch für die Fälle des § 37 III 5.

7   Wächst ein Unternehmen erst nachträglich in den Anwendungsbereich des MitbestG hinein, ist umstritten, ab welchem Zeitpunkt die Fünfjahresfrist zu bestimmen ist. Die hM stellt auf das erstmalige Vorliegen der Voraussetzungen in den §§ 1 bis 5 ab (*Fitting/Wlotzke/Wißmann* Rn. 27; *Raiser* Rn. 12). Da die Feststellung dieses Zeitpunktes erheblichen Schwierigkeiten unterliegt, soll nach aA die Unanfechtbarkeit der Bekanntmachung nach § 97 I AktG oder die Rechtskraft der Entscheidung nach § 98 I AktG (so *Hanau/Ulmer* Rn. 29) bzw. der Zeitpunkt des Außerkrafttretens von Satzungsbestimmungen nach § 97 II 2 AktG (so GK-MitbestG/*Fabricius* Rn. 67) ausschlaggebend sein.

Der Widerruf bedarf nach Ablauf der Frist keines wichtigen Grundes und ist nicht fristgebunden. 8
Er ist mit der in § 37 III 2 bestimmten Mehrheit durch den Aufsichtsrat zu fassen, also der einfachen
Mehrheit der Aufsichtsratsmitglieder oder sämtlicher Stimmen der tatsächlich vorhandenen Aufsichtsratsmitglieder der Anteilseigner oder AN (*Raiser* Rn. 19).

Der Widerruf läßt den Anstellungsvertrag unberührt (§ 37 III 4). Die Aufhebung dieses Vertrags ist 9
nur nach den allgemeinen Vorschriften möglich, wobei der Widerruf keinen wichtigen Grund iSv.
§ 626 BGB darstellt (*Hanau/Ulmer* Rn. 34; *Raiser* Rn. 20).

§ 38 Übergangsvorschrift

(1) ¹In den ersten zwei Jahren nach Inkrafttreten dieses Gesetzes tritt bei dessen erstmaliger Anwendung auf ein Unternehmen an die Stelle des in § 97 Abs. 2 Satz 2 des Aktiengesetzes bezeichneten Zeitpunkts die Beendigung der zweiten Hauptversammlung (Gesellschafterversammlung, Gewerkenversammlung, Generalversammlung), die nach Inkrafttreten dieses Gesetzes einberufen wird, spätestens jedoch der Tag des Ablaufs von zwei Jahren nach Inkrafttreten dieses Gesetzes. ²Satz 1 ist nicht anzuwenden, wenn der in § 97 Abs. 2 Satz 2 des Aktiengesetzes bezeichnete Zeitpunkt später liegt als der in Satz 1 bezeichnete Zeitpunkt. ³Abweichend von Satz 1 kann die erste Hauptversammlung (Gesellschafterversammlung, Gewerkenversammlung, Generalversammlung), die nach Inkrafttreten dieses Gesetzes einberufen wird, einen früheren Zeitpunkt bestimmen.

(2) Wird in den ersten zwei Jahren nach Inkrafttreten dieses Gesetzes durch eine gerichtliche Entscheidung nach § 98 des Aktiengesetzes rechtskräftig festgestellt, daß der Aufsichtsrat nach den Vorschriften dieses Gesetzes zusammenzusetzen ist, so tritt an die Stelle des in § 98 Abs. 4 Satz 2, § 97 Abs. 2 Satz 2 des Aktiengesetzes bezeichneten Zeitpunkts die Beendigung der nächsten Hauptversammlung (Gesellschafterversammlung, Gewerkenversammlung, Generalversammlung), die nach Eintritt der Rechtskraft einberufen wird, wenn die Frist zwischen dem Eintritt der Rechtskraft und der Einberufung mindestens sechs Monate beträgt; beträgt diese Frist weniger als sechs Monate, so tritt an die Stelle des in § 98 Abs. 4 Satz 2, § 97 Abs. 2 Satz 2 des Aktiengesetzes bezeichneten Zeitpunkts die Beendigung der übernächsten Hauptversammlung (Gesellschafterversammlung, Gewerkenversammlung, Generalversammlung), die nach Eintritt der Rechtskraft einberufen wird, spätestens jedoch der Tag des Ablaufs von einem Jahr nach Eintritt der Rechtskraft.

(3) ¹Wird in den ersten zwei Jahren nach Inkrafttreten dieses Gesetzes ein Verfahren nach § 97 oder § 98 des Aktiengesetzes eingeleitet, damit der Aufsichtsrat nach den Vorschriften dieses Gesetzes zusammengesetzt wird, so verlängert sich die Amtszeit von Aufsichtsratsmitgliedern der Arbeitnehmer, die nach § 76 des Betriebsverfassungsgesetzes 1952 gewählt worden sind, bis zum Beginn der Amtszeit der nach Abschluß des Verfahrens neu zu wählenden Aufsichtsratsmitglieder der Arbeitnehmer, längstens jedoch im Falle des § 97 des Aktiengesetzes bis zu dem in Absatz 1, im Falle des § 98 des Aktiengesetzes bis zu dem in Absatz 2 bezeichneten Zeitpunkt.
²Entscheidet das Gericht, daß der Aufsichtsrat nicht nach den Vorschriften dieses Gesetzes zusammenzusetzen ist, so erlischt das Amt spätestens mit dem in § 98 Abs. 4 Satz 2 des Aktiengesetzes bezeichneten Zeitpunkt.

§ 39 Ermächtigung zum Erlaß von Rechtsverordnungen

Die Bundesregierung wird ermächtigt, durch Rechtsverordnung Vorschriften über das Verfahren für die Wahl und die Abberufung von Aufsichtsratsmitgliedern der Arbeitnehmer zu erlassen, insbesondere über

1. die Vorbereitung der Wahl oder Abstimmung, die Bestellung der Wahlvorstände und Abstimmungsvorstände sowie die Aufstellung der Wählerlisten,
2. die Abstimmungen darüber, ob die Wahl der Aufsichtsratsmitglieder in unmittelbarer Wahl oder durch Delegierte erfolgen soll, und darüber, ob gemeinsame Wahl stattfinden soll,
3. die Frist für die Einsichtnahme in die Wählerlisten und die Erhebung von Einsprüchen,
4. die Errechnung der Zahl der Aufsichtsratsmitglieder der Arbeitnehmer sowie ihre Verteilung auf die Arbeiter, die in § 3 Abs. 3 Nr. 1 bezeichneten Angestellten, die leitenden Angestellten und die Gewerkschaftsvertreter,
5. die Errechnung der Zahl der Delegierten sowie ihre Verteilung auf die Arbeiter, die in § 3 Abs. 3 Nr. 1 bezeichneten Angestellten und die leitenden Angestellten,
6. die Wahlvorschläge und die Frist für ihre Einreichung,
7. die Ausschreibung der Wahl oder der Abstimmung und die Fristen für die Bekanntmachung des Ausschreibens,
8. die Teilnahme von Arbeitnehmern eines in § 34 Abs. 1 bezeichneten Betriebs an Wahlen und Abstimmungen,

9. die Stimmabgabe,
10. die Feststellung des Ergebnisses der Wahl oder der Abstimmung und die Fristen für seine Bekanntmachung,
11. die Aufbewahrung der Wahlakten und der Abstimmungsakten.

1   Entsprechend der Verordnungsermächtigung in § 39 hat die Bundesregierung am 23. 6. 1977 drei Wahlordnungen erlassen. Die 1. Wahlordnung regelt die Wahl in Unternehmen mit nur einem Betrieb (BGBl. 1977 I S. 861 ff.). Die 2. Wahlordnung gilt für Unternehmen mit mehreren Betrieben (BGBl. 1977 I S. 893 ff.) und die 3. Wahlordnung für mehrere Unternehmen eines Konzerns oder einer GmbH & Co KG (BGBl. 1977 I S. 934 ff.).

§ 40 Berlin-Klausel *(gegenstandslos)*

§ 41 Inkrafttreten

Dieses Gesetz tritt am 1. Juli 1976 in Kraft.

490. Gesetz über die Mitbestimmung der Arbeitnehmer in den Aufsichtsräten und Vorständen der Unternehmen des Bergbaus und der Eisen- und Stahlerzeugenden Industrie (Montan-Mitbestimmungsgesetz)

Vom 21. Mai 1951 (BGBl. I S. 347)

Zuletzt geändert durch Gesetz vom 9. Juni 1998 (BGBl. I S. 1242)

(BGBl. III/FNA 801-2)

Schrifttum: *Höcker/Johannsen,* Gesetz über die Mitbestimmung der Arbeitnehmer in den Aufsichtsräten und Vorständen der Unternehmen des Bergbaus und der Eisen und Stahl erzeugenden Industrie (Materialiensammlung), 2. Aufl. 1952; *Nagel,* Mitbestimmung im Montankonzern und Grundgesetz, 1992; *Seidel,* Die Willensbildung der mitbestimmten Montan-Unternehmen, 1963; *Spieker,* Die Wandlung der Struktur und Rechtsstellung des Aufsichtsrates in der Gesellschaft mit beschränkter Haftung durch die Einführung des Montan-Mitbestimmungsgesetzes, Diss. Köln 1959.

Einleitung

Das Montan-MitbestG regelt die Mitbestimmung der AN in den Unternehmen der Bergbau- und 1 Stahlindustrie, die ihren Sitz im Bundesgebiet haben (*Boldt* § 1 Anm. 2 a). Es beschränkt sich auf Regelungen zur Zusammensetzung der vertretungsberechtigten Organe des Unternehmens, über die sich die Mitbestimmung der AN verwirklichen soll.

Anlaß für die **Schaffung des Montan-MitbestG** war die sich nach 1945 unter dem Druck alliierter 2 Entflechtungspläne entwickelnde Praxis in den letztlich doch entflochtenen Gesellschaften der Stahlindustrie (vgl. Anhang D zum Gesetz Nr. 27 der AHK), paritätisch besetzte Aufsichtsräte mit 11 Mitgliedern zu bestimmen. Dies entsprach nicht den Vorschriften des geltenden Aktienrechts, die auch für neu zu gründende Unternehmen (Kern- und Einheitsgesellschaften, vgl. Gesetz Nr. 27 der AHK) anzuwenden waren, so daß insb. seitens der Gewerkschaften die Forderung erhoben wurde, die Einrichtung und das Fortbestehen derart zusammengesetzter Aufsichtsräte sowohl für die Stahlindustrie als auch für den Bergbau gesetzlich abzusichern (dazu *Boldt* RdA 1951, 169, 170; *Kötter* Einf. S. XI; *Müller/Lehmann* S. 23).

Als Ergebnis der Diskussionen wurden Ende Januar 1951 „Richtlinien über die Mitbestimmung in 3 der Kohle und Eisen schaffenden Industrie" (vgl. *Kötter* Anhang I. 1) von Sachverständigen und Vertretern des DGB vorgestellt und in ihren wesentlichen Inhalten von der Bundesregierung als Gesetzesentwurf in den Bundestag eingebracht (BT-Drucks. I/1858), der den BTAusschüssen für Arbeit und für Wirtschaftspolitik zugeleitet wurde (*Boldt* RdA 1951, 169, 170). Der von beiden Ausschüssen gebildete **Arbeitskreis „Mitbestimmung Bergbau und Eisen"** erarbeitete eine Stellungnahme, auf der die gefaßten Ausschußbeschlüsse beruhten (BT-Drucks. I/2042) und die inhaltlich bis auf die §§ 6 und 8 in das Montan-MitbestG Eingang fanden (vgl. *Kötter* Einf. S. XII). Die §§ 6 und 8 sind demgegenüber ein Kompromiß zwischen den Richtlinien und den Ausschußbeschlüssen (*Kötter* Einf. S. XII).

Zur Erschwerung des Ausscheidens von Unternehmen mit verändertem Betriebszweck aus der 4 Montan-Mitbestimmung wurden seit Inkrafttreten des Montan-MitbestG mehrere Sicherungsgesetze verabschiedet. Als erstes Gesetz dieser Art ist das MitbestErgG vom 7. 8. 1956 (BGBl. I S. 707) zu qualifizieren, dessen Zweck ausschließlich darin besteht, ein Unterlaufen der Montan-Mitbestimmung durch die Etablierung „montanfreier" Holding-Gesellschaften zu verhindern. Die Welle der sich anschließenden Gesetze zur Absicherung der Montan-Mitbestimmung, ausgelöst vornehmlich durch die Ausdehnung „montanfreier" Betriebszwecke, wurde eingeleitet durch die das MitbestErgG betreffende „lex Rheinstahl" vom 27. 5. 1967 (BGBl. I S. 505; hierzu BVerfG 7. 5. 1969 E 25, 372 ff.). Weitere Schritte bildeten das Gesetz über die befristete Fortgeltung der Mitbestimmung in bisher den Mitbestimmungsgesetzen unterliegenden Unternehmen vom 29. 11. 1971 (BGBl. I S. 1857; vgl. auch die Begründung zum Regierungsentwurf, BT-Drucks. VI/1785), dessen Geltung bis zum 31. 12. 1975 befristet war. Durch das Gesetz zur Änderung des Montan-MitbestG und des MitbestErgG vom 21. 5. 1981 (BGBl. I S. 441; s. dazu BT-Drucks. 9/235) wurde insb. die Bestimmung zur Fortgeltung der Montan-Mitbestimmung bei Wegfall der gesetzlichen Anwendungsvoraussetzungen in § 1 III eingefügt, auf die sich auch das dritte Änderungsgesetz vom 23. 7. 1987 (BGBl. I S. 1676) bezog, das den vorläufigen Schlußpunkt setzte. Eine weitere, allerdings nicht auf Montan-Unternehmen beschränkte Absicherung schuf das MitbestBeiG vom 23. 8. 1994 (BGBl. I S. 2228).

5   Gegen die Bestimmungen zur Montan-Mitbestimmung werden **verfassungsrechtliche Bedenken** erhoben. So wird insb. angeführt, daß die Unterschiedlichkeit der Regelungssysteme zum MitbestG 1976 und zum BetrVG 1952 nicht (mehr) zu rechtfertigen sei und deshalb gegen **Art. 3 I GG** verstoße (*von Zezschwitz* BB 1971, 479, 483; zusammenfassend *Spindler* AG 1994, 258, 262 ff.). Diesem Einwand wird traditionell entgegengehalten, daß sich ein sachlicher Grund für diese Sonderregelung aus der Schlüsselrolle dieses Industriezweiges ergibt (*Preis* AuR 1983, 161, 165 f.), die auch nicht abgenommen habe, sondern nur insofern modifiziert sei, als vergleichbare Unternehmen anderer Industriezweige unabhängig davon an Bedeutung gewonnen haben (*Kittner* BB 1971, 1057, 1059). Dies sei zur Rechtfertigung der Ungleichbehandlung ausreichend, da es genüge, wenn ein sachlicher Grund vorliege, mögen auch andere sachliche Gründe die unterschiedliche Behandlung des Sachverhalts nicht mehr rechtfertigen (*Preis* AuR 1983, 161, 165; *Kittner* BB 1971, 1057, 1058, gegen *von Zezschwitz* BB 1971, 479, 480). Das BVerfG hat diese Argumentation im Grundsatz bestätigt und zusätzlich die besonderen Anpassungsprobleme der Montan-Industrie hervorgehoben (BVerfG 2. 3. 1999 E 99, 367, 392 ff. = RdA 1999, 389 mit Anm. *Raiser*; s. auch *Büdenbender* ZIP 2000, 385, 395 ff. sowie § 1 Rn. 30).

6   Darüber hinaus ist die Verfassungsmäßigkeit der Montan-Mitbestimmung im Anschluß an das Mitbestimmungs-Urteil des BVerfG vom 1. 3. 1979 (E 50, 290 ff.) im Hinblick auf **Art. 14 I GG** zweifelhaft geworden. Das vom BVerfG in den Vordergrund gerückte Letztentscheidungsrecht der Anteilseignervertreter bei der Wahl des Aufsichtsratsvorsitzenden sowie sein Zweitstimmrecht zur Auflösung von Pattsituationen bei Abstimmungen im Aufsichtsrat (vgl. BVerfG 1. 3. 1979 E 50, 290, 350 ff.) muß verfassungsrechtliche Zweifel an der Montan-Mitbestimmung auslösen, da das Verfahren bei der Wahl des „neutralen Mitgliedes" (§ 8) tendenziell auf Kompromiß und nicht auf Durchsetzung des von den Vertretern der Anteilseigner unterbreiteten Personalvorschlags angelegt ist. Das in § 8 III 7 enthaltene Letztentscheidungsrecht des Wahlorgans (zB Hauptversammlung) erweist sich angesichts seiner Voraussetzungen als ein eher theoretisches, denn praktikables Instrument zur Sicherung eines Letztentscheidungsrechts (s. aber auch zum MitbestErgG BVerfG 2. 3. 1999 E 99, 367, 390 f.).

7   Die Regelung der Mitbestimmung der AN durch das Montan-MitbestG modifizierte vor allem die zuvor geltenden **gesellschaftsrechtlichen** Grundsätze. Seitdem wirken im Aufsichtsrat nicht mehr nur beobachtende Vertreter der AN mit. Damit richtete sich die Einflußnahme auf das Unternehmen fortan nicht mehr nur nach der Rechtsnatur der Beteiligung und der Haftung der Gesellschafter. Darüber hinaus wurde davon abgesehen, daß die ANVertreter im Aufsichtsrat Betriebsangehörige sein müssen (vgl. zum Ganzen *Kötter* Einf. S. XII f.).

8   Ist das Montan-Unternehmen abhängiges **Konzernunternehmen,** so ist hinsichtlich der Unternehmensmitbestimmung bei dem herrschenden Unternehmen das MitbestErgG zu beachten (näheres hierzu § 1 Rn. 30 sowie ausführlich MünchArbR/*Wißmann* § 372).

Erster Teil. Allgemeines

§ 1 [Arbeitnehmermitbestimmung in den Aufsichtsräten. Anwendungsbereich]

(1) ¹Die Arbeitnehmer haben ein Mitbestimmungsrecht in den Aufsichtsräten und in den zur gesetzlichen Vertretung berufenen Organen nach Maßgabe dieses Gesetzes in
a) den Unternehmen, deren überwiegender Betriebszweck in der Förderung von Steinkohle, Braunkohle oder Eisenerz oder in der Aufbereitung, Verkokung, Verschwelung oder Brikettierung dieser Grundstoffe liegt und deren Betrieb unter der Aufsicht der Bergbehörden steht,
b) den Unternehmen der Eisen und Stahl erzeugenden Industrie in dem Umfang, wie er in Gesetz Nr. 27 der Alliierten Hohen Kommission vom 16. Mai 1950 (Amtsblatt der Alliierten Hohen Kommission für Deutschland S. 299) bezeichnet ist, soweit diese Unternehmen in „Einheitsgesellschaften" im Sinne des Gesetzes Nr. 27 überführt oder in anderer Form weiterbetrieben und nicht liquidiert werden,
c) den Unternehmen, die von einem vorstehend bezeichneten oder nach Gesetz Nr. 27 der Alliierten Hohen Kommission zu liquidierenden Unternehmen abhängig sind, wenn sie die Voraussetzungen nach Buchstabe a erfüllen oder überwiegend Eisen und Stahl erzeugen.
²Die Herstellung von Walzwerkerzeugnissen einschließlich Walzdraht, Röhren, Walzen, rollendem Eisenbahnmaterial, Freiformschmiedestücken und Gießereierzeugnissen aus Eisen oder Stahl ist als Erzeugung von Eisen und Stahl im Sinne von Satz 1 Buchstabe b und c anzusehen
  1. in einem Unternehmen, dessen Aufsichtsrat am 1. Juli 1981 nach § 4 oder § 9 zusammengesetzt ist, oder
  2. in einem anderen Unternehmen nach der Verschmelzung mit einem in Nummer 1 bezeichneten Unternehmen oder nach dem Übergang von Betrieben oder Betriebsteilen eines in Nummer 1 bezeichneten Unternehmens, die die genannten Erzeugnisse herstellen oder

Roheisen oder Rohstahl erzeugen, auf das andere Unternehmen, wenn dieses mit dem in Nummer 1 bezeichneten Unternehmen verbunden ist (§ 15 des Aktiengesetzes) und solange nach der Verschmelzung oder dem Übergang der überwiegende Betriebszweck des anderen Unternehmens die Herstellung der genannten Erzeugnisse oder die Erzeugung von Roheisen oder Rohstahl ist.
³ Satz 2 Nr. 2 gilt entsprechend für die weitere Verschmelzung sowie für den weiteren Übergang von Betrieben oder Betriebsteilen.

(2) Dieses Gesetz findet nur auf diejenigen in Absatz 1 bezeichneten Unternehmen Anwendung, welche in Form einer Aktiengesellschaft, einer Gesellschaft mit beschränkter Haftung oder einer bergrechtlichen Gewerkschaft mit eigener Rechtspersönlichkeit betrieben werden und in der Regel mehr als eintausend Arbeitnehmer beschäftigen oder „Einheitsgesellschaften" sind.

(3) Erfüllt ein Unternehmen die in Absatz 1 bezeichneten Voraussetzungen nicht mehr oder beschäftigt es nicht mehr die nach Absatz 2 erforderliche Zahl von Arbeitnehmern, so sind die Vorschriften dieses Gesetzes über das Mitbestimmungsrecht erst dann nicht mehr anzuwenden, wenn in sechs aufeinanderfolgenden Geschäftsjahren eine dieser Voraussetzungen nicht mehr vorgelegen hat.

(4) ¹Ist ein Unternehmen, dessen Aufsichtsrat nach § 4 oder § 9 zusammenzusetzen ist, herrschendes Unternehmen eines Konzerns (§ 18 Abs. 1 des Aktiengesetzes) und ist für diesen Konzern ein Konzernbetriebsrat errichtet, so gelten für die Anwendung der §§ 4, 6 und 9 auf das herrschende Unternehmen die Arbeitnehmer der Konzernunternehmen als Arbeitnehmer des herrschenden Unternehmens und die in Konzernunternehmen vertretenen Gewerkschaften als im herrschenden Unternehmen vertreten. ² Liegen die Voraussetzungen des Satzes 1 vor, so tritt für die Anwendung der §§ 6 und 11 auf das herrschende Unternehmen der Konzernbetriebsrat an die Stelle der Betriebsräte.

I. Allgemeines

§ 1 bestimmt die Voraussetzungen für die ANMitbestimmung in Unternehmen der Montanindustrie. Dabei beschränkt die gesetzliche Regelung die erfaßten Unternehmen aus zwei Richtungen (vgl. *Boldt* Anm. 2; *Kötter* Rn. 1): Es muß sich einerseits um Unternehmen gemäß § 1 I 1 und 2 handeln. Das Eingreifen der Montan-Mitbestimmung in einem Unternehmen hängt hiernach von der Verfolgung eines bestimmten Betriebszwecks (nachfolgend Rn. 4 ff.), einer bestimmten Rechtsform (hierzu Rn. 19) sowie dem Erreichen einer bestimmten ANZahl (unten Rn. 20 ff.) ab. Darüber hinaus legt § 1 fest, daß sich die Mitbestimmung der AN nur über die Zusammensetzung des Aufsichtsrats und des zur gesetzlichen Vertretung berufenen Organs verwirklicht. 1

Aufgrund der im Montan-MitbestG angelegten Verknüpfung mit den Organen der Betriebsverfassung (s. § 6) findet der **ANBegriff** des BetrVG Anwendung; erfaßt sind deshalb die abhängig Beschäftigten mit Ausnahme der leitenden Angestellten (MünchArbR/*Wißmann* § 371 Rn. 2). 2

Da das Montan-MitbestG hinsichtlich des Unternehmenszwecks und der Größe mitbestimmter Unternehmen besondere Anforderungen aufstellt (vgl. nachstehend Rn. 4 ff.), fallen **Betriebsführungsgesellschaften**, die den Betrieb für ein der Montan-Mitbestimmung unterliegendes Unternehmen in dessen Namen und für dessen Rechnung führen, nicht in den Anwendungsbereich des Montan-MitbestG (*Zöllner* ZfA 1983, 93, 103 f.). Im Hinblick auf die Verlagerung mitbestimmungspflichtiger Entscheidungen auf die Betriebsführungsgesellschaft kommt nur eine **analoge Anwendung des Montan-MitbestG** in Betracht, da die gesetzliche Regelung die paritätische Beteiligung der AN in den Verwaltungsorganen sichern soll (dazu *Zöllner* ZfA 1983, 93, 105). 3

II. Unternehmenszweck

1. Bergbauunternehmen nach § 1 I 1 lit. a. a) Betriebszweck. Dem Montan-MitbestG unterliegen Bergbauunternehmen, die hinsichtlich ihres Betriebszwecks die Voraussetzungen des § 1 I 1 lit. a erfüllen. Dieser muß entweder in der Förderung oder in der Verarbeitung der dort genannten Rohstoffe liegen. 4

Hierzu gehören Unternehmen, die Steinkohle, Braunkohle oder Eisenerz gewinnen. Dies umfaßt auch die **Förderung** von Pechkohle und Schwelkohle als besondere Arten der Braunkohle (so *Kötter* Anm. 9; aA *Boldt* Anm. 3 a aa; *Müller/Lehmann* Rn. 7). Eisenerze sind nach dem maßgeblichen technischen Sprachgebrauch nicht alle eisenhaltigen Mineralien, sondern nur solche, die der Gewinnung von Roheisen dienen (*Kötter* Anm. 9). 5

Mit der **Aufbereitung** der genannten Mineralien befassen sich Unternehmen, in denen die Bergwerkserzeugnisse auf mechanischem Wege gereinigt, zerkleinert und in ihrem Gehalt an nutzbaren Teilen konzentriert werden (*Boldt* Anm. 3 a bb). Keine Aufbereitungsanlagen sind Anlagen, in denen ein chemischer Prozeß stattfindet (RG 28. 1. 1920 ZfB 61 [1920], 226 f.). 6

Verkokung ist die Umsetzung von Steinkohlenklein in Koksöfen unter Luftabschluß bei Temperaturen über 1000 °C, **Verschwelung** die Umsetzung von Brennstoffen bei Temperaturen von 500 bis 7

600 °C (*Boldt* Anm. 3 a bb). In Abgrenzung zur chemischen Industrie ist die Behandlung der Produkte beider Verfahren diesen selbst nicht mehr zuzurechnen, so daß ausschließlich weiterverarbeitende Unternehmen nicht dem Montan-MitbestG unterliegen (*Kötter* Anm. 10).

8 **Brikettierung** ist die Vermischung von Feinkohlenklein mit Teerpech als Bindemittel und die Formung zu Briketts in Pressen (*Boldt* Anm. 3 a bb).

9 Das Unternehmen ist nur in den Anwendungsbereich des Montan-MitbestG einbezogen, wenn der **überwiegende Betriebszweck** des Unternehmens auf die genannten Verfahren gerichtet ist, dh. sie müssen das „wirtschaftlich den Betrieb beherrschende Element" (*Boldt* Anm. 3 a cc) sein. Ist diese Voraussetzung erfüllt, so unterliegt das gesamte Unternehmen dem Montan-MitbestG. Deshalb ist es nicht möglich, den Betriebszweck getrennt nach Betriebsabteilungen zu beurteilen, die Bestimmung bezieht sich auf das gesamte Unternehmen (*Kötter* Anm. 8). Demzufolge werden, wenn der überwiegende Betriebszweck des Unternehmens § 1 I 1 lit. a entspricht, auch die diesem Zweck nicht dienenden unselbständigen Abteilungen des Unternehmens vom Gesetz miterfaßt (*Boldt* Anm. 3 a cc).

10 Als **Kriterium** zur Ermittlung des überwiegenden Betriebszwecks ist die Anzahl der mit den genannten Verfahren im Betrieb beschäftigten AN nicht tauglich (*Boldt* Anm. 3 a cc; aA MünchArbR/ *Wißmann* § 371 Rn. 4). § 1 II läßt sich hierfür nicht anführen, da hierdurch lediglich sichergestellt werden soll, daß das Montan-MitbestG nur Anwendung findet auf Unternehmen ab einer gewissen Größenordnung (*Kötter* Anm. 8). Heranzuziehen sind im Rahmen der Beurteilung des überwiegenden Betriebszwecks vielmehr das in den Unternehmenszweig **investierte Kapital** und dessen **Anteil am Gesamtertrag** des Unternehmens (*Boldt* Anm. 3 a cc; *Kötter* Anm. 8).

11 **b) Aufsicht der Bergbehörden.** Das Unternehmen muß unter der Aufsicht der für die Ausübung des Berghoheitsrechts **zuständigen Behörden** stehen. Dies richtet sich nach § 69 BBergG vom 13. 8. 1980 (BGBl. I S. 1310 ff.). Dabei ist nicht erforderlich, daß alle Abteilungen des Unternehmens der behördlichen Aufsicht unterliegen; es genügt die Unterstellung bezüglich des überwiegenden Betriebszwecks (*Boldt* Anm. 3 a dd).

12 **2. Unternehmen der Eisen und Stahl erzeugenden Industrie. a) Unternehmen gemäß § 1 I 1 lit. b.** Die Einbeziehung der Unternehmen der Eisen und Stahl **erzeugenden** Industrie in das Montan-MitbestG ist als **Gegensatz** zur Eisen und Stahl **verarbeitenden** Industrie gestaltet (*Boldt* Anm. 3 b; *Kötter* Anm. 13). Dabei wird auf das Gesetz Nr. 27 der AHK (ABl. des AHK S. 299) Bezug genommen. Für das Saarland sowie das Gebiet der ehemaligen DDR gilt insoweit eine abw. Fassung, die verlangt, daß der überwiegende Betriebszweck des Unternehmens in der Eisen- und Stahlerzeugung bestehen muß (dazu MünchArbR/*Wißmann* § 371 Rn. 3).

13 Wegen der Entstehungsgeschichte des Gesetzes wurde zum Teil angenommen, daß mit der **Bezugnahmeklausel** lediglich die in den in der Anlage zum Gesetz Nr. 27 der AHK aufgeführten Unternehmen bereits praktizierte Mitbestimmung gesichert werden soll. Damit würden nur die Unternehmen von § 1 I 1 lit. b erfaßt, die in dieser Anlage tatsächlich aufgeführt sind (so OLG Karlsruhe 7. 7. 1976 AuR 1978, 95; ebenso Vorinstanz LG Mannheim 11. 8. 1975 AG 1975, 302; kritisch dazu *Wiesner* AuR 1978, 72; vgl. auch *Boldt* Einl. S. 21 und Anm. 3 b; *Kötter* Anm. 13; *Müller/Lehmann* Rn. 14). Richtigerweise ist die Bezugnahmeklausel jedoch **„zeitgemäßer Definitionsersatz" für Unternehmen der Eisen und Stahl erzeugenden Industrie** (so BGH 28. 2. 1983 Z 87, 52 = NJW 1983, 1617 f.; ihm folgend OLG Düsseldorf 27. 7. 1988 AG 1989, 63 f.; ebenso *Konzen* AG 1983, 289; *Reinhardt*, FS für Nipperdey, Bd. II, 1965, S. 517; MünchArbR/*Wißmann* § 371 Rn. 5 mwN). Damit können auch später gegründete und nicht im Anhang zum Gesetz Nr. 27 der AHK aufgeführte Unternehmen dem Montan-MitbestG unterfallen. **Maßgebendes Kriterium** ist allein, ob der überwiegende Betriebszweck in der Erzeugung von Eisen und Stahl besteht (OLG Düsseldorf 27. 7. 1988 AG 1989, 63 f.).

14 Für ein derartiges Verständnis der Norm spricht, daß die Anlage zum Gesetz Nr. 27 der AHK nicht abschließend und ausschließlich die der Mitbestimmung unterliegenden Unternehmen der Eisen und Stahl erzeugenden Industrie umschreibt, da zwar in der Anlage aufgeführte, aber nicht der Eisen- und Stahlerzeugung zuzurechnende Unternehmen nicht vom Montan-MitbestG erfaßt werden (so auch *Mertens* AG 1982, 141). Denn wenn nach § 1 III eine fortdauernde Montan-Mitbestimmung in Abhängigkeit vom unveränderten Betriebszweck steht, so kann, wenn der geforderte Betriebszweck von vornherein nicht gegeben ist, das Gesetz erst gar keine Anwendung auf das Unternehmen finden (vgl. BGH 28. 2. 1983 Z 87, 52, 54). Weiterhin sind für die Anwendung unterschiedlicher Mitbestimmungsmodelle in Unternehmen mit vergleichbarem Betriebszweck keine sachlichen Gründe ersichtlich, so daß sich eine Regelung, die die Zusammensetzung des Aufsichtsrats in Abhängigkeit vom (zufälligen) Gründungszeitpunkt des Unternehmens bestimmt, dem Vorwurf der willkürlichen Einzelfallbehandlung aussetzt (vgl. BGH 28. 2. 1983 Z 87, 52, 55).

15 **b) Unternehmen gemäß § 1 I 1 lit. c.** Dem Montan-MitbestG können auch **Tochterunternehmen** unterliegen, die von Unternehmen nach § 1 I 1 lit. b oder nach dem Gesetz Nr. 27 der AHK zu liquidierenden Unternehmen **abhängig** sind. Das Vorliegen einer Abhängigkeit bestimmt sich nach den §§ 15 ff. AktG. Danach muß ein rechtlich selbständiges Unternehmen unter dem beherrschenden Einfluß eines anderen Unternehmens stehen (*Müller/Lehmann* Rn. 16). Voraussetzung für die Mitbe-

stimmung nach dem Montan-MitbestG ist darüber hinaus, daß das abhängige Unternehmen einen § 1 I 1 lit. a entsprechenden Betriebszweck verfolgt oder überwiegend Eisen und Stahl erzeugt (näher *Boldt* Anm. 3 c bb; *Kötter* Anm. 19).

c) **Walzwerkklausel (§ 1 I 2 und 3).** Nach der sog. **Walzwerkklausel** gehört zur Eisen- und Stahlerzeugung im Sinne des Gesetzes auch die **erzeugungsnahe Weiterverarbeitung (Warmverarbeitung).** Hiervon werden nach § 1 I 2 Nr. 1 nur solche Unternehmen erfaßt, die am Stichtag (1. 7. 1981) tatsächlich montanmitbestimmt waren, so daß die Bestimmung bezüglich dieser Unternehmen auf die Erhaltung des Status quo gerichtet ist (*Wißmann* NJW 1982, 423, 424 mwN). Unerheblich ist, ob in dem Unternehmen bereits am Stichtag oder erst später Warmverarbeitung stattfindet (*Engels* BB 1981, 1349, 1355). 16

§ 1 I 2 Nr. 2 erfaßt zusätzlich solche Unternehmen, die am Stichtag nicht montanmitbestimmt waren, die unter bestimmten Voraussetzungen jedoch dem Montan-MitbestG unterfallen können. Einbezogen werden Unternehmen nach Verschmelzung mit einem nach § 1 I 2 Nr. 1 montanmitbestimmten Unternehmen. Darüber hinaus löst der Übergang von nach § 1 I 2 Nr. 1 montanmitbestimmten Betrieben oder Teilen eines Unternehmens auf ein anderes in diesem die Montan-Mitbestimmung aus, wenn beide Unternehmen miteinander verbunden sind (§ 15 AktG) und der überwiegende Betriebszweck in der Warmverarbeitung nach § 1 I 2 oder der Erzeugung von Eisen und Stahl besteht. In diesen Fällen ist der überwiegende Betriebszweck nicht beschränkt auf das übergehende oder aufnehmende Unternehmen, sondern einheitlich für das gesamte Unternehmen zu ermitteln (*Engels* BB 1981, 1349, 1355 f.). 17

Nach § 1 I 3 ist die Regelung in § 1 I 2 entsprechend anzuwenden, wenn der betreffende Betrieb oder Betriebsteil infolge weiterer **Verschmelzungen** oder **Betriebsübergänge** über mehrere Unternehmen „wandert". Die angeordnete „entsprechende Anwendung" lockert die Voraussetzungen für die Anwendbarkeit der Legaldefinition. So sind diese auch erfüllt, wenn sich unter den verschiedenen weiterübertragenden Unternehmen eines befindet, das nicht der Montan-Mitbestimmung unterfällt. Da anderenfalls zu leicht eine Umgehung der Vorschrift möglich ist, muß auf das Erfordernis der unmittelbaren Übernahme durch montanmitbestimmte Unternehmen verzichtet werden (*Engels* BB 1981, 1349, 1356; *Wlotzke/Wißmann* DB 1981, 623, 630). Ebenso ist § 1 I 2 bei einer Übernahme durch ein Unternehmen entsprechend anzuwenden, das am Stichtag noch nicht montanmitbestimmt war (*Engels* BB 1981, 1349, 1356). Gleiches gilt für den Fall, daß nach einer Zwischenübertragung auf ein Unternehmen, das mit dem übertragenden Unternehmen nicht verbunden ist, die betroffenen Betriebe oder Betriebsteile wieder zu einem Unternehmen gelangen, das mit einem der übertragenden Unternehmen verbunden ist (*Engels* BB 1981, 1349, 1356). 18

III. Rechtsform und Arbeitnehmerzahl

1. Rechtsform. Das Gesetz findet nur Anwendung auf Unternehmen, die in einer der im Gesetz genannten Rechtsformen (AG oder GmbH) betrieben werden. Hinsichtlich der in § 1 II aufgeführten bergrechtlichen Gewerkschaften ist das Gesetz obsolet; das BBergG kennt diese Gesellschaftsform nicht mehr und die letzte Bestandsschutzregelung lief Ende 1993 aus (vgl. BGBl. 1988 I S. 2450). Personengesellschaften und KGaA sind von § 1 II nicht erfaßt (näher dazu *Boldt* Anm. 4; *Kötter* Anm. 21). 19

2. Arbeitnehmerzahl. Unternehmen, die in einer der aufgeführten Rechtsformen betrieben werden, unterliegen dem Montan-MitbestG nur, wenn sie **in der Regel mehr als 1000 AN** (zum ANBegriff oben Rn. 2) beschäftigen. Dafür ist entscheidend, ob nach den allgemeinen Verhältnissen des Unternehmens diese Zahl normalerweise erreicht wird (*Boldt* Anm. 5 a; *Kötter* Anm. 24; *Müller/Lehmann* Rn. 27; dazu auch § 23 KSchG Rn. 13). Um Umgehungen dieser Vorschrift zu vermeiden, ist das Montan-MitbestG auch dann anzuwenden, wenn die Belegschaftsgröße des Unternehmens nur deshalb unter der Mindestgrenze gehalten wird, um der Montan-Mitbestimmung zu entgehen. Bei einer nachweisbaren Herabsetzung der ANZahl infolge einer dauernden Strukturänderung des Unternehmens ist das aber nicht der Fall (*Müller/Lehmann* Rn. 29). 20

Bei der Ermittlung der Beschäftigtenzahl ist die Anzahl der **AN in abhängigen Konzernunternehmen** – anders als bei § 5 MitbestG – nicht einzubeziehen. Das gilt selbst dann, wenn nach § 1 IV die Voraussetzungen für eine Konzernwahl (dazu nachstehend Rn. 29) gegeben sind, da § 1 II dort nicht in Bezug genommen ist (*Engels* BB 1981, 1349, 1354; *Wlotzke/Wißmann* DB 1981, 623, 628). 21

3. Einheitsgesellschaften. Für Einheitsgesellschaften ist die Beschäftigung von in der Regel mehr als 1000 AN nicht erforderlich. Mit dem Begriff der Einheitsgesellschaft wird nicht eine besondere Rechts- oder Unternehmensform, sondern die Umstände der Entstehung des Unternehmens nach dem Gesetz Nr. 27 der AHK charakterisiert (näher *Kötter* Anm. 14; *Wlotzke/Wißmann* DB 1981, 623, 628). 22

IV. Verlängerungsklausel

23 § 1 III wurde durch das ÄndG vom 21. 5. 1981 (BGBl. I S. 441) eingefügt, um die Anwendung des Montan-MitbestG für einen Übergangszeitraum zu sichern, nachdem die gesetzlichen Anwendungsvoraussetzungen nach § 1 I und II weggefallen sind (zu früheren Absicherungsregelungen vor § 1 Rn. 4). Der Übergangszeitraum wurde auf sechs Jahre festgelegt, die aufeinander folgen müssen. Werden die Voraussetzungen des Montan-MitbestG zwischenzeitlich wieder erfüllt und entfallen sie daraufhin erneut, so beginnt ein neuer Zeitraum von sechs Jahren zu laufen (*Engels* BB 1981, 1349, 1354; MünchArbR/*Wißmann* § 371 Rn. 7).

24 Von der Regelung wird nur der **Wegfall der Voraussetzungen nach § 1 I und II** erfaßt, bezüglich des letztgenannten Abs. aber nur die ANZahl im Unternehmen (s. ergänzend § 325 Abs. 1 UmwG). Der Wechsel des Unternehmens in eine andere Rechtsform, die nicht nach § 1 II des Montan-MitbestG unterliegt, wird nicht von § 1 III erfaßt (*Engels* BB 1981, 1349, 1354; *Wißmann* NJW 1982, 423, 425). Weiterhin sind solche Unternehmen nicht in den Anwendungsbereich des § 1 III einbezogen, die bereits vor Inkrafttreten des ÄndG am 1. 7. 1981, infolge des Wegfalls der Voraussetzungen aus der Montan-Mitbestimmung ausgeschieden waren. Sie werden nicht erneut dem Montan-MitbestG für einen etwaigen Übergangszeitraum unterworfen (*Engels* BB 1981, 1349, 1353).

25 Gegen § 1 III, der der Sache nach bereits durch das Gesetz vom 29. 11. 1971 (BGBl. I S. 1857) in das Montan-MitbestG Eingang fand, werden teilweise **verfassungsrechtliche Bedenken** geltend gemacht (vgl. dazu *von Zezschwitz* BB 1971, 479 ff. einerseits und *Kittner* BB 1971, 1057 ff.; *Preis* AuR 1983, 161 ff. andererseits). Dabei wird insb. der Vorwurf einer verfassungswidrigen Einzelfallregelung (vgl. die Nachweise bei *Preis* AuR 1983, 161, 162 Fn. 15 und bei *Kittner* BB 1971, 1057, 1060 Fn. 5), des Überschreitens gesetzgeberischer Legitimation (zur Problemstellung *Preis* AuR 1983, 161, 162), des Verstoßes gegen das Rechtsstaatsprinzip (so *Scholz* AG 1972, 195, 201 f. schon zum ÄndG von 1971, BGBl. I S. 1857, für den Fall einer erneuten Übergangsregelung; abl. *Preis* AuR 1983, 161, 163 f.) sowie der verfassungswidrigen Ungleichbehandlung (*von Zezschwitz* BB 1971, 479, 483) erhoben.

26 § 1 III ist keine verfassungswidrige **Einzelfallregelung** (*Kittner* BB 1971, 1057, 1061; *Preis* AuR 1983, 161, 162). Zwar war die Bestimmung bei ihrer Schaffung im Jahre 1981 auf einen konkreten Sachverhalt bezogen („Mannesmann", dazu *Engels* BB 1981, 1349 f.), sie ist nach Ansicht des BVerfG (vgl. BVerfG 7. 5. 1969 E 25, 371, 396) dennoch als Maßnahmegesetz zulässig, da in ihr abstrakt-generell gefaßte Tatbestandsmerkmale enthalten sind. Hierdurch kann § 1 III auf eine Mehrzahl von Fällen Anwendung finden (vgl. *Scholz* AG 1972, 195, 197 f.).

27 Ein Verstoß gegen das **Rechtsstaatsprinzip**, der damit begründet wird, daß das Gesetz eine unechte Rückwirkung entfaltet und dadurch in schutzwürdiges Vertrauen der Aktionäre eingreift, scheidet aus, weil kein schutzwürdiges Vertrauen der Aktionäre darauf besteht, daß die qualifizierte ANMitbestimmung nach dem Montan-MitbestG zukünftig entfällt (BVerfG 7. 5. 1969 E 25, 371, 396 f.). Deshalb war der Gesetzgeber nicht verpflichtet, ein etwaiges Vertrauen der Aktionäre auf das Ausscheiden des Unternehmens aus dem Montan-MitbestG zu berücksichtigen (*Preis* AuR 1983, 161, 164; aA *Scholz* AG 1972, 195, 202).

28 Einer nach Art. 3 I GG zu beanstandenden **Ungleichbehandlung** eines Unternehmens, in dem die Anwendungsvoraussetzungen der Montan-Mitbestimmung infolge der Änderung des Betriebszwecks entfallen sind, gegenüber Unternehmen mit gleicher Produktionsstruktur während des Übergangszeitraumes (*von Zezschwitz* BB 1971, 479, 480; zu der ähnlich gelagerten Problematik des MitbestErgG siehe BVerfG 2. 3. 1999 E 99, 367, 392 ff. = RdA 1999, 389 mit Anm. *Raiser* und *Loritz* SAE 2000, 56 ff.) ist entgegenzuhalten, daß die Ungleichbehandlung sachlich begründet und deshalb verfassungsrechtlich nicht zu beanstanden ist (so *Kittner* BB 1971, 1057, 1062; *Preis* AuR 1983, 161, 164; *Scholz* AG 1972, 195, 199). Es soll bereits jedes auch bloß vorübergehende Unterschreiten der Montanquote für den Wegfall der Montan-Mitbestimmung ausreichen, erforderlich ist vielmehr eine endgültige Umstrukturierung des Unternehmens. Da sich die Veränderung der Unternehmensstruktur regelmäßig nicht gleichmäßig und meist über einen längeren Zeitraum hin erstreckt, ist eine Übergangszeit zur endgültigen Beurteilung der Vorgänge angebracht und sogar erforderlich (*Preis* AuR 1983, 161, 168).

V. Konzernwahlklausel

29 Die im Jahre 1981 in das Montan-MitbestG eingefügte Konzernwahlklausel (§ 1 IV) regelt die Voraussetzungen für **die Beteiligung von AN der Tochterunternehmen** an der Wahl zum Aufsichtsrat im Konzern. Danach muß das dem Montan-MitbestG unterliegende Unternehmen **herrschendes Konzernunternehmen iSv. § 18 I AktG** sein und bei ihm muß ein **KonzernBR** errichtet worden sein (näher *Engels* BB 1981, 1349, 1358 f.). § 1 IV wird im Hinblick auf die zweite Voraussetzung kritisch entgegengehalten, sie beinhalte einen unzulässigen Eingriff in die Regelungskompetenz der BR und damit auch in das BetrVG (vgl. dazu die Nachweise bei *Engels* BB 1981, 1349, 1359 Fn. 130). Dem steht entgegen, daß die Bildung eines KonzernBR unverändert fakultativ ist. Daß das Vorhandensein eines Konzernbetriebsrats Voraussetzung für die Beteiligung aller AN des Konzerns bei Aufsichts-

ratswahlen ist, ist lediglich vom GesamtBR bei seiner Entscheidung über die Bildung eines KonzernBR zu berücksichtigen, seine Entscheidungsfreiheit wird dadurch aber nicht unzulässig beschränkt (*Engels* BB 1981, 1349, 1359).

VI. Die montanmitbestimmte Konzernobergesellschaft

Eine Sonderregelung für Konzernobergesellschaften trifft das MitbestErgG, wenn die abhängigen 30 Montan-Unternehmen dem Konzern sein Gepräge verleihen. Für diesen Fall sieht das MitbestErgG vor, daß auch bei der Konzernobergesellschaft ein montanmitbestimmter Aufsichtsrat zu bilden ist (vgl. näher MünchArbR/*Wißmann* § 372). Das Gesetz hat inzwischen seine praktische Bedeutung verloren, da die letzten noch unter das MitbestErgG fallenden Unternehmen mit der Entscheidung des BVerfG vom 2. 3. 1999 (E 99, 367 ff. = RdA 1999, 389 mit Anm. *Raiser*; *Oetker* ZGR 2000, 19, 26; *Loritz* SAE 2000, 56 ff.) aus dem Anwendungsbereich des Gesetzes gefallen sind. Das MitbestErgG war auf sie nur noch wegen § 16 II Nr. 1 iVm. § 3 II 1 Nr. 2 anwendbar, die letztgenannte Vorschrift hat das BVerfG indes ausdrücklich für verfassungswidrig erklärt. Für bislang nicht montanmitbestimmte Konzernobergesellschaften findet das MitbestErgG erst Anwendung, wenn der Umsatz der beherrschten Montanunternehmen in sechs aufeinanderfolgenden Geschäftsjahren mehr als 50% des Gesamtumsatzes des Konzerns ausmacht (vgl. Vorauflage § 1 Rn. 33).

§ 2 [Vorrang des Montan-Mitbestimmungsgesetzes]

Auf die in § 1 bezeichneten Unternehmen finden die Vorschriften des Aktiengesetzes, des Gesetzes betreffend die Gesellschaften mit beschränkter Haftung, der Berggesetze und des Betriebsverfassungsrechts insoweit keine Anwendung, als sie den Vorschriften dieses Gesetzes widersprechen.

1. Normzweck. Die Bestimmung enthält mit dem hierin angeordneten Vorrang des Montan-Mit- 1 bestG gegenüber den in der Norm aufgeführten Gesetzen eine Kollisionsregelung für sich widersprechende Vorschriften und umschreibt im Hinblick auf das BetrVG 1952 nicht mehr nur die „juristische Selbstverständlichkeit", daß die spätere besondere Rechtsnorm der älteren allgemeinen Regelung vorgeht (so noch *Kötter* Anm. 6). Aus dem Zweck des § 2 folgt, daß er nicht nur für positiv normierte Rechtssätze gilt; auch die allgemeinen Rechtsgedanken des Montan-MitbestG gehen bei einer Konkurrenzsituation denjenigen zu den in § 2 genannten Gesetze vor (*Müller/Lehmann* Rn. 2). Soweit § 2 auf die Vorschriften der Berggesetze Bezug nimmt, ist sie überholt (siehe oben § 1 Rn. 19).

2. Vorschriften des Aktienrechts. Entgegen dem Wortlaut des § 2 werden nicht nur entgegen- 2 stehende Regelungen des AktG selbst, sondern auch **allgemeine aktienrechtliche Bestimmungen** erfaßt (*Kötter* Anm. 2). Im Rahmen des AktG sind von dem Vorrang des Montan-MitbestG insbesondere die Vorschriften über Bestellung, Zusammensetzung, Wahl und Abberufung des Aufsichtsrats betroffen.

Steht eine aktienrechtliche Bestimmung nach ihrem Wortlaut nicht dem Montan-MitbestG entge- 3 gen, so verbleibt die Möglichkeit, daß aus einer nachgiebigen oder aus einer der Ergänzung durch Satzung zugänglichen Vorschrift des Aktienrechts unter Einfluß des Montan-MitbestG eine zwingende Vorschrift geworden ist. Dazu ist die Gesamtregelung des Gesetzes in Bezug zu nehmen, denn dessen Vorschriften sind, abgesehen von dem durch § 9 eröffneten Spielraum, zwingend (vgl. zum Ganzen *Boldt* Anm. 2a; *Kötter* Rn. 2 und 7 ff.; *Müller/Lehmann* Rn. 15 ff.).

3. Vorschriften des GmbHG. Im Hinblick auf das GmbHG ergeben sich keine anderen Probleme 4 als im Hinblick auf die Kollision mitbestimmungsrechtlicher mit aktienrechtlichen Vorschriften, da gerade insoweit die GmbH durch § 3 II der AG gleichgestellt wird (dazu *Boldt* Anm. 2b; *Kötter* Anm. 3; *Müller/Lehmann* Rn. 3).

4. Vorschriften des Betriebsverfassungsrechts. Bezüglich des Betriebsverfassungsrechts ist zwi- 5 schen den Auswirkungen der mitbestimmungsrechtlichen Vorschriften auf den Bestand des BR einerseits und seine Rechte andererseits zu unterscheiden.

a) Bestand des BR. Das Montan-MitbestG hat nicht zur Folge, daß die Institution des BR als solche 6 entfällt. Das Bestehen eines BR wird im Gegenteil – wie zB § 1 IV zeigt – vorausgesetzt (*Kötter* Anm. 5; *Müller/Lehmann* Rn. 6).

b) Rechte des BR. Für die Auswirkungen des Montan-MitbestG in den betreffenden Unternehmen 7 auf die Beteiligungsrechte des BR ist zu berücksichtigen, daß sich die endgültige Regelung des Mitbestimmungsrechts der AN durch das Montan-MitbestG nur auf die Komplexe Aufsichtsrat und Vorstand beziehen sollte. Verdrängt werden nur die Bestimmungen anderer Gesetze, soweit diese die Mitbestimmung bezüglich Aufsichtsrat und Vorstand betreffen (*Boldt* Anm. 3). Nicht zutreffend ist deshalb die Ansicht, bei den unter das Montan-MitbestG fallenden Unternehmen könne es keine Mitbestimmung der AN über den gesetzlich vorgesehenen Rahmen hinaus geben, so daß ein Mitbestimmungsrecht des BR bei einer Unternehmensverfassung wie der des Montan-MitbestG nicht denkbar sei, da es anderenfalls zu einer doppelten Ausübung von Mitbestimmungsrechten durch den BR sowie im Vorstand und Aufsichtsrat käme (so aber *Müller* BB 1951, 565).

Zweiter Teil. Aufsichtsrat

§ 3 [Aufsichtsrat bei GmbH oder bergrechtlicher Gewerkschaft]

(1) Betreibt eine Gesellschaft mit beschränkter Haftung oder eine bergrechtliche Gewerkschaft mit eigener Rechtspersönlichkeit ein Unternehmen im Sinne des § 1, so ist nach Maßgabe dieses Gesetzes ein Aufsichtsrat zu bilden.

(2) Auf den Aufsichtsrat, seine Rechte und Pflichten finden die Vorschriften des Aktienrechts sinngemäß Anwendung.

1   Nach dem für die GmbH an sich geltenden GmbHG ist die Bildung eines Aufsichtsrats zwar möglich, aber fakultativ (§ 52 GmbHG). Dies gilt nicht, wenn die GmbH dem Montan-MitbestG unterfällt, da § 3 I die **Bildung eines Aufsichtsrats**, einschließlich der Art seiner Bildung, **zwingend** vorschreibt. Auch die Rechte und Pflichten des Aufsichtsrats regelt das Montan-MitbestG zwingend (näher *Müller/Lehmann* Rn. 5). Hinsichtlich der bergrechtlichen Gewerkschaft ist § 3 I obsolet (siehe § 1 Rn. 19).

2   **Sinngemäß anzuwenden** sind sämtliche Vorschriften des Aktienrechts über den Aufsichtsrat und nicht nur die Vorschriften, auf die § 52 GmbHG, der die fakultative Bildung eines Aufsichtsrats in einer GmbH vorsieht, Bezug nimmt. Das gilt allerdings nicht für solche zwingenden Vorschriften des AktG über den Aufsichtsrat, soweit sie der Struktur der GmbH oder den Bestimmungen des Montan-MitbestG widersprechen (näher *Boldt* Anm. 3 b). Deshalb sind insb. die Strafvorschriften des AktG nicht auf die Mitglieder der Aufsichtsräte in GmbH anzuwenden (*Boldt* Anm. 3 b).

§ 4 [Zusammensetzung. Rechte und Pflichten der Mitglieder]

(1) ¹Der Aufsichtsrat besteht aus elf Mitgliedern. ²Er setzt sich zusammen aus
a) vier Vertretern der Anteilseigner und einem weiteren Mitglied,
b) vier Vertretern der Arbeitnehmer und einem weiteren Mitglied,
c) einem weiteren Mitglied.

(2) Die in Absatz 1 bezeichneten weiteren Mitglieder dürfen nicht
a) Repräsentant einer Gewerkschaft oder einer Vereinigung der Arbeitgeber oder einer Spitzenorganisation dieser Verbände sein oder zu diesen in einem ständigen Dienst- oder Geschäftsbesorgungsverhältnis stehen,
b) im Laufe des letzten Jahres vor der Wahl eine unter Buchstabe a bezeichnete Stellung innegehabt haben,
c) in den Unternehmen als Arbeitnehmer oder Arbeitgeber tätig sein,
d) an dem Unternehmen wirtschaftlich wesentlich interessiert sein.

(3) ¹Alle Aufsichtsratsmitglieder haben die gleichen Rechte und Pflichten. ²Sie sind an Aufträge und Weisungen nicht gebunden.

1   **1. Größe des Aufsichtsrats.** Der nach dem Montan-MitbestG zu bildende Aufsichtsrat besteht grds. aus elf Mitgliedern. Ausnahmen sind nur nach § 9 zulässig, wonach der Aufsichtsrat aus 15 bzw. 21 Mitgliedern bestehen kann (vgl. dort). Andere Größen dürfen nicht vereinbart werden und können nicht in der Satzung festgelegt werden (*Boldt* Anm. 3 a; *Kötter* Anm. 2).

2   **2. Zusammensetzung des Aufsichtsrats.** Der Aufsichtsrat besteht aus **Vertretern der Anteilseigner** sowie **der AN** und aus **„weiteren Mitgliedern"** und ist damit das eigentliche Instrument der Mitbestimmung der AN, die das Gesetz sicherstellen will (*Kötter* Anm. 3). Durch das nach § 4 I 2 lit. c zu bestimmende „weitere Mitglied" wird die Zahl der Aufsichtsratsmitglieder stets auf eine ungerade Anzahl ergänzt. Diesem „neutralen Mitglied" mißt das Gesetz besondere Bedeutung bei (vgl. näher bei § 8).

3   **3. Wählbarkeitsvoraussetzungen.** Für alle Aufsichtsratsmitglieder gelten die **allgemeinen aktienrechtlichen Voraussetzungen** über die Mitgliedschaft im Aufsichtsrat (§ 3 II). Zu beachten ist insb. § 100 II 1 Nr. 1 AktG, wonach grds. nicht Aufsichtsratsmitglied werden kann, wer bereits in zehn Handelsgesellschaften, die gesetzlich einen Aufsichtsrat zu bilden haben, Aufsichtsratsmitglied ist.

4   Für die „weiteren Mitglieder" stellt § 4 II zusätzliche Voraussetzungen auf, die eine gewisse Unabhängigkeit vom Unternehmen und der Anteilseigner- sowie ANSeite gewährleisten sollen (näher dazu *Boldt* Anm. 5; *Kötter* Anm. 7; *Müller/Lehmann* Rn. 12). Dabei handelt es sich um eine zwingende Vorschrift, so daß eine ihr widersprechende Wahl nichtig ist (*Boldt* Anm. 6; *Müller/Lehmann* Rn. 8).

4. Gleiche Rechte und Pflichten der Mitglieder. Obwohl nach § 4 III 1 alle Aufsichtsratsmit- 5
glieder gleiche Rechte und Pflichten haben, besteht kein Widerspruch zu § 107 I 1 AktG, nach dem
aus dem Aufsichtsrat ein **Vorsitzender** und mindestens ein **Stellvertreter** zu wählen sind. Dies gilt
ungeachtet dessen, daß durch das AktG und zusätzlich durch die Satzung gewisse Vorrechte des
Vorsitzenden vorgesehen sind, denn § 4 III 1 soll in Anbetracht der unterschiedlichen Bestellung der
einzelnen Mitglieder des Aufsichtsrats (vgl. §§ 5–8) nur sicherstellen, daß diese **nicht** als Mitglieder
verschiedenen Rechts angesehen werden (*Kötter* JR 1951, 449, 450 und Fn. 16). Auch ist nicht per se
davon auszugehen, daß das elfte, sog. „neutrale Mitglied", den Vorsitz im Aufsichtsrat übernehmen
muß (*Kötter* JR 1951, 449, 450; *Boldt* Anm. 11 b).

5. Freies Mandat der Aufsichtsratsmitglieder. Für die Aufsichtsratsmitglieder gilt der Grundsatz 6
des freien Mandats. Danach kann sich das Aufsichtsratsmitglied nicht wirksam verpflichten, das Amt
nach dem Willen eines anderen auf eine bestimmte Art zu führen. Maßgebend sind allein die gesetzlichen Vorschriften (*Müller/Lehmann* Rn. 25; zu dem Parallelproblem der sog. entsandten Mitglieder
nach § 100 II AktG, vgl. *Kötter* Anm. 21).

§ 5 [Wahl der Vertreter der Anteilseigner]

Die in § 4 Abs. 1 Buchstabe a bezeichneten Mitglieder des Aufsichtsrats werden durch das nach
Gesetz, Satzung oder Gesellschaftsvertrag zur Wahl von Aufsichtsratsmitgliedern berufene Organ (Wahlorgan) nach Maßgabe der Satzung oder des Gesellschaftsvertrags gewählt.

§ 6 [Wahl der Vertreter der Arbeitnehmer]

(1) ¹Unter den in § 4 Absatz 1 Buchstabe b bezeichneten Mitgliedern des Aufsichtsrats müssen
sich ein Arbeiter und ein Angestellter befinden, die in einem Betriebe des Unternehmens beschäftigt sind. ²Diese Mitglieder werden dem Wahlorgan durch die Betriebsräte der Betriebe des Unternehmens nach Beratung mit den in den Betrieben des Unternehmens vertretenen Gewerkschaften und deren Spitzenorganisationen vorgeschlagen. ³Zur Aufstellung dieser Vorschläge bilden
die Arbeitermitglieder und die Angestelltenmitglieder der Betriebsräte je einen Wahlkörper. ⁴Jeder Wahlkörper wählt in geheimer Wahl das auf ihn entfallende Mitglied.

(2) ¹Die nach Absatz 1 gewählten Personen sind vor Weiterleitung der Vorschläge an das Wahlorgan innerhalb von zwei Wochen nach der Wahl den Spitzenorganisationen mitzuteilen, denen
die in den Betrieben des Unternehmens vertretenen Gewerkschaften angehören. ²Jede Spitzenorganisation kann binnen zwei Wochen nach Zugang der Mitteilung Einspruch bei den Betriebsräten einlegen, wenn der begründete Verdacht besteht, daß ein Vorgeschlagener nicht die Gewähr
bietet, zum Wohle des Unternehmens und der gesamten Volkswirtschaft verantwortlich im Aufsichtsrat mitzuarbeiten. ³Lehnen die Betriebsräte den Einspruch mit einfacher Stimmenmehrheit
ab, so können die Betriebsräte oder die Spitzenorganisation, welche den Einspruch eingelegt hat,
den Bundesminister für Arbeit und Sozialordnung anrufen; dieser entscheidet endgültig.

(3) ¹Zwei der in § 4 Abs. 1 Buchstabe b bezeichneten Mitglieder werden von den Spitzenorganisationen nach vorheriger Beratung mit den im Betriebe vertretenen Gewerkschaften den Betriebsräten vorgeschlagen. ²Die Spitzenorganisationen sind nach dem Verhältnis ihrer Vertretung in den Betrieben vorschlagsberechtigt; sie sollen bei ihren Vorschlägen die innerhalb der
Belegschaften bestehenden Minderheiten in angemessener Weise berücksichtigen.

(4) Für das in § 4 Abs. 1 Buchstabe b bezeichnete weitere Mitglied gilt Absatz 3 entsprechend.

(5) ¹Die Mitglieder der Betriebsräte der Betriebe des Unternehmens wählen gemeinsam in
geheimer Wahl auf Grund der nach den Absätzen 3 und 4 gemachten Vorschläge die Bewerber
und schlagen diese dem Wahlorgan vor. ²Wird von einer Spitzenorganisation nur ein Bewerber
für ein Aufsichtsratsmitglied vorgeschlagen, so bedarf der Vorschlag gegenüber dem Wahlorgan
der Mehrheit der Stimmen der Mitglieder der Betriebsräte.

(6) Das Wahlorgan ist an die Vorschläge der Betriebsräte gebunden.

I. Wahl der Vertreter der Anteilseigner

§ 5 betrifft die Wahl der nach § 4 I 1 lit. a dem Aufsichtsrat angehörenden Vertreter der Anteils- 1
eigner sowie des von den Anteilseignern zu wählenden „weiteren Mitglieds" durch das Wahlorgan.
Dieses ist in seiner Entscheidung nur hinsichtlich der Anteilseignervertreter völlig frei, bezüglich des
„weiteren Mitglieds" unterliegt es den in § 4 II genannten Beschränkungen (*Müller/Lehmann* § 5
Rn. 1 f.).

Wahlorgan für die Vertreter der Anteilseigner ist das nach Gesetz, Satzung oder Gesellschafts- 2
vertrag zur Wahl berufene Organ. Das ist nach aktienrechtlichen Vorschriften die Versammlung der
Anteilseigner (dazu *Kötter* § 5 Rn. 2). Wegen § 3 II, wonach Aktienrecht auf den nach § 3 I zwingend

zu bildenden Aufsichtsrat sowie seine Rechte und Pflichten Anwendung findet, könnte für die GmbH zweifelhaft sein, ob Aktienrecht auch für den noch nicht vollständig konstituierten Aufsichtsrat, also auch im Hinblick auf seine Wahl, gelten soll. Da § 3 II sicherstellen soll, daß bei Unternehmen, die dem Montan-MitbestG unterliegen, ein Aufsichtsrat nach aktienrechtlichen Vorschriften gebildet werden kann, erfolgt auch bei der GmbH die Wahl nach Aktienrecht durch die Versammlung der Anteilseigner (*Kötter* § 5 Rn. 3). Bei der AG ist dies gemäß § 101 I 1 AktG die **Hauptversammlung**. Bei der GmbH erfolgt die Wahl nach den dargelegten Grundsätzen bei entsprechender Anwendung von § 101 I 1 AktG durch die **Gesellschafterversammlung**, soweit die Satzung nichts anderes bestimmt (§ 52 I GmbHG).

II. Wahl der Vertreter der Arbeitnehmer

3   Gemäß § 4 I 1 lit. b sind vier ANVertreter sowie ein „weiteres Mitglied" auf Vorschlag der BR zu wählen. Die Wahl erfolgt durch das **Wahlorgan**, das mit dem in § 5 bezeichneten identisch ist (*Kötter* § 6 Rn. 4; *Müller/Lehmann* § 6 Rn. 8; MünchArbR/*Wißmann* § 371 Rn. 11).

4   **1. Belegschaftsangehörige Arbeitnehmervertreter.** Nach § 6 I sind jeweils **ein Arbeiter** und **ein Angestellter** durch die BR des Unternehmens nach Beratung mit den im Unternehmen vertretenen Gewerkschaften und deren Spitzenorganisationen vorzuschlagen. Ist das Unternehmen herrschendes Unternehmen eines Konzerns und besteht ein KonzernBR, so ist § 1 IV zu beachten, nach dem für die AN der Konzernunternehmen die Zugehörigkeit zur Belegschaft des herrschenden Unternehmens fingiert wird. Auch gelten danach die im Konzernunternehmen vertretenen Gewerkschaften als im herrschenden Unternehmen vertreten.

5   Das Montan-MitbestG setzt voraus, daß die nach § 6 I Vorgeschlagenen der Belegschaft des Unternehmens angehören. Weiterhin ist erforderlich, daß die Beschäftigung des später Gewählten im Unternehmen während seiner Mitgliedschaft im Aufsichtsrat andauert. Trotzdem besteht mangels ausdrücklicher Vorschrift kein besonderer Kündigungsschutz für **betriebsangehörige Aufsichtsratsmitglieder** (*Müller/Lehmann* § 6 Rn. 7).

6   Nachdem die gem. § 6 I 3 aus den BRMitgliedern zu bildenden **Wahlkörper** nach Gruppen getrennt Kandidaten gewählt haben, ist dies den **Spitzenorganisationen**, denen die in den Betrieben des Unternehmens vertretenen Gewerkschaften angehören, mitzuteilen (§ 6 II). Spitzenorganisationen sind nach § 2 II TVG, der mangels einer spezialgesetzlichen Vorschrift im Montan-MitbestG Anwendung findet (so die hM vgl. *Hueck/Nipperdey*, Lehrbuch des Arbeitsrechts, Bd. II/1, 7. Aufl., 1966, § 20 IV 1 Fn. 65, S. 438), Zusammenschlüsse von Gewerkschaften. Der Rechtsgedanke des § 12 TVG (dort insbesondere S. 2), wonach eine nicht einer Spitzenorganisation angehörende Gewerkschaft einer solchen gleich stehen kann, ist im Montan-MitbestG nicht heranzuziehen, da das Gesetz ausdrücklich zwischen Gewerkschaften und Spitzenorganisationen unterscheidet (MünchArbR/*Wißmann* § 371 Rn. 13 mwN; aA *Kötter* § 6 Rn. 8; *Müller/Lehmann* § 6 Rn. 12, da die betreffenden Gewerkschaften bereits für sich allein eine besondere Bedeutung im Arbeitsleben haben und deshalb auch im Rahmen des Montan-MitbestG wie Spitzenorganisationen zu behandeln sind).

7   Die Mitteilung der Wahlkörper an die Spitzenorganisationen ist **fristgebunden;** eine Fristüberschreitung macht die Wahlen jedoch nicht unwirksam (*Kötter* § 6 Rn. 12). Gegen den Vorschlag der Wahlkörper können die Spitzenorganisationen nach § 6 II 2 **Einspruch** einlegen, der eine begründete Ablehnung enthalten muß (*Kötter* § 6 Rn. 14). Als möglichen **Einspruchsgrund** nennt das Gesetz allein die Gefährdung des Unternehmensinteresses unter gesamtwirtschaftlichen Gesichtspunkten (näher dazu *Kötter* § 6 Rn. 14; *Müller/Lehmann* § 6 Rn. 16). Eine Widerspruchserklärung ohne Begründung ist unbeachtlich (*Kötter* § 6 Rn. 14). Nicht ausreichend als Begründung ist die formelhafte Wiedergabe der gesetzlichen Formulierung (*Kötter* § 6 Rn. 15).

8   Wird durch die Spitzenorganisation ein **ordnungsgemäß begründeter Einspruch** eingelegt, so beginnt das Verfahren mit der Aufstellung von Vorschlägen durch die BR nach § 6 I erneut, falls diese nicht den Einspruch mit einfacher Stimmenmehrheit ablehnen. In diesem Fall können die BR sowie die Spitzenorganisationen nach § 6 II 3 den BMA anrufen, der dann endgültig über den Einspruch und seine Berechtigung entscheidet. Wird kein Einspruch durch eine dazu berechtigte Spitzenorganisation eingelegt, so kann der Vorschlag dem Wahlorgan zugeleitet werden.

9   **2. Gewerkschaftsvertreter.** Das ursprünglich bestehende Entsendungsrecht der Spitzenorganisationen der Gewerkschaftsvertreter wurde durch das ÄndG des Jahres 1981 (siehe vor § 1 Rn. 4) beseitigt. Die Spitzenorganisationen besitzen seit dem lediglich ein Vorschlagsrecht gegenüber den BR (§ 6 III 1). Die Vorschlagsberechtigung richtet sich nach dem zahlenmäßigen Verhältnis der Vertretung der jeweiligen Spitzenorganisation in den Betrieben des Unternehmens. Hierbei ist das d'Hondtsche Höchstzahlverfahren anzuwenden (LAG Saarbrücken 19. 4. 1967 BB 1967, 1042 f.), so daß konkurrierende Wahlvorschläge der Spitzenorganisationen für ein und denselben Aufsichtsratssitz ausgeschlossen sind (MünchArbR/*Wißmann* § 371 Rn. 13).

10   Die Vorschlagsberechtigung ist auch bei einer infolge des Ausscheidens eines Gewerkschaftsvertreters aus dem Aufsichtsrat erforderlich werdenden Nachwahl nach dem Verhältnis der Vertretung der

Spitzenorganisationen zu bestimmen, wobei es auf den Zeitpunkt des Ausscheidens des Aufsichtsratsmitglieds ankommt. Das kann dazu führen, daß einer Spitzenorganisation, die das ausscheidende Mitglied vorgeschlagen hatte, nicht auch das Vorschlagsrecht im Rahmen der Nachwahl zusteht (LAG Saarbrücken 19. 4. 1967 BB 1967, 1042 f.). Daran ändert auch die Möglichkeit der Verbindung eines Vorschlags zur Abberufung eines Aufsichtsratsmitglieds mit einem Nachwahlvorschlag nichts (so aber *Kötter* § 6 Rn. 5), denn die bloße Möglichkeit einer Vorschlagsverbindung beinhaltet keine Aussage über die Vorschlagsberechtigung (LAG Saarbrücken 19. 4. 1967 BB 1967, 1042 f.).

Die BR der Unternehmen wählen die Bewerber aufgrund der Vorschläge nach § 6 V 1 und schlagen 11 die Gewählten sodann dem Wahlorgan vor. Wird durch eine Spitzenorganisation nur ein Bewerber vorgeschlagen, so ist nach § 6 V 2 für dessen Wahl die absolute Mehrheit der Stimmen der BRMitglieder erforderlich.

3. „Weiteres Mitglied". Nach § 6 IV gilt für die Wahl des „weiteren Mitglieds" nach § 4 I 2 lit. b 12 § 6 III entsprechend. Damit ist die Vorschlagsberechtigung den Spitzenorganisationen und nicht den BR zugewiesen (*Kötter* § 6 Rn. 28).

4. Verletzung von Verfahrensvorschriften. Sind Vorschläge der BR an das Wahlorgan unter 13 Verletzung von Verfahrensvorschriften zustande gekommen, so sind nur die Vorschläge unwirksam, in denen Personen benannt werden, die nicht oder nicht für die vorgeschlagene Position in den Aufsichtsrat gewählt werden können. Die Verletzung sonstiger Verfahrensvorschriften begründet ansonsten grds. die Anfechtbarkeit der Wahl (*Kötter* § 6 Rn. 9 und 29 aE; *Müller/Lehmann* § 6 Rn. 19). Ausnahmsweise liegt trotzdem eine wirksame und unanfechtbare Wahl vor, wenn die Aufstellung der Vorschläge materiell, trotz der Nichtbeachtung formeller Voraussetzungen, unter der Berücksichtigung der Willensrichtung der dabei Beteiligten und insoweit einwandfrei erfolgt ist (*Kötter* § 6 Rn. 9).

5. Entscheidung des Wahlorgans. Nach § 6 I 2 wählt das in § 5 genannte Wahlorgan (Versamm- 14 lung der Anteilseigner) die ANVertreter. Es ist in seiner Entscheidung nicht frei, sondern an die Wahlvorschläge der BR gebunden (§ 6 VI). Im Unterschied zur Wahl des „neutralen" Mitglieds (§ 8 II) sieht das Montan-MitbestG kein Ablehnungsrecht des Wahlorgans vor, wenn der Kandidat zwar die gesetzlichen Wählbarkeitsvoraussetzungen erfüllt, das Wahlorgan ihn jedoch nicht für geeignet hält. Hinsichtlich der Eignung der Kandidaten kommt es nach vorzugswürdiger Ansicht ausschließlich auf die Beurteilung der ANSeite an, deren „Vertreter" der Vorgeschlagene im Aufsichtsrat sein soll (MünchArbR/*Wißmann* § 371 Rn. 11 mwN; aA *Boldt* § 6 Anm. 5; *Kötter* § 6 Rn. 29; *Müller/Lehmann* § 6 Rn. 57, nach denen die Bindung des Wahlorgans an die Vorschläge iSv. § 6 VI nicht mit einem Zwang zur Vornahme der Vorschlagswahl gleichzusetzen sei und damit ein Ablehnungsrecht des Wahlorgans bestehe). Einigkeit besteht jedoch insoweit, daß kein Bewerber durch das Wahlorgan gewählt werden kann, der von den Betriebsräten nicht vorgeschlagen wurde. Wegen der durch das Gesetz angeordneten Bindung des Wahlorgans an die Vorschläge der BR handelt es sich nicht um eine Wahl der ANVertreter durch das Wahlorgan im eigentlichen Sinn (*Kötter* § 6 Rn. 29).

6. Gerichtliche Bestellung von ANVertretern. Gemäß § 3 II iVm. § 104 AktG können fehlende 15 ANVertreter vom Registergericht bestellt werden. Dabei ist das Gericht nach § 104 IV 4 AktG zwar gehalten, die Vorschläge vorschlagsberechtigter Spitzenorganisationen oder BR zu berücksichtigen, es ist in seiner Entscheidung aber nicht an diese gebunden (vgl. aber BayObLG 20. 8. 1997 ZIP 1997, 1883, 1884; LAG Saarbrücken 19. 4. 1967 BB 1967, 1042 f.). Bei unterschiedlichen Vorschlägen der BR und der Spitzenorganisationen ist dem Vorschlag der Spitzenorganisationen entsprechend dem Rechtsgedanken des § 6 III bis V der Vorrang einzuräumen (MünchArbR/*Wißmann* § 371 Rn. 14 aE).

§ 7. (aufgehoben)

§ 8 [Wahl des weiteren Mitglieds. Vermittlungsausschuß]

(1) ¹Das in § 4 Abs. 1 Buchstabe c bezeichnete weitere Mitglied des Aufsichtsrats wird durch das Wahlorgan auf Vorschlag der übrigen Aufsichtsratsmitglieder gewählt. ²Der Vorschlag wird durch diese Aufsichtsratsmitglieder mit Mehrheit aller Stimmen beschlossen. ³Er bedarf jedoch der Zustimmung von mindestens je drei Mitgliedern, die nach § 5 und die nach § 6 gewählt sind.

(2) ¹Kommt ein Vorschlag nach Absatz 1 nicht zustande oder wird eine vorgeschlagene Person nicht gewählt, so ist ein Vermittlungsausschuß zu bilden, der aus vier Mitgliedern besteht. ²Je zwei Mitglieder werden von den nach § 5 und den nach § 6 gewählten Aufsichtsratsmitgliedern gewählt.

(3) ¹Der Vermittlungsausschuß schlägt innerhalb eines Monats dem Wahlorgan drei Personen zur Wahl vor, aus denen das Wahlorgan das Aufsichtsratsmitglied wählen soll. ²Kommt die Wahl auf Grund des Vorschlages des Vermittlungsausschusses aus wichtigen Gründen nicht zustande, insbesondere dann, wenn keiner der Vorgeschlagenen die Gewähr für ein gedeihliches Wirken für

das Unternehmen bietet, so muß die Ablehnung durch Beschluß festgestellt werden. ³ Dieser Beschluß muß mit Gründen versehen sein. ⁴ Über die Berechtigung der Ablehnung der Wahl entscheidet auf Antrag des Vermittlungsausschusses das für das Unternehmen zuständige Oberlandesgericht. ⁵ Im Falle der Bestätigung der Ablehnung hat der Vermittlungsausschuß dem Wahlorgan drei weitere Personen vorzuschlagen; für diesen zweiten Vorschlag gilt die vorstehende Regelung (Sätze 2 bis 4) entsprechend. ⁶ Wird die Ablehnung der Wahl von dem Gericht für unberechtigt erklärt, so hat das Wahlorgan einen der Vorgeschlagenen zu wählen. ⁷ Wird die Ablehnung der Wahl aus dem zweiten Wahlvorschlag von dem Gericht für berechtigt erklärt, oder erfolgt kein Wahlvorschlag, so wählt das Wahlorgan von sich aus das weitere Mitglied.

(4) Wird die in Absatz 2 vorgesehene Anzahl von Mitgliedern des Vermittlungsausschusses nicht gewählt, oder bleiben Mitglieder des Vermittlungsausschusses trotz rechtzeitiger Einladung ohne genügende Entschuldigung einer Sitzung fern, so kann der Vermittlungsausschuß tätig werden, wenn wenigstens zwei Mitglieder mitwirken.

I. Normzweck

1   Die Wahl des elften, sog. neutralen Mitgliedes, obliegt dem Wahlorgan. Es ist keine Bestellung durch eine andere Stelle, zB eine Schiedsstelle oder das Gericht, vorgesehen (*Boldt* Anm. 5 a). § 8 sieht ein **Verfahren** vor, das sicherstellen soll, daß gerade dieses Aufsichtsratsmitglied das Vertrauen sowohl der AN als auch der Anteilseigner genießt und in der von einem Gesetz unterstellten Normalsituation nicht gegen den Willen der Mehrheit der Anteilseigner- bzw. ANVertreter gewählt werden kann. Zugleich gewährleistet § 8, daß diese Position bei fehlender Einigung nicht unbesetzt bleibt (MünchArbR/ *Wißmann* § 371 Rn. 16).

II. Vorschlagsrecht

2   Das Recht zum Vorschlag weist § 8 I 1 den **Aufsichtsratsmitgliedern** zu, die bereits bestellt sind. Ein Vorschlag zur Wahl des elften Mitgliedes ist von ihnen wegen seiner besonderen Bedeutung und mangels einer ausdrücklich dafür vorgesehenen Frist unverzüglich zu unterbreiten (*Müller/Lehmann* Rn. 3a).

3   Der Vorschlag benötigt die Mehrheit **aller** Stimmen. Nicht ausreichend ist die Mehrheit der Stimmen der Aufsichtsratsmitglieder, die nach § 10 an der Beschlußfassung teilnehmen müssen, um die Beschlußfähigkeit des Aufsichtsrats zu gewährleisten (*Boldt* Anm. 6 a aa; *Müller/Lehmann* Rn. 5). Zustimmen muß die Mehrheit der gesetzlich vorgesehenen Zahl von Aufsichtsratsmitgliedern.

4   Die zur Annahme eines Vorschlags **erforderliche Mehrheit** ist weiterhin dadurch qualifiziert, daß die Zustimmung von mindestens **jeweils drei** Anteilseigner- und ANVertretern einschließlich des jeweiligen weiteren Mitglieds erforderlich ist (*Müller/Lehmann* Rn. 8). Dieses Erfordernis besteht zahlenmäßig unabhängig von der Größe des Aufsichtsrats, denn in § 8 I 3 wie auch in § 9 fehlen entsprechende Vorschriften, die Abweichendes für einen nach § 9 gebildeten Aufsichtsrat mit 15 bzw. 21 Mitgliedern vorsehen. Etwas anderes ergibt sich auch nicht bei sinngemäßer Anwendung des § 8 I 3 (ebenso MünchArbR/*Wißmann* § 371 Rn. 16; aA *Boldt* Anm. 6 a bb; *Kötter* Anm. 6).

5   Falls ein Vorschlag mit der erforderlichen Mehrheit der Stimmen in einer Sitzung nicht zustande kommt, können die Aufsichtsratsmitglieder nochmals zusammentreten, sofern die Möglichkeit einer unverzüglichen Beratung und Entscheidung gewahrt bleibt (*Kötter* NJW 1951, 417, 418; *Müller/Lehmann* Rn. 8).

III. Vermittlungsausschuß

6   Können sich die Aufsichtsratsmitglieder nicht auf einen Vorschlag einigen oder wird eine ordnungsgemäß vorgeschlagene Person durch das Wahlorgan nicht gewählt, so ist nach § 8 II ein Vermittlungsausschuß zu bilden. Im Gegensatz zu den im RegEntw. vorgesehenen Senaten (vgl. zu diesen *Reuscher* DB 1952, 228 f.) handelt es sich bei dem Vermittlungsausschuß nicht um eine ständige Einrichtung (*Müller/Lehmann* Rn. 10). Er besteht aus **zwei von der AN- und der Anteilseignerseite gewählten Mitgliedern**, die nicht selbst dem Aufsichtsrat angehören müssen (*Kötter* NJW 1951, 417, 418 Fn. 15; *Boldt* Anm. 8 c mwN; MünchArbR/*Wißmann* § 371 Rn. 17). Im Hinblick auf den auch darin zum Ausdruck kommenden **Paritätsgedanken** enthält § 8 II keine Bestimmung über ein fünftes Mitglied oder die Bestellung eines Vorsitzenden (dazu *Müller/Lehmann* Rn. 12).

7   Der Vermittlungsausschuß kann gemäß § 8 IV bereits tätig werden, wenn wenigstens zwei Mitglieder mitwirken, so daß seine Bildung nicht von einer der beteiligten Seiten blockiert werden kann (*Boldt* Anm. 8 b, e; *Müller/Lehmann* Rn. 35; MünchArbR/*Wißmann* § 371 Rn. 17). Da § 8 II für die Bildung des Ausschusses keine Frist vorsieht, hat dies **unverzüglich** zu geschehen (*Müller/Lehmann* Rn. 10; vgl. auch vorstehend Rn. 2).

8   Die **Bildung** des Vermittlungsausschusses ist erst abgeschlossen, wenn die künftigen Mitglieder die **Wahl angenommen** haben (*Müller/Lehmann* Rn. 10), was auch konkludent in der Aufnahme der

Ausschußtätigkeit zum Ausdruck kommen kann. Den gewählten Kandidaten steht wegen den mit der Tätigkeit verbundenen besonderen Pflichten ein **Ablehnungsrecht** zu (*Boldt* Anm. 8 c; *Müller/Lehmann* Rn. 10; aA jedenfalls für Aufsichtsratsmitglieder, die in den Vermittlungsausschuß gewählt werden, *Kötter* NJW 1951, 417, 418 Fn. 15). Wird die Wahl nicht innerhalb einer angemessenen Frist angenommen, so ist sie aus Gründen der Rechtssicherheit als abgelehnt anzusehen (*Müller/Lehmann* Rn. 10).

Der Vermittlungsausschuß hat nach § 8 III gegenüber dem Wahlorgan ein Vorschlagsrecht. Ein **9** **ordnungsgemäßer Vorschlag** liegt nur vor, wenn innerhalb eines Monats ab erstmals möglicher Tätigkeit des Vermittlungsausschusses (*Kötter* Anm. 13) dieser dem Wahlorgan mindestens drei wählbare Personen benannt hat (*Boldt* Anm. 8 d; *Kötter* Anm. 14; *ders.* NJW 1951, 417, 419). Schlägt der Vermittlungsausschuß mehr als drei Personen vor, so führt dies nicht zur Ungültigkeit des gesamten Vorschlags. Zwar dient die Begrenzung auf drei Personen der Konzentration und Beschleunigung des Wahlverfahrens, dessen Verwirklichung bei der Benennung von mehr als drei Kandidaten in Frage gestellt ist. Folge einer angenommenen Ungültigkeit wäre jedoch das Freiwerden des Wahlorgans in der Bestellung des elften Mitgliedes, obwohl das Wahlorgan eine Auswahlentscheidung aus den benannten Personen treffen kann (*Müller/Lehmann* Rn. 15). Der Vermittlungsausschuß hat in seinem Vorschlag nicht das Recht, eine Rangfolge unter den Bewerbern festzulegen (*Kötter* NJW 1951, 417, 419; *Müller/Lehmann* Rn. 4), die Auswahl obliegt allein dem Wahlorgan (*Boldt* Anm. 8 d).

Für das Zustandekommen des Vorschlags ist eine **Stimmenmehrheit** im Vermittlungsausschuß **10** erforderlich. Bei Stimmengleichheit ist der Vorschlag abgelehnt (*Kötter* NJW 1951, 417, 419 Fn. 36; *Müller/Lehmann* Rn. 12). Kommt kein Vorschlag zustande, so kann innerhalb der Monatsfrist des § 8 III 1 ein neuer Vermittlungsausschuß gewählt werden (*Kötter* NJW 1951, 417, 419; aA *Müller/Lehmann* Rn. 35). Geschieht dies nicht, so wird das Wahlorgan nach § 8 III 7 in seiner Entscheidung frei (*Boldt* Anm. 8 d).

IV. Entscheidung des Wahlorgans

Falls ein Vorschlag der Aufsichtsratsmitglieder vorliegt, bestellt das Wahlorgan das elfte Mitglied **11** nach § 8 I 1. Liegt kein Vorschlag der übrigen Aufsichtsratsmitglieder vor oder wurde die Wahl aufgrund dieses Vorschlags nach § 8 II 1 von dem Wahlorgan abgelehnt, so muß sich das Wahlorgan mit dem Vorschlag des Vermittlungsausschusses auseinandersetzen. Im letzteren Fall kann das Wahlorgan nicht auf den zuvor abgelehnten Wahlvorschlag der Aufsichtsratsmitglieder zurückgreifen, da das Gesetz nur eine einmalige Auswahlmöglichkeit unter den drei vorgeschlagenen Personen vorsieht (*Müller/Lehmann* Rn. 17; aA *Boldt* Anm. 9 a; *Kötter* NJW 1951, 417, 418).

Das Wahlorgan ist an den **Vorschlag** des Vermittlungsausschusses nicht **gebunden**, es kann die **12** Wahl einer der vorgeschlagenen Personen auch ablehnen. Diese Möglichkeit folgt aus § 8 III 2, nach dem die Ablehnung des Vorschlags durch das OLG überprüft werden kann (*Müller/Lehmann* Rn. 16). Den Vorschlag des Vermittlungsausschusses kann das Wahlorgan nur aus **wichtigem Grund** ablehnen, da es hierdurch seiner an sich bestehenden Auswahlpflicht (*Kötter* Anm. 15) nicht nachkommt. Das Gesetz nennt als Beispiel für einen wichtigen Grund (*Boldt* Anm. 9 b; *Kötter* Anm. 16) die fehlende Gewähr für das gedeihliche Wirken im Sinne des Unternehmens (näher dazu *Müller/Lehmann* Rn. 18). Das Wahlorgan hat darüber hinaus zur Wahrung der Interessen der Anteilseigner die Möglichkeit, die Wahl wegen mangelnder Neutralität trotz Wahrung der Grenzen des § 4 II abzulehnen (dazu und zum Mißbrauch des Ablehnungsrechts *Kötter* Anm. 16). Dagegen ist die Ablehnung des Vorschlags nicht gerechtfertigt, wenn das Wahlorgan lediglich eine seiner Meinung nach geeignetere Persönlichkeit wählen will, da das Vorschlagsrecht des Vermittlungsausschusses auf diese Weise leerlaufen würde (*Müller/Lehmann* Rn. 18; aA *Kötter* NJW 1951, 417, 420).

Wird keiner der vorgeschlagenen Kandidaten gewählt und damit der Vorschlag des Vermittlungsaus- **13** schusses abgelehnt, so kann nach § 8 III 4 **die Entscheidung des OLG über die Berechtigung der Wahlablehnung** eingeholt werden (dazu nachstehend Rn. 14 ff.). Der Ablehnungsbeschluß des Wahlorgans muß nach § 8 III 3 eine Begründung der Ablehnung enthalten. An sich müßte ein Beschluß, der dieser Anforderung nicht genügt, den Vorschlag des Vermittlungsausschusses trotz dessen Ablehnung durch das Wahlorgan für dieses verbindlich werden lassen. Dafür ist aber allein die Entscheidung des OLG maßgebend; § 8 III 3 entfaltet deshalb nur die Wirkung einer Sollvorschrift (*Kötter* Anm. 18; *ders.* NJW 1951, 417, 420; *Müller/Lehmann* Rn. 22).

V. Entscheidung des OLG

Nach § 8 III 4 entscheidet das OLG, ob die Ablehnung des Wahlvorschlags des Vermittlungsaus- **14** schusses durch das Wahlorgan berechtigt war. Die Entscheidung ergeht im FGG-Verfahren (*Kötter* Anm. 21). Das OLG wird nur auf einen **Antrag des Vermittlungsausschusses** tätig, der unverzüglich (*Müller/Lehmann* Rn. 25) nach der Ablehnung des Wahlvorschlags durch das Wahlorgan zu stellen ist (näher *Kötter* Anm. 19). Wird der Antrag nicht gestellt, so ist das Wahlorgan in seiner Entscheidung frei (*Boldt* Anm. 10 a; *Müller/Lehmann* Rn. 25). Falls dieses weder einen Vorgeschlagenen bestellt, noch einen Ablehnungsbeschluß faßt, tritt keine Wahlfreiheit nach § 8 III 7 ein, auch wenn der Vermittlungsausschuß keinen Überprüfungsantrag beim OLG stellt. Der Vermittlungsausschluß soll nicht gezwungen werden, seinen Wahlvorschlag vor dem OLG im Rahmen des Verfahrens nach § 8 III 4 rechtfertigen zu müssen. Es ist deshalb so zu verfahren, als sei eine Wahlablehnung durch das OLG für unberechtigt erklärt worden (vgl. nachstehend Rn. 16; *Kötter* Anm. 17).

15 Ergeht die Entscheidung, daß die Ablehnung der Wahl durch das Wahlorgan berechtigt war, so sieht § 8 III 5 ein **nochmaliges Tätigwerden** des Vermittlungsausschusses vor. Aufgrund der vergleichbaren Situation gilt die Frist von einem Monat (§ 8 III 1) auch in diesem Fall (*Kötter* NJW 1951, 417, 418 Fn. 39; *Müller/Lehmann* Rn. 27; aA *Boldt* Anm. 11 a). Der Vermittlungsausschuß hat erneut mindestens drei Personen vorzuschlagen. Der Vorschlag ist unwirksam, wenn eine Person aus dem ersten Vorschlag nochmals aufgenommen wird, deren Ablehnung als berechtigt anerkannt wurde (*Kötter* Anm. 23). Eine Ausnahme gilt nur, wenn mehr als drei Personen vorgeschlagen werden, so daß dem Wahlorgan die vom Gesetz vorgesehene Auswahlmöglichkeit auch tatsächlich zusteht (vgl. vorstehend Rn. 9; sowie *Müller/Lehmann* Rn. 28).

16 Entscheidet das OLG, daß die Ablehnung des Wahlvorschlags unbegründet war, so hat das Wahlorgan nach § 8 III 6 **einen der Vorgeschlagenen zu wählen** (*Boldt* Anm. 11 b; *Kötter* Anm. 25). Da das Gesetz keine Frist für das Tätigwerden des Wahlorgans vorsieht, ist die Wahl unverzüglich durchzuführen (so wohl *Müller/Lehmann* Rn. 3; aA *Kötter* Anm. 17, der in Analogie zu § 14 II eine Frist von zwei Monaten gewähren will; hiergegen *Boldt* Anm. 7 b).

VI. Wahlfreiheit des Wahlorgans

17 Wird auch der zweite Vorschlag des Vermittlungsausschusses durch das Wahlorgan berechtigt abgelehnt (festgestellt durch eine entsprechende Entscheidung des OLG), stellt der Vermittlungsausschuß keinen Antrag auf Überprüfung der Ablehnungsentscheidung durch das OLG oder kommt überhaupt kein Wahlvorschlag zustande, so wird das Wahlorgan nach § 8 III 7 in seiner Entscheidung frei, dh. es kann **nach eigenem Ermessen** das elfte Aufsichtsratsmitglied wählen (*Boldt* Anm. 11 a; *Kötter* NJW 1951, 417, 420; *Müller/Lehmann* Rn. 33). Das Wahlorgan muß aber auch in diesem Fall § 4 II beachten (*Kötter* NJW 1951, 417, 420; *Müller/Lehmann* Rn. 33).

§ 9 [Größerer Aufsichtsrat]

(1) ¹Bei Gesellschaften mit einem Nennkapital von mehr als zehn Millionen Euro kann durch Satzung oder Gesellschaftsvertrag bestimmt werden, daß der Aufsichtsrat aus fünfzehn Mitgliedern besteht. ²Die Vorschriften der §§ 4 bis 8 finden sinngemäß Anwendung mit der Maßgabe, daß die Zahl der gemäß § 6 Abs. 1 und 2 zu wählenden Arbeiter zwei, die Zahl der in § 6 Abs. 3 bezeichneten Vertreter der Arbeitnehmer drei beträgt.

(2) ¹Bei Gesellschaften mit einem Nennkapital von mehr als fünfundzwanzig Millionen Euro kann durch Satzung oder Gesellschaftsvertrag bestimmt werden, daß der Aufsichtsrat aus einundzwanzig Mitgliedern besteht. ²Die Vorschriften der §§ 4 bis 8 finden sinngemäß Anwendung mit der Maßgabe, daß die Zahl der in § 4 Abs. 1 Buchstaben a und b bezeichneten weiteren Mitglieder je zwei, die Zahl der gemäß § 6 Abs. 1 und 2 zu wählenden Arbeiter drei und die Zahl der in § 6 Abs. 3 bezeichneten Vertreter der Arbeitnehmer vier beträgt.

1 Abw. von der in § 4 vorgesehenen Zahl von Aufsichtsratsmitgliedern ermöglicht § 9 einen **Aufsichtsrat mit 15 bzw. 21 Mitgliedern**. Erforderlich ist eine entsprechende Satzungsbestimmung, die eine Erhöhung der Zahl der Aufsichtsratsmitglieder vorsieht.

2 § 9 gestattet die Bildung des vergrößerten Aufsichtsrats nur, wenn das Nennkapital die im Gesetz aufgeführten Summen übersteigt (zu den im Saarland geltenden Beträgen in alten französischen Franken MünchArbR/*Wißmann* § 371 Rn. 8). Unter dem Nennkapital einer **AG** ist die Gesamtheit der Nennbetrags- und ggf. der Stückaktien (Grundkapital der Aktiengesellschaft) zu verstehen (*Kötter* Anm. 2; *Müller/Lehmann* Rn. 3); bei der **GmbH** handelt es sich um ihr Stammkapital (*Kötter* Anm. 2; *Müller/Lehmann* Rn. 5).

§ 10 [Beschlußfähigkeit]

¹Der Aufsichtsrat ist beschlußfähig, wenn mindestens die Hälfte der Mitglieder, aus denen er nach diesem Gesetz oder der Satzung insgesamt zu bestehen hat, an der Beschlußfassung teilnimmt. ²§ 108 Abs. 2 Satz 4 des Aktiengesetzes findet Anwendung.

1 Die Vorschrift regelt die Beschlußfähigkeit des Aufsichtsrats, die begrifflich von seiner Vollständigkeit zu unterscheiden ist, die besteht, wenn sich der Aufsichtsrat mit seiner gesetzlich vorgesehenen Mitgliederzahl konstituiert hat. Grds. ist nur ein vollständiges Organ überhaupt als solches handlungsfähig (*Geßler* BB 1951, 942, 943; *Kötter* Anm. 1). Für die Beschlußfähigkeit des Aufsichtsrats ist

stets ausreichend, daß mindestens die Hälfte seiner Mitglieder an der Beschlußfassung teilnimmt. Die Vorschrift ist zwingend; von ihr darf weder durch Satzung noch durch die Geschäftsordnung abgewichen werden.

Die Verweisung auf § 108 II 4 stellt klar, daß der Aufsichtsrat **auch bei nicht vollständiger Be- 2 setzung** noch solange handlungsfähig ist, wie er beschlußfähig ist (zum früheren Meinungsstreit vgl. *Geßler* BB 1951, 942, 944).

§ 11 [Abberufung eines Aufsichtsratsmitglieds]

(1) Auf die in § 5 bezeichneten Mitglieder des Aufsichtsrats findet § 103 des Aktiengesetzes Anwendung.

(2) ¹Auf die Abberufung eines in § 6 bezeichneten Mitglieds des Aufsichtsrats durch das Wahlorgan findet Absatz 1 entsprechende Anwendung mit der Maßgabe, daß die Abberufung auf Vorschlag der Betriebsräte der Betriebe des Unternehmens erfolgt. ²Die Abberufung eines in § 6 Abs. 3 oder 4 bezeichneten Mitglieds kann nur auf Antrag der Spitzenorganisation, die das Mitglied vorgeschlagen hat, von den Betriebsräten vorgeschlagen werden.

(3) Eine Abberufung des in § 8 bezeichneten Mitglieds des Aufsichtsrats kann auf Antrag von mindestens drei Aufsichtsratsmitgliedern durch das Gericht aus wichtigem Grunde erfolgen.

Die nach § 5 gewählten **Anteilseignervertreter** können nach § 103 AktG durch das Wahlorgan 1 (vgl. die Erl. zu § 5) abberufen werden, für sie gilt das allgemeine Aktienrecht. Für die Abberufung der **ANVertreter** im Aufsichtsrat, für die grds. ebenfalls § 103 AktG Anwendung findet, sichert § 11 II die Einflußnahme der Betriebsräte und gewerkschaftlichen Spitzenorganisationen, um ihr Vorschlagsrecht nach § 6 nicht durch eine weite Abberufungspraxis des Wahlorgans (der Anteilseignerversammlung) zu konterkarieren.

Die Abberufung des **elften Mitglieds** steht nicht dem Wahlorgan, sondern nur dem Gericht zu. 2 Zuständig ist das Registergericht; nicht hingegen das OLG, denn die Zuweisung von Kompetenzen an dieses durch § 8 III ist eine Sondervorschrift, für die eine Entsprechung im Rahmen des § 11 fehlt (*Boldt* Anm. 4; *Müller/Lehmann* Rn. 16 mwN). Ein Beschluß des Aufsichtsrats ist nicht notwendig. Ausreichend aber auch erforderlich ist ein entsprechender Antrag von drei Aufsichtsratsmitgliedern an das Gericht. Diese zahlenmäßige Begrenzung gilt **auch für den nach § 9 gebildeten größeren Aufsichtsrat** (*Müller/Lehmann* Rn. 13; MünchArbR/*Wißmann* § 371 Rn. 18; aA *Kötter* Rn. 6).

Dritter Teil. Vorstand

§ 12 [Bestellung durch den Aufsichtsrat]

Die Bestellung der Mitglieder des zur gesetzlichen Vertretung berufenen Organs und der Widerruf ihrer Bestellung erfolgen nach Maßgabe des § 76 Abs. 3 und des § 84 des Aktiengesetzes durch den Aufsichtsrat.

Kernstück der durch das Montan-MitbestG etablierten Beteiligung der Arbeitnehmer ist die Mög- 1 lichkeit, über die ANVertreter im Aufsichtsrat auf die **Zusammensetzung der gesetzlichen Vertretungsorgane** der Unternehmen Einfluß nehmen zu können. Rechtsstellung und Aufgaben des Organs ändern sich gegenüber dem Aktienrecht hierdurch nicht (*Boldt* Anm. 3; *Müller/Lehmann* Rn. 9). Das zur gesetzlichen Vertretung berufene Organ, dessen Mitglieder der Aufsichtsrat bestellen und ggf. abberufen kann, ist der Vorstand der AG sowie die Geschäftsführer der GmbH. **Nicht erfaßt** sind andere Organe, die in gesetzlich vorgesehenen besonderen Fällen zur Vertretung berufen sind (*Boldt* Anm. 2).

Die Bezugnahme auf die §§ 76 III, 84 AktG sichert die Anwendung aktienrechtlicher Anforderun- 2 gen, die in personeller Hinsicht an die Mitglieder des Vertretungsorgans sowie an das durchzuführende Verfahren zu stellen sind. Dies bedeutet jedoch nicht, daß die GmbH einen aktienrechtlichen Vorstand erhält (*Kötter* Anm. 1). Zur Anwendung des § 112 AktG bei der GmbH s. BGH 28. 4. 1997, DB 1997, 1455.

Da nach § 13 der Arbeitsdirektor gleichberechtigtes Mitglied des Vertretungsorgans sein soll, muß 3 dieses aus **mindestens zwei Personen** bestehen (*Müller/Lehmann* Rn. 2 sowie § 13 Rn. 7; LG Frankfurt 26. 4. 1984 AG 1984, 276, 277). Ausgeschlossen als Vertretungsorgan ist deshalb ein Alleingeschäftsführer bei der GmbH (*Boldt* RdA 1951, 169, 173; *Reich/Lewerenz* AuR 1976, 353, 369; *Müller/ Lehmann* Rn. 2, § 13 Rn. 7; aA *Kötter* § 13 Rn. 1).

Bestellung ist der körperschaftsrechtliche Akt der Einsetzung als Mitglied des Vertretungsorgans 4 (*Kötter* Anm. 3). Davon ist die **Anstellung** als der Tätigkeit zugrunde liegende schuldrechtliche Vereinbarung zu unterscheiden (dazu *Säcker* BB 1979, 1321 ff.). Infolge der Verweisung auf § 84 I 5 AktG ist auch sie nicht der Mitbestimmung der AN entzogen (*Kötter* Anm. 3; zum sachlichen

Zusammenhang von Bestellung und Anstellung BGH 14. 11. 1983 Z 89, 48, 52 ff.). **Widerruf der Bestellung** ist das Verbot an den Bestellten, weiterhin das ihm übertragene Amt auszuüben, das unabhängig davon wirksam wird, ob gleichzeitig auch der Anstellungsvertrag gelöst wird (*Kötter* Anm. 4).

§ 13 [Arbeitsdirektor]

(1) ¹ Als gleichberechtigtes Mitglied des zur gesetzlichen Vertretung berufenen Organs wird ein Arbeitsdirektor bestellt. ² Der Arbeitsdirektor kann nicht gegen die Stimmen der Mehrheit der nach § 6 gewählten Aufsichtsratsmitglieder bestellt werden. ³ Das gleiche gilt für den Widerruf der Bestellung.

(2) ¹ Der Arbeitsdirektor hat wie die übrigen Mitglieder des zur gesetzlichen Vertretung berufenen Organs seine Aufgaben im engsten Einvernehmen mit dem Gesamtorgan auszuüben. ² Das Nähere bestimmt die Geschäftsordnung.

Schrifttum: *Brockmann*, Der Arbeitsdirektor im Montan-Mitbestimmungsrecht, Diss. Köln 1968; *Frey*, Die Rechtsstellung des Arbeitsdirektors auf Unternehmens- und Verbandsebene, Diss. Köln 1962; *Lütje*, Die Bedeutung des Arbeitsdirektors für das geltende Recht und für die bestehende Wirtschafts- und Betriebsordnung, Diss. Marburg 1957; *Kerb*, Der Arbeitsdirektor. Seine Rechtsstellung im Gewerkschafts- und Arbeitsverfahrensrecht, Diss. Freiburg 1963; *Martin*, Der Arbeitsdirektor als Träger betrieblicher Personal- und Sozialpolitik in den Unternehmen der westdeutschen Montanindustrie, Diss. Mannheim 1956; *Stadtmüller*, Die gesellschaftsrechtliche Stellung des Arbeitsdirektors, Diss. Münster 1963; siehe auch das Schrifttum zu dem nach § 33 MitbestG bestellten Arbeitsdirektor bei den dortigen Erläuterungen.

I. Einführung

1   Das Montan-MitbestG sieht als **zwingend** zu bestellendes Mitglied des zur gesetzlichen Vertretung berufenen Organs einen Arbeitsdirektor vor, so daß ein Vorstandsmitglied speziell mit dem **Personal- und Sozialwesen im Unternehmen** (vgl. dazu nachstehend Rn. 19 ff.) betraut ist. Dabei ist nicht erforderlich, daß diesem Vorstandsmitglied die vom Gesetz gewählte Bezeichnung „Arbeitsdirektor" beigelegt wird (*Kötter* Anm. 3); entscheidend ist der ihm zugewiesene Geschäftsbereich. Damit wird durch den Gesetzgeber eine ausschließliche Zuständigkeit für diese Bereiche auf der Führungsebene als erforderlich angesehen, wodurch diese auf die Ebene der übrigen Vorstandsaufgaben angehoben werden (*Müller/Lehmann* Rn. 7; sowie *Reich/Lewerenz* AuR 1976, 353, 368; *Säcker* DB 1977, 1993).

2   Spätere Gesetze zur Unternehmensmitbestimmung sehen die Bestellung von Arbeitsdirektoren zu Mitgliedern des gesetzlichen Vertretungsorgans ebenfalls vor (vgl. § 13 MitbestErgG, § 33 MitbestG), deren rechtliche Stellung unterscheidet sich aber tlw. vom Arbeitsdirektor des Montan-MitbestG. So kann nur der nach § 13 I bestellte Arbeitsdirektor nicht gegen die Stimmen der Mehrheit der ANVertreter im Aufsichtsrat bestellt werden. In den anderen Gesetzen zur Unternehmensmitbestimmung fehlt eine vergleichbare Vorschrift. Dieser Unterschied hat aber keine wesentlichen Auswirkungen auf die Rechtsstellung und den Geschäftsbereich des Arbeitsdirektors. Deshalb lassen sich die hierzu entwickelten Grundsätze wechselseitig auf die nach den verschiedenen Gesetzen bestellten Arbeitsdirektoren übertragen.

II. Bestellung des Arbeitsdirektors

3   Möglich ist die Bestellung jeder ihren Fähigkeiten nach überhaupt geeigneten Persönlichkeit, sofern den **Wahlerfordernissen in § 13 I 2** genügt wird: eine Bestellung ist nicht möglich **gegen** die Mehrheit der Stimmen der ANVertreter im Aufsichtsrat. Hierbei kommt es nicht auf die Mehrheit der dem Aufsichtsrat angehörenden ANVertreter, sondern auf die Mehrheit der an der Abstimmung beteiligten ANVertreter an. Dabei ist die **Stimmenthaltung** eines Aufsichtsratsmitglieds nicht als Gegenstimme anzusehen; das Gesetz verlangt nicht die ausdrückliche Zustimmung der Arbeitnehmervertreter, sondern stellt auf die Gegenstimmen ab (*Boldt* Anm. 2 b; *Kötter* Anm. 5; *Müller/Lehmann* Rn. 9). Das Abstimmungsverhalten der ANVertreter ist stets verbindlich. Selbst wenn das Veto-Recht durch die ANVertreter **mißbräuchlich** ausgeübt wurde, soll das Veto nicht für unbeachtlich erklärt und eine gegen ihre Stimmen erfolgte Bestellung des Arbeitsdirektors als wirksam angesehen werden können (*Kötter* Anm. 5). Die **Satzung** des Unternehmens kann vorschreiben, daß zur Bestellung des Arbeitsdirektors die **ausdrückliche Zustimmung** der ANVertreter erforderlich ist, da die gesetzliche Vorschrift eine Mindestbestimmung zum Schutz der ANInteressen ist (*Müller/Lehmann* Rn. 9).

4   Der Arbeitsdirektor wird, wie die übrigen Mitglieder des gesetzlichen Vertretungsorgans, gem. § 12 iVm. § 84 AktG auf längstens fünf Jahre bestellt; eine kürzere Bestellungsdauer ist möglich (*Herschel* RdA 1962, 413). Zulässig ist im Hinblick auf eine etwaige Einschränkung des Unternehmens oder Änderung des Unternehmenszwecks auch eine **bedingte Bestellung des Arbeitsdirektors** (allerdings wegen § 13 I 1 nicht nur des Arbeitsdirektors allein [*Herschel* RdA 1962, 413, 415]), die aber nicht zu

einer Umgehung oder Erleichterung der Widerrufsmöglichkeit führen darf: auch der Widerruf der Bestellung des Arbeitsdirektors kann nicht gegen die Stimmen der Mehrheit der ANVertreter erfolgen (*Herschel* RdA 1962, 413, 415). Demgemäß ist eine Rechtsgestaltung abzulehnen, die den Bedingungseintritt in den Einflußbereich der Anteilseigner- unter Ausschluß der ANSeite stellt, wie es bei Potestativbedingungen, deren Vereinbarung für diesen Zweck naheliegt, der Fall ist (anders *Herschel* RdA 1962, 413, 415 für die Änderung des überwiegenden Betriebszwecks, welcher als auflösende Bedingung zulässig sein soll).

Die Bestellung des Arbeitsdirektors kann, wie bei den übrigen Mitgliedern des Vertretungsorgans, **aus wichtigem Grund widerrufen** werden (§ 12 iVm. § 84 III AktG); es gelten die Grundsätze für die Bestellung des Arbeitsdirektors entsprechend (Rn. 3 f.). Dabei kann der Aufsichtsrat nach hM trotz des Vorliegens eines wichtigen Grundes von dem Widerruf der Bestellung absehen (*Kötter* Anm. 7). Der Widerruf kann nicht wirksam gegen die Mehrheit der Stimmen der ANVertreter erfolgen. Da sich Aufsichtsratsmitglieder, die es bei gegebenem Anlaß pflichtwidrig unterlassen, auf die Abberufung eines Arbeitsdirektors hinzuwirken, schadenersatzpflichtig machen, ist es sinnvoll, trotz eines zu erwartenden Vetos der ANVertreter eine Beschlußfassung über die Abberufung herbeizuführen (*Kötter* Anm. 7). 5

III. Der Arbeitsdirektor als Mitglied

Das Montan-MitbestG konzipiert den Arbeitsdirektor als **gleichberechtigtes Mitglied des gesetzlichen Vertretungsorgans** und sieht ihn als für die Verwirklichung des Mitbestimmungsgedankens unerläßlich an (*Müller/Lehmann* Rn. 6). Deshalb ist das zur gesetzlichen Vertretung berufene Organ bis zur Bestellung des Arbeitsdirektors noch nicht vollständig und ordnungsgemäß besetzt (*Müller/Lehmann* Rn. 6). Trotzdem ist das Vetretungsorgan handlungsfähig, selbst wenn der Arbeitsdirektor noch nicht bestellt ist; es muß nur die zur gesetzlichen Vertretung des Unternehmens erforderliche Mitgliederzahl vorhanden sein (*Boldt* Anm. 2 a). 6

Kommt es nicht zur Bestellung eines Arbeitsdirektors, so kann in entsprechender Anwendung des § 85 I AktG **gerichtlich** ein **Notvorstand** als Arbeitsdirektor bestellt werden (*Boldt* Anm. 2 a sowie § 12 Anm. 6; *Müller/Lehmann* Rn. 6; aA *Kötter* Anm. 4). Dem steht nicht entgegen, daß der Arbeitsdirektor nach § 13 I 2 nicht gegen die Stimmen der Mehrheit der ANVertreter bestellt werden kann. Diese Bestimmung erfaßt nur die Bestellung des Arbeitsdirektors durch den Aufsichtsrat und soll verhindern, daß den AN gegen den Mehrheitswillen ihrer Vertreter ein Arbeitsdirektor aufgezwungen wird (*Kötter* Anm. 5). Schlösse man aus diesem Grunde die Möglichkeit gerichtlicher Tätigkeit aus, so bliebe unter Umständen eine für die Verwirklichung der ANMitbestimmung wesentliche Position unbesetzt, was den ANInteressen erst recht zuwiderliefe (*Müller/Lehmann* Rn. 6, der aber wenigstens eine Kontaktaufnahme des Gerichts mit den ANVertretern im Aufsichtsrat verlangt). 7

Voraussetzung einer gerichtlichen Notbestellung ist ein „**dringender Fall**". Dieser ist insb. anzunehmen, wenn der Vorstand wegen des Fehlens des Arbeitsdirektors zur Erfüllung der ihm obliegenden Aufgaben nicht in der Lage ist (vgl. *Hoffmann* BB 1977, 17, 21 mwN). Deshalb liegt ein dringender Fall für eine Notbestellung nicht vor, wenn die anderen Vorstandsmitglieder hinreichende Kenntnis haben, um die anstehenden Aufgaben aus dem Geschäftsbereich des Arbeitsdirektors zu erfüllen (*Hoffmann* BB 1977, 17, 21; aA *Müller/Lehmann* Rn. 6, der das Fehlen des Arbeitsdirektors als Mitglied des Vertretungsorgans und damit der Geschäftsführung stets als einen „dringenden Fall" bewertet). 8

IV. Gleichberechtigte Stellung im Vertretungsorgan

1. Normzweck. Der Arbeitsdirektor ist **gleichberechtigtes Mitglied** des gesetzlichen Vertretungsorgans. Zweck dieser Bestimmung ist, daß der Arbeitsdirektor die **gleichen Rechte** wie jedes andere Mitglied des Vertretungsorgans besitzt (*Boldt* Anm. 4 b; *Müller/Lehmann* Rn. 1). Das Gesetz will damit sicherstellen, daß die Vorstandsmitglieder bzw. Geschäftsführer aus einer gleichwertigen Stellung heraus die gestellten Aufgaben erfüllen. Daher hat der Arbeitsdirektor grds. auch die **gleichen Pflichten** wie die übrigen Mitglieder des Vertretungsorgans, er trägt die **gleiche Verantwortung** (*Boldt* Anm. 4 b sowie *ders.* RdA 1951, 169, 173; *Müller/Lehmann* Rn. 5). So ist er unter anderem mitverantwortlich für die ordnungsgemäße Erstattung der Berichte an den Aufsichtsrat nach § 90 AktG, die Feststellung des Jahresabschlusses und seine Vorlage nach § 170 AktG bei der Aktiengesellschaft und zB für die ordnungsgemäße Buchführung gem. § 41 I GmbHG bei der GmbH (*Müller/Lehmann* Rn. 5). 9

2. Ausgestaltung durch Gesellschaftsstatuten. Auch soweit durch **Satzung bzw. Gesellschaftsvertrag** Angelegenheiten abw. von den Vorschriften des anzuwendenden AktG und GmbHG geregelt werden können (zB die Vertretungsbefugnis nach § 78 III AktG bzw. § 37 I GmbHG), muß die Rechtsstellung des Arbeitsdirektors als gleichberechtigtes Mitglied des Vertretungsorgans unangetastet bleiben. 10

a) Vertretungsbefugnis. Hinsichtlich der Vertretungsbefugnis sehen die Gesetze vor, daß – vorbehaltlich entsprechender Ausnahmeregelungen – sämtliche Mitglieder des geschäftsführenden Organs 11 zusammenwirken müssen; als abw. Regelung durch Satzung bzw. Gesellschaftsvertrag oder Statut sind grds. Gesamtvertretung durch je zwei Organmitglieder oder Alleinvertretungsbefugnis für ein oder mehrere Organmitglieder denkbar. Bereits nach allgemeinen aktienrechtlichen Grundsätzen darf dem Arbeitsdirektor wie auch jedem anderen Organmitglied die Vertretungsbefugnis nicht völlig entzogen werden, da ihm damit die Stellung als verantwortliches Vorstandsmitglied genommen würde (*Kötter* Anm. 8 b mwN).

12   Ist einzelnen Mitgliedern des Vertretungsorgans die Befugnis zur Einzelvertretung verliehen, so hat der Arbeitsdirektor grds. keinen Anspruch darauf, ebenfalls **Alleinvertretungsbefugnis** zu erhalten (*Hoffmann* BB 1977, 17, 21; *Kötter* Anm. 8 b; *Möhring* MDR 1951, 513, 515; *Müller/Lehmann* Rn. 3), es sei denn, Organmitglieder erhalten in dem konkreten Unternehmen die Alleinvertretungsbefugnis üblicherweise, so daß ihre Nichteinräumung an den Arbeitsdirektor als Diskriminierung zu bewerten wäre (*Hoffmann* BB 1977, 17, 21; *Kötter* Anm. 8 b a). Zulässig ist auch eine Regelung, nach der die Einzelvertretungsbefugnis den Organmitgliedern erst nach einer bestimmten Zeit der Mitgliedschaft im Vertretungsorgan verliehen wird, selbst wenn dies für den konkreten Fall bedeutet, daß nur der Arbeitsdirektor auf die Mitwirkung eines zweiten Vorstandsmitglieds angewiesen bleibt (*Hoffmann* BB 1977, 17, 21; *Kötter* Anm. 8 b a). Nicht zulässig ist dagegen eine isolierte Bestimmung, nach der nur der Arbeitsdirektor **im Zusammenwirken mit einem anderen Organmitglied** zeichnungsberechtigt ist (*Kötter* Anm. 8 b a). Ist vorgesehen, daß der Arbeitsdirektor nur zusammen mit einem weiteren Mitglied vertretungsberechtigt ist, bei anderen Organmitgliedern aber die Mitwirkung eines Prokuristen ausreicht, so liegt darin keine Beeinträchtigung der Rechtsstellung des Arbeitsdirektors, sondern vielmehr eine bloße Bindung des zeichnungsberechtigten Prokuristen, die zulässig ist (*Kötter* Rn. 8 b g).

13   **b) Wahl eines Vorstandsvorsitzenden und dessen Befugnisse.** Gemäß § 84 II AktG kann durch den Aufsichtsrat einer AG ein Mitglied des Vertretungsorgans zum **Vorstandsvorsitzenden** berufen werden. Diese grds. Möglichkeit besteht auch, wenn das Unternehmen dem Montan-MitbestG unterliegt (LG Frankfurt 26. 4. 1984 AG 1984, 276, 277); allerdings ergeben sich Abweichungen hinsichtlich der Befugnisse des Vorsitzenden, wie sie durch Satzung oder Geschäftsordnung ausgeformt werden können. So ist im Bereich des Montan-MitbestG eine Bestimmung mit der angeordneten gleichberechtigten Stellung des Arbeitsdirektors nicht vereinbar, nach der der Vorsitzende im Rahmen der Beschlußfassung ein **allgemeines Vetorecht** erhält (so zu § 33 MitbestG BGH 14. 11. 1983 Z 89, 49, 58 ff.; *Säcker* DB 1977, 1993, 1999 Fn. 52; so auch *Hüffer* AktG § 77 Rn. 13 mwN; aA wohl *Hoffmann* BB 1977, 17, 22) oder nach der seine Stimme bei Meinungsverschiedenheiten immer den Ausschlag gibt (so noch § 70 II AktG aF; wie hier *Müller/Lehmann* Rn. 3; aA *Möhring* MDR 1951, 513, 515). Ein dem Arbeitsdirektor zugestandenes Widerspruchsrecht für seinen Geschäftsbereich führt zu keiner abw. Würdigung, da dieses nach Reichweite und Gewicht mit einem allgemeinen Vetorecht des Vorsitzenden nicht vergleichbar ist und keinen Ausgleich für die Einschränkung der Stellung des Arbeitsdirektors bietet (BGH 14. 11. 1983 Z 89, 49, 60 mwN).

14   Der Arbeitsdirektor unterliegt wie jedes andere Mitglied des Vertretungsorgans den **Mehrheitsentscheidungen des Gesamtorgans** (BGH 14. 11. 1983 Z 89, 49, 59). Zulässig ist daher ein nur die Funktionsfähigkeit des Organs sicherndes **Stichentscheidungsrecht des Vorsitzenden** zur Auflösung von Patt-Situationen, sofern dem Gesamtorgan mehr als zwei Mitglieder angehören (*Hoffmann* BB 1977, 17, 22; *Säcker* DB 1977, 1993, 1999 Fn. 52). Anderenfalls wäre der Arbeitsdirektor stets der Unterlegene, was sich mit seiner gleichberechtigten Stellung nicht vereinbaren ließe (*Hoffmann* BB 1977, 17, 21).

15   **3. Ausgestaltung durch Geschäftsordnung.** Auch im Rahmen der Vorschriften der **Geschäftsordnung** sind die durch die gesetzliche Bestimmung vorgegebenen Maßgaben hinsichtlich der Rechtsstellung des Arbeitsdirektors einzuhalten. Durch sie darf es ebenfalls nicht zu einer Benachteiligung gegenüber den übrigen Organmitgliedern kommen.

16   **a) Wahl eines Sprechers des Vertretungsorgans.** Eine Bestimmung, die vorsieht, daß ein Organmitglied zum **Sprecher des Vertretungsorgans** bestellt wird, ist grds. nicht zu beanstanden, sofern das Vertretungsorgan aus mehr als zwei Mitgliedern besteht (LG Frankfurt 26. 4. 1984 AG 1984, 276, 277). Der Arbeitsdirektor darf bei der Erfüllung seiner Aufgaben jedoch nicht im Unterschied zu den übrigen Organmitgliedern allein von einer vorherigen Abstimmung mit dem Sprecher abhängig sein (LG Frankfurt 26. 4. 1984 AG 1984, 276, 278).

17   **b) Repräsentation des Unternehmens.** Hinsichtlich der Repräsentation des Unternehmens nach außen enthalten die einschlägigen Gesetze und im Regelfall auch die Statuten keine besonderen Bestimmungen, so daß dem Vorstand die Entscheidung überlassen bleibt, durch welches seiner Mitglieder das Unternehmen im konkreten Fall repräsentiert wird (*Spieker* BB 1968, 1089). Das Prinzip der gleichberechtigten Stellung des Arbeitsdirektors bedeutet in diesem Zusammenhang, daß grds. jedes Vorstandsmitglied, also auch der Arbeitsdirektor, geeignet ist, das Unternehmen nach außen zu repräsentieren (*Spieker* BB 1968, 1089; dazu auch *Hoffmann* BB 1977, 17, 22; näher Rn. 24).

18   **4. Besonderheit: § 46 GmbHG.** Für den Arbeitsdirektor einer montanmitbestimmten **GmbH** ist zu beachten, daß die Geschäftsführer nach § 46 Nr. 5 GmbHG dem Weisungsrecht der Gesellschafter

unterliegen. So kann er unter Umständen auf seinen Geschäftsbereich bezogene Entscheidungen nicht so treffen, wie es ihm in einer AG möglich gewesen wäre. Da dieses Weisungsrecht jedoch alle Geschäftsführer der GmbH gleichermaßen betrifft, liegt hierin kein Verstoß gegen die gleichberechtigte Stellung des Arbeitsdirektors (*Hoffmann* BB 1977, 17, 22).

V. Geschäftsbereich des Arbeitsdirektors

1. Unabdingbare Mindestzuständigkeit. Das Montan-MitbestG umschreibt den Aufgabenbereich 19 des Arbeitsdirektors nicht. Nach seiner Konzeption handelt es sich um ein Mitglied des gesetzlichen Vertretungsorgans, das sich insb. mit den **Fragen der Arbeitnehmerschaft des Unternehmens** zu befassen hat, sein Arbeitsbereich sind die **sozialen Angelegenheiten des Unternehmens** (*Müller/Lehmann* Rn. 7).

Anders als den übrigen Vorstandsmitgliedern wird dem Arbeitsdirektor durch die Bestellung zu- 20 gleich ein unabdingbarer **Mindestzuständigkeitsbereich** (Kernbereich) zugewiesen, der ihm weder durch die Statuten noch durch eine Geschäftsordnung des Vorstands entzogen werden kann (*Kötter* Anm. 8; *Säcker* DB 1977, 1993, 1994; aA *Hoffmann* BB 1977, 17, 19, nach dem dem Arbeitsdirektor der Aufgabenbereich erst im Rahmen eines Geschäftsverteilungsplans zugewiesen werden muß). Der autonomen Regelung der Geschäftsverteilung durch die Geschäftsordnung sind damit Grenzen gesetzt, anderslautende Bestimmungen sind bei einem Eingriff in den Kernbereich unwirksam (*Säcker* DB 1977, 1993, 1994 Fn. 14 mwN).

Der Mindestzuständigkeitsbereich umfaßt die Angelegenheiten, deren Fehlen unter den dem Ar- 21 beitsdirektor zugewiesenen Zuständigkeiten den Eindruck erwecken würde, daß das in nicht mitbestimmten Unternehmen dem Arbeitsdirektor vergleichbare Amt eines Personal- und Sozialdirektors entwertet ist (*Hoffmann* BB 1977, 17, 18). Dies sind vor allem die **Personal- und Sozialangelegenheiten der AN** des Unternehmens (vgl. BT-Drucks. 7/4845, S. 9 f.; sowie *Kötter* Anm. 8, *Müller/Lehmann* Rn. 7; *Reich/Lewerenz* AuR 1976, 353, 367; *Spieker* BB 1968, 1089, 1090; für den Arbeitsdirektor nach dem MitbestG BVerfG 1. 3. 1979 E 50, 290, 378; BGH 14. 11. 1983 Z 89, 48, 59; *Hoffmann* BB 1977, 17, 21), zB das Personalwesen, das Gesundheitswesen, der Arbeitsschutz, die Berufsaus- und Weiterbildung sowie die Sozial- und Altersfürsorge (nach *Spieker* BB 1968, 1089, 1090; vgl. auch LG Frankfurt 26. 4. 1984 AG 1984, 276, 277 sowie *Säcker* DB 1979, 1925).

Der **Personal- und Sozialbereich der leitenden Angestellten** gehört nach vorherrschender Auffas- 22 sung nicht zur unabdingbaren Kernzuständigkeit des Arbeitsdirektors (*Hanau/Ulmer* § 33 MitbestG Rn. 42; *Haake* BB 1983, 1490, 1492; *Hoffmann* BB 1976, 1233, 1234; *Martens* S. 69; *Raiser* § 33 MitbestG Rn. 17; aA *Reich/Lewerenz* AuR 1976, 353, 368; *Säcker* DB 1977, 1993, 1994 f., die den Bereich der leitenden Angestellten lediglich als fakultative Zuständigkeit des Arbeitsdirektors ansehen; grds. sollen die leitenden Angestellten wegen ihrer unternehmerischen Bedeutung der ressortgebundenen Verantwortlichkeit desjenigen Organmitglieds unterliegen, für das sie funktionell tätig sind [*Martens* S. 69]).

Die Wahrung des Mindestzuständigkeitsbereichs des Arbeitsdirektors setzt **nicht** voraus, daß ihm 23 die **Alleinzuständigkeit** zukommt, da für eine sachgerechte Regelung häufig das Zusammenwirken verschiedener Ressorts nötig ist. In die Beurteilung der Zuständigkeiten des Arbeitsdirektors sind deshalb auch **institutionell abgesicherte Mitzuständigkeiten** einzubeziehen (*Hoffmann* BB 1977, 17, 18). Es ist auch nicht generell die Entscheidungsbefugnis des Arbeitsdirektors erforderlich, das Letztentscheidungsrecht steht grds. dem Gremium als solchem zu. Jedoch ist der Kernbereich des Arbeitsdirektors nicht mehr ungeachtet, wenn ihm die Entscheidungsbefugnis bereits für relativ unbedeutende Angelegenheiten fehlt (*Hoffmann* BB 1977, 17, 19). Eine Entscheidung über die Mindestzuständigkeit kann stets nur unter Berücksichtigung des konkreten Einzelfalles getroffen werden. So ist eine Regelung nicht zulässig, nach der der Arbeitsdirektor die Geschäftsführung im Hinblick auf seinen Aufgabenbereich lediglich ständig zu unterrichten und zu beraten hat, eine **Beschränkung auf eine reine Informations- und Beratungstätigkeit** nimmt ihm die Stellung als gleichberechtigtes Vorstandsmitglied (LG Frankfurt 26. 4. 1984 AG 1984, 276, 277 f.).

Weiterhin gehört zum Kernbereich der Zuständigkeiten des Arbeitsdirektors grds. auch die **Reprä-** 24 **sentation des Unternehmens** nach außen, die dem Arbeitsdirektor aufgrund seiner gleichberechtigten Stellung ebenso wie den anderen Vorstandsmitgliedern zukommt (*Spieker* BB 1968, 1089, 1090; vgl. dazu weiter Rn. 17 sowie Rn. 26 ff.). Ist die Geschäftsführung arbeitsteilig unter den Vorstandsmitgliedern aufgeteilt, so bestimmt sich danach auch die notwendige Repräsentationsmacht des Arbeitsdirektors (*Hoffmann* BB 1977, 17, 22; *Spieker* BB 1968, 1089, 1090).

2. Zuweisung zusätzlicher Aufgabenbereiche. Die Zuweisung zusätzlicher Aufgaben neben dem 25 unentziehbaren Mindestzuständigkeitsbereich ist grds. nicht möglich (*Müller/Lehmann* Rn. 7; *Spieker* BB 1968, 1089 f.; aA wohl *Kötter* Rn. 8). Durch Kompetenzen in zusätzlichen Geschäftsbereichen würde der Arbeitsdirektor mit Organbefugnissen betraut sein, über deren personale Voraussetzungen der Aufsichtsrat in seiner Gesamtheit mehrheitlich zu entscheiden hat (so *Martens* AG 1976, 113, 116 für den Arbeitsdirektor nach dem Montan-MitbestG – für das MitbestG stellt sich diese Frage nicht, da dort eine Sperrminorität der ANVertreter bei der Bestellung des Arbeitsdirektors nicht vorgesehen ist, vgl. § 33 MitbestG Rn. 1). Darüber hinaus handelt es sich bei dem Mindestzuständigkeitsbereich um Angelegenheiten, die eine **ausschließliche Zuständigkeit** auf der Ebene der Unternehmensführung erfordern. Demgemäß ist die Zuweisung zusätzlicher Aufgabenbereiche an den Arbeitsdirektor nur ausnahmsweise, zB als Stellvertreter möglich und auch dies nur, soweit nicht die eigentliche Aufgabenerfüllung des Arbeitsdirektors hierunter leidet (allgemeine Ansicht; dazu *Müller/Lehmann* Rn. 7; *Reich/Lewerenz* AuR 1976, 353, 368; zurückhaltender *Hoffmann* BB 1977, 17, 21; *Säcker* DB 1977, 1993, 1995, die von einer grds. Möglichkeit der Zuweisung zusätzlicher Kompetenzen ausgehen, solange das Personal- und Sozialwesen durch den Arbeitsdirektor nicht bloß nebensächlich betrieben wird [*Säcker* DB 1977, 1993, 1995] und er seine Kernbereichszuständigkeiten sachgerecht wahrnehmen kann [*Hoffmann* BB 1977, 17, 21]).

26 **3. Repräsentation des Unternehmens.** Grds. ist der Arbeitsdirektor wie jedes andere Vorstandsmitglied dazu berufen, das Unternehmen hinsichtlich seines Geschäftsbereichs nach außen zu repräsentieren (vgl. Rn. 17, 24). Dabei kommt insb. die Repräsentation in AGVerbänden und Sozialversicherungskörperschaften in Betracht (*Spieker* BB 1968, 1089, 1090).

27 Obwohl der Arbeitsdirektor nach § 13 II 2 nicht gegen die Stimmen der ANVertreter im Aufsichtsrat bestellt werden kann und uU sogar Mitglied einer Gewerkschaft ist, werden die Grundsätze der Unabhängigkeit und Gegnerfreiheit der TVParteien (dazu § 2 TVG Rn. 7 f.) nicht durch die Repräsentation des Unternehmens im **AGVerband** durch den Arbeitsdirektor verletzt, da dieser hier für die AGSeite tätig wird (*Spieker* BB 1968, 1089, 1090 mwN). Diese Auffassung wird verbreitet dadurch gestützt, daß der Arbeitsdirektor als Angehöriger der AGSeite weder betriebsverfassungsrechtliche noch gewerkschaftliche Organfunktionen wahrnehmen kann (*Müller/Lehmann* Rn. 7 aE; *Spieker* BB 1968, 1089, 1090 Fn. 12).

28 Die Organe der **Sozialversicherungskörperschaften** setzen sich unter anderem aus Vertretern der AN und AG zusammen. Als AG gelten dabei die gesetzlichen Vertreter der Mitgliedsunternehmen, so daß auch in den Organen der Sozialversicherungskörperschaften die Repräsentation durch den Arbeitsdirektor zulässig ist (*Spieker* BB 1968, 1089, 1092).

VI. Zusammenwirken im Vorstand

29 Der Arbeitsdirektor soll im **engsten Einvernehmen** mit dem Gesamtorgan tätig werden, er ist nicht dessen Gegenspieler (*Müller/Lehmann* Rn. 11). Seine Aufgabenerfüllung steht demgemäß unter der gesamten Verantwortung des Vertretungsorgans (*Boldt* Anm. 6). Einzelheiten über die Zusammenarbeit im Vorstand sind Gegenstand der Geschäftsordnung (näher dazu *Kötter* Anm. 11; *Müller/Lehmann* Rn. 11 f.), die diesen Vorgaben Rechnung tragen muß.

Vierter Teil. Schlußvorschriften

§ 14 [Inkrafttreten]

(1) Die Vorschriften dieses Gesetzes treten in Kraft
a) für Unternehmen, die dem Gesetz Nr. 27 der Alliierten Hohen Kommission nicht unterliegen, am 31. Dezember 1951,
b) für Unternehmen, die aus der Kontrolle nach dem Gesetz Nr. 27 der Alliierten Hohen Kommission entlassen werden, im Zeitpunkt ihrer Entlassung, spätestens am 31. Dezember 1951,
c) für Unternehmen, die auf Grund des Gesetzes Nr. 27 der Alliierten Hohen Kommission in eine „Einheitsgesellschaft" überführt werden, mit deren Errichtung, spätestens am 31. Dezember 1951,
d) für die übrigen Unternehmen in dem Zeitpunkt, in dem feststeht, daß sie auf Grund des Gesetzes Nr. 27 der Alliierten Hohen Kommission nicht in eine „Einheitsgesellschaft" überführt werden, spätestens am 31. Dezember 1951.

(2) Die Wahl von Aufsichtsratsmitgliedern nach §§ 5 und 6 findet erstmalig innerhalb von zwei Monaten nach Inkrafttreten dieses Gesetzes statt.

§ 14 a Berlin-Klausel. *(gegenstandslos)*

§ 15 [Ermächtigung zum Erlaß von Rechtsverordnungen]

Die Bundesregierung wird ermächtigt, durch Rechtsverordnung Vorschriften zu erlassen über
a) die Anpassung von Satzungen und Gesellschaftsverträgen an die Vorschriften dieses Gesetzes,
b) das Verfahren für die Aufstellung der in § 6 bezeichneten Wahlvorschläge.

500. Gesetz zum Schutze der erwerbstätigen Mutter (Mutterschutzgesetz – MuSchG)

In der Fassung der Bekanntmachung vom 17. Januar 1997 (BGBl. I S. 22, ber. S. 293)

(BGBl. III/FNA 8052-1)

Erster Abschnitt. Allgemeine Vorschriften

§ 1 Geltungsbereich

Dieses Gesetz gilt
1. für Frauen, die in einem Arbeitsverhältnis stehen,
2. für weibliche in Heimarbeit Beschäftigte und ihnen Gleichgestellte (§ 1 Abs. 1 und 2 des Heimarbeitsgesetzes vom 14. März 1951, BGBl. I S. 191), soweit sie am Stück mitarbeiten.

I. Zweck des Mutterschutzrechts

Der Schutz der erwerbstätigen Mutter setzt an drei Punkten an: dem Schutz vor Gefahren für Leben 1 und Gesundheit von Mutter und Kind, dem Schutz vor mutterschaftsbedingten Entgelteinbußen, sowie dem Schutz vor Verlust des Arbeitsplatzes. Die Vorschriften des MuSchG sind insgesamt so auszulegen, daß sie die Wertentscheidung der Verfassung verwirklichen, das Gebot staatlicher Fürsorge für Mütter (Art. 6 IV GG) umzusetzen. Zugleich sind die Vorgaben des Gemeinschaftsrechts zu beachten, insb. die Konkretisierungen in RL 92/85/EWG (AblEG 1992 Nr. L 348/1; vgl. *Zmarzlik* DB 1994, 96).

II. Persönlicher Geltungsbereich

1. Frauen. Geschützt werden alle Personen weiblichen Geschlechts, die in einem Arbeitsverhältnis 2 stehen bzw. Heimarbeiterinnen oder Gleichgestellte sind. Auf Art oder Umfang der Tätigkeit, eine Versicherungspflicht, die Staatsangehörigkeit oder das Alter der Frauen kommt es nicht an (BVerwG 26. 8. 1970 AP MuSchG § 9 Nr. 32; *Buchner/Becker* Rn. 4).

2. Arbeitsverhältnis. Privatrechtliches Rechtsverhältnis zwischen AN und AG, aufgrund dessen 3 sich der AN gegen Entgelt zur Leistung von weisungsgebundener Arbeit verpflichtet; auf die Gültigkeit des Vertrages kommt es nicht an, auch ein fehlerhaftes Arbeitsverhältnis genügt (BAG 19. 12. 1966 DB 1967, 644). Vom MuSchG erfaßt werden daher Arbeiterinnen und Angestellte (ohne Rücksicht auf die Dauer der Beschäftigung), auch Aushilfen, unständig Beschäftigte, Hausangestellte, nebenberuflich Beschäftigte, Mehrfachbeschäftigte, AN im Gruppenarbeitsverhältnis, in mittelbarem oder im Leiharbeitsverhältnis, Auszubildende, Umschüler, Volontäre oder Praktikantinnen und in Arbeitsbeschaffungsmaßnahmen Beschäftigte. Wird die AN über die Kündigungsfrist hinaus weiterbeschäftigt, wird damit das ursprüngliche Arbeitsverhältnis fortgesetzt; das MuSchG ist anwendbar (BAG 12. 9. 1985 AP BetrVG § 102 Weiterbeschäftigung Nr. 7). Ausgeschlossen sind lediglich Hausfrauen, Arbeitslose, Selbständige, Organmitglieder und andere arbeitgeberähnliche Personen (BAG 26. 5. 1999 – 5 AZR 664/98 –; BSG 24. 11. 1983 DB 1984, 510), Handelsvertreterinnen, mithelfende Familienangehörige ohne Arbeitsvertrag, karitativ oder religiös Tätige (BAG 25. 4. 1978 AP GG Art. 140 Nr. 2; 3. 6. 1975 AP BetrVG 1972 § 5 Nr. 18), Schülerinnen und Studentinnen, Frauen im Wiedereingliederungsverhältnis gem. § 74 SGB V (BAG 29. 1. 1992 AP SGB V § 74 Nr. 1 = NZA 1992, 643), Beamtinnen (auf Zeit, Lebenszeit, auf Probe, auf Widerruf, im Ausbildungsverhältnis gem. § 83 BBiG) und Soldatinnen; auch auf arbeitnehmerähnliche Personen ist grds. (vgl. aber Rn. 4) das MuSchG nicht anwendbar (*Heilmann* Rn. 32; *Buchner/Becker* Rn. 82); die Anknüpfung an ein Arbeitsverhältnis ist wegen der besonderen Schutzbedürftigkeit der weisungsabhängig Tätigen sachlich gerechtfertigt (BVerwG 27. 5. 1993 NJW 1994, 401).

3. In Heimarbeit Beschäftigte oder Gleichgestellte. Anwendbar ist das Gesetz auf Heimarbeiterinnen, § 2 I HAG, sowie die ihnen wegen besonderer Schutzbedürftigkeit gem. § 1 II HAG Vergleichbaren. 4

III. Sachlicher und räumlicher Geltungsbereich

Das MuSchG ist anzuwenden auf alle im Bundesgebiet liegenden Arbeitsorte (BAG 9. 5. 1959 AP 5 IPR-Arbeitsrecht Nr. 3; 13. 5. 1959 AP IPR-Arbeitsrecht Nr. 4; 24. 8. 1989 AP IPR-Arbeitsrecht

Nr. 30), unabhängig von der Staatsangehörigkeit oder dem Wohnort von AG oder AN. Die Schutzvorschriften sind zwingend iSd. Art. 30 I EGBGB, gelten also bei inländischem Arbeitsort auch unabhängig von der Anwendbarkeit ausländischen Rechts im übrigen (MünchArbR/*Birk* § 19 Rn. 168). Entsprechend gilt bei ausländischem Arbeitsort auch ausländisches Mutterschutzrecht, solange dies nicht gegen den ordre public verstößt. Zwingende Wirkung iSd. Art. 34 EGBGB kann den Normen des Mutterschutzes nämlich insoweit nicht zugesprochen werden (KR/*Weigand* Internationales Arbeitsrecht Nr. 97; wohl anders BAG 24. 8. 1989 AP IPR Arbeitsrecht Nr. 30), wie diese vorrangig Individualschutz bezwecken (Beschäftigungsverbote, Entgeltsicherung). Soweit dem Kündigungsschutz darüber hinausgehende Grundwertungen zu entnehmen sind, die auch einen gesteigerten Anwendungswillen begründen können, bleibt dieser jedenfalls auf das Gebiet der Bundesrepublik begrenzt; eine Befreiung vom Kündigungsverbot etwa kann die deutsche Behörde einem ausländischen AG eben nicht wirksam erteilen. Liegt der Beschäftigungsort nur vorübergehend im Ausland (Entsendung), bleibt das MuSchG im Wege der Ausstrahlung umfassend anwendbar; ausländische Grenzgängerinnen werden vom MuSchG erfaßt. Ist arbeitsvertraglich wirksam ausländisches Recht gewählt worden (Art. 30 EGBGB Rn. 4), so kann dadurch der Schutz des MuSchG solchen AN nicht entzogen werden, deren Arbeitsort in Deutschland liegt. Befindet sich der Beschäftigungsort im Ausland, findet das MuSchG keine Anwendung, wenn nach objektiver Anknüpfung (vgl. Art. 30 EGBGB Rn. 7) ausländisches Recht auf das Arbeitsverhältnis anzuwenden ist. Gilt das ausländische Recht dagegen nur kraft Rechtswahl, kann es einem Günstigkeitsvergleich mit den Bestimmungen des MuSchG unterzogen werden. Ist das deutsche MuSchG im konkreten Falle günstiger, kann sich die AN auch bei ausländischem Arbeitsort darauf berufen (Art. 30 EGBGB Rn.14). Für EU-angehörige Wanderarbeiterinnen gilt die VO Nr. 1408/71 und Nr. 574/72 EWG (ABlEG Nr. L 149 v. 5. 7. 1991 und Nr. L 74 v. 27. 3. 1972); zu beachten ist auch das Verbot einer Diskriminierung wegen der Staatsangehörigkeit gem. Art. 48 EG-Vertrag.

§ 2 Gestaltung des Arbeitsplatzes

(1) Wer eine werdende oder stillende Mutter beschäftigt, hat bei der Einrichtung und der Unterhaltung des Arbeitsplatzes einschließlich der Maschinen, Werkzeuge und Geräte und bei der Regelung der Beschäftigung die erforderlichen Vorkehrungen und Maßnahmen zum Schutze von Leben und Gesundheit der werdenden oder stillenden Mutter zu treffen.

(2) Wer eine werdende oder stillende Mutter mit Arbeiten beschäftigt, bei denen sie ständig stehen oder gehen muß, hat für sie eine Sitzgelegenheit zum kurzen Ausruhen bereitzustellen.

(3) Wer eine werdende oder stillende Mutter mit Arbeiten beschäftigt, bei denen sie ständig sitzen muß, hat ihr Gelegenheit zu kurzen Unterbrechungen ihrer Arbeit zu geben.

(4) Die Bundesregierung wird ermächtigt, durch Rechtsverordnung mit Zustimmung des Bundesrates
1. den Arbeitgeber zu verpflichten, zur Vermeidung von Gesundheitsgefährdungen der werdenden oder stillenden Mütter oder ihrer Kinder Liegeräume für diese Frauen einzurichten und sonstige Maßnahmen zur Durchführung des in Absatz 1 enthaltenen Grundsatzes zu treffen,
2. nähere Einzelheiten zu regeln wegen der Verpflichtung des Arbeitgebers zur Beurteilung einer Gefährdung für die werdenden oder stillenden Mütter, zur Durchführung der notwendigen Schutzmaßnahmen und zur Unterrichtung der betroffenen Arbeitnehmerinnen nach Maßgabe der insoweit umzusetzenden Artikel 4 bis 6 der Richtlinie 92/85/EWG des Rates vom 19. Oktober 1992 über die Durchführung von Maßnahmen zur Verbesserung der Sicherheit und des Gesundheitsschutzes von schwangeren Arbeitnehmerinnen, Wöchnerinnen und stillenden Arbeitnehmerinnen am Arbeitsplatz (ABl. EG Nr. L 348 S. 1).

(5) Unabhängig von den auf Grund des Absatzes 4 erlassenen Vorschriften kann die Aufsichtsbehörde in Einzelfällen anordnen, welche Vorkehrungen und Maßnahmen zur Durchführung des Absatzes 1 zu treffen sind.

I. Normzweck

1   Die Vorschrift soll werdenden und stillenden Müttern einen ihrem Zustand angemessenen besonderen Schutz am Arbeitsplatz sichern, der über den öffentlich-rechtlichen Betriebsschutz in §§ 120a ff. GewO, 28 JArbSchG hinausgeht. § 2 enthält zwingende, tlw. (Abs. 4, 5) öffentlich-rechtliche, Ausgestaltungen der Fürsorgepflicht des AG, die vertraglich nicht abdingbar sind. Die Vorschriften des allgemeinen Arbeitsschutzes bleiben weiterhin maßgeblich, zusätzlich gilt die EG-Mutterschutz-Richtlinie 92/85 EWG v. 19. 10. 1992 (ABlEG L 348 S. 1), im deutschen Recht umgesetzt zum 1. 1. 1997 (BGBl. I 1996 S. 2110).

II. Ausgestaltung des Arbeitsplatzes

1. Allgemeiner Grundsatz (Abs. 1). Der AG hat seine Arbeitsplätze so zu errichten und zu unterhalten, daß alle technisch, medizinisch oder ergonomisch möglichen und konkret gebotenen Maßnahmen zum Schutz der Mütter getroffen werden. „Arbeitsplatz" ist im umfassenden Sinne des § 2 ArbStättV zu verstehen, dh. die Beschäftigungsstelle einschließlich Verkehrswegen und Nebenräumen und den betrieblichen technischen Hilfsmitteln.

2. Ausgestaltung. a) Daher muß die bisherige Arbeitsstätte den physiologischen Gegebenheiten der Frauen gerecht werden; ein Arbeitsplatzwechsel soll möglichst vermieden werden, ist aber gegebenenfalls zulässig (BAG 9. 9. 1971 AP MuSchG 1968 § 11 Nr. 5). Das Gebot umfaßt ua.: angemessene Beleuchtung und Belüftung, trittsicheren Fußbodenbelag, Arbeitstische in richtiger Höhe und Stühle mit verstellbarer Rückenlehne, Schutz vor Staub, Gasen, Lärm und Zugluft. Das gilt auch für Nebenräume (Toiletten, Waschräume), Treppen, Gänge und Kantinen, nicht jedoch für den Weg von der Wohnung zur Arbeit oder für das Betriebsgelände, das die AN nicht dienstlich aufsuchen muß.

b) Das Schutzgebot umfaßt auch die Arbeitsorganisation, insb. Arbeitszeit, Pausen, Arbeitstempo, Schichteinteilung, Treffen besonderer Schutzmaßnahmen. Das soll sicherstellen, daß sich die AN nicht überanstrengt; eine vollständige Arbeitsbefreiung kann aufgrund von § 2 jedoch nicht verlangt werden, dafür sind die Beschäftigungsverbote gem. §§ 3, 4, 6, 8 einschlägig.

c) Erforderlich ist eine Maßnahme zum Schutz von Leben und Gesundheit, wenn sie nach dem Stand der Technik, der Arbeitswissenschaft bzw. der Medizin im konkreten Falle geboten ist.

III. Sitzgelegenheit (Abs. 2)

Muß die AN ständig (Rn. 6) stehen oder gehen, kann die Gesundheit dadurch beeinträchtigt werden. Deshalb sind Sitzgelegenheiten zur Verfügung zu stellen und Gelegenheiten zum kurzfristigen Ausruhen einzuräumen; nach Ablauf des fünften Schwangerschaftsmonats ist § 4 II Nr. 2 zu beachten. Im erforderlichen Umfang gewährt Abs. 2 somit einen Freistellungsanspruch, währenddessen der Entgeltanspruch erhalten bleibt; etwas anderes gilt im Falle treuwidriger übermäßiger Inanspruchnahme der Zusatzzeiten (BAG 17. 10. 1970 AP MuSchG 1968 § 11 Nr. 3). „Ständiges" Stehen oder Gehen liegt vor, wenn die Tätigkeit der AN dadurch charakterisiert wird; ununterbrochenes Stehen ist nicht Voraussetzung.

IV. Arbeitsunterbrechung (Abs. 3)

Muß die AN ständig (Rn. 6) sitzen (zu den Sitzgelegenheiten: § 25 I ArbStättV), sind ihr kurze Unterbrechungszeiten zuzugestehen, zwecks Bewegung, Ausgleichsgymnastik oder ggf. Nutzen einer Liegemöglichkeit.

V. Rechtsverordnung (Abs. 4)

Die Ermächtigung zum Erlaß von Rechtsverordnungen nach Nr. 1 ist bisher nicht genutzt worden, da die Regelungen überwiegend anderweitig getroffen worden sind, §§ 14, 16, 31 ArbStättV, § 15 b VI GefStoffV ua. Außerhalb des Anwendungsbereichs der ArbStättV kann sich die Verpflichtung zur Schaffung von Liegeräumen auch auf Abs. 1 stützen. Gem. Abs. 4 Nr. 2 kann eine Rechtsverordnung den AG verpflichten, eine mögliche Gefährdung für die werdenden/stillenden Mütter zu beurteilen, Schutzmaßnahmen durchzuführen und die AN darüber zu unterrichten. Damit soll den Vorgaben der EG-Richtlinie entsprechend ein abgestuftes Vorgehen geregelt werden, das insb. eine ausdrückliche Beurteilungspflicht begründet; um dieser Pflicht zu genügen, wird sich der AG von den für die Gefahrverhütung zuständigen Stellen beraten lassen müssen. Danach sind die Arbeitsbedingungen so umzugestalten, daß die Gefährdung ausgeschlossen ist; ist das nicht möglich oder nicht zumutbar, muß ein Arbeitsplatzwechsel erfolgen. Von allen Maßnahmen ist die AN zu unterrichten. Zum Inhalt der MutterschutzRichtlinienVO (BGBl. I 1997 S. 782) vgl. *Sowka* NZA 1997, 927.

VI. Aufsichtsbehörde (Abs. 5)

In Einzelfällen kann die Aufsichtsbehörde Schutzmaßnahmen anordnen, sowohl zugunsten einer einzelnen AN wie ggf. auch für Abteilungen oder Betriebe. Werden die Anordnungen nicht befolgt, können ersatzweise Beschäftigungsverbote gem. §§ 4 V, 6 III in Betracht kommen.

VII. Arbeitsbefreiung, Entgeltschutz, Rechtsfolgen

Für die vom Gesundheitsschutz gebotenen Unterbrechungspausen sind AN nicht nur gem. Abs. 3, sondern entsprechend bei allen anderen Tatbeständen des § 2 freizustellen (*Buchner/Becker* vor §§ 3 bis 8 Rn. 40 ff.). Einkommenseinbußen dürfen daraus auch für Beschäftigte im Stundenlohn nicht folgen, entsprechend dem Schutzzweck der Norm und § 616 BGB (*Heilmann* Rn. 52; *Buchner/Becker* vor §§ 3 bis 8 Rn. 46).

11 Da § 2 eine Konkretisierung der Fürsorgepflicht darstellt, begründet dessen Mißachtung durch den AG ein Leistungsverweigerungsrecht der AN und ggf. einen Schadensersatzanspruch. Ein Beschäftigungsverbot begründet § 2 dagegen nicht; sanktionsbewehrt ist lediglich die Zuwiderhandlung gegen eine behördliche Anordnung nach Abs. 5, vgl. § 21 I Nr. 5, III, IV.

Zweiter Abschnitt. Beschäftigungsverbote

§ 3 Beschäftigungsverbote für werdende Mütter

(1) Werdende Mütter dürfen nicht beschäftigt werden, soweit nach ärztlichem Zeugnis Leben oder Gesundheit von Mutter oder Kind bei Fortdauer der Beschäftigung gefährdet ist.

(2) Werdende Mütter dürfen in den letzten sechs Wochen vor der Entbindung nicht beschäftigt werden, es sei denn, daß sie sich zur Arbeitsleistung ausdrücklich bereit erklären; die Erklärung kann jederzeit widerrufen werden.

I. Normzweck

1 Beschäftigungsverbote dienen dem Gesundheitsschutz von Mutter und Kind angesichts vorhersehbarer Gefährdungen durch für die Schwangere konkret ungeeignete, körperlich schwere oder sonst gefährdende Erwerbsarbeit; generell ist die Erwerbsarbeit während der Schwangerschaft aber nicht untersagt, und ein Verbot medizinisch auch nicht erforderlich. Statt dessen ist die Beschäftigung während bestimmter Zeiten (§§ 3 II, 6 I, 7 I, 8 I, III, IV, V), mit bestimmten Arbeiten (§§ 4, 6 III) und im Leistungslohn (§ 4 III Nr. 1) sowie individuell bei ärztlicher Bescheinigung verboten (§§ 3 I, 6 II). Gem. § 3 können Gefährdungen berücksichtigt werden, die im Katalog des § 4 nicht enthalten sind; ggf. sind aber auch beide Vorschriften nebeneinander anwendbar (BAG 11. 11. 1998 NZA 1999, 763 mit Anm. *Wank* in SAE 2000, 31).

II. Rechtswirkungen der Verbote

2 **1. Privatrechtliche Wirkung.** Beschäftigungsverbote beseitigen nicht das Arbeitsverhältnis, sondern untersagen eine konkrete Beschäftigung mit der verbotenen Arbeit. Die vertraglichen Hauptpflichten ruhen während der Verbotsdauer, die Nebenpflichten sowie die Betriebszugehörigkeit bleiben aufrechterhalten. Ohne gesetzlich zugelassene (§§ 3 II, 7 I) oder aufsichtsbehördlich gestattete (§§ 4 III, 8 VI) Ausnahme ist das Verbot auch mit Einverständnis der AN nicht abdingbar. Sie hat einen vertraglichen Anspruch auf Beachtung der Verbote, bei deren Mißachtung ihr ein Leistungsverweigerungsrecht zusteht (*Buchner/Becker* vor §§ 3–8 Rn. 26).

3 a) Besteht die Schwangerschaft bereits bei **Vertragsschluß**, ist die Pflicht zur Leistung verbotener Arbeit während der Geltung des Verbotes nichtig, § 134 BGB; die Wirksamkeit des Vertrages im übrigen wird nicht berührt. Etwas anderes gilt nach der Rspr., sofern die vertraglich vorgesehenen Tätigkeiten zeitlich und ihrer Art nach ganz überwiegend verboten und eine Umsetzung nicht möglich ist. Mit dieser Begründung könne sich jede Vertragspartei einseitig vom Vertrag lossagen (BAG 27. 11. 1956 AP MuSchG § 4 Nr. 2; LAG Berlin 9. 3. 1990 LAGE MuSchG § 4 Nr. 2). Das begegnet jedoch Bedenken wegen Verstoßes gegen die Gleichbehandlungsrichtlinie (vgl. EuGH 5. 5. 1994 AP EWG-RL 76/207 Nr. 3), die selbst einer Anfechtung des Arbeitsverhältnisses wegen Schwangerschaft die Wirksamkeit versagt.

4 b) Anstelle der verbotenen Tätigkeit kann der AN eine nicht verbotene zugewiesen werden, sofern dadurch keine persönliche Erschwerung der Beschäftigung eintritt. Ob das Beschäftigungsverbot auch der Ersatzbeschäftigung entgegensteht, ist auf Nachfrage vom ausstellenden Arzt zu präzisieren. Die Schwangere ist auch dann zur Leistung verpflichtet, wenn die zugewiesene Tätigkeit dem Inhalt des Arbeitsvertrages nicht entspricht. Ob die Zuweisung den Anforderungen an eine Versetzung genügt, ist unerheblich, da das Umsetzungsrecht ein Äquivalent für die vom AG zu tragenden besonderen mutterschutzrechtlichen Belastungen darstellt (BAG 22. 4. 1998 NZA 1999, 936: Ausdruck gesteigerter Treuepflicht der AN; 21. 4. 1999 AP MuSchG 1968 § 4 Nr. 5; aA LAG Berlin 2. 2. 1982 DB 1982, 1677). Die zugewiesene Arbeit muß allerdings objektiv zumutbar sein (BAG 31. 3. 1969 AP MuSchG § 11 Nr. 2; 14. 4. 1972 AP MuSchG § 11 Nr. 6); auch darf die Änderung der Tätigkeit die Betroffene nicht diskriminieren (*Weiler* AuR 1981, 142). Die Umsetzung einer **Auszubildenden** ist nur zulässig, wenn sie nicht mit ausbildungsfremden Tätigkeiten beschäftigt wird, § 6 II BBiG.

5 c) Durch ein Beschäftigungsverbot bedingte Fehlzeiten haben keine nachteiligen **Auswirkungen** auf das Arbeitsentgelt, §§ 11, 13, 14 und müssen nicht nachgeholt werden. Fehlzeiten gem. §§ 3, 6 sind auch für die Zahlung von **Gratifikationen** wie tatsächliche Arbeitsleistung zu behandeln (LAG Berlin

27. 10. 1999 NZA-RR 2000, 124), ihre Kürzung ist mit der Sicherung des Lebensstandards gegen schwangerschaftsbedingte Verdienstminderungen nicht vereinbar (BAG 12. 5. 1993 NZA 1993, 1002; aA BAG 12. 7. 1995 NZA 1995, 1165; *Sowka* NZA 1993, 783). Zudem haben gem. Art. 11 Nr. 2 b RL 92/85/EWG Mütter Anspruch auf Fortzahlung des Entgelts und angemessene Sozialleistung, wenn sie während eines Beschäftigungsverbotes nicht arbeiten können; da die Umsetzungsfrist für die Richtlinie am 19. 4. 1994 abgelaufen ist, sind sie für die Auslegung des nationalen Rechts maßgeblich: alle Entgeltbestandteile iSd. Art. 141 EG (EuGH 13. 2. 1996 AP EWG-Vertrag Art. 119 Nr. 74; 21. 10. 1999 Lewen DB 2000, 223) sind somit weiter zu gewähren. Der Anspruch auf **Erholungsurlaub** wird durch die Fehlzeiten nicht berührt, sondern besteht weiter, auch wenn die AN im Urlaubsjahr nur geringfügige Leistungen erbracht hat (BAG 8. 3. 1984 AP BUrlG § 3 Rechtsmißbrauch Nr. 14; BVerwG 28. 5. 1986 NJW 1987, 671). Eine Verrechnung der Freistellung mit dem Erholungsurlaub kommt wegen der unterschiedlichen Zwecksetzung idR nicht in Betracht (BAG 25. 1. 1994 BB 1994, 1012). Kann der Urlaubsanspruch allerdings erfüllt werden, zB bei arbeitsplatzbezogenem individuellem Beschäftigungsverbot und fehlender Umsetzbarkeit, darf die AN auf dessen Inanspruchnahme verwiesen werden (*Meisel/Sowka* vor § 3 Rn. 28; aA *Heilmann* vor §§ 3 bis 8 Rn. 27).

Kann der Urlaubsanspruch wegen Mutterschutzes nicht erfüllt werden, erlischt er, falls er auch im Übertragungszeitraum nicht genommen worden ist (BAG 14. 5. 1986 NZA 1986, 788; 23. 6. 1988 AP BUrlG § 7 Übertragung Nr. 16).

2. Öffentlich-rechtliche Wirkung. Die Beschäftigungsverbote hindern den AG an der tatsächlichen Beschäftigung; ihre Einhaltung wird von den Aufsichtsbehörden überwacht, ihre Mißachtung ist sanktionsbewehrt gem. § 19.

3. Verhältnis zur Sozialversicherung. Die Stellung der AN wird durch die Beschäftigungsverbote nicht berührt: Die Krankenversicherung bleibt (beitragsfrei, § 224 SGB V) bestehen, § 192 I Nr. 2 SGB V; in der Rentenversicherung zählen die Schutzfristen beitragsfrei als Anrechnungszeiten, § 58 I Nr. 2 SGB VI, in der Arbeitslosenversicherung als Beschäftigungszeit, §§ 24 f. SGB III.

III. Individuelles Beschäftigungsverbot (Abs. 1)

1. Voraussetzungen. a) Die AN muß **schwanger** sein. Eine Schwangerschaft liegt vor mit der Befruchtung der Eizelle oder deren erfolgreichen Implantation (LAG Niedersachsen 12. 5. 1997 NZA-RR 1997, 460); die Schwangerschaft endet mit Entbindung, Fehlgeburt oder Schwangerschaftsabbruch. Auch eine Bauchhöhlenschwangerschaft löst die Schutzrechte des MuSchG aus.

b) Dem AG muß ein **ärztliches Zeugnis** über das Bestehen einer Schwangerschaft vorgelegt werden. Zu den Kosten vgl. § 196 RVO, Mutterschaftshilfe durch die Krankenkassen. Eine – auch mündliche – vorläufige Bescheinigung genügt, bis es durch eine endgültige Feststellung bestätigt wird (BAG 1. 10. 1997 AP MuSchG 1968 § 3 Nr. 11); die AN trägt jedoch die Beweislast für die Voraussetzungen des § 3 I. In der Zwischenzeit kann ein vorläufiges Beschäftigungsverbot erteilt werden; dasselbe gilt im Falle bestehender Ungewißheit über die Voraussetzungen eines Verbots gem. § 4 I (BAG 11. 11. 1998 NZA 1999, 763).

c) Eine **ärztliche Bescheinigung** muß ergeben, daß bei Fortsetzung der derzeitigen Beschäftigung eine Gefahr für Leben oder Gesundheit für Mutter oder Kind droht. Ein amts- oder fachärztliches Zeugnis kann nicht verlangt werden, das **Zeugnis einer Hebamme genügt hier nicht**. Die Arbeit als solche braucht nicht gesundheitsschädlich zu sein, eine Gefahr aufgrund der individuellen Konstitution der Schwangeren genügt (BAG 1. 10. 1997 NZA 1998, 194). Das BAG stellt aber nicht mehr darauf ab, daß nach sachverständiger Prognose die Wahrscheinlichkeit für den Schadenseintritt vorhanden ist; die bloße Möglichkeit eines Schadenseintritts genügt (BAG 11. 11. 1998 NZA 1999, 763 mit Anm. *Wank* SAE 2000, 31); die Voraussetzungen sind damit deutlich eher erfüllt als die einer krankheitsbedingten Arbeitsunfähigkeit. Ist bei einer arbeitsbedingten Gesundheitsgefährdung einer Schwangeren unklar, ob die Gefährdung auf die Schwangerschaft zurückzuführen ist oder ob sie auch ohne Schwangerschaft bestünde, so ist nicht eine Arbeitsunfähigkeit iSv. § 3, 5 EFZG (so aber *Meisel/Sowka* Rn. 8), sondern ein Beschäftigungsverbot iSv. § 3 zu bescheinigen (*Zmarzlik/Zipperer/Viethen* Rn. 4), um den Gesundheitsschutz der Schwangeren möglichst umfassend zu gestalten. Fehlt der Zusammenhang zwischen Schwangerschaft und Gefährdung dagegen, kommt ein Beschäftigungsverbot nicht in Betracht (*Lembke* NZA 1998, 349 f. Für das Wegerisiko: BAG 7. 8. 1970 AP MuSchG 1968 § 11 Nr. 4; aA LAG Bayern 23. 10. 1967 DB 1968, 762; LAG Hamm 12. 9. 1969 AuR 1970, 190). Nach Ansicht des BAG (5. 7. 1995 AP MuSchG 1968 § 3 Nr. 7; 1. 10. 1997 NZA 1998, 194; ebenso *Schliemann/König* NZA 1998, 1030 f.; aA *Lembke* NZA 1998, 349, 351) kann ein Beschäftigungsverbot demgegenüber nur ausgesprochen werden, solange die Schwangere arbeitsfähig ist. Führen die (auch schwangerschaftsbedingten) Beschwerden dagegen zur Arbeitsunfähigkeit, kommt ein Beschäftigungsverbot nicht in Betracht, sondern nur die Arbeitsunfähigkeitsbescheinigung. Für ein Beschäftigungsverbot im Falle depressiver Erkrankungen infolge (auch gerichtlicher) Auseinandersetzungen mit dem AG: LAG Schleswig-Holstein 7. 12. 1999 NZA-RR 2000, 118.

500 MuSchG § 4 Weitere Beschäftigungsverbote

11   **2. Rechtsfolgen.** Mit Vorlage des Zeugnisses wird das Beschäftigungsverbot wirksam, mit dort verbotenen Arbeiten darf die Schwangere nicht betraut werden, unabhängig von der Richtigkeit des Zeugnisses (BAG 11. 11. 1998 NZA 1999, 763). Dem Zeugnis kommt hoher Beweiswert zu (BAG 31. 7. 1996 NZA 1997, 29; 1. 10. 1997 NZA 1998, 194). Solange das Zeugnis besteht und dem AG der grds. mögliche (*Wank* BB 1993, 1196) Nachweis der Unrichtigkeit nicht gelungen ist, entfaltet es Bindungswirkung. Der Gegenbeweis kann also die Zahlungspflicht des AG gem. § 11 lediglich ex nunc, aber nicht rückwirkend entfallen lassen. Hat der AG Zweifel an der Richtigkeit des Zeugnisses, kann er eine Nachuntersuchung verlangen; welcher Arzt die Nachuntersuchung vornimmt, entscheidet die Schwangere selbst. Läßt sie sich nicht untersuchen, ist das Verbot zwar zu beachten, doch kann die Geltendmachung des Mutterschutzlohnes rechtsmißbräuchlich sein (LAG Bremen 25. 1. 1991 BB 1991, 837). Die Kosten der Nachuntersuchung trägt ggf. der AG, in dessen Interesse sie veranlaßt wird (BAG 5. 3. 1957 AP MuSchG § 10 Nr. 1), sonst die Krankenversicherung, § 196 RVO, bzw. die nicht gesetzlich versicherte Schwangere selbst. Auch die Darlegung von Umständen ist möglich, die den Schluß zulassen, daß das Beschäftigungsverbot aufgrund unzutreffender Angaben der Schwangeren ergangen ist (BAG 31. 7. 1996 NZA 1997, 29 f.). Bei begründetem Zweifel an der Richtigkeit des Zeugnisses darf der AG jedoch nicht die Lohnzahlung einstellen (LAG Köln 26. 2. 1996 LAGE MuSchG § 11 Nr. 2; aA LAG Düsseldorf 1. 4. 1999 NZA-RR 1999, 348). Umfang und Dauer des Verbotes richten sich nach dem Attest, ggf. kann die Beschäftigung mit anderen als den bisherigen Tätigkeiten zugelassen sein, wenn diese der Schwangeren zumutbar sind (zum Umsetzungsrecht: Rn. 4). Ist die Beschäftigung ganz untersagt, darf sie – sofern die Schwangere das Attest einmal vorgelegt hat – auch mit ihrem Einverständnis nicht erfolgen. Soweit eine Beschäftigung nicht oder nicht mit der vertraglich vereinbarten Tätigkeit erfolgt, ist Mutterschutzlohn gem. § 11 zu zahlen.

IV. Generelles Beschäftigungsverbot (Abs. 2)

12   **1. Voraussetzungen.** Sechs Wochen vor dem mutmaßlichen Tag der Entbindung besteht ein generelles, jedoch nicht zwingendes Beschäftigungsverbot, auf dessen Einhaltung die Schwangere verzichten kann. Das Einsetzen der Schutzfrist muß alleinige Ursache der Nichtleistung der AN sein; gleichzeitiges Fehlen einer öffentlich-rechtlichen Genehmigung für die Tätigkeit schließt den Zuschußanspruch aus (LAG Rheinland-Pfalz 6. 1. 1999 BB 1999, 1662).

Das Verbot ist nicht von der Vorlage eines Attestes abhängig, setzt aber Kenntnis seitens des AG voraus, die im Regelfall durch Mitteilung gem. § 5 I entsteht. Auch der Bezug des Mutterschutzgeldes gem. § 200 III RVO hängt von der Vorlage dieses Zeugnisses ab. Zur Fristberechnung entsprechend §§ 187 f. BGB: BAG 27. 10. 1983 AP MuSchG § 9 Nr. 14; BSG 29. 4. 1971 E 32, 270, 273.

13   **2. Rechtsfolgen.** Das Beschäftigungsverbot gilt unabhängig von einer Gefährdung für Mutter oder Kind allein aufgrund der Fristerreichung. Es richtet sich aber nur an den AG, nicht an Dritte; eine selbständige Tätigkeit, Teilnahme am Unterricht oder an Prüfungen oder BRTätigkeit sind daher nicht untersagt (ArbG Gießen 26. 2. 1986 NZA 1986, 614; *Meisel/Sowka* Rn. 34). Die Schwangere kann sich jedoch – jederzeit widerruflich – wirksam zur Weiterarbeit bereit erklären. Die Erklärung hat ausdrücklich zu erfolgen und muß eindeutig sein; der AG muß die Schwangere über die finanziellen Folgen ihrer Erklärung (§ 200 IV RVO: Anrechnung auf das Mutterschaftsgeld, § 14: Wegfall des Zuschusses) unterrichten. Eine Verpflichtung des AG zur Annahme des Angebots der Schwangeren wird in Abs. 2 nicht begründet (*Buchner/Becker* Rn. 40). Die Weigerung muß sich aber am Schutzzweck des MuSchG ausrichten und an Treu und Glauben messen lassen, ist also nicht rechtmäßig, falls die Schwangere zuvor um Weiterarbeit gebeten worden war. Während der Dauer der Nichtbeschäftigung hat die Schwangere Anspruch auf Mutterschaftsgeld nach § 200 RVO sowie ggf. auf den Zuschuß gem. § 14.

14   **3. Folgen eines Verstoßes.** Die Schwangere kann eine verbotswidrige Beschäftigung ablehnen, sowie die zuständige (§ 20) Aufsichtsbehörde anrufen; ggf. kann sie auch Schadensersatzansprüche aus Vertragsverletzung und unerlaubter Handlung geltend machen. Ein Verstoß ist gem. § 21 sanktioniert, doch ist Verschulden des AG nur anzunehmen, wenn dieser die Schwangerschaft kannte oder hätte erkennen können.

§ 4 Weitere Beschäftigungsverbote

(1) Werdende Mütter dürfen nicht mit schweren körperlichen Arbeiten und nicht mit Arbeiten beschäftigt werden, bei denen sie schädlichen Einwirkungen von gesundheitsgefährdenden Stoffen oder Strahlen, von Staub, Gasen oder Dämpfen, von Hitze, Kälte oder Nässe, von Erschütterungen oder Lärm ausgesetzt sind.

(2) Werdende Mütter dürfen insbesondere nicht beschäftigt werden
1. mit Arbeiten, bei denen regelmäßig Lasten von mehr als 5 kg Gewicht oder gelegentlich Lasten von mehr als 10 kg Gewicht ohne mechanische Hilfsmittel von Hand gehoben, bewegt oder

II. Verbot schwerer und schädlicher Arbeit (Abs. 1)   § 4 MuSchG 500

befördert werden. Sollen größere Lasten mit mechanischen Hilfsmitteln von Hand gehoben, bewegt oder befördert werden, so darf die körperliche Beanspruchung der werdenden Mutter nicht größer sein als bei Arbeiten nach Satz 1,
2. nach Ablauf des fünften Monats der Schwangerschaft mit Arbeiten, bei denen sie ständig stehen müssen, soweit diese Beschäftigung täglich vier Stunden überschreitet,
3. mit Arbeiten, bei denen sie sich häufig erheblich strecken oder beugen oder bei denen sie dauernd hocken oder sich gebückt halten müssen,
4. mit der Bedienung von Geräten und Maschinen aller Art mit hoher Fußbeanspruchung, insbesondere von solchen mit Fußantrieb,
5. mit dem Schälen von Holz,
6. mit Arbeiten, bei denen sie infolge ihrer Schwangerschaft in besonderem Maße der Gefahr, an einer Berufskrankheit zu erkranken, ausgesetzt sind oder bei denen durch das Risiko der Entstehung einer Berufskrankheit eine erhöhte Gefährdung für die werdende Mutter oder eine Gefahr für die Leibesfrucht besteht,
7. nach Ablauf des dritten Monats der Schwangerschaft auf Beförderungsmitteln,
8. mit Arbeiten, bei denen sie erhöhten Unfallgefahren, insbesondere der Gefahr auszugleiten, zu fallen oder abzustürzen, ausgesetzt sind.

(3) ¹Die Beschäftigung von werdenden Müttern mit
1. Akkordarbeit und sonstigen Arbeiten, bei denen durch ein gesteigertes Arbeitstempo ein höheres Entgelt erzielt werden kann,
2. Fließarbeit mit vorgeschriebenem Arbeitstempo
ist verboten. ²Die Aufsichtsbehörde kann Ausnahmen bewilligen, wenn die Art der Arbeit und das Arbeitstempo eine Beeinträchtigung der Gesundheit von Mutter oder Kind nicht befürchten lassen. ³Die Aufsichtsbehörde kann die Beschäftigung für alle werdenden Mütter eines Betriebes oder einer Betriebsabteilung bewilligen, wenn die Voraussetzungen des Satzes 2 für alle im Betrieb oder in der Betriebsabteilung beschäftigten Frauen gegeben sind.

(4) Die Bundesregierung wird ermächtigt, zur Vermeidung von Gesundheitsgefährdungen der werdenden oder stillenden Mütter und ihrer Kinder durch Rechtsverordnung mit Zustimmung des Bundesrates
1. Arbeiten zu bestimmen, die unter die Beschäftigungsverbote der Absätze 1 und 2 fallen,
2. weitere Beschäftigungsverbote für werdende und stillende Mütter vor und nach der Entbindung zu erlassen.

(5) ¹Die Aufsichtsbehörde kann in Einzelfällen bestimmen, ob eine Arbeit unter die Beschäftigungsverbote der Absätze 1 bis 3 oder einer von der Bundesregierung gemäß Absatz 4 erlassenen Verordnung fällt. ²Sie kann in Einzelfällen die Beschäftigung mit bestimmten anderen Arbeiten verbieten.

I. Normzweck

Über das individuelle Beschäftigungsverbot des § 3 I hinaus soll die Schwangere vor erwiesenerma- 1
ßen oder vermutlich gefährlichen Tätigkeiten allgemein geschützt werden (OVG Berlin 13. 7. 1992 NZA 1992, 1083 f.). Das Verbot gilt grds. auch für stillende Mütter, § 6 III. Die Gefährlichkeit bestimmt sich daher nicht nach dem Gesundheitszustand der Betroffenen, sondern nach einer typisierten Betrachtung; abgestellt wird auf eine abstrakte Gefahr, die immer anzunehmen ist, wenn mit der fraglichen Tätigkeit regelmäßig Gefahren verbunden sind (*Brandt/Smeddinck* Jura 1994, 225, 228). Da die Rechtsgüter „Leben und Gesundheit" hohen Rang genießen, darf auch einer geringen Gesundheitsgefahr mit dem Beschäftigungsverbot begegnet werden (BVerwG 27. 5. 1993 NJW 1994, 401). Die Verbote des § 4 muß der AG von sich aus beachten, sobald ihm die Schwangerschaft bekannt ist, ohne daß sich die AN darauf beruft oder eine ärztliche Bescheinigung beibringt. Ob die Verbotstatbestände objektiv vorliegen, hat der AG selbst zu überprüfen (BAG 11. 11. 1998 NZA 1999, 763). Ist die Arbeit gesundheitsschädlich, können die Arbeitsbedingungen generell geändert werden (zB Schallschutzmaßnahmen) oder Schutzeinrichtungen für die Schwangere persönlich geschaffen werden. Ist die Gefährdung dadurch nicht zu vermeiden, ist die AN umzusetzen (§ 3 Rn. 4), sofern ihr das zumutbar ist (BAG 21. 4. 1999 BB 1999, 1880).

II. Verbot schwerer und schädlicher Arbeit (Abs. 1)

1. Schwere körperliche Arbeit. Umfaßt Tätigkeiten, die die Kräfte einer Schwangeren von norma- 2
lem Gesundheitszustand in für die Schwangerschaft bedenklichem Umfang beanspruchen. Die Gewichtigkeit der Verbotsgründe des Abs. 2 bildet den Maßstab zur Bestimmung der Gefährlichkeit auch der sonstigen Arbeiten. Im Zweifelsfall kann eine Entscheidung der Aufsichtsbehörde nach Abs. 5 herbeigeführt werden. Beruht die Gefährlichkeit auf dem individuellen Gesundheitszustand einer Schwangeren, greift nicht das Verbot des Abs. 1, sondern ggf. § 3 I (BAG 9. 8. 1963 AP MuSchG § 10 Nr. 3). Dasselbe gilt bei psychischen Ursachen der Überbeanspruchung (*Zmarzlik/Zipperer/*

Viethen Rn. 11; aA *Heilmann* Rn. 11), weil körperliche Auswirkungen von psychischer Überlastung regelmäßig von der individuellen Konstitution der AN abhängen.

3 **2. Schädliche Einwirkungen.** Körperlich nicht schwere Arbeiten sind Schwangeren verboten, falls eine Gesundheitsgefährdung von Mutter oder Kind aufgrund schädlicher Einwirkungen besteht. Das ist generell zu vermuten, wenn der AG die Vorschriften des technischen Arbeitsschutzes (§§ 14 bis 16 ArbStättV und ArbStättRichtlinien, GefStoffV, StrahlenSchV) sowie die Unfallverhütungsvorschriften der Berufsgenossenschaften nicht beachtet. Werden die Grenzwerte nicht erreicht, ist die Gesundheitsgefährdung zu beweisen.

4 a) Die Beschäftigung von Schwangeren mit gefährlichen Stoffen iSd. § 15 b GefStoffV ist unzulässig, sofern die Auslöseschwelle überschritten wird; ebenso ist der Umgang mit Stoffen unzulässig, die Krankheitserreger übertragen (BVerwG 27. 5. 1993 NJW 1994, 401) oder krebserzeugend wirken können, sofern die Sicherheitsbestimmungen nicht beachtet werden. Dasselbe gilt für erbgutverändernde oder fruchtschädigende Stoffe bzw. für den Fall, daß der fragliche Stoff auf eine fruchtschädigende Wirkung noch nicht untersucht worden ist (OVG Berlin 13. 7. 1992 NZA 1992, 1083, 1085). Die Übertragbarkeit von MAK-Werten (maximale Arbeitsplatzkonzentration) und BAT-Werten (biologische Arbeitsplatztoleranzwerte) auf die Beurteilung der Gefährlichkeit eines Stoffes für Schwangere ist abzulehnen, da die besonderen Risiken der Schwangerschaft bei der Aufstellung dieser Werte nicht berücksichtigt werden. Als **Stoffe** iSd. Abs. 1 müssen neben den chemischen Elementen, Verbindungen oder Zubereitungen (§ 3 Nr. 1, 2 ChemG) auch biologische Stoffe wie Mikroorganismen und Zellkulturen verstanden werden, um dem Schutzzweck des MuSchG zu genügen.

5 b) Schädliche Einwirkungen von Strahlen gehen vorwiegend von Röntgen- und sonstigen radioaktiven Strahlen aus, § 22 II RöntgenV, § 56 I StrahlenSchV. Der Stand der Forschung zu Bildschirmarbeitsplätzen läßt deren Verbot für Schwangere nicht erforderlich erscheinen (BAG 6. 12. 1983 AP BetrVG 1972 § 87 Überwachung Nr. 7; BT-Drucks. 11/3122); die sicherheitstechnische und ergonomische Ausstattung des Bildschirmarbeitsplatzes ist jedoch zu überprüfen.

6 c) Unzulässig sind auch schädliche Einwirkungen von **Staub, Gasen und Dämpfen;** zur Bedeutung des MAK-Wertes vgl. Rn. 4. Hier ist auch die denkbare Gefährdung durch übermäßige Konzentration von Tabakrauch am Arbeitsplatz zu prüfen (ArbG Hamburg 14. 4. 1989 AiB 1989, 264).

7 d) Die Einwirkung von **Hitze, Kälte und Nässe** ist gem. § 6 ArbStättV auf das betrieblich unvermeidliche Maß zu reduzieren. **Erschütterungen,** dh. mechanische Schwingungen unterhalb des Hörbereichs, können Fehlgeburten auslösen und sind daher gem. § 16 I ArbStättV so niedrig wie möglich zu halten; vgl. auch Abs. 2 Nr. 7.

8 e) Ein Beschäftigungsverbot wegen Lärmeinwirkungen gem. Abs. 1 bezieht sich vorrangig, aber nicht nur, auf Betriebslärm (aA *Meisel/Sowka* Rn. 8); die Auswirkungen von besonderem Bau- oder Verkehrslärm können zumindest ein Verbot gem. § 3 I rechtfertigen. Der maximal zulässige Lärmpegel am Arbeitsplatz reicht, je nach Arbeitsplatz differenzierend, gem. § 15 ArbStättV (und zwar unter Einschluß „von außen einwirkender Geräusche") von 55 dB (A) bei überwiegend geistigen Tätigkeiten bis hin zu 85 dB (A). Geringere Belastungen können im konkreten Fall schädliche Folgen haben, insb. hochfrequente oder stark hervortretende Geräusche (*Zmarzlik/Zipperer/Viethen* Rn. 39; differenzierend: *Buchner/Becker* Rn. 33); vorsorglich ist dann eine aufsichtsbehördliche Entscheidung gem. Abs. 5 einzuholen.

III. Besondere Verstöße (Abs. 2)

9 **1. Arbeiten mit schweren Lasten (Nr. 1).** Schwangere dürfen Lasten von mehr als 5 kg nicht regelmäßig (= mehr als nur gelegentlich) ohne mechanische Hilfsmittel heben oder bewegen. Geringere Lasten zu bewegen ist damit nicht automatisch zulässig, sondern kann „schwere" Arbeit (Abs. 1) darstellen. Größere Lasten bis zu 10 kg dürfen ohne mechanische Hilfsmittel nur selten, mit Hilfsmitteln nur dann bewegt werden, wenn keine größere Belastung damit verbunden ist.

10 **2. Arbeiten im Stehen (Nr. 2).** Nach Ablauf des 5. Schwangerschaftsmonats ist eine Arbeit untersagt, die ständiges Stehen erfordert. Daß eine Sitzgelegenheit zum kurzen Ausruhen (§ 2 II) vorhanden ist, ändert an der Unzulässigkeit einer längeren als 4-stündigen stehenden Tätigkeit nichts. Arbeiten, die überwiegendes Gehen verlangen, sind nicht verboten; nach Ansicht des BAG (25. 6. 1970 AP BSeuchG § 18 Nr. 1) gilt dasselbe für Tätigkeiten einer Verkäuferin, die teils im Gehen teils im Stehen verrichtet wird.

11 **3. Arbeiten in erschwerter Körperhaltung (Nr. 3).** Verboten sind Tätigkeiten, die häufiges Strecken oder Beugen oder dauerndes Hocken oder sich Bücken verlangt, nicht aber nur gelegentliche Tätigkeit in solcher Körperhaltung.

12 **4. Arbeiten mit hoher Fußbeanspruchung (Nr. 4).** Das Verbot umfaßt insb. die Tätigkeit an Maschinen, die mit den Füßen angetrieben oder bedient werden, solange es sich dabei nicht nur um leicht zu bedienende, zB elektrische Schalter handelt.

V. Weitere Verbote (Abs. 4 und 5) **§ 4 MuSchG 500**

5. Schälen von Holz (Nr. 5). Das manuelle oder maschinelle Entfernen von Rinde, Borke oder Bast 13
ist Schwangeren untersagt, weil und insoweit es erheblichen Einsatz von Körperkraft fordert und eine
besondere Gefährdung durch Holzstaub begründen kann.

6. Gefahr von Berufskrankheiten (Nr. 6). Verboten sind Tätigkeiten, die für Schwangere ein über 14
das „normale" Maß hinausgehendes Risiko einer Berufskrankheit schaffen, zB von Toxoplasmose oder
Hepatitis, oder bei denen eine Berufskrankheit eine besondere Gefährdung für Mutter oder Kind
verursachen könnte, zB Umgang mit Benzol, Lösungsmitteln oder Strahlen.

7. Arbeiten auf Beförderungsmitteln (Nr. 7). Verboten sind alle Tätigkeiten auf oder in Fahr- 15
zeugen aller Art (BAG 22. 4. 1998 NZA 1998, 936), unabhängig von deren Größe oder Bauart, ab dem
3. Schwangerschaftsmonat. Die Arbeit muß allerdings schwerpunktmäßig im Zusammenhang mit dem
Beförderungsmittel (Kfz, Straßenbahn, Aufzug, Flugzeug usw.) stehen, der bloße Anfahrtsweg genügt
nicht.

8. Arbeiten mit erhöhter Unfallgefahr (Nr. 8). Danach sind solche Tätigkeiten verboten, durch 16
die die Gefahr eines Schadens für Mutter und Kind erhöht wird, unabhängig davon, ob die Gefährdung allein aus der Tätigkeit resultiert oder nur infolge der Schwangerschaft erhöht ist. Wie sich aus
den aufgezählten Beispielen ergibt, sind nur solche Tätigkeiten verboten, die dementsprechend gefährlich sind, insb. Arbeiten auf Leitern, Gerüsten, Podesten oder auf dem Dach bzw. auf schwankendem
Untergrund.

IV. Akkord- und Fließarbeit (Abs. 3)

Verboten sind Tätigkeiten, bei denen sich ein erhöhtes Arbeitstempo unmittelbar auf die Entloh- 17
nung auswirkt, um die Schwangere vor einer Überforderung ihrer Kräfte zu schützen. Die Aufsichtsbehörde kann jedoch Ausnahmen bewilligen, wenn die Art der Arbeit und das Arbeitstempo eine
Gefährdung unwahrscheinlich machen.

1. Akkordarbeit und sonstige tempoabhängige Arbeit (Nr. 1). Durch Nr. 1 sollen nicht be- 18
stimmte **Tätigkeiten**, sondern nur alle **Entlohnungsformen** untersagt werden, für die nicht die Dauer
der Arbeitszeit, sondern die erbrachte Arbeitsmenge Berechnungsgrundlage ist. Jede Art von Akkord
(Stück-, Zeit-, Geld-, Einzel-, Gruppenakkord) ist demnach für Schwangere unzulässig. Neben dem
Akkord sind auch alle vergleichbaren tempoabhängigen Entlohnungsformen verboten, insb. Prämien-
systeme, sofern sie einen Anreiz zur Steigerung der Arbeitsmenge oder der Arbeitsgeschwindigkeit
setzen (BAG 25. 5. 1983 BB 1984, 277), nicht aber Qualitätsprämien. Die Vereinbarung einer nach
Nr. 1 unzulässigen Entlohnungsform führt nicht gem. § 134 BGB zur Nichtigkeit des Arbeitsvertrages, der Schwangeren ist vielmehr die (oder eine andere) Tätigkeit im Zeitlohn zu vergüten (BAG 9. 8.
1963 AP MuSchG § 10 Nr. 3).

2. Fließarbeit (Nr. 2). Verboten ist für Schwangere die Tätigkeit am Laufband, dh. örtlich fort- 19
schreitende, zeitlich vorgegebene, aufeinander abgestimmte Folge von Arbeitsschritten, bei denen
jeder Beschäftigte auf die planmäßige Erledigung der vorangegangenen Teilschritte unmittelbar angewiesen ist. Hat die technische Einrichtung dagegen lediglich Transportfunktion ohne Einfluß auf das
Arbeitstempo, ist kein Beschäftigungsverbot angezeigt.

3. Ausnahmebewilligung (Abs. 3 S. 2). Die Aufsichtsbehörde kann auf Antrag des AG Ausnahmen 20
vom Verbot des Abs. 3 bewilligen, wenn der Gesundheitszustand von Mutter und Kind das rechtfertigt. Zu dieser Feststellung ist idR ein medizinisches Gutachten erforderlich. Auf die Bewilligung der
Ausnahme besteht kein Rechtsanspruch, sie steht im pflichtgemäßen Ermessen der Behörde (BVerwG
8. 7. 1964 AP JArbSchG § 38 Nr. 1; einschränkend *Meisel/Sowka* Rn. 47 ff.). Die Bewilligung kann
individuell oder für ganze Abteilungen bzw. Betriebe erteilt, mit Auflagen oder Bedingungen versehen
oder befristet werden.

V. Weitere Verbote (Abs. 4 und 5)

Generelle Beschäftigungsverbote können gem. Abs. 4 von der BReg. durch Rechtsverordnung 21
geschaffen werden. Auf dieser Grundlage sind bestimmte Arbeiten in der GefahrstoffV, der RöntgenV
und der StrahlenschutzV verboten worden (Abs. 4 Nr. 2). Auf den Einzelfall bezogene Verbote
können gem. Abs. 5 durch die Aufsichtsbehörde verhängt werden. Die Aufsichtsbehörde ist auch für
die Konkretisierung der gesetzlichen oder durch Verordnung geschaffenen Beschäftigungsverbote
zuständig (Abs. 5). Auf Antrag kann ein Feststellungsbescheid dazu ergehen, ob eine Arbeit dem
Beschäftigungsverbot unterliegt (BVerwG 27. 5. 1993 NJW 1994, 401).

Schlachter

§ 5 Mitteilungspflicht, ärztliches Zeugnis

(1) ¹ Werdende Mütter sollen dem Arbeitgeber ihre Schwangerschaft und den mutmaßlichen Tag der Entbindung mitteilen, sobald ihnen ihr Zustand bekannt ist. ² Auf Verlangen des Arbeitgebers sollen sie das Zeugnis eines Arztes oder einer Hebamme vorlegen. ³ Der Arbeitgeber hat die Aufsichtsbehörde unverzüglich von der Mitteilung der werdenden Mutter zu benachrichtigen. ⁴ Er darf die Mitteilung der werdenden Mutter Dritten nicht unbefugt bekanntgeben.

(2) ¹ Für die Berechnung der in § 3 Abs. 2 bezeichneten Zeiträume vor der Entbindung ist das Zeugnis eines Arztes oder einer Hebamme maßgebend; das Zeugnis soll den mutmaßlichen Tag der Entbindung angeben. ² Irrt sich der Arzt oder die Hebamme über den Zeitpunkt der Entbindung, so verkürzt oder verlängert sich diese Frist entsprechend.

(3) Die Kosten für die Zeugnisse nach den Absätzen 1 und 2 trägt der Arbeitgeber.

I. Normzweck

1   Die AN „soll" den AG von ihrer Schwangerschaft informieren, sobald sie sie kennt. Dadurch wird am ehesten gewährleistet, daß der AG tatsächlich von den nunmehr einsetzenden Schutzpflichten nach dem MuSchG erfährt. Die Schutzpflichten bestehen zwar unabhängig von der konkreten Mitteilung, doch können sie nur bei Kenntnis erfüllt, bzw. kann ihre Nichterfüllung nur dann sanktioniert werden. § 5 normiert dennoch keine erzwingbare, sanktionsbewehrte **Mitteilungspflicht** der Schwangeren, sondern eine dringende gesetzliche Empfehlung (BAG 13. 6. 1996 NZA 1996, 1154, 1156). Als arbeitsvertragliche Nebenpflicht folgt im Einzelfall die Verpflichtung, die Dispositionsinteressen des AG zu berücksichtigen. Für eine Schadensersatzpflicht der AN bei unterlassener Mitteilung: *Meisel/Sowka* Rn. 19; *Buchner/Becker* Rn. 73. Trotz des beachtlichen Gewichtes, das dem Interesse der Schwangeren an der Entscheidung zukommt, ob sie ihre persönlichen Verhältnisse offenbaren will, ist eine vertragliche Nebenpflicht bei gesteigertem Interesse des AG an frühzeitiger Information anzunehmen, zB bei Beschäftigten in herausgehobener Position.

II. Mitteilung der Schwangeren

2   **1. Mitteilung der Schwangerschaft.** Innerhalb eines bestehenden Arbeitsverhältnisses soll die Schwangere dem AG Mitteilung machen. Eine Information an einen Vorgesetzten mit Personalverantwortung, an die Personalabteilung oder einen Vertreter des AG genügt. Mitgeteilt werden soll die Schwangerschaft sowie der voraussichtliche Entbindungstermin, auch die Mitteilung einer nur vermuteten Schwangerschaft genügt. Eine nicht hinreichend verständliche Mitteilung kann der AG zurückweisen (BAG 13. 4. 1956 AP MuSchG § 9 Nr. 9). Als Zeitpunkt der Mitteilung sieht § 5 die Kenntnis der Schwangeren vor, allerdings wieder ohne Begründung einer Rechtspflicht; kann eine Mitteilungspflicht aus dem Vertragsverhältnis abgeleitet werden (Rn. 1), müssen die betrieblichen Erfordernisse auch hinsichtlich des Zeitpunktes beachtet werden. Eine bestimmte Form ist nicht einzuhalten.

3   **2. Vorlage eines Zeugnisses.** Ist die Mitteilung nicht bereits selbst durch Vorlage eines ärztlichen Zeugnisses erfolgt, ist dies auf Verlangen des AG nachzureichen (Abs. 1 S. 2). Auch diese Vorschrift ist als Sollbestimmung gefaßt, begründet also keine Rechtspflicht (BAG 6. 6. 1974 AP MuSchG 1968 § 9 Nr. 3), doch kann der Nachweis zugleich als Nebenpflicht aus dem Arbeitsvertrag betrachtet werden, zB bei Beschäftigungsverboten oder bei Kündigung. Das Zeugnis kann jeder Arzt oder eine Hebamme ausstellen. Dem Zeugnis kommt gem. Abs. 2 Verbindlichkeit für die Berechnung des 6-Wochen-Zeitraums gem. § 3 II zu, selbst wenn sich der Arzt oder die Hebamme über den Entbindungstermin getäuscht haben sollte. Damit wird das Risiko der nicht hinreichend sicheren Bestimmbarkeit des Geburtstermins endgültig auf die Arbeitsvertragsparteien verteilt. Die Kosten der Zeugnisse trägt der AG (Abs. 3), soweit der Schwangeren dafür Kosten entstehen; gesetzlich krankenversicherte Frauen haben Anspruch auf Leistungen zur Feststellung der Schwangerschaft gegen die Krankenkassen, dh. auf Übernahme der Kosten für Untersuchung und Bescheinigung. Die Kosten für nicht auf Veranlassung des AG beigebrachte Zeugnisse sollen dagegen nach hM von ihm nicht erstattet werden (*Buchner/Becker* Rn. 100; *Meisel/Sowka* Rn. 14; aA *Heilmann* Rn. 56). Dem ist nicht zu folgen: Abs. 3 verweist nicht nur auf Abs. 1, sondern auch auf Abs. 2, der die Vorlage eines ärztlichen Zeugnisses gerade nicht von einem entsprechenden Verlangen des AG abhängig macht.

4   **3. Benachrichtigung der Aufsichtsbehörde (Abs. 1 S. 3).** Hat die Schwangere dem AG Mitteilung von ihrem Zustand gemacht, hat er unverzüglich die zuständige Aufsichtsbehörde (§ 20) zu benachrichtigen. Diese Verpflichtung ist gem. § 21 I Nr. 6 sanktionsbewehrt.

5   **4. Unbefugte Bekanntgabe (Abs. 1 S. 4).** Über die in S. 3 genannte Benachrichtigung hinaus darf der AG die Mitteilung der Schwangeren nicht unbefugt bekannt geben. Daneben besteht eine inhalts-

gleiche vertragliche Nebenpflicht, so daß auch dem AG, der auf andere Weise von der Schwangerschaft Kenntnis erlangt, deren unbefugte Bekanntgabe untersagt ist. Eine zulässige befugte Bekanntgabe setzt ein Einverständnis der Betroffenen oder ein berechtigtes Interesse des AG voraus, etwa an der Beachtung der gesetzlichen Schutzpflichten durch seine Beauftragten oder die Vorgesetzten der Schwangeren. Nach Ansicht der Rspr. muß der AG dem BR, auch unaufgefordert, Mitteilung von Schwangerschaften machen (BAG 17. 3. 1987 AP BetrVG 1972 § 80 Nr. 29 = NZA 1987, 747; aA jedoch BVerwG AP BPersVG § 68 Nr. 2 = NJW 1991, 373); wenn die Schwangere diese Mitteilung ausdrücklich nicht wünscht, hat ihr Persönlichkeitsrecht aber Vorrang vor dem Informationsanspruch des BR aus § 89 II BetrVG (*Hey* RdA 1995, 298).

III. Mitteilung einer Schwangerschaft vor Vertragsschluß

Eine mutterschutzrechtlich oder mit der Treuepflicht begründete Verpflichtung zur ungefragten 6 Offenbarung einer bestehenden Schwangerschaft kommt vor Vertragsschluß idR nicht in Betracht. Doch hatte die hM ein entsprechendes Fragerecht des AG bejaht, so daß bei wahrheitswidriger Antwort der Schwangeren der Vertrag angefochten werden konnte (BAG 22. 9. 1961 BB 1961, 1237). Mit Einführung des § 611 a BGB und aufgrund der Rspr. des EuGH ist diese Ansicht aufgegeben worden. Vor Vertragsschluß enthält die Frage nach einer Schwangerschaft der Bewerberin idR eine unmittelbare Benachteiligung wegen des Geschlechts (BAG 15. 10. 1992 AP BGB § 611 a Nr. 8 = NZA 1993, 257), da sie auf die Nichteinstellung einer schwangeren Bewerberin zielt (BAG 20. 2. 1986 AP BGB § 123 Nr. 31) und somit spezifisch die Einstellungschancen von Frauen vermindert. Danach ist die Frage unzulässig, falls nicht eine Ausnahmesituation vorliegt; zu den – geringeren – Anforderungen des Gemeinschaftsrechts vgl. aber § 611 a BGB Rn. 12. Das BAG erkennt eine Ausnahme an, wenn die Beschäftigung gesundheitliche Risiken für Mutter oder Kind bedeuten würde (1. 7. 1993 AP BGB § 123 Nr. 36: Tätigkeit in einer Praxis für Labormedizin, die den Umgang mit infektiösem Material erfordert). Eine Ausnahme iSd. Art. 2 Abs. 3 RL 76/207 ist das jedoch nicht, da das Fragerecht keine Schutznorm zugunsten von Frauen enthält; Mutterschutz vor gefährdenden Tätigkeiten wird aufgrund von §§ 3 I, 4 durch Beschäftigungsverbote bei Bestand des Arbeitsverhältnisses verwirklicht. Die Ausnahmen müßten daher auf eine andere Grundlage gestützt werden: Ein Fragerecht besteht, wenn die Austauschgerechtigkeit des Arbeitsverhältnisses durch die Pflicht zur Übernahme der Mutterschutzlasten durch den AG über das vom MuSchG und dem Gleichberechtigungsgebot geforderte Maß hinaus beeinträchtigt würde. Das trifft zu für Schwangerschaft während befristetem Arbeitsverhältnis (BAG 8. 9. 1988 AP MuSchG 1968 § 8 Nr. 1); nach Ansicht der Rspr. auch für anfängliche Beschäftigungsverbote (BAG 8. 9. 1988 NZA 1989, 178; 1. 7. 1993 AP BGB § 123 Nr. 36; *Buchner/Becker* Rn. 44).

§ 6 Beschäftigungsverbote nach der Entbindung

(1) ¹Wöchnerinnen dürfen bis zum Ablauf von acht Wochen nach der Entbindung nicht beschäftigt werden. ²Für Mütter nach Früh- und Mehrlingsgeburten verlängert sich diese Frist auf zwölf Wochen, bei Frühgeburten zusätzlich um den Zeitraum, der nach § 3 Abs. 2 nicht in Anspruch genommen werden konnte. ³Beim Tode ihres Kindes kann die Mutter auf ihr ausdrückliches Verlangen schon vor Ablauf dieser Fristen wieder beschäftigt werden, wenn nach ärztlichem Zeugnis nichts dagegen spricht. ⁴Sie kann ihre Erklärung jederzeit widerrufen.

(2) Frauen, die in den ersten Monaten nach der Entbindung nach ärztlichem Zeugnis nicht voll leistungsfähig sind, dürfen nicht zu einer ihre Leistungsfähigkeit übersteigenden Arbeit herangezogen werden.

(3) ¹Stillende Mütter dürfen mit den in § 4 Abs. 1, 2 Nr. 1, 3, 4, 5, 6 und 8 sowie Abs. 3 Satz 1 genannten Arbeiten nicht beschäftigt werden. ²Die Vorschriften des § 4 Abs. 3 Satz 2 und 3 sowie Abs. 5 gelten entsprechend.

I. Normzweck

Die zwingend ausgestaltete Schutzfrist nach der Entbindung nimmt Rücksicht auf die Schonungsbedürftigkeit einer Mutter nach der Geburt. Sie steht deshalb auch sogenannten „Leihmüttern" zu, nach Ansicht der Rspr. jedoch nicht den Adoptivmüttern (BSG 3. 6. 1981 BB 1982, 50). Dabei soll der Mutter Gelegenheit gegeben werden, den Kontakt zum Kind herzustellen und zu vertiefen. Da die nachgeburtliche Regenerationsphase bei Früh- und Mehrgeburten, letzterenfalls auch der Betreuungsaufwand, vergleichsweise höher liegt als im Normalfall, wird die Schutzfrist durch Abs. 1 S. 2 verlängert. Besonders gesundheitlich belastete Mütter können im Anschluß an die Schutzfrist noch Schonzeiten gem. Abs. 2 in Anspruch nehmen.

II. Generelles Beschäftigungsverbot (Abs. 1)

2   1. **Entbindung. a)** Als Entbindung gilt zumindest jede Lebendgeburt von der „Trennung der Leibesfrucht vom Mutterleib" an (BAG 16. 2. 1973 AP MuSchG 1968 § 9 Nr. 2; LSG Niedersachsen 3. 3. 1987 NZA 1987, 544). Ob auch eine anderweitige Beendigung der Schwangerschaft „Entbindung" ist, kann gem. § 29 II AusfVO Personenstandsgesetz (BGBl. I 1994 S. 621) beurteilt werden. Danach gilt die Leibesfrucht als (totgeborenes oder in der Geburt verstorbenes) Kind, wenn sie mindestens 500 g wiegt. Eine Entbindung ist in diesen Fällen zu bejahen. Dagegen gilt eine totgeborene Leibesfrucht von geringerem Körpergewicht als Fehlgeburt, § 29 III AusfVO, die gerade keine Entbindung iSd. MuSchG bedeutet (*Buchner/Becker* § 1 Rn. 137; *Ullmann* NJW 1994, 544; aA *Heilmann* Rn. 7). Sie wird einer Entbindung auch nicht hinsichtlich des Kündigungsschutzes gleichgestellt (BAG 16. 2. 1973 AP MuSchG 1968 § 9 Nr. 2; BSG 17. 4. 1991 NZA 1991, 909 f.). Ebensowenig ist ein Schwangerschaftsabbruch der Entbindung gleichzustellen.

3   **b)** Eine **Frühgeburt** liegt vor, wenn das Kind (bei Mehrlingsgeburten: das schwerste) bei der Geburt weniger als 2500 g wiegt (BAG 12. 3. 1997 NZA 1997, 764), oder die medizinisch festgelegten Reifezeichen noch nicht ausgebildet sind (*Marburger* BB 1997, 522). Die erforderlichen Feststellungen sind vom Arzt oder der Hebamme zu treffen (aA *Heilmann* Rn. 17, der auf eine Geburt vor Ablauf der 38. Schwangerschaftswoche abstellt). Totgeburten werden, wenn sie Frühgeburten sind, dem besonderen Schutz nach S. 2 unterstellt (BSG 15. 5. 1974 BSGE 37, 216), obwohl das Schutzbedürfnis der Mutter bei einer verfrühten Totgeburt nicht höher ist als bei einer späteren.

4   **c)** Eine **Mehrlingsgeburt** liegt vor, wenn in einem Geburtsakt mehr als ein Kind geboren wurde, unabhängig ob es sich um Lebend- oder Totgeburten handelt.

5   **2. Verbotsinhalt.** Die Beschäftigung einer Mutter während der Schutzfristen des Abs. 1 ist zwingend verboten, eine Einwilligung der Betroffenen ändert daran nichts (BAG 14. 10. 1954 AP MuSchG § 1 Nr. 1). Abs. 1 S. 3 sieht lediglich eine Ausnahme für die Beschäftigung von Müttern nach dem Tod des Kindes vor, wenn diese es – jederzeit frei widerruflich – ausdrücklich verlangen. Die Mutter kann die vorzeitige Beschäftigung nur verlangen, wenn nach ärztlichem Zeugnis nichts dagegen spricht. Der AG ist indessen nicht verpflichtet, das Angebot der Mutter anzunehmen; er braucht auch die Kosten für das ärztliche Zeugnis nicht zu übernehmen.

6   **a)** Die **Dauer der Schutzfrist** beträgt 8 Wochen, bei Mehrlings- und Frühgeburten 12 Wochen, unabhängig vom Gesundheitszustand der Mutter. Bei Frühgeburten verlängert sich zusätzlich die Schutzfrist um den Zeitraum, der gem. § 3 II nicht in Anspruch genommen werden konnte, Abs. 1 S. 2. Rechenbeispiel: Hat die Schwangere tatsächlich 30 Tage früher als gem. § 5 II vom Arzt geschätzt wurde entbunden, dann verlängert sich die Schutzfrist von 12 Wochen nach der Entbindung um weitere 30 Tage (*Marburger* BB 1997, 521). Die Mutter erhält den Fristanteil zurück, der ihr durch die früher als errechnet erfolgte Entbindung verlorengegangen ist. Die Unabdingbarkeit der nachgeburtlichen Schutzfrist muß auch für diesen Verlängerungszeitraum gelten, obwohl die Schwangere auf § 3 II hätte verzichten können; die Verlängerung gem. Abs. 1 ist aber wegen der typischerweise hohen Belastung durch Frühgeburten idR erforderlich. Die Schutzfrist beginnt am auf die Entbindung folgenden Tage, § 187 I BGB, der durch Vorlage der Geburtsurkunde oder einer ärztlichen Bescheinigung nachzuweisen ist.

7   **b)** Während der Schutzfrist ruhen die Hauptpflichten aus dem Arbeitsverhältnis, auch die Pflicht zur Zahlung von Sozialversicherungsbeiträgen. Die Mutter erhält statt dessen Mutterschaftsgeld von der Krankenkasse, gegebenenfalls den Mutterschaftszuschuß (§§ 13 f.) vom AG.

III. Individuelles Beschäftigungsverbot (Abs. 2)

8   Ist die AN nach Ablauf der Schutzfrist (Abs. 1) nicht arbeitsfähig, sind die Vorschriften über Krankheit im Arbeitsverhältnis einschlägig. Ist sie dagegen zwar arbeitsfähig, aber nach ärztlichem Zeugnis noch nicht voll leistungsfähig, darf sie nicht mit Arbeiten beschäftigt werden, die ihre Fähigkeit übersteigen; die Leistungsminderung muß im Zusammenhang mit der Mutterschaft stehen. Das ärztliche (nicht ausreichend: Hebamme) Zeugnis soll nicht nur die Leistungseinschränkung, sondern auch die nicht zulässigen Tätigkeiten bescheinigen (*Buchner/Becker* Rn. 38). Die Dauer des Beschäftigungsverbots soll sich am individuellen gesundheitlichen Zustand der Betroffenen orientieren. Eine zeitliche Konkretisierung des Verbotsumfanges wird durch ärztliche Entscheidung darüber getroffen, inwieweit die Entbindung für die andauernde Minderleistungsfähigkeit mit ursächlich ist; sie muß freilich den im Wortlaut verankerten engen zeitlichen Zusammenhang zur Entbindung wahren (*Meisel/Sowka* Rn. 19: 4 Monate; *Zmarzlik/Zipperer/Viethen* Rn. 48: 6 Monate nach der Entbindung).

IV. Beschäftigungsverbote für stillende Mütter (Abs. 3)

9   Die generellen, zwingenden Beschäftigungsverbote des § 4, die vom AG in eigener Verantwortung und ohne Vorlage eines ärztlichen Zeugnisses zu beachten sind, gelten mit Ausnahme von § 4 II Nr. 2,

Stillzeit § 7 MuSchG 500

7 auch für stillende Mütter. Dies gilt nur solange, wie sie stillen, und zwar zeitlich durch die allgemeinen vertraglichen Rücksichtnahmepflichten begrenzt; die Ausführungen zur ersatzweisen Beschäftigung mit nicht verbotener Tätigkeit (§ 3 Rn. 4) gelten entsprechend. Der AG muß sich vor Beschäftigungsbeginn vergewissern, ob die Mutter noch stillt; dafür kann ein ärztlicher oder sonst geeigneter Nachweis verlangt werden, sofern die Kosten übernommen werden (*Buchner/Becker* Rn. 30; aA *Meisel/Sowka* Rn. 23). Das Verbot endet, sobald die Mutter nicht mehr stillt; dies hat sie dem AG sofort mitzuteilen.

V. Arbeitsentgelt

Wenn eine Mutter dem Beschäftigungsverbot aus Abs. 1 unterliegt, erhält sie Mutterschaftsgeld und 10 gegebenenfalls Zuschuß (vgl. Rn. 7). Soweit sie wegen eines Verbotes gem. Abs. 2 und 3 aussetzt oder die Beschäftigung bzw. die Entlohnungsart wechselt, hat sie Anspruch auf Mutterschutzlohn gem. § 11.

§ 7 Stillzeit

(1) ¹Stillenden Müttern ist auf ihr Verlangen die zum Stillen erforderliche Zeit, mindestens aber zweimal täglich eine halbe Stunde oder einmal täglich eine Stunde freizugeben. ²Bei einer zusammenhängenden Arbeitszeit von mehr als acht Stunden soll auf Verlangen zweimal eine Stillzeit von mindestens fünfundvierzig Minuten oder, wenn in der Nähe der Arbeitsstätte keine Stillgelegenheit vorhanden ist, einmal eine Stillzeit von mindestens neunzig Minuten gewährt werden. ³Die Arbeitszeit gilt als zusammenhängend, soweit sie nicht durch eine Ruhepause von mindestens zwei Stunden unterbrochen wird.

(2) ¹Durch die Gewährung der Stillzeit darf ein Verdienstausfall nicht eintreten. ²Die Stillzeit darf von stillenden Müttern nicht vor- oder nachgearbeitet und nicht auf die in dem Arbeitszeitgesetz oder in anderen Vorschriften festgesetzten Ruhepausen angerechnet werden.

(3) Die Aufsichtsbehörde kann in Einzelfällen nähere Bestimmungen über Zahl, Lage und Dauer der Stillzeiten treffen; sie kann die Einrichtung von Stillräumen vorschreiben.

(4) ¹Der Auftraggeber oder Zwischenmeister hat den in Heimarbeit Beschäftigten und den ihnen Gleichgestellten für die Stillzeit ein Entgelt von 75 vom Hundert eines durchschnittlichen Stundenverdienstes, mindestens aber 0,75 Deutsche Mark für jeden Werktag zu zahlen. ²Ist die Frau für mehrere Auftraggeber oder Zwischenmeister tätig, so haben diese das Entgelt für die Stillzeit zu gleichen Teilen zu gewähren. ³Auf das Entgelt finden die Vorschriften der §§ 23 bis 25 des Heimarbeitsgesetzes vom 14. März 1951 (BGBl. I S. 191) über den Entgeltschutz Anwendung.

I. Normzweck

Die Vorschrift soll die Ernährung des Kindes mit Muttermilch fördern, die aus gesundheitlichen 1 Gründen während der ersten Lebensmonate überwiegend als zweckmäßig angesehen wird. Ein Anspruch auf Stillzeit ist dafür jedoch nur erforderlich, wenn die Mutter wieder erwerbstätig ist (BAG 3. 7. 1985 AP MuSchG 1968 § 7 Nr. 1) und die Stillzeiten innerhalb der Arbeitszeit liegen (BVerwG 30. 6. 1988 NJW 1988, 3030).

II. Stillzeiten

1. Anspruchsvoraussetzungen. Anspruchsberechtigt sind nur stillende Mütter, die während der 2 Arbeitszeit ihr eigenes Kind tatsächlich stillen. Verlangt der AG einen Nachweis, hat er die Kosten für die Bescheinigung zu tragen (*Zmarzlik/Zipperer/Viethen* Rn. 3; aA *Meisel/Sowka* Rn. 4). Die Stillzeit braucht nur auf Verlangen der Mutter gewährt zu werden. Eine Begrenzung auf ein maximales Lebensalter des Kindes ist nicht vorgesehen, ergibt sich jedoch unter Beachtung des Normzweckes „Gesundheitsschutz" aus der nach medizinischer Sicht erforderlichen Dauer der Stillperiode (LAG Niedersachsen 29. 10. 1987 NZA 1988, 312: bis zum 12. Lebensmonat; aA LAG Baden-Württemberg 3. 11. 1989 AiB 1990, 266; offengelassen BVerwG 30. 6. 1988 NJW 1988, 3030).

2. Die Dauer der Stillzeit orientiert sich am konkreten Fall („erforderliche" Zeit), ist also abhängig 3 von betrieblichen Kinderbetreuungseinrichtungen oder dem Weg zwischen Wohnung und Betrieb und dem Zeitbedarf beim Stillen, Säubern und Umkleiden des Kindes. Die Mutter ist verpflichtet, zumutbare organisatorische Maßnahmen zu ergreifen, die die Belastung des Betriebes zeitlich im Rahmen halten (BAG 3. 7. 1985 DB 1986, 129). Die Mindeststillzeit beträgt zweimal täglich eine halbe oder einmal täglich eine Stunde (Abs. 1 S. 2). Von der Dauer der vertraglichen Arbeitszeit hängt dieser Anspruch nicht ab. Lediglich bei einer zusammenhängenden (vgl. aber Abs. 1 S. 3) Arbeitszeit von mehr als 8 Stunden soll die verlängerte Stillzeit des Abs. 1 S. 2 gewährt werden. Hierbei handelt es sich um eine Soll-Vorschrift, dh. nicht um eine pauschal gewährte Zeitspanne, sondern eine Verlängerung, die im konkreten Fall auch zum Stillen benötigt werden muß. Das Fehlen dieser Voraussetzung ist vom AG nachzuweisen, wenn er die Verlängerung verweigert.

4 **3. Entgeltregelung (Abs. 2).** Stillzeiten müssen in jeder Hinsicht auf die Arbeitszeit angerechnet werden; daher dürfen sie weder vor- noch nachgearbeitet oder auf Ruhepausen angerechnet werden, und es darf zu keiner Verdienstminderung kommen. Die Lohnausfallerstattung umfaßt auch Zulagen und Prämien, nicht aber Aufwendungsersatz.

5 **4. Maßnahmen der Aufsichtsbehörde (Abs. 3).** Auf Wunsch der Mutter oder des AG kann die Aufsichtsbehörde Zahl, Lage oder Dauer der Stillzeiten näher bestimmen oder die Einrichtung von Stillräumen vorschreiben.

6 **5. Verstoß.** Sanktionsdrohungen bestehen nach Maßgabe des § 21 I Nr. 2, 5; die Beachtung der Entgeltbestimmung in Abs. 2 S. 1 ist nicht sanktionsbewehrt, hier ist die Mutter auf den Klageweg verwiesen. Wird ihr die erforderliche Stillzeit nicht gewährt, ist ein Leistungsverweigerungsrecht ohne Minderung des Entgelts begründet.

III. Heimarbeit (Abs. 4)

7 Freizeit braucht der Heimarbeiterin nicht gewährt zu werden, Abs. 4 ist daher auf den Entgeltschutz begrenzt und gesetzlich auf 75% eines durchschnittlichen „Stundenverdienstes" pauschaliert. Nach dem Schutzzweck der Norm ist auch bei der (üblichen) Stücklohnvereinbarung 75% des Durchschnittsverdienstes zu gewähren (*Buchner/Becker* Rn. 41; *Zmarzlik/Zipperer/Viethen* Rn. 14; aA *Meisel/Sowka* Rn. 23), da die genannte Mindestgrenze von 0,75 DM pro Werktag der Lohnsicherungsfunktion des Abs. 2 nicht gerecht würde.

§ 8 Mehrarbeit, Nacht- und Sonntagsarbeit

(1) Werdende und stillende Mütter dürfen nicht mit Mehrarbeit, nicht in der Nacht zwischen 20 und 6 Uhr und nicht an Sonn- und Feiertagen beschäftigt werden.

(2) ¹Mehrarbeit im Sinne des Absatzes 1 ist jede Arbeit, die
1. von Frauen unter 18 Jahren über 8 Stunden täglich oder 80 Stunden in der Doppelwoche,
2. von sonstigen Frauen über 8½ Stunden täglich oder 90 Stunden in der Doppelwoche,
hinaus geleistet wird. ²In die Doppelwoche werden die Sonntage eingerechnet.

(3) Abweichend vom Nachtarbeitsverbot des Absatzes 1 dürfen werdende Mütter in den ersten vier Monaten der Schwangerschaft und stillende Mütter beschäftigt werden
1. in Gast- und Schankwirtschaften und im übrigen Beherbergungswesen bis 22 Uhr,
2. in der Landwirtschaft mit dem Melken von Vieh ab 5 Uhr,
3. als Künstlerinnen bei Musikaufführungen, Theatervorstellungen und ähnlichen Aufführungen bis 23 Uhr.

(4) Im Verkehrswesen, in Gast- und Schankwirtschaften und im übrigen Beherbergungswesen, im Familienhaushalt, in Krankenpflege- und in Badeanstalten, bei Musikaufführungen, Theatervorstellungen, anderen Schaustellungen, Darbietungen oder Lustbarkeiten dürfen werdende oder stillende Mütter, abweichend von Absatz 1, an Sonn- und Feiertagen beschäftigt werden, wenn ihnen in jeder Woche einmal eine ununterbrochene Ruhezeit von mindestens 24 Stunden im Anschluß an eine Nachtruhe gewährt wird.

(5) ¹An in Heimarbeit Beschäftigte und ihnen Gleichgestellte, die werdende oder stillende Mütter sind, darf Heimarbeit nur in solchem Umfang und mit solchen Fertigungsfristen ausgegeben werden, daß sie von der werdenden Mutter voraussichtlich während einer achtstündigen Tagesarbeitszeit, von der stillenden Mutter voraussichtlich während einer 7¼stündigen Tagesarbeitszeit an Werktagen ausgeführt werden kann. ²Die Aufsichtsbehörde kann in Einzelfällen nähere Bestimmungen über die Arbeitsmenge treffen; falls ein Heimarbeitsausschuß besteht, hat sie diesen vorher zu hören.

(6) Die Aufsichtsbehörde kann in begründeten Einzelfällen Ausnahmen von den vorstehenden Vorschriften zulassen.

I. Normzweck und Rechtscharakter

1 § 8 enthält ein generelles Beschäftigungsverbot für bestimmte, besonders belastende Arbeitszeiten. Verboten ist damit nicht nur das Anordnen, sondern auch das Entgegennehmen von Arbeit in den genannten Zeiträumen. Die Ausnahme für Beschäftigte in Familienhaushalten und der Landwirtschaft ist daher nicht zwingend und werden auch durch Einverständnis der AN nicht beseitigt (BAG 24. 6. 1960 AP MuSchG § 8 Nr. 1; zu vor Beginn der Schwangerschaft getroffenen Absprachen BAG 8. 8. 1990 NJW 1991, 62). Die zulässigen Ausnahmen

sollen den Interessen solcher Betriebe gerecht werden, in denen traditionell so viele Frauen beschäftigt werden, daß mit häufigen Mutterschaftsfällen gerechnet wird. Deren Mutterschutz kann dann gegebenenfalls nur über § 3 I gewährleistet werden.

II. Mehrarbeit (Abs. 2)

Abs. 2 enthält eine eigenständige mutterschutzrechtliche Definition der Mehrarbeit; abw. tarifliche oder vertragliche Arbeitszeitregelungen sind für das Beschäftigungsverbot daher nicht maßgebend.

1. Mehrarbeit generell (Abs. 2 Nr. 2). Mehrarbeit ist grds. untersagt, wenn sie 8 Stunden täglich oder 90 Stunden in der Doppelwoche überschreitet; Sonntagsarbeit ist in dem Umfang, in dem sie geleistet wurde, einzurechnen (Abs. 2 S. 2). Diese Höchstarbeitszeit kann aber nur in den Grenzen des ArbZG und des JArbSchG ausgeschöpft werden. Daß die wegen eines gesetzlichen Feiertages ausgefallene Arbeitszeit auf die zulässige Höchstarbeitszeit anzurechnen ist, ist nur in § 4 IV 2 JArbSchG bestimmt; nach hM ist daraus für erwachsene AN der Umkehrschluß zu ziehen (*Meisel/Sowka* Rn. 16; *Buchner/Becker* Rn. 15; *Zmarzlik/Zipperer/Viethen* Rn. 17; aA *Heilmann* Rn. 11). Danach dürfte die infolge eines Feiertages ausgefallene Arbeitszeit für erwachsene AN (Abs. 2 Nr. 2) nicht auf die wöchentliche Arbeitszeit angerechnet werden. Krankheits- oder Urlaubstage werden auf die Arbeitszeit angerechnet.

2. Mehrarbeit für Jugendliche (Abs. 2 Nr. 1). Für Jugendliche ist der generelle Zeitrahmen auf täglich 8 Stunden oder 80 Stunden in der Doppelwoche beschränkt; die Beschränkung auf wöchentlich 40 Stunden gem. § 8 II JArbSchG ist jedoch vorrangig. Die Regelungen des MuSchG gehen dem JArbSchG jedoch vor, wenn sie strengere Schutzvorschriften zugunsten schwangerer/stillender Jugendlicher enthalten.

III. Nachtarbeit (Abs. 3)

Im mutterschutzrechtlichen Sinne ist Nachtarbeit – abw. von § 2 III ArbZG – jede Arbeit zwischen 20.00 und 6.00 Uhr. Während dieser Zeit dürfen werdende/stillende Mütter grds. nicht beschäftigt werden, auch nicht in Teilzeit oder in mehrschichtigen Betrieben. Zulässige Ausnahmen ergeben sich für stillende Mütter und Schwangere in den ersten vier Schwangerschaftsmonaten aus Abs. 3 oder aufgrund einer Genehmigung der Aufsichtsbehörde, Abs. 6. Das Nachtarbeitsverbot dient dem besonderen Gesundheitsschutz werdender/stillender Mütter und ist somit nicht gemeinschaftsrechtswidrig, obwohl es nur Frauen von der Nachtarbeit ausschließt (EuGH 25. 7. 1991 AP EWG-Vertrag Art. 119 Nr. 28 = NZA 1992, 393; 5. 5. 1994 AP EWG-Richtlinie 76/207 Nr. 3). Um eine Belastung des AG mit dem Mutterschutzlohn (Rn. 16) so gering wie möglich zu halten, wird ein besonderes Umsetzungsrecht anerkannt (vgl. § 3 Rn. 4): Die AN ist verpflichtet, eine anderweitige Tätigkeit auszuführen (LAG Berlin 29. 4. 1991 DB 1991, 2193), sofern ihr diese zumutbar und nicht verboten ist (BAG 14. 4. 1972 DB 1972, 2070; 31. 3. 1969 AP MuSchG 1968 § 11 Nr. 2; 9. 9. 1971 AP MuSchG 1968 § 11 Nr. 5). Auf die vertragliche Leistungsvereinbarung ist die Beschäftigung daher nicht beschränkt; die Rechte des BR aus § 99 BetrVG sind zu beachten.

1. Gast- und Schankwirtschaft (Nr. 1). In Betrieben, die gewerbsmäßig oder gemeinnützig Speisen oder Getränke bzw. eine Beherbergung für jedermann oder bestimmte Personenkreise anbieten, darf die Beschäftigung bis 22 Uhr ausgedehnt werden. Beispiele: Hotels, Pensionen, Restaurants, Kantinen, Trink- oder Imbißstuben, Heime, Sanatorien, Jugendherbergen, nicht aber der Verkauf von Speisen/Getränken, die nicht zum Verzehr an Ort und Stelle bestimmt sind.

2. Landwirtschaft (Nr. 2). Eine Beschäftigung mit Melken von Vieh ist bereits ab 5 Uhr zulässig. Da hierbei jedoch Ansteckungs- und Unfallgefahren bestehen und das manuelle Melken zudem idR schwere körperliche Arbeit darstellt, werden die vorrangigen Beschäftigungsverbote gem. § 4 häufig einschlägig sein.

3. Künstlerinnen bei Aufführungen (Nr. 3). Eine Beschäftigung von Künstlerinnen bei Aufführungen ist bis 23 Uhr gestattet. Die Ausnahme gilt aber nur für die Künstlerinnen selbst, nicht für Hilfspersonal. Musikaufführungen sind öffentliche Instrumental- oder Gesangsdarbietungen; Theatervorstellungen umfassen Schauspiel, Oper, Operette, Musical und dergleichen; „ähnliche" Aufführungen müssen dem in Art und Niveau vergleichbar sein.

IV. Sonn- und Feiertagsarbeit (Abs. 4)

An Sonntagen und den gesetzlichen Feiertagen dürfen werdende/stillende Mütter von 0 bis 24 Uhr grds. nicht beschäftigt werden. Ausnahmen gelten in den in Abs. 4 genannten Branchen, in denen allerdings pro Woche eine ununterbrochene Ersatzruhezeit von 24 Stunden im Anschluß an eine Nachtruhe gewährt werden muß; daß sich die Ersatzruhezeit an die Sonn- oder Feiertagsarbeit unmittelbar anschließt, ist nicht vorausgesetzt, doch muß der Zeitpunkt der Ersatzruhe dann zumindest bestimmt werden (BAG 12. 12. 1990 NZA 1991, 505). Zumindest für Jugendliche müßte wegen § 4 IV 1 JArbSchG die Freistellung in der Woche vor dem Sonntag erfolgen. Die Ausnahmen in Abs. 4 gelten stets nur für das von diesen Anstalten selbst beschäftigte Personal, nicht für Fremdfirmenpersonal (BAG 12. 12. 1990 AP MuSchG 1968 § 8 Nr. 3 = NZA 1991, 505).

10 1. **Verkehrswesen.** Alle öffentlichen und privaten Betriebe, die Personen, Güter oder Nachrichten befördern, einschließlich Herstellung und Vertrieb von Zeitungen, Zeitschriften und Anzeigenblättern (OVG NRW 15. 12. 1981 DB 1982, 963). Umfaßt sind auch die Hilfs- und Nebenbetriebe, ohne deren Funktion ein Verkehrsbetrieb nicht arbeiten kann (OVG Berlin 31. 7. 1961 AP AZO § 19 Nr. 1; OLG Karlsruhe 14. 3. 1983 AP JArbSchG § 16 Nr. 1).

11 2. **Gast- und Schankwirtschaft, Beherbergungswesen, Familienhaushalt.** Wie Rn. 6.

12 3. **Krankenpflegeanstalten.** Alle öffentlichen und privaten Einrichtungen, in denen Kranke versorgt werden, die ärztlicher Behandlung oder Pflege bedürfen; eingeschlossen sind Säuglingsheime, Heil- und Pflegeanstalten, Alten- oder Kinderheime.

13 4. **Badeanstalten.** Alle Betriebe, in denen Bäder verabreicht werden oder geschwommen werden kann; auf die Rechtsform der „Anstalt" kommt es nicht an.

14 5. **Aufführungen usw.** Die Ausnahme gilt für alle kulturellen Veranstaltungen und Unterhaltungs- bzw. Vergnügungsbetriebe einschließlich der Direktsendungen in Rundfunk oder Fernsehen und umfaßt – abw. von Abs. 3 Nr. 3 – alle Tätigkeiten, die aktuell für die Veranstaltung erforderlich sind.

V. Heimarbeit (Abs. 5)

15 Da Heimarbeiterinnen und Gleichgestellten die Lage ihrer Arbeitszeit nicht vorgeschrieben ist, kann eine Einschränkung nur über die Menge der zugeteilten Arbeit erfolgen. Diese ist von der Normalleistung in der Normalarbeitszeit abhängig, also im konkreten Fall schwer festzustellen. Dazu kann die Aufsichtsbehörde eingeschaltet werden, die gegebenenfalls den Heimarbeitsausschuß beteiligt, S. 2.

VI. Wirkung der Beschäftigungsverbote

16 Darf eine werdende/stillende Mutter wegen der Verbote des § 8 nicht auf ihrem bisherigen Arbeitsplatz oder nicht während der vereinbarten Zeit oder Dauer beschäftigt werden, hat sie in diesem Umfang Anspruch auf Mutterschutzlohn gem. § 11 in Höhe ihres Durchschnittsverdienstes. Zur Zuweisung anderer Arbeit (§ 3 Rn. 4).

VII. Aufsichtsbehörde (Abs. 6)

17 Die Aufsichtsbehörde kann in begründeten Einzelfällen von allen Verboten des § 8 Ausnahmen zulassen. Die Bewilligung kann bedingt oder befristet oder unter Auflagen erteilt werden. Sowohl die Bewilligung wie ihre Versagung kann als VA im Verwaltungsrechtsweg überprüft werden.

VIII. Verstoß

18 Wird eine werdende/stillende Mutter entgegen § 8 beschäftigt, bleibt der Lohnanspruch erhalten (BAG 24. 6. 1960 AP MuSchG § 8 Nr. 1); ihr steht jedoch jederzeit ein Leistungsverweigerungsrecht zu. Für den AG ist die verbotswidrige Beschäftigung sanktionsbewehrt, § 21 I Nr. 3, II, III.

Abschnitt 2 a. Mutterschaftsurlaub

§§ 8 a–8 d. *(weggefallen)*

Dritter Abschnitt. Kündigung

§ 9 Kündigungsverbot

(1) ¹Die Kündigung gegenüber einer Frau während der Schwangerschaft und bis zum Ablauf von vier Monaten nach der Entbindung ist unzulässig, wenn dem Arbeitgeber zur Zeit der Kündigung die Schwangerschaft oder Entbindung bekannt war oder innerhalb zweier Wochen nach Zugang der Kündigung mitgeteilt wird; das Überschreiten dieser Frist ist unschädlich, wenn es auf einem von der Frau nicht zu vertretenden Grund beruht und die Mitteilung unverzüglich nachgeholt wird. ²Die Vorschrift des Satzes 1 gilt für Frauen, die den in Heimarbeit Beschäftigten

III. Voraussetzungen des Verbots § 9 MuSchG 500

gleichgestellt sind, nur, wenn sich die Gleichstellung auch auf den Neunten Abschnitt – Kündigung – des Heimarbeitsgesetzes vom 14. März 1951 (BGBl. I S. 191) erstreckt.

(2) Kündigt eine schwangere Frau, gilt § 5 Abs. 1 Satz 3 entsprechend.

(3) ¹Die für den Arbeitsschutz zuständige oberste Landesbehörde oder die von ihr bestimmte Stelle kann in besonderen Fällen, die nicht mit dem Zustand einer Frau während der Schwangerschaft oder ihrer Lage bis zum Ablauf von vier Monaten nach der Entbindung in Zusammenhang stehen, ausnahmsweise die Kündigung für zulässig erklären. ²Die Kündigung bedarf der schriftlichen Form und sie muß den zulässigen Kündigungsgrund angeben.

(4) In Heimarbeit Beschäftigte und ihnen Gleichgestellte dürfen während der Schwangerschaft und bis zum Ablauf von vier Monaten nach der Entbindung nicht gegen ihren Willen bei der Ausgabe von Heimarbeit ausgeschlossen werden; die Vorschriften der §§ 3, 4, 6 und 8 Abs. 5 bleiben unberührt.

I. Normzweck

§ 9 erhält der AN während der Mutterschutzzeiten ihren Arbeitsplatz und die wirtschaftliche 1
Existenzgrundlage und schützt die Gesundheit von Mutter und Kind vor seelischen Zusatzbelastungen durch einen Kündigungsprozeß (BAG 26. 4. 1956 AP MuSchG § 9 Nr. 5; 31. 3. 1993 NZA 1993, 46). Ein generelles Verbot der Beendigung von Arbeitsverhältnissen folgt daraus jedoch nicht (BAG 23. 10. 1991 NZA 1992, 925, 928), vgl. Rn. 21 ff. Der besondere **Kündigungsschutz** ist Ausdruck der Wertentscheidung in Art. 6 IV GG und europarechtlich in Art. 10 der RL 92/85 EWG vorgeschrieben. § 9 begründet ein grds. absolutes Verbot der arbeitgeberseitigen Kündigung des Arbeitsverhältnisses während der Mutterschutzzeiten; auch die Sonderkündigungsregelungen des Einigungsvertrages mußten dem Mutterschutz Rechnung tragen (BVerfG 24. 4. 1991 AP GG Art. 12 Nr. 70; 10. 3. 1992 AP GG Art. 38 Nr. 1).

Verboten ist jede Kündigung (Rn. 6), die nicht durch einen rechtskräftigen VA gem. § 9 III gestattet 2
worden ist. Das Verbot ist zwingend, auf seine Einhaltung kann die AN nicht im voraus verzichten; sie kann jedoch jederzeit selbst kündigen (Sonderkündigungsrecht: § 10) (BAG 8. 12. 1955 AP MuSchG § 9 Nr. 4). Daneben treten die sonstigen Kündigungsschutzrechte zB für Erziehungsurlauber (BAG 31. 3. 1993 NZA 1993, 646, 650), § 18 BErzGG, Schwerbehinderte, § 15 SchwbG sowie das KSchG. Hat die Mutter bereits während der Schutzfristen Erziehungsurlaub genommen, sind im Falle einer Kündigung die Erlaubnisse gem. § 9 III und § 18 BErzGG einzuholen (BAG 31. 3. 1993 AP MuSchG 1968 § 9 Nr. 20).

II. Persönlicher Geltungsbereich (Abs. 1)

1. Arbeitnehmerin (Abs. 1 S. 1). Das Kündigungsverbot schützt Frauen in Arbeits- oder Ausbil- 3
dungsverhältnissen und die in Heimarbeit Tätigen; ist eine Frau nur den in Heimarbeit Beschäftigten gleichgestellt, genießt sie den Kündigungsschutz nur, wenn die Gleichstellung auch auf den Kündigungsschutz des HAG erstreckt ist, Abs. 1 S. 2, 2. Halbs. Die bisherige Ausnahme zu Lasten im Familienhaushalt Beschäftigter ist aufgehoben worden.

2. Wirkung zugunsten Dritter. Ist ein Arbeitsvertrag mit mehreren Beschäftigten einheitlich derart 4
geschlossen, daß er nur allen gegenüber gemeinsam beendet werden kann (zB: Hausmeisterehepaar), wirkt § 9 I im Falle der Schwangerschaft einer Beteiligten auch zugunsten der nicht vom Geltungsbereich des § 9 erfaßten Person (BAG 21. 10. 1991 AP BGB § 611 Gruppenarbeitsvertrag Nr. 1; ArbG Marburg 9. 8. 1966 DB 1967, 1507; aA *Meisel/Sowka* Rn. 60). Dasselbe gilt für Job-Sharing-Arbeitsverhältnisse.

III. Voraussetzungen des Verbots

1. Schwangerschaft oder Entbindung. Im Zeitpunkt des Zugangs der Kündigungserklärung muß 5
die AN schwanger bzw. darf das Kind noch nicht älter als 4 Monate sein; eine erst während der Kündigungsfrist einsetzende Schwangerschaft löst das Verbot nicht aus. Nachgewiesen werden kann die Schwangerschaft grds. in beliebiger Form, zweckmäßig ist die Bescheinigung gem. § 5 II. Endet die Schwangerschaft nicht durch Entbindung (§ 6 Rn. 2), endet damit auch der Mutterschutz. Eine Totgeburt oder das alsbaldige Versterben des Kindes nach der Geburt beseitigen den Kündigungsschutz jedoch ebensowenig wie eine Freigabe des Kindes zur Adoption.

2. Kündigung durch den AG. Alle Arten von Kündigungen sind erfaßt, auch die Änderungskündi- 6
gung (BAG 7. 4. 1970 AP BGB § 615 Kurzarbeit Nr. 3), die Kündigung im Rahmen von Massenentlassung, Betriebsstillegung oder Insolvenz bzw. die Kündigung vor Aufnahme der Beschäftigung (LAG Düsseldorf 30. 9. 1992 NZA 1992, 1041).

7 **3. Kenntnis des AG.** Das Verbot greift ein, wenn der AG bei der Abgabe der Kündigungserklärung positiv Kenntnis von der Schwangerschaft/Entbindung hatte oder eine nachträgliche Mitteilung erfolgt. Eine bloße Vermutung des AG genügt nicht, doch trifft ihn bei hinreichend deutlichen Anhaltspunkten, zB Arbeitsunfähigkeitsbescheinigung mit Hinweisen auf die Schwangerschaft (BAG 13. 4. 1956 AP MuSchG § 9 Nr. 9; *Zmarzlik/Zipperer/Viethen* Rn. 16; aA KR/*Pfeiffer* Rn. 34; *Buchner/ Becker* Rn. 73; *Meisel/Sowka* Rn. 84), eine Erkundigungspflicht (LAG Düsseldorf 21. 7. 1964 BB 1964, 1215; aA LAG Hamm 11. 6. 1954 SAE 1954, 56). Die Vorlage einer ärztlichen Schwangerschaftsbescheinigung löst das Verbot aus, auch wenn der Tag der Niederkunft tatsächlich später liegt als errechnet (LAG Köln 30. 9. 1993 NZA 1995, 229). Kenntnis eines Vertreters des AG oder eines personalverantwortlichen Vorgesetzten der Schwangeren genügt (BAG 18. 2. 1965 AP MuSchG § 9 Nr. 26; LAG München 23. 8. 1990 LAGE MuSchG § 9 Nr. 13), nicht aber die Kenntnis von Kollegen, BR oder Betriebsarzt, solange diese die Information nicht tatsächlich an den AG weiterleiten.

8 **4. Nachträgliche Mitteilung.** Die ohne Kenntnis von der Schwangerschaft/Entbindung erklärte Kündigung wird gleichwohl unzulässig, wenn dem AG die Mitteilung (nicht: Nachweis) davon noch innerhalb von 2 Wochen nach Zugang der Kündigung gemacht wird. Aus der Mitteilung muß sich entnehmen lassen, daß die Schwangerschaft schon bei Zugang der Kündigung bestand (BAG 15. 11. 1990 AP MuSchG 1968 § 9 Nr. 17 = NZA 1991, 669); doch ist dies bei engem zeitlichen Zusammenhang von Kündigung und Erklärung zu vermuten. Ausdrücklich auf die Inanspruchnahme des Kündigungsschutzes braucht die Mitteilung nicht gerichtet zu sein (BAG 15. 11. 1990 AP MuSchG 1968 § 9 Nr. 17; aA LAG Köln 28. 3. 1990 BB 1990, 1491); die Einhaltung einer besonderen Form wird nicht verlangt, die Erklärung muß auch nicht von der AN selbst stammen. Auf Verlangen des AG und auf seine Kosten ist innerhalb einer angemessenen weiteren Frist eine ärztliche Bescheinigung über Schwangerschaft/Entbindung beizubringen (BAG 6. 6. 1974 BB 1974, 1581). Eine Verletzung der Nachweispflicht führt nicht zum Verlust des Schutzes aus Abs. 1.

9 Auf die Kenntnis der Beschäftigten von ihrer Schwangerschaft kommt es für die Fristberechnung (zwei Wochen ab Zugang der Kündigung) nicht an. Jedoch ist bei Fristüberschreitung Kenntnis oder Kennenmüssen entscheidend, da eine unverzüglich nachgeholte Mitteilung den Kündigungsschutz nur aufrecht erhält, wenn die Fristüberschreitung **unverschuldet** war (BVerfG 25. 1. 1972 AP MuSchG 1968 § 9 Nr. 1; 13. 11. 1979 AP MuSchG 1968 § 9 Nr. 7; 22. 10. 1980 AP MuSchG BB 1980, 1745); anderenfalls gilt die Frist als Ausschlußfrist mit der Folge des endgültigen Verlustes des besonderen Kündigungsschutzes. Zwar verletzt die Schwangere, die eine ihr bekannte Schwangerschaft dem AG schuldhaft nicht rechtzeitig mitteilt, keine diesem gegenüber bestehende Vertragspflicht, es handelt sich aber um ein „Verschulden gegen sich selbst", das ebenfalls einen Rechtsverlust rechtfertigt (BAG 6. 10. 1983 AP MuSchG 1968 Nr. 12; 27. 10. 1983 AP MuSchG 1968 § 9 Nr. 13). Trotz Kenntnis von der Schwangerschaft kann die Schwangere unverschuldet an der rechtzeitigen Mitteilung gehindert sein, zB weil sie bei Zugang urlaubsbedingt abwesend war (BAG 13. 6. 1996 NZA 1996, 1154). Wann eine Mitteilung als „unverzüglich" und damit fristwahrend anzusehen ist, macht die Rspr. von den Umständen des Einzelfalles abhängig (BAG 20. 5. 1988 NZA 1988, 799); ein Zeitraum von einer Woche wurde akzeptiert (BAG 6. 10. 1983 AP MuSchG 1968 § 9 Nr. 12; LAG Berlin 17. 8. 1981 AuR 1982, 131).

10 **5. Inhalt und Wirkung des Kündigungsverbots.** Bei dem Verbot des Abs. 1 handelt es sich um ein absolutes Kündigungsverbot, das in Abs. 3 mit einem Erlaubnisvorbehalt versehen wurde.

11 a) Maßgeblich ist, ob die Kündigungserklärung in den geschützten Zeitraum fällt, auf den Moment des Wirksamwerdens der Kündigung kommt es nicht an (BAG 18. 2. 1977 AP BGB § 130 Nr. 10). Auf den Kündigungsschutz kann nicht im voraus verzichtet werden, er kann auch nicht vertraglich ausgeschlossen oder beschränkt werden. Ein nach Ausspruch der Kündigung erklärter Verzicht ist wirksam, er kann aber nicht im Stillschweigen auf die Erklärung hin gesehen werden (LAG Frankfurt 13. 4. 1970 DB 1970, 2084).

12 b) Eine verbotswidrig erklärte Kündigung ist **nichtig**, § 134 BGB, eine deswegen nicht beschäftigte AN hat gegebenenfalls Ansprüche auf Verzugslohn. Ein verzugsbegründendes Leistungsangebot liegt nach der Rspr. nicht vor, wenn die AN ungewöhnlich schwer gegen generelle Vertrags- und Verhaltenspflichten verstoßen hat, so daß dem AG ihre Beschäftigung auch unter Berücksichtigung der Zwecke des MuSchG nicht zumutbar ist (BAG GS 26. 4. 1956 AP MuSchG § 9 Nr. 5; LAG Baden-Württemberg 21. 8. 1975 DB 1975, 2330). Die nichtige Kündigung kann nicht geheilt oder zu einem Termin nach Ablauf der Schutzfrist aufrechterhalten werden; möglich ist aber eine Bestätigung oder Neuvornahme nach Ablauf der Schutzfrist. Die Frist des § 626 II BGB wird durch das mutterschutzrechtliche Kündigungsverbot gehemmt, kann also nach dessen Ablauf noch eingehalten werden. Das Kündigungsverbot ist Schutzgesetz iSd. § 823 II BGB, seine Verletzung begründet zugleich einen Verstoß gegen die Fürsorgepflicht.

13 c) Durch einen **Arbeitskampf** wird das Arbeitsverhältnis von AN in der Schutzfrist des § 9 nicht aufgelöst, auch nicht bei lösender Aussperrung (BAG 21. 4. 1971 AP GG Art. 9 Arbeitskampf Nr. 43; 22. 10. 1986 NZA 1987, 493) oder Kampfkündigung durch den AG (BAG 14. 2. 1978 NJW 1979,

236). Reagiert der AG auf rechtswidrige Kampfmaßnahmen der AN mit Kündigungen, so ist dies gegenüber einer unter Mutterschutz stehenden Frau nur gem. § 9 III zulässig. Eine Aussperrung ist auch der Schwangeren gegenüber zulässig. Während des Arbeitskampfes ruhen die Hauptpflichten aus dem Arbeitsverhältnis. Mit der Entgeltzahlungspflicht entfällt auch der Anspruch auf Mutterschaftslohn gem. § 11 und auf Zuschuß zum Mutterschaftsgeld gem. § 14 (BAG 22. 10. 1986 NZA 1987, 493). Für die Abhängigkeit des Zuschusses von einer erklärten Beteiligung der AN am Arbeitskampf: LAG Berlin 28. 7. 1992 AuR 1993, 85. Dem ist zuzustimmen, wenn der AG aus dem bloßen Fernbleiben von der Arbeit die Erklärung der Streikbeteiligung nicht entnehmen kann, zB im Falle von Beschäftigungsverboten. Die AN behält aber Anspruch auf Mutterschaftsgeld nach § 13 iVm. § 200 RVO, die lediglich den rechtlichen Bestand des Arbeitsverhältnisses voraussetzen.

6. Dauer des Kündigungsschutzes. Die Schutzzeit dauert vom **Beginn** der Schwangerschaft bis **14** zum Ende des 4. Monats nach der Entbindung. Der Schwangerschaftsbeginn wird dadurch festgestellt, daß vom voraussichtlichen Tag der Entbindung, der vom Arzt/der Hebamme gem. § 5 II bescheinigt wurde, pauschal um 280 Tage zurückzurechnen ist (BAG 27. 10. 1983 NZA 1985, 222; 12. 12. 1985 NZA 1986, 613; ArbG Stuttgart 19. 6. 1986 BB 1986, 1988; aA KR/*Pfeiffer* Rn. 64 b; *Meisel/Sowka* Rn. 100 b: 266 Tage). Der Bescheinigung kommt zwar hoher Beweiswert zu, doch kann sie vom AG widerlegt werden, wenn er Umstände beweist, denen zufolge ein Beginn der Schwangerschaft vor Zugang der Kündigung dem heutigen wissenschaftlichen Standard widerspricht (BAG 7. 5. 1998 AP MuSchG 1968 § 9 Nr. 24). Für die Bestimmung des Fristendes ist § 188 II BGB maßgeblich, berechnet vom Tag der tatsächlichen Entbindung an.

IV. Benachrichtigung der Aufsichtsbehörde (Abs. 2)

Der AG muß die Aufsichtsbehörde (§ 20) unverzüglich von einer Eigenkündigung der Schwangeren **15** informieren, damit die Behörde die Frau über die Folgen ihrer Kündigung aufklären kann. Ein „Widerrufsrecht" gewinnt sie dadurch allerdings nicht (BAG 19. 8. 1982 AP MuSchG 1968 § 9 Nr. 10). Die Verpflichtung kann nicht auf Kündigungen nach der Entbindung bzw. den Abschluß von Aufhebungsverträgen erstreckt werden (*Zmarzlik/Zipperer/Viethen* Rn. 124; *Meisel/Sowka* Rn. 69 a; aA unter Hinweis auf den Schutzzweck: *Heilmann* Rn. 147 f.). Ein Verstoß gegen die Mitteilungspflicht ist nicht sanktionsbedroht und führt nach Ansicht der Rspr. auch nicht zur Unwirksamkeit der Eigenkündigung der Schwangeren (BAG 19. 8. 1982 AP MuSchG 1968 § 9 Nr. 10; aA *Heilmann* Rn. 149 ff.; *Buchner/Becker* Rn. 242). Ebensowenig muß der AG die Schwangere vor Ausspruch der Eigenkündigung über deren Rechtsfolgen selbst belehren (BAG 6. 2. 1992 NZA 1992, 790). Ein Ersatz von Schäden, die aus der Unkenntnis ihrer Rechte aus § 10 II entstehen, kann die Schwangere jedoch aus § 823 II BGB geltend machen, wenn der AG die Benachrichtigungspflicht verletzt hat (BAG 6. 2. 1992 AP BGB § 119 Nr. 13).

V. Zulassung durch die Aufsichtsbehörde (Abs. 3)

1. Ausnahmecharakter. In besonderen Fällen kann die zuständige (§ 20) Landesbehörde von dem **16** absoluten Kündigungsverbot eine Ausnahme zulassen. Da dies dem Grundanliegen des Mutterschutzes im Prinzip widerspricht, wird die Ausnahme nur in solchen Fällen erteilt, in denen eine Aufrechterhaltung des Arbeitsverhältnisses für den AG unzumutbar wäre (BVerfG 2. 7. 1981 NJW 1982, 62; BVerwG 2. 7. 1981 AP MuSchG 1968 § 9 a Nr. 1; VGH Baden-Württemberg 7. 12. 1993 BB 1994, 940); auch bei schwieriger wirtschaftlicher Lage sollen die unter Mutterschutz stehenden Frauen möglichst ihren Arbeitsplatz behalten (BVerfG 24. 4. 1991 NZA 1992, 684). Der besondere Fall iSd. Abs. 3 ist also nicht identisch mit dem wichtigen Grund gem. § 626 I BGB, sondern nur bei Vorliegen besonders gewichtiger Interessen des AG möglich (OVG Hamburg 10. 9. 1982 NJW 1983, 1748; Hess. VGH 24. 1. 1989 DB 1989, 2080), wenn diese zweifelsfrei nicht mit der Schwangerschaft zusammenhängen. Die Einschätzung eines Sachverhalts als „besonderer Fall" ist nachprüfbare Tatoder Rechtsfrage. Die Zulassung der Kündigung bei Vorliegen eines besonderen Falles ist dagegen Ermessensentscheidung der Behörde (BVerwG 29. 10. 1958 AP MuSchG § 9 Nr. 14; BAG 31. 3. 1993 NZA 1993, 646, 649). Die Vereinbarkeit dieser Ausnahme mit dem Übereinkommen Nr. 3 der IAO (20. 11. 1919 RGBl. 1927 II S. 497; abgedr. bei *Däubler/Kittner/Lörcher* 2. Aufl. Nr. 253) ist bestritten (*Beitzke* RdA 1983, 141; aA *Zmarzlik/Zipperer/Viethen* Rn. 67), da es in Art. 4 ein absolutes Kündigungsverbot lediglich für sechs Wochen vor und nach der Entbindung vorsieht, und in Deutschland die Aufsichtsbehörden rein tatsächlich einer Auflösung während dieser Fristen nicht zustimmen. Diese Vorgensweise genügt den Anforderungen dabei nicht vollständig, da Art. 4 des Übereinkommens nicht nur das Wirksamwerden, sondern auch die Erklärung der Kündigung innerhalb der Schutzfrist ausschließt.

2. Die Wirkung der Zulässigkeitserklärung besteht in der Aufhebung der Kündigungssperre. **17** Doch besagt die Erklärung nichts über die arbeitsrechtliche Wirksamkeit der Kündigung, auch eine diesbezügliche Vermutung wird nicht begründet. Die Kündigungserklärung ist erst nach positiver

Entscheidung der Behörde möglich (BAG 31. 3. 1993 NZA 1993, 646); fehlt sie, ist die trotzdem ausgesprochene Kündigung unheilbar nichtig (BAG 29. 7. 1968 AP MuSchG § 9 Nr. 28). Die Kündigung kann nicht unter der Bedingung der nachträglichen Zulässigkeitserklärung ausgesprochen werden.

18   **3. Verfahren.** Der AG muß vor Ausspruch der Kündigung einen Antrag bei der zuständigen Behörde stellen (§ 20); der Antrag ist nicht formgebunden. Eine Frist ist nur bei der außerordentlichen Kündigung wegen § 626 II BGB zu beachten (LAG Hamm 3. 10. 1986 AuR 1987, 114); beantragt der AG die Zulässigkeitserklärung innerhalb dieser Zwei-Wochen-Frist, ist diese gewahrt; bei behördlicher Zustimmung ist die Kündigung (entsprechend dem Rechtsgedanken des § 21 V SchwbG) unverzüglich zu erklären. Gem. Abs. 3 S. 2 bedarf die Kündigung der Schriftform sowie der Angabe des zulässigen Kündigungsgrundes; die Beachtung der Schriftform ist zwingend, ob dasselbe auch für die Angabe des Grundes gilt, ist strittig. Eine systematische Auslegung der dieser Bestimmung zugrunde liegenden Norm des Art. 10 Nr. 2 RL 92/85/EWG ergibt jedoch, daß die Gründe gerade der AN schriftlich mitgeteilt werden müssen (KR/*Pfeiffer* Rn. 4 d; anders *Zmarzlik* DB 1994, 96 f.). Gegen die Entscheidung der Behörde ist der Verwaltungsrechtsweg eröffnet: Der AG kann gegen die Versagung der Zulässigkeitserklärung klagen, die AN gegen deren Erteilung (BAG 31. 3. 1993 NZA 1993, 646, 648). Der Rechtsbehelf der Schwangeren gegen die Zulässigkeitserklärung kann wegen widersprüchlichen Verhaltens unzulässig sein, wenn sie zuvor eine Sozialplanabfindung wegen Arbeitsplatzverlustes durch Betriebsstillegung angenommen hatte, OVG Münster 8. 8. 1997 NZA-RR 1998, 159. Widerspruch und Anfechtungsklage haben auch bei rechtsgestaltenden VA aufschiebende Wirkung (§ 80 I VwGO), wenn die Behörde nicht sofortige Vollziehung anordnet, § 80 II VwGO (aA LAG Rheinland-Pfalz 14. 2. 1996 NZA 1996, 984 mit der Begründung, es sei auf § 18 IV SchwbG zurückzugreifen). Bisher unentschieden ist, ob die Zulässigkeitserklärung damit auch privatrechtlich vorläufig noch nicht wirksam ist (*Heilmann* Rn. 170) oder ob die privatrechtsgestaltende Wirkung unberührt bleibt (*Meisel/Sowka* Rn. 111). Da der VA gerade eine privatrechtsgestaltende Wirkung bezweckt, hat der Widerspruch selbst aufschiebende Wirkung, wenn die sofortige Vollziehung nicht angeordnet wurde; demnach kann eine Kündigung nicht vor Bestandskraft des VA ausgesprochen werden, käme also idR nicht vor Ablauf der Schutzfristen des § 9 in Betracht.

19   **4. Stellung nach der Kündigung.** Während der Dauer der Schutzfristen gem. §§ 3 II, 6 I hat die AN Anspruch auf Mutterschaftsgeld gem. § 13 II 1, § 200 RVO. Während dieser Zeit ruht der Anspruch auf Arbeitslosengeld, da die Gekündigte dem Arbeitsmarkt nicht zur Verfügung steht; jenseits dieses Zeitraums bestehen bei Vorliegen der Voraussetzungen Ansprüche auf Arbeitslosengeld bzw. -hilfe.

VI. Beendigung des Arbeitsverhältnisses aus anderen Gründen

20   § 9 verbietet lediglich arbeitgeberseitige Kündigungen, anderweitige Beendigungstatbestände werden nicht erfaßt (BAG 23. 10. 1991 NZA 1992, 925, 928). Die vom LAG Sachsen (12. 4. 1996 NZA-RR 1998, 159) erwogene Unzulässigkeit eines Auflösungsantrages wegen nach der Kündigung eingetretener Schwangerschaft ist vom Wortlaut der Vorschrift nicht gedeckt. Auf die **Nichtigkeit** des Vertrages darf sich der AG daher berufen (LAG Frankfurt 8. 6. 1966 AuR 1967, 124); jedoch liegt Vertragsnichtigkeit nicht bereits deshalb vor, weil eine Schwangere in einem unbefristeten Arbeitsverhältnis mit Arbeiten beschäftigt werden sollte, die mutterschutzrechtlich (§§ 3 bis 8) verboten sind (EuGH 5. 5. 1994 Habermann-Beltermann AP EWG-Richtlinie 76/207 Nr. 3).

21   Der Arbeitsvertrag darf grds. auch **angefochten** werden (BAG 21. 2. 1991 AP BGB § 123 Nr. 35; 11. 11. 1993 AP BGB § 123 Nr. 38); eingeschränkt ist das Anfechtungsrecht jedoch für Gründe, die mit der Schwangerschaft zusammenhängen, weil hier das Verbot der Benachteiligung wegen des Geschlechts anzuwenden ist (§ 611 a BGB Rn. 12). Eine Täuschungsanfechtung idR ablehnend BAG 15. 10. 1992 NZA 1993, 257 = AP BGB § 611 a Nr. 8, ausnahmsweise zulassend 1. 7. 1993 NZA 1993, 933. Eine Irrtumsanfechtung grds. abl. BAG 8. 9. 1988 AP MuSchG 1968 § 8 Nr. 1 = NZA 1989, 1778; 16. 2. 1983 AP BGB § 123 Nr. 22; EuGH 3. 2. 2000 Mahlburg NZA 2000, 255). Eine Offenbarungspflicht der Schwangeren besteht ebenfalls nicht, auch wenn zunächst ein Beschäftigungsverbot die tatsächliche Vertragsdurchführung ausschließt (LAG Hamm 1. 3. 1999 EZA SD 23/1999, 9). Schließt die Schwangere in Unkenntnis ihrer Schwangerschaft mit dem AG einen Aufhebungsvertrag bzw. kündigt sie selbst, kommt eine Anfechtung gem. § 119 II BGB mangels verkehrswesentlicher Eigenschaft ebenfalls nicht in Betracht (BAG 6. 2. 1992 AP BGB § 119 Nr. 13; 30. 9. 1993 AP BGB § 123 Nr. 37).

22   Rechtswirksam **befristete Arbeitsverträge** enden, ohne daß § 9 eingreift (BAG 23. 10. 1991 NZA 1992, 925). Werden jedoch andere vergleichbare Arbeitsverhältnisse verlängert, darf sich der AG nicht gerade der Schwangeren gegenüber auf Fristablauf berufen (BAG 28. 11. 1963 AP BGB § 620 Befristeter Arbeitsvertrag Nr. 26; 16. 3. 1989 NZA 1989, 719; 6. 2. 1992 NZA 1992, 790; LAG Hamm 6. 6. 1991 BB 1991, 1865; zum Schadensersatzanspruch: LAG Düsseldorf 29. 6. 1992 BB 1992, 1932; ArbG Bochum 12. 7. 1991 BB 1992, 68). Eine zweite Befristung während der Schwangerschaft ist nur

zulässig, wenn der dauerhaften Beschäftigung der AN objektive Umstände entgegenstehen (BAG 6. 11. 1996 AP BGB § 620 Befristeter Arbeitsvertrag Nr. 188). Zeiten, in denen die Tätigkeit infolge Beschäftigungsverbots/Erziehungsurlaubs nicht ausgeführt worden ist, sind auf die Befristungshöchstgrenzen gem. § 57 c HRG nicht anzurechnen (BAG 3. 3. 1999 NZA 1999, 1049). **Probearbeitsverhältnisse** sind im Zweifel unbefristete Arbeitsverträge mit vorgeschalteter Probezeit (BAG 22. 7. 1971 AP BGB § 620 Probearbeitsverhältnis Nr. 11), auf die § 9 anwendbar ist. Lediglich im Falle einer ausdrücklich vereinbarten automatischen Beendigung des Vertragsverhältnisses mit Ablauf der Probezeit (LAG Düsseldorf 9. 11. 1965 DB 1965, 1862) sind statt dessen die Befristungsgrundsätze anwendbar; zum Rechtsmißbrauch bei Nichtverlängerung gerade wegen der Schwangerschaft: BAG 16. 3. 1989 NZA 1989, 719. Will die AN geltend machen, daß die Befristung eines Arbeitsvertrages rechtsunwirksam ist, so muß sie innerhalb von drei Wochen nach dem vereinbarten Ende des befristeten Arbeitsvertrages Klage beim Arbeitsgericht auf Feststellung erheben, daß das Arbeitsverhältnis auf Grund der Befristung nicht beendet ist (§ 1 Abs. 5 BeschFG).

VII. Heimarbeiterinnen (Abs. 4)

Auch Heimarbeiterinnen und Gleichgestellte (Abs. 1 S. 2) unterliegen dem Kündigungsverbot des 23 Abs. 1 mit der Ausnahmeregelung des Abs. 3. Das Verbot darf nicht dadurch entwertet werden, daß der Heimarbeiterin keine Aufträge mehr zugewiesen werden (Abs. 4). Sie hat vielmehr grds. Anspruch auf Zuweisung derselben Auftragsmenge, die sie während der letzten 13 Wochen vor Beginn der Schwangerschaft erhalten hat, Rechtsgedanke des § 11. Eine Verminderung der Aufträge aus Gründen der §§ 3, 4, 6, 8 ist damit nicht untersagt, ebensowenig eine Beteiligung am allgemeinen Auftragsrückgang.

§ 9 a. *(weggefallen)*

§ 10 Erhaltung von Rechten

(1) Eine Frau kann während der Schwangerschaft und während der Schutzfrist nach der Entbindung (§ 6 Abs. 1) das Arbeitsverhältnis ohne Einhaltung einer Frist zum Ende der Schutzfrist nach der Entbindung kündigen.

(2) ¹ Wird das Arbeitsverhältnis nach Absatz 1 aufgelöst und wird die Frau innerhalb eines Jahres nach der Entbindung in ihrem bisherigen Betrieb wieder eingestellt, so gilt, soweit Rechte aus dem Arbeitsverhältnis von der Dauer der Betriebs- oder Berufszugehörigkeit oder von der Dauer der Beschäftigungs- oder Dienstzeit abhängen, das Arbeitsverhältnis als nicht unterbrochen. ² Dies gilt nicht, wenn die Frau in der Zeit von der Auflösung des Arbeitsverhältnisses bis zur Wiedereinstellung bei einem anderen Arbeitgeber beschäftigt war.

I. Normzweck

Die Vorschrift ist als Ersatz für den zunächst politisch nicht gewollten Mutterschaftsurlaub (BT- 1 Drucks. IV/3652 S. 6) eingeführt worden, um der Mutter kurzfristig die Inanspruchnahme von erwerbsarbeitsfreier Zeit zu ermöglichen. Die Mutter kann jetzt aber zwischen dem Recht auf fristlose Kündigung gem. Abs. 1 mit der Chance auf Statuswahrung gem. Abs. 2 sowie dem Erziehungsurlaub mit Arbeitsplatzgarantie wählen. Die Bedeutung von § 10 ist durch die Möglichkeit, bei fortbestehendem Arbeitsverhältnis zunächst Erziehungsurlaub zu nehmen, stark zurückgegangen. Die Vorschrift ermöglicht aber den kurzfristigen Wechsel in ein anderes, ggf. zeitlich mit der Kinderbetreuung besser vereinbares Arbeitsverhältnis.

II. Kündigungsrecht (Abs. 1)

Während der Schwangerschaft und der Schutzfrist gem. § 6 I steht der AN ein nicht fristabhängiges 2 Sonderkündigungsrecht zu; anders als § 626 BGB setzt es einen wichtigen Grund nicht voraus. Die Kündigung kann nur vom Beginn der Schwangerschaft an und nur zu einem bestimmten Termin (Ende der Schutzfrist) erklärt werden; es kommt auf den Zugang der Kündigung an, § 130 BGB. Da die Beachtung einer Kündigungsfrist ausdrücklich nicht vorausgesetzt wird, kann die Mutter den Zeitraum des § 6 I voll ausschöpfen, ohne eine Vertragspflicht zu verletzen. Eine Ankündigungspflicht aus dem Gesichtspunkt der Treuepflicht (*Zmarzlik/Zipperer/Viethen* Rn. 4) ist nur ausnahmsweise anzunehmen, da der Wortlaut auch eine am letzten Tag der Frist zugegangene Kündigung nicht ausschließt; der Sonderfall eines vorsätzlichen Zuwartens bis zum letztmöglichen Moment, obwohl bereits ein anderweitiges Arbeitsverhältnis eingegangen worden ist (*Meisel/Sowka* Rn. 4), bedarf dieser Konstruktion ebenfalls nicht, da § 10 die Kündigung nicht auf Gründe der Mutterschaft beschränkt (KR/*Pfeiffer* Rn. 18).

Eine Kündigung liegt nur vor, wenn die Äußerungen der AN eindeutig auf Beendigung des Arbeits- 3 verhältnisses zielen (BAG 19. 8. 1982 DB 1982, 2408); die Absichtserklärung, sich künftig ganz dem

Kind widmen zu wollen, genügt dafür idR noch nicht (LAG Baden-Württemberg 31. 1. 1969 DB 1969, 931). Formbedürftig ist die Erklärung dagegen nicht, es sei denn, daß einzel- oder kollektivvertraglich etwas anderes vereinbart ist. Die wirksame Kündigung beendet das Arbeitsverhältnis, ein Anspruch auf Wiedereinstellung wird durch § 10 nicht begründet, ebensowenig ein Widerrufsrecht.

III. Erhaltung von Rechten (Abs. 2)

4 **1. Voraussetzungen.** Hat die Mutter von ihrem Recht aus Abs. 1 Gebrauch gemacht, werden ihre vertraglichen Rechte aufrechterhalten, sofern sie innerhalb eines Jahres nach der Entbindung wieder eingestellt wird. Eine fristgerechte Kündigung bzw. einverständliche Vertragsaufhebung zum Ende der Schutzfrist des § 6 I muß dem Normzweck entsprechend jedoch ebenfalls genügen (KR/*Pfeiffer* Rn. 35; *Heilmann* Rn. 25). Die Wiedereinstellung erfolgt auf der Grundlage eines neuen Arbeitsvertrages, das alte Arbeitsverhältnis wird nicht fortgesetzt. Die Mutter hat weder einen Anspruch auf Wiedereinstellung noch ist der AG zur Freihaltung des Arbeitsplatzes verpflichtet. Die Wiederbeschäftigung im selben **Betrieb** setzt nicht den Betriebsbegriff des BetrVG voraus, sondern ist in einem weiteren Sinne einschließlich der Nebenbetriebe zu verstehen (*Gröninger/Thomas* Rn. 8); auch die Beschäftigung im öffentlichen Dienst (Dienststelle) oder bei Freiberuflern werden erfaßt, nach hM jedoch nicht der private Haushalt (*Meisel/Sowka* Rn. 15; *Gröninger/Thomas* Rn. 8; aA *Buchner/ Becker* Rn. 30). Ein Betriebsübergang gem. § 613a BGB steht den Rechten aus Abs. 2 nicht entgegen. Die Fiktion greift jedoch nicht, wenn die Mutter zwischen Auflösung und Wiederbegründung des Arbeitsverhältnisses bei einem anderen AG beschäftigt gewesen ist; der Mutter ist eine solche Beschäftigung allerdings nicht durch Abs. 2 verboten. Unschädlich ist eine selbständige oder nicht in Form eines Arbeitsverhältnisses erbrachte Tätigkeit sowie die Beschäftigung beim bisherigen AG.

5 **2. Rechtsfolge.** Bei Wiedereinstellung innerhalb eines Jahres seit der Entbindung gilt das frühere Arbeitsverhältnis für solche Rechte als nicht unterbrochen, die von der Dauer der Betriebszugehörigkeit oder der Beschäftigungszeit abhängen (Betriebliche Altersversorgung, Treueprämie, Gratifikationen, kündigungsrechtlicher Status, Anzahl der Urlaubstage). Ob dabei auch die Unterbrechungszeit als Beschäftigungszeit gelten soll, ist strittig. Bejahend *Heilmann* Rn. 36; *Zmarzlik/Zipperer/Viethen* Rn. 12; abl. *Meisel/Sowka* Rn. 17; *Buchner/Becker* Rn. 48. Dem Wortlaut nach gilt das Arbeitsverhältnis als „nicht unterbrochen": Dagegen wird eingewendet, daß statt der Fiktion einer fehlenden Unterbrechung des Arbeitsverhältnisses die einer fehlenden Hemmung (§§ 205, 217 BGB) hätte angeordnet werden müssen, um eine Anrechnung der Unterbrechungszeiten zu bestimmen (KR/*Pfeiffer* Rn. 51). Diese Alternative wäre jedoch im Rahmen einer Kündigungslösung technisch nicht zweckmäßig. Zumindest nach dem Zweck der Vorschrift ist eine Anrechnung geboten, um der Mutter als Ersatz für die nicht gewährten Karenztage jedenfalls in bestimmtem Umfang ihre arbeitsrechtliche Stellung ungeschmälert zu erhalten. Soweit andere Rechtsgrundlagen die Anrechnung von Unterbrechungszeiten vorsehen, sind sie durch § 10 II jedenfalls nicht ausgeschlossen; zur Wartefrist des § 1 KSchG: BAG 6. 12. 1976 NJW 1977, 1309; 18. 1. 1979 BB 1979, 1505.

Vierter Abschnitt. Leistungen

§ 11 Arbeitsentgelt bei Beschäftigungsverboten

(1) ¹Den unter den Geltungsbereich des § 1 fallenden Frauen ist, soweit sie nicht Mutterschaftsgeld nach den Vorschriften der Reichsversicherungsordnung beziehen können, vom Arbeitgeber mindestens der Durchschnittsverdienst der letzten dreizehn Wochen oder der letzten drei Monate vor Beginn des Monats, in dem die Schwangerschaft eingetreten ist, weiter zu gewähren, wenn sie wegen eines Beschäftigungsverbots nach § 3 Abs. 1, §§ 4, 6 Abs. 2 oder 3 oder wegen des Mehr-, Nacht- oder Sonntagsarbeitsverbots nach § 8 Abs. 1, 3 oder 5 teilweise oder völlig mit der Arbeit aussetzen. ²Dies gilt auch, wenn wegen dieser Verbote die Beschäftigung oder die Entlohnungsart wechselt. ³Wird das Arbeitsverhältnis erst nach Eintritt der Schwangerschaft begonnen, so ist der Durchschnittsverdienst aus dem Arbeitsentgelt der ersten dreizehn Wochen oder drei Monate der Beschäftigung zu berechnen. ⁴Hat das Arbeitsverhältnis nach Satz 1 oder 3 kürzer gedauert, so ist der kürzere Zeitraum der Berechnung zugrunde zu legen. ⁵Zeiten, in denen kein Arbeitsentgelt erzielt wurde, bleiben außer Betracht.

(2) ¹Bei Verdiensterhöhungen nicht nur vorübergehender Natur, die während oder nach Ablauf des Berechnungszeitraums eintreten, ist von dem erhöhten Verdienst auszugehen. ²Verdienstkürzungen, die im Berechnungszeitraum infolge von Kurzarbeit, Arbeitsausfällen oder unverschuldeter Arbeitsversäumnis eintreten, bleiben für die Berechnung des Durchschnittsverdienstes außer Betracht.

(3) Die Bundesregierung wird ermächtigt, durch Rechtsverordnung mit Zustimmung des Bundesrates Vorschriften über die Berechnung des Durchschnittsverdienstes im Sinne der Absätze 1 und 2 zu erlassen.

I. Normzweck

AN sollen vor wirtschaftlichen Nachteilen infolge der Beschäftigungsverbote geschützt werden. 1 Durch Verhinderung von Einkommenseinbußen wird zugleich der Anreiz genommen, trotz bestehender Verbote weiterzuarbeiten (BAG 9. 8. 1963 AP MuSchG § 10 Nr. 3; 8. 8. 1990 NJW 1991, 62; BSG 17. 4. 1991 NZA 1991, 909). Daher wird die AN wirtschaftlich so gestellt, wie sie ohne Eingreifen der Verbote stünde; Einkommensminderungen, die sie auch ohne Schwangerschaft/Entbindung getroffen hätten, werden somit nicht ausgeglichen. Die Verfassungsmäßigkeit von § 11 und § 14 ist mehrfach bezweifelt, von der Rspr. allerdings durchweg bestätigt worden (BAG 8. 9. 1978 AP MuSchG 1968 § 11 Nr. 8; BVerfG 23. 4. 1974 AP MuSchG 1968 § 14 Nr. 1; 3. 2. 1985 NJW 1986, 422; BSG 24. 6. 1992 NZA 1992, 1103).

II. Mutterschutzlohn

Der Anspruch gem. § 11 beruht zwar auf dem Gesetz, ist aber nicht öffentlich-rechtlicher Natur, 2 sondern ein privatrechtlicher Lohnersatzanspruch (BSG 17. 4. 1991 NZA 1991, 909, 911); er unterliegt daher sowohl der Steuerpflicht wie der Beitragspflicht zur Sozialversicherung. Obwohl er lediglich Entgeltfortzahlung trotz Nichtleistung vorschreibt, wird er im Anschluß an BAG 28. 6. 1963 AP MuSchG § 10 Nr. 2 als Mutterschutzlohn bezeichnet.

1. Anspruchsberechtigte. Alle AN, die in den Geltungsbereich des MuSchG fallen, können Mut- 3 terschutzlohn beanspruchen. Das negative Tatbestandsmerkmal „soweit sie nicht Mutterschaftsgeld ... beziehen" begrenzt den Anspruch nur in zeitlicher Hinsicht (LAG Rheinland-Pfalz 20. 8. 1969 BB 1970, 176), soll aber nicht diejenigen Frauen von der Berechtigung ausnehmen, die Mutterschaftsgeldansprüche haben können. Während der Schutzfristen (§§ 3 II, 6 I) und des Erziehungsurlaubs besteht der Anspruch aus § 11 jedoch nicht.

2. Aussetzen mit der Arbeit. Anspruchsberechtigt sind nur solche Frauen, die **wegen** eines Be- 4 schäftigungsverbotes nach dem MuSchG völlig oder tlw. mit der Arbeit aussetzen oder die Art der Beschäftigung bzw. der Entlohnung wechseln und deshalb einen geringeren Verdienst erzielen. Steht ein anderer Arbeitsplatz zur Verfügung, auf dem die geschützte AN ihr nicht verbotene Arbeit leisten kann, hat sie einen Anspruch aus § 11 nur, wenn sie die Umsetzung zu Recht verweigern durfte (§ 3 Rn. 4; BAG 31. 3. 1969 AP MuSchG 1968 § 11 Nr. 2; 22. 4. 1998 NZA 1999, 936). Der Anspruch entfällt, solange Mutterschaftsgeld bezogen werden kann, während der Schutzfristen des §§ 3 II, 6 I (*Buchner/Becker* Rn. 19). Dabei kommt es auf die **Berechtigung** zum Bezug des Mutterschaftsgeldes an, die tatsächliche Inanspruchnahme wird nicht vorausgesetzt. Besteht jedoch im konkreten Fall kein Anspruch, zB weil die AN die gem. § 200 RVO erforderlichen Versicherungszeiten nicht aufweist, muß bei gleichzeitigem Beschäftigungsverbot iSd. Abs. 1 Mutterschutzlohn gezahlt werden (*Buchner/Becker* Rn. 61; *Heilmann* Rn. 16; anders *Meisel/Sowka* Rn. 8): Der Wortlaut („soweit" sie nicht Mutterschaftsgeld beziehen können) zeigt, daß der Anspruch aus § 11 nur entfällt, wenn die Frau eine Berechtigung zum Leistungsbezug tatsächlich hat. Ruht der Anspruch auf Mutterschaftsgeld, zB weil die Frau die Schutzfrist gem. § 3 II nicht beansprucht hat, besteht somit kein Anspruch aus § 11.

Der Umfang, in dem die Schwangere mit der Arbeit aussetzt, hängt vom konkreten Beschäftigungs- 5 verbot ab; setzt sie die Arbeit noch zeitweise fort, besteht der Anspruch aus § 11 in entsprechend reduziertem Umfang. Führt das Beschäftigungsverbot zum Wechsel der Beschäftigungsart (zum Umsetzungsrecht § 3 Rn. 4), der Arbeitszeit (Schichtwechsel) oder der Entlohnungsart (Akkordlohn, § 4 III), ist die dadurch bedingte Verdienstminderung gem. § 11 auszugleichen (BAG 20. 12. 1972 AP MuSchG 1968 § 11 Nr. 7).

3. Kausalität. Ein Anspruch gem. Abs. 1 besteht nur, wenn das Aussetzen mit der Arbeit und die 6 dadurch bedingte Verdienstminderung ausschließlich durch ein Beschäftigungsverbot verursacht wurden (BAG 22. 3. 1995 NZA 1995, 837; 5. 7. 1995 NZA 1996, 137; aA LAG Bremen 28. 8. 1996 AuR 1997, 122; ArbG Hamburg 15. 8. 1996 AuR 1997, 122). Die Rspr. prüft dies nach denselben Grundsätzen wie bei Entgeltfortzahlung „wegen" eines Feiertages ausgefallener Arbeit, § 2 EFZG Rn. 21 (BAG 14. 11. 1984 DB 1985, 710; BSG 17. 4. 1991 NZA 1991, 909 f.). Daher wird Kausalität verneint, wenn die AN aus persönlichen Gründen die Arbeit einschränkt/aussetzt, wenn sie Urlaub nimmt oder wenn sie arbeitsunfähig krank ist (*Gröninger/Thomas* Rn. 46; *Zmarzlik/Zipperer/Viethen* Rn. 15). Selbst bei zeitlichem Zusammentreffen von Beschäftigungsverbot und Krankheit besteht nach hM kein Anspruch aus § 11, da das Beschäftigungsverbot nicht die ausschließliche Ursache für die Nichtleistung ist (BAG 22. 3. 1995 AP MuSchG 1968 § 11 Nr. 12; BSG 17. 4. 1991 NZA 1991, 909; *Buchner/Becker* Rn. 37 ff.; aA ArbG Hameln 30. 1. 1992 BB 1992, 354; *Weyand* BB 1994, 1852;

Heilmann Rn. 28). Die vom BAG vertretene Ausschießlichkeitsthese (BAG 5. 7. 1995 NZA 1996, 137; 12. 3. 1997 NZA 1997, 882; 1. 10. 1997 NZA 1998, 194) verneint allerdings die Möglichkeit eines Zusammentreffens von Beschäftigungsverbot und Arbeitsunfähigkeit (aA vgl. § 3 Rn. 10). Spätestens bei einer zeitlich dem Beschäftigungsverbot nachfolgenden Erkrankung müßte das Kausalitätserfordernis aber dazu führen, daß die Schwangere weder Ansprüche aus § 11 noch gem. § 3 EFZG besitzt (da dort ebenfalls Alleinursächlichkeit gefordert wird).

7 An der Kausalität fehlt es, wenn die Entgelteinbuße durch nicht mit der Schwangerschaft zusammenhängende **betriebliche** Gründe veranlaßt ist: Bei Kurzarbeit (BAG 7. 4. 1970 AP BGB § 615 Kurzarbeit Nr. 3), Betriebsstörung, Inventur ist die Schwangere ebenso zu stellen wie sie ohne das Beschäftigungsverbot gestanden hätte (BAG 9. 9. 1971 AP MuSchG 1968 § 11 Nr. 5). Dasselbe gilt, wenn sich die Schwangere am Streik beteiligt oder ausgesperrt wird (BAG 21. 4. 1971 AP GG Art. 9 Arbeitskampf Nr. 43; LAG Berlin 28. 7. 1992 AuR 1993, 85; vgl. auch § 9 Rn. 13).

III. Berechnung des Mutterschutzlohns

8 Der AG hat während des Beschäftigungsverbots mindestens den Durchschnittsverdienst der letzten 13 Wochen/3 Monate zu zahlen (Referenz- oder Bezugsmethode, BAG 28. 6. 1963 AP MuSchG § 10 Nr. 2). Da jedoch jeder wirtschaftliche Anreiz für die Ausführung verbotswidriger Arbeiten vermieden werden soll, ist diese Berechnung in Abs. 2 S. 1 tlw. geändert worden: Während oder nach Ablauf des Berechnungszeitraums eintretende Verdiensterhöhungen sind einzubeziehen, wenn sie nicht nur vorübergehend gezahlt werden (EuGH 13. 2. 1996 EuGRZ 1996, 85), nicht aber Einkommenskürzungen, vgl. Rn. 12 f.

9 **1. Verdienst.** Für den Verdienstbegriff des Abs. 1 kommt es auf die arbeitsvertragliche, geldwerte Gegenleistung des AG an (BAG 29. 1. 1971 AP BGB § 611 Anwesenheitsprämie Nr. 2). Zugrunde zu legen ist das durchschnittlich erzielte, nicht das tatsächlich ausbezahlte Einkommen; nicht ständige Entgeltbestandteile sind somit einzurechnen (BAG 28. 11. 1984 AP MuSchG 1968 § 11 Nr. 10; 6. 3. 1985 AP MuSchG 1968 § 11 Nr. 11). Der maßgebliche Gesamtverdienst setzt sich zusammen aus den festen Bezügen (Bruttoverdienst) einschließlich übertariflicher Zulagen und Zuschläge, auch Anwesenheitsprämien, sofern die Frau sie im Berechnungszeitraum erhalten hatte (BAG 29. 1. 1971 BB 1971, 476; 19. 5. 1982 AP BGB § 611 Anwesenheitsprämie Nr. 12; 23. 5. 1984 AP BGB § 611 Anwesenheitsprämie Nr. 14) sowie Überstundenvergütungen (BAG 3. 5. 1989 DB 1989, 2283) und Bereitschaftsdienstvergütungen (nicht aber der Freizeitausgleich, LAG Baden-Württemberg 12. 5. 1993 ZTR 1993, 508). Sachbezüge wie Deputat, freie Wohnung oder Verpflegung sind grds. weiter zu gewähren, ebenso vermögenswirksame Leistungen. AG-Leistungen bei Fehlzeiten, insb. nach dem EFZG, rechnen zum Arbeitsentgelt, es sei denn, sie bieten keinen vollen Lohnersatz oder es handelt sich um öffentlich-rechtliche Leistungen (Krankengeld, Kurzarbeitergeld, Schlechtwettergeld).

10 Einmalige Zuwendungen wie Weihnachtsgeld, Urlaubsabgeltung, Gewinnbeteiligung werden für das ganze Jahr gezahlt, so daß auch die Zeiten schwangerschaftsbedingter Abwesenheit nicht ausgenommen werden, sofern es sich um „arbeitsleistungsbezogene Sonderzahlungen" handelt (BAG 25. 11. 1998 NZA 1999, 766). Wenn die AN die Bezugsvoraussetzungen im übrigen erfüllt, behält sie trotz Beschäftigungsverbot den Anspruch auf diese Leistung. Erhält sie aber die Einmalzahlung ungekürzt, kann diese nicht zusätzlich in die Berechnungsgrundlage für den Mutterschutzlohn einbezogen werden. Für eine Ausnahme bei tariflich ausschließlich als anteiligen Arbeitsverdienst gestaltetem 13. Monatsgehalt: BSG 17. 4. 1991 NZA 1992, 298. Nicht zu berücksichtigen sind Aufwandsentschädigungen (Trennungsgeld, Auslösung, Reisegeld) sowie ähnliche einmalige Zuwendungen, die nicht als Gegenleistung, sondern nur mit Rücksicht auf den Bestand des Arbeitsverhältnisses erbracht werden.

11 **2. Berechnungszeitraum.** Der Durchschnittsverdienst wird berechnet aufgrund der letzten 13 Wochen oder – nach Wahl des AG – der letzten drei Monate vor Beginn des ersten Schwangerschaftsmonats, Abs. 1 S. 1. Dieser Zeitraum spiegelt einen noch nicht von schwangerschaftsbedingten Beeinträchtigungen geprägten Verdienst der AN wider; zugleich wird damit verhindert, daß sich die AN zur Steigerung des Mutterschutzlohnes während bereits bestehender Schwangerschaft überanstrengt (BAG 28. 11. 1984 DB 1985, 765). Der Beginn der Schwangerschaft bestimmt sich nach dem Zeugnis gem. § 5 I, ggf. durch Rückrechnung um 280 Tage vom angegebenen Entbindungstermin (BAG 12. 12. 1985 AP MuSchG 1968 § 9 Nr. 15). Ausnahmen von dieser Berechnungsgrundlage sind daher nur in gesetzlich (Abs. 1 S. 3, 4) bezeichneten Fällen zulässig: Hat das Arbeitsverhältnis bei Schwangerschaftsbeginn noch nicht 13 Wochen bestanden (Abs. 1 S. 3), sind nur die ersten 13 Wochen/drei Monate in diesem Arbeitsverhältnis Berechnungsgrundlage. Hat das Arbeitsverhältnis kürzer gedauert (Abs. 1 S. 4) als 13 Wochen/drei Monate, ist der kürzere Zeitraum Berechnungsgrundlage. Dasselbe gilt, wenn das Arbeitsverhältnis zwar länger bestand, ein repräsentativer Durchschnittsverdienst aber nicht erzielt werden konnte. Hat die Schwangere im Berechnungszeitraum unverschuldet kein Entgelt bezogen, ist als Durchschnittsverdienst das Entgelt heranzuziehen, das in den drei Monaten/13 Wochen unmittelbar vorher bezogen wurde (BAG 15. 1. 1969 AP MuSchG 1968 § 11 Nr. 1). Zugunsten der AN sind Zeiten aus dem Berechnungszeitraum ganz auszuschließen, in denen sie kein Entgelt

erzielt hat (Abs. 1 S. 5). Dadurch wird der Bemessungszeitraum nicht verschoben oder verlängert, sondern die zu berücksichtigenden Zeiteinheiten, durch die der maßgebliche Gesamtarbeitsverdienst geteilt wird, werden verringert: Mutterschutzlohn pro Zeiteinheit ist gleich Gesamtverdienst geteilt durch die bezahlten Zeiteinheiten.

3. Berechnung des Durchschnittsverdienstes. Hat die AN während des Berechnungszeitraums 12 gleichbleibenden Zeitlohn (Wochen- oder Monatsverdienst) erzielt, ist dieser grds. weiterzuzahlen. Hat die AN unterschiedlich hohe Bezüge erhalten, ist zunächst der Gesamtverdienst des maßgeblichen Berechnungszeitraums zu ermitteln (Rn. 9 f.). Diese Summe ist durch die Anzahl der maßgeblichen Zeiteinheiten (Monate/Wochen/Stunden) zu teilen, in der die AN den Verdienst erreicht hat; Zeiten, in denen kein Verdienst erzielt wurde, bleiben außer Betracht (Abs. 1 S. 5). Strittig ist das Verhältnis von Abs. 1 S. 5 zu Abs. 2 S. 2. Der Grundsatz, daß Zeiten ohne Arbeitsentgelt die Berechnung des Durchschnittsverdienstes nicht beeinflussen, wird durch Abs. 2 S. 2 dahin ergänzt, daß dadurch auch stundenweiser Verdienstausfall und bloße Verdienstminderungen für den Durchschnittsverdienst nicht mitgerechnet werden. Zugleich schränkt Abs. 2 S. 2 den Grundsatz des Abs. 1 S. 5 dahingehend ein, daß Zeiten verschuldeten Entgeltausfalls in den Teiler einzubeziehen sind; dadurch mindert sich im Ergebnis der Durchschnittsverdienst der AN (dafür *Meisel/Sowka* Rn. 60; *Zmarzlik/Zipperer/Viethen* Rn. 54; dagegen *Heilmann* Rn. 69). Daß über den Entgeltausfall bei vertragswidrigem Arbeitsversäumnis hinaus auch die Berechnung des Mutterschutzlohnes nachteilig beeinflußt werden soll, ist mit dem Zweck des Gesetzes nicht vereinbar, das Durchschnitts-Entgelt der Schwangeren zu gewährleisten. Auseinandersetzungen über die Frage des Verschuldens sollten ihr danach gerade erspart bleiben. Als „verschuldet" darf der Arbeitsausfall somit nur gewertet werden, wenn sie den Ausfall zumindest in Kauf genommen hat.

Verdiensterhöhungen (Abs. 2 S. 1) korrigieren die Berechnungsgrundlage zugunsten der AN ent- 13 sprechend dem Vorbild des § 11 II BUrlG. Fällt die Erhöhung in den Bemessungszeitraum, ist der erhöhte Betrag für den gesamten Zeitraum zugrunde zu legen. Wird die Erhöhung erst wirksam, während bereits Mutterschutzlohn gezahlt wird, ist dieser von dem Zeitpunkt an ebenfalls zu erhöhen. **Verdienstkürzungen** (Abs. 2 S. 2) bleiben für die Berechnung außer Betracht, wenn sie auf Kurzarbeit, Arbeitsausfällen oder unverschuldetem Arbeitsversäumnis beruhen. Rechnerisch ist also so zu verfahren, als habe die AN in der fraglichen Zeit die genannten Verdienstausfälle nicht erlitten; damit können sie sich auf das für Abs. 1 maßgebliche Durchschnittseinkommen nicht auswirken, auch wenn die AN im Berechnungszeitraum real weniger verdient hatte.

IV. Dauer des Anspruchs

Der Anspruch aus § 11 beginnt, sobald die AN wegen eines in Abs. 1 genannten Beschäftigungsver- 14 botes ganz oder teilweise mit der Arbeit aussetzt bzw. die Beschäftigung oder Entlohnungsart wechselt und deswegen eine Verdienstminderung erleidet. Die Zahlungspflicht des AG dauert solange wie die Verdienstminderung infolge Beschäftigungsverbotes, endet jedoch mit dem Tag des Beginns der Schutzfrist aus § 3 II. Nimmt die Mutter nach Ablauf der Schutzfristen des § 6 I die Arbeit wieder auf, kann ein neuer Zahlungsanspruch begründet sein, wenn erneut Beschäftigungsverbote bestehen (§§ 6 II, III, 8).

V. Rechtsverordnung (Abs. 3), Rechtsverstoß

Von der Ermächtigung zum Erlaß einer Rechtsverordnung zur Berechnung des Mutterschutzlohnes 15 wurde kein Gebrauch gemacht. Eine Sanktionsdrohung gem. § 21 besteht nicht.

VI. Lohnausgleichsverfahren

AG mit nicht mehr als 20 Beschäftigten nehmen gem. § 10 I LFZG am Lohnausgleichsverfahren 16 teil. Danach erstatten die Krankenkassen diesen AG den gem. § 11 gezahlten Mutterschutzlohn und den Zuschuß gem. § 14 grds. in voller Höhe (§ 10 I 1 Nr. 2 bis 4 LFZG), einschließlich der Arbeitgeberanteile zu den Sozialversicherungen. Zugleich können die Kassen den Erstattungsumfang gem. § 16 II Nr. 1 LFZG durch Satzung beschränken oder pauschalieren. Der Erstattungsbetrag wird durch Umlage bei den AG finanziert, die die Voraussetzung des § 10 LFZG erfüllen (dazu BSG 24. 6. 1992 DB 1993, 1722), auch wenn sie keine Frauen beschäftigen.

§ 12. *(weggefallen)*

§ 13 Mutterschaftsgeld

(1) Frauen, die Mitglied einer Krankenkasse sind, erhalten für die Zeit der Schutzfristen des § 3 Abs. 2 und des § 6 Abs. 1 sowie für den Entbindungstag Mutterschaftsgeld nach den Vorschriften

der Reichsversicherungsordnung oder des Gesetzes über die Krankenversicherung der Landwirte über das Mutterschaftsgeld.

(2) ¹Frauen, die nicht Mitglied einer Krankenkasse sind, erhalten, wenn sie bei Beginn der Schutzfrist nach § 3 Abs. 2 in einem Arbeitsverhältnis stehen oder in Heimarbeit beschäftigt sind oder ihr Arbeitsverhältnis während ihrer Schwangerschaft vom Arbeitgeber zulässig aufgelöst worden ist, für die Zeit der Schutzfristen des § 3 Abs. 2 und des § 6 Abs. 1 sowie für den Entbindungstag Mutterschaftsgeld zu Lasten des Bundes in entsprechender Anwendung der Vorschriften der Reichsversicherungsordnung über das Mutterschaftsgeld, höchstens jedoch insgesamt vierhundert Deutsche Mark. ²Das Mutterschaftsgeld wird diesen Frauen vom Bundesversicherungsamt gezahlt.

1   **1. Normzweck und Konzeption.** Das Mutterschaftsgeld soll AN den wirtschaftlichen Anreiz nehmen, während der Schutzfristen der §§ 3 II, 6 I abhängig erwerbstätig zu sein. Die Aufteilung der Leistungspflichten unter verschiedene Träger dient nicht der Übersichtlichkeit, ist aber durch die sozialrechtlichen Strukturen bedingt: Besteht Versicherungsschutz in der gesetzlichen Krankenversicherung, ist diese Krankenkasse auch Leistungsträger für das Mutterschaftsgeld; Anspruchsvoraussetzungen und -abwicklung bestimmen sich nach § 200 RVO bzw. § 29 KVLG. Besteht dagegen kein Versicherungsschutz in der gesetzlichen Krankenversicherung, besteht aufgrund § 13 II ein Leistungsanspruch gegen den Bund, Auszahlungsstelle ist das Bundesversicherungsamt; zwar werden die RVO-Bestimmungen für entsprechend anwendbar erklärt, doch ist die Leistungspflicht auf insgesamt 400,- DM begrenzt und damit nicht mehr geeignet, die bezweckte wirtschaftliche Sicherung zu übernehmen. Zu den Ansprüchen gegen den AG vgl. § 14.

2   **2. Mutterschaftsgeld für Versicherte (Abs. 1).** Voraussetzungen des Bezuges von Mutterschaftsgeld für Mitglieder der gesetzlichen Krankenkasse gem. § 200 RVO (vgl. den Anhang SGB V, § 200 RVO Rn. 2ff.): Bei Beginn der Schutzfrist des § 3 II muß die Schwangere in einem Arbeitsverhältnis stehen (oder in Heimarbeit beschäftigt oder ihr Arbeitsverhältnis muß aufgelöst worden sein) und Mitglied einer gesetzlichen Krankenkasse sein. Der Schwangeren muß im Krankheitsfall Anspruch auf Krankengeld zustehen oder sie darf wegen der Schutzfristen gem. §§ 3 II, 6 I kein Arbeitsentgelt erhalten. Das Arbeitsverhältnis oder die Mitgliedschaft müssen zwischen dem 10. und 4. Monat vor der Entbindung für mindestens 12 Wochen bestanden haben.

3   Unter diesen Voraussetzungen erhält die AN Mutterschaftsgeld in Höhe ihres Nettoarbeitsentgelts, davon jedoch höchstens 25,- DM kalendertäglich zu Lasten der Krankenkasse; im übrigen vgl. § 14. Ist die Frau zwar in der gesetzlichen Krankenversicherung, erfüllt aber eine der übrigen Voraussetzungen nicht, kann sie Anspruch gem. § 200 II 6 RVO auf Mutterschaftsgeld in Höhe des Krankengeldes haben. Haben Versicherte keinen Anspruch gem. § 200 RVO, steht ihnen aus § 200 b RVO ein einmaliges Entbindungsgeld von 150,- DM zu.

4   **3. Mutterschaftsgeld für Nichtversicherte (Abs. 2).** Anders als Abs. 1 enthält Abs. 2 eine eigenständige Anspruchsgrundlage (BSG 9. 11. 1977 AP MuSchG 1968 § 13 Nr. 2) für solche dem Geltungsbereich des MuSchG unterfallenden Beschäftigten, die nicht Mitglied der gesetzlichen Krankenversicherung sind. Die Verfassungsmäßigkeit der Herabsetzung des Mutterschaftsgeldes für diesen Personenkreis auf lediglich 400,- DM während der gesamten Schutzfrist ist mehrfach bestritten, vom BVerfG jedoch bestätigt worden (23. 4. 1974 AP MuSchG § 14 Nr. 1 = NJW 1974, 1461; 16. 11. 1984 SozR 7830 MuSchG § 13 Nr. 6; kritisch *Buchner* NJW 1982, 800). Doch wird die Rechtsstellung nicht versicherter Frauen damit den Versicherten gegenüber erheblich geschwächt, obwohl nichts für ihre geringere Schutzbedürftigkeit spricht (*Zmarzlik/Zipperer/Viethen* Rn. 12: „rechtspolitisch höchst bedenklich").

5   a) **Anspruchsberechtigung.** Wer nicht Mitglied der gesetzlichen Krankenversicherung ist, hat Anspruch aus Abs. 2 (AN mit über der Versicherungspflichtgrenze liegendem Entgelt, aus sozialen oder karitativen Gründen Tätige, Werkstudentinnen, geringfügig Beschäftigte, gem. § 8 SGB V von der Versicherungspflicht Befreite, Familienversicherte gem. § 10 SGB V); Beamtinnen/Richterinnen und Soldatinnen sind vom Geltungsbereich des MuSchG überhaupt ausgenommen. Der Anspruch aus Abs. 2 besteht, wenn die Frau zu Beginn der Schutzfrist nicht Mitglied war; anderenfalls ergibt sich der Anspruch gem. § 200 RVO, auch wenn die Mitgliedschaft in der Folgezeit endet. Die Voraussetzungen von Abs. 2 entsprechen denen gem. § 200 I 1 RVO, dessen Bestimmungen entsprechend anzuwenden sind.

6   b) **Berechnung und Bezugsdauer.** Grds. ist das Mutterschaftsgeld gem. Abs. 2 ebenfalls nach § 200 II, III RVO zu berechnen, doch ist die Leistung der Höhe nach auf insgesamt 400,- DM begrenzt (BSG 12. 3. 1985 NZA 1985, 605). Dieser Betrag verteilt sich nicht gleichmäßig auf alle Kalendertage der Schutzfrist, sondern wird nach den Berechnungsgrundsätzen für das Mutterschaftsgeld ausbezahlt; er wird deshalb vielfach nach 16 Tagen erschöpft sein. Die Leistungen gem. Abs. 2 setzen einen Antrag der AN voraus, das Bundesversicherungsamt zahlt aus. Wird der Antrag abgelehnt, ist der Sozialrechtsweg eröffnet (BSG 9. 9. 1971 AP MuSchG 1968 § 13 Nr. 1).

4. Verhältnis zu anderen Leistungen. Arbeitsentgelt hat Vorrang vor Mutterschaftsgeld, sofern es 7 sich nicht lediglich um einmalig gezahlte Beträge handelt, § 200 IV RVO. Wenn und soweit Arbeitsentgelt gezahlt wird, ruht das Mutterschaftsgeld. Hat die AN Erziehungsurlaub genommen, wird das Mutterschaftsgeld auf das Erziehungsgeld angerechnet, § 7 BErzGG.

§ 14 Zuschuß zum Mutterschaftsgeld

(1) ¹Frauen, die Anspruch auf Mutterschaftsgeld nach § 200 Abs. 1, 2 Satz 1 bis 4 und Abs. 3 der Reichsversicherungsordnung, § 29 Abs. 1, 2 und 4 des Gesetzes über die Krankenversicherung der Landwirte oder § 13 Abs. 2 haben, erhalten für die Zeit der Schutzfristen des § 3 Abs. 2 und § 6 Abs. 1 sowie für den Entbindungstag von ihrem Arbeitgeber einen Zuschuß in Höhe des Unterschiedsbetrages zwischen 25 Deutsche Mark und dem um die gesetzlichen Abzüge verminderten durchschnittlichen kalendertäglichen Arbeitsentgelt. ²Das durchschnittliche kalendertägliche Arbeitsentgelt ist aus den letzten drei abgerechneten Kalendermonaten, bei wöchentlicher Abrechnung aus den letzten dreizehn abgerechneten Wochen vor Beginn der Schutzfrist nach § 3 Abs. 2 zu berechnen. ³Nicht nur vorübergehende Erhöhungen des Arbeitsentgeltes, die während der Schutzfristen des § 3 Abs. 2 und § 6 Abs. 1 wirksam werden, sind ab diesem Zeitpunkt in die Berechnung einzubeziehen. ⁴Einmalig gezahltes Arbeitsentgelt (§ 23 a des Vierten Buches Sozialgesetzbuch) sowie Tage, an denen infolge von Kurzarbeit, Arbeitsausfällen oder unverschuldeter Arbeitsversäumnis kein oder ein vermindertes Arbeitsentgelt erzielt wurde, bleiben außer Betracht. ⁵Ist danach eine Berechnung nicht möglich, so ist das durchschnittliche kalendertägliche Arbeitsentgelt einer gleichartig Beschäftigten zugrunde zu legen.

(2) Frauen, deren Arbeitsverhältnis während ihrer Schwangerschaft oder während der Schutzfrist des § 6 Abs. 1 vom Arbeitgeber zulässig aufgelöst worden ist, erhalten den Zuschuß nach Absatz 1 zu Lasten des Bundes von der für die Zahlung des Mutterschaftsgeldes zuständigen Stelle.

(3) Kann der Arbeitgeber seine Verpflichtung zur Zahlung des Zuschusses nach Absatz 1 für die Zeit nach Eröffnung des Insolvenzverfahrens oder nach rechtskräftiger Abweisung des Antrags auf Eröffnung des Insolvenzverfahrens mangels Masse bis zur zulässigen Auflösung des Arbeitsverhältnisses wegen Zahlungsunfähigkeit nicht erfüllen, erhalten die Frauen den Zuschuß zu Lasten des Bundes von der für die Zahlung des Mutterschaftsgeldes zuständigen Stelle.

(4) ¹Der Zuschuß nach den Absätzen 1 bis 3 entfällt für die Zeit, in der Frauen den Erziehungsurlaub nach dem Bundeserziehungsgeldgesetz in Anspruch nehmen oder in Anspruch genommen hätten, wenn deren Arbeitsverhältnis nicht während ihrer Schwangerschaft oder während der Schutzfrist des § 6 Abs. 1 vom Arbeitgeber zulässig aufgelöst worden wäre. ²Dies gilt nicht, soweit sie eine zulässige Teilzeitarbeit leisten.

I. Normzweck

Grundgedanke des MuSchG war es, daß während der Schutzfristen das bisherige Nettoeinkommen 1 der geschützten Frau gesichert sein sollte. Damit sollten AN den gesetzlich vorgesehenen Schutz ohne Sorge vor wirtschaftlichen Nachteilen tatsächlich in Anspruch nehmen können (BSG 17. 4. 1991 BB 1991, 1642). Durch das Finanzierungsänderungsgesetz vom 21. 12. 1967 (BGBl. I S. 1259) wurde die Verpflichtung der Krankenkassen und des Bundes zur Zahlung des Mutterschaftsgeldes gem. § 200 RVO auf höchstens 25,– DM täglich beschränkt, und zur Sicherung des Einkommens der AN ein AGZuschuß zum Mutterschaftsgeld eingeführt. Dieser Zuschuß sollte ursprünglich die gesamte Differenz zwischen kalendertäglich berechnetem Mutterschaftsgeld und dem Nettoeinkommen ausgleichen, wurde aber wegen der Begrenzung des Mutterschaftsgeldes für nicht versicherte Frauen auf höchstens insgesamt 400,– DM (22. 12. 1981 BGBl. I S. 1578) von dem individuellen Anspruch der AN abgelöst. Der Zuschuß berechnet sich nunmehr einheitlich aus der Differenz zwischen kalendertäglichem Nettoeinkommen der AN und 25,– DM. Da diese Summe seit Einführung des Zuschusses nicht erhöht worden ist, die Arbeitseinkommen aber gestiegen sind, handelt es sich derzeit oft nicht mehr um einen Zuschuß des AG, sondern um einen – im Falle des § 13 II: den – wesentlichen Bestandteil des Mutterschaftsgeldes.

Das BVerfG (23. 4. 1974 NJW 1974, 1461) hat die Zuschußpflicht als verfassungsgemäß angesehen, 2 da trotz Art. 6 IV GG die Lasten des Mutterschutzes nicht ausschließlich vom Staat getragen werden müßten, sondern auf mehrere Träger verteilt werden könnten. Art. 6 IV GG schütze die Mutter, nicht den AG; auch eine Verletzung von Art. 14 sowie Art. 3 I GG wurde nicht angenommen. In der Entscheidung vom 31. 10. 1985 (NJW 1986, 422) hat das BVerfG eine erneute Überprüfung von § 14 abgelehnt, das BAG (1. 11. 1995 DB 1996, 477) hat gleichfalls die Verfassungsmäßigkeit bestätigt. Die Bedenken sind aber nicht ausgeräumt: weil das MuSchG im Interesse der AN deren eigenständige wirtschaftliche Sicherung auf dem Arbeitsmarkt gewährleisten will, darf kein Gestaltungsmittel gewählt werden, das die Chancen jüngerer Frauen, einen besser bezahlten Arbeitsplatz zu erhalten, faktisch beeinträchtigen kann. Zwar ist es grds. nicht Aufgabe der Gerichte, die Entscheidung des Gesetzgebers über die Erfüllung von Gemeinschaftsaufgaben auf bloße Zweckmäßigkeit zu überprüfen (BAG 1. 11. 1995 DB 1996, 477), das kann aber bei evidenter Unzweckmäßigkeit des gewählten Mittels zum schonenden Ausgleich zweier Grundrechte (Art. 6 IV und Art. 3 II GG) nicht gelten (*Mauer* ZfSH/SGB 1991, 584).

II. Rechtsnatur

3   Der Zuschuß zum Mutterschaftsgeld ist zugleich gesetzlicher Anspruch und arbeitsrechtlich als „Entgelt" aufzufassen (LAG Schleswig Holstein 2. 7. 1996 LAGE MuSchG § 14 Nr. 8): Abs. 1 gibt einen mutterschutzrechtlichen (Teil-)Entgeltfortzahlungsanspruch, der trotz seiner Verankerung im Gesetz auf dem Arbeitsverhältnis aufbaut und sich der Höhe nach am vertraglichen Entgeltanspruch orientiert. Dagegen begründet Abs. 2 einen öffentlich-rechtlichen Anspruch gegen die Krankenkasse oder das Bundesversicherungsamt, der gegebenenfalls vor den Sozialgerichten geltend gemacht werden muß.

III. Voraussetzungen

4   **1. Anspruch auf Mutterschaftsgeld.** Die AN muß gem. § 200 RVO, § 29 KVLG oder gem. § 13 II Anspruch auf Mutterschaftsgeld haben (vgl. Anhang zu SGB V, § 200 RVO Rn. 2 ff.): Sie muß seit Beginn der Schutzfrist des § 3 II in einem Arbeitsverhältnis stehen oder in Heimarbeit beschäftigt sein, bzw. muß ihr Arbeitsverhältnis während der Schwangerschaft zulässigerweise vom AG aufgelöst worden sein; andere Beendigungsarten führen grds. zu Anspruchsverlust, vgl. aber § 200 II 6 RVO. Weiterhin muß ihre Mitgliedschaft oder das Arbeitsverhältnis mindestens 12 Wochen lang in der Zeit zwischen dem 10. und dem 4. Monat vor der Entbindung bestanden haben. Keinen Anspruch haben danach insb. Versicherte, die Mutterschaftsgeld in Höhe des Krankengeldes erhalten, § 200 II 6 RVO, dh. selbständig Erwerbstätige, Arbeitslose, oder Frauen, deren befristetes Arbeitsverhältnis während der Schutzfrist endet; auch Frauen, denen nur Entbindungsgeld gem. § 200 b RVO gezahlt wird, haben keinen Anspruch. Der rechtliche Bestand des Anspruchs auf Mutterschaftsgeld genügt zur Begründung der Zuschußpflicht; daß der Anspruch auch erfüllt wird, ist nicht vorausgesetzt.

5   **2. Tagesverdienst über 25,- DM.** Ein Anspruch auf den Zuschuß besteht nur, wenn das durchschnittliche Entgelt der Schwangeren im Bezugszeitraum mehr als 25,- DM pro Kalendertag betragen hat. Bestehen Arbeitsverhältnisse zu mehreren AG parallel, werden die Bezüge zusammengerechnet; übersteigen die Gesamtbezüge die Summe von 25,- DM pro Kalendertag, kann die AN von jedem AG einen anteiligen Zuschuß verlangen. Dies gilt auch bei Bezügen aus einer Nebentätigkeit, selbst wenn diese in die Berechnung des Nettoarbeitsentgelts gem. § 200 RVO nicht einbezogen werden (BAG 3. 6. 1987 AP MuSchG 1968 § 14 Nr. 6).

6   **3. Anspruchsverpflichteter.** Solange das Arbeitsverhältnis besteht, richtet sich der Anspruch gegen den AG (Abs. 1), bei AGWechsel während der Schwangerschaft: gegen den neuen, bei mehreren AG: anteilig gegen alle, bei Heimarbeitsverhältnissen gem. § 24 gegen den Auftraggeber oder Zwischenmeister. Ist das Arbeitsverhältnis zulässigerweise durch den AG aufgelöst worden, richtet sich der Anspruch gem. Abs. 2 gegen die Krankenkasse, wenn die AN in der gesetzlichen Krankenversicherung Mitglied ist, anderenfalls gegen das Bundesversicherungsamt. Das Arbeitsverhältnis muß aber vom AG „zulässig aufgelöst" worden sein (Beispiele: Fristablauf, Anfechtung, Bedingungseintritt, Eigenkündigung der Frau), andernfalls entsteht kein Anspruch auf Zuschuß. Durch eine Insolvenz des AG (Abs. 3) wird zwar der Bestand des Arbeitsverhältnisses nicht unmittelbar berührt, bei Zahlungsunfähigkeit wechselt aber der Anspruchsverpflichtete als ob das Arbeitsverhältnis bereits iSd. Abs. 2 aufgelöst worden wäre. Der Anspruch auf Zuschuß richtet sich auch bei Insolvenzeröffnung gegen die Krankenkasse bzw. das Bundesversicherungsamt, da mit Insolvenzeröffnung die Zahlungsunfähigkeit des AG feststeht, die den Wechsel des Anspruchsverpflichteten auslöst. Der Wechsel des Anspruchsverpflichteten gilt aber erst ab Eröffnung des Insolvenzverfahrens bzw. Abweisung des Insolvenzantrages mangels Masse; frühere, nicht erfüllte Ansprüche werden wie rückständige Lohnforderungen über das Insolvenzgeld abgesichert, §§ 141 ff. AFG.

7   **4. Beendigung der Arbeit.** Da Mutterschaftsgeld und der Zuschuß gem. § 14 Lohnersatzfunktion haben, besteht ein Anspruch nur, wenn und soweit nicht gleichzeitig Arbeitsentgelt bezogen wird. Wird die Frau während der Schutzfristen zulässig (§ 3 II) beschäftigt, kann sie einen anteiligen Zuschuß beanspruchen, wenn sie ihre Arbeitszeit aus schwangerschaftsbedingten Gründen reduziert hat, um insgesamt den durchschnittlichen Tagesverdienst im Referenzzeitraum wieder zu erreichen. Doch muß eine mutterschutzrechtliche Beschäftigungsbeschränkung *ursächlich* für den Verdienstausfall sein: Hatten die Vertragsparteien zuvor vereinbart, daß die AN generell ihre Arbeitszeit verringert, verringert sich dementsprechend auch der Zuschuß (BAG 11. 6. 1986 AP MuSchG 1968 § 14 Nr. 3). Dasselbe gilt im Falle einer zuvor vereinbarten Beurlaubung ohne Entgelt, § 50 II BAT.

Fehlt es sogar an einer Genehmigung, die Tätigkeit überhaupt ausüben zu dürfen (Arbeitserlaubnis), ist das Beschäftigungsverbot nicht kausal für den Verdienstausfall, der Anspruch auf Zuschuß entfällt (LAG Rheinland-Pfalz 6. 1. 1999 NZA-RR 1999, 622). Kommt es während der Schutzfristen zu einem Arbeitskampf, ruht der Anspruch auf Zuschuß, wenn sich die AN am Streik aktiv beteiligt (Arbeitsniederlegung vor Beginn der Schutzfrist) oder rechtmäßig ausgesperrt werden konnte, weil damit die vertraglichen Hauptpflichten suspendiert sind (BAG 22. 10. 1986 AP MuSchG 1968 § 14 Nr. 4; LAG Berlin 28. 7. 1992 AuR 1993, 85; aA LAG Baden-Württemberg 7. 6. 1985 NZA 1986, 198; LAG Hamm 20. 12. 1985 BB 1986, 198); dasselbe gilt bei arbeitskampfbedingter Stillegung des Betriebes. Zu erwägen ist in diesen Fällen ein Anspruch auf Mutterschaftsgeld in Höhe des Krankengeldes, § 200 II 6 RVO (*Zmarzlik/Zipperer/Viethen* Rn. 35).

IV. Höhe und Berechnung des Zuschusses

1. Höhe. Die Höhe des Zuschusses wird durch die Differenz des durchschnittlichen kalendertäglichen Entgelts im Referenzzeitraum und 25,- DM bestimmt. Wird rückwirkend für den Referenzzeitraum eine Erhöhung des Tarifentgelts wirksam, ist auch der Zuschuß nachträglich zu erhöhen (BAG 6. 6. 1994 AP MuSchG 1968 § 14 Nr. 11 = NZA 1994, 793); dasselbe gilt, wenn sich die Bezüge erst während der Schutzfristen erhöhen, § 14 I 3 (EuGH 13. 2. 1996 AP EWG-Vertrag Art. 119 Nr. 74; BAG 31. 7. 1996 AP MuSchG 1968 § 14 Nr. 15; zum alten Recht anders LAG Berlin 28. 10. 1994 BB 1995, 829). Mußte die AN im Referenzzeitraum anderweitige Einkünfte erzielen, weil sich der AG ihr gegenüber in Annahmeverzug befand, hat dies keinen nachteiligen Einfluß auf die Höhe des Zuschusses (LAG Köln 13. 10. 1993 NZA 1994, 320). Der Zuschuß ist um so höher, je weniger gesetzliche Abzüge vom Bruttoarbeitsentgelt darauf entfallen, ist also durch die Wahl der Steuerklasse und den Ansatz von Freibeträgen beeinflußbar. Eine Steuerklassenwahl lediglich zum Zwecke der Erhöhung der Zuschußpflicht ist rechtsmißbräuchlich (BAG 22. 10. 1986 NZA 1987, 703; 18. 9. 1991 NZA 1992, 411). Anhaltspunkte dafür bestehen, wenn die gewählte Steuerkombination offensichtlich nicht dem Verhältnis der Arbeitslöhne von Ehegatten entspricht, vgl. § 113 II 2 AFG.

2. Berechnung. Zur Ermittlung des Zuschusses sind alle im Referenzzeitraum mit Rücksicht auf das Arbeitsverhältnis gewährten geldwerten Vorteile zu berücksichtigen (§ 11 Rn. 9). Das so ermittelte Bruttoarbeitsentgelt ist um etwaige Einmalbezüge zu vermindern, sodann um die gesetzlichen Abzüge (Lohnsteuer, Solidaritätszuschlag, ggf. Kirchensteuer, Arbeitnehmeranteil zu den Sozialversicherungsbeiträgen). Dieses Nettoentgelt wird durch die Zahl der Kalendertage des Referenzzeitraums geteilt, wobei der Monat zu 30, die Woche zu sieben Kalendertagen anzusetzen ist, § 191 BGB (dh. bei monatlicher Abrechnung ist durch 90, bei wöchentlicher Abrechnung durch 91 zu teilen, ggfs. verringert um Tage, die gem. Abs. 1 S. 5 außer Betracht bleiben). Konnte die AN im Referenzzeitraum kein oder nur noch vermindertes Entgelt beziehen, werden diese Zeiten nicht eingerechnet, sondern der Referenzzeitraum wird entsprechend zurückverlegt; ist eine Durchschnittsberechnung nicht möglich, ist das Entgelt einer Vergleichsperson heranzuziehen (Abs. 1 S. 6).

3. Bezugsdauer. Der Zuschuß wird während der Dauer der Schutzfristen der §§ 3 II, 6 I gezahlt und ist vom Anspruch auf Mutterschaftsgeld abhängig, den er ergänzt. Bei Frühgeburten (§ 6 I) verkürzt sich zwar die vorgeburtliche Bezugsdauer gem. § 5 II 2, dafür verlängert sich die nachgeburtliche dementsprechend, § 6 I 2. Wird das Mutterschaftsgeld gem. § 13 II gezahlt, ist der Zuschuß bei Erschöpfung des Höchstbetrages von 400,- DM weiterzugewähren, allerdings nur in der ursprünglich ermittelten Höhe. Diese Auslegung ist allerdings mit Art. 11 Nr. 2 b RL 92/85 EWG nicht vereinbar, der der AN die Fortzahlung des Arbeitsentgelts oder einer Sozialleistung in Höhe der Entgeltfortzahlung im Krankheitsfalle vorschreibt. Vorzeitige Erlöschensgründe sind der Tod der Anspruchsberechtigten, eine Fehlgeburt, sowie eine Beendigung des Arbeitsverhältnisses, die nicht die Voraussetzungen des Abs. 2 erfüllt.

V. Geltendmachung

Der Zuschuß gem. Abs. 1 wird vom AG berechnet und ausgezahlt. Der AG kann dazu einen Nachweis verlangen, daß ein Anspruch auf Mutterschaftsgeld besteht, der durch entsprechende Bescheinigung der Krankenkasse oder des Bundesversicherungsamtes geführt wird. Fälligkeit und Auszahlungszeitpunkt entsprechen den für das Arbeitsentgelt maßgeblichen Vereinbarungen. Der Zuschuß gem. Abs. 2, 3 ist ein öffentlich-rechtlicher Anspruch, bei dem Fälligkeit, Auszahlungszeitpunkt, Pfändungsschutz usw. den sozialversicherungsrechtlichen Bestimmungen entsprechen, die für das Mutterschaftsgeld gelten.

VI. Erziehungsurlaub (Abs. 4)

Überschneiden sich die Schutzfristen der §§ 3 II, 6 I mit einem Erziehungsurlaub der Mutter, entfällt der Anspruch auf Zuschuß gem. § 14 grds. ersatzlos. Der Zuschuß ist nur zu zahlen, wenn die Mutter trotz Erziehungsurlaubs eine zulässige Teilzeitarbeit leistet.

VII. Lohnausgleichsverfahren

13 Aufwendungen der AG für den Zuschuß gem. § 14 sind in das Lohnausgleichsverfahren gem. § 10 LFZG einbezogen, wenn die AG idR nicht mehr als 20 AN beschäftigen (vgl. §§ 10, 16 II Nr. 4 LFZG).

§ 15 Sonstige Leistungen bei Schwangerschaft und Mutterschaft

Frauen, die in der gesetzlichen Krankenversicherung versichert sind, erhalten auch die folgenden Leistungen bei Schwangerschaft und Mutterschaft nach den Vorschriften der Reichsversicherungsordnung oder des Gesetzes über die Krankenversicherung der Landwirte:
1. ärztliche Betreuung und Hebammenhilfe,
2. Versorgung mit Arznei-, Verband- und Heilmitteln,
3. stationäre Entbindung,
4. häusliche Pflege,
5. Haushaltshilfe,
6. Entbindungsgeld.

1 Die Norm schafft nicht selbst eine Rechtsgrundlage für weitere Ansprüche neben dem Mutterschaftsgeld, sondern weist lediglich auf §§ 195 bis 200b RVO, 22 bis 26 KVLG hin. Dadurch sollen die in der gesetzlichen Krankenversicherung Versicherten ihre Rechte besser erkennen können als es sonst der Fall wäre, da § 18 das Auslegen bzw. Aushängen nur des MuSchG im Betrieb vorschreibt, nicht aber der RVO. Nicht versicherten Frauen stehen die genannten Leistungen nur zu, wenn sie gem. § 10 SGB V familienversichert sind (BSG 29. 1. 1980 E 49, 240: eigener Anspruch).

§ 16 Freizeit für Untersuchungen

¹ Der Arbeitgeber hat der Frau die Freizeit zu gewähren, die zur Durchführung der Untersuchungen im Rahmen der Leistungen der gesetzlichen Krankenversicherung bei Schwangerschaft und Mutterschaft erforderlich ist. ² Entsprechendes gilt zugunsten der Frau, die nicht in der gesetzlichen Krankenversicherung versichert ist. ³ Ein Entgeltausfall darf hierdurch nicht eintreten.

1 **1. Normzweck.** Der Anspruch auf Freizeit zum Zwecke medizinischer Untersuchungen soll (entsprechend § 43 JArbSchG) sicherstellen, daß die medizinisch erforderliche oder empfohlene Vorsorge nicht wegen drohender wirtschaftlicher Nachteile für die geschützten Personen leerläuft. Daher wurde eine öffentlich-rechtliche Verpflichtung des AG geschaffen, die von der Aufsichtsbehörde überwacht (§ 20 I) und mit einer Sanktionsdrohung versehen (§ 21 I Nr. 7) wird.

2 **2. Voraussetzungen. a) Anspruchsberechtigt** waren nach der alten Gesetzesfassung nur in der gesetzlichen Krankenversicherung Versicherte, da nur ihnen ein Anspruch auf „Untersuchungen im Rahmen der Leistungen bei Schwangerschaft und Mutterschaft", S. 1, zusteht. Diese Rechtslage widersprach jedoch Art. 9 der RL 92/85 EWG, die allen schwangeren AN einen Freistellungsanspruch für Vorsorgeuntersuchungen zuspricht; ebenso nunmehr S. 2.

3 **b) Freizeit für Untersuchungen.** Für die Dauer der mutterschutzrechtlich erforderlichen Untersuchungen, einschließlich Warte- und Wegezeit, hat die AN Anspruch auf bezahlte Freistellung von der Arbeit. Zu den Untersuchungen gehören die Feststellung der Schwangerschaft, § 196 I 2 RVO, und die Vorsorgeuntersuchungen, § 195 RVO.

4 Der Anspruch auf Freistellung berechtigt die Schwangere nicht, ohne Absprache mit dem AG fernzubleiben. Sie muß vielmehr bei der Terminvereinbarung soweit wie möglich auf die Belange des Betriebes Rücksicht nehmen (BAG 25. 4. 1960 AP BGB § 616 Nr. 23), eine ordnungsgemäße Abmeldung am Arbeitsplatz ist erforderlich. Gewährte Freizeit muß nicht vor- oder nachgearbeitet werden.

5 **c) Entgelt.** Die AN ist genauso zu vergüten als wenn sie gearbeitet hätte. Fahrtkosten sind nicht zu erstatten, nicht in Anspruch genommene betriebliche Leistungen (Essenszuschuß) oder aufgewendete arbeitsfreie Zeit sind nicht abzugelten.

6 **3. Durchsetzung.** Wird der Schwangeren eine erforderliche Freistellung verweigert, steht ihr ein Zurückbehaltungsrecht zu, um die Untersuchungen durchführen lassen zu können; die notwendige Abstimmung mit betrieblichen Belangen muß allerdings zuvor versucht worden sein. Der Entgeltanspruch ist im Wege der Leistungsklage durchsetzbar. Die Verweigerung der Freistellung ist Ordnungswidrigkeit gem. § 21 I Nr. 7; ein Verstoß gegen Satz 2 ist nicht sanktionsbewehrt.

§ 17. *(weggefallen)*

Fünfter Abschnitt. Durchführung des Gesetzes

§ 18 Auslage des Gesetzes

(1) In Betrieben und Verwaltungen, in denen regelmäßig mehr als drei Frauen beschäftigt werden, ist ein Abdruck dieses Gesetzes an geeigneter Stelle zur Einsicht auszulegen oder auszuhängen.

(2) Wer Heimarbeit ausgibt oder abnimmt, hat in den Räumen der Ausgabe und Abnahme einen Abdruck dieses Gesetzes an geeigneter Stelle zur Einsicht auszulegen oder auszuhängen.

1. Normzweck. Die AN sollen die Rechtsgrundlage ihrer Ansprüche und Verpflichtungen aus dem MuSchG jederzeit kennen können. Die Information der AN ist somit jedenfalls auch Regelungsziel der Vorschrift; doch wird zum Teil bestritten, daß diese den Schutz der Frauen bezweckt (ArbG Wilhelmshaven 8. 2. 1966 AuR 1966, 186). Um dieses Regelungsziel zu erreichen, müssen auch Frauen informiert werden, denen die Arbeit per Post/EDV zu Hause zugewiesen wird.

2. Voraussetzungen. a) Betriebe und Verwaltungen (Abs. 1). Der Betriebsbegriff im mutterschutzrechtlichen Sinne erfaßt auch Freiberufler, Land- und Forstwirtschaft, Schiffahrt, Nebenbetriebe und Betriebsteile. Verwaltungen sind die staatlichen und kommunalen Dienststellen, Ämter und Behörden sowie die Verwaltungsstellen von öffentlich-rechtlichen Körperschaften; wird eine entsprechende Anzahl von Beamtinnen beschäftigt, ist zudem § 11 MuSchVO zu beachten. Die Verpflichtung tritt erst ein, wenn an der Arbeitsstelle regelmäßig mehr als 3 Frauen beschäftigt werden; saisonale Schwankungen bleiben außer Betracht.

b) Heimarbeit (Abs. 2). Die Aushangpflicht kann bei Heimarbeiterinnen sinnvoll nicht an der Arbeitsstätte bestehen, daher besteht sie in den Räumen der Ausgabe oder (trotz des Wortlauts „und" dürfte *ein* Aushang genügen) Abnahme der Heimarbeit. Eine Mindestbeschäftigtenzahl ist dabei nicht Voraussetzung der Aushangpflicht.

c) Aushang an geeigneter Stelle. Der Gesetzestext ist im Betrieb so auszulegen oder auszuhängen, daß jede AN seinen Inhalt zur Kenntnis nehmen kann, ohne jemanden um Vorlage bitten zu müssen. Geeignet sind daher Pausen- oder Aufenthaltsräume, ein betriebliches Schwarzes Brett oder das BRBüro. Ein Hinweis auf die mögliche Einsichtnahme beim AG oder der Personalabteilung genügt nicht. Das Gesetz muß vollständig und lesbar ausgehängt werden, dh. insb. im Falle einer umfänglichen Gesetzesänderung in einer vollständigen Fassung verfügbar sein. Aus § 18 läßt sich zwar nicht unmittelbar die Verpflichtung herleiten, bei einer entsprechenden Anzahl von deutschunkundigen Ausländerinnen das MuSchG in fremdsprachiger Übersetzung auszuhängen, aus der Fürsorgepflicht ergibt sich dies jedoch zumindest in den Fällen, in denen von Gewerkschaften, Berufsgenossenschaften oder Behörden fremdsprachiges Informationsmaterial herausgegeben wird (*Zmarzlik/Zipperer/Viethen* Rn. 5; *Buchner/Becker* Rn. 32; umfassender *Heilmann* Rn. 20; abl. *Meisel/Sowka* Rn. 11).

3. Rechtsverstoß. Die Vorschrift ist primär Ordnungsvorschrift (LAG Stuttgart 30. 11. 1967 DB 1968, 624; ArbG Ulm 13. 4. 1954 AP MuSchG § 17 Nr. 1), demzufolge kein Schutzgesetz iSd. § 823 II BGB: Individualschutz kann nicht der überwiegende Normzweck sein, da anderenfalls die Beschäftigtenmindestzahl nicht zu rechtfertigen wäre. Ob die Aushangpflicht aber als Konkretisierung der vertraglichen Fürsorgepflicht anzusehen ist (*Heilmann* Rn. 24; aA *Zmarzlik/Zipperer/Viethen* Rn. 8; *Meisel/Sowka* Rn. 13), ist fraglich. Praktische Auswirkungen hat dies jedoch nur, wenn das Unterlassen des Aushangs einmal kausal für einen Schaden werden sollte, dh. am ehesten bei der Versäumung der Zwei-Wochen-Frist des § 9 I 1 (dagegen: ArbG Wilhelmshaven 8. 2. 1966 AuR 1966, 186).

§ 19 Auskunft

(1) Der Arbeitgeber ist verpflichtet, der Aufsichtsbehörde auf Verlangen
1. die zur Erfüllung der Aufgaben dieser Behörde erforderlichen Angaben wahrheitsgemäß und vollständig zu machen,
2. die Unterlagen, aus denen Namen, Beschäftigungsart und -zeiten der werdenden und stillenden Mütter sowie Lohn- und Gehaltszahlungen ersichtlich sind, und alle sonstigen Unterlagen, die sich auf die zu Nummer 1 zu machenden Angaben beziehen, zur Einsicht vorzulegen oder einzusenden.

(2) Die Unterlagen sind mindestens bis zum Ablauf von zwei Jahren nach der letzten Eintragung aufzubewahren.

500 MuSchG § 20   Aufsichtsbehörden

1   **1. Normzweck.** Die Bestimmung soll der Aufsichtsbehörde (§ 20) eine wirkungsvolle Aufsicht über die Durchführung der Schutzpflichten aus dem MuSchG ermöglichen. Daher bezieht sich die Auskunftspflicht auch auf Angaben, die zur Überwachung von gesetzlich zugelassenen Rechtsverordnungen oder behördlichen Anordnungen dienen.

2   **2. Voraussetzungen. a) Auskunftspflicht (Abs. 1 Nr. 1).** Die Verpflichtung trifft nur den AG; die AN kann auf eventuelle Fragen der Behörde sanktionslos die Auskunft verweigern. Mitzuteilen sind nur die erforderlichen Angaben, doch kann die Auskunft nur verweigert werden, wenn die verlangten Auskünfte gar nichts mit den mutterschutzrechtlichen Aufgaben der Behörde zu tun haben. Die Pflicht wird erst durch ein entsprechendes Auskunftsverlangen der Behörde ausgelöst. Die Auskunft muß wahrheitsgemäß und vollständig gegeben werden, darf also nichts wesentliches verschweigen, auch wenn nach Einzelheiten nicht ausdrücklich gefragt wurde.

3   **b) Vorlagepflicht (Abs. 1 Nr. 2).** Beim AG bereits vorhandene Unterlagen über die Gegenstände, auf die sich das Auskunftsverlangen des Abs. 1 beziehen darf, sind auf Verlangen vorzulegen oder einzusenden. Eine Pflicht zur Erstellung oder Beschaffung solcher Unterlagen besteht nicht. Die Vorlagepflicht begründet ein Recht zur Einsichtnahme im Betrieb, wobei auch Kopien angefertigt werden dürfen. Die Einsendepflicht umfaßt die Übersendung der Originale an die Behörde auf Kosten des AG; sie steht aber unter dem Vorbehalt, daß die Unterlagen im Betrieb nicht laufend benötigt werden.

4   **c) Aufbewahrungspflicht (Abs. 2).** Die Unterlagen gem. Abs. 1 Nr. 2 müssen bis zum Ablauf von zwei Jahren nach der letzten Eintragung aufbewahrt werden, damit Verstöße gegen das MuSchG auch nachträglich noch festgestellt werden können. Sind die erforderlichen Eintragungen pflichtwidrig unterblieben, beginnt die Frist mit dem Zeitpunkt, an dem die letzte Eintragung hätte vorgenommen werden müssen.

5   **3. Rechtsverstoß.** Werden die erforderlichen Angaben nicht oder unvollständig mitgeteilt oder werden Urkunden nicht vorgelegt oder aufbewahrt, kommt eine Ordnungswidrigkeit gem. § 21 I Nr. 8 in Betracht. Ein Aussageverweigerungsrecht gem. § 55 OWiG steht dem AG erst zu, wenn ein Ordnungswidrigkeitsverfahren bereits eingeleitet worden ist.

§ 20 Aufsichtsbehörden

(1) **Die Aufsicht über die Ausführung der Vorschriften dieses Gesetzes und der auf Grund dieses Gesetzes erlassenen Vorschriften obliegt den nach Landesrecht zuständigen Behörden (Aufsichtsbehörden).**

(2) [1] **Die Aufsichtsbehörden haben dieselben Befugnisse und Obliegenheiten wie nach § 139 b der Gewerbeordnung die dort genannten besonderen Beamten.** [2] **Das Grundrecht der Unverletzlichkeit der Wohnung (Artikel 13 des Grundgesetzes) wird insoweit eingeschränkt.**

1   **1. Aufsichtsbehörden (Abs. 1).** Die Länder führen das MuSchG gem. Art. 83 GG als eigene Angelegenheit aus und regeln die Einrichtung der Behörden und des Verwaltungsverfahrens. Die zuvor einheitlich den Gewerbeaufsichtsämtern (für bergbauliche Betriebe: die besonderen Bergämter) übertragene Zuständigkeit ist von den meisten Bundesländern aufrechterhalten worden. Zu den Ausnahmen vgl. *Buchner/Becker* Rn. 1 (= Berlin, Brandenburg, Hamburg, Thüringen). Die örtliche Zuständigkeit liegt bei dem Amt, in dessen Bezirk das Unternehmen betrieben oder die Tätigkeit ausgeübt wird, dh. regelmäßig das Amt des Betriebssitzes.

2   **2. Befugnisse der Aufsichtsbehörde (Abs. 2).** Die Behörden überwachen in Betrieben, Verwaltungen und Familienhaushalten die ordnungsgemäße Beachtung des MuSchG sowie der dazu ergangenen Verordnungen. Dazu können sie Betriebsbegehungen vornehmen, Auskünfte einholen (§ 19), Beschwerden überprüfen, Anträge bescheiden sowie beratend und aufklärend tätig werden, vgl. § 139 b GewO. Das umfaßt insb. die jederzeitige Revision der betrieblichen Anlagen (Betriebsgelände, Produktion, Verwaltung, Lager- und Nebenräume, Sozialeinrichtungen und sanitäre Anlagen), zu denen der AG den Zutritt zu gestatten hat; Art. 13 GG ist insoweit ausdrücklich eingeschränkt, eine Behinderung der Kontrolle ist eine Ordnungswidrigkeit gem. § 147 III GewO. Die Revisionen können unangekündigt stattfinden, allerdings ist der AG bei Beginn der Kontrolle zu informieren, seine Anwesenheit ist zu gestatten. Grds. sind die Kontrollen auf Zeiten zu beschränken, in denen im Betrieb gearbeitet wird. Betriebsgeheimnisse, die den Aufsichtsbeamten bei der Kontrolle bekannt werden, unterliegen der Pflicht zur Geheimhaltung, § 139 b I 3 GewO.

3   Werden Rechtsverstöße festgestellt, können entsprechende Hinweise und Beratungen erfolgen. Im Rahmen der polizeilichen Befugnisse können schriftliche Verfügungen zunächst angedroht, sodann erlassen werden, die auch für sofort vollziehbar erklärt werden können und mit Mitteln des Verwaltungszwangs (Zwangsgeld, Ersatzvornahme und unmittelbarer Zwang) durchsetzbar sind. Als äußerstes Mittel käme daher die Einstellung des Betriebes/eines Betriebsteils in Betracht, falls weniger belastende Mittel zum Schutz von Mutter oder Kind nicht ausreichen.

3. Rechtsbehelfe. Das Verfahren der Aufsichtsbehörde folgt den Vorschriften der Landes-Verwaltungsverfahrensgesetze. Förmliche Rechtsmittel sind möglich gegen VA der Aufsichtsbehörde oder gegen die Verhängung von Geldbußen. Gegen förmliche Anordnungen der Behörde ist der Verwaltungsrechtsweg eröffnet; der AG kann gegen einen VA mit der Anfechtungsklage, gegen die Versagung einer Ausnahmebewilligung (zB § 4 III, 8 VI) mit der Verpflichtungsklage vorgehen.

Sechster Abschnitt. Straftaten und Ordnungswidrigkeiten

§ 21 Straftaten und Ordnungswidrigkeiten

(1) Ordnungswidrig handelt der Arbeitgeber, der vorsätzlich oder fahrlässig
1. den Vorschriften der §§ 3, 4 Abs. 1 bis 3 Satz 1 oder § 6 Abs. 1 bis 3 Satz 1 über die Beschäftigungsverbote vor und nach der Entbindung,
2. den Vorschriften des § 7 Abs. 1 Satz 1 oder Abs. 2 Satz 2 über die Stillzeit,
3. den Vorschriften des § 8 Abs. 1 oder 3 bis 5 Satz 1 über Mehr-, Nacht- oder Sonntagsarbeit,
4. den auf Grund des § 4 Abs. 4 erlassenen Vorschriften, soweit sie für einen bestimmten Tatbestand auf diese Bußgeldvorschrift verweisen,
5. einer vollziehbaren Verfügung der Aufsichtsbehörde nach § 2 Abs. 5, § 4 Abs. 5, § 6 Abs. 3 Satz 2, § 7 Abs. 3 oder § 8 Abs. 5 Satz 2 Halbsatz 1,
6. den Vorschriften des § 5 Abs. 1 Satz 3 über die Benachrichtigung,
7. der Vorschrift des § 16 Satz 1, auch in Verbindung mit Satz 2, über die Freizeit für Untersuchungen oder
8. den Vorschriften des § 18 über die Auslage des Gesetzes oder des § 19 über die Einsicht, Aufbewahrung und Vorlage der Unterlagen und über die Auskunft
zuwiderhandelt.

(2) Die Ordnungswidrigkeit nach Absatz 1 Nr. 1 bis 5 kann mit einer Geldbuße bis zu dreißigtausend Deutsche Mark, die Ordnungswidrigkeit nach Absatz 1 Nr. 6 bis 8 mit einer Geldbuße bis zu fünftausend Deutsche Mark geahndet werden.

(3) Wer vorsätzlich eine der in Absatz 1 Nr. 1 bis 5 bezeichneten Handlungen begeht und dadurch die Frau in ihrer Arbeitskraft oder Gesundheit gefährdet, wird mit Freiheitsstrafe bis zu einem Jahr oder mit Geldstrafe bestraft.

(4) Wer in den Fällen des Absatzes 3 die Gefahr fahrlässig verursacht, wird mit Freiheitsstrafe bis zu sechs Monaten oder mit Geldstrafe bis zu einhundertachtzig Tagessätzen bestraft.

I. Sanktionssystem

Ein Verstoß gegen die Bestimmungen gem. Abs. 1 ist seit dem MuSchÄndG 1965 (BGBl. I S. 912) nicht mehr Straftat, sondern Ordnungswidrigkeit. Als Straftat wird ein Verstoß nur verfolgt, wenn neben den Pflichtverstoß eine Gefährdung der Gesundheit oder der Arbeitskraft der Frau tritt (Abs. 3 und 4). Dabei sind die angedrohten Geldbußen stark erhöht worden, Rn. 6, entsprechend den Regelungen in § 22 II ArbZG.

II. Täter

Die Sanktionsdrohung richtet sich ausschließlich an den AG, die Beteiligung der Schwangeren ist als „notwendige Teilnahme" stets sanktionslos, selbst wenn die Initiative (zB zur Mißachtung eines Beschäftigungsverbotes) von ihr ausgegangen sein sollte. Beteiligen sich mehrere an dem Pflichtverstoß, handelt jeder ordnungswidrig (§ 14 OWiG); ob Betriebsangehörige der Sanktionsdrohung unterliegen, hängt davon ab, ob sie zu dem Personenkreis gehören, der dem AG gleichgestellt ist: AG sind natürliche Personen, die eine dem MuSchG unterliegende AN beschäftigen; dasselbe gilt gem. § 14 I StGB, § 9 I OWiG für die vertretungsberechtigten Organe, Gesellschafter, gesetzlichen Vertreter oder Parteien kraft Amtes, die für eine juristische Person handeln. Besteht das vertretungsberechtigte Organ aus mehreren Mitgliedern, richtet sich die strafrechtliche Haftung idR nach der internen Aufgabenverteilung, da das Unterlassen einer Anordnung/Verhaltensweise nicht pflichtwidrig ist, wenn diese nicht in den Zuständigkeitsbereich des Betreffenden fällt; wird jedoch eine pflichtwidrige Handlung selbst vorgenommen, haftet auch das „unzuständige" Organmitglied.

Gemäß § 14 II StGB/§ 9 II OWiG sind daneben auch vom AG mit der Leitung des Betriebes oder eigenverantwortlichen Wahrnehmung von Aufgaben des Betriebsinhabers beauftragte Personen strafrechtlich verantwortlich (Personalleiter, Betriebsleiter, Betriebsabteilungsleiter und leitende Angestellte sowie solche Führungskräfte, denen ausdrücklich auch die Pflichten nach dem MuSchG zugewiesen worden sind, BayObLG 29. 5. 1963 AP JArbSchG § 69 Nr. 1). Die Übertragung der mutterschutzrechtlichen Pflichten auf den Beauftragten bewirkt, daß der AG für Pflichtverletzungen des

Beauftragten grds. nicht einstehen muß, es sei denn wegen Auswahl- und Überwachungsverschuldens bei der Bestellung von Aufsichtspersonen, § 130 OWiG.

III. Ordnungwidrigkeiten (Abs. 1)

4   Schuldhafte Verstöße gegen die Vorschriften des Abs. 1 Nr. 6 bis 8 können stets nur als Ordnungswidrigkeit mit Geldbuße belegt werden, die Mischtatbestände der Nr. 1 bis 5 können bei Hinzutreten einer Gefährdung der Frau auch als Straftatbestände geahndet werden. Die Sanktionsdrohung betrifft Verstöße gegen das MuSchG, gegen Rechtsverordnungen aufgrund des Gesetzes (Abs. 1 Nr. 4) sowie gegen Verfügungen der Aufsichtsbehörde (Abs. 1 Nr. 5); letzteres allerdings nur, falls dem Vollzug der behördlichen Verfügung kein aufschiebend wirkendes Rechtsmittel entgegensteht.

IV. Straftaten (Abs. 3 und 4)

5   Ein Verstoß gegen Abs. 1 Nr. 1 bis 5 wird als Straftat geahndet, wenn dadurch eine Frau in ihrer Gesundheit oder Arbeitskraft gefährdet wurde und der AG die Handlung vorsätzlich begangen und die Gefahr vorsätzlich (Abs. 3) oder fahrlässig (Abs. 4) herbeigeführt hat. Unter Gesundheitsgefährdung ist die konkrete Wahrscheinlichkeit der Herbeiführung oder Steigerung einer Krankheit zu verstehen; der Gesundheitsschutz zugunsten der Mutter erstreckt sich auch auf das ungeborene oder neugeborene Kind. Eine Gefährdung der Arbeitskraft liegt vor bei konkreter Wahrscheinlichkeit der Beeinträchtigung jeder (angeborenen, erworbenen, aktiv genutzten oder derzeit ruhenden) Fähigkeit, Arbeit zu leisten. Eine Gefährdung dieser Rechtsgüter genügt, die Schädigung selbst wird nicht vorausgesetzt; der Schadenseintritt muß jedoch unter Berücksichtigung der konkreten Umstände wahrscheinlich sein. Die **Rechtswidrigkeit** eines Verstoßes gegen die Bestimmungen in Abs. 1 Nr. 1 bis 5 wird durch das Einverständnis der Mutter nicht beseitigt, da diese (bis auf § 3 II) über das geschützte Rechtsgut nicht verfügen darf. **Verschulden** liegt vor, wenn der Gesetzesverstoß (Abs. 1 Nr. 1 bis 5) vorsätzlich begangen wurde und die Gefährdung entweder vorsätzlich (Abs. 3) oder fahrlässig (Abs. 4) verursacht worden ist. Ein Irrtum des AG über Vorschriften des MuSchG begründet idR keinen Verbotsirrtum, weil den AG insoweit eine Erkundigungspflicht (OLG Düsseldorf 13. 4. 1992 DB 1992, 2148) trifft.

V. Rechtsfolgen und Verfahren

6   Eine Ordnungswidrigkeit gem. Abs. 1 Nr. 1 bis 5 kann mit Geldbuße bis zu 30 000,– DM, eine solche gem. Abs. 1 Nr. 6 bis 8 mit bis zu 5000,– DM belegt werden. Bemessungsgrundlage ist § 17 OWiG sowie die Bußgeldkataloge der Länder für Zuwiderhandlungen gegen das MuSchG. Eine Straftat nach Abs. 3 wird mit Freiheitsstrafe bis zu einem Jahr (Mindeststrafe: ein Monat, § 38 II StGB) oder Geldstrafe bestraft, bei fahrlässiger Gefährdung gem. Abs. 4 ist die Strafdrohung auf Freiheitsstrafe bis zu 6 Monaten oder Geldstrafe bis zu 180 Tagessätzen verringert.

§§ 22, 23. *(weggefallen)*

Siebter Abschnitt. Schlußvorschriften

§ 24 In Heimarbeit Beschäftigte

Für die in Heimarbeit Beschäftigten und die ihnen Gleichgestellten gelten
1. die §§ 3, 4 und 6 mit der Maßgabe, daß an die Stelle der Beschäftigungsverbote das Verbot der Ausgabe von Heimarbeit tritt,
2. § 2 Abs. 4, § 5 Abs. 1 und 3, § 9 Abs. 1, § 11 Abs. 1, § 13 Abs. 2, die §§ 14, 16, 19 Abs. 1 und § 21 Abs. 1 mit der Maßgabe, daß an die Stelle des Arbeitgebers der Auftraggeber oder Zwischenmeister tritt.

1   Die Vorschrift ist nicht selbst Rechtsgrundlage für die Einbeziehung von Heimarbeiterinnen in den gesetzlichen Mutterschutz; dies ergibt sich bereits aus dem Geltungsbereich in § 1 Nr. 2. Auch die hier nicht ausdrücklich genannten Bestimmungen gelten zugunsten von Heimarbeiterinnen (*Zmarzlik/Zipperer/Viethen* Rn. 1; *Meisel/Sowka* Rn. 3; *Heilmann* Rn. 1), müssen aber an deren besondere Arbeitsumstände (zT eigenständige Arbeitseinteilung, außerbetriebliche Arbeitsstätte sowie Fehlen eines AG im engeren Sinne) sinngemäß angepaßt werden. Die Vergabe leichterer, mutterschutzrechtlich unbedenklicher Arbeiten ist in demselben Umfang zulässig, in dem die Beschäftigung mit nicht verbotener Tätigkeit erlaubt wäre (§ 3 Rn. 4). Ansonsten ist in den Vorschriften, in denen dem „AG" Pflichten auferlegt werden, bei der Heimarbeit der Begriff „Auftraggeber" oder „Zwischenmeister" zu lesen.

§ 25. *(weggefallen)*

510. Gesetz über den Nachweis der für ein Arbeitsverhältnis geltenden wesentlichen Bedingungen (Nachweisgesetz – NachwG)

Vom 20. Juli 1995 (BGBl. I S. 946)

zuletzt geändert durch Gesetz vom 24. März 1999 (BGBl. I S. 388, 393)

(BGBl. III/FNA 800-25)

Schrifttum: *Feldgen,* Nachweisgesetz, 1995; *Schaefer,* Das Nachweisgesetz, 2000; *Schoden,* Nachweisgesetz, 1996.

Einführung

I. Bedeutung und Zweck des NachwG

Das Nachweisgesetz, das die Vorgaben der Richtlinie 91/533/EWG (ABlEG 1991 Nr. L 288, S. 32 v. 18. 10. 1991 = EAS 3330) über die Pflicht des AG zur Unterrichtung des AN über die für seinen Arbeitsvertrag oder sein Arbeitsverhältnis geltenden Bedingungen (Nachweis-RL) im wesentlichen inhaltsgleich umsetzt, soll durch die Verpflichtung zur schriftlichen Fixierung der wesentlichen Arbeitsbedingungen mehr **Rechtssicherheit** und **Rechtsklarheit im Arbeitsverhältnis** schaffen (BT-Drucks. 13/668, S. 8). 1

In Deutschland werden ohnehin die meisten Arbeitsverhältnisse durch schriftlichen Arbeitsvertrag begründet. Der Gesetzgeber ging im Erlaßzeitpunkt davon aus, daß bereits 84% der Arbeitsverträge in den westlichen und 88% der Arbeitsverträge in den östlichen Bundesländern schriftlich abgeschlossen werden. In Betrieben mit über 100 Beschäftigten liegt die Quote weit über 90% (BT-Drucks. 13/668, S. 8). Aus diesem Grunde wird das Nachweisgesetz nur für solche AN einen besonderen Klarstellungseffekt haben können, die bislang keinen schriftlichen Arbeitsvertrag besitzen. Dies dürfte überwiegend in kleineren Unternehmen sowie bei atypischen Beschäftigungsverhältnissen der Fall sein. Insoweit kann der Zweck des Nachweisgesetzes uU auch darin gesehen werden, illegale Beschäftigungsverhältnisse zu bekämpfen, weil eine fehlende schriftliche Fassung eines Arbeitsvertrages bzw. eines Nachweises als Indiz für eine illegale Beschäftigung gewertet werden kann (BT-Drucks. 13/668, S. 8). 2

II. Entstehungsgeschichte

Notwendig wurde die Verabschiedung des Nachweisgesetzes durch die Richtlinie 91/533/EWG, die auf die Ermächtigungsnorm des Art. 100 EGV gestützt wurde und politisch auf einen Auftrag aus der Gemeinschaftscharta der sozialen Grundrechte der AN vom 9. 12. 1989 Nr. 9 (abgedruckt in EAS A 1500) zurückgeht. 3

Dem vorliegenden Gesetz voraus ging ein Gesetzentwurf in der 12. Legislaturperiode, der nicht zur Verabschiedung kam (BT-Drucks. 12/7630; Gegenäußerung des Bundesrats, BT-Drucks. 353/94; Gegenäußerung der Bundesregierung, BT-Drucks. 12/7978). Er wurde in der 13. Legislaturperiode erneut eingebracht (BT-Drucks. 13/668) und in der Ausschußfassung (BT-Drucks. 13/1753) am 22. 6. 1995 verabschiedet. Bei der Umsetzung des Nachweisgesetzes hatten die nationalen Gesetzgeber angesichts der recht detaillierten Richtlinie 91/533/EWG nur geringen Spielraum (*Birk* NZA 1996, 281). Durch Gesetz vom 29. 6. 1998 (BGBl. I S. 1694) folgte eine Anpassung des § 2 I Nr. 5 an die Rspr. des EuGH (hierzu § 2 Rn. 15). Durch Gesetz vom 24. 3. 1999 (BGBl. I S. 388, 393) wurde der Geltungsbereich (§ 1) ausgeweitet und eine besondere Nachweispflicht bei geringfügigen Beschäftigungsverhältnissen eingeführt (§ 2 I 3). 4

III. Inhalt und systematische Stellung des Gesetzes

Das Gesetz verpflichtet AG zwingend, den Inhalt der vereinbarten wesentlichen Vertragsbedingungen schriftlich niederzulegen, und zwar nicht nur im Falle der **erstmaligen Aufnahme des Arbeitsverhältnisses** (§ 2), sondern auch für alle nachfolgenden **Änderungen** (§ 3). Allerdings wird weder die Begründung des Arbeitsverhältnisses noch dessen materieller Inhalt durch das Nachweisgesetz konstitutiv an eine Formvorschrift gebunden. Der **Nachweis** dient der **Beweissicherung** über die 5 vereinbarten Arbeitsbedingungen. Deshalb bleibt im Grundsatz der materielle Nachweis anderer Arbeitsbedingungen im Prozeß möglich (hierzu unten Rn. 13 ff.). Die entscheidende Bedeutung wird sowohl das Erstellen als auch das Fehlen eines Nachweises hinsichtlich der Beweislage im Prozeß haben (vgl. Rn. 13 ff.).

6 Das NachwG ist im Kern eine **Formvorschrift für arbeitsvertragliche Abreden.** Sie gehört systematisch zu § 611 BGB oder in einem noch nicht verabschiedeten Arbeitsvertragsgesetz zu den Vorschriften über den Vertragsschluß (vgl. § 18 E-ArbVG-Brandenburg). Sowohl die materielle Begründung des Arbeitsverhältnisses ebenso wie die Änderung der Arbeitsbedingungen wird jedoch **keinem konstitutiven Formerfordernis** unterworfen (BAG 21. 8. 1997 AP BBiG § 4 Nr. 1 = NZA 1998, 37).

7 Die Aussage, der Nachweis wirke lediglich deklaratorisch, aber nicht konstitutiv, darf nicht darüber hinwegtäuschen, daß die Erteilung ebenso wie die Nichterteilung des Nachweises erhebliche prozessuale Konsequenzen hinsichtlich der Beweislage hat. Deshalb ist auf die Erstellung entsprechender Nachweise die gleiche Sorgfalt zu verwenden wie auf die Arbeitsvertragsgestaltung selbst (hierzu ausführlich *Preis* Vertragsgestaltung, 1993). Vor vorschnellen Musterformularen zur Erstellung eines Nachweises ist zu warnen (problematisch insoweit die amtliche Begründung in BT-Drucks. 13/668, S. 8, die auf die Möglichkeit von Muster- und Formulararbeitsverträgen hinweist, die schnell und ohne großen Aufwand an die Erfordernisse des Gesetzes angepaßt werden könnten). Gerade der nicht sorgfältig abgefaßte Nachweis ohne Bezug zum konkreten Arbeitsverhältnis kann **ungewollte Bindungen,** insbesondere im Vergütungsbereich (Eingruppierung, Sonderzahlungen), hervorrufen. Ferner entbindet das Gesetz nicht von der Notwendigkeit zu sorgfältiger Vertragsgestaltung, die bei gestellten Formularverträgen einer **Inhaltskontrolle** unterliegen (hierzu § 611 BGB Rn. 552 ff.).

IV. Regelungen in anderen Gesetzen

8 Im Zuge der Verabschiedung des NachwG wurden in dem Gesetz zur Anpassung arbeitsrechtlicher Bestimmungen an das EG-Recht vom 20. 7. 1995 (BGBl. I S. 946) Formvorschriften des Arbeitnehmerüberlassungsgesetzes (vgl. die Kommentierung zu § 11 AÜG), des Berufsbildungsgesetzes (vgl. die Kommentierung zu § 4 BBiG) und des Seemannsgesetzes (§ 24 SeemG) angepaßt. Mit wenigen Änderungen wurden die Inhalte des NachwG in diese Sonderformvorschriften übernommen.

V. Rechtsfolgen

9 Das Gesetz enthält keine besonderen Sanktionsvorschriften, so daß die allgemeinen Regelungen des Zivil- und Zivilprozeßrechts Anwendung finden. Allerdings sind die im Zusammenhang mit dem NachwG geregelten, vergleichbaren Sondervorschriften zum Teil bußgeldbewehrt (vgl. § 16 I Nr. 6 und 8 AÜG, § 99 I Nr. 1 und 2 BBiG). Sanktionen, die der AG gegen den AN ergreift, weil er die Erfüllung der Nachweispflicht geltend macht, unterfallen § 612 a BGB (vgl. auch ArbG Düsseldorf 9. 9. 1992 BB 1992, 2365). Der Gesetzgeber hat bewußt keine speziellen Sanktionsregelungen geschaffen. Fraglich ist, ob damit dem Gebot der effektiven Richtlinienumsetzung genügt wird (zweifelnd *Kliemt* EAS B 3050 Rn. 61 ff., 116). Art. 8 I RL 91/533/EWG verlangt von den Mitgliedstaaten den Erlaß innerstaatlicher Vorschriften, die notwendig sind, damit jeder AN, der sich durch die Nichterfüllung der Verpflichtungen aus der Richtlinie für beschwert hält, nach etwaiger Befassung anderer Stellen seine Rechte gerichtlich geltend machen kann. Dies verlangt kein bestimmtes Normprogramm. Entscheidend ist, ob das jeweilige Rechtssystem hinreichende Instrumente zur Verfügung stellt. Das ist im deutschen Rechtssystem prinzipiell der Fall.

10 **1. Erfüllungs- und vertragliche Schadensersatzansprüche.** Der AN kann vor den Arbeitsgerichten im Urteilsverfahren (§ 2 I Nr. 3 Buchst a ArbGG) Erfüllungsansprüche aus §§ 2 und 3 auf Niederlegung, Unterzeichnung und Aushändigung der Niederschrift geltend machen (Einzelheiten *Feldgen* Rn. 73 ff.). Auch kann auf Berichtigung der unrichtig erteilten Niederschrift geklagt werden. Vollstreckung erfolgt nach § 888 ZPO. Der AN kann aber auch nach § 61 I 1 ArbGG vorgehen und den AG zur Zahlung einer Entschädigung verurteilen lassen. Schon dieser Anspruch dürfte Art. 8 I RL 91/533/EWG genügen, obwohl eine Klage im bestehenden Arbeitsverhältnis nach § 2 wenig praxisgerecht erscheint. In aller Regel wird die isolierte Klage auf Erteilung des Nachweises kaum erhoben werden. Größere Bedeutung wird das NachwG erlangen, wenn der AN einen Anspruch – gleich welcher Art – aus dem Arbeitsverhältnis einklagt und der Nachweis nicht oder nicht vollständig erteilt wurde. Hier können sich durch die Nichterteilung des Nachweises Modifikationen in der Beweislast ergeben (Rn. 19).

11 Die Nachweispflicht aus §§ 2 und 3 ist eine selbständig einklagbare **Nebenpflicht** des AG, die innerhalb eines Monats nach Beginn des Arbeitsverhältnisses zu erfüllen ist. Deren Verletzung kann prinzipiell Schadensersatzansprüche aus pVV begründen (offenbar gegen die Annahme von Schadensersatzpflichten *Feldgen* Rn. 66 f., mit der prinzipiell verfehlten Sicht, daß die Nichtgeltendmachung von Erfüllungsansprüchen ein „Mitverschulden" des AN begründet, das Schadensersatzansprüche ausschließt; wie hier *Schaefer* Rn. D 184). Das gilt insbesondere bei schuldhaft fehlerhaft erteilten

Nachweisen (*Höland* AuR 1996, 87, 92). Allerdings wird es idR an einem konkret bezifferbaren Schaden fehlen, weil dem AN der Nachweis günstiger Vertragsbedingungen nicht abgeschnitten ist. Ein denkbarer Schaden kann die Nichtgeltendmachung günstiger Vertragsabreden (zB Zusatzentgelte) sein. Gelingt dem AN der Beweis der getroffenen Vertragsabrede im Prozeß, fehlt es jedoch an einem Schaden. Wenn aber dieser Beweis nicht geführt werden kann, dann ist es dem AN im Schadensersatzprozeß zugleich kaum möglich, einen Schaden nachzuweisen. Ein Schadensersatzanspruch kann in der Praxis daher nur entstehen, wenn eine günstige Vertragsabrede nicht geltend gemacht wird und zB wegen der Anwendbarkeit einer Ausschlußfrist in einem Tarifvertrag oder einer Betriebsvereinbarung verfällt, die der AN aber nicht kennen konnte, weil ein Nachweis, der auf die anwendbaren Bestimmungen hinwies, nicht erteilt wurde (vgl. auch ArbG Frankfurt 25. 8. 1999 NZA-RR 1999, 649, das in diesem Fall jedoch die Kausalität des Schadenseintritts verneint, weil § 2 I Nr. 10 einen allg. Hinweis auf die geltende Tarifverträge voraussetzt). Insoweit kommt auch ein Schadensersatzanspruch aus Verzug (§ 286 BGB) in Betracht. Der AG kommt, wenn er den Nachweis nicht innerhalb eines Monats nach dem vereinbarten Arbeitsbeginn erteilt, nach § 284 II BGB ohne Mahnung in Verzug. Wird der Nachweis jedoch nicht vollständig oder falsch erteilt, bleibt es bei einem vertraglichen Schadensersatzanspruch aus pVV.

2. Deliktsrechtliche Ansprüche. Ansprüche aus § 823 I BGB scheiden tatbestandlich aus. Die Voraussetzungen des § 826 BGB dürften in aller Regel nicht gegeben sein. Denkbar ist ein Schadensersatzanspruch aus § 823 II BGB iVm. § 2 I oder § 3. Das setzt voraus, daß diese Vorschriften Schutzgesetze iSd. § 823 II BGB sind. Dies wird zutreffend bejaht (*Birk* NZA 1996, 289), weil die zwingenden Vorschriften des NachwG dem Individualschutz dienen (vgl. zum BBiG BAG 21. 5. 1997 AP BBiG § 4 Nr. 1 = NZA 1998, 37). Über § 823 II BGB sind aber nur solche Schäden ersatzfähig, die in den sachlichen Schutzbereich der verletzten Norm fallen. Geschütztes Rechtsgut ist die Rechtssicherheit und -klarheit im Arbeitsverhältnis mit eindeutiger Schutzrichtung zugunsten des AN, dem Kenntnis über die für ihn geltenden Arbeitsbedingungen verschafft werden soll. Insoweit kann auf die Ausführungen zu Rn. 10 verwiesen werden.

3. Zurückbehaltungsrechte. Die nicht rechtzeitige bzw. die Nichterfüllung der Nachweispflicht begründet ein Zurückbehaltungsrecht (§ 273 BGB) des AN mit der Arbeitsleistung (hierzu BGB-Einl. Rn. 53 ff.). Es handelt sich bei der Nachweispflicht nicht um eine geringfügige oder unbedeutende Nebenpflicht, die das Zurückbehaltungsrecht nach § 242 BGB ausschlösse (anders *Feldgen* Rn. 69; *Krause* AR-Blattei SD 220.2.2 Rn. 217; wie hier *Schaefer* Rn. D 190). Schon mit der Existenz des NachwG macht der Gesetzgeber deutlich, daß diese Pflicht nicht unbedeutend ist. Das Zurückbehaltungsrecht kann überdies eine recht effektive Sanktion für die Nichterfüllung der zwingenden Rechtspflicht sein. Eine Kündigung wegen Ausübung des Zurückbehaltungsrechts verstößt gegen § 612 a BGB.

4. Beweislast. Bedeutung kommt den zivilprozessualen Folgen des NachwG im Arbeitsgerichtsverfahren zu, wenn der AG den Nachweis nicht, nicht vollständig oder nicht richtig erteilt hat. Regelungen hierzu enthält das NachwG nicht. Nach Art. 6 Nachweis-RL bleiben einzelstaatliche Rechtsvorschriften für einschlägige Verfahrensregeln unberührt, so daß europarechtlich Fragen der Beweislastverteilung nicht präjudiziert sind. Es finden daher die allgemeinen Grundsätze des Zivilprozeßrechts Anwendung (vgl. auch EuGH 4. 12. 1997 NZA 1998, 137 = EAS RL 91/533/EWG Art. 2 Nr. 1 mit Anm. *Walker*).

Bei dem arbeitgeberseitig erstellten Nachweis handelt es sich um eine Privaturkunde iSd. § 416 ZPO. Vollen Beweis erbringt die echte (§ 440 ZPO) Privaturkunde nur in formeller Hinsicht, nicht jedoch bezüglich des materiellen Inhalts. Prinzipiell unterliegt die Beweiskraft von Privaturkunden der freien Beweiswürdigung (*Zöller/Geimer* § 416 Rn. 4).

Nur eine **von beiden Seiten unterzeichnete Vertragsurkunde**, so auch der Arbeitsvertrag, hat nach der Rechtsprechung **die Vermutung der Vollständigkeit und Richtigkeit** (BAG 9. 2. 1995 NZA 1996, 249, 250; *Schaub* § 32 III 2). Der jeweilige Vertragspartner müßte in diesem Fall den Gegenbeweis abweichender mündlicher Abrede führen, wozu die Behauptung einer unrichtigen oder unvollständigen Niederlegung des Vertragstextes gehört. Eine beiderseits unterzeichnete Vertragsurkunde liegt noch nicht vor, wenn sich der AG vom AN lediglich den Empfang des Nachweises quittieren läßt.

Hinsichtlich der **Beweislage für den AG** führt der Nachweis zu keinen anderen wesentlichen Konsequenzen als die Vertragsurkunde. Bei einer vom Aussteller unterzeichneten Urkunde, wie dies die Niederschrift nach § 2 ist, gilt folgendes: Behauptet der Aussteller mündliche Vereinbarungen gegen den Inhalt der Urkunde, muß er beweisen, daß die Urkunde unrichtig oder unvollständig ist bzw. das mündlich Besprochene Gültigkeit haben sollt. Der Aussteller kann nicht mit der bloßen Behauptung gehört werden, er habe die Urkunde unterschrieben, ohne sie genauer zu lesen. Mit der Erteilung der Niederschrift unterwirft sich der AG den in dem Nachweis ausgedrückten Verpflichtungen, welche immer darin auch niedergelegt sein mögen (vgl. BGH 11. 7. 1968 NJW 1968, 2102). Daraus folgt: Ist im Nachweis eine dem AN günstige Vereinbarung niedergelegt, an die sich der AG nicht festhalten lassen will, weil er eine andere Individualvereinbarung behauptet, so obliegt ihm hierfür die Beweislast. Er kann und muß den Beweis des Gegenteils führen (EuGH 4. 12. 1997 NZA 1998, 137 = EAS RL 91/533/EWG Art. 2 Nr. 1 mit Anm. *Walker*). Der Konstruktion des sog. Primafacie-Beweises (so *Feldgen* Rn. 91; *Hold* AuA 1995, 290) bedarf es nicht. In der Sache führt die Anwendung des Anscheinsbeweises jedoch zu keinem abweichenden Resultat, weil es auch in diesem Fall Sache des AG ist, durch substantiierte Behauptung den Anschein zu erschüttern, daß der Vertrag mit dem von ihm bescheinigten Inhalt geschlossen worden ist.

18 Zu seinen Gunsten kann sich der AG dagegen nicht auf den von ihm ausgestellten Nachweis mit beweisrechtlicher Privilegierung berufen. Insbesondere greift **kein Anscheinsbeweis** zu seinen Gunsten, daß er den vereinbarten Vertragsinhalt richtig und vollständig wiedergegeben hat (verfehlt deshalb *Feldgen* Rn. 92 ff.; *Hold* AuA 1995, 290; wie hier *Schaefer* Rn. F 80). Einen Erfahrungssatz, daß ein AG den Vertragsinhalt in der nach § 2 geregelten Niederschrift richtig und vollständig festhält, gibt es nicht. Die Nachweispflicht begründet das Gesetz zum Schutz des AN, nicht zum Schutz des AG. Ferner ist der vom AG erstellte Nachweis als Privaturkunde (§ 416 ZPO) lediglich in formeller Hinsicht Beweis zu erbringen geeignet. Eine weitergehende materielle Beweiswirkung ist dem Nachweis zugunsten des AG nicht beizumessen, weil dieser Nachweis eben nicht vom AN unterzeichnet zu werden braucht. Vor diesem Hintergrund ist es in der Tat auch für den AG günstiger, einen formalen Arbeitsvertrag mit beidseitiger Unterschrift zu leisten, als lediglich den einseitigen Nachweis zu erteilen (nur insoweit kann *Feldgen* Rn. 95 gefolgt werden). Denn nur die Vertragsurkunde begründet die Vermutung der Vollständigkeit und Richtigkeit.

19 Praktizieren beide Vertragsparteien entgegen dem Nachweis oder in Übereinstimmung mit dem Nachweis bestimmte Vertragsbedingungen, ändert sich an der allgemeinen Beweislage nichts. Um eine ggf. von einer getroffenen Vereinbarung abweichende Regelung durch konkludentes Verhalten annehmen zu können, müssen sich nach der Rechtsprechung des BAG die Änderungen auch effektiv auf das Arbeitsverhältnis ausgewirkt haben (BAG 20. 5. 1976 AP BGB § 305 Nr. 4). Nur dann kann ggf. ein bestimmter Vertragsinhalt bestätigt oder konkludentes Verhalten geändert werden. Für den von dem schriftlichen Nachweis **abweichenden Vertragsinhalt** hat die Partei, die sich darauf beruft, die Darlegungs- und Beweislast (vgl. auch BAG 9. 2. 1995 NZA 1996, 249, 250). Das gilt für AG und AN grundsätzlich gleichermaßen.

20 Bei **Nichterteilung des Nachweises** stellt sich angesichts der fehlenden speziellen Sanktionen die Frage, ob und inwieweit eine Beweislastumkehr zugunsten des AN greift. Der Bundesrat hat eine entsprechende gesetzliche Regelung für diesen Fall vorgeschlagen (BR-Drucks. 353/1/94, dagegen die Bundesregierung BT-Drucks 13/668 S. 24), die nicht umgesetzt wurde. Gleichwohl wird eine Umkehr der Beweislast zugunsten des AN befürwortet, weil andernfalls der Rechtsverstoß in der Praxis zumeist ohne Folgen bliebe (*Birk* NZA 1996, 289; *Stückemann* BB 1995, 1848; *Berscheid* WPRax 1994, 6, 11). Soweit dagegen argumentiert wird, das NachwG wolle nichts am materiellen Recht ändern (so *Feldgen* Rn. 84 f., 96 f.; *Küttner/Bauer* Rn. 38), geht dies fehl, weil die Pflicht zur formalen Dokumentation zwar keine materielle Rechtsänderung bewirkt, aber zweifellos beweisrechtliche Bedeutung hat (s. a. *Richter/Mitsch* AuA 1996, 11 f.). Allerdings greift die Kritik insoweit durch, als nach allgemeinen Grundsätzen die Voraussetzungen für eine Beweislastumkehr nicht gegeben sind. Vielmehr handelt es sich im Falle der Nichterteilung des Nachweises um eine **Beweisvereitelung** durch den AG, zumal das NachwG die erleichterte Beweisführung für den AN intendiert (s. LAG Köln 25. 7. 1997 BB 1998, 590; LAG Köln 9. 1. 1998 BB 1998, 1643). Nach der Rspr. des BGH ist anerkannt, daß die Verletzung einer bestehenden Dokumentationspflicht zu Beweiserleichterungen bis hin zur Beweislastumkehr zugunsten des Geschädigten gehen kann (BGH 15. 11. 1984 ZIP 1985, 312, 314; hierzu auch BAG 31. 1. 1996 AP KSchG 1969 § 1 Personenbedingte Kündigung Nr. 17 = NZA 1996, 819, 823). Nach den allgemeinen zivilprozessualen Grundsätzen für den Fall der Beweisvereitelung in entsprechender Anwendung der §§ 427, 444 ZPO kann auch die fahrlässige (BGH 6. 11. 1962 NJW 1963, 389; BGH 15. 11. 1984 ZIP 1985, 312, 314) Beseitigung von Beweismitteln, so auch die Zurückhaltung von Beweisurkunden (*Zöller/Greger* § 286 Rn. 14), eine Beweisvereitelung darstellen. Die Beweisvereitelung führt noch nicht zur Umkehr der Beweislast; sie ist aber im Rahmen der Beweiswürdigung durch den Richter im Rahmen des § 286 ZPO zu berücksichtigen und kann zu einer erheblichen **Erleichterung der Beweisführungslast** für den AN führen. Im Ergebnis kann dies einer Beweislastumkehr nahekommen (vgl. hierzu im einzelnen BGH 15. 11. 1984 ZIP 1985, 312, 314). Sie tritt ein, wenn es unzumutbar ist, den Kläger mit der Beweisführung zu belasten. Ein solcher Fall liegt hier vor, weil der Gesetzgeber dem AG die Dokumentationspflicht zwingend auferlegt hat (*Preis* NZA 1997, 10, 12 f.; *Franke* DB 2000, 274, 278). Unzumutbar ist dem AN die Beweisführung insbesondere, wenn der AN die Erteilung des Nachweises verlangt, aber nicht erhalten hat (hierzu auch LAG Hamm 14. 8. 1998 NZA-RR 1999, 210). Auch die fahrlässige Verletzung der Nachweispflicht kann eine Beweisvereitelung darstellen. Vorsatz ist nicht erforderlich (wie hier LAG Köln 31. 7. 1998 NZA 1999, 545; aA LAG Hamm 14. 8. 1998 NZA-RR 1999, 210).

21 Allein aus dem Fehlen einer ausdrücklichen Sanktionsregelung im NachwG iVm. **Gebot richtlinienkonformer Auslegung** und der Rechtsprechung des EuGH (10. 4. 1984 AP BGB § 611 Nr. 1) folgt keine Beweislastumkehr (so aber *Wank* RdA 1996, 24; *Kliemt* EAS B 3050 S. 34; *Däubler* NZA 1992,

577, 578), zumal die Richtlinie ausdrücklich keine Beweisregeln enthält (EuGH 4. 12. 1997 NZA 1998, 137, 138 = EAS RL 91/533/EWG Art. 2 Nr. 1 m. Anm. *Walker*; wie hier auch LAG Köln 31. 7. 1998 NZA 1999, 545; LAG Hamm 14. 8. 1998 NZA-RR 1999, 210; *Krause* AR-Blattei SD 220. 2.2 Rn. 248). Als Begründung für eine Beweislastumkehr reicht nicht aus, daß Klagen gegen den AG auf Erteilung des Nachweises nicht realistisch sind (so *Wank* RdA 1996, 11). Mit der Erleichterung der Beweisführungslast unter dem Gesichtspunkt der Beweisvereitelung stellt das deutsche Prozeßrecht ein hinreichendes und der Beweislastumkehr nahekommendes Instrumentarium zur Verfügung.

VI. Betriebsverfassungsrechtliche Sanktionen

Im Rahmen seiner allgemeinen Überwachungspflicht nach § 80 I Nr. 1 BetrVG (bzw. § 68 I Nr. 2 BPersVG) kann der Betriebs- bzw. Personalrat darüber wachen, daß das NachwG im Betrieb durchgeführt wird. Der AG ist allerdings nicht verpflichtet, dem BR Auskunft über den Inhalt des Vertrages zu geben (BAG 18. 10. 1988 AP BetrVG 1972 § 99 Nr. 57). Er kann aber die im Betrieb verwendeten Formularverträge daraufhin prüfen, ob sie den Vorgaben des NachwG gerecht werden (BAG 19. 10. 1999 AP BetrVG 1972 § 80 Nr. 58; hierzu *Buschmann* ArbuR 2000, 269 ff.; *Schaefer* Rn. F 21 ff.). Es besteht aber kein genereller Anspruch des BR auf Herausgabe der Arbeitsverträge. Der Anspruch auf Herausgabe von Unterlagen ist vielmehr von der konkreten Kontrollaufgabe abhängig (näher § 80 BetrVG Rn. 24). Es besteht jedenfalls dann kein Anspruch auf Herausgabe konkreter Arbeitsverträge, wenn die verwendeten Formulare mit dem BR nach § 94 II BetrVG abgestimmt sind (BAG 19. 10. 1999 AP BetrVG 1972 § 80 Nr. 58). Ebenso gibt § 80 I Nr. 1 BetrVG keinen Anspruch des BR auf Feststellung der Unwirksamkeit von Vertragsklauseln (BAG 10. 6. 1986 AP BetrVG 1972 § 80 Nr. 26). Der BR kann nach § 80 II BetrVG Unterrichtung und ggf. auch Unterlagen verlangen. Er kann aber nicht aus eigenem Recht vom AG die Durchführung des NachwG verlangen. Dies bleibt den einzelnen AN selbst überlassen. **22**

§ 1 Anwendungsbereich

Dieses Gesetz gilt für alle Arbeitnehmer, es sei denn, daß sie nur zur vorübergehenden Aushilfe von höchstens einem Monat eingestellt werden.

§ 1 regelt den persönlichen und sachlichen Geltungsbereich des Gesetzes. Durch Gesetz vom 24. 3. 1999 sind die Ausnahmen vom Anwendungsbereich (hierzu Voraufl. Rn. 6 ff.) entfallen. Die Ausnahmen waren nicht praktikabel und kollidierten überdies mit den Vorgaben der RL 91/533/EWG. **1**

Das NachwG gilt nach § 1 für alle AN, also **Arbeiter, Angestellte** und **leitende Angestellte.** Das NachwG findet auf alle abhängig Beschäftigten der Privatwirtschaft und des öffentlichen Dienstes Anwendung. Für den Begriff des AN gelten die allgemeinen Grundsätze (§ 611 BGB Rn. 44 ff.). Der Begriff des AN richtet sich nach dem Recht der Mitgliedstaaten und nicht nach dem gemeinschaftsrechtlichen ANBegriff des Art. 39 EG. Die RL 91/533/EWG knüpft an den jeweiligen mitgliedstaatlichen ANBegriff an (*Wank* RdA 1996, 22; *Kliemt* EAS B 3050 Rn. 40). Erfaßt werden auch TeilzeitAN einschließlich der sog. geringfügig Beschäftigten iSd. § 8 SGB IV. Das Gesetz erfaßt auch die Gruppe der leitenden Angestellten (abweichende Vorstellungen des Bundesrates, BT-Drucks. 13/668 Anlage 2 Ziff. 2, konnten sich nicht durchsetzen). **2**

Das Gesetz erfaßt nur AN, so daß Personen, die in einem öffentlich-rechtlichen Dienstverhältnis stehen (Beamte, Richter, Soldaten, Zivildienstleistende usw.), nicht erfaßt werden. Nicht erfaßt werden mithelfende Familienangehörige, wenn ihre Arbeitsleistung ausschließlich aufgrund familienrechtlicher Beziehung erfolgen und sie nicht als AN anzusehen sind (hierzu § 611 BGB Rn. 157 ff.). **3**

Spezialgesetzliche Regelungen gelten für die zur Berufsbildung Beschäftigten nach dem BBiG, für LeihAN nach dem AÜG und für Seeleute nach dem SeemG (vgl. Einf. Rn. 7), die mit der Verabschiedung des NachwG angepaßt wurden. **4**

Arbeitnehmerähnliche Personen (hierzu § 611 BGB Rn. 133 ff.) werden vom Anwendungsbereich des NachwG nicht ausdrücklich erfaßt, obwohl auch gerade für diese Personengruppe ein Schutzbedürfnis nicht zu verneinen ist. Es kann hier von einer bewußten Entscheidung des Gesetzgebers ausgegangen werden, da andere arbeitsrechtliche Schutzgesetze eine entsprechende Erstreckung vorsehen (vgl. § 2 S. 2 BUrlG). Außerdem gelten für den Bereich des Heimarbeitsrechts besondere Unterrichtungspflichten (vgl. §§ 7 a, 9 HAG). **5**

Das Gesetz gilt nicht für Arbeitsverhältnisse, die nur zu vorübergehender Aushilfe von höchstens einem Monat begründet werden. Mit dieser engen Ausnahmeregelung gilt das NachwG praktisch für alle Arbeitsverhältnisse; insbesondere ist auch die Ausnahme für geringfügige Beschäftigungsverhältnisse entfallen. Die Monatsfrist entspricht der Vorgabe in Art. 1 II RL 91/533 EWG. Die dort vorgesehene weitere Ausnahmemöglichkeiten (Wochenarbeitszeit bis zu 8 Stunden, Gelegenheitsarbeiten) hat der deutsche Gesetzgeber im Rahmen der Reform der geringfügigen Beschäftigungsverhältnisse nicht übernommen mit dem Hinweis, daß durch die vorliegende Normfassung eine mittel- **6**

Preis

bare Diskriminierung weiblicher AN vermieden werden sollte (BT-Drucks. 14/280; hierzu auch die Voraufl. Rn. 11).

§ 2 Nachweispflicht

(1) ¹Der Arbeitgeber hat spätestens einen Monat nach dem vereinbarten Beginn des Arbeitsverhältnisses die wesentlichen Vertragsbedingungen schriftlich niederzulegen, die Niederschrift zu unterzeichnen und dem Arbeitnehmer auszuhändigen. ²In die Niederschrift sind mindestens aufzunehmen:
1. der Name und die Anschrift der Vertragsparteien,
2. der Zeitpunkt des Beginns des Arbeitsverhältnisses,
3. bei befristeten Arbeitsverhältnissen: die vorhersehbare Dauer des Arbeitsverhältnisses,
4. der Arbeitsort oder, falls der Arbeitnehmer nicht nur an einem bestimmten Arbeitsort tätig sein soll, ein Hinweis darauf, daß der Arbeitnehmer an verschiedenen Orten beschäftigt werden kann,
5. eine kurze Charakterisierung oder Beschreibung der vom Arbeitnehmer zu leistenden Tätigkeit,
6. die Zusammensetzung und die Höhe des Arbeitsentgelts einschließlich der Zuschläge, der Zulagen, Prämien und Sonderzahlungen sowie anderer Bestandteile des Arbeitsentgelts und deren Fälligkeit,
7. die vereinbarte Arbeitszeit,
8. die Dauer des jährlichen Erholungsurlaubs,
9. die Fristen für die Kündigung des Arbeitsverhältnisses,
10. ein in allgemeiner Form gehaltener Hinweis auf die Tarifverträge, Betriebs- oder Dienstvereinbarungen, die auf das Arbeitsverhältnis anzuwenden sind.

³Bei Arbeitnehmern, die eine geringfügige Beschäftigung nach § 8 Abs. 1 Nr. 1 des Vierten Buches Sozialgesetzbuch ausüben, ist außerdem der Hinweis aufzunehmen, daß der Arbeitnehmer in der gesetzlichen Rentenversicherung die Stellung eines versicherungspflichtigen Arbeitnehmers erwerben kann, wenn er nach § 5 Abs. 2 Satz 2 des Sechsten Buches Sozialgesetzbuch auf die Versicherungsfreiheit durch Erklärung gegenüber dem Arbeitgeber verzichtet.

(2) Hat der Arbeitnehmer seine Arbeitsleistung länger als einen Monat außerhalb der Bundesrepublik Deutschland zu erbringen, so muß die Niederschrift dem Arbeitnehmer vor seiner Abreise ausgehändigt werden und folgende zusätzliche Angaben enthalten:
1. die Dauer der im Ausland auszuübenden Tätigkeit,
2. die Währung, in der das Arbeitsentgelt ausgezahlt wird,
3. ein zusätzliches mit dem Auslandsaufenthalt verbundenes Arbeitsentgelt und damit verbundene zusätzliche Sachleistungen,
4. die vereinbarten Bedingungen für die Rückkehr des Arbeitnehmers.

(3) ¹Die Angaben nach Absatz 1 Satz 2 Nr. 6 bis 9 und Absatz 2 Nr. 2 und 3 können ersetzt werden durch einen Hinweis auf die einschlägigen Tarifverträge, Betriebs- oder Dienstvereinbarungen und ähnliche Regelungen, die für das Arbeitsverhältnis gelten. ²Ist in den Fällen des Absatzes 1 Satz 2 Nr. 8 und 9 die jeweilige gesetzliche Regelung maßgebend, so kann hierauf verwiesen werden.

(4) Wenn dem Arbeitnehmer ein schriftlicher Arbeitsvertrag ausgehändigt worden ist, entfällt die Verpflichtung nach den Absätzen 1 und 2, soweit der Vertrag die in den Absätzen 1 bis 3 geforderten Angaben enthält.

I. Allgemeines

1 **1. Normzweck.** Mit Abschluß des Arbeitsvertrages wird durch § 2 ein **zwingendes**, aber **kein konstitutives Formerfordernis** begründet. Die Niederschrift dient der Information des AN, die ihm sichere Auskunft über den Inhalt des Arbeitsvertrages geben soll (hierzu Einf. Rn. 1). Dieser eindeutige Normzweck hat Auswirkungen auf die Interpretation des in § 2 II niedergelegten Mindestkatalogs, der im Zweifel zugunsten eines präzise formulierten Nachweises zu interpretieren ist.

2 Dem Normzweck entsprechend entfällt die Nachweispflicht nach § 2 IV, wenn bereits ein schriftlicher Arbeitsvertrag ausgehändigt worden ist, der im gesetzlich geforderten Umfang die entsprechenden Angaben enthält. Die Vorschrift intendiert nicht, schriftliche Arbeitsverträge auf den im Gesetz bezeichneten Umfang zu reduzieren, vielmehr wird die Pflicht begründet, alle „wesentlichen" Vertragsbedingungen schriftlich niederzulegen, um Streit über deren Inhalt zu vermeiden.

3 **2. Inhalt der Nachweispflicht (I 1). a) Aushändigung der unterzeichneten Niederschrift.** Die Erfüllung der Nachweispflicht erfolgt durch Unterzeichnung der mit allen wesentlichen Vertragsbedingungen versehenen Niederschrift und Aushändigung an den AN. Eigenhändige Unterzeichnung durch den Aussteller nach § 126 I BGB ist notwendig. Es handelt sich um eine rechtsgeschäftsähnliche

II. Umfang der Nachweispflicht § 2 NachwG 510

Handlung, auf die die allgemeinen Regelungen über Willenserklärung entsprechende Anwendung finden.

Das Gesetz begründet keinen Anspruch ausländischer AN, einen Nachweis in ihrer Muttersprache 4 zu erhalten. Erfüllungsort für die Aushändigung des Nachweises ist der Betriebssitz des AG, der regelmäßig als Leistungsort für arbeitsvertragliche Ansprüche gilt (vgl. zum Zeugnis BAG 8. 3. 1995 AP BGB § 630 Nr. 21 = NZA 1995, 671).

b) Frist. Der Nachweis ist **spätestens einen Monat** nach dem vereinbarten Beginn des Arbeits- 5 verhältnisses zu erteilen (ebenso *Schaefer* Rn. B 28). Gemeint ist nicht der Vertragsabschluß, sondern der Zeitpunkt der effektiven Arbeitsaufnahme, wie Art. 3 I Nachweis-RL erkennen läßt („nach Aufnahme der Arbeit"). Der gesetzgeberische Wille ist eindeutig, obwohl nach der Gesetzesintention nicht zweckmäßig, weil eine möglichst frühzeitige Information nach Vertragsabschluß zur Streitvermeidung sinnvoll ist. Für nachträgliche Änderungen von wesentlichen Arbeitsbedingungen gilt § 3; für Eilfälle findet die Übergangsvorschrift nach § 4 Anwendung. Strengere, für den AN günstigere tarifvertragliche Formvorschriften, die zum Teil eine sofortige Ausfertigung eines schriftlichen Arbeitsvertrages verlangen, gehen vor. Die Fristberechnung richtet sich nach den allgemeinen Regelungen (§§ 186 ff. BGB).

In den Sonderfällen, in denen nach § 1 eine Nachweispflicht zunächst nicht besteht, der AN aber in 6 das Gesetz „hineinwächst", besteht eine Regelungslücke. Diese ist durch zweckgerechte Auslegung zu schließen. Da der AG die Nachweispflicht spätestens einen Monat nach dem vereinbarten Beginn des Arbeitsverhältnisses zu erfüllen hat, ist es in diesen Fällen gerechtfertigt, die Nachweispflicht sofort mit Erfüllen der Anwendungsvoraussetzungen zu bejahen, wenn das Arbeitsverhältnis bereits mindestens einen Monat bestanden hat und es sich um ein ununterbrochenes Arbeitsverhältnis handelt (ebenso *Feldgen* Rn. 139). Hauptfall wird hier sein, daß ein kurzzeitig befristetes Aushilfs- oder Probearbeitsverhältnis verlängert bzw. fortgesetzt wird.

II. Umfang der Nachweispflicht

1. Die wesentlichen Vertragsbedingungen (I 1). § 2 I 2 enthält nur den Kernbestand vom Richt- 7 liniengeber für wesentlich erachteter Vertragsbedingungen. Eine Beschränkung der Nachweispflicht auf die essentialia negotii (Vergütung und Arbeitszeit) erscheint ausgeschlossen, weil schon der Mindestkatalog darüber hinausgeht. Entscheidend ist, was nach dem Inhalt des jeweiligen Arbeitsverhältnisses als wesentlich anzusehen ist. Das können auch bestimmte Nebenpflichten (zB Verschwiegenheitspflichten, Nebentätigkeitsbeschränkungen) oder Nebenleistungen (zB betriebliche Altersversorgung, Versicherungen u. a. m.) sein.

Wesentlich ist alles, was üblicherweise in Arbeitsverträgen bestimmter AN vereinbart wird (Über- 8 sicht über die Vertragsgestaltung in der Praxis *Hanau/Preis* I B Rn. 17 ff.; auf die subjektiven Vorstellungen der Vertragsparteien abstellend *Schaefer* Rn. B 9 ff.). Der Normtext läßt es nicht zu, die in § 2 I 2 aufgelisteten Mindestbedingungen als abschließend definierte wesentliche Vertragsbedingungen anzusehen (widersprüchlich *Birk* NZA 1996, 281, 285). Wenn über den Mindestkatalog hinausgehende wesentliche Vertragsbedingungen denkbar sind, unterliegen sie ebenfalls der Nachweispflicht (ebenso *Feldgen* Rn. 124; *Kliemt* EAS B 3050 Rn. 15; anders *Wank* RdA 1996, 23). Entscheidend ist, ob eine wesentliche Regelung, die Haupt- oder Nebenpflichten der Vertragsparteien berührt, vereinbart worden ist. Hauptbeispiel sind nachvertragliche Wettbewerbsverbote, die im Mindestkatalog nicht niedergelegt sind, aber zweifellos wesentlich sind. Nach deutschem Recht stellt sich die Problematik nicht, weil derartige Vereinbarungen ohnehin nach § 74 HGB einer besonderen schriftlichen Vereinbarung bedürfen. Vertragliche **Ausschlußfristen** bedürfen schon wegen ihres rechtsbeschneidenden Inhalts einer klaren und bestimmten schriftlichen Regelung. Sie gehören zu den nachweispflichtigen wesentlichen Vertragsbedingungen (ebenso *Kliemt* EAS B 3050 Rn. 15; *Lörcher* AuR 1994, 450, 452; anders *Feldgen* Rn. 129). In der Praxis wird der AG schwerlich die Vereinbarung einer Ausschlußfrist nachweisen können, die er nicht auch schriftlich dokumentiert hat. Fraglich ist, ob die schriftliche Fassung einer Ausschlußfrist in einem einbezogenen Tarifvertrag ausreicht (Rn. 26).

Überdies sind zahlreiche vertragliche Vereinbarungen denkbar, die im Zusammenhang mit den 9 Hauptpflichten aus dem Arbeitsverhältnis (Entgelt, Arbeitszeit) stehen. Auch hier ist es ratsam, nicht lediglich die Minimalforderungen des Mindestkataloges nachzuweisen, wenn darüber hinausgehende Vereinbarungen getroffen worden sind (zB flexible Arbeitszeitregelungen).

2. Mindestens aufzunehmende Vertragsbedingungen (I 2 und 3) a) Vertragsparteien (Nr. 1). 10 Die Angabe von Name und Anschrift der Vertragsparteien soll sicherstellen, daß der AN über die Identität seines Vertragspartners in Kenntnis gesetzt wird. Unklarheiten über den richtigen Klagegegner bzw. den Schuldner in der Zwangsvollstreckung sollen vermieden werden (siehe LAG Köln 9. 1. 1998 LAGE NachwG § 2 Nr. 4). Die Angabe der Rechtsform des AG wird nicht verlangt; die Verpflichtung kann sich jedoch aus gesellschafts- und handelsrechtlichen Vorschriften ergeben (§ 4 II GmbHG, § 4 AktG, §§ 17 ff. HGB). Eine rechtliche unselbständige BGB-Gesellschaft kann nicht AG sein. Die AGStellung fällt den Gesellschaftern gemeinschaftlich zu (BAG 6. 7. 1989 AP BGB § 705 Nr. 4 = NZA 1989, 961). Träger der Rechte und Pflichten sind die einzelnen Gesellschafter. In Anbetracht des Normzwecks des § 2 bedarf es der Angabe von Namen und Anschrift aller BGB-Gesellschafter, da diese Angabe im Klagefalle für den AN von erheblicher Bedeutung ist (zust. *Schaefer* Rn. D 12).

11 **b) Beginn des Arbeitsverhältnisses (Nr. 2).** Anzugeben ist der Beginn des Arbeitsverhältnisses. Damit ist nicht der Zeitpunkt des Vertragsabschlusses, sondern der Beginn der Vertragslaufzeit gemeint. Entscheidend ist auch nicht der Zeitpunkt der tatsächlichen Arbeitsaufnahme, die nicht identisch sein muß mit dem Beginn der Vertragslaufzeit (Beispiel: Feiertag, Erkrankung des AN).

12 **c) Dauer des Arbeitsverhältnisses (Nr. 3).** Nr. 3 ist durch das seit dem 1. 5. 2000 geltende zwingende konstitutive Schriftformerfordernis für Befristungen nach § 623 BGB praktisch bedeutungslos. § 623 BGB und § 2 I Nr. 3 stimmen insofern überein, als bei zeitbefristeten Verträgen die Dauer des befristeten Arbeitsverhältnisses nach Tagen, Wochen, Monaten oder Jahren bzw. kalendarischen Befristungen schriftlich niederzulegen ist, nicht aber der Befristungsgrund (APS-*Preis* § 623 BGB Rn. 46 ff.). Grundsätzlich zulässig sind aber auch zweckbefristete und auflösend bedingte Arbeitsverhältnisse (hierzu § 620 BGB Rn. 16 ff.), bei denen sich eine genaue Dauer bisweilen nicht vorhersehen läßt. Da das NachwG nichts an dieser prinzipiell zulässigen Vertragsgestaltung ändern will, muß die Angabe der Zweckbefristung bzw. der auflösenden Bedingung ausreichen. Die Nachweispflicht folgt der materiellen Rechtslage. Dies gilt auch für besondere Befristungsgründe (§ 21 III BErzGG, §§ 57 ff. HRG). Die Formulierung in Nr. 3 ist vor diesem Hintergrund irreführend. Da die Wirksamkeit einer Zweckbefristung davon abhängt, daß der Zeitpunkt der Zweckerfüllung für den AN frühzeitig erkennbar ist und eine Vertragsabrede über den Befristungszweck getroffen worden ist (*Staudinger/Preis* § 620 Rn. 102 mwN), gehört bei zweckbefristeten Verträgen zur Angabe der vorsehbaren Dauer die Angabe des Befristungsgrundes (ähnlich *Feldgen* Rn. 150; *Wank* RdA 1996, 22).

13 **d) Arbeitsort (Nr. 4).** Nr. 4 verlangt die Angabe des Arbeitsortes oder einen Hinweis darauf, daß der AN an verschiedenen Orten beschäftigt werden kann (zum Leistungsort vgl. § 611 Rn. 929 ff.; *Schaefer* Rn. D 35 ff.). Transparenz wird durch diese Angabe kaum erreicht, da die Verpflichtung zur Tätigkeit in anderen Betrieben des Unternehmens regelmäßiger Vertragsbestandteil ist. Andererseits ist problematisch, wenn im Nachweis lediglich ein bestimmter Arbeitsort ohne Versetzungsmöglichkeit angegeben wird. Bei fester Vereinbarung eines bestimmten Arbeitsortes ist ein abweichender örtlicher Einsatz nur im Wege der Änderungskündigung möglich, weil das arbeitgeberseitige Direktionsrecht nur im Rahmen der vertraglichen Vereinbarung gilt (§ 611 BGB Rn. 929 ff.). Diese Konsequenzen sind bei der Gestaltung des Arbeitsvertrages sowie des Nachweises zu beachten (näher *Hanau/Preis* II D 20).

14 **e) Tätigkeitsbeschreibung (Nr. 5).** Die zu leistende Tätigkeit unterliegt freier vertraglicher Disposition. Die Beschreibung der geschuldeten Tätigkeit als auch der übertragenen Aufgabe oder Funktion kann jedoch Konsequenzen für die tarifliche Eingruppierung haben. Je enger und je spezifischer die Tätigkeitsbeschreibung erfolgt, um so eingeschränkter ist uU das Direktionsrecht. Auch insoweit bedarf es sorgfältiger Überlegung bei der Vertragsgestaltung (näher *Hanau/Preis* II T 10).

15 Nr. 5 verlangte in der ursprünglichen Fassung lediglich die Bezeichnung oder eine allgemeine Beschreibung der vom AN zu leistenden Tätigkeit. Demgegenüber verlangt Art. 2 II c RL 91/533/EWG präziser die Angabe der dem AN bei der Einstellung zugewiesenen Amtsbezeichnung, sein Dienstgrad sowie ggf. Art oder Kategorie seiner Stelle (ausf. *Krause* AR-Blattei SD 220.2.2 Rn. 137 ff.). Erkennbar zielt die RL damit auf eine konkrete Einstufung des AN ab, weil Tätigkeitsbeschreibung und Arbeitsentgelt in Tarifgefügen voneinander abhängen. Nr. 5 war daher nicht ordnungsgemäß in nationales Recht umgesetzt worden (EuGH 4. 12. 1997 NZA 1998, 137). Durch die Übernahme des Wortlauts der Richtlinie („kurze Charakterisierung oder Beschreibung der Arbeit") hat der Gesetzgeber auf die Entscheidung des EuGH reagiert (ÄndG v. 29. 6. 1998 BGBl. I S. 1694). Insbesondere in den komplexen Tarifwerken des öffentlichen Dienstes bedarf es deshalb einer präzisen Eingruppierung nach Vergütungs- wie nach Tätigkeitsmerkmalen. Unklarheiten im schriftlichen Nachweis gehen hier zu Lasten des AG, da das NachwG eine Verbesserung der Beweislage des AN intendiert. Beruft sich der AN auf eine ihm günstige Eingruppierung im schriftlichen Arbeitsvertrag, hat nicht mehr der AN, sondern der AG darzulegen und zu beweisen, daß der AN nicht die tatsächlichen Voraussetzungen der angegebenen Vergütungsgruppe erfüllt (vgl. LAG Hamm 2. 7. 1998 AuR 1998, 331; aA *Schwarze*, RdA 1997, 343, 351). Das BAG hat die Entscheidung des LAG Hamm aufgehoben, da der Sachverhalt nicht unter das NachwG fiel und der AN danach nach wie vor die begehrte höhere Vergütung beweisen mußte (BAG 8. 9. 1999 – 4 AZR 648/99 –).

16 **f) Arbeitsentgelt (Nr. 6).** § 2 Nr. 6 verlangt detaillierte Angaben zur Zusammensetzung des Arbeitsentgelts. Neben der Grundvergütung sind alle Zusatzentgelte wie Überstunden, Sonn- und Feiertagszuschläge, Zulagen, Prämien, Sonderzahlungen, Auslösungen, Provisionen und Tantiemen, aber auch entgeltwirksame Leistungen aus betrieblicher Altersversorgung und vermögenswirksamer Leistung niederzulegen. Allerdings können die Angaben nach § 2 III ersetzt werden durch einen Hinweis

II. Umfang der Nachweispflicht

auf die einschlägigen TV, Betriebs- oder Dienstvereinbarungen. Von der Ersetzung umfaßt sind aber nicht solche Entgeltbestandteile, die in derartigen kollektiven Regelungswerken nicht geregelt sind.

Auch sog. „freiwillige" Leistungen unterliegen der Nachweispflicht (unzutr. *Schaefer* Rn. D 86). 17 Nach dem Normtext sind Zulagen und Sonderzahlungen – unabhängig von ihrer rechtlichen Ausgestaltung – erfaßt. Schon die Gewährung des Zusatzentgeltes mit dem entsprechenden Vorbehalt kann unter § 3 subsumiert werden, weil jedenfalls einmalig ein wesentlicher Vertragsbestandteil geregelt wird. Gewährt der AG Sonderzahlungen, ohne dem AN einen nach §§ 2 oder 3 geforderten schriftlichen Nachweis zu erteilen, sind Konsequenzen aus dem Gesichtspunkt der Unklarheitenregelung bzw. der Beweislastverteilung nicht ausgeschlossen. Wird in dem Arbeitsvertragsnachweis nicht verdeutlicht, ob und inwieweit es sich um freiwillige oder widerrufliche Entgeltbestandteile handelt, wird es dem AG wegen der Beweiskraft des Nachweises (Einl. Rn. 13) kaum gelingen, die mündliche Vereinbarung eines Widerrufs- oder Freiwilligkeitsvorbehalts nachzuweisen. Bei Nichtangabe von Sonderzahlungen, die effektiv geleistet werden, ist der Nachweis unvollständig erstellt; der AG wäre dann für die Widerruflichkeit bzw. Freiwilligkeit zusätzlicher Entgelte beweispflichtig. An der Rechtslage ändert sich auch nichts dadurch, daß der AG sich erst nach einer bestimmten Dauer des Arbeitsverhältnisses zu Sonderleistungen entschließt (unklar *Birk* NZA 1986, 286), weil nach § 3 zu einer schriftlichen Mitteilung der geänderten wesentlichen Vertragsbedingungen verpflichtet ist. Diesem Erfordernis kann unter Umständen die bloße Gehaltsmitteilung genügen; auch auf der Gehaltsmitteilung kann ein entsprechender Vorbehalt enthalten sein.

Erforderlich ist ferner die Angabe der Fälligkeit der Arbeitsvergütung ebenso wie der (ggf. jährlich 18 oder halbjährlich) geleisteten Sonderzahlungen. Von § 614 BGB abweichende Fälligkeitszeitpunkte sind in der Regel in Tarifverträgen enthalten, auf die nach § 2 III verwiesen werden kann. Der Verweis auf die gesetzliche Regelung reicht nicht aus, da § 2 III 2 insoweit keine Verweisungsmöglichkeit vorgesehen hat.

g) **Arbeitszeit (Nr. 7).** Notwendig ist die Angabe der vereinbarten Arbeitszeit, wobei der Normtext 19 offenläßt, ob nicht nur die Dauer, sondern auch die Lage der Arbeitszeit mitgeteilt werden muß. Die Arbeitszeitregelungen sind derart vielgestaltig und komplex, daß in der Regel von der Verweisungsmöglichkeit nach § 2 III 1 Gebrauch gemacht werden sollte. Allerdings gilt auch in diesem Falle, daß die Nachweispflicht dem vereinbarten materiellen Regelungsinhalt folgt. Nr. 7 enthält keine weitergehenden Vorgaben.

h) **Dauer des jährlichen Erholungsurlaubs (Nr. 8).** Die Regelung verlangt nur die Angabe der 20 Dauer des jährlichen Erholungsurlaubs, nicht jedoch die Angabe weiterer Modalitäten der Urlaubsgewährung oder die Angabe von Sonderurlauben. Die Beschränkung auf die bloße Angabe der Dauer des Jahresurlaubs ist mit Art. 2 II g RL 91/533/EWG vereinbar. § 2 III eröffnet die Möglichkeit, die konkrete Angabe der Urlaubsdauer durch Verweis auf die einschlägigen gesetzlichen oder kollektivvertraglichen Regelungen zu ersetzen. Erfolgt lediglich der Verweis auf den gesetzlichen Mindesturlaub nach § 3 I BUrlG, sind darüber hinaus ggf. noch Sonderregelungen für bestimmte Personengruppen zu beachten (§ 19 JArbSchG, § 47 SchwbG).

i) **Kündigungsfristen (Nr. 9).** Die Angabe der Kündigungsfristen gehört zu den zwingend aufzu- 21 nehmenden Mindestangaben. Regelungen über Kündigungsfristen sind jedoch detailliert in § 622 BGB und anderen gesetzlichen Vorschriften (§ 15 BBiG, § 16 SchwbG, § 29 III HAG, § 63 SeemG) sowie Tarifverträgen geregelt. Empfehlenswert ist daher, in weitgehendem Umfang von der Verweisungsmöglichkeit nach § 2 III Gebrauch zu machen.

j) **Hinweis auf Kollektivvereinbarungen (Nr. 10).** Nach Nr. 10 ist in den Nachweis auch ein 22 Hinweis zu den auf das Arbeitsverhältnis anzuwendenden Tarif-, Betriebs- und Dienstvereinbarungen aufzunehmen. Verlangt ist lediglich ein in allgemeiner Form gehaltener Hinweis (Typische Formel: „Im übrigen finden auf das Arbeitsverhältnis die einschlägigen Tarifverträge sowie Betriebsvereinbarungen Anwendung"). Derartige Verweisungsklauseln sind verbreitet. Bezogen auf TV stellen sie insbesondere die Gleichstellung tarifgebundener und tarifungebundener AN sicher. Verweisungsklauseln, die das NachwG weitgehend zuläßt, fördern allerdings nicht die Transparenz über den Inhalt des Arbeitsverhältnisses, weil der einzelne häufig die einbezogenen kollektiven Regelungswerke weder ausgehändigt bekommt noch sie ohne weiteres einsehen kann. Der Wortlaut der Richtlinie (Art. 2 II j) legt überdies nahe, daß ein Hinweis auf die konkret auf das Arbeitsverhältnis anzuwendenden Kollektivverträge bzw. eine Auflistung erforderlich ist (so *Lörcher* AuR 1994, 454; *Kliemt* EAS B 3050 Rn. 26). Eine detaillierte Angabe aller auf das Arbeitsverhältnis anwendbaren TV soll nach dem Willen des Gesetzgebers jedoch nicht erforderlich sein (vgl. BT-Drucks. 13/668, S. 10 f.; krit. *Höland* AuR 1996, 87, 91; *Wank* RdA 1996, 23; vgl. hier noch unter Rn. 26 ff.). Soweit TV betroffen sind, verpflichtet Nr. 10 lediglich zu einer Angabe, wenn ein TV kraft **Tarifbindung** auf das Arbeitsverhältnis Anwendung findet. Haben die Arbeitsvertragsparteien bei nicht tarifgebundenen AN auf die Anwendung des TV verzichtet, bedarf es auch keines Nachweises. Der Hinweis auf Betriebs- oder Dienstvereinbarungen ist nur dann notwendig, wenn tatsächlich solche Vereinbarungen geschlossen worden sind. Soweit keine Betriebs- oder Personalvertretung besteht, entfällt die Notwendigkeit des

Preis

Hinweises. Sofern allerdings betriebliche kollektive Regelungen bestehen, gelten diese ohnehin unmittelbar und zwingend (§ 77 IV BetrVG).

23   k) **Hinweis auf Rentenversicherungsoption bei geringfügig Beschäftigten (I 3).** Neu eingefügt wurde mit Gesetz vom 24. 3. 1999 (BGBl I S. 388, 393) in Verträgen mit geringfügig Beschäftigten (§ 8 SGB IV) die Pflicht zum Hinweis auf die Möglichkeit, trotz bestehender Versicherungsfreiheit auf diese nach § 5 II 2 SGB VI zu verzichten und die Stellung eines sozialversicherungspflichtigen AN und damit entsprechende Rentenanwartschaften zu erwerben. Diese Nachweispflicht bringt eine neue Qualität. Denn dem AG wird hier über das NachwG die eigentlich der Sozialversicherung obliegende Beratungspflicht (§§ 13–15 SGB I) übertragen. Die Verletzung der Nachweispflicht kann massive Konsequenzen haben, wenn sich der AN darauf beruft, daß er wegen des fehlenden Hinweises versäumt hat, den Antrag nach § 5 II 2 SGB VI zu stellen. Grds. kann die Verletzung der Nachweispflicht Schadensersatzansprüche zur Folge haben (vgl. hier Einf. Rn. 11; so auch *Leuchten/Zimmer* NZA 1999, 969 ff.; *Stückemann* BB 1999, 2670, 2673 unter Hinweis auf § 12 a I 2 ArbGG). Diese dürften jedoch an der Kausalität und im Ergebnis jedenfalls am Mitverschulden des AN scheitern, zumal es Obliegenheit des AN ist, sich um seine sozialversicherungsrechtlichen Ansprüche zu kümmern; eine Beratungspflicht des AG hinsichtlich der sozialversicherungsrechtlichen Ansprüche besteht grds. nicht (vgl. § 611 Rn. 904 ff.).

III. Umfang der Nachweispflicht bei Auslandseinsatz (Abs. 2)

24   **1. Allgemeines.** § 2 II regelt zusätzliche Mindestangaben im Arbeitsvertrag, wenn der AN seine Arbeitsleistung länger als einen Monat im Ausland zu erbringen hat. Die Vorschrift entspricht Art. 4 RL 91/533/EWG. Die zusätzlichen Mindestangaben müssen dem AN vor seiner Abreise ausgehändigt werden.

25   **2. Zusätzliche Angaben.** Das Gesetz verlangt in dem vor der Abreise auszuhändigenden Nachweis die Angabe der **Dauer des Auslandseinsatzes** (Nr. 1), die **Währung**, in der das Arbeitsentgelt ausgezahlt wird (Nr. 2), die Angabe von **Zusatzentgelten und Sachleistungen** (Nr. 3) und die Rückkehrbedingungen (Nr. 4). Die Regelungen der Nrn. 1 und 2 sind in jedem Falle mitzuteilen. Angaben zu Nr. 3 und 4 hängen davon ab, ob entsprechende Bedingungen (die allerdings üblich sind) vereinbart worden sind.

IV. Teilersetzung der Angaben durch Verweisung (Abs. 3)

26   **1. Umfang der Ersetzungsmöglichkeit.** Für die nach § 2 I 2 Nr. 6–9 notwendigen Mindestangaben regelt § 2 III die Möglichkeit, die an sich notwendigen Einzelangaben durch Verweis auf einschlägige Kollektivvereinbarungen zu ersetzen. Es empfiehlt sich in aller Regel, von dieser Verweisungsmöglichkeit hinsichtlich der in Nr. 6–9 aufgelisteten Kernbestandteile des Arbeitsvertrages (Arbeitsentgelt, Arbeitszeit, Erholungsurlaub, Kündigungsfristen) Gebrauch zu machen. Für die Ziffern 1 bis 5 sowie andere „wesentliche Vertragsbedingungen" (§ 2 I Nr. 1) gilt dagegen dies Verweisungsprivileg nicht. Dies hat zur Folge, daß die Nachweispflicht für wesentliche Vertragsbedingungen, die im Katalog der Ziff. 6–9 nicht enthalten sind (Rn. 8), nicht durch die allgemeine Bezugnahme auf den Kollektivvertrag gewahrt wird (aA *Krause* AR-Blattei SD 220.2.2 Rn. 175; *Schwarze* ZfA 1997, 43, 50). So müssen Ausschlußfristen ausdrücklich in den Arbeitsvertrag bzw. Nachweis aufgenommen werden, um wirken zu können (*Koch* FS Schaub 1998, 421, 439; LAG Schleswig-Holstein 8. 2. 2000 NZA-RR 2000, 196). Diese Sichtweise ist scheinbar nicht vereinbar mit der Entscheidung des BAG (19. 1. 1999 AP TVG § 1 Bezugnahme auf Tarifvertrag Nr. 9; vgl. *Gaul*, Aktuelles Arbeitsrecht 2000, S. 78 f.), in der die konkludente Bezugnahme auf die in einem Tarifvertrag geregelte Ausschlußfrist für möglich gehalten wird. Der Lebenssachverhalt der BAG-Entscheidung liegt jedoch vor Inkrafttreten des NachwG.

27   Problematisch ist deshalb die Frage, ob im Bereich des § 2 I 2 Nr. 6–9 die allgemeine Verweisung auf Bezugnahmeobjekte, also der ohnehin erforderliche Hinweis nach § 2 I 2 Nr. 10 ausreicht oder eine **konkrete Verweisung** auf die jeweiligen Teilbereiche notwendig ist. Die unterschiedliche Normfassung legt nahe, daß beim jeweiligen Sachzusammenhang (Entgelt, Arbeitszeit, Urlaub, Kündigungsfristen) die Verweisung erfolgen muß (Beispiel: Das Arbeitsentgelt richtet sich nach den Vorschriften des Tarifvertrages X in seiner jeweils gültigen Fassung). Damit eine gewisse Transparenz erreicht wird, ist der Begriff „einschlägig" dahingehend zu interpretieren, daß der AG den einschlägigen Kollektivvertrag auch benennen muß (wohl auch *Wank* RdA 1996, 23). Verzichtbar erscheint allerdings, daß der AG die konkrete Vorschrift, in der die jeweilige Materie geregelt ist, benennen muß.

28   **2. Bezugnahmeobjekte (III 1). a) Tarifverträge.** Wichtigstes Bezugnahmeobjekt sind TV. Dabei empfiehlt sich in aller Regel keine statische Verweisung, sondern eine dynamische Verweisung auf den TV in seiner jeweiligen Fassung. Eine Änderung der Inhalte der TV muß dem AN nach § 3 nicht gesondert mitgeteilt werden.

b) Betriebs- und Dienstvereinbarungen. Zulässig ist auch die Ersetzung der Angaben durch Hin- 29
weise auf Betriebs- oder Dienstvereinbarungen. Regelungen über Erholungsurlaub oder Kündigungsfristen sind in derartigen Regelungswerken selten, allerdings sind in Betriebsvereinbarungen häufig
zusätzliche Arbeitsentgelte (§ 2 I 2 Nr. 6 NachwG) geregelt, im Zeichen betriebsnaher Tarifpolitik
auch ggf. nachzuweisende Modifikation zur Dauer der Arbeitszeit.

c) Ähnliche Regelungen. Im Gesetzgebungsverfahren ist in § 2 III über die typischen kollektiv- 30
rechtlichen Regelungen hinaus eine Ersetzungsbefugnis durch Verweisung auf „ähnliche Regelungen"
aufgenommen worden. Mit dieser äußerst unbestimmten Regelung sollte insbesondere die Verweisungsmöglichkeit auf Arbeitsvertragsrichtlinien im kirchlichen Bereich sichergestellt werden, die nicht
in jeder Hinsicht den TV und Betriebs- oder Dienstvereinbarungen gleichgestellt werden (näher
Richardi, Arbeitsrecht in der Kirche, 3. Auflage, 2000, § 15). Problematisch ist allerdings, ob der
Gesetzesbegriff der „ähnlichen Regelungen" auf kirchliche Arbeitsvertragsrichtlinien beschränkt werden kann, so daß fraglich ist, ob der AG insoweit die Nachweispflicht nicht auch durch den Verweis
auf allgemeine Arbeitsbedingungen ersetzen kann. Damit würde indes die Intention des NachwG
vollständig ausgehöhlt. In richtlinienkonformer Auslegung des Art. 2 III RL 91/533/EWG können
nur allgemeine Regelungen mit normativem Charakter (Rechts- und Verwaltungsvorschriften bzw.
Satzungs- oder Tarifvertragsbestimmungen) als Surrogat für die unmittelbare Nachweispflicht dienen.
Allgemeine Arbeitsbedingungen können daher nicht „ähnliche Regelungen" in diesem Sinne sein
(ebenso *Schaefer* Rn. D 146).

d) Gesetzliche Regelungen (III 2). Für die Fälle der Urlaubs- und der Kündigungsfristen (Nr. 8 31
und 9) genügt der allgemeine Hinweis auf die gesetzlichen Bestimmungen (§ 622 BGB, BUrlG), sofern
keine weitergehenden vertraglichen Absprachen getroffen worden sind.

V. Wegfall der Verpflichtung durch Arbeitsvertrag

Entsprechend der Intention des NachwG entfällt die Nachweispflicht, sofern die notwendigen 32
Mindestangaben in einem schriftlichen Arbeitsvertrag enthalten sind. Die Nachweispflicht entfällt
aber nur „soweit" der Vertrag die in § 2 I–III geforderten Angaben enthält. Soweit dies nicht der Fall
ist, bleibt der Anspruch auf Nachweis bestehen (vgl. auch § 4 S. 2). In der Praxis kann dies insbesondere für Altfälle Bedeutung haben, in denen Mitarbeiter noch mit sog. „Einstellungsschreiben"
eingestellt wurden. Allerdings ist zu beachten, daß die Nachweispflicht nicht unbedingt in einem
Dokument erfolgen muß. So ist denkbar, daß der AG seine Nachweispflicht durch Übersendung
anderer Dokumente erfüllt hat. Überdies ergibt sich zumeist auch ein Anspruch aus § 3, weil nach
dieser Vorschrift die Änderung der wesentlichen Vertragsbedingungen dem AN einen Monat nach der
Änderung schriftlich mitzuteilen ist.

§ 3 Änderung der Angaben

¹ Eine Änderung der wesentlichen Vertragsbedingungen ist dem Arbeitnehmer spätestens einen
Monat nach der Änderung schriftlich mitzuteilen. ² Satz 1 gilt nicht bei einer Änderung der
gesetzlichen Vorschriften, Tarifverträge, Betriebs- oder Dienstvereinbarungen und ähnlichen
Regelungen, die für das Arbeitsverhältnis gelten.

Besonders weitreichend ist die Verpflichtung nach § 3 S. 1, jede Änderung der wesentlichen Ver- 1
tragsbedingungen dem AN spätestens einen Monat nach der Änderung schriftlich mitzuteilen. Ein
übermäßiger bürokratischer Aufwand wird nur durch S. 2 vermieden, wonach diese Mitteilungspflicht
nicht gilt bei der Änderung der gesetzlichen Vorschriften, TV, Betriebs- oder Dienstvereinbarungen
und ähnlichen Regelungen, die für das Arbeitsverhältnis gelten. Voraussetzung für die Entbehrlichkeit
der Änderungen der Angaben ist aber, daß in dem zuerst erstellten Nachweis auch weitgehend von
dieser Verweisungsmöglichkeit Gebrauch gemacht worden ist. § 3 S. 2 ergänzt insoweit die weitgehende Ersetzungsbefugnis nach § 2 III. Die Intransparenz der Vertragsbedingungen wird damit
weiter erhöht, weil der Gesetzgeber auf dem Standpunkt steht, daß sich jeder einzelne AN über die
jeweils gültige Fassung der für sein Arbeitsverhältnis anwendbaren Gesetze, Kollektivverträge und
ähnlichen Regelungen selbst informieren muß (BT-Drucks. 13/668, S. 12). Mit dieser Sichtweise des
Arbeitsvertragsrechts bleibt das Arbeitsrecht weit hinter dem geltenden Standard des allgemeinen
Vertragsrechts zurück (zur Problematik der Verweisungsklauseln im Lichte des AGBG: *Preis* Vertragsgestaltung S. 392 ff.).

§ 4 Übergangsvorschrift

¹ Hat das Arbeitsverhältnis bereits bei Inkrafttreten dieses Gesetzes bestanden, so ist dem Arbeitnehmer auf sein Verlangen innerhalb von zwei Monaten eine Niederschrift im Sinne des § 2
auszuhändigen. ² Soweit eine früher ausgestellte Niederschrift oder ein schriftlicher Arbeitsvertrag die nach diesem Gesetz erforderlichen Angaben enthält, entfällt diese Verpflichtung.

1   S. 1 regelt den Anspruch auf Nachweis der wesentlichen Vertragsbedingungen für die Arbeitsverhältnisse, die bei Inkrafttreten des Gesetzes bereits begründet waren. Der Nachweis im Sinne des § 2 muß **nur auf Verlangen des AN innerhalb von zwei Monaten** erteilt werden. Die Norm hat für alle sog. „Altfälle" Bedeutung, da diese Übergangsvorschrift in Umsetzung von Art. 9 II RL 91/533/EWG sicherstellen will, daß jeder AN den Anspruch aus § 2 geltend machen kann. Die Interpretation von *Birk* (NZA 1996, 281, 287), wonach der Anspruch innerhalb von zwei Monaten nach Inkrafttreten des NachwG hätte geltend gemacht werden müssen, findet weder im Wortlaut der Norm noch nach deren Sinn und Zweck eine Stütze. Es handelt sich in § 4 nicht um eine zweimonatige Übergangsfrist, sondern um eine Übergangsregelung, die jedem AN jedenfalls die erstmalige Erteilung eines Nachweises unabhängig vom Zeitpunkt der Begründung des Arbeitsverhältnisses sichern soll (ebenso *Schaefer* Rn. D 152). Davon unberührt bleibt, daß bei Änderung der Vertragsbedingungen nach § 3 ohnehin ein neuer Nachweis, wenn auch nur über die geänderten Vertragsbedingungen, verlangt werden kann.

2   S. 2 regelt eine Selbstverständlichkeit, dessen Inhalt sich bei sachgerechter Interpretation bereits aus § 2 III bzw. aus allgemeinen Rechtsgedanken ergibt. Hat ein AN bereits eine Niederschrift oder einen schriftlichen Arbeitsvertrag erhalten, ist der Anspruch aus § 2 bereits befriedigt. Dies gilt aber nur, soweit die nach dem Gesetz erforderlichen Angaben darin enthalten waren. Hinsichtlich der nicht niedergelegten Vertragsbedingungen besteht der Anspruch fort. Die Regelung des § 2 IV gilt insoweit entsprechend (*Feldgen* Rn. 220).

3   Fraglich ist, ob und inwieweit die Nichtangabe wesentlicher Vertragsbedingungen beweisrechtliche Konsequenzen haben kann (Einf. Rn. 13 ff.). Da nach der Übergangsbestimmung dem AN nur auf sein Verlangen hin innerhalb von zwei Monaten eine Niederschrift im Sinne des § 2 auszuhändigen ist, nicht aber wie bei Neufällen kraft Gesetzes, ist es gerechtfertigt, negative beweisrechtliche Konsequenzen unter dem Gesichtspunkt der Beweisvereitelung für den AG nur dann in Betracht zu ziehen, wenn er dem Verlangen innerhalb von zwei Monaten nicht nachkommt.

§ 5 Unabdingbarkeit

Von den Vorschriften dieses Gesetzes kann nicht zuungunsten des Arbeitnehmers abgewichen werden.

1   Die Vorschriften dieses Gesetzes sind einseitig zwingend zugunsten des AN. Günstigere Regelungen auf einzel- oder kollektivvertraglicher Ebene sind möglich. Das stellt Art. 7 RL 91/533 EWG ausdrücklich klar. Günstiger für den AN ist insbesondere eine über § 2 hinausgehende Informationspflicht.

2   Eine Tarifdispositivität zum Nachteil des AN sieht das Gesetz nicht vor, obwohl Art. 9 RL 91/533/ EWG die Möglichkeit der Umsetzung der Richtlinie durch die Sozialpartner offenließ. Die fehlende Tarifdispositivität ist vertretbar, weil die Mitgliedstaaten auch im Falle der (im deutschen Tarifsystem ohnehin kaum durchführbaren) Umsetzung durch die Sozialpartner alle erforderlichen Vorkehrungen treffen müssen, um jederzeit gewährleisten zu können, daß die in der Richtlinie vorgeschriebenen Ergebnisse erzielt werden (Art. 9 I RL 91/533/EWG).

530. Gesetz zur Sicherung der Eingliederung Schwerbehinderter in Arbeit, Beruf und Gesellschaft (Schwerbehindertengesetz – SchwbG)

In der Fassung der Bekanntmachung vom 26. August 1986 (BGBl. I S. 1421)

Zuletzt geändert durch Gesetz vom 3. Mai 2000 (BGBl. I S. 632)

(BGBl. III/FNA 871-1)

– Auszug –

Schrifttum: *Cramer*, Werkstätten für Behinderte, 2. Aufl., 1997; *ders.*, Schwerbehindertengesetz, 5. Aufl. 1998; *Fuchs/Stähler*, Schwerbehindertengesetz und Erläuterungen, 2. Aufl., 1994; *Großmann/Schimanski/ Dopatka/Spiolek/Steinbrück*, Gemeinschaftskommentar zum Schwerbehindertengesetz (GK-SchwbG), 2. Aufl. 2000; *Neumann/Pahlen*, Schwerbehindertengesetz, 9. Aufl. 1999.

Vorbemerkung

Das Schwerbehindertenrecht steht im **Grenzbereich zwischen Arbeits- und Sozialrecht**. Dies zeigt 1 sich augenfällig daran, daß es einerseits in erheblichem Maße arbeitsrechtliche Regelungen enthält, andererseits aber gemäß Art. II § 1 Nr. 3 SGB I als besonderer Teil des Sozialgesetzbuchs gilt. Die **sozialrechtliche Sichtweise** betont § 20 SGB I (vgl. dazu näher GK-SGB I/*Kretschmer* § 20 Rn. 8 ff.), wenn er als Leistungskategorien vorstellt 1. zusätzliche Hilfen zur Beschaffung eines angemessenen Arbeitsplatzes, 2. zusätzliche Hilfen zur Erhaltung des Arbeitsplatzes und 3. begleitende Hilfen im Arbeitsleben. § 20 SGB I benennt als zuständige Behörden die Arbeitsämter und die Hauptfürsorgestellen. Bezieht man sich dann auf diese Leistungskategorien, so wird deutlich, daß sie erhebliche, wenn nicht zum Teil überwiegende **arbeitsrechtliche Elemente** haben. So sind unter zusätzlichen Hilfen zur Beschaffung eines angemessenen Arbeitsplatzes insbesondere die Pflichtarbeitsplätze zu verstehen, aber auch die Ausgleichsabgabe nach § 11 SchwbG. Hauptfall der zusätzlichen Hilfen zur Erhaltung des Arbeitsplatzes ist der gesetzliche Kündigungsschutz nach den §§ 15 ff. SchwbG, wobei die Beteiligung der Hauptfürsorgestelle darin besteht, daß eine Kündigung durch den AG ihrer vorherigen Zustimmung bedarf. Erst mit den „begleitenden Hilfen im Arbeitsleben" werden dann Aufgaben angesprochen, die klassischen Sozialleistungen nahe kommen. Klassisches Sozialleistungsrecht stellen auch die Regelungen zur unentgeltlichen Beförderung Schwerbehinderter im öffentlichen Personennahverkehr dar. Die Besonderheit des Rechtsgebiets des Schwerbehindertenrechts besteht aber auch in der Verquickung von Arbeits- und Sozialrecht, indem etwa die Werkstatt für Behinderte durch ein vielfältiges Instrumentarium unter Einschaltung der Bundesanstalt für Arbeit gefördert wird, die Rechtsstellung der in dieser Werkstatt für Behinderte Tätigen aber zahlreiche arbeitsrechtliche Fragen aufwirft.

Erster Abschnitt. Geschützter Personenkreis

§ 1 Schwerbehinderte

Schwerbehinderte im Sinne dieses Gesetzes sind Personen mit einem Grad der Behinderung von wenigstens 50, sofern sie ihren Wohnsitz, ihren gewöhnlichen Aufenthalt oder ihre Beschäftigung auf einem Arbeitsplatz im Sinne des § 7 Abs. 1 rechtmäßig im Geltungsbereich dieses Gesetzes haben.

§ 2 Gleichgestellte

(1) [1] Personen mit einem Grad der Behinderung von weniger als 50, aber wenigstens 30, bei denen im übrigen die Voraussetzungen des § 1 vorliegen, sollen auf Grund einer Feststellung nach § 4 auf ihren Antrag vom Arbeitsamt Schwerbehinderten gleichgestellt werden, wenn sie infolge ihrer Behinderung ohne die Gleichstellung einen geeigneten Arbeitsplatz im Sinne des § 7 Abs. 1 nicht erlangen oder nicht behalten können. [2] Die Gleichstellung wird mit dem Tag des Eingangs des Antrages wirksam. [3] Sie kann befristet werden.

(2) Auf Gleichgestellte ist dieses Gesetz mit Ausnahme des § 47 und des Elften Abschnitts anzuwenden.

§ 3 Behinderung

(1) ¹Behinderung im Sinne dieses Gesetzes ist die Auswirkung einer nicht nur vorübergehenden Funktionsbeeinträchtigung, die auf einem regelwidrigen körperlichen, geistigen oder seelischen Zustand beruht. ²Regelwidrig ist der Zustand, der von dem für das Lebensalter typischen abweicht. ³Als nicht nur vorübergehend gilt ein Zeitraum von mehr als 6 Monaten. ⁴Bei mehreren sich gegenseitig beeinflussenden Funktionsbeeinträchtigungen ist deren Gesamtauswirkung maßgeblich.

(2) Die Auswirkung der Funktionsbeeinträchtigung ist als Grad der Behinderung (GdB), nach Zehnergraden abgestuft, von 20 bis 100 festzustellen.

(3) Für den Grad der Behinderung gelten die im Rahmen des § 30 Abs. 1 des Bundesversorgungsgesetzes festgelegten Maßstäbe entsprechend.

§ 4 Feststellung der Behinderung, Ausweise

(1) ¹Auf Antrag des Behinderten stellen die für die Durchführung des Bundesversorgungsgesetzes zuständigen Behörden das Vorliegen einer Behinderung und den Grad der Behinderung fest. ²Das Gesetz über das Verwaltungsverfahren der Kriegsopferversorgung ist entsprechend anzuwenden, soweit nicht das Sozialgesetzbuch Anwendung findet.

(2) ¹Eine Feststellung nach Absatz 1 ist nicht zu treffen, wenn eine Feststellung über das Vorliegen einer Behinderung und den Grad einer auf ihr beruhenden Minderung der Erwerbsfähigkeit schon in einem Rentenbescheid, einer entsprechenden Verwaltungs- oder Gerichtsentscheidung oder einer vorläufigen Bescheinigung der für diese Entscheidungen zuständigen Dienststellen getroffen worden ist, es sei denn, daß der Behinderte ein Interesse an anderweitiger Feststellung nach Absatz 1 glaubhaft macht. ²Eine Feststellung nach Satz 1 gilt zugleich als Feststellung des Grades der Behinderung.

(3) ¹Liegen mehrere Funktionsbeeinträchtigungen vor, so ist der Grad der Behinderung nach den Auswirkungen der Funktionsbeeinträchtigungen in ihrer Gesamtheit unter Berücksichtigung ihrer wechselseitigen Beziehungen festzustellen. ²Für diese Entscheidung gilt Absatz 1, es sei denn, daß in einer Entscheidung nach Absatz 2 eine Gesamtbeurteilung bereits getroffen worden ist.

(4) Sind neben dem Vorliegen der Behinderung weitere gesundheitliche Merkmale Voraussetzung für die Inanspruchnahme von Nachteilsausgleichen, so treffen die für die Durchführung des Bundesversorgungsgesetzes zuständigen Behörden die erforderlichen Feststellungen im Verfahren nach Absatz 1.

(5) ¹Auf Antrag des Behinderten stellen die für die Durchführung des Bundesversorgungsgesetzes zuständigen Behörden auf Grund einer Feststellung nach den Absätzen 1, 2, 3 oder 4 einen Ausweis über die Eigenschaft als Schwerbehinderter, den Grad der Behinderung sowie im Falle des Absatzes 4 über weitere gesundheitliche Merkmale aus. ²Der Ausweis dient dem Nachweis für die Inanspruchnahme von Rechten und Nachteilsausgleichen, die Schwerbehinderten nach diesem Gesetz oder nach anderen Vorschriften zustehen. ³Die Gültigkeitsdauer des Ausweises ist zu befristen. ⁴Er ist einzuziehen, sobald der gesetzliche Schutz Schwerbehinderter erloschen ist; im übrigen ist er zu berichtigen, sobald eine Neufeststellung unanfechtbar geworden ist. ⁵Die Bundesregierung wird ermächtigt, durch Rechtsverordnung mit Zustimmung des Bundesrates nähere Vorschriften über die Gestaltung der Ausweise, ihre Gültigkeitsdauer und das Verwaltungsverfahren zu erlassen.

(6) ¹Für die Streitigkeiten über Feststellungen nach den Absätzen 1 und 4 und die Ausstellung, Berichtigung und Einziehung der Ausweise nach Absatz 5 ist der Rechtsweg zu den Gerichten der Sozialgerichtsbarkeit gegeben. ²Soweit das Sozialgerichtsgesetz besondere Vorschriften für die Kriegsopferversorgung enthält, gelten diese auch für Streitigkeiten nach Satz 1.

I. Normzweck

1 Die §§ 1 bis 4 SchwbG grenzen den **vom Schwerbehindertengesetz geschützten Personenkreis** ein und haben als solche Bedeutung für das gesamte arbeits- und sozialrechtliche Schutzsystem des Schwerbehindertenrechts. Die Abgrenzung gilt für alle Fälle und alle Regelungen, in denen auf den Begriff des Schwerbehinderten abgestellt wird. § 1 ist dabei die zentrale Vorschrift, die den Schwerbehinderten iSd. Schwerbehindertengesetzes definiert. § 3 konkretisiert Begriffsmerkmale, auf die in § 1 Bezug genommen wurde, und § 2 führt eine besondere Kategorie der Gleichgestellten ein, auf die alle

Regelungen des Gesetzes bis auf die über den Zusatzurlaub (§ 47) und die unentgeltliche Beförderung Schwerbehinderter im öffentlichen Personennahverkehr anzuwenden sind. § 4 schließlich regelt das Verfahren zur Feststellung der Schwerbehinderteneigenschaft und die Ausstellung des Schwerbehindertenausweises. Aus der Verortung des Schwerbehindertenrechts im Grenzbereich zwischen Arbeits- und Sozialrecht und der Struktur des Gesetzes folgt auch, daß es nicht nur die Teilnahme am Arbeitsleben betrifft.

II. Schwerbehinderter

Die Schwerbehinderteneigenschaft wird in § 1 nur formal umrissen, indem als entscheidendes Begriffsmerkmal die **Behinderung** und im weiteren **der Grad der Behinderung** bezeichnet wird. § 1 grenzt darüber hinaus den **Anwendungsbereich** auch **räumlich** ab, indem grundsätzlich nur Personen mit Wohnsitz, gewöhnlichem Aufenthalt oder Beschäftigungsort im Inland erfaßt werden. 2

§ 1 und damit das gesamte Schwerbehindertengesetz geht vom sog. **Finalprinzip** aus, was bedeutet, daß nicht nach der Art und Ursache der Behinderung gefragt wird (MünchArbR/*Cramer* § 228 Rn. 10). Der Anlaß für die Schwerbehinderung kann ein beliebiger sein. Es kann sich um angeborene Leiden bzw. Beeinträchtigungen handeln, aber auch um solche, die beruflich bedingt oder im privaten Bereich verursacht sind. Schließlich können die Ursache eine Krankheit oder regelwidrige Verschleiß- oder Abnutzungserscheinungen sein. Kein Merkmal der Schwerbehinderteneigenschaft ist auch das Lebensalter (LAG Düsseldorf Kamm. Köln 29. 5. 1980 DB 1980, 1551 f.). Das SchwbG beschränkt seinen Schutzbereich nicht auf die am Arbeitsleben Beteiligten. Auch Jugendliche und Personen, die nach Erreichen der Altersgrenze in den Ruhestand getreten sind, genießen den Schutz des Gesetzes. 3

Zur näheren Konkretisierung des **Begriffs des Schwerbehinderten** verweist § 1 auf die **Definition der Behinderung** in § 3, indem als Schwerbehinderte Personen anzusehen sind mit einem Grad der Behinderung von wenigstens 50. § 3 II konkretisiert dabei den Begriff der Behinderung, indem deutlich gemacht wird, daß es sich um eine Funktionsbeeinträchtigung handeln muß, diese nicht nur vorübergehender Natur sein darf und sie auf einem regelwidrigen körperlichen, geistigen oder seelischen Zustand beruht. Dies bedingt eine medizinische Beurteilung, für die sich Vorgaben ergeben aus der vom Bundesministerium für Arbeit und Sozialordnung herausgegebenen Schrift „Anhaltspunkte für die ärztliche Gutachtertätigkeit im sozialen Entschädigungsrecht und nach dem Schwerbehindertengesetz" (BArbBl. 1984 Heft 1 S. 77). Diese Anhaltspunkte sollen eine gleichmäßige Gutachtertätigkeit und damit eine gleichmäßige Rechtsanwendung sicherstellen; diese Anhaltspunkte unterliegen aber der richterlichen Kontrolle und sind nur so mit der Verfassung vereinbar (BVerfG 6. 3. 1995 NJW 1995, 3049). 4

Die **Funktionsbeeinträchtigung** ist dabei **nicht konkret arbeitsplatzbezogen** zu verstehen. Deshalb muß die Funktionsbeeinträchtigung auch nicht Auswirkungen auf den konkreten Beruf oder das konkrete Erwerbsleben haben. Ein Schwerbehinderter auch mit einem hohen Grad der Behinderung kann in seinem ausgeübten Beruf durchaus voll leistungsfähig sein. Bei der Frage der Regelwidrigkeit nimmt S. 2 des § 3 I eine Klarstellung dahin vor, daß regelwidrig ein Zustand nur ist, wenn er von dem für das Lebensalter typischen abweicht. Dadurch wird sichergestellt, daß nicht normale körperliche Verschleißerscheinungen, die altersbedingt sind, zur Schwerbehinderteneigenschaft führen können. Die Schutzmechanismen des Gesetzes machen es erforderlich, seinen persönlichen Anwendungsbereich zu begrenzen auf Behinderungen, die nicht nur vorübergehender Natur sind. Aus Gründen der Vereinfachung für den Rechtsanwender in der Praxis ist in S. 3 bestimmt, daß als nicht nur vorübergehend ein Zeitraum von mehr als 6 Monaten gilt. Damit fallen Ereignisse wie Herzinfarkte aus dem Anwendungsbereich heraus, wenn sie auch im Augenblick ihres Auftretens und bei der Behandlung Anhaltspunkte geben für eine Einschätzung, daß sich aus ihnen eine dauerhafte Behinderung ergeben kann. 5

Ebenfalls schematisiert ist die **Feststellung des Grades der Behinderung**, die sich ausweislich des § 3 II richtet nach den Auswirkungen der Funktionsbeeinträchtigung (kritisch zur Abstufung in Zehnergraden *Eichberger* br 1997, 145; *Förster* br 1998, 1, die insb. die Kostspieligkeit und Dauer des Feststellungsverfahrens bemängeln und eine Neuregelung fordern). Dazu macht Abs. 1 S. 3 noch deutlich, daß bei mehreren sich gegenseitig beeinflussenden Funktionsbeeinträchtigungen deren Gesamtauswirkung maßgeblich ist. Hilfestellung geben bei der Bemessung des Grades der Behinderung schließlich die im Rahmen des § 30 I BVG festgelegten Maßstäbe, die nach Abs. 3 entsprechend gelten. § 30 I BVG, der nach wie vor von Minderung der Erwerbsfähigkeit und nicht von Grad der Behinderung spricht, macht aber deutlich, daß der Grad der Behinderung (Minderung der Erwerbsfähigkeit) nach der körperlichen und geistigen Beeinträchtigung im allgemeinen Erwerbsleben zu beurteilen ist. Diese Aussage scheint zunächst der Feststellung zu widersprechen, daß die Funktionsbeeinträchtigung nicht arbeitsplatzbezogen zu verstehen sei. Sowohl im Schwerbehindertenrecht als auch im Versorgungsrecht hat aber diese Minderung der Erwerbsfähigkeit (Grad der Behinderung) nicht die Beurteilung der Auswirkungen auf eine konkrete Berufstätigkeit im Auge, sondern geht von einem allgemeinen Maßstab aus. Um einen konkreten und nicht nur am allgemeinen Wohlbefinden ausgerichteten Maßstab zu haben, orientiert § 30 I BVG in S. 2 die Beurteilung daran, um wie viel die 6

Befähigung zur üblichen, auf Erwerb gerichteten Arbeit und deren Ausnutzung im wirtschaftlichen Leben durch die als Folgen einer Schädigung anerkannten Gesundheitsstörungen beeinträchtigt sind. Der Maßstab ist zwar einer des Erwerbslebens, es wird aber nicht nach den Auswirkungen auf die konkrete Berufstätigkeit gefragt. Die S. 3 und 4 des § 30 I BVG decken sich mit Regelungen des § 3, indem sie vorübergehende Gesundheitsstörungen ausschließen und den Zeitraum bei sechs Monaten fixieren. Das Problem eines Verweises auf die Maßstäbe des BVG besteht darin, daß insbes. bei Kindern wegen der begrifflichen Bindung an das Erwerbsleben bestimmte Gesundheitsbeeinträchtigungen nicht als Behinderung anerkannt werden können. Der Umstand, daß § 30 I 5 BVG bestimmt, daß die Minderung der Erwerbsfähigkeit bei Jugendlichen nach dem Grad zu bemessen ist, der sich bei Erwachsenen mit gleicher Gesundheitsstörung ergibt, schafft hier nur begrenzt Abhilfe. § 30 I BVG enthält dann schließlich noch die Aussage, daß für erhebliche äußere Körperschäden Mindestvomhundertsätze festgelegt werden können. Diese Maßstäbe sind von dem hierfür zuständigen BSG in langer Rspr. konkretisiert worden. Die „Anhaltspunkte für die ärztliche Gutachtertätigkeit im sozialen Entschädigungsrecht und nach dem Schwerbehindertengesetz" sind vom BMA auf der Basis dieser Rspr. erstellt worden, soweit es über die Einzelheiten bereits ergangen ist (siehe auch BSG 29. 8. 1980 67, 204; BSG 23. 6. 1993 E 72, 285).

7   § 1 begrenzt die Schwerbehinderteneigenschaft iSd. SchwbG im wesentlichen auf **Inlandssachverhalte** und geht dabei zweigleisig vor. Die Vorschrift folgt der sozialrechtlichen Basisregelung des § 30 SGB I, der ebenfalls auf Wohnsitz und gewöhnlichen Aufenthalt abstellt (Wohnsitzprinzip) und alle Personen unabhängig von ihrer Erwerbstätigkeit erfaßt. Wegen der arbeitsrechtlichen Bedeutung der Vorschriften des SchwbG war es aber erforderlich, weiterhin und alternativ auch auf die Beschäftigung auf einem Arbeitsplatz abzustellen. Auf diese Weise können Personen mit Wohnsitz oder gewöhnlichem Aufenthalt im Ausland aber Beschäftigung im Inland (Problematik der Grenzgänger) ebenso erfaßt werden wie vorübergehende **Auslandstätigkeiten** (Ausstrahlung). Nicht erfaßt sind reine Auslandsarbeitsverhältnisse auch dann, wenn der beteiligte AN Deutscher ist (BAG 30. 4. 1987 NZA 1988, 134).

8   Die **Feststellung** der Schwerbehinderteneigenschaft nach § 4 hat nur **deklaratorische** und keine konstitutive **Wirkung**. Das SchwbG knüpft seine rechtlichen Wirkungen grundsätzlich an die objektiv bestehende Schwerbehinderteneigenschaft an (BAG 10. 12. 1987 NZA 1988, 428, 429; GK-SchwbG/*Dopatka* § 4 Rn. 149).

III. Gleichgestellte

9   § 2 erweitert den geschützten Personenkreis um die **Gleichgestellten.** Der maßgebliche Unterschied besteht hier darin, daß es sich um Personen mit einem geringeren Grad der Behinderung handelt und diese Gleichstellung nur **auf Antrag** erfolgt, hier also nicht von einer objektiv bestehenden Eigenschaft ausgegangen werden kann, deren Vorliegen durch eine nur deklaratorisch wirkende Entscheidung der zuständigen Behörde festgestellt wird. Vielmehr hat hier die Entscheidung **konstitutive** Wirkung und die Voraussetzungen machen deutlich, daß es sich in diesem Fall um eine **arbeitsplatzbezogene** Feststellung handelt. Es ist hier die materielle Schutzbedürftigkeit an Hand der Umstände des Einzelfalles zu prüfen. Anders als bei § 1, wo für die Feststellung der Schwerbehinderteneigenschaft die Versorgungsämter (§ 4) zuständig sind, entscheidet über die Gleichstellung das Arbeitsamt, was angesichts des arbeitsplatzbezogenen Charakters der Entscheidung sinnvoll ist. Der Antragsteller hat insoweit keinen Anspruch auf Gleichstellung, sondern nur auf fehlerfreien Ermessensgebrauch durch das Arbeitsamt.

10 Für die Gleichstellung ist entscheidend, daß der geringer Behinderte nicht in der Weise wie der nach § 1 Schwerbehinderte allgemein gefördert werden soll, sondern Ziel ist es, zu verhindern, daß ihn am **konkreten Arbeitsplatz** oder bei der **Erlangung eines Arbeitsplatzes** durch seine Behinderung **Nachteile** treffen. Es muß ernsthaft zu erwarten sein, daß der Behinderte wegen der Behinderung Schwierigkeiten bei der Erlangung eines Arbeitsplatzes hat oder seinen Arbeitsplatz verliert. Ist mit solchen Nachteilen nicht zu rechnen, wie etwa bei Lebenszeitbeamten oder unkündbaren Angestellten, ist die Voraussetzung für eine Gleichstellung nicht gegeben (OVG Münster 30. 7. 1957 AP SchwBeschG § 2 Nr. 2).

11 Die Gleichstellung wird **wirksam** mit dem **Tag der Antragstellung** (§ 2 I 2). Mit diesem Zeitpunkt hat er alle Rechte nach dem Schwerbehindertengesetz mit Ausnahme des Zusatzurlaubs nach § 47 und der unentgeltlichen Beförderung Schwerbehinderter im öffentlichen Personennahverkehr nach §§ 59 ff.

IV. Feststellung der Behinderung und Ausweis

12 **Zuständig für die Feststellung** der Schwerbehinderteneigenschaft nach § 1 sind nach § 4 grundsätzlich die **Versorgungsämter.** Sie stellen dabei sowohl die Behinderung als solche als auch den Grad der Behinderung fest. Die Vorschrift sieht eine Reihe von Verwaltungsvereinfachungen vor. Zum einen wird hier allgemein auf das Gesetz über das Verwaltungsverfahren der Kriegsopferversorgung verwie-

sen, was bedeutet, daß die Feststellungen nach § 4 den gleichen Regeln folgen wie die nach §§ 1 und 30 BVG. Ist eine Feststellung über das Vorliegen einer Behinderung bereits in einem Rentenbescheid oder sonst wie durch zuständige Behörden erfolgt, bedarf es eines Verfahrens nach § 4 nicht (§ 4 II). Auf diese Weise werden dem Behinderten zusätzliche Untersuchungen und Begutachtungen erspart. Zu denken ist neben Entscheidungen des Trägers der gesetzlichen Rentenversicherung auch an solche der Träger der gesetzlichen Unfallversicherung und der Sozialämter sowie Gesundheitsämter. In Anknüpfung an § 3 I 3 sieht § 4 III eine Gesamtbewertung bei Vorliegen mehrerer Funktionsbeeinträchtigungen vor. Im Falle des § 4 II erfolgt gleichwohl eine Feststellung nach Abs. 1, wenn der Behinderte ein Interesse an einer anderweitigen Feststellung geltend macht, was der Fall sein kann, wenn sich nach den Kategorien des SchwbG ein höherer Grad der Behinderung ergibt. Im Falle des Abs. 3 andererseits gilt grds. das Verfahren nach Abs. 1, es sei denn, in einem Verfahren nach Abs. 2 ist schon eine Gesamtbeurteilung getroffen worden.

Für **einzelne Leistungen** nach dem SchwbG sind neben der Feststellung des Grades der Behinderung **weitere Feststellungen** über bestimmte gesundheitliche Merkmale erforderlich. Zu verweisen ist hier etwa auf § 59 I, der besondere Leistungen im Rahmen der unentgeltlichen Beförderung Schwerbehinderter im öffentlichen Personennahverkehr für bestimmte Arten von Behinderungen vorsieht. 13

Auf Antrag ist dem Schwerbehinderten ein **Ausweis** über seine **Schwerbehinderteneigenschaft** auszustellen. Dieser Ausweis ermöglicht es ihm, eine Reihe von Leistungen nach dem Gesetz in Anspruch zu nehmen, die an die Vorlage einer Legitimation geknüpft sind oder geknüpft zu werden pflegen. Gleiches gilt für Leistungen oder Vergünstigungen nach anderen Rechtsgrundlagen, die an die Schwerbehinderteneigenschaft geknüpft sind. Das Nähere regelt eine spezielle Ausweis-Verordnung, die auf der Rechtsgrundlage des § 4 V 4 erlassen worden ist (Vierte Verordnung zur Durchführung des Schwerbehindertengesetzes – Ausweisverordnung Schwerbehindertengesetz – SchwbAwV vom 25. 7. 1991 BGBl. I S. 1739). 14

Die Schwerbehinderteneigenschaft kann in Fortfall kommen, wenn die nach § 1 zu stellenden Voraussetzungen später wegfallen (vgl. § 38). Der Widerruf hat dann im Rahmen des Verfahrens nach § 4 zu erfolgen. 15

Zweiter Abschnitt. Beschäftigungspflicht der Arbeitgeber

§ 5 Umfang der Beschäftigungspflicht

(1) Private Arbeitgeber und Arbeitgeber der öffentlichen Hand (Arbeitgeber), die über mindestens 16 Arbeitsplätze im Sinne des § 7 Abs. 1 verfügen, haben auf wenigstens 6 vom Hundert der Arbeitsplätze Schwerbehinderte zu beschäftigen.

(2) Die Bundesregierung wird ermächtigt, den Pflichtsatz nach Absatz 1 durch Rechtsverordnung mit Zustimmung des Bundesrates nach dem jeweiligen Bedarf an Pflichtplätzen für Schwerbehinderte zu ändern, jedoch auf höchstens 10 vom Hundert zu erhöhen oder bis auf 4 vom Hundert herabzusetzen; dabei kann der Pflichtsatz für Arbeitgeber der öffentlichen Hand höher festgesetzt werden als für private Arbeitgeber.

(3) Als Arbeitgeber der öffentlichen Hand im Sinne des Absatzes 1 gelten
1. jede oberste Bundesbehörde mit ihren nachgeordneten Dienststellen, das Bundespräsidialamt, die Verwaltungen des Deutschen Bundestages und Bundesrates, das Bundesverfassungsgericht, die obersten Gerichtshöfe des Bundes, der Bundesgerichtshof jedoch zusammengefaßt mit dem Generalbundesanwalt, sowie das Bundeseisenbahnvermögen,
2. jede oberste Landesbehörde und die Staats- und Präsidialkanzleien mit ihren nachgeordneten Dienststellen, die Verwaltungen der Landtage, die Rechnungshöfe (Rechnungskammern), die Organe der Verfassungsgerichtsbarkeit der Länder und jede sonstige Landesbehörde, zusammengefaßt jedoch diejenigen Behörden, die eine gemeinsame Personalverwaltung haben,
3. jede sonstige Gebietskörperschaft und jeder Verband von Gebietskörperschaften,
4. jede sonstige Körperschaft, Anstalt oder Stiftung des öffentlichen Rechts.

§ 6 Beschäftigung besonderer Gruppen Schwerbehinderter

(1) Arbeitgeber haben im Rahmen der Erfüllung der Beschäftigungspflicht in angemessenem Umfang zu beschäftigen
1. Schwerbehinderte, die nach Art oder Schwere ihrer Behinderung im Arbeits- und Berufsleben besonders betroffen sind, insbesondere solche,
   a) die zur Ausübung der Beschäftigung wegen ihrer Behinderung nicht nur vorübergehend einer besonderen Hilfskraft bedürfen oder

b) deren Beschäftigung infolge ihrer Behinderung nicht nur vorübergehend mit außergewöhnlichen Aufwendungen für den Arbeitgeber verbunden ist oder
c) die infolge ihrer Behinderung nicht nur vorübergehend offensichtlich nur eine wesentlich verminderte Arbeitsleistung erbringen können oder
d) bei denen ein Grad der Behinderung von wenigstens 50 allein infolge geistiger oder seelischer Behinderung oder eines Anfallsleidens vorliegt oder
e) die wegen der Art oder Schwere der Behinderung keine abgeschlossene Berufsbildung im Sinne des Berufsbildungsgesetzes haben,
2. Schwerbehinderte, die das 50. Lebensjahr vollendet haben.

(2) Arbeitgeber, die über Stellen zur beruflichen Bildung, insbesondere für Auszubildende, verfügen, haben im Rahmen der Erfüllung der Beschäftigungspflicht einen angemessenen Anteil dieser Stellen mit Schwerbehinderten zu besetzen.

§ 7 Begriff des Arbeitsplatzes

(1) Arbeitsplätze im Sinne dieses Gesetzes sind alle Stellen, auf denen Arbeiter, Angestellte, Beamte, Richter sowie Auszubildende und andere zu ihrer beruflichen Bildung Eingestellte beschäftigt werden.

(2) Als Arbeitsplätze gelten nicht die Stellen, auf denen beschäftigt werden
1. Behinderte, die an Maßnahmen zur Rehabilitation in Betrieben oder Dienststellen teilnehmen, einschließlich Behinderter im Arbeitstrainings- und Arbeitsbereich von Werkstätten (§ 54),
2. Personen, deren Beschäftigung nicht in erster Linie ihrem Erwerb dient, sondern vorwiegend durch Beweggründe karitativer oder religiöser Art bestimmt ist, und Geistliche öffentlich-rechtlicher Religionsgesellschaften,
3. Personen, deren Beschäftigung nicht in erster Linie ihrem Erwerb dient und die vorwiegend zu ihrer Heilung, Wiedereingewöhnung oder Erziehung beschäftigt werden,
4. Teilnehmer an Arbeitsbeschaffungsmaßnahmen und Strukturanpassungsmaßnahmen nach dem Dritten Buch Sozialgesetzbuch,
5. Personen, die nach ständiger Übung in ihre Stellen gewählt werden,
6. Personen, die nach § 19 des Bundessozialhilfegesetzes in Arbeitsverhältnissen beschäftigt werden.

(3) Als Arbeitsplätze gelten ferner nicht Stellen, die nach der Natur der Arbeit oder nach den zwischen den Parteien getroffenen Vereinbarungen nur auf die Dauer von höchstens 8 Wochen besetzt sind, Stellen, auf denen Arbeitnehmer weniger als 18 Stunden wöchentlich, sowie Stellen, auf denen Personen beschäftigt werden, die einen Rechtsanspruch auf Einstellung haben.

§ 8 Berechnung der Mindestzahl von Arbeitsplätzen und der Pflichtplatzzahl

[1] Bei der Berechnung der Mindestzahl von Arbeitsplätzen und der Zahl der Pflichtplätze nach § 5 zählen bis zum 31. Dezember 2000 Stellen, auf denen Auszubildende beschäftigt werden, nicht mit. [2] Bei der Berechnung sich ergebende Bruchteile von 0,50 und mehr sind aufzurunden.

§ 9 Anrechnung auf Pflichtplätze

(1) [1] Ein Schwerbehinderter, der auf einem Arbeitsplatz im Sinne des § 7 Abs. 1 beschäftigt wird, wird auf einen Pflichtplatz angerechnet. [2] Das gleiche gilt für einen Schwerbehinderten auf einer Stelle im Sinne des § 7 Abs. 2 Nr. 1, 4 oder 6.

(2) [1] Ein teilzeitbeschäftigter Schwerbehinderter, der kürzer als betriebsüblich, aber nicht weniger als 18 Stunden wöchentlich beschäftigt wird, wird auf einen Pflichtplatz angerechnet. [2] Wird ein Schwerbehinderter weniger als 18 Stunden wöchentlich beschäftigt, hat das Arbeitsamt die Anrechnung auf einen Pflichtplatz zuzulassen, wenn die kürzere Arbeitszeit wegen Art oder Schwere der Behinderung notwendig ist.

(3) Ein schwerbehinderter Arbeitgeber wird auf einen Pflichtplatz angerechnet.

(4) Der Inhaber eines Bergmannsversorgungsscheins wird, auch wenn er nicht Schwerbehinderter im Sinne des § 1 ist, auf einen Pflichtplatz angerechnet.

§ 10 Mehrfachanrechnung

(1) [1] Das Arbeitsamt kann die Anrechnung eines Schwerbehinderten, besonders eines Schwerbehinderten im Sinne des § 6 Abs. 1, auf mehr als einen Pflichtplatz, höchstens 3 Pflichtplätze, zulassen, wenn dessen Eingliederung in das Arbeits- oder Berufsleben auf besondere Schwierigkeiten stößt. [2] Satz 1 gilt auch für teilzeitbeschäftigte Schwerbehinderte im Sinne des § 9 Abs. 2.

(2) ¹ Ein Schwerbehinderter, der zur Ausbildung beschäftigt wird, wird bis zum 31. Dezember 2000 auf 2 Pflichtplätze angerechnet. ² Das Arbeitsamt kann die bis zum 31. Dezember 2000 befristete Anrechnung auf 3 Pflichtplätze zulassen, wenn die Vermittlung in eine berufliche Ausbildungsstelle wegen Art oder Schwere der Behinderung auf besondere Schwierigkeiten stößt.

(3) Bescheide über die Anrechnung eines Schwerbehinderten auf mehr als 3 Pflichtplätze, die vor dem 1. August 1986 erlassen worden sind, gelten fort.

§ 11 Ausgleichsabgabe

(1) ¹ Solange Arbeitgeber die vorgeschriebene Zahl Schwerbehinderter nicht beschäftigen, haben sie für jeden unbesetzten Pflichtplatz monatlich eine Ausgleichsabgabe zu entrichten. ² Die Zahlung der Ausgleichsabgabe hebt die Pflicht zur Beschäftigung Schwerbehinderter nicht auf.

(2) ¹ Die Ausgleichsabgabe beträgt je Monat und unbesetzten Pflichtplatz 200 Deutsche Mark. ² Sie ist vom Arbeitgeber jährlich zugleich mit der Erstattung der Anzeige nach § 13 Abs. 2 an die für seinen Sitz zuständige Hauptfürsorgestelle abzuführen. ³ Ist ein Arbeitgeber mehr als 3 Monate im Rückstand, erläßt die Hauptfürsorgestelle einen Feststellungsbescheid über die rückständigen Beträge und betreibt die Einziehung. ⁴ Für rückständige Beträge der Ausgleichsabgabe erhebt die Hauptfürsorgestelle nach dem 31. März Säumniszuschläge nach Maßgabe des § 24 des Vierten Buches Sozialgesetzbuch; für ihre Verwendung gilt Absatz 3 entsprechend. ⁵ Widerspruch und Anfechtungsklage gegen den Feststellungsbescheid haben keine aufschiebende Wirkung. ⁶ Gegenüber privaten Arbeitgebern ist die Zwangsvollstreckung nach den Vorschriften über das Verwaltungszwangsverfahren durchzuführen. ⁷ Bei Arbeitgebern der öffentlichen Hand hat sich die Hauptfürsorgestelle an die Aufsichtsbehörde zu wenden, gegen deren Entscheidung sie die Entscheidung der obersten Bundes- oder Landesbehörde anrufen kann. ⁸ Nachforderungen und Erstattungen von Ausgleichsabgabe sind nach Ablauf des Kalenderjahres, das auf den Eingang der Anzeige beim Arbeitsamt folgt, ausgeschlossen.

(3) ¹ Die Ausgleichsabgabe darf nur für Zwecke der Arbeits- und Berufsförderung Schwerbehinderter sowie für Leistungen zur begleitenden Hilfe im Arbeits- und Berufsleben (§ 31 Abs. 1 Nr. 3) verwendet werden, soweit Mittel für denselben Zweck nicht von anderer Seite zu gewähren sind oder gewährt werden. ² Aus dem Aufkommen an Ausgleichsabgabe dürfen persönliche und sächliche Kosten der Verwaltung und Kosten des Verfahrens nicht bestritten werden. ³ Die Bundesregierung wird ermächtigt, durch Rechtsverordnung mit Zustimmung des Bundesrates nähere Vorschriften über die Verwendung der Ausgleichsabgabe zu erlassen; § 12 Abs. 2 bleibt unberührt. ⁴ Die Hauptfürsorgestelle hat dem Beratenden Ausschuß für Behinderte bei der Hauptfürsorgestelle (§ 32) auf dessen Verlangen eine Übersicht über die Verwendung der Ausgleichsabgabe zu geben.

(4) ¹ Die Hauptfürsorgestellen haben 45 vom Hundert des Aufkommens an Ausgleichsabgabe an den Ausgleichsfonds (§ 12) weiterzuleiten, der der Bundesanstalt für Arbeit hiervon 50 vom Hundert zur besonderen Förderung Schwerbehinderter nach § 33 Abs. 1 Nr. 3 zuweist, soweit nicht ein anderer Anteil erforderlich ist. ² Zwischen den Hauptfürsorgestellen wird ein Ausgleich herbeigeführt. ³ Der auf die einzelne Hauptfürsorgestelle entfallende Anteil am Aufkommen an Ausgleichsabgabe bemißt sich nach dem Mittelwert aus dem Verhältnis der Wohnbevölkerung im Zuständigkeitsbereich der Hauptfürsorgestelle zur Wohnbevölkerung im Geltungsbereich dieses Gesetzes und dem Verhältnis der Zahl der im Zuständigkeitsbereich der Hauptfürsorgestelle in den Betrieben und Dienststellen beschäftigungspflichtiger Arbeitgeber auf Arbeitsplätzen im Sinne des § 7 Abs. 1 beschäftigten und der bei den Arbeitsämtern arbeitslos gemeldeten Schwerbehinderten und Gleichgestellten zur entsprechenden Zahl der Schwerbehinderten und Gleichgestellten im Geltungsbereich dieses Gesetzes.

(5) ¹ Die bei den Hauptfürsorgestellen verbleibenden Mittel der Ausgleichsabgabe sind von diesen gesondert zu verwalten. ² Die Rechnungslegung und die formelle Einrichtung der Rechnungen und Belege regeln sich nach den Bestimmungen, die für diese Stellen allgemein maßgebend sind.

(6) Bei Arbeitgebern, die über weniger als 30 Arbeitsplätze verfügen, kann die Bundesregierung durch Rechtsverordnung mit Zustimmung des Bundesrates die Ausgleichsabgabe für einen bestimmten Zeitraum allgemein oder für einzelne Landesarbeitsamtsbezirke herabsetzen oder erlassen, wenn die Zahl der unbesetzten Pflichtplätze die Zahl der unterzubringenden Schwerbehinderten so erheblich übersteigt, daß die Pflichtplätze dieser Arbeitgeber nicht in Anspruch genommen zu werden brauchen.

(7) Für die Verpflichtung, eine Ausgleichsabgabe zu entrichten (Absatz 1), gelten hinsichtlich der in § 5 Abs. 3 Nr. 1 genannten Stellen der Bund und hinsichtlich der in § 5 Abs. 3 Nr. 2 genannten Stellen das Land als ein Arbeitgeber.

§ 12 Ausgleichsfonds

(1) ¹Zur besonderen Förderung der Einstellung und Beschäftigung Schwerbehinderter auf Arbeitsplätzen im Sinne des § 7 Abs. 1 und zur Förderung von Einrichtungen und Maßnahmen, die den Interessen mehrerer Länder auf dem Gebiet der Arbeits- und Berufsförderung Schwerbehinderter dienen, wird mit dem Tage des Inkrafttretens dieses Gesetzes beim Bundesminister für Arbeit und Sozialordnung als zweckgebundene Vermögensmasse ein „Ausgleichsfonds für überregionale Maßnahmen zur Eingliederung Schwerbehinderter in Arbeit, Beruf und Gesellschaft" gebildet. ²Der Bundesminister für Arbeit und Sozialordnung verwaltet den Ausgleichsfonds.

(2) Die Bundesregierung wird ermächtigt, durch Rechtsverordnung mit Zustimmung des Bundesrates Vorschriften über die Gestaltung des Ausgleichsfonds, die Verwendung der Mittel und das Vergabe- und Verwaltungsverfahren zu erlassen.

I. Normzweck

1   Die Vorschriften des Zweiten Abschnitts regeln die wesentlichen **Instrumentarien**, mit denen das SchwbG die **berufliche Integration Schwerbehinderter** erreichen will. Kern des Instrumentariums ist die **Beschäftigungspflicht**, die sowohl privaten als auch öffentlichen AG auferlegt ist. Da diese Beschäftigungspflicht den AG zusätzliche Belastungen auferlegt, findet sie erst bei einer bestimmten Mindestgröße des Unternehmens des AG Anwendung, die nach der Zahl der Arbeitsplätze bemessen wird (§ 5). Die Regelungen des Abschnitts sind sehr differenziert ausgestaltet und versuchen, nicht nur allgemein für die berufliche Eingliederung Schwerbehinderter zu sorgen, sondern sehen besondere Regelungen und Förderungen für bestimmte Gruppen Schwerbehinderter vor, deren Probleme bei der beruflichen Integration als typischerweise besonders schwerwiegend angesehen werden (§ 6).

2   Dieses Instrumentarium der Beschäftigungspflicht setzt **nicht** bei einem **arbeitsrechtlichen Einstellungsanspruch** eines Schwerbehinderten gegen den AG an, sondern will den AG durch ein **System von Anreizen und Sanktionen** zur Einstellung Schwerbehinderter veranlassen. Deshalb konkretisieren §§ 7 und 8 die Bestimmung der maßgeblichen Arbeitsplätze und klammern solche aus, die besonderen Zwecken dienen und deren Anrechnung angesichts des Ziels des SchwbG oder eines anderen Gesetzes nicht sachgemäß ist. Das System von Sanktionen und Anreizen besteht darin, daß bei Nichtbesetzung von Pflichtplätzen eine Ausgleichsabgabe zu entrichten ist. Beschäftigte Schwerbehinderte werden angerechnet (§ 9), wobei auch ein System von Mehrfachanrechnungen vorgesehen ist (§ 10), um besonderen Schwierigkeiten bei der Eingliederung Rechnung zu tragen. § 11 schließlich regelt die Einzelheiten der Ausgleichsabgabe und § 12 ist Rechtsgrundlage für den Ausgleichsfonds, in den die Ausgleichsabgabe fließt, die in einer bestimmten Zweckrichtung zu verwenden ist.

3   Mit dieser Beschäftigungspflicht ist das Arbeitsleben unmittelbar angesprochen, was für das SchwbG nicht in allen seinen Teilen zutrifft. Über den Bereich des klassischen Arbeitsrechts geht aber auch diese Regelung hinaus, da sich die Beschäftigungspflicht nicht auf Arbeitsplätze für Arbeiter und Angestellte beschränkt sondern auch **Arbeitsplätze für Beamte und Richter aber auch Auszubildende** einbezieht.

II. Beschäftigungspflicht

4   § 5 sieht **keine Beschäftigungspflicht im Sinne eines Einstellungsanspruches** vor, sondern arbeitet mit einem Quotensystem und Sanktionen. Die Beschäftigungspflicht ist damit eine öffentlich-rechtliche, die der Staat durch das System von Quoten und Abgaben erzwingen oder zumindest veranlassen kann. Dieses **Quoten- und Anreizsystem** ist vom BVerfG als verfassungsmäßig angesehen worden, wobei eine zentrale Rolle spielte, daß ein solcher Ansatz geeignet ist, die berufliche Eingliederung Schwerbehinderter zu fördern, die statistisch belegbar besondere Schwierigkeiten auf dem Arbeitsmarkt haben (BVerfG 26. 5. 1981 AP SchwbG § 4 Nr. 1 = NJW 1981, 2107).

5   **Beschäftigungspflichtig ist jeder AG**, gleichgültig ob ein solcher der öffentlichen Hand oder ein privater AG. Der AG als solcher wird auch nicht besonders definiert. Maßgeblich ist allein, daß er über Arbeitsplätze iSd. § 7 I verfügt. Die Verpflichtung des AG besteht darin, mit AN, die bestimmte Voraussetzungen erfüllen, Arbeitsverträge zu den üblichen Bedingungen zu schließen. Dieser Verpflichtung kann der AG nicht entgegenhalten, nicht über genügend Arbeitsplätze für Schwerbehinderte zu verfügen. Das Quoten- und Anreizsystem veranlaßt ihn vielmehr dazu, seinen **Betrieb so einzurichten**, daß er in ausreichendem Maße Schwerbehinderte beschäftigen kann.

6   Die Beschäftigungspflicht des AG ist davon abhängig, daß er über **mindestens 16 Arbeitsplätze** verfügt. Der Umfang der Beschäftigungspflicht bemißt sich dann in einem Prozentsatz (6 vH) der Zahl der vorhandenen Arbeitsplätze. Während aber die Grenze für die Beschäftigungspflicht durch das Gesetz fixiert ist, läßt § 5 für den Umfang der Beschäftigungspflicht Modifikationen durch Rechtsverordnung zu. Ob ein AG überhaupt von der Beschäftigungspflicht erfaßt ist, soll eindeutig klar und vorhersehbar sein, während hinsichtlich des Umfanges eine Flexibilität deshalb angestrebt

wird, weil man in der Lage sein will, auf die Arbeitsmarktlage für Schwerbehinderte reagieren zu können.

Die detaillierte Regelung des Absatzes 3 erklärt sich aus dem Umstand, daß es für die **AG der** 7 **öffentlichen Hand** einer Festlegung bedarf, welche organisatorische Einheit für die Bestimmung der Beschäftigungspflicht dem Grunde und dem Umfang nach maßgebend ist.

III. Beschäftigung besonderer Gruppen Schwerbehinderter

§ 6 schafft innerhalb der nach § 1 Schwerbehinderten und der ihnen nach § 2 Gleichgestellten eine 8 **besondere Kategorie** derjenigen Schwerbehinderten, die entweder aufgrund ihres Alters oder aufgrund von Art und **Schwere der Behinderung in besonderem Maße Schwierigkeiten** im Arbeits- und Berufsleben haben. § 6 bringt zum Ausdruck, daß dieser Personenkreis in angemessenem Umfang zu berücksichtigen ist, was in der Rechtsanwendung angesichts der eher unbestimmten Aussage Schwierigkeiten bereitet. Der Gesetzgeber sah sich aber außerstande, auch hier mit einem Quotensystem zu arbeiten, da dies einerseits bei Kleinbetrieben dazu führen könnte, daß sie trotz bestehender Möglichkeit einer Beschäftigung Schwerstbehinderter sich dieser angesichts der geringen Zahl der Arbeitsplätze erfolgreich entziehen können. Zum anderen muß berücksichtigt werden, daß es einem AG angesichts der Besonderheiten der bei ihm zu verrichtenden Tätigkeiten leichter fallen mag als einem anderen AG, den besonderen Bedürfnissen einer bestimmten Gruppe **Schwerstbehinderter** Rechnung zu tragen. Allerdings besteht ein gewisser Anreiz durch die Möglichkeit der Mehrfachanrechnung nach § 10.

Die in Abs. 1 Nr. 1 erfolgende Aufzählung der Schwerstbehinderten ist **keine abschließende Re-** 9 **gelung,** wie das Wort „insbesondere" deutlich macht. Es sind jedoch die typischen Fälle benannt, in denen besondere Schwierigkeiten bestehen und zugleich der AG geneigt sein kann, die Beschäftigung dieses Personenkreises zu vermeiden. Diese Schwerstbehinderung muß dauerhaft sein. Sie ist im Sinne dieser Vorschrift „nicht nur vorübergehend", wenn sie einen Zeitraum von 6 Monaten überschreitet (§ 3 I 3).

IV. Begriff des Arbeitsplatzes

Für den Begriff des Arbeitsplatzes ist auch im Schwerbehindertenrecht grundsätzlich auf die **all-** 10 **gemeine arbeitsrechtliche Begriffsbestimmung** Bezug zu nehmen. Danach ist der Arbeitsplatz sowohl räumlich als auch funktional zu verstehen (BAG 30. 11. 1983 AP TVG § 1 Tarifverträge: Metallindustrie Nr. 20). Abs. 1 des § 7 ergänzt dies für die Bedürfnisse des SchwbG um einen **technischen Begriff des Arbeitsplatzes.** Immer dann, wenn das SchwbG auf den Begriff des Arbeitsplatzes Bezug nimmt, ist grundsätzlich die Begriffsbestimmung des § 7 heranzuziehen. Dies bringen die §§ 2, 5, 9 I 1 und 33 I Nr. 3 durch eine ausdrückliche Bezugnahme zum Ausdruck. In anderen Fällen – etwa bei § 14 – ist durch Auslegung zu ermitteln, ob die Begriffsbestimmung des § 7 maßgeblich ist oder nicht.

Für den technischen Begriff des Arbeitsplatzes nach § 7 kommt es nicht darauf an, ob der Arbeits- 11 platz von einem **Arbeiter,** einem **Angestellten,** einem **Beamten** oder einem **Richter** besetzt ist. Es muß sich lediglich um einen abhängig Beschäftigten handeln. Nicht maßgeblich ist auch, ob es sich um einen ständigen oder einen nur vorübergehend besetzten Arbeitsplatz handelt. Dies wird auch durch Abs. 3 deutlich gemacht, der nur kurzzeitig besetzte Stellen ausdrücklich ausschließt, wobei sowohl auf die kurzzeitige Beschäftigung nach § 118 III SGB III (weniger als 18 Stunden wöchentlich) als auch auf den Fall einer vereinbarten Befristung von 8 Wochen Bezug genommen wird.

Dies führt im Ergebnis zu einer **schwankenden Zahl der für die Beschäftigungspflicht zu berück-** 12 **sichtigenden Arbeitsplätze.** Die Beschäftigungspflicht ist deshalb jeweils auf der Basis der Stichtage zu berechnen, die sich aus § 13 ergeben. Ist aber ein Arbeitsplatz infolge Krankheit, Erholungsurlaub oder sonstige Beurlaubung nicht besetzt, so zählt er gleichwohl (vgl. auch v. *Hoyningen-Huene* NJW 1981, 721). Maßgeblich ist die Zahl der Beschäftigten, nicht die der räumlichen Arbeitsplätze, so daß für jeden Teilzeitbeschäftigten ein Arbeitsplatz iSv. § 7 in Ansatz zu bringen ist. Dasselbe gilt für Arbeitsplätze, die im Schichtwechsel nacheinander durch verschiedene Personen genommen werden.

Abs. 2 klammert ausdrücklich bestimmte **Stellen** aus, die **nicht** als **Arbeitsplätze iSd. SchwbG** 13 gelten. Der Katalog des Abs. 2 folgt keinem einheitlichen Gedanken, sondern läßt sich grob in drei Gruppen unterteilen; zum einen sollen Stellen nicht gerechnet werden, deren Einrichtung einem besonderen sozialpolitischen Zweck dient. So würde die Bereitschaft der AG zur Einrichtung von Stellen für Behinderte, die an Maßnahmen der Rehabilitation teilnehmen (Nr. 1), beeinträchtigt, wenn sie für die Berechnung der Pflichtzahl herangezogen würden. Gleiches gilt für die Fälle der Nr. 3, 4 und 6. Ebenfalls ausgeklammert werden sollen Stellen, auf denen Personen beschäftigt sind, deren Beschäftigung nicht in erster Linie ihrem Erwerb dient, sondern vorwiegend durch Beweggründe karitativer oder religiöser Art bestimmt ist; wegen der besonderen Motivation ihrer Tätigkeit sind auch Geistliche öffentlich-rechtlicher Religionsgesellschaften ausgenommen (Nr. 2). Zu dieser zweiten Gruppe gehören etwa Diakonissen und Rote-Kreuz-Schwestern, nicht aber Krankenschwestern und Pfleger im normalen Anstellungsverhältnis. Bei Personen, die nach ständiger Übung in ihre Stellen gewählt werden, kann angesichts der besonderen Natur dieser Positionen bei der Wahl nicht immer auf die Schwerbehinderteneigenschaft Rücksicht genommen werden, so daß auch sie ausgenommen sind (Nr. 5). Es handelt sich hier neben Wahlbeamten auch um Funktionen in Vereinen und Verbänden des Privatrechts, in politischen Parteien etc.

14 § 7 II Nr. 4 bezieht sich seit **1. 1. 1998** allgemein auf Teilnehmer an Arbeitsbeschaffungsmaßnahmen und Strukturanpassungsmaßnahmen nach dem Dritten Buch Sozialgesetzbuch. Dies stellt eine Anpassung an die Diktion des **SGB III** dar.

15 **Ausgenommen** sind auch solche **Stellen, auf denen Personen beschäftigt sind, die einen Rechtsanspruch auf Einstellung haben.** Dies betrifft insbesondere Referendare, Ärzte im Praktikum. Damit wird dem Umstand Rechnung getragen, daß diese Stellen aus besonderen Gründen – wie etwa Ausbildung – eingerichtet werden. Wegen dieses Gesetzeszwecks fallen nicht unter Abs. 3 die Einstellungsansprüche nach § 78 a BetrVG und § 9 BPersVG (unklar *Neumann/Pahlen* § 7 Rn. 60).

V. Berechnung der Mindestzahl von Arbeitsplätzen und der Pflichtplatzzahl

16 Um die Neigung der AG, Ausbildungsplätze bereitzustellen, nicht zu beeinträchtigen, zählen nach § 8 bei der **Berechnung der Pflichtzahl** bis zum 31. 12. 2000 Stellen nicht mit, auf denen **Auszubildende** beschäftigt werden. Die Befristung begründet sich aus der Erwartung, daß bis zu diesem Zeitpunkt die Situation bei den Ausbildungsplätzen sich gebessert hat. Sollte dies nicht der Fall sein, dürfte die Frist wohl erneut verlängert werden. S. 2 der Vorschrift sieht eine Einzelheit zur Berechnung vor.

VI. Anrechnung auf Pflichtplätze

17 Mit der Berechnung der beim jeweiligen AG vorhandenen Arbeitsplätze iSv. § 7 I korrespondiert die Bestimmung der Zahl der dort tatsächlich beschäftigten Schwerbehinderten. Hier ist es denkbar, alle beim AG gleich auf welchen Arbeitsplätzen beschäftigten Schwerbehinderten anzurechnen. Diesen Weg geht das SchwbG in § 9 nicht, sondern beschränkt die **Anrechnung auf die Arbeitsplätze iSd. § 7 I sowie § 7 II Nr. 1, 4 und 6.** Das bedeutet, daß die Beschäftigung von Schwerbehinderten im karitativen und religiösen Bereich, zur Heilung, Wiedereingliederung oder Erziehung sowie aufgrund einer Wahl nicht anrechenbar ist. In diesen Fällen ist es konsequent, daß sie sowohl bei der Berechnung der maßgeblichen Arbeitsplätze als auch bei der Berechnung der vorhandenen und besetzten Pflichtplätze nicht angerechnet werden. Mit den Arbeitsplätzen nach § 7 II Nr. 1, 4 und 6 hingegen werden entweder identische oder sozialpolitisch vergleichbare Ziele verfolgt, was dann eine Anrechnung rechtfertigt.

18 Für **teilzeitbeschäftigte Schwerbehinderte** sieht § 9 II eine Regelung vor, die von der des § 7 I abweicht. Dadurch soll vermieden werden, daß ein AG durch eine vermehrte Beschäftigung teilzeitbeschäftigter Schwerbehinderter die Pflichtquote leichter erfüllen kann. Deshalb muß der Schwerbehinderte mindestens 18 Stunden wöchentlich beschäftigt werden; eine Abweichung davon kommt nur in Betracht, wenn eine kürzere Beschäftigung wegen der Art und Schwere der Behinderung erforderlich ist.

19 Angerechnet wird auch ein schwerbehinderter AG. Für Inhaber eines **Bergmannsversorgungsscheins** gilt entsprechendes auch dann, wenn sie nicht Schwerbehinderte iSd. § 1 sind.

VII. Mehrfachanrechnung

20 Zur Erleichterung der Beschäftigung Schwerbehinderter sieht § 10 vor, daß eine **Anrechnung auch auf mehr als einen Pflichtplatz** erfolgen kann. Diese Mehrfachanrechnung geschieht aber nicht generell, sondern liegt im Ermessen des Arbeitsamtes. So kann insb. den Schwierigkeiten Schwerstbehinderter Rechnung getragen werden. Durch S. 2 des Abs. 1 wird deutlich gemacht, daß sogar ein teilzeitbeschäftigter Schwerbehinderter auf mehrere Pflichtplätze angerechnet werden kann.

21 Zur Erleichterung des beruflichen Einstiegs für Schwerbehinderte sieht § 10 II 1 eine generelle – wenn auch bis zum 31. 12. 2000 befristete – Anrechnung von Schwerbehinderten, die zur **Ausbildung** beschäftigt sind, auf **2 Pflichtplätze** vor. Eine Anrechnung auf **3 Pflichtplätze** ist bis zu diesem Zeitpunkt aufgrund einer Ermessensentscheidung des Arbeitsamtes möglich, wenn die Vermittlung in eine berufliche Ausbildungsstelle wegen Art oder Schwere der Behinderung auf besondere Schwierigkeiten stößt.

VIII. Ausgleichsabgabe

22 Bestandteil des Systems von Anreizen und Sanktionen zur Beschäftigung Schwerbehinderter ist die Ausgleichsabgabe (§ 11). Es handelt sich hier um die **gesetzliche Folge der Nichterfüllung der Beschäftigungspflicht**, nicht aber um einen Ersatz für die Erfüllung. Deshalb hebt, wie § 11 I 2 deutlich macht, die Zahlung der Ausgleichsabgabe die Beschäftigungspflicht nicht auf.

Bei der Ausgleichsabgabe handelt es sich um eine **Sonderabgabe**. Mit Sonderabgaben darf der Staat 23
in sich homogene Gruppen belasten, die entweder für die Finanzierung einer besonderen Aufgabe eine
besondere, deutlich erkennbare und objektiv vorgefundene Verantwortung tragen oder aus einem
anderen, in gleichem Maße objektiv vorgegebenen Sachgrund finanziell besonders belastet werden
können (*F. Kirchhof*, Grundriß des Abgabenrechts, Rn. 17). Das BVerfG hat die Ausgleichsabgabe
unter dem zweitgenannten Aspekt für mit der Verfassung vereinbar erklärt (BVerfG 26. 5. 1981
BVerfGE 57, 139 = NJW 1981, 2107). Es handele sich hier nicht um eine Abgabe, bei der die
Finanzierung einer besonderen Aufgabe Anlaß zu ihrer Einführung war, sondern vielmehr um eine
Abgabe mit Ausgleichs- und Antriebsfunktion. Gegenüber diesen Funktionen trete die Finanzierungsfunktion zurück, so daß die Verfassungsmäßigkeit nicht an der fehlenden Gruppennützigkeit scheitere.

Die **Pflicht**, die Ausgleichsabgabe zu entrichten, trifft nicht nur die **privaten**, sondern auch die 24
öffentlichen AG. Die Pflicht entsteht kraft Gesetzes, wenn die tatbestandlichen Voraussetzungen
erfüllt sind. Sie beträgt zur Zeit 200 DM pro Monat und berechnet sich nach der Zahl der nicht
besetzten Pflichtplätze. Die Ausgleichsabgabe berechnet sich, indem von den auf den AG entfallenden
Pflichtplätzen die anrechenbaren mit Schwerbehinderten, ihnen Gleichgestellten oder Inhabern von
Bergmannsversorgungsscheinen besetzten Arbeitsplätze in Abzug gebracht werden. Dabei kann ggf.
pro beschäftigtem Schwerbehinderten etc. auch mehr als ein Platz in Anrechnung gebracht werden
(§ 10).

§ 11 III sieht vor, daß die durch die Ausgleichsabgabe aufgebrachten **Mittel nur für die Zwecke der** 25
Arbeits- und Berufsförderung Schwerbehinderter sowie für Leistungen der begleitenden Hilfe im
Arbeits- und Berufsleben (§ 31 I Nr. 3) verwendet werden dürfen. Die Verwendung der Mittel wird
also konzentriert auf Maßnahmen zur Integration von Schwerbehinderten und ihnen Gleichgestellten.
Diesen Zwecken werden die Mittel der Ausgleichsabgabe aber nur ergänzend zur Verfügung gestellt,
wenn und soweit Mittel für denselben Zweck nicht von anderer Seite zu gewähren sind oder gewährt
werden.

IX. Ausgleichsfonds

Ein Teil der Mittel aus der Ausgleichsabgabe fließt in den Ausgleichsfonds (§ 12), der vom BMA 26
verwaltet wird. Hiermit sollen insb. **überregionale Maßnahmen gefördert** werden, wie sich auch aus
dem offiziellen Namen „Ausgleichsfonds für überregionale Maßnahmen zur Eingliederung Schwerbehinderter in Arbeit, Beruf und Gesellschaft" ergibt. Insb. kommen hier überregionale Ausbildungs-,
Fortbildungs- und Umschulungseinrichtungen in Betracht. Ebenso ist zu denken an Modelleinrichtungen zur Weiterentwicklung der Rehabilitation.

Dritter Abschnitt. Sonstige Pflichten der Arbeitgeber

§ 13 Pflichten der Arbeitgeber gegenüber der Bundesanstalt für Arbeit und den Hauptfürsorgestellen

(1) ¹Die Arbeitgeber haben, gesondert für jeden Betrieb und jede Dienststelle, ein Verzeichnis
der bei ihnen beschäftigten Schwerbehinderten, Gleichgestellten und sonstigen anrechnungsfähigen Personen laufend zu führen und den Vertretern des Arbeitsamtes und der Hauptfürsorgestelle, die für den Sitz des Betriebes oder der Dienststelle zuständig sind, auf Verlangen vorzuzeigen.

(2) ¹Die Arbeitgeber haben dem für ihren Sitz zuständigen Arbeitsamt unter Beifügung einer
Durchschrift für die Hauptfürsorgestelle einmal jährlich bis spätestens 31. März für das vorangegangene Kalenderjahr, aufgegliedert nach Monaten, anzuzeigen
1. die Zahl der Arbeitsplätze nach § 7 Abs. 1, darunter die nach § 8 Satz 1, sowie der Stellen nach
§ 7 Abs. 2 und 3, gesondert für jeden Betrieb und jede Dienststelle,
2. die Zahl der in den einzelnen Betrieben und Dienststellen beschäftigten Schwerbehinderten,
Gleichgestellten und sonstigen anrechnungsfähigen Personen, darunter die Zahlen der zur
Ausbildung und der zu sonstigen beruflichen Bildung eingestellten Schwerbehinderten und
Gleichgestellten, gesondert nach ihrer Zugehörigkeit zu einer dieser Gruppen,
3. Mehrfachanrechnungen und
4. den Gesamtbetrag der geschuldeten Ausgleichsabgabe.
²Hat ein Arbeitgeber die vorgeschriebene Anzeige bis zum 30. Juni nicht, nicht richtig oder nicht
vollständig erstattet, erläßt das Arbeitsamt einen Feststellungsbescheid über die nach Satz 1 Nr. 1
bis 3 anzugebenden Verhältnisse. ³Die Arbeitgeber haben den Anzeigen 2 Abschriften des nach
Absatz 1 zu führenden Verzeichnisses beizufügen, sofern die Bundesanstalt für Arbeit nicht
zuläßt, daß sie nur die im Berichtszeitraum eingetretenen Veränderungen anzeigen. ⁴Die Arbeitgeber haben dem Betriebs-, Personal-, Richter-, Staatsanwalts- und Präsidialrat, der Schwerbe-

hindertenvertretung (§ 24) und dem Beauftragten des Arbeitgebers (§ 28) je eine Abschrift der Anzeige und des Verzeichnisses auszuhändigen. ⁵ Die Arbeitgeber, die zur Beschäftigung Schwerbehinderter nicht verpflichtet sind, haben die Anzeige nach Satz 1 nur nach Aufforderung durch die Bundesanstalt für Arbeit im Rahmen einer repräsentativen Teilerhebung zu erstatten, die mit dem Ziel der Erfassung der in Satz 1 Nr. 2 genannten Personengruppen, aufgegliedert nach Landesarbeitsamtsbezirken, alle 5 Jahre durchgeführt wird.

(3) Die Arbeitgeber haben der Bundesanstalt für Arbeit und der Hauptfürsorgestelle die Auskünfte zu erteilen, die zur Durchführung des Gesetzes notwendig sind.

(4) Die Arbeitgeber haben den Vertretern der Bundesanstalt für Arbeit und der Hauptfürsorgestelle Einblick in ihren Betrieb oder ihre Dienststelle zu gewähren, soweit es im Interesse der Schwerbehinderten erforderlich ist und Betriebs- oder Dienstgeheimnisse nicht gefährdet werden.

(5) Die Arbeitgeber haben den Vertrauensmann oder die Vertrauensfrau der Schwerbehinderten (§§ 24 und 27) unverzüglich nach der Wahl und ihren Beauftragten für die Angelegenheiten der Schwerbehinderten (§ 28) unverzüglich nach seiner Bestellung dem für den Sitz des Betriebes oder der Dienststelle zuständigen Arbeitsamt und der Hauptfürsorgestelle zu benennen.

(6) *(aufgehoben)*

§ 14 Pflichten des Arbeitgebers gegenüber Schwerbehinderten

(1) ¹ Die Arbeitgeber sind verpflichtet zu prüfen, ob freie Arbeitsplätze mit Schwerbehinderten, insbesondere mit beim Arbeitsamt gemeldeten Schwerbehinderten, besetzt werden können; bei dieser Prüfung sollen die Arbeitgeber die Schwerbehindertenvertretung gemäß § 25 Abs. 2 beteiligen und die in § 23 genannten Vertretungen hören. ² Bewerbungen von Schwerbehinderten sind mit der Schwerbehindertenvertretung zu erörtern und mit ihrer Stellungnahme dem Betriebs- oder Personalrat mitzuteilen; Bewerbungen von schwerbehinderten Richtern sind mit der Schwerbehindertenvertretung zu erörtern und mit ihrer Stellungnahme dem Präsidialrat mitzuteilen, soweit diese an der Ernennung zu beteiligen ist. ³ Satz 2 gilt nicht, wenn der Schwerbehinderte die Beteiligung der Schwerbehindertenvertretung ausdrücklich ablehnt.

(2) ¹ Die Arbeitgeber haben die Schwerbehinderten so zu beschäftigen, daß diese ihre Fähigkeiten und Kenntnisse möglichst voll verwerten und weiterentwickeln können. ² Sie haben die Schwerbehinderten zur Förderung ihres beruflichen Fortkommens bei innerbetrieblichen Maßnahmen der beruflichen Bildung bevorzugt zu berücksichtigen. ³ Die Teilnahme an außerbetrieblichen Maßnahmen ist in zumutbarem Umfang zu erleichtern.

(3) ¹ Die Arbeitgeber sind verpflichtet, die Arbeitsräume, Betriebsvorrichtungen, Maschinen und Gerätschaften unter besonderer Berücksichtigung der Unfallgefahr so einzurichten und zu unterhalten und den Betrieb so zu regeln, daß wenigstens die vorgeschriebene Zahl Schwerbehinderter in ihren Betrieben dauernde Beschäftigung finden kann; die Einrichtung von Teilzeitarbeitsplätzen ist zu fördern. ² Die Arbeitgeber sind ferner verpflichtet, den Arbeitsplatz mit den erforderlichen technischen Arbeitshilfen auszustatten. ³ Die Verpflichtungen nach den Sätzen 1 und 2 bestehen nicht, soweit ihre Durchführung für den Arbeitgeber nicht zumutbar ist oder soweit die staatlichen oder berufsgenossenschaftlichen Arbeitsschutzvorschriften ihnen entgegenstehen. ⁴ Bei Durchführung dieser Maßnahmen haben die Landesarbeitsämter und Hauptfürsorgestellen die Arbeitgeber unter Berücksichtigung der für die Beschäftigung wesentlichen Eigenschaften der Schwerbehinderten zu unterstützen.

I. Normzweck

1   Zur Umsetzung der gesetzgeberischen Zielsetzung, die Eingliederung Schwerbehinderter zu fördern, ist es erforderlich, daß die mit der **AG** die mit der Durchführung des Gesetzes betrauten **Behörden**, dh. die Bundesanstalt für Arbeit und die Hauptfürsorgestellen, über für deren Tätigkeit relevante Daten und Fakten **informieren** muß. Daneben bestehen Pflichten des AG zur **Förderung der Beschäftigung Schwerbehinderter**, die etwa in der Bereitstellung geeigneter Arbeitsplätze und ihrer den jeweiligen Behinderungen gerecht werdenden Einrichtung bestehen. Die in ihrer Art und Zielrichtung durchaus unterschiedlichen AGPflichten hat das Gesetz im Dritten Abschnitt unter „sonstige Pflichten der Arbeitgeber" zusammengefaßt.

2   Insofern sieht § 13 in Abs. 1 die Pflicht vor, ein **Verzeichnis** zu führen und in Abs. 2 dieser Vorschrift wird dem AG auferlegt, die Hauptfürsorgestelle regelmäßig über bestimmte Fakten zu unterrichten. Abs. 3 und 4 regeln eine **Auskunftspflicht** des AG gegenüber der Arbeitsverwaltung und den Hauptfürsorgestellen sowie ein korrespondierendes **Einblicksrecht**. Absätze 5 und 6 betreffen **spezielle Mitteilungspflichten** des AG.

Anders als die Gesetzesüberschrift durchaus vermuten läßt, handelt es sich bei den Pflichten des AG 3
nach § 14 nicht um solche innerhalb eines individuellen Arbeitsverhältnisses sondern um **allgemeine
Förderungspflichten,** die sich aber mittelbar auf die arbeitsvertraglichen Verpflichtungen auswirken
können.

II. Pflichten der Arbeitgeber gegenüber der Bundesanstalt für Arbeit und den Hauptfürsorgestellen

Das nach § 13 I zu erstellende **Verzeichnis** soll das Arbeitsamt und die Hauptfürsorgestelle in die 4
Lage versetzen, die Bestimmungen des SchwbG beim jeweiligen AG umzusetzen. Anders als die
§§ 5 ff. stellt jedoch § 13 I auf den Betrieb bzw. die Dienststelle, nicht aber den AG ab, so daß ein AG
mit mehreren **Betrieben** bzw. **Dienststellen** das Verzeichnis jeweils gesondert für den Betrieb oder die
Dienststelle zu erstellen hat. Für den Begriff des Betriebes ist auf das BetrVG Bezug zu nehmen und
für den Begriff der Dienststelle auf das jeweilige PersVG (§ 17 I 2). Eine Unterlassung sowie eine
unrichtige oder unvollständige Erstellung des Verzeichnisses werden als Ordnungswidrigkeit geahndet
(§ 68 I Nr. 1). Dieses Verzeichnis verbleibt beim AG und ist lediglich auf Verlangen des Arbeitsamtes
oder der Hauptfürsorgestelle vorzulegen.

Die unmittelbar für die Feststellung der Beschäftigungspflicht und die Berechnung der Ausgleichs- 5
abgabe erforderlichen Informationen hat der AG der Hauptfürsorgestelle anzuzeigen. Diese **Anzeigepflicht** ist einmal jährlich bis spätestens 31. März des Folgejahres zu erfüllen. Eine Abschrift der
Anzeige ist dem Betriebs, Personal-, Richter-, Staatsanwalts- und Präsidialrat, der Schwerbehindertenvertretung (§ 24) und dem Beauftragten des AG (§ 28) vorzulegen. Diese Institutionen benötigen für
ihre Tätigkeit ebenfalls diese Informationen. Sofern AG nicht der Beschäftigungspflicht unterliegen,
also über weniger als 16 Arbeitsplätze verfügen, haben sie eine solche Anzeige nur auf Aufforderung
der Bundesanstalt für Arbeit im Rahmen einer repräsentativen Teilerhebung zu erstatten. Es geht dabei
um die Erhebung erforderlicher statistischer Daten. Auch die Verletzung dieser Anzeigepflicht wird
als Ordnungswidrigkeit geahndet.

Neben diesen standardisierten Angaben kann die **Bundesanstalt für Arbeit** oder die **Hauptfürsor-** 6
gestelle auch **Auskünfte** einholen (§ 13 III), die notwendig sind, um die Voraussetzungen für die
Anwendung des SchwbG zu prüfen oder um die Aufgaben nach dem Gesetz zu erfüllen. Auch hier
erfolgt die Sanktionierung über das Recht der Ordnungswidrigkeiten.

Diese Informationspflichten werden vervollständigt durch ein **Einblicksrecht der Bundesanstalt für** 7
Arbeit und der Hauptfürsorgestellen (§ 13 IV). Die Vorschrift beschränkt dies auf den Fall, daß der
Einblick in den Betrieb oder die Dienststelle im Interesse des Schwerbehinderten erforderlich ist. Man
wird dies dahin auslegen müssen, daß auch die Fälle erfaßt werden, in denen Beschäftigungsmöglichkeiten
für Schwerbehinderte im Betrieb oder der Dienststelle geprüft werden sollen (*Neumann/Pahlen* § 13
Rn. 24). Seine Grenzen findet dieses Recht an den zu wahrenden Betriebs- oder Dienstgeheimnissen.

Ebenfalls zur Durchführung ihrer Aufgaben ist den **Arbeitsämtern** und **Hauptfürsorgestellen** die 8
Bestellung des Vertrauensmannes oder der Vertrauensfrau der Schwerbehinderten unmittelbar
nach ihrer Bestellung zu benennen. Gleiches gilt für den Beauftragten für die Angelegenheiten der
Schwerbehinderten nach § 28 (vgl. § 13 V).

III. Pflichten des Arbeitgebers gegenüber Schwerbehinderten

§ 14 unterscheidet **drei verschiedene Pflichten.** Zum einen geht es darum, zu prüfen, ob freie 9
Arbeitsplätze mit Schwerbehinderten besetzt werden können. Des weiteren hat der AG die Pflicht,
Schwerbehinderte so zu beschäftigen, daß sie ihre Fähigkeiten und Kenntnisse möglichst voll verwerten und weiterentwickeln können. Schließlich sind die AG verpflichtet, Beschäftigung für Schwerbehinderte zu schaffen, indem sie die Arbeitsplätze entsprechend gestalten. All diese Pflichten obliegen
den AG gegenüber den Schwerbehinderten als Personenkreis und haben nur indirekt Auswirkungen
auf den einzelnen Schwerbehinderten.

Die **Verpflichtung, die Einstellung Schwerbehinderter zu prüfen** (§ 14 I), trifft nicht nur die nach 10
dem SchwbG beschäftigungspflichtigen AG, sondern sämtliche AG, so daß auch der AG eines
Betriebes mit weniger als 16 anrechenbaren Arbeitsplätzen die Einstellung Schwerbehinderter zu
prüfen hat. Das Gesetz hat eine Verletzung dieser Prüfungspflicht nicht sanktioniert, so daß es bei
einem Appell des Gesetzgebers an die AG bleibt. Allerdings korrespondiert diese Verpflichtung des
AG mit der des BR, der nach § 80 I Nr. 4 BetrVG die Aufgabe hat, die Eingliederung Schwerbehinderter zu fördern. Für den Personalrat gilt nach § 68 I Nr. 4 BPersVG Entsprechendes. BR und
Personalrat können die Einhaltung der Verpflichtung des AG nach § 14 I durchaus wirkungsvoll
dadurch veranlassen, daß sie nach § 99 II BetrVG bzw. § 77 II BPersVG die Zustimmung bei perso-
nellen Einzelmaßnahmen verweigern, da das Unterlassen einer Prüfung nach § 14 I einen zur
Zustimmungsverweigerung berechtigenden Gesetzesverstoß im Sinne der genannten Vorschriften darstellt
(BAG 14. 11. 1989 NZA 1990, 368; *Neumann/Pahlen* § 14 Rn. 8). Hat ein AG im Vorfeld der
Einstellung mit dem Arbeitsamt Kontakt aufgenommen und ist ihm kein geeigneter schwerbehinderter

AN benannt worden, so hat er seiner Prüfungspflicht nach § 14 I in vollem Umfang Genüge getan (BAG 5. 10. 1995 NZA 1996, 371).

11 Aus § 14 I ergibt sich keine Pflicht des Arbeitgebers zur Schaffung eines neuen Arbeitsplatzes und ebenso wenig die Pflicht, einen unbeteiligten Dritten zu entlassen (BVerwG 28. 2. 1968 AP SchwBeschG § 14 Nr. 29; BAG 18. 4. 1998 NZA 1999, 152). Aus § 14 I ergibt sich aber eine angemessene Berücksichtigung von Schwerbehinderten bei der Besetzung von freien Arbeitsplätzen, was im Einzelfall dazu führen kann, daß dem Schwerbehinderten der Vorrang einzuräumen ist (BAG 18. 4. 1998 NZA 1999, 152).

12 § 14 II soll sicherstellen, daß dem Schwerbehinderten nicht nur überhaupt ein Arbeitsplatz zur Verfügung gestellt wird, sondern er einen **seinen Kenntnissen und Fähigkeiten entsprechenden Arbeitsplatz** erhält und sich so auch beruflich weiterentwickeln kann. Hieraus ergibt sich ein unmittelbarer klagbarer Anspruch auf Beschäftigung entsprechend den Fähigkeiten und Kenntnissen und darüber hinaus wegen § 14 II 2 ein Anspruch auf bevorzugte Teilnahme an innerbetrieblicher beruflicher Bildung (*Neumann/Pahlen* § 14 Rn. 15). Dies läßt sich auch auf den Persönlichkeitsschutz nach Art. 1 und 2 GG stützen (GK-SchwbG/*Großmann* § 14 Rn. 293) Dies geht so weit, daß der Schwerbehinderte auf einer höherwertigen Stelle zu beschäftigen ist, wenn er durch Prüfungen und Fortbildungen zusätzliche Kenntnisse und Fähigkeiten erwirbt (BAG 7. 8. 1964 AP SchwBeschG § 12 Nr. 3). § 14 II ist Schutzgesetz iSd. § 823 II BGB und beinhaltet auch und vor allem eine privatrechtliche gesteigerte Fürsorgepflicht gegenüber dem Schwerbehinderten (BAG 10. 7. 1991 NZA 1992, 27, 29). Aus der Verletzung kann sich auch ein Anspruch wegen pVV des Arbeitsvertrages ergeben. Die „Freikündigung" eines Arbeitsplatzes kann der Schwerbehinderte grds. nicht verlangen.

13 Bei der **Schaffung von Beschäftigungsmöglichkeiten** für Schwerbehinderte nach § 14 III ergibt sich eine **Grenze** insofern, als der AG nicht verpflichtet ist, über seine Beschäftigungspflicht nach dem SchwbG hinaus Arbeitsplätze für Schwerbehinderte zu schaffen. Weiterhin darf die Schaffung dieser Arbeitsplätze nicht wegen unverhältnismäßig hoher Aufwendungen unzumutbar sein oder den Bedingungen des Arbeitsschutzes entgegenstehen. Der AG muß ggf. die Arbeitsplätze auch mit einschlägigen technischen Arbeitsmitteln ausstatten.

Vierter Abschnitt. Kündigungsschutz

§ 15 Erfordernis der Zustimmung

Die Kündigung des Arbeitsverhältnisses eines Schwerbehinderten durch den Arbeitgeber bedarf der vorherigen Zustimmung der Hauptfürsorgestelle.

I. Normzweck

1 Das SchwbG bewirkt den besonderen Schutz und die besondere Förderung Schwerbehinderter dadurch, daß einerseits die Beschäftigung Schwerbehinderter gefördert wird und andererseits Schwerbehinderte, die einen Arbeitsplatz haben, einen **besonderen Kündigungsschutz** genießen. Die Besonderheit des Kündigungsschutzes besteht hier darin, daß die Rechtsgültigkeit einer privatrechtlichen Kündigung abhängig gemacht wird von einem vorher zu erwirkenden öffentlich-rechtlichen Verwaltungsakt. Dieser Kündigungsschutz gilt allerdings **nicht ausnahmslos;** § 20 sieht deshalb Ausnahmen vor, die sich aus der Natur des Arbeitsverhältnisses oder der fehlenden oder geringeren Schutzbedürftigkeit ergeben. Zuständig für die **Zustimmung** ist die **Hauptfürsorgestelle,** die ihre Entscheidung auf Antrag des AG (§ 17) als Ermessensentscheidung trifft. In den Fällen der §§ 19 und 21 IV ist diese Ermessensentscheidung eingeschränkt.

2 Dieser Kündigungsschutz tritt **ergänzend zu den sonstigen arbeitsrechtlichen Kündigungsschutzregelungen** hinzu. Der Schwerbehinderte kann also auch nach einer Zustimmung der Hauptfürsorgestelle zur Kündigung noch geltend machen, daß diese nach § 1 KSchG sozial ungerechtfertigt ist. Zwar prüft die Hauptfürsorgestelle dies auch, dem Schwerbehinderten bleibt es aber unbenommen, dies auch durch das Arbeitsgericht im normalen Kündigungsschutzprozeß überprüfen zu lassen. Auch die Kündigung eines Schwerbehinderten bedarf der vorherigen Anhörung des BR nach § 102 BetrVG. Ein besonderer, neben dem nach dem SchwbG bestehenden Kündigungsschutz ergibt sich auch nach nordrhein-westfälischem und saarländischem Landesrecht für Inhaber von Bergmannsversorgungsscheinen (vgl. näher *Neumann/Pahlen* Rn. 18).

3 Das **Erfordernis der vorherigen öffentlich-rechtlichen Zustimmung** zur privatrechtlichen Kündigung führt zu einem **doppelgleisigen Rechtsweg.** Die Zulässigkeit der Kündigung ist eine arbeitsrechtliche Frage, die von den Arbeitsgerichten zu entscheiden ist, während über die Rechtmäßigkeit des von der Hauptfürsorgestelle erlassenen Verwaltungsakts die Verwaltungsgerichte entscheiden. Da die vorherige Zustimmung aber Wirksamkeitsvoraussetzung für die privatrechtliche Kündigung ist, kann das Arbeitsgericht so lange nicht über die Wirksamkeit der Kündigung entscheiden, bis nicht feststeht, ob eine wirksame Zustimmung erteilt worden ist.

II. Persönlicher Geltungsbereich des Kündigungsschutzes

Der besondere Kündigungsschutz nach dem SchwbG gilt für alle **Schwerbehinderten iSd. § 1 und** 4 **die ihnen nach § 2 Gleichgestellten.** Sie müssen AN im arbeitsrechtlichen Sinne sein. Arbeitnehmerähnliche Personen werden deshalb vom Kündigungsschutz nach dem SchwbG nicht erfaßt (so auch *Neumann/Pahlen* Rn. 28). Eine ausdrückliche Regelung, die **Heimarbeiter** in den Kündigungsschutz einbezieht, findet sich in § 49 II 2. Da das Gesetz auf Arbeitsverhältnisse von Schwerbehinderten abstellt, fallen Beamte und Richter nicht unter den persönlichen Geltungsbereich der §§ 15 ff. Der Kündigungsschutz erfaßt aber auch **schwerbehinderte Auszubildende** (BAG 10. 12. 1987 NZA 1988, 428).

Auf **Auslandssachverhalte** findet der Kündigungsschutz nach dem SchwbG dann Anwendung, 5 wenn sich der Schwerpunkt des Arbeitsverhältnisses im Inland befindet. Unmaßgeblich ist die Staatsangehörigkeit des Schwerbehinderten. Vorübergehende Auslandstätigkeiten (Ausstrahlung) ändern an der Anwendbarkeit der §§ 15 ff. nichts, während eine vorübergehende Inlandstätigkeit für ein Unternehmen mit Sitz im Ausland (Einstrahlung) nicht zur Anwendbarkeit des Sonderkündigungsschutzes für Schwerbehinderte führt (s. näher *Steinmeyer*, Die Einstrahlung im internationalen Sozialversicherungsrecht, 1981, S. 115).

Nicht eindeutig aus dem Gesetz läßt sich entnehmen, ob der besondere Kündigungsschutz nach 6 dem SchwbG die **Kenntnis des AG von der Schwerbehinderteneigenschaft** voraussetzt. Zwar knüpft § 1 nur an das objektive Vorliegen bestimmter Merkmale an, es bedarf jedoch zur förmlichen Anerkennung noch eines behördlichen Verfahrens. § 15 knüpft wiederum nur an das objektive Vorliegen der Schwerbehinderteneigenschaft an. Das BAG hat das sich daraus ergebende Dilemma durch ein **abgestuftes Verfahren** gelöst. Danach greift der Sonderkündigungsschutz grundsätzlich nur, wenn die Schwerbehinderteneigenschaft festgestellt ist. Dabei reicht es, wenn der AN das Feststellungsverfahren nach § 4 eingeleitet hat. Ansonsten kann der Sonderkündigungsschutz nicht greifen, da die Antragsbefugnis allein dem AN vorbehalten ist und eine Einschaltung der Hauptfürsorgestelle ohne vorher eingeleitetes Verfahren oder ohne vorherige Feststellung zu unüberwindlichen praktischen Schwierigkeiten führen würde. Die Regelungslücke kann daher nur dahingehend geschlossen werden, daß der Sonderkündigungsschutz nur greift, wenn das Verfahren zumindest eingeleitet ist (aA *Mianowicz* RdA 1998, 292, der es für ausreichend hält, daß der AN den Antrag nach § 4 SchwbG erst nach Zugang der Kündigung stellt, sofern die Schwerbehinderung im Zeitpunkt der Kündigung bereits vorgelegen hat). Ist eine Feststellung noch nicht erfolgt, der Antrag aber bereits gestellt, so kann der AG aufgrund dieses Faktums die Zustimmung beantragen und die Hauptfürsorgestelle die Entscheidung vorbereiten und nach Feststellung durch das Versorgungsamt auch erlassen. Weiß der AG im Zeitpunkt der Kündigung nichts von dem anhängigen Feststellungsverfahren, so wird von der Rspr. gleichwohl der Sonderkündigungsschutz bejaht, da dem Zustimmungsverfahren hier kein objektives Hindernis entgegenstehe. Dem Schwerbehinderten soll der Sonderkündigungsschutz nicht versagt werden, wenn er die Geltendmachung des Kündigungsschutzes durch die Stellung des Antrages bereits vorbereitet hat. Der AG ist dann, wenn er nach Ausspruch der Kündigung von der Stellung des Feststellungsantrags erfährt, darauf verwiesen, das Zustimmungsverfahren zu einer erneuten Kündigung einzuleiten (BAG 16. 8. 1991 NZA 1992, 23). Aus Gründen der Rechtssicherheit muß der AN dies innerhalb einer Regelfrist geltend machen, die von der Rechtsprechung in Anlehnung an § 18 SchwbG auf einen Monat nach Zugang der Kündigung festgelegt ist (BAG 5. 7. 1990 NZA 1991, 667). Ist die Schwerbehinderung offensichtlich, zB bei Blindheit, so greift der Kündigungsschutz auch ohne ausdrückliche Feststellung (*Schaub* § 179 I 1 c).

III. Sachliche Voraussetzungen des Kündigungsschutzes

Der Sonderkündigungsschutz gilt für **alle Arten von Kündigungen**, also sowohl für die **ordent-** 7 **liche** als auch für die **außerordentliche Kündigung** und für die **Änderungskündigung**. Nach § 22 sind auch die Fälle von der Zustimmungspflicht erfaßt, in denen die Beendigung des Arbeitsverhältnisses bei Eintritt der Berufsunfähigkeit oder der Erwerbsunfähigkeit auf Zeit ohne Kündigung erfolgt (vgl. auch BAG 28. 6. 1995 NZA 1996, 374).

Endet das Arbeitsverhältnis nicht durch Kündigung, sondern etwa durch Zeitablauf, Aufhe- 8 bungsvertrag, Eintritt einer auflösenden Bedingung, Anfechtung etc., so ist – vom Ausnahmefall des § 22 abgesehen – eine **Zustimmung der Hauptfürsorgestelle nicht erforderlich**. Da sich der Schutz auf den Fall der Kündigung beschränkt, ist der AG bei der Ausübung des Direktionsrechts im Rahmen der auch sonst geltenden Grenzen frei.

Ein **Verzicht** auf den Kündigungsschutz nach dem SchwbG ist durch vertragliche Abmachungen 9 vor dem Kündigungsfall nicht möglich; eine dahingehende Vereinbarung ist nichtig. Der AN kann aber nach Ausspruch der Kündigung auf den Sonderkündigungsschutz wirksam verzichten (*Neumann/Pahlen* Rn. 57).

IV. Die Zustimmung der Hauptfürsorgestelle

10   Bei ihrer Ermessensentscheidung kann die **Hauptfürsorgestelle** ihre Zustimmung **nicht deshalb verweigern**, weil nach ihrer Ansicht **arbeitsrechtlich ein die Kündigung rechtfertigender Grund nicht besteht**; dies bleibt dem arbeitsgerichtlichen Verfahren vorbehalten (OVG Hamburg 14. 11. 1986 NZA 1987, 566). Vielmehr soll die Hauptfürsorgestelle die **Interessen des Schwerbehinderten an der Erhaltung des Arbeitsplatzes** einerseits und die des AG an der wirtschaftlichen Nutzung der vorhandenen Arbeitsplätze andererseits abwägen. Dabei ist etwa zu prüfen, ob der Schwerbehinderte nicht seinen Arbeitsplatz behalten oder auf einen anderen umgesetzt werden kann. Es ist auch die aktuelle Arbeitsmarktlage zu berücksichtigen, also zu prüfen, welche Chancen der Schwerbehinderte nach der Kündigung auf dem Arbeitsmarkt hat; je schwieriger die Arbeitsmarktsituation ist, umso eher kann die Hauptfürsorgestelle im Interesse des Schwerbehinderten die Zustimmung verweigern (eingehend zur Entscheidungsfindung der Hauptfürsorgestelle *Seidel* Sozialrecht+Praxis 1998, 83 ff.).

11   Die **Zustimmung** kann auch **unter** einer **Bedingung** erfolgen (BAG 12. 7. 1990 NZA 1991, 348). So kann die Zustimmung etwa unter Verlängerung der Kündigungsfrist oder unter der Voraussetzung der Fortzahlung der Vergütung für eine bestimmte Zeit erklärt werden.

§ 16 Kündigungsfrist

Die Kündigungsfrist beträgt mindestens 4 Wochen.

1   Die Kündigungsfrist **beginnt erst nach Zustimmung durch die Hauptfürsorgestelle** zu laufen, da erst dann nach § 15 eine Kündigung möglich ist. Das bedeutet, daß der Schwerbehinderte diese Frist vollständig zur Verfügung hat. Diese Frist ist zwingend und als Mindestfrist zu verstehen.

§ 17 Antragsverfahren

(1) [1] Die Zustimmung zur Kündigung hat der Arbeitgeber bei der für den Sitz des Betriebes oder der Dienststelle zuständigen Hauptfürsorgestelle schriftlich, und zwar in doppelter Ausfertigung, zu beantragen. [2] Der Begriff des Betriebes und der Begriff der Dienststelle im Sinne dieses Gesetzes bestimmen sich nach dem Betriebsverfassungsgesetz und dem Personalvertretungsrecht.

(2) [1] Die Hauptfürsorgestelle holt eine Stellungnahme des zuständigen Arbeitsamtes, des Betriebsrates oder Personalrates und der Schwerbehindertenvertretung ein. [2] Sie hat ferner den Schwerbehinderten zu hören.

(3) Die Hauptfürsorgestelle hat in jeder Lage des Verfahrens auf eine gütliche Einigung hinzuwirken.

1   Die Vorschrift bringt zum Ausdruck, daß die Entscheidung der Hauptfürsorgestelle nur auf **Antrag** erfolgt, den der **AG** zu stellen hat. Sie benennt die zuständige Hauptfürsorgestelle und regelt die Formalie (doppelte Ausfertigung). Im Rahmen der Zuständigkeitsregelung wird auch der Begriff der Dienststelle und des Betriebes konkretisiert, was Geltung für das gesamte SchwbG beansprucht. Es wird dabei auf die Begrifflichkeiten des Betriebsverfassungs- und Personalvertretungsrechts Bezug genommen.

2   Die Hauptfürsorgestelle hat die Entscheidung nach eigenem **pflichtgemäßem Ermessen** zu erteilen, muß aber dabei eine sorgfältige **Abwägungsentscheidung** treffen. Deshalb sieht § 17 II vor, daß die Hauptfürsorgestelle Stellungnahmen einholt und den Schwerbehinderten anhört. Ein Unterlassen der Anhörung durch die Hauptfürsorgestelle macht deren Entscheidung fehlerhaft. Da bei Schaffung des SprAuG das SchwbG nicht geändert worden ist, aber auch leitende Angestellte unter den persönlichen Anwendungsbereich des SchwbG fallen, ist auch bei ihnen der BR anzuhören (*Bayer* DB 1990, 933).

3   Abs. 3 unterstreicht die vermittelnde Funktion der Hauptfürsorgestelle und macht es ihr zur Amtspflicht, in allen Phasen des Verfahrens auf eine **gütliche Einigung** hinzuwirken.

§ 18 Entscheidung der Hauptfürsorgestelle

(1) Die Hauptfürsorgestelle soll die Entscheidung, falls erforderlich, auf Grund mündlicher Verhandlung, innerhalb eines Monats vom Tage des Eingangs des Antrages an treffen.

(2) [1] Die Entscheidung ist dem Arbeitgeber und dem Schwerbehinderten zuzustellen. [2] Dem Arbeitsamt ist eine Abschrift der Entscheidung zu übersenden.

(3) Erteilt die Hauptfürsorgestelle die Zustimmung zur Kündigung, kann der Arbeitgeber die Kündigung nur innerhalb eines Monats nach Zustellung erklären.

(4) Widerspruch und Anfechtungsklage gegen die Zustimmung der Hauptfürsorgestelle zur Kündigung haben keine aufschiebende Wirkung.

Die Entscheidung der Hauptfürsorgestelle soll möglichst zügig erfolgen, um das Verfahren insgesamt zu beschleunigen. § 18 I sieht deshalb eine **Frist von einem Monat** vor, innerhalb derer die Entscheidung zu treffen ist. Diese Frist darf nur überschritten werden, wenn dies aus sachlichen Gründen geboten ist, was etwa bei erforderlichen umfangreichen Ermittlungen der Fall sein kann. Eine Überschreitung der Frist ist aber etwa auch dann zulässig, wenn das Verfahren zur Anerkennung der Schwerbehinderteneigenschaft noch nicht abgeschlossen ist und deshalb die Hauptfürsorgestelle diese Entscheidung abwarten muß.

Die erhebliche Bedeutung der Entscheidung der Hauptfürsorgestelle ist der Grund dafür, daß diese dem Schwerbehinderten und dem AG **förmlich zuzustellen** ist (§ 18 II). Nach § 35 SGB X ist diese Entscheidung auch **zu begründen** und mit einer **Rechtsmittelbelehrung** zu versehen (§ 36 SGB X). Die Zustimmung der Hauptfürsorgestelle wird erst mit der förmlichen Zustellung wirksam (BAG 16. 10. 1991 NZA 1992, 504). Keine Wirksamkeitsvoraussetzung ist die Übersendung einer Abschrift der Entscheidung an das Arbeitsamt.

Erst **nach der förmlichen Zustellung** kann der AG die **Kündigung** erklären. Dies ergibt sich nicht unmittelbar aus § 18 III, wohl aber aus dem Sinn der Vorschrift und dem Normzusammenhang (BAG 16. 10. 1991 NZA 1992, 505). Insoweit ist auf den Zugang der Kündigungserklärung abzustellen, dh. die Kündigung ist dann wirksam, wenn im Zeitpunkt des Zugangs der Kündigungserklärung die Zustellung der Zustimmung der Hauptfürsorgestelle erfolgt ist (BAG 15. 5. 1997 NZA 1998, 33). Auch für den Ablauf der Frist des § 18 III ist der Zugang der Kündigung maßgebend. Es handelt sich um eine **Ausschlußfrist** (BAG 17. 2. 1982 NJW 1982, 2631).

Daß **Widerspruch und Anfechtungsklage** gegen die Zustimmung der Hauptfürsorgestelle **keine aufschiebende Wirkung** haben (§ 18 IV), erklärt sich aus dem Umstand, daß anderenfalls die Kündigungserklärungsfrist des § 18 III vom AG nicht eingehalten werden könnte (BAG 17. 2. 1982 NJW 1982, 2631).

§ 19 Einschränkungen der Ermessensentscheidung

(1) ¹Die Hauptfürsorgestelle hat die Zustimmung zu erteilen bei Kündigungen in Betrieben und Dienststellen, die nicht nur vorübergehend eingestellt oder aufgelöst werden, wenn zwischen dem Tage der Kündigung und dem Tage, bis zu dem Gehalt oder Lohn gezahlt wird, mindestens 3 Monate liegen. ²Unter der gleichen Voraussetzung soll sie die Zustimmung auch bei Kündigungen in Betrieben und Dienststellen, die nicht nur vorübergehend wesentlich eingeschränkt werden, wenn die Gesamtzahl der verbleibenden Schwerbehinderten zur Erfüllung der Verpflichtung nach § 5 ausreicht. ³Die Sätze 1 und 2 gelten nicht, wenn eine Weiterbeschäftigung auf einem anderen Arbeitsplatz desselben Betriebes oder derselben Dienststelle oder auf einem freien Arbeitsplatz in einem anderen Betrieb oder einer anderen Dienststelle desselben Arbeitgebers mit Einverständnis des Schwerbehinderten möglich und für den Arbeitgeber zumutbar ist.

(2) Die Hauptfürsorgestelle soll die Zustimmung erteilen, wenn dem Schwerbehinderten ein anderer angemessener und zumutbarer Arbeitsplatz gesichert ist.

(3) Ist das Insolvenzverfahren über das Vermögen des Arbeitgebers eröffnet, soll die Hauptfürsorgestelle die Zustimmung erteilen, wenn
1. der Schwerbehinderte in einem Interessenausgleich namentlich als einer der zu entlassenden Arbeitnehmer bezeichnet ist (§ 125 der Insolvenzordnung),
2. die Schwerbehindertenvertretung beim Zustandekommen des Interessenausgleichs gemäß § 25 Abs. 2 beteiligt worden ist,
3. der Anteil der nach dem Interessenausgleich zu entlassenden Schwerbehinderten an der Zahl der beschäftigten Schwerbehinderten nicht größer ist als der Anteil der zu entlassenden übrigen Arbeitnehmer an der Zahl der Beschäftigten übrigen Arbeitnehmer und
4. die Gesamtzahl der Schwerbehinderten, die nach dem Interessenausgleich bei dem Arbeitgeber verbleiben sollen, zur Erfüllung der Verpflichtung nach § 5 ausreicht.

I. Normzweck

Gegenüber der grds. bestehenden **Zustimmungspflichtigkeit** und dem dabei der Hauptfürsorgestelle eingeräumten pflichtgemäßen **Ermessen** sehen die §§ 19 und 20 **Ausnahmen** vor. Während § 19 an der Zustimmungspflichtigkeit festhält und nur die Ermessensentscheidung einschränkt, nimmt § 20 bestimmte Fallkonstellationen generell von der Anwendbarkeit des Vierten Abschnitts des KSchG aus. Bei einer Einschränkung oder Stillegung von Betrieben und Dienststellen (§ 19), die als solche nicht der Überprüfung durch die Hauptfürsorgestelle unterliegen, ist aus Gründen der Besonderheiten dieses Vorgangs nur eine eingeschränkte Entscheidung der Hauptfürsorgestelle möglich.

II. Einstellung, Auflösung oder Einschränkung von Betrieben und Dienststellen

2   Liegen bei einer nicht nur vorübergehenden **Auflösung oder Einstellung eines Betriebes** oder einer Dienststelle zwischen dem Tag der Kündigung und dem Tag, bis zu dem Lohn oder Gehalt gezahlt wird, mindestens 3 Monate, so hat die Hauptfürsorgestelle die Zustimmung zu erteilen. Eine Ermessensentscheidung wird ihr hier nicht eingeräumt; es handelt sich vielmehr nur um Rechtsanwendung. Hier schafft die dreimonatige Auslauffrist den Ausgleich.

3   Entsprechendes gilt im Falle von **Einschränkungen des Betriebes oder der Dienststelle**, wenn der Betrieb oder die Dienststelle weiterhin die Pflichtzahl von Schwerbehinderten beschäftigt. Allerdings muß es sich hier um eine wesentliche Einschränkung handeln, die, was die Wesentlichkeit anbetrifft, im Gesetz nicht näher definiert ist. Es bietet sich insoweit an, auf die Zahlen- und Prozentangaben in § 17 I KSchG Bezug zu nehmen, wo darauf abgestellt wird, daß mindestens 5% der Belegschaft aus betriebsbedingten Gründen entlassen werden sollen (BAG 6. 12. 1988 NZA 1989, 399). Allerdings ist § 19 I 2 im Gegensatz zu S. 1 als Sollvorschrift ausgestaltet, was zur Konsequenz hat, daß die Hauptfürsorgestelle hier im Einzelfall die Zustimmung versagen kann, wenn besondere Gründe dies rechtfertigen (KR/*Etzel* SchwbG §§ 15–20 Rn. 91).

4   In jedem Fall hat die Hauptfürsorgestelle aber die Möglichkeit einer **Weiterbeschäftigung auf einem anderen Arbeitsplatz** desselben Betriebs oder derselben Dienststelle oder auf einem freien Arbeitsplatz in einem anderen Betrieb oder einer anderen Dienststelle desselben AG zu prüfen. Hier greift dann die Einschränkung des Ermessens nicht. Ist die Weiterbeschäftigung zumutbar und der Schwerbehinderte mit ihr einverstanden, wird die Hauptfürsorgestelle in der Regel die Zustimmung verweigern. Die Weiterbeschäftigung ist begrenzt auf Betriebe oder Dienststellen desselben AG; das bedeutet für die AG der öffentlichen Hand eine Heranziehung des § 5 III, während für private AG die privatrechtliche Begriffsbestimmung maßgeblich ist, so daß sich die Weiterbeschäftigungspflicht auf das Unternehmen beschränkt.

III. Vorhandensein eines anderen zumutbaren Arbeitsplatzes

5   Eine Einschränkung der Ermessensentscheidung ist auch für den Fall vorgesehen, daß die Weiterbeschäftigung des Schwerbehinderten auf einem **anderen angemessenen und zumutbaren Arbeitsplatz** gesichert ist. Die Angemessenheit und Zumutbarkeit des anderen Arbeitsplatzes bestimmt sich nach der Art der Beschäftigung, der Höhe des Arbeitsentgelts und den sonstigen Arbeitsbedingungen. Angemessen und zumutbar ist nicht nur ein Arbeitsplatz mit der gleichen Entlohnungshöhe und unveränderten sonstigen Arbeitsbedingungen. Eine Herabgruppierung um eine Tarifgruppe wird man, sofern kein anderer Arbeitsplatz vorhanden ist, als angemessen und zumutbar ansehen können (*Neumann/Pahlen* Rn. 29).

6   Die **Zumutbarkeit** und **Angemessenheit** wird von der Hauptfürsorgestelle geprüft und ist im Rechtsmittelverfahren unbeschränkt **nachprüfbar**.

IV. Einschränkung des Ermessens bei Insolvenzverfahren

7   Mit Wirkung vom 1. 1. 1999 hat § 19 einen Absatz 3 erhalten, der dem neuen Insolvenzverfahren Rechnung trägt. Mit dieser Vorschrift soll einerseits die Möglichkeit eröffnet werden, **Betriebsänderungen** im Interesse des Erhalts möglichst vieler Arbeitsplätze zügig durchzuführen und andererseits sichergestellt werden, daß der Schwerbehindertenschutz möglichst weitgehend aufrechterhalten bleibt. Die Regelung lehnt sich an § 125 InsO an, der für den Fall, daß zwischen BR und Insolvenzverwalter ein **Interessenausgleich** zustande kommt, diesem eine Auswirkung auf die Prüfung des dringenden betrieblichen Erfordernisses und die der Sozialauswahl einräumt. § 19 III stimmt dies auf die **besonderen Bedürfnisse des Schwerbehindertenschutzes** ab, indem er verlangt, daß beim Zustandekommen des Interessenausgleichs die Schwerbehindertenvertretung gemäß § 25 II beteiligt worden ist (Nr. 2) und des weiteren der Abbau von Arbeitsplätzen von Schwerbehinderten prozentual nicht über den Abbau der sonstigen Arbeitsplätze hinausgehen darf (Nr. 3); in keinem Fall darf die Zahl der Arbeitsplätze für Schwerbehinderte unter die Pflichtzahl absinken (Nr. 4), so daß etwa dann, wenn der AG die Pflichtquote nicht erfüllt hatte, einem unverhältnismäßigen Abbau von Arbeitsplätzen für Schwerbehinderte hier seine Grenzen findet. Indem Nr. 4 auf den neuen AG abstellt, wird deutlich gemacht, daß es nicht nur und allein auf die Verhältnisse des Betriebes, sondern des übernehmenden AG ankommt.

8   Die **Hauptfürsorgestelle** ist allerdings **nicht in jedem Fall an diese Vorgaben gebunden,** wie die Formulierung „soll" deutlich macht. Der Hauptfürsorgestelle ist die Möglichkeit eingeräumt, bei Vorliegen besonderer Umstände von diesen Vorgaben abzuweichen.

§ 20 Ausnahmen

(1) **Die Vorschriften dieses Abschnitts gelten nicht für Schwerbehinderte,**
1. **deren Arbeitsverhältnis im Zeitpunkt des Zugangs der Kündigungserklärung ohne Unterbrechung noch nicht länger als 6 Monate besteht oder**

2. die auf Stellen im Sinne des § 7 Abs. 2 Nr. 2 bis 6 beschäftigt werden oder
3. deren Arbeitsverhältnis durch Kündigung beendet wird, sofern sie
   a) das 58. Lebensjahr vollendet haben und Anspruch auf eine Abfindung, Entschädigung oder ähnliche Leistung auf Grund eines Sozialplanes haben oder
   b) Anspruch auf Knappschaftsausgleichsleistung nach dem Sechsten Buch Sozialgesetzbuch oder auf Anpassungsgeld für entlassene Arbeitnehmer des Bergbaus haben,
   wenn der Arbeitgeber ihnen die Kündigungsabsicht rechtzeitig mitgeteilt hat und sie der beabsichtigten Kündigung bis zu deren Ausspruch nicht widersprechen.

(2) Die Vorschriften dieses Abschnitts finden ferner bei Entlassungen, die aus Witterungsgründen vorgenommen werden, keine Anwendung, sofern die Wiedereinstellung der Schwerbehinderten bei Wiederaufnahme der Arbeit gewährleistet ist.

(3) Der Arbeitgeber hat Einstellungen auf Probe und die Beendigung von Arbeitsverhältnissen Schwerbehinderter in den Fällen des Absatzes 1 Nr. 1 unabhängig von der Anzeigepflicht nach anderen Gesetzen der Hauptfürsorgestelle innerhalb von 4 Tagen anzuzeigen.

I. Normzweck

Bei angenommener **geringerer Schutzbedürftigkeit und in Sonderfällen des § 7 II** soll nach der Entscheidung des Gesetzgebers der Sonderkündigungsschutz für Schwerbehinderte nicht greifen. Es soll auch die Einstellungsbereitschaft der AG gefördert werden, indem eine gewisse Mindestzeit des Bestehens des Arbeitsverhältnisses verlangt wird. Die Ausnahmeregelung des § 20 bedeutet, daß der Sonderkündigungsschutz für Schwerbehinderte nach dem Vierten Abschnitt in Gänze unanwendbar ist. 1

II. Sechs-Monats-Frist

Wie das KSchG sieht auch das SchwbG als **Voraussetzung für den Sonderkündigungsschutz eine Mindestfrist** für das Bestehen des Arbeitsverhältnisses von 6 Monaten vor. Auf diese Weise wird ein psychologisches Einstellungshemmnis beseitigt, das sich ergeben würde, wenn der AG nicht die Gelegenheit zu einer Erprobung des Schwerbehinderten hätte, sondern sofort mit dem Sonderkündigungsschutz konfrontiert würde. Entscheidend für die Berechnung der Sechs-Monats-Frist ist der Zeitpunkt des Zugangs der Kündigung. 2

Das Arbeitsverhältnis muß **ohne Unterbrechung sechs Monate bestanden** haben. Unschädlich ist der Abschluß eines neuen Arbeitsverhältnisses, wenn es in einem unmittelbaren zeitlichen Zusammenhang mit dem anderen Arbeitsverhältnis steht. Für die Frage der Unschädlichkeit bestimmter Unterbrechungstatbestände ist auf die Kommentierungen zu § 1 KSchG zu verweisen. 3

III. Besonders ausgenommener Personenkreis

Der Personenkreis, dessen Arbeitsplätze bei der Berechnung der Arbeitsplätze zur Ermittlung der **Beschäftigungspflicht nicht mitrechnen**, ist grundsätzlich auch vom **Sonderkündigungsschutz ausgenommen**. Eine Ausnahme von dieser Ausnahme wird lediglich für Behinderte gemacht, die an Maßnahmen zur Rehabilitation in Betrieben oder Dienststellen teilnehmen, einschließlich Behinderter im Arbeitstrainings- und Arbeitsbereich von Werkstätten nach § 54. 4

IV. Kündigung nach Vollendung des 58. Lebensjahres oder bei Leistungen an Arbeitnehmer des Bergbaus

Ein **erhöhtes Schutzbedürfnis**, das den Sonderkündigungsschutz rechtfertigen würde, besteht nach der Einschätzung des Gesetzgebers nicht, wenn ein Personenkreis eine **anderweitige Sicherung** hat. Ein Schwerbehinderter ist sozial abgesichert, wenn er nach Vollendung des 58. Lebensjahres Anspruch aus einem Sozialplan hat oder Knappschaftsausgleichsleistung oder Anpassungsgeld im Bergbau beanspruchen kann. Diese spezielle Ausnahme vom Sonderkündigungsschutz greift aber nur, wenn dem Schwerbehinderten die beabsichtigte Kündigung rechtzeitig mitgeteilt wird. Damit soll dem Schwerbehinderten ausreichend Zeit gegeben werden, um abzuwägen, ob er sich mit dem vorzeitigen Ausscheiden einverstanden erklärt; er muß auch abschätzen können, welche Leistungen ihn erwarten. Widerspricht der Schwerbehinderte der Kündigung, so greift das Verfahren nach den §§ 15 ff. 5

V. Entlassungen aus Witterungsgründen

Die Ausnahme des Abs. 2 dient der **Flexibilität** von AG mit witterungsabhängigen Arbeitsplätzen. Es soll so die Bereitschaft gefördert werden, Schwerbehinderte auch auf witterungsabhängigen Arbeitsplätzen einzustellen. Das besondere Bestandsschutzinteresse des Schwerbehinderten wird hier dadurch gewährleistet, daß die Ausnahme vom Sonderkündigungsschutz nur greift, wenn die **Wiedereinstellung des Schwerbehinderten bei Wiederaufnahme der Arbeit gewährleistet ist**. Sofern der 6

AG seiner Verpflichtung zur Wiedereinstellung bei Wiederaufnahme der Arbeit nicht nachkommt, ist die Kündigung des Schwerbehinderten unwirksam, da die Zustimmung der Hauptfürsorgestelle fehlt (wie hier *Neumann/Pahlen* Rn. 22; aA *Cramer* Rn. 3, *Stahlhacke/Preis* Rn. 886). Dies ergibt sich daraus, daß § 20 eine Ausnahme vom Sonderkündigungsschutz bewirkt und diese an bestimmte Bedingungen knüpft. Werden diese Bedingungen nicht erfüllt, muß deshalb in Konsequenz der Sonderkündigungsschutz greifen; die rückwirkende Unwirksamkeit der Kündigung ist der Preis für den besonderen Kündigungsschutz.

VI. Anzeigepflicht

7   Die Anzeigepflicht nach Abs. 3 soll der Hauptfürsorgestelle die Durchführung des SchwbG erleichtern. Diese Anzeigepflicht hat **grundsätzlich keine kündigungsrelevante Bedeutung**, sondern soll sicherstellen, daß auch der in Abs. 3 angesprochene Personenkreis in den Genuß der Leistungen nach dem SchwbG kommt (BAG 21. 3. 1980 AP SchwbG § 17 Nr. 1 = DB 1980, 1701). Allerdings ist der AG, der schuldhaft gegen die Anzeigepflicht verstößt, dem AN gegenüber aus pVV zum Schadensersatz verpflichtet. Der Schaden kann in verzögerten Geldleistungen durch die Hauptfürsorgestelle bestehen. Die Hauptfürsorgestelle ist hier aber weder am Abschluß noch an der Beendigung des Arbeitsverhältnisses beteiligt.

8   Die Anzeigepflicht betrifft **Einstellungen auf Probe sowie die Beendigung von Arbeitsverhältnissen, die nach § 20 I Nr. 1 nicht dem Sonderkündigungsschutz des Vierten Abschnitts unterliegen.** In letzterem Fall ist gleichgültig, wie das Arbeitsverhältnis endet, da das Gesetz allgemein von Beendigung spricht.

§ 21 Außerordentliche Kündigung

(1) Die Vorschriften dieses Abschnitts gelten mit Ausnahme von § 16 auch bei außerordentlicher Kündigung, soweit sich aus den folgenden Bestimmungen nichts Abweichendes ergibt.

(2) ¹Die Zustimmung zur Kündigung kann nur innerhalb von 2 Wochen beantragt werden; maßgeblich ist der Eingang des Antrages bei der Hauptfürsorgestelle. ²Die Frist beginnt mit dem Zeitpunkt, in dem der Arbeitgeber von den für die Kündigung maßgebenden Tatsachen Kenntnis erlangt.

(3) ¹Die Hauptfürsorgestelle hat die Entscheidung innerhalb von 2 Wochen vom Tage des Eingangs des Antrages an zu treffen. ²Wird innerhalb dieser Frist eine Entscheidung nicht getroffen, gilt die Zustimmung als erteilt.

(4) Die Hauptfürsorgestelle soll die Zustimmung erteilen, wenn die Kündigung aus einem Grunde erfolgt, der nicht im Zusammenhang mit der Behinderung steht.

(5) Die Kündigung kann auch nach Ablauf der Frist des § 626 Abs. 2 Satz 1 des Bürgerlichen Gesetzbuchs erfolgen, wenn sie unverzüglich nach Erteilung der Zustimmung erklärt wird.

(6) Schwerbehinderte, denen lediglich aus Anlaß eines Streiks oder einer Aussperrung fristlos gekündigt worden ist, sind nach Beendigung des Streiks oder der Aussperrung wieder einzustellen.

I. Normzweck

1   Die Norm stellt einerseits klar, daß der Sonderkündigungsschutz auch bei der außerordentlichen Kündigung eines Schwerbehinderten Anwendung findet, und modifiziert andererseits die für die ordentliche Kündigung aufgestellten Regeln, so daß sie den Besonderheiten der **außerordentlichen Kündigung** gerecht werden. Auch hier kann der AG nicht sofort kündigen, sondern muß die Hauptfürsorgestelle einschalten. Allerdings wird das Verfahren durch § 21 vereinfacht und beschleunigt.

II. Grundsätzliche Anwendbarkeit des Sonderkündigungsschutzes

2   Abweichend vom früheren Recht hat sich der Gesetzgeber in § 21 dafür entschieden, auch bei einer außerordentlichen Kündigung grundsätzlich den **Sonderkündigungsschutz** eingreifen zu lassen und die **Hauptfürsorgestelle** einzuschalten. Es gelten grundsätzlich alle Vorschriften des Sonderkündigungsschutzes mit der selbstverständlichen Ausnahme der Kündigungsfrist (§ 16). Für die Voraussetzungen für eine außerordentliche Kündigung im allgemeinen und die damit verbundenen allgemeinen Rechtsfolgen ist auf die Kommentierungen zu § 626 BGB zu verweisen.

III. Modifikationen des Sonderkündigungsschutzes

3   Da Kennzeichen der außerordentlichen Kündigung die Unzumutbarkeit der Fortsetzung des Arbeitsverhältnisses bis zum Ablauf der Frist für die ordentliche Kündigung ist, muß – will man die Hauptfürsorgestelle einschalten – das **Verfahren beschleunigt** werden. Dies geschieht, indem der AG

Erweiterter Beendigungsschutz § 22 SchwbG 530

nur innerhalb von zwei Wochen nach Kenntnis der für die Kündigung maßgebenden Tatsachen die Zustimmung zur Kündigung beantragen kann. Diese Zwei-Wochen-Frist ist an die des § 626 II BGB angelehnt und läßt dem AG den gleichen Zeitraum für seine Entscheidung über die Einleitung des Zustimmungsverfahrens, die er außerhalb des Sonderkündigungsschutzes nach dem SchwbG für den Ausspruch der Kündigung hätte. Der AG ist allerdings nicht gehalten, innerhalb dieser Zwei-Wochen-Frist auch die Beteiligung der Betriebsvertretung (BR, Personalrat) durchzuführen; das SchwbG verlangt nicht, daß deren Anhörung vor Einleitung des Zustimmungsverfahrens zu erfolgen hat (BAG 3. 7. 1980 AP SchwbG § 18 Nr. 2 = DB 1981, 103).

Der Beschleunigung dient auch die **Verkürzung der Frist, innerhalb derer die Hauptfürsorgestelle zu entscheiden hat.** Sie wird nicht nur im Vergleich zu § 18 auf die Hälfte reduziert; zusätzlich schließt § 21 III ein Überschreiten der Frist dadurch aus, daß die Erteilung der Zustimmung fingiert wird, wenn innerhalb dieser Frist keine Entscheidung getroffen wird. Unsicherheit besteht darüber, wann eine Entscheidung „getroffen" ist. Das BAG lehnt es ab, das „Treffen einer Entscheidung" auf den Erlaß eines VA zu beschränken; vielmehr versteht es den Begriff dahin, daß nicht an das Vorliegen eines wirksamen VA, sondern an den Abschluß des Entscheidungsvorgangs durch die Hauptfürsorgestelle angeknüpft werden soll. Habe die Hauptfürsorgestelle innerhalb der gesetzlichen Frist eine den Zustimmungsantrag ablehnende Entscheidung gefällt und zur Post gegeben oder sonst wie – etwa telefonisch – bekanntgemacht, so habe sie aus ihrer Sicht alles Erforderliche getan und in ihrem Wirkungsbereich den Entscheidungsvorgang abgeschlossen, so daß nicht mehr unterstellt werden könne, sie habe entgegen ihrer gesetzlichen Verpflichtung innerhalb von zwei Wochen seit Eingang des Antrags keine Entscheidung getroffen (BAG 9. 2. 1994 NZA 1994, 1030; BAG 18. 5. 1994 DB 1995, 532). 4

Abs. 4 sieht eine **Einschränkung der Ermessensentscheidung der Hauptfürsorgestelle** vor, indem diese die Zustimmung erteilen soll, sofern die Kündigung nicht im Zusammenhang mit der Behinderung steht. Dies wird idR der Fall sein, so daß, da es sich hier um eine Soll-Vorschrift handelt, der AG damit im Regelfall auch einen Rechtsanspruch auf Erteilung der Zustimmung hat. Nur bei Vorliegen von Umständen, die den Fall als atypisch erscheinen lassen, darf die Hauptfürsorgestelle nach pflichtgemäßem Ermessen entscheiden (BVerwG 10. 9. 1992 NZA 1993, 76). Für das Nichtbestehen eines Zusammenhangs zwischen Kündigungsgrund und Behinderung trägt der AG allerdings die Darlegungs- und Beweislast (*Seidel* Sozialrecht+Praxis 1998, 89). 5

Abs. 5 trägt dem Umstand Rechnung, daß das Zustimmungsverfahren eine gewisse Zeit in Anspruch nimmt und der AG deshalb **Schwierigkeiten** haben kann, die **Frist des § 626 II 1 BGB einzuhalten**. Die außerordentliche Kündigung kann deshalb auch noch nach Ablauf dieser Frist erfolgen, wenn der AG ohne schuldhaftes Zögern nach Erteilung der Zustimmung durch die Hauptfürsorgestelle die Kündigung erklärt Aus der Formulierung „nach Erteilung der Zustimmung" wird deutlich, daß im Gegensatz zur ordentlichen Kündigung die vorherige Zustellung der Zustimmungserklärung nicht erforderlich ist. Vielmehr kann der AG die außerordentliche Kündigung bereits dann erklären, wenn die zustimmende Entscheidung der Hauptfürsorgestelle iSv. § 21 III „getroffen" ist (BAG 15. 11. 1990 EzA SchwbG § 21 Nr. 3). 6

Abs. 6 trifft eine **Sonderregelung für Arbeitskämpfe**, die angesichts der Rspr. des BAG zum Arbeitskampfrecht nur noch Bedeutung bei rechtswidrigen Streiks hat, da nur dann der AG die Arbeitsverhältnisse durch außerordentliche Kündigung lösen kann (s. dazu näher *Steinmeyer-Waltermann*, Casebook Arbeitsrecht, S. 265 ff.). Der Schwerbehindertenschutz soll in diesem Fall dadurch sichergestellt werden, daß der Schwerbehinderte einen Wiedereinstellungsanspruch nach Beendigung des Streiks oder der Aussperrung hat. 7

§ 22 Erweiterter Beendigungsschutz

¹ Die Beendigung des Arbeitsverhältnisses eines Schwerbehinderten bedarf auch dann der vorherigen Zustimmung der Hauptfürsorgestelle, wenn sie im Falle des Eintritts der teilweisen Erwerbsminderung, der vollen Erwerbsminderung auf Zeit, der Berufsunfähigkeit oder der Erwerbsunfähigkeit auf Zeit ohne Kündigung erfolgt. ² Die Vorschriften dieses Abschnitts über die Zustimmung zur ordentlichen Kündigung gelten entsprechend.

Die Vorschrift regelt eine **Ausnahme von dem Grundsatz**, daß eine **Zustimmung** der **Hauptfürsorgestelle grundsätzlich nur bei** Beendigung eines Arbeitsverhältnisses eines Schwerbehinderten oder Gleichgestellten vorgesehen ist, wenn diese durch **Kündigung** erfolgt. Sie nimmt dabei Bezug auf die Versicherungsfälle der verminderten Erwerbsfähigkeit nach §§ 43 ff. SGB VI. Die Neufassung zum 1. 1. 2000 wurde durch das RRG 1999 und den hieraus resultierenden Änderungen des SGB VI notwendig. 1

Diese Regelung hat Bedeutung insb. für die Fälle des **§ 59 BAT**. In diesen und anderen Fällen ist dann das Zustimmungsverfahren durchzuführen, das vom SchwbG für die ordentliche Kündigung vorgesehen ist. 2

3 Die vom BAG entwickelten Grundsätze zum Erhalt des Sonderkündigungsschutzes schwerbehinderter AN, deren **Antrag auf Feststellung der Schwerbehinderung** zumindest vor Ausspruch der Kündigung gestellt und dem AG auch innerhalb eines Monats nach Ausspruch der Kündigung bekanntgegeben worden sein muß (BAG 5. 7. 1990 NZA 1991, 667), gelten auch für den erweiterten Kündigungsschutz nach § 22 (BAG 28. 6. 1995 NZA 1996, 374).

Fünfter Abschnitt. Betriebs-, Personal-, Richter-, Staatsanwalts- und Präsidialrat, Schwerbehindertenvertretung, Beauftragter des Arbeitgebers

(Hinweis: Vom Abdruck des Gesetzestextes zu den §§ 23–29 wurde abgesehen)

I. Allgemeines

1 Der Fünfte Abschnitt des Gesetzes befaßt sich mit der **betrieblichen Interessenvertretung der Schwerbehinderten**. § 23 bringt dabei zum Ausdruck, daß diese in der Hand einer Reihe von Personen und Institutionen steht, die miteinander zusammenwirken. Das System der Interessenvertretung läßt sich strukturieren nach Betriebs- oder Personalrat, Schwerbehindertenvertretung und Beauftragter des AG für Angelegenheiten der Schwerbehinderten.

2 § 23 S. 1 hebt hervor, daß die allgemeinen betrieblichen Interessenvertretungen die **Eingliederung Schwerbehinderter zu fördern** haben. Daß neben BR und Personalrat noch weitere Interessenvertretungen – aus dem Bereich der Justiz – benannt werden, hat seinen Grund darin, daß dort abweichend von der Personalvertretung des sonstigen öffentlichen Dienstes besondere Interessenvertretungen existieren, die zum Teil an die Stelle des Personalrats treten. Die Verpflichtung zur Förderung der Belange Schwerbehinderter wird dadurch konkretisiert, daß diesen Interessenvertretungen insb. auferlegt wird, auf die Erfüllung der dem AG nach den §§ 5, 6 und 14 obliegenden Verpflichtungen zu achten. Hier geht es um die Erfüllung der Beschäftigungspflicht (§ 5) unter besonderer Berücksichtigung der Belange der Problemgruppen unter den Schwerbehinderten (§ 6) sowie um die Erfüllung der Pflichten des AG gegenüber den Schwerbehinderten (§ 14).

3 Diese Aufgabenbeschreibung bedeutet, daß die betrieblichen Interessenvertretungen **nicht nur** die Aufgabe haben, sich um die **Belange der im Betrieb oder der Dienststelle beschäftigten Schwerbehinderten** zu kümmern, sondern auch die **Beschäftigung von Schwerbehinderten überhaupt zu fördern** haben. Das Beteiligungsrecht des BR nach § 99 BetrVG bei Einstellungen dient damit insoweit nicht nur dem Schutz der im Betrieb beschäftigten AN bzw. Schwerbehinderten.

II. Wahl und Aufgaben der Schwerbehindertenvertretung

4 Das Gesetz hat an die früheren Vertrauensleute der Schwerbehinderten angeknüpft und sie zu einer dem Personal- bzw. Betriebsrat vergleichbaren Interessenvertretung weiterentwickelt. Als an diese Institutionen angelehnte Vertretung wird sie als grds. auf Betriebsebene angesiedelt konzipiert.

5 Es müssen mindestens fünf Schwerbehinderte nicht nur vorübergehend beschäftigt werden. Anders als nach dem BetrVG rechnen hier aber auch leitende Angestellte mit (*Neumann/Pahlen* § 24 Rn. 5; GK-SchwbG/*Schimanski*, § 24 Rn. 47; aA Kasseler Handbuch/*Thiele*, 3.1 Rn. 62, der aber nicht ausreichend berücksichtigt, daß der dem § 5 III BetrVG zugrundeliegende Interessengegensatz hier nicht greift). Unmaßgeblich ist, ob die Schwerbehinderten und die Gleichgestellten auf Arbeitsplätzen iSv. § 7 beschäftigt sind; es zählt nur ihre Schwerbehinderteneigenschaft. Um zu verhindern, daß in **kleinen Betrieben oder Dienststellen** keine Schwerbehindertenvertretungen errichtet werden, sieht § 24 I 4 die Möglichkeit vor, mehrere Dienststellen oder Betriebe **eines AG zusammenzufassen.** Voraussetzung ist allerdings eine räumliche Nähe, die im Interesse der Funktionsfähigkeit der Schwerbehindertenvertretung auch bei Dienststellen gefordert werden muß, obgleich der Wortlaut insoweit undeutlich ist (wie hier auch *Neumann/Pahlen* § 24 Rn. 10). Die Entscheidung über die Zusammenfassung trifft der AG im Benehmen mit der zuständigen Hauptfürsorgestelle (S. 5).

6 Zu wählen ist mindestens ein **Vertrauensmann/Vertrauensfrau** und ein **Stellvertreter.** Damit wird – unabhängig von der Zahl der beschäftigten Schwerbehinderten – nur eine Vertretung durch eine einzelne Person und **nicht** ein **Kollegialorgan** vorgesehen. Durch die Bestellung von Stellvertretern darf die Schwerbehindertenvertretung nicht faktisch zu einem Kollegialorgan gemacht werden. Dies wird für Großbetriebe in § 25 I 3 vorsichtig modifiziert.

7 **Wahlberechtigt** sind alle im Betrieb oder der Dienststelle **beschäftigten Schwerbehinderten.** Unmaßgeblich ist die Dauer der Beschäftigung ebenso wie der Zeitpunkt des Eintritts in den Betrieb oder die Dienststelle. Auch dann, wenn der Umfang der Beschäftigung unter den Grenzen des § 7 III liegt, also ein Arbeitsplatz iSd. SchwbG nicht gegeben ist, besteht die Wahlberechtigung. Entscheidend ist also allein das Schutzbedürfnis der tatsächlich beschäftigten Schwerbehinderten. Wahlberechtigt sind deshalb sogar Schwerbehinderte, die im Betrieb oder der Dienststelle nicht in einem Arbeitsverhältnis

III. Persönliche Rechtsstellung der Mitglieder §§ 23–29 SchwbG 530

beschäftigt sind, wie dies etwa in den Fällen des § 7 II Nr. 2 und 3 der Fall ist (so auch *Neumann/ Pahlen* § 24 Rn. 24 u. allg. Meinung). **Wählbar sind solche im Betrieb oder der Dienststelle Beschäftigten,** die am Wahltag diesem/dieser mindestens 6 Monate angehören und das 18. Lebensjahr vollendet haben. Durch die Mindestbeschäftigungsdauer sollen Kontinuität und Beständigkeit erreicht werden. Auf den Umfang der Beschäftigung kommt es allerdings nicht an, so daß auch ein geringfügig Beschäftigter wählbar ist. Der Vertrauensmann/die Vertrauensfrau muß nicht selbst schwerbehindert sein. Ansonsten gelten die allgemeinen Vorschriften über die Nichtwählbarkeit zu den Betriebs-, Personal-, Richter und Staatsanwaltsräten; für die Bundeswehr gelten entsprechende Regelungen.

Die **Wahl, die alle vier Jahre** zu einem Termin zwischen dem 1. 10. und dem 30. 11. stattzufinden 8 hat, ist geheim und unmittelbar und richtet sich nach den Grundsätzen der Mehrheitswahl. **Wahlschutz** und **Wahlkosten** richten sich nach dem BetrVG bzw. dem Personalvertretungsrecht sowie dem Recht der Richterrats- und Staatsanwaltsratswahl (§ 24 VI 2). Deshalb genießen auch hier Wahlbewerber und Wahlvorstand den Kündigungsschutz nach § 15 III KSchG. Ebenfalls wird für die Wahlanfechtung auf die Regelungen für die anderen Intereßenvertretungen verwiesen.

Bei **gröblicher Verletzung der Amtspflichten** kann der Widerspruchsausschuß bei der Haupt- 9 fürsorgestelle auf Antrag eines Viertels der wahlberechtigten Schwerbehinderten das Amt eines Vertrauensmannes oder einer Vertrauensfrau für erloschen erklären (§ 24 VIII 5). Interessant ist hier, daß die Entscheidung nicht das Arbeitsgericht, sondern die Hauptfürsorgestelle trifft und weder der AG noch der Betriebs- oder Personalrat und auch nicht die Hauptfürsorgestelle das Recht zur Einleitung des Verfahrens haben.

§ 25 befaßt sich mit den **Aufgaben der Schwerbehindertenvertretung** und stellt zunächst anknüp- 10 fend an § 23 fest, daß es Aufgabe der Schwerbehindertenvertretung wie auch der anderen Interessenvertretungen der AN, Beamten und Richter ist, vor allem die Eingliederung Behinderter zu fördern. Die Aufgaben, die mit der allgemeinen Interessenvertretung von Betriebs-, Personalrat usw. abgestimmt und in Einklang gebracht werden müssen, lassen sich in ihrer Ausgestaltung durch § 25 als beratende, helfende und interessenvertretende Tätigkeit charakterisieren.

Die Aufgabe der Förderung der Eingliederung Schwerbehinderter beschränkt sich nicht auf die im 11 Betrieb oder der Dienststelle bereits tätigen Schwerbehinderten, sondern bezieht sich **allgemein auf die soziale Gruppe der Schwerbehinderten.** Diese so allgemein umschriebenen **Aufgaben** werden in § 25 I 2 im einzelnen **konkretisiert.** Die Aufgabe besteht damit vor allem in der Überwachung der Vorschriften zugunsten der Schwerbehinderten, der Beantragung von Maßnahmen, die den Schwerbehinderten dienen und der Übermittlung und ggf. Umsetzung von Anregungen und Beschwerden von Schwerbehinderten.

Der AG hat die Schwerbehindertenvertretung in allen Angelegenheiten, die einzelne Schwerbehin- 12 derte oder die Gesamtheit der Schwerbehinderten betreffen, rechtzeitig und umfassend zu unterrichten und vor einer Entscheidung zu hören. **Unterrichtungs- und anhörungspflichtig** sind insb. **Einstellung, Versetzung, Umgruppierung und Kündigung von Schwerbehinderten,** daneben aber auch alle anderen sie betreffenden Maßnahmen des AG. Für den Fall der **Verletzung des Unterrichtungs- und Anhörungsrechts** durch den AG sieht das SchwbG keine der Situation im BetrVG vergleichbaren Sanktionen vor. Nach § 25 II 2 ist jedoch die Durchführung oder Vollziehung einer Entscheidung auszusetzen, die ohne die Beteiligung nach § 25 II 1 erfolgt ist. Der AG muß dann innerhalb von 7 Tagen die Beteiligung nachholen. Auf die Aussetzung besteht ein Rechtsanspruch (*Fuchs/Stähler* § 25 Anm. 2).

Jedem AN ist das Recht auf Einsicht in seine Personalakte unbenommen. § 25 III ergänzt dies um 13 das Recht des Schwerbehinderten, bei der Einsicht die **Schwerbehindertenvertretung hinzuziehen.** Diese Regelung knüpft an § 83 BetrVG an.

Ein in der Praxis bedeutsames Recht der Schwerbehindertenvertretung ist die Teilnahme an allen 14 Sitzungen der Betriebs-, Personal-, Richter-, Staatsanwalts- oder Präsidialräte sowie deren Ausschüsse. Die Schwerbehindertenvertretung hat hier zwar nur **beratende Funktion,** kann aber in den Sitzungen ihren besonderen Sachverstand einbringen und die Interessen der Schwerbehinderten zum Ausdruck bringen. Sie kann auch beantragen, Angelegenheiten, die einzelne Schwerbehinderte oder die Schwerbehinderten als Gruppe besonders betreffen, auf die Tagesordnung der nächsten Sitzung zu setzen.

In **Anlehnung an die Betriebsversammlung** und die Personalversammlung sieht § 25 VI die **Ver-** 15 **sammlung der Schwerbehinderten** vor. Anders als dort besteht aber keine Verpflichtung zur Abhaltung der Versammlung. Im übrigen gelten die Regelungen zur Betriebs- und Personalversammlung entsprechend. Diese Versammlung besteht aus den Schwerbehinderten und den ihnen Gleichgestellten. An der Versammlung können der AG oder ein von ihm Beauftragter sowie Vertreter der Gewerkschaften und AGVerbände (§ 46 BetrVG, § 52 BPersVG), wegen ihrer besonderen Funktion im Rahmen des SchwbG auch Vertreter des Arbeitsamtes und der Hauptfürsorgestelle teilnehmen.

III. Persönliche Rechtsstellung der Mitglieder

Bei der Regelung über die persönliche Rechtsstellung der Mitglieder der Schwerbehindertenvertre- 16 tung **knüpft** das Gesetz an die Regelungen über die **Rechtsstellung der Mitglieder der Betriebs- und**

Personalräte an. Die **Gleichbehandlung** der Mitglieder der Schwerbehindertenvertretung mit den Mitgliedern der anderen betrieblichen Interessenvertretungen hat zur Folge, daß **sich Unterschiede zwischen Betriebsverfassungsrecht und Personalvertretungsrecht** insofern auswirken, als für Schwerbehindertenvertretungen in Dienststellen die Regelungen der PersVG und für solche in Betrieben die des BetrVG gelten. Deshalb hat ein bei einem AG der öffentlichen Hand tätiger freigestellter Vertrauensmann der Schwerbehinderten ebenso Anspruch auf eine monatliche Aufwandsentschädigung wie ein freigestelltes Personalratsmitglied (BAG 14. 8. 1986 NZA 1987, 277).

17   Anders als das BetrVG und die PersVG sieht das SchwbG **keine generelle Freistellung** des Vertrauensmannes oder der Vertrauensfrau nach einem bestimmten Schema vor, wie dies etwa in § 38 BetrVG vorgesehen ist. Die Freistellung erfolgt nur, wenn und soweit dies zur Durchführung der Arbeiten der Schwerbehindertenvertretung erforderlich ist. Dabei ist es unbenommen, in der Praxis eine völlige Freistellung vorzunehmen, wenn dies wegen der Fülle der zu erledigenden Aufgaben geboten ist. Das SchwbG gibt insoweit eine individuelle Vorgehensweise vor. Für den Nachteilsausgleich bei Freistellung wird an § 38 IV BetrVG angeknüpft. Beim Ausgleich für Tätigkeiten der Mitglieder der Schwerbehindertenvertretung **außerhalb der Arbeitszeit** knüpft § 26 VI an § 37 III BetrVG und § 46 II BPersVG an.

18   Angesichts des Umstandes, daß der Vertrauensmann bzw. die Vertrauensfrau aufgrund ihrer Tätigkeit sowohl über die persönlichen Verhältnisse von Beschäftigten als auch vom Amts wegen über **Betriebs- und Geschäftsgeheimnisse** Kenntnis erlangen, ist in § 26 VII eine Geheimhaltungspflicht vorgesehen. Die Geheimhaltungspflicht gilt auch nach Ausscheiden aus dem Amt. Aus Gründen der Praktikabilität und der erforderlichen Zusammenarbeit und gerechtfertigt durch eine korrespondierende Geheimhaltungspflicht gilt diese Pflicht **nicht gegenüber den Vertrauensmännern und -frauen in den Stufenvertretungen (§ 27) sowie gegenüber allen Stellen, die in § 79 I BetrVG und den entsprechenden Regelungen des BPersVG und den Personalvertretungsgesetzen der Länder genannt sind.** Gegenüber der Hauptfürsorgestelle und der Bundesanstalt für Arbeit gilt die Geheimhaltungspflicht nur eingeschränkt, und zwar soweit, wie deren Aufgaben dem Schwerbehinderten gegenüber es erfordern. Deshalb dürfen diesen in aller Regel Betriebs- oder Geschäftsgeheimnisse nicht offenbart werden. Die Verletzung der Geheimhaltungspflicht ist nach **§ 69 strafrechtlich sanktioniert.**

19   Die Regelungen über Kosten sowie räumliche und sächliche Mittel (§ 26 VIII und IX) entsprechen denen des BetrVG (§ 40). Die Kosten sind nur dann **vom AG zu tragen,** wenn sie für die Tätigkeit der Schwerbehindertenvertretung notwendig sind. Dabei bringt § 26 IX zum Ausdruck, daß die Schwerbehindertenvertretung grundsätzlich die Infrastruktur der allgemeinen betrieblichen Interessenvertretung mitbenutzen soll.

IV. Stufenvertretungen

20   Sowohl im Betriebsverfassungsrecht als auch im Personalvertretungsrecht sind sog. **Stufenvertretungen** vorgesehen (§§ 47 ff. BetrVG und §§ 53 ff. BPersVG). Um auf diesen Ebenen auch einen Ansprechpartner für die Belange der Schwerbehinderten zu haben, ist es sinnvoll, auch für die Schwerbehinderten derartige Stufenvertretungen vorzusehen. Lediglich auf Konzernebene, wo im Betriebsverfassungsrecht der KonzernBR errichtet werden kann (§§ 54 ff. BetrVG), ist eine entsprechende Schwerbehindertenvertretung nicht vorgesehen, da der Gesetzgeber davon ausgegangen ist, daß sich auf dieser Ebene kaum ein Betätigungsfeld für eine solche Vertretung ergeben würde.

21   Die Gesamtschwerbehindertenvertretung findet ihre **Entsprechung im GesamtBR** (§§ 47 ff. BetrVG) und im **Gesamtpersonalrat** (§§ 55 f. BPersVG) und wird gebildet, wenn auf dieser Ebene diese Stufenvertretungen bestehen. Sind solche nicht errichtet, kann auch keine Gesamtschwerbehindertenvertretung errichtet werden, da eine solche Vertretung, die zu den betrieblichen Interessenvertretungen eine komplementäre Funktion hat, anderenfalls nicht sinnvoll ist. Die Gesamtschwerbehindertenvertretung wird **gewählt von den Schwerbehindertenvertretungen der einzelnen Betriebe oder Dienststellen.** Anders als im Betriebsverfassungsrecht erfolgt hier **nicht lediglich** eine Entsendung. Die **Aufgaben** der Gesamtschwerbehindertenvertretung beziehen sich einerseits auf Angelegenheiten, die das Gesamtunternehmen oder mehrere Betriebe oder Dienststellen betreffen. Daneben und abweichend vom Betriebsverfassungsrecht ist die Gesamtschwerbehindertenvertretung auch zuständig für die allgemeine Wahrung der Belange der Schwerbehinderten, wenn in einem Betrieb eine Schwerbehindertenvertretung nicht gewählt worden ist. Die Gesamtschwerbehindertenvertretung kann einmal jährlich eine Versammlung der Schwerbehindertenvertretungen einberufen. Die **Amtszeit** beträgt vier Jahre. Hinsichtlich der Einzelheiten ist auf § 24 VIII zu verweisen.

22   Bei der Bezirks- und Hauptschwerbehindertenvertretung handelt sich hier um die **Entsprechung zu den Bezirks- und Hauptpersonalräten** nach § 53 BPersVG und betrifft deshalb nur den öffentlichen Dienst und damit die Personalvertretung nach dem BPersVG oder den entsprechenden Landesgesetzen. Entsprechendes gilt für die Bezirks- und Hauptschwerbehindertenvertretung der Richter.

V. Beauftragter des Arbeitgebers

Nach § 28 ist jeder AG zur Bestellung eines Beauftragten für Angelegenheiten der Schwerbehin- 23
derten verpflichtet, **unabhängig davon, ob** eine Schwerbehindertenvertretung besteht oder ob der
AG **beschäftigungspflichtig** ist. Es ist lediglich erforderlich, daß er überhaupt einen Schwerbehinderten beschäftigt. Die Pflicht trifft den AG als solchen, so daß nur ein Beauftragter zu bestimmen ist,
auch wenn der AG mehrere Betriebe hat. Es obliegt allein dem **AG**, zu entscheiden, **wen er als
Beauftragten** bestellt. Er kann ihn auch jederzeit wieder abberufen und an Weisungen binden. Er
kann sich auch selber benennen, da der Beauftragte Vertreter des AG ist (wie hier *Neumann/Pahlen*
§ 28 Rn. 3; aA *Cramer* § 28 Rn. 4, der dies nur bei Kleinbetrieben zulassen will). Die Verpflichtung
nach dieser Vorschrift ist nicht sanktioniert.

Siebenter Abschnitt. Fortfall des Schwerbehindertenschutzes

§ 38 Erlöschen des Schwerbehindertenschutzes

(1) Der gesetzliche Schutz Schwerbehinderter erlischt mit dem Wegfall der Voraussetzungen nach § 1; wenn sich der Grad der Behinderung auf weniger als 50 verringert, jedoch erst am Ende des dritten Kalendermonats nach Eintritt der Unanfechtbarkeit des die Verringerung feststellenden Bescheides.

(2) ¹Der gesetzliche Schutz Gleichgestellter erlischt mit dem Widerruf oder der Rücknahme der Gleichstellung. ²Der Widerruf der Gleichstellung ist zulässig, wenn die Voraussetzungen nach § 2 weggefallen sind. ³Er wird erst am Ende des dritten Kalendermonats nach Eintritt seiner Unanfechtbarkeit wirksam.

(3) Bis zum Erlöschen des gesetzlichen Schutzes werden die Behinderten dem Arbeitgeber auf die Pflichtplatzzahl angerechnet.

§ 39 Entziehung des Schwerbehindertenschutzes

(1) ¹Einem Schwerbehinderten, der einen zumutbaren Arbeitsplatz ohne berechtigten Grund zurückweist oder aufgibt oder sich ohne berechtigten Grund weigert, an einer berufsfördernden Maßnahme zur Rehabilitation teilzunehmen, oder sonst durch sein Verhalten seine Eingliederung in Arbeit und Beruf schuldhaft vereitelt, kann die Hauptfürsorgestelle im Benehmen mit dem Landesarbeitsamt die Vorteile dieses Gesetzes zeitweilig entziehen. ²Dies gilt auch für Gleichgestellte.

(2) ¹Vor der Entscheidung nach Absatz 1 muß der Schwerbehinderte gehört werden. ²In der Entscheidung muß die Frist bestimmt werden, für die sie gilt. ³Die Frist läuft vom Tage der Entscheidung an und darf nicht mehr als 6 Monate betragen. ⁴Die Entscheidung ist dem Schwerbehinderten bekanntzugeben.

1. Normzweck. Korrespondierend mit der positiven Feststellung der Schwerbehinderteneigenschaft 1
sieht das Gesetz in den §§ 38 und 39 den **Fortfall** und die **Entziehung** des Schwerbehindertenschutzes
vor. § 38 betrifft dabei den Fall des späteren Wegfalls der Voraussetzungen für die Anerkennung der
Schwerbehinderteneigenschaft bzw. der Gleichstellung nach § 2, während durch § 39 Mitwirkungspflichten des Schwerbehinderten sanktioniert werden.

2. Erlöschen des Schwerbehindertenschutzes. Fällt die Voraussetzung für die Schwerbehin- 2
teneigenschaft weg, so endet der Schwerbehindertenschutz kraft Gesetzes, ohne daß es eines Feststellungsbescheides bedarf. Sinkt der Grad der Behinderung unter 50, so sind die Voraussetzungen für
die Annahme einer Schwerbehinderteneigenschaft weggefallen, so daß danach in Konsequenz der
Schwerbehindertenschutz erlöschen muß. § 38 konzentriert sich deshalb auf die Wirkungen des Erlöschens. So wird eine Auslauffrist von drei Monaten gewährt, um der betreffenden Person ausreichend Zeit zur Umstellung zu geben.

Bei **Gleichgestellten** endet diese Eigenschaft nicht automatisch mit Wegfall der Voraussetzungen; es 3
bedarf vielmehr einer Rücknahme oder eines Widerrufs der Gleichstellung. Auch hier ist aber eine
Auslauf- oder Schonfrist vorgesehen. Mit den Begriffen des Widerrufs und der Rücknahme wird auf
§ 47 I 1 SGB X (Widerruf eines rechtmäßigen begünstigenden VA) und § 45 SGB X (Rücknahme
eines rechtswidrigen begünstigenden VA) Bezug genommen.

Abs. 3 zieht die Konsequenzen aus der Auslauffrist für die Frage der **Beschäftigungspflicht** des 4
AG und bejaht die **Anrechenbarkeit** bis zum Erlöschen des gesetzlichen Schutzes.

3. Entziehung des Schwerbehindertenschutzes. § 39 macht deutlich, daß der Schwerbehinderte 5
nicht nur Rechte, sondern auch **Pflichten** hat. Wer deshalb seine Integration erschwert oder behin-

dert, soll durch die Möglichkeit eines zeitweiligen Entzugs des Schwerbehindertenschutzes zur Erfüllung seiner Pflichten angehalten werden.

6   Eine Entziehung kann erfolgen, wenn der Schwerbehinderte **einen ihm angebotenen Arbeitsplatz zurückweist oder aufgibt;** die Vorschrift lehnt sich insoweit an § 144 SGB III an, der für diese Fälle die Verhängung von Sperrzeiten vorsieht. Diese Parallele zu § 144 SGB III läßt sich auch in den anderen Fällen ziehen. Im Unterschied dazu ist jedoch hier keine vorherige Belehrung über die Rechtsfolgen vorgesehen. Andererseits ist hier der Schwerbehinderte vor einer Entscheidung anzuhören. Die Entscheidung wird von der Hauptfürsorgestelle im Benehmen mit dem Landesarbeitsamt getroffen.

Neunter Abschnitt. Sonstige Vorschriften

§ 44 Vorrang der Schwerbehinderten

Verpflichtungen zur bevorzugten Einstellung und Beschäftigung bestimmter Personenkreise nach anderen Gesetzen entbinden den Arbeitgeber nicht von der Verpflichtung zur Beschäftigung Schwerbehinderter nach diesem Gesetz.

1   Durch diese Vorschrift soll klargestellt werden, daß die **Beschäftigungspflicht nach dem SchwbG ohne Rücksicht darauf zu erfüllen ist**, ob auch nach anderen gesetzlichen Vorschriften eine **Verpflichtung zur bevorzugten Einstellung und Beschäftigung** bestimmter Personenkreise gegeben ist. Dies bedeutet entgegen der Gesetzesüberschrift keinen allgemeinen Vorrang der Beschäftigung Schwerbehinderter, da die Verpflichtung des AG durch die Zahl der Pflichtarbeitsplätze nach oben begrenzt ist und der Schwerbehinderte kein subjektives Recht auf Einstellung gegenüber dem AG hat. Auch diese Vorschrift begründet deshalb keine subjektiven Rechte des Schwerbehinderten gegen einen AG. Die Vorschrift gilt auch für die Gleichgestellten iSd. § 2.

§ 45 Arbeitsentgelt und Dienstbezüge

(1) ¹Bei der Bemessung des Arbeitsentgelts und der Dienstbezüge aus einem bestehenden Beschäftigungsverhältnis dürfen Renten und vergleichbare Leistungen, die wegen der Behinderung bezogen werden, nicht berücksichtigt werden. ² Vor allem ist es unzulässig, sie ganz oder teilweise auf das Arbeitsentgelt oder die Dienstbezüge anzurechnen.

(2) Absatz 1 gilt nicht für Zeiträume, in denen die Beschäftigung tatsächlich nicht ausgeübt wird und die Vorschriften über die Gewährung der Rente oder der vergleichbaren Leistung eine Anrechnung oder ein Ruhen vorsehen, wenn Arbeitsentgelt oder Dienstbezüge gezahlt werden.

1   1. **Normzweck.** Sinn dieser Vorschrift ist es zu verhindern, daß die einem Schwerbehinderten gerade **wegen seiner gesundheitlichen Beeinträchtigung gewährten Leistungen** auf sein Arbeitsentgelt angerechnet werden. Der Schwerbehinderte soll vor der Ausnutzung seiner zumeist schwächeren Stellung auf dem Arbeitsmarkt geschützt werden. Zugleich ist die Regelung eine Konsequenz daraus, daß aus den gesundheitlichen Beeinträchtigungen, die zur Schwerbehinderteneigenschaft geführt haben, nicht notwendig auch auf eine damit korrespondierende Minderleistungsfähigkeit geschlossen werden kann.

2   2. **Einzelerläuterungen.** Die Norm ist deshalb **unabdingbar.** Von ihr kann weder durch TV noch durch Einzelvertrag zuungunsten des Schwerbehinderten abgewichen werden.

3   Als **wegen der Behinderung bezogene Leistungen** kommen Leistungen der sozialen Entschädigung (insb. nach dem BVG), der gesetzlichen Unfallversicherung, der gesetzlichen Rentenversicherung (Renten wegen verminderter Erwerbsfähigkeit) und Leistungen aus Zusatzversorgungssystemen in Betracht. Entscheidend ist, daß für die Entstehung dieser Leistungen die Behinderung die wesentliche Ursache war; deshalb kommt eine Altersrente nicht in Betracht, wohl aber das vorgezogene Altersruhegeld für Schwerbehinderte (§ 37 SGB VI). Unter Arbeitsentgelt sind alle im Zusammenhang mit einem Arbeitsverhältnis gewährten Leistungen zu verstehen, die als Gegenleistung für die geleistete Arbeit oder fürsorgerisch geleistet werden (*Cramer* Rn. 5).

4   Das Anrechnungsverbot gilt nur für **Arbeitsentgelt oder Dienstbezüge aus einem bestehenden Arbeitsverhältnis.** Diese Einschränkung ist durch das 2. Haushaltsstrukturgesetz von 1981 eingeführt worden. Werden deshalb Leistungen erst nach Beendigung des Arbeitsverhältnisses fällig und sollen sie für Zeiten nach Beendigung des Arbeitsverhältnisses gezahlt werden, so greift das Anrechnungsverbot nicht. Damit wird eine Anrechnung von Renten auf Übergangsgelder ermöglicht, die nach Ausscheiden aus dem Dienst- oder Arbeitsverhältnis gewährt werden. Diese Änderung ist vom BAG für verfassungsrechtlich unbedenklich gehalten worden (BAG 21. 8. 1984 NZA 1985, 739). Weiterhin gilt

ein Anrechnungsverbot für Leistungen auch nach beendetem Arbeitsverhältnis, wenn § 83 BVG greift.

Durch Abs. 2 wird dem Umstand Rechnung getragen, daß es bei einem **tarifvertraglich verlänger-** 5 **ten Bezug von Krankenbezügen nach BAT** zu einer Kollision mit Renten wegen Erwerbsunfähigkeit kommen kann. Eine Regelung, die den Anspruch auf Krankenbezüge auf zwei Monate beschränkte, wenn der AN eine Rente wegen Erwerbsunfähigkeit bezieht, verstieß deshalb gegen das Anrechnungsverbot (BAG 28. 3. 1984 NZA 1984, 126), was den Gesetzgeber zu einer die Anrechnung ermöglichenden Regelung veranlaßte.

Vom Anrechnungsverbot zu unterscheiden ist die Zulässigkeit sog. **Minderleistungsklauseln**, die 6 eine Lohnminderung bei verringerter Leistungsfähigkeit vorsehen. Derartige Klauseln sind zulässig (BAG 10. 7. 1991 NZA 1992, 27).

§ 46 Mehrarbeit

Schwerbehinderte sind auf ihr Verlangen von Mehrarbeit freizustellen.

Mit dieser Vorschrift soll die Leistungsfähigkeit der Schwerbehinderten erhalten bleiben und sie **vor** 1 **Überbeanspruchung geschützt** werden. Sie gilt für alle Schwerbehinderten und ihnen Gleichgestellten in allen Beschäftigungs- und Dienstverhältnissen. Aus der Vorschrift ergibt sich kein Verbot der Mehrarbeit, sondern nur ein Anspruch auf Befreiung von Mehrarbeit. Mehrarbeit im Sinne dieser Vorschrift ist die über die normale gesetzliche Arbeitszeit hinaus geleistete Arbeit, nicht aber die über die individuelle Arbeitszeit des Schwerbehinderten hinausgehende tägliche Arbeitszeit (BAG 8. 11. 1989 NZA 1990, 309).

§ 47 Zusatzurlaub

¹ Schwerbehinderte haben Anspruch auf einen bezahlten zusätzlichen Urlaub von 5 Arbeitstagen im Urlaubsjahr; verteilt sich die regelmäßige Arbeitszeit des Schwerbehinderten auf mehr oder weniger als 5 Arbeitstage in der Kalenderwoche, erhöht oder vermindert sich der Zusatzurlaub entsprechend. ² Soweit tarifliche, betriebliche oder sonstige Urlaubsregelungen für Schwerbehinderte einen längeren Zusatzurlaub vorsehen, bleiben sie unberührt.

Der Vorschrift liegt der Gedanke zugrunde, daß ein **behinderter AN seine Arbeitskraft schneller** 1 **als ein gesunder verbraucht** und soll die verbliebene Arbeitskraft sichern und erhalten. Eine im konkreten Fall gegebene Erholungsbedürftigkeit ist nicht erforderlich (BAG 9. 10. 1979 NJW 1980, 285). Die Vorschrift gilt nicht für Gleichgestellte; § 2 II nimmt § 47 ausdrücklich aus.

Der Anspruch besteht bei **objektivem Vorliegen der Schwerbehinderteneigenschaft**. Die förm- 2 liche Anerkennung ist nicht erforderlich. Der AN muß lediglich den Anspruch unter Berufung auf seine Schwerbehinderteneigenschaft geltend machen (BAG 28. 1. 1982 DB 1982, 1329).

Der Zusatzurlaub tritt zu dem nach allgemeinen Regeln zu gewährenden Erholungsurlaub 3 hinzu und wird deshalb nur dann und **insoweit erworben, wie ein Hauptanspruch auf Erholungsurlaub entstanden** ist, so daß auch für den vollen Zusatzurlaub die Wartezeit zurückzulegen ist (*Neumann/Pahlen* Rn. 10; GK-SchwbG/*Großmann* Rn. 49). Auch im übrigen unterliegt der Anspruch auf Zusatzurlaub den allgemeinen Grundsätzen des Urlaubsrechts, soweit nicht in § 47 etwas besonderes bestimmt ist. Dabei ist die Ungewißheit über das Ergebnis des Feststellungsverfahrens des Versorgungsamts nach § 4 kein in der Person des AN liegender Übertragungsgrund (BAG 21. 2. 1995 NZA 1995, 1008).

Ein Anspruch auf den **vollen Zusatzurlaub** besteht auch dann, wenn erst **im Laufe des Kalender-** 4 **jahres die Schwerbehinderung** entsteht oder anerkannt wird (BAG 21. 2. 1995 NZA 1995, 746). Bei Ausscheiden innerhalb eines Kalenderjahres bleibt der Zusatzurlaub vom tarifvertraglichen Zwölftelungsprinzip unberührt, da es sich hier um einen gesetzlichen Urlaubsanspruch handelt, dessen Gehalt durch TV nicht geändert werden kann. Ein in der zweiten Jahreshälfte nach Erfüllung der Wartezeit ausscheidender AN hat deshalb nach § 5 I Buchst. c BUrlG Anspruch auf den vollen Jahresurlaub (BAG 8. 3. 1994 NZA 1994, 1095).

§ 48 Nachteilsausgleich

(1) Die Vorschriften über Hilfen für Behinderte zum Ausgleich behinderungsbedingter Nachteile oder Mehraufwendungen (Nachteilsausgleich) sind so zu gestalten, daß sie der Art oder Schwere der Behinderung Rechnung tragen, und zwar unabhängig von der Ursache der Behinderung.

(2) Nachteilsausgleiche, die auf Grund bisher geltender Rechtsvorschriften gewährt werden, bleiben unberührt.

1 Die Vorschrift hat **Programmcharakter** und richtet sich an den Gesetzgeber selbst, diese Ziele zu verfolgen. Sie richtet sich insofern auch an die zuständigen Stellen, denen die Aufgabe obliegt, das positive Recht diesem Programmsatz entsprechend fortzubilden (*Cramer* Rn. 3).

§ 49 Beschäftigung Schwerbehinderter in Heimarbeit

(1) Schwerbehinderte, die in Heimarbeit beschäftigt oder diesen gleichgestellt sind (§ 1 Abs. 1 und 2 des Heimarbeitsgesetzes) und in der Hauptsache für den gleichen Auftraggeber arbeiten, werden auf die Pflichtplätze dieses Auftraggebers angerechnet.

(2) ¹Für in Heimarbeit beschäftigte und diesen gleichgestellte Schwerbehinderte wird die in § 29 Abs. 2 des Heimarbeitsgesetzes festgelegte Kündigungsfrist von 2 Wochen auf 4 Wochen erhöht; die Vorschrift des § 29 Abs. 7 des Heimarbeitsgesetzes ist sinngemäß anzuwenden. ²Der besondere Kündigungsschutz der Schwerbehinderten im Sinne des Vierten Abschnitts gilt auch für die in Satz 1 genannten Personen.

(3) ¹Die Bezahlung des zusätzlichen Urlaubs der in Heimarbeit beschäftigten oder diesen gleichgestellten Schwerbehinderten erfolgt nach den für die Bezahlung ihres sonstigen Urlaubs geltenden Berechnungsgrundsätzen. ²Sofern eine besondere Regelung nicht besteht, erhalten die Schwerbehinderten als zusätzliches Urlaubsgeld 2 vom Hundert des in der Zeit vom 1. Mai des vergangenen bis zum 30. April des laufenden Jahres verdienten Arbeitsentgelts ausschließlich der Unkostenzuschläge.

(4) ¹Schwerbehinderte, die als fremde Hilfskräfte eines Hausgewerbetreibenden oder eines Gleichgestellten beschäftigt werden (§ 2 Abs. 6 des Heimarbeitsgesetzes) können auf Antrag eines Auftraggebers auch auf dessen Pflichtplätze angerechnet werden, wenn der Arbeitgeber in der Hauptsache für diesen Auftraggeber arbeitet. ²Wird einem Schwerbehinderten im Sinne des Satzes 1, dessen Anrechnung das Arbeitsamt zugelassen hat, durch seinen Arbeitgeber gekündigt, weil der Auftraggeber die Zuteilung von Arbeit eingestellt oder die regelmäßige Arbeitsmenge erheblich herabgesetzt hat, so ist der Auftraggeber verpflichtet, dem Arbeitgeber die Aufwendungen für die Zahlung des regelmäßigen Arbeitsverdienstes an den Schwerbehinderten bis zur rechtmäßigen Lösung seines Arbeitsverhältnisses zu erstatten.

(5) Werden fremde Hilfskräfte eines Hausgewerbetreibenden oder eines Gleichgestellten (§ 2 Abs. 6 des Heimarbeitsgesetzes) einem Auftraggeber gemäß Absatz 4 auf seine Pflichtplätze angerechnet, so hat der Auftraggeber die dem Arbeitgeber nach Absatz 3 entstehenden Aufwendungen zu erstatten.

(6) Die den Arbeitgeber nach § 13 Abs. 1 und 3 treffenden Verpflichtungen gelten auch für Personen, die Heimarbeit ausgeben.

1 **1. Normzweck.** Mit dieser Vorschrift werden auch in **Heimarbeit** beschäftigte Schwerbehinderte in den **Schutzbereich des Gesetzes** einbezogen. Diese Regelung war erforderlich, da die Auftraggeber der Heimarbeiter als solche keine AG sind, denn sie verfügen nicht über Arbeitsplätze iSd. § 7. Die Heimarbeiter sind auch nicht AN, sondern nur arbeitnehmerähnliche Personen. Diese Vorschrift ist praktisch bedeutsam, da nicht wenige Schwerbehinderte angesichts ihrer Behinderung auf Heimarbeit angewiesen sind.

2 **2. Einzelerläuterungen.** Für den **Begriff des Heimarbeiters** ist auf § 2 I HAG Bezug zu nehmen. Erfaßt werden neben den Heimarbeitern auch die diesen nach § 2 II HAG Gleichgestellten, also insbesondere die Hausgewerbetreibenden. Erfasst von der Vorschrift werden **Schwerbehinderte und ihnen nach § 2 Gleichgestellte.**

3 Abs. 1 sieht lediglich vor, daß Schwerbehinderte, die in Heimarbeit oder dem gleichgestellt beschäftigt sind, **auf die Pflichtplätze des Auftraggebers angerechnet** werden. Eine **Beschäftigungspflicht der Auftraggeber von Heimarbeitern** ist nicht vorgesehen. Deshalb sind Auftraggeber nur dann beschäftigungspflichtig, wenn sie über Arbeitsplätze nach § 7 iuS verfügen. Heimarbeitsplätze rechnen also bei der Berechnung der Pflichtzahl nicht mit; der AG kann lediglich seiner Beschäftigungspflicht auch durch Beschäftigung von Heimarbeitern genügen. Um angerechnet werden zu können, muß der Heimarbeiter „in der Hauptsache" für den gleichen Auftraggeber arbeiten, womit der Auftraggeber gemeint ist, der den Heimarbeiter ausschließlich oder überwiegend beschäftigt (*Neumann/Pahlen* Rn. 16 mwN). Nicht maßgebend ist, daß der Behinderte seinen Lebensunterhalt überwiegend aus dem Beschäftigungsverhältnis bezieht (BAG 27. 9. 1974 AP BetrVG 1972 § 6 Nr. 1). Bei Tätigkeit des Heimarbeiters für mehrere Auftraggeber muß eine Abwägung stattfinden.

4 Abs. 2 überträgt den **Sonderkündigungsschutz für Schwerbehinderte auf die Beschäftigung in Heimarbeit,** indem er die Kündigungsfrist nach § 29 II HAG von 2 auf 4 Wochen erhöht. Durch die Verweisung auf § 29 VII HAG wird klargestellt, daß der Heimarbeiter für die Dauer der Kündigungsfrist Anspruch auf Arbeitsentgelt in der bisherigen Höhe behält. Im übrigen wird auf den Sonderkündigungsschutz in vollem Umfang verwiesen.

Zum **Zusatzurlaub** wird ebenfalls grundsätzlich auf die allgemeinen Regelungen des SchwbG – hier 5
§ 47 – verwiesen. § 49 II regelt nur die besondere Berechnung der Bezahlung dieses Zusatzurlaubs.
Der Verweis bedeutet, daß sich die Berechnung nach den für den Erholungsurlaub geltenden Grundsätzen richtet.

Abs. 4 und 5 tragen der Besonderheit **der Beschäftigung von Hilfskräften durch Hausgewerbe-** 6
treibende Rechnung. Da sich hier zwei miteinander verknüpfte Rechtsverhältnisse ergeben, die dazu
führen, daß ein Hausgewerbetreibender für einen Auftraggeber tätig wird und selbst wiederum Hilfskräfte beschäftigt, mußte eine Regelung über die Anrechnung auf die Pflichtplätze getroffen werden,
die § 49 I modifiziert. In diesem Fall kann sich der Auftraggeber des Hausgewerbetreibenden die
Arbeitsplätze der Hilfskräfte auf seine Pflichtplätze anrechnen lassen. Dies ist sinnvoll, da davon
auszugehen ist, daß der Hausgewerbetreibende nicht beschäftigungspflichtig sein wird und so Anreize
geschaffen werden, Arbeitsplätze für Behinderte in diesem Bereich zu schaffen. Die Anrechnung
erfolgt auf Antrag und hat auch zur Konsequenz, daß den Auftraggeber des Hausgewerbetreibenden
dann eine Pflicht zur Erstattung des vom Hausgewerbetreibenden an die Hilfskraft bis zur rechtmäßigen Lösung des Arbeitsverhältnisses zu zahlenden Arbeitsentgelts trifft, wenn er die Zuteilung von
Arbeit eingestellt oder die Arbeitsmenge erheblich herabgesetzt hat. Der Auftraggeber muß dem
Hausgewerbetreibenden dann auch das an den Schwerbehinderten gezahlte Urlaubsentgelt erstatten.

Abs. 6 erlegt die **Verzeichnispflicht und die Auskunftspflicht nach § 13, nicht aber auch die** 7
Meldepflicht nach § 13 II dem auf, der Heimarbeit ausgibt. Daß eine Meldpflicht nicht besteht,
erklärt sich aus der fehlenden Beschäftigungspflicht.

Zehnter Abschnitt. Förderung von Werkstätten für Behinderte

§ 54 Begriff der Werkstatt für Behinderte

(1) ¹ Die Werkstatt für Behinderte ist eine Einrichtung zur Eingliederung Behinderter in das
Arbeitsleben. ² Sie hat denjenigen Behinderten, die wegen Art oder Schwere der Behinderung
nicht, noch nicht oder noch nicht wieder auf dem allgemeinen Arbeitsmarkt beschäftigt werden
können,
1. eine angemessene berufliche Bildung und eine Beschäftigung zu einem ihrer Leistung angemessenen Arbeitsentgelt aus dem Arbeitsergebnis anzubieten und
2. zu ermöglichen, ihre Leistungsfähigkeit zu entwickeln, zu erhöhen oder wiederzugewinnen
und dabei ihre Persönlichkeit weiterzuentwickeln.
³ Sie muß über ein möglichst breites Angebot an Arbeitstrainings- und Arbeitsplätzen sowie über
qualifiziertes Personal und einen begleitenden Dienst verfügen.

(2) ¹ Die Werkstatt steht allen Behinderten im Sinne des Absatzes 1 unabhängig von Art oder
Schwere der Behinderung offen, sofern erwartet werden kann, daß sie spätestens nach Teilnahme
an Maßnahmen im Arbeitstrainingsbereich wenigstens ein Mindestmaß wirtschaftlich verwertbarer Arbeitsleistung erbringen werden. ² Dies ist nicht der Fall bei Behinderten, bei denen trotz
einer der Behinderung angemessenen Betreuung eine erhebliche Selbst- oder Fremdgefährdung
zu erwarten ist oder das Ausmaß der erforderlichen Betreuung und Pflege die Teilnahme an
Maßnahmen im Arbeitstrainingsbereich oder sonstige Umstände ein Mindestmaß wirtschaftlich
verwertbarer Arbeitsleistung im Arbeitsbereich dauerhaft nicht zulassen.

(3) Behinderte, die die Voraussetzungen für eine Beschäftigung in einer Werkstatt nicht erfüllen, sollen in Einrichtungen oder Gruppen betreut und gefördert werden, die der Werkstatt
angegliedert sind.

§ 54 a Aufnahme in die Werkstatt für Behinderte

(1) ¹ Anerkannte Werkstätten haben diejenigen Behinderten aus ihrem Einzugsgebiet, die die
Aufnahmevoraussetzungen gemäß § 54 Abs. 2 erfüllen, aufzunehmen, wenn Leistungen durch
die Sozialleistungsträger gewährleistet sind oder die Behinderten die Kosten selbst übernehmen;
die Möglichkeit zur Aufnahme in eine andere anerkannte Werkstatt nach Maßgabe des § 3 des
Bundessozialhilfegesetzes oder entsprechenden Regelungen bleibt unberührt. ² Die Verpflichtung
zur Aufnahme gilt unabhängig von
1. der Ursache der Behinderung,
2. der Art der Behinderung, wenn in dem Einzugsgebiet keine besondere Werkstatt für Behinderte für diese Behinderungsart vorhanden ist, und
3. der Schwere der Behinderung, der Minderung der Leistungsfähigkeit und einem besonderen
Bedarf an Förderung, begleitender Betreuung oder Pflege.

(2) Die Verpflichtung, die Behinderten in der Werkstatt zu beschäftigen, besteht, solange die Aufnahmevoraussetzungen nach Absatz 1 vorliegen.

§ 54 b Rechtsstellung und Arbeitsentgelt Behinderter

(1) Behinderte im Arbeitsbereich anerkannter Werkstätten stehen, wenn sie nicht Arbeitnehmer sind, zu den Werkstätten in einem arbeitnehmerähnlichen Rechtsverhältnis, soweit sich aus dem zugrundeliegenden Sozialleistungsverhältnis nichts anderes ergibt.

(2) [1] Die Werkstätten sind verpflichtet, aus ihrem Arbeitsergebnis an die im Arbeitsbereich beschäftigten Behinderten ein Arbeitsentgelt zu zahlen. [2] Das Arbeitsentgelt soll sich aus einem Grundbetrag in Höhe des Ausbildungsgeldes, das die Bundesanstalt für Arbeit nach den für sie geltenden Vorschriften Behinderten im Arbeitstrainingsbereich zuletzt leistet, und, soweit das Arbeitsergebnis die Zahlung zuläßt, einem leistungsangemessenen Steigerungsbetrag zusammensetzen. [3] Der Steigerungsbetrag ist nach der individuellen Arbeitsleistung der Behinderten zu bemessen, insbesondere unter Berücksichtigung von Arbeitsmenge und Arbeitsgüte.

(3) Der Inhalt des arbeitnehmerähnlichen Rechtsverhältnisses ist unter Berücksichtigung des zwischen den Behinderten und dem Sozialleistungsträger bestehenden Sozialleistungsverhältnisses durch Werkstattverträge zwischen den Behinderten und dem Träger der Werkstatt näher zu regeln.

§ 54 c Mitwirkung

(1) Die in § 54 b Abs. 1 genannten Behinderten wirken unabhängig von ihrer Geschäftsfähigkeit durch Werkstatträte in den ihre Interessen berührenden Angelegenheiten der Werkstatt mit.

(2) [1] Ein Werkstattrat wird in Werkstätten sowie in Zweigwerkstätten mit mehr als 20 wahlberechtigten Behinderten gewählt; er setzt sich aus mindestens drei Mitgliedern zusammen. [2] In Zweigwerkstätten mit bis zu 20 wahlberechtigten Behinderten tritt an die Stelle des Werkstattrates ein Sprecher oder eine Sprecherin.

(3) Wahlberechtigt zum Werkstattrat sind alle in § 54 b Abs. 1 genannten Behinderten; von ihnen sind die Behinderten wählbar, die am Wahltag seit mindestens sechs Monaten in der Werkstatt beschäftigt sind.

(4) Das Bundesministerium für Arbeit und Sozialordnung bestimmt durch Rechtsverordnung mit Zustimmung des Bundesrates im einzelnen die Fragen, auf die sich die Mitwirkung erstreckt, die Zusammensetzung und die Amtszeit des Werkstattrates, die Durchführung der Wahl, insbesondere die Feststellung der Wahlberechtigung und der Wählbarkeit sowie Art und Umfang der Mitwirkung.

(5) Die Werkstätten für Behinderte unterrichten die gesetzlichen Vertreter und Betreuer von Behinderten im Arbeitsbereich einmal im Kalenderjahr in einer Eltern- und Betreuerversammlung in angemessener Weise über die Angelegenheiten der Werkstatt, auf die sich die Mitwirkung erstreckt, und hören sie dazu an.

§ 55 Anrechnung von Aufträgen auf die Ausgleichsabgabe

(1) [1] Arbeitgeber, die durch Aufträge an anerkannte Werkstätten für Behinderte zur Beschäftigung Behinderter beitragen, können 50 vom Hundert des auf die Arbeitsleistung der Werkstatt entfallenden Rechnungsbetrages solcher Aufträge (Gesamtrechnungsbetrag abzüglich Materialkosten) auf die Ausgleichsabgabe anrechnen. [2] Bei Weiterveräußerung von Erzeugnissen anderer anerkannter Werkstätten für Behinderte ist die von diesen erbrachte Arbeitsleistung zu berücksichtigen. [3] Die Werkstätten haben das Vorliegen der Anrechnungsvoraussetzungen in der Rechnung zu bestätigen.

(2) Voraussetzung für die Anrechnung ist, daß
1. die Aufträge innerhalb des Jahres, in dem die Verpflichtung zur Zahlung der Ausgleichsabgabe entsteht, von der Werkstatt für Behinderte ausgeführt und vom Auftraggeber bis spätestens 31. März des Folgejahres vergütet werden und
2. es sich nicht um Aufträge handelt, die Träger einer Gesamteinrichtung an Werkstätten für Behinderte vergeben, die rechtlich unselbständige Teile dieser Einrichtung sind.

(3) Bei der Vergabe von Aufträgen an Zusammenschlüsse anerkannter Werkstätten für Behinderte gilt Absatz 2 entsprechend.

§ 56 Vergabe von Aufträgen durch die öffentliche Hand

(1) Aufträge der öffentlichen Hand, die von den Werkstätten für Behinderte ausgeführt werden können, sind bevorzugt diesen Werkstätten anzubieten.

(2) Der Bundesminister für Wirtschaft erläßt hierzu im Einvernehmen mit dem Bundesminister für Arbeit und Sozialordnung allgemeine Richtlinien.

§ 57 Anerkennungsverfahren

(1) ¹ Werkstätten für Behinderte, die eine Vergünstigung im Sinne dieses Abschnitts in Anspruch nehmen wollen, bedürfen der Anerkennung. ² Die Entscheidung über die Anerkennung trifft auf Antrag die Bundesanstalt für Arbeit im Einvernehmen mit dem überörtlichen Träger der Sozialhilfe. ³ Die Bundesanstalt für Arbeit führt ein Verzeichnis der anerkannten Werkstätten für Behinderte. ⁴ In dieses Verzeichnis sind auch Zusammenschlüsse anerkannter Werkstätten für Behinderte aufzunehmen.

(2) Die Bundesregierung bestimmt durch Rechtsverordnung mit Zustimmung des Bundesrates das Nähere über den Begriff und die Aufgaben der Werkstatt für Behinderte, die für sie geltenden fachlichen Anforderungen, die Aufnahmevoraussetzungen, den Begriff und die Verwendung des Arbeitsergebnisses und das Verfahren zur Anerkennung als Werkstatt für Behinderte.

(3) *(aufgehoben)*

§ 58 Blindenwerkstätten

Die §§ 55 und 56 sind auch zugunsten von Blindenwerkstätten im Sinne des Blindenwarenvertriebsgesetzes vom 9. April 1965 (BGBl. I S. 311), zuletzt geändert durch Gesetz vom 25. Juli 1984 (BGBl. I S. 1008), anzuwenden.

I. Allgemeines

Der Schwerpunkt der Regelungen des SchwbG liegt auf der Eingliederung der Schwerbehinderten 1 in den allgemeinen Arbeitsmarkt. Das SchwbG muß aber auch dem Umstand Rechnung tragen, daß es Schwerbehinderte gibt, die trotz aller fördernden und schützenden Maßnahmen und Regelungen des Schwerbehindertenrechts aufgrund der **Besonderheit oder Schwere ihrer Behinderung dauernd oder zeitweilig keinen Zugang zum allgemeinen Arbeitsmarkt** finden. Für diesen Personenkreis ist deshalb mit den Werkstätten für Behinderte eine Einrichtung geschaffen worden, die ihnen berufliche Bildung und Hilfen zur Eingliederung oder Wiedereingliederung in das allgemeine Erwerbsleben gewährt und zugleich eine Beschäftigung zu einem ihrer Leistung angemessenen Arbeitsentgelt aus dem Arbeitsergebnis anbietet.

In § 54 werden dabei die **Werkstätten für Behinderte definiert und Aufgaben, Zielsetzung und** 2 **erfaßter Personenkreis bezeichnet.** Diesen Werkstätten werden dann nach dem Zehnten Abschnitt des SchwbG Vergünstigungen gewährt, die sie in die Lage versetzen, ihre in § 54 umschriebenen Aufgaben zu erfüllen. Um sicherzustellen, daß die Werkstätten, die diese Vergünstigungen in Anspruch nehmen, auch den Voraussetzungen genügen, sieht § 57 ein Anerkennungsverfahren durch die Bundesanstalt für Arbeit vor.

Das System der Vergünstigungen besteht insbesondere darin, daß Aufträge, die an Werkstätten für 3 Behinderte vergeben werden, **auf die Ausgleichsabgabe angerechnet werden können** (§ 55). Die öffentliche Hand wird durch § 56 verpflichtet, Aufträge, die durch Werkstätten für Behinderte ausgeführt werden können, bevorzugt an diese zu vergeben. Dieses System der Vergünstigungen, nicht aber die sonstigen Vorschriften gelten auch für Blindenwerkstätten.

Die §§ 54 a bis c regeln die **Rechtsstellung der Behinderten** und befassen sich mit deren Aufnahme 4 in die Werkstatt, deren Arbeits- und sonstigen Bedingungen sowie der Mitwirkung innerhalb der Werkstatt.

II. Konzeption und Anforderungen an Werkstätten für Behinderte

Mit den Werkstätten für Behinderte wird versucht, **zwei Zielsetzungen konzeptionell miteinander** 5 **zu verbinden.** Zum einen geht es um die Konzeption der Eingliederung Behinderter in das Arbeitsleben und zum anderen um mehr auf Beschäftigungs- und Arbeitstherapie sowie soziale Eingliederung gerichtete Maßnahmen. Dies hat zur Folge, daß sich innerhalb der Werkstatt typischerweise insoweit unterschiedlich strukturierte Gruppen von Schwerbehinderten befinden. Es soll aber die Bildung verschiedener Gruppen von Werkstätten für Behinderte vermieden und für Durchlässigkeit innerhalb der Werkstätten gesorgt werden.

6   Die Aufgabe der Werkstatt für Behinderte besteht darin, eine **angemessene berufliche Bildung und eine Beschäftigung** zu einem der Leistung der Behinderten angemessenen Arbeitsentgelt aus dem Arbeitsergebnis anzubieten und es diesem Personenkreis zu ermöglichen, seine Leistungsfähigkeit zu entwickeln, zu erhöhen oder wiederzugewinnen und dabei die Persönlichkeit weiterzuentwickeln. Grob läßt sich die Aufgabenstellung als **Kombination aus beruflicher und sozialer Rehabilitation** charakterisieren.

7   Von der Konzeption der Werkstätten für Behinderte werden diejenigen **Schwerbehinderten erfaßt, die grundsätzlich in das allgemeine Arbeitsleben eingegliedert werden können,** aber wegen der Schwere oder Art ihrer Behinderung nicht, noch nicht oder noch nicht wieder auf dem allgemeinen Arbeitsmarkt beschäftigt werden können. Die Behinderten müssen also grds. beruflich rehabilitationsfähig sein, wobei es als untere Grenze ausreicht, daß sie in den Stand gesetzt werden, im Arbeitsbereich der Werkstatt tätig werden zu können (vgl. dazu näher *Cramer* Werkstätten § 54 Rn. 5 ff.).

8   Daraus folgt, daß gewisse **Grundanforderungen an die Aufnahme von Behinderten** in die Werkstätten gestellt werden müssen, die näher in § 54 II konkretisiert worden sind. Dabei wird insb. ein Mindestmaß an verwertbarer Arbeitsleistung verlangt; darüber hinaus darf keine erhebliche Selbst- oder Fremdgefährdung zu erwarten sein und die erforderliche Pflege und Betreuung muß mit der Funktion und Funktionsfähigkeit der Werkstatt für Behinderte vereinbar sein. Ausreichend für die Aufnahme ist ein Minimum an Arbeitsleistung, ohne daß es auf die Wirtschaftlichkeit der Arbeitsleistung ankäme (BSG 7. 12. 1983 BSGE 34, 387). Die Fähigkeit, ein Mindestmaß an wirtschaftlich verwertbarer Arbeitsleistung zu erbringen, muß nicht schon bei Aufnahme gegeben sein; es darf aber zum Zeitpunkt der Aufnahme nicht die negative Prognose gegeben sein, daß auch nach Teilnahme an den Rehabilitationsmaßnahmen der Schwerbehinderte nicht in der Lage ist, ein Mindestmaß an wirtschaftlich verwertbarer Arbeit zu erbringen.

9   Für **Behinderte, die diese Voraussetzungen nicht erfüllen,** bleiben die Werkstätten für Behinderte aber nur indirekt verschlossen, da § 54 II vorsieht, daß sie in Einrichtungen oder Gruppen betreut oder gefördert werden, die der Werkstatt angegliedert sind.

10 Die Werkstätten gliedern sich in einen **Arbeitstrainingsbereich** und einen **Arbeitsbereich.** Im Arbeitstrainingsbereich werden die berufsfördernden Bildungsmaßnahmen und Maßnahmen der sozialen Eingliederung vorgenommen, während der Arbeitsbereich idealiter Arbeitsplätze auf Zeit bis zur Wiedereingliederung in das allgemeine Arbeitsleben zur Verfügung stellt. In der Realität stellt der Arbeitsbereich für den Großteil der in den Werkstätten befindlichen Behinderten einen Dauerarbeitsplatz dar. Der Arbeitsbereich ist typischerweise entsprechend der Art und Schwere der Behinderung differenziert. Auch hier werden Maßnahmen der sozialen Eingliederung durchgeführt.

11 Die Anforderungen an die Werkstätten werden im **Anerkennungsverfahren nach § 57** geprüft. Die Dritte Verordnung zur Durchführung des Schwerbehindertengesetzes (Werkstättenverordnung Schwerbehindertengesetz – SchwbWV) v. 13. 8. 1980 (BGBl. I S. 1365) regelt die Einzelheiten hinsichtlich Anforderungen und Verfahren.

III. Aufnahme in die Werkstatt für Behinderte

12 Der durch Gesetz vom 23. 7. 1996 (BGBl. I S. 1088) neu eingefügte § 54a schafft eine **Pflicht für die Werkstätten für Behinderte, solche Behinderten aufzunehmen, die die Aufnahmevoraussetzungen gemäß § 54 II erfüllen.** Diese Pflicht ist als **Rechtsanspruch** des Behinderten gegen die Werkstatt für Behinderte seines Einzugsgebietes ausgestaltet. Begrenzt ist dieser Anspruch auf diejenigen Behinderten, die zu ihrer Eingliederung in das Arbeitsleben auf einen Platz in der Werkstatt für Behinderte angewiesen sind; dies wird durch den Verweis auf § 54 II deutlich gemacht. Für den in § 54 III genannten Personenkreis besteht ein solcher Anspruch also nicht. Durch § 54a II wird deutlich gemacht, daß sie auch einen Anspruch auf Verbleib in der Werkstatt haben, soweit die Aufnahmevoraussetzungen weiterbestehen.

13 Als **Voraussetzungen** für die Aufnahme legt die Vorschrift fest, daß die Finanzierung des Aufenthalts entweder durch einen Sozialleistungsträger oder aus eigenen Mittel gewährleistet sein muß. Als **Negativ-Voraussetzung** wird deutlich gemacht, daß die Werkstatt die Aufnahme weder – was selbstverständlich ist – von der Ursache noch aber – weniger selbstverständlich – von der Art und Schwere der Behinderung abhängig machen darf. So wird vermieden, daß Werkstätten eine Selektion nach der Leistungsfähigkeit der Behinderten vornehmen oder bestimmte Behindertengruppen im Einzugsgebiet keinen Zugang zu einer Werkstatt finden. Sofern es um die Art der Behinderung geht, sieht das Gesetz aber eine Ausnahme vor, sofern im Einzugsgebiet eine besondere Werkstatt für Behinderte vorhanden ist, die den Besonderheiten einer bestimmten Behinderung oder bestimmter Arten von Behinderungen Rechnung trägt. § 54a I 2. Halbs. verweist auf die Möglichkeit der Aufnahme in andere anerkannte Werkstätten für Behinderte und bezieht sich dabei insbesondere auf § 3 BSHG, der dem sozialhilferechtlichen Individualisierungsgrundsatz Rechnung trägt. Damit bleibt es dem Behinderten unbenommen, in eine andere Werkstatt für Behinderte zu gehen, die seinen Anforderungen und Bedürfnissen sowie Wünschen besser Rechnung trägt; ein Rechtsanspruch gegen diese anderen Werkstätten auf Aufnahme ist aber aus der Vorschrift nicht herzuleiten.

IV. Rechtsstellung und Arbeitsentgelt Behinderter

Mit § 54 b wird die **Rechtsstellung Behinderter in Werkstätten für Behinderte geregelt.** Behinderte können in der Werkstatt im sog. Arbeitsbereich tätig sein, also in einem eher arbeitsvertraglichen Verhältnis stehen. Der Arbeitstrainingsbereich ist mehr der Berufsausbildung zuzuordnen. Zu berücksichtigen ist weiter, daß ein Teil der in den Werkstätten tätigen Behinderten nicht oder nur beschränkt geschäftsfähig ist und zum Teil – insbesondere im Fall des § 54 III – auch zu einer echten Arbeitsleistung nicht in der Lage ist. Daraus haben sich in der Vergangenheit Probleme hinsichtlich der **Anwendbarkeit des Arbeitsrechts** in den Werkstätten ergeben.

§ 54 b I entledigt sich dieser Aufgabe dadurch, daß er sich auf den **Arbeitsbereich konzentriert** und für ihn eine Regelung trifft. Die Vorschrift unterscheidet dabei zwischen AN und arbeitnehmerähnlichen Personen, ohne allerdings zwischen beiden eine Abgrenzung vorzunehmen; es wird lediglich deutlich, daß derjenige, der nicht als AN qualifiziert werden kann, jedenfalls als arbeitnehmerähnliche Person anzusehen ist. Mit dieser Regelung wollte der Gesetzgeber ausweislich der amtlichen Begründung deutlich machen, daß auf dieses Rechtsverhältnis die arbeitsrechtlichen Regelungen und Grundsätze entsprechend anwendbar sind (BT-Drucks. 13/3904 S. 48). Damit aber wird der **Begriff der arbeitnehmerähnlichen Person,** der ohnehin äußerst schillernd ist, in einer neuartigen Dimension verwandt. Herkömmlich findet auf arbeitnehmerähnliche Personen das Arbeitsrecht grundsätzlich keine Anwendung (s. nur *Schaub* § 9 II 1 a), wenn sie als Dienstleistende verstanden werden, die mangels persönlicher Abhängigkeit keine AN, aber wegen ihrer wirtschaftlichen Abhängigkeit keine Unternehmer sind. Diese Personengruppe kann hier aber offenkundig nicht gemeint sein. Vielmehr wollte der Gesetzgeber hiermit wohl die Behinderten in den Werkstätten erfassen, die in gleicher persönlicher und wirtschaftlicher Abhängigkeit wie AN nicht alle Tatbestandsvoraussetzungen für die Arbeitnehmereigenschaft aufweisen. Als AN will die Vorschrift wohl die ansehen, bei denen der Arbeitsleistung, die von Maßnahmen der Betreuung und Förderung begleitet wird, im Vordergrund steht, während Arbeitnehmerähnlichkeit im Sinne dieser Vorschrift dann anzunehmen ist, wenn die Maßnahmen der Betreuung und Förderung im Vordergrund stehen (ähnlich *v. Maydell/Eylert* RdA 1981, 153). Dies wird im Einzelfall schwer abzugrenzen sein. Der Gesetzgeber ist insoweit offenbar dem Vorschlag *Pünnels* (AuR 1987, 104) gefolgt, ohne allerdings einen Hinweis für die Abgrenzung zu geben. Die vielfach geforderte **Klärung der Abgrenzungsfrage** (s. etwa *Pünnel* AuR 1987, 104) ist **nicht erfolgt.**

Die Situation wird eher weiter verunklart durch die Regelung des Abs. 2, der die Werkstätten verpflichtet, **aus ihrem Arbeitsergebnis ein Arbeitsentgelt** an die im Arbeitsbereich beschäftigten Behinderten zu zahlen. Für die als AN zu qualifizierenden ist dies eine Selbstverständlichkeit, es fragt sich aber andererseits, ob auch für sie die Regelung über die Höhe des Arbeitsentgelts gelten soll. Dies wird man annehmen müssen, da die außerordentlich schwierige Unterscheidung zwischen AN und arbeitnehmerähnlicher Person in diesem Fall wohl kaum vom Betreiber der Werkstatt erwartet werden kann. Zudem spricht der Wortlaut des Abs. 2 nur von den im Arbeitsbereich tätigen Behinderten, ohne zwischen AN und arbeitnehmerähnlichen Personen zu unterscheiden. Hinsichtlich der Höhe des Arbeitsentgelts wird auf das sog. Ausbildungsgeld iSd. § 104 SGB III verwiesen.

Wiederum deutlich nur die arbeitnehmerähnlichen Personen spricht Abs. 3 an, der in Anknüpfung an § 13 SchwbWV eine **vertragliche Vereinbarung zwischen dem Träger der Werkstatt und dem Behinderten** fordert. Der Inhalt soll wohl darin bestehen, die Rechte und Pflichten zu umschreiben und zu konkretisieren und zwar unter Bezugnahme auf arbeitsrechtliche Regelungen und Rechtsgrundsätze. Der Verweis auf das zwischen den Behinderten und dem Sozialleistungsträger bestehende Sozialleistungsverhältnis bedeutet, daß sich etwa bei einem durch die Bundesanstalt für Arbeit im Rahmen der beruflichen Rehabilitation veranlaßten Aufenthalt des Behinderten in der Werkstatt für Behinderte aus der Besonderheit dieses Sozialleistungsverhältnisses zB erforderliche Regelungen hinsichtlich der Dauer und des Umfangs ergeben (vgl. etwa §§ 23 f. A-Reha). Keine klare Aussage trifft das Gesetz zu der Frage, wie das Rechtsverhältnis des als AN zu qualifizierenden Behinderten auszugestalten ist, da auch bei ihm ein Sozialleistungsverhältnis Grundlage für den Aufenthalt in der Werkstatt für Behinderte sein kann.

V. Mitwirkung

§ 54 c versucht der **Problematik Rechnung** zu tragen, die sich daraus ergibt, daß die in der Werkstatt tätigen Behinderten **je nach Einordnung als AN oder Nicht-AN wahlberechtigt und wählbar nach dem BetrVG für den BR sein können** (s. näher *v. Maydell/Eylert* RdA 1981, 148). Diese Frage ist von § 54 b nicht gelöst worden; vielmehr wird ein Werkstattrat geschaffen, durch den die Behinderten unabhängig von ihrer Geschäftsfähigkeit in den ihre Interessen berührenden Angelegenheiten mitwirken. Weder bei der Wahlberechtigung noch bei der Wählbarkeit ist eine Einschränkung hinsichtlich der Geschäftsfähigkeit vorgesehen. Das Nähere soll durch eine Verordnung geregelt werden, die aber bisher – soweit ersichtlich – noch nicht ergangen ist.

19 Für die **gesetzlichen Vertreter und Betreuer** ist eine Eltern- und Betreuerversammlung einmal jährlich einzuberufen und über die Angelegenheiten der Werkstatt in geeigneter Weise zu unterrichten.

20 Nicht geklärt ist durch § 54 c die **Frage des Wahlrechts oder der Wählbarkeit Behinderter zum BR**. Hierzu liegt auch bisher noch keine höchstrichterliche Entscheidung des BAG vor. Werden die Behinderten unter § 54 a als AN qualifiziert, so sind sie grundsätzlich wahlberechtigt nach § 7 BetrVG – ihre Geschäftsfähigkeit vorausgesetzt. Allerdings besteht weitgehend Einigkeit darüber, daß Behinderte und Betreuer nicht demselben Betrieb angehören, da die arbeitstechnische Zwecksetzung bei beiden verschieden ist (v. *Maydell/Eylert* RdA 1981, 148; *Schaub* § 186 VII 5 b).

540. Sozialgesetzbuch (SGB). Drittes Buch (III)
– Arbeitsförderung –

Vom 24. März 1997 (BGBl. I S. 594)

Zuletzt geändert durch Gesetz vom 27. Juni 2000 (BGBl. I S. 910)

(BGBl. III/FNA 860-3)

Vorbemerkung

Die nachfolgende Kommentierung entspricht dem SGB III in der Fassung durch das Gesetz zur Berücksichtigung von Entlassungsentschädigungen im Arbeitsförderungsrecht (Entlassungsentschädigungs-Änderungsgesetz – EEÄndG) vom 24. 3. 1999 (BGBl. I S. 396). § 140 SGB III ist aufgehoben worden. Es gilt jetzt der neu eingefügte § 143 a Ruhen des Anspruchs bei Entlassungsentschädigung. § 143 a entspricht weitgehend dem früheren § 117 II bis IV AFG. Die Begriffe „Abfindung, Entschädigung oder ähnliche Leistung" sind ersetzt worden durch das Wort „Entlassungsentschädigung". Die Höhe der Entgeltersatzleistung ist geändert worden. Außerdem ist neu eingefügt worden § 147 a. Die Vorschrift entspricht weitgehend dem früheren § 128 AFG. Für die Übergangszeit kann eine Neuberechnung beantragt werden. Die Übergangsvorschrift des § 427 VI lautet: „§ 242 x Abs. 3 und 4 des Arbeitsförderungsgesetzes in der bis zum 31. Dezember 1997 geltenden Fassung ist weiterhin anzuwenden, soweit es um die Anwendung des § 106 des Arbeitsförderungsgesetzes in der bis zum 31. März 1997 geltenden Fassung geht. Insofern ist § 127 nicht anzuwenden. Ist ein Anspruch auf Arbeitslosengeld, der in der Zeit vom 1. April 1997 bis 31. März 1999 entstanden ist, die Vorschrift des § 115 a Arbeitsförderungsgesetz in der bis zum 31. Dezember 1997 geltenden Fassung oder des des § 140 in der bis zum 31. März 1999 geltenden Fassung angewendet worden, so ist auf Antrag des Arbeitnehmers über den Anspruch insoweit rückwirkend neu zu entscheiden. Dabei ist anstelle des § 115 a Arbeitsförderungsgesetz in der bis zum 31. Dezember 1997 geltenden Fassung oder des § 140 in der bis zum 31. März geltenden Fassung § 143 a in der ab dem 1. April 1999 geltenden Fassung anzuwenden".

Von den späteren Änderungen des SGB III – zB durch das 2. und 3. SGB III-ÄnderungsG – sind die hier erläuterten Vorschriften nicht betroffen.

§ 143 Ruhen des Anspruchs bei Arbeitsentgelt und Urlaubsabgeltung

(1) Der Anspruch auf Arbeitslosengeld ruht während der Zeit, für die der Arbeitslose Arbeitsentgelt erhält oder zu beanspruchen hat.

(2) [1] Hat der Arbeitslose wegen Beendigung des Arbeitsverhältnisses eine Urlaubsabgeltung erhalten oder zu beanspruchen, so ruht der Anspruch auf Arbeitslosengeld für die Zeit des abgegoltenen Urlaubs. [2] Der Ruhenszeitraum beginnt mit dem Ende des die Urlaubsabgeltung begründenden Arbeitsverhältnisses.

(3) [1] Soweit der Arbeitslose die in den Absätzen 1 und 2 genannten Leistungen (Arbeitsentgelt im Sinne des § 115 des Zehnten Buches) tatsächlich nicht erhält, wird das Arbeitslosengeld auch für die Zeit geleistet, in der der Anspruch auf Arbeitslosengeld ruht. [2] Hat der Arbeitgeber die in den Absätzen 1 und 2 genannten Leistungen trotz des Rechtsübergangs mit befreiender Wirkung an den Arbeitslosen oder an einen Dritten gezahlt, hat der Bezieher des Arbeitslosengeldes dieses insoweit zu erstatten.

I. Einführung

§ 143 I entspricht dem früheren § 117 I AFG, § 143 II dem früheren § 117 Ia AFG und § 143 III 1 dem früheren § 117 IV AFG. Die frühere Rechtsprechung und Literatur zu § 117 I, Ia und IV AFG kann daher weiter verwandt werden. **§ 143** soll **Doppelzahlungen** von Leistungsentgelt und Arbeitslosengeld verhindern (*Gagel/Winkler* Rn. 2). Lohnersatzleistungen nach dem SGB III werden nicht benötigt, solange trotz Arbeitslosigkeit kein Verdienstausfall eintritt (KR/*Wolff* Rn. 8; *Hennig/Henke* Rn. 3; *Niesel/Düe* Rn. 2). **Für den Eintritt des Ruhens genügt die Existenz des Anspruchs.** Es ist nicht erforderlich, daß er auch erfüllt wird (*Gagel/Winkler* Rn. 4; *Hennig/Henke* Rn. 2; KR/*Wolff* § 117 AFG Rn. 6). Wird er nicht oder nicht rechtzeitig erfüllt, gilt die Gleichwohlregelung in Abs. 3.

Ruhen bedeutet, daß der Anspruch zwar besteht, daß er aber während des Ruhenszeitraums nicht mit Erfolg geltend gemacht werden kann. Das Stammrecht bleibt hiervon unberührt (BSG 3. 6. 1975 DBlR § 118 Nr. 1939a; *Niesel/Düe* Rn. 5). Die Dauer des Anspruchs auf Arbeitslosengeld wird nicht verbraucht. Die **Ruhensregelung** in § 143 **entzieht dem Versicherten nicht** den **Anspruch auf Arbeitslosengeld – der Anspruch erlischt nicht,** sondern bestimmt im Zusammenhang mit anderen Vorschriften erst den Eintritt der Versicherungsleistung (BSG 17. 2. 1981 SozR 4100 AFG § 119 Nr. 14). Das Einsetzen eines Anspruchs wird um die Ruhenszeit hinausgeschoben (*Gagel/Winkler* Rn. 6, 8. Nach Ablauf des Ruhens lebt der gesamte Anspruch wieder auf. § 143 gilt unmittelbar nur für Arbeitslosengeld. Die Vorschrift ist entsprechend anzuwenden auf die Arbeitslosenhilfe, § 198 I (vgl. zur Arbeitslosenhilfe H/B/K/P S. 113) und das Unterhaltsgeld, § 157 (*Gagel/Winkler* Rn. 3; vgl. zum Unterhaltsgeld H/B/K/P S. 569). Ruhen bedeutet, daß für den betreffenden Zeitraum kein Arbeitslosengeld zu zahlen ist.

2 § 143 regelt zwei Fallgruppen, die zu einem Ruhen führen:
– **Zahlung von Arbeitsentgelt:** Es führt nach Abs. 1 zum Ruhen während der Dauer des Arbeitsverhältnisses,
– **Zahlung einer Urlaubsabgeltung:** Sie führt nach Abs. 2 zum Ruhen für einen Zeitraum nach dem Ende des Arbeitsverhältnisses.

II. Ruhen nach Abs. 1

3 Das **Ruhen** des Anspruchs auf Arbeitslosengeld nach Abs. 1 ist **begrenzt auf die Zeit zwischen dem Ende der Beschäftigung und der rechtlichen Beendigung des Arbeitsverhältnisses** (*Gagel/Winkler* Rn. 7, 12; KR/*Wolff* § 117 AFG Rn. 8). **Was** zum **Arbeitsentgelt** gehört, ist **nach arbeitsrechtlichen Regelungen zu bestimmen** (*Niesel/Düe* Rn. 9). Der Ruhenszeitraum wird auf die Anspruchsdauer nicht angerechnet. Die Rechtsfolge des Ruhens nach Abs. 1 tritt nur ein, wenn die Voraussetzungen des Anspruchs auf Arbeitslosengeld erfüllt sind und der Arbeitnehmer Vergütungsansprüche für die Zeit der Arbeitslosigkeit hat (*Gagel/Winkler* Rn. 27; KR/*Wolff* § 117 AFG Rn. 11). Hauptfälle des Ruhens sind die der unwirksamen Kündigung (KR/*Wolff* § 117 AFG Rn. 13). Der AN hat hier regelmäßig einen Anspruch aus Annahmeverzug, §§ 615, 294 ff BGB. Abs. 1 erfaßt in der Praxis ebenso die Fälle, bei denen der AG sein Direktionsrecht nicht mehr in Anspruch nimmt (*Niesel/Düe* Rn. 8), so, wenn der AN zB vom AG wegen Zahlungsunfähigkeit freigestellt wird. Ein das Ruhen bewirkender Anspruch besteht auch, wenn der Entgeltanspruch durch andere Weise, zB **Aufrechnung,** erfüllt worden ist, so daß er nicht zur Auszahlung gelangt (vgl. BSG 18. 11. 1988 SozR 2100 AFG § 14 Nr. 7). Ein Ruhen tritt nicht ein, wenn dem Arbeitslosen kein Anspruch auf Arbeitsentgelt zusteht (BSG 22. 11. 1988 DBlR 3502a AFG § 65), zB wegen Nichterbringung der Leistung infolge Krankheit oder wegen schlechten Wetters, sofern eine entsprechende Regelung besteht (*Niesel/Düe* Rn. 10). Abs. 1 kommt hingegen bei mittelbar Streikbetroffenen und bei Freistellung wegen Zahlungsunfähigkeit des AG in Betracht.

4 Entgeltansprüche bestehen ebenso nicht, wenn zB eine außerordentliche Kündigung wirksam war oder wenn sich in einem bestehenden Arbeitsverhältnis der AG nicht in Annahmeverzug befand (BAG 28. 4. 1983 AP AFG § 117 Nr. 3). Ein Schadensersatzanspruch nach § 628 II BGB betrifft Ansprüche für die Zeit nach Beendigung eines Arbeitsverhältnisses. Er ist nicht nach Abs. 1, sondern nach Abs. 2 zu beurteilen (*Niesel/Düe* Rn. 10). Bei Leistungen, die für die Zeit nach dem Ende des Arbeitsverhältnisses gezahlt werden, ist zu prüfen, ob sie als Abfindungen zu qualifizieren sind.

5 Die **Zahlung des Arbeitsentgelts und** die von **Arbeitslosengeld** müssen sich für den Zeitraum, für den ein Ruhen nach Abs. 1 in Betracht kommt, **überschneiden** (*Niesel/Düe* Rn. 12). Abs. 1 erfaßt nicht die Lohn- und Gehaltsansprüche für Zeiten vor der tatsächlichen Beendigung der Beschäftigung (KR/*Wolff* § 117 AFG Rn. 12). Bei laufendem Lohn oder Gehalt ist der Zeitraum maßgebend, für den das Arbeitsentgelt geschuldet wird. Das ist die Zeitspanne, in der es erarbeitet worden wäre, wenn der AN beschäftigt worden wäre. Steht dem AN für die Zeit zwischen Ende der tatsächlichen Beschäftigung und dem Ende des Arbeitsverhältnisses kein Arbeitsentgelt zu, zB wegen Arbeitsunfähigkeit, wegen Beteiligung am Arbeitskampf, tritt kein Ruhen ein. Werden durch Vergleich Ansprüche auf Arbeitsentgelt erst rückwirkend begründet, treten die Wirkungen des Abs. 1 iVm. Abs. 3 und § 115 SGB X ebenfalls ein (*Gagel* § 117 AFG Rn. 40; *Hanau* AuR 1984, 335).

6 **Lohnnachzahlungen,** die andere Zeiträume betreffen, **Sonderzahlungen** uä. **werden von Abs. 1 nicht erfaßt.** Bestehen andere Lohn- oder Gehaltsansprüche über das Ende des Arbeitsverhältnisses hinaus, handelt es sich nicht um Arbeitsentgelt, sondern um eine Form der Abfindung, die in den Grenzen des § 143 zum Ruhen des Arbeitslosengeldes führt (BSG 14. 2. 1978 BSGE 46, 20, 32).

7 Da § 143 I Doppelleistungen verhindern will, **greift die Vorschrift nicht bei anspruchsvernichtenden Ereignissen,** die dazu führen, daß Lohnansprüche für eine rückwirkende Zeit nicht mehr bestehen, zB Anfechtung, verspätete Geltendmachung und Nichtwahrung einer Ausschlußfrist, Vergleich.

8 Den Arbeitsvertragsparteien steht die **Dispositionsfreiheit hinsichtlich des Endes des Arbeitsverhältnisses** zu. Besteht Streit über den Bestand und die Dauer des Arbeitsverhältnisses, sind die

Arbeitsvertragsparteien befugt, **im voraus** das Ende des Arbeitsverhältnisses mit der Folge zu bestimmen, daß Entgeltansprüche nicht mehr in Betracht kommen (vgl. im einzelnen *Gagel/Winkler* Rn. 20 ff.; HKHH § 117 AFG Rn. 6; *Niesel/Düe* Rn. 15). Wird in einem arbeitsgerichtlichen Vergleich das Ende des Arbeitsverhältnisses festgelegt, ist in der Regel davon auszugehen, daß bis zu diesem Zeitpunkt ein Lohnanspruch bestanden hat (KR/*Wolff* § 117 AFG Rn. 14). Die sozialversicherungsrechtlichen Vorschriften hindern die Arbeitsvertragsparteien hieran nicht, denn das Sozialrecht knüpft, soweit nicht Sonderregelungen bestehen, an legitime privatrechtliche Akte an (BAG 20. 8. 1980 AP LohnFG § 6 Nr. 14; BAG 17. 4. 1986 AP BGB § 615 Nr. 40; BSG 14. 2. 1978 BSGE 46, 20, 24). Anders ist es bei einer rechtsmißbräuchlichen Vertragsgestaltung.

Ist es **unstreitig, daß das Arbeitsverhältnis bestanden** hat, kann **nicht** mit Wirkung gegenüber 9 dem Sozialversicherungsträger nachträglich frei **über das Ende des Arbeitsverhältnisses verfügt werden** (*Gagel/Winkler* Rn. 21; HKHH § 117 AFG Rn. 4; *Niesel/Düe* Rn. 15). Soweit bereits Ansprüche auf die BAnstArb. nach § 115 SGB X oder auf andere Sozialversicherungsträger übergegangen sind, werden diese durch eine solche Vertragsgestaltung nicht berührt (KR/*Wolff* § 117 AFG Rn. 15). Das Ende des Arbeitsverhältnisses kann lediglich noch für die Zukunft mit Wirkung gegenüber der BAnstArb. vereinbart werden (BAG 23. 9. 1981 ZIP 1981, 1364; BAG 17. 4. 1986 AP BGB § 615 Nr. 40). Ist ein Verfahren durch **Urteil oder Vergleich** rechtskräftig abgeschlossen, können die Arbeitsvertragsparteien den Vergleich nicht zu Lasten der BAnstArb. rückwirkend durch Festlegung eines früheren Beendigungstermins ändern (BAG 17. 4. 1986 AP BGB § 615 Nr. 40; LAG Hamm 19. 2. 1988 NZA 1988, 773; *Gagel/Winkler* Rn. 25).

Unterliegt ein Arbeitsverhältnis dem KSchG und greift der AN eine fristlose Kündigung nicht an 10 oder nimmt er eine erhobene Klage zurück, **greifen die §§ 7, 13 KSchG**. Das Ende des Arbeitsverhältnisses kann mit Wirkung **gegenüber der BAnstArb. nicht abweichend** festgesetzt werden. Der Beendigungstermin wirkt auch gegenüber der BAnstArb. Der AN ist andererseits nicht verpflichtet, materiell-rechtlich ungerechtfertigte Kündigungen einer Kündigungsschutzklage anzugreifen (*Gagel* § 117 AFG Rn. 51). Können die Wirkungen des § 7 KSchG nicht eintreten, weil das Arbeitsverhältnis nicht dem KSchG unterliegt, kommt es für die Frage, ob Entgeltansprüche bestehen, allein auf die zu überprüfende Wirksamkeit der Kündigung an (BAG 29. 11. 1978 AP LohnFG § 6 Nr. 7;).

Nach §§ 9, 10 KSchG kann das Arbeitsverhältnis auf Antrag jeder der Vertragsparteien aufgelöst 11 werden. Die Auflösung erfolgt bei der ordentlichen Kündigung rückwirkend zu dem Zeitpunkt des Ablaufs der ordentlichen Kündigungsfrist, bei der außerordentlichen Kündigung bei entsprechendem Antrag zu dem Zeitpunkt des Ausspruchs der Kündigung. **Erfolgt** eine **Auflösung nach §§ 9, 10 KSchG**, ist dieser **Zeitpunkt** auch für das **Sozialrecht maßgebend**.

III. Ruhen wegen Urlaubsabgeltung, Abs. 2

Die **Regelung** in Abs. 2 **gilt nur für echte Urlaubsabgeltungen**, § 7 IV BUrlG (*Niesel/Düe* 12 Rn. 20). Das Arbeitsverhältnis ruht wegen einer Urlaubsabgeltung für den Zeitraum nach dem Ende des Arbeitsverhältnisses, der der Dauer des abzugeltenden Urlaubs entspricht. Das Arbeitsverhältnis wird aus sozialrechtlicher Sicht praktisch um die abzugeltenden Urlaubstage verlängert (KR/*Wolff* § 117 AFG Rn. 20). Die Zahlung der Urlaubsabgeltung muß wegen der Beendigung des Arbeitsverhältnisses erfolgt sein. Ob der AN einen Rechtsanspruch auf die Zahlung hatte, ist nicht erheblich. Entscheidend ist allein, daß eine Abgeltung tatsächlich an ihn gezahlt worden ist (BSG 29. 7. 1993 EzA AFG § 117 Nr. 9; *Niesel/Düe* Rn. 20). Erforderlich ist ein ursächlicher Zusammenhang zwischen der Leistung des Arbeitslosengeldes und der Beendigung des Beschäftigungsverhältnisses (KKMW § 117 AFG Rn. 10; *Niesel/Düe* Rn. 21). Ist in die Urlaubsabgeltung Urlaubsentgelt einbezogen, ist dies vorher abzuziehen, denn das Urlaubsentgelt bewirkt ein Ruhen nach Abs. 1. Der Ruhenszeitraum endet mit dem Ende des letzten (fiktiven) Urlaubstags.

Der Ruhenszeitraum läuft kalendermäßig ab, und zwar unabhängig davon, ob Arbeitslosengeld 13 beantragt ist oder nicht (HKHH § 117 AFG Rn. 3; *Niesel/Düe* Rn. 21). Das Ruhen kann nicht dadurch vermieden werden, daß der Arbeitslose auf seinen Urlaubsabgeltungsanspruch „verzichtet" (HKHH § 117 AFG Rn. 8).

Wegen der Regelung in Abs. 3, **Gleichwohlgewährung** und des **Anspruchsübergangs auf die** 14 **BAnstArb.**, vgl. § 143 a Rn. 29 ff.

§ 143 a Ruhen des Anspruchs bei Entlassungsentschädigung

(1) ¹Hat der Arbeitslose wegen der Beendigung des Arbeitsverhältnisses eine Abfindung, Entschädigung oder ähnliche Leistung (Entlassungsentschädigung) erhalten oder zu beanspruchen und ist das Arbeitsverhältnis ohne Einhaltung einer der ordentlichen Kündigungsfrist des Arbeitgebers entsprechenden Frist beendet worden, so ruht der Anspruch auf Arbeitslosengeld von dem Ende des Arbeitsverhältnisses an bis zu dem Tage, an dem das Arbeitsverhältnis bei Einhaltung dieser Frist geendet hätte. ²Diese Frist beginnt mit der Kündigung, die der Beendigung des Arbeitsverhältnisses vorausgegangen ist, bei Fehlen einer solchen Kündigung mit dem Tage der

Vereinbarung über die Beendigung des Arbeitsverhältnisses. ³ Ist die ordentliche Kündigung des Arbeitsverhältnisses durch den Arbeitgeber ausgeschlossen, so gilt bei
1. zeitlich unbegrenztem Ausschluß eine Kündigungsfrist von 18 Monaten,
2. zeitlich begrenztem Ausschluß oder bei Vorliegen der Voraussetzungen für eine fristgebundene Kündigung aus wichtigem Grund die Kündigungsfrist, die ohne den Ausschluß der ordentlichen Kündigung maßgebend gewesen wäre.
⁴ Kann dem Arbeitnehmer nur bei Zahlung einer Entlassungsentschädigung ordentlich gekündigt werden, so gilt eine Kündigungsfrist von einem Jahr. ⁵ Hat der Arbeitslose auch eine Urlaubsabgeltung (§ 143 Abs. 2) erhalten oder zu beanspruchen, verlängert sich der Ruhenszeitraum nach Satz 1 um die Zeit des abgegoltenen Urlaubs. ⁶ Leistungen, die der Arbeitgeber für den Arbeitslosen, dessen Arbeitsverhältnis frühestens mit Vollendung des 55. Lebensjahres beendet wird, unmittelbar für dessen Rentenversicherung nach § 187a Abs. 1 des Sechsten Buches aufwendet, bleiben unberücksichtigt. ⁷ Satz 6 gilt entsprechend für Beiträge des Arbeitgebers zu einer berufsständischen Versorgungseinrichtung.

(2) ¹ Der Anspruch auf Arbeitslosengeld ruht nach Absatz 1 längstens ein Jahr. ² Er ruht nicht über den Tag hinaus,
1. bis zu dem der Arbeitslose bei Weiterzahlung des während der letzten Beschäftigungszeit kalendertäglich verdienten Arbeitsentgelts einen Betrag in Höhe von sechzig Prozent der nach Absatz 1 zu berücksichtigenden Entlassungsentschädigung als Arbeitsentgelt verdient hätte,
2. an dem das Arbeitsverhältnis infolge einer Befristung, die unabhängig von der Vereinbarung über die Beendigung des Arbeitsverhältnisses bestanden hat, geendet hätte oder
3. an dem der Arbeitgeber das Arbeitsverhältnis aus wichtigem Grunde ohne Einhaltung einer Kündigungsfrist hätte kündigen können.
³ Der nach Satz 2 Nr. 1 zu berücksichtigende Anteil der Entlassungsentschädigung vermindert sich sowohl für je fünf Jahre des Arbeitsverhältnisses in demselben Betrieb oder Unternehmen als auch für je fünf Lebensjahre nach Vollendung des fünfunddreißigsten Lebensjahres um je fünf Prozent; er beträgt nicht weniger als fünfundzwanzig Prozent der nach Absatz 1 zu berücksichtigenden Entlassungsentschädigung. ⁴ Letzte Beschäftigungszeit sind die am Tage des Ausscheidens aus dem Beschäftigungsverhältnis abgerechneten Entgeltabrechnungszeiträume der letzten 52 Wochen; § 130 Abs. 2 und § 131 Abs. 2 Nr. 1 gelten entsprechend. ⁵ Arbeitsentgeltkürzungen infolge von Krankheit, Kurzarbeit, Arbeitsausfall oder Arbeitsversäumnis sowie einmalig gezahlte Arbeitsentgelte bleiben außer Betracht.

(3) Hat der Arbeitslose wegen Beendigung des Beschäftigungsverhältnisses unter Aufrechterhaltung des Arbeitsverhältnisses eine Entlassungsentschädigung erhalten oder zu beanspruchen, gelten die Absätze 1 und 2 entsprechend.

(4) ¹ Soweit der Arbeitslose die Entlassungsentschädigung (Arbeitsentgelt im Sinne des § 115 des Zehnten Buches) tatsächlich nicht erhält, wird das Arbeitslosengeld auch für die Zeit geleistet, in der der Anspruch auf Arbeitslosengeld ruht. ² Hat der Verpflichtete die Entlassungsentschädigung trotz des Rechtsübergangs mit befreiender Wirkung an den Arbeitslosen oder an einen Dritten gezahlt, hat der Bezieher des Arbeitslosengeldes dieses insoweit zu erstatten.

I. Ruhen wegen einer Entlassungsentschädigung, Abs. 1 und 2

1 1. § 143 a soll Doppelzahlungen von Leistungsentgelt und Arbeitslosengeld **verhindern**. § 147 a dient der **Vereitelung der Frühverrentung auf Kosten der Versichertengemeinschaft** (*Schaub* BB 1999, 1059, 1062). Der AG wird, soweit er für ein vorzeitiges Ausscheiden des AN die Verantwortung trägt, zur Erstattung herangezogen (*Rockstroh/Polduwe* DB 1999, 529, 530). § 143 a greift, wenn bei Beendigung des Arbeitsverhältnisses die ordentliche Kündigungsfrist nicht eingehalten wurde. Die jetzige Regelung, die dem früheren § 117 AFG entspricht, wird nicht verfassungswidrig (BVerfG 14. 12. 1981 SozR 4100 AFG § 117 Nr. 8; BSG 21. 9. 1995 EzA-SD 1996 Nr. 4). § 143 a I und II sind auch bei Inanspruchnahme eines tarifvertraglichen Optionsrechts, das eine vorzeitige Beendigung des Arbeitsverhältnisses durch den AN unter Zahlung einer Abfindung und Verkürzung der arbeitnehmerseitigen Kündigungsfrist ermöglicht, anzuwenden (BSG 21. 9. 1995 EzA-SD 1996 Nr. 4).

2 2. **Entlassungsentschädigung.** Nach § 143 a führt eine **Abfindung, Entschädigung** oder **ähnliche Leistung,** die der Arbeitslose wegen der Beendigung des Arbeitsverhältnisses erhalten oder zu beanspruchen hat, unter den im Gesetz genannten Voraussetzungen zum Ruhen des Anspruchs auf Arbeitslosengeld (*Gagel* Rn. 39). Die Entlassungsentschädigung ist nur ruhensrelevant, wenn sie **wegen der Beendigung des Arbeitsverhältnisses** gezahlt wird (KR/*Wolff* § 140 SGB III Rn. 31). Es muß sich um Ansprüche handeln, die erst mit und nur wegen der Beendigung dieser Verhältnisse entstehen. Zwischen der vorzeitigen Beendigung des Arbeitsverhältnisses und der dadurch angefallenen Leistung muß ein Kausalzusammenhang bestehen (KR/*Wolff* § 140 SGB III Rn. 31; *Niesel/Düe* § 140 Rn. 13, 20; *Niesel* NZA 1997, 580, 583). Es genügt das Zusammentreffen von vorzeitiger

I. Ruhen wegen einer Entlassungsentschädigung, Abs. 1 und 2   § 143 a   SGB III 540

Beendigung und Entschädigung (BSG 23. 6. 1981 SozR 4100 AFG § 117 Nr. 7 und 21; BSG 29. 8. 1991 SozR 3–4100 AFG § 117 Nr. 2 S. 8; *Gagel* Rn. 41). Ein Rechtsanspruch des AN wird nicht vorausgesetzt. Es ist unerheblich, auf welcher Rechtsgrundlage die Abfindung beruht. Rechtsgrundlage kann demnach sein: **Einzelarbeitsvertrag, gerichtlicher Vergleich** (BSG 29. 7. 1993 EzA AFG § 117 Nr. 9; *Niesel/Düe* § 140 Rn. 14), **Sozialplan** (BSG 29. 8. 1991 SozR 3–4100 AFG § 117 Nr. 6; KR/*Wolff* § 140 SGB III Rn. 28), **Tarifvertrag, Festsetzung des Gerichts nach §§ 9, 10 KSchG** (*J. H. Bauer* Rn. 1105 c; *Johannsen* ZTR 1999, 241, 242; *Schaub* BB 1999, 1059, 1061). Liegen die Voraussetzungen nach Abs. 1 vor, besteht eine unwiderlegbare Vermutung, daß die hier genannten Leistungen Arbeitsentgelt enthalten (BSG 17. 2. 1981 SozR 4100 § 117 Nr. 5). Die Sozialplanabfindungen werden von der Rechtsprechung des BAG (BAG 9. 11. 1994 AP BetrVG 1972 § 112 Nr. 85) nicht für den Verlust des Arbeitsplatzes geleistet, sondern sollen eine Überbrückungshilfe für die Folgen einer gerechtfertigten Kündigung darstellen. Sie werden aber dennoch „wegen Beendigung des Arbeitsverhältnisses" geleistet (*J. H. Bauer/Röder* BB 1997, 834, 835).

Als **Entlassungsentschädigung** ist **jede Leistung zu verstehen, die für die Zeit nach der Tätigkeit** 3 **des AN wegen dessen Beendigung gezahlt wird,** und zwar gleichgültig, wie diese Zahlung begrifflich erfaßt wird (*Gagel* Rn. 35; KR/*Wolff* § 140 SGB III Rn. 27; *Niesel/Düe* § 140 Rn. 13; *Johannsen* ZTR 1999, 241, 243; *Niesel* NZA 1997, 580, 583; vgl. zur Entlassungsentschädigung auch H/B/K/P S. 312). Maßgebend ist allein die Ursächlichkeit zwischen Beendigung des Arbeitsverhältnisses und der Gewährung der Leistung (BSG 15. 11. 1984 NZA 1985, 438).

Den **Gegensatz zur Entlassungsentschädigung** bildet das **Arbeitsentgelt**. Das ist jede Vergütung 4 für geleistete oder wirksam angebotene Arbeitsleistung. Entlassungsentschädigung iSd. Abs. 1 ist der **Gesamtbruttobetrag** einer Leistung. Soll der AG zusätzlich die darauf entfallende Lohn- und Kirchensteuer übernehmen, ist dies klar zu vereinbaren (Nettozahlungsvereinbarung). Zu den Abfindungen nach Abs. 2 rechnen: „**Arbeitsentgelt**", **das über das Ende des Arbeits- oder Beschäftigungsverhältnisses gezahlt wird**, eine „**vorzeitige Rente**", auf die sonst kein Anspruch besteht (BSG 22. 2. 1984 SozR 4100 AFG § 118 Nr. 13; BSG 15. 11. 1984 NZA 1985, 438), die „**Gewährung eines Darlehens**", von dessen Nicht-Tilgung stillschweigend ausgegangen wird (BSG 3. 3. 1993 SozR 3–4100 AFG § 117 Nr. 10; *Gagel* § 117 AFG Rn. 112), die Abfindung einer Anwartschaft aus betrieblicher Altersversorgung, soweit kein Rechtsanspruch bestand (KDZ/*Kittner* Rn. 12). Ebenso rechnen hierzu **Schadensersatzansprüche** des AN wegen der Beendigung des Arbeitsverhältnisses nach § 628 II BGB (BSG 3. 3. 1990 SozR 3–4100 AFG § 117 Nr. 2; KR/*Wolff* § 140 SGB III Rn. 29).

Eine Leistung wegen Beendigung eines Arbeitsverhältnisses kommt auch in Betracht, wenn es 5 wegen **besonderer Umstände** noch nicht zu einer Arbeitsaufnahme gekommen war (BSG 14. 2. 1978 BSGE 46, 20). **Abfindungen, die erst später** oder in Raten **fällig werden**, sind zu kapitalisieren. Es ist zu errechnen, wieviel die zu erwarteten Raten insgesamt ausmachen (vgl. BSG 22. 2. 1984 SozR 4100 AFG § 118 Nr. 13; *Gagel* Rn. 43; *Niesel/Düe* Rn. 17). Die Regelung kann also nicht dadurch umgangen werden, daß die Fälligkeit verlegt wird. Soweit der AN die Leistung tatsächlich noch nicht erhält, ist Abs. 4 anzuwenden: Soweit die Abfindung noch nicht fällig ist, wird das Arbeitslosengeld abzüglich der dem AN vom AG jeweils zu zahlenden Leistungen gewährt. Der Anspruch auf die später fällig werdenden Leistungen geht auf die BAnstArb. über und wird jeweils am Fälligkeitstag realisiert.

Nicht zu den Abfindungen rechnen Ansprüche, die vorher rechtsverbindlich erdient wurden 6 und erst anläßlich der vorzeitigen Beendigung des Arbeitsverhältnisses ausgezahlt werden: **rückständiger Arbeitslohn** (*Gagel* Rn. 34; KR/*Wolff* § 140 SGB III Rn. 30; *Johannsen* ZTR 1999, 241, 244), bis zum Ende des Arbeitsverhältnisses aufgelaufenes **Weihnachtsgeld, Gewinnanteile, Jubiläumszuwendungen, Beihilfen, Erfindervergütungen, Anlagen der Vermögensbildung**. Ebenso nicht dazu rechnen Leistungen, die erst nach dem Ende des Arbeitsverhältnisses erworben werden, wie eine **Karenzentschädigung** (*Gagel* § 117 AFG Rn. 117; HKHH § 117 AFG Rn. 9). Zu Urlaubsabgeltungsbeträgen vgl. § 143 II.

3. Vorzeitige Beendigung des Arbeitsverhältnisses. Eine Abfindung führt nur zum Ruhen nach 7 Abs. 1 und 2, wenn das Arbeitsverhältnis **vorzeitig** beendet wurde (*Gagel* Rn. 23; KR/*Wolff* § 117 AFG Rn. 23, 33). Die Abfindung muß **wegen** der Beendigung des Arbeitsverhältnisses gewährt worden sein (KR/*Wolff* § 117 AFG Rn. 23). Eine Anrechnung der Abfindung erfolgt, wenn das Arbeitsverhältnis vor der für den AG geltenden Kündigungsfrist, Abs. 1 S. 2, vor Ablauf einer Befristung, Abs. 2 Nr. 2, oder vor dem Zeitpunkt beendet worden ist, zu dem der AG aus wichtigem Grund hätte kündigen können, Abs. 2 Nr. 3. **Vorzeitiger Beendigungsgrund** kann sein eine **Kündigung**, eine **Vereinbarung**, ein **Vergleich** nach einem Streit über die Wirksamkeit einer Kündigung (*Gagel* Rn. 28; *Niesel/Düe* § 117 AFG Rn. 28). Es ist hierbei unerheblich, ob der AG oder der AN gekündigt hat und von wem die Initiative für eine Abfindungsregelung ausgegangen ist (BSG 9. 8. 1991 NZA 1992, 236; *Gagel* Rn. 55; GK-AFG/*Masuch* § 117 AFG Rn. 13; KDZ/*Kittner* Rn. 18; KR/*Wolff* § 117 AFG Rn. 35).

Eine **vorzeitige Beendigung** ist eine solche, bei der eine **ordentliche Kündigungsfrist nicht** 8 **eingehalten** wurde, **die der AG hätte einhalten müssen** (KR/*Wolff* § 117 AFG Rn. 31). Diese Frist

540 SGB III § 143 a   Ruhen des Anspruchs bei Entlassungsentschädigung

ist auch maßgebend, wenn der AN gekündigt hat und dessen Kündigungsfrist kürzer ist (GK-AFG/ *Masuch* § 117 AFG Rn. 42; *Niesel/Düe* § 117 AFG Rn. 29). Es ist hierbei unerheblich, ob der AN ein Recht zur fristlosen Kündigung hatte (BSG 29. 8. 1991 NZA 1992, 387; KDZ/*Kittner* Rn. 18). Das Ruhen des Anspruchs setzt voraus, daß zwischen der Beendigung des Arbeitsverhältnisses und der Abfindung ein ursächlicher Zusammenhang besteht. Vom Ruhen sind deshalb Fälle ausgenommen, in denen die Abfindung auch bei Einhaltung der ordentlichen Kündigungsfrist angefallen wäre (BSG 21. 9. 1995 AP AFG § 117 Nr. 13). § 143 a I erfaßt auch die Fälle, bei denen nach einer unwirksamen außerordentlichen Kündigung das Arbeitsverhältnis durch arbeitsgerichtliches Urteil zum Zeitpunkt der Kündigung, also ohne Einhaltung einer Kündigungsfrist, aufgelöst worden ist (BSG 8. 12. 1987 SozR 4100 AFG § 117 Nr. 21; KR/*Wolff* § 117 AFG Rn. 32).

9   Das Ruhen tritt auch ein **bei vorzeitiger Auflösung eines befristeten Arbeitsverhältnisses** (BSG 12. 12. 1984 SozR 4100 AFG § 117 Nr. 13; *Gagel* Rn. 24; *Niesel/Düe* § 117 AFG Rn. 28). Ob die Befristung rechtlich zulässig war, ist unerheblich, wenn die Parteien übereinstimmend von der Wirksamkeit ausgehen (*Gagel* § 117 AFG Rn. 156; KDZ/*Kittner* Rn. 21). Das ist deshalb anzunehmen, weil die Parteien im vorhinein frei über den Beendigungszeitpunkt bestimmen können. Im Fall einer vergleichsweisen Festlegung des Endes bei Streit über die Wirksamkeit der Befristung ist zu prüfen, wann das Arbeitsverhältnis ohne Vergleich geendet hätte (*Gagel* § 117 AFG Rn. 157). Ausgenommen sind nach Abs. 3 S. 1 Nr. 2 und 3 Fälle, in denen das Arbeitsverhältnis infolge einer Befristung ausläuft oder wenn der AG im Zeitpunkt der Auflösung ein Recht zur außerordentlichen Kündigung hatte. Wird das Arbeitsverhältnis aufgrund eines Antrages nach §§ 9, 10 KSchG zum Zeitpunkt der außerordentlichen Kündigung aufgelöst, tritt ebenfalls das Ruhen ein. Kündigt der AN fristlos und wird dennoch eine Abfindung gezahlt, greift § 143 a ebenfalls (BSG 29. 8. 1991 SozR 3–4100 AFG § 117 Nr. 6). Es ist bei allen Fallvarianten unerheblich, aus welchem Grund das Arbeitsverhältnis aufgelöst wurde oder wer gekündigt hat (*Gagel* § 117 AFG Rn. 108; GK-AFG/*Masuch* § 117 AFG Rn. 18; *Niesel/Düe* § 117 AFG Rn. 28). Ebenso spielt es keine Rolle, ob die Abfindung oder eine ihr gleichzusetzende Leistung auf Einzelvertrag, gerichtlichem Vergleich, Sozialplan oder Auflösungsurteil beruht (BSG 8. 12. 1987 SozR 4100 AFG § 117 Nr. 21 S. 114). Der Zeitpunkt des Ausspruchs der Kündigung oder des Abschlusses eines Auflösungsvertrags bleibt für die Berechnung, ob die „für den Arbeitgeber geltende Kündigungsfrist" eingehalten wurde, auch Ausgangspunkt, wenn die Kündigung oder die Vereinbarung später durch eine andere Vereinbarung, die Einigung über eine neue Kündigung oder durch eine Auflösung nach §§ 9, 10 KSchG ersetzt wird (BSG 8. 6. 1989 SozR 4100 AFG § 117 Nr. 25).

10   Das **Ruhen läuft kalendermäßig** ab, beginnend mit dem Ende des Arbeitsverhältnisses (*Gagel* Rn. 30). Es umfaßt auch die Zeit, in der kein Anspruch besteht. Es beginnt mit dem Ende des Arbeitsverhältnisses oder der zusätzlichen Zeit wegen einer Urlaubsabgeltung. Auf die Stellung des Antrags auf Zahlung von Arbeitslosengeld kommt es nicht an (BSG 29. 10. 1986 SozR § 117 Nr. 17; BSG 21. 1. 1987 EWiR 1987, 629).

11   **4. Die einzelnen Fälle der Absätze 1 und 2.** Abs. 1 erfaßt den Fall, daß das Arbeitsverhältnis vorzeitig beendet wird. Abs. 2 behandelt die Lage, daß ein **befristetes** Arbeitsverhältnis vorzeitig beendet wird. In allen Fällen tritt kein Ruhen ein, wenn der AG ein Recht zur fristlosen Kündigung hatte, Abs. 2 S. 1 Nr. 3. Eine Leistung wegen der Beendigung des Arbeitsverhältnisses kommt auch in Betracht, wenn ein Beschäftigungsverhältnis nicht begonnen worden ist oder wenn eine Abfindung gezahlt wird zur Beendigung eines Streits darüber, ob es überhaupt bestanden hat (HKHH § 117 AFG Rn. 9).

12   **a) Abs. 1 S. 1: Beendigung vor ordentlicher Kündigungsfrist des AG.** Das Gesetz stellt allein darauf ab, **wann** das Arbeitsverhältnis geendet hätte, wenn eine ordentliche Kündigung des AG ausgesprochen worden wäre. Es ist **maßgeblich immer die ordentliche objektiv geltende Frist,** die der AG hätte einhalten müssen. Die ordentlichen Kündigungsfristen ergeben sich aus Gesetz, Tarifvertrag, Betriebsvereinbarung oder Einzelarbeitsvertrag (*Gagel* Rn. 53 ff.; KR/*Wolff* § 117 AFG Rn. 33). Zu den ordentlichen Kündigungsfristen gehören auch die nach § 113 InsO. Es kommt nicht darauf an, **wer** ordentlich gekündigt hat. Irrtümer der Parteien über die einzuhaltende Frist sind stets unbeachtlich (BSG 25. 10. 1989 SozR 4100 AFG § 117 Nr. 26). Es ist unerheblich, ob die Voraussetzungen einer ordentlichen Kündigung vorlagen, ob der AN mit Erfolg hätte die Unwirksamkeit der Kündigung geltend machen können. Erfaßt wird die Situation, daß der AN fristlos – mit Abfindung – kündigt (BSG 29. 8. 1991 SozR 3–4100 AFG § 117 Nr. 6) oder daß das Arbeitsverhältnis zum Zeitpunkt des außerordentlichen Kündigungstermins nach §§ 9, 10 KSchG aufgelöst wird (BSG 8. 12. 1987 SozR 4100 AFG § 117 Nr. 21).

13   **b) Abs. 1 iVm. Abs. 2 S. 2 Nr. 2: Vorzeitige Beendigung eines befristeten Arbeitsverhältnisses.** Vgl. Rn. 11.

14   **c) Abs. 1 S. 3 Nr. 1: Zeitlich unbegrenzter Ausschluß der ordentlichen Kündigung.** Ist eine Kündigung überhaupt ausgeschlossen, zB bei sog. unkündbaren AN, wird vom Gesetz eine Kündigungsfrist fingiert. Eine Anrechnung ist nach S. 3 Nr. 1 maximal für einen Zeitraum möglich, der sich

I. Ruhen wegen einer Entlassungsentschädigung, Abs. 1 und 2 § 143 a SGB III 540

bei einer Kündigungsfrist von 18 Monaten ergeben würde (HKHH § 117 AFG Rn. 14; *Niesel/Düe* § 117 AFG Rn. 31; KR/*Wolff* § 117 AFG Rn. 39). Ob ein Ausschluß auf Dauer vorliegt, ist anhand des konkreten Arbeitsverhältnisses und der üblichen Lebensarbeitszeit zu bestimmen (BSG 11. 1. 1990 DBlR § 117 Nr. 3644). Die jeweils tatsächlich maßgebende fingierte ordentliche Kündigungsfrist wird vom Zeitpunkt der Kündigung oder der Beendigungsvereinbarung an berechnet, die der Vereinbarung der Abfindung vorangig (*Gagel* § 117 AFG Rn. 147). Hieraus ist auch die Frist von 18 Monaten verständlich, Abs. 1 S. 3 Nr. 1, die deshalb nicht in Widerspruch zur Regelung in Abs. 2 S. 1 steht (KKMW § 117 AFG Rn. 21; vgl. im übrigen *Ammermüller* DB 1977, 2445, 2447).

Ist der Zeitpunkt, zu dem die Kündigung ausgesprochen wurde oder zu dem der Aufhebungsvertrag 15 geschlossen wurde, nicht beweisbar, ist der dem AN günstigste Zeitpunkt anzusetzen. Ist die ordentliche Kündigung grundsätzlich ausgeschlossen, wird sie aber bei Vorliegen eines bestimmten Sachverhalts wieder möglich, zB Betriebsstillegung, ist die fiktive Kündigungsfrist von 18 Monaten nicht bei den AN anzusetzen, die aufgrund eines auf sie zutreffenden Sachverhalts entlassen werden können (DA 4.32 Abs. 5). Die 18-Monats-Frist wird von dem Zeitpunkt ab berechnet, in dem entweder die Kündigung erklärt wurde oder eine Vereinbarung über die Beendigung des Arbeitsverhältnisses abgeschlossen wurde (*Gagel* Rn. 92; KDZ/*Kittner* Rn. 92).

d) Abs. 1 S. 3 Nr. 2 Alternative 1. Die ordentliche Kündigungsfrist gilt als fiktive Frist bei **zeitlich** 16 **begrenztem Ausschluß der ordentlichen Kündigung.** Unter diese Regelung fallen zB Kündigungsverbote aufgrund des Mutterschutzes oder der Stellung eines Betriebsratsmitglieds (KR/*Wolff* § 117 AFG Rn. 39).

e) Abs. 1 S. 3 Nr. 2 Alternative 2. Die ordentliche Kündigungsfrist gilt ebenfalls als fiktive Frist, 17 wenn die Voraussetzungen für eine fristgebundene **Kündigung aus wichtigem Grund** vorliegen (*Gagel* Rn. 69; *Niesel/Düe* § 117 AFG Rn. 33; KR/*Wolff* § 117 AFG Rn. 39). Hierzu zählen die Fälle, in denen dem AG die Weiterbeschäftigung eines unkündbaren AN nicht mehr zumutbar ist (vgl. BAG 8. 12. 1987 EzA AFG § 117 Nr. 5; BAG 4. 2. 1993 EzA § 626 BGB nF Nr. 144). Kann solchen an sich „unkündbaren" AN (ohne Abfindungszwang) außerordentlich gekündigt werden, ist nach Abs. 1 S. 3 Nr. 1 die ordentliche Kündigungsfrist zugrundezulegen, die für den AG gegolten hätte, wenn die ordentliche Kündigung nicht ausgeschlossen gewesen wäre. Frühere gerichtliche Entscheidungen zu dieser Problematik sind daher nicht mehr aussagekräftig.

f) Abs. 1 S. 4: Ordentliche Kündigung nur bei Zahlung einer Entlassungsentschädigung. Die 18 fiktive Kündigungsfrist beträgt ein Jahr, wenn dem AN nur bei Zahlung einer Entlassungsentschädigung ordentlich gekündigt werden kann. **Erfaßt werden hier Fälle, bei denen ein Tarifvertrag die ordentliche Kündigung bei Vorliegen eines Sozialplans ermöglicht** (KR/*Wolff* § 117 AFG Rn. 45) oder wenn die ordentliche Kündigungsfrist nur bei Vorliegen einer Betriebsänderung iSv. § 111 BetrVG zulässig ist und diese einen Interessenausgleich mit Sozialplan nach sich zieht (DA 4.32 Abs. 10).

g) Befristete Arbeitsverhältnisse. Zur vorzeitigen Beendigung eines befristeten Arbeitsverhältnis- 19 ses vgl. Rn. 11. Das **Auslaufen eines befristeten Arbeitsvertrags** steht einer ordentlichen Kündigung des Arbeitgebers gleich. Es kommt nicht auf die materiellrechtliche Wirksamkeit der Befristung an. § 143 a I greift auch nicht, wenn der AN die Möglichkeit hat, eine Vertragsverlängerung zu erreichen, hiervon aber absieht (*Gagel* Rn. 77; KR/*Wolff* § 117 AFG Rn. 47). Ist ein Rechtsstreit über das Ende der Befristung geführt worden und ist dieser Streit durch Abfindungsvergleich beendet worden, ist dieses Ende maßgebend. Hinsichtlich der Ruhenswirkung nach Abs. 1 muß jedoch geprüft werden, wann das Arbeitsverhältnis nach der objektiven Rechtslage durch Befristung geendet hätte (*Gagel* § 117 AFG Rn. 159).

h) Berechnung der fingierten Kündigungsfristen. Nicht die fingierten, sondern die normalen 20 Kündigungsfristen gelten unter den Voraussetzungen des Abs. 1 S. 3 Nr. 2 auch, wenn an sich die ordentliche Kündigung durch den AG ausgeschlossen ist, und zwar auch bei zeitlich begrenztem Ausschluß wie bei § 15 KSchG. Erfaßt sind insbesondere die Fälle der **Betriebsstillegung**, wonach bei Ausschluß der ordentlichen Kündigung außerordentlich mit ordentlicher Kündigungsfrist gekündigt werden kann (HKHH § 117 AFG Rn. 13 a).

5. Dauer des Ruhens und Berechnung des Ruhenszeitraums. Während der Dauer des Ruhens- 21 zeitraums kann der Arbeitslose kein Arbeitslosengeld beziehen. Bei der Gleichwohlgewährung nach Abs. 4 geht ein für diesen Zeitraum bestehender Abfindungsanspruch auf die BAnstArb. über (KR/ *Wolff* § 117 AFG Rn. 48). Der Umfang der Ruhenszeit wird durch die Abs. 1 und 2 geregelt. Dabei ist der Gesichtspunkt berücksichtigt, daß Abfindungen praktisch immer auch eine Entschädigung für den Verlust des Arbeitsplatzes enthalten. Sie werden daher nicht voll angerechnet (vgl. zur alten Rechtslage BVerfG 12. 5. 1976 BVerGE 42, 176). Die im Gesetz jetzt vorgesehene teilweise Anrechnung ist verfassungsrechtlich unbedenklich (BSG 14. 2. 1978 BSGE 46, 20; BSG 17. 2. 1981 SozR 4100 AFG § 119 Nr. 14; BVerfG 14. 12. 1981 SozR 4100 AFG § 117 Nr. 8).

Der Ruhenszeitraum läuft kalendermäßig ab (BSG SozR 4100 § 117 Nr. 17; HKHH § 117 AFG 22 Rn. 18; *Niesel/Düe* § 117 AFG Rn. 37). Es tritt keine Hemmung durch eine Sperrfrist ein noch hängt

540 SGB III § 143 a   Ruhen des Anspruchs bei Entlassungsentschädigung

er davon ab, ob und wann ein Anspruch auf Arbeitslosengeld entsteht (KR/*Wolff* § 117 AFG Rn. 49). Der Ruhenszeitraum nach § 143 a wird nicht auf die Anspruchsdauer des Arbeitslosengeldes angerechnet (KR/*Wolff* § 117 AFG Rn. 50). Die längste Ruhensdauer beträgt ein Jahr seit Beendigung des Arbeitsverhältnisses, Abs. 2 S. 1. Das Ruhen beginnt mit dem Tag, der auf die vereinbarungsgemäße oder kündigungsbedingte Beendigung des Arbeitsverhältnisses folgt (HKHH § 117 AFG Rn. 17; *Niesel/Düe* § 117 AFG Rn. 35). Es ist unerheblich, wann die tatsächliche Beschäftigung endet (*Niesel/Düe* § 117 AFG Rn. 35). Demgegenüber zählt die 18-Monats-Frist bei zeitlich unbegrenztem Ausschluß der ordentlichen Kündigung vom Zeitpunkt der Kündigung bzw. des Aufhebungsvertrags an. Das Gesetz geht davon aus, daß höchstens ein Anteil von 60% und mindestens ein solcher von 25% der Abfindung als Arbeitsentgeltanteil anzusehen ist. Der übrige Anteil gilt als Entschädigung für den Verlust des Besitzstandes.

23   Vorbehaltlich der besonderen Begrenzungen gemäß Abs. 2 ruht der Anspruch bis zum Ende der tatsächlichen (Abs. 1 S. 1) oder fiktiven (Abs. 1 S. 3) Kündigungsfrist. Der Anspruch auf Arbeitslosengeld ruht danach gemäß Abs. 2 S. 1 längstens ein Jahr und nach Abs. 2 Nr. 3 längstens bis zu dem Tag, zu dem der AG das Arbeitsverhältnis aus wichtigem Grund ohne Einhaltung einer Kündigungsfrist hätte kündigen können. Es kommen nur Gründe in Betracht, die **vor** dem Abschluß eines Abfindungsvergleichs vorlagen. Ob ein Grund zur fristlosen Kündigung für Vergleichsabschluß vorlag, ist von Amts wegen zu prüfen (BSG 17. 3. 1981 SozR 1700 AFG § 31 Nr. 1). § 143 a II S. 2 und 3 erfaßt auch solche Fälle, bei denen in einem Rechtsstreit über die Wirksamkeit einer außerordentlichen Kündigung ein späterer Beendigungstermin vergleichsweise gegen Abfindung festgesetzt wird, der jedoch vor Ablauf der ordentlichen Kündigungsfrist liegt (BSG 17. 2. 1981 SozR 4100 § 117 Nr. 5).

24   Bei **mehreren Beendigungsgründen** ist der maßgeblich, der dem Arbeitslosen am günstigsten ist. Das Arbeitsamt muß deshalb die Ruhenszeiträume nach den verschiedenen Kriterien errechnen und dann den kürzesten zugrunde legen (KKMW § 117 AFG Rn. 20). Die Frist nach Abs. 2 S. 1 beginnt mit dem Ende des Arbeitsverhältnisses.

25   Bei langen ordentlichen Kündigungsfristen oder Befristungen sowie bei kleinen Abfindungen verkürzt sich der Ruhenszeitraum durch Anwendung von § 143 a II S. 2 Nr. 1 und S. 3. Es ist zunächst der Prozentsatz des Arbeitsentgelts zu ermitteln, aus dem die zeitliche Begrenzung zu errechnen ist. Die maßgebende letzte Beschäftigungszeit ergibt sich aus S. 4. Die gesetzliche Regelung ist aus der nachfolgenden Tabelle ersichtlich:

	Lebensalter am Ende des Arbeitsverhältnisses					
Betriebs- oder Unternehmenszugehörigkeit	unter 40 Jahre	ab 40 Jahre	ab 45 Jahre	ab 50 Jahre	ab 55 Jahre	ab 60 Jahre
	vH	vH	vH	vH	vH	vH
weniger als 5 Jahre	60	55	50	45	40	35
5 und mehr Jahre	55	50	45	40	35	30
10 und mehr Jahre	50	45	40	35	30	25
15 und mehr Jahre	45	40	35	30	25	25
20 und mehr Jahre	40	35	30	25	25	25
25 und mehr Jahre	35	30	25	25	25	25
30 und mehr Jahre		25	25	25	25	25
35 und mehr Jahre			25	25	25	25

26   Bei einem Alter von 50 Jahren und einer Betriebszugehörigkeit von 25 Jahren beträgt der Prozentsatz 25%. Das Bemessungsentgelt ist nach § 143 a II S. 2 Nr. 1 und S. 3 und 4 zu errechnen. Maßgebend sind die vor der tatsächlichen Beendigung der Beschäftigung **bereits abgerechneten** Lohnabrechnungszeiträume der letzten drei Monate. **Nicht berücksichtigt** werden gemäß Abs. 3 S. 4 Arbeitsentgeltkürzungen infolge Krankheit, Arbeitsausfall u. ä. Eine einmalige Zuwendung ist eine einmalige Einnahme iSv. § 17 S. 1 Nr. 1 SGB IV. Fehlt ein abgerechneter Lohnabrechnungszeitraum, ist das kalendertägliche verdiente Arbeitsentgelt fiktiv anhand der arbeits- oder tarifvertraglichen Regelungen zu errechnen (BSG 14. 2. 1978 BSGE 46, 20, 31). Der Tagesverdienst wird regelmäßig aus dem Bruttoarbeitsentgelt des letzten Kalendermonats ermittelt. Sodann ist zu bestimmen, in welchem Zeitraum der festgestellte Prozentsatz der Abfindung unter Zugrundelegung eines kalendertäglichen Arbeitsentgelts verdient worden wäre. Die BAnstArb. berechnet bei Monatsgehältern einheitlich mit einem 30stel des Entgelts.

27   Nach § 143 a II 2 Nr. 3 **ruht das Arbeitslosengeld nicht über den Tag hinaus, zu dem der AG** das **Arbeitsverhältnis aus wichtigem Grund hätte kündigen können.** Zahlt der AG in einem solchen Fall dennoch eine Abfindung, stellt diese allein eine Entschädigung für den Verlust des sozialen Besitzstandes dar (BSG 17. 2. 1981 SozR 4100 AFG § 117 Nr. 5; KR/*Wolff* § 117 AFG Rn. 63). Das gilt auch, wenn der Arbeitgeber trotz Vorliegens eines wichtigen Grundes, der eine fristlose Kündigung gerecht-

fertigt hätte, mit sozialer Auslauffrist kündigt (KR/*Wolff* Rn. 64). Ob ein Grund zur fristlosen Kündigung vorlag, ist von Amts wegen zu prüfen (KR/*Wolff* § 117 AFG Rn. 65).

II. Die Regelung in Abs. 3

Durch Abs. 3 ist sichergestellt, daß Abfindungen u. ä. auch dann zum Ruhen des Anspruchs auf 28 Arbeitslosengeld führen, wenn das Arbeitsverhältnis formal aufrechterhalten wird, der Arbeitslose aber aus dem sozialversicherungsrechtlichen Beschäftigungsverhältnis ausgeschieden ist (KR/*Wolff* § 117 AFG Rn. 66). Abs. 3a greift nur, wenn die nach § 143a I zu beachtenden Fristen nicht eingehalten werden.

III. Gleichwohlgewährung und Anspruchsübergang

Abs. 4 erfaßt den Fall, daß der Arbeitslose die ihm zustehende Entlassungsentschädigung nicht oder 29 noch nicht erhält (*Gagel/Winkler* § 143a Rn. 55; *Niesel* NZA 1997, 580, 583). In diesem Fall wird das **Arbeitslosengeld** auch **für die Zeit** geleistet, **in der** der **Anspruch auf Arbeitslosengeld ruht**. Die BAnstArb. tritt praktisch in Vorleistung für den AG. Sie zahlt aber nicht die Entlassungsentschädigung, sondern Arbeitslosengeld (KR/*I. Wolff* § 117 AFG Rn. 69). Es ist unerheblich, aus welchen Gründen die Entschädigung nicht gezahlt wird (*Kittner/Trittin* Rn. 68). Gründe können sein Zahlungsschwierigkeiten, Rechtsstreitigkeiten, Stundungsabreden, langfristige Abrechnungsverfahren.

Der **Anspruch auf Entlassungsentschädigung** geht auf die **BAnstArb. über, sobald Arbeitslosen-** 30 **geld gezahlt** wird, § 115 SGB X. Dieser gesetzliche Forderungsübergang ist völlig unabhängig von einer irgendwie gearteten Mitwirkung des AN (HKHH § 117 AFG Rn. 27). Der Übergang entfällt rückwirkend, soweit die Arbeitslosengeldleistung mit Wirkung für die Vergangenheit aufgehoben wird (HKHH § 117 AFG Rn. 27). Mit dem Zeitpunkt der Zahlung verliert der AN die Verfügungsbefugnis. **Maßgebend ist die tatsächliche Auszahlung, nicht die Bewilligung** (*Gagel/Winkler* § 143a Rn. 61). Ein Anspruchsübergang setzt immer voraus, daß der AG die Leistungen an den AN nicht erbracht hat. Zahlt der AG trotz der Kündigung das Arbeitsentgelt weiter und wird versehentlich Arbeitslosengeld gezahlt, findet ein Übergang nicht statt. Wollen AG und AN im Innenverhältnis von der gesetzlichen Regel der Anrechenbarkeit abweichen, müssen sie dies vereinbaren. Eine allgemeine Ausgleichsklausel in einem Vergleich reicht dazu nicht (BAG 25. 3. 1992 AP AFG § 117 Nr. 12; BAG 9. 10. 1996 BB 1997, 841). Die **Rechtsstellung der BAnstArb. entspricht** der des **AN**. Der Anspruch bleibt mit Gegenrechten behaftet. Auch bereits übergegangene Ansprüche können wegen tariflicher Ausschluß- und Verfallfristen erlöschen (BSG 22. 6. 1994 – 10 RAr 3/93).

Der AG wird durch Zahlung an den AN nur frei, wenn er zum Zeitpunkt der Zahlung den 31 Übergang der Ansprüche nicht gekannt hat, § 407 BGB (BAG 13. 1. 1982 DB 1982, 1013; BAG 6. 12. 1978 AP GewO § 115 Nr. 4). Der **AG muß** in der Regel davon ausgehen, daß ein **Anspruchsübergang auf die BAnstArb.** stattgefunden hat (BAG 28. 4. 1983 AP AFG § 117 Nr. 3; BAG 20. 8. 1980 LohnFG § 6 Nr. 11). Hat der AG mit befreiender Wirkung gezahlt, besteht nach Abs. 3 S. 2 ein Ersatzanspruch der BAnstArb. gegen den AN. Bei nicht befreiender Zahlung haftet allein der AG. Eine Zahlung mit befreiender Wirkung liegt auch vor, wenn die BAnstArb. die Zahlung des AG an den AN nachträglich genehmigt (BAG 14. 9. 1990 SozR 3–4100 AFG § 117 Nr. 3; BAG 16. 10. 1991 SozR 3–4100 AFG § 117 Nr. 7; HKHH § 117 AFG Rn. 27a). Leisten Dritte Zahlungen an den AN gegen Abtretung der offenstehenden Lohn- oder Abfindungsansprüche, sind das keine für § 143 III 2 relevanten Zahlungen mit befreiender Wirkung, denn es handelt sich nicht um Zahlungen des AG (BSG 13. 3. 1990 SozR 3–4100 AFG § 117 Nr. 1). Die Rechte der BAnstArb. werden durch solche Abtretungen nicht betroffen.

§ 144 Ruhen des Anspruchs bei Sperrzeit

(1) Hat der Arbeitslose
1. das Beschäftigungsverhältnis gelöst oder durch ein arbeitsvertragswidriges Verhalten Anlaß für die Lösung des Beschäftigungsverhältnisses gegeben und hat er dadurch vorsätzlich oder grobfahrlässig die Arbeitslosigkeit herbeigeführt (Sperrzeit wegen Arbeitsaufgabe),
2. trotz Belehrung über die Rechtsfolgen eine vom Arbeitsamt unter Benennung des Arbeitgebers und der Art der Tätigkeit angebotene Beschäftigung nicht angenommen oder nicht angetreten (Sperrzeit wegen Arbeitsablehnung),
3. sich trotz Belehrung über die Rechtsfolgen geweigert, an einer Trainingsmaßnahme oder einer Maßnahme zur beruflichen Ausbildung oder Weiterbildung oder einer Maßnahme zur beruflichen Eingliederung Behinderter teilzunehmen (Sperrzeit wegen Ablehnung einer beruflichen Eingliederungsmaßnahme), oder
4. die Teilnahme an einer in Nummer 3 genannten Maßnahme abgebrochen oder durch maßnahmewidriges Verhalten Anlaß für den Ausschluß aus einer dieser Maßnahmen gegeben (Sperrzeit wegen Abbruchs einer beruflichen Eingliederungsmaßnahme),

ohne für sein Verhalten einen wichtigen Grund zu haben, so tritt eine Sperrzeit von zwölf Wochen ein.

(2) ¹Die Sperrzeit beginnt mit dem Tag nach dem Ereignis, das die Sperrzeit begründet, oder, wenn dieser Tag in eine Sperrzeit fällt, mit dem Ende dieser Sperrzeit. ²Während der Sperrzeit ruht der Anspruch auf Arbeitslosengeld.

(3) ¹Würde eine Sperrzeit von zwölf Wochen für den Arbeitslosen nach den für den Eintritt der Sperrzeit maßgebenden Tatsachen eine besondere Härte bedeuten, so umfaßt die Sperrzeit sechs Wochen. ²Die Sperrzeit umfaßt drei Wochen
1. im Falle einer Sperrzeit wegen Arbeitsaufgabe oder wegen Abbruchs einer beruflichen Eingliederungsmaßnahme, wenn das Arbeitsverhältnis oder die Maßnahme innerhalb von sechs Wochen nach dem Ereignis, das die Sperrzeit begründet, ohne eine Sperrzeit geendet hätte,
2. im Falle einer Sperrzeit wegen Arbeitsablehnung oder wegen Ablehnung einer beruflichen Eingliederungsmaßnahme, wenn der Arbeitslose eine bis zu sechs Wochen befristete Arbeit oder Maßnahme nicht angenommen oder nicht angetreten hat.

I. Allgemeines

1 § 144 entspricht im wesentlichen der früheren Regelung in §§ 119, 119a AFG. Abs. 3 in dem früheren § 119 AFG ist entfallen. Die Rechtsprechung und Literatur zu §§ 119, 119a AFG ist weiter verwendbar (zur geschichtlichen Entwicklung der Regelung vgl. *Gagel/Winkler* Rn. 15 ff.).

2 Die gesetzliche Anordnung der **Sperrzeit** hat **versicherungsrechtliche Gründe**. Der AN soll durch die Regelung nicht bestraft werden. Die Festsetzung der Sperrzeit ist gerechtfertigt, weil die Versichertengemeinschaft sich gegen Risikoausfälle wehren muß, deren Eintritt der Versicherte selbst verursacht hat (BSG 19. 3. 1986 BSGE 60, 50; BSG 28. 6. 1991 NZA 1992, 286; *Gagel/Winkler* Rn. 22; GK-AFG/*Eckert* § 119 AFG Rn. 1; *Hennig/Henke* Rn. 1; KKMW § 119 AFG Rn. 5; KR/*Wolff* Rn. 3; *Niesel* Rn. 2). Die Sperrzeit wird ausgelöst durch die in § 144 bezeichneten Tatbestände und läuft kalendermäßig ab (*Gagel/Winkler* Rn. 1, 7). Die Sperrzeitregelungen dürfen den AN nicht derart behindern, daß es ihm praktisch aus finanziellen Gründen unmöglich ist, sich beruflich zu verändern. Die Beendigung einer Beschäftigung durch einen AN bedeutet für ihn die Ausübung der Freiheit der Berufswahl gemäß Art. 12 GG (BVerfG 16. 6. 1959 BVerfGE 97, 338, 344).

3 Der **Arbeitslose wird jedoch an den Kosten der selbstverursachten Arbeitslosigkeit beteiligt** bei: **eigener Kündigung, bei einvernehmlicher Vertragsauflösung, bei Kündigung durch den AG wegen vertragswidrigen Verhaltens**. § 144 gilt auch für die Arbeitslosenhilfe, § 198 (*Gagel/Winkler* Rn. 13).

4 Sperrzeiten haben auch das Ziel, **Auflösungsvereinbarungen zu verhindern**. Während der Sperrzeit erhält der Arbeitslose kein Arbeitslosengeld und keine Arbeitslosenhilfe (BSG 22. 7. 1982 SozR 4100 § 119 Nr. 20). Letztere bekommt er nur als Vorschuß. Die Sperrzeit beträgt zwölf Wochen. Neben dem Hinausschieben des Beginns wird auch der Anspruch auf Arbeitslosengeld selbst um die Dauer der Sperrzeit, dh. um zwölf Wochen, verkürzt.

5 § 144 kennt vier Sperrzeittatbestände: **Sperrzeit wegen Arbeitsaufgabe**, Abs. 1 Nr. 1; **Sperrzeit wegen Arbeitsablehnung**, Abs. 1 Nr. 2; **Sperrzeit wegen Ablehnung einer beruflichen Eingliederungsmaßnahme**, Abs. 1 Nr. 3 und **Sperrzeit wegen Abbruchs einer beruflichen Eingliederungsmaßnahme**, Abs. 1 Nr. 4. Die Sperrzeit wird bei Vorsatz und grober Fahrlässigkeit im Hinblick auf die Arbeitslosigkeit ausgelöst. In allen Fällen tritt keine Sperrzeit ein, wenn der Versicherte für sein Verhalten einen wichtigen Grund hatte. Entscheidend hierfür sind die Berücksichtigung aller Umstände des Einzelfalls und eine Abwägung der Interessen des Versicherten mit denen der Versichertengemeinschaft, vgl. dazu Rn. 31.

II. Sperrzeit wegen Arbeitsaufgabe, Abs. 1 Nr. 1

6 Nach Abs. 1 Nr. 1 tritt in der Regel eine Sperrzeit ein, wenn folgende Voraussetzungen zusammen erfüllt sind:
– Kündigung des Beschäftigungsverhältnisses durch den AN, vgl. Rn. 13; Abschluß eines Auflösungsvertrags, vgl. Rn. 10, vertragswidriges Verhalten des AN, das den AG zur Kündigung veranlaßt;
– Kausalität, vgl. Rn. 18;
– Verschulden, vgl. Rn. 24;
– Fehlen eines wichtigen Grundes für die Herbeiführung der Arbeitslosigkeit, vgl. Rn. 31.

7 Beschäftigungsverhältnis ist jede Rechtsbeziehung, bei deren Beendigung als Folge ein Anspruch auf Leistung von Arbeitslosengeld entstehen kann. Bei jeder Art der Beendigung ist es unerheblich, von wem die Initiative hierzu ausgegangen ist (*Gagel/Winkler* Rn. 41; *Hennig/Henke* Rn. 8; KR/ *Wolff* Rn. 8). Entscheidend ist immer der konkrete Lösungssachverhalt. Eine Auflösung erfüllt auch den Tatbestand, wenn das Arbeitsverhältnis ohnehin zu einem späteren Zeitpunkt geendet hätte (HKHH § 119 AFG Rn. 2). Es kommen nur privatrechtliche Beziehungen in Betracht. Die Beendi-

II. Sperrzeit wegen Arbeitsaufgabe, Abs. 1 Nr. 1

gung eines öffentlichrechtlichen Dienstverhältnisses oder die einer selbständigen Betätigung erfüllen den Tatbestand nicht (*Hennig/Henke* Rn. 6; GK-AFG/*Eckert* § 119 AFG Rn. 7).

Erfaßt werden auch **Ausbildungsverhältnisse** (BSG 26. 4. 1989 SozR 4100 AFG § 119 Nr. 35; BSG **8** 13. 3. 1990 SozR 3–4100 AFG § 119 Nr. 2 = NZA 1990, 956; *Hennig/Henke* Rn. 7; KKMW § 119 AFG Rn. 23; KR-*I. Wolff* § 119 AFG Rn. 6). Beschließt der Auszubildende, die Ausbildung zu verändern oder zu beendigen, kann hierin jedoch ein wichtiger Grund gesehen werden (BSG SozR 3–4100 AFG § 119 Nr. 2; *Niesel* Rn. 7).

Eine Sperrzeitwirkung tritt ein, wenn der Tatbestand des Abs. 1 Nr. 1 feststeht. Die BAnstArb. hat **9** dies von Amts wegen zu ermitteln. Sie trifft die objektive Beweislast. Ist zwischen den Arbeitsvertragsparteien ein Rechtsstreit anhängig, ist die Entscheidung des Arbeitsgerichts zu beachten.

1. Auflösungsvertrag. Die Lösung der Vertragsbeziehungen kann einvernehmlich durch Abschluß **10** eines **Auflösungsvertrags** herbeigeführt worden sein (vgl. dazu Neufassung des Sammelerlasses DA BAnstArb. 1113/1 vom 19. 12. 1996, NZA 1997, 427). Einer Aufhebung eines Arbeitsverhältnisses steht gleich, wenn eine Kündigungsfrist einvernehmlich gekürzt wird (KKMW § 119 AFG Rn. 19). Ein sozialrechtlich relevanter Auflösungsvertrag liegt ebenfalls vor, wenn eine Absprache über eine noch auszusprechende Arbeitgeberkündigung erfolgt (BSG 9. 11. 1995 BSGE 77, 48; KR/*Wolff* Rn. 7).

Der AN ist bei einem Vertragsschluß für seine Handlungsweise selbst verantwortlich. Das schließt **11** nicht aus, daß der AG auf **Schadensersatz** haftet, wenn er bei einer von ihm gewünschten Auflösungsvereinbarung einen erkennbar unkundigen AN nicht auf mögliche Sperrzeiten und Anrechnungsprobleme von sich aus hingewiesen hat (BAG 10. 3. 1988 AP BGB § 611 Fürsorgepflicht Nr. 99). Eine Vertragsauflösung kann auch in einem gerichtlichen Vergleich vereinbart werden.

Von einem Auflösungsvertrag zu unterscheiden ist ein sog. **Abwicklungsvertrag.** Auch durch den **12** Abschluß eines Abwicklungsvertrags beteiligt sich ein AN an der Beendigung des Beschäftigungsverhältnisses, denn er begibt sich der Möglichkeit, die Rechtswidrigkeit der ausgesprochenen Kündigung geltend zu machen, vgl. *Gagel/Winkler* Rn. 58; *Niesel* Rn. 31. Ein Abwicklungsvertrag kann allenfalls unschädlich sein, wenn vor der Kündigung keinerlei Absprachen getroffen worden sind **und** wenn sich Absprachen nach Ausspruch der Kündigung nicht auf evident unwirksame Kündigungen beziehen (krit. KR/*Wolff* Rn. 13 a; vgl. *Bauer* Rn. 1046 a; weitergehend *Hümmerich* BB 1999, 1868). Der AN hat die Verpflichtung, sich insoweit über die Rechtslage zu informieren. Der Abwicklungsvertrag löst die Rechtsfolgen des § 144 nicht aus, wenn der AN nicht eine offensichtlich rechtswidrige Kündigung im Hinblick auf eine finanzielle Vergünstigung hinnimmt (BSG 9. 11. 1995 BSGE 77, 48). Eine Kündigung ist zB offensichtlich unwirksam, wenn sie gegenüber einem sog. unkündbaren AN ohne Vorliegen eines wichtigen Grundes ordentlich erklärt wird (*Hümmerich* NZA 1997, 409, 410; vgl. dazu auch *Sauer* NZA 1997, 798, 802).

2. Kündigung. Eine Auflösung liegt bei jeder **Kündigung** vor, und zwar sowohl bei der Arbeit- **13** geberkündigung als auch, wenn der AN selbst kündigt (BSG 12. 4. 1984 SozSich. 1984, 388; KR/*Wolff* Rn. 5). Ob die Kündigung fristlos oder unter Beachtung der ordentlichen Kündigungsfrist erfolgte, ist unerheblich (*Gagel/Winkler* Rn. 42). Einer Auflösung gleichzustellen ist das Herbeiführen der Beendigung des Beschäftigungsverhältnisses nach §§ 9, 10 KSchG, vgl. dazu § 9 KSchG. Die Anforderungen an einen Auflösungsgrund sind indessen so ausgestaltet, daß im Fall der Stattgabe eines Auflösungsantrags ein wichtiger Grund bestanden hat, vgl. Rn. 31 ff.

3. Nicht erfaßte Fälle. Einer Aufhebungsvereinbarung nicht gleichzustellen ist das **Unterlassen der** **14** **Klageerhebung gegen eine Kündigung** des Arbeitsvertrags, wenn nicht eine offensichtlich rechtswidrige Kündigung vorliegt (s. DA 1113 Abs. 1 zu § 119; *Gagel/Winkler* Rn. 51; KR/*Wolff* Rn. 11, 13; *Niesel* Rn. 35; *Bauer* Rn. 1045) oder die Rücknahme einer erhobenen Kündigungsschutzklage (*Gagel* § 119 AFG Rn. 132; HKHH § 119 AFG Rn. 2; *Niesel* § 119 AFG Rn. 8), wenn nicht die Nicht-Klageerhebung mit finanziellen Vergünstigungen verbunden ist. Ebenso ist es unschädlich, wenn der AN eine ungerechtfertigte fristlose Kündigung hinnimmt. Die Situation kann anders sein, wenn eine evident unwirksame Kündigung nicht angegriffen wird, bei der auch kein wichtiger Grund, der zur Unzumutbarkeit führt, das alte Arbeitsverhältnis fortzusetzen, gesehen werden kann. Hier ist zu prüfen, ob nicht eine einvernehmliche Vertragsauflösung auf Kosten der Versichertengemeinschaft verdeckt werden soll (weitergehend DA BAnstArb. 1113/1 EzASD 6/1997). Von Abs. 1 Nr. 1 werden weiter nicht erfaßt die **Geltendmachung der Nichtigkeit** des Arbeitsvertrags und eine Anfechtung (*Gagel/Winkler* Rn. 46). Einer **Kündigung und** damit einer **Auflösung nicht gleichzusetzen** ist das Auslaufenlassen einer befristeten Beschäftigungsmöglichkeit selbst bei Bestehen einer Verlängerungsoption (*Gagel/Winkler* Rn. 46; *Niesel* Rn. 16). Eine **Änderungskündigung,** die unter Vorbehalt angenommen wird, erfüllt ebenso **nicht** den Tatbestand der Nr. 1 (*Gagel/Winkler* Rn. 48; GK-AFG/*Eckert* § 119 Rn. 5; HKHH § 119 AFG Rn. 2; *Niesel* Rn. 16). Bei ihr wird das ursprüngliche Arbeitsverhältnis, wenn auch unter geänderten Arbeitsbedingungen fortgesetzt, vgl. § 2 KSchG.

4. Erforderlichkeit des vertragswidrigen Verhaltens. Vertragswidriges Verhalten iSv. Nr. 1 ist **15** vorwerfbares Verhalten, das eine **verhaltensbedingte Kündigung** rechtfertigt (*Gagel/Winkler* Rn. 62;

Ascheid

Niesel Rn. 39). Ob der AG außerordentlich oder ordentlich kündigt, ist unerheblich (BSG 25. 4. 1990 EzA AFG § 119 Nr. 1). Nicht hierzu rechnen in der Regel die personen- und die betriebsbedingte Kündigung (*Gagel/Winkler* Rn. 62; KR/*Wolff* Rn. 15; *Niesel* Rn. 40). Eine personenbedingte Kündigung kann ausnahmsweise die Voraussetzungen erfüllen, wenn der AN durch ein − privates − Verhalten eine Lage herbeigeführt hat, die ihn außerstande setzt, die vertraglich geschuldete Leistung zu erbringen, zB Trunkenheitsfahrt eines Berufskraftfahrers nach Arbeitsschluß mit der Folge des Entzugs der Fahrerlaubnis (BSG 25. 8. 1981 BB 1982, 559; *Kittner/Trittin* § 119 AFG Rn. 14; KR/*Wolff* Rn. 15). Setzt eine verhaltensbedingte Kündigung eine Abmahnung voraus, was regelmäßig der Fall sein wird, vgl. § 1 KSchG, greift § 143 I Nr. 1 nur, wenn der AG dies beachtet hatte (*Gagel* § 119 AFG Rn. 195).

16   **Verhaltensbedingte Gründe** sind alle **Verletzungen der Vertragspflichten**, sei es durch **Nicht- oder Schlechterfüllung**, einschließlich der vertraglichen Nebenpflichten (*Gagel/Winkler* Rn. 61; HKHH § 119 AFG Rn. 5; *Niesel* Rn. 39). Hierzu rechnen zB: verbotene Konkurrenztätigkeit (BAG 3. 5. 1983 AP HGB § 60 Nr. 10). Bei einem vertragswidrigen Verhalten des AN ist die Ursächlichkeit zu verneinen, wenn der AG ohnehin aus einem anderen Grund gekündigt hätte (HKHH § 119 AFG Rn. 6). Bei **Alkoholproblemen** scheidet eine verhaltensbedingte Kündigung aus, wenn der AN suchtkrank ist (BSG 18. 6. 1969 BSGE 28, 114; BSG 17. 10. 1969 SozR AP RVO § 184 Nr. 23; BSG 15. 2. 1978 BSGE 46, 41; *Niesel* Rn. 49). Hierunter sind gelegentliche Betrunkenheitsfälle, die zu Störungen des Arbeitsablaufs führen, nicht zu rechen. Sie unterfallen dem verhaltensbedingten Bereich.

17   Wird **aus mehreren Gründen gekündigt**, tritt keine Sperrzeit ein, wenn die Kündigung ohne den Vertragsverstoß nicht gerechtfertigt wäre (*Gagel/Winkler* Rn. 84). Wird in einem gerichtlichen Vergleich, bei dem in einem Prozeß um verschiedene Kündigungsgründe gestritten wird, vereinbart, das Arbeitsverhältnis habe aus betriebsbedingten Gründen geendet, ist es zweckmäßig, diese betriebsbedingten Gründe genau zu erfassen.

18   **5. Kausalität.** Die **Auflösung muß sich** kausal **auf die Herbeiführung der Arbeitslosigkeit beziehen**, nicht bloß auf die Beendigung der Vertragsbeziehungen (BSG SozR 3−4100 AFG § 119 Nr. 3 = NZA 1990, 791; *Gagel/Winkler* Rn. 80; *Hennig/Henke* Rn. 12; GK-AFG/*Eckert* § 119 AFG Rn. 20; KKMW § 119 AFG Rn. 26; KR/*Wolff* Rn. 23; *Niesel* Rn. 17). Voraussetzung ist, daß überhaupt Arbeitslosigkeit eingetreten ist (BSG SozR 3−4100 AFG § 119 Nr. 3 = NZA 1990, 791; *Niesel* Rn. 18). Das ist nicht der Fall, wenn unmittelbar nach Beendigung der Vertragsbeziehungen ein anderes Beschäftigungsverhältnis aufgenommen wird, sofern nicht kurzzeitig danach in dem angeschlossenen Beschäftigungsverhältnis Arbeitslosigkeit eintritt (*Niesel* Rn. 11; aA *Gagel/Winkler* Rn. 81). Für die **Ursächlichkeit maßgeblich** ist der **tatsächliche Geschehensablauf** (BSG 12. 4. 1984 DBlR Nr. 2959 AFG § 119; BSG 6. 7. 1991 DBlR Nr. 3850 a AFG § 119; *Niesel* Rn. 20). Die Ursächlichkeit ist zu bejahen, wenn die Arbeitslosigkeit die adäquate Folge des Verhaltens des AN war (GK-AFG/*Eckert* § 119 AFG Rn. 25; KR/*Wolff* Rn. 23). Die Arbeitslosigkeit muß entweder durch den AN selbst oder unter seiner Mitwirkung herbeigeführt worden sein. Hat ein AN sein Arbeitsverhältnis, das der AG bereits gekündigt hatte, durch Abschluß eines Aufhebungsvertrags zu einem Zeitpunkt vor Ablauf der Kündigungsfrist gelöst, ohne hierfür einen wichtigen Grund zu haben, tritt eine Sperrzeit für die Gewährung von Arbeitslosengeld auch dann ein, wenn er Arbeitslosengeld erst für die Zeit beansprucht, in der er ohnedies aufgrund der Kündigung arbeitslos geworden wäre (BAG 5. 8. 1999 EzA SGB III § 144 Nr. 2 unter Aufgabe BSG 12. 12. 1984 SozR 4100 AFG § 119 Nr. 24; BSG 20. 1. 2000 AP AFG § 119 Nr. 6). Ein solcher Fall ist zB denkbar, wenn der AG, der aus verhaltensbedingten Gründen gekündigt hat, geltend macht, er hätte ohnehin betriebsbedingt kündigen müssen (KR/*Wolff* Rn. 27).

19   Eine Kausalität besteht, wenn der AN es war, der gekündigt hat, selbst wenn der AG ebenfalls hätte kündigen können (BSG 17. 4. 1984 SozSich. 1984, 388). Anders ist die Rechtslage jedoch zu beurteilen, wenn der AG die Kündigung konkret angekündigt hatte und wenn sie nicht sozialwidrig gewesen wäre (*Niesel* Rn. 20). In diesen Fallkonstellationen ist immer zu prüfen, ob der AN einen wichtigen Grund zur Kündigung hatte, vgl. Rn. 31 ff. Eine für Nr. 1 beachtliche Kündigung des AN liegt ebenfalls vor, wenn ihm durch einen Sozialplan oder ein tarifliches Rationalisierungsschutzabkommen nahegelegt war (BSG 25. 8. 1981 DBlR AFG § 119 Nr. 2730). Auch hier ist zu prüfen, ob ein wichtiger Grund für die Kündigung vorlag. Hat der AN sich vertragswidrig verhalten und hat der AG deshalb fristlos gekündigt, obwohl nur eine ordentliche Kündigung berechtigt gewesen wäre, tritt keine Sperrzeit ein, wenn der fristlos gekündigte AN Arbeitslosengeld nur für die Zeit bis zum Ablauf der ordentlichen Kündigungsfrist begehrt (BSG 25. 4. 1990 SozR 3−4100 AFG § 119 Nr. 3; KR/*Wolff* Rn. 24).

20   Ein **arbeitsgerichtlicher Vergleich,** durch den das Arbeitsverhältnis mit dem Zeitpunkt aufgehoben wird, zu dem es durch die angegriffene Kündigung geendet hätte, ist für die damit verbundene Arbeitslosigkeit nur ursächlich, wenn die streitige Kündigung unwirksam war. War die Kündigung nicht sozialwidrig, kommt dem Vergleich keine eigenständige Bedeutung im Sinn einer Auflösungsvereinbarung zu (BSG 8. 6. 1989 SozR 4100 AFG § 117 Nr. 25; KR/*Wolff* Rn. 14).

21   Die **Kausalität** ist zu bejahen, wenn ein **sicherer Arbeitsplatz durch** einen **gefährdeten getauscht** wird und das nachfolgende Beschäftigungsverhältnis gelöst wird, ohne daß der AN dies verhindern

II. Sperrzeit wegen Arbeitsaufgabe, Abs. 1 Nr. 1 § 144 SGB III 540

kann, zB während der noch laufenden Probezeit (BSG 21. 9. 1956 BSGE 3, 298, 302). Die Sperrzeit beginnt dann, sofern die übrigen Voraussetzungen vorliegen, mit der Arbeitslosigkeit nach Beendigung des Anschlußarbeitsverhältnisses.

Eine Kündigung durch den Arbeitnehmer ist **nicht ursächlich** für die Arbeitslosigkeit, wenn sie sich mit einer tatsächlich ausgesprochenen personenbedingten oder betriebsbedingten Kündigung des AG überschneidet, sofern die Kündigungstermine in etwa gleich sind. Eine Ursächlichkeit ist ebenso zu verneinen, wenn der Arbeitslose seinen Anspruch erst für eine Zeit geltend macht, in der er unabhängig von seinem Verhalten arbeitslos gewesen wäre. 22

Kommen **mehrere Bedingungen** für eine Verursachung der Arbeitslosigkeit in Betracht, ist auf die **wesentliche Bedingung** abzustellen (BSG 28. 6. 1991 SozR 3–4100 AFG § 119 Nr. 6 = NZA 1992, 286; KR/*Wolff* Rn. 25; *Niesel* Rn. 23). Wird dem AN gekündigt, hat er sich rechtzeitig mit der BAnstArb. in Verbindung gesetzt und nimmt diese ihre Vermittlungsaufgabe nicht ausreichend wahr, stellt die Kündigung keine wesentliche Bedingung der Arbeitslosigkeit dar (BSG 28. 6. 1991 SozR 3–4100 AFG § 119 Nr. 6 = NZA 1992, 287). 23

6. Verschulden. Die **Arbeitslosigkeit muß vorsätzlich oder grob fahrlässig herbeigeführt** worden sein. Der Vorsatz oder die grobe Fahrlässigkeit muß sich auf den Eintritt der Arbeitslosigkeit bezogen haben, nicht allein auf die Lösung des Arbeitsverhältnisses (BSG 25. 8. 1981 BB 1982, 559; KR/*Wolff* Rn. 29; *Gagel/Winkler* Rn. 87; *Hennig/Henke* Rn. 12. Es kommt auf die Arbeitslosigkeit an, für die eine Leistung geltend gemacht wird (BSG SozR AFG § 119 Nr. 24; BSG SozR 3–4100 AFG § 119 Nr. 3 = NZA 1990, 791; *Niesel* 24). 24

Eine **Sperrzeit scheidet aus,** wenn der AN die **objektive Pflichtverletzung nicht zu vertreten** hat (zB falsche Unterrichtung) und wenn er nur leicht fahrlässig gehandelt hat, ihm aber zB dennoch gekündigt wird, weil ein hoher Schaden eingetreten ist (GK-AFG/*Eckert* § 119 AFG Rn. 20). Hat der AN leicht fahrlässig eine Arbeitsvertragspflicht verletzt und wird ihm deshalb gekündigt, tritt eine Sperrfrist nicht ein. Eine Sperrfrist kann mangels grober Fahrlässigkeit auch ausscheiden, wenn dem AN verhaltensbedingt gekündigt wurde, ohne daß eine notwendige Abmahnung der Kündigung vorausgegangen war *Gagel/Winkler* Rn. 90, 91. Die **Auflösung des Beschäftigungsverhältnisses** ist nur vorsätzlich denkbar. Ein **vorsätzliches Handeln** ist zu bejahen, wenn die (vorsätzliche) Auflösung des Beschäftigungsverhältnisses im Hinblick auf eine damit zwangsläufig verbundene Arbeitslosigkeit herbeigeführt worden ist. Vorsatz liegt auch vor, wenn der AN bedingt vorsätzlich gehandelt hat, dh., wenn er die Folgen klar erkannt und im Fall ihres Eintretens billigend in Kauf genommen hat (GK-AFG/*Eckert* § 119 AFG Rn. 29; KKMW § 119 AFG Rn. 29). 25

Das **vorsätzliche Handeln muß vorwerfbar sein.** Das ist es nicht, wenn ein AN durch Täuschung oder Drohung zur Aufhebung veranlaßt worden ist (*Gagel/Winkler* Rn. 87). Ein vorsätzliches Handeln iSv. Nr. 1 scheidet ebenfalls aus, wenn der AN infolge Irrtums die Tragweite seiner Handlungsweise nicht erkannt hat. Hätte er sie erkennen können, stellt sich die Frage der groben Fahrlässigkeit. Die Arbeitslosigkeit wird **grob fahrlässig** herbeigeführt, wenn der AN die erforderliche Sorgfalt in besonders schwerem Maß verletzt hat (*Gagel/Winkler* Rn. 88; *Niesel* Rn. 24). Der AN hätte die Folgen voraussehen können müssen und er hätte anders handeln können und müssen (BSG 15. 11. 1979 SozR 4100 AFG § 42 Nr. 8;). Bei der Feststellung des **Verschuldens** gilt ein **subjektiver Fahrlässigkeitsbegriff.** Es kommt auf die persönliche Urteils- und Kritikfähigkeit, das Einsichtsvermögen und das Verhalten des Leistungsempfängers sowie auf die besonderen Umstände des Falles an (BSG 31. 8. 1976 BSGE 42, 184; BSG 1. 8. 1978 BSGE 47, 28; BSG 12. 2. 1980 SozR 4100 AFG § 152 Nr. 10; *Hennig/Henke* Rn. 13; KR/*Wolff* Rn. 31). Der Vorwurf der groben Fahrlässigkeit ist in der Regel gerechtfertigt, wenn bei Auflösung des Beschäftigungsverhältnisses keine konkreten Anhaltspunkte dafür bestanden, nach Beendigung des Arbeitsverhältnisses stehe ein Anschlußarbeitsverhältnis zur Verfügung (BSG 20. 4. 1977 BSGE 43, 269; 12. 11. 1981 BSGE 52, 276 261; BSG 12. 12. 1984 SozR 4100 AFG § 119 Nr. 24; BSG 13. 8. 1986 SozR 4100 AFG § 119 Nr. 28 = NZA 1987, 180; GK-AFG/ *Eckert* § 119 AFG Rn. 30; KR/*Wolff* Rn. 30; *Niesel* Rn. 25). Konkret sind die Aussichten, wenn die Arbeitsmarktlage am neuen Arbeitsort günstig ist oder wenn bereits erfolgversprechende Verhandlungen eingeleitet wurden aufgrund aller Voraussicht nach mit einer Zusage gerechnet werden konnte oder wenn bereits eine konkrete Zusage vorlag. 26

Eine **grobe Fahrlässigkeit ist zu verneinen,** wenn der AN nicht damit rechnen mußte, nach Verlust des Arbeitsplatzes keinen Anschlußarbeitsplatz zu erhalten. Das Wechseln von einem Arbeitsverhältnis, das dem Kündigungsschutz unterliegt, in ein Probearbeitsverhältnis ist dann nicht grob fahrlässig im Hinblick auf eine drohende Arbeitslosigkeit, wenn der AN aufgrund konkreter Umstände annehmen durfte, er werde den Anforderungen genügen und es werde ihm auch nicht aus anderen Gründen gekündigt. Hingegen kann eine grob fahrlässige Zurechenbarkeit begründet sein, wenn der AN einem Betriebsübergang widerspricht, § 613 a BGB, sofern er sich dadurch einem größeren Kündigungsrisiko aussetzt. 27

Bestreitet der AN ein schuldhaftes vertragswidriges Verhalten, hat die BAnstArb. den **Sachverhalt von Amts wegen aufzuklären.** Für die sozialrechtliche Betrachtung ist eine rechtskräftige Entscheidung im arbeitsgerichtlichen Verfahren nicht bindend (BSG 25. 4. 1990 EzA AFG § 119 Nr. 1). Im 28

Ascheid 2391

Rahmen der Ermittlungen muß dem AN rechtliches Gehör gewährt werden. Insbesondere muß er Gelegenheit erhalten, sich zu negativen Äußerungen anderer Personen gegenäußern zu können (*Gagel* § 119 AFG Rn. 228).

29 **7. Bindungswirkung arbeitsgerichtlicher Entscheidungen.** Die BAnstArb. und die Sozialgerichte prüfen von Amts wegen, ob der AN die Arbeitslosigkeit grob fahrlässig herbeigeführt hat. Eine gesetzliche Regelung, daß arbeitsgerichtliche Urteile im Hinblick auf die sozialrechtlichen Sachverhalte eine Bindungswirkung entfalten, fehlt. Es besteht deshalb keine Bindungswirkung an solche Entscheidungen. Dabei kommt es nicht darauf an, ob das Arbeitsgericht die Klage des AN abgewiesen oder ob es ihr stattgegeben hat (BSG 15. 5. 1985 BSGE 58, 97; BSG 25. 4. 1990 SozR 3–4100 AFG § 119 Nr. 3; KR/*Wolff* Rn. 51; *Niesel* Rn. 50). Das gilt auch für **arbeitsgerichtliche Vergleiche.** Maßgebend sind die tatsächlichen Umstände. Es ist deshalb unerheblich, welcher Grund als Kündigungsgrund in dem Vergleich aufgeführt ist (BSG SozR 3–4100 AFG § 119 a Nr. 1 = NZA 1992, 95; *Niesel* Rn. 50).

30 Eine **Sperrzeit** tritt **nach § 144 Nr. 2 bis 4** auch in den Fällen ein, in denen der AN Arbeitsplatzangebote ablehnt oder nicht antritt, wenn er sich geweigert hat, an beruflichen Eingliederungsmaßnahmen teilzunehmen, oder wenn er eine Teilnahme abgebrochen hat. Es handelt sich insoweit um sozialrechtliche Tatbestände ohne kündigungsrechtlichen Bezug.

III. Ausschluß des Verschuldens durch wichtigen Grund

31 In den Fällen des Abs. 1 Nr. 1 bis 4 tritt keine Sperrzeit ein, wenn der AN für sein Verhalten einen wichtigen Grund hatte. Der wichtige Grund wird vom Gesetz nicht definiert. Das Tatbestandsmerkmal ist ein sog. unbestimmter Rechtsbegriff, der der Auslegung bedarf. **Maßgebender Gesichtspunkt** hierfür sind die **Zumutbarkeit der Beschäftigung für den Arbeitslosen und eine Abwägung der Interessen des Arbeitslosen mit denen der Versichertengemeinschaft** (BSG 4100 AFG § 119 Nr. 28 = NZA 1987, 180; *Gagel/Winkler* Rn. 97 ff.; *Kittner/Trittin* § 119 AFG Rn. 33; *Hennig/Henke* Rn. 27; KKMW § 119 AFG Rn. 47; KR/*Wolff* Rn. 33; *Niesel* Rn. 77). Die die Annahme eines wichtigen Grundes rechtfertigenden Umstände müssen objektiv gegeben sein (BSG 28. 6. 1991 NZA 1992, 287; *Gagel/Winkler* Rn. 99; GK-AFG/*Eckert* § 119 AFG Rn. 52; *Hennig/Henke* Rn. 28; *Niesel* Rn. 78). Es müssen Umstände vorliegen, unter denen nach verständiger Abwägung mit den Interessen der Versichertengemeinschaft dem AN die Fortsetzung des Arbeitsverhältnisses nicht zumutbar war (BSG 17. 7. 1964 BSGE 21, 205, 206; BSG 20. 4. 1977 BSGE 43, 269. Ob der Arbeitslose die Umstände, die ihn ergeben, auch so gewertet hat, ist unerheblich (Fällt der wichtige Grund nach Abgabe der Erklärungen, die zur Auflösung geführt haben, weg, muß der Versicherte alle ihm zumutbaren Maßnahmen treffen, um den Arbeitsplatz dennoch zu erhalten (BSG 20. 4. 1977 BSGE 43, 269, 274). Die Gründe können aus dem arbeitsrechtlichen, dem beruflichen oder persönlichen Bereich kommen. Vgl. zum wichtigen Grund auch *Gagel/Winkler* Anhang 1 zu § 144.

32 – **Gründe aus dem Arbeitsverhältnis:** Ein wichtiger Grund iSv. § 144 liegt vor, wenn der **AN zu einer fristlosen Kündigung berechtigt war** (BSG 17. 7. 1964 BSGE 21, 205; *Gagel/Winkler* Rn. 106; KR/*Wolff* Rn. 35; *Niesel* Rn. 81). Als solche Gründe sind anzusehen: eine **schwere Vertragsverletzung durch den AG; schikanöses Verhalten von Mitarbeitern** (KR/*Wolff* Rn. 36); **gesundheitliche Gefahren,** sofern nach Beanstandung durch den AN keine Abhilfe geschaffen wurde (*Niesel* Rn. 82). Die Frist des § 626 II BGB muß hier je nach Fallgestaltung nicht in die Überlegungen einbezogen werden. Ein AN, der zunächst versucht, trotz Vorliegens eines fristlosen Kündigungsgrundes am Arbeitsplatz festzuhalten und der später resignierend aufgibt, darf nicht schlechter gestellt werden als einer, der sofort kündigt. Ein wichtiger Grund kann deshalb auch bei einer ordentlichen Kündigung des AN anzuerkennen sein, wenn ihm zwar das Abwarten der Kündigungsfrist, nicht aber die Weiterarbeit über die Kündigungsfrist hinaus zumutbar war (BSG 26. 8. 1965 Breithaupt 1965, 261).

33 **Weitere wichtige Gründe** können sein: eine **Überforderung des geistigen oder körperlichen Leistungsvermögens** (GK-AFG/*Eckert* § 119 AFG Rn. 50); eine **völlig unberechtigte Kündigung des AG,** insbesondere wenn durch unberechtigte Vorwürfe die Vertrauensbasis zerstört wird (*Gagel* § 119 AFG Rn. 168); **Nichtzahlung des Entgelts** oder **drohende Insolvenz.** Ein wichtiger Grund ist ebenfalls zu bejahen, wenn ein älterer AN bei drastischen Personalreduzierungen gegen Abfindung ausscheidet, um jüngeren Kollegen die Entlassung zu ersparen (BSG 17. 2. 1981 SozR 4100 AFG § 119 Nr. 14; BSG 29. 11. 1989 NZA 1990, 629; *Gagel/Winkler* Rn. 120).

34 – **Berufliche Gründe:** Berufliche Gründe können einen wichtigen Grund bilden. Ein AN ist nicht gehalten, an einer einmal getroffenen Berufs- oder Arbeitsplatzwahl für immer festzuhalten. Dem AN ist zuzubilligen, sich in einem geregelten Ausbildungsgang für eine höherwertige Tätigkeit zu qualifizieren, wenn Anhaltspunkte dafür bestehen, daß er hierfür geeignet ist (*Gagel/Winkler* Rn. 118; KR/*Wolff* Rn. 39). Ein wichtiger Grund liegt allerdings nicht schon vor, wenn die beruflichen Erwartungen des AN in finanzieller Hinsicht oder im Hinblick auf eine Höherqualifikation nicht erfüllt werden (BSG 9. 12. 1982 SozR 4100 AFG § 119 Nr. 21). Eine Verschlechterung des

Status und der Arbeitsbedingungen müssen nur hingenommen werden, wenn sie sich nach Lage und Entwicklung des Arbeitsmarktes nicht vermeiden lassen (GK-AFG/*Eckert* § 119 AFG Rn. 56). Ein wichtiger Grund ist anzuerkennen, wenn sich der AN nachhaltig um einen angemessenen Arbeitsplatz bemüht hat und seine berufliche Entwicklung entsprechend der Eignung erheblich durch die Arbeit im alten Arbeitsverhältnis beeinträchtigt würde, vgl. im übrigen die jeweilige Zumutbarkeitsanordnung.

– **Persönliche Gründe:** Persönliche Gründe können ebenfalls einen Arbeitsplatzwechsel rechtfertigen: zu große Entfernung der Wohnung zum Arbeitsplatz (*Gagel/Winkler* Rn. 125; KR/*Wolff* Rn. 45); **Wohnortwechsel,** um eine eheliche Gemeinschaft zu gründen, wobei die Kündigung schon gerechtfertigt ist, wenn der Hochzeitstermin in die Kündigungsfrist fällt (BSG 20. 4. 1977 BSGE 43, 269; *Gagel/Winkler* Rn. 125; KR/*I. Wolff* § 119 AFG Rn. 45; *Niesel* § 119 AFG Rn. 64); zur nichtehelichen Gemeinschaft vgl. BSG 12. 11. 1981 BSGE 52, 276; BSG 25. 10. 1988 SozR 4100 § 119 Nr. 33; *Gagel/Winkler* Rn. 126; KR/*Wolff* Rn. 45; *Niesel* Rn. 89); **ernsthafte Gewissenskonflikte;** Beachtung der Glaubensregeln (*Gagel/Winkler* Rn. 132; *Niesel* Rn. 89). 35

– **Personalabbau:** Bei älteren AN kann ein wichtiger Grund vorliegen, wenn sie anläßlich eines drastischen Personalabbaus gegen Abfindung ihr Beschäftigungsverhältnis lösen, um andere AN vor der Entlassung zu bewahren (BSG SozR 4100 AFG § 119 Nr. 14 = DB 1981, 1523; *Niesel* Rn. 89). Diese Fallkonstellation setzt allerdings weiter voraus, daß eine Krisensituation eines größeren Betriebs vorliegt. Der Personalabbau muß ein erhebliches Ausmaß haben und kurzfristig durchgeführt werden müssen. Diese Voraussetzungen sind nicht erfüllt, wenn innerhalb eines Jahres weniger als ein Viertel der Beschäftigten freigesetzt wird (BSG 25. 4. 1990 SozR 1991, 94; BSG 29. 11. 1989 BSGE 66, 94; KR/*Wolff* Rn. 40 ff.). 36

Für die Umstände, die einen **wichtigen Grund** bilden sollen, ist der **AN darlegungs- und beweispflichtig** (GK-AFG/*Eckert* § 119 AFG Rn. 52). 37

IV. Dauer der Sperrzeit

Die Sperrzeit beträgt in der Regel zwölf Wochen. Sie wird durch die Regelung in Abs. 3 modifiziert. Die Tatsache, daß das Arbeitsverhältnis ohnehin zu einem späteren Zeitpunkt geendet hätte, steht der Sperrzeit nicht entgegen (GK-AFG/*Eckert* § 119 AFG Rn. 4). Die Sperrzeit greift nur dann nicht ein, wenn der Arbeitslose einen Anspruch erst für eine Zeit geltend macht, in der er unabhängig von seinem Verhalten arbeitslos gewesen wäre. Es fehlt dann an der Ursächlichkeit zwischen vorzeitiger Arbeitsplatzaufgabe und Arbeitslosigkeit (BSG 12. 12. 1984 SozR 4100 AFG § 119 Nr. 24). 38

Die Sperrzeit wird ausgelöst durch die in § 144 bezeichneten Ereignisse. Sie tritt kraft Gesetzes ein (*Hennig/Henke* Rn. 35). Sie ist nicht abhängig davon, ob dem AN ein Anspruch auf Arbeitslosengeld zustünde oder ob er einen geltend gemacht hat. Sie ist daher kein Ruhenstatbestand. **Sie bewirkt nach Abs. 2 eine zeitliche Sperre vom Arbeitslosengeld in dem Sinn, daß ein Anspruch, der für Tage in der Sperrzeit fällt, nicht zu erfüllen ist** (KR/*Wolff* Rn. 2; *Niesel* Rn. 98). 39

Die Sperrzeit läuft kalendermäßig ab, und zwar ohne Rücksicht auf das Bestehen eines Anspruchs auf Arbeitslosengeld (*Hennig/Henke* Rn. 36; KKMW § 119 AFG Rn. 11; *Niesel* Rn. 92). Es kommt auf eine Antragstellung und eine Arbeitslosmeldung nicht an. **Die Sperrzeit beginnt nach Abs. 1 S. 2 mit dem Tag nach dem Ereignis, das die Sperrzeit begründet.** Bei Auflösung eines Arbeitsverhältnisses oder einem vertragswidrigen Verhalten, das zum Verlust des Arbeitsplatzes führt, beginnt die Sperrzeit nach dem Ende des Arbeitsverhältnisses (KR/*Wolff* Rn. 17). 40

Die Sperrzeit ist **pauschal geregelt** und von der jeweiligen Situation auf dem Arbeitsmarkt völlig und von den Besonderheiten des Einzelfalls weitgehend abstrahiert (GK-AFG/*Eckert* § 119 AFG Rn. 85). Die Sperrzeit stellt eine Pauschalierung der dem Versicherten anzulastenden Folgen dar. Eine Begrenzung auf den genau eingetretenen Schaden entspricht nicht dem gesetzlichen System (KKMW § 119 AFG Rn. 10; KR/*Wolff* Rn. 28). In Härtefällen kann die Sperrzeit nach § 144 III 1 auf 6 Wochen herabgesetzt werden. Die Sperrzeit beträgt nach Abs. 3 S. 2 **drei Wochen,** wenn das Arbeitsverhältnis innerhalb von sechs Wochen nach dem Ereignis, das die Sperrzeit begründet hat, geendet hätte. 41

Die Sanktionen des § 144 greifen nur, wenn der Versicherte die Arbeitslosigkeit aufgrund des genannten Bedingungen kausal herbeigeführt hat. Eine Sperrzeit tritt nicht ein, wenn der Versicherte sich erst nach einem Zeitpunkt arbeitslos meldet, zu dem er aus anderen Gründen ohnehin arbeitslos gewesen wäre (BSG 12. 12. 1984 SozR 4100 AFG § 119 Nr. 24; vgl. auch BSG 11. 12. 1979 SozR 4100 AFG § 119 Nr. 11 zum Nichtantritt einer Stelle, weil eine andere Arbeit aufgenommen wurde). 42

Die Sperrzeit endet mit dem Datum, das sich kalendermäßig anhand der Zahl der Sperrzeitwochen errechnet. Für jede Woche werden 7 Tage dem Datum des Tages hinzugerechnet, an dem der Sperrzeittatbestand begründet wurde. Diese Berechnung erfolgt ohne Rücksicht auf Feiertage oder das Verhalten des Arbeitslosen in dieser Zeit. Es ist unerheblich, ob Arbeitslosengeld oder andere Leistungen bezogen wurden oder ob parallele Ruhenstatbestände (ausgenommen der Eintritt weiterer Sperrzeiten) vorliegen. 43

44 Tritt eine Sperrzeit ein, wird sie durch Bescheid festgestellt. Die Voraussetzungen des Sperrzeittatbestands sind von Amts wegen zu ermitteln. Das gilt auch für das Vorliegen wichtiger Gründe, die zu einem Ausschluß der Sperrzeit führen. Ein Sperrzeitbescheid ist von Amts wegen aufzuheben, wenn sich erweist, daß seine Voraussetzungen nicht gegeben waren. Auch Verfahrensfehler und Beratungsmängel können zum Wegfall der Sperrzeit führen (BSG 12. 12. 1984 SozR 4100 AFG § 119 Nr. 24; *Gagel* § 119 AFG Rn. 84; *Kittner/Trittin* § 119 AFG Rn. 76).

V. Härtefälle nach Abs. 3

45 Nach § 144 III umfaßt die **Sperrzeit in Härtefällen nur sechs bzw. drei Wochen.** Eine Härte iSv. Abs. 3 liegt vor, wenn nach den Umständen des Einzelfalls die Regeldauer im Hinblick auf die für den Eintritt der Sperrzeit maßgebenden Tatsachen objektiv als unverhältnismäßig anzusehen ist (*Gagel/Winkler* Rn. 222; *Niesel* Rn. 105). Der Begriff Härte ist ein unbestimmter Rechtsbegriff, der vom Gericht voll nachzuprüfen ist. Der BAnstArb. steht kein Ermessen und kein Beurteilungsspielraum zu (BSG 22. 3. 1979 BSGE 48, 109, 114; BSG SozR 4100 AFG § 119 Nr. 32; BSG SozR 4100 AFG § 119 Nr. 33 = NJW 1989. 3036; *Niesel* Rn. 105). Die Härte muß in einem Zusammenhang mit der Sperrzeit stehen. Zur Annahme einer Härte können nur die für den Eintritt der Sperrzeit maßgebenden Tatsachen beachtlich sein. Der Arbeitslose muß sich außerdem bemüht haben, die Arbeitslosigkeit zu vermeiden, ihren Eintritt zu verzögern oder ihre Dauer zu mindern. Als Härtefälle kommen in Betracht: eine unzureichende oder bewußt **falsche Information** durch private Hinweise, sofern dem AN das Vertrauen hierauf nicht vorwerfbar ist (vgl. BSG 22. 3. 1979 BSGE 48, 109, 114; *Niesel* Rn. 110); **Fehlbeurteilung der eigenen gesundheitlichen Leistungsfähigkeit** (*Gagel* § 119 AFG Rn. 93), soweit der AN keine entsprechende Belehrung erfahren hat; **Geringfügigkeit der Verfehlungen**, die zur Kündigung geführt haben (BSG 21. 7. 1988 SozR 4100 AFG § 119 Nr. 32); besondere Umstände, den Arbeitsplatz aufzugeben, wie **langjährige Partnerschaft** oder unbefriedigende Wohnverhältnisse.

In § 145 ist das Ruhen des Anspruchs bei Säumniszeit geregelt.

§ 146 Ruhen bei Arbeitskämpfen

(1) ¹Durch die Leistung von Arbeitslosengeld darf nicht in Arbeitskämpfe eingegriffen werden. ²Ein Eingriff in den Arbeitskampf liegt nicht vor, wenn Arbeitslosengeld Arbeitslosen geleistet wird, die zuletzt in einem Betrieb beschäftigt waren, der nicht dem fachlichen Geltungsbereich des umkämpften Tarifvertrags zuzuordnen ist.

(2) Ist der Arbeitnehmer durch Beteiligung an einem inländischen Arbeitskampf arbeitslos geworden, so ruht der Anspruch auf Arbeitslosengeld bis zur Beendigung des Arbeitskampfes.

(3) ¹Ist der Arbeitnehmer durch einen inländischen Arbeitskampf, an dem er nicht beteiligt ist, arbeitslos geworden, so ruht der Anspruch auf Arbeitslosengeld bis zur Beendigung des Arbeitskampfes nur, wenn der Betrieb, in dem der Arbeitslose zuletzt beschäftigt war,
1. dem räumlichen und fachlichen Geltungsbereich des umkämpften Tarifvertrages zuzuordnen ist oder
2. nicht dem räumlichen, aber dem fachlichen Geltungsbereich des umkämpften Tarifvertrages zuzuordnen ist und im räumlichen Geltungsbereich des Tarifvertrags, dem der Betrieb zuzuordnen ist,
   a) eine Forderung erhoben worden ist, die einer Hauptforderung des Arbeitskampfes nach Art und Umfang gleich ist, ohne mit ihr übereinstimmen zu müssen, und
   b) das Arbeitskampfergebnis aller Voraussicht nach in dem räumlichen Geltungsbereich des nicht umkämpften Tarifvertrages im wesentlichen übernommen wird.

²Eine Forderung ist erhoben, wenn sie von der zur Entscheidung berufenen Stelle beschlossen worden ist oder auf Grund des Verhaltens der Tarifvertragspartei im Zusammenhang mit dem angestrebten Abschluß des Tarifvertrags als beschlossen anzusehen ist. ³Der Anspruch auf Arbeitslosengeld ruht nach Satz 1 nur, wenn die umkämpften oder geforderten Arbeitsbedingungen nach Abschluß eines entsprechenden Tarifvertrages für den Arbeitnehmer gelten oder auf ihn angewendet würden.

(4) ¹Ist bei einem Arbeitskampf das Ruhen des Anspruchs nach Absatz 3 für eine bestimmte Gruppe von Arbeitnehmern ausnahmsweise nicht gerechtfertigt, so kann der Verwaltungsausschuß des Landesarbeitsamtes bestimmen, daß ihnen Arbeitslosengeld zu leisten ist. ²Erstrecken sich die Auswirkungen eines Arbeitskampfes über den Bezirk eines Landesarbeitsamtes hinaus, so entscheidet der Verwaltungsrat. ³Dieser kann auch in Fällen des Satzes 1 die Entscheidung an sich ziehen.

(5) ¹Die Feststellung, ob die Voraussetzungen nach Absatz 3 Satz 1 Nr. 2 Buchstaben a und b erfüllt sind, trifft der Neutralitätsausschuß (§ 393). ²Er hat vor seiner Entscheidung den Fach-

spitzenverbänden der am Arbeitskampf beteiligten Tarifvertragsparteien Gelegenheit zur Stellungnahme zu geben.

(6) ¹Die Fachspitzenverbände der am Arbeitskampf beteiligten Tarifvertragsparteien können durch Klage die Aufhebung der Entscheidung des Neutralitätsausschusses nach Absatz 5 und eine andere Feststellung begehren. ²Die Klage ist gegen die Bundesanstalt zu richten. ³Ein Vorverfahren findet nicht statt. ⁴Über die Klage entscheidet das Bundessozialgericht im ersten und letzten Rechtszug. ⁵Das Verfahren ist vorrangig zu erledigen. ⁶Auf Antrag eines Fachspitzenverbandes kann das Bundessozialgericht eine einstweilige Anordnung erlassen.

I. Allgemeines

§ 146 III SGB III enthält die frühere Regelung des § 116 AFG. Rechtsprechung und Literatur zu 1 dieser Vorschrift können herangezogen werden (vgl. BSG 5. 6. 1991 BSGE 69, 25; BSG 4. 10. 1994 BSGE 75, 97). § 116 AFG war durch das Gesetz zur Änderung der Neutralität der BAnstArb. bei Arbeitskämpfen vom 15. 5. 1986 (BGBl. I S. 740) neu gefaßt worden. Kernstück der Neuregelung ist die Ruhensbestimmung für mittelbar Betroffene des Arbeitskampfs in Abs. 3. Die alte Fassung lautete: „(3) Ist der Arbeitnehmer durch einen inländischen Arbeitskampf, an dem er nicht beteiligt ist, arbeitslos geworden, so ruht der Anspruch auf Arbeitslosengeld bis zur Beendigung des Arbeitskampfs, wenn 1. der Arbeitskampf auf eine Änderung der Arbeitsbedingungen in dem Betrieb, in dem der Arbeitnehmer zuletzt beschäftigt war, abzielt, oder 2. die Gewährung des Arbeitslosengeldes den Arbeitskampf beeinflussen würde.", sog. Abziel- und Beeinflussungstatbestand. Das Nähere konnte die BAnstArb. durch Anordnung bestimmen, vgl. zur Auslegung der „Altfassung": BSG 5. 5. 1991 AP AFG § 116 Nr. 2. Die neue Gesetzesfassung stellt mit dem Partizipationstatbestand in Abs. 3 S. 1 Nr. 2 darauf ab, daß die Früchte des Arbeitskampfs aufgrund der erforderlichen Prognose mit Sicherheit auch dem drittbetroffenen AN zufallen (*Schmidt-Preuß* DB 1986, 2488; *Löwisch* NZA 1986, 347).

Die Zielsetzung des § 146 besteht allein darin, Sachverhalte in sozialrechtlicher Hinsicht abzuwik- 2 keln, die aus arbeitskampfrechtlichen Wertentscheidungen herrühren (BSG 4. 10. 1994 NZA 1995, 320). Die Vorschrift gestaltet nicht unmittelbar die Koalitionsrechte der Gegner im Arbeitskampf. § 146 ist in Zusammenhang zu sehen mit Art. 9 GG. Der Staat hat sich nicht steuernd in Arbeitskämpfe einzumischen. Die BAnstArb. muß sich danach passiv neutral verhalten. Ihr steht kein Spielraum für wertende Regelungen zu. Letztlich ist Sachgrund der Vorschrift die der Arbeitslosenversicherung immanente Leitidee, daß eine tatsächliche Arbeitslosigkeit nicht zum Lohnersatz durch die Arbeitslosenversicherung führen darf, wenn die Arbeitslosigkeit vom AN selbst verschuldet ist.

§ 146 gilt auch für Arbeitslosenhilfe, § 198, und für Kurzarbeitergeld, § 174, soweit der Arbeit- 3 nehmer nicht selbst durch Beteiligung an einem inländischen Arbeitskampf arbeitslos ist. Beansprucht der Arbeitgeber weiter seine Dispositionsbefugnis über den AN, kommt nur Kurzarbeitergeld in Betracht (GK-AFG/*Masuch* § 116 AFG Rn. 26).

II. Anspruchsvoraussetzungen

Der Anspruchsteller muß die Anspruchsvoraussetzungen erfüllen. Auch AN, die an einem suspen- 4 dierend wirkenden Arbeitskampf beteiligt sind, sind arbeitslos iSv. § 117 (GK-AFG/*Masuch* § 116 AFG Rn. 23). Für die Verfügbarkeit genügt eine arbeitskampfbedingte begrenzte Vermittelbarkeit (GK-AFG/*Masuch* § 116 AFG Rn. 24; *Niesel/Düe* Rn. 8). Ruhen des Anspruchs unter den in Abs. 2 bis 4 vorgeschriebenen Voraussetzungen bedeutet auch hier, daß ein bestehender Anspruch vorübergehend nicht durchgesetzt werden kann (*Niesel/Düe* Rn. 14).

III. Eingriffsverbot, Abs. 1

Abs. 1 S. 1 der Vorschrift normiert die Neutralitätspflicht der BAnstArb. Läge ein Eingriff in den 5 Arbeitskampf vor, ist die BAnstArb. zur Passivität verpflichtet. Die Leistungen sind von der Bundesanstalt voll zu erbringen, wenn ein in Abs. 2 und 3 geregelter Ruhenstatbestand nicht vorliegt. Abs. 1 S. 2 hat klarstellende Funktion (*Niesel/Düe* Rn. 6). Die Regelung ist wichtig für die Gesetzesauslegung insgesamt. Die BAnstArb. trägt den Teil des Arbeitskampfrisikos, den die AG in Folge der arbeitskampfbedingten Produktionseinstellungen in branchenfremden Betrieben tragen müssen.

IV. Beteiligung am Arbeitskampf, Abs. 2

Der Leistungsanspruch ruht, wenn der AN durch Beteiligung an einem **inländischen** Arbeitskampf 6 arbeitslos geworden ist. **Arbeitskampf ist im arbeitsrechtlichen Sinn zu verstehen.** Er umfaßt Streik und Aussperrung, vgl. dazu Art. 9 GG. Nicht entscheidend für die Anwendung der Vorschrift ist, ob es sich um eine rechtlich zulässige Kampfmaßnahme handelt (GK-AFG/*Masuch* § 116 AFG Rn. 30 KKMW § 116 AFG Rn. 7; *Niesel/Düe* Rn. 16), sofern um Arbeitsbedingungen im Rahmen eines

Tarifvertrags gestritten wird und es sich nicht um einen politischen Streik handelt (KKMW § 116 AFG Rn. 8). Die BAnstArb. sollte nicht in die Lage versetzt werden, schwierige arbeitsrechtliche Fragen vorläufig mit auf den Arbeitskampf sich auswirkenden Folgen zu beantworten (HKHH § 116 AFG Anm. 2.2.). Bei rechtswidrigen Aussperrungen bleibt der Entgeltanspruch des § 615 BGB bestehen. Es ist § 143 III anzuwenden (GK-AFG/*Masuch* § 116 AFG Rn. 32). Das Ruhen setzt notwendig voraus, daß überhaupt ein Anspruch besteht.

7 **Eine Beteiligung liegt vor, wenn die betroffenen AN selbst streiken oder ausgesperrt werden.** Neben den Gewerkschaftsangehörigen sind auch die kampfbeteiligten Außenseiter (Nicht- oder Andersorganisierte) vom Ruhen betroffen. Es muß ein **Kausalzusammenhang zwischen der Beteiligung am Arbeitskampf und der Arbeitslosigkeit bestehen** (HKHH § 116 AFG Anm. 2.4; *Niesel/Düe* Rn. 18). Ein Anspruch ruht jedenfalls nach § 146 nicht, wenn der AN aus anderen Gründen (zB Ablauf der Befristung) aus dem Arbeitsverhältnis ausscheidet. Das Ruhen tritt ein mit dem Zeitpunkt der Arbeitsniederlegung bzw. der Wirkung der Aussperrung. Es endet mit der Beendigung des Arbeitskampfes, nicht etwa mit der Beendigung der Beteiligung.

V. Mittelbar betroffene Arbeitnehmer, Abs. 3

8 Abs. 3 erfaßt die am Arbeitskampf nicht beteiligten AN, bei denen durch Fernwirkung in ihrem Bereich die Arbeit ausfällt (*Niesel/Düe* Rn. 21). Nach der Rechtsprechung des BAG trägt der Arbeitgeber das Betriebs- und Wirtschaftsrisiko dann nicht, wenn die Beschäftigungsmöglichkeit in Folge eines Arbeitskampfes entfällt. Eine sog. **Fernwirkung** wird angenommen, wenn die für den mittelbar betroffenen Betrieb zuständigen Verbände mit den unmittelbar kampfführenden Verbänden identisch oder organisatorisch eng verbunden sind. Das ist in der Regel bei Arbeitskämpfen **im selben fachlichen Geltungsbereich** zu bejahen (BAG 12. 12. 1980 BAGE 34, 331, 340 ff.). Die Sicherung der Neutralität soll in der Neufassung des § 146 III S. 1 Nr. 2 durch einen **Partizipationstatbestand** erreicht werden. Werden sich die Arbeitsbedingungen dieser mittelbar Betroffenen an der im Arbeitskampf gefundenen Regelung auswirken, soll der Lohnausfall nicht ersetzt werden (HKHH § 116 AFG Anm. 4). Es muß praktisch so sein, daß der Arbeitskampf stellvertretend für die betroffenen AN geführt wird (BT-Drucks. 10/4989 S. 8; 10/5214 S. 11).

9 **Abs. 3 verlangt in allen Fallvarianten Gleichheit des Fachbereichs.** Mit dem fachlichen Geltungsbereich ist der betrieblich-branchenmäßige Bereich gemeint (Eisen- und Stahl, Bau, Bäcker). Anknüpfungspunkt ist der Betriebszweck, nicht die Tätigkeit der einzelnen AN. Der fachliche Geltungsbereich entspricht praktisch den Zuständigkeiten der Tarifvertragsparteien (*Niesel/Düe* Rn. 31). Bei mittelbar Betroffenen anderer Fachbereiche kommen Lohnersatzleistungen nach Abs. 1 S. 2 nicht zum Ruhen. Hierbei spielt es keine Rolle, wenn von dem Tarifvertrag, um den gestritten wird, eine „Signalwirkung" für andere Fachbereiche ausgeht (KKMW § 116 AFG Rn. 10).

10 Nach Abs. 3 muß der AN durch einen inländischen Arbeitskampf, an dem er nicht beteiligt ist, arbeitslos geworden sein. Die arbeitskampfbedingte Arbeitslosigkeit muß in dem Betrieb entstanden sein, in dem der Arbeitslose zuletzt beschäftigt war. **Es muß ein ursächlicher Zusammenhang zwischen dem von anderen geführten Arbeitskampf und der Arbeitslosigkeit bestehen.** Die Ursächlichkeit muß sich nicht nur auf den Beginn, sondern auch auf die Dauer der Arbeitslosigkeit erstrecken (*Niesel/Düe* Rn. 26). Der Arbeitskampf muß **wesentliche Bedingung** für die Arbeitslosigkeit sein (HKHH § 116 AFG Anm. 4.1.1 und 4.2.1; str.). Eine Kausalität des Arbeitskampfs für die Arbeitslosigkeit ist zu verneinen, wenn die Arbeitslosigkeit zwar ohne den Arbeitskampf nicht eingetreten, aber trotz des Arbeitskampfs vermeidbar gewesen wäre (*Niesel/Düe* Rn. 26). Das Ruhen von Ansprüchen kann frühestens mit Beginn des Arbeitskampfes eintreten und endet nach dem eindeutigen Gesetzeswortlaut in jedem Fall mit der Beendigung des Arbeitskampfs (BSG 4. 10. 1994 NZA 1995, 320). Beansprucht der AG weiter die Dispositionsbefugnis über den AN, kommt nur Kurzarbeitergeld in Betracht (HKHH § 116 AFG Anm. 4; zur Neuregelung zum Kurzarbeitergeld vgl. *Hammer/Weiland* BB 1997, 2582). Abs. 3 gilt für die betroffenen AN unabhängig davon, ob sie der kämpfenden Gewerkschaft oder überhaupt einer Gewerkschaft angehören. Die individuelle Korrektur erfolgt über Abs. 3 S. 3 (HKHH § 116 AFG Anm. 4; *Niesel/Düe* Rn. 27).

11 **Abs. 3 erfaßt zwei Fallgruppen: Ruhenstatbestand S. 1 Nr. 1 – Mittelbar Betroffene im Kampfbereich selbst.** Hier ist der Beschäftigungsbetrieb dem **räumlichen und fachlichen** Geltungsbereich zuzurechnen. Hinsichtlich des räumlichen Geltungsbereichs gilt die entsprechende tarifvertragliche Abgrenzung (*Niesel/Düe* Rn. 30). Nicht zum räumlichen Geltungsbereich gehören Außenseiterbetriebe, die dem kampfbeteiligten Verband nicht angehören oder Betriebe, für die Firmentarifverträge abgeschlossen werden (*Düe* in Niesel § 116 AFG Rn. 23), hinsichtlich des fachlichen Geltungsbereichs siehe Rn. 9. Mit Geltung ist die unmittelbare und zwingende Wirkung der Tarifnorm auf das Arbeitsverhältnis iSv. § 4 I TVG gemeint. Die „Anwendung" soll den Fall erfassen, daß Tarifregelungen ohne Rücksicht auf eine zwingende Wirkung einzelvertraglich übernommen werden. Bei den bezeichneten Betroffenen ruht gemäß Abs. 3 S. 2 der Anspruch auf Arbeitslosengeld, wenn die umkämpften oder geforderten Arbeitsbedingungen nach Abschluß eines entsprechenden Tarifvertrags für den AN gelten oder auf ihn angewendet werden.

V. Mittelbar betroffene Arbeitnehmer, Abs. 3

Ruhenstatbestand S. 1 Nr. 2 – Mittelbar Betroffene im gleichen fachlichen, nicht jedoch räumlichen, Geltungsbereich des Tarifvertrags. Hier ruht der Anspruch auf Arbeitslosengeld, bzw. Kurzarbeitergeld oder Arbeitslosenhilfe nur, wenn neben den Voraussetzungen nach Abs. 3 S. 2 weitere Voraussetzungen erfüllt sind. 12

Nach Buchstabe a) muß eine Forderung erhoben sein, die einer **Hauptforderung** des Arbeitskampfs nach Art und Umfang gleich ist, ohne mit ihr übereinstimmen zu müssen. Das Gesetz enthält insoweit eine Legaldefinition. Als Hauptforderung des Arbeitskampfs ist nur die in Betracht zu ziehen, die von einer Partei erhoben worden ist, die vom Arbeitskampf als Druckmittel zur Durchsetzung der Forderung Gebrauch gemacht, also zu diesem Zweck den Arbeitskampf begonnen hat. Eine Hauptforderung ist eine solche, mit der die Mitglieder zum Arbeitskampf mobilisiert werden (HKHH § 116 AFG Anm. 4.2.1). Die zentrale Forderung muß den Arbeitskampf geprägt haben. Ist ein plakatives Kampfziel („35-Stunden-Woche") nicht erkennbar, sind die Tarifziele darauf zu überprüfen, ob eine sozialpolitische und wirtschaftliche Forderung erhoben worden ist, die dem Arbeitskampf das Gepräge gibt (*Niesel/Düe* Rn. 25; *Löwisch* NZA 1986, 348). Unerheblich ist, ob der Arbeitskampf nach den Regeln des kollektiven Arbeitsrechts rechtmäßig gewesen ist. Es kommt allein darauf an, daß faktisch ein Arbeitskampf geführt wird, nicht aber auf dessen arbeitsrechtliche Bewertung. 13

Es ist ein **Forderungsvergleich** vorzunehmen. Es kommt nicht auf eine Identität oder Fast-Identität der Forderungen an. Es genügt nach Buchstabe a) eine quantitative oder qualitative Gleichheit mit der Hauptforderung, wenn nach **Buchstabe b)** das Arbeitskampfergebnis aller Voraussicht nach in dem räumlichen Geltungsbereich des nicht umkämpften Tarifvertrags im wesentlichen übernommen wird. Mit den Worten „gleich, ohne mit ihr übereinzustimmen zu müssen" sollte zum Ausdruck gebracht werden, daß mit dem Wort „gleich" nicht identische, dh. auch in allen Einzelheiten völlig übereinstimmende, Forderungen gemeint sind. Der Begriff „gleich" ist hierbei nicht auszulegen. Der Vergleich der Hauptforderungen setzt regionale, zeitlich kongruent verlaufende Tarifabschlüsse voraus (*Niesel/Düe* Rn. 38). Die zu vergleichenden Forderungen müssen so eng beieinander liegen, daß sie fast übereinstimmen (BSG 4. 10. 1994 NZA 1995, 320). Geht es um eine Lohnerhöhung, dürfte die kritische Grenze bei 10% liegen (HKHH § 116 AFG Anm. 4.2.3). 14

Eine **Forderung ist erhoben**, wenn sie von den zuständigen Gremien der Tarifvertragsparteien beschlossen worden ist, § 146 III 2. Nicht erforderlich ist, daß die Forderung der anderen Tarifvertragspartei zugegangen ist. 15

Die Anwendung des Partizipationsprinzips, das allein Abs. 3 S. 1 Nr. 2 zugrunde liegt, setzt eine **Prognose voraus**. An die Übernahmeprognose nach Abs. 3 S. 1 Nr. 2 Buchst. b sind hohe Anforderungen zu stellen. Der Neutralitätsausschuß hat insoweit keinen Beurteilungsspielraum (BSG 4. 10. 1994 NZA 1995, 320). **Für die Prognose ist in der Regel auf den Zeitpunkt des Beginns des Arbeitskampfs abzustellen.** Der spätere tatsächliche Ausgang der Tarifauseinandersetzungen hat grundsätzlich außer Betracht zu bleiben, jedoch kann ihm indizielle Bedeutung beizumessen sein (HKHH Anm. 4.2.4). 16

Die Feststellung, ob die Voraussetzungen nach Abs. 3 S. 1 Nr. 2 Buchstaben a und b erfüllt sind, trifft nach Abs. 5 der **Neutralitätsausschuß**, § 393. Er hat vor seiner Entscheidung den Fachspitzenverbänden der am Arbeitskampf beteiligten Tarifvertragsparteien Gelegenheit zur Stellungnahme zu geben. Fachspitzenverbände sind alle Arbeitnehmer- und Arbeitgeberorganisationen, die für das Arbeitsleben des gesamten Bundesgebiets bedutsam sind, und zwar immer bezogen auf einen bestimmten Fachbereich (BSG 4. 10. 1994 NZA 1995, 320). 17

Die Feststellung des Neutralitätsausschusses nach § 146 V ist eine Verwaltungsentscheidung sui generis. Sie stellt auch gegenüber den am Arbeitskampf beteiligten Arbeitnehmer- und Arbeitgeberorganisationen hinsichtlich deren Rechte auf koalitionsmäßige Betätigung keinen Verwaltungsakt dar. Sie hat gegenüber den Tarifvertragsparteien keine unmittelbare Außenwirkung. Durch die Entscheidung wird über einzelne generelle Tatbestandsmerkmale des § 146 III S. 1 Nr. 2 entschieden. Eine Drittwirkungsbindung hat der Gesetzgeber im Abs. 5 S. 1, Abs. 6 S. 1, 4 mit der Folge angeordnet, daß die Behörden der BAnstArb. und die Gerichte der Sozialgerichtsbarkeit in Leistungsverfahren an die Feststellungen des Neutralitätsausschusses und an die Kontrollentscheidung des BSG gebunden sind (BSG 4. 10. 1994 NZA 1995, 320). 18

Der **Neutralitätsausschuß hat festzustellen**: 19
– ob ein **inländischer Arbeitskampf** geführt wird,
– in welchem **räumlichen und fachlichen Geltungsbereich** der Arbeitskampf um den Abschluß eines Tarifvertrags geführt wird,
– **wann der Arbeitskampf begonnen hat** und, sofern dies feststellbar ist, wann er beendet worden ist,
– ob im Arbeitskampf eine **Hauptforderung** erhoben worden ist und welche,
– ob außerhalb des räumlichen, aber innerhalb des fachlichen Geltungsbereichs des umkämpften Tarifvertrags ebenfalls eine tarifvertragliche Forderung erhoben worden ist,
– ob diese zuletzt genannte **Forderung der Hauptforderung des Arbeitskampfs nach Art und Umfang gleich** ist und

- ob das in dem umkämpften Tarifgebiet **erzielte Arbeitskampfergebnis aller Voraussicht** nach in dem anderen, innerhalb des fachlichen Geltungsbereich liegenden Tarifgebiets **im wesentlichen übernommen wird.**

20 Der Neutralitätsausschuß hat die weiteren Voraussetzungen für ein Ruhen nach Abs. 3 S. 1 Nr. 2 Buchstaben a und b **nicht** festzustellen. Sie beurteilen sich allein nach den Umständen des Einzelfalls, so
- ob der AN, der einen Leistungsanspruch geltend macht, an dem inländischen Arbeitskampf nicht beteiligt ist,
- ob der Betrieb, in dem er zuletzt beschäftigt gewesen ist, zwar nicht dem räumlichen, aber dem fachlichen Geltungsbereich des umkämpften Tarifvertrags zuzuordnen ist, für den der Neutralitätsausschuß seine Feststellung getroffen hat,
- ob seine Arbeitslosigkeit bzw. der Arbeitsausfall in seinem Betrieb durch Fernwirkungen des Arbeitskampfes in dem anderen umkämpften Tarifgebiet verursacht worden ist,
- ob die geforderten Arbeitsbedingungen nach Abschluß eines entsprechenden Tarifvertrags für den AN gelten oder auf ihn angewendet würden. Diese Umstände sind im Individualprozeß zu klären.

VI. Härteregelung

21 Abs. 4 enthält eine Härteregelung. Ist bei einem Arbeitskampf das Ruhen des Anspruchs nach Abs. 3 für eine bestimmte Gruppe von AN ausnahmsweise nicht gerechtfertigt, kann der Verwaltungsausschuß des Landesarbeitsamts, bzw. nach S. 2 der Verwaltungsrat, bestimmen, daß ihnen Arbeitslosengeld zu gewähren ist. Von einer Gruppe kann erst ausgegangen werden, wenn mindestens drei AN betroffen sind (KKMW § 116 AFG Rn. 32). Abs. 4 greift nur bei atypischen Situationen, wenn ganz bestimmte Arbeitnehmergruppen wesentlich härter als andere betroffen sind.

VII. Rechtsschutz

22 Nach Abs. 6 können die Fachspitzenverbände der am Arbeitskampf beteiligten Tarifvertragsparteien durch Klage die Aufhebung der Entscheidung des Neutralitätsausschusses nach Abs. 5 und eine andere Feststellung begehren. Die Klage richtet sich gegen die Bundesanstalt. In dem Klageverfahren vor dem Bundessozialgericht sind nur die in Abs. 6 genannten Fachspitzenverbände beteiligt (BSG 4. 10. 1994 NZA 1995, 320). Über die Klage entscheidet das BSG im ersten und letzten Rechtszug. Auf Antrag des Fachspitzenverbandes kann das BSG eine einstweilige Anordnung erlassen. Durch die Regelung in Abs. 6 wird das Recht des einzelnen mittelbar betroffenen AN auf Klage vor dem Sozialgericht gegen das Ruhen des Arbeitslosengeldes bzw. des Kurzarbeitsgeldes nicht berührt (GK-AFG/*Masuch* § 116 AFG Rn. 72). Jedoch ist die Feststellung des Neutralitätsausschusses und die Überprüfungsentscheidung des BSG in dem Individualverfahren als bindend hinzunehmen (BSG 4. 10. 1994 NZA 1995, 320).

§ 147 a Erstattungspflicht des Arbeitgebers

(1) ¹Der Arbeitgeber, bei dem der Arbeitslose innerhalb der letzten vier Jahre vor dem Tag der Arbeitslosigkeit, durch den nach § 124 Abs. 1 die Rahmenfrist bestimmt wird, mindestens 24 Monate in einem Versicherungsverhältnis gestanden hat, erstattet der Bundesanstalt vierteljährlich das Arbeitslosengeld für die Zeit nach Vollendung des 58. Lebensjahres des Arbeitslosen, längstens für 24 Monate. ²Die Erstattungspflicht tritt nicht ein, wenn das Arbeitsverhältnis vor Vollendung des 56. Lebensjahres des Arbeitslosen beendet worden ist, der Arbeitslose auch die Voraussetzungen für eine der in § 142 Abs. 1 Nr. 2 bis 4 genannten Leistungen oder für eine Rente wegen Berufsunfähigkeit erfüllt oder der Arbeitgeber darlegt und nachweist, daß
1. a) bei Arbeitslosen deren Arbeitsverhältnis vor Vollendung des 57. Lebensjahres beendet worden ist: der Arbeitslose innerhalb der letzten 18 Jahre vor dem Tag der Arbeitslosigkeit, durch den nach § 124 Abs. 1 die Rahmenfrist bestimmt wird, insgesamt weniger als 15 Jahre
   b) bei den übrigen Arbeitslosen: der Arbeitslose innerhalb der letzten zwölf Jahre vor dem Tag der Arbeitslosigkeit, durch den nach § 124 Abs. 1 die Rahmenfrist bestimmt wird, insgesamt weniger als zehn Jahre
   zu ihm in einem Arbeitsverhältnis gestanden hat; Zeiten vor dem 3. Oktober 1990 bei Arbeitgebern in dem in Artikel 3 des Einigungsvertrages genannten Gebiet bleiben unberücksichtigt,
2. er in der Regel nicht mehr als 20 Arbeitnehmer ausschließlich der zu ihrer Berufsausbildung Beschäftigten beschäftigt; § 10 Abs. 2 Satz 2 bis 6 des Lohnfortzahlungsgesetzes gilt entsprechend mit der Maßgabe, daß das Kalenderjahr maßgebend ist, das dem Kalenderjahr vorausgeht, in dem die Voraussetzungen des Satzes 1 für die Erstattungspflicht erfüllt sind,
3. der Arbeitslose das Arbeitsverhältnis durch Kündigung beendet und weder eine Abfindung noch eine Entschädigung oder ähnliche Leistung wegen der Beendigung des Arbeitsverhältnisses erhalten oder zu beanspruchen hat,

4. er das Arbeitsverhältnis durch sozial gerechtfertigte Kündigung beendet hat; § 7 des Kündigungsschutzgesetzes findet keine Anwendung, das Arbeitsamt ist an eine rechtskräftige Entscheidung des Arbeitsgerichts über die soziale Rechtfertigung einer Kündigung gebunden,
5. er bei Beendigung des Arbeitsverhältnisses berechtigt war, das Arbeitsverhältnis aus wichtigem Grund ohne Einhaltung einer Kündigungsfrist oder mit sozialer Auslauffrist zu kündigen,
6. sich die Zahl der Arbeitnehmer in dem Betrieb, in dem der Arbeitslose zuletzt mindestens zwei Jahre beschäftigt war, um mehr als 3 Prozent innerhalb eines Jahres vermindert und unter den in diesem Zeitraum ausscheidenden Arbeitnehmern der Anteil der Arbeitnehmer, die das 56. Lebensjahr vollendet haben, nicht höher ist als es ihrem Anteil an der Gesamtzahl der im Betrieb Beschäftigten zu Beginn des Jahreszeitraumes entspricht. Vermindert sich die Zahl der Beschäftigten im gleichen Zeitraum um mindestens 10 Prozent, verdoppelt sich der Anteil der älteren Arbeitnehmer, der bei der Verminderung der Zahl der Arbeitnehmer nicht überschritten werden darf. Rechnerische Bruchteile werden aufgerundet. Wird der gerundete Anteil überschritten, ist in allen Fällen eine Einzelfallentscheidung erforderlich,
7. der Arbeitnehmer im Rahmen eines kurzfristigen drastischen Personalabbaus von mindestens 20 Prozent aus dem Betrieb, in dem er zuletzt mindestens zwei Jahre beschäftigt war, ausgeschieden ist und dieser Personalabbau für den örtlichen Arbeitsmarkt von erheblicher Bedeutung ist.

(2) Die Erstattungspflicht entfällt, wenn der Arbeitgeber darlegt und nachweist, daß
1. in dem Kalenderjahr, das dem Kalenderjahr vorausgeht, für das der Wegfall geltend gemacht wird, die Voraussetzungen für den Nichteintritt der Erstattungspflicht nach Absatz 1 Satz 2 Nr. 2 erfüllt sind, oder
2. die Erstattung für ihn eine unzumutbare Belastung bedeuten würde, weil durch die Erstattung der Fortbestand des Unternehmens oder die nach Durchführung des Personalabbaus verbleibenden Arbeitsplätze gefährdet wären. Insoweit ist zum Nachweis die Vorlage einer Stellungnahme einer fachkundigen Stelle erforderlich.

(3) Die Erstattungsforderung mindert sich, wenn der Arbeitgeber darlegt und nachweist, daß er
1. nicht mehr als 40 Arbeitnehmer oder
2. nicht mehr als 60 Arbeitnehmer
im Sinne des Absatzes 1 Satz 2 Nr. 2 beschäftigt, um zwei Drittel im Falle der Nummer 1 und um ein Drittel im Falle der Nummer 2. Für eine nachträgliche Minderung der Erstattungsforderung gilt Absatz 2 Nr. 1 entsprechend.

(4) Die Verpflichtung zur Erstattung des Arbeitslosengeldes schließt die auf diese Leistung entfallenden Beiträge zur Kranken-, Pflege- und Rentenversicherung ein.

(5) ¹Konzernunternehmen im Sinne des § 18 des Aktiengesetzes gelten bei der Ermittlung der Beschäftigungszeiten als ein Arbeitgeber. ²Die Erstattungspflicht richtet sich gegen den Arbeitgeber, bei dem der Arbeitnehmer zuletzt in einem Arbeitsverhältnis gestanden hat.

(6) ¹Das Arbeitsamt berät den Arbeitgeber auf Verlangen über Voraussetzungen und Umfang der Erstattungsregelung. ²Auf Antrag des Arbeitgebers entscheidet das Arbeitsamt im voraus, ob die Voraussetzungen des Absatzes 1 Satz 2 Nr. 6 oder 7 erfüllt sind.

(7) ¹Der Arbeitslose ist auf Verlangen des Arbeitsamtes verpflichtet, Auskünfte zu erteilen, sich beim Arbeitsamt persönlich zu melden oder sich einer ärztlichen oder psychologischen Untersuchung zu unterziehen, soweit das Entstehen oder der Wegfall des Erstattungsanspruchs von dieser Mitwirkung abhängt. ²Voraussetzung für das Verlangen des Arbeitsamtes ist, daß dem Arbeitsamt Umstände in der Person des Arbeitslosen bekannt sind, die für das Entstehen oder den Wegfall der Erstattungspflicht von Bedeutung sind. ³Die §§ 65 und 65a des Ersten Buches gelten entsprechend.

I. Einleitung

§ 147a soll der Frühverrentung zu Lasten der Versichertengemeinschaft beggnen, indem der AG, 1 der zuvor langjährig die Arbeitskraft eines AN in Anspruch genommen hat, an den Folgekosten beteiligt wird, wenn er ihn nach Vollendung des 58. Lebensjahres entläßt (*Gagel* Rn. 7). Die Voraussetzungen der Erstattungspflicht sind in Abs. 1 S. 1, die Ausnahmen von der Erstattungspflicht in Abs. 1 S. 2 Nr. 1 bis 7 geregelt. Abs. 2 befaßt sich mit dem späteren Wegfall der Erstattungspflicht, Abs. 3 mit deren Minderung. Die Absätze 4 bis 8 enthalten notwendige Ergänzungsregelungen. Konkurriert der Erstattungsanspruch nach § 147a mit anderen Erstattungsansprüchen der BAnstArb., gehen diese vor (*Gagel* Rn. 15). Zur Vorgeschichte der Vorschrift vgl. anschaulich KR/*Wolff* § 128 AFG Rn. 1 ff.

II. Grundregel, Abs. 1

2   **1. Ausmaß der Belastung und Erstattungsschuldner.** Nach § 147 a I ist das **Arbeitslosengeld für die Zeit nach Vollendung des 58. Lebensjahres** des Arbeitslosen, längstens für 24 Monate zu erstatten. Die **Erstattungspflicht** erstreckt sich nur auf die **Dauer des Anspruchs auf Arbeitslosengeld** oder Arbeitslosenhilfe, der **bei erstmaligen Eintritt der Voraussetzungen bestanden hat.** Die Erstattungspflicht bezieht sich nach Abs. 4 auch auf Beiträge zur gesetzlichen Krankenversicherung und Rentenversicherung. Der AG kann bei einem Aufhebungsvertrag mit dem AN wirksam vereinbaren, daß der AN dem AG die Erstattungsleistung ersetzt (BAG 25. 1. 2000 AP AFG § 128 Nr. 3).

3   **Erstattungsschuldner** für das Arbeitslosengeld ist der **AG,** bei dem der Arbeitslose **innerhalb der letzten vier Jahre mindestens 24 Monate beitragspflichtig beschäftigt** war. Es kommt auf eine **Beschäftigung bei demselben AG** an. Es muß Rechtsidentität vorliegen (HKHH § 128 AFG Rn. 6; KR/*Wolff* § 128 AFG Rn. 21). Es gilt der übliche Arbeitgeberbegriff, vgl. RdErl. BAnstArb. 11/93 Nr. 3.11. AG können natürliche und juristische Personen sein. Für **Konzerne** gilt Abs. 5. War der AN bei mehreren AG desselben Konzerns beschäftigt, richtet sich der Erstattungsanspruch unabhängig von der Dauer der Beschäftigung gegen den letzten AG (GK-AFG/*Hess* § 128 AFG Rn. 34). Bei **Gesamtrechtsnachfolge** und **Umwandlungen** ist Identität des AG anzunehmen. Identität wird auch gewahrt bei Insolvenz oder Testamentsvollstreckung (BSG 17. 12. 1985 SozR 2200 AFG § 393 Nr. 12). Ein Arbeitgeberwechsel liegt zB vor, wenn trotz Identität der Gesellschafter die bisherige Gesellschaft aufgelöst und eine neue gegründet worden ist (BSG 28. 6. 1983 SozR 4100 AFG § 141 Nr. 27; KR/*Wolff* § 128 AFG Rn. 25). Bei einem Betriebsübergang, § 613 a BGB, muß sich der Betriebserwerber, bei dem der AN ausscheidet, die die Erstattungspflicht auslösenden Beschäftigungszeiten anrechnen lassen (GK-AFG/*Hess* § 128 AFG Rn. 38; HKHH § 128 AFG Rn. 5; KR/*Wolff* § 128 AFG Rn. 26; vgl. auch *Gagel* § 128 AFG Rn. 74; aA *Niesel/Brand* § 128 AFG Rn. 8: es fehlt hinsichtlich des neuen AG an der notwendigen „Verantwortungsbeziehung"). Beim Ausscheiden vom dem Betriebsübergang haftet nur der bisherige AG (aA *Gagel* § 128 AFG Rn. 74). Erfolgte der Personalabbau beim Betriebsveräußerer, ist der Erwerber nicht in die Rechte und Pflichten aus dem Arbeitsverhältnis eingetreten. Er ist demnach nicht erstattungspflichtig.

4   **Pflichtiger AG** ist **nicht immer der letzte.** Maßgebend ist allein, bei wem die Erstattungspflicht durch Erfüllung der Voraussetzungen nach § 128 I S. 1 eingetreten ist (*Gagel* Rn. 75; HKHH § 128 AFG Rn. 4; KR/*Wolff* § 128 AFG Rn. 25). Durch eine beitragspflichtige Beschäftigung von 24 Monaten innerhalb der letzten vier Jahre könnten die Voraussetzungen nach S. 1 bei zwei AG erfüllt sein. Bei nur einer Beschäftigung zur gleichen Zeit scheidet ein AG durch § 147 a I S. 2 Nr. 1 aus. Hat der **Arbeitslose nebeneinander in zwei Beschäftigungsverhältnissen** gestanden, kommt eine anteilige Erstattungspflicht in Betracht (*Gagel* Rn. 59; vgl. auch BSG 11. 12. 1986 SozR 2200 AFG § 405 Nr. 12; BSG 27. 11. 1984 SozR 2200 AFG § 396 Nr. 1).

5   Maßgebend für die **Berechnung** ist jeweils der Tag der Arbeitslosigkeit, durch den nach § 124 I SGB III die Rahmenfrist bestimmt wird. Das ist der erste Tag der Arbeitslosigkeit, an dem der Anspruch auf Arbeitslosengeld entsteht bzw. begründet wird (KR/*Wolff* § 128 AFG Rn. 22). Der Erstattungsanspruch endet entweder nach einer Höchstdauer von 24 Monaten oder mit dem Erlöschen des Anspruchs auf Arbeitslosengeld. Das gilt auch, wenn durch eine Zwischenbeschäftigung ein neuer Anspruch erworben wurde.

6   **2. Voraussetzungen für Erstattungspflicht.** § 147 a erfaßt nur die Kosten der Arbeitslosigkeit von solchen AN, die zwischen 58 und 65 Jahre alt und am 56. Geburtstag oder später aus dem Arbeitsverhältnis ausgeschieden sind. Das 56., 58., 65. Lebensjahr wird am Tag vor dem jeweiligen Geburtstag vollendet, §§ 187 II, 188 II BGB (BSG 1. 7. 1990 SozR RVO § 1248 Nr. 55).

Die **Voraussetzungen** im einzelnen sind:
- **Ausscheiden des AN nach dem 56. Lebensjahr,** § 147 a. Es kommt insoweit auf den Zeitpunkt der Beendigung des Arbeitsverhältnisses an, nicht auf den der Kündigung oder den des Aufhebungsvertrags (HKHH § 128 AFG Rn. 13).
- **Gewährung von Arbeitslosengeld**/Arbeitslosenhilfe **zwischen dem 58. und der Vollendung des 65. Lebensjahres.**
- **Beitragspflichtige Beschäftigungszeit** mindestens **24 Monaten** innerhalb der **letzten vier Jahre,** die dem Tag vorangehen, an dem der Anspruch besteht.

7   **Scheidet** ein AN unter diesen Voraussetzungen **aus und** tritt wegen vorübergehender anderweitiger Beschäftigung **nicht sofort Arbeitslosigkeit** ein, kann der erste AG erstattungspflichtig bleiben, wenn das zweite Arbeitsverhältnis ohne Erstattungspflicht beendet wird. Eine Zwischenbeschäftigung bei einem anderen AG ändert nichts an der einmal begründeten Erstattungspflicht (HKHH § 128 AFG Rn. 4). Die Arbeitslosigkeit kann schon vor dem Ausscheiden oder der Vollendung des 56. Lebensjahres eingetreten sein. Entsteht durch die Zwischenbeschäftigung ein neuer Anspruch, ist erneut zu prüfen, ob in den letzten vier Jahren 24 Monate beitragspflichtiger Beschäftigung bei einem AG zurückgelegt wurden.

III. Ausschlußgründe   § 147a SGB III 540

3. Beendigung des Arbeitsverhältnisses und Arbeitslosigkeit. Beendigung des Arbeitsverhältnis- 8
ses iSv. § 147a I S. 1 und Nr. 2 Buchst. a ist das **rechtliche Ende** des Arbeitsverhältnisses. Ein
faktisches Arbeitsverhältnis wird rechtlich beendet mit dem Ende der Beschäftigung. Gehen die
Arbeitsvertragsparteien übereinstimmend von einer rechtlichen Beendigung aus, ist dies für § 147a
hinzunehmen (vgl. im einzelnen *Gagel* Rn. 119 ff.). Bei Saisonarbeit und Wiedereinstellungszusage
kommt § 147a nicht zur Anwendung, wenn der AN tatsächlich wieder eingestellt wurde (*Gagel* § 128
AFG Rn. 41 und Durchführungserlaß BA 11/93). Der Erstattungsanspruch endet immer mit dem
Erlöschen des Arbeitslosengeld-/Arbeitslosenhilfeanspruchs.

4. Dauer der beitragspflichtigen Beschäftigung. Die Dauer der beitragspflichtigen Beschäftigung 9
muß **mindestens 24 Monate innerhalb der letzten vier Jahre** betragen. Das Vorliegen dieser Voraussetzungen ist zu prüfen ab Entstehen des Erstattungsanspruchs – nicht ab Eintritt der Arbeitslosigkeit
oder ab Ausscheiden. Es kommt nur darauf an, daß die Beitragspflicht bestand. Die Beschäftigungsdauer wird ab dem Tag gerechnet, der gemäß § 124 I die Rahmenfrist bestimmt. Hierfür ist neben der
Arbeitslosmeldung auch der Antrag auf Arbeitslosengeld maßgebend. Hat ein AN bei zwei AG in
Beschäftigungsverhältnissen gestanden, die jeweils für sich eine Beitragspflicht begründeten, haften
diese AG je zur Hälfte (BSG 27. 11. 1984 SozR 2200 AFG § 396 Nr. 1 S. 4; BSG 11. 12. 1986 SozR
2200 AFG § 405 Nr. 12). Bei der **Bemessung der Beschäftigungszeit** innerhalb der Rahmenfrist
zählen arbeitsfreie Samstage, Sonntage und Feiertage sowie **Zeiten einer Beschäftigung, für die
kein Arbeitsentgelt gezahlt wird, wenn sie jeweils vier Wochen nicht überschreiten,** mit.

5. Vierjahreszeitraum. Der Vierjahreszeitraum geht dem Tag der Arbeitslosigkeit voraus, durch 10
den nach § 124 I die Rahmenfrist für den Anspruch auf Arbeitslosengeld bestimmt wird. Maßgebend
ist der Tag der Arbeitslosigkeit, an dem Arbeitslosengeld gezahlt wird. Das muß nicht immer der erste
Tag der letzten Arbeitslosigkeit sein. Verträge zwischen AG und AN, die hier manipulierend eingreifen sollen, sind nichtig, früher sog. 128-er Vereinbarungen. Der Zeitraum der Manipulation beginnt
mit dem ersten Leistungstag nach Vollendung des 58. Lebensjahres des Arbeitslosen. Es ist unerheblich, ob er bei Vollendung des 58. Lebensjahres bereits Leistungen bezieht oder ob der Leistungsanspruch später entsteht.

III. Ausschlußgründe

Die ersten beiden Tatbestände des Abs. 1 S. 2 stellen im Hinblick auf die Erstattungspflicht negative 11
Tatbestandsvoraussetzungen auf, die übrigen Tatbestände, S. 2 Nr. 1 bis 7, normieren echte Befreiungstatbestände (*Niesel/Brand* § 128 AFG Rn. 18).

1. Altersgründe und Dauer des Arbeitsverhältnisses. Gemäß § 147a I 2 besteht eine **Erstattungs-** 12
pflicht nicht, wenn das Arbeitsverhältnis vor Vollendung des 56. Lebensjahres beendet worden ist.
Der Beendigungsgrund ist unerheblich. Das gilt selbst dann, wenn der Arbeitslose nicht nach der
Vollendung des 58. Lebensjahres Arbeitslosengeld oder Arbeitslosenhilfe bezieht. Ebenso tritt nach
§ 147a I 2 Nr. 1 eine Erstattungspflicht nicht ein, **a)** wenn das Arbeitsverhältnis eines 56-jährigen
beendet wird und dieser innerhalb der letzten 18 Jahre vor dem maßgeblichen Tag der Arbeitslosigkeit
weniger als 15 Jahre zu seinem AG (HKHH § 128 AFG Rn. 19; KR/*Wolff* § 128 AFG Rn. 29) in
einem Arbeitsverhältnis gestanden hat, oder **b)** der Arbeitnehmer innerhalb der letzten 12 Jahre
insgesamt weniger als 10 Jahre bei diesem Arbeitgeber beschäftigt war. Die **Beschäftigung braucht
nicht zusammenhängend gewesen zu sein** und insbesondere nicht in demselben Betrieb verrichtet
worden zu sein. Anders als bei Abs. 1 S. 1 zählen hier auch Zeiten, in denen **keine** Beitragspflichten
gegenüber der BAnstArb. bestanden (HKHH § 128 AFG Rn. 19; KR/*Wolff* § 128 AFG Rn. 29).
Auch beitragsfreie Teilbeschäftigungen zählen mit (GK-AFG/*Hess* § 128 AFG Rn. 27; HKHH § 128
AFG Rn. 19). Es wird nur darauf abgestellt, ob das Arbeitsverhältnis insgesamt weniger als 15 bzw.
10 Jahre bestanden hat (DBlR 11/93 Nr. 3.32). Für die Berechnung der 18- bzw. 12-Jahres-Frist ist
von dem Tag auszugehen, an dem der Arbeitslose die Voraussetzungen für die Inanspruchnahme von
Arbeitslosengeld erfüllt hat.

2. Erhalt anderer Leistungen. Eine **Erstattungspflicht** tritt nach § 147a II 2 nicht ein, wenn der 13
Arbeitslose die **Voraussetzungen** für eine **der in § 142 I Nr. 2 bis 4 genannten Leistungen** erfüllt
oder die für eine **Rente wegen Berufsunfähigkeit**. Die BAnstArb. hat insoweit eine Amtsermittlungs-
pflicht. Der AG ist nicht darlegungs- und beweispflichtig (BSG 23. 2. 1988 SozR 2100 AFG § 8
Nr. 5). Der Arbeitslose hat eine Auskunftspflicht nach Abs. 8. Es genügt das objektive Vorliegen der
Voraussetzungen. Es ist nicht erforderlich, daß diese Leistungen zuerkannt worden sind (vgl. zu
Einzelheiten der Ermittlungsmöglichkeiten *Gagel* § 128 AFG Rn. 117 ff. und 122 ff.). Eine fehlende
Aufklärbarkeit geht zu Lasten der Arbeitsverwaltung (KR/*Wolff* § 128 AFG Rn. 34; *Hanau* DB 1992,
2625, 2627; *Buchner* ZIP 1993, 717, 727).

3. Art der Beendigung des Arbeitsverhältnisses. a) Kündigung durch AN – Abs. 1 S. 2 Nr. 3. 14
Vom AG ist nichts zu erstatten, wenn der AN selbst kündigt und **keine Abfindung** oder ähnliche

Ascheid   2401

Leistung wegen der Beendigung des Arbeitsverhältnisses erhält oder zu beanspruchen hat (*Gagel* Rn. 147). Der Grund für die Kündigung ist unerheblich. Es muß sich um die einseitige Beendigung der Vertragsbeziehungen handeln. Es kommt nicht darauf an, ob die ausgesprochene Kündigung wirksam ist. Der AG kann eine unwirksame Kündigung als wirksam hinnehmen (GK-AFG/*Hess* § 128 AFG Rn. 76; KR/*Wolff* § 128 AFG Rn. 40; *Niesel/Brand* § 128 AFG Rn. 32). Kein Freistellungsgrund ist eine einvernehmliche Auflösung des Arbeitsverhältnisses. Ist die Auflösung auf Wunsch des AG erfolgt, ist sie einer Eigenkündigung gleichzustellen (vgl. dazu KR/*Wolff* § 128 AFG Rn. 41). Hat der AG durch Abgabe einer entsprechenden Willenserklärung einen ursächlichen Beitrag zur Beendigung des Arbeitsverhältnisses geleistet, kann er sich nicht auf den Befreiungstatbestand des Abs. 1 Satz 2 Nr. 3 berufen, so wenn der AG auf Wunsch des AN kündigt (BSG 11. 5. 1999 EwiR § 128 AFG 1/99).

15 Einer **Eigenkündigung nicht gleichzustellen** ist das **Auslaufen eines befristeten Arbeitsverhältnisses.** Das gilt auch, wenn der AN keinen Gebrauch von einer Verlängerungsoption gemacht hat (KR/*Wolff* § 128 AFG Rn. 42). Ist die Kündigung des AN durch ein Verhalten des AG veranlaßt, sog. **Auflösungsverschulden,** entfällt die Erstattungspflicht nicht. Der Schadensersatzanspruch nach § 628 II BGB ist als eine der Abfindung ähnliche Leistung iSv. § 147 a I 2 Nr. 3 anzusehen (KR/*Wolff* § 128 AFG Rn. 43). Hat der AG zwar keinen Grund zu einer fristlosen Kündigung gesetzt, war sein Verhalten aber gezielt darauf gerichtet, den AN zu einer ordentlichen Kündigung zu veranlassen, ist der AG erstattungspflichtig (BSG 30. 10. 1980 BSGE 59, 84; BSG 19. 3. 1986 BSGE 60, 50; KR/*Wolff* § 128 AFG Rn. 44).

16 **b) Sozial gerechtfertigte ordentliche Kündigung – Abs. 1 S. 2 Nr. 4.** Von der Regelung erfaßt werden die personen-, verhaltens- und betriebsbedingte Kündigung, vgl. § 1 KSchG. Es kommt auf das Vorliegen der sozialen Rechtfertigung der Kündigung an. Nicht entscheidend ist, ob die Kündigung auch im Hinblick auf mögliche andere Unwirksamkeitsgründe wirksam ist (KR/*Wolff* § 128 AFG Rn. 49; *Niesel/Brand* § 128 AFG Rn. 38). Solche anderen Gründe, zB ordnungsgemäße Anhörung des Betriebsrats, Vertretungsprobleme uä., sind nicht relevant (*Gagel* § 128 AFG Rn. 147; GK-AFG/*Hess* § 128 AFG Rn. 72; *Hanau* DB 1992, 2625, 2630). Sozialrechtlich ist eine solche Kündigung wirksam, wenn der AN sie hinnimmt, sofern nur die soziale Rechtfertigung gegeben ist. Abgrenzungsschwierigkeiten ergeben sich bei der betriebsbedingten Kündigung hinsichtlich der Darlegungs- und Beweislast. Das Arbeitsamt ist nicht an die Fiktion des § 7 KSchG gebunden.

17 Hat ein **Arbeitsgerichtsprozeß** stattgefunden, ist das **Arbeitsamt an** die **rechtskräftige Entscheidung gebunden,** soweit die Kündigung vom Gericht nicht wegen Eintritts der Fiktion des § 7 KSchG als wirksam erachtet wird (KR/*Wolff* § 128 AFG Rn. 50). Die Bindungswirkung kommt nicht nur einem streitigen Urteil, sondern auch einem Anerkenntnis- und Versäumnisurteil zu (KR/*Wolff* § 128 AFG Rn. 52; *Bauer/Diller* BB 1992, 2283, 2285; aA zum Versäumnisurteil gegen den AN *Gagel* Rn. 144; KDZ/*Kittner* Rn. 47). Etwas anderes ist jedoch anzunehmen, wenn der **Kündigungsschutzprozeß nur zum Schein** geführt worden ist. Wird eine Kündigung ausgesprochen und aufrechterhalten, indiziert bei einem Streit über deren Wirksamkeit die Zahlung einer Abfindung durch den AG nicht ohne weiteres die Unwirksamkeit der aufrechterhaltenen Kündigung. Die BAnstArb. hat auch hier die Kündigungsgründe auf ihre Wirksamkeit zu untersuchen (*Holly/Friedhofen* DB 1995, 474). Keine Bindungswirkung besteht im Hinblick auf einen gerichtlichen oder außergerichtlichen Vergleich (KR/*Wolff* § 128 AFG Rn. 53). Der **AG** hat nach § 147 a Abs. 1 S. 2 (Eingangssatz) **darzulegen und zu beweisen,** daß die **Kündigung sozial gerechtfertigt** ist, vgl. DBlR 11/93 unter 3351. Bei der betriebsbedingten Kündigung besteht die Besonderheit darin, daß sich die Darlegungspflicht auch auf die soziale Auswahl erstrecken muß (GK-AFG/*Hess* § 128 AFG Rn. 73). Da der AN im Arbeitsgerichtsprozeß Mängel der sozialen Auswahl dartun muß, § 1 III S. 4 KSchG, muß der AG darlegen und gegebenenfalls beweisen, daß der AN die von ihm getroffene Auswahl hingenommen hätte. Zu Befristungen vgl. BSG 15. 12. 1999 AP AFG § 128 Nr. 2.

18 **c) Außerordentliche Kündigung – Abs. 1 S. 2 Nr. 5.** Eine **Erstattungspflicht** ist **ausgeschlossen,** wenn der **AG** bei Beendigung des Arbeitsverhältnisses **berechtigt** war, das Arbeitsverhältnis **aus wichtigem Grund** ohne Einhaltung einer Kündigungsfrist oder nur mit sozialer Auslauffrist **zu kündigen.** Es kommt auf die **objektive Rechtslage** an, nicht darauf, ob der AG gekündigt hat und ob der AN diese Kündigung hingenommen hat oder nicht (KR/*Wolff* § 128 AFG Rn. 60; *Niesel/Brand* § 128 AFG Rn. 51). Zum außerordentlichen Kündigungsgrund vgl. § 626 BGB. Abs. 2 Nr. 5 kommt nicht zum Zug, wenn der AG zwar einen wichtigen Grund hatte, die Zwei-Wochen-Frist des § 626 II BGB aber verstrichen ist, sofern es sich nicht um einen Dauer-Störtatbestand handelt (HKHK § 128 AFG Rn. 34; *Niesel/Brand* § 128 AFG Rn. 52). Das Recht zur außerordentlichen Kündigung mit sozialer Auslauffrist besteht bei AN, die ordentlich nicht kündbar sind, zB bei Betriebsstillegung und Teilbetriebsstillegung. Auf die Dauer der Auslauffrist kommt es nicht an. Liegt ein Grund zu einer außerordentlichen Kündigung vor, ist die Erstattungspflicht ausgeschlossen, wenn im Hinblick darauf mit dem AN ein Auflösungsvertrag geschlossen wird (*Niesel/Brand* § 128 AFG Rn. 51).

19 **d) Zulässigkeit von Auflösungsverträgen.** Nach dem Gesetzeswortlaut führen Verträge, mit denen das Arbeitsverhältnis beendet wird, **Auflösungsverträge, zu keinem Wegfall der Erstattungspflicht.**

Auflösungsverträgen ist jedoch die **gleiche Bedeutung** zuzuerkennen **wie Kündigungen, wenn** sie **zum Zweck der Vermeidung solcher** geschlossen worden sind. Ein Auflösungsvertrag ist demnach relevant, wenn ein Umstand vorliegt, der eine gerechtfertigte Kündigung nach sich gezogen hätte (sehr str., vgl. *J. H. Bauer/Diller* BB 1992, 2285; *Gagel* Rn. 135 ff.; GK-AFG/*Hess* § 128 AFG Rn. 67; HKHH § 128 AFG Rn. 24; KDZ/*Kittner* Rn. 40; *Niesel/Brand* § 128 AFG Rn. 33; aA KR/*Wolff* § 128 AFG Rn. 54: möglich nur Auflösungsvertrag, der zur Regelung einer tatsächlich ausgesprochenen sozial gerechtfertigten Kündigung geschlossen wird). Bei einer Auflösungsvereinbarung, die auf den AN zurückzuführen ist, ist Nr. 3 nur entsprechend anzuwenden, wenn sie auf alleinigen und ausdrücklichen Wunsch des AN erfolgte und die übrigen Voraussetzungen vorliegen. Zu den Auflösungsverträgen gehören vom Sinn der Vorschrift her Schadensersatzansprüche nach § 628 II BGB (*Gagel* § 128 AFG Rn. 166). Eine **Befreiung von der Erstattungspflicht** tritt nicht ein, wenn das **Arbeitsverhältnis auf Antrag des AG nach §§ 9, 10 KSchG gegen Abfindung aufgelöst** worden ist (KR/*Wolff* § 128 AFG Rn. 55; *J. H. Bauer/Diller* BB 1992, 2283, 2285). Der Befreiungstatbestand des § 147 a I 2 Nr. 4 kommt auch nicht bei sog. unkündbaren AN zur Anwendung, es sei denn, daß unter bestimmten Umständen der Ausschluß der ordentlichen Kündigung entfällt (KR/*Wolff* § 128 AFG Rn. 56; *Niesel/Brand* § 128 AFG Rn. 38).

IV. Kleinunternehmensklausel – Abs. 1 S. 2 Nr. 2 und Abs. 3

Eine Erstattungspflicht ist nach Abs. 1 S. 2 Nr. 2 ausgeschlossen, wenn bei dem **Unternehmen** in 20 der Regel nicht mehr als **20 AN** ausschließlich der zu ihrer Berufsausbildung Beschäftigten tätig sind. Bei Abs. 1 S. 2 Nr. 2 handelt es sich um einen Ausschlußtatbestand. In Abs. 2 Nr. 1 ist vorgesehen, daß der Befreiungstatbestand später eintreten kann. Eine schon eingetretene Erstattungspflicht entfällt, wenn in dem Kalenderjahr, das dem Kalenderjahr vorausgeht, für das der Wegfall der Erstattungspflicht geltend gemacht wird, die Voraussetzungen für den Nichteintritt nach Abs. 1 S. 2 Nr. 2 erfüllt sind. Der nachträgliche Wegfall der Erstattungspflicht nach Abs. 2 Nr. 1 ist endgültig.

Hinsichtlich der **Anzahl der AN** kommt es darauf an, daß der AG, dh. der Unternehmer, nicht 21 mehr als die vorgesehene Anzahl von AN beschäftigt (*Niesel/Brand* § 128 AFG Rn. 28). Maßgebend sind Arbeitsverhältnisse im arbeitsrechtlichen Sinn. Nicht mitgezählt werden Leiharbeitnehmer im entleihenden Betrieb. Bei der Einberufung zum Wehrdienst ruht das Arbeitsverhältnis, vgl. § 1 ArbPlSchG. Solche Wehrpflichtigen gehören nicht zur Belegschaft iSv. § 147 a und werden nicht mitgezählt.

Die **AN** können **in einem oder in mehreren Betrieben** des Unternehmens beschäftigt sein (BSG 22 16. 12. 1990 SozR 7860 AFG § 10 Nr. §; GK-AFG/*Hess* § 128 AFG Rn. 62). Maßgebend ist die Person des AG. Nicht einbezogen sind solche AN, die in Unternehmen beschäftigt sind, an denen der AG nur beteiligt ist, zB als Gesellschafter. Für die regelmäßige Beschäftigtenzahl kommt es auf die Belegschaftsstärke in dem Kalenderjahr an, das dem Zeitpunkt vorausgeht, an dem erstmalig für den betroffenen AN eine Erstattungspflicht anfällt. Nicht mitgezählt werden Personen, die sich in der Berufsausbildung befinden wie Auszubildende, Anlernlinge, Volontäre, Praktikanten. Die Verweisung auf § 10 II S. 2 bis 6 LFZG bedeutet, daß **in die Beschäftigtenzahl nicht einzubeziehen** sind: **Schwerbehinderte** iSd. SchwbG, Beamte, Berufssoldaten, Soldaten auf Zeit, die Wehrdienst und zivilen Ersatzdienst Leistenden. Die **Teilzeitbeschäftigten**, die wöchentlich regelmäßig nicht mehr als 20 Stunden zu leisten haben, werden zur Hälfte angesetzt und diejenigen, die mehr als 30 Stunden leisten werden zu drei Viertel in Ansatz gebracht, § 10 II S. 6 LFZG. Bei Kleinunternehmen mit einer größeren Anzahl von Beschäftigten kommt nach § 147 a III kein Wegfall, wohl aber eine Minderung der Erstattungsforderung in Betracht. Die Erstattungsquote richtet sich nach der niedrigsten Grenzzahl, die der AG in mindestens acht Kalendermonaten des maßgeblichen Kalenderjahrs nicht überschritten hat (vgl. Beispiel DBl.-RdErl. 11/93 Rn. 3.33; GK-AFG/*Hess* § 128 AFG Rn. 155).

V. Umfangreicher Personalabbau

1. **Dauernde Personalreduzierung – Abs. 1 S. 2 Nr. 6.** Eine Erstattungspflicht tritt **nicht ein bei** 23 **größerem Personalabbau.** Nr. 6 regelt zwei Fallkonstellationen, S. 1: Personalverminderung innerhalb eines Jahres um mehr als 3 Prozent; **S. 2,** und Verminderung um mindestens 10 Prozent. Es muß ein Personalabbau in der verlangten Höhe tatsächlich erfolgt sein. Es kommt nicht auf irgendeine Prognose an. Für den Umfang des Personalabbaus kommt es auf den Zeitpunkt des Ausscheidens an, nicht auf den der Kündigung (*Gagel* § 128 AFG Rn. 193). Maßgeblich für die Ermittlung der Belegschaftsstärke ist der Beginn der maßgebenden 12 Monate. Für die Errechnung der Gesamtzahl der AN gelten die Grundsätze des § 10 II Sätze 2 bis 6 LFZG, vgl. Rn. 22.

Voraussetzung für den Wegfall der Erstattungspflicht ist in beiden Fällen, daß der **AN in dem** 24 **betroffenen Betrieb mindestens zwei Jahre** beschäftigt war, vgl. DBlR 11/93 unter 3.36 (HKHH § 128 AFG Rn. 39). Erfaßt sind nur AN, bei denen das Arbeitsverhältnis rechtlich ununterbrochen während dieser Zeit bestanden hat. Maßgebend ist der Personalabbau im Betrieb, nicht im Unternehmen (*Gagel* Rn. 166; *Niesel/Brand* § 128 AFG Rn. 57). Unter Personalabbau fällt jede Verringerung der Belegschaft. Der Grund für die Maßnahme und die Rechtsgrundlage hierfür (Kündigungen, Aufhebungsverträge) ist unerheblich. Völlige Stillegung des Betriebs rechnet ebenfalls zum Personalabbau. Der Umfang der erforderlichen Personalminderung ergibt sich aus dem Saldo von ausscheidenden und neu eintretenden AN.

25 Der Personalabbau von mehr als 3 Prozent muß innerhalb einer Jahrespanne erfolgt sein. Personalschwankungen bleiben außer Betracht, vgl. DBlR 11/94 (GK-AFG/*Hess* § 128 AFG Rn. 143). Es kommt hier nicht auf das Kalenderjahr an (*Gagel* Rn. 169). Der Jahreszeitraum kann sowohl in die Vergangenheit als auch in die Zukunft reichen (*Gagel* Rn. 170; *Niesel/Brand* § 128 AFG Rn. 60). Es ist ebenfalls irrelevant, zu welchem Zeitpunkt innerhalb der Jahresspanne der AN ausgeschieden ist. Maßgebend ist allerdings, daß zum Zeitpunkt der Entlassung der 3-prozentige Abbau festgestellt werden kann. Für die Berechnung des Prozentsatzes der älteren AN kommt es nicht auf eine bestimmte Mindest-Gesamtzahl der AN an (*Gagel* Rn. 179). Unerheblich ist die Zahl der AN. Zukünftige Personalreduzierungen erkennt die BAnstArb. an, wenn die arbeitsrechtlichen Schritte zu ihrer Durchführung bereits eingeleitet sind (DBlR 3371 Abs. 4). Bei Bruchteilen ist nach oben aufzurunden, § 147 a I S. 3. Bei Nr. 6 zählen alle AN ausschließlich der zur Berufsausbildung Beschäftigten mit (str.; wie hier HKHH § 128 AFG Rn. 20, 42, aA *Gagel* Rn. 175).

26 Der Anteil der ausscheidenden AN, die 56 Jahre und älter waren, darf nicht höher sein als der Anteil an der Gesamtzahl der im Betrieb beschäftigten zu Beginn des Jahreszeitraums. Nicht mitzuzählen sind AN, die auf Dauer keine Leistungen der Arbeitslosenversicherung in Anspruch nehmen. Werden vom Personalabbau mindestens 10 Prozent der Beschäftigten erfaßt, verdoppelt sich der zulässige Anteil der über 56-Jährigen (vgl. auch hier DBlR 11/94; GK-AFG/*Hess* § 128 AFG Rn. 143).

27 **2. Kurzfristiger drastischer Personalabbau – Abs. 1 S. 2 Nr. 7.** Durch die Vorschrift soll von einer von einer ernsthaften Krise bedrohten Betrieben die Möglichkeit der Sanierung gegeben werden, vgl. RdErl. 11/93 unter 3373. Die personellen Voraussetzungen entsprechen denen in Nr. 6. **Anders als bei Nr. 6 spielt hier der Anteil der älteren AN keine Rolle** (*Niesel/Brand* § 128 AFG Rn. 64). Auf die Art der Beendigung der Beschäftigungsverhältnisse kommt es nicht an.

28 Der Begriff „**kurzfristig**" ist nicht definiert. In den Materialien wird eine Frist von zwei bis drei Monaten genannt (BT-Drucks. 12/3423 S. 58; GK-AFG/*Hess* § 128 AFG Rn. 145: 3 Monate). Die BAnstArb. geht von drei Monaten aus (DBlR 3337 Abs. 2). Die Vorschrift greift, wenn aufgrund einer einheitlichen Umstrukturierungsentscheidung innerhalb von zwei bis drei Monaten für 20 Prozent der Belegschaft das Arbeitsverhältnis in kürzest möglicher Zeit beendet wird (*Gagel* Rn. 197).

29 Eine **erhebliche Belastung** für den örtlichen Arbeitsmarkt liegt vor bei zusätzlicher Belastung bei ohnehin starker Arbeitslosigkeit, bei Freistellung begehrter Arbeitskräfte, bei Erhaltung restlicher Arbeitsplätze. Infrage kommen alle drei Möglichkeiten, obwohl die erste wenig sachgerecht erscheint (*Gagel* Rn. 200). Entscheidend muß letztlich die Erhaltung der restlichen Arbeitsplätze sein (vgl. dazu die Grundsätze, die zu § 119 I S. 1 Nr. 1 AFG entwickelt worden sind [GK-AFG/*Hess* § 128 AFG Rn. 146]).

30 **3. Verfahren zu Abs. 1 S. 2 Nr. 6 und 7.** Der AG kann sich auf die Zulässigkeit einer Maßnahme ohne Erstattungspflicht einstellen, denn nach Abs. 6 S. 2 entscheidet das Arbeitsamt auf seinen Antrag im voraus, ob die Voraussetzungen des Abs. 1 S. 2 Nr. 6 und 7 vorliegen, vgl. dazu DBlR 11/93 S. 374 (vgl. im übrigen GK-AFG/*Hess* § 128 AFG Rn. 176 ff.).

VI. Späterer Wegfall der Erstattungspflicht – Abs. 2 Nr. 1 und 2

31 **1. Kleinbetriebe – Abs. 2 Nr. 1.** Die Regelung Nr. 1 ergänzt den Tatbestand des Abs. 1 S. 2 Nr. 2. Bei Abs. 2 Nr. 1 wird der AG später zum Kleinunternehmer. Die Erstattungspflicht entfällt, wenn der AG darlegt und beweist, daß in dem Kalenderjahr, das dem Kalenderjahr vorausgeht, für den der Wegfall der Erstattungspflicht geltend gemacht wird, die Voraussetzungen für den Nichteintritt der Erstattungspflicht nach Abs. 1 S. 2 Nr. 2 (Kleinbetrieb) erfüllt sind.

32 **2. Unzumutbare Belastung – Abs. 2 Nr. 2.** Die Vorschrift enthält zur Konkretisierung der unzumutbaren Belastung zwei Tatbestände: **Gefährdung verbleibender Arbeitsplätze** nach Durchführung des Personalabbaus und die **Gefährdung des Fortbestands des Unternehmens** (vgl. zur alten Fassung BVerfG 23. 1. 1990 SozR 3–4100 AFG § 128 Nr. 1 S. 17 ff.; *Niesel/Brand* § 128 AFG Rn. 79). Entscheidend ist hier nicht der jeweilige Betrieb, sondern das Unternehmen. Maßgebend ist, daß die Gefährdung der Arbeitsplätze oder die des Unternehmens **gerade durch die Erstattungsforderung eintritt**. Die Erstattung kann nicht mehr aus dem Wertzuwachs des Unternehmens und dessen Erträgen aufgebracht werden (GK-AFG/*Hess* § 128 AFG Rn. 152). Diese Kausalität muß feststehen. Die entsprechende Nachprüfung muß sich auf jeden Zahlungszeitraum erneut erstrecken, denn die Verhältnisse im Unternehmen können sich positiv oder negativ geändert haben. Maßgeblicher Zeitpunkt hierfür ist der der Fälligkeit der Erstattungsleistung (*Gagel* Rn. 220). Fällig ist der Erstattungsbetrag in Vierteljahresabständen. Entscheidend ist eine Prognose im Zeitpunkt der Entstehung des Arbeitslosengeldanspruchs, frühestens der Tag des 58. Lebensjahres. Es muß sich um Fälle

handeln, in denen Abs. 1 S. 2 Nr. 6 und 7 nicht eingreifen, weil deren Voraussetzungen nicht erfüllt sind.

Eine Gefährdung von Arbeitsplätzen liegt vor, wenn eine Kündigung von AN nur durch die 33 Entbindung des AG von der Erstattungspflicht vermieden wird (*Gagel* Rn. 229). Die Zahl der gefährdeten Arbeitsplätze ist nicht festgelegt. Es muß insgesamt eine solche Anzahl sein, daß die Stabilität des Unternehmens gefährdet wird (*Gagel* Rn. 231 ff.; vgl. im übrigen DBlR 11/93 unter 3.43). Es muß eine konkrete Gefährdung vorliegen und nicht nur die Möglichkeit, daß eine solche eintreten könnte. Es ist hierfür notwendig, aber auch genügend, daß so erhebliche finanzielle Schwierigkeiten bestehen, daß Mittel für notwendige Veränderungen, die erforderlich sind, um das Unternehmen ertragsfähig zu halten und damit seine Existenz zu sichern, nicht aufgebracht werden können (*Gagel* Rn. 238 ff.; vgl. im übrigen DBlR 11/93 unter 3.42).

Sind nebeneinander Abfindungen an AN zu zahlen und Erstattungen zu leisten, kann diese Kumu- 34 lierung nicht zu Lasten der AN gehen. Eine Sozialplanregelung, nach der die Erstattungsansprüche der BAnstArb. gegen den AG nach § 147 a allein auf die Abfindung der AN angerechnet werden, für die der AG das Arbeitslosengeld zu erstatten hat, verstößt gegen § 75 I S. 1 und 2 BetrVG (BAG 26. 6. 1990 AP BetrVG 1972 § 112 Nr. 56 = NZA 1991, 111).

Dem AG obliegt die volle Darlegungs- und Beweislast, Abs. 2 Eingangssatz. Die BAnstArb. hat 35 von sich aus nichts zu veranlassen. Nach Abs. 2 Nr. 2 S. 2 ist zum Nachweis die Vorlage einer Stellungnahme einer fachkundigen Stelle erforderlich. Die hierfür erforderlichen Kosten trägt der AG (GK-AFG/*Hess* § 128 AFG Rn. 153). Es handelt sich um eine Prognoseentscheidung. Sobald die Gefährdung entfällt, lebt die Ersatzpflicht wieder auf. Hierüber hat die BAnstArb. im Rahmen von § 48 SGB X zu befinden.

Besteht die Möglichkeit, den Fortbestand des Unternehmens oder die Gefährdung von Arbeits- 36 plätzen durch öffentliche Mittel abzuwenden, entfällt die Erstattungspflicht nach § 147 a nicht. In dem früheren § 128 I 2 Nr. 5 AFG war der Ausschlußgrund der Gewährung öffentlicher Zuschüsse, Kredite oder Bürgschaften zur Wiederherstellung der Ertragsfähigkeit des Betriebs ausdrücklich erwähnt.

3. Minderung der Erstattungspflicht. Abs. 3 ergänzt die Regelung in Abs. 1 S. 2 Nr. 2. Die 37 Erstattungsforderung mindert sich, wenn der AG darlegt und beweist, daß er nicht mehr als 40 AN oder nicht mehr als 60 AN iSd. Abs. 1 S. 2 Nr. 2 beschäftigt, um zwei Drittel im Fall der Nr. 1 und um ein Drittel im Fall der Nr. 2. Für eine nachträgliche Minderung der Erstattungsforderung gilt Abs. 2 Nr. 1 entsprechend. Die Erstattungsquote richtet sich nach der niedrigsten Grenzzahl (20, 40 oder 60), die der AG in mindestens acht Kalenderjahren des maßgeblichen Kalenderjahres nicht überschritten hat (DBlR 11/93 unter 3.33).

VII. Konzernunternehmen – Abs. 5

Nach Abs. 5 S. 1 gelten Konzernunternehmen iSv. § 18 AktG **bei der Ermittlung der Beschäfti-** 38 **gungszeiten** als **ein** AG. Sie sind also zusammenzuzählen. Nach S. 2 richtet sich die Erstattungspflicht gegen den AG, für den der AN **zuletzt** in einem Arbeitsverhältnis gestanden hat. Erstattungsschuldner ist bei Konzernen der letzte AG selbst dann, wenn die Voraussetzungen des Abs. 1 S. 1 bei ihm nicht erfüllt wurden (HKHH § 128 AFG Rn. 49). Gemäß § 18 AktG ist ein Konzern nur ein Unternehmensverbund, an dem eine Aktiengesellschaft oder eine Kommanditgesellschaft auf Aktien beteiligt ist. § 147 a V ist keine Sonderregelung des Aktienrechts, sondern will alle denkbaren Unternehmensverflechtungen erfassen: Verflechtungen von GmbH mit anderen Unternehmen, Verflechtungen von Personengesellschaften mit anderen Unternehmen und die Beteiligung von Einzelkaufleuten an einer Gesellschaft oder an mehreren Gesellschaften (*Gagel* Rn. 280). Es soll sich niemand, wenn die übrigen Voraussetzungen des § 18 AktG vorliegen, der Regelung des § 147 a entziehen können. Zu den Merkmalen von § 18 II AktG vgl. § 18 AktG Rn. 7.

Soweit das Gesetz ausdrücklich nur auf die betriebliche Situation abstellt wie in § 147 a I Nr. 6 und 39 7 ist eine Auswirkung der Entscheidung über Betriebe des herrschenden Unternehmens auf Betriebe abhängiger Unternehmen ausgeschlossen (vgl. *Gagel* Rn. 296 ff.). Auch in den Fällen, in denen die Situation des AG oder des Unternehmens eine Rolle spielt, § 147 a II Nr. 2, ist eine **automatische** Erstreckung der Entscheidung über das herrschende Unternehmen auf abhängige Unternehmen nicht ableitbar (*Gagel* § 128 AFG Rn. 328). Das schließt nicht aus, daß wegen der wirtschaftlichen Verflechtung ein Indiz dafür gegeben sein kann, daß die Situation des herrschenden Unternehmens auch bei den abhängigen gegeben sein wird.

545. Sozialgesetzbuch (SGB). Viertes Buch (IV)
– Gemeinsame Vorschriften für die Sozialversicherung –

Vom 23. Dezember 1976 (BGBl. I S. 3845)

Zuletzt geändert durch Gesetz vom 20. Dezember 1999 (BGBl. 2000 I, S. 2)

(BGBl. III/FNA 860-4-1)

– Auszug –

§ 7 Beschäftigung

(1) ¹Beschäftigung ist die nichtselbständige Arbeit, insbesondere in einem Arbeitsverhältnis. ² Anhaltspunkte für eine Beschäftigung sind eine Tätigkeit nach Weisungen und eine Eingliederung in die Arbeitsorganisation des Weisungsgebers.

(...)

(4) ¹Bei einer erwerbsmäßig tätigen Person, die ihre Mitwirkungspflichten nach § 206 des Fünften Buches Sozialgesetzbuch oder nach § 196 Abs. 1 des Sechsten Buches Sozialgesetzbuch nicht erfüllt, wird vermutet, dass sie beschäftigt ist, wenn mindestens drei der fünf folgenden Merkmale vorliegen:
1. Die Person beschäftigt im Zusammenhang mit ihrer Tätigkeit regelmäßig keinen versicherungspflichtigen Arbeitnehmer, dessen Arbeitsentgelt aus diesem Beschäftigungsverhältnis regelmäßig im Monat 630 Deutsche Mark übersteigt;
2. sie ist auf Dauer und im Wesentlichen nur für einen Auftraggeber tätig;
3. ihr Auftraggeber oder ein vergleichbarer Auftraggeber lässt entsprechende Tätigkeiten regelmäßig durch von ihm beschäftigte Arbeitnehmer verrichten;
4. ihre Tätigkeit lässt typische Merkmale unternehmerischen Handelns nicht erkennen;
5. ihre Tätigkeit entspricht dem äußeren Erscheinungsbild nach der Tätigkeit, die sie für denselben Auftraggeber zuvor aufgrund eines Beschäftigungsverhältnisses ausgeübt hatte.

Satz 1 gilt nicht für Handelsvertreter, die im Wesentlichen frei ihre Tätigkeit gestalten und über ihre Arbeitszeit bestimmen können. ² Die Vermutung kann widerlegt werden.

I. Normzweck

1 Die „Beschäftigung" ist in allen Bereichen der Sozialversicherung die **praktisch wichtigste Voraussetzung** für die Zugehörigkeit zum Kreis der versicherungspflichtigen Personen (Arbeitslosenversicherung: § 25 I SGB III, Krankenversicherung: § 5 I Nr. 1 SGB V, Rentenversicherung: § 1 Nr. 1 SGB VI, Unfallversicherung: § 2 I Nr. 1 SGB VII, Pflegeversicherung: § 20 I 2 Nr. 1 SGB XI). Hierdurch wird die historische Zielsetzung, den Schutz der abhängig arbeitenden Bevölkerung durch eine Zwangsversicherung sicherzustellen, umgesetzt. § 7 gilt einheitlich für alle Bereiche der Sozialversicherung, vgl. § 1 Abs. 1 SGB IV (zur Reichweite des § 7 IV unten Rn. 42).

II. Arbeitsrechtliche Bedeutung

2 **1. Allgemeines.** § 7 hat **keine Auswirkungen auf das Arbeitsrecht.** Beschäftigten- und ANBegriff sind nicht identisch, sondern zwei selbständige Rechtsinstitute (BSG 17. 10. 1990 Die Beiträge 1991, 115), die bisher lediglich wegen der überwiegend gleichartigen Voraussetzungen der von der sozial- und arbeitsrechtlichen Rspr. zugrundegelegten Kriterien zumeist zusammenfielen.

3 Freilich existierten schon unter der bis zum 31. 12. 1998 geltenden Fassung des Gesetzes eine Reihe von Fallgruppen, in denen Arbeits- und Beschäftigungsverhältnis nicht deckungsgleich waren. Das betraf und betrifft weiterhin namentlich **GmbH-Geschäftsführer,** die in aller Regel nicht in einem Arbeits-, sondern in einem freien Dienstverhältnis stehen (vgl. zuletzt BAG 26. 5. 1999 AP GmbHG § 35 Nr. 10), während das BSG jedenfalls Fremdgeschäftsführer (BSG 13. 12. 1960 BSGE 13, 196, 199ff.; 31. 7. 1974 BSGE 38, 53, 57), aber auch am Stammkapital nur gering beteiligte geschäftsführende Gesellschafter regelmäßig als Beschäftigte einordnet (näher Rn. 22). Betroffen sind außerdem diejenigen Fälle, in denen der AN ohne auch nur faktisches Arbeitsverhältnis mit dem AN, und während eines Bestandsschutzrechtsstreits seine Weiterbeschäftigung erzwungen hat, zur Abwendung der Zwangsvollstreckung **vorläufig weiterbeschäftigt.** Während hier, wenn der AG im Bestandsschutzprozeß letztlich obsiegt, mangels freiwilliger privatautonomer Vereinbarung ein Arbeitsverhältnis nicht angenommen werden kann (und die Rückabwicklung daher nach bereicherungsrechtlichen

Grundsätzen erfolgt: BAG 10. 3. 1987 AP BGB § 611 Weiterbeschäftigung Nr. 1; 1. 3. 1990 AP BGB § 611 Weiterbeschäftigung Nr. 7; 12. 2. 1992 AP BGB § 611 Weiterbeschäftigung Nr. 9), liegt ein Beschäftigungsverhältnis unstreitig vor (KassKomm/*Seewald* Rn. 16). Kraft ausdrücklicher gesetzlicher Anordnung (§ 231 I 3, II 1 SGB III) ist außerdem das arbeitsförderungsrechtliche **Eingliederungsverhältnis** (§§ 229 ff. SGB III, dazu *Rolfs* NZA 1998, 17, 19 f.) zwar ein Beschäftigungs-, aber kein Arbeitsverhältnis. Dasselbe gilt für das Wiedereingliederungsverhältnis nach § 74 SGB V (BAG 29. 1. 1992 AP SGB V § 74 Nr. 1 einerseits, KassKomm/*Seewald* Rn. 126 andererseits). Umgekehrt kann es trotz wirksamen Arbeitsverhältnisses an einem Beschäftigungsverhältnis fehlen, wenn ersteres von einem schon bei Vertragsabschluß Arbeitsunfähigen allein mit dem Ziel eingegangen worden ist, Leistungen der Krankenversicherung zu erlangen (BSG 4. 12. 1997 BSGE 81, 231, 233 ff.; 4. 12. 1997 NZA-RR 1998, 97, 100).

2. Beweislastregelung (Abs. 4). Insb. im Zusammenhang mit der Beweislastregelung des Abs. 4 ist 4 zu betonen, daß diese – was durch die Neufassung noch klarer wird als durch die Fassung des Korrekturgesetzes – ausschließlich für das sozialverwaltungs- und -gerichtliche Verfahren, nicht aber für privatrechtliche Streitigkeiten zwischen „Beschäftigten" und ihren „Auftraggebern" von Bedeutung ist (*Buchner* DB 1999, 146, 151; *Gaul/Wisskirchen* NZA 1999, 2466, 2468 f.; *Goretzki/Hohmeister* BB 1999, 635, 636; *Heinze* JZ 2000, 332, 333; *Hohmeister* NZA 1999, 337, 338; *Reiserer* BB 1999, 366, 368; *Weimar/Goebel* ZIP 1999, 217, 221 ff.; indirekt auch BAG 26. 5. 1999 AP GmbHG § 35 Nr. 10; ausdrücklich offen lassend dagegen BAG 15. 12. 1999 AP HGB § 92 Nr. 5 = NZA 2000, 534, 536). **Der Beschäftigte kraft Vermutung ist nicht notwendig gleichzeitig AN, da die Vermutungswirkung nur für den Beschäftigtenbegriff Geltung beansprucht.** Der Gesetzgeber nimmt folglich bewußt rechtlich kontraproduktive Friktionen (*Hanau/Peters-Lange* NZA 1998, 785, 786) zwischen Sozialversicherungs-, Arbeits- und Steuerrecht (zu ihm BFH 2. 12. 1998 NZA-RR 1999, 376, 379) in Kauf.

III. Beschäftigung (Abs. 1)

1. Grds. Bedeutung von Abs. 1 und Abs. 4. § 7 I (1) war bis zum 31. 12. 1998 die allein maßgeb- 5 liche Grundsatznorm zur Abgrenzung des versicherungspflichtigen Personenkreises. Danach ist Beschäftigung die nichtselbständige Arbeit, insb. in einem Arbeitsverhältnis. Das Gesetz bedient sich bei den Tatbeständen der Versicherungs- und Beitragspflicht nicht eines tatbestandlich scharf konturierten Begriffs, der auf eine einfache Subsumtion hoffen ließe, sondern der Rechtsfigur des Typus; die versicherten Personen werden nicht im Detail definiert, sondern ausgehend vom Normalfall in der Form eines Typus beschrieben (BVerfG 20. 5. 1996 NZA 1996, 1063). Der Begriff der Beschäftigung ist durch eine umfassende Rspr. der SG konkretisiert worden, an der § 7 I 2 nichts geändert hat (*Buchner* DB 1999, 2514, 2515; *Gaul/Wisskirchen* DB 1999, 2466; *Berndt* NJW 2000, 464; *Schlegel* NZS 2000, 421, 424 f.). § 7 I 2 ist daher ebenso unschädlich wie überflüssig (*Bauer/Diller/Schuster* NZA 1999, 1297) und führt letztlich nur in die Irre, weil die zentralen Kriterien der Abhängigkeit und der Eingliederung zu bloßen „Anhaltspunkten" (was immer das ist) degradiert werden.

Ebenso hat die neue Regelung der „Scheinselbständigkeit" in § 7 IV den materiell-rechtlichen 6 Begriff der unselbständigen Beschäftigung nicht verändert, sondern nur die materielle Beweislast (dazu Rn. 60) neu geregelt (BSG 28. 1. 1999 SozR 3–5425 § 1 Nr. 5; *Bengelsdorf* NJW 1999, 1817, 1820; *Hanau* ZIP 1999, 252). Insb. enthält § 7 IV **keine neue Definition des Beschäftigtenbegriffs** (ebenso *Buchner* DB 1999, 1502, 1503; *Hanau* ZIP 1999, 252). Dementsprechend definiert in der Begründung zum Entwurf des Gesetzes zur Förderung der Selbständigkeit (BT-Drucks. 14/1855, S. 1, 6) es als eines der Ziele des Gesetzes, klarzustellen, daß die überkommenen Grundsätze der Abgrenzung zwischen abhängiger Beschäftigung und selbständiger Tätigkeit unverändert weitergelten. Nach wie vor kann sich die endgültige Beurteilung erst aus einer **Gesamtschau** und einer **Gewichtung aller Umstände des Einzelfalles** ergeben (§ 7 a II). Liegen sowohl Merkmale vor, die für eine Beschäftigung sprechen, als auch solche, die eher auf die Selbständigkeit hinweisen, kommt es darauf an, welche Merkmale in ihrer Bedeutung überwiegen (BT-Drucks. 14/45 S. 44). Die dazu maßgeblichen Umstände haben die Sozialversicherungsträger gem. § 20 SGB X bzw. die SG gem. § 103 SGG von Amts wegen festzustellen; der Amtsermittlungsgrundsatz wird durch § 7 IV nicht berührt (BT-Drucks. 14/ 1855, S. 1, 6), wie § 7 a II für das Anfrageverfahren jetzt ausdrücklich klarstellt.

2. Voraussetzungen der Beschäftigung. a) Arbeit. Nach der Legaldefinition des § 7 I 1 ist Be- 7 schäftigung die nichtselbständige Arbeit. **Arbeit** ist jede planmäßige Betätigung der körperlichen und geistigen Kräfte (*Hauck* Rn. 9). Der Begriff der Arbeit ist wirtschaftlich zu verstehen, wobei wirtschaftlich nicht ieS von erwerbswirtschaftlich gemeint ist. Es genügt jede Tätigkeit, die der Befriedigung eines fremden Bedürfnisses dient. Welcher Art dieses Bedürfnis ist, ist gleichgültig. Der Zweck der Arbeit braucht kein materieller zu sein, er kann auch rein ideeller Natur sein, wobei die Betonung des wirtschaftlichen Moments vornehmlich der Abgrenzung von Sport und Spiel dient (BSG 12. 7. 1979 SozR 2200 § 539 Nr. 60). Ausgegrenzt wird dabei neben der rechts- und sittenwidrigen Arbeit auch die nicht frei gewählte Arbeit, weshalb **Strafgefangene** nicht als Beschäftigte (wohl aber kraft ausdrücklicher Anordnung gegen Arbeitslosigkeit, § 26 I Nr. 4 SGB III, und gegen Arbeitsunfall, § 2

II 2 SGB VII; ausführlich zum Sozialversicherungsschutz Gefangener *Schorn* NZS 1995, 444) versichert sind (zu **Zwangsarbeitern** während des Zweiten Weltkrieges vgl. BSG 23. 5. 1995 SozR 3–2200 § 1251 Nr. 7; 18. 6. 1997 BSGE 80, 250, 251 ff.; 21. 4. 1999 SGb 1999, 715 ff. mit Anm. *Pawilta* S. 717).

8   b) **Unselbständigkeit (Abs. 1 S. 2).** In einer umfangreichen Rechtsprechung haben das RVA (vgl. schon die „Anleitung über den Kreis der nach der Reichsversicherungsordnung gegen Invalidität und Krankheit versicherten Personen", AN 1912, 721) und später das BSG – in weitgehender, aber in Grenzbereichen keineswegs vollständiger Übereinstimmung mit dem BAG – die Merkmale einer Beschäftigung und diejenigen einer selbständigen Tätigkeit sowie die Grundsätze, nach denen die festgestellten Tatsachen gegeneinander abzuwägen sind, entwickelt. Danach setzt eine unselbständige Beschäftigung voraus, daß der AN vom AG persönlich abhängig ist, was in der **Verfügungsbefugnis des AG und der Dienstbereitschaft des AN** seinen Ausdruck findet (BSG 18. 4. 1991 SozR 3–4100 § 104 Nr. 6).

9   Bei einer Beschäftigung in einem fremden Betrieb ist dies der Fall, wenn der Beschäftigte in den Betrieb eingegliedert ist und dabei einem Art, Zeit, Dauer und Ort der Ausführung umfassenden Weisungsrecht des AG unterliegt. Diese Weisungsgebundenheit kann – vornehmlich bei Diensten höherer Art – eingeschränkt und zur **„funktionsgerecht dienenden Teilhabe am Arbeitsprozeß"** (BSG 24. 10. 1978 SozR 2200 § 1227 Nr. 19; 23. 9. 1982 SozR 2100 § 7 Nr. 7) verfeinert sein. Demgegenüber ist eine selbständige Tätigkeit vornehmlich durch das eigene Unternehmerrisiko, das Vorhandensein einer eigenen Betriebsstätte, die Verfügungsmöglichkeit über die eigene Arbeitskraft und die im wesentlichen frei gestaltete Tätigkeit und Arbeitszeit gekennzeichnet. Ob jemand abhängig beschäftigt oder selbständig tätig ist, hängt davon ab, welche Merkmale überwiegen. Maßgebend ist stets das Gesamtbild der Arbeitsleistung. Weichen die Vereinbarungen von den tatsächlichen Verhältnissen ab, geben diese den Ausschlag (BSG 24. 10. 1978 BSGE 45, 199, 200 ff.). An diesen Beurteilungsmerkmalen hat das BSG in st. Rspr. bis heute festgehalten (zB BSG 8. 8. 1990 SozR 3–2400 § 7 Nr. 4; 23. 6. 1994 BSGE 74, 275, 276 ff.; 27. 6. 1996 SozR 3–4100 § 102 Nr. 4; 4. 6. 1998 SozR 3–2400 § 7 Nr. 13), sie decken sich mit den jetzt in § 7 I 2 vom Gesetzgeber formulierten „Anhaltspunkten" für eine abhängige Beschäftigung.

10   aa) **Tätigkeit nach Weisungen.** Erstes charakteristisches Merkmal für die Annahme einer abhängigen Beschäftigung ist die Tätigkeit nach Weisungen, also die Unterwerfung unter ein fremdes Direktionsrecht (*Hanau/Strick* DB 1998, Beil. 14, S. 1, 6 ff.; *dies.* AuA 1998, 185, 187). Der hinreichende Grad persönlicher Abhängigkeit zeigt sich vor allem darin, daß der Beschäftigte einem Direktionsrecht seines Vertragspartners unterliegt, welches Inhalt, Durchführung, Zeit, Dauer, Ort oder sonstige Modalitäten der zu erbringenden Tätigkeit betreffen kann (BSG 28. 1. 1999 SozR 3–5425 § 1 Nr. 5). Sind hingegen zwar die Ziele der Tätigkeit durch Regeln und Normen, die die Grenzen der Handlungsfreiheit mehr in generell-abstrakter Weise umschreiben, vorgegeben, bleibt aber die Art und Weise, wie diese Ziele erreicht werden, der Entscheidung des Arbeitenden überlassen, sind solche Tätigkeiten weisungsfrei und damit selbständig (BSG 27. 3. 1980 SozR 2400 § 3 Nr. 4). Unselbständigkeit scheitert demgegenüber nicht daran, daß der Betreffende bei seinen Sachentscheidungen bestimmten Beschränkungen unterliegt, zB für bestimmte bedeutsamere Maßnahme die Zustimmung eines Dritten einholen muß. Ausschlaggebend ist vielmehr, ob der Erwerbstätige im wesentlichen frei seine Tätigkeit gestalten und seine Arbeitszeit bestimmen kann, wie § 84 I 2 HGB die Selbständigkeit des Handelsvertreters unter Verwertung eines allgemeinen Rechtsgedankens umschreibt (BSG 13. 12. 1960 BSGE 13, 196, 201).

11   **Beschränkungen des Direktionsrechts** durch individual- oder kollektivrechtliche Regeln, insb. auch das Mitbestimmungsrecht des BR, sind unbeachtlich (*Hauck* Rn. 12). Nicht vorausgesetzt ist ferner, daß dem Dienstherrn ein ins Einzelne gehende Weisungsrecht zusteht oder der Dienstnehmer eine untergeordnete Tätigkeit ausübt. Ebensowenig ist entscheidend, in welchem Umfang das Direktionsrecht ausgeübt wird, es genügt vielmehr, daß dem anderen Teil aufgrund der vertraglichen Vereinbarungen das Recht zusteht und er nach den tatsächlichen Gegebenheiten die Möglichkeit hat, die Durchführung der Beschäftigung entscheidend zu bestimmen.

12   Die Eigenverantwortlichkeit des Dienstleistenden ist vor allem bei **Diensten höherer Art** noch kein Beweis für seine persönliche Unabhängigkeit. Dementsprechend hat das BSG zB den Lehrbeauftragten an einer Fachhochschule (BSG 27. 3. 1980 SozR 2200 § 165 Nr. 44), den Prediger einer freien evangelischen Gemeinde (BSG 29. 3. 1962 BSGE 16, 289, 294), den freien, aber ständigen Mitarbeiter einer Rundfunkanstalt (BSG 22. 11. 1973 BSGE 36, 262, 263 ff.), den Vorstandsvorsitzenden einer öffentlich-rechtlichen Körperschaft (BSG 30. 11. 1978 BSGE 47, 201, 204) und – abhängig von der durch das Landesrecht bestimmten kommunalverfassungsrechtlichen Stellung – sogar ehrenamtliche Bürgermeister einer Gemeinde (BSG 13. 6. 1984 SozR 2200 § 1248 Nr. 41; vgl. auch BSG 23. 9. 1980 BSGE 50, 231 ff.) als fremden Weisungen unterworfen angesehen.

13   bb) **Eingliederung in die Arbeitsorganisation.** Ihre Bestätigung findet die Fremdbestimmtheit der Arbeit durch die Eingliederung des Dienstleistenden in den Betrieb (*Hanau/Strick* AuA 1998, 185, 187 f.). Diese drückt sich durch den betriebsorganisatorischen Zusammenhang aus, in dem eine

III. Beschäftigung (Abs. 1) § 7 SGB IV 545

bestimmte Tätigkeit steht; entscheidend ist, ob die tätig werdende Person Glied eines fremden Betriebes ist (worunter jede und nicht nur eine gewerbliche Arbeitsorganisation zu verstehen ist, BSG 12. 11. 1975 BSGE 41, 24, 25; 31. 8. 1976 SozR 2200 § 1227 Nr. 4; 1. 2. 1979 SozR 2200 § 165 Nr. 36). Die Eingliederung setzt nicht notwendig die Einordnung in eine betriebliche Organisationseinheit, eine Betriebsstätte, eine Verwaltung oder einen Haushalt voraus, sondern kann sich in der Ausübung einer **dem Betriebszweck dienenden und ihm untergeordneten Tätigkeit** erschöpfen. Auch Arbeit zB an häuslichen Arbeitsplätzen kann, wenn sie durch technische Maßnahmen organisatorisch mit dem Betrieb verbunden ist und weitgehend vom betrieblichen Organisationsablauf geprägt ist, ein abhängiges Beschäftigungsverhältnis begründen (*Krauskopf/Baier,* Soziale Krankenversicherung, Pflegeversicherung, Rn. 9).

Selbst wenn es an einer derartigen organisatorischen Einbindung fehlt, ist in bezug auf **Heimar- 14 beiter** (die iSd. Arbeitsrechts Selbständige sind, vgl. § 611 BGB Rn. 134, 137) immer noch die Fiktion des § 12 II zu beachten, wonach diese Personen auch dann, wenn sie Roh- oder Hilfsstoffe selbst beschaffen, als Beschäftigte gelten.

cc) **Weitere Kriterien.** Neben der Weisungsgebundenheit und der Eingliederung hat die Rspr. eine 15 Vielzahl weiterer Kriterien und Indizien entwickelt, die im Rahmen einer Gesamtabwägung ergänzend für bzw. gegen eine unselbständige Tätigkeit sprechen (Zusammenstellungen bei *Brand* NZS 1997, 552, 554; *dems.* DB 1999, 1162, 1163; *Hanau/Strick* DB 1998, Beil. 14, S. 1, 19). Für eine **abhängige Beschäftigung** sprechen dabei ua. die Nichtbeschäftigung von Hilfskräften (s. auch Rn. 50 f.), Berichtspflichten des Erwerbstätigen (BSG 28. 10. 1960 BSGE 13, 130, 133), die mangelnde Verfügungsmöglichkeit über die eigene Arbeitskraft und das Fehlen einer eigenen Betriebsstätte (BSG 1. 12. 1977 BSGE 45, 199, 200), die feste Entlohnung anstelle einer Gewinn- und Verlustbeteiligung (BSG 29. 3. 1961 BSGE 14, 142, 146), das Verbot, gegenüber Kunden mit eigenem Kennzeichen („Logo"), im eigenen Namen oder für eigene Rechnung aufzutreten (*Brand* DB 1999, 1162, 1163), die Abführung von Lohnsteuer (BSG 28. 1. 1960 BSGE 11, 257, 262; 29. 3. 1962 BSGE 16, 289, 295; 28. 4. 1964 BSGE 21, 57, 60), ausnahmsweise auch die bisherige Stellung im Berufsleben (BSG 24. 10. 1978 SozR 2200 § 1227 Nr. 19). Demgegenüber sprechen der Einsatz von eigenem Kapital (BSG 1. 12. 1977 BSGE 45, 199, 200), das Recht, sich durch Dritte vertreten zu lassen (KassKomm/*Seewald* Rn. 69) oder die Möglichkeit, auch für andere Auftraggeber tätig zu werden (LSG Berlin 14. 8. 1996 NZS 1997, 31 f.), eher für die **Selbständigkeit.**

dd) **Unerhebliche Kriterien.** Die wirtschaftliche Abhängigkeit ist mit der persönlichen Abhängig- 16 keit oft verbunden und wird deshalb von der Rspr. als Indiz berücksichtigt. Die wirtschaftliche Abhängigkeit ist jedoch für die Frage nach der Unselbständigkeit iSv. § 7 nicht entscheidend und vermag das Hauptmerkmal der persönlichen Abhängigkeit nicht zu ersetzen (BSG 29. 1. 1981 BSGE 51, 164, 168). Dasselbe gilt für Zweck und Motiv der Tätigkeit, die ebenfalls keine maßgebenden Kriterien darstellen (BSG 12. 11. 1975 BSGE 41, 24, 25). Ebensowenig Aussagekraft haben die sog. **formalen Merkmale** wie die Anmeldung eines Gewerbes, die Nichtzahlung von Sozialversicherungsbeiträgen und die vertragliche Bezeichnung der Tätigkeit (BSG 28. 10. 1960 BSGE 13, 130, 132; 17. 5. 1973 BSGE 36, 7, 8), da die formale Behandlung des Vertragsverhältnisses durch die Parteien falsch sein kann. Die formalen Merkmale werden deshalb idR nur dann herangezogen, um ein bereits anhand anderer Merkmale gefundenes Ergebnis zu bekräftigen (*Hanau/Strick* DB 1998, Beil. 14, S. 1, 18).

Kein geeignetes Abgrenzungskriterium ist **auch die soziale Schutzbedürftigkeit:** Zwar schließen 17 der besondere Schutzzweck der Sozialversicherung und ihre Natur als eine Einrichtung des öffentlichen Rechts, über dessen Normen grds. nicht im Wege der Privatautonomie verfügt werden kann, es aus, daß über die rechtliche Einordnung einer Person allein die von den Vertragschließenden getroffenen Vereinbarungen entscheiden können (BSG 29. 1. 1981 BSGE 51, 164, 165 ff.), jedoch belegt bereits der Umstand, daß der Gesetzgeber auch bestimmte Gruppen von Selbständigen zu Versicherungspflichtigen erklärt (zB § 2 SGB VI, Künstlersozialversicherung, Kranken- und Altersversicherung der Landwirte), daß die soziale Schutzbedürftigkeit kein Kriterium des Beschäftigtenbegriffes ist (BSG 24. 10. 1978 SozR 2200 § 1227 RVO Nr. 19; krit. *Brand* NZS 1997, 552, 555).

ee) **Bedeutung vertraglicher Vereinbarungen.** Nicht anders als für den ANStatus (vgl. § 611 BGB 18 Rn. 57) ist für den Beschäftigtenbegriff nicht der Wortlaut des Vertrages zwischen dem Dienstverpflichteten und dem Dienstberechtigten, sondern primär dessen tatsächliche Durchführung maßgebend (BSG 28. 10. 1960 BSGE 13, 130, 132 ff.; 31. 10. 1972 BSGE 35, 30, 32; 30. 1. 1990 BSGE 66, 168, 170 ff.; *Gagel/Fuchs* § 25 SGB III Rn. 10). Das BSG begründet dies mit der öffentlich-rechtlichen Natur des § 7 I, die es den Vertragschließenden „grds. versagt, über ihre öffentlich-rechtlichen Pflichten zu paktieren" (BSG 28. 10. 1960 BSGE 13, 130, 134; ähnlich schon BSG 28. 1. 1960 BSGE 11, 257, 262). Von welchen Rechten und Pflichten die Parteien aber tatsächlich ausgegangen sind, läßt sich regelmäßig va. der praktischen Durchführung der vertraglichen Vereinbarung entnehmen. Dennoch können die vertraglichen Vereinbarungen – wie andere Merkmale auch – ausnahmsweise den Ausschlag geben, wenn das Gesamtbild der übrigen Merkmale gleichermaßen für eine abhängige Beschäftigung wie für eine selbständige Tätigkeit streitet (BSG 14. 5. 1981 BB 1981, 1581 f.; *Niesel/Brand* § 25 SGB III Rn. 9).

19 **ff) Gesamtwürdigung.** Ob eine Tätigkeit abhängig oder selbständig verrichtet wird, entscheidet sich in Übereinstimmung mit der Rspr. des BAG im Rahmen einer Gesamtabwägung danach, welche Merkmale überwiegen. Keinesfalls ist erforderlich, daß stets sämtliche als idealtypisch erkannten, dh. den Typus (*Hanau/Strick* DB 1998, Beil. 14, S. 1, 4 f.) kennzeichnenden Merkmale vorliegen. Diese können vielmehr in unterschiedlichem Maße und verschiedener Intensität gegeben sein; je für sich genommen haben sie nur die Bedeutung von Anzeichen oder Indizien. Entscheidend ist jeweils ihre Verbindung, die Intensität und Häufigkeit ihres Auftretens im konkreten Einzelfall (BVerfG 20. 5. 1996 NZA 1996, 1063). Dementsprechend kommt es nicht entscheidend darauf an, ob zahlenmäßig mehr Indizien für oder gegen die Abhängigkeit sprechen. Maßgeblich ist vielmehr, welche Merkmale der Erwerbstätigkeit nach der Gesamtwürdigung aller Umstände das Gepräge geben, welches **Gesamtbild** die jeweilige Arbeitsleistung unter Berücksichtigung der Verkehrsanschauung abgibt (BSG 1. 12. 1977 AP BGB § 611 Abhängigkeit Nr. 27; 29. 1. 1981 BSGE 51, 164, 167).

20 **3. Typische Problemkonstellationen. a) Persönlich haftende Gesellschafter** von Personenhandelsgesellschaften (OHG, KG; dazu BSG 24. 11. 1964 BSGE 22, 87, 90; zur GbR BSG 26. 5. 1966 BSGE 25, 51, 52) sind als solche keine Beschäftigten (*Niesel/Brand* § 25 SGB III Rn. 22), während der Kommanditist, wenn er keinen maßgebenden Einfluß auf die Gestaltung seiner Tätigkeit bzw. die Geschicke der Gesellschaft besitzt, durchaus in einem Beschäftigungsverhältnis zu ihr stehen kann. Der Komplementär bzw. OHG-Gesellschafter kann allerdings in eng begrenzten Ausnahmefällen zu seiner Gesellschaft in einem Verhältnis persönlicher Abhängigkeit und damit als Beschäftigter dann stehen, wenn er sich *außerhalb* seiner gesellschaftsrechtlichen Verpflichtung Weisungen der Gesamthand unterwirft, insb. arbeitnehmertypische Tätigkeiten verrichtet, die *jenseits* der Geschäftsführung liegen (BSG 26. 5. 1966 BSGE 25, 51, 52). Besitzt bei einer **GmbH & Co. KG** die GmbH als geschäftsführende Komplementärin einen beherrschenden Einfluß auf die KG, steht derjenige, der wenigstens zur Hälfte an der GmbH beteiligt ist, nicht in einem Beschäftigungsverhältnis zur KG (BSG 20. 3. 1984 SozR 4100 § 168 Nr. 16).

21 **b) GmbH-Geschäftsführer** (zu ihnen *Louven* DB 1999, 1061; *Reiserer* BB 1999, 2026; *Straub* DB 1992, 1087) unterliegen gem. § 37 GmbHG dem Weisungsrecht der Gesellschafter. Ob ein **Fremdgeschäftsführer** Beschäftigter der GmbH ist, hängt dementsprechend davon ab, ob er – wie regelmäßig – nach seinem Anstellungsvertrag oder nach den demgegenüber vorrangigen tatsächlichen Verhältnissen einem Direktionsrecht der Gesellschafter bzw. eines Aufsichtsrats (§ 52 GmbHG) hinsichtlich Art, Ort, Zeit und Dauer der zu leistenden Arbeit unterliegt oder ob er – ausnahmsweise – ohne Bindung an Weisungen und unter freier Gestaltung des Ablaufs seiner Tätigkeit die Geschicke der Gesellschaft maßgebend bestimmt und die Unternehmensleitung wahrnimmt (BSG 13. 12. 1960 BSGE 13, 196, 199 ff.; 31. 7. 1974 BSGE 38, 53, 57).

22 Bei **geschäftsführenden Gesellschaftern** stellt die Rspr. vorwiegend auf die Beteiligung am Gesellschaftskapital ab (ausführlich BSG 14. 12. 1999 BB 2000, 674). Verfügt der Geschäftsführer über eine Mehrheitsbeteiligung (mehr als 50%) oder eine im Gesellschaftsvertrag vereinbarte Sperrminorität, ist er nicht Beschäftigter der GmbH, weil er die Möglichkeit hat, jeden Beschluß – also jede nicht genehme Weisung – der Gesellschafter zu verhindern (BSG 11. 6. 1990 SozR 3–2200 § 539 Nr. 3; 18. 4. 1991 SozR 3–4100 § 168 Nr. 5). Dies gilt selbst dann, wenn er von seinen Rechten tatsächlich keinen Gebrauch macht und die Entscheidungen anderer überläßt (BSG 8. 8. 1990 SozR 3–2400 § 7 Nr. 4). Demgegenüber führen Minderheitsbeteiligungen bis zu 10% in aller Regel nicht zu einem maßgeblichen Einfluß auf die Gesellschaft, so daß der so an der GmbH beteiligte Geschäftsführer Beschäftigter im Sinne des § 7 I SGB IV ist, es sei denn, daß er „Kopf und Seele" der Gesellschaft ist und nicht einem für die persönliche Abhängigkeit ausschlaggebenden Direktionsrecht der Gesellschafter in bezug auf die Ausübung seiner Tätigkeit unterliegt (BSG 23. 9. 1982 SozR 2100 § 7 Nr. 7; 7. 9. 1988 SozR 4100 § 141 b Nr. 41; 8. 8. 1990 SozR 3–2400 § 7 Nr. 4). Bei höheren Minderheitsbeteiligungen kommt es wie bei Fremdgeschäftsführern maßgeblich auf die Umstände des Einzelfalles an, wobei eine qualifizierte Minderheitsbeteiligung von über 25% eher gegen ein Beschäftigungsverhältnis spricht, weil zur Abänderung des Gesellschaftsvertrages eine Dreiviertelmehrheit benötigt wird (§ 53 II GmbHG).

23 Eine besondere Beurteilung kann die Situation in **Familiengesellschaften,** bei denen der Geschäftsführer mit den Gesellschaftern familiär verbunden ist, erfordern. Wird das rechtlich zwar bestehende Direktionsrecht aufgrund familiärer Rücksichtnahmen faktisch nicht ausgeübt mit der Folge, daß der Geschäftsführer in der Sache wie ein Alleininhaber die Geschäfte der Gesellschaft nach eigenem Gutdünken führen kann und führt, so ist er selbst dann nicht Beschäftigter der Gesellschaft, wenn er an ihrem Kapital überhaupt nicht beteiligt ist (BSG 8. 12. 1987 BB 1989, 72 f.; 30. 1. 1990 BSGE 66, 168, 171 f.; 14. 12. 1999 BB 2000, 674).

24 **c) Vorstandsmitglieder** einer AG oder eines großen VVaG (zum Begriff vgl. § 53 VAG) stehen in einem freien Dienstverhältnis und sind nicht Beschäftigte des Unternehmens, das sie leiten, und zwar selbst dann nicht, wenn die an sich versicherungspflichtige Beschäftigung für das Unternehmen gegenüber der Vorstandstätigkeit überwiegt (BSG 26. 3. 1992 BB 1993, 442 f.; 27. 3. 1980 SozR 2400 § 3 Nr. 4). § 1 S. 3 SGB VI und § 27 I Nr. 5 SGB III haben insofern nur klarstellende Wirkung. Dem-

gegenüber können die Mitglieder des Vorstandes von öffentlich-rechtlichen Körperschaften und eingetragenen Genossenschaften ebenso wie diejenigen rechtsfähiger oder nicht rechtsfähiger Vereine abhängig beschäftigt sein (BSG 30. 11. 1978 BSGE 47, 201, 204; 15. 12. 1983 SozR 2200 § 165 Nr. 73).

d) **Mitarbeitende Familienangehörige** sind, wenn und soweit sie auf familienrechtlicher Grundlage Arbeitsleistungen im Haushalt und im Geschäft des Ehepartners bzw. der Eltern erbringen (§§ 1353, 1619 BGB), in Ermangelung eines ihr persönliche Abhängigkeit begründenden Arbeitsvertrages keine Beschäftigten. Freilich ist nicht ausgeschlossen, daß auch mit dem Ehepartner oder den Kindern ein Arbeitsverhältnis begründet wird (BSG 5. 4. 1956 BSGE 3, 30, 40; *Schmitt* § 2 SGB VII Rn. 7 ff.). Auf welcher Rechtsgrundlage die von diesen Personen erbrachten Leistungen letztlich beruhen, muß durch eine wertende Betrachtungsweise entschieden werden, bei der die übrigen Kriterien der Beschäftigtentypologie – zB die Eingliederung in den Betrieb, die Höhe der Bezüge im Verhältnis zu der verrichteten Tätigkeit und der Vergleich mit fremden Arbeitskräften (BSG 21. 4. 1993 SozR 3-4100 § 168 Nr. 11) – entscheidende Bedeutung gewinnen können. Dabei steht der Annahme eines Beschäftigungsverhältnisses nicht entgegen, daß die Abhängigkeit unter Ehegatten – wie im übrigen auch unter nichtehelichen Lebenspartnern – im allgemeinen weniger stark ausgeprägt und deshalb das Weisungsrecht möglicherweise mit bestimmten Einschränkungen ausgeübt wird (Zusammenstellung weiterer Kriterien bei *Schmidt* NZS 1998, 231, 232). 25

Sowohl bei Ehegatten (BSG 23. 6. 1994 BSGE 74, 275, 276 ff.) als auch bei nahen Verwandten (BSG 19. 2. 1987 SozR 2200 § 165 Nr. 90) ist jedoch stets in Erwägung zu ziehen, ob der Arbeitsvertrag nicht möglicherweise **nur zum Schein** abgeschlossen wurde, der Angehörige in Wahrheit Mitunternehmer oder Mitgesellschafter des anderen ist oder seine Tätigkeit lediglich familienhafte Mithilfe darstellt. Zu berücksichtigen sind insoweit neben der Eingliederung des Beschäftigten in den Betrieb und dem ggf. abgeschwächten Weisungsrecht des AG insb. die Zahlung eines angemessenen Entgelts, das über freien Unterhalt, Taschengeld oder eine Anerkennung hinausgeht und dem Angehörigen zur freien Verfügung ausgezahlt wird. Weitere Abgrenzungskriterien sind der Abschluß eines schriftlichen Arbeitsvertrages, die Lohnsteuerentrichtung auf das Entgelt, seine Verbuchung als Betriebsausgabe und der Umstand, daß der Angehörige eine fremde Arbeitskraft ersetzt. Daß der Angehörige nicht wirtschaftlich auf das Entgelt angewiesen ist, schließt das Vorliegen einer Beschäftigung nicht aus (BSG 18. 5. 1960 BSGE 12, 153, 156; 29. 3. 1962 BSGE 17, 1, 3; 19. 2. 1987 SozR 2200 § 165 RVO Nr. 90; 21. 4. 1993 SozR 3-4100 § 168 Nr. 11). 26

e) **Vereinsmitglieder**, die aufgrund der Satzung des Vereins, des Beschlusses eines zuständigen Organs oder schlicht der Üblichkeit des Vereinslebens Tätigkeiten für den Verein verrichten, sind als solche in Ermangelung eines ein Weisungsrecht begründenden Arbeitsverhältnisses keine Beschäftigten (BSG 29. 9. 1992 SozR 3-2200 § 539 Nr. 18). Zu den auf allgemeiner Übung beruhenden Mitgliedspflichten zählen geringfügige Tätigkeiten, die ein Verein von jedem seiner Mitglieder erwarten kann und die von den Mitgliedern dieser Erwartung entsprechend auch verrichtet werden. Dabei wird eine allgemeine Vereinsübung, Mitglieder zu Arbeitsleistungen heranzuziehen, nicht dadurch in Frage gestellt, daß nicht alle Vereinsmitglieder, sondern nur ein Teil davon die für bestimmte Tätigkeiten erforderliche persönliche oder fachliche Eignung besitzen. Wesentlich ist allein, ob der Verein erwarten kann, daß bestimmte Aufgaben von geeigneten Mitgliedern wahrgenommen werden und Geeignete der Erwartung des Vereins regelmäßig entsprechen (BSG 27. 6. 1984 SozR 2200 § 539 Nr. 101; 29. 9. 1992 SozR 3-2200 § 539 Nr. 18). Indessen schließt die Mitgliedschaft in einem – rechtsfähigen oder nicht rechtsfähigen – Verein die Annahme eines Beschäftigungsverhältnisses ebensowenig wie die eines Arbeitsverhältnisses iSd. § 611 BGB (dazu § 611 BGB Rn. 166 ff.) von vornherein aus (BSG 29. 1. 1986 SozR 2200 § 539 Nr. 114; 5. 8. 1987 SozR 2200 § 539 Nr. 123). Eine solche Beschäftigung setzt aber voraus, daß die Tätigkeit entweder hinsichtlich ihres Umfanges oder ihrer Art nach über das hinausgeht, was Vereinssatzung, Beschlüsse der Vereinsorgane oder allgemeine Vereinsübung an Arbeitsverpflichtungen der Vereinsmitglieder festlegen. Daß die Tätigkeit gefährlich ist oder eine besondere Fachkunde erfordert, genügt für sich allein nicht, wenn es der Vereinswirklichkeit entspricht, derartige Arbeiten den Vereinsmitgliedern aufzuerlegen (BSG 5. 8. 1987 SozR 2200 § 539 Nr. 123). 27

4. Beschäftigungs- und Versicherungsverhältnis (Abs. 1 a, 3). Die Eigenschaft als „Beschäftigter" ist weder notwendige noch (von der Unfallversicherung abgesehen) hinreichende Voraussetzung für das Bestehen eines Versicherungsverhältnisses. Zum einen nämlich sind in allen Zweigen der Sozialversicherung auch andere Personen als Beschäftigte versichert, wie sich sowohl aus § 2 II SGB IV als auch aus den Versicherungstatbeständen in den verschiedenen Büchern des SGB ergibt, vgl. etwa § 2 SGB VI für die gesetzliche Rentenversicherung. Zum anderen verlangen diese Tatbestände (mit Ausnahme von § 2 I Nr. 1 SGB VII), daß die Beschäftigung „gegen Arbeitsentgelt" erfolgt (§§ 25 I SGB III, 5 I Nr. 1 SGB V, 1 Nr. 1 SGB VI, 20 I Nr. 1 SGB XI) und stellen damit neben dem Bestand des Beschäftigungsverhältnisses eine zusätzliche versicherungsrechtliche Voraussetzung auf. 28

Die **tatsächliche Ausübung der Beschäftigung** ist jedoch nicht stets notwendige Voraussetzung für den Fortbestand eines Beschäftigungsverhältnisses, solange das Arbeitsverhältnis fortbesteht und AG und AN den Willen haben, das Beschäftigungsverhältnis fortzusetzen (BSG 20. 12. 1960 BSGE 13, 29

263, 264; 31. 8. 1976 SozR 2200 § 1227 Nr. 4). In diesem Sinne sind nicht nur Bummeltage (RVA 18. 7. 1941 AN 1941, II 323), unbezahlter Urlaub (BSG 21. 6. 1960 BSGE 12, 190, 193 ff.; 13. 2. 1964 BSGE 20, 154, 156 ff.; 18. 4. 1991 BSGE 68, 236, 240), Untersuchungshaft (BSG 18. 4. 1991 BSGE 68, 236, 240) und Streik (BSG 15. 12. 1971 BSGE 33, 254, 255 ff.; 11. 12. 1973 BSGE 37, 10, 13 ff.) von jeweils begrenzter Dauer als unschädlich für den Fortbestand des Beschäftigungsverhältnisses angesehen worden, sondern auch Krankheit (RVA 16. 11. 1914 AN 1914, 813, 815; BSG 9. 12. 1975 BSGE 41, 41, 54), Annahmeverzug des AG (RVA 7. 12. 1926 AN 1927, 581; BSG 25. 9. 1981 SozR 2100 § 25 Nr. 3) bezahlter Urlaub und Freistellung von der Arbeit bei Fortzahlung des Arbeitsentgelts (BSG 18. 9. 1973 BSGE 36, 161, 163 f.; 12. 11. 1975 BSGE 41, 24, 25 ff.; 31. 8. 1976 SozR 2200 § 1227 Nr. 4). Der **Versicherungsschutz** würde in den erstgenannten Fällen dennoch regelmäßig entfallen, weil der Entgeltanspruch ruht und die Beschäftigung daher nicht gegen Arbeitsentgelt ausgeübt wird. Zur Perpetuierung des sozialen Schutzes normiert Abs. 3 für alle Zweige der Sozialversicherung in diesen Fällen, daß Zeiträume des fortbestehenden Beschäftigungsverhältnisses ohne Anspruch auf Arbeitsentgelt von der Dauer **bis zu einem Monat** versicherungsrechtlich generell unschädlich sind (näher HS-RV/*Kreikebohm*/*Mette* § 78 Rn. 14 ff.). Diese Vorschrift findet auch dann Anwendung, wenn die Dauer der Unterbrechung nicht vorhersehbar war oder sogar bei ihrem Beginn feststand, daß sie einen Monat überschreiten würde (KassKomm/*Seewald* Rn. 183).

30 Den umgekehrten Fall, daß nämlich der Dienstverpflichtete Arbeitsentgelt bezieht, während er **von der Arbeitspflicht freigestellt** ist, regelt § 7 Ia. Diese Vorschrift führt iVm. § 23 b (Beitragspflichtigkeit des Arbeitsentgelts) zu einer Verstetigung des Sozialversicherungsschutzes in Zeiten des Entgeltbezugs ohne Arbeitsleistung, wenn die Freistellung aufgrund einer schriftlichen Vereinbarung erfolgt und die Höhe des für die Zeit der Freistellung und des für die vorausgegangenen zwölf Kalendermonate monatlich fälligen Arbeitsentgelts nicht unangemessen voneinander abweichen und diese Arbeitsentgelte 630 DM (also die Geringfügigkeitsgrenze des § 8) übersteigen (dazu *Diller* NZA 1998, 792; *Rombach* RdA 1999, 194, 196 f.).

31 **5. Beschäftigungs- und Arbeitsverhältnis.** Das Sozialversicherungsrecht bedient sich für die Normierung der Tatbestandsvoraussetzungen der Versicherungspflicht des abhängig Erwerbstätigen nicht des privatrechtlichen Begriffs des AN, sondern benutzt in § 7 nur unzureichend definierten Begriff des „Beschäftigten" bzw. der „Beschäftigung" (vgl. § 25 I SGB III, § 5 I Nr. 1 SGB V, § 1 Nr. 1 SGB VI, § 2 I Nr. 1 SGB VII, § 20 I 2 Nr. 1 SGB XI). Das Verhältnis des arbeitsrechtlichen ANBegriffs zum sozialrechtlichen Beschäftigungsverhältnis ist ungeklärt.

32 a) Die **Lehre vom sozialversicherungsrechtlichen Beschäftigungsverhältnis** versteht die den AN und den Beschäftigten als zwei unabhängig voneinander existierende Begriffe, die zwar in ihrem Kern (schon wegen § 7 I 1) übereinstimmen, an ihren Rändern aber durchaus unterschiedliche Ergebnisse zeitigen können. Das Beschäftigungsverhältnis werde nicht durch den privatrechtlichen Arbeitsvertrag, sondern durch den faktischen Leistungsaustausch begründet und stelle – sozialversicherungsrechtlich gesehen – die Grundlage der zu beurteilenden Arbeitsleistung dar (vgl. *Seiter* VSSR 1976, 179, 186 f.). Dementsprechend betont das BSG in st. Rspr., daß sich der Begriff der versicherungspflichtigen Beschäftigung nicht mit dem des Arbeitsvertrages decke. Zwar fielen beide Rechtsverhältnisse, rein äußerlich gesehen, meist zusammen. Jedoch könnten die Rechtsschicksale beider Rechtsverhältnisse völlig verschieden sein (BSG 30. 8. 1955 BSGE 1, 115, 118; BSG 17. 10. 1990 Die Beiträge 1991, 115).

33 Konsequenz der dogmatischen Schöpfung des Beschäftigungsverhältnisses ist, daß Versicherungsträger und SG eigenständig prüfen, ob versicherungsrechtlich gesehen eine abhängige oder selbständige Erwerbstätigkeit vorliegt, ohne sich durch die arbeits- (BSG 13. 12. 1960 BSGE 13, 196, 197 ff.) oder steuerrechtliche (BSG 29. 8. 1963 BSGE 20, 6, 9; 28. 8. 1961 BSGE 15, 65, 69; 30. 7. 1981 BSGE 52, 76, 78) Einordnung als AN bzw. als Selbständiger gebunden zu fühlen. Der arbeits- und steuerrechtlichen Beurteilung kommt lediglich „eine gewisse Indizwirkung" zu (BSG 17. 10. 1990 Die Beiträge 1991, 115).

34 b) Demgegenüber gehen Teile der Literatur von einer **Identität des AN- und des Beschäftigtenbegriffs** aus (*Gitter*, FS für Wannagat, S. 141; *Krejci* VSSR 1977, 301; GK-SGB IV/*Merten* Rn. 40 ff.; *Seiter* VSSR 1976, 179; *Wank*, Arbeitnehmer und Selbständige, 1988, S. 346). Seit das Arbeitsrecht unter der Einwirkung der Eingliederungstheorie die Figur des faktischen Arbeitsverhältnisses (dazu § 611 Rn. 170 ff.) dogmatisch anerkannt hat, sei der Grund für die Differenzierung von Arbeits- und Beschäftigungsverhältnis weggefallen. Hinzu komme, daß sich die Rspr. selbst gezwungen sah, zur Überbrückung planwidriger Unterbrechungen der Arbeitsleistung auf das Vorliegen des faktischen Leistungsaustausches zu verzichten und alternativ auf den Bestand des Arbeitsverhältnisses und den beiderseitigen Arbeits- und Fortsetzungswillen abzustellen (oben Rn. 29).

35 Diese (Wieder-)Annäherung des Beschäftigungs- an das Arbeitsverhältnis ist durch einige jüngere Entwicklungen beschleunigt worden. Mit dem sog. „Flexi-Gesetz" (vom 6. 4. 1998, BGBl. I S. 688) hat der Gesetzgeber die Unterbrechung der tatsächlichen Arbeitsleistung im Rahmen von **Arbeitszeitkonten-Modellen** ermöglicht, ohne daß die Beschäftigung – unter Einhaltung bestimmter Voraussetzungen – beendet wird (§ 7 Ia). Außerdem hat das BSG die seit langem in die Kritik geratene

Rechtsfigur des „mißglückten Arbeitsversuchs" nunmehr aufgegeben (BSG 4. 12 1997 BSGE 81, 231 ff.; 4. 12. 1997 NZA-RR 1998, 97; 29. 9. 1998 SozR 3–2500 § 5 Nr. 40), so daß auch bei der Arbeitsaufnahme durch einen Arbeitsunfähigen, der wegen seiner Erkrankung die Beschäftigung alsbald wieder niederlegt, die arbeits- und die sozialrechtliche Einordnung nicht mehr auseinanderfällt.

c) **Stellungnahme.** Die Lehre vom sozialversicherungsrechtlichen Beschäftigungsverhältnis ist notwendig, da in Einzelfällen eine eigenständige Betrachtung von Arbeits- und Sozialversicherungsrecht geboten sein kann. Das folgt schon daraus, das bestimmte Tätigkeiten, zB in einem Eingliederungsverhältnis (§§ 229 ff. SGB III), **kraft Gesetzes** arbeits- und sozialrechtlich unterschiedlich behandelt werden. Die in der **Rechtsprechungspraxis** zu konstatierenden Diskrepanzen beruhen überwiegend darauf, daß das Sozialversicherungsrecht zum einen den Erfordernissen einer an möglichst einfache Tatsachenfeststellungen interessierten und eine rechtssichere Beurteilung ermöglichenden Massenverwaltung mehr Rechnung trägt (*Schmidt* RdA 1999, 124, 126) als das gerade in jüngerer Zeit wieder mehr vertrags- als statusorientierte (*Söllner*, FS für Zöllner, S. 949) Arbeitsrecht, und zum anderen die unterschiedlichen Verfahrensgrundsätze (Untersuchungsgrundsatz hier, Beibringungsgrundsatz dort) zu differierenden Sachverhaltsfeststellungen führen können. 36

Diese Diskrepanzen betreffen zu einem wesentlichen Teil aber lediglich **Beginn, Ende und Unterbrechungen** des Arbeits-/Beschäftigungsverhältnisses. So hindert etwa die formale Aufrechterhaltung eines seit längerer Zeit in seinen Hauptpflichten ruhenden Arbeitsverhältnisses nicht die Annahme, daß das Beschäftigungsverhältnis geendet ist, auch wenn die Parteien entgegenstehende Erklärungen zur „Verfügungsbefugnis" gegenüber dem AA abgegeben haben (BSG 9. 9. 1993 SozR 3–4100 § 101 Nr. 4; 28. 9. 1993 SozR 3–4100 § 101 Nr. 5; *Hanau/Peters-Lange* NZA 1998, 785, 786). Umgekehrt besteht das Beschäftigungsverhältnis fort, wenn der AG den AN während eines Bestandsschutzprozesses nur zur Abwendung der Zwangsvollstreckung (und damit nicht in einem Arbeitsverhältnis: BAG 10. 3. 1987 AP BGB § 611 Weiterbeschäftigung Nr. 1; 12. 2. 1992 AP BGB § 611 Weiterbeschäftigung Nr. 9) vorläufig weiterbeschäftigt (KassKomm/*Seewald* Rn. 16). Die insoweit bestehenden Unterschiede zwischen Arbeits- und Sozialrecht sind zur Vermeidung sozialpolitisch inakzeptabler Schutzlücken in der Versicherungsbiographie abhängig Beschäftigter unvermeidlich und weder de lege lata noch de lege ferenda einzuebnen. 37

Demgegenüber sind die bestehenden Differenzen bei der **Einordnung bestimmter Dienstleistungen** (zB in bezug auf Vorstandsmitglieder von Vereinen, Genossenschaften und öffentlich-rechtlichen Körperschaften sowie hinsichtlich GmbH-Geschäftsführern, Rote-Kreuz-Schwestern [zu ihnen BAG 4. 7. 1979 AP BGB § 611 Rotes Kreuz Nr. 10 einerseits; BSG 18. 3. 1982 BSGE 53, 198, 199 ff., andererseits] uam.) keineswegs unvermeidlich. Sie beruhen auf unterschiedlichen Wertungen der arbeits- und sozialgerichtlichen Rspr. hinsichtlich der **sozialen Schutzbedürftigkeit** der Betroffenen, die vom Gesetz nicht zwingend vorgegeben sind. Beide Gerichtsbarkeiten können hier dazu beitragen, die bestehenden Unterschiede abzubauen und eine Synchronisation von AN- und Beschäftigtenbegriff zu ermöglichen. 38

IV. Beweislast (Abs. 4)

1. Normzweck. Ursprünglich diente § 7 IV ausweislich der Begründung des Korrekturgesetzes (BT-Drucks. 14/45, S. 19) dem Ziel, den Sozialversicherungsträgern die Bekämpfung der Scheinselbständigkeit zu erleichtern. Mit Hilfe des Kriterienkataloges des § 7 IV 1 sollten Scheinselbständige nicht nur schneller und einfacher als bisher erfaßt werden können (verfassungsrechtliche Bedenken bei *Degenhart* ZfA 1999, 531 und *Söhnlein/Mocellin* NZS 1999, 280, 282), sondern zugleich der versicherungspflichtige Personenkreis um etwa 200 000 Personen ausgeweitet werden (*Bauer/Diller/Schuster* NZA 1999, 1297, 1298). Demgegenüber betont die Begründung des Gesetzes zur Förderung der Selbständigkeit (BT-Drucks. 14/1855, S. 1, 6) in Anlehnung an den Bericht der Sachverständigenkommission (NZA 1999, 1145, 1146 f.), daß § 7 IV die **Abgrenzung** zwischen abhängiger Beschäftigung und selbständiger Tätigkeit **nicht zu Lasten der Selbständigen verschieben** will, sondern die Vermutungsregelung den Grundtatbestand des § 7 I lediglich in denjenigen Ausnahmefällen ergänzt, in denen die Beteiligten ihre Mitwirkung im Rahmen der Amtsermittlung verweigern (so schon zu § 7 IV aF BSG 28. 1. 1999 SozR 3–5425 § 1 Nr. 5). 39

Angesichts dieser Klarstellung, die auch im Eingangssatz des § 7 IV 1 ihren deutlichen Ausdruck gefunden hat, handelt es sich bei § 7 IV heute lediglich um eine **versicherungsrechtliche Ergänzung der leistungsrechtlichen Sanktionierung unterlassener Mitwirkung** (§ 66 SGB I). Während nämlich dort, wo der Versicherte Leistungen beantragt, seinen Obliegenheiten bei der Sachverhaltsaufklärung aber (schuldhaft) nicht nachkommt, dem Leistungsträger mit der Versagung oder dem Entzug der Leistungen ein geeignetes Druckmittel zur Verfügung steht, versagt dieses Instrument da, wo es um die versicherungs- und va. beitragsrechtlichen Pflichten des Betroffenen geht. Hier war bislang allein die Verhängung eines Bußgeldes (§§ 307 I Nr. 2 SGB V, 320 I Nr. 1 SGB VI) möglich; diese ordnungsbehördliche Sanktion kann nunmehr mit der versicherungsrechtlichen Sanktion der Vermutung eines Beschäftigungsverhältnisses kombiniert werden. 40

41 2. **Sachlicher Geltungsbereich.** Entsprechend dem Normzweck hat sich mit der Neufassung des Abs. 4 auch der sachliche Geltungsbereich der Vorschrift verändert. Während in der Fassung des Korrekturgesetzes noch angenommen werden konnte, die Vermutung gelte auch für das Leistungsrecht und könne daher auch vom Beschäftigten im Streit gegen den Versicherungsträger geltend gemacht werden, beschränkt sich die Beweislastregel nunmehr **allein auf das Versicherungs- und Beitragsrecht.** Es wäre nämlich widersinnig anzunehmen, der Scheinselbständige könne, wenn er Leistungen der Sozialversicherung begehrt und der Versicherungsträger die Beschäftigten- und damit Versicherteneigenschaft bestreitet, seinem Begehren dadurch zum Erfolg verhelfen, daß er seinen Auskunfts- und Mitteilungspflichten nicht nachkommt und dadurch die Vermutungswirkung auslöst (*Bieback* SGb 2000, 189, 192; *Rolfs* NZA 2000, 188).

42 Unsicherer als zuvor ist demgegenüber, **für welche Versicherungszweige** die Vermutung Geltung beansprucht. Schon zu § 7 IV idF des Korrekturgesetzes standen die Spitzenverbände der Sozialversicherungsträger offenbar auf dem Standpunkt, daß die Gesetzliche Unfallversicherung von § 7 IV nicht erfaßt werde; jedenfalls sind die Unfallversicherungsträger an der Formulierung der Auslegungsrichtlinien, auch zu § 7 IV nF, nicht beteiligt worden (vgl. *Spitzenverbände* NZA 1999, 365; NZA 2000, 190; ebenso *Leube* SozVers 1999, 61; aA *Brand* DB 1999, 1162). Nunmehr erstrecken sich diese Zweifel auch auf die Arbeitslosen- und die Soziale Pflegeversicherung, weil § 7 IV 1 Eingangssatz nur auf die Verletzung der Mitwirkungspflichten nach den §§ 206 SGB V und 196 I SGB VI abhebt, die für alle Sozialversicherungszweige geltende Norm des § 28 o SGB IV aber ebenso unerwähnt läßt wie die speziellen Auskunftspflichten des § 50 III SGB XI. Im Ergebnis sollte man trotz dieser gesetzgeberischen Fehlleistung (*Bauer/Diller/Schuster* NZA 1999, 1297, 1298) aber davon ausgehen, daß § 7 IV für alle Sozialversicherungszweige Geltung beansprucht (*Rolfs* NZA 2000, 188; aA hinsichtlich der Unfallversicherung *Leube* SozVers 2000, 65 f.).

43 3. **Erfaßter Personenkreis.** Die Vermutung des § 7 IV 1 gilt nicht für **Gesellschafter** und **Geschäftsführer einer GmbH** (Spitzenverbände NZA 2000, 190, 192 sub 3.5.7.2; *Hohmeister* NZA 1999, 337, 339 f.), vgl. Rn. 45, und gem. § 7 IV 2 nicht für **Handelsvertreter,** die im wesentlichen frei ihre Tätigkeit gestalten und über ihre Arbeitszeit bestimmen können. Die Abgrenzung zwischen selbständigen und beschäftigten Handelsvertretern bestimmt sich danach weiterhin allein nach § 7 I und damit der in § 84 I 2 HGB enthaltenen Definition (BT-Drucks. 14/45 S. 44). Diese Ausnahme, die gem. § 92 HGB auch für Versicherungs- und Bausparkassenvertreter gilt (*Kerschbaumer/Tiefenbacher* AuR 1999, 121, 122), aber nicht analog auf andere Rechtsverhältnisse übertragbar ist (*Reiserer* BB 1999, 366, 367 f.; aA hinsichtlich Franchiseverträgen *Giesler* NZS 1999, 483), behandelt wesentlich Gleiches ohne rechtfertigenden Grund ungleich und verstößt damit gegen Art. 3 I GG (*Bauer/Diller/Lorenzen* NZA 1999, 169, 173; *Buchner* DB 1999, 146, 148; *Richardi* DB 1999, 958, 959; *Söhnlein/Mocellin* NZS 1999, 280, 283 sowie *Bieback* und *Dieterich* in: Sachverständigenkommission, NZA 1999, 1260, 1261).

44 4. **Eingangsvoraussetzungen (Abs. 4 S. 1, Halbs. 1).** a) **Erwerbsmäßige Tätigkeit.** Der Kriterienkatalog des § 7 IV ist nur auf erwerbsmäßig tätige Personen anwendbar, dh. nur auf solche, die die Arbeit nicht aus Gefälligkeit oder bei Gelegenheit oder in einer nicht ins Gewicht fallenden Weise tätigen, sondern die die Arbeit verrichten, um damit ganz oder tlw. ihrem Lebensunterhalt zu verdienen (KassKomm/*Seewald* § 12 Rn. 16). Damit sind praktisch nur Tätigkeiten außerhalb des Berufslebens ausgegrenzt (ebenso *Wank* RdA 1999, 297, 302).

45 Dem Kriterium kommt aber noch eine weitere, wichtigere Bedeutung zu: Mit „erwerbsmäßig tätige Personen" sind offenkundig nur **natürliche Personen** gemeint, so daß schon die Eingangsvoraussetzungen in bezug auf eine GmbH nicht vorliegen (Spitzenverbände NZA 2000, 190, 192 sub 3.5.7.2). Der geschäftsführende Gesellschafter einer **Ein-Personen-GmbH,** die ausschließlich für einen Auftraggeber tätig ist, kann dementsprechend nicht Beschäftigter des auftraggebenden fremden Unternehmens kraft Vermutung – und wegen seiner Alleingesellschafterstellung auch nicht seines eigenen GmbH, vgl. Rn. 22 – sein (ebenso Spitzenverbände NZA 2000, 190 f. sub 3.4; *Bauer/Diller* NZA 1999, 745, 746; zweifelnd *Wank* RdA 1999, 297, 309; aA *Bengelsdorf* NJW 1999, 1817, 1821; *Brand* DB 1999, 1162, 1168). Handelt es sich bei der auftragnehmenden Gesellschaft dagegen um eine **BGB-Gesellschaft,** also eine Gesamthand ohne eigene Rechtspersönlichkeit, ist das Vorliegen einer abhängigen Beschäftigung oder einer selbständigen Tätigkeit ihrer Gesellschafter im Verhältnis zum Auftraggeber im Einzelfall zu prüfen (Spitzenverbände NZA 2000, 190 f. sub 3.4).

46 b) **Verweigerung der Mitwirkung.** Die Vermutungstatbestände finden nur Anwendung, wenn der Betroffene seinen gesetzlichen Mitwirkungspflichten nicht nachgekommen ist. Das ist in der Praxis ein **seltener Ausnahmefall** (vgl. Sachverständigenkommission, NZA 1999, 1145, 1147), weil die Motivation zu einer äußerst engagierten Mitwirkung wegen der zu erwartenden einschneidenden wirtschaftlichen Folgen auch bisher schon überaus groß war (*Brand* DB 1999, 1162, 1164). Dabei nimmt das Gesetz aus unerfindlichen Gründen nicht die für alle Sozialversicherungszweige einschlägige Auskunfts- und Vorlagepflicht des **§ 28 o II SGB IV,** sondern die besonderen Regelungen des Kranken- und Rentenversicherungsrechts in Bezug. Das ist insofern unsinnig, als allein § 28 o II

IV. Beweislast (Abs. 4) **§ 7 SGB IV 545**

SGB IV für Beschäftigte und solche Personen, die als Beschäftigte in Betracht kommen (*Krauskopf/ Baier*, Soziale Krankenversicherung, Pflegeversicherung, § 28 o Rn. 7), anzuwenden ist. Demgegenüber finden die §§ 206 SGB V, 196 I SGB VI nur auf denjenigen Personenkreis Anwendung, dessen Versicherungspflicht oder -berechtigung gerade nicht aus dem Beschäftigtenstatus, sondern aus anderen Versicherungstatbeständen resultiert (vgl. *Hauck* K § 206 SGB V Rn. 4; *Hauck/Finke* K § 196 SGB VI Rn. 7; übersehen von *Schmidt* NZS 2000, 57, 58 f.). Nimmt man § 7 IV 1 Eingangssatz beim Wort, bleibt für die Norm faktisch kein Anwendungsbereich, weil bei Personen, die ihre Mitwirkungspflichten nach den genannten Vorschriften verletzen (können), ipso iure feststeht (und damit die Vermutung widerlegt ist), daß sie keine Beschäftigten sind.

Will man dem Gesetzgeber nicht unterstellen, er habe eine **funktionslose Norm** geschaffen (was 47 allerdings angesichts der offenkundigen Funktionslosigkeit des gleichzeitig eingefügten § 7 I 2 so sicher nicht ist), wird man die Vermutungstatbestände zu Lasten all derjenigen erwerbsmäßig tätigen Personen anwenden müssen, die auf Verlangen des zuständigen Versicherungsträgers nicht unverzüglich Auskunft über Art und Dauer ihrer Tätigkeit, der hierbei erzielten Entgelte, der Auftrag- oder Arbeitgeber und der für die Erhebung von Beiträgen notwendigen Tatsachen Auskunft erteilt haben oder die die für die Prüfung erforderlichen Unterlagen unabhängig davon nicht vorgelegt haben, auf welcher Norm des SGB ihre Mitwirkungspflicht beruhte (*Rolfs* NZA 2000, 188, 189).

Im Dunkeln bleibt, warum der Gesetzgeber **allein die Verweigerung der Mitwirkung durch den** 48 **Betroffenen**, nicht aber auch durch seinen Auftraggeber zur Eingangsvoraussetzung erhoben hat, wie dies von der Sachverständigenkommission (NZA 1999, 1145, 1146 und *Dieterich* in: BT-Drucks. 14/ 2046, S. 11) empfohlen worden war (vgl. *Gaul/Wisskirchen* DB 1999, 2466, 2467; *Schmidt* NZS 2000, 57, 59). Die bloße Sorge, das Gesetz könne in einem solchen Fall uU der Zustimmung des Bundesrates bedürfen, dürfte als Sachgrund wenig überzeugen. Immerhin nämlich ergibt sich jetzt die kuriose Folge, daß der Scheinselbständige durch beharrliches Schweigen für die Anwendung der Vermutungsregelung sorgen und damit dem Auftraggeber die Beitragshaftung aufzwingen kann, und zwar selbst dann, wenn dieser seinen Mitwirkungspflichten in vollem Umfang entsprochen hat (*Bauer/Diller/ Schuster* NZA 1999, 1297, 1298; *Berndt* NJW 2000, 464). **Empfohlen** wird daher, dem freien Mitarbeiter **vertraglich zu verpflichten**, dem Auftraggeber jederzeit **Auskunft** über alle relevanten Umstände zu geben und ihm zugleich aufzuerlegen, im Rahmen eines Prüfverfahrens durch die Erteilung von Auskünften und die Vorlage von Unterlagen an der Aufklärung der Verhältnisse mitzuwirken (*Schmidt* NZS 2000, 57, 59).

5. Vermutungstatbestände (Abs. 4 S. 1 Nrn. 1 bis 5). Liegen die Eingangsvoraussetzungen des § 7 49 IV 1 Eingangssatz vor und gehört der Betroffene zu dem von der Regelung erfaßten Personenkreis (§ 7 IV 2), wird, wenn drei von fünf Kriterien erfüllt sind, **widerlegbar** (§ 7 IV 3) **vermutet**, daß er Beschäftigter ist. Angesichts des Umstandes, daß die Verweigerung der Mitwirkung einen in der Praxis äußerst seltenen Fall darstellt, hat der Kriterienkatalog erheblich an Relevanz eingebüßt (*Buchner* DB 1999, 2514, 2518).

a) Nr. 1. Keine Beschäftigung versicherungspflichtiger Arbeitnehmer. Während ein AN die 50 versprochenen Dienste regelmäßig in Person zu erbringen hat (§ 613 BGB), kann sich ein Selbständiger zur Erfüllung seiner Aufträge Hilfspersonen bedienen. Daher kann der Umstand, daß der erwerbsmäßig Tätige keinen versicherungspflichtigen AN beschäftigt, ein Indiz für seine persönliche Abhängigkeit vom Auftraggeber sein (BGH 21. 10. 1998 NJW 1999, 648, 650; BSG 28. 10. 1960 BSGE 13, 130, 132 ff.; 13. 7. 1978 AP BGB § 611 Abhängigkeit Nr. 29; *Wank* RdA 1999, 297, 302; zweifelnd *Rohlfing* NZA 1999, 855, 856, weil § 613 BGB auch auf freie Dienstverträge Anwendung findet). Das Gesetz erfaßt diesen Vermutungstatbestand freilich unkorrekt, weil nur die Beschäftigung von AN, nicht aber die Weitervergabe der Aufträge an selbständige Subunternehmer für die Selbständigkeit streiten soll (kritisch daher auch *Dörner/Baeck* NZA 1999, 1136, 1138). Bedenklich ist auch, daß § 7 IV 1 Nr. 1 nur auf die tatsächliche Beschäftigung von AN, nicht aber auf die vertragliche Berechtigung hierzu abstellt (*Bauer/Diller/Lorenzen* NZA 1999, 169, 171; *Hohmeister* NZA 1999, 337, 340 f.; aA *Wank* RdA 1999, 297, 303, zumal fast die Hälfte aller Selbständigen ohne eigene AN arbeiten (*Bieback* SGb 2000, 189,193). Aufgegeben hat die Neufassung dagegen die ursprüngliche Nichtberücksichtigung von Familienangehörigen (§ 7 IV 3 aF; vgl. *Berndt* NJW 2000, 464, 465), die von Beginn an verfassungsrechtlich zweifelhaft war (*Buchner* DB 1999, 146, 147; *Hanau* ZIP 1999, 252, 253; *Reinecke* NZA 1999, 729, 735).

Der Vermutungstatbestand setzt voraus, daß der Betroffene regelmäßig keinen versicherungspflich- 51 tigen AN (oder Auszubildenden: Spitzenverbände NZA 2000, 190, 191, sub 3.5.1) beschäftigt, dessen Arbeitsentgelt aus diesem Beschäftigungsverhältnis regelmäßig im Monat 630 DM übersteigt. Das Merkmal der Versicherungspflicht wird man wie in § 2 Nr. 1 und Nr. 2 SGB VI dahingehend verstehen müssen, daß es nicht auf die generelle Versicherungspflicht des Mitarbeiters, sondern darauf ankommt, ob die **Tätigkeit** gerade bei diesem Auftraggeber dem Grunde, also **ihrer Art nach versicherungspflichtig** ist (BSG 9. 12. 1982 SozR 2400 § 2 Nr. 22; 11. 10. 1987 SozR 2400 § 2 Nr. 24; 30. 1. 1997 SozR 3–2600 § 2 Nr. 2; GK-SGB VI/*Boecken* § 2 Rn. 42 f.). Damit reicht es zur Vermeidung des Vermutungstatbestandes nicht aus, einen AN geringfügig zu beschäftigen, der (nur) aus anderen Gründen, insb. seiner Beschäftigung in einem anderen Hauptberuf, versicherungspflichtig ist (ebenso für § 2 Nr. 1 SGB VI KassKomm/*Gürtner* § 2 SGB VI Rn. 10). Ebensowenig kann dieses Ergebnis dadurch erzielt werden, daß der geringfügig beschäftigte AN gem. § 5 II 2 SGB VI auf seine Versicherungsfreiheit verzichtet, weil diese Option nur Personen offensteht, deren Arbeitsentgelt die Grenze von 630 DM monatlich nicht übersteigt (*Gaul/Wisskirchen* DB 1999, 2466, 2468). Auch die **geringfügige Beschäftigung mehrerer AN,** deren Arbeitsentgelt zusammengerechnet 630 DM übersteigt, genügt nicht (wie hier Spitzenverbände NZA 2000, 190, 191 sub 3.5.1; BT-Drucks. 14/2046, S. 12; *Bauer/Diller/Schuster* NZA 1999, 1297, 1298; *Dörner/Baeck* NZA 1999, 1136, 1138; *Heinze* JZ 2000, 332, 334; unklar BT-Drucks. 14/1855, S. 6; aA *Gaul/Wisskirchen* DB 1999, 2466, 2468; *Schmidt* NZS 2000, 57, 60; zu § 7 IV aF auch *Brand* DB 1999, 1162, 1665; rechtspolitisch *Buchner* DB 1999, 2514, 2515). Andererseits greift der Vermutungstatbestand nicht, wenn der Betroffene eine Person mehr als nur geringfügig beschäftigt, die wegen § 6 I, III SGB V trotz ihres mehr als nur geringfügigen Einkommens absolut versicherungsfrei ist, weil dieser AN dann eine dem Grunde nach versicherungspflichtige Tätigkeit ausübt.

52 **b) Nr. 2. Tätigkeit für nur einen Auftraggeber.** Auch bei der Tätigkeit auf Dauer und im Wesentlichen für nur einen Auftraggeber handelt es sich um ein in der Rspr. bereits anerkanntes Hilfskriterium (LSG Berlin 27. 10. 1993 NZS 1994, 409, 410), bei dem allerdings offen ist, ob Konzernunternehmen iS des § 18 AktG als ein Auftraggeber gelten (so die Spitzenverbände NZA 2000, 190, 191 sub 3.5.2; aA *Bauer/Diller/Lorenzen* NZA 1999, 169, 172; *Buchner* DB 1999, 533; *Heinze* JZ 2000, 332, 334; differenzierend *Reiserer/Biesinger* BB 1999, 1006, 1009). Mit dem Merkmal „**auf Dauer**" ist der Gesetzgeber den Vorschlägen der Sachverständigenkommission gefolgt, die va. im Hinblick auf Existenzgründer gefordert hatte, die Vermutung für das Vorliegen einer abhängigen Beschäftigung dürfe nicht eingreifen, wenn die Tätigkeit zwar langfristig darauf angelegt sei, für mehrere Auftraggeber ausgeführt zu werden, dies in der Startphase der Selbständigkeit aber nicht gleich gelinge (NZA 1999, 1145, 1147). Dementsprechend betont der Gesetzgeber jetzt, daß es darauf ankommt, ob der Auftragnehmer nach seinem Unternehmenskonzept die Zusammenarbeit mit mehreren Auftraggebern anstrebt und dies nach den tatsächlichen und rechtlichen Gegebenheiten Erfolg verspricht (BT-Drucks. 14/1855, S. 7).

53 Die **Wesentlichkeit** soll nach Auffassung der Spitzenverbände (NZA 2000, 190, 191 sub 3.5.2; zustimmend *Bieback* SGb 2000, 189, 194) nicht schon bei überwiegender Tätigkeit für einen Auftraggeber, sondern erst bei Überschreiten einer, allerdings nicht auf die Dauer, sondern das erzielte Entgelt bezogenen **Fünf-Sechstel-Grenze** anzunehmen sein (kritisch *Dörner/Baeck* NZA 1999, 1136, 1139). Sie besteht stets in den Fällen einer vertraglich vereinbarten und entsprechend praktizierten Ausschließlichkeitsbindung, zB durch ein Wettbewerbsverbot (*Leuchten/Zimmer* DB 1999, 381, 382). Ist dem Dienstverpflichteten die Tätigkeit für weitere Auftraggeber vertraglich erlaubt, ist er jedoch faktisch an den Auftraggeber gebunden, so ist diese faktische Bindung ausreichend (BT-Drucks. 14/1855, S. 7; Spitzenverbände NZA 2000, 190, 191 sub 3.5.2). Auch wenn der Dienstverpflichtete sich ohne Zwang dafür entscheidet, von dieser vertraglichen Erlaubnis keinen Gebrauch zu machen, kann dieser Umstand gegen die Selbständigkeit herangezogen werden (*Bauer/Diller/Schuster* NZA 1999, 1297, 1299). Diese Abweichung sowohl von der Erstfassung des Gesetzes (*Bauer/Diller/Lorenzen* NZA 1999, 169, 171; aA *Brand* DB 1999, 1162, 1165) als auch von der Rspr. des BAG (BAG 30. 9. 1998 AP BGB § 611 Abhängigkeit Nr. 103) ist zwar unerklärlich, angesichts der eindeutigen Diskrepanz zum Vorschlag der Sachverständigenkommission (in dem von „kann und darf" die Rede war, NZA 1999, 1145, 1147 und dazu *Dörner/Baeck* NZA 1999, 1136, 1139) aber zwingend. Zu **Franchisenehmern** vgl. *Beckmann/Zwecker* NJW 1999, 1614; *Hänlein* DB 2000, 374.

54 **c) Nr. 3. Vergleichbare Beschäftigungen werden durch AN ausgeübt.** Nach der ursprünglichen Fassung der Nr. 3 kam es darauf an, ob der Betroffene Tätigkeiten ausübt, die für AN typisch sind (ähnlich LSG Berlin 10. 3. 1994 NZS 1994, 409, 410). Das ist jetzt dahingehend konkretisiert worden, daß nunmehr die Verhältnisse beim Auftraggeber oder bei vergleichbaren Auftraggebern maßgeblich sind (kritisch *Buchner* DB 1999, 2514, 2515), weil sich innerhalb der von der Scheinselbständigkeit betroffenen Grauzone kaum jemals Tätigkeiten bezeichnen lassen, die typischerweise in Arbeitsverhältnissen ausgeübt werden (Sachverständigenkommission, NZA 1999, 1145, 1147). Nach wie vor dürften va. diejenigen Fälle betroffen sein, in denen ein konkreter AG neben festangestellten Personen auch freie Mitarbeiter beschäftigt. Läßt sich bei der Gesamtwürdigung der Tätigkeit des freien Mitarbeiters im Vergleich zu den fest angestellten Personen kein wesentlicher Unterschied feststellen, spricht dies für eine abhängige Beschäftigung. Dies steht zwar mit der bisherigen Rspr. in Einklang (BSG 1. 2. 1979 SozR 2200 § 165 Nr. 36), ist aber gleichwohl nicht unproblematisch, weil es gute Gründe dafür geben kann, dieselbe Tätigkeit tlw. durch abhängig Beschäftigte und tlw. durch Selbständige erledigen zu lassen, wie dies zB in weiten Teilen der Presse und des Rundfunks üblich ist (*Dörner/Baeck* NZA 1999, 1136, 1140).

55 **d) Nr. 4. Keine typischen Merkmale unternehmerischen Handelns.** Die Vermutung für abhängige Beschäftigung soll weiter dadurch ausgelöst werden können, daß die Tätigkeit typische Merkmale unternehmerischen Handelns nicht erkennen läßt. Das Kriterium ist wenig brauchbar, weil es nahezu

IV. Beweislast (Abs. 4) § 7 SGB IV 545

ebenso komplex ist wie die Vermutung, für die es streiten soll (ähnlich *Bauer/Diller/Schuster* NZA 1999, 1297, 1300). Es entsprach aber schon bislang gefestigter Rspr., daß das Bestehen eines unternehmerischen Risikos Indiz für die Selbständigkeit der betroffenen Person ist (BSG 31. 5. 1978 SozR 2200 § 1229 Nr. 8; 13. 7. 1978 AP BGB § 611 Abhängigkeit Nr. 29; 24. 6. 1981 SozR 2200 § 1227 Nr. 34; 12. 12. 1990 SozR 3–4100 § 4 Nr. 1; LSG Berlin 27. 10. 1993 NZS 1994, 409, 410; 14. 8. 1996 NZS 1997, 31, 32). Zu den „typischen Merkmalen unternehmerischen Handelns" gehört, daß der Dienstleistende nicht nur Risiken trägt, sondern auch unternehmerische Entscheidungsfreiheit genießt und unternehmerische Chancen wahrnehmen kann (BT-Drucks. 14/45, S. 44; *Wank* DB 1992, 90, 92; *ders.* RdA 1999, 297, 306 f.). Dazu muss er über Einkaufspreise, Warenbezug, Einstellung von Personal, Einsatz von Kapital und Maschinen, die Zahlungsweise der Kunden (zB Stundungsmöglichkeiten, Einräumung von Rabatten), Art und Umfang von Werbemaßnahmen und der Kundenakquisition etc. eigenständig entscheiden können (Spitzenverbände NZA 2000, 190, 192 sub 3.5.4; *Wank*, Arbeitnehmer und Selbständige, 1988, S. 159 ff.).

e) Nr. 5. **Vergleichbarkeit mit einer früher abhängig ausgeübten Beschäftigung.** Die zusätzliche 56
Aufnahme des fünften Kriteriums in den Vermutungskatalog beruht auf der Empfehlung der Sachverständigenkommission (NZA 1999, 1145, 1147), der erste Anschein spreche für einen Umgehungstatbestand, wenn Tätigkeiten, die bisher im Rahmen eines Arbeitsverhältnisses ausgeübt wurden, durch Änderungsvertrag in ein selbständiges Auftragsverhältnis überführt werden, ohne daß sich das äußere Erscheinungsbild der Zusammenarbeit ändere. Das entspricht jedenfalls tlw. der Rspr. des BSG. Schon 1978 hatte das Gericht nämlich erkannt, daß, wenn weder die tatsächliche Ausgestaltung der Tätigkeit noch der Vertragswille eine sichere Entscheidung erlaubten, letztlich darauf abgestellt werden könne, von welcher der beiden Arten von Berufstätigkeit (abhängige Beschäftigung oder Selbständigkeit) das Erwerbsleben des Dienstleistenden überhaupt geprägt sei. Fehle es nämlich an sonstigen Anhaltspunkten, so könne auf den Vertragswillen geschlossen werden, den bisherigen Status des Betroffenen nicht zu verändern (BSG 24. 10. 1978 SozR 2200 § 1227 Nr. 19). Die großzügigere Rspr. des BAG, die Beendigungskündigungen mit dem Ziel der Neubegründung freier Mitarbeiterverhältnisse zuläßt (BAG 9. 5. 1996 AP KSchG 1969 § 1 Betriebsbedingte Kündigung Nr. 79), wird damit auf das Sozialversicherungsrecht nicht übertragen (kritisch daher *Dörner/Baeck* NZA 1999, 1136, 1140; *Heinze* JZ 2000, 332, 335).

6. **Vermutungswirkung (Abs. 4 S. 3).** Sind die Eingangsvoraussetzungen (oben Rn. 44 ff.) gegeben 57
und drei der fünf Vermutungstatbestände (Rn. 49 ff.) erfüllt, so wird **widerlegbar vermutet,** daß die erwerbsmäßig tätige Person Beschäftigter ist. Die Widerlegung kann der Dienstleistende selbst, aber – praktisch wohl bedeutsamer – auch sein Auftraggeber vornehmen, indem er darlegt und nachweist, daß die Leistung im wesentlichen selbständig erbracht wird, vor allem also frei von Weisungen in bezug auf Art, Ort und Zeit der Tätigkeit erfolgt und der Dienstleistende nicht in die Organisation des Auftraggebers eingegliedert ist. Dazu kann er sich sämtlicher Beweismittel bedienen; in Zweifelsfällen kommt es auf die überwiegende Bedeutung der verschiedenen Merkmale an (*Buchner* DB 1999, 533). Hinzuweisen ist freilich darauf, daß dieser **Beweis praktisch nur schwer zu führen ist,** wenn drei der fünf Vermutungstatbestände, die ja zugleich Indizien im Rahmen des § 7 I sind, vorliegen. Übertrieben ist es aber, wenn formuliert wird, es sei „nicht zu erkennen, wie die im Rahmen der Amtsermittlung zu hörenden und zu beteiligenden Auftraggeber und Auftragnehmer/Erwerbstätigen die Vermutung noch wirksam widerlegen können" (*Bengelsdorf* NJW 1999, 1817, 1824; ähnlich *Hohmeister* NZS 1999, 179, 181 und *Richardi* DB 1999, 958, 959).

Vermag der Betroffene oder sein Auftraggeber die Vermutung nicht zu widerlegen, ist damit wegen 58
der Unabhängigkeit des Beschäftigungs- vom Versicherungsverhältnis (oben Rn. 28 ff.) noch nichts über die Versicherungspflicht des Beschäftigten gesagt. **Unberührt** bleiben nämlich die Tatbestände der **Versicherungsfreiheit** (§§ 27 f. SGB IV, 6 f. SGB V, 5 SGB VI, 4 SGB VII) und die Möglichkeit der **Versicherungsbefreiung** (§§ 8 SGB V, 6 SGB VI, 5 SGB VII, 22 SGB XI; vgl. *Ebert* BArbBl. 1999, Heft 1, S. 10, 12; *Rolfs* NZA 2000, 188, 190). Zur Befreiung von in **berufsständischen Versorgungseinrichtungen** Versicherten gem. § 6 SGB VI *Kunz/Kunz* DB 1999, 583.

7. **Verfahrensfragen. a) Amtsermittlungsgrundsatz.** § 7 IV läßt die grds. Amtsermittlungspflicht 59
des Sozialversicherungsträgers im Rahmen des sozialrechtlichen Verfahrens über das Vorliegen einer abhängigen Beschäftigung unberührt. Die Regelung enthebt die Prüfbehörden und die Gerichte der Sozialgerichtsbarkeit nicht der Pflicht, die notwendigen Ermittlungen von Amts wegen ohne jegliche Einschränkung durchzuführen (BT-Drucks. 14/1855, S. 1, 6; *Buchner* DB 1999, 146, 148; *Brand* DB 1999, 1162, 1164; *Hanau* ZIP 1999, 252; *Hohmeister* NZA 1999, 337, 338 f.; nach wie vor zweifelnd *Bauer/Diller/Schuster* NZA 1999, 1297, 1298). Danach müssen die Behörde (§ 20 SGB X) und das Gericht (§ 103 SGG) auch bei Vorliegen dreier Kriterien iSv. § 7 IV den Sachverhalt *von Amts wegen* ermitteln und alle für den Einzelfall bedeutsamen Umstände, die herkömmlicherweise für oder gegen ein Beschäftigungsverhältnis streiten, berücksichtigen (*Pabst* SGb 1999, 456, 457 ff.). Der Sozialversicherungsträger darf sich folglich nicht darauf beschränken, nur den Sachverhalt zu ermitteln, der die Vermutungswirkung des § 7 IV auslöst. Nur wenn abschließende Feststellungen an der obstruktiven

545 SGB IV § 8 Geringfügige Beschäftigung und geringfügige selbständige Tätigkeit

Haltung des Betroffenen scheitern, weil dieser seinen Mitwirkungspflichten nicht nachkommt und die ermittelbaren Umstände zum non-liquet führen, darf die Beurteilung anhand der Vermutungstatbestände erfolgen.

60 b) **Feststellungslast (materielle Beweislast).** Von der Amtsermittlungspflicht ist die Feststellungslast (materielle Beweislast) zu unterscheiden. Diese betrifft die Frage, wer nach durchgeführter Amtsermittlung das Risiko im Fall der Unaufklärbarkeit (non liquet) zu tragen hat. Grds. gehen Zweifel, die auch nach Ausschöpfung aller Erkenntnismöglichkeiten nicht ausgeräumt werden können, zu Lasten desjenigen, der sich auf die Versicherungspflicht beruft (BSG 7. 12. 1989 SozR 2200 § 165 Nr. 98). Dies ist im Regelfall der Sozialversicherungsträger. § 7 IV ordnet nun abw. von diesem allgemeinen Grundsatz an, daß bei *unstreitigem* Vorliegen dreier Kriterien iSv. § 7 IV das **Risiko der Unaufklärbarkeit des Sachverhalts zu Lasten des Erwerbstätigen** und seines beitrags- und zahlungspflichtigen Auftraggebers geht (*Bengelsdorf* NJW 1999, 1817, 1820; *Hanau* ZIP 1999, 252). Der Vermutenstatbestand des § 7 IV kommt damit erst dann zum Tragen, wenn sich der Sozialversicherungsträger oder das Gericht einerseits positiv vom Vorliegen von mindestens drei Vermutungsbeständen, andererseits aber weder positiv noch negativ von der abhängigen Beschäftigung oder der Selbständigkeit des Betroffenen überzeugen konnten (*Pabst* SGb 1999, 456, 459).

61 c) **Anfrageverfahren (§ 7 a SGB IV).** Auf Anregung der Sachverständigenkommission (NZA 1999, 1260) neu in das Gesetz aufgenommen wurde § 7 a (der den Insolvenzschutz von Wertguthaben betreffende bisherige § 7 a wurde § 7 d), der ein Anfrageverfahren zur Statusklärung schafft (dazu *Bieback* BB 2000, 873; *ders.*, SGb 2000, 189, 195 f.; *Kunz/Kunz* DB 2000, 518; vgl. auch *Bauer/Diller/Schuster* NZA 1999, 1297, 1300 f.; *Buchner* DB 1999, 2514, 2516; *Schmidt* NZS 2000, 57, 61 ff.). Der potentielle AG und der potentielle Beschäftigte können durch schriftliche Anfrage bei der BfA den Status des Dienstleistenden klären lassen (§ 7 a I). Diese fordert die erforderlichen Angaben und Unterlagen unter Hinweis auf die Vermutungsregelung des § 7 IV an (§ 7 a III) und gibt nach deren Prüfung bekannt, welche Entscheidung sie aufgrund der Gesamtwürdigung aller Umstände des Einzelfalles zu treffen beabsichtigt (§ 7 a II, IV). Die Beteiligten haben so die Möglichkeit, durch das Nachreichen weiterer Unterlagen noch eine Korrektur zu ermöglichen. Besonders privilegiert sind die Beteiligten, wenn sie das Statusverfahren innerhalb eines Monats nach Aufnahme der Beschäftigung einleiten (§ 7 a VI); in jedem Falle aber haben Widerspruch und Klage aufschiebende Wirkung (§ 7 a VII).

62 d) **Beitragsrückstände (§ 7 b SGB IV).** Zum Schutz vor finanzieller Überforderung von Scheinselbständigen (und ihren AG), die sich gegen die Risiken Krankheit, Invalidität und Alter privat abgesichert haben, läßt § 7 b die Versicherungs- und damit die Beitragspflicht erst mit dem Tag der Bekanntgabe dieser Entscheidung beginnen, wenn der Beschäftigte (1) zustimmt, er (2) für den Zeitraum zwischen Aufnahme der Beschäftigung und der Entscheidung eine Absicherung gegen das finanzielle Risiko von Krankheit und zur Altersvorsorge vorgenommen hat, die der Art (nicht aber zwingend dem Umfang!) nach den Leistungen der gesetzlichen Kranken- und Rentenversicherung entspricht und (3) er oder sein AG weder vorsätzlich noch grob fahrlässig von einer selbständigen Tätigkeit ausgegangen sind (*Buchner* DB 1999, 2514, 2516 f.; *Gaul/Wisskirchen* DB 1999, 2466, 2469 f.; *Reiserer* BB 2000, 94, 96). Diese Regelung greift nicht nur dann ein, wenn die Beteiligten das Anfrageverfahren nach § 7 a eingeleitet haben, sondern auch, wenn die Versicherungspflicht des Beschäftigten erst anläßlich einer Prüfung des AG durch die Träger der gesetzlichen Rentenversicherung festgestellt wird (*Bauer/Diller/Schuster* NZA 1999, 1297, 1301; *Schmidt* NZS 2000, 57, 63).

§ 8 Geringfügige Beschäftigung und geringfügige selbständige Tätigkeit

(1) Eine geringfügige Beschäftigung liegt vor, wenn
1. die Beschäftigung regelmäßig weniger als fünfzehn Stunden in der Woche ausgeübt wird und das Arbeitsentgelt regelmäßig im Monat 630 Deutsche Mark nicht übersteigt,
2. die Beschäftigung innerhalb eines Jahres seit ihrem Beginn auf längstens zwei Monate oder 50 Arbeitstage nach ihrer Eigenart begrenzt zu sein pflegt oder im voraus vertraglich begrenzt ist, es sei denn, daß die Beschäftigung berufsmäßig ausgeübt wird und ihr Entgelt 630 Deutsche Mark im Monat übersteigt.

(2) ¹Bei der Anwendung des Absatzes 1 sind mehrere geringfügige Beschäftigungen nach Nummer 1 oder Nummer 2 sowie geringfügige Beschäftigungen nach Nummer 1 und nicht geringfügige Beschäftigungen zusammenzurechnen. ²Eine geringfügige Beschäftigung liegt nicht mehr vor, sobald die Voraussetzungen des Absatzes 1 entfallen.

(3) ¹Die Absätze 1 und 2 gelten entsprechend, soweit anstelle einer Beschäftigung eine selbständige Tätigkeit ausgeübt wird. ²Das gilt nicht für das Recht der Arbeitsförderung.

I. Normzweck

Während die „Beschäftigung" (§ 7) regelmäßig zur Versicherungspflicht in allen fünf Zweigen der 1 Sozialversicherung führt (vgl. § 7 Rn. 28 ff.), sind Personen, die einer nur geringfügigen Beschäftigung nachgehen, in der Kranken-, Renten-, Pflege- und Arbeitslosenversicherung gewöhnlich **versicherungsfrei** (§§ 7 SGB V, 5 II 1 SGB VI, 27 II 1 SGB III; Ausnahmen aber zB für Auszubildende, Praktikanten ua.; vgl. Spitzenverbände NZA 1999, 522, 523 sub B 1). Dies findet in den sachleistungsgeprägten Versicherungszweigen Kranken- und Pflegeversicherung seine Berechtigung in den **Grenzen des Solidarprinzips**. Dieses verlangt zwar einen gewissen sozialen Ausgleich zugunsten derjenigen Versicherten, die zur Aufbringung risikoäquivalenter Beiträge nicht imstande sind. Es reicht aber nicht soweit, daß auch die Mitfinanzierung von Personen gefordert ist, die zwar auch als Beschäftigte tätig sind, die aber ihren Lebensunterhalt überwiegend durch Einkünfte anderer Art bestreiten. Diesbezüglich geht der Gesetzgeber in zulässiger Weise traditionell typisierend davon aus, daß geringfügig Beschäftigte in dieser Eigenschaft nicht sozial schutzbedürftig sind, weil das geringe Arbeitsentgelt nicht ihre hauptsächliche Lebensgrundlage darstellen kann (HS-KV/*Schulin* § 6 Rn. 77).

Seit jeher zweifelhaft war und ist die sachliche Berechtigung der Versicherungsfreiheit geringfügig 2 Beschäftigter dagegen in der Renten- und Arbeitslosenversicherung. Hier gebietet allenfalls die Verwaltungsökonomie, jedoch weder das Versicherungs- noch das Solidarprinzip die Aufrechterhaltung irgendeiner Geringfügigkeitsgrenze, jedenfalls nicht für kontinuierlich geringfügig Beschäftigte. Sie nämlich könnten mit ihren Beiträgen – wenn auch geringe – Leistungsansprüche erwerben, die in keinem besseren oder schlechteren Äquivalenzverhältnis zu den Beiträgen stünden als Leistungen an andere Versicherte auch. Daß das geringfügige Einkommen typischerweise nicht zur Bestreitung des Lebensunterhalts *ausreicht*, bedeutet ja nicht, daß es nicht wenigstens dazu *beiträgt*, so daß bei dessen Wegfall durchaus Bedarf in bezug auf ein Erwerbsersatzeinkommen besteht (*Rolfs*, Versicherungsprinzip, S. 252 ff.).

Die Rechtspolitik steht der geringfügigen Beschäftigung seit einigen Jahren zunehmend kritisch 3 gegenüber (vgl. nur *Bank/Kreikebohm* ZSR 1989, 509; *dies.* NZS 1993, 205; *Reineck* DRV 1992, 175; zurückhaltender *Schulin*, Gutachten E zum 59. DJT 1992, S. E 58 ff.). Mit Wirkung zum 1. 4. 1999 hat das **Gesetz zur Neuregelung der geringfügigen Beschäftigungsverhältnisse** (vom 24. 3. 1999, BGBl. I, S. 388) einen Schlußpunkt unter die Diskussion gesetzt und mit verschiedenen Maßnahmen (Festschreibung der Geringfügigkeitsgrenze auf bundeseinheitlich 630 DM; Zusammenrechnung geringfügiger und nicht geringfügiger Beschäftigungen; Pauschalbeitragspflicht in der Kranken- und Rentenversicherung; Versicherungspflichtoption in der Rentenversicherung) die geringfügige Beschäftigung zu begrenzen versucht (dazu ua. *Bauer/Schuster* DB 1999, 689; *Boecken* NZA 1999, 393; *Goretzki/Hohmeister* NZS 1999, 369; *Lembke* NJW 1999, 1825; *Löwisch* BB 1999, 739).

II. Arbeitsrechtliche Bedeutung

Entgegen weitverbreiteter Auffassung in der Bevölkerung durften geringfügig Beschäftigte seit jeher 4 (dh. spätestens seit dem Inkrafttreten der RL 76/207/EWG und dem zweiten *Defrenne*-Urteil, EuGH 8. 4. 1976 EAS EG-Vertrag Art. 119 Nr. 2) arbeitsrechtlich nicht anders behandelt werden als sonstige Teil- oder Vollzeitbeschäftigte. Die letzte *gesetzliche* Ungleichbehandlung (§ 1 III Nr. 2 LFZG) ist auf Beanstandung durch den EuGH (EuGH 13. 7. 1989 AP EWG-Vertrag Art. 119 Nr. 16 = EAS EG-Vertrag Art. 119 Nr. 16) mit Wirkung zum 1. 6. 1994 entfallen (vgl. § 3 EFZG Rn. 3). Die Versicherungsfreiheit in der Sozialversicherung stellt keinen sachlich rechtfertigenden Grund für eine Ungleichbehandlung im Arbeitsverhältnis dar, und zwar weder in bezug auf das Arbeitsentgelt einschließlich der Sonderzuwendungen und sonstiger geldwerter Vorteile als auch hinsichtlich aller übrigen Arbeitsbedingungen (BAG 7. 3. 1995 AP BetrAVG § 1 Gleichbehandlung Nr. 26; 28. 3. 1996 AP BeschFG § 2 Nr. 49; *Feldhoff* AuR 1999, 249, 254 f.). Als einzige Ausnahme wird man die **betriebliche Altersversorgung** anerkennen können, wenn diese in Form einer Gesamtversorgungszusage die Lücke zwischen der Sozialversicherungsrente und einem definierten Gesamtversorgungsgrad schließen soll, der geringfügig Beschäftigte aber wegen seiner Versicherungsfreiheit eine gesetzliche Altersrente aus eigener Versicherung nicht zu erwarten hat (näher *Ackermann* NZA 2000, 465 ff.; *Feldhoff* AuR 1999, 249, 255; *Fodor* DB 1999, 800; zum alten Recht EuGH 10. 2. 2000 EAS EG-Vertrag Art. 119 Nr. 56 = NZA 2000, 313; BAG 27. 2. 1996 AP BetrAVG § 1 Gleichbehandlung Nr. 28; 12. 3. 1996 AP TV Arb Bundespost § 24 Nr. 1; 22. 2. 2000 AP BetrAVG § 1 Gleichbehandlung Nr. 44).

III. Europa- und verfassungsrechtliche Grundlagen

1. Gemeinschaftsrecht. Die Versicherungsfreiheit geringfügig Beschäftigter ist mit europäischem 5 Gemeinschaftsrecht vereinbar. Art. 141 EGV ist nicht betroffen, da § 8 SGB IV den Grundsatz des gleichen Entgelts für gleiche Arbeit nicht in Frage stellt. Jedenfalls im Ergebnis ist auch eine Verletzung der RL 79/7/EWG zur schrittweisen Verwirklichung des Grundsatzes der Gleichbehandlung von Männern und Frauen im Bereich der sozialen Sicherheit (vom 19. 12. 1978 ABl EG Nr. L 6 v.

10. 1. 1979, S. 24) nicht zu besorgen. Art. 4 der Richtlinie untersagt die (auch mittelbare) Diskriminierung wegen des Geschlechts beim Zugang, der Beitragspflicht und den Leistungen der Systeme der sozialen Sicherheit. Schon 1995 hat der EuGH allerdings erkannt, daß das mit § 8 SGB IV (seinerzeit) verfolgte sozial- und beschäftigungspolitische Ziel objektiv nichts mit einer Diskriminierung aufgrund des Geschlechts zu tun habe und der deutsche Gesetzgeber in vertretbarer Weise davon habe ausgehen können, daß die fraglichen Rechtsvorschriften zur Erreichung dieses Zieles erforderlich gewesen seien (EuGH 14. 12. 1995 AP EWG-Richtlinie 79/7 Nr. 1 = EAS RL 79/7/EWG Art. 4 Nr. 18; 14. 12. 1995 EAS RL 79/7/EWG Art. 4 Nr. 19; näher *Rolfs/Bütefisch* VSSR 1998, 1). Zwar hat sich die ordnungspolitische Zielsetzung hinsichtlich der geringfügigen Beschäftigung seitdem grdl. geändert (vgl. BT-Drucks. 14/280, S. 1, 10), davon blieb jedoch unberührt, daß weder das Versicherungs- noch das Solidarprinzip als grundlegende Strukturelemente der deutschen Sozialversicherung eine Versicherungspflicht von Personen rechtfertigen, deren Einkommen allzu weit vom Durchschnittseinkommen aller Versicherten (auf dessen Grundlage die „Versicherungsprämie", der Beitragssatz kalkuliert ist) entfernt ist. Dies ist angesichts des gegenwärtigen Standes des Gemeinschaftsrechts europarechtlich hinzunehmen, weil es im Rahmen eines weiten Entscheidungsspielraums Sache der Mitgliedstaaten ist, die Maßnahmen zu wählen, die ihnen zur Verwirklichung ihrer beschäftigungs- *und sozial*politischen Ziele geeignet erscheinen (näher *Rombach* SGb 1999, 215, 219; *Rolfs* SGb 1999, 611, 617 f.; *ders.,* Versicherungsprinzip, S. 252 f.).

6 **2. Grundgesetz.** Demgegenüber sind die Regelungen zur geringfügigen Beschäftigungen mit dem allg. Gleichheitssatz des Art. 3 I GG teilweise unvereinbar. Zwar hat das BVerfG zwei Anträge auf Erlaß einer einstweiligen Anordnung gegen das Gesetz (oben Rn. 3) zurückgewiesen (BVerfG 20. 4. 1999 NJW 1999, 2107; 28. 7. 1999 NJW 1999, 3036), die Begründungen setzen sich aber aufgrund des beschränkten Streitgegenstandes materiell gar nicht mit dem SGB auseinander. Es ist aber objektiv willkürlich, daß der AG eines geringfügig Beschäftigten mit Pauschalbeiträgen von 10% zur Kranken- und mit 12% zur Rentenversicherung (§§ 249 b SGB V, 172 III 1 SGB VI) relativ stärker zu Sozialversicherungsbeiträgen herangezogen wird als der AG eines gewöhnlichen Vollzeitbeschäftigten, in bezug auf den er nur einen AGAnteil von (je nach Krankenkasse) ca. 20,5% vom Arbeitsentgelt zu tragen hat. Ebenso willkürlich ist, daß den Beschäftigten, für die der Pauschalbeitrag zur Rentenversicherung entrichtet worden ist, lediglich in so geringem Umfang Wartezeitmonate gutgebracht werden (§ 52 II SGB VI), daß damit allein der Erwerb eines Rentenanspruchs faktisch ausgeschlossen ist (*Rolfs* SGb 1999, 611, 613 ff.; aA *Hauck* Rn. 1 k ff.; *Rombach* SGb 1999, 215, 218).

IV. Geringfügige Beschäftigung (Abs. 1)

7 Geringfügige und damit – außer in der Unfallversicherung (vgl. § 2 SGB VII Rn. 4) – grds. versicherungsfreie Beschäftigungen existieren in zwei Erscheinungsformen, nämlich als regelmäßige Tätigkeiten in geringem Umfang und gegen geringes Entgelt (§ 8 I Nr. 1: Entgeltgeringfügigkeit) und als kurzfristige Tätigkeiten (§ 8 I Nr. 2: Zeitgeringfügigkeit; Kurzfristbeschäftigung). Eine **Sonderregelung** zu Nr. 1 enthält für die Arbeitslosenversicherung § 27 V SGB III, der in der Zeit, in der Anspruch auf Arbeitslosengeld oder -hilfe besteht, nur auf die wöchentliche Arbeitszeit, nicht aber auf das währenddessen erzielte Entgelt abhebt (dazu *Niesel/Brand* § 27 SGB III Rn. 30).

8 **1. Entgeltgeringfügigkeit (Abs. 1 Nr. 1).** Wie sich im Umkehrschluß aus Abs. 1 Nr. 2 2. Halbs. ergibt, kann Entgeltgeringfügigkeit nur hinsichtlich derjenigen Personen in Betracht kommen, die einer berufsmäßigen und damit regelmäßigen Tätigkeit nachgehen (BSG 11. 5. 1993 SozR 3–2400 § 8 Nr. 3; 23. 5. 1995 SozR 3–2400 § 8 Nr. 4). Regelmäßigkeit idS setzt allerdings nicht zwingend ein Dauerarbeitsverhältnis voraus. Ausreichend ist vielmehr eine Beschäftigung, die von vornherein auf ständige Wiederholung gerichtet ist und über mehrere Jahre hinweg ausgeübt werden soll (BSG 11. 5. 1993 SozR 3–2400 § 8 Nr. 3). Daher wird eine Beschäftigung auch dann regelmäßig ausgeübt, wenn sie von vorneherein auf ständige Wiederholung gerichtet ist und über einen längeren Zeitraum ausgeübt werden soll. Dies ist zB der Fall, wenn ein über ein Jahr hinausgehender Rahmenvertrag geschlossen wird, und zwar selbst dann, wenn dieser Vertrag maximal nur Arbeitseinsätze an 50 Arbeitstagen innerhalb eines Jahres vorsieht (vgl. BSG 28. 4. 1982 SozR 2200 § 168 Nr. 6: Einsatz an jeweils zwei Tagen in der Mitte und am Ende eines Monats = 48 Tage im Jahr). Zwar ist eine vorausschauende Betrachtungsweise erforderlich (BSG 28. 2. 1984 SozR 2100 § 8 Nr. 4), der Beweis wird sich jedoch häufig erst durch die entsprechende nachfolgende Handhabung erbringen lassen (BSG 23. 5. 1995 SozR 3–2400 § 8 Nr. 4).

9 Voraussetzung von § 8 I Nr. 1 ist weiter, daß die Beschäftigung **regelmäßig weniger als 15 Stunden in der Woche** erbracht wird, wobei nur die reine Arbeitszeit ohne Ruhepausen etc. maßgeblich ist (KassKomm/*Seewald* Rn. 8). Zeiten, die nur tlw. vergütet werden (zB Bereitschaftsdienst), werden lediglich mit dem entsprechenden (vergüteten) Anteil als Arbeitszeit angesehen (Spitzenverbände NZA 1999, 522, 523 sub B 2.1.1). Gelegentliche Überschreitungen des Grenzwerts sind unschädlich, während eine dauerhaft im Umfang von exakt 15 Wochenstunden ausgeübte Beschäftigung nicht mehr geringfügig ist (Spitzenverbände NZA 1999, 522, 523 sub B 2.1). Schwankt die Arbeitszeit von Woche

IV. Geringfügige Beschäftigung (Abs. 1) **§ 8 SGB IV 545**

zu Woche, nehmen die Einzugsstellen eine Durchschnittsberechnung anhand dreier aufeinander folgender Kalendermonate (13 Wochen) vor (*Bauer/Schuster* DB 1999, 689).

Das **regelmäßige Arbeitsentgelt** darf 630 DM im Monat nicht übersteigen, auch hier sind gelegent- 10 liche Überschreitungen unschädlich (*Lembke* NJW 1999, 1825, 1826). Zum Arbeitsentgelt zählen alle laufenden und einmaligen Einnahmen, gleichgültig, ob ein Rechtsanspruch auf sie besteht, unter welcher Bezeichnung oder in welcher Form sie geleistet werden und ob sie unmittelbar aus der Beschäftigung oder lediglich im Zusammenhang mit ihr erzielt werden (§ 14 I). **Einmalzahlungen** wie Weihnachts- und Urlaubsgeld sind nicht nur in dem Monat, *in* dem sie gezahlt werden, zu berücksichtigen, sondern auf den gesamten Zeitraum, *für* den sie gewährt werden, umzulegen, soweit sie bei vorausschauender Betrachtung innerhalb eines Beschäftigungszeitraums von einem Jahr mit hinreichender Sicherheit zu erwarten sind (BSG 28. 2. 1984 SozR 2100 § 8 Nr. 4).

Zu beachten ist insb., daß es im Sozialversicherungsrecht – anders als im Steuerrecht – für die Höhe 11 des Arbeitsentgelts nicht allein auf dessen tatsächlichen Zufluß ankommt. Das BSG hat sich 1995 (BSG 28. 6. 1995 BSGE 76, 162, 164 ff.) unter Aufgabe seiner älteren Rspr. (BSG 18. 4. 1991 SozR 3–4100 § 112 Nr. 10; 23. 7. 1992 NZA 1993, 621) für die sog. **kombinierte Anspruchs- und Zufluß- theorie** entschieden (dazu *Peters-Lange* NZA 1996, 512; *Arens/Ali* NZS 1996, 158), die dazu führt, daß auch solche Entgelte berücksichtigt werden, die der Beschäftigte zwar hätte beanspruchen können, die ihm aber tatsächlich nicht zugeflossen sind. Sieht daher zB ein (ggf. auch nur kraft Allgemeinverbindlichkeit) einschlägiger TV vor, daß der AN Weihnachts- oder Urlaubsgeld zu beanspruchen hat, wird dieses der Ermittlung des Arbeitsentgelts auch dann zugrunde gelegt, wenn es tatsächlich nicht zur Auszahlung gelangt (*Hanau* ZIP 1999, 726).

Ist ein **Nettoarbeitsentgelt** vereinbart, sind den Einnahmen des Beschäftigten die darauf entfallen- 12 den Steuern und der ANAnteil zum Gesamtsozialversicherungsbeitrag hinzuzuaddieren (§ 14 II), es sei denn, der AG versteuert pauschal nach § 40 a EStG (BSG 12. 11. 1975 BSGE 41, 16, 18 ff.).

2. Zeitgeringfügigkeit, Kurzfristbeschäftigung (Abs. 1 Nr. 2). Ohne Rücksicht auf das dabei 13 erzielte Einkommen liegt eine geringfügige Beschäftigung nach § 8 I Nr. 2 dann vor, wenn sie innerhalb eines Jahres seit ihrem Beginn auf längstens zwei Monate oder 50 Arbeitstage begrenzt ist. Zusätzlich verlangt die Rspr., daß die Beschäftigung nur unregelmäßig (gelegentlich) ausgeübt wird, weil bei regelmäßigen Beschäftigungen die Beurteilung allein anhand von § 8 I Nr. 1 erfolgt (BSG 11. 5. 1993 SozR 3–2400 § 8 Nr. 3). Zum Begriff der Regelmäßigkeit idS oben Rn. 8.

Welche der beiden Grenzen der Kurzfristigkeit – zwei Monate oder fünfzig Arbeitstage – Anwen- 14 dung findet, hängt davon ab, ob die Beschäftigung im Rahmen der betriebsüblichen Arbeitszeit werktäglich ausgeübt wird oder nicht. Ist beabsichtigt, den AN täglich zu beschäftigen, ist allein die **Zwei-Monats-Grenze** zu beachten, selbst wenn innerhalb dieses Zeitraums 50 Arbeitstage nicht erreicht (BSG 27. 1. 1971 BSGE 32, 182, 183 ff.) oder mehr als 50 Arbeitstage abgeleistet werden (*Krauskopf/ Baier*, Soziale Krankenversicherung, Pflegeversicherung, Rn. 14). Demgegenüber findet die **Fünfzig-Tage-Grenze** Anwendung, wenn das Beschäftigungsverhältnis auf einen Teil der betriebs- oder berufsüblichen wöchentlichen Arbeitstage beschränkt ist (Spitzenverbände NZA 1999, 522, 525 sub B 2.2.1). Ein Nachtdienst, der sich über zwei Kalendertage erstreckt, gilt als ein Arbeitstag.

Die Begrenzung auf den Zwei-Monats- oder den Fünfzig-Tage-Zeitraum muß sich entweder aus der 15 Eigenart der Tätigkeit oder der vertraglichen Vereinbarung ergeben. Dabei ist zu bedenken, daß für **befristete Arbeitsverhältnisse** seit dem 1. 5. 2000 gem. § 623 BGB zwingend die **Schriftform** erforderlich ist und Arbeitsverträge, die diese Form mißachten, als unbefristet abgeschlossen gelten (APS/*Preis* § 623 BGB Rn. 60; *Preis/Gotthardt* NZA 2000, 348, 360; *Richardi/Annuß* NJW 2000, 1231, 1234; *Rolfs* NJW 2000, 1227, 1228). Dementsprechend können Beschäftigungsverhältnisse, die nicht schriftlich vereinbart worden sind, auch nicht geringfügig iSv. § 8 I Nr. 2 sein (so schon LSG Bremen 14. 2. 1975 SozVers 1975, 304, 305, für einen unter Verstoß gegen ein tarifliches Schriftformerfordernis abgeschlossenen Arbeitsvertrag).

Eine geringfügige Beschäftigung nach § 8 I Nr. 2 ist **ausgeschlossen**, wenn die Tätigkeit **berufs-** 16 **mäßig ausgeübt** wird und ihr Entgelt 630 DM im Monat übersteigt. Eine Beschäftigung wird berufsmäßig ausgeübt, wenn der Erwerbstätige hierdurch seinen Lebensunterhalt überwiegend oder doch in solchem Umfang erwirbt, daß seine wirtschaftliche Stellung zu einem erheblichen Teil auf der Beschäftigung oder Tätigkeit beruht (BSG 30. 11. 1978 SozR 2200 § 168 Nr. 3; 11. 6. 1980 SozR 2200 § 168 Nr. 5). Dann nämlich bedarf er desjenigen sozialen Schutzes, den ihm die Pflichtmitgliedschaft in der Sozialversicherung vermittelt.

Berufsmäßigkeit liegt dementsprechend idR vor, wenn die Tätigkeit – und sei es mit Unterbrechun- 17 gen – mit einer gewissen Regelmäßigkeit aufgenommen, also häufig und voraussehbar ausgeübt wird (KassKomm/*Seewald* Rn. 19). Nur ausnahmsweise führen wiederholte Beschäftigungen nicht zur Berufsmäßigkeit, wenn sie nämlich in größeren Abständen aufgenommen werden oder die betreffende Aushilfskraft hauptsächlich anderweitig in Anspruch genommen ist (BSG 11. 5. 1993 SozR 3–2400 § 8 Nr. 3). Unmaßgeblich ist demgegenüber die Dauer der täglichen Beanspruchung oder das Ergebnis der Umrechnung auf einen Acht-Stunden-Tag. Ebenso ist die wirtschaftliche Abhängigkeit des Beschäftigten unerheblich, da für eine Beschäftigung die persönliche Abhängigkeit und die Eingliederung in einen Betrieb entscheidend sind (vgl. § 7 Rn. 8 ff.; BSG 1. 2. 1979 SozR 2200 § 165 Nr. 36). Zu **Einzelfällen der Berufsmäßigkeit** s. das Rundschreiben der Spitzenverbände NZA 1999, 522, 525 sub B 2.2.3.

V. Zusammenrechnung (Abs. 2)

18 1. **Grundsatz.** Im Gegensatz zum früheren Recht, das insoweit als objektiv willkürlich kritisiert worden war (*Hanau/Peters-Lange* NZA 1998, 785, 790), werden seit dem 1. 4. 1999 nach § 8 I Nr. 1 geringfügige und nicht geringfügige Beschäftigungen ebenso zusammengerechnet wie mehrere geringfügige Beschäftigungen nach Nr. 1 oder Nr. 2. Dementsprechend existieren nunmehr **drei Fallgruppen**, in denen mehrere Beschäftigungsverhältnisse addiert werden mit der Folge, daß insgesamt Versicherungspflicht eintritt, wenn durch die Zusammenrechnung die Grenzen des § 8 I überschritten werden: **(1)** Der Erwerbstätige übt neben einer versicherungspflichtigen (Haupt-)Beschäftigung regelmäßig eine geringfügige (Neben-)Beschäftigung iSv. § 8 I Nr. 1 aus; **(2)** er übt mehrere geringfügige Beschäftigungen iSv. § 8 I Nr. 1 nebeneinander aus; oder **(3)** er übt mehrere kurzfristige Beschäftigungen iSv. § 8 I Nr. 2 gleichzeitig oder nacheinander innerhalb eines Jahres aus (dazu *Löwisch* BB 2000, 60). Steht bereits bei Aufnahme der ersten Kurzfristbeschäftigung fest, daß diese gemeinsam mit anderen innerhalb der Jahresfrist beabsichtigten Tätigkeiten die Grenzen des § 8 I Nr. 2 übersteigen wird, ist sie von Beginn an nicht geringfügig. Ebenso endet die Geringfügigkeit an dem Tag, an dem während der Beschäftigung ungewiß wird, ob sie innerhalb der zunächst beabsichtigten Frist beendet wird; spätestens jedoch, wenn die Zwei-Monats- bzw. die Fünfzig-Tage-Grenze tatsächlich überschritten wird (**Abs. 2 S. 2;** Spitzenverbände NZA 1999, 522, 525 sub B 3.2). Wird die erste Kurzfristbeschäftigung planmäßig beendet und erst aufgrund eines späteren Willensentschlusses eine zweite Kurzfristbeschäftigung neu aufgenommen, so ist die Jahresfrist vom voraussichtlichen Ende der zweiten Beschäftigung rückwärts zu berechnen (BSG 25. 4. 1991 BSGE 68, 253, 254 ff.).

19 2. **Ausnahmen** von der Zusammenrechnungsregel des § 8 II 1 sind in einzelnen Büchern des SGB geregelt. In der **Arbeitslosenversicherung** findet gem. § 27 II 1 SGB III eine Addition geringfügiger und nicht geringfügiger Beschäftigungen „wegen des besonderen Charakters des in der Arbeitslosenversicherung versicherten Risikos" nicht statt (so die wenig überzeugende Begründung in BT-Drucks. 14/280, S. 12; dazu krit. auch *Boecken* NZA 1999, 393, 400). In der **Krankenversicherung** ist § 8 II mit der Maßgabe anzuwenden, daß eine Zusammenrechnung mit einer nicht geringfügigen Beschäftigung nur erfolgt, wenn diese ihrerseits die Versicherungspflicht begründet (§ 7 S. 2 SGB V). Damit wird verhindert, daß ein Erwerbstätiger wegen Überschreitens der Jahresarbeitsentgeltgrenze des § 6 I Nr. 1 SGB V krankenversicherungsfrei und stattdessen privat krankenversichert ist, durch die zusätzlich ausgeübte geringfügige Beschäftigung wieder versicherungspflichtig wird (*Krauskopf/Baier* § 7 SGB V Rn. 5).

20 3. **Schon nach § 8 II nicht zusammenzurechnen** ist demgegenüber **(1)** eine geringfügige Beschäftigung mit einer nicht versicherungspflichtigen oder versicherungsfreien Hauptbeschäftigung, zB als Selbständiger oder Beamter (*Bauer/Schuster* DB 1999, 689, 690; *Löwisch* BB 1999, 739, 740); **(2)** eine kurzfristige Beschäftigung nach § 8 I Nr. 2 mit einer versicherungspflichtigen (Haupt-)Beschäftigung und **(3)** eine geringfügige Dauerbeschäftigung nach § 8 I Nr. 1 mit einer geringfügigen Kurzfristbeschäftigung nach § 8 I Nr. 2 (Spitzenverbände NZA 1999, 522, 524 sub B 2.1.4.1; *Bauer/Schuster* DB 1999, 689, 690; *Krauskopf/Baier* Rn. 18; aA *Neumann-Duesberg* WzS 1977, 69, 70), es sei denn, die kurzfristige Beschäftigung erfüllt zugleich die Voraussetzungen des § 8 I Nr. 1 (BSG 23. 5. 1995 SozR 3–2400 § 8 Nr. 4). Das hat nach Inkrafttreten der Neuregelung vereinzelt dazu veranlaßt, die Kurzfristbeschäftigung als Ausweg aus einer drohenden Zusammenrechnung zu empfehlen (*Löwisch* BB 1999, 739, 742 f.). Für die Praxis dürfte dieser Weg freilich nur selten gangbar sein, weil eine mit einer gewissen Regelmäßigkeit ausgeübte Beschäftigung, auch wenn sie zB nur an einem Tag in der Woche erfolgt, nicht mehr kurzfristig iSv. § 8 I Nr. 2 sein kann (oben Rn. 13; vgl. auch *Lechner* BB 1999, 2242 f.).

21 4. **Arbeitsvertragliche Konsequenzen.** Die Zusammenrechnung kann für den AG erhebliche wirtschaftliche Konsequenzen zeitigen, weil er, nur durch die vierjährige (bei vorsätzlicher Vorenthaltung sogar dreißigjährige) Verjährung des § 25 begrenzt, die Sozialversicherungsbeiträge für den vermeintlich geringfügig beschäftigten AN nachentrichten und dabei wegen § 28 g S. 3 nicht nur den AG-, sondern häufig auch den AN-Anteil tragen muß. Die Beitragspflicht besteht nämlich auch dann, wenn der AG von der anderen Beschäftigung und damit vom Überschreiten der Geringfügigkeitsgrenzen keinerlei Kenntnis hatte (BSG 10. 9. 1987 NZA 1988, 629), sie beschränkt sich allerdings auf das in diesem Arbeitsverhältnis erzielte Arbeitsentgelt, weil die frühere gesamtschuldnerische Haftung der Arbeitgeber von Mehrfachbeschäftigten 1989 abgeschafft worden ist (KassKomm/*Seewald* § 28 e Rn. 16). Der AG sollte daher **vor Abschluß des Arbeitsvertrages** nach anderweitigen Tätigkeiten fragen und notfalls eine verbindliche Entscheidung der Einzugsstelle einholen. Verschweigt der AN auf diese (nach § 28 o I zulässige: BSG 23. 2. 1988 SozR 2100 § 8 Nr. 5) Frage eine andere geringfügige Beschäftigung, so kann darin eine zur Schadensersatzpflicht gegenüber dem AG führende arglistige

Täuschung liegen (BSG 23. 2. 1988 SozR 2100 § 8 Nr. 5). Nimmt der AN die anderweitige Tätigkeit später auf (was ihm nicht untersagt werden kann, BAG 18. 11. 1988 AP BGB § 611 Doppelarbeitsverhältnis Nr. 3), so ist er, auch wenn dies arbeitsvertraglich nicht gesondert vereinbart ist, verpflichtet, dem AG diese Arbeitsaufnahme mitzuteilen (BAG 18. 11. 1988 AP BGB § 611 Doppelarbeitsverhältnis Nr. 3). Verletzt er diese Pflicht, hat er gleichfalls Schadensersatz zu leisten.

Der **Schaden** des AG beschränkt sich aber darauf, daß er – soweit nicht ohnehin gem. § 28 g S. 4 ein Lohnabzug möglich ist – auch die ANAnteile am Gesamtsozialversicherungsbeitrag zu tragen hat. Eine Abwälzung der AGAnteile kommt dagegen wegen § 32 SGB I und im übrigen auch deshalb nicht in Betracht, weil der AG sie auch bei ordnungsgemäßer Erfüllung der Mitteilungspflicht durch den AN zu tragen gehabt hätte (mangelnde Kausalität der Pflichtwidrigkeit, BAG 18. 11. 1988 AP BGB § 611 Doppelarbeitsverhältnis Nr. 3).

VI. Geringfügige selbständige Tätigkeit (Abs. 3)

Die für geringfügig Beschäftigte in den Abs. 1 und 2 normierten Regeln gelten gem. § 8 III auch, soweit eine selbständige Tätigkeit ausgeübt wird. Dies ist äußerst mißverständlich, weil Abs. 3 keineswegs jede selbständige Tätigkeit erfassen will, sondern ausschließlich solche, die – etwa nach § 2 SGB VI – der Versicherungspflicht unterliegen (*Krauskopf/Baier* Rn. 25). Da nur wenige Selbständige versicherungspflichtig sind, ist die praktische Bedeutung der Vorschrift dementsprechend gering (KassKomm/*Seewald* Rn. 32). Abs. 3 S. 2 ist vollständig überflüssig, weil im Recht der Arbeitsförderung (vgl. §§ 25, 26 SGB III) selbständige Tätigkeiten generell nicht versicherungspflichtig sind. Eine **Zusammenrechnung** (§ 8 III 1 iVm. § 8 II) findet nur zwischen mehreren selbständigen Tätigkeiten, nicht aber zwischen solchen und abhängigen Beschäftigungen statt (Spitzenverbände NZA 1999, 522, 523 sub B 1).

VII. Feststellungslast

Können die entscheidungserheblichen Tatsachen nicht zweifelsfrei festgestellt werden, trägt im Verfahren des Beitragseinzuges derjenige, der sich auf den Ausnahmetatbestand „geringfügige Beschäftigung" beruft, hierfür die objektive Beweislast. Das wird idR der zu Beiträgen herangezogene AG sein. Demgegenüber ist der Versicherungsträger wegen der negativen Formulierung in § 8 I Nr. 2 mit der Feststellung der Berufsmäßigkeit belastet (BSG 11. 5. 1993 SozR 3–2400 § 8 Nr. 3). Im Leistungsrecht sind die Rollen dagegen umgekehrt verteilt, hier genügt dem Erwerbstätigen der Nachweis der abhängigen Beschäftigung, während der Versicherungsträger das Risiko der Unaufklärbarkeit einer möglichen Geringfügigkeit derselben trägt.

VIII. Rechtsfolgen der Geringfügigkeit

1. Überblick. Während eine geringfügige Beschäftigung bis zum 31. 3. 1999 in der Kranken-, Renten-, Pflege- und Arbeitslosenversicherung regelmäßig zur Versicherungsfreiheit führte, hat die zum 1. 4. 1999 in Kraft getretene Neuregelung zu einer differenzierten Rechtslage in den einzelnen Versicherungszweigen geführt. Das BMA hat dazu folgende Übersicht zusammengestellt:

Auswirkungen der Neuregelung der geringfügigen Beschäftigung

Fallkonstellation		Zusammenrechnung (§ 8 SGB IV)	Abgabenbelastung der geringfügigen Beschäftigungsverhältnisse			
Mit Hauptbeschäftigung	Zweite Beschäftigung		RV	KV	AV	Einkommensteuer
Dauerhaft geringfügig[1]	–	–	Vers.frei (keine Änderung), 12% Pauschalbeitrag (mit Aufstockungsoption) (neu)[2]	Vers.frei (keine Änderung), 10% Pauschalbeitrag (ohne Aufstockungsoption), falls bereits in KV versichert (neu)	Vers.frei (keine Änderung)	Steuerfrei, wenn keine anderen Einkünfte[3]

Fallkonstellation		Zusammenrechnung (§ 8 SGB IV)	Abgabenbelastung der geringfügigen Beschäftigungsverhältnisse			
Mit Hauptbeschäftigung	Zweite Beschäftigung		RV	KV	AV	Einkommensteuer
Kurzfristig geringfügig (Saisonbeschäftigung)4)	–	–	Vers.frei (keine Änderung)	Vers.frei (keine Änderung)	Vers.frei (keine Änderung)	Steuerpflichtig (Pauschalsteuer möglich5))
Dauerhaft geringfügig1)	Dauerhaft geringfügig	Ja (keine Änd.)	Vers.pflichtig, wenn 630 DM überschritten oder ab 15 Std./Wo. (keine Änderung)	Vers.pflichtig, wenn 630 DM überschritten oder ab 15 Std./Wo. (keine Änderung)	Vers.pflichtig, wenn 630 DM überschritten oder ab 15 Std./Wo. (keine Änderung)	Falls versicherungsfrei und Pauschalbeitrag des Arbeitgebers zu RV: steuerfrei, wenn keine anderen Einkünfte3) Bei Versicherungspflicht: Steuerpflichtig (Pauschalsteuer möglich5)/6))
Kurzfristig geringfügig (Saisonbeschäftigung)4)	Kurzfristig geringfügig (Saisonbeschäftigung)	Ja (keine Änd.)	Vers.pflichtig, wenn Zeitgrenze überschritten o. berufsmäßig (keine Änderung)	Vers.pflichtig, wenn Zeitgrenze überschritten o. berufsmäßig (keine Änderung)	Vers.pflichtig, wenn Zeitgrenze überschritten o. berufsmäßig (keine Änderung)	Steuerpflichtig (Pauschalsteuer möglich5)/6))
Vers.pflichtige Hauptbeschäftigung	Dauerhaft geringfügig1)	Ja, aber nicht in AV (neu)	Vers.pflichtig (neu)	Vers.pflichtig (neu)	Vers.frei (keine Änderung)	Steuerpflichtig (Pauschalsteuer möglich5)/6))
Vers.pflichtige Hauptbeschäftigung	Kurzfristig geringfügig (Saisonbeschäftigung)4)	Nein (keine Änd.)	Vers.frei (keine Änderung)	Vers.frei (keine Änderung)	Vers.frei (keine Änderung)	Steuerpflichtig (Pauschalsteuer möglich5)/6))
Hauptberuf Beamter (vers.frei)	Dauerhaft geringfügig1)	Im Ergebnis Nein (keine Änd.)	Vers.frei (keine Änderung), 12% Pauschalbeitrag (mit Aufstockungsoption)2)	Vers.frei (keine Änderung)	Vers.frei (keine Änderung)	Steuerpflichtig (Pauschalsteuer möglich3)/5)/6))
Hauptberuf Beamter (vers.frei)	Kurzfristig geringfügig (Saisonbeschäftigung)4)	Nein (keine Änd.)	Vers.frei (keine Änderung)	Vers.frei (keine Änderung)	Vers.frei (keine Änderung)	Steuerpflichtig (Pauschalsteuer möglich5)/6))

VIII. Rechtsfolgen der Geringfügigkeit   § 8 SGB IV 545

Fallkonstellation		Zusammenrechnung (§ 8 SGB IV)	Abgabenbelastung der geringfügigen Beschäftigungsverhältnisse			
Mit Hauptbeschäftigung	Zweite Beschäftigung		RV	KV	AV	Einkommensteuer
Selbständig im Hauptberuf (nicht vers.-pflichtig)	Dauerhaft geringfügig[1])	Im Ergebnis Nein (keine Änd.)	Vers.frei (keine Änderung), 12% Pauschalbeitrag (mit Aufstockungsoption) (neu)[2])	Vers.frei (keine Änderung), 10% Pauschalbeitrag (ohne Aufstockungsoption, falls bereits in KV versichert (neu)	Vers.frei (keine Änderung)	Steuerpflichtig (Pauschalsteuer möglich[3)/5)/8)])
Selbständig im Hauptberuf (nicht vers.-pflichtig)	Kurzfristig geringfügig (Saisonbeschäftigung)[4])	Nein (keine Änd.)	Vers.frei (keine Änderung)	Vers.frei (keine Änderung)	Vers.frei (keine Änderung)	Steuerpflichtig (Pauschalsteuer möglich[5)/6)])

Ohne Hauptbeschäftigung	Geringf. Beschäftigung	Zusammenrechnung § 8 SGB IV	RV	KV	AV	Einkommensteuer
Rentner mit Vollrente wegen Alters u. Versorgungsempfänger (zB Beamter iR)	Dauerhaft geringfügig[1])	–	Vers.frei (keine Änderung), 12% Pauschalbeitrag (ohne Aufstockungsoption) (neu)[7])	Vers.frei (keine Änderung), 10% Pauschalbeitrag (ohne Aufstockungsoption), falls bereits in KV versichert (neu)	Vers.frei (keine Änderung)	Steuerpflichtig (Pauschalsteuer möglich[3)/5)/6)/8)])
Rentner mit Vollrente wegen Erwerbsminderung	Dauerhaft geringfügig[1])	–	Vers.frei (keine Änderung), 12% Pauschalbeitrag (mit Aufstockungsoption) (neu)[2])	Vers.frei (keine Änderung), 10% Pauschalbeitrag (ohne Aufstockungsoption), falls bereits in KV versichert (neu)	Vers.frei (keine Änderung)	Steuerpflichtig (Pauschalsteuer möglich[3)/5)/6)/8)])

Ohne Hauptbeschäftigung	Geringf. Beschäftigung	Zusammenrechnung § 8 SGB IV	RV	KV	AV	Einkommensteuer
Rentner mit Vollrente (EU-, Altersrente) u. Versorgungsempfänger (zB Beamter iR)	Kurzfristig geringfügig (Saisonbeschäftigung)[4]	–	Vers.frei (keine Änderung)	Vers.frei (keine Änderung)	Vers.frei (keine Änderung)	Steuerpflichtig (Pauschalsteuer möglich[5]/[6]/[8])
Hausfrau	Dauerhaft geringfügig[1]	–	Vers.frei (keine Änderung), 12% Pauschalbeitrag (mit Aufstockungsoption) (neu)[2]	Vers.frei (keine Änderung), 10% Pauschalbeitrag (ohne Aufstockungsoption), falls bereits in KV versichert (neu)	Vers.frei (keine Änderung)	Steuerfrei, wenn keine anderen Einkünfte[9]
Hausfrau	Kurzfristig geringfügig (Saisonbeschäftigung)[4]	–	Vers.frei (keine Änderung)	Vers.frei (keine Änderung)	Vers.frei (keine Änderung)	Steuerpflichtig (Pauschalsteuer möglich[5]/[6])
Arbeitsloser	Dauerhaft geringfügig[1]	–	Vers.frei (keine Änderung), 12% Pauschalbeitrag (mit Aufstockungsoption) (neu)[2]	Vers.frei (keine Änderung), 10% Pauschalbeitrag (ohne Aufstockungsoption), falls bereits in KV versichert (neu)	Vers.frei (keine Änderung)	Steuerfrei, wenn keine anderen Einkünfte[3]/[10]
Schüler/Student	Dauerhaft geringfügig[1]	–	Vers.frei (wie gelt. Recht) 12% Pauschalbeitrag (mit Aufstockungsoption) (neu)[2]	Vers.frei (wie gelt. Recht) 10% Pauschalbeitrag (ohne Aufstockungsoption), falls bereits in KV versichert (neu)	Vers.frei (wie gelt. Recht)	Steuerfrei, wenn keine anderen Einkünfte[3]/[11]
Schüler/Student	Kurzfristig geringfügig (Saisonbeschäftigung)[4]	–	Vers.frei (keine Änderung)	Vers.frei (keine Änderung)	Vers.frei (keine Änderung)	Steuerpflichtig (Pauschalsteuer möglich[5]/[6])

Hinweis: Bei den geringfügigen Beschäftigungsverhältnissen keine Auswirkungen auf die Pflegeversicherung (weiterhin versicherungs- und beitragsfrei); Ausnahmen in den Fällen der Zusammenrechnung, dann tritt Versicherungspflicht ein (wie in der Krankenversicherung).

VIII. Rechtsfolgen der Geringfügigkeit § 8 SGB IV 545

Anmerkungen:
[1] § 8 Abs. 1 Nr. 1 SGB IV: bis 630 DM/Monat, weniger als 15 Std./Woche.
[2] Bei Wahrnehmung der Option Versicherungspflicht in der RV mit anteiliger Beitragszahlung durch Beschäftigten (grds. 7,3%, bis 300 DM Mindestbeitrag von 57,90 DM, auf den der Arbeitgeberanteil angerechnet wird).
[3] Steuerfreiheit des Entgelts aus der geringfügigen Beschäftigung besteht nur dann, wenn die Summe der anderen Einkünfte des Beschäftigten nicht positiv ist, dh. insbesondere aus Arbeitslohn (aus weiteren Beschäftigungsverhältnissen), Mieteinkünften, Kapitaleinkünften (Zinseinnahmen führen erst oberhalb von 3100 DM zu Zinseinkünften), Alterseinkünften (Renten, Pensionen) – siehe hierzu die jeweilige Fallkonstellation. Einkünfte des Ehegatten werden nicht berücksichtigt (keine Zusammenrechnung). Soweit eine geschiedene Frau von ihrem früheren Mann Unterhalt bekommt, den der Mann im Rahmen des sog. Realsplittings seinerseits abziehen kann, stellen diese Unterhaltszahlungen bei der Frau steuerpflichtige Einkünfte dar.
[4] § 8 Abs. 1 Nr. 2 SGB IV: 2 Monate bzw. 50 Arbeitstage/Jahr ohne Begrenzung beim Arbeitsentgelt, soweit Beschäftigung nicht berufsmäßig. Bei den kurzfristigen Beschäftigungsverhältnissen ergibt sich aufgrund der Neuregelung grundsätzlich keine Änderung gegenüber der bisherigen Rechtslage.
[5] Ist eine geringfügige Beschäftigung steuerpflichtig, kann die Lohnsteuer pauschal erhoben werden, falls die Voraussetzungen von § 40 a EStG vorliegen.
[6] Im Gegensatz zur Sozialversicherung wird bei der Lohnsteuerpauschalierung jedes Beschäftigungsverhältnis für sich betrachtet (keine Zusammenrechnung); die Lohngrenzen der Beschäftigung gelten jeweils für die Beschäftigung bei einem Arbeitgeber. Durch die Pauschalsteuer ist die Besteuerung dieses Arbeitslohnes in vollem Umfang abgeschlossen; er bleibt bei der individuellen Einkommensteuerveranlagung außer Betracht.
[7] Keine Aufstockungsmöglichkeit in der RV, da die Beschäftigung bereits nach § 5 Abs. 4 SGB VI versicherungsfrei.
[8] Sofern außer dem Entgelt aus der geringfügigen Beschäftigung nur Sozialrente bezogen wird, dürfte es bei Wahl des Lohnsteuerabzugsverfahrens mit Lohnsteuerkarte letztlich aber wegen der günstigen Rentenbesteuerung (Ertragsanteil) in vielen Fällen zu keiner Steuerbelastung kommen, da die Einkünfte (also Einnahmen nach Abzug insbesondere des Arbeitnehmer-Pauschbetrages und der Vorsorgepauschale) unter dem Grundfreibetrag (2000: 13 499 DM) bleiben.
[9] Auch bei einer verheirateten Hausfrau bleibt das Entgelt einer geringfügigen Beschäftigung steuerfrei, wenn der Arbeitgeber für das Arbeitsentgelt die pauschalen Arbeitgeberbeiträge zur Rentenversicherung zu entrichten hat und die Summe der anderen Einkünfte nicht positiv ist. Einkünfte des Ehegatten werden nicht berücksichtigt (keine Zusammenrechnung).
[10] Arbeitslosengeld ist nicht steuerpflichtig (nur Progressionsvorbehalt) und führt daher auch nicht zur Steuerpflicht des Entgelts aus einer geringfügigen Beschäftigung. Falls die Arbeitslosigkeit nicht das ganze Jahr bestand und während eines Teils des Jahres noch steuerpflichtiger Arbeitslohn bezogen wurde, tritt hingegen in der Regel Steuerpflicht ein, weil andere eigene Einkünfte im Kalenderjahr vorliegen.
[11] Auch wenn wegen anderweitiger geringfügiger Einkünfte Steuerpflicht eintritt, dürfte sich trotzdem bei Wahl des Lohnsteuerabzugsverfahrens mit Lohnsteuerkarte im Regelfall keine Steuerbelastung ergeben. Solange das Entgelt aus der geringfügigen Beschäftigung (abzüglich insbesondere Arbeitnehmer-Pauschbetrag, Vorsorge-Pauschale) unter dem Grundfreibetrag (2000: 13 499 DM) bleibt, führt auch die Einkommensteuerveranlagung zu keiner Steuerbelastung.

2. Krankenversicherung. Geringfügig Beschäftigte sind gem. § 7 SGB V in dieser Beschäftigung versicherungsfrei. Die besondere Zusammenrechnungsregel des § 7 S. 2 SGB V (oben Rn. 19) ist zu beachten. Trotz der Versicherungsfreiheit hat der AG für Entgeltgeringfügige (§ 8 I Nr. 1), nicht aber für Kurzfristbeschäftigte (§ 8 I Nr. 2) gem. § 249 b S. 1 SGB V einen Pauschalbeitrag in Höhe von 10% des Arbeitsentgelts zur gesetzlichen Krankenversicherung zu entrichten, wenn der AN aus anderen Gründen, zB wegen einer versicherungspflichtigen Hauptbeschäftigung oder als Familienangehöriger (§ 10 SGB V), versichert ist. Ein zusätzlicher Leistungsanspruch wird dadurch jedoch nicht begründet (*Hauck* Rn. 19 ff.; *Löwisch* BB 1999, 739, 740). Eine Abwälzung des Pauschalbeitrages auf den AN unzulässig (ArbG Kassel DB 2000, 479, 480; *Krause* AuR 1999, 390). 26

3. Rentenversicherung. Für geringfügig Beschäftigte besteht gem. § 5 II SGB VI Versicherungsfreiheit in dieser Beschäftigung. Der AG hat für nach § 8 I Nr. 1 (nicht aber für nach § 8 I Nr. 2) geringfügig Beschäftigte einen Pauschalbeitrag in Höhe von 12% des Arbeitsentgelts zu entrichten, § 172 III SGB VI, aus dem der AN „Zuschläge zu Entgeltpunkten" erwirbt, die seine Rentenanwartschaft steigern. Ansprüche auf Berufs- oder Erwerbsunfähigkeit werden durch den Pauschalbeitrag allerdings ebensowenig begründet wie solche auf Rehabilitationsleistungen (*Boecken* NZA 1999, 393, 398). 27

Der Beschäftigte kann jedoch gem. § 5 II 2 SGB VI jederzeit mit ex-nunc-Wirkung auf die **Versicherungsfreiheit verzichten,** indem er dies dem AG gegenüber schriftlich erklärt (*Goretzki/Hohmeister* NZS 1999, 369, 370). Der Verzicht gilt für die gesamte Dauer des Beschäftigungsverhältnisses (sowie aller übrigen parallel ausgeübten geringfügigen Beschäftigungsverhältnisse; vgl. Spitzenverbände NZA 1999, 522, 524 sub B 2.1.5) und kann nicht widerrufen werden. Er ist aber nur geringfügig Beschäftigten iSv. § 8 I Nr. 1 möglich, nicht auch solchen nach Nr. 2. Auf die Verzichtsmöglichkeit muß der AG im **Vertragsnachweis hinweisen,** § 2 I 3 NachwG (vgl. § 2 NachwG Rn. 23). Macht der 28

AN von dieser Möglichkeit Gebrauch, muß er die Differenz zwischen dem vom AG zu tragenden Pauschalbeitrag und dem gewöhnlichen Beitrag (im Jahr 2000: 19,3% vom Arbeitsentgelt, mindestens jedoch von 300 DM, § 163 VIII SGB VI) tragen (*Feldhoff* AuR 1999, 249, 252), wird dadurch jedoch leistungsrechtlich jedem gewöhnlichen Versicherten gleichgestellt (näher *Boecken* NZA 1999, 393, 399 f.; *Lembke* NJW 1999, 1825, 1827).

29   4. Die **Unfallversicherung** kennt keine Geringfügigkeitsgrenze, in ihr ist jeder Beschäftigte unabhängig vom Umfang der Tätigkeit versichert (vgl. § 2 SGB VII Rn. 4; *Hanau* ZIP 1999, 726, 727).

30   5. In der **Pflegeversicherung** bleibt es für geringfügig Beschäftigte bei der Versicherungsfreiheit (*Bauer/Schuster* DB 1999, 689, 690), eine besondere Zusammenrechnungsregel existiert nicht (*Hauck* Rn. 24). Auch einen Pauschalbeitrag braucht der AG nicht zu entrichten.

31   6. **Arbeitslosenversicherung.** Geringfügig Beschäftigte sind gem. § 27 II 1 SGB III in dieser Beschäftigung versicherungsfrei. Abw. von § 8 II sind geringfügige und nicht geringfügige Beschäftigungen nicht zusammenzurechnen (oben Rn. 19). Versicherungsfreiheit kann ausnahmsweise gem. § 27 V SGB III auch beim Überschreiten der in § 8 I Nr. 1 genannten 630 DM-Grenze eintreten bzw. bestehen bleiben, wenn die Beschäftigung weniger als 15 Stunden in der Woche ausgeübt wird und gleichzeitig ein Anspruch auf Arbeitslosengeld oder -hilfe besteht (§ 27 V SGB III).

550. Sozialgesetzbuch (SGB). Fünftes Buch (V) – Gesetzliche Krankenversicherung –

Vom 20. Dezember 1988 (BGBl. I S. 2477)

Zuletzt geändert durch Gesetz vom 22. Dezember 1999 (BGBl. I S. 2657)

(BGBl. III/FNA 860-5)

– Auszug –

Zweiter Titel. Krankengeld

§ 44 Krankengeld

(1) [1] Versicherte haben Anspruch auf Krankengeld, wenn die Krankheit sie arbeitsunfähig macht oder sie auf Kosten der Krankenkasse stationär in einem Krankenhaus, einer Vorsorge- oder Rehabilitationseinrichtung (§ 23 Abs. 4, §§ 24, 40 Abs. 2 und § 41) behandelt werden. [2] Die nach § 5 Abs. 1 Nr. 5, 6, 9 oder 10 sowie die nach § 10 Versicherten haben keinen Anspruch auf Krankengeld; dies gilt nicht nur für die nach § 5 Abs. 1 Nr. 6 Versicherten, wenn sie Anspruch auf Übergangsgeld haben.

(2) Die Satzung kann für freiwillig Versicherte den Anspruch auf Krankengeld ausschließen oder zu einem späteren Zeitpunkt entstehen lassen.

(3) Der Anspruch auf Fortzahlung des Arbeitsentgelts bei Arbeitsunfähigkeit richtet sich nach arbeitsrechtlichen Vorschriften.

I. Normzweck

Zu den Leistungen der Krankenkassen bei Krankheit der Versicherten gehört neben der in den §§ 27 bis 43a geregelten Krankenbehandlung die Zahlung von **Krankengeld** bei AU und **gleichgestellten Tatbeständen** nach Maßgabe der §§ 44 ff. Bei dieser Geldzahlung handelt es sich um eine Leistung zur wirtschaftlichen Sicherung des berechtigten Versicherten iS des § 4 II 1 Nr. 2 SGB I. Vorläufer der seit dem Gesundheitsreformgesetz vom 20. 12. 1988 geltenden Bestimmung waren § 182 I Nr. 2, § 186, § 215 II RVO. 1

Das Krankengeld hat **Entgeltersatzfunktion**, wie in § 47 III ausdrücklich erwähnt ist. Es wird ua. geleistet, wenn der Versicherte seines Entgeltanspruchs verlustig ist oder nicht erfüllt bekommt. Ihm kommt damit eine Ausgleichsfunktion zu (st. Rspr. des BSG seit dem 21. 8. 1957 BSGE 5, 283 = SGb 1958, 357). Der Anspruch besteht unabhängig von einem arbeitsrechtlichen Anspruch auf Entgfortz nach dem EFZG, § 44 III; er ruht allerdings, sofern und solange Arbeitsentgelt gezahlt wird, § 49 I Nr. 1 (§ 49 Rn. 5 bis 13). Zum Schutz der Solidargemeinschaft kann der Anspruch für bestimmte Versicherte ausgeschlossen oder eingeschränkt werden (Rn. 14 bis 16). 2

II. Anspruchsvoraussetzungen

1. Versicherungsverhältnis. a) Arten. Anspruch auf Krankengeld haben nur die Versicherten, wobei es nicht darauf ankommt, ob eine **Pflichtversicherung** nach § 5 in seinen verschiedenen Alternativen oder eine **freiwillige** Versicherung nach § 9 vorliegt. Das durch die Mitgliedschaft in einer Krankenkasse vermittelte Versicherungsverhältnis begründet den Anspruch (BSG 5. 10. 1977 BSGE 45, 11 = SozR 2200 § 183 Nr. 11 = BB 1978, 98). Versichert iS des § 44 I ist auch derjenige, der Arbeitslosengeld, Arbeitslosenhilfe oder Unterhaltsgeld nach dem SGB III bezieht, weil er der Krankenversicherung der Arbeitslosen angehört, § 5 I Nr. 2 in der Fassung des Art. 5 Nr. 1 des Arbeitsförderungs-Reformgesetzes vom 24. 3. 1997 (BGBl. I S. 594, 692). Die weiteren Versicherungsarten betreffen regelmäßig keine AN iS des Arbeitsrechts. 3

Es genügt auch die Mitgliedschaft, die aufgrund § 192 I Nr. 1 besteht. Das betrifft die Versicherten, die in ihrem Arbeitsverhältnis unbezahlten Urlaub nehmen. Nach der früheren Rechtsprechung des BSG (14. 12. 1976 AP BUrlG § 9 Nr. 7 = NJW 1977, 2134) bestand in diesem Fall kein Anspruch auf Krankengeld, es sei denn, der unbezahlte Urlaub wurde im Anschluß an einen Erholungsurlaub genommen. Nach der geänderten Rechtsprechung des BSG (27. 11. 1990 BSGE 68, 11 = NZA 1991, 532) findet § 192 I Nr. 1 uneingeschränkt Anwendung. 4

5 **b) Zeitpunkt.** Die Versicherungspflicht für AN nach § 5 I Nr. 1 beginnt mit der Beschäftigung gegen Arbeitsentgelt und der Arbeitsaufnahme (BSG 29. 9. 1998 SozR 3–2500 Nr. 40; 5. 10. 1977 BSGE 45, 11 = SozR 2200 § 183 Nr. 11 = BB 1978, 98). Sie muß bei Beginn der AU gegeben sein. Davon werden in eng begrenzten Fällen Ausnahmen gemacht (BSG 8. 8. 1995 USK 9524 = EEK I/1175 mvN).

6 **2. Ausgeschlossene Versicherte.** Bei den in § 44 I 2 genannten, vom Bezug des Krankengelds ausgeschlossenen Versicherten handelt es sich um den in § 5 I Nr. 5, 6, 9 oder 10 und in § 10 genannten Personenkreis, zu dem AN in einem Arbeitsverhältnis iS des Arbeitsrechts regelmäßig nicht gehören. Da die dort Genannten folglich keine Vergütung in ihrem die Versicherung begründenden Rechtsverhältnis erhalten, kann es nicht zu einem Entgeltausfall bei AU kommen, so daß kein Anlaß für eine Leistung mit Entgeltersatzfunktion besteht.

7 **3. Krankheitsbedingte Arbeitsunfähigkeit.** a) Ebenso wie ein arbeitsrechtlicher Anspruch auf Entgfortz nur besteht, wenn der AN arbeitsunfähig krank ist, setzt der Anspruch auf Zahlung von Krankengeld in der ersten Alternative des § 44 I 1 voraus, daß der Versicherte krank und deshalb arbeitsunfähig ist. Das SGB V verwendet den Begriff der AU in unterschiedlicher Bedeutung (BSG 31. 1. 1995 BSGE 76, 1 = NZS 1995, 363). In § 44 I 1 wird er im engen Sinn gebraucht. Danach ist nur derjenige arbeitsunfähig, der überhaupt nicht oder nur auf die Gefahr, seinen Zustand zu verschlimmern, fähig ist, seiner bisher ausgeübten Erwerbstätigkeit oder einer ähnlichen (gleichgearteten) Tätigkeit nachzugehen (BSG 9. 12. 1986 BSGE 61, 66 = SozR 2200 § 182 Nr. 104; siehe auch die Nr. 1 der Richtlinien des Bundesausschusses der Ärzte und Krankenkassen über die Beurteilung der AU und die Maßnahmen zur stufenweisen Wiedereingliederung gemäß § 92 I 2 Nr. 7 SGB V [AU-Richtlinien] vom 3. 9. 1991 [BArbBl. Nr. 11/1991 S. 28]). Hat der Versicherte längere Zeit keine Beschäftigung ausgeübt, so ist eine mutmaßliche Tätigkeit zugrunde zu legen. Vgl. auch zum arbeitsrechtlichen Begriff § 3 EFZG Rn. 11 bis 15.

8 Im wesentlichen decken sich der krankenversicherungsrechtliche Begriff der AU (im weiteren Sinn) und der arbeitsrechtliche Begriff. Das gilt auch hinsichtlich der Verweisung auf eine andere gleichgeartete Tätigkeit, die der Erkrankte ausüben kann (BSG 7. 8. 1991 BSGE 69, 180 = SozR 3–2200 § 182 Nr. 9; vgl. auch § 3 EFZG Rn. 24 bis 27). Der arbeitsrechtliche Begriff der AU unterscheidet sich von dem krankenversicherungsrechtlichen Begriff aber insofern, als es im Arbeitsrecht nur auf die Fähigkeit ankommt, im laufenden oder nach § 8 EFZG beendeten Arbeitsverhältnis einer geschuldeten Tätigkeit nachzukommen. Im Krankenversicherungsrecht ist das berufliche Bezugsfeld auch außerhalb eines Arbeitsverhältnisses mit zu beurteilen (ausführlich Kasseler Kommentar/*Höfler* Rn. 13 bis 18 und *Peters/Schmidt* Rn. 77 bis 108). Allerdings kommt eine „Verweisung" auf eine mögliche Tätigkeit bei einem anderen AG nur dann in Betracht, wenn das alte Arbeitsverhältnis nicht mehr besteht (BSG 7. 8. 1991 BSGE 69, 180 = SozR 3–2200 § 182 Nr. 9).

9 b) Die AU muß durch eine Krankheit begründet sein. Der Begriff der Krankheit iS der gesetzlichen Krankenversicherung ist im arbeitsrechtlichen Entgeltfortzahlungsrecht übernommen. Auf die Ausführungen zu § 3 EFZG Rn. 10 bis 15 wird verwiesen.

10 c) Während im Entgeltfortzahlungsrecht von einer **monokausalen Verknüpfung** von AU und Krankheit ausgegangen wird (§ 3 Rn. EFZG 28 bis 45), ist im Krankenversicherungsrecht darauf abgestellt, daß die Krankheit ursächlich oder mitursächlich iS einer wesentlichen Bedingung ist (BSG 23. 11. 1971 BSGE 33, 202 = NJW 1972, 1157 = SozR Nr. 48 zu § 182 RVO). Das ist in der Funktion der Leistungen begründet. Der AG soll bereits dann von der Verpflichtung befreit werden, für den Lebensunterhalt seines Beschäftigten zu sorgen, wenn andere Ursachen als die Krankheit die Unmöglichkeit, den Arbeitsverpflichtungen nachzukommen, herbeigeführt haben. Die Interessen der Versichertengemeinschaft sind gegenüber den Interessen des Versicherten an seiner wirtschaftlichen Absicherung durch Krankengeld nicht so hoch zu bewerten.

11 **4. Stationäre Behandlung.** Ein Anspruch auf Krankengeld besteht auch, wenn der Versicherte auf Kosten der Krankenkasse in einem Krankenhaus oder einer Vorsorge- oder Rehabilitationseinheit nach den §§ 23 IV, 24, 40 II oder 41 behandelt wird.

12 a) Die Krankenkasse muß die Kostenpflicht für die stationäre Behandlung haben. Bei **Kostentragungspflicht** anderer Sozialversicherungsträger besteht kein Anspruch auf Krankengeld nach diesem Gesetz.

13 b) Die 2. Alternative des § 44 I 1 setzt nicht voraus, daß der AN arbeitsunfähig im engeren Sinn der 1. Alternative ist. Dennoch entsteht ein Anspruch auf Krankengeld, wie auch der AG bei einer derartigen Maßnahme Entgfortz nach § 9 EFZG leisten muß.

III. Leistungsbeschränkung bei freiwillig Versicherten

14 § 44 II ermöglicht der Krankenkasse, den Anspruch auf Krankengeld für freiwillig Versicherte **auszuschließen** oder später beginnen zu lassen. Die **Leistungsbeschränkung**, ihr Ausmaß und der Personenkreis sind in der Satzung zu bestimmen. Es kommen verschiedenartige Regelungen in

Betracht wie zB eine Bestimmung, daß der Anspruch generell zu einem späteren Zeitpunkt beginnt (BSG 28. 9. 1993 SozR 3–2500 § 4 Nr. 4 = NZS 1994, 176) oder daß ein Anspruch auf Kinderpflegekrankengeld entfällt (BSG 31. 1. 1995 SozR 3–2500 § 45 Nr. 1 = NZS 1995, 363). Derartige Einschränkungen unterliegen der Inhaltskontrolle durch die Aufsichtsbehörden und der sozialgerichtlichen Kontrolle (BSG 10. 5. 1995 BSGE 76, 93 = SozR 3–2500 § 242 Nr. 2 = AuA 1995, 432).

Wird eine Leistungsbeschränkung nach § 44 vorgenommen, so muß der Beitrag für die davon **15** betroffenen Versicherten gemindert werden, § 243 I und II. Dabei muß sich die Satzung an die gesetzlichen Vorgaben halten und darf nicht Zwischenstufen einführen, die das Gesetz nicht kennt (BSG 10. 5. 1995 BSGE 76, 93 = SozR 3–2500 § 242 Nr. 2 = AuA 1995, 432).

IV. Arbeitsrechtliche Regelungen

§ 44 III enthält **keine eigenständige Regelung**, sondern verweist nur auf die bestehenden arbeits- **16** rechtlichen Regelungen, die insoweit vorgehen, als Krankengeld für den nach § 5 I Nr. 1 Versicherten nur zu leisten ist, wenn keine arbeitsrechtliche Leistung erbracht wird. Denn der Anspruch des Versicherten auf Krankengeld ruht, soweit und solange der AG Entgfortz leistet, § 49 I Nr. 1.

V. Forderungsübergang

Der Anspruch auf Krankengeld des Arbeitnehmers ist immer dann zu erfüllen, wenn der AG seiner **17** Verpflichtung zur Zahlung von Entgfortz nicht nachkommt. Die Gründe für dessen Verhalten sind unbeachtlich. Die Krankenkasse kann geltend machen, der AG habe zu Unrecht nicht geleistet, und deshalb sei die Forderung des AN nach **§ 115 X SGB** auf sie in Höhe ihrer Leistung kraft Gesetzes übergegangen. Lehnt der AG weiter ab, so kann die Krankenkasse versuchen, den Anspruch vor den Gerichten für Arbeitssachen durchzusetzen. Das geschieht regelmäßig. Die meisten Klagen in Entgeltfortzahlungsstreitigkeiten werden von den Krankenkassen aus übergegangenem Recht geführt.

§ 45 Krankengeld bei Erkrankung des Kindes

(1) ¹Versicherte haben Anspruch auf Krankengeld, wenn es nach ärztlichem Zeugnis erforderlich ist, daß sie zur Beaufsichtigung, Betreuung oder Pflege ihres erkrankten Kindes der Arbeit fernbleiben, eine andere in ihrem Haushalt lebende Person das Kind nicht beaufsichtigen kann und das Kind das zwölfte Lebensjahr noch nicht vollendet hat. ²§ 10 Abs. 4 und § 44 Abs. 1 Satz 2 gelten.

(2) ¹Anspruch auf Krankengeld nach Absatz 1 besteht in jedem Kalenderjahr für jedes Kind längstens für 10 Arbeitstage, für alleinerziehende Versicherte längstens 20 Arbeitstage. ²Der Anspruch nach Satz 1 besteht für Versicherte für nicht mehr als 25 Arbeitstage, für alleinerziehende Versicherte nicht mehr als 50 Arbeitstage je Kalenderjahr.

(3) ¹Versicherte mit Anspruch auf Krankengeld nach Absatz 1 haben für die Dauer dieses Anspruchs gegen ihren Arbeitgeber Anspruch auf unbezahlte Freistellung von der Arbeitsleistung, soweit nicht aus dem gleichen Grund Anspruch auf bezahlte Freistellung besteht. ²Wird der Freistellungsanspruch nach Satz 1 geltend gemacht, bevor die Krankenkasse ihre Leistungsverpflichtung nach Absatz 1 anerkannt hat, und sind die Voraussetzungen dafür nicht erfüllt, ist der Arbeitgeber berechtigt, die gewährte Freistellung von der Arbeitsleistung auf einen späteren Freistellungsanspruch zur Beaufsichtigung, Betreuung oder Pflege eines erkrankten Kindes anzurechnen. ³Der Freistellungsanspruch nach Satz 1 kann nicht durch Vertrag ausgeschlossen oder beschränkt werden.

I. Normzweck

Die Nachfolgevorschrift des § 185 c RVO sichert einmal die **wirtschaftliche Existenz** des Ver- **1** sicherten, der unter bestimmten Voraussetzungen gezwungen ist, ein versichertes Kind zu pflegen, indem ohne die Voraussetzungen des § 44 I 1 ein Anspruch auf Krankengeld (das sog. **Pflegekrankengeld**) begründet wird. Wie das Krankengeld nach § 44 hat das Pflegekrankengeld Entgeltersatzfunktion. Soweit der Versicherte als AN iS des Arbeitsrechts in einem Arbeitsverhältnis steht, gewährt ihm das Gesetz in seinem Absatz 3 auch einen unmittelbar gegen den AG gerichteten **arbeitsrechtlichen Freistellungsanspruch** ohne Entgfortz, soweit nicht ohnehin nach arbeitsrechtlichen Vorschriften wie § 616 BGB (§ 616 BGB Rn. 13) ein bezahlter Freistellungsanspruch besteht, damit der AN keine arbeitsrechtliche Pflichtverletzung bei der Betreuung des Kindes begehen muß.

II. Anspruchsvoraussetzungen

1. Personenkreis. Es muß wie bei § 44 ein **Versicherungsverhältnis** bestehen (§ 44 Rn. 3), wenn **2** der Berechtigte erstmals der Arbeit fernbleibt (zu § 185 c RVO siehe BSG 22. 10. 1980 AP RVO

§ 185 c Nr. 1 = SozR 2200 § 185 c RVO Nr. 2). Er muß einer **Beschäftigung** nachgehen, der er fernbleiben kann. Das muß nicht die Arbeit in einem Arbeitsverhältnis sein; auch ein als Selbständiger Versicherter bleibt der Arbeit fern und kann unter den gesetzlichen Voraussetzungen Krankengeld beanspruchen. Allerdings kann die Kasse einen Ausschluß des Anspruchs für diese Versicherten beschließen § 44 II (BSG 31. 1. 1995 BSGE 76, 1 = NZS 1995, 363 = SozR 3–2500 § 45 Nr. 1). Bei Arbeitnehmern, die ihrer Arbeitsverpflichtung zu Hause nachkommen, genügt es, wenn die wegen der Krankheit des Kindes notwendige Betreuung keine Arbeit an der häuslichen Arbeitsstelle zuläßt.

3   **2. Voraussetzungen auf Seiten des Kindes. a) Versicherung.** Im Gegensatz zu § 185 c RVO verlangt das Gesetz nunmehr zusätzlich, daß auch das Kind versichert sein muß. Es genügt die Familienversicherung nach § 10. Einbezogen sind ausdrücklich die in § 10 IV genannten Personen. Der Status des Kindes wird nach bürgerlichem Recht bestimmt (Krauskopf/*Vay* Rn. 3).

4   **b) Lebensalter.** Das Kind darf das zwölfte Lebensjahr noch nicht vollendet haben. Mit der Vollendung des zwölften Lebensjahrs endet der Anspruch auch bei laufendem Bezug (Kasseler Kommentar/*Höfler* Rn. 4).

5   **c) Haushalt.** Das Kind muß im Haushalt des Betreuenden leben. Unter Haushalt wird die private Lebens- und Wirtschaftsführung verstanden, die mit dem Ort verbunden ist, an dem die menschlichen Grundbedürfnisse wie Ernährung, Hygiene, Ruhe und Schlaf befriedigt werden (BSG 15. 3. 1988 BSGE 63, 79 = SozR 2200 § 1267 Nr. 5).

6   **d) Krankheit.** Das Kind muß krank iS des Krankengeldrechts sein (§ 44 Rn. 9). Die Krankheit muß die Ursache für die Betreuung sein, wobei Mitverursachung zur ohnehin bei Kindern notwendigen Betreuung genügt (Kasseler Kommentar/*Höfler* Rn. 4). Krankheiten, die ein Tätigwerden des Versicherten nicht erfordern, berechtigen nicht zum Fernbleiben von der Arbeit und zum Krankengeldbezug.

7   **e) Ärztliches Zeugnis.** Die unter Rn. 6 genannten Voraussetzungen müssen ärztlich belegt werden. Das Zeugnis kann jeder approbierte Arzt abgeben; er muß nicht Vertragsarzt sein. Das Zeugnis kann schriftlich, aber auch mündlich gegenüber der Kasse abgegeben werden. Regelmäßig wird das im Bundesmantelvertrag-Ärzte verabredete Formular benutzt. Zur Bedeutung des Zeugnisses für das Fernbleiben von der Arbeit siehe Rn. 8.

8   **3. Fernbleiben von der Arbeit.** Der aufgrund der Krankheit des Kindes entstandene Betreuungsbedarf muß es nach sich ziehen, daß der Versicherte seiner Arbeit nicht nachgehen kann. Diese medizinische Erforderlichkeit muß ebenfalls der behandelnde Arzt entscheiden. Dabei trifft er nicht nur ein sozialrechtlich bedeutsame Entscheidung; sie wirkt auch arbeitsrechtlich und gegenüber dem AG als Rechtfertigung für die Nichterfüllung einer vertraglichen Arbeitspflicht, ggf. ist sie auch Grundlage für einen Entgeltanspruch nach § 616 BGB oder die ihn verdrängenden Tarifvorschriften.

9   **4. Keine andere Person.** Die Betreuung durch den arbeitenden Versicherten muß auch tatsächlich erforderlich sein. Das ist der Fall, wenn keine andere im Haushalt lebende Person zur Betreuung in der Lage ist. Das erfordert nicht nur Anwesenheit des Dritten, sondern auch **objektive und subjektive Pflegefähigkeit.** Ist dem Dritten die Pflege zB wegen Ansteckungsgefahr nach gerade überstandener eigener Erkrankung nicht zumutbar, so ist der Tatbestand des § 45 I gegeben. Soweit der Dritte ebenfalls arbeitet und er seinerseits einen Anspruch nach § 45 geltend machen müßte, kann der antragstellende Versicherte darauf nicht verwiesen werden.

III. Leistungsinhalt

10   **1. Grundsatz.** Das Pflegekrankengeld nach § 45 wird anders als das Krankengeld nach § 44 nicht für Kalendertage, sondern für **Arbeitstage** gewährt. Das können auch Sonn- und Feiertage sein, wenn der Versicherte an diesen Tagen eine Arbeitspflicht hat, der er nicht nachkommen kann. Denn es geht um den Entgeltersatz für das durch das Fehlen ausfallende Arbeitsentgelt.

11   **2. Beginn und Dauer.** Der Anspruch auf Pflegekrankengeld beginnt mit dem Fernbleiben von der Arbeit. Es gibt keinen Karenztag. Der Anspruch endet spätestens mit Ablauf des gesetzlich in Absatz 2 genannten Zeitraums von 10 Tagen oder 20 Tagen bei **alleinerziehenden** Müttern oder Vätern im Kalenderjahr. Unter Alleinerziehung ist einmal das alleinige Personensorgerecht nach familienrechtlichen Vorschriften zu verstehen; es können aber auch tatsächliche Verhältnisse wie ein langfristiger Auslandsaufenthalt des anderen Personensorgeberechtigten maßgebend sein. Bei zusammen erziehenden Eltern hat jedes Elternteil den Anspruch auf Arbeitsbefreiung und Krankengeld in Höhe von 10 Tagen, also auf insgesamt 20 Tage für dasselbe Kind.

12   Die Anspruchsdauer bezieht sich zunächst auf **ein Kind.** Haben die Betreuungspersonen **mehrere Kinder,** so erhöht sich der Anspruch auf 20 Tage bei zwei Kindern und auf 25 Tage bei drei und mehr Kindern. Alleinerziehende können Krankengeld für 40 Tage bei zwei Kindern und für 50 Tage bei drei und mehr Kindern beanspruchen.

IV. Arbeitsrechtlicher Freistellungsanspruch nach Absatz 3

Liegen die Voraussetzungen des Absatz 1 vor, so entfällt die Arbeitspflicht des versicherten Arbeit- 13
nehmers. Bleibt er der Arbeit fern, so liegt **keine Pflichtverletzung** vor. Er verliert allerdings seinen Entgeltanspruch nach § 323 BGB, sofern er nicht einen bezahlten Anspruch nach § 616 BGB oder anderen, regelmäßig tarifrechtlichen Vorschriften hat. In diesem Fall ruht der Anspruch auf Krankengeld nach § 49 I Nr. 1. Erfüllt der AG seine Zahlungspflicht nicht, so muß die Kasse Pflegekrankengeld leisten. In Höhe der Leistung geht der Anspruch auf sie nach § 115 SGB X über.

Bleibt der beschäftigte Versicherte seinem Arbeitsplatz unter Berufung auf § 45 III fern, bevor 14
die Krankenkasse ihre Leistungsverpflichtung anerkannt hat, und stellt sich hinterher heraus, daß der Versicherte **zu Unrecht** einen Fall des § 45 I angenommen hat, so hat er nicht nur keinen Krankengeldanspruch. Arbeitsrechtlich hat der Irrtum die Folge, daß der AG den Freistellungsanspruch in Höhe der freien Tage als verbraucht ansehen kann (nicht muß) und bei einer späteren Freistellung, die auch außerhalb des laufenden Kalenderjahrs liegen darf, darauf hinweisen kann. Aus dieser Berechtigung folgt zugleich, daß der AG keine anderen Maßnahmen wegen der objektiv vorliegenden Verletzung der Arbeitspflicht unternehmen kann, insbesondere nicht **abmahnen** oder gar **kündigen** kann. Ihm steht ein milderes Mittel zur Verfügung. Etwas anderes könnte nur gelten, wenn das Fernbleiben offensichtlich unbegründet ist, der Freistellungsanspruch erschöpft ist und festgestellt werden kann, daß der Versicherte seine Rechte bewußt zu Lasten des Arbeitgebers mißbraucht. In diesem Fall kann der AG nicht auf seine Möglichkeit nach § 45 III 2 verwiesen werden.

Die Vorschriften des § 45 sind **zwingendes Recht** und können weder durch Vertrag noch durch TV 14
ausgeschlossen oder beschränkt werden. Der arbeitsrechtliche Teil (Freistellung) kann **zugunsten** der Versicherten erweitert werden; eine längere Freistellung hätte auf die Dauer des Krankengeldanspruchs jedoch keinen Anspruch.

§ 49 Ruhen des Krankengeldes

(1) **Der Anspruch auf Krankengeld ruht,**
1. soweit und solange Versicherte beitragspflichtiges Arbeitsentgelt oder Arbeitseinkommen erhalten; dies gilt nicht für einmalig gezahltes Arbeitsentgelt; Zuschüsse des Arbeitgebers zum Krankengeld gelten nicht als Arbeitsentgelt, soweit sie zusammen mit dem Krankengeld das Nettoarbeitsentgelt nicht übersteigen,
2. solange Versicherte Erziehungsurlaub nach dem Bundeserziehungsgeldgesetz erhalten; dies gilt nicht, wenn die Arbeitsunfähigkeit vor Beginn des Erziehungsurlaubs eingetreten ist oder das Krankengeld aus dem Arbeitsentgelt zu berechnen ist, das aus einer versicherungspflichtigen Beschäftigung während des Erziehungsurlaubs erzielt worden ist,
3. soweit und solange Versicherte Versorgungskrankengeld, Übergangsgeld, Unterhaltsgeld, Kurzarbeitergeld oder Winterausfallgeld beziehen oder der Anspruch wegen einer Sperrzeit nach dem Dritten Buch ruht,
3 a. solange Versicherte Mutterschaftsgeld, Verletztengeld, Arbeitslosengeld oder Arbeitslosenhilfe beziehen,
4. soweit und solange Versicherte Entgeltersatzleistungen, die ihrer Art nach in den in Nummer 3 genannten Leistungen vergleichbar sind, von einem Träger der Sozialversicherung oder einer staatlichen Stelle im Ausland erhalten,
5. solange die Arbeitsunfähigkeit der Krankenkasse nicht gemeldet wird; dies gilt nicht, wenn die Meldung innerhalb einer Woche nach Beginn der Arbeitsunfähigkeit erfolgt,
6. soweit und solange für Zeiten einer Freistellung von den Arbeitsleistungen (§ 7 Abs. 1 a des Vierten Buches) eine Arbeitsleistung nicht geschuldet wird.

(2) ¹Absatz 1 Nr. 3 und 4 ist auch auf einen Krankengeldanspruch anzuwenden, der für einen Zeitraum vor dem 1. Januar 1990 geltend gemacht wird und über den noch keine nicht mehr anfechtbare Entscheidung getroffen worden ist. ²Vor dem 23. Februar 1989 ergangene Verwaltungsakte über das Ruhen eines Krankengeldanspruchs sind nicht nach § 44 Abs. 1 des Zehnten Buches zurückzunehmen.

(3) Aufgrund gesetzlicher Bestimmungen gesenkte Entgelt oder Entgeltersatzleistungen dürfen bei der Anwendung des Absatzes 1 nicht aufgestockt werden.

I. Normgeschichte und Normzweck

1. Normgeschichte. Die mit dem Gesundheitsreformgesetz vom 20. 12. 1988 geschaffene Norm 1
faßt eine Reihe von Vorschriften zusammen, die in der **RVO** verstreut waren (§ 183 VI, § 189, § 200 c, § 216 III; die **angegebene ältere Rspr.** bezieht sich regelmäßig auf diese Tatbestände), enthält aber auch neue Ruhenstatbestände wie in Absatz 1 Nr. 4 (Rn. 19). Die Norm wurde mehrfach geändert

(ua. durch das Rentenreformgesetz 1992 und das Unfallversicherungs-Einordnungsgesetz v. 7. 8. 1996), zuletzt durch das 2. SGB III – ÄndG vom 21. 7. 1999 (BGBl. I. 1648).

2   **2. Normzweck.** Die Vorschriften sind im wesentlichen Folge der Entgeltersatzfunktion des Krankengeldes. Sie sollen den Doppelbezug von Arbeitsentgelt und Arbeitseinkommen in seinen verschiedenen Varianten sowie vergleichbaren Leistungen einerseits und Krankengeld andererseits verhindern (BSG 31. 8. 1977 BSGE 44, 226 = SozR 2200 § 241 Nr. 5). Lediglich § 49 I Nr. 5 hat eine andere Funktion; indem sie den Versicherten zur Erfüllung seiner Nebenpflichten aus dem Versicherungsverhältnis anhält, werden der Krankenkasse Nachprüfungsmöglichkeiten eröffnet und die Einflußnahme bei der Behandlung gesichert (Rn. 20).

II. Begriff und Bedeutung des Ruhens

3   Der Begriff des Ruhens wird im Krankengeldrecht für den Sachverhalt verwandt, der den Grundanspruch unberührt läßt und nur den Bezug der fälligen Einzelleistungen hindert (BSG 29. 6. 1994 BSGE 74, 287 = NZS 1995, 308; BSG 31. 8. 1977 BSGE 44, 226 = SozR 2200 § 241 Nr. 5; Krauskopf/ *Vay* Rn. 3 und 5). Die Berechnung der Bezugszeit nach § 48 I bleibt von der Ruhenszeit unberührt, § 48 III (BSG 11. 7. 1976 BSGE 27, 66 = SozR Nr. 23 zu § 183 RVO). Die Zeiten, in denen der Anspruch ruht, darf nicht mit den Zeiten verwechselt werden, in denen der Anspruch nicht besteht, zB nach § 44 II (§ 44 Rn. 14 f.).

4   Der Ruhenstatbestand tritt kraft Gesetzes ein, wenn die tatbestandlichen Voraussetzungen der Nr. 1 bis Nr. 5 gegeben sind. Er bedarf keiner Entscheidung der Krankenkasse (Krauskopf/*Vay* Rn. 4).

III. Die einzelnen Ruhenstatbestände

5   **1. Bezug von Entgelt. a)** Der für **versicherte AN** wichtigste Anwendungsfall ist der in § 49 I Nr. 1, 1. Alternative geregelte Ruhenstatbestand, das Erhalten von Arbeitsentgelt. Dazu gehören alle Einnahmen aus nicht selbständiger Arbeit (BSG 20. 3. 1984 BSGE 56, 208 = SozR 2200 § 189 Nr. 4). Praktisch wichtigster Fall ist der Bezug von Entgfortz nach dem EFZG.

6   **b)** Gemeint ist das **Bruttoarbeitsentgelt** vor Abzug der Lohnsteuer und der Beiträge zur Sozialversicherung und zur Bundesanstalt für Arbeit. Was unter Arbeitsentgelt zu verstehen ist, definiert § 14 I SGB IV und die Arbeitsentgeltverordnung vom 6. 7. 1977 idF der Verordnung vom 8. 12. 1995 (BGBl. S. 1643). Die Beträge, die arbeitsrechtlich zum **Arbeitsentgelt iS des Entgeltfortzahlungsrechts** gerechnet und deshalb während der AU gezahlt werden (§ 4 EFZG Rn. 15 ff.), sind auch Arbeitsentgelt iS des § 49. Kein laufendes Arbeitsentgelt iS des § 49 I Nr. 1 ist die **Urlaubsabgeltung** nach § 7 IV BUrlG (BSG 20. 3. 1984 BSGE 56, 208 = SozR 2200 § 189 Nr. 4; Krauskopf/*Vay* Rn. 10).

7   Einer ausdrücklichen gesetzlichen Sonderbehandlung unterliegen Zuschüsse, die der AG zum Krankengeld aufgrund vertraglicher oder tarifvertraglicher Grundlage laufend leistet, § 49 I Nr. 1, 3. Halbsatz. Diese arbeitsrechtlich als Entgelt einzustufenden Beträge führen grundsätzlich nicht zum Ruhen des Krankengeldanspruchs. Der Ruhenstatbestand tritt nur dann (eingeschränkt) ein, wenn ein laufend gezahlter Zuschuß und das Krankengeld das Nettoarbeitsentgelt übersteigt. Dieser Teilbetrag des Zuschusses ist (Teil-) Arbeitsentgelt und mindert den Anspruch auf Krankengeld entsprechend (BSG 30 1. 1963 AP RVO § 189 Nr. 1 = NJW 1963, 1518), so daß der Versicherte im Ergebnis nicht mehr erhält als sein Nettoarbeitsentgelt (Beispiele bei Krauskopf/*Vay* Rn. 15 und *Peters/Schmidt* Rn. 38 bis 45). Zur Möglichkeit der entsprechenden Anwendung der Vorschrift bei Teilleistungen des Arbeitgebers während des Krankengeldbezugs Krauskopf/*Vay* Rn. 14.

8   **c)** Das Arbeitsentgelt muß **beitragspflichtig** sein. Das Tatbestandsmerkmal wird nach den §§ 226 ff., die Vorschriften über die beitragspflichtigen Einnahmen der Mitglieder, bestimmt.

9   **d)** Das Arbeitsentgelt, das der Versicherte während der Zeit erhält, in der er (auch) Anspruch auf Krankengeld hat, muß **laufend** gewährt sein; es darf sich **nicht** um **einmalig** gezahltes Arbeitsentgelt handeln, § 49 I Nr. 1, 2. Halbsatz. Nach der **Legaldefinition** des § 23 a SGB IV handelt es sich dabei um Zuwendungen, die dem Arbeitsentgelt zuzurechnen sind und nicht für die Arbeit in einem einzelnen Abrechnungszeitraum gezahlt werden (zur Geschichte dieser Norm *Peters/Schmidt* Rn. 35 bis 37).

10   **e)** Der Versicherte muß sein Arbeitsentgelt von seinem Schuldner auch **tatsächlich erhalten;** es muß ihm zugeflossen sein (BSG 29. 6. 1994 BSGE 74, 287 = NZS 1995, 308). Der Rechtsgrund für die Leistung ist ohne Bedeutung (Krauskopf/*Vay* Rn. 11). Das unstreitige **Bestehen** eines arbeitsrechtlichen **Anspruchs** und/oder die Zusage des Schuldners, das Arbeitsentgelt „ganz sicher" in den nächsten Tagen zahlen zu wollen, erfüllt den Ruhenstatbestand **nicht** (Kasseler Kommentar/*Höfler* Rn. 5). Denn von solchen Versprechungen kann der Versicherte seinen Lebensunterhalt nicht bestreiten. Dazu benötigt er (wenigstens) das Krankengeld. Hat die Kasse in diesem Fall geleistet, geht der Anspruch auf Entgfortz auf sie über, § 115 SGB X. Sie muß versuchen, ihn ggf. im arbeitsgerichtlichen Verfahren zu realisieren (Regelfall des Entgeltfortzahlungsprozesses). Ausnahmen von der Voraussetzung des tatsächlichen Bezugs von Arbeitsentgelt ist die **Aufrechnung** des Arbeitgebers mit einer

III. Die einzelnen Ruhenstatbestände § 49 SGB V 550

fälligen Gegenforderung, weil der Gegenwert des Aufrechnungsbetrags, das Arbeitsentgelt, zugeflossen ist (BSG 29. 6. 1994 BSGE 74, 287 = NZS 1995, 308: Kasseler Kommentar/*Höfler* Rn. 7; *Peters/ Schmidt* Rn. 24). Ohne Bedeutung ist, daß mit diesem Zufluß kein akuter Lebensunterhalt bestritten werden kann. Es ist davon auszugehen, daß der Versicherte mit dem, was er durch das Erlöschen der Gegenforderung erspart, seinen Lebensunterhalt bestreiten kann. Wird die Aufrechnung erklärt, nachdem die Krankenkasse bereits Krankengeld geleistet hat, so steht der Ruhenstatbestand erst jetzt fest. Die Kasse kann das Krankengeld zurückfordern, muß dabei aber eine Ermessensentscheidung nach § 48 I 2 SGB X treffen, weil ein atypischer Fall vorliegt und seinerzeit jedenfalls kein Arbeitsentgelt zugeflossen ist (BSG 29. 6. 1994 BSGE 74, 287 = NZS 1995, 308 = SozR 3–1300 § 48 Nr. 33).

f) Hat der **Versicherte veranlaßt**, daß er keinen arbeitsrechtlichen Entgeltanspruch (mehr) hat, zB 11 durch Verstreichenlassen einer **Ausschlußfrist** oder durch – allerdings arbeitsrechtlich nur unter bestimmten Voraussetzungen statthaften – **Erlaßvertrag**, negatives **Schuldanerkenntnis** oder **Vergleich** (§ 12 EFZG Rn. 9 bis 12), so kommt eine unmittelbare Anwendung des § 49 I Nr. 1 nicht in Betracht, weil dem Versicherten kein Gegenwert zugeflossen ist (zur Aufrechnung vgl. Rn. 10). Eine analoge Anwendung kommt bereits deswegen nicht in Betracht, weil § 49 I 1 schwerlich als unbewußt lückenhaft angesehen werden kann. Denn die entsprechende Anwendung der Vorgängervorschriften wurde bereits zur Geltung der RVO diskutiert. Wenn der Gesetzgeber die damals angesprochenen Fragen nicht kodifiziert hat, muß davon ausgegangen werden, daß er sie nicht normieren wollte. Das allein verbietet eine richterliche Fortbildung des Rechts durch Analogie. Die frühere Rechtsprechung des BSG, wonach der Anspruch auf Krankengeld ruht, wenn der Versicherte vorsätzlich bzw. bewußt zum Nachteil der Krankenkasse gehandelt hat (BSG 16. 12. 1980 SozSich 1981, 91 = USK 80270 und 13. 5. 1992 NZA 1933, 142 = NZS 1992, 61 = USK 92145), kann so nicht aufrecht erhalten werden (aA das sozialrechtliche Schrifttum: Kasseler Kommentar/*Höfler* Rn. 7; *Peters/Schmidt* Rn. 50). Methodisch läßt sich nur vertreten, daß der Krankenkasse in diesen Fällen ein Schadensersatzanspruch wegen sittenwidriger Verletzung des Versicherungsverhältnisses in Anlehnung an die Grundsätze des § 826 BGB zusteht, mit dem die Kasse aufrechnen kann und so den Anspruch auf Krankengeld zum Erlöschen bringt. Fahrlässiges oder auch grobfahrlässiges Verhalten des Versicherten führen noch nicht zu einem Verlust des Krankengeldanspruchs (vom BSG noch nicht entschieden, BSG 16. 12. 1980 SozSich 1981, 91 = USK 80270). Auf die Überlegungen zur positiven Forderungsverletzung des bürgerlichen Rechts kann schon deshalb nicht zurückgegriffen werden, weil das SGB insoweit durch die Vorschriften über den Leistungsausschluß bei Selbstverschulden und fehlender Mitwirkung abschließende Spezialnormen enthält.

Schließt der Versicherte mit einem **Dritten**, dessen Verhalten für die **AU** ursächlich gewesen ist, 12 einen den **Schadensersatzanspruch ausschließenden Vergleich**, der dem AG ein dauerhaftes Leistungsverweigerungsrecht nach § 7 I Nr. 2 EFZG gibt (§ 7 EFZG Rn. 17 bis 20), so ist die Krankenkasse nicht berechtigt, deshalb von einem Ruhen des Krankengeldanspruchs auszugehen (BSG 13. 5. 1992 NZA 1933, 142 = NZS 1992, 61 = USK 92145).

g) **Arbeitseinkommen** – der nach den allgemeinen Gewinnermittlungsvorschriften des Einkom- 13 mensteuerrechts ermittelte Gewinn aus einer selbständigen Tätigkeit, § 15 SGB IV –, das während der AU erzielt wird, läßt den Anspruch auf Krankengeld nach den vorstehenden Gründen ruhen. Die Sondervorschriften in den Halbsätzen 2 und 3 gelten jedoch nur für Arbeitsentgelt.

2. Erziehungsurlaub nach § 49 I Nr. 2. Hat ein Versicherter Erziehungsurlaub genommen und 14 wird er nunmehr arbeitsunfähig krank, so ruht der Anspruch im vollen Umfang. Da der Versicherte im Normalfall kein Arbeitsentgelt bekommt, kann auch kein Verdienstausfall durch AU eintreten. Es besteht daher auch kein Anlaß zur Zahlung von Krankengeld. Ausnahmen von diesem Grundsatz formuliert das Gesetz selbst in seinem zweiten Halbsatz. Zunächst kann der Versicherte seinen Anspruch realisieren, der zu Beginn des Erziehungsurlaubs arbeitsunfähig erkrankt ist, der zB während der Schutzfrist nach § 6 I MuSchG arbeitsunfähig geworden ist. Außerdem kommt der Bezug von Krankengeld in Betracht, wenn der Erziehungsurlaubsberechtigte während des Erziehungsurlaubs einer Erwerbstätigkeit nach § 15 IV BErzGG nachgeht (versicherungspflichtige Beschäftigung iS des Gesetzes). Allerdings bemißt sich das Krankengeld dann nach der Höhe des auf diese Weise erzielten Arbeitsentgelts. Arbeitet der Versicherte über das nach dem BErzGG erlaubte Maß hinaus, so berechnet sich das Krankengeld nach dem insoweit erlangten Entgelt; die erziehungsrechtlichen Rechtsfolgen bei unerlaubter Tätigkeit haben keinen Einfluß auf Grund und Höhe der Krankengeldzahlungen (*Peters/Schmidt* Rn. 62).

3. Bezug von Sozialleistungen nach § 49 I Nr. 3. Der Versicherte kann auch dann kein Kranken- 15 geld verlangen, wenn er eine der in Nr. 3 der Vorschrift genannten Sozialleistungen erhält. Es handelt sich dabei um

Versorgungskrankengeld nach § 16 BVG oder in entsprechender Anwendung dieser Vorschrift. Tritt eine nicht beschädigungsbedingte Erkrankung hinzu, die für sich allein AU ausgelöst hätte, so bleibt es bei der Zahlung von Versorgungskrankengeld (BSG 23. 2. 1978 SozR 3100 § 16 Nr. 4 = USK 8783);

Übergangsgeld, dh. Geldleistungen der Rentenversicherungsträger für berufsfördernde Maßnahmen iS des § 13 RehaAnglG nach § 20 SGB VI;
Unterhaltsgeld nach §§ 153 ff. SGB III, **Kurzarbeitergeld** nach §§ 169 SGB III und **Winterausfallgeld** nach § 214 SGB III; der Ruhenstatbestand ist gegeben, wenn diese Leistungen tatsächlich gewährt werden. Ruht der Anspruch darauf nach arbeitsförderungsrechtlichen Bestimmungen, so muß Krankengeld bezahlt werden. Das wiederum gilt dann nicht, wenn der arbeitsförderungsrechtliche Ruhenstatbestand aufgrund einer Sperrzeit wegen Abbruchs oder Ausschluß von Maßnahmen der beruflichen Ausbildung beruht. In diesem Fall erhält der Erkrankte kein Krankengeld.

16 Der Ruhenstatbestand endet nicht nur, wenn die Zahlung der vorgenannten Leistungen eingestellt wird („**solange**"). Er besteht auch nur **insoweit**, wie Sozialleistungen nach der Rn. 15 erbracht werden. Ist die andere Leistung niedriger als das Krankengeld, so muß der überschießende Teil, der sog. **Spitzenbetrag**, dem Versicherten bleiben (BSG 15. 12. 1993 SozSich 1994, 465 = USK 93103). Hinsichtlich der früher in dieser Vorschrift ebenfalls genannten Leistungen, die nunmehr in der Nr. 3 a zusammengefaßt sind, gilt Abweichendes (Rn. 17). Zur Geschichte der Vorschrift und damit zur Bedeutung der Übergangsregelung in § 49 II siehe Rn. 22.

17 **4. Bezug von Sozialleistungen nach § 49 I 3 a.** Die in dieser Vorschrift genannten Leistungen waren früher Bestandteil der Nr. 3. Das hatte zur Folge, daß sie wie die jetzt dort genannten Leistungen auch nur insoweit zum Ruhen des Krankengeldanspruchs führten, als sie wenigstens so hoch waren wie das Krankengeld. Mit der Herausnahme von Mutterschaftsgeld, Verletztengeld, Arbeitslosengeld und Arbeitslosenhilfe aus der Nr. 3 und ihrer Zusammenfassung in der neuen Nr. 3 a ruht der Krankengeldanspruch, wenn überhaupt eine Leistung der genannten Art gewährt wird. Auf die Höhe kommt es nicht an. Damit ist für diesen Teil der Sozialleistungen der Rechtszustand des Gesundheitsreformgesetzes bis zur Abänderung durch des Rentenreformgesetz wiederhergestellt. Grund für die Gesetzesänderung war eine durch die Rechtsprechung des BSG (23. 11. 1995 BSGE 77, 98 = NZS 1996, 284 = SozR 3–2500 § 11 Nr. 1) hervorgerufene Unsicherheit über den Umfang des Ruhens bei Bezug von Verletztengeld (BT-Drucks. 13/5099).

18 Bei den Leistungen handelt es sich im einzelnen um
Mutterschaftsgeld nach § 200 RVO
Verletztengeld nach § 45 I SGB VII
Arbeitslosengeld nach § 126 SGB III einschließlich der Sperrzeiten
Arbeitslosenhilfe nach § 198 SGB III iV mit § 126 SGB III einschließlich der Sperrzeiten.

19 **5. Vergleichbare Leistungen aus dem Ausland.** Durch § 49 I Nr. 4 sind ausländische Ersatzleistungen iS der Nr. 3 in die Ruhensregelung einbezogen worden. Sie gilt nicht nur für die jetzigen in der Nr. 3 genannten Leistungen, sondern auch für die nach neuem Recht in der Nr. 3 a ausgesonderten Leistungen (*Peters/Schmidt* Rn. 91). Der Begriff der Vergleichbarkeit setzt voraus, daß die ausländischen Leistungen in ihrem Wesensgehalt den deutschen Entgeltersatzleistungen entsprechen. Das kann nur nach einer entsprechenden Überprüfung des fremden Sozialrechts im Einzelfall festgestellt werden. Die Leistungen müssen von einem ausländischen Sozialversicherungsträger oder einer staatlichen Stelle erbracht werden; Leistungen anderer Organisationen führen nicht zum Ruhen des Krankengeldanspruchs.

20 **6. Meldeversäumnis.** Mit der Vorschrift des § 49 I Nr. 5 wird der Krankenkasse die Möglichkeit gegeben, so bald als möglich die AU des Versicherten zu überprüfen und/oder Maßnahmen zur Wiederherstellung der Arbeitsfähigkeit zu veranlassen. Der Versicherte ist verpflichtet, der Krankenkasse die AU zu melden. Ein Nachweis wird nicht verlangt. Nach der Rechtsprechung des BSG (12. 11. 1985 SozR 2200 § 216 Nr. 8 = USK 85133) muß die Meldung den Inhalt haben, daß die AU ärztlich festgestellt worden ist (aA *Peters/Schmidt* Rn. 103). Im übrigen ist die Meldung an keine Form gebunden; insbesondere muß der Versicherte sie nicht selbst abgeben. Ausreichend ist es, wenn bei AU im Arbeitsverhältnis der Arzt der Verpflichtung nach § 5 I 4 EFZG nachkommt. Die Meldung kann auch in einem Leistungsantrag enthalten sein. Sie entfällt, wenn der Krankengeldanspruch auch ohne AU entsteht (zB bei stationärer Behandlung nach § 44 I 1). Bei andauernder AU ist eine weitere Meldung nur erforderlich, wenn es zwischendurch eine leistungsfreie Zeit gegeben hat.

21 Die Meldung ist an eine Ausschlußfrist (BSG 28. 10. 1981 BSGE 52, 254 = NJW 1982, 715) von einer Woche gebunden, die nach den §§ 187 ff. BGB zu berechnen ist, § 26 I SGB X. Hält der Versicherte die Frist ein, so bekommt er Krankengeld vom Beginn der AU, anderenfalls erst von dem Tag an, an dem die Krankenkasse die AU gemeldet wird. Das gilt auch dann, wenn die Voraussetzungen für ein Krankengeld unzweifelhaft gegeben waren oder den Versicherten an der verspäteten Meldung kein Verschulden trifft. Nur wenn das Fehlen der Meldung oder ihre Verspätung in den Verantwortungsbereich der Krankenkasse fällt, darf diese sich nicht auf den Ruhenstatbestand berufen. In den Verantwortungsbereich der Kasse fällt bereits das fehlerhafte Verhalten ihres Vertragsarztes (BSG 28. 10. 1981 BSGE 52, 254 = NJW 1982, 715); das hat zur Folge, daß der Ruhenstatbestand in der Praxis kaum noch Bedeutung hat.

IV. Die Übergangsregelung nach Absatz 2

Die Bestimmung ist durch das Rentenreformgesetz 1992 angefügt worden. Sie beruht auf einer **22** Entscheidung des Bundesverfassungsgerichts vom 9. 11. 1988 (BVerfGE 79, 87 = NZA 1989, 406 = NJW 1989, 12759), das die Ruhensanordnung auch des Spitzbetrags in § 49 I Nr. 3 aF nicht mit Art. 3 I GG vereinbar hielt. Daraufhin erhielten § 49 I Nr. 3 und Nr. 4 die Fassung „soweit und solange". Hinsichtlich der nach der alten Rechtslage erlassenen Bescheide war eine Übergangsregelung zu schaffen, die entsprechend ihrem Inhalt heute keine Bedeutung mehr hat.

V. Das Aufstockungsverbot des Absatz 3

Die Vorschrift ist durch das Beitragsentlastungsgesetz vom 1. 11. 1996 (BGBl. I S. 1631) angefügt **23** worden. Sie ist seit dem 1. 1. 1997 in Kraft. Sie verhinderte, daß die durch das Entgeltfortzahlungsgesetz idF des ArbRBeschFG vom 25. 9. 1996 angeordnete Absenkung der gesetzlich geschuldeten Entgfortz durch Leistungen der Krankenkassen ausgeglichen und damit hinfällig wird. Das Verbot griff allerdings nur, wenn überhaupt das Entgelt abgesenkt wird und der Fortzahlungsbetrag geringer ist als das Krankengeld (*Peters/Schmidt* Rn. 118 bis 120). Das wiederum war nur in Ausnahmefällen denkbar, so wenn das im sozialrechtlichen Bemessungszeitraum erzielte Arbeitsentgelt erheblich über dem liegt, was nach dem arbeitsrechtlichen Entgeltausfallprinzip geschuldet ist. Mit der Änderung des § 4 EFZG hat die Vorschrift ihre Bedeutung für aktuelle Fälle verloren.

Die Regelungen zum Spitzenbetrag (Rn. 16) bleiben von Absatz 3 unberührt. Der Krankenver- **24** sicherungsträger schuldet in den Fällen des § 49 I Nr. 3 und Nr. 4 weiterhin ein Teil-Krankengeld, wenn die Sozialleistungen nach diesen Vorschriften hinter dem Krankengeldbetrag zurückbleiben und diese Differenz nicht auf der gesetzlichen Absenkung beruht (unklar *Peters/Schmidt* Rn. 122).

Anhang: Reichsversicherungsordnung

In der Fassung der Bekanntmachung vom 15. Dezember 1924 (RGBl. I S. 779)

Zuletzt geändert durch Gesetz vom 22. Dezember 1999 (BGBl. I S. 2626)

(BGBl. III/FNA 820-1)

– Auszug –

Mutterschaftshilfe

§ 195 Umfang

(1) Die Leistungen bei Schwangerschaft und Mutterschaft umfassen
1. ärztliche Betreuung und Hebammenhilfe,
2. Versorgung mit Arznei-, Verband- und Heilmitteln,
3. stationäre Entbindung,
4. häusliche Pflege,
5. Haushaltshilfe,
6. Mutterschaftsgeld, Entbindungsgeld.

(2) ¹Für die Leistungen nach Absatz 1 gelten die für die Leistungen nach dem Fünften Buch Sozialgesetzbuch geltenden Vorschriften entsprechend, soweit nichts Abweichendes bestimmt ist. ² § 16 Abs. 1 des Fünften Buches Sozialgesetzbuch gilt nicht für den Anspruch auf Mutterschaftsgeld und Entbindungsgeld. ³ Bei Anwendung des § 65 Abs. 2 des Fünften Buches Sozialgesetzbuch bleiben die Leistungen nach Absatz 1 unberücksichtigt.

I. Leistungsumfang (Abs. 1)

1   Abs. 1 legt den Inhalt der Leistungen fest, die von der gesetzlichen Krankenversicherung bei Schwangerschaft und Mutterschaft zu erbringen sind. Schwangerschaft und Entbindung sind nicht Krankheiten iSd. SGB V. Daher richten sich die Leistungen auch bei regelwidrig verlaufender Entbindung oder bei Schwangerschaftsbeschwerden nicht nach den Regeln für den Krankheits-, sondern den Mutterschaftsfall; die Pflicht zu Zuzahlungen zu Arznei-, Verband- oder Heilmitteln sowie zur Krankenhausbehandlung entfällt daher. Abs. 1 bindet als Spezialvorschrift zu § 179 RVO bzw. § 21 SGB I die Leistungsverpflichteten an die abschließend aufgezählten Leistungsarten für den Versicherungsfall Schwangerschaft/Entbindung. Eine Rechtsgrundlage für die Leistung an die Versicherte gibt die Vorschrift aber nicht selbst, sondern §§ 196 bis 200, 200 b, die den jeweiligen Leistungsumfang festlegen. Versicherte sind gesetzlich Versicherte (§ 5 SGB V) und freiwillig Versicherte (§ 9 SGB V) sowie die Familienversicherten (§ 10 SGB V), die als Angehörige eines Krankenversicherten ggf. einen eigenen Rechtsanspruch auf die Mutterschaftsleistungen haben, ausgenommen Krankengeld und Mutterschaftsgeld. Abs. 1 Nr. 1 bis 5 legt Sachleistungen fest, die die Krankenkasse zur Verfügung stellt. Ersatzweise Kostenerstattung ist nur möglich, wenn dies ausdrücklich vorgesehen ist, vgl. §§ 198, 199 sowie § 13 SGB V.

II. Anwendbarkeit des SGB V

2   Abs. 2 begründet die entsprechende Anwendbarkeit der leistungsrechtlichen Vorschriften des SGB V sowie die Ausnahmen davon. Somit wird die Krankenkasse leistungspflichtig, wenn zum Zeitpunkt des Eintritts des Versicherungsfalles (Beginn der Schutzfrist, Entbindung) ein Versicherungsverhältnis (Rn. 1) besteht oder ein nachgehender Leistungsanspruch gem. § 19 II SGB V (*Zmarzlik/Zipperer/Viethen* Rn. 6 ff.). Die Ausnahmen beziehen sich auf die Leistungspflicht bei Auslandsaufenthalt (§ 16 I SGB V), die grds. während nur vorübergehender und kurzfristiger Auslandsaufenthalte der Versicherten entfällt; Geldleistungen (Mutterschaftsgeld, Entbindungsgeld) werden aufrechterhalten. Zu den Sonderregelungen für Angehörige von EU-Staaten oder des EWR-Raumes vgl. VO 1408/71 EWG und DurchführungsVO 574/72 EWG (ABlEG L 230/S. 8 v. 22. 8. 1983; ABlEG L 230/S. 86 v. 21. 3. 1972).

§ 196 Anspruch auf ärztliche Betreuung und Hebammenhilfe

(1) ¹Die Versicherte hat während der Schwangerschaft, bei und nach der Entbindung Anspruch auf ärztliche Betreuung einschließlich der Untersuchungen zur Feststellung der Schwangerschaft und zur Schwangerenvorsorge sowie auf Hebammenhilfe. ²Die ärztliche Betreuung umfaßt auch die Beratung der Schwangeren zur Bedeutung der Mundgesundheit für Mutter und Kind einschließlich des Zusammenhangs zwischen Ernährung und Krankheitsrisiko sowie die Einschätzung oder Bestimmung des Übertragungsrisikos von Karies.

(2) Bei Schwangerschaftsbeschwerden und im Zusammenhang mit der Entbindung gelten die §§ 28 a, 31 Abs. 3, § 32 Abs. 2 und § 33 Abs. 2 des Fünften Buches Sozialgesetzbuch nicht.

I. Ärztliche Betreuung und Hebammenhilfe (Abs. 1)

1. Anspruchsvoraussetzung ist ein bestehendes Versicherungsverhältnis bei einer gesetzlichen 1 Krankenversicherung; eine Vorversicherungszeit ist nicht erforderlich. Versicherungsfall ist die Schwangerschaft, die Untersuchung zur Feststellung einer Schwangerschaft wird aber auch übernommen, wenn sie negativ ausgeht (*Buchner/Becker* § 15 MuSchG Rn. 24).

2. Ärztliche Betreuung. Der Anspruch ist umfassender als der auf „ärztlichen Behandlung" (§ 28 I 2 SGB V), setzt also insb. keine behandlungsbedürftige Krankheit voraus, sondern soll optimale Vorsorge gewährleisten. Ärztliche Leistungen, die nicht in direktem Zusammenhang mit Schwangerschaft/Entbindung erbracht werden, unterliegen nur den allgemeinen Vorschriften der Krankenbehandlung, so auch die Behandlung des Neugeborenen. Die Leistungen können auch nach der Entbindung im Rahmen der Mutterschaftshilfe beansprucht werden, nach den Richtlinien etwa 6 bis 8 Wochen, aber bei hinreichend engem Zusammenhang der Behandlungsbedürftigkeit mit der Entbindung auch darüber hinaus (*Meisel/Sowka* Rn. 8; aA *Buchner/Becker* § 15 MuSchG Rn. 27). Der Umfang der ärztlichen Leistungen ist nicht abschließend gesetzlich festgelegt, sondern durch Richtl. des Bundesausschusses der Ärzte und Krankenkassen gem. § 92 I 2 Nr. 4 SGB V konkretisiert: Neben der Feststellung der Schwangerschaft zählen dazu Vorsorgeuntersuchungen, Beratungen, laborärztliche und andere Untersuchungen sowie die Ausstellung eines Mutterpasses; auch die Behandlung von Schwangerschaftsbeschwerden wird erfaßt. Schwangerschaftsgymnastik und Massage können auf ärztliche Anordnung als betreuende Geburtsvorbereitung umfaßt sein (*Meisel/Sowka* Rn. 6).

3. Hebammenhilfe. Die Schwangere hat Anspruch auf Hebammenhilfe; die Krankenkasse trägt die 3 anfallenden Gebühren unmittelbar. Die Hilfe umfaßt Beratung während der Schwangerschaft, Überwachung und Hilfe bei Geburten und Fehlgeburten sowie die Versorgung von Mutter und Neugeborenem. Hebammenhilfe während der Geburt ist stets zu gewähren, auf Wunsch der Schwangeren oder bei Erforderlichkeit ist zusätzliche ärztliche Betreuung zu gewährleisten.

II. Befreiung (Abs. 2)

Die Versicherte hat Anspruch auf Versorgung mit Arzneimitteln und Verbandstoffen iSd. §§ 2, 4 4 ArzneimittelG sowie auf Heilmittel (überwiegend äußerlich auf den Körper einwirkende Mittel, BSG 16. 7. 1968 E 28, 158). Solche ärztlich verordneten Mittel sind von der Pflicht zur Zuzahlung (Arzneikostenbeteiligung) befreit. Diese Ausnahme gilt nicht für Krankheiten, die nicht zumindest mitursächlich auf die Schwangerschaft zurückgehen, sondern lediglich zeitlich mit ihr zusammentreffen. Da Schwangerschaftsabbrüche und Fehlgeburten keine Entbindungen sind (§ 6 MuSchG Abs. 2), sind dabei verordnete Mittel der Krankenbehandlung bzw. § 24 b SGB V zuzuordnen und nicht von der Zuzahlung befreit (*Buchner/Becker* § 15 MuSchG Rn. 35; aA *Heilmann* § 15 MuSchG Rn. 24). Für die Mittel zur Behandlung vorangegangener Schwangerschaftsbeschwerden gilt dagegen auch in diesen Fällen ausschließlich § 196 II.

§ 197 Anspruch auf Krankenhausbehandlung

¹Wird die Versicherte zur Entbindung in ein Krankenhaus oder eine andere Einrichtung aufgenommen, hat sie für sich und das Neugeborene auch Anspruch auf Unterkunft, Pflege und Verpflegung, für die Zeit nach der Entbindung jedoch längstens für sechs Tage. ²Für diese Zeit besteht kein Anspruch auf Krankenhausbehandlung. ³§ 39 Abs. 2 des Fünften Buches Sozialgesetzbuch gilt entsprechend.

I. Stationäre Entbindung (Satz 1)

Die AN kann zwischen Entbindung im Krankenhaus und Hausgeburt frei wählen. Daß ihr auch der 1 Anspruch auf Entbindung und Behandlung im Krankenhaus (dazu: Rn. 3) zusteht, ergibt sich schon aus § 196; § 197 gibt ergänzend den Anspruch auf kostenlose Unterkunft, Verpflegung und Pflege für sie und das Neugeborene, wenn zu diesem Zeitpunkt noch ein Versicherungsverhältnis besteht. Der Leistungsanspruch wird durch die Aufnahme in ein Krankenhaus oder sonst zur Entbindung geeignete Einrichtung (VGH Mannheim 3. 9. 1986 ZfSH/SGB 1987, 154) erfüllt. Eine ärztliche Einweisung ist nicht erforderlich, eine stationäre Entbindung muß auch nicht aus medizinischen Gründen erforderlich sein. Die Dauer der Leistung aus § 197 ist auf 6 Tage nach der Entbindung begrenzt, der Entbindungstag selbst wird ebensowenig angerechnet, § 187 I BGB, wie die vor der Entbindung in der Einrichtung verbrachte Zeit.

II. Krankenhausbehandlung (Satz 2)

2   Während des Aufenthalts in einer Einrichtung gem. S. 1 schließt § 197 einen zusätzlichen Anspruch auf Krankenhausbehandlung aus. Dieser Anspruch wird aber bei einer behandlungsbedürftigen Erkrankung nach Ablauf der Sechs-Tage-Frist einsetzen. Die Regelung beeinträchtigt die Leistungsansprüche der Versicherten nicht, sondern klärt intern die Abrechnung der Krankenkassen.

III. Wahl der Einrichtung (Satz 3)

3   Die Versicherte hat die freie Wahl unter den zugelassenen Krankenhäusern oder geeigneten Einrichtungen. Zugelassene Krankenhäuser (§ 108 SGB V) sind Hochschulkliniken, in den Krankenhausplan eines Landes aufgenommene Krankenhäuser und solche Häuser, die Versorgungsverträge mit den Kassenverbänden geschlossen haben, nicht aber Privatkliniken; Kosten hierfür übernimmt die Krankenkasse grds. nicht (BSG 23. 11. 1995 BKK 1996, 461). Andere Einrichtungen als Krankenhäuser bedürfen keiner besonderen Zulassung, müssen aber zur entsprechenden Betreuung und Pflege geeignet und bestimmt sein (*Zmarzlik/Zipperer/Viethen* Rn. 14; *Meisel/Sowka* Rn. 10). Das Wirtschaftlichkeitsgebot verpflichtet die Kassen aber grds. nur zur Übernahme der Kosten für die in der ärztlichen Einweisung genannte Einrichtung; gem. § 73 IV 3 SGB V hat der Arzt eines der beiden nächst erreichbaren geeigneten Krankenhäuser zu bestimmen. Wählt die Versicherte ohne zwingenden Grund ein zwar zugelassenes, aber von der ärztlichen Einweisung abweichendes Krankenhaus, kann die Krankenkasse ihr entstehende Mehrkosten auferlegen, § 39 II SGB V; die Regelleistungen sind jedoch auch in diesem Falle zu erstatten (*Zmarzlik/Zipperer/Viethen* Rn. 17).

§ 198 Anspruch auf häusliche Pflege

¹ Die Versicherte hat Anspruch auf häusliche Pflege, soweit diese wegen Schwangerschaft oder Entbindung erforderlich ist. ² § 37 Abs. 3 und 4 des Fünften Buches Sozialgesetzbuch gilt entsprechend.

1   Die Vorschrift ergänzt die Hebammenhilfe und ärztliche Betreuung bei Hausgeburten und sog. ambulanten Geburten, soll aber auch eine Alternative zu längeren Krankenhausaufenthalten vor und nach der Geburt schaffen. Häusliche Pflege muß wegen Schwangerschaft/Entbindung einer Versicherten (§ 195 Rn. 1) erforderlich sein; ist die Pflege aus anderen Gründen erforderlich, kann sie nur auf der Grundlage von § 37 I SGB V erfolgen, ist also auf höchstens 4 Wochen je Krankheitsfall begrenzt. Vorgeburtlich kommt § 198 zur Anwendung, wenn eine Fehlgeburt zu befürchten ist und deshalb Schonung bzw. Bettruhe verordnet ist. Bei und nach der Geburt setzt die Leistung aus § 198 Pflegebedürftigkeit der Versicherten voraus. Leistungsinhalt ist die allgemeine Grundpflege (zB Betten, Lagern, Körperpflege), nicht aber hauswirtschaftliche Betreuung (dazu: § 199) oder Behandlungspflege im Sinne einer medizinischen Hilfeleistung (dazu: § 37 SGB V). Die Leistungsdauer richtet sich nach den konkreten Erfordernissen. Der Anspruch setzt voraus, daß keine Person im Haushalt lebt, die die Versicherte im erforderlichen Umfang versorgen kann, § 37 III SGB V. Grd. stellt die Krankenkasse der Versicherten die Pflegeperson; anderenfalls werden auch die Kosten für eine selbstbeschaffte Pflege in angemessener Höhe ersetzt, § 37 IV SGB V.

§ 199 Haushaltshilfe

¹ Die Versicherte erhält Haushaltshilfe, soweit ihr wegen Schwangerschaft oder Entbindung die Weiterführung des Haushalts nicht möglich ist und eine andere im Haushalt lebende Person den Haushalt nicht weiterführen kann. ² § 38 Abs. 4 des Fünften Buches Sozialgesetzbuch gilt entsprechend.

1   Kann eine Versicherte (§ 195 Rn. 1) ihren Haushalt wegen Schwangerschaft oder Entbindung nicht weiterführen und kann dies auch keine andere im Haushalt lebende Person übernehmen, können Haushalt und betreuungsbedürftige Angehörige durch eine Haushaltshilfe versorgt werden. Der Anspruch besteht bei stationärer Entbindung, bei Hausgeburten, bei frühzeitiger Rückkehr aus dem Krankenhaus oder in Fällen, in denen schwangerschaftsbedingt die Haushaltsführung wegen drohender Gesundheitsgefährdung nicht möglich ist. Zur Haushaltsführung zählen ua. Reinigung der Woh-

nung, Waschen, Bügeln, Einkaufen, Kochen, Kinderbetreuung und -beaufsichtigung (BSG 22. 4. 1987 USK 8746). Eine im Haushalt lebende Person kann die Haushaltsführung nicht übernehmen, wenn sie gesundheitlich oder aus Altersgründen dazu nicht in der Lage bzw. durch Schule, Berufsausbildung oder Erwerbstätigkeit daran gehindert ist; Urlaub oder Freistellung zum Zwecke der Haushaltsführung brauchen nicht beantragt zu werden (BSG 28. 1. 1977 E 43, 170). Grds. stellt die Krankenkasse die Haushaltshilfe; anderenfalls werden Kosten für eine selbst beschaffte Hilfe erstattet, § 38 IV SGB V. Ist die Hilfsperson mit der Versicherten bis zum zweiten Grad verwandt oder verschwägert (§§ 1589, 1590 BGB), besteht kein Anspruch auf Kostenerstattung, doch kann die Kasse Fahrtkosten und Verdienstausfall der Hilfsperson ersetzen.

§ 200 Mutterschaftsgeld

(1) Weibliche Mitglieder, die bei Arbeitsunfähigkeit Anspruch auf Krankengeld haben oder denen wegen der Schutzfristen nach § 3 Abs. 2 und § 6 Abs. 1 des Mutterschutzgesetzes kein Arbeitsentgelt gezahlt wird, erhalten Mutterschaftsgeld.

(2) ¹Für Mitglieder, die bei Beginn der Schutzfrist nach § 3 Abs. 2 des Mutterschutzgesetzes in einem Arbeitsverhältnis stehen oder in Heimarbeit beschäftigt sind oder deren Arbeitsverhältnis während ihrer Schwangerschaft vom Arbeitgeber zulässig aufgelöst worden ist, wird als Mutterschaftsgeld das um die gesetzlichen Abzüge verminderte durchschnittliche kalendertägliche Arbeitsentgelt der letzten drei abgerechneten Kalendermonate vor Beginn der Schutzfrist nach § 3 Abs. 2 des Mutterschutzgesetzes gezahlt. ²Es beträgt höchstens 25 Deutsche Mark für den Kalendertag. ³Einmalig gezahltes Arbeitsentgelt (§ 23a des Vierten Buches Sozialgesetzbuch) sowie Tage, an denen infolge von Kurzarbeit, Arbeitsausfällen oder unverschuldeter Arbeitsversäumnis kein oder ein vermindertes Arbeitsentgelt erzielt wurde, bleiben außer Betracht. ⁴Ist danach eine Berechnung nicht möglich, ist das durchschnittliche kalendertägliche Arbeitsentgelt einer gleichartig Beschäftigten zugrunde zu legen. ⁵Übersteigt das Arbeitsentgelt 25 Deutsche Mark kalendertäglich, wird der übersteigende Betrag vom Arbeitgeber oder vom Bund nach den Vorschriften des Mutterschutzgesetzes gezahlt. ⁶Für andere Mitglieder wird das Mutterschaftsgeld in Höhe des Krankengeldes gezahlt.

(3) ¹Das Mutterschaftsgeld wird für die letzten sechs Wochen vor der Entbindung, den Entbindungstag und für die ersten acht Wochen, bei Mehrlings- und Frühgeburten für die ersten zwölf Wochen nach der Entbindung gezahlt. ²Bei Frühgeburten verlängert sich die Bezugsdauer um den Zeitraum, der nach § 3 Abs. 2 des Mutterschutzgesetzes nicht in Anspruch genommen werden konnte. ³Für die Zahlung des Mutterschaftsgeldes vor der Entbindung ist das Zeugnis eines Arztes oder einer Hebamme maßgebend, in dem der mutmaßliche Tag der Entbindung angegeben ist. ⁴Das Zeugnis darf nicht früher als eine Woche vor Beginn der Schutzfrist nach § 3 Abs. 2 des Mutterschutzgesetzes ausgestellt sein. ⁵Irrt sich der Arzt oder die Hebamme über den Zeitpunkt der Entbindung, verlängert sich die Bezugsdauer entsprechend.

(4) ¹Der Anspruch auf Mutterschaftsgeld ruht, soweit und solange das Mitglied beitragspflichtiges Arbeitsentgelt oder Arbeitseinkommen erhält. ²Dies gilt nicht für einmalig gezahltes Arbeitsentgelt.

I. Normzweck

Die Vorschrift begründet einen Anspruch auf Mutterschaftsgeld für gesetzlich Krankenversicherte 1 (Rn. 4); für Nichtmitglieder gilt § 13 II MuSchG. Das Mutterschaftsgeld soll den Einkommensausfall infolge der Beschäftigungsverbote gem. §§ 3 II, 6 I MuSchG ausgleichen (BSG 21. 2. 1969 E 29, 146). Anspruchsberechtigt sind über die von § 1 MuSchG erfaßten Personen hinaus alle, denen bei Arbeitsunfähigkeit Krankengeldansprüche zustehen. Die Mitgliedschaft muß zum Zeitpunkt des Versicherungsfalls (Rn. 2) bestehen. Liegen die Voraussetzungen des Abs. 1 vor, so erhält die AN Mutterschaftsgeld; zur Höhe vgl. Rn. 7. Zu den verfassungsrechtlichen Bedenken gegen die Aufstockung durch den AGZuschuß § 14 MuSchG Rn. 2.

II. Anspruchsvoraussetzungen (Abs. 1)

1. Versicherungsfall. Der Anspruch auf Mutterschaftsgeld entsteht mit Beginn der Schutzfrist des 2 § 3 II MuSchG, oder mit der Frist des Abs. 3, wenn die Schwangere nicht dem MuSchG untersteht. Er endet mit Ablauf der Frist des § 6 I MuSchG, bei Fehlgeburten/Abbruch dagegen mit Ende der Schwangerschaft, da es hier an einer „Entbindung" fehlt (Rn. 18).

2. Weibliche Mitglieder. Der Anspruch steht nur Frauen zu, nicht aber (erwerbstätigen) Vätern; 3 diese Differenzierung ist sachgerecht und vom besonderen Schutzauftrag zugunsten von Müttern umfaßt (BVerfG 23. 4. 1974 AP MuSchG § 14 Nr. 1). Der in Abs. 1 vorgesehene Ausschluß von

Müttern, die selbständig oder im Haushalt tätig sind, ist ebenfalls nicht verfassungswidrig (BVerfG 4. 10. 1983 E 65, 104).

4 **3. Anspruch auf Krankengeld.** Gem. § 44 I SGB V steht der Anspruch allen Versicherten zu, die krankheitsbedingt arbeitsunfähig sind oder auf Kosten der Kasse stationär behandelt werden; Ausnahmen: § 44 I 2 SGB V. Eine Pflichtversicherung ist nicht Voraussetzung, freiwillige Mitgliedschaft genügt, wenn nicht die Krankenkasse gem. § 44 II SGB V den Anspruch auf Krankengeld ausgeschlossen hat. Familienversicherte sind dagegen nicht Kassenmitglieder, § 10 SGB V, erhalten also kein Mutterschaftsgeld, sondern ggf. Entbindungsgeld, § 200 b.

5 **4. Kein Entgelt wegen der Schutzfristen.** Personen ohne Anspruch auf Krankengeld kann der Anspruch aus Abs. 1 dennoch zustehen, wenn ihnen wegen der Schutzfristen des MuSchG kein Arbeitsentgelt gezahlt wird, zB Studentinnen gem. § 5 I Nr. 9 SGB V, Bezieherinnen von Erwerbsunfähigkeits- oder Hinterbliebenenrente gem. § 50 I Nr. 1 SGB V sowie geringfügig beschäftigte freiwillig Versicherte (§ 9 SGB V), oder Personen, die wegen Überschreitens der Jahresarbeitsentgeltgrenze des § 6 I Nr. 1 SGB V nicht versicherungspflichtig sind. Im übrigen wird am Erfordernis des Entgeltausfalls „wegen" der Schutzfristen jedoch festgehalten: Das BSG hält einen Anspruch auf Mutterschaftsgeld nicht für gegeben, wenn die Schwangere unbezahlt beurlaubt worden war (BSG 8. 3. 1995 DOK 1995, 453). Da die Zahlungspflicht des AG bereits aufgrund des unbezahlten Urlaubs entfallen sei, könne auch kein Anspruch auf Lohnersatzleistungen mehr entstehen. Ähnlich wurde im Falle des Eintritts einer weiteren Schwangerschaft während des Erziehungsgeldbezuges, aber bei beendetem Arbeitsverhältnis argumentiert (BSG 8. 8. 1995 DOK 1995, 637); wird wegen der Beendigung des Beschäftigungsverhältnisses die Mitgliedschaft in der Krankenkasse nur noch gem. § 192 I Nr. 2 SGB V wegen Erziehungsgeldbezuges aufrechterhalten, entsteht kein Anspruch aus § 200.

6 **5. Rahmenfrist als Anspruchsvoraussetzung.** Mutterschaftsgeld wird nur gezahlt, wenn die Anspruchstellerin vom Beginn des 10. bis Ende des 4. Monats vor der Entbindung mindestens 12 Wochen Mitglied gewesen ist oder in einem Arbeitsverhältnis gestanden hat; Zeiten der Beschäftigung im Entwicklungsdienst werden gleichgestellt (BSG 25. 6. 1991 NZA 1992, 87). Daß das Arbeitsverhältnis geruht hat, zB wegen Beurlaubung, ist unschädlich (BSG 17. 4. 1991 NZA 1991, 911). Beamtinnen, Richterinnen und Soldatinnen stehen nicht in Arbeitsverhältnissen, sie sind daher selbst nicht anspruchsberechtigt, wenn sie daneben freiwillig in der gesetzlichen Kasse krankenversichert sind (*Buchner/Becker* § 13 MuSchG Rn. 52; *Meisel/Sowka* Rn. 18). Das Arbeitsverhältnis muß weder zusammenhängend 12 Wochen bestanden haben noch stets beim selben AG, auch auf den Beschäftigungsumfang oder das Vorliegen einer Befristung kommt es nicht an. Dem Schutzzweck der Norm entsprechend muß eine tatsächliche Beschäftigung aufgrund fehlerhaften Arbeitsverhältnisses genügen. Die Rahmenfrist wird vom mutmaßlichen Entbindungstermin aus bestimmt, wie er sich aus dem ärztlichen Zeugnis gem. § 5 MuSchG ergibt; fehlt ein Zeugnis, ist vom tatsächlichen Entbindungstermin auszugehen.

III. Unterschiedliche Höhe des Mutterschaftsgeldes (Abs. 2)

7 Die Höhe des Mutterschaftsgeldes bestimmt sich danach, ob die Versicherte entweder bei Beginn der Schutzfrist (schon oder noch) in einem Arbeitsverhältnis steht, in Heimarbeit beschäftigt ist, bzw. ihr Arbeitsverhältnis vom AG zulässig aufgelöst wurde (S. 1) oder ein anderes Mitglied ist (S. 6). Letztere erhalten Mutterschaftsgeld in Höhe des Krankengeldes, erstere in Höhe des durchschnittlichen Netto-Arbeitsentgelts der letzten drei abgerechneten Kalendermonate vor Beginn der Schutzfrist, höchstens aber 25,- DM kalendertäglich (Rn. 16).

8 **1. Arbeitsverhältnis bei Beginn der Schutzfrist.** Die Versicherte muß bei Beginn der Frist (Rn. 18) aus § 3 II MuSchG in einem Arbeitsverhältnis stehen oder in Heimarbeit beschäftigt sein; es kommt nur auf den Bestand des Arbeitsverhältnisses, nicht auf tatsächliche Arbeitsleistung an. Unerheblich ist auch, wenn das Arbeitsverhältnis danach sofort endet. Steht die Versicherte während des Bemessungszeitraums (Rn. 13) in mehreren Arbeitsverhältnissen nebeneinander, stützt sich der Anspruch auf Mutterschaftsgeld dem Grunde und der Höhe nach auf alle diese Arbeitsverhältnisse (*Zmarzlik/Zipperer/Viethen* Rn. 74).

9 **2. Vom AG zulässig aufgelöste Arbeitsverhältnisse.** Eine gem. § 9 MuSchG vom AG wirksam erklärte Kündigung löst das Arbeitsverhältnis auf. Dem stehen gleich: außerordentliche Kündigung durch die Schwangere, einvernehmliche Auflösung des Arbeitsverhältnisses, wenn der AG die Möglichkeit zur Kündigung gehabt hätte.

10 **3. Berechnung und Höhe des Mutterschaftsgeldes gem. Abs. 2 S. 1 bis 5.** Das Mutterschaftsgeld ist kalendertäglich zu berechnen und zu gewähren; es wird nach dem Durchschnittslohn ermittelt (Referenzmethode), dh. der gesamte Nettoverdienst der Schwangeren im Berechnungszeitraum wird durch die Anzahl der Kalendertage dieses Zeitraums geteilt.

a) **Arbeitsentgelt** sind die laufenden oder einmaligen Einnahmen aus einer Beschäftigung; Sachbezüge sind einzurechnen und mit dem Verkehrswert anzusetzen, der aufgrund der SachbezugsVO festgelegt wird, falls sie nicht während der Schutzfrist weitergewährt werden. Einmalig gezahltes Arbeitsentgelt (Treueprämie, Weihnachtsgratifikation, Jubiläumszuwendung ...) wird nicht eingerechnet (Abs. 2 S. 3). Verdiensterhöhungen im Berechnungszeitraum sind von dem Tag einzurechnen, von dem an sie wirksam werden; rückwirkende Tariflohnerhöhungen werden insoweit ebenfalls berücksichtigt (BAG 6. 6. 1994 AP MuSchG 1968 § 14 Nr. 11 = NZA 1994, 793; EuGH 13. 2. 1996 AP EWG-RL 76/207 Nr. 8; aA wohl BSG 30. 5. 1978 E 46, 203). Verdienstminderungen infolge von Krankheit, Arbeitsausfällen oder unverschuldetem Arbeitsversäumnis sind gem. Abs. 2 S. 3 für die Feststellung des Arbeitsentgelts nicht heranzuziehen. Auswirkungen hat somit nicht nur verschuldete Arbeitsversäumnis, betrieblich bedingte Verdienstminderungen sind nicht zu berücksichtigen. 11

b) Das **Nettoentgelt** errechnet sich aus dem Arbeitsentgelt abzüglich Lohnsteuer, Solidaritätszuschlag, Kirchensteuer und Sozialversicherungsbeiträgen, § 14 II SGB IV. Da durch Änderung steuerlicher Merkmale (Steuerklasse, Freibeträge) die Höhe des Mutterschaftsgeldes beeinflußt werden kann, ist zu prüfen, inwieweit die Änderung gerechtfertigt oder rechtsmißbräuchlich war (so zum Parallelproblem bei § 14 MuSchG BAG 22. 10. 1986 BB 1987, 1179; 18. 9. 1991 AP MuSchG 1968 § 14 Nr. 10 = NZA 1992, 411). 12

c) Der **Berechnungszeitraum** berücksichtigt nur die letzten drei vollständig abgerechneten Kalendermonate vor Beginn der Schutzfrist des § 3 II MuSchG. Dieser Zeitraum bleibt selbst dann maßgeblich, wenn die AN den AG gewechselt oder sie während der Frist des § 3 II MuSchG weitergearbeitet hat (*Zmarzlik/Zipperer/Viethen* Rn. 58). Wird der Antrag erst nach der Entbindung gestellt, ist der tatsächliche Entbindungstag für die Berechnung maßgeblich, sonst der in der Bescheinigung benannte. Abgerechnet ist ein Zeitraum dann, wenn eine Entgeltabrechnung erstellt oder das Entgelt vollständig geleistet wurde; bloße Abschlagszahlungen genügen dafür nicht (BAG 14. 4. 1961 AP ArbKrankhG § 2 Nr. 12). Die drei abgerechneten Monate müssen nicht zusammenhängen, es kann sich auch um Entgelt aus aufeinanderfolgenden Arbeitsverhältnissen handeln (BSG 22. 2. 1972 E 34, 79). 13

d) Der **Berechnungsgrundsatz** sieht vor, daß das ermittelte Nettoentgelt auf den Kalendertag umgerechnet wird; bei festem Monatsverdienst wird der Monat zu 30 Tagen gerechnet, sonst entsprechend der tatsächlichen Zahl der Kalendertage. Die Woche wird mit 7 Tagen gerechnet, unabhängig von der vereinbarten Arbeitszeit. Lediglich die unverschuldeten Ausfallzeiten iSd. Abs. 2 S. 3 werden in die Zeitberechnung nicht einbezogen, damit sie die Höhe des Tagesentgelts im Bezugszeitraum nicht (nachteilig) beeinflussen. 14

e) Kann ein repräsentatives Durchschnittsentgelt tatsächlich nicht ermittelt werden (zu große Fehlzeiten, fehlende Verdienstbescheinigung), ist das Entgelt einer **gleichartig Beschäftigten** zugrunde zu legen, Abs. 2 S. 4. Dasselbe gilt, wenn die Berechnung gem. Abs. 2 S. 1 bis 3 zu normzweckwidrigen Ergebnissen führen würde, zB weil die Schwangere im Berechnungszeitraum nur zum Teil Arbeitsentgelt, im übrigen aber noch die wesentlich niedrigere Ausbildungsvergütung bezogen hat (*Zmarzlik/Zipperer/Viethen* Rn. 68; aA *Meisel/Sowka* Rn. 70). Die Vergleichsperson ist eine „gleichartig Beschäftigte", wenn sie gleichen Alters und Familienstandes und im selben Betrieb unter vergleichbaren Arbeitsbedingungen tätig ist; hilfsweise ist der ortsübliche Verdienst heranzuziehen. 15

f) Der **Höchstbetrag** des Mutterschaftsgeldes beträgt kalendertäglich 25,– DM. Liegt das Nettoarbeitsentgelt höher, muß die Differenz vom AG gem. § 14 I MuSchG geleistet werden, bei zulässig aufgelöstem Arbeitsverhältnis oder Zahlungsunfähigkeit des AG gem. § 14 II, III MuSchG von der Krankenkasse (§ 14 MuSchG Rn. 6). Abs. 2 S. 5 weist auf diese Regelung lediglich nochmals hin (deklaratorisch). 16

4. Mutterschaftsgeld in Höhe des Krankengeldes (Abs. 2 S. 6). „Andere Mitglieder" (Rn. 7) haben Anspruch auf Mutterschaftsgeld in Höhe des Krankengeldes. Gemeint sind Versicherte, die die Voraussetzungen des Abs. 1 erfüllen, aber nicht die Voraussetzungen des Abs. 2 S. 1; das sind AN ohne Anspruch auf AGZuschuß (zB weil der Anspruch während der Schutzfrist durch Beendigung des Arbeitsverhältnisses entfallen ist) und NichtAN, zB freiwillig versicherte Selbständige; Bezieherinnen von Leistungen nach dem SGB III; Erziehungsurlauberinnen, die erneut schwanger werden. Die Höhe des Krankengeldes beträgt gem. § 47 SGB V 70% des wegen der Arbeitsunfähigkeit entgangenen Regelentgelts. Eine Begrenzung auf den Höchstbetrag von 25,– DM pro Tag entfällt. 17

IV. Dauer des Anspruchs (Abs. 3)

Mutterschaftsgeld wird während der Schutzfristen der §§ 3 II, 6 I MuSchG gezahlt, bei Frühgeburten angepaßt an die Neuregelung in § 6 MuSchG, dh. verlängert um den Zeitraum, der nach § 3 II MuSchG nicht in Anspruch genommen werden konnte. Für die Berechnung der Fristen gelten gem. § 26 I SGB X die §§ 187 I, 188 II BGB. Dabei ist vom tatsächlichen Entbindungstag auszugehen, der mutmaßliche Entbindungstag ist nur maßgeblich, sofern der Zahlungsantrag vor der Entbindung gestellt wird (BSG 9. 9. 1971 AP MuSchG 1968 § 13 Nr. 1). Tritt die Entbindung später als zum 18 bescheinigten Termin ein, verlängert sich die Bezugsdauer bis zum tatsächlichen Entbindungstermin; eine spätere Berichtigung des Zeugnisses beeinflußt die Verlängerung nicht. Tritt die Entbindung früher ein als erwartet, verkürzt sich die Bezugsdauer von 6 Wochen nicht. Die Kasse hat den Anspruch auf Mutterschaftsgeld rückwirkend vorzuverlegen, wenn nicht der AG für diese Zeit Entgelt gezahlt hat, Abs. 4.

V. Ruhen des Mutterschaftsgeldes (Abs. 4)

19 Während der Schutzfristen gem. §§ 3 II, 6 I MuSchG ruht das Arbeitsverhältnis nicht (BAG 10. 5. 1989 AP BErzGG § 15 Nr. 2), zur Gewährung von Arbeitsentgelt bzw. Mutterschutzlohn ist der AG aber nicht verpflichtet, wenn die Schwangere gem. § 3 II MuSchG freiwillig weiterarbeitet. Wird Entgelt gezahlt, ruht der Anspruch aus § 200 (BSG 21. 12. 1955 E 2, 142; *Meisel/Sowka* Rn. 89). Der Anspruch ruht insoweit nicht, wie der AG das Entgelt tatsächlich nicht zahlt. Die Ruhenszeit wird auf den Bezugszeitraum angerechnet, dieser verlängert sich also nicht. Ist die Versicherte vor Beginn der Schutzfrist arbeitsunfähig, hat sie den Anspruch aus § 3 EFZG, dieser endet mit Einsetzen der Schutzfrist (BAG 12. 3. 1997 NZA 1997, 763). Der Zuschuß gem. § 14 MuSchG ist kein Arbeitsentgelt iSd. Abs. 4, sondern muß zusätzlich zum Mutterschaftsgeld gezahlt werden.

VI. Zusammentreffen mit anderen Leistungen

20 **1. Erziehungsgeld.** Mutterschaftsgeld wird auf das Erziehungsgeld bis zu 20,– DM kalendertäglich angerechnet, § 7 BErzGG, so daß Erziehungsgeld nur noch zu zahlen ist, soweit es das Mutterschaftsgeld übersteigt. Wird eine versicherungspflichtige Mutter während eines laufenden Erziehungsurlaubs erneut schwanger, hat sie wiederum Anspruch auf Mutterschaftsgeld. Der Anspruch berechnet sich nach Abs. 2 S. 1 bis 5, wobei das Arbeitsentgelt zugrunde zu legen ist, das in den letzten drei abgerechneten Kalendermonaten vor Beginn der ersten Schwangerschaft gezahlt worden ist (*Meisel/Sowka* Rn. 114). Endet das Arbeitsverhältnis während des Erziehungsurlaubs, besteht das Versicherungsverhältnis der AN weiter, § 192 I Nr. 2 SGB V; sie verliert aber den Anspruch auf Krankengeld und damit auch den aus § 200 (*Meisel/Sowka* Rn. 115).

21 **2. Krankengeld.** Gem. § 49 I Nr. 3 SGB V ruht das Krankengeld, wenn und soweit Mutterschaftsgeld gezahlt wird (BAG 12. 3. 1997 NZA 1997, 763); der Anspruch besteht aber weiter, so daß die Zeiten für die Höchstbezugsdauer gem. § 48 III SGB V mitgerechnet werden (*Zmarzlik/Zipperer/Viethen* Rn. 142). Auch der Anspruch auf Leistungen nach dem SGB III (Arbeitslosengeld, -hilfe, Übergangsgeld, Eingliederungsgeld) ist gegenüber dem Mutterschaftsgeld nachrangig.

§ 200 a. *(gestrichen)*

§ 200 b Entbindungsgeld

Versicherte, die keinen Anspruch auf Mutterschaftsgeld nach § 200 haben, erhalten nach der Entbindung ein Entbindungsgeld von 150 Deutsche Mark.

1 Entbindungsgeld in Höhe von einmalig 150,– DM wird an Versicherte gezahlt, die keinen Anspruch auf Mutterschaftsgeld (§ 200 RVO, § 29 KVLG) haben: freiwillig Versicherte ohne Anspruch auf Krankengeld (§ 44 II SGB V); versicherungspflichtige, Rentnerinnen und Rentenantragstellerinnen (§ 5 I Nr. 11, 12 SGB V); Studentinnen und Praktikantinnen (§ 5 I Nr. 9 f. SGB V); Teilnehmerinnen an berufsfördernden Maßnahmen in Einrichtungen der Jugendhilfe (§ 5 I Nr. 5 SGB V); AN und Heimarbeiterinnen, die die Wartezeit gem. § 200 I nicht erfüllt haben sowie Familienversicherte. Der Anspruch ist mit der Entbindung fällig und ist der Kasse gegenüber durch Vorlage der Geburtsurkunde nachzuweisen; zur Zeit der Entbindung (dazu: § 6 MuSchG Rn. 2) muß ein Versicherungsverhältnis bestehen. Ausgeschlossen ist das Entbindungsgeld, wenn die Versicherte Mutterschaftsgeld zu beanspruchen hat, auch wenn dieser Anspruch völlig oder teilweise ruht, wenn also keine oder nur geringere Zahlungen als 150,– DM erbracht werden. Wenn in der Schutzfrist Arbeitsentgelt gezahlt wird, entfällt der Anspruch nicht, da er in § 200 IV nicht erwähnt wurde. Das Entbindungsgeld ist weder auf das Arbeitseinkommen anrechenbar noch auf Kranken- oder Erziehungsgeld.

560. Sozialgesetzbuch (SGB). Sechstes Buch (VI)
– Gesetzliche Rentenversicherung –

Vom 18. Dezember 1989 (BGBl. I S. 2261, ber. 1990 S. 1337)

Zuletzt geändert durch Gesetz vom 27. Juni 2000 (BGBl. I S. 939)

(BGBl. III/FNA 860-6)

– Auszug –

Schrifttum: *Hauck-Haines,* Sozialgesetzbuch SGB VI, Kommentar, Loseblatt; *Kreikebohm,* SGB VI – Sozialgesetzbuch, Gesetzliche Rentenversicherung, Kommentar, 1997.

Arbeitsrechtliche Fragen der gesetzlichen Rentenversicherung

Einführung

I. Allgemeines

Arbeitsrechtliche und sozialrechtliche Gestaltungsformen führen kein voneinander unabhängiges 1 Eigenleben, sondern sind in mehrfacher Weise miteinander verknüpft. Arbeitsrecht und Sozialrecht beschäftigen sich, soweit es um die an die Erwerbstätigkeit anknüpfende sozialen Sicherungssysteme anbetrifft, mit den gleichen oder ähnlichen Lebenssachverhalten.

So ist es denkbar, daß eine sozialrechtliche Gestaltungsform durch eine arbeitsrechtliche ersetzt 2 wird, also eine **Austauschbarkeit** von Sicherungsformen gegeben ist. Dies ist insbesondere der Fall im Verhältnis der arbeitsrechtlichen Entgeltfortzahlung im Krankheitsfall zum Krankengeld aus der gesetzlichen Krankenversicherung. Arbeitsrechtliche Gestaltungsformen können aber auch sozialrechtliche ergänzen. Insoweit ist als augenfälliges Beispiel die betriebliche Altersversorgung zu nennen.

Sozialrechtliche Geldleistungen und Arbeitsentgelt sind in mehrfacher Weise miteinander ver- 3 knüpft. Geldleistungen der gesetzlichen Rentenversicherung haben Einkommensersatzfunktion, soweit es um die Renten wegen Alters und die wegen verminderter Erwerbsfähigkeit geht.

Im Falle der **Renten wegen verminderter Erwerbsfähigkeit** soll die gesetzliche Rentenversiche- 4 rung den Einkommensverlust zumindest zum Teil kompensieren, der sich ergibt, daß entweder die Erwerbsfähigkeit des versicherten AN wegen Krankheit oder Behinderung auf weniger als die Hälfte derjenigen von körperlich, geistig und seelisch gesunden Versicherten mit ähnlicher Ausbildung und gleichwertigen Kenntnissen und Fähigkeiten gesunken ist (Berufsunfähigkeit – § 43 SGB VI) oder ein versicherter AN wegen Krankheit oder Behinderung auf nicht absehbare Zeit außerstande ist, eine Erwerbstätigkeit in gewisser Regelmäßigkeit auszuüben oder Arbeitseinkommen zu erzielen, das einen bestimmten Mindestbetrag nicht überschreitet (Erwerbsunfähigkeit – § 44 SGB VI). Ab 1. 1. 2001 wird die Rente wegen Berufsunfähigkeit durch die wegen teilweiser Erwerbsminderung ersetzt; diese liegt vor, wenn Versicherte wegen Krankheit oder Behinderung auf nicht absehbare Zeit außerstande sind, unter den üblichen Bedingungen des allgemeinen Arbeitsmarktes mindestens sechs Stunden täglich erwerbstätig zu sein. Ist die Erwerbsfähigkeit nur vermindert, stellt sich die Frage nach dem zulässigen Hinzuverdienst.

Im Fall der **Renten wegen Alters** war ursprünglich die gesetzliche Altersgrenze der Zeitpunkt, zu 5 dem auch ohne nähere Prüfung angenommen werden konnte, daß der versicherte AN nicht mehr oder nur noch in vermindertem Umfang zu einer Erwerbstätigkeit in der Lage ist; inzwischen ist die Lebenserwartung gestiegen und hat sich die gesundheitliche Situation älterer Menschen deutlich verbessert, so daß diese Vermutung nicht mehr zutrifft und die Altersgrenze zu einer sozialen Errungenschaft und zum Mittel der Personalpolitik geworden ist. Dass die Regelaltersgrenze von 65 zur Ausnahme und die verschiedenen vorgezogenen Rentenleistungen zur Regel geworden sind, belegt dies augenfällig. Zur sachgerechten Erfüllung der Einkommensersatzfunktion müssen deshalb Regelungen getroffen werden, die einen gleichzeitigen Bezug von Einkommen und Altersrente ausschließen.

Die **Hinterbliebenenleistungen** in der gesetzlichen Rentenversicherung haben Unterhaltsersatz- 6 funktion. Die Querverbindung zum Arbeitsrecht besteht hier in zweifacher Weise. Zum einen führt der Tod des Ernährers zum Fortfall von Arbeitsentgelt und zum anderen fragt es sich,

560 SGB VI Einf. Arbeitsrechtliche Fragen der gesetzlichen Rentenversicherung

inwieweit eigenes Einkommen des Hinterbliebenen auf die Hinterbliebenenrente angerechnet werden kann.

7   Die besondere Funktion der Geldleistungen der gesetzlichen Rentenversicherung führt auch zu der Frage, inwieweit der **Bezug der Geldleistungen** allein oder zusammen mit anderen Gesichtspunkten eine **Kündigung** rechtfertigen kann. Diese Frage kann sich bei den Renten wegen Alters ebenso ergeben wie bei denen wegen verminderter Erwerbsfähigkeit.

8   Neuere sozialpolitische Entwicklungen haben schließlich dazu geführt, daß der Übergang vom Erwerbsleben in den Ruhestand als gleitender ausgestaltet wird. Mit der **Teilrente** (§ 42 SGB VI) ist deshalb die Möglichkeit geschaffen worden, Erwerbstätigkeit und Bezug von Rentenleistungen miteinander zu verbinden. Dies bedarf einer kombinierten arbeits- und sozialrechtlichen Ausgestaltung.

9   Schließlich ergeben sich vielfältige Verknüpfungen zwischen dem Recht der gesetzlichen Rentenversicherung und dem der **betrieblichen Altersversorgung,** auf die bei der Kommentierung des Gesetzes zur Verbesserung der betrieblichen Altersversorgung eingegangen wird.

10 Auf der Grenzlinie zwischen Zivilrecht, Arbeitsrecht und Sozialrecht liegt schließlich der Versorgungsausgleich im Falle der Scheidung nach §§ 1587 ff. BGB. Arbeitsrechtliche Relevanz entfaltet der Versorgungsausgleich insofern, als auch Leistungen der betrieblichen Altersversorgung dem **Versorgungsausgleich** unterliegen.

II. Hinzuverdienstgrenzen

11 **1. Altersrenten.** Nach § 34 II SGB VI besteht für die **Altersrenten** eine **Hinzuverdienstgrenze** nur, sofern der Versicherte einen Anspruch vor Vollendung des 65. Lebensjahres geltend macht. Neben dem Bezug der sog. Regelaltersrente nach § 35 SGB VI kann also unbeschränkt hinzuverdient werden. Das Gesetz stellt damit sicher, daß Rentenleistungen vor Vollendung des 65. Lebensjahres nur an solche Versicherten gezahlt werden, die sich auch tatsächlich aus dem Arbeitsleben zurückgezogen haben. Mit Vollendung des 65. Lebensjahres entfällt die Hinzuverdienstgrenze.

12 Unschädlich ist bei einer **Vollrente** ein Hinzuverdienst in Höhe von 630 DM. Für die **Teilrente** (§ 42 SGB VI) gilt eine individuelle Hinzuverdienstgrenze, die sich aus der Berechnung der Vollrente ergibt.

13 Die Hinzuverdienstgrenze wirkt dahingehend, daß ein Anspruch auf Rente nur besteht, wenn die Hinzuverdienstgrenze nicht überschritten wird. Für die Bestimmung des Hinzuverdienstes sind **Arbeitsentgelt oder Arbeitseinkommen** heranzuziehen, wobei ein zweimaliges Überschreiten um jeweils einen Betrag bis zur Höhe der Hinzuverdienstgrenze im Laufe eines jeden Jahres seit Rentenbeginn außer Betracht bleibt. Mehrere Beschäftigungen und selbständige Tätigkeiten werden dabei zusammengerechnet. Unter Arbeitsentgelt sind gemäß § 14 SGB IV die einmaligen und laufenden Einnahmen aus einer Beschäftigung nach § 7 SGB IV (unselbständige Tätigkeit) zu verstehen. Hierzu gehören auch Zuschläge, Provisionen etc. sowie das Vorruhestandsgeld. Nicht als Arbeitsentgelt gelten das Entgelt, das eine Pflegeperson von dem Pflegebedürftigen erhält, sofern es das entsprechende Pflegegeld im Sinne von § 37 SGB XI nicht übersteigt sowie das Entgelt, das ein Behinderter in Werkstätten für Behinderte sowie vergleichbaren Einrichtungen (s. näher § 1 Nr. 2 SGB VI) erhält. Arbeitseinkommen ist gemäß § 15 SGB IV der nach den allgemeinen Gewinnermittlungsvorschriften des Einkommensteuerrechts ermittelte Gewinn aus einer selbständigen Tätigkeit.

14 **2. Renten wegen verminderter Erwerbsfähigkeit.** Durch die **Hinzuverdienstgrenzen** bei der **Rente wegen Berufsunfähigkeit** (§ 43 V SGB VI), der **Rente wegen Erwerbsunfähigkeit** (§ 44 V SGB VI) und **der Rente für Bergleute** (§ 45 V SGB VI) will der Gesetzgeber die Arbeit auf Kosten der Gesundheit beschränken (*Kreikebohm/Jörg*, SGB VI, § 43 Rn. 109). § 96 a SGB VI, der allerdings nur noch bis zum 31. 12. 2000 gilt, stellt insoweit als Grundsatz auf, daß eine Rente wegen verminderter Erwerbsfähigkeit nur geleistet wird, wenn die Hinzuverdienstgrenze nicht überschritten wird.

15 Es findet sich bei der Rente wegen Berufsunfähigkeit eine Abstufung, die dazu führt, daß je nach Höhe des erzielten Hinzuverdienstes die Rente in voller Höhe, zu zwei Dritteln oder zu einem Drittel geleistet wird. Überschreitet der Hinzuverdienst auch die für die Rente in Höhe von einem Drittel vorgesehene Grenze, so fällt die Rente wegen Berufsunfähigkeit weg. Die Hinzuverdienstgrenzen liegen hier höher als bei den Altersrenten. Für Altrenten (vor dem 1. 1. 1996) besteht keine Hinzuverdienstgrenze. Nach dem gleichen Muster wie bei der Rente wegen Berufsunfähigkeit – allerdings mit höheren Hinzuverdienstgrenzen – ist dies bei der Rente für Bergleute (§ 45 SGB VI) ausgestaltet. Bei der ab 1. 1. 2001 geltenden Rente wegen teilweiser Erwerbsminderung beträgt die Hinzuverdienstgrenze 630 DM.

16 Bei der **Rente wegen Erwerbsunfähigkeit** beträgt die Hinzuverdienstgrenze 630 DM. Bei Überschreiten wird aber die Rente wegen Erwerbsunfähigkeit nicht mehr gezahlt, wohl aber eine – niedrigere – Rente wegen Berufsunfähigkeit, sofern deren Hinzuverdienstgrenzen nicht überschritten sind.

III. Anrechnung von Einkommen bei Hinterbliebenenrenten

Der **Unterhaltsersatzfunktion** der Hinterbliebenenleistungen gemäß wird bei Hinterbliebenenrenten grundsätzlich das Einkommen des Hinterbliebenen angerechnet (§ 97 SGB VI). Ausnahmen gelten nur für Bezieher von Waisenrenten unter 18 Jahren und Witwen- und Witwerrenten während des sog. Sterbevierteljahres. 17

Ähnlich wie bei den Regelungen zum Hinzuverdienst wird auch hier eine **rentenunschädliche Grenze** gesetzt, bis zu der eine Anrechnung nicht erfolgt. Diese Grenze liegt bei Witwen-, Witwer- und Erziehungsrenten beim 26,4fachen des aktuellen Rentenwerts (26,4 × 48,29 DM = 1274,86 DM für die alten Bundesländer bis zum 30. 6. 2000) und für Waisenrenten beim 17,6fachen dieses aktuellen Rentenwerts. Für jedes waisenrentenberechtigte Kind erhöht sich der Betrag um das 5,6fache des aktuellen Rentenwerts. Von dem danach verbleibenden Einkommen werden 40% angerechnet, so daß bei einem Einkommen von 2500 DM ein Betrag von 1225,14 DM als **anrechenbares Einkommen** verbleibt, von dem 40%, also 490,06 DM angerechnet werden. Um diesen Betrag wird dann die Rente vermindert und fällt ggf. je nach ihrer Höhe vollständig weg. 18

Das **anrechenbare Einkommen** ist hier weiter gefasst und umfasst durch den Klammerverweis auf die §§ 18 a bis 18 e SGB IV neben dem **Erwerbseinkommen auch Erwerbsersatzeinkommen** wie Krankengeld und Renten aus der gesetzlichen Rentenversicherung, Renten aus der gesetzlichen Unfallversicherung, Beamtenpensionen und Leistungen der berufsständischen Versorgungswerke anzurechnen, nicht aber Einkünfte aus Kapitalvermögen sowie Vermietung und Verpachtung und auch nicht Leistungen einer privaten oder öffentlich-rechtlichen Zusatzversorgung. 19

IV. Arbeitsrechtliche Fragen der Teilrente

§ 42 I SGB VI sieht vor, daß Versicherte eine Rente wegen Alters in voller Höhe (Vollrente) oder als Teilrente in Anspruch nehmen können. Die Teilrente kann ein Drittel, die Hälfte oder zwei Drittel der erreichten Vollrente betragen (§ 42 II SGB VI). Eine solche Teilrente bedarf einer **arbeitsrechtlichen Flankierung,** zu der § 42 III SGB VI aber lediglich vorsieht, daß Versicherte, die wegen beabsichtigter Inanspruchnahme einer Teilrente ihre Arbeitsleistung einschränken wollen, von ihrem AG verlangen können, daß er mit ihnen die Möglichkeit einer solchen Einschränkung erörtert. Da die Frage der Einschränkung der Arbeitsleistung einen unmittelbaren Zusammenhang mit der Ausgestaltung des jeweiligen Arbeitsbereichs hat, muss der AG zu einschlägigen Vorschlägen des AN Stellung nehmen. 20

Aus dieser eher zurückhaltenden Formulierung wird aber bereits deutlich, daß die Möglichkeiten des AN, den Bezug einer Teilrente zu realisieren, eher bescheiden sind. Der AN hat grundsätzlich **keinen Anspruch** auf Wechsel von einer Vollzeitbeschäftigung in eine Teilzeitbeschäftigung gegen den AG. Damit ist die Möglichkeit der Inanspruchnahme der Teilrente abhängig von der Bereitschaft des AG, in ausreichender Zahl geeignete Teilzeitarbeitsplätze einzurichten (so zutreffend *Worzalla* NZA 1993, 588). Aus § 315 I BGB kann nichts anderes hergeleitet werden, da es angesichts bestehender arbeitsvertraglicher Abreden an einem einseitigen Gestaltungsrecht des AG fehlt. Auch die arbeitsvertragliche Fürsorgepflicht lässt sich dafür nicht instrumentalisieren, da sie als arbeitsvertragliche Nebenpflicht keinen Anspruch auf Umgestaltung der Hauptpflichten geben kann. Lediglich der Gleichbehandlungsgrundsatz und das Willkürverbot können in einschlägigen Fällen mit Erfolg herangezogen werden (*Hauck-Haines/Klattenhoff*, SGB VI, § 42 Rn. 13). 21

Davon unabhängig besteht aber die Möglichkeit einer einschlägigen Regelung durch Betriebsvereinbarung oder TV. 22

V. Kündigung und Bezug einer Leistung aus der gesetzlichen Rentenversicherung

Weder eine **Rentenleistung** wegen Alters noch eine solche wegen Berufs- oder Erwerbsunfähigkeit können **als solche** eine Kündigung rechtfertigen. Dies ist für die Rente wegen Alters deutlich in § 41 IV SGB VI geregelt, der einen Anspruch auf Altersrente nicht als Grund gelten lässt, der die Kündigung eines Arbeitsverhältnisses durch den AG nach dem KSchG bedingen könnte. Für die Renten wegen verminderter Erwerbsfähigkeit ist dies nicht ausdrücklich geregelt, ergibt sich aber daraus, daß die jeweiligen Versicherungsfälle nicht automatisch Arbeitsunfähigkeit bedeuten. Dies ist für die Rente wegen Berufsunfähigkeit offenkundig, da hier zwar grundsätzlich auf den bisherigen Beruf abgestellt wird, aber nicht notwendig der aktuell ausgeübte Beruf Bezugspunkt ist (s. näher *Kreikebohm/Jörg*, SGB VI, § 43 Rn. 25 f.). Dies gilt aber auch für die wegen Erwerbsunfähigkeit. Die Erwerbsunfähigkeit setzt nicht voraus, daß der AN eine bisher vertraglich geschuldete Tätigkeit nicht mehr ausüben kann; es findet keine konkrete auf den bisherigen Beruf bezogene Prüfung statt (BAG 14. 5. 1986 NZA 1986, 834). Es bedarf vielmehr konkret der Prüfung eines einschlägigen Kündigungsgrundes. 23

§ 2 Selbständig Tätige

Versicherungspflichtig sind selbständig tätige
(...)
9. Personen,
   a) die im Zusammenhang mit ihrer selbständigen Tätigkeit regelmäßig keinen versicherungspflichtigen Arbeitnehmer beschäftigen, dessen Arbeitsentgelt aus diesem Beschäftigungsverhältnis regelmäßig 630 Deutsche Mark im Monat übersteigt, und
   b) auf Dauer und im Wesentlichen nur für einen Auftraggeber tätig sind.

I. Normzweck

1   Mit Wirkung zum 1. 1. 1999 hat § 2 Nr. 9 für Personen, die die ersten beiden Vermutungskriterien des § 7 IV SGB IV erfüllen, aber gleichwohl keine Beschäftigten sind, eine **Versicherungspflicht als Selbständiger** in der gesetzlichen Rentenversicherung – und nur in dieser – eingeführt (kritisch *Buchner* DB 1999, 146, 149). Die Vorschrift soll der zunehmenden Erosion des versicherungspflichtigen Personenkreises entgegenwirken und zugleich diejenigen Selbständigen in die Pflichtaltersvorsorge einbeziehen, die sozial ebenso schutzwürdig erscheinen wie die von § 2 Nr. 1 bis 8 erfaßten Personen (BT-Drucks. 14/45, S. 20).

2   § 2 Nr. 9 hat, was durch die Streichung des ursprünglichen Klammerzusatzes „arbeitnehmerähnliche Selbständige" (dazu *Buchner* DB 1999, 2514, 2517) noch deutlicher als bislang zum Ausdruck kommt, keinen Einfluß auf den arbeitsrechtlichen Begriff der **arbeitnehmerähnlichen Person**. Dieser bestimmt sich weiterhin nach ihrer wirtschaftlichen Unselbständigkeit (§§ 5 I ArbGG, 2 S. 2 BUrlG) oder ihrer Qualifizierung als „wirtschaftlich abhängig und vergleichbar einem AN sozial schutzbedürftig" (§ 12 a I Nr. 1 TVG). Wer, ohne eigene Mitarbeiter zu beschäftigen, nur für einen Auftraggeber tätig wird, ist nicht zwangsläufig vergleichbar einem AN sozial schutzbedürftig (*Löwisch* BB 1999, 102).

II. Tatbestandliche Voraussetzungen

3   Der Versicherungspflicht nach § 2 Nr. 9 unterliegt, wer die im Zusammenhang mit seiner selbständigen Tätigkeit regelmäßig keinen versicherungspflichtigen AN beschäftigt, dessen Arbeitsentgelt aus diesem Beschäftigungsverhältnis regelmäßig 630 Deutsche Mark im Monat übersteigt, und auf Dauer und im Wesentlichen nur für einen Auftraggeber tätig ist. Diese beiden Voraussetzungen sind mit den beiden ersten der in § 7 IV 1 SGB IV genannten Vermutungstatbestände für eine abhängige Beschäftigung identisch, so daß auf die dortigen Ausführungen (§ 7 SGB IV Rn. 50 ff.) verwiesen werden kann. Die **Ausnahme für Handelsvertreter**, die § 7 IV 2 SGB IV in bezug auf die Beschäftigungsvermutung macht, findet sich in § 2 Nr. 9 **nicht** (KassKomm/*Gürtner* Rn. 36). Weder unter § 7 IV SGB IV noch unter § 2 Nr. 9 fallen geschäftsführende Gesellschafter einer **Ein-Personen-GmbH**, selbst wenn diese GmbH keine versicherungspflichtigen AN beschäftigt und im wesentlichen nur für einen Auftraggeber tätig ist (*Hohmeister* NZS 1999, 213, 214 f.).

III. Konkurrenzen

4   **1. Verhältnis zu § 7 IV SGB IV.** Trotz dieser engen Anbindung von § 2 Nr. 9 an § 7 IV SGB IV ist zu betonen, daß die Versicherungspflicht als Beschäftigter und diejenige als Selbständiger sich gegenseitig ausschließen, in der gesetzlichen Rentenversicherung also entweder nur Versicherungspflicht nach § 1 Nr. 1 oder nach § 2 Nr. 9 bestehen kann. Wegen der geänderten Voraussetzungen der Anwendbarkeit des § 7 IV 1 SGB IV sind jetzt zahlreiche Varianten denkbar: **(1) Versicherungspflicht in allen Zweigen der Sozialversicherung** besteht, wenn der Betreffende Beschäftigter ist, also entweder *a)* er schon gar nicht zum von § 7 IV 1 SGB IV erfaßten Personenkreis gehört (dazu § 7 SGB IV Rn. 43), zB Handelsvertreter ist, aber die allg. Voraussetzungen des § 7 I SGB IV (dazu § 7 SGB IV Rn. 7 ff.) erfüllt; *b)* er zwar nicht mindestens drei der fünf in § 7 IV 1 SGB IV genannten Kriterien erfüllt und damit nicht als Beschäftigter vermutet wird, dies aber nach den allg. Maßstäben des § 7 I SGB IV gleichwohl ist; oder *c)* er mindestens drei der fünf in § 7 IV 1 SGB IV genannten Kriterien erfüllt und es ihm nicht gelingt, die dadurch begründete Vermutung der abhängigen Beschäftigung zu widerlegen. **(2) Versicherungspflicht nur in der gesetzlichen Rentenversicherung** nach § 2 Nr. 9 besteht, wenn der Betreffende *a)* zwar nicht zu dem von § 7 IV 1 SGB IV erfaßten Personenkreis gehört und auch nicht nach allg. Maßstäben Beschäftigter ist, er aber gleichwohl die Kriterien des § 7 IV 1 Nr. 1 und 2 SGB IV = § 2 Nr. 9 erfüllt; *b)* er von den Vermutungstatbeständen des § 7 IV 1 SGB IV nur die ersten beiden Ziffern erfüllt, daher nicht als Beschäftigter vermutet wird und dies auch nach allg. Maßstäben nicht ist; oder *c)* er zwar neben den Kriterien des § 7 IV 1 Nr. 1 und 2 SGB IV noch mindestens einen weiteren Vermutungstatbestand der dortigen Nrn. 3 bis 5 erfüllt, es ihm aber gelingt, die dadurch begründete Vermutung der abhängigen Beschäftigung zu

widerlegen. **(3) Grds. keine Versicherungspflicht** (Ausnahmen aber für Künstler, Publizisten, Landwirte und in der gesetzlichen Unfallversicherung) besteht, wenn der Betreffende weder Beschäftigter (sei es kraft Vermutung, sei es aufgrund § 7 I SGB IV) ist, noch die Voraussetzungen des § 2 Nr. 9 erfüllt.

2. Verhältnis zu § 2 Nr. 1 bis 8 SGB VI. Gegenüber den Versicherungstatbeständen des §§ 2 Nr. 1 bis 8, 229 a ist die Versicherungspflicht nach Nr. 9 nachrangig. Das folgt schon daraus, daß die übrigen Tatbestände des § 2 spezieller sind und Nr. 9 daher nur eine Auffangfunktion in bezug auf diejenigen Personen zukommt, die nicht schon vor dem 1. 1. 1999 versicherungspflichtig waren (*Spitzenverbände* NZA 2000, 190, 196 sub 11; VDR-Komm. Anm. 11.3). Bedeutung hat dies zB hinsichtlich des Vorrangs der – beitrags- und leistungsrechtlich Unterschiede aufweisenden – Rentenversicherung selbständiger Künstler und Publizisten (§ 2 Nr. 5 iVm dem KSVG) und der Befreiungsmöglichkeit nach § 6 Ia, die nur zugunsten derjenigen Versicherten eingreift, die *nur* nach § 2 Nr. 9, nicht aber auch aus anderen Gründen versicherungspflichtig sind (insoweit wie hier KassKomm/*Gürtner* Rn. 40).

IV. Rechtsfolgen der Versicherungspflicht

Der die Voraussetzungen des § 2 Nr. 9 erfüllende Selbständige ist versicherungspflichtig und damit 6 einerseits beitragspflichtig, andererseits (bei Erfüllung der versicherungsrechtlichen Voraussetzungen, zB der Zurücklegung der Wartezeit) leistungsberechtigt. Anders als versicherungspflichtige Beschäftigte, aber ebenso wie sonstige Selbständige, muß er die **Beiträge allein tragen,** § 169 Nr. 1 SGB VI, erhält also von seinen Auftraggebern keinen „AGAnteil" (*Bauer/Diller/Lorenzen* NZA 1999, 169, 174). Leistungsrechtlich genießt er **alle Vorteile der Pflichtversicherung,** ist also – anders als bloß freiwillig Versicherte – auch gegen das Risiko der Berufs- oder Erwerbsunfähigkeit (Erwerbsminderung) versichert (vgl. *Kreikebohm/Jörg* § 43 SGB VI Rn. 15).

V. Befreiungsmöglichkeiten (§ 6)

Der nach § 2 Nr. 9 Versicherungspflichtige kann sich unter den Voraussetzungen des § 6 von der 7 Versicherungspflicht befeien lassen. Praktische Bedeutung haben va. die Befreiungsmöglichkeiten nach § 6 I Nr. 1 und nach § 6 Ia.

Die Befreiungsmöglichkeit nach § 6 I Nr. 1 besteht für **Mitglieder berufsständischer Versorgungs-** 8 **werke** (*Hanau* ZIP 1999, 252, 253). Selbständig Tätige, die aufgrund einer durch Gesetz angeordneten oder auf Gesetz beruhenden Verpflichtung Mitglied einer öffentlich-rechtlichen Versicherungseinrichtung ihrer Berufsgruppe und zugleich kraft gesetzlicher Verpflichtung Mitglied einer berufsständischen Kammer sind, werden danach auf Antrag von der Versicherungspflicht befeit, wenn am jeweiligen Ort der Beschäftigung oder selbständigen Tätigkeit für ihre Berufsgruppe bereits vor dem 1. 1. 1995 eine gesetzliche Verpflichtung zur Mitgliedschaft in der berufsständischen Kammer bestanden hat, für sie nach näherer Maßgabe der Satzung einkommensbezogene Beiträge unter Berücksichtigung der Beitragsbemessungsgrenze zur berufsständischen Versorgungseinrichtung zu zahlen sind und aufgrund dieser Beiträge Leistungen für den Fall verminderter Erwerbsfähigkeit und des Alters sowie für Hinterbliebene erbracht und angepaßt werden, wobei auch die finanzielle Lage der berufsständischen Versorgungseinrichtung zu berücksichtigen ist (näher dazu *Kunz/Kunz* DB 1999, 583; HS-RV/*Voelzke* § 17 Rn. 76 ff.).

Die speziell für die nach § 2 Nr. 9 Versicherungspflichtigen geschaffenen Befreiungsmöglichkeiten 9 des § 6 Ia ermöglichen es **Existenzgründern** und **älteren Selbständigen,** aus dem System der gesetzlichen Rentenversicherung auszuscheiden. Mit diesen Vorschriften, die nicht nur übergangsweise, sondern auf Dauer gelten, soll der besonderen Situation dieses nicht beruflich definierten Personenkreises Rechnung getragen werden (BT-Drucks. 14/1855, S. 9).

§ 6 Ia 1 Nr. 1 ermöglicht in der **Existenzgründungsphase,** nämlich für einen Zeitraum von drei 10 Jahren nach erstmaliger Aufnahme einer selbständigen Tätigkeit, die die Merkmale des § 2 Nr. 9 erfüllt, die Befreiung von der Versicherungspflicht. Dadurch wird in Befolgung der Empfehlungen der Sachverständigenkommission (NZA 1999, 1260, 1262) dem Umstand Rechnung getragen, daß viele Existenzgründer nur in der Anfangsphase die Voraussetzungen des § 2 Nr. 9 erfüllen, später aber versicherungspflichtige AN einstellen und/oder für mehrere Auftraggeber tätig werden. Außerdem wird es ihnen ermöglicht, ihre finanziellen Kräfte zu Beginn ganz auf den Aufbau des Unternehmens zu konzentrieren (BT-Drucks. 154/1855, S. 9). Auch bei einem **zweiten Existenzgründungsversuch** besteht die Befreiungsmöglichkeit nochmals (§ 6 Ia 2), nicht aber beim dritten und bei weiteren Versuchen, sich selbständig zu machen (*Bauer/Diller/Schuster* NZA 1999, 1297, 1302).

§ 6 Ia 1 Nr. 2 geht ebenfalls auf die Vorschläge der Sachverständigenkommission (NZA 1999, 1260, 11 1262) zurück und betrifft **Selbständige nach Vollendung des 58. Lebensjahres,** die nach einer zuvor ausgeübten (anderen) selbständigen Tätigkeit erstmals nach § 2 Nr. 9 versicherungspflichtig werden. Die Befreiungsmöglichkeit trägt dem Umstand Rechnung, daß der Übergang von der Selbständigkeit in den Ruhestand häufig das Zwischenstadium einer Selbständigkeit nach § 2 Nr. 9 durchläuft. Die

Betroffenen erhalten die Möglichkeit, ihre bisherige Form der Altersvorsorge außerhalb der gesetzlichen Rentenversicherung ausbauen zu können (BT-Drucks. 14/1855, S. 9).

VI. Übergangsregelung (§ 231 V)

12   Neben die als gesetzliche Dauerregelung konzipierten Befreiungsmöglichkeiten des § 6 stellt § 231 V übergangsweise drei weitere Befreiungstatbestände, um dem Gedanken des Vertrauensschutzes Rechnung zu tragen (dazu *Heinze* JZ 2000, 332, 336; *Schmidt* NZS 2000, 57, 65 f.). Danach werden **auf Antrag** Personen von der Versicherungspflicht befreit, die am 31. 12. 1998 eine selbständige Tätigkeit ausgeübt haben, in der sie nicht versicherungspflichtig waren, danach aber durch § 2 Nr. 9 versicherungspflichtig wurden, wenn sie *a)* vor dem 2. Januar 1949 geboren sind, *b)* bereits über eine private oder betriebliche Altersvorsorge verfügen, die – auch hinsichtlich der Höhe ihrer Beiträge (!) – der gesetzlichen Rentenversicherung im Wesentlichen entspricht *oder c)* über Vermögen verfügen oder aufgrund vertraglicher Verpflichtung solches in der Höhe ansparen, daß eine der Rentenversicherung wirtschaftlich gleichwertige Sicherung für den Fall des Alters, der Invalidität und des Todes gewährleistet ist (dazu *Bieback* SGb 2000, 189, 197 f.; *Gaul/Wisskirchen* DB 1999, 2466, 2470 f.; *Kerschbaumer/Jürgler* ArbuR 2000, 13, 15).

§ 41 Altersrente und Kündigungsschutz

¹ Der Anspruch des Versicherten auf eine Rente wegen Alters ist nicht als ein Grund anzusehen, der die Kündigung eines Arbeitsverhältnisses durch den Arbeitgeber nach dem Kündigungsschutzgesetz bedingen kann. ² Eine Vereinbarung, die die Beendigung des Arbeitsverhältnisses eines Arbeitnehmers ohne Kündigung zu einem Zeitpunkt vorsieht, in dem der Arbeitnehmer vor Vollendung des 65. Lebensjahres eine Rente wegen Alters beantragen kann, gilt dem Arbeitnehmer gegenüber als auf die Vollendung des 65. Lebensjahres abgeschlossen, es sei denn, daß die Vereinbarung innerhalb der letzten drei Jahre vor diesem Zeitpunkt abgeschlossen oder von dem Arbeitnehmer bestätigt worden ist.

I. Normzweck

1   § 41 SGB VI ist eine der zentralen Vorschriften des RRG 1992. Wie sich aus der früheren amtlichen Überschrift ergibt, dient sie der stufenweisen Anhebung und Flexibilisierung der Altersgrenzen von 60 und 63 Jahren. Über die Flexibilisierung der Lebensarbeitszeit soll das Verhältnis von Beitragszahlern und Rentnern zugunsten der Rentenkassen verbessert werden (BT-Drucks. 11/4124 S. 144). Zumindest in der vom 1. 1. 1992 bis zum 31. 7. 1994 in Kraft befindlichen Fassung drohte § 41 IV aF diesen **Normzweck zu verfehlen,** weil AG das Vertrauen in einen fixen Endtermin der Arbeitsverhältnisse verloren und vermehrt versuchten, sich von AN bereits vor Erreichen des Rentenalters zu trennen. § 41 S. 2 soll zwar auch die **Entscheidungsfreiheit des AN** schützen, die Dauer seiner beruflichen Tätigkeit selbst zu bestimmen, doch rechtfertigt dies keine erweiternde Auslegung der Vorschrift. Die Entscheidungsfreiheit besteht nicht um ihrer selbst willen oder etwa zur Verwirklichung von Grundrechten des AN, sondern sie ist notwendige Voraussetzung für die seinerzeit angestrebte Verbesserung des zahlenmäßigen Verhältnisses zwischen Beitragszahlern und Rentnern (BAG 26. 4. 1995 AP SGB VI § 41 Nr. 6 = NZA 1995, 889).

2   Zur Erreichung dieser Zwecke sieht § 41 in der ab 1. 1. 1998 geltenden Fassung (Art. 4 des Gesetzes zur sozialrechtlichen Absicherung v. 6. 4. 1998 – BGBl. I S. 688; bis zum 31. 12. 1999 noch als § 41 IV; erste drei Absätze und Absatzbezeichnung „(4)" zum 1. 1. 2000 aufgehoben durch das RRG 1999) noch **zwei Mittel** vor: Die Möglichkeit des vorzeitigen Bezugs von Rente wegen Alters rechtfertigt keine Kündigung. Soll kraft Vereinbarung das Arbeitsverhältnis zu einem Zeitpunkt enden, zu dem der AN eine Rente wegen Alters beanspruchen kann, gilt diese Vereinbarung dem AN gegenüber als auf die Vollendung des 65. Lebensjahres abgeschlossen.

II. Anspruch auf Rente wegen Alters als Kündigungsgrund (§ 41 S. 1 SGB VI)

3   **1. Regelungsziel und Entstehungsgeschichte.** § 41 S. 1 sieht vor, daß der Anspruch des Versicherten auf eine Rente wegen Alters nicht als ein Grund anzusehen ist, der eine Kündigung des Arbeitsverhältnisses durch den AG nach dem KSchG bedingen kann. § 41 S. 1 steht damit in der Tradition des Art. 6 § 5 I RRG 1972 (BGBl. 1972 I S. 1965), der bestimmte:

> „Die Tatsache, daß ein Arbeitnehmer berechtigt ist, vor Vollendung des 65. Lebensjahres Altersruhegeld der gesetzlichen Rentenversicherung zu beantragen, ist nicht als ein die Kündigung des Arbeitsverhältnisses durch den Arbeitgeber bedingender Grund im Sinne des § 1 Abs. 2 Satz 1 des Kündigungsschutzgesetzes anzusehen".

III. Anspruch auf Rente wegen Alters als Auflösungstatbestand (§ 41 S. 2) **§ 41 SGB VI 560**

2. Anwendungsbereich. § 41 schützt allein Versicherte iSd. SGB, die in einem Arbeitsverhältnis 4 stehen. Dabei findet § 41 S. 1 nur Anwendung auf Arbeitsverhältnisse, die dem **KSchG** unterliegen. Dh. sie müssen länger als sechs Monate bestehen und die Beschäftigtenzahl muß § 23 KSchG genügen. Diese nicht unerhebliche Einschränkung des Anwendungsbereiches ergibt sich aus der Bezugnahme auf die Bestimmungen des KSchG. Aus dieser Regelungstechnik folgt für den AN, der geltend machen will, der Anspruch auf Altersrente sei kein Grund für die ihm erklärte Kündigung, daß er an die Klagefrist des § 4 KSchG gebunden ist. Läßt er diese **3-Wochen-Frist** verstreichen, gilt die Kündigung als sozial gerechtfertigt, auch wenn sie wegen des Anspruches des Gekündigten auf Altersrente erklärt worden ist.

3. Materielle Voraussetzungen. a) Anspruch auf Rente wegen Alters. Ein Anspruch auf Rente 5 wegen Alters ist gegeben, wenn nach den sozialrechtlichen Bestimmungen alle Voraussetzungen der Rentenzahlung **mit Ausnahme des Rentenantrags** des AN erfüllt sind. Die Regelung des § 41 S. 1 gilt unabhängig vom Alter des AN (*Grüner/Dalichau*, Gesetzliche Rentenversicherung, § 41 Anm. IV). Die **Regelaltersrente** kann ein Versicherter gem. § 35 beanspruchen, wenn er das 65. Lebensjahr vollendet und die allgemeine Wartezeit erfüllt hat. Ein früherer Eintritt ist langjährig Versicherten gem. § 36 möglich, wenn sie das 63. Lebensjahr vollendet und eine Wartezeit von 35 Jahren erfüllt haben. Mit dem vollendeten 60. Lebensjahr können Schwerbehinderte, Berufsunfähige und Erwerbsunfähige eine Altersrente beanspruchen, wenn sie eine Wartezeit von 35 Jahren erfüllt haben (§ 37). Die gleiche Altersgrenze gilt auch für langfristig Arbeitslose (nach einer Wartezeit von 15 Jahren; § 38) und AN, die Altersteilzeit geleistet haben, Frauen (nach einer Wartezeit von 25 Jahren; § 39) sowie langjährig unter Tage beschäftigte Bergleute (nach einer Wartezeit von 25 Jahren; § 40).

§ 41 S. 1 schließt eine Kündigung wegen **tatsächlichen Bezugs einer Altersrente** weder nach dem 6 Wortlaut noch nach dem Gesetzeszweck aus. Die Rentenkassen könnten durch eine solche Regelung nicht mehr entlastet werden, vielmehr würden sie gestärkt, wenn der AG die durch Kündigung frei gewordene Stelle wieder mit einem rentenversicherungspflichtigen AN besetzte. Die Entscheidungsfreiheit des AN wird nach dem Normzweck nur geschützt, soweit er zwischen Fortsetzung der Erwerbstätigkeit und Rentenbezug wählen kann. Die Wahl des doppelten Einkommens (Rente neben Arbeitseinkommen) gehört nicht zu der Entscheidungsfreiheit iSd. Gesetzes. Vielmehr ist gerade diese sozialpolitisch unerwünschte Erscheinung Anlaß zu dem Änderungsgesetz vom 26. 7. 1994 (BGBl. I S. 1797) gewesen, wie sich aus den Gesetzesmaterialien unmißverständlich ergibt (vgl. BT-Drucks. 12/8040 und 12/8145). Ob eine Kündigung wegen Bezugs von Rente wegen Alters sozial gerechtfertigt ist, muß anhand von § 1 II KSchG beurteilt werden. Dafür spricht die weit überwiegende Ablehnung beitragsfreier Doppelbezüge als sozial schädlich, die es zumindest semantisch ausschließt, die diesem Mißstand abhelfende Kündigung als sozial ungerechtfertigt zu bezeichnen. Aus der Tatsache, daß der Gesetzgeber trotz aller geäußerten Empörung keine gesetzliche Altersgrenze für Arbeitsverhältnisse eingeführt hat, können keine tragfähigen Schlußfolgerungen gezogen werden, denn dem Gesetzgeber ist auch an einer beitragspflichtigen Fortsetzung der Arbeitsverhältnisse über die Vollendung des 65. Lebensjahres hinaus gelegen (vgl. § 77 SGB VI). Wird bei Erreichen des 65. Lebensjahres gekündigt, um einen vernünftigen **Altersaufbau der Belegschaft** zu erreichen und/oder Aufstiegschancen für jüngere Mitarbeiter zu eröffnen, steht dem § 41 S. 1 nicht entgegen. Mit Recht hat das BVerfG (30. 3. 1999 – 1 BvR 1814/94 – AuR 1999, 283, 284) darauf hingewiesen, daß es den Betriebsfrieden gefährden würde, wenn ältere AN Rente beziehen und zugleich Arbeitsplätze für Nachwuchskräfte blockieren würden. Ob diese Gesichtspunkte als dringende betriebliche Erfordernisse die Kündigung sozial rechtfertigen, ist allerdings umstritten (vgl. *Reiserer* BB 1994, 69, 70; abl. *Pfeiffer* ZIP 1994, 264, 273). Jedenfalls stand in einem solchen Falle § 41 IV 2 aF der Auswahl der bereits 65-jährigen AN nicht entgegen, denn dieses Verbot bezog sich ausdrücklich nur auf die Zeit bis zur Vollendung des 65. Lebensjahres.

4. Rechtsfolge. Der Anspruch des AN auf Rente wegen Alters rechtfertigt keine Kündigung iSv. § 1 7 KSchG, so daß die Kündigung bei Fehlen eines anderen die Kündigung sozial rechtfertigenden Grundes unwirksam ist.

III. Anspruch auf Rente wegen Alters als Auflösungstatbestand (§ 41 S. 2)

1. Regelungsziel und Entstehungsgeschichte. § 41 S. 2 hat eine bewegte Entwicklung genommen. 8 Die Bestimmung geht auf Art. 6 § 5 II RRG 1972 (BGBl. 1972 I S. 1965) zurück, der bestimmte:

> Eine Vereinbarung, die die Beendigung des Arbeitsverhältnisses eines Arbeitnehmers ohne Kündigung zu einem Zeitpunkt vorsieht, in dem der Arbeitnehmer vor Vollendung des 65. Lebensjahres Altersruhegeld der gesetzlichen Rentenversicherung beantragen kann, gilt dem Arbeitnehmer gegenüber als auf die Vollendung des 65. Lebensjahres abgeschlossen, es sei denn, daß dieser die Vereinbarung innerhalb der letzten drei Jahre vor dem Zeitpunkt, in dem er erstmals den Antrag stellen könnte, schriftlich bestätigt.

9 Im Zusammenhang mit der weiteren Flexibilisierung der Altersgrenzen in der gesetzlichen Rentenversicherung wurde durch § 41 IV 3 idF des RRG 1992 v. 18. 12. 1989 (BGBl. I S. 2261) die Zulässigkeit von Vereinbarungen über Altersgrenzen eingeschränkt. Die Vorschrift lautete:

> Eine Vereinbarung, wonach ein Arbeitsverhältnis zu einem Zeitpunkt enden soll, in dem der Arbeitnehmer Anspruch auf eine Rente wegen Alters hat, ist nur wirksam, wenn die Vereinbarung innerhalb der letzten drei Jahre vor diesem Zeitpunkt geschlossen oder von dem Arbeitnehmer bestätigt worden ist.

10 Seit dem 1. 1. 1992 galt § 41 IV 3 in dieser Ursprungsfassung nach § 300 I für alle Arbeitsverhältnisse unabhängig davon, wann die Altersgrenze vereinbart wurde. Die darin enthaltene **unechte Rückwirkung** wurde als verfassungsrechtlich zulässig beurteilt (BAG 20. 10. 1993 AP SGB VI § 41 Nr. 3). Die Bestimmung eröffnete den AN die Möglichkeit, selbst darüber zu entscheiden, wann sie das Altersruhegeld in Anspruch nehmen und wann sie aus dem Arbeitsleben ausscheiden. Nach der Rspr. des BAG (20. 10. 1993 AP SGB VI § 41 Nr. 3) sollten die Tarifparteien diese individuelle, auf die persönlichen Verhältnisse und Lebensplanung zugeschnittene Entscheidung nicht treffen, um die den AN durch das Gesetz gewährte **Entscheidungsfreiheit** nicht nehmen zu können. Das BAG (20. 10. 1993 AP SGB VI § 41 Nr. 3) räumte der individuellen Entscheidung des AN Vorrang vor Tarif- und Betriebsvereinbarungen ein. Diese Auslegung des Gesetzes hatte die **Kommerzialisierung des Ausscheidens in den Ruhestand** zur Folge, denn eine betriebsbedingte Kündigung des Arbeitsverhältnisses zur Wahrung einer altersgerechten Belegschaftsstruktur scheiterte regelmäßig an den sozialen Auswahlkriterien Lebensalter und Betriebszugehörigkeit. AN forderten für ein freiwilliges Ausscheiden hohe Abfindungen vom AG und erhielten sie auch (vgl. *F.-W. Lehmann* NJW 1994, 3054, 3055; *Rieth* in Hromadka, Auf dem Weg zur Ruhestandsgesellschaft, 1994, S. 21, 33). Angesichts der sicherlich unbeabsichtigten Konsequenzen, nämlich Arbeitseinkommen plus Rente bzw. Abfindung plus Rente, sah sich der Gesetzgeber zu schnellem Handeln veranlaßt. Mit Gesetz v. 26. 7. 1994 (BGBl. I S. 1797) hat er die Konsequenzen aus der unbefriedigenden Situation gezogen und den Komplex neu geregelt. Er hat die im Jahre 1992 eingeführte Beschränkung für Vereinbarungen über Altersgrenzen aufgehoben. Damit entspricht die Rechtslage weitgehend wieder der bis Ende 1991 geltenden.

11 **2. Anwendungsbereich.** Einen Anspruch auf Rente wegen Alters können nur AN haben, die Versicherte iSd. Sechsten Buches des SGB sind. Aus dem Wortlaut des § 41 S. 2 ergibt sich nicht, ob diese Regelung auf alle oder nur auf dem **Anwendungsbereich des KSchG** unterliegende Arbeitsverhältnisse Anwendung findet. Beide Normzwecke (Schutz der Rentenkassen und der Entscheidungsfreiheit der AN) sprechen dafür, S. 2 nF umfassend auf alle Arbeitsverhältnisse anzuwenden. Eine enge Auslegung ist deshalb abzulehnen.

12 § 41 S. 2 findet nur auf Arbeitsverhältnisse Anwendung, die auf einen vor Vollendung des 65. Lebensjahres liegenden Zeitpunkt befristet sind. Entscheidend ist das Bestehen eines Anspruches auf **Rente wegen Alters vor Vollendung der Regelaltersgrenze** „65. Lebensjahr" (vgl. oben Rn. 5). Eine Spezialregelung enthält § 8 III ATG (23. 6. 1996 – BGBl. I S. 1078). Danach sind Vereinbarungen zulässig, die die Beendigung des Arbeitsverhältnisses ohne Kündigung zu einem Zeitpunkt vorsehen, in dem der AN Anspruch auf **Rente wegen Altersteilzeitarbeit** hat.

13 **3. Vereinbarung. a) Einzelvertragliche Regelung.** § 41 S. 2 regelt ausdrücklich die Rechtsfolgen der Vereinbarung der Auflösung eines Arbeitsverhältnisses ohne Kündigung zu einem Zeitpunkt, zu dem der AN Rente wegen Alters beantragen kann. Damit geht das Gesetz von der Zulässigkeit solcher Vereinbarungen aus, die die Auflösung eines Arbeitsverhältnisses ohne Kündigung zum Zeitpunkt der Vollendung des 65. Lebensjahres regeln (*Ehrich* BB 1994, 1633, 1635). Auf arbeitsrechtliche Befristungsvereinbarungen, die auf einen Zeitpunkt abstellen, in dem der AN keinen Anspruch auf Altersrente, sondern lediglich auf **Altersversorgung nach beamtenrechtlichen Grundsätzen** durch seinen AG hat, ist § 41 IV 2 weder in seiner Urfassung noch in der Neufassung anwendbar (BAG 26. 4. 1995 AP SGB VI § 41 Nr. 6 = NZA 1995, 889). Auch eine erweiternde Auslegung dieser Vorschrift ist nicht möglich (BAG 26. 4. 1995 AP SGB VI § 41 Nr. 6 = NZA 1995, 889).

14 § 41 IV 3 aF hat sich nur auf Altersgrenzenvereinbarungen bezogen, bei denen die Beendigung des Arbeitsverhältnisses und die Tatsache, daß der AN Anspruch auf Rente wegen Alters hat, **miteinander verknüpft** worden ist (*Waltermann* NZA 1994, 822, 828; *Pfeiffer* ZIP 1994, 264, 272). Deshalb kam § 41 IV 3 aF nicht zur Anwendung, wenn es an einem Zusammenhang zwischen der Beendigung des Arbeitsverhältnisses und dem Anspruch auf Rente wegen Alters fehlte (BAG 26. 4. 1995 AP SGB VI § 41 Nr. 6 = NZA 1995, 889). ZB wenn der Angestellte eine befreiende Lebensversicherung abgeschlossen hatte (BAG 14. 10. 1997 AP SGB VI § 41 Nr. 10).

15 Die am 1. 8. 1994 in Kraft getretene **Neufassung** setzt überhaupt keine Verknüpfung mehr voraus. Die Neufassung erfordert eine Vereinbarung, die auf einen Zeitpunkt abstellt, zu dem eine Rente wegen Alters beantragt werden kann. Der Zeitpunkt braucht lediglich objektiv die Antragstellung zu ermöglichen. Eine entsprechende Willensrichtung der Arbeitsvertragsparteien wird nicht vorausgesetzt. Im Ergebnis wird dies bedeuten, daß AG mit AN, die die Voraussetzungen der §§ 36 bis 40

III. Anspruch auf Rente wegen Alters als Auflösungstatbestand (§ 41 S. 2)   § 41 SGB VI 560

während der vorgesehenen Laufzeit des Arbeitsvertrages erfüllen könnten, keine befristeten Arbeitsverträge mit einer drei Jahre übersteigenden Laufzeit abschließen werden. Zumal § 1 II BeschFG 1996 seit dem 1. 10. 1996 die Möglichkeit zum wiederholten Abschluß befristeter Arbeitsverträge mit über 60 jährigen AN bietet (vgl. § 1 BeschFG Rn. 38 ff.). Andererseits ist die **Neuregelung enger** gefaßt, weil sie nur den Zeitraum bis zur Vollendung des 65. Lebensjahres betrifft und lediglich zum Hinausschieben der Auflösung auf diesen Zeitpunkt führt. Darüber hinaus hat die Neuregelung wieder die Entscheidungsfreiheit des AN eingeführt, ob er die Verschiebung des Auflösungszeitpunktes geltend machen will (vgl. unten Rn. 23).

Eine einzelvertragliche Altersgrenzenvereinbarung liegt auch vor, wenn nicht beiderseits tarifgebundene Arbeitsvertragsparteien durch **Bezugnahme auf einen TV** in seiner Gesamtheit oder die die Altersgrenze regelnden Bestimmungen des TV eine entsprechende Regelung treffen. Insofern liegt dann keine tarifliche, sondern eine individualrechtliche Regelung vor (*Henssler* in *Hromadka*, Auf dem Weg zur Ruhestandsgesellschaft, 1994, S. 55, 69; *Hunold* AR-Blattei SD 45 Rn. 49; S.Preis, FS für Stahlhacke, 1995, S. 417, 420 f.; aA *Fieberg* ZTR 1993, 140, 141). 16

b) Tarifliche Vereinbarung. Sowohl die am 1. 1. 1992 in Kraft getretene Urfassung als auch die am 1. 8. 1994 in Kraft getretene Neufassung des § 41 IV 3 (heute: § 41 S. 2) heben auf eine „Vereinbarung" ab und lösen damit den wissenschaftlichen Streit aus, ob auch kollektivvertragliche Regelungen Vereinbarung iSd. Gesetzes sind. 17

Der **Gesetzeswortlaut** ist nicht vollkommen eindeutig. Der Begriff „Vereinbarung" betrifft zwar idR Individualvereinbarungen, jedoch nicht ausnahmslos. Er läßt auch die Einbeziehung kollektivrechtlicher Verträge zu (*Berger-Delhey* ZTR 1992, 99, 101; *Moll* DB 1992, 475; *Steinmeyer* RdA 1992, 6, 7 f.; *Waltermann* NZA-Beil. 4/1991, 19, 23 f.). Einerseits hat der Gesetzgeber in § 4 V TVG und § 77 VI BetrVG, die sich umfassend auf alle Verträge einschließlich der kollektivrechtlichen beziehen, den Begriff „Abmachung" verwandt. Dagegen wird in § 77 I BetrVG auch der kollektivrechtliche Normenvertrag zwischen AG und BR als „Vereinbarung" bezeichnet. Der in § 32 SGB I verwendete Begriff „privatrechtliche Vereinbarung" erstreckt sich auch auf Betriebsvereinbarungen und TV, weil in dieser Vorschrift die in § 139 RVO enthaltene Einschränkung, daß die Vereinbarung zwischen AG und AN zustande gekommen sein müsse, nicht mehr enthalten ist (vgl. ua. *Burdenski/v. Maydell/Schellhorn* GK-SGB I § 32 Rn. 6; *Gitter*, Bochumer Kommentar SGB I, § 32 Rn. 35). Die **Entstehungsgeschichte** des § 41 IV aF gibt uns hinreichenden Anhaltspunkte für die Auslegung des Begriffs „Vereinbarung". Die Wortwahl des § 41 IV 3 entspricht weitgehend der des Art. 6 § 5 II RRG 1972. Auch der Geltungsbereich des Art. 6 § 5 II RRG 1972 war umstritten (vgl. ua. *Ammermüller* DB 1973, 822, 824; *Säcker* RdA 1976, 91, 100; *Schröder*, Altersgrenzen im Individualarbeitsrecht, 1984, S. 72; *Waltermann*, Berufsfreiheit im Alter, 1989, S. 84 ff.; *Stahlhacke* DB 1989, 2329, 2331; *Boerner*, Altersgrenzen für die Beendigung von Arbeitsverhältnissen, 1992, S. 168 f.; *Gitter/Boerner* RdA 1990, 129, 136). Obwohl bereits die Stellungnahmen zu Art. 6 § 5 II RRG 1972 die zu erwartenden Auslegungsschwierigkeiten aufgezeigt hatten, wurde der Anwendungsbereich des § 41 IV 3 aF nicht präzisiert und in den Gesetzesmaterialien nicht näher erläutert. Überzeugend sind dagegen die **rechtssystematischen Überlegungen**, die auf den 2. Halbs. des § 41 IV 3 aF abstellen (vgl. ua. *Henssler* DB 1993, 1669, 1671; *Steinmeyer* in Anm. zu BAG AP BetrVG 1972 § 99 Nr. 96; *ders.* RdA 1992, 6, 10). Würde die Wirksamkeit kollektivrechtlicher Regelungen von den in § 41 IV 3 Halbs. 2 enthaltenen Voraussetzungen abhängen, so würde dies Systembrüche und sinnwidrige Ergebnisse hervorrufen. Die erste Alternative des § 41 IV 3 aF, die auf den Zeitpunkt des Abschlusses der Vereinbarung abstellt, würde bei TV zu Zufallsergebnissen führen, die mit dem Sinn und Zweck der gesetzlichen Regelung nicht zu vereinbaren wären. Für die Entscheidungsfreiheit des AN, die geschützt werden soll, spielt es keine Rolle, wann der TV geschlossen wurde. Nach dem Gesetzeszweck gibt es keinen einleuchtenden Grund, weshalb die TVParteien alle drei Jahre die Altersgrenzenregelung neu vereinbaren sollten. Wenn die Geltung eines TV von der Bestätigung des AN abhängig wäre (zweite Alternative des § 41 IV 3), stünde die Wirksamkeit des TV zur alleinigen und uneingeschränkten Disposition des AN. Damit würden **Grundprinzipien des Tarifrechts** durchbrochen; denn nach § 4 I 1 TVG gelten Rechtsnormen des TV, die die Beendigung von Arbeitsverhältnissen anordnen, unmittelbar und zwingend zwischen den beiderseits Tarifgebundenen. Allerdings hat das BAG (20. 10. 1993 AP SGB VI § 41 Nr. 3; BAG 1. 12. 1993 AP SGB VI § 41 Nr. 4 = NZA 1994, 369) hieraus nicht den Schluß gezogen, kollektivvertragliche Altersgrenzen seien ohne weiteres zulässig. Es hat mit dem **Umkehrschluß** argumentiert und ohne Feststellung einer unbewußten Regelungslücke eine erweiternde Auslegung gefunden (krit. *Gitter* SAE 1994, 171, 172; *Moll* NJW 1994, 499). Es würde nicht dem **Gesetzeszweck** entsprechen, wenn TV unabhängig von der Entscheidung des einzelnen AN Altersgrenzen verbindlich regelten. Das BAG (20. 10. 1993 AP SGB VI § 41 Nr. 3; BAG 1. 12. 1993 AP SGB VI § 41 Nr. 4 = NZA 1994, 369) hat deshalb angenommen, daß der Gesetzgeber mit § 41 IV beabsichtigte arbeitsrechtliche Flankierung einer flexiblen Lebensarbeitszeit setze eine an bestimmte Voraussetzungen geknüpfte individualrechtliche Vereinbarung oder Bestätigung voraus und **schließe kollektivrechtliche Altersgrenzen aus,** die zur automatischen Beendigung des Arbeitsverhältnisses führen und auf den Zeitpunkt des Entstehens sozialversicherungsrechtlicher Ansprüche der 18

AN auf Altersruhegeld abstellen. Schon aus diesem Grund sei es nicht möglich, § 41 IV 3 aF als tarifdispositive Bestimmung anzusehen. Verstieß die tarifliche Altersgrenzenregelung gegen § 41 IV 3 aF, war sie nach Auffassung des BAG gem. **§ 134 BGB nichtig** (20. 10. 1993 AP SGB VI § 41 Nr. 3 = NZA 1994, 128; BAG 1. 12. 1993 AP SGB VI § 41 Nr. 4 = NZA 1994, 369; aA *Baeck/Diller* NZA 1995, 360, 361; *Hanau* DB 1994, 2394, 2396: allenfalls Teilnichtigkeit). Die einzelvertragliche Vereinbarung der AVR Caritas wurde vom BAG (11. 6. 1997 AP AVR Caritasverband § 19 Nr. 1 = NZA 1997, 1228) nicht als kollektivrechtliche Vereinbarung und deshalb als unter den Voraussetzungen zulässiger individualrechtlicher Vereinbarungen als wirksam angesehen.

19 Es kann mit guten Gründen bezweifelt werden, daß § 41 IV 3 aF zur Unwirksamkeit der in TV enthaltenen Altersgrenzen führte (*Boerner* ZfA 1995, 537, 542). Jedenfalls überraschte das entsprechende Auslegungsergebnis des BAG. Der Gesetzgeber hat in seiner Reaktion auf die auch ihm **unerwünschten Folgen der BAG-Rspr.** deren dogmatische Aussagen nicht akzeptiert und nicht seiner Neuregelung zugrunde gelegt. Nachdem das Saarland in seinem Entwurf eines Änderungsgesetzes v. 22. 3. 1994 (BR-Drucks. 247/94) dem Abs. 4 zwei weitere Sätze anfügen und für TV eine Ausnahme vorsehen wollte, was einer Bestätigung der BAG-Rspr. gleichgekommen wäre, hat der im Bundestagsausschuß für Arbeit und Sozialordnung abschließend formulierte Gesetzeswortlaut (Beschlußempfehlung v. 28. 6. 1994 – BT-Drucks. 12/8145) den Begriff „Wirksamkeit" getilgt. Vereinbarungen gelten dem AN gegenüber nur noch als auf die Vollendung des 65. Lebensjahres abgeschlossen. Damit ist einer erweiternden Auslegung, wie sie vom BAG gewählt worden war, der Boden entzogen. Es gibt keine gesetzliche Anordnung der Unwirksamkeit mehr, die erweiternd auch auf kollektivrechtliche Regelungen angewendet werden könnte. Vielmehr greift eine Fiktion eines bestimmten Vertragsinhalts allein zugunsten des AN ein, die ebenso wie die allein auf einzelvertragliche Vereinbarungen passenden Ausnahmetatbestände des Abschlusses oder der Bestätigung in den letzten drei Jahren verdeutlicht, daß § 41 S. 2 (bzw. § 41 IV 3 aF) jedenfalls in der ab 1. 8. 1994 geltenden Fassung ausschließlich einzelvertragliche Vereinbarungen, nicht aber TV und Betriebsvereinbarungen erfaßt (*Schaub* § 39 Rn. 51). Vereinbarung iSd. Norm sind allein einzelvertragliche Absprachen (*Boerner* ZfA 1995, 537, 540; *Marschner* ZTR 1995, 5, 8). Es kann sogar aus des Gesetzesänderung gefolgert werden, der Gesetzgeber habe die Befugnis der TVParteien, feste Altersgrenzen zu vereinbaren, bestätigt (*Simitis* RdA 1994, 257, 263). Somit ist nur die Wirksamkeit **einzelvertraglicher Vereinbarungen** vom Abschlußzeitpunkt oder der Bestätigung des AN abhängig.

20 **c) Betriebsvereinbarung.** Nach bisheriger Rspr. des BAG kann eine sog. freiwillige (dh. nicht erzwingbare) Betriebsvereinbarung nach § 88 BetrVG eine Altersgrenze für alle AN eines Betriebes auch zu ihren Ungunsten festlegen, wenn die Arbeitsverträge einen „betriebsvereinbarungsoffen" ausgestaltet worden sind (BAG 20. 11. 1987 AP BGB § 620 Altersgrenze Nr. 2 m. Anm. *Joost* = NZA 1988, 617 im Anschluß an BAG [GS] 16. 9. 1986 AP BetrVG 1972 § 77 Nr. 17 = NZA 1987, 168; *Hunold* AR-Blattei SD 45 Rn. 30; aA *Belling* in Anm. zu BAG 20. 11. 1987 EzA BGB § 620 Altersgrenze Nr. 1: Verstoß gegen Art. 12 GG). Einzelvertragliche Regelungen haben aufgrund eines individuellen Günstigkeitsvergleiches Vorrang, wenn sie im Verhältnis zu kollektivvertraglichen Regelungen auf einen späteren Zeitpunkt abstellen oder dem AN die Wahlmöglichkeit einräumen, in den Ruhestand einzutreten oder im Arbeitsverhältnis zu verbleiben (**Günstigkeitsprinzip:** BAG [GS] 7. 11. 1989 AP BetrVG 1972 § 77 Nr. 46 = NZA 1990, 816). Durch Betriebsvereinbarung kann eine Altersgrenze, die auf die Vollendung des 65. Lebensjahres des AN abstellt, auch dann eingeführt werden, wenn **keine betriebliche Versorgungsregelung** besteht, sofern die betroffenen AN ein gesetzliches Altersruhegeld beanspruchen können (BAG 20. 11. 1987 AP BGB § 620 Altersgrenze Nr. 2 = NZA 1988, 617).

21 **4. Beendigung des Arbeitsverhältnisses ohne Kündigung.** § 41 S. 2 umschreibt damit die in Betracht kommenden Beendigungstatbestände der Befristung und der auflösenden Bedingung, ohne sich auf den diesbezüglich bestehenden Streitstand einzulassen (vgl. dazu § 620 BGB Rn. 91).

22 **5. Anspruch auf Rente wegen Alters vor Vollendung des 65. Lebensjahres.** Ein Anspruch auf Rente wegen Alters ist gegeben, wenn nach den sozialrechtlichen Bestimmungen alle Voraussetzungen der Rentenzahlung mit Ausnahme des Rentenantrags des AN erfüllt sind. Dies findet im Wortlaut seinen Niederschlag, wenn es heißt, der AN Rente wegen Alters „beantragen kann". Dem steht der **tatsächliche Bezug der Rente** wegen Alters nicht gleich. Vereinbaren die Arbeitsvertragsparteien die Auflösung des Arbeitsverhältnisses für den Zeitpunkt des erstmaligen Bezuges von Rente wegen Alters, ist dies bereits nach dem Wortlaut kein Fall des S. 2. Ebensowenig erfordern die Normzwecke des S. 2 eine Erstreckung auf diesen Fall. Wird das Arbeitsverhältnis bei Aufnahme der Rentenzahlungen aufgelöst, wirkt sich dies nicht belastend auf die Finanzen der Rentenversicherungsträger aus. Es gehen keine Beitragseinnahmen verloren, denn Rentner sind nicht beitragspflichtig. Vielmehr können die Beitragseinnahmen der andernfalls eingestellten Ersatzkraft ausbleiben. Die Entscheidungsfreiheit des AN wird nicht tangiert, denn bei tatsächlichem Bezug der Altersrente hat sich der AN bereits entschieden und dies auch gegenüber dem Rentenversicherungsträger erklärt. Deshalb ist sowohl nach dem alten als auch nach dem neuen Recht zwischen dem „Anspruch auf" und dem „Bezug von" Rente wegen Alters zu differenzieren. Im letzteren Fall unterfällt die Vereinbarung gar

nicht dem Anwendungsbereich des § 41 S. 2 (*Pfeiffer* ZIP 1994, 264, 272). Mit seinem Rentenantrag entscheidet der AN zugleich (mittelbar) über die Beendigung des Arbeitsverhältnisses.

6. Rechtsfolge: Fiktion. Die Vereinbarung gilt dem AN gegenüber als auf die Vollendung des 23 65. Lebensjahres abgeschlossen, also einseitig zugunsten des AN. Damit wird eine **Wahlfreiheit des AN** begründet. Er kann sich entscheiden, ob er zum vereinbarten Termin ausscheiden oder das Arbeitsverhältnis bis zur Vollendung des 65. Lebensjahres fortsetzen will. Macht der AN den Fortbestand des Arbeitsverhältnisses bis zur Vollendung des 65. Lebensjahres nicht geltend, kann sich der AG nicht auf das Fortbestehen des Arbeitsverhältnisses berufen. Der AN hat das Wahlrecht spätestens **drei Wochen** nach der vertraglich vorgesehenen Auflösung des Arbeitsverhältnisses auszuüben. Durch § 1 BeschFG ist eine Klagefrist eingeführt worden. Danach muß ein AN, der geltend machen will, daß die Befristung eines Arbeitsvertrages rechtsunwirksam sei, innerhalb von drei Wochen nach dem vereinbarten Ende des befristeten Arbeitsvertrages Klage beim ArbG auf Feststellung erheben, daß das Arbeitsverhältnis aufgrund der Befristung nicht beendet sei. Die §§ 5 bis 7 des KSchG gelten entsprechend (vgl. § 1 BeschFG Rn. 67). Mit der Versäumung der Klagefrist werden alle Voraussetzungen einer rechtswirksamen Befristung fingiert (BAG 9. 2. 2000 AP BeschFG 1985 § 1 Nr. 22). Diese Klagefrist ist auf Vereinbarungen iSv. § 41 S. 2 anzuwenden, denn die Rechtsfolge des Hinausschiebens des vereinbarten Beendigungstermins auf den Zeitpunkt der Vollendung des 65. Lebensjahres beinhaltet zugleich die Unwirksamkeit der vertraglich vereinbarten Beendigung des Arbeitsverhältnisses zu dem früher liegenden Zeitpunkt. Will der AN sein Arbeitsverhältnis gegen den Willen des AG über diesen Zeitpunkt hinaus fortsetzen, hat er dies seit dem 1. 10. 1996 klageweise geltend zu machen. Andernfalls gilt nach § 7 KSchG die Auflösung des Arbeitsverhältnisses zu dem vereinbarten Zeitpunkt als wirksam geworden. Diese Fiktion kommt auch zum Tragen, wenn der AN die erhobene Klage später zurücknimmt.

Tritt die Rechtsfolge des § 41 S. 2 ein, endet das Arbeitsverhältnis mit Ablauf des Tages, der dem 24 65. Geburtstag des AN vorangeht. Ist das befristete **Arbeitsverhältnis ordentlich unkündbar**, bleibt diese Regelung auch während des Verlängerungszeitraumes bestehen.

7. Ausnahmen. Die Rechtsfolge tritt nicht ein, wenn die Vereinbarung innerhalb der **letzten drei** 25 **Jahre** vor diesem Zeitpunkt abgeschlossen oder von dem AN bestätigt worden ist. Zeitpunkt iSd. Bestimmung ist der der vertraglich vorgesehenen Auflösung des Arbeitsverhältnisses. Die Fristberechnung erfolgt gem. §§ 187 ff. BGB.

Nach dem Gesetzeswortlaut kann die Bestätigung innerhalb des 3-Jahres-Zeitraumes zu jedem beliebigen Zeitpunkt erfolgen. Da die **Bestätigung der Vereinbarung** keines Vertrages, sondern lediglich einer Willenserklärung des AN bedarf, kommt der Bestätigung im Ergebnis die Wirkung einer Kündigung zu. Mit Abgabe der Bestätigungserklärung wird das Arbeitsverhältnis zu dem in der Vereinbarung bestimmten Termin aufgelöst, sofern dieser nicht mehr als drei Jahre entfernt liegt. Damit wird der mit der Regelungen der Kündigungsfristen und -termine verbundene Schutz des AG zumindest tangiert. *Henssler* (in Hromadka, Auf dem Weg zur Ruhestandsgesellschaft, 1994, S. 55, 73; ebenso *Vollstädt*, Vereinbarung einer Altersgrenze, 1997, S. 103 f.) vertritt deshalb die Auffassung, der AN müsse seine Bestätigung spätestens vor Beginn der fiktiven von ihm einzuhaltenden Kündigungsfrist abgeben. Diese Reduktion des Gesetzes kann zumindest seit dem Inkrafttreten des § 1 V BeschFG nicht mehr überzeugend begründet werden, denn durch dieses Gesetz ist die Überlegungsfrist des AN sogar drei Wochen über den vereinbarten Auflösungstermin hinaus erstreckt worden.

IV. Übergangsvorschriften

1. § 300 I SGB VI. Nach § 300 I sind die Vorschriften des SGB VI von dem Zeitpunkt ihres 26 Inkrafttretens an auf einen Sachverhalt oder Anspruch auch dann anzuwenden, wenn bereits vor diesem Zeitpunkt der Sachverhalt oder Anspruch bestanden hat. Seinem Wortlaut nach erfaßt § 300 I auch die Fälle des § 41. Weder die Gesetzessystematik noch der Gesetzeszweck oder die Entstehungsgeschichte ermöglichen eine einschränkende Auslegung (vgl. *Henssler* DB 1993, 1669, 1670; *Kienast* DB 1991, 1725, 1727; KassKomm/*Niesel*, Sozialversicherungsrecht, Stand: Mai 1993, § 41 Rn. 12; aA LAG Berlin 11. 4. 1996 NZA 1997, 318, 319; *Boecken* ArztR 1992, Einlage zu Heft 9, S. VIII f.).

2. Unechte Rückwirkung. Das Gesetz zur **Änderung des Sechsten Buches** des SGB v. 26. 7. 1994 27 (BGBl. I S. 1797) ist am 1. 8. 1994 in Kraft getreten (Art. 3 des Änderungsgesetzes). Gem. § 300 sind die Bestimmungen des § 41 auch in ihrer geänderten Fassung auf jeden noch nicht abgeschlossenen Sachverhalt anzuwenden. Dem Gesetz kommt somit unechte Rückwirkung zu. Es ist auch in bereits anhängigen Rechtsstreiten zu beachten.

Während der Geltungsdauer des § 41 IV 3 aF waren gegen diese Norm verstoßende **einzelvertrag-** 28 **liche Vereinbarungen** schwebend unwirksam. Durch fristgerechte Bestätigung wären sie wirksam geworden (*Baeck/Diller* NZA 1995, 360; *Vollstädt*, Vereinbarung einer Altersgrenze, 1997, S. 145). Kam es in den letzten drei Jahren zu keiner Bestätigung, verstieß die Vereinbarung gegen ein gesetzliches Verbot (§ 134 BGB) und vermochte, keine Auflösung des Arbeitsverhältnisses herbeizuführen (BAG 11. 6. 1997 AP SGB VI § 41 Nr. 7 = NZA 1997, 1290). Eine Vereinbarung über die Beendigung des Arbeitsverhältnisses zu einem nach dem 31. 7. 1994 liegenden Zeitpunkt hat mit den Modifikationen der gesetzlichen Neuregelung fortgegolten (*Baeck/Diller* NZA 1995, 360; im Ergebnis auch BAG 11. 6. 1997 AP SGB VI § 41 Nr. 7 = NZA 1997, 1290).

29   Für **kollektivrechtliche Altersgrenzenregelungen** ergeben sich abhängig von deren rechtlicher Bewertung unterschiedliche Ergebnisse. Wird von der Rspr. des BAG zu § 41 IV 3 aF (20. 10. 1993 AP SGB VI § 41 Nr. 3 = NZA 1994, 128; BAG 1. 12. 1993 AP SGB VI § 41 Nr. 4 = NZA 1994, 369) ausgegangen, waren die kollektivrechtlichen Altersgrenzenregelungen nichtig. Sie konnten somit im Zeitraum vom 1. 1. 1992 bis zum 31. 7. 1994 keine Beendigung von Arbeitsverhältnissen herbeiführen. Die Arbeitsverhältnisse bestanden fort, sofern es zu keiner einzelvertraglichen Auflösung kam.

Für die Zeit ab 1. 8. 1994 hat das Änderungsgesetz v. 26. 7. 1994 unabhängig von der allgemeinen Frage, ob eine Tarifnorm, die wegen Verstoßes gegen ein zeitlich später in Kraft tretendes Gesetz unwirksam ist, bei Aufhebung des Gesetzes automatisch wieder wirksam wird oder nicht (bejahend *Baeck/Diller* NZA 1995, 360; *J.-H. Bauer* BB 1995, 1296, 1297; verneinend *Boecken* NZA 1995, 145, 147), die **Wiederherstellung der tariflichen Regelungen** bestätigt (*J.-H. Bauer* BB 1995, 1296, 1297). Entsprechend kann die generelle Anordnung der unechten Rückwirkung in § 300, die auch § 41 IV 3 erfaßt (BAG 20. 10. 1993 AP SGB VI § 41 Nr. 3 = NZA 1994, 128; aA LAG Berlin 11. 4. 1996 NZA 1997, 318, 319; *Vollstädt*, Vereinbarung einer Altersgrenze, 1997, S. 146), in Bezug auf das Änderungsgesetz ausgelegt werden (vgl. *Baeck/Diller* NZA 1995, 360, 361; *Büring* MDR 1996, 15, 17). Dementsprechend hat das BAG entschieden (11. 6. 1997 AP SGB VI § 41 Nr. 7 = NZA 1997, 1290), die zum 1. 8. 1994 in Kraft gesetzte Regelung des Art. 1 des Änderungsgesetzes v. 26. 7. 1994 habe mit sofortiger Wirkung im Sinne einer Aktualisierung aller zuvor unanwendbaren Altersgrenzenregelungen geführt. Es hat zwar seine Rspr. aus dem Jahre 1993, die Nichtigkeit der kollektivrechtlichen Altersgrenzenregelungen angenommen hatte, nicht aufgegeben, jedoch die Auswirkungen dieser Rspr. gem. Art. 1 des Änderungsgesetzes vom 26. 7. 1994 iVm. § 300 I rückwirkend beseitigt. Kraft besonderer gesetzlicher Regelung seien die nichtigen Normenverträge wieder aufgelebt (BAG 11. 6. 1997 AP SGB VI § 41 Nr. 7 = NZA 1997, 1290; aA LAG Berlin 11. 4. 1996 NZA 1997, 318, 319 betr. Betriebsvereinbarung; *Boecken* NZA 1995, 145, 146). Davon dürfte auch das BVerfG bei Erlaß der einstweiligen Anordnung vom 8. 11. 1994 (AP SGB VI § 41 Nr. 5 = NZA 1995, 45; dazu näher Rn. 37) ausgegangen sein. Jedoch hat es diese Frage auf Verfassungsbeschwerde nicht entschieden, sondern auf die notwendige vorherige Klärung dieser Frage durch die Fachgerichte verwiesen (BVerfG 14. 3. 1995 EzA SGB VI § 41 Nr. 4 = BB 1995, 1295, 1296).

Somit findet die kollektivrechtliche Regelung nach der BAG-Rspr. wieder Anwendung, wenn die Altersgrenze erst **nach dem 31. 7. 1994** erreicht wird. War allerdings eine derartige Regelung nach Auffassung der Rspr. zur Zeit der Vollendung der Altersgrenze unwirksam, löst ihr **Wieder-Inkrafttreten** nicht nachholend die Rechtsfolgen vom 1. 8. 1994 aus (aA *Hanau* DB 1994, 2394). ZB sieht eine typische Regelung wie § 60 BAT vor: „Das Arbeitsverhältnis endet, ohne daß es einer Kündigung bedarf, mit Ablauf des Monats, in dem der Angestellte das fünfundsechzigste Lebensjahr vollendet hat." Wie das BAG mit Urteil v. 12. 11. 1992 (AP Einigungsvertrag Anlage I Kap. XIX Nr. 6 = NZA 1993, 410) zu Anlage I Kapitel XIX Sachgebiet A Abschnitt III Nr. 1 Abs. 2 S. 7 EVertr. und § 60 BAT-O entschieden hat, werden durch eine solche Regelung nur die Arbeitsverhältnisse von Beschäftigten aufgelöst, die während des zeitlichen Anwendungsbereiches der Norm das Rentenalter erreichen (entsprechend BAG 22. 6. 1994 SGb. 1995, 206 zu § 17 Ziff. 4 MTV Volksbanken).

30   Wird von der hier vertretenen Auffassung ausgegangen, kollektivrechtliche Altersgrenzenregelungen seien weder Vereinbarungen iSv. § 41 IV 3 aF noch wegen eines aus dieser Norm zu ziehenden Umkehrschlusses nichtig gewesen, haben diese Bestimmungen, sofern sie ansonsten wirksam waren, auch im Zeitraum vom 1. 1. 1992 bis zum 31. 7. 1994 gewirkt. Die betroffenen **Arbeitsverhältnisse wurden aufgelöst**. Wurde diese Rechtsfolge von den Parteien beachtet, verbleibt es dabei. Wurde das Arbeitsverhältnis über die Altersgrenze hinaus fortgesetzt, können je nach Sachlage die Voraussetzungen des § 625 BGB erfüllt oder eine besondere vertragliche Abrede getroffen worden sein. Allein durch das Inkrafttreten des Änderungsgesetzes v. 26. 7. 1994 sind die fortgesetzten Arbeitsverhältnisse in ihrem rechtlichen Bestand unberührt geblieben. Zu den sich aus Art. 2 des Änderungsgesetzes v. 26. 7. 1994 ergebenden Rechtsfolgen vgl. unten Rn. 35 ff. Die in Art. 2 des Änderungsgesetzes geregelte Auflösung wegen § 41 IV 3 aF tatsächlich über die Altersgrenze hinaus fortgesetzter Arbeitsverhältnisse bestätigt im übrigen die Annahme, der Gesetzgeber habe nicht die Rspr. des 7. Senats bestätigt, sondern korrigiert. Waren die kollektivrechtlichen Altersgrenzen nicht wegen § 41 IV 3 aF nichtig, brauchte das Gesetz lediglich die Fälle der tatsächlich fortgesetzten Arbeitsverhältnisse zu regeln.

31   **3. Beendigung kraft Gesetzes.** Zusätzlich enthält das Änderungsgesetz in Art. 2 folgende Übergangsregelung:

Ist das Arbeitsverhältnis eines Arbeitnehmers wegen § 41 Abs. 4 Satz 3 des Sechsten Buches Sozialgesetzbuch in der bis zum 1. 8. 1994 geltenden Fassung über das 65. Lebensjahr hinaus fortgesetzt worden, endet das Arbeitsverhältnis mit Ablauf des dritten Kalendermonats, der auf den Monat des Inkrafttretens dieses Gesetzes folgt, es sei denn, Arbeitnehmer und Arbeitgeber vereinbaren etwas anderes.

a) **Entscheidung des Bundesverfassungsgerichts.** Aufgrund einer Verfassungsbeschwerde hat das 32 BVerfG (8. 11. 1994 AP SGB VI § 41 Nr. 5 = NZA 1995, 45 = DB 1994, 2501) durch **einstweilige Anordnung** die Übergangsregelung abstrakt-generell (BAG 14. 5. 1997 – 7 AZR 310/96 – nv.) modifiziert und den Auflösungstermin zeitlich bis zum **31. 3. 1995** hinausgeschoben. In der Hauptsache hat es die Verfassungsbeschwerde nicht zur Entscheidung angenommen (30. 3. 1999 – 1 BvR 1814/94 – AuR 1999, 283). Art. 2 genüge den Anforderungen des Verhältnismäßigkeitsgrundsatzes, insb. werde die Grenze der Zumutbarkeit nicht überschritten.

b) **Persönlicher Anwendungsbereich.** Die Übergangsvorschrift erfaßt allein Arbeitsverhältnisse 33 von AN, die in der Zeit vom 1. 1. 1992 bis zum 31. 7. 1994 das **65. Lebensjahr vollendet** haben. War der AN bereits vor diesem Zeitraum älter als 65, verbleibt es bei der getroffenen arbeitsvertraglichen Vereinbarung. Vollendet er das 65. Lebensjahr erst nach dem 31. 7. 1994, wird die einzelvertraglich vereinbarte Altersgrenze auf die Vollendung des 65. Lebensjahres hinausgeschoben, sofern nicht eine der Ausnahmen des § 41 S. 2 Halbs. 2 eingreift (*Boerner* ZfA 1995, 537, 573).

c) **Sachlicher Anwendungsbereich.** Der Anwendungsbereich der im Art. 2 getroffenen Übergangs- 34 regelung wird weiter dadurch eingeschränkt, daß die Fortsetzung gerade „**wegen**" § 41 IV 3 in seiner alten Fassung erfolgte. Wurde das Arbeitsverhältnis unabhängig von dieser Bestimmung einvernehmlich fortgesetzt, findet Art. 2 des Änderungsgesetzes keine Anwendung (*Hanau* DB 1994, 2394). Demgegenüber vertritt das BAG (11. 6. 1997 AP AVR Caritasverband § 19 Nr. 1 = NZA 1997, 1288) einen engeren Standpunkt. Es fordert für die Anwendung des Art. 2, daß das Arbeitsverhältnis wegen Verstoßes gegen § 41 IV 3 aF nicht wirksam befristet war und deswegen fortbestand.

Art. 2 des Änderungsgesetzes erfaßt nur **tatsächlich fortgesetzte Arbeitsverhältnisse**, während 35 (unerkannt) rechtlich fortbestehende Arbeitsverhältnisse nicht von Gesetzes wegen aufgelöst worden sind (*Hanau* DB 1994, 2394). Wird das Änderungsgesetz vom 26. 7. 1994 als Reparaturgesetz verstanden (vgl. Rn. 19), das die BAG-Rspr. nicht bestätigen, sondern deren negative Folgen beseitigen wollte, enthält Art. 2 eine das Inkrafttreten des Änderungsgesetzes flankierende Regelung (*Hanau* DB 1994, 2394, 2395). Waren die auf die Vollendung des 65. Lebensjahres abstellenden kollektivrechtlichen Regelungen auch im Zeitraum vom 1. 1. 1992 bis zum 31. 7. 1994 wirksam, lösten sie die Arbeitsverhältnisse normgebundener Vertragsparteien auf (so LAG Köln 6. 10. 1995 LAGE SGB VI § 41 Nr. 3 = NZA-RR 1996, 131). Wurde diese Rechtsfolge von den Parteien beachtet, verbleibt es dabei. Wurde das Arbeitsverhältnis über den Beendigungszeitpunkt hinaus fortgesetzt, können je nach Sachlage die Voraussetzungen des § 625 BGB erfüllt oder eine besondere vertragliche Abrede getroffen worden sein. Diese so verlängerten Arbeitsverhältnisse sind durch das Änderungsgesetz iVm. der einstweiligen Anordnung des BVerfG mit Ablauf des 31. 3. 1995 aufgelöst worden, sofern nicht die Parteien einen früheren Auflösungstermin vereinbaren (BAG 14. 5. 1997 – 7 AZR 310/96 – nv.). Für diese Auslegung spricht auch der Wortlaut des Änderungsgesetzes. Obgleich die Norm auf das Rechtsverhältnis und nicht die (tatsächliche) Beschäftigung abhebt, wird der aktiv-dynamische Begriff des „Fortsetzens" anstelle des „Fortbestehens" (wie zB in §§ 11, 12 KSchG) verwendet.

d) **Rechtsfolge des Art. 2** ist die Auflösung des Arbeitsverhältnisses kraft Gesetzes. Soll das 36 Arbeitsverhältnis über den 31. 3. 1995 hinaus fortbestehen, bedarf dies der Vereinbarung der Arbeitsvertragsparteien. Diese muß nicht ausdrücklich oder in besonderer Form geschlossen werden (*Ehrich* BB 1994, 1633, 1635). Es findet sogar § 625 BGB Anwendung, wenn der AN mit Kenntnis des Dienstberechtigten über das Ende des Arbeitsverhältnisses hinaus tatsächlich gearbeitet hat.

V. Darlegungs- und Beweislast

1. **Kündigungsgrund.** Die Darlegungs- und Beweislast für die tatsächlichen Grundlagen der sozia- 37 len Rechtfertigung einer Kündigung trägt der kündigende AG (§ 1 II 4 KSchG). Da das Vorliegen des § 41 S. 1 nicht zur Unwirksamkeit der Kündigung führt, vielmehr die soziale Rechtfertigung der Kündigung aus anderen Gründen folgen kann, braucht der Kündigende nicht negativ die Voraussetzungen des § 41 S. 1 auszuräumen, sondern kann sich auf die Darlegung des Kündigungsgrundes beschränken. Ebensowenig streiterheblich wäre es, wenn der Gekündigte beweisen könnte, daß auch wegen seines Anspruches auf Altersrente gekündigt wurde.

2. **Auflösungsvereinbarung.** Macht der AN geltend, das Arbeitsverhältnis bestehe bis zur Voll- 38 endung des 65. Lebensjahres fort, hat er die tatsächlichen Grundlagen des § 41 S. 2 darzulegen und ggf. zu beweisen, während die AG die tatsächlichen Grundlagen des „es sei denn"-Satzes darzulegen und ggf. zu beweisen hat.

570. Sozialgesetzbuch (SGB). Siebtes Buch (VII)
– Gesetzliche Unfallversicherung –

Vom 7. 8. 1996 (BGBl. I S. 1254)

Zuletzt geändert durch Gesetz vom 27. Juni 2000 (BGBl. I S. 939)

(BGBl. III/FNA 860-7)

– Auszug –

Schrifttum: *Annuß,* Die Haftung des Arbeitnehmers – unter besonderer Berücksichtigung der Haftung des angestellten Arztes, 1998; *Brackmann,* Handbuch der Sozialversicherung, Loseblatt; *Bereiter-Hahn/ Schieke/Mehrtens,* Gesetzliche Unfallversicherung, Handkommentar, Loseblatt; *Denck,* Der Schutz des Arbeitnehmers vor der Außenhaftung, 1980; *Frisch,* Haftungserleichterung für GmbH-Geschäftsführer nach dem Vorbild des Arbeitsrechts, 1998; *Fuchs,* Zivilrecht und Sozialrecht, 1992; *Gamillscheg/Hanau,* Die Haftung des Arbeitnehmers, 2. Aufl. 1974; *Gitter,* Schadensausgleich im Arbeitsunfallrecht, 1969; *Kater/ Leube,* Gesetzliche Unfallversicherung, SGB VII, 1997; *Kohte,* Arbeitnehmerhaftung und Arbeitgeberrisiko, 1981; *Küppersbusch,* Ersatzansprüche bei Personenschaden, 7. Aufl. 2000; *Lauterbach,* Unfallversicherung, Kommentar, Loseblatt; *Otto/Schwarze,* Die Haftung des Arbeitnehmers, 3. Aufl. 1998; *Plagemann/Plagemann,* Gesetzliche Unfallversicherung, 1981; *Rolfs,* Die Haftung unter Arbeitskollegen und verwandte Tatbestände, 1995; *ders.,* Das Versicherungsprinzip im Sozialversicherungsrecht, 2000; *Schmitt,* Gesetzliche Unfallversicherung, SGB VII, 1998.

Einleitung

1   Die gesetzliche Unfallversicherung stellt neben der Kranken-, Renten-, Pflege und Arbeitslosenversicherung den fünften Zweig der gesetzlichen Sozialversicherung dar. Ihre spezifisch arbeitsrechtliche Bedeutung resultiert vor allem daraus, daß die §§ 104 ff. die privatrechtliche Haftung des Unternehmers und anderer im Betrieb tätiger Personen für Arbeitsunfälle, die ein Unfallversicherter in dem Betrieb oder Unternehmen erleidet, in sehr weitgehendem Umfang ausschließen bzw. beschränken. Schadensersatzansprüche, die der Geschädigte insb. aus einer positiven Verletzung des Arbeitsvertrages (ggf. iVm. § 618 BGB) oder aus Delikt oder Gefährdungshaftung (etwa §§ 823, 826 BGB, §§ 7, 18 StVG, § 3 HPflG) gegen den für den Unfall Verantwortlichen geltend machen könnte, werden dem Verletzten genommen, wenn der Unfall nicht vorsätzlich herbeigeführt oder auf einem nach § 8 II Nr. 1 bis 4 versicherten Weg eingetreten ist (zum Ineinandergreifen von Bürgerlichem Recht, Arbeitsrecht und Sozialversicherungsrecht *Waltermann* RdA 1998, 330 ff.).

Erstes Kapitel. Aufgaben, versicherter Personenkreis, Versicherungsfall

Zweiter Abschnitt. Versicherter Personenkreis

§ 2 Versicherung kraft Gesetzes

(1) Kraft Gesetzes sind versichert
1. Beschäftigte,
2. Lernende während der beruflichen Aus- und Fortbildung in Betriebsstätten, Lehrwerkstätten, Schulungskursen und ähnlichen Einrichtungen,
3., 4. ...
5. Personen, die
   a) Unternehmer eines landwirtschaftlichen Unternehmens sind und ihre im Unternehmen mitarbeitenden Ehegatten,
   b) in landwirtschaftlichen Unternehmen nicht nur vorübergehend mitarbeitende Familienangehörige sind,
   c) in landwirtschaftlichen Unternehmen in der Rechtsform von Kapital- oder Personenhandelsgesellschaften regelmäßig wie Unternehmer selbständig tätig sind,
   d) ehrenamtlich in Unternehmen tätig sind, die unmittelbar der Sicherung, Überwachung oder Förderung der Landwirtschaft überwiegend dienen,

e) ehrenamtlich in den Berufsverbänden der Landwirtschaft tätig sind,
wenn für das Unternehmen eine landwirtschaftliche Berufsgenossenschaft zuständig ist,
6. Hausgewerbetreibende und Zwischenmeister sowie ihre mitarbeitenden Ehegatten,
7. selbständig tätige Küstenschiffer und Küstenfischer, die zur Besatzung ihres Fahrzeugs gehören oder als Küstenfischer ohne Fahrzeug fischen und regelmäßig nicht mehr als vier Arbeitnehmer beschäftigen, sowie ihre mitarbeitenden Ehegatten,
8.–13. ...
14. Personen, die nach den Vorschriften des Dritten Buches oder des Bundessozialhilfegesetzes der Meldepflicht unterliegen, wenn sie einer besonderen, an sie im Einzelfall gerichteten Aufforderung einer Dienststelle der Bundesanstalt für Arbeit nachkommen, diese oder eine andere Stelle aufzusuchen,
15.–17. ...

(2) ¹ Ferner sind Personen versichert, die wie nach Absatz 1 Nr. 1 Versicherte tätig werden. ² Satz 1 gilt auch für Personen, die während einer aufgrund eines Gesetzes angeordneten Freiheitsentziehung oder aufgrund einer strafrichterlichen, staatsanwaltlichen oder jugendbehördlichen Anordnung wie Beschäftigte tätig werden.

(3) ¹ Absatz 1 Nr. 1 gilt auch für
1. Deutsche, die im Ausland bei einer amtlichen Vertretung des Bundes oder der Länder oder bei deren Leitern, deutschen Mitgliedern oder Bediensteten beschäftigt sind,
2. Entwicklungshelfer im Sinne des Entwicklungshelfer-Gesetzes, die Entwicklungsdienst oder Vorbereitungsdienst leisten.
² Soweit die Absätze 1 und 2 weder eine Beschäftigung noch eine selbständige Tätigkeit voraussetzen, gelten sie abweichend von § 3 Nr. 2 des Vierten Buches für alle Personen, die die in diesen Absätzen genannten Tätigkeiten im Inland ausüben; § 4 des Vierten Buches gilt entsprechend.
³ Absatz 1 Nr. 13 gilt auch für Personen, die im Ausland tätig werden, wenn sie im Inland ihren Wohnsitz oder gewöhnlichen Aufenthalt haben.

(4) Familienangehörige im Sinne des Absatzes 1 Nr. 5 Buchstabe b sind
1. Verwandte bis zum dritten Grade,
2. Verschwägerte bis zum zweiten Grade,
3. Pflegekinder (§ 56 Abs. 2 Nr. 2 des Ersten Buches) der Unternehmer oder ihrer Ehegatten.

I. Allgemeines

1. Versicherte in der gesetzlichen Unfallversicherung sind die kraft Gesetzes (§ 2), kraft Satzung (§ 3) und die freiwillig (§ 6) Versicherten. Die **Staatsangehörigkeit** ist für die Versicherteneigenschaft ohne Bedeutung (vgl. § 3 SGB IV). Anders als in allen anderen Zweigen der Sozialversicherung erfaßt der Versicherungsschutz die Person jedoch nicht „rund um die Uhr" und unabhängig von der konkret ausgeübten Tätigkeit. Vielmehr beschränkt er sich auf den Zeitraum, in dem der Versicherte die die Versicherteneigenschaft begründende Tätigkeit ausübt. Abgesehen von der freiwilligen Versicherung (§ 6) entsteht der **Versicherungsschutz ipso iure** und ist weder von einem Antrag noch von der (rechtzeitigen) Entrichtung von Beiträgen an den zuständigen Unfallversicherungsträger abhängig.

2. Formalversicherung. Auch wenn keiner der in den §§ 2 ff. genannten Tatbestände vorliegt, kann ein Versicherungsverhältnis unter dem Gesichtspunkt des **Vertrauensschutzes** als sog. formalrechtliches Versicherungsverhältnis anzunehmen sein (ausf. *Rolfs*, Versicherungsprinzip, S. 322 ff.), wenn ein Unfallversicherungsträger einen entsprechenden Vertrauenstatbestand geschaffen hat, zB, wenn die Berufsgenossenschaft Beiträge für einen nur freiwillig versicherbaren Unternehmer (§ 6 I Nr. 1) erhoben hatte, obwohl dieser keinen Antrag gestellt hatte (BSG 27. 7. 1972 BSGE 34, 230, 233). Auch die Forderung und Annahme von Beiträgen für andere bestimmte Personen oder Personengruppen begründet ein formalrechtliches Versicherungsverhältnis (BSG 14. 11. 1974 SozR 2200 § 671 Nr. 1), ebenso das Belassen der Eintragung im Mitgliederverzeichnis trotz Wegfalls der Voraussetzungen (BSG 26. 11. 1987 SozR 2200 § 776 Nr. 8; 30. 3. 1988 SozR 2200 § 539 Nr. 126). Die Annahme von Beiträgen aufgrund eines Entgeltnachweises für nicht versicherte Personen im Lohnnachweis (§ 165 I) genügt lediglich dann, wenn der Unfallversicherungsträger das Fehlen der Versicherteneigenschaft bei ordnungsgemäßer Prüfung hätte erkennen können, woran es bei den heute üblichen pauschalierten Nachweisen fehlt (HS-UV/*Spellbrink* § 24 Rn. 10). Die Herbeiführung des Vertrauenstatbestandes durch den Unternehmer steht der Formalversicherung nur entgegen, wenn er auf einem qualifizierten Verschulden – insb. **arglistigem Verhalten**, mindestens jedoch grober Fahrlässigkeit – beruht (BSG 26. 6. 1973 BSGE 36, 71, 73; 30. 3. 1988 SozR 2200 § 539 Nr. 126). Die Formalversicherung besteht bis zu ihrer **Aufhebung durch den Unfallversicherungsträger**, zB durch ausdrücklichen Widerruf oder Aufhebung des Beitragsbescheides.

II. Die kraft Gesetzes Versicherten

3   **1. Beschäftigte (Abs. 1 Nr. 1).** Beschäftigte sind alle Personen, die **nichtselbständige Arbeit, insb. in einem Arbeitsverhältnis** verrichten (§ 7 I SGB IV, näher dort Rn. 8 ff.). Als Beschäftigung gilt auch der Erwerb beruflicher Kenntnisse, Fertigkeiten oder Erfahrungen im Rahmen betrieblicher Berufsbildung (§ 7 II SGB IV), insoweit ist der Begriff des Beschäftigten weitgehend mit dem des **AN** (dazu § 611 BGB Rn. 44 ff.) identisch. Hier wie dort ist eine den tatsächlichen Gegebenheiten widersprechende vertragliche Bezeichnung der Rechtsbeziehungen durch die Vertragspartner unbeachtlich (BSG 29. 9. 1965 BSGE 24, 29, 30; BSG 31. 10. 1972 BSGE 35, 20, 22; *Seiter*, FS 25 Jahre BSG, 1979, S. 515, 519).

4   a) **Arbeitnehmer.** In einem rechtlich **wirksamen Arbeitsverhältnis** kommt es nicht darauf an, ob der AN tatsächlich Arbeitsleistungen erbringt; Beschäftigter ist dementsprechend auch, wer beispielsweise von der Arbeitsleistung freigestellt worden ist oder an einem (und sei es auch rechtswidrigen) Streik teilnimmt (BSG 11. 12. 1973 SozR § 1259 RVO Nr. 62). Selbst derjenige, der am ersten Tag seines Arbeitsverhältnisses seine Arbeitsunfähigkeitsbescheinigung überbringen will, ist Beschäftigter und damit (namentlich gegen das Risiko des Wegeunfalls, § 8 II Nr. 1 bis 4 SGB VII) Versicherter (vgl. BSG 23. 10. 1970 DB 1970, 2180). Die inzwischen auch im Krankenversicherungsrecht aufgegebene Rspr. zum sog. „mißglückten Arbeitsversuch" (BSG 4. 12 1997 BSGE 81, 231; 4. 12. 1997 NZA-RR 1998, 97; 29. 9. 1998 SozR 3–2500 § 5 Nr. 40) war und ist auf das Unfallversicherungsrecht – insb. auf das Recht der Berufskrankheiten – **nicht übertragbar** (BSG 5. 5. 1998 NZA-RR 1999, 6 ff.). Beschäftigte sind weiter diejenigen Personen, die aufgrund eines **fehlerhaften (faktischen) Arbeitsverhältnisses** Arbeit leisten (*Kater/Leube* Rn. 5). Ein Verstoß gegen ein gesetzliches Beschäftigungsverbot oder die wirksame Anfechtung des Arbeitsvertrages ist dem Unfallversicherungsschutz folglich nicht abträglich. Beschäftigte sind ferner auch diejenigen, die ihre Weiterbeschäftigung nach einem ihrer Bestandsschutzklage stattgebenden Instanzurteil erzwungen haben (KassKomm/*Seewald* § 7 SGB IV Rn. 15). Der Versicherungsschutz in der gesetzlichen Unfallversicherung ist vollständig **einkommensunabhängig.** Beschäftigte und damit Versicherte sind auch die **geringfügig Beschäftigten** (§ 8 SGB IV), ja sogar Personen, die eine ANTätigkeit ausüben, ohne dafür ein Entgelt zu erhalten; freilich wird bei dem letztgenannten Personenkreis idR nicht § 2 I Nr. 1, sondern § 2 II 1 einschlägig sein. Zu **Einzelfällen** (GmbH-Geschäftsführer, Mitarbeitende Familienangehörige, Vereinsmitglieder etc.) siehe § 7 SGB IV Rn. 20 ff.

5   b) **Heimarbeiter uä.** Obwohl sie nach allgemeinen arbeitsrechtlichen Kriterien keine AN sind (vgl. § 611 BGB Rn. 137), gelten **Heimarbeiter** gemäß § 12 II SGB IV als Beschäftigte. Dies freilich nur solange, wie sie die ihnen übertragenen Tätigkeiten vollständig in Person verrichten. Die Einstellung fremder Hilfskräfte macht sie zu **Hausgewerbetreibenden,** die nicht als Beschäftigte nach § 2 I Nr. 1, sondern (trotz ihrer Selbständigkeit) nach § 2 I Nr. 6 Versicherungsschutz genießen.

6   c) **Die Bedeutung der Grenzziehung** zwischen Selbständigkeit und abhängiger Beschäftigung ist im Bereich der gesetzlichen Unfallversicherung nicht mit derselben Schärfe wie in anderen Bereichen der Sozialversicherung zu sehen, weil auch diejenigen Personen, die nicht als Beschäftigte nach § 2 I Nr. 1 Versicherungsschutz genießen, oftmals aufgrund anderer Bestimmungen entweder kraft Gesetzes (§ 2 I Nr. 5 bis 7), kraft Satzung (§ 3) oder freiwillig (§ 6) versichert sind.

7   **2. Beruflich Lernende (Abs. 1 Nr. 2).** Der Versicherungsschutz nach § 2 I Nr. 2 erfaßt Lernende, auch wenn sie nicht oder noch nicht beruflich tätig sind und unabhängig davon, ob sie freiwillig oder aufgrund einer Rechtspflicht handeln (BSG 9. 12. 1976 BSGE 43, 60, 63). Es ist nicht erforderlich, daß die Bildungsmaßnahme auf eine ihrer Art nach versicherte Beschäftigung ausgerichtet ist (*Brackmann*, S. 474 s II). Beruf iSd. Bestimmung ist jede erlaubte und auf Dauer angelegte, im allgemeinen dem Lebensunterhalt dienende Tätigkeit, auch eine selbständige oder beruflich atypische (BSG 9. 12. 1976 BSGE 43, 60, 62). **Berufliche Aus- und Fortbildung** ist jede Bildungsmaßnahme einschließlich der Prüfungen (BSG 9. 12. 1976 BSGE 43, 60, 62; 29. 10. 1986 SozR 2200 § 539 Nr. 117), die berufsnützliche Kenntnisse und/oder Fähigkeiten jeder Art und jeden (auch geringfügigen) Umfangs vermittelt.

8   In **Betriebsstätten, Lehrwerkstätten, Schulungskursen oder ähnlichen Einrichtungen** müssen die Kenntnisse oder Fähigkeiten vermittelt werden. Betriebsstätten sind Arbeitsstätten jeder Art, Lehrwerkstätten sind als solche unterhaltene oder anderswo ein- oder angegliederte Einrichtungen zur berufsbezogenen Vermittlung praktischer Fertigkeiten. Schulungskurse sind Lehrveranstaltungen unterschiedlichster Institutionen mit kürzerer Dauer als an berufsbildenden Schulen. Ähnliche Einrichtungen sind alle, in denen die Bildungsinhalte in vergleichbarer, dh. persönlicher, unterrichtsmäßiger und beaufsichtigter Weise im organisatorischen Verantwortungsbereich der Bildungsinstitutionen außerhalb des häuslichen Bereichs vermittelt werden (BSG 9. 12. 1976 BSGE 43, 60, 63 f.), zB Fahrschulen, Volkshochschulen, schulmäßig organisierte Arbeitsgemeinschaften zur Vorbereitung auf berufliche Prüfungen (BSG 25. 2. 1976 BSGE 41, 214, 215), nicht aber Fernlehrgänge (BSG 22. 2. 1973 BSGE 35, 207, 209; 9. 12. 1976 BSGE 43, 60, 63). Vom Versicherungsschutz umfaßt sind – unbeschadet des Versicherungsschutzes für Wegeunfälle (§ 8 II Nr. 1 bis 4) – nur solche Tätigkeiten, die **im**

II. Die kraft Gesetzes Versicherten

organisatorischen Verantwortungsbereich der Bildungseinrichtung usw. liegen (Kater/Leube Rn. 117), unversichert ist also insb. die häusliche Vor- und Nachbereitung des Lernstoffes.

3. Landwirtschaftliche Unternehmer (Abs. 1 Nr. 5). § 2 I Nr. 5 erweitert den Kreis der in der Landwirtschaft Versicherten um die in landwirtschaftlichen Unternehmen nicht nur vorübergehend mitarbeitenden Familienangehörigen (lit. b). **Unternehmer** ist derjenige, für dessen Rechnung das Unternehmen (Betrieb, Verwaltung, Einrichtung, Tätigkeit) geht, § 121 I. **Landwirtschaftliche Unternehmen** sind die in § 123 genannten Unternehmen. Hinsichtlich des im Unternehmen mitarbeitenden **Ehegatten** kann uU offen bleiben, ob die Mitarbeit auf familien- oder auf arbeitsrechtlicher Grundlage und dementsprechend der Versicherungsschutz auf § 2 I Nr. 5 oder Nr. 1 beruht. 9

Mitarbeitende Familienangehörige sind gem. § 2 IV Verwandte bis zum dritten Grade, Verschwägerte bis zum zweiten Grade sowie Pflegekinder (§ 56 II Nr. 2 SGB I) des bzw. der Unternehmer oder ihrer Ehegatten. Es kommt nicht darauf an, ob der Ehegatte mit dem landwirtschaftlichen Unternehmer in häuslicher Gemeinschaft lebt (BT-Drucks. 13/2204, S. 74). Familienangehörige, die nur vorübergehend in den landwirtschaftlichen Unternehmen mitarbeiten, können, wenn ihre Hilfe nicht vornehmlich den familiären Bindungen entspringt, Versicherungsschutz nach § 2 II 1 erlangen (Schmitt Rn. 34). Bei den von **§ 2 I Nr. 5 lit. c)** erfaßten Personen handelt es sich vor allem um **Kommanditisten**, die aufgrund des Gesellschaftsvertrages im Unternehmen mitarbeiten (und wegen dieser gesellschaftsrechtlichen Tätigkeitsgrundlage keine Beschäftigten iSv. Nr. 1, andererseits aber auch keine Unternehmer sind), und um **geschäftsführende Gesellschafter** einer GmbH, auf die sie beherrschenden Einfluß ausüben (und daher mangels Weisungsabhängigkeit nicht bei ihr beschäftigt sind; Unternehmerin ist andererseits nur die juristische Person, vgl. OLG Düsseldorf 27. 3. 1973 VersR 1973, 662, 663; Gamillscheg/Hanau S. 161 f.). **Ehrenamtlich Tätige** in unmittelbar der Sicherung, Überwachung oder Förderung der Landwirtschaft oder in den Berufsverbänden der Landwirtschaft sind alle Personen, die – ohne Beschäftigte zu sein – in den in § 123 I Nr. 6 und 7 genannten Unternehmen, die zB durch Wirtschafts- und Betriebsberatung, Schädlingsbekämpfung, Saatgutverbesserung, Windschutzarbeiten etc. ihrem Ziel nach der Erhaltung, Unterstützung und Entwicklung der Landwirtschaft im weitesten Sinne dienen (KassKomm/Ricke, § 123 SGB VII Rn. 23). **In die Zuständigkeit einer landwirtschaftlichen Berufsgenossenschaft** muß das Unternehmen fallen. Die von § 2 I Nr. 5 erfaßten Personen genießen demzufolge Versicherungsschutz nur, solange und soweit sie für das bei einer landwirtschaftlichen Berufsgenossenschaft versicherte Unternehmen tätig sind. 10

4. Hausgewerbetreibende und Zwischenmeister (Abs. 1 Nr. 6). Nach der Legaldefinition des § 12 I SGB IV sind **Hausgewerbetreibende** selbständig Tätige, die in eigener Arbeitsstätte im Auftrag und für Rechnung von Gewerbetreibenden, gemeinnützigen Unternehmen oder öffentlich-rechtlichen Körperschaften gewerblich arbeiten, auch wenn sie Roh- und Hilfsstoffe selbst beschaffen oder vorübergehend für eigene Rechnung tätig sind. Die Zahl der Hilfskräfte oder Heimarbeiter ist für die Eigenschaft als Hausgewerbetreibender – anders als nach § 2 II HAG – unerheblich (vgl. BSG 28. 8. 1968 SozR § 729 RVO Nr. 1). **Zwischenmeister** ist, wer, ohne AN zu sein, die ihm übertragene Arbeit an Hausgewerbetreibende oder Heimarbeiter weitergibt, § 12 IV SGB IV. Auf die zusätzliche Aufzählung auch der **Heimarbeiter** hat § 2 I Nr. 6 im Gegensatz zu § 539 I Nr. 2 RVO verzichtet, weil diese ohnehin als Beschäftigte gelten und deshalb Versicherungsschutz nach Nr. 1 genießen (oben Rn. 5). 11

5. Küstenschiffer und -fischer (Abs. 1 Nr. 7). In der gesetzlichen Unfallversicherung versichert sind gem. § 2 I Nr. 7 Küstenschiffer und Küstenfischer als Unternehmer gewerblicher Betriebe der Seefahrt (§ 121 III). **Küstenschiffer** ist, wer die Schiffahrt gewerblich, also nicht nur als einmalige oder gelegentliche Einnahmequelle oder ohne Gewinnabsicht betreibt, unabhängig davon, ob das Fahrzeug sein eigenes oder ein gechartertes ist. Zur **Besatzung** gehört der Küstenschiffer, wenn er an Bord Besatzungsfunktionen (zB als Kapitän oder Steuermann) hat, bloßes Mitfahren genügt nicht. **Küstenfischer** sind auch diejenigen, die ohne Fahrzeug auf Watten der See und den Seeschiffahrtsstraßen bis zu ihrer jeweiligen Grenze gewerblich (nicht nur als Hobby) fischen, ohne daß jedoch der Lebensunterhalt zum überwiegenden Teil aus der Fischerei bestritten werden müßte (HS-UV/Göttsch § 71 Rn. 45). 12

6. Meldepflichtige Arbeitslose (Abs. 1 Nr. 14). Da sich Arbeitslose oder Sozialhilfeempfänger nicht ohne rechtliche Nachteile der Meldepflicht (§§ 309 SGB III, 18 BSHG) entziehen können und die Vorstellung beim Arbeitsamt in einer Beziehung zum Arbeitsleben steht, hat der Gesetzgeber den Versicherungsschutz auch auf diesen Personenkreis erstreckt. 13

7. Wie nach Abs. 1 Nr. 1 Tätige (Abs. 2 Satz 1). Gem. § 2 II 1 sind Personen gegen die in der gesetzlichen Unfallversicherung versicherten Risiken geschützt, die aufgrund eines fremdnützigen Verhaltens, das einem Beschäftigten gleichsteht, tätig werden. Dafür ist Voraussetzung, daß eine ernstliche, dem in Betracht kommenden fremden Unternehmen dienende Tätigkeit verrichtet wird, die dem wirklichen oder mutmaßlichen Willen des Unternehmers entspricht und die ihrer Art nach auch von Personen verrichtet werden kann, die in einem dem allgemeinen Arbeitsmarkt zuzurechnenden Beschäftigungsverhältnis stehen; sie muß ferner unter solchen Umständen geleistet werden, daß sie einer 14

Rolfs

Tätigkeit aufgrund eines Beschäftigungsverhältnisses ähnlich ist (BSG 17. 3. 1992 SozR 3–2200 § 539 Nr. 15; 17. 3. 1992 SozR 3 – 2200 § 539 Nr. 19; 20. 4. 1993 SozR 3–2200 § 539 Nr. 25; *Krasney* NZS 1999, 577, 578). Nicht verlangt wird eine Beziehung zu dem Unternehmen, die arbeitsrechtlich als die eines AN zu qualifizieren ist, weil insoweit Versicherungsschutz bereits durch § 2 I Nr. 1 gewährt wird (BGH 6. 12. 1977 AP RVO § 637 Nr. 10; BAG 22. 8. 1991 AP RVO § 637 Nr. 21).

15 **a) Dem fremden Unternehmen dienende Tätigkeit.** Die Tätigkeit muß einen wirtschaftlichen Wert haben und einem Unternehmen dienen, in dem der Betreffende nicht bereits als Beschäftigter nach § 2 I Nr. 1 versichert ist. Dabei genügt schon eine **geringfügige und kurze Hilfe** (*Kater/Leube* Rn. 422; *Staudinger/Oetker* § 618 BGB Rn. 340) ohne erheblichen Nutzen, auch wenn sie lediglich zur Erleichterung oder Beschleunigung der Arbeiten beiträgt. Wesentlich ist die situationsbedingte Einfügung des Betroffenen in den geordneten Arbeitsablauf des Unfallunternehmens, auch wenn sie nur spontan erfolgt und lediglich vorübergehend und punktuell ist (OLG Frankfurt 25. 7. 1989 VersR 1990, 1257, 1258; OLG Köln 30. 9. 1994 VersR 1995, 197, 198). Die Tätigkeit ist nach dem **Gesamtbild des** ausgeführten und beabsichtigten **Vorhabens** zu beurteilen, ohne daß es allein auf die Zeitdauer ankäme (BSG 25. 10. 1989 SozR 2200 § 539 Nr. 134; 24. 1. 1991 SozR 3–2200 § 539 Nr. 8; BGH 16. 4. 1996 NJW 1996, 2023, 2033). **Nicht ausreichend** ist jedenfalls, daß die Tätigkeit lediglich der **Bequemlichkeit** des Unterstützten dient, ohne im Interesse seines Unternehmens verrichtet worden zu sein (BSG 29. 6. 1966 BSGE 25, 102, 104), oder daß sie gar vornehmlich im Interesse des Unterstützenden liegt (BSG 20. 1. 1987 SozR 2200 § 539 Nr. 119). Versicherungsschutz nach § 2 II wird nicht gewährt in Fällen, in denen eine Person von den Gefahren eines Unternehmens bei der Verrichtung von Arbeiten für ihren Stammbetrieb wie ein „Außenstehender" (Externer) nur deshalb betroffen wird, weil sie sich in die dem fremden Unternehmen obliegenden Verrichtungen in irgendeine Weise eingeschaltet hat oder ihre Arbeitsstelle im Einflußbereich des Unfallunternehmens liegt, mag diese „**Arbeitsberührung**" auch auf gemeinsame Aufgaben zurückzuführen sein. Wirken die Angehörigen zweier verschiedener Unternehmen in partnerschaftlicher Weise zusammen, bleiben die Beteiligten jedoch ausschließlich ihrem Stammunternehmen zugeordnet und nehmen sie nur dessen Aufgaben wahr, scheidet eine „Wie-Beschäftigung" für das fremde Unternehmen aus (BGH 5. 7. 1983 LM RVO § 636 Nr. 25; 8. 4. 1986 AP RVO § 637 Nr. 18; BAG 15. 1. 1985 AP RVO § 637 Nr. 16).

16 Eine den Versicherungsschutz auslösende „**Eingliederung**" eines Beschäftigten in ein für ihn fremdes Unternehmen findet auch dann nicht statt, wenn sein Stammunternehmen für das fremde Unternehmen tätig wird, der Betroffene aber nur eigene Aufgaben seines Unternehmens besorgt (BGH 6. 12. 1977 AP RVO § 637 Nr. 10; 25. 9. 1990 AP RVO § 636 Nr. 19; 8. 3. 1994 NJW 1994, 1480). Nützt die Handlung sowohl dem Stamm- als auch dem fremden Unternehmen, so ist im Zweifel darauf abzustellen, welche Aufgaben der Tätigkeit ihr „**Gepräge**" geben. Wenn die Tätigkeit zumindest auch den Interessen des eigenen Unternehmens dient, ist idR anzunehmen, daß der Verletzte allein zur Förderung seines Stammbetriebes tätig geworden ist und demzufolge Versicherungsschutz nur in diesem, nicht aber auch in dem anderen Unternehmen genießt (BGH 28. 10. 1986 AP RVO § 636 Nr. 14; 11. 10. 1988 AP RVO § 636 Nr. 15; 25. 9. 1990 AP RVO § 636 Nr. 19; OLG Hamm 9. 10. 1997 NJW-RR 1998, 1399; OLG Düsseldorf 27. 2. 1998 NZA-RR 1998, 289).

17 **b) Einverständnis des Unternehmers.** Ferner erforderlich ist, daß die Tätigkeit mit dem Willen des fremden Unternehmers oder eines Vertreters erbracht worden ist. Dieser Wille kann **ausdrücklich** erklärt sein oder sich **aus den Umständen ergeben**, etwa bei der stillschweigenden Annahme von Hilfe oder wiederholter Duldung der Tätigkeit (vgl. OLG Düsseldorf 7. 6. 1990 VersR 1991, 1036; *Boudon* BB 1993, 2446, 2447; *Krasney* NZS 1999, 577, 579). Eine Tätigkeit für das fremde Unternehmen scheidet aus, wenn sie entweder dem ausdrücklichen Willen des Unternehmers widerspricht oder sich der Betroffene hätte sagen müssen, daß sein Handeln von dem Unternehmer nicht gebilligt werden würde. Dabei kommt es primär auf die **objektive Zweckrichtung** der Hilfe und nicht auf den Willen des Helfenden an (OLG Frankfurt 9. 11. 1988 VersR 1990, 997; RGRK/*Steffen* Vor § 823 BGB Rn. 76), ebensowenig darauf, ob er zu seiner Mithilfe aufgefordert wurde ist oder ob er sich aus freiem Entschluß, etwa aus Gefälligkeit, dem Betriebsvorgang des Unfallunternehmens eingegliedert hat (BGH 7. 6. 1977 VersR 1977, 959).

18 **c) Abstrakte Arbeitnehmertätigkeit.** „Wie" ein nach § 2 I Nr. 1 Versicherter kann nur tätig werden, wer eine Leistung erbringt, die nicht nur nach theoretischer Möglichkeit sonstigen Personen zugänglich ist, die in einem dem allgemeinen Arbeitsmarkt zuzurechnenden Beschäftigungsverhältnis stehen. Dabei ist unerheblich, ob für die Tätigkeit ein Entgelt bezahlt wird oder der Unternehmer die Tätigkeit ohne den Helfenden hätte verrichten lassen; auch ist wohl nicht erforderlich, daß die Tätigkeit üblicherweise zum Gewerbezweig des Unternehmers gehört (str., wie hier BGH 2. 12. 1980 AP RVO § 636 Nr. 11; BSG 27. 7. 1972 BSGE 34, 240, 242; RGRK/*Steffen* Vor § 823 BGB Rn. 78; aA BGH 19. 5. 1969 BGHZ 52, 115, 120 f.). Verlangt wird insoweit ein „**innerer Zusammenhang**" zwischen der Tätigkeit und dem unterstützten Unternehmen, damit ist gemeint, daß die Tätigkeit „ernsthaft Arbeit" und in dieser Beziehung der Tätigkeit aufgrund eines Arbeitsverhältnisses ähnlich ist (BGH 13. 1. 1981 AP RVO § 636 Nr. 12; OLG Düsseldorf 6. 6. 1990 VersR 1991, 1036). Abzu-

grenzen sind arbeitnehmerähnliche Handlungen im Sinne von § 2 II 1 gegenüber solchen Hilfeleistungen, die im Verkehr als **Gefälligkeit** oder **Bagatelle** angesehen werden (*Schmitt* Rn. 135 ff.).

d) **Konkrete Arbeitnehmertätigkeit im Einzelfall.** Das Erfordernis der konkreten Vergleichbarkeit 19 der erbrachten Leistung mit der eines AN dient vornehmlich der negativen Ausgrenzung derjenigen Fälle, die nach ihrem gesamten rechtlichen und tatsächlichen Erscheinungsbild, insb. den Handlungsmotiven und den Beziehungen der Beteiligten untereinander, mit der Tätigkeit eines AN nicht vergleichbar sind (*Krasney* NZS 1999, 577, 580). Es läßt jedoch solche Handlungen unberührt, die zwar aus **Freundschaft, Gefälligkeit, nachbarlicher Rücksichtnahme** oder dergleichen erbracht werden, diese Motivation des Helfenden der Tätigkeit aber nicht ihr „Gepräge" gibt (vgl. BSG 30. 4. 1979 SozR 2200 § 539 Nr. 57; 17. 3. 1992 SozR 3-2200 § 539 Nr. 15; OLG Koblenz 9. 3. 1995 NJW-RR 1995, 1238). Nicht kraft Gesetzes (uU aber gem. § 3 I Nr. 2) versichert sind demnach beispielsweise Personen, die als **Stellenbewerber** einen fremden Betrieb nur besichtigen, und zwar auch dann, wenn sie bei dieser Gelegenheit in das betriebliche Geschehen eingreifen, solange dies lediglich zu dem Zweck geschieht, das eigene Interesse, die eigene Eignung oder Befähigung zu erkunden (BGH 25. 6. 1985 AP RVO § 637 Nr. 17). Etwas anderes gilt erst dann wieder, wenn der Unternehmer die Initiative des Bewerbers in der Weise ausnutzt, daß er ihn nicht neben, sondern an der Stelle sonst erforderlicher Arbeitskräfte des Betriebes einsetzt.

Auszuscheiden haben ferner solche Hilfeleistungen, die von **Verwandten, Verschwägerten, Ehe-** 20 **leuten** oder sonst durch familiäre Bindungen verbundenen Personen erbrachten werden, wenn sie nach Art, Dauer und Umfang mit Rücksicht auf die verwandtschaftlichen Beziehungen zwischen ihnen üblich sind (*Kater/Leube* Rn. 431 ff.). Versicherungsschutz greift jedoch ein, sobald die konkrete Erbringung der Hilfeleistung ausschließlich von den durch die Arbeitsleistung und Arbeitserfordernisse bestimmten Umständen gekennzeichnet ist und die familiäre Bindung lediglich noch den Anlaß für die Hilfeleistung bildet (BSG 17. 3. 1992 SozR 3-2200 § 539 Nr. 15; 20. 4. 1993 SozR 3-2200 § 539 Nr. 25; 5. 7. 1994 VersR 1995, 484, 485 f.). Nicht von § 2 II erfaßt sind auch **unternehmerähnliche Tätigkeiten,** bei denen die Selbständigkeit der Leistung im Vordergrund steht (BGH 21. 3. 1991 VersR 1991, 1053, 1055; 17. 3. 1992 SozR 3-2200 § 539 Nr. 16; 20. 4. 1993 SozR 3 - 2200 § 539 Nr. 25).

§ 3 Versicherung kraft Satzung

(1) Die Satzung kann bestimmen, daß und unter welchen Voraussetzungen sich die Versicherung erstreckt auf
1. Unternehmer und ihre im Unternehmen mitarbeitenden Ehegatten,
2. Personen, die sich auf der Unternehmensstätte aufhalten; § 2 Abs. 3 Satz 2 erster Halbsatz gilt entsprechend.

(2) Absatz 1 gilt nicht für
1. Haushaltsführende,
2. Unternehmer von nicht gewerbsmäßig betriebenen Binnenfischereien oder Imkereien und ihre im Unternehmen mitarbeitenden Ehegatten,
3. Personen, die aufgrund einer vom Fischerei- oder Jagdausübungsberechtigten erteilten Erlaubnis als Fischerei- oder Jagdgast fischen oder jagen,
4. Reeder, die nicht zur Besatzung des Fahrzeugs gehören, und ihre im Unternehmen mitarbeitenden Ehegatten.

§ 5 Versicherungsbefreiung

¹ Von der Versicherung nach § 2 Abs. 1 Nr. 5 werden auf Antrag Unternehmer landwirtschaftlicher Unternehmen im Sinne des § 123 Abs. 1 Nr. 1 bis zu einer Größe von 0,12 Hektar und ihre Ehegatten unwiderruflich befreit; dies gilt nicht für Spezialkulturen. ² Das Nähere bestimmt die Satzung.

§ 6 Freiwillige Versicherung

(1) Auf schriftlichen Antrag können sich versichern
1. Unternehmer und ihre im Unternehmen mitarbeitenden Ehegatten; ausgenommen sind Haushaltsführende, Unternehmer von nicht gewerbsmäßig betriebenen Binnenfischereien oder Imkereien, Unternehmer von nicht gewerbsmäßig betriebenen Unternehmen nach § 123 Abs. 1 Nr. 2 und ihre Ehegatten sowie Fischerei- und Jagdgäste,
2. Personen, die in Kapital- oder Personenhandelsgesellschaften regelmäßig wie Unternehmer selbständig tätig sind.

(2) ¹ Die Versicherung beginnt mit dem Tag, der dem Eingang des Antrages folgt. ² Die Versicherung erlischt, wenn der Beitrag oder Beitragsvorschuß binnen zwei Monaten nach Fälligkeit

nicht gezahlt worden ist. ³ Eine Neuanmeldung bleibt so lange unwirksam, bis der rückständige Beitrag oder Beitragsvorschuß entrichtet worden ist.

Dritter Abschnitt. Versicherungsfall

§ 7 Begriff

(1) Versicherungsfälle sind Arbeitsunfälle und Berufskrankheiten.

(2) Verbotswidriges Handeln schließt einen Versicherungsfall nicht aus.

§ 8 Arbeitsunfall

(1) ¹ Arbeitsunfälle sind Unfälle von Versicherten infolge einer den Versicherungsschutz nach § 2, 3 oder 6 begründenden Tätigkeit (versicherte Tätigkeit). ² Unfälle sind zeitlich begrenzte, von außen auf den Körper einwirkende Ereignisse, die zu einem Gesundheitsschaden oder zum Tod führen.

(2) Versicherte Tätigkeiten sind auch
1. das Zurücklegen des mit der versicherten Tätigkeit zusammenhängenden unmittelbaren Weges nach und von dem Ort der Tätigkeit,
2. das Zurücklegen des von einem unmittelbaren Weg nach und von dem Ort der Tätigkeit abweichenden Weges, um
   a) Kinder von Versicherten (§ 56 des Ersten Buches), die mit ihnen in einem gemeinsamen Haushalt leben, wegen ihrer oder ihrer Ehegatten beruflichen Tätigkeit fremder Obhut anzuvertrauen oder
   b) mit anderen Berufstätigen oder Versicherten gemeinsam ein Fahrzeug zu benutzen,
3. das Zurücklegen des von einem unmittelbaren Weg nach und von dem Ort der Tätigkeit abweichenden Weges der Kinder von Personen (§ 56 des Ersten Buches), die mit ihnen in einem gemeinsamen Haushalt leben, wenn die Abweichung darauf beruht, daß die Kinder wegen der beruflichen Tätigkeit dieser Personen oder deren Ehegatten fremder Obhut anvertraut werden,
4. das Zurücklegen des mit der versicherten Tätigkeit zusammenhängenden Weges von und nach der ständigen Familienwohnung, wenn die Versicherten wegen der Entfernung ihrer Familienwohnung von dem Ort der Tätigkeit an diesem oder in dessen Nähe eine Unterkunft haben,
5. das mit einer versicherten Tätigkeit zusammenhängende Verwahren, Befördern, Instandhalten und Erneuern eines Arbeitsgeräts oder einer Schutzausrüstung sowie deren Erstbeschaffung, wenn dieses auf Veranlassung der Unternehmer erfolgt.

(3) Als Gesundheitsschaden gilt auch die Beschädigung oder der Verlust eines Hilfsmittels.

§ 9 Berufskrankheit

(1) ¹ Berufskrankheiten sind Krankheiten, die die Bundesregierung durch Rechtsverordnung mit Zustimmung des Bundesrates als Berufskrankheiten bezeichnet und die Versicherte infolge einer den Versicherungsschutz nach §§ 2, 3 oder 6 begründenden Tätigkeit erleiden. ² Die Bundesregierung wird ermächtigt, in der Rechtsverordnung solche Krankheiten als Berufskrankheiten zu bezeichnen, die nach den Erkenntnissen der medizinischen Wissenschaft durch besondere Einwirkungen verursacht sind, denen bestimmte Personengruppen durch ihre versicherte Tätigkeit in erheblich höherem Grade als die übrige Bevölkerung ausgesetzt sind; sie kann dabei bestimmen, daß die Krankheiten nur dann Berufskrankheiten sind, wenn sie durch Tätigkeiten in bestimmten Gefährdungsbereichen verursacht worden sind oder wenn sie zur Unterlassung aller Tätigkeiten geführt haben, die für die Entstehung, die Verschlimmerung oder das Wiederaufleben der Krankheit ursächlich waren oder sein können. ³ In der Rechtsverordnung kann ferner bestimmt werden, inwieweit Versicherte in Unternehmen der Seefahrt auch in der Zeit gegen Berufskrankheiten versichert sind, in der sie an Land burlaubt sind.

(2) Die Unfallversicherungsträger haben eine Krankheit, die nicht in der Rechtsverordnung bezeichnet ist oder bei der die dort bestimmten Voraussetzungen nicht vorliegen, wie eine Berufskrankheit als Versicherungsfall anzuerkennen, sofern im Zeitpunkt der Entscheidung nach neuen Erkenntnissen der medizinischen Wissenschaft die Voraussetzungen für eine Bezeichnung nach Absatz 1 Satz 2 erfüllt sind.

(3) Erkranken Versicherte, die infolge der besonderen Bedingungen ihrer versicherten Tätigkeit in erhöhtem Maße der Gefahr der Erkrankung an einer in der Rechtsverordnung nach Absatz 1 genannten Berufskrankheit ausgesetzt waren, an einer solchen Krankheit und können Anhaltspunkte für eine Verursachung außerhalb der versicherten Tätigkeit nicht festgestelltw erden, wird vermutet, daß diese infolge der versicherten Tätigkeit verursacht worden ist.

(4) Setzt die Anerkennung einer Krankheit als Berufskrankheit die Unterlassung aller Tätigkeiten voraus, die für die Entstehung, die Verschlimmerung oder das Wiederaufleben der Krankheit ursächlich waren oder sein können, haben die Unfallversicherungsträger vor Unterlassung einer noch verrichteten gefährdenden Tätigkeit darüber zu entscheiden, ob die übrigen Voraussetzungen für die Anerkennung einer Berufskrankheit erfüllt sind.

(5) Soweit Vorschriften über Leistungen auf den Zeitpunkt des Versicherungsfalls abstellen, ist bei Berufskrankheiten auf den Beginn der Arbeitsunfähigkeit oder der Behandlungsbedürftigkeit oder, wenn dies für dne Versicherten günstiger ist, auf den Beginn der rentenberechtigenden Minderung der Erwerbsfähigkeit abzustellen.

(6) bis (9) ...

Viertes Kapitel. Haftung von Unternehmern, Unternehmensangehörigen und anderen Personen

Erster Abschnitt. Beschränkung der Haftung gegenüber Versicherten, ihren Angehörigen und Hinterbliebenen

§ 104 Beschränkung der Haftung der Unternehmer

(1) ¹Unternehmer sind den Versicherten, die für ihre Unternehmen tätig sind oder zu ihren Unternehmen in einer sonstigen die Versicherung begründenden Beziehung stehen, sowie deren Angehörigen und Hinterbliebenen nach anderen gesetzlichen Vorschriften zum Ersatz des Personenschadens, den ein Versicherungsfall verursacht hat, nur verpflichtet, wenn sie den Versicherungsfall vorsätzlich oder auf einem nach § 8 Abs. 2 Nr. 1 bis 4 versicherten Weg herbeigeführt haben. ²Ein Forderungsübergang nach § 116 des Zehnten Buches findet nicht statt.

(2) Absatz 1 gilt entsprechend für Personen, die als Leibesfrucht durch einen Versicherungsfall im Sinne des § 12 geschädigt worden sind.

(3) Die nach Absatz 1 oder 2 verbleibenden Ersatzansprüche vermindern sich um die Leistungen, die Berechtigte nach Gesetz oder Satzung infolge des Versicherungsfalls erhalten.

I. Allgemeines

1. Normzweck. Die innere Rechtfertigung des durch die §§ 104 ff. statuierten weitgehenden Ausschlusses privatrechtlicher Schadensersatzansprüche des durch einen Arbeitsunfall Verletzten gegen den Unfall verursachenden Unternehmer oder Arbeitskollegen ist umstritten. Gemeinhin werden vor allem das Finanzierungsargument und das Argument des Betriebsfriedens herangezogen (*Fuchs* SGb 1995, 421, 424; *Gitter* S. 238 ff.). Das **Finanzierungsargument** besagt, daß die gesetzliche Unfallversicherung als einziger Zweig der Sozialversicherung allein durch die AG finanziert wird (§ 150 I) und diese Regelung ihren Sinn verlöre, wenn neben sie eine Einstandspflicht nach privatrechtlichen Maßstäben träte (BT-Drucks. 13/2204, S. 72; *Lepa* VersR 1985, 8, 9). Die gesetzliche Unfallversicherung erfülle für die sie finanzierenden Unternehmer zugleich die Funktion einer Haftpflichtversicherung, es finde also **Haftungsersetzung durch Versicherungsschutz** statt (grdl. *Sieg* ZHR 113, 95, 104). Das **Friedensargument** weist insb. auf den historischen Kontext der Entstehung der Unfallversicherung hin. Eines der vornehmlichen Ziele des Gesetzgebers schon des UVG 1884 sei es gewesen, den durch die zahlreichen Haftpflichtprozesse zwischen AN und AG gestörten sozialen Frieden dadurch wieder herzustellen, daß die „feindliche Stellung" beseitigt und an ihre Stelle ein Versorgungssystem gesetzt wurde, das „ein soziales Band zwischen AG und AN knüpft" (so seinerzeit im Reichstag Staatsminister *Hoffmann* RT-Sten. Ber. Bd. 52, S. 141).

Beide Aspekte unterliegen jedoch der **Kritik** (ua. *Nipperdey* und *Sinzheimer*, Verhandlungen des 35. DJT 1928, Bd. 2, S. 909; *Hanau* JurA 1970, 112; *Zöllner/Loritz* § 19 II 3; *Staudinger/Oetker* § 618 BGB Rn. 362). Die Leistungen der Unfallversicherungsträger entsprechen nämlich nicht uneingeschränkt denjenigen, die der Verletzte nach privatem Recht verlangen könnte. Anders als das Haftungsrecht des BGB ersetzt das Unfallversicherungsrecht nicht den konkret durch den Unfall erlittenen Schaden, sondern nimmt einen **abstrakten Schadensausgleich** nach Maßgabe einer in vom-Hundert-Sätzen ausgedrückten Minderung der Erwerbsfähigkeit vor. Außerdem wird grds. nur der materielle, nicht aber der **immaterielle Schaden** ausgeglichen, so daß der verletzte AN namentlich keinen Ersatz für die erlittenen Schmerzen erhält. Hinsichtlich des Betriebsfriedens wird man Zweifel anmelden dürfen, ob in einer liberalen Arbeits- und Wirtschaftsverfassung, in der die Ordnung der Arbeitsbedingungen vornehmlich den Arbeits- und den TVparteien obliegt, der Ausschluß wirtschaftlich uU ganz erheblicher Ansprüche unter Hinweis auf einen möglichst ungestörten Produktionsprozeß durch den Gesetzgeber gerechtfertigt ist. Immerhin nämlich haftet der deliktische Schädiger in anderen Gemeinschaften unserer Rechtsordnung in aller Regel zumindest für diligentia quam in suis (zB §§ 708, 1359 BGB), was gemäß § 277 BGB in jedem Fall eine Haftung für grobe Fahrlässigkeit bedeutet (*Rolfs*, Haftung unter Arbeitskollegen,S. 53).

3 **2. Verfassungsrechtliche Bewertung.** Die bis zum 31. 12. 1996 geltenden Vorläuferbestimmungen der §§ 104 ff. – §§ 636 ff. RVO – und ihre beamtenrechtlichen Parallelnormen (§ 46 II BeamtVG, § 91 a SVG) sind im Hinblick darauf, daß sie auch den Anspruch auf **Schmerzensgeld** ausschließen, obwohl die gesetzliche Unfallversicherung immaterielle Schäden nicht ersetzt, mehrfach Gegenstand verfassungsrechtlicher Prüfung gewesen (ausführlich *Otto/Schwarze* Rn. 521 ff.). Das BVerfG hat die Normenkontrollverfahren und Verfassungsbeschwerden stets zurückgewiesen (BVerfG 22. 6. 1971 BVerfGE 31, 212; 7. 11. 1972 BVerfGE 34, 118 = AP RVO § 636 Nr. 6; 8. 1. 1992 BVerfGE 85, 176; 8. 2. 1995 NJW 1995, 1607). Das Entschädigungssystem der Unfallversicherung sei insgesamt nicht ungünstiger als das des Privatrechts, weil es anders als dieses Leistungen einerseits auch dann gewähre, wenn der Unfall nicht von einem Dritten verschuldet worden sei, und andererseits ein Mitverschulden des Verletzten nicht zu einer Leistungskürzung führe. Zudem haben § 93 II Nr. 2a SGB VI und § 57 SGB VII die Situation der Schwerverletzten weiter verbessert, indem die Unfallrente tlw. nicht mehr auf die Erwerbs- oder Berufsunfähigkeitsrente angerechnet, bzw., wenn eine solche nicht zu zahlen ist, der Verletzte infolge des Unfalls aber einer Erwerbstätigkeit nicht mehr nachgehen kann, um 10% erhöht wird. Damit wird den Schwerverletzten nunmehr eine Leistung gewährt, die über den materiellen Schadensausgleich hinausreicht und dementsprechend nur als Kompensation der Einbußen an Immaterialgüterrechten verstanden werden kann. In der den Sozialversicherungsrecht typischen pauschalierenden Betrachtungsweise wird damit der Entzug des Schmerzensgeldanspruchs durch die §§ 104 ff. zumindest tlw. kompensiert (*Rolfs*, Versicherungsprinzip, S. 338 ff.).

II. Tatbestandliche Voraussetzungen des Haftungsausschlusses

4 Voraussetzung des Ausschlusses privatrechtlicher Ansprüche durch § 104 ist, daß (1.) der Geschädigte Versicherter in der gesetzlichen Unfallversicherung ist und sich (2.) das schädigende Ereignis für ihn als Versicherungsfall darstellt. Ist er (3.) für ein Unternehmen tätig gewesen oder hat er in einer sonstigen die Versicherung begründenden Beziehung zu einem Unternehmen gestanden, ist (4.) die Haftung des Unternehmers ausgeschlossen, es sei denn, (5.) dieser hat den Versicherungsfall vorsätzlich herbeigeführt oder ist (6.) auf einem nach § 8 II Nr. 1 bis 4 versicherten Weg eingetreten.

5 **1. Versicherter.** Bei dem durch das schädigende Ereignis in seiner körperlichen Integrität Verletzten bzw. Getöteten muß es sich um eine Person gehandelt haben, die im Unfallzeitpunkt ein der gesetzlichen Unfallversicherung Versicherter war (BGH 17. 6. 1997 VersR 1997, 1161, 1162). Mit dieser Voraussetzung nimmt § 104 unmittelbar auf die §§ 2, 3 und 6 Bezug, denn der Ausschluß privatrechtlicher Ansprüche muß, damit das Prinzip der **Haftungsersetzung durch Versicherungsschutz** greifen kann, davon abhängig sein, daß der Geschädigte dem Schutz der Unfallversicherung unterliegt. Dabei kommt im Hinblick auf Personen, die nicht zur Stammbelegschaft des Unternehmens gehören, § 2 II eine besondere Bedeutung zu. Handelt es sich bei dem Geschädigten um eine nach § 4 versicherungsfreie Person (zB einen Beamten, insb. in den privatisierten Unternehmen der Bahn oder Post), ist die dem § 104 ähnliche (aber nicht identische) Bestimmung des § 46 II BeamtVG (bei Soldaten: § 91 a SVG) zu beachten.

6 Ob der Geschädigte im Unfallzeitpunkt Versicherter in der gesetzlichen Unfallversicherung war, steht – ebenso wie die Frage, ob das schädigende Ereignis einen Versicherungsfall darstellt – für die an der schadensersatzrechtlichen Auseinandersetzung Beteiligten in aller Regel aufgrund des **Bescheids des Unfallversicherungsträgers bindend** (§ 108) fest. Daher ist eine selbständige Beurteilung, ob ein Versicherungsfall eines Versicherten vorliegt, nur geboten, wenn die Anerkennung des Unfalls als Versicherungsfall nicht beantragt worden ist, weil beispielsweise keine nach dem SGB VII zu entschädigenden Verletzungsfolgen eingetreten sind.

7 **2. Ein Versicherungsfall** muß das schädigende Ereignis für den Versicherten gewesen sein (zum Begriff BSG 25. 10. 1963 BSGE 20, 48, 50; 27. 7. 1989 SozR 2200 § 551 Nr. 35; vgl. zum Fall einer Persönlichkeitsrechtsverletzung durch Beleidigung als Versicherungsfall OLG Zweibrücken 6. 5. 1997 NJW 1998, 995, 996 f.). Der Versicherungsfall muß **nicht notwendig auch ein Leistungsfall** sein (*Staudinger/Oetker* § 618 BGB Rn. 344). Der Ausschluß privatrechtlicher Ansprüche ist nicht davon abhängig, daß dem Versicherten etwa eine Unfallrente infolge des Versicherungsfalls gewährt wird. Auch wenn die unfallbedingte Minderung der Erwerbsfähigkeit nicht mindestens 20 vH erreicht (vgl. § 56 I), bleiben dem Verletzten Schadensersatzansprüche versagt (BGH 12. 11. 1992 BGHZ 120, 176, 183). Eine ausdrückliche Klarstellung enthält § 104 insoweit nicht mehr, weil die im Sozialversicherungsrecht geläufige Unterscheidung zwischen „Versicherungsfall" und „Leistungsfall" (dazu *Erlenkämper/Fichte* Sozialrecht S. 9 ff.) sie entbehrlich macht. Versicherungsfälle sind, wie sich aus § 7 ergibt, **Arbeitsunfälle** und **Berufskrankheiten.** § 7 II stellt klar, daß verbotswidriges Handeln einen Versicherungsfall nicht ausschließt. Erst bei einer **absichtlichen Unfallherbeiführung durch den**

II. Tatbestandliche Voraussetzungen des Haftungsausschlusses § 104 SGB VII 570

Versicherten liegt kein Versicherungsfall mehr vor, und zwar schon deshalb nicht, weil in einem solchen Falle kein rechtlich wesentlicher Kausalzusammenhang zwischen der versicherten Tätigkeit und dem Schadensereignis mehr besteht (BSG 30. 1. 1970 BSGE 30, 278, 281).

a) **Arbeitsunfälle** sind, wie § 8 I definiert, Unfälle von Versicherten infolge einer den Versicherungsschutz nach §§ 2, 3 oder 6 begründenden Tätigkeit (versicherte Tätigkeit). Die versicherte Tätigkeit ist bei Versicherten nach § 2 I Nr. 1 die Beschäftigung, bei Nr. 2 das Lernen während der beruflichen Ausbildung in Betriebsstätten usw. Zwischen dieser versicherten Tätigkeit und dem unfallbringenden Ereignis muß ein Zurechnungszusammenhang bestehen, für den es – von Besonderheiten in der See- und Binnenschiffahrt abgesehen (vgl. § 10) – weder notwendig noch hinreichend ist, daß die Handlung mit der Tätigkeit in einem räumlichen oder zeitlichen Bezug steht (BSG 1. 7. 1958 BSGE 8, 48, 50 ff.; 30. 4. 1985 BSGE 58, 76, 77; 5. 5. 1994 SozR 3–2200 § 548 Nr. 19). Vielmehr verlangt die sozialrechtliche Zurechnungslehre, daß der Unfall mit der versicherten Tätigkeit in einem **inneren Zusammenhang** steht, diese muß zumindest eine wesentliche Teilursache für den Eintritt des Unfalls darstellen. An diesem fehlt es vor allem bei eigenwirtschaftlichen Tätigkeiten des Versicherten (zu Einzelfällen sogleich Rn. 11), nicht hingegen schon dann, wenn die unfallbringende Gefahr nicht auf einer erhöhten Betriebsgefahr beruht (BSG 31. 7. 1985 SozR 2200 § 548 Nr. 75; 22. 8. 1990 SozR 3–2200 § 548 Nr. 4), sondern ein unspezifisches Risiko des täglichen Lebens (Stolpern, Ausrutschen, Erschrecken) darstellt. 8

Wegen des Schutzzwecks, den die gesetzliche Unfallversicherung entfaltet, ist für die Frage nach 9 dem Vorliegen eines Versicherungsfalls auf die **Sichtweise des Verletzten** abzustellen mit der Folge, daß alle Handlungen, die ihm von dem Betrieb oder für den Betrieb übertragen waren oder die von ihm ohne besondere Weisung, aber im Betriebsinteresse ausgeführt wurden, dem Versicherungsschutz unterfallen. Neben der „eigentlichen Arbeit" die dem Beschäftigten als Inhalt des Beschäftigungsverhältnisses nach konkreten oder allgemeinen Weisungen obliegt, sind daher auch solche Handlungen geschützt, die er unter Anlegung eines großzügigen, lediglich abwegige Vorstellungen ausschließenden Maßstabes nach eigenen subjektiven Vorstellungen als dem Unternehmen nützlich ansieht, wenn diese Vorstellungen in den objektiven ihm erkennbaren Umständen eine Stütze finden. Dies gilt auch dann, wenn der Beschäftigte einer Fehleinschätzung unterliegt oder sein Handeln sogar schädliche Folgen hat (BSG 28. 2. 1964 BSGE 20, 215, 218; 18. 2. 1987 SozR 2200 § 539 Nr. 120).

Unversicherte eigenwirtschaftliche Tätigkeiten sind alle Verrichtungen, die rechtlich wesentlich 10 von der Verfolgung privater, persönlicher Belange des Versicherten geprägt sind. Dies sind alle Tätigkeiten, die üblicherweise auch ohne die versicherte Tätigkeit im täglichen Leben anfallen, auch wenn sie die Arbeitsaufnahme erleichtern oder erst ermöglichen (BSG 12. 10. 1973 BSGE 36, 222). Wird die versicherte Tätigkeit aus eigenwirtschaftlichen Motiven unterbrochen, kommt es vor allem auf die Dauer und Intensität der Unterbrechung an (vgl. BSG 28. 2. 1964 BSGE 20, 215, 217; 20. 5. 1976 SozR 2200 § 539 Nr. 21; 19. 10. 1982 SozR 2200 § 550 Nr. 53; 29. 2. 1984 SozR 2200 § 550 Nr. 62).

Unter haftungsrechtlichen Gesichtspunkten von besonderer Bedeutung sind folgende **Einzelfälle:** 11 Ist bei einem Unfall **Alkohol** im Spiel gewesen, fehlt es an der erforderlichen Ursachenzusammenhang zwischen versicherter Tätigkeit und Schadensereignis, wenn der alkoholbedingte Ausfall kognitiver oder motorischer Fähigkeiten von derart überragender Bedeutung ist, daß ihm gegenüber die versicherte Tätigkeit in ihrer Wirksamkeit in den Hintergrund tritt (*Lauterbach/Schwerdtfeger* § 8 Rn. 310). Daher stellen im Zustand der **Volltrunkenheit** erlittene Schäden auch dann keinen Arbeitsunfall dar, wenn die konkrete Unfallursache mit dem Alkoholgenuß in keinerlei Zusammenhang steht (BSG 16. 8. 1960 BSGE 13, 9, 12; 28. 6. 1979 BSGE 48, 224, 226 ff.; 30. 4. 1991 SozR 3–2200 § 548 Nr. 9; *Fuchs* NZV 1993, 422). **Sonstige Trunkenheit** schließt dagegen einen Arbeitsunfall nur dann aus, wenn sie rechtlich allein wesentliche Ursache des Unfalles war (BSG 30. 6. 1960 BSGE 12, 242, 245; 28. 6. 1979 BSGE 48, 228, 230 f.; 30. 4. 1991 SozR 3–2200 § 548 Nr. 9). Für die letztgenannte Feststellung ist außerhalb des Straßenverkehrs erforderlich, daß neben der erhöhten Blutalkoholkonzentration (für die es keinen allgemeinen Grenzwert gibt) weitere beweiskräftige Umstände für ein alkoholtypisches Fehlverhalten vorhanden sind (BSG 30. 4. 1991 SozR 3–2200 § 548 Nr. 9). Daß sich bei dem Schadensereignis lediglich eine **alltägliche Gefahr** (Stolpern, Ausrutschen) verwirklicht hat, schließt den Arbeitsunfall nicht aus; entscheidend ist, daß der Versicherte den Unfall wahrscheinlich nicht erlitten hätte, wenn er zur Unfallzeit nicht der versicherten Tätigkeit nachgegangen wäre (KassKomm/*Ricke* § 7 SGB VII Rn. 27). Versicherte Tätigkeit ist auch die Wahrnehmung von Aufgaben als **Betriebs- oder Personalratsmitglied** (BSG 20. 5. 1976 BSGE 42, 36, 37); nicht dagegen der Einsatz als **Streikposten** (LAG Hamm 17. 2. 1999 NZA-RR 1999, 656) oder die Erledigung von ehrenamtlichen Gewerkschaftsaufgaben, es sei denn, hier bestünde über § 2 II Versicherungsschutz im Unternehmen der Gewerkschaft (BSG 20. 5. 1976 BSGE 42, 36, 38 f.). Oft schwer zu entscheiden ist die Frage, ob Verletzungen, die ein Beschäftigter beim **Betriebssport** (grdl. BSG 28. 11. 1961 BSGE 16, 1, 4 ff.; ferner BSG 2. 3. 1971 SozR § 548 RVO Nr. 24; 19. 3. 1991 SozR 3–2200 § 548 Nr. 10; 25. 2. 1993, SozR 3–2200 § 548 Nr. 16) oder bei anderen **betrieblichen Gemeinschaftsveranstaltungen** (dazu BSG 22. 8. 1955 BSGE 1, 179; 30. 8. 1962 BSGE 17, 280, 281; 25. 8. 1994 SozR 3–2200 § 548 Nr. 21) erlitten hat, als Arbeitsunfall zu bewerten sind. Hinsichtlich sportlicher Veranstaltungen ist maßgeblich, ob diese dem Ausgleich für die Betriebstätigkeit dienen, mit einer gewissen Regelmäßigkeit durchgeführt werden, der Teilnehmerkreis im wesentlichen auf die Beschäftigten des Unternehmens oder der an der gemeinsamen Durchführung des Betriebssports beteiligten Unternehmen beschränkt ist, die Übungszeiten und die jeweilige Übungsdauer in einem dem Ausgleichszweck entsprechenden Zusammenhang mit der Betriebstätigkeit stehen und die Übungen im Rahmen einer unternehmensbezogenen Organisation stattfinden (zu Incentive- oder Motivationsreisen BSG 25. 8. 1994 SozR 3–2200 § 548 Nr. 21; 1. 7. 1997 SozR 3–2200 § 548 Nr. 32). Ob die **Einnahme von Mahlzeiten** noch unter dem Schutz der gesetzlichen Unfallversicherung steht oder bereits als unversicherte eigenwirtschaftliche Tätigkeit zu qualifizieren ist, wird unterschiedlich beurteilt (vgl. auch *Staudinger/Oetker* § 618 BGB Rn. 352). Während das BSG früher angenommen hat, daß lediglich dann, wenn betriebliche Gefahren, das sind solche, die für den Betrieb typisch sind und andernorts nicht oder nicht in dieser Weise vorkommen, als wesentliche mitwirkende Ursache für den Unfall anzuerkennen sind, ein Arbeitsunfall vorliegen soll (BSG 30. 6. 1960 BSGE 12, 247, 250; 22. 6. 1976 SozR 2200 § 548 Nr. 20), scheint sich in jüngerer Zeit eine großzügigere Beurteilung durchzusetzen (BSG 6. 12. 1989 SozR 2200 § 548 Nr. 97; 5. 8. 1993 BB 1993, 2454; 11. 5. 1995 EzA RVO § 550 Nr. 2; aA *Lauterbach/Schwerdtfeger* § 8 Rn. 225 ff.). Unfälle bei **handgreiflichen Auseinandersetzungen** stellen grds. keine Arbeitsunfälle dar, es sei denn, daß entweder der Streit unmittelbar aus der versicherten Tätigkeit resultiert (zB Zuspätkommen; vgl. BSG 31. 1. 1961 BSGE 13, 290 f.; 30. 10. 1962 BSGE 18, 106, 109 f.; 30. 7. 1968 SozR § 548 RVO Nr. 11; 19. 6. 1975 SozR 2200 § 558 Nr. 1) oder der Verletzte ohne eigene Beteiligung an der Auseinandersetzung unfreiwillig Opfer einer Tätlichkeit geworden ist. Während der **Pausen** bleibt der Versicherungsschutz nur im Hinblick auf betriebliche Gefahren, die mit dem Aufenthalt auf dem Betriebsgelände in Zusammenhang stehen, erhalten (BSG 22. 1. 1976 SozR 2200 § 548 RVO Nr. 15); die während der Pausen verrichteten eigenwirtschaftlichen Tätigkeiten sind als solche dagegen unversichert. Eine sog. **selbstgeschaffene Gefahrenlage**, die durch ein in hohem Grade leichtfertiges Verhalten verursacht wurde, bei dem der Versicherte mit einer Schädigung rechnen mußte, hebt den Versicherungsschutz – wie § 7 II deutlich macht – solange nicht auf, als das Motiv dafür noch in der versicherten Tätigkeit zu finden ist (BSG 28. 10. 1976 BSGE 43, 15, 18; 29. 4. 1982 SozR 2200 § 548 Nr. 60; *Staudinger/Oetker* § 618 BGB Rn. 355).

12   **Arbeitsunfälle nach § 8 II Nr. 1 bis 4 (Wegeunfälle)** stellen zwar Versicherungsfälle dar, bei ihnen ist gemäß § 104 I die Haftung des Unternehmers in diesen Fällen jedoch ausdrücklich nicht ausgeschlossen (der Haftpflichtanspruch also „entsperrt"). Einzelheiten dazu unter Rn. 21 ff.

13   **Unfall.** § 8 I 2 definiert den Unfall als ein zeitlich begrenztes, von außen auf den Körper einwirkendes Ereignis, das zu einem Gesundheitsschaden oder zum Tod führt (so auch schon BSG 30. 6. 1965 BSGE 23, 139, 141; 27. 6. 1978 BSGE 46, 283; 24. 6. 1981 SozR 2200 § 548 Nr. 56). **Gesundheitsschäden** sind alle regelwidrigen körperlichen, geistigen oder seelischen Zustände; sie können auch in der Form einer Verschlimmerung bereits bestehender Leiden auftreten. Die **haftungsausfüllende Kausalität** zwischen Schadensereignis und Gesundheitsschaden kann entweder durch körperlich-gegenständliche Einwirkungen (physische Kausalität) oder durch geistig-seelische (psychische Kausalität) vermittelt sein (BSG 18. 12. 1962 BSGE 18, 173, 175). Das Erfordernis der **zeitlichen Begrenzung** verlangt keine Plötzlichkeit im Sinne des allgemeinen Sprachgebrauchs, erfaßt sind vielmehr Vorgänge von der Dauer bis zu **einer Arbeitsschicht** (BSG 26. 9. 1961 BSGE 15, 112, 113; 28. 1. 1966 BSGE 24, 216, 219). Das **äußere Ereignis** verlangt einen von außen auf den Körper einwirkenden Vorgang gleich welcher Stärke (BSG 21. 12. 1977 SozR 2200 § 550 Nr. 35; 24. 6. 1981 SozR 2200 § 548 Nr. 56); hier stellt die Rspr. nur sehr geringe Anforderungen, die es als fraglich erscheinen lassen, ob es als eigenständige Tatbestandsvoraussetzung überhaupt noch erforderlich ist (HS-UV/*Schulin* § 28 Rn. 4 ff.). Ausgeschlossen sind neben Unfällen aus rein **innerer Ursache**, die in gar keiner Beziehung zu der versicherten Tätigkeit stehen (BSG 24. 6. 1981 SozR 2200 § 548 Nr. 56) nur solche Unfälle, bei denen die versicherte Tätigkeit lediglich eine **Gelegenheitsursache** darstellt, die also wahrscheinlich etwa zur selben Zeit und etwa im selben Umfang auch spontan, dh. ohne Mitwirkung äußerer Ereignisse, oder unter zwar notwendiger Mitwirkung eines äußeren Ereignisses, das jedoch das Maß alltäglicher Belastung nicht übersteigt, eingetreten wären (BSG 27. 11. 1980 SozR 2200 § 548 Nr. 51).

14   b) **Berufskrankheiten.** Versicherungsfälle sind gem. § 9 ferner Berufskrankheiten, das sind diejenigen Krankheiten, die die Bundesregierung durch Rechtsverordnung mit Zustimmung des Bundesrates als Berufskrankheiten bezeichnet hat und die der Versicherte infolge einer den Versicherungsschutz nach §§ 2, 3 oder 6 begründenden Tätigkeit erlitten hat. Derzeit gültig ist die BKV vom 31. 10. 1997, BGBl. I S. 2623.

15   Unter **haftungsrechtlichen Gesichtspunkten** (dazu *Battenstein* SGb 1988, 482; *Fuchs*, FS Gitter, S. 253, 262 ff.; *Leichsenring/Petermann* SGb 1989, 464; *Seewald* BG 1990, 146, 232) kommt den Berufskrankheiten keine Bedeutung zu. Theoretisch denkbar wäre eine Haftpflicht des AG lediglich in den Fällen, in denen eine Berufskrankheit nicht (oder im Zeitpunkt ihres Auftretens noch nicht) nach § 9 I anerkannt war. Dann aber müßte der geschädigte AN im Schadensersatzprozeß die in der Vergangenheit liegenden, sich oftmals über Jahre oder gar Jahrzehnte erstreckenden angeblich schädlichen Arbeitsbedingungen sowie deren ursächlichen Zusammenhang mit seiner Krankheit im einzelnen

darlegen und im Streitfalle beweisen. Gelänge ihm dies, dürfte stets zugleich der Nachweis geführt sein, daß der Unfallversicherungsträger zu einer Anerkennung der Berufskrankheit nach § 9 II verpflichtet ist, so daß dem Haftpflichtanspruch die Grundlage entzogen wäre (so richtig *Seewald* BG 1990, 233 f.).

3. Versicherungsschutz in einem Unternehmen. Die Haftung des Unternehmers ist sowohl gegenüber denjenigen Versicherten (sowie jeweils deren Angehörigen und Hinterbliebenen) ausgeschlossen, die für ihn als Beschäftigte tätig sind, als auch gegenüber solchen Personen, die zu ihren Unternehmen in einer sonstigen die Versicherung begründenden Beziehung stehen (§ 2 II). 16

a) **Versicherungsschutz als (Stamm-)Beschäftigter.** Für ein Unternehmen tätig sind zunächst alle Personen, die Beschäftigte (§ 2 I Nr. 1) dieses Unternehmens sind. Neben diesen Stammbeschäftigten sind auch diejenigen Personen erfaßt, die nur vorübergehend oder als LeihAN in dem Unternehmen tätig werden. Keine Rolle spielt dabei, ob die fremden AN freiwillig in dem Unternehmen tätig geworden sind oder ob sie eine andere hauptberufliche Tätigkeit ausüben (BGH 1. 7. 1975 NJW 1975, 1742, 1743; OLG Düsseldorf 11. 7. 1978 AP RVO § 637 Nr. 11; OLG Hamm 11. 12. 1986 VersR 1988, 475, 476). Hinsichtlich des Haftungsprivilegs gegenüber **LeihAN** macht es – da die arbeitsrechtliche Einordnung eines Rechtsverhältnisses für seine Qualifizierung als „Beschäftigung" nicht maßgeblich ist – keinen Unterschied, ob der überlassene AN nur vorübergehend von seinem StammAG an den Dritten „verliehen" wird oder ob er zum Zwecke der Ausleihe eingestellt wurde und gewerbsmäßig an Dritte überlassen wird. Aus demselben Grunde ist die Haftung des Unternehmers auch gegenüber denjenigen Personen ausgeschlossen, die ihm als Bedienungspersonal für eine Maschine von ihrem StammAG zeitweise zur Verfügung gestellt und in seinem Betrieb tätig werden (BGH 22. 9. 1981 VersR 1982, 40, 41; BAG 15. 2. 1974 AP RVO § 637 Nr. 7; OLG Düsseldorf 29. 10. 1993 NJW-RR 1995, 160 f.). 17

b) **Versicherungsschutz durch eine sonstige die Versicherung begründende Beziehung.** Gemäß § 104 I 1 erstreckt sich das Haftungsprivileg des Unternehmers auch auf diejenigen Personen, die zwar nicht für ihr Unternehmen tätig sind, aber zu dem Unternehmen in einer sonstigen die Versicherung begründenden Beziehung stehen (§ 2 II; aus der umfangreichen Literatur dazu *Krasney*, Brennpunkte des Sozialrechts, 1994, S. 97; *ders.*, FS für Steffen, S. 235). Genießt der Verletzte im Unfallzeitpunkt Versicherungsschutz sowohl aus § 2 I Nr. 1 in seinem Stammbetrieb als auch aus § 2 II in dem Unternehmen, in dem sich der Unfall ereignet, ist für die haftungsrechtliche Privilegierung des Unfallunternehmers die Bindungswirkung (§ 108) des den Unfall anerkennenden Bescheids des zuständigen Unfallversicherungsträgers zu beachten (dazu § 108 Rn. 3). 18

4. Haftungsprivilegiert: Der Unternehmer. Der Haftungsausschluß des § 104 wirkt zugunsten des „Unternehmers". Unternehmen iSd. Unfallversicherungsrechts sind gem. § 121 I Betriebe, Verwaltungen, Einrichtungen und Tätigkeiten. Unternehmer ist derjenige, dem das wirtschaftliche Ergebnis des Unternehmens, der Wert oder Unwert der in dem Unternehmen verrichteten Arbeiten unmittelbar zum Vorteil oder Nachteil gereicht, mithin derjenige, der das Geschäftswagnis, das Unternehmerrisiko, trägt (BGH 5. 7. 1977 LM RVO § 636 Nr. 12; 4. 10. 1988 LM RVO § 636 Nr. 38; BSG 29. 3. 1961 BSGE 14, 142, 146; 12. 11. 1986 SozR 2200 § 723 Nr. 8; *Staudinger/Oetker* § 618 BGB Rn. 329ff.). Ausschlaggebend dafür ist die Rechtsform, in der das Unternehmen betrieben wird (BGH 4. 10. 1988 LM RVO § 636 Nr. 38; BSG 25. 5. 1965 BSGE 23, 83, 85 f.; 16. 1. 1978 BSGE 45, 279, 281). Nicht Unternehmer einer GmbH oder KG sind folglich deren Vorstands- oder Aufsichtsratsmitglieder, auch nicht der Geschäftsführer einer GmbH (OLG Köln 23. 10. 1998 VersR 1999, 777; vgl. aber § 105). Anders liegen die Dinge dagegen bei Personenhandelsgesellschaften (OHG, KG) sowie der GbR, hier sind die Gesellschafter selbst Unternehmer im Sinne des § 104 (OLG Düsseldorf 27. 3. 1973 VersR 1973, 662, 663; *Geigel/Kolb*, Der Haftpflichtprozeß, Kap. 31 Rn. 72 f.; *Gamillscheg/ Hanau* § 12, 3 [S. 161 f.]). Da es ausschließlich auf das Unternehmen, nicht aber den Betrieb ankommt, ist die Haftung des AG auch dann ausgeschlossen, wenn ein AN in einem anderen als seinem Beschäftigungsbetrieb desselben Unternehmens einen Arbeitsunfall erleidet (vgl. schon RG 12. 3. 1941 RGZ 166, 257, 262; RG 16. 12. 1942 RGZ 170, 311, 316; BGH 10. 12. 1974 BGHZ 63, 313, 314). 19

5. Keine vorsätzliche Herbeiführung des Versicherungsfalles. Das Haftungsprivileg des § 104 entfällt, wenn der Unternehmer den Versicherungsfall vorsätzlich verursacht hat. Bedingt vorsätzlich handelt, wer den möglicherweise eintretenden Erfolg für den Fall seines Eintritts billigt; lediglich bewußt fahrlässig hingegen, wer den möglicherweise eintretenden Erfolg zwar sieht, aber hofft, er werde ausbleiben, oder wem es gleichgültig ist, ob er eintritt (BAG 8. 12. 1970 AP RVO § 636 Nr. 4; LAG Hamm 10. 5. 1990 LAGE RVO § 636 Nr. 1; MünchArbR/*Blomeyer* § 59 Rn. 14). Im Gegensatz zum früheren § 636 RVO (dazu BGH 20. 11. 1979 BGHZ 75, 328, 332; BAG 27. 6. 1975 AP RVO § 636 Nr. 9), läßt § 104 I 1 es genügen, daß der **Versicherungsfall** vorsätzlich herbeigeführt worden ist. Der Haftpflichtanspruch des Geschädigten wird also nunmehr bereits dann entsperrt, wenn den Unternehmer hinsichtlich der haftungsbegründenden Kausalität dieser qualifizierte Schuldvorwurf trifft, nicht mehr erforderlich ist, daß er die konkrete Verletzungsfolge bewußt und gewollt herbeigeführt hat. Wie bei § 61 VVG (dazu *Römer/Langheid* VVG § 61 Rn. 27) ist auch hier also nur 20 erforderlich, daß sich Wissen und Wollen des Schädigers auf die Handlung und deren Erfolg erstrekken, **nicht** aber etwa auf den **konkreten Schadensumfang** (str., wie hier *Rolfs* NJW 1996, 3177, 3178; aA *Waltermann* NJW 1997, 3401, 3402; *Maschmann* SGb 1998, 54, 56; *Falkenkötter* NZS 1999, 379, 380). Zu berücksichtigen ist aber, daß den **Unternehmer selbst** der Vorwurf vorsätzlichen Verhaltens treffen muß. Eine juristische Person haftet folglich dem Versicherten gegenüber (anders als gegenüber den Trägern der Sozialversicherung, § 111) für vorsätzlich durch ein Organmitglied herbeigeführte Arbeitsunfälle nicht (RGRK/*Schick* § 618 BGB Rn. 207; vgl. auch LG Fulda 9. 4. 1987 VersR 1987, 1202, 1203).

21 **6. Kein Wegeunfall iSv. § 8 II Nr. 1 bis 4.** Das Haftungsprivileg des Unternehmers entfällt auch dann, wenn der Verletzte den Schutz der gesetzlichen Unfallversicherung im Unfallzeitpunkt aus § 8 II Nr. 1 bis 4 genoß. Diese Regelung beruht im wesentlichen auf der Erwägung, daß es sich bei Unfällen, die auf einem Weg zur oder von der Arbeitsstätte durch den Unternehmer verursacht werden, in aller Regel um Unfälle durch Kraftfahrzeuge handelt, für die seit dem Inkrafttreten des PflVG im Jahre 1939 Haftpflichtversicherungsschutz besteht.

22 Der Versicherungsschutz des § 8 II Nr. 1 bis 4 (zu Einzelfragen *Kranig/Aulmann* NZS 1995, 203, 255) **beginnt mit Verlassen** des häuslichen Wirkungskreises, also **des vom Versicherten bewohnten Gebäudes**, exakt mit dem Durchschreiten der dortigen Außenhaustür. Er endet mit dem Erreichen des **Betriebsgeländes**, idR also dem Durchschreiten des Werkstores. An dieser Stelle setzt dann der Versicherungsschutz nach § 8 I ein (BSG 13. 3. 1956 BSGE 2, 239, 241 ff.; 15. 12. 1959 BSGE 11, 156, 157; 22. 9. 1988 SozR 2200 § 725 Nr. 12; vgl. auch BGH 9. 2. 1995 VersR 1995, 561; *Krasney* NZV 1989, 369). Für den Rückweg vom Arbeitsplatz zur Wohnung gilt entsprechendes. Auch ein anderer Ausgangs- oder Zielpunkt als die häusliche Wohnung kann zulässig sein, wenn dadurch das von der Unfallversicherung zu tragende Risiko nicht wesentlich erhöht wird (BSG 18. 10. 1994 SozR 3–2200 § 550 Nr. 10; 5. 5. 1998 BSGE 82, 138, 142). Umfaßt sind – bei grds. freier Wegewahl – auch geringfügige **Umwege** (BSG 30. 6. 1960 BSGE 12, 242, 245; 19. 3. 1991 SozR 3–2200 § 548 Nr. 8; vgl. auch BSG 17. 3. 1992 SozR 3–2200 § 550 Nr. 6), **nicht** jedoch aus eigenwirtschaftlichen Motiven gewählte **Abwege und Wegeunterbrechungen** (BSG 29. 4. 1980 SozR 2200 § 550 Nr. 44; 12. 6. 1990 SozR 3–2200 § 550 Nr. 2; 19. 3. 1991 SozR 3–2200 § 548 Nr. 8; vgl. auch BSG 5. 5. 1993 SozR 3–2200 § 81 Nr. 7; 5. 5. 1994 BSGE 74, 159), es sei denn, die Unterbrechung dient unmittelbar der Wiederherstellung der Arbeitsfähigkeit (BSG 18. 3. 1997 SozR 3–2200 § 550 Nr. 16).

23 Nicht nach § 8 II, sondern bereits nach § 8 I versichert sind sog. **Betriebs- oder Arbeitswege**. Damit werden Wege bezeichnet, die in Ausführung der versicherten Tätigkeit zurückgelegt werden, wie etwa Botengänge, Lieferfahrten, Dienst- und Geschäftsreisen, auch wenn sie von der Wohnung des Beschäftigten ausgehen oder dorthin zurückführen (weitergehend *Stern-Krieger/Arnau* VersR 1997, 408, 410). Dies hat zur Konsequenz, daß sie dem Haftungsprivileg des § 104 unterliegen, und zwar auch dann, wenn bei ihrer Gelegenheit private Dinge miterledigt werden, die jedoch nach dem Gesamtbild der Fahrt nach Anlaß und Grund nicht überwiegen bzw. nur eine untergeordnete Rolle spielen (OLG Bamberg 1. 2. 1977 DAR 1977, 326, 327; LG Marburg 12. 12. 1973 VersR 1975, 372).

III. Rechtsfolgen des Haftungsausschlusses

24 **1. Umfang des Haftungsausschlusses.** Nach § 104 I ausgeschlossen sind die privatrechtlichen Schadensersatzansprüche des Versicherten, seiner Angehörigen und Hinterbliebenen wegen des **Personenschadens**, nicht hingegen wegen der Sachschäden (mit Ausnahme der Sachschäden, die durch § 8 III Gesundheitsschäden gleichgestellt sind). Hinterbliebene im Sinne des § 104 sind diejenigen Personen, die bei einem tödlichen Versicherungsfall nach den §§ 63 ff. leistungsberechtigt sind, also namentlich der überlebende (uU auch ehemalige, § 66) Ehegatte, die minderjährigen oder noch in der Ausbildung befindlichen Kinder sowie die Eltern, solange sie ohne den Versicherungsfall gegen den Verstorbenen einen Anspruch auf Unterhalt wegen Unterhaltsbedürftigkeit hätten geltend machen können.

25 Der **Personenschaden** ist zwar zunächst ein immaterieller Schaden, der jedoch zur Quelle eines Vermögensschadens werden kann, sei es, daß zu seiner Beseitigung oder Milderung Geldaufwendungen (Heilungs- und Therapiekosten) erforderlich sind, sei es, daß er einen Erwerbsausfall, Gewinnentgang, vermehrte Bedürfnisse (OLG Köln 27. 6. 1997 VersR 1998, 78, 79) oder einen sonstigen allgemeinen Vermögensschaden zur Folge hat. Aus diesem Grunde ausgeschlossen sind neben dem Ersatz der Heilungs- und Therapiekosten und dem Verdienstausfall auch Ansprüche wegen der Beerdigungskosten, des entgangenen Unterhalts, der entgangenen Dienste, der Aufwendungen für Pflege und Besuch des Verletzten etc. Diese Kosten werden durch die Unfallversicherungsleistungen abstrakt abgegolten (BAG 24. 5. 1989 AP RVO § 636 Nr. 16; LAG Hamm 10. 5. 1990 LAGE RVO § 636 Nr. 1). Ausgeschlossen ist auch das **Schmerzensgeld**, obwohl die Sozialversicherungsträger keine diesem kongruenten Leistungen erbringen (zur Verfassungsmäßigkeit oben Rn. 3). Streitig ist, ob § 104 auch **Schockschäden** erfaßt, die Dritte aufgrund der Nachricht von dem Unfall oder aufgrund des Anblicks des Verletzten erleiden (BGH 11. 5. 1971 BGHZ 56, 163, 164 ff.; 4. 4. 1989 VersR

III. Rechtsfolgen des Haftungsausschlusses § 104 SGB VII 570

1989, 853, 854; *Lange* Schadensersatz § 3 X 5). Da der Anspruch auf Ersatz des Schockschadens schadensrechtlich als eigener Anspruch des Angehörigen wegen einer *ihm* zugefügten – lediglich psychisch vermittelten – Gesundheitsbeschädigung ausgestaltet ist (RG 21. 9. 1931 RGZ 133, 270, 272; BGH 5. 2. 1985 BGHZ 93, 351, 355 f.; 6. 6. 1989 BGHZ 107, 359, 363), die §§ 104 bis 107 die Haftung zu Lasten der Angehörigen und Hinterbliebenen des Versicherten jedoch nur wegen *dessen* Personenschaden ausschließen, bleibt der Unternehmer für Schockschäden in vollem Umfang ersatzpflichtig (*Gamillscheg/Hanau* § 12 6 a [S. 169]; *Rolfs,* Haftung unter Arbeitskollegen, S. 206 f.; aA OLG Celle 25. 8. 1986 VersR 1988, 67, 68).

2. Kein Forderungsübergang (Abs. 1 Satz 2). § 104 I 2 stellt klar, daß ein Forderungsübergang 26 nach § 116 SGB X auf den Sozialversicherungsträger in den Fällen, in denen die Haftung des Unternehmers nach § 104 I 1 SGB VII ausgeschlossen ist, nicht stattfindet (so bereits BGH 10. 12. 1974 BGHZ 63, 313, 316 f.; 11. 5. 1993 VersR 1994, 332).

3. Schädigung der Leibesfrucht. Abs. 2 stellt die nach § 12 zu entschädigenden Personen den im 27 Unternehmen tätigen Versicherten bzw. den sonstigen Personen, die in einer den Versicherungsschutz begründenden Beziehung zu dem Unternehmen stehen, gleich, da sie nicht mehr Ansprüche haben können als die unmittelbar geschädigte Mutter gegenüber dem Unternehmer (*Schmitt* § 2 Rn. 21).

4. Leistungsanrechnung bei bestehender Haftung (Abs. 3). Erleidet der Geschädigte einen Ver- 28 sicherungsfall durch eine vorsätzliche Handlung des Unternehmers oder auf einem nach § 8 II Nr. 1 bis 4 versicherten Weg, kann er vom AG Schadensersatz nach den Vorschriften des bürgerlichen Rechts verlangen. Die Ansprüche finden ihre Grundlage neben den besonderen Haftungstatbeständen wie §§ 7, 18 StVG vor allem in den Regeln über die pVV (ggf. iVm. § 618 BGB) sowie den §§ 823 ff., 249 ff. BGB. Demgegenüber ist die Schadensersatzpflicht des Betriebes nach §§ **267 f. AGB-DDR** mit Wirkung vom 1. 1. 1991 gemäß Kapitel VIII Sachgebiet A Abschnitt III Ziffer 1 g der Anlage II zum EVertr. aufgehoben worden mit der Folge, daß der Anspruch auch für Unfälle, daß sich *vor* diesem Zeitpunkt ereignet haben, auf diese Norm nicht mehr gestützt werden kann (BAG 14. 12. 1995 AP AGB-DDR § 267 Nr. 1).

§ 104 III bestimmt jedoch, daß der Verunglückte sich auf die vorgenannten privatrechtlichen Haft- 29 pflichtansprüche die gesetzlichen oder satzungsmäßigen Leistungen, die von den Trägern der Sozialversicherung – nicht nur der Unfallversicherung – aus Anlaß des Unfalles erbracht werden, anrechnen lassen muß. Damit wird das **versicherungsrechtliche Bereicherungsverbot** durchgesetzt und zugleich eine doppelte Belastung des Unternehmers mit den Beiträgen zur Versicherung und dem Rückgriffsanspruch vermieden. Dem Geschädigten verbleibt als wirtschaftlich zumeist wertvollster Anspruch derjenige auf das **Schmerzensgeld** nach § 847 BGB (BGH 22. 9. 1970 VersR 1970, 1053, 1054). Ferner sind ersatzfähig die Differenz zwischen den von den Sozialversicherungsträgern zu tragenden Kosten der medizinischen Behandlung und den etwaigen zusätzlichen Kosten einer **privatärztlichen Behandlung** oder Inanspruchnahme einer sonstigen Wahlleistung, soweit der Verletzte sie im Rahmen des § 249 BGB ersetzt verlangen kann (dazu BGH 11. 11. 1969 VersR 1970, 129, 130; 20. 3. 1973 NJW 1973, 1196, 1197; 18. 10. 1988 VersR 1989, 54, 56). Ersatzfähig sind auch die Kosten des **Krankenbesuchs durch nahe Angehörige,** wenn die Besuche medizinisch notwendig und die Aufwendungen unvermeidbar sind. Verdienstausfall oder der Ausfall im Haushalt der Angehörigen ist nur dann zu ersetzen, wenn der Ausfall nicht durch Vor- oder Nacharbeit aufgefangen werden kann (BGH 19. 2. 1991 NJW 1991, 2340, 2341 f.; vgl. ferner BGH 22. 11. 1988 BGHZ 106, 28, 30; *Lange* Schadensersatz § 6 IX 2). Auch beim Ausgleich des **Erwerbsschadens** kann die abstrakte Schadensberechnung des Sozialversicherungsrechts, die ausschließlich auf die unfallbedingte Minderung der Erwerbsfähigkeit abstellt, ohne die Besonderheiten des Einzelfalles zu berücksichtigen, hinter dem privatrechtlichen Ersatzanspruch zurückbleiben (zur Schadensberechnung im Privatrecht BGH 15. 11. 1994 NJW 1995, 389, 390 f.; 17. 1. 1995 VersR 1995, 422, 423 f.; 24. 1. 1995 VersR 1995, 469 ff.; im Sozialversicherungsrecht BSG 9. 12. 1993 BSGE 73, 258); dasselbe gilt für die **vermehrten Bedürfnisse** (vgl. BGH 19. 5. 1981 NJW 1982, 757 ff.; 18. 2. 1992 NJW-RR 1992, 792).

5. Beteiligung Dritter an der Schadensverursachung. Wird ein Versicherungsfall, den ein nach 30 dem SGB VII Versicherter erleidet, nicht allein vom haftungsprivilegierten AG (dem Erstschädiger), sondern zugleich von einem außerhalb des Versicherungsverhältnisses stehenden Dritten (dem Zweitschädiger) verschuldet, kann der Geschädigte den Zweitschädiger insoweit nicht auf Schadensersatz in Anspruch nehmen, als der für den Unfall mitverantwortliche Unternehmer ohne seine Haftungsfreistellung im Verhältnis zu dem Zweitschädiger für den Schaden aufkommen müßte (BGH 12. 6. 1973 BGHZ 61, 51, 53 ff.; 23. 1. 1990 BGHZ 110, 114, 117; 16. 4. 1996 NJW 1996, 2023; OLG Jena 5. 8. 1997 VersR 1998, 990, 993 f.; *Otto/Schwarze* Rn. 618; vgl. auch österr. OGH 31. 5. 1995 VersR 1996, 783, 784). Im Ergebnis haftet der Zweitschädiger also schon im Außenverhältnis zum Geschädigten nur auf die Quote, zu deren Tragung er im Innenverhältnis gegenüber dem Erstschädiger verpflichtet wäre, wenn dieser nicht völlig von der Haftung befreit wäre. Daraus folgt auch, daß der Erstschädiger, der aus einem anderen Grund möglicherweise trotz seiner Haftungsprivilegierung ausnahmsweise zur Zahlung an den Geschädigten verpflichtet ist, sich bei der Geltendmachung von Ausgleichsansprüchen gegen den Zweitschädiger sein eigenes Mitverschulden bei der Entstehung des Schadens anrechnen lassen muß (BGH 9. 6. 1970 BGHZ 54, 177, 180 f.), umgekehrt kann ein Zweitschädiger, der an den Geschädigten Schadensersatz in einer seine Haftungsquote übersteigenden Höhe geleistet hat, den überzahlten Betrag allenfalls von diesem kondizieren, nicht jedoch bei dem haftungsprivilegierten Erstschädiger Rückgriff nehmen (BGH 10. 1. 1967 AP RVO § 636 Nr. 2).

§ 105 Beschränkung der Haftung anderer im Betrieb tätiger Personen

(1) [1] Personen, die durch eine betriebliche Tätigkeit einen Versicherungsfall von Versicherten desselben Betriebs verursachen, sind diesen sowie deren Angehörigen und Hinterbliebenen nach anderen gesetzlichen Vorschriften zum Ersatz des Personenschadens nur verpflichtet, wenn sie den Versicherungsfall vorsätzlich oder auf einem nach § 8 Abs. 2 Nr. 1 bis 4 versicherten Weg herbeigeführt haben. [2] Satz 1 gilt entsprechend bei der Schädigung von Personen, die für denselben Betrieb tätig und nach § 4 Abs. 1 Nr. 1 versicherungsfrei sind. [3] § 104 Abs. 1 Satz 2, Abs. 2 und 3 gilt entsprechend.

(2) [1] Absatz 1 gilt entsprechend, wenn nicht versicherte Unternehmer geschädigt worden sind. [2] Soweit nach Satz 1 eine Haftung ausgeschlossen ist, werden die Unternehmer wie Versicherte, die einen Versicherungsfall erlitten haben, behandelt, es sei denn, eine Ersatzpflicht des Schädigers gegenüber dem Unternehmer ist zivilrechtlich ausgeschlossen. [3] Für die Berechnung von Geldleistungen gilt der Mindestjahresarbeitsverdienst als Jahresarbeitsverdienst. [4] Geldleistungen werden jedoch nur bis zur Höhe eines zivilrechtlichen Schadenersatzanspruchs erbracht.

I. Haftung unter Arbeitskollegen

1 § 105 I schließt die privatrechtliche Haftung von durch Arbeitskollegen verursachte Versicherungsfälle aus, wenn der Unfall weder vorsätzlich noch auf einem nach § 8 II Nr. 1 bis 4 SGB VII versicherten Weg herbeigeführt worden ist. Der **Normzweck** dieser Bestimmung ist darin zu erblicken, daß ein AN, der durch eine betriebliche Tätigkeit einem Dritten einen Schaden zufügt, nach allgemeinen Grundsätzen diesem zwar zum Ersatz verpflichtet ist, von seinem AG aber nach Maßgabe des innerbetrieblichen Schadensausgleichs (dazu § 611 BGB Rn. 1037 ff.) **Freistellung** wegen dieser Ansprüche verlangen kann (BAG 25. 9. 1957 AP RVO §§ 898, 899 Nr. 4; 23. 6. 1988 AP BGB § 611 Haftung des Arbeitnehmers Nr. 94). Im wirtschaftlichen Ergebnis trüge der AG dann nicht nur die Kosten des Unfallversicherungsschutzes des Geschädigten (§ 150 I), sondern er hätte auch für den (darüber hinausgehenden) Schadensersatzanspruch einzustehen. Damit würde die von der gesetzlichen Unfallversicherung bezweckte Haftungsersetzung durch Versicherungsschutz unterlaufen (*Rolfs*, Haftung unter Arbeitskollegen, S. 219 ff.).

2 **1. Der Unfallverursacher** muß nach der Neuregelung durch das SGB VII nicht mehr notwendig selbst Angehöriger des Unfallbetriebes sein. Anders als nach der viel kritisierten Regelung des früheren § 637 I RVO (vgl. *Denck* S. 99 ff.; *Hanau* JurA 1970, 112; *Löwisch/Schüren* SGb 1980, 317) genügt es nunmehr auch für den Unfallverursacher, daß er im Zeitpunkt des Unfallgeschehens „wie" ein Beschäftigter (§ 2 II iVm. I Nr. 1) für das Unfallunternehmen tätig geworden ist (OLG Hamm 15. 6. 1998 VersR 1999, 597; *Rolfs* NJW 1996, 3177, 3180). Durch die Verwendung des neutralen Begriffs „Personen" wird auch stärker als früher deutlich, daß der Unfallverursacher nicht selbst Versicherter sein muß, weil es für den potentiellen Freistellungsanspruch gegen den AG gleichgültig ist, ob er den Schutz der gesetzlichen Unfallversicherung genießt (OLG Düsseldorf 15. 6. 1973 MDR 1973, 932, 933).

3 Durch eine **betriebliche Tätigkeit** muß der Unfall verursacht worden sein. Auch diese Voraussetzung ist durch den Normzweck (oben Rn. 1) begründet, denn auch der innerbetriebliche Schadensausgleich findet nur bei betrieblichen Tätigkeiten Anwendung (BAG 27. 9. 1994 AP BGB § 611 Haftung des Arbeitnehmers Nr. 103). Betrieblich ist eine Tätigkeit, die dem AN, der einen Schaden verursacht, entweder ausdrücklich von dem Betrieb und für den Betrieb übertragen ist oder die er im Interesse des Betriebes ausführt, die in nahem Zusammenhang mit dem Betrieb und seinem betrieblichen Wirkungskreis steht und in diesem Sinne betriebsbezogen ist (BAG 9. 8. 1966 AP RVO § 637 Nr. 1; 6. 11. 1974 AP RVO § 636 Nr. 8; BGH 2. 3. 1971 LM RVO § 637 Nr. 2). Entscheidend ist nicht, ob die zu dem schädigenden Ereignis führende Arbeitstätigkeit zum eigentlichen Aufgabengebiet des Beschäftigten gehört, wenn sie nur überhaupt mit dem Betriebszweck in Zusammenhang steht (BGH 2. 3. 1971 LM RVO § 637 Nr. 2; BAG 14. 3. 1974 AP RVO § 637 Nr. 8); erst dann, wenn das schädigende Ereignis mit dem Betrieb in keinem oder nur noch in losem Zusammenhang steht, fällt sie in das allgemeine Lebensrisiko des AN (OLG Köln 2. 5. 1969 VersR 1970, 353, 355; OLG München 29. 10. 1976 VersR 1977, 328, 329; *Staudinger/Oetker* § 618 BGB Rn. 369). Darüber hinaus sind sogar solche Tätigkeiten als betrieblich anzuerkennen, die zwar objektiv dem Betrieb nicht dienlich waren, von denen der AN aber ohne grobe Fahrlässigkeit annehmen durfte, daß sie es seien (BAG 9. 8. 1966 AP RVO § 637 Nr. 1). Daher verliert eine Tätigkeit ihre Eigenschaft als „betriebliche" nicht dadurch,

daß sie unter Verletzung von Unfallverhütungsvorschriften oder sachwidrig ausgeübt worden ist (*Schmitt* § 2 Rn. 5). Der notwendige innere Zusammenhang zwischen der betrieblichen Tätigkeit und dem Schadensereignis ist erst dann zu verneinen, wenn nicht mehr die Verfolgung betrieblicher Zwecke, sondern die durch die Eigeninteressen des AN bedingte Art und Weise der Tätigkeit als entscheidende Schadensursache anzusehen ist (BAG 21. 10. 1983 AP BGB § 611 Haftung des Arbeitnehmers Nr. 84; BGH 30. 6. 1998 NZA-RR 1998, 454; *Denck* BB 1986, 590 f.). Die früher umstrittene Frage, unter welchen Voraussetzungen die Mitnahme von Arbeitskollegen zum Arbeitsplatz und nach Hause ausnahmsweise eine betriebliche Tätigkeit darstellt, ist nunmehr bedeutungslos geworden, weil für Unfälle auf nach § 8 II Nr. 1 bis 4 versicherten Wegen der Haftungsausschluß ohnehin nicht eingreift (aA *Waltermann* NJW 1997, 3401, 3402).

2. Der Geschädigte muß nach Abs. 1 S. 1 Versicherter in der gesetzlichen Unfallversicherung sein, 4 das Schadensereignis muß sich für ihn als Versicherungsfall darstellen. Insoweit gelten dieselben Maßstäbe wie beim Ausschluß der AGHaftung (§ 104); hier wie dort kommt es nicht darauf an, ob der Versicherungsfall zugleich auch ein Leistungsfall ist (§ 104 Rn. 7). § 105 I 2 erweitert den Kreis der mit dem Haftungsausschluß belasteten Personen auf diejenige, die nach § 4 I Nr. 1 **versicherungsfrei** sind (Personen, für die beamtenrechtliche Fürsorgevorschriften oder entsprechende Grundsätze gelten mit Ausnahme der Ehrenbeamten und ehrenamtlichen Richter). Bedeutung hat dies insb. im öffentlichen Dienst und in den privatisierten Unternehmen von Bahn und Post, in denen Beamte und AN nebeneinander tätig sind (*Rolfs* NJW 1996, 3177, 3180; *Waltermann* NJW 1997, 3401, 3402). Zum Begriff der **Angehörigen und Hinterbliebenen** vgl. § 104 Rn. 24.

3. Demselben Betrieb müssen der Unfallverursacher und der Geschädigte im Unfallzeitpunkt 5 angehören. Während es früher einheilliger Auffassung entsprach, daß der allgemeine arbeitsrechtliche Betriebsbegriff (dazu § 611 BGB Rn. 237 und § 4 BetrVG Rn. 2 ff.) heranzuziehen ist (BGH 18. 10. 1957 NJW 1958, 182; BGH 14. 7. 1987 NJW 1988, 493; OLG Saarbrücken 27. 6. 1980 VersR 1983, 263, 264), hatte das BAG zwischenzeitlich die Auffassung vertreten, es existiere ein spezifisch unfallversicherungsrechtlicher Betriebsbegriff, der mit dem allgemeinen arbeitsrechtlichen Begriff des **Unternehmens** identisch sei (BAG 24. 9. 1992 AP RVO § 637 Nr. 22; dazu kritisch *Hanau*, FS Steffen, S. 177, 186 ff.). Da § 105 jetzt aber – anders als im Referentenentwurf zunächst beabsichtigt (dazu *Wussow/Schloen* Rn. 2678) – wieder den Begriff des „Betriebes" wählt, dürfte klargestellt sein, daß der Haftungsausschluß nur zum Tragen kommt, wenn Schädiger und Geschädigter im Unfallzeitpunkt zumindest nach § 2 II 1 in demselben Betrieb tätig sind (*Kater/Leube* Rn. 4; *Rolfs* NJW 1996, 3177, 3180; *Maschmann* SGb 1998, 54, 59; aA *Otto/Schwarze* Rn. 572 ff.).

4. Zu vorsätzlich herbeigeführten und zu **Wegeunfällen** sowie den Rechtsfolgen des Haftungsaus- 6 schlusses gelten die Ausführungen zu § 104 (dort Rn. 20 ff.) entsprechend. § 105 I 3 ordnet außerdem die **entsprechende Geltung** von § 104 I 2 (kein Forderungsübergang nach § 116 SGB X, dazu § 104 Rn. 26), Abs. 2 (Haftungsausschluß bei Schädigung der Leibesfrucht, § 104 Rn. 27) und Abs. 3 (Anrechnung der Sozialversicherungsleistungen auf den Schadensersatzanspruch bei bestehender Haftung, § 104 Rn. 28 f.) an.

II. Verletzung des Unternehmers

Abs. 2 erstreckt den Haftungsausschluß auch auf Unternehmer, die keinen Versicherungsschutz in 7 der gesetzlichen Unfallversicherung genießen. Bedeutung und Tragweite dieser Bestimmung sind unklar, ihre Vereinbarkeit mit Art. 3 I GG mehr als zweifelhaft (*Rolfs*, Versicherungsprinzip, S. 466 ff.; *Waltermann* BG 1997, 310, 316 ff.). Nicht ausdrücklich geregelt ist zunächst, ob § 105 SGB VII den Ersatzanspruch eines **versicherten Unternehmers** gegen den verletzenden Arbeitnehmer sperrt. Unter er Geltung der §§ 636, 637 RVO hatte der BGH diese Frage mit Recht verneint, weil dem Unfallverursacher nicht zum Vorteil gereichen darf, daß der Unternehmer sich auf eigene Kosten versichert hat (BGH 6. 5. 1980 NJW 1981, 53; 26. 6. 1990 NJW 1991, 174; OLG Köln 18. 10. 1995 VersR 1996, 781). An dieser Rechtslage dürfte das SGB VII nichts geändert haben, obgleich dies nicht unzweifelhaft ist (vgl. *Rolfs*, Versicherungsprinzip, S. 468 ff.). Zu Lasten des **nicht versicherten Unternehmers** ordnet § 105 II dagegen jetzt ausdrücklich die Geltung des unfallversicherungsrechtlichen Haftungsprivilegs an, damit wird – auf Kosten eines Systembruchs (*Lepa* NZV 1997, 137, 140) – dem Betriebsfrieden durch die Vermeidung von Rechtsstreitigkeiten zwischen Unternehmer und Beschäftigten gedient (*Waltermann* NJW 1997, 3401, 3403). Zum Ausgleich für den entgangenen Haftpflichtanspruch wird der nicht versicherte Unternehmer von der gesetzlichen Unfallversicherung wie ein Versicherter behandelt und erhält deren Leistungen (*Dahm* SozVers 1997, 61, 62; *Stern-Krieger/Arnau* VersR 1997, 408, 411). Allerdings – und va. darin wurzeln die verfassungsrechtlichen Bedenken – wird als Bemessungsgrundlage für die Einkommensersatzleistungen nur der Mindestjahresarbeitsverdienst zugrunde gelegt (§ 105 II 3 iVm. § 85 I), so daß von einer Gleichwertigkeit der berufsgenossenschaftlichen Ersatzleistungen mit dem privatrechtlichen Schadensersatzanspruch keine Rede mehr sein kann (*Rolfs*, Versicherungsprinzip, S. 466 ff.).

§ 106 Beschränkung der Haftung anderer Personen

(1) In den in § 2 Abs. 1 Nr. 2, 3 und 8 genannten Unternehmen gelten die §§ 104 und 105 entsprechend für die Ersatzpflicht
1. der in § 2 Abs. 1 Nr. 2, 3 und 8 genannten Versicherten untereinander,
2. der in § 2 Abs. 1 Nr. 2, 3 und 8 genannten Versicherten gegenüber den Betriebsangehörigen desselben Unternehmens,
3. der Betriebsangehörigen desselben Unternehmens gegenüber den in § 2 Abs. 1 Nr. 2, 3 und 8 genannten Versicherten.

(2) Im Fall des § 2 Abs. 1 Nr. 17 gelten die §§ 104 und 105 entsprechend für die Ersatzpflicht
1. der Pflegebedürftigen gegenüber den Pflegepersonen,
2. der Plegepersonen gegenüber den Pflegebedürftigen,
3. der Pflegepersonen desselben Pflegebedürftigen untereinander.

(3) Wirken Unternehmen zur Hilfe bei Unglücksfällen oder Unternehmen des Zivilschutzes zusammen oder verrichten Versicherte mehrerer Unternehmen vorübergehend betriebliche Tätigkeiten auf einer gemeinsamen Betriebsstätte, gelten die §§ 104 und 105 für die Ersatzpflicht der für die beteiligten Unternehmen Tätigen untereinander.

(4) Die §§ 104 und 105 gelten ferner für die Ersatzpflicht von Betriebsangehörigen gegenüber den nach § 3 Abs. 1 Nr. 2 Versicherten.

1 § 106 dehnt den durch §§ 104, 105 statuierten Haftungsausschluß auf weitere Personengruppen aus. Abs. 1 ordnet an, daß die nach § 2 I Nr. 2, 3 und 8 versicherten Personen (Lernende während der beruflichen Aus- und Fortbildung; Personen, die sich Untersuchungen, Prüfungen u. ä. zur Aufnahme oder infolge einer abgeschlossenen versicherten Tätigkeit unterziehen; Kinder in Kindergärten, Schüler und Studierende) weder untereinander noch im Verhältnis zu den Beschäftigten der entsprechenden Unternehmen haften.

2 Bei der entsprechenden Anwendung der §§ 104, 105 ist jedoch zweierlei zu beachten: Zum einen muß der Begriff der **betrieblichen Tätigkeit** für Lernende usw. anders interpretiert werden als für Personen, die als Beschäftigte schon voll im Berufsleben stehen. Denn bei Lernenden usw. bestehen keine gegenseitigen Leistungsbeziehungen im Sinne geschuldeter Dienstleistungen, sondern der „Lernbetrieb" ist darauf ausgerichtet, die Jugendlichen und Heranwachsenden durch den Unterricht auf das spätere Arbeitsleben vorzubereiten und neben ihrem Wissen auch ihre sozialen Fähigkeiten so zu entwickeln, daß sie als Erwachsene ein ihren Fähigkeiten entsprechendes Leben in der Gesellschaft führen können. Ihre Handlungen und Tätigkeiten dienen daher nicht in erster Linie den Einrichtungen, sondern den Jugendlichen selbst (BGH 12. 10. 1976 BGHZ 67, 279, 281 f.). Aus diesem Grunde ist insb. bei durch **Spielereien und Neckereien** verursachte Unfälle ein großzügigerer Maßstab anzulegen. Die mangelnde Erfahrung der Lernenden, aufeinander Rücksicht zu nehmen und sich in eine nicht selbst gewählte Gruppe einzufügen, und die typischen Gefährdungen, die sich aus dem engen Kontakt der Lernenden untereinander ergeben, sind dem besonderen Gefahrenbereich der (Berufs-)Schule zuzurechnen und deshalb als betriebliche Tätigkeit anzuerkennen (OLG Karlsruhe 29. 6. 1989 VersR 1990, 405; OLG Hamm 30. 4. 1990 VersR 1991, 900, 901; zu Schulunfällen *Graßl* BG 1987, 156; *Rolfs* VersR 1996, 1194). Zum anderen brauchen die von § 106 betroffenen Personen nicht in demselben Betrieb, sondern nur im **gleichen „Unternehmen"** tätig zu sein. Der Haftungsausschluß greift deshalb zugunsten und zu Lasten aller Personen ein, deren Lernen sich in einer räumlichen Einheit vollzieht, auch wenn zB verschiedene Berufsschulen unterschiedlicher Träger in einem Gebäude untergebracht sind (BGH 14. 7. 1987 LM RVO § 637 Nr. 26).

3 **Abs. 2** hat keine arbeitsrechtliche Bedeutung; **Abs. 3** nur insoweit, als dort bestimmt ist, daß der Haftungsausschluß auch dann eingreift, wenn Versicherte verschiedener Unternehmen auf einer **gemeinsamen Betriebsstätte** tätig werden. „Gemeinsame" Betriebsstätte idS ist mehr als bloß „dieselbe" und verlangt eine Unterhaltung in gemeinsamer Organisation und Verantwortung oder wenigstens eine wenn auch lose Verbindung der einzelnen Arbeiten miteinander (KassKomm/*Ricke* Rn. 5). Daher greift der Haftungsausschluß zwar zwischen AN, die in verschiedenen Unternehmen einer Arbeitsgemeinschaft (im Baugewerbe) tätig sind, nicht aber dann, wenn das eine Unternehmen lediglich als Subunternehmen für das andere tätig ist (BGH 24. 3. 1998 NJW 1998, 2365). In Übereinstimmung mit der bisherigen Rspr. (BGH 1. 7. 1975 NJW 1975, 1742, 1743; BGH 5. 7. 1988 LM RVO § 636 Nr. 37; BAG 13. 4. 1983 AP RVO § 637 Nr. 13) kommt der Haftungsausschluß dementsprechend nicht zum Tragen, wenn mehrere Unternehmen lediglich zufällig gleichzeitig an einer Betriebsstätte Arbeiten ausführen, wie dies namentlich bei den verschiedenen Gewerken auf einem Bau üblich ist (sehr str., wie hier KassKomm/*Ricke* Rn. 5; *Maschmann* SGb 1998, 54, 59; *Schmitt* Rn. 9; aA OLG Karlsruhe 23. 6. 1999 NJW 2000, 295, 296 f.; *Jahnke* NJW 2000, 265; *ders.* VersR 2000, 155, 156 ff.; *Kater/Leube* Rn. 19; *Stern-Krieger/Arnau* VersR 1997, 408, 411). **Abs. 4** belastet auch Personen, die sich lediglich an der Unternehmensstätte aufhalten mit dem Haftungsprivileg, wenn sie kraft Satzung in den Unfallversicherungsschutz einbezogen sind.

§ 107 Besonderheiten in der Seefahrt

(1) ¹ Bei Unternehmen der Seefahrt gilt § 104 auch für die Ersatzpflicht anderer das Arbeitsentgelt schuldender Personen entsprechend. ² § 105 gilt für den Lotsen entsprechend.

(2) Beim Zusammenstoß mehrerer Seeschiffe von Unternehmen, für die die See-Berufsgenossenschaft zuständig ist, gelten die §§ 104 und 105 entsprechend für die Ersatzpflicht, auch untereinander, der Reeder der dabei beteiligten Fahrzeuge, sonstiger das Arbeitsentgelt schuldender Personen, der Lotsen und der auf den beteiligten Fahrzeugen tätigen Versicherten.

Ist nicht der Reeder (also der Schiffseigentümer), sondern ein Dritter AG der Schiffsbesatzung (etwa bei einer Charter des Schiffes), bleibt gem. § 136 III Nr. 4 der Reeder versicherungsrechtlich der Unternehmer, so daß es der besonderen Anordnung in § 107 I 1 bedarf, um auch den AG haftungsrechtlich von seiner Verantwortung freizustellen (*Lauterbach/Göttsch* Rn. 5). Dies ist nicht nur wegen der „besonderen Gefahren der Seeschiffahrt", sondern auch deshalb gerechtfertigt, weil der AG neben dem Reeder für die Beiträge zur Unfallversicherung haftet. § 107 I 2 stellt den Lotsen, obwohl er primär für seinen eigenen Betrieb tätig wird (§ 25 I SeelotsG), dem Unternehmer (Reeder) gleich. Die Regelung des § 107 II verfolgt das Ziel, den Unternehmer gegenüber außerbetrieblichen Unfallbeteiligten bei einem Zusammenstoß mehrerer Seeschiffe zu enthaften (verfassungsrechtliche Bedenken melden insoweit *Otto/Schwarze* Rn. 593 an). 1

§ 108 Bindung der Gerichte

(1) Hat ein Gericht über Ersatzansprüche der in den §§ 104 bis 107 genannten Art zu entscheiden, ist es an eine unanfechtbare Entscheidung nach diesem Buch oder nach dem Sozialgerichtsgesetz in der jeweils geltenden Fassung gebunden, ob ein Versicherungsfall vorliegt, in welchem Umfang Leistungen zu erbringen sind und ob der Unfallversicherungsträger zuständig ist.

(2) ¹ Das Gericht hat sein Verfahren auszusetzen, bis eine Entscheidung nach Absatz 1 ergangen ist. ² Falls ein solches Verfahren noch nicht eingeleitet ist, bestimmt das Gericht dafür eine Frist, nach deren Ablauf die Aufnahme des ausgesetzten Verfahrens zulässig ist.

1. **Normzweck** des § 108 ist es, die einheitliche Bewertung der maßgeblichen unfallrechtlichen Kriterien zu gewährleisten und divergierende Entscheidungen zu verhindern. Die Entscheidung darüber, ob der Verunglückte seinen Schaden nach Privat- oder Sozialversicherungsrecht ersetzt erhält, muß, wenn schon nicht in demselben Verfahren, so doch notwendig in der Sache einheitlich ergehen. Anders ist das den §§ 104 ff. zugrunde liegende Prinzip der **Haftungsersetzung durch Versicherungsschutz** nicht zu verwirklichen (*Otto/Schwarze* Rn. 580). Die zur Entscheidung über den privatrechtlichen Schadensersatzanspruch berufenen Gerichte haben daher etwaige Fehlentscheidungen im sozialrechtlichen Verfahren auch dann hinzunehmen, wenn die dortige Entscheidung auf einer unvollständigen Tatsachengrundlage beruht und sie selbst abw. Feststellungen treffen könnten (KG 24. 3. 1975 VersR 1976, 290, 291; *Boudon* BB 1993, 2446, 2448; **aA** OLG Bamberg 6. 5. 1975 VersR 1976, 890 f.). 1

2. **Der Umfang der Bindungswirkung** erstreckt sich zunächst darauf, ob ein Versicherungsfall vorliegt. Da ein solcher nur von einem Versicherten erlitten werden kann, ist zugleich die Frage mitentschieden, ob der Verunglückte im Unfallzeitpunkt den Versicherungsschutz der gesetzlichen Unfallversicherung genossen hat (RG 7. 2. 1918 RGZ 92, 296, 297 f.; BAG 6. 11. 1974 AP RVO § 636 Nr. 8). Gebunden sind die ordentlichen und die Arbeitsgerichte ferner an die Feststellung, in welchem Umfang der Geschädigte Leistungen der Unfallversicherung erhält, welche Leistungsarten er also in welcher Höhe und für welche Dauer beanspruchen kann. Bedeutung gewinnt dieser Teil der Bindungswirkung dann, wenn Schadensersatz und Unfallentschädigung nebeneinander beansprucht werden können, weil nach § 104 III letztere auf ersteren angerechnet wird. Ausgeschlossen ist dann insb. die Einwendung des Schadensersatzverpflichteten, der Berechtigte hätte mehr Leistungen von der Berufsgenossenschaft verlangen können, als er erhalten hat (*Rolfs*, Haftung unter Arbeitskollegen, S. 222). Auch an die Feststellung, von welchem Träger der Unfallversicherung die Leistungen zu erbringen sind, sind die ordentlichen Gerichte gebunden. Da die Berufsgenossenschaften nur solche Unfälle als Versicherungsfälle anzuerkennen verpflichtet sind, die sich in dem Betrieb eines Mitgliedsunternehmens ereignet haben, ergibt sich aus dieser Feststellung auch, in welchem Betrieb sich der Unfall ereignet hat (RG 7. 2. 1918 RGZ 92, 96, 97 f.; 27. 11. 1919 RGZ 97, 202, 206; BSG 29. 6. 1962 BSGE 17, 353, 355; RGRK/*Steffen* Vor § 823 BGB Rn. 103). 2

Sehr zweifelhaft ist hingegen, welche Konsequenzen sich in den Fällen ergeben, in denen der Verletzte Versicherungsschutz nicht nur in seinem Stammunternehmen, sondern gem. § 2 II 1 auch im Unfallbetrieb beanspruchen konnte, in denen der Unfall aber nur von dem für das Stammunternehmen zuständigen Unfallversicherungsträger anerkannt worden ist. Lange Zeit hat der BGH angenommen, in einem solchen Falle könne der um Schadensersatz angegangene Unternehmer oder Arbeitskollege 3 auch noch im Schadensersatzprozeß einwenden, der Verunglückte sei im Unfallzeitpunkt (auch) in dem Unfallbetrieb versichert gewesen, so daß die §§ 104 ff. zu Lasten des Verunglückten eingriffen (BGH 19. 3. 1957 BGHZ 24, 247, 249 f.; 7. 6. 1977 VersR 1977, 959; 29. 1. 1980 LM RVO § 636 Nr. 16). Demgegenüber stellt das Urteil vom 4. 4. 1995 (BGHZ 129, 195, 200 ff. mit Anm. *Jung* SGb 1995, 561 und *Müller* VersR 1995, 1209) nunmehr wohl wieder klar, daß auch unter diesen Voraussetzungen der Schadensersatzprozeß auszusetzen ist und der möglicherweise Haftungsprivilegierte gemäß § 109 im sozialrechtlichen Verfahren feststellen lassen muß, ob der Unfall (auch) seinem Betrieb zuzurechnen ist (so auch *Hanau*, FS für Steffen, S. 177, 188 f.; *Rolfs* NJW 1996, 3177, 3182).

4   **Nicht gebunden** sind die Gerichte an die übrigen Feststellungen des sozialrechtlichen Verfahrens. Insb. sind sie in ihrer Beurteilung der durch den Versicherungsfall eingetretenen Schadensfolgen frei. Zwar müssen auch sie vom SG notwendig festgestellt werden, um den Umfang der von der Unfallversicherung zu erbringenden Entschädigung feststellen zu können. Wegen der im Sozialversicherungsrecht geltenden Theorie der wesentlichen Bedingung erfolgt hier jedoch eine andere Kausalitätsbetrachtung als im privaten Schadensrecht, die es verbietet, die für die eine Entscheidung maßgeblichen Feststellungen auch zur Grundlage der anderen zu machen (BGH 25. 3. 1958 VersR 1958, 377, 378 f.; RGRK/*Steffen* Vor § 823 BGB Rn. 103; KassKomm/*Ricke* Rn. 4). Die Bindungswirkung erstreckt sich auch nicht auf Beurteilungen aus einem parallel geführten Strafverfahren gegen den Unfallverursacher. Selbst wenn dieser sich in Beziehung auf den Versicherungsfall nach strafrichterlicher Feststellung etwa einer vorsätzlichen Körperverletzung schuldig gemacht hat, ist die Vorsatzfrage im Haftpflichtprozeß erneut und ohne Präjudizierung durch die Ergebnisse des Strafverfahrens zu prüfen (RG 22. 10. 1943 RGZ 172, 101, 103).

5   **3. Zur Aussetzung des Verfahrens** sind die wegen des Schadensersatzanspruchs angegangenen Gerichte verpflichtet. Anders als § 148 ZPO räumt § 108 II ihnen kein Ermessen ein, sondern verpflichtet sie zur Aussetzung (*Dahm* SozVers 1997, 61, 62), wodurch die Bedeutung der Bindungswirkung des Abs. 1 noch vergrößert wird. Die Aussetzungspflicht besteht auch dann, wenn das sozialrechtliche Verwaltungsverfahren zwar bereits abgeschlossen, dort aber ein Beteiligter entgegen § 12 II SGB X (bzw. im sozialgerichtlichen Verfahren § 75 SGG) nicht hinzugezogen worden ist (BGH 4. 4. 1995 BGHZ 129, 195, 200 ff.). Die Beteiligung ist dann nachzuholen. Nur wenn ein sozialrechtliches Verfahren noch nicht eingeleitet ist und der Betroffene trotz der Aussetzung die ihm nach II 2 gesetzte Frist fruchtlos hat verstreichen lassen, kann und muß das Gericht alle tatbestandlichen Voraussetzungen der §§ 104 ff. in eigener Verantwortung prüfen.

§ 109 Feststellungsberechtigung von in der Haftung beschränkten Personen

¹ Personen, deren Haftung nach den §§ 104 bis 107 beschränkt ist und gegen die Versicherte, ihre Angehörigen und Hinterbliebene Schadenersatzforderungen erheben, können statt der Berechtigten die Feststellungen nach § 108 beantragen oder das entsprechende Verfahren nach dem Sozialgerichtsgesetz betreiben. ² Der Ablauf von Fristen, die ohne ihr Verschulden verstrichen sind, wirkt nicht gegen sie; dies gilt nicht, soweit diese Personen das Verfahren selbst betreiben.

1   **1. Normzweck.** Die durch die Bindungswirkung des § 108 I ausgelöste Präjudizierung des Schadensersatzprozesses durch das sozialrechtliche Verfahren führt dazu, daß der Leistungsbescheid des Unfallversicherungsträgers neben seiner begünstigenden Wirkung für den Versicherten zugleich uU eine belastende für den Unfallverursacher hat, indem er feststellt, in welchem Betrieb sich der Unfall ereignet hat und welche Personen damit in den Genuß des Haftungsprivilegs der §§ 104 ff. gelangen und welche nicht. Es handelt sich also um einen VA mit Doppelwirkung, gegen den schon nach allgemeinen verwaltungsrechtlichen Grundsätzen nicht nur der unmittelbar Betroffene, sondern auch der mittelbar beteiligte Dritte um Rechtsschutz nachsuchen kann.

2   **2. Voraussetzung des Antragsrechts** nach § 109 ist, daß der Schädiger (oder dessen Haftpflichtversicherer, der dann selbständig das Verfahren nach § 109 betreiben kann, BSG 1. 7. 1997 BSGE 81, 279 ff.; dazu *Seewald* SGb 1998, 281) von dem Verletzten tatsächlich auf Schadensersatz in Anspruch genommen wird (BSG 28. 10. 1960 BSGE 13, 122), ohne daß jedoch schon Klage erhoben worden sein müßte. Der Unfallverursacher kann nur **statt des Berechtigten** (als dessen Prozeßstandschafter) handeln, betreibt der Verletzte das Verfahren selbst, ist er im Verwaltungsverfahren gemäß § 12 II SGB X beizuziehen, entsprechendes gilt für den Rechtsstreit vor den SG, § 75 SGG (*Boudon* BB 1993, 2446, 2448; *Dahm* BG 1995, 262; *ders.* SozVers 1996, 39, 40). Die Interessen des Verletzten braucht der das Verfahren nach § 109 Betreibende nicht zu berücksichtigen (BSG 16. 5. 1984 BSGE 56, 279, 280 f.). Die **Geltendmachung der Beteiligung** erfolgt im Verwaltungsverfahren durch eine einfache Erklärung, aus der sich ergibt, daß der Unfallversicherungsträger das Feststellungsverfahren betreiben soll, ohne daß es eines konkreten Antrags bedürfte (BSG 28. 10. 1960 BSGE 13, 122, 125). Im Widerspruchs- und im gerichtlichen Verfahren gelten die allgemeinen Anforderungen des SGB X und des SGG.

3. Fristablauf (Satz 2). Da Antragsfristen nicht zu beachten und demjenigen, der das Verfahren 3 nach § 109 betreibt, einschlägige Entscheidungen zuzustellen sind, hat S. 2 1. Halbs. nur dann Bedeutung, wenn zunächst allein der Berechtigte das Verfahren betrieben und gegen eine Entscheidung kein Rechtsmittel eingelegt hat. In diesem Fall kann der Unfallverursacher auch nach Ablauf der für den Berechtigten geltenden Frist Rechtsmittel einlegen, die dann auch mit Wirkung gegen den Berechtigten die Bestands- bzw. Rechtskraft der Entscheidung wieder aufhebt (vgl. BSG 16. 5. 1984 BSGE 56, 279, 280). Der 2. Halbsatz stellt klar, daß der Schädiger sich in einem von ihm selbst betriebenen Verfahren auf Halbs. 1 nicht berufen kann.

Zweiter Abschnitt. Haftung gegenüber den Sozialversicherungsträgern

§ 110 Haftung gegenüber den Sozialversicherungsträgern

(1) ¹Haben Personen, deren Haftung nach den §§ 104 bis 107 beschränkt ist, den Versicherungsfall vorsätzlich oder grob fahrlässig herbeigeführt, haften sie den Sozialversicherungsträgern für die infolge des Versicherungsfalls entstandenen Aufwendungen, jedoch nur bis zur Höhe des zivilrechtlichen Schadenersatzanspruchs. ²Statt der Rente kann der Kapitalwert gefordert werden. ³Das Verschulden braucht sich nur auf das den Versicherungsfall verursachende Handeln oder Unterlassen zu beziehen.

(2) Die Sozialversicherungsträger können nach billigem Ermessen, insbesondere unter Berücksichtigung der wirtschaftlichen Verhältnisse des Schädigers, auf den Ersatzanspruch ganz oder teilweise verzichten.

I. Allgemeines

Anstelle des gem. § 104 I 2 ausgeschlossenen Forderungsübergangs hat der Gesetzgeber den Sozial- 1 versicherungsträgern (nicht aber den AG, aA *Otto/Schwarze* Rn. 607) in § 110 eine besondere Regreßmöglichkeit eröffnet. Hat der Schädiger den Versicherungsfall vorsätzlich oder grob fahrlässig herbeigeführt, so haftet er, wenn zu Lasten des unmittelbar Geschädigten die §§ 104 bis 107 eingreifen, den Sozial-(nicht nur den Unfall-)versicherungsträgern für die infolge des Versicherungsfalls entstandenen Aufwendungen, jedoch nur bis zur Höhe des zivilrechtlichen Schadensersatzanspruchs. § 110 I 3 stellt nochmals ausdrücklich klar, daß sich das Verschulden nur auf die haftungsbegründende Kausalität zu beziehen braucht. § 110 statuiert einen originären Ersatzanspruch der Sozialversicherungsträger (BGH 15. 5. 1973 VersR 1973, 818, 820), der gerade dann zum Tragen kommt, wenn ein überleitungsfähiger Schadensersatzanspruch wegen des Haftungsprivilegs nicht zur Entstehung gelangt ist. Gegen das Risiko des Regreßanspruchs besteht, wie sich mittelbar aus § 4 I Nr. 3 der AHB ergibt, **Versicherungsschutz in der Betriebshaftpflichtversicherung,** wenn der Arbeitsunfall (nicht vorsätzlich, § 4 II Nr. 1 AHB) durch den Unternehmer selbst oder eine der in § 151 VVG genannten Personen (Vertreter des Versicherungsnehmers und Personen, die er zur Leitung oder Beaufsichtigung des Betriebes oder eines Teiles des Betriebes angestellt hat) verursacht wurde (dazu *Krause* VersR 1999, 819). Dagegen sind gem. den Besonderen Bedingungen der Haftpflichtversicherung für Industrie, Handel und Gewerbe Regreßansprüche von Sozialversicherungsträgern vom Deckungsschutz ausgenommen, die gegen andere Betriebsangehörige gerichtet sind (dazu *Prölss/Martin/Voit* VVG, Betriebshaftpfl. Anm. 5). Auch in der **Kraftfahrzeughaftpflichtversicherung** besteht gem. § 10 I AKB wegen des Regreßanspruchs Deckungsschutz (BGH 22. 1. 1969 VersR 1969, 363, 364 f.; *Bruck/Möller/Johannsen,* VVG, Kraftfahrtversicherung, Anm. G 47).

Der **Zweck des Rückgriffs** liegt in der Refinanzierung der Unfallversicherung (BGH 30. 11. 1971 2 BGHZ 57, 314, 317; 15. 1. 1974 NJW 1974, 797, 798), der Norm kommt aber auch erzieherische Funktion im Hinblick auf die Unfallverhütung zu (BGH 20. 11. 1979 BGHZ 75, 328, 331). Obwohl der Anspruch durch eine öffentlich-rechtliche Vorschrift festgelegt ist, ist er **privatrechtlicher Natur.** Der Anspruch steht der Berufsgenossenschaft nicht gerade in ihrer Eigenschaft als Trägerin öffentlicher Gewalt zu, was sich schon darin zeigt, daß die Forderung nicht nur gegen den Unternehmer als ein Zwangsmitglied der öffentlich-rechtlich organisierten Unfallversicherung, sondern auch gegen die sonstigen nach §§ 105, 106 haftungsprivilegierten Personen geltend gemacht werden kann (BGH 28. 9. 1971 BGHZ 57, 96, 100 f.; *Baltzer* VersR 1973, 101; ders. SGb 1987, 529, 541; HS-UV/*Plagemann* § 67 Rn. 11). Verfahrensrechtlich folgt aus dieser Beurteilung, daß der Sozialversicherungsträger den Rückgriffsanspruch nicht durch VA (Leistungsbescheid) geltend machen kann, sondern einen vollstreckbaren Titel lediglich durch **Klage** vor den ordentlichen Gerichten erlangen kann (*Geigel-Kolb,* Der Haftpflichtprozeß, Kap. 32 Rn. 1; KassKomm/*Ricke* Rn. 2).

II. Voraussetzungen des Regresses

Der Rückgriffsanspruch setzt voraus, daß die Haftung des Regreßschuldners gegenüber dem un- 3 mittelbar Geschädigten durch die §§ 104 bis 107 beschränkt ist. Durch § 110 I 1 wird nicht nur der

Kreis der möglichen Rückgriffsverpflichteten umschrieben, sondern durch die Verweisung auf diese Vorschriften die Erfüllung deren sämtlicher Tatbestandsmerkmale zur Voraussetzung des Regresses erhoben. Erforderlich ist ferner, daß der Schädiger den Versicherungsfall vorsätzlich oder grob fahrlässig herbeigeführt hat. **Grobe Fahrlässigkeit** (zum **Vorsatz** § 104 Rn. 20) setzt einen objektiv schweren und subjektiv nicht entschuldbaren Verstoß gegen die Anforderungen der im Verkehr erforderlichen Sorgfalt voraus; diese Sorgfalt muß in ungewöhnlich hohem Maß verletzt und es muß dasjenige unbeachtet geblieben sein, was im gegebenen Fall jedem hätte einleuchten müssen (BGH 12. 1. 1988 VersR 1988, 474; 8. 2. 1989 VersR 1989, 582, 583; BAG 23. 1. 1997 NZA 1998, 140; OLG Nürnberg 15. 7. 1992 VersR 1993, 1425; 6. 10. 1993 VersR 1995, 684 f.; *Lepa* NZV 1997, 137, 138). Daher sind nicht nur zur objektiven Schwere der Pflichtwidrigkeit, sondern auch zur subjektiven (personalen) Seite konkrete Feststellungen zu treffen. Es darf nicht schon aus einem objektiv groben Pflichtverstoß allein deshalb auf ein entsprechend gesteigertes personales Verschulden geschlossen werden, weil ein solches häufig damit einherzugehen pflegt. Der Unfallverursacher soll grds. von einer Haftung freigestellt sein und nur dann im Wege des Rückgriffs in Anspruch genommen werden können, wenn es auch bei voller Berücksichtigung dieses Zweckes angesichts seines für den Versicherungsfall ursächlichen Verhaltens nicht mehr gerechtfertigt erscheint, die Folgen des Unfalles auf die in der Berufsgenossenschaft zusammengeschlossene Unternehmerschaft abzuwälzen. Dies ist aber nur dann der Fall, wenn eine besonders krasse und auch subjektiv schlechthin unentschuldbare Pflichtverletzung vorliegt, die das in § 276 I 2 BGB bestimmte Maß erheblich überschreitet (BGH 18. 10. 1988 NJW-RR 1989, 339, 340; 8. 2. 1989 VersR 1989, 582, 583; *Kater/Leube* Rn. 12).

4 Ein **Verstoß gegen eine** UVV genügt für sich alleine zur Bejahung grober Fahrlässigkeit grds. auch dann nicht, wenn diese als besonders wichtig anzusehen ist. Ein derartiger Vorwurf ist gegen den Betreffenden vielmehr erst dann zu erheben, wenn auch in subjektiver Hinsicht ein gegenüber einfacher Fahrlässigkeit gesteigertes Verschulden vorliegt (BGH 12. 1. 1988 VersR 1988, 474, 475; OLG Frankfurt 8. 1. 1994 VersR 1996, 126, 127). Ein solches kann beispielsweise dann naheliegen, wenn ein besonders gewichtiger objektiver Pflichtenverstoß vorliegt, zB ein Verstoß gegen eine UVV, die mit eindeutigen Sicherungsanweisungen vor tödlichen Gefahren schützen soll oder wenn gleich in mehrfacher Weise gegen einschlägige UVV verstoßen worden ist. Auch dann, wenn die Berufsgenossenschaft den Verstoß zuvor bereits mehrfach beanstandet hatte, kann die Vermutung für grobe Fahrlässigkeit sprechen (BGH 18. 10. 1988 NJW-RR 1989, 339, 340; OLG Düsseldorf 18. 1. 1991 VersR 1992, 723; weitere Beispiele aus der Rspr. bei *Geigel/Kolb*, Der Haftpflichtprozeß, Kap. 32 Rn. 19 ff.).

III. Umfang des Rückgriffsanspruchs

5 Der vorsätzlich oder grob fahrlässig Handelnde hat den Sozialversicherungsträgern die infolge des Versicherungsfalls entstandenen Aufwendungen zu ersetzen, jedoch nur bis zur Höhe des zivilrechtlichen Schadensersatzanspruchs. Die Berechnung der Anspruchshöhe vollzieht sich also in drei Schritten: (1) Zunächst ist der fiktive Schadensersatzanspruch des Verletzten zu errechnen, den dieser hätte, wenn die Haftung nicht durch die §§ 104 ff. ausgeschlossen wäre. In diesem Rahmen ist auch ein etwaiges **Mitverschulden** des Verletzten zu berücksichtigen (*Lepa* NZV 1997, 137, 139; *Otto/Schwarze* Rn. 601; *Rolfs* NJW 1996, 3177, 3181; *Stern-Krieger/Arnau* VersR 1997, 408, 412). (2) Sodann ist festzustellen, welche Leistungen die Sozialversicherungsträger aufgrund des Unfalls erbracht oder zu erbringen haben. Hier hilft zunächst § 112, der für den Regreßanspruch auf die Bindungswirkung des § 108 I verweist, so daß auf die entsprechenden Berechnungen aus dem sozialrechtlichen Verfahren zurückgegriffen werden kann und muß, wobei der Schädiger einwenden kann, daß der Geschädigte schon vor dem Unfall Anspruch auf Rente hatte oder auch ohne den Unfall ab einem bestimmten Zeitpunkt gehabt hätte (BGH 30. 11. 1971 BGHZ 57, 314, 320 f.; *Küppersbusch* Rn. 426). Zu diesem Betrag zu addieren sind noch die konkreten Verfahrenskosten, beispielsweise für Gutachten, Arztberichte, Zeugengebühren und Verwaltungskostenersatz an andere Leistungsträger, nicht dagegen anteilige eigene Verwaltungskosten. (3) Schließlich ist der sich aus der Berechnung zu (2) ergebende Betrag von dem unter Ziffer (1) ermittelten abzuziehen und zu bedenken, ob den Unfallversicherungsträger selbst ein Mitverschulden an der Entstehung des Schadens trifft, das ihm nach § 254 BGB entgegengehalten werden kann (RGRK/*Schick* § 618 BGB Rn. 214; *Lange* Schadensersatz § 11 C II 16; *Palandt/Heinrichs* § 254 BGB Rn. 6).

IV. Regreßverzicht (Abs. 2)

6 Die Sozialversicherungsträger können nach billigem Ermessen materiell-rechtlich ganz oder tlw. auf den Regreßanspruch verzichten. Die Entschließung des Leistungsträgers, ob und in welchem Umfang er von dieser Verzichtsmöglichkeit Gebrauch macht, unterliegt der Nachprüfung durch die ordentlichen Gerichte (BGH 28. 9. 1971 BGHZ 57, 96, 99 ff.; BSG 11. 12. 1973 BSGE 37, 20, 21 ff.). § 110 II beruht nämlich auf der Erwägung, daß es vor allem bei sozial schwachen Personen zu existenzvernichtenden Ersatzforderungen kommen kann, was auch unter Berücksichtigung des Strafzwecks der Norm nicht gerechtfertigt ist. Hieraus folgt, daß die Sozialversicherungsträger nicht nur ermächtigt,

sondern – wenn billiges Ermessen das gebietet – auch verpflichtet sind, auf den Rückgriffsanspruch zu verzichten (BGH 28. 9. 1971 BGHZ 57, 96, 98 f.).

Der Deckungsschutz durch eine **Betriebshaftpflichtversicherung** ist zu berücksichtigen (BGH 28. 9. 1971 BGHZ 57, 96, 104; vgl. auch BGH 11. 10. 1994 BGHZ 127, 186, 190 ff. zur Parallelproblematik bei § 829 BGB). Dagegen lehnt der BGH die entsprechende Anwendung der §§ 116 VI SGB X, 67 II VVG ab, wenn Schädiger und Geschädigter Ehepartner oder Familienangehörige sind und in häuslicher Gemeinschaft leben, weil das durch § 110 II geschaffene Regulativ zur Vermeidung sozialer Härten ausreiche (BGH 18. 10. 1977 BGHZ 69, 354, 359 ff.; HS-UV/*Plagemann* § 67 Rn. 7; aA *Küppersbusch* Rn. 428). Bei einem Unfall, der sich im **Straßenverkehr** ereignet hat, besteht seit dem Inkrafttreten der Verordnung über den Versicherungsschutz in der KfzPflVV vom 29. 7. 1994 (BGBl. I S. 1837) für eine Regreßbeschränkung idR kein Bedürfnis mehr. Denn der Haftpflichtversicherer ist heute – anders als nach § 2 Nr. 2 AKB aF – bei Obliegenheitsverletzungen seines Versicherungsnehmers vor dem Versicherungsfall nicht mehr vollständig, sondern gem. § 5 III KfzPflVV und dem damit übereinstimmenden § 2 b II AKB 1996 (vgl. zur Unwirksamkeit älterer Fassungen des § 2 b AKB *Knappmann* VersR 1996, 401, 403 f.) nur in Höhe von DM 10 000 leistungsfrei (*Stiefel/ Hofmann* AKB § 2 Rn. 42 a). Der vom Sozialversicherungsträger in Regreß genommene Schädiger kann daher wegen des überschießendes Betrages Freistellung durch seinen Haftpflichtversicherer verlangen (BGH 22. 1. 1969 VersR 1969, 363, 364 f.); andererseits kann der Sozialversicherungsträger insoweit auch gleich den Haftpfllichtversicherer in Anspruch nehmen. Das Verweisungsprivileg des § 3 Nr. 6 PflVG iVm. § 158 c Abs. 4 VVG kommt wegen des DM 10 000 übersteigenden Betrages nicht zur Anwendung, weil der Versicherer insoweit im Außen- *und* im Innenverhältnis leistungspflichtig, das Versicherungsverhältnis also nicht notleidend ist (näher *Rolfs* NVersZ 1999, 204, 209).

Waren an der Entstehung des Unfalls **mehrere Personen** beteiligt, von denen einzelne das Haftungsprivileg der §§ 104 ff. nicht genießen, ist auch im Rahmen des Rückgriffs nach § 110 zu berücksichtigen, daß der Rückgriffsschuldner ohne seine Eingliederung in das System der gesetzlichen Unfallversicherung für den Schaden nicht allein aufzukommen hätte. Der Regreß ist folglich auf den Schadensanteil beschränkt, den der im Verhältnis zum Verletzten haftungsprivilegierte Schädiger zu tragen hätte, wenn zu seinen Gunsten nicht die §§ 104 ff. eingreifen würden (BGH 29. 10. 1968 BGHZ 51, 37, 39 ff.; 2. 5. 1972 BGHZ 58, 355, 359 ff.; MünchArbR/*Blomeyer* § 59 Rn. 20).

§ 111 Haftung des Unternehmens

¹ Haben ein Mitglied eines vertretungsberechtigten Organs, Abwickler oder Liquidatoren juristischer Personen, vertretungsberechtigte Gesellschafter oder Liquidatoren einer Personengesellschaft des Handelsrechts oder gesetzliche Vertreter der Unternehmer in Ausführung ihnen zustehender Verrichtungen den Versicherungsfall vorsätzlich oder grob fahrlässig verursacht, haften nach Maßgabe des § 110 auch die Vertretenen. ² Eine nach § 110 bestehende Haftung derjenigen, die den Versicherungsfall verursacht haben, bleibt unberührt. ³ Das gleiche gilt für Mitglieder des Vorstandes eines nicht rechtsfähigen Vereins oder für vertretungsberechtigte Gesellschafter einer Personengesellschaft des bürgerlichen Rechts mit der Maßgabe, daß sich die Haftung auf das Vereins- oder das Gesellschaftsvermögen beschränkt.

§ 112 Bindung der Gerichte

§ 108 über die Bindung der Gerichte gilt auch für die Ansprüche nach den §§ 110 und 111.

§ 113 Verjährung

Für die Verjährung der Ansprüche nach den §§ 110 und 111 gilt § 852 Abs. 1 und 2 des Bürgerlichen Gesetzbuchs entsprechend mit der Maßgabe, daß die Frist von dem Tag an gerechnet wird, an dem die Leistungspflicht für den Unfallversicherungsträger bindend festgestellt oder ein entsprechendes Urteil rechtskräftig geworden ist.

590. Gesetz über Sprecherausschüsse der leitenden Angestellten (Sprecherausschußgesetz – SprAuG)

Vom 20. Dezember 1988 (BGBl. I S. 2312)

(BGBl. III/FNA 801-11)

Schrifttum: *Kaiser,* Sprecherausschüsse für leitende Angestellte, 1995; *K. Weigle,* Die leitenden Angestellten zwischen Sprecherausschuß und Betriebsrat, 1993.

Einleitung

1   Auf leitende Angestellte findet das BetrVG nach § 5 III keine Anwendung. Da sich der Gesetzgeber im Jahre 1972 bewußt der Schaffung einer gesetzlich institutionalisierten Vertretung der leitenden Angestellten enthielt (BT-Drucks. VI/2729, 12), bildeten sich in den folgenden Jahren auf der Grundlage von Vereinbarungen zwischen leitenden Angestellten und Arbeitgebern freiwillige SprAu (MünchArbR/*Joost* § 314 Rn. 2; *Säcker,* 25 Jahre BAG, 1979, S. 471 ff.). Sie sah das BAG als zulässig an, denn die betriebliche Vertretung der leitenden Angestellten sei nicht geregelt und aus Art. 9 I GG folge das Recht zu einem Zusammenschluß (BAG 19. 2. 1975 AP BetrVG 1972 § 5 Nr. 9).

2   Nach ergebnislosen Anläufen in der 8. (BT-Drucks. 8/3490) und der 10. (BT-Drucks. 10/3384) Legislaturperiode trat das **„Gesetz über Sprecherausschüsse der leitenden Angestellten"** in der 11. Legislaturperiode am 1. 1. 1989 in Kraft. Die vielfach am Gesetzeswerk geäußerte **Kritik** bezieht sich vorrangig darauf, daß die Schaffung einer zweiten ANVertretung dem Prinzip der einheitlichen Repräsentation der AN widerspreche und der AG die Möglichkeit habe, SprAu und BR gegeneinander auszuspielen. Zudem wird das Mißverhältnis zwischen Regelungsumfang und Regelungsinhalt des Gesetzes angeführt (vgl. BT-Drucks. 11/3618). Trotz dieser Kritik bleibt festzuhalten, daß das SprAuG die in der Betriebsverfassung zuvor bestehende Lücke schließt und dem aus zuletzt ca. 400 freiwilligen Sprecherausschüssen folgenden Bedürfnis nach einer eigenständigen Interessenvertretung entspricht (vgl. BT-Drucks. 11/2503, 26).

3   Das SprAuG regelt die **Errichtung** von SprAu **abschließend**, da die vor Inkrafttreten des Gesetzes gebildeten freiwilligen SprAu nach § 37 II spätestens mit Wirkung vom 1. 6. 1990 nicht mehr fortbestanden. Aus diesem Grunde können keine SprAu aufgrund eines TV errichtet werden. Zwar haben die TVParteien nach den §§ 1 I, 3 II TVG grundsätzlich die Macht zur Setzung von betriebsverfassungsrechtlichen Normen, doch ist das SprAuG für die die **Organisation** des SprAu regelnden Vorschriften **abschließend** (MünchArbR/*Joost* § 314 Rn. 43; *Wlotzke* NZA 1989, 709, 710).

4   Eine **Ausweitung der Befugnisse** des SprAu per TV wird zum Teil verneint, weil die notwendig werdende Einführung von Konfliktlösungsmechanismen dem vom SprAuG verfolgten Interesse an einer reibungslosen Zusammenarbeit zwischen Unternehmer und leitenden Angestellten widerspreche (MünchArbR/*Joost* § 314 Rn. 45; *Löwisch* Vorbemerkung Rn. 2). Dieser Auffassung ist nicht zu folgen, denn die Mitbestimmungsrechte sind dem ANSchutzrecht zuzuordnen, so daß für den zweiseitig zwingenden Charakter der Norm positive Anhaltspunkte vorliegen müssen (BAG 18. 8. 1987 AP BetrVG 1972 § 77 Nr. 23; BAG 10. 2. 1988 AP BetrVG 1972 § 99 Nr. 58). Da es hieran fehlt, ist eine tarifvertragliche Erweiterung der Befugnisse des SprAu möglich (vgl. *Oetker* ZfA 1990, 43, 79).

Erster Teil. Allgemeine Vorschriften

§ 1 Errichtung von Sprecherausschüssen

(1) In Betrieben mit in der Regel mindestens zehn leitenden Angestellten (§ 5 Abs. 3 des Betriebsverfassungsgesetzes) werden Sprecherausschüsse der leitenden Angestellten gewählt.

(2) Leitende Angestellte eines Betriebs mit in der Regel weniger als zehn leitenden Angestellten gelten für die Anwendung dieses Gesetzes als leitende Angestellte des räumlich nächstgelegenen Betriebs desselben Unternehmens, der die Voraussetzungen des Absatzes 1 erfüllt.

(3) Dieses Gesetz findet keine Anwendung auf

1. Verwaltungen und Betriebe des Bundes, der Länder, der Gemeinden und sonstiger Körperschaften, Anstalten und Stiftungen des öffentlichen Rechts sowie

2. **Religionsgemeinschaften und ihre karitativen und erzieherischen Einrichtungen** unbeschadet deren Rechtsform.

I. Persönlicher Geltungsbereich

Das SprAuG gilt gemäß § 1 I für alle leitenden Angestellten iSv. § 5 III und IV BetrVG. Aufgrund des Klammerzusatzes ist die Begriffsbestimmung des BetrVG (vgl. § 5 BetrVG Rn. 30) bindend. Für eine eigenständige Interpretation fehlen die methodischen Voraussetzungen, sie widerspräche zudem dem Verfahren in § 18a BetrVG. Bei den Aktiengesellschaften der früheren Deutschen Bundespost sind die funktional vergleichbaren Beamten einzubeziehen (§ 36 II PostPersRG).

II. Sachlicher Geltungsbereich

1. **Betrieb.** SprAu werden nach § 1 I auf betrieblicher Ebene errichtet. Der Betriebsbegriff wird vom Gesetz nicht definiert, sondern vorausgesetzt. Da es dem materiellen Betriebsverfassungsrecht angehört, ist auf den zum BetrVG entwickelten Betriebsbegriff abzustellen (*Löwisch* Rn. 38 sowie § 1 BetrVG Rn. 7).

Umstritten ist die Einbeziehung der Modifikationen dieses Betriebsbegriffs durch § 4 BetrVG, da eine dies anordnende Regelung im SprAuG fehlt. Bei einer entsprechenden Anwendung des § 4 BetrVG könnte in **Betriebsteilen,** wenn dort 10 oder mehr leitende Angestellte beschäftigt sind und sie entweder räumlich weit vom Hauptbetrieb entfernt oder durch Aufgabenbereich und Organisation eigenständig sind, eigene SprAu gebildet werden (§ 4 Satz 1 BetrVG). **Nebenbetriebe** mit weniger als 10 leitenden Angestellten wären dem Hauptbetrieb zuzuordnen (§ 4 Satz 2 BetrVG). Hierfür läßt sich anführen, daß § 4 BetrVG **integraler Bestandteil** des betriebsverfassungsrechtlichen Betriebsbegriffs ist und sowohl im Kündigungsschutzrecht als auch in § 17 II SchwbG auf den durch § 4 BetrVG modifizierten Betriebsbegriff zurückgegriffen wird (*Oetker* ZfA 1990, 43, 48; sowie BAG 25. 9. 1956 AP KSchG § 1 Nr. 18; BAG 23. 3. 1984 AP KSchG 1969 § 23 Nr. 4; BAG 13. 6. 1985 AP KSchG 1969 § 1 Nr. 10). Die überwiegende Ansicht lehnt den Rückgriff auf § 4 BetrVG indes ab (zB *Hromadka* Rn. 18f.; MünchArbR/*Joost* § 314 Rn. 16f.; *Löwisch* Rn. 41f.), da **Nebenbetriebe,** welche die nach § 1 I erforderliche Anzahl von 10 leitenden Angestellten nicht erreichen, gemäß § 1 II dem **nächstgelegenen Betrieb** zuzurechnen sind. Dieses muß nicht immer der Hauptbetrieb sein. Auch die Möglichkeit, SprAu für **Betriebsteile** zu wählen, wird abgelehnt, da § 1 I diese organisatorisch abhängigen Bestandteile des Hauptbetriebes umfasse und insoweit abschließend sei.

2. **Sprecherausschußfähiger Betrieb.** SprAu können nur in Betrieben gewählt werden, in denen **regelmäßig** mindestens 10 leitende Angestellte beschäftigt sind. Entscheidend ist, welche Beschäftigtenzahl allgemein bei normalem Betriebsverlauf für den Betrieb kennzeichnend ist (so zum BetrVG BAG 12. 10. 1976 AP BetrVG 1972 § 8 Nr. 1). Leitende Angestellte eines Betriebs, in denen die Mindestzahl nicht erreicht wird, sind nach § 1 II dem räumlich nächstgelegenen Betrieb desselben Unternehmens zuzuordnen, der die Mindestzahl erfüllt. Ist dies bei keinem Betrieb des Unternehmens der Fall, so kann nach § 20 ein UnternehmensSprAu gebildet werden (vgl. BT-Drucks. 11/2503, 41). Sinkt während der Amtsperiode eines gewählten SprAu die Zahl der leitenden Angestellten auf unter 10, so verliert der Betrieb die SprAuFähigkeit und das Amt des SprAu endet. Die leitenden Angestellten werden in diesem Fall bis zum Ablauf dieser Amtsperiode von dem SprAu des nächstgelegenen Betriebes mit vertreten (*Hromadka* Rn. 38; aA *Löwisch* Rn. 48).

Räumlich nächstgelegen ist nicht der Betrieb, der in der geringsten Luftlinienentfernung liegt (so aber *Bauer* Anm. 4), sondern der mit den üblichen Verkehrsmitteln am schnellsten erreichbare (*Löwisch* Rn. 47; *Hromadka* Rn. 39).

3. **Herausnahme des öffentlichen Dienstes (§ 1 III Nr. 1) und der Religionsgemeinschaften (§ 1 III Nr. 2).** Ebenso wie das BetrVG findet das SprAuG keine Anwendung auf den öffentlichen Dienst sowie Religionsgemeinschaften. § 1 III Nr. 1 entspricht § 130 BetrVG, § 1 III Nr. 2 entspricht § 118 II BetrVG.

III. Räumlicher Geltungsbereich

Das SprAuG gilt für im Inland gelegene Betriebe **(Territorialitätsprinzip)** (MünchArbR/*Joost* § 314 Rn. 23; *Natter* AR-Blattei SD 1490.1, Rn. 24), unabhängig von der Staatsangehörigkeit des Betriebsinhabers (BAG 9. 11. 1977 AP Internationales Privatrecht, Arbeitsrecht Nr. 13) und der der leitenden Angestellten sowie des Arbeitsstatuts dem ihr Arbeitsverhältnis unterstellt ist. Für im **Ausland** gelegene Betriebe eines inländischen Unternehmens gilt das SprAuG nicht (MünchArbR/*Joost* § 314 Rn. 23).

Sind leitende Angestellte im Ausland tätig, geht es nicht um den räumlichen, sondern um den persönlichen Geltungsbereich des SprAuG (BAG 7. 12. 1989 AP Internationales Privatrecht, Arbeitsrecht Nr. 27). Es kommt darauf an, ob sie nach den **Grundsätzen der Betriebsausstrahlung** dem inländischen Betrieb zuzuordnen sind (BAG 7. 12. 1989 AP Internationales Privatrecht, Arbeitsrecht

Nr. 27). Dies ist regelmäßig zu verneinen, wenn sie auf Dauer in den im Ausland liegenden Betrieb eingegliedert sind (*Löwisch* Vor. Rn. 9). Die Anwendbarkeit des SprAuG auf im Ausland Beschäftigte führt jedoch nicht dazu, daß der SprAu organschaftliche Handlungen, wie zB Versammlungen leitender Angestellten, im Ausland durchführen kann (für Betriebsversammlungen BAG 27. 5. 1983 AP BetrVG 1972 § 42 Nr. 3).

§ 2 Zusammenarbeit

(1) ¹Der Sprecherausschuß arbeitet mit dem Arbeitgeber vertrauensvoll unter Beachtung der geltenden Tarifverträge zum Wohl der leitenden Angestellten und des Betriebs zusammen. ²Der Arbeitgeber hat vor Abschluß einer Betriebsvereinbarung oder sonstigen Vereinbarung mit dem Betriebsrat, die rechtliche Interessen der leitenden Angestellten berührt, den Sprecherausschuß rechtzeitig anzuhören.

(2) ¹Der Sprecherausschuß kann dem Betriebsrat oder Mitgliedern des Betriebsrats das Recht einräumen, an Sitzungen des Sprecherausschusses teilzunehmen. ²Der Betriebsrat kann dem Sprecherausschuß oder Mitgliedern des Sprecherausschusses das Recht einräumen, an Sitzungen des Betriebsrats teilzunehmen. ³Einmal im Kalenderjahr soll eine gemeinsame Sitzung des Sprecherausschusses und des Betriebsrats stattfinden.

(3) ¹Die Mitglieder des Sprecherausschusses dürfen in der Ausübung ihrer Tätigkeit nicht gestört oder behindert werden. ²Sie dürfen wegen ihrer Tätigkeit nicht benachteiligt oder begünstigt werden; dies gilt auch für ihre berufliche Entwicklung.

(4) ¹Arbeitgeber und Sprecherausschuß haben Betätigungen zu unterlassen, durch die der Arbeitsablauf oder der Frieden des Betriebs beeinträchtigt werden. ²Sie haben jede parteipolitische Betätigung im Betrieb zu unterlassen; die Behandlung von Angelegenheiten tarifpolitischer, sozialpolitischer und wirtschaftlicher Art, die den Betrieb oder die leitenden Angestellten unmittelbar betreffen, wird hierdurch nicht berührt.

I. Zusammenarbeit mit dem Arbeitgeber

1   **1. Vertrauensvolle Zusammenarbeit.** § 2 I 1 normiert nicht nur die Verpflichtung des SprAu als Organ zur **vertrauensvollen Zusammenarbeit** mit dem AG, sondern begründet zusätzlich eine solche Verpflichtung des AG und der einzelnen Mitglieder des SprAu (MünchArbR/*Joost* § 314 Rn. 26; *Löwisch* Rn. 1). Dieses Gebot wird insbesondere durch § 2 I 2 (Anhörungspflicht des AG), § 2 IV (Friedenspflicht), § 25 II (Unterrichtungspflicht des AG), § 27 I (Gleichbehandlungsgebot), § 27 II (Schutz und Förderung der freien Entfaltung der Persönlichkeit) sowie § 29 (Geheimhaltungspflicht) konkretisiert.

2   Nach § 2 I 1 hat die Zusammenarbeit zum Wohl der leitenden Angestellten und des Betriebs zu erfolgen; SprAu und AG sollen den Ausgleich der beiderseitigen Interessen verfolgen. Zudem sind die Interessen der übrigen Belegschaft als Betriebsinteresse zu berücksichtigen (*Hromadka* Rn. 4; MünchArbR/*Joost* § 314 Rn. 28 f.).

3   SprAu und AG haben bei ihrer Zusammenarbeit sowohl den normativen als auch den obligatorischen Teil von **TV zu beachten,** sofern sich diese nach ihrem persönlichen Geltungsbereich auf die leitenden Angestellten erstrecken (*Löwisch* Rn. 3). Vertrauensvolle Zusammenarbeit bedeutet für den SprAu, daß er nicht in Weisungen des AG eingreifen und den Betriebsfrieden stören darf; den AG verpflichtet sie in erster Linie, mit dem SprAu über alle Angelegenheiten zu verhandeln, die die Belange der leitenden Angestellten betreffen (*Bauer* Anm. 2).

4   **2. Anhörung des Sprecherausschusses.** Die Pflicht des AG zur vertrauensvollen Zusammenarbeit wird in § 2 I 2 konkretisiert. Der AG ist verpflichtet, vor Abschluß von **Vereinbarungen mit dem BR** (Betriebsvereinbarungen, Regelungsabreden, sonstige Vereinbarungen), die die rechtlichen Interessen der leitenden Angestellten berühren, den SprAu **anzuhören** und dessen Stellungnahme dem BR zuzuleiten.

5   Für **Entscheidungen der Einigungsstelle** gilt § 2 I 2 entsprechend, da die Norm gewährleisten soll, daß die leitenden Angestellten sich äußern können, bevor im Verhältnis zum SprAu vollendete Tatsachen geschaffen werden (*Löwisch* Rn. 7). Trotz der Verfahrensherrschaft der Einigungsstelle wird tlw. verlangt, daß die Anhörung vom AG durchzuführen ist, der die Äußerung des SprAu dann der Einigungsstelle übermittelt (so *Hromadka* Rn. 12; aA *Oetker* ZfA 1990, 43, 65: Vorsitzender der Einigungsstelle).

6   Vereinbarungen, die **rechtliche Interessen** der leitenden Angestellten berühren, sind nicht solche, die **direkt** in die Rechte der leitenden Angestellten eingreifen, da insoweit die Regelungskompetenz des BR fehlt. Ebenfalls nicht gemeint sind Vereinbarungen, die die Rechtslage der leitenden Angestellten unmittelbar dadurch ändern, daß sie durch Bezugnahme im Arbeitsvertrag unmittelbarer Inhalt desselben werden. Ein Anhörungsrecht des SprAu scheidet hier aus, da die Beeinträchtigung auf einer vertraglichen Abrede beruht, die vom Willen der leitenden Angestellten getragen ist (*Buchner*

NZA 1989, Beil. 1, 2, 14; aA *Borgwardt/Fischer/Janert* Rn. 5). Der Gesetzestext normiert ein **Anhörungsrecht** bei Vereinbarungen, die den Regelungsspielraum des SprAu **faktisch** reduzieren. Dieses ist der Fall, wenn Vereinbarungen getroffen werden, die eine betriebseinheitliche Regelung zwingend erforderlich machen (zB betriebliche Arbeitszeit, Unfallverhütung, Urlaubsplanung) oder Leistungen des AG betroffen sind, die für alle AN des Betriebs bestimmt sind (*Buchner* NZA 1989, Beil. 1, 2, 14 f.; *Hromadka* Rn. 13; *Weigle,* Die leitenden Angestellten, S. 279 ff.).

Die Anhörung ist so **rechtzeitig** durchzuführen, daß der SprAu vor Abschluß der Vereinbarung 7 genügend Zeit hat, sich mit der Angelegenheit zu befassen und hierzu Stellung zu nehmen. Die **Verletzung der Anhörungspflicht** wird nicht sanktioniert, so daß die Wirksamkeit der Vereinbarungen mit dem BR nicht berührt wird (*Löwisch* Rn. 8; *Weigle,* Die leitenden Angestellten, S. 290 ff.). Verletzt der AG seine Anhörungspflicht wiederholt und beharrlich, so liegt hierin eine nach § 34 I Nr. 2 strafbare Behinderung der Tätigkeit des SprAu (*Hromadka* Rn. 14).

Eine § 2 I 2 entsprechende Vorschrift fehlt im BetrVG. Dennoch ergibt sich aus dem **Gebot der** 8 **vertrauensvollen Zusammenarbeit** für AG und BR (§ 2 I BetrVG), daß der AG den BR vor Abschluß von Vereinbarungen mit dem SprAu, die die Interessen der AN berühren, anhören muß (*Löwisch* Rn. 9; *Wlotzke* DB 1989, 173, 175).

Sowohl SprAu als auch AG können den Anspruch auf vertrauensvolle Zusammenarbeit nach § 2 a I 9 Nr. 2 ArbGG im Beschlußverfahren geltend machen (*Löwisch* Rn. 11). Ein Erzwingungsverfahren gegen den AG entsprechend § 23 III BetrVG ist im SprAuG nicht vorgesehen. Verstößt der SprAu gegen § 2 I 1, so kann ein Auflösungs- oder Ausschlußverfahren gemäß § 9 I eingeleitet werden.

II. Stellung der Koalitionen

Das SprAuG weist Gewerkschaften und AGVerbänden, im Unterschied zum BetrVG, keinerlei 10 Funktionen zu (näher *Oetker* ZfA 1990, 43, 55 f.). Die Interessenvereinigungen beider Seiten können aber Werbungs-, Informations- und Betreuungsrechte unmittelbar aus Art. 9 III GG geltend machen (*Buchner* NZA 1989, Beil. 1, 2, 15; *Hromadka* Rn. 63; MünchArbR/*Joost* § 314 Rn. 42; aA *Bauer* Anm. 2).

III. Zusammenarbeit mit dem Betriebsrat

Eine Pflicht zur vertrauensvollen Zusammenarbeit von SprAu und BR ist nicht ausdrücklich 11 geregelt. Allerdings ergibt sich aus den §§ 78 Satz 1, 119 I Nr. 2 BetrVG und den §§ 2 III 1, 34 I Nr. 2 das Verbot, das jeweils andere Organ bei der Ausübung seiner Tätigkeit zu behindern (*Löwisch* Rn. 13).

§ 2 II 1 und 2 soll die Zusammenarbeit von SprAu und BR dadurch fördern, daß die Organe sich 12 gegenseitig oder einzelnen Mitgliedern das Recht zur Teilnahme an ihren Sitzungen einräumen. Eine Ausnahme von der **Pflicht zur Geheimhaltung** (§ 29) hat das SprAuG nicht angeordnet, so daß überwiegend angenommen wird, diese bestehe auch im Verhältnis zwischen SprAu und BR (*Hromadka* § 29 Rn. 14; MünchArbR/*Joost* § 315 Rn. 99; *Löwisch* § 29 Rn. 8; aA *Oetker* ZfA 1990, 43, 53 f.; siehe auch § 29 Rn. 5).

Das Einladungsrecht und das Teilnahmerecht stehen im **Ermessen** des jeweiligen Organs; § 2 II 3 13 sieht einmal im Kalenderjahr eine gemeinsame Sitzung von SprAu und BR vor. Die Verletzung dieser „Soll"-Vorschrift ist nicht gesetzlich sanktioniert.

§ 2 II 3 soll der Zusammenarbeit der beiden Organe Ausdruck verleihen. Eine **engere Zusammen-** 14 **arbeit** von AG, SprAu und BR ist deshalb gestattet. ZB können sie „Gesamtvereinbarungen" abschließen, die hinsichtlich der leitenden Angestellten Richtlinien iSv. § 28 und bezüglich der übrigen AN als Betriebsvereinbarungen oder Regelungsabreden sind (*Hromadka* Rn. 18; *Löwisch* Rn. 18).

IV. Behinderungsverbot

Das Behinderungsverbot schützt SprAu, Unternehmens-, Gesamt- und KonzernSprAu und deren 15 Mitglieder sowie Ersatzmitglieder (§§ 18 III, 20 I 2, 24 I). Adressat ist jedermann, also AG, BR und seine Mitglieder sowie AN und Außenstehende (Beispiele für Behinderungen bei § 78 BetrVG Rn. 4).

Eine rechtsgeschäftliche Handlung (zB Kündigung, Versetzung) verstößt gegen § 2 III 1, wenn sie 16 wegen der Tätigkeit als Mitglied des SprAu erfolgt. Rechtsfolge des Verstoßes ist die Nichtigkeit der Kündigung bzw. Versetzung nach § 134 BGB. Ein weitergehender Kündigungsschutz ist nicht vorgesehen; insb. sind sie nicht in den Kreis der nach § 15 KSchG geschützten Amtsträger aufgenommen (ausf. *C. Abeln,* Organrechtliche und kündigungsrechtliche Stellung des Sprecherausschußmitgliedes im Vergleich zum Betriebsratsmitglied, 1993).

V. Benachteiligungs- und Begünstigungsverbot

Nach § 2 III 2 dürfen Mitglieder des SprAu im Vergleich zu den übrigen leitenden Angestellten 17 wegen ihrer Amtstätigkeit weder benachteiligt noch begünstigt werden. Hierbei genügt die **tatsäch-**

liche Besser- oder Schlechterstellung, eine Benachteiligungs- bzw. Begünstigungsabsicht ist nicht erforderlich (so zu § 78 BetrVG BAG 23. 6. 1975 AP BetrVG 1972 § 40 Nr. 10). Auch die Bestimmung eines Mitglieds des SprAu zum Verhandlungspartner des SprAu kann gegen § 2 III 2 verstoßen, da dieses hierdurch seine Mitgliedschaft im SprAu gemäß § 3 II 2 Nr. 1 iVm. § 9 II Nr. 1 verliert (*C. Abeln*, Organrechtliche und kündigungsrechtliche Stellung des Sprecherausschußmitgliedes im Vergleich zum Betriebsratsmitglied, 1993, S. 13 ff.). Grds. ist der Betroffene, der eine Benachteiligung geltend macht bzw. eine unzulässige Begünstigung behauptet, beweispflichtig bezüglich des **Kausalzusammenhangs**. Sind nur Mitglieder des SprAu begünstigt oder benachteiligt, spricht der Beweis des ersten Anscheins für eine Kausalität; der AG hat den Gegenbeweis anzutreten (*Natter* AR-Blattei SD 1490.2, Rn. 97).

18   Bei einem Verstoß gegen § 2 III 2 ist der AG nach **§ 823 II BGB iVm. § 2 III 2** zum Schadensersatz nach den §§ 249 ff. BGB verpflichtet. Beim Unterlassen einer Beförderung eines leitenden Angestellten aufgrund seiner Amtstätigkeit hat dieser einen Anspruch auf Zuweisung einer entsprechenden höherdotierten Stellung (zu § 78 BetrVG BAG 12. 2. 1975 AP BetrVG 1972 § 78 Nr. 1; BAG 26. 9. 1990 AP BetrVG 1972 § 8 Nr. 4).

19   Verstößt eine rechtsgeschäftliche Handlung (zB Kündigung, Versetzung) gegen § 2 III 2, so ist diese gem. **§ 134 BGB nichtig**. Es besteht bei einer Kündigung aufgrund der Tätigkeit im SprAu bei offensichtlicher Unwirksamkeit der Kündigung bzw. bei obsiegendem erstinstanzlichen Urteil ein **Weiterbeschäftigungsanspruch** des leitenden Angestellten (str., s. *Löwisch* § 31 Rn. 37 mwN). Auch die Vereinbarung von gegen § 2 III 2 verstoßenden Begünstigungen ist nach § 134 BGB nichtig. Eine bereits gewährte Vergünstigung kann aber nicht zurückgefordert werden (§ 817 S. 2 BGB). Die vorsätzliche Verletzung des § 2 III ist nach § 34 I Nr. 2 und 3 strafbar.

VI. Betriebliche Friedenspflicht

20   AG und SprAu haben es nach § 2 IV 1 zu unterlassen, die Atmosphäre friedlicher Zusammenarbeit im Betrieb (Betriebsfrieden) und die Durchführung der im Betrieb anfallenden Arbeiten (Arbeitsablauf) zu beeinträchtigen (Beispiele für Beeinträchtigung bei § 74 BetrVG Rn. 20). Die Friedenspflicht umfaßt auch ein Arbeitskampfverbot (*Hromadka* Rn. 38; MünchArbR/*Joost* § 314 Rn. 37).

21   Des weiteren besteht nach § 2 IV 2 1. Halbs. eine Unterlassungspflicht bezüglich **jeder parteipolitischen Betätigung** im Betrieb. Geschützt werden soll unter anderem die Meinungs- und Wahlfreiheit der leitenden Angestellten. Nicht erforderlich ist, daß die Betätigung zu einer tatsächlichen Gefährdung des Betriebsfriedens führt (Beispiele für Verstöße bei § 74 BetrVG Rn. 18). Nicht erfaßt werden dagegen gelegentliche politische Meinungsäußerungen. Ebenso ist die Behandlung tarifpolitischer, sozialpolitischer und wirtschaftlicher Fragen **nicht** vom Verbot umfaßt (§ 2 IV 2. Halbs.).

22   Bei Verstößen gegen § 2 IV besteht ein **Unterlassungsanspruch** (*Löwisch* Rn. 36). Der SprAu kann bei groben Verstößen nach § 9 I aufgelöst werden. Liegen diese bei einzelnen Mitgliedern des SprAu vor, so können sie nach § 9 I vom Amt ausgeschlossen werden.

23   Für die **leitenden Angestellten** ergeben sich die betriebliche Friedenspflicht und das Verbot parteipolitischer Betätigung nicht aus § 2 IV, sondern aus dem Arbeitsvertrag. Insb. hinsichtlich der parteipolitischen Betätigung ist Zurückhaltung der leitenden Angestellten geboten, da aufgrund ihrer Position im Betrieb die erhebliche Gefahr besteht, daß Meinungsdruck auf die untergebenen AN ausgeübt wird.

Zweiter Teil. Sprecherausschuß, Versammlung der leitenden Angestellten, Gesamt-, Unternehmens- und Konzernsprecherausschuß

Erster Abschnitt. Wahl, Zusammensetzung und Amtszeit des Sprecherausschusses

§ 3 Wahlberechtigung und Wählbarkeit

(1) Wahlberechtigt sind alle leitenden Angestellten des Betriebs.

(2) ¹Wählbar sind alle leitenden Angestellten, die sechs Monate dem Betrieb angehören. ²Auf die sechsmonatige Betriebszugehörigkeit werden Zeiten angerechnet, in denen der leitende Angestellte unmittelbar vorher einem anderen Betrieb desselben Unternehmens oder Konzerns (§ 18 Abs. 1 des Aktiengesetzes) als Beschäftigter angehört hat. ³Nicht wählbar ist, wer
1. aufgrund allgemeinen Auftrags des Arbeitgebers Verhandlungspartner des Sprecherausschusses ist,
2. nicht Aufsichtsratsmitglied der Arbeitnehmer nach § 6 Abs. 2 Satz 1 des Mitbestimmungsgesetzes in Verbindung mit § 105 Abs. 1 des Aktiengesetzes sein kann oder
3. infolge strafgerichtlicher Verurteilung die Fähigkeit, Rechte aus öffentlichen Wahlen zu erlangen, nicht besitzt.

§ 4 Zahl der Sprecherausschußmitglieder

(1) Der Sprecherausschuß besteht in Betrieben mit in der Regel
10 bis   20 leitenden Angestellten aus einer Person,
21 bis 100 leitenden Angestellten aus drei Mitgliedern,
101 bis 300 leitenden Angestellten aus fünf Mitgliedern,
über 300 leitenden Angestellten aus sieben Mitgliedern.

(2) Männer und Frauen sollen entsprechend ihrem zahlenmäßigen Verhältnis im Sprecherausschuß vertreten sein.

§ 5 Zeitpunkt der Wahlen und Amtszeit

(1) ¹Die regelmäßigen Wahlen des Specherausschusses finden alle vier Jahre in der Zeit vom 1. März bis 31. Mai statt. ²Sie sind zeitgleich mit den regelmäßigen Betriebsratswahlen nach § 13 Abs. 1 des Betriebsverfassungsgesetzes einzuleiten.

(2) Außerhalb dieses Zeitraums ist der Sprecherausschuß zu wählen, wenn
1. im Betrieb ein Sprecherausschuß nicht besteht,
2. der Sprecherausschuß durch eine gerichtliche Entscheidung aufgelöst ist,
3. die Wahl des Sprecherausschusses mit Erfolg angefochten worden ist oder
4. der Sprecherausschuß mit der Mehrheit seiner Mitglieder seinen Rücktritt beschlossen hat.

(3) ¹Hat außerhalb des in Absatz 1 festgelegten Zeitraums eine Wahl des Sprecherausschusses stattgefunden, ist der Sprecherausschuß in dem auf die Wahl folgenden nächsten Zeitraum der regelmäßigen Wahlen des Sprecherausschusses neu zu wählen. ²Hat die Amtszeit des Sprecherausschusses zu Beginn des in Absatz 1 festgelegten Zeitraums noch nicht ein Jahr betragen, ist der Sprecherausschuß in dem übernächsten Zeitraum der regelmäßigen Wahlen des Sprecherausschusses neu zu wählen.

(4) ¹Die regelmäßige Amtszeit des Sprecherausschusses beträgt vier Jahre. ²Die Amtszeit beginnt mit der Bekanntgabe des Wahlergebnisses oder, wenn zu diesem Zeitpunkt noch ein Sprecherausschuß besteht, mit Ablauf von dessen Amtszeit. ³Die Amtszeit endet spätestens am 31. Mai des Jahres, in dem nach Absatz 1 die regelmäßigen Wahlen des Sprecherausschusses stattfinden. ⁴In dem Fall des Absatzes 3 Satz 2 endet die Amtszeit spätestens am 31. Mai des Jahres, in dem der Sprecherausschuß neu zu wählen ist.

(5) In dem Fall des Absatzes 2 Nr. 4 führt der Sprecherausschuß die Geschäfte weiter, bis der neue Sprecherausschuß gewählt und das Wahlergebnis bekanntgegeben ist.

§ 6 Wahlvorschriften

(1) Der Sprecherausschuß wird in geheimer und unmittelbarer Wahl gewählt.

(2) Die Wahl erfolgt nach den Grundsätzen der Verhältniswahl; wird nur ein Wahlvorschlag eingereicht, erfolgt die Wahl nach den Grundsätzen der Mehrheitswahl.

(3) ¹In Betrieben, deren Sprecherausschuß aus einer Person besteht, wird dieser mit einfacher Stimmenmehrheit gewählt. ²In einem getrennten Wahlgang ist ein Ersatzmitglied zu wählen.

(4) ¹Zur Wahl des Sprecherausschusses können die leitenden Angestellten Wahlvorschläge machen. ²Jeder Wahlvorschlag muß von mindestens einem Zwanzigstel der leitenden Angestellten, jedoch von mindestens drei leitenden Angestellten unterzeichnet sein; in Betrieben mit in der Regel bis zu zwanzig leitenden Angestellten genügt die Unterzeichnung durch zwei leitende Angestellte. ³In jedem Fall genügt die Unterzeichnung durch fünfzig leitende Angestellte.

§ 7 Bestellung, Wahl und Aufgaben des Wahlvorstands

(1) Spätestens zehn Wochen vor Ablauf seiner Amtszeit bestellt der Sprecherausschuß einen aus drei oder einer höheren ungeraden Zahl von leitenden Angestellten bestehenden Wahlvorstand und einen von ihnen als Vorsitzenden.

(2) ¹Besteht in einem Betrieb, der die Voraussetzungen des § 1 Abs. 1 erfüllt, kein Sprecherausschuß, wird in einer Versammlung von der Mehrheit der anwesenden leitenden Angestellten des Betriebs ein Wahlvorstand gewählt. ²Zu dieser Versammlung können drei leitende Angestellte des Betriebs einladen und Vorschläge für die Zusammensetzung des Wahlvorstands machen. ³Der Wahlvorstand hat unverzüglich eine Abstimmung darüber herbeizuführen, ob ein Sprecherausschuß gewählt werden soll. ⁴Ein Sprecherausschuß wird gewählt, wenn dies die Mehrheit der leitenden Angestellten des Betriebs in einer Versammlung oder durch schriftliche Stimmabgabe verlangt.

Oetker

(3) ¹Zur Teilnahme an der Versammlung und der Abstimmung nach Absatz 2 sind die Angestellten berechtigt, die vom Wahlvorstand aus Anlaß der letzten Betriebsratswahl oder der letzten Wahl von Aufsichtsratsmitgliedern der Arbeitnehmer, falls diese Wahl später als die Betriebsratswahl stattgefunden hat, oder durch gerichtliche Entscheidung den leitenden Angestellten zugeordnet worden sind. ²Hat zuletzt oder im gleichen Zeitraum wie die nach Satz 1 maßgebende Wahl eine Wahl nach diesem Gesetz stattgefunden, ist die für diese Wahl erfolgte Zuordnung entscheidend.

(4) ¹Der Wahlvorstand hat die Wahl unverzüglich einzuleiten, sie durchzuführen und nach Abschluß der Wahl öffentlich die Auszählung der Stimmen vorzunehmen, deren Ergebnis in einer Niederschrift festzustellen und es im Betrieb bekanntzugeben. ²Dem Arbeitgeber ist eine Abschrift der Wahlniederschrift zu übersenden.

§ 8 Wahlanfechtung, Wahlschutz und Wahlkosten

(1) ¹Die Wahl kann beim Arbeitsgericht angefochten werden, wenn gegen wesentliche Vorschriften über das Wahlrecht, die Wählbarkeit oder das Wahlverfahren verstoßen worden ist und eine Berichtigung nicht erfolgt ist, es sei denn, daß durch den Verstoß das Wahlergebnis nicht geändert oder beeinflußt werden konnte. ²Zur Anfechtung berechtigt sind mindestens drei leitende Angestellte oder der Arbeitgeber. ³Die Wahlanfechtung ist nur innerhalb einer Frist von zwei Wochen, vom Tage der Bekanntgabe des Wahlergebnisses an gerechnet, zulässig.

(2) ¹Niemand darf die Wahl des Sprecherausschusses behindern. ²Insbesondere darf kein leitender Angestellter in der Ausübung des aktiven und passiven Wahlrechts beschränkt werden. ³Niemand darf die Wahl des Sprecherausschusses durch Zufügung oder Androhung von Nachteilen oder durch Gewährung oder Versprechen von Vorteilen beeinflussen.

(3) ¹Die Kosten der Wahl trägt der Arbeitgeber. ²Versäumnis von Arbeitszeit, die zur Ausübung des Wahlrechts, zur Betätigung im Wahlvorstand oder zur Tätigkeit als Vermittler (§ 18 a des Betriebsverfassungsgesetzes) erforderlich ist, berechtigt den Arbeitgeber nicht zur Minderung des Arbeitsentgelts.

Schrifttum: *Engels*, Die Wahl von Sprecherausschüssen der leitenden Angestellten, 1990; *Jacobs*, Die Wahlvorstände für die Wahlen des Betriebsrats, des Sprecherausschusses und des Aufsichtsrats, 1994.

I. Allgemeines

1   Die §§ 3 bis 8 bestimmen die Voraussetzungen, Durchführung und Anfechtbarkeit der Wahl des SprAu. Die Durchführung der Wahl ist im einzelnen in der Wahlordnung (WahlO v. 28. 9. 1989, BGBl. I S. 1798) geregelt. Die Wahlvorschriften entsprechen im wesentlichen denen zur BRWahl, so daß sich die Erläuterung darauf beschränkt, auf Unterschiede hinzuweisen.

II. Wahlvorstand

2   Zur Einleitung der Wahlen ist ein **Wahlvorstand** zu bestellen (speziell zu seiner Rechtsstellung *Jacobs*, Die Wahlvorstände, S. 62 f., 70, 94 f., 124, 214 ff.). Für die Bestellung sind zwei Verfahren vorgesehen:

3   **Besteht bereits ein SprAu,** so hat er nach § 7 I spätestens 10 Wochen vor Ablauf seiner Amtszeit einen aus drei oder einer höheren ungeraden Zahl von leitenden Angestellten bestehenden Wahlvorstand und einen von ihnen als Vorsitzenden zu bestellen.

4   Besteht **noch kein SprAu,** sei es, weil noch nie ein SprAu gewählt wurde, sei es, weil keine Neuwahl vor Ablauf der Amtszeit des früheren SprAu eingeleitet wurde, so richtet sich die **Wahlvorstandsbestellung** nach § 7 II (*Borgwardt/Fischer/Janert* § 7 Rn. 1; *Hromadka* § 7 Rn. 22; *Löwisch* § 7 Rn. 4; aA für die unterbliebene Neuwahl *Bauer* § 7 Anm. 3, der § 7 II nur für die erstgenannte Alternative anwenden will). Hiernach wird in einer **Versammlung** ein Wahlvorstand von der Mehrheit der leitenden Angestellten **gewählt.** Der Wahlvorstand hat anschließend unverzüglich eine **Abstimmung** darüber herbeizuführen, ob überhaupt ein SprAu gewählt werden soll. Sie kann nach § 27 I WahlO in einer Versammlung oder nach § 33 WahlO durch schriftliche Stimmabgabe erfolgen. Eine Wahl findet statt, wenn die Mehrheit der leitenden Angestellten des Betriebs dieses beschließt. Die Teilnahmeberechtigung an der Versammlung und der Abstimmung ergibt sich aus § 7 III.

III. Aufstellung der Wählerliste, Wahlberechtigung

5   Der Wahlvorstand leitet nach § 7 IV die Wahl unverzüglich ein, indem er nach § 2 I WahlO die **Wählerliste** aufstellt. In sie ist jeder wahlberechtigte leitende Angestellte aufzunehmen. **Wahlberechtigt** ist nach § 3 I jeder leitende Angestellte, der im Zeitpunkt der Stimmabgabe in einem Arbeitsverhältnis zu dem Betriebsinhaber steht und in die Betriebsorganisation eingegliedert ist (s. auch § 7

IV. Passives Wahlrecht

Gewählt werden können alle leitenden Angestellten, die dem Betrieb mindestens sechs Monate angehören (§ 3 II), in die Wählerliste eingetragen (§ 2 III WahlO) und einem Wahlvorschlag aufgenommen sind (§ 6 IV, § 10 WahlO). Auf die sechsmonatige Betriebszugehörigkeit können die in § 3 II 2 beschriebenen Beschäftigungszeiten **angerechnet** werden (vgl. auch § 8 BetrVG Rn. 4). Bei Neugründung eines Betriebs kann nach § 8 II BetrVG analog sogar ganz darauf verzichtet werden; in diesem Fall kann die sofortige Wahl eines SprAu erfolgen, ohne daß eine sechsmonatige Wartefrist einzuhalten ist (*Hromadka* § 3 Rn. 14; MünchArbR/*Joost* § 315 Rn. 17; aA *Löwisch* § 3 Rn. 23). 6

Die Wählbarkeit ist für solche leitenden Angestellten ausgeschlossen, die aufgrund allgemeinen Auftrags Verhandlungspartner des SprAu sind (§ 3 II 3 Nr. 1) sowie für Prokuristen und Handlungsbevollmächtigte, die zur Ausübung von Prokura bzw. Handlungsvollmacht für den gesamten Geschäftsbetrieb ermächtigt sind (§ 3 II 3 Nr. 2). Außerdem sind nach § 3 II 3 Nr. 3 leitende Angestellte nicht wählbar, die ihre Wählbarkeit infolge strafgerichtlicher Verurteilung verloren haben (vgl. § 8 BetrVG Rn. 6). 7

V. Wahldurchführung, Wahlanfechtung, Wahlschutz, Wahlkosten

Die Vorschriften über Durchführung der Wahl, Wahlanfechtung, Wahlschutz und Wahlkosten sind den Vorschriften des BetrVG nachgebildet (vgl. §§ 14 bis 19 BetrVG). Anders als im BetrVG steht den im Betrieb vertretenen Gewerkschaften kein Anfechtungsrecht zu. 8

VI. Zahl der Mitglieder und Zusammensetzung

Die **Zahl** der Mitglieder des SprAu legt § 4 I in Abhängigkeit von der Zahl der leitenden Angestellten des Betriebs bzw. des Unternehmens (bei Bildung eines UnternehmensSprAu) fest. Eine zahlenmäßige **Veränderung während der Amtszeit** des SprAu läßt dessen Mitgliederzahl unberührt, solange die Mindestzahl von 10 leitenden Angestellten gegeben ist (anders § 13 II Nr. 1 und 2 BetrVG). 9

§ 4 II soll erreichen, daß **Frauen und Männer** gleichmäßig im SprAu repräsentiert werden. Die Vorschrift ist nicht zwingend, ihre Nichtbefolgung hat keinen Einfluß auf die Gültigkeit der Wahl (*Hromadka* § 4 Rn. 11; MünchArbR/*Joost* § 315 Rn. 24; *Löwisch* § 4 Rn. 4). 10

VII. Zeitpunkt der Wahlen und Amtszeit

§ 5 I legt den regelmäßigen **Zeitpunkt der Wahlen** auf den Zeitraum vom 1. 3. bis 31. 5. in einem ab 1990 beginnenden vierjährigen Wahlturnus fest. Seitdem kann nur in den Fällen des § 5 II hiervon abgewichen werden. Nach einer außerplanmäßigen Wahl hat eine Anpassung an den regelmäßigen Wahlturnus zu erfolgen (§ 5 III). 11

Die regelmäßige **Amtszeit** beträgt nach § 5 IV vier Jahre und **beginnt** mit Bekanntgabe des Wahlergebnisses durch den Wahlvorstand (§ 5 IV 2, § 7 IV 1) oder am Tag nach Ablauf der Amtszeit des früheren SprAu (§ 5 IV 1). 12

Als **Beendigungsgründe** kommen neben den in § 5 II Nr. 2 bis 4 genannten Sachverhalten der **Verlust der SprAuFähigkeit** des Betriebs durch Herabsinken der Zahl der leitenden Angestellten auf unter 10 (vgl. § 1 Rn. 4), die **Stillegung des Betriebs** (hierzu § 21 BetrVG Rn. 6), der **Zusammenschluß von Betrieben** und Verlust der Betriebsidentität (s. § 21 BetrVG Rn. 6) und die **Veräußerung eines Betriebsteils** (näher § 21 BetrVG Rn. 6) in Betracht. 13

Der **Betriebsübergang** nach § 613 a BGB läßt die Amtszeit des SprAu grds. unberührt (s. auch § 21 BetrVG Rn. 7). Etwas anderes gilt nur, wenn im Unternehmen des neuen Inhabers ein UnternehmensSprAu nach § 20 besteht. Dieser führt zur Beendigung der Amtszeit des BetriebsSprAu des übergehenden Betriebes, denn UnternehmensSprAu und BetriebsSprAu können nicht nebeneinander bestehen (*Hromadka* § 5 Rn. 28; *Löwisch* § 5 Rn. 15). Für ein Übergangsmandat des SprAu bei einem Übergang von Betriebsteilen fehlt eine Rechtsgrundlage, wie sie § 321 UmwG für den BR vorsieht, und ist deshalb nicht anzuerkennen. 14

§ 9 Ausschluß von Mitgliedern, Auflösung des Sprecherausschusses und Erlöschen der Mitgliedschaft

(1) ¹Mindestens ein Viertel der leitenden Angestellten oder der Arbeitgeber können beim Arbeitsgericht den Ausschluß eines Mitglieds aus dem Sprecherausschuß oder die Auflösung des

Sprecherausschusses wegen grober Verletzung seiner gesetzlichen Pflichten beantragen. ²Der Ausschluß eines Mitglieds kann auch vom Sprecherausschuß beantragt werden.

(2) Die Mitgliedschaft im Sprecherausschuß erlischt durch
1. Ablauf der Amtszeit,
2. Niederlegung des Sprecherausschußamtes,
3. Beendigung des Arbeitsverhältnisses,
4. Verlust der Wählbarkeit,
5. Ausschluß aus dem Sprecherausschuß oder Auflösung des Sprecherausschusses aufgrund einer gerichtlichen Entscheidung oder
6. gerichtliche Entscheidung über die Feststellung der Nichtwählbarkeit nach Ablauf der in § 8 Abs. 1 Satz 3 bezeichneten Frist, es sei denn, der Mangel liegt nicht mehr vor.

1   1. **Ausschluß aus dem SprAu und Auflösung des Sprecherausschusses.** Nach § 9 I können auf Antrag wegen vorsätzlicher oder grob fahrlässiger Verletzung der **Amtspflichten aus dem SprAuG** einzelne Mitglieder aus dem SprAu ausgeschlossen oder der SprAu aufgelöst werden. **Antragsberechtigt** sind ein Viertel der leitenden Angestellten, der AG und (§ 9 I 2) der SprAu (zum Ausschluß des betroffenen Mitgliedes von Beratung und Abstimmung *Oetker* ZfA 1990, 43, 52 f.), nicht aber die im Betrieb vertretenen Gewerkschaften und Verbände der leitenden Angestellten. § 9 I findet entsprechende Anwendung bei Amtspflichtverletzungen von **Ersatzmitgliedern** (§ 10 I 2; ebenso *Löwisch* Rn. 5; *Natter* AR-Blattei SD 1490.2, Rn. 12). Die tatbestandlichen Voraussetzungen entsprechen § 23 I 1 BetrVG (s. näher § 23 BetrVG Rn. 3 ff.).

2   Weder § 9 noch eine andere Norm des SprAuG sehen ein **Erzwingungsverfahren** bei groben Pflichtverstößen des AG vor. Ein solches ist auch nicht erforderlich, weil dem SprAu keine Mitbestimmungsrechte zustehen, die durch ein § 23 III BetrVG entsprechendes Verfahren gesichert werden müßten (*Löwisch* Rn. 9). Zur Geltendmachung seiner Ansprüche gegen den AG kann der SprAu ein Beschlußverfahren nach § 2 a I Nr. 2 ArbGG einleiten.

3   2. **Erlöschen der Mitgliedschaft im Sprecherausschuß.** § 9 II regelt das automatische Erlöschen der Mitgliedschaft im SprAu (s. näher § 24 BetrVG Rn. 1 ff.).

§ 10 Ersatzmitglieder

(1) ¹Scheidet ein Mitglied des Sprecherausschusses aus, rückt ein Ersatzmitglied nach. ²Dies gilt entsprechend für die Stellvertretung eines zeitweilig verhinderten Mitglieds des Sprecherausschusses.

(2) ¹Die Ersatzmitglieder werden der Reihe nach aus den nicht gewählten leitenden Angestellten derjenigen Vorschlagslisten entnommen, denen die zu ersetzenden Mitglieder angehören. ²Ist eine Vorschlagsliste erschöpft, ist das Ersatzmitglied derjenigen Vorschlagsliste zu entnehmen, auf die nach den Grundsätzen der Verhältniswahl der nächste Sitz entfallen würde. ³Ist das ausgeschiedene oder verhinderte Mitglied nach den Grundsätzen der Mehrheitswahl gewählt, bestimmt sich die Reihenfolge der Ersatzmitglieder nach der Höhe der erreichten Stimmenzahl.

(3) In dem Fall des § 6 Abs. 3 gilt Absatz 1 mit der Maßgabe, daß das gewählte Ersatzmitglied nachrückt oder die Stellvertretung übernimmt.

Zweiter Abschnitt. Geschäftsführung des Sprecherausschusses

§ 11 Vorsitzender

(1) Der Sprecherausschuß wählt aus seiner Mitte den Vorsitzenden und dessen Stellvertreter.

(2) ¹Der Vorsitzende vertritt den Sprecherausschuß im Rahmen der von diesem gefaßten Beschlüsse. ²Zur Entgegennahme von Erklärungen, die dem Sprecherausschuß gegenüber abzugeben sind, ist der Vorsitzende berechtigt. ³Im Falle der Verhinderung des Vorsitzenden nimmt sein Stellvertreter diese Aufgaben wahr.

(3) Der Sprecherausschuß kann die laufenden Geschäfte auf den Vorsitzenden oder andere Mitglieder des Sprecherausschusses übertragen.

§ 12 Sitzungen des Sprecherausschusses

(1) ¹Vor Ablauf einer Woche nach dem Wahltag hat der Wahlvorstand die Mitglieder des Sprecherausschusses zu der nach § 11 Abs. 1 vorgeschriebenen Wahl einzuberufen. ²Der Vorsitzende des Wahlvorstandes leitet die Sitzung, bis der Sprecherausschuß aus seiner Mitte einen Wahlleiter zur Wahl des Vorsitzenden und seines Stellvertreters bestellt hat.

(2) ¹Die weiteren Sitzungen beruft der Vorsitzende des Sprecherausschusses ein. ²Er setzt die Tagesordnung fest und leitet die Verhandlung. ³Der Vorsitzende hat die Mitglieder des Sprecherausschusses zu den Sitzungen rechtzeitig unter Mitteilung der Tagesordnung zu laden.

(3) Der Vorsitzende hat eine Sitzung einzuberufen und den Gegenstand, dessen Beratung beantragt ist, auf die Tagesordnung zu setzen, wenn dies ein Drittel der Mitglieder des Sprecherausschusses oder der Arbeitgeber beantragen.

(4) Der Arbeitgeber nimmt an den Sitzungen, die auf sein Verlangen anberaumt sind, und an den Sitzungen, zu denen er ausdrücklich eingeladen ist, teil.

(5) ¹Die Sitzungen des Sprecherausschusses finden in der Regel während der Arbeitszeit statt. ²Der Sprecherausschuß hat bei der Anberaumung von Sitzungen auf die betrieblichen Notwendigkeiten Rücksicht zu nehmen. ³Der Arbeitgeber ist über den Zeitpunkt der Sitzung vorher zu verständigen. ⁴Die Sitzungen des Sprecherausschusses sind nicht öffentlich; § 2 Abs. 2 bleibt unberührt.

§ 13 Beschlüsse und Geschäftsordnung des Sprecherausschusses

(1) ¹Die Beschlüsse des Sprecherausschusses werden, soweit in diesem Gesetz nichts anderes bestimmt ist, mit der Mehrheit der Stimmen der anwesenden Mitglieder gefaßt. ²Bei Stimmengleichheit ist ein Antrag abgelehnt.

(2) ¹Der Sprecherausschuß ist nur beschlußfähig, wenn mindestens die Hälfte seiner Mitglieder an der Beschlußfassung teilnimmt. ²Stellvertretung durch Ersatzmitglieder ist zulässig.

(3) ¹Über jede Verhandlung des Sprecherausschusses ist eine Niederschrift anzufertigen, die mindestens den Wortlaut der Beschlüsse und die Stimmenmehrheit, mit der sie gefaßt sind, enthält. ²Die Niederschrift ist von dem Vorsitzenden und einem weiteren Mitglied zu unterzeichnen. ³Der Niederschrift ist eine Anwesenheitsliste beizufügen, in die sich jeder Teilnehmer eigenhändig einzutragen hat.

(4) Die Mitglieder des Sprecherausschusses haben das Recht, die Unterlagen des Sprecherausschusses jederzeit einzusehen.

(5) Sonstige Bestimmungen über die Geschäftsführung können in einer schriftlichen Geschäftsordnung getroffen werden, die der Sprecherausschuß mit der Mehrheit der Stimmen seiner Mitglieder beschließt.

§ 14 Arbeitsversäumnis und Kosten

(1) Mitglieder des Sprecherausschusses sind von ihrer beruflichen Tätigkeit ohne Minderung des Arbeitsentgelts zu befreien, wenn und soweit es nach Umfang und Art des Betriebs zur ordnungsgemäßen Durchführung ihrer Aufgaben erforderlich ist.

(2) ¹Die durch die Tätigkeit des Sprecherausschusses entstehenden Kosten trägt der Arbeitgeber. ²Für die Sitzungen und die laufende Geschäftsführung hat der Arbeitgeber in erforderlichem Umfang Räume, sachliche Mittel und Büropersonal zur Verfügung zu stellen.

1. **Allgemeines.** § 14 regelt den Bereich, der im BetrVG in den §§ 37 bis 41 normiert wird. Dabei entspricht I § 37 II BetrVG und II § 40 I und II BetrVG. Die übrigen Bestimmungen des BetrVG finden im SprAuG keine Entsprechung. Der Gesetzgeber hielt es für selbstverständlich, daß die Mitglieder ihr Amt unentgeltlich und ehrenamtlich ausüben, so daß er auf eine § 37 I BetrVG entsprechende Hervorhebung verzichtet hat. Außerdem hielt er es für selbstverständlich, daß die Mitglieder des SprAu nach Amtsende nicht beim Entgelt oder bei ihrer Arbeit diskriminiert werden (vgl. § 37 IV und V BetrVG). Nicht vorgesehen sind außerdem Regelungen über den Ausgleich für Amtstätigkeit außerhalb der Arbeitszeit (§ 37 III BetrVG), Schulungsveranstaltungen (§ 37 VI und VII BetrVG), Freistellungen (§ 38 BetrVG), Sprechstunden (§ 39 BetrVG) und das Umlageverbot (§ 41 BetrVG). 1

2. **Arbeitsbefreiung.** Nach § 14 I sind die Mitglieder des SprAu von ihrer beruflichen Tätigkeit zu befreien, wenn und soweit dieses zur Erfüllung der **Amtstätigkeiten erforderlich** ist (zur Erforderlichkeit § 37 BetrVG Rn. 4). Für eine Amtstätigkeit außerhalb der regelmäßigen Arbeitszeit sieht das SprAuG im Gegensatz zu § 37 III BetrVG keinen **Freizeitausgleich** vor. Tlw. wird dennoch ein entsprechender Anspruch aus dem **Benachteiligungsverbot** des § 2 III 2 hergeleitet (MünchArbR/ *Joost* § 315 Rn. 87). Dieser Auffassung ist nicht zu folgen, denn § 2 III 2 wird von § 14 als Spezialvorschrift verdrängt. Außerdem gibt es für leitende Angestellte oft keine regelmäßige Arbeitszeit (vgl. § 18 I Nr. 1 ArbZG), so daß kaum festgestellt werden kann, ob die Tätigkeit für den SprAu außerhalb der Arbeitszeit liegt (*Löwisch* § 14 Rn. 1; *Natter* AR-Blattei SD 1490.2, Rn. 73). Eine ausgleichende Arbeitsbefreiung kommt nur in Betracht, wenn die zeitlich unmittelbar auf die Amtstätigkeit folgende 2

Arbeitsleistung unzumutbar ist; zB Arbeitsbefreiung nach einer die ganze Nacht andauernden Sitzung (*Hromadka* Rn. 9; *Löwisch* Rn. 1).

3 Die **vollständige Freistellung** von der beruflichen Tätigkeit aufgrund der Tätigkeit für den SprAu ist im SprAuG nicht vorgesehen. Eine **pauschale Arbeitsbefreiung** würde mangels gesetzlicher Regelung gegen das Begünstigungsverbot des § 2 III 2 verstoßen. Daher richtet sich der Umfang der Freistellung nach den im **Einzelfall** wahrzunehmenden Aufgaben. Eine vollständige Freistellung von der beruflichen Tätigkeit ist jedoch nicht generell ausgeschlossen (so aber *Hromadka* Rn. 2; *Löwisch* Rn. 1). Sie ist möglich, wenn sie im Einzelfall zur ordnungsgemäßen Amtsausübung erforderlich ist (MünchArbR/*Joost* § 315 Rn. 89; *Natter* AR-Blattei SD 1490.2, Rn. 72). Insoweit gelten die zur völligen Freistellung eines BRMitglieds zu § 37 II BetrVG entwickelten Grundsätze (hierzu § 37 BetrVG Rn. 5 ff.).

4 **3. Kosten.** Nach § 14 II 1 trägt der AG die Kosten für die Tätigkeit des SprAu, wenn sie dem **Grundsatz der Verhältnismäßigkeit** entsprechen (*Hromadka* Rn. 14; *Löwisch* Rn. 8; näher zur Erforderlichkeit § 40 BetrVG Rn. 4). Anderenfalls haben die Mitglieder des SprAu die Kosten selbst zu tragen (*Hromadka* Rn. 14). Bei unverhältnismäßigen Aufwendungen für den SprAu als Gremium haften dessen Mitglieder nach § 427 BGB als Gesamtschuldner (*Löwisch* Rn. 8). Ein Recht des SprAu auf Hinzuziehung von Sachverständigen lehnt die hM ab (*Dänzer-Vanotti* DB 1990, 41, 42; MünchArbR/*Joost* § 315 Rn. 104; aA *Oetker* ZfA 1990, 43, 62 f.).

5 Des weiteren hat der AG nach § 14 II 2 die für eine ordnungsgemäße Durchführung der Aufgaben des SprAu erforderlichen Sachmittel zur Verfügung zu stellen (s. § 40 BetrVG Rn. 1). Sachliche Mittel für die Durchführung von Sprechstunden sind nicht vorgesehen, da für Sprechstunden keine Notwendigkeit besteht. Freiwillige Vereinbarungen zwischen AG und SprAu bezüglich der Abhaltung von Sprechstunden sind aber zulässig.

6 **4. Schulungsveranstaltungen.** Das SprAuG sieht im Gegensatz zu § 37 VI und VII BetrVG keinen Anspruch auf **Arbeitsbefreiung** für die Teilnahme an Schulungsveranstaltungen vor. Der Gesetzgeber geht angesichts der besonderen Vorbildung und Stellung der Mitglieder des SprAu davon aus, daß sie außerhalb ihrer Arbeitszeit an den notwendigen Schulungsveranstaltungen teilnehmen. Ist eine Schulungsveranstaltung jedoch **unerläßlich** für die Tätigkeit des SprAu, so ergibt sich aus § 14 I ein **Anspruch** auf Arbeitsbefreiung (MünchArbR/*Joost* § 315 Rn. 90; *Löwisch* Rn. 17; aA *Buchner* NZA 1989, Beil. 1, 2, 15; *Hromadka* Rn. 11). Eine **freiwillige Freistellung** durch den AG ist rechtlich nicht zu beanstanden (*Hromadka* Rn. 11).

7 Die **Kosten** für Schulungsveranstaltungen sind vom AG beim Vorliegen der Voraussetzungen des § 14 II 1 zu tragen (§ 14 Rn. 4; ebenso *Hromadka* Rn. 11; *Natter* AR-Blattei SD 1490.2, Rn. 82). Die Kostentragungspflicht gilt auch, wenn eine **Organisation der leitenden Angestellten** Veranstalter der Schulung ist. Hierbei darf allerdings nicht gegen den Grundsatz der Unabhängigkeit vom sozialen Gegenspieler verstoßen werden, dh. insb., daß der AG nicht zur Finanzierung des gegnerischen Verbandes verpflichtet werden darf (*Hromadka* Rn. 23; *Löwisch* Rn. 19).

Dritter Abschnitt. Versammlung der leitenden Angestellten

§ 15 Zeitpunkt, Einberufung und Themen der Versammlung

(1) ¹Der Sprecherausschuß soll einmal im Kalenderjahr eine Versammlung der leitenden Angestellten einberufen und in ihr einen Tätigkeitsbericht erstatten. ²Auf Antrag des Arbeitgebers oder eines Viertels der leitenden Angestellten hat der Sprecherausschuß eine Versammlung der leitenden Angestellten einzuberufen und den beantragten Beratungsgegenstand auf die Tagesordnung zu setzen.

(2) ¹Die Versammlung der leitenden Angestellten soll während der Arbeitszeit stattfinden. ²Sie wird vom Vorsitzenden des Sprecherausschusses geleitet. ³Sie ist nicht öffentlich.

(3) ¹Der Arbeitgeber ist zu der Versammlung der leitenden Angestellten unter Mitteilung der Tagesordnung einzuladen. ²Er ist berechtigt, in der Versammlung zu sprechen. ³Er hat über Angelegenheiten der leitenden Angestellten und die wirtschaftliche Lage und Entwicklung des Betriebs zu berichten, soweit dadurch nicht Betriebs- oder Geschäftsgeheimnisse gefährdet werden.

(4) ¹Die Versammlung der leitenden Angestellten kann dem Sprecherausschuß Anträge unterbreiten und zu seinen Beschlüssen Stellung nehmen. ²§ 2 Abs. 4 gilt entsprechend.

I. Allgemeines

1 § 15 regelt das Recht der Versammlung der leitenden Angestellten in Anlehnung an das Recht der Betriebsversammlung. Zweck der Versammlung ist insb. der Meinungs- und Informationsaustausch zwischen SprAu und leitenden Angestellten zur Förderung der sachgerechten Aufgabenerfüllung

durch den SprAu. Hierzu dient auch die Erstattung des **Tätigkeitsberichts** seitens des SprAu gemäß § 15 I (zu den Grundsätzen des Tätigkeitsberichts § 43 BetrVG Rn. 7). Die Versammlung der leitenden Angestellten ist außerdem ein innerbetriebliches Artikulationsforum für den AG, der nach § 15 III 3 über Angelegenheiten der leitenden Angestellten sowie die wirtschaftliche Lage und Entwicklung des Betriebs informiert. Darüber hinaus können auch alle Angelegenheiten erörtert werden, die die leitenden Angestellten oder den Betrieb bzw. das Unternehmen betreffen.

Die **Unterschiede zum BetrVG** bestehen im wesentlichen in der Häufigkeit der Versammlungen, 2 dem Verzicht auf Teil- und Abteilungsversammlungen sowie die Unterscheidung zwischen weiteren außerordentlichen Versammlungen und Versammlungen während und außerhalb der Arbeitszeit und ferner auf Regelungen über Verdienstausfall und Kosten.

II. Anzahl, Art, Zeitpunkt und Ort der Versammlungen

1. Anzahl. Die **Sollbestimmung** in § 15 I 1 eröffnet dem SprAu (im Gegensatz zu § 43 I BetrVG) 3 bezüglich der Häufigkeit der Versammlungen die Möglichkeit, beim Vorliegen **besonderer Umstände** von der Regel (einmal im Kalenderjahr) Ausnahmen zu machen. Hierbei kann er auch ganz auf die Versammlung **verzichten,** wenn feststeht, daß alle leitenden Angestellten keinen Wert auf die Durchführung legen (*Hromadka* Rn. 7; *Löwisch* Rn. 1; aA MünchArbR/*Joost* § 315 Rn. 110) bzw. sie wegen Terminschwierigkeiten ins nächste Jahr verschieben (*Löwisch* Rn. 1). Des weiteren kann er zusätzlich zu der jährlichen Versammlung **außerordentliche Versammlungen** abhalten (MünchArbR/*Joost* § 315 Rn. 111; *Löwisch* § 15 Rn. 3). Auf Antrag des AG oder eines Viertels der leitenden Angestellten **muß** der SprAu eine außerordentliche Versammlung einberufen (§ 15 I 2).

2. Art. Im Gegensatz zu § 42 BetrVG sieht das SprAuG keine **Teil- und Abteilungsversammlun-** 4 **gen** vor. Dadurch wird die Durchführung der jährlichen Versammlung erschwert, wenn die einzelnen Betriebsteile, deren leitende Angestellte dem Betrieb nach § 1 II zuzurechnen sind, weit auseinanderliegen und ein UnternehmensSprAu nach § 20 gebildet wurde. Dieses hat der Gesetzgeber in Kauf genommen, da die Versammlung nur einmal jährlich stattfindet (MünchArbR/*Joost* § 315 Rn. 109; *Löwisch* Rn. 2; aA *Hromadka* Rn. 4 f.; *Natter* AR-Blattei SD 1490.2, Rn. 140). Der SprAu ist gleichwohl nicht daran gehindert, die **außerordentlichen Versammlungen** als Teil- bzw. Abteilungsversammlung durchzuführen, sofern dieses sachlich gerechtfertigt ist, weil es zB nur um Angelegenheiten eines Betriebs oder Betriebsteils geht (*Löwisch* Rn. 3).

3. Zeitpunkt. Nach § 15 II 1 soll die Versammlung während der betrieblichen Arbeitszeit stattfin- 5 den, was nach hM auch für **außerordentliche Versammlungen** gelten soll (*Hromadka* Rn. 9; MünchArbR/*Joost* § 315 Rn. 115; *Löwisch* Rn. 4). Dem steht aber die aus § 44 BetrVG zu entnehmende Wertung entgegen, daß außerordentliche Versammlungen, die nicht auf Veranlassung des AG anberaumt wurden, diesen nicht mit Arbeitsausfall belasten sollen und daher außerhalb der Arbeitszeit durchzuführen sind (näher *Oetker* ZfA 1990, 43, 58).

Der SprAu darf die ordentliche Versammlung der leitenden Angestellten nur beim Vorliegen 6 besonderer Umstände außerhalb der regelmäßigen Arbeitszeit einberufen (*Hromadka* Rn. 9; *Löwisch* Rn. 4; *Natter* AR-Blattei SD 1490.2, Rn. 141). Er trifft seine Entscheidung über den Zeitpunkt der Versammlung ohne Mitspracherecht des AG, wobei er jedoch dessen Belange, insb. betriebliche Notwendigkeiten, nach dem **Grundsatz der vertrauensvollen Zusammenarbeit** (§ 2 I 1) berücksichtigen muß. Dieser kann ergeben, daß nur die Durchführung außerhalb der regelmäßigen Arbeitszeit ermessensfehlerfrei ist (*Hromadka* Rn. 10).

4. Ort. Die Versammlung findet im Betrieb statt. Wenn dieser nach § 1 II aus mehr als einer 7 räumlichen Einheit besteht, so hat der SprAu unter Berücksichtigung des Gebots der Vermeidung übermäßiger Kosten ein Wahlrecht bezüglich der räumlichen Einheit, in der die Versammlung stattfinden soll.

III. Teilnahmerecht

Teilnahmeberechtigt sind **alle leitenden Angestellten** des Betriebs bzw. des Unternehmens. Darüber 8 hinaus kann der **AG bzw. sein Vertreter** an jeder Versammlung teilnehmen. Das SprAuG enthält im Unterschied zu § 43 II 3 BetrVG keine ausdrückliche Regelung über die Möglichkeit des AG, sich in der Versammlung der leitenden Angestellten vertreten zu lassen. Eine solche ist wegen der uneingeschränkten Vertretungsmöglichkeit, die sich aus § 3 II 3 Nr. 1 ergibt, nicht erforderlich (ebenso *Hromadka* Rn. 12; *Natter* AR-Blattei SD 1490.2, Rn. 142).

Die Versammlung ist nach § 15 II 3 **nicht öffentlich.** Es besteht im Unterschied zu § 46 BetrVG 9 kein Teilnahmerecht der Verbände. Eine Erweiterung des Teilnehmerkreises wahrt den Schutzzweck des § 15 II 3, die Gewährleistung des unbefangenen Meinungsaustausches, jedenfalls dann, wenn **alle** Teilnahmeberechtigten zugestimmt haben. Weiterhin kann nach hM der SprAu durch Beschluß über die Teilnahme weiterer Personen an der Beratung einzelner Tagesordnungspunkte entscheiden, wenn ihre Teilnahme für die Erfüllung der Aufgaben der Versammlung sachdienlich ist (*Hromadka* Rn. 13;

Löwisch Rn. 5; *Natter* AR-Blattei SD 1490.2, Rn. 143). Danach kommt insb. die Hinzuziehung von Mitgliedern des Gesamt- oder KonzernSprAu, Verbandsmitgliedern und eventuell eines(r) Protokollführers(in) in Betracht (*Löwisch* Rn. 5).

IV. Entgeltfortzahlung und Kosten

10 **1. Entgeltfortzahlung.** Das SprAuG trifft keine Regelungen über die Zahlung von Arbeitsentgelt bei der Teilnahme an Versammlungen der leitenden Angestellten und bei eventuellen Wegezeiten. Aus § 15 II 1, wonach die Versammlungen während der Arbeitszeit stattfinden, läßt sich aber entnehmen, daß die Teilnahme an den Versammlungen den Entgeltanspruch der leitenden Angestellten nicht beeinträchtigen soll (*Hromadka* Rn. 35; *Kaiser* Rn. 180; *Löwisch* Rn. 15; *Natter* AR-Blattei SD 1490.2, Rn. 152). Findet die Versammlung außerhalb der persönlichen Arbeitszeit des leitenden Angestellten statt, so besteht kein Vergütungsanspruch (*Hromadka* Rn. 35; *Löwisch* Rn. 15).

11 **2. Kosten.** Der **Sach- und Personalaufwand** für die Durchführung der Versammlung ist vom AG, in entsprechender Anwendung des § 14 II, in den Grenzen der Verhältnismäßigkeit zu tragen (*Hromadka* Rn. 37; MünchArbR/*Joost* § 315 Rn. 128). Anders als § 44 I 3 Halbs. 2 BetrVG sieht das SprAuG keine **Fahrtkostenerstattung** vor. Diese sind aber, da sie untrennbar mit der Durchführung der Versammlung verbunden sind und kein Grund ersichtlich ist, warum bei den leitenden Angestellten von der Wertung des § 44 BetrVG abgewichen werden sollte, in entsprechender Anwendung von § 14 II vom AG zu tragen (MünchArbR/*Joost* § 315 Rn. 129; *Natter* AR-Blattei SD 1490.2, Rn. 154; ähnlich *Löwisch* Rn. 15, der auf § 675 BGB in Verbindung mit § 670 BGB analog abstellt; aA *Hromadka* Rn. 36; *Kramer* Personal 1993, 386, 389). Im Rahmen der Verhältnismäßigkeitsprüfung ist allerdings die spezialgesetzliche Wertung des § 44 BetrVG zu berücksichtigen, so daß Kosten für Fahrten zu **außerordentlichen Versammlungen**, die der SprAu auf eigene Initiative oder auf Antrag der leitenden Angestellten nach § 15 I 2 durchführt, nicht zu erstatten sind (*Natter* AR-Blattei SD 1490.2, Rn. 154).

Vierter Abschnitt. Gesamtsprecherausschuß

§ 16 Errichtung, Mitgliederzahl und Stimmengewicht

(1) Bestehen in einem Unternehmen mehrere Sprecherausschüsse, ist ein Gesamtsprecherausschuß zu errichten.

(2) ¹In den Gesamtsprecherausschuß entsendet jeder Sprecherausschuß eines seiner Mitglieder. ²Satz 1 gilt entsprechend für die Abberufung. ³Durch Vereinbarung zwischen Gesamtsprecherausschuß und Arbeitgeber kann die Mitgliederzahl des Gesamtsprecherausschusses abweichend von Satz 1 geregelt werden.

(3) Der Sprecherausschuß hat für jedes Mitglied des Gesamtsprecherausschusses mindestens ein Ersatzmitglied zu bestellen und die Reihenfolge des Nachrückens festzulegen; § 10 Abs. 3 gilt entsprechend.

(4) ¹Jedes Mitglied des Gesamtsprecherausschusses hat so viele Stimmen, wie in dem Betrieb, in dem es gewählt wurde, leitende Angestellte in der Wählerliste der leitenden Angestellten eingetragen sind. ²Ist ein Mitglied des Gesamtsprecherausschusses für mehrere Betriebe entsandt worden, hat es so viele Stimmen, wie in den Betrieben, für die es entsandt ist, leitende Angestellte in den Wählerlisten eingetragen sind. ³Sind für einen Betrieb mehrere Mitglieder des Sprecherausschusses entsandt worden, stehen diesen die Stimmen nach Satz 1 anteilig zu.

§ 17 Ausschluß von Mitgliedern und Erlöschen der Mitgliedschaft

(1) Mindestens ein Viertel der leitenden Angestellten des Unternehmens, der Gesamtsprecherausschuß oder der Arbeitgeber können beim Arbeitsgericht den Ausschluß eines Mitglieds aus dem Gesamtsprecherausschuß wegen grober Verletzung seiner gesetzlichen Pflichten beantragen.

(2) Die Mitgliedschaft im Gesamtsprecherausschuß endet mit Erlöschen der Mitgliedschaft im Sprecherausschuß, durch Amtsniederlegung, durch Ausschluß aus dem Gesamtsprecherausschuß aufgrund einer gerichtlichen Entscheidung oder Abberufung durch den Sprecherausschuß.

§ 18 Zuständigkeit

(1) ¹Der Gesamtsprecherausschuß ist zuständig für die Behandlung von Angelegenheiten, die das Unternehmen oder mehrere Betriebe des Unternehmens betreffen und nicht durch die einzelnen Sprecherausschüsse innerhalb ihrer Betriebe behandelt werden können. ²Er ist den Sprecherausschüssen nicht übergeordnet.

(2) ¹ Der Sprecherausschuß kann mit der Mehrheit der Stimmen seiner Mitglieder den Gesamtsprecherausschuß schriftlich beauftragen, eine Angelegenheit für ihn zu behandeln. ² Der Sprecherausschuß kann sich dabei die Entscheidungsbefugnis vorbehalten. ³ Für den Widerruf der Beauftragung gilt Satz 1 entsprechend.

(3) Die Vorschriften über die Rechte und Pflichten des Sprecherausschusses und die Rechtsstellung seiner Mitglieder gelten entsprechend für den Gesamtsprecherausschuß.

§ 19 Geschäftsführung

(1) Für den Gesamtsprecherausschuß gelten § 10 Abs. 1, die §§ 11, 13 Abs. 1, 3 bis 5 und § 14 entsprechend.

(2) ¹ Ist ein Gesamtsprecherausschuß zu errichten, hat der Sprecherausschuß der Hauptverwaltung des Unternehmens oder, sofern ein solcher nicht besteht, der Sprecherausschuß des nach der Zahl der leitenden Angestellten größten Betriebs zu der Wahl des Vorsitzenden und des stellvertretenden Vorsitzenden des Gesamtsprecherausschusses einzuladen. ² Der Vorsitzende des einladenden Sprecherausschusses hat die Sitzung zu leiten, bis der Gesamtsprecherausschuß aus seiner Mitte einen Wahlleiter zur Wahl des Vorsitzenden und seines Stellvertreters bestellt hat. ³ § 12 Abs. 2 bis 5 gilt entsprechend.

(3) ¹ Der Gesamtsprecherausschuß ist nur beschlußfähig, wenn mindestens die Hälfte seiner Mitglieder an der Beschlußfassung teilnimmt und die Teilnehmenden mindestens die Hälfte aller Stimmen vertreten. ² Stellvertretung durch Ersatzmitglieder ist zulässig.

I. Allgemeines

Die §§ 16 bis 19 sind den §§ 47 ff. BetrVG über den GesamtBR nachgebildet. Die Errichtung eines GesamtSprAu ist **zwingend,** wenn in einem Unternehmen zwei oder mehr SprAu **tatsächlich** errichtet wurden (§ 16 I). Der Unternehmensleitung, die häufig bedeutsame Entscheidungen für alle oder mehrere Betriebe trifft, soll ein für das gesamte Unternehmen zuständiges Vertretungsorgan gegenüberstehen (BT-Drucks. 11/2503, 40). Der GesamtSprAu steht als selbständiges Organ neben den BetriebsSprAu und ist weder an deren Weisungen gebunden noch diesen übergeordnet (§ 18 I 2). Diese zweigliedrige Konzeption ist, im Gegensatz zum BetrVG, nicht die einzige Organisationsmöglichkeit im Unternehmen. Die leitenden Angestellten können nach § 20 alternativ auf die Errichtung mehrerer SprAu und damit eines GesamtSprAu zugunsten eines UnternehmensSprAu verzichten.

II. Errichtung

Die Bildung eines GesamtSprAu setzt ein Unternehmen voraus. Der Unternehmensbegriff ist identisch mit dem in § 47 BetrVG (s. näher § 47 BetrVG Rn. 3). Der GesamtSprAu wird durch die Entsendung je eines Mitglieds der in den einzelnen Betrieben des Unternehmens gewählten SprAu errichtet.

Entstehungszeitpunkt des GesamtSprAu ist die **konstituierende Sitzung**, in welcher auch der Vorsitzende und der stellvertretende Vorsitzende gewählt werden (§ 19 II). Zuständig für die Einladung zur konstituierenden Sitzung ist der SprAu der Hauptverwaltung des Unternehmens oder, sofern ein solcher nicht besteht, der SprAu des nach der Zahl der leitenden Angestellten größten Betriebs (§ 19 II).

III. Zusammensetzung

Nach § 16 II 1 entsendet jeder SprAu in der Regel eines seiner Mitglieder in den GesamtSprAu. Kommen die BetriebsSprAu dieser Verpflichtung nicht nach, so liegt hierin regelmäßig eine grobe Amtspflichtverletzung iSv. § 9 I. Die Entscheidung, welches Mitglied entsandt werden soll, wird durch **Mehrheitsbeschluß** gefällt (*Hromadka* § 16 Rn. 8; *Löwisch* § 16 Rn. 7).

GesamtSprAu und AG können die Mitgliederzahl **durch Vereinbarung** verringern oder erhöhen, dh. die abweichende Regelung kann vorsehen, daß für mehrere SprAu ein gemeinsamer Vertreter bzw. für einen SprAu mehrere Vertreter entsandt werden. Ihr Abschluß steht im freien Ermessen von GesamtSprAu und AG. Die Veränderung der Mitgliederzahl durch TV ist, anders als für den GesamtBR (§ 47 III BetrVG), nicht möglich (*Hromadka* § 16 Rn. 19; *Löwisch* § 16 Rn. 9).

Die Mitwirkungsbefugnis der einzelnen SprAu darf nicht gänzlich beseitigt werden. Sollen mehrere SprAu gemeinsam ein Mitglied entsenden, muß ein Verfahren vorgesehen sein, welches die Einigung aller entsendenden SprAu erfordert (MünchArbR/*Joost* § 315 Rn. 136). Nach § 16 III ist für jedes Mitglied des GesamtSprAu ein **Ersatzmitglied** zu bestellen, welches die Vertretung bei zeitweiliger Verhinderung des Mitglieds übernimmt oder bei dessen endgültigem Ausscheiden nachrückt (§ 10 I).

IV. Stimmengewichtung

7 § 16 IV regelt das **Stimmengewicht** der Mitglieder des GesamtSprAu. Dieses richtet sich nach der Zahl der leitenden Angestellten, die am Tage der Wahl des SprAu in die Wählerlisten des jeweiligen, vom Mitglied des GesamtSprAu vertretenen Betriebs eingetragen sind. Veränderungen der Zahl der leitenden Angestellten nach diesem Stichtag berühren das Stimmengewicht nicht. Die Mitglieder des GesamtSprAu üben ihr Mandat frei von Weisungen der entsendenden BetriebsSprAu aus (*Löwisch* § 16 Rn. 11). Die Stimmabgabe ist nur einheitlich möglich, eine Stimmensplitting ist unzulässig (*Löwisch* § 16 Rn. 11).

V. Amtszeit

8 Der einmal gebildete GesamtSprAu hat als Kollektivorgan ebenso wie der GesamtBR keine Amtszeit. Er ist eine **Dauereinrichtung,** dessen Amtszeit nur beendet wird, wenn die Voraussetzungen für seine Errichtung entfallen. Ansonsten bleibt der GesamtSprAu, insb. auch bei Ende der Amtszeit der einzelnen BetriebsSprAu und bei einem vollständigen Wechsel seiner Mitglieder, bestehen (*Hromadka* § 16 Rn. 7; *Löwisch* § 16 Rn. 13). Die für den SprAu gegebene Möglichkeit der Auflösung durch gerichtliche Entscheidung (§ 9 II Nr. 5) besteht für den GesamtSprAu – ebenso wie für den GesamtBR – nicht.

9 Die Mitgliedschaft der einzelnen Mitglieder des GesamtSprAu kann durch Ausschluß nach § 17 I wegen grober Pflichtverletzung, nach § 17 II durch Amtsniederlegung und Ausschluß durch gerichtliche Entscheidung beendet werden. Außerdem ist gemäß § 17 II eine Amtsbeendigung durch Abberufung seitens des entsendenden BetriebsSprAu möglich. Diese Entscheidung kann der BetriebsSprAu nach freiem Ermessen durch Mehrheitsbeschluß treffen (§ 16 II 2). Des weiteren endet die Mitgliedschaft im GesamtSprAu automatisch mit dem Ende der Mitgliedschaft im SprAu, da nur Mitglieder des SprAu Mitglieder des GesamtSprAu sein können (§ 17 II). Bei Beendigung der Mitgliedschaft im BetriebsSprAu rückt das entsprechende Ersatzmitglied nach (§§ 16 III, 19 I, 10 I).

VI. Zuständigkeit

10 **1. Originäre Zuständigkeit.** Der GesamtSprAu ist nach § 18 I für die Behandlung von überbetrieblichen Angelegenheiten zuständig, die das gesamte Unternehmen oder zumindest zwei Betriebe des Unternehmens betreffen und die von dem einzelnen BetriebsSprAu nicht geregelt werden können. Der GesamtSprAu ist immer dann zuständig, wenn ein **zwingendes Erfordernis** für eine unternehmenseinheitliche oder zumindest **betriebsübergreifende** Regelung besteht (*Löwisch* § 18 Rn. 3; s. näher § 50 BetrVG Rn. 4). Die Regelungsbefugnisse von GesamtSprAu und BetriebsSprAu schließen sich gegenseitig aus. Das gilt auch, wenn der GesamtSprAu von seiner Befugnis keinen Gebrauch macht (*Löwisch* § 18 Rn. 1; *Natter* AR-Blattei SD 1490.2, Rn. 120).

11 **2. Zuständigkeit kraft Auftrages.** Die einzelnen SprAu können gemäß § 18 II 1 durch Mehrheitsbeschluß **aller** Mitglieder (nicht nur der anwesenden; *Hromadka* § 18 Rn. 17) den GesamtSprAu mit der Behandlung ihrer Angelegenheiten beauftragen. Hierbei kann der BetriebsSprAu alle in seinen Zuständigkeitsbereich fallenden Aufgaben übertragen, wenn diese zuvor genau bezeichnet werden (*Löwisch* § 18 Rn. 10; *Natter* AR-Blattei SD 1490.2, Rn. 127). Die Übertragung muß schriftlich erfolgen (§ 18 II 1). Sie kann seitens des übertragenden SprAu **jederzeit widerrufen** werden, solange der GesamtSprAu noch keine Entscheidung getroffen hat (*Hromadka* § 18 Rn. 20; *Löwisch* § 18 Rn. 11). Anderenfalls ist der BetriebsSprAu hieran gebunden, denn die Aufgabenwahrnehmung durch den GesamtSprAu erfolgt zwar **eigenverantwortlich,** aber mit Wirkung für den Betrieb des BetriebsSprAu. Der GesamtSprAu kann einzelne Aufträge beim Vorliegen von sachlichen Gründen, insb. bei Eingriffen in seine eigenen Kompetenzen, ablehnen (*Hromadka* § 18 Rn. 20; *Löwisch* § 18 Rn. 11; aA MünchArbR/*Joost* § 315 Rn. 141).

12 **3. Zuständigkeit für Betriebe ohne SprAu.** Der GesamtSprAu ist nicht zuständig für die Vertretung der leitenden Angestellten von sprecherausschußlosen, aber sprecherausschußfähigen Betrieben des Unternehmens. Hierzu fehlt ihm, da er sich nur aus Mitgliedern der SprAu zusammensetzt, die demokratische Legitimation (*Bauer* § 18 Anm. 2; *Hromadka* § 18 Rn. 13; *Löwisch* § 18 Rn. 2).

Fünfter Abschnitt. Unternehmenssprecherausschuß

§ 20 Errichtung

(1) ¹Sind in einem Unternehmen mit mehreren Betrieben in der Regel insgesamt mindestens zehn leitende Angestellte beschäftigt, kann abweichend von § 1 Abs. 1 und 2 ein Unternehmenssprecherausschuß der leitenden Angestellten gewählt werden, wenn dies die Mehrheit der leitenden Angestellten des Unternehmens verlangt. ²Die §§ 2 bis 15 gelten entsprechend.

(2) ¹Bestehen in dem Unternehmen Sprecherausschüsse, hat auf Antrag der Mehrheit der leitenden Angestellten des Unternehmens der Sprecherausschuß der Hauptverwaltung oder, sofern ein solcher nicht besteht, der Sprecherausschuß des nach der Zahl der leitenden Angestellten größten Betriebs einen Unternehmenswahlvorstand für die Wahl eines Unternehmenssprecherausschusses zu bestellen. ²Die Wahl des Unternehmenssprecherausschusses findet im nächsten Zeitraum der regelmäßigen Wahlen im Sinne des § 5 Abs. 1 Satz 1 statt. ³Die Amtszeit der Sprecherausschüsse endet mit der Bekanntgabe des Wahlergebnisses.

(3) ¹Besteht ein Unternehmenssprecherausschuß, können auf Antrag der Mehrheit der leitenden Angestellten des Unternehmens Sprecherausschüsse gewählt werden. ²Der Unternehmenssprecherausschuß hat für jeden Betrieb, der die Voraussetzungen des § 1 Abs. 1 erfüllt, einen Wahlvorstand nach § 7 Abs. 1 zu bestellen. ³Die Wahl von Sprecherausschüssen findet im nächsten Zeitraum der regelmäßigen Wahlen im Sinne des § 5 Abs. 1 Satz 1 statt. ⁴Die Amtszeit des Unternehmenssprecherausschusses endet mit der Bekanntgabe des Wahlergebnisses eines Sprecherausschusses.

(4) Die Vorschriften über die Rechte und Pflichten des Sprecherausschusses und die Rechtsstellung seiner Mitglieder gelten entsprechend für den Unternehmenssprecherausschuß.

I. Normzweck

Nach § 20 I kann in einem Unternehmen mit mehreren Betrieben statt mehreren betrieblichen SprAu ein **UnternehmensSprAu** gewählt werden. Diese Institution verfolgt einen **doppelten Zweck**. Erstens soll die Errichtung von SprAu dadurch erleichtert werden, daß in Unternehmen, in denen kein BetriebsSprAu gebildet werden kann, weil in den einzelnen Betrieben jeweils weniger als 10 leitende Angestellte beschäftigt sind, die Errichtung eines UnternehmensSprAu möglich ist, sofern im Unternehmen insgesamt die erforderliche Mindestzahl von 10 leitenden Angestellten erreicht wird. Zweitens kann die Interessenvertretung der leitenden Angestellten so gestaltet werden, wie es die Verhältnisse im Unternehmen erfordern. So bietet es sich an, in einem Unternehmen, in dem die Entscheidungen, die die leitenden Angestellten betreffen, überwiegend auf Unternehmensebene gefällt werden, auf die an sich mögliche Bildung von BetriebsSprAu und eines GesamtSprAu zugunsten eines UnternehmensSprAu zu verzichten (BT-Drucks. 11/2503, 41). Der UnternehmensSprAu nimmt dann sowohl die Aufgaben des BetriebsSprAu als auch die des GesamtSprAu wahr.

II. Errichtung

1. Allgemeine Voraussetzungen. Die Errichtung eines UnternehmensSprAu setzt ein Unternehmen iSv. § 16 I voraus (vgl. §§ 16 bis 19 Rn. 2), das **mehrere selbständige Betriebe** umfaßt. Hat ein Unternehmen zwar mehrere Betriebe, sind aber nur in einem Betrieb leitende Angestellte beschäftigt, so ist die Wahl eines UnternehmensSprAu nicht möglich, da dieser gegenüber dem BetriebsSprAu keine Funktion hätte (*Löwisch* Rn. 1). Dagegen kann die Zuordnung nach § 1 II der bei kleineren Betrieben (weniger als 10 Angestellte) beschäftigten leitenden Angestellten durch Bildung eines UnternehmensSprAu ersetzt werden (MünchArbR/*Joost* § 315 Rn. 169; aA *Kaiser* Rn. 40; *Löwisch* Rn. 1). Des weiteren muß die Mehrheit der leitenden Angestellten die Bildung des UnternehmensSprAu wünschen (§ 20 I 1).

2. Errichtung in Unternehmen ohne SprAu. Besteht in einem Unternehmen bisher kein SprAu, so wird die Entscheidung über die Bildung eines UnternehmensSprAu in einer Grundabstimmung der leitenden Angestellten getroffen (§§ 20 I 2, 7 II 3 und 4, § 36 WahlO). Diese Abstimmung ist von einem zuvor gewählten Wahlvorstand (§§ 20 I 2, 7 II 1 und 2, § 35 WahlO) nach Maßgabe von § 34 WahlO durchzuführen. § 35 II WahlO regelt die Konfliktsituation im Fall der **parallelen Einleitung** von Wahlen eines UnternehmensSprAu und eines SprAu. Hiernach ist die Wahl eines Wahlvorstandes auf Unternehmensebene nicht möglich, wenn sich in der Mehrzahl der Betriebe jeweils die Mehrheit der leitenden Angestellten für die Wahl von BetriebsSprAu entschieden hat und dies einem der zur Wahl des Wahlvorstandes auf Unternehmensebene einladenden leitenden Angestellten unter Beifügung eines Abdruckes der Abstimmungsniederschrift spätestens eine Woche vor dem Tag der Versammlung mitgeteilt wurde. Diese Regelung beachtet jedoch nicht, daß die Mehrheit der leitenden Angestellten in den Betrieben die Minderheit der leitenden Angestellten des Unternehmens sein können. Ihr Votum kann nicht der Mehrheit der leitenden Angestellten die Bildung eines UnternehmensSprAu gemäß § 20 I verwehren. Deshalb ist § 35 II WahlO dahingehend teleologisch zu ergänzen, daß sich **absolut** die Mehrheit der leitenden Angestellten für die Wahl von BetriebsSprAu ausgesprochen haben muß (MünchArbR/*Joost* § 315 Rn. 173; aA *Löwisch* Rn. 6).

3. Errichtung in Unternehmen mit mindestens einem BetriebsSprAu. Ist in einem sprecherausschußfähigen Betrieb eines Unternehmens ein SprAu bereits gewählt, so ist die Wahl eines UnternehmensSprAu nach § 20 II und § 37 WahlO erst bei der nächsten regelmäßigen Wahl (§ 5 I 1) möglich.

5   **4. Errichtung in Unternehmen mit UnternehmensSprAu.** Besteht in einem Unternehmen bereits ein UnternehmensSprAu, so gelten für dessen Neuwahl die §§ 5 ff. Unter den Voraussetzungen des § 20 III und § 38 WahlO ist ein Wechsel vom UnternehmensSprAu zum BetriebsSprAu möglich.

III. Größe

6   Die Größe des UnternehmensSprAu richtet sich gemäß § 20 I 2 nach § 4, dh. er kann aus maximal sieben Mitgliedern bestehen. Dieses wird den Verhältnissen in großen Unternehmen mit einer Vielzahl von Betrieben nicht immer gerecht. Deshalb ist eine **Vergrößerung durch Vereinbarung** mit dem AG in Analogie zu § 16 II 2, § 21 II 3 zulässig (*Hromadka* Rn. 6; MünchArbR/*Joost* § 315 Rn. 181; aA *Löwisch* Rn. 13; *Natter* AR-Blattei SD 1490.1, Rn. 36).

IV. Amtszeit

7   Die Amtszeit des UnternehmensSprAu richtet sich grds. nach § 20 I 2 iVm. § 5 (s. oben §§ 3 bis 8 Rn. 12 bis 14). Bei einem Wechsel vom UnternehmensSprAu zum SprAu und bei umgekehrtem Wechsel endet die Amtszeit des UnternehmensSprAu bzw. der SprAu mit Bekanntgabe des Wahlergebnisses (§ 20 III 4, § 20 II 3). Hierbei handelt es sich um Ausnahmevorschriften zu § 5 IV. Der Fortbestand des UnternehmensSprAu hängt nur vom Fortbestand des Unternehmens und nicht vom Fortbestand einzelner Betriebe des Unternehmens ab (*Löwisch* Rn. 15).

V. Rechtsstellung des UnternehmensSprAu und seiner Mitglieder

8   Die Rechte und Pflichten des UnternehmensSprAu und die seiner Mitglieder sind nach § 20 I und IV identisch mit der Rechtsstellung des BetriebsSprAu und seiner Mitglieder.

Sechster Abschnitt. Konzernsprecherausschuß

§ 21 Errichtung, Mitgliederzahl und Stimmengewicht

(1) [1] Für einen Konzern (§ 18 Abs. 1 des Aktiengesetzes) kann durch Beschlüsse der einzelnen Gesamtsprecherausschüsse ein Konzernsprecherausschuß errichtet werden. [2] Die Errichtung erfordert die Zustimmung der Gesamtsprecherausschüsse der Konzernunternehmen, in denen insgesamt mindestens 75 vom Hundert der leitenden Angestellten der Konzernunternehmen beschäftigt sind. [3] Besteht in einem Konzernunternehmen nur ein Sprecherausschuß oder ein Unternehmenssprecherausschuß, tritt er an die Stelle des Gesamtsprecherausschusses und nimmt dessen Aufgaben nach den Vorschriften dieses Abschnitts wahr.

(2) [1] In den Konzernsprecherausschuß entsendet jeder Gesamtsprecherausschuß eines seiner Mitglieder. [2] Satz 1 gilt entsprechend für die Abberufung. [3] Durch Vereinbarung zwischen Konzernsprecherausschuß und Arbeitgeber kann die Mitgliederzahl des Konzernsprecherausschusses abweichend von Satz 1 geregelt werden.

(3) Der Gesamtsprecherausschuß hat für jedes Mitglied des Konzernsprecherausschusses mindestens ein Ersatzmitglied zu bestellen und die Reihenfolge des Nachrückens festzulegen; nimmt der Sprecherausschuß oder der Unternehmenssprecherausschuß eines Konzernunternehmens die Aufgaben des Gesamtsprecherausschusses nach Absatz 1 Satz 3 wahr, gilt § 10 Abs. 3 entsprechend.

(4) [1] Jedes Mitglied des Konzernsprecherausschusses hat so viele Stimmen, wie die Mitglieder des Gesamtsprecherausschusses, von dem es entsandt wurde, im Gesamtsprecherausschuß Stimmen haben. [2] Ist ein Mitglied des Konzernsprecherausschusses von einem Sprecherausschuß oder Unternehmenssprecherausschuß entsandt worden, hat es so viele Stimmen, wie in dem Betrieb oder Konzernunternehmen, in dem es gewählt wurde, leitende Angestellte in der Wählerliste der leitenden Angestellten eingetragen sind. [3] § 16 Abs. 4 Satz 2 und 3 gilt entsprechend.

§ 22 Ausschluß von Mitgliedern und Erlöschen der Mitgliedschaft

(1) Mindestens ein Viertel der leitenden Angestellten der Konzernunternehmen, der Konzernsprecherausschuß oder der Arbeitgeber können beim Arbeitsgericht den Ausschluß eines Mitglieds aus dem Konzernsprecherausschuß wegen grober Verletzung seiner gesetzlichen Pflichten beantragen.

(2) Die Mitgliedschaft im Konzernsprecherausschuß endet mit dem Erlöschen der Mitgliedschaft im Gesamtsprecherausschuß, durch Amtsniederlegung, durch Ausschluß aus dem Konzernsprecherausschuß aufgrund einer gerichtlichen Entscheidung oder Abberufung durch den Gesamtsprecherausschuß.

§ 23 Zuständigkeit

(1) ¹Der Konzernsprecherausschuß ist zuständig für die Behandlung von Angelegenheiten, die den Konzern oder mehrere Konzernunternehmen betreffen und nicht durch die einzelnen Gesamtsprecherausschüsse innerhalb ihrer Unternehmen geregelt werden können. ²Er ist den Gesamtsprecherausschüssen nicht übergeordnet.

(2) ¹Der Gesamtsprecherausschuß kann mit der Mehrheit der Stimmen seiner Mitglieder den Konzernsprecherausschuß schriftlich beauftragen, eine Angelegenheit für ihn zu behandeln. ²Der Gesamtsprecherausschuß kann sich dabei die Entscheidungsbefugnis vorbehalten. ³Für den Widerruf der Beauftragung gilt Satz 1 entsprechend.

§ 24 Geschäftsführung

(1) Für den Konzernsprecherausschuß gelten § 10 Abs. 1, die §§ 11, 13 Abs. 1, 3 bis 5, die §§ 14, 18 Abs. 3 und § 19 Abs. 3 entsprechend.

(2) ¹Ist ein Konzernsprecherausschuß zu errichten, hat der Gesamtsprecherausschuß des herrschenden Unternehmens oder, sofern ein solcher nicht besteht, der Gesamtsprecherausschuß des nach der Zahl der leitenden Angestellten größten Konzernunternehmens zu der Wahl des Vorsitzenden und des stellvertretenden Vorsitzenden des Konzernsprecherausschusses einzuladen. ²Der Vorsitzende des einladenden Gesamtsprecherausschusses hat die Sitzung zu leiten, bis der Konzernsprecherausschuß aus seiner Mitte einen Wahlleiter zur Wahl des Vorsitzenden und seines Stellvertreters bestellt hat. ³ § 12 Abs. 2 bis 5 gilt entsprechend.

I. Normzweck

Auf Konzernebene werden von der Konzernspitze häufig wichtige Entscheidungen für den gesamten Konzern oder mehrere Konzernunternehmen getroffen. Deshalb eröffnet § 21 die Möglichkeit, durch Bildung eines KonzernSprAu eine Interessenvertretung auf dieser Ebene zu verwirklichen (s. BT-Drucks. 11/2503, 41). Die Errichtung des KonzernSprAu ist im Gegensatz zum GesamtSprAu **fakultativ** (§ 21 I „kann"). 1

II. Errichtung

Die Bildung eines KonzernSprAu setzt nach § 21, ebenso wie § 54 BetrVG (vgl. § 54 BetrVG Rn. 2), einen **Unterordnungskonzern** iSv. § 18 I AktG (hierzu § 18 AktG Rn. 1 ff.) voraus. Obwohl der Konzernbegriff im AktG definiert wird, ist es nicht erforderlich, daß das herrschende bzw. die abhängigen Unternehmen in der Rechtsform einer Aktiengesellschaft betrieben werden. Die Bildung eines KonzernSprAu ist deshalb auch möglich, wenn Konzernmutter oder Konzernunternehmen in Form einer GmbH, Personengesellschaft oder durch eine natürliche Person betrieben werden (s. auch § 54 BetrVG Rn. 2). 2

Zur Errichtung von KonzernSprAu in den Sonderfällen „**Konzern im Konzern**", „**Gemeinschaftsunternehmen**" und „**Konzerne mit Auslandsberührung**" s. § 54 BetrVG Rn. 5 und 7. 3

Die Errichtung des KonzernSprAu setzt weiterhin voraus, daß in dem Konzern **mindestens zwei GesamtSprAu** existieren. Bestehen in einem Konzernunternehmen keine GesamtSprAu, sondern ein UnternehmensSprAu oder ein BetriebsSprAu, so stehen diese bei Errichtung des KonzernSprAu den GesamtSprAu gleich (§ 21 I 3). 4

Die GesamtSprAu (bzw. UnternehmensSprAu/BetriebsSprAu) beschließen jeder für sich mit einfacher Stimmenmehrheit über die Errichtung des KonzernSprAu. Hierzu kann jeder dieser SprAu die **Initiative** ergreifen (*Löwisch* Rn. 9). Der SprAu, der die Errichtung anstrebt, fordert zweckmäßigerweise die übrigen SprAu zur Beschlußfassung über die Bildung des KonzernSprAu auf. 5

Die GesamtSprAu (bzw. UnternehmensSprAu/BetriebsSprAu), die die Errichtung des KonzernSprAu beschließen, müssen zusammen mindestens **75% der leitenden Angestellten** des Konzerns repräsentieren (§ 21 I 2). Abzustellen ist auf die **tatsächliche Zahl** der leitenden Angestellten im Zeitpunkt der Beschlußfassung (*Hromadka* § 21 Rn. 25; *Löwisch* § 21 Rn. 9). Es finden allerdings nur die leitenden Angestellten Berücksichtigung, die von einem Betriebs-, Unternehmens- oder GesamtSprAu repräsentiert werden (*Hromadka* § 21 Rn. 26; *Löwisch* § 21 Rn. 9). 6

III. Zusammensetzung und Stimmgewichtung

Die Bestimmungen des § 21 II bis IV regeln in Anlehnung an § 16 II bis IV und § 55 I bis III BetrVG die Zusammensetzung des KonzernSprAu und die Gewichtung der Stimmen seiner Mitglieder. Auf die Erläuterungen hierzu kann im wesentlichen verwiesen werden (s. §§ 16 bis 19 Rn. 3 und 4, § 55 BetrVG Rn. 1 ff.). 7

8 Das **Stimmengewicht** der Mitglieder des KonzernSprAu bestimmt sich gem. § 21 IV nach der Zahl der Stimmen, die den Mitgliedern der entsendenden GesamtSprAu nach § 16 IV insgesamt zustehen (vgl. §§ 16 bis 19 Rn. 4), dh., ein Mitglied des KonzernSprAu hat so viele Stimmen wie in den Betrieben, die im GesamtSprAu repräsentiert sind, leitende Angestellte in die Wählerliste eingetragen sind. Leitende Angestellte in Betrieben ohne SprAu sind nicht zu berücksichtigen (vgl. §§ 16 bis 19 Rn. 12).

IV. Amtszeit

9 Der KonzernSprAu ist wie der GesamtSprAu eine **Dauereinrichtung** (*Löwisch* § 22 Rn. 6). Er hat keine feste Amtszeit, sondern besteht, solange die Voraussetzungen für seine Errichtung vorliegen.

10 Der KonzernSprAu kann jederzeit durch Beschlüsse der GesamtSprAu (bzw. UnternehmensSprAu, BetriebsSprAu) aufgelöst werden (*Hromadka* § 21 Rn. 29; *Löwisch* § 21 Rn. 10). Hierzu bedarf es, im Gegensatz zur Errichtung, keines qualifizierten Mehrheitsbeschlusses. Es reicht mangels gesetzlicher Regelung, unter Heranziehung allgemeiner demokratischer Grundsätze, aus, wenn die GesamtSprAu der Konzernunternehmen, in denen mehr als die Hälfte der leitenden Angestellten beschäftigt sind, für die Auflösung des KonzernSprAu stimmen (*Hromadka* § 21 Rn. 29; MünchArbR/*Joost* § 315 Rn. 209; aA *Löwisch* § 21 Rn. 10).

11 Ein **Selbstauflösungsrecht** des KonzernSprAu besteht nicht (*Löwisch* § 22 Rn. 6). Einzelne Mitglieder können aber ihr Amt niederlegen (§ 22 II), durch gerichtliche Entscheidung nach § 22 I aus dem KonzernSprAu ausgeschlossen werden oder durch den entsendenden GesamtSprAu gem. § 21 II 2 abberufen werden; die nach § 21 III bestellten Ersatzmitglieder rücken gem. den §§ 24 I, 10 I in der festgelegten Reihenfolge nach.

V. Zuständigkeit

12 Der KonzernSprAu ist nach § 23 I immer zuständig, wenn ein **zwingendes Erfordernis** für eine konzerneinheitliche Regelung besteht (s. auch § 58 BetrVG Rn. 3). Dies kommt insb. bei **freiwilligen Arbeitgeberleistungen** in Betracht (*Löwisch* § 23 Rn. 2).

13 Nach § 23 II können die einzelnen GesamtSprAu, im Falle des § 21 I 3 durch die UnternehmensSprAu und BetriebsSprAu, den KonzernSprAu schriftlich mit der Wahrnehmung der in ihren Zuständigkeitsbereich fallenden Aufgaben beauftragen. Diese **Beauftragung** erfolgt entsprechend der Beauftragung des GesamtSprAu nach § 18 II (s. §§ 16 bis 19 Rn. 11).

Dritter Teil. Mitwirkung der leitenden Angestellten

Erster Abschnitt. Allgemeine Vorschriften

§ 25 Aufgaben des Sprecherausschusses

(1) ¹Der Sprecherausschuß vertritt die Belange der leitenden Angestellten des Betriebs (§ 1 Abs. 1 und 2). ²Die Wahrnehmung eigener Belange durch den einzelnen leitenden Angestellten bleibt unberührt.

(2) ¹Der Sprecherausschuß ist zur Durchführung seiner Aufgaben nach diesem Gesetz rechtzeitig und umfassend vom Arbeitgeber zu unterrichten. ²Auf Verlangen sind ihm die erforderlichen Unterlagen jederzeit zur Verfügung zu stellen.

1 **1. Allgemeine Aufgaben.** § 25 I 1 weist dem SprAu die Wahrnehmung der Belange der leitenden Angestellten als allgemeine Aufgabe zu. Die Vertretungsbefugnis erstreckt sich **allein** auf die leitenden Angestellten. Hierbei hat der SprAu ein Mandat auch für diejenigen leitenden Angestellten, die nicht an den Wahlen teilgenommen haben (*Wlotzke* DB 1989, 173, 177). Für die Wahrnehmung der Interessen der AN, die für eine Position als leitende Angestellte vorgesehen sind, bleibt bis zum tatsächlichen Aufrücken der Betriebsrat zuständig (*Löwisch* Rn. 5).

2 Belange iSv. § 25 I 1 sind alle **kollektiven Interessen** der leitenden Angestellten gegenüber dem AG im sozialen, technisch-organisatorischen und personellen Bereich. Hiernach hat der SprAu Vertretungsbefugnisse im allgemeinen personellen Bereich beispielsweise bei der Personalplanung, der Erstellung von Auswahlrichtlinien, bei Aus- und Fortbildung, im sozialen Bereich bei Sozialeinrichtungen, im organisatorischen Bereich bei der Einführung neuer Arbeitssysteme für leitende Angestellte (s. auch *Hromadka* Rn. 15). Weiterhin gehört zu den allgemeinen Aufgaben des SprAu, die Einhaltung arbeitsrechtlicher Vorschriften und Grundsätze, insb. der Vereinbarungen nach § 28 zu überwachen. Für wirtschaftliche Angelegenheiten gilt abschließend § 32.

3 Eine Angelegenheit hat immer dann **kollektiven Bezug,** wenn sich ihre Auswirkungen nicht allein auf das Verhältnis zwischen AG und einzelnen leitenden Angestellten beschränken, sondern auch die

Interessen der übrigen leitenden Angestellten berühren. Die Beschränkung des SprAu auf die Wahrnehmung kollektiver Interessen ergibt sich aus § 25 I 2, wonach die Wahrnehmung persönlicher Interessen Sache jedes einzelnen leitenden Angestellten ist. Dieser kann selbst entscheiden, ob er sich hierbei der Hilfe des SprAu bedient (§ 26 I und II 2).

Die Vertretungsbefugnis nach § 25 I 1 steht selbständig neben den im 2. Abschn. (§§ 30 ff.) speziell **4** geregelten Mitwirkungsrechten. Allerdings begründet § 25 I 1 keine neuen Mitwirkungsrechte, sondern lediglich eine Befassungskompetenz für den SprAu (*Buchner* NZA 1989, Beil. 1, S. 2, 11). Deshalb ist der SprAu bei der Wahrnehmung der allgemeinen Interessen im wesentlichen auf ein **Unterrichtungsrecht** nach § 25 II beschränkt. Außerdem steht ihm im Rahmen seiner Kompetenzen ein **Initiativrecht** in dem Sinne zu, daß er dem AG Anregungen und Vorschläge unterbreiten kann (*Löwisch* Rn. 9; ähnlich *Hromadka* Rn. 16).

Wegen des **Gebots der vertrauensvollen Zusammenarbeit** (§ 2 I) muß der AG die Vorschläge des **5** SprAu entgegennehmen und beantworten. Eine Verpflichtung des AG, die Angelegenheit mit dem SprAu zu **erörtern**, besteht dagegen nicht (*Hromadka* Rn. 16; hierfür jedoch *Löwisch* Rn. 11). Das Gebot der vertrauensvollen Zusammenarbeit begrenzt aber auch die Arbeit des SprAu insoweit, als daß dieser die Pflicht hat, Betätigungen zu unterlassen, die zur Beeinträchtigung des Arbeitsablaufes bzw. des Betriebsfriedens führen (oben § 2 Rn. 20, 21).

2. Informationsrechte. Nach § 25 II ist der SprAu zur Durchführung seiner Aufgaben vom AG **6** rechtzeitig und umfassend zu informieren. Weiterhin sind ihm auf Verlangen die erforderlichen Unterlagen jederzeit zur Verfügung zu stellen. Diese Regelung entspricht im wesentlichen dem Unterrichtungsrecht des BR nach § 80 II BetrVG (s. näher § 80 BetrVG Rn. 17 ff.).

Umstritten ist, ob der SprAu in die **Bruttogehaltslisten** der leitenden Angestellten Einblick nehmen **7** darf. Tlw. wird aus dem Verzicht auf eine § 80 II 2. Halbs. BetrVG entsprechende Regelung geschlossen, daß der SprAu diese Befugnis nicht haben soll (so *Bauer* Anm. 4; *Engels/Natter* BB 1989, Beil. 8, S. 31; *Weigle*, Die leitenden Angestellten S. 185 ff.; *Wlotzke* DB 1989, 173, 179). Hiergegen spricht, daß das in § 80 II 2. Halbs. BetrVG normierte Einsichtsrecht als **Einschränkung** des allgemeinen Unterrichtungsrechts anzusehen ist. Die Gehaltslisten, die als Unterlagen iSv. § 80 II 1. Halbs. BetrVG anzusehen sind, müssen nicht zur Verfügung gestellt werden, es besteht lediglich ein Einblicksrecht des BR. Dieses kann nur durch den Betriebsausschuß, den weiteren Ausschuß und bei kleinen Betrieben durch den BRVorsitzenden oder ein beauftragtes Mitglied des BR ausgeübt werden (BAG 23. 2. 1973 AP BetrVG 1972 § 80 Nr. 2). Deshalb liegt der Schluß nahe, daß der SprAu bezüglich der Gehaltslisten ein umfangreicheres Unterrichtungsrecht hat als der BR, da die Einschränkung des § 80 II 2. Halbs. BetrVG in § 25 II fehlt. Dies beruht aber wohl eher darauf, daß der SprAu wegen seiner geringen personellen Größe keine Ausschüsse bildet, welchen das Einsichtsrecht gesondert zugeschrieben werden müßte. Da ein teleologischer Grund für unterschiedliche Kompetenzen des BR und des SprAu in diesem Bereich nicht ersichtlich ist, sollte die Regelungslücke durch **analoge Anwendung des § 80 II 2. Halbs. BetrVG** geschlossen werden (*Hromadka* Rn. 32; MünchArbR/*Joost* § 316 Rn. 52; *Löwisch* Rn. 20). Hiernach hat auch der SprAu keinen Anspruch auf Überlassung, sondern lediglich auf Einsichtnahme. Dieses Recht kann nur von dem Vorsitzenden oder einem beauftragten Mitglied ausgeübt werden (*Hromadka* Rn. 32).

§ 26 Unterstützung einzelner leitender Angestellter

(1) **Der leitende Angestellte kann bei der Wahrnehmung seiner Belange gegenüber dem Arbeitgeber ein Mitglied des Sprecherausschusses zur Unterstützung und Vermittlung hinzuziehen.**

(2) ¹**Der leitende Angestellte hat das Recht, in die über ihn geführten Personalakten Einsicht zu nehmen.** ²**Er kann hierzu ein Mitglied des Sprecherausschusses hinzuziehen.** ³**Das Mitglied des Sprecherausschusses hat über den Inhalt der Personalakten Stillschweigen zu bewahren, soweit es von dem leitenden Angestellten im Einzelfall nicht von dieser Verpflichtung entbunden wird.** ⁴**Erklärungen des leitenden Angestellten zum Inhalt der Personalakten sind diesen auf sein Verlangen beizufügen.**

1. Wahrnehmung individueller Belange. Aus § 26 I, der an § 25 I 2 anknüpft, ergibt sich, daß die **1** Wahrnehmung individueller Belange Sache des leitenden Angestellten selbst ist. § 26 I eröffnet darüber hinaus die umfassende Möglichkeit des leitenden Angestellten, bei **allen** seinen rechtlichen und sonstigen Belangen wie zB Gehaltsgestaltung, Leistungsbewertung, Aufstiegschancen, Ausscheiden durch Aufhebungsvertrag, Arbeitsbedingungen etc., zur Unterstützung und Beratung **ein Mitglied des SprAu hinzuzuziehen**. Die Durchführung der Hinzuziehung nach § 26 I entspricht der nach dem BetrVG (s. § 82 BetrVG Rn. 10, § 84 BetrVG Rn. 9).

Anders als § 82 II 3 BetrVG normiert § 26 keine Pflicht des Mitgliedes des SprAu, **Stillschweigen** **2** über den Inhalt der Verhandlungen mit dem AG zu bewahren. Sie folgt aber aus der Verpflichtung zum Persönlichkeitsschutz nach § 27 II (*Hromadka* Rn. 9; *Löwisch* Rn. 5; anders in der Begründung MünchArbR/*Joost* § 316 Rn. 62, der die Verpflichtung zum Stillschweigen aus § 82 II 3 BetrVG analog herleitet). Ein Verstoß ist nicht nach § 35 II strafbar, löst aber Schadensersatzansprüche aus (vgl. § 27 Rn. 5).

3   **2. Einsicht in Personalakten.** § 26 II regelt wortgleich mit § 83 BetrVG das Einsichtsrecht der leitenden Angestellten in ihre Personalakte (s. näher § 83 BetrVG Rn. 1 ff.).

§ 27 Grundsätze für die Behandlung der leitenden Angestellten

(1) ¹Arbeitgeber und Sprecherausschuß haben darüber zu wachen, daß alle leitenden Angestellten des Betriebs nach den Grundsätzen von Recht und Billigkeit behandelt werden, insbesondere, daß jede unterschiedliche Behandlung von Personen wegen ihrer Abstammung, Religion, Nationalität, Herkunft, politischen oder gewerkschaftlichen Betätigung oder Einstellung oder wegen ihres Geschlechts unterbleibt. ² Sie haben darauf zu achten, daß leitende Angestellte nicht wegen Überschreitung bestimmter Altersstufen benachteiligt werden.

(2) Arbeitgeber und Sprecherausschuß haben die freie Entfaltung der Persönlichkeit der leitenden Angestellten des Betriebs zu schützen und zu fördern.

1   **1. Schutzbereich.** § 27 verpflichtet AG und SprAu gleichermaßen, die Grundrechte der leitenden Angestellten zu wahren. Insb. der Gleichbehandlungsgrundsatz und das Recht der leitenden Angestellten auf freie Entfaltung der Persönlichkeit sollen geschützt und gefördert werden. Diese Aufgabenumschreibung entspricht wörtlich der für den BR und den AG bezüglich der übrigen AN geltenden Regelung in § 75 BetrVG (näher § 75 BetrVG Rn. 1 ff.).

2   **2. Rechtsfolgen bei Verstößen.** Bei Verstößen des AG gegen § 27 liegt keine Ordnungswidrigkeit vor (vgl. § 36). Da auch eine § 23 III BetrVG entsprechende Norm fehlt, kann bei Verstößen allein ein Feststellungs- bzw. Unterlassungsanspruch im Beschlußverfahren nach § 2a I Nr. 2, II ArbGG geltend gemacht werden.

3   Vereinbarungen mit dem SprAu nach § 28, die gegen § 27 verstoßen, sind nichtig (s. § 28 Rn. 11).

4   Verstöße des SprAu und seiner Mitglieder können grobe Verletzungen der gesetzlichen Pflichten darstellen, die nach den §§ 9 I, 17 I, 20 IV, 22 I zur Auflösung oder zur Amtsenthebung einzelner Mitglieder führen können.

5   Aus der Verletzung von § 27 lassen sich keine individualrechtlichen Rechtsfolgen herleiten. Den einzelnen leitenden Angestellten stehen aus § 27 weder Leistungs- noch Unterlassungsansprüche oder Leistungsverweigerungsrechte zu. § 27 ist kein Schutzgesetz iSv. § 823 II BGB, da sonst über den Umweg des Deliktsrechts Individualrechte geschaffen würden, die § 27 nicht bietet (ebenso *Hromadka* Rn. 47; aA jedoch zu § 75 BetrVG BAG 5. 4. 1984 AP BBiG § 17 Nr. 2). Fällt die Verletzung des § 27 mit einer Verletzung von Pflichten aus dem Arbeitsverhältnis zusammen (zB Verletzung der sog. Fürsorgepflicht oder des Gleichbehandlungsgrundsatzes), so stehen dem leitenden Angestellten hieraus individualrechtliche Ansprüche zu (*Hromadka* Rn. 46).

§ 28 Richtlinien und Vereinbarungen

(1) Arbeitgeber und Sprecherausschuß können Richtlinien über den Inhalt, den Abschluß oder die Beendigung von Arbeitsverhältnissen der leitenden Angestellten schriftlich vereinbaren.

(2) ¹Der Inhalt der Richtlinien gilt für die Arbeitsverhältnisse unmittelbar und zwingend, soweit dies zwischen Arbeitgeber und Sprecherausschuß vereinbart ist. ² Abweichende Regelungen zugunsten leitender Angestellter sind zulässig. ³ Werden leitenden Angestellten Rechte nach Satz 1 eingeräumt, so ist ein Verzicht auf sie nur mit Zustimmung des Sprecherausschusses zulässig. ⁴ Vereinbarungen nach Satz 1 können, soweit nichts anderes vereinbart ist, mit einer Frist von drei Monaten gekündigt werden.

I. Allgemeines

1   Dem SprAu stehen keine Mitbestimmungs-, sondern nur Mitwirkungsrechte (§§ 30 bis 32) zu. Nach § 28 können AG und SprAu aber durch Vereinbarung von Richtlinien über Inhalt, Abschluß und Beendigung von Arbeitsverhältnissen auf freiwilliger Basis die Angelegenheiten der leitenden Angestellten einvernehmlich regeln.

2   Durch § 28 werden Materien ohne kollektiven Bezug und Angelegenheiten, die nicht in § 28 geregelt sind, aber zum Aufgabenbereich des SprAu gehören, wie beispielsweise die Zusage an den SprAu, diesem eine Halbtagsschreibkraft zur Verfügung zu stellen oder ein Mitglied des SprAu für eine Schulungsveranstaltung freizustellen, nicht erfaßt. Fraglich ist aber, ob es neben den Vereinbarungen nach § 28 weitere Formen gibt, durch die der AG sich gegenüber dem SprAu verpflichten kann. Hiergegen spricht, daß der SprAu nur teilrechtsfähig ist und folglich nur Rechte und Pflichten hat, die ihm das Gesetz zuweist (*Löwisch* Rn. 1; *Oetker* ZfA 1990, 43, 83). Gleichwohl wird, wie für das BetrVG, von Teilen des Schrifttums eine Vereinbarung zwischen SprAu und AG in Form von

Regelungsabreden für möglich erachtet, da es nicht sein könne, daß der Gesetzgeber dem SprAu Kompetenzen zuweise, ohne ihm auch die zu ihrer Wahrnehmung erforderlichen Regelungsinstrumente zur Verfügung zu stellen (so *Hromadka* Rn. 2, 26; MünchArbR/*Joost* § 316 Rn. 8).

II. Gegenstand

1. Arbeitsbedingungen. Nach § 28 I kann der SprAu mit dem AG Richtl. über Inhalt, Abschluß 3 und Beendigung von Arbeitsverhältnissen vereinbaren. Diese Formulierung ist § 1 I TVG entlehnt, so daß die dortigen Grundsätze entsprechend herangezogen werden können (*Hromadka* Rn. 1; näher § 1 TVG Rn. 83 ff.).

Wichtigster Gegenstand sind Vereinbarungen über den **Inhalt** von Arbeitsverhältnissen. Regelbar 4 ist grds. alles, was auch die Arbeitsvertragsparteien vereinbaren können. Es kommen insb. Richtl. über die **Gehaltsgestaltung** in Betracht (*Oetker* BB 1990, 2181, 2182), also Regelungen über Gehaltshöhe und etwaige Sonder- und Zusatzvergütungen (wie zB Gratifikationen, Tantiemen, Weihnachtsgeld, 13. Monatsgehalt uä.), über Sachleistungen, über die betriebliche Altersversorgung, über Vergütungen im Krankheitsfall und über den Ausgleich von wirtschaftlichen Nachteilen bei Betriebsänderungen (§ 32 II 2).

Weiterhin können Richtl. Regelungen über Urlaub, Dauer und Lage der Arbeitszeit und Neben- 5 pflichten (Wettbewerbsverbote, Verschwiegenheit, Haftung) sowie Reisekosten- und Spesenregelungen, Regelungen über Dienstfahrzeuge, Werkswohnungen oder Beurteilungs- und Beförderungsgrundsätze enthalten (*Löwisch* Rn. 6).

Richtl. über den **Abschluß** von Arbeitsverhältnissen können insb. die Durchführung der Stellenaus- 6 schreibung, den Umfang von vorzulegenden Bewerbungsunterlagen und die Kriterien für die Bewerberauswahl (intern/extern, Tests) betreffen (*Löwisch* Rn. 7).

Zu den **Beendigungsrichtlinien** gehören insb. Vereinbarungen über Form und Fristen von Kündi- 7 gungen und Aufhebungsverträgen, über besonderen Kündigungsschutz und die Zahlung von Abfindungen (*Kaiser* Rn. 220).

2. Betriebliche und betriebsverfassungsrechtliche Fragen. Die Richtlinienbefugnis von SprAu und 8 AG umfaßt im Gegensatz zu den Befugnissen der TVParteien nach § 1 I TVG nicht die Regelung von betrieblichen und betriebsverfassungsrechtlichen Fragen. **Betriebliche Fragen** betreffen betriebseinheitliche Regelungen mit Geltung für **alle AN**. Sie sind nicht Gegenstand von Einzelarbeitsverträgen und können folglich auch nicht durch Richtl. geregelt werden (MünchArbR/*Joost* § 316 Rn. 21).

Ebensowenig können Regelungen über **wirtschaftliche Angelegenheiten** (zB besondere Informa- 9 tionspflichten des AG gegenüber leitenden Angestellten) Gegenstand von Einzelarbeitsverträgen sein, so daß hierfür keine Regelungsbefugnis besteht (*Löwisch* Rn. 10). Aus demselben Grunde können auch Vereinbarungen über die **SprAuVerfassung** nicht getroffen werden (*Hromadka* Rn. 9; *Löwisch* Rn. 11; *Oetker* ZfA 1990, 43, 79).

3. Generelle Regelung. Richtl. nach § 28 müssen einen kollektiven Bezug haben, sie dürfen sich 10 nicht auf die Regelung eines Einzelfalles beschränken (*Hromadka* Rn. 11; MünchArbR/*Joost* § 316 Rn. 22; *Löwisch* Rn. 9). Die Zahl der von der Regelung Betroffenen ist nicht entscheidend. Denkbar sind auch generelle Regelungen, die nur auf einen leitenden Angestellten des Betriebs anwendbar sind (zB Wettbewerbsverbot) (*Hromadka* Rn. 11; *Löwisch* Rn. 9).

4. Schranken. Vereinbarungen mit dem SprAu sind unwirksam, wenn sie gegen **höherrangiges** 11 **zwingendes Recht** verstoßen. Auch wenn die gesetzlichen Regelungen durch TV geändert werden können (zB § 622 IV BGB, § 7 ArbZG, § 13 BUrlG), so dürfen SprAuVereinbarungen nicht hiergegen verstoßen, da der SprAu nicht die Rechtsstellung einer TVPartei hat. Auch tarifdispositives Richterrecht ist vorrangig (*Hromadka* Rn. 13). Dagegen kann eine Vereinbarung abgeschlossen werden, sofern Gesetz, TV oder Richterrecht keine zwingende Wirkung besitzen.

Des weiteren gelten die allgemeinen Schranken für Betriebsvereinbarungen auch für Vereinbarungen 12 mit dem SprAu. Dabei ist das Verbot von Eingriffen in die Individualrechte der AN von besonderer Relevanz (*Hromadka* Rn. 13).

III. Wirkung

1. Richtlinien nach I. Richtl. iSv. § 28 I (zu ihrer Regelungsdichte *Oetker* BB 1990, 2181, 2182) 13 bedürfen der einzelvertraglichen Umsetzung. Sie gelten nicht kraft Gesetzes unmittelbar und zwingend und sind auch keine Verträge zugunsten Dritter. Aus der Richtl. selbst kann der leitende Angestellte keine Ansprüche herleiten; sie entstehen erst mit Umsetzung der Richtl. und ergeben sich dann aus dem Arbeitsvertrag (BT-Drucks. 11/2503, 42).

Eine praktizierte Richtl. entfaltet jedoch **mittelbare Wirkungen**. So kann der AG keinen leitenden 14 Angestellten willkürlich zu dessen Ungunsten von einer in der Richtl. getroffenen Regelung ausschließen, denn die praktizierte Richtl. schafft eine betriebliche Ordnung, welche dem Gleichbehandlungsgrundsatz unterliegt (*Hromadka* Rn. 17; MünchArbR/*Joost* § 316 Rn. 30).

15 Aus dem Begriff der Richtl. folgt, daß der Entscheidungsspielraum des AG nicht vollständig beseitigt werden darf. So betrifft die Regelung einer Richtl. den **Normalfall**, von dem der AG in begründeten Einzelfällen abweichen darf (MünchArbR/*Joost* § 316 Rn. 28; *Wlotzke* DB 1989, 173, 177; *Oetker* BB 1990, 2181, 2183; anders jedoch *Löwisch* Rn. 12, der im Verhältnis zum SprAu eine Verpflichtung des AG annimmt, den leitenden Angestellten den Richtlinieninhalt als Mindestarbeitsbedingung anzubieten). Dieses ergibt sich auch aus § 28 II, wonach der zwingende Charakter einer Richtl. gesondert vereinbart werden muß. Die Richtlinienbefugnis nach § 28 I ermöglicht eine flexible Handhabung und wird dadurch den Besonderheiten der leitenden Angestellten gerecht (BT-Drucks. 11/2503, 42).

16 Flexibilität liegt auch insoweit vor, als daß SprAu und AG nach § 28 I zum einen Richtl. in Form von unverbindlichen Handlungsmaximen vereinbaren können als auch zum anderen die Möglichkeit besteht, daß sich der AG gegenüber dem SprAu zur Umsetzung der Richtl. verpflichtet (*Hromadka* Rn. 15; *Löwisch* Rn. 12). Der SprAu kann dann die Umsetzung aus eigenem Recht einklagen. In beiden Fällen verbleibt dem AG die Möglichkeit, in begründeten Einzelfällen von der Richtl. abzuweichen (*Oetker* BB 1991, 2181, 2183).

17 **2. Vereinbarungen nach II.** Nach § 28 II können SprAu und AG die unmittelbare und zwingende Geltung vereinbaren. **Unmittelbare** Geltung bedeutet, die Richtl. wirken, ohne daß es eines Transformationsakts bedarf, auf die Arbeitsverhältnisse ein. Dieses entspricht der normativen Wirkung einer Betriebsvereinbarung nach § 77 IV 1 BetrVG.

18 Weiterhin wirken Vereinbarungen nach § 28 II **zwingend**, sie verdrängen abweichende Bestimmungen in den Einzelarbeitsverträgen und ergänzen die dort fehlenden Regelungen. Die Wirkung erstreckt sich auf alle leitenden Angestellten eines Betriebs, auch auf solche, die erst nach Abschluß der Vereinbarung in den Betrieb eingetreten sind (*Löwisch* Rn. 16).

19 Die leitenden Angestellten haben einen einklagbaren Anspruch gegen den AG auf Erfüllung der sich aus den Vereinbarungen ergebenden Individualansprüche (*Kaiser* Rn. 224). Keinen Erfüllungsanspruch begründen Bestimmungen über Leistungen, die den leitenden Angestellten als Gruppe zukommen (zB Kantine, Sporteinrichtungen). Hier steht dem einzelnen Angestellten im Rahmen von Treu und Glauben (§ 242 BGB) nur ein Zurückbehaltungsrecht bezüglich seiner arbeitsvertraglichen Pflichten zu (*Hromadka* Rn. 20; *Löwisch* Rn. 13).

20 Bewerber können mangels bestehenden Rechtsverhältnisses keine Rechte aus nach § 28 II vereinbarten Abschlußrichtlinien herleiten, wenn diese nicht eingestellt wurden (*Löwisch* Rn. 15). Verbreitet wird eine Regelungsbefugnis für in Ruhestand getretene Angestellte bezüglich solcher Regelungen bejaht, die die Ruheständler betreffen (*Löwisch* Rn. 15; mit Einschränkungen auch *Hromadka* Rn. 20).

21 In § 28 II 2 wird das **Günstigkeitsprinzip** ausdrücklich verankert. Hiernach wirken Vereinbarungen nur „halbzwingend", dh. sofern der Einzelarbeitsvertrag eine günstigere Regelung vorsieht, ist diese vorrangig. Enthält die Richtl. im Vergleich zum Arbeitsvertrag günstige und ungünstige Elemente, so hat ein **Sachgruppenvergleich** zu erfolgen, dh. zu vergleichen sind die Bestimmungen, die in einem engen sachlichen Zusammenhang zueinander stehen (*Hromadka* Rn. 22; *Löwisch* Rn. 17; vgl. auch GK/*Kreutz* § 77 Rn. 207ff.). Läßt sich die Günstigkeit der einzelvertraglichen Regelung im Verhältnis zur SprAuVereinbarung nicht eindeutig feststellen, so ist nach verbreiteter Auffassung der privatautonomen Wertung der leitenden Angestellten und somit den einzelvertraglichen Regelungen Vorrang einzuräumen (*Hromadka* Rn. 22; MünchArbR/*Joost* § 316 Rn. 36).

22 Die Geltung des Günstigkeitsprinzips im Verhältnis zwischen **allgemeinen Arbeitsbedingungen** und Betriebsvereinbarungen ist umstritten (BAG [GS] 16. 9. 1986 AP BetrVG 1972 § 77 Nr. 17; *Joost* RdA 1989, S. 7ff.). Die hierzu entwickelten Grundsätze gelten entsprechend im Verhältnis von allgemeinen Arbeitsbedingungen zu SprAuVereinbarungen (*Röder* NZA 1989, Beil. 4, S. 2, 3; *Hromadka* Rn. 23; *Oetker* BB 1990, 2181, 2184; gänzlich gegen eine Anwendung des Günstigkeitsprinzips *Nebel* DB 1990, 1512ff.). Das gilt auch für die Figur des kollektiven Günstigkeitsvergleichs (*Hromadka* Rn. 24; *Oetker* BB 1990, 2181, 2184; *Weigle*, Die leitenden Angestellten S. 222ff.; aA *Löwisch* Rn. 18). Außerhalb dieses Bereichs (Sozialleistungen) bleibt eine Verschlechterung allgemeiner Arbeitsbedingungen möglich, wenn diese einen kollektivvertraglichen Änderungsvorbehalt enthalten.

23 In Anlehnung an § 4 IV TVG und § 77 IV 2 BetrVG regelt § 28 II 3, daß ein **Verzicht** auf Rechte, die dem leitenden Angestellten durch Richtl. eingeräumt werden, nur mit Zustimmung des SprAu zulässig ist. Im Unterschied zu § 4 IV TVG und § 77 IV BetrVG schließt § 28 die Vereinbarung von Ausschlußfristen für Rechte aus Richtl. sowie die Verwirkung dieser Rechte nicht aus (*Hromadka* Rn. 25; *Löwisch* Rn. 19).

IV. Zustandekommen

24 **1. Parteien.** Richtl. nach § 28 I und II kommen durch Einigung zwischen AG und SprAu zustande. Der **AG** kann sich hierbei nach den allgemeinen Grundsätzen vertreten lassen. Hat er **Prokura** nach § 49 I HGB erteilt, so ist der Prokurist zum Abschluß von Richtl. befugt (*Löwisch* Rn. 20). Eine

Handlungsvollmacht nach § 54 I HGB erstreckt sich auf den Abschluß von Richtl., wenn sich im Einzelfall ergibt, daß dieses zum Betrieb des Handelsgewerbes, in dem der Handlungsbevollmächtigte tätig ist, gehört (MünchArbR/*Joost* § 316 Rn. 13). Aus dem Verhandlungsauftrag iSv. § 3 II 3 Nr. 1 folgt nicht per se die Vertretungsmacht zum Abschluß von Richtl. (*Löwisch* Rn. 20).

Der SprAu wird von seinem Vorsitzenden nach § 11 II im Rahmen der gefaßten Beschlüsse 25 vertreten. Bei einem Handeln der einen oder anderen Seite **ohne Vertretungsmacht** ist die getroffene Vereinbarung nach den §§ 164 ff., 177 I BGB schwebend unwirksam.

2. Wirksamkeit. Voraussetzung für die Wirksamkeit einer Richtl. ist die ordnungsgemäße Willens- 26 bildung der Parteien. Auf Seiten des SprAu muß der in der konkreten Angelegenheit **zuständige SprAu** einen ordnungsgemäßen **Beschluß** (§ 13) gefaßt haben, da der Abschluß von Richtl. und Vereinbarungen keine Aufgabe der laufenden Geschäftsführung ist, welche der Vorsitzende allein entscheiden könnte (*Hromadka* Rn. 30; *Löwisch* Rn. 21).

Ist die Wahl des SprAu nichtig, so handelt der SprAu ohne Mandat und die Vereinbarungen sind 27 unwirksam. Bei rechtswirksamer **Anfechtung** der Wahl des SprAu wirkt diese nur ex-nunc, so daß bis zur rechtskräftigen arbeitsgerichtlichen Entscheidung ein ordnungsgemäßer SprAu besteht, dessen Vereinbarungen mit dem AG wirksam sind. Liegen Willensmängel der einzelnen Mitglieder des SprAu bei der Beschlußfassung vor, so können diese ihr Votum anfechten. Bei entsprechend vielen Anfechtungen von Stimmabgaben führt dieses zum Verlust der Vertretungsmacht und die Vereinbarung wird schwebend unwirksam (siehe Rn. 25).

Weitere Wirksamkeitsvoraussetzung ist, daß die Richtl. **schriftlich** vereinbart wurde (§ 28 I iVm. 28 § 125 BGB). Hierfür ist eine Unterschrift seitens beider Parteien erforderlich (§ 126 II BGB).

V. Beendigung

1. Kündigung. Die Rechtswirkungen einer **Richtl.** können durch eine Kündigung beendet werden. 29 Diese ist formlos möglich (*Hromadka* Rn. 37; *Löwisch* Rn. 27). Bei einer Kündigung seitens des SprAu ist ein entsprechender Beschluß erforderlich, da es sich nicht um eine laufende Angelegenheit iSv. § 11 III handelt.

§ 28 II 2 sieht für die Kündigung von **Vereinbarungen nach § 28 II** eine Kündigungsfrist von drei 30 Monaten vor, soweit nichts anderes vereinbart ist. Eine einvernehmliche Verlängerung bzw. Verkürzung der Kündigungsfrist ist zulässig (*Hromadka* Rn. 37; *Löwisch* Rn. 26). Ferner kann die Geltung der Vereinbarung von vornherein befristet werden. Bei Vorliegen eines wichtigen Grundes ist eine außerordentliche Kündigung möglich (*Hromadka* Rn. 37).

Mit Ablauf der Kündigungsfrist endet die unmittelbare und zwingende Wirkung der Vereinbarun- 31 gen. Eine **Nachwirkung** entsprechend § 77 VI BetrVG ist nicht vorgesehen (*Hromadka* Rn. 37; *Löwisch* Rn. 28), sie kann aber von SprAu und AG vereinbart werden (*Hromadka* Rn. 37; *Löwisch* BB 1990, 1631; *Weigle,* Die leitenden Angestellten S. 227).

Das Gesetz trifft keine Regelung über die Kündigung von **Richtl. nach § 28 I.** Ist eine auf unbe- 32 stimmte Zeit eingegangene Richtl. ohne Vereinbarung einer Kündigungsfrist abgeschlossen worden, so entfaltet eine Kündigung – nach überwiegender Ansicht – sofort ihre Rechtswirkungen (*Hromadka* Rn. 38; MünchArbR/*Joost* § 316 Rn. 39; *Löwisch* Rn. 29; aA *Oetker* ZfA 1990, 43, 80).

2. Aufhebung und Ablösung. Sowohl Richtl. nach § 28 I als auch Vereinbarungen nach § 28 II 33 können jederzeit durch Aufhebungsvertrag beendet oder durch Änderungsvertrag modifiziert werden (*Löwisch* Rn. 29 f.). Schließen SprAu und AG eine neue Richtl. über einen bereits geregelten Gegenstand ab, so verdrängt die **ablösende Richtl.** die frühere (*Löwisch* Rn. 31).

3. Betriebsübergang. Die Auswirkungen eines Betriebsübergangs auf Vereinbarungen sind nicht 34 ausdrücklich geregelt. § 613 a BGB beschränkt sich seinem Wortlaut nach auf Betriebsvereinbarungen. Solange eine Richtl. nach § 28 I noch nicht umgesetzt wurde und nur die schuldrechtliche Wirkung zwischen AG und SprAu entfaltet, endet diese mit dem Betriebsübergang. Ist bereits eine einzelvertragliche Umsetzung erfolgt, so wirken die getroffenen Regelungen nach § 613 a I 1 auch gegenüber dem neuen AG. Für Richtl. nach § 28 II finden § 613 a I 2 bis 4 entsprechende Anwendung (*Hromadka* Rn. 40; MünchArbR/*Joost* § 316 Rn. 43; *Löwisch* Rn. 32 f.).

§ 29 Geheimhaltungspflicht

(1) ¹**Die Mitglieder und Ersatzmitglieder des Sprecherausschusses sind verpflichtet, Betriebs- oder Geschäftsgeheimnisse, die ihnen wegen ihrer Zugehörigkeit zum Sprecherausschuß bekanntgeworden und vom Arbeitgeber ausdrücklich als geheimhaltungsbedürftig bezeichnet worden sind, nicht zu offenbaren und nicht zu verwerten.** ²**Dies gilt auch nach dem Ausscheiden aus dem Sprecherausschuß.** ³**Die Verpflichtung gilt nicht gegenüber Mitgliedern des Sprecherausschusses, des Gesamtsprecherausschusses, des Unternehmenssprecherausschusses, des Konzernsprecherausschusses und den Arbeitnehmervertretern im Aufsichtsrat.**

(2) Absatz 1 gilt entsprechend für die Mitglieder und Ersatzmitglieder des Gesamtsprecherausschusses, des Unternehmenssprecherausschusses und des Konzernsprecherausschusses.

1   **1. Allgemeines.** Die Geheimhaltungspflicht von Mitgliedern des SprAu und Ersatzmitgliedern nach § 29 I 1 und 2 entspricht sinngemäß der Geheimhaltungspflicht der Mitglieder des BR und seiner Ersatzmitglieder (siehe näher § 79 BetrVG Rn. 1 f.).

2   **2. Inhalt der Geheimhaltungspflicht.** Geheimzuhalten sind nur Betriebs- und Geschäftsgeheimnisse iSv. § 17 UWG (**materielles Geheimnis**; s. § 79 BetrVG Rn. 2). Die Verschwiegenheitspflicht nach § 29 tritt nur ein, wenn der AG durch ausdrückliche Erklärung darauf hingewiesen hat, daß eine bestimmte Angelegenheit als Betriebs- oder Geschäftsgeheimnis anzusehen ist (**formelles Geheimnis**; vgl. § 79 BetrVG Rn. 7).

3   Nicht von der Geheimhaltungspflicht nach § 29 umfaßt ist die von einzelnen Mitgliedern des SprAu im Rahmen ihrer Amtstätigkeit erlangte Kenntnis von **persönlichen Angelegenheiten der leitenden Angestellten.** Eine Verschwiegenheitspflicht besteht aber nach § 26 II bezüglich Informationen, die durch Einsichtnahme in die Personalakten gewonnen wurden, und nach § 31 II bezüglich Kenntnissen, die im Rahmen personeller Einzelmaßnahmen erlangt wurden. Außerhalb dieser Vorschriften ist keine besondere Geheimhaltungspflicht vorgesehen. Sie wird aber dennoch allgemein angenommen und zT aus § 27 II (*Löwisch* Rn. 6), zT aus einer entsprechenden Anwendung des § 31 III (*Hromadka* Rn. 8) hergeleitet.

4   **3. Umfang.** Den Mitgliedern des SprAu ist es sowohl verboten, die erlangten Kenntnisse über Betriebs- und Geschäftsgeheimnisse zu offenbaren, dh. an Dritte weiterzugeben, als auch die Geheimnisse zu verwerten, dh. zu eigenen wirtschaftlichen Zwecken auszunutzen (vgl. *Hromadka* Rn. 13).

5   Die Geheimhaltungspflicht gilt grds. gegenüber jedermann. Ausgenommen sind die Mitglieder der in § 29 I 3 genannten Gremien, um die effektive Zusammenarbeit dieser Gremien zu gewährleisten. Die Geheimhaltung wird nicht gefährdet, denn die Mitglieder dieser Gremien sind ihrerseits zur Geheimhaltung verpflichtet (§ 29 II). Nicht zu dem von § 29 I 3 genannten Personenkreis gehören die **Mitglieder des BR.** Obwohl auch diese ihrerseits zur Geheimhaltung (§ 79 I BetrVG) verpflichtet sind, besteht ihnen gegenüber die Geheimhaltungspflicht. Angesichts der Aufzählung in § 29 I 3 lehnt die hM eine planwidrige Regelungslücke ab; § 2 II regele lediglich eine lockere Zusammenarbeit von SprAu und BR, die eine Befreiung von der Geheimhaltungspflicht nicht rechtfertige (*Hromadka* Rn. 14; MünchArbR/*Joost* § 315 Rn. 99; aA *Oetker* ZfA 1990, 43, 53 f.; s. oben § 2 Rn. 12).

6   **4. Rechtsfolgen von Verstößen.** Die Verletzung der Geheimhaltungspflicht ist nach § 35 **strafbar.** Es handelt sich gem. § 35 V um ein Antragsdelikt. Außerdem kann der Verstoß gegen § 29 eine grobe Verletzung gesetzlicher Pflichten darstellen, die nach § 9 (§§ 17, 20, 22) zum Ausschluß aus dem SprAu führen kann (*Bauer* Anm. 6; *Löwisch* Rn. 12). Zudem kann die Pflichtverletzung einen Schadensersatzanspruch des AG nach § 823 II BGB iVm. § 29 I begründen (*Hromadka* Rn. 19).

Zweiter Abschnitt. Mitwirkungsrechte

§ 30 Arbeitsbedingungen und Beurteilungsgrundsätze

[1] Der Arbeitgeber hat den Sprecherausschuß rechtzeitig in folgenden Angelegenheiten der leitenden Angestellten zu unterrichten:
1. Änderungen der Gehaltsgestaltung und sonstiger allgemeiner Arbeitsbedingungen;
2. Einführung oder Änderung allgemeiner Beurteilungsgrundsätze. [2] Er hat die vorgesehenen Maßnahmen mit dem Sprecherausschuß zu beraten.

I. Allgemeines

1   Dem SprAu steht bei den Angelegenheiten in § 30 S. 1 Nr. 1 und 2 ein Unterrichtungs- und Beratungsrecht zu. Bei dieser Befugnis handelt es sich um einen wesentlichen Grundtatbestand der Mitwirkung des SprAu. Sie ergänzt das Initiativrecht des SprAu zur Wahrnehmung der allgemeinen Interessen der leitenden Angestellten (§ 25 I) und die Richtlinienkompetenz bezüglich Fragen über Inhalt, Abschluß und Beendigung von Arbeitsverhältnissen (§ 28; vgl. *Löwisch* Rn. 1).

2   Die Mitwirkung nach § 30 erfaßt nur **kollektive** Tatbestände, dh. der AG muß den SprAu nur dann hinzuziehen, wenn er abstrakt generelle Regelungen treffen will (*Hromadka* Rn. 1; *Oetker* ZfA 1990, 43, 71). Wie bei § 28 kommt es nicht auf die Zahl der tatsächlich betroffenen leitenden Angestellten an (zu § 28 s. dort Rn. 10).

II. Gehaltsgestaltung und allgemeine Arbeitsbedingungen

3   **1. Gehaltsgestaltung.** Gehalt iSv. § 30 S. 1 Nr. 1 ist nicht nur das eigentliche Arbeitsentgelt, sondern jede geldwerte Leistung, die dem leitenden Angestellten aufgrund seiner Arbeitsleistung

gewährt wird, so zB Gratifikationen, Urlaubsgeld, Sachleistungen, Leistungen der Altersversorgung, AGDarlehen etc. (MünchArbR/*Joost* § 316 Rn. 67; *Kaiser* Rn. 244).

Der Begriff der **Gehaltsgestaltung** entspricht dem der Lohngestaltung iSv. § 87 I Nr. 10 BetrVG 4 (dazu § 87 BetrVG Rn. 97). Dh., es geht um die Festlegung der **Grundsätze der Gehaltsfindung** bei leitenden Angestellten, wie zB Bildung von Gehaltsgruppen bzw. Gehaltsbändern, Aufstellung von Kriterien, wonach die leitenden Angestellten zugeordnet werden sollen, Ranking-Systeme, Aufteilung des Gehalts in feste und variable Bestandteile etc. (näher *Kaiser* Rn. 245; *Oetker* BB 1990, 2181, 2182). Die zu § 87 I Nr. 10 BetrVG herausgearbeitete mitbestimmungsfreie Zone (s. § 87 BetrVG Rn. 99) besitzt für § 30 S. 1 Nr. 1 keine Bedeutung (*Oetker* ZfA 1990, 43, 71).

Umstritten ist, ob Regelungen der **Gehaltshöhe** vom Begriff der Gehaltsgestaltung umfaßt sind. 5 Hierfür wird tlw. der Wortlaut von § 30 angeführt, der nur von Gehaltsgestaltung spricht und damit weiter gefaßt sei als § 87 I Nr. 10 BetrVG, der den Begriff der Lohngestaltung insoweit konkretisiert und einschränkt, als daß hierunter **insb. Entlohnungsgrundsätze** zu verstehen sind. Zudem sehe § 30, anders als § 87 I Nr. 10 BetrVG, lediglich ein Mitwirkungsrecht vor, so daß kein Grund bestehe, die Gehaltshöhe aus dem Anwendungsbereich auszuklammern (*Borgwardt/Fischer/Janert* Rn. 3; *Löwisch* Rn. 1; *Wlotzke* DB 1989, 173, 177). Dem steht entgegen, daß allein aus dem Weglassen einer Konkretisierung noch kein unterschiedlicher Gesetzesinhalt geschlossen werden kann. Hätte der Gesetzgeber § 30 eine weiterreichende Bedeutung zumessen wollen, hätte er dieses eindeutig formulieren müssen (*Hromadka* Rn. 10; MünchArbR/*Joost* § 316 Rn. 66; *Weigle*, Die leitenden Angestellten, S. 249 ff.).

Ein Mitwirkungsrecht besteht erst recht nicht, wenn es um die Festlegung der Gehaltshöhe des 6 einzelnen leitenden Angestellten geht, denn hierbei handelt es sich um eine individuelle Regelung (s. Rn. 2; allg. Ansicht zB *Löwisch* Rn. 4). Ein Tätigwerden des SprAu ist nur auf der Grundlage eines entsprechenden Verlangens des leitenden Angestellten nach § 26 möglich.

2. Allgemeine Arbeitsbedingungen. Das Mitwirkungsrecht nach § 30 S. 1 Nr. 1 umfaßt neben der 7 Gehaltsgestaltung auch die sonstigen allgemeinen Arbeitsbedingungen. Hierunter fallen alle formellen und materiellen Arbeitsbedingungen (allg. Ansicht *Engels/Natter* BB 1989, Beil. 8, 32; *Weigle*, Die leitenden Angestellten, S. 256 ff.; *Wlotzke* DB 1989, 173, 177), also den gesamten Inhalt des Arbeitsverhältnisses, soweit der AG diesbezüglich allgemeine Regelungen trifft (*Buchner* NZA 1989, Beil. 1, 2, 17; *Kaiser* Rn. 250). Dazu zählen zB Dauer und Lage der Arbeitszeit, Schriftformklauseln, Urlaubsregelungen, Sozialleistungen, Verschwiegenheits- und Loyalitätspflichten, Wettbewerbsverbote, Reisekosten- und Spesenregelungen (*Löwisch* Rn. 6).

3. Änderung. Nach seinem Wortlaut sieht § 30 S. 1 Nr. 1 eine Mitwirkung des SprAu nur bei einer 8 „Änderung" der Gehaltsgestaltung und der allgemeinen Arbeitsbedingungen vor und setzt begrifflich etwas Bestehendes voraus. Die Mitwirkungsrechte des SprAu gelten aber auch bei der **erstmaligen Einführung,** da eine andere Auslegung dem Gesetzeszweck widersprechen würde. Die Tatsache, daß § 30 S. 1 Nr. 2 im Gegensatz zu Nr. 1 die Einführung ausdrücklich nennt, läßt nicht den Rückschluß zu, daß die Einführung nicht von Nr. 1 umfaßt ist. Die unterschiedliche Formulierung beruht darauf, daß der Gesetzgeber sich davon hat leiten lassen, daß Gehaltsgestaltung und allgemeine Arbeitsbedingungen notwendigerweise mit jedem Arbeitsverhältnis verbunden sind, während Beurteilungsgrundsätze regelmäßig erst geschaffen werden müssen (wie hier *Hromadka* Rn. 16; MünchArbR/*Joost* § 316 Rn. 69; *Löwisch* Rn. 7).

III. Einführung oder Änderung allgemeiner Beurteilungsgrundsätze

Gegenstand der Mitwirkung nach § 30 S. 1 Nr. 2 ist die Einführung oder Änderung allgemeiner 9 Beurteilungsgrundsätze. Dieses sind einheitliche Regelungen und Kriterien, nach denen die Leistungen und das Verhalten von leitenden Angestellten und sowohl internen als auch externen Bewerbern bewertet werden sollen (*Hromadka* Rn. 17; MünchArbR/*Joost* § 316 Rn. 70; *Löwisch* Rn. 8). Mit ihnen soll eine Beurteilung nach einheitlichen und verobjektivierten Maßstäben ermöglicht und das Verfahren bei Personalentscheidungen versachlicht werden (BT-Drucks. 11/2503, 43). Bei leitenden Angestellten ist die Bewertung des **Führungsverhaltens im Hinblick auf die anderen AN** von besonderer Relevanz.

Nicht zu den Beurteilungsgrundsätzen zählen dagegen sowohl Stellenbeschreibungen und Anforde- 10 rungsprofile als auch Führungsrichtl. (*Hromadka* Rn. 19 f.; *Kaiser* Rn. 255).

Das Mitwirkungsrecht besteht bei jeder Einführung und Änderung von Beurteilungsrichtl., nicht 11 aber bei der Anwendung der Richtl. auf den einzelnen leitenden Angestellten (*Hromadka* Rn. 21; *Löwisch* Rn. 11).

IV. Unterrichtungs- und Beratungsrecht

Der AG hat den SprAu in Angelegenheiten nach § 30 S. 1 Nr. 1 und 2 **rechtzeitig** zu unterrichten 12 und die vorgesehene Maßnahme zu beraten. Die **Unterrichtungspflicht** entsteht, wenn der AG die **konkrete Absicht** zur Durchführung einer im S. 1 genannten Maßnahme hat (*Hromadka* Rn. 23). Sie ist rechtzeitig, wenn der SprAu sich noch der Bedeutung der Sache gemäß mit ihr befassen kann, so daß seine Vorschläge und Bedenken Berücksichtigung finden können (*Hromadka* Rn. 23; *Löwisch* Rn. 12). Nach § 25 II 2 sind dem SprAu auf Verlangen die für die Unterrichtung erforderlichen Unterlagen zur Verfügung zu stellen.

13 Ein **Verstoß** gegen die Unterrichtungspflicht kann als Ordnungswidrigkeit gem. § 36 geahndet werden. Die Wirksamkeit einer vom AG eingeführten allgemeinen Regelung wird durch die Verletzung des Beteiligungsrechts nach § 30 nicht berührt (*Oetker* BB 1990, 2181, 2186). Sie führt nicht zum Untergang der Unterrichtungs- und Beratungspflicht. Aus dem Zweck des § 30 ergibt sich, daß der SprAu auch noch nachträglich Unterrichtung und Beratung verlangen kann (*Löwisch* Rn. 12). Ein Anspruch auf Unterlassung der Durchführung der jeweiligen Maßnahme des AG steht dem SprAu nicht zu (*Weigle*, Die leitenden Angestellten, S. 264 ff., mwN).

14 **Beratung** bedeutet, daß der AG dem SprAu Gelegenheit zur Stellungnahme bietet und sowohl seine eigenen Absichten als auch die Stellungnahme des SprAu gemeinsam mit diesem erörtert (*Hromadka* Rn. 26; *Löwisch* Rn. 15).

§ 31 Personelle Maßnahmen

(1) Eine beabsichtigte Einstellung oder personelle Veränderung eines leitenden Angestellten ist dem Sprecherausschuß rechtzeitig mitzuteilen.

(2) ¹Der Sprecherausschuß ist vor jeder Kündigung eines leitenden Angestellten zu hören. ²Der Arbeitgeber hat ihm die Gründe für die Kündigung mitzuteilen. ³Eine ohne Anhörung des Sprecherausschusses ausgesprochene Kündigung ist unwirksam. ⁴Bedenken gegen eine ordentliche Kündigung hat der Sprecherausschuß dem Arbeitgeber spätestens innerhalb einer Woche, Bedenken gegen eine außerordentliche Kündigung unverzüglich, spätestens jedoch innerhalb von drei Tagen, unter Angabe der Gründe schriftlich mitzuteilen. ⁵Äußert er sich innerhalb der nach Satz 4 maßgebenden Frist nicht, so gilt dies als Einverständnis des Sprecherausschusses mit der Kündigung.

(3) Die Mitglieder des Sprecherausschusses sind verpflichtet, über die ihnen im Rahmen personeller Maßnahmen nach den Absätzen 1 und 2 bekanntgewordenen persönlichen Verhältnisse und Angelegenheiten der leitenden Angestellten, die ihrer Bedeutung oder ihrem Inhalt nach einer vertraulichen Behandlung bedürfen, Stillschweigen zu bewahren; § 29 Abs. 1 Satz 2 und 3 gilt entsprechend.

I. Allgemeines

1 § 31 weist dem SprAu, der ansonsten in der Hauptsache kollektive Aufgaben wahrnimmt, die Zuständigkeit für die **Wahrnehmung individueller Belange** der leitenden Angestellten bei Einstellungen, personellen Veränderungen und Kündigungen zu. Die Regelung dient zudem **kollektiven Interessen** der leitenden Angestellten, weil die genannten personellen Maßnahmen üblicherweise auch deren Interessen als Gruppe berühren (*Löwisch* Rn. 1).

II. Einstellung oder personelle Veränderung

2 Nach § 31 I ist der AG verpflichtet, die beabsichtigte Einstellung oder personelle Veränderung eines leitenden Angestellten dem SprAu rechtzeitig mitzuteilen. Eine frühzeitige Unterrichtung des SprAu ist Voraussetzung für die wirksame Vertretung der Belange der leitenden Angestellten in personellen Angelegenheiten (BT-Drucks. 11/2503, 43; zur Unterrichtung des BR siehe § 105 BetrVG Rn. 3).

3 **1. Einstellung.** Unter Einstellung ist, wie bei § 99 BetrVG (s. § 99 BetrVG Rn. 4), die dauerhafte oder vorübergehende **tatsächliche Übertragung** von Funktionen und Aufgaben eines leitenden Angestellten an **externe** Bewerber zu verstehen (vgl. *Kaiser* Rn. 263; *Löwisch* Rn. 2). Von der Mitteilungspflicht ist außerdem die **Beförderung** eines **bereits im Betrieb** beschäftigten AN zum leitenden Angestellten erfaßt (*Hromadka* Rn. 3; *Löwisch* Rn. 3; *Wlotzke* DB 1989, 173, 178). Des weiteren ist die **Weiterbeschäftigung** über die vertraglich vereinbarten Altersgrenzen hinaus als Einstellung zu werten, da der AG in diesem Fall eine neue Entscheidung über die Besetzung des Arbeitsplatzes trifft (*Löwisch* Rn. 2).

4 **2. Personelle Veränderung.** Von dem Begriff der personellen Veränderung ist jede Änderung der Arbeitsaufgabe oder der Stellung des leitenden Angestellten im Unternehmen umfaßt (*Bauer* Anm. 2). Hierunter fallen Versetzungen (vgl. § 95 BetrVG Rn. 11), Umgruppierungen, alle Veränderungen der Leitungsaufgaben (*Oetker* ZfA 1990, 43, 73; *Wlotzke* DB 1989, 173, 177) sowie Erteilung und Entzug handelsrechtlicher Vollmachten wie Prokura, Handlungsvollmacht und Generalvollmacht (*Engels/Natter* BB 1989, Beil. 8, 32; *Hromadka* Rn. 7). Eine personelle Veränderung stellt auch das Ausscheiden eines leitenden Angestellten dar, gleichgültig ob das Ausscheiden durch Eintritt in den (Vor-)Ruhestand, Eigenkündigung, Aufhebungsvertrag oder Anfechtung erfolgt (*Löwisch* Rn. 7; *Oetker*

ZfA 1990, 43, 75; aA *Hromadka* Rn. 9, der bei Aufhebungsverträgen keine Mitteilungspflicht annimmt).

3. Mitteilungspflicht. Die Unterrichtung des SprAu muß **rechtzeitig** erfolgen, dh. er muß noch 5
ausreichend Gelegenheit haben, die Belange des Betroffenen und der übrigen leitenden Angestellten gegenüber dem AG geltend zu machen (*Bauer* Anm. 2; MünchArbR/*Joost* § 316 Rn. 76). Das Gesetz beschränkt die Verpflichtung des AG auf die Mitteilung; eine Beratung mit dem SprAu muß nicht erfolgen, wohl aber ist der AG aufgrund des Gebots einer vertrauensvollen Zusammenarbeit (§ 2 I) zur Entgegennahme von Bedenken des SprAu verpflichtet.

Für den **Umfang** der Mitteilungspflicht gilt § 25 II, dh. dem SprAu müssen alle Umstände mit- 6
geteilt werden, deren Kenntnis für seine Aufgabenwahrnehmung erforderlich ist (*Löwisch* Rn. 9). Dazu gehören die **Person** der/des einzustellenden Bewerber(s) bzw. des von der personellen Maßnahme betroffenen leitenden Angestellten, die vorgesehene Änderung und die Auswirkungen auf den oder die leitenden Angestellten (*Hromadka* Rn. 12; *Löwisch* Rn. 9). Der Mitteilungspflicht unterliegen aber **nicht der Inhalt** des Anstellungsvertrags oder seine einzelvertraglichen Änderungen (*Löwisch* Rn. 10).

4. Verstoß. Eine Verletzung der Mitteilungspflicht kann als Ordnungswidrigkeit nach § 36 geahndet 7
werden. Weitere Sanktionen sieht das Gesetz nicht vor; ein Verstoß führt nicht zur Unwirksamkeit der personellen Maßnahme (*Hromadka* Rn. 15).

III. Kündigung

1. Anhörung. Nach § 31 II 1 bis 3 hat der AG den SprAu vor jeder Kündigung eines leitenden 8
Angestellten anzuhören. Dazu muß er – ebenso wie bei § 102 I BetrVG (hierzu 102 BetrVG Rn. 5) – die Person des zu Kündigenden, die Art der Kündigung (ordentlich oder außerordentlich), die Kündigungsgründe und ggf. die Kündigungsfrist mitteilen. Eine ohne Anhörung des SprAu ausgesprochene Kündigung ist unwirksam. Bedenken gegen die Kündigung hat der SprAu dem AG innerhalb der nach § 31 II 4 maßgeblichen Fristen mitzuteilen, ansonsten wird seine Zustimmung gemäß § 31 II 5 fingiert. Diese Regelung entspricht § 102 I und II BetrVG, so daß zum Gegenstand (§ 102 BetrVG Rn. 3), Zeitpunkt (§ 102 BetrVG Rn. 3), Inhalt (§ 102 BetrVG Rn. 4), zur Form des Anhörungsverfahrens (§ 102 BetrVG Rn. 12), zur Beschlußfassung (§ 102 BetrVG Rn. 10 ff.) und zu den Folgen mangelhafter Anhörung (§ 102 BetrVG Rn. 29) die dortigen Grundsätze anzuwenden sind. Bei den AG der früheren Deutschen Bundespost findet die Vorschrift für die Beamten im Hinblick auf deren Status keine Anwendung (§ 36 PostPersRG).

Da die Zuordnung der Angestellten nach § 18a BetrVG außerhalb des Wahlverfahrens keinerlei 9
Rechtswirkungen entfaltet (s. § 18 a BetrVG Rn. 1), kann es bei Kündigungen problematisch sein, ob der AG das richtige Repräsentativorgan beteiligt hat. Aus diesem Grunde empfiehlt es sich bei Zweifeln bezüglich der Zuordnung, **vorsorglich** sowohl SprAu als auch BR anzuhören (ebenso *Hanau* AuR 1988, 261; *Wlotzke* DB 1989, 173, 178).

2. Widerspruch des SprAu. Wegen der besonderen Vertrauensstellung des SprAu hat der Gesetz- 10
geber ihm kein § 102 III BetrVG entsprechendes Widerspruchsrecht eingeräumt. Deshalb fehlt auch ein § 102 V BetrVG entsprechender **Weiterbeschäftigungsanspruch** des gekündigten leitenden Angestellten. Eine Pflicht des AG zur Weiterbeschäftigung kann nur nach den allgemeinen Regeln entstehen. Hierfür muß das Interesse des leitenden Angestellten an der Weiterbeschäftigung das Interesse des AG an der Nichtbeschäftigung überwiegen (*Bauer* NZA 1989, Beil. 1, 20, 28; *Löwisch* Rn. 37). Nach verbreiteter Ansicht wird dies wegen der besonderen Vertrauensstellung des leitenden Angestellten regelmäßig verneint (*Löwisch* Rn. 37, mwN).

3. Einspruch des leitenden Angestellten. Nach § 3 KSchG, der durch das SprAuG unberührt blieb, 11
kann ein AN, der zwar leitender Angestellter im Sinne des SprAuG, nicht aber leitender Angestellter iSv. § 14 KSchG ist und seine Kündigung für sozial ungerechtfertigt hält, **Einspruch beim BR** einlegen (*Löwisch* Rn. 19). Dieser vom Wortlaut des § 3 KSchG gedeckten Auslegung wird entgegengehalten, daß der BR nicht die Interessen der leitenden Angestellten vertritt. Hierfür hat der SprAu nach § 25 I 1 die alleinige Kompetenz (MünchArbR/*Joost* § 316 Rn. 82 f.).

Fraglich ist, ob der leitende Angestellte in analoger Anwendung von § 3 KSchG **Einspruch beim** 12
SprAu einlegen kann (hierfür *Hromadka* Rn. 20). Dies ist mangels planwidriger Regelungslücke zu verneinen, da § 26 I dem leitenden Angestellten die Möglichkeit eröffnet, ein Mitglied des SprAu zur Unterstützung und Vermittlung auch im Falle der Kündigung hinzuzuziehen (MünchArbR/*Joost* § 316 Rn. 83; *Löwisch* Rn. 19).

IV. Verschwiegenheitspflicht

Die den Mitgliedern des SprAu im Rahmen personeller Maßnahmen bekannt gewordenen persönli- 13
chen Angelegenheiten und Verhältnisse unterliegen nach § 31 III der Verschwiegenheitspflicht, sofern

sie der **besonderen Geheimhaltung** bedürfen. Diese Pflicht besteht nicht gegenüber Mitgliedern des SprAu, UnternehmensSprAu, GesamtSprAu, KonzernSprAu und den ANVertretern im Aufsichtsrat (§ 31 III iVm. § 29 I 2 und 3). Diese sind ihrerseits zur Verschwiegenheit verpflichtet. Mangels Verweisung folgt dieses zwar nicht aus § 29 II, es ergibt sich aber aus § 35 II, wonach die Offenbarung eines Geheimnisses unter Strafandrohung untersagt ist (*Löwisch* Rn. 43). Für ANVertreter im Aufsichtsrat folgt die Verschwiegenheitspflicht aus den §§ 116, 93 I AktG, § 52 GmbHG.

14   Bei besonders **sensiblen Daten** kann sich aus § 27 II auch gegenüber dem vom Offenbarungsverbot ausgenommenen Personenkreis eine Verschwiegenheitspflicht ergeben (*Hromadka* Rn. 41; *Löwisch* Rn. 43).

§ 32 Wirtschaftliche Angelegenheiten

(1) ¹Der Unternehmer hat den Sprecherausschuß mindestens einmal im Kalenderhalbjahr über die wirtschaftlichen Angelegenheiten des Betriebs und des Unternehmens im Sinne des § 106 Abs. 3 des Betriebsverfassungsgesetzes zu unterrichten, soweit dadurch nicht die Betriebs- oder Geschäftsgeheimnisse des Unternehmens gefährdet werden. ²Satz 1 gilt nicht für Unternehmen und Betriebe im Sinne des § 118 Abs. 1 des Betriebsverfassungsgesetzes.

(2) ¹Der Unternehmer hat den Sprecherausschuß über geplante Betriebsänderungen im Sinne des § 111 des Betriebsverfassungsgesetzes, die auch wesentliche Nachteile für leitende Angestellte zur Folge haben können, rechtzeitig und umfassend zu unterrichten. ²Entstehen leitenden Angestellten infolge der geplanten Betriebsänderung wirtschaftliche Nachteile, hat der Unternehmer mit dem Sprecherausschuß über Maßnahmen zum Ausgleich oder zur Milderung dieser Nachteile zu beraten.

I. Allgemeines

1   **1. Zweck.** § 32 regelt die Pflicht des AG, den SprAu über wirtschaftliche Angelegenheiten und geplante Betriebsänderungen zu unterrichten sowie mit ihm über Maßnahmen zum Ausgleich und zur Milderung von Nachteilen für leitende Angestellte zu beraten. § 32 verweist bezüglich des Umfangs des Unterrichtungsrechts und des Begriffs der Betriebsänderung auf die §§ 106 III und 111 BetrVG und knüpft somit an die Bestimmungen für die Mitbestimmung des BR in wirtschaftlichen Angelegenheiten an.

2   Die Unterrichtungspflicht nach § 32 soll dem SprAu als Kollektivorgan einen allgemeinen Einblick in die wirtschaftlichen Angelegenheiten des Unternehmens und der Betriebe verschaffen ungeachtet der Tatsache, daß einzelne leitende Angestellte bereits über diese Angelegenheiten unterrichtet sein werden (*Bauer* Anm. 2). Zudem soll dem SprAu durch rechtzeitige Information und Einräumung des Beratungsrechts ermöglicht werden, wirtschaftliche Nachteile für die leitenden Angestellten abzuwenden.

3   **2. Zuständigkeit.** Das Unterrichtungs- und Beratungsrecht nach § 32 steht in der Regel den BetriebsSprAu bzw. dem UnternehmensSprAu, falls ein solcher gebildet wurde, zu (*Hromadka* Rn. 4; *Löwisch* Rn. 18; MünchArbR/*Joost* § 316 Rn. 115; aA *Borgwardt/Fischer/Janert* Rn. 4; *Ulmer*, Legalisierte Sprecherausschüsse, 1989, S. 296, 310 sprechen sich für eine originäre Zuständigkeit des GesamtSprAu aus). Bei betriebsübergreifenden Betriebsänderungen kann eine Zuständigkeit des GesamtSprAu oder KonzernSprAu vorliegen. Um Zuständigkeitskonflikte zu vermeiden, kann der BetriebsSprAu den GesamtSprAu gem. § 18 II mit der Wahrnehmung der Mitwirkungsrechte beauftragen (*Borgwardt/Fischer/Janert* Rn. 4; *Löwisch* Rn. 18).

4   **3. Adressat.** Die Unterrichtungs- und Beratungspflicht trifft den Unternehmer als denjenigen, der die wirtschaftlichen Ziele festsetzt. In der Insolvenz tritt der Insolvenzverwalter an seine Stelle (*Hromadka* Rn. 6; *Löwisch* Rn. 57).

II. Unterrichtung über wirtschaftliche Angelegenheiten

5   **1. Wirtschaftliche Angelegenheiten.** Bezüglich des **Begriffs** der wirtschaftlichen Angelegenheiten verweist § 32 I auf § 106 III BetrVG, so daß der SprAu im selben Umfang wie der Wirtschaftsausschuß zu informieren ist (s. § 106 BetrVG Rn. 6).

6   § 32 bezieht die Unterrichtungspflicht im Gegensatz zu § 106 III BetrVG, der diese auf wirtschaftliche Angelegenheiten des Unternehmens beschränkt, auf wirtschaftliche Angelegenheiten des **Betriebs und des Unternehmens.** Das besondere Abheben in § 32 I auf die Angelegenheiten des Betriebs ist überflüssig, da der Betrieb ein Teil des Unternehmens ist und somit wirtschaftliche Angelegenheiten des Betriebs auch solche des Unternehmens sind. Die differenzierende Formulierung führt also nicht zu einer Ausweitung der Unterrichtungspflicht über die in § 106 III BetrVG genannten Gegenstände hinaus (*Hromadka* Rn. 7; MünchArbR/*Joost* § 316 Rn. 94; *Löwisch* Rn. 1).

2. Unterrichtung. Anders als § 106 I BetrVG setzt § 32 **keine Mindestgröße** des Unternehmens 7 für die Unterrichtungspflicht voraus. Es reicht, wenn in einem Betrieb 10 leitende Angestellte beschäftigt sind und ein SprAu gebildet wurde. Dieses könnte zu einer Diskrepanz zwischen der Beteiligung des SprAu und der Bildung des Wirtschaftsausschusses führen. Dieses ist jedoch unwahrscheinlich, da bei 10 leitenden Angestellten üblicherweise mehr als 100 AN, die nicht der Gruppe der leitenden Angestellten angehören, beschäftigt sein werden.

Die Unterrichtung des SprAu über wirtschaftliche Angelegenheiten hat nach § 32 I 1 mindestens 8 **einmal im Kalenderhalbjahr** zu erfolgen, wobei die Bestimmung des genauen Zeitpunktes im Ermessen des Unternehmers liegt (*Löwisch* Rn. 19). Wegen des Gebots der vertrauensvollen Zusammenarbeit ist bei Bedarf auch außerhalb der gesetzlichen Regelzeitpunkte eine Unterrichtungspflicht anzuerkennen (*Hromadka* Rn. 46; *Löwisch* Rn. 19).

Das Mitwirkungsrecht des SprAu nach § 32 I ist auf ein Unterrichtungsrecht beschränkt. Ein § 106 9 BetrVG entsprechendes **Beratungsrecht** ist nicht vorgesehen. Der SprAu kann aber sein Initiativrecht aus § 25 I und § 28 ausüben und so aus Anlaß der Unterrichtung Beratungen mit dem Unternehmer führen (MünchArbR/*Joost* § 316 Rn. 99; *Löwisch* Rn. 20).

Wegen des fehlenden Beratungsrechts fehlt eine § 106 II 1 BetrVG entsprechende Vorschrift über 10 die **rechtzeitige Unterrichtung**. Es liegt aber im Verstoß gegen den Grundsatz der vertrauensvollen Zusammenarbeit vor, wenn der SprAu vor vollendete Tatsachen gestellt wird (*Hromadka* Rn. 46).

§ 32 I sieht nicht die Unterrichtung unter **Vorlage der erforderlichen Unterlagen** vor. Eine solche 11 Vorlagepflicht wird aber tlw. angenommen, wenn der SprAu die Unterlagen, die für seine Aufgabenerfüllung erforderlich sind, nach § 25 II 2 verlangt. Tlw. wird demgegenüber darauf verwiesen, daß der SprAu nach § 25 II 2 nur Anspruch auf eine **zur Verfügungstellung** der Unterlagen und somit weiterreichende Befugnisse als der Wirtschaftsausschuß hätte. Da dieses nicht gerechtfertigt sei, dem SprAu aber ein Einblicksrecht in die für die Aufgabendurchführung erforderlichen Unterlagen nicht verwehrt werden könne, leitet diese Auffassung eine Vorlagepflicht aus einer entsprechenden Anwendung von § 106 II BetrVG ab (so MünchArbR/*Joost* § 316 Rn. 97).

Keine Unterrichtungspflicht besteht bezüglich solcher wirtschaftlichen Angelegenheiten, durch 12 deren Offenlegung **Betriebs- und Geschäftsgeheimnisse** gefährdet werden (§ 32 I 1). Die Regelung entspricht der für die Unterrichtung des Wirtschaftsausschusses geltenden Vorschrift (s. § 106 BetrVG Rn. 6).

Nach § 32 I 2 werden Tendenzunternehmen und -betriebe iSv. § 118 I BetrVG von der Unterrich- 13 tungspflicht ausgenommen. Gleiches gilt für die Unterrichtung des Wirtschaftsausschusses (§ 118 I 2 BetrVG), so daß die dazu entwickelten Grundsätze (vgl. § 118 BetrVG Rn. 18) Anwendung finden.

III. Unterrichtung und Beratung bei Betriebsänderungen

1. Unterrichtung. Nach § 32 II hat der Unternehmer den SprAu über **geplante Betriebsände-** 14 **rungen** zu unterrichten.

Bezüglich des **Begriffs** der geplanten Betriebsänderung wird an § 111 S. 2 BetrVG angeknüpft (s. 15 näher § 111 BetrVG Rn. 9 ff.).

Nach verbreiteter Ansicht bezieht sich die Anknüpfung auf die gesamte Vorschrift des § 111 16 BetrVG (so *Engels/Natter* BB 1989, Beil. 8, 1, 32; *Hromadka* Rn. 51; *Löwisch* Rn. 54; *Borgwardt/ Fischer/Janert* § 32 Rn. 7). Deshalb sollen in dem von der Betriebsänderung betroffenen Betrieb mindestens **20 zur Betriebsratswahl berechtigte AN** regelmäßig beschäftigt sein müssen. Von geringer praktischer Bedeutung ist diese Frage, wenn ein betrieblicher SprAu gebildet wurde, da in einem Betrieb mit 10 leitenden Angestellten zumeist auch 20 sonstige AN beschäftigt. Sie kann aber relevant sein, wenn ein größeres Unternehmen aus zahlreichen kleinen Betrieben besteht, ein UnternehmensSprAu gebildet wurde und zumindest ein leitender Angestellter in dem von der Betriebsänderung betroffenen Betrieb, der die Mindestgröße nach § 111 Satz 1 BetrVG nicht erreicht, beschäftigt ist. In diesem Fall wäre nach vorherrschender Meinung kein Unterrichtungsrecht des UnternehmensSprAu gegeben. § 32 II stellt aber ausschließlich auf die Belange der leitenden Angestellten ab, so daß es keinen Grund gibt, das Unterrichtungsrecht von der Größe der übrigen Belegschaft abhängig zu machen. Die Verweisung des § 32 II dient allein der Konkretisierung des Begriffs der Betriebsänderung (MünchArbR/*Joost* § 316 Rn. 103; *Oetker* ZfA 1990, 43, 75).

Weiterhin setzt § 32 II voraus, daß die Betriebsänderung **wesentliche Nachteile für die leitenden** 17 **Angestellten** zur Folge haben kann. Gemeint sind, wie sich aus der amtlichen Überschrift „Wirtschaftliche Angelegenheiten" ergibt, nur **wirtschaftliche Nachteile**, dh. Gehaltseinbußen, Entlassungen, erhöhte Aufwendungen infolge von Betriebsverlegungen (Fahrtkosten, Umzugskosten etc.) (*Hromadka* Rn. 65; MünchArbR/*Joost* § 316 Rn. 105; *Löwisch* Rn. 43). Die herrschende Interpretation zu § 111 BetrVG, die beim Vorliegen einer Betriebsänderung nach § 111 Satz 2 BetrVG wesentliche Nachteile der AN unwiderlegbar vermutet (§ 111 BetrVG Rn. 7), kann bezüglich der leitenden Angestellten nicht übernommen werden, da § 32 II ausdrücklich und damit **zusätzlich die konkrete Möglichkeit** des Eintretens von wesentlichen Nachteilen für die leitenden Angestellten verlangt (ebenso *Löwisch* Rn. 43; *Oetker* ZfA 1990, 43, 75). Eine Betriebsänderung iSv. § 111 S. 2 BetrVG allein führt noch nicht notwendigerweise zu Nachteilen für die leitenden Angestellten. Deshalb ist stets unter Beachtung der konkreten Betriebsänderung festzustellen, ob sie zu wirtschaftlichen Nachteilen bei den leitenden Angestellten führen kann. Ausreichend ist, anders als bei § 111 BetrVG (hierzu § 111 BetrVG Rn. 8), wenn nur ein leitender Angestellter nachteilig betroffen sein kann (*Hromadka* Rn. 65; MünchArbR/*Joost* § 316 Rn. 105).

18 Nach § 32 II muß die Unterrichtung des SprAu rechtzeitig und umfassend erfolgen. Dieses entspricht der Regelung in § 111 S. 1 BetrVG, so daß die dazu entwickelten Grundsätze anzuwenden sind (siehe § 111 BetrVG Rn. 20 f.).

19 **2. Beratung.** Anders als § 111 S. 1 BetrVG schreibt § 32 II keine Beratung über die **Betriebsänderung als solche** vor. Eine Pflicht zur Beratung besteht aber nach § 32 II 2, wenn zumindest einem leitenden Angestellten infolge der geplanten Betriebsänderung aller Wahrscheinlichkeit nach wirtschaftliche Nachteile entstehen werden. Die Beratung beschränkt sich auf Maßnahmen zum Ausgleich oder zur Milderung dieser Nachteile. Der SprAu kann im Gegensatz zur Mitwirkung des BR nach § 112 BetrVG den Abschluß von Vereinbarungen über den Ausgleich oder die Milderung der wirtschaftlichen Nachteile (**Sozialplan**) nicht erzwingen. Möglich ist aber der freiwillige Abschluß von Vereinbarungen nach § 28 I und II, die alles beinhalten können, was Inhalt von Sozialplänen nach § 112 BetrVG (s. § 112 a BetrVG Rn. 23 ff.) sein kann (so auch *Bauer* NZA 1989, Beil. 1, 20, 29; MünchArbR/*Joost* § 316 Rn. 113; *Löwisch* Rn. 62). Insb. kommen Vereinbarungen über die Zahlung von **Abfindungen**, die als Annex zur Beendigung des Arbeitsverhältnisses zu bewerten sind, in Betracht (*Löwisch* Rn. 64). Richtl. nach § 28 II 1 entsprechen bei einer Vereinbarung der unmittelbaren und zwingenden Wirkung materiell den Sozialplänen nach § 112 I 2 BetrVG (MünchArbR/*Joost* § 316 Rn. 113).

20 Vereinbarungen zwischen Unternehmer und SprAu zum Ausgleich oder zur Milderung wirtschaftlicher Nachteile sind an zwingendes staatliches Recht gebunden, insbesondere das KSchG und der **Gleichbehandlungsgrundsatz** sind einzuhalten. Dieser bezieht sich aber nur auf die Gruppe der leitenden Angestellten, sonstige AN sind von der Betrachtung ausgeschlossen (*Hromadka* Rn. 70, 74; MünchArbR/*Joost* § 316 Rn. 113).

21 Vom Unternehmer mit dem BR oder im Einigungsstellenverfahren abgeschlossene **Sozialpläne** können keine Regelungen über die leitenden Angestellten enthalten, da dem BR insoweit die Kompetenz fehlt (BAG 31. 1. 1979 AP BetrVG 1972 § 112 Nr. 8). Auch können weder SprAu noch leitende Angestellte aus dem Gleichbehandlungsgrundsatz eine Verpflichtung des Unternehmers zur Vereinbarung eines Sozialplans mit dem SprAu herleiten, wenn der Unternehmer einen solchen mit dem BR vereinbart hat, denn die Ungleichbehandlung ist durch die unterschiedlichen Interessenvertretungen gesetzlich vorgegeben (BAG 16. 7. 1985 AP BetrVG 1972 § 112 Nr. 32; MünchArbR/*Joost* § 316 Rn. 113).

22 **3. Verstöße.** Die Verletzung der Unterrichtungsrechte nach § 32 I und II 1 kann als Ordnungswidrigkeit nach § 36 I geahndet werden. Darüber hinaus kann die nachhaltige und vorsätzliche Verletzung der Unterrichtungs- und Beratungspflichten eine Behinderung der Tätigkeit des SprAu und auf Antrag des SprAu nach § 34 I Nr. 2 zu verfolgen sein. Ein Anspruch des SprAu auf Unterlassung der Betriebsänderung besteht nicht (*Oetker* ZfA 1990, 43, 77).

Vierter Teil. Besondere Vorschriften

§ 33 Seeschiffahrt

(1) Auf Seeschiffahrtsunternehmen (§ 114 Abs. 2 des Betriebsverfassungsgesetzes) und ihre Betriebe ist dieses Gesetz anzuwenden, soweit sich aus den Absätzen 2 bis 4 nichts anderes ergibt.

(2) Sprecherausschüsse werden nur in den Landbetrieben von Seeschiffahrtsunternehmen gewählt.

(3) ¹Leitende Angestellte im Sinne des § 1 Abs. 1 dieses Gesetzes sind in einem Seebetrieb (§ 114 Abs. 3 und 4 des Betriebsverfassungsgesetzes) nur die Kapitäne. ²Sie gelten für die Anwendung dieses Gesetzes als leitende Angestellte des Landbetriebs. ³Bestehen mehrere Landbetriebe, so gelten sie als leitende Angestellte des nach der Zahl der leitenden Angestellten größten Landbetriebs.

(4) Die Vorschriften über die Wahl des Sprecherausschusses finden auf Sprecherausschüsse in den Landbetrieben von Seeschiffahrtsunternehmen mit folgender Maßgabe Anwendung:
1. Die in § 7 Abs. 1 genannte Frist wird auf sechzehn Wochen verlängert.
2. Die Frist für die Wahlanfechtung nach § 8 Abs. 1 Satz 3 beginnt für die leitenden Angestellten an Bord, wenn das Schiff nach Bekanntgabe des Wahlergebnisses erstmalig einen Hafen im Geltungsbereich dieses Gesetzes oder einen Hafen, in dem ein Seemannsamt seinen Sitz hat, anläuft. Nach Ablauf von drei Monaten seit Bekanntgabe des Wahlergebnisses ist eine Wahlanfechtung unzulässig. Die Wahlanfechtung kann auch zu Protokoll des Seemannsamtes erklärt werden. Die Anfechtungserklärung ist vom Seemannsamt unverzüglich an das für die Anfechtung zuständige Arbeitsgericht weiterzuleiten.

Fünfter Teil. Straf- und Bußgeldvorschriften

§ 34 Straftaten gegen Vertretungsorgane der leitenden Angestellten und ihre Mitglieder

(1) Mit Freiheitsstrafe bis zu einem Jahr oder mit Geldstrafe wird bestraft, wer
1. eine Wahl des Sprecherausschusses oder des Unternehmenssprecherausschusses behindert oder durch Zufügung oder Androhung von Nachteilen oder durch Gewährung oder Versprechen von Vorteilen beeinflußt,
2. die Tätigkeit des Sprecherausschusses, des Gesamtsprecherausschusses, des Unternehmenssprecherausschusses oder des Konzernsprecherausschusses behindert oder stört oder
3. ein Mitglied oder ein Ersatzmitglied des Sprecherausschusses, des Gesamtsprecherausschusses, des Unternehmenssprecherausschusses oder des Konzernsprecherausschusses um seiner Tätigkeit willen benachteiligt oder begünstigt.

(2) Die Tat wird nur auf Antrag des Sprecherausschusses, des Gesamtsprecherausschusses, des Unternehmenssprecherausschusses, des Konzernsprecherausschusses, des Wahlvorstands oder des Unternehmers verfolgt.

§ 35 Verletzung von Geheimnissen

(1) Wer unbefugt ein fremdes Betriebs- oder Geschäftsgeheimnis offenbart, das ihm in seiner Eigenschaft als Mitglied oder Ersatzmitglied des Sprecherausschusses, des Gesamtsprecherausschusses, des Unternehmenssprecherausschusses oder des Konzernsprecherausschusses bekanntgeworden und das vom Arbeitgeber ausdrücklich als geheimhaltungsbedürftig bezeichnet worden ist, wird mit Freiheitsstrafe bis zu einem Jahr oder mit Geldstrafe bestraft.

(2) Ebenso wird bestraft, wer unbefugt ein fremdes Geheimnis eines leitenden Angestellten oder eines anderen Arbeitnehmers, namentlich ein zu dessen persönlichen Lebensbereich gehörendes Geheimnis, offenbart, das ihm in seiner Eigenschaft als Mitglied oder Ersatzmitglied des Sprecherausschusses oder einer der in Absatz 1 genannten Vertretungen bekanntgeworden ist und über das nach den Vorschriften dieses Gesetzes Stillschweigen zu bewahren ist.

(3) [1] Handelt der Täter gegen Entgelt oder in der Absicht, sich oder einen anderen zu bereichern oder einen anderen zu schädigen, so ist die Strafe Freiheitsstrafe bis zu zwei Jahren oder Geldstrafe. [2] Ebenso wird bestraft, wer unbefugt ein fremdes Geheimnis, namentlich ein Betriebs- oder Geschäftsgeheimnis, zu dessen Geheimhaltung er nach den Absätzen 1 oder 2 verpflichtet ist, verwertet.

(4) Die Absätze 1 bis 3 sind auch anzuwenden, wenn der Täter das fremde Geheimnis nach dem Tode des Betroffenen unbefugt offenbart oder verwertet.

(5) [1] Die Tat wird nur auf Antrag des Verletzten verfolgt. [2] Stirbt der Verletzte, so geht das Antragsrecht nach § 77 Abs. 2 des Strafgesetzbuches auf die Angehörigen über, wenn das Geheimnis zum persönlichen Lebensbereich des Verletzten gehört; in anderen Fällen geht es auf die Erben über. [3] Offenbart der Täter das Geheimnis nach dem Tode des Betroffenen, so gilt Satz 2 entsprechend.

§ 36 Bußgeldvorschriften

(1) Ordnungswidrig handelt, wer eine der in § 30 Satz 1, § 31 Abs. 1 oder § 32 Abs. 1 Satz 1 oder Abs. 2 Satz 1 genannten Unterrichtungs- oder Mitteilungspflichten nicht, wahrheitswidrig, unvollständig oder verspätet erfüllt.

(2) Die Ordnungswidrigkeit kann mit einer Geldbuße bis zu 20 000 Deutsche Mark geahndet werden.

Sechster Teil. Übergangs- und Schlußvorschriften

§ 37 Erstmalige Wahlen nach diesem Gesetz

(1) [1] Die erstmaligen Wahlen des Sprecherausschusses oder des Unternehmenssprecherausschusses finden im Zeitraum der regelmäßigen Wahlen nach § 5 Abs. 1 im Jahre 1990 statt. [2] § 7 Abs. 2 und 3 findet Anwendung.

(2) [1] Auf Sprecherausschüsse, die aufgrund von Vereinbarungen gebildet worden sind und bei Inkrafttreten dieses Gesetzes bestehen, findet dieses Gesetz keine Anwendung. [2] Sie bleiben bis zur Wahl nach Absatz 1, spätestens bis zum 31. Mai 1990, im Amt.

I. Erstmalige Wahlen des Sprecherausschusses

1 Die Bedeutung des § 37 I beschränkt sich heute auf die Festlegung des Jahres, in dem nach dem vierjährigen Turnus der SprAu gewählt wird. Danach finden die nächsten regelmäßigen Wahlen entsprechend den BRWahlen in der Zeit vom 1. 3. bis 31. 5. 2002 statt (s. § 5 I, § 13 I BetrVG). Die für die Durchführung der Wahlen nach § 7 I bzw. II erforderliche Bildung des Wahlvorstands sowie die Abstimmung über die Errichtung eines SprAu (§ 7 II) können jederzeit erfolgen.

II. Freiwillige SprAu

2 § 37 II 1 regelt, daß die Vorschriften des SprAuG auf vor Inkrafttreten des Gesetzes gebildete freiwillige SprAu keine Anwendung finden. Diese SprAu sind aber nach § 37 II 2 spätestens mit dem 31. 5. 1990 aufgelöst worden.

3 Keine Regelung enthält das Gesetz über die Möglichkeit der **Neubildung freiwilliger SprAu.** Dies ist nach einhelliger Auffassung jedenfalls dann ausgeschlossen, wenn bereits ein SprAu auf der Grundlage des SprAuG errichtet wurde und der freiwillige SprAu Aufgaben wahrnehmen soll, die nach dem SprAuG den gesetzlichen SprAu zugewiesen sind (*Hromadka* § 1 Rn. 33; MünchArbR/*Joost* § 314 Rn. 47; *Löwisch* Rn. 2; *Martens* NZA 1989, 409, 412; *Wlotzke* DB 1989, 173, 174). Wird trotz Bestehens eines gesetzlichen SprAu zusätzlich ein freiwilliger SprAu gebildet, so liegt hierin ein nach § 34 I Nr. 2 strafbarer Verstoß gegen § 2 III (*Hromadka* vor § 1 Rn. 33; *Löwisch* Rn. 2; *Martens* NZA 1989, 409, 412).

4 Streitig ist die Zulässigkeit freiwilliger SprAu, wenn sich keine Mehrheit der leitenden Angestellten für die Errichtung eines gesetzlichen SprAu findet.

5 Zum Teil wird angenommen, daß § 37 II 2 nur die vorzeitige Amtsbeendigung der ehemals gebildeten freiwilligen SprAu regelt. Ein allgemeines Errichtungsverbot für freiwillige SprAu könne § 37 II 2 nicht entnommen werden. Ein solches verstoße, insb. wegen der Notwendigkeit des Mehrheitsquorums nach § 7 II, gegen die Vereinigungsfreiheit (Art. 9 I GG), die Vertragsfreiheit (Art. 2 I GG) und das Sozialstaatsgebot (Art. 20 GG) (*Bauer* § 1 Anm. 5; *Martens* NZA 1989, 509 ff.).

6 Gegen diese Auffassung spricht, daß § 37 II ausdrücklich bestimmt, daß die Amtszeit **aller freiwilligen SprAu** spätestens am 31. 5. 1990 endet, unabhängig davon, ob bereits ein gesetzlicher SprAu gebildet wurde. Damit macht der Gesetzgeber deutlich, daß der nach dem SprAuG errichtete SprAu entsprechend dem BR ein gesetzliches Vertretungsmonopol besitzt und das ausschließliche Repräsentationsorgan der leitenden Angestellten ist. Die Regelungen des SprAuG als **Organisationsgesetz** sind **zwingend,** so daß die leitenden Angestellten eine Mitbestimmung nur in der gesetzlich vorgesehenen Form realisieren können und kein Raum für die Errichtung freiwilliger SprAu bleibt (*Bauer* NZA 1989, Beil. 1, 20, 21; *Buchner* NZA 1989, Beil. 1, 2, 13; *Engels/Natter* BB 1989, Beil. 8, 27, 28; *Hanau* AuR 1988, 261, 263; *Hromadka* vor § 1 Rn. 33; MünchArbR/*Joost* § 314 Rn. 47; *Löwisch* Rn. 2; *Wlotzke* DB 1989, 173 ff.).

7 Etwas anderes ergibt sich nicht aus der **Rspr. des BAG,** welche die Errichtung freiwilliger SprAu vor Inkrafttreten des SprAuG generell für zulässig erklärte (BAG 19. 2. 1975 AP BetrVG 1972 § 5 Nr. 9). Diese Rspr. stellte entscheidend auf den gesetzlich nicht geregelten Freiraum ab und wies darauf hin, daß der Ausschluß der leitenden Angestellten von jeglicher kollektiver Interessenvertretung gegen das **Sozialstaatsprinzip** verstoßen würde. Da mit Erlaß des SprAuG dieser Freiraum geschlossen wurde, findet diese Rspr. keine Anwendung mehr (ebenso *Borgwardt/Fischer/Janert* § 1 Rn. 12).

8 Ein aus § 37 II 2 abgeleitetes Errichtungsverbot für freiwillige SprAu verstößt nicht **gegen die Vereinigungsfreiheit** aus Art. 9 I GG. Diese steht unter der Schranke des II, wonach ein Schutz nur vorgesehen ist, wenn die Tätigkeit des Vereins nicht den Strafgesetzen zuwiderläuft. Die Errichtung eines außergesetzlichen SprAu würde die Wahl eines gesetzlichen SprAu behindern, denn wenn erkennbar wird, daß einige leitende Angestellte und der AG die Bildung eines freiwilligen SprAu bevorzugen, wird es anderen leitenden Angestellten erschwert, entgegen dieser Präferenz für die Errichtung eines gesetzlichen SprAu einzutreten (s. *Hromadka* vor § 1 Rn. 33; *Löwisch* Rn. 2). Die Notwendigkeit des Mehrheitsquorums bei der Vorabstimmung nach § 7 II 3 und 4 bedeutet auch keinen **unverhältnismäßigen Eingriff in die privatautonome Regelungsbefugnis** von AG und leitenden Angestellten (so aber *Martens* NZA 1989, 409, 412). Dem Mehrheitsquorum liegt die Erwägung zugrunde, daß leitende Angestellte es aufgrund ihrer Position im Betrieb möglicherweise bevorzugen und hierzu auch in der Lage sind, ihre Interessen alleine und ohne eine kollektive Interessenvertretung wahrzunehmen. Es soll nicht einer Minderheit ermöglicht werden, ihnen eine kollektive Interessenvertretung aufzuzwingen (*Hromadka* vor § 1 Rn. 33).

9 Etwas anderes gilt für die Errichtung von freiwilligen SprAu in Unternehmen mit weniger als 10 leitenden Angestellten. Für sie besteht keine gesetzliche Regelung, so daß die Bildung freiwilliger SprAu zulässig ist (*Borgwardt/Fischer/Janert* § 1 Rn. 13; MünchArbR/*Joost* § 314 Rn. 48; *Löwisch* Rn. 2). Von Relevanz ist dies insb. bei konzernabhängigen Unternehmen, wenn in den anderen Konzernunternehmen SprAu gebildet sind. Um ein Mindestmaß an Information und gemeinsamer

Interessenwahrnehmung zu gewährleisten und um diesbezüglich eine Ausklammerung der leitenden Angestellten des betreffenden Konzernunternehmens zu vermeiden, bietet sich hier die Wahl eines freiwilligen SprAu an (*Borgwardt/Fischer/Janert* § 1 Rn. 13). Ihm stehen jedoch nicht die für den kraft Gesetzes errichteten SprAu vorgesehenen Befugnisse zu. Auch durch Vereinbarung mit dem freiwilligen SprAu kann diesem nicht das Recht zugebilligt werden, in den GesamtSprAu oder KonzernSprAu einen Vertreter zu entsenden.

Gleiches gilt für freiwillige Vereinigungen der leitenden Angestellten, die andere als die den gesetz- 10 lichen SprAu zugewiesene Aufgaben wahrnehmen. Zu denken ist beispielsweise an Gesprächskreise und Führungszirkel oder an Pflege und Schulung des Führungsnachwuchses. Auch diesbezüglich sind keine gesetzlichen Regelungen getroffen, so daß diesen Vereinigungen keine rechtlichen Bedenken entgegenstehen (*Engels/Natter* BB 1989 Beil. 8, 27, 28; *Hromadka* vor § 1 Rn. 35; MünchArbR/*Joost* § 314 Rn. 48; *Wlotzke* NZA 1989, 709, 710).

Streitigkeiten über die Zulässigkeit von SprAu, die aufgrund freiwilliger Vereinbarung gebildet 11 werden, sind im Beschlußverfahren nach § 2 a I Nr. 2 ArbGG zu entscheiden. Antragsberechtigt ist ein bereits bestehender SprAu und im Stadium des Wahlverfahrens ein Wahlvorstand. Falls kein SprAu besteht und auch kein Wahlvorstand gebildet wurde, sind einzelne leitende Angestellte (mindestens drei) nach § 8 I 2 analog antragsbefugt (*Hromadka* vor § 1 Rn. 36; *Löwisch* Rn. 3). Keine Antragsbefugnis steht dem BR und dem AG (aA insoweit *Löwisch* Rn. 3) zu, da sie durch die Errichtung freiwilliger SprAu nicht in ihren Rechten verletzt werden (*Hromadka* vor § 1 Rn. 36).

§ 38 Ermächtigung zum Erlaß von Wahlordnungen

Der Bundesminister für Arbeit und Sozialordnung kann durch Rechtsverordnung zur Regelung des Wahlverfahrens Vorschriften über die in den §§ 3 bis 8, 20 und 33 bezeichneten Wahlen erlassen, insbesondere über
1. die Vorbereitung der Wahl, insbesondere die Aufstellung der Wählerlisten;
2. die Frist für die Einsichtnahme in die Wählerlisten und die Erhebung von Einsprüchen gegen sie;
3. die Vorschlagslisten und die Frist für ihre Einreichung;
4. das Wahlausschreiben und die Fristen für seine Bekanntmachung;
5. die Stimmabgabe;
6. die Feststellung des Wahlergebnisses und die Fristen für seine Bekanntmachung;
7. die Aufbewahrung der Wahlakten.

Der BMA hat von der Ermächtigung in § 38 durch Erlaß der „Wahlordnung zum Sprecheraus- 1 schußgesetz" (Erste Verordnung zur Durchführung des Sprecherausschußgesetzes) vom 28. 9. 1989 (BGBl. I S. 1798), die am 6. 10. 1989 in Kraft getreten ist, Gebrauch gemacht.

§ 39 Berlin-Klausel *(gegenstandslos)*

600. Tarifvertragsgesetz
(TVG)

In der Fassung vom 25. August 1969 (BGBl. I S. 1323)

Geändert durch Heimarbeitsänderungsgesetz vom 29. Oktober 1974 (BGBl. I S. 2879) mit Maßgabe für das Gebiet der ehem. DDR durch Anlage I Kapitel VIII Sachgebiet A Abschnitt III Nr. 14 des Einigungsvertrages vom 31. 8. 1990 (BGBl. II S. 889)

(BGBl. III/FNA 802-1)

Schrifttum: *Däubler,* Tarifvertragsrecht, 3. Aufl. 1993; *Gamillscheg,* Kollektives Arbeitsrecht, Grundlagen, Koalitionsfreiheit, Tarifvertrag, Arbeitskampf und Schlichtung, 1997; *Hromadka/Maschmann/Wallner,* Der Tarifwechsel, 1996; *Kempen/Zachert,* Tarifvertragsrecht, 3. Aufl. 1997; *Löwisch/Rieble,* Tarifvertragsgesetz, 1992; *Stein,* Tarifvertragsrecht, 1997; *Wiedemann/Oetker/Wank,* Tarifvertragsgesetz, 6. Aufl. 1999.

§ 1 Inhalt und Form des Tarifvertrages

(1) Der Tarifvertrag regelt die Rechte und Pflichten der Tarifvertragsparteien und enthält Rechtsnormen, die den Inhalt, den Abschluß und die Beendigung von Arbeitsverhältnissen sowie betriebliche und betriebsverfassungsrechtliche Fragen ordnen können.

(2) Tarifverträge bedürfen der Schriftform.

A. Abschluß und Beendigung des Tarifvertrages

I. Normativer und obligatorischer Teil

1 **1. Begriff. a)** Der Tarifvertrag regelt in seinem obligatorischen Teil die Rechte und Pflichten der Tarifvertragsparteien (Rn. 3). Er enthält in seinem normativen Teil Rechtsnormen, die den Inhalt, den Abschluß und die Beendigung von Arbeitsverhältnissen der Tarifunterworfenen sowie betriebliche und betriebsverfassungsrechtliche Fragen ordnen können.

2 **b) Der Tarifvertrag ist ein Vertrag.** „Das geltende Schuldrecht beruht auf dem Gedanken, die Vertragsgerechtigkeit sei in aller Regel dadurch gewährleistet, daß gleich starke Vertragspartner jeweils in Wahrnehmung der eigenen Interessen im Wege des Aushandelns einen billigen Ausgleich schaffen" (BAG 22. 12. 1970 AP BGB § 305 Billigkeitskontrolle Nr. 2). Umstr. ist, ob ein Vorvertrag zu einem Tarifvertrag zulässig ist und dieser bereits als Tarifvertrag zu qualifizieren ist. Ein Vorvertrag wird allgemein bejaht *(Gamillscheg* KollArbR § 13 I 3). Die Parteien können sich mithin verpflichten, einen noch nicht abgeschlossenen Verbandstarifvertrag zu übernehmen (BAG 19. 10. 1976 AP TVG § 1 Form Nr. 6). Vgl. Rn. 58, 59.

3 **2. Tarifvertragsparteien. a)** Wer Tarifvertragspartei sein kann, ergibt sich aus § 2 TVG. Tarifvertragsparteien können sein Gewerkschaften und AGVerbände sowie der einzelne AG. Tritt eine Spitzenorganisation auf, kann sie Tarifvertragspartei sein. Sie kann aber auch in Vertretung der ihnen angeschlossenen Verbände handeln, dann sind diese Tarifvertragsparteien.

4 **b)** Auf beiden Seiten des Tarifvertrages können ein oder mehrere Tarifvertragsparteien auftreten. Es entsteht ein ein- oder mehrgliedriger Tarifvertrag. Ein mehrgliedriger Tarifvertrag entsteht, wenn *(1)* auf einer Seite mehrere Tarifvertragsparteien auftreten; zB haben die Tarifgemeinschaft deutscher Länder und die Vereinigung kommunaler AGVerbände den BAT geschlossen; *(2)* eine Spitzenorganisation für mehrere Verbände einen Tarifvertrag abschließt (§ 2 II TVG) oder *(3)* eine weitere Partei sich einem Tarifvertrag anschließt.

5 **c)** Bei mehrgliedrigen Tarifverträgen ist jeweils davon auszugehen, daß mehrere selbständige Tarifverträge gewollt sind, auch wenn sie in einer Urkunde zusammengefaßt sind. Diese Auslegungsregel ist gerechtfertigt, weil nicht angenommen werden kann, daß eine Organisation sich in ihrer Tarifmacht dadurch beschränken will, daß sie die Herrschaft über den Tarifvertrag durch Kündigung, Aufhebung nur gemeinsam mit einer anderen Tarifvertragspartei ausüben will (BAG 8. 9. 1976 AP TVG § 1 Form Nr. 5; 28. 9. 1977 AP TVG 1969 § 9 Nr. 1). Die Auslegungsregel ist dann nicht gerechtfertigt, wenn die Parteien die mehrgliedrigen Tarifverträge in ihrem Bestand voneinander abhängig machen, dh., wenn der Bestand des einen Tarifvertrages zur Bedingung für den Bestand des anderen gemacht wird.

Ferner können sich die Tarifvertragsparteien einer Seite gesellschaftsrechtlich verbinden und dann einen Tarifvertrag abschließen. Dies geschieht gelegentlich bei der Vereinbarung von Schlichtungsabkommen zur Vermeidung von Arbeitskämpfen.

3. Vertragsschluß. a) Der Vertragsschluß erfolgt nach den Regeln der §§ 145 ff. BGB. Zumeist **6** wird das Nacheinander von Angebot und Annahme dadurch modifiziert, daß die Tarifvertragsparteien (Verhandlungskommissionen) einen Tarifwortlaut festlegen und sich dann wechselseitig Fristen für die Erklärung der Annahme setzen. Dieses Verfahren ermöglicht, Tarifkommissionen einzuschalten. Einen Anspruch auf Abschluß eines Tarifvertrages erwächst grundsätzlich nicht. Etwas anderes kann nur dann gelten, wenn ein Vorvertrag (Rn. 2) abgeschlossen wird, aus dem sich die Verpflichtung zum Abschluß des Tarifvertrages ergibt. Der Tarifvertrag wird erst wirksam, wenn die letzte Unterschrift unter den Tarifvertrag vollzogen ist (*Schaub* ZTR 1997, 481).

b) Die Tarifverträge werden regelmäßig durch die gesetzlichen Vertreter oder sonstige satzungsmä- **7** ßigen Vertreter der Tarifvertragsparteien abgeschlossen. Nach § 26 Abs. 2 Satz 2 BGB kann die Vertretungsmacht in der Satzung mit Wirkung gegen Dritte beschränkt werden. Nach wohl hM wird im Falle der Einschränkung die Tariffähigkeit verloren (§ 2 Rn. 18 ff.). Möglich ist aber, daß der Abschluß eines Tarifvertrages an die Zustimmung eines besonderen Organs geknüpft wird, zB einer Tarifkommission. Nach § 40 BHO, § 4 HaushaltsgrundsätzeG (HGrG) und den entsprechenden Vorschriften der Landeshaushaltsordnungen bedürfen ausgabenwirksame Tarifverträge der Zustimmung des Finanzministers. Die Tarifvertragsparteien können sich zum Abschluß von Tarifverträgen besonderer Verhandlungsführer oder dritter Personen bedienen. Insoweit gelten die Regeln der §§ 164 ff. BGB (BAG 24. 11. 1993 und 10. 11. 1993 AP TVG § 1 Tarifverträge Einzelhandel Nr. 39, 43). Aus der Urkunde muß sich das Verhandeln als Vertreter zweifelsfrei ergeben (BAG 12. 2. 1997 AP TVG § 2 Nr. 46 = BB 1997, 1748). Die Vollmacht bedarf keiner Form.

c) Im Falle eines Einigungsmangels sind die Regelungen der §§ 154, 155 BGB nicht anzuwenden. **8** Das verträgt sich nicht mit dem Vertrauensschutz der Normunterworfenen (BAG 9. 3. 1983, 30. 5. 1984, 24. 2. 1988 AP Nr TVG § 1 Auslegung; § 9 Nr. 3; § 1 Tarifverträge: Schuhindustrie Nr. 2).

d) Irren sich die Tarifvertragsparteien bei Vertragsabschluß, so sind §§ 119, 123 BGB anzuwenden **9** (*Kempen/Zachert* § 4 Rn. 48; *Löwisch/Rieble* LR § 1 Rn. 355; aA *Wiedemann/Oetker/Wank* § 1 Rn. 210; offen gelassen BAG 19. 10. 1976 AP TVG § 1 Form). Die Anfechtung wirkt aber aus Gründen des Vertrauensschutzes nicht zurück (§ 142 Abs. 1 BGB). Die Normwirkung des Tarifvertrages verbietet eine Rückwirkung der Anfechtung. Ein anfechtbarer Tarifvertrag kann von den Tarifvertragsparteien bestätigt werden (§ 144 BGB). Die Bestätigung kann konkludent erfolgen. Im allgemeinen wird eine konkludente Bestätigung gegeben sein, wenn eine Tarifvertragspartei den Tarifvertrag in Kenntnis des Irrtums durchführt.

4. Schriftform. a) Tarifverträge bedürfen der Schriftform (§ 1 Abs. 2 TVG). Dasselbe gilt für **10** Änderungstarifverträge. Das Schriftformerfordernis dient der Normenklarheit (BAG 9. 7. 1980 AP TVG § 1 Form Nr. 7 = NJW 1981, 1574; 18. 12. 1982 Nr. 8 = BB 1983, 1344). Da der Tarifvertrag keiner Verkündung bedarf, müssen die Normunterworfenen sich über den Inhalt ihres Tarifvertrages aus einer Urkunde unterrichten können. Vielfach werden die Tarifverträge namentlich im öffentlichen Dienst mit großer Verspätung unterschrieben. Sie werden erst mit der letzten Unterschrift wirksam (BAG 9. 7. 1997 AP BAT 1975 Nr. 233 = NZA 1998, 494). Ist ein Tarifvertrag wirksam gekündigt, stellt eine spätere Vereinbarung der Tarifvertragsparteien über die Fortgeltung des Tarifvertrags einen Neuabschluß dar, der der Schriftform bedarf (LAG Köln 2. 8. 1999 ZTR 2000, 25).

b) Dem Schriftformerfordernis genügt auch die Bezugnahme auf eine andere Rechtsnorm und zwar **11** sowohl dann, wenn eine konkrete andere Rechtsnorm (statische Verweisung) in Bezug genommen ist als auch dann, wenn auf die Rechtsnorm in ihrer jeweiligen Fassung (dynamische Verweisung) verwiesen worden ist (BAG 10. 11. 1982 AP TVG § 1 Form Nr. 8 = BB 1983, 1344). Die andere Rechtsnorm muß nur jeweils hinreichend bestimmt sein (BAG 9. 7. 1980 AP TVG § 1 Form Nr. 7 = NJW 1981, 1574). Es ist eine Verweisung möglich auf das Gesetz, eine RechtsVO, Verwaltungsvorschriften (BAG 9. 2. 1982, 28. 7. 1988, 15. 11. 1985, 24. 9. 1986 AP TVG § 1 Durchführungspflicht Nr 1; AP TV Arb Bundespost: Arbeitszeit Nr 1; AP BAT § 17 Nr 14; AP FeiertagslohnzahlungsG § 1 Nr. 50) oder einen anderen Tarifvertrag. Verweist ein Haustarifvertrag auf die jeweiligen Bestimmungen des BAT, so sind damit auch die Sonderregeln in Bezug genommen (BAG 8. 3. 1995 AP TVG § 1 Verweisungstarifvertrag Nr. 5 = NZA 1996, 947). Durch die Verweisung wird die Normenklarheit nicht berührt, wenn die andere Rechtsnorm schriftlich niedergelegt ist.

c) Umstritten ist, ob auch ein Aufhebungstarifvertrag der Schriftform bedarf. Das BAG hat dies **12** verneint (BAG 8. 9. 1976 AP TVG § 1 Form Nr. 5), weil durch ihn die Normenklarheit nicht berührt wird. Dagegen hat das BAG für die Aufhebung einer Betriebsvereinbarung durch eine Regelungsabrede Zweifel angemeldet (BAG 27. 6. 1985 AP BetrVG 1972 § 77 Nr. 14 = NZA 1986, 401; 20. 11. 1990 EzA BetrVG 1972 § 77 Nr. 37). Das Schrifttum bejaht überwiegend die Notwendigkeit der

Schriftform (*Gamillscheg* KollArbR § 13 II 1 a; *Kempen/Zachert* § 4 Rn. 53; *Wiedemann/Oetker/ Wank* § 1 Rn. 359.

13 d) Genügt der Tarifvertrag dem Schriftformerfordernis nicht, so ist er nichtig (§ 125 Satz 1 BGB). Der Verstoß gegen das Formgebot kann auch nicht durch die Berufung auf Treu und Glauben geheilt werden (BAG 21. 3. 1973 AP TVG § 4 Geltungsbereich Nr. 12 = NJW 1973, 1343). Genügt ein Tarifvertrag nur teilweise dem Schriftformerfordernis nicht, bleibt hiervon die Wirksamkeit des übrigen Teils unberührt, soweit der verbleibende Rest noch für sich zu einem sinnvollen Ergebnis führt.

14 5. **Auslegung von Tarifverträgen.** Zu unterscheiden ist zwischen dem schuldrechtlichen und dem normativen Teil des Tarifvertrags. Durch den schuldrechtlichen Teil werden Interessen Dritter nur selten berührt, so daß die Grundsätze der Vertragsauslegung gelten. Für den normativen Teil müssen andere Grundsätze gelten (Übersichten *Schaub* NZA 1994, 597; *Wank* RdA 1998, 71). Für die Auslegung stehen sich die subjektive und die objektive Auslegungstheorie gegenüber. Die subjektive Theorie will auf den Willen der Tarifvertragsparteien abstellen, weil dies am besten der Tarifvertragsautonomie genügt (*Däubler* Rn. 134). Die objektive Auslegungstheorie zerfällt in die Theorie der gesetzlichen Auslegung und der vertraglichen Auslegung. Nach der Auslegungstheorie, die sich an der gesetzlichen Auslegung orientiert, sind Tarifverträge wie Gesetze auszulegen. Dagegen geht die Vertragstheorie davon aus, daß Tarifverträge auf einem Kompromiß der Tarifvertragsparteien beruhen und damit auch die für die objektive Vertragsauslegung anzuwendenden Regelungen eingreifen. Das BAG folgt im wesentlichen der gesetzlichen Auslegungstheorie (BAG 30. 9. 1971 AP TVG § 1 Auslegung Nr. 121; 12. 9. 1984 Nr. 135 = NZA 1985, 160).

15 Für die Auslegung von Tarifverträgen geht das BAG seit der Entscheidung vom 12. 9. 1984 (AP Nr. 135) von folgenden Rechtsgrundsätzen aus:

„Bei der Tarifauslegung ist über den reinen Tarifwortlaut hinaus der wirkliche Wille der Tarifvertragsparteien zu berücksichtigen, wie er in den tariflichen Normen seinen Niederschlag gefunden hat. Hierzu ist auch auf den tariflichen Gesamtzusammenhang abzustellen. Für die bei Zweifeln darüber hinaus mögliche Heranziehung weiterer Auslegungskriterien (Tarifgeschichte, praktische Tarifübung und Entstehungsgeschichte des Tarifvertrages) gibt es keinen Zwang zu einer bestimmten Reihenfolge. Die Auffassung der beteiligten Berufskreise" ist kein selbständiges Auslegungskriterium (Aufgabe von BAG 18, 278 = AP TVG § 1 Auslegung Nr. 117)".

16 6. **Die einzelnen Auslegungsmerkmale. a)** Maßgebend ist zunächst der von den Tarifvertragsparteien verwandte Sprachgebrauch. Im Bereich des Baugewerbes ist zB ein eigener Begriff des Betriebes entwickelt worden. Soweit sich die Tarifvertragsparteien der juristischen Fachsprache bedienen, ist davon auszugehen, daß sie diese im Umfang der Fachsprache verwenden (zB BAG 19. 8. 1987 AP TVG § 1 Tarifverträge: Fernverkehr Nr. 3 = NZA 1988, 168). Schließlich ist abzustellen auf den allgemeinen Sprachgebrauch, der nach Grammatiken, Lexika und Wörterbüchern zu erschließen ist. Vielfach definieren die Tarifvertragsparteien bestimmte tarifliche Begriffe im Text. Es finden sich aber auch häufig, namentlich im Bereich des BAT, Protokollnotizen oder Bemerkungen, die den Rang von Tarifverträgen haben. Bei Redaktionsversehen ist auf das wirklich Gewollte abzustellen (BAG 31. 10. 1990 AP TVG § 1 Tarifverträge: Presse Nr. 11 = NZA 1991, 201; 18. 5. 1994 AP BAT 1975 §§ 22, 23 Nr. 175).

17 b) **Systematischer Zusammenhang.** Tarifverträge sind aus dem systematischen Zusammenhang auszulegen. Im allgemeinen ist davon auszugehen, daß die Tarifverträge einen Begriff im gesamten Tarifvertrag mit sich selbst identisch verwenden. Eine Besonderheit besteht in Eingruppierungsprozessen. Haben die Tarifvertragsparteien abstrakten Tatbestandsmerkmalen einzelne Beispiele zugeordnet, so ist davon auszugehen, daß dann, wenn die Beispielstätigkeit vorliegt, auch die allgemeinen Merkmale gegeben sind. Nur dann, wenn in den tariflichen Beispielen selbst wieder unbestimmte Rechtsbegriffe enthalten sind, die aus sich nicht ausgelegt werden können, ist wieder auf den Oberbegriff zurückzugreifen (BAG 21. 10. 1987 AP TVG § 1 Tarifverträge: Druckindustrie Nr. 19; 8. 2. 1984 = AP TVG § 1 Auslegung Nr. 134). In die Auslegung nach dem Gesamtzusammenhang sind alle Tarifverträge derselben Tarifvertragspartei für denselben fachlichen Geltungsbereich einzubeziehen. Dies gilt insbesondere für Einzeltarifverträge und Manteltarifverträge (BAG 20. 4. 1988 AP TVG § 1 Tarifverträge: Bau Nr. 95; 15. 5. 1991 AP TVG § 1 Metallindustrie Nr. 97 = NZA 1991, 855). Dagegen sind zwingende Schlüsse im allgemeinen nicht aus verwandten Tarifverträgen eines anderen Geltungsbereiches abzuleiten, zB Bautarifvertrag und Dachdeckertarifvertrag (BAG 31. 10. 1984 AP TVAL II § 42 Nr. 3).

18 c) **Zweck.** Von besonderer Bedeutung ist, welchen Zweck die Tarifvertragsparteien mit der Norm im Einzelfall oder dem Normenkomplex verfolgen. Insoweit ist auch darauf Bedacht zu nehmen, daß die Tarifvertragsparteien eine vernünftige und praktisch brauchbare Regelung treffen wollen, so daß derjenigen Auslegung der Vorzug zu geben ist, die diesen Anforderungen des Arbeitslebens am besten entspricht (BAG 9. 3. 1983 AP TVG § 1 Auslegung Nr. 128). Dagegen ist eine Auslegungsregel ungeeignet, einen Tarifvertrag nach arbeitsrechtlichen Schutzprinzipien danach auszulegen, was für den AN am günstigsten ist (*Däubler* Rn. 151; *Kempen/Zachert* Einleitung Rn. 257). Durch ein derartiges Auslegungsprinzip wird gegen die Neutralität verstoßen. Es ist auch nicht einzusehen, daß allein die AGSeite das Risiko unklarer Tarifverträge zu tragen hat (*Löwisch/Rieble* § 1 Rn. 403).

d) **Entstehungsgeschichte.** Vielfach kann aus der Entstehungsgeschichte des Tarifvertrages auf das 19 Gewollte geschlossen werden. Haben die Tarifvertragsparteien über einen längeren Zeitraum eine tarifliche Regelung beibehalten, ist davon auszugehen, daß sich ein fester Begriffsinhalt gebildet hat. Dies gilt insbesondere dann, wenn zur Auslegung des Tarifvertrages Rechtsprechung ergangen ist. Praktizieren die Tarifvertragsparteien einen Tarifvertrag in einem bestimmten Sinne, kann angenommen werden, daß sie von diesem Inhalt ausgehen. Insoweit kann die tarifliche Übung eine Auslegungshilfe darstellen. Dagegen kann die Tarifpraxis nach Abschluß des Tarifvertrages kein geeignetes Auslegungsmittel abgeben, weil die Handhabung auch falsch sein kann. Dies gilt insbesondere für Haustarifverträge.

e) **Rechtskonforme Auslegung.** Tarifverträge haben höherrangiges Recht zu beachten. Führt eine 20 von mehreren Auslegungen zur Verfassungswidrigkeit eines Tarifvertrages, so ist die verfassungskonforme Auslegung zu wählen. Auch im übrigen ist die Auslegung zu wählen, die verfassungsrechtlich geschützte Rechtsgüter am wenigsten beeinträchtigt (BAG 21. 7. 1988 AP TVG § 1 Rückwirkung Nr. 10). Soweit europäisches Recht dem Tarifvertrag Vorgaben macht, ist die europaverfassungskonforme Auslegung zu wählen. Dies gilt zB für die Lohngleichheit (EuGH 27. 10. 1993 AP EWG-Vertrag Art. 119 Nr. 50 = NZA 1994, 727; 31. 5. 1995 – RS.C – 400/93 – BB 1995, 1484 = DB 1995, 1615). Im übrigen ist das Verhältnis von Tarifrecht und Europarecht noch weitgehend ungeklärt (vgl. Vorbem. 13 zu EU-V). Einfaches Gesetzesrecht geht dem Tarifrecht vor. Tarifverträge sind mithin gesetzeskonform auszulegen. Tarifverträge haben dagegen dann Vorrang, wenn es sich um dispositives oder tarifdispositives Recht handelt (BAG 10. 8. 1967 AP BUrlG § 13 Nr. 9). Ergänzt ein Tarifvertrag die gesetzliche Regelung, ist anzunehmen, daß die Grundsätze der gesetzlichen Regelung auch für die tarifliche Regelung gelten. Wiederholt eine tarifliche Regelung die gesetzliche Regelung, können zwei Möglichkeiten gewollt sein. Es kann eine deklaratorische Verweisung gewollt sein, nach der die gesetzliche Regelung nur zur Information wiederholt wird. Es kann aber auch eine konstitutive Regelung gewollt sein, wonach die Tarifvertragsparteien die gesetzliche Regelung als eigene wollen. Der Meinungsstreit hat hat vor allem bei der Änderung von § 622 BGB und der Absenkung der Entgeltfortzahlung von 100% auf 80% eine Rolle gespielt (BAG 29. 8. 1991 AP BGB § 622 Nr. 32 = NZA 1992, 166; 21. 3. 1991 AP BGB § 622 Nr. 31 = NZA 1991, 803; 4. 3. 1993 AP Nr. 40 = NZA 1993, 995; AP Nr. 42 = NJW 1994, 1302 = NZA 1994, 221; 5. 10. 1995 – AP BGB § 622 Nr. 48 = NZA 1996, 539).

7. Ergänzende Auslegung. a) Treten in einem Tarifvertrag Lücken auf, so können die Tarifvertrags- 21 parteien eine verbindliche Interpretation herbeiführen, indem sie die Lücke schließen (BAG 23. 10. 1991 AP TVG § 1 Auslösung Nr. 26 = NZA 1992, 420). Dies kann auch im Wege der Schlichtung geschehen.

b) Besteht eine Tariflücke, so ist umstritten, in welchem Umfang eine ergänzende richterliche Aus- 22 legung zulässig ist (*Schlachter*, FS für Schaub, S. 651, 659 ff.). Bei bewußten Regelungslücken ist eine ergänzende richterliche Auslegung unzulässig (BAG 10. 11. 1982 AP BAT 1975 §§ 22, 23 Nr. 69; 23. 9. 1981 AP BGB § 611 Lehrer, Dozenten Nr. 19). Eine bewußte Regelungslücke ist dann gegeben, wenn die Tarifvertragsparteien das Fehlen einer tariflichen Regelung erkannt haben.

c) Bei unbewußten Regelungslücken wird teilweise angenommen, daß auch insoweit die ergän- 23 zende Auslegung ausgeschlossen ist (*Schlachter*, FS für Schaub, S. 651, 659ff.). Nach anderer Auffassung haben die Gerichte eine ergänzende Auslegung vorzunehmen. Sie haben die Regelungslücke zu schließen, wie die Tarifvertragsparteien sie geschlossen hätten, wenn sie an die Regelung gedacht hätten. Das Gericht kann sich einer Entscheidung nicht entziehen; die Ausschließung der ergänzenden Vertragsauslegung kann zu Ungerechtigkeiten führen, wenn sich die Tarifvertragsparteien nicht kurzfristig zu Regelungen durchringen. Es wird zu unterscheiden sein, ob der ganze Tarifvertrag unwirksam ist oder nur ein Teil. Bei völliger Unwirksamkeit wird eine ergänzende Vertragsauslegung nicht in Betracht kommen. Anders ist es bei teilweiser Unwirksamkeit. Eine Verletzung der Tarifautonomie kann kaum angenommen werden, da die Tarifvertragsparteien jeder Zeit zu eigenen Regelungen kommen können. Zu unbewußten Regelungslücken kann es kommen, wenn die Tarifvertragsparteien einen Regelungsbedarf nicht erkannt haben oder eine tarifliche Regelung wegen Verstosses gegen höherrangiges Recht unwirksam ist. Es müssen aber Anhaltspunkte zu finden sein, wie die Tarifvertragsparteien eine Regelung vorgenommen hätten (BAG 23. 9. 1981 AP BGB § 611 Lehrer, Dozenten Nr. 19; 6. 2. 1985 AP TVG § 1 Tarifverträge: Textilindustrie Nr. 3; 24. 5. 1978 AP TVG § 1 Tarifverträge: Metallindustrie Nr. 6; 21. 3. 1991 AP BGB § 622 Nr. 29 = NJW 1991, 3170 = NZA 1991, 797).

8. Auslegung des schuldrechtlichen Teils. a) Die schuldrechtlichen Bestimmungen von Tarifver- 24 trägen werden nach den Auslegungsgrundsätzen von §§ 133, 157 BGB ausgelegt. Insoweit handelt es sich um Vertragsrecht, bei dem das Vertrauensinteresse der Normunterworfenen zurücktritt. Es gilt also auch die falsa demonstratio Regelung.

25 b) Nur dann sind auch die schuldrechtlichen Regelungen nach den Methoden der Gesetzesauslegung zu behandeln, wenn durch sie Dritte begünstigt werden (BAG 5. 11. 1997 AP TVG § 1 Nr. 29 = NZA 1998, 654).

26 c) Für den schuldrechtlichen Teil gelten auch die Regelungen der ergänzenden Vertragsauslegung (BAG 8. 11. 1972 AP BGB § 157 Nr. 3 = NJW 1973, 822). Allerdings gelten auch hier die Grundsätze der Tarifautonomie. Jedoch hat das allgemeine Vertragsrecht den Vorrang. Gleichwohl darf die Auslegung nicht gegen den erklärten Willen der Tarifvertragspartner erfolgen BAG 5. 11. 1997 AP TVG § 1 Nr. 29 NZA 1998, 654).

27 **9. Prozessuale Fragen.** Die Auslegung hat als Rechtsanwendung durch die Gerichte zu erfolgen. Die dafür anzuwendenden Tatsachen hat das Gericht zu ermitteln (vgl. BAG 25. 8. 1982 AP BGB § 616 Nr. 55). Unzulässig ist dagegen die Einholung von Gutachten der Tarifvertragsparteien (BAG 16. 10. 1985 AP BAT 1975 §§ 22, 23 Nr. 108). In der Revisionsinstanz kann das Gericht die Auslegung voll überprüfen (BAG 10. 10. 1957 AP TVG § 1 Nr. 12; 13. 6. 1996 AP TVG § 1 Tarifverträge: Lufthansa Nr. 21). Streiten die Tarifvertragsparteien über die Auslegung, ist eine Feststellungsklage möglich (BAG 17. 6. 1997 ArbGG 1979 § 72 a Grundsatz Nr. 51).

II. Die Auslegung einzelner Tarifklauseln

28 **1. Altersgrenze.** Vgl. zusammenfassend bei *Müller-Glöge* § 620 BGB Rn. 97.

29 **2. Annahmeverzug.** Die Regeln des Annahmeverzuges enthalten dispositives Recht. Die Tarifverträge können die Voraussetzungen und die Rechtsfolgen des Annahmeverzuges regeln (BAG 8. 12. 1982 AP BGB § 616 Nr. 58). Dies gilt insbesonders auch für das Betriebsrisiko (BAG 6. 11. 1968 AP BGB § 615 Betriebsrisiko Nr. 16; 30. 1. 1991 AP BGB § 615 Betriebsrisiko Nr. 33) sowie das Arbeitskampfrisiko (BAG 22. 12. 1980 AP GG Art. 9 Arbeitskampf Nr. 70 = NJW 1981, 937).

30 **3. Arbeitsverhinderung.** Die Regelungen über die Arbeitsverhinderung sind dispositiv (BAG 8. 12. 1982 AP BGB § 616 Nr. 58). Sie können insbesondere enumerativ aufzählen, in welchen Fällen Entgeltfortzahlung geleistet werden muß (BAG 25. 8. 1982 AP BGB § 616 Nr. 55; 4. 9. 1985 AP BMTG II § 29 Nr. 1).

31 **4. Besetzungsregelungen.** Sie kommen als qualitative vor, indem sie dem AG vorschreiben, welche Qualifikation der AN haben muß, und als quantitative, indem sie vorschreiben, wieviel AN an einem bestimmten Arbeitsplatz beschäftigt werden müssen. Ihre Zulässigkeit ist verfassungsrechtlich umstritten. Mit qualitativen Besetzungsregelungen wird ein bestimmter Ausbildungsstand der AN bezweckt und die Arbeit bestimmten ANGruppen vorbehalten; mit quantitativen Besetzungsregelungen wird zumeist ein Rationalisierungsschutz bezweckt. Beide Regelungen unterliegen der Rechtskontrolle nach Art. 12 GG, weil in die Arbeitsplatzwahlfreiheit Dritter eingegriffen wird. Sie sind zumeist Betriebsnormen (BAG 26. 4. 1990 AP GG Art. 9 Nr. 57 = NZA 1990, 850). Für sie muß ein sachlicher Grund gegeben sein. Sachgerecht ist der Schutz vor Arbeitslosigkeit (BAG 13. 9. 1983 AP TVG § 1 Tarifverträge: Druckindustrie Nr. 1). Inwieweit beschäftigungspolitische Zielsetzungen verfolgt werden können, wenn nur Fachkräfte der Druckindustrie beschäftigt werden dürfen, um eine Korrektur für überflüssig gewordene Arbeitsplätze zu betreiben, ist umstritten (vgl. BAG 13. 9. 1983 AP TVG § 1 Tarifverträge: Druckindustrie; 26. 4. 1990 AP GG Art. 9 Nr. 57 = NZA 1990, 850; 22. 1. 1991 AP GG Art. 12 Nr. 67 = NZA 1991, 675).

32 **5. Differenzierungsklauseln.** Sie verbieten als Tarifausschlußklauseln dem AG an Nichtorganisierte tarifliche Leistungen zu gewähren und gebieten als Spannenklauseln, daß bei zusätzlichen Leistungen an Nichtorganisierte den Organisierten eine höhere Leistung erbracht werden muß. Soweit die Arbeitsverhältnisse der Außenseiter beeinflußt werden, fehlt den Tarifvertragsparteien schon die Regelungsmacht (BAG GS 29. 11. 1967 AP GG Art. 9 Nr. 13).

33 **6. Effektivklauseln.** a) Erbringt der AG übertarifliche Leistungen und erhöhen sich nachträglich die tariflichen Leistungen, so stellt sich die Frage, ob und inwieweit der AG die vertraglichen mit den tariflichen Erhöhungen verrechnen kann. Die Tarifvertragsparteien haben versucht, das Verhältnis von vertraglichen und tariflichen Leistungen durch Effektivklauseln zu regeln. Die Effektivgarantieklausel bezweckt den Schutz des Tarifrechtes auf übertarifliche Leistungen zu erstrecken, indem sie zum Bestandteil des Tarifvertrages gemacht werden. Die begrenzte Effektivklausel bestimmt, daß die Tariflohnerhöhung voll wirksam wird. Besitzstandsklauseln verbieten dem AG die einseitige Kürzung oder Anrechnung übertariflicher Entgelte aus Anlaß der Tariflohnerhöhung. Verdienstsicherungsklauseln schützen den Gesamtverdienst als Tarifentgelt und übertarifliche Zulage vor Verschlechterung, jedoch nicht vor Aufzehrung bei Tariflohnerhöhung. Die negative Effektivklausel oder Anrechnungsklausel bestimmt, daß übertarifliche Entgelte von der Anrechnungsklausel aufgezehrt werden.

A. Abschluß und Beendigung des Tarifvertrages § 1 TVG 600

b) Das BAG hält die Effektivgarantieklausel (BAG 13. 6. 1958 AP TVG § 4 Effektivklausel Nr. 2) **34**
und die begrenzte Effektivklausel für unwirksam (BAG 14. 2. 1968 AP TVG § 4 Effektivklausel
Nr. 7; 21. 7. 1993 AP TVG § 1 Auslegung Nr 144). Dagegen hält es Besitzstandsklauseln (BAG 5. 9.
1985 AP TVG § 4 Besitzstand Nr. 1 = NZA 1986, 472), Verdienstsicherungsklauseln (BAG 16. 4.
1980 AP TVG § 4 Effektivklauseln Nr. 9; 28. 5. 1980 AP TVG § 1 Tarifverträge Metallindustrie Nr. 8;
15. 5. 1991 AP TVG § 1 Metallindustrie Nr. 97 = NZA 1991, 855) und Anrechnungsklauseln (BAG
18. 8. 1971 AP TVG § 4 Effektivklauseln Nr. 8) für zulässig. (Zusammenfassung der Rechtsprechung:
BAG 16. 9. 1987 AP TVG § 4 Effektivklausel Nr. 15 = NZA 1988, 29).

7. Formvorschriften. Tarifverträge können Formvorschriften für die Begründung, den Inhalt oder **35**
die Beendigung des Arbeitsvertrages vereinbaren. Die Formvorschriften können insoweit Abschluß-,
Inhalts- oder Beendigungsnormen sein. Im allgemeinen werden für die Begründung des Arbeitsverhältnisses keine konstitutiven Formvorschriften vereinbart, weil sie bei deren Verletzung zur Unwirksamkeit des Arbeitsvertrages führen. Regelmäßig werden daher nur für Nebenabreden Formvorschriften vereinbart. Was Nebenabreden sind, ist umstritten. Der Vierte Senat hat darunter Abreden
verstanden, die nicht im Austauschverhältnis von Entgelt gegen Arbeitsleistung stehen (BAG 9. 12.
1981 AP BAT § 4 Nr. 8). Der Dritte Senat hat darunter irreguläre Arbeitsbedingungen verstanden, um
eine einheitliche Verwaltung zu gewährleisten (BAG 12. 7. 1983 AP BAT § 17 Nr. 9; 7. 9. 1983 AP TV
Arbeiter Bundespost § 3 Nr. 1; 3. 8. 1982 AP BGB § 242 Betriebliche Übung Nr. 12). In jedem Fall
sind die tariflichen Formvorschriften gesetzliche Formvorschriften (BAG 6. 9. 1972 AP BAT § 4
Nr. 2). Nach § 2 NachwG sind die wesentlichen Vertragsbedingungen schriftlich niederzulegen. Von
dieser deklaratorischen Formvorschrift kann nicht durch Tarifvertrag abgewichen werden (§ 5
NachwG).

8. Gewerkschaftliche Vertrauensleute. Sie sollen die Gewerkschaftsmitglieder in den Betrieben **36**
betreuen, neue Mitglieder werben und die Gewerkschaftsziele in den Betrieben durchsetzen. Ihre
Arbeit ist von der Koalitionsfreiheit garantiert (BAG 8. 12. 1978 AP GG Art. 9 Nr. 28). Ob und in
welchem Umfang das Arbeitsverhältnis der gewerkschaftlichen Vertrauensleute geregelt werden kann,
ist umstritten (*Gamillscheg* S. 160 ff.). Unzulässig werden betriebsverfassungsrechtliche Normen für
gewerkschaftliche Vertrauensleute sein, weil für Organisierte keine besondere Betriebsverfassung
aufgebaut werden kann. Die Gewerkschaften haben keinen gesetzlichen Anspruch gegenüber den
AGn, die Wahlen der gewerkschaftlichen Vertrauensleute im Betrieb durchführen zu lassen (BAG
8. 12. 1978 AP GG Art. 9 Nr. 28). Dagegen wird eine Freistellung von der Arbeit unter Entgeltfortzahlung (ArbG Kassel 5. 8. 1976 EzA GG Art. 9 Nr. 18 = DB 1976, 1675), eine besondere Aufwandsentschädigung oder Sonderurlaub für zulässig gehalten (BAG 5. 4. 1987 AP TVG § 1 Tarifverträge:
Banken Nr. 2; 19. 7. 1983 BetrVG 1972 § 87 Betriebsbuße Nr. 5; 11. 9. 1985 AP BGB § 616 Nr. 67).
Auch ein Sonderkündigungsschutz kommt in Betracht. Ist ein Tarifvertrag über gewerkschaftliche
Vertrauensleute gekündigt, so kommt ihm nach Auffassung des BAG Nachwirkung zu. Diese soll
jedoch bereits dann konkludent ausgeschlossen sein, wenn die Parteien eine Nachverhandlung vereinbart haben (BAG 8. 10. 1997 NZA 1998, 492). Richtig wird daran sein, daß einem Tarifvertrag über
gewerkschaftliche Vertrauensleute nur eine begrenzte Nachwirkung (entsprechend dem Rechtsgedanken in § 613 a I 2 BGB) zukommt, weil sonst das Machtgleichgewicht zwischen den Tarifvertragsparteien verschoben wird.

9. Gewerkschaftsbeiträge. Im allgemeinen wird ein Tarifvertrag über den Abzug von Gewerk- **37**
schaftsbeiträgen vom Arbeitslohn für unzulässig gehalten, da die Tarifvertragsparteien insoweit keine
Regelungsmacht haben. Jedoch sind schuldrechtliche Verträge über den Beitragsabzug zwischen den
Tarifvertragsparteien möglich. Der einzelne AN muß aber alsdann mit dem Beitragsabzug einverstanden sein. Die Streitfrage ist durch das Abbuchungsverfahren weitgehend überholt.

10. Kündigungsschutz (vgl. *Müller-Glöge* § 626 BGB Rn. 238). a) Die außerordentliche Kündi- **38**
gung kann durch Tarifverträge nicht ausgeschlossen werden (BAG 12. 4. 1978 AP BGB § 626 Ausschlußfrist Nr. 13; 4. 6. 1987 AP KSchG 1969 § 1 Soziale Auswahl; BVerwG 2. 7. 1981 AP MuSchG
1968 § 9 a Nr. 1). Umstritten ist, ob § 55 I, II BAT wirksam sind, wenn nur die außerordentliche
personenbedingte Kündigung zulässig ist, dagegen die betriebsbedingte Kündigung auf eine Änderungskündigung beschränkt wird.

b) Wird die ordentliche Kündigung ausgeschlossen, so ist die außerordentliche Kündigung unter **39**
Einhaltung der hypothetischen Kündigungsfrist zulässig (BAG 5. 2. 1998 u. 28. 3. 1985 AP BGB
§ 626 Nr. 143 u. 86 = NZA 1998, 771 u. 1985, 559; 29. 8. 1981 EzA BetrVG 1972 § 102 Nr. 82).

c) Tarifverträge können die Kündigungsfristen abkürzen oder verlängern (§ 622 BGB). Sie dürfen **40**
grundsätzlich keine unterschiedlichen Kündigungsfristen für Arbeiter und Angestellte vorsehen, es sei
denn, daß hierfür ein sachlicher Grund vorliegt (BAG 21. 3. 1991 AP BGB § 622 Nr. 29 = NZA 1991,
797).

d) **Kündigungsschutz.** Im allgemeinen kann nicht für einzelne AN oder ANGruppen ein beson- **41**
derer Kündigungsschutz geschaffen werden, weil hierdurch die nicht geschützten benachteiligt wer-

den. So würden die besonders geschützten aus der sozialen Auswahl herausfallen. Auch die soziale Auswahl konnte durch die Tarifverträge kaum verändert werden (vgl. BAG 12. 10. 1979 AP KSchG 1969 § 1 Betriebsbedingte Kündigung Nr. 7; 8. 8. 1985 AP KSchG 1969 § 1 Soziale Auswahl Nr. 10 = NZA 1986, 679). Nach § 1 IV KSchG können die Tarifvertragsparteien aber Richtlinien festlegen, welche sozialen Gesichtspunkte zu berücksichtigen sind und wie die sozialen Gesichtspunkte zu bewerten sind (§ 1 KSchG Rn. 520). Andererseits können die Tarifverträge den Kündigungsschutz nicht verschlechtern. § 626 BGB und § 1 KSchG sind nicht tarifdispositiv (BAG 19. 1. 1973 AP BGB § 626 Ausschlußfrist Nr. 5). Sie können auch keine Legaldefinition für den Begriff des wichtigen Grundes oder des verhaltensbedingten Kündigungsgrundes schaffen.

42 e) Tarifverträge können Form und Verfahren der Kündigung regeln. Sie können mithin auch Auswahlrichtlinien schaffen (§ 1 KSchG Rn. 563). Vielfach werden für den Fall betriebsbedingter Kündigung besondere Abfindungen vorgesehen (BAG 10. 11. 1993 AP TVG § 1 Tarifverträge Einzelhandel = NZA 1994, 892). Macht die tarifliche Regelung die Entstehung des Abfindungsanspruches davon abhängig, daß der AG das Arbeitsverhältnis aus bestimmten Gründen kündigt, so erwächst kein Anspruch, wenn der AN vor Ablauf der Kündigungsfrist verstirbt (BAG 22. 5. 1996 AP TVG § 4 Rationalisierungsschutz Nr. 13 = NZA 1997, 386).

43 **11. Leistungsbestimmung.** Im allgemeinen legen die Tarifvertragsparteien die zu erbringenden Leistungen selbst fest. Rechtlich zulässig ist jedoch auch, daß die Tarifvertragsparteien (dem AG) Leistungsbestimmungsrechte einräumen. So hat das BAG für zulässig gehalten, daß der AG das angemessene Gehalt festsetzt (BAG 7. 11. 1990 AP TVG § 1 Tarifverträge: Druckindustrie Nr. 26 = NZA 1991, 385), die Höhe des Kinderzuschlages festsetzt (BAG 28. 9. 1977 AP TVG § 1 Tarifverträge: Rundfunk Nr. 4), die Schreibzulage festlegt (BAG 17. 10. 1990 AP BAT §§ 22, 23 Zulagen Nr. 7), niedriger zu vergütende Tätigkeiten zuweist (BAG 22. 5. 1985 AP TVG § 1 Tarifverträge: Bundesbahn Nr. 6; AP Nr. 7 aaO = NZA 1986, 166). Legen die Tarifvertragsparteien die Leistungen nicht selbst fest, so wird der AG aber den ihm eingeräumten Spielraum nach billigem Ermessen ausfüllen müssen (§§ 315, 317 BGB).

44 **12. Maßregelungsverbot.** Nach § 612 a BGB darf der AG einen AN bei einer Vereinbarung oder einer Maßnahme nicht benachteiligen, weil der AN in zulässiger Weise seine Rechte ausgeübt hat. Die Teilnahme an einem Arbeitskampf ist rechtmäßig. Maßregelungsverbote sollen das Maßregelungsverbot des § 612 a BGB verstärken. Es soll die Maßregelung nach einem Arbeitskampf verhindern und notfalls die Wiedereinstellung gewährleisten. Umstritten ist, ob die sog. Streikbruchprämien zulässig sind, nach denen freiwillige Sonderzuwendungen entfallen, wenn der AN am Arbeitskampf teilnimmt oder Prämien gewährt werden, wenn der AN sich nicht am Arbeitskampf beteiligt. Nach Auffassung des BAG stellt die Zahlung einer Prämie an diejenigen AN, die sich nicht an einem Streik beteiligen, eine unzulässige Maßregelung der streikenden AN dar. Dies gilt auch dann, wenn die Prämie schon während des Arbeitskampfes zugesagt und gezahlt wurde (BAG 31. 10. 1995, 13. 7. 1993, 11. 8. 1992, 8. 7. 1992 AP GG Art. 9 Arbeitskampf Nr. 140 = NZA 1996, 389; Nr. 127 = NZA 1993, 1135; Nr. 124 = NZA 1993, 218; 28. 7. 1992 AP GG Art. 9 Arbeitskampf Nr. 123 = NZA 1993, 267; 17. 9. 1991 AP Nr. 120 aaO = NZA 1992, 164; aA die Vorinstanzen LAG Düsseldorf 17. 12. 1991 LAGE GG Art. 9 Arbeitskampf Nr. 46 = NZA 1992, 519; LAG Rheinland-Pfalz 21. 10. 1992 LAGE GG Art. 9 Arbeitskampf Nr. 49; LAG Köln 4. 10. 1990 LAGE GG Art. 9 Arbeitskampf Nr. 39). Aber auch bei Bestehen von Maßregelungsverboten verliert der AN während der Streikzeit seinen Vergütungsanspruch (BAG 17. 6. 1997 AP GG Art. 9 Arbeitskampf Nr. 150 = BB 1997, 2280).

45 **13. Rückzahlungsklauseln.** Die Tarifverträge können Rückzahlungsklauseln für Sonderzuwendungen und Ausbildungskosten regeln. Die von der Rechtsprechung erarbeiteten Grenzen der Rückzahlungsklauseln für Sonderzuwendungen sind tarifdispositiv (BAG 23. 2. 1967 AP BGB § 611 Gratifikation Nr. 57). Die Rückzahlungskosten für Ausbildungskosten dürfen den AN in der Freiheit der Berufswahl nicht unangemessen beschränken (BAG 24. 7. 1991 AP BGB § 611 Ausbildungsbeihilfe Nr. 16 = NZA 1992, 405 = NJW 1992, 2110). Vgl. Einzelheiten § 611 Rn. 786 ff.).

46 **14. Teilzeitarbeit. a)** Die Tarifvertragsparteien können die Teilzeitarbeit regeln. Nach § 6 BeschFG 1985 sind die Vorschriften über die Teilzeitarbeit in §§ 2 bis 5 BeschFG tarifdispositiv. Gleichwohl sind den Tarifvertragsparteien insoweit enge Grenzen gezogen.

47 b) Nach § 2 BeschFG darf der AG einen teilzeitbeschäftigten AN nicht wegen der Teilzeitbeschäftigung gegenüber vollzeitbeschäftigten AN unterschiedlich behandeln, es sei denn, daß sachliche Gründe eine unterschiedliche Behandlung rechtfertigen. § 2 BeschFG wird durch Art. 3 II GG und Art. 119 EWG-Vertrag überlagert. Eine Differenzierung ist immer dann unzulässig, wenn sie zu einer unmittelbaren oder mittelbaren Geschlechtsdiskriminierung führt. Auch sonst darf nicht auf die nach Art. 3 GG verbotenen Unterscheidungskriterien zurückgegriffen werden. Das BAG läßt aber darüber hinaus nur dann eine Differenzierung zu, wenn hierfür sachliche Gründe sprechen. Ein Ausschluß der Teilzeitbeschäftigten von der betrieblichen Altersversorgung ist unwirksam (BAG 29. 8. 1989 AP BeschFG 1985 § 2 Nr. 6 = NZA 1990, 37; seither ständig). Wird die tarifliche Arbeitszeit unter

teilweisem Lohnausgleich verkürzt, muß auch den TeilzeitANn ein Ausgleich gewährt werden (BAG 29. 1. 1992 AP BeschFG 1985 § 2 Nr. 16 = NZA 1992, 611). Dagegen haben Teilzeitbeschäftigte keinen Anspruch auf Überstundenzuschläge, wenn sie über ihre individuelle Arbeitszeit hinaus arbeiten (EuGH 15. 12. 1994 AP BGB § 611 Teilzeit Nr. 7 = NZA 1995, 218; BAG 7. 2. 1995 AP TVG § 1 Tarifverträge Einzelhandel Nr. 54 = NZA 1995, 1048; 23. 2. 1977 AP Tarifverträge: Technikerkrankenkasse Nr. 1).

15. Vergütungsgruppen. a) Die Eingruppierung in die einzelnen Vergütungsgruppen erfolgt automatisch (sog. Tarifautomatismus). Dies folgt daraus, daß nach § 4 I TVG die Tarifverträge mit unmittelbarer und zwingender Wirkung gelten. Im allgemeinen erfolgt die Eingruppierung nach der überwiegend ausgeübten Tätigkeit. Dies ist diejenige Tätigkeit, die mehr als 50 vH der Arbeitszeit belegt (BAG 14. 2. 1984 AP TVG § 1 Tarifverträge: Druckindustrie Nr. 2; 13. 11. 1991 AP TVG § 1 Tarifverträge Brauereien Nr. 3). Bei Angestellten des öffentlichen Dienstes wird nicht auf die überwiegende Tätigkeit abgestellt, sondern auf den Arbeitsvorgang. Nach § 22 II Unterabs. 2 S. 1 BAT entspricht die gesamte auszuübende Tätigkeit den Tätigkeitsmerkmalen einer Vergütungsgruppe, wenn zeitlich mindestens zur Hälfte Arbeitsvorgänge anfallen, die für sich genommen die Anforderungen eines Tätigkeitsmerkmals oder mehrerer Tätigkeitsmerkmale der Vergütungsgruppe erfüllen. Kann die Erfüllung einer Anforderung in der Regel erst bei der Betrachtung mehrerer Arbeitsvorgänge festgestellt werden (zB vielseitige Fachkenntnisse), sind diese Arbeitsvorgänge für die Feststellung, ob diese Anforderung erfüllt ist, insoweit zusammen zu beurteilen. Nach der Rechtsprechung des Vierten Senats des BAG ist unter Arbeitsvorgang eine unter Hinzurechnung der Zusammenhangstätigkeit und bei Berücksichtigung einer sinnvollen vernünftigen Verwaltungsübung nach tatsächlichen Gesichtspunkten abgrenzbare und rechtlich selbständig zu bewertende Arbeitseinheit der zu einem bestimmten Arbeitsergebnis führenden Tätigkeit eines Angestellten zu verstehen (BAG 29. 1. 1986 AP BAT 1975 §§ 22, 23 Nr. 115; zum BAT-O: BAG AP BAT-O §§ 22, 23 Nr. 7).

b) Die Vergütungsgruppen der Tarifverträgen sind regelmäßig aufgebaut, in dem eine abstrakte Definition der für die konkrete Vergütungsgruppe notwendigen Voraussetzungen vorangestellt wird. Alsdann werden jeder Vergütungsgruppe Beispielstätigkeiten zugeordnet. Damit ist zunächst zu prüfen, ob der AN die Beispielstätigkeit erfüllt. Ist dies der Fall, kommt es auf die allgemeinen Oberbegriffe nicht mehr an (BAG 25. 9. 1991 AP TVG § 1 Tarifverträge: Großhandel Nr. 7 = NZA 1992, 273 [ständig]). Sind die Tätigkeitsbeispiele dagegen mehrdeutig oder enthalten sie Beurteilungsspielräume, müssen sie im Lichte des abstrakten Oberbegriffes ausgelegt werden (BAG 13. 11. 1991 AP TVG § 1 Tarifverträge: Brauereien Nr. 3). Fällt die Tätigkeit unter keines der Beispiele, ist auf die allgemeinen Oberbegriffe zurückzugreifen. Etwas anderes gilt nur dann, wenn sich aus dem Tarifvertrag ergibt, daß der Beispielskatalog abschließend ist und die Tarifvertragsparteien eine andere Eingruppierung nicht vornehmen wollen.

c) Die Rechtsprechung des BAG zu den einzelnen Tatbestandsmerkmalen der Vergütungsgruppen ist nahezu unübersehbar. Sie läßt sich nur erschließen, indem sie zu den streitigen Tatbestandsmerkmalen aufgearbeitet wird.

d) Bei der Eingruppierung hat der Betriebsrat bzw. der Personalrat Mitwirkungsrechte (§§ 99 ff. BetrVG, § 75 BPersVG). Das Mitwirkungsrecht ist aber ein Mitbeurteilungsrecht und für die Eingruppierung, nicht konstitutiv. Verweigert der Personalrat seine Zustimmung zu einer Eingruppierung, ist zwischen den individualrechtlichen und kollektivrechtlichen Rechtsfolgen zu unterscheiden. Individualrechtlich richtet sich die Eingruppierung nach dem Tarifautomatismus; kollektivrechtlich muß der AG ein Zustimmungsersetzungsverfahren einleiten (BAG AP BPersVG § 75 Nr. 31; 26. 8. 1992 Nr. 37 = NZA 1993, 469). Hat der AG im öffentlichen Dienst den AN irrtümlich zu hoch eingruppiert, kann es zu einer korrigierenden Rückgruppierung kommen, die auch der Personalrat nicht verhindern kann (BAG 11. 6. 1997 AP BMT – G II Nr. 6 = NZA – RR 1998, 140; zum Bewährungsaufstieg: 8. 10. 1997 AP BAT § 23 b Nr. 2). Der AG muß die Tatsachen vortragen, die eine fehlerhafte Eingruppierung begründen (BAG 11. 6. 1997 AP BMT – G Nr. 6). Zur Darlegung des Irrtums ist die Behauptung ausreichend, bei der ursprünglichen Eingruppierung sei ein Merkmal als erfüllt angesehen worden, das es nicht gibt (BAG 18. 2. 1998 AP BAT 1975 §§ 22, 23 Nr 239).

e) Prozessual hält das BAG sowohl im öffentlichen Dienst wie in der Privatwirtschaft die Feststellungsklage, daß der AN Vergütung nach einer bestimmten Vergütungsgruppe verlangen kann, für zulässig (BAG 20. 4. 1988 AP TVG § 1 Tarifverträge: Bau; 14. 4. 1971 AP ZPO § 256 Nr. 47; [ständig]).

16. Wiedereinstellungsklauseln. a) Tarifverträge können Wiedereinstellungsklauseln normieren. Wiedereinstellungsklauseln kommen in Tarifverträgen vor allem nach Arbeitskämpfen vor. Sie finden sich aber auch in § 59 BAT (BAG 24. 1. 1996 AP BAT § 59 Nr. 7 = NZA 1996, 823).

b) Denkbar sind aber auch Wiedereinstellungsklauseln nach Ausspruch einer wirksamen betriebsbedingten Kündigung oder nach vorübergehender Berufsunfähigkeit nach Wiederherstellung (BAG

24. 1. 1996 AP BAT § 59 Nr. 7 = NZA 1996, 823). Zum Wiedereinstellungsanspruch vgl. § 1 KSchG Rn. 437.

55 c) Schließlich finden sich Wiedereinstellungsklauseln nach befristeten Arbeitsverhältnissen oder im Rahmen des Frauenarbeitsrechtes nach Familienurlaub.

III. Der schuldrechtliche Teil des Tarifvertrages

56 **1. Begriff. a)** Aus § 1 I TVG ergibt sich eindeutig, daß der Tarifvertrag auch einen schuldrechtlichen Teil enthält, in dem die Rechte und Pflichten der Tarifvertragsparteien geregelt werden. Zu den schuldrechtlichen Verpflichtungen gehören die Friedenspflicht und die Durchführungspflicht. Darüber hinaus können aber auch Pflichten aus dem Anbahnungsverhältnis eines Tarifvertrages erwachsen. Aus ihm können sich Auskunfts- und Mitteilungspflichten aber auch Schutzpflichten ergeben, wenn die Delegierten einer Seite bei der anderen zu Gast sind. Gleichfalls können sich schuldrechtliche Nebenpflichten aus der Abwicklung eines Tarifvertrages, namentlich über gemeinsame Einrichtungen ergeben.

57 **b)** Zwischen den Tarifvertragsparteien können sich Dauerrechtsbeziehungen ergeben. Es haben zB der BundesAGVerband Chemie und die IG Chemie-Papier-Keramik in einer 4-Punkte-Vereinbarung zur gesamtdeutschen Entwicklung Vereinbarungen getroffen. Im Einzelfall kann sich daraus auch einmal ein Verhandlungsanspruch ableiten (BAG 11. 9. 1991 AP Internat. Privatrecht, Arbeitsrecht Nr. 29 = NZA 1992, 321; vgl. dagegen vom 12. 9. 1984 AP GG Art. 9 Arbeitskampf Nr. 81 = NJW 1985, 85 = NZA 1984, 393).

58 **2. Vorvertrag. a)** Die Tarifvertragsparteien können einen Vorvertrag zum Abschluß eines Tarifvertrages schließen. Aus ihm erwächst ein Anspruch auf Abschluß. Vorverträge werden insbesondere abgeschlossen, wenn die Tarifvertragsparteien bereits bei Teilverhandlungen Ergebnisse erzielen und diese verbindlich festlegen oder wenn bereits ein Tarifvertrag vereinbart wird, aber der Abschluß von der Zustimmung von Kommissionen abhängig gemacht wird (BAG 26. 1. 1983 AP TVG § 1 Nr. 20; vgl. Rn. 2).

59 **b)** Umstritten ist, ob diese Vorverträge selbst Tarifverträge sind. Wird diese Frage bejaht, bedürfen sie der Schriftform, gilt für sie die besondere Zuständigkeit der Arbeitsgerichte (§ 2 I 1 ArbGG) und findet bereits eine Grundsatzbeschwerde Anwendung. Das BAG hat die Tarifvertragsqualität von Vorverträgen verneint (BAG 25. 8. 1992 AP ArbGG 1972 § 72a Grundsatz Nr. 23; 26. 1. 1983 AP TVG § 1 Nr. 20 = BB 1983, 2146; anders vom 31. 10. 1958 AP TVG § 1 Friedenspflichten Nr. 2).

60 **3. Schuldrechtliche Regelungen. a)** Die Tarifvertragsparteien können nach § 1 I TVG Rechtsnormen setzen. Sie können sich aber auch darauf beschränken, allein schuldrechtliche Regelungen zu vereinbaren, wie die Arbeitsverhältnisse ausgestaltet werden. Es sind Verträge zugunsten Dritter. Insoweit können die Tarifvertragsparteien Rechte ihrer Mitglieder aber auch von Dritten begründen. Derartige Regelungen haben keine normative Wirkungen. Sie werden aber wie die Normen des Tarifvertrages ausgelegt (BAG 5. 11. 1997 AP Nr. 29 = NZA 1998, 654). Wie im allgemeinen Vertragsrecht wird zwischen Erfüllungspflichten, Einwirkungspflichten und Garantiepflichten unterschieden. Ein von tariffähigen Parteien geschlossener Vertrag kann nicht gegen den eindeutig erklärten Willen der Vertragsparteien rechtlich als Tarifvertrag gewertet werden. Die Tarifvertragsparteien trifft lediglich die Durchführungspflicht, auf ihre Mitglieder dahin einzuwirken, daß die Verpflichtungen aus der schuldrechtlichen Regelung eingehalten werden. Dagegen können die Tarifvertragsparteien keine Pflichten zu Lasten Dritter vereinbaren.

61 **b)** Da für den Inhalt der schuldrechtlichen Regelungen Vertragsfreiheit besteht (Art. 2 GG), können diese jeden rechtlich zulässigen Inhalt haben. Sie können echte Rechtspflichten der Tarifvertragsparteien begründen. Sie können sich aber auf Empfehlungen an die Mitglieder beschränken. Schuldrechtliche Regelungen können über solche Regelungsgegenstände abgeschlossen werden, bei denen sich die Tarifvertragsparteien scheuen, echte Rechtsnormen zu begründen, zB für die Ausbildung von Auszubildenden oder auch auf sonstigen Rechtsgebieten.

62 **c)** Aber auch schuldrechtliche Regelungen müssen höherrangiges Recht beachten, also das Europaverfassungsrecht, das GG, Gesetze und allgemeine Grundsätze des Arbeitsrechtes. Das Verbot der Lohndiskriminierung kann nicht durch schuldrechtliche Regelungen umgangen werden. Differenzierungsklauseln zwischen Tarif- und Nichttarifgebundenen können auch nicht durch schuldrechtliche Vereinbarungen herbeigeführt werden (BAG GS 29. 11. 1967 AP GG Art. 9 Nr. 13).

63 **4. Friedenspflicht. a)** Die Friedenspflicht verbietet den Tarifvertragsparteien negativ während der Laufzeit des Tarifvertrages Kampfmaßnahmen gegen den Tarifvertragspartner zu führen (Unterlassungspflicht) und die Mitglieder zu Arbeitskampfmaßnahmen aufzurufen (BAG 8. 2. 1957 AP TVG § 1 Friedenspflicht Nr. 1; 21. 12. 1982 AP GG Art. 9 Arbeitskampf Nr. 76 = NJW 1983, 1750; 21. 12. 1982 AP GG Art. 9 Arbeitskampf Nr. 76; 12. 9. 1984 AP Nr. 81 = NJW 1985, 85 = NZA 1984, 393) und sie gebietet positiv, mit verbandsrechtlich zulässigen Mitteln gegen Mitglieder vorzugehen, die

A. Abschluß und Beendigung des Tarifvertrages § 1 TVG 600

während der Laufzeit eines Tarifvertrages von sich aus Kampfmaßnahmen durchführen (Einwirkungspflicht). Die Friedenspflicht untersagt entsprechend ihrem Zweck alle Kampfmaßnahmen, die sich gegen den Bestand oder einzelne Teile des Tarifvertrages richten. Insoweit verbietet die Friedenspflicht auch Substitutionsmaßnahmen, also etwa zu tarifwidrigen Arbeitsbedingungen weiterzuarbeiten.

b) Der Umfang der Friedenspflicht ist durch Auslegung des Tarifvertrages zu ermitteln. Insoweit 64 wird von der relativen Friedenspflicht gesprochen, wenn nur Kampfmaßnahmen auf dem tariflich geregelten Gebiet verboten sind und von absoluter Friedenspflicht, wenn jegliche Kampfmaßnahmen untersagt sind. Durch die Friedenspflicht werden auch die einzelnen AG und AN geschützt. Insoweit ist der Tarifvertrag Vertrag zugunsten Dritter (§ 328 BGB; vgl. BAG 31. 10. 1958 AP TVG § 1 Friedenspflicht Nr. 2 = NJW 1959, 908). Wegen der Auswirkung der Friedenspflicht auf Warnstreiks vgl. Art. 9 GG Rn. 111 ff.

c) Vereinbarungen über die Friedenspflicht. Die Tarifvertragsparteien können die Friedenspflicht 65 zeitlich und inhaltlich näher regeln. Dies geschieht häufig in Schlichtungsabkommen. Zeitlich kann zB geregelt werden, daß erst vier Wochen nach Ablauf eines Tarifvertrages Arbeitskampfmaßnahmen eingeleitet werden dürfen. Die Tarifvertragsparteien können aber auch den sachlichen Umfang der Friedenspflicht regeln, indem sie während des Laufes mehrerer Tarifverträge Arbeitskampfmaßnahmen oder Arbeitskämpfe vorübergehend ganz verbieten (absolute Friedenspflicht). In der Schweizer Maschinen- und Metallindustrie werden Arbeitskämpfe für 5-Jahres-Perioden ausgeschlossen. Umgekehrt können die Tarifvertragsparteien die Friedenspflicht einschränken; nur ganz beseitigen können sie sie nicht, da damit der Ordnungsfunktion der Tarifverträge nicht mehr gerecht zu werden ist (BAG 21. 12. 1982 AP GG Art. 9 Arbeitskampf Nr. 76).

5. Durchführungspflicht. a) Die Tarifvertragsparteien trifft die Durchführungspflicht; dh. sie müs- 66 sen selbst den Tarifvertrag durchführen und auf ihre Verbandsmitglieder einwirken, daß diese den Tarifvertrag einhalten. Bei einem Haustarifvertrag ist der AG Schuldner der Durchführungspflicht. Voraussetzung des Einwirkungsanspruches sind (1) ein tarifwidriges Verhalten, (2) eine kollektive Bedeutung des tarifwidrigen Verhaltens; unzureichend einzelne Tarifvertragsverletzungen, (3) Planmäßigkeit des tarifwidrigen Verhaltens, (4) Eindeutigkeit des tarifwidrigen Verhaltens (*Walker*, FS für Schaub, S. 743). Nur dann ist die Einwirkung unzumutbar, wenn die Auslegung des Tarifvertrages nicht zu eindeutigen Ergebnissen führt. Insoweit haben die Tarifvertragsparteien die Möglichkeit, von einer Klage nach § 9 TVG Gebrauch zu machen. Im Rahmen eines Konzerns ist zwischen der Konzernweisung und der tariflichen Einwirkungspflicht zu unterscheiden (BAG 11. 9. 1991 AP Nr 29 Internationales Privatrecht).

b) Die Tarifvertragsparteien können die Durchführungspflicht vertraglich regeln. Dies ist zB der 67 Fall, wenn sie sich wechselseitig Berichtspflichten für die Einhaltung des Tarifvertrages auferlegen, vereinbaren, gemeinsam die Allgemeinverbindlichkeitserklärung zu beantragen usw. Die Tarifvertragsparteien können auch für die Zeit vor Ablauf des Tarifvertrages einen Verhandlungsanspruch auf den Neuabschluß eines Tarifvertrages regeln. Vor allem können sie sich Schlichtungsvereinbarungen unterwerfen.

6. Durchsetzung des schuldrechtlichen Teils. a) Bei den Ansprüchen aus der Friedenspflicht geht 68 es in erster Linie um die Einhaltung des schuldrechtlichen Teils des Tarifvertrages. Auf Erfüllung des Tarifvertrages kann geklagt werden. Werden durch die Friedenspflicht Dritte begünstigt (§ 328 BGB), haben sie einen eigenen Erfüllungsanspruch (LAG Frankfurt 23. 4. 1985 LAGE TVG § 1 Friedenspflicht Nr. 1). Zur Erfüllung der Friedenspflicht kann positiv auf eine Handlung und negativ auf eine Unterlassung der Arbeitskampfmaßnahme geklagt werden. Das Leistungsurteil ist nach § 888 I, § 890 ZPO vollstreckbar. Ferner können Schadensersatzansprüche geltend gemacht werden.

b) Bei der Durchführungspflicht geht es in erster Linie um die Einwirkung der Tarifvertragsparteien 69 auf ihre Mitglieder, den Tarifvertrag einzuhalten. Das BAG hat zunächst angenommen, daß wegen der Verbandsautonomie nur eine Feststellungsklage gegeben sei (BAG 9. 6. 1982 AP TVG § 1 Friedenspflicht Nr. 1; 3. 2. 1988 TVG § 1 Tarifverträge: Druckindustrie Nr. 20). Davon ist es inzwischen abgerückt. Es läßt eine Leistungsklage zu (BAG 29. 4. 1992 AP TVG § 1 Durchführungspflicht Nr. 3 = NZA 1992, 846). Für die Bestimmtheit des Klageantrages genügt die Bezeichnung der durch die Einwirkung zu erreichenden Ergebnisse. Das Rechtsschutzinteresse ist gegeben. Muß zunächst eine Klage nach § 9 TVG erhoben werden, liegt der Einwirkungsanspruch nicht vor. Der Einwirkungsanspruch kann auch mit einer einstweiligen Verfügung verfolgt werden (§ 935 ZPO). Nur der Verband hat eine Einwirkungsmöglichkeit. Die Zwangsvollstreckung richtet sich nach § 888 I oder § 890 ZPO (LAG Köln vom 2. 7. 1987 EzA GG Art. 9 Arbeitskampf Nr. 53). Wird die Erfüllung des Anspruches behauptet, ist die Vollstreckungsgegenklage zu erheben (§ 767 ZPO).

c) Die Durchsetzung der Erfüllung durch die Mitglieder der Tarifvertragsparteien erfolgt mit den 70 Mitteln des Vereinsrechts. Welche Mittel ergriffen werden, liegt in der Verbandsautonomie. Die Tarifvertragsparteien haben gegen ihre Mitglieder einen vereinsrechtlichen Erfüllungsanspruch. Andererseits können aber auch die Mitglieder von ihrem Verband die Durchsetzung mit vereinsrechtlichen

Mitteln verlangen. Ausreichend ist aber schon, wenn der Verband seine Mitglieder auf eine verbandsgerechte Verhaltensweise hinweist. Zulässig ist aber auch, Vereinsstrafen für den Tarifbruch festzulegen, wenngleich derartige Regelungen bislang nicht bekannt geworden sind.

71 **7. Voraussetzung der schuldrechtlichen Ansprüche. a)** Verletzen die Tarifvertragsparteien schuldrechtliche Pflichten aus dem Tarifvertrag, erwachsen auch die Schadensersatzansprüche nach den Vorschriften über die Unmöglichkeit, den Verzug und die positive Vertragsverletzung. Dagegen ist der Rücktritt nach §§ 325, 326 BGB ausgeschlossen. Er verträgt sich nicht mit dem Tarifvertragsrecht, durch das eine bestimmte Ordnung geschaffen werden soll. Erhebliche Vertragsverletzungen berechtigen lediglich zur fristlosen Kündigung aus wichtigem Grund. Die Ansprüche setzen Verschulden voraus. Die Tarifvertragspartei haftet für eigenes Verschulden ihrer Organe (§§ 31, 276 BGB). Es besteht grundsätzlich der strenge Verschuldensmaßstab der verkehrsmäßigen Sorgfalt (vgl. aber BAG 9. 4. 1991 AP GG Art. 9 Arbeitskampf Nr. 116 = NZA 1991, 815).

72 **b)** Die Tarifvertragsparteien haften grundsätzlich nicht für ihre Mitglieder. Dies sind nicht ihre Erfüllungsgehilfen (§ 278 BGB). Wollte man für sie haften lassen, liefe das auf eine Garantenstellung hinaus. Unberührt bleibt die Haftung der Tarifvertragspartei für ihre AN und solche Personen, denen sie sich zur Erfüllung der obligatorischen Bestimmungen bedienen (BAG 21. 6. 1988 AP GG Art. 9 Nr. 108 = NJW 1989, 61 = NZA 1988, 884).

73 **c)** Die Satzung der Verbände kann vereinsrechtliche Sanktionen bei Verletzung der Friedenspflichten vorsehen. In Betracht kommen auf Gewerkschaftsseite der Entzug von Unterstützungsleistungen und der Ausschluß aus der Gewerkschaft. Auf AGSeite kommt die vorübergehende Suspendierung der Mitgliedschaft in Betracht.

IV. Beendigung des Tarifvertrages

74 **1. Befristung und Beendigung. a)** Tarifverträge können befristet abgeschlossen werden. Eine Befristungskontrolle durch die Gerichte erfolgt nicht.

75 **b)** Tarifverträge können auflösend bedingt abgeschlossen werden.

76 **2. Aufhebungsvertrag. a)** Die Tarifvertragsparteien können den Tarifvertrag aufheben. Umstritten ist, ob der Aufhebungsvertrag der Schriftform bedarf (vgl. Rn. 12).

77 **b)** Tarifvertragsparteien können den Tarifvertrag ändern. Dies kann in der Form der Aufhebung des bisherigen Tarifvertrages und des Abschlusses eines neuen Tarifvertrages erfolgen.

78 **3. Kündigung. a)** Tarifverträge sind ordentlich kündbar. Regelmäßig legen die Tarifvertragsparteien im einzelnen fest, welche Formen und Fristen eingehalten werden müssen. Ist keine Kündigungsfrist bestimmt, beträgt diese in entsprechender Anwendung von § 77 V BetrVG, § 28 II 4 SprAuG drei Monate (BAG 10. 11. 1982 AP TVG § 1 Form Nr. 8; 18. 6. 1997 AP TVG § 1 Kündigung Nr. 2 = NZA 1997, 1234). Einer Begründung bedarf die ordentliche Kündigung nicht.

79 **b)** Teilkündigungen sind regelmäßig unwirksam, da durch sie das Gesamtgefüge des Tarifvertrages verletzt wird. Die Tarifvertragsparteien können jedoch eine Teilkündigung vereinbaren (BAG 3. 12. 1985 AP BAT § 74 Nr. 2; 16. 8. 1990 AP TVG § 4 Nachwirkung Nr. 19 = NZA 1991, 353).

80 **c)** Die Tarifvertragsparteien können unter bestimmten Umständen eine außerordentliche Kündigung vereinbaren. Diese kommt als Beendigungskündigung und als Änderungskündigung in Betracht. Ohne besondere Vereinbarung ist eine außerordentliche Beendigungskündigung zulässig, wenn hierfür ein wichtiger Grund besteht. Das sind insbesondere schwere Pflichtverletzungen (BAG 14. 11. 1958 AP TVG § 1 Friedenspflichten Nr. 4), Verlust der Tariffähigkeit, Tarifzuständigkeit oder Gründe, die zur Anfechtung berechtigen. Wirtschaftliche Änderungen werden nur in Ausnahmefällen eine außerordentliche Beendigungskündigung rechtfertigen. Das mögen schwere Notlagen oder den Tarifvertragsparteien bei Abschluß nicht voraussehbare Ereignisse sein, deren Risiko weder dem Bereich der einen oder anderen Partei zugeordnet werden kann (*Belling* NZA 1996, 906; *Beuthien/Meik* DB 1993, 1518; *Steffan* JuS 1993, 1027; *Zachert* NZA 1993, 299; *ders.*, RdA 1996, 140). Teilweise wird angenommen, daß der wichtige Grund nur bei den Tarifvertragsparteien vorliegen könne (*Kempen/Zachert* § 4 Rn. 45). Richtig wird sein, daß der Kündigungsgrund sowohl bei den Tarifvertragsparteien als auch den Normunterworfenen bestehen kann. Der Tarifvertrag soll ja gerade diese Personen erfassen (*Buchner* NZA 1993, 289, 298; *Henssler* ZfA 1994, 487, 491; *Oetker* RdA 1985, 82, 95). Liegen die wirtschaftlichen Gründe nur bei einem Teil der Unternehmen vor, so wird den betroffenen Unternehmen wegen des verfassungsrechtlichen Grundsatzes der Verhältnismäßigkeit ein eigenes Kündigungsrecht eingeräumt (*Löwisch* NJW 1997, 905, 907). Der Meinung wird kaum zu folgen sein, weil sich zivilrechtlich kaum begründen läßt, daß ein nicht am Vertrag Beteiligter ein Kündigungsrecht haben soll. Es läßt sich daran denken, daß die betroffenen Unternehmen einen Verhandlungsanspruch auf Abschluß eines Haustarifvertrages oder einer Öffnungsklausel haben (*Wank*, FS für Schaub, S. 771 ff.). Ob eine außerordentliche Änderungskündigung des Tarifvertrages überhaupt zulässig ist, unterliegt Bedenken, da ein Tarifvertrag ein umfassendes Regelwerk enthält und die Teile auf einem

Kompromiß beruhen. Sie wird nur dann zulässig sein, wenn sich aus der Auslegung des Tarifvertrages ergibt, daß diese Teile voneinander trennbar sind. In keinem Fall wird wie bei einer Änderungskündigung im Individualrecht eine Annahme unter Vorbehalt in Betracht kommen, da durch eine richterliche Billigkeitskontrolle in die Tarifautonomie eingegriffen würde. Sowohl die Beendigungskündigung wie die Änderungskündigung stehen unter dem Vorbehalt des ultima ratio Prinzips. Eine außerordentliche Kündigung kann nur ausgesprochen werden, wenn sie das letzte Mittel darstellt. Der Kündigende wird vorab Nachverhandlungen führen müssen (BAG 18. 12. 1996 AP TVG § 1 Nr. 1 Kündigung = NZA 1997, 830; 18. 6. 1997 Nr. 2 = NZA 1997, 1234; 18. 2. 1998 Nr. 3 = NZA 1998, 1008). Der Kündigende ist für die Voraussetzungen der Kündigung darlegungs- und beweispflichtig. Endet die zwingende Wirkung eines Tarifvertrages, so entfaltet dieser im allgemeinen Nachwirkung (§ 4 Rn. 73 ff.). Ob dies auch im Falle außerordentlicher Kündigung gilt, ist zweifelhaft. Die Unzumutbarkeit des Fortbestandes eines Tarifvertrages verträgt sich nicht mit der Nachwirkung. Aber selbst, wenn man sie einschränken wollte (*Bauer/Diller* DB 1993, 1085; *Belling* NZA 1996, 906; *Oetker* RdA 1995, 82), ist damit das Problem nicht gelöst, weil die Auswirkungen auf das Individualrecht nicht geklärt sind. Entweder bedarf es der Änderungskündigung der Arbeitsverträge oder die Sperrwirkung des § 77 III BetrVG muß gelockert werden (vgl. *Löwisch* NJW 1997, 905, 908; *Wank* FS für Schaub, S. 776).

Tarifverträge können außerordentlich gekündigt werden, wenn die Geschäftsgrundlage weggefallen ist. Zu unterscheiden sind die objektive und subjektive Geschäftsgrundlage. Die Verhältnisse bei Vertragsschluß gehören zur objektiven Geschäftsgrundlage. Der gemeinsame Irrtum über einen erheblichen Umstand gehört zur subjektiven Geschäftsgrundlage. Entfällt die Geschäftsgrundlage, kommt eine ergänzende Vertragsauslegung nicht in Betracht. Vielmehr bedarf es insoweit der Kündigung (BAG 10. 2. 1988 AP BAT § 33 Nr. 12; 9. 11. 1988 AP TVG § 1 Tarifverträge Seeschiffahrt Nr. 5). Rechtsänderungen berühren selten die Geschäftsgrundlage. Erweitert der Gesetzgeber den Regelungsspielraum, wie bei der Einführung des Dienstleistungsabends, muß nachverhandelt werden (vgl. BAG 27. 6. 1989 AP GG Art. 9 Arbeitskampf Nr. 113).

d) Für die Kündigungserklärung gelten die allgemeinen Lehren des BGB über die Willenserklärung. 81 Zweifelhaft ist, ob auf die außerordentliche Kündigung § 626 II BGB entsprechend anzuwenden ist (mit Einschränkungen bejahend *Kempen/Zachert* § 4 Rn. 44; verneinend *Gamillscheg* § 17 IV 4 c (4)). Namentlich bei wirtschaftlichen Kündigungen ist eine gründliche Prüfung der Voraussetzungen notwendig, so daß § 626 II BGB nicht paßt. Allerdings kann das Kündigungsrecht nach kurzer Zeit verwirken. Die Frist beginnt erst, wenn die Nachverhandlungen gescheitert sind.

e) Im Falle des Insolvenzverfahrens ist eine Kündigung des Tarifvertrages nicht möglich. Anderer- 82 seits endet ein Tarifvertrag nicht, wenn der Arbeitgeberverband insolvent wird (BAG 27. 6. 2000 – 1 ABR 31/99).

B. Normenarten

I. Adressaten der Tarifnormen

1. Übersicht. Der normative Teil des Tarifvertrages enthält Rechtsnormen, die den Inhalt, den 83 Abschluß und die Beendigung von Arbeitsverhältnissen sowie betriebliche und betriebsverfassungsrechtliche Fragen ordnen können (§ 1 I TVG).

2. AN. a) Tarifunterworfene sind AN und AG als Träger des Arbeitsverhältnisses. Für die Begriffe 84 des AN oder AG sind die allgemeinen arbeitsrechtlichen maßgebend (§ 611 BGB Rn. 44 ff.). Vom Tarifvertrag nicht erfaßt sind die Beteiligten sonstiger Schuldverhältnisse, die keine Arbeitsverhältnisse sind. Dies gilt für am Bau mitarbeitende Gesellschafter (BAG 28. 11. 1990 AP TVG § 1 Tarifverträge: Bau Nr. 137) oder am Bau mitarbeitende alternative Gesellschafter, Geschäftsführer (BAG 10. 4. 1991 AP BGB § 611 Abhängigkeit Nr. 54 = NZA 1991, 856) oder die Parteien von selbständigen Dienst- und Werkverträgen.

b) Berufsausbildungsverhältnisse werden von Tarifverträgen erfaßt (arg. § 3 II BBiG). Dasselbe gilt 85 für Praktikanten und Volontärverhältnisse. Sie werden nicht erfaßt, wenn sie auf öffentlich-rechtlicher Grundlage erfolgen. Dies kommt vor bei Schülern, Studenten, Referendaren und Doktoranden (vgl. BAG 19. 6. 1974 AP BAT § 3 Nr. 3). Geregelt werden können die Rechtsverhältnisse der Ärzte im Praktikum (BAG 24. 3. 1993 AP BGB § 242 Gleichbehandlung Nr. 106 = NZA 1993, 896).

c) Die Rechtsverhältnisse der Beamten können nicht tarifvertraglich geregelt werden. Beamte stehen 86 in einem öffentlich-rechtlichen Dienstverhältnis. Die Rechtsverhältnisse der Kirchenbediensteten können nur dann tarifvertraglich geregelt werden, wenn die Bediensteten in einem Arbeitsverhältnis stehen. Tarifverträge werden jedoch nur von der Nordelbischen Evangelischen Landeskirche abgeschlossen. Die katholische Kirche schließt keine Tarifverträge ab. An die Stelle der Tarifverträge tritt der sog. Dritte Weg (*Schaub* § 186 VIII–X). Mit Personen, die durch ABM nach § 260 ff. SGB III gefördert werden, kommt ein Arbeitsvertrag zustande.

87 d) Nicht den Tarifverträgen des HauptAN unterliegen die Rechtsverhältnisse, wenn ein AN berechtigt einen Erfüllungsgehilfen hinzuziehen darf oder die mittelbaren Arbeitsverhältnisse.

88 3. AG. a) AG können natürliche oder juristische Personen sein.

89 b) Bei Personengesellschaften bürgerlichen Rechts sind AG die Gesellschafter (BAG 6. 7. 1989 AP BGB § 705 Nr. 4 = NJW 1990, 3084= NZA 1989, 891). Bei Kommanditgesellschaften ist es eine Frage der besonderen Verhältnisse, ob die Gesellschaft tarifgebunden ist, wenn nur der Komplementär dem Verband angehört (vgl. BAG 22. 2. 1957 AP Nr. 2 zu § 2 1; 4. 5. 1994 AP TVG § 1 Tarifverträge Nr. 1 Elektrohandwerk = NZA 1995, 638; 10. 12. 1997 AP Nr. 20 zu § 3).

90 c) Nicht dem Tarifvertragrecht unterliegen die Anteilseigner.

91 d) Bestehen zwischen den Arbeitsvertragsparteien weitere schuldrechtliche Rechtsbeziehungen, so ist umstritten, in welchem Umfang sie vom Tarifrecht erfaßt werden können. Zum Teil wird die Erfassung anderer vertraglicher Schuldverhältnisse überhaupt abgelehnt (*Loritz* DB 1985, 531, 534), zum Teil wird angenommen, daß sie erfaßt werden, wenn sie im Arbeitsverhältnis ihren Rechtsgrund haben. Dies wird im allgemeinen bejaht bei Werksmietwohnungen, Mitarbeiterdarlehen (BAG 18. 6. 1980 AP TVG § 4 Ausschlußfristen Nr. 68), Jahreswagen (BAG 20. 1. 1982 AP TVG § 4 Ausschlußfristen Nr. 72 = NJW 1982, 1830). Neben dem Arbeitsverhältnis stehende gesetzliche Schuldverhältnisse werden im allgemeinen erfaßt (ungerechtfertigte Bereicherung: BAG 26. 4. 1978 AP TVG § 4 Ausschlußfristen Nr. 64; unerlaubte Handlung: BAG 10. 1. 1974 AP TVG § 4 Ausschlußfristen Nr. 54; 26. 4. 1990 ZDR 1991, 26; 26. 5. 1981 AP TVG § 4 Ausschlußfristen Nr. 71 = NJW 1981, 3487).

II. Inhaltsnormen

92 **1. Haupt- und Nebenleistungspflichten. a)** Die Inhaltsnormen gehören zu den Individualnormen. Geregelt werden die Arbeitspflicht des ANs im Hinblick auf Art, Dauer und Lage der Arbeitszeit, Mehrarbeit und Kurzarbeit, Mindestarbeitszeit bei Teilzeitbeschäftigten und der Urlaub.

93 b) Geregelt werden aber auch die Gegenleistungspflichten des AG. Hierzu gehören die Höhe des Entgeltes einschließlich der Eingruppierung in das Entgeltsystem, Entgeltzuschläge für Nacht-, Sonn- und Feiertagsarbeit, Sonderzahlungen, wie Urlaubsgeld, und Sonderzuwendungen (Gratifikationen).

94 c) Geregelt werden auch Nebenleistungen, insbesondere aber Aufwendungsersatz, Auslösungen und Fahrtkosten.

95 d) Die Regelungskompetenz bezieht sich auch auf vor- und nachvertragliche Ansprüche. Es können mithin Rechtsfragen im Zusammenhang mit der Begründung des Arbeitsverhältnisses (Vorstellungskosten) wie nach dessen Beendigung (betriebliche Altersversorgung) geregelt werden.

96 **2. Sekundärpflichten.** In den Inhaltsnormen können die Sekundärpflichten geregelt werden. Hierzu gehören etwa Regelungen bei Unmöglichkeit, Verzug und positiver Vertragsverletzung sowie über das Betriebsrisiko. Hierin gehören aber auch Vorschriften für Wettbewerbsverbote und dergleichen.

97 **3. Ausgeschlossene Regelungen. a)** Die Tarifvertragsparteien können nur schuldrechtliche Rechtsverhältnisse regeln. Sie können keine Regelungen sachenrechtlicher Rechtsnatur treffen. Es sind daher keine Ausschlußfristen für sachenrechtliche Ansprüche möglich. Abtretungsverbote rechnen aber zum Schuldrecht.

98 b) Keiner Regelung zugänglich ist die Unternehmenspolitik. Es können mithin keine Regelungen getroffen werden, die das Unternehmen hindern, Rüstungsaufträge oder bestimmte Druckaufträge zu übernehmen. Allerdings kann wiederum geregelt werden, unter welchen Voraussetzungen ein AN ein Leistungsverweigerungsrecht hat.

99 c) Andererseits ist es nicht möglich, den AN ein bestimmtes Verhalten vorzuschreiben, also Autos einer bestimmten Marke zu kaufen.

100 d) Umstritten ist, in welchem Umfang bereits entstandene Ansprüche geregelt werden können. Das BAG nimmt sie von der Regelungskompetenz aus, da sie sich mit der Entstehung vom Arbeitsverhältnis gelöst haben (BAG 28. 9. 1983 AP TVG § 1 Rückwirkung Nr. 9; anders dagegen BAG 14. 6. 1962 AP TVG § 1 Rückwirkung). Aus diesem Grund sind auch bereits erwachsene Ruhegeldansprüche einer tariflichen Regelung unzugänglich.

III. Abschlußnormen

101 **1. Inhalt der Abschlußverbote. a)** Abschlußverbote können das „Ob" und „Wie" des Abschlusses von Arbeitsverträgen regeln. Abschlußgebote können die Verpflichtung zur Begründung von Arbeitsverträgen enthalten.

102 b) Das „Wie" der Abschlußverbote bezieht sich auf Fragen der Form des Arbeitsvertrages, der Stellvertretung bei Abschluß und ähnlichen Fragen.

c) Das „Ob" des Abschlusses bezieht sich auf Abschluß- und Beschäftigungsverbote. Diese können 103 zugunsten des AN wie des AG bestehen. Es kann zB aus Gründen des Gesundheitsschutzes für AN ein Abschlußverbot geschaffen werden. Andererseits können zugunsten des AG Nebentätigkeitsverbote bestehen.

2. Befristung. Umstritten ist, ob Befristungsregeln Inhalts-, Beendigungs- oder Abschlußnormen 104 sind. Nach richtiger Auffassung sind sie wohl Beendigungsnormen (vgl. § 1 Rn. 108). Das BAG begreift sie dagegen als Abschlußnormen (BAG 14. 2. 1990 AP BeschFG 1985 § 1 Nr. 12 = NZA 1990, 737).

3. Einstellungsgebote. a) Einstellungsgebote kommen vor als Wiedereinstellungsgebote nach Ar- 105 beitskämpfen.

b) Allgemein werden auch allgemeine Einstellungsgebote für zulässig gehalten (*Kempen/Zachert* 106 § 1 Rn. 28; *Löwisch/Rieble* § 1 Rn. 69; *Wiedemann/Oetker/Wank* § 1 Rn. 480). Gedacht ist dabei an Einstellungsgebote für Frauen, Jugendliche, Schwerbehinderte usw. Die Begünstigten erlangen einen Einstellungsanspruch bei freien Arbeitsplätzen. Unberührt bleibt dagegen das Recht des AG, eine Auswahl unter mehreren Bewerbern zu treffen. Die Auswahl erfolgt nach billigem Ermessen (§ 315 BGB).

c) Ausgeschlossen ist dagegen, einen Kontrahierungszwang für den AG zu schaffen, etwa dahin, 107 daß er zehn Arbeitslose einzustellen hat. Dies geht über die Tragweite der Abschlußgebote hinaus.

IV. Beendigungsnormen

1. Inhalt. a) Beendigungsnormen regeln das „Ob" und „Wie" der Beendigung des Arbeitsverhält- 108 nisses. Zum „Wie" der Beendigung zählen Formvorschriften, Kündigung und Aufhebungsvertrag, Kündigungsfristen und die Stellvertretung.

b) Zum „Ob" der Beendigungsnormen zählen Beendigungsverbote für alle AN, langfristig Beschäf- 109 tigte usw.

2. Beendigungsgebote. Beendigungsgebote kommen selten vor. Die Tarifvertragsparteien schaffen 110 statt dessen Beendigungstatbestände. Hierzu gehören Tatbestände, daß das Arbeitsverhältnis bei Erreichen einer bestimmten Altersgrenze oder Eintritt der Erwerbsunfähigkeit endet (zur Rechtswirksamkeit vgl. § 612 BGB Rn. 238).

V. Betriebsnormen

1. Begriff. Betriebsnormen gehen über den Inhalt des einzelnen Arbeitsverhältnisses hinaus. Fragen 111 der Ordnung des Betriebes, Torkontrollen, Kleiderordnungen können nicht oder nur schwer durch Individualnormen geregelt werden. Betriebsnormen regeln das „betriebliche Rechtsverhältnis zwischen AG und Belegschaft" (*Löwisch/Rieble* § 1 Rn. 77). Zu den Betriebsnormen zählen zB Regelungen über die Schließung des Unternehmens an bestimmten Tagen (BAG 7. 11. 1995 AP TVG § 3 Betriebsnormen Nr. 1) oder Normen, welcher Prozentsatz der Belegschaft mit einer verlängerten Arbeitszeit beschäftigt werden kann (BAG AP TVG § 3 Betriebsnormen Nr. 2 NZA 1998, 213). Für den Begriff des AG gilt der allgemein arbeitsrechtliche. Besonderheiten können sich dann ergeben, wenn mehrere AG einen Betrieb und diese unterschiedlichen Verbänden oder keinem AGVerband angehören. Belegschaft ist die Gesamtheit aller zum Betrieb gehörenden AN. Nicht zur Belegschaft gehören Ruheständler oder entliehene AN (§ 14 I AÜG), wohl dagegen AN deren Arbeitsverhältnis ruht (BAG 29. 3. 1974 AP BetrVG 1972 Nr. 2).

2. Begrenzung der Betriebsnormen. a) Nach § 3 Abs. 2 gelten Rechtsnormen über betriebliche 112 und betriebsverfassungsrechtliche Fragen für alle Betriebe, deren AG tarifgebunden ist. Die Rechtsetzungsmacht für Außenseiter ist im Schrifttum stark angegriffen worden (*Dieterich*, Die betrieblichen Normen nach dem TVG, 1964, S. 75 ff.; *Wlotzke*, Das Günstigkeitsprinzip, 1957, S. 29 ff.; *Zöllner* RdA 62, 453, 459). Das BAG hat diesen Bedenken Rechnung getragen und den Bereich der Betriebsnormen eingegrenzt. Der Tarifmacht zugerechnet werden können nur Bestimmungen, „die in der sozialen Wirklichkeit aus tatsächlichen oder rechtlichen Gründen nur einheitlich gelten können" (BAG 27. 4. 1988 AP BeschFG 1985 § 1 Nr. 4 = NZA 1988, 771; 26. 4. 1990 AP GG Art. 9 Nr. 57 = NZA 1990, 850). Im allgemeinen ist daher zu prüfen, ob die Tarifvertragsparteien die Außenseiter überhaupt haben erfassen wollen. Wenn sie sie haben erfassen wollen, wird es regelmäßig darauf ankommen, ob die Betriebsnormen für sie günstiger als die arbeitsvertraglichen sind. Alsdann brauchen sie sie nicht in Anspruch zu nehmen. Sind sie unkündbar setzt sich ihr Arbeitsvertrag gegenüber dem Tarifvertrag durch.

b) Rechtliche Gründe, die nur eine einheitliche Regelung erlauben, kommen nicht häufig vor. Die 113 Tarifvertragsparteien können für die soziale Auswahl Auswahlrichtlinien einräumen. Derartige Richtlinien müssen betriebseinheitlich gelten, sonst würde die nach § 1 Abs. 3 KSchG erforderliche soziale

Auswahl gestört. Nach § 112 Abs. 1 BetrVG wird das Volumen des Sozialplanes auf die gesamte Belegschaft verteilt. Auch hier können Außenseiter vom Tarifvertrag nicht ausgenommen werden. Betriebliche Normen können sich bei Altersteilzeit und Ruhestand ergeben, wenn es darum geht, aus welchem Personenkreis die Bestimmten ausgewählt werden und die Belastungsgrenze für den AG ermittelt wird (vgl. BAG 21. 1. 1987 AP GG Art. 9 Nr. 46 = DB 1987, 492; Nr. 47 = NZA 1987, 233). Schließlich zählen hierhin Normen, die Rechtsfolgen des Arbeitskampfes regeln (Entgeltfortzahlung, Not- und Erhaltungsmaßnahmen usw.).

114 c) **Tatsächliche Gründe**, die die betriebseinheitliche Geltung der Tarif- und Betriebsnormen fordern, können im technisch-organisatorischen oder wirtschaftlichen Bereich liegen. Technisch-organisatorische Einrichtungen müssen betriebseinheitlich gelten; hierzu gehören Torkontrollen, technische Überwachungseinrichtungen, Kleiderordnungen, Rauchverbote, Lage der Schichtzeiten. Betriebsnormen sind qualitative Besetzungsregelungen (BAG 26. 4. 1996 AP GG Art. 9 Nr. 57) sowie Zeitzuschläge, die sich auf die Arbeitsintensität und Personalstärke auswirken (BAG AP GG Art. 9 Nr. 56). Ferner gehören hierhin Tarifnormen, die dem AG vorschreiben, welcher Prozentsatz der Belegschaft mit verlängerter regelmäßiger Arbeitszeit beschäftigt werden darf (BAG 17. 6. 1997 NZA 1998, 213). Umstritten ist die Rechtslage bei der Einführung von Kurzarbeit. Teilweise wird angenommen, daß es sich hierbei um Betriebs- und Inhaltsnormen handelt (*Säcker/Oetker* ZfA 1991, 141), teils wird angenommen, daß es sich um reine Inhaltsnormen handelt. Die letzte Meinung erfordert für die Einführung von Kurzarbeit Nichtorganisierter die Durchführung von Änderungskündigungen. Richtig wird die Annahme von Inhaltsnormen sein, weil zwischen Organisierten und Nichtorganisierten unterschieden werden kann.

115 Im wirtschaftlichen Bereich zur betriebseinheitlichen Regelung kann etwa die Schaffung von besonderen Sozialeinrichtungen liegen. Dies reicht von der betrieblichen Altersversorgung bis zum Werkmietvertrag. Es wäre unsinnig, verschiedene Versorgungssysteme oder Kindergärten nach dem Organisationsgrad zu schaffen.

VI. Betriebsverfassungsrechtliche Normen

116 **1. Inhalt.** Betriebsverfassungsrechtliche Normen beziehen sich auf Einrichtung und Organisation der Betriebsvertretung und deren Befugnisse und Rechte. Sie können nur betriebseinheitlich gelten (§ 3 II TVG). Tarifverträge, die sich auf Regelungsgegenstände nach § 3 I BetrVG beziehen, bedürfen der staatlichen Zustimmung. Mitbestimmungsrechte des Betriebsrates können nur erweitert, dagegen nicht eingeschränkt werden (BAG 10. 2. 1988 AP BetrVG 1972 § 99 Nr. 53 = NZA 1988, 699; 18. 8. 1987 AP BetrVG 1972 § 77 Nr. 23 = NZA 1987, 779).

117 **2. Tarifliche Ermächtigung.** Die Tarifvertragsparteien können die Betriebsparteien auch zu Regelungen ermächtigen, die sie nicht selbst treffen können. Tarifverträge können nicht selbst die Anrechnung übertariflichen Lohnes auf Tariferhöhungen regeln. Insoweit können sie aber ein Zustimmungsrecht der Betriebsvertretungen regeln (BAG 6. 2. 1985 AP TVG § 4 Übertariflicher Lohn und Tariflohnerhöhung Nr. 16 = NZA 1985, 663). Die Tarifvertragsparteien können ein Mitbestimmungsrecht der Betriebsvertretung für die Dauer der Arbeitszeit schaffen (BAG 18. 8. 1987 AP BetrVG 1977 § 77 Nr. 23 = NZA 1987, 779). Auch in betriebsratspflichtigen Betrieben kann ein AG Maßnahmen, die der Mitbestimmung des Betriebsrats unterliegen, einseitig kraft seines Direktionsrechtes vornehmen, wenn im Betrieb etwa aus Interesselosigkeit kein Betriebsrat gewählt worden ist. Dies gilt auch dann, wenn ein Tarifvertrag die Zustimmung des Betriebsrats vorsieht (BSG 12. 12. 1990 Jur CD).

VII. Prozessuale Normen

118 **1. Zulässigkeit.** a) In § 1 sind prozessuale Normen nicht vorgesehen, weil das Prozeßrecht öffentlich-rechtlich ist. Wenngleich individualrechtlich gelegentlich prozessuale Regelungen getroffen werden können, besteht insoweit keine Tarifmacht.

119 b) Prozessuale Regelungen sind jedoch im ArbGG zugunsten der Tarifvertragsparteien vorgesehen. Nach § 48 II ArbGG kann in bestimmten Fällen im Tarifvertrag die Zuständigkeit eines an sich örtlich nicht zuständigen Gerichtes festgelegt werden.

120 **2. Schiedsnormen.** Nach § 101 II ArbGG kann für bestimmte ANGruppen die Arbeitsgerichtsbarkeit ausgeschlossen und durch ein Schiedsgericht ersetzt werden.

121 **3. Sonstige Prozeßnormen.** Andere Prozeßnormen können die Tarifvertragsparteien nicht setzen. Sie können nicht die Frist zur Anmeldung zur Konkurstabelle verlängern (vgl. BAG 18. 12. 1984 AP TVG § 4 Ausschlußfristen Nr. 88). Vielfach können sie jedoch dieselbe Wirkung erzielen, in dem sie materielle Rechtsnormen regeln. Eine Schiedsgerichtsabrede kann durch ein Schiedsgutachten, ein Prozeßvergleich durch einen materiell-rechtlichen Vergleich ersetzt werden.

VIII. Gemeinsame Einrichtung

1. Persönlicher Geltungsbereich. Über § 1 hinaus erlaubt § 4 II die Rechtsverhältnisse der gemein- 122
samen Einrichtungen zu regeln. Nach § 3 I sind AG und AN tarifgebunden. Nach § 4 II TVG wird
die Tarifbindung auf das Rechtsverhältnis gemeinsame Einrichtung/AN und gemeinsame Einrichtung/
AG sowie die Satzung der gemeinsamen Einrichtung erstreckt.

2. Zwecksetzung. Die Normen über gemeinsame Einrichtungen ergänzen die Individual- und Be- 123
triebsnormen. Die Tarifvertragsparteien können den AN wie der Belegschaft Rechte zuwenden, die
vom konkreten AG unabhängig sind. Andererseits können sie aber auch mehrere AG zusammenfassen
und diese zur gemeinsamen Leistungserbringung zwingen.

IX. Tarifvertrag zugunsten Dritter

1. Regelungen zugunsten der AN. Wie ein Individualvertrag zugunsten Dritter kann auch ein 124
Tarifvertrag zugunsten Dritter abgeschlossen werden. Dies kommt vor allem im Rahmen der Alters-
und Hinterbliebenenversorgung vor. Tarifverträge können aber auch Sterbebeihilfen für die Hinterbliebenen regeln (vgl. BAG 13. 11. 1985 AP TVG § 1 Tarifverträge: Metallindustrie Nr. 35 = NJW
1987, 461 = NZA 1986, 437). Die Auslegung erfolgt nach denselben Grundsätzen wie bei den Tarifnormen (BAG 5. 11. 1997 AP TVG § 1 Nr. 29 = NZA 1998, 654).

2. Tarifvertrag zu Lasten des AN. Dem AN können aber auch Schutzpflichten zugunsten Dritter 125
auferlegt werden. Denkbar ist, daß dem AN Schutzpflichten für Kunden und Personal des AG
auferlegt werden.

C. Rechtliche Grenzen der Tarifmacht

I. Tarifautonomie

1. Regelungsmacht. a) Die Tarifvertragsparteien haben das Recht, die Arbeits- und Wirtschafts- 126
bedingungen autonom zu regeln. Andererseits sind sie auch zur Regelung verpflichtet, wenn sie sich
den Abschluß von Tarifverträgen zum Ziel gesetzt haben. Gleichwohl geht diese Verpflichtung nicht
soweit, daß sie bestimmte materielle Regelungen treffen müssen, anderenfalls wäre die Vertragsfreiheit
nicht gewährleistet.

b) Die Tarifvertragsparteien bestimmen autonom, ob und für welche Mitglieder sie tarifliche Rege- 127
lungen schaffen (BAG 24. 4. 1985 AP BAT § 3 Nr. 4 = NJW 1986, 95 = NZA 1985, 602; 18. 9. 1985
AP BAT § 23 a Nr. 1; 20. 8. 1996 AP TVG § 1 Tarifverträge: Seniorität Nr. 6). Bei der Entscheidung
muß aber dem Gleichheitssatz und der Gleichberechtigung Rechnung getragen werden. Werden zB
keine Ruhegeldregelungen für Teilzeitbeschäftigte getroffen, kann eine mittelbare Frauendiskriminierung vorliegen. Umstritten sind die Rechtsfolgen einer unterlassenen Regelung. Liegt überhaupt keine
Regelung vor, kann eine solche auch nicht für unwirksam erklärt werden. Es wird daher angenommen,
daß den Tarifvertragsparteien eine Regelung überlassen werden müßte (*Schlachter*, FS für Schaub,
S. 651, 663). Das BAG hat dagegen die Teilzeitbeschäftigten in die betriebliche Altersversorgung
einbezogen (BAG 7. 3. 1995 AP BetrAVG § 1 Nr. 26 Gleichbehandlung = NZA 1996, 48; 16. 1. 1996
AP GG Art. 3 Nr. 222 = NJW 1996, 2052 = NZA 1996, 687; 27. 2. 1996 NZA 1996, 992).

2. Tarifmacht und höherrangiges Recht. Gleichwohl müssen die Tarifvertragsparteien bei der 128
Setzung von Normen ihre Tarifmacht behalten und höherrangiges Recht beachten. Grundsätzlich
müssen die Tarifvertragsparteien die Rechtsnormen für ihre Mitglieder selbst setzen. Zulässig ist aber
auch eine Inbezugnahme von Gesetzen, Rechtsverordnungen und Verwaltungsanweisungen und an-
deren Tarifverträgen (BAG 9. 7. 1980 AP TVG § 1 Form Nr. 7 = NJW 1981, 1574; 10. 11. 1982 AP
Nr. 8 aaO). Allerdings ist zu fordern, daß für die Verweisung sachliche Gründe sprechen. Dies ist der
Fall, wenn der BAT auf Beamtenrecht verweist, um einheitliche Arbeitsbedingungen des öffentlichen
Dienstes zu erreichen oder die Tarifvertragsparteien auf eigenes Regelwerk verweisen (vgl. für die
Verweisung auf Arbeitszeitrecht für beamtete Lehrer: BAG 7. 9. 1982 AP TVG § 1 Durchführungs-
pflicht Nr. 1; Verweisung auf Umzugskostenrecht vom 7. 9. 1982 AP BAT § 44 Nr. 7; 16. 1. 1985 AP
Nr. 9 aaO).

3. Gleichberechtigung und Lohngleichheitssatz. Die Tarifvertragsparteien müssen insbesondere 129
bei der Abgrenzung des persönlichen Geltungsbereiches die Gleichberechtigung und den Lohngleichheitssatz beachten (Art. 3 GG; Art. 119 EG-Vertrag). Die Ausgrenzung von Teilzeitbeschäftigten
kann zur mittelbaren Frauendiskriminierung führen (EuGH 13. 5. 1986 AP EWG-Vertrag Art. 119
Nr. 10 = NJW 1986, 3020 = NZA 1986, 585, 599; 28. 9. 1994 AP Nr. 56 aaO). Schließt eine Gewerkschaft mit einem AG oder AGVerband für verschiedene Personenkreise Tarifverträge ab, so muß für
gleiche oder gleichwertige Arbeit dasselbe Entgelt ausgeworfen werden. Im Falle Enderby waren für

Logopäden weitaus geringere Entgelte vereinbart worden als für Apotheker. Das nationale Gericht hat festgestellt, daß die Arbeit gleichwertig sei. In der Gruppe der Logopäden befanden sich überwiegend Frauen, in der Gruppe der Apotheker überwiegend Männer. Der EuGH hat angenommen, daß in der unterschiedlichen Entgelthöhe eine mittelbare Frauendiskriminierung enthalten sei (EuGH 27. 10. 1993 AP EWG-Vertrag Art. 119 Nr. 50). Im Fall Royal Copenhagen (EuGH 31. 5. 1995 AP EWG-Vertrag = BB 1995, 1484) hat der EuGH eine unterschiedliche Entlohnung im Rahmen des Stückakkordes nicht als diskriminierend angesehen, wenn der AG darlegt und nachweist, daß die Differenzierung auf sachlichen Gründen beruht.

II. Tarifvertrag und höherrangiges Recht

130 **1. Höherrangiges Recht. a)** Tarifverträge sind Teil der Rechtsordnung. Sie dürfen nicht gegen höherrangiges Recht verstoßen (BAG 15. 1. 1955 AP GG Art. 3 Nr. 4 = NJW 1955, 684; 25. 4. 1979 AP BGB § 611 Dienstordnungs-Angestellten Nr. 49).

131 **b)** Vorrangig ist jedes staatliche Recht. Hierzu gehören das Grundgesetz und die Länderverfassungen, Gesetze und Rechtsverordnungen, Verwaltungsakte mit unmittelbarer Außenwirkung (vgl. zu Torkontrollen: BAG 26. 5. 1988 AP BetrVG 1972 § 87 Ordnung des Betriebes Nr. 14). Dagegen kommt bloßen Verwaltungsvorschriften ohne Außenwirkung keinen Vorrang zu. Allerdings kann der Staat seine Rechtsnormen hinter Tarifverträge zurückweichen lassen. Dies ist der Fall bei dispositivem und tarifdispositivem Recht.

132 **2. Autonomes Recht. a)** Zum autonomen Recht gehören Rechtsnormen von Gemeinden, Landkreisen, Universitäten, öffentlich-rechtlichen Kammern und Sozialversicherungsträgern. Bei autonom gesetztem Recht muß jedoch im Wege der Auslegung entschieden werden, ob es sich um autonomes Recht oder um staatliches Rechte handelt. Bei polizeilichen oder ordnungsbehördlichen Normen handelt es sich nicht um autonomes Recht, sondern um von den Ländern, den Gemeinden und Kreisen übertragene Rechtsetzungsmacht. Insoweit gehen diese den Tarifnormen vor. Dagegen treten die Satzungen der Gemeinden hinter die Tarifverträge zurück. In ihnen kann mithin keine Regelung für Arbeitsverhältnisse geschaffen werden. Die Gemeindesatzung könnte keine Tor- und Ausweiskontrollen für die AN einführen.

133 **b)** Im Sozialversicherungsrecht hat der Gesetzgeber den Vorrang der Dienstordnung vor Tarifverträgen (§§ 351 ff., 699 ff. RVO) angeordnet (BAG 25. 4. 1979 AP BGB § 611 Dienstordnungs-Angestellte Nr. 49; 26. 6. 1985 AP TVG § 1 Teilnichtigkeit Nr. 1).

134 **c)** Unfallverhütungsvorschriften gehen nach allgemeiner Meinung den Tarifverträgen vor. Sie sind Mindestnormen; sie können daher eine Unterschreitung nicht zulassen (*Wiedemann/Oetker/Wank* § 1 Rn. 427).

135 **d)** Dasselbe gilt für Ausbildungsordnungen der Kammern und zuständigen Stellen nach § 44 BBiG.

136 **3. Betriebs- und Dienstvereinbarungen.** Aus § 87 I Einleitungssatz, § 77 III BetrVG, § 75 BPersVG, § 28 SprAuG folgt, daß Tarifverträge den Vorrang vor Betriebs-, Dienstvereinbarungen und Sprecherausschußrichtlinien haben. Jedoch hat das Gesetz in § 112 I 3 BetrVG einen Vorrang für Sozialpläne eingeräumt. Vgl. § 77 Rn. 49 ff.

III. Tarifvertrag und Verfassung

137 **1. Grundrechtsschutz des AN. a)** Tarifverträge müssen die Verfassung, insbesondere die Grundrechte beachten. Das BAG leitet dies daraus ab, daß Tarifverträge Rechtsnormen sind (BAG 15. 1. 1955 AP GG Art. 3 Nr. 4) bzw. daß derjenige, der Rechtsnormen setzt, auch die Grundrechte beachten müsse. Hiergegen wird eingewandt, daß die Verbände nicht Grundrechtsadressaten sondern Grundrechtsträger sind. Tarifverträge könnten damit nicht Gesetzen gleichgestellt werden. Allerdings könnten die Verbände die Grundrechte nicht völlig außer acht lassen. Insoweit sei auf den Schutzzweck abzustellen (vgl. dazu (*Dieterich* Einl. zu GG Rn. 20; 46 f.; FS für Schaub S. 117 ff.). Von seinem Ausgangspunkt gibt es eine umfangreiche Rechtsprechung des BAG.

138 **b)** Tarifverträge müssen die Koalitionsfreiheit beachten. Hieraus folgt, daß im Wege des Tarifvertrages kein Closed-Shop-System eingeführt werden kann. Insoweit wird die Koalitionsfreiheit des Einzelnen berührt (BAG 2. 6. 1987 AP GG Art. 9 Nr. 49 = NJW 1987, 2893 = NZA 1988, 64). Tarifverträge dürfen Nicht- oder anders Organisierte nicht diskriminieren. Im Wege von Tarifausschlußklauseln dürfen Nicht- und anders Organisierte nicht von tariflichen Leistungen ferngehalten werden.

139 **c)** Die Tarifvertragsparteien müssen die Berufsfreiheit beachten (vgl. im einzelnen Einl. zu GG Rn. 56 ff. und Art. 12 Rn. 41). Nach der Dreistufenlehre des BVerfG (BVerfG 11. 6. 1958 AP GG Art. 12 Nr. 13 = NJW 1958, 1035; zur Entwicklung der Rspr. vgl. Art. 12 Rn. 25) darf in die Berufswahlfreiheit nur zum Schutz überwiegend wichtiger Gemeinschaftsgüter eingegriffen werden. Objektive Zulassungsvoraussetzungen dürfen nur zur Abwehr nachweisbarer oder wahrscheinlicher

C. Rechtliche Grenzen der Tarifmacht

Gefahren für solche Gemeinschaftsgüter geschaffen werden. Subjektive Zulassungsvoraussetzungen müssen den Grundsätzen der Verhältnismäßigkeit genügen. Berufsausübungsregeln können nur aus vernünftigen Gründen des Gemeinwohls geschaffen werden. Der Eingriff muß stets auf der verhältnismäßigen Stufe erfolgen. Hieraus folgt im einzelnen: Tarifliche Altersgrenzen schränken die Berufswahlfreiheit nicht ein (BAG 6. 3. 1986 AP BGB § 620 Altersgrenze Nr. 1; vgl. zur Altersgrenze von Piloten: BAG 20. 12. 1984 AP BGB § 620 Bedingung Nr. 9 = NZA 1986, 325). Tarifverträge müssen die freie Wahl des Arbeitsplatzes gewährleisten (BAG 26. 4. 1990 AP GG Art. 9 Nr. 57 = NZA 1990, 850; BVerfG 24. 4. 1991 AP GG Art. 12 Nr. 70 = NJW 1991, 1667 = NZA 1992, 684 [Helkenby]). Im allgemeinen ausgeschlossen sind Beschäftigungsquoten (vgl. zu Frauenquoten: Art. 3 GG Rn. 94 EuGH 17. 10. 1995 AP Art. 119 EWG-Vertrag = NJW 1995, 3109 = NZA 1995, 1095; 5. 3. 1996 AP EWG-Richtlinie Nr. 76/207 = NJW 1996, 2529 = NZA 1996, 751; vgl. *Colneric* BB 1996, 225); Lehrlingsskalen: LAG Düsseldorf 19. 9. 1960 AP TVG § 4 Lehrlingsskalen Nr. 1). Rückzahlungsklauseln für Ausbildungskosten und Kündigungsbeschränkungen werden an der Freiheit der Berufswahl gemessen (BAG 18. 8. 1976 BGB § 611 Ausbildungsbeihilfe Nr. 3).

d) Die Tarifverträge müssen den Gleichheits- und Gleichberechtigungssatz beachten (dahingestellt: **140** BAG 5. 10. 1999 4 AZR 668/98). Die Tarifvertragsparteien überschreiten die ihnen gezogenen Grenzen, „wenn sich ein vernünftiger, aus der Natur der Sache folgender oder sonst einleuchtender Grund für die gesetzliche Differenzierung nicht finden läßt, kurzum, wenn die Bestimmung als willkürlich bezeichnet werden muß (BVerfG 23. 10. 1951 BVerfGE 1, 14; 19. 7. 1972 BVerfGE 33, 367 = NJW 1972, 2214). In der neueren Rspr. des BVerfG findet sich die neue Formel, „wenn eine Gruppe von Normadressaten im Vergleich zu anderen Normadressaten anders behandelt wird, obwohl zwischen beiden Gruppen keine Unterschiede von solcher Art und solchem Gewicht bestehen, daß sie die ungleiche Behandlung rechtfertigen könnten" (BVerfG 7. 10. 1980 NJW 1981, 46; 11. 1. 1995 AP GG Art. 3 Nr. 209; zu allem Art. 3 Rn. 32). Das BAG hat hieraus abgeleitet, daß der Arbeitgeber sachgerechte Gruppen bilden kann (BAG 20. 11. 1996 AP BGB § 242 Gleichbehandlung Nr. 133 = NZA 1997, 724; 25. 2. 1987 AP BAT § 52 Nr. 3 = NJW 1987, 2458 = NZA 1987, 271, 667; 5. 12. 1990 AP BAT 1975 §§ 22, 23 Nr. 153; 20. 11. 1996 AP BGB § 242 Gleichbehandlung Nr. 133 = NJW 1997, 200 = NZA 1997, 724; *Schlachter*, FS für Schaub, S. 651, 659 ff.). Stichtagsregelungen sind dann zulässig, wenn für sie ein sachlicher Grund besteht (BAG 6. 2. 1980 AP TVG § 1 Rückwirkung Nr. 7). Das Gleichstellungsgebot des Art. 3 GG wird durch das Benachteiligungsverbot des Art. 3 Abs. 3 GG verstärkt. Hiernach darf niemand wegen seines Geschlechtes, seiner Abstammung, seiner Rasse, seiner Sprache, seiner Heimat und Herkunft, seines Glaubens, seiner religiösen oder politischen Anschauungen benachteiligt werden. Die aufgezählten Differenzierungsmerkmale sind stets unzulässig (Art. 3 GG Rn. 66). Ausgeschlossen ist mithin eine Ehefrauenzulage nur für männliche AN (BAG 13. 11. 1985 AP GG Art. 3 Nr. 136 = NJW 1986, 1006 = NZA 1986, 321). Zentrale Bedeutung kommt der Gleichberechtigung, insbesondere der Lohngleichheit zu. Unterschiedliche Lohngruppen bzw. ein Abschlag für Frauen sind unwirksam (BAG 15. 1. 1955 AP GG Art. 3 Nr. 4 = NJW 1955, 684). Verboten sind die unmittelbare und mittelbare Diskriminierung (Einzelheiten Art. 3 Rn. 87 ff.). Wenn Lohngruppensysteme auf Tatbestandsmerkmale abstellen, die eher von Personen eines Geschlechtes erfüllt werden können, müssen sie für das andere Geschlecht kompensierende Regelungen enthalten (EuGH 1. 7. 1986 EWG-Vertrag Art. 119 Nr. 13 = NJW 1987, 1138). Nach den Entscheidungen Enderby und Royal Copenhagen müssen die Tarifvertragsparteien ein Bewertungssystem schaffen, nach dem gleiche und gleichwertige Arbeit gleichbehandelt werden (EuGH vom 27. 10. 1993 AP EWG-Vertrag Art. 119 Nr. 50; 31. 5. 1995 BB 1995, 1484 = DB 1995, 1615; BAG 23. 8. 1995 AP BGB § 612 Nr. 48 = NZA 1996, 579). Ein Tarifvertrag verstößt gegen den Gleichheitssatz, wenn er wohl Zuschüsse zum Kurzarbeitergeld von Angestellten, aber nicht von Arbeitern vorsieht (BAG 28. 5. 1996 AP TVG § 1 Tarifverträge Metallindustrie = NZA 1997, 59).

Tarifverträge dürfen sich auf Personen eines Geschlechtes nicht diskriminierend auswirken. **141**

2. Grundrechtsschutz des Arbeitgebers. a) Die Freiheit der Unternehmerentscheidung ist ge- **142** schützt (Art. 12 GG; vgl. Art. 12 Rn. 14). Tarifverträge können in wirtschaftlichen Angelegenheiten, insbesondere beim Interessenausgleich, keine erzwingbare Mitbestimmung einführen (vgl. Art. 12 Rn. 43). Auch bei Personalentscheidungen muß dem AG ein Entscheidungsspielraum verbleiben. Unzulässig ist mithin, die Kündigung von der Zustimmung des Betriebsrates abhängig zu machen und bei Auseinandersetzungen die Einigungsstelle auszuschließen (vgl. BAG 10. 2. 1988 AP BetrVG 1972 § 99 Nr. 53).

b) Tarifverträge müssen den Gleichheitssatz und die Gleichberechtigung beachten. AG können **143** mithin nicht unterschiedlich belastet werden, es sei denn, daß hierfür sachliche Gründe sprechen. Zulässig soll es sein, die Beitragspflicht bei den Sozialkassen des Baugewerbes auf geringfügig Beschäftigte zu erstrecken (BAG 23. 11. 1988 AP TVG § 1 Tarifverträge: Bau Nr. 100).

c) Nach Art. 5 GG dürfen Tarifverträge nicht die Meinungs-, Presse- und Berichtsfreiheit unter- **144** binden. Einzelheiten Art. 5 GG Rn. 39, 82 ff.

145 d) Nach Art. 12 GG ist die Unternehmerfreiheit gewährleistet. Tarifverträge dürfen mithin keine Regelungen enthalten, durch die die Unternehmerfreiheit als Berufswahlfreiheit ausgeschlossen wird. Für die Einschränkung der Ausübung bedarf es eines sachlichen Grundes (einschränkend Art. 12 GG Rn. 24, 41; zu Ladenschlußzeiten: BAG 31. 8. 1982 AP BetrVG 1972 § 87 Arbeitszeit Nr. 8 = NJW 1983, 953; 27. 6. 1989 AP GG Art. 9 Arbeitskampf Nr. 113 = NZA 1989, 969).

146 e) Tarifverträge müssen die Eigentumsgarantie des Art. 14 GG beachten. Einzelheiten Art. 14 GG Rn. 18 ff.

147 **3. Rechtsstaat-, Sozialstaats- und Demokratieprinzip. a)** Aus dem Rechtsstaatsprinzip folgt das Gebot der Normenklarheit. Unbestimmte Tarifnormen sind jedoch nur in Ausnahmefällen unwirksam (BAG 29. 1. 1986 AP BAT 1975 Nr. 115). Aus dem Rechtsstaatsprinzip folgt weiter das Verbot der Rückwirkung von Tarifverträgen (vgl. § 4 Rn. 24).

148 b) Das Sozialstaatsprinzip wirkt sich bei Tarifverträgen nur wenig aus. Es begrenzt die Regelungsmacht der Tarifvertragsparteien vor allem insoweit, wie sie gesetzliche Regelungen (Arbeitsbeschaffungsmaßnahmen, befristete Arbeitsverhältnisse usw.) nicht konterkarieren dürfen.

149 c) Aus dem Demokratieprinzip folgt, daß die Organisationen einen demokratischen Aufbau haben müssen.

IV. Tarifvertrag und internationales Recht

150 **1. EG-Recht. a)** Tarifverträge sind an das primäre Gemeinschaftsrecht und die RechtsVO der Gemeinschaft gebunden (EuGH 12. 2. 1974 AP EWG-Vertrag Art. 177 Nr. 6; BAG 6. 7. 1974 AP EWG-Vertrag Art. 177 Nr. 7 = NJW 1974, 2197). Das gilt insbesondere auch für den Lohngleichheitssatz.

151 b) Bei Richtlinien kann sich der EG-Bürger gegenüber dem Staat dann auf eine Richtlinie berufen, wenn sie einen selbstregelnden Inhalt hat. Gegenüber dem Staat kann sich der EG-Bürger ferner darauf berufen, daß eine Richtlinie nicht oder fehlerhaft umgesetzt worden ist (EuGH 12. 7. 1990 NJW 1991, 3086 = DB 1990, 2428). Gegebenenfalls erwachsen für ihn Schadensersatzansprüche. Dieses Regelungssystem bedarf einer Anpassung für das Tarifvertragsrecht. Im allgemeinen wird ein Tarifunterworfener sich dann auf eine Richtlinie berufen können, wenn sie self executive ist und den Tarifvertragsparteien es obliegt, sie durch Tarifverträge umzusetzen. Insoweit mögen bei fehlerhafter Umsetzung auch Schadensersatzansprüche erwachsen.

152 **2. Völkerrechtliche Verpflichtungen.** Die Tarifvertragsparteien sind an die völkerrechtlichen Verpflichtungen der BRD gebunden, auch wenn sie noch nicht umgesetzt worden sind. Im allgemeinen wird dies aber nur für die Auslegung des Tarifrechts von Bedeutung sein.

V. Tarifvertrag und Gesetzesrecht

153 **1. Ein- und zweiseitig zwingendes Gesetzesrecht. a)** Zweiseitig zwingendes Gesetzesrecht ist sowohl zugunsten wie zu Lasten des AN zwingend. Von ihm können Tarifverträge nicht abweichen. Es ist im Arbeitsrecht selten. Es kommt vor allem in der Betriebs- und Personalverfassung vor (*Wiedemann/Oetker/Wank* Einleitung Rn. 357; Rn. 359 ff.).

154 b) Einseitig zwingendes Gesetzesrecht läßt eine Verbesserung der Rechtsstellung des AN zu, nicht aber seine Verschlechterung. Tarifverträge können mithin den Urlaub verlängern, nicht aber verkürzen. Die Befristungsregelungen des BeschFG können zugunsten des AN verbessert, nicht aber verschlechtert werden (BAG 25. 9. 1987 AP BeschFG 1985 § 1 Nr. 1 = NZA 1988, 358). Das Günstigkeitsprinzip des TVG versagt Höchstarbeitsbedingungen für den AN.

155 **2. Dispositives Gesetzesrecht. a)** Dispositives Gesetzesrecht läßt ein Abweichen von der gesetzlichen Regelung zugunsten wie zu Lasten des AN zu. In demselben Umfang kann auch in Tarifverträgen von dispositivem Gesetzesrecht abgewichen werden. So können die Regelungen über den Annahmeverzug (§ 615 BGB) und die Arbeitsverhinderung (§ 616 BGB) durch Tarifvertrag zugunsten wie zu Lasten des AN geändert werden *Wiedemann/Oetker/Wank* Einleitung Rn. 357; Rn. 383 ff.).

156 b) Während individualvertragliche Abweichungen vom dispositiven Gesetzesrecht einer Billigkeitskontrolle (§ 315 BGB) unterliegen, ist dies bei Tarifverträgen nicht der Fall (vgl. BAG 21. 12. 1970 AP BGB § 305 Billigkeitskontrolle Nr. 1 = NJW 1971, 1149).

157 **3. Tarifdispositives Gesetzesrecht. a)** Das Gesetz kann einseitig zwingend ausgestaltet sein. Gleichwohl kann es gestatten, daß durch Tarifvertrag zu Lasten des AN davon abgewichen werden kann. Das Gesetz geht insoweit von einer Richtigkeitsgewähr des Tarifvertrages aus und daß die Tarifvertragsparteien nur in angemessenem Umfang vom Gesetz abweichen werden.

158 b) Tarifdispositives Gesetzesrecht besteht im Kündigungsrecht (§ 622 IV BGB), im Urlaubsrecht (§ 13 BUrlG), in der betrieblichen Altersversorgung (§ 17 BetrAVG), im Teilzeitarbeitsrecht (§ 6 BeschFG 1985), in der Entgeltfortzahlung (§ 4 IV EFZG), im Arbeitszeitrecht (§ 7 AZG).

c) Da ein Tarifvertrag nur im Falle der Tarifbindung auf ein Arbeitsverhältnis anzuwenden ist (§ 3 **159**
TVG), würden die Arbeitsverhältnisse der Tarifgebundenen zu Lasten der AN schlechtere Arbeitsbedingungen enthalten als die Nichttarifgebundenen. Um dies zu verhindern, ist bei allen Formen des tarifdispositiven Gesetzesrechtes den nichttarifgebundenen Arbeitsvertragsparteien gestattet, auf die tariflichen Regelungen Bezug zu nehmen. Alsdann gelten die schlechteren Arbeitsbedingungen auch für Nichttarifgebundene. Verwiesen werden kann auf Tarifverträge mit demselben räumliche, fachlichen und zeitlichen Geltungsbereich.

VI. Tarifvertrag und Richterrecht

1. Einseitig zwingend. Richterrecht kann einseitig zwingend sein. Zahlreiche Arbeitsschutzbestim- **160**
mungen sind richterrechtlich geregelt, wie zB die Befristungskontrolle von Arbeitsverhältnissen, die betriebliche Altersversorgung, das Gratifikationsrecht und nicht zuletzt das Arbeitskampfrecht. Alle Regelungsmaterien sind auch der Regelung durch Tarifverträge zugänglich. Im allgemeinen ist das Richterrecht tarifdispositiv. Lediglich in einigen Fällen ist es zwingend; zB darf im Arbeitskampfrecht die Kampfparität nicht beeinträchtigt werden. Maßgebend ist die Begründung des Richterrechts (BAG 10. 6. 1980 AP GG Art. 9 Arbeitskampf Nr. 64; 4. 12. 1969 AP BGB § 620 Befristeter Arbeitsvertrag Nr. 32).

2. Tarifdispositives Richterrecht. Im allgemeinen geht das BAG davon aus, daß das Richterrecht **161**
tarifdispositiv ist. Dies gilt für Rückzahlungsklauseln bei Gratifikationen (BAG 31. 3. 1966 AP BGB § 611 Gratifikation Nr. 54 = NJW 1966, 1625), für Befristungsregelungen (BAG 30. 9. 1971 AP BGB § 620 Befristeter Arbeitsvertrag Nr. 36).

VII. Rechtsfolgen bei unzulässigen Tarifnormen

1. Fehlende Tarifmacht. Ist ein Tarifvertrag rechtswidrig, so sind verschiedene Fallgruppen zu **162**
unterscheiden. Fehlt den Tarifvertragsparteien die Tarifmacht, so ist der Tarifvertrag unwirksam. Dies gilt sowohl dann, wenn die Tarifvertragsparteien Materien geregelt haben, für die sie keine Tarifmacht besitzen (vgl. § 2 Rn. 39, 43) als auch dann, wenn sie unter Überschreitung ihrer Zuständigkeit gehandelt haben (§ 2 Rn. 39, 43).

2. Höherrangiges Gesetzesrecht. a) Verstößt ein Tarifvertrag gegen höherrangiges Recht, so ist er **163**
ganz oder teilweise nichtig. Das höherrangige Recht kann dem Tarifvertrag zeitlich vorgehen oder auch nachfolgen. Folgt das höherrangige Recht dem Tarifvertrag nach, so wird den Tarifvertragsparteien im allgemeinen eine Übergangszeit zustehen, binnen deren sie den Tarifvertrag anpassen können (vgl. für staatliches Recht: BVerfG 17. 10. 1990 = NJW 1991, 555).

b) Fällt das vorrangige Recht nachträglich wieder weg, so ist die Rechtslage umstritten. Wegen der **164**
Wirkungsweise von Tarifverträgen werden zwei Auffassungen vertreten. Es wird angenommen, daß das höherrangige Recht das entgegenstehende Recht vernichtet hat. Dies kann alsdann nicht mehr aufleben, wenn das höherrangige Recht aufgehoben wird. Es wird aber auch angenommen, daß das entgegenstehende Recht nur verdrängt worden ist. Alsdann lebt das verdrängte Recht wieder auf, wenn das höherrangige Recht aufgehoben wird. Was von den Tarifvertragsparteien gewollt ist, muß im Wege der Auslegung entschieden werden. Die Vernichtungs- und Verdrängungslehre hat vor allem Bedeutung für die Unwirksamkeit tariflicher Befristungsregeln nach § 41 IV SGB VI aF (vgl. BAG 20. 10. 1993 AP SGB VI § 41 Nr. 3; 1. 12. 1993 Nr. 4 aaO; 26. 4. 1995 Nr. 6 aaO; BVerfG 8. 11. 1994 Nr. 5 aaO).

c) Hat das staatlich vorrangige Recht einen kleineren räumlichen Geltungsbereich als das tarifliche **165**
Recht, so führt dies nur zur Unwirksamkeit des Tarifvertrages im Rahmen des staatlichen Rechtes.

3. Höherrangiges EG-Recht. a) Verstoßen Tarifverträge gegen höherrangiges EG-Recht, so formu- **166**
liert der EuGH regelmäßig, daß die Tarifverträge nicht angewandt werden dürfen. Die Tarifverträge sind insoweit nicht nichtig. Einen derartigen Verstoß könnte der EuGH auch aus Gründen der Staatshoheit nicht feststellen.

b) Fällt das höherrangige EG-Recht nachträglich wieder weg, so lebt das Tarifrecht wieder auf. Es **167**
ist also wieder anzuwenden.

4. Regelungslücke. a) Ist ein Tarifvertrag wegen Verstoß gegen höherrangiges Recht unwirksam, so **168**
erwächst eine Regelungslücke. Ob und inwieweit diese nach den Grundsätzen der ergänzenden Vertragsauslegung geschlossen werden kann, ist umstritten (vgl. § 1 Rn. 21).

b) Verstößt der Tarifvertrag gegen höherrangiges EG-Recht, insbesondere den Lohngleichheitssatz, **169**
so paßt der EuGH die Regelung immer auf das höhere Entgelt an (vgl. EuGH 27. 6. 1990 AP EWG-Vertrag Art. 119 Nr. 21).

§ 2 Tarifvertragsparteien

(1) Tarifvertragsparteien sind Gewerkschaften, einzelne Arbeitgeber sowie Vereinigungen von Arbeitgebern.

(2) Zusammenschlüsse von Gewerkschaften und von Vereinigungen von Arbeitgebern (Spitzenorganisationen) können im Namen der ihnen angeschlossenen Verbände Tarifverträge abschließen, wenn sie eine entsprechende Vollmacht haben.

(3) Spitzenorganisationen können selbst Parteien eines Tarifvertrages sein, wenn der Abschluß von Tarifverträgen zu ihren satzungsgemäßen Aufgaben gehört.

(4) In den Fällen der Absätze 2 und 3 haften sowohl die Spitzenorganisationen wie die ihnen angeschlossenen Verbände für die Erfüllung der gegenseitigen Verpflichtungen der Tarifvertragsparteien.

I. Koalition

1 **1. Gesetzliche Regelung.** Eine gesetzliche Regelung, welchen Voraussetzungen eine Koalition genügen muß, gibt es nicht. Lediglich der Staatsvertrag über die Wirtschafts-, Währungs- und Sozialunion enthält in Leitsatz III. 2 eine Überleitungsregelung. Es war umstritten, ob es lediglich eine Meinung der Vertragschließenden war oder eine Legaldefinition. Sie ist inzwischen gegenstandslos geworden (Art. 40 I EVertr):

„Tariffähige Gewerkschaften und AGVerbände müssen frei gebildet, gegnerfrei, auf überbetrieblicher Grundlage organisiert und unabhängig sein sowie das geltende Tarifrecht als für sich verbindlich anerkennen; ferner müssen sie in der Lage sein, durch Ausüben von Druck auf den Tarifpartner zu einem Abschluß zu kommen."

2 Die Definition entspricht dem von der Rechtsprechung erarbeiteten Begriff.

3 **2. Koalitionsbegriff. a)** Ausgangspunkt des Koalitionsbegriffes ist Art. 9 III GG (Art. 9 Rn. 47 ff.). Es sind Vereinigungen zur Wahrung und Förderung der Arbeits- und Wirtschaftsbedingungen.

4 **b)** Nach Art. 9 I GG haben alle Deutschen das Recht, Vereine und Gesellschaften zu bilden. Der Begriff des Vereins ergibt sich aus § 2 VereinsG, der in § 16 VereinsG für AN- und AGVereinigungen angepaßt wird. Nach § 2 Abs. 1 VereinsG ist Verein „ohne Rücksicht auf die Rechtsform jede Vereinigung, zu der sich eine Mehrheit natürlicher oder juristischer Personen für längere Zeit zu einem gemeinsamen Zweck freiwillig zusammengeschlossen und einer gemeinsamen Willensbildung unterworfen" haben. Ein Zusammenschluß für „längere Zeit" ist nicht bereits dann gegeben, wenn mehrere Personen nur einmalig, etwa zur Vorbereitung der Betriebsratswahl, zusammentreten. Andererseits steht der Begriff einer ad-hoc-Koalition nicht entgegen (BAG 28. 4. 1966 AP GG Art. 9 Arbeitskampf Nr. 37).

5 **c)** Die gemeinsame Willensbildung setzt nach umstrittener Meinung keine organisierte Verfassung (so *Zöllner/Loritz* § 8 Abs. 3 Satz 2) sondern nur die Möglichkeit einer gemeinsamen Willensbildung voraus (*Däubler* TVG, Nr. 107; *Löwisch/Rieble* § 2 Rn. 6). Freiwillig gebildet sind nur solche Vereinigungen, die sich aus eigenem Antrieb zusammengeschlossen haben. Damit fallen alle öffentlichen oder privaten Zusammenschlüsse aus dem Koalitionsbegriff heraus. Keine Koalitionen sind mithin die Kammern und sonstige öffentlich-rechtliche Körperschaften. Einer Innung ist kraft Gesetzes die Tariffähigkeit verliehen (§§ 54 III Nr. 1, 82 Nr. 3, 85 II HO).

6 **d)** Aus der Zwecksetzung der Koalition, die Arbeits- und Wirtschaftsbedingungen zu regeln, folgt, daß sie von der Gegenseite unabhängig sein muß (BVerfG vom 18. 11. 1954 AP GG Art. 9 Nr. 1). Die Gegenseite darf keinen maßgeblichen Einfluß ausüben. Die Rechtsprechung hat angenommen, daß noch kein entscheidender Einfluß durch die Abführung von Honoraren aus der Einigungsstelle (BAG 14. 12. 1988 AP BetrVG 1972 § 76 Nr. 30 = NZA 1989, 515), die Bezahlung gewerkschaftlicher Schulungsveranstaltungen (BVerfG 14. 2. 1978 BetrVG 1972 § 40 Nr. 13 = NJW 1978, 1310) ausgeübt wird. Ebenso wenig wird die Gegnerunabhängigkeit durch die Unternehmensmitbestimmung (BVerfG 1. 3. 1979 AP MitbestG § 1 Nr. 1 = NJW 1979, 593, 893) oder den Einzug der Gewerkschaftsbeiträge berührt.

7 **e)** Das Erfordernis der Gegnerunabhängigkeit bedingt, daß die AN der DGB-Gewerkschaften keine kollektive Interessenvertretung haben. Die Gewerkschaft HBV beansprucht nach § 4 D VI der Satzung vom 30. 10. 1990 allerdings eine Zuständigkeit für die AN der Gewerkschaftsverwaltung. Bislang werden die Arbeitsbedingungen durch Vereinbarungen mit dem Gesamtbetriebsrat geregelt. Im Jahre 1994 wurde ein Verband der Gewerkschaftsangestellten gegründet, der Tarifverträge abschließen will. Die Gewerkschaft hat ihren Mitgliedern verboten, diesem Verband beizutreten. Das BAG hat der Klage auf Unterlassung des Verbotes stattgegeben (BAG 17. 2. 1998 AP GG Art. 9 Nr. 87 = NZA 98, 754).

I. Koalition § 2 TVG 600

f) Die Vereinigungen müssen von Dritten unabhängig sein, also vom Staat, von den Kirchen oder 8
den politischen Parteien. Die Unabhängigkeit von Kirchen und Parteien heißt aber nicht, daß Koalitionen parteipolitisch oder religiös neutral sein müssen. Vielmehr können sie bestimmte gesellschaftspolitische Auffassungen vertreten. Nur dürfen diese Organisationen keinen entscheidenden Einfluß ausüben, in dem ihre Vertreter geborene Mitglieder der Vertretungsorgane der Vereinigungen sind.

3. Demokratische Organisationen. Koalitionen müssen demokratisch organisiert sein (BAG 9
15. 11. 1963, 9. 7. 1968 und 25. 11. 1986 AP TVG § 2 Nr. 14, 25, 36 = NZA 1987, 492; BVerfG 6. 5. 1964 AP TVG § 2 Nr. 15 = NJW 1964, 1267). Die Rechtsetzung durch die Koalitionen erfordert eine besondere Legitimation. Zur demokratischen Organisation gehört die Möglichkeit zu Abstimmungen, Bestellung von gewählten Organen. Dagegen steht das Demokratieprinzip nicht einer unterschiedlichen Stimmengewichtung entgegen, wenn die Stimmen sich nach der Zahl der beschäftigten AN richten.

4. Mächtigkeit. a) Eine Richtigkeitsgewähr der Tarifverträge besteht nur, wenn die sozialen Gegen- 10
spieler eine hinreichende Mächtigkeit haben. Mächtigkeit und Druckfähigkeit werden daher als Voraussetzung der Koalitionseigenschaft angesehen (BAG 16. 11. 1982, 10. 9. 1985, 25. 11. 1986, 16. 1. 1990 AP TVG § 2 Nr. 32, 34 = NJW 1986, 1708, Nr. 36 = NZA 1987, 492, Nr. 38 = NZA 1990, 626, Nr. 39 = NZA 1990, 623; BVerfG 20. 10. 1981 AP TVG § 2 Nr. 31 = NJW 1982, 815). Dagegen gehört die Bereitschaft zum Arbeitskampf jedenfalls in besonderen Verhältnissen nicht zur Voraussetzung der Tariffähigkeit (katholischer Hausgehilfinnenverband: BVerfG 6. 5. 1964 AP TVG § 2 Nr. 15 = NJW 1964, 1267). Ob eine hinreichende Mächtigkeit vorliegt, ist aus einer Gesamtschau aller Umstände zu ermitteln, wie Mitgliederzahl, deren Funktion im Arbeits- und Wirtschaftsleben, finanzielle und personelle Ausstattung der Koalition, bisherige Tarifabschlüsse (BAG 10. 9. 1985 NJW 1986, 1708) usw. Der Abschluß von Anschlußtarifverträgen ist unzureichend, da eine eigene Tarifpolitik nicht erkennbar ist (vgl. BAG 25. 11. 1986 und 16. 1. 1990 AP TVG § 2 Nr. 36 = NZA 1987, 492, Nr. 38 = NZA 1990, 626, Nr. 39 = NZA 1990, 623).

b) Der Mächtigkeit korrespondiert eine gewisse Leistungsfähigkeit. Koalitionen müssen Tarifver- 11
träge abschließen und beenden können. Sie müssen eine ausreichende Ausstattung haben, um die Einhaltung der Tarifverträge zu überwachen.

5. Tarifwilligkeit. a) Zu den Voraussetzungen der Tariffähigkeit wird die Tarifwilligkeit gezählt 12
(BAG 10. 9. 1985 und 25. 11. 1986 AP TVG § 2 Nr. 34 = NJW 1986, 1708, Nr. 36 = NZA 1987, 492; BVerfG vom 20. 10. 1981 AP TVG § 2 Nr. 31 = NJW 1982, 815). Ob eine Koalition tarifwillig ist, richtet sich nach ihrer Satzung. Die Mitglieder müssen erkennen können, ob sie sich der Normsetzung des Verbandes unterwerfen.

b) Nicht tariffähig sind Koalitionen, die einzelne Bereiche von der Tarifwilligkeit ausnehmen. Ein 13
AGVerband kann mithin nicht dadurch ausweichen, daß er einzelne Fragen, zB Arbeitszeitrecht, von der Tarifwilligkeit ausnimmt (*Gamillscheg* S. 529; *Löwisch* ZfA 1974, 34; *Martens* Anm. zu BAG 19. 11. 1985, SAE 1987, 1 ff., 9). Es gilt das Prinzip Alles oder Nichts.

c) Zu den umstrittensten Fragen gehört, ob es AGVerbände ohne Tarifwilligkeit geben kann 14
(*Bauer/Diller* DB 1983, 1085; *Buchner* NZA 1994, 2; *ders.* NZA 1995, 761; *Däubler* ZTR 1994, 448; *Glaubitz*, FS für Stege, S. 39; *Kraus* DB 1995, 1562; *S.-J. Otto* NZA 1996, 624; *Röckl* DB 1993, 2382, *Schlochauer*, FS für Schaub, S. 699; *Gamillscheg* S. 528; vgl. § 3 Rn. 7). Das BAG hat sich nicht abschließend geäußert (BAG 23. 5. 1995 AP TVG § 3 Verbandszugehörigkeit Nr. 3 = NZA 1997, 383). In aller Regel werden zwei Konstruktionsprinzipien unterschieden. *(1)* Der alte AGVerband gibt seine Tariffähigkeit auf. Es wird daneben eine Tarifgemeinschaft gegründet, die in aller Regel keine Rechtsfähigkeit erwirbt und für die der Tarifgemeinschaft angehörenden AG die Tarifverträge abschließt. *(2)* Nach dem zweiten Modell wird zwischen Vollmitgliedschaft, der Gast- bzw. Fördermitgliedschaft und einer Mitgliedschaft ohne Tarifbindung unterschieden. Insoweit nimmt der Verband seine Tarifzuständigkeit zurück. Im Rahmen des Vereinsrechts haben die Vereinsmitglieder ohne Tarifbindung kein Stimmrecht in den Ausschüssen, die über den Abschluß von Tarifverträgen und etwaige Arbeitskampfmaßnahmen beschließen. Die wohl besseren Gründe sprechen dafür, Vereinigungen, die tarifunwillig sind, die Eigenschaft einer Koalition abzusprechen. Unabhängig davon, welches Modell sich in dem konkreten Verbandsbereich findet, setzen sich die nicht der Tarifbindung unterliegenden AG dem Risiko aus, daß die Gewerkschaften bis hin zum Arbeitskampf Haustarifverträge anstreben. Insoweit besteht durchaus die Gefahr, daß diese für den AG ungünstiger als die Flächentarifverträge sind.

6. Anerkennung des Tarif-, Schlichtungs- und Arbeitskampfrecht. Dessen Anerkennung gehört 15
zu den Voraussetzungen einer Koalition (BAG 10. 9. 1985 und 25. 11. 1986 AP TVG § 2 Nr. 34 = NJW 1986, 1708, Nr. 36 = NZA 1987, 492; BVerfG 20. 10. 1981 AP TVG § 2 Nr. 31 = NJW 1982, 815; kritisch *Gamillscheg* S. 438, 524; *Kempen/Zachert* § 2 Rn. 51). Das geltende Tarifvertragsrecht und sein Konfliktlösungssystem können nur funktionieren, wenn seine Spielregeln anerkannt werden.

Schaub

7. Überbetriebliche Gewerkschaften. Nach hM gehört zu dem Begriff einer ANKoalition die Überbetrieblichkeit (vgl. BVerfG 1. 3. 1979 AP MitbestG § 1 Nr. 1 = NJW 1979, 593, 893). Hiervon wurde eine Ausnahme bei der Postgewerkschaft und der Gewerkschaft der Eisenbahner Deutschlands gemacht, weil bei diesen eine Gefahr der Gegnerabhängigkeit nicht bestand. Das Tatbestandsmerkmal ist nach der Privatisierung von Post und Bahn nicht aktuell. Richtig ist allerdings, daß sich eine hinreichend mächtige Gewerkschaft nicht auf ein Unternehmen beschränken kann, da sie sonst ihrem Regelungsauftrag nicht gerecht würde.

8. Mächtigkeit der AGVerbände. Das BAG nimmt an, daß die Mächtigkeit nicht zur Voraussetzung eines AGVerbandes gehört, weil auch der einzelne AG tariffähig sei und nicht ohne weiteres von seiner Mächtigkeit ausgegangen werden könne. Dann müsse aber auch ein Zusammenschluß mehrerer AG in einem Verband tariffähig sein (BAG 20. 11. 1990 AP TVG § 2 Nr. 40 = NJW 1991, 1699 = NZA 1991, 428). Die Entscheidung ist verfehlt; sie gefährdet ohne Not das geltende Tarifvertragssystem und seine Funktionsfähigkeit. Die Tariffähigkeit des einzelnen AG beruht auf der Koalitionsfreiheit der Gewerkschaften. Sie ist nicht ein Recht des einzelnen AG, sondern will den Gewerkschaften den Abschluß von Tarifverträgen garantieren.

II. Verbandstariffähigkeit

1. Beginn. a) Die Verbandstariffähigkeit beginnt, wenn ein Verband alle Merkmale einer Koalition erfüllt. Unterverbände (Bezirks-, Kreis- und Ortsverwaltungen) sind tariffähig, wenn sie körperschaftlich organisiert sind, die Interessen der Mitglieder ihres räumlichen Bereiches selbständig wahrnehmen und der Abschluß von Tarifverträgen nach der Satzung auch zu ihren Aufgaben gehört und nicht nur der übergeordneten Ebene vorbehalten ist. Teilweise wird auch eigenes Vermögen verlangt (vgl BAG 18. 11. 1965 AP TVG § 1 Nr. 17; 22. 12. 1960 AP ArbGG 1953 § 11 Nr. 25; 11. 9. 1985 AP BGB § 616 Nr. 67; 26. 2. 1964 AP ZPO § 36 Nr. 5). Tariffähig sind auch Verbände der in § 12 a TVG genannten Personen. §§ 54 III 1, 82 Nr. 3, 85 II 1 hat den Innungen und Landesinnungsverbänden die Tariffähigkeit verliehen (BVerfG 19. 10. 1966 AP TVG § 2 Nr. 24). Dagegen sind die Kreishandwerkerschaften nicht tariffähig (BAG 10. 12. 1960 und 27. 1. 1961 AP ArbGG 1953 Nr. 12, 26).

b) Umstritten ist, ob es tarifunwillige Koalitionen geben kann. Diese Frage ist zu verneinen (vgl. Rn. 14).

2. Ende der Tariffähigkeit. a) Die Tariffähigkeit endet, wenn die Voraussetzungen einer Koalition wegfallen (*Wiedemann/Oetker/Wank* § 2 Rn. 31). Dies kann auch dann der Fall sein, wenn die Koalition das geltende Tarif-, Schlichtungs- oder Arbeitskampfrecht nicht mehr anerkennt. Das gleiche gilt, wenn die Koalition keine demokratische Organisation mehr hat.

b) Die Tariffähigkeit endet ferner, wenn der Verband sich auflöst. Nach dem Auflösungsbeschluß tritt er in das Liquidationsstadium. Nach hM hat aber eine Vereinigung in Liquidation keine Tariffähigkeit (vgl. BAG 25. 9. 1990 AP TVG 1969 § 9 Nr. 8 = NZA 1991, 314). Bei Auflösung gelten die Tarifnormen nicht nach § 3 III fort; sie wirken nach § 4 V nach (BAG 11. 11. 1970 AP TVG § 3 Nr. 28). Richtig wird sein, daß dieselben Rechtsfolgen wie bei Verbandsaustritt eintreten.

c) Fusionieren Tarifvertragsparteien, so wird das Umwandlungsgesetz entweder unmittelbare oder entsprechende Anwendung finden (krit. *Wiedemann/Oetker/Wank* § 2 Rn. 33). Erfolgt die Fusion durch Auflösung der einen Tarifvertragspartei, so werden deren Tarifverträge beendet. Erfolgt dagegen die Fusion unter Ausschluß von Auflösung und Abwicklung, so gehen die Tarifverträge auf den fusionierten Verband über.

III. Tariffähigkeit des einzelnen Arbeitgebers

1. AG. a) Nach § 2 I TVG ist jeder einzelne AG tariffähig. Der Sinn dieser Regelung besteht darin, die kollektive Koalitionsfreiheit zu gewährleisten, indem die Gewerkschaft in jedem Fall einen Tarifvertragspartner findet. Er verliert seine Tariffähigkeit nicht durch Eintritt in den Arbeitgeberverband.

b) AG kann jede natürliche oder juristische Person des privaten oder öffentlichen Rechtes sein. Bei Personengesellschaften (oHG, KG, GbR) ist AG die gesamthänderische Verbundenheit der Gesellschaften. Der Konzern ist nicht tariffähig (*Gamillscheg*, S. 525; *Kempen/Zachert* § 2 Rn. 74; *Löwisch/Rieble* § 2 Rn. 68). Hieran ändert sich auch nichts durch § 55 IV BetrVG; dort wird nicht die Tariffähigkeit des Konzerns vorausgesetzt, sondern nur ein konzerneinheitlich geltender Tarifvertrag. Ein konzerneinheitlich geltender Tarifvertrag kann leicht herbeigeführt werden, indem alle Konzernunternehmen dem AGVerband angehören. Denkbar ist auch, daß mehrere Konzernunternehmen einen mehrgliedrigen Tarifvertrag abschließen. Schließlich kann auch in der Satzung des Konzerns eine Verpflichtung geregelt sein, einheitliche Arbeitsbedingungen einzuhalten. In einem Fall hat das BAG angenommen, daß sich aus dem Tarifvertrag des herrschenden Unternehmens (Goethe-Institut) die Verpflichtung ergebe, dafür zu sorgen, daß die einzelnen Unterordnungsorganisationen den Tarifvertrag anwenden (BAG 11. 9. 1991 AP Internationales Privatrecht, Arbeitsrecht Nr. 29 = NZA 1992,

321). Die Entscheidung mag vor allem auch auf dem Gedanken beruhen, Rechtsmißbräuchen vorzubeugen. AG können auch Beschäftigungsgesellschaften sein (LAG Brandenburg 24. 2. 1994 NZA 1995, 905).

c) Auch Körperschaften, Anstalten und Stiftungen des öffentlichen Rechtes sind tariffähig. Bestimmt ein Firmentarifvertrag aus dem Jahre 1982, daß der BAT für alle Arbeitnehmer des Unternehmens gilt, so richten sich auch die Arbeitsverhältnisse der Arbeitnehmer im Beitrittsgebiet nach dem BAT und nicht dem BAT-O (BAG 9. 12. 1999 6 AZR 299/98). Gelegentlich ist in den Organisationsgesetzen vorgesehen, daß der Bund die Tarifverträge für die juristischen Personen des öffentlichen Rechtes abschließt. Nach Art. 56 Abs. 5 lit. a Zusatzabkommen zum Truppenstatut ist der Bund ermächtigt, Tarifverträge für die AN bei den Stationierungsstreitkräften abzuschließen (vgl. BAG 20. 12. 1957 AP Truppenvertrag Art. 44 Nr. 11). 25

d) Im Rahmen der Privatisierung von Post und Bahn sind Sonderregeln für den Abschluß von Tarifverträgen erlassen worden (§§ 4 I, 7 III 1 BENeuglG; § 23 PostPersRG). 26

2. Rechtsnatur. Die Besonderheit der Haus- (Unternehmens-, Firmen-, Werks-)tarifverträge besteht darin, daß der AG Tarifvertragspartei und Normunterworfener ist. Bei Inhaltsnormen (§ 1 Rn. 92) folgt die Verpflichtung des AG aus dem Tarifvertrag und zugleich aus dem durch Tarifvertrag gestalteten Arbeitsvertrag. Haben sich mehrere AG zur Führung eines gemeinsamen Betriebes zusammengeschlossen, so können betriebliche oder betriebsverfassungsrechtliche Normen nur einheitlich von der AGGesamtheit geschlossen werden. 27

3. Beginn und Ende des Haustarifvertrages. a) Die Tariffähigkeit des AG beginnt, wenn die Einstellung von AN vorgesehen ist. Im Falle der Ausgliederung können damit bereits im Gründungsstadium Tarifverträge abgeschlossen werden. 28

b) Die Tariffähigkeit endet, wenn der AG seine AGEigenschaft verliert oder ersatzlos wegfällt. Die AGEigenschaft geht verloren, wenn der AG keine AN mehr beschäftigt, zB wenn der Betrieb stillgelegt wird. Im Falle der Insolvenz des AG bleibt die AGEigenschaft erhalten. Der Insolvenzverwalter bleibt für das Unternehmen an den bestehenden Haustarifvertrag gebunden und kann neue Tarifverträge aushandeln. Im Falle des Erbfalls treten die Erben im Wege der Universalsukzession in die Tarifverträge ein. Eine juristische Person verliert ihre AGStellung nicht mit dem Auflösungsbeschluß, sondern nach Abschluß der Liquidation, wenn keine AN mehr beschäftigt werden. Entsprechendes gilt für die Personengesellschaften (oHG, KG, GbR), wenn eine Liquidation stattfindet. Die Tariffähigkeit endet dagegen nicht, wenn der Gesellschafterbestand einer Personengesellschaft sich ändert. AG bleibt die gesamthänderische Verbundenheit der Gesellschafter. 29

c) Für die Fälle der Umwandlung gilt das Umwandlungsgesetz. Es unterscheidet in § 1 UmwandlungsG vier Umwandlungen durch *(1)* Verschmelzung, *(2)* Spaltung in Form der Aufspaltung, Abspaltung, Ausgliederung, *(3)* Vermögensübertragung und *(4)* Formwechsel. Wegen Beginn und Ende des Tarifvertrages sind mehrere Fallgestaltungen zu unterscheiden (*Schaub* ZTR 1997, 245). Unterliegt der neue Rechtsträger, auf den der Betrieb/das Unternehmen im Wege der Gesamtrechtsnachfolge übergeht, derselben Tarifbindung wie der bisherige Rechtsträger, so ändert sich an der Tarifbindung oder dem Geltungsbereich des Tarifvertrages nichts. Die Verbandszugehörigkeit geht dagegen nicht auf den neuen Rechtsträger über. Ein solcher Übergang wäre mit der negativen Koalitionsfreiheit nicht zu vereinbaren (BAG 2. 12. 1992 AP TVG § 3 Nr. 14, 10. 11. 1993 AP TVG § 3 Verbandszugehörigkeit, 5. 10. 1993 AP BetrAVG § 1 Zusatzversorgungskassen Nr. 42). Der neue Rechtsträger muß selbst entscheiden, ob und welchem Verband er beitritt. Gehört dagegen der neue Rechtsträger keinem neuen Verband an, so bleibt gemäß § 324 UmwandlungsG, § 613 a I BGB unberührt. Das bedeutet, der bei dem älteren Rechtsträger geltende Tarifvertrag sinkt in das Arbeitsverhältnis ab und gilt mit zwingender Wirkung für ein Jahr weiter. Nach Ablauf dieser Frist kann er mit individualvertraglichen Mitteln geändert werden. 30

d) Im Falle der Unternehmensveräußerung (Betriebsveräußerung) gehen die Arbeitsverhältnisse nach § 613 a I 1 BGB auf den Rechtsnachfolger über. Nach § 613 a I 2 BGB werden die Tarifverträge zum Inhalt des Arbeitsvertrages. Damit ist aber noch nichts über die Stellung des Betriebserwerbers als Tarifvertragspartei ausgesagt. Die Tariffähigkeit nach § 2 I TVG wird mit dem Betriebsübergang erlöschen. Mit dem Betriebserwerber können jedoch neue Haustarifverträge abgeschlossen werden. Eine offene Rechtsfortbildung, wie sie im Schrifttum befürwortet wird (*Kempen/Zachert* § 3 Rn. 46 ff.) scheidet aus, da es an einer Regelungslücke fehlt. 31

IV. Tariffähigkeit von Spitzenorganisationen

1. Vertretung. a) Die Spitzenorganisation kann auch ohne die Sonderregelung in § 2 II bevollmächtigt werden, einen Tarifvertrag abzuschließen. Tarifvertragspartei bleibt der vertretene Verband, dem mithin Tariffähigkeit zukommen muß. 32

b) Nach § 2 II können die Spitzenorganisationen im Namen der ihnen angeschlossenen Verbände Tarifverträge abschließen, wenn ihnen eine entsprechende Vollmacht erteilt ist. In Abweichung vom 33

Vertretungsrecht wird nach § 2 IV eine besondere Haftung der Spitzenorganisation begründet (unten 36).

34 **2. Tarifabschluß in eigenem Namen.** Nach § 2 III können Spitzenorganisationen in eigenem Namen Tarifverträge abschließen. Die Spitzenorganisationen müssen eigene Tariffähigkeit haben. Versteht man die Tariffähigkeit der Spitzenorganisation als die von den Mitgliederverbänden übertragene Tariffähigkeit, müssen auch die Mitgliederverbände tariffähig sein (vgl. BAG 2. 11. 1960 AP ArbGG 1953 § 97 Nr. 1). Hat die Spitzenorganisation originäre Tariffähigkeit, kommt es auf die Mitgliederverbände nicht an. Was gewollt ist, muß sich aus der Satzung der Verbände ergeben. Hat die Spitzenorganisation den Tarifvertrag im eigenen Namen abgeschlossen, ist sie allein verfügungs-(kündigungs-)berechtigt. Sieht die Satzung einer Spitzenorganisation die Wahrnehmung ihrer Aufgaben als Arbeitgeberverband durch eine in ihr gebildete tarifpolitische Arbeitsgemeinschaft vor, der nur Einzelmitglieder angehören können, gehört der Abschluß von Tarifverträgen nicht iSv. § 2 III TVG zu den satzungsgemäßen Aufgaben der Spitzenorganisation (BAG 22. 3. 2000 4 ABR 79/98).

35 **3. Beginn und Ende der Tariffähigkeit. a)** Die Tariffähigkeit der Spitzenorganisation beginnt, wenn sie alle Voraussetzungen einer Koalition erfüllt.

b) Die Tariffähigkeit endet, wenn eine der Voraussetzungen der Koalitionseigenschaft wegfällt oder die Spitzenorganisation aufgelöst wird. Zu Fragen der Nachwirkung vgl. § 4 Rn. 73 ff. Der Verband, der sich durch Beschluß aufgelöst und durch Vertrag alle Forderungen und Rechte aus den von ihm abgeschlossenen Tarifverträgen auf einen anderen Verband übertragen hat, hat seine koalitionspolitische Tätigkeit eingestellt und seine Tariffähigkeit verloren (BAG 25. 9. 1990 NZA 1991, 314).

36 **4. Gesetzliche Haftungserweiterung. a)** § 2 IV enthält eine gesetzliche Haftungserweiterung, wenn der Spitzenverband als Vertreter der Mitgliedsverbände oder im eigenen Namen einen Tarifvertrag abschließt. Die Haftungserweiterung hat ihren Rechtsgrund darin, daß dem Spitzenverband besonderes Vertrauen entgegengebracht wird. Die Haftung bezieht sich nicht nur auf die primären Leistungspflichten aus dem schuldrechtlichen Teil des Tarifvertrages (Friedenspflicht, Durchführungspflicht) sondern auch auf die Sekundärpflichten, Schadensersatzpflichten bei Verletzung der Pflichten aus dem schuldrechtlichen Teil des Tarifvertrages.

37 **b)** Hat der Spitzenverband im eigenen Namen einen Tarifvertrag abgeschlossen, trifft die Mitgliederverbände nach allgemeinem Vertretungsrecht keine Haftung aus dem schuldrechtlichen Teil des Tarifvertrages. Dem begegnet § 2 IV. Hiernach haften auch die Mitgliederverbände auf die Einhaltung der Friedenspflicht und der Durchführungspflicht, sowie etwaiger Schadensersatzansprüche.

38 **c)** Spitzenverbände und Mitgliederverbände haften nach § 2 IV gesamtschuldnerisch. Die gesamtschuldnerische Haftung führt nicht zwingend zur notwendigen Streitgenossenschaft. Gerichtsstand des Erfüllungsortes kann jeder Ort im Tarifgebiet sein. Inwieweit die staatlichen Gerichte durch eine Schiedsabrede verdrängt werden, richtet sich nach § 101 ArbGG.

V. Tarifzuständigkeit

39 **1. Verbandstarifvertrag. a)** Aus der Tariffähigkeit ergibt sich die Befugnis zum Abschluß der Tarifverträge. Im Rahmen ihrer Autonomie bestimmen die Verbände, für welchen räumlichen, fachlichen und persönlichen Geltungsbereich sie von ihrer Regelungsbefugnis Gebrauch machen wollen (BAG 19. 11. 1985, 24. 7. 1990, 25. 9. 1996 und 12. 11. 1996 AP TVG § 2 Tarifzuständigkeit Nr. 4 = NZA 1986, 480, Nr. 7 = NZA 1991, 21; Nr. 10; Nr. 11 = NZA 1997, 609; *Gamillscheg* S. 530). Die Tarifzuständigkeit ist Wirksamkeitsvoraussetzung des Tarifvertrages (BAG 24. 7. 1990 AP TVG § 2 Nr. 7; *Gamillscheg* S. 530, 535). Weicht die Tarifzuständigkeit von Gewerkschaften und AGVerbänden voneinander ab, so können Tarifverträge nur insoweit abgeschlossen werden, wie sich die Tarifzuständigkeit deckt (BAG 19. 11. 1985 AP TVG § 2 Tarifzuständigkeit Nr. 4 = NZA 1986, 480).

40 **b)** Gewerkschaften und AGVerbände bestimmen den räumlichen Geltungsbereich des Tarifvertrages. Sie bestimmen fachlich, für welche Branche ihre Tarifverträge gelten sollen. Sie bestimmen, welche Personenkreise vom Tarifvertrag erfaßt werden. Die Bestimmungen des persönlichen Geltungsbereiches kann der Rechtskontrolle unterliegen, wenn sie sich als mittelbare Geschlechtsdiskriminierung erweist, zB bei der Ausnahme von Teilzeitbeschäftigten von der betrieblichen Altersversorgung im öffentlichen Dienst (BAG 7. 3. 1995 AP BetrAVG § 1 Gleichbehandlung Nr. 26 = NZA 1996, 48; 28. 7. 1992 AP BetrAVG § 1 Gleichbehandlung Nr. 18 = NZA 1993, 215). Die Tarifvertragsparteien sind aber befugt, AN, die dem Übergang ihres Arbeitsverhältnisses nach § 613 a BGB widersprechen, von Abfindungsansprüchen auszuschließen. Das galt zumindest bei der Privatisierung in den neuen Bundesländern (BAG 10. 11. 1993 NZA 1994, 892). Nicht notwendig ist, daß die Tarifzuständigkeit abstrakt generell erfolgt. Einzelne Betriebe können aus sachlichen Gründen ein- oder ausgeschlossen werden (BAG 19. 11. 1985 AP Nr. 4 aaO = NZA 1986, 480). Die Tarifzuständigkeit muß durch die vereinsrechtlich zuständigen Organe festgelegt werden. Das ist die Mitgliederversammlung.

c) In den Satzungen der Verbände können bei Streitigkeiten unter den Verbänden einer Seite 41
Schiedsverfahren vorgesehen werden, wie die Zuständigkeit abgegrenzt wird. Nach § 16 DGB-Satzung werden Streitigkeiten zwischen den Mitgliedsgewerkschaften des DGB durch ein Schiedsverfahren entschieden. Ob diese Satzungsbestimmung wirksam ist, ist umstritten (vgl. *Löwisch/Rieble* § 2 Rn. 96 ff.). Das BAG nimmt an, daß durch die Entscheidungen des Schiedsgerichtes die Tarifzuständigkeit auch für den tariflichen Gegenspieler automatisch interpretiert wird (BAG 17. 2. 1970 und 22. 11. 1988 AP TVG § 2 Tarifzuständigkeit Nr. 3, 5 = NZA 1989, 561; 25. 9. 1996 Nr. 10 = NZA 1997, 613; 12. 11. 1996 Nr. 11 = NZA 1997, 609; 14. 12. 1999 1 ABR 74/98; *Gamillscheg* S. 533). Solange das Schiedsverfahren nicht stattgefunden hat, bleibt es bei der Tarifzuständigkeit der Gewerkschaft, die vor Entstehung der Konkurrenzsituation als zuständig angesehen worden ist (BAG 12. 11. 1996 AP TVG § 2 Nr. 11 Tarifzuständigkeit = NZA 1997, 609). Die Gewerkschaft ÖTV ist nach ihrer Satzung für die Entsorgung zuständig. Das gilt auch dann, wenn es sich um Datenträger handelt (BAG 12. 12. 1995 AP TVG § 2 Tarifzuständigkeit = NZA 1996, 1042).

2. Haustarifvertrag. Der einzelne AG ist tariffähig. Durch eine Begrenzung seiner Tarifzuständig- 42
keit kann er die Tariffähigkeit nicht ausheben. Der einzelne AG ist mithin tarifzuständig für alle seine Betriebe. Für die Tarifzuständigkeit kommt es auf den Gegenstand der Betätigung, das Berufsbild und die Üblichkeit im Arbeits- und Wirtschaftsleben an. Die mit den Gewerkschaften gemeinsame Tarifzuständigkeit kann aber entfallen, wenn er den Unternehmenszweck ändert oder seinen Betrieb aus dem räumlichen Geltungsbereich des Haustarifvertrages verlagert (vgl. BAG 22. 11. 1988 AP TVG § 2 Tarifzuständigkeit Nr. 5 = NZA 1989, 561).

3. Rechtsfolgen fehlender Tarifzuständigkeit. a) Fehlen bei Abschluß eines Tarifvertrages Tariffä- 43
higkeit oder Tarifzuständigkeit, ist der Tarifvertrag unwirksam (BAG 27. 11. 1964 und 24. 7. 1990 AP TVG § 2 Tarifzuständigkeit Nr. 1; Nr. 7; krit. *Gamillscheg* S. 535). Besteht nur teilweise eine gemeinsame Tarifzuständigkeit, ist der Tarifvertrag teilweise unwirksam. Ändert sich die Tariffähigkeit oder Tarifzuständigkeit nachträglich, so lebt der Tarifvertrag nicht nachträglich auf (BAG 24. 7. 1990 AP TVG § 2 Tarifzuständigkeit Nr. 7 = NZA 1991, 21).

b) Fällt die Tariffähigkeit oder Tarifzuständigkeit nach Abschluß des Tarifvertrages nachträglich 44
weg, wird der Tarifvertrag unwirksam. Hiervon ist das BAG für den Fall des Wegfalls der Tariffähigkeit ausgegangen (BAG 11. 11. 1970 AP TVG § 2 Nr. 28; 15. 10. 1986 AP TVG § 3 Nr. 4 = NZA 1987, 246; auch BFH 25. 10. 1963 AP EStG § 34 a Nr. 2). Fällt eine Tarifvertragspartei weg, kann der Tarifvertrag nicht mehr mit unmittelbarer und zwingender Wirkung weitergelten. Eine andere Frage ist, ob er nachwirkt (§ 4 Rn. 73 ff.).

4. Feststellung der Tariffähigkeit und Tarifzuständigkeit. a) Nach §§ 2 a I Nr. 4, 97 ArbGG ist 45
ein besonderes Beschlußverfahren zur Feststellung der Tariffähigkeit und Tarifzuständigkeit gegeben. Werden diese Fragen in einem anderen Prozeß streitig, so ist dieser auszusetzen (BAG 25. 9. 1996 AP ArbGG § 97 Nr. 4 = NZA 1997, 668), bis das Statusverfahren durchgeführt ist. Es kann eingeleitet werden durch die Koalition selbst, deren Tariffähigkeit oder Tarifzuständigkeit bestritten ist (BAG 25. 11. 1986 TVG § 2 Nr. 36 = NZA 1987, 492), vom tariflichen Gegenspieler, insbesondere aber auch einem einzelnen AG (BAG 17. 2. 1970 AP TVG § 2 Tarifzuständigkeit Nr. 2) und von konkurrierenden Organisationen (BAG 10. 9. 1985 AP TVG § 2 Nr. 34 = NJW 1986, 1708 = NZA 1986, 332). Antragsberechtigt sind jedoch nur selbst tariffähige AG und Organisationen. Nicht antragsberechtigt ist der AG als bloßer Normunterworfener (BAG 17. 2. 1970 AP TVG § 2 Tarifzuständigkeit Nr. 2). Antragsbefugt sind die obersten Bundes- und Landesbehörden sowie diejenigen Parteien, die ihren Rechtsstreit haben aussetzen müssen. Für eine Feststellungsklage, welcher Tarifvertrag auf ein Arbeitsverhältnis anzuwenden ist, besteht ein Rechtsschutzinteresse, wenn von der Feststellung mehrere Ansprüche abhängen (BAG 28. 5. 1997 AP TVG § 1 Bezugnahme auf Tarifvertrag Nr. 6 = NZA 1997, 1066).

b) Die Entscheidungen des Gerichtes haben nach § 9 TVG entsprechend Bindungswirkung (BAG 46
10. 5. 1989 AP TVG § 2 Tarifzuständigkeit Nr. 6 = NZA 1989, 687). Die Bindungswirkung entfällt, wenn sich die Mächtigkeit der Koalition ändert (BAG 1. 2. 1983 AP ZPO § 322 Nr. 14 = NJW 1984, 1710) oder die Satzung geändert wird (BAG 19. 11. 1985 AP TVG § 2 Tarifzuständigkeit Nr. 4 = NZA 1986, 480).

c) Die Nichtzulassungsbeschwerde ist nach § 72 a Nr. 1 ArbGG gegeben (BAG 23. 10. 1991 AP 47
ArbGG 1979 § 92 a Nr. 1 = NZA 1992, 186). Rechtskräftige Entscheidungen sind den Arbeitsbehörden zu übersenden (§ 97 III, § 63 ArbGG).

§ 3 Tarifgebundenheit

(1) **Tarifgebunden sind die Mitglieder der Tarifvertragsparteien und der Arbeitgeber, der selbst Partei des Tarifvertrages ist.**

(2) Rechtsnormen des Tarifvertrages über betriebliche und betriebsverfassungsrechtliche Fragen gelten für alle Betriebe, deren Arbeitgeber tarifgebunden ist.

(3) Die Tarifgebundenheit bleibt bestehen, bis der Tarifvertrag endet.

I. Die Legitimation zur Rechtsetzung

1 **1. Legitimation. a)** Die **Normsetzung** bedarf der gesetzlichen Legitimation. Die Tarifvertragsparteien können grundsätzlich nur Rechtsnormen für die beiderseitig Tarifgebundenen setzen. Voraussetzung einer Tarifgebundenheit ist stets die Mitgliedschaft in der den Tarifvertrag abschließenden Organisation oder der eigene Tarifvertragsabschluß des AG.

2 **b)** Die Legitimation zur Rechtsetzung ist nicht zu verwechseln mit der Koalitionsfreiheit. Nach den Grundsätzen der Koalitionsfreiheit richtet sich, ob jemand Mitglied einer Tarifvertragspartei wird. Die Legitimation zur Rechtsetzung bezieht sich dagegen auf die Kompetenz der Tarifvertragsparteien, Rechtsnormen für die Tarifunterworfenen zu setzen.

3 **2. Allgemeinverbindlichkeit. a)** Der Staat kann die Legitimation der Tarifvertragsparteien zur Normsetzung erweitern, indem er Tarifverträge für allgemeinverbindlich erklärt (§ 5). Es ist die staatliche Mitwirkung an der Normsetzung der Tarifvertragsparteien (BVerfG 24. 5. 1977 AP TVG § 5 Nr. 15 = NJW 1977, 2255).

4 **b)** Die Rechtsprechung nimmt an, daß dann, wenn eine vertragliche Vergütungsabrede unwirksam ist, die tarifliche Vergütung die übliche Vergütung darstellt (BAG 25. 1. 1989 AP BeschFG 1985 § 2 Nr. 2 = NZA 1989, 209; 26. 9. 1990 Nr. 9 = NZA 1991, 247).

II. Mitglieder der Tarifvertragsparteien

5 **1. Tarifgebunden sind die Mitglieder der Tarifvertragsparteien. a)** Voraussetzung der Tarifbindung ist die Mitgliedschaft in den Tarifvertragsparteien. Die Tarifvertragsparteien sind als rechtsfähige oder nicht rechtsfähige Vereine organisiert. Für die Mitgliedschaft ist das Satzungsrecht des Vereins maßgeblich (BAG 16. 2. 1962 AP TVG § 3 Verbandszugehörigkeit Nr. 12 = NJW 1962, 1314). Mitglieder können natürliche oder juristische Personen sein. Nach hM können die Personenhandelsgesellschaften (OHG; KG) sowie die BGB Gesellschaft Mitglied der Tarifvertragsparteien sein. Notwendig ist im allgemeinen, daß die Arge. des Baugewerbes Mitglied des AGVerbandes wird. Umstritten ist dagegen, ob auch ein einzelner Gesellschafter für die Gesellschaft die Mitgliedschaft im AGVerband erwerben kann. Das BAG hat dies in Ausnahmefällen bejaht, wenn der Gesellschafter selbst unternehmerisch tätig ist und einen beherrschenden Einfluß in der Gesellschaft hat (BAG 22. 2. 1957 AP TVG § 2 Nr. 2; 4. 5. 1994 AP TVG § 1 Nr. 1 Tarifverträge Elektrohandwerk Nr. 1 = NZA 1995, 638; 10. 12. 1997 AP TVG § 3 Nr. 20 = NZA 1998, 484; 10. 12. 1997 AP Nr. 21 = NZA 1998, 488).

6 **b)** Die Tarifbindung setzt voraus, daß dem Mitglied die wesentlichen Mitgliedschaftsrechte zustehen, also die Mitwirkungs- und Stimmrechte. Sieht die Verbandssatzung eine Vollmitgliedschaft und eine Gastmitgliedschaft vor, die nicht mit Stimmrechten verbunden ist, so besteht keine Tarifbindung für Gastmitglieder (BAG 16. 2. 1962 AP TVG § 3 Verbandszugehörigkeit Nr. 12 = NJW 1962, 1314; *Wiedemann/Oetker/Wank* § 3 Rn. 101).

7 **c)** In neuerer Zeit ist umstritten, ob AGVerbände geschaffen werden können mit und ohne Tariffähigkeit. Tariffähigkeit bedeutet die Fähigkeit, überhaupt Tarifverträge abschließen zu können. Tarifzuständigkeit bedeutet die Fähigkeit eines an sich tariffähigen Verbandes, Tarifverträge mit einem bestimmten Geltungsbereich abschließen zu können (§ 2 Rn. 14; 18 ff., 39 ff.). Die Tariffähigkeit wird dann nicht tangiert, wenn der Verband seine Tarifzuständigkeit zurücknimmt. Dies gilt jedenfalls dann, wenn er die Tarifzuständigkeit für mehr als 50 vH behält (*Schlochauer,* FS für Schaub S. 699, 705). Inwieweit Verbände ohne Tarifzuständigkeit geschaffen werden können, ist umstritten (vgl. *Buchner* NZA 1994, 2). Insoweit werden verschiedene Modelle vertreten. Beim Aufteilungsmodell gibt es organisatorisch zwei AGVerbände; einer, der keine Tarifverträge für seine Mitglieder abschließt und ein zweiter, der Tarifverträge abschließt. Beim Stufenmodell kommt dagegen eine differenzierte Mitgliedschaft vor. Die Mitglieder können nach der Satzung wählen zwischen einer Mitgliedschaft mit und ohne Tarifbindung. Für zulässig halten eine OT-Mitgliedschaft *Buchner* NZA 1995, 761; *Otto* NZA 1996, 624; *Thüsing* NZA 1997, 294; *Ostrop,* Mitgliedschaft ohne Tarifbindung, 1997, S. 145; *Reuter* RdA 1996, 201; für unzulässig *Däubler* ZTR 1994, 448; *ders.,* NZA 1996, 225; *Röckl* DB 1993, 2382; krit. *Schaub* BB 1994, 2005). Das BAG hat eine Leistungsklage einer Individualpartei ausgesetzt, weil die Zulässigkeit einer OT-Mitgliedschaft in einem Beschlußverfahren nach § 97 ArbGG geklärt werden muß (BAG 23. 10. 1996 NZA 1997, 383).

8 **d)** Keine Tarifbindung erwächst kraft Rechtsscheins einer Mitgliedschaft. Zum Rechtsschein kann es kommen, wenn ein Nichtmitglied sich ständig durch einen Verband vertreten läßt oder wenn ein Mitglied wegen Rückständen in der Beitragszahlung aus der Organisation ausgeschlossen wird. Bis dieser Umstand bekannt wird, kann sich allenfalls die Arbeitsvertragspartei darauf berufen, er habe

II. Mitglieder der Tarifvertragsparteien

darauf vertraut, daß eine Tarifgebundenheit bestehe. Dagegen entfaltet der Rechtsschein keine Rechtswirkungen gegenüber Dritten. Durch den Rechtsschein wird die Mitgliedschaft nicht erworben.

2. Erwerb der Mitgliedschaft. a) Der Erwerb der Mitgliedschaft erfordert einen Antrag und die 9 Annahme durch die Organisation (LAGE Hamm 11. 5. 1989 TVG § 4 Abschlußnormen Nr. 1). Die Vereinssatzung kann für die Annahme des Vertrages besondere Voraussetzungen aufstellen. Ein Minderjähriger bedarf zum Erwerb der Mitgliedschaft der Zustimmung seines gesetzlichen Vertreters (§§ 107, 108 BGB). Allerdings kann die Ermächtigung, in Dienst oder Arbeit zu treten bzw. ein Erwerbsgeschäft zu führen, den Beitritt zur Organisation decken (LG Frankenthal 14. 3. 1966 DB 1966, 586; LG Düsseldorf DB 1966, 587; LG Essen NJW 1965, 2382).

b) Ist der Aufnahmeantrag unwirksam, das Mitgliedschaftsverhältnis aber in Vollzug gesetzt wor- 10 den, so begründet dies die formgültige Mitgliedschaft entsprechend den Grundsätzen zur fehlerhaften Gesellschaft. Im Gesellschaftsrecht führt der fehlerhafte Beitritt zur wirksamen Mitgliedschaft, die durch außerordentliche Kündigung beendet werden kann. Führt der fehlerhafte Beitritt zur wirksamen Mitgliedschaft, erwächst auch die Tarifbindung nach § 3 I TVG. Die Geltendmachung der Nichtigkeit kann hieran nichts ändern. Umstritten ist, ob auch die Rechtsfolgen von § 3 III TVG eintreten (Rn. 30 ff.).

c) Einen Anspruch auf Aufnahme in eine Koalition geben die Satzungen im allgemeinen nicht. 11 Lediglich zwischen den DGB-Gewerkschaften ist ein Übertrittsrecht gegeben, wenn ein Mitglied in die Zuständigkeit einer anderen DGB-Gewerkschaft kommt. Dagegen ergibt sich aus der Rechtsprechung des BGH ein gesetzlicher Aufnahmeanspruch, wenn die Gewerkschaft eine überwiegende Machtstellung hat, für den AN ein wesentliches Interesse am Erwerb der Mitgliedschaft besteht und kein sachlicher Grund die Versagung der Mitgliedschaft rechtfertigt (BGH 10. 12. 1984 NJW 1985, 1216; 1. 10. 1984 NJW 1985, 1214; 15. 10. 1990 NJW 1991, 485; *Wiedemann/Oetker/Wank* § 2 Rn. 183 ff.). Die Rechtsprechung gilt für die Aufnahme in den AGVerband entsprechend.

3. Ende der Mitgliedschaft. a) Die Mitglieder sind zum Austritt aus dem Verein berechtigt (§ 39 I 12 BGB). In § 39 II BGB ist vorgesehen, daß der Austritt nur zum Schluß eines Geschäftsjahres oder erst nach dem Ablauf einer Kündigungsfrist zulässig ist, die höchstens zwei Jahre beträgt. Aus dem Recht der negativen Koalitionsfreiheit folgt, daß das Recht zum Austritt nicht länger als ein halbes Jahr befristet sein darf (BGH 4. 7. 1977 AP GG Art. 9 Nr. 25 = BB 1977, 1449; 22. 9. 1980 AP Nr. 33 = NJW 1981, 340). Sehen die Satzungen ein längeres Austrittsrecht vor, so wird die Frist auf die angemessene Frist reduziert. Der Konkurs/die Insolvenz des Mitgliedes berührt die Mitgliedschaft nicht, es sei denn, daß die Satzung etwas anderes bestimmt. Die Tarifbindung bleibt über die Konkurs/ Insolvenzeröffnung erhalten (BAG 28. 1. 1987 AP TVG § 4 Geltungsbereich Nr. 14 = NZA 1987, 455). Der Konkurs/Insolvenzverwalter selbst ist nicht tarifgebunden (vgl. BAG 28. 1. 1987 AP TVG § 4 Nr. 14 Geltungsbereich = NZA 1987, 455). Er kann sich jedenfalls dann nicht durch einen Verbandsvertreter vertreten lassen, wenn die Verbandsmitgliedschaft des Gemeinschuldners geendet hat (BAG 20. 11. 1997 ZIP 1998, 437).

b) Regelmäßig sehen die Satzungen einen Ausschluß der Mitglieder vor. Für den Ausschluß muß 13 das in der Satzung vorgesehene Verfahren eingehalten werden (BGH 27. 9. 1993 AP GG Art. 9 Nr. 70). Der fehlerhafte Ausschluß wird dann geheilt, wenn das Mitglied die in der Satzung vorgesehene Möglichkeit, einen besonderen Ausschuß, die Mitgliederversammlung oder ein Schiedsgericht anzurufen, versäumt (BGH 6. 3. 1967 BGHZ 47, 172, 174). Für den Ausschluß muß ein rechtfertigender Grund bestehen. Dieser kann bestehen, wenn ein Funktionär einer Partei ausgeschlossen wird, der den Fortbestand der Gewerkschaft in der jetzigen Form in Frage stellt (BAG 28. 9. 1972 AP GG Art. 9 Nr. 21 = NJW 1973, 35).

Der BGH läßt sogar die bloße Mitgliedschaft in einer solchen Partei genügen (BGH 4. 3. 1991 EZA 14 GG Art. 9 Nr. 51). Nach der Rspr des BVerfG ist zureichend ist, daß sich ein Gewerkschaftsmitglied auf einer konkurrierenden Liste zur Betriebsratswahl bemüht (BVerfG 24. 2. 1999 NZA 1999, 713; unentschieden BAG 2. 12. 1960 AP BetrVG § 19 Nr. 2; vgl. BGH 13. 6. 1966 AP BetrVG § 19 Nr. 5 = NJW 1966, 1751).

c) Die Mitgliedschaft endet, wenn diese auflösend befristet oder bedingt ist. In Gewerkschafts- 15 satzungen ist gelegentlich vorgesehen, daß die Mitgliedschaft endet, wenn Beiträge eine bestimmte Zeit rückständig sind oder auf Mahnungen nicht gezahlt werden. Derartige Klauseln sind zulässig, auch wenn es sich um mächtige Gewerkschaften handelt. Auf AGSeite ist gelegentlich vorgesehen, daß die Mitgliedschaft endet, wenn über das Vermögen des AG das Konkurs/Insolvenzverfahren eröffnet wird. Ferner kann nach der Satzung die Mitgliedschaft enden, wenn er seine AGEigenschaft verliert. Nach § 38 BGB, der allerdings abgedungen werden kann (§ 40 BGB), ist die Mitgliedschaft nicht übertragbar und nicht vererblich. Die Ausübung der Mitgliedschaftsrechte kann einem anderen nicht überlassen werden. Geht der Betrieb im Wege der Betriebsnachfolge (§ 613 a BGB) auf einen anderen Inhaber über, geht die Mitgliedschaft im AGVerband nicht auf den Erwerber über (BAG 2. 12. 1992 AP TVG § 3 Nr. 14 = NZA 1993, 655; 10. 11. 1993 AP TVG § 3 Verbandszugehörigkeit).

16 **d) Zusammenschluß von Gewerkschaften.** Löst sich eine Gewerkschaft auf, um mit einer anderen zu fusionieren, so bleibt für die Mitglieder der aufgelösten Gewerkschaft die Tarifbindung nach § 3 III (Rn. 31 ff.). Die Entstehung der Tarifbindung bei der fusionierten Gewerkschaft ist umstritten. Nach der einen Auffassung liegt zwar bürgerlich-rechtlich und vermögensrechtlich eine Einzelrechtsnachfolge vor, aber verbandsrechtlich eine Gesamtrechtsnachfolge (*Kempen/Zachert* § 3 Rn. 45; *Kempen* AuR 1990, 367; dagegen die hM: *Rieble* AuR 1990, 367; *Hanau/Kania* AuR 1994, 208). Nach der anderen Ansicht entsteht eine Kartellgewerkschaft, so daß gleichwohl die Tarifbindung erhalten bleibt (*Hanau/Kania* AuR 1994, 211).

III. Tarifgebundenheit beim Firmentarifvertrag

17 **1. Arbeitgeber.** Tarifgebunden ist der AG, der einen Firmentarifvertrag abschließt. Er ist Tarifvertragspartei und zugleich Partei des Arbeitsvertrages. Für ihn ist die Tarifgebundenheit Folgewirkung des Abschlusses des Tarifvertrages. Eine eigentliche Normunterwerfung liegt bei ihm nicht vor. Die Unterstützungskasse nimmt an der Tarifbindung des Trägerunternehmens teil (BAG 13. 7. 1978 AP BetrAVG § 1 Nr. 4 Wartezeit).

18 **2. Arbeitgebergruppe.** Eine Mehrheit von AG kann tarifgebunden sein. Es entsteht ein mehrgliedriger Tarifvertrag. Dies ist etwa der Fall, wenn ein Leitungsunternehmen namens und in Vollmacht für die angeschlossenen Unternehmen Tarifverträge abschließt (BAG 24. 11. 1993 AP TVG § 1 Tarifverträge: Einzelhandel = NZA 1994, 564; 10. 11. 1993 AP TVG § 1 Tarifverträge: Einzelhandel Nr. 42). Im Zweifel ist davon auszugehen, daß ein mehrgliedriger Tarifvertrag entsteht. Es ist nicht davon auszugehen, daß die Tarifvertragsparteien einer Seite sich aneinander binden wollen.

19 Nach Art. 56 Abs. 8 des ZA-Nato-Truppenstatut war der Bundesrepublik Deutschland die Tariffähigkeit und die Tarifzuständigkeit für die bei den Alliierten Truppen beschäftigten AN verliehen. Das BAG hat insoweit gleichfalls § 3 TVG angewandt (BAG 20. 12. 1957, 27. 11. 1958 Truppenvertrag Art. 44 Nr. 11, 26).

IV. Beginn der Tarifbindung

20 **1. Individualnormen.** a) Bei Individualnormen, also Normen, die den Inhalt, den Abschluß und die Beendigung von Arbeitsverhältnissen regeln, ist Voraussetzung der Tarifbindung die beiderseitige Mitgliedschaft der beiden Vertragsparteien in derjenigen Organisation, die den Tarifvertrag abgeschlossen hat. Das gilt auch für Abschlußnormen (BAG 14. 2. 1990 AP BeschFG 1985 § 1 Nr. 12 = NZA 1990, 737). Eine Tarifbindung kraft einseitiger Mitgliedschaft sieht das Gesetz nicht vor. Enthalten die Tarifnormen Regelungen zugunsten eines Dritten, so wird der Dritte nur begünstigt, wenn die Vertragspartei Mitglied der Organisation war. Dies kann von Bedeutung sein für Übergangsgelder, die bei Ableben des AN gezahlt werden. Ist Tarifvertragspartei ein Spitzenverband, genügt die Mitgliedschaft in einem Mitgliederverband.

21 b) Bei Haustarifverträgen beginnt die Tarifbindung, wenn der AN Mitglied der Organisation wird, die den Tarifvertrag abgeschlossen hat.

22 c) Setzen die Tarifvertragsparteien den Tarifvertrag mit einer Zeitverschiebung in Kraft, besteht eine Tarifbindung nur dann, wenn im Zeitpunkt des Inkrafttretens Tarifgebundenheit gegeben ist. Für bereits ausgeschiedene Mitglieder besteht keine Regelungskompetenz mehr, so daß auch bei Rückwirkung des Tarifvertrages die ausgeschiedenen Mitglieder nicht mehr erfaßt werden (BAG 20. 6. 1958 und 13. 12. 1995 AP TVG § 1 Rückwirkung Nrn. 2, 15). Etwas anderes gilt dagegen dann, wenn der Tarifvertrag mit seinem Abschluß in Kraft tritt, aber seine Rechtsfolgen stufenweise eintreten, zB die Entgelterhöhungen treten stufenweise im Laufe eines Jahres ein. In diesen Fällen ist ausreichend, daß bei Abschluß des Tarifvertrages Tarifbindung bestand. Der Tarifvertrag gilt nach § 3 III fort. Es steht im Ermessen der Tarifvertragsparteien, zu welchem Zeitpunkt sie den Tarifvertrag in Kraft setzen (LAG Hamm 10. 6. 1998 NZA-RR 99, 195).

23 d) Bei rückwirkenden Tarifverträgen werden Rechtsfolgen für die Zukunft ausgelöst. Für die Tarifbindung maßgebend ist mithin, ob im Zeitpunkt des Abschlusses des Tarifvertrages Tarifbindung bestand. Dagegen ist die Mitgliedschaft in den Rückwirkungszeitraumes unerheblich (aA BAG 20. 6. 1958 AP TVG § 1 Rückwirkung Nr. 2; 30. 4. 1969 AP TVG § 1 Rückwirkung = RdA 1969, 285). Treten die Arbeitsvertragsparteien erst nach Inkrafttreten den tarifvertragschließenden Organisationen bei, so können erst mit dem Beitritt die Tarifvertragswirkungen erwachsen.

24 **2. Betriebs- und betriebsverfassungsrechtliche Normen.** Rechtsnormen des Tarifvertrages über betriebliche und betriebsverfassungsrechtliche Fragen gelten für alle Betriebe, deren AG tarifgebunden ist (§ 3 II TVG). Ausreichend für die Tarifbindung ist mithin, daß der AG tarifgebunden ist. Es ist umstritten, ob § 3 II verfassungsgemäß ist. Es wird eingewandt, den Tarifvertragsparteien fehle die Legitimation, für Außenseiter Rechtsnormen zu setzen (*Buchner* RdA 1966, 209; *Reuter*, FS für Schaub, S. 605, 610 ff.; *Zöllner* RdA 1962, 458; dagegen die hM: *Gamillscheg* S. 720;

H. Hanau RdA 1996, 158 ff., 165 ff.). Das BVerfG hat bislang nur die Verfassungsmäßigkeit von § 5 TVG bejaht.

a) Voraussetzung der Tarifbindung des AG wird aber auch in diesen Fällen sein, daß wenigstens ein AN Mitglied der tarifschließenden Gewerkschaft ist. Die Gewerkschaft hat keine Legitimation, ausschließlich Außenseiter an den Tarifvertrag zu binden (vgl. BAG 20. 3. 1991 AP TVG § 4 Tarifkonkurrenz Nr. 20 *(Hanau)* = NZA 1991, 202; 5. 9. 1990 TVG § 4 Tarifkonkurrenz Nr. 19). 25

b) Bei AGGruppen, also wenn sich mehrere AG zur Führung eines gemeinsamen Betriebes zusammengeschlossen haben, besteht Tarifbindung nur, wenn die AGGruppe dem AGVerband angehört. Gehört jeder einzelne dem AGVerband an, ist im Wege der Auslegung zu ermitteln, ob jeder für sich oder die AGGruppe dem Verband angehört. 26

3. Gemeinsame Einrichtungen. a) Sind im Tarifvertrag gemeinsame Einrichtungen der Tarifvertragsparteien vorgesehen und geregelt (Lohnausgleichskassen, Urlaubskassen usw.), so gelten diese Regelungen auch unmittelbar und zwingend für die Satzung dieser Einrichtung und das Verhältnis der Einrichtung zu den tarifgebundenen AG und AN (§ 4 II TVG). Die Vorschrift enthält eine Erstreckung der Tarifbindung auf die Satzung und das Verhältnis der Einrichtung zu den tarifgebundenen AG und AN. Vorausgesetzt ist mithin, daß eine Tarifbindung der Arbeitsvertragsparteien nach § 3 I, II, III TVG besteht. 27

b) Ist ein AN nicht tarifgebunden nach § 3 I, II TVG, so kann er keine Ansprüche gegen die gemeinsame Einrichtung erlangen oder der AG nicht zur Beitragsleistung an die gemeinsame Einrichtung verpflichtet sein. 28

V. Ende der Tarifbindung

1. Gesetzeszweck. a) Nach der Regelung in § 3 I TVG muß die Tarifbindung enden, wenn die Mitgliedschaft der Arbeitsvertragsparteien in den Organisationen endet, die den Tarifvertrag abgeschlossen haben, der Tarifvertrag selbst endet oder die AGVertragsparteien den Geltungsbereich des Tarifvertrags verlassen. Von dieser Regelung macht § 3 III TVG eine Ausnahme. 29

b) § 3 III TVG ist gegenüber der Rechtslage vor Inkrafttreten des TVG erweitert. Dort bestand die Möglichkeit, das Arbeitsverhältnis formal zu beenden und ein neues zu begründen, um den Rechtswirkungen des Tarifvertrages zu entgehen. Demgegenüber schreibt § 3 III TVG fest, daß der Tarifvertrag das Arbeitsverhältnis solange erfaßt, bis der Tarifvertrag endet. Die gegen die verlängerte Tarifbindung erhobenen verfassungsrechtlichen Bedenken sind nicht begründet (BAG 4. 8. 1993 AP TVG § 3 Nr. 15 = NZA 1994, 34; *Gamillscheg* S. 725). Hieraus ergeben sich eine Reihe von Schlußfolgerungen. 30

2. Nach § 3 III TVG bleibt die Tarifgebundenheit bestehen, bis der Tarifvertrag endet. Tritt ein im Betrieb beschäftigter AN im Verlängerungszeitraum der Gewerkschaft bei, so erwächst nunmehr Tarifbindung, auch wenn der AG zuvor aus seinem Verband ausgetreten ist (BAG 4. 8. 1993 AP TVG § 3 Nr. 15 = NZA 1994, 34). Die verlängerte Tarifbindung entfällt, wenn AG oder AN aus dem Geltungsbereich des Tarifvertrages herauswachsen. In diesen Fällen kommt es zur Nachwirkung nach § 4 V TVG (BAG 18. 3. und 2. 12. 1992 AP Nr. 13, 14; 5. 10. 1993 AP BetrAVG § 1 Nr. 42 Zusatzversorgungskassen; 10. 12. 1997 AP TVG § 3 Nrn. 20, 21 = NZA 1998, 484, 488). 31

a) Nach dem Wortlaut von § 3 III TVG wird nur der Fall erfaßt, daß ein Mitglied der Organisation aus dem Verband austritt. Diesem Fall müssen aber diejenigen gleichgestellt werden, daß das Organisationsmitglied einen Verbandsausschluß provoziert, insolvent wird oder die Verbandsmitgliedschaft aus anderen Gründen beendet wird. Eine entsprechende Anwendung ist geboten, weil insoweit eine Gesetzeslücke vorliegt und die Interessenlage gleich ist. Der Normzweck darf nicht unterlaufen werden. 32

b) Dagegen ist die Norm nicht entsprechend anzuwenden, wenn der AG oder AN verstirbt. Hier liegt ein Personenwechsel vor, weil der Erbe nicht automatisch in die Vereinsmitgliedschaft eintritt *(Löwisch/Rieble* § 3 Rn. 80). Das Gleiche gilt für die Umwandlung und Verschmelzung und die Betriebsnachfolge (§ 613 a I BGB). Anstelle von § 3 III TVG gilt die Regelung des § 613 a BGB, der sowohl für die Fälle der Singular- als auch der Universalsubzession anzuwenden ist (§ 613 a Rn. 66 ff.). Die Individualnormen des Tarifvertrages wirken im Einzelarbeitsverhältnis nach. 33

c) Für den Übergang von Dienststellen bei einer Neuorganisation im öffentlichen Dienst gelten jeweils Sonderregelungen über die Fortgeltung der Tarifverträge (vgl. § 60 PostVerfG; Art. 73 VI, 74 V GesundheitsreformG). 34

3. Die Tarifbindung bleibt nur bestehen, bis der Tarifvertrag endet. a) Neu abgeschlossene Tarifverträge gelten für den Ausgetretenen nicht (BAG 13. 12. 1995 AP TVG § 1 Rückwirkung = BB 1996, 1439). Keine Tarifbindung besteht mehr, wenn der Tarifvertrag insgesamt beendet wird, sei es durch Kündigung oder Aufhebungsvertrag. 35

36 b) Zweifelhaft ist die Rechtslage, wenn der Tarifvertrag nur teilweise beendet wird, zB weil er teilweise befristet oder teilweise kündbar war. Der Tarifvertrag wird dann insoweit weitergelten, wie er noch eine sinnvolle Regelung darstellt. Gerade bei dem Vorbehalt von Teilkündigungen im Tarifvertrag wird die Auslegung ergeben, daß die Tarifvertragsparteien den Rest aufrechterhalten wollten (*Gamillscheg* § 17 I 5 d; *Kempen/Zachert* § 3 Rn. 32; *Schaub* BB 1994, 2006). Dagegen wurde eingewandt, daß aus Gründen der Rechtsklarheit jede Änderung des Tarifvertrages zu seiner Beendigung führen müsse (*Hanau/Kania* DB 1995, 1232; *Hromadka/Maschmann/Wallner* Rn. 241). Dies überzeugt angesichts der beabsichtigten Erschwerung der Verbandsflucht nicht.

37 c) Die Fortgeltung bezieht sich auf Inhalts-, Abschluß- und Betriebsnormen. Scheidet der einzige tarifgebundene AN aus dem Betrieb aus, bleibt der Betrieb an die Betriebsnormen gebunden. Eine andere Lösung würde dem AG die Möglichkeit eröffnen, durch Versetzung eines AN des Betriebes in einen anderen Betrieb die Tarifbindung zu beseitigen.

38 d) Die Tarifgebundenheit nach § 3 III TVG bleibt mit der unmittelbaren und zwingenden Wirkung des § 4 I TVG bestehen. Tritt in dem Nachwirkungszeitraum des § 3 III TVG ein AN der Gewerkschaft bei, so erwächst für den ausgetretenen AG ein dem Tarifvertrag unterfallender Arbeitsvertrag (BAG 4. 8. 1993 AP TVG § 3 Nr. 15 = NZA 1994, 34).

39 e) Fällt die Tarifgebundenheit nach § 3 III TVG weg, so wirkt der Tarifvertrag nach § 4 V TVG weiter (BAG 18. 3. 1992 AP TVG § 3 Nr. 13 = NZA 1992, 700; Nr. 14 = NZA 1993, 655; AP Nr. 14 Verbandszugehörigkeit = NZA 1995, 479; 13. 12. 1995 AP TVG § 3 Verbandsaustritt = NJW 1996, 3165; 5. 10. 1993 AP BetrAVG Nr. 42 = NZA 1994, 848; 14. 2. 1991 AP TVG § 3 Nr. 10 = NZA 1991, 779; 10. 12. 1997 4 AZR 193/97; 10. 12. 1997 4 AZR 247/96 NZA 1998, 484; aA *Löwisch/Rieble* § 3 Rn. 93, § 4 Rn. 242). Soweit aus dem Tarifvertrag bereits Rechte erwachsen sind, zB Versorgungsanwartschaften auf betriebliche Altersversorgung, können sie nicht erlöschen. Soweit dagegen die tarifliche Regelung arbeitsvertragliche Regelungen unwirksam gemacht hat, können diese nicht mehr aufleben. Soweit dagegen eine vertragliche Regelung überhaupt nicht vorhanden ist, kann das Arbeitsverhältnis nicht inhaltslos werden. Sonst müßte es im Wege richterlicher Vertragsergänzung aufgefüllt werden.

VI. Bezugnahme auf den Tarifvertrag

40 **1. Rechtsnatur. a)** Durch die Verweisung in einem Arbeitsvertrag auf die tariflichen Regelungen entsteht keine Tarifbindung, sondern die tarifliche Regelung wird zum Inhalt des Arbeitsvertrages. Dies ist nahezu einhellige Meinung (BAG 7. 12. 1977 AP TVG § 4 Nachwirkung Nr. 9; *Kempen/Zachert* § 3 Rn. 62; *Löwisch/Rieble* § 3 Rn. 104; aA *v. Hoyningen-Huene* RdA 1974, 138 ff.). Umstritten ist der Inhalt der Willenserklärung bei der Bezugnahme bzw. Verweisung. Gehört zum Inhalt der Bezugnahmeerklärung die Aufnahme der einzelnen Tarifnormen, so kann der AN die Bezugnahmeerklärung anfechten, wenn er sich über Einzelheiten, etwa die Dauer der Kündigungsfrist, irrt. Hat dagegen die Bezugnahmeerklärung nur zum Inhalt, daß das Arbeitsverhältnis einem tariflichen Normenkreis unterstellt wird, ist ein Irrtum über den Inhalt des Tarifvertrages belanglos. Die Verweisung wird im allgemeinen, wie im internationalen Privatrecht, nur die Verweisung auf den Normenkreis beinhalten.

41 **b)** Der Zweck der Bezugnahme besteht darin, einheitliche Arbeitsbedingungen für Tarifgebundene wie Nichttarifgebundene zu schaffen (BAG 6. 4. 1955 AP GG Art. § 3 Nr. 7; AP BGB § 611 Nr. 3 Deputat; 20. 3. 1991 AP TVG § 4 Nr. 20 Tarifkonkurrenz; 4. 9. 1996 AP TVG § 1 Bezugnahme auf Tarifvertrag Nr. 5 = NZA 1997, 271). Hieran kann der organisierte AG besonders interessiert sein, weil er seine Betriebsangehörigen zur Vermeidung sozialer Spannungen nicht nach der Gewerkschaftszugehörigkeit unterscheiden will, und sich das Aushandeln und Fixieren der Vertragsbedingen ersparen will.

42 **c)** Die Bezugnahme auf die Tarifverträge kann durch die Arbeitsvertragspartei oder die Betriebspartner erfolgen. Insoweit kann aber die Sperrwirkung des § 77 III TVG entgegenstehen (vgl. BAG 9. 4. 1991 AP BetrVG 1972 § 77 Tarifvorbehalt Nr. 1 = NZA 1991, 734). Das BAG hat in einem Sozialplan die Verweisung auf einen Tarifvertrag zugelassen (BAG 11. 3. 1987 – 4 AZR 136/87 – AuR 1987, 177). Die Bezugnahme kann ausdrücklich oder konkludent erfolgen. Sie kann sich aus der betrieblichen Übung ergeben. Sie ist an keine Form gebunden (BAG 19. 1. 1999 – 1 AZR 606/98 – NZA 1999, 879 = BB 1999, 1388).

43 **2. Inhalt der Bezugnahme. a)** Die Bezugnahme kann statisch auf einen bestimmten Tarifvertrag erfolgen (statische Verweisung); sie kann aber auch auf die jeweilige Fassung des Tarifvertrages eines bestimmten Wirtschaftszweiges erfolgen (kleine dynamische Verweisung) oder auf die jeweilige Fassung eines Tarifvertrages überhaupt (große dynamische Verweisung). Welche Klausel gewollt ist, muß im Wege der Vertragsauslegung entschieden werden. Im Zweifel ist nach dem Zweck der Verweisung anzunehmen, daß eine dynamische Verweisung gewollt ist (BAG 20. 3. 1991 AP TVG § 4 Tarifkonkurrenz Nr. 20 = NZA 1991, 202; 4. 8. 1999 AP TVG § 1 Tarifverträge Papierindustrie Nr. 14 = NZA

VI. Bezugnahme auf den Tarifvertrag

2000, 154). Gegen die Rechtswirksamkeit der Verweisung werden im allgemeinen keine Einwendungen erhoben. Sind im Arbeitsvertrag die bei dem AG jeweils gültigen Tarifverträge in Bezug genommen, so gelten für die Zeit einer von einer konzernbezogenen Versetzungsklausel gedeckten Abstellung zu einer anderen Konzerngesellschaft auch die schlechteren Bedingungen eines von der AG und der Konzerngesellschaft mit einer Gewerkschaft über den Einsatz von Angehörigen dieser ANGruppe bei der Konzerngesellschaft abgeschlossenen Tarifverträge (BAG 18. 6. 1997 AP TVG § 1 Tarifverträge Lufthansa NZA 1998, 39). Ist in einem Arbeitsvertrag eine statische Verweisungsklausel enthalten und wechselt der AG den Verband, so wird im allgemeinen eine ergänzende Vertragsauslegung in Betracht kommen, daß die jeweils für den Betrieb geltenden Tarifverträge in Bezug genommen sind. Dies gilt jedenfalls dann, wenn die Tarifverträge von derselben Gewerkschaft abgeschlossen sind (BAG AP TVG § 1 Bezugnahme auf Tarifvertrag Nr. 5 = NZA 1997, 271).

b) Die Arbeitsvertragsparteien können auf den Tarifvertrag verweisen, der gelten würde, wenn die 44
Parteien tarifgebunden wären. Sie können aber grundsätzlich auch Tarifverträge eines anderen betrieblichen Geltungsbereiches oder eines anderen zeitlichen Bereiches in Bezug nehmen, also zB abgelaufene Tarifverträge (vgl. BAG 7. 12. 1977 AP TVG § 4 Nachwirkung Nr. 9). Gleichwohl bestehen insoweit Besonderheiten bei tarifdispositivem Gesetzesrecht (Rn. 47).

c) Die Arbeitsvertragsparteien können aufgrund ihrer Vertragsfreiheit den Tarifvertrag ganz oder 45
teilweise in Bezug nehmen (BAG 29. 7. 1986 AP BetrAVG § 1 Zusatzversorgungskassen Nr 16; 19. 1. 1999 – 1 AZR 606/98 – NZA 1999, 679 = BB 1999, 1388). Die teilweise Inbezugnahme eines Tarifvertrages kann allerdings die Wirkung haben, daß eine Vertragspartei nach der Rosinentheorie vorgeht. Von dem Grundsatz, daß auch Ausschnitte eines Tarifvertrages in Bezug genommen werden können, werden Ausnahmen insoweit bestehen, daß nicht auf Tarifnormen über gemeinsame Einrichtungen oder betriebsverfassungsrechtliche Normen verwiesen werden kann, durch die die Betriebsverfassung abbedungen wird, weil diese der Disposition der Vertragsparteien entzogen ist. Ist in einem Arbeitsvertrag auf die einschlägigen tariflichen Bestimmungen des Urlaubs verwiesen, so ist im Zweifel anzunehmen, daß alle Bestimmungen über den Uraub in Bezug genommen sind (BAG 17. 11. 1998 AP TVG § 1 Bezugnahme auf Tarifvertrag Nr. 10 = NZA 1999, 938)

d) Wird bei einer statischen Verweisung der Tarifvertrag nachträglich geändert, bleibt es bei dem 46
Inbezug genommenen Tarifvertrag. Dasselbe gilt bei einer dynamischen Verweisung, wenn dem AN die Wahrung des Besitzstandes zugesagt ist (BAG 28. 5. 1997 AP TVG § 1 Bezugnahme auf Tarifvertrag = NZA 1997, 1066). Bei einer kleinen oder großen dynamischen Verweisung kommt es auf den geänderten Tarifvertrag an. Nach Ablauf eines eine dynamische Verweisung enthaltenden Tarifvertrages gelten die in Bezug genommenen Normen in der bei Ablauf der Verweisungsnorm geltenden Fassung weiter, bis sie durch eine andere Abmachung ersetzt werden (BAG 24. 11. 1999 – 4 AZR 666/98). Zweifelhaft ist, in welchem Umfang bei einer dynamischen Verweisung auf Tarifverträge die Bezugnahme wirksam ist, wenn eine tarifliche Regelung nicht voraussehbar war. Insoweit wird eine unwirksame Verweisung nur in Ausnahmefällen in Betracht kommen. Die Richtigkeitsgewähr des Tarifvertrages ergibt im allgemeinen, daß die Parteien vor Überraschungen geschützt sind (*Hromadka/Maschmann/Wallner* Rn. 94, 95). Tritt ein AG aus dem AGVerband aus, so besteht für den Ausgetretenen zunächst die verlängerte Tarifbindung des § 3 III (vgl. Rn. 31 ff.). Nach Änderung oder Aufhebung des Tarifvertrages besteht die Nachwirkung des § 4 V (vgl. Rn. 73 ff.). Bei der Inbezugnahme von Tarifverträgen bei Verbandsaustritt wird zwischen deklaratorischen und konstitutiven Verweisungen unterschieden. Wenn der Zweck der Verweisung die Schaffung einheitlicher Arbeitsbedingungen ist (Rn. 41), kann bei deklaratorischer Verweisung die Bindung der Nichttarifgebundenen nicht weiter gehen als bei Tarifgebundenen. Bei konstitutiver Verweisung kann dagegen auch der neue Tarifvertrag in Bezug genommen sein.

3. Tarifdispositives Gesetzesrecht. a) Von tarifdispositivem Gesetzesrecht wird dann gesprochen, 47
wenn der Gesetzgeber den Tarifvertragsparteien gestattet, von Regelungen des zwingenden Gesetzesrechtes abzuweichen. Tarifdispositives Gesetzesrecht findet sich zB in § 622 IV BGB, § 13 I 2 BUrlG, § 17 III 2 BetrAVG. Um zu verhindern, daß es zu unterschiedlichen Regelungen zwischen Tarifgebundenen und Außenseitern kommt, gestattet das Gesetz, daß die nichttarifgebundenen Arbeitsvertragsparteien die tariflichen Regelungen in Bezug nehmen. Aus dem Gesetzeszweck ergeben sich eine Reihe von Schlußfolgerungen.

b) Grundsätzlich können bei tarifdispositivem Gesetzesrecht nur Tarifverträge desselben fachlichen 48
und betrieblichen Geltungsbereiches in Bezug genommen werden. Die Bezugnahme kann sich auf den gesamten Tarifvertrag, aber auch auf Teile beziehen, zB die Kündigungsfristen. Eine Ausnahme von diesem Grundsatz wird dann bestehen, wenn die Verweisung auf den fachfremden Tarifvertrag für den AN günstiger ist als die gesetzliche Regelung. Hieran wird aber kaum ein AG Interesse haben.

c) Eine Verweisung kann nur auf einen Tarifvertrag desselben zeitlichen Geltungsbereiches erfolgen. 49
Unzulässig ist mithin eine Verweisung auf einen lange abgelaufenen Tarifvertrag. Eine Ausnahme von diesem Grundsatz besteht wiederum, wenn der kraft Nachwirkung geltende Tarifvertrag in Bezug genommen wird.

50 **4. Rechtsfolgen der Verweisung. a)** Wird in Arbeitsverträgen auf Tarifverträge Bezug genommen, so werden die Tarifverträge in gleicher Weise wie bei Tarifgebundenen ausgelegt (BAG 12. 8. 1959 AP BGB § 305 Nr. 1 = BB 1959, 1028). Dies folgt aus dem Zweck der Verweisung, die Tarifeinheit zu wahren. Eine Rechts- oder Billigkeitskontrolle der in Bezug genommenen Regelungen erfolgt nicht über das Maß der Tarifverträge hinaus. Eine Ausnahme kann allenfalls dann Platz greifen, wenn einzelne Teile des Tarifvertrages in Bezug genommen worden sind und damit das ausgewogene System des Tarifvertrages gestört ist. Die Richtigkeitsgewähr des Tarifvertrages kann mithin in Frage gestellt sein.

51 **b)** Für eine Feststellungsklage, mit der geklärt werden soll, welcher Tarifvertrag auf das Arbeitsverhältnis Anwendung findet, ist das Feststellungsinteresse dann gegeben, wenn hiervon die Entscheidung über mehrere Forderungen aus dem Arbeitsverhältnis abhängt (BAG 28. 5. 1997 AP TVG § 1 Bezugnahme auf Tarifvertrag = NZA 1997, 1066). Bei Verweisung auf einen Tarifvertrag gelten auch die prozessualen Privilegien des Tarifrechtes. Eine Nichtzulassungsbeschwerde kann mithin auch dann auf die fehlerhafte Auslegung eines Tarifvertrages gestützt werden, wenn der Tarifvertrag nur kraft Verweisung gilt. Etwas anderes kann dann gelten, wenn die tariflichen Vorschriften durch die arbeitsvertraglichen modifiziert sind (BAG 18. 5. 1982 AP ArbGG 1979 § 72 a Grundsatz Nr. 22).

VII. Prozeßfragen

52 **1. Darlegungs- und Beweislast.** Im Prozeß ist derjenige für die Tarifgebundenheit darlegungs- und beweispflichtig, der sich darauf beruft. Hieraus folgt, daß sowohl die eigene Tarifbindung als auch die des Arbeitsvertragsgegners dargelegt und nachgewiesen werden muß (vgl. BAG 5. 9. 1990 AP TVG § 4 Tarifkonkurrenz Nr. 19 = NZA 1991, 202). Im allgemeinen wird weder AG noch AN wissen, ob die Gegenseite tarifgebunden ist. Ein Ausweg wird nur mit Mitteln des Prozeßrechts möglich sein. Behauptet die eine Partei, daß der Gegner Mitglied einer tarifvertragschließenden Partei ist, so muß die Gegenseite dies substantiiert bestreiten. Ergibt sich aus dem Parteivortrag, daß tarifliche Normen für die Entscheidung erheblich sein können, so haben die Gerichte den Inhalt dieser Rechtsnormen nach § 293 ZPO zu ermitteln (BAG 3. 5. 1995 AP ZPO § 293 Nr. 8 = NZA 1996, 994).

53 **2. Betriebsnormen.** Gelegentlich finden bestimmte Regelungen nur Anwendung, wenn ein Mitglied der Gewerkschaft AN im Betrieb ist. Das BAG läßt insoweit einen mittelbaren Beweis zu (BAG 25. 3. 1992 AP BetrVG 1972 § 4 Nr. 4 = NJW 1993, 612 = NZA 1993, 134).

§ 4 Wirkung der Rechtsnormen

(1) ¹Die Rechtsnormen des Tarifvertrages, die den Inhalt, den Abschluß oder die Beendigung von Arbeitsverhältnissen ordnen, gelten unmittelbar und zwingend zwischen den beiderseits Tarifgebundenen, die unter den Geltungsbereich des Tarifvertrages fallen. ²Diese Vorschrift gilt entsprechend für Rechtsnormen des Tarifvertrages über betriebliche und betriebsverfassungsrechtliche Fragen.

(2) Sind im Tarifvertrag gemeinsame Einrichtungen der Tarifvertragsparteien vorgesehen und geregelt (Lohnausgleichskassen, Urlaubskassen usw.), so gelten diese Regelungen auch unmittelbar und zwingend für die Satzung dieser Einrichtung und das Verhältnis der Einrichtung zu den tarifgebundenen Arbeitgebern und Arbeitnehmern.

(3) Abweichende Abmachungen sind nur zulässig, soweit sie durch den Tarifvertrag gestattet sind oder eine Änderung der Regelungen zugunsten des Arbeitnehmers enthalten.

(4) ¹Ein Verzicht auf entstandene tarifliche Rechte ist nur in einem von den Tarifvertragsparteien gebilligten Vergleich zulässig. ²Die Verwirkung von tariflichen Rechten ist ausgeschlossen. ³Ausschlußfristen für die Geltendmachung tariflicher Rechte können nur im Tarifvertrag vereinbart werden.

(5) Nach Ablauf des Tarifvertrages gelten seine Rechtsnormen weiter, bis sie durch eine andere Abmachung ersetzt werden.

I. Normative Wirkung

1 **1. Inhalt der Rechtsnormen. a)** Nach § 1 TVG enthält der Tarifvertrag einen normativen und einen schuldrechtlichen Teil. Die Tarifvertragsparteien setzen mit ihren Rechtsnormen zwingendes Recht für die Normunterworfenen (§ 3 I TVG). Sie können von ihrer Normsetzungsbefugnis in gleichem Umfang Gebrauch machen, wie ein Gesetzgeber auch.

2 **b)** Umstritten war, ob die Rechtsnormen eines Tarifvertrages abstrakt generell oder auch einzelfallbezogene Regelungen treffen können. Aus dem Wortlaut von Art. 19 I GG ergibt sich, daß einzelfallbezogene Gesetze möglich sind (BVerfG 2. 3. 1999 NJW 1999, 1535 = 1999, 435). Sie dürfen lediglich nicht die Grundrechte einschränken. Dasselbe gilt auch für die Tarifvertragsparteien. Für Einzelfallregelungen kann auch bei Umstrukturierungsmaßnahmen oder tariflichen Sozialplänen ein Bedürfnis bestehen.

c) **Tarifvertragsnormen** können Gebote und Verbote enthalten. Dies gilt für Inhalts-, Abschluß- und betriebsverfassungsrechtlichen Normen. Inhaltsnormen regeln den Inhalt des Arbeitsverhältnisses positiv, zB die tarifliche Arbeitszeit. Verbotsnormen verbieten den Abschluß bestimmter Arbeitsverträge, Inhaltsnormen verbieten Arbeitsvertragsabreden oder erweitern als Betriebsverfassungsnormen bestimmte Mitbestimmungstatbestände. Bei Verstoß gegen Verbotsnormen sind Rechtsgeschäfte nach § 134 BGB unwirksam. 3

2. Tarifvertragslücke. Enthält der Tarifvertrag über einen bestimmten Regelungsbereich keine Normen, so muß im Wege der Auslegung des Tarifvertrages entschieden werden, ob eine Regelungslücke vorliegt (vgl. § 1 Rn. 14ff.) oder ob insoweit eine Verbotsnorm besteht, die individualvertragliche Regelungen ausschließt. 4

3. Regelungserfolg. a) Die Tarifvertragsparteien können die Regelungsgegenstände so ausgestalten, daß der Regelungserfolg von selbst eintritt. Sie können aber auch die Umsetzung den Tarifunterworfenen überlassen. Sie können bestimmte Anspruchsvoraussetzungen schaffen, deren Durchsetzung den Individualparteien überlassen bleibt. 5

b) Die Tarifvertragsparteien können Generalklauseln und unbestimmte Rechtsbegriffe verwenden. Namentlich bei den unbestimmten Rechtsbegriffen der Eingruppierung im öffentlichen Dienst wird durch sie noch nicht der Bestimmtheitsgrundsatz von Rechtsnormen verletzt (BAG 29. 1. 1986 AP BAT 1975 §§ 22, 23 Nr. 115 = NZA 1986, 751). Gelegentlich finden sich in Tarifverträgen sogar mathematische Formeln, wenn es zB heißt Arzt und/oder sozialmedizinische Ausbildung (BAG 10. 5. 1995 AP TVG § 1 Medizinischer Dienst Nr. 1 = NZA-RR 1996, 313; Nr. 2 = NZA-RR 1996, 235). 6

4. Zwingendes Recht. Die Tarifvertragsparteien können ihr Regelungsziel nur beschränkt verfolgen. Im allgemeinen werden sie zwingendes Recht setzen. Es kommt jedoch auch vor, daß sie nur Sollbestimmungen schaffen, die es dem AG gestatten, nach billigem Ermessen die Leistungsgewährung vorzunehmen. 7

5. Normadressaten. a) Normadressaten des Tarifvertrages sind AG und AN. Es kommt aber auch vor, daß Dritte aus Tarifverträgen begünstigt werden. Dies ist zB bei Übergangsgeldern der Fall, die der Witwe des AN gezahlt werden. Bei Betriebsverfassungsnormen ist auch der Betriebsrat Normadressat. 8

b) Der Rechtsnachfolger einer Arbeitsvertragspartei unterfällt einem Tarifvertrag nur dann, wenn er selbst Mitglied der Organisation ist. Etwas anderes kann kraft Gesetzes im Rahmen der Betriebsnachfolge gelten (§ 613 a BGB). 9

c) Beim Haustarifvertrag ist der AG sowohl Tarifvertragspartei als auch Normadressat. 10

II. Geltungsbereich

1. Allgemeines. a) Mit dem Geltungsbereich legen die Tarifvertragsparteien fest, für welchen Normadressaten der Tarifvertrag gelten soll. Während sich die Tarifbindung aus dem Gesetz ergibt (§ 3 TVG), sind die Tarifvertragsparteien autonom, für wen sie den Geltungsbereich festlegen. Soweit die Tarifvertragsparteien den Geltungsbereich begrenzen, besteht ein tarifvertragsfreier Raum. 11

b) Der Geltungsbereich setzt die gemeinsame Zuständigkeit (§ 2 TVG) beider Tarifvertragsparteien voraus (§ 2 Rn. 39). Die gemeinsame Zuständigkeit ist die Maximalgrenze des Geltungsbereiches. Decken sich die Zuständigkeiten der Tarifvertragsparteien nicht, so ist der Zuständigkeitsbereich des geringeren Umfanges maßgebend. Wenn der Tarifvertrag auf den Zuständigkeitsbereich des größeren Verbandes abstellt, ist er insoweit unwirksam (§ 2 Rn. 43). Wächst ein Unternehmen wegen Änderung der Produktion aus dem Geltungsbereich eines Tarifvertrages heraus, so entfällt die unmittelbare und zwingende Wirkung. Der Tarifvertrag entfaltet nur noch Nachwirkung (BAG 10. 12. 1997 AP TVG § 3 Nrn. 20 und 21 = NZA 1998, 484, 488). 12

c) Ein Tarifvertrag muß seinen Geltungsbereich regeln, sonst ist er wegen mangelnder Bestimmtheit unwirksam. Regelt ein Tarifvertrag seinen Geltungsbereich nicht ausdrücklich, so ist im Wege der Auslegung aus dem Tarifvertragszusammenhang zu ermitteln, welchen konkreten Geltungsbereich der Tarifvertrag haben soll. Im Zweifel ist anzunehmen, daß der Entgelttarifvertrag denselben Geltungsbereich hat, wie der Manteltarifvertrag (BAG 13. 6. 1957 AP TVG § 4 Geltungsbereich Nr. 6 = BB 1957, 711; 20. 4. 1988 AP TVG § 1 Tarifverträge: Bau Nr. 93 = NZA 1989, 114). 13

d) Die Tarifvertragsparteien sind autonom, welchen Geltungsbereich sie festlegen (BAG 24. 4. 1985 AP BAT § 3 Nr. 4 = NJW 1986, 95 = NZA 1985, 602). Gleichwohl können sie nicht aus sachfremden Gründen einzelne AN oder ANGruppen vom Geltungsbereich ausnehmen. Nach § 3 lit. n BAT aF waren Teilzeitbeschäftigte vom Geltungsbereich des Tarifvertrages ausgenommen. Das BAG hat diese Ausnahme als gerechtfertigt angesehen. Demgegenüber hat es den Ausschluß der Teilzeitbeschäftigten 14 von der betrieblichen Altersversorgung als unwirksam angesehen (BAG 28. 7. 1992 AP BetrAVG § 1 Gleichbehandlung Nr. 18 = NJW 1993, 874 = NZA 1993, 215). Der fachliche und persönliche Geltungsbereich muß sachlichen Mindestanforderungen genügen, insbesondere dem Gleichheitssatz und der Gleichberechtigung.

15 **2. Räumlicher Geltungsbereich. a)** Mit dem räumlichen Geltungsbereich werden die geographischen Grenzen des Tarifvertrages festgelegt. Die Tarifvertragsparteien können bestimmen, ob der Tarifvertrag für das Gebiet der Bundesrepublik, ein Land, Bezirk usw. gilt. Zulässig ist auch, daß sich ein Tarifvertrag Geltung nur für im Ausland beschäftigte AN beimißt, wenn ein grenzüberschreitender Bezug gegeben ist, zB im Ausland beschäftigte AN des Goethe-Institutes (BAG 9. 7. 1980 AP TVG § 1 Form Nr. 7 = NJW 1981, 1574; 11. 9. 1991 AP Internationales Privatrecht Arbeitsrecht Nr. 29 = NZA 1992, 321).

16 **b)** Anknüpfungspunkt für den Geltungsbereich kann das Unternehmen, der Betrieb, der Erfüllungsort des Arbeitsverhältnisses sein. Im Zweifel ist der Ort des Betriebes oder Betriebsteiles, in dem der AN arbeitet, Anknüpfungspunkt des räumlichen Geltungsbereiches (BAG 3. 12. 1985 AP TVG § 1 Tarifverträge: Großhandel Nr. 5 = NZA 1986, 227). Bei Außendienstmitarbeitern ist regelmäßig der Ort des Betriebes maßgebend, von dem aus die Tätigkeit verrichtet wird. Hat also zB ein Betrieb aus Nordrhein-Westfalen in Niedersachsen eine Niederlassung, so findet für die aus Niedersachsen eingesetzten AN der niedersächsische Tarifvertrag Anwendung.

17 **c)** Ändern sich die staatlichen oder kommunalen Grenzen, auf die die Tarifvertragsparteien im Tarifvertrag Bezug genommen haben, so bleibt hiervon der räumliche Geltungsbereich der Tarifverträge unberührt. Es bedurfte mithin im Beitrittsgebiet der Erstreckung des BAT bzw. des BMTV-Bau. Für den Bereich des öffentlichen Dienstes enthalten die Tarifverträge eine besondere Regelung (BAG 23. 5. 1995 AP BMT-G II Nr. 1 = NZA 1996, 148; AP TV Ang Bundespost Nr. 2 = NZA 1996, 109; AP Nr. 3; = NZA 1996, 384; 21. 9. 1995 AP BAT-O Nr. 6 = NZA 1997, 1003). Wird ein Betrieb aus dem räumlichen Geltungsbereich eines Tarifvertrages verlegt, so enden die Tarifwirkungen.

18 **3. Fachlicher Geltungsbereich. a)** Mit dem fachlichen oder betrieblichen Geltungsbereich bestimmen die Tarifvertragsparteien, für welche Betriebe der Tarifvertrag gelten soll. Regelmäßig wird nach dem Industrieverbandsprinzip auf die fachliche Ausrichtung des Betriebes im Sinne des Betriebsverfassungsgesetzes abgestellt. Die Tarifvertragsparteien können jedoch auch einen eigenen Betriebsbegriff definieren, zB im Baugewerbe (BAG 11. 9. 1991 AP TVG § 1 Tarifverträge: Bau Nr. 145 = NZA 1992, 422).

19 **b)** Bei Mischbetrieben, also bei Betrieben, in denen verschiedene arbeitstechnische Zwecksetzungen verfolgt werden, kommt es entscheidend darauf an, mit welchen Arbeiten die Mehrzahl der AN beschäftigt werden. Unerheblich sind dagegen handelsrechtliche oder gewerberechtliche Merkmale (BAG 25. 11. 1987 AP TVG § 1 Tarifverträge: Einzelhandel Nr. 18 = NZA 1988, 317; 25. 2. 1987 und 12. 12. 1988 AP TVG § 1 Tarifverträge: Bau Nr. 81 = NZA 1988, 34; Nr. 106 = NZA 1989, 315; 29. 1. 1992 AP TVG § 3 Nr. 12 = NZA 1993, 184). Werden in einem baugewerblichen Betrieb in nicht unerheblichem Umfang auch andere Arbeiten verrichtet, so können die Sozialkassentarifverträge unanwendbar sein (BAG 11. 12. 1996 NZA 1997, 945). Selbständige Betriebsabteilungen und Nebenbetriebe unterfallen regelmäßig dem Geltungsbereich des Hauptbetriebs, sofern die Tarifvertragsparteien nichts anderes bestimmt haben.

20 **c)** Beschreiben die Tarifvertragsparteien die Art der Tätigkeit des AG (Gewerbebetrieb, Industrie, Handwerk), so werden nur solche Betriebe erfaßt, die diesem Tätigkeitsbereich zuzurechnen sind. Der Industrietarifvertrag gilt nicht für Handwerksbetriebe. Der Begriff des Gewerbebetriebes ist im Sinne des Gewerberechtes zu verstehen. Nicht erfaßt werden mithin gemeinnützige und karitative Betriebe (BAG 20. 4. 1988 AP TVG § 1 Tarifverträge: Bau Nr. 95 = NZA 1989, 441). Nicht erfaßt werden damit Beschäftigungs- und Qualifizierungsgesellschaften, auch wenn sie Mitglied des AGVerbandes sind (*Löwisch/Rieble* § 4 Rn. 33; aA *Wiedemann/Oetker/Wank* § 4 Rn. 140).

21 **d)** Im Wege der Auslegung des Tarifvertrages ist zu ermitteln, ab welchem Zeitpunkt und bis zu welchem Zeitpunkt der Betrieb von dem Geltungsbereich des Tarifvertrages erfaßt wird. Im allgemeinen wird dies von der Gründung bis zum Ende der Abwicklung sein, so daß auch noch der Insolvenzverwalter dem tariflichen Geltungsbereich unterfällt (BAG 28. 1. 1987 AP TVG § 4 Geltungsbereich Nr. 14 = NZA 1987, 455). Scheidet ein Betrieb aus dem betrieblichen Geltungsbereich eines Vorruhestandstarifvertrages aus, so werden die nach dem Tarifvertrag begründeten Vorruhestandsverhältnisse nicht beendet. Vielmehr bestimmen sich die Ansprüche des ehemaligen AN nach §§ 611, 612 BGB (BAG 14. 6. 1994 AP TVG § 3 Verbandsaustritt Nr. 2 = NZA 1995, 178).

22 **4. Persönlicher Geltungsbereich. a)** Mit dem persönlichen Geltungsbereich wird festgelegt, für welche ANGruppen der Tarifvertrag gilt, also zB Angestellte, Arbeiter, Auszubildende. Der persönliche Geltungsbereich wird weiter eingeschränkt, wenn die Tarifvertragsparteien nur die Probleme bestimmter ANGruppen regeln. Insbesondere sind die Eingruppierungsmerkmale der Entgeltrahmen-

II. Geltungsbereich § 4 TVG 600

tarifverträge eine Umschreibung des persönlichen Geltungsbereiches. Zu den Eingruppierungsgrundsätzen § 1 Rn. 48 ff.

b) Namentlich die Abgrenzung des persönlichen Geltungsbereiches unterliegt der Rechtmäßigkeits- 23 kontrolle durch die Gerichte. Die Tarifvertragsparteien dürfen nicht aus sachfremden Gründen bestimmte Personenkreise aus dem sachlichen Geltungsbereich ausgrenzen. Sie haben den Grundsatz der Gleichberechtigung (Art. 3 GG) und der Lohngleichheit (Art. 119 EGV) zu beachten (BAG 28. 7. 1992 AP BetrAVG § 1 Gleichbehandlung Nr. 18 = NJW 1993, 874 = NZA 1993, 215).

5. Zeitlicher Geltungsbereich. a) Tarifverträge treten grundsätzlich mit ihrem Abschluß in Kraft. 24 Die Tarifvertragsparteien können ihn auch zu einem späteren Zeitpunkt in Kraft setzen. Im Zeitpunkt seines Inkrafttretens muß die Tarifbindung (§ 3 TVG) gegeben sein, damit die Rechtsverhältnisse der Normunterworfenen erfaßt werden. Mit dem Inkrafttreten werden auch bereits bestehende Arbeitsverträge von Inhaltsnormen erfaßt. Abschlußnormen werden im Zweifel nicht in demselben Umfang auf bestehende Arbeitsverträge wie neu begründete Anwendung finden; dies gilt insbesondere für Abschlußverbote. Von der Inkraftsetzung eines Tarifvertrages ist zu unterscheiden, daß seine Rechtsfolgen (stufenweise Entgelterhöhungen) zeitversetzt eintreten sollen. In diesen Fällen tritt der Tarifvertrag sofort in Kraft. Nur seine Rechtsfolgen sollen zu einem späteren Zeitpunkt stufenweise eintreten.

b) Für die Rückwirkung von Tarifverträgen ist zu differenzieren. Der Tarifvertrag selbst kann nicht 25 zurückdatiert werden. Nur seine Rechtsfolgen können zurückwirken. Insoweit ist zu unterscheiden zwischen der echten und unechten Rückwirkung.

c) Eine echte Rückwirkung ist gegeben, wenn die Rechtsfolgen der Tarifnorm in der Vergangenheit 26 eintreten sollen, zB es wird nachträglich ein Kündigungsverbot eingeführt (BAG 21. 7. 1988 AP TVG § 1 Rückwirkung; auch 10. 10. 1989 AP TVG § 1 Vorruhestand Nr. 2). Eine echte Rückwirkung von Tarifvertragsnormen ist wie bei Gesetzen grundsätzlich unzulässig. Von diesem Grundsatz gibt es jedoch eine Reihe von Ausnahmen. Eine echte Rückwirkung ist dann zulässig, wenn das Vertrauen in den Bestand der Rechtslage erschüttert ist, das Recht unklar und verworren ist, nicht auf den Rechtsschein einer ungültigen Norm vertraut werden darf oder zwingende Gründe des Gemeinwohls eine Änderung verlangen (*Beckers* ZTR 1999, 145). Dies kann der Fall sein bei rückwirkenden Lohnerhöhungen, wenn der vorhergehende Tarifvertrag gekündigt war, oder eine unwirksame Tarifnorm ersetzt werden muß (ungleiche Kündigungsfristen – BAG 21. 3. 1991 AP BGB § 622 Nr. 29 = NJW 1991, 317 = NZA 1991, 797). Auch eine rückwirkende Lohnverschlechterung hat das BAG insoweit als wirksam anerkannt (BAG 23. 11. 1994 AP TVG § 1 Rückwirkung Nr. 12 = NZA 1995, 844; aA BAG 28. 9. 1983 AP TVG § 1 Rückwirkung Nr. 9).

d) Eine unechte Rückwirkung ist dann gegeben, wenn an einen in der Vergangenheit liegenden 27 Tatbestand angeknüpft wird, aber die Rechtsfolgen für Gegenwart und Zukunft geregelt werden. Im allgemeinen geht es um die Einräumung von Sonderzuwendungen, Ruhegeldern, Berücksichtigung von Vordienstzeiten bei Beförderungen usw. Die unechte Rückwirkung ist im allgemeinen zulässig.

e) Tarifverträge können zum Vorteil wie zum Nachteil der AN abgeändert werden. Dies ist unstrei- 28 tig. Gleichwohl bedarf es insoweit einer Einschränkung. Auch bei unechter Rückwirkung kann nicht in bereits aufgrund des Tarifvertrages erwachsene Rechtspositionen eingegriffen werden. Der Tarifvertrag kann nicht in bereits erwachsene Versorgungsanwartschaften eingreifen (BAG 8. 12. 1981 AP BetrAVG § 1 Ablösung Nr. 1 = ZIP 1982, 89; 10. 10. 1989 AP TVG § 1 Vorruhestand Nr. 2 = NZA 1990, 346; 16. 2. 1993 AP BetrVG 1972 § 87 Altersversorgung Nr. 19 = BB 1993, 1221). Keine Anwartschaft, also ein vom Zeitablauf aufschiebend bedingtes Vollrecht, ist erwachsen, wenn dem AN nur eine Aussicht zusteht, zB auf Beförderung (vgl. BAG 28. 9. 1983 AP TVG § 1 Rückwirkung Nr. 9 = BB 1984, 724; dagegen 23. 11. 1994 AP TVG § 1 Rückwirkung Nr. 12 = NZA 1995, 844) oder die Aussicht nach Ablauf bestimmter Fristen am Bewährungsaufstieg teilzunehmen (BAG 14. 6. 1995 AP TVG § 1 Rückwirkung Nr. 13 = NZA-RR 1996, 112).

6. Sonstige Begrenzungen des Geltungsbereiches. a) Die Tarifvertragsparteien können vereinba- 29 ren, daß ihre Regelungen gegenüber anderen Tarifverträgen zurücktreten. So gelten zB Tarifverträge in der Bauwirtschaft nur dann, wenn keine fachnäheren Tarifverträge eingreifen. Dagegen ist es ausgeschlossen, daß Tarifverträge für sich den Vorrang beanspruchen. Insoweit würde in die Regelungskompetenz der zuständigen Tarifvertragsparteien eingegriffen.

b) Die persönlichen Merkmale von AG und AN können sich ändern, an die der Geltungsbereich 30 des Tarifvertrages anknüpft. Dies kann zB der Fall sein, wenn ein Arbeiter Angestellter wird und damit dem Tarifvertrag entwächst oder der AG den Betriebszweck ändert, zB der Bergbaubetrieb zum Chemiebetrieb wird. Tritt eine Arbeitsvertragspartei in den Geltungsbereich eines anderen Tarifvertrages, so gilt hinfort der neue Tarifvertrag. Eine andere Frage ist, ob in diesen Fällen der alte Tarifvertrag nachwirkt (bejahend *Wiedemann/Oetker/Wank* § 4 Rn. 337; *Kempen/Zachert* § 3 Rn. 26; aA *Löwisch/Rieble* § 4 Rn. 48).

Schaub 2549

III. Unmittelbare und zwingende Wirkung

31 **1. Unmittelbare Wirkung. a)** Die Rechtsnormen des Tarifvertrages gelten mit unmittelbarer und zwingender Wirkung für die tarifgebundenen und von seinem Geltungsbereich erfaßten Arbeitsverhältnisse. Sie werden anders als bei § 613 a I BGB nicht zum Gegenstand des Arbeitsverhältnisses sondern überlagern die arbeitsvertraglichen Vereinbarungen wie ein Gesetz, ohne daß es auf die Kenntnis der Parteien ankommt.

32 **b)** Verstößt ein Individualarbeitsvertrag gegen einen Tarifvertrag, so wird der Individualarbeitsvertrag verdrängt. An seine Stelle treten die tariflichen Regelungen. Umstritten ist die Rechtslage, wenn die tariflichen Regelungen später wegfallen. Durch Auslegung der Tarifnorm ist zu ermitteln, ob diese vernichtende oder nur verdrängende Wirkung haben sollte (Vgl § 1 Rn. 164; LAG Rheinland-Pfalz 27. 9. 1998 NZA – RR 1999, 37). Zum Teil wird angenommen, daß eine einmal unwirksam gewordene Regelung nicht wieder aufleben kann (BAG 21. 9. 1989 AP BetrVG 1972 § 77 Nr. 43; vgl. *Löwisch/Rieble* § 4 Rn. 52–55). Soweit dagegen angenommen wird, daß nach Wegfall des Tarifvertrages die individualvertraglichen Regelungen wieder aufleben, wird lediglich eine Ausnahme für Abschlußgebote gemacht, durch sie wird der Abschluß eines Arbeitsvertrages endgültig verhindert.

33 **c)** Soweit die tariflichen Regelungen einen Arbeitsvertrag ganz oder teilweise verdrängen, kann es zu Regelungslücken kommen (vgl. BAG 28. 2. 1990 AP BeschFG 1985 § 1 Nr. 14 = NZA 1990, 746; 11. 8. 1987 AP BetrAVG § 1 Hinterbliebenenversorgung Nr. 4 = NZA 1988, 158; 25. 8. 1983 AP BetrVG 1972 § 77 Nachwirkung Nr. 7). Deren Schließung richtet sich nach den allgemeinen Grundsätzen (§ 1 Rn. 14 ff.).

34 **2. Zwingende Wirkung. a)** Die Tarifnormen sind einseitig zwingend. Von ihnen kann nicht zum Nachteil der AN abgewichen werden. Die zwingende Wirkung führt zur Unwirksamkeit bestehender vertraglicher Regelungen und verhindert den Abschluß tarifwidriger neuer Regelungen. Eine Ausnahme besteht nur, wenn der Tarifvertrag eine Öffnungsklausel enthält, nur nachwirkt oder im Rahmen des Günstigkeitsprinzips.

35 **b)** Die Tarifnormen gelten unmittelbar und zwingend. Sind aufgrund des Tarifvertrages Ansprüche im Individualbereich erwachsen, so bedarf es einer weiteren Sicherung, die durch § 4 IV TVG vorgenommen wird (unten Rn. 85). Verzicht, Anerkenntnis und Vergleich von tariflichen Rechten sind unwirksam. Unberührt bleiben Tatsachenvergleiche, also Vergleiche über die Voraussetzungen des Anspruches und gerichtliche Geständnisse.

36 **3. Durchsetzung tariflicher Rechte. a)** Den Arbeitsvertragsparteien ist es vorbehalten, die aus dem Tarifvertrag erwachsenen Ansprüche gerichtlich geltend zu machen. Dagegen ist den Tarifvertragsparteien nicht überlassen, Selbsthilferechte zu schaffen. Unberührt bleibt die Möglichkeit von Zurückbehaltungs- und Aufrechnungsmöglichkeiten.

37 **b)** Die ANVertretungen können den einzelnen AN bei der Durchsetzung seiner tariflichen Rechte unterstützen. So hat der Betriebsrat über die Einhaltung von tariflichen Rechten zu wachen (§ 80 I Nr. 1 BetrVG). Vgl. für den Sprecherausschuß § 25 I SprAuG, die Personalvertretung § 68 I Nr. 2 BPersVG, die Schwerbehinderten- und Jugend- und Auszubildendenvertretung § 25 I 2 Nr. 1 SchwbG, § 70 I Nr. 2 BetrVG. Der Betriebsrat kann den AN im betrieblichen Beschwerdeverfahren nach § 85 BetrVG unterstützen.

38 **c)** Die Tarifvertragsparteien können für die Mitglieder die Prozeßvertretung zur Durchsetzung der tariflichen Ansprüche übernehmen. Sie können aber auch mit der Durchführungsklage auf den sozialen Gegenspieler einwirken, damit dieser mit verbandsrechtlichen Mitteln die Einhaltung des Tarifvertrages gewährleistet (vgl. § 1 Rn. 68). Dagegen haben die Tarifvertragsparteien anders als die Länder im Heimarbeitsrecht (§ 25 HAG) keine gesetzliche Prozeßstandschaft, die ANansprüche einzuklagen (vgl. BAG 8. 11. 1957 AP ZPO § 256 Nr. 7 = NJW 1958, 686; 21. 12. 1982 AP GG Art. 9 Arbeitskampf Nr. 76 = NJW 1983, 1750; 3. 12. 1985 AP KO § 146 Nr. 3 = NJW 1986, 1896 = NZA 1986, 429). Die Tarifvertragsparteien können nach § 9 TVG den Inhalt der Tarifnormen verbindlich klären.

39 **d)** Nach umstrittener Meinung hatten die Tarifvertragsparteien keine Befugnis, gegen dem Tarifvertrag widersprechende Betriebsvereinbarungen vorzugehen (BAG 20. 8. 1991 AP BetrVG 1972 § 77 Tarifvorbehalt Nr. 2 = NZA 1992, 317; 18. 8. 1987 und 23. 2. 1988 AP ArbGG 1979 § 81 Nr. 6 = NZA 1988, 26 und Nr. 9). Eine Ausnahme wurde dann gemacht, wenn die Voraussetzungen von § 23 Abs. 3 BetrVG 1972 vorliegen (BAG 20. 8. 1991 AP BetrVG 1972 § 77 Tarifvorbehalt Nr. 2 = NZA 1992, 317). Von dieser Rspr. ist das BAG in einer Entscheidung vom 20. 4. 1999 abgewichen. Zur Abwehr von Eingriffen in die kollektive Koalitionsfreiheit steht der Gewerkschaft ein Unterlassungsanspruch entspr. § 1004 BGB gegen Betriebsvereinbarungen und Regelungsabreden sowie arbeitsvertragliche Einheitsregelungen zu, wenn diese das Ziel verfolgen, eine unzulässige Betriebsvereinbarung zu ersetzen. Voraussetzung ist aber eine Tarifgebundenheit des AG und der AN.

IV. Gemeinsame Einrichtungen

1. Begriff. a) Die Tarifvertragsparteien können eine gemeinsame Einrichtung schaffen. Das sind von ihnen geschaffene und von ihnen abhängige Organisationen, deren Zweck von ihnen festgelegt wird. Der Begriff der Einrichtung setzt voraus, daß eine bestimmte Verwaltungseinheit besteht. Nicht notwendig ist, daß es sich um eine juristische Person handelt. Denkbar ist auch eine Personengesamtheit, wie etwa ein Gesamthafenbetrieb (BAG 25. 1. 1989 AP GesamthafenbetriebsG § 1 Nr. 5 = NZA 1989, 732).

b) Gemeinsam heißt, daß sie von den Tarifvertragsparteien gemeinsam getragen wird. Die Tarifvertragsparteien müssen paritätisch vertreten sein. Dritte können an ihr nicht beteiligt sein. Das gilt sowohl für AN wie für AG oder sonstige Dritte. An einer gemeinsamen Einrichtung können auch keine Versicherungsgesellschaften, etwa zur Abwicklung der betrieblichen Altersversorgung beteiligt sein. Die Versorgungsanstalt des Bundes und der Länder (VBL) ist keine gemeinsame Einrichtung. Eine Anstalt des öffentlichen Rechtes kann jedoch möglicherweise als gemeinsame Einrichtung benutzt werden (BAG 28. 4. 1981 AP TVG § 4 Gemeinsame Einrichtung Nr. 3 = BB 1981, 1529).

2. Erweiterung der unmittelbaren und zwingenden Wirkung. a) Die gemeinsame Einrichtung bezieht sich nach ihrem Wortlaut (tarifgebundene AG und AN) nur auf Tarifgebundene. Unerheblich ist, ob die Tarifbindung auf § 3 TVG oder § 5 TVG beruht. Da sowohl AG und AN tarifgebunden sein müssen, folgt die unmittelbare und zwingende Wirkung des Tarifvertrages aus § 4 I TVG.

b) § 4 II TVG erweitert die unmittelbare und zwingende Wirkung der Tarifnormen auf das Verhältnis der gemeinsamen Einrichtung zu den AG und den AN sowie die Satzungsbestimmungen der gemeinsamen Einrichtungen. Die Normen über gemeinsame Einrichtungen sind keine Inhaltsnormen, die die Arbeitsverhältnisse ausgestalten, sondern schaffen neue Rechtsbeziehungen, die die Beiträge der Arbeitgeber und die Leistungen an Arbeitnehmer in die Regelungsmacht der Tarifvertragsparteien überführen (vgl. BAG 22. 3. 1965 AP TVG § 5 Nr. 12).

c) Die gemeinsamen Einrichtungen werden vor allem dann geschaffen, wenn mehrere AG zusammengefaßt werden sollen, um gemeinsame Aufgaben zu erfüllen. Das Gesetz erwähnt Lohnausgleichs- und Urlaubskassen. Denkbar sind aber auch gemeinsame Einrichtungen zur Durchführung der betrieblichen Altersversorgung, zur Schaffung von Beschäftigungsgesellschaften (*Kaiser* NZA 1992, 193 ff.), zur Durchführung der Berufsbildung, zur Förderung der Arbeitsaufnahme, zur Zahlung von Abfindungen bei Rationalisierung usw. Nach der Rechtsprechung des BAG lassen sich auch Gesamthafenbetriebe als gemeinsame Einrichtungen errichten (BAG 25. 1. 1989 AP GesamthafenbetriebsG § 1 Nr. 5 = NZA 1989, 732).

3. Rechtsbeziehung der gemeinsamen Einrichtung zum AG. Sie ist mit unmittelbarer und zwingender Wirkung ausgestattet. In aller Regel werden die AG zur Beitragszahlung herangezogen, um die Leistungen der gemeinsamen Einrichtung zu finanzieren (Beitragsbeziehung). Aus dem Prinzip der gleichmäßigen Belastung der AG folgt, daß diese gleichmäßig zur Beitragstragung herangezogen werden. Die Kassen des Baugewerbes knüpfen an die Zahl der zu den Sozialkassen gemeldeten AN an. Es findet sich aber auch das Prinzip, daß an die Bruttolohn- und Gehaltssumme angeknüpft wird. Ob dies wirksam ist oder ob damit gegen die gleichmäßige Beitragszahlung verstoßen wird, weil je nach Entgeltgruppe unterschiedliche Beiträge entstehen, ist umstritten (vgl. *Löwisch/Rieble* § 4 Rn. 110).

4. Rechtsbeziehung der gemeinsamen Einrichtung zum AN. Bei den Lohnausgleichs-, Urlaubs- und Zusatzversorgungskassen erhalten die AN Leistungen der Kasse. Für die Leistungen der Kasse gilt in gleichem Maße der Gleichbehandlungsgrundsatz. Die Leistungen können mithin nicht nach der Gewerkschaftszugehörigkeit abgestuft werden. Nicht notwendig ist, daß auf die Zuwendungen der Kasse ein Rechtsanspruch besteht. Denkbar ist auch, daß die AN nur anspruchsberechtigt sind, zB bei den Beschäftigungsgesellschaften oder den Berufsbildungszentren.

5. Satzung der gemeinsamen Einrichtung. Die Tarifvertragsparteien können die Satzung der gemeinsamen Einrichtung mit normativer Kraft ausgestalten. Dabei sind sie jedoch an die staatlichen Vorgaben des Gesellschaftsrechts gebunden. Sie können eine gemeinsame Einrichtung als GmbH, AG, VVaG usw. vereinbaren. Mit Abschluß des Tarifvertrages ist die gemeinsame Einrichtung aber noch nicht errichtet. Zur Errichtung der gemeinsamen Einrichtung bedarf es eines besonderen Errichtungsaktes. Der Abschluß des Gesellschaftsvertrages wird zum obligatorischen Teil des Tarifvertrages gezählt.

V. Abweichende Abmachungen (Öffnungsklausel)

1. Tariföffnungsklauseln. a) Die Tarifvertragsparteien können wie jeder Normgeber dispositives Recht setzen, in dem abweichende oder ergänzende Regelungen durch (Regional-)Tarifverträge, Betriebsvereinbarungen und Individualabreden gestattet werden (§ 4 III TVG). Durch die Tariföffnungsklauseln wird eine größere Flexibilität der Arbeitsbedingungen erreicht. Es können unterschiedliche

Arbeitsbedingungen für leistungsgeminderte und ältere AN vereinbart werden oder anderseits die Leistungspflichten der AG angepaßt werden. Durch Tariföffnungsklauseln für Betriebsvereinbarungen wird die Regelungssperre nach § 77 III BetrVG beseitigt (*Gamillscheg* S. 812). Tariföffnungsklauseln sind auch in einer Form möglich, daß im Tarifvertrag nur ein Leistungsrahmen festgelegt wird, der durch besondere Abreden (Tarifvertrag, Betriebsvereinbarung, Individualvertrag) ausgefüllt wird. Alsdann ist durch den Tarifvertrag lediglich ein Leistungsrahmen vorgegeben.

49   b) Die Tariföffnungsklausel muß im Tarifvertrag vorgesehen sein, dessen Inhalt durch Auslegung zu ermitteln ist. Die Öffnungsklausel kann ausdrücklich oder konkludent erfolgen. Ohne eine Tariföffnungsklausel ist ein Unterschreiten des Tarifvertrages zum Nachteil des AN unzulässig. Dies gilt auch für den teilweisen Lohn- und Gehaltsverzicht, durch den eine geringere Lohnsteuer oder der Anspruch auf Kindergeld begründet werden soll. Bei Regeln über die Arbeitszeit wird im allgemeinen davon auszugehen sein, daß nur eine Regel- oder Höchstarbeitszeit normiert ist, deren Unterschreitung zulässig ist.

50   c) Die Tarifvertragsparteien haben für Tariföffnungsklauseln einen breiten Gestaltungsspielraum. Sie können die Tarifvertragsöffnung räumlich, zeitlich und persönlich beschränken. Sie können die Tariföffnungsklauseln mit Einschränkungen versehen, zB die Abweichungen von der Zustimmung des Betriebsrates abhängig machen, nur bei freiwilliger Vereinbarung zwischen AG und AN, also die Änderungskündigung usw. ausschließen.

51   d) Die Tariföffnungsklauseln müssen höherrangiges Recht beachten. Sie dürfen nicht gegen den Gleichheits- oder Gleichbehandlungsgrundsatz verstoßen, indem die Verlängerung der Arbeitszeit nur bei Männern möglich ist oder anderseits bei Frauen Entgeltabschläge vorsehen. Die Koalitionsfreiheit darf nicht verletzt werden. Bestimmte Quoten, in denen eine Arbeitszeitverlängerung möglich ist, dürfen nur auf Organisierte bezogen werden, anderenfalls könnte ein Druck auf die Nichtorganisierten ausgelöst werden.

52   **2. Tarifvertrag.** Andere Abmachung kann ein anderer Tarifvertrag sein, wenn dieser räumlich oder zeitlich begrenzt ist, um für bestimmte Bereiche oder Zeiträume eine Übergangsregelung zu gestatten.

53   **3. Betriebsvereinbarung.** Die Tarifvertragsparteien können die Regelungssperre des § 87 I Einleitungssatz oder von § 77 III BetrVG beseitigen (vgl. BAG 24. 11. 1987 AP BetrVG 1972 § 87 Akkord Nr. 6 = NZA 1988, 320). Dies kann auch nachträglich durch Genehmigung einer abweichenden Betriebsvereinbarung geschehen (BAG 20. 4. 1999 AP BetrVG 1972 § 77 Tarifvorbehalt Nr. 12 = NZA 1999, 1059). Bezieht sich die Öffnungsklausel nur auf eine Betriebsvereinbarung, so ist eine Regelungsabrede oder eine vertragliche Einheitsregelung unzureichend. Die als Ergänzung zum Tarifvertrag geschlossene Betriebsvereinbarung ist in ihrer Laufzeit grundsätzlich auf die Dauer des Tarifvertrags bzw. dessen Nachwirkung beschränkt (*Gamillscheg* S. 812).

54   **4. Individualvereinbarung.** Die Tariföffnungsklausel kann abweichende Individualvereinbarungen überhaupt oder nur unter bestimmten Voraussetzungen (Zustimmung des Betriebsrats, einvernehmliche Vereinbarung) zulassen. Wird die Individualvereinbarung beendet, gilt wieder der Tarifvertrag.

VI. Günstigkeitsprinzip

55   **1. Gesetzliche Tariföffnung. a)** Kraft Gesetzes haben für den AN günstigere Abmachungen den Vorrang vor dem Tarifvertrag. Günstigere Abmachungen können Individual- und Betriebsvereinbarungen sein. Der Vorrang der Individualvereinbarungen besteht auch, wenn sie vor dem Tarifvertrag abgeschlossen worden sind. Die Lehre, wonach Tarifverträge günstigere Individualabmachungen verschlechtern können, ist überholt (BAG GS 7. 11. 1989 AP BetrVG 1972 § 77 Nr. 46 = NZA 1990, 816).

56   b) Das Günstigkeitsprinzip gilt auch für das Verhältnis vom Tarifvertrag zur Betriebsvereinbarung. Dies gilt für Betriebsvereinbarungen im Rahmen der sozialen Mitbestimmung und der wirtschaftlichen Mitbestimmung. Allerdings sind nach § 77 Abs. 3 BetrVG alle Betriebsvereinbarungen gesperrt. Dies hat seinen Grund aber in dem Schutz der Tarifverträge. Es besagt aber nichts über die grundsätzliche Geltung des Günstigkeitsprinzips. Es wäre ein abwegiges Ergebnis, wenn nur im Wege des Individualvertrages bessere Arbeitsbedingungen ausgehandelt werden könnten, nicht aber im Wege der Betriebsvereinbarung.

57   c) Das Günstigkeitsprinzip enthält zwingendes Recht. Tarifverträge, die günstigere Arbeitsbedingungen verdrängen oder verhindern wollen, sind unwirksam (BAG 15. 12. 1960 AP TVG § 4 Angleichungsrecht Nr. 2, 3; 26. 2. 1986 AP TVG § 4 Ordnungsprinzip Nr. 12 = NZA 1986, 790).

58   **2. Anwendungsbereich. a)** Das Günstigkeitsprinzip bezieht sich vor allem auf Inhaltsnormen, also auf die Verbesserung der Rechtsstellung des AN bei Entgelt, Urlaub, Entgeltfortzahlung im Krankheitsfalle usw.

59   b) Umstritten ist die Rechtslage bei Verbots- und Gebotsnormen. Zum Teil wird angenommen, daß das Günstigkeitsprinzip keine Anwendung finden könne bei Verbotsnormen. Im Individualvertrag

VI. Günstigkeitsprinzip

können Verbote nicht noch strenger geregelt werden als in einem Tarifvertrag (vgl. BAG 7. 12. 1956 AP BGB § 817 Nr. 1 = NJW 1957, 726; LAG Düsseldorf 17. 5. 1966 AP TVG § 4 Abschlußverbote Nr. 1). Denkbar ist immerhin, daß die individualvertragliche Regelung gegenüber der tariflichen die günstigere ist. Das BAG GS hat anerkannt, daß eine tarifliche Altersgrenze mit dem Günstigkeitsprinzip überwunden werden kann (BAG GS 7. 11. 1989 AP BetrVG 1972 § 77 Nr. 46 = NZA 1990, 816). Bei Gebotsnormen ist das Günstigkeitsgebot ohne weiteres denkbar, daß weitergehende Einstellungsgebote geschaffen werden.

c) Ob das Günstigkeitsprinzip auch für Betriebsnormen gilt, ist umstritten. Zum Teil wird dies damit geleugnet, daß sich formelle Arbeitsbedingungen dem Günstigkeitsprinzip entziehen (*Buschmann* NZA 1990, 387, 388) bzw. daß sich Betriebsnormen als betriebseinheitliche Gesamtordnung dem Günstigkeitsvergleich entziehen (*Linnenkohl* u. a. BB 1990, 628, 630; *Zachert* DB 1990, 988; dagegen *Gamillscheg* S. 851). Nach § 28 II 2 SprAuG ist das Günstigkeitsprinzip nur für Inhaltsrichtlinien erwähnt. Gleichwohl wird auch für Betriebsnormen das Günstigkeitsprinzip angenommen werden müssen. Es ist durchaus denkbar, daß zugunsten der AN von den Betriebsnormen abgewichen wird. 60

d) Umstritten ist das Günstigkeitsprinzip bei gemeinsamen Einrichtungen. Nach hM kann durch Vereinbarungen zwischen AG und AN nicht in gemeinsame Einrichtungen eingegriffen werden (BAG 5. 12. 1958 AP TVG § 4 Ausgleichskasse Nr. 1 = NJW 1959, 595). Will man das Günstigkeitsprinzip anwenden, kann ein finanzstarker AG günstigere Leistungen als die gemeinsame Einrichtung gewähren und damit in die Beitragsseite der gemeinsamen Einrichtung eingreifen. Lehnt man die Anwendung des Günstigkeitsprinzipes ab, so kann in keinem Fall durch Belastung des finanzstarken AG ein branchenmäßiger Ausgleich vollzogen werden. Insoweit werden die Grenzen der tariflichen Regelungsmacht überschritten. 61

3. Individueller oder kollektiver Günstigkeitsvergleich. a) Ob ein individueller oder kollektiver Günstigkeitsvergleich vorzunehmen ist, hängt von dem Schutzzweck der Norm ab. Wird durch eine Tarifvertragsnorm allein der einzelne AN geschützt, so ist ein individueller Vergleich vorzunehmen, d.h. ob die individuelle Regelung für ihn günstiger ist oder nicht. 62

b) Wird dagegen durch die Tarifvertragsnorm die Belegschaft eines Betriebes oder eines Betriebsteils geschützt, so findet ein kollektiver Günstigkeitsvergleich statt. 63

c) Im Wege der Auslegung ist zu ermitteln, ob die Tarifvertragsnorm einen individuellen oder kollektiven Schutz beabsichtigt. Im allgemeinen werden arbeitsvertragliche Einheitsregelungen dem Individualbereich zuzurechnen sein. Ein betrieblicher Sozialplan kann günstiger als die tarifliche Regelung sein und diesen verdrängen. Für den Bereich der betrieblichen Altersversorgung hat das BAG (GS 16. 9. 1986 AP BetrVG 1972 § 77 Nr. 17 = NZA 1987, 168, 185 *[Richardi]*) einen kollektiven Bezug durch Ablösung der Einheitsregelung durch eine Betriebsvereinbarung zugelassen. 64

4. Vergleichsgegenstand. a) Nach § 4 III TVG sind Abmachungen wirksam, soweit sie eine günstigere Regelung für den AN enthalten. Es ist also die tarifliche Regelung mit der anderweitigen Abmachung zu vergleichen. In welchem Umfang die Regelungen in den Vergleich einbezogen sind, ergibt sich nicht unmittelbar aus dem Gesetz. 65

b) In die Vergleichsbetrachtung sind nicht alle Arbeitsbedingungen einzubeziehen, sonst könnten die Individual- bzw. Betriebspartner die Tarifpolitik unterlaufen. Vielmehr sind nach hM nur solche Tarifnormen und Abmachungen in die vergleichende Betrachtung einzubeziehen, die in einem sachlichen Zusammenhang stehen (Sachgruppenvergleich). Maßgebend ist, ob die Regelungen nach der Verkehrsanschauung denselben Regelungsgegenstand betreffen (BAG 23. 5. 1984 AP BGB § 339 Nr. 9 = NJW 1985, 91 = NZA 1984, 255; LAG München 4. 5. 1990 LAGE TVG § 4 Günstigkeitsprinzip Nr. 3; *Gamillscheg* S. 853). 66

Nach einer Mindermeinung soll durch das Günstigkeitsprinzip auch eine beschäftigungssichernde Maßnahme gedeckt sein. Hiernach kann zB die Arbeitszeit über die tarifliche Regelung hinaus verlängert werden, wenn der AG zugleich die Bestandssicherheit des Arbeitsverhältnisses für eine gewisse Zeitspanne übernimmt. Aber auch diese Meinung verlangt ein Optionsrecht für den AN, wonach er jeder Zeit wieder zur tariflichen Regelung zurückkehren kann (vgl. *Buchner*, Beschäftigungssicherung unter dem Günstigkeitsprinzip, Beil. 12 zu DB 96; krit. *Gamillscheg* S. 839 mwN). Das BAG hält einen Vergleich von Regelungen, deren Gegenstände sich thematisch nicht berühren, für methodisch unmöglich und mit § 4 III TVG nicht vereinbar (BAG 20. 4. 1999 AP GG Art. 9 Nr. 89 = NZA 1999, 887 = NJW 1999, 3281). 67

c) Ein sachlicher Zusammenhang besteht zwischen Urlaubsdauer, Länge der Wartezeit und Höhe des Urlaubsgeldes, Grundlohn und tariflichen Lohnzuschlägen (BAG 23. 5. 1984), Stundenlohn und Auslösung (BAG 12. 4. 1972 AP TVG § 4 Günstigkeitsprinzip Nr. 13 = NJW 1972, 1775), Grundvergütung und Leistungszulage gegenüber einer Gesamtvergütung (BAG 10. 12. 1965 AP TVG § 4 Tariflohn und Leistungsprämien Nr. 1). Eine Gehaltsumwandlung in betriebliche Altersversorgungsansprüche ist kaum günstiger (*Bode* DB 1997, 1769). Sind nur einzelne Regelungen günstiger, zB bei 68 der Verlängerung der tariflichen Ausschlußfristen, so ist die vertragliche Abmachung unwirksam; es gilt also nicht die Rosinentheorie (LAG Frankfurt 11. 10. 1979 AP TVG § 4 Ausschlußfristen Nr. 70).

69 **5. Vergleichsmaßstab. a)** Ein Maßstab für den Günstigkeitsvergleich ergibt sich aus dem Gesetz nicht. Es ist weder auf eine rein objektive noch eine subjektive Betrachtungsweise abzustellen. Vielmehr kommt es auf eine Gesamtbetrachtung unter Berücksichtigung der individuellen Verhältnisse an (vgl. LAG München 14. 5. 1990 LAGE TVG § 4 Günstigkeitsprinzip Nr. 3; *Gamillscheg* S. 855). Bei Verlängerung der Kündigungsfrist für beide Seiten wird die Mobilität eingeschränkt; andererseits aber auch dem erhöhten Sicherungsbedürfnis des AN Rechnung getragen. Für einen älteren AN kann durchaus die Verlängerung der Kündigungsfrist günstiger sein.

70 **b)** Problematisch ist der Günstigkeitsvergleich bei gemeinsamen Einrichtungen, die betriebliche Altersversorgung gewähren. Da tarifliche Leistungen gemeinsamer Einrichtungen idR eine höhere Sicherheit gewährleisten, hat das BAG im allgemeinen dem Tarifvertrag den Vorrang eingeräumt (vgl. AP BGB § 242 Ruhegehalt-Zusatzversorgung Nr. 7).

71 **c)** Läßt sich nicht eindeutig beantworten, welche Regelungen günstiger oder ungünstiger sind, bleibt es bei der tariflichen Regelung (BAG 12. 4. 1972 AP TVG § 4 Günstigkeitsprinzip Nr. 13 = NJW 1972, 1775). Ein Ausgleich läßt sich dadurch erzielen, daß dem AN ein Wahlrecht eingeräumt wird zwischen der tariflichen und der anderweitigen Abmachung, weil das Wahlrecht in jedem Fall günstiger ist. Diese Möglichkeit wird vor allem im Hinblick auf die Arbeitszeit und die Wahl zwischen Arbeit und Ruhestand (vgl. BAG GS 7. 11. 1989 AP BetrVG 1972 § 77 Nr. 46) in Betracht kommen. Hat der AN sich für die anderweitige Abmachung entschieden, muß er in vertretbarem Zeitraum wieder zur tariflichen Regelung zurückkehren können. Durch die Wahlmöglichkeit darf aber der unabdingbare ANSchutz nicht unterlaufen werden. Dieser wird zumindest durch den unabdingbaren Arbeitszeitschutz begrenzt.

72 **6. Vergleichszeitpunkt.** Für den Vergleichszeitpunkt ist auf denjenigen abzustellen, in dem die tariflichen Regelungen erstmals mit den anderweitigen Abmachungen konkurrieren. Zu diesem Zeitpunkt muß entschieden werden, welche Regelung anzuwenden ist (BAG 25. 11. 1970 AP TVG § 4 Günstigkeitsprinzip Nr. 12; LAGE München 31. 1. 1990 § 4 Günstigkeitsprinzip Nr. 3).

VII. Nachwirkung (§ 4 V TVG)

73 **1. Zweck. a)** Nach § 4 V TVG gelten die Rechtsnormen eines Tarifvertrages weiter, bis sie durch eine andere Abmachung ersetzt werden. Zum Teil wird der Zweck dieser Regelung allein darin gesehen, daß die Nachwirkung die Funktion hat, die Überbrückung bis zum Abschluß eines neuen Tarifvertrages zu regeln (*Löwisch/Rieble* § 4 Rn. 220 ff.). Diese Sichtweise ist nach Wortlaut und Gesamtzusammenhang zu eng. Die Nachwirkung ist im Zusammenhang mit der Wirkungsweise des Tarifvertrages geregelt. Nach Wortlaut und Gesamtzusammenhang entfalten alle Tarifvertragsnormen Nachwirkung, die unmittelbar und zwingend auf das Arbeitsverhältnis eingewirkt haben (BAG 18. 12. 1992 AP TVG § 3 Nr. 13 = NZA 1992, 700; 13. 7. 1994 AP TVG § 3 Verbandszugehörigkeit Nr. 14 = NZA 1995, 479). Nach Ablauf des Tarifvertrags gelten seine Rechtsnormen zwar unmittelbar, aber nicht zwingend weiter (*Wiedemann/Oetker/Wank* § 4 Rn. 322). Die Arbeitsverhältnisse können nicht inhaltslos werden. Soweit die Tarifnormen entgegenstehende Abreden verdrängt haben, ist zu unterscheiden zwischen verdrängenden und vernichtenden Normen (§ 1 Rn. 164). Die Nachwirkung kann von den Tarifvertragsparteien ausgeschlossen werden (BAG 3. 9. 1986 AP TVG § 4 Nachwirkung; 8. 10. 1997 AP TVG § 4 Nachwirkung Nr. 29 = NZA 1998, 492).

74 **b)** Die Nachwirkung wird auf zwei Wegen erreicht. Der Gesetzgeber hat in § 4 V TVG ausdrücklich die Nachwirkung angeordnet. Sie kann aber auch wie bei der Betriebsnachfolge dadurch erreicht werden, daß die Tarifvertragsnormen in das Individualarbeitsverhältnis absinken. Die Tarifvertragsparteien können die Nachwirkung ausschließen (BAG 3. 9. 1986 AP TVG § 4 Nachwirkung Nr. 12 = NZA 1987, 178; 16. 8. 1990 Nr. 19 = NZA 1991, 353). Dagegen können die Tarifvertragsparteien einen nachwirkenden Tarifvertrag nicht mit Nachwirkungswirkung ändern (BAG 14. 2. 1973 und 29. 1. 1975 AP TVG § 4 Nachwirkung Nr. 6; Nr. 8 = BB 1975, 689).

75 **c)** Die nachwirkenden Tarifvertragsnormen gelten für alle Arbeitsverhältnisse, die im Nachwirkungszeitraum bestehen. Das Arbeitsverhältnis, das erst im Nachwirkungszeitraum begründet wird, unterfällt dem nachwirkenden Tarifvertrag nicht (BAG 6. 6. 1958 AP TVG § 4 Nachwirkung Nr. 1 = NJW 1958, 1853; 29. 1. 1975 Nr. 8 = BB 1975, 699; 13. 8. 1986 AP MTV Ang. DFVLR § 2 Nr. 1; 10. 12. 1997 AP TVG § 3 Nr. 20 = NZA 1998, 484; 22. 7. 1998 § 4 Nachwirkung Nr. 29 = NZA 1998, 492). Tarifunterworfene müssen im Stadium der Nachwirkung eines Tarifvertrages damit rechnen, daß die Nachwirkung rückwirkend beseitigt wird, indem die Tarifvertragsparteien den ablösenden Tarifvertrag möglichst nahtlos an den Ablauf des vorigen Tarifvertrages anschließen lassen. Insoweit haben die Tarifunterworfenen grundsätzlich keinen Vertrauensschutz (BAG 8. 9. 1999 4 AZR 661/98).

76 **2. Andere Abmachungen. a)** Nach Ablauf des Tarifvertrages gelten seine Rechtsnormen weiter, bis sie durch eine andere Abmachung ersetzt werden. Während des Nachwirkungszeitraums besteht nach

VII. Nachwirkung (§ 4 V TVG)

dem Wortlaut der gesetzlichen Regelung keine unmittelbare und zwingende Wirkung der Tarifvertragsnormen. Vielmehr sind sie dispositiv. Mit neu eingestellten Arbeitnehmern können untertarifliche Arbeitsbedingungen vereinbart werden. Der Betriebsrat kann der Einstellung nicht widersprechen (BAG 9. 7. 1996 AP BetrVG 1972 § 99 Einstellung Nr. 9 = NZA 1997, 447)

b) Andere Abmachungen nach § 4 V TVG können Tarifverträge, Betriebsvereinbarungen in den Grenzen von §§ 87, 77 BetrVG und Individualabreden sein (vgl. BAG 24. 2. 1987 AP BetrVG 1972 § 77 Nr. 21 = NZA 1987, 639). Auf welchem Weg diese Abmachungen zustandekommen, ist unerheblich. Tarifverträge können einen vorhergehenden Tarifvertrag zum Vor- wie zum Nachteil der AN ändern (BAG 28. 1. 1987 AP TVG § 4 Nachwirkung Nr. 16). Tritt ein neuer Tarifvertrag in Kraft, gilt für die Tarifgebundenen der neue Tarifvertrag, während bei den nicht Tarifgebundenen der nachwirkende Tarifvertrag weiter gilt. Etwas anderes kann bei halb- und volldynamischen Bezugnahmeklauseln im Arbeitsvertrag gelten (§ 3 Rn. 40). Bei Betriebsvereinbarungen ist zu unterscheiden. Soweit ein Tarifvertrag Arbeitsentgelt und sonstige Arbeitsbedingungen geregelt hat oder üblicherweise regelt, entfaltet dieser Tarifvertrag auch weiterhin Sperrwirkung. Soweit dagegen ein Tarifvertrag im Rahmen von § 87 I Einleitungssatz BetrVG Gegenstände der sozialen Mitbestimmung geregelt hat, besteht im Nachwirkungszeitraum keine Sperrwirkung (BAG 24. 2. 1987 AP BetrVG 1972 § 87 Nr. 21; GS 3. 12. 1991 AP BetrVG 1972 § 87 Lohngestaltung Nr. 51 = NZA 1992, 749, 961, 767; 93, 632). Vielmehr lebt die Regelungskompetenz der Betriebspartner wieder auf. Inhalts- und Abschlußnormen des Tarifvertrages können durch Individualabreden während des Nachwirkungszeitraumes abbedungen werden (BAG 28. 6. 1972 AP TVG § 4 Nachwirkung Nr. 7). Ob sich der AN auf eine derartige Abrede einläßt, steht in seinem Ermessen. Will der AG die Änderung durchsetzen, bleibt ihm nur die Änderungskündigung, gegen die der AN durch den allgemeinen und besonderen Kündigungsschutz geschützt ist. Dagegen können betriebsverfassungsrechtliche Normen durch Individualabreden kaum geändert werden, weil dem AN die Regelungskompetenz abgeht. Eine weitere Einschränkung der Individualabrede ergibt sich daraus, wenn der Tarifvertrag tarifdispositives Recht ausgenützt hat. Die andere Individualabmachung kann für den AN nicht ungünstiger als das Gesetz sein. War durch Tarifvertrag die Arbeitszeit verlängert oder die Kündigungsfrist herabgesetzt worden, so kann im Wege der Individualabrede die Arbeitszeit nicht weiter verlängert oder die Kündigungsfrist unter die gesetzliche Regelung verschlechtert werden.

c) Die andere Abmachung muß nach dem Wortlaut von § 4 V TVG nach Ablauf des Tarifvertrages getroffen werden. Dem Tarifvertrag entgegenstehende Abreden leben nach dem Ende des Tarifvertrages nicht wieder auf (LAG Berlin 19. 10. 1990 = NZA 1991, 1278; uU aA BAG 21. 9. 1989 AP BetrVG 1972 § 77 Nr. 43; vgl § 1 Rn. 164).

3. Nachwirkende Tarifnormen. a) Eine Tarifvertragsnachwirkung kommt in Betracht, wenn das Arbeitsverhältnis aus dem Geltungsbereich des Tarifvertrages hinauswandert. Das kann sein, wenn der Tarifvertrag nach seinem persönlichen Geltungsbereich nicht mehr auf den AN Anwendung findet oder wenn der Tarifvertrag nach seinem fachlichen Geltungsbereich nicht mehr auf den Betrieb des AG Anwendung findet (vgl. BAG 15. 12. 1954 AP BGB § 611 Mittelbares Arbeitsverhältnis Nr. 1). Wandert das Arbeitsverhältnis aus dem Geltungsbereich des Tarifvertrages heraus, so kann der nunmehr anwendbare Tarifvertrag die andere Abmachung nach § 4 V TVG sein (*Wiedemann/Oetker/Wank* § 4 Rn. 354; *Kempen/Zachert* § 4 Rn. 306).

b) Nach § 3 III TVG bleibt auch bei Verbandsaustritt die Tarifgebundenheit bestehen, bis der Tarifvertrag endet (BAG 14. 2. 1991 AP TVG § 3 Nr. 10 = NZA 1991, 779; *Wiedemann/Oetker/Wank* § 4 Rn. 338 ff.; *Kempen/Zachert* § 3 Rn. 25 ff.; aA LAG Köln vom 25. 10. 1989 AP TVG § 3 Nr. 2 = NZA 1990, 502; *Löwisch/Rieble* § 4 Rn. 242). Der Gegenmeinung ist nicht zu folgen. § 4 V TVG regelt allgemein die Wirkungsweise von nicht mehr zwingend geltenden Tarifverträgen. Soweit die Gegenmeinung ausführt, daß mit dem Verbandsaustritt die Legitimation zur Regelung fehle, wird verkannt, daß die Legitimation während der Verbandsmitgliedschaft erteilt worden ist; die Legitimation kann nicht dadurch widerrufen werden, daß ein Verbandsaustritt erfolgt. Die Wirkungsweise des Tarifvertrages ist vorgegeben.

c) War der Tarifvertrag für allgemeinverbindlich erklärt (§ 5 TVG), erstreckt sich die Nachwirkung auch auf die Nichtorganisierten. Nur bei Allgemeinverbindlichkeitserklärung wirkt nicht nach (BAG 19. 1. 1962 AP TVG § 5 Nr. 11; vom 18. 6. 1980 AP TVG § 4 Ausschlußfristen Nr. 68; vom 27. 11. 1991 – AP TVG § 4 Nachwirkung Nr. 22 = NZA 1992, 800; *Wiedemann/Oetker/Wank* § 4 Rn. 336; *Kempen/Zachert* § 4 Rn. 297; § 5 Rn. 24; aA *Löwisch/Rieble* § 5 Rn. 30). Der Gegenmeinung ist nicht zu folgen; die Nachwirkung scheitert nicht an der fehlenden Legitimation der Tarifvertragsparteien zur Regelung. Die Parteien haben es in der Hand, jederzeit die Nachwirkung zu beseitigen.

d) Geht ein Betrieb oder Betriebsteil im Wege der Gesamtrechtsnachfolge auf einen anderen Inhaber über, so erlangt der Erwerber nicht die Vereinsmitgliedschaft (§ 38 BGB). Gleichwohl ist auch auf diese Fälle § 4 V TVG entsprechend anzuwenden (BAG 13. 7. 1994 – AP TVG § 3 Verbandszugehörigkeit Nr. 14 = NZA 1996, 479). Die Nachwirkung des Tarifvertrages im Wege der Singularsukzession ergibt sich aus § 613 a I BGB.

83 Ein Tarifvertrag kann außerordentlich gekündigt werden, wenn seine Geschäftsgrundlage weggefallen ist. Zweifelhaft ist, ob ein derart gekündigter Tarifvertrag nachwirkt. Wenn eine Kündigung wegen Wegfalls der Geschäftsgrundlage möglich ist, würde durch die Nachwirkung des Tarifvertrages der Rechtsgrund der Kündigung berührt. In diesen Fällen wird eine Nachwirkung nicht in Betracht kommen.

84 e) Haben die Tarifvertragsparteien auf einen Tarifvertrag verwiesen, so bezieht sich die Verweisung auch auf die nachwirkenden Tarifvertragsnormen (BAG 27. 1. 1987 AP BetrVG 1972 § 99 Nr. 42 = NZA 1987, 489, 598). Die Verweisung hat den Sinn, eine einheitliche Handhabung der tariflichen Regelungen im Betrieb zu ermöglichen (§ 3 Rn. 43 ff). Wird in einem nachwirkenden Tarifvertrag auf gesetzliche Berechnungsgrößen (Beitragssatz zur gesetzlichen Rentenversicherung) verwiesen, so wirken sich Änderungen dieser Berechnungsgrößen nicht mehr aus (BAG 24. 11. 1999 – 4 AZR 666/98 – ZIP 2000, 596).

VIII. Sicherung tariflicher Rechte (§ 4 IV TVG)

85 **1. Verzicht. a)** Tarifverträge entfalten nach Abs. 1 unmittelbare und zwingende Wirkung; d. h., ein AN kann im voraus nicht auf tarifliche Rechte verzichten. Sind die tariflichen Rechte aber einmal im Arbeitsvertrag erwachsen, ist der AN durch Abs. 1 nicht mehr geschützt. Abs. 4 Satz 1 erstreckt dieses Prinzip auf bereits erwachsene Ansprüche. Der Verzicht auf tarifliche Rechte ist aber nur insoweit ausgeschlossen, wie die zwingende Wirkung des Tarifvertrages gereicht hat. Gilt eine Tarifnorm nur kraft Nachwirkung, ist auch ein Verzicht auf tarifliche Rechte möglich. Dasselbe gilt auch für Rechte, die günstiger als tarifliche Rechte sind, denn insoweit handelt es sich überhaupt nicht um tarifliche Rechte.

86 **b)** Tarifliche Rechte sind vor allem Ansprüche aus dem Arbeitsverhältnis. Es können aber auch Gestaltungsrechte, wie das Recht zur Kündigung des Arbeitsverhältnisses oder das Rücktrittsrecht bei Abschluß eines Aufhebungsvertrages sein. Unverzichtbar sind auch Zurückbehaltungsrechte.

87 **c)** Der Begriff des Verzichtes umfaßt den Erlaßvertrag (§ 397 I BGB), das negative Schuldanerkenntnis (§ 397 II BGB) und die Ausgleichsquittung. Von dem Verzichtsverbot erfaßt werden ferner das pactum de non petendo, das einem Vertragsanspruch die Durchsetzbarkeit nimmt, die Verpflichtung eine Klage zurückzunehmen (BAG 19. 11. 1996 AP TVG § 4 Verdienstsicherung Nr. 9) sowie die Stundung. Vom Normzweck her wird auch eine privative Schuldübernahme der Schuld durch einen möglicherweise insolventen Schuldner verboten sein (*Löwisch/Rieble* § 4 Rn. 259). Unverzichtbar ist auch die Einhaltung der Mindestkündigungsfrist (BAG 18. 11. 1999 – 2 AZR 147/99). Vom Verzichtsverbot nicht erfaßt werden die Abtretung oder die Aufrechnung der ANforderung. Dies hat seinen Rechtsgrund darin, daß der AN grundsätzlich frei ist, seine Forderungen zu verwenden. Eine Ausnahme von diesem Grundsatz wird dann gelten, wenn der AN seine Forderungen an den AG abtritt. Dies läuft darauf hinaus, die Forderung durch Konfusion zum Erlöschen zu bringen.

88 **d)** Das Verzichtsverbot greift auch bei einem prozessualen Anspruchsverzicht nach § 306 ZPO und bei einem prozessualen Anerkenntnis nach § 307 aufgrund einer negativen Feststellungsklage ein. Das Gericht darf ein entsprechendes Urteil nicht erlassen. Ergeht es gleichwohl, so ist ein entsprechendes Urteil mit Rechtsmitteln angreifbar. Ist das Urteil rechtskräftig geworden, so wird im allgemeinen eine Wiederaufnahme des Verfahrens keinen Erfolg versprechen. Unberührt bleibt die Klagerücknahme, da sie nur prozessuale Wirkung hat.

89 **2. Vergleich. a)** Auch der Vergleich wird vom Verzichtsverbot erfaßt, denn der Vergleich enthält ein gegenseitiges Nachgeben (BAG 20. 8. 1980 AP LohnFG § 6 Nr. 11). Dies gilt auch für den Prozeßvergleich. Ist darin ein Verzicht enthalten, ist der Vergleich unwirksam.

90 **b)** Es ist zwischen dem Tatsachen- und Rechtsvergleich zu unterscheiden. Auf den tariflichen Anspruch vermag der AN nicht zu verzichten. Es ist also unwirksam, wenn der AN tarifliche Überstundenzuschläge erläßt (§ 397 I BGB). Andererseits kann sich der AN über die tariflichen Voraussetzungen eines Anspruches vergleichen. Es kann zB unstreitig gestellt werden, daß er nicht 100, sondern nur 50 Überstunden geleistet hat (BAG 5. 11. 1997 AP TVG § 4 Nr. 17 = NZA 1998, 434). In Eingruppierungsstreitigkeiten können die Parteien nicht die Vergütungsgruppe unstreitig stellen, wohl dagegen, ob bestimmte Voraussetzungen einer Vergütungsgruppe in der Vergangenheit vorgelegen haben.

91 **c)** Das Verzichtsverbot greift nicht ein, wenn die Tarifvertragsparteien dem Vergleich zustimmen (§§ 182 ff. BGB). Erfaßt wird die Einwilligung wie auch die Genehmigung. Notwendig ist die Zustimmung beider Tarifvertragsparteien. Nur die Tarifvertragsparteien können dem Tarifvertrag die Unabdingbarkeit nehmen. Beabsichtigt ist nicht nur ein ANSchutz, sondern auch ein Wettbewerbsschutz tariftreuer AG. Für die Zustimmung zuständig sind die zuständigen Organe der Tarifvertragsparteien, also diejenigen Organe, die von den Tarifvertragsparteien zur Erteilung der Zustimmung ermächtigt sind. Unzureichend ist das Bestehen der bloßen Prozeßvollmacht, die von den Parteien erteilt wird.

VIII. Sicherung tariflicher Rechte (§ 4 IV TVG)

3. Verwirkung. a) Die Verwirkung tariflicher Rechte ist ausgeschlossen. Von Verwirkung wird 92 dann gesprochen, wenn *(1)* ein AN längere Zeit zuwartet, bevor er seine Rechte geltend macht, *(2)* für den AG ein Vertrauenstatbestand erwächst, der AN werde seine Rechte nicht mehr geltend machen und *(3)* dem AG nicht mehr zumutbar ist, sich nachträglich auf die Rechte des AN einzulassen (BAG 23. 12. 1957 AP BGB § 242 Verwirkung Nr. 4; 9. 8. 1990 AP BGB § 615 Nr. 46). Unberührt bleibt die Verwirkung von Rechten des AG. Das Verwirkungsverbot gilt auch bei nachwirkenden Tarifnormen, weil diesen nur die zwingende Wirkung fehlt. Es gilt nicht, wenn der Tarifvertrag nur kraft arbeitsvertraglicher Inbezugnahme gilt.

b) Von dem Verwirkungsverbot nicht erfaßt werden alle sonstigen Einwendungen aus § 242 BGB. 93 Der AG kann mithin den Einwand unzulässiger Rechtsausübung, alle Fälle des Einwandes der Arglist oder des Verbotes des venire contra factum proprium erheben. Hat der AN zB den AG veranlaßt, die Ableistung von Überstunden ohne die Bezahlung von Prozenten entgegen zu nehmen, kann der AN nicht später noch die Überstundenprozente nachfordern.

4. Vereinbarung von Ausschlußfristen. a) Ausschlußfristen (Verfall-, Verwirkungs-, Präklusivfri- 94 sten) sind Fristen, nach deren Ablauf das Recht erlischt, es sei denn, daß es zuvor geltend gemacht worden ist. Durch die Verfallfrist wird das Recht ipso iure begrenzt. Hieraus folgt, daß sie von Amts wegen zu beachten ist, wenn das Gericht erkennt, daß auf ein Arbeitsverhältnis ein Tarifvertrag anzuwenden ist. Der Zweck der Ausschlußfrist besteht darin, kurzfristig Rechtsklarheit zu schaffen. Eine Geltendmachung von Rechten bedarf es dann nicht, wenn die Ansprüche anerkannt sind (BAG 8. 8. 1979 AP TVG § 4 Ausschlußfristen NJW 1980, 359; 20. 10. 1982 AP Nr 76). Ausschlußfristen sind zu unterscheiden von Nachprüfungsfristen für eine Abrechnung und den Verjährungsfristen, nach deren Ablauf eine Einrede erhoben werden kann (§§ 194–225 BGB Rn. 5 ff.).

b) Ausschlußfristen für die Geltendmachung tariflicher Rechte können nur im Tarifvertrag verein- 95 bart werden. Soweit in Arbeitsverträgen, Betriebsvereinbarungen, Betriebs- und Arbeitsordnungen Ausschlußfristen für tarifliche Ansprüche enthalten sind, sind diese unwirksam. Sie können wegen der möglichen Benachteiligung der Arbeitnehmer nicht verlängert werden. Einzelvertraglich können Ausschlußfristen vereinbart werden. Sie erfassen außertarifliche Ansprüche oder tariflich geregelte Ansprüche, wenn die Parteien nicht tarifgebunden sind (BAG 24. 3. 1988 AP BGB § 241 Nr. 1 = NZA 1989, 101). Dies gilt insbesondere bei Inbezugnahme eines Tarifvertrages (BAG 5. 11. 1963 AP TVG § 1 Bezugnahme auf Tarifvertrag Nr. 1).

c) Durch Auslegung tariflicher Ausschlußfristen ist zu ermitteln, welche Ansprüche (gesetzliche, 96 tarifliche, vertragliche) sie erfassen. Die Auslegung richtet sich nach den allgemeinen Regeln (§ 1 Rn. 14 ff.), dagegen gibt es keine Auslegungsregel, daß Ausschlußfristen eng auszulegen sind. Regelmäßig normieren die Tarifvertragsparteien, daß sämtliche beiderseitigen Ansprüche aus dem Arbeitsverhältnis und solche, die mit dem Arbeitsverhältnis in Verbindung stehen, der Ausschlußfrist unterliegen. Dies ist rechtlich zulässig. Die Unabdingbarkeit gesetzlicher Ansprüche beinhaltet nur die Garantie von Art und Umfang, verhindert aber nicht die zeitliche Begrenzung. Eine Ausnahme macht das BAG lediglich für gesetzliche Urlaubsansprüche (BAG 23. 4. 1996 AP BErzGG § 17 Nr. 6 = NJW 1996, 3293). Die Dauer der tariflichen Ausschlußfrist steht im Beurteilungsermessen der Tarifvertragsparteien. Unangemessen kurze Ausschlußfristen sind jedoch unwirksam. Im allgemeinen sind Ausschlußfristen zwischen zwei und sechs Monaten üblich.

d) Umstritten ist, ob Ansprüche, die sowohl auf der Verletzung arbeitsvertraglicher Pflichten als 97 auch auf einer strafbaren (unerlaubten) Handlung beruhen, unter die Ausschlußfristen fallen (Bejahend: BAG 28. 6. 1967 AP TVG § 4 Ausschlußfristen Nr. 36; LAG Rheinland–Pfalz 10. 10. 1995 NZA–RR 1996, 384; verneinend zB 6. 5. 1969 und 8. 2. 1972 AP Nrn. 42 und 49). Gelegentlich nehmen Tarifverträge Ansprüche aus mit Strafe bedrohten Handlungen aus. Alsdann werden solche Ansprüche nicht erfaßt, die nicht dem Schutz von Individualinteressen dienen. Dies gilt insbesondere wegen der Beschädigung von Eigentum bei Verkehrsdelikten (BAG 19. 11. 1968 AP TVG § 1 Ausschlußfristen Nr. 39). Erfassen die Ausschlußfristen auch Ansprüche aus mit Strafe bedrohten Handlungen, so wird durch eine Strafanzeige die Ausschlußfrist grundsätzlich nicht gewahrt (BAG 18. 6. 1980 AP TVG § 1 Ausschlußfristen Nr. 68). In der älteren Rechtsprechung hat das BAG angenommen, daß von dem Begriff der Ansprüche aus dem Arbeitsverhältnis eine Reihe besonders wichtiger Ansprüche nicht erfaßt wird. Richtiger wird eine Begründung dahingehend sein, daß Ansprüche aus absoluten Rechten nicht erfaßt werden. Da der Zweck tariflicher Ausschlußfristen darin liegt, alsbald Rechtsklarheit zu schaffen, werden auch solche Ansprüche nicht erfaßt werden, die nach Beendigung des Arbeitsverhältnisses erwachsen und nach ihrem Zweck keiner unverzüglichen Klärung bedürfen. Die Kasuistik ist unübersehbar und nicht immer widerspruchsfrei. Bei Formulierung Ansprüche aus dem Arbeitsverhältnis werden erfaßt Ansprüche auf Abfindung (BAG 13. 1. 1982 AP KSchG 1969 § 9 Nr. 7; 30. 11. 1994 AP BetrVG 1972 § 112 Nr. 88 = NZA 1996, 643), Arbeits- und Mehrarbeitsvergütung (BAG 7. 2. 1995 AP TVG § 1 Tarifverträge Einzelhandel Nr. 54 = NZA 1995, 1048) und deren Rückzahlung bei irrtümlicher Zahlung BAG 14. 9. 1994 AP TVG § 4 Ausschlußfristen Nr. 127 = NZA 1996, 897), Ansprüche auf Karenzentschädigung (BAG 18. 12. 1984 AP TVG § 1 Ausschlußfristen Nr. 87 = NZA 1985, 219; 17. 6. 1997 AP HGB § 74 b Nr. 2 = NZA 1998, 258), Abfindungen aus Sozialplan (BAG 30. 11. 1994 AP BetrVG 1972 § 112 Nr 88; 27. 3. 1996 AP TVG § 4 Ausschlußfristen Nr 134 = NZA 1996, 986), tarifliche Urlaubsabgeltungsansprüche (BAG 25. 8. 1992 AP BUrlG § 7 Nr. 60), Zeugnis (BAG 23. 2. 1983 § 70 BAT Nr. 10). Dagegen werden im allgemeinen nicht erfaßt Ansprüche auf Eingruppierung, wohl dagegen die kontinuierlich fällig werdenden Entgelte (BAG 26. 9. 1990 AP TVG § 1 Tarifverträge Einzelhandel Nr. 30 = NZA 1991, 424), Ansprüche aus Verletzung des Persönlichkeitsrechts (BAG 15. 7. 1987 AP BGB § 611 Persönlichkeitsrecht Nr. 14 = NZA 1988, 53), das Ruhegeldstammrecht, dagegen wohl die Ruhegeldraten, aber sehr widersprüchlich (BAG 13. 7. 1978 AP BetrAVG § 1 Wartezeit Nr. 4; 27. 2. 1990 AP TVG § 4 Ausschlußfristen Nr. 107 = NZA 1990, 623; 19. 7. 1983 AP BetrAVG § 1 Zusatzversorgungskassen Nr. 1; 29. 3. 1983 AP BAT § 70 Nr. 11), Ansprüche der Betriebsratsmitglieder aus der Amtstätigkeit (BAG 30. 1. 1973 AP BetrVG 1972 Nr. 3), Ansprüche auf Verschaffung der Zusatzversorgung (BAG 12. 1. 1974, 24. 5. 1974, 15. 5. 1975 AP BGB § 242 Ruhegehalt – VBL Nrn. 5, 6, 7).

98   e) Auch der Arbeitgeber ist gehalten, beiderseitige Ausschlußfristen einzuhalten (BAG AP TVG § 4 Ausschlußfristen Nr. 64). Rechtlich zulässig soll aber auch die Einführung einseitiger Ausschlußfristen zu Lasten des Arbeitnehmers sein, weil es einen Unterschied mache, ob mit einer Vielzahl von Ansprüchen gerechnet werden müsse oder nur mit Einzelansprüchen (BAG 4. 12. 1997 AP TVG § 4 Ausschlußfristen Nr. 143 = NZA 1998, 431). Die Ausschlußfristen erfassen mithin allgemeine Rückzahlungsansprüche bei Entgeltüberzahlung (BAG 28. 2. 1979 AP BAT § 70 Nr. 6), irrtümlich befriedigte Ansprüche (BAG 14. 9. 1994 AP TVG § 4 Ausschlußfristen Nr. 127) und gelegentlich Darlehnsrückzahlungsansprüche (BAG 18. 6. 1980 AP TVG § 4 Ausschlußfristen Nr. 68).

99   f) Nicht erfaßt werden Ansprüche der AN untereinander. Dies gilt auch dann, wenn sie etwa nach § 6 EFZG auf den AG übergegangen sind. Dagegen können Ausschlußfristen auch dem Rechtsnachfolger des Anspruchsberechtigten entgegengehalten werden (BAG 19. 11. 1968 und 24. 5. 1973 und 15. 11. 1973 AP TVG § 4 Ausschlußfristen Nrn. 40, 52, 53).

100 **5. Beginn der Ausschlußfrist. a)** Der Beginn der Ausschlußfrist ist unterschiedlich geregelt. Die Tarifvertragsparteien wählen als Anknüpfungszeitpunkt die Entstehung des Anspruches, seine Fälligkeit, seine Ablehnung durch den Gegner oder die Beendigung des Arbeitsverhältnisses. Durch Zahlung unter Vorbehalt kann der Beginn der Ausschlußfrist nicht hinausgeschoben werden (BAG 27. 3. 1996 AP BAT § 70 Nr. 26).

101 b) Im allgemeinen wird mit dem Zeitpunkt der Entstehung des Anspruches der Zeitpunkt der Fälligkeit gemeint sein. Der Begriff der Fälligkeit ist ein eigenständiger tariflicher Begriff. Hieraus ergeben sich folgende Fallgruppen. Eine Forderung des AG oder AN aus dem Arbeitsverhältnis wird regelmäßig nach § 271 BGB fällig. Schadensersatzansprüche aus dem Arbeitsverhältnis werden fällig, wenn der Gläubiger den Schaden kennen und ihn geltend machen kann (BAG 3. 2. 1961, 16. 3. 1966, 8. 1. 1970 AP TVG § 4 Ausschlußfristen Nrn. 14, 32, 43, 48). Insoweit wird unterschieden zwischen offenen und verdeckten Mängeln. Bei offenen Mängeln (nicht lotgerechter Putz) wird die Forderung unabhängig von der Kenntnis fällig, wenn der Arbeitgeber die Arbeit abnehmen konnte. Bei verdeckten Mängeln, also bei fehlerhafter Zusammensetzung des Putzes, wird die Forderung fällig, wenn der Arbeitgeber Veranlassung hat, sich den erforderlichen Überblick ohne schuldhaftes Zögern zu beschaffen und seine Forderung wenigstens annähernd geltend zu machen (BAG 16. 3. 1966, 26. 5. 1981, 16. 5. 1984, 16. 3. 1995 AP TVG § 4 Ausschlußfristen Nrn. 33, 71, 85, 129; 25. 4. 1974 AP BGB § 611 Haftung des Arbeitnehmers Nr 76). Bei Ansprüchen auf Freistellung beginnt die Verfallfrist, wenn der Dritte den Arbeitgeber in Anspruch nimmt. Das gilt bei Ansprüchen auf Erstattung bei Lohnsteuernachzahlung (BAG 14. 6. 1974, 19. 1. 1979, 20. 3. 1984 AP BGB § 670 Nrn. 20, 21, 22). Entsprechendes gilt, wenn der Arbeitgeber aus einem Werkvertrag in Anspruch genommen wird und er Erstattung vom AN verlangt (BAG 16. 3. 1966 AP TVG § 4 Ausschlußfristen Nr. 32).

102 c) Soll die Ausschlußfrist mit der Beendigung des Arbeitsverhältnisses laufen, so ist im Zweifel nicht auf die tatsächliche, sondern die rechtliche Beendigung abzustellen (BAG 18. 1. 1969, 3. 12. 1970 AP TVG § 4 Ausschlußfrist Nrn. 41, 45; 22. 9. 1999 10 AZR 839/98). Schwebt über die Beendigung ein Rechtsstreit, so beginnt die Verfallfrist erst mit der Rechtskraft des Urteils. Sind in diesem Zeitpunkt die Ansprüche noch nicht entstanden oder fällig, so beginnt sie mit der Fälligkeit (BAG 18. 1. 1969, 17. 10. 1974 AP TVG § 4 Ausschlußfristen Nrn 41, 55). Bestimmt eine zweistufige tarifliche Ausschlußklausel, daß die Geltendmachung von Ansprüchen, deren Bestand vom Ausgang des Kündigungsschutzprozesses abhängig ist, erst mit der Rechtskraft des Kündigungsschutzprozesses beginnt, kann die Forderung noch danach geltend gemacht werden. Andererseits kann der Arbeitnehmer nicht vorher die Forderung fristwahrend geltend machen.

103 d) Der Beginn der Ausschlußfrist kann kumulativ an die Fälligkeit und die Beendigung geknüpft sein. Dies ist der Fall, wenn die Frist bei Fälligkeit beginnt, spätestens aber mit der Beendigung des Arbeitsverhältnisses. Im Falle der Beendigung gilt dann regelmäßig die kürzere Verfallfrist bei Beendigung.

6. Geltendmachung. a) Welche Voraussetzungen an die Geltendmachung einer Forderung zu stellen sind, muß durch Auslegung des Tarifvertrages ermittelt werden. Der Schuldner muß zur Erfüllung aufgefordert werden (BAG 5. 4. 1995 AP TVG § 4 Ausschlußfrist Nr. 130 = NZA 1995, 1068). Im allgemeinen erfordert die Geltendmachung keine Substantiierung, sondern nur eine Spezifizierung nach Grund und Höhe. Der Anspruch muß individualisiert werden, damit der Anspruchsgegner erkennen kann, welche Ansprüche erhoben werden (BAG 16. 3. 1966, 8. 1. 1970, 16. 12. 1971, 8. 2. 1972, 30. 5. 1972 AP TVG § 4 Ausschlußfrist Nrn. 33, 43, 48, 49, 50). Unzureichend ist eine bloße Schätzung der Forderung. Bei mehreren Forderungen muß jede Forderung spezifiziert werden (BAG 30. 5. 1972 § 4 Ausschlußfristen Nr. 50). Eine Angabe zur Höhe ist nur dann entbehrlich, wenn bei umfangreichen strafbaren Handlungen nur der Schädiger die Forderung kennen kann (BAG 5. 3. 1981 AP BAT § 70 Nr. 9). Bei Ansprüchen auf wiederkehrende Leistungen muß durch Auslegung des Tarifvertrages entschieden werden, ob es einer wiederholten Geltendmachung bedarf. 104

b) Im allgemeinen erfordern die Tarifverträge in der ersten Stufe die bloße Geltendmachung und in der zweiten Stufe die Klageerhebung. Die tariflich vorgeschriebenen Formen sind einzuhalten. Bei Schriftformklauseln ist die Geltendmachung durch Fax unzureichend (LAGE Hamm 22. 5. 1997 TVG § 4 Ausschlußfrist Nr. 43). Ist für die Geltendmachung eine Form nicht vorgeschrieben, so ist die Kündigungsschutzklage zur fristgerechten Geltendmachung der Zahlungsansprüche ausreichend (BAG 10. 4. 1963, 9. 8. 1990 AP BGB § 615 Nr. 23, 46 = NZA 1991, 226). Dagegen unterbricht die Kündigungsschutzklage nicht die Verjährung, weil sie einen anderen Streitgegenstand hat (BAG 1. 2. 1960, 29. 5. 1961 AP BGB § 209 Nrn. 1, 2). Verlangt ein Tarifvertrag eine schriftliche Geltendmachung, so wahrt die Klage die Frist nur, wenn sie innerhalb der Ausschlußfrist dem Gegner zugestellt wird (BAG 4. 11. 1969, 8. 3. 1976 AP ZPO § 496 Nrn. 3, 4). Verlangt der Tarifvertrag gerichtliche Geltendmachung einer Forderung innerhalb bestimmter Fristen, so liegt diese nicht in der Klage auf Rechnungslegung oder der Kündigungsschutzklage, da sie einen anderen Streitgegenstand haben (BAG 9. 3. 1966, 8. 1. 1970, 22. 2. 1978, 1. 3. 1979 AP TVG § 4 Ausschlußfristen Nrn. 31, 43, 63, 66). 105

c) Urlaub und Urlaubsabgeltungsansprüche können während des Kündigungsschutzprozesses wegen Ablauf des Urlaubsjahres oder tariflicher Ausschlußfristen erlöschen. Es bedarf daher der rechtzeitigen Umsetzung in Schadensersatzansprüche (BAG 17. 1. 1995 AP BUrlG § 7 Abgeltung Nr. 66 = NZA 1995, 531). 106

7. Aufrechnung. Sind Ansprüche nach den Ausschlußfristen erloschen, so kann mit ihnen nicht mehr die Aufrechnung erklärt werden (BAG 15. 11. 1967, 30. 3. 1973 AP BGB § 390 Nr. 3 = NJW 1968, 813, 1252; Nr. 4). Im übrigen ist die Rechtslage weitgehend ungeklärt. Die Aufrechnung erfolgt durch eine einseitige empfangsbedürftige Willenserklärung, so daß die Aufrechnung formlos wirksam ist. Andererseits ist die Aufrechnung eine Form der Geltendmachung, so daß vertreten wird, für die Aufrechnung sei die Schriftform einzuhalten, wenn die Geltendmachung schriftlich erfolgen muß (LAG Düsseldorf 22. 7. 1971 DB 1972, 242). 107

8. Treu und Glauben. Mit dem Einwand der unzulässigen Rechtsausübung kann der Ablauf der Ausschlußfrist überwunden werden. Die Berufung auf die tarifliche Ausschlußfrist ist dann als treuwidrig anzusehen, wenn eine Vertragspartei den Vertragspartner durch aktives Handeln von der Einhaltung der Ausschlußfrist abhält oder wenn sie es pflichtwidrig unterläßt, dieser Umstände mitzuteilen, die sie zur Einhaltung der Ausschlußfrist veranlassen könnte. Das gleiche gilt, wenn der Arbeitgeber den Anschein erweckt, der AN könne mit der Erfüllung der Ansprüche rechnen (BAG 6. 9. 1972 AP BAT § 4 Nr. 2). Noch nicht arglistig ist aber, wenn der AG sich auf die Ausschlußfrist beruft, obwohl er eine falsche Rechtsauskunft gegeben hat (BAG 22. 1. 1997 AP BAT § 70 Nr. 27) oder unterlassen hat, die Tarifverträge im Betrieb auszulegen. Etwas anderes kann gelten, wenn tariflich die Aushändigung vorgeschrieben ist (BAG 11. 11. 1998 NZA 1999, 605). Im allgemeinen ist die Einrede der Arglist begründet, wenn der Arbeitgeber verpflichtet war, eine Abrechnung zu erteilen, ohne die der AN seine Forderung nicht berechnen kann (BAG 6. 11. 1985 AP TVG § 4 Ausschlußfristen Nr. 93 = NZA 1986, 429). 108

IX. Tarifkonkurrenz

1. Tarifkonkurrenz. Zu einer Tarifkonkurrenz kann es kommen, wenn verschiedene Tarifverträge für dasselbe Rechtsverhältnis gelten sollen, ohne daß diese sich ergänzen, also zB Manteltarifvertrag und Entgelttarifvertrag (BAG 5. 9. 1990 AP TVG § 4 Tarifkonkurrenz Nr. 19; 20. 3. 1991 Nr. 20 = NZA 1991, 202). Die Tarifkonkurrenz kann tarifautonom verursacht werden, wenn ein Verbandstarifvertrag mit einem Haustarifvertrag konkurriert, der AG den Verband wechselt oder nach Verbandsaustritt noch nach § 3 III an den Tarifvertrag gebunden ist. Sie kann auch vom Gesetz veranlaßt sein, wenn ein allgemeinverbindlicher Flächentarifvertrag mit einem Haustarifvertrag konkurriert. Bei einer Tarifkonkurrenz sind beide Arbeitsvertragsparteien an den Tarifvertrag gebunden. 109

110 **2. Tarifpluralität.** Zur Tarifpluralität kann es kommen, wenn ein AG mehreren Organisationen angehört und dadurch an mehrere Tarifverträge gebunden ist oder wenn ein Tarifvertrag kraft Tarifbindung mit einem allgemeinverbindlichen Tarifvertrag konkurriert.

111 **3. Tarifeinheit. a)** Das BAG löst sowohl die Fälle der Tarifkonkurrenz als auch der Tarifpluralität nach dem Grundsatz der Tarifeinheit. Er besagt, (1) für das einzelne Arbeitsverhältnis dürfen immer nur die Bestimmungen eines Tarifvertrages derselben Tarifvertragsparteien gelten; (2) im Betrieb müsse die Tarifanwendung einheitlich erfolgen (BAG 14. 6. 1989 AP TVG § 4 Tarifkonkurrenz Nr. 16; 5. 9. 1990 AP Nr. 19; 20. 3. 1991 Nr. 20 = NZA 1991, 202). Nach dem Grundsatz der Spezialität verdrängt der betriebsnähere Tarifvertrag den entfernteren. Zu diesem Ergebnis kommt die Rechtsprechung überwiegend aus Praktikabilitätsgesichtspunkten.

112 **b)** Das Schrifttum folgt der Rechtsprechung überwiegend in den Fällen der Tarifkonkurrenz.

113 **c)** Die hM im Schrifttum hält dagegen die Rechtsprechung des BAG zur Lösung der Fälle der Tarifpluralität für verfassungswidrig (vgl. *Däubler* Rn. 1487; *Kraft* RdA 1992, 166; *Löwisch/Rieble* § 4 Rn. 294; *Reuter* JuS 1992, 108; *Wiedemann/Arnold* ZTR 1994, 399; 443; dagegen *Säcker/Oetker* ZfA 1994, 1 ff.). Die Mitglieder derjenigen Organisationen, deren Tarifvertrag verdrängt werde, fielen auf den Status der Nichtorganisierten zurück. Für sie gelte kein Tarifvertrag. Sie seien gezwungen, entweder die Organisation zu wechseln oder ohne den Schutz des Tarifvertrages zu leben. Hierdurch werde in ihre Koalitionsfreiheit eingegriffen. Soweit ein allgemeinverbindlicher Tarifvertrag durch einen Haustarifvertrag verdrängt werde, verstoße das BAG gegen den Schutzzweck der Allgemeinverbindlichkeit. Die Normwirkung des § 3 I könne nicht aus Praktikabilitätsgründen beseitigt werden. Schließlich werde die Tarifautonomie verletzt, weil eine Gewerkschaft aus einem Betrieb verdrängt werde. Das könne eine kleinere Gewerkschaft sein, die nicht mehr Fuß fassen könne. Das könne aber auch gelegentlich eine größere Gewerkschaft sein. Auch der 10. Senat hat sich kritisch geäußert (BAG 22. 9. 1993 AP TVG § 4 Tarifkonkurrenz Nr. 21; 26. 1. 1994 AP Nr. 22).

114 **4. Stellungnahme. a)** Es sind mehrere Fallkonstellationen zu unterscheiden. Erwächst eine Tarifpluralität zwischen Tarifverträgen mehrerer DGB-Gewerkschaften, weil zB ein Betrieb aus dem Geltungsbereich eines Tarifvertrages herauswächst, so wird der frühere Tarifvertrag nach der Umstellung verdrängt (BAG 29. 3. 1957, 24. 9. 1975; 29. 11. 1978; 14. 6. 1989; 20. 3. 1991 AP TVG § 4 Tarifkonkurrenz Nr. 4, 11, 12, 16, 20; zustimmend *Hanau* FS für Schaub S. 252, 253). Nach der Organisation des DGB nach dem Industrieverbandsprinzip soll in einem Betrieb immer ein Tarifvertrag gelten. Es ist daher davon auszugehen, daß dem Mitglied notfalls ein Verbandswechsel zuzumuten ist (*Kania* DB 1996, 1921 ff.).

115 **b)** Kommt es dagegen zu einer Tarifpluralität zwischen Tarifverträgen von DGB-Gewerkschaften mit solchen der DAG oder des CGB, so geht das BAG gleichfalls von dem Grundsatz der Tarifeinheit aus (BAG 20. 3. 1991 AP TVG § 4 Tarifkonkurrenz Nr. 20). An dieser Rechtsprechung wird nicht festgehalten werden können, weil in die Tarifautonomie eingegriffen wird. Man wird in diesen Fällen das Nebeneinander mehrerer Tarifverträge hinnehmen müssen.

116 **c)** Ist in einem Arbeitsvertrag auf einen Tarifvertrag Bezug genommen worden und wechselt der AG in einen anderen Verband (Verband der Coop-Unternehmen/Einzelhandelsverband), so ist zu unterscheiden. Handelt es sich um eine statische Verweisung (§ 3 Rn. 43), so gilt der in Bezug genommene Tarifvertrag. Handelt es sich dagegen um eine kleine oder große dynamische Verweisung, so gilt der Tarifvertrag nach Verbandswechsel, also der Einzelhandelstarifvertrag, der von der gleichen DGB-Gewerkschaft abgeschlossen war (BAG 4. 9. 1996 AP TVG § 1 Bezugnahme auf Tarifvertrag Nr. 5 = NZA 1997, 271). Dagegen ist die ergänzende Arbeitsvertragsauslegung dann nicht möglich, wenn der Verbandswechsel des AG zu einem anderen Organisationsbereich führt. Wird ein DGB-Tarifvertrag durch einen Tarifvertrag einer konkurrierenden Organisation abgelöst, so kann die Bezugnahmeklausel nicht dynamisch ausgelegt werden. Das BAG hat in einem Fall, in dem der in Bezug genommene Tarifvertrag nur kraft Nachwirkung galt, einen Fall der Tarifpluralität nicht angenommen (BAG 28. 5. 1997 AP TVG § 4 Nachwirkung Nr. 26 = BB 1997, 2116).

117 **5. Betriebsaufspaltung.** Geht ein Betrieb oder Betriebsteil im Wege der Betriebsaufspaltung auf einen neuen Inhaber über, so sinken die Rechte und Pflichten aus dem Tarifvertrag in den Inhalt des Arbeitsvertrages ab (§ 613 a I 2 BGB). Die Transformation wird verhindert, wenn die Rechte und Pflichten durch Rechtsnormen eines anderen Tarifvertrages geregelt sind (§ 613 a I 3 BGB). Umstritten ist, ob für die Verhinderung eine beiderseitige Tarifbindung erforderlich ist. Dies wird zu verneinen sein. Eine andere Frage ist, ob der neue Tarifvertrag in dem Arbeitsverhältnis anzuwenden ist. Im Falle einer Bezugnahmeklausel nicht tarifgebundener Arbeitsvertragsparteien werden die vorstehend entwickelten Grundsätze entsprechend gelten.

§ 5 Allgemeinverbindlichkeit

(1) ¹ Der Bundesminister für Arbeit und Sozialordnung kann einen Tarifvertrag im Einvernehmen mit einem aus je drei Vertretern der Spitzenorganisationen der Arbeitgeber und der Arbeitnehmer bestehenden Ausschuß auf Antrag einer Tarifvertragspartei für allgemeinverbindlich erklären, wenn
1. die tarifgebundenen Arbeitgeber nicht weniger als 50 vom Hundert der unter den Geltungsbereich des Tarifvertrages fallenden Arbeitnehmer beschäftigen und
2. die Allgemeinverbindlicherklärung im öffentlichen Interesse geboten erscheint.
² Von den Voraussetzungen der Nummern 1 und 2 kann abgesehen werden, wenn die Allgemeinverbindlicherklärung zur Behebung eines sozialen Notstandes erforderlich erscheint.

(2) Vor der Entscheidung über den Antrag ist Arbeitgebern und Arbeitnehmern, die von der Allgemeinverbindlicherklärung betroffen werden würden, den am Ausgang des Verfahrens interessierten Gewerkschaften und Vereinigungen der Arbeitgeber sowie den obersten Arbeitsbehörden der Länder, auf deren Bereich sich der Tarifvertrag erstreckt, Gelegenheit zur schriftlichen Stellungnahme sowie zur Äußerung in einer mündlichen und öffentlichen Verhandlung zu geben.

(3) Erhebt die oberste Arbeitsbehörde eines beteiligten Landes Einspruch gegen die beantragte Allgemeinverbindlicherklärung, so kann der Bundesminister für Arbeit und Sozialordnung dem Antrag nur mit Zustimmung der Bundesregierung stattgeben.

(4) Mit der Allgemeinverbindlicherklärung erfassen die Rechtsnormen des Tarifvertrages in seinem Geltungsbereich auch die bisher nicht tarifgebundenen Arbeitgeber und Arbeitnehmer.

(5) ¹ Der Bundesminister für Arbeit und Sozialordnung kann die Allgemeinverbindlicherklärung eines Tarifvertrages im Einvernehmen mit dem in Abs. 1 genannten Ausschuß aufheben, wenn die Aufhebung im öffentlichen Interesse geboten erscheint. ² Die Absätze 2 und 3 gelten entsprechend. ³ Im übrigen endet die Allgemeinverbindlichkeit eines Tarifvertrages mit dessen Ablauf.

(6) Der Bundesminister für Arbeit und Sozialordnung kann der obersten Arbeitsbehörde eines Landes für einzelne Fälle das Recht zur Allgemeinverbindlicherklärung sowie zur Aufhebung der Allgemeinverbindlichkeit übertragen.

(7) Die Allgemeinverbindlicherklärung und die Aufhebung der Allgemeinverbindlichkeit bedürfen der öffentlichen Bekanntmachung.

I. Normzweck

1. Tarifbindung. Eine Tarifbindung erwächst an Individualnormen eines Tarifvertrages nur dann, wenn sowohl der AG als auch der AN Mitglied der den Tarifvertrag abschließenden Organisation ist (§ 3 I TVG). Bei betrieblichen und betriebsverfassungsrechtlichen Normen ist ausreichend, wenn nur der AG tarifgebunden ist (§ 3 II TVG) (vgl. § 3 Rn. 24).

2. Zweck der Allgemeinverbindlichkeitserklärung. a) Durch die Allgemeinverbindlichkeitserklärung werden auch die Arbeitsverhältnisse der Nichttarifgebundenen erfaßt (§ 5 IV TVG).

b) Mit der Allgemeinverbindlichkeitserklärung werden vier Normzwecke verfolgt: (1) Die Allgemeinverbindlichkeitserklärung hat soziale Schutzfunktion; durch sie wird gewährleistet, daß die Nichttarifgebundenen dieselben Rechte erlangen wie die Tarifgebundenen (BAG 24. 1. 1979 AP TVG § 5 Nr. 16 = BB 1979, 1092; 28. 3. 1990 AP TVG § 5 Nr. 25 = NJW 1990, 3036 = NZA 1990, 781). (2) Sie hat Ordnungsfunktion. Die Arbeitsverträge der Nichttarifgebundenen werden in der gleichen Weise ergänzt wie die der Tarifgebundenen. (3) Die Allgemeinverbindlichkeitserklärung hat Kartellfunktion. Sie schützt die organisierte AG vor dem Wettbewerb der nichtorganisierten AG und verhindert, daß diese billiger arbeiten lassen können. Sie schützt damit auch die Koalitionen gegen den Austritt von AG (BVerwG 3. 11. 1988 AP TVG § 5 Nr. 23 = NJW 1989, 1495 = NZA 1989, 364; vgl. dagegen BVerfG 24. 1. 1979 AP TVG § 5 Nr. 15 = NJW 1977, 2255). (4) Sie erlaubt, gemeinsame Einrichtungen der Tarifvertragsparteien lebensfähig zu machen. Die Allgemeinverbindlicherklärung von Tarifverträgen, die gemeinsame Einrichtungen der Tarifvertragsparteien vorsehen und regeln, ist mit dem GG vereinbar. Sie verletzt die Außenseiter nicht in ihrem Grundrecht auf positive und negative Koalitionsfreiheit (BVerfG 15. 7. 1980 NJW 1981, 215). Insoweit verhindert sie, daß die organisierten AG die Nichtorganisierten entlassen, aber andererseits sorgt sie dafür, daß die Soziallasten bei organisierten und nichtorganisierten AG gleich sind (vgl. BAG 28. 3. 1990 AP TVG § 5 Nr. 25 = NJW 1990, 3036 = NZA 1990, 781; BVerfG 15. 7. 1980 AP TVG § 5 Nr. 17 = NJW 1981, 215). Um die Beschäftigung ausländischer AN nach ausländischem Arbeitsrecht über Subunternehmerwerkverträge im Inland zu verhindern, hat die Kommission der EG eine Entsenderichtlinie vom 18. 8. 1991 und 16. 6. 1993 Abl. EG 1991 Nr. C 225, 1993 Nr. C 187 vorgelegt. Die Richtlinie ist im Rat gescheitert. Darauf ist das Entsendegesetz verabschiedet worden. Vgl. 30.

3. Verbreitung der Allgemeinverbindlichkeitserklärung. a) Von rund 47 000 Tarifverträgen waren am 1. 1. 1998 rund 802 Tarifverträge allgemeinverbindlich. Die allgemeinverbindlichen Tarifverträge werden regelmäßig in Zusammenstellungen des BMA veröffentlicht, die im BArbBl. abgedruckt werden.

II. Wirkung der Allgemeinverbindlichkeitserklärung

1. Erstreckung der normativen Wirkung. a) Nach § 5 IV TVG erfassen die Rechtsnormen des Tarifvertrages in seinem Geltungsbereich auch die bisher nichttarifgebundenen AG und AN. Die Tarifverträge werden mithin auf die Nichttarifgebundenen erstreckt.

b) Die Allgemeinverbindlichkeitserklärung ist ein Mitwirkungsakt des Staates bei der Normsetzung (BVerfG 24. 5. 1977 und 15. 7. 1980 AP TVG § 5 Nr. 15 = NJW 1977, 2255; Nr. 17 = NJW 1981, 215; BVerwG 3. 11. 1988 AP TVG § 5 Nr. 23 = NJW 1989, 1495 = NZA 1983, 364). Durch die Allgemeinverbindlichkeitserklärung können die Tarifnormen weder geändert noch ihr Inhalt erweitert werden.

2. Bezugsobjekt der Allgemeinverbindlichkeitserklärung. a) Die Allgemeinverbindlichkeitserklärung bezieht sich auf alle Arten von Rechtsnormen, also die Individualnormen, wie Abschluß-, Inhalts- und Beendigungsnormen, die Normen über gemeinsame Einrichtungen, wie betriebliche und betriebsverfassungsrechtliche Normen, sowie prozessuale Normen (BAG 19. 3. 1975 AP TVG § 5 Nr. 14 = BB 1975, 790 zur örtlichen Zuständigkeit der Arbeitsgerichte).

b) Bezugsobjekt einer Allgemeinverbindlichkeitserklärung können Verbands- wie Haustarifverträge sein. Bei letzteren wird es jedoch vielfach am öffentlichen Interesse fehlen. Selbst Tarifverträge nach ausländischen Tarifvertragsordnungen können für allgemeinverbindlich erklärt werden.

c) Für eine Allgemeinverbindlichkeitserklärung nicht zugänglich ist der schuldrechtliche Teil eines Tarifvertrages. Dies ergibt sich aus dem Wortlaut des Tarifvertrages. Die Tarifvertragsparteien können nicht Normadressaten sein.

3. Umfang der Allgemeinverbindlichkeitserklärung. a) Die Allgemeinverbindlichkeitserklärung kann sich auf den gesamten Tarifvertrag beziehen. Sie kann sich aber auch auf Teile beziehen. (*Kempen/Zachert* § 5 Rn. 13; *Löwisch/Rieble* § 5 Rn. 44; aA *Däubler* Rn. 1271; *Wiedemann/Oetker/Wank* § 5 Rn. 57 ff.). Die Gegenmeinung verkennt, daß die Tarifvertragsparteien ohne weiteres die Tarifverträge aufteilen können. Die teilweise Allgemeinverbindlichkeitserklärung kann im Interesse der Tarifvertragsparteien liegen, die bestimmte Teile eines Tarifvertrages nur den Normunterworfenen zugute kommen lassen wollen. Der Staat kann aber auch nur Teile eines Tarifvertrages für allgemeinverbindlich erklären, weil er Bedenken gegen einzelne Teile des Tarifvertrages hat. Hierin liegt keine Diskriminierung der Organisierten (aA OVG Münster 23. 9. 1983 = BB 1984, 723). Wenn die Allgemeinverbindlichkeitserklärung eine staatliche Mitwirkungshandlung ist, trifft den Staat auch eine Mitverantwortung.

b) Die Allgemeinverbindlichkeitserklärung bezieht sich auf den räumlichen, persönlichen und fachlichen Geltungsbereich des Tarifvertrages. Sie kann dessen Geltungsbereich nicht erweitern. Andererseits braucht sie ihn nicht auszuschöpfen. Sie kann sich auch auf einen Teil des Tarifvertrages beziehen, weil der Geltungsbereich zum Inhalt gehört (BAG 26. 10. 1983 AP TVG § 3 Nr. 3; 14. 10. 1987 AP TVG § 1 Nr. 88; *Wiedemann/Oetker/Wank* § 5 Rn. 60 ff.). Dies kommt vor allem vor, wenn ein Tarifvertrag nur für bestimmte Gebiete für allgemeinverbindlich erklärt wird oder bei sog. Einschränkungsklauseln, nach denen ein Tarifvertrag des Baugewerbes nicht für solche Betriebe gilt, die von anderen Tarifverträgen erfaßt werden (BAG 20. 3. 1991 AP TVG § 4 Tarifkonkurrenz Nr. 20 = NZA 1991, 736; 26. 10. 1983 AP TVG § 3 Nr. 3).

c) Nach dem zeitlichen Geltungsbereich beginnt die Normwirkung des Tarifvertrages und die Normenerstreckung zu dem gleichen Zeitpunkt, es sei denn, daß die Allgemeinverbindlichkeitserklärung erst zu einem späteren Zeitpunkt erfolgt. In keinem Fall kann die Normenerstreckung früher einsetzen als die Normwirkung des Tarifvertrages. Die Allgemeinverbindlichkeitserklärung endet mit dem Ablauf des Tarifvertrages oder bei Abschluß eines Nachfolgetarifvertrages bzw. seiner Änderung im Zeitpunkt ihrer Wirksamkeit. Allerdings erfaßt die Allgemeinverbindlichkeitserklärung auch den Zeitraum der Nachwirkung (BAG 18. 6. 1980 AP TVG § 4 Ausschlußfristen Nr. 68 = BB 1980, 1745). Dies ergibt sich aus der Überlegung, daß die Außenseiter in demselben Umfang wie die Tarifgebundenen von den Normenwirkungen erfaßt werden sollen. Dagegen entfaltet die Allgemeinverbindlichkeitserklärung selbst keine Nachwirkung, allein die Tarifvertragsparteien entscheiden über Beginn und Ende des Tarifvertrages (vgl. dagegen BAG 19. 1. 1962 AP TVG § 5 Nr. 11 = NJW 1962, 1314; 18. 6. 1980 AP TVG § 4 Ausschlußfristen Nr. 68 = BB 1980, 1745).

III. Voraussetzungen der Allgemeinverbindlichkeitserklärung

1. Wirksamer Tarifvertrag. Die Allgemeinverbindlichkeitserklärung setzt einen wirksamen Tarifvertrag voraus. Ist der Tarifvertrag unwirksam, können seine Rechtsnormen nicht auf Außenseiter erstreckt werden. Dies gilt für alle Arten von Unwirksamkeitsgründen (Schriftform, Tariffähigkeit, Tarifzuständigkeit usw.). Wird der Tarifvertrag gleichwohl für allgemeinverbindlich erklärt, werden die Rechtsmängel nicht geheilt, weil die Verwaltungsbehörde dazu keine Kompetenz hat. 13

2. 50 vH a) Die Allgemeinverbindlichkeitserklärung setzt voraus, daß die tarifgebundenen AG nicht weniger als 50 vH der unter den räumlichen, fachlichen und persönlichen Geltungsbereich fallenden AN beschäftigt. Insoweit kommt es allein auf die Tarifbindung der AG an. Sofern auf AGSeite mehrere Verbände Tarifvertragsparteien sind, sind die AN der Mitgliedsunternehmen zu addieren. 14

b) Der Rechtsgrund der 50 vH-Klausel besteht darin, daß die durch die Allgemeinverbindlichkeitserklärung eintretende Wettbewerbsverzerrung nur dann eintreten soll, wenn der Arbeitsmarkt gleichgewichtig von organisierten und nicht organisierten AG beherrscht wird. Ist das Verhältnis zu der einen oder anderen Seite verschoben, wäre die Allgemeinverbindlichkeitserklärung unverhältnismäßig. Es ist schwierig, die Zahl der bei organisierten AG beschäftigten AN zu ermitteln. Noch schwieriger ist es die bei Nichtorganisierten zu ermitteln. Der BMA muß mithin die Zahl unter Berücksichtigung aller Erkenntnisquellen (Auskünfte der Industrie- und Handelskammern, Handwerkskammern, BAnstArb) schätzen (BAG 11. 6. 1975 AP TVG § 2 Nr. 29 = BB 1975, 1205; 24. 1. 1979 AP TVG § 5 Nr. 16). Bei mehrgliedrigen Tarifverträgen kommt es bei der Ermittlung der Zahl der bei Organisierten beschäftigten AN auf die Gesamtzahl an, wenn ein einheitlicher Tarifvertrag gewollt ist, sonst auf die Zahl der bei den AG der Einzelverbände Beschäftigten (vgl. BAG 14. 6. 1967 AP ZPO § 91 a Nr. 13 = NJW 1967, 2226).

3. Öffentliches Interesse. Die Allgemeinverbindlichkeitserklärung muß im öffentlichen Interesse geboten sein. Ein öffentliches Interesse ist dann gegeben, wenn die Allgemeinverbindlicherklärung drohende wesentliche Nachteile für eine beachtliche Zahl von AN abwenden kann. Es muß mithin eine Interessenabwägung zwischen den Vor- und Nachteilen der Allgemeinverbindlichkeitserklärung stattfinden. Dem BMA steht ein gerichtlich nur eingeschränkt nachprüfbarer Beurteilungsspielraum zu (BVerwG 3. 11. 1988 AP TVG § 5 Nr. 23 = NJW 1989, 1495; BAG 28. 3. 1990 AP TVG § 5 Nr. 25 = NJW 1990, 3036 = NZA 1990, 781). 15

4. Sozialer Notstand. Von der 50 vH-Einschränkung und dem öffentlichen Intersse kann abgesehen werden, wenn die Allgemeinverbindlichkeitserklärung zur Behebung eines sozialen Notstandes erforderlich erscheint. Im allgemeinen wird der soziale Notstand nur für die 50 vH-Klausel von Belang sein; die Überwindung eines sozialen Notstandes wird immer von überragendem öffentlichen Interesse sein. Für die Feststellung eines sozialen Notstandes hat der BMA einen weiten Beurteilungsspielraum. 16

5. Grenzen der Allgemeinverbindlichkeitserklärung. a) Der Allgemeinverbindlichkeitserklärung sind aus Gründen der Rechtsstaatlichkeit Grenzen gesetzt. Sie ist zulässig für Tarifverträge, in denen nur statische Verweisungen auf andere Tarifverträge enthalten sind. Sie erfolgt dagegen in aller Regel nicht für solche Tarifverträge, in denen dynamisierte Verweisungsklauseln enthalten sind. Der Tarifausschuß erklärt sie nur dann für allgemeinverbindlich, wenn der dynamisch in Bezug genommene Tarifvertrag selbst für eine Allgemeinverbindlichkeitserklärung in Betracht kommt. Der Rechtsgrund besteht darin, daß nur so gewährleistet ist, daß die Tarifverträge höherrangigem Recht entsprechen. 17

b) Aus rechtsstaatlichen Gründen ist eine Rückwirkung der Allgemeinverbindlichkeitserklärung nur beschränkt zulässig. Es sind folgende Fallgruppen zu unterscheiden. Grundsätzlich ist eine echte Rückwirkung aus rechtsstaatlichen Gründen unzulässig, so daß die Allgemeinverbindlichkeitserklärung erst mit ihrer Veröffentlichung eintreten kann (BAG 3. 11. 1982 AP TVG § 5 Nr. 18 = BB 1983, 1215). Zulässig ist die Rückwirkung jedoch, wenn die Normunterworfenen mit der Rückwirkung rechnen mußten. Dies ist dann der Fall, wenn in der Veröffentlichung des Antrages auf die mögliche Rückwirkung hingewiesen wird (BAG 3. 11. 1982 AP TVG § 5 Nr. 18 = DB 1983, 722). Alsdann muß vom Zeitpunkt der Veröffentlichung mit der Rückwirkung gerechnet werden. War der Tarifvertrag bereits für allgemeinverbindlich erklärt, muß damit gerechnet werden, daß auch der Nachfolge- oder Änderungstarifvertrag für allgemeinverbindlich erklärt wird (BAG 25. 9. 1996 AP TVG § 5 Nr. 30 = NZA 1997, 495). Wird ein Tarifvertrag rückwirkend geändert, so müssen die Normunterworfenen mit der rückwirkenden Allgemeinverbindlichkeitserklärung rechnen, wenn der Ausgangstarifvertrag allgemeinverbindlich war. Anderenfalls ist der Vertrauensschutz zu beachten. 18

c) Die Allgemeinverbindlichkeitserklärung muß dem Verhältnismäßigkeitsgrundsatz entsprechen. Der BMA darf nicht bei jedem öffentlichen Interesse zur Allgemeinverbindlichkeitserklärung greifen. Vielmehr müssen die Vor- und Nachteile gegeneinander abgewogen werden (BVerfG 24. 5. 1977 AP TVG § 5 Nr. 15 = NJW 1977, 2255). Es dürfen mithin keine Normen über besonders kostenaufwendige gemeinsame Einrichtungen für allgemeinverbindlich erklärt werden. 19

20   d) Tarifverträge müssen die Grundrechte beachten. Damit können keine Tarifverträge für allgemeinverbindlich erklärt werden, die gegen die Grundrechte verstoßen. Umstritten ist, ob Tarifverträge über prozessuale Schiedsgerichte für allgemeinverbindlich erklärt werden können. Nach § 101 II 2 ArbGG sind Schiedsgerichte für Rechtsstreitigkeiten aus einem Tarifvertrag nur in begrenztem Umfang zulässig. Im Falle der Allgemeinverbindlichkeitserklärung wird das Verbot der privaten Schiedsgerichte zumindest berührt (aA *Germelmann/Matthes/Prütting* § 101 Rn. 22; *Grunsky* § 101 Rn. 55 ff. für unbegrenzte Zulässigkeit). Nach anderer Ansicht wird bei der Allgemeinverbindlichkeitserklärung der gesetzliche Richter berührt, weil der Staat sich nicht die hinreichende Überwachung vorbehalten hat (*Löwisch/Rieble* § 5 Rn. 52). Die Allgemeinverbindlicherklärung des Tarifvertrages über die Altersversorgung für Redakteure an Zeitschriften ist wirksam; sie verletzt weder Grundrechte noch europäisches Recht (BAG 28. 3. 1990 NJW 1990, 3036 = NZA 1990, 781). Auch die Allgemeinverbindlichkeitserklärung über das Sozialkassenverfahren im Gerüstbaugewerbe ist als wirksam anerkannt worden (BAG 22. 9. 1993 NZA 1994, 323).

IV. Verfahren der Allgemeinverbindlichkeitserklärung

21   **1. Antrag. a)** Das Verfahren der Allgemeinverbindlichkeitserklärung wird durch einen Antrag mindestens einer Tarifvertragspartei eingeleitet. Bei mehrgliedrigen Tarifverträgen müssen alle Tarifvertragsparteien einer Seite den Antrag stellen. Antragsbefugt sind nur die Tarifvertragsparteien. Nicht antragsberechtigt sind nichttarifgebundene AG und AN. Ein Spitzenverband ist nur antragsbefugt, wenn er den Tarifvertrag in eigenem Namen abgeschlossen hat. Hat er in Vertretung der angeschlossenen Verbände gehandelt, sind diese antragsbefugt. Die Verbände werden durch ihre satzungsmäßigen Vertreter vertreten. Der Antrag muß hinreichend bestimmt sein. Aus ihm muß sich genau ergeben, welcher Tarifvertrag oder welche Teile für allgemeinverbindlich erklärt werden sollen.

22   **b)** Antragsadressat ist der BMA und zwar auch dann, wenn die Allgemeinverbindlichkeitserklärung auf einen Landesarbeitsminister delegiert wird.

23   **c)** Über die Antragstellung zur Allgemeinverbindlichkeitserklärung können die Verbände schuldrechtliche Verträge schließen, den Antrag zu stellen oder ihn nicht zu stellen. Ein gleichwohl gestellter Antrag ist jedoch nicht unwirksam.

24   **2. Bekanntmachung.** Nach § 4 I DVO TVG macht der BMA einen Antrag auf Allgemeinverbindlichkeitserklärung im Bund bekannt und weist in der Bekanntmachung daraufhin, daß die Allgemeinverbindlichkeitserklärung mit Rückwirkung ergehen kann. Er bestimmt dabei eine Frist, während der zu dem Antrag schriftlich Stellung genommen werden kann. Die Frist soll mindestens drei Wochen vom Tage der Bekanntmachung an gerechnet werden. Der Inhalt der Bekanntmachung wird den Tarifvertragsparteien und den obersten Arbeitsbehörden der Länder mitgeteilt, auf deren Bereich sich der Tarifvertrag erstreckt.

25   **3. Anhörung.** Nach § 5 II TVG ist den am Ausgang interessierten Gewerkschaften und Vereinigungen der AG sowie den obersten Arbeitsbehörden der Länder, auf deren Bereich sich der Tarifvertrag erstreckt, Gelegenheit zur schriftlichen Stellungnahme zu geben. Um eine hinreichende Stellungnahme abgeben zu können, kann von einer der Tarifvertragsparteien eine Abschrift des Tarifvertrages verlangt werden (§ 5 DVO TVG). Am Ausgang interessierte Gewerkschaften und Verbände können konkurrierende Vereinigungen sein oder sonstige Organisationen mit sozialpolitischer Zwecksetzung. In einer zweiten Stufe der Anhörung findet eine mündliche Anhörung statt (vgl. § 6 DVO TVG).

26   **4. Verhandlung des Tarifausschusses. a)** Nach § 5 I TVG kann der BMA im Einvernehmen mit dem Tarifausschuß den Tarifvertrag für allgemeinverbindlich erklären. Einvernehmen heißt, daß die Allgemeinverbindlichkeitserklärung nur erfolgen darf, wenn auch der Tarifausschuß damit einverstanden ist. Dies ist jedoch ein rein interner Akt.

27   **b)** Aufbau, Inhalt und Verfahren des Tarifausschusses ergeben sich aus §§ 1 ff. DVO TVG.

28   **c)** Nach geheimer Beratung beschließt der Ausschuß mit der Mehrheit seiner Mitglieder; der Beauftragte des BMA hat kein Stimmrecht. Die Beschlüsse des Ausschusses sind schriftlich niederzulegen, sie bedürfen keiner Begründung. Erhebt die oberste Arbeitsbehörde eines beteiligten Landes Einspruch gegen die beantragte Allgemeinverbindlichkeitserklärung, so kann der BMA dem Antrag nur mit Zustimmung der BReg. stattgeben.

29   **5. Entscheidung des BMA. a)** Der BMA ist nach außen für die Entscheidung allein verantwortlich. Er hat mehrere Entscheidungsmöglichkeiten. Gegen die Allgemeinverbindlichkeitserklärung kann er sich immer entscheiden. Nur für die Allgemeinverbindlichkeitserklärung bedarf er der Zustimmung des Tarifausschusses und ggf. der BReg. Haben Tarifausschuß und BReg. zugestimmt, so kann er immer noch die Allgemeinverbindlichkeitserklärung einschränken. Er bedarf hierzu jedoch des Benehmens mit dem Ausschuß (vgl. § 7 DVO TVG).

b) Wird ein Tarifvertrag für allgemeinverbindlich erklärt, so bedürfen Allgemeinverbindlichkeits- 30
erklärungen wie die Aufhebung der öffentlichen Bekanntmachung (§ 5 VII TVG). Die Bekanntmachung ist Wirksamkeitsvoraussetzung (vgl. dazu §§ 6 bis 9 DVO TVG). Die Allgemeinverbindlichkeitserklärung wird in das Tarifregister eingetragen. Die Normunterworfenen haben einen Anspruch auf Erteilung einer Abschrift des Tarifvertrages gegen Erstattung der Selbstkosten (§ 9 DVO TVG). Dagegen wird der Tarifvertrag nicht veröffentlicht. Die Bekanntmachung genügt den verfassungsrechtlichen Vorgaben (BVerfG 10. 9. 1991 AP TVG § 5 Nr. 27 = NZA 1992, 125; BAG 28. 3. 1990 AP TVG § 5 Nr. 25 = NJW 1990, 3036 = NZA 1990, 781).

6. Delegation auf eine oberste Landesarbeitsbehörde. Nach § 12 DVO TVG kann der obersten 31
Arbeitsbehörde eines Landes für dessen Bereich das Recht zur Allgemeinverbindlichkeitserklärung oder zur Aufhebung der Allgemeinverbindlichkeitserklärung mit begrenztem Wirkungsbereich übertragen werden. Der BMA macht von der Delegationsmöglichkeit Gebrauch, wenn sich der Tarifvertrag nur auf ein oder zwei Länder bezieht. Jedes Land kann nur für seinen Bereich die Allgemeinverbindlichkeitserklärung vornehmen.

7. Rechtsnatur der Allgemeinverbindlichkeitserklärung. Die Allgemeinverbindlichkeitserklärung 32
hat eine Doppelnatur. Gegenüber den Normunterworfenen ist sie Mitwirkung bei der Rechtssetzung. Dies ist unstreitig (BVerfG 24. 5. 1977 AP TVG § 5 Nr. 15 = NJW 1977, 2255). Gegenüber den Tarifvertragsparteien ist sie ein Verwaltungsakt iS von § 35 VerwVerfG. Nach anderer Ansicht ist sie auch insoweit Rechtssetzungsakt (BVerwG 3. 11. 1988 AP TVG § 5 Nr. 23 = NJW 1989, 1495 = NZA 1989, 364; 28. 3. 1990 AP TVG § 5 Nr. 25; *Löwisch/Rieble* § 5 Nr. 53). Die Rechtsnatur der Allgemeinverbindlichkeit hat Auswirkungen auf das internationale Arbeitsrecht. Die tariflichen Rechtsnormen enthalten kein staatliches Recht, weil die Tarifvertragsparteien weiter darüber disponieren können. Andererseits hat der Staat an der Erstreckung auf Außenseiter mitgewirkt. Hieraus folgt, daß allgemeinverbindliche Tarifverträge auch auf ausländische AN ohne Rücksicht auf ihr Arbeitsstatut anzuwenden sind (aA BAG 4. 5. 1977 AP TVG § 1 Nr. 30 Tarifverträge Bau).

V. Entscheidung über die Allgemeinverbindlichkeitserklärung

1. Tatbestandsvoraussetzung. Bei der Entscheidung über die Allgemeinverbindlichkeitserklärung 33
hat der BMA ein Verwaltungsermessen (kann) und einen Beurteilungsspielraum zur Ausfüllung der unbestimmten Rechtsbegriffe (öffentliches Interesse, sozialer Notstand) (vgl. BVerfG 24. 5. 1977 AP TVG § 5 Nr. 15 = NJW 1977, 2255; BVerwG 3. 11. 1988 AP TVG § 5 Nr. 23 = NJW 1989, 1495 = NZA 1989, 364; BAG 28. 3. 1990 AP TVG § 5 Nr. 25 = NJW 1990, 3036 = NZA 1990, 781). Andere Zwecke sind im allgemeinen nicht zu berücksichtigen; dies gilt insbesondere für allgemein wirtschaftspolitische Interessen. Berücksichtigt werden können dagegen die Interessen der Arbeitslosen, da ihre Arbeitsmarktchancen im allgemeinen durch eine Allgemeinverbindlichkeitserklärung verringert werden. Zu berücksichtigen sind auch die Interessen der Spitzenorganisationen, da sie für die Tarifpolitik zuständig sind und es in ihrem Interesse liegt, daß bestimmte Tarifverträge keine Abwertung erfahren.

2. Rechtfolgen. Auch wegen der Rechtsfolgen besteht ein Verwaltungsermessen und ein Beurtei- 34
lungsspielraum. Der BMA bestimmt nach seinem Ermessen, ob er einen Tarifvertrag insgesamt oder nur in Teilen für allgemeinverbindlich erklärt. Auch insoweit spielt der Beurteilungsspielraum der unbestimmten Rechtsbegriffe eine Rolle.

VI. Aufhebung der Allgemeinverbindlichkeitserklärung

1. Aufhebung. a) Der BMA kann die Allgemeinverbindlichkeit eines Tarifvertrages im Einverneh- 35
men mit dem Tarifausschuß aufheben, wenn die Aufhebung im öffentlichen Interesse geboten erscheint (§ 5 V TVG). Der BMA hat auch hier wieder Verwaltungsermessen (kann) und einen Beurteilungsspielraum bei dem unbestimmten Rechtsbegriff des öffentlichen Interesses. Einvernehmen bedeutet Einverständnis des Tarifausschusses.

b) Die Aufhebung kann teilweise erfolgen, wenn nur für Teile das öffentliche Interesse weggefallen 36
ist.

c) Für das Verfahren gelten die Vorschriften für den Erlaß entsprechend (§ 5 V 2 TVG). 37

2. Beendigung durch Tarifvertragsparteien. Die Tarifvertragsparteien können die Aufhebung der 38
Allgemeinverbindlichkeitserklärung erreichen, indem sie den Tarifvertrag beenden. Mit der Beendigung oder Änderung endet auch die Allgemeinverbindlichkeit. Sobald die Allgemeinverbindlichkeit endet, wirken die Tarifvertragsnormen auch für Außenseiter nach (BAG 19. 1. 1962 AP TVG § 5 Nr. 11; 18. 6. 1980 AP TVG § 4 Nr. 68 Ausschlußfristen; 27. 11. 1991 AP TVG § 4 Nr. 22 Nachwirkung).

VII. Rechtsschutz

39 **1. Rechtsmängel.** Welche Rechtsfolgen bei Rechtsmängeln der Allgemeinverbindlichkeitserklärung eintreten, ist umstritten. Nach derjenigen Meinung, die in der Allgemeinverbindlichkeitserklärung einen einheitlichen Rechtsetzungsakt sieht, führen alle formellen und materiellen Mängel der Allgemeinverbindlichkeitserklärung zur Nichtigkeit. Dies gilt bei fehlendem Antrag, fehlendem Einvernehmen, Fehler bei der Abwägung usw. (*Löwisch/Rieble* § 5 Rn. 108 bis 112). Diese Auffassung ist mit der Rechtssicherheit nicht vereinbar. Vielmehr sind insoweit die allgemeinen Lehren des Verwaltungsrechtes anzuwenden, nach der nur bei schwerwiegenden Mängeln Nichtigkeit, im übrigen aber nur Anfechtbarkeit eintritt.

40 **2. Rechtsschutzsystem. a)** Wird der Antrag einer Tarifvertragspartei auf Allgemeinverbindlichkeitserklärung abgelehnt, kann die Tarifvertragspartei Verwaltungsrechtsschutz in Anspruch nehmen. Es handelt sich um eine öffentlich-rechtliche Rechtsstreitigkeit (BVerwG 3. 11. 1988 AP TVG § 5 Nr. 23 = NJW 1989, 1495 = NZA 1989, 364; BVerwG 18. 12. 1985 = BVerwGE 71, 305). Umstritten ist, ob es sich bei der Klage um eine Verpflichtungsklage oder eine Feststellungsklage auf Normenerlaß handelt. Gegen die Verpflichtungsklage wird eingewandt, daß es sich bei dem Erlaß um kein Recht iS von § 35 VwVfG handelt. Da es eine Leistungsklage auf Normenerlaß nicht gebe, könne es nur eine Feststellungsklage sein (vgl. BVerwG AP TVG § 5 Nr. 23 = NJW 1989, 1495 = NZA 1989, 364).

41 **b)** Wendet sich eine Tarifvertragspartei gegen die Allgemeinverbindlichkeitserklärung, ist nach hM die Anfechtungsklage gegeben (BVerwG 3. 11. 1988 AP TVG § 5 Nr. 23 = NJW 1989, 1495 = NZA 1989, 364; aA noch BVerwG 6. 6. 1958 AP TVG § 5 Nr. 6 = BB 1959, 271; 1. 8. 1958 AP Nr. 7). Eine Mindermeinung will eine Feststellungsklage sui generis annehmen (*Löwisch/Rieble* § 5 Rn. 116).

42 **3. Klage anderer Koalitionen. a)** Andere, insbesondere konkurrierende Koalitionen können eine Allgemeinverbindlichkeitserklärung nicht durchsetzen. Sie haben insoweit kein Klagerecht (aA *Wiedemann/Oetker/Wank* § 5 Rn. 172).

43 **b)** Erfolgt dagegen eine Allgemeinverbindlichkeitserklärung können sie an einer Klage interessiert sein, weil sie in ihren Rechten beeinträchtigt sein können. Für sie kann eine Anfechtungsklage gegeben sein.

44 **4. Normunterworfene. a)** Den Normunterworfenen steht kein Rechtsschutz zu, indem sie auf Allgemeinverbindlichkeitserklärung klagen. Bei erfolgter Allgemeinverbindlichkeitserklärung fehlt es gleichfalls an einer Klagemöglichkeit. Eine solche Klage wäre nur von Interesse, wenn ein Tarifvertrag qualifizierte Besetzungsregelungen enthält und diese sich als Zulassungsbeschränkung auswirken.

45 **b)** Die Normunterworfenen können jedoch in Rechtsstreitigkeiten untereinander die Wirksamkeit der Allgemeinverbindlichkeitserklärung im Inzidentprozeß überprüfen lassen (BAG 22. 9. 1993 AP TVG § 1 Nr. 2 Tarifverträge Gerüstbau; 21. 3. 1973 AP TVG § 4 Geltungsbereich Nr. 12; 24. 1. 1979 AP TVG § 5 Nr. 16; 14. 6. 1967 AP ZPO § 91a Nr. 13; LAG Berlin 15. 9. 1997 FA 98, 135). Die Voraussetzungen der Allgemeinverbindlichkeit sind aber nicht von Amts wegen, sondern nur bei Darlegung begründeter Zweifel an der Rechtmäßigkeit zu überprüfen (BAG 3. 2. 1965, 19. 3. 1975, 24. 1. 1979 AP TVG § 5 Nr. 12, 14, 16).

§ 6 Tarifregister

Bei dem Bundesminister für Arbeit und Sozialordnung wird ein Tarifregister geführt, in das der Abschluß, die Änderung und die Aufhebung der Tarifverträge sowie der Beginn und die Beendigung der Allgemeinverbindlichkeit eingetragen werden.

1 **1. Zweck. a)** Das TVG sieht keine öffentliche Bekanntmachung der Normen eines Tarifvertrages vor. Das gilt auch dann, wenn er für allgemeinverbindlich erklärt worden ist. Dem Publizitätsinteresse dient das Tarifregister und die Bekanntgabe des Tarifvertrages durch den AG (§ 8).

2 **b)** Die begrenzte Publizität der Tarifvertragsnormen genügt den verfassungsrechtlichen Anforderungen des Rechtsstaatsprinzips (BVerfG 10. 9. 1991 AP TVG § 5 Nr. 27 = NZA 1992, 125; 24. 5. 1977 AP TVG § 5 Nr. 15 = NJW 1977, 2255; BAG 28. 3. 1990 AP TVG § 5 Nr. 25 = NJW 1990, 3036 = NZA 1990, 781).

3 **2. Inhalt der Eintragung. a)** Der Inhalt der Eintragungen wird durch die DVO vom 16. 1. 1989 (BGBl. I S. 76) näher geregelt. Bei der Eintragung des Abschlusses von Tarifverträgen in das Tarifregister werden die Tarifverträge durch die Angabe der Tarifvertragsparteien, des Geltungsbereiches sowie des Zeitpunkt ihres Abschlusses und ihres Inkrafttretens bezeichnet (§ 14 DVO). Dagegen ergibt sich aus dem Inhalt des Tarifregisters nicht unmittelbar der Inhalt des Tarifvertrages.

4 **b)** Grundlage der Eintragungen in das Tarifregister sind die Meldungen der Tarifvertragsparteien nach § 7. Die Eintragung hat keine konstitutive Wirkung, noch hat das Tarifregister öffentlichen Glauben. Wird eine Eintragung zu Unrecht vorgenommen, ist dies rechtlich ohne Bedeutung (vgl.

BAG 5. 11. 1997 AP TVG § 1 Nr. 29 = NZA 1998, 654). Sie wird einfach gelöscht. Da Grundlage der Eintragungen allein die Mitteilungen der Tarifvertragsparteien sind, hat der BMA kein Prüfungsrecht hinsichtlich des Inhalts der Tarifverträge.

c) Lehnt der BMA die Eintragung ab, so ist die Leistungsklage zu den Verwaltungsgerichten 5 gegeben. Sind Eintragungen in das Tarifregister zu Unrecht unterblieben oder fehlerhaft vorgenommen, so bestehen keine Amtshaftungsansprüche nach § 839 BGB.

3. Auskunfts- und Einsichtsrecht. a) Organisierte AN oder AG haben aufgrund ihrer verbands- 6 rechtlichen Mitgliedschaftsrechte einen Auskunftsanspruch gegen ihren Verband wegen des Inhalts der Tarifverträge. Nichtorganisierte, für die der Tarifvertrag aufgrund AVE gilt, können von einer der Tarifvertragsparteien eine Abschrift des Tarifvertrages gegen Erstattung der Selbstkosten verlangen (§ 9 DVO). Selbstkosten sind die Papier- und Vervielfältigungs- oder Druckkosten sowie das Übersendungsporto (§ 5 Satz 3 DVO). Gilt ein Tarifvertrag nur kraft Verweisung im Arbeitsvertrag, besteht kein Anspruch gegen die Verbände.

b) Auskunfts- und Einsichtsrechte. Nach § 16 DVO ist die Einsicht des Tarifregisters sowie die 7 registrierten Tarifverträge jedermann gestattet. Der BAM erteilt auf Anfrage Auskunft über die Eintragungen. Der BAM ist mithin nicht verpflichtet, über den Inhalt der Tarifverträge Auskunft zu erteilen oder sie zu fotokopieren. Das Einsichtsrecht erstreckt sich aber auch auf den Inhalt der Tarifverträge. Der Einsichtnehmende kann sich Notizen machen und Fotokopien fertigen. Auch Rechtsanwälten stehen keine weitergehenden Rechte zu.

4. Landestarifregister. Den obersten Arbeitsbehörden der Länder steht es frei, Landestarifregister 8 aufzubauen. Inwieweit sie das Einsichtsrecht regeln, unterliegt ihrem pflichtgemäßen Ermessen. Die Eintragung in das Landestarifregister ersetzt nicht die Eintragung in das Register beim BMA. Ein weiteres Tarifregister wird bei dem Wirtschafts- und Sozialwissenschaftlichen Institut des DGB geführt.

5. Arbeitsgerichte. Im allgemeinen legen die Arbeitsgerichte Sammlungen von Tarifverträgen an, in 9 die sie Einsicht gestatten. Größere Verbände stellen ihre Tarifverträge häufig im Internet ein, aus dem sie abgezogen werden können.

§ 7 Übersendungs- und Mitteilungspflicht

(1) ¹Die Tarifvertragsparteien sind verpflichtet, dem Bundesminister für Arbeit und Sozialordnung innerhalb eines Monats nach Abschluß kostenfrei die Urschrift oder eine beglaubigte Abschrift sowie zwei weitere Abschriften eines jeden Tarifvertrages und seiner Änderungen zu übersenden; sie haben ihm das Außerkrafttreten eines jeden Tarifvertrages innerhalb eines Monats mitzuteilen. ²Sie sind ferner verpflichtet, den obersten Arbeitsbehörden der Länder, auf deren Bereich sich der Tarifvertrag erstreckt, innerhalb eines Monats nach Abschluß kostenfrei je drei Abschriften des Tarifvertrages und seiner Änderungen zu übersenden und auch das Außerkrafttreten des Tarifvertrages innerhalb eines Monats mitzuteilen. ³Erfüllt eine Tarifvertragspartei die Verpflichtungen, so werden die übrigen Tarifvertragsparteien davon befreit.

(2) ¹Ordnungswidrig handelt, wer vorsätzlich oder fahrlässig entgegen Absatz 1 einer Übersendungs- oder Mitteilungspflicht nicht, unrichtig, nicht vollständig oder nicht rechtzeitig genügt. ²Die Ordnungswidrigkeit kann mit einer Geldbuße geahndet werden.

(3) Verwaltungsbehörde im Sinne des § 36 Abs. 1 Nr. 1 des Gesetzes über Ordnungswidrigkeiten ist die Behörde, der gegenüber die Pflicht nach Absatz 1 zu erfüllen ist.

1. Zweck. Durch die Übersendungs- und Mitteilungspflicht wird der BMA bzw. die LMA in die 1 Lage versetzt, von dem Inhalt der Tarifverträge lückenlos Kenntnis zu nehmen. Dies gibt die Möglichkeit, arbeits- und wirtschaftspolitische Maßnahmen im Rahmen der politischen Zielsetzungen zu ergreifen oder von dem konkurrierenden Gesetzgebungsrecht des Bundes Gebrauch zu machen.

2. Inhalt der Verpflichtung. a) Es sind die Urschrift oder eine beglaubigte Abschrift sowie zwei 2 weitere Abschriften eines jeden Tarifvertrages und seiner Änderungen innerhalb eines Monates nach Abschluß zu übersenden. Ferner ist das Außerkrafttreten eines jeden Tarifvertrages innerhalb der gleichen Frist mitzuteilen. Beglaubigung heißt nicht, daß die Abschriften nach § 42 BeurkundungsG beglaubigt sein müssen. Ausreichend ist, daß die Tarifvertragsparteien „beglaubigen", daß die Abschrift mit der Urschrift übereinstimmt.

b) Die Übersendungs- und Mitteilungspflicht besteht gegenüber dem BMA und dem LMA. 3

3. Mitteilungsverpflichtete. a) Dies sind die jeweiligen Tarifvertragsparteien, die den Tarifvertrag 4 abgeschlossen haben. Das kann eine Tarifvertragspartei nach § 2 I TVG, also eine Gewerkschaft, einzelne AG bei Firmentarifverträgen sowie Vereinigungen von AG sein. Schließt eine Spitzenorganisation einen Tarifvertrag ab, so ist diese übersendungspflichtig.

5   b) Erfüllt eine Tarifvertragspartei die Übersendungs- und Mitteilungspflicht, so werden die übrigen Tarifvertragsparteien befreit (§ 7 I 3). Der Zweck liegt darin, daß damit die sozialpolitische Zwecksetzung der Übersendungs- und Mitteilungspflicht erreicht ist. Andererseits folgt daraus, daß noch nicht die Befreiung eintritt, wenn die Tarifvertragsparteien vereinbaren, wer die Übersendungs- und Mitteilungspflicht erfüllt.

6   c) Eine flankierende Vorschrift ist in § 63 ArbGG enthalten. Rechtskräftige Urteile, die in bürgerlichen Rechtsstreitigkeiten zwischen Tarifvertragsparteien aus dem Tarifvertrag oder über das Bestehen oder Nichtbestehen eines Tarifvertrages ergangen sind, sind alsbald der zuständigen obersten Landesbehörde und dem BMA zu übersenden.

7   **4. Verwaltungsverfahren. a)** Erfüllen die Tarifvertragsparteien ihre Verpflichtungen nicht, können der BMA bzw. die zuständigen Landesbehörden einen Verwaltungsakt erlassen, der nach den Verwaltungsvollstreckungsgesetzen des Bundes und der Länder vollstreckt wird.

8   b) Erfüllen die Tarifvertragsparteien schuldhaft die Übersendungs- und Mitteilungspflicht nicht, unrichtig, nicht vollständig oder nicht rechtzeitig, so kann die zuständige Verwaltungsbehörde (§ 7 III) die Ordnungswidrigkeit mit einer Geldbuße bis zu 1000,– DM, bei Fahrlässigkeit bis zu 500,– DM ahnden. Haben die Tarifvertragsparteien abgesprochen, wer die Pflicht erfüllen soll, so wird ein Verschulden der anderen Partei regelmäßig fehlen, es sei denn, daß sie berechtigten Anlaß hat, von der Nichterfüllung auszugehen. Ist Tarifvertragspartei eine juristische Person oder eine Personenhandelsgesellschaft, ist Täter das Organ. Die Buße kann aber auch nach § 30 OWiG gegen die juristische Person/Handelsgesellschaft festgesetzt werden.

9   c) Die Tarifunterworfenen erlangen keine Schadensersatzansprüche. § 7 TVG ist Ordnungsvorschrift.

§ 8 Bekanntgabe des Tarifvertrages

Die Arbeitgeber sind verpflichtet, die für ihren Betrieb maßgebenden Tarifverträge an geeigneter Stelle im Betrieb auszulegen.

1   **1. Zweck.** Da der Tarifvertrag selbst nicht veröffentlicht wird, soll durch die Bekanntgabe des AG eine gewisse Publizität erreicht werden, damit der AN nicht nur auf seine Organisation angewiesen ist, um seine tariflichen Rechte gegenüber dem AG durchzusetzen.

2   **2. Gegenstand der Bekanntmachung. a)** Bekannt zu machen ist der gesamte Tarifvertrag, also der schuldrechtliche und normative Teil (vgl. § 1 Rn. 1 ff.). Der schuldrechtliche Teil wird von der Bekanntmachungspflicht umfaßt, weil er als Vertrag zugunsten Dritter (§ 328 BGB) Rechtswirkungen entfalten kann. Voraussetzung ist, daß der AG und mindestens ein AN des Betriebes tarifgebunden sind. Gilt ein Tarifvertrag nur kraft Bezugnahme, greift die Bekanntmachungspflicht nicht ein, weil die Geltendmachung nicht auf dem TVG, sondern vertraglicher Bezugnahme beruht (offengelassen BAG 5. 11. 1963 AP TVG § 1 Bezugnahme auf Tarifvertrag Nr. 1). Das Schrifttum bejaht aber eine Bekanntmachungspflicht aus der arbeitsvertraglichen Fürsorgepflicht (*Kempen/Zachert* § 8 Rn. 2; *Wiedemann/Oetker/Wank* § 8 Rn. 17 ff.). Allgemeinverbindliche Tarifverträge müssen in allen Betrieben bekanntgegeben werden, die in den Geltungsbereich des Tarifvertrages fallen. Erfolgt die Bezugnahme in einer allgemeinen Arbeitsbedingung, folgt die Bekanntmachungspflicht aus vertraglicher Nebenpflicht. Darüber hinaus ergibt sich eine Bekanntmachungspflicht aus § 2 Abs. 1 Nr. 10 NachwG. Ist in einer Betriebsvereinbarung auf einen Tarifvertrag verwiesen, ergibt sich die Bekanntmachungspflicht aus § 77 II 3 BetrVG.

3   b) Die Bekanntmachungsverpflichtung beginnt mit Inkrafttreten des Tarifvertrages. Sie besteht auch während des Nachwirkungszeitraums. Sie bezieht sich auf den gesamten Tarifvertrag einschließlich der in ihm enthaltenen Verweisungstarifverträge (BAG 10. 11. 1982 AP TVG § 1 Form Nr. 8). Von der Bekanntmachungspflicht nicht erfaßt werden sonstige Vereinbarungen zwischen den Tarifvertragsparteien.

4   c) Bekanntzugeben sind nur die maßgebenden Tarifverträge. Maßgebend ist ein Tarifvertrag dann, wenn er in einem Betrieb Rechtsfolgen auslösen kann.

5   **3. Ort der Auslegung. a)** Durch die Auslegung des Tarifvertrages soll sich der AN über seine Rechte informieren können. Der Tarifvertrag kann mithin am Schwarzen Brett, das für allgemeine Informationen bestimmt ist, ausgehängt werden. Nach hM ist aber auch zulässig, den Tarifvertrag bei der Personalverwaltung oder beim Betriebsrat auszulegen (BAG 5. 11. 1963 AP TVG § 1 Bezugnahme auf Tarifvertrag Nr. 1). Hiergegen werden gelegentlich Bedenken erhoben, weil sich der AN nicht frei und unbeobachtet über seine Rechte informieren könne.

6   b) Auch bei Beschäftigung von ausländischen AN ist die Auslegung in deutscher Sprache ausreichend. Zweckmäßig wird der AG aber im Streitfall AN, die der deutschen Sprache nicht mächtig sind, die Tarifverträge übersetzen lassen.

4. Verletzung der Bekanntmachungspflicht. Die Wirkungen des Tarifvertrages sind nicht von der Auslegung abhängig. Die hM und Rechtsprechung sehen in der Bekanntgabeverpflichtung eine reine Ordnungsverpflichtung, die weder arbeitsvertragliche Verpflichtungen des AG konkretisiere, noch ein Schutzgesetz im Sinne von § 823 Abs. 2 BGB darstelle (BAG 6. 7. 1972 AP TVG 1969 § 8 Nr. 1; 30. 9. 1970 AP BAT § 70 Nr. 2; 8. 1. 1970 AP TVG § 4 Ausschlußfristen Nr. 43). Das Schrifttum wendet hiergegen ein, (1) aus dem Gesetzeszweck, den einzelnen AN zu begünstigen, folge, daß es sich um ein Schutzgesetz handele (*Löwisch/Rieble* § 8 Rn. 10), (2) § 8 enthalte eine Obliegenheit, die es dem AG verwehre, sich bei Verletzung der Bekanntgabepflicht auf den Tarifvertrag zu berufen (*Kempen/Zachert* § 8 Rn. 6). In neueren Tarifverträgen sind Tarifnormen enthalten, die dem AG versagen, sich auf tarifliche Ausschlußfristen zu berufen, wenn der Tarifvertrag nicht ausgelegt worden ist. Im Bereich der betrieblichen Altersversorgung geht das BAG davon aus, daß der AG schadenersatzpflichtig wird, wenn er dem AN keine Satzung der VBL aushändigt und dieser darauf unterläßt, entsprechende sachdienliche Anträge zu stellen (BAG 15. 10. 1985 AP BetrAVG § 1 Zusatzversorgungskasse Nr. 12; 22. 11. 1963 AP BGB § 611 Öffentlicher Dienst Nr. 6). Die Auffassung der Instanzgerichte, welchen Einfluß die Verletzung der Auslegungspflicht auf Ausschlußklauseln hat, ist unterschiedlich (vgl. ArbG Frankfurt 19. 2. 1988 BB 1988, 1461 = DB 1988, 1951; LAG Schleswig-Holstein 10. 9. 1986 JurCD).

§ 9 Feststellung der Rechtswirksamkeit

Rechtskräftige Entscheidungen der Gerichte für Arbeitssachen, die in Rechtsstreitigkeiten zwischen Tarifvertragsparteien aus dem Tarifvertrag oder über das Bestehen oder Nichtbestehen des Tarifvertrages ergangen sind, sind in Rechtsstreitigkeiten zwischen tarifgebundenen Parteien sowie zwischen diesen und Dritten für die Gerichte und Schiedsgerichte bindend.

I. Zweck und Inhalt der Verbandsklage

1. Zweck. a) Der Tarifvertrag besteht aus einem normativen und einem schuldrechtlichen Teil (§ 1 Rn. 1 ff.). Nur aus dem schuldrechtlichen Teil ergeben sich Rechte und Pflichten der Tarifvertragsparteien, die Gegenstand einer Leistungsklage sein können oder ein feststellbares Rechtsverhältnis begründen (BAG 21. 12. 1982 AP Art. 9 GG Arbeitskampf Nr. 76). Der normative Teil begründet keine Rechte und Pflichten der Tarifvertragsparteien. Die Tarifvertragsparteien können nach allgemeinem Prozeßrecht über den Inhalt der normativen Bestimmungen allein im Wege der Inzidentfeststellungsklage bei Durchführungsklagen streiten. § 9 TVG ermöglicht den Tarifvertragsparteien in Abweichung von § 256 ZPO über den Inhalt der Tarifnormen Prozesse zu führen.

b) Nach allgemeinem Prozeßrecht entfaltet eine Entscheidung über Wirksamkeit oder Inhalt eines Tarifvertrages nur Rechtskraftwirkung zwischen den Parteien des Rechtsstreits, da dies nur eine Vorfrage darstellt. Im Wege der Inzidentfeststellungsklage nach § 256 ZPO kann auch eine Vorfrage einer rechtskräftigen Entscheidung zwischen den Parteien zugeführt werden (BAG 25. 11. 1987 AP TVG § 1 Tarifverträge: Einzelhandel Nr. 18; 24. 2. 1987 AP BetrVG § 80 Nr. 28). Da jedes Gericht in einem anderen Rechtsstreit anders entscheiden kann, ist die Rechtseinheit gefährdet, auch wenn das von einer Entscheidung des BAG abweichende Gericht die Berufung bzw. die Revision zulassen muß (§§ 64 Abs. 3, 72 Abs. 2 ArbGG). § 9 TVG erstreckt die Rechtskraftwirkung auch auf andere Parteien. Die Entscheidungen entfalten Bindungswirkung auch für andere Gerichte.

2. Tariffähigkeit und Inhaltskontrolle. a) Nach §§ 2 a I, 97 ArbGG können Tariffähigkeit und Tarifzuständigkeit in einem besonderen Beschlußverfahren geklärt werden. Alle Gerichte haben einen Rechtsstreit auszusetzen, wenn über diese Rechtsfragen gestritten wird, bis das besondere Beschlußverfahren durchgeführt ist.

b) § 9 TVG stellt für Rechtsstreitigkeiten zwischen den Tarifvertragsparteien aus dem Tarifvertrag oder über Bestehen oder Nichtbestehen des Tarifvertrages kein besonderes Verfahren zur Verfügung. Nach § 9 TVG bleibt die Inhaltskontrolle eines Tarifvertrages jedem Gericht vorbehalten. Lediglich die rechtskräftige Entscheidung entfaltet Bindungswirkung.

3. Normenkontrolle und Auslegung. a) § 9 TVG enthält zwei verschiedene Verfahren.

b) Nach § 9 TVG können nur die Tarifvertragsparteien Bestehen oder Nichtbestehen eines Tarifvertrages durch eine Verbandsklage klären lassen. Die Erhebung der Verbandsklage durch andere Parteien ist unzulässig. Das Verfahren ähnelt einem Normenkontrollverfahren.

c) Ist zwischen anderen Personen der Inhalt eines Tarifvertrages streitig, so können die Tarifvertragsparteien den Tarifvertrag einvernehmlich ändern oder klarstellen (BAG 23. 9. 1981 AP TVG § 1 Tarifverträge: Bau Nr. 35). Können die Tarifvertragsparteien sich nicht einigen, ermöglicht § 9 TVG den streitigen Inhalt durch eine Entscheidung der Gerichte klarstellen zu lassen. Die Verbandsklage ist auch dann zulässig, wenn sie lediglich Gültigkeit oder Auslegung einer einzelnen Tarifnorm betrifft (BAG 28. 9. 1977 AP TVG 1969 § 9 Nr. 1 = BB 1978, 555). § 9 TVG kompen-

II. Zulässigkeit der Verbandsklage

8 **1. Parteifähigkeit. a)** Für eine Verbandsklage haben nur die Tarifvertragsparteien Parteifähigkeit. Eine von anderen Parteien erhobene Verbandsklage ist unzulässig (BAG 10. 5. 1989 AP TVG § 2 Tarifzuständigkeit Nr. 6). Hat sich ein Verband aufgelöst, so verliert er mithin auch die Befugnis zur Durchführung einer Verbandsklage (BAG 25. 9. 1990 AP TVG 1969 § 9 Nr. 8 = NZA 1991, 314). Hieraus folgt im einzelnen:

9 **b)** Hat ein Spitzenverband an einem Tarifabschluß mitgewirkt, so ist dieser parteifähig, wenn er den Tarifvertrag abgeschlossen hat. Hat er dagegen in Vertretung seiner Mitglieder gehandelt, so sind diese parteifähig. Ist ein mehrgliedriger Tarifvertrag nur einheitlich änderbar oder kündbar, so muß die Verbandsklage einheitlich betrieben werden. Das BAG nimmt an, daß keine notwendige Streitgenossenschaft entsteht (BAG 28. 9. 1977 AP TVG 1969 § 9 Nr. 1). Im Falle der Betriebsnachfolge ist zu unterscheiden, ob sich diese im Wege der Gesamt- oder Einzelrechtsnachfolge vollzieht. Im Falle der Gesamtrechtsnachfolge (zB Erbfall), kann der Nachfolger den Rechtsstreit fortsetzen. Im Falle der Einzelrechtsnachfolge, insbesondere in den Fällen des § 613 a I BGB, wird der Rechtsstreit unzulässig.

10 **2. Streitgegenstand. a)** Streitgegenstand einer Verbandsklage sind nur Tarifnormen. Dagegen stehen für den schuldrechtlichen Teil nur die nach allgemeinem Prozeßrecht zulässige Leistungs- und Feststellungsklage zur Verfügung (vgl. BAG 8. 2. 1963 AP ZPO § 256 Nr. 42 vom 9. 6. 1982 AP TVG § 1 Durchführungspflicht Nr. 1). Tarifnormen sind auch die, die auf einem von den Tarifvertragsparteien akzeptierten Schlichtungsspruch beruhen. Streitigkeiten aus dem schuldrechtlichen und dem normativen Teil können im Wege der kumulativen Klagehäufung zur Entscheidung des Gerichtes gestellt werden.

11 **b)** Streitgegenstand einer Verbandsklage können alle Normen oder nur ein Teil des Tarifvertrages sein. Dagegen kann der Prüfungsmaßstab des Gerichtes durch die Tarifvertragsparteien nicht eingeschränkt werden. Vielmehr hat die Überprüfung unter jedem rechtlichen Gesichtspunkt zu erfolgen. Durch die Verbandsklage kann nicht einem teilweise rechtswidrigen Tarifvertrag zur Geltung verholfen werden.

12 **c)** Streitgegenstand einer Verbandsklage kann auch sein, ob ein Tarifvertrag nur dispositiv (BAG 28. 9. 1977 AP TVG 1969 § 9 Nr. 1) oder nur kraft Nachwirkung gilt. Die Klage wird unzulässig, wenn der Tarifvertrag keine normativen Wirkungen mehr entfaltet.

13 **d)** Gegenstand der Verbandsklage kann nicht die Allgemeinverbindlichkeit nach § 5 TVG sein (aA *Gamillscheg* S. 550; *Germelmann/Matthes/Prütting* § 2 Rn. 18; *Grunsky* Rn. 54). Sie ist kein Tarifvertrag, sondern nur Mitwirkung bei der Normsetzung.

14 Ebenso wenig kann Gegenstand der Verbandsklage die Wirksamkeit eines anderen Tarifvertrages, einer Betriebsvereinbarung oder einer Individualvereinbarung sein. Im Verfahren der Verbandsklage kann mithin nicht geklärt werden, ob ein anderer Tarifvertrag nach den Regelungen der Tarifkonkurrenz zurücktritt oder eine Betriebsvereinbarung infolge der Sperrwirkung des Tarifvertrages (§§ 77, 87 Abs. 1 BetrVG) unwirksam ist. Zweifelhaft ist, ob der Vorrang des konkreten Tarifvertrages geklärt werden kann.

15 **3. Feststellungsinteresse. a)** Nach § 9 TVG besteht gegenüber dem allgemeinen Prozeßrecht nur insoweit eine prozessuale Erleichterung, als kein konkretes Rechtsverhältnis vorausgesetzt wird. Dagegen muß auch für die Verbandsklage ein Feststellungsinteresse vorhanden sein, wenngleich dieses eher zu bejahen ist als bei einer Feststellungsklage nach allgemeinem Zivilprozeßrecht. Das Feststellungsinteresse wird nur dann zu verneinen sein, wenn um gedachte Rechtsfragen gestritten wird.

16 **b)** Im allgemeinen wird das Feststellungsinteresse zu bejahen sein, auch wenn Musterprozesse schweben, da den Tarifvertragsparteien die eigenständige Klärung nicht versagt werden kann (BAG 30. 5. 1984 AP TVG 1969 § 9 Nr. 3 = NZA 1984, 300; 25. 9. 1987 AP BeschFG 1985 § 1 Nr. 1) oder wenn bereits höchstrichterliche Rechtsprechung existiert (aA LAG Düsseldorf vom 7. 12. 1973, EzA TVG § 9 Nr. 1), weil die Tarifvertragsparteien selbst den entsprechenden Prozeß führen können müssen. Dasselbe gilt, wenn staatliche oder nichtstaatliche Stellen (Verbände) die Wirksamkeit oder die Auslegung des Tarifvertrages anzweifeln (BAG 29. 4. 1992 AP TVG § 1 Durchführungspflicht Nr. 3 = NZA 1992, 846). Ob dasselbe auch gilt, wenn die Zweifel im Schrifttum erhoben werden, ist umstritten. Jedenfalls muß es sich um eine gewichtige Meinungsäußerung handeln.

17 **4. Zulässigkeit des Rechtsweges und sachliche Zuständigkeit. a)** Für die Verbandsklage sind ausschließlich die Gerichte für Arbeitssachen zuständig (§ 2 Nr. 1 ArbGG; dazu BAG 23. 3. 1957 AP GG Art. 3 Nr. 18). Nur sie entscheiden mit verbindlicher Wirkung. Nach § 63 ArbGG besteht nur für die Gerichte für Arbeitssachen eine Verpflichtung zur Übersendung von Urteilen in Tarifvertragssachen.

b) Die Tarifvertragsparteien können für ihre arbeitsrechtlichen Rechtsstreitigkeiten aus Tarifverträ- 18
gen oder über das Bestehen oder Nichtbestehen von Tarifverträgen die Arbeitsgerichtsbarkeit allgemein oder für den Einzelfall durch die ausdrückliche Vereinbarung ausschließen, daß die Entscheidung durch ein Schiedsgericht erfolgen soll. Den Entscheidungen der Schiedsgerichte kommt keine verbindliche Wirkung zu, da dem Staat die Rechtskontrolle der Tarifverträge vorbehalten bleiben muß. Das Schiedsgericht vermag aber den Tarifvertragsnormen durch authentische Interpretation einen bestimmten, auch vom Wortlaut abweichenden Inhalt zu geben (BAG 9. 9. 1981 AP TVG § 1 Tarifverträge: Bau Nr. 34). Die Tarifvertragsparteien trifft keine Übersendungspflicht nach § 63 ArbGG (umstritten).

5. Örtliche Zuständigkeit. Die örtliche Zuständigkeit richtet sich nach § 46 ArbGG iVm. §§ 12 bis 19
37 ZPO. Der allgemeine Gerichtsstand richtet sich nach dem Sitz der Tarifvertragsparteien. Beim Haustarifvertrag kommt die Niederlassung des AG in Betracht. Der Gerichtsstand des Erfüllungsortes (§ 29 ZPO) kommt nicht unmittelbar in Betracht, weil Streitgegenstand (oben Rn. 10) die Tarifvertragsnormen und nicht die schuldrechtlichen Verpflichtungen aus dem Tarifvertrag sind. Jedoch ist eine entsprechende Anwendung möglich, da die Durchführungspflicht der Tarifnormen vor jedem Arbeitsgericht im Tarifgebiet geltend gemacht werden kann (BAG 23. 3. 1960 AP TVG § 1 Friedenspflicht Nr. 5).

III. Verfahrensrechtliche Besonderheiten

1. Besetzung des Gerichtes. Bis zum Jahre 1969 war eine erweiterte Besetzung der Richterbank der 20
Arbeits- und Landesarbeitsgerichte vorgesehen (§§ 16 II, 35 II ArbGG 1953). Diese Vorschriften sind aufgehoben, da dafür kein Bedarf mehr bestand.

2. Aussetzung. Es kann sich die Notwendigkeit ergeben, das Verfahren nach § 9 auszusetzen, wenn 21
über die Tariffähigkeit oder Tarifzuständigkeit gestritten wird (vgl. § 97 ArbGG Rn. 6).

3. Nebenintervention. Nach einem Teil des Schrifttums können alle von der Bindungswirkung 22
Betroffenen als Nebenintervenienten auftreten (§ 66 ZPO) (so *Germelmann/Matthes/Prütting* § 2 Rn. 23; *Grunsky* § 2 Rn. 62; aA *Löwisch/Rieble* § 9 Rn. 42).

4. Anerkenntnis-, Verzichts- und Versäumnisurteil. Da das Gericht über die Verbandsklage mit 23
allgemein bindender Wirkung entscheidet, kommt ein Anerkenntnis-, Verzichts- und klagabweisendes Versäumnisurteil nicht in Betracht (§§ 306, 307, 333 ZPO). Es muß verhindert werden, daß die Tarifvertragsparteien mit Hilfe der staatlichen Gerichte einer unwirksamen Tarifvertragsnorm Geltung verschaffen. Die Vorschriften finden auch in Statussachen des allgemeinen Zivilrechtes keine Anwendung. Die Entscheidung über Bestand und Inhalt von Tarifverträgen entspricht aber einer Statussache. Ein klageabweisendes Versäumnisurteil kommt damit nur als ein der Rechtskraft nicht fähiges Prozeßurteil in Betracht. Dagegen ist ein zusprechendes Versäumnisurteil möglich, da das Gericht eine Schlüssigkeitsprüfung vorzunehmen hat.

5. Vergleich. Ein Vergleich ist zulässig. Dies ist selbst ein Tarifvertrag. Die gerichtliche Protokollie- 24
rung ersetzt die Schriftform (§ 1 II TVG). Der Vergleich ist nach §§ 6 bis 8 TVG bekanntzumachen.

6. Urteil. a) Die Gerichte sind nach § 308 ZPO an die gestellten Anträge gebunden. Es ist also nur 25
ein Teil des Tarifvertrages zu prüfen, wenn nur ein eingeschränkter Antrag gestellt worden ist. Dagegen kann im Rahmen des gestellten Antrages der Prüfungsmaßstab nicht verändert werden. Die Tarifvertragsparteien sind damit nicht in der Lage, eine Vorschrift über die Entgeltdiskriminierung der gerichtlichen Kontrolle zu entziehen. Zweifelhaft ist, ob bei Verstößen gegen den Gleichheits- oder Gleichbehandlungsgrundsatz die Entscheidung über die Rechtsfolgen offenbleiben kann, damit die Tarifvertragsparteien selbst die unwirksame Norm ersetzen können (dafür *Löwisch/Rieble* § 9 Rn. 52).

b) Da im allgemeinen ein Feststellungsurteil ergehen wird, wirft dieses bei Rechtsverstößen der 26
Tarifvertragsnormen auf den Zeitpunkt ihrer Entstehung zurück.

c) Die Tatsachengerichte haben gegen ihr Urteil die Berufung bzw. Revision zuzulassen (§§ 64 III 27
Nr. 2, 72 a I Nr. 1 ArbGG). Bei einem Rechtsstreit über die Auslegung des Tarifvertrages, der zwischen den Tarifvertragsparteien geführt wird, ist die Revision auf die Nichtzulassungsbeschwerde auch dann zuzulassen, wenn der Geltungsbereich eines Tarifvertrages nicht über den Bezirk des LAG hinausgeht (BAG 17. 6. 1997 AP ArbGG 1979 § 72 a Grundsatz Nr 51 = NZA 1998, 500). Rechtskräftige Urteile sind nach § 63 ArbGG zu übersenden.

IV. Wirkung der Entscheidung

1. Rechtskraft. Eine Entscheidung nach § 9 TVG entfaltet zunächst Rechtskraftwirkung nach § 318 28
ZPO. Ein weiteres Verfahren zwischen den Tarifvertragsparteien über denselben Streitgegenstand ist unzulässig.

29 **2. Bindungswirkung. a)** Nach § 9 TVG sind die Entscheidungen für die Gerichte und Schiedsgerichte bindend. Die Rechtsnatur dieser Bindungswirkung ist umstritten. Zum Teil wird angenommen, daß es sich um eine Rechtskrafterstreckung inter omnes handelt (BAG 30. 5. 1984, 25. 9. 1990 AP TVG 1969 § 9 Nrn. 3, 8; *Kempen/Zachert* § 9 Rn. 1; *Wiedemann/Oetker/Wank* § 9 Rn. 7 ff.). Zum anderen wird ihr Bindungswirkung für alle Normunterworfenen beigemessen, weil sie den Tarifnormen einen bestimmten Inhalt geben (*Löwisch/Rieble* § 9 Rn. 55).

30 **b)** Die Entscheidung entfaltet Bindungswirkung für alle Tarifgebundenen (§§ 3, 5 TVG). Umstritten ist die Rechtslage bei Nichttarifgebundenen. Zum Teil wird angenommen, daß die Entscheidung auch Bindungswirkung für Nichttarifgebundene entfaltet (*Germelmann/Matthes/Prütting* § 2 Rn. 22; *Grunsky* § 2 Rn. 62). Nach anderer, zutreffender Ansicht entfalten die Entscheidungen nur Bindungswirkung im Rahmen der Bezugnahmeklausel auf den Tarifvertrag (*Löwisch/Rieble* § 9 Rn. 60 ff.; *Wiedemann/Oetker/Wank* § 9 Rn. 34 ff.). Im Falle der Verweisung auf einen Tarifvertrag entscheiden die Tarifvertragsparteien über den Umfang der Verweisung. Es besteht kein Grund, den Entscheidungen nach § 9 TVG einen weitergehenden Inhalt beizumessen. Allerdings wird im Zweifel anzunehmen sein, daß auch auf die Tarifnormen auslegende Entscheidungen verwiesen ist.

31 **c)** Die rechtskräftige Entscheidung entfaltet Bindungswirkung für alle Gerichte. Hieraus ergibt sich, daß auch ein Arbeitsgericht mit Bindungswirkung für das BAG entscheiden kann. Die Bindungswirkung besteht auch gegenüber den Gerichten aller Gerichtszweige. Die ordentlichen Gerichte müssen mithin eine Entscheidung über die Auslegung eines Tarifvertrages über Werkswohnungen oder das BSG eine Entscheidung über den Begriff der Berufsunfähigkeit in einem Tarifvertrag hinnehmen (vgl. BSG 14. 5. 1991 NZA 1992, 85).

32 **3. Die Durchsetzung der Bindungswirkung. a)** Die Bindungswirkung erstreckt sich immer nur auf den Tarifvertrag, zu dem eine Entscheidung nach § 9 TVG ergangen ist. In Individualstreitigkeiten können die betroffenen Parteien ihre Ansprüche auf die Entscheidung stützen. Den Tarifvertragsparteien steht die Durchführungsklage offen (vgl. § 1 Rn. 66).

33 **b)** Zweifelhaft ist die Rechtslage wegen bereits früher ergangener rechtskräftiger Entscheidungen. Im Rahmen des Normenkontrollverfahrens (Rn. 5) bejaht das Schrifttum eine entsprechende Anwendung von § 79 II 2, 3; § 183 Satz 2, 3 BVerfGG. Die früher unterlegene Partei kann nach § 767 ZPO Vollstreckungsgegenklage erheben. Dagegen wird ein so weitgehender Schutz bei Auslegungsstreitigkeiten verneint (*Löwisch/Rieble* § 9 Rn. 73 ff.).

34 **c)** Ein präventiver Schutz im Wege der einstweiligen Verfügung (§ 97 V ArbGG) wird verneint.

V. Sonstiger Rechtsschutz

35 **1. Inzidentkontrolle.** Die Wirksamkeit von Tarifverträgen und ihr Inhalt, namentlich die Auslegung kann im Wege der Inzidententscheidung auf Leistungs- und Feststellungsklage überprüft werden.

36 **2. Verfassungsgerichtliche Normenkontrolle. a)** Umstritten ist, ob eine Verfassungsbeschwerde unmittelbar gegen einen Tarifvertrag gerichtet werden kann (bejahend: *Löwisch/Rieble* § 9 Rn. 83 ff.; *Wiedemann/Oetker/Wank* Einleitung Rn. 355; *Söllner* AuR 1991, 45, 49; verneinend: *Kempen/Zachert* Grundlagen 203). Im allgemeinen werden derartige Verfassungsbeschwerden wegen fehlender Rechtswegerschöpfung scheitern (*Schaub* ArbVH § 104 Rn. 33 ff.).

37 **b)** Unabhängig von der Entscheidung der vorstehenden Streitfrage besteht die Möglichkeit, die gerichtliche Entscheidung, die auf einen verfassungswidrigen Tarifvertrag gestützt ist, mit der Verfassungsbeschwerde anzugreifen.

38 **3. Europäischer Gerichtshof.** Die nationalen Gerichte können im Wege des Vorabentscheidungsverfahrens die Tarifnorm auf ihre Vereinbarkeit mit europäischem Recht überprüfen lassen (vgl. zB EuGH 26. 2. 1986 und 27. 6. 1990 AP Art. 119 EWG-Vertrag Nr. 14 = NJW 1986, 2181; Nr. 21 = NZA 1990, 771 – Kowalska – 27. 10. 1993 NZA 1994, 797 – Enderby –; 9. 9. 1999 Rs. C – 281/97 Krüger/Kreiskrankenhaus Ebersberg EWS 99, 393). Dies gilt für das primäre und sekundäre Gemeinschaftsrecht. Bei an den Staat gerichteten Richtlinien muß dieser auf die Tarifvertragsparteien einwirken, daß den Richtlinien Rechnung getragen wird (vgl. Art. 4 Lohngleichheitsrichtlinie 75/117 EWG-Vertrag).

§ 10 Tarifvertrag und Tarifordnungen

(1) Mit dem Inkrafttreten eines Tarifvertrages treten Tarifordnungen und Anordnungen auf Grund der Verordnung über die Lohngestaltung vom 25. Juni 1938 (RGBl. I S. 691) und ihrer Durchführungsverordnung vom 23. April 1941 (RGBl. I S. 222), die für den Geltungsbereich des Tarifvertrages oder Teile desselben erlassen worden sind, außer Kraft, mit Ausnahme solcher Bestimmungen, die durch den Tarifvertrag nicht geregelt worden sind.

(2) Der Bundesminister für Arbeit und Sozialordnung kann Tarifordnungen und die in Absatz 1 bezeichneten Anordnungen aufheben; die Aufhebung bedarf der öffentlichen Bekanntmachung.

In der DDR war § 10 TVG nach Abschluß des Einigungsvertrages nicht in Kraft gesetzt worden 1
(§ 31 Nr. 2 InkrG). Nach Art. 8 EV gilt § 10 auch in den neuen Bundesländern. Die Vorschrift hat
kaum praktische Bedeutung.

§ 11 Durchführungsbestimmungen

Der Bundesminister für Arbeit und Sozialordnung kann unter Mitwirkung der Spitzenorganisationen der Arbeitgeber und der Arbeitnehmer die zur Durchführung des Gesetzes erforderlichen Verordnungen erlassen, insbesondere über
1. die Errichtung und die Führung des Tarifregisters und des Tarifarchivs;
2. das Verfahren bei der Allgemeinverbindlicherklärung von Tarifverträgen und der Aufhebung von Tarifordnungen und Anordnungen, die öffentlichen Bekanntmachungen bei der Antragsstellung, der Erklärung und Beendigung der Allgemeinverbindlichkeit und der Aufhebung von Tarifordnungen und Anordnungen sowie die hierdurch entstehenden Kosten;
3. den in § 5 genannten Ausschuß.

Der BMA ist ermächtigt, Durchführungsverordnungen zu erlassen. Es gilt die Verordnung zur 1
Durchführung des Tarifvertrages vom 16. 1. 1989 (BGBl. I S. 76). Der Inhalt der DVO ist nicht auf
die Nr. 1 bis 3 beschränkt ("insbesondere"), wenngleich sie sich allein hiermit befaßt.

§ 12 Spitzenorganisationen

¹Spitzenorganisationen im Sinne dieses Gesetzes sind – unbeschadet der Regelung in § 2 –
diejenigen Zusammenschlüsse von Gewerkschaften oder von Arbeitgebervereinigungen, die für
die Vertretung der Arbeitnehmer- oder der Arbeitgeberinteressen im Arbeitsleben des Bundesgebietes wesentliche Bedeutung haben. ²Ihnen stehen gleich Gewerkschaften und Arbeitgebervereinigungen, die keinem solchen Zusammenschluß angehören, wenn sie die Voraussetzungen des
letzten Halbsatzes in Satz 1 erfüllen.

1. Zweck. a) Die Vorschrift regelt unbeschadet des § 2 die Mitwirkung der Spitzenorganisationen 1
bei der staatlichen Rechtsetzung auf dem Gebiet des Tarifrechtes, also bei der AVE (§ 5) und dem
Erlaß von DVO (§ 11 TVG). In § 11 ArbnErfG wird auf § 12 TVG verwiesen, so daß der Begriff aus
§ 12 TVG maßgebend ist.

b) In zahlreichen Vorschriften des Bundes- und Landesrechtes wird eine Einschaltung der Koalitio- 2
nen normiert. Es bedarf im Einzelfall der Prüfung, ob die Definition des § 12 TVG maßgebend ist.

c) Aus Art. 9 III GG erwächst den Koalitionen kein Recht, an der staatlichen Gesetzgebung mitzu- 3
wirken (Art. 9 GG Rn. 25). Die ILO-Empfehlung Nr. 113 sieht eine Beratung mit den Koalitionen
vor. Das ILO-Abkommen Nr. 150 über die Konsultationspflicht bezieht sich allein auf die Arbeitsverwaltung.

2. Begriff. a) Nach hM müssen die Mitgliedsverbände oder die Spitzenorganisationen selbst tarif- 4
fähig sein. Spitzenorganisation ist mithin der DGB. Zweifelhaft bei der CGD, weil nach der Rechtsprechung des BAG zumindest zum Teil die Tariffähigkeit fehlt (§ 2 Rn. 10). § 12 S. 2 TVG ist auf die
DAG zugeschnitten.

b) Die Spitzenorganisation muß wesentliche Bedeutung im Bundesgebiet haben. Im Interesse seiner 5
Arbeitsfähigkeit kann der Staat nicht alle Verbände beteiligen. Ob eine Spitzenorganisation wesentliche Bedeutung hat, ergibt sich aus einer Gesamtwertung von Mitgliederzahl, wirtschaftlicher Stellung, Anzahlung und Bedeutung von Tarifabschlüssen. Nicht zu berücksichtigen sind Regionalverbände.

3. Rechtsschutz. a) Ob ein Verband Spitzenorganisation ist, entscheiden die zuständigen Stellen für 6
ihren Bereich (BMA, LMA). Die Entscheidung ist im allgemeinen nicht justitiabel. Die Verbände
haben keinen Anspruch auf Beteiligung. Im Rahmen des Gesetzgebungsverfahrens war angesprochen worden, das arbeitsgerichtliche Beschlußverfahren auf Feststellung der Tariffähigkeit und Tarifzuständigkeit auch auf die Feststellung der Eigenschaft einer Spitzenorganisation zu erstrecken. Dies ist
abgelehnt worden (*Wiedemann/Oetker/Wank* § 12 Rn. 11 mwN).

b) Rechtsschutz besteht mithin nur über Art. 19 IV GG, wenn geltend gemacht wird, die Bevor- 7
zugung anderer Organisationen sei willkürlich.

§ 12a Arbeitnehmerähnliche Personen

(1) Die Vorschriften dieses Gesetzes gelten entsprechend
1. für Personen, die wirtschaftlich abhängig und vergleichbar einem Arbeitnehmer sozial schutzbedürftig sind (arbeitnehmerähnliche Personen), wenn sie auf Grund von Dienst- oder Werkverträgen für andere Personen tätig sind, die geschuldeten Leistungen persönlich und im wesentlichen ohne Mitarbeit von Arbeitnehmern erbringen und
   a) überwiegend für eine Person tätig sind oder
   b) ihnen von einer Person im Durchschnitt mehr als die Hälfte des Entgelts zusteht, das ihnen für ihre Erwerbstätigkeit insgesamt zusteht; ist dies nicht voraussehbar, so sind für die Berechnung, soweit im Tarifvertrag nichts anderes vereinbart ist, jeweils die letzten sechs Monate, bei kürzerer Dauer der Tätigkeit dieser Zeitraum, maßgebend,
2. für die in Nummer 1 genannten Personen, für die die arbeitnehmerähnlichen Personen tätig sind, sowie für die zwischen ihnen und den arbeitnehmerähnlichen Personen durch Dienst- oder Werkverträge begründeten Rechtsverhältnisse.

(2) Mehrere Personen, für die arbeitnehmerähnliche Personen tätig sind, gelten als eine Person, wenn diese mehreren Personen nach der Art eines Konzerns (§ 18 des Aktiengesetzes) zusammengefaßt sind oder zu einer zwischen ihnen bestehenden Organisationsgemeinschaft oder nicht nur vorübergehenden Arbeitsgemeinschaft gehören.

(3) Die Absätze 1 und 2 finden auf Personen, die künstlerische, schriftstellerische oder journalistische Leistungen erbringen, sowie auf Personen, die an der Erbringung, insbesondere der technischen Gestaltung solcher Leistungen unmittelbar mitwirken, auch dann Anwendung, wenn ihnen abweichend von Absatz 1 Nr. 1 Buchstabe b erster Halbsatz von einer Person im Durchschnitt mindestens ein Drittel des Entgelts zusteht, das ihnen für ihre Erwerbstätigkeit insgesamt zusteht.

(4) Die Vorschrift findet keine Anwendung auf Handelsvertreter im Sinne des § 84 des Handelsgesetzbuchs.

1 **1. Zweck. a)** Von § 1 TVG werden nur AG und AN erfaßt. § 12a TVG erstreckt das TVG auf die dort genannten arbeitnehmerähnlichen Personen und ermöglicht damit, daß für sie Tarifverträge abgeschlossen werden können. Die Vorschrift steht im Zusammenhang mit § 17 HAG, wonach als Tarifverträge auch schriftliche Vereinbarungen gelten zwischen Gewerkschaften einerseits und Auftraggebern oder deren Vereinigungen andererseits über Inhalt, Abschluß oder Beendigung von Arbeitsverhältnissen mit in Heimarbeit Beschäftigten oder ihnen Gleichgestellten.

2 **b)** Die Koalitionsfreiheit des Art. 9 III GG ist nicht auf AN iS des Arbeitsrechtes beschränkt. Die Koalitionen haben ein umfassendes Recht, die Arbeits- und Wirtschaftsbedingungen zu regeln. Ihnen steht das Recht zu, das Recht der abhängigen Arbeit zu regeln. Damit haben sie auch die Kompetenz, die Rechtsverhältnisse der arbeitnehmerähnlichen Personen zu regeln (Art. 9 GG Rn. 25; *Kempen/Zachert* § 12a Rn. 3; *Löwisch/Rieble* § 12a Rn. 2; *Wiedemann/Oetker/Wank* § 12a Rn. 24).

3 **c)** Nach dem eindeutigen Wortlaut von § 12a I TVG wird das TVG nur auf einen Teil der arbeitnehmerähnlichen Personen erstreckt. Nach Abs. 4 findet die Vorschrift keine Anwendung auf Handelsvertreter. Wenn die Koalitionsfreiheit allen abhängig Beschäftigten zusteht, ist die Vorschrift verfassungswidrig, soweit keine verfassungskonforme Auslegung möglich ist (*Löwisch/Rieble* § 12a Rn. 4, 5). Das BVerfG hat ausgeführt, daß Art. 12 GG die Möglichkeit gewährleistet, sich eine wirtschaftliche Existenz zu schaffen. Insoweit seien aber Einschränkungen im Rahmen der Privatautonomie unentbehrlich, weil diese auf dem Prinzip der Selbstbestimmung beruht und voraussetzt, daß auch die Bedingungen der Selbstbestimmung gegeben seien. Der Gesetzgeber müsse dann eingreifen, wenn die Vertragsparität gestört sei. Insoweit habe aber der Gesetzgeber einen weiten Beurteilungsspielraum (BVerfG 7. 2. 1990 AP GG Art. 12 Nr. 65). Der generelle Ausschluß einer Karenzentschädigung für Handelsvertreter in den Fällen des § 90a II 2 HGB bis zur Novellierung durch das Gesetz vom 23. 10. 1989 war verfassungswidrig.

4 **2. Der Begriff der arbeitnehmerähnlichen Personen. a)** Im Eingangssatz geht § 12a Abs. 1 TVG vom allgemeinen Begriff einer arbeitnehmerähnlichen Person aus. Wirtschaftliche Abhängigkeit ist gegeben, wenn Umstände, insbesondere finanzieller Art, vorliegen, die eine bestimmte Tätigkeit erforderlich machen und dem Tätigen die Möglichkeit der Eigenvorsorge nehmen. Soziale Schutzbedürftigkeit ist anzunehmen, wenn das Maß der Abhängigkeit nach der Verkehrsanschauung einen solchen Grad erreicht, wie er im allgemeinen nur in einem Arbeitsverhältnis vorkommt und die geleisteten Dienste nach ihrer sozialen Typik mit denen eines AN vergleichbar sind (BAG 2. 10. 1990 AP TVG § 12a Nr. 1 = NZA 1991, 239; 15. 3. 1978 AP BGB § 611 Abhängigkeit Nr. 26). Die Tarifvertragsparteien können den Begriff der sozialen Schutzbedürftigkeit nicht über den gesetzlichen Begriff hinaus erweitern (BAG 2. 10. 1990 AP TVG § 12a Nr. 1 = NZA 1991, 239). Unerheblich ist, ob die Dienste aufgrund eines Dienst- oder Werkvertrages geleistet werden. Dasselbe gilt für Werk-

lieferungsverträge (*Kempen/Zachert* § 12 a Rn. 16; *Löwisch/Rieble* § 12 a Rn. 8; aA *Wiedemann/Oetker/Wank* § 12 a Rn. 63), wie für Pachtverträge (LAG Düsseldorf 21. 3. 1957 AP ArbGG 1953 § 5 Nr. 6 [Toilettenpächter]) und Geschäftsbesorgungsverträge (*Kempen/Zachert* § 12 a Rn. 16; *Wiedemann/Oetker/Wank* § 12 a Rn. 64; aA *Wlotzke* DB 1974, 2258). Die arbeitnehmerähnliche Person muß die geschuldeten Leistungen persönlich und im wesentlichen ohne Mitarbeit von AN erbringen. Hierdurch wird gewährleistet, daß die arbeitnehmerähnliche Person persönlich abhängig ist und es wird die Gegnerfreiheit der Verbände garantiert. Ein Dozent an einem gewerblichen Weiterbildungsinstitut kann arbeitnehmerähnlich sein (BAG 11. 4. 1997 AP ArbGG 1979 § 5 Nr. 30). Ein Rechtsanwalt ist dann sozial schutzbedürftig, wenn seinem vollen Unternehmerrisiko nach außen (gesamtschuldnerische Haftung als Scheinsozius) kein angemessener Ausgleich gegenübersteht (LAG Frankfurt 1. 6. 1995 DB 1996, 100).

b) Der Begriff der arbeitnehmerähnlichen Personen wird in § 12 a I Nr. 1 lit. a und b TVG näher 5 konkretisiert. Der Arbeitnehmerähnliche ist wirtschaftlich abhängig, weil er überwiegend für eine Person arbeitet oder von dieser im Durchschnitt mehr als die Hälfte des Entgelts erzielt. Ist ein Arbeitnehmerähnlicher in zwei Teilzeitarbeitsverhältnissen beschäftigt, so wird sich hierdurch nichts ändern. Vielmehr wird die Arbeitnehmerähnlichkeit für jedes Rechtsverhältnis beurteilt werden müssen. In neuerer Zeit haben sich neue Formen der Arbeitnehmerähnlichkeit herausgebildet. Werden bisher vom AG durch eigene AN verrichtete Arbeiten auf Dritte, die häufig ehemalige AN waren, outgesourct, so kann Arbeitnehmerähnlichkeit vorliegen. Gedacht ist etwa an Subunternehmer, die als Gerüstbauer tätig, Kraftfahrer mit eigenem (auf Kredit) gekauften Lieferwagen usw. Erfaßt werden aber auch Franchisenehmer oder Telearbeiter, sofern sie nicht ohnehin AN sind.

3. Beschäftigte von arbeitnehmerähnlichen Personen. Durch § 12 a I Nr. 2 TVG wird die Tarif- 6 macht für die bei arbeitnehmerähnlichen Personen Beschäftigten erweitert.

4. Freie Mitarbeiter der Medien. a) § 12 a I, II TVG finden auf Personen, die künstlerische, schrift- 7 stellerische oder journalistische Leistungen erbringen, entsprechende Anwendung. Dasselbe gilt für Personen, die an der Erbringung, insbesondere der technischen Gestaltung solcher Leistungen unmittelbar mitwirken. Im Unterschied zu den arbeitnehmerähnlichen Personen findet auf die freien Mitarbeiter der Medien das TVG bereits dann Anwendung, wenn sie mindestens ein Drittel ihres Einkommens von einer Person im Durchschnitt beziehen.

b) Die Einbeziehung der freien Mitarbeiter in den Medien widerspricht nicht der Entscheidung des 8 BVerfG vom 13. 1. 1982 (AP GG Art. 5 I Nr. 1). Die Rundfunkanstalten sollen zwar im Interesse der Rundfunkfreiheit frei von arbeitsrechtlichen Vorschriften bei der Auswahl, Einstellung und Beschäftigung solcher Personen sein, die bei der Programmgestaltung mitwirken. Die Entscheidung verhindert aber keine tarifvertraglichen Bindungen der Rundfunkanstalten.

5. Entgeltgrenzen. Das TVG hat auf feststehende Entgeltgrenzen verzichtet. Der Begriff der arbeit- 9 nehmerähnlichen Person kann nur dann in Frage gestellt sein, wenn der anderweitige Verdienst den Tätigen unabhängig macht (vgl. BAG 2. 10. 1990, AP TVG § 12 a Nr. 1 = NZA 1991, 239).

6. Arbeitsgemeinschaften. Nach § 12 a TVG werden mehrere Personen für die arbeitnehmerähn- 10 liche Personen tätig sind, zusammengefaßt. Diese gelten als eine Person, wenn sie (1) nach Art eines Konzerns zusammengefaßt sind, (2) zwischen ihnen eine Organisationsgemeinschaft besteht oder (3) sie zu einer nicht nur vorübergehenden Arbeitsgemeinschaft gehören. Erfaßt werden Rundfunk- und Fernsehgemeinschaften, aber auch Arbeitsgemeinschaften des Baugewerbes.

7. Umfang und Grenzen der Anwendung des Tarifrechtes. a) Zweifelhaft ist, in welchem Umfang 11 Tarifnormen auf arbeitnehmerähnliche Rechtsverhältnisse anzuwenden sind. Nach § 12 a Einleitungssatz besteht die Tarifmacht für arbeitnehmerähnliche, die „die geschuldeten Leistungen persönlich und im wesentlichen ohne Mitarbeit von AN erbringen". Die Tarifmacht besteht mithin für Inhaltsnormen (§ 1 TVG Rn. 92 ff.), Abschluß- (§ 1 TVG Rn. 101 ff.) und Beendigungsnormen (§ 1 TVG Rn. 108). Dasselbe wird aber auch für betriebsverfassungsrechtliche Normen (§ 1 Rn. 11 ff.) und solche über gemeinsame Einrichtungen (§ 1 Rn. 122) gelten, weil sie sich auf ein Individualarbeitsverhältnis auswirken. Dagegen besteht keine Tarifmacht für betriebliche Normen. In § 17 HAG gelten nur schriftliche Vereinbarungen über Inhalt, Abschluß und Beendigung von Vertragsverhältnissen als Tarifverträge. In § 12 a TVG wollte der Gesetzgeber aber dieselbe Regelungsmacht wie für Heimarbeiter einführen (*Lund* BArbBl. 74, 683; *Löwisch/Rieble* § 12 a Rn. 20; teilweise abweichend *Wiedemann/Oetker/Wank* § 12 a Rn. 87, 88).

b) Nach ihrem Inhalt gelten für die Tarifnormen für arbeitnehmerähnliche Personen dieselben 12 Regelungsschranken wie für AN (§ 1 Rn. 126 ff.).

8. Prozessuale Fragen. a) Auf Feststellung des Status einer arbeitnehmerähnlichen Person kann 13 Feststellungsklage erhoben werden (BAG 22. 6. 1977 AP BGB § 611 Abhängigkeit Nr. 22; LAG Bremen 22. 3. 1991 BB 1991, 1642). Das Feststellungsinteresse ist dann gegeben, wenn durch die Bereinigung des Streites konkrete Folgen für das Arbeitsverhältnis geklärt werden und die Feststellungsklage prozeßwirtschaftlich sinnvoll ist (BAG 12. 10. 1978 AP BGB § 620 Befristeter Arbeitsvertrag Nr. 48).

14 b) Für die Klagen sind die Arbeitsgerichte zuständig (BAG 17. 10. 1990 AP ArbGG 1979 § 5 Nr. 9 = NJW 1991, 1629 = NZA 1991, 487).

§ 12 b Berlin-Klausel *(gegenstandslos)*

§ 13 Inkrafttreten

(1) **Dieses Gesetz tritt mit seiner Verkündung in Kraft.**

(2) **Tarifverträge, die vor dem Inkrafttreten dieses Gesetzes abgeschlossen sind, unterliegen diesem Gesetz.**

1 Die Vorschrift hat nur noch wenig praktische Bedeutung.

610. Umwandlungsgesetz (UmwG)

Vom 28. Oktober 1994 (BGBl. I S. 3210, ber. 1995 S. 428)

Zuletzt geändert durch Gesetz vom 22. Juli 1998 (BGBl. I S. 1878)

(BGBl. III/FNA 4120-9-2)

– Auszug –

§ 321 Übergangsmandat des Betriebsrats bei Betriebsspaltung

(1) [1] Hat die Spaltung oder die Teilübertragung eines Rechtsträgers nach dem Dritten oder Vierten Buch die Spaltung eines Betriebs zur Folge, so bleibt dessen Betriebsrat im Amt und führt die Geschäfte für die ihm bislang zugeordneten Betriebsteile weiter, soweit sie über die in § 1 des Betriebsverfassungsgesetzes genannte Arbeitnehmerzahl verfügen und nicht in einen Betrieb eingegliedert werden, in dem ein Betriebsrat besteht. [2] Der Betriebsrat hat insbesondere unverzüglich Wahlvorstände zu bestellen. [3] Das Übergangsmandat endet, sobald in den Betriebsteilen ein neuer Betriebsrat gewählt und das Wahlergebnis bekanntgegeben ist, spätestens jedoch sechs Monate nach Wirksamwerden der Spaltung oder der Teilübertragung des Rechtsträgers.

(2) [1] Werden Betriebsteile, die bislang verschiedenen Betrieben zugeordnet waren, zu einem Betrieb zusammengefaßt, so nimmt der Betriebsrat, dem der nach der Zahl der wahlberechtigten Arbeitnehmer größte Betriebsteil zugeordnet war, das Übergangsmandat wahr. [2] Satz 1 gilt entsprechend, wenn Betriebe zu einem neuen Betrieb zusammengefaßt werden.

I. Vorbemerkung

Die Umwandlung von Unternehmen kann in unterschiedlichen Formen erfolgen. Bei der **Verschmelzung** (§§ 2–122 UmwG) wird das Vermögen als Ganzes von einem oder mehreren Rechtsträgern unter Auflösung ohne Abwicklung auf einen bestehenden Rechtsträger (Verschmelzung durch Übernahme) oder auf einen neuen von dem oder den Übertragenden gegründeten Rechtsträger (Verschmelzung durch Neugründung) übertragen. Bei der **Spaltung** (§§ 123–173 UmwG) kann ein Rechtsträger unter Auflösung ohne Abwicklung sein Vermögen als Ganzes entweder auf zwei oder mehrere bestehende oder von ihm neugegründete Rechtsträger übertragen (Aufspaltung) oder nur einen oder mehrere Teile seines Vermögens abspalten (Abspaltung) bzw. ausgliedern (Ausgliederung) und als Gesamtheit auf einen oder mehrere bestehende oder von ihm neu gegründete Rechtsträger übertragen. In allen Fällen besteht die Gegenleistung darin, daß der oder die übernehmenden Rechtsträgern den Anteilsinhabern des übertragenden Rechtsträgers Anteile oder Mitgliedschaften an sich gewähren. Bei der **Vermögensübertragung** (§§ 174–189 UmwG) löst sich ein Rechtsträger auf und überträgt sein Vermögen als Ganzes oder in Teilen auf andere Rechtsträger. Hier besteht die Gegenleistung nicht in der Übertragung von Anteilen oder Mitgliedschaften. Bei einem umwandelnden **Formwechsel** (§§ 190–304 UmwG) erhalten die Rechtsträger nur eine andere Rechtsform. 1

Diese Umwandlungen können sich auf die Betriebe der Rechtsträger auswirken. Wird ein Betrieb stillgelegt, endet das Amt des Betriebsrates. Die verbleibenden kollektiven Interessen der Belegschaft werden für die Zeit nach der Stillegung über ein Restmandat abgesichert (s. § 21 BetrVG Rn. 6). Wechselt nur der Betriebsinhaber, bleibt die Identität des Betriebes erhalten. Geht ein Betrieb im wesentlichen ganz auf einen anderen Rechtsträger über, bleibt daher der Betriebsrat im Amt unabhängig davon, ob der Übergang im Wege der Einzelrechtsnachfolge nach § 613a BGB oder durch Gesamtrechtsnachfolge nach dem UmwG stattfindet. Werden Betriebe zusammengefaßt oder aufgespalten, zerfällt die ursprüngliche Organisationsstruktur. Dies kann für ganze Betriebe oder Betriebsteile zur Betriebsratslosigkeit führen, weil sich die Zuständigkeit des Betriebsrates nach der Rechtsprechung auf den Betrieb beschränkt, von dessen Belegschaft er gewählt wurde und damit für alle Betriebsteile endet, die auf einen anderen Rechtsträger übergehen (BAG 23. 11. 1988 AP BGB § 613a Nr. 77). Das BetrVG selbst regelt nicht, ob bei derartigen Organisationsänderungen der alte Betriebsrat für eine Übergangszeit im Amt bleibt, um eine Lücke im Schutz der kollektiven Arbeitnehmerinteressen zu vermeiden (s. hierzu § 21 BetrVG Rn. 7 ff.). Für die Spaltung und Zusammenlegung von Betrieben der früheren Treuhandanstalt und für die bei der Rückübertragung von Unternehmen durch Entflechtung zerstörten betriebsverfassungsrechtlichen Organisationseinheiten sind Regelungen zum Fortbestand der Interessenvertretungen in den §§ 13 SpTrUG und 6 b VermG enthalten. § 321 UmwG sichert zusätzlich die Repräsentation der Belegschaft bei Spaltung und Teilübertragung von Rechtsträgern nach dem 3. und 4. Buch des UmwG, die zu einer Betriebsspaltung oder zum Zusammenlegen 2 von Betrieben führen. Die Vorschrift erfaßt auch die Verschmelzung, soweit mit ihr die betriebliche Einheit in der genannten Art – etwa durch Zusammenlegung von Betrieben – verändert wird (DKK/*Buschmann* § 21 Rn. 58; *Lutter/Joost* Rn. 6; *Willemsen/Hohenstatt* Teil D Rn. 55; aA; *Boecken* Rn. 372; *Dehmer* Rn. 5). Interessenlage und Schutzbedürfnis sind gleich. Die Vorschrift ist auch an anderen Stellen verunglückt (vgl. DKK/*Buschmann* § 21 Rn. 54; GK-BetrVG/*Wiese/Kreutz* § 21 Rn. 73; *Lutter/Joost* Rn. 5). Es ist nicht anzunehmen, daß der Gesetzgeber identische Folgen der Umwandlung unterschiedlich regeln wollte. Der reine Formwechsel wird nicht erfaßt. Er berührt nicht die betriebsverfassungsrechtliche Organisationsstruktur.

II. Begriffe

3   Da es sich bei § 321 UmwG um eine betriebsverfassungsrechtliche Norm handelt, gelten die Begriffsbestimmungen des BetrVG. Dabei bezeichnet der Betrieb die erste, das Unternehmen die zweite Repräsentationsstufe für die Bildung von Arbeitnehmervertretungen. Vor diesem Hintergrund versteht das Gesetz unter einem **Unternehmen** die organisatorische Einheit, innerhalb der ein Arbeitgeber mit Hilfe technischer und immaterieller Mittel hinter den arbeitstechnischen Zwecken seiner Betriebe liegende wirtschaftliche oder ideelle Zwecke verfolgt (BAG 23. 9. 1980 und 11. 12. 1987 AP BetrVG 1972 § 47 Nr. 4 und 7; vgl. mit Abweichungen *Lutter/Joost* Rn. 11). Entscheidend ist die Identität des Rechtsträgers, die Eingliederung der Betriebe in dieselbe Organisation und die Einheitlichkeit der betriebsverfassungsrechtlichen Leitungsmacht (s. § 47 BetrVG Rn. 3 f.). Als **Betrieb** bezeichnet das Gesetz betriebsratsfähige betriebliche Einheiten nach den §§ 1 und 4 BetrVG. Das ist einmal der Betrieb als die organisatorische Einheit, innerhalb derer ein Arbeitgeber zusammen mit den von ihm beschäftigten Arbeitnehmern bestimmte arbeitstechnische Zwecke fortgesetzt verfolgt, die sich nicht in der Befriedigung des Eigenbedarfs erschöpfen. Dazu müssen die in einer Betriebsstätte vorhandenen materiellen und immateriellen Betriebsmittel für den oder die verfolgten arbeitstechnischen Zwecke zusammengefaßt, geordnet, gezielt eingesetzt und die menschliche Arbeitskraft von einem einheitlichen Leitungsapparat gesteuert werden (BAG 18. 3. 1997 AP BetrAVG § 1 Betriebsveräußerung Nr. 16; BAG 14. 5. 1997 AP BetrVG 1972 § 8 Nr. 6; *Lutter/Joost* Rn. 10; *Dehmer* Rn. 3; s. § 4 BetrVG Rn. 2 ff.). Daneben werden von der Vorschrift Betriebsteile nach § 4 S. 1 BetrVG (s. § 4 BetrVG Rn. 9 ff.) und die betriebsratsfähigen Nebenbetriebe (s. § 4 BetrVG Rn. 12) erfaßt (*Lutter/Joost* Rn. 5, 12 f.).

III. Betriebsspaltung

4   Entscheidend für das Übergangsmandat nach **Abs. 1** sind zwei Vorgänge: Die Umwandlung auf der Unternehmensebene und das daraus resultierende Auseinanderfallen einer oder mehrerer betriebsratsfähiger Einheiten. Wird eine betriebsratsfähige Einheit, für die ein Betriebsrat besteht, als Folge einer Spaltung (§§ 123–173 UmwG) oder Teilübertragung (§§ 174–189 UmwG) eines Rechtsträgers in einer Weise verändert, daß mehrere neue betriebsratsfähige Einheiten nach den §§ 1, 4 BetrVG entstehen, haben wir es mit einer **Betriebsspaltung** zu tun (*Lutter/Joost* Rn. 14). Dieser Vorgang kann als Betriebsaufspaltung die vollständiger Aufteilung betriebsratsfähiger Einheiten oder als Betriebsabspaltung die Abspaltung von Betriebsteilen betreffen. Entscheidend ist in beiden Fällen die Aufhebung der einheitlichen Leitung als bestimmendes Merkmal (GK-BetrVG/*Wiese/Kreutz* § 21 Rn. 65). Selbst die Aufspaltung nur eines Rechtsträgers führt daher nicht notwendig zum Übergangsmandat. Erfolgt die Aufspaltung zB in eine Besitz-Gesellschaft, auf die das Anlage-Vermögen übergeht und eine Betriebsgesellschaft, auf die der Betrieb übergeht, bleibt die Identität des Betriebes unberührt und der Betriebsrat daher im Amt. Übergangsmandate entstehen nach **Abs. 1 S. 1 3. Halbs.** für aus einer Spaltung hervorgegangene Betriebsteile, die in der Regel einschließlich der aus dem abgetrennten Betriebsteil stammenden AN über wahlberechtigte AN verfügen, von denen mindestens drei wählbar sind (*Lutter/Joost* Rn. 19; *Willemsen/Hohenstatt* Teil D Rn. 57; s. § 1 BetrVG Rn. 13 f.). Wo keine betriebsratsfähigen Einheiten entstehen, ist eine Überbrückung betriebsratsloser Zeit nicht erforderlich. Soweit kleinere Betriebsteile entstehen, kann der Betriebsrat für die dort Beschäftigten daher allenfalls noch ein Restmandat (s. § 21 BetrVG Rn. 6) wahrnehmen (*Lutter/Joost* Rn. 16). Ist nach einer Betriebsaufspaltung keiner der Betriebsteile betriebsratsfähig, endet die Amtszeit des Betriebsrates. Es entsteht kein Übergangsmandat (GK-BetrVG/*Wiese/Kreutz* § 21 Rn. 69). Wird ein abgespaltener Betriebsteil in einen Betrieb mit Betriebsrat eingegliedert, werden die Arbeitnehmer von diesem mitvertreten (*Lutter/Joost* Rn. 20; *Willemsen/Hohenstatt* Teil D Rn. 58). Ein Übergangsmandat ist nicht erforderlich, wie **Abs. 1 S. 1 aE** klarstellt. Andererseits kommt es zu einem Übergangsmandat, wenn der übernommene Betriebsteil in einen betriebsratslosen Betrieb eingegliedert wird, soweit dieser – jedenfalls nach der Eingliederung – betriebsratsfähig ist (*Dehmer* Rn. 9; *Lutter/Joost* Rn. 21; DKK/*Buschmann* § 21 Rn. 56; *Fitting* Rn. 47; GK-BetrVG/*Wiese/Kreutz* § 21 Rn. 69). Auch hier muß nach dem Sinn des Gesetzes eine betriebsratslose Zeit vermieden werden. Das Übergangsmandat erstreckt sich jedoch nur auf die Arbeitnehmer des eingegliederten Betriebsteils (*Dehmer* Rn. 9; GK-BetrVG/*Wiese/Kreutz* § 21 Rn. 69; *Lutter/Joost* Rn. 28; aA *Fitting* § 21 Rn. 47),

sieht man davon ab, daß der Wahlvorstand nach Abs. 1 S. 2 für den gesamten Betrieb bestellt werden muß. Für die übrigen Arbeitnehmer gibt es nichts zu überbrücken, weil sie schon vor der Spaltung ohne Betriebsrat waren. Soweit ein Betrieb trotz Spaltung von den beteiligten Rechtsträgern als **gemeinsamer Betrieb** geführt wird (s. § 4 BetrVG Rn. 7), ist ein Übergangsmandat nicht erforderlich. Die betriebliche Einheit bleibt bestehen, der Betriebsrat bleibt im Amt (GK-BetrVG/*Wiese/Kreutz* § 21 Rn. 70; *Fitting* § 21 Rn. 48 a; *Lutter/Joost* Rn. 23; zur Vermutung der gemeinsamen Führung § 322 Rn. 1 ff.). Die gemeinsame Führung kann bei der Betriebsaufspaltung durch die übernehmenden Rechtsträger (GK-BetrVG/*Wiese/Kreutz* § 21 Rn. 70), bei der Betriebsabspaltung durch den übertragenden und den oder die übernehmenden Rechtsträger geschehen.

IV. Zusammenfassung

Werden als Folge einer Umwandlung Betriebe oder Betriebsteile zu einem Betrieb zusammengefaßt, **5** ist es nicht sinnvoll, für jeden der zusammengefaßten Teile die Zuständigkeiten der alten Betriebsräte aufrechtzuerhalten. Der neue Betrieb braucht eine einheitliche Arbeitnehmervertretung. **Abs. 2** legt für eine Übergangszeit die Repräsentation durch einen der beteiligten Betriebsräte nach dem Prinzip der größten Zahl fest. Trotz der mißverständlichen Überschrift des Paragraphen und der unklaren Bezugnahme in Abs. 2 S. 2 wird man nicht davon ausgehen können, daß die Vorschrift bei allen Formen der Zusammenfassung von Betrieben und Betriebsteilen unabhängig von der Form der gesellschaftsrechtlichen Veränderung greift (GK-BetrVG/*Wiese/Kreutz* § 21 Rn. 73; aA DKK/*Buschmann* § 21 Rn. 58). So würde der Kontext ausgeklammert, in dem die Regelung steht. Andererseits muß die Vorschrift einen sinnvollen Anwendungsbereich behalten. Sie ist daher nicht auf die Umwandlungen nach Abs. 1 beschränkt. Sie bezieht jedenfalls die Zusammenfassung von Betrieben oder Betriebsteilen zu einem neuen Betrieb im Zuge einer Verschmelzung mit ein (s. Rn. 1; GK-BetrVG/*Wiese/Kreutz* § 21 Rn. 73; *Lutter/Joost* Rn. 6; weitergehend DKK/*Buschmann* § 21 Rn. 58; § 21 *Fitting* Rn. 48). Inwieweit das Zusammenlegen von Betrieben darüber hinaus allgemein zu einer Übergangsregelung führt, die etwaige Betriebsratslosigkeit vermeidet, ist eine Frage nach dem allgemeinen Übergangsmandat (hierzu § 21 BetrVG Rn. 7 ff.). Das Übergangsmandat nach Abs. 2 bezieht sich auch auf einen bisher betriebsratslosen Betriebsteil, solange nur die neue betriebliche Einheit betriebsratsfähig ist und zumindest bei einem abgebenden Betrieb ein BR bestand (GK-BetrVG/*Wiese/Kreutz* § 21 Rn. 72; *Lutter/Joost* Rn. 25, 26). War dieser Betriebsteil der nach der Zahl der wahlberechtigten Arbeitnehmer größte, nimmt das Übergangsmandat der nächstgrößte wahr (GK-BetrVG/*Wiese/ Kreutz* § 21 Rn. 72; *Lutter/Joost* Rn. 26). Der personelle Anwendungsbereich des Übergangsmandats beschränkt sich auch bei der Zusammenlegung auf die schon bisher durch einen BR vertretenen AN (*Lutter/Joost* Rn. 28; s. oben Rn. 4).

V. Übergangsmandat

Bei der Betriebsaufspaltung bleiben für den Betriebsrat nur befristete Übergangsmandate (*Lutter/* **6** *Joost* Rn. 15). Mit deren Ende endet auch das Betriebsratsamt. Bei der Betriebsabspaltung bleibt der Betriebsrat für den verbleibenden (betriebsratsfähigen) Teil uneingeschränkt im Amt und übernimmt ein zeitlich begrenztes Übergangsmandat für den oder die abgespalten Teile (*Dehmer* Rn. 10; *Lutter/Joost* Rn. 15; DKK/*Buschmann* § 21 Rn. 55; *Fitting* § 21 Rn. 46; GK-BetrVG/*Wiese/Kreutz* § 21 Rn. 68). Für die Dauer des Übergangsmandats führt der Betriebsrat seine Geschäfte über Unternehmensgrenzen hinweg. Seine personelle Zusammensetzung bleibt für die Ausübung des Übergangsmandats (*Lutter/Joost* Rn. 39) bestehen auch soweit Arbeitsverhältnisse von Betriebsratsmitgliedern nach §§ 324 UmwG, 613 a I 1 BGB mit einem übertragenen Betriebsteil auf den Inhaber des neuen Betriebes übergehen (GK-BetrVG/*Wiese/Kreutz* § 21 Rn. 76; *Lutter/Joost* Rn. 39; weitergehend *Willemsen/Hohenstatt* Teil D Rn. 61). Die Betriebsspaltung schlägt für die Dauer des Übergangsmandats nicht auf die Funktionsfähigkeit des Betriebsrates durch. Nur so kann auch bei der Betriebsaufspaltung das Übergangsmandat wahrgenommen werden (s. § 21 BetrVG Rn. 10). Beim Zusammenlegen von Betriebsteilen bleiben die Betriebsräte im Amt, denen die zusammengelegten Betriebsteile zugeordnet waren. Zeitlich begrenzt ist nur das von jedem wahrgenommene Übergangsmandat.

1. Dauer. Das Übergangsmandat beginnt mit der tatsächlichen Durchführung der Betriebsspaltung **7** bzw. Zusammenlegung (*Dehmer* Rn. 14). Für die Repräsentation der Arbeitnehmer sind nicht die gesellschaftsrechtlich vorgeschalteten Vorgänge, sondern die tatsächlichen Abläufe ausschlaggebend (aA *Boecken* Rn. 382). Die Aufteilung der Leitungsmacht ist für das Übergangsmandat das entscheidende Datum. Das Übergangsmandat kann so auch vor Wirksamwerden der Spaltung, Teilübertragung oder Verschmelzung beginnen (*Dehmer* Rn. 14; GK-BetrVG/*Wiese/Kreutz* § 21 Rn. 75; aA DKK/ *Buschmann* § 21 Rn. 57). Es wird in aller Regel spätestens mit diesem Ereignis einsetzen (Vgl. DKK/ *Buschmann* § 21 Rn. 57; GK-BetrVG/*Wiese Kreutz* § 21 Rn. 75). Das Übergangsmandat endet zu den in Abs. 1 S. 3 festgelegten Zeitpunkten. Sie können durch Vereinbarung nicht hinausgeschoben werden (GK-BetrVG/*Wiese/Kreutz* § 21 Rn. 74). Die Frist beginnt nach § 131 I mit Eintragung der Spaltung – Teilübertragung – in das Register des Sitzes des übertragenden Rechtsträgers. Bei der

Verschmelzung beginnt sie nach § 20 I mit der Eintragung in das Register des Sitzes des übernehmenden Rechtsträgers. Die Bekanntgabe des Wahlergebnisses erfolgt nach § 18 III 1 BetrVG, 19 iVm 3 IV WO unverzüglich nach Abschluß der Betriebsratswahl (s. § 18 BetrVG Rn. 3) durch Aushang (s. § 21 BetrVG Rn. 2). Hat das Übergangsmandat schon vor der Umwandlung eingesetzt, kann sich seine Gesamtdauer über 6 Monate hinaus verlängern, weil es auch in diesem Fall ohne Neuwahl eines Betriebsrates erst zu dem im Gesetz angegebenen Termin endet (GK-BetrVG/*Wiese/Kreutz* § 21 Rn. 75).

8 **2. Inhalt.** Beim Übergangsmandat handelt es sich um ein **Vollmandat.** Es beschränkt sich nicht auf Übergangs- oder Abwicklungsregelungen (*Boecken* Rn. 378; *Lutter/Joost* Rn. 30; *Dehmer* Rn. 17; *Fitting* § 21 Rn. 51; GK-BetrVG/*Wiese/Kreutz* § 21 Rn. 79). Der Betriebsrat nimmt die Beteiligungsrechte in sozialen, personellen und wirtschaftlichen Angelegenheiten in vollem Umfang wahr. Dies gilt auch für die wettbewerbsrelevanten Rechte (*Lutter/Joost* Rn. 34; *Fitting* § 21 Rn. 51; GK-BetrVG/*Wiese/Kreutz* § 21 Rn. 79). Im UmwG fehlt eine den §§ 13 III SprTrUG oder 6b IX 4 VermG entsprechende Regelung. Er behält ebenso alle Befugnisse im organisatorischen Bereich. Er schließt Betriebsvereinbarungen ab, führt Betriebsversammlungen durch und hält Sprechstunden ab. Die für den neuen Betrieb anfallenden Kosten der Betriebsratsarbeit trägt der neue Inhaber (*Lutter/Joost* Rn. 35; GK-BetrVG/*Wiese/Kreutz* § 21 Rn. 79). Der Betriebsrat nimmt jedoch allein die Aufgaben und Befugnisse war, die er als im neuen Betrieb gewählter Betriebsrat wahrnehmen dürfte. Das Übergangsmandat erstreckt sich auf den neuen Betrieb. Das kann zu einer Veränderung in der **Reichweite** der Mitbestimmung führen. Soweit Mitbestimmungsrechte von der Anzahl der Arbeitnehmer abhängen, ist daher die Zahl im neuen Betrieb ausschlaggebend (*Lutter/Joost* Rn. 31; GK-BetrVG/*Wiese/Kreutz* § 21 Rn. 78). Betriebsvereinbarungen aus dem gespaltenen Betrieb werden in den neuen automatisch übergeleitet. Es gelten die §§ 324 UmwG und 613a I 2 BGB (GK-BetrVG/*Wiese/Kreutz* § 21 Rn. 78). Zum Übergangsmandat gehört die Pflicht, nach Abs. 1 S. 2 „unverzüglich" die Wahl eines Betriebsrates einzuleiten, nicht erst nach § 16 I BetrVG zehn Wochen vor Ablauf des Übergangsmandats (*Lutter/Joost* Rn. 32; *Boecken* Rn. 377). So kommt eine Bestellung des Wahlvorstandes durch das Arbeitsgericht nach § 16 II ArbGG auch schon vor dem dort genannten Zeitpunkt in Betracht (*Boecken* Rn. 377; *Lutter/Joost* Rn. 32; GK-BetrVG/*Wiese/Kreutz* § 21 Rn. 80).

VI. Streitigkeiten

9 Über Beginn, Ende und Bestehen eines Übergangsmandats wird im arbeitsgerichtlichen Beschlußverfahren nach den §§ 2a, 80ff. ArbGG entschieden (GK-BetrVG/*Wiese/Kreutz* § 21 Rn. 84). Hierüber kann auch als Vorfrage im Urteilsverfahren – etwa in einem Kündigungsschutzprozeß – entschieden werden.

§ 322 Gemeinsamer Betrieb

(1) Wird im Falle des § 321 Abs. 1 Satz 1 die Organisation des gespaltenen Betriebes nicht geändert, so wird für die Anwendung des Betriebsverfassungsgesetzes vermutet, daß dieser Betrieb von den an der Spaltung beteiligten Rechtsträgern gemeinsam geführt wird.

(2) Führen an einer Spaltung oder an einer Teilübertragung nach dem Dritten oder Vierten Buch beteiligte Rechtsträger nach dem Wirksamwerden der Spaltung oder der Teilübertragung einen Betrieb gemeinsam, gilt dieser als Betrieb im Sinne des Kündigungsschutzrechts.

I. Vermutung

1 **Abs. 1** betrifft das Prozeßrecht. Er kehrt in seinem Anwendungsbereich die Darlegungs- und Beweislast für das Vorliegen einer Führungsvereinbarung und damit im Ergebnis für die Existenz eines gemeinsamen Betriebes jedenfalls in Teilen um (DKK/*Buschmann* § 21 Rn. 53; GK-BetrVG/*Wiese/Kreutz* § 21 Rn. 71). Die Vorschrift enthält die erste gesetzliche Regelung zu dieser Rechtsfigur, die bisher nur von Rechtsprechung und Lehre anerkannt wurde (s. § 4 BetrVG Rn. 7). Dem gemeinsamen Betrieb fehlt von Hause aus die rechtliche Identität des Betriebsinhabers. Die dort Beschäftigten sind arbeitsvertraglich verschiedenen Arbeitgebern zugeordnet. Führen diese den Betrieb gemeinsam und beruht diese gemeinsame Führung auf einer entsprechenden Vereinbarung, steht den Arbeitnehmern betriebsverfassungsrechtlich nur ein Ansprechpartner gegenüber. Sie müssen daher auch von einem Betriebsrat vertreten werden, der alle Beschäftigten ohne Rücksicht auf ihre individualrechtliche Bindung repräsentiert. Anders lassen sich Mitbestimmungsrechte nicht sinnvoll wahrnehmen. Dabei kann die nach der Rechtsprechung auf Arbeitgeberseite notwendige Führungsvereinbarung auch konkludent abgeschlossen werden. Sie läßt sich schon aus den tatsächlichen Umständen herleiten (BAG 7. 8. 1996, 14. 9. 1988 AP BetrVG 1972 § 1 Nr. 5 und 9).

2 **1. Grundlage.** Hier setzt die Vorschrift an. Ist ein bisher von einem Arbeitgeber geführter Betrieb nach der Spaltung verschiedenen Rechtsträgern zugeordnet und sind damit auf betrieblicher Ebene

keine wesentlichen Organisationsänderungen einhergegangen, ist also organisatorisch die Leitung des Betriebes im wesentlichen unverändert beibehalten worden, wird eine gemeinsame Führung des Betriebes durch die beteiligten Rechtsträger und damit im Ergebnis ein gemeinsamer Betrieb vermutet (*Lutter/Joost* Rn. 11, 12; *Boecken* Rn. 389; GK-BetrVG/*Wiese/Kreutz* § 21 Rn. 71; weitergehend DKK/*Buschmann* § 21 Rn. 54 ff.). Die Vorschrift macht m. a. W. in ihrem Anwendungsbereich aus einem Teil der vom BAG als Indiz für einen gemeinsamen Betrieb herangezogenen Tatsachen eine Vermutungsgrundlage. Diese Vermutung bezieht sich nach dem Wortlaut der Regelung allein auf das BetrVG (*Lutter/Joost* Rn. 15; *Boecken* Rn. 393; zu einer analogen Anwendung auf Abs. 2 Rn. 5). Sie ist widerlegbar. Ist der Nachweis der Tatsachen erbracht, welche die Grundlage für die Vermutung abgeben oder sind sie unstreitig, muß der Prozeßgegner darlegen und beweisen, daß trotz Fehlen einer Organisationsänderung d. h. trotz Beibehaltung der organisatorischen Leitungsstruktur eine gemeinsame Führung nicht vereinbart ist und man damit nicht von einem gemeinsamen Betrieb ausgehen kann (*Boecken* Rn. 391; *Lutter/Joost* Rn. 16; *Dehmer* Rn. 12). Dieser Beweis läßt sich kaum führen (*Dehmer* Rn. 12; *Fitting* § 21 Rn. 48 b; GK-BetrVG/*Wiese/Kreutz* § 21 Rn. 71). Soweit die beteiligten Rechtsträger im Zusammenhang mit der Spaltung ausdrücklich erklärt haben, keine Führungsvereinbarung treffen zu wollen, ist ihrer Erklärung jedenfalls angesichts einer tatsächlich praktizierten gemeinsamen Leitung des Betriebes unbeachtlich (*Lutter/Joost* Rn. 16). Entscheidend ist – wie sonst auch – die tatsächliche Handhabung.

2. Folgen. Haben wir es mit einem gemeinsamen Betrieb zu tun, bleibt der vor der Spaltung **3** gewählte Betriebsrat im Amt (*Lutter/Joost* Rn. 17; *Boecken* Rn. 395). Eine Neuwahl findet allein aus Anlaß der Spaltung nicht statt. Für ein Übergangsmandat ist kein Platz. Der Betriebsrat vertritt die Interessen aller Arbeitnehmer einheitlich gegenüber allen beteiligten Rechtsträgern bzw. gegenüber ihren Vertretern in der Betriebsleitung (*Lutter/Joost* Rn. 17; *Dehmer* Rn. 13). Betriebsvereinbarungen aus der Zeit vor der Spaltung gelten weiter. Sie werden nicht nach §§ 324 UmwG, 613 a I 2 BGB transformiert. Der neue Arbeitgeber tritt zwar nicht als Vertragspartner in die Arbeitsverträge der von ihm nicht Beschäftigten ein. Er wird aber über die gemeinsame Führung Betriebspartner des schon vorhandenen Betriebsrates und tritt damit auch in die Betriebsvereinbarungen ein (Vgl. § 613 a BGB Rn. 69). Die betriebliche Einheit war nie aufgelöst (*Lutter/Joost* Rn. 19; vgl. auch *Boecken* Rn. 154 ff.).

II. Kündigungsschutz

Die Rechtsprechung geht schon seit einer Reihe von Jahren davon aus, daß der gemeinsame Betrieb **4** auch eine besondere Rolle bei der Kündigung von Arbeitnehmern spielt. So dient Abs. 2 nur der Klarstellung, daß ein von mehreren selbständigen Unternehmen in den dort genannten Fällen der Umwandlung gemeinsam geführter Betrieb auch kündigungsschutzrechtlich als ein Betrieb gilt (*Dehmer* Rn. 14; *Lutter/Joost* Rn. 20; KR/*Weigand* Rn. 66).

1. Beweislast. Soweit es in diesem Zusammenhang um den Geltungsbereich des KSchG geht, trägt **5** der Arbeitnehmer die Darlegungs- und Beweislast (BAG 23. 3. 1984 AP KSchG 1969 § 23 Nr. 4; 13. 6. 1985 AP KSchG 1969 § 1 Nr. 10; KR/*Weigand* § 23 KSchG Rn. 50). Dabei reicht es aus, wenn er die äußeren Umstände darlegt, die für eine gemeinsame Führung des Betriebes sprechen (BAG 13. 6. 1985 AP KSchG 1969 § 1 Nr. 10). Im Anwendungsbereich des Abs. 2 hilft ihm darüberhinaus die Vermutung des Abs. 1 (*Lutter/Joost* Rn. 22; aA *Dehmer* Rn. 16; *Wlotzke* DB 95, 40 (44)). Sie ist analog anzuwenden. Die Lücke im Gesetz ist planwidrig. Die Voraussetzungen, unter denen für den Anwendungsbereich des KSchG ein gemeinsamer Betrieb angenommen wird, sind dieselben wie im Betriebsverfassungsrecht (BAG 23. 3. 1984 und 18. 1. 1990 AP KSchG 1969 § 23 Nr. 4, 9; BAG 7. 8. 1986 und 14. 9. 1988 AP BetrVG 1972 § 1 Nr. 5, 9; KR/*Weigand* § 23 KSchG Rn. 50). Abs. 2 hat für seinen Anwendungsbereich hieran nichts geändert. Ein Auseinanderfallen der Zuständigkeit des Betriebsrates und des Geltungsbereichs des KSchG im Anwendungsbereich des § 322 UmwG wäre wenig sachgerecht (*Lutter/Joost* Rn. 20).

2. Folgen. Die Regelung des Abs. 2 gilt – anders als § 323 I UmwG – zeitlich unbegrenzt. Solange **6** der gemeinsame Betrieb besteht kommt es damit für den betrieblichen Anwendungsbereich des KSchG auf die Gesamtzahl der im gemeinsamen Betrieb Beschäftigten an. Die Kleinbetriebsklausel des § 23 I KSchG bezieht sich auf den gemeinsamen Betrieb, nicht auf die Anzahl der dort jeweils von einem Arbeitgeber eingesetzten Arbeitnehmer (*Dehmer* Rn. 15; KR/*Weigand* § 23 KSchG Rn. 67; *Lutter/Joost* Rn. 23). In die soziale Auswahl nach § 1 III-V KSchG sind alle im gemeinsamen Betrieb Beschäftigten unabhängig von ihrer Zuordnung zu einem bestimmten Arbeitgeber einzubeziehen (BAG 13. 6. 1985 AP KSchG 1969 § 1 Nr. 10; BAG 5. 5. 1994 AP KSchG 1969 § 1 Soziale Auswahl Nr. 23; *Dehmer* Rn. 15; *Lutter/Joost* Rn. 23; KR/*Weigand* KSchG § 23 Rn. 67). Eine anderweitige Beschäftigungsmöglichkeit ist nach § 1 II 2 Ziff. 1 b) KSchG für den gesamten Betrieb (*Dehmer* Rn. 15; *Lutter/Joost* Rn. 23) und jedenfalls für alle Betriebe der am Gemeinschaftsbetrieb beteiligten Unternehmen zu prüfen, soweit sie jeweils Arbeitgeber des Gekündigten sind (BAG 13. 6. 1985

AP KSchG 1969 § 1 Nr. 10; weitergehend DKK/*Trümner* BetrVG § 1 Rn. 89 p; *Wlotzke* DB 95, 40 (44); *Lutter/Joost* Rn. 23; unklar *KR/Weigand* § 1 KSchG Rn. 508 a).

§ 323 Kündigungsrechtliche Stellung

(1) **Die kündigungsrechtliche Stellung eines Arbeitnehmers, der vor dem Wirksamwerden einer Spaltung oder Teilübertragung nach dem Dritten oder Vierten Buch zu dem übertragenden Rechtsträger in einem Arbeitsverhältnis steht, verschlechtert sich auf Grund der Spaltung oder Teilübertragung für die Dauer von zwei Jahren ab dem Zeitpunkt ihres Wirksamwerdens nicht.**

(2) **Kommt bei einer Verschmelzung, Spaltung oder Vermögensübertragung ein Interessenausgleich zustande, in dem diejenigen Arbeitnehmer bezeichnet werden, die nach der Umwandlung einem bestimmten Betrieb oder Betriebsteil zugeordnet werden, so kann die Zuordnung der Arbeitnehmer durch das Arbeitsgericht nur auf grobe Fehlerhaftigkeit überprüft werden.**

I. Kündigungsrechtliche Stellung

1   Nach § 323 I verschlechtert sich die **kündigungsrechtliche Stellung eines AN,** der vor dem Wirksamwerden einer Spaltung oder Teilübertragung zu dem übertragenden Rechtsträger in einem Arbeitsverhältnis steht, aufgrund der Spaltung oder Teilübertragung für die Dauer von zwei Jahren ab dem Zeitpunkt ihres Wirksamwerdens nicht. Veränderungen infolge anderer Umstrukturierungsmaßnahmen scheiden aus. Die **Verschlechterung** muß außerdem **kausale Folge** der Spaltung oder Teilübertragung sein (*Dehmer* § 323 Rn. 4). Die Frist für das **Verschlechterungsverbot** beginnt mit dem Zeitpunkt des Wirksamwerdens der Spaltung oder Teilübertragung. Das ist gemäß § 131 UmwG der Tag der Eintragung im Register des Sitzes des übertragenden Rechtsträgers. Ist die Zwei-Jahres-Frist abgelaufen, gilt der normale Kündigungsschutz dann, wenn inzwischen die Voraussetzungen der §§ 1, 23 KSchG im neuen Betrieb erfüllt sind (*Lutter/Joost* Rn. 16).

2   § 323 I ist **zwingendes Recht,** auf das der Arbeitnehmer nicht im voraus verzichten kann (*Lutter/Joost* Rn. 17; *Kallmeyer/Willemsen* Rn. 17; *Trittin* AiB 1996, 355). Ist die Umwandlung erfolgt, gelten für die Änderung der Arbeitsbedingungen die üblichen Regelungen. Die **Arbeitsvertragparteien** (nicht: die Tarifvertragsparteien) sind **nicht gehindert,** durch privatautonome Regelungsmöglichkeiten die **Arbeitsbedingungen zu verschlechtern** (*Lutter/Joost* Rn. 17). § 323 I ist unabhängig davon anwendbar, ob es zu einem Gemeinschaftsbetrieb nach § 322 II UmwG kommt oder nicht. § 323 I ist gegenüber § 613 a BGB die speziellere Regelung, die vorgeht (KR/*Friedrich* UmwG Rn. 35).

3   Bei einer **Verschmelzung** und bei einem **Formwechsel** ändert sich infolge der Gesamtrechtsnachfolge an der kündigungsrechtlichen Stellung des AN nichts (*Kallmeyer/Willemsen* § 324 Rn. 7; *Joost* ZIP 1995, 976, 981). Eine Änderung kann eintreten bei Spaltungsvorgängen. Hinsichtlich dieses Regelungsgehalts ist die Vorschrift unklar. In der Begründung zum Regierungsentwurf (BR-Drucks. 75/94 v. 4. 2. 1994) heißt es, die bisherige kündigungsrechtliche Stellung des AN solle dann nicht verschlechtert werden, wenn bei dem neuen AG die für die Anwendung kündigungsschutzrechtlicher Vorschriften notwendige **Beschäftigtenzahl** nicht erreicht werde; dies betreffe „insbesondere" § 23 I KSchG. Das wird in der Praxis sicher das wichtigste Anwendungsfeld sein (vgl. *Däubler* RdA 1995, 136; *Heinze* ZfA 1997, 1; *Neye* ZIP 1994, 165, 169; *Trittin* AiB 1996, 356). Demgegenüber stellt der an sich klare gesetzliche Wortlaut (so zutreffend *Wlotzke* DB 1995, 40, 44) sowohl in der Überschrift als auch im Text des Gesetzes selbst auf die **kündigungsrechtliche Stellung** ab. Der Begriff der kündigungsrechtlichen Stellung ist weiter. Er umfaßt praktisch **alle für eine Kündigung relevanten Fragen,** wie Kündbarkeit, Kündigungsfrist, Kündigungsschutz (KR/*Friedrich* UmwG Rn. 38). Für eine restriktive Auslegung, aus der sich der Anwendungsbereich der Vorschrift auf die für die Anwendung des KSchG nach § 23 KSchG maßgebende Arbeitnehmerzahl beschränken soll, bietet das Gesetz keinen Raum (*Lutter/Joost* Rn. 9; *Bachner* NJW 1995, 2881, 2884; *Dehmer* § 323 Rn. 6; *Düwell* HZA 13/1 Rn. 5179; *Trittin* AiB 1996, 356; *Willemsen* NZA 1996, 791; 798; aA *J. H. Bauer/Lingemann* NZA 1994, 1037, 1060; *Kreßel* BB 1995, 925, 928; *Löwisch* Rn. 29; vgl. *Kallmeyer/Willemsen* Rn. 12).

4   § 323 I schützt den AN für zwei Jahre, sofern eine Verschlechterung seiner Position „auf Grund der Spaltung oder Teilübertragung" erfolgen soll (BBDW Rn. 29; *Wlotzke* DB 1995, 44). Die **kündigungsrechtliche Stellung ist umfassend** zu sehen. Sie bezieht sich zB auch darauf, daß ein vereinbarter Ausschluß der ordentlichen Kündbarkeit weiter gilt (*Düwell* NZA 1996, 393, 397; *ders.* HzA Gruppe 13/1 Rn. 5179). Sie erhält dem AN die im Hinblick auf die Kündigungsfristen in § 622 BGB erhebliche Dauer des Arbeitsverhältnisses (*Lutter/Joost* Rn. 8), und zwar auch, soweit insofern tarifvertragliche Regelungen bestehen (*Kallmeyer/Willemsen* Rn. 16). Wird ein Betrieb abgespalten, endet damit für ein Betriebsratsmitglied die Mitgliedschaft im Betriebsrat. Nach § 323 I behält das Betriebsratsmitglied für zwei Jahre den Schutz als Betriebsratsmitglied. Insoweit geht § 323 I dem § 15 I 2 KSchG (nachwirkender Kündigungsschutz) vor (KR/Friedrich UmwG Rn. 43; *Lutter/Joost* Rn. 12; aA *Kallmeyer/Willemsen* Rn. 13). Die „kündigungsrechtliche Stellung" ist zu beachten in Bezug auf

die neuen realen Gegebenheiten. Es ist nicht vorübergehend von hypothetischen Sachlagen auszugehen. Die Norm, die bisher anzuwenden war, soll weiter angewandt werden. Wie sie angewandt wird, richtet sich nach der tatsächlichen Lage (*Kallmeyer/Willemsen* Rn. 7; insoweit unklar *Dehmer* § 323 Rn. 7). Bei einer Kündigung ist hinsichtlich der Frage der Weiterbeschäftigung auf einem anderen freien Arbeitsplatz im Unternehmen und bezüglich der Sozialauswahl nicht zu differenzieren. Im Hinblick auf beide zu prüfende Möglichkeiten wird der Eintritt der Wirkungen einer Spaltung einschließlich der einer Ausgliederung zeitlich hinausgeschoben. War vor der Umwandlung eine Weiterbeschäftigung möglich, ist die Kündigung wegen angeblich fehlender Weiterbeschäftigungsmöglichkeit für zwei Jahre ausgeschlossen (KR/*Friedrich* UmwG Rn. 41). Bei der Frage der **Weiterbeschäftigung** auf einem freien Arbeitsplatz geht das KSchG von einem **Unternehmensbezug** und nicht von einem Konzernbezug aus. Es ist daher nicht gerechtfertigt, auch die Weiterbeschäftigungsmöglichkeiten zu berücksichtigen, die in Betrieben bestehen, die aus der Umwandlung hervorgegangen sind (so auch *Löwisch* § 1 KSchG Rn. 261).

Das gilt entsprechend bei der sozialen Auswahl. § 323 I ist ausgerichtet auf Folgen der Unternehmensänderung. Hinsichtlich einer vorzunehmenden sozialen Auswahl führt das nicht dazu, daß vorübergehend von einem gemeinsamen Betrieb auszugehen ist. Die **Sozialauswahl** ist zu beziehen auf die **neuen tatsächlichen Verhältnisse.** Sie erstreckt sich nur auf die AN des neuen Betriebs (*Dehmer* § 323 Rn. 10; *Lutter/Joost* Rn. 15; *Löwisch* Rn. 311, 312; *Willemsen* NZA 1996, 791, 798; aA KR/*Weigand* Rn. 61, 63; *Bachner* NJW 1995, 2881, 2884, *Kallmeyer* ZIP 1995, 1746, 1757; *Trümner* AiB 1995, 309, 313; vgl. auch *Däubler* RdA 1995, 136, 143 ff.). Eine weitergehende Auslegung ist schon deshalb nicht geboten, weil der AN, der diese Folgerungen nicht hinnehmen will, bei Nichterlöschen des alten Arbeitgebers Widerspruch erheben kann, vgl. § 324. Ebenso verhält es sich mit der Anwendung von **Auswahlrichtlinien,** wenn die tatsächlichen Umstände des übernehmenden Rechtsträgers auf sie nicht passen (*Lutter/Joost* Rn. 14).

Führen an einer Spaltung oder an einer Teilübertragung beteiligte Rechtsträger nach der Umwandlung einen Betrieb gemeinsam, gilt dieser als **ein** Betrieb im Sinn des KSchG. Für die Frage der Anwendung des KSchG ist auf die Gesamtzahl der AN des gemeinsamen Betriebs abzustellen. Außerdem erstreckt sich die Prüfung einer Weiterbeschäftigungsmöglichkeit oder der Sozialauswahl auf alle AN des gemeinsamen Betriebs (*Joost* ZIP 1995, 976, 981).

Führt eine Spaltung dazu, daß die entstehenden neuen betrieblichen Einheiten nicht mehr betriebsratsfähig sind, endet das Amt des bisherigen Betriebsrats. Die **betriebsverfassungsrechtlichen Mitwirkungsrechte** können nicht mehr ausgeübt werden. Ein Übergangsmandat wie bei § 321 I besteht hier nicht (*Lutter/Joost* Rn. 13). Die in § 323 angesprochene kündigungsrechtliche Stellung des AN umfaßt nicht zugleich die kündigungsrechtlich erhebliche betriebsverfassungsrechtliche Lage.

Hat ein AN Rechte gemäß **§ 324 UmwG iVm. § 613 a I 1 BGB** erlangt, genießt diese Rechtsstellung **Vorrang vor** dem nur **befristeten Schutz nach § 323.** Das ist **anders,** wenn die kündigungsrechtliche Stellung des AN durch **Tarifvertrag oder Betriebsvereinbarung** geregelt ist. Dann geht § 323 I der Regelung in § 613 a I 2 BGB vor (*Lutter/Joost* Rn. 18).

II. Zuordnung der Arbeitnehmer

Werden durch **Spaltung neue betriebliche Einheiten** begründet, greift die **Rechtsfolge des § 324.** § 323 II bezieht sich vordergründig auf Fragen des Betriebsübergangs. § 323 II enthält eine **Sonderregelung hinsichtlich der Überprüfungsmöglichkeiten des Arbeitsgerichts,** wenn bei der Umsetzung der Verschmelzung, Spaltung oder Vermögensübertragung ein **Interessenausgleich** zustande kommt, in dem diejenigen **Arbeitnehmer bezeichnet werden, die** nach der Umwandlung einem **bestimmten Betrieb** oder Betriebsteil **zugeordnet werden.** Das Arbeitsgericht kann diese Zuordnung der AN nur auf grobe Fehlerhaftigkeit überprüfen.

Die **Betriebsparteien können** nach § 323 II den gesetzlich zwingend vorgeschriebenen **Übergang eines Arbeitsverhältnisses nicht** dadurch **verhindern,** daß sie einen AN, der von dem Übergang erfaßt wird, im Interessenausgleich aussparen (*Lutter/Joost* Rn. 22). Voraussetzung für die Anwendung des § 323 II ist, daß rechtlich eine Einzelzuordnung eines AN zu einem bestimmten Betrieb oder Betriebsteil im Interessenausgleich erfolgen kann. Die Zuordnung hat so zu erfolgen, wie sie der objektiven Rechtslage entspricht (*Kallmeyer/Willemsen* § 324 Rn. 20). Es besteht für die **Betriebsparteien nicht die Möglichkeit,** durch Interessenausgleich eine **konstitutive Zuordnung** in Bezug auf eine Zuordnung, die bisher eindeutig nicht bestand, gleichsam durch einen „dinglichen Zuordnungsakt", nach Belieben zu vollziehen (*Kallmeyer/Willemsen* § 324 Rn. 19; *Lutter/Joost* Rn. 24). Eine Zuordnung ist ebenso ausgeschlossen, wenn ein AN dem Übergang seines Arbeitsverhältnisses widersprochen hat (*Lutter/Joost* Rn. 26), vgl. § 613 a BGB. Die praktische Bedeutung von § 323 II erweist sich, wenn die rechtliche Zuordnung eines AN aufgrund seiner bisherigen Stellung im früheren Betrieb zweifelhaft ist, so wenn er in mehreren Abteilungen gearbeitet hat (*Kallmeyer/Willemsen* Rn. 22). **§ 323 II hat** insoweit **klarstellende Wirkung** (*Dehmer* § 323 Rn. 17, 19; *Lutter/Joost* Rn. 27).

11 Durch § 323 II wird nicht geregelt, daß eine uU notwendige **individualrechtliche Umsetzungsmaßnahme** nur auf grobe Fehlerhaftigkeit überprüft werden kann (so aber *Hartmann* ZfA 1997, 21). In seinem Anwendungsbereich verändert § 323 II weder den Prüfungsmaßstab des § 2 KSchG noch schränkt er die gerichtliche Überprüfungsmöglichkeit im Rahmen von § 2 KSchG ein (aA *Hartmann* ZfA 1997, 21, 33: § 2 KSchG wird modifiziert). Kommt ein Interessenausgleich zustande, in dem diejenigen AN bezeichnet werden, die nach der Umwandlung einem bestimmten Betrieb oder Betriebsteil zugeordnet werden, besagt dies, daß die auf Tatsachen gestützte Auffassung der Betriebspartner, die Zuordnung ergebe sich unter Zugrundelegung des maßgebenden Vertragsinhalts – es sei also keine weitere Individualmaßnahme wie Änderungsvertrag oder Änderungskündigung notwendig –, nur auf grobe Fehlerhaftigkeit überprüft werden kann. Ist diese Auffassung grob fehlerhaft, bleibt dem AG bei Vorliegen der entsprechenden Voraussetzungen nur der Weg der Änderungskündigung. Diese wird allein nach dem Maßstab des § 2 KSchG geprüft (aA *Löwisch* § 1 KSchG Rn. 29). Grob fehlerhaft ist die Zuordnung, wenn sie sich unter keinem rechtlichen Gesichtspunkt sachlich rechtfertigen läßt (*Dehmer* § 323 Rn. 20; *J. H. Bauer/Lingemann* NZA 1994, 1057). Im Interessenausgleich kann nicht von den zwingenden Regelungen des § 613 a BGB abgewichen werden. Eine grobe Fehlerhaftigkeit ist daher auch ein Verstoß gegen die Wertungen des § 613 a BGB (*Dehmer* § 323 Rn. 20).

Die **Beweislast für die grobe Fehlerhaftigkeit** trägt der AN (*Lutter/Joost* Rn. 29). Dem AG obliegt allerdings eine dem § 138 ZPO entsprechende Vortragslast (so zutreffend *Dehmer* § 323 Rn. 21).

12 Im Gesetz fehlt eine Regelung, innerhalb welcher **Frist** der AN **gegen die im Interessenausgleich erfolgte Zuordnung vorgehen** kann. Es wird die Frist anzuwenden sein, die auch für den Widerspruch des AN gegen den Übergang seines Arbeitsverhältnisses angenommen wird, vgl. insoweit § 613 a BGB. Dem AN ist daher zu empfehlen, innerhalb einer Frist von drei Wochen ab Kenntnis tätig zu werden.

§ 324 Rechte und Pflichten bei Betriebsübergang

§ 613 a Abs. 1 und 4 des Bürgerlichen Gesetzbuchs bleibt durch die Wirkungen der Eintragung einer Verschmelzung, Spaltung oder Vermögensübertragung unberührt.

I. Grundsätzlicher Anwendungsbereich

1 § 324 regelt die Anwendung des § 613 a BGB für den Fall, daß Betriebe oder Betriebsteile im Rahmen von Unternehmensumwandlungen auf einen neuen Rechtsträger übergehen. Ist bei einer Verschmelzung, Spaltung oder Vermögensübertragung ein Betrieb oder Betriebsteil von der Umwandlung betroffen, vollzieht sich der Übergang durch Gesamtrechtsnachfolge, dh. der Rechtsnachfolger tritt uno actu an die Stelle des Rechtsvorgängers, ohne daß es einzelner Übertragungsakte bedarf. Im Gegensatz dazu erfolgt der Betriebsübergang im Wege der Einzelrechtsnachfolge durch einzelne Übertragungsakte. Weil die Einzelrechtsnachfolge ein Rechtsgeschäft (Kauf, Miete, Pacht, Gesellschaftsvertrag) voraussetzt, wird der Betriebsübergang in diesen Fällen von § 613 a BGB erfaßt. Die gesellschaftsrechtliche Gesamtrechtsnachfolge in das Vermögen oder die Vermögensteile des übertragenden Rechtsträgers tritt hingegen mit der Eintragung in das Handelsregister (§§ 20, 131, 176 f.) und damit kraft Gesetzes ein. Vor Inkrafttreten des UmwG ging die hM davon aus, daß in Fällen der Gesamtrechtsnachfolge § 613 a BGB unanwendbar sei, weil die Arbeitsverhältnisse kraft Gesetzes auf den neuen Inhaber übergehen und es deshalb keines Schutzes der AN bedürfe (BAG 6. 2. 1985 AP BGB § 613 a Nr. 44; BAG 21. 2. 1990 AP BGB § 613 a Nr. 85; MünchArbR/*Wank* § 120 Rn. 68; *Staudinger/Richardi* BGB § 613 a Rn. 81). Hierbei wurde jedoch häufig übersehen, daß Rechtsgeschäft und Gesamtrechtsnachfolge sich nicht in jedem Fall ausschließen. Zutreffend ist diese Annahme etwa für die Erbfolge kraft Gesetzes (nicht Testament oder Erbvertrag), nicht hingegen für gesellschaftsrechtliche Umwandlungen (so bereits *K. Schmidt* AcP 191 (1991), 495, 509 ff.). Lediglich der Eintritt der Gesamtrechtsnachfolge erfolgt hier unabhängig vom Parteiwillen mit der Eintragung in das Handelsregister. Dagegen werden die Voraussetzungen der gesellschaftsrechtlichen Gesamtrechtsnachfolge durch vertragliche Vereinbarungen geschaffen (§§ 4, 125, 176), wobei insb. im Fall des Spaltungs- und Übernahmevertrags die Zuordnung der Vermögensgegenstände der Autonomie der Vertragspartner untersteht (§ 126 I Nr. 9). Bei Umwandlungen nach dem UmwG geht ein Betrieb oder Betriebsteil deshalb nicht „durch" Rechtsgeschäft über, sondern der Betriebsübergang erfolgt aufgrund eines Rechtsgeschäfts (ähnlich *Lutter/Joost* UmwG § 324 Rn. 2). Dieser Konstruktion trägt § 324 mit der Regelung Rechnung, daß § 613 a I und IV BGB unberührt bleiben soll, obwohl die Eintragung einer Verschmelzung, Spaltung oder Vermögensübertragung eine Gesamtrechtsnachfolge bewirkt.

2 Bereits vor Inkrafttreten des UmwG war die Richtlinie 77/187/EWG für die Anwendung und Auslegung von § 613 a BGB maßgeblich, deren Art. 1 für den Übergang von Unternehmen, Betrieben oder Betriebsteilen auf einen anderen Inhaber durch vertragliche Übertragung oder Verschmelzung gilt. Daß die Richtlinie 77/187/EWG auch bei Spaltungen Anwendung findet, folgt aus Art. 11 der Sechsten Richtlinie des Rates gem. Art. 54 Abs. 3 Buchst. g) des Vertrages betreffend die Spaltung von

Aktiengesellschaften (82/891/EWG). Angesichts der europarechtlichen Vorgaben hat das BAG § 613 a I und IV BGB bei einer Verschmelzung analog angewendet (BAG 5. 10. 1993 AP BetrAVG § 1 Zusatzversorgungskassen Nr. 42, angedeutet in BAG 13. 7. 1994 AP TVG § 3 Verbandszugehörigkeit Nr. 14).

Trotz der wenig glücklichen Formulierung in § 324, wonach § 613 a I und IV BGB „unberührt" **3** bleibt, ist von einer uneingeschränkten Anwendbarkeit des § 613 a I und IV BGB auszugehen. Dies bedeutet, daß die Anwendbarkeit des § 613 a in den Fällen der Gesamtrechtsnachfolge nicht an dem fehlenden Merkmal einer Übertragung „durch Rechtsgeschäft" scheitert (*Lutter/Joost* UmwG § 324 Rn. 3; *Hartmann* ZfA 1997, 24; *Boecken* ZIP 1994, 1090; *Wlotzke* DB 1995, 42; *Däubler* RdA 1995, 139; so auch BR-Drucks. 75/94, 118; zweifelnd *Bauer/Lingemann* NZA 1994, 1061). Andererseits ist § 324 nicht lediglich eine Rechtsfolgeverweisung auf § 613 a I und IV BGB, sondern eine Rechtsgrundverweisung (so *Kallmeyer/Willemsen* UmwG § 324 Rn. 2; ähnlich *Hartmann* ZfA 1997, 24; aA *Kreßel* BB 1995, 928). Erforderlich ist deshalb, daß infolge einer Umwandlungsmaßnahme ein Betrieb oder Betriebsteil auf einen anderen Rechtsträger übergeht. Ob es sich um einen Betrieb oder Betriebsteil handelt, bestimmt sich nach § 613 a I 1. Halbs. 1 BGB (vgl. § 613 a BGB Rn. 5 ff.). Liegt danach ein Betriebs(-teil)übergang vor, treten die Rechtsfolgen des § 613 a I und IV BGB ein.

II. Arten der Umwandlung

§ 324 stellt ausdrücklich klar, für welche Umwandlungsarten die Anwendung von § 613 a I und IV **4** BGB in Betracht kommt. Es sind dies die Verschmelzung, die Spaltung in Form der Aufspaltung, Abspaltung und Ausgliederung sowie die Vermögensübertragung. Diesen Fällen ist gemeinsam, daß durch die Umwandlung Vermögen, wozu auch ein Betrieb oder Betriebsteil gehören kann, von einem auf einen anderen Rechtsträger übergeht. Unanwendbar ist § 613 a I und IV dagegen bei der formwechselnden Umwandlung. Hier ändert sich nicht die Identität des Rechtsträgers, sondern lediglich seine Rechtsform. Tatsächlich bleibt der bisherige Betriebsinhaber auch nach dem Formwechsel Betriebsinhaber und Vertragspartner der dort beschäftigten AN.

III. Zuordnung der Betriebe oder Betriebsteile

Welche Betriebe oder Betriebsteile übertragen werden, richtet sich bei der Singularsukzession nach **5** der vertraglichen Vereinbarung. Ähnliches gilt bei bestimmten Formen der gesellschaftsrechtlichen Umwandlung nach dem UmwG für die entsprechenden Umwandlungsverträge (*Kallmeyer/Willemsen* UmwG § 324 Rn. 18 ff.). Nichts zu vereinbaren gibt es diesbezüglich bei der **Verschmelzung.** Sie erfolgt nach § 2 entweder im Wege der Aufnahme durch Übertragung des Vermögens eines oder mehrerer Rechtsträger auf einen bereits bestehenden Rechtsträger oder im Wege der Neugründung durch Übertragung des Vermögens eines oder mehrerer Rechtsträger auf einen neu zu gründenden Rechtsträger. Beiden Fällen ist gemeinsam, daß das Vermögen des oder der übertragenden Rechtsträger/s unter Auflösung ohne Abwicklung jeweils als Ganzes übertragen wird. Fällt darunter ein Betrieb, wird dieser ohne eine besondere Zuordnungsvereinbarung auf den übernehmenden Rechtsträger übertragen. Demzufolge sieht § 5 für den Inhalt des Verschmelzungsvertrags keine Angaben für den Übergang von Betrieben oder Betriebsteilen vor. Anders ist es bei der **Spaltung,** die in Form der Aufspaltung, Abspaltung oder Ausgliederung erfolgen kann (vgl. § 123). Hier können jeweils Teile des Vermögens eines Rechtsträgers auf einen anderen oder mehrere andere Rechtsträger übertragen werden. Weil dazu auch Betriebe oder Betriebsteile gehören können, muß nach § 126 I Nr. 9 im Spaltungs- und Übernahmevertrag angegeben werden, welche Betriebe und Betriebsteile übergehen sollen und welchem übernehmenden Rechtsträger sie zugeordnet werden. Zur Frage, ob und unter welchen Voraussetzungen einzelne Arbeitsverhältnisse durch den Spaltungs- und Übernahmevertrag zugeordnet werden können, vgl. § 613 a BGB Rn. 138. Auch die **Vermögensübertragung** kann im Wege der Aufspaltung, Abspaltung oder Ausgliederung erfolgen (§ 174). An einer Vermögensübertragung können jedoch nur die in § 175 genannten Rechtsträger beteiligt sein. Sollen lediglich Teile des Vermögens übertragen werden, ordnet § 177 für den Übertragungsvertrag ua. die entsprechende Anwendung von § 126 I Nr. 9 an. Dies bedeutet, daß der Vertrag etwa übergehende Betriebe oder Betriebsteile sowie den oder die übernehmenden Rechtsträger bezeichnen muß.

IV. Rechtsfolgen des Betriebsübergangs bei Umwandlungen

Führt eine Verschmelzung, Spaltung oder Vermögensübertragung zu einem Betriebs- oder Betriebs- **6** teilübergang auf einen anderen Rechtsträger, treten die in § 613 a I und IV BGB bestimmten Rechtsfolgen ein. Nach **§ 613 a I 1 BGB** gehen die Arbeitsverhältnisse von dem übertragenden auf den übernehmenden Rechtsträger über, der in alle aus den bestehenden Arbeitsverhältnissen folgenden Rechte und Pflichten eintritt (dazu § 613 a BGB Rn. 39 ff., 45 ff., 137 ff.). Der Betriebsübergang führt zu einem Vertragspartnerwechsel auf AGSeite. Zu welchem Zeitpunkt der AGWechsel eintritt, bestimmt sich weder nach dem Datum des Verschmelzungs-, Spaltungs- oder Vermögensübertragungsvertrags, noch nach dem Zeitpunkt der Eintragung in das Handelsregister, sondern nach dem Zeit-

Preis

punkt, ab dem der neue Rechtsträger als AG die arbeitstechnische Organisations- und Leitungsmacht des Betriebs oder Betriebsteils im eigenen Namen tatsächlich übernimmt (dazu § 613 a BGB Rn. 66). Für die nach dem Betriebsübergang entstehenden Ansprüche der AN haftet der übernehmende Rechtsträger nach § 613 a I 1 BGB. Löst sich der übertragende Rechtsträger nicht auf, haftet er für bereits bei Betriebsübergang bestehende ANAnsprüche vorrangig nach § 133. Ob eine Haftung nach § 613 a II BGB ausscheidet, ist fraglich. Einerseits verweist § 324 nicht auf § 613 a II BGB, andererseits läßt § 613 a III BGB die Haftung nach § 613 a II BGB nur dann entfallen, wenn der übertragende Rechtsträger durch Umwandlung erlischt (vgl. dazu § 613 a BGB Rn. 173). Für den „klassischen" Fall der Unternehmensspaltung in eine Anlage- und eine Betriebsgesellschaft richtet sich die Haftung nach § 134.

7 Sind die Rechte und Pflichten aus den übergehenden Arbeitsverhältnissen durch Rechtsnormen eines TV oder einer Betriebsvereinbarung geregelt, so bestimmt sich die Geltung dieser Rechtsnormen beim neuen Rechtsträger nach der Regelung des **§ 613 a I 2 bis 4 BGB** (dazu § 613 a BGB Rn. 168 bis 170).

8 Aus der Verweisung des § 324 auf **§ 613 a IV BGB** folgt, daß das Kündigungsverbot „wegen" des Betriebsübergangs auch für die Umwandlungsfälle der Verschmelzung, Spaltung und Vermögensübertragung gilt. Unwirksam sind deshalb Kündigungen, deren Motiv in der Umwandlung liegt. Zulässig sind dagegen Kündigungen aus anderen Gründen, auch wenn sie in zeitlichem Zusammenhang mit der Umwandlung erfolgen (dazu § 613 a BGB Rn. 176).

§ 325 Mitbestimmungsbeibehaltung

(1) ¹Entfallen durch Abspaltung oder Ausgliederung im Sinne des § 123 Abs. 2 und 3 bei einem übertragenden Rechtsträger die gesetzlichen Voraussetzungen für die Beteiligung der Arbeitnehmer im Aufsichtsrat, so finden die vor der Spaltung geltenden Vorschriften noch für einen Zeitraum von fünf Jahren nach dem Wirksamwerden der Abspaltung oder Ausgliederung Anwendung. ²Dies gilt nicht, wenn die betreffenden Vorschriften eine Mindestzahl von Arbeitnehmern voraussetzen und die danach berechnete Zahl der Arbeitnehmer des übertragenden Rechtsträgers auf weniger als in der Regel ein Viertel dieser Mindestzahl sinkt.

(2) ¹Hat die Spaltung oder Teilübertragung eines Rechtsträgers die Spaltung eines Betriebes zur Folge und entfallen für die aus der Spaltung hervorgegangenen Betriebe Rechte oder Beteiligungsrechte des Betriebsrats, so kann durch Betriebsvereinbarung oder Tarifvertrag die Fortgeltung dieser Rechte und Beteiligungsrechte vereinbart werden. ²Die §§ 9 und 27 des Betriebsverfassungsgesetzes bleiben unberührt.

I. Normzweck

1 Die erst durch die Beschlüsse des Vermittlungsausschusses (siehe *Bartodziej* ZIP 1994, 580 ff.) eingefügte und systematisch nicht ausgereifte (vgl. *Widmann/Mayer/Wißmann* Rn. 3) Vorschrift erhält – vergleichbar mit § 1 III Montan-MitbestG – den mitbestimmungsrechtlichen status quo befristet aufrecht. Sachliche Gründe für die Abweichungen von der vorgenannten Bestimmung sowie des nahezu gleichzeitig in Kraft getretenen § 1 MitbestBeiG sind regelmäßig nicht erkennbar. Darüber hinaus eröffnet § 325 II die Möglichkeit, für die aus einer Spaltung hervorgegangenen Betriebe die betriebsverfassungsrechtlichen Rechte des dort gebildeten BR durch Abschluß einer Vereinbarung zu sichern. Für die Rechte des SprAu fehlt eine vergleichbare Regelung.

II. Unternehmensmitbestimmung

2 **1. Abspaltung oder Ausgliederung.** Die Beibehaltung des mitbestimmungsrechtlichen status quo ordnet § 325 I nur für die dort ausdrücklich benannten Arten der Umwandlung an, die in § 123 II (Abspaltung) und III (Ausgliederung) umschrieben sind. Ihnen ist gemeinsam, daß der Rechtsträger, bei dem der Aufsichtsrat gebildet ist, trotz der Spaltung erhalten bleibt. Keine Anwendung findet § 325 I bei einem Untergang des Rechtsträgers (zB infolge Verschmelzung oder Aufspaltung; hierzu *Mengel* S. 402 ff., 411 ff.); für die formwechselnde Umwandlung trifft § 203 eine abschließende Sonderregelung (näher zu ihr *Mengel* S. 428 ff.). Ebenso ist § 325 I nicht anwendbar, wenn einzelne Betriebe oder Betriebsteile rechtsgeschäftlich übertragen werden (*Widmann/Mayer/Wißmann* Rn. 10). Zur Anwendbarkeit der Vorschrift bei Montan-Unternehmen unten Rn. 6.

3 Die Anwendung der bislang geltenden Vorschriften ordnet § 325 I 1 nur für den übertragenden Rechtsträger an; bezüglich des **übernehmenden Rechtsträgers** ist die Anwendung der Mitbestimmungsgesetze eigenständig zu prüfen (*Boecken* Rn. 428; *Widmann/Mayer/Wißmann* Rn. 7; *Wlotzke* DB 1995, 40, 47). Gegen die Rechtswirksamkeit von TV, die das bisherige Mitbestimmungsstatut für den übertragenden Rechtsträger fortschreiben, spricht ungeachtet tarif- und gesellschaftsrechtlicher Bedenken die Entstehungsgeschichte der Vorschrift, da sich entsprechende Initiativen, die derartige

II. Unternehmensmitbestimmung　　　　　　　　　　　　　　　　§ 325　**UmwG 610**

Abreden ausdrücklich gestatten sollten, im Gesetzgebungsverfahren nicht durchsetzen konnten (vgl. *Boecken* Rn. 438 ff.; *Lutter/Joost* Rn. 35).

2. Entfallen der gesetzlichen Voraussetzungen. Den mitbestimmungsrechtlichen status quo erhält **4** § 325 I stets dann aufrecht, wenn eine Mitbestimmung der AN im Aufsichtsrat des übertragenden Rechtsträgers infolge der Spaltung gänzlich entfallen würde, weil der übertragende Rechtsträger im Anschluß keinem der verschiedenen Mitbestimmungsgesetze mehr unterliegt.

Nicht ausdrücklich geregelt ist die Fallgestaltung, daß infolge der Abspaltung oder Ausgliederung **5** zwar nicht mehr das **bisherige Mitbestimmungsstatut,** wohl aber ein anderes Mitbestimmungsstatut zur Anwendung gelangen würde. Wenn § 325 I 1 verlangt, daß die gesetzlichen Voraussetzungen durch die Abspaltung bzw. Ausgliederung entfallen, so sind hiermit die bislang für den übertragenden Rechtsträger geltenden gesetzlichen Vorschriften gemeint. Die Voraussetzungen für ihre Anwendbarkeit entfallen auch, wenn durch die Abspaltung oder Ausgliederung ein Wechsel im Mitbestimmungsstatut eintritt. Für die Erstreckung des § 325 I auf diese Konstellation spricht auch der Zweck der Vorschrift, da sie den mitbestimmungsrechtlichen status quo aufrechterhalten soll (ebenso *Boecken* Rn. 430; *Lutter/Joost* Rn. 20; *Mengel* S. 420 f.; *Widmann/Mayer/Wißmann* Rn. 11). Dies gilt entsprechend für **Veränderungen innerhalb eines Mitbestimmungsstatuts,** wenn infolge verringerter AN-Zahl an sich eine Verkleinerung des nach § 7 I MitbestG gebildeten erforderlich Aufsichtsrats würde (aA *Lutter/Joost* Rn. 20; *Mengel* S. 421; *Widmann/Mayer/Wißmann* Rn. 12) und die Aufsichtsratsgröße nicht in der Satzung festgelegt ist. Auch in dieser Konstellation entfallen die gesetzlichen Voraussetzungen für die bisherige Beteiligung der AN im Aufsichtsrat, da diese nicht nur durch das zahlenmäßige Verhältnis der Anteilseigner- und ANVertreter, sondern ebenso durch die Anzahl der ANVertreter im Aufsichtsrat geprägt wird.

Durch den **Unternehmenszweck** bedingte Besonderheiten können bei Tendenzunternehmen und **6** solchen Unternehmen eintreten, die der Montan-Mitbestimmung unterliegen. Nach der Abspaltung oder Ausgliederung kann die Situation eintreten, daß der **Tendenzcharakter** des Unternehmens überwiegt und deshalb die Ausschlußtatbestände in § 1 IV MitbestG bzw. § 81 BetrVG 1952 eingreifen. Die Aufrechterhaltung der Unternehmensmitbestimmung (hierfür *Widmann/Mayer/Wißmann* Rn. 23) steht im Widerspruch zu den verfassungsrechtlichen Gründen, die zur gesetzlichen Etablierung eines Tendenzschutzes geführt haben, so daß aufgrund einer einschränkenden verfassungskonformen Auslegung § 325 I keine Anwendung findet. Dies gilt im Ergebnis auch für Unternehmen, die der **Montan-Mitbestimmung** unterliegen, da die speziellen Regelungen in § 1 III Montan-MitbestG und § 16 II MitbestErgG durch § 325 I nicht modifiziert werden sollten. Anderenfalls träte eine vom Gesetzgeber offenkundig nicht gewollte rechtliche Verschlechterung ein. Es fehlen zudem sachliche Gründe für eine differenzierende Behandlung zwischen den verschiedenen Gründen, die zum Wegfall der Montan-Mitbestimmung führen können (wie hier *Lutter/Joost* Rn. 36; *Widmann/Mayer/Wißmann* Rn. 45 ff.; aA *Boecken* Rn. 437; *Heinze* ZfA 1997, 1, 17).

Keine Regelung trifft das Gesetz für den Wegfall der **statutarischen Voraussetzungen.** Er kann **7** relevant werden, wenn das Satzungsorgan die in § 7 I 2 MitbestG eröffnete Möglichkeit in Anspruch genommen hat, die Größe des Aufsichtsrats abw. von der gesetzlichen Größe festzulegen. Da das Gesetz den mitbestimmungsrechtlichen status quo in den erfaßten Umwandlungsfällen aufrechterhalten will, ist eine analoge Anwendung des § 325 I zu erwägen.

3. Arbeitnehmermindestzahl. Hängt die Unternehmensmitbestimmung von einer **Mindestzahl der** **8** **AN** ab und wird diese infolge der Abspaltung oder Ausgliederung nicht mehr erreicht, so ordnet § 325 I 2 die Beibehaltung der Mitbestimmung nur an, wenn nach der Abspaltung oder Ausgliederung bei dem übertragenden Rechtsträger mindestens noch ein Viertel der nach dem zuvor geltenden Mitbestimmungsstatut notwendigen ANZahl beschäftigt wird. Das Viertel berechnet sich nicht nach der bisherigen ANZahl, sondern nach den gesetzlichen Mindestvoraussetzungen; bei bisheriger Anwendung des BetrVG 1952 also regelmäßig von 501 = 126, im Fall des MitbestG von 2001 = 501 AN. Werden nach der Übertragung diese Zahlen unterschritten, so scheidet eine Aufrechterhaltung des Mitbestimmungsstatuts nach § 325 I aus bzw. sie endet mit dem Unterschreiten der ANZahl. Der Aufsichtsrat bleibt jedoch im Amt, bis das Statusverfahren nach den §§ 97 ff. AktG abgeschlossen ist.

4. Kausalität. Die Spaltung muß die alleinige Ursache dafür sein, daß die bisherigen gesetzlichen **9** Vorschriften nicht mehr anzuwenden sind. Wegen des Merkmals „durch" erfaßt § 325 I 1 andere zum Wegfall der Voraussetzungen führende Sachverhalte nicht. Dies gilt insb. während des Zeitraums, in dem die Mitbestimmung durch § 325 I 1 aufrechterhalten wird. Entfallen die Voraussetzungen für die Anwendung der gesetzlichen Vorschriften aus anderen als den in § 325 I 1 genannten Gründen (zB Personalabbau), so endet die Mitbestimmungsbeibehaltung; durch Einleitung eines Statusverfahrens nach den §§ 97 ff. AktG ist die Bildung des Aufsichtsrats nach den nunmehr anzuwendenden gesetzlichen Vorschriften herbeizuführen (wie hier *Boecken* Rn. 432, 434; *Lutter/Joost* Rn. 23, 31; *Mengel* S. 422 ff.; *Widmann/Mayer/Wißmann* Rn. 16 ff.; aA *Trittin* AiB 1996, 349, 363).

5. Dauer der Beibehaltung. Die Beibehaltung des bisherigen Mitbestimmungsstatuts ist auf die **10** Dauer von fünf Jahren begrenzt. Die Frist beginnt mit Wirksamwerden der Abspaltung oder Ausgliederung, also der Eintragung in das Register (vgl. § 131). Nach Ablauf der Frist ist das Statusverfahren nach den §§ 97 ff. AktG einzuleiten, um den Wechsel des Mitbestimmungsstatuts bzw. den Übergang zur mitbestimmungsfreien Gesellschaft herbeizuführen (*Lutter/Joost* Rn. 29; *Mengel* S. 425; *Widmann/Mayer/Wißmann* Rn. 29). Zu einem früheren Ablauf der Frist kann es kommen, wenn die Voraussetzungen für die bisher angewendeten gesetzlichen Vorschriften aus anderen als den in § 325 I 1 genannten Gründen entfallen (s. oben Rn. 9).

11 **6. Anwendung der zuvor geltenden Vorschriften.** Da § 325 I 1 den mitbestimmungsrechtlichen status quo konservieren soll, beschränkt sich die Beibehaltung nicht auf die Vorschriften, die die Bildung und Zusammensetzung des mitbestimmten Aufsichtsrats regeln, sondern erstreckt sich auf alle Bestimmungen, die bislang für den übertragenden Rechtsträger aufgrund des bei ihm anzuwendenden Mitbestimmungsstatuts zur Anwendung gelangten. Anzuwenden sind deshalb auch die Regelungen für die innere Ordnung des Aufsichtsrats (zB §§ 25–29 MitbestG) sowie diejenigen Normen, die die Bestellung des Vorstands und seine Zusammensetzung im mitbestimmten Unternehmen betreffen. Anwendbar bleiben durch § 325 I 1 auch die Vorschriften über die Bestellung eines Arbeitsdirektors sowie zu seiner Rechtsstellung innerhalb des Vorstands (§ 33 MitbestG; ebenso *Lutter/Joost* Rn. 28; aA *Mengel* S. 419 f., 425).

III. Betriebliche Mitbestimmung

12 **1. Spaltung des Betriebs.** Die Sicherung des mitbestimmungsrechtlichen status quo erstreckt § 325 II ua. auch auf die Beteiligungsrechte des BR. Tatbestandlich setzt die Vorschrift die Spaltung oder Teilübertragung eines Rechtsträgers voraus und knüpft damit an die in § 321 I 1 genannten Vorgänge an, die im Dritten und Vierten Buch des UmwG näher geregelt sind. Andere Sachverhalte, die eine „Spaltung" des Betriebs zur Folge haben, werden von § 325 II nicht erfaßt. Das betrifft insb. eine rechtsgeschäftliche Übertragung einzelner Betriebsteile; § 325 II 1 kann in dieser Konstellation auch nicht analog angewendet werden (so wohl auch *Boecken* Rn. 406; *Mengel* S. 453 f.).

13 **2. Neue Betriebe.** Die Vorschrift setzt voraus, daß aus der Spaltung ein neuer Betrieb hervorgeht, und es sich hierbei um eine **betriebsratsfähige Einheit** handelt (*Boecken* Rn. 412; *Lutter/Joost* Rn. 38; *Widmann/Mayer/Wißmann* Rn. 57; *Wlotzke* DB 1995, 40, 46). Ist das nicht der Fall, weil zB für den abgespaltenen Betriebsteil die Voraussetzungen des Betriebsbegriffs nicht erfüllt sind, so kann dieses Defizit nicht durch eine Vereinbarung iSv. § 325 II 1 überwunden werden (ebenso *Däubler* RdA 1995, 136, 145). Das gilt auch dann, wenn der aus der Spaltung hervorgegangene Betrieb mit anderen Betrieben einen gemeinsamen Betrieb bildet oder der abgespaltene Betriebsteil in einen anderen Betrieb eingegliedert wird und hierdurch keine betriebsverfassungsrechtliche Selbständigkeit erlangt.

14 **3. Sicherungsvereinbarung. a) Inhalt der Vereinbarung.** Nach Wortlaut und Zweck des § 325 II 1 sind Sicherungsvereinbarungen nur eingeschränkt zulässig. Sie sind auf die **Wahrung des status quo** für den aus der Spaltung hervorgegangenen Betrieb beschränkt, dürfen also keine Rechte für den BR begründen, die nicht auch schon vor der Spaltung in dem gespaltenen Betrieb bestanden. Griff das Beteiligungsrecht zB bereits vor der Spaltung wegen Nichterreichens der notwendigen ANZahl (zB § 99 I 1 BetrVG) nicht ein, so kann es durch eine Sicherungsvereinbarung nicht für die aus der Spaltung hervorgegangenen Betriebe eingeführt werden.

15 Die Sicherungsvereinbarung muß sich auf „Rechte und Beteiligungsrechte des Betriebsrats" beziehen. Damit kann insb. die weitere Anwendung der **Beteiligungsrechte** vereinbart werden, obwohl sie aufgrund der Zahl der in dem aus der Spaltung hervorgegangenen Betrieb beschäftigten AN dort an sich nicht mehr gelten würden. Neben den §§ 99 und 111 BetrVG werden auch sonstige Rechte des BR erfaßt, sofern sie von der Größe des Betriebs abhängig sind. Dies gilt insb. für **Freistellungen** gem. § 38 BetrVG, aber auch im Hinblick auf die Möglichkeit des BR, einen **Wirtschaftsausschuß** zu bilden (ebenso *Boecken* Rn. 409; *Däubler* RdA 1995, 136, 145; *Lutter/Joost* Rn. 39, 51; aA *Widmann/Mayer/Wißmann* Rn. 65). Die Entsendung eines BRMitglieds in den bei dem übertragenden Rechtsträger gebildeten GesamtBR scheitert an der zwingenden Begrenzung dieses Organs auf das Unternehmen (*Lutter/Joost* Rn. 50; *Mengel* S. 357; aA *Däubler* RdA 1995, 136, 145). § 325 II 2 hält fest, daß die **Größe des BR** sowie die Bildung eines **Betriebsausschusses** nicht durch eine Sicherungsvereinbarung geregelt werden kann.

16 Aus dem Zweck der Vorschrift ergibt sich, daß die Rechtsstellung des BR in dem aus der Spaltung hervorgehenden Betrieb nicht generell durch eine Sicherungsvereinbarung konserviert werden kann. Erforderlich ist vielmehr, daß die infolge der Spaltung eintretende **Verkleinerung** des Betriebs zum Entfallen der Rechte des BR führt. Dies ist regelmäßig nicht der Fall, wenn die Rechte des BR bislang auf einem **TV** oder einer **Betriebsvereinbarung** beruhten und dieser Kollektivvertrag auf den aus der Spaltung hervorgegangenen Betrieb nicht anwendbar ist (aA *Bachner* NJW 1995, 2881, 2886; *Boecken* Rn. 413; *Däubler* RdA 1995, 136, 145; *Lutter/Joost* Rn. 48; *Mengel* S. 356; *Widmann/Mayer/Wißmann* Rn. 59; *Wlotzke* DB 1995, 40, 46, die ohne Einschränkungen eine Sicherungsvereinbarung hinsichtlich der durch TV oder Betriebsvereinbarung begründeten Rechte für zulässig erachten).

Die näheren **Modalitäten** der Vereinbarung überläßt das Gesetz den TV- bzw. Betriebspartnern; sie 17
können die Vereinbarung insbesondere zeitlich befristen (ebenso *Lutter/Joost* Rn. 48).

b) Art und Abschluß der Vereinbarung. Als Sicherungsvereinbarung kommt sowohl ein TV als 18
auch eine Betriebsvereinbarung in Betracht. Zulässig ist ein firmenbezogener VerbandsTV, vor allem
aber auch ein FirmenTV (*Lutter/Joost* Rn. 43). Ein **Arbeitskampfverbot** für den Abschluß eines TV
läßt sich aus dem Gesetz nicht ableiten (*Boecken* Rn. 416). Der Abschluß einer **Betriebsvereinbarung**
ist freiwillig, die Einigung der Betriebspartner kann nicht durch den Spruch einer Einigungsstelle
ersetzt werden (*Boecken* Rn. 415; *Lutter/Joost* Rn. 46; *Mengel* S. 358; *Widmann/Mayer/Wißmann*
Rn. 70).

Die **Parteien der Sicherungsabrede** legt das Gesetz nicht ausdrücklich fest. Deshalb kann sowohl 19
der übertragende als auch der übernehmende Rechtsträger die Sicherungsvereinbarung abschließen.
Erfolgt dies durch den übertragenden Rechtsträger, so entfaltet die Sicherungsvereinbarung ihre
Rechtswirkungen für den übernehmenden Rechtsträger allerdings nur, wenn sie in den Spaltungsplan
aufgenommen wird.

4. Streitigkeiten. Für Streitigkeiten aus der Sicherungsvereinbarung ist das arbeitsgerichtliche Be- 20
schlußverfahren nur eröffnet, wenn eine Betriebsvereinbarung abgeschlossen wurde. Ansonsten liegt
eine Streitigkeit aus einem TV vor.

Sachverzeichnis

Erstellt von Dr. Ulrich Koch
Direktor des Arbeitsgerichts Stralsund

Die fett gedruckten Zahlen bezeichnen die Kennziffern, die mageren Zahlen bezeichnen die Paragraphen, die kursiven Zahlen bezeichnen die Randnummern. Die Abkürzung „Einl." wird nachfolgend für Einleitung und Vorbemerkung synonym gebraucht.
Die Buchstaben ä, ö und ü sind wie a, o und u in das Alphabet eingeordnet.

Abfindung
- siehe auch Entlassungsentschädigung
- Abfindung (BetrAVG – Verrechnung) **200** 3 *10*
- Abtretung **430** 10 *20*
- Anrechnung (Auflösungsverschulden) **230** 628 *101*
- Arbeitslosengeld (Anrechnung) **540** 143 a *2*
- Aufrechnung **430** 10 *20*
- Ausschlußfrist **230** 225 *46*; **430** 10 *19*; **600** 4 *97*
- Beendigungsrichtlinie **590** 28 *7*
- Besteuerung **430** 10 *16*
- Betriebsübergang (Tarifvertrag) **600** 2 *40*
- Eigentum **10** 14 *23*
- Eingliederungssozialplan **210** 112 *33*
- Erbe **230** 613 *7*
- Fälligkeit (Auflösungsurteil) **430** 10 *18*
- Gemeinschaftsrecht (Entgelt) **20** 141 *3*
- Gleichbehandlungsgrundsatz **230** 611 *856*
- Höhe (Auflösungsurteil) **430** 10 *1*
- Insolvenz **430** 10 *15*
- Karenzentschädigung **390** 74 *30*
- Kündigungserschwerung (Rückzahlung) **230** 622 *104*
- Pfändungsschutz **430** 10 *14*
- Ruhegeld **200** 1 *6*
- Sozialplan (Ermessensrichtlinien) **210** 112 *31*
- Sozialversicherung **430** 10 *16*
- Sprecherausschuß **590** 32 *19*
- Streitwert **60** 12 *24*
- Teilzeitarbeit **180** 2 *46*
- Tod (Tarifvertrag) **600** 1 *43*
- Transfermaßnahmen **210** 112 *33*
- Trinkgeld **230** 611 *743*
- Urlaubsabgeltung **250** 13 *17, 37*
- Vererblichkeit **430** 10 *20*
- Verjährung **230** 225 *5*
- Verzinsung **430** 10 *18*
- Weiterbeschäftigung (Sozialplan) **210** 112 *36*
- Widerspruchsrecht (Betriebsübergang) **230** 613 a *91*

Abfindung (BetrAVG)
- alte Rechtslage **200** 3 *24*
- Anwendungsbereich **200** 3 *6*
- Begriff **200** 3 *4*
- Höhe **200** 3 *25*
- Insolvenz **200** 3 *13*; 8 *7*
- Umgehungsgeschäfte **200** 3 *22*
- Verrechnung **200** 3 *10*
- Voraussetzungen **200** 3 *9*

Abgeordnete
- Versorgungsanwartschaft **200** 1 *30*

Abhängigkeit
- siehe auch Arbeitnehmerbegriff
- Mehrheitsbeteiligung (Vermutung) **50** 17 *8*
- persönliche **230** 611 *60*
- wirtschaftliche **230** 611 *72*

Abhilfe
- Beschwerde **60** 78 *8*

Abhörgerät
- Mitbestimmung **210** 87 *48*
- Überwachungseinrichtung **210** 87 *62*

Abkehrwille
- außerordentliche Kündigung (Abgrenzung) **230** 626 *24*
- verhaltensbedingte Kündigung **430** 1 *339*
- Wichtiger Grund **230** 626 *117*

Abmahnung
- Abmeldung (Betriebsratsmitglied) **210** 37 *6*
- Arbeitnehmerkündigung **230** 626 *56*
- Arbeitsversäumnis (Betriebsratsmitglied) **210** 37 *3*
- Aushang **210** 23 *26*
- Ausschlußfrist (Kündigungserklärungsfrist) **230** 626 *51*
- Ausschlußfristen **230** 225 *46*
- außerordentliche Kündigung **230** 626 *45*
- Berechtigter **430** 1 *314*
- Berufsausbildung **150** 6 *7*
- Beschwerde **210** 84 *5*
- Betriebsratsausschluß **210** 23 *4*
- Beweisfunktion **230** 626 *55*
- Datenspeicherung **160** 28 *24*
- Einigungsstelle **60** 98 *3*; **210** 85 *5*
- Entbehrlichkeit **230** 626 *48*; **430** 1 *303*
- Entfernung **10** 2 *102*
- Form **430** 1 *307*
- Geschlechtsdiskriminierung **230** 611 a *7*
- Grundsätze **430** 1 *130*
- Kündigung (Berufsausbildung) **150** 15 *4*
- Kündigung (Umdeutung) **230** 626 *50*
- Kündigungsverzicht **230** 626 *83*; **430** 1 *318*
- Leistungsbereich **430** 1 *132*
- Mitbestimmung **210** 87 *23*
- Nebentätigkeit **230** 611 *1013*
- Personalakte **210** 83 *6*
- personenbedingte Kündigung **430** 1 *139*
- Rügerecht **230** 626 *50*
- Schriftform **230** 626 *51*
- sexuelle Belästigung **190** 3 *4*
- Sperrzeit **540** 144 *15*
- Streitwert **60** 12 *24*
- Verschulden **230** 626 *54*
- Vertrauensbereich **430** 1 *132*
- Werkswohnung **230** 626 *204*
- Widerruf **230** 626 *54*
- Zahlungsverzug **230** 614 *16*
- Zeitablauf **430** 1 *312*
- Zweck **430** 1 *299*

AB-Maßnahme
- Arbeitnehmer (BetrVG) **210** 5 *7*
- Befristungsdauer (Anrechnung) **400** 57 c *8*
- Befristungsgrund **230** 620 *123*
- Drittmittelvertrag **400** 57 b *19*
- Gleichbehandlungsgrundsatz **230** 611 *863*
- Mutterschutz **500** 1 *3*
- Tarifvertrag **600** 1 *86*
- Wichtiger Grund **230** 626 *192*

2591

Sachverzeichnis

Fette Zahlen = Kennziffern

Abordnung
- Befristungsgrund 230 620 *86*
- Betriebsratsmitglied 210 24 *8*
- Konzern 230 611 *243*

Abrechnung
- Ausschlußfristen 230 225 *49*
- Provision 390 87 c *1*

Abrufarbeit
- Ankündigungsfrist 180 4 *30*
- Arbeitszeitmodell 110 7 *34*
- Begriff 180 4 *1*
- Bestimmungsrecht 180 4 *29*
- Direktionsrecht 180 4 *19*
- Entgeltfortzahlung 180 4 *43*
- Feiertagsvergütung 180 4 *43*
- Jahresarbeitszeit 180 4 *25*
- Kapovaz-Abrede 180 4 *10*
- Kurzarbeit 180 4 *18*
- Mindestarbeitszeit 180 4 *4*
- Mindestarbeitszeitumfang 180 4 *23*
- Mindestbeschäftigungszeit 180 4 *38*
- Mitbestimmung 180 4 *19*
- Rahmenvereinbarung 180 4 *12*
- Tarifvertrag (Abweichung) 180 4 *42*
- Teilzeit 180 4 *6*
- Überstunden 180 4 *16*

Abrufverfahren
- Datenverarbeitung 160 10 *1*

Abschlag
- Arbeitsvergütung 230 614 *22*
- Urlaubsentgelt 250 11 *10*

Abschlußarbeiten
- außerordentliche Kündigung 230 626 *229*

Abschlußfreiheit
- Arbeitsvertrag 230 611 *426*
- Grundrechtsschutz 10 12 *29*

Abschlußgebot
- Arbeitsvertrag 230 611 *436*

Abschlußnorm
- Befristung 180 1 *22*
- Tarifvertrag 600 1 *101*
- Tarifvertrag (Geltungsbereich) 600 4 *24*

Abschlußprüfung
- Außenseiter 150 40 *2*
- Berichtsheftvorlage 150 39 *2*
- Gegenstand 150 35 *1*
- Kosten 150 12 *4*
- Nichtzulassung 150 14 *2*
- Prüfungsausschuß 150 36 *1*
- Prüfungsordnung 150 41 *1*
- Prüfungszeugnis (Gleichstellung) 150 43 *1*
- Schadenersatz 150 6 *3*
- Teilnahmepflicht 150 9 *3*
- vorzeitige 150 14 *3*
- Weiterbeschäftigung 150 17 *2*
- Wiederholbarkeit 150 34 *3*
- Wiederholungsprüfung 150 14 *5*
- Zeugnis 150 34 *4*
- Zulassung 150 39 *1*
- Zwischenprüfung 150 39 *2*

Abschlußverbot
- Tarifvertrag 600 1 *101*
- Tarifvertrag (Geltungsbereich) 600 4 *24*

Abspaltung
- Übergangsmandat 210 21 *9*
- Wartezeit 430 1 *90*

Abstammung
- Diskriminierungsverbot (GG) 10 3 *72*

Abteilungsleiter
- leitender Angestellter 210 5 *41*

Abteilungsversammlung
- siehe auch Betriebsversammlung

- leitende Angestellte 590 15 *4*
- Zulässigkeit 210 42 *11*

Abtretung
- Abfindung 430 10 *20*
- Arbeitsleistung 230 613 *13*
- Arbeitsvergütung (Grundsätze) 230 611 *672*
- Ausbildungsvergütung 150 10 *2*
- Betriebsvereinbarung (Lohnabtretung) 210 77 *83*
- Direktversicherung 200 1 *55*
- Freistellungsanspruch 230 611 *1054*
- Insolvenzsicherung (BetrAVG) 200 7 *13*
- Pensionskasse 200 1 *63*
- Rechtsweg 60 3 *6*
- Schadenersatz 230 628 *113*
- Tarifvertrag 600 4 *87*
- Urkunde 230 611 *677*
- Urlaub 250 1 *30*
- Urlaubsabgeltung 250 7 *107*
- Vertragsstrafe 230 345 *38*
- Vorschuß 230 614 *24*

Abwerbung
- Arbeitnehmerüberlassung 140 Einl. *30*
- Leiharbeitnehmer 140 9 *24*
- verhaltensbedingte Kündigung 430 1 *340*
- Verleiherlaubnis 140 3 *17*
- Wichtiger Grund 230 626 *87*

Abwicklungsvertrag
- Aufhebungsvertrag (Abgrenzung) 230 620 *196*
- Begriff 230 620 *196*
- Berufung 60 64 *11*
- Schriftform 230 623 *14*
- Sperrzeit 540 144 *12*

Acte-clair
- Vorabentscheidungsverfahren 20 234 *28*

Adoptivkind
- Erziehungsurlaub 170 15 *7*; 16 *13*
- Grundrechte 10 6 *6*

Adoptivmutter
- Mutterschutz 10 6 *19*

Adresse
- Anzeige (Arbeitsunfähigkeit) 280 5 *51*

AGB-Gesetz
- siehe Allgemeine Geschäftsbedingungen

Agitation
- Meinungsfreiheit 10 5 *31*

Aids
- Fragerecht 230 611 *373*
- personenbedingte Kündigung 430 1 *245*
- sittenwidrige Kündigung 430 13 *23*

Akkord
- Begriff 230 611 *581*
- Beschäftigungsverbot 500 4 *18*
- Betriebsversammlung (Entgelt) 210 44 *11*
- Entgeltfortzahlung 280 4 *34*
- Entgeltgleichheit 20 141 *5*
- Garantievergütung 230 614 *27*
- Jugendliche 420 23 *2*
- Mitbestimmung 210 87 *118*
- Teilvergütung (Kündigung) 230 628 *16*
- Verdienstsicherungsklausel 230 611 *589*

Aktionär
- Richterablehnung 60 49 *6*

Aktiva
- Betriebsübergang 230 613 a *17*

Alkohol
- siehe auch Alkoholtest, -verbot
- Alkoholverbot 10 2 *123*
- Annahmeverzug 230 615 *22*
- Arbeitsunfall 570 104 *11*
- Fragerecht 230 611 *372*
- Grundrechtskollision 10 2 *123*
- Jugendliche 420 31 *20*

magere Zahlen = §§ bzw. Art.; kursive Zahlen = Randnummern

Sachverzeichnis

- Krankheit 280 3 *12*
- Medizinische Vorsorge und Rehabilitation 280 9 *19*
- Offenbarungspflicht 230 611 *396*
- personenbedingte Kündigung 430 1 *246*
- Selbsthilfegruppe (Nebenpflicht) 230 611 *1016*
- Sperrzeit 540 144 *16*
- verhaltensbedingte Kündigung 430 1 *341*
- Verschulden (EntgeltfortzG) 280 3 *53*
- Wichtiger Grund 230 626 *98*, *163*
- wichtiger Grund (Trunksucht) 230 626 *180*

Alkoholtest
- Zulässigkeit 10 2 *124*

Alkoholverbot
- Kündigung 430 1 *305*

Allgemeine Geschäftsbedingungen
- arbeitnehmerähnliche Person 230 611 *554*
- Arbeitnehmerüberlassung 140 12 *10*
- Arbeitsverhältnis 230 611 *553*
- Darlehensgewährung 230 611 *637*
- Inhaltskontrolle 230 611 *553*

Allgemeines Gesetz
- Kollektivvertragliche Regelungen 10 5 *39*
- Meinungsfreiheit 10 5 *22*
- Rundfunkfreiheit 10 5 *100*

Allgemeinverbindlicherklärung
- Internationales Arbeitsrecht 290 34 *25*

Allgemeinverbindlichkeit
- Anspruch (Baugewerbe) 30 1 *16*
- Ausländer 600 5 *32*
- Baugewerbe 30 1 *12*
- Beendigung 600 5 *35*
- Bekanntgabe 600 5 *30*
- Bekanntmachung 600 5 *24*
- Betriebsübergang 230 613 a *95*
- Einschränkungsklausel 600 5 *11*
- Firmentarifvertrag 600 5 *8*
- Geltungsbereich 600 5 *10*
- Gleichheitssatz 10 3 *25*
- Grundrechte 10 Einl. *23*
- Internationales Arbeitsrecht 290 34 *19*
- Kündigungsfrist (Verzicht) 230 622 *48*
- Nachwirkung 600 4 *81*; 5 *38*
- Rechtsschutz 600 5 *39*
- Rückwirkung 600 5 *18*
- Schiedsgericht 600 5 *20*
- schuldrechtlicher Teil 600 5 *9*
- Spitzenorganisation 600 12 *1*
- Tarifausschuß 600 5 *26*
- Urteilsverfahren 60 2 *14*
- Verordnungsermächtigung 600 11 *1*
- Voraussetzung 600 5 *17*
- Wirkung 600 5 *5*
- Zweck 600 5 *2*

Altenheim
- Tendenzbetrieb 210 118 *11*

Alter
- *siehe Lebensalter*

Alternative Gesellschaft
- Arbeitsverhältnis 230 611 *23*

Alternativverhalten
- Schadenersatz (Kündigung) 230 628 *66*

Altersgrenze
- auflösende Bedingung 230 620 *28*
- Auflösungstatbestand 560 41 *8*
- Auflösungsurteil 430 10 *6*
- Beamtenversorgung 560 41 *13*
- Befristung 180 1 *38*
- Befristungsgrund 230 620 *91*
- Bestätigung 560 41 *25*
- Betriebsvereinbarung 210 77 *81*; 230 620 *161*; 560 41 *20*
- Betriebsvereinbarung (Diskriminierungsverbot) 210 75 *8*
- Bezugnahme auf Tarifvertrag 560 41 *16*
- Darlegungs- und Beweislast (Kündigung/Auflösung) 560 41 *37*
- ehrenamtliche Richter 60 *21*
- Fortsetzung (BetrVG) 210 99 *6*
- Gemeinschaftsrecht (Protokoll zu Art. 119 EGV) 20 141 *22*
- Gesamtversorgungssysteme 200 2 *20*
- Grundrechte 10 Einl. *56*
- Klagefrist 560 41 *23*
- Kündigungsgrund 560 41 *6*
- Ruhegeld 200 1 *7*
- Ruhegeld (Gemeinschaftsrecht) 200 Einl. *40*
- Tarifdispositivität 560 41 *18*
- Tarifvertrag 560 41 *17*
- Übergangsvorschriften 560 41 *26*
- Wahlrecht (bei vorzeitiger) 560 41 *23*

Altersrente
- Altersteilzeit 130 10 *3*; 15 b *1*
- Auflösungstatbestand 560 41 *8*
- Berufsunfähigkeit 560 Einl. *4*
- Darlegungs- und Beweislast (Kündigung/Auflösung) 560 41 *37*
- Erwerbsminderung 560 Einl. *4*
- Erwerbsunfähigkeit 560 Einl. *4*
- Hinterbliebenenleistungen 560 Einl. *6*
- Hinzuverdienstgrenze 560 Einl. *11*
- Kündigungsgrund 560 41 *6*
- mittelbare Diskriminierung 20 141 *13*
- Regelaltersgrenze 560 Einl. *5*
- Ruhegehalt (vorzeitige Inanspruchnahme) 200 6 *5*
- Teilrente 560 Einl. *8*
- Voraussetzungen 560 41 *5*
- vorzeitige 560 41 *22*
- Wegfall (Ruhegehalt) 200 6 *34*

Altersteilzeit
- Altersrente 130 10 *3*
- Änderungskündigung 130 8 *1*
- Arbeitsentgelt (bisheriges) 130 6 *1*
- Arbeitslosengeld 130 10 *1*
- Arbeitszeit (tarifliche) 130 6 *3*
- Arbeitszeit (wöchentliche) 130 6 *2*
- Arbeitszeitreduzierung 130 2 *7*
- Aufstockungsbetrag 130 2 *13*
- Aufstockungshöhe 130 3 *2*
- Befristung 130 8 *7*
- Beitragsbemessungsgrenze 130 3 *5*
- Beschäftigtenzahl (Kündigungsfrist) 230 622 *39*
- Beschäftigung (versicherungspflichtige) 130 2 *14*
- Beschäftigungsumfang 130 3 *16*
- Besteuerung 130 3 *11*
- Betriebsrat (Mitbestimmung) 130 8 *9*
- Blockmodell 130 2 *9*
- Einstellung (Arbeitslose/Ausgebildete) 130 3 *25*
- Entgeltfortzahlung 130 10 *2*
- Förderung 130 4 *1*
- Förderung (Erlöschen/Ruhen) 130 5 *1*
- Gemeinsame Einrichtung 130 9 *1*
- Insolvenz 130 10 *1*
- Kontinuierliches Modell 130 2 *8*; 3 *17*
- Kündigungsgrund 130 8 *1*
- Mitwirkungspflicht (Arbeitnehmer) 130 11 *1*
- Nebentätigkeit 130 8 *6*
- Neueinstellung 130 3 *12*
- Rechtsanspruch 130 3 *29*
- Rechtsanspruch (Tarifvertrag/Betriebsvereinbarung) 130 8 *5*
- Ruhegeld 130 3 *10*
- ruhendes Arbeitsverhältnis 130 3 *18*

2593

Sachverzeichnis

Fette Zahlen = Kennziffern

- Sozialauswahl 130 8 *1*
- Sozialversicherung 130 3 *8*
- Stichtag 130 2 *5*
- Überforderungsklausel 130 3 *26*
- Überstundenzuschlag 130 3 *4*
- Umsetzungen 130 3 *14*
- Verfahren 130 12 *1*
- Verpfändungsmodell 130 8 *3*
- Versicherungpflicht 130 2 *4*
- Vertragsgestaltung 130 1 *5*
- Vorbeschäftigung 130 2 *2*
- Wehr- oder Zivildienst 130 3 *18*
- Zusatzversorgung 130 3 *4*
- Zuschläge 130 6 *1*

Amateursportler
- Kündigungsschutz 430 1 *54*

Amtliche Auskunft
- Vorsitzender 60 56 *7*

Amtsermittlung
- Beschäftigungsverhältnis 545 7 *59*
- Beschlußverfahren 60 83 *1*

Amtsgericht
- Eilzuständigkeit 60 48 *2*
- Rechtshilfe 60 13 *3*
- Vollstreckungsgericht 60 62 *14*

Amtshilfe
- *siehe auch Rechtshilfe*
- Arbeitnehmerüberlassung 140 18 *1*
- Auskunft (Arbeitnehmer) 230 630 *120*
- Gerichtskosten 60 12 *12*
- Insolvenzsicherung (BetrAVG) 200 11 *15*

Amtspflichtverletzung
- Rechtsweg 60 48 *8*
- Restitutionsklage 60 79 *15*

Anbahnungsverhältnis
- Begriff 230 611 *330*

Änderungsangebot
- außerordentliche Änderungskündigung 230 626 *232*
- Schriftform 230 623 *26*

Änderungskündigung
- Altersteilzeit 130 8 *1*
- Änderungsangebot (Annahme/Ablehnung) 430 2 *37*
- Änderungsangebot (Begriff) 430 2 *9*
- Änderungsvertrag 430 2 *13*
- Änderungsvorbehalt 430 2 *22*
- Arbeitsplatzteilung 180 5 *15*
- Arbeitsverdichtung 430 2 *61*
- Arbeitsvergütung 430 2 *18*
- Arbeitszeit 110 2 *24*; 430 2 *18*
- Arbeitszeitänderung 430 2 *60*
- Auflösungsantrag 430 2 *73*
- Auflösungsurteil 430 9 *4*
- Ausschlußfrist 430 8 *3*
- außerordentliche 430 2 *6*
- außerordentliche (Grundsätze) 230 626 *230*
- Befristung 430 2 *54*
- Befristung (Hochschule) 400 57 b *39*
- Bestandteile 430 2 *4*
- betriebsbedingte 430 2 *52*
- Betriebsrat (Beteiligungsrechte) 430 2 *29*
- Betriebsratsanhörung 210 102 *9*; 430 2 *24*
- Betriebsratsmitglied 210 103 *6*; 430 15 *1*
- Betriebsübergang 230 613 a *75*; 430 2 *67*
- Betriebsübergang (Jahresfrist) 230 613 a *102*
- Betriebsübergang (Kündigungsverbot) 230 613 a *135*
- Betriebsvereinbarung 210 77 *126*
- Darlegungs- und Beweislast 430 2 *76*
- Direktionsrecht (Vorrang) 430 2 *14*
- Eingruppierung 430 2 *68*
- Erziehungsgeld (Kündigungsverbot) 170 18 *1*
- Ferienüberhang 430 2 *62*
- freie Mitarbeit 430 2 *4*
- Gesamtzusage 230 611 *274*
- Geschäftsgrundlage 430 2 *22*
- Gleichbehandlungsgrundsatz 430 2 *67*
- Gleichbehandlungsgrundsatz (Betriebsübergang) 230 613 a *102*
- Insolvenz 410 113 *12*; 125 *1*
- Klageantrag 430 2 *69*
- Klagefrist (verlängerte) 430 6 *3*
- Krankheit (Fortzahlungsanspruch) 280 8 *5*
- Kündigungseinspruch 430 3 *1*
- Kündigungserklärungsfrist (außerordentliche) 230 626 *277*
- Kündigungsfrist 230 622 *13*
- Kurzarbeit 230 611 *943*; 430 2 *19*
- Massenentlassung 430 17 *13*
- minderwertige Beschäftigungsmöglichkeit 430 2 *58*
- Mutterschutz 500 9 *6*
- Nachschieben (Änderungsangebot) 430 2 *12*
- Notwendigkeit 430 2 *57*
- personenbedingte 430 2 *50*
- Provision 430 2 *66*
- Prüfungsverfahren 430 2 *48*
- Rückabwicklung 430 2 *74*
- Rücknahme 430 2 *73*
- Sanierungskonzept 430 2 *65*
- Schriftform 230 623 *7*
- Schriftform (Bestandteile) 230 623 *26*
- Schwerbehinderte 530 15 *7*
- Sozialauswahl 430 1 *464*; 2 *56*
- Stellensuche 230 629 *9*
- Streitwert 60 12 *20*; 430 2 *71*
- Tarifvertrag 600 1 *80*
- Teilkündigung 430 2 *7*
- Teilzeit 430 2 *63*
- Überlegungsfrist 430 2 *41*
- Umgruppierung 430 2 *66*
- Unkündbarkeit 230 622 *108*; 430 2 *1*
- Unwirksamkeit 430 8 *1*
- verhaltensbedingte 430 2 *51*
- Verjährung 430 8 *3*
- Versorgungsanwartschaft 200 Einl. *25*
- Vertragsanpassung 430 2 *22*
- Vorbehalt 430 2 *39*
- Vorrang der 430 1 *553*
- Weiterarbeit (§ 625 BGB) 230 625 *4*
- Weiterbeschäftigung 430 4 *99*
- Widerspruch (Betriebsrat) 430 2 *28*
- Wirksamkeitsfiktion 430 7 *8*
- Wirtschaftsrisiko 430 2 *64*
- Zögern 430 2 *44*
- Zustimmungsverweigerung 210 74 Einl. *38*

Änderungsschutzklage 430 2 *69*

Änderungsvertrag
- Schriftform 230 623 *13*

Änderungsvorbehalt
- Billigkeitskontrolle 230 611 *576*
- Grundsätze 230 611 *528*

Anerkenntnis
- Ausschlußfrist 600 4 *94*

Anerkenntnisurteil
- Berufung 60 64 *3*
- Berufungsverfahren 60 67 *2*
- Beschlußverfahren 60 80 *3*
- Gerichtskosten 60 12 *5*
- Güteverhandlung 60 54 *14*
- Verbandsklage 600 9 *23*
- Vorsitzender 60 55 *8*
- Zurückverweisung 60 68 *9*

magere Zahlen = §§ bzw. Art.; kursive Zahlen = Randnummern

Sachverzeichnis

Anfechtung
- Aufhebungsvertrag 230 620 *199*
- Ausgleichsquittung 230 611 *609*
- außerordentliche Kündigung (Abgrenzung) 230 626 *28*
- Berufungsverfahren (Verspätung) 60 67 *11*
- Bestätigung 230 611 *454*
- Betriebsrat (Beteiligung) 230 611 *471*
- Betriebsratsmitglied 430 15 *1*
- Betriebsübergang 230 613 a *79*
- Betriebsvereinbarung 210 77 *24*
- Darlegungs- und Beweislast 230 611 *473*
- Entgeltfortzahlung 280 8 *28*
- Erklärung 230 611 *507*
- Erklärungsfrist 230 626 *253*
- Frist 230 611 *489*
- Irrtumsanfechtung 230 611 *475*
- Kausalität 230 611 *503*
- Klagefrist 230 611 *516*; 430 4 *6*
- Kündigung (Abgrenzung) 230 620 *181*
- Kündigungserklärung 230 620 *215*
- Kündigungsverbot 230 611 *470*
- Minderjährige 230 113 *7*
- Offenbarungspflicht 230 611 *496*
- Personalfragebogen (Betriebsrat) 210 94 *3*
- Persönlichkeitsrecht 10 2 *75*
- Rechtsfolge 230 611 *508*
- Schadenersatz 230 611 *509*
- Schriftform 230 623 *11*
- Schwangerschaft 500 9 *21*
- Schwerbehinderte 530 15 *8*
- Tarifvertrag 600 1 *9*
- Täuschung 230 611 *494*
- Umdeutung 230 611 *468*; 620 *219*
- Vergütungserwartung 230 612 *11*
- Verwirkung 230 611 *472*
- Vorvertrag 230 611 *338*
- Zeitpunkt (Rechtswirkungen) 230 611 *508*
- Zeugnis 230 630 *111*

Anfechtungsklage
- Hauptfürsorgestelle 530 18 *4*

Anforderungsprofil
- Mitbestimmung 210 93 *5*
- Sprecherausschuß 590 30 *10*

Anfrageverfahren
- Beschäftigungsverhältnis 545 7 *61*

Angebot
- Ablehnung 230 615 *26*
- Arbeitsverhältnis (ungekündigtes) 230 615 *31*
- Entbehrlichkeit 230 615 *39*
- Kündigung 230 615 *27*
- Mitwirkungshandlung 230 615 *29*
- Schriftform 230 127 *21*
- tatsächliches 230 615 *17*
- Unzumutbarkeit 230 615 *34*
- wörtliches 230 615 *23*; 430 11 *4*

Angestellte
- Arbeitnehmerbegriff 230 611 *125*
- Begriff (BetrVG) 210 6 *2*
- Begriff (MitbestG) 470 3 *1*
- Differenzierungsgrund 230 611 *795*
- Gemeinschaftsrecht 20 39 *6*
- Gleichbehandlungsgrundsatz 230 611 *866*
- Gleichheitssatz 10 3 *64*
- Kündigungsfrist (Differenzierung) 230 622 *65*
- Wehrdienst 80 15 *1*

Anhörung
- siehe auch Betriebsratsanhörung
- Außerordentliche Kündigung 230 626 *71*
- Verdachtskündigung 230 626 *213*

Ankündigung
- Streik 10 9 *143*

Ankündigungsfrist
- Abrufarbeit 180 4 *30*
- Überstunden 230 626 *113*

Anlernling
- Begriff 150 19 *5*

Anlernverhältnis
- Begriff 230 611 *208*
- Minderjährige 230 113 *6*

Annahme
- Schriftform 230 127 *21*

Annahmeverweigerungsrecht
- Urlaubsgewährung 250 7 *17*

Annahmeverzug
- anderweitiger Verdienst (KSchG) 430 11 *6*
- Angebot (Arbeitsleistung) 230 615 *16*
- Anrechnung 230 615 *85*
- Anrechnung (KSchG) 430 11 *1*
- Anrechnung (Leiharbeitnehmer) 140 10 *48*
- Anspruchshöhe 230 615 *76*
- Arbeitsschutz 230 618 *32*
- Arbeitsunfähigkeit 230 615 *48*
- Arbeitsunfähigkeit (Leistungswille) 230 615 *43*
- Arbeitsvermittlung (KSchG) 430 11 *10*
- Auskunft (KSchG) 430 11 *8*
- Auskunft (Leiharbeitnehmer) 140 10 *52*
- Auskunft (Zwischenverdienst) 230 615 *115*
- Auslandsaufenthalt 230 615 *49*
- Ausschlußfrist 230 615 *82*
- Beendigung 230 615 *65*
- Beendigung (KSchG) 430 11 *4*
- Befristung (KSchG) 430 11 *10*
- Betriebsübergang (Beendigung) 230 615 *69*
- Beweis (KSchG) 430 11 *8*
- Böswilligkeit (KSchG) 430 11 *9*
- Durchsetzung (Klage) 230 615 *111*
- Einzelfälle (Übersicht) 230 615 *58*
- entgangener Verdienst (KSchG) 430 11 *5*
- Entgeltfortzahlung 280 3 *40*
- Fahrtkosten (KSchG) 430 11 *11*
- Fälligkeit 230 615 *80*
- Freiheitsstrafe 230 615 *49*
- Gesamtabrechnung (KSchG) 430 11 *7*
- Irrtum (Arbeitgeber) 230 615 *56*
- Kündigungsrücknahme (KSchG) 430 11 *13*
- Kündigungsschutzprozeß 230 615 *67*
- Leiharbeitnehmer 140 10 *45*
- Leistungsbereitschaft 230 615 *43*
- Leistungsvermögen 230 615 *23*
- Leistungswille (Zweifel) 230 615 *46*
- Lohnausfallprinzip (KSchG) 430 11 *5*
- Nachbarschaftshilfe (KSchG) 430 11 *6*
- Nebenverdienst (KSchG) 430 11 *6*
- neues Arbeitsverhältnis (KSchG) 430 12 *9*
- Nichtannahme (Arbeitsleistung) 230 615 *55*
- Pfändung (KSchG) 430 11 *5*
- Schadenersatz 230 615 *110*
- Sozialleistungen (KSchG) 430 11 *12*
- Studium 230 615 *49*
- Tarifvertrag (Abdingbarkeit) 600 1 *29*
- Teilzeit (KSchG) 430 11 *7*
- Urlaub 250 1 *15*
- Verjährung 230 225 *5*
- Verjährung (Hemmung) 230 225 *11*
- Verjährung (Kündigungsschutzklage) 230 225 *19*
- Voraussetzung 230 615 *9*
- wörtliches Angebot (KSchG) 430 11 *4*
- Zinsen 230 615 *109*
- Zwischenverdienst 230 615 *99*

Annexbedingungen
- Mitbestimmung 210 74 Einl. *35*

Anordnung 54
- Urteilsverfahren 60 2 *31*

2595

Sachverzeichnis

Fette Zahlen = Kennziffern

Anpassung (BetrAVG)
- Abkopplungstheorie 200 16 *35*
- Anpassungsentscheidung 200 16 *29*
- Anpassungsverpflichtung (Inhalt) 200 16 *20*
- Arbeitgeber (Verpflichteter) 200 16 *11*
- Beherrschungs-/Gewinnabführungsvertrag 200 16 *46*
- betriebliche Übung 200 16 *55*
- Betriebsstillegung/-übergang 200 16 *49*
- Beurteilungszeitpunkt 200 16 *16*
- billiges Ermessen 200 16 *50*
- Bochumer/Essener Verband 200 16 *70*
- Gleichbehandlungsgrundsatz 200 16 *54*
- Inflationsrisiko 200 16 *25*
- Insolvenzsicherung 200 7 *49*
- Kaufkraftverlust 200 16 *59*
- Konzern 200 16 *43*
- Lebenshaltungskosten 200 16 *27*
- Mindestanpassung 200 16 *75*
- nachholende 200 16 *59*
- nachträgliche 200 16 *69*
- Opfergrenze 200 16 *22*
- Prüfungszeitpunkt 200 16 *13*
- Prüfungszeitraum 200 16 *17*
- reallohnbezogene Obergrenze 200 16 *32*
- relative Obergrenze 200 16 *38*
- Sozialversicherungsleistungen 200 16 *34*
- Teuerungsausgleich 200 16 *30*
- Überschußverwendung 200 16 *77*
- Vereinbarung 200 16 *73*
- Verfahren 200 16 *15*
- Verpflichtung zur 200 16 *7*
- Versorgungsanwartschaft 200 16 *4*
- Wegfall 200 16 *74*
- wirtschaftliche Lage (Arbeitgeber) 200 16 *39*

Anrechnung
- siehe auch Anrechnungsvorbehalt
- Annahmeverzug 230 615 *85*
- Karenzentschädigung 390 74 c *2*

Anrechnung (BetrAVG)
- Arbeitseinkommen 200 5 *44*
- ausländische Rentenversicherung 200 5 *25*
- Beamtenversorgung 200 5 *21*
- Gleichbehandlungsgrundsatz 200 5 *32*
- Hinterbliebenenversorgung 200 5 *45*
- Jeweiligkeitsklausel 200 5 *16*
- Kinderzulage 200 5 *35*
- Kinderzuschuß 200 5 *35*
- Knappschaftsversicherung 200 5 *23*
- Krankenversicherung 200 5 *18*
- Landwirtschaft 200 5 *42*
- Ruhegeld 200 5 *12*
- sonstige Versorgungsbezüge 200 5 *29*
- Teilzeit 200 5 *27*
- Unfallrente 200 5 *36*
- Versorgungsverhältnis 200 5 *46*

Anrechnungsvorbehalt
- Arbeitsvergütung 230 611 *702*
- Begriff 230 611 *542*

Anrede
- Persönlichkeitsrecht 10 2 *47*

Anscheinsbeweis
- Arbeitsunfähigkeit 430 1 *272*
- Begriff 60 58 *12*
- Beweiswürdigung 60 58 *55*
- Brief (Zugang) 60 58 *57*
- Maßregelungsverbot 230 612 a *23*
- Nachweis 510 Einl *16*
- Provision 390 87 *17*
- Überzahlung 230 611 *610*
- Zeugnis 230 630 *161*

Anschlußarbeitsverhältnis
- Befristung 180 1 *42*
- Sozialplan 210 112 *33*
- Sperrzeit 540 144 *26*

Anschlußberufung
- Begriff 60 64 *19*
- Rechtsmittelbelehrung 60 9 *33*
- selbständige 60 64 *20*
- unselbständige 60 64 *21*

Anschlußbeschwerde
- Beschlußverfahren 60 89 *6*

Anschlußrechtsbeschwerde 60 94 *3*

Anschlußrevision
- Rechtsmittelbelehrung 60 9 *33*
- Zulässigkeit 60 74 *34*

Ansparkonto
- Arbeitszeitmodell 110 7 *37*

Anspruchsgrundlage
- Revisionszulassung 60 72 *24*

Anspruchsübergang
- Abfindung 540 143 *12*

Ansteckung
- Schutzpflicht (Arbeitgeber) 230 618 *16*

Anteilseigner
- Begriff 470 2 *1*

Anti-Strauß-Plakette 10 5 *34*

Antrag (Beschlußverfahren)
- Änderung 60 81 *6*
- Änderung (Beschwerdeinstanz) 60 87 *3*
- Antragsbefugnis 60 81 *10*
- Antragsbefugnis (Einigungsstelle) 60 98 *2*
- Antragsbefugnis (Rechtsbeschwerde) 60 97 *4*
- Antragshäufung 60 81 *5*
- Antragsschrift (Inhalt) 60 80 *2*
- Antragstellermehrheit 60 81 *9*
- Auslegung 60 81 *4*
- Einigungsstellenbesetzung 60 98 *4*
- Grundsätze 60 81 *1*
- Hilfsantrag 60 81 *5*
- Leistungsantrag 60 81 *2*
- Rechtsbeschwerde 60 92 *3*
- Rechtsschutzbedürfnis 60 81 *8*
- Rücknahme (Beschwerde) 60 90 *2*
- Rücknahme (Rechtsbeschwerde) 60 92 *3*

Antragsteller
- Rechtsfähigkeit 60 10 *13*

Antrittsgebühr
- Entgeltfortzahlung 280 4 *18*

Anwartschaft
- Betriebsvereinbarung 210 77 *6*
- Eigentumsschutz 10 14 *22*

Anwendungsvorrang
- Gemeinschaftsrecht 20 Vorb. *13;* 141 *2*

Anwesenheitsprämie
- siehe auch Sonderzuwendung
- Arbeitskampf 10 9 *197*
- Entgeltfortzahlung 280 4 *19*
- Mutterschutzlohn 500 11 *9*
- Streikteilnahme (Maßregelungsverbot) 230 612 a *19*

Anzeige
- Arbeitnehmerüberlassung (Kleinbetrieb) 140 1 *12*
- Massenentlassung 430 17 *26*

Anzeige (Arbeitsunfähigkeit)
- Adresse 280 5 *51*
- Arbeitgeber (Adressat) 280 5 *15*
- Arztbesuch 280 5 *8*
- Ausland 280 5 *50*
- Benachrichtigungsempfänger 280 5 *16*
- Betriebsrat (Bote) 280 5 *16*
- Drittschädigung 280 5 *11*

magere Zahlen = §§ bzw. Art.; kursive Zahlen = Randnummern

Sachverzeichnis

- Erkrankungsart/-ursache 280 5 *11*
- Form 280 5 *14*
- Inhalt 280 5 *7*
- Krankenkasse (Ausland) 280 5 *53*
- Tarifvertrag 280 5 *69*
- verhaltensbedingte Kündigung 280 5 *44*
- Vorsorge-/Rehabilitationsmaßnahme 280 9 *33*
- Zeitpunkt 280 5 *12*

Anzeigepflicht
- Nebenpflicht (Arbeitnehmer) 230 611 *1026*
- verhaltensbedingte Kündigung 430 1 *358*
- Wichtiger Grund 230 626 *140*

Apotheke
- Ladenschluß 440 4 *1*

Approbation
- Annahmeverzug 230 615 *48*
- Befristung 25 3 *2*

Arbeiter
- Arbeitnehmerbegriff 230 611 *125*
- Arbeitsvergütung (Fälligkeit) 230 614 *7*
- Begriff (BetrVG) 210 6 *2*
- Begriff (MitbestG) 470 3 *1*
- Differenzierungsgrund 230 611 *795*
- Gemeinschaftsrecht 20 39 *6*
- Gleichbehandlungsgrundsatz 230 611 *866*
- Gleichheitssatz 10 3 *64*
- Kündigungsfrist (Differenzierung) 230 622 *65*
- Wehrdienst 80 15 *1*

Arbeitgeber
- Aufklärungspflicht (Einstellung) 230 611 *340*
- Aufspaltung 230 611 *234*
- Ausschlußfrist 600 4 *98*
- Begriff 230 611 *219*
- Begriff (ArbGG) 60 2 *21*
- Begriff (Gemeinschaftsrecht) 20 39 *7*
- Begriff (TVG) 600 1 *84*
- Betriebsausschuß (Wahlanfechtung) 210 27 *10*
- Datenschutz 160 2 *2*
- Durchgriffshaftung 230 611 *229*
- Geschlechtsdiskriminierung 230 611 a *6*
- Grundrechtsschutz (Tarifvertrag) 600 1 *142*
- Haftung 230 611 *1079*
- Jugendarbeitsschutz 420 3 *2*
- Kündigungsschutzklage 430 4 *19*
- mehrere 230 611 *232*
- Nebenpflichten (Übersicht) 230 611 *876*
- Passivlegitimation (Einzelfälle) 230 611 *224*
- Schwerbehinderte (Pflichten) 530 14 *10*
- sexuelle Belästigung 190 4 *1*
- Tariffähigkeit 600 2 *23*
- Tod 230 611 *434*; 620 *184*
- Vergütungspflicht 230 611 *577*
- Vorstellungskosten 230 611 *319*

Arbeitgeber (BetrVG)
- Anhörung/Stellungnahme (Arbeitnehmer) 210 82 *2*
- Arbeitsbereich(Veränderungen) 210 81 *13*
- Arbeitsvergütung (Erläuterung) 210 82 *6*
- Begriff 210 1 *8*
- Bericht (Betriebsversammlung) 210 43 *8*
- Beschwerde 210 84 *7*
- Bestimmungsrecht 210 74 Einl. *11*
- Betriebsänderung 210 111 *20*
- Betriebsfrieden 210 74 *16*
- Betriebs-/Geschäftsgeheimnis 210 79 *7*
- Betriebsratsausschuß/-auflösung 210 23 *10*
- Betriebsratssitzung 210 29 *4*
- Betriebsratssitzung (Verhinderung) 210 30 *2*
- Betriebsversammlung (Teilnahme) 210 43 *5*
- Diskriminierungsverbot 210 75 *6*
- Erörterungspflicht (Arbeitnehmer) 210 81 *14*
- Ersatzmitglied 210 25 *3*
- Freistellung (Betriebsratsmitglieder) 210 38 *8*
- Friedenspflicht 210 74 *9*
- gemeinsame Ausschüsse 210 28 *4*
- Gewerkschaft (Pflichtverletzung) 210 23 *27*
- Gewerkschaftsbeauftragter (Betriebsratssitzung) 210 31 *3*
- Hausrecht 210 2 *5*
- Informationspflicht (allgemeine) 210 80 *17*
- Jugend- und Auszubildendenversammlung 210 71 *2*
- Monatsgespräch 210 74 *3*
- parteipolitische Betätigung (Verbot) 210 74 *21*
- Pflichtverletzung (grobe) 210 23 *24*
- Sitzungsniederschrift 210 34 *3*
- Unfall- und Gesundheitsgefahren (Belehrung) 210 81 *7*
- Unterlagenvorlage 210 80 *24*
- Unterrichtungspflicht (Arbeitnehmer) 210 81 *2*
- vertrauensvolle Zusammenarbeit 210 2 *1*
- Vierteljahresbericht 210 110 *3*
- vorläufige Einzelmaßnahmen 210 100 *2*
- Wirtschaftsausschuß 210 106 *4*

Arbeitgeberverband
- *siehe auch Spitzenorganisation*
- *siehe auch Verbandsvertreter*
- Arbeitgeber (Tariffähigkeit) 600 2 *23*
- Arbeitsdirektor (Montan-MitbestG) 490 13 *27*
- Betriebsratssitzung 210 29 *4*
- Betriebsversammlung 210 46 *5*
- ehrenamtliche Richter 60 *22*
- Grundrechte 10 Einl. *20*
- Mächtigkeit 600 2 *17*
- Meinungsbildungsprozeß 10 Einl. *57*
- Monatsgespräch 210 74 *7*
- Parteifähigkeit 60 10 *10*
- Richterablehnung 60 49 *6*
- Sprecherausschuß 590 2 *10*
- Tendenzbetrieb 210 118 *9*
- vertrauensvolle Zusammenarbeit 210 2 *2*
- Zustellung 60 50 *15*

Arbeitgeberwechsel
- Arbeitsunfähigkeit 280 3 *93*

Arbeitnehmer
- *siehe Arbeitnehmerbegriff*

Arbeitnehmerähnliche Person
- AGB-Gesetz 230 611 *554*
- Arbeitsgerichtsbarkeit 60 5 *7*
- Befristung 230 620 *4*
- Begriff 230 611 *133*
- betriebliche Altersversorgung 200 17 *8*
- Betriebsverfassung 210 5 *4*
- Einzelfälle (Übersicht) 230 611 *137*
- Feststellungsklage 600 12 a *13*
- Geschlechtsdiskriminierung 230 611 a *6*
- Haftung 230 611 *1047*
- Inhaltskontrolle 230 611 *56*
- Kündigungsfrist 230 622 *10*
- Kündigungsschutz 430 1 *50*
- Nachweispflicht 510 1 *5*
- Schwerbehinderte (Kündigungsschutz) 530 15 *4*
- sexuelle Belästigung 190 1 *1*
- Tarifvertrag 600 12 a *3*
- Tarifvertrag (Abdingbarkeit) 230 611 *135*
- Urlaub 250 2 *4*
- Urlaubsentgelt 250 11 *23*
- vorübergehende Verhinderung 230 616 *3*
- Werkstatt für Behinderte 530 58 *15*
- Zeugnis 230 630 *9*

Arbeitnehmerähnliche Personen
- Kündigungsschutz 10 12 *38*
- Mutterschutz 500 1 *3*
- Urlaub 250 12 *1*

2597

Sachverzeichnis

Fette Zahlen = Kennziffern

Arbeitnehmerbegriff
- *siehe auch Arbeitsverhältnis*
- *siehe auch Freie Mitarbeit*
- (ArbGG) 60 5 2
- (ArbPlSchG) 80 15 1
- (ArbZG) 110 2 3
- (BeschFG) 180 2 7
- (BetrAVG) 200 17 3
- (BetrVG) 210 5 2
- (BetrVG 1952) 220 76 8
- (BUrlG) 250 2 3
- (EntgeltfortzG) 280 1 11
- (KSchG) 430 23 9
- (Montan-MitbestG) 490 1 2
- (MuSchG) 500 1 3
- (NachwG) 510 1 2
- (SGB VII) 570 2 4
- (TVG) 600 1 84
- Abdingbarkeit 230 611 47
- Abhängigkeit (persönliche) 230 611 60
- Abhängigkeit (wirtschaftliche) 230 611 72
- Arbeiter/Angestellte 230 611 125
- Arbeitskontrolle 230 611 87
- Außendienst 230 611 100
- außertarifliche Angestellte 230 611 131
- Berufsbildung 150 1 6
- Beschäftigungsverhältnis 545 7 2
- Betriebsübergang (Übernahme) 230 613 a 24
- Bundesarbeitsgericht (Typologie) 230 611 65
- Dienstplan 230 611 84
- Dozent 230 611 107
- Eingliederung 230 611 64
- Einzelfälle (Übersicht) 230 611 94
- Familie 230 611 157
- Feststellungsinteresse 60 46 27
- Fremdnützigkeit 230 611 90
- Gemeinschaftsrecht 20 39 6; 141 3
- Geschäftsgrundlage 230 611 123
- Gesellschafter 230 611 161
- Grundsätze 230 611 44
- Handelsvertreter 230 611 117
- Kapitaleinsatz 230 611 93
- leitende Angestellte 230 611 127
- Medienmitarbeiter 230 611 110
- Organvertreter 230 611 161
- Rechtsirrtum 230 611 123
- Scheinselbständigkeit (Abgrenzung) 230 611 119
- Sozialversicherung 230 611 123
- Sportler 230 611 115
- Steuerrecht 230 611 124
- Tod (Arbeitnehmer) 230 620 183
- Unternehmerrisiko 230 611 68, 92
- Vertragsdurchführung 230 611 57
- Vertragstypenwahl 230 611 49
- Vertragswille 230 611 77
- Werkstatt für Behinderte 530 58 15
- Wettbewerbsverbot 390 74 4

Arbeitnehmerentsendung
- *siehe auch unter Baugewerbe*
- internationale Zuständigkeit 60 1 12

Arbeitnehmerkammer
- Prozeßvertretung 60 11 15

Arbeitnehmerüberlassung
- *siehe auch Leiharbeitnehmer*
- *siehe auch Verleiherlaubnis*
- Amtshilfe 140 18 1
- Anzeige (Kleinbetrieb) 140 1 a 12
- Anzeigepflicht 140 7 8
- Arbeitgeberwechsel 140 9 22
- Arbeitnehmerentsendung 30 7
- Arbeitsgemeinschaft (Abordnung) 140 1 65
- Arbeitsunfall 140 Einl. 29

- Arbeitsvermittlung (Abgrenzung) 140 1 58
- Arbeitsvermittlung (Legale) 140 Einl. 77
- Auskunftspflicht 140 7 15
- Auskunftsverweigerungsrecht 140 7 35
- Ausland 140 Einl. 80
- Baugewerbe 140 1 b 1
- Befristung (BeschFG) 180 1 15
- Beschäftigungsverhältnis 140 Einl. 50
- Beschlußverfahren (Zuständigkeit) 60 2 a 4
- Betretungsrecht 140 7 18
- Betriebsschließung/-verlegung (Anzeige) 140 7 8
- Datenschutz 140 8 7
- Dienstverschaffungsvertrag 230 611 37
- Dienstverschaffungsvertrag (Abgrenzung) 140 1 39
- Dienstvertrag (Abgrenzung) 140 1 34
- Durchführungsanordnung 140 1 46
- Durchsuchung 140 7 24
- Entgeltfortzahlung 140 Einl. 29
- Entsendegesetz 30 1 21
- fiktives Arbeitsverhältnis 140 10 3
- Finanzbehörden 140 18 6
- Geheimhaltungspflicht 140 8 7
- Gemeinschaftsrecht 140 Einl. 2
- Gemeinschaftsunternehmen (Ausland) 140 1 95
- Geschäftsbesorgungsvertrag (Abgrenzung) 140 1 38
- Gestellungsvertrag 140 1 55
- Gewerbsmäßigkeit 140 1 47
- grenzüberschreitende (Verleiherlaubnis) 140 3 52
- Information (Arbeitgeber) 210 80 20
- Jugendarbeitsschutz 420 3 4
- Kleinbetrieb 140 1 a 2
- Kollegenhilfe 140 1 b 6
- Konzern 140 1 86
- Kündigung (Vermeidung) 140 1 81
- Kurzarbeit (Vermeidung) 140 1 75
- Kurzarbeiterlgeld 140 Einl. 68
- Leiharbeitsverhältnis 140 Einl. 31
- Meldepflicht 140 8 2
- Mischbetriebe 140 1 40
- Mischvertrag (Abgrenzung) 140 1 40
- Nachbarschaftshilfe 140 1 75
- Nebentätigkeit (verbotene) 140 9 29
- Ordnungswidrigkeiten 140 16 1
- Sozialgeheimnis 140 18 16
- Sozialversicherung 140 Einl. 62
- Staatsanwaltschaft (Amtshilfe) 140 18 10
- Steuergeheimnis 140 18 16
- Überlassungsverhältnis 140 Einl. 15
- Unfallversicherung (Amtshilfe) 140 18 8
- Untersagungsverfügung 140 6 2
- Urkundeninhalt 140 11 6
- Verfassungsrecht 140 Einl. 8
- Vergütung 140 Einl. 18
- Werkvertrag (Abgrenzung) 140 1 20

Arbeitnehmervertreter
- *siehe auch Aufsichtsrat*
- *siehe auch Aufsichtsratsmitglied*
- *siehe auch Betriebsrat*
- *siehe auch Sprecherausschuß*
- *siehe auch Unternehmensmitbestimmung*
- Abberufung 470 26 7
- Abberufung (Montan-MitbestG) 490 11 1
- Anfechtung (Wahl) 470 22 1
- Arbeitsfreistellung 470 26 3
- Arbeitskampf 50 110 29
- Arbeitsvergütung 470 26 3
- Ausschußbesetzung 50 107 18
- Bekanntmachung 470 19 1
- Benachteiligungs-/Begünstigungsverbot 210 78 1
- Bestellung (gerichtliche) 490 6 15

magere Zahlen = §§ bzw. Art.; kursive Zahlen = Randnummern

Sachverzeichnis

- Betriebsratsmitgliedschaft 210 24 *11*
- Ersatzmitglied 470 18 *10*
- Ersatzmitglied (Abberufung) 470 22 *1*
- Gewerkschaftsvertreter (MitbestG) 470 18 *9*
- Gewerkschaftsvertreter (Montan-MitbestG) 490 6 *9*
- Gruppenzugehörigkeit (Wechsel) 470 24 *1*
- Kündigungsschutz 430 15 *8;* 470 26 *7*
- Personalausschuß 50 107 *20*
- Schulungsveranstaltung 470 26 *5*
- ständiger Ausschuß 470 27 *9*
- Unternehmensangehörige (MitbestG) 470 18 *7*
- Urwahl 470 18 *12*
- Verschwiegenheit 50 116 *10*
- Wahl (Montan-MitbestG) 490 6 *4*
- Wählbarkeit 470 7 *2*
- Wählbarkeit (Verlust) 470 24 *1*
- Wahlbehinderung (Straftat) 210 119 *2*
- Wahlkosten 470 20 *1*
- Wahlschutz 470 20 *1*
- Wahlverfahren (Urwahl/Delegiertenwahl) 470 9 *2*
- Wahlvorstand 470 18 *11*

Arbeitnehmervertreter (BetrVG 1952)
- Abberufung (gerichtliche) 220 76 *84*
- Amtsende (vorzeitiges) 220 76 *72*
- Amtszeit 220 76 *68*
- Arbeitnehmer (Bestellungswiderruf) 220 76 *80*
- Arbeitsverhältnis (Beendigung) 220 76 *74*
- Ausscheiden 220 76 *71*
- Begünstigungsverbot 220 76 *85*
- Behinderungsverbot 220 76 *85*
- Benachteiligungsverbot 220 76 *85*
- Bestellung (GmbH-Aufsichtsrat) 220 77 *15*
- Ersatzmitglieder 220 76 *46*
- Gruppenschutz 220 76 *35*
- Gruppenzugehörigkeit 220 76 *76*
- Konzernunternehmen (herrschendes) 220 76 *56*
- Kündigungsschutz 220 76 *86*
- leitender Angestellter 220 76 *74*
- Mehrheitswahl 220 76 *42*
- Niederlegung 220 76 *73*
- Stimmbindungsvertrag 220 Einl. *8*
- Wahlanfechtung 220 76 *48*
- Wählbarkeit 220 76 *31*
- Wahlberechtigung 220 76 *30*
- Wahlgrundsätze 220 76 *38*
- Wahlordnung 220 76 *39*
- Wahlvorschlag 220 76 *41*
- Widerruf (Stellung) 220 76 *78*

Arbeits- und Wirtschaftsbedingungen
- Begriff 10 9 *6*
- Tarifautonomie (Grenze) 10 Einl. *52*

Arbeitsablauf
- Betriebsrat 210 90 *4*

Arbeitsamt
- *siehe auch Arbeitslosengeld*
- *siehe auch Arbeitslosenhilfe*
- *siehe auch Arbeitslosenversicherung*
- *siehe auch Arbeitslosigkeit*
- Arbeitnehmerüberlassung (Abgrenzung) 140 1 *58*
- Baugewerbe (Arbeitnehmerentsendung) 30 1 *22*
- Massenentlassung (Verfahren) 430 20 *2*
- nachträgliche Klagezulassung 430 5 *9*
- Prüfungsverfahren (Arbeitnehmerentsendung) 30 2 *2*
- Schwerbehinderte (Verzeichnis) 530 14 *4*
- Sittenwidrigkeit (Täuschung) 230 611 *463*
- Verleiherlaubnis 140 3 *9*

Arbeitsanfall
- Befristungsgrund 230 620 *83*

Arbeitsaufgabe
- Leiharbeitnehmer (Urkunde) 140 11 *8*

Arbeitsbefreiung
- Teilzeitarbeit 180 2 *47*

Arbeitsbehörde
- Tariffähigkeit/-zuständigkeit 60 97 *4*

Arbeitsbereitschaft
- Abrufarbeit (Abgrenzung) 180 4 *15*
- Arbeitnehmerbegriff 230 611 *85*
- Begriff 230 611 *954*
- Begriff (ArbZG) 110 2 *46*
- Jugendliche 420 4 *2*
- Ruhezeit 110 5 *3*
- Ruhezeit (Abweichung) 110 15 *6*
- Sonn-/Feiertagsarbeit 110 9 *1*
- Tarifvertrag 110 7 *4*
- Tarifvertrag (Abweichung) 110 7 *4*

Arbeitsberührung
- Unfallversicherung 570 2 *14*

Arbeitsbescheinigung
- Erfüllungsort 230 611 *1144*
- Urteilsverfahren 60 2 *30*

Arbeitsbücher
- Seeschiffahrt 230 630 *7*

Arbeitsdichte
- Änderungskündigung 430 2 *61*
- Unternehmerentscheidung 430 1 *389*
- Zustimmungsverweigerungsgrund 210 99 *30*

Arbeitsdirektor
- Arbeitgeberverband 490 13 *27*
- Aufgabenzuweisung 490 13 *25*
- Begriff (MitbestG) 470 33 *1*
- Bestellung (erstmalige) 470 37 *5*
- Bestellung (Montan-MitbestG) 490 13 *3*
- Geschäftsbereich 490 13 *19*
- Geschäftsordnung 490 13 *15*
- GmbH 490 13 *18*
- leitende Angestellte 490 13 *22*
- Sozialversicherung 490 13 *28*
- Vorstandsmitglied 490 13 *6*

Arbeitseinstellung
- Arbeitsschutz 230 618 *30*

Arbeitserlaubnis
- Baugewerbe 30 1 *1*
- Entgeltfortzahlung 280 3 *36*
- faktisches Arbeitsverhältnis 230 611 *171*
- Freizügigkeit 20 39 *14*
- Kündigung 430 1 *250*
- Unionsbürger 20 39 *28*
- Wichtiger Grund 230 626 *190*
- Zustimmungsverweigerungsgrund 210 99 *23*

Arbeitsfreistellung
- Teilzeitarbeit 180 2 *59*

Arbeitsgemeinschaft
- Arbeitnehmerüberlassung 140 1 *65*

Arbeitsgeräte
- Schutzpflicht (Arbeitgeber) 230 618 *13*

Arbeitsgerichte
- *siehe auch Beschlußverfahren*
- *siehe auch örtliche Zuständigkeit*
- *siehe auch Rechtsweg*
- *siehe auch Urteilsverfahren*
- *siehe auch Vorsitzender*
- Beiordnung 60 11 a *1*
- Beratungshilfe 60 11 a *2*
- Berufsrichter 60 9 *2*
- Beschleunigungsgrundsatz 60 9 *2*
- Besetzung 60 *16*
- Dienstaufsicht 60 6 a *5; 15*
- ehrenamtliche Richter (Besetzung) 60 6 *3*
- Einlassungsfrist 60 47 *2*
- Errichtung 60 *14*

2599

Sachverzeichnis

Fette Zahlen = Kennziffern

- Exterriorialität 60 1 6
- Fachkammer 60 17
- Gerichtskosten 60 12 2
- Gerichtssprache 60 9 20
- Gerichtsvollzieher 60 9 18
- Geschäftsstelle 60 7 1
- Geschäftsverteilungsplan 60 6 a 7
- Haftungsausschluß (Bindungswirkung) 570 108 2
- Hilfskammer 60 7 6
- internationale Zuständigkeit 60 1 11
- Kammererrichtung 60 17
- Kirche (Grundrechte) 10 4 30
- Kosten 60 7 5
- Kostenerstattung 60 12 a 1
- Organisation 60 14
- Parteifähigkeit (Begriff) 60 10 1
- Präsidium 60 6 a 2
- Prozeßfähigkeit 60 10 15
- Prozeßführungsbefugnis 60 10 19
- Prozeßkostenhilfe 60 11 a 1
- Prozeßvertretung 60 11 2
- Rechtshilfe 60 13 3
- Rechtsmittelbelehrung (Übersicht) 60 9 28
- Rechtspfleger 60 9 24
- Rechtsweg (Abgrenzung) 60 1 4
- Referendare 60 9 21
- Sachverständigenentschädigung 60 9 27
- Sitzungsordnung 60 9 19
- Streitwert 60 12 14
- Urteilsverfahren (Überblick) 60 46 6
- Verbandsvertreter (Rechtsstellung) 60 11 16
- Verfahrensgang 60 8 1
- Vertretung 60 19
- Verwaltung 60 15
- Vorsitzendenbestellung 60 18
- Zeugenentschädigung 60 9 27
- zuständige Landesbehörde 60 17
- Zustellungs- und Vollstreckungsbeamte 60 9 18

Arbeitsgruppe
- Mitbestimmung 210 87 54

Arbeitskampf
- *siehe auch Aussperrung*
- *siehe auch Streik*
- Arbeitnehmervertreter 50 110 29
- Arbeitskampfrisiko 10 9 116
- Arbeitslosengeld 10 9 127; 540 146 6
- Arbeitslosenhilfe 540 146 3
- Arten 10 9 79
- Beamte 10 9 126
- Beamteneinsatz (Urteilsverfahren) 60 2 16
- Begriff 10 9 78
- Beteiligte 10 9 78
- Betriebsbesetzung 10 9 301
- Betriebsblockade 10 9 299
- Betriebsverfassung 10 9 135; 210 74 10
- Betriebsversammlung (Teilnahme) 210 42 3
- Betriebsversammlung (Unzulässigkeit) 210 45 5
- Betriebsversammlung (Zeitpunkt) 210 44 3
- Blockade 10 9 299
- Boykott 10 9 300
- Bummelstreik 10 9 289
- Demonstrationsarbeitskampf 10 9 101
- Eigentum 10 14 20
- Einzelarbeitsverhältnis 10 9 94
- Entgeltfortzahlung 280 3 33
- Erhaltungsarbeiten 10 9 164; 14 20
- Erziehungsgeld (Kündigungsverbot) 170 18 1
- Europäische Sozialcharta 10 9 86
- fairer 10 9 107
- Feiertag/Kurzarbeit 280 2 43
- Feiertagsvergütung 280 2 25
- Fernwirkung 10 9 116
- Feuerwehr 10 9 125
- freie Bereiche 10 9 106
- Friedenspflicht 10 9 103; 600 1 63
- Gemeinwohl 10 9 104
- gesetzliche Regelung 10 9 84
- Gewährleistung 10 9 83
- Grundsatzbeschwerde 60 72 a 12
- Internationales Arbeitsrecht 290 34 22
- Internationales Recht 10 9 4
- Kirche 10 4 49
- Koalition 600 2 10
- Koalition (Träger) 10 9 102
- Kündigung 430 25 1
- Kurzarbeitergeld 540 146 3
- Leiharbeitnehmer 140 11 29
- Maßregelungsverbot (Tarifvertrag) 600 1 44
- Mitbestimmung 210 74 Einl. 13
- Mutterschaftsgeldzuschuß 500 14 7
- Mutterschutz 500 9 13
- Mutterschutzlohn 500 11 7
- nachträgliche Klagezulassung 430 5 13
- Neutralitätspflicht 10 9 123
- Notdienst 10 9 176
- Notstand 10 9 82
- öffentlicher Dienst 10 9 129
- Parität 10 9 114
- personelle Einzelmaßnahmen (Betriebsrat) 210 99 3
- politischer 10 9 100
- Polizei 10 9 124
- Pressefreiheit 10 5 82
- Rechtsanspruch 10 9 97
- Rechtsgrundlagen 10 9 84
- Richterrecht 10 9 92
- ruinöser 10 9 113
- Rundfunkfreiheit 10 5 108
- schuldrechtliche Vereinbarung (Ziel) 10 9 95
- Schutzschrift 60 62 39
- Schwerbehinderte 530 21 7
- Sozialhilfe 10 9 128
- Sozialversicherung 10 9 127
- Sympathie 10 9 129
- tarifbezogener 10 9 95
- Ultima-ratio 10 9 109
- Unterlassung (Urteilsverfahren) 60 2 12
- Urlaub 250 1 46
- Urlaubsdauer 250 3 34
- Urlaubsentgelt 250 11 43
- Urlaubsgewährung 250 7 35
- Verfassungsrecht 10 9 82
- verhaltensbedingte Kündigung 430 1 345
- Verhältnismäßigkeit 10 9 107
- Warnstreik 10 9 141
- Wartezeit 430 1 82
- Wartezeit (BUrlG) 250 4 12
- Wellenstreik (Lohnrisiko) 10 9 122
- Wichtiger Grund 230 626 115
- Wiedereinstellungsklausel 230 611 441
- wilder 10 9 102
- Ziele 10 9 81
- Zutrittsrecht (BetrVG) 210 2 6

Arbeitskampfbereitschaft
- Koalition 10 9 9

Arbeitskampfrisiko
- Begriff 10 9 116

Arbeitskleidung
- Aufwendungsersatz 230 611 822
- Betriebsvereinbarung 210 77 83
- Direktionsrecht 230 611 928
- Glaubensfreiheit 10 4 22
- Haftung 230 611 1124

2600

magere Zahlen = §§ bzw. Art.; kursive Zahlen = Randnummern

Sachverzeichnis

- Mitbestimmung 210 87 *19*
- Persönlichkeitsrecht 10 2 *88*

Arbeitskollege
- Entgeltfortzahlung 280 6 *12*
- Haftungsausschluß 570 105 *1*

Arbeitsleistung
- Erfüllungsort 230 611 *929*
- gleiche (Begriff) 230 612 *62*
- gleichwertige (Begriff) 230 612 *63*
- Leistungsstörungen (Übersicht) 230 611 *958*
- Nachholbarkeit 230 611 *960*
- Schadenersatz 230 611 *985*
- Unzumutbarkeit 230 611 *970*

Arbeitslose
- Altersteilzeit (Einstellung) 130 3 *24*
- ehrenamtliche Richter 60 *23*
- Freizügigkeit 20 39 *18*
- Unfallversicherung 570 2 *13*

Arbeitslosengeld
- Altersteilzeit (Berechnung) 130 10 *1*
- Annahmeverzug (Anrechnung) 230 615 *98*
- Annahmeverzug (Böswilligkeit) 230 615 *105*
- Anrechnung (Leiharbeitnehmer) 140 10 *56*
- Arbeitskampf 10 9 *127*; 540 146 *6*
- Aufhebungsvertrag 230 620 *200*
- Auflösung 540 143 *11*
- Ausschlußfrist 540 143 *7*
- Erstattung (Arbeitgeber) 540 147 a *2*
- Erziehungsgeld 170 2 *6*
- Karenzentschädigung 390 74 c *7*
- Krankengeld 550 44 *3*
- Krankengeld (Ruhen) 550 49 *18*
- Kündigungsschutzklage 540 143 *10*
- Lohnnachzahlungen 540 143 *6*
- Ruhen 540 143 *3*
- Schadenersatz 540 143 *4*
- Sonderzahlungen 540 143 *6*
- Sozialplan 210 112 *25*
- Urlaubsabgeltung 540 143 *12*
- Vergleich 540 143 *7*
- Wettbewerbsverbot (unverbindliches) 390 74 c *13*

Arbeitslosenhilfe
- Anrechnung (Leiharbeitnehmer) 140 10 *56*
- Arbeitskampf 540 146 *3*
- Erziehungsgeld 170 2 *6*
- Erziehungsgeld (Anrechnung) 170 8 *1*
- Karenzentschädigung 390 74 c *13*
- Krankengeld 550 44 *3*
- Krankengeld (Ruhen) 550 49 *18*

Arbeitslosenversicherung
- Altersteilzeit 130 3 *10*
- Arbeitnehmerüberlassung (legale) 140 Einl. *67*
- Beschäftigungsverhältnis 545 7 *42*
- Geringfügig Beschäftigte 545 8 *31*
- Pflichtversicherung (Grundrechte) 10 2 *24*

Arbeitslosigkeit
- Auflösungsurteil 430 10 *9*
- Sozialplan 210 112 *33*

Arbeitsmarkt
- Gleichbehandlungsgebot (BeschFG) 180 2 *50*
- Sozialauswahl 430 1 *500*
- Sozialplan (Aussichten) 210 112 *33*

Arbeitsmarktchance
- außerordentliche Kündigung 230 626 *69*

Arbeitsmedizinische Untersuchung
- Nachtarbeit 110 6 *11*

Arbeitsmethode
- Betriebsänderung 210 111 *18*

Arbeitsmittel
- Aufwendungsersatz 230 611 *821*
- Herausgabepflicht 230 611 *1146*

Arbeitsorganisation
- Betriebsübergang 230 613 a *28*

Arbeitsort
- Ausland 230 611 *213*
- Feiertag 280 2 *13*
- Leiharbeitnehmer (Urkunde) 140 11 *9*
- Nachweispflicht 510 2 *13*
- Rechtswahl 290 34 *7*
- Tarifvertrag 600 4 *16*
- Versetzung 430 2 *20*

Arbeitspapiere
- Ausgleichsquittung 230 611 *609*
- Erfüllungsort 230 611 *1144*
- Streitwert 60 12 *24*
- Urteilsverfahren 60 2 *30*
- verhaltensbedingte Kündigung 430 1 *347*
- Zurückbehaltungsrecht 230 611 *974*

Arbeitspflicht
- Arbeitszeit 230 611 *935*
- Erbe 230 613 *5*
- Erfüllbarkeit 230 611 *980*
- Job-Sharing 230 613 *4*
- Konkretisierung 230 611 *924*
- Konzernleihe 230 613 *9*
- Leistungsmaßstab 230 611 *917*
- Nachholung 230 615 *4*
- persönliche 230 613 *2*
- Ruhen 230 611 *976*
- Unmöglichkeit 230 615 *4*
- Zwangsvollstreckung 230 611 *980*

Arbeitsplatz
- Anhörung/Stellungnahme (Arbeitnehmer) 210 82 *4*
- Ausschreibung (Betriebsrat) 210 93 *2*
- Ausschreibung (geschlechtsneutrale) 230 611 b *2*
- Betriebsrat 210 90 *5*
- Jugendliche 420 31 *2*
- sexuelle Belästigung 190 1 *1*

Arbeitsplatzbewertung
- Mitbestimmung 210 94 *4*

Arbeitsplatzteilung
- Begriff 180 5 *5*
- Direktionsrecht 180 5 *9*
- Kündigungsschutz 180 5 *15*
- Leistungsstörung 180 5 *11*
- Tarifvertrag (Abweichung) 180 5 *18*
- Vertretungspflicht 180 5 *13*

Arbeitsplatzwechsel
- Wichtiger Grund 230 626 *194*

Arbeitsraum
- Schutzpflicht (Arbeitgeber) 230 618 *7*

Arbeitsschutz
- *siehe auch Betriebsrat (ArbZG)*
- *siehe auch Betriebsrat (soziale Angelegenheiten)*
- *siehe auch Fürsorgepflicht*
- *siehe auch Schutzpflicht (Arbeitsschutz)*
- Abdingbarkeit 230 619 *1*
- Annahmeverzug 230 618 *32*
- Arbeitnehmerüberlassung (Verantwortlichkeit) 140 11 *30*
- Arbeitseinstellung 230 618 *34*
- Betriebsratsbeteiligung 210 89 *2*
- Betriebsvereinbarung (freiwillige) 210 88 *3*
- Entleiher (AÜG) 140 Einl. *20*
- Grundrechte (Schutzpflichten) 10 2 *120*
- Internationales Privatrecht 290 34 *21*
- Mitbestimmung 210 87 *63*
- Mutterschutz (Grundrechte) 10 6 *21*
- Schadenersatz (Verjährung) 230 225 *8*
- Schmerzensgeld 230 618 *38*
- Unterrichtung (Arbeitgeber) 210 81 *8*
- verhaltensbedingte Kündigung 430 1 *305*

Sachverzeichnis

Fette Zahlen = Kennziffern

- Verleiherlaubnis (Versagung) 140 3 *11*
- Wichtiger Grund 230 626 *88*
- Wichtiger Grund (Arbeitnehmer) 230 626 *198*
- Zurückbehaltungsrecht 230 618 *30*

Arbeitssicherheit
- *siehe auch Arbeitsschutz*
- Arbeitnehmerentsendung 30 *7*
- Schulungs-/Bildungsveranstaltung 210 37 *17*

Arbeitsstätte
- Besichtigungsrecht 110 17 *8*
- Betriebsrat (Beteiligung) 210 90 *2*

Arbeitsunfähigkeit
- *siehe auch Krankheit*
- *siehe auch Nachweis (Arbeitsunfähigkeit)*
- Alkohol 280 3 *12*
- Alkohol (Verkehrsunfall) 280 3 *53*
- ambulante Behandlung 280 3 *20*
- Annahmeverzug 280 3 *40*
- Annahmeverzug (Leistungswille) 230 615 *43*
- Arbeitgeberwechsel 280 3 *93*
- Arbeitserlaubnis 280 3 *36*
- Arbeitspflicht 280 3 *6*
- Arbeitsplatz (Erreichbarkeit) 280 3 *27*
- Arbeitsunfall 280 3 *50*
- Arbeitsunfall (Wartezeit) 280 3 *69*
- Arbeitszeitverlegung 280 3 *42*
- Arztbesuch 280 3 *20*
- Arztirrtum 280 3 *23*
- Aufenthaltsrecht 20 39 *19*
- Aussperrung 280 3 *35*
- Behandlungsbedürftigkeit 280 3 *14*
- Berufsausbildung 150 12 *9*
- Berufskrankheit (Wartezeit) 280 3 *69*
- Beschäftigungsverbot 280 3 *38*
- Beschäftigungsverbot (MuSchG) 500 3 *10*
- Betriebsurlaub 280 3 *30*
- Darlegungs- und Beweislast 280 3 *64*
- Darlegungs- und Beweislast (Mehrfacherkrankung) 280 3 *99*
- Drogen 280 3 *56*
- Ende 280 3 *75*
- Erkrankung (dieselbe) 280 3 *79*
- Erwerbsunfähigkeit 280 3 *18*
- Erziehungsurlaub 170 15 *28*
- Feiertag/Kurzarbeit 280 4 *54*
- Grundleiden 280 3 *80*
- Karenzentschädigung 390 74 c *21*
- Krankengeld 550 44 *7*
- Krankheit (Begriff) 280 3 *11*
- Krankheit (Kausalität) 280 3 *16*
- Kündigung (Fortzahlungsanspruch) 280 8 *5*
- Kurzarbeit 280 3 *39*
- mehrfache 280 3 *78*
- Nebentätigkeit 230 611 *1014*; 280 3 *63*
- Nikotin 280 3 *56*
- Organspende 280 3 *58*
- Rechtsmißbrauch 280 3 *8*
- Ruhegeld 200 1 *8*
- ruhendes Arbeitsverhältnis 280 3 *74*
- Schlägerei 280 3 *60*
- Schönheitsoperation 280 3 *13*
- Schwangerschaft 280 3 *11, 83*
- Schwangerschaftsabbruch 280 3 *108*
- Sechs-Monats-Zeitraum 280 3 *84*
- Selbstmordversuch 280 3 *61*
- Sonderurlaub 280 3 *31*
- Sportunfall 280 3 *51*
- Sterilisation 280 3 *107*
- Streik 280 3 *33*
- Sucht 280 3 *56*
- Teilarbeitsunfähigkeit 280 3 *26*
- Transplantationen 280 3 *21*
- Unfruchtbarkeit 280 3 *22*
- Unterbrechung (Wartezeit) 280 3 *70*
- Urlaub 280 3 *29*
- Urlaub (Anzeige-/Nachweispflicht) 250 13 *42*
- Urlaub (während) 250 9 *1, 8*
- Urlaubsabgeltung 250 7 *103*
- Urlaubsanrechnung 250 10 *2*
- Verkehrsunfall 280 3 *53*
- Verschulden 280 3 *46*
- Wartezeit 280 3 *68*
- Weiterarbeit (§ 625 BGB) 230 625 *10*
- Zwölf-Monats-Zeitraum 280 3 *88*

Arbeitsunfähigkeitsbescheinigung
- *siehe auch Nachweis (Arbeitsunfähigkeitsbescheinigung)*
- Arbeits-/Kalendertag (Zugang) 280 5 *19*
- Arzt 280 5 *25*
- Ausforschungsbeweis 280 5 *36*
- Ausland (Beweiswert) 280 5 *59*
- Beweiswert 280 5 *32*
- Beweiswert (Ausland) 280 5 *59*
- Dauer (Datum) 280 5 *28*
- erster Tag 280 5 *23*
- Folgebescheinigung 280 5 *45*
- Krankenkasse 280 5 *31*
- Krankheitsgründe 280 5 *27*
- Leistungsverweigerungsrecht (unvollständige) 280 7 *9*
- medizinischer Dienst 280 5 *37*
- medizinischer Dienst (Reaktionsmöglichkeit) 280 5 *41*
- Mitbestimmung 210 87 *13, 21*; 280 5 *22*
- Rückdatierung 280 5 *4*
- tatsächliche Vermutung 280 5 *33*
- Untersuchung (fehlende) 280 5 *40*
- Verlangen (Arbeitgeber) 280 5 *22*
- Vordruck 280 5 *26*
- Zeitpunkt 280 5 *18*
- Zugang 280 5 *19*
- Zweck 280 5 *5*
- Zweifel 280 5 *34*

Arbeitsunfall
- Alkohol 570 104 *11*
- Arbeitnehmerüberlassung 140 Einl. *29*
- Aufenthaltsrecht 20 39 *20*
- Begriff 570 *8*
- Betriebsrat (Beteiligung) 210 89 *7*
- Haftungsausschluß 570 104 *8*
- Sozialauswahl 430 1 *498*
- Verschulden (EntgeltfortzG) 280 3 *50*

Arbeitsverfahren
- Betriebsrat (Beteiligung) 210 90 *4*

Arbeitsvergütung
- *siehe auch Teilvergütung*
- Abschlag 230 614 *22*
- Abtretung 230 611 *672*
- Änderungskündigung 430 2 *18*
- Annahmeverzug (Höhe) 230 615 *76*
- Anrechnungsverbot (BetrAVG) 200 5 *44*
- Anrechnungsverbot (Schwerbehinderte) 530 45 *2*
- Arbeitnehmervertreter 470 26 *3*
- Arbeitsbereitschaft 110 2 *49*
- Arbeitskampf 10 9 *116, 184*
- Arbeitslosengeld (Anrechnung) 540 143 a *6*
- Arbeitsverhältnis (AÜG) 140 10 *20*
- Aufrechnung 230 611 *661*
- Aufwendungsersatz 230 611 *814*
- Ausbildung-/Fortbildungskosten 230 611 *647*
- Ausgleichsquittung 230 611 *604*
- Auslösung 230 611 *754*
- Ausschlußfrist 600 4 *97*
- Auszahlung (Mitbestimmung) 210 87 *39*

magere Zahlen = §§ bzw. Art.; kursive Zahlen = Randnummern **Sachverzeichnis**

- bargeldlose Zahlung 230 611 *599*
- Berechnung (Nebenpflicht) 230 611 *901*
- Beweislast 230 612 *44*
- Darlehen 230 611 *637*
- Datenschutz 160 28 *10*
- Dienstreise 230 612 *18*
- Dienstwagen 230 611 *781*
- Dissens 230 612 *1*
- Eigentumsschutz 10 14 *22*
- Einfühlungsverhältnis 230 611 *186*
- Eingruppierung 230 611 *620*
- Einigungsstelle 210 87 *103*
- Einzelfälle (Übersicht) 230 611 *577*
- Erbe 230 613 *5*
- Erfüllungsort 230 611 *596*
- Erläuterungspflicht (Arbeitgeber) 210 82 *6*
- Fälligkeit 230 614 *1*
- fehlgeschlagene Vergütungserwartung 230 612 *21*
- Fragerecht 230 611 *368*
- Gemeinschaftsrecht (Begriff) 20 141 *3*
- Geringfügig Beschäftigte 180 2 *55*
- Geschlechtsdiskriminierung 230 612 *49*
- Geschlechtsdiskriminierung (Beweislast) 230 612 *66*
- Gewinnbeteiligung 230 611 *726*
- Gewissenskonflikt 230 611 *972*
- gleiche/gleichwertige Arbeit (Gemeinschaftsrecht) 20 141 *6*
- Gruppenarbeitsverhältnis 230 611 *197*
- Handlungsgehilfe 390 59 *5*
- Herabsetzung (Änderungskündigung) 430 2 *64*
- Heuer 230 611 *737*
- höherwertige Tätigkeit 230 612 *6*
- Inhaltsnorm 600 1 *93*
- Insolvenz 230 611 *679*
- Jahreswagen 230 611 *775*
- Krankengeld (Ruhen) 550 49 *5*
- Kreditierungsverbot 230 611 *768*
- Leiharbeitnehmer 140 Einl. *44*
- Leiharbeitnehmer (Urkunde) 140 11 *12*
- Leiharbeitsverhältnis 140 Einl. *33*
- Leistungsbestimmungsrecht 230 612 *42*
- Lohnbeleg 230 611 *602*
- Lohnsteuer 230 611 *708*
- Lohnwucher 230 612 *3*
- Minderjährige 230 611 *597*
- (Sanktionen) 230 611 *982*
- Mitbestimmung 210 87 *99*
- Musterung 80 14 *1*
- Nachweispflicht 510 2 *16*
- Naturalien 230 611 *771*
- Lohnvereinbarung 230 611 *704*
- persönliche Verhinderung 230 617 *6*
- Ruhen 230 611 *671*
- Schulungs-/Bildungsveranstaltung 210 37 *21*
- sexuelle Belästigung 190 3 *4*
- Sonderleistungen 230 612 *17*
- Sachzuwendung 230 611 *786*
- Sozialversicherungsbeitrag 230 611 *710*
- Sperrfrist 230 629 *25*
- Steuerdurchschaubarkeit 230 612 *61*
- Treue (Nebenpflicht) 230 611 *1032*
- Urlaubsgewährung 230 611 *829*
- Urlaub 230 611 *36*
- Vergütung (nach Kündigung) 230 628 *8*
- 230 611 *767*
- 230 611 *717*
- 230 611 *610*
- 230 611 *37*
- 230 611 *749*
- 230 612 *25*
- (Abrede) 230 612 *2*

- Vergleichsgruppenbildung 10 3 *35*
- Vergütungserwartung 230 612 *11*
- Verjährung 230 225 *5*
- Vermögensbildung 230 611 *813*
- Versammlung der leitenden Angestellten 590 15 *10*
- Verteilungsgrundsätze (Mitbestimmung) 210 87 *110*
- Vertreter 230 612 *16*
- Verzicht 230 611 *685*
- Vorschuß 230 611 *637*; 614 *19*
- Wegezeit 230 611 *747*
- Wehrerfassung 80 14 *1*
- Werkstatt für Behinderte 530 58 *16*
- Wettbewerbsverbot 390 61 *3*
- Wichtiger Grund 230 626 *200*
- Zinsen 230 611 *707*
- Zulagen 230 611 *711*
- Zurückbehaltungsrecht 230 611 *670*; 614 *17*

Arbeitsverhältnis
- siehe auch Arbeitnehmerbegriff
- siehe auch Freie Mitarbeit
- Anfechtbarkeit 230 611 *467*
- Anlernverhältnis 230 611 *208*
- Arbeitnehmerbegriff 230 611 *44*
- Arbeitnehmerhaftung (Übersicht) 230 611 *1035*
- Arbeitspflicht 230 611 *912*
- Aushilfsarbeitsverhältnis 230 611 *187*
- Auslandsberührung 230 611 *211*
- Begründung 230 611 *426*
- Behinderte 230 611 *217*
- Beschäftigungsverhältnis 545 7 *31*
- Betriebsübergang 230 613 a *24*
- Dienstverschaffungsvertrag (Abgrenzung) 230 611 *34*
- Doppelarbeitsverhältnis 230 611 *176*
- Eingliederungsvertrag (Abgrenzung) 230 611 *41*
- faktisches 230 611 *170*
- Franchising (Abgrenzung) 230 611 *38*
- Geschäftsgrundlage (Beendigung) 230 620 *188*
- Gruppenarbeitsverhältnis 230 611 *194*
- mittelbares 230 611 *202*
- Nichtigkeit 230 611 *454*
- Pacht (Abgrenzung) 230 611 *33*
- Probearbeitsverhältnis 230 611 *183*
- Scheingeschäft 230 611 *427*
- Teilzeit 230 611 *175*
- Tod (Arbeitnehmer) 230 620 *183*
- Umwandlung (Dienstvertrag) 230 611 *46*
- Unterrichtung (Arbeitgeber) 210 81 *2*
- Vergütungspflicht 230 612 *1*
- Vertragsschluß 230 611 *426*
- Völkerrecht 230 611 *246*
- Wahlrecht (bei neuem) 430 12 *2*
- Wiedereingliederungsverhältnis (Abgrenzung) 230 611 *42*

Arbeitsvermittlung
- siehe Arbeitsamt

Arbeitsversuch
- Unfallversicherung 570 2 *4*

Arbeitsvertrag
- siehe auch Allgemeine Geschäftsbedingungen
- siehe auch Arbeitnehmerbegriff
- siehe auch Vertragsänderung
- Änderung 230 611 *524*
- Auftrag (Abgrenzung) 230 611 *28*
- ausgehandelter 230 611 *270*
- Auslegung 230 611 *520*
- Ausschlußfrist (Reichweite) 230 225 *35*
- betriebliche Übung 230 611 *285*
- Betriebsvereinbarung 210 77 *89*
- Bezugnahme auf Tarifvertrag (Grundsatz) 600 3 *40*

2603

Sachverzeichnis

Fette Zahlen = Kennziffern

- Dienstvertrag (Abgrenzung) **230** 611 *12*
- Ergänzung **230** 611 *520*
- Erstuntersuchung (Jugendliche) **420** 46 *3*
- Form **510** Einl *6*
- Formularvertrag **230** 611 *271*
- Formvorschrift **230** 127 *12*
- Geschäftsbesorgungsvertrag (Abgrenzung) **230** 611 *30*
- Gesellschaftsvertrag (Abgrenzung) **230** 611 *22*
- Gestaltung (Gesetzesumgehung) **230** 611 *550*
- Inhaltskontrolle **230** 611 *552*
- Produktionsgenossenschaft (DDR) **230** 611 *27*
- Revisionsverfahren **60** 73 *17*
- Urlaubsregelungen **250** 13 *57*
- Vergütungsfortzahlung (Abdingbarkeit) **230** 616 *19*
- Werkvertrag (Abgrenzung) **230** 611 *17*

Arbeitsvertragsrichtlinien
- Formvorschriften **230** 127 *10*
- Kirche **230** 611 *147*

Arbeitsverweigerung
- Abmahnungserfordernis **430** 1 *305*
- Betriebsratsmitglied **430** 15 *26*
- Kündigung **430** 1 *346*
- Wichtiger Grund **230** 626 *103*

Arbeitsvorgang
- Eingruppierung **600** 1 *48*

Arbeitszeit
- *siehe auch Betriebsrat (ArbZG)*
- Altersteilzeit **130** 6 *2*
- Änderung (Änderungskündigung) **430** 2 *60*
- Änderungskündigung **110** 2 *24*; **430** 2 *18*
- Änderungsvorbehalt **230** 611 *528*
- Arbeitnehmerbegriff **110** 2 *3*
- Arbeitnehmerentsendung **30** 7
- Arbeitsbereitschaft **110** 2 *46*
- Arbeitsverhältnis (AÜG) **140** 10 *15*
- Arbeitszeitmodelle **110** 7 *27*
- Aufsichtsbehörde **110** 17 *2*
- Aufsichtsbehörde (Abweichung) **110** 7 *25*
- Aufzeichnungspflicht **110** 16 *7*
- Ausflugsort **440** 17 *4*
- Ausgleichszeitraum **110** 3 *6*
- Aushangpflicht **110** 16 *1*
- Auskunftsverweigerungsrecht **110** 17 *11*
- Ausland **110** 2 *19*
- Befristung (vorübergehende) **230** 620 *76*
- Begriff **110** 2 *23*
- Bereitschaftsdienst **110** 2 *50*
- Bergbau **110** 2 *15*
- Berufsausbildungsvertrag **150** 4 *4*
- Berufsbildung **110** 2 *13*
- Berufsschule **420** 9 *12*
- Betriebsnorm **600** 1 *114*
- Betriebsvereinbarung (Abweichung) **110** 7 *3*
- Betriebsvereinbarungsoffenheit **210** 77 *97*
- Binnenschiffahrt **110** 21 *1*
- Chefarzt **110** 18 *3*
- Direktionsrecht **110** 2 *24*; **180** 4 *1*
- Entgeltfortzahlung bei Verlegung **280** 3 *42*
- Erholungsort **440** 17 *4*
- Familienhaushalt **110** 18 *5*
- Frauen **110** 2 *14*
- Gemeinschaftsrecht **110** 1 *4*
- Gesamtbetriebsrat **210** 50 *5*
- Gleichbehandlungsgebot (BeschFG) **180** 2 *13*
- Grundsätze **230** 611 *935*
- Hinweispflicht (Arbeitnehmer) **110** 2 *37*
- Jugendarbeitsschutz **420** 4 *2*
- Jugendliche (Höchstarbeitszeit) **110** 3 *13*
- Jugendliche (Notfall) **110** 14 *18*
- Jugendliche (Tarifvertrag) **420** 21 a *4*
- Kalendertag **110** 3 *2*
- Kampagnebetrieb **110** 15 *4*
- Kraftfahrer (Höchstarbeitszeit) **110** 3 *15*
- Kurort **440** 17 *4*
- Ladenschluß **440** 3 *15*
- Leiharbeitnehmer (Mitbestimmung) **110** 2 *26*; **140** 14 *20*
- Leiharbeitnehmer (Urkunde) **140** 11 *17*
- leitende Angestellte **110** 18 *2*
- Luftfahrt **110** 20 *1*
- mehrere Arbeitgeber **110** 2 *36*
- Mitbestimmung **110** 2 *26*; **210** 87 *25*
- Mitbestimmung (Regelarbeitszeit) **110** 3 *17*
- Montagestelle **110** 15 *2*
- Mutterschutz (Höchstarbeitszeit) **110** 3 *14*
- Nachholbarkeit **230** 611 *960*
- Nachtarbeit **110** 2 *42*
- Nachtzeit **110** 2 *40*
- Nachweispflicht **510** 2 *19*
- Notfall **110** 14 *1*
- Pflichtverletzung (Arbeitgeber) **210** 23 *26*
- Prüfungen (Jugendliche) **420** 10 *6*
- Reduzierung (Anspruch) **230** 611 *953*
- Reduzierung (ATG) **130** 2 *7*
- Reisezeit **110** 2 *33*
- Religionsausübung **110** 18 *6*
- Rufbereitschaft **110** 2 *53*
- Ruhepause **110** 4 *1*
- Ruhezeit **110** 5 *1*
- Saisonbetriebe **110** 15 *4*
- Schichtbetriebe **110** 15 *1*
- Seeschiffahrt **110** 18 *9*
- Sonn-/Feiertage (Verkaufsstelle) **440** 17 *1*
- Sozialauswahl **430** 1 *482*
- Sprecherausschußvereinbarung **590** 28 *5*
- Tarifvertrag (Abweichung) **110** 7 *4*
- Tarifvertrag (Inhalt) **110** 2 *29*
- Tarifvorrang/-vorbehalt **210** 77 *60*
- Teilzeitarbeit **180** 2 *58*
- Tendenzbetrieb (Mitbestimmung) **210** 118 *23*
- Umkleidezeit **110** 2 *32*
- Veränderung (Teilzeit) **180** 3 *6*
- Verkürzung (Lohnausgleich) **230** 611 *632*
- Versetzung **110** 2 *27*; **210** 99 *13*
- Verteidigungsmaßnahmen **110** 15 *10*
- Vor-/Nacharbeiten **110** 2 *32*
- Wallfahrtsort **440** 17 *4*
- Waschzeit **110** 2 *32*
- Wegezeit **110** 2 *32*; **230** 611 *747*
- Werktag **110** 3 *2*

Arbeitszeitkonto
- Arbeitszeitmodell **110** 7 *35*
- Beschäftigungsverhältnis **545** 7 *35*

Arbeitszeitmodelle
- Arbeitnehmerschutz **110** 7 *38*
- Grundsätze **110** 7 *27*

Arglist
- *siehe auch Anfechtung*
- Ausschlußfrist **600** 4 *108*
- nachträgliche Klagezulassung **430** 5 *3*
- Schriftform **230** 127 *55*

Arrest
- Arrestbefehl (Zustellung) **60** 50 *4*
- Beschwerde **60** 78 *2*
- Betriebsratsansprüche **60** 85 *5*
- Einlassungsfrist **60** 47 *6*
- Grundsätze **60** 62 *19*
- Güteverhandlung **60** 54 *3*
- Kostenerstattung **60** 12 a *3*
- Ladungsfrist **60** 47 *10*
- Rechtsweg **60** 48 *3*
- Revision **60** 72 *4*

magere Zahlen = §§ bzw. Art.; kursive Zahlen = Randnummern

Sachverzeichnis

- sofortige Beschwerde 60 78 *3*
- Verjährung (Unterbrechung) 230 225 *16*

Arzneimittelprüfung
- Mitbestimmung 210 87 *21*

Arzt
- Arbeitnehmer 230 611 *105*
- Arbeitsunfähigkeitsbescheinigung (Aussteller) 280 5 *25*
- Arbeitszeit 110 18 *3*
- Befristung (BeschFG) 180 1 *15*
- Befristung (Hochschule) 400 57 a *11*
- Befristung (Weiterbildung) 25 3 *1*
- Befristungsdauer (Anrechnung) 400 57 c *19*
- Gleichbehandlungsgrundsatz 230 611 *864*
- Heileingriff 10 2 *117*
- Mandantenschutzklausel 390 74 *5*
- Tarifvertrag 600 1 *85*

Arztbesuch
- Anzeigepflicht (EntgeltfortzG) 280 5 *8*
- Berufsausbildung 150 12 *6*
- Entgeltfortzahlung 280 3 *20*
- Vergütungsfortzahlung 230 616 *9*

Arztirrtum
- Entgeltfortzahlung 280 3 *23*

Assessor
- Prozeßvertretung 60 11 *9*

Assestment-Center
- Einstellung 230 611 *422*
- Mitbestimmung 210 96 *7*

Assistent
- Befristung 400 57 a *10*

Aufenthaltserlaubnis
- Befristungsgrund 230 620 *128*
- Gemeinschaftsrecht 20 39 *14*

Aufenthaltsrecht
- Freizügigkeit (Gemeinschaftsrecht) 20 39 *12*

Aufhebungsklage
- Schiedsgericht 60 110

Aufhebungsvertrag
- Abwicklungsvertrag (Abgrenzung) 230 620 *196*
- Anfechtung 230 620 *199*
- Arbeitslosengeld (Anrechnung) 540 143 a *7*
- Arbeitslosengeld (Erstattung durch Arbeitgeber) 540 147 a *19*
- Aufklärungs-/Belehrungspflicht 230 611 *905*
- Aufklärungspflicht 230 620 *200*
- Aufklärungspflicht (Betriebsänderung) 210 112 *25*
- Bedenkzeit 230 620 *194*
- Befristung (Abgrenzung) 230 620 *48*
- Berufsausbildungsverhältnis 150 14 *1*
- Berufung 60 64 *11*
- Betriebsübergang 230 620 *195*
- Betriebsübergang (Umgehungsgeschäft) 230 613 a *140*
- Betriebsvereinbarung 210 77 *112*
- Entgeltfortzahlung 280 8 *30*
- Erbe 230 613 *7*
- Erziehungsurlaub 170 19 *5*
- Form 230 620 *194*
- Grundsätze 230 620 *194*
- Inhaltskontrolle 230 611 *556*
- Kündigungsschutz 430 4 *72*
- Kündigungsschutz (allgemeiner) 430 1 *17*
- Lossagungsrecht 390 75 *18*
- Massenentlassung 230 620 *198*; 430 17 *4, 14*
- minderjährige Schwangere 230 113 *10*
- Nachteilsausgleich 210 113 *5*
- Regelungsabrede 210 77 *113*
- Rückwirkung 230 620 *198*
- Schadenersatz (Vorbehalt) 230 628 *56*
- Schriftform (623 BGB) 230 623 *12*
- Schriftform (Rechtsfolgen) 230 623 *34*
- Schwangerschaft 230 620 *199*; 500 9 *21*
- Schwerbehinderte 530 15 *8*
- Sozialplan 210 112 *39*
- Sperrzeit 540 144 *10*
- Sprecherausschußvereinbarung 590 28 *7*
- Tarifvertrag 600 1 *12, 76*
- Teilvergütung 230 628 *20*
- Umdeutung 230 620 *216*
- Umdeutung (außerordentliche Kündigung) 230 626 *295*
- Umzugskosten 230 611 *644*
- Urkunde (Form) 230 623 *27*
- Wettbewerbsverbot (nachvertragliches) 390 74 *52*
- Widerrufsklausel 230 620 *201*
- Wirkungen 230 620 *198*
- Zeugnis 230 630 *26*

Aufklärungspflicht
- Aufhebungsvertrag 230 620 *200*
- Einstellung 230 611 *340*

Aufklärungsrüge
- Anforderungen 60 74 *26*
- Voraussetzungen 60 73 *21*

Auflage
- Verleiherlaubnis 140 2 *9*

Auflösende Bedingung
- 5-Jahres-Zeitraum 230 624 *10*
- Altersgrenze (BAT) 230 620 *28*
- Arbeitsplatzteilung 180 5 *15*
- Betriebsübergang (Umgehungsgeschäft) 230 613 a *139*
- Bewachungsgewerbe 230 620 *26*
- Direktversicherung 200 1 *54*
- Einstellungsuntersuchung 230 611 *410*
- Hochschule 400 57 c *5*
- Klagefrist 180 1 *69*
- Nachweispflicht 510 2 *12*
- Schriftform 230 623 *17*
- Schwerbehinderte 530 15 *8*
- Stellensuche 230 629 *10*
- Tarifvertrag 600 1 *75*
- Verleiherlaubnis 140 3 *27*
- Zulässigkeit 230 620 *23*
- Zulässigkeit (BeschFG) 180 1 *27*
- Zustimmungsverweigerung 210 99 *45*
- Zustimmungsverweigerung (Arbeitsgericht) 210 100 *2*

Auflösung (gerichtliche)
- Änderungskündigung 430 9 *4*
- Annahmeverzug 430 11 *2*
- Arbeitgeber (Voraussetzungen) 430 9 *21*
- Arbeitnehmer (Voraussetzungen) 430 9 *12*
- Ausbildungsverhältnis 430 9 *4*
- außerordentliche Kündigung 430 13 *15*
- Betriebsratsmitglied 430 9 *25*
- Darlegungs- und Beweislast (Arbeitgeber) 430 9 *27*
- Darlegungs- und Beweislast (Arbeitnehmer) 430 9 *16*
- Drittverhalten 430 9 *23*
- Entgeltfortzahlung 280 8 *29*
- leitende Angestellte 430 14 *17*
- Nachschieben von Beendigungsgründen 430 9 *24*
- Prozeßbevollmächtigter 430 9 *23*
- Schutzgesetz 430 9 *18*
- Sittenwidrigkeit 430 13 *26*
- Stationierungsstreitkräfte 430 1 *13*
- Tod 430 9 *11*
- Treuwidrigkeit 430 9 *23*
- Unzumutbarkeit 430 9 *12*
- wirtschaftliche Schwierigkeiten 430 9 *22*

2605

Sachverzeichnis

Fette Zahlen = Kennziffern

Auflösungsantrag
- Änderungskündigung (Annahme) 430 2 *73*
- Antragstellung 430 9 *8*
- außerordentliche Kündigung 430 13 *15*
- beiderseitiger 430 9 *28*
- Berufungsverfahren 60 67 *2*
- Beschwer 430 10 *22*
- Betriebsübergang 230 613 a *159;* 430 9 *11*
- Beurteilungszeitpunkt 430 9 *13*
- Bezifferung 430 10 *22*
- Eventualantrag (Arbeitnehmer) 430 9 *7*
- Hilfsantrag (Arbeitgeber) 430 9 *20*
- Jugendvertreter (Weiterbeschäftigung) 210 78 a *6*
- Kündigungsrücknahme 230 620 *230;* 430 9 *10*
- leitende Angestellte 430 14 *17*
- Maßregelungsverbot 230 612 a *25*
- neues Arbeitsverhältnis 430 9 *15*
- Revisionsinstanz 430 9 *42*
- Rücknahme 430 9 *9*
- Schwangerschaft 500 9 *20*
- Sozialwidrigkeit 430 9 *5*
- Tod 430 9 *11*
- Umdeutung 430 13 *20*

Auflösungsurteil
- Abfindung 430 9 *32*
- Abfindungshöhe 430 10 *1*
- Altersgrenze 430 10 *6*
- Änderungskündigung 430 9 *28*
- Annahmeverzug 230 615 *69*
- Arbeitslosengeld 540 143 *11*
- Arbeitsmarktchancen 430 10 *9*
- Auflösungszeitpunkt 430 9 *33*
- Aufwandsentschädigung 430 10 *3*
- Bemessungsfaktoren 430 10 *7*
- Berufsausbildung 430 10 *5*
- Beschäftigungsdauer 430 10 *5*
- Beschwer 60 64 *8;* 430 9 *39*
- Beschwer (Abfindungshöhe) 430 10 *22*
- Bewertungszeitpunkt 430 10 *13*
- Bruttoverdienst 430 10 *4*
- Familienstand 430 10 *10*
- Gestaltungswirkung 430 9 *2*
- Gesundheitszustand 430 10 *10*
- Kosten 430 9 *34*
- Lebensalter 430 10 *8*
- Nachteilsausgleich 430 9 *45*
- Prognose 430 9 *21*
- Rechtskraft 430 9 *33*
- Rechtsmittel 430 9 *39*
- Rechtsmittel (Abfindungshöhe) 430 10 *22*
- Revision 430 10 *23*
- Ruhegeld 430 10 *10*
- Sanktionscharakter 430 10 *11*
- Schadenersatz 230 628 *58;* 430 10 *21*
- Sonderzuwendungen 430 10 *3*
- Sozialplan 430 9 *45*
- Sozialwidrigkeit 430 9 *29*
- Streitwert 430 9 *38*
- Teilanerkenntnisurteil 430 9 *30*
- Unterhaltspflicht 430 10 *10*
- Urlaubsgeld 430 10 *3*
- Verfassungsmäßigkeit 430 9 *1*
- Vermögensverhältnisse (Arbeitgeber) 430 10 *12*
- Vermögensverhältnisse (Arbeitnehmer) 430 10 *10*
- Vollstreckbarkeit 430 9 *33*
- Zulagen 430 10 *3*
- Zwangsvollstreckung 430 9 *43*

Auflösungsverschulden
- Abdingbarkeit 230 628 *116*
- Darlegungs- und Beweislast 230 628 *124*
- Gegenkündigung 230 628 *103*
- Konkurrenzen 230 628 *114*
- Rechtsberatung 230 628 *115*
- Schadensersatzanspruch (Grundsätze) 230 628 *49*
- Schadenspositionen (Übersicht) 230 628 *43*
- Vorteilsausgleichung 230 628 *99*

Auflösungsvertrag
- *siehe Aufhebungsvertrag*

Aufnahmeleiter
- Arbeitnehmer 230 611 *114*

Aufrechnung
- Abfindung 430 10 *20*
- Ausschlußfrist 600 4 *107*
- Bedingung 230 611 *666*
- Berufung 60 65 *9;* 67 *2*
- Erklärung 230 611 *662*
- Grundsätze 230 611 *661*
- Karenzentschädigung 230 611 *662*
- Krankengeld (Ruhen) 550 49 *10*
- Pfändbarkeit 230 611 *662*
- Rechtsweg 230 611 *668*
- Schadenersatz 230 611 *662*
- Tarifvertrag 600 4 *87*
- Urlaub 250 1 *34*
- Urlaubsabgeltung 250 7 *107*
- Urlaubsentgelt 250 11 *51*
- Urlaubsgeld 250 11 *48*
- Urteilsverfahren 60 2 *51*
- Verjährung (Unterbrechung) 230 225 *16*
- Zugang 230 611 *666*

Aufsichtsrat (AktG)
- *siehe auch Arbeitnehmervertreter*
- *siehe auch Aufsichtsrat (BetrVG 1952)*
- *siehe auch Aufsichtsrat (GmbH)*
- *siehe auch Aufsichtsrat (MitbestG)*
- *siehe auch Aufsichtsrat (Montan-MitbestG)*
- *siehe auch Aufsichtsratsausschuß*
- *siehe auch Aufsichtsratsmitglied*
- *siehe Aufsichtsratsvorsitzender*
- *siehe auch Unternehmensmitbestimmung*
- Abberufung 50 103 *1*
- Abstimmung 50 108 *18*
- Amtszeit 50 102 *1*
- Aufgabendelegierung 50 107 *22*
- Auskunftsperson 50 109 *5*
- Ausschüsse 50 107 *15*
- Beanstandung 50 110 *10*
- Beauftragter 50 109 *8*
- Berichtspflicht (Vorstand) 50 110 *9*
- Beschluß (fehlerhafter) 50 108 *19*
- Beschlußfähigkeit 50 108 *9*
- Beschlußfassung 50 108 *2*
- Bestellung (fehlerhafte) 50 101 *9*
- Bestellung (Gericht) 50 104 *2*
- Bestellung (Mitglieder) 50 101 *1*
- Einberufung 50 110 *2*
- Einsichtsrecht 50 110 *11*
- Entsendungsrecht 50 101 *5*
- Geschäftsordnung 50 107 *2*
- Größe 50 95 *1*
- Hauptversammlung (Einberufung) 50 110 *17*
- Jahresabschluß 50 110 *22*
- Kredite) 50 115 *2*
- Mitbestimmungsstatut (Änderung) 50 96 *4*
- Personalausschuß 50 107 *20*
- persönliche Voraussetzungen 50 100 *2*
- Prozeßvertretung 60 11 *2*
- Prüfungsrecht 50 110 *11*
- Sachverständige 50 109 *5*
- Satzung 50 107 *2*
- Satzungsänderung 50 96 *5*
- Schadenersatz 50 116 *13*
- Schadensersatz (Geltendmachung) 50 110 *21*
- Selbsteinberufung 50 110 *6*

magere Zahlen = §§ bzw. Art.; kursive Zahlen = Randnummern **Sachverzeichnis**

- Sitzung (Mindestzahl) 50 110 *8*
- Sitzungsniederschrift 50 107 *12*
- Sitzungsteilnahme 50 109 *1*
- Statusverfahren 50 96 *3*
- Stimmabgabe 50 108 *5*
- Stimmbote 50 108 *5*
- Stimmenmehrheit 50 108 *12*
- Stimmrecht/-ausschluß 50 108 *14*
- Überwachung (Vorstand) 50 110 *2*
- Umwandlung 50 96 *6*
- Unterbesetzung 50 104 *4*
- Verfahren 50 107 *25*
- Vergütung 50 113 *1*
- Verträge 50 114 *3*
- Vertretung (Vorstand) 50 112 *3*
- Vorstandszusammensetzung 50 110 *19*
- Zusammensetzung 50 96 *1*
- Zustimmungsvorbehalt 50 110 *12*

Aufsichtsrat (BetrVG 1952)
- Aufgaben 220 76 *27*
- Beschlußfähigkeit 220 76 *22*
- Ersatzbestellung 220 76 *25*
- GmbH 220 Einl. *9*
- Gründungsstadium 220 76 *28*
- Mitgliederwechsel 220 76 *18*
- Mitgliederzahl 220 76 *16*
- Stellvertreter 220 76 *26*
- Vorsitzender 220 76 *26*

Aufsichtsrat (GmbH)
- Anteilseignervertreter 220 77 *16*
- Arbeitnehmerzahl 220 77 *3*
- Aufgaben 220 77 *9*
- Aufsichtsratsmitglied (Rechte) 220 77 *14*
- Bildung 220 77 *2*
- Gesellschafterversammlung (Verhältnis) 220 77 *10*
- Gesellschaftsvertrag 220 77 *6*
- Jahresabschluß 220 77 *13*
- Zusammensetzung/Organisation 220 77 *8*

Aufsichtsrat (MitbestG)
- Abstimmung 470 29 *2*
- Aktiengesellschaft 470 29 *2*
- Arbeitsdirektor 470 33 *2*
- Ausschüsse 470 25 *16*
- Beschluß (Obergesellschaft) 470 32 *6*
- Beschlußfähigkeit 470 28 *1*
- Beschlußfassung 470 25 *9*
- Bildung (erstmalige) 470 6 *2*
- Geschäftsordnung 470 25 *6*
- Gleichbehandlung (Beschluß) 470 28 *2*
- GmbH 470 29 *4*
- Gründungsstadium 470 6 *3*
- Jahresabschluß 470 25 *13*
- KGaA 470 29 *3*
- Kompetenz 470 25 *11*
- Personalkompetenz 470 25 *12*
- Satzung 470 25 *6*
- ständiger Ausschuß 470 27 *8*
- Überwachung 470 25 *13*
- Vermittlungsausschuß 470 27 *8*
- Vorsitz 470 27 *2*
- Vorstand (Bestellung) 470 31 *3*
- Vorstandsvorsitzender 470 31 *10*
- Weisungsrecht (Obergesellschaft) 470 32 *4*
- Zustimmungsvorbehalt 470 25 *14*
- Zweitstimmrecht 470 29 *3*

Aufsichtsrat (Montan-MitbestG)
- Abberufung 490 11 *1*
- Anteilseignervertreter (Wahl) 490 6 *1*
- Arbeitsdirektor (Bestellung) 490 13 *3*
- Beschlußfähigkeit 490 10 *1*
- Bildung 490 3 *1*
- Größe 490 4 *1*

- Größe (Abweichung) 490 9 *1*
- neutrales Mitglied (Wahl) 490 8 *1*
- Rechtsstellung 490 3 *2*
- Spitzenorganisation 490 6 *6*
- Vorstand (Bestellung) 490 12 *1*
- Wählbarkeit 490 4 *3*
- Weisungsfreiheit 490 4 *6*
- Zusammensetzung 490 4 *2*

Aufsichtsratsausschuß
- Beteiligungsausschuß (MitbestG) 470 32 *7*
- Grundsätze 50 107 *15*
- Vertretung (Vorstand) 50 112 *6*
- Zulässigkeit (MitbestG) 470 25 *16*

Aufsichtsratsmitglied
- Abberufung 50 103 *1*
- Abberufung (MitbestG) 470 6 *5*
- Abberufung (Montan-MitbestG) 490 11 *1*
- Abstimmung 50 108 *12*
- Amtsniederlegung 50 103 *13*
- Amtszeit 50 102 *1*
- Anfechtung (Bestellung) 50 103 *12*
- Anteilseigner (MitbestG) 470 8 *1*
- Arbeitskampf 50 110 *29*
- Auslagenersatz 50 113 *5*
- Ausschußsitzung (Teilnahme) 50 109 *7*
- Beauftragter 50 109 *8*
- Begünstigungsverbot (MitbestG) 470 26 *1*
- Bekanntmachung (Mitgliederwechsel) 50 106 *1*
- Benachteiligungsverbot (MitbestG) 470 26 *1*
- Beratervertrag 50 113 *8*
- Beratervertrag (Tochtergesellschaft) 50 114 *3*
- Bestellung (fehlerhafte) 50 101 *9*
- Bestellung (Gericht) 50 104 *2*
- Bestellung (Hauptversammlung) 50 101 *3*
- Bestellung (MitbestG) 470 6 *5*
- Eigenverantwortlichkeit 50 110 *26*
- Entsendungsrecht 50 101 *5*
- Ersatzmitglied 50 101 *6*
- Gleichbehandlung (MitbestG) 470 25 *8*
- Inkompatibilität 50 104 *1*
- Insolvenz (Schadenersatz) 50 116 *19*
- juristische Personen 50 100 *2*
- Kredit 50 115 *2*
- Kündigungsschutz 430 14 *4*
- leitende Angestellte (MitbestG) 470 6 *6*
- Minderjährige 50 100 *2*
- persönliche Voraussetzungen 50 100 *2*
- Prokurist (MitbestG) 470 6 *6*
- Rechtsstellung (MitbestG) 470 25 *15*
- Schadenersatz 50 116 *13*
- Sitzungsniederschrift 50 107 *12*
- Sitzungsteilnahme 50 109 *2*
- Sonderwissen (Vergütung) 50 114 *4*
- Sorgfaltspflicht 50 116 *3*
- stellvertretende (BetrVG 1952) 220 76 *46*
- Stimmbote (MitbestG) 470 25 *10*
- Stimmrecht (MitbestG) 470 28 *2*
- Tod 50 103 *12*
- Treuepflicht 50 116 *7*
- Umwandlung 50 103 *12*
- Vergütung 50 113 *1*
- Vergütung (Rückzahlung) 50 114 *6*
- Verschwiegenheit 50 116 *10*
- Vertragsschluß 50 114 *3*
- Vertretungsverbot (MitbestG) 470 25 *10*
- Voraussetzungswegfall 50 103 *12*
- Vorstandsmitglied (stellvertretendes) 50 104 *5*
- Wahlanfechtung (BetrVG 1952) 220 76 *52*
- Weisungsgebundenheit 50 110 *25*
- Wettbewerbsverbot 50 116 *8*

Aufsichtsratsvorsitzender
- Einberufung 50 110 *2*

2607

Sachverzeichnis

Fette Zahlen = Kennziffern

- Rechtsstellung 50 107 7
- Stellvertreter 50 107 10
- Stellvertreter (MitbestG) 470 27 7
- Stichentscheid (BetrVG 1952) 220 76 26
- Stimmbote (MitbestG) 470 29 8
- Wahl (AktG) 50 107 2
- Wahl (MitbestG) 470 27 2
- Zweitstimme (MitbestG) 470 29 3

Aufspaltung
- siehe auch Umwandlung
- Übergangsmandat 210 21 9
- Unternehmensmitbestimmung 610 325 2
- Wartezeit 430 1 90

Aufstockungsbetrag (ATG)
- Bedingungsfeindlichkeit 130 8 4
- Zahlung 130 2 13

Aufstockungsverbot
- Krankengeld 550 49 23

Aufteilungsmodell
- Tarifbindung 600 3 7

Auftrag
- Arbeitsvertrag (Abgrenzung) 230 611 28
- Datenverarbeitung 160 11 2

Auftraggeber
- Beschäftigungsverhältnis 545 7 52

Auftragsnachfolge
- Betriebsübergang 230 613 a 37

Auftragsübergang
- Betriebsübergang 230 613 a 31

Aufwendungsentschädigung
- Auflösungsurteil 430 10 3

Aufwendungsersatz
- Arbeitnehmer 390 87 d 1
- Aufsichtsratsmitglied 50 113 5
- Betriebsratsmitglied 210 37 8
- Entgeltfortzahlung 280 4 17
- Grundsätze 230 611 814
- Handelsvertreter 390 87 d 1
- Karenzentschädigung 390 74 c 3
- Mitbestimmung 210 87 98
- Mutterschutzlohn 500 11 10
- Schadenersatz (Auflösungsverschulden) 230 628 84
- Urlaubsentgelt 250 11 21
- Wettbewerbsverbot 390 61 11

Augenschein
- Beweismittel 60 58 34
- Einigungsstelle 210 76 17

Au-Pair
- arbeitnehmerähnliche Person 230 611 139

Ausbildender
- siehe auch Auszubildende
- siehe auch Berufsbildung
- Ausbildungsmittel 150 6 5
- Begriff 150 3 1
- Berechtigungswegfall (Kündigung) 150 15 6
- Berichtsheft 150 6 7
- Berufsschulbesuch 150 6 7
- Berufsschulfreistellung 150 7 1
- Bestellung/Abberufung (Mitbestimmung) 210 98 8
- Eignung 150 20 1
- Eignung (Überwachung) 150 23 1
- Eintragungsantrag 150 33 1
- Zeugnis 150 8 1

Ausbilder
- siehe auch Ausbildender
- Bestellung 150 20 4

Ausbildung
- Befristungsgrund (Hochschule) 400 57 b 7
- Datenschutz 160 27 1
- Datenspeicherung 160 28 19

Ausbildungsberater 150 45 1

Ausbildungsbetriebe
- Berufsbildung 150 1 6

Ausbildungskosten
- betriebliche Übung 230 611 284
- Bildungsdauer 230 611 652
- Darlehen 230 611 659
- Grundsätze 230 611 647
- Kündigungserschwerung 230 622 105
- Rückzahlung (Tarifvertrag) 600 1 45
- Teilvergütung (Kündigung) 230 628 40

Ausbildungsmittel
- Kosten 150 6 5

Ausbildungsordnung
- Ausbildungsrahmenplan 150 25 5
- Ausschließlichkeitsgrundsatz 150 28 1
- Mindestinhalt 150 25 2

Ausbildungsrahmenplan
- Begriff 150 25 5

Ausbildungsstätte
- Berufsausbildung (außerhalb) 150 27 1
- Eignung 150 22 1
- Eignungsfeststellung 150 23 1
- überbetriebliche (Mitbestimmung) 150 3 6
- Untersagung 150 24 1

Ausbildungsvergütung
- Abschlag 150 11 2
- Abtretung 150 10 2
- Berufsausbildungsvertrag 150 4 4
- Berufsschule 420 9 16
- Entgeltfortzahlung 150 12 9
- Erfüllungsort 150 11 3
- Fahrtkosten 150 12 4
- Fälligkeit 150 11 1
- Fortzahlung 150 12 5
- Freistellung (Fortzahlung) 150 12 2
- Insolvenz 150 10 2
- Mehrarbeit 150 10 6
- Naturalvergütung 230 611 777
- Pfändbarkeit 150 10 2
- Praktikum 150 12 2
- Sachwerte 150 10 5
- Verzicht 230 611 685
- Vorschuß 150 11 2
- Wiederholungsprüfung 150 14 6

Ausbildungsvertrag
- Erstuntersuchung (Jugendliche) 420 46 3

Ausbildungszeit
- Wehrdienst (Anrechnung) 80 6 8

Ausflugsort
- Arbeitszeit 440 17 4
- Ladenschluß 440 10 1

Ausforschungsbeweis
- Annahmeverzug 230 615 116
- Begriff 60 58 46
- Rechtshilfe 60 13 6

Ausgleichsabgabe
- Schwerbehinderte 530 12 22

Ausgleichsanspruch
- Handelsvertreter 390 89 b
- Handlungsgehilfe 390 65 5

Ausgleichsfonds
- Schwerbehinderte 530 12 26

Ausgleichsquittung
- Anfechtung 230 611 609
- Arbeitsvergütung 230 611 604
- Ausländer 230 611 609
- Auslegung 230 611 606
- Entgeltfortzahlung 280 12 9
- Inhaltskontrolle 230 611 555
- Karenzentschädigung 390 74 b 7
- Klageverzicht 430 7 2

2608

magere Zahlen = §§ bzw. Art.; kursive Zahlen = Randnummern

Sachverzeichnis

- Kündigungsschutz 430 4 *72*
- Minderjährige 230 113 *9*
- Revision 60 73 *17*
- Ruhegeld 230 611 *606*
- Urlaub 250 13 *58*
- Vergleich 230 611 *608*
- Versorgungsanwartschaft 230 611 *606*
- Wettbewerbsverbot 390 74 *53*
- Zeugnis 230 630 *105*

Ausgleichszahlung
- Urlaubsentgelt 250 11 *13*

Ausgleichszeitraum
- Nachtarbeit 110 6 *8*
- Notfall 110 14 *1*
- regelmäßige Arbeitszeit 110 3 *6*
- Ruhezeit 110 5 *7*
- Tarifvertrag (Abweichung) 110 7 *6*

Ausgliederung
- *siehe auch Betriebsübergang*
- Übergangsmandat 210 21 *9*

Aushilfen
- Befristungsgrund 230 620 *86*
- Begriff 230 611 *187*
- Betriebsrat (Mitgliederzahl) 210 9 *2*
- Betriebsratsfähigkeit 210 1 *13*
- Einstellung (BetrVG) 210 99 *5*
- Kündigungsfrist 230 622 *32*
- Massenentlassung 430 17 *11*
- Nachweispflicht 510 1 *6*
- personenbedingte Kündigung 430 1 *218*
- Stellensuche 230 629 *4*

Auskunft
- Annahmeverzug 230 615 *115*
- Annahmeverzug (KSchG) 430 11 *8*
- Arbeitnehmer (über) 10 2 *105*; 230 630 *116*
- Arbeitsverhältnis 230 611 *32*
- Karenzentschädigung 390 74 c *22*
- Sozialauswahl 430 1 *508*
- Sozialauswahl (Beweislast) 430 1 *538*
- Sozialdaten (Arbeitnehmer) 430 1 *491*
- Wettbewerbsverbot 390 61 *13*
- Wettbewerbsverbot (nachvertragliches) 390 75 a *9*

Auskunftsklage
- Verjährung (Unterbrechung) 230 225 *17*

Auskunftsperson
- Betriebsrat (Hinzuziehung) 210 80 *33*

Auskunftsverweigerung
- Arbeitnehmerüberlassung 140 7 *35*
- Arbeitszeit 110 17 *11*

Auslagen
- Arbeitsgerichte 60 12 *11*

Auslagenersatz
- Verjährung 230 225 *5*

Ausland
- *siehe auch Auslandszustellung*
- *siehe auch Ausstrahlung*
- *siehe auch Freizügigkeit*
- *siehe auch Internationales Arbeitsrecht*
- *siehe auch Rechtswahl*
- Anrechnung (BetrAVG) 200 5 *25*
- Arbeitnehmerüberlassung 140 Einl. *80*
- Arbeitsgerichtsbarkeit 60 1 *11*
- Arbeitszeit 110 2 *19*
- Beschäftigtenzahl (KSchG) 430 23 *3*
- Betriebsratswahl 210 7 *5*
- Betriebsverfassung 210 1 *4*
- Betriebsversammlung (Teilnahme) 210 42 *3*
- Datenschutz 160 2 *2*
- Entgeltfortzahlung 280 1 *16*
- Entgeltfortzahlung (Leistungsverweigerungsrecht) 280 7 *11*
- Feiertag 280 2 *14*
- Freizügigkeit (Gemeinschaftsrecht) 20 39 *10*
- Gesamtbetriebsrat 210 47 *6*
- Kollisionsrecht 230 611 *211*
- Krankengeld (Ruhen) 550 49 *19*
- Kündigungsschutz (allgemeiner) 430 1 *8*
- Mutterschutz 500 1 *5*
- Rechtshilfe 60 13 *10*
- Ruhegeld 200 Einl. *44*
- Schwerbehinderte 530 4 *7*
- Schwerbehinderte (Kündigungsschutz) 530 15 *5*
- Tarifvertrag (Geltungsbereich) 600 4 *15*
- Umzugskosten 230 611 *640*
- Untersuchungsgrundsatz (Ausländisches Recht) 60 46 *15*
- Wehrdienst 80 1 *1*
- Wehrdienst (Urlaub) 80 4 *2*
- Zwangsvollstreckung (Gläubiger) 60 62 *7*

Ausländer
- Abfindung (BetrAVG) 200 3 *18*
- Allgemeinverbindlichkeit 600 5 *32*
- Arbeitnehmer (BetrVG) 210 5 *8*
- Arbeitnehmerzahl (KSchG) 430 23 *9*
- Ausgleichsquittung 230 611 *609*
- Berufsbildung 150 3 *1*
- Diskriminierungsverbot 10 3 *69*
- Erziehungsgeld 170 1 *5, 14*
- Feiertag 280 2 *15*
- Gewissensfreiheit 10 4 *63*
- Grundrechte 10 Einl. *2*
- Kündigungsschreiben 430 4 *29*
- nachträgliche Klagezulassung 430 5 *10*
- Nachweis 510 2 *4*
- Parteifähigkeit 60 10 *5*
- Prozeßvertretung 60 11 *2*
- Unfallversicherung 570 2 *1*
- Zwangsvollstreckung 60 62 *7*

Ausländerfeindlichkeit
- Ausbilder (Einschreiten) 150 6 *9*
- Kündigung 430 1 *305*
- Kündigungsgrund (Berufsausbildung) 150 15 *5*
- Öffentlicher Dienst (außerordentliche Kündigung) 230 626 *139*
- Wichtiger Grund 230 626 *93*

Auslandsmonteur
- Internationales Arbeitsrecht 290 34 *11*

Auslandszustellung
- Einlassungsfrist 60 47 *7*
- Mahnverfahren 60 46 a *6*
- Zuständigkeit 60 50 *5*

Auslauffrist
- außerordentliche Kündigung 230 626 *225*
- Berufsausbildung 150 15 *3*
- Berufsausbildung (Insolvenz) 410 113 *6*
- Betriebsratsmitglied (Kündigung) 230 626 *76*
- Unkündbarkeit 230 626 *228*
- Zweckbefristung 230 620 *140*

Auslauftatbestand
- Befristungsgrund 230 620 *85*

Auslegung
- Auslegungsspielraum (verfassungskonforme Auslegung) 10 2 *31*
- Ausschlußfrist 600 4 *96*
- Ausschlußfristen 230 225 *44*
- Betriebsvereinbarung 210 77 *3*
- Bezugnahme auf Tarifvertrag 600 3 *50*
- effet-utile 20 234 *9*
- Gemeinschaftsrechtskonforme 20 Vorb. *16*
- Gleichheitssatz 10 3 *21*
- Gleichheitssatz (Verstoß) 10 3 *53*
- Inhaltskontrolle (Abgrenzung) 10 2 *33*
- Richtlinienkonforme (NachwG) 510 Einl. *20*

2609

Sachverzeichnis

Fette Zahlen = Kennziffern

- Strukturelle Unterlegenheit 10 2 *31*
- Tarifvertrag 600 1 *14*
- verfassungsgeleitete 10 Einl. *80*
- verfassungskonforme 10 Einl. *81*
- verfassungskonforme (Schutzpflichten) 10 2 *31*

Auslösung
- Begriff 230 611 *754*
- Betriebsratsmitglied 210 37 *8*
- Entgeltfortzahlung 280 4 *20*
- Nachweispflicht 510 2 *16*
- Pfändbarkeit 230 611 *766*
- Sozialplan 210 112 *29*
- Urlaubsentgelt 250 11 *21*

Aussagegenehmigung
- Zeuge 60 58 *15*

Aussageverweigerungsrecht
- Berufsausbildung 150 9 *6*

Ausschlußfrist
- Abfindung 230 225 *46*; 430 10 *19*; 600 4 *97*
- Abmahnung 230 225 *46*; 626 *51*
- Abrechnung 230 225 *49*
- Änderungskündigung 430 8 *3*
- Anerkenntnis 600 4 *94*
- Annahmeverzug 230 615 *82*
- Arbeitgeber 600 4 *98*
- Arbeitnehmer (untereinander) 600 4 *99*
- Arbeitslosengeld 540 143 *7*
- Arbeitsvergütung 600 4 *97*
- Arbeitsvertrag (Reichweite) 230 225 *39*
- Arglist 600 4 *108*
- Aufrechnung 230 225 *67*; 611 *667*; 600 4 *107*
- Aushang 230 225 *31*
- Aushang des Tarifvertrags 600 4 *108*
- Auslegung 230 225 *44*; 600 4 *96*
- Bedeutung 230 225 *28*
- Beendigung des Arbeitsverhältnisses 600 4 *102*
- Beginn 600 4 *100*
- beiderseitige 600 4 *98*
- Bekanntgabe (Tarifvertrag) 600 8 *7*
- Berücksichtigung von Amts wegen 600 4 *94*
- Beschäftigungsanspruch 230 225 *46*
- Betriebliche Übung 230 225 *30*
- Betriebsrat (Geltendmachung) 230 225 *56*
- Betriebsrat (Vertreter) 230 225 *46*
- Betriebsratsmitglied (Schulungskosten) 230 225 *46*
- Betriebsratstätigkeit 600 4 *97*
- Betriebsübergang 230 225 *58*; 613 a *66*
- Betriebsvereinbarung (Reichweite) 230 225 *35*
- Bezifferung 230 225 *57*
- Darlehnsvertrag 230 225 *45*; 600 4 *98*
- Eigentum 230 225 *46*
- Eingruppierung 600 4 *97*
- einseitige 230 225 *47*
- Einzelfälle (Übersicht) 230 225 *44*
- einzelvertragliche (Zulässigkeit) 230 225 *43*
- Entgeltfortzahlung 230 225 *44*; 280 12 *7*; 600 4 *99*
- Entgeltüberzahlung 600 4 *98*
- Erfindung 230 225 *46*
- Erziehungsurlaub 170 17 *18*
- Fälligkeit 230 225 *49*; 600 4 *101*
- Fax 600 4 *105*
- Freizeitausgleich 230 225 *44*
- Freizeitausgleich (Betriebsratsmitglied) 230 225 *44*
- Fristablauf 230 225 *54*
- Fristbeginn 230 225 *49*
- Geltendmachung 230 225 *56*; 600 4 *104*
- Geschlechtsdiskriminierung 60 61 b *2*
- Gleichbehandlungsgebot(BeschFG) 180 2 *69*
- Hinweis 230 225 *31*
- Inhaltskontrolle 230 225 *42*; 611 *555*
- Insolvenz 230 225 *31*
- Karenzentschädigung 230 225 *44*; 390 74 *34*; 74 b *5*; 600 4 *97*
- Karenzentschädigung (Rechtsmißbrauch) 230 225 *66*
- Kaufvertrag 230 225 *45*
- Kenntnis 230 225 *31*
- Klageabweisungsantrag 230 225 *60*
- Klageerhebung 600 4 *105*
- Klagerücknahme 230 225 *64*
- Konkludentes Verhalten 230 225 *30*
- Krankengeld 550 49 *11*
- Krankengeld (Meldung) 550 49 *20*
- Kündigungsschutzklage 230 225 *60*; 430 4 *92*
- Leistungsklage (unbezifferte) 230 225 *62*
- Mehrarbeitsvergütung 600 4 *97*
- mehrstufige 230 225 *59*
- Mietvertrag 230 225 *45*
- Nachweispflicht 510 2 *8*
- Nebentätigkeit (Ablieferung von Vergütung) 230 225 *44*
- Persönlichkeitsrecht 230 225 *46*; 600 4 *97*
- Provision 230 225 *44*
- Prozeßkostenhilfe 230 225 *63*
- Rechtsauskunft 600 4 *108*
- Rechtsmißbrauch 230 225 *66*
- Rechtsnachfolge 230 225 *47*, *68*
- Rechtsquelle (Reichweite) 600 4 *95*
- Rückwirkung 230 225 *48*
- Rückzahlungsanspruch 600 4 *98*
- Ruhegeld 230 225 *46*; 600 4 *97*
- Schadenersatz 230 225 *44*
- Schadenersatz (Urlaub) 600 4 *106*
- Schriftform 600 4 *105*
- Schuldbeitritt 230 225 *58*
- Schulungs- und Bildungsveranstaltung 230 225 *46*
- Sozialplan 230 225 *44*
- Sozialplanabfindung 600 4 *97*
- Strafanzeige 600 4 *97*
- strafbare Handlungen 600 4 *104*
- Stufenklage (Provision) 390 87 c *3*
- Substantiierung 600 4 *104*
- Tarifsperre 210 77 *66*
- Tarifvertrag (Auslegung) 600 4 *109*
- Tarifvertrag (Bekanntgabe) 230 225 *49*
- Tarifvertrag (Reichweite) 230 225 *32*
- Treu und Glauben 600 4 *108*
- Überstundenzuschlag 230 225 *44*
- Überzahlung 230 225 *44*; 611 *619*
- Überzahlung (Rechtsmißbrauch) 230 225 *67*
- übliche Vergütung 230 612 *41*
- Unerlaubte Handlungen 230 225 *45*
- unerlaubte Handlungen 600 4 *97*
- Unzulässige Rechtsausübung 600 4 *108*
- Urlaub 230 225 *44*; 250 13 *17*; 600 4 *96*
- Urlaubsabgeltung 230 225 *44*; 250 7 *112*; 600 4 *97*
- Urlaubsansprüche 600 4 *106*
- Urlaubsentgelt 250 11 *57*
- Urlaubsgeld 250 11 *49*
- verdeckte Mängel 600 4 *101*
- Vergleich (außergerichtlicher) 230 225 *44*
- Verjährung (Abgrenzung) 600 4 *94*
- Vermögensbildung 230 225 *44*
- Vertragsstrafe 230 225 *44*
- Vorbehalt 600 4 *100*
- Vorruhestand 230 225 *46*
- Vorschuß 230 225 *44*
- wiederkehrende Leistungen 600 4 *104*
- Wirkung 230 225 *29*
- Zeugnis 230 225 *44*; 630 *107*
- Zinsen 230 225 *45*

magere Zahlen = §§ bzw. Art.; kursive Zahlen = Randnummern

Sachverzeichnis

- Zusatzversorgung 600 4 *97*
- zweistufige 230 225 *59*

Ausschreibung
- Arbeitsplatz 210 93 *2*

Außendienst
- Arbeitnehmer 230 611 *100*
- Erfüllungsort/örtliche Zuständigkeit 230 611 *929*
- Gleichbehandlungsgrundsatz 230 611 *865*

Außenseiter
- Aussperrung 10 9 *260*
- Betriebsvereinbarung 10 9 *20*
- Tarifvertrag 10 9 *18*
- Tarifvertrag (Erstreckung) 10 9 *25*

Außerbetriebliche Gründe
- siehe Unternehmerentscheidung

Außerdienstliches Verhalten
- Kündigung 430 1 *255*
- Nebenpflicht (Arbeitnehmer) 230 611 *1015*
- Persönlichkeitsrecht 10 2 *81*
- Wichtiger Grund 230 626 *122, 150*

Außerordentliche Kündigung
- *siehe auch Kündigungserklärungsfrist*
- *siehe auch Wichtiger Grund*
- Abdingbarkeit 230 626 *234*
- Abkehrrecht (Abgrenzung) 230 626 *24*
- Abschlußarbeiten 230 626 *229*
- absoluter Kündigungsgrund 230 626 *61*
- Abwägungsgesichtspunkte 230 626 *63*
- Altersteilzeit 130 8 *2*
- Änderungskündigung 430 2 *6*
- Änderungskündigung (Klagefrist) 430 13 *13*
- Anfechtung (Abgrenzung) 230 626 *28*
- Anhörung 230 626 *71*
- Annahmeverzug 430 11 *2*
- Aufhebungsvertrag (Umdeutung) 230 626 *295*
- Auflösungsantrag 430 13 *15*
- Auslauffrist 230 626 *225*; 430 13 *10*
- befristetes Arbeitsverhältnis 430 13 *10*
- Begründung 230 626 *298*
- Berufsausbildung (Insolvenz) 410 113 *6*
- Betriebsrat (Entlassungsverlangen) 230 626 *222*
- Betriebsratsanhörung 210 102 *5*
- Betriebsratsausschluß (Antragsverbindung) 210 23 *14*
- Betriebsratsmitglied 210 103 *1*; 430 15 *22*
- Betriebsratszustimmung 430 15 *29*
- Darlegungs- und Beweislast 230 626 *301*
- Dienstantritt 230 620 *226*
- Dienstordnungs-Angestellte 230 626 *13*
- Dienstverhältnis (befristetes) 230 627 *4*
- Druckkündigung 230 626 *220*
- Erziehungsgeld (Kündigungsverbot) 170 18 *1*
- Erziehungsurlaub 170 15 *20*; 19 *5*
- Feststellungsklage 430 13 *3*
- Gegenkündigung (Auflösungsverschulden) 230 628 *103*
- Gesellschafterversammlung 230 626 *243*
- Gewissensfreiheit 10 4 *70*
- Gleichbehandlungsgrundsatz 230 626 *245*
- Grundrechte 10 Einl. *56*
- Gruppenarbeitsverhältnis 230 626 *72*
- Handelsregisterlöschung 60 10 *6*
- Insolvenz 410 113 *29*
- Job-Sharing 230 626 *73*
- Kapitän 230 626 *7*
- Kirche 10 4 *42*
- Klagefrist 430 13 *14*
- Klagefrist (Versäumnis) 430 13 *2*
- Kleinbetrieb (KSchG) 430 23 *10*
- Kündigungserklärungsfrist 230 626 *246*
- Leiharbeitsverhältnis 140 Einl. *41*
- Lossagungsrecht (Abgrenzung) 230 626 *32*
- Massenentlassung 430 17 *16*
- MfS 230 626 *14*
- Minderjährige 230 113 *10*
- Nachschieben 230 626 *291*
- Nachschieben (Kündigungsgründe) 230 626 *78*
- Nachschieben (Kündigungsschutzprozeß) 230 626 *291*
- nachträgliche Klagezulassung 430 13 *3*
- neues Arbeitsverhältnis 430 12 *8*
- Organwiderruf (Abgrenzung) 230 626 *26*
- Rechtsirrtum 230 626 *65*
- Rechtsweg 60 2 *6*
- Schadenersatz (Grundsätze) 230 628 *41*
- Schlichtungsausschuß 430 13 *7*
- Schwerbehinderte 530 21 *2*
- Seeschiffahrt 230 626 *7*
- Sozialplan 210 112 *40*
- Strafcharakter 230 626 *2*
- Suspendierung 230 611 *829*
- Suspendierung (Abgrenzung) 230 626 *25*
- Suspendierung (milderes Mittel) 230 626 *60*
- Tarifvertrag 600 1 *81*
- Tarifvertrag (Regelungsmöglichkeit) 600 1 *38*
- Übergabearbeiten 230 626 *229*
- Umdeutung 230 620 *217*; 626 *292*
- Unkündbarkeit (Auslauffrist) 230 626 *74*
- Unzeit 230 627 *9*
- Verdachtskündigung 230 626 *208*
- Vergleichsverfahren 430 13 *10*
- Verhältnismäßigkeit 230 626 *44*
- verlängerte Klagefrist 430 6 *5*
- Verschulden 230 626 *42*
- Versorgungsanwartschaft 200 1 *36*
- Vertragsstrafe 230 345 *18*
- Vertragsstrafenvereinbarung 230 626 *240*
- Verzeihung 230 626 *84*
- Verzicht (Abmahnung) 230 626 *83*
- Wahlrecht (BetrVG) 210 7 *1*
- Wartefrist (KSchG) 430 13 *6*
- Wehrdienst 80 2 *8*
- Wettbewerbsverbot 390 60 *6*
- Wettbewerbsverbot (nachvertragliches) 390 75 *2*
- Wirksamkeitsfiktion 430 7 *9*
- Zeugnis 230 630 *26*
- Zustimmung Dritter 230 626 *242*

Außertarifliche Angestellte
- Altersteilzeit 130 2 *11*
- Arbeitnehmerbegriff 230 611 *131*
- Begriff 210 87 *106*
- Eingruppierung (BetrVG) 210 99 *11*
- Mitbestimmung 210 87 *4*
- Vergütung (Betriebsrat) 210 80 *27*

Aussetzung
- Annahmeverzug 230 615 *121*
- Arbeitsunfall/Berufskrankheit 570 108 *5*
- Beschwerde 60 78 *2*
- Einigungsstellenbesetzung 60 98 *4*
- Gleichheitsverstoß (Arbeitsgerichte) 10 3 *61*
- Kündigungsverfahren 60 61 a *9*
- Mündliche Verhandlung 60 53 *6*
- Rechtsweg 60 48 *6*
- sofortige Beschwerde 60 78 *3*
- Tariffähigkeit/-zuständigkeit 60 97 *6*
- Verbandsklage 600 9 *21*
- Vorsitzendenzuständigkeit 60 55 *12*

Aussperrung
- *siehe auch Koalition*
- *siehe auch Streik*
- Abwehraussperrung 10 9 *248*
- Angriffsaussperrung 10 9 *254*
- Annahmeverzug 230 615 *58*
- Arbeitnehmer (betroffene) 10 9 *261*

2611

Sachverzeichnis

Fette Zahlen = Kennziffern

- Arithmetik 10 9 *152*
- Außenseiter 10 9 *260*
- Aussperrungsbeschluß 10 9 *251*
- Beendigung 10 9 *272*
- Begriff 10 9 *246*
- Betriebsratsmitglied 10 9 *264;* 210 37 *8*
- Einzelarbeitsverhältnis 10 9 *275*
- Entgeltfortzahlung 280 3 *35*
- Erhaltungsarbeiten 10 9 *270*
- Erklärung 10 9 *267*
- Firmentarifvertrag 10 9 *259*
- kalte 10 9 *138*
- Koalition (Träger) 10 9 *269*
- Krankheit 10 9 *266*
- Kündigungsschutz 10 9 *262*
- lösende 10 9 *246*
- Mitbestimmung 10 9 *283*
- Mutterschutz 10 9 *265*
- Neutralität 10 9 *271*
- Nichtausgesperrte 10 9 *277*
- Presse 10 5 *87*
- Quote 10 9 *251*
- rechtswidrige 10 9 *278*
- Schwerbehinderte 10 9 *263*
- Streik (rechtmäßiger) 10 9 *248*
- Streik (rechtswidriger) 10 9 *253*
- suspendierende 10 9 *246*
- Ultima-ratio 10 9 *249*
- Verband (Träger) 10 9 *269*
- Verbandstarif 10 9 *258*
- Verfassungsrecht 10 9 *247*
- Vergütung 10 9 *276*
- Verhältnismäßigkeit 10 9 *250*
- Verhandlungsparität 10 9 *250*
- Warnstreik 10 9 *248*
- Zulässigkeitskriterien 10 9 *247*

Ausstrahlung
- *siehe auch Ausland*
- *siehe auch Internationales Arbeitsrecht*
- Arbeitszeit 110 2 *19*
- Betriebsratswahl 210 7 *5*
- Betriebsverfassung 210 1 *4*
- Leiharbeitnehmer (Urkunde) 140 11 *19*
- Sprecherausschuß 590 1 *8*

Auswahlrichtlinie
- Abschlußverbot 230 611 *452*
- Anforderungsprofil 210 95 *12*
- Begriff 210 95 *3*
- Betriebsänderung 210 95 *4*
- Betriebsnorm 600 1 *113*
- Datenschutz 160 28 *6*
- Einstellung 210 95 *11*
- Gesamtbetriebsrat 210 50 *6*
- Grundrechtsbindung 10 Einl. *60*
- Insolvenz 410 125 *5*
- Mitbestimmung 210 95 *6*
- Punkteschema 210 95 *15*
- Sozialauswahl 430 1 *524*
- Sprecherausschuß 590 25 *2*
- Stellenbeschreibung 210 95 *12*
- Tarifvertrag 600 1 *42*
- Tendenzbetrieb 210 118 *24*
- Umwandlung 610 323 *5*
- Versetzung 210 95 *11*
- Widerspruchsgrund 430 1 *546*
- Widerspruchsgrund (Kündigung) 210 102 *19*
- Zustimmungsverweigerungsgrund 210 99 *27*

Auszehrungsverbot
- Ruhegeld 200 5 *4*

Auszubildende
- *siehe auch Abschlußprüfung*
- *siehe auch Ausbildungsvergütung*
- *siehe auch Berichtsheft*
- *siehe auch Berufsausbildung*
- *siehe auch Berufsausbildungsvertrag*
- Abschlußprüfung (Teilnahme) 150 9 *3*
- Arbeitnehmer (BetrVG) 210 5 *10*
- Arbeitsvergütung (Weiterarbeit) 230 612 *9*
- Ausbildungsaufgabe 150 15 *8*
- ausbildungsfremde Tätigkeiten 150 9 *2*
- Aussageverweigerungsrecht 150 9 *6*
- Begriff 150 3 *2*
- Berufsschulfreistellung 150 7 *1*
- Berufsschulunterricht 150 9 *3*
- Beschäftigungsverbot (MuSchG) 500 3 *4*
- Betriebsratsfähigkeit 210 1 *14*
- Entgeltfortzahlung 280 1 *12*
- Erziehungsurlaub (Anspruch) 170 15 *4*
- Geringfügig Beschäftigte 545 8 *1*
- Haartracht 150 9 *4*
- Haftung 150 9 *7;* 230 611 *1047*
- Klagefrist 430 4 *7*
- Kleidung 150 9 *4*
- Kündigungsfrist 230 622 *113*
- Kündigungsgründe 150 15 *6*
- Kündigungsschutz 430 1 *55*
- Mutterschutz 500 1 *3*
- Nachhilfestunde 150 7 *1*
- Rauchverbot 150 9 *4*
- Schwerbehinderte (Kündigungsschutz) 530 15 *4*
- Sorgfaltspflicht 150 9 *6*
- Stellensuche 230 629 *6*
- Streik 10 9 *145;* 150 3 *9*
- Versetzung 210 99 *17*
- Wahlberechtigung 210 7 *4*
- Wehrdienst (Ablehnung) 80 2 *15*
- Wehrdienst (Begriff) 80 15 *2*
- Weisungsrecht 150 9 *4*
- Wettbewerb 150 15 *8*
- Wettbewerbsverbot (nachvertragliches) 390 74 *6*
- Zeugnis 150 8 *1*

Aut-aut-Fall
- Rechtswegprüfung 60 2 *5*

Autonomes Recht
- Tarifvertrag 600 1 *132*

Autopanne
- Versäumnisurteil 60 59 *17*

Autowäsche
- Ladenschluß 440 6 *4*

Bäckerei
- Jugendliche 420 14 *7*
- Sonn-/Feiertagsarbeit 110 10 *29*

Bäckereiwaren
- Ladenschluß 440 12 *1*

Backverbot
- Verfassungsmäßige Ordnung 10 2 *23*

BaföG
- Erziehungsgeld 170 2 *7*
- Erziehungsgeld (Anrechnung) 170 8 *1*

Bahnhof
- Ladenschluß 440 8 *1*

Bahnunternehmen
- Arbeitsgerichtsbarkeit 60 5 *14*
- Beamte (BetrVG) 210 5 *9*
- Betriebsverfassung 210 1 *6*
- Rechtsweg 60 3 *7*
- Übergangsmandat (Betriebsrat) 210 21 *8*
- Urlaub 250 13 *64*

Ballettänzer
- Urteilsverfahren 60 2 *31*

Bandgeschwindigkeit
- Mitbestimmung 210 87 *101*

magere Zahlen = §§ bzw. Art.; kursive Zahlen = Randnummern

Sachverzeichnis

Banken
- Sonn-/Feiertagsarbeit 110 10 *30*

Barber 200 30 a *1*

Bauchtanz
- Betriebsübergang 230 613 a *33*

Baugewerbe
- *siehe auch Arbeitnehmerentsendung*
- Arbeitnehmerüberlassung 140 1 b *1*
- Arbeitnehmerüberlassung (OWiG) 140 16 *10*
- Arbeitserlaubnis 30 1 *1*
- Bauleistungen (Begriff) 30 5 *8*
- Betriebsverfassungsorganisation (Tarifvertrag) 210 3 *3*
- Höchstlohn 30 1 *5*
- Internationales Arbeitsrecht 30 1 *1*
- Mindestbedingungen (Geltungsbereich) 30 1 *8*
- Mindestlohn 30 1 *10*
- Rechtsverordnung 30 1 *5*
- Rechtsverordnung (Text) 30 1 *20*
- Richtlinie 30 1 *2*
- Richtlinie (Text) 30 1 *7*
- Saison-/Kampagnebetriebe 430 22 *3*
- Sanktionen (Arbeitnehmerentsendung) 30 5 *1*
- Urlaub 30 1 *17*
- Urlaubsentgelt 30 1 *17*
- Urlaubskasse 30 1 *17*
- Urlaubsregelungen 250 13 *62*
- Versetzung 210 99 *17*

Bauleistungen
- Begriff (Arbeitnehmerentsendung) 30 5 *8*

Bauleiter
- Arbeitnehmer 230 611 *95*

Bausparkassenvertreter
- Beschäftigungsverhältnis (Vermutung) 545 7 *43*
- Bezirksvertreterprovision 390 87 *26*
- Legaldefinition 390 *92*

Baustelle
- Höchstarbeitszeit 110 15 *2*

Beamte
- Arbeitnehmer (Gemeinschaftsrecht) 20 141 *3*
- Arbeitnehmerbegriff 230 611 *152*
- Arbeitsgerichtsbarkeit 60 5 *14*
- Arbeitskampf 10 9 *126*
- Arbeitsschutz 230 618 *1*
- Beschlußverfahren (Zuständigkeit) 60 2 a *5*
- Betriebsverfassung (Bahn) 210 5 *9*
- Betriebsverfassung (Postunternehmen) 210 1 *6*
- ehrenamtliche Richter 60 *22*
- Erziehungsgeld 170 2 *3*
- Geringfügig Beschäftigte (Zusammenrechnung) 545 8 *20*
- Geschlechtsdiskriminierung 230 611 a *6*
- Gleichbehandlungsgebot (BeschFG) 180 2 *56*
- Gleichbehandlungsgrundsatz 230 611 *864*
- Gruppenschutz (Postunternehmen) 210 10 *4*
- Mutterschutz 500 1 *3*
- Nachweispflicht 510 1 *3*
- Streik 10 9 *178*
- Streikeinsatz (Urteilsverfahren) 60 2 *16*
- Versorgung (Gemeinschaftsrecht) 20 141 *4*
- Zeuge 60 58 *15*

Beamten-Planstelle
- Befristungsgrund 230 620 *106*

Beamtenversorgung
- Altersgrenze 560 41 *12*
- Anrechnungsverbot (BetrAVG) 200 5 *21*

Beauftragte
- Aufgaben (Datenschutz) 160 37 *1*
- Mitbestimmung (Datenschutz) 160 36 *4*
- Schwerbehinderte 530 22 Anhang *23*
- Verzeichnis (SchwbG) 530 14 *5*
- Widerruf (Datenschutz) 160 36 *5*

- Zustimmungsverweigerungsgrund (Datenschutz) 210 99 *23*

Bedenkzeit
- Aufhebungsvertrag 230 620 *194*
- Weiterbeschäftigung 430 1 *545*

Bedienung
- Arbeitnehmer 230 611 *119*

Bedienungsgeld
- Begriff 230 611 *739*
- Urlaubsentgelt 250 11 *15*

Bedingung
- *siehe auch auflösende Bedingung*
- Aufrechnung 230 611 *666*
- Berufung 60 66 *6*
- Kündigungserklärung 230 620 *173*
- Verleiherlaubnis 140 2 *8*

Beendigung
- Erziehungsurlaub 170 16 *20*

Beendigungsnorm
- Befristung 180 1 *22*
- Begriff 600 1 *108*

Beendigungsrichtlinie
- Sprecherausschuß 590 28 *7*

Beerdigungskosten
- Haftung 230 611 *1113*

Befangenheit
- Betriebsratsmitglied 210 103 *7*
- Betriebsratsmitglied (Beschluß) 210 99 *40*
- Einigungsstellenvorsitzender 210 76 *16*
- Richterablehnung 60 49 *14*

Beförderung
- Benachteiligungsverbot 210 78 *7*
- Diskriminierung (Freizügigkeit) 20 39 *38*
- Geschlechtsdiskriminierung 230 611 a *30, 38*
- Gleichberechtigung (Entschädigung) 60 61 b *10*
- Zustimmungsverweigerungsgrund 210 99 *30*

Beförderungsstelle
- Weiterbeschäftigung 430 1 *556*

Befristung
- *siehe auch Befristung (BeschFG)*
- *siehe auch Befristung (Hochschule)*
- *siehe auch Befristungsdauer*
- *siehe auch Befristungsgrund*
- Annahmeverzug 230 615 *41*; 430 11 *10*
- Annahmeverzug (Leiharbeitnehmer) 140 10 *58*
- Annex 230 620 *66*
- Approbation 25 3 *2*
- arbeitnehmerähnliche Person 230 620 *4*
- Arbeitnehmerüberlassung 230 620 *142*
- Arbeitsbedingungen (einzelne) 230 620 *75*
- Arbeitslosengeld (Anrechnung) 540 143 a *9*
- Arbeitslosengeld (Erstattung durch Arbeitgeber) 540 147 a *15*
- Arbeitsverhältnis (AÜG) 140 10 *30*
- Arbeitsvertrag (letzter) 230 620 *64*
- Arbeitszeit (vorübergehende Änderung) 230 620 *76*
- Arzt (Weiterbildung) 25 3 *1*
- Aufhebungsvertrag (Abgrenzung) 230 620 *48*
- außerordentliche Kündigung 430 13 *10*
- Betriebs-/Personalratsmitglied 230 620 *56*
- Betriebsübergang 230 620 *57*
- Betriebsübergang (Umgehungsgeschäft) 230 613 a *139*
- Betriebsverfassungsorgane 430 15 *1*
- Darlegungs- und Beweislast 230 620 *166*
- Darlegungs- und Beweislast (Hochschule) 400 57 b *44*
- Dauer (sachlicher Grund) 230 620 *41*
- Diskriminierung (Freizügigkeit) 20 39 *38*
- Doppelbefristung 230 620 *29*
- Entgeltfortzahlung 280 8 *26*

2613

Sachverzeichnis

Fette Zahlen = Kennziffern

- Erziehungsurlaub 170 21 *2*
- Erziehungsurlaub (Anspruch) 170 15 *4*
- Forschungseinrichtungen (Zulässigkeit) 400 57 f Anh.
- Fortsetzung (BetrVG) 210 99 *6*
- Geringfügig Beschäftigte 545 8 *15*
- Grundsätze 230 620 *16*
- Heimarbeit 230 620 *4*
- Hochschule (Personenkreis) 400 57 a *8*
- Hochschule (Verfassungsrecht) 400 57 a *21*
- Höchstdauer (Hochschule) 400 57 c *6*
- höherwertige Tätigkeit 230 620 *77*
- Insolvenz 410 113 *9*
- Kampagnebetrieb 230 620 *12*
- Karenzfrist 400 57 b *35*
- Klagefrist 230 620 *163;* 430 4 *5*
- Kleinbetrieb 230 620 *44, 57*
- Kündigungsschutz (besonderer) 230 620 *154*
- Landesgesetze 230 620 *149*
- Leiharbeitsverhältnis 140 Einl. *39*
- Leiharbeitsverhältnis (Unwirksamkeit) 140 9 *11*
- leitende Angestellte 230 620 *51*
- Mehrfachbefristung 230 620 *45*
- Mitteilung (Grund) 230 620 *71*
- mittelbare Diskriminierung 20 141 *14*
- Mutterschutz 230 620 *154*
- nachträgliche 230 620 *47*
- Nachweispflicht 510 2 *12*
- Nebentätigkeit 230 620 *52*
- öffentlicher Dienst 230 620 *73*
- Personalkonzept 230 620 *49*
- Personalratszustimmung 230 620 *59*
- Pressefreiheit 10 5 *78*
- Rechtsfolge (Unwirksamkeit) 230 620 *133*
- Rundfunkfreiheit 10 5 *103*
- sachlicher Grund (Grundsätze) 230 620 *39*
- Saisonarbeitsverhältnis 230 620 *11*
- Schadenersatz 230 628 *60*
- Schriftform (623 BGB) 230 623 *17*
- Schriftform (Rechtsfolgen) 230 623 *32*
- Schwangerschaft 230 620 *54;* 500 9 *22*
- Schwerbehinderte 230 620 *55;* 530 15 *8*
- Sozialauswahl 430 1 *473*
- Stellensuche 230 629 *10*
- Student 230 620 *53*
- Tarifvertrag 230 620 *157;* 600 1 *74*
- Urkunde (Schriftform) 230 623 *27*
- Urlaub 250 7 *3*
- Verleiherlaubnis 140 2 *12*
- Verleiherlaubnis (Kosten) 140 3 *24*
- Vertragsbedingungen (einzelne) 230 611 *543*
- Vertrauensschutz 230 620 *82*
- Vorbehalt 230 620 *65*
- Wehrdienst 80 1 *11*
- Weiterarbeit (§ 625 BGB) 230 625 *6*
- Weiterbeschäftigung 230 620 *131*
- Wettbewerbsverbot (nachvertragliches) 390 74 *3*
- Zeitpunkt 230 620 *69*
- Zeugnis 230 630 *27*
- Zitiergebot 400 57 b *31*
- Zulässigkeit (Grundsätze) 230 620 *30*
- Zweckbefristung 230 620 *16*

Befristung (BeschFG)
- Abdingbarkeit 180 1 *60*
- Altersgrenze 180 1 *38*
- Angabe im Arbeitsvertrag 180 1 *47*
- Anschlußarbeitsverhältnis 180 1 *42*
- Ärzte (Weiterbildung) 180 1 *15*
- Berufsausbildungsverhältnis 180 1 *55*
- Darlegungs- und Beweislast 180 1 *71*
- Eingliederungsvertrag 180 1 *44*
- faktisches Arbeitsverhältnis 180 1 *43*

- Gemeinschaftsrecht 180 1 *2*
- Hochschule 400 57 a *20*
- Kettenbefristung 180 1 *53*
- Klagefrist 180 1 *65*
- Kleinbetrieb 180 1 *11*
- Leiharbeitnehmer 180 1 *15, 44*
- nachträgliche Klagezulassung 180 1 *67*
- Neueinstellung (Begriff) 180 1 *31*
- öffentlicher Dienst 180 1 *20*
- Probearbeitsverhältnis 180 1 *45*
- Probezeit 180 1 *29*
- Schriftform 180 1 *30*
- Tarifbindung 180 1 *21*
- Tarifvertrag (Abdingbarkeit) 180 1 *17*
- Verfassungsrecht 180 1 *13*
- Verlängerung 180 1 *33*
- Verlängerung (Arbeitsverhältnis) 180 1 *36*
- Zusammenrechnung 180 1 *48*

Befristung (Hochschule)
- Abdingbarkeit 400 57 a *5*
- AB-Maßnahme 400 57 b *19*
- AB-Maßnahme (Anrechnung) 400 57 c *8*
- Änderungskündigung 400 57 b *39*
- Arzt (Weiterbildung) 25 3 *1*
- ärztliches Personal (Befristungsdauer) 400 57 c *19*
- auflösende Bedingung 400 57 c *5*
- Befristungsdauer 400 57 c *1*
- Befristungsdauer (Nichtanrechnung von Unterbrechungszeiten) 400 57 c *22*
- Befristungsgründe 400 57 b *3*
- BeschFG (Konkurrenzen) 400 57 a *20*
- Drittmittel 400 57 b *13*
- Drittmittelwegfall 400 57 d *2*
- Erstvertrag 400 57 b *20*
- Erstvertrag (Befristungsdauer) 400 57 c *14*
- Forschungseinrichtungen (Zulässigkeit) 400 57 f Anh.
- Habilitation 400 57 b *5*
- Haushaltsmittel 400 57 b *9*
- Höchstgrenzen 400 57 c *6*
- Klagefrist 400 57 b *2, 41*
- Landesrecht 400 57 b *40*
- Lehrkraft für besondere Aufgaben 400 57 b *23*
- nachträgliche 400 57 b *39*
- neue Bundesländer 400 57 b *39*
- Privatdienstvertrag 400 57 e *2*
- Promotion 400 57 b *5*
- Tarifvertrag 400 57 a *20*
- Weiterbeschäftigungsanspruch 400 57 b *43*
- Weiterbildung 400 57 b *4*
- wissenschaftliche Hilfskraft 400 57 b *28*
- wissenschaftliche Hilfskraft (Befristungsdauer) 400 57 c *21*
- Zeitbefristung 400 57 c *5*
- Zweckbefristung 400 57 c *5*

Befristungsdauer
- (BeschFG) 180 1 *25*
- 5-Jahres-Zeitraum 230 624 *10*
- Arzt (Weiterbildung) 25 3 *6*
- Eingliederungsvertrag 180 1 *26*
- Schriftform (623 BGB) 230 623 *28*

Befristungsgrund
- AB-Maßnahme 230 620 *123*
- Abordnung 230 620 *86*
- Altersgrenze 230 620 *91*
- Arbeitsanfall 230 620 *83*
- Arzt (Weiterbildung) 25 3 *5*
- Aufenthaltserlaubnis 230 620 *128*
- Aushilfe 230 620 *86*
- Auslauftatbestand 230 620 *85*
- Beamten-Planstelle 230 620 *106*
- Beschäftigungsverbot 230 620 *86*

magere Zahlen = §§ bzw. Art.; kursive Zahlen = Randnummern

Sachverzeichnis

- Darlegungs- und Beweislast 230 620 *166*
- Drittmittel 230 620 *121*
- Erziehungsurlaub 230 620 *86*
- Haushaltsrecht 230 620 *118*
- Künstler 230 620 *111*
- Luftfahrt 230 620 *96*
- Medien 230 620 *112*
- Mitteilung 230 620 *71*
- Parlamentsfraktion 230 620 *127*
- Personalplanung 230 620 *89*
- Probearbeit 230 620 *80*
- Schriftform (623 BGB) 230 623 *28*
- Soziale Gründe 230 620 *103*
- Übersicht 230 620 *79*
- Vergleich 230 620 *108*
- Verschleiß 230 620 *90*
- Vertretung 230 620 *86*
- Wehrdienst 230 620 *86*
- Wunsch (Arbeitnehmer) 230 620 *99*
- Zivildienst 230 620 *86*

Begegnungsgemeinschaft
- Grundrechte 10 6 *6*

Beglaubigung
- Schriftform 230 127 *19*
- Verbandsvertreter 60 11 *16*

Beglaubigungsvermerk
- Schriftform 230 623 *26*

Begünstigungsverbot
- Betriebsverfassung 210 78 *9*

Beherrschungsvertrag
- Anpassung (BetrAVG) 200 16 *46*

Behinderte
- *siehe Schwerbehinderte*

Behindertenwerkstatt
- Arbeitsverhältnis 230 611 *217*

Behinderung
- Fragerecht 230 611 *376*

Behinderungsverbot
- Betriebsverfassung 210 78 *2*
- Sprecherausschuß 590 2 *15*

Behördentermin
- Vergütungsfortzahlung 230 616 *8*

Beihilfe
- Arbeitskampf 10 9 *198*
- Arbeitslosengeld (Anrechnung) 540 143 a *6*
- Teilzeitarbeit 180 2 *56, 58*
- Verjährung 230 225 *8*

Beiordnung
- Arbeitsgerichte 60 11 a *1*
- Beschwerde 60 78 *2*

Beitragsbemessungsgrenze
- Altersteilzeit 130 3 *5*

Beitragsorientierte Leistungszusage
- Begriff 200 1 *80*

Beitragsrückstand
- Beschäftigungsverhältnis 545 7 *62*

Beitrittsgebiet
- Arbeitsgerichtsbarkeit 60 1 *3*
- Berufsbildung 150 2 *5*
- Diskriminierungsverbot 10 3 *74*
- Gleichbehandlungsgrundsatz 230 611 *862*
- Kosten 60 12 *3*

Bekenntnisfreiheit
- *siehe Glaubensfreiheit*

Belegungsrecht
- Mitbestimmung 210 87 *83*

Beleidigung
- Abmahnung 230 626 *47*
- Abmahnungserfordernis 430 1 *350*
- Betriebsratsausschluß 210 23 *5*
- Betriebsratsmitglied 430 15 *26*
- Kündigungsgrund (Berufsausbildung) 150 15 *5*

- Meinungsfreiheit 10 5 *31*
- verhaltensbedingte Kündigung 430 1 *305*
- Wichtiger Grund 230 626 *152*
- Wichtiger Grund (Arbeitnehmer) 230 626 *196*

Beleihung
- Direktversicherung 200 1 *55*
- Insolvenzsicherung (BetrAVG) 200 7 *13*
- Pensionskasse 200 1 *63*

Belohnung
- Vertragsstrafe (Abgrenzung) 230 345 *7*

Benachrichtigungszettel
- Versäumnisurteil 60 59 *17*

Benachteiligungsverbot
- *siehe auch Diskriminierungsverbote*
- Betriebsverfassung 210 78 *6*
- sexuelle Belästigung 190 4 *4*
- Wehrdienst 80 6 *1*

Beratervertrag
- Aufsichtsratsvergütung 50 113 *8*

Beratungshilfe
- Arbeitsgerichte 60 11 a *2*
- Gleichheitssatz 10 3 *13*

Berechnungsdurchgriff
- *siehe auch Konzern*
- Anpassung (BetrAVG) 200 16 *45*
- Konzern (qualifiziert faktischer) 50 18 *18*

Berechtigte betriebliche Bedürfnisse
- Sozialauswahl 430 1 *512*

Bereitschaftsdienst
- Abrufarbeit (Abgrenzung) 180 4 *15*
- Arbeitnehmerbegriff 230 611 *85*
- Begriff 230 611 *955*
- Begriff (ArbZG) 110 2 *50*
- betriebliche Übung (Vergütung) 230 611 *284*
- Geringfügig Beschäftigte 545 8 *9*
- Leistungsbestimmungsrecht 230 612 *42*
- Mitbestimmung 210 87 *29*
- Mutterschutzlohn 500 11 *9*
- Ruhezeit 110 5 *13*
- Ruhezeit (Abweichung) 110 15 *6*
- Sonn-/Feiertagsarbeit 110 9 *1*
- Teilzeitarbeit 180 2 *59*
- Urlaubsentgelt 250 11 *14*

Bergbau
- Altersrente 560 Einl. *14*
- Arbeitszeit 110 2 *15*
- Arbeitszeit (Verordnungsermächtigung) 110 8 *7*
- Bergmannsversorgungsschein (Kündigungsschutz) 530 15 *2*
- Gedinge 230 611 *594*
- Hinzuverdienstgrenze (Altersrente) 560 Einl. *14*
- Jugendarbeitsschutz 420 4 *8*
- Unter-Tage-Arbeit (Jugendliche) 420 24 *2*
- Urlaub (Jugendliche) 420 19 *10*
- Versorgungsanwartschaft 200 1 *30*

Bergmannsversorgungsschein
- Klagefrist 430 4 *58*
- Kündigungsschutz 530 15 *2*

Bergrechtliche Gewerkschaft
- Unternehmensmitbestimmung 220 77 *17*

Berichtigung
- Berufungsfrist 60 66 *10*
- Nachweis 510 Einl *9*
- Revisionszulassung 60 72 *28*

Berichtsheft
- Abschlußprüfung 150 39 *2*
- Führung 150 6 *7*
- Kündigungsgrund 150 15 *5*

Berichtspflicht
- Aufsichtsrat (MitbestG) 470 25 *13*
- Beschäftigungsverhältnis 545 7 *15*

2615

Sachverzeichnis

Fette Zahlen = Kennziffern

Berufsausbildung
- siehe auch Abschlußprüfung
- siehe auch Ausbildende
- siehe auch Auszubildende
- siehe auch Berufsausbildungsvertrag
- Abdingbarkeit 150 18 *1*
- Abschlußprüfung (Teilnahme) 150 9 *3*
- Altersteilzeit 130 3 *25*
- Aufhebungsvertrag 150 14 *1*
- Auflösung 430 9 *4*
- Ausbildereignung 150 20 *1*
- Ausbildungsdauer 150 14 *2*
- ausbildungsfremde Tätigkeiten 150 9 *2*
- Ausbildungskosten 150 5 *10*
- Ausbildungsmittel 150 6 *5*
- Ausbildungsordnung 150 25 *2*
- Ausbildungsrahmenplan 150 25 *5*
- Ausbildungsstätteneignung 150 22 *1*
- Ausbildungszeit (Abkürzung/Verlängerung) 150 29 *1*
- Ausbildungszweck 150 6 *11*
- Ausländer 150 3 *7*
- außerordentliche Kündigung 150 15 *4*
- Beendigung (vorzeitige) 150 16 *1*
- Begriff 150 1 *3*
- Berufsausbildungsverzeichnis 150 31 *1*
- Berufsschulunterricht 150 9 *3*
- Betriebsrisiko 230 615 *137*
- Betriebszugehörigkeit (Auflösung) 430 10 *5*
- Direktionsrecht 150 9 *4*
- Ende 150 14 *1*
- Entgeltfortzahlung 280 1 *12*
- Fahrerlaubnis (Kostenübernahme) 150 5 *5*
- Gefahrenschutz 150 6 *10*
- Geldbotengänge 150 6 *11*
- Inhalt/Umfang 150 6 *2*
- Insolvenz 410 113 *6*
- Jugendarbeitsschutz 420 1 *9*
- Kinderarbeit 420 7 *3*
- Kündigungsausschlußklausel 150 5 *4*
- Kündigungsfrist (nachfolgendes Arbeitsverhältnis) 230 622 *20*
- Kurzarbeit 150 3 *10*
- Minderjährige 230 113 *6*
- Probezeit 150 13 *2*
- Prüfungszeugnis (Gleichstellung) 150 43 *1*
- Rauchverbot 150 9 *4*
- Regelungsbefugnis 150 44 *1*
- Reinigungsarbeiten 150 6 *11*
- Schadenersatz (Kündigung) 230 628 *4*
- sexuelle Belästigung 190 1 *1*
- Sorgfaltspflicht 150 9 *6*
- Sozialversicherung 150 3 *8*
- Sperrzeit 540 144 *8*
- Tarifvertrag 600 1 *85*
- Überwachung 150 45 *1*
- Urteilsverfahren 60 2 *23*
- Vergütungskürzung 150 9 *3*
- Versetzung (Mitbestimmung) 150 9 *4*
- Vertragsstrafe 150 5 *17*
- Vertragsstrafe (Verbot) 230 345 *14*
- Vollstreckung 150 6 *3*
- Weihnachtsgeld (Rückzahlung) 150 5 *6*
- Weiterarbeitsklausel 150 5 *3*
- Weiterbeschäftigung (BeschFG) 180 1 *55*
- Weiterbeschäftigung (tatsächliche) 150 17 *2*
- Weiterbeschäftigung (Vereinbarung über) 150 5 *8*
- Weiterbildungskosten 150 5 *16*
- Wettbewerbsverbot 390 60 *2*
- Zeugnis 150 8 *1*
- Zwischenprüfung 150 42 *1*

Berufsausbildungsvertrag
- Änderung 150 4 *7*
- Aushändigung 150 4 *7*
- Berechtigung (fehlende) 150 3 *11*
- Eintragung 150 4 *1*; 32 *1*
- Inhalt 150 4 *1*
- Schadenersatz 150 5 *8*
- Schriftform 230 127 *26*
- Unterschrift 150 4 *7*
- Vertragsparteien 150 3 *1*
Berufsausbildungsverzeichnis 150 31 *1*
Berufsaussichten
- Sozialauswahl 430 1 *500*
Berufsbildung
- siehe auch Berufsbildung (BetrVG)
- Arbeitnehmerzahl (KSchG) 430 23 *17*
- Arbeitszeit 110 2 *13*
- Befristungsgrund 230 620 *89*
- Begriff 150 1 *2*
- Begriff (BErzGG) 170 20 *1*
- Einstellungsanspruch 230 611 *448*
- Erziehungsgeld 170 2 *4*
- Haftungsausschluß 570 106 *1*
- Heil-/Hilfsberuf 150 2 *4*
- Kündigungsverbot (BErzGG) 170 18 *3*
- öffentlich-rechtliches Dienstverhältnis 150 2 *3*
- Sprecherausschuß 590 25 *2*
- Strafvollzug 150 2 *4*
- Tendenzbetrieb 210 118 *24*
- überbetriebliche Ausbildungsstätte 150 1 *2*
- Unfallversicherung 570 2 *7*
- Vertragsstrafe 230 345 *28*
- Zeugnis 230 630 *51*
Berufsbildung (BetrVG)
- Ausbilderbestellung/-abberufung 210 98 *8*
- außerbetriebliche 210 97 *5*
- Begriff 210 96 *4*
- Beratung 210 96 *11*
- betriebliche Einrichtungen 210 97 *2*
- Diskriminierungsverbote 210 96 *12*
- Durchführung 210 98 *3*
- Förderungspflicht (BetrVG) 210 96 *10*
- Gesamtbetriebsrat 210 50 *6*
- Teilnahmevorschläge (Betriebsrat) 210 98 *15*
- Vorschlagsrecht 210 96 *11*
Berufsbildungsstätten
- Begriff 150 1 *5*
Berufsbildungswerk
- Arbeitnehmerbegriff 210 5 *10*
- Prozeßvertretung 60 11 *11*
- Tendenzbetrieb 210 118 *12*
Berufserfahrung
- Ungleichbehandlung 180 2 *38*
Berufsförderungswerk
- Arbeitnehmerbegriff 210 5 *10*
- Tendenzbetrieb 210 118 *11*
Berufsfreiheit
- Abschlußfreiheit 10 12 *29*
- arbeitnehmerähnliche Personen 10 12 *38*
- Arbeitsplatz 10 12 *7*
- Ausbildungsstätte 10 12 *8*
- Aushilfstätigkeit 10 12 *6*
- Ausländer 10 12 *12*
- Begriff 10 12 *6*
- Besetzungsregeln 10 12 *11*
- Betriebsverfassung 10 12 *39*
- Einstellungsrichtlinien 10 12 *11*
- Gemeinschaftsrecht 10 12 *12*
- Grundrechtskollision 10 12 *19*
- Grundrechtsverzicht 10 Einl. *64*
- Handlungsfreiheit 10 2 *10*
- Inhaltskontrolle 10 12 *31*

2616

magere Zahlen = §§ bzw. Art.; kursive Zahlen = Randnummern

Sachverzeichnis

- Juristische Personen 10 12 *13*
- Konkurrenzen 10 12 *15*
- Kontrahierungszwang 10 12 *30*
- Kündigungsschutz 10 12 *34*
- Nebentätigkeit 10 12 *6*
- Nebentätigkeitsverbot 10 12 *32*
- Negative 10 12 *10*
- Rückzahlungsklauseln 10 12 *32*
- Schutzpflicht 10 12 *20*
- Sport 10 12 *33*
- Stufenlehre 10 12 *26*
- Tarifautonomie 10 12 *41*
- Tarifvertrag 10 12 *24*
- Tarifvertrag (Inhalt) 600 1 *139*
- Unternehmensmitbestimmung 10 12 *39*
- Unternehmerfreiheit 10 12 *43*
- Verhältnismäßigkeitsgrundsatz 10 12 *25*
- Wahlfreiheit 10 12 *11*
- Wettbewerbsverbot 10 12 *32*

Berufskrankheit
- Arbeitnehmerüberlassung 140 Einl. *29*
- Begriff 570 104 *14*
- Betriebsrat 210 89 *7*

Berufsmäßigkeit
- Geringfügig Beschäftigte 545 8 *16*

Berufsschule
- Arbeitszeit 420 14 *9*
- Ausbildungsvergütung 420 9 *16*
- Fahrtkosten 150 6 *6*
- Freistellung 420 9 *4*
- Freistellungspflicht 150 7 *1*
- Fünftagewoche 420 15 *3*
- Jugendarbeitsschutz 420 4 *5*
- Kündigung 150 15 *5*
- Schulpflicht 420 9 *3*
- Teilnahmepflicht 150 9 *3*
- Urlaubsgewährung 420 19 *13*

Berufsunfähigkeit
- Altersrente 560 Einl. *4*
- Annahmeverzug 230 615 *46*
- Arbeitslosengeld (Erstattung) 540 147 a *13*
- Befristungsgrund 230 620 *97*
- Einstellungsanspruch 230 611 *442*
- Hinzuverdienstgrenze 560 Einl. *14*
- Karenzentschädigung 390 74 *33*
- Kündigung 560 Einl. *23*
- Kündigung (Entgeltfortzahlung) 280 8 *12*
- Schwerbehinderte 530 22 *1*
- Wiedereinstellung (Tarifvertrag) 600 1 *54*

Berufszugehörigkeit
- Anrechnung (Wehrdienst) 80 6 *6*

Berufung
- Angriffs-/Verteidigungsmittel 60 67 *2*
- Anschlußberufung 60 64 *19*
- anzuwendende Vorschriften 60 64 *23*
- Bedingung 60 66 *6*
- Berichtigungsbeschluß/Ergänzungsurteil 60 64 *7*
- Berufungsantrag/-begründung 60 66 *12*
- Berufungsbeantwortung 60 66 *16*
- Berufungseinlegung 60 66 *2*
- Berufungsfrist 60 66 *8*
- Berufungsschrift 60 66 *2*
- Berufungsschrift (Inhalt) 60 66 *5*
- Berufungssumme 60 64 *6*
- Berufungsurteil 60 69 *2*
- Beschleunigungsgrundsatz 60 64 *25*
- Bestandsstreitigkeiten 60 64 *11*
- ehrenamtliche Richter (Berufungsmängel) 60 65 *6*
- Einzelrichter 60 64 *17*
- Frist 60 66 *8*
- Meistbegünstigung 60 64 *4*

- nichtvermögensrechtliche Streitigkeit 60 64 *5*
- Nichtzulassungsbeschwerde 60 64 *7*
- örtliche Zuständigkeit 60 65 *6*
- Prozeßförderung 60 67 *10*
- Prozeßkostenhilfe 60 66 *6*
- Prozeßvoraussetzungen (Streit) 60 10 *22*
- Rechtsmittelbelehrung 60 9 *29*
- Rechtsmittelbelehrung (fehlerhafte) 60 9 *36*
- Rechtswegzuständigkeit 60 65 *2*
- Revisionsbeschwerde 60 77 *1*
- Rücknahme 60 64 *18*
- Schriftform 230 127 *19*
- schriftliches Verfahren 60 46 *10*
- sofortige Beschwerde (Rechtsweg) 60 65 *11*
- Sprungrevisionseinlegung 60 76 *8*
- Telefax/Telegraphie 60 66 *4*
- Tenor 60 64 *7*
- Urteil 60 69 *2*
- Urteilsarten 60 62 *26*
- Urteils-/Beschlußverfahren 60 65 *4*
- verspätetes Vorbringen 60 67 *4*
- Verwerfung 60 66 *20*
- Verwerfung (Beschwerde) 60 70 *4*
- Verzicht 60 64 *18*
- Vorsitzendenzuständigkeit 60 55 *2*
- wiederholte Einlegung 60 66 *7*
- Zeugenladung 60 67 *12*
- Zulassung 60 64 *13*
- Zurückverweisung 60 68 *3*
- Zustellung 60 50 *3*
- Zwangsvollstreckung 60 62 *9*
- Zweites Versäumnisurteil 60 59 *32*; 64 *12*

Berufungsbeantwortung
- Fristverlängerung 60 9 *14*
- Grundsätze 60 66 *16*
- Prozeßförderung 60 67 *10*

Berufungsbegründung
- Fristverlängerung 60 9 *14*
- Fünf-Monats-Frist 60 60 *15*
- Grundsätze 60 66 *12*
- Prozeßförderung 60 67 *10*
- Revisionsbeschwerde 60 77 *1*

Beschäftigung
- *siehe auch Weiterbeschäftigung*
- Ausschlußfristen 230 225 *46*
- Direktionsrecht 230 611 *297*
- Entschädigung 230 628 *120*
- Persönlichkeitsrecht 10 2 *83*; 230 611 *825*
- Schwerbehinderte 530 12 *4*; 539 14 *13*
- Suspendierung 230 611 *829*
- Vollstreckungsaussetzung 60 62 *6*
- Wichtiger Grund 230 626 *197*
- Zurückbehaltungsrecht 230 611 *974*

Beschäftigungsdauer
- Gleichbehandlungsgebot (BeschFG) 180 2 *52*

Beschäftigungsgesellschaft
- Arbeitnehmerbegriff (BetrVG) 210 5 *11*
- Tarifvertragspartei 600 2 *24*

Beschäftigungsmöglichkeit
- Betriebsbedingte Kündigung (Wegfall) 430 1 *383*

Beschäftigungssicherung
- Günstigkeitsprinzip 600 4 *67*
- Regelungsabrede 210 77 *33*

Beschäftigungsverbot
- *siehe auch Beschäftigungsverbot (JArbSchG)*
- *siehe auch Beschäftigungsverbot (MuSchG)*
- Anfechtung 230 611 *484*
- Annahmeverzug 230 615 *48*
- Befristungsgrund 230 620 *86*
- Betriebsratswahl 210 7 *3*
- Entgeltfortzahlung 280 3 *38*
- Erklärungsfrist (BErzGG) 170 16 *9*

2617

Sachverzeichnis

Fette Zahlen = Kennziffern

- Kündigung (Entgeltfortzahlung) 280 8 13
- Nachtarbeit 110 6 12
- Nichtigkeit 230 611 455
- Urlaub 250 9 12
- Urlaubsgewährung 250 7 35
- Wartezeit (BUrlG) 250 4 12
- Zustimmungsverweigerungsgrund 210 99 23

Beschäftigungsverbot (JArbSchG)
- Akkordarbeit 420 23 2
- Ausnahmen 420 22 12
- Befreiungen 420 27 2
- Geltungsbereich 420 22 3
- Nachuntersuchung 420 46 8
- Untertagearbeit 420 24 2
- unzuverlässige Personen 420 25 2
- Verordnungsermächtigung 420 26 2

Beschäftigungsverbot (MuSchG)
- Akkordarbeit 500 4 18
- Arbeitsentgelt 500 3 5
- Arbeitsunfähigkeit 500 3 10
- Bildschirmarbeitsplatz 500 4 5
- Entbindung 500 6 2
- Erziehungsurlaub 170 15 10
- Fließbandarbeit 500 4 19
- generelles 500 3 12
- Lärm 500 4 8
- Mutterschutzlohn 500 11 2
- Nichtigkeit 500 3 3
- stillende Mutter 500 7 9
- verbotene Arbeiten 500 4 2
- Versetzung 500 3 4
- Verstoß 500 3 14
- Verstoß (besonderer) 500 4 9
- Zeugnis 500 3 9
- Zweifel 500 3 11

Beschäftigungsverhältnis
- 1-Personen-GmbH 545 7 45
- Amtsermittlungsgrundsatz 545 7 59
- Anfrageverfahren 545 7 61
- Arbeit 545 7 7
- Arbeitnehmerbegriff 545 7 2
- Arbeitslosenversicherung 545 7 42
- Arbeitsorganisation (Eingliederung) 545 7 13
- Arbeitsverhältnis 545 7 31
- Arbeitszeitkonto 545 7 35
- Auftraggeber 545 7 52
- Ausschließlichkeitsbindung 545 7 53
- Bausparkassenvertreter 545 7 43
- Begriff 545 7 5
- Beitragsrückstände 545 7 62
- Berichtspflicht 545 7 15
- Betriebsausgabe 545 7 26
- Beweislast 545 7 4, 39
- BGB-Gesellschaft 545 7 45
- Bummeltage 545 7 29
- Bürgermeister 545 7 12
- Bußgeld 545 7 40
- Dienstbereitschaft 545 7 8
- Direktionsrecht 545 7 10
- Ehegatte 545 7 25
- Ehrenamt 545 7 12
- Eingliederung 545 7 9
- Eingliederungsverhältnis 545 7 3
- erwerbsmäßige Tätigkeit 545 7 44
- Existenzgründer 545 7 52
- faktisches Arbeitsverhältnis 545 7 3
- Familiengesellschaft 545 7 23
- Feststellungslast 545 7 60
- Flexible Arbeitszeit 545 7 35
- Franchise 545 7 43
- freie Mitarbeit (Rundfunkanstalt) 545 7 12
- Geringfügig Beschäftigte (Vermutung) 545 7 51

- Gesamtbild 545 7 9
- Gesamthand 545 7 45
- Gesamtwürdigung 545 7 19
- Geschäftsführer 545 7 21
- Geschäftsführer (Vermutung) 545 7 43
- Gesellschafter 545 7 20
- Gewerbeanmeldung 545 7 16
- Gewinn-/Verlustbeteiligung 545 7 15
- GmbH-Geschäftsführer 545 7 3
- Hausarbeitsplatz 545 7 13
- Heimarbeit 545 7 14
- Kapitaleinsatz 545 7 15
- Kommanditist 545 7 20
- Krankheit 545 7 29
- Lehrbeauftragter 545 7 12
- Logo 545 7 15
- Lohnsteuerabführung 545 7 15
- Mitwirkung (Verweigerung) 545 7 46
- Organvertreter (Vermutungswirkung) 545 7 43
- Pflegeversicherung 545 7 42
- Prediger 545 7 12
- Scheinabschluß 545 7 26
- Scheinselbständigkeit 545 7 39
- soziale Schutzbedürftigkeit 545 7 17
- Sozialversicherungsbeiträge 545 7 16
- Stellvertretung 545 7 15
- Strafgefangene 545 7 7
- Streik 545 7 29
- Subunternehmer 545 7 50
- Suspendierung 545 7 29
- Taschengeld 545 7 26
- tatsächliche Ausübung 545 7 29
- tatsächliche Durchführung 545 7 18
- unbezahlter Urlaub 545 7 29
- Unfallversicherung 545 7 42
- Unselbständigkeit 545 7 8
- Unternehmerrisiko 545 7 9
- Unternehmerrisiko (Vermutung) 545 7 55
- Untersuchungshaft 545 7 29
- Verein 545 7 27
- Verfügungsbefugnis 545 7 8
- vergleichbare Beschäftigung 545 7 54
- Vermutungstatbestände 545 7 49
- Vermutungswirkung 545 7 4, 57
- versicherungspflichtiger Arbeitnehmer 545 7 50
- Versicherungsverhältnis 545 7 28
- Versicherungsvertreter 545 7 43
- vertragliche Vereinbarungen 545 7 18
- Vorbeschäftigung 545 7 56
- Vorstandsmitglied 545 7 24
- Vorstandsvorsitzender 545 7 12
- Weisung 545 7 10
- Weiterbeschäftigung 545 7 3, 37
- Wettbewerbsverbot 545 7 53
- wirtschaftliche Abhängigkeit 545 7 16
- Zwangsarbeiter 545 7 7

Beschäftigungsverhältnis (AÜG)
- Arbeitnehmerüberlassung 140 Einl. 50
- Drittschadensliquidation 140 Einl. 54
- Leistungsstörungen 140 Einl. 57
- Vertrag zu Gunsten Dritter 140 Einl. 55

Beschäftigungszeit
- Billigkeitskontrolle (Anrechnung) 230 611 575
- Gemeinschaftsrecht 20 39 38
- Wiedereinstellung (MuSchG) 500 10 5

Beschleunigungsgrundsatz
- Beschlußverfahren 60 80 3
- Inhalt 60 46 19
- Kündigungsverfahren 60 61 a 2
- Übersicht 60 9 2
- Zurückverweisung 60 68 3

magere Zahlen = §§ bzw. Art.; kursive Zahlen = Randnummern

Sachverzeichnis

Beschluß (Beschlußverfahren)
- Begriff 60 84 *1*
- Berichtigung 60 80 *2*
- ehrenamtliche Richter 60 84 *2*
- Kostenentscheidung 60 84 *2*
- Rechtsbeschwerdeverfahren 60 96 *2*
- Rechtsmittelbelehrung 60 84 *2*
- Streitwertfestsetzung 60 84 *2*
- Verkündung 60 84 *2*
- Zustellung 60 50 *3*
- Zwangsvollstreckung 60 85 *1*

Beschlußverfahren
- siehe auch Beteiligte (Beschlußverfahren)
- Anerkenntnis 60 80 *3*
- Anhörung vor der Kammer 60 83 *11*
- Anschlußbeschwerde 60 89 *6*
- Antragsschrift (Mindestinhalt) 60 80 *2*
- Arbeitnehmer (Insolvenz) 410 127 *2*
- Arrest 60 85 *5*
- Auslagen 60 12 *13*
- Beschwerde 60 87 *1*
- Beteiligtenfähigkeit 60 10 *13*
- Beteiligung 60 83 *9*
- Beweisbeschluß 60 80 *4*
- Bindungswirkung (Insolvenz) 410 127 *3*
- Darlegungs-/Beweislast (Grundsätze) 60 83 *4*
- einfache Beschwerde 60 83 *12*
- Einigungsstellenbesetzung 60 98 *1*
- Einstellungsbeschluß 60 81 *6*
- einstweiliges Verfügung 60 85 *5*
- Güteverhandlung 60 54 *3*; 80 *4*
- Insolvenz 410 126 *3*
- Kompetenzkonflikt 60 48 *15*
- Kosten 60 12 *13*
- Kostenerstattung 60 12 a *3*
- Kündigungsschutz (besonderer) 410 126 *5*
- Nebenintervention 60 83 *8*
- Nichtzulassungsbeschwerde 60 92 a *1*
- Ordnungsgeld 60 85 *4*
- örtliche Zuständigkeit 60 82 *1*
- persönliches Erscheinen 60 80 *3*
- Prozeßfähigkeit 60 80 *3*
- Prozeßstandschaft 60 81 *11*
- Prozeßvertretung 60 80 *3*
- Rechtsbeschwerde 60 92 *1*
- Rechtshängigkeit 60 80 *2*
- Rechtswegbestimmung 60 48 *2*
- Richterablehnung/-ausschluß 60 80 *3*
- Sprungrechtsbeschwerde 60 96 a *1*
- Streitverkündung 60 83 *8*
- Streitwert 60 12 *24*
- Tarifzuständigkeit 60 97 *2*
- Übergangsmandat 610 321 *9*
- Untersuchungsgrundsatz 60 83 *1*
- Urteilsverfahren (Abgrenzung) 60 46 *3*
- Verbandsvertreter 60 11 *22*
- Verspätetes Vorbringen 60 83 *3*
- Verspätetes Vorbringen (Beschwerde) 60 87 *2*
- Verzicht 60 80 *3*
- Vollstreckungsklausel 60 85 *3*
- Vorabentscheidungsverfahren 20 234 *18*
- Wiederaufnahme 60 80 *3*
- Wiedereinsetzung 60 80 *3*
- Zurückverweisung 60 91 *2*
- Zustellung 60 80 *3*
- Zustimmungersetzung 430 15 *51*
- Zwangsgeld 60 85 *4*
- Zwangsvollstreckung 60 84 *2*
- Zwangsvollstreckung (Beschluß) 60 85 *1*

Beschlußverfahren (Zuständigkeit)
- siehe auch Rechtsweg
- Abtretung 60 3 *6*
- Betriebsübergang 60 3 *7*
- Bürgschaft 60 3 *6*
- Einigungsstelle (Schiedsabrede) 60 4 *3*
- Einzelfälle 60 2 a *2*
- Einzelrechtsnachfolge 60 3 *5*
- Gesamtrechtsnachfolge 60 3 *4*
- Nachlaßverwalter 60 3 *8*
- Prozeßstandschaft 60 3 *8*
- Rechtsnachfolge 60 3 *3*
- Schiedsverfahren 60 4 *2*
- Schuldbeitritt 60 3 *6*
- Testamentsvollstrecker 60 3 *8*
- Umwandlung 60 3 *4*
- Unternehmensmitbestimmung 60 2 a *9*
- Urteilsverfahren (Abgrenzung) 60 2 *3*
- Vermögensübernahme 60 3 *6*
- Verwalter 60 3 *8*

Beschwerde
- Abhilfe 60 78 *8*
- Arrest 60 62 *27*
- außerordentliche 60 78 *6*
- Begründung 60 78 *7*
- Berufungsverwerfung 60 70 *4*
- Beschlußverfahren 60 83 *12*
- Betriebsrat 210 85 *2*
- Betriebsverfassung 210 84 *1*
- ehrenamtliche Richter (LAG) 60 78 *9*
- Einlassungsfrist 60 78 *7*
- Einlegung (Gericht) 60 78 *7*
- Einspruchsverwerfung 60 70 *3*
- Gegenvorstellung 60 70 *8*
- Gesetzwidrigkeit 60 70 *7*
- Kosten 60 78 *11*
- Landesarbeitsgericht (Ausschluß) 60 70 *2*
- Leiharbeitnehmer 140 14 *10*
- Mahnantrag 60 46 a *12*
- Nebenintervention 60 70 *6*
- persönliches Erscheinen 60 51 *22*
- Rechtshilfe 60 13 *8*
- Rechtsmittelbelehrung 60 78 *11*
- Rechtsmittelbelehrung (Beschlußverfahren) 60 9 *29*
- Rechtswegzuständigkeit 60 70 *5*
- Sachverständige (Entschädigung) 60 58 *27*
- Sachverständigenablehnung 60 49 *28*
- Schlichtungsstelle 210 86 *1*
- sexuelle Belästigung 190 3 *1*
- Statthaftigkeit 60 78 *2*
- Urkundenrückgabe 60 70 *6*
- Verfahren 60 78 *7*
- Verfassungsbeschwerde (Abgrenzung) 60 70 *7*
- weitere 60 78 *12*
- Zeugnisverweigerung 60 70 *6*
- Zurückweisung 60 78 *10*

Beschwerde (Beschlußverfahren)
- Beschwer 60 89 *3*
- Beschwerdebefugnis 60 89 *2*
- Beschwerdebegründung 60 89 *5*
- ehrenamtliche Richter 60 89 *7*
- Einigungsstellenbesetzung 60 98 *7*
- Einlegung 60 89 *4*
- Einstellungsbeschluß 60 89 *8*
- Entscheidung 60 91 *1*
- Frist 60 89 *4*
- Nichtzulassungsbeschwerde (Hinweis) 60 91 *1*
- Prozeßvoraussetzungen (Streit) 60 10 *22*
- Rechtskraft 60 91 *3*
- Rechtsmittelbelehrung 60 91 *1*
- Rechtsmittelbelehrung (fehlerhafte) 60 9 *36*
- Rücknahme 60 89 *8*
- Verfahren 60 87 *2*; 90 *1*

2619

Sachverzeichnis

Fette Zahlen = Kennziffern

- Verzicht 60 89 *8*
- Zurückverweisung 60 88 *1*

Besetzungsregeln
- Abschlußverbot 230 611 *452*
- Berufsfreiheit 10 12 *11*
- Betriebsnorm 600 1 *114*
- Klagebefugnis (Allgemeinverbindlichkeit) 600 5 *44*
- Tarifvertrag 600 1 *31*

Besichtigungs-/Betretungsrecht
- Verfassungsmäßige Ordnung 10 2 *23*

Besitzdiener
- Arbeitsmittel 230 611 *1146*

Bestätigung
- Arbeitsvertragsschluß 230 611 *454*
- Kündigung 430 4 *30*

Bestechlichkeit
- siehe auch Schmiergeld
- Grundsätze 230 611 *1007*

Besteuerung
- siehe auch Lohnsteuer
- siehe auch Lohnsteuerkarte
- Abfindung 430 10 *16*
- Altersteilzeit 130 3 *11*
- Annahmeverzug 230 615 *117*
- Arbeitnehmer 230 611 *124*
- Arbeitnehmerbegriff (Indiz) 230 611 *59*
- Arbeitsverhältnis (AÜG) 140 10 *12*
- Betriebsübergang 230 613 a *81*
- Dienstwagennutzung 230 611 *784*
- Minderjährige 230 113 *5*
- Nichtigkeit 230 611 *455*
- Schadenersatz 230 628 *106*
- Sittenwidrigkeit (Täuschung) 230 611 *463*
- Streikunterstützung 10 9 *186*

Bestimmungsklausel
- Abrufarbeit 180 4 *29*
- Arbeitszeit 230 611 *941*
- Bereitschaftsdienst 230 611 *957*
- Betriebsverfassung 210 74 Einl. *11*
- Billigkeitskontrolle 230 611 *574*
- Kurzarbeit 230 611 *943*
- Tarifvertrag 600 1 *43*
- Überstunde 230 611 *948*

Betätigungsfreiheit
- Koalitionen 10 9 *20*

Beteiligte (Beschlußverfahren)
- Amtsermittlung 60 83 *6*
- Amtsprüfung 60 10 *22*
- Anhörung 60 83 *11*
- Antragsänderung (Beschwerdeinstanz) 60 87 *3*
- Antragsrücknahme (Beschwerdeinstanz) 60 87 *3*
- Arbeitgeber 60 83 *7*
- Beschwerdebefugnis 60 89 *2*
- Beschwerdeschrift 60 89 *4*
- Betriebsratsmitglied (Kündigung) 210 103 *14*
- Beweiswürdigung 60 83 *2*
- Erledigung der Hauptsache 60 83 a *4*
- Grundsätze 60 83 *6*
- Insolvenz 410 126 *6*
- Nichtzulassungsbeschwerde 60 92 a *2*
- personelle Einzelmaßnahmen 210 99 *42*
- persönliches Erscheinen 60 83 *2*
- Rechtsbeschwerde (Rüge) 60 96 *1*
- Rüge (Rechtsbeschwerde) 60 94 *2*
- Tariffähigkeit/-zuständigkeit 60 97 *5*
- Untersuchungsgrundsatz 60 83 *1*
- Verfahrensfehler 60 83 *10*
- Verfahrensfehler (Rechtsbeschwerde) 60 93 *1*
- Vergleich 60 84 *1*
- Wahlanfechtung (BetrVG 1952) 220 76 *51*
- Zustellung (Rechtsbeschwerde) 60 95 *1*

- Zwischenbeschluß 60 83 *10*

Beteiligung
- Wettbewerbsverbot 390 60 *14*

Betretungsrecht
- Arbeitnehmerüberlassung 140 7 *18*
- verfassungsmäßige Ordnung 10 2 *23*

Betrieb
- Aushangpflicht (ArbZG) 110 16 *3*
- Außendienst (BetrVG) 210 4 *5*
- Baustelle (BetrVG) 210 4 *5*
- Begriff (BetrVG) 210 4 *2*
- Begriff (UmwG) 610 321 *3*
- Besetzung 10 9 *300*
- Betriebsratsfähigkeit 210 1 *13*
- Betriebsübergang 210 4 *6*
- Betriebsübergang (Begriff) 230 613 a *5*
- Entsendegesetz 30 1 *21*
- Feststellungsantrag (BetrVG) 60 81 *2*
- Gemeinschaftsbetrieb (BetrVG) 210 4 *7*
- Gemeinschaftsbetrieb (UmwG) 610 322 *1*
- Gleichbehandlungsgebot (BeschFG) 180 2 *25*
- Gleichbehandlungsgrundsatz 230 611 *846*
- Jugend-/Auszubildendenvertretung (Wahl) 210 61 *2*
- Kleinbetrieb (BetrVG) 210 4 *5*
- Kündigungsschutz 430 23 *4*
- Leitungsapparat 210 4 *4*
- örtliche Zuständigkeit (Beschlußverfahren) 60 82 *2*
- Rechtswahl (Sitz) 290 34 *8*
- Sozialauswahl 430 1 *479*
- Spaltung 610 324 *5*
- Sprecherausschuß 590 1 *2*
- Stillegung (BetrVG) 210 4 *6*
- Umwandlung (BetrVG) 210 4 *6*
- Unfallversicherung 570 105 *5*
- Vergleich (BetrVG) 60 83 a *2*
- Verlegung (BetrVG) 210 4 *6*
- Verleiherlaubnis 140 3 *59*
- Vermögensübertragung 610 324 *5*
- Verschmelzung 610 324 *5*
- Wahlanfechtung 210 19 *5*
- Zusammenfassung (UmwG) 610 321 *5*
- Zusammenschluß (BetrVG) 210 4 *6*

Betriebliche Übung
- Anpassung (BetrAVG) 200 16 *55*
- Arbeitsbefreiung 230 611 *278*
- Ausschlußfristen (Vereinbarung) 230 225 *30*
- Begriff 230 611 *276*
- Betriebsübergang 230 613 a *74*
- Bezugnahme auf Tarifvertrag 230 611 *284*; 600 3 *42*
- Geschlechtsdiskriminierung 230 611 a *7*
- Kündigungsfrist 230 622 *88*
- Öffentlicher Dienst 230 127 *39*
- Revision 60 73 *9*
- Schriftform 230 611 *280*
- Schriftform (Aufhebung) 230 127 *37*
- Sonderzuwendung 230 611 *792*
- Tariflohnerhöhung 230 611 *633*
- Versorgungsanwartschaft 200 1 *45*

Betriebsabteilung
- Stillegung 430 15 *45*
- Tarifvertrag 600 4 *17*

Betriebsänderung
- siehe auch Betriebsaufspaltung
- siehe auch Betriebseinschränkung
- siehe auch Betriebsstillegung
- siehe auch Interessenausgleich
- siehe auch Sozialplan
- Aufklärungspflicht (Arbeitgeber) 210 112 *25*
- Auswahlrichtlinie 210 95 *4*

2620

magere Zahlen = §§ bzw. Art.; kursive Zahlen = Randnummern

Sachverzeichnis

- Begriff 210 111 *5*
- Beratung 210 111 *22*
- Betriebsübergang 210 111 *10*; 230 613 a *113*
- einstweilige Verfügung 60 85 *6*
- Freistellung (erhöhte) 210 38 *2*
- Gesamtbetriebsrat (Belegschaftsstärke) 210 50 *3*
- Hauptfürsorgestelle (Insolvenz) 530 19 *7*
- Insolvenz 410 125 *1*
- Interessenausgleich (Insolvenz) 410 125 *1*
- Kleinbetrieb 210 111 *5*
- leitende Angestellte (Nachteilsausgleich) 590 32 *16*
- Rechtskraft 60 84 *3*
- Rechtsschutz 210 111 *23*
- Sprecherausschuß 590 28 *4*
- Tendenzbetrieb 210 118 *18*
- Übergangsmandat 230 613 a *171*
- Unterlassungsanspruch 210 23 *34*
- Unterrichtung 210 111 *20*

Betriebsanlage
- Betriebsänderung 210 111 *15*

Betriebsarzt
- Arbeitnehmer 230 611 *105*
- Beschlußverfahren (Zuständigkeit) 60 2 a *4*
- Betriebsrat (Hinzuziehung) 210 80 *33*
- Datenerhebung 160 28 *11*
- Einstellungsuntersuchung 230 611 *407*
- Mitbestimmung 210 87 *65*

Betriebsaufspaltung
- Betriebsänderung 210 111 *13*
- Tarifkonkurrenz/-pluralität 600 4 *117*
- Wirtschaftsausschuß 210 106 *15*

Betriebsausflug
- Mitbestimmung 210 87 *72*

Betriebsausgabe
- Beschäftigungsverhältnis 545 7 *26*

Betriebsausschuß
- Aufgabenübertragung 210 27 *8*
- Aussetzung (Beschluß) 210 35 *3*
- Beschlußfassung 210 33 *1*
- Bestellung 210 27 *2*
- Betriebsratsanhörung 210 102 *4*
- Bruttolohn-/Gehaltsliste 210 80 *29*
- Gesamtbetriebsrat 210 51 *5*
- Geschäftsführung 210 27 *6*
- Geschäftsordnung 210 36 *1*
- Gruppenschutz 210 27 *3*
- Kleinbetrieb 210 27 *9*
- Kosten (Übernahme durch Arbeitgeber) 210 40 *1*
- Monatsgespräch 210 74 *5*
- Niederschrift 210 34 *1*
- Sprechstunde 210 39 *3*
- Tätigkeitsbericht 210 43 *7*
- Wahlanfechtung 210 19 *1*
- Wahlgrundsätze 210 27 *4*
- Wahlvorstand 210 16 *3*
- Wirtschaftsausschuß (anstelle) 210 107 *15*
- Zusammensetzung 210 27 *4*

Betriebsbedingte Kündigung
- *siehe auch Arbeitsdichte*
- *siehe auch Betriebsänderung*
- *siehe auch Betriebsratsanhörung*
- *siehe auch Sozialauswahl*
- *siehe auch Unternehmerentscheidung*
- *siehe auch Wiederbeschäftigung*
- *siehe auch Wiedereinstellung*
- Änderungskündigung 430 2 *52*
- Auswahlrichtlinien (Übersicht) 430 1 *520*
- Beurteilungszeitpunkt 430 1 *435*
- Drittmittelwegfall (Hochschule) 400 57 d *2*
- Gleichbehandlungsgebot (BeschFG) 180 2 *50*
- Grundrechte 10 12 *37*

- Insolvenz 410 113 *21*
- Interessenabwägung 430 1 *426*
- Kurzarbeit 430 1 *392*
- Leiharbeitsverhältnis 140 Einl. *43*
- Sozialauswahl (Übersicht) 430 1 *463*
- Umzugskosten 230 611 *644*
- Unternehmerentscheidung (Übersicht) 430 1 *374*
- Weiterbeschäftigungsmöglichkeit (Übersicht) 430 1 *438*
- Widerspruchsgründe 430 1 *542*

Betriebsbegehung
- Betriebsrat 210 80 *6*
- Betriebsrat (Zulässigkeit) 210 80 *19*

Betriebsbesetzung
- Arbeitskampf 10 9 *300*
- Grundrechte 10 14 *20*
- Wichtiger Grund 230 626 *117*

Betriebsblockade
- Arbeitskampf 10 9 *299*

Betriebsbuße
- Einigungsstelle 60 98 *3*
- Gesamtbetriebsrat 210 50 *5*
- Mitbestimmung 210 87 *22*
- Vertragsstrafe (Abgrenzung) 230 345 *6*

Betriebseinschränkung
- Betriebsänderung 210 111 *9*
- Wirtschaftsausschuß 210 106 *13*

Betriebsfeier
- Annahmeverzug 230 615 *58*
- Mitbestimmung 210 87 *72*

Betriebsferien
- Annahmeverzug 230 615 *58*
- Mitbestimmung 210 87 *44*

Betriebsfortführung
- Betriebsübergang 230 613 a *49*

Betriebsfrieden
- Betriebsrat 10 5 *42*
- Betriebsrat (Entfernung) 210 104 *1*
- Glaubensfreiheit 10 4 *23*
- Kündigungsgrund 430 1 *351*
- Meinungsfreiheit 10 5 *34*
- Wichtiger Grund 230 626 *93*
- Zustimmungsverweigerungsgrund 210 99 *36*

Betriebsführungsgesellschaft
- Montanindustrie 490 1 *3*

Betriebsgefahr
- Haftung 230 611 *1039*

Betriebsgeheimnis
- *siehe auch Betriebs-/Geschäftsgeheimnis*
- *siehe auch Verschwiegenheit*
- Begriff 230 611 *996*
- Begriff (BetrVG) 210 79 *3*

Betriebs-/Geschäftsgeheimnis
- *siehe auch Geschäftsgeheimnis*
- *siehe auch Verschwiegenheit*
- Grundrechte 10 14 *6*
- Handelsvertreter 390 *90*
- Jahresbericht 210 109 *3*
- Kündigung 430 1 *252*
- Offenbarung (Straftat) 210 120 *2*
- Öffentlichkeit (ArbGG) 60 52 *12*
- Schwerbehindertenvertretung 530 22 Anhang *18*
- Wettbewerbsverbot (nachvertragliches) 390 74 *19*
- Wichtiger Grund 230 626 *99*
- Wirtschaftsausschuß 210 106 *6*

Betriebsgruppe
- Begriff 230 611 *194*
- Mankohaftung 230 611 *1073*

Betriebshaftpflichtversicherung
- Unfallversicherung 570 110 *7*

Betriebskrankenkasse
- Betriebsverfassung 210 126 *4*

2621

Sachverzeichnis

Fette Zahlen = Kennziffern

Betriebsleiter
- Begriff (KSchG) 430 14 *14*

Betriebsmethode
- Betriebsübergang 230 613 a *28*

Betriebsmittel
- Betriebsübergang (Fortführung) 230 613 a *55*

Betriebsnorm
- Begriff 600 1 *111*
- Günstigkeitsprinzip 600 4 *60*
- Tarifbindung 600 3 *24, 37*
- Tarifbindung (Darlegungs- und Beweislast) 600 3 *52*

Betriebsordnung
- Nebenpflicht (Arbeitnehmer) 230 611 *1023*

Betriebsorganisation
- Betriebsänderung 210 111 *15*

Betriebspraktikum
- Kinderarbeit 420 5 *4*

Betriebsrat
- siehe auch *Betriebsausschuß*
- siehe auch *Betriebsrat (ArbZG)*
- siehe auch *Betriebsrat (Beteiligung)*
- siehe auch *Betriebsrat (personelle Angelegenheiten)*
- siehe auch *Betriebsrat (soziale Angelegenheiten)*
- siehe auch *Betriebsrat (wirtschaftliche Angelegenheiten)*
- siehe auch *Betriebsratsanhörung*
- siehe auch *Betriebsratsauflösung*
- siehe auch *Betriebsratsausschuß*
- siehe auch *Betriebsratsmitglied*
- siehe auch *Betriebsratssitzung*
- siehe auch *Betriebsratsvorsitzender*
- siehe auch *Betriebsratswahl*
- siehe auch *Betriebsvereinbarung*
- siehe auch *Betriebsversammlung*
- siehe auch *Bildungs-/Schulungsveranstaltung*
- siehe auch *Ersatzmitglied*
- siehe auch *Gesamtbetriebsrat*
- siehe auch *Gewerkschaft (BetrVG)*
- siehe auch *Gruppenschutz*
- siehe auch *Jugend-/Auszubildendenvertretung*
- siehe auch *Konzernbetriebsrat*
- siehe auch *Restmandat*
- siehe auch *Übergangsmandat*
- siehe auch *Wahlanfechtung*
- siehe auch *Wahlvorstand*
- siehe auch *Wirtschaftsausschuß*
- Amtsende 210 24 *2*
- Amtsende (Zuordnungstarifvertrag) 210 3 *5*
- Amtszeit 210 21 *2*
- Amtszeitende (Rechtsschutzbedürfnis) 60 81 *8*
- Antragsbefugnis 60 81 *9*
- Arbeitnehmervertreter (Bestellungswiderruf) 220 76 *78*
- Arbeitskampf 10 9 *135*
- Aufwendungen 210 40 *7*
- Ausschluß 210 23 *2*
- Ausschlußfrist (Betriebsratstätigkeit) 600 4 *97*
- Ausschlußfrist (Vertreter) 230 225 *46*
- Ausschüsse 210 28 *1*
- Behinderung (Straftat) 210 119 *3*
- Berufsfreiheit 10 12 *39*
- Beschwerde (Arbeitnehmer) 210 85 *2*
- Beteiligter (Beschlußverfahren) 60 83 *8*
- Betriebsfrieden 210 74 *16*
- Betriebsratsfähigkeit 210 1 *13*
- Betriebsübergang (Kontinuität) 230 613 a *110*
- Büropersonal 210 40 *18*
- Computer 210 40 *16*
- Datenschutzbeauftragter (Kontrolle durch) 160 37 *4*
- Diskriminierungsverbot 210 75 *6*
- E-mail 160 28 *21*
- Ersatzfreistellung 210 38 *7*
- Ersatzvornahme 60 85 *2*
- Fahrtkosten 210 40 *7*
- Fotokopierer 210 40 *16*
- Freistellung (Mindeststaffel) 210 38 *1*
- Friedenspflicht 210 74 *9*
- Gemeinschaftsbetrieb (UmwG) 610 322 *3*
- Geschäftsführungsbefugnis (vorläufige) 210 22 *1*
- Geschäftsordnung 210 36 *1*
- Gewerkschaftsbetätigung 210 74 *34*
- Grundrechte 10 Einl. *7*
- Haftung 210 1 *11*
- Hausrecht 210 40 *15*
- Heimarbeit 210 2 *3*
- Insolvenz 410 126 *6*
- Jugend-/Auszubildendenvertretung (Zusammenarbeit) 210 80 *14*
- Kirche 10 4 *55*
- Kosten (Antragsbefugnis) 60 81 *10*
- Kosten (Beschlußverfahren) 410 126 *12*
- Kosten (Beteiligter) 60 83 *8*
- Kosten (Übernahme durch Arbeitgeber) 210 40 *1*
- Literatur 210 40 *17*
- Luftfahrt 210 117 *2*
- Mailbox 210 40 *16*
- Mitgliederwechsel 210 21 *3*
- Monatsgespräch 210 74 *3*
- Montanindustrie 490 2 *7*
- nachträgliche Klagezulassung 430 5 *9*
- Ordnungsgeld 60 85 *2*
- Ordnungswidrigkeit (Anzeige) 210 121 *6*
- parteipolitische Betätigung (Verbot) 210 74 *21*
- Persönlichkeitsrecht 10 2 *68*
- Pfändung 60 85 *2*
- Pressefreiheit 10 5 *79*
- Prozeßstandschaft 210 112 *46*
- Prozeßstandschaft (Pflichtverletzung des Arbeitgebers) 210 23 *27*
- Prozeßstandschaft (Tarifvertrag) 600 4 *37*
- Prozeßvertretung 210 37 *3*
- Rechtsanwalt (Übernahme der Kosten durch den Arbeitgeber) 210 40 *4*
- Rechtsberatung 210 37 *3*
- Rechtsfähigkeit 210 1 *8*
- Rechtsvertretung 210 40 *4*
- Restmandat 210 21 *6*
- Restmandat (Betriebsübergang) 230 613 a *110*
- Rücktritt (Neuwahl) 210 13 *6*
- Rundfunkfreiheit 10 5 *106*
- Sachmittel (Ausstattung mit) 210 40 *15*
- Sachverständige (Hinzuziehung) 210 80 *31*
- Sachverständiger (Vorschuß) 210 40 *14*
- Schutzbestimmung 210 78 *1*
- Schwerbehinderte (Eingliederung) 530 22 Anhang *2*
- Spaltung 610 323 *7*
- Sprecherausschuß (Zusammenarbeit) 590 2 *13*
- Sprechstunden 210 39 *2*
- Streitigkeiten (Kosten) 210 40 *6*
- Tätigkeitsbericht 210 43 *7*
- Telefax 210 40 *7*
- Telefon 210 40 *16*
- Tendenzschutz 10 5 *58*
- Übergangsmandat 210 21 *7*
- Umlageverbot 210 41 *1*
- Umwandlung (UmwG) 610 321 *2*
- Unterlassungsanspruch 210 23 *34;* 74 Einl. *28*
- Vermögensfähigkeit 210 1 *8*
- Verschwiegenheit 210 79 *10*
- vertrauensvolle Zusammenarbeit 210 2 *1*

magere Zahlen = §§ bzw. Art.; kursive Zahlen = Randnummern

Sachverzeichnis

- Vorschuß 210 40 *14*
- Wahlanfechtung (BetrVG 1952) 220 76 *51*
- Zeitschriften 210 40 *17*
- Zusammensetzung 210 15 *1*
- Zwangsgeld 60 85 *2*

Betriebsrat (ArbZG)
- Arbeitszeit 110 2 *25*
- Nachtarbeit 110 6 *30*
- Regelarbeitszeit 110 3 *17*
- Ruhepause 110 4 *12*
- Ruhezeit 110 5 *18*
- Schichtarbeit 110 6 *30*
- Sonn-/Feiertagsarbeit 110 9 *12*
- Umsetzung (Nachtarbeit) 110 6 *23*

Betriebsrat (Beteiligung)
- älterer Arbeitnehmer 210 80 *15*
- Altersteilzeit 130 8 *9*
- Anhörung (Hauptfürsorgestelle) 530 17 *2*
- Annexbedingungen 210 74 Einl. *35*
- Antrags-/Initiativrecht 210 80 *8*
- Arbeitsablauf 210 90 *4*
- Arbeitsablauf (Abhilfe) 210 91 *1*
- Arbeitsgestaltung (menschengerechte) 210 90 *11*
- Arbeitskampf 10 9 *135*; 210 74 *14*
- Arbeitsplatz 210 90 *5*
- Arbeitsplatz (Abhilfe) 210 91 *1*
- Arbeitsräume 210 90 *2*
- Arbeitsschutz 210 89 *2*
- Arbeitsumgebung 210 91 *1*
- Arbeitsverfahren 210 90 *4*
- ausländischer Arbeitnehmer 210 80 *16*
- Betriebsbegehung 210 80 *6*
- Betriebsvereinbarung 210 77 *16*
- Datenschutzbeauftragter 160 36 *4*
- Eingliederung 210 80 *13*
- Gleichberechtigung 210 80 *11*
- Kopplungsgeschäfte 210 74 Einl. *37*
- Ladenschluß 440 3 *13*
- Lohn- und Gehaltsliste (Einsicht) 210 80 *25*
- mitbestimmungswidriges Verhalten (Rechtsfolge) 210 74 Einl. *14*
- Nachweispflicht 510 Einl *21*
- Schwerbehindertenverzeichnis 530 14 *5*
- sexuelle Belästigung 190 3 *2*
- Sicherheitsbeauftragter (Besprechungen) 210 89 *7*
- Tarifvertrag (Erweiterung) 210 74 Einl. *4*
- technische Anlagen 210 90 *3*
- Überwachung 210 80 *3*
- Zurückbehaltungsrecht 230 611 *974*

Betriebsrat (personelle Angelegenheiten)
- Abänderbarkeit 210 1 *10*
- Abmahnung 430 1 *131*
- Änderungskündigung 430 2 *30*
- Anforderungsprofile 210 93 *5*
- Arbeitsplatzausschreibung 210 93 *2*
- Arbeitsplatzbewertung 210 94 *4*
- Ausbilderbestellung/-abberufung 210 98 *8*
- Auswahlrichtlinien 210 95 *3*
- Befristung 230 620 *60*
- Berufsbildung (Begriff) 210 96 *4*
- Betriebsratsanhörung 210 102 *1*
- Beurteilungsgrundsätze 210 94 *4*
- Eingruppierung 210 99 *10*
- Einstellung 210 99 *4*
- Entlassungsverlangen 230 626 *222*
- Feststellungsantrag 210 101 *7*
- Fragebogen (ärztlicher) 210 94 *3*
- Gesamtbetriebsrat 210 50 *6*
- Gesamtbetriebsrat (Belegschaftsstärke) 210 50 *3*
- Kündigungseinspruch 430 3 *1*
- Leiharbeitnehmer 140 14 *14*
- Leiharbeitnehmer (Beschlußverfahren) 60 2 a *4*

- leitende Angestellte 210 105 *1*
- Massenentlassung 430 17 *19*
- Personalfragebogen 210 94 *2*
- Personalplanung 210 92 *1*
- Schwerbehinderte (Einstellung) 530 14 *10*
- Tendenzbetrieb 210 118 *24*
- Umgruppierung 210 99 *12*
- Unterlassungsanspruch 210 101 *8*
- Untertarifliche Arbeitsbedingungen (Widerspruch) 600 4 *76*
- Versetzung 210 99 *13*
- Versetzung (Kündigung) 430 1 *551*
- vorläufige Einzelmaßnahmen 210 100 *1*
- Widerspruch (Kündigung) 430 1 *543*
- Wirksamkeitsvoraussetzung 210 74 Einl. *23*
- Zwangsgeld 210 101 *1*

Betriebsrat (soziale Angelegenheiten)
- *siehe auch Betriebsrat (ArbZG)*
- *siehe auch Betriebsrat (Beteiligung)*
- Abänderbarkeit 210 1 *10*
- Abrufarbeit 180 4 *19*
- Akkord 210 87 *118*
- Änderungskündigung 430 2 *29*
- Arbeitskampf 210 87 *38*
- Arbeitsschutz 210 87 *63*
- Arbeitsunfähigkeitsbescheinigung 210 87 *13, 21*
- Arbeitsverhalten 210 87 *21*
- Arbeitszeit 210 87 *25*
- Arbeitszeitmodelle 210 87 *29*
- außertarifliche Angestellte 210 87 *106*
- Betriebsarzt 210 87 *65*
- Betriebsbuße 210 87 *22*
- Datenerhebung 160 28 *6*
- Datenspeicherung 160 28 *18*
- Effektivklausel (Mitbestimmung) 210 77 *58*
- Entlohnungsgrundsatz 210 87 *110*
- Entlohnungsmethode 210 87 *101*
- Erfindung 210 87 *129*
- freiwillige Leistungen 210 87 *107*
- Gesamtbetriebsratszuständigkeit 210 50 *5*
- Initiativrecht (Arbeitsschutz) 230 618 *28*
- Kontoführungsgebühr 210 87 *40*
- Konzernbetriebsrat 210 58 *5*
- Kurzarbeit 210 87 *35*
- Kurzarbeit (Massenentlassung) 430 19 *2*
- Ladenschluß 210 87 *26*
- Leiharbeitnehmer 140 14 *14*
- Lohngestaltung 210 87 *96*
- Lohnkontostunde 210 87 *40*
- Miete 210 87 *92*
- Mitbestimmungserweiterung (Tarifvertrag) 210 74 Einl. *4*
- Ordnungsverhalten 210 87 *18*
- Prämie 210 87 *125*
- Provisionsstaffel 390 87 b *3*
- Sonntagsverkauf 210 87 *27*
- Sozialeinrichtung 210 87 *68*
- Tariflohnerhöhung (Anrechnung) 210 87 *111*
- technische Einrichtung 210 87 *48*
- Telefondatenspeicherung 160 28 *21*
- Tendenzbetrieb 210 118 *23*
- Überstunde 210 87 *34*
- Urlaub 210 87 *42*
- Urlaubsplan 210 87 *45*
- Verbesserungsvorschlag 210 87 *130*
- Wohnraum 210 87 *63*

Betriebsrat (wirtschaftliche Angelegenheiten)
- *siehe auch Betriebsänderung*
- *siehe auch Interessenausgleich*
- *siehe auch Sozialplan*
- *siehe auch Wirtschaftsausschuß*
- Abänderbarkeit 210 1 *10*

2623

Sachverzeichnis

Fette Zahlen = Kennziffern

- Betriebsübergang 230 613 a *114*
- Gesamtbetriebsrat (Belegschaftsstärke) 210 50 *3*
- Mitbestimmungserweiterung (Tarifvertrag) 210 74 Einl. *7*
- Wirksamkeitsvoraussetzung 210 74 Einl. *32*

Betriebsräteversammlung 210 53 *1*

Betriebsratsanhörung
- Änderungskündigung 430 2 *24*
- Anfechtung 230 611 *471*
- Arbeitnehmer (Anhörung) 210 102 *23*
- Auflösungsantrag 430 9 *24*
- Auslandseinsatz 210 1 *4*
- Berufsausbildung (Kündigung) 150 15 *1*
- Betriebsratswahl (Nichtigkeit) 210 19 *16*
- Betriebsstillegung (Betriebsratsmitglied) 430 15 *43*
- Darlegungs- und Beweislast 210 102 *30*
- fehlerhafte (Rechtsfolgen) 210 102 *29*
- Form 210 102 *3*
- Frist 210 102 *11*
- Gesamtbetriebsrat 210 50 *6*
- Inhalt 210 102 *5*
- Insolvenz 410 113 *24*
- Interessenausgleich (Insolvenz) 410 125 *11*
- Internationales Arbeitsrecht 290 34 *17*
- Kündigungserklärungsfrist 230 626 *285*
- Kündigungsgegenklage 430 7 *3*
- leitende Angestellte 210 105 *2*
- Massenentlassung 430 17 *24*
- Mitbestimmungserweiterung 210 102 *42*
- Nachschieben 210 102 *27*; 230 626 *79*
- Namensliste 210 102 *2*
- Tendenzbetrieb 210 118 *26*
- Übergangsmandat 230 613 a *171*
- Umdeutung 230 626 *294*
- Umdeutung (Kündigung) 230 620 *221*
- Verdachtskündigung 230 626 *216*
- Weiterbeschäftigungsanspruch 210 102 *31*
- Widerspruch 210 102 *14*
- Wiederholungskündigung 210 102 *2*
- Zustimmung 210 102 *10*

Betriebsratsauflösung
- Antragsbefugnis 60 81 *10*
- Beteiligter 60 83 *8*
- einstweilige Verfügung 60 85 *5*
- Gesamtbetriebsrat 210 48 *2*
- Gestaltungsantrag 60 81 *2*
- Gründe 210 23 *18*
- Jugend-/Auszubildendenvertretung 210 65 *2*
- Mehrheitsbeschluß 210 23 *17*
- Rechtskraft 60 84 *3*
- Rücktritt 210 23 *20*
- Verschulden 210 23 *18*
- Verschwiegenheit 210 79 *19*
- Wahlvorstand 210 23 *22*

Betriebsratsausschluß
- Abmahnung 210 23 *4*
- Amtsniederlegung 210 23 *9*
- Amtsperiodenende 210 23 *9*
- Amtspflichtverletzung 210 23 *3*
- Antragsberechtigung 210 23 *10*
- außerordentliche Kündigung 210 23 *14*
- Beschwerdebefugnis 60 89 *2*
- Beteiligter 60 83 *8*
- einstweilige Verfügung 60 85 *5*; 210 23 *9*
- Ersatzmitglied 210 23 *8*
- Gesamtbetriebsrat 210 48 *2*
- Gründe 210 23 *5*
- Jugend-/Auszubildendenvertretung 210 65 *2*
- Konzernbetriebsrat 210 56 *1*
- Neuwahl 210 23 *16*
- Rechtskraft 60 84 *3*
- Rücktritt 210 23 *9*
- Verschwiegenheit 210 79 *19*
- Wahlanfechtung 210 23 *15*
- Wiederwahl 210 23 *9*

Betriebsratsausschuß
- Abberufung 210 27 *5*
- Aussetzung (Beschluß) 210 35 *3*
- Beschlußfassung 210 33 *1*
- Betriebsausschuß 210 27 *2*
- Betriebsratsanhörung 210 102 *4*
- Erklärungen 210 26 *6*
- Ersatzmitglied 210 27 *5*
- gemeinsame Ausschüsse 210 28 *4*
- Gesamtbetriebsrat 210 51 *5*
- Geschäftsordnung 210 36 *1*
- Kosten (Übernahme durch Arbeitgeber) 210 40 *1*
- Monatsgespräch 210 74 *5*
- Niederlegung 210 27 *5*
- Niederschrift 210 34 *1*
- Tätigkeitsbericht 210 43 *7*
- Voraussetzungen 210 28 *2*
- Wahlanfechtung 210 19 *1*
- Wirtschaftsausschuß (anstelle) 210 107 *15*

Betriebsratsbeschluß
- Abstimmung 210 33 *4*
- Änderung 210 33 *3*
- Arbeitsbefreiung 210 37 *4*
- Aufhebung 210 33 *3*
- Auflösung (Betriebsrat) 210 23 *17*
- Aussetzung 210 35 *1*
- Aussetzung (Jugend-/Auszubildendenvertretung) 210 66 *2*
- Beschlußfähigkeit 210 33 *2*
- Betriebsausschuß 210 27 *6*
- Betriebsratsanhörung 210 102 *26*
- Einigungsstellenbeisitzer 210 76 *10*
- Entfernung (Arbeitnehmer) 210 104 *4*
- Ersatzmitglied (Nachrücken) 210 25 *3*
- Freistellung 210 38 *7*
- Freistellung (Anfechtung) 210 38 *15*
- gemeinsamer Ausschuß 210 28 *5*
- Gesamtbetriebsrat 210 47 *8*; 51 *5*
- Gesamtbetriebsrat (Zuständigkeit) 210 50 *11*
- Gewerkschaftsbeauftragter (Anwesenheit) 210 31 *3*
- Gruppenabstimmung 210 33 *2*
- Gutglaubensschutz (Arbeitgeber) 210 26 *6*
- Jugend-/Auszubildendenvertretung 210 33 *4*
- Konzernbetriebsrat 210 59 *2*
- Kostenübernahme 210 40 *11*
- Ladung 210 33 *3*
- Nichtigkeit 210 33 *6*
- Rechtsvertretung 210 40 *4*
- Schulung 210 37 *25*
- Tagesordnung 210 33 *3*
- Umlageverbot 210 41 *1*

Betriebsratsmitglied
- siehe auch Betriebsratsmitglied (Kündigung)
- Abgeltung (Arbeitszeit) 210 37 *11*
- Abordnung 210 24 *8*
- Amtsenthebung 210 24 *9*
- Amtsniederlegung (Neuwahl) 210 13 *6*
- Amtspflichtverletzung (Kündigungsgrund) 210 103 *12*
- Amtszeit 210 21 *2*
- An-/Abmeldung 210 37 *6*
- Anzahl 210 9 *1*
- Anzahl (ermäßigte) 210 11 *1*
- Arbeitsbefreiung 210 37 *2*
- Arbeitsbefreiung (bei Freistellung) 210 38 *11*
- Arbeitsfreistellung (Urteilsverfahren) 60 2 *25*
- Arbeitskampfverbot 210 74 *12*

2624

magere Zahlen = §§ bzw. Art.; kursive Zahlen = Randnummern

Sachverzeichnis

- Arbeitsvergütung (bei Freistellung) 210 38 *12*
- Arbeitsvergütung (Fortzahlung) 210 37 *8*
- Arbeitszeit (Tätigkeit) 210 37 *9*
- Aufwendungsersatz 210 40 *7*
- Ausgleich (Arbeitszeit) 210 37 *11*
- Ausgliederung (Betriebsteil) 210 24 *8*
- Ausschluß 210 23 *2*
- Ausschluß (Gestaltungsantrag) 60 81 *2*
- Ausschluß (Antragsbefugnis) 60 81 *10*
- Aussperrung 10 9 *264*
- Befangenheit (Beschluß) 210 99 *40*
- Beförderung 210 37 *13*
- Befristung 210 24 *5*; 230 620 *56*
- Behinderung (Straftat) 210 119 *3*
- Beteiligter (Beschlußverfahren) 60 83 *7*
- Betriebsfrieden 10 5 *42*; 210 74 *16*
- Betriebsratsanhörung (Unterrichtung) 210 102 *4*
- Betriebsübergang 210 24 *5*
- Bildungsmaßnahme 210 37 *14*
- Einberufung (Sitzung) 210 29 *2*
- Einigungsstellenbeisitzer (Vergütung) 210 76 a *3*
- einstweilige Verfügung 60 85 *5*
- Entgeltfortzahlung (Urteilsverfahren) 60 2 *25*
- Entgeltsicherung 210 37 *13*
- Erklärungsbote 210 26 *6*
- Ersatzmitglied (Verhinderungsgründe) 210 25 *5*
- Fahrtkosten 210 40 *7*
- Flugblätter 10 5 *43*
- Freistellung (Anfechtung) 210 19 *1*
- Freistellung (Geschlechtsdiskriminierung) 230 612 *51*
- Freizeitausgleich (Ausschlußfristen) 230 225 *44*
- Gewerkschaftsbetätigung 210 74 *34*
- Glaubenswerbung 10 4 *23*
- Gruppenwechsel 210 24 *12*
- Haftung 210 1 *12*
- Haftung (Auskunft) 210 39 *6*
- Hinzuziehung 210 82 *10*
- Insolvenz 210 24 *5*
- Interessenkollision 210 25 *6*
- Jugend-/Auszubildendenvertretung (Wählbarkeit) 210 61 *3*
- Kosten (Übernahme durch Arbeitgeber) 210 40 *3*
- Kündigungsschutzprozeß 210 24 *4*
- leitende Angestellte (Beförderung) 210 24 *7*
- Meinungsfreiheit 10 5 *40*
- Nichtwählbarkeit 210 24 *10*
- Niederlegung 210 24 *3*
- parteipolitische Betätigung (Verbot) 210 74 *21*
- Personalakte (Hinzuziehung) 210 83 *7*
- Rechtsanwaltskosten (Erstattung) 60 12 a *4*
- Rechtskenntnisse 210 37 *17*
- Reisekosten 210 40 *8*
- ruhendes Arbeitsverhältnis 210 24 *6*
- Schulungs-/Bildungsveranstaltung 210 37 *15*
- Schulungs-/Bildungsveranstaltung (Kosten) 210 40 *9*
- Schulungskosten (Ausschlußfristen) 230 225 *46*
- Schutzbestimmungen 210 78 *1*
- Sitzungsniederschrift 210 34 *4*
- Sozialpolitische Betätigung 10 5 *43*
- Stimmrecht 210 33 *5*
- Tätigkeitsschutz (bei Freistellung) 210 38 *13*
- Trinkgeld (Fortzahlung) 230 611 *743*
- Überstundenvergütung 210 37 *13*
- Umwandlung (UmwG) 610 321 *2*
- Unfallversicherung 570 104 *11*
- Urlaubsentgelt 250 11 *13*
- Verdachts-/Tatkündigung (Zustimmungsersetzungsverfahren) 210 103 *15*
- Verschwiegenheit 210 79 *10*
- Versetzung 210 24 *8*
- Vorschuß 210 40 *14*
- Wahlanfechtung 210 19 *9*
- Wahlanfechtung (Betriebsausschuß) 210 27 *10*
- Wählbarkeitsverlust 210 24 *7*
- Wehrdienst 80 1 *8*
- Wehrpflicht 210 8 *2*
- Weiterbeschäftigung 210 24 *4*
- Wiedereingliederung (nach Freistellung) 210 38 *14*
- Zeugnis (Aufnahme) 230 630 *49*

Betriebsratsmitglied (Kündigung)
- Abmahnung 430 15 *21*
- Amtspflichtverletzung 430 15 *27*
- Änderungskündigung 430 15 *20*
- Arbeitsverweigerung 430 15 *26*
- Auflösungsurteil 430 9 *25*
- Auflösungsverschulden (Schadenersatz) 230 628 *76*
- außerordentliche Kündigung 430 15 *22*
- Beleidigung 430 15 *26*
- Betriebsabteilung 430 15 *45*
- Betriebsfrieden (Störung) 430 15 *28*
- Betriebsratsanhörung 430 15 *43*
- Betriebsstillegung 430 15 *38*
- Betriebsübergang 430 15 *40*
- Bindungswirkung 430 15 *51*
- Datenschutz 230 626 *102*
- Falschaussage 430 15 *26*
- Insolvenz (Kündigung) 430 15 *23*
- Insolvenz (Kündigungsschutz) 410 113 *25*
- Klagefrist 430 13 *11*
- Klagefrist (Insolvenz) 410 113 *36*
- Kleinbetrieb 430 15 *1*
- Konkurseröffnung 430 15 *40*
- krankheitsbedingte Kündigung 230 626 *76*
- Kündigungserklärungsfrist 230 626 *286*; 430 15 *31*
- Kündigungserklärungsfrist (Zustimmungsersetzung) 430 15 *48*
- Kündigungsfrist 430 15 *42*
- Massenänderungskündigung 430 15 *20*
- Massenentlassung 430 17 *3*
- nachwirkender Kündigungsschutz 430 15 *34*
- neues Arbeitsverhältnis 430 16 *1*
- Rechtskraft 60 84 *3*
- Sozialauswahl 430 1 *471*
- Spesenbetrug 430 15 *26*
- Stationierungsstreitkräfte 430 15 *7*
- Stempelkartenbetrug 430 15 *26*
- Tendenzbetrieb 430 15 *3*
- Umwandlung 610 323 *4*
- Versetzung 430 15 *16*
- wichtiger Grund 430 15 *24*
- Zustimmung (Arbeitsgericht) 430 15 *48*
- Zustimmung (Betriebsrat) 430 15 *29*

Betriebsratssitzung
- Ab-/Anmeldung 210 30 *1*
- Abstimmung 210 33 *4*
- Arbeitgeber/-vereinigung 210 29 *4*
- Beschlußfassung 210 33 *3*
- Einberufung 210 29 *2*
- Einwendung (Sitzungsniederschrift) 210 34 *4*
- Gesamtbetriebsrat 210 51 *6*
- Gewerkschaftsbeauftragter 210 31 *3*
- Hausrecht 210 29 *3*
- Jugend-/Auszubildendenvertretung 210 67 *1*
- konstituierende 210 29 *2*
- Niederschrift 210 34 *2*
- Öffentlichkeit 210 30 *3*
- Rechtsanwalt 210 29 *4*
- Schriftführer 210 34 *3*
- Schwerbehindertenvertretung 210 32 *2*; 530 22 Anhang *14*

2625

Sachverzeichnis

Fette Zahlen = Kennziffern

- Sprecherausschuß 210 30 *3*
- Tagesordnung 210 29 *2*
- Tonbandaufnahme 210 34 *3*
- Verschwiegenheit 210 30 *3*
- Zeitpunkt 210 30 *1*

Betriebsratsvorsitzender
- Abberufung 210 26 *3*
- Aussetzungsantrag 210 35 *3*
- Betriebsausschuß 210 27 *4*
- Betriebsversammlung (Leitung) 210 42 *7*
- Bruttolohnliste 210 80 *29*
- Einberufung (Sitzung) 210 29 *2*
- Ersatzmitglied 210 25 *3*
- Gesamtbetriebsrat 210 51 *3*
- Geschäftsordnung 210 36 *2*
- Gewerkschaft (Betriebsversammlung) 210 46 *6*
- Gruppenschutz 210 26 *4*
- Hausrecht 210 29 *3*
- Jugend-/Auszubildendenvertretung (Ladung) 210 67 *3*
- Konzernbetriebsrat 210 59 *3*
- Nichtigkeit (Wahl) 210 26 *8*
- Niederlegung 210 26 *3*
- Sprechstunde 210 39 *3*
- Stellvertreter 210 26 *5*
- Tagesordnung 210 29 *3*
- Verhandlungsspielraum 210 26 *6*
- Vertretungsmacht 210 26 *6*
- Wahl 210 26 *2*
- Wahl (fehlende) 210 23 *19*
- Wahlanfechtung 210 26 *8*

Betriebsratswahl
- Abbruch 210 18 *10*
- Alter 210 7 *6*
- Anfechtung 210 19 *1*
- Antrag 60 81 *2*
- Antragsbefugnis 60 81 *10*
- Ausbildungsbetrieb 210 7 *1*
- Ausland 210 7 *5*
- Außendienst 210 7 *4*
- Aussetzung 210 18 *10*
- Behinderung (Straftat) 210 119 *2*
- Behinderungsverbot 210 20 *2*
- Belegschaftsstärke 210 13 *4*
- Beschlußverfahren (Zuständigkeit) 60 2 a *3*
- Beschwerdebefugnis 60 89 *2*
- Beteiligte 60 83 *7*
- Betriebsratssitze (Gruppenaufteilung) 210 12 *2*
- Betriebsübergang (Neuwahl) 230 613 a *110*
- Betriebszugehörigkeit 210 8 *4*
- einstweilige Verfügung 60 85 *6*
- Ersatzmitglied 210 25 *10*
- Feststellungsantrag 60 81 *2*
- Geschäftsführungsbefugnis (vorläufige) 210 23 *2*
- Gewerkschaftsausschluß (Konkurrenzliste) 10 9 *37*
- Gleichheitssatz 10 3 *12*
- Gruppen-/Gemeinschaftswahl 210 14 *6*
- Gruppenvertreter (einziger) 210 14 *13*
- Heimarbeiter 210 7 *4*
- Internationales Arbeitsrecht 290 34 *23*
- Kampagnebetrieb 210 8 *7*
- Kosten 210 20 *9*
- Kündigung 210 20 *5*
- Kündigungsschutzklage (Wählbarkeit) 210 8 *3*
- Kündigungsschutzklage (Wahlrecht) 210 7 *1*
- Leiharbeitnehmer 140 14 *5*
- Leitende Angestellte 210 18 a *1*
- Nichtigkeit 210 19 *15*
- Rechtskraft (Beschlußverfahren) 60 84 *3*
- Rechtsschutzbedürfnis 60 81 *8*
- Staatsangehörigkeit 210 7 *4*
- Statusverfahren 210 18 a *6*
- Stimmenauszählung 210 18 *3*
- Stimmzettel 210 14 *3*
- Strafurteil 210 8 *6*
- Übergangsmandat 610 321 *8*
- Vergleich 60 83 a *2*
- Verhältnis-/Mehrheitswahl 210 14 *9*
- Vermittler 210 18 a *3*
- Verordnungsermächtigung 210 126 *1*
- Versetzung 210 20 *5*
- Wahlanfechtung (Neuwahl) 210 13 *7*
- Wahlausschreiben 210 18 *2*
- Wählbarkeit 210 8 *1*
- Wahlbeeinflussung 210 20 *6*
- Wahlberechtigung 210 7 *1*
- Wahlgrundsätze 210 14 *2*
- Wahlschutz 210 20 *4*
- Wahlvorschlag 210 14 *14*
- Wahlvorstand (Aufgaben) 210 18 *1*
- Wehrdienst 80 6 *7*
- Wehr-/Ersatzdienst (Wählbarkeit) 210 8 *2*
- Wehr-/Ersatzdienst (Wahlrecht) 210 7 *3*
- Zeitpunkt 210 13 *1*
- Zuordnungsverfahren (leitende Angestellte) 210 18 a *1*

Betriebsrisiko
- Arbeitskampf 10 9 *116*
- Einzelfälle (Übersicht) 230 615 *139*
- Grundsätze 230 615 *126*
- Sittenwidrigkeit 230 611 *462*

Betriebssport
- Unfallversicherung 570 104 *11*

Betriebsstillegung
- *siehe auch Betriebsänderung*
- *siehe auch Interessenausgleich*
- *siehe auch Sozialplan*
- Abfindung (BetrAVG) 200 3 *7*
- Anpassung (BetrAVG) 200 16 *49*
- Anzeige (AÜG) 140 7 *8*
- Arbeitskampfmittel 10 9 *221*
- Berufsausbildung 150 15 *5*
- Betrieb (BetrVG) 210 4 *6*
- Betriebsänderung 210 111 *9*
- betriebsbedingte Kündigung 430 1 *411*
- Betriebsnorm 600 1 *111*
- Betriebsübergang (Abgrenzung) 230 613 a *30, 56*
- Betriebsübergang (Kündigungsverbot) 230 613 a *142*
- Betriebsverfassungsorgane (Kündigung) 430 15 *38*
- Hauptfürsorgestelle 530 19 *2*
- Insolvenz 410 113 *21*
- Insolvenzsicherung (BetrAVG) 200 7 *30*
- Kündigungserklärungsfrist 230 626 *276*
- Kündigungsfrist 430 15 *42*
- Mitbestimmungserweiterung 210 74 Einl. *8*
- Mutterschutz 500 9 *6*
- Sozialauswahl 430 1 *469*
- Sprecherausschuß 590 8 *13*
- Übertragung (BetrAVG) 200 4 *17*
- Unkündbarkeit (Auslauffrist) 230 626 *75*
- Versetzung 230 611 *934*
- Wichtiger Grund 230 626 *120*
- Wirtschaftsausschuß 210 106 *13*

Betriebsteil
- Antragsbefugnis 60 81 *10*
- Ausgliederung (Betriebsratsmitglied) 210 24 *8*
- Aushangpflicht (ArbZG) 110 16 *3*
- Ausland 210 1 *5*
- Begriff 210 4 *9*
- Betriebsrat (Mitgliederzahl) 210 9 *2*
- Betriebsübergang (Begriff) 230 613 a *7*

magere Zahlen = §§ bzw. Art.; kursive Zahlen = Randnummern **Sachverzeichnis**

- Freistellung (erhöhte) 210 38 *2*
- Rechtskraft 60 84 *3*
- Spaltung 610 324 *5*
- Sprecherausschuß 590 1 *3*
- Tarifvertrag (Organisation) 210 3 *2*
- Übergangsmandat 210 21 *9;* 610 321 *4*
- Veräußerung (Betriebsänderung) 210 111 *10*
- Verleiherlaubnis 140 3 *60*
- Vermögensübertragung 610 324 *5*
- Verschmelzung 610 324 *5*
- Wirtschaftsausschuß 210 106 *13*
- Zuordnung (Wahlvorstand) 210 18 *6*
- Zusammenfassung (UmwG) 610 321 *5*

Betriebsübergang
- *siehe auch Widerspruchsrecht*
- *siehe auch wirtschaftliche Einheit*
- Abfindung (Ausschluß) 600 2 *40*
- Abfindung (BetrAVG) 200 3 *7*
- Ähnlichkeit der Tätigkeit 230 613 a *32*
- Aktiva 230 613 a *17*
- Änderungskündigung 230 613 a *75;* 430 2 *67*
- Änderungskündigung (Jahresfrist) 230 613 a *102*
- Annahmeverzug 230 615 *11*
- Anpassung (BetrAVG) 200 16 *49*
- Arbeitnehmer (Übernahme) 230 613 a *24*
- Arbeitsorganisation 230 613 a *28*
- Arbeitsverhältnisse (erfaßte) 230 613 a *67*
- Art des Unternehmens 230 613 a *12*
- Aufhebungsvertrag 230 620 *195*
- Auflösungsantrag 430 9 *11*
- Auftragsnachfolge 230 613 a *37*
- Auftragsübergang 230 613 a *31*
- Ausschlußfristen 230 225 *58;* 613 a *66*
- außerordentliche Kündigung 230 613 a *79*
- Austauschbarkeit (Arbeitnehmer) 230 613 a *26*
- Bauchtanz 230 613 a *33*
- Befristung 230 620 *57*
- Beteiligter (Beschlußverfahren) 60 83 *9*
- Betrieb (BetrVG) 210 4 *6*
- betriebliche Übung 230 613 a *74*
- Betriebsänderung 210 111 *10;* 230 613 a *113*
- Betriebsbegriff 230 613 a *5*
- Betriebsmethode 230 613 a *28*
- Betriebsrat (Amtszeit) 210 21 *11*
- Betriebsrat (Kontinuität) 230 613 a *110*
- Betriebsratsmitglied 210 24 *5*
- Betriebsratsmitglied (Kündigung) 430 15 *40*
- Betriebsratswahl 210 8 *7*
- Betriebsstillegung (Abgrenzung) 230 613 a *30, 56*
- Betriebsteil (Begriff) 230 613 a *7*
- Betriebsvereinbarung (Weitergeltung) 230 613 a *96*
- Betriebsverlegung (Abgrenzung) 230 613 a *34*
- Betriebszugehörigkeit 230 613 a *76*
- Bewachungsunternehmen 230 613 a *20*
- Bezugnahme auf Tarifvertrag 230 613 a *109*
- Catering 230 613 a *20*
- Computerprogramm 230 613 a *22*
- Computerprogramme 230 613 a *12*
- Darlegungs- und Beweislast 230 613 a *160*
- Darlegungs- und Beweislast (Kündigung) 430 1 *459*
- Darlehen 230 611 *637;* 613 a *73*
- Dienstleistungsbetrieb (Ähnlichkeit der Tätigkeit) 230 613 a *33*
- Dienstleistungsbetrieb (Unternehmensart) 230 613 a *13*
- Dienstleistungsgewerbe (Aktiva) 230 613 a *19*
- Dienstleistungsvertrag 230 613 a *4*
- Eigentum (Fortführung) 230 613 a *53*
- eigenwirtschaftliche Nutzung 230 613 a *20*
- Eingliederungsverhältnis 230 613 a *67*

- Einzelhandelsgeschäft 230 613 a *13*
- einzelne Betriebsmittel 230 613 a *21*
- Erbfolge 230 613 a *58*
- Erwerberkonzept (Kündigungsverbot) 230 613 a *151*
- Fahrzeug 230 613 a *12*
- Ferienheim 230 613 a *33*
- Fertigfabrikate 230 613 a *12*
- Firma (Aktiva) 230 613 a *23*
- Fremdvergabe 230 613 a *30*
- Funktionsfähigkeit 230 613 a *6*
- Funktionsnachfolge 230 613 a *37*
- Gaststätte 230 613 a *22*
- Gaststätte (Ähnlichkeit der Tätigkeit) 230 613 a *33*
- Gerichtsstand 60 48 *16*
- Gesamtbetriebsrat 210 47 *6*
- Gesamtrechtsnachfolge 230 613 a *58*
- Geschäftslage 230 613 a *13*
- Geschäftspapier 230 613 a *13*
- Geschäftsraum 230 613 a *13*
- Geschäftstätigkeit (Unterbrechung) 230 613 a *35*
- Geschäftsunfähigkeit 230 613 a *61*
- Gesellschafterwechsel 230 613 a *43*
- Gläubigerzustimmung 230 613 a *53*
- Gleichbehandlungsgrundsatz 230 613 a *75*
- Gleichbehandlungsgrundsatz (Arbeitsbedingungen) 230 611 *850*
- Good will (Aktiva) 230 613 a *23*
- Grundstück (Fortführung) 230 613 a *55*
- Günstigkeitsprinzip 230 613 a *107*
- Haftung (Betriebserwerber) 230 613 a *116*
- Haftung (Betriebsveräußerer) 230 613 a *117*
- Haupttätigkeit 230 613 a *6*
- Hotel 230 613 a *33*
- immaterielle Betriebsmittel 230 613 a *17*
- Immobilie 230 613 a *22*
- Information (Arbeitgeber) 210 80 *20*
- Insolvenz 230 613 a *128, 133;* 410 125 *4;* 128 *1*
- Insolvenz (Rechtsgeschäft) 230 613 a *63*
- Insolvenzverwalter 230 613 a *48*
- Inventar 230 613 a *22*
- Jahresfrist 230 613 a *100*
- Kindertagesstätte 230 613 a *36*
- Klagefrist 230 613 a *155*
- Klagefrist (Insolvenz) 410 113 *36*
- Know-how (Aktiva) 230 613 a *23*
- Know-how-Träger 230 613 a *12*
- Koch 230 613 a *27*
- Konzession 230 613 a *13*
- Kundenkartei 230 613 a *31*
- Kundenkreis 230 613 a *13*
- Kundenliste 230 613 a *13*
- Kündigungserklärungsfrist 230 626 *262*
- Kündigungsfrist (Unterbrechung) 230 613 a *30*
- Kündigungsgegenklage 430 7 *3*
- Kündigungsschutz (Insolvenz) 410 113 *28*
- Kündigungsschutzklage 430 4 *21*
- Kündigungsverbot 230 613 a *135*
- Kundschaft 230 613 a *31*
- Ladenlokal 230 613 a *13*
- leitende Angestellte 230 613 a *67*
- Leitungsmacht 230 613 a *49*
- Lizenz (Aktiva) 230 613 a *23*
- Lizenzen 230 613 a *12*
- Lohnverzicht 230 611 *685*
- Marke (Aktiva) 230 613 a *23*
- Metzgerei 230 613 a *22*
- Modefachgeschäft 230 613 a *36*
- Montanindustrie 490 1 *18*
- Musik (Gaststätte) 230 613 a *33*
- Nachwirkung (Gesamtrechtsnachfolge) 600 4 *82*

2627

Sachverzeichnis

Fette Zahlen = Kennziffern

- Nebentätigkeit 230 613 a 6
- Neuwahl (Betriebsrat) 230 613 a *110*
- Notar 230 613 a *14*
- öffentlicher Dienst 230 613 a *15*
- öffentlich-rechtlicher Vertrag 230 613 a *62*
- Outsourcing 230 613 a *37*
- Pächter 230 613 a *46*
- Pachtsache (Rückfall) 230 613 a *54*
- Passivlegitimation 230 613 a *156*
- Patent (Aktiva) 230 613 a *23*
- Patente 230 613 a *12*
- Produktionsbetrieb (Ähnlichkeit der Tätigkeit) 230 613 a *33*
- produzierendes Gewerbe (Aktiva) 230 613 a *18*
- produzierendes Gewerbe (Unternehmensart) 230 613 a *12*
- Provision 230 613 a *70*
- Prozessuales 230 613 a *156*
- Prüfungskriterien 230 613 a *10*
- Qualifikation 230 613 a *26*
- Rechtsgeschäft 230 613 a *59*
- Rechtskraft 230 613 a *163*
- Rechtskraft (Beschlußverfahren) 60 84 *3*
- Rechtspersönlichkeitswechsel 230 613 a *43*
- Rechtsweg 60 3 *7*
- Regelungsabrede 230 613 a *100*
- Reinigungsdienst 230 613 a *28*
- Restaurant 230 613 a *27*
- Restaurant (Ähnlichkeit der Tätigkeit 230 613 a *33*
- Restaurant (Unterbrechung) 230 613 a *36*
- Richtlinie (Überblick) 230 613 a *1*
- Rohstoffe 230 613 a *12*
- Ruhegeld (Insolvenz) 200 7 *39*
- Ruhestand 230 613 a *69*
- Sachkunde 230 613 a *25*
- sächliche Betriebsmittel 230 613 a *17*
- sächliche Mittel 230 613 a *12*
- Saisonbetrieb 230 613 a *36*
- Sanierung (Kündigungsverbot) 230 613 a *149*
- Schutzrecht (Aktiva) 230 613 a *23*
- Seeschiff 230 613 a *22*
- Sortiment 230 613 a *13*
- Sozialauswahl 430 1 *477*
- Sozialauswahl (Maßregelungsverbot) 230 612 a *14*
- Sozialplan 210 112 *31, 37*
- Sperrzeit 540 144 *27*
- Sprecherausschuß (Amtszeit) 590 8 *14*
- Sprecherausschußvereinbarung 590 28 *34*
- Stabsstelle 230 613 a *9*
- Stunden-Hotel 230 613 a *33*
- Tariffähigkeit 600 2 *31*
- Tarifkonkurrenz/-pluralität 600 4 *116*
- Tarifpluralität 230 613 a *106*
- Tarifvertrag (Weitergeltung) 230 613 a *95*
- Tarifvorbehalt 210 77 *68*
- Tarifzuständigkeit 230 613 a *105*
- tatsächliche Betriebsfortführung 230 613 a *50*
- Teileinheit 230 613 a *7*
- Tendenzbetrieb 230 613 a *14*
- Treuhand 230 613 a *47*
- Übergangsmandat 230 613 a *111*
- Übernahmeangebot 230 613 a *30*
- Umgehungsgeschäfte 230 613 a *82*
- Umwandlungsformen (UmwG) 610 324 *1*
- Unterbrechungsdauer 230 613 a *30*
- Urlaub 250 1 *37*
- Verbandsklage (Tarifvertrag) 600 9 *9*
- Versorgungsanwartschaft (Insolvenz) 200 7 *43*
- Vertriebsberechtigung 230 613 a *31*
- Verwaltungsakt 230 613 a *58*
- Verwaltungsaufgaben 230 613 a *15*
- Verzicht 230 613 a *83*
- Wahlanfechtung 210 19 *13*
- Warenangebot 230 613 a *13*
- Warenzeichen (Aktiva) 230 613 a *23*
- Wartezeit (BUrlG) 250 4 *15*
- Wehrdienst 80 1 *10*
- Werkswohnung 230 613 a *77*
- Werkzeuge 230 613 a *12*
- Wettbewerbsverbot 230 613 a *80*
- Wettbewerbsverbot (nachvertragliches) 390 74 *54*
- Wiedereinstellung 230 613 a *30, 145*
- wirtschaftliche Einheit (Begriff) 230 613 a *5*
- Wirtschaftsausschuß (Unterrichtungspflicht) 230 613 a *114*
- Zuordnung (Arbeitnehmer) 230 613 a *72*
- Zwangsversteigerung/-verwaltung 230 613 a *64*

Betriebsübergang (Umgehungsgeschäft)
- Aufhebungsvertrag 230 613 a *140*
- Auflösende Bedingung 230 613 a *139*
- Befristung 230 613 a *139*
- Eigenkündigung 230 613 a *140*
- Sachlicher Grund 230 613 a *139*

Betriebsurlaub
- Entgeltfortzahlung 280 3 *30*
- Zulässigkeit 250 7 *24*

Betriebsveräußerung
- Prokura 390 48 *10*

Betriebsvereinbarung
- siehe auch Betriebsvereinbarung (Inhalt)
- Ablösung 210 77 *75*
- Altersgrenze 210 75 *8*
- Änderungskündigung/-widerruf 210 77 *126*
- Anfechtung 210 77 *24*
- Antragsbefugnis 60 81 *10*
- Anwartschaft 210 77 *6*
- Arbeitsverhältnis (AÜG) 140 10 *27*
- Arbeitszeit (Abweichung ArbZG) 110 7 *3*
- Aufhebungsvertrag 210 77 *112*
- Auslegung 210 77 *3*
- Betriebsratsuntergang 210 77 *135*
- Betriebsübergang 210 77 *68*
- Betriebsübergang (Weitergeltung) 230 613 a *96*
- Beweis 60 58 *3*
- Bezugnahme auf Tarifvertrag 600 3 *42*
- Billigkeitskontrolle 210 75 *5; 77 76*
- Durchführung (Pflichtverletzung) 210 23 *26*
- Einigungsstellenverfahren 210 76 *14*
- Einsichtsrecht (Betriebsratsmitglied) 210 34 *5*
- Genehmigung (bei Öffnungsklausel) 600 4 *53*
- Geschäftsgrundlage 210 77 *101*
- Geschlechtsdiskriminierung 230 611 a *6*
- Grundrechte 10 Einl. *24*
- Grundrechtsbindung 10 Einl. *59*
- Grundsatzbeschwerde 60 72 a *10*
- Günstigkeitsprinzip 210 77 *77*
- Internationales Arbeitsrecht 290 34 *3*
- Jugend-/Auszubildendenvertretung 210 60 *3*
- Klagebefugnis 10 9 *73*; 60 81 *10*; 210 23 *34*; 600 4 *39*
- Kündigung 210 77 *117*
- Leiharbeitnehmer (Urkunde) 140 11 *18*
- mitbestimmte 210 77 *15*
- Mitbestimmung (Ausübung) 210 87 *3*
- Nachweispflicht 510 2 *29*
- Nachweispflicht (Hinweis) 510 2 *22*
- Nachwirkung 210 77 *118*
- Öffnungsklausel 210 77 *74*
- Öffnungsklausel (tarifliche) 600 4 *48*
- Rechtskraft 60 84 *3*
- Rechtsquelle 230 611 *267*
- Rechtsschutzbedürfnis 60 81 *8*

magere Zahlen = §§ bzw. Art.; kursive Zahlen = Randnummern **Sachverzeichnis**

- Regelungskompetenz 210 77 *3*
- Revision 60 73 *11*
- Schriftform 210 77 *24*; 230 127 *17*
- schuldrechtliche Wirkung 210 77 *9*
- Sozialplan 210 112 *13*
- Sperrwirkung (Tarifvertrag) 210 77 *52*
- Sprecherausschuß 590 2 *4*
- Tarifvertrag (Vorrang) 210 77 *49*
- teilmitbestimmte 210 77 *19*
- Übergangsmandat 610 321 *8*
- Überwachung (Betriebsrat) 210 80 *5*
- Umdeutung (Einzelvertrag) 210 77 *105*
- Umdeutung (Regelungsabrede) 210 77 *45*
- Umwandlung 230 613 a *170*
- Verweisungen 210 77 *62*
- Verwirkung 210 77 *141*
- Verzicht 210 77 *141*
- Wahlanfechtung 210 19 *9*
- Widerrufsvorbehalt 210 77 *101*

Betriebsvereinbarung (Inhalt)
- Abtretungsverbot 230 611 *674*
- Altersgrenze 210 77 *81*; 230 620 *161*; 560 41 *20*
- Altersgrenze (Übergangsbestimmungen) 560 41 *29*
- Altersteilzeit 130 2 *10*
- Arbeitskleidung 210 77 *83*
- Arbeitsschutz 210 88 *3*
- Arbeitsvertrag (Verhältnis) 210 77 *77*
- arbeitsvertragsoffene 210 77 *88*
- ausgeschiedene Arbeitnehmer 200 Einl. *24*; 210 77 *6*
- Ausschlußfrist (Reichweite) 230 225 *35*
- Ausschlußfrist (tarifliche) 230 225 *33*
- betriebliche Altersversorgung 210 77 *128*
- Bezugnahme 230 611 *288*
- Datenschutz 160 Einl. *10*
- Entgeltfortzahlung (Abdingbarkeit) 280 12 *8*
- fällige Ansprüche 210 77 *6*
- Formvorschriften 230 127 *9*
- Formvorschriften (Aufhebung) 230 127 *32*
- Formvorschriften (Rechtsfolge) 230 127 *30*
- Freistellung 210 38 *5*
- Gleichheitssatz 10 3 *29*
- Haftungsausschluß 210 77 *83*
- Interessenausgleich 210 112 *9*
- Kantine (Nutzungsgebühren) 210 75 *9*
- Kündigung (Zustimmung) 210 102 *42*
- Kurzarbeitergeld 230 611 *947*
- Lohnabtretung 210 77 *83*
- Nebentätigkeit 230 611 *1013*
- Persönlichkeitsrecht 10 2 *68*
- Schriftformerfordernis (Verhältnis/§ 623 BGB) 230 623 *23*
- Sonderzuwendung (Rückzahlung) 230 611 *810*
- Sozialauswahl 430 1 *521*
- Sozialeinrichtung 210 88 *4*
- tarifwidrige 210 77 *50*
- übertarifliche Leistungen 210 77 *58*
- Umwandlung (Mitbestimmungsbeibehaltung) 610 325 *18*
- Unternehmensmitbestimmung 220 Einl. *7*
- untertarifliche Leistungen 210 77 *64*
- Urlaubsgewährung 250 7 *46*; 13 *32*
- Urlaubsregelungen 250 13 *60*
- Verjährung (Verkürzung) 230 225 *24*
- Vermögensbildung 210 88 *5*
- Vertragsänderung 230 611 *528*
- Vertragsstrafe 210 77 *83*; 230 345 *31*
- Wettbewerbsverbot (nachvertragliches) 390 74 *12*
- Zustimmungsverweigerungsgrund 210 99 *26*

Betriebsverfassungsnorm
- Begriff 600 1 *116*

- Tarifbindung 600 3 *24*

Betriebsverlegung
- *siehe auch Interessenausgleich*
- *siehe auch Sozialplan*
- Betriebsänderung 210 111 *12*
- Betriebsübergang (Abgrenzung) 230 613 a *34*
- leitende Angestellte (Nachteilsausgleich) 590 32 *17*
- Tarifvertrag 600 4 *17*
- Übergangsmandat 210 21 *7*
- Umzugskosten 230 611 *640*
- Wirtschaftsausschuß 210 106 *14*

Betriebsversammlung
- Abteilungsversammlung 210 42 *11*
- Anzahl 210 43 *2*
- Arbeitgeber (Einberufung) 210 42 *2*
- Arbeitgeber (Teilnahme) 210 43 *5*
- Arbeitnehmervertreter (Bestellungswiderruf) 220 76 *80*
- Arbeitskampf 210 42 *3*; 45 *5*
- außerordentliche 210 43 *4*
- Betriebsratsausschuß 210 23 *5*
- Dauer 210 44 *6*
- Einberufung 210 43 *6*
- Erziehungsurlaub 170 15 *35*; 210 42 *3*
- Fahrkosten 210 44 *14*
- Friedenspflicht 210 45 *5*
- Geschäftsordnung 210 42 *6*
- Gewerkschaft 210 46 *2*
- Internationales Arbeitsrecht 290 34 *24*
- Kritik 210 45 *5*
- Kurzarbeit 210 42 *3*
- leitende Angestellte 210 42 *3*
- Leitung 210 42 *7*
- Öffentlichkeit 210 42 *8*
- parteipolitische Betätigung 210 45 *5*
- Räume 210 43 *6*
- Rederecht 210 43 *9*
- Sachverständige 210 80 *33*
- Schulungs-/Bildungsveranstaltung 210 37 *17*
- Tagesordnung 210 42 *5*
- Tätigkeitsbericht 210 43 *7*
- Teilnahmepflicht 210 42 *3*
- Teilversammlung 210 42 *9*
- Themen 210 45 *2*
- Übergangsmandat 610 321 *8*
- Umlageverbot 210 41 *1*
- Urlaub 210 42 *3*
- Verbandsvertreter 210 46 *5*
- Verdienstausfall 210 44 *7*
- Verschwiegenheit 210 42 *8*
- Wahlvorstand (Wahl) 210 17 *1*
- Wegezeit (Vergütung) 210 44 *13*
- weitere 210 43 *3*
- Zeitpunkt 210 44 *2*

Betriebszeitung
- Datenschutz 160 28 *35*

Betriebszugehörigkeit
- Anrechnung (Wehrdienst) 80 6 *6*
- außerordentliche Kündigung 230 626 *66*
- Begriff 230 611 *239*
- Betriebsratswahl 210 7 *2*
- Betriebsübergang 230 613 a *76*
- Gleichbehandlungsgebot (BeschFG) 180 2 *52*
- Insolvenz 410 125 *5*; 126 *4*
- mittelbare Diskriminierung 20 141 *19*
- Sozialauswahl 430 1 *492*
- Sozialplan 210 112 *31*
- Teilzeitarbeit 180 2 *58*
- Unterbrechung (Wehrdienst) 80 1 *8*
- Urlaubsdauer 250 13 *20*
- Versorgungsanwartschaft 200 1 *26*

2629

Sachverzeichnis

Fette Zahlen = Kennziffern

- Versorgungsanwartschaft (Höhe) 200 2 *11*
Betriebszweck
- Betriebsänderung 210 111 *15*
Betrug
- Verdachtskündigung 230 626 *212*
- Wichtiger Grund 230 626 *157*
Beurteilung
- *siehe auch Zeugnis*
- Personalakte 230 630 *98*
Beurteilungsgrundsätze
- Datenschutz 160 28 *6*
- Gesamtbetriebsrat 210 50 *6*
- Mitbestimmung 210 94 *4*
- Sprecherausschuß (Beteiligung) 590 30 *9*
- Sprecherausschuß (Vereinbarung) 590 28 *5*
Bewachung
- Betriebsübergang 230 613 a *20*
Bewachungserlaubnis
- auflösende Bedingung 230 620 *26*
Bewachungsgewerbe
- Sonn-/Feiertagsarbeit 110 10 *18*
Bewährungsaufstieg
- Gemeinschaftsrecht 20 141 *3*
- Gleichbehandlungsgrundsatz 230 611 *860*
- Teilzeitarbeit 180 2 *58*
Bewährungszeit
- Anrechnung (Wehrdienst) 80 6 *9*
- Geschlechtsdiskriminierung 230 612 *58*
- Gleichbehandlungsgebot (BeschFG) 180 2 *52*
Beweis
- Angebot 60 58 *39*
- Anscheinsbeweis 60 58 *12*
- Antrag (Erheblichkeit) 60 58 *39*
- Augenschein 60 58 *34*
- Ausforschungsbeweis 60 58 *46*
- Beweisaufnahme 60 58 *39*
- Beweisbedürftigkeit 60 58 *2*
- Beweislastregelung 60 58 *62*
- Beweisregeln 60 58 *49*
- Beweisverbote 60 58 *42*
- Beweiswürdigung 60 58 *57*
- Erhebungsverbot 60 58 *42*
- Gegenbeweis 60 58 *9*
- Gegenteil 60 58 *10*
- Glaubhaftmachung 60 58 *6*
- Hörensagen 60 58 *14*
- Indizien 60 58 *11*
- Parteivernehmung 60 58 *36*
- Prozeßkostenhilfe 60 58 *8*
- Sachverständige 60 58 *23*
- Strengbeweis 60 58 *7*
- Urkunde 60 58 *28*
- Vereitelung 60 58 *58*
- Vollbeweis 60 58 *5*
- Zeuge 60 58 *14*
Beweisantrag
- Verjährung (Unterbrechung) 230 225 *16*
Beweisaufnahme
- Berufungsverfahren 60 64 *23*
- Beweiswürdigung 60 58 *52*
- Güteverhandlung 60 54 *8*
- Kammer 60 58 *40*
- Öffentlichkeit 60 52 *3*
- Richterablehnung 60 49 *11*
- Schiedsgericht 60 *106*
- Versäumnisurteil 60 59 *2*
- Vertagung 60 57 *4*
- Vorsitzender 60 55 *14*
Beweisbeschluß
- Beschlußverfahren 60 80 *3*
- Güteverfahren 60 80 *4*
- Parteivernehmung 60 58 *38*

- Revisionszulassung 60 72 *16*
- Richterablehnung 60 49 *11*
- Vorsitzender 60 55 *14*
Beweisgebühr
- Zeugenladung 60 56 *11*
Beweislast
- Änderung (Inhaltskontrolle) 230 611 *559*
- Beschlußverfahren 60 83 *5*
Beweisvereitelung
- Begriff 60 58 *58*
- NachwG 510 Einl *19*
Beweiswürdigung
- Grundsätze 60 58 *47*
- Revision 60 73 *22*
Bewerbungsunterlagen
- Sprecherausschuß 590 28 *6*
- Unterrichtungspflicht (BetrVG) 210 99 *19*
- Urteilsverfahren 60 2 *28*
Bezirksprovision
- Handlungsgehilfe 390 65 *1*
Bezirksschwerbehindertenvertretung 530 22 Anhang *22*
Bezirksvertreterprovision
- Anspruchsvoraussetzungen 390 87 *25*
- Eigenhändler 390 87 *26*
- Gemeinschaftsrecht 390 87 *26*
- Generalvertreter 390 87 *26*
Bezugnahme auf Tarifvertrag
- Allgemeinverbindlichkeit 600 5 *17*
- Altersgrenze 560 41 *16*
- Bekanntgabe (Tarifvertrag) 600 8 *2*
- betriebliche Altersversorgung 200 17 *29*
- betriebliche Übung 230 611 *284*
- Betriebliche Übung 600 3 *42*
- Betriebsübergang 230 613 a *109*
- Betriebsvereinbarung 600 3 *42*
- Formvorschriften 230 127 *12*
- Gleichbehandlungsgebot (BeschFG) 180 6 *11*
- Grundsatz 600 3 *40*
- Günstigkeitsvergleich 210 77 *85*
- Haustarifvertrag 600 1 *11*
- Inhaltskontrolle 10 2 *35*; 230 611 *518*
- Kündigungsfrist 230 622 *81*
- Nachweispflicht 510 2 *22*
- Nachwirkung 600 4 *77, 84*
- Richtigkeitsgewähr 230 611 *287*; 600 3 *46*
- Schriftform (§ 623 BGB) 230 623 *19*
- Tarifauslegung 600 3 *50*
- tarifdispositives Gesetzesrecht 600 3 *47*
- Tarifkonkurrenz/-pluralität 600 4 *116*
- Umfang 600 3 *44*
- Urlaub 600 3 *45*
- Urlaubsregelungen 250 13 *52*
- Verbandsklage (Rechtskraft) 600 9 *30*
- Verweisungsart (statische/dynamische) 600 3 *43*
BGB-Gesellschaft
- Arbeitgeber 230 611 *225*
Bienenstich
- außerordentliche Kündigung 230 626 *154*
Bildberichterstatter
- Arbeitnehmer 230 611 *114*
Bildschirmarbeit
- Berufsausbildung 150 6 *10*
- Beschäftigungsverbot 500 4 *5*
- Mitbestimmung (Betriebsrat) 210 87 *66*
Bildungsurlaub
- Berufsausbildungsvertrag 150 4 *5*
- Entgeltfortzahlung 280 3 *32*
- Erholungsurlaub 250 7 *35*
- Mitbestimmung 210 87 *43*
Bildungsveranstaltung
- *siehe Schulungs-/Bildungsveranstaltung*

magere Zahlen = §§ bzw. Art.; kursive Zahlen = Randnummern   **Sachverzeichnis**

Billigkeit
- Betriebsverfassung 210 75 *5*
- Revision 60 73 *12*

Billigkeitskontrolle
- *siehe auch Inhaltskontrolle*
- Inhaltskontrolle (Abgrenzung) 230 611 *569*
- Tarifvertrag 600 1 *156*

Binnenschiffahrt
- Arbeitsvergütung (Fälligkeit) 230 614 *13*
- Arbeitszeit 110 21 *1*
- Betriebsbegriff 430 24 *4*
- Jugendliche (Arbeitszeit) 420 20 *3*

Blankettverweisung
- Betriebsvereinbarung 210 77 *62*

Blockade
- Arbeitskampf 10 9 *299*

Blockmodell
- Begriff 130 2 *9*
- Krankengeld 130 10 *2*
- Lohnsicherung 130 8 *3*
- Wiederbesetzung 130 3 *21*

Blockunterricht
- Jugendliche 420 9 *10*

Blumen
- Ladenschluß 440 12 *1*

Blutentnahme 10 2 *110*

Bochumer Verband
- Anpassung 200 16 *70*

Bordvertretung 210 *115*

Börse
- Sonn-/Feiertagsarbeit 110 10 *30*

Bosmann 10 12 *33*

Böswilligkeit
- Annahmeverzug 230 615 *99*; 430 11 *9*

Bote
- Betriebsratsmitglied 210 26 *6*

Boykott
- Arbeitskampf 10 9 *300*
- Meinungsfreiheit 10 5 *12*

Brief
- Zugang (Anscheinsbeweis) 60 58 *57*

Briefwechsel
- Schriftform 230 127 *43*

Brille
- Mitbestimmung (Betriebsrat) 210 87 *66*

Bruttolohnliste
- Einsichtsrecht 210 80 *25*
- Tendenzbetrieb 210 118 *22*

Bruttovergütung
- *siehe auch Arbeitsvergütung*
- Überzahlung 230 611 *618*

Buchauszug
- Provision 390 87 c *4*

Bücherei
- Mitbestimmung 210 87 *71*

Bühnenbildner
- Arbeitnehmer 230 611 *114*

Bummelstreik 10 9 *289*

Bummeltage
- Beschäftigungsverhältnis 545 7 *29*

Bundesarbeitsgericht
- Bundesnachrichtendienst (Zuständigkeit) 60 8 *5*
- Bundesrichter 60 *42*
- Gerichtskosten 60 12 *7*
- Geschäftsordnung 60 *44*
- Großer Senat 60 45 *1*
- Rechtsmittelgericht 60 8 *5*
- Senate 60 *41*
- Sitz 60 *40*
- Verbandsvertreter (Prozeßvertretung) 60 11 *21*
- Zuständigkeit 60 8 *8*

Bundeseisenbahnvermögen
- Grundrechte 10 Einl. *8*

Bundesnachrichtendienst
- Bundesarbeitsgericht (Zuständigkeit) 60 8 *5*

Bundesregierung
- Arbeitszeit (Abweichung) 110 7 *26*

Bundesverfassungsgericht
- Aufgabe 10 Einl. *14*
- Divergenzrevision 60 72 *15*
- Gleichheitssatz (neue Formel) 10 3 *33*
- Hecksche Formel 10 Einl. *88*
- Konkretisierungskompetenz 10 Einl. *75*
- Kontrolldichte 10 Einl. *28*
- Richtervorlage 10 Einl. *82*
- Schumannsche Formel 10 Einl. *87*
- Superrevisionsinstanz 10 Einl. *14*
- Verfassungsbeschwerde 10 Einl. *84*
- Verwerfungsmonopol 10 Einl. *14*

Bürgermeister
- Beschäftigungsverhältnis 545 7 *12*

Bürgschaft
- Rechtsweg 60 3 *6*
- Urteilsverfahren 60 2 *45*

Büromaterial
- Kostenerstattung 60 12 a *6*

Büropersonal
- nachträgliche Klagezulassung 430 5 *6*

Bürovorsteher
- Prozeßvertretung 60 11 *9*

Bußgeld
- Aufwendungsersatz 230 611 *824*
- Haftung 230 611 *1131*

Catering
- Betriebsübergang 230 613 a *20*

Chancengleichheit
- Gemeinschaftsrecht 20 141 *1*

Chefarzt
- Arbeitnehmer 230 611 *105*
- Arbeits-/Dienstvertrag 230 611 *15*
- Arbeitszeit 110 18 *3*
- leitende Angestellte 210 5 *41*
- Rufbereitschaft 230 611 *956*
- Überstunde 230 611 *719*
- Widerrufsvorbehalt 230 611 *538*

Chiffre
- Pressefreiheit 10 5 *54*

Chorleiter
- Arbeitnehmer 230 611 *106*

Computer
- Betriebsrat 210 40 *16*
- Betriebsübergang 230 613 a *12, 22*
- Mitbestimmung 210 87 *19*
- Urteilsverfahren 60 2 *43*

Culpa in contrahendo
- Einstellung 230 611 *339*
- Verjährung 230 225 *8*

Cutter
- Befristungsgrund 230 620 *116*

Darlehen
- Abtretung 230 611 *673*
- Arbeitnehmerdarlehen 230 611 *638*
- Arbeitslosengeld (Anrechnung) 540 143 a *4*
- Ausbildungskosten 230 611 *659*
- Ausschlußfrist 600 4 *98*
- Ausschlußfristen 230 225 *45*
- Berufsausbildung 150 5 *10*
- Betriebsübergang 230 611 *637*; 613 a *73*
- Grundsätze 230 611 *637*
- Inhaltskontrolle 230 611 *556*
- Mitbestimmung 210 87 *72*

2631

Sachverzeichnis

Fette Zahlen = Kennziffern

- Mitbestimmung (Lohngestaltung) 210 87 97
- Sittenwidrigkeit 230 611 463
- Tarifvertrag 600 1 91
- Teilzeitarbeit 180 2 44, 58

Datei
- Begriff 160 27 3

Datenerhebung
- Begriff 160 28 2
- Mitbestimmung 160 28 6

Datengeheimnis
- Begriff 160 5 1

Datenlöschung
- Begriff 160 28 30

Datennutzung
- Begriff 160 28 33
- Widerspruch (Gemeinschaftsrecht) 160 28 36
- Zulässigkeit 160 4 1

Datensammlung
- Begriff 160 27 4

Datenschutz
- Amtsgeheimnis 160 39 1
- Arbeitgeber 160 2 1
- Arbeitnehmerüberlassung 140 8 7; 160 2 2
- Auskunftsrecht 160 34 1
- außerordentliche Kündigung (Verstoß gegen) 230 626 102
- Begriffsbestimmungen 160 3 1
- Behörde (Begriff) 160 2 1
- Benutzerdaten 160 31 1
- Berufsgeheimnis 160 39 1
- Betriebsrat 210 1 8
- Betriebsrat (als datenspeichernde Stelle) 160 Einl. 7
- Datengeheimnis 160 5 1
- Datenschutzkontrolle 160 31 1
- Datenweitergabe (GG) 10 2 92
- Gemeinschaftsrecht (Begriffsbestimmungen) 160 3 2
- Gemeinschaftsrecht (Übersicht) 160 Einl. 14
- Geschäftsmäßigkeit 160 1 5
- Information (Arbeitgeber) 210 80 22
- Internet 160 28 22
- Konzern 160 2 2
- Konzernbetriebsrat 210 58 5
- Medien 160 41 1
- öffentliche Stelle 160 1 4
- Personalakten 210 83 8
- Personalrat (als datenspeichernde Stelle) 160 Einl. 7
- Persönlichkeitsrecht 10 2 89
- Schweigepflicht (Betriebsratsmitglied) 210 79 18
- sensitive Daten 160 Einl. 14
- Verfassungsrecht 160 Einl. 9
- Verfassungsschutz 10 2 92

Datenschutzbeauftragte
- siehe auch Beauftragte
- Bestellung 160 36 1

Datenspeicherung
- Begriff 160 28 14
- Benachrichtigung 160 33 1
- Berichtigungsanspruch 160 35 1
- Einwilligung 160 4 5
- Gegendarstellung 160 35 3
- Löschung 160 35 5
- Mitbestimmung 160 28 18
- Schriftform 160 4 8
- Unterrichtungs-/Weiterleitungspflicht 160 6 2

Datensperrung
- Begriff 160 28 32
- Verarbeitungs-/Nutzungsverbot 160 35 11

Datenübermittlung
- Abrufverfahren 160 10 1

- Auftragskontrolle 160 9 6
- Begriff 160 28 27
- Benachrichtigung 160 33 1
- Kontrolle 160 9 4
- Nichtberechtigte 160 9 5
- Widerspruch (Gemeinschaftsrecht) 160 28 36

Datenveränderung
- Begriff 160 28 25

Datenverarbeitung
- Abrufverfahren 160 10 1
- Amtsgeheimnis 160 39 1
- Anschrift 160 27 1
- Arbeitsverhalten 160 27 1
- Aufsichtsbehörde 160 38
- Auftragskontrolle 160 9 6
- Ausbildung 160 27 1
- Auskunftsrecht 160 34 1
- Berichtigung 160 35 1
- Beruf 160 27 1
- Berufsgeheimnis 160 39 1
- Datei (Begriff) 160 27 3
- Datenerhebung 160 28 2
- Datenlöschung 160 28 30
- Datennutzung 160 28 33
- Datensammlung (Begriff) 160 27 4
- Datenspeicherung 160 28 14
- Datensperrung 160 28 32
- Datenveränderung 160 28 25
- Drittvergabe 160 11 1
- Einwilligung 160 4 5
- Erscheinungsbild 160 27 1
- Familienstand 160 27 1
- Geburtsdatum 160 27 1
- Gesundheitszustand 160 27 1
- Information (Arbeitgeber) 210 80 20
- Kartei 160 27 4
- Konfession 160 27 1
- Leistung 160 27 1
- Löschung 160 35 4
- Mitbestimmung 210 87 49
- Name 160 27 1
- Nichtberechtigte 160 9 5
- öffentlicher Dienst 160 12 1
- Personalakte (Begriff) 160 27 6
- Schadenersatz 160 7 1
- Schadenersatz (Beweislast) 160 8 1
- Schriftform 160 4 8
- Sonn-/Feiertagsarbeit 110 10 21
- Sperrung 160 35 8
- Staatsangehörigkeit 160 27 1
- Überwachungseinrichtung 210 87 62
- Zugangsberechtigung 160 9 3
- Zulässigkeit 160 4 1

Defrenne II 200 30 a 13

Delegierte
- Amtszeit 470 18 5
- Anfechtung 470 21 1
- Wahlverfahren 470 18 2
- Zahl 470 18 4

Delkredereprovision 390 86 b 1

Demokratieprinzip
- Tarifvertrag 600 1 149

Demonstration
- Arbeitskampf 10 9 309
- Wichtiger Grund (Teilnahme an) 230 626 135

Denkgesetze
- Beweiswürdigung 60 58 48
- Revision 60 73 16

Detektiv
- Schadenersatz 10 2 98; 230 611 989
- Verwertungsverbot 10 2 79

magere Zahlen = §§ bzw. Art.; kursive Zahlen = Randnummern

Sachverzeichnis

Deutsch
- Gerichtssprache 340 *184*

Deutsche Ausgleichsbank
- Insolvenzsicherung (BetrAVG) 200 *14 5*

Deutsche Bahn AG
- *siehe Bahnunternehmen*

Deutsche Post AG
- *siehe Postunternehmen*

Deutsche Postbank AG
- *siehe Postunternehmen*

Deutsche Telekom AG
- *siehe Postunternehmen*

Deutscher Gewerkschaftsbund
- Aufnahmeanspruch 600 *3 11*
- Ausschluß 600 *3 13*
- DGB-Rechtsschutz GmbH 60 *11 10*
- Gegnerunabhängigkeit 600 *2 7*
- Schiedsverfahren 600 *2 41*
- Tarifkonkurrenz/-pluralität 600 *4 114*
- Übertrittsrecht 600 *3 11*

DGB-Rechtsschutz GmbH
- Prozeßvertretung 60 *11 10*

Diakonie
- Pflichtplatzberechnung 530 *12 13*

Diebstahl
- Annahmeverzug 230 615 *63*
- Haftung (Arbeitgeber) 230 611 *1125*
- Kündigungsgrund (Berufsausbildung) 150 *15 5*
- Wichtiger Grund 230 626 *154*

Dienst nach Vorschrift
- Arbeitskampf 10 *9 290*

Dienstantritt
- außerordentliche Kündigung 230 620 *226*
- Kündigung (Insolvenz) 410 *113 14*
- Mutterschutz 500 *9 6*
- ordentliche Kündigung 230 620 *225*
- Vertragsstrafe (Berufsausbildung) 150 *5 17*
- Verzug 230 611 *987*

Dienstanweisung
- Revision 60 *73 9*

Dienstaufsicht
- Arbeitsgerichte 60 *6 a 5*
- Landesarbeitsgericht 60 *34*

Dienstaufsichtsbeschwerde
- Beschleunigungsgrundsatz 60 *61 a 10*

Dienstbereitschaft
- Arbeitnehmer 230 611 *84*

Dienstleistungsbetrieb
- Betriebsübergang (Unterbrechung) 230 613 a *36*

Dienstleistungsvertrag
- Betriebsübergang 230 613 a *13*

Dienstordnungs-Angestellte
- außerordentliche Kündigung 230 626 *13*
- Begriff 230 611 *148*
- Revision 60 *73 11*
- Tarifvertrag 600 *1 133*

Dienstplan
- Arbeitnehmerbegriff 230 611 *112*
- Arbeitnehmereigenschaft 230 611 *84*

Dienstreise
- Arbeitszeit 110 *2 33*
- Direktionsrecht 230 611 *931*
- sexuelle Belästigung 190 *1 1*
- Vergütung 230 612 *18*
- Versetzung 210 *99 16*

Dienstsiegel
- Kündigungserklärung 230 620 *176*
- Stellvertretung 230 127 *5*

Dienstvereinbarung
- *siehe auch Betriebsvereinbarung*
- Abtretungsverbot 230 611 *674*
- Datenschutz 160 Einl. *10*

- Grundsatzbeschwerde 60 *72 a 10*
- Kurzarbeit 230 611 *944*

Dienstvergehen
- sexuelle Belästigung 190 *2 13*

Dienstverschaffungsvertrag
- Arbeitnehmerüberlassung (Abgrenzung) 140 *1 39*
- Arbeitsverhältnis (Abgrenzung) 230 611 *34*

Dienstvertrag
- Arbeitnehmerüberlassung (Abgrenzung) 140 *1 34*
- Arbeitsverhältnis (Umwandlung) 230 611 *46*
- Arbeitsvertrag (Abgrenzung) 230 611 *12*
- befristetes (außerordentliche Kündigung) 230 627 *4*
- Insolvenz 410 *113 5*
- Krankenfürsorge 230 617 *3*
- Kündigungsfrist 230 621 *3*
- Kündigungsfrist (5 Jahre) 230 624 *5*
- Schadenersatz (Unzeitkündigung) 230 627 *11*
- Tarifvertrag 600 *1 84*
- Unzeitkündigung 230 627 *9*

Dienstwagen
- Annahmeverzug 230 615 *78*
- Ausgleichsquittung 230 611 *605*
- Beifahrer 230 611 *928*
- Grundsätze 230 611 *781*
- Haftung (Versicherung) 230 611 *1044*
- Karenzentschädigung 390 *74 31*
- Karenzentschädigung (Berechnungsgrundlage) 390 *74 b 9*
- Sprecherausschuß 590 *28 5*
- Streitwert 60 *12 16*

Differenzierungsklausel
- Tarifvertrag 600 *1 32*
- Zulässigkeit 10 *9 18*

Diplomaten
- Gerichtsbarkeiten 340 *18*

Direktionsrecht
- Abrufarbeit 180 *4 19*
- Änderungskündigung 430 *2 14*
- Arbeitgeberwechsel 230 613 *8*
- Arbeitnehmerbegriff 230 611 *60*
- Arbeitnehmerbegriff (Modalitäten) 230 611 *82*
- Arbeitnehmerüberlassung (Abgrenzung) 140 *1 24*
- Arbeitsinhalt (Arbeitnehmerbegriff) 230 611 *86*
- Arbeitskleidung 230 611 *928*
- Arbeitsort (Arbeitnehmerbegriff) 230 611 *83*
- Arbeitsplatzteilung 180 *5 9*
- Arbeitsumfang 180 *4 1*
- Arbeitszeit 110 *2 24*; 230 611 *939*
- Arbeitszeit (Arbeitnehmerbegriff) 230 611 *84*
- Ausübung (billiges Ermessen) 230 611 *293*
- Begriff 230 611 *289*
- Berufsbild 230 611 *922*
- Beschäftigungsanspruch 230 611 *297*
- Beschäftigungsverhältnis 545 *7 10*
- betriebliche Übung 230 611 *285*
- Dienstreise 230 611 *931*
- Einsatzort 230 611 *929*
- geringwertige Tätigkeit 230 611 *926*
- Gewissensfreiheit 10 *4 70*
- Gewissenskonflikt 10 *4 24*
- Gleichbehandlung 230 611 *297*
- Gleichbehandlungsgebot (BeschFG) 180 *2 4*
- Gleichbehandlungsgrundsatz 230 611 *844*
- gleichwertige Tätigkeit 230 611 *529*
- Grenze 230 611 *291*
- Gruppenarbeitsverhältnis 230 611 *198*
- Handlungsgehilfe 390 *59 4*
- Konkretisierung 230 611 *924*

2633

Sachverzeichnis

Fette Zahlen = Kennziffern

- Leistungsfähigkeit 230 618 *16*
- Leistungsmängel (Abmahnung) 230 611 *295*
- Nebenarbeiten 230 611 *927*
- Nichtausübung 230 611 *46*
- Notfall 230 611 *291*; 430 2 *19*
- Pressefreiheit 10 5 *76*
- Rundfunkfreiheit 10 5 *105*
- Schlechtleistung 230 611 *968*
- Schwerbehinderte 530 15 *8*
- Sozialauswahl 430 1 *481*
- Urlaubsgewährung 250 7 *15*
- Vergütungsgruppe 230 611 *925*
- Versetzungsvorbehalt 230 611 *933*
- Weiterbeschäftigung 430 1 *560*

Direktunterrichtsvertrag
- Kündigungsfrist 230 621 *7*

Direktversicherung
- Abfindung 200 3 *10*
- Abfindung (Zulässigkeit) 200 3 *6*
- Abfindungshöhe (BetrAVG) 200 3 *27*
- Abtretung 200 1 *55*
- Abtretung (Versorgungsanwartschaft) 200 2 *45*
- Anpassung 200 16 *12, 57*
- Bedingung 200 1 *54*
- Begriff 200 1 *50*
- Beitragsbemessungsgrundlage (Insolvenz) 200 10 *20*
- Beitragspflicht 200 10 *8*
- Beleihung 200 1 *55*
- Beleihung (Versorgungsanwartschaft) 200 2 *45*
- Bezugsrechtswiderruf 200 1 *52*
- Gesamtversorgungszusage 200 2 *31*
- Insolvenzsicherung 200 7 *16*
- Insolvenzsicherung (Höhe) 200 7 *55*
- Rückkaufswert (Kündigung) 200 2 *46*
- Schadenersatz (Widerruf) 200 1 *53*
- Teilzeitarbeit 180 2 *59*
- Überschußbeteiligung 200 2 *30*
- Überschußverwendung 200 16 *77*
- Übertragung 200 4 *10*
- Versorgungsanwartschaftshöhe 200 2 *24*
- Versorgungszusage 200 1 *57*
- Vorschaltzeit 200 1 *58*
- vorzeitige Inanspruchnahme 200 6 *19*

Diskriminierung (Geschlecht)
- *siehe auch Gleichberechtigung*
- Absicht 230 611 a *9*
- Beförderung 230 611 a *30*
- Benachteiligung (Begriff) 230 611 a *7*
- Beweislast 230 611 a *25*
- Einstellung 230 611 a *30*
- Entschädigung (angemessene) 230 611 a *32*
- Kausalität 230 611 a *10*
- Klagefrist 230 611 a *37*
- Quoten (Starre) 230 611 a *18*
- Rechtsfolgen (Entgeltvereinbarung) 230 612 *68*
- Rechtsmißbrauch 230 611 a *36*
- sachlicher Grund 230 611 a *21*
- Schadenersatz 230 611 a *30*
- umgekehrte 230 611 a *17*
- unmittelbare 230 611 a *12*
- Unverzichtbarkeit 230 611 a *20*

Diskriminierungsverbote
- Abstammung 10 3 *72*
- Abwehrfunktion 10 3 *68*
- Beitrittsgebiet 10 3 *74*
- Betriebsverfassung 210 75 *6*
- Einstellung 230 611 *351*
- Geschlecht (GG) 10 3 *83*
- Glauben 10 3 *76*
- juristische Personen 10 3 *69*
- Kausalität 10 3 *77*

- Konkurrenz 10 3 *67*
- Leiharbeitnehmer 140 14 *13*
- mittelbare Diskriminierung 10 3 *78*
- Politik 10 3 *76*
- Religion 10 3 *76*
- Schutzpflicht 10 3 *68*
- Schwerbehinderte 10 3 *79*
- Sprache 10 3 *75*
- Staatszugehörigkeit 10 3 *73*
- Tatbestand 10 3 *70*

Dissens
- Arbeitsvergütung 230 612 *1*
- Arbeitsvertrag 230 611 *426*
- Tarifvertrag 600 1 *8*

Divergenz
- Revisionszulassung 60 72 *15*

Divergenzbeschwerde
- Begründung 60 72 a *24*
- Grundsätze 60 72 a *13*
- Revisionsbeschwerde 60 77 *3*

Dolmetscher
- Ablehnung 60 49 *4*
- Kosten (Übernahme durch Arbeitgeber) 210 40 *2*
- Restitutionsklage 60 79 *13*

Doppelarbeitsverhältnis
- Begriff 230 611 *176*
- Mutterschutz 500 9 *4*
- Nebentätigkeit 230 611 *1012*
- Urlaub (Leistungsverweigerungsrecht) 250 1 *24*
- Urlaubsanspruch 250 6 *4*

Dotierung
- *siehe auch Sozialplan*
- Betriebliche Altersversorgung (Betriebsvereinbarung) 210 77 *128*
- freiwillige Leistungen (Mitbestimmung) 210 87 *108*
- Gleichheitssatz (Verstoß) 10 3 *60*

Dozent
- Arbeitnehmer 230 611 *107*
- arbeitnehmerähnliche Person 230 611 *139*; 600 12 a *4*

Drei-Stufen-Modell
- Versorgungsanwartschaft 200 Einl. *26*

Drei-Wochen-Frist
- *siehe auch Kündigungsschutzklage*
- *siehe auch nachträgliche Klagezulassung*
- Amtsprüfung 430 4 *57*
- andere Unwirksamkeitsgründe 430 7 *3*
- Änderungskündigung 430 4 *1*
- Anfechtung 230 611 *516*; 430 4 *6*
- Ausländer 430 4 *29*
- außerordentliche Kündigung 430 13 *14*
- Auszubildender 430 4 *7*
- Befristung 430 4 *5*
- Berechnung 430 4 *53*
- Bergmannversorgungsschein 430 4 *58*
- Berufsausbildung 150 15 *11*
- Bestätigung 430 4 *30*
- Betriebsübergang 230 613 a *155*
- demnächstige Zustellung 430 4 *49*
- Direktionsrecht 430 4 *4*
- Einschreiben 430 4 *37*
- Empfangsbote 430 4 *27*
- Erklärungsbote 430 4 *31*
- faktisches Arbeitsverhältnis 430 4 *6*
- Familienangehörige 430 4 *34*
- Hausangestellte 430 4 *34*
- Heilung 430 4 *51*
- Hinweis 430 4 *2*
- Insolvenz 410 113 *35*; *127 4*
- Klageeingang 430 4 *48*
- Klageerhebung 430 4 *10*

magere Zahlen = §§ bzw. Art.; kursive Zahlen = Randnummern   **Sachverzeichnis**

- Klageerweiterung 430 4 *56*
- Klagerücknahme (Wirkung) 430 7 *1*
- Klageschrift 430 4 *59*
- Kleinbetrieb 430 4 *3*
- Kleinbetrieb (außerordentliche Kündigung) 430 13 *8*
- Krankheit 430 4 *41*
- Kündigungseinspruch 430 3 *4*
- Kündigungserklärungsfrist 230 626 *282*
- Kündigungsmehrheit 430 4 *54*
- Kündigungszugang 430 4 *25*
- Kur 430 4 *41*
- Lohnzahlungsklage 430 4 *1*
- Luftverkehr 430 24 *6*
- Massenkündigungen 430 4 *45*
- Maßregelungsverbot 230 612 a *27*
- Nachsendeantrag 430 4 *34*
- Organmitglieder 430 13 *8*
- örtliche Zuständigkeit 430 4 *13*
- postlagernde Sendungen 430 4 *36*
- Postschließfach 430 4 *36*
- Postzustellungsurkunde 430 4 *38*
- Prüfungsumfang 430 4 *66*
- Rechtsanwalt 430 4 *32*
- Rechtsmißbrauch 430 4 *42*
- Schiffahrt 430 24 *6*
- Schlichtungsausschluß 430 4 *7*
- Sittenwidrige Kündigung 430 13 *25*
- Telefax 430 4 *64*
- Telegramm 430 4 *39*
- Telekopie 430 4 *64*
- Trotzkündigung 430 4 *56*
- Umdeutung 430 13 *18*
- Umzug 430 4 *41*
- Unkenntnis 430 5 *10*
- Unterschrift 430 4 *63*
- Untersuchungshaft 430 4 *41*
- Urlaub 430 4 *41*
- Verlängerung 430 6 *2*
- Wartezeit (KSchG) 430 4 *3*
- Wehrdienst 80 2 *14*
- Widerklage 430 4 *56*
- Widerruf 430 4 *4*
- Widerspruchsrecht 230 613 a *87*
- Wiederholungskündigung 430 4 *56*
- Zustimmungserfordernis 430 4 *58*

Dritter Weg
- Begriff 10 4 *49*

Drittmittel
- Befristung 400 57 b *13*
- Befristungsgrund 230 620 *121*
- Forschungseinrichtung (Wegfall) 400 57 f Anh.
- Kündigungsfrist 400 57 d *6*

Drittmittelfinanzierung
- betriebsbedingte Kündigung 430 1 *407*
- Unternehmerentscheidung 430 1 *403*

Drittschadensliquidation
- Beschäftigungsverhältnis (AÜG) 140 Einl. *54*

Drittschuldner
- Auskunft (Kostenerstattung) 60 12 a *4*
- Auskunft (Urteilsverfahren) 60 2 *26*
- Schadenersatz (Rechtsweg) 60 3 *5*
- Zustellung 60 50 *9*

Drittschuldnerklage
- Nettobetrag 230 611 *706*

Drittstaatsangehörige
- Freizügigkeit 20 39 *1, 4*

Drittwiderspruchsklage
- Sicherheitsleistung 60 62 *10*

Drittwirkung
- Grundrechte 10 Einl. *17*; 9 *14*

Drogen
- Kündigung 430 1 *246*
- Kündigungsgrund (Berufsausbildung) 150 15 *5*
- Verschulden (EntgeltfortzG) 280 3 *56*
- Wichtiger Grund 230 626 *167*

Drohung
- außerordentliche Kündigung (Tarifvertrag) 600 1 *80*

Druckausübung
- Arbeitskampf 10 9 *93*
- sozialadäquater 10 9 *18*

Druckfreies Verhandeln
- Arbeitskampf 10 9 *25*

Druckkündigung
- Anhörung 230 626 *71*
- Anhörung des Arbeitnehmers 430 1 *284*
- Grundsätze 230 626 *220*; 430 1 *276*
- Kündigungserklärungsfrist 230 626 *272*
- Schadenersatz 430 1 *285*

Druckluft
- gefährliche Arbeit 110 8 *3*

Durchführungspflicht
- Betriebsvereinbarung 210 77 *9*
- Tarifvertrag 600 1 *66*
- Tarifvertrag (Klage) 600 4 *38*
- Urteilsverfahren 60 2 *12*
- Verbandsklage 600 9 *32*

Durchgriffshaftung
- *siehe auch Berechnungsdurchgriff*
- Gesellschaft 230 611 *229*
- Rechtsweg 60 2 *21*
- Sozialplan 210 112 *38*

Durchsuchung
- Arbeitnehmerüberlassung 140 7 *24*

Duzen
- Persönlichkeitsrecht (Schadenersatz) 230 611 *892*

Dynamik
- dienstzeitabhängige 200 Einl. *21*
- gehaltsabhängige 200 Einl. *21*

Dynamische Verweisung
- *siehe auch Bezugnahme auf Tarifvertrag*
- Allgemeinverbindlichkeit 600 5 *17*
- Betriebsvereinbarung 210 77 *62*
- Bezugnahme auf Tarifvertrag 600 3 *43*
- Schriftform 600 1 *11*
- Tarifkonkurrenz/-pluralität 600 4 *116*

Effektivgarantieklausel
- Tarifvertrag 600 1 *34*
- Zulässigkeit 230 611 *636*

Effektivklausel
- Mitbestimmung 210 77 *61*
- negative 230 611 *703*
- Tarifvertrag 600 1 *33*
- Zulässigkeit 230 611 *636*

Effet-utile
- Auslegung 20 234 *9*

Ehe
- Arbeitsverhältnis (Vergütung) 230 612 *13*
- Begriff 10 6 *4*
- Benachteiligungsverbot 10 6 *10*
- Grundrechte 10 6 *3*

Eheähnliches Verhältnis
- Arbeitsverhältnis (Vergütung) 230 612 *13*

Eheberater
- Arbeitnehmer 230 611 *98*

Ehebruch
- Loyalitätspflichtverletzung 10 4 *45*

Ehefrauenzulage
- Geschlechtsdiskriminierung 230 612 *53*
- Zulässigkeit 230 611 *715*

2635

Sachverzeichnis

Fette Zahlen = Kennziffern

Ehegatte
- *siehe auch Familienangehörige*
- Arbeitnehmerbegriff 230 611 *158*
- Beschäftigungsverhältnis 545 7 *25*
- Beweisverbot 60 58 *44*
- Kündigungsschutz 430 1 *62*
- Richterablehnung 60 49 *7*
- Sozialauswahl 430 1 *499*

Ehegattenzulage
- Unzulässigkeit 10 3 *87*

Eheschließung
- Kündigung 430 1 *253*
- Wichtiger Grund 230 626 *203*

Eheversprechen
- Vergütungserwartung 230 612 *32*

Ehrenamt
- Beschäftigungsverhältnis 545 7 *12*
- Kündigung 430 1 *254*
- Wichtiger Grund 230 626 *184*

Ehrenamtliche Richter
- Ablehnung 60 49 *17*
- Ablehnungsgrund 60 24 *2*
- Ablehnungsgründe 60 49 *2*
- Altersgrenze 60 21
- Amtsende 60 21
- Amtsentbindung 60 21
- Amtsentbindung (Zuständigkeit) 60 8 *5*
- Amtsenthebung 60 27 *2*
- Amtsenthebung (Zuständigkeit) 60 8 *5*
- Amtsniederlegung 60 24 *1*
- Amtspflichtverletzung 60 27 *3*
- Amtsverlust 60 21
- Anhörung (Bundesarbeitsgericht) 60 44
- Arbeitgebervertreter 60 22
- Arbeitnehmervertreter 60 23
- Arbeitsbefreiung 210 37 *3*
- Arbeitslosigkeit 60 23
- Aufwendungsersatz 60 6 *6*
- Ausländer 60 21
- Ausschließungsgründe 60 49 *6*
- Ausschluß 60 21
- Ausschuß 60 29 *2*
- Ausschuß (Landesarbeitsgericht) 60 38
- Aussetzung (Mitwirkung) 60 53 *6*
- Beamte 60 22
- Beförderung 60 26 *4*
- Benachteiligungsverbot 60 26 *2*
- Berufung 60 20
- Berufungsmängel (LAG) 60 65 *6*
- Berufungsmängel (Nichtigkeitsklage) 60 79 *6*
- Berufungsurteil (Unterschrift) 60 69 *2*
- Berufungsverfahren (Befugnisse) 60 64 *23*
- Berufungsvoraussetzungen 60 21
- Beschluß (Beschlußverfahren) 60 84 *2*
- Beschwerde (Beschlußverfahren) 60 89 *7*
- Beweisaufnahme (Heranziehung) 60 31 *6*
- Bundesarbeitsgericht 60 43
- ehrenamtliche Tätigkeit (Ablehnungsgrund) 60 24 *4*
- Einigungsstellenbesetzung 60 98 *4*
- Entgeltfortzahlung 60 6 *6*
- Fachkammer 60 17; 30 *1*
- Familie (Ablehnungsgrund) 60 24 *6*
- Fragerecht 60 53 *10*
- Freiheitsstrafe 60 21
- Freistellung 60 6 *6*
- Freistellungsverweigerung 60 26 *3*
- Gleichstellung 60 6 *4*
- Güteverhandlung 60 54 *6*
- Herabgruppierung 60 26 *3*
- Heranziehung 60 31 *5*
- Heranziehung (Landesarbeitsgericht) 60 39
- Hilfskammer 60 7 *6*
- Hilfsliste 60 31 *7*
- Kammerverhandlung 60 57 *2*
- Kammerzugehörigkeit 60 6 a *6*
- Krankheit (Ablehnungsgrund) 60 24 *3*
- Kündigung 60 26 *3*
- Landesarbeitsgericht 60 37
- Liste 60 31 *2*
- Nichtzulassungsbeschwerde (Mitwirkung) 60 72 a *29*
- Ordnungsgeld 60 27 *2*
- Ordnungsgeld (Zuständigkeit) 60 8 *5*
- Organvertreter 60 22
- Rechtsbeschwerde (Verwerfung) 60 94 *4*
- Rechtsbeschwerdeverfahren 60 92 *3*
- Rechtswegbestimmung 60 40 *7*
- Revisionsbeschwerde 60 77 *6*
- Schadenersatz 60 6 *5*
- Schulungsfreistellung 60 26 *3*
- Sonderleistung 60 26 *4*
- Staatsangehörigkeit 20 39 *39*
- Stimmrecht 60 6 *4*
- Tariffähigkeit/-zuständigkeit 60 97 *3*
- Unabhängigkeit 60 6 *5*
- Urteilsunterschrift/-verkündung 60 60 *10*
- Verfassungstreue (Amtsenthebung) 60 21
- Vergütungsfortzahlung 230 616 *7*
- Verkündungstermin (Revision) 60 75 *4*
- Versetzung 60 26 *3*
- Voraussetzungen 60 6 *3*
- Vordienstzeit 60 24 *5*
- Vorschlagsliste 60 20
- Wahlrecht 60 21
- Zusammensetzung 60 16
- Zwangsvollstreckung 60 62 *10*

Ehrenwort
- Wettbewerbsverbot (nachvertragliches) 390 74 a *17*

Ehrlichkeitsüberprüfungen
- Zulässigkeit 230 626 *154*

Ehrschutz
- Betriebsverfassung 210 75 *10*
- Persönlichkeitsrecht 10 2 *48, 85*
- Schadenersatz 230 611 *891*
- Urteilsverfahren 60 2 *40*

Eid
- Parteivernehmung 60 58 *38*
- Restitutionsklage 60 79 *11*
- Zeuge 60 58 *17*

Eidesstattliche Versicherung
- Annahmeverzug 230 615 *118*
- Herausgabepflicht 230 611 *1148*

Eigenbetrieb
- Betriebsverfassung 210 126 *3*

Eigengruppe
- außerordentliche Kündigung 230 626 *72*
- Begriff 230 611 *199*
- Dienstverschaffungsvertrag 230 611 *36*

Eigenkündigung
- Änderungskündigung 430 2 *54*
- Arbeitnehmerüberlassung 140 9 *15*
- Betriebsübergang (Umgehungsgeschäft) 230 613 a *140*
- Entgeltfortzahlung 280 8 *19*
- Gewinnbeteiligung 230 611 *735*
- Massenentlassung 430 17 *14*
- Nachteilsausgleich 210 113 *5*
- neues Arbeitsverhältnis 430 12 *6*
- Schwangerschaft 500 9 *21*
- Sozialplan 210 112 *25*

Eigentum
- Abfindungen 10 14 *23*

2636

magere Zahlen = §§ bzw. Art.; kursive Zahlen = Randnummern **Sachverzeichnis**

- Arbeitskampf 10 14 *20*
- Arbeitsplatz 10 14 *23*
- Ausschlußfristen 230 225 *46*
- Ausstrahlungswirkung 10 14 *18*
- Betriebsübergang 230 613 a *53*
- Enteignung 10 14 *14*
- Grundrechtskonkurrenz 10 14 *9*
- Grundrechtsschutz 10 14 *4*
- Grundrechtsverzicht 10 Einl. *64*
- Kirche 10 4 *37*

Eignung
- Kündigung 430 1 *255*

Eignungsübung
- Urlaub 80 4 *12*

Eilfall
- Mitbestimmung 210 87 *7*

Einarbeitungszeit
- Erziehungsurlaub 170 21 *3*

Einfirmenvertreter
- Arbeitnehmer 230 611 *118*
- arbeitnehmerähnliche Person 230 611 *138*
- Arbeitsgerichtsbarkeit 60 5 *17*
- Mindestarbeitsbedingungen 390 92 a *1*
- Rechtsweg 390 92 a *2*

Einfühlungsverhältnis
- Begriff 230 611 *186*

Eingliederung
- *siehe auch Wiedereingliederungsverhältnis*
- Arbeitnehmerbegriff 230 611 *64*
- Arbeitnehmerüberlassung (Abgrenzung) 140 1 *23*
- Beschäftigungsverhältnis 545 7 *9*
- Übergangsmandat 210 21 *9*
- Unfallversicherung 570 2 *15*

Eingliederungsgeld
- Erziehungsgeld 170 2 *6*

Eingliederungssozialplan
- Grundsätze 210 112 *33*

Eingliederungsverhältnis
- Beschäftigungsverhältnis 545 7 *3*
- Betriebsübergang 230 613 a *67*

Eingliederungsvertrag
- Arbeitnehmer (BetrVG) 210 5 *7*
- Arbeitsverhältnis (Abgrenzung) 230 611 *41*
- Befristung 180 1 *44*
- Befristungsdauer 180 1 *26*
- Entgeltfortzahlung 280 1 *14*
- Kündigungsfrist (Berechnung) 230 622 *21*
- Schriftform (Beendigung) 230 623 *10*
- Urlaub 250 5 *5*

Eingruppierung
- Änderungskündigung 430 2 *68*
- Arbeitnehmer (Zustimmungsverweigerung) 210 99 *47*
- Arbeitsvorgang 600 1 *48*
- Ausschlußfrist 600 4 *97*
- Begriff 230 611 *620*
- Beschwerde 210 84 *5*
- Billigkeitskontrolle (Richtlinie) 230 611 *575*
- Datenschutz 160 28 *19*
- ehrenamtliche Richter 60 26 *3*
- Feststellungsklage 600 1 *52*
- Gemeinschaftsrecht 20 141 *9*
- Geringfügig Beschäftigte 180 2 *55*
- Gesamtbetriebsrat 210 50 *6*
- Geschlechtsdiskriminierung 230 612 *53*
- Geschlechtsdiskriminierung (Rechtsfolgen) 230 612 *69*
- korrigierende Rückgruppierung 230 611 *623*
- Leiharbeitnehmer 140 14 *24*
- Mitbestimmung 210 99 *10*
- Mitbestimmung (Verfahren) 210 99 *19*
- Ordnungswidrigkeit (BetrVG) 210 121 *4*
- Rechtskraft (Beschlußverfahren) 60 84 *3*
- Regelbeispiel 600 1 *17*
- Richtlinie (Revision) 60 73 *11*
- Rückgruppierung 600 1 *51*
- Streitwert 60 12 *22*
- Streitwert (Sonderzuwendung) 60 64 *9*
- Tarifautomatik 600 1 *48*
- Tarifvertragsauslegung 600 1 *17*
- Tendenzbetrieb 210 118 *25*
- Überzahlung 230 611 *613*
- Vergleich 600 4 *90*
- Zeugnis 230 630 *65*
- Zwangsgeld (BetrVG) 210 101 *2*

Eingruppierungsfeststellungsklage 230 611 *622*

Einheitsgesellschaft
- Arbeitnehmerzahl (Montan-MitbestG) 490 1 *22*
- Kommanditgesellschaft 470 4 *4*

Einigungsmangel
- Arbeitsvertrag 230 611 *426*

Einigungsstelle
- Ablehnung (Vorsitzender) 60 98 *4*
- Abstimmung 210 76 *20*
- Antrag 210 76 *1*
- Arbeitsplatz/-ablauf 210 91 *3*
- Befangenheit 210 76 *16*
- Beisitzer 210 76 *8*
- Beisitzer (Anzahl) 60 98 *6*
- Beisitzer (Vergütung) 210 76 a *3*
- Berufsbildung 210 98 *16*
- Beschlußfähigkeit 210 76 *18, 19*
- Beschlußverfahren (Zuständigkeit, Honorar) 60 2 a *3*
- Beschwerde (Arbeitnehmer) 210 85 *4*
- Besetzungsverfahren 60 98 *1*
- Betriebsänderung (Beschlußverfahren) 210 112 *44*
- Betriebsratsauflösung 210 23 *21*
- Betriebsratsausschluß 210 23 *16*
- Betriebsratsmitgliedschaft 210 24 *11*
- Betriebsvereinbarung (Anspruch) 210 77 *37*
- Durchführung (Pflichtverletzung) 210 23 *26*
- Ermessensgrenzen 210 76 *25*
- Ermessensrichtlinien (Sozialplan) 210 112 *31*
- Ermessensüberschreitung 210 76 *32*
- Freistellung (Betriebsratsmitglieder) 210 38 *9*
- freiwillige (Besetzungsverfahren) 60 98 *3*
- Gegnerunabhängigkeit 600 2 *6*
- Gesamtbetriebsrat 210 47 *19*
- Grundrechte 10 Einl. *24*
- Grundrechtsbindung 10 Einl. *59*
- Interessenausgleich (Scheitern) 210 112 *8*
- Kosten 210 76 a *2*
- Kündigung (Zustimmung) 210 102 *44*
- Kündigungsschutz 210 76 *13*; 430 15 *8*
- leitende Angestellte 590 32 *21*
- Lohngrundsätze 210 87 *103*
- Mitbestimmung (Ausübung) 210 87 *3*
- Nachteilsausgleich (Anrufung) 210 113 *8*
- Nachwirkung 210 77 *122*
- offensichtliche Unzuständigkeit 60 98 *2*
- Öffentlichkeit 210 76 *18*
- rechtliches Gehör 210 76 *18*
- Rechtsanwalt (Kosten) 210 40 *5*
- Rechtsschutzbedürfnis 60 81 *8*
- Rechtsstreitigkeit 210 76 *23*
- Regelungsabrede (Wahlrecht) 210 77 *37*
- Richterablehnung 60 49 *12*
- Rückwirkung 210 76 *27*
- Sachverständiger (Sozialplan) 210 112 *38*
- Schulungsveranstaltung 210 37 *26*
- Sozialplan 210 112 *21*

2637

Sachverzeichnis

Fette Zahlen = Kennziffern

- Sprecherausschuß 590 2 *5*
- Spruch 210 76 *22*
- ständige 210 76 *3*
- Tarifvertrag (Vergütung) 210 76 a *7*
- Unwirksamkeit (Feststellungsantrag) 60 81 *2*
- Verfahren 210 76 *14*
- Verschwiegenheit 210 76 *13*
- Vorabentscheidung (über Zuständigkeit) 60 98 *4*
- Vorabentscheidungsverfahren 20 234 *17*
- Vorfragenkompetenz 210 76 *35*
- Vorsitzender 210 76 *6*
- Vorsitzender (Vergütung) 210 76 a *4*
- Wirtschaftsausschuß 210 109 *1*
- Zwangsmittel 210 76 *17*

Einlassungsfrist
- Arbeitsgerichte 60 9 *4*; 47 *4*

Einmann-Unternehmen
- Arbeitnehmer 230 611 *120*

Einreiserecht
- Gemeinschaftsrecht 20 39 *12*

Einschätzungsprärogative
- Übermaßverbot 10 Einl. *28*

Einschränkungsklausel
- Allgemeinverbindlichkeit 600 5 *11*

Einschreiben
- Kündigung 430 4 *37*
- Kündigungserklärung 230 127 *35*
- Schriftform (§ 623 BGB) 230 623 *24*
- Zugang 230 620 *210*

Einspruch
- Beschwerde (LAG) 60 70 *3*
- sofortige Beschwerde 60 78 *3*
- Verfahren (nach) 60 59 *28*
- Versäumnisurteil (gegen) 60 59 *21*
- Vollstreckungsbescheid 60 46 a *20*
- Zwangsvollstreckung 60 62 *9*
- zweites Versäumnisurteil 60 59 *32*

Einstellung
- *siehe auch Betriebsrat (personelle Angelegenheiten)*
- *siehe auch Fragerecht*
- *siehe auch Personalfragebogen*
- Altersteilzeit 130 3 *23*
- Anbahnungsverhältnis 230 611 *330*
- Anfechtung (Offenbarungspflicht) 230 611 *496*
- Arbeitnehmer (Zustimmungsverweigerung) 210 99 *45*
- auflösende Bedingung (Untersuchung) 230 611 *410*
- Auskunft (Dritte) 230 611 *400*
- Begriff (BetrVG) 210 99 *4*
- Bewerbungsunterlagen 230 611 *346*
- Diskriminierungsverbot (GG) 10 3 *82*
- Diskriminierungsverbote 230 611 *351*
- Gemeinschaftsrecht 20 39 *39*
- Genomanalyse 230 611 *411*
- Gesamtbetriebsrat 210 50 *6*
- Geschlechtsdiskriminierung 230 611 a *30*
- Handlungsbevollmächtigte 390 54 *8*
- Mitbestimmung(Verfahren) 210 99 *19*
- Offenbarungspflicht 10 2 *96*; 230 611 *393*
- Ordnungswidrigkeit (BetrVG) 210 121 *4*
- Personalberatungsunternehmen 210 99 *19*
- Pressefreiheit 10 5 *73*
- Prokurist 390 48 *7*
- Recht auf Lüge (GG) 10 2 *98*
- Schadenersatz 230 611 *334*
- Schwerbehinderte 530 12 *2*
- Stellenausschreibung 230 611 *308*
- Tendenzbetrieb 210 118 *25*
- Testverfahren 230 611 *414*
- Unfallversicherung 570 2 *19*
- Untersuchung 230 611 *403*
- Untersuchungen/Tests 10 2 *93*
- Verkehrssicherungspflicht 230 611 *345*
- Vermittlungsprovision 230 611 *1008*
- vorläufige (BetrVG) 210 100 *1*
- Vorverhandlungen 230 611 *329*
- Vorvertrag 230 611 *331*
- vorvertragliche Pflichten 230 611 *339*
- Zusage 230 611 *332*
- Zwangsgeld (BetrVG) 210 101 *2*

Einstellungsanspruch
- *siehe auch Wiedereinstellung*
- Schwerbehinderte 530 12 *2*
- Tarifvertrag 600 1 *105*

Einstweilige Verfügung
- Alleinentscheidung (Beschlußverfahren) 60 85 *7*
- Annahmeverzug 230 615 *124*
- Beschwerde 60 78 *2*
- Beteiligungsrechte (BetrVG) 60 85 *5*
- Betriebsänderung 210 111 *23*
- Betriebsratsauflösung 210 23 *20*
- Betriebsratsausschluß 210 23 *9*
- Betriebsratswahl 60 85 *6*; 210 18 *10*
- Einigungsstellenbesetzung 60 98 *4*
- Einlassungsfrist 60 47 *6*
- Güteverhandlung 60 54 *3*
- Interessenausgleich 60 85 *5*; 210 112 *5*
- Kostenerstattung 60 12 a *3*
- Ladungsfrist 60 47 *10*
- Massenentlassung 60 85 *5*
- personelle Einzelmaßnahmen (Zwangsgeld) 210 101 *3*
- Pflichtverletzung (Arbeitgeber) 210 23 *34*
- Rechtsmittel (Beschlußverfahren) 60 85 *7*
- Rechtsweg 60 48 *3*
- Regelungsverfügung 60 62 *34*
- Revision 60 72 *4*
- Schulungsveranstaltung 210 37 *27*
- Sicherungsverfügung 60 62 *34*
- Sozialhilfe 60 62 *34*
- Streik 10 9 *235*
- Tarifzuständigkeit/-fähigkeit 60 97 *3*
- Unterlassungsanspruch 210 23 *34*; 74 Einl. *29*
- Unterlassungsanspruch (Beschlußverfahren) 60 85 *5*
- Untersuchungsgrundsatz 60 85 *7*
- Urlaub 250 7 *55*
- Verfahren 60 62 *36*
- Verfügungsgrund 60 62 *35*
- Verfügungsgrund (Beschlußverfahren) 60 85 *6*
- Verjährung (Unterbrechung) 230 225 *16*
- vorläufige Vollstreckbarkeit 60 62 *2*
- Weiterbeschäftigung 430 4 *102*
- Weiterbeschäftigung (Jugendvertreter) 210 78 a *12*
- Weiterbeschäftigungsanspruch (BetrVG) 210 102 *36*
- Wettbewerbsverbot 60 62 *34*
- Wirtschaftsausschuß 210 109 *8*
- Zustellung 60 50 *4*

Eintrittsrecht
- Wettbewerbsverbot 390 61 *10*

Einwilligung
- Wettbewerbsverbot 390 60 *16*

Einwirkungspflicht
- Tarifvertrag 600 1 *69*
- Tarifvertrag (schuldrechtlicher Teil) 600 1 *60*
- Tarifvertragspartei 600 4 *38*
- Urteilsverfahren 60 2 *12*

Einzelhandelsgeschäft
- Betriebsübergang 230 613 a *13*

Einzugsermächtigung
- Zulässigkeit 230 611 *673*

magere Zahlen = §§ bzw. Art.; kursive Zahlen = Randnummern **Sachverzeichnis**

Einzugsstelle
- Geringfügig Beschäftigte 545 8 *21*

Eishockeyspieler
- Arbeitnehmer 230 611 *116*

E-mail
- Überwachungseinrichtung 210 87 *62*

Empfangsbote
- Kündigung 430 4 *27*
- Kündigungserklärung 230 620 *211*

Empfehlung
- Begriff 20 Vorb. *4*

Entbindung
- Mutterschutz 500 6 *2*

Entbindungsgeld
- BErzGG 500 15 *1*

Entbindungstermin
- Mitteilung 500 5 *2*

Enteignung
- Eigentum 10 14 *14*

Entfristete Kündigung
- Kündigungsfrist 230 622 *43*

Entgangener Gewinn
- Schadenersatz (Auflösungsverschulden) 230 628 *93*

Entgeltausfallprinzip
- Feiertag 280 2 *31*

Entgeltbeleg
- Feiertagsvergütung 280 11 *14*

Entgeltfortzahlung
- *siehe auch Arbeitsunfähigkeit*
- *siehe auch Entgeltfortzahlung (Höhe)*
- *siehe auch Krankheit*
- Abdingbarkeit 280 12 *4*
- Abrufarbeit 180 4 *43*
- Altersteilzeit 130 10 *2*
- Anfechtung 280 8 *28*
- Anrechnungsverbot (Schwerbehinderte) 530 45 *5*
- Anspruchsübergang (Dritthaftung) 280 6 *5*
- Anwesenheitsprämie (Kürzung) 280 4 a *11*
- Anzeigepflicht 280 5 *7*
- Anzeigepflicht (Ausland) 280 5 *49*
- Arbeitgeberanteile (Anspruchsübergang) 280 6 *16*
- Arbeitnehmerbegriff 280 1 *11*
- Arbeitnehmerüberlassung 140 Einl. *29*
- Arbeitskampf 10 9 *187*
- Arbeitskollege 280 6 *12*
- Arbeitsunfähigkeitsbescheinigung 280 5 *21*
- Arbeitsunfähigkeitsbescheinigung (Ausland) 280 5 *59*
- Arbeitsunfähigkeitsfortdauer 280 5 *45*
- Arbeitsverhältnis (AÜG) 140 10 *28*
- Arbeitszeitmodelle 110 7 *42*
- Aufhebungsvertrag 280 8 *30*
- Auflösungsurteil 280 8 *29*
- Aufwendungsersatz (Kürzung) 280 4 a *14*
- Ausgleichsquittung 280 12 *9*
- Auslandsberührung 280 1 *16*
- Auslösung 230 611 *759*
- Ausschlußfrist 230 225 *44*; 280 12 *7*; 600 4 *99*
- Auszubildende 280 1 *12*
- Befristung 280 8 *26*
- Betriebsvereinbarung (Abdingbarkeit) 280 12 *8*
- Dauer (Tarifvertrag) 280 4 *60*
- Dienstwagen 230 611 *782*
- ehrenamtliche Richter 60 6 *6*
- Eigenkündigung 280 8 *19*
- Eingliederungsverhältnis 280 1 *14*
- Entgeltbeleg (Heimarbeit) 280 10 *12*
- Erlaß 280 12 *9*
- Erziehungsurlaub 170 15 *28*
- faktisches Arbeitsverhältnis 230 611 *172*
- Familienangehörige 280 6 *10*
- Gemeinschaftsrecht 20 141 *4*
- Geringfügig Beschäftigte 180 2 *55*
- Günstigkeitsvergleich 280 12 *15*
- Hausgewerbetreibende 280 10 *4*
- Heimarbeit 280 10 *4*
- Kleingratifikation (Kürzung) 280 4 a *9*
- Krankfeiern 280 5 *39*
- Kündigungsgrund 430 1 *228*
- Leiharbeitnehmer (Urkunde) 140 11 *13*
- Leistungsverweigerungsrecht 280 7 *3*
- Leistungsverweigerungsrecht (Medizinischer Dienst) 280 5 *44*
- Leistungszulage (Kürzung) 280 4 a *12*
- Maßregelungsverbot 230 612 a *12*
- medizinischer Dienst 280 5 *37*
- medizinischer Dienst (Leistungsverweigerungsrecht) 280 7 *26*
- medizinischer Dienst (Reaktionsmöglichkeit) 280 5 *41*
- Mitwirkungspflicht (Anspruchsübergang) 280 6 *21*
- Nachweispflicht 280 5 *17*
- Nachweispflicht (Ausland) 280 5 *56*
- Nebentätigkeit 280 5 *39*
- Praktikanten 280 1 *12*
- Provision 390 65 *9*
- Rechtsweg (Anspruchsübergang) 280 6 *4*
- Rückdatierung (Attest) 280 5 *40*
- Schadenssummenbegrenzung 280 6 *28*
- Schuldanerkenntnis 280 12 *9*
- Sonderzuwendungen (Fehlzeiten) 230 611 *802*
- Sonderzuwendungen (Kürzung) 280 4 a *3*
- Sozialversicherungsausweis 280 7 *21*
- Sozialversicherungsträger (Forderungsübergang) 280 6 *31*
- Sprecherausschuß 590 28 *4*
- Tantieme 230 611 *735*; 390 65 *9*
- Trinkgeld 230 611 *743*
- Tronc 230 611 *741*
- Untersuchung (fehlende) 280 5 *40*
- Verdienstausfall 280 6 *8*
- Vergleich 280 12 *10*
- Verjährung 230 225 *5*
- Verschulden (Anspruchsübergang) 280 6 *18*
- Verzicht 280 611 *685*; 280 12 *9*
- Volontäre 280 1 *12*
- Wehrdienst 280 3 *43*
- Weigerung (Arbeitgeber) 280 5 *42*
- Weihnachtsgratifikation (Kürzung) 280 4 a *13*
- Weiterbeschäftigung 280 8 *33*
- Wiedereingliederungsverhältnis 280 1 *14*
- Zwischenmeister 280 10 *10*

Entgeltfortzahlung (Höhe)
- Akkord 280 4 *34*
- Antrittsgebühr 280 4 *18*
- Anwesenheitsprämien 280 4 *19*
- Arbeitszeit 280 4 *7*
- Aufwendungen 280 4 *17*
- Auslösungen 280 4 *20*
- Berechnung (Tarifvertrag) 280 4 *56*
- Betriebsvereinbarung 280 4 *64*
- Bruttolohnprinzip 280 4 *16*
- Feiertag 280 4 *48*
- Freischichten 280 4 *12*
- Freizeitgutschrift 280 4 *22*
- Grundsatz 280 4 *8*
- Gruppenakkord 280 4 *36*
- Inkassoprämie 280 4 *23*
- Kurzarbeit 280 4 *50*
- Leistungsentgelt 280 4 *34*
- Mankogeld 280 4 *23*

2639

Sachverzeichnis

Fette Zahlen = Kennziffern

- Mehrarbeitszuschlag 280 4 *24*
- Monatsvergütung 280 4 *10*
- Prämie 280 4 *26*
- Provision (Leistungsentgelt) 280 4 *37*
- Reisekosten 280 4 *27*
- Sachbezüge 280 4 *25*
- saisonale Schwankungen 280 4 *13*
- Schmutzzulage 280 4 *28*
- Sozialversicherungsbeiträge 280 4 *29*
- Sozialzuschläge 280 4 *30*
- Spesen 280 4 *27*
- Stundenvergütung 280 4 *12*
- Tarifvertrag 280 4 *38*
- Teilzeit 280 4 *14*
- Trinkgeld 280 4 *31*
- Überstunden 280 4 *4, 11, 24, 44*
- vermögenswirksame Leistung 280 4 *32*
- Vertrag 280 4 *61*
- Wechselschichten 280 4 *12*
- Wegentschädigung 280 4 *33*
- Zulagen 280 4 *21*

Entgeltgeringfügigkeit
- Begriff 545 8 *8*

Entgeltumwandlung
- Insolvenzschutz 200 1 *74*
- Insolvenzsicherung 200 7 *19*
- Unverfallbarkeit 200 1 *78*
- Versorgungsanwartschaft 200 1 *72*
- Wertgleichheit 200 1 *76*

Entlassungsentschädigung
- siehe auch *Abfindung*
- Abfindung 540 143 a *2*
- Anspruchsübergang 540 143 a *30*
- Arbeitslosengeld (Erstattung durch Arbeitgeber) 540 147 a *14*
- Arbeitsvergütung 540 143 a *6*
- außerordentliche Kündigung 540 143 a *17*
- Befristung(Anrechnung) 540 143 a *9*
- Beihilfe 540 143 a *6*
- Darlehen 540 143 a *4*
- Erfindervergütungen 540 143 a *6*
- Gewinnanteil 540 143 a *6*
- Gleichwohlgewährung 540 143 a *29*
- Jubiläumszuwendung 540 143 a *6*
- Karenzentschädigung 540 143 a *6*
- Kündigung 540 143 a *7*
- Ruhenszeitraum (Dauer und Berechnung) 540 143 a *21*
- Schadenersatz 540 143 a *4*
- Sozialplan 540 143 a *2*
- Unkündbarkeit 540 143 a *14*
- Vergleich 540 143 a *7*
- Vermögensbildung 540 143 a *6*
- vorzeitige Beendigung (Arbeitsverhältnis) 540 143 a *7*

Entleiher
- siehe auch *Arbeitnehmerüberlassung*
- siehe auch *Leiharbeitnehmer*
- Abwerbung 140 Einl. *30*
- Arbeitsschutz 140 Einl. *20*
- Arbeitsschutz (Verantwortlichkeit) 140 11 *30*
- Arbeitsverhältnis (illegale Arbeitnehmerüberlassung) 140 10 *3*
- Arbeitsvertrag 140 13 *3*
- Betriebsratsbeteiligung 140 14 *23*
- fehlende Arbeitserlaubnis (Straftat) 140 15 a *1*
- Leistungsstörungen 140 Einl. *29*

Entlohnungsgrundsätze
- Gesamtbetriebsrat 210 50 *5*
- Sprecherausschuß 590 30 *5*

Entreicherung
- Ruhegeld 230 611 *606*

- Überzahlung 230 611 *610*

Entschädigung
- Beschäftigungsanspruch 230 628 *120*
- Nachweis 510 Einl *9*
- Nichtleistung 230 611 *986*
- Urteil (Handlungsvornahme) 60 61 *13*
- Vertragsbruch 230 628 *120*

Entscheidung nach Aktenlage
- Zulässigkeit 60 59 *6*

Entscheidungsgründe
- Berufungsurteil 60 69 *2*
- Bezugnahme 60 69 *6*
- Mitteilung (mündliche) 60 60 *9*
- Revisionsgrund 60 73 *30*
- Revisionsurteil 60 75 *6*
- Revisionszulassung 60 72 *23*
- Zurückverweisung (bei Fehlen) 60 68 *3*

Entscheidungsreife
- Rechtsbeschwerdeverfahren 60 96 *2*
- Revisionsurteil 60 75 *16*

Entschuldigungsgrund
- Darlegungs- und Beweislast 230 626 *302*

Entsenderichtlinie
- Text 30 1 *7*

Entwicklungshelfer
- Arbeitnehmer (BetrVG) 210 5 *3*
- Arbeitnehmerbegriff 230 611 *155*
- Arbeitsplatzschutz 80 1 *3*
- Urteilsverfahren 60 2 *37*

Entwicklungsklausel
- Chefarztvertrag 230 611 *538*

Erbe
- Abfindung 230 613 *7*
- Arbeitgeber (Arbeitsverhältnis) 230 611 *434*
- Arbeitsmaterialien (Herausgabe) 230 613 *5*
- Arbeitspflicht 230 613 *5*
- Betriebsverfassung 210 5 *26*
- Erbeinsetzung (Vergütungserwartung) 230 612 *30*
- Kündigungsschutzklage 230 613 *5*
- Urlaubsabgeltung 230 613 *6*

Erfahrungssatz
- Beweiswürdigung 60 58 *48*
- Revision 60 73 *16*

Erfahrungswissen
- Gleichbehandlungsgebot (BeschFG) 180 2 *52*

Erfindervergütungen
- Arbeitslosengeld (Anrechnung) 540 143 a *6*

Erfindung
- Ausschlußfristen 230 225 *46*
- Leiharbeitnehmer 140 11 *31*
- Leistungsbestimmungsrecht (Vergütung) 230 612 *42*
- Mitbestimmung 210 87 *129*
- Öffentlichkeit (ArbGG) 60 52 *12*
- Urteilsverfahren 60 2 *42*
- Vergütung 230 612 *19*

Erfolgsbeteiligung
- Beschäftigungsverhältnis 545 7 *15*

Erforderlichkeit
- Grundsatz (GG) 10 Einl. *27*

Erfüllung
- Tarifvertrag (schuldrechtlicher Teil) 600 1 *60*
- Vollstreckungsgegenklage 60 62 *18*

Erfüllungsgehilfe
- Haftung 230 611 *1096*

Erfüllungsort
- Arbeitsleistung 230 611 *929*
- Arbeitsmittel (Rückgabe) 230 611 *1148*
- Arbeitspapiere 230 611 *1144*
- Arbeitsvergütung 230 611 *596*
- Ausbildungsvergütung 150 11 *3*
- Ausland 230 611 *213*

magere Zahlen = §§ bzw. Art.; kursive Zahlen = Randnummern **Sachverzeichnis**

- Außendienstmitarbeiter 230 611 *929*
- örtliche Zuständigkeit 230 611 *929*
- Versäumnisurteil 60 59 *10*
- Vertragsstrafe 230 345 *38*

Ergänzungsbeschluß
- Beschlußverfahren 60 84 *2*
- Revisionsbeschwerde 60 77 *2*

Ergänzungsurteil
- Berufung 60 64 *2*
- Revision 60 72 *4*
- Revisionsfrist 60 74 *12*
- Revisionszulassung 60 72 *28*

Erhaltungsarbeiten
- Arbeitskampf 10 14 *20*

Erholungsort
- Arbeitszeit 440 17 *4*
- Ladenschluß 440 10 *1*

Erholungsurlaub
- Stellensuche 230 629 *17*

Erinnerung
- Mahnantrag 60 46 a *12*
- Vollstreckungsbescheid 60 46 a *19*
- Zwangsvollstreckung 60 62 *16*

Erklärungsbote
- Kündigung 430 4 *31*

Erklärungsfrist
- Erziehungsurlaub 170 16 *7*

Erkundigungspflicht
- Sozialdaten (Arbeitgeber) 430 1 *468*

Erlaß
- Arbeitsschutz 230 619 *2*
- Arbeitsvergütung 230 611 *685*
- Entgeltfortzahlung 280 12 *9*
- Krankengeld 550 49 *11*
- Revision 60 73 *9*
- Tarifvertrag 600 4 *87*
- Urlaubsentgelt 250 11 *53*

Erledigung der Hauptsache
- Beschlußverfahren 60 83 a *3*
- Beschwerdeverfahren (Beschlußverfahren) 60 90 *2*
- Einigungsstellenbesetzung 60 98 *4*
- Güteverhandlung 60 54 *16*
- Rechtsbeschwerde 60 95 *1*
- sofortige Beschwerde 60 78 *3*

Ermächtigung
- Darlegungs- und Beweislast 230 113 *15*
- Einschränkung (Minderjährige) 230 113 *12*
- Minderjährige 230 113 *3*
- Rücknahme (Minderjährige) 230 113 *12*

Ermessen
- Einigungsstelle 210 76 *32*

Ermittlungsverfahren
- Fragerecht 230 611 *371*
- Kündigungserklärungsfrist 230 626 *274*
- Wiedereinstellung 230 626 *219*

Erörterungsgebühr
- Güteverhandlung 60 54 *5*

Erpressung
- Wichtiger Grund 230 626 *161*

Ersatzdienst
- *siehe auch* Wehrdienst
- *siehe auch* Zivildienst
- Alters-/Hinterbliebenenversorgung 80 14 b *1*
- Arbeitnehmer (BetrVG) 210 5 *3*
- Arbeitsplatzschutz 80 1 *3*
- Befristung 180 1 *6*
- Fragerecht 230 611 *385*
- Kündigungsschutz 410 113 *23*
- Urlaubsgewährung 80 4 *5*
- Versorgungsanwartschaft 200 1 *28*
- Versorgungsanwartschaft (Höhe) 200 2 *11*

Ersatzkraft
- Schadenersatz 230 628 *84*
- Wehrdienst (Kündigung) 80 2 *9*
- Wehrdienst (Vergütung) 80 1 *12*

Ersatzmitglied
- Amtsende 210 24 *1*
- Arbeitnehmervertreter 220 76 *46*
- Befangenheit 210 103 *7*
- Behinderung (Straftat) 210 119 *4*
- Betriebsausschuß 210 27 *5*
- Betriebsratsauflösung 210 23 *21*
- Bildungsveranstaltung 210 37 *22*
- Freistellung 210 38 *7*
- Gesamtbetriebsrat 210 47 *9*; 51 *5*
- Jugend-/Auszubildendenvertretung 210 65 *4*
- Konzernbetriebsrat 210 55 *2*
- Kündigungsschutz 430 15 *11*
- Mehrheitswahl 210 25 *9*
- Nachrücken 210 25 *3*
- Rechtsstellung 210 25 *11*
- Reihenfolge 210 25 *8*
- ruhendes Arbeitsverhältnis 210 24 *6*
- Schulung 210 37 *18*
- Sprecherausschuß 590 9 *1*
- Verhältniswahl 210 25 *9*
- Verhinderungsgründe 210 25 *5*
- Wahlvorstand 210 16 *8*
- Weiterbeschäftigung (Jugendvertreter) 210 78 a *3*
- Wirtschaftsausschuß 210 107 *11*

Ersatzmutter
- Mutterschutz 10 6 *19*

Ersatzruhetag
- Sonn-/Feiertagsbeschäftigung 110 11 *5*
- Tarifvertrag 110 12 *3*

Ersatzvornahme
- Betriebsrat 60 85 *2*

Ersatzzustellung
- Beschlußverfahren 60 80 *3*
- Zulässigkeit 60 50 *7*

Erschwerniszulage
- Begriff 230 611 *712*
- Teilzeitarbeit 180 2 *43*
- Urlaubsentgelt 250 11 *14*

Erstkommunion
- Vergütungsfortzahlung 230 616 *6*

Erstuntersuchung
- Eintragung 150 32 *4*

Erstvertrag
- Befristungsdauer 400 57 c *14*
- Befristungsgrund (Hochschule) 400 57 b *20*

Erwerberkonzept
- Betriebsübergang 230 613 a *151*

Erwerbsgenossenschaft
- Aufsichtsrat (MitbestG) 470 29 *5*
- Unternehmensmitbestimmung 220 77 *22*

Erwerbsminderung
- Altersrente 560 Einl. *4*

Erwerbstätigkeit
- Erziehungsgeld 170 1 *12*
- Urlaub 250 8 *3, 11*

Erwerbsunfähigkeit
- Altersrente 560 Einl. *14*
- Annahmeverzug 230 615 *46*
- Annahmeverzug (Anrechnung) 230 615 *98*
- Arbeitsunfähigkeit 280 3 *18*
- Befristungsgrund 230 620 *97*
- Einstellungsanspruch 230 611 *442*
- Hinzuverdienstgrenze 560 Einl. *16*
- Karenzentschädigung 390 74 *33*
- Kündigung 430 1 *209*; 560 Einl. *23*
- Kündigung (Entgeltfortzahlung) 280 8 *12*
- Schwerbehinderte 530 22 *1*

Sachverzeichnis

Fette Zahlen = Kennziffern

- Urlaubsabgeltung 250 7 *92*
- Urlaubsgewährung 250 7 *34*

Erzieher
- Tendenzträger 210 118 *20*

Erziehungsberater
- Arbeitnehmer 230 611 *98*

Erziehungsgeld
- 7. Lebensmonat 170 5 *2*
- Anspruchsberechtigte 170 1 *3*
- Anspruchsberechtigte (Wechsel) 170 3 *1*
- Antrag 170 4 *3*
- Arbeitslosenbeihilfe 170 2 *6*
- Arbeitslosengeld 170 2 *6*
- Arbeitslosenhilfe (Anrechnung) 170 8 *1*
- Auskunftspflicht (Arbeitgeber) 170 12 *1*
- Ausländer/Ausland 170 1 *5*
- Auszahlung 170 5 *4*
- Bafög 170 2 *7*
- Bafög (Anrechnung) 170 8 *1*
- Begriff 170 1 *2*
- Dauer 170 4 *1*
- Eingliederungsgeld 170 2 *6*
- Einkommen (Berechnung) 170 6 *1*
- Einkommensabrechnung 170 7 *1*
- Entgeltersatzleistungen 170 2 *6*
- Erziehungsgeldstelle 170 16 *28*
- Grenzgänger 170 1 *7*
- Höhe 170 5 *1*
- Kostentragung 170 11 *1*
- Kündigungsverbot 170 18 *3*
- Minderungsbetrag 170 5 *3*
- Mutterschaftsgeld 170 2 *7*
- Mutterschaftsgeld (Anrechnung) 170 7 *1*
- Nachweise 170 12 *1*
- Personensorge 170 1 *5*
- Rechtsweg 170 13 *1*
- Rente 170 2 *7*
- Sorgerecht 170 1 *8*
- Sozialhilfe 170 8 *1*
- Stipendium 170 2 *7*
- Teilzeit (Einkommensberechnung) 170 6 *2*
- Teilzeit (Rechtsanspruch) 170 2 *2*
- Unterhaltsverpflichtung 170 9 *1*
- Wegfall 170 4 *4*
- Wohngeld 170 8 *1*
- Wohnsitz 170 1 *4*
- Zuständigkeit/Verfahren 170 10 *1*

Erziehungsgemeinschaft
- Grundrechte 10 6 *6*

Erziehungsrenten
- Einkommensanrechnung 560 Einl. *18*

Erziehungsurlaub
- Abdingbarkeit 170 15 *14*
- Adoptivkind 170 15 *7*
- anderer Arbeitgeber 170 15 *17*
- Ankündigung 170 16 *7*
- Ankündigungsfrist (Verlängerung) 170 16 *18*
- Anspruch 170 15 *3*
- Anspruchsausschluß 170 15 *9*
- Antragserfordernis 170 16 *3*
- Arbeitgeberzuschuß 500 14 *12*
- Arbeitsunfähigkeit 170 15 *28*
- Aufhebungsvertrag 170 19 *5*
- Auflösungsverschulden (Schadenersatz) 230 628 *76*
- Ausschlußfrist 170 17 *18*
- außerordentliche Kündigung 170 15 *20*; 19 *5*
- Beendigung (vorzeitige) 170 16 *20*
- Befristung 170 2 *2*
- Befristungsgrund 230 620 *86*
- Berechtigte 170 15 *4*
- Berechtigtenwechsel 170 16 *25*
- Berufsbildung 170 20 *1*
- Beschäftigungsverbot (MuSchG) 170 15 *10*
- Betriebsratsamt 210 24 *6*
- Betriebsratsfähigkeit 210 1 *14*
- Betriebsversammlung 170 15 *35*
- Betriebsversammlung (Teilnahme) 210 42 *3*
- Bildungs-/Schulungsveranstaltung (BetrVG) 170 15 *35*
- Dauer 170 15 *13*; 16 *3*
- Ende 170 16 *14*
- Entgeltfortzahlung 170 15 *28*
- Erwerbstätigkeit 170 15 *11, 12, 15*
- Geschlechtsdiskriminierung 230 612 *58*
- Heimarbeit 170 20 *2*
- Kindestod 170 16 *22*
- Klagefrist (Insolvenz) 410 113 *36*
- Krankengeld (Ruhen) 550 49 *14*
- Kündigung (Form) 170 19 *4*
- Kündigungserklärungsfrist 230 626 *288*
- Kündigungsfrist 170 19 *3*; 230 622 *116*
- Kündigungsschutz 170 18 *3*
- mittelbare Diskriminierung 20 141 *10*
- ruhendes Arbeitsverhältnis 170 15 *26*
- Sachbezüge 170 15 *33*
- Schadenersatz 170 15 *24*
- Sonderkündigungsrecht 170 21 *7*
- Sonderzuwendung 170 15 *32*; 230 611 *805*
- Sozialauswahl 430 1 *472*
- Stiefkind 170 15 *6*
- Teilzeit (Kündigungsschutz) 170 18 *6*
- Teilzeitarbeit 180 2 *58*
- Teilzeitbeschäftigung (während) 170 15 *16*
- Urlaub 170 15 *31*
- Urlaubsabgeltung 170 17 *16*
- Urlaubsgeld 250 11 *48*
- Urlaubsgewährung 250 7 *35*
- Urlaubskürzung 170 17 *3*
- Urlaubsübertragung 170 17 *11*; 250 7 *59*
- Vereinbarung 170 15 *3*
- Verlangen 170 16 *3*
- Verlängerung 170 16 *17*
- Wartezeit (BUrlG) 250 4 *12*
- Zeitraum 170 16 *5*
- Zustimmung zur Arbeit (anderer Arbeitgeber) 170 15 *17*

Essener Verband
- Anpassung 200 16 *70*

Essensmarken
- Mitbestimmung 210 87 *72*

Et-et-Fall
- Rechtswegprüfung 60 2 *5*

Europäische Atomgemeinschaft 20 Vorb. *3*

Europäische Gemeinschaft für Kohle und Stahl 20 Vorb. *3*

Europäische Menschenrechtskonvention
- Arbeitskampf 10 9 *87*
- Rechtsquelle 230 611 *246*

Europäische Sozialcharta
- Arbeitskampf 10 9 *86*
- Rechtsquelle 230 611 *246*

Europäische Weltraumforschungsorganisation 60 1 *6*

Europäischer Betriebsrat
- örtliche Zuständigkeit 60 82 *2*

Europäischer Wirtschaftsraum
- Freizügigkeit 20 39 *3*

Existenzgefährdung
- Schriftform (Verletzung) 230 127 *56*

Existenzgründer
- Beschäftigungsverhältnis 545 7 *52*

Exterriorialität
- Arbeitsgerichtsbarkeit 60 1 *6*

2642

magere Zahlen = §§ bzw. Art.; kursive Zahlen = Randnummern **Sachverzeichnis**

Exterritoriale
– Zuständigkeit 340 20

Fachhochschulassistent
– Befristung 400 57 a *10*

Fachkammer
– Arbeitsgericht 60 17
– ehrenamtliche Richter 60 30 *1*

Fachkraft (Arbeitssicherheit)
– Beschlußverfahren (Zuständigkeit) 60 2 a *4*
– Jugendliche 420 31 *10*
– Mitbestimmung 210 87 *65*

Fahrerlaubnis
– Ersatzperson 230 613 *2*
– Kostenübernahme (Berufsausbildung) 150 5 *5*
– Kündigung 430 1 *259*
– Wichtiger Grund 230 626 *178*

Fahrgemeinschaft
– Schadenersatz (Urteilsverfahren) 60 2 *39*

Fährhafen
– Ladenschluß 440 9 *1*

Fahrlässigkeit
– gröbste 230 611 *1043*
– Haftung 230 611 *1043*
– Sperrzeit 540 144 *25*

Fahrtenschreiber
– Mitbestimmung 210 87 *48*
– Überwachungseinrichtung 210 87 *62*

Fahrtkosten
– Betriebsversammlung 210 44 *14*
– Kostenerstattung 60 12 a *5*
– Rufbereitschaft 230 611 *956*
– Sozialplan 210 112 *29*
– Sprecherausschußvereinbarung 590 28 *5*
– Versammlung der leitenden Angestellten 590 15 *11*

Fahrverbot
– Wegerisiko 230 615 *142*

Fahrzeug
– Betriebsübergang 230 613 a *12*

Faksimile
– Schriftform 230 127 *19*

Faktischer Arbeitsvertrag
– Annahmeverzug 230 615 *9*
– Befristung 180 1 *43*
– Begriff 230 611 *170*
– Begründung 230 611 *171*
– Beschäftigungsverbot (MuSchG) 500 3 *3*
– Betriebsübergang 230 613 a *61*
– Klagefrist 430 4 *6*
– Kündigung 230 620 *169*
– Kündigungsschutz 230 611 *172*; 430 1 *61*
– Mutterschutz 500 1 *3*
– Schwangerschaft 500 9 *20*
– Unfallversicherung 570 2 *4*
– Urteilsverfahren 60 2 *24*
– Weiterbeschäftigung 230 611 *173*
– Wettbewerbsabrede 390 74 *11*

Faktisches Arbeitsverhältnis
– Beschäftigungsverhältnis 545 7 *3*

Fälligkeit
– Annahmeverzug 230 615 *80*
– Arbeitsvergütung 230 614 *1*
– Ausschlußfrist 600 4 *101*
– Insolvenzsicherung (BetrAVG) 200 7 *46*
– Karenzentschädigung 390 74 b *2*
– Mindestlohn 30 2 *9*
– Nachweispflicht 510 2 *18*
– Provision 390 87 a *22*
– Überzahlung 230 611 *619*

Falschaussage
– Betriebsratsmitglied 430 15 *26*

Familie
– *siehe auch* Ehegatte
– *siehe auch* Familienangehörige
– Arbeitsverhältnis (Vergütung) 230 612 *13*
– Begriff 10 6 *6*
– Benachteiligungsverbot 10 6 *10*
– Beschäftigungsverhältnis 545 7 *23*
– Grundrechte 10 6 *3*
– Ruhegeld 200 1 *10*

Familienangehörige
– Arbeitnehmerbegriff 230 611 *157*
– Arbeitnehmerbegriff (BetrVG) 210 5 *12*
– Arbeitnehmerzahl (KSchG) 430 23 *18*
– Arbeitsgerichtsbarkeit 60 5 *5*
– Beschäftigungszugang 20 39 *23*
– Betriebsverfassung 210 5 *29*
– Entgeltfortzahlung 280 6 *10*
– Freizügigkeit (Gemeinschaftsrecht) 20 39 *21*
– Kündigungsschutz 430 1 *53*
– Kündigungszugang 430 4 *34*
– Richterablehnung 60 49 *8*

Familienberater
– Arbeitnehmer 230 611 *98*

Familiengesellschaft
– Unternehmensmitbestimmung (BetrVG 1952) 220 76 *9*

Familienhaushalt
– Arbeitszeit 110 18 *5*
– Betrieb 210 4 *3*
– Jugendarbeitsschutz 420 1 *19*
– Kündigungsschutz (KSchG) 430 23 *7*
– Samstagsruhe (Jugendliche) 420 16 *10*

Familienstand
– Datenerhebung 160 28 *10*
– Datenschutz 160 27 *1*; 28 *19*

Familienzuschlag
– Entgeltfortzahlung 280 4 *30*

Fehlgeschlagene Vergütungserwartung
– Grundsätze 230 612 *21*

Fehlzeit
– Datenschutz 160 28 *20*
– Sonderzuwendung 230 611 *802*

Feiertagsarbeit
– Arbeitsbereitschaft 110 9 *1*
– Arbeitszeitgrenze 110 11 *4*
– Aufsichtsbehörde (Bewilligung) 110 13 *4*
– Ausgleich 110 11 *1*
– Ausnahmen 110 10 *1*
– Beschäftigungssicherung 110 13 *14*
– betriebliche Übung 230 611 *284*
– Betriebsratsmitglied (Entgelt) 210 37 *8*
– Betriebsversammlung 210 44 *11*
– Bildungsmaßnahmen 110 9 *1*
– Binnenschiffahrt (Jugendliche) 420 20 *4*
– Ersatzruhetag 110 11 *5*
– Garantie 110 1 *9*
– Jugendliche 110 9 *10*; 420 18 *2*
– Jugendliche (Arbeitszeit) 420 8 *3*
– Jugendliche (Verordnungsermächtigung) 420 21 b *1*
– Kraftfahrer 110 9 *8*
– Mindestruhezeit 110 11 *8*
– Mitbestimmung 110 9 *12*
– Mutterschutz 110 9 *9*
– Notfall 110 14 *1*
– Produktionsunterbrechung 110 10 *27*
– Rufbereitschaft 110 9 *1*
– Ruhezeit 110 5 *3*
– Schichtarbeit 110 9 *5*
– Schwangerschaft 500 8 *9*
– Tarifvertrag (Abweichung) 110 13 *2*
– Urlaub 110 11 *2*

2643

Sachverzeichnis

Fette Zahlen = Kennziffern

- Urlaubsentgelt 250 11 *14*
- Zuschlag 230 611 *716*

Feiertagsruhe
- Begriff (LadSchlG) 440 2 *1*
- Ladenschluß 440 3 *11*

Feiertagsvergütung
- Abrufarbeit 180 4 *43*
- Arbeitsausfall 280 2 *17*
- Arbeitskampf 10 9 *192*; 280 2 *25*
- Arbeitsort 280 2 *13*
- Arbeitszeitmodelle 110 7 *40*
- Ausländer 280 2 *15*
- Auslandseinsatz 280 2 *14*
- Darlegungs- und Beweislast 280 2 *51*
- Entgeltausfallprinzip 280 2 *31*
- Entgeltfortzahlung/Kurzarbeit 280 4 *54*
- Feiertage 280 2 *5*
- Geldfaktor 280 2 *39*
- Hausgewerbetreibende 280 11 *3*
- Heimarbeit 280 11 *3*
- Krankheit 280 2 *21*
- Krankheit/Kurzarbeit 280 2 *42*
- Kurzarbeit 280 2 *40*
- Kurzarbeit/Arbeitskampf 280 2 *43*
- Leistungslohn 280 2 *32*
- Mehrarbeit 280 2 *34*
- Naturkatastrophe 280 2 *30*
- Schichtarbeit 280 2 *22*
- Schichtbetrieb 280 2 *37*
- Sonderurlaub 280 2 *20*
- Teilzeit 280 2 *9*
- Teilzeitarbeit 180 2 *58*; 280 2 *36*
- unberechtigtes Fernbleiben 280 2 *45*
- Urlaub 280 2 *18*
- Weiterbeschäftigung 280 2 *16*
- Zwischenmeister 280 11 *3*

Ferienheim
- Betriebsübergang 230 613 a *33*

Ferienüberhang
- Änderungskündigung 430 2 *62*

Fernschreiben
- Berufungsbegründung 60 66 *15*

Fernsehen
- *siehe auch Medien*
- *siehe auch Rundfunk*
- *siehe auch Tendenzunternehmen*
- Arbeitnehmer 230 611 *110*
- Befristungsgrund 230 620 *112*
- Tendenzbetrieb 210 118 *15*

Fernsehkamera
- Mitbestimmung 210 87 *48*
- Überwachungseinrichtung 210 87 *62*

Fernunterrichtsvertrag
- Kündigungsfrist 230 621 *7*

Fertigungsverfahren
- Betriebsänderung 210 111 *18*

Festofferte
- Begriff 230 611 *337*

Feststellungsantrag
- Antragsbefugnis 60 81 *10*
- Bestimmtheit 60 81 *3*
- Betriebsbegriff 60 81 *2*
- Betriebsratswahl 60 81 *2*
- Einigungsstellenspruch 60 81 *2*
- Gegenstand 60 81 *2*
- leitende Angestellte 60 81 *2*
- Rechtsschutzbedürfnis 60 81 *8*
- Tendenzunternehmen 60 81 *2*
- Wahlrecht 60 81 *2*

Feststellungsinteresse
- Betriebsübergang 230 613 a *157*
- Kündigungsschutzklage 430 4 *9*

- Statusverfahren 210 18 a *6*

Feststellungsklage
- arbeitnehmerähnliche Person 600 12 a *13*
- Aufsichtsratsbeschluß 50 108 *22*
- Befristung 180 1 *65*
- Bezugnahme auf Tarifvertrag 600 3 *51*
- Eingruppierung 600 1 *52*
- Kündigungsschutzklage 430 4 *8*
- Kündigungsschutzklage/allgemeine 430 4 *79*
- Leiharbeitnehmer 140 10 *59*
- Revisionsverfahren 60 74 *20*
- Richter 60 *19*
- Scheinurteil 60 79 *4*
- Streitwert 60 12 *22*
- Tariffähigkeit 600 2 *45*
- Tarifvertrag (Auslegung) 600 1 *27*
- Tarifzuständigkeit 600 2 *45*
- Urteilsverfahren 60 46 *27*
- Verbandsklage 600 9 *10*
- Widerruf 430 2 *23*

Feuer
- Betriebsrisiko 230 615 *139*

Feuerwehr
- Vergütungsfortzahlung 230 616 *7*

Finanzbehörden
- Arbeitnehmerüberlassung 140 18 *6*

Firma
- Betriebsübergang (Aktiva) 230 613 a *23*

Firmentarifvertrag
- Allgemeinverbindlichkeit 600 5 *8*
- Aussperrung 10 9 *259*
- Betriebsübergang 230 613 a *95*
- Bezugnahme auf Tarifvertrag 600 1 *11*
- Grundrechte 10 Einl. *51*
- Grundsatzbeschwerde 60 72 a *11*
- Mitteilungspflicht 600 7 *4*
- Tariffähigkeit 600 2 *28*
- Tarifzuständigkeit 600 2 *42*
- Umwandlung 230 613 a *169*
- Verhandlungsanspruch 600 1 *80*

Fixschuld
- Arbeitspflicht 230 615 *7*

Flexible Arbeitszeit
- Begriff 110 7 *28*
- Beschäftigungsverhältnis 545 7 *35*
- Urlaubsentgelt (Tagesverdienst) 250 11 *28*
- Urlaubsentgelt (Zeitfaktor) 250 11 *32*

Flexible Entscheidungsquote
- Zulässigkeit 10 3 *95*

Fließbandarbeit
- Beschäftigungsverbot (MuSchG) 500 4 *19*

Flucht in die Öffentlichkeit
- Meinungsfreiheit 10 5 *37*

Flugblätter
- Betriebsrat 10 5 *43*

Flughafen
- Ladenschluß 440 9 *1*

Fluglotsen
- Arbeitskampf 10 9 *289*

Flugtauglichkeit
- Befristungsgrund 230 620 *96*

Fluktuation
- Kündigungsfrist 230 622 *69*

Folgebescheinigung
- Arbeitsunfähigkeitsbescheinigung 280 5 *45*

Fördermitgliedschaft
- Tarifvertragspartei 600 2 *14*

Forderungsübergang
- Annahmeverzug 430 11 *12*
- Insolvenzsicherung (BetrAVG) 200 9 *7*
- Krankengeld 550 44 *17*

magere Zahlen = §§ bzw. Art.; kursive Zahlen = Randnummern

Sachverzeichnis

Form
- *siehe auch Schriftform*
- Arbeitsvertrag 510 Einl *6*
- Gemeindeordnung 230 127 *5*
- Information (Arbeitgeber) 210 80 *23*
- Internationales Arbeitsrecht 290 34 *21*
- Kündigungsgegenklage 430 7 *3*
- Mahnantrag 60 46 a *7*
- Nachweispflicht 510 2 *1*
- Rechtsgeschäfte 230 127 *1*
- Rechtsquellen 230 127 *6*
- Rechtswahl 290 34 *5*
- Urkunde 230 127 *14*
- Urlaubsanmeldung (Tarifvertrag) 250 13 *36*
- Vertragsschluß 230 611 *429*
- Wettbewerbsverbot (nachvertragliches) 390 74 *24*
- Zweck 230 127 *2*

Formularvertrag
- Abgrenzung 230 611 *271*
- Betriebsrisiko 230 615 *138*
- Gesamtbetriebsrat 210 50 *6*
- Inhaltskontrolle 230 611 *553*
- Mitbestimmung 210 87 *21*
- Revision 60 73 *17*
- Tariflohnerhöhung 230 611 *631*
- Überstundenvergütung 230 611 *721*
- Umzugskosten 230 611 *645*

Formwechsel
- Kündigungsschutz 610 323 *3*
- Umwandlung (UmwG) 610 321 *1*

Forschungseinrichtung
- Befristung 400 57 a *7*
- Befristung (Zulässigkeit) 400 57 f *Anh.*
- Tendenzbetrieb 210 118 *13*

Fortbildung
- Befristungsgrund 230 620 *126*
- Befristungsgrund (Hochschule) 400 57 b *7*
- Begriff 150 46 *1*
- Behinderte 150 49 *1*
- Kosten (Grundsätze) 230 611 *647*
- Weiterbeschäftigung 430 1 *564*
- Widerspruchsgrund (Kündigung) 210 102 *21*

Fortbildungsmaßnahme
- Sozialplan 210 112 *28*

Fortsetzungserkrankung
- Kündigung (Entgeltfortzahlung) 280 8 *16*

Fotokopie
- Betriebsvereinbarung 210 77 *24*
- Einspruch 60 59 *23*
- Information (Arbeitgeber) 210 80 *23*
- Urkundenbeweis 60 58 *31*
- Zustimmungserklärung (Sprungrevision) 60 76 *3*

Fotokopierer
- Betriebsrat 210 40 *16*

Frachtführer
- Arbeitnehmer 230 611 *120*
- arbeitnehmerähnliche Person 230 611 *139*
- Arbeitsgerichtsbarkeit 60 5 *7*

Fragerecht
- *siehe auch Betriebsrat (personelle Angelegenheiten)*
- *siehe auch Einstellung*
- *siehe auch Personalfragebogen*
- Aids 230 611 *373*
- Alkohol 230 611 *372*
- Behinderung 230 611 *376*
- beruflicher Werdegang 230 611 *366*
- Beruflicher Werdegang (GG) 10 2 *96*
- Diskriminierungsverbot (GG) 10 3 *82*
- Ermittlungsverfahren 230 611 *371*
- Gewerkschaft (GG) 10 2 *97*
- Gewerkschaftszugehörigkeit 230 611 *386*
- Glaubensfreiheit (GG) 10 4 *22*
- Grundsatz 230 611 *359*
- Homosexualität 230 611 *392*
- Kirche (GG) 10 4 *46*
- Konfession 230 611 *386*
- Krankheit 230 611 *373*
- MfS 230 611 *387;* 626 *21*
- Persönlichkeitsrecht (GG) 10 2 *91*
- Pfändung 230 611 *369*
- Pressefreiheit (GG) 10 5 *73*
- Qualifikation (GG) 10 2 *96*
- Recht auf Lüge (GG) 10 2 *98*
- Religion (GG) 10 2 *97*
- Schwangerschaft 230 611 *380;* 500 5 *6*
- Schwerbehinderteneigenschaft 230 611 *377*
- Scientology 230 611 *391*
- Vergütung 230 611 *368*
- Verpflichtungserklärung 230 626 *21*
- Vorstrafe 230 611 *370*
- Wehr-/Ersatzdienst 230 611 *385*
- Wettbewerbsverbot 230 611 *367*

Franchise
- arbeitnehmerähnliche Person 230 611 *139;* 600 12 a *4*
- Arbeitnehmerbegriff (BetrVG) 210 5 *13*
- Arbeitsgerichtsbarkeit 60 5 *7*
- Arbeitsverhältnis (Abgrenzung) 230 611 *38*
- außerordentliche Kündigung (Vorbereitung) 230 626 *129*
- Beschäftigungsverhältnis 545 7 *43*
- betriebsbedingte Kündigung 430 1 *411*

Frauen
- *siehe auch Diskriminierung (Geschlecht)*
- *siehe auch Gleichberechtigung*
- *siehe auch mittelbare Diskriminierung*
- Eingliederung (Betriebsrat) 210 80 *13*

Frauenförderung
- Zulässigkeit 10 3 *92*

Fraunhofer-Gesellschaft
- Befristung (Zulässigkeit) 400 57 f *Anh.*

Freibeweis
- ausländisches Recht 60 58 *3*
- Begriff 60 58 *8*

Freie Mitarbeit
- *siehe auch Arbeitnehmerbegriff*
- Änderungskündigung 430 2 *4*
- Beschäftigungsverhältnis (Rundfunk) 545 7 *12*
- Betriebsverfassung 210 5 *14*
- Einstellung (BetrVG) 210 99 *8*
- Geringfügig Beschäftigte (Zusammenrechnung) 545 8 *20*
- Geschlechtsdiskriminierung 230 611 a *6*
- Haftung 230 611 *1047*
- Information (Arbeitgeber) 210 80 *20*
- Inhaltskontrolle 230 611 *56*
- Internationales Arbeitsrecht 290 34 *3*
- Medien (Tarifvertrag) 600 12 a *7*
- Minderjährige 230 113 *6*
- Presse (GG) 10 5 *74*
- Rechtswegbestimmung 60 2 *5*
- Rundfunk (GG) 10 5 *102*
- Schriftformerfordernis (§ 623 BGB) 230 623 *4*
- vorübergehende Verhinderung 230 616 *3*
- Wettbewerbsverbot 390 60 *4*
- Wettbewerbsverbot (nachvertragliches) 390 74 *8*

Freifrist
- Massenentlassung 430 18 *16*

Freigänger
- Unterstützung 230 611 *909*

Freigängerstatus
- wichtiger Grund 230 626 *174*

2645

Sachverzeichnis

Fette Zahlen = Kennziffern

Freiheitsstrafe
- Annahmeverzug 230 615 *49*
- ehrenamtliche Richter 60 *21*
- Karenzentschädigung 390 74 *33*
- Karenzentschädigung (Befreiung) 390 74 c *20*
- Wichtiger Grund 230 626 *173*

Freischicht
- Entgeltfortzahlung 280 4 *12*
- Entgeltfortzahlung (Tarifvertrag) 280 4 *58*

Freistellung
- *siehe auch Suspendierung*
- Arbeitnehmervertreter 470 26 *3*
- ehrenamtliche Richter 60 6 *6*
- Haftung 230 611 *1054*
- Kindeserkrankung 550 45 *13*
- sexuelle Belästigung 190 3 *4*
- Spaltung 610 325 *15*
- Unfallversicherung 570 105 *1*

Freiwillige Leistungen
- Mitbestimmung 210 87 *107*

Freiwilligkeitsvorbehalt
- Gleichbehandlungsgrundsatz 230 611 *858*
- Grundsätze 230 611 *531*

Freizeit
- *siehe außerdienstliches Verhalten*

Freizeitausgleich
- Ausschlußfristen 230 225 *44*
- Überstunden 230 611 *948*

Freizeitgutschrift
- Entgeltfortzahlung 280 4 *22*

Freizügigkeit
- *siehe auch Ausland*
- *siehe auch Gemeinschaftsrecht*
- *siehe auch Internationales Arbeitsrecht*
- Assoziierte Staaten 20 39 *5*
- Berechtigte (Unionsbürger) 20 39 *2*
- Berufstätigkeit 20 39 *13*
- Beschäftigungszugang 20 39 *27*
- Beschränkungsverbot 20 39 *41*
- Diskriminierung 20 39 *33*
- Drittstaatsangehörige 20 39 *7*
- Europäischer Wirtschaftsraum 20 39 *3*
- Gemeinschaftsrecht 20 39 *1*
- Ordre-publik-Vorbehalt 20 39 *24*
- Sprachkenntnisse 20 39 *30*
- Stellensuche 20 39 *15*
- Unterhalt 20 39 *31*
- Verpflichtete 20 39 *11*
- Wohnung 20 39 *22*

Fremdfirma
- betriebsbedingte Kündigung 430 1 *418*

Fremdnützigkeit
- Arbeitnehmerbegriff 230 611 *90*

Fremdvergabe
- Betriebsübergang 230 613 a *30*

Friedenspflicht
- Arbeitskampfsperre 10 9 *103*
- Betriebsvereinbarung 210 77 *9*
- Betriebsverfassung 210 74 *9*
- Pflichtverletzung (Arbeitgeber) 210 23 *26*
- Sprecherausschuß 590 2 *20*
- Tarifvertrag 10 9 *43*; 600 1 *63*
- Urteilsverfahren 60 2 *12*

Friedhof
- Ladenschluß 440 18 a *1*

Friseurbetriebe
- Ladenschluß 440 18 *1*

Frisur
- Glaubensfreiheit 10 4 *22*

Früher erster Termin
- Urteilsverfahren 60 46 *8*

Frühgeburt
- Begriff 500 6 *3*

Frühverrentung
- Anrechnung von Entlassungsentschädigungen 540 143 a *1*
- Arbeitslosengeld (Erstattung durch Arbeitgeber) 540 147 a *1*

Führerschein
- Annahmeverzug 230 615 *48*

Führungsrichtlinie
- Mitbestimmung 210 87 *21*
- Sprecherausschuß 590 30 *10*

Fünf-Monats-Frist
- Nichtzulassungsbeschwerde 60 69 *10*
- Revisionsgrund 60 60 *15*
- Verfahrensrüge 60 73 *31*

Fünfzehnte
- Kündigungsfrist (Änderung) 230 622 *97*

Funktionsnachfolge
- Betriebsübergang 230 613 a *37*

Funktionszulage
- Teilzeitarbeit 180 2 *45*

Fürsorgepflicht
- *siehe auch Arbeitsschutz*
- *siehe auch Schutzpflicht (Arbeitsschutz)*
- Annahmeverzug 230 615 *64*
- Arbeitsbefreiung 230 611 *978*
- Arbeitsschutz 230 618 *2*
- Begriff 230 611 *883*
- Handlungsgehilfe 390 *62*
- Leiharbeitsverhältnis 140 Einl. *37*
- nachwirkende 230 611 *1143*
- Persönlichkeitsrecht 10 2 *72*
- richterliche (Vorsitzender) 60 53 *9*
- Schriftform 230 127 *58*
- Überzahlung 230 611 *615*

Garantie
- Tarifvertrag (schuldrechtlicher Teil) 600 1 *60*

Gastmitglied
- Tarifbindung 600 3 *6*
- Tarifvertragspartei 600 2 *14*

Gaststätte
- Betriebsübergang 230 613 a *22*
- Betriebsübergang (Ähnlichkeit der Tätigkeit) 230 613 a *33*
- Ruhezeit 110 5 *9*
- Schwangerschaft 500 8 *6*
- Sonn-/Feiertagsarbeit 110 10 *7*

GbR
- Kündigungsschutzklage 430 4 *20*
- Parteifähigkeit 60 10 *8*

Gebäudereiniger
- Arbeitnehmer 230 611 *97*

Gebrauchsüberlassungsvertrag
- Provision 390 87 b *6*

Gebührenbeauftragter
- Arbeitnehmer 230 611 *114*

Gebührenstreitwert 60 12 *15*

Geburtsdatum
- Datenschutz 160 27 *1*

Gedinge
- Begriff 230 611 *594*

Geeignetheit
- Grundsatz (GG) 10 Einl. *27*

Gefährdungsanalyse
- Betriebsrat 210 87 *66*

Gefahrenzulage
- Urlaubsentgelt 250 11 *14*

Gefahrgeneigte Arbeit
- Haftung 230 611 *1039*

magere Zahlen = §§ bzw. Art.; kursive Zahlen = Randnummern

Sachverzeichnis

Gefahrstoffe
- Arbeitszeit 110 8 *4*

Gefälligkeit
- Arbeitsverhältnis (Vergütung) 230 612 *14*
- Jugendarbeitsschutz 420 1 *18*
- Vergütung 230 612 *58*

Gegenbeweis
- Begriff 60 58 *9*
- Urkunde 60 58 *30*

Gegendarstellung
- Schutzpflicht 10 2 *67*

Gegenkündigung
- Auflösungsverschulden 230 628 *103*

Gegenvorstellung
- Revisionsbeschwerde 60 77 *2*
- Zulässigkeit 60 70 *8*

Gegnerunabhängigkeit
- Koalition 10 9 *7*

Gehaltsumwandlung
- Günstigkeitsvergleich 600 4 *68*
- Versorgungsanwartschaftshöhe 200 2 *29*

Gehaltsumwandlungsversicherung
- Insolvenzsicherung (BetrAVG) 200 7 *19*

Geldfaktor
- Feiertagsvergütung 280 2 *39*

Geldrente
- Haftung 230 611 *1112*

Geldstrafe
- Aufwendungsersatz 230 611 *824*
- Haftung 230 611 *1131*

Geltendmachung
- siehe Ausschlußfrist

GEMA
- Tendenzbetrieb 210 118 *14*

Gemeindeordnung
- Schriftform 230 127 *5*

Gemeindevertreter
- Vergütungsfortzahlung 230 616 *7*

Gemeinsame Einrichtung
- Altersteilzeit 130 9 *1*
- Begriff 600 1 *122*; 4 *40*
- Günstigkeitsprinzip 600 4 *61*
- Günstigkeitsvergleich 600 4 *70*
- örtliche Zuständigkeit 60 48 *19*
- Tarifbindung 600 3 *27*
- Urteilsverfahren 60 2 *36*

Gemeinsamer Senat der obersten Gerichtshöfe
- Bildung 60 45 *10*
- Divergenzrevision 60 72 *15*

Gemeinschaftsarbeitsverhältnis
- Mutterschutz 500 9 *4*

Gemeinschaftsbetrieb
- Begriff 210 4 *7*
- Betriebsänderung 210 111 *13*
- Betriebsverfassungsorganisation (Tarifvertrag) 210 3 *3*
- Darlegungs-/Beweislast (UmwG) 610 322 *1*
- Gesamtbetriebsrat 210 47 *6*
- Konzernbetriebsrat 210 54 *7*
- Kündigungsschutz (KSchG) 430 23 *5*
- öffentlicher Dienst (BetrVG) 210 126 *4*
- Sozialauswahl 430 1 *480*
- Tarifbindung 600 3 *26*
- Übergangsmandat 610 321 *4*
- Wahlanfechtung 210 19 *13*

Gemeinschaftsrecht
- siehe auch Freizügigkeit
- Anwendungsvorrang 20 Vorb. *13*; 141 *2*
- Arbeitnehmerbegriff 20 39 *6*; 141 *3*
- Arbeitnehmerüberlassung 140 Einl. *2*
- Auslegung 20 Vorb. *16*

- Baugewerbe 30 1 *2*
- Beamte 20 141 *3*
- Befristung (Richtlinie) 180 1 *2*
- betriebliche Altersversorgung 200 30 a *3*
- Beweis 60 58 *3*
- Chancengleichheit 20 141 *1*
- Datenschutz 160 Einl. *14*
- Effektiver Rechtsschutz 20 Vorb. *3*
- Empfehlung 20 Vorb. *4*
- Entgeltbegriff 20 141 *3*
- Freizügigkeit 20 39 *1*
- Geringfügig Beschäftigte 545 8 *5*
- Gleichbehandlung 20 141 *23*
- Gleichheitssatz 10 3 *17*; 20 Vorb. *3*
- Internationale Verträge (Anwendbarkeit) 20 Vorb. *10*
- Koalitionen 10 9 *4*
- Koalitionsfreiheit 20 Vorb. *3*
- Ladenschluß 440 1 *5*
- mittelbare Diskriminierung 20 141 *13*
- Nichtigkeitsverfahren 20 234 *5*
- Primärrecht 20 Vorb. *3*
- Rechtsquelle 230 611 *248*
- Rechtssicherheit 20 Vorb. *3*
- Revisionsurteil (Bindung) 60 75 *19*
- Richtlinie 20 Vorb. *4*
- Ruhegeld 200 Einl. *37*
- Sekundärrecht 20 Vorb. *4*
- Tarifautonomie 20 141 *2*
- Tarifvertrag (Inhalt) 600 1 *150*
- Verhältnismäßigkeit 20 Vorb. *3*
- Verordnung 20 Vorb. *4*
- Vertragsverstoßverfahren 20 234 *5*
- Vorabentscheidungsverfahren 20 234 *6*

Gemeinschaftsunternehmen
- Begriff (MitbestG) 470 5 *10*
- Konzern (BetrVG 1952) 220 76 *62*

Gemeinwohlbindung
- Arbeitskampf 10 9 *104*
- Koalition 10 9 *61*

Genehmigung
- Betriebsvereinbarung (bei Öffnungsklausel) 600 4 *53*

Generalanwalt
- Vorabentscheidungsverfahren 20 234 *35*

Generalklausel
- Schutzpflicht 10 2 *34*
- Strukturelle Unterlegenheit 10 2 *29*

Generalunternehmer
- Haftung (Baugewerbe) 30 1 *5*
- Urlaubskasse (Haftung) 30 1 a *1*

Generalvollmacht
- Betriebsverfassung 210 5 *33*
- Kündigungsschutz 430 14 *6*
- Sprecherausschuß 590 31 *4*

Genomanalyse
- Datenschutz 160 28 *4*
- Zulässigkeit 230 611 *411*

Genossenschaft
- Handlungsvollmacht 390 54 *4*
- Prokura 390 48 *1*
- Unternehmensmitbestimmung (BetrVG 1952) 220 85 *1*

Gerichte
- Ausschluß der Öffentlichkeit 340 171 b
- Diplomaten 340 18
- Gerichtssprache 340 184
- konsularische Vertretungen 340 19
- Öffentlichkeit 340 169

Gerichtssprache
- Arbeitsgerichte 60 9 *20*
- Deutsch 340 184

2647

Sachverzeichnis

Fette Zahlen = Kennziffern

Gerichtsstand
- Betriebsübergang 60 48 *16*
- Widerklage 60 48 *16*

Gerichtsstandsvereinbarung
- Erfüllungsort 60 59 *10*
- Internationales Arbeitsrecht 290 34 *5*

Gerichtstermin
- Vergütungsfortzahlung 230 616 *8*

Gerichtsvollzieher
- Ablehnung 60 49 *4*
- Arbeitsgerichtsbarkeit 60 9 *18*
- Zugang 230 620 *212*
- Zuständigkeit 60 62 *13*

Geringbesoldung
- Wettbewerbsverbot (nachvertragliches) 390 74 a *15*

Geringfügig Beschäftigte
- Arbeitnehmerbegriff (BetrVG) 210 5 *16*
- Arbeitslosenversicherung 545 8 *31*
- Auszubildende 545 8 *1*
- Beamte (Zusammenrechnung) 545 8 *20*
- Begriff 230 611 *177*
- Bereitschaftsdienst 545 8 *9*
- Berufsmäßigkeit 545 8 *16*
- Beschäftigungsverhältnis (Vermutung) 545 7 *51*
- betriebliche Altersversorgung 545 8 *4*
- Eingruppierung 180 2 *55*
- Einzugsstelle 545 8 *21*
- Entgeltfortzahlung 180 2 *55*
- Entgeltgeringfügigkeit 545 8 *8*
- Feststellungslast 545 8 *24*
- Gemeinschaftsrecht 545 8 *5*
- Gesamtsozialversicherungsbeitrag 545 8 *12*
- Gleichbehandlung 545 8 *4*
- Grundrechte 545 8 *6*
- Jahressonderzuwendung (mittelbare Diskriminierung) 20 141 *9*
- Krankenversicherung 545 8 *26*
- Kündigungsfrist 230 622 *10*
- Kurzfristbeschäftigung 545 8 *13*
- Nachtdienst 545 8 *14*
- Nachweis 545 8 *28*
- Nachweispflicht 510 1 *2*
- Nebenbeschäftigung 545 8 *18*
- Nettoarbeitsentgelt 545 8 *12*
- Pflegeversicherung 545 8 *30*
- Rechtsfolgen (Überblick) 545 8 *25*
- Rentenversicherung 545 8 *27*
- Rentenversicherung (Nachweis) 510 2 *23*
- Schadenersatz 545 8 *21*
- Schriftform 545 8 *15*
- selbständige Tätigkeit 545 8 *23*
- Selbständiger (Zusammenrechnung) 545 8 *20*
- Sonderzuwendung 545 8 *10*
- Tariflohn 180 2 *55*
- Unfallversicherung 545 8 *29*
- Urlaub 250 1 *23*
- Urlaubsabgeltung 180 2 *55*
- Urlaubsgeld 180 2 *55*; 545 8 *10*
- vermögenswirksame Leistungen 180 2 *55*
- Versicherungsfreiheit 545 8 *1*
- Zeitgeringfügigkeit 545 8 *13*
- Zuflußprinzip 545 8 *11*
- Zusammenrechnung 545 8 *18*
- Zuschläge 180 2 *55*

Geringwertige Güter
- außerordentliche Kündigung (Entwendung) 230 626 *154*

Gesamtbetriebsrat
- Amtszeit 210 47 *14*
- Antragsbefugnis 60 81 *9*
- Arbeitnehmervertreter (Bestellungswiderruf) 220 76 *79*
- Arbeitsplatzausschreibung 210 93 *7*
- Auflösung 210 48 *2*
- Auftragszuständigkeit 210 50 *10*
- Ausland 210 47 *6*
- Ausschluß 210 48 *2*
- Ausschüsse 210 51 *11*
- Auswahlrichtlinien 210 95 *9*
- Belegschaftsstärke 210 50 *3*
- Betriebsänderung 210 50 *7*
- Betriebsräteversammlung 210 53 *1*
- Betriebsübernahme 210 47 *6*
- Errichtung 210 47 *2*
- Ersatzmitglied 210 47 *9*; 51 *5*
- Gemeinschaftsbetrieb 210 47 *7*
- Gesamtbetriebsausschuß 210 51 *11*
- Gesamtbetriebsvereinbarung 210 50 *9*
- Gesamtschwerbehindertenvertretung 210 52 *1*
- Geschäftsführung 210 51 *4*
- Geschäftsordnung 210 36 *1*
- Gewerkschaftsvertreter 210 51 *6*
- Gruppenschutz 210 47 *10*
- Interessenausgleich 210 112 *6*
- Konstituierung 210 51 *1*
- Kosten 210 51 *8*
- Niederlegung 210 49 *3*
- örtliche Zuständigkeit 60 82 *2*
- Personalplanung 210 92 *11*
- Schulungs-/Bildungsveranstaltung 210 51 *9*
- Sitzungen 210 51 *6*
- Sitzungsniederschrift 210 51 *5*
- Spaltung 610 325 *15*
- Sprechstunde 210 51 *9*
- Stimmengewichtung 210 47 *16*
- Tätigkeitsbericht 210 53 *4*
- Unternehmensspaltung 210 4 *8*
- Vergrößerung 210 47 *11*
- Vorsitzender 210 51 *3*
- Wahlanfechtung (BetrVG 1952) 220 76 *49*
- Wirtschaftsausschuß 210 107 *5*
- Zusammensetzung 210 47 *7*
- Zuständigkeit 210 50 *2*

Gesamtbetriebsvereinbarung
- Betriebsübergang (Weitergeltung) 230 613 a *97*

Gesamthafengesellschaft 430 1 *47*

Gesamthafenverhältnis
- Arbeitgeber 230 611 *235*

Gesamthand
- Beschäftigungsverhältnis 545 7 *45*

Gesamtjugend-/-auszubildendenvertretung
- Errichtung 210 72 *2*
- Geschäftsführung 210 73 *1*
- Gruppenschutz 210 10 *1*

Gesamtprokurist
- Arbeitsgerichtsbarkeit 60 5 *12*
- Begriff 390 48 *5*

Gesamtrechtsnachfolge
- Arbeitsgerichtsbarkeit 60 3 *3*
- Betriebsübergang 230 613 a *58*
- Wartezeit 430 1 *89*

Gesamtschuldner
- Schlechtleistung 230 611 *967*

Gesamtschwerbehindertenvertretung
- Bildung 530 22 Anhang *21*
- Gesamtbetriebsrat 210 52 *2*

Gesamtsozialversicherungsbeitrag
- Geringfügig Beschäftigte 545 8 *12*
- Schadensersatz (Geringfügig Beschäftigte) 545 8 *22*

Gesamtsprecherausschuß
- Amtszeit 590 19 *8*

magere Zahlen = §§ bzw. Art.; kursive Zahlen = Randnummern   **Sachverzeichnis**

- Änderungsverbot 590 2 *15*
- Errichtung 590 19 *2*
- Konzernsprecherausschuß (Auflösung) 590 24 *10*
- Stimmengewichtung 590 19 *7*
- Unternehmenssprecherausschuß (Verhältnis) 590 20 *1*
- wirtschaftliche Angelegenheiten 590 32 *3*
- Zusammensetzung 590 19 *4*
- Zuständigkeit 590 19 *10*

Gesamtvereinbarung
- Sprecherausschuß (Betriebsrats) 590 2 *14*

Gesamtversorgung
- Teilzeitarbeit 180 2 *46*

Gesamtversorgungssystem
- betriebsfremde Versorgungsbezüge 200 2 *70*
- Versorgungsanwartschaftshöhe 200 2 *20*

Gesamtversorgungszusage
- Direktversicherung 200 2 *31*

Gesamtvertretung
- Prokura 390 48 *5*

Gesamtzusage
- Begriff 230 611 *274*
- Geschlechtsdiskriminierung 230 611 a *7*; 612 *50*

Geschäftsbesorgungsvertrag
- Arbeitnehmerüberlassung (Abgrenzung) 140 1 *38*
- Arbeitsvertrag (Abgrenzung) 230 611 *30*

Geschäftsbrief
- Mitbestimmung 210 87 *21*

Geschäftsbücher
- Provision 390 87 c *5*

Geschäftsfähigkeit
- faktisches Arbeitsverhältnis 230 611 *171*
- Internationales Arbeitsrecht 290 34 *21*
- Kündigungsgegenklage 430 7 *3*
- Minderjährige 230 113 *7*
- Minderjähriger (Arbeitsverhältnis) 230 113 *2*
- Prozeßvertretung 60 11 *2*
- Vertragsschluß 230 611 *428*

Geschäftsführer
- *siehe auch Organvertreter*
- Begriff (KSchG) 430 14 *8*
- Beschäftigungsverhältnis 545 7 *3, 21*
- Beschäftigungsverhältnis (Vermutung) 545 7 *43*
- Wettbewerbsverbot (nachvertragliches) 390 74 *8*

Geschäftsgeheimnis
- *siehe auch Betriebs-/Geschäftsgeheimnis*
- Begriff 230 611 *996*
- Begriff (BetrVG) 210 79 *3*

Geschäftsgrundlage
- Änderungskündigung 430 2 *22*
- Arbeitnehmerbegriff 230 611 *123*
- Beendigungstatbestand 230 620 *188*
- Betriebsvereinbarung 210 77 *101*
- Nachwirkung (Tarifvertrag) 600 4 *83*
- Sozialplan 210 112 *41*
- Sozialplan (Rechtsfolgen) 210 112 *46*
- Tarifvertrag 600 1 *81*
- Vertragsänderung 230 611 *527*

Geschäftslage
- Betriebsübergang 230 613 a *13*

Geschäftslokal
- Zustellung 60 50 *8*

Geschäftsordnung (BetrVG)
- Betriebsausschuß 210 27 *6*
- Bundesarbeitsgericht 60 44
- Gewerkschaftsbeauftragter 210 31 *1*
- Jugend-/Auszubildendenvertretung 210 65 *10*
- Sitzungsniederschrift 210 34 *2*
- Sprecherausschuß 590 13 *1*

Geschäftsordnung (Unternehmen)
- Arbeitsdirektor 490 13 *15*

- Aufsichtsrat (AktG) 50 107 *2*
- Aufsichtsrat (MitbestG) 470 25 *6*

Geschäftspapier
- Betriebsübergang 230 613 a *13*

Geschäftsraum
- Betretungsrecht (AÜG) 140 7 *21*
- Betriebsübergang 230 613 a *13*

Geschäftsschädigung
- Wichtiger Grund 230 626 *144*

Geschäftsstelle
- Arbeitsgerichte 60 7 *1*

Geschäftsunfähigkeit
- Leiharbeitsverhältnis 140 10 *3*

Geschäftsverteilung
- Geschäftsverteilungsplan 60 6 a *7*

Geschlechtsdiskriminierung
- *siehe Diskriminierung (Geschlecht)*
- *siehe Gleichberechtigung*
- *siehe mittelbare Diskriminierung*

Geschlechtsumwandlung
- Persönlichkeitsrecht 10 2 *82*

Gesellschaft
- Beschäftigungsverhältnis 545 7 *45*

Gesellschafter
- alternative 230 611 *23*
- Arbeitnehmer 230 611 *24*
- Arbeitnehmerbegriff 230 611 *161*
- Arbeitnehmerbegriff (BetrVG) 210 5 *17*
- Beschäftigungsverhältnis 545 7 *20*
- Beschäftigungsverhältnis (Vermutung) 545 7 *43*
- betriebliche Altersversorgung 200 17 *11*
- Betriebsübergang (Wechsel) 230 613 a *43*
- Durchgriffshaftung 230 611 *229*
- Kündigungserklärungsfrist 230 626 *259*
- Tarifvertrag 600 1 *84*
- Vergütung 230 612 *15*

Gesellschafterversammlung
- Aufsichtsrat (Verhältnis) 220 77 *10*
- Aufsichtsratsmitglied (Bestellung) 220 77 *16*
- Aufsichtsratsmitglieder (Wahl) 490 6 *2*
- Zustimmungsvorbehalt 470 25 *14*

Gesellschaftsvertrag
- Arbeitsvertrag (Abgrenzung) 230 611 *22*

Gesetz
- *siehe auch Rechtsquelle*
- dispositives 230 611 *262*
- Formvorschriften 230 127 *6*
- Gleichheitssatz 10 Einl. *31*
- Grundrechtsbindung 10 Einl. *10*
- tarifdispositives 230 611 *260*
- Tarifvertrag (Inhalt) 600 1 *153*
- Übermaßverbot 10 Einl. *28*
- zwingendes 230 611 *259*

Gesetzesvorrang
- soziale Angelegenheiten 210 87 *10*

Gesetzgebung
- Gleichheitssatz 10 3 *15*
- Gleichheitssatz (Verstoß) 10 3 *54*
- Grundrechtsbindung 10 Einl. *10*
- innerkirchliche Angelegenheiten 10 4 *39*
- Kirche 10 4 *38*
- Körperliche Unversehrtheit (Schutzpflicht) 10 2 *109*
- Persönlichkeitsrecht 10 2 *67*
- Prognose 10 Einl. *43*

Gesetzlicher Vertreter
- persönliches Erscheinen 60 51 *5*
- Richterablehnung 60 49 *9*

Gestaltungsantrag
- Antragsbefugnis 60 81 *10*
- Betriebsratsauflösung 60 81 *2*
- Betriebsratswahl 60 81 *2*

2649

Sachverzeichnis

Fette Zahlen = Kennziffern

- Gegenstand 60 81 2
- Rechtsschutzbedürfnis 60 81 8
- Zustimmungsersetzung 60 81 2

Gestaltungsklage
- Urteilsverfahren 60 46 29

Geständnis
- Güteverhandlung 60 54 4

Gestellungsvertrag
- Arbeitnehmerüberlassung 140 1 55
- Betriebsverfassung 210 5 27

Gesundheit
- Anfechtung 230 611 480
- Auflösungsurteil 430 10 10
- Datenschutz 160 27 1; 28 11
- Sozialauswahl 430 1 498
- Untersuchungspflicht 230 611 1031

Gesundheitsschutz
- Arbeitnehmerentsendung 30 7
- Mutterschutz (Grundrechte) 10 6 21

Getrenntlebensklausel
- Grundrechte 10 6 14

Gewerbeanmeldung
- Beschäftigungsverhältnis 545 7 16

Gewerbeaufsichtsamt
- Besichtigungsrecht 420 54 1

Gewerbebetrieb
- Grundrechtsschutz 10 14 19

Gewerbegehilfe
- Wettbewerbsverbot (nachvertragliches) 390 83 1

Gewerbliche Arbeitnehmer
- siehe Arbeiter

Gewerbsmäßigkeit
- Arbeitnehmerüberlassung (Begriff) 140 1 47

Gewerkschaft
- siehe auch Gewerkschaft (BetrVG)
- Antragsbefugnis 60 81 10
- Begriff 10 9 10
- Beitrag (Tarifvertrag) 600 1 37
- Beitritt (Minderjähriger) 150 3 4
- Beteiligter (Beschlußverfahren) 60 83 8
- Fragerecht 230 611 386
- Grundrechte 10 Einl. 20
- Meinungsbildungsprozeß 10 Einl. 57
- Minderjährige (Beitritt) 230 113 9
- Öffentlichkeit 10 5 39
- Parteifähigkeit 60 10 10
- Richterablehnung 60 49 6
- Sprecherausschuß 590 2 10
- Streikunterstützung 10 9 186
- Tariffähigkeit (Beschlußverfahren) 60 97 2
- Tarifzuständigkeit (Beschlußverfahren) 60 97 2
- Tendenzbetrieb 210 118 9
- Wahlanfechtung (BetrVG 1952) 220 76 50
- Werbung (Grundrechte) 10 14 21
- Werbung (Kirche) 10 4 54
- Zugehörigkeit (Datenerhebung) 160 28 8
- Zusammenschluß (Tarifbindung) 600 3 16

Gewerkschaft (BetrVG)
- Arbeitgeber (Pflichtverletzung) 210 23 27
- Ausschußsitzung 210 31 4
- Beauftragte 210 2 6
- Betätigung (Betriebsrat) 210 74 34
- Betriebsausschuß 210 27 6
- Betriebsräteversammlung 210 53 2
- Betriebsratsausschuß 210 23 12
- Betriebsratskosten (Beteiligte) 210 40 19
- Betriebsratssitzung 210 31 3
- Betriebsratssitzung (konstituierende) 210 29 1
- Betriebsversammlung (Einberufung) 210 43 2
- Betriebsversammlung (Unterrichtung) 210 46 6
- Betriebsversammlung (Wahlvorstandswahl) 210 17 2
- Betriebsversammlung (Zulassung) 210 46 2
- Diskriminierungsverbot 210 75 6
- Gesamtbetriebsrat (Ausschluß) 210 48 4
- Gesamtbetriebsratssitzung 210 51 6
- Gewerkschaftsausschluß 210 20 7
- Jugend-/Auszubildendenvertretung (Sitzung) 210 65 7
- Konzernbetriebsrat 210 59 4
- Monatsgespräch 210 74 7
- Ordnungswidrigkeit (Anzeige) 210 121 6
- parteipolitische Betätigung 210 74 23
- Rechtsschutzgewährung 210 40 4
- Schulungs-/Bildungsveranstaltung (Kostenkalkulation) 210 40 12
- Schulungsveranstaltung (Beteiligung) 210 37 28
- Sprechstunde 210 39 4
- Unterlassungsanspruch 10 9 73; 60 81 10; 210 23 34; 77 50; 600 4 39
- vertrauensvolle Zusammenarbeit 210 2 2
- Wahlanfechtung (Berechtigung) 210 19 13
- Wahlanfechtung (Betriebsratsvorsitzender) 210 26 8
- Wahlvorschlag 210 14 17
- Wahlvorstand (Entsendung) 210 16 6
- Wahlvorstand (Jugend-/Auszubildendenvertretung) 210 63 6
- Wahlwerbung (Behinderungsverbot) 210 20 2
- Werbung 210 2 8
- Wirtschaftsausschuß 210 108 9
- Zugangsrecht 210 2 5

Gewerkschaftssekretär
- nachträgliche Klagezulassung 430 5 5
- Zustellung 60 50 15

Gewerkschaftsvertreter
- Aufsichtsratswahl (Montan-MitbestG) 490 6 9
- Wählbarkeit (MitbestG) 470 7 3

Gewinnabführungsvertrag
- Anpassung (BetrAVG) 200 16 46

Gewinnanteil
- Arbeitslosengeld (Anrechnung) 540 143 a 6

Gewinnbeteiligung
- Billigkeitskontrolle 230 611 575
- Geschlechtsdiskriminierung 230 612 51
- Grundsätze 230 611 726
- Karenzentschädigung 390 74 31
- Mutterschutzlohn 500 11 10
- Ruhegeld 200 1 6
- Teilvergütung (Kündigung) 230 628 16

Gewissensfreiheit
- Abwehrfunktion 10 4 62
- Begriff 10 4 59
- Darlegungslast 10 4 61
- Direktionsrecht 10 4 70
- Einschränkbarkeit 10 4 67
- Ernsthaftigkeit 10 4 61
- Konkurrenzen 10 4 64
- Privatautonomie 10 4 66
- Schutzpflicht 10 4 62
- Toleranzgebot 10 4 69
- Verschwiegenheitspflicht 10 4 71

Gewissenskonflikt
- Annahmeverzug 230 615 45
- Arbeitsleistung 230 611 970
- Grundrechte 10 4 24
- Kündigung 430 1 260
- Sperrzeit 540 144 35
- Wichtiger Grund 230 626 108

Gewohnheitsrecht
- Beweis 60 58 3
- Revision 60 73 9
- Untersuchungsgrundsatz 60 46 15
- vorkonstitutionelles 10 2 21

magere Zahlen = §§ bzw. Art.; kursive Zahlen = Randnummern

Sachverzeichnis

Glatteis
- Vergütungsfortzahlung 230 616 *5*

Glaubensfreiheit
- Abwehrrecht 10 4 *14*
- Begriff 10 4 *9*
- Bekenntnisfreiheit 10 4 *12*
- Diskriminierungsverbot 10 3 *76*
- Kirchenaustritt 10 4 *11*
- Lohnsteuerkarte 10 4 *17*
- Negative 10 4 *11*
- Reichweite 10 4 *6*
- Religionsfreiheit 10 4 *9*
- Religionsgesellschaften 10 4 *28*
- Schranken 10 4 *16*
- Schutzpflicht 10 4 *15*
- Sekte 10 4 *10*
- Selbstverwaltungsrecht 10 4 *29*
- Ungleichbehandlung 10 4 *14*
- Werbung 10 4 *23*

Glaubhaftmachung
- Begriff 60 58 *6*
- Terminsverlegung 60 58 *6*

Gleichbehandlung
- siehe auch Gleichbehandlungsgrundsatz
- siehe auch Gleichberechtigung
- siehe auch Gleichheitssatz
- Gemeinschaftsrecht 20 141 *23*
- Geringfügig Beschäftigte 545 8 *4*

Gleichbehandlungsgebot (BeschFG)
- Arbeitsfreistellung 180 2 *59*
- Arbeitsleistung (Rechtfertigung) 180 2 *38*
- Arbeitsmarktlage 180 2 *50*
- Arbeitsvergütung 180 2 *58*
- Arbeitszeit 180 2 *13*
- Arbeitszeitkürzung (altersbedingte) 180 2 *58*
- Beamte 180 2 *56*
- Beihilfe 180 2 *56, 58*
- Bereitschaftsdienst 180 2 *59*
- Berufserfahrung (Rechtfertigung) 180 2 *38*
- Beschäftigungsdauer 180 2 *52*
- Besitzstandswahrung 180 2 *48*
- betriebliche Altersversorgung 180 2 *58*
- Betriebsbezug 180 2 *25*
- Betriebszugehörigkeit 180 2 *52, 58*
- Bewährungsaufstieg 180 2 *58*
- Bewährungszeit 180 2 *52*
- Beweislast 180 2 *60*
- Bezugnahme auf Tarifvertrag 180 6 *11*
- Darlehen 180 2 *58*
- Direktionsrecht 180 2 *4*
- Direktversicherung 180 2 *59*
- Diskriminierungsabsicht 180 2 *35*
- Eingliederungsbereitschaft 180 2 *49*
- Erfahrungswissen 180 2 *52*
- Erziehungsurlaub 180 2 *58*
- Feiertagslohn 180 2 *58*
- Geringfügig Beschäftigte 180 2 *54*
- Gleichbehandlungsgrundsatz (Abgrenzung) 180 2 *22*
- Jubiläumszuwendung 180 2 *58*
- Kausalität 180 2 *31*
- Kirche 180 6 *14*
- Kündigungsschutz (besonderer) 180 2 *58*
- Leistungszweck 180 2 *41*
- Lohngleichheitssatz (Abgrenzung) 180 2 *16*
- Motivation 180 2 *49*
- Nebentätigkeit 180 2 *7*
- Öffentlicher Dienst 180 2 *54*
- Qualifikation (Rechtfertigung) 180 2 *38*
- Rechtfertigungsgründe 180 2 *36*
- Rechtsfolgen (Verstoß) 180 2 *63*
- Rechtsirrtum 180 2 *68*
- Sonderzuwendung 180 2 *58*
- soziale Lage 180 2 *53*
- Sozialplan 180 2 *58*
- Sozialpolitik 180 2 *54*
- Sozialversicherung 180 2 *53*
- Studenten 180 2 *53*
- Tarifvertrag (Abweichung) 180 6 *7*
- Teilzeitbeschäftigte (Begriff) 180 2 *11*
- Teilzeitbeschäftigtengruppe (innerhalb) 180 2 *8*
- Übergangsgeld 180 2 *58*
- Überstundenzuschlag 180 2 *58*
- Überstundenzuschläge 180 2 *28*
- Ungleichbehandlung 180 2 *23*
- Unterhaltsansprüche 180 2 *53*
- Unternehmerentscheidung 180 2 *50*
- Urlaubsentgelt 180 2 *58*
- Vergleichsgruppenbildung 180 2 *24*
- Willkürverbot (Abgrenzung) 180 2 *19*
- Wirtschaftlichkeitsüberlegungen 180 2 *51*
- Wochenenddienst 180 2 *27*
- Zulagen 180 2 *42*
- Zusatzversorgung 180 2 *54*

Gleichbehandlungsgrundsatz
- siehe auch Gleichheitssatz
- Änderungskündigung 430 2 *67*
- Änderungskündigung (Betriebsübergang) 230 613 a *102*
- Anpassung (BetrAVG) 200 16 *54*
- Anrechnungsverbot (BetrAVG) 200 5 *32*
- Arbeitnehmerentsendung 30 *7*
- Arbeitsverhältnis (AÜG) 140 10 *13*
- Arbeitsvertrag (Abschluß) 230 611 *426*
- Aufsichtsratsmitglied (MitbestG) 470 25 *8*
- außerordentliche Kündigung 230 626 *245*
- Beschwerde 210 84 *5*
- Betriebsübergang 230 611 *850*; 613 a *75*
- Betriebs-/Unternehmensbezug 230 611 *846*
- Betriebsverfassung 210 75 *6*
- Darlegungs- und Beweislast 10 3 *52*; 230 611 *871*
- Differenzierungsverbote 230 611 *855*
- Direktionsrecht 230 611 *297*
- Gleichbehandlungsgebot (Abgrenzung) 180 2 *22*
- Gleichheitssatz (Abgrenzung) 10 3 *30*
- Grundlagen 230 611 *834*
- Gruppenbildung 230 611 *842*
- Konzern 230 611 *851*
- Kündigung 430 1 *153*
- Kündigungsschutz (allgemeiner) 430 1 *41*
- Nachtarbeit 110 6 *26*
- Öffentlicher Dienst 10 3 *31*
- Rechtsfolgen 230 611 *872*
- sachlicher Grund 230 611 *853*
- Sonderzuwendung 230 611 *794*
- Sozialzulage 230 611 *715*
- Sprecherausschuß 590 27 *1*
- Tarifbindung (Differenzierungsgrund) 230 611 *861*
- Tarifvertrag (Geltungsbereich) 230 611 *835*
- Teilzeitarbeit (BeschFG) 180 2 *2*
- Überwachung (Betriebsrat) 210 80 *3*
- Unrecht 230 611 *837*
- Versorgungsanwartschaft 200 1 *45*

Gleichberechtigung
- siehe auch Diskriminierung (Geschlecht)
- Benachteiligungsformen 10 3 *87*
- beruflicher Aufstieg (Entschädigung) 60 61 b *10*
- betriebliche Altersversorgung 200 30 a *4*
- Betriebsrat 210 80 *11*
- Diskriminierungsverbot (BetrVG) 210 75 *7*
- Entschädigungsanspruch (Begrenzung) 60 61 b *5*
- Frauenförderung 10 3 *92*
- Grundrechtsverzicht 10 Einl. *64*

2651

Sachverzeichnis

Fette Zahlen = Kennziffern

- Klagefrist (Entschädigungsanspruch) 60 61 b 2
- Konkurrenzen 10 3 5
- Konkurrenzen (Gemeinschaftsrecht) 10 3 86
- mündliche Verhandlung 230 61 b 12
- örtliche Zuständigkeit (Entschädigung) 60 61 b 7
- Persönlichkeitsrecht 10 2 78
- Quoten 10 3 94
- Rechtfertigungsgrund 10 3 85
- Rechtfertigungsgründe 10 3 90
- Schadenersatz (§ 61 b ArbGG) 230 61 b 11
- Schutzpflicht 10 3 83
- Staatsziel 10 3 85
- Tarifvertrag (Geltungsbereich) 600 1 127
- Tarifvertrag (Inhalt) 600 1 140
- Urlaubsgeld 250 11 49
- Verbände (Meinungsbildungsprozeß) 10 Einl. 57

Gleiche Arbeit
- Begriff 230 612 62
- Entgeltgleichheit (Gemeinschaftsrecht) 20 141 6

Gleichgestellte
- Antragstellung 530 4 11
- Begriff 530 4 9
- Mehrarbeit 530 46 1
- Offenbarungspflicht 230 611 397

Gleichheitssatz
- Abwehrfunktion 10 3 9
- Abwehrfunktion (Gestaltungsfreiraum) 10 Einl. 45
- Abwehrfunktion (Grundsätze) 10 Einl. 30
- Allgemeinverbindlicherklärung 10 3 25
- Arbeiter/Angestellter 10 3 64
- Auslegung 10 3 53
- Aussetzung (Verstoß) 10 3 61
- Betriebsvereinbarung 10 3 29
- Beurteilungs- und Prognosespielraum 10 3 16
- Darlegungs- und Beweislast 10 3 49
- Differenzierungsfolgen 10 3 45
- Differenzierungsmerkmale (Einzelfälle) 10 3 62
- Differenzierungsmerkmal/-ziele 10 3 37
- Diskriminierungsverbot (Art. 3 Abs. 3 GG) 10 3 66
- Gemeinschaftsrecht 10 3 3; 20 Vorb. 3
- Gesetzgebung 10 3 15
- Gestaltungsfreiheit (Gesetzgeber) 10 3 16
- Gleichbehandlungsgrundsatz (arbeitsrechtlicher) 10 3 30
- Gratifikation 10 3 65
- Grundsatzbeschwerde 60 72 a 9
- Inländerdiskriminierung 10 3 3
- Kleinbetrieb 10 3 62
- Konkurrenzen 10 3 5
- Legitimationszusammenhang 10 3 43
- neue Formel 10 3 33
- Öffentlicher Dienst 10 3 31
- Organisationsrecht 10 3 12
- Pauschalierung 10 3 47
- Prozeßrecht 10 3 12
- Prüfungsintensität 10 3 40
- Prüfungsmaßstab/-Programm 10 3 32
- Rechtsfolgen (Verstoß) 10 3 53
- Rechtsprechung 10 2 20; 3 18
- Schutzfunktion 10 Einl. 41
- Schutzpflicht 10 3 11
- Stichtagsregelung 10 3 48
- Systemwidrigkeit 10 3 46
- Tarifvertrag 10 3 26
- Tarifvertrag (Geltungsbereich) 600 1 127
- Tarifvertrag (Inhalt) 600 1 140
- Teilzeitarbeit 10 3 65
- Typisierung 10 3 47
- Ungleichbehandlung 10 3 35
- Verschulden 10 3 39
- Verstoß 10 3 54
- Verwaltung 10 3 23
- Willkürverbot 10 3 22

Gleichordnungskonzern
- Begriff 50 18 7

Gleichwertige Arbeit
- Begriff 230 612 63
- Entgeltgleichheit (Gemeinschaftsrecht) 20 141 7

Gleichwohlgewährung
- Abfindung 540 143 a 29

Gleitzeit
- Abrufarbeitsverhältnis (Abgrenzung) 180 4 14
- Arbeitszeitmodell 110 7 33
- Betriebsversammlung 210 44 3

Globalantrag
- Begriff 60 81 3
- Bestimmtheit 210 23 28

GmbH
- Arbeitsdirektor 490 13 18
- Aufsichtsratsbildung (BetrVG 1952) 220 Einl. 9
- Gründungsgesellschaft 230 611 231
- Parteifähigkeit 60 10 6

GmbH & Co KG
- Arbeitgeber 230 611 226

Goodwill
- Betriebsübergang (Aktiva) 230 613 a 23

Go-sick
- Arbeitskampf 10 9 291

Graphologisches Gutachten
- Datenschutz 160 28 4
- Lebenslauf 230 611 416
- Persönlichkeitsrecht (GG) 10 2 95
- Schadenersatz 230 611 891

Gratifikation
- siehe Sonderzuwendung

Greifbare Gesetzwidrigkeit
- außerordentliche Beschwerde 60 78 6
- Beschwerde 60 70 7

Grenzarbeitnehmer
- Rechtswahl 290 34 14

Grenzgänger
- Erziehungsgeld 170 1 7
- Mutterschutz 500 1 5

Grenzort
- Ladenschluß 440 10 1

Großer Senat
- Divergenzrevision 60 72 17
- Grundsätze 60 45 2

Grubenfahrsteiger
- leitende Angestellte 210 5 41

Grundrechte
- Abwägung 10 Einl. 76
- Abwehrfunktion 10 Einl. 25
- Allgemeinverbindlicherkärung 10 Einl. 23
- Altersgrenzen 10 Einl. 56
- Arbeit (auf) 10 12 5
- Arbeitgeber 10 Einl. 5
- Arbeitgeberverband 10 Einl. 20
- Arbeitnehmer 10 Einl. 4
- Arbeitsschutz (Schutzpflichten) 10 2 120
- Ausländer 10 Einl. 3
- Auslegung 10 Einl. 73
- außerordentliche Kündigung (Ausschluß) 10 Einl. 56
- Ausstrahlungswirkung 10 Einl. 33
- Befristung (BeschFG) 180 1 13
- Berufsfreiheit 10 12 6
- Betriebliche Regelungen 10 Einl. 59
- Betriebsrat 10 Einl. 7
- Betriebsvereinbarung 10 Einl. 24
- Betriebsverfassung 210 75 5
- Datenschutz 160 Einl. 9

magere Zahlen = §§ bzw. Art.; kursive Zahlen = Randnummern   **Sachverzeichnis**

- Drittwirkung 10 Einl. *17*
- Ehe 10 6 *3*
- Eigentum 10 14 *4*
- Einigungsstelle 10 Einl. *24*
- Familie 10 6 *3*
- Firmentarifvertrag 10 Einl. *51*
- Geringfügig Beschäftigte 545 8 *6*
- Gesetzgebung 10 Einl. *11*
- Gewerkschaften 10 Einl. *20*
- Gewissensfreiheit 10 4 *58*
- Glaubensfreiheit 10 4 *1*
- Grundrechtsträger (Adressaten) 10 Einl. *15*
- Handelsgesellschaften 10 Einl. *7*
- Hochschule (Befristung) 400 57 a *21*
- Internationales Arbeitsrecht 290 34 *20*
- Juristische Personen (öffentliches Recht) 10 Einl. *8*
- Juristische Personen (Privatrecht) 10 Einl. *6*
- Kernbereich 10 Einl. *27*
- Kirche 10 4 *47*
- Kollision 10 Einl. *70*
- Kollision (Persönlichkeitsrecht) 10 2 *65*
- Konkordanz 10 Einl. *71*
- Konkurrenz 10 Einl. *68*; 9 *14*
- Ladenschluß 440 1 *3*
- Maßregelungsverbot 230 612 a *2*
- Meinungsfreiheit 10 5 *3*
- Meistbetroffenheit 10 Einl. *69*
- Mutterschutz 10 6 *17*
- Pressefreiheit 10 5 *44*
- Privatrecht 10 Einl. *11*
- Prüfungsmaßstab 10 Einl. *42*
- Recht auf Leben 10 2 *106*
- Rechtsfähigkeit 10 Einl. *7*
- Rechtsnormqualität 10 Einl. *1*
- Rechtsprechung 10 Einl. *12*
- Richtervorlage 10 Einl. *82*
- Rundfunkfreiheit 10 5 *88*
- Schutzfunktion 10 Einl. *33*
- Schutzpflichten 10 Einl. *38*
- Schwangerschaft 10 6 *20*
- Spezialität 10 Einl. *69*
- Sprecherausschuß 590 27 *1*
- Staatsrichtung 10 Einl. *16*
- subjektive Rechtspositionen 10 Einl. *37*
- Tarifautonomie 10 Einl. *49*
- Tarifvertrag 10 Einl. *21*, *46*
- Unternehmerentscheidung 10 Einl. *54*
- Verzicht 10 Einl. *51*
- Verzicht (Grundsätze) 10 Einl. *62*
- Verzicht (Persönlichkeitsrecht) 10 2 *71*
- Zivilrecht (Schutzfunktion) 10 Einl. *40*

Grundsatzbeschwerde
- Begründung 60 72 a *23*
- ehrenamtliche Richter (Mitwirkung) 60 72 a *30*
- Geltungsbereich (Tarifvertrag) 60 72 a *11*
- Gemeinschaftsrecht 60 72 a *10*
- Klärungsbedürftigkeit 60 72 a *4*
- Klärungsfähigkeit 60 72 a *3*
- Mehrfachbegründung 60 72 a *6*
- Revisionsbeschwerde 60 77 *3*
- Vereinigungsfreiheit 60 72 a *12*
- Verfahrensmängel 60 72 a *9*

Grundstück
- Betriebsübergang (Fortführung) 230 613 a *55*

Gründungsgesellschaft
- Arbeitgeber 230 611 *231*

Grundurteil
- Rechtsmittel 60 61 *14*
- Streitwert 60 61 *4*

Gruppenakkord
- *siehe auch Akkord*
- Entgeltfortzahlung 280 4 *36*

Gruppenarbeitsverhältnis
- außerordentliche Kündigung 230 626 *72*
- Begriff 230 611 *194*
- Kündigung 230 620 *207*
- Mutterschutz 500 1 *3*
- Urteilsverfahren 60 2 *39*

Gruppenschutz
- Arbeitnehmervertreter (BetrVG 1952) 220 76 *35*
- Aussetzung (Betriebsratsbeschluß) 210 35 *1*
- Betriebsausschuß 210 27 *3*
- Betriebsräteversammlung 210 53 *2*
- Betriebsratsausschluß 210 23 *13*
- Betriebsratsausschuß 210 28 *3*
- Betriebsratssitze (Verteilung) 210 12 *2*
- Betriebsratsvorsitzender 210 26 *4*
- Freistellung 210 38 *6*
- gemeinsame Wahl 210 10 *3*
- Gemeinschaftswahl 210 14 *6*
- Gesamtbetriebsrat 210 47 *10*
- Gewerkschaftsbeauftragter 210 31 *2*
- Gruppenabstimmung 210 33 *2*
- Gruppenvertreter (einziger) 210 14 *13*
- Gruppenwechsel 210 24 *12*
- Jugend-/Auszubildendenvertretung 210 62 *2*
- Konzernbetriebsrat 210 59 *3*
- Postunternehmen 210 10 *4*
- Verhältnis-/Mehrheitswahl 210 14 *9*
- Verteilungsverfahren 210 10 *1*
- Wahlanfechtung 210 19 *5*
- Wahlanfechtung (Betriebsratsvorsitzender) 210 26 *8*
- Wahlvorschlag 210 14 *15*
- Wahlvorstand 210 16 *5*
- Wirtschaftsausschuß 210 107 *2*

Günstigkeitsprinzip
- Altersgrenze (Betriebsvereinbarung) 560 41 *20*
- Beschäftigungssicherung 600 4 *67*
- Betriebsübergang 230 613 a *107*
- Betriebsvereinbarung (Verhältnis) 210 77 *77*
- Bezugnahme auf Tarifvertrag 210 77 *87*
- Günstigkeitsvergleich 600 4 *62*
- Höchstarbeitsbedingungen 600 1 *154*
- kollektives 210 77 *77*
- Kündigungsfrist 230 622 *91*
- Kurzarbeit 210 87 *36*
- Rechtsquellen 230 611 *302*
- Sachgruppenvergleich 600 4 *66*
- Sprecherausschuß (Vereinbarung) 590 28 *21*
- Tarifvertrag 600 4 *55*
- Urlaub 250 13 *8*
- Vergleichsgegenstand 600 4 *65*
- Versorgungsanwartschaft 200 Einl. *26*
- Verstoß (Rechtsfolge) 600 4 *57*
- Wahlrecht (Arbeitnehmer) 600 4 *71*
- Zeitpunkt 600 4 *72*

Günstigkeitsvergleich
- Entgeltfortzahlung 280 12 *15*
- Urlaub 250 13 *11*

Güteverfahren
- Beschlußverfahren 60 80 *4*

Güteverhandlung
- Gleichberechtigung (Entschädigung) 60 61 b *12*
- Grundsätze 60 54 *4*
- Kündigungsverfahren 60 61 a *5*
- Mahnbescheid 60 46 a *16*
- Öffentlichkeit 60 52 *17*
- Zurückweisung 60 51 *15*
- zweite 60 54 *9*

2653

Sachverzeichnis

Fette Zahlen = Kennziffern

Habilitation
- Befristung 400 57 b *5*

Haft
- nachträgliche Klagezulassung 430 5 *9*

Haftung
- Arbeitgeber (Übersicht) 230 611 *1079*
- Arbeitnehmer (Übersicht) 230 611 *1035*
- Arbeitskollegen 230 611 *1050*
- Arbeitsschutz (Beweislast) 230 611 *1099*
- Ausschlußfristen (Beginn) 230 225 *49*
- Auszubildende 230 611 *1047*
- Berufsausbildung 150 9 *7*
- Betriebsgefahr 230 611 *1039*
- Betriebsrat 210 1 *11*
- Betriebsübergang 230 613 a *115*
- Betriebsübergang (Konkurrenzen) 230 613 a *123*
- Betriebsvereinbarung 210 77 *83*
- Darlegungs- und Beweislast 230 611 *1049*
- Dritte 230 611 *1051*
- Eigenschaden 230 611 *1117*
- Einigungsstelle 210 76 *12*
- Erfüllungsgehilfe 230 611 *1096*
- Fahrlässigkeit 230 611 *1043*
- Freistellungsanspruch 230 611 *1057*
- gefahrgeneigte Arbeit 230 611 *1039*
- Generalunternehmer 30 1 *5*
- gröbste Fahrlässigkeit 230 611 *1043*
- Gruppenarbeitsverhältnis 230 611 *196*
- Haftungsausschluß (vereinbarter) 230 611 *1106*
- Kaskoversicherung 230 611 *1044*
- Leiharbeitnehmer 140 Einl. *48;* 230 611 *1047*
- leitende Angestellte 230 611 *1047*
- Mankoabrede 230 611 *1064*
- Mankohaftung 230 611 *1056*
- mittelbares Arbeitsverhältnis 230 611 *203*
- Mitverschulden 230 611 *1137*
- Naturalrestitution 230 611 *1108*
- Pflichtversicherung 230 611 *1048*
- Spitzenorganisation (Tarifvertrag) 600 2 *36*
- Sprecherausschuß 590 28 *5*
- Tarifvertragspartei 600 1 *72*
- Urlaubskasse (Generalunternehmer) 30 1 a *1*
- Verfassungskonforme Auslegung 10 2 *32*
- Verjährung 230 225 *8*
- Verkehrsunfall 230 611 *1127*
- Versicherung (Obliegenheit) 230 611 *1139*
- Vertrauensschaden 230 611 *1110*
- Vorsatz 230 611 *1042*

Haftungsausschluß (SGB VII)
- siehe auch *Unfallversicherung*
- Anrechnung 570 104 *28*
- Arbeitsgericht 570 108 *2*
- Arbeitskollegenhaftung 570 105 *1*
- Arbeitsunfall 570 104 *8*
- Bereicherungsverbot 570 104 *29*
- Berufsbildung 570 106 *1*
- Berufskrankheiten 570 104 *14*
- Beteiligung Dritter 570 104 *30*
- Betriebliche Tätigkeit 570 105 *3*
- Betriebshaftpflichtversicherung 570 110 *7*
- Forderungsübergang 570 104 *26*
- Geschädigter 570 105 *4*
- Kinder 570 106 *1*
- Krankenbesuch 570 104 *29*
- Leibesfrucht 570 104 *27*
- Leiharbeitnehmer 570 104 *17*
- Personenkreis 570 104 *5*
- Personenschaden 570 104 *25*
- privatärztliche Behandlung 570 104 *29*
- Regreßverzicht 570 110 *6*
- Rückgriff 570 110 *2*
- Sachschäden 570 104 *24*
- Schmerzensgeld 570 104 *25*
- Schockschäden 570 104 *25*
- Schüler 570 106 *1*
- Studenten 570 106 *1*
- Unternehmer 570 105 *7*
- Unternehmerbegriff 570 104 *19*
- Verursacher 570 105 *2*
- Vorsatz 570 104 *20*
- Wegeunfall 570 104 *21*

Hakenkreuz
- Meinungsfreiheit 10 5 *30*

Halbjahr
- Kündigungsfrist (Änderung) 230 622 *97*

Hammer Tabelle 430 1 *467*

Handelsgeschäft
- Haftung 230 613 a *125*

Handelsgesellschaft
- Handlungsvollmacht 390 54 *4*
- Prokura 390 48 *1*

Handelsgewerbe
- Begriff 390 59 *1*
- Handlungsvollmacht 390 54 *1*
- Wettbewerbsverbot 390 60 *9*

Handelsregister
- Aufsichtsrat (Mitgliederwechsel) 50 106 *1*
- Handlungsvollmacht 390 54 *6*
- Prokura 390 54 *6*

Handelsvertreter
- Arbeitnehmer 230 611 *117*
- Arbeitsgerichtsbarkeit 60 5 *16*
- Aufwendungsersatz 390 87 d *1*
- Ausbildungs-/Fortbildungskosten 230 611 *648*
- Ausgleichsanspruch 390 89 b
- außerordentliche Kündigung 390 89 a
- Beschäftigungsverhältnis (Vermutung) 545 7 *43*
- Betriebs-/Geschäftsgeheimnis 390 90
- Bezirksvertreterprovision 390 87 *25*
- faktisches Vertragsverhältnis 390 87 *3*
- Geschäftsabschluß 390 87 *8*
- gleichartige Geschäfte 390 87 *18*
- Gleichbehandlungsgrundsatz 230 611 *864*
- Inkassoprovision 390 87 *38*
- Kundenschutz 390 87 *18*
- Kündigung 390 89
- Kündigungsfrist 230 621 *18*
- Kündigungsfrist (5 Jahre) 230 624 *6*
- Kündigungsschutz 430 1 *48*
- Kündigungsschutz (Wehrdienst) 80 7 *5*
- Minderjährige 230 113 *6*
- Mindestarbeitsbedingungen 390 92 a *1*
- Mutterschutz 500 1 *3*
- Nebenberuf 390 92 b
- Provisionsanspruch 390 87 *1*
- Schadenersatz (Kündigung) 230 628 *5*
- Schiffahrtsvertreter 390 92 c
- Stornogefahrmitteilungen 390 87 *10*
- Vertragsende 390 87 *31*
- Vollmacht 390 91
- Wehrdienst 80 7 *1*
- Wettbewerbsabrede 390 90 a
- Wettbewerbsverbot 390 60 *4*
- Wettbewerbsverbot (nachvertragliches) 390 74 *8*
- Zurückbehaltungsrecht 390 88 a *1*

Handlungsfreiheit
- siehe auch *verfassungsmäßige Ordnung*
- Abwehrfunktion 10 2 *5*
- Berufsfreiheit 10 2 *10*
- Handelsgesellschaften 10 2 *8*
- Juristische Personen 10 2 *8*
- Konkurrenzen 10 2 *9*
- Privatautonomie 10 2 *2*
- Schranken 10 2 *15*

magere Zahlen = §§ bzw. Art.; kursive Zahlen = Randnummern

Sachverzeichnis

- Schutzfunktion 10 2 6
- Sittengesetz 10 2 26
- Subvention 10 2 12
- Tod 10 2 7
- Verfassungsmäßige Ordnung 10 2 16
- Wettbewerb 10 2 12

Handlungsgehilfe
- Arbeitsvergütung 390 59 5
- Arbeitsvergütung (Fälligkeit) 230 614 8
- Bausparkassenvertreter 390 65 5
- Begriff 390 59 2
- Bezirksprovision 390 65 1
- Bezirksvertreterprovision 390 87 26
- Direktionsrecht 390 59 4
- Fürsorgepflicht 390 62
- Gehaltszahlung 390 64
- Provision 390 65 1
- Versicherungsvertreter 390 65 5
- Vertretungsmacht 390 75 h 1
- Warenvertreter 390 65 5
- Wettbewerbsverbot 390 60 2
- Zeugnis 390 73

Handlungsvollmacht
- Arbeitnehmervertreter 220 76 32
- Begriff 390 54 1
- Betriebsübergang 230 613 a 78
- Betriebsverfassung 210 5 33
- Handelsregister 390 54 6
- Kaufmannseigenschaft 390 54 4
- Kündigung 390 54 8
- Kündigungsschutz 430 14 6
- Prozeßführung 390 54 9
- Sprecherausschuß (Beteiligung) 590 31 4
- Sprecherausschuß (Vereinbarung) 590 28 24
- Umfang 390 54 7
- Widerruf 390 54 11

Handwerk
- Tarifvertrag 600 4 20

Handy
- Rufbereitschaft 230 611 956
- Überwachungseinrichtung 210 87 62

Hardware
- Mitbestimmung 210 87 55

Härtefall
- Erziehungsgeld 170 1 15

Hauptantrag
- Revisionsverfahren 60 74 20

Hauptbegründung
- Divergenzbeschwerde 60 72 a 16

Hauptbeweis
- Begriff 60 58 9

Haupternährerklausel
- Ruhegeld 200 1 9

Hauptfürsorgestelle
- Anfechtungsklage 530 18 4
- Antragsverfahren 530 17 1
- außerordentliche Kündigung 530 21 4
- Betriebseinstellung 530 19 2
- Entscheidung 530 18 1
- Insolvenz 530 19 7
- Kündigung 530 15 2
- Kündigungserklärungsfrist 230 626 288
- Massenentlassung 530 19 3
- Schwerbehindertenvertretung (Abberufung) 530 22 Anhang 9
- unzumutbarer Arbeitsplatz 530 19 5
- Weiterbeschäftigungsmöglichkeit 530 19 4
- Widerspruch 530 18 4
- Zustellung 530 18 3
- Zustimmung (Kündigung) 530 15 10

Hauptklage
- Urteilsverfahren 60 2 46

Hauptschwerbehindertenvertretung 530 22 Anhang 22

Hauptversammlung
- Abberufung 50 103 3
- Aufsichtsratsmitglieder (Montan-MitbestG) 490 6 2
- Aufsichtsratsvergütung 50 113 3
- Bestellung 50 101 3
- Einberufung 50 110 17

Hauptzollamt
- Baugewerbe (Arbeitnehmerentsendung) 30 1 22
- Prüfungsverfahren (Arbeitnehmerentsendung) 30 2 2

Hausangestellte
- Kündigung 430 4 34
- Kündigungsfrist 230 622 11

Hausarbeitsplatz
- Beschäftigungsverhältnis 545 7 13

Hausarbeitstag 110 2 16

Hausbrand
- Vergütung 230 611 771

Hausgemeinschaft
- Grundrechte 10 6 6

Hausgewerbetreibende
- Entgeltfortzahlung 280 10 4
- Feiertagsvergütung 280 11 3
- Jugendarbeitsschutz 420 1 10
- Kündigungsschutz 430 1 49
- Schwerbehinderung 530 49 6
- Unfallversicherung 570 2 11
- Urlaub 250 12 6, 9

Haushaltshilfe 500 15 1
- Arbeitnehmerbegriff (BetrVG) 210 5 18

Haushaltsmittel
- Befristung (Hochschule) 400 57 b 9

Haushaltsrecht
- Befristungsgrund 230 620 118

Hausmeister
- Ehepaar (Arbeitspflicht) 230 613 3
- mittelbares Arbeitsverhältnis 230 611 202

Hausrecht
- Betriebsratssitzung 210 29 3

Haustrunk
- Vergütung 230 611 771

Hausverbot
- Annahmeverzug 230 615 34
- Kündigungserklärung 230 620 172
- sexuelle Belästigung 190 3 4

Hebamme
- Berufsbildung 150 2 4

Hebammenhilfe
- BErzGG 500 15 1

Hecksche Formel 10 Einl. 88

Heftmaschine
- Interessenausgleich 410 125 4

Heimarbeit
- Annahmeverzug 230 615 12
- Arbeitnehmerbegriff (BetrVG) 210 5 19
- Arbeitsgerichtsbarkeit 60 5 6
- Auftraggeber (Jugendarbeitsschutz) 420 3 4
- Ausschuß (Revision) 60 73 11
- Befristung 230 620 4
- Befristung (Urlaub) 250 12 32
- Beschäftigungsverhältnis 545 7 14
- betriebliche Altersversorgung 200 17 8
- Betriebsrat 210 2 3
- Betriebsratsmitglied 210 37 8
- Betriebsratsmitglied (Kündigung) 430 15 9
- Doppelansprüche (Urlaub) 250 12 31
- Entgeltfortzahlung 280 10 4
- Entgeltfortzahlung (Tarifvertrag) 280 10 16
- Erziehungsurlaub 170 20 2

2655

Sachverzeichnis

Fette Zahlen = Kennziffern

- Erziehungsurlaub (Anspruch) 170 15 *4*
- Feiertagsvergütung 280 11 *3*
- Gesetzesauslage (MuSchG) 500 18 *3*
- Gleichbehandlungsgrundsatz 230 611 *864*
- Gleichstellungsverfahren 250 12 *12*
- Jugendarbeitsschutz 420 1 *10*
- Kündigungsfrist 230 621 *18*; 622 *118*
- Kündigungsschutz 430 1 *49*
- Kündigungsschutz (MuSchG) 500 9 *23*
- Lohnverzicht 230 611 *685*
- Mehr-/Nacht- und Sonntagsarbeit (MuSchG) 500 8 *15*
- Mutterschaftsgeldzuschuß 500 14 *6*
- Mutterschutz 500 1 *3*
- Schwerbehinderte (Kündigungsschutz) 530 15 *4*
- Schwerbehinderung 530 49 *2*
- Stillzeit 500 7 *7*
- Teilurlaub 250 12 *30*
- Unfallversicherung 570 2 *5*
- Urlaub 250 12 *5*
- Urlaub (Tarifverträge) 250 12 *35*
- Urlaub (Wehr-/Ersatzdienst) 80 4 *13*
- Urlaubsabgeltung 250 12 *33*
- Urlaubsentgelt 250 12 *20*
- Wahlberechtigung 210 7 *4*
- Wartezeit (BUrlG) 250 12 *29*
- Wehrdienst 80 7 *1*
- Zeugnis 230 630 *9*
- Zusatzurlaub 530 49 *5*

Heimarbeitnehmerähnliche Personen
- Urlaub 250 12 *8*

Heimarbeitsausschuß
- Urlaub 250 12 *38*

Heimfahrt
- Vergütung 230 611 *764*

Hemmung
- Kündigungserklärungsfrist (Darlegungs- und Beweislast) 230 626 *306*

Herabsetzung
- Vertragsstrafe 230 345 *35*

Herausgabepflicht
- Arbeitsverhältnis 230 611 *32*

Herzinfarkt
- Schwerbehinderung 530 4 *5*

Heuer
- Begriff 230 611 *737*

Hilfsantrag
- Auflösung (Arbeitnehmer) 430 9 *7*
- Beschwer 60 64 *9*
- nachträgliche Klagezulassung 430 5 *20*
- Revisionsverfahren 60 74 *20*
- Weiterbeschäftigungsanspruch 430 4 *96*
- Zulässigkeit (Beschlußverfahren) 60 81 *5*

Hilfsbegründung
- Divergenzbeschwerde 60 72 a *16*

Hilfskammer
- Arbeitsgerichte 60 7 *6*

Hilfsliste
- ehrenamtliche Richter 60 31 *7*

Hinterbliebenenrente
- Einkommensanrechnung 560 Einl. *17*

Hinzuverdienstgrenze
- Altersrente 560 Einl. *11*

Hirnkammerluftfüllung 10 2 *110*
Hirntod 10 2 *108*
Hitzebetrieb
- Jugendliche 420 14 *13*

Hochbesoldete
- Wettbewerbsverbot (nachvertragliches) 390 75 b *2*

Hochschule
- Dozent (Befristung) 400 57 a *10*

- Meinungsfreiheit 10 5 *23*
- Sonn-/Feiertagsarbeit 110 10 *25*

Höchstarbeitsbedingungen
- Günstigkeitsprinzip 600 1 *154*

Hochzeit
- Vergütungsfortzahlung 230 616 *6*

Höhere Gewalt
- Verjährung (Hemmung) 230 225 *11*

Höherwertige Tätigkeit
- Befristung 230 620 *77*

Holschuld
- Arbeitsvergütung 230 611 *596*

Homosexualität
- Fragerecht 230 611 *392*
- Loyalitätspflichtverletzung 10 4 *45*
- Persönlichkeitsrecht 10 2 *75, 82*

Hosteß
- Arbeitnehmer 230 611 *97*

Hotel
- Betriebsübergang 230 613 a *33*

Hygiene
- Arbeitnehmerentsendung 30 *7*

Imkerei
- Unfallversicherung 570 *3*

Immobilie
- Betriebsübergang 230 613 a *22*

Imperatives Mandat
- Betriebsrat 210 1 *8*

Inaktivierung
- Kündigungserklärung 430 1 *45*

Indizienbeweis
- Begriff 60 58 *11*

Industrie- und Handelskammer
- Pflichtmitgliedschaft 10 2 *24*

Inflationsrisiko
- Anpassung (BetrAVG) 200 16 *25*

Informationelle Selbstbestimmung
- Datenschutz 160 Einl. *9*
- Grundrechtsschutz (Schranken) 10 2 *64*
- Persönlichkeitsrecht 10 2 *45*

Informationsfreiheit
- *siehe Meinungsfreiheit*

Informeller Mitarbeiter
- *siehe MfS*

Inhaltskontrolle
- *siehe auch Billigkeitskontrolle*
- Allgemeine Geschäftsbedingungen 230 611 *553*
- Ausschlußfristen 230 225 *42*
- Berufsfreiheit 10 12 *31*
- Bezugnahme auf Tarifvertrag 10 2 *35*; 230 611 *518*
- Billigkeitskontrolle (Abgrenzung) 230 611 *569*
- Dienstvertrag 230 611 *56*
- Einzelfälle (Übersicht) 230 611 *555*
- Formularvertrag 230 611 *553*
- Glaubensfreiheit 10 4 *22*
- Grundsatz 230 611 *552*
- Kirche 230 611 *147*
- Leitlinien 230 611 *560*
- Nebentätigkeitsverbot 230 611 *1013*
- Persönlichkeitsrecht 10 2 *71*
- Privatautonomie 230 611 *516*
- Risikoverteilung 230 611 *567*
- Ruhegeld (vorzeitige Inanspruchnahme) 200 6 *26*
- Sonderzuwendung (Kürzung) 230 611 *806*
- Sozialauswahl 430 1 *533*
- Tarifvertrag 10 Einl. *48*
- Transparenz 230 611 *565*
- Überstundenvergütung 230 611 *951*
- Untersuchungspflicht 230 611 *1031*

2656

magere Zahlen = §§ bzw. Art.; kursive Zahlen = Randnummern   **Sachverzeichnis**

- verfassungskonforme Auslegung (Abgrenzung) 10 2 *33*
- Versorgungssatzung 230 611 *557*
- Vertragsstrafe 230 345 *13*

Inhaltsnorm
- Begriff 600 1 *92*
- Günstigkeitsprinzip 600 4 *58*

Initiativrecht
- Auswahlrichtlinien 210 95 *8*
- Personalfragebogen 210 94 *3*
- soziale Angelegenheiten 210 87 *9*
- Sprecherausschuß 590 25 *4*

Inkassoprämie
- Entgeltfortzahlung 280 4 *23*

Inkassoprovision 390 87 *38*

Inkassozession
- Zulässigkeit 230 611 *673*

Innerbetriebliche Gründe
- *siehe auch Unternehmerentscheidung*

Innung
- Prozeßvertretung 60 11 *12*

Insolvenz
- *siehe auch Gesamtvollstreckung*
- *siehe auch Insolvenzplan*
- *siehe auch Insolvenzsicherung (BetrAVG)*
- *siehe auch Insolvenzverwalter*
- *siehe auch Konkursausfallgeld*
- Abfindung 430 10 *15*
- Abfindung (BetrAVG) 200 3 *13*
- Altersteilzeit 130 10 *1*
- Änderungskündigung 410 113 *12;* 125 *1*
- Arbeitgeber (BetrVG) 210 1 *8*
- Arbeitsvergütung 230 611 *679*
- Arbeitszeitmodelle 110 7 *39*
- Ausbildungsvergütung (Rang) 150 10 *2*
- Ausschlußfristen 230 225 *31*
- außerordentliche Kündigung 410 113 *29*
- Auswahlrichtlinie 410 125 *5*
- Befristung 410 113 *9*
- Berufsausbildung 410 113 *6*
- Beschlußverfahren 410 126 *3*
- Beteiligte (Beschlußverfahren) 410 126 *6*
- betriebliche Altersversorgung 200 7 *38*
- Betriebsänderung 410 125 *1*
- betriebsbedingte Kündigung 410 113 *21*
- Betriebsrat 210 21 *11*
- Betriebsrat (fehlender) 410 125 *3*
- Betriebsratsanhörung 410 113 *24*
- Betriebsratsmitglied 210 24 *5*
- Betriebsratsmitglied (Kündigung) 410 113 *25;* 430 15 *23, 40*
- Betriebsstillegung 410 113 *21*
- Betriebsübergang 230 613 a *128, 133;* 410 113 *28;* 125 *4*
- Betriebsübergang (Rechtsgeschäft) 230 613 a *63*
- Betriebsveräußerung 410 128 *1*
- Dienstverhältnis 410 113 *5*
- Eigenkündigung 410 113 *33*
- Einigungsstellenbeisitzer 210 76 *9*
- Entleiher (AÜG) 140 Einl. *18*
- Freistellungsanspruch 230 611 *1054*
- Hauptfürsorgestelle 530 19 *7*
- Interessenausgleich 210 112 *10;* 410 125 *1*
- Internationales Arbeitsrecht 290 34 *18*
- Klagefrist 410 113 *35*
- Kleinbetrieb 410 125 *2*
- Kündigung (Berufsausbildung) 150 15 *5*
- Kündigung vor Dienstantritt 410 113 *14*
- Kündigungserklärungsfrist 410 113 *29*
- Kündigungsfrist 410 113 *19*
- Kündigungsschutz (allgemeiner) 430 1 *22*
- Kündigungsverzicht 410 113 *15*
- Leiharbeitnehmer (Schadensersatz) 140 10 *41*
- Massenentlassung 410 113 *21;* 125 *9*
- Mutterschutz 500 9 *6*
- Rechtsbeschwerde 410 126 *11*
- Schadensersatz 410 113 *31*
- Schriftform 410 113 *20*
- Schriftform (623 BGB) 230 623 *4*
- Schwanger-/Mutterschaft 410 113 *27*
- Schwerbehinderter (Kündigungsschutz) 410 113 *26*
- Sozialauswahl 410 113 *21;* 125 *5*
- Sozialplan 210 112 *42*
- Sozialplan (Widerruf) 210 112 *43*
- Stellvertretung 410 113 *17*
- Tarifbindung 600 3 *12*
- Tariffähigkeit 600 2 *29*
- Tarifvertrag (Kündigung) 600 1 *82*
- Unkündbarkeit 410 113 *10*
- Urlaub 250 1 *44*
- Verjährung (Unterbrechung) 230 225 *16*
- Wehr-/Ersatzdienst 410 113 *23*
- Weiterbeschäftigung 410 125 *4*
- Wettbewerbsverbot (nachvertragliches) 390 74 *59*
- Wichtiger Grund 230 626 *120*
- Zeugnis 230 630 *13*

Insolvenzgeld
- Begriff 230 611 *679*
- Insolvenzsicherung (BetrAVG) 200 7 *5;* 9 *10*
- Kirche 10 4 *38*
- Leiharbeitsverhältnis 140 Einl. *34*
- Provision 390 87 a *13*
- Rechtsweg (Anspruchsübergang) 60 3 *5*
- Schadensersatz 230 628 *111*

Insolvenzplan
- betriebliche Altersversorgung 200 7 *63*

Insolvenzsicherung (BetrAVG)
- *siehe auch Ruhegeld*
- *siehe auch Versorgungsanwartschaft*
- Abfindung 200 8 *7*
- Abwicklung 200 8 *2*
- Amtshilfe 200 11 *15*
- Anmeldung (Ausschlußfrist) 200 9 *6*
- Anpassung 200 7 *49*
- Anspruchsberechtigte 200 7 *12*
- anzurechnende Leistungen 200 7 *62*
- Arbeitgeberbeiträge 200 10 *25*
- Beitragsbemessungsgrundlagen 200 10 *17*
- Beitragspflicht 200 10 *4*
- Beschwerderecht 200 9 *23*
- Betriebsstillegung 200 7 *30*
- Betriebsübergang 230 613 a *130*
- Deutsche Ausgleichsbank 200 14 *5*
- Direktversicherung 200 7 *1*
- dynamische Rentenzusagen 200 7 *61*
- Entgeltumwandlung 200 1 *74;* 7 *59*
- Fälligkeit 200 7 *46*
- Forderungsübergang 200 9 *7*
- Geheimhaltungspflicht 200 15 *2*
- Gesamtbeitragsaufkommen 200 10 *14*
- Höchstgrenze 200 7 *57*
- Inkrafttreten 200 30 *1*
- Insolvenzfall (vorher entstandene Ansprüche) 200 7 *51*
- Insolvenzgeld 200 7 *5;* 9 *10*
- Insolvenzplan 200 7 *63*
- Katastrophenfall 200 7 *72*
- Leistungsumfang 200 7 *45*
- Mitteilungspflicht 200 9 *2*
- Pensionskasse 200 7 *1*
- Pensionskassen 200 7 *22*
- Pensions-Sicherungs-Verein (als Träger) 200 14 *2*
- Rechtskraft 200 7 *2*

2657

Sachverzeichnis

Fette Zahlen = Kennziffern

- Rückdeckungsversicherung 200 7 *15*
- Rückübertragung 200 9 *15*
- Schadensersatzansprüche 200 7 *20*
- Sicherungsfälle 200 7 *24*
- Sicherungsfälle (altes Recht) 200 7 *35*
- technische Rentner 200 7 *12*
- Übertragung (Versorgungsanwartschaft) 200 4 *6*
- Umfang 200 7 *6*
- Unterstützungskasse 200 7 *23*
- Vergleich 200 7 *27*
- Vergleich (Vermögensübergang) 200 9 *21*
- Verjährung (Beiträge) 200 10 a *3*
- Vermögensübergang (Unterstützungskasse) 200 9 *16*
- Versicherungsmißbrauch 200 7 *64*
- Versorgungsanwartschaft 200 7 *53*
- wirtschaftliche Notlage (Widerruf) 200 7 *37*
- Zinsen 200 10 a *2*
- Zusage (Mitteilungs-/Auskunftspflicht) 200 11 *4*
- Zwangsvollstreckung 200 10 *26*

Insolvenzverwalter
- Beschlußverfahren 410 126 *6*
- Betriebsübergang 230 613 a *48*
- Kündigungserklärung 230 620 *180*
- Kündigungsschutzklage 430 4 *24*
- Prozeßführungsbefugnis 60 10 *20*
- Prozeßvertretung 60 11 *11*
- Richterablehnung 60 49 *6*
- Sprecherausschuß 590 32 *4*

Intelligenztest
- Datenschutz 160 28 *7*

Intendant
- arbeitnehmerähnliche Person 230 611 *139*

Interessenabwägung
- betriebsbedingte Kündigung 430 1 *426*
- Kündigung (Grundsätze) 430 1 *141*
- Kurzerkrankung 430 1 *236*
- personenbedingte Kündigung 430 1 *221*
- verhaltensbedingte Kündigung 430 1 *319*

Interessenausgleich
- *siehe auch Betriebsänderung*
- *siehe auch Massenentlassung*
- *siehe auch Sozialplan*
- Abweichung (Nachteilsausgleich) 210 113 *4*
- Änderung der Sachlage (Insolvenz) 410 125 *10*
- Begriff 210 112 *1*
- Beschlußverfahren 210 112 *44*
- Betriebsratsanhörung (Insolvenz) 410 125 *11*
- Bindung 210 112 *9*
- Einigungsstelle 210 112 *6*
- einstweilige Verfügung 60 85 *5*
- Einstweilige Verfügung 210 112 *8*
- Form 210 112 *5*
- Gesamtbetriebsrat (Belegschaftsstärke) 210 50 *3*
- Hauptfürsorgestelle (Insolvenz) 530 19 *7*
- Insolvenz 210 112 *10*
- Landesarbeitsamtspräsident 210 112 *7*
- Massenentlassungen (Anzeigepflicht) 410 125 *12*
- Namensliste 210 112 *2*
- Namensliste (Insolvenz) 410 125 *4*
- Rahmeninteressenausgleich 210 112 *4*
- Regelungsabrede 210 77 *48*
- Schriftform (Insolvenz) 410 125 *4*
- Sozialplan (Personalabbau) 210 112 *16*
- Sozialplanzuschuß 210 111 *25*
- Tendenzbetrieb 210 118 *18*
- Unterlassungsanspruch 210 23 *34*
- Verhandlungszeitraum 210 112 *8*
- Versuch (Nachteilsausgleich) 210 113 *8*

Internationale Arbeitsorganisation
- Begriff 230 611 *247*

Internationale Zuständigkeit
- Arbeitsgerichte 60 1 *11*

Internationaler Pakt über wirtschaftliche, soziale und kulturelle Rechte
- Rechtsquelle 230 611 *246*

Internationales Arbeitsrecht
- *siehe auch Ausland*
- *siehe auch Rechtswahl*
- Allgemeinverbindlicherklärung 290 34 *25*
- Allgemeinverbindlichkeit 290 34 *19*
- Arbeitsschutz 290 34 *21*
- Auslandsberührung 290 34 *3*
- Baugewerbe 30 1 *1*
- Betriebsratsanhörung 290 34 *17*
- Betriebsratswahl 290 34 *23*
- Betriebsversammlung 290 34 *24*
- Formvorschriften 290 34 *21*
- freie Mitarbeit 290 34 *3*
- Gerichtstandvereinbarung 290 34 *5*
- Geschäftsfähigkeit 290 34 *21*
- Grundrechte 290 34 *20*
- Grundsätze 230 611 *211*
- Insolvenz 290 34 *18*
- Kollektivvereinbarungen 290 34 *3*
- Kündigungsschutz (allgemeiner) 290 34 *17*
- Massenentlassung 290 34 *17*
- Mutterschutz 290 34 *18*
- Ortskraft 290 34 *23*
- Privatautonomie 290 34 *2*
- Rechtswahlfreiheit 290 34 *4*
- Schwerbehinderte 290 34 *18*
- Tariffähigkeit 290 34 *25*
- Tarifvertrag 290 34 *19*
- Zuständigkeit (Arbeitsgerichte) 60 1 *11*

Internet
- Datenschutz 160 28 *22*
- Überwachungseinrichtung 210 87 *62*

Intimsphäre
- Grundrechtsschutz (Schranken) 10 2 *60*
- Sittenwidrige Kündigung 430 13 *23*

Invalidität
- Ruhegeld 200 1 *6*
- Versorgungsanwartschaftshöhe 200 2 *6*

Inventar
- Betriebsübergang 230 613 a *22*

Invitatio ad offerendum
- Arbeitsvertrag (Abschluß) 230 611 *426*

ISDN
- Überwachungseinrichtung 210 87 *62*

Jahresabschluß
- Aufsichtsrat 50 110 *22*
- Aufsichtsrat (GmbH) 220 77 *13*
- Aufsichtsrat (MitbestG) 470 25 *13*

Jahresarbeitszeit
- Abrufarbeit 180 4 *25*
- Arbeitszeitmodell 110 7 *36*

Jahressollvorgabe 390 65 *5*

Jahreswagen
- Tarifvertrag 600 1 *91*
- Vergütung 230 611 *775*

Job-Pairing
- Begriff 180 5 *8*

Job-Sharing
- *siehe Arbeitsplatzteilung*
- außerordentliche Kündigung 230 626 *73*

Job-Splitting
- Begriff 180 5 *8*

Journalist
- Arbeitnehmer 230 611 *100*
- Pressefreiheit 10 5 *59*

magere Zahlen = §§ bzw. Art.; kursive Zahlen = Randnummern **Sachverzeichnis**

Jubiläumszuwendung
- siehe auch Sonderzuwendung
- Arbeitslosengeld (Anrechnung) 540 143 a 6
- Teilzeitarbeit 180 2 44, 58
- Wehrdienst 80 6 7

Judenwitz
- Meinungsfreiheit 10 5 30

Jugendarbeitsschutz
- siehe auch Jugendliche
- siehe auch Kinderarbeit
- Akkord 230 611 588
- Alkohol 420 31 20
- Arbeitgeber 420 3 2
- Arbeitgeber (mehrere) 420 4 11
- Arbeitnehmerentsendung 30 7
- Arbeitsbedingungen (Beurteilung) 420 31 8
- Arbeitsbereitschaft 420 4 2
- Arbeitsplatzgestaltung 420 31 2
- Arbeitszeit 420 4 2
- Arbeitszeit (Verordnungsermächtigung) 420 21 b 1
- ärztliche Bescheinigung 420 46 18
- Aufsichtsbehörde (Ausschuß) 420 57 5
- Ausbildungsberufe (Ausschließlichkeitsgrundsatz) 150 28 1
- Behinderte 420 1 21
- Bergbau 420 4 8
- Berufsausbildung 420 1 9
- Berufsschule (Arbeitszeit) 420 4 5
- Beschäftigungsverhältnis 420 1 5
- Beschlußverfahren (Zuständigkeit) 60 2 a 4
- Besichtigungsrecht (Aufsichtsbehörde) 420 54 1
- Betriebsvereinbarung (Abweichung) 420 21 a 2
- Einstellungsuntersuchung 230 611 406
- Familienhaushalt 420 1 19
- gefährliche Arbeiten (Beschäftigungsverbot) 420 22 3
- Gefahrunterweisung 420 31 9
- Gefälligkeit 420 1 18
- Geltungsbereich 420 1 2
- Gesetzesauslage 420 50 2
- Hausgemeinschaft 420 31 14
- Hausgewerbetreibende 420 1 10
- Heimarbeiter 420 1 10
- Hilfeleistungen 420 1 16
- karikative Tätigkeit 420 1 8
- Kirche (Abweichung) 420 21 a 12
- Krankenfürsorgepflicht 420 31 15
- Landesausschuß 420 57 1
- Prämie 230 611 592
- Religionsausübung 420 1 8
- Rufbereitschaft 420 4 3
- Seeschiffahrt 420 61
- Selbständige 420 1 6
- Straf-/Ordnungswidrigkeiten 420 60 1
- Tabakwaren 420 31 20
- Tarifvertrag (Abweichung) 420 21 a 2
- Untersuchungen 420 46 1
- unzuverlässige Personen 420 25 2
- Verzeichnis 420 50 4
- Wegezeit 420 4 4
- Weisungsgebundenheit 420 1 7
- Züchtigungsverbot 420 31 18
- Zustimmungsverweigerungsgrund 210 99 23

Jugend-/Auszubildendenversammlung 210 71 1

Jugend-/Auszubildendenvertretung
- Amtszeit 210 64 3
- Anregungen 210 70 4
- Antragsrecht 210 67 5
- Arbeitsversäumnis 210 65 11
- Aufgaben 210 60 3
- Aufgaben (allgemeine) 210 70 1
- Auflösung 210 65 2
- Ausländer 210 61 3
- Ausschluß 210 65 2
- Aussetzung (Betriebsratsbeschluß) 210 66 2
- Auszubildendenbegriff 210 60 2
- Beschluß 210 65 8
- Beteiligter (Beschlußverfahren) 60 83 8
- Betriebsausschuß 210 27 6
- Betriebsrat (Zusammenarbeit) 210 80 14
- Betriebsratssitzung (konstituierende) 210 29 1
- Betriebsratssitzung (Teilnahmerecht) 210 67 1
- Betriebsvereinbarung 210 60 3
- Entgeltschutz 210 65 11
- Ersatzmitglied 210 65 4
- Freistellung 210 65 16
- Geschäftsordnung 210 60 3
- Gewerkschaftsbeauftragte 210 65 7
- Gruppenschutz 210 10 1
- Informationspflicht 210 67 6
- Initiativrecht 210 70 2
- Jugend-/Auszubildendenversammlung 210 71 1
- Konzernbetriebsrat 210 59 4
- Kosten 210 65 13
- Kündigungsschutz 430 15 12
- Lehrwerkstatt 210 65 2
- Mitgliederzahl 210 62 1
- Mitgliedschaft (Ende) 210 65 3
- Monatsgespräch 210 68 1
- Niederschrift 210 65 9
- Pflichtverletzung (Arbeitgeber) 210 23 27
- Sachaufwand 210 65 13
- Schulungen 210 65 12
- Schwerbehindertenvertretung 210 65 16
- Sitzung 210 65 6
- Sprechstunde 210 69 1
- Stimmrecht (Betriebsratssitzung) 210 67 4
- Überwachung 210 70 3
- Unterlagen 210 70 6
- Unterrichtung 210 70 5
- Verordnungsermächtigung 210 126 1
- Vorsitzender 210 65 5
- Wahlanfechtung 210 63 3
- Wählbarkeit 210 61 3
- Wahlberechtigung 210 61 1
- Wahlgrundsätze 210 63 1
- Wahlkosten 210 63 5
- Wahlvorstand 210 63 3
- Wahlzeitpunkt 210 64 1
- Wehrpflicht 210 8 2
- Weiterbeschäftigung 210 78 a 2
- Zusammensetzung 210 62 2

Jugendbetreuer
- Arbeitnehmer 230 611 98

Jugendliche
- siehe auch Jugendarbeitsschutz
- Arbeitszeit 420 8 2
- Arbeitszeit (Notfall) 110 14 14
- Arbeitszeit (Tarifvertrag) 420 21 a 4
- Arbeitszeitverteilung 420 8 5
- Bäckerei 420 14 7
- Begriff 420 2 2
- Berufsschule 420 9 3
- Beschäftigungsverbot (Berufsschule) 420 9 7
- Binnenschiffahrt (Arbeitszeit) 420 20 3
- Blockunterricht 420 9 10
- Eingliederung (Betriebsrat) 210 80 13
- Feiertagsbeschäftigung 420 8 3
- Feiertagsruhe 420 18 2
- Freizeit (tägliche) 420 13 2
- Fünftagewoche 420 15 2
- Hitzebetrieb 420 14 13
- Höchstarbeitszeit 110 3 13

2659

Sachverzeichnis

Fette Zahlen = Kennziffern

- Jugendschutz (Meinungsfreiheit) 10 5 *23*
- Landwirtschaft 420 8 *6*
- Mehrarbeit 420 8 *1*
- Mehrarbeit (Notfall) 420 21 *4*
- Mehrarbeit (Schwangerschaft) 500 8 *4*
- Nachtarbeit 110 6 *28*; 420 14 *2*
- Nachtclub 420 14 *17*
- Nachtschichtarbeit 420 14 *5*
- Notdienst 420 16 *15*
- Notfälle (Beschäftigung) 420 21 *2*
- Pausenraum 420 11 *7*
- Prüfungen (Freistellung) 420 10 *2*
- Ruhepause 110 4 *10*; 420 11 *2*
- Ruhezeit 110 5 *16*
- Ruhezeit (Tarifvertrag) 420 21 a *5*
- Samstagarbeit (Ausgleich) 420 16 *20*
- Samstagsarbeit 420 16 *2*
- Samstagsarbeit (Tarifvertrag) 420 21 a *7*
- Schichtarbeit 420 12 *3*
- Schichtarbeit (Tarifvertrag) 420 21 a *6*
- Schulpflicht 420 2 *3*
- Schwerbehinderung 530 4 *6*
- Sonn-/Feiertagsarbeit 110 9 *10*
- Sonntagsarbeit 420 17 *2*
- Sonntagsarbeit (Tarifvertrag) 420 21 a *9*
- Spielhalle 420 14 *17*
- Sportveranstaltung 420 16 *14*
- Unter-Tage-Arbeit 420 24 *2*
- Urlaub 420 19 *1*
- Urlaub (Heimarbeiter) 420 19 *20*
- Urlaub (Tarifvertrag) 420 19 *17*
- Urlaubsdauer 420 19 *7*
- Urlaubsgewährung 420 19 *12*

Juristentag
- Arbeitskampf 10 9 *60*

Juristische Personen
- Berufsfreiheit 10 12 *13*
- Diskriminierungsverbot 10 3 *69*
- Gewissensfreiheit 10 4 *63*
- Grundrechte 10 Einl. *6*
- Handlungsfreiheit 10 2 *8*
- Parteifähigkeit 60 10 *3*
- Persönlichkeitsrecht 10 2 *51*

Kalendertag
- Begriff 110 3 *2*

Kalte Aussperrung
- Begriff 10 9 *138*

Kameraassistent
- Arbeitnehmer 230 611 *114*

Kameramann
- Befristungsgrund 230 620 *116*

Kammerverhandlung
- Alleinentscheidung 60 55 *13*

Kampagnebetrieb
- Arbeitszeit 110 15 *4*
- Befristung 230 620 *12*
- Begriff 430 23 *3*
- Betrieb (BetrVG) 210 4 *3*
- Betriebsratsfähigkeit 210 1 *14*
- Betriebsratswahl 210 8 *7*
- Massenentlassung 430 22 *1*

Kantine
- betriebliche Übung 230 611 *284*
- Nutzungsgebühren 210 75 *9*

Kapitaleinsatz
- Beschäftigungsverhältnis 545 7 *15*

Kapitän
- außerordentliche Kündigung 230 626 *7*
- Kündigung (Form und Frist) 230 622 *122*
- Kündigungsschutz 430 24 *14*

KAPOVAZ
- *siehe Abrufarbeit*

Karenzentschädigung
- Abfindung 390 74 *30*
- Anrechnung 390 74 c *2*
- Anrechnung (Durchführung) 390 74 c *18*
- Arbeitslosengeld 390 74 c *7*
- Arbeitslosengeld (Anrechnung) 540 143 a *6*
- Arbeitsunfähigkeit 390 74 c *21*
- Aufrechnung 230 611 *662*
- Aufwendungsersparnis 390 74 c *3*
- Ausgleichsquittung 390 74 b *7*
- Auskunftpflicht 390 74 c *22*
- Auslagenersatz 390 74 b *2*
- Ausschlußfrist 230 225 *44*; 390 74 *34*; 74 b *5*; 600 4 *97*
- Ausschlußfristen (Rechtsmißbrauch) 230 225 *66*
- Berechnung 390 74 b *13*
- Berechnungsgrundlage 390 74 b *9*
- Berufsunfähigkeit 390 74 *33*
- Betriebsrente 390 74 *7*
- Dienstwagen 230 611 *781*; 390 74 *31*
- Durchschnittszeitraum 390 74 b *14*
- erhöhte Karenz 390 75 *12*
- Erwerbsunfähigkeit 390 74 *33*
- Fälligkeit 390 74 b *2*
- fehlende 390 74 *35*
- fiktiver Erwerb 390 74 c *10*
- Freiheitsstrafe 390 74 *33*
- Freiheitsstrafe (Befreiung) 390 74 c *20*
- freiwillige Leistungen 390 74 *31*
- Gewinn- und Umsatzbeteiligung 390 74 *31*
- Hochbesoldete 390 75 b *2*
- Höhe 390 74 *31*
- Krankheit 390 74 c *21*
- Leistungsstörungen 390 74 *46*
- Miet- und Kapitalerträge 390 74 c *3*
- Mindestbetrag 390 74 *36*
- Nebentätigkeit 390 74 c *3*
- Nebentätigkeit (Anrechnung) 390 74 c *9*
- Pfändung 390 74 b *8*
- Provision 390 74 *31*
- Ruhegeld (Anrechnung) 390 74 c *7*
- Sachbezüge 390 74 *31*
- Selbständigkeit (Anrechnung) 390 74 c *4*
- Sonderzuwendung 390 74 *31*
- Sozialversicherungsbeiträge 390 74 b *10*
- Studium 390 74 c *12*
- Tantieme 390 74 *31*
- Tariferhöhung 390 74 b *11*
- Tätigkeit außerhalb Europas 390 75 b *1*
- Teilzeit 390 74 b *11*
- Urteilsverfahren 60 2 *28*
- Verjährung 230 225 *5*; 390 74 *34*
- Vertragsstrafe 230 345 *23*
- Verzicht (Wettbewerbsverbot) 390 75 a *6*
- Verzug 390 74 *41*
- Vorvertrag 230 611 *335*
- Wohnsitzwechsel 390 74 c *15*
- Zurückbehaltungsrecht 390 74 c *24*

Karenzfrist
- Befristung (Hochschule) 400 57 b *35*

Karitative Tätigkeit
- Kündigungsschutz 430 1 *57*

Kartei
- Datenschutz 160 27 *4*

Kassierer
- außerordentliche Kündigung 230 626 *154*
- Mankohaftung 230 611 *1059*

Katastrophenschutz
- Vergütungsfortzahlung 230 616 *7*

magere Zahlen = §§ bzw. Art.; kursive Zahlen = Randnummern **Sachverzeichnis**

Kauf
- Ausschlußfristen 230 225 *45*
- Inhaltskontrolle 230 611 *558*
- Sittenwidrigkeit 230 611 *463*

Kaufmännische Angestellte
- Begriff 390 59 *3*

Kaution
- Kündigungserschwerung 230 622 *102*
- Vereinbarung (Mankohaftung) 230 611 *1076*

Kenntnisse
- Sozialauswahl 430 1 *516*

Kernbereich
- Tarifvertrag 10 Einl. *55*

Kettenbefristung
- Zulässigkeit 180 1 *43*

KG
- Arbeitgeber 230 611 *227*
- doppel-/mehrstöckige 470 4 *7*
- Haftung 230 613 a *125*
- Komplementärkapitalgesellschaft 470 4 *8*
- Kündigungsschutzklage 430 4 *20*
- Parteifähigkeit 60 10 *7*
- Prozeßvertretung 60 11 *2*
- Unternehmensmitbestimmung 470 4 *1*

KGaA
- Familiengesellschaft (BetrVG 1952) 220 76 *15*

Kilometergeld
- Haftung 230 611 *1135*

Kind
- Arbeitnehmerentsendung 30 *7*
- Begriff 420 2 *2*
- Freistellung (Erkrankung) 550 45 *13*
- Haftungsausschluß 570 106 *1*
- Kinderarbeit (IAO-Abkommen) 420 2 *1*
- Krankengeld 550 45 *2*
- Krankengeldzeitraum 550 45 *11*

Kinderarbeit
- siehe auch *Jugendarbeitsschutz*
- siehe auch *Jugendliche*
- Ausnahmefälle 420 6 *2*
- Ausnahmen (gesetzliche) 420 5 *3*
- Berufsausbildungsverhältnis 420 7 *3*
- Betriebspraktikum 420 5 *4*
- IAO-Abkommen 420 2 *1*
- Jugendrichter 420 5 *5*
- Kulturveranstaltungen 420 6 *2*
- nicht vollzeitschulpflichtige 420 7 *2*
- Schulferien 420 5 *9*
- Urlaub 420 19 *4*
- Verbot 420 5 *2*

Kinderbetreuung
- Erziehungsgeld 170 1 *8*

Kindergarten
- Mitbestimmung 210 87 *71*

Kindergeld
- Ausbildungsvergütung (Verzicht) 230 611 *685*

Kindertagesstätte
- Betriebsübergang 230 613 a *36*

Kinderzulage
- Anrechnungsverbot (BetrAVG) 200 5 *35*
- Entgeltfortzahlung 280 4 *30*

Kiosk
- Ladenschluß 440 5 *1*

Kirche
- siehe auch *Glaubensfreiheit*
- siehe auch *Tendenzbetrieb*
- siehe auch *Tendenzunternehmen*
- Altersteilzeit 130 2 *10*
- Arbeitnehmerbegriff 230 611 *146*
- Arbeitnehmerüberlassung 140 1 *55*
- Arbeitsgerichte 60 1 *8*
- Arbeitsgerichtliche Kontrolle 10 4 *44*
- Arbeitsgerichtsbarkeit 10 4 *30*
- Arbeitszeit (Abweichung) 110 7 *24*
- Arbeitszeit (Religionsausübung) 110 18 *6*
- Arzt (Weiterbildung) 25 3 *3*
- außerdienstliches Verhalten 10 4 *47*
- Außerdienstliches Verhalten 230 626 *124*
- Außerordentliche Kündigung (Anhörung) 230 626 *71*
- Austritt 10 4 *11*
- Austritt (Loyalitätspflichtverletzung) 10 4 *45*
- Beamte (Arbeitsgerichtsbarkeit) 60 5 *15*
- Beschlußverfahren (Zuständigkeit) 60 2 a *6*
- betriebliche Übung 230 611 *282*
- Betriebsverfassung 210 118 *28*
- Dritter Weg 10 4 *49*
- Eigentum 10 4 *37*
- Einrichtungen (selbständige) 10 4 *33*
- Erziehungseinrichtung 10 4 *33*
- Fragerecht 10 4 *46*
- Gleichbehandlungsgebot (BeschFG) 180 6 *14*
- Grundsatzbeschwerde 60 72 a *10*
- Intimsphäre (Arbeitnehmers) 10 2 *82*
- Jugendarbeitsschutz (Abweichung) 420 21 a *12*
- Koalitionsfreiheit 10 9 *14*
- Krankenhäuser 10 4 *33*
- Kündigungsgründe 430 1 *267*
- Kündigungsschutz (KSchG) 430 23 *6*
- Loyalitätspflicht 10 4 *42*
- Meinungsfreiheit 10 5 *38*
- Parteifähigkeit 60 10 *3*
- Revision (kirchliches Recht) 60 73 *9*
- Schlichtungsstelle 10 4 *57*
- Schwerbehinderte 10 4 *46*
- Scientology 10 4 *35*
- Selbstverwaltungsrecht 10 4 *29*
- Sonn-/Feiertagsarbeit 110 9
- Sonn-/Feiertagsarbeit (Abweichung) 110 12 *6*
- Sprecherausschuß 590 1 *6*
- Streik 10 4 *53*
- Tarifvertrag 10 4 *49*; 600 1 *86*
- Tarifvertrag (Kirchenbedienstete) 600 1 *86*
- Wichtiger Grund 230 626 *185*
- wirtschaftliche Betätigung 10 4 *34*
- Zölibatsklausel 10 6 *12*
- Zutrittsrecht 10 9 *35*

Klage
- Ausschlußfrist (Klageerhebung) 600 4 *105*

Klageabweisungsantrag
- Ausschlußfrist 230 225 *60*

Klageänderung
- Berufungsverfahren 60 67 *2*
- Revisionsinstanz 60 74 *20*

Klagebefugnis
- Betriebsvereinbarung (tarifwidrige) 10 9 *73*; 60 81 *10*; 210 23 *34*; 600 4 *39*
- Regelungsabrede (tarifwidrige) 10 9 *73*; 210 23 *34*; 600 4 *39*

Klageerhebung
- eventuelle 430 4 *10*
- Kündigungsschutzklage 430 4 *10*
- Verjährung (Unterbrechung) 230 225 *16*
- vorsorgliche 430 4 *11*

Klageerweiterung
- Berufungsinstanz 60 65 *9*

Klageerwiderung
- Arbeitsgerichte 60 9 *4*

Klagefrist
- siehe *Drei-Wochen-Frist (Kündigungsschutzklage)*
- siehe auch *Kündigungsschutzklage*
- Altersgrenze 560 41 *23*
- Arzt (Weiterbildung) 25 3 *15*

2661

Sachverzeichnis

Fette Zahlen = Kennziffern

- Befristung 230 620 *163*
- Befristung (Hochschule) 400 57 b 2, *41*
- Berufsausbildung 150 15 *11*
- Betriebsübergang 230 613 a *155*
- Geschlechtsdiskriminierung 60 61 b 2; 230 611 a *37*
- Insolvenz 410 113 *35*
- Insolvenz (Betriebsübergang) 230 613 a *134*
- Wiedereinstellung 230 613 a *147*

Klagehäufung
- Rechtsweg 60 48 *5*

Klagerücknahme
- Berufungsverfahren 60 64 *18*
- Gerichtskosten 60 12 *5*
- Güteverhandlung 60 54 *12*
- Güteverhandlung (nach Ruhen) 60 54 *23*
- Kündigungsschutz 430 4 *72*
- Kündigungsschutz (allgemeiner) 430 1 *17*
- Tarifvertrag 600 4 *88*
- Verjährung (Unterbrechung) 230 225 *23*
- Vorsitzender 60 55 *6*

Klageschrift
- Zustellung 60 50 *3*

Klageverzicht
- Kündigungsschutz (allgemeiner) 430 1 *17*
- Tarifvertrag 600 4 *87*

Klärungsbedürftigkeit
- Grundsatzbeschwerde 60 72 a *4*
- Revisionszulassung 60 72 *12*

Klärungsfähigkeit
- Grundsatzbeschwerde 60 72 a *3*
- Revisionszulassung 60 72 *9*

Kleinbetrieb
- Arbeitnehmerüberlassung 140 1 a *2*
- außerordentliche Kündigung 430 23 *10*
- Befristung 180 1 *11*; 230 620 *44, 57*
- Begriff (KSchG) 430 23 *4*
- Beschäftigung (SchwbG) 530 12 *6*
- Betriebsänderung 210 111 *5*
- Betriebsverfassungsorgane (Kündigungsschutz) 430 15 *1*
- Darlegungs- und Beweislast 430 23 *20*
- Erziehungsurlauber 170 21 *8*
- Familienangehörige 430 23 *18*
- Gemeinschaftsbetrieb 430 23 *5*; 610 322 *5*
- Gesamtbetriebsrat (Belegschaftsstärke) 210 50 *3*
- Gleichheitssatz 10 3 *62*
- Insolvenz 410 113 *21*
- Interessenausgleich (Insolvenz) 410 125 *2*
- Klagefrist 430 4 *3*
- Klagefrist (außerordentliche Kündigung) 430 13 *8*
- Klagefrist (Insolvenz) 410 113 *35*
- Kündigungsfrist 230 622 *38*
- Leiharbeitnehmer 430 23 *18*
- Leiharbeitnehmer (Mitbestimmung) 140 14 *19*
- Privatdienstvertrag 400 57 b *2*
- Schwerbehindertenvertretung 530 22 Anhang *5*
- Spaltung 610 325 *13*
- Wehrdienst 80 2 *2*
- Wehrdienst (außerordentliche Kündigung) 80 2 *9*
- Widerspruch (Sozialplan) 210 112 *37*

Kleinkind
- Vergütungsfortzahlung 230 616 *16*

Kleinunternehmen
- Arbeitslosengeld (Erstattung durch Arbeitgeber) 540 147 a *20*

Knappschaftsversicherung
- Anrechnungsverbot (BetrAVG) 200 5 *23*

Know-how
- Betriebsübergang (Aktiva) 230 613 a *23*

Koalition
- *siehe auch Arbeitgeberverband*
- *siehe auch Gewerkschaft*
- *siehe auch Koalitionsfreiheit*
- *siehe auch Tarifvertragspartei*
- allgemeinpolitische Ziele 10 9 *7*
- Arbeitskampf 10 9 *4*
- Arbeitskampfbereitschaft 10 9 *9*
- arbeitsrechtliche 10 9 *4*
- Ausschluß 600 3 *13*
- Austritt 10 9 *19*
- Begriff 600 2 *3*
- Bestandsgarantie 10 9 *44*
- Betätigung 10 9 *20*
- Betätigungsfreiheit 10 9 *15*
- demokratische Organisation 600 2 *9*
- Freiheit 10 9 *20*
- Gegnerunabhängigkeit 10 9 *7*
- Gemeinwohlbindung 10 9 *61*
- Gesetzgebung 10 9 *22*
- Gewerkschaftsausschluß (Konkurrenzliste) 10 9 *37*
- Gleichbehandlung (Mitglieder) 10 9 *39*
- Handlungsspielraum (begrenzter) 10 9 *22*
- Kernbereich 10 9 *23*
- Mächtigkeit 600 2 *10*
- Mitglieder 10 9 *38*
- Mitgliedschaft 600 3 *9*
- Mittelwahl 10 9 *25*
- Notstand 10 9 *42*
- Schutz 10 9 *41*
- Selbstverwaltung 10 9 *37*
- Soziale Mächtigkeit 10 9 *9*
- Tarifbindung 600 3 *5*
- Tarifvertragsabschluß 10 9 *25*
- Tarifvertragsrecht (Anerkennung) 600 2 *15*
- Tarifwilligkeit 10 9 *9*; 600 2 *12*
- Tarifzuständigkeit 10 9 *40*
- Überbetrieblichkeit 10 9 *8*; 600 2 *16*
- Unabhängigkeit 600 2 *6*

Koalitionsfreiheit
- Betriebsrat 210 74 *36*
- gesetzliche Regelung 10 9 *22*
- Grundrecht 10 9 *14*
- Grundrechtsbindung 10 9 *55*
- Grundsatzbeschwerde 60 72 a *12*
- Jedermann 10 9 *13*
- Kernbereich 10 9 *23*
- negative/positive 10 9 *14*
- Schutzbereich 10 9 *24*
- Schutzpflicht 10 9 *74*
- Tarifpluralität 600 4 *113*
- Tarifvertrag 600 1 *138*
- Tarifvertragssystem 10 9 *25*
- Urteilsverfahren 60 2 *19*

Koalitionsspezifische Betätigung
- Grundsatz 10 9 *15*
- Tarifvertrag 10 9 *44*

Koch
- Betriebsübergang 230 613 a *27*

Kodierungserfasser
- Arbeitnehmer 230 611 *99*

Kollegenhilfe
- Arbeitnehmerüberlassung 140 1 b *6*

Kollektives Betteln
- Arbeitskampf 10 9 *108*

Kommanditgesellschaft
- *siehe KG*

Kommanditist
- Arbeitgeber 230 611 *228*
- Arbeitgeber (ArbGG) 60 2 *21*
- Arbeitsverhältnis 230 611 *24*

magere Zahlen = §§ bzw. Art.; kursive Zahlen = Randnummern

Sachverzeichnis

- Beschäftigungsverhältnis 545 7 *20*
- Kündigungsschutz 430 14 *6*
- Rechtsweg 60 3 *5*
- Unfallversicherung 570 2 *10*
- Zeuge 60 58 *14*

Kommissionär
- Arbeitsgerichtsbarkeit 60 5 *7*

Kommunikation
- Persönlichkeitsrecht 10 2 *40*

Kompetenzkonflikt
- Arbeitsgerichte 60 48 *15*

Komplementärkapitalgesellschaft
- Konzern 470 5 *4*
- Konzernspitze 470 5 *17*
- Unternehmensmitbestimmung 470 4 *8*

Konfirmation
- Vergütungsfortzahlung 230 616 *6*

Konkordanz
- Grundrechte 10 Einl. *71*; 9 *14*
- Persönlichkeitsrecht 10 2 *66*

Konkurrenzliste
- Gewerkschaftsausschluß 10 9 *37*

Konkurrenztätigkeit
- siehe Wettbewerbsverbot

Konkurs
- siehe Insolvenz

Konsulat
- Arbeitsgerichte 60 1 *6*
- Gerichtsbarkeiten 340 *19*

Kontoführungsgebühr
- Mitbestimmung 210 87 *40*
- Übernahme 230 611 *600*

Kontrahierungszwang
- Berufsfreiheit 10 12 *30*

Kontrolldichte
- Übermaßverbot 10 Einl. *28*

Konzern
- abhängiges Unternehmen (BetrVG 1952) 220 76 *58*
- Abhängigkeit (MitbestG) 470 5 *5*
- Abhängigkeitsverhältnis (BetrVG 1952) 220 76 *60*
- Anpassung (BetrAVG) 200 16 *45*
- Arbeitnehmerbegriff (BetrVG) 210 5 *20*
- Arbeitnehmerüberlassung 140 1 *86*
- Arbeitnehmerzahl (BetrVG 1952) 220 77 a *1*
- Arbeitslosengeld (Erstattung durch Arbeitgeber) 540 147 a *38*
- Auslandszug (MitbestG) 470 5 *14*
- Begriff 230 611 *242*
- Beherrschungsvertrag (BetrVG 1952) 220 77 a *2*
- Berechnungsdurchgriff (AktG) 50 18 *18*
- Berechnungsdurchgriff (BetrAVG) 200 16 *45*
- Betriebsverfassung 210 54 *2*
- Datennutzung 160 11 *2*
- Datenschutz 160 2 *2*
- Durchführungspflicht (Tarifvertrag) 600 1 *66*
- Eingliederung (BetrVG 1952) 220 77 a *4*
- Enkelunternehmen (BetrVG 1952) 220 76 *61*
- Enkelunternehmen (MitbestG) 470 5 *8*
- faktischer (BetrVG 1952) 220 77 a *5*
- Gemeinschaftsbetrieb (BetrVG) 210 4 *7*
- Gemeinschaftsunternehmen (AktG) 50 18 *5*
- Gemeinschaftsunternehmen (BetrVG 1952) 220 76 *62*
- Gemeinschaftsunternehmen (MitbestG) 470 5 *10*
- Gleichbehandlungsgrundsatz 230 611 *851*
- Gleichordnungskonzern (AktG) 50 18 *7*
- Gruppenschutz (BetrVG 1952) 220 76 *64*
- herrschendes Unternehmen (BetrVG 1952) 220 76 *59*
- herrschendes Unternehmen (MitbestG) 470 5 *3*
- internationaler (Konzernbetriebsrat) 210 54 *7*
- Komplementärkapitalgesellschaft (Konzernspitze) 470 5 *17*
- Komplementärkapitalgesellschaft (MitbestG) 470 5 *4*
- Konzern im Konzern (AktG) 50 18 *4*
- Konzern im Konzern (BetrVG 1952) 220 76 *61*
- Konzern im Konzern (MitbestG) 470 5 *8*
- Konzernbelegschaft (BetrVG 1952) 220 76 *64*
- Konzernleihe (Arbeitspflicht) 230 613 *9*
- Konzernvermutung (AktG) 50 18 *6*
- Kündigungsschutz (Organmitglieder) 430 14 *5*
- mehrstufiger (BetrVG 1952) 220 76 *61*
- qualifiziert faktischer (AktG) 50 18 *9*
- Rechtswahl 290 34 *9*
- Sozialplan (Haftung) 210 112 *38*
- Sozialplan (Umstrukturierung) 210 112 *18*
- Sprecherausschuß 590 24 *2*
- Tariffähigkeit 600 2 *24*
- Teilkonzern (MitbestG) 470 5 *18*
- Tendenzkonzern (MitbestG) 470 5 *15*
- Tendenzschutz (BetrVG 1952) 220 81 *3*
- Tochterunternehmen (BetrVG 1952) 220 76 *61*
- Unterordnungskonzern (AktG) 50 18 *2*
- Unterordnungskonzern (BetrVG 1952) 220 76 *56*
- Unterordnungskonzern (MitbestG) 470 5 *2*
- Versorgungsanwartschaft 200 1 *27*
- Wählbarkeit (BetrVG 1952) 220 76 *63*
- Wahlberechtigung (BetrVG 1952) 220 76 *64*
- Wahlmänner (BetrVG 1952) 220 76 *65*
- Wahlordnung (BetrVG 1952) 220 76 *67*
- Wahlverfahren (BetrVG 1952) 220 76 *65*
- Weiterbeschäftigung 430 1 *548*
- Zwischenholding (MitbestG) 470 5 *21*
- Zwischenunternehmen (MitbestG) 470 5 *19*

Konzern im Konzern
- (AktG) 50 18 *4*
- (BetrVG 1952) 220 76 *61*
- (MitbestG) 470 5 *8*

Konzernbetriebsrat
- Abberufung 210 55 *3*
- Arbeitnehmervertreter (Bestellungswiderruf) 220 76 *79*
- Arbeitnehmervertreterwahl 210 58 *9*
- Arbeitsplatzausschreibung 210 93 *7*
- Auflösung 210 54 *9*
- Auftragszuständigkeit 210 58 *10*
- Ausschluß 210 56 *1*
- Errichtung 210 54 *6*
- Gesamtbetriebsrat (Ausschluß) 210 48 *3*
- Geschäftsführung 210 59 *4*
- Geschäftsordnung 210 36 *1*
- Konzernbegriff 210 54 *2*
- Konzernbetriebsausschuß 210 59 *5*
- Konzernbetriebsvereinbarung 210 58 *11*
- Mitgliedschaft (Ende) 210 57 *1*
- örtliche Zuständigkeit 60 82 *2*
- Stimmgewicht 210 55 *5*
- Unternehmensspaltung 210 4 *8*
- Vorsitzender 210 59 *3*
- Wirtschaftsausschuß 210 58 *7*
- Zusammensetzung 210 55 *1*
- Zuständigkeit 210 58 *3*

Konzernbetriebsvereinbarung
- Betriebsübergang (Weitergeltung) 230 613 a *97*

Konzernsprecherausschuß
- Behinderungsverbot 590 2 *15*
- Bildung 590 24 *2*
- wirtschaftliche Angelegenheiten 590 32 *3*

Konzernwahlklausel
- Montanindustrie 490 1 *29*

2663

Sachverzeichnis

Fette Zahlen = Kennziffern

Konzession
- Betriebsübergang 230 613 a *13*

Kopie
- *siehe Fotokopie*

Kopplungsgeschäfte
- Arbeitskampf (Betriebsrat) 210 74 *14*
- Mitbestimmung 210 74 Einl. *37*

Körperlich schwere Arbeit
- Geschlechtsdiskriminierung 230 612 *55*

Körperliche Unversehrtheit
- Recht (auf) 10 2 *106*

Korrigierende Rückgruppierung
- Zulässigkeit 230 611 *623*

Korruption
- *siehe Bestechlichkeit, Schmiergeld*

Kosten
- Auslagen 60 12 *11*
- Beitrittsgebiet 60 12 *3*
- Berufungsrücknahme 60 64 *18*
- Beschlußverfahren 60 81 *6*
- Beschlußverfahren (Insolvenz) 410 126 *12*
- Beschwerde 60 78 *11*
- Bundesarbeitsgericht 60 12 *7*
- Einziehung 60 12 *12*
- Erstattung (Ausschluß) 60 12 a *1*
- Erstattung (Belehrung) 60 12 a *8*
- Fälligkeit 60 12 *8*
- Festsetzung 60 12 a *12*
- Festsetzung (sofortige Beschwerde) 60 78 *3*
- Landesarbeitsgericht 60 12 *6*
- Mahnverfahren 60 46 a *24*
- Nichtbetreiben 60 12 *8*
- Nichtzulassungsbeschwerde 60 72 a *33*
- persönliches Erscheinen 60 51 *12*
- Rechtshilfe 60 13 *9*
- Rechtsweg 60 48 *10*
- Richterablehnung 60 49 *28*
- Schuldner 60 12 *10*
- Urteilsverfahren 60 12 *2*
- Versäumnisurteil 60 59 *33*

Kostentabelle
- Dienstwagennutzung 230 611 *784*

Kraftfahrer
- Akkord 230 611 *588*
- Haftung 230 611 *1044*
- Höchstarbeitszeit 110 3 *15*
- Prämie 230 611 *592*
- Ruhezeit 110 5 *14*
- Sonn-/Feiertagsarbeit 110 9 *8*
- Verschulden (EntgeltfortzG) 280 3 *54*

Krankenfürsorge
- Dienstvertrag 230 617 *3*

Krankengeld
- Altersteilzeit 130 10 *2*
- Anrechnung (Leiharbeitnehmer) 140 10 *56*
- Arbeitseinkommen (Ruhen) 550 49 *13*
- Arbeitsentgelt 550 49 *6*
- Arbeitslosengeld 550 44 *3*
- Arbeitslosengeld (Ruhen) 550 49 *18*
- Arbeitslosenhilfe 550 44 *3*
- Arbeitslosenhilfe (Ruhen) 550 49 *18*
- Arbeitsunfähigkeit (krankheitsbedingte) 550 44 *7*
- Aufrechnung 230 611 *661*
- Aufrechnung (Arbeitsvergütung) 550 49 *10*
- Aufstockungsverbot 550 49 *23*
- ausgeschlossene Versicherte 550 44 *6*
- Auslandsleistungen 550 49 *19*
- Ausschlußfrist 550 49 *11*
- Einkommensanrechnung (Rente) 560 Einl. *19*
- Entgeltersatzfunktion 550 44 *2*
- Erlaßvertrag 550 49 *11*
- Erziehungsurlaub (Ruhen) 550 49 *14*
- Forderungsübergang 550 44 *17*
- freiwillig Versicherte (Anspruchsausschluß/Leistungsbeschränkung) 550 44 *14*
- Kausalität 550 44 *10*
- Kindeserkrankung (Voraussetzungen 550 45 *2*
- Kurzarbeitergeld (Ruhen) 550 49 *15*
- Meldeversäumnis 550 49 *20*
- Mutterschaftsgeld (Ruhen) 550 49 *18*
- Nachweis (Kindererkrankung) 550 45 *7*
- Pflegeperson 550 45 *9*
- Ruhen (Begriff) 550 49 *3*
- Schadenersatz 550 49 *12*
- Sozialleistungen (Ruhen) 550 49 *17*
- Übergangsgeld (Ruhen) 550 49 *15*
- Unterhaltsgeld 550 44 *3*
- Unterhaltsgeld (Ruhen) 550 49 *15*
- Urlaub (unbezahlter) 550 44 *4*
- Urlaubsabgeltung 550 49 *6*
- Vergleich 550 49 *11*
- Verletztengeld 550 49 *18*
- Versicherungsverhältnis 550 44 *3*
- Versorgungskrankengeld (Ruhen) 550 49 *15*
- Voraussetzungen 550 44 *3*
- Vorsorge-/Rehabilitationsmaßnahme 550 44 *11*
- Winterausfallgeld (Ruhen) 550 49 *15*

Krankengespräch
- Mitbestimmung 210 87 *21*

Krankenhaus
- Arbeitnehmerbegriff (BetrVG) 210 5 *27*
- Arbeitszeit (Abweichung) 110 7 *15*
- Arbeitszeit (Notfall) 110 14 *14*
- kirchliches 10 4 *33*
- Krankengeld 550 44 *11*
- Mitbestimmung (Sozialeinrichtung) 210 87 *71*
- nachträgliche Klagezulassung 430 5 *15*
- Ruhezeit 110 5 *8*
- Samstagsarbeit (Jugendliche) 420 16 *4*
- Sonn-/Feiertagsarbeit 110 10 *6*
- Tendenzbetrieb 210 118 *11*

Krankenkasse
- Arbeitsunfähigkeitsbescheinigung 280 5 *31*
- Krankengeld 550 44 *1*
- Leistungsverweigerungsrecht (EntgeltfortzG) 280 7 *3*
- Minderjährige 230 113 *9*

Krankenpflege
- Berufsbildung 150 2 *4*

Krankenversicherung
- Altersteilzeit 130 3 *10*
- Anrechnungsverbot (BetrAVG) 200 5 *18*
- Arbeitnehmerüberlassung 140 Einl. *63*
- Auskunfts-/Beratungspflicht 230 611 *907*
- Berufsausbildung 150 3 *8*
- Erstattungspflicht (Wettbewerbsverbot) 390 74 c *13*
- Geringfügig Beschäftigte 545 8 *26*
- Krankenfürsorge (Ausschluß) 230 617 *16*
- Ruhegehalt (Übernahme der) 200 1 *5*
- Versicherungspflicht (Zeitpunkt) 550 44 *5*
- Zuschußpflicht 230 611 *903*

Krankfeiern
- Verdachtskündigung 230 626 *212*
- Wichtiger Grund 230 626 *142*

Krankheit
- *siehe auch Arbeitsunfähigkeit*
- Abmahnung 430 1 *139*
- Angehörige (Berufsausbildung) 150 12 *6*
- Annahmeverzug (Leistungswille) 230 615 *43*
- Ausgleichszeitraum (Arbeitszeit) 110 3 *12*
- Aussperrung 10 9 *266*
- Begriff 280 3 *11*; 430 1 *192*
- Beschäftigungsverhältnis 545 7 *29*

2664

magere Zahlen = §§ bzw. Art.; kursive Zahlen = Randnummern **Sachverzeichnis**

- Betriebsratsanhörung 210 102 *1*
- Betriebsratsmitglied (Kündigung) 230 626 *76*
- Darlegungs- und Beweislast 430 1 *204*
- Dienstvertrag 230 617 *7*
- Feiertag/Kurzarbeit 280 2 *42*
- Fragerecht 230 611 *372*
- Freizügigkeit 20 39 *26*
- Karenzentschädigung 390 74 c *21*
- Krankengeld 550 44 *7*
- Krankfeiern (Maßregelungsverbot) 230 612 a *6*
- Krankheitszeiten (Datenspeicherung) 160 28 *20*
- Krankmeldung (Arbeitskampf) 10 9 *290*
- Kündigung 430 1 *188*
- Kündigung (wegen) 280 8 *5*
- Kündigungserklärung 430 4 *41*
- Kündigungserklärungsfrist 230 626 *271*
- Kurzerkrankungen 430 1 *223*
- Langzeiterkankung 430 1 *211*
- Mutterschutz (Grundrechte) 10 6 *21*
- nachträgliche Klagezulassung 430 5 *14*
- Negativprognose 430 1 *195*
- Offenbarungspflicht 230 611 *396*
- persönliches Erscheinen (Arbeitsgericht) 60 51 *10*
- Pflichtplatzberechnung 530 12 *12*
- Schutzpflicht (Arbeitgeber) 230 618 *16*
- Selbstbeurlaubung 250 7 *12*
- Sozialauswahl 430 1 *503*
- Teilurlaub 250 5 *9*
- Übertragungszeitraum (BUrlG) 250 7 *78*
- Urlaub (Anzeige-/Nachweispflicht) 250 13 *42*
- Urlaub (Tarifvertrag) 250 13 *35*
- Urlaubsabgeltung 250 7 *92*
- Urlaubsgewährung 250 7 *32*
- Urlaubskürzung (Tarifvertrag) 250 13 *43*
- Urlaubsübertragung 250 7 *69, 78*
- verhaltensbedingte Kündigung 430 1 *355*
- Vertretungspflicht (Arbeitsplatzteilung) 180 5 *13*
- Vertretungsregelung (Arbeitsgericht) 60 *19*
- Wartezeit (BUrlG) 250 4 *6*
- Wehrdienst 80 1 *10*
- wichtiger Grund 230 626 *179*
- Wichtiger Grund (Arbeitnehmer) 230 626 *199*
- Zeugnis 230 630 *91*

Kreditgefährdung
- Zwangsvollstreckung 60 62 *7*

Kreditverbot
- Aufrechnung 230 611 *665*
- Begriff 230 611 *768*

Kritik
- Arbeitsverhältnis 10 5 *37*
- polemische 10 5 *56*
- Schmähkritik 10 5 *5*
- verhaltensbedingte Kündigung 430 1 *350*

Kundenberater
- Arbeitnehmer 230 611 *97*

Kundenkartei
- Betriebsübergang 230 613 a *31*

Kundenkreis
- Betriebsübergang 230 613 a *13*

Kundenliste
- Betriebsübergang 230 613 a *13*

Kündigung
- siehe auch Abfindung
- siehe auch Aufhebungsvertrag
- siehe auch außerordentliche Kündigung
- siehe auch Betriebsänderung
- siehe auch Betriebsratsanhörung
- siehe auch Betriebsratsmitglied (Kündigung)
- siehe auch Drei-Wochen-Frist
- siehe auch Interessenausgleich
- siehe auch Kündigungserklärung
- siehe auch Kündigungserklärungsfrist
- siehe auch Kündigungsfrist
- siehe auch Kündigungsschutz (allgemeiner)
- siehe auch Kündigungsschutz (besonderer)
- siehe auch Massenentlassung
- siehe auch personenbedingte Kündigung
- siehe auch Sozialplan
- siehe auch verhaltensbedingte Kündigung
- siehe auch Wartezeit
- Arbeitslosengeld (Anrechnung) 540 143 a *7*
- Betriebsvereinbarung 210 77 *117*
- Regelungsabrede 210 77 *130*
- treuwidrige 430 13 *30*
- ungehörige 430 13 *30*
- Wohnraum (Mitbestimmung) 210 87 *87*

Kündigung ohne Frist
- außerordentliche Kündigung (Unkündbarkeit) 430 13 *12*

Kündigungsausschlußklausel
- Berufsausbildung 150 5 *4*

Kündigungseinspruch
- Begriff 430 3 *1*
- leitende Angestellte 590 31 *11*

Kündigungserklärung
- Anfechtung 230 620 *215*
- Anfechtung (Abgrenzung) 230 620 *181*
- Anwesende 430 4 *25*
- Ausländer 430 4 *29*
- Bedingung 230 620 *173*
- Beendigungsrichtlinie 590 28 *7*
- Beglaubigungsvermerk 230 127 *19*
- Begriff 230 620 *170*
- Begründung 230 620 *222*
- Bestätigung 430 4 *30*
- Dienstsiegel 230 620 *176*
- Einschreiben 230 620 *210*; 430 4 *37*
- Empfangsbote 230 620 *211*; 430 4 *27*
- Empfangsvertreter 430 4 *27*
- entfristete Kündigung 430 13 *10*
- Erklärungsbote 430 4 *31*
- Familienangehörige 430 4 *34*
- Gerichtsvollzieher 230 620 *212*
- Grundsätze 230 620 *168*
- Handlungsbevollmächtigter 390 54 *8*
- Hausangestellter 430 4 *34*
- Hausverbot 230 620 *172*
- Insolvenzverwalter 230 620 *180*
- Krankheit 430 4 *41*
- Kündigungsgründe (Berufsausbildung) 150 15 *9*
- Kündigungsschutz (allgemeiner) 430 1 *26*
- Kur 430 4 *41*
- Lossagungsrecht (Abgrenzung) 230 620 *190*
- Massenkündigungen 430 4 *45*
- mündliche 430 4 *26*
- Nachsendeantrag 430 4 *34*
- öffentliche Zustellung 230 620 *212*
- Öffentlicher Dienst 230 620 *176*
- Postlagerung 430 4 *36*
- Postschließfach 430 4 *36*
- Postzustellungsurkunde 430 4 *38*
- Potestativbedingung 230 620 *173*
- Prokurist 230 620 *178*
- Prozeßvollmacht 230 620 *179*
- Rechtsanwalt 430 4 *32*
- Rechtsmißbrauch 430 4 *42*
- Rücknahme 230 620 *229*; 430 4 *73*
- Schriftform (623 BGB) 230 623 *7*
- Schriftform (Berufsausbildung) 150 15 *9*
- schriftliche 430 4 *28*
- telefonische 430 4 *26*
- Telegramm 430 4 *39*
- Übermittlungsrisiko 430 4 *33*

2665

Sachverzeichnis

Fette Zahlen = Kennziffern

- Umdeutung 230 620 *216*
- Umzug 430 4 *41*
- Untersuchungshaft 430 4 *41*
- Urlaub 230 620 *213*; 430 4 *41*
- verlängerte Klagefrist 430 6 *3*
- Verschwiegenheit 230 620 *232*
- Vertretung 230 620 *174*
- Vollzug des Arbeitsverhältnisses (fehlender) 430 1 *45*
- Wiederholungskündigung 430 4 *30*
- Wirksamwerden 430 7 *1*
- Zugang 230 620 *209*
- Zugang (Darlegungs- und Beweislast) 430 4 *46*
- Zugangsvereitelung 430 4 *42*
- Zurückweisung 230 620 *174*

Kündigungserklärungsfrist
- 5-Jahres-Zeitraum 230 624 *15*
- Abdingbarkeit 230 626 *280*
- Abmahnung 230 626 *51*
- Analogie 230 626 *251*
- Anfechtung 230 611 *490*; 626 *253*
- Anhörung (Arbeitnehmer) 230 626 *266*
- Berufsausbildung 150 15 *10*
- Betriebsratsanhörung 210 102 *3*; 230 626 *285*
- Betriebsratsmitglied 230 626 *286*; 430 15 *31*
- Betriebsratsmitglied (Nachschieben) 210 103 *14*
- Betriebsstillegung 230 626 *276*
- Betriebsübergang 230 613 a *79*; 626 *262*
- Darlegungs- und Beweislast 230 626 *305*
- Dauertatbestand 230 626 *267*
- Dienstordnungs-Angestellte 230 626 *13*
- Druckkündigung 230 626 *272*
- Erziehungsurlaub 230 626 *288*
- Fristbeginn/-ablauf 230 626 *256*
- Grundsätze 230 626 *246*
- Insolvenz 410 113 *29*
- Kommunen 230 626 *260*
- Krankheit 230 626 *271*
- Kündigungsberechtigter 230 626 *256*
- Nachschieben 230 626 *247*
- Nachschieben (Kündigungsschutzprozeß) 230 626 *291*
- Personenmehrheit 230 626 *259*
- Rechtsbeuge (Fristablauf) 230 626 *281*
- Rechtsmißbrauch 230 626 *284*
- Schadenersatz 230 628 *51*
- Schwangerschaft 230 626 *288*
- Schwerbehinderte 230 626 *288*; 530 21 *6*
- schwerbehindertes Betriebsratsmitglied 230 626 *287*; 430 15 *32*
- Verdachtskündigung 230 626 *273*
- Verein 230 626 *259*
- Zustimmung (BetrVG) 210 103 *9*
- Zustimmungsersetzung 430 15 *49*

Kündigungsfrist
- 5-Jahres-Zeitraum 230 624 *16*
- Arbeiter/Angestellte 230 622 *65*
- arbeitnehmerähnliche Personen 230 622 *10*
- Arbeitnehmerüberlassung 230 622 *117*
- Arbeitsgericht (Aufklärung) 230 622 *74*
- Arbeitslosengeld (Anrechnung) 540 143 *7*
- Arbeitsverhältnis (vorangehendes) 230 622 *20*
- Auflösungsverschulden 230 628 *65*
- Ausbildungsverhältnis (vorheriges) 150 3 *3*
- Aushilfe 230 622 *32*
- Beendigungsrichtlinie 590 28 *7*
- Berufsausbildung (Insolvenz) 410 113 *6*
- Berufsausbildungsverhältnis (vorangehendes) 230 622 *20*
- Berufsausbildungsvertrag 230 622 *113*
- Beschäftigungsdauer (Berechnung) 230 622 *19*
- Betriebliche Übung 230 622 *88*
- Betriebsratsanhörung 210 102 *5*
- Betriebsstillegung 430 15 *42*
- Betriebsübergang (Unterbrechung) 230 613 a *30*
- Bezugnahme auf Tarifvertrag 230 622 *81*
- Dienstvertrag 230 621 *3*
- Dienstvertrag (5 Jahre) 230 624 *5*
- Drittmittelwegfall (Hochschule) 400 57 d *6*
- entfristete Kündigung 230 622 *43*
- Erziehungsurlaub 170 19 *3*; 230 622 *116*
- fiktive (Arbeitslosengeld) 540 143 a *20*
- Fluktuation 230 622 *69*
- Fünfzehnte (Änderung) 230 622 *97*
- Geringfügig Beschäftigte 230 622 *10*
- gesetzliche (Grundsätze) 230 622 *15*
- Günstigkeitsprinzip 230 622 *91*
- Halbjahr (Änderung) 230 622 *97*
- Handelsvertreter 230 621 *18*
- Handelsvertreter (5 Jahre) 230 624 *6*
- Hausangestellte 230 622 *11*
- Heimarbeit 230 621 *18*; 622 *118*
- Insolvenz 410 113 *19*
- Kleinbetrieb 230 622 *38*
- Kleinbetrieb (Teilzeitbeschäftigte) 230 622 *40*
- konstitutive Regelung (Tarifvertrag) 230 622 *49*
- Kündigungserschwerung 230 622 *100*
- Lebenszeitanstellung 230 624 *7*
- Leiharbeitnehmer (Urkunde) 140 11 *11*
- Mindestkündigungsfrist 230 622 *78*
- Monat (Änderung) 230 622 *97*
- Nachweispflicht 510 2 *21*
- Neuregelung 230 622 *6*
- Organvertreter 230 621 *5*
- Probearbeit 230 622 *28*
- Quartal (Änderung) 230 622 *97*
- Schadenersatz (§ 628 BGB) 230 628 *65*
- Schwerbehinderte 230 622 *115*; 530 16 *1*
- Seeschiffahrt 230 622 *119*
- Sprecherausschußvereinbarung 590 28 *30*
- Stellensuche 230 629 *17*
- Suspendierung 230 611 *832*
- Tarifbindung 230 622 *48*
- Tarifvertrag 600 1 *40*
- Tarifvertrag (Grundsätze) 230 622 *42*
- Tarifvertrag (Übergangsvorschrift) 230 622 *136*
- Übergangsvorschriften 230 622 *125*
- Umdeutung 230 620 *220*; 622 *26*
- Umwandlung 610 323 *4*
- Unkündbarkeit 230 622 *3*
- Unterrichtsvertrag 230 621 *7*
- Urlaubsgewährung 250 7 *20*
- Verfassungsrecht 230 622 *60*
- Vergleichsverfahren 410 113 *39*
- Verlängerung 230 622 *95*
- Vertragsstrafe 230 345 *16*
- Verweisung (Tarifvertrag) 230 622 *49*
- Weiterarbeit (§ 625 BGB) 230 625 *6*
- Wiedereinstellung (Prognosefehler) 230 613 a *145*
- Wirksamkeit bei zu kurzer 430 13 *29*

Kündigungsgründe
- Mitteilung 430 1 *112*

Kündigungsschutz (allgemeiner)
- Abdingbarkeit 430 1 *18*
- arbeitnehmerähnliche Personen 10 12 *38*
- Arbeitnehmerbegriff 430 1 *47*
- Arbeitskampf 430 25 *1*
- Arzt (Weiterbildung) 25 3 *12*
- Auslandsberührung 430 1 *8*
- Aussperrung 10 9 *262*
- Berufsausbildung 150 15 *11*
- Berufsfreiheit 10 12 *34*
- Berufsunfähigkeit 560 Einl. *23*
- Betriebsbegriff (KSchG) 430 23 *4*

magere Zahlen = §§ bzw. Art.; kursive Zahlen = Randnummern # Sachverzeichnis

- Beurteilungszeitpunkt 430 1 *155*
- Darlegungs- und Beweislast 430 1 *102*
- Dauerschuldverhältnis 430 1 *116*
- Erweiterung 430 1 *20*
- Erwerbsunfähigkeit 560 Einl. *23*
- faktisches Arbeitsverhältnis 230 611 *172*; 430 1 *61*
- Gleichbehandlungsgrundsatz 430 1 *41*
- Grundrechte 430 1 *5*
- Gruppenarbeitsverhältnis 430 1 *62*
- Insolvenz 410 113 *21*; 430 1 *22*
- Internationales Arbeitsrecht 290 34 *17*
- Kapitän 430 24 *14*
- Kündigungserklärung 430 1 *26*
- Kündigungsgründe (Mitteilung) 430 1 *112*
- Kündigungsverlangen (Betriebsrat) 430 1 *100*
- Leiharbeitsverhältnis 140 Einl. *41*
- Massenentlassung 430 17 *3*
- Mischtatbestände 430 1 *165*
- mittelbares Arbeitsverhältnis 230 611 *204*; 430 1 *64*
- Mutterschutz (Grundrechte) 10 6 *23*
- Nebenpflichtverletzung 430 1 *116*
- Persönlichkeitsrecht 10 2 *80*
- Pressefreiheit 10 5 *78*
- Sozialwidrigkeit 430 1 *106*
- Störung des Vertragsverhältnisses 430 1 *114*
- Umwandlung 610 322 *4*
- Untermaßverbot 10 12 *35*
- Vergleichsverfahren 410 113 *40*
- Verzicht 430 1 *15*

Kündigungsschutz (besonderer)
- Altersteilzeit 130 8 *1*
- Arbeitnehmervertreter 220 76 *86*; 470 26 *7*
- Aussperrung 10 9 *263*
- Befristung 230 620 *154*
- Bergmannversorgungsschein 530 15 *2*
- Berufsausbildungsverhältnis 150 15 *2*
- Berufsunfähigkeit 560 Einl. *23*
- Beschlußverfahren (Insolvenz) 410 126 *5*
- Betriebsratsmitglied (Betriebsübergang) 230 613 a *112*
- Betriebsratswahl 210 20 *5*
- Betriebsübergang 230 613 a *135*
- Betriebsvertretungen (Tarifvertrag) 210 3 *3*
- Diskriminierung (Freizügigkeit) 20 39 *38*
- Drittmittelwegfall (Hochschule) 400 57 d *7*
- ehrenamtliche Richter 60 26 *3*
- Erwerbsunfähigkeit 560 Einl. *23*
- Erziehungsurlaub 170 18 *3*; 19 *1*
- Heimarbeiter (Schwerbehinderte) 530 49 *4*
- Klagefrist (Insolvenz) 410 113 *36*
- Kleinbetrieb (KSchG) 430 23 *8*
- leitende Angestellte 430 14 *16*
- MfS 230 626 *20*
- Mutterschutz 500 9 *2*
- Nachwirkung 210 103 *3*
- Schwerbehinderte 530 15 *1*
- Schwerbehindertenvertretung 530 22 Anhang *8*
- Sprecherausschußmitglied 590 2 *16*
- Teilzeitarbeit 180 2 *58*
- Umwandlung 230 613 a *176*; 610 324 *8*
- Wahlanfechtung 210 103 *5*
- Wehrdienst 80 2 *1*

Kündigungsschutz zweiter Klasse 10 12 *35*
Kündigungsschutzklage
- siehe auch Drei-Wochen-Frist
- nachträgliche Klagezulassung
- ...kündigung 430 4 *67*
- ...615 *28*
- ...griff 430 4 *9*
- ... 430 4 *72*

- Ausgleichsquittung 430 4 *72*
- Ausschlußfrist 430 4 *92*
- Ausschlußfristen (Geltendmachung) 230 225 *60*
- außerordentliche Kündigung 430 13 *14*
- Auszubildender 430 4 *7*
- Befristung 430 4 *5*
- Betriebsratsmitglied 430 13 *11*
- Betriebsübergang 230 613 a *156*; 430 4 *21*
- Dienstwagen 230 611 *782*
- Direktionsrecht 430 4 *4*
- Erbe 230 613 *5*; 430 4 *17*
- Erweiterung 430 4 *56*
- eventuelle 430 4 *10*
- faktisches Arbeitsverhältnis 430 4 *6*
- Feststellungsinteresse 430 4 *9*
- Feststellungsklage (allgemeine) 430 4 *79*
- Fristberechnung 430 4 *53*
- GbR 430 4 *20*
- Hinweis 430 4 *2*
- Insolvenz 410 113 *35*; 127 *4*
- Insolvenzverwalter 430 4 *24*
- Klageart 430 4 *8*
- Klagearten (andere) 430 4 *86*
- Klagefrist (verlängerte) 430 6 *2*
- Klagerücknahme 430 4 *71*
- Klagerücknahmeversprechen 430 4 *72*
- Klageschrift (Inhalt) 430 4 *59*
- Kleinbetrieb 430 4 *3*
- Kommanditgesellschaft 430 4 *20*
- Kündigungsmehrheit 430 4 *54*
- Kündigungsrücknahme 430 4 *73*
- Kündigungszugang 430 4 *25*
- Leistungsklage 430 6 *6*
- Luftverkehr 430 24 *6*
- Massenentlassung 430 18 *11*
- Maßregelungsverbot 230 612 a *8*
- neues Arbeitsverhältnis 430 12 *1*
- OHG 430 4 *20*
- örtliche Zuständigkeit 430 4 *13*
- Partnergesellschaft 430 4 *20*
- Pfändungsgläubiger 430 4 *16*
- Prozeßverwirkung 430 7 *5*
- Prüfungsumfang 430 4 *66*
- Rechtsschutzinteresse 430 4 *76*
- Rechtsweg 60 48 *5*
- Rücknahme (Wirkung) 430 7 *1*
- Schiffahrt 430 24 *6*
- Schlichtungsausschuß 430 4 *7*
- Sozialplananspruch 230 612 a *15*
- Sozialplanleistung 210 112 *23*
- Sperrzeit 540 144 *14*
- Stationierungsstreitkräfte 430 4 *19*
- Streitgegenstand 430 4 *78*
- Streitwert 60 12 *16*; 430 4 *85*
- Telefax 430 4 *64*
- Telekopie 430 4 *64*
- Tod 430 4 *17*
- Trotzkündigung 430 4 *56*
- Umdeutung 230 626 *293*; 430 6 *4*; 13 *18*
- Unkenntnis 430 5 *10*
- Unwirksamkeitsgründe (andere) 430 7 *3*
- Urlaubsabgeltung 250 7 *109*
- Urlaubsansprüche 250 7 *54*
- Urteilsinhalt 430 4 *83*
- Vergleich 430 4 *72*
- Verjährung 430 4 *91*
- Verjährung (Unterbrechung) 230 225 *19*
- Verwirkung 430 7 *5*
- Verzichtsvertrag 430 4 *72*
- Vollmachtsurkunde 430 4 *63*
- vorsorgliche 430 4 *11*
- Wählbarkeit 210 8 *3*

2667

Sachverzeichnis

Fette Zahlen = Kennziffern

- Wahlberechtigung 210 7 *1*
- Wartezeit (KSchG) 430 4 *3*
- Weiterbeschäftigung (BetrVG) 210 102 *33*
- Widerruf 430 4 *4*
- Widerspruchsgründe 430 1 *545*
- Wiederholungskündigung 430 4 *56*
- Zessionar 430 4 *16*
- Zustellung 430 4 *49*
- Zustimmungserfordernis 430 4 *58*

Kündigungsverzicht
- Abmahnung 430 1 *318*

Kundschaft
- Betriebsübergang 230 613 a *31*

Künstler
- Arbeitnehmer 230 611 *106*
- arbeitnehmerähnliche Person 230 611 *140*
- Arbeitnehmerbegriff 230 611 *151*
- Befristungsgrund 230 620 *111*
- Nichtverlängerungsmitteilung 230 620 *111*
- Schwangerschaft 500 8 *8*

Künstlerischer Mitarbeiter
- Befristung 400 57 a *9*

Kur
- Kündigungserklärung 430 4 *41*
- Urlaubsanrechnung 250 10 *4*

Kurort
- Arbeitszeit 440 17 *4*
- Ladenschluß 440 10 *1*

Kurzarbeit
- Abrufarbeit 180 4 *18*
- Änderungskündigung 430 2 *19*
- Ankündigung 430 19 *9*
- Annahmeverzug 230 615 *14*
- Annahmeverzug (Ablehnung) 230 615 *58*
- Annahmeverzug (Mitwirkungshandlung) 230 615 *41*
- Arbeitskampf (Mitbestimmung) 210 74 Einl. *13*; 87 *38*
- Begriff 230 611 *942*
- Berufsausbildung 150 3 *10*
- betriebsbedingte Kündigung 430 1 *392*
- Betriebsnorm 600 1 *114*
- Betriebsratsmitglied 210 37 *8*
- Betriebsversammlung (Teilnahme) 210 42 *3*
- Entgeltfortzahlung 280 3 *39*
- Entgeltfortzahlungshöhe 280 4 *50*
- Feiertagsvergütung 280 2 *40*
- Gesamtbetriebsrat 210 50 *5*
- Massenentlassung 430 19 *3*
- Mitbestimmung 210 87 *35*
- Mutterschutzlohn 500 11 *7*
- Urlaubsdauer 250 3 *35*
- Urlaubsentgelt 250 11 *38*
- Urlaubsgewährung 250 7 *35*
- Vermeidung (AÜG) 140 1 *75*
- Voraussetzungen 110 7 *30*

Kurzarbeitergeld
- Annahmeverzug 230 615 *15*
- Arbeitnehmerüberlassung 140 Einl. *68*
- Arbeitskampf 540 146 *3*
- Gleichheitssatz (Tarifvertrag) 600 1 *140*
- Krankengeld (Ruhen) 550 49 *15*
- Mitbestimmung 210 87 *37*
- Rechtsmittel 230 611 *911*
- Widerruf 230 611 *947*

Kurzfristbeschäftigung
- Begriff 545 8 *13*

Kurzpause
- Tarifvertrag (Abweichung) 110 7 *8*

Kurzvertrag
- Stufenausbildung 150 26 *3*

Kw-Vermerk
- Befristungsgrund 230 620 *118*
- betriebsbedingte Kündigung 430 1 *407*

Ladengeschäfte
- Begriff 440 1 *12*

Ladenlokal
- Betriebsübergang 230 613 a *13*

Ladenschluß
- Apotheken 440 4 *1*
- Arbeitszeit 440 3 *15*
- Ausflugsort 440 10 *1*
- Auslagepflicht 440 21 *1*
- Ausnahmen 440 23 *1*
- Bäckereiwaren 440 12 *1*
- Bahnhof 440 8 *1*
- Blumen 440 12 *1*
- Blumenverkauf (Friedhof) 440 18 a *1*
- Fährhafen 440 9 *1*
- Feiertage 440 3 *11*
- Feiertage (Begriff) 440 2 *1*
- Flughafen 440 9 *1*
- Friseurbetriebe 440 18 *1*
- Gemeinschaftsrecht 440 1 *5*
- Grenzort 440 10 *1*
- Kartellvertrag 440 3 *14*
- Kiosk 440 5 *1*
- Kurort 440 10 *1*
- Ladengeschäfte (Begriff) 440 1 *12*
- ländliches Gebiet 440 11 *1*
- Märkte 440 19 *1*
- Messe 440 14 *2*
- Milch 440 12 *1*
- Öffnung (Verpflichtung) 440 3 *5*
- Öffnungszeiten 440 3 *1*
- Reisebedarf 440 2 *2*
- Samstage 440 3 *9*
- Schließung 440 3 *3*
- Sonntage 440 3 *10*
- Tankstelle 440 6 *1*
- Verfassungsmäßigkeit 440 1 *3*
- Verkaufssonntage 440 14 *1*
- Verkaufsstellen (Begriff) 440 1 *8*
- Verkaufszeiten (Überblick) 440 1 *7*
- Wallfahrtsort 440 10 *1*
- Warenautomat 440 7 *1*
- Werktage 440 3 *6*
- Zeitungen 440 12 *1*
- Zu-Ende-bedienen 440 3 *2*

Ladung
- Richterablehnung 60 49 *25*
- Versäumnisurteil 60 59 *14*
- Zustellung 60 50 *3*

Ladungsfrist
- Arbeitsgerichte 60 47 *9*

Landesarbeitsgericht
- Ausschuß (ehrenamtliche Richter) 60 38
- Dienstaufsicht 60 34
- Divergenzrevision 60 72 *15*
- ehrenamtliche Richter 60 37
- Errichtung 60 33
- Gerichtskosten 60 12 *6*
- Heranziehung (ehrenamtliche Richter) 60 39
- Kammerbildung 60 35
- Kostenerstattung 60 12 a *13*
- Rechtsmittelgericht 60 8 *5*
- Verbandsvertreter (Prozeßvertretung) 60 11
- Versäumnisurteil 60 11 *20*
- Verwaltung 60 34
- Vorsitzende 60 36
- Zurückweisung (Prozeßbevollm...) *14*

magere Zahlen = §§ bzw. Art.; kursive Zahlen = Randnummern

Sachverzeichnis

- Zusammensetzung 60 35
- Zuständigkeit 60 8 7
- **Landestarifregister** 600 6 8
- **Landesverwaltungsgericht**
  - Divergenzbeschwerde 60 72 a 14
- **Landwirtschaft**
  - Arbeitszeit (Abweichung) 110 7 14
  - Jugendliche 420 8 7
  - Ruhezeit 110 5 11
  - Schwangerschaft 500 8 7
  - Sonn-/Feiertagsarbeit 110 10 17
  - Unfallversicherung 570 2 9
- **Lärm**
  - Beschäftigungsverbot (MuSchG) 500 4 8
  - Körperliche Unversehrtheit 10 2 107
- **Leasing**
  - Betriebsübergang 230 613 a 60
  - Inhaltskontrolle 230 611 558
- **Leben**
  - Recht (auf) 10 2 106
- **Lebensalter**
  - siehe auch Altersgrenze
  - Änderungskündigung 430 2 50
  - Auflösungsurteil 430 10 8
  - außerordentliche Kündigung 230 626 67
  - Diskriminierungsverbot (BetrVG) 210 75 8
  - Insolvenz 410 125 5; 126 4
  - Kündigung 430 1 248
  - personenbedingte Kündigung 430 1 261
  - Sozialauswahl 430 1 495
  - Urlaubsdauer 250 13 20
  - verhaltensbedingte Kündigung 430 1 323
- **Lebensgemeinschaft**
  - Grundrechte 10 6 6
- **Lebenshaltungskosten**
  - Anpassung (BetrAVG) 200 16 27
- **Lebenslauf**
  - graphologisches Gutachten 230 611 416
- **Lebensversicherung**
  - Abwicklung (Insolvenz) 200 8 2
- **Lehrbeauftragter**
  - Arbeitnehmer 230 611 153
  - Beschäftigungsverhältnis 545 7 12
- **Lehrer**
  - Arbeitnehmer 230 611 107
  - Tendenzträger 210 118 20
- **Lehrgang**
  - sexuelle Belästigung 190 1 1
- **Lehrkräfte**
  - Befristung 400 57 a 12
  - besondere Aufgaben (Befristung) 400 57 b 23
- **Lehrlingsheim**
  - Mitbestimmung 210 87 71
- **Lehrwerkstatt**
  - Arbeitnehmerbegriff 210 5 10
- **Leibesfrucht**
  - Unfallversicherung 570 104 27
- **Leibrente**
  - Ruhegeld 200 1 6
- **Leichtlohngruppen**
  - mittelbare Diskriminierung 10 3 88
- **Leiharbeitnehmer**
  - siehe auch Arbeitnehmerüberlassung
  - Anhörungs-/Vorschlagsrecht (BetrVG) 140 14 9
  - Annahmeverzug 140 10 45; 230 615 20
  - Arbeitnehmer (BetrVG 1952) 220 76 8
  - Arbeitnehmerzahl (KSchG) 430 23 18
  - siehe Arbeitskampf 140 11 29
  - Änderungsschutz 140 11 30
  - Angebot zur Vergütung 140 Einl. 44
  - Arbeitgeberbegriff (Angaben) 140 11 2
  - Aufhebungsvertrag (Bestimmung) 110 2 26; 140 14 20
- Befristung (Annahmeverzug) 140 10 58
- Befristung (Anschlußarbeitsverhältnis) 180 1 44
- Beschlußverfahren (Zuständigkeit) 60 2 a 4
- betriebsbedingte Kündigung 430 1 419
- Betriebsratsfähigkeit 210 1 13
- Betriebsrisiko 230 615 143
- Betriebsverfassung 210 5 6
- Datenschutz 160 2 2
- Diskriminierungsverbot (BetrVG) 140 14 13
- Eingruppierung 140 14 24
- Einstellung (BetrVG) 210 99 8
- Erfindung 140 11 31
- Feststellungsklage 140 10 59
- fingiertes Arbeitsverhältnis 140 10 3
- Haftung 140 Einl. 48; 230 611 1047
- Insolvenz (Schadenersatz) 140 10 41
- Körperschaden 140 Einl. 46
- Kündigungsfrist 230 622 12, 117
- Kündigungsfrist (Abdingbarkeit) 140 11 26
- Lohnausfallprinzip 140 11 27
- Merkblatt 140 11 23
- Mitbestimmung 140 14 14
- Mutterschutz 500 1 3
- Nachweispflicht 140 11 1; 510 1 4
- Personalrat 140 14 30
- Sachschaden 140 Einl. 47
- Schadenersatz 140 10 38
- soziale Angelegenheiten (BetrVG) 210 87 5
- Sprechstunde 140 14 7
- Stellenausschreibung 230 611 309
- Tod 140 12 12
- Verleiherlaubnis 140 11 24
- Verleiherlaubnis (fehlende) 140 10 3
- Vertragsstrafe 140 11 20
- Wahlrecht 140 14 5
- Weiterbeschäftigungsmöglichkeit 430 1 449
- Wirtschaftsausschuß 140 14 29
- Zustimmungsverweigerung 140 14 25
- **Leiharbeitsverhältnis**
  - Arbeitgeberwechsel 140 9 22
  - Befristung (unwirksame) 140 9 11
  - Geschäftsunfähigkeit 140 10 3
  - Grundsätze 140 Einl. 31
  - Vertretungsbefugnis 140 10 3
  - Wiedereinstellung (Unwirksamkeit) 140 9 15
- **Leihmutter**
  - Mutterschutz 10 6 19
- **Leistung**
  - Sozialauswahl 430 1 516
- **Leistungsantrag**
  - Gegenstand (Beschlußverfahren) 60 81 2
  - Rechtsschutzbedürfnis (Beschlußverfahren) 60 81 8
- **Leistungsbereich**
  - Abmahnung 230 626 47
  - Abmahnungserfordernis 430 1 132
- **Leistungsbereitschaft**
  - Annahmeverzug 230 611 46
  - Leiharbeitnehmer 140 10 46
- **Leistungsbestimmung**
  - einseitige (Billigkeitskontrolle) 230 611 570
  - Inhaltskontrolle 230 611 559
- **Leistungsfähigkeit**
  - Annahmeverzug 230 615 43
  - Leiharbeitnehmer 140 10 46
- **Leistungsklage**
  - Einwirkungspflicht 600 1 69
  - Kündigungsschutzklage 430 6 6
  - Revisionsverfahren 60 74 20
  - Tarifregister 600 6 5
  - Urteilsverfahren 60 46 26
  - Verbandsklage 600 9 10

2669

Sachverzeichnis

Fette Zahlen = Kennziffern

Leistungslohn
- Feiertag 280 2 *32*

Leistungsminderung
- Kündigungsgrund 430 1 *261*

Leistungsstörung
- Arbeitsplatzteilung 180 5 *11*
- Arbeitsverhältnis 230 611 *958*

Leistungsverfügung
- Zulässigkeit 60 62 *34*

Leistungsverweigerungsrecht
- Arbeitskampf 10 9 *288*
- Arbeitsverhältnis (Grundsätze) 230 611 *974*
- sexuelle Belästigung 190 4 *3*
- Urlaub 80 4 *5*; 250 7 *22*

Leistungsverweigerungsrecht (EntgeltfortzG)
- Auslandserkrankung (EntgeltfortzG) 280 7 *11*
- Darlegungs- und Beweislast (EntgeltfortzG) 280 7 *32*
- Durchsetzung (EntgeltfortzG) 280 7 *16*
- medizinischer Dienst (EntgeltfortzG) 280 7 *26*
- Nachweispflicht (EntgeltfortzG) 280 7 *6*
- Sozialversicherungsausweis (EntgeltfortzG) 280 7 *21*
- Verschulden (EntgeltfortzG) 280 7 *28*

Leistungszulage
- Begriff 230 611 *714*

Leitende Angestellte
- Abteilungsversammlung 590 15 *4*
- Altersteilzeit 130 2 *11*
- Arbeitnehmer (BetrVG 1952) 220 76 *8*
- Arbeitnehmerbegriff 230 611 *127*
- Arbeitnehmervertreter 220 76 *34*
- Arbeitnehmerzahl (KSchG) 430 23 *9*
- Arbeitsdirektor 490 13 *22*
- Arbeitszeit 110 18 *2*
- Auflösungsverschulden (Schadenersatz) 230 628 *77*
- außerdienstliches Verhalten 10 2 *81*
- Beförderung (Sprecherausschuß) 590 31 *3*
- Befristung 230 620 *51*
- Begriff (BetrVG) 210 5 *30*
- Begriff (KSchG) 430 14 *7*
- Beteiligter (Beschlußverfahren) 60 83 *7*
- Betriebsrat (personelle Angelegenheiten) 210 105 *1*
- Betriebsratsfähigkeit 210 1 *13*
- Betriebsratswahl (Zuordnungsverfahren) 210 18 a *1*
- Betriebsübergang 230 613 a *67*
- Einigungsstelle 590 32 *21*
- Fachkammer 60 30 *2*
- Feststellungsantrag 60 81 *2*
- Friedenspflicht 590 2 *23*
- Geheimhaltung (Sprecherausschuß) 590 29 *3*
- Geschäftsführer (KSchG) 430 14 *8*
- Haftung 230 611 *1047*
- Kündigungsschutz 430 14 *16*
- Luftverkehr 430 14 *18*
- Mitbestimmung (Betriebsrat) 210 87 *4*
- parteipolitische Betätigung 590 2 *23*
- personelle Einzelmaßnahmen (Betriebsrat) 210 99 *2*
- Seeschiffahrt 430 14 *18*
- Sozialplan 210 112 *19*
- Status (Beschlußverfahren) 60 2 a *8*
- Teilversammlung 590 15 *4*
- Titularprokurist 210 5 *33*; 430 14 *10*
- Überanstrengung 230 618 *16*
- Überstunde 230 611 *719*
- Überstundenvergütung 230 611 *952*
- Vergütung (Betriebsrat) 210 80 *27*
- Versammlung 590 15 *1*

- Wirtschaftsausschuß 210 107 *2*
- Zuordnung (Betriebsratswahl) 210 18 a *1*

Leitungsmacht
- Betriebsübergang 230 613 a *49*

Lektor
- Arbeitnehmer 230 611 *114*
- Befristung (Gemeinschaftsrecht) 400 57 a *21*
- Befristung (Hochschule) 400 57 b *25*
- Diskriminierung (Freizügigkeit) 20 39 *38*

Leserbrief
- Pressefreiheit 10 5 *59*

Liquidation
- Abfindung (BetrAVG) 200 3 *7*
- Prokura 390 48 *1*
- Tarifvertragspartei 600 2 *21*

Lizenz
- Betriebsübergang 230 613 a *12*
- Betriebsübergang (Aktiva) 230 613 a *23*

Logo
- Beschäftigungsverhältnis 545 7 *15*

Lohnabschlagsklausel
- Geschlechtsdiskriminierung 230 612 *53*
- Unzulässigkeit 10 3 *87*

Lohnausfallprinzip
- Annahmeverzug 430 11 *5*

Lohnausgleichsverfahren
- Mutterschutzlohn 500 11 *16*

Lohngewerbetreibende
- Urlaub 250 12 *10*

Lohngleichheitssatz
- Geringfügig Beschäftigte 180 2 *55*
- Gleichbehandlungsgebot (Abgrenzung) 180 2 *16*

Lohnkontostunde
- Mitbestimmung 210 87 *40*
- Vergütung 230 611 *601*

Lohnsteuer
- *siehe auch Besteuerung*
- Abführung 230 611 *708*
- Auflösungsurteil 430 10 *4*
- Beschäftigungsverhältnis 545 7 *15*

Lohnsteuerkarte
- Arbeitnehmerbegriff (Indiz) 230 611 *59*
- Erfüllungsort 230 611 *1144*
- Glaubensfreiheit 10 4 *17*
- Herausgabe 230 611 *901*
- Kind (Unterrichtung) 420 54 *5*
- Schadenersatz 60 61 *9*
- Urteilsverfahren 60 2 *30*

Lohnsteuerrichtlinie
- Schulungs-/Bildungsveranstaltung 210 37 *17*

Lohnverweigerung
- Arbeitskampf 10 9 *314*

Lohnverwendungsabrede
- Begriff 230 611 *682*

Lohnverwirkungsabrede
- Begriff 230 611 *686*

Lohnwucher
- Arbeitsvergütung 230 612 *3*

Lossagung
- außerordentliche 230 626 *228*
- außerordentliche Kündigung (Abgrenzung) 230 626 *32*
- Kündigungserklärung (Abgrenzung) 230 620 *190*
- Kündigungsschutzprozeß 430 12 *1*
- Schadenersatz 230 628 *59*
- Schriftform 230 623 *9*

Lossagung (HGB)
- Arbeitgeber 390 75 *14*
- Aufhebungsvertrag 390 75 *18*
- Ausübung 390 75 *6*
- Einschränkungen 390 75 *9*

magere Zahlen = §§ bzw. Art.; kursive Zahlen = Randnummern   **Sachverzeichnis**

- erhöhte Karenz 390 75 *12*
- Rechtsfolgen 390 75 *9*

Lotse
- Haftungsausschluß 570 107 *1*

Luftfahrt
- Arbeitszeit 110 20 *1*
- Befristungsgrund 230 620 *96*
- Betriebsbegriff 430 24 *4*
- Betriebsverfassung 210 117 *1*
- Klagefrist 430 4 *58*
- Kündigungsschutz (Betriebsrat) 430 15 *8*
- Massenentlassung 430 18 *5*
- Sprecherausschuß 590 33 *2*
- Wartezeit (KSchG) 430 24 *5*

Lüge
- Einstellung 10 2 *98*

Lügendetektor
- Persönlichkeitsrecht 10 2 *110*

Mahnbescheid
- Verjährung 230 225 *16*

Mahnverfahren
- Bescheid (Rechtsmittelbelehrung) 60 9 *30*
- Grundsätze 60 46 a *2*
- Kostenerstattung 60 12 a *3*

Mailbox
- Betriebsrat 210 40 *16*

Mandantenschutzklausel 390 74 *5*

Mankohaftung
- Arbeitsgruppe 230 611 *1073*
- Darlegungs- und Beweislast 230 611 *1057, 1072*
- Garantieübernahme 230 611 *1071*
- Grundsätze 230 611 *1056*
- Mankogeld 230 611 *1065, 1071*
- Mankogeld (Entgeltfortzahlung) 280 4 *23*
- Vereinbarung 230 611 *1064*

Marke
- Betriebsübergang (Aktiva) 230 613 a *23*

Maschinen
- Schutzpflicht (Arbeitgeber) 230 618 *13*

Massenentlassung
- *siehe auch Betriebsänderung*
- *siehe auch Interessenausgleich*
- *siehe auch Sozialplan*
- Änderungskündigung 430 17 *13*
- Anzeige 430 17 *3*
- Arbeitgeberbegriff 430 17 *9*
- Arbeitsamt 430 20 *2*
- Arbeitskampf (Arbeitgeber) 10 9 *311*
- Arbeitskampf (Arbeitnehmer) 10 9 *293*
- Arbeitslosengeld (Erstattung durch Arbeitgeber) 540 147 a *23*
- Aufhebungsvertrag 430 17 *4*
- außerordentliche Kündigung 430 17 *16*
- Beschlußverfahren (Zuständigkeit) 60 2 a *4*
- Betriebsrat 430 17 *19*
- Betriebsratsanhörung 210 102 *9*
- Betriebsratsmitglied 430 15 *38*
- Betriebsratsmitglied (Kündigungsschutz) 210 103 *6*
- Beweislast 430 18 *11*
- Eigenkündigung 430 17 *14*
- einstweilige Verfügung 60 85 *5*
- Freifrist 430 18 *16*
- Insolvenz 410 125 *9*
- Internationales Arbeitsrecht 290 34 *17*
- Klagefrist (Insolvenz) 410 113 *36*
- Kündigungsschutzklage 430 18 *11*
- Kurzarbeit 430 19 *3*
- Luftfahrt 430 18 *5*
- rückwirkende Zustimmung 430 18 *7*
- Saison- und Kampagnebetrieb 430 17 *5*
- Schwerbehinderte 530 19 *3*
- Sozialauswahl 430 1 *462*
- Sperrfrist 430 18 *4*
- Sprecherausschuß 430 17 *19*
- Stellungnahme des Betriebsrats 430 17 *30*
- Stellungnahme des Betriebsrats (Insolvenz) 410 125 *12*
- Wartezeit (KSchG) 430 17 *6*
- Zeitraum 430 17 *17*

Massenkündigung
- Zugang 430 4 *45*

Maßregelungsverbot
- außerordentliche Kündigung (Abdingbarkeit) 230 626 *236*
- Beweislast 230 612 a *23*
- Grundrechte 230 612 a *2*
- Kausalität 230 612 a *11*
- Nachweispflicht 510 Einl *8*
- Rechtsfolgen 230 612 a *24*
- Sittenwidrige Kündigung 430 13 *22*
- Tarifvertrag 600 1 *44*

Max-Planck-Institut
- Befristung (Zulässigkeit) 400 57 f *Anh.*

Medien
- *siehe auch Fernsehen*
- *siehe auch Journalist*
- *siehe auch Rundfunk*
- *siehe auch Tendenzunternehmen*
- Arbeitnehmer 230 611 *110*
- arbeitnehmerähnliche Person 230 611 *139*
- Befristungsgrund 230 620 *113*
- Datenschutz 160 41 *1*
- Öffentlichkeit (ArbGG 60 52 *7*
- Sonn-/Feiertagsarbeit 110 10 *11*
- Tarifvertrag (freie Mitarbeit) 600 12 a *7*

Medizinische Vorsorge
- Krankengeld 550 44 *11*
- Tarifvertrag (Abdingbarkeit) 250 13 *44*

Medizinischer Dienst
- Entgeltfortzahlung 280 5 *37*
- Entgeltfortzahlung (Reaktionsmöglichkeit) 280 5 *41*
- Leistungsverweigerungsrecht 280 7 *26*

Mehrarbeit
- *siehe auch Überstunden*
- Begriff 230 611 *717*

Mehrfachbefristung
- Zulässigkeit 230 620 *45*

Mehrfachbegründung
- Grundsatzbeschwerde 60 72 a *6*

Mehrheitsidentität
- Kommanditgesellschaft 470 4 *3*

Mehrheitswahl
- Arbeitnehmervertreter 220 76 *42*

Mehrlingsgeburt 500 6 *4*

Meinungsfreiheit
- Abwehrfunktion 10 5 *16*
- allgemeines Gesetz 10 5 *22*
- Beleidigung 10 5 *31*
- Betriebsfrieden 10 5 *34*
- Betriebsrat 10 5 *40*
- Betriebsratsausschluß 210 23 *6*
- Boykott 10 5 *12*
- Einzefälle 10 5 *28*
- Form 10 5 *9*
- Grundrechtskollision 10 5 *19*
- Grundrechtsverzicht 10 Einl. *64*
- Informationsfreiheit 10 5 *13*
- Kirche 10 5 *38*
- Konkurrenzen 10 5 *15*
- Kritik (Arbeitgeber) 10 5 *37*
- Negative 10 5 *8*

Sachverzeichnis

Fette Zahlen = Kennziffern

- Öffentlicher Dienst 10 5 *38*
- Öffentlichkeit 10 5 *35*
- Parteipolitik 10 5 *34*
- Schmähkritik 10 5 *5*
- Schutzpflicht 10 5 *18*
- Tatsachenbehauptung 10 5 *6*
- Tendenzunternehmen 10 5 *38*
- Wechselwirkung 10 5 *21*

Meistbegünstigung
- Berufung/Beschwerde 60 64 *4*
- Beschlußverfahren 60 88 *1*
- Rechtswegbestimmung 60 48 *14*
- Revision 60 72 *7*

Menschenwürde
- Abwägungsaspekt 10 Einl. *78*
- Auffangschutz 10 1 *11*
- Diskriminierungsverbot 10 3 *66*
- Individualrecht 10 1 *2*
- Inhalt 10 1 *5*
- Kernbereich 10 1 *10*
- Persönlichkeitsrecht 10 2 *37*
- Recht auf Leben 10 2 *106*
- subjektives Recht 10 1 *4*

Menschlichkeit
- außerordentliche Kündigung 230 626 *14*

Messe
- Ladenschluß 440 14 *2*
- Sonn-/Feiertagsarbeit 110 10 *12*

Metzgerei
- Betriebsübergang 230 613 a *22*

MfS
- Anfechtung 230 611 *487*
- außerordentliche Kündigung 230 626 *14*
- Datenschutz 160 28 *9*
- Fragebogen (Tendenzbetrieb) 210 118 *24*
- Fragerecht 230 611 *387*
- Kündigungserklärungsfrist 230 626 *251*
- Offenbarungspflicht 230 611 *399*
- Persönlichkeitsrecht 10 2 *46*

Microsoft
- Überwachungseinrichtung 210 87 *62*

Miete
- Arbeitsverhältnis (Abgrenzung) 230 611 *33*
- Aufrechnung 230 611 *665*
- Ausschlußfristen 230 225 *45*
- Mitbestimmung 210 87 *92*

Milch
- Ladenschluß 440 12 *1*

Minderjährige
- *siehe auch Jugendarbeitsschutz*
- *siehe auch Jugendliche*
- *siehe auch Kinderarbeit*
- Anfechtung 230 113 *7*
- Anlernverhältnis 230 113 *6*
- Arbeitsvergütung (Auszahlung) 230 611 *597*
- Ausgleichsquittung 230 113 *9*
- Berufsausbildung 230 113 *6*
- Besteuerung 230 113 *5*
- Ermächtigung 230 113 *3*
- freie Mitarbeit 230 113 *6*
- Geschäftsfähigkeit 230 113 *7*
- Geschäftsfähigkeit (Arbeitsverhältnis) 230 113 *2*
- gesetzlicher Vertreter (Arbeitsverhältnis) 230 113 *5*
- Gewerkschaftsbeitritt 150 3 *4*; 230 113 *9*
- gleichartiges Arbeitsverhältnis 230 113 *11*
- Handelsvertreter 230 113 *6*
- Krankenkassenwechsel 230 113 *9*
- Kündigung (Zustimmung) 150 15 *8*
- Nacktaufnahmen 230 113 *11*
- Prozeßfähigkeit 230 113 *7*
- Prozeßfähigkeit (Beschlußverfahren) 60 10 *18*

- Prozeßvertretung 60 11 *2*
- Ruhegeld 230 113 *8*
- Vertragsstrafe 230 113 *8*
- Volontäre 230 113 *6*
- Wettbewerbsverbot 230 113 *8*
- Wettbewerbsverbot (nachvertragliches) 390 74 a *16*

Minderkaufmann
- Handlungsvollmacht 390 54 *4*
- Prokura 390 48 *1*

Minderleistungsklauseln
- Schwerbehinderte 530 45 *6*

Mindestarbeitsbedingungen
- Einfirmenvertreter 390 92 a *1*

Mindestdauerklausel
- Ruhegeld 200 1 *9*

Mindestlohn
- Baugewerbe 30 1 *10*
- Fälligkeit 30 2 *9*
- Höhe 30 1 *15*
- Prüfungsverfahren 30 2 *4*
- Seeschiffahrtsassistenz 30 1 *23*

Mischbetrieb
- Arbeitnehmerüberlassung 140 1 *40*
- Tarifvertrag (Geltungsbereich) 600 4 *19*

Mischtatbestände
- Kündigung 430 1 *162*

Mischvertrag
- Arbeitnehmerüberlassung (Abgrenzung) 140 1 *40*

Mißtrauensvotum
- Betriebsrat 210 1 *8*

Mitarbeiterbefragung
- Information (Arbeitgeber) 210 80 *20*

Mitarbeitervertretung
- Beschlußverfahren (Zuständigkeit) 60 2 a *6*
- Kirche (Gerichtsbarkeit) 10 4 *57*
- Schlichtungsstelle 10 4 *57*
- Zulässigkeit 10 4 *56*

Mitgliederwerbung
- Koalitionen 10 9 *27*

Mittelbare Diskriminierung
- *siehe auch Diskriminierung (Geschlecht)*
- *siehe auch Gleichberechtigung*
- Begriff 10 3 *88*; 230 611 a *13*
- Begriff (Gemeinschaftsrecht) 20 141 *13*
- betriebliche Altersversorgung 200 30 a *1, 4*
- Beweislast 230 611 a *26*
- Beweislast (Gemeinschaftsrecht) 20 141 *20*
- Differenzierungsverbote 10 3 *78*
- Erziehungsurlaub 20 141 *10*
- Freizügigkeit 20 39 *34*
- Gruppenvergleich 230 611 a *14*
- Rechtfertigung 230 611 a *16*
- Rechtfertigung (Gemeinschaftsrecht) 20 141 *18*
- Rechtsfolge 20 141 *21*
- Tarifvertrag (Geltungsbereich) 600 1 *127*
- Teilzeit (Tarifvertrag) 600 1 *47*
- Verbot (BetrVG) 210 75 *7*
- Vergleich (Statistik) 20 141 *15*
- Vergleichsgruppe 20 141 *16*

Mittelbares Arbeitsverhältnis
- Arbeitgeber 230 611 *225*
- Arbeitnehmerbegriff (BetrVG) 210 5 *21*
- Beendigung 230 611 *204*
- Begriff 230 611 *202*
- Kündigungsschutz 430 1 *64*
- Mutterschutz 500 1 *3*

Mitverschulden
- Haftung 230 611 *1137*
- Teilvergütung (Kündigung) 230 628 *27*

2672

magere Zahlen = §§ bzw. Art.; kursive Zahlen = Randnummern **Sachverzeichnis**

Mobbing
- Beschwerde 210 84 *5*
- Einigungsstelle 210 85 *5*
- Persönlichkeitsrecht 10 2 *85*
- Schulungs-/Bildungsveranstaltung 210 37 *17*
- Schutz 230 611 *888*
- Sperrzeit 540 144 *32*

Mobiltelefon
- Rufbereitschaft 230 611 *956*

Modefachgeschäft
- Betriebsübergang 230 613 a *36*

Monat
- Kündigungsfrist (Änderung) 230 622 *97*

Monatsgespräch
- Ablauf 210 74 *3*
- Jugend-/Auszubildendenvertretung 210 68 *1*
- Schwerbehindertenvertretung 210 32 *2*

Montagestelle
- Höchstarbeit 110 15 *2*

Montan-Mitbestimmung
- siehe auch Arbeitnehmervertreter
- siehe auch Aufsichtsrat
- siehe auch Aufsichtsratsmitglied
- siehe auch Unternehmensmitbestimmung
- Bergbauunternehmen (Begriff) 490 1 *4*
- Betriebsführungsgesellschaft 490 1 *3*
- Betriebsübergang 490 1 *18*
- Einheitsgesellschaft 490 1 *22*
- Eisen- und Stahlindustrie (Begriff) 490 1 *12*
- Konzernunternehmen (Arbeitnehmerzahl) 490 1 *21*
- Konzernwahlklausel 490 1 *29*
- Mindestarbeitnehmerzahl 490 1 *20*
- Rechtsform (AG/GmbH) 490 1 *19*
- Tochterunternehmen 490 1 *15*
- Verfassungsrecht 490 Einl. *5*
- Verlängerungsklausel 490 1 *23*
- Verschmelzung 490 1 *18*
- Vorrang 490 2 *1*
- Walzwerk 490 1 *16*

Moroni 200 30 a *2*

Mündliche Verhandlung
- Aussetzung 60 53 *6*

Musik
- Betriebsübergang (Gaststätte) 230 613 a *33*

Musikbearbeiter
- Arbeitnehmer 230 611 *114*

Musiker
- Arbeitnehmer 230 611 *106*

Musikschullehrer
- Arbeitnehmer 230 611 *107*

Musterprozeß
- Revisionszulassung 60 72 *14*
- Verjährung 230 225 *25*

Musterung
- Arbeitsvergütung 80 14 *1*

Mutterschaft
- siehe auch Schwangerschaft
- Klagefrist 430 4 *58*
- Kündigungserklärungsfrist 230 626 *288*
- Sozialauswahl 430 1 *472*

Mutterschaftsgeld
- Anspruchsberechtigte 500 13 *2*
- Arbeitskampf 10 9 *191*
- Erziehungsgeld 170 2 *7*
- Erziehungsgeld (Anrechnung) 170 7 *1*
- Grundrechte 10 6 *24*
- Krankengeld 550 49 *18*
- Zuschuß 500 14 *1*

Mutterschaftszuschuß
- Grundrechte 10 6 *24*

Mutterschutz
- siehe auch Beschäftigungsverbot (MuSchG)
- siehe auch Entbindung
- siehe auch Mutterschutzlohn/-geld
- siehe auch Schwangerschaft
- Adoptivmutter 10 6 *19*
- Arbeitnehmerentsendung 30 *7*
- Arbeitsschutz (Grundrechte) 10 6 *21*
- Befristung 230 620 *154*
- Entgelt (Gemeinschaftsrecht) 20 141 *3*
- Ersatzmutter 10 6 *19*
- Grundrechte 10 6 *17*
- Internationales Arbeitsrecht 290 34 *18*
- Krankheitsfall (Grundrechte) 10 6 *21*
- Leihmutter 10 6 *19*
- Pflegemutter 10 6 *19*
- Schriftform (623 BGB) 230 623 *6*
- Sonn-/Feiertagsarbeit 110 9 *9*

Mutterschutzlohn
- Berechnung 500 11 *11*
- Dauer 500 11 *14*
- Durchschnittsverdienst 500 11 *12*
- Sozialversicherungspflicht 500 11 *2*
- Voraussetzungen 500 11 *4*

Nachbarschaftshilfe
- Annahmeverzug 430 11 *6*
- Arbeitnehmerüberlassung 140 1 *75*

Nachgewährung
- Urlaub 250 9 *19*

Nachholung
- Arbeitspflicht 230 615 *4*
- Ruhegeldanpassung 200 16 *59*

Nachlaßverwalter
- Kündigungserklärung 230 620 *180*

Nachschieben
- Änderungsangebot 430 2 *12*
- außerordentliche Kündigung (Kündigungsschutzprozeß) 230 626 *291*
- Betriebsratsanhörung 210 102 *27*
- Gleichbehandlungsgrundsatz 230 611 *871*
- Kündigungserklärungsfrist 230 626 *247*
- Kündigungsgründe (außerordentliche Kündigung) 230 626 *78, 291*
- Kündigungsgründe (Betriebsratsmitglied) 210 103 *14*
- Kündigungsgründe (ordentliche Kündigung) 430 1 *156*

Nachsendeantrag
- Kündigung 430 4 *34*

Nachtarbeit
- Abrufarbeit 180 4 *40*
- arbeitsmedizinische Untersuchung 110 6 *11*
- Ausgleichspflicht 110 6 *24*
- Ausgleichszeitraum 110 6 *8*
- Begriff 110 2 *42*
- Benachteiligungsverbot 110 6 *26*
- Beschäftigungsverbot 110 6 *12*
- Betriebsrat 110 6 *30*
- Betriebsratsmitglied (Entgelt) 210 37 *8*
- Binnenschiffahrt (Jugendliche) 420 20 *3*
- Direktionsrecht 230 611 *939*
- Gestaltung 110 6 *1*
- Grundrechte 10 2 *120*
- Höchstarbeitszeit 110 6 *7*
- Jugendliche 110 6 *28*; 420 14 *2*
- Mutterschutz 110 6 *27*
- Notfall 110 14 *1*
- Schwangerschaft 500 8 *5*
- Tarifvertrag (Abweichung) 110 6 *29*; 7 *10*
- Umsetzung 110 6 *15*

2673

Sachverzeichnis

Fette Zahlen = Kennziffern

- Unterrichtung (Arbeitgeber) 210 81 *10*
- Zuschlag 230 611 *716*

Nachtbriefkasten
- Berufungsfrist 60 66 *11*

Nachtclub
- Jugendliche 420 14 *17*

Nachtdienst
- Geringfügig Beschäftigte 545 8 *14*

Nachteilsausgleich
- Anrechenbarkeit 210 113 *2*
- Aufhebungsvertrag 210 113 *5*
- Auflösungsurteil 430 9 *45*
- Ausschlußfristen 230 225 *49*
- Interessenausgleich (Abweichung) 210 113 *4*
- Rechtskraft 60 84 *3*
- Spaltung (Haftung) 230 613 a *172*
- Tendenzbetrieb 210 118 *18*
- Verschulden 210 113 *1*
- Verzicht (Betriebsrat) 210 113 *1*

Nachträgliche Klagezulassung
- Alleinentscheidung 60 55 *13*
- Annahmeverzug 230 615 *70*
- Antrag 430 5 *17*
- Arbeitsamt 430 5 *9*
- Arglist 430 5 *3*
- Ausländer 430 5 *10*
- Auslandserkrankung 430 5 *15*
- außerordentliche Kündigung 430 13 *4*
- Befristung 180 1 *67*
- Beschluß 430 5 *28*
- Beschwerde 430 5 *32*
- Betriebsrat 430 5 *9*
- Bindungswirkung 430 5 *30*
- Deckungszusage 430 5 *12*
- Erfolgsaussicht 430 5 *12*
- Falschauskunft 430 5 *7*
- Frist 430 5 *23*
- geeignete Stelle 430 5 *7*
- Gerichtsgebühren 430 5 *35*
- Gewerkschaftssekretär 430 5 *5*
- Glaubhaftmachung 430 5 *21*
- Hilfsantrag 430 5 *20*
- Hinweis 430 5 *3*
- Insolvenz 410 113 *37*
- Kanzleipersonal 430 5 *9*
- Klagefrist (verlängerte) 430 6 *8*
- Krankheit 430 5 *14*
- Landesarbeitsgericht 430 5 *29*
- Ortsabwesenheit 430 5 *17*
- Postlaufzeit 430 5 *13*
- Prozeßbevollmächtigter (Verschulden) 430 5 *5*
- Rechtsantragsstelle 430 5 *8*
- Rechtsrat 430 5 *7*
- Rechtsschutzstelle 430 5 *8*
- Revisionsverfahren 430 5 *34*
- Revisionszulassung 60 72 *28*
- sofortige Beschwerde 60 78 *3*
- Strafhaft 430 5 *9*
- Streik 430 5 *13*
- Überlegungsfrist 430 5 *11*
- Unkenntnis 430 5 *10*
- Unzulässigkeit 430 5 *31*
- Vergleichsverhandlungen 430 5 *12*
- Verschulden 430 5 *2*
- Verschuldenszurechnung (Verbandsvertreter) 60 11 *16*
- Wiedereinsetzung 430 5 *24*
- Zurückverweisung 60 68 *4*
- Zuständigkeit 430 5 *19*

Nachtschichtzulage
- Begriff 230 611 *713*

Nachtzeit
- Begriff 110 2 *40*

Nachversicherung
- Öffentlicher Dienst 200 18 *7*

Nachweis (Arbeitsunfähigkeit)
- Arbeitsunfähigkeitsbescheinigung (Zeitpunkt) 280 5 *18*
- Arzt 280 5 *25*
- Ausland 280 5 *56*
- Betriebsvereinbarung 280 5 *23*
- Dauer (Datum) 280 5 *28*
- erster Tag 280 5 *23*
- Folgebescheinigung 280 5 *45*
- Form (Ausland) 280 5 *56*
- Kindeserkrankung 550 45 *7*
- Krankenkasse 280 5 *31*
- Krankheitsart/-ursache 280 5 *27*
- Leistungsverweigerungsrecht 280 7 *6*
- Mitbestimmung 210 87 *13, 21*; 280 5 *22*
- Tarifvertrag 280 5 *68*
- verhaltensbedingte Kündigung 280 5 *44*
- Vorsorge-/Rehabilitationsmaßnahme 280 9 *35*
- Wichtiger Grund 230 626 *141*
- Zeitpunkt 280 5 *18*

Nachweis (NachwG)
- Abdingbarkeit 510 5 *1*
- Änderung (Angaben) 510 3 *1*
- Anscheinsbeweis 510 Einl *16*
- Arbeitnehmerähnliche Personen 510 1 *5*
- Arbeitsort 510 2 *13*
- Arbeitsvergütung 510 2 *16*
- Arbeitszeit 510 2 *19*
- auflösende Bedingung 510 2 *12*
- Aushändigung 510 2 *3*
- Aushilfe 510 1 *6*
- Ausländer 510 2 *4*
- Auslandseinsatz 510 2 *24*
- Ausschlußfrist 510 2 *8*
- Befristung 510 2 *12*
- Berichtigungsanspruch 510 Einl *9*
- Betriebs-/Dienstvereinbarung 510 2 *29*
- Betriebsrat 510 Einl *21*
- Betriebsvereinbarung (Hinweis) 510 2 *22*
- Beweislast 510 Einl *13*
- Beweislastumkehr 510 Einl *19*
- Beweissicherung 510 Einl *5*
- Beweisvereitelung 510 Einl *19*
- Bezugnahme auf Tarifvertrag 510 2 *28*
- Erfüllungsanspruch 510 Einl *9*
- Fälligkeit 510 2 *18*
- Form 510 2 *1*
- Formvorschrift 510 Einl *6*
- Gelegentliche Tätigkeit 510 1 *6*
- Geltungsbereich 510 1 *2*
- Geringfügig Beschäftigte 510 1 *2*; 545 8 *28*
- Gesetz 510 2 *31*
- Hineinwachsen 510 2 *6*
- Kündigungsfrist 510 2 *21*
- Leiharbeitnehmer 140 11 *1*; 510 1 *4*
- Monatsfrist 510 2 *5*
- Nebenpflicht 510 Einl *10*
- öffentlich-rechtliches Dienstverhältnis 510 1 *3*
- Rentenversicherung (Geringfügig Beschäftigte) 510 2 *23*
- Richtlinienkonforme Auslegung 510 Einl *20*
- Sanktionen 510 Einl *8*
- Schadenersatzanspruch 510 Einl *9*
- Schriftlicher Arbeitsvertrag 510 2 *2*
- Seeschiffahrt 510 1 *4*
- Sonderzuwendung 510 2 *17*
- Sprache 510 2 *4*
- Tarifvertrag (Abweichung) 600 1 *35*

2674

magere Zahlen = §§ bzw. Art.; kursive Zahlen = Randnummern **Sachverzeichnis**

- Tarifvertrag (Hinweis) 510 2 *22*
- Tätigkeitsbeschreibung 510 2 *14*
- Teilzeit 510 1 *2*
- Übergangsvorschrift 510 4 *1*
- Urlaub 510 2 *20*
- Vertragsbeginn 510 2 *11*
- Vertragspartei 510 2 *10*
- Wegfall 510 2 *32*
- wesentliche Vertragsbedingungen 510 2 *7*
- Zurückbehaltungsrecht 510 Einl *12*
- Zweck 510 Einl *5*
- Zweckbefristung 510 2 *12*

Nachwirkung
- Allgemeinverbindlichkeit 600 5 *12*
- Allgemeinverbindlichkeitserklärung 600 4 *81*
- Änderung (Tarifvertrag) 600 4 *74*
- Ausschluß 600 4 *73*
- außerordentliche Kündigung (Tarifvertrag) 600 1 *80*
- Auswahlrichtlinien 210 95 *5*
- Begriff 600 4 *73*
- Bekanntgabe (Tarifvertrag) 600 8 *3*
- Betriebliche Altersversorgung (Betriebsvereinbarung) 210 77 *128*
- Betriebsübergang (Firmentarifvertrag) 230 613 a *95*
- Betriebsvereinbarung 210 77 *118*
- Betriebsvereinbarung (freiwillige) 210 77 *122*
- Betriebsvereinbarung (Öffnungsklausel) 600 4 *53*
- Betriebsvereinbarung (Sperrwirkung) 600 4 *77*
- Bezugnahme auf Tarifvertrag 600 4 *77, 84*
- Einigungsstelle 210 77 *122*
- Geltungsbereich 600 4 *79*
- Individualabrede 600 4 *77*
- Kündigungsschutz (Betriebsrat) 210 103 *3*
- Liquidation 600 2 *21*
- Neueinstellungen (untertarifliche Arbeitsbedingungen) 600 4 *76*
- Regelungsabrede 210 77 *130*
- Rentenversicherung 600 4 *84*
- Richtlinien (SprAuG) 590 28 *32*
- soziale Angelegenheiten 210 87 *15*
- Sprecherausschußvereinbarungen 590 28 *31*
- Tarifbindung 600 3 *31*
- Tarifbindung (Wegfall) 600 3 *39*
- Tarifvertrag 600 4 *77*
- Tarifvertrag (Betriebsverfassungsorganisation) 210 3 *1*
- Urlaubsregelungen (Übernahme durch Tarifvertrag) 250 13 *55*
- Verbandsklage 600 9 *12*
- Verleiherlaubnis 140 2 *13*
- Vertrauensleute 600 1 *36*
- Verwirkung 600 4 *92*

Name
- Datenschutz 160 27 *1*
- Datenspeicherung 160 28 *19*
- Mitbestimmung (Geschäftsbrief) 210 87 *21*
- Persönlichkeitsrecht 10 2 *47*

Namensliste
- Betriebsratsanhörung 210 102 *2*
- Interessenausgleich 210 112 *2*
- Interessenausgleich (Insolvenz) 210 112 *11*; 410 125 *4*
- Umwandlung (Interessenausgleich) 610 323 *9*

NATO- Zusatzabkommen
- Kündigungsschutz 430 1 *12*

Naturalvergütung
- *siehe auch Sachbezüge*
- Begriff 230 611 *771*

Naturgesetz
- Beweiswürdigung 60 58 *48*

Naturkatastrophe
- Betriebsrisiko 230 615 *140*
- Feiertag 280 2 *30*

Nebenabrede
- Schriftform 230 127 *29*
- Tarifvertrag 600 1 *35*

Nebenarbeiten
- Direktionsrecht 230 611 *927*

Nebenbeschäftigung
- Geringfügig Beschäftigte 545 8 *18*

Nebenbetrieb
- Aushangpflicht (ArbZG) 110 16 *3*
- Ausland 210 1 *5*
- Begriff 210 4 *9*
- Begriff (UmwG) 610 321 *3*
- Betriebsrat (Mitgliederzahl) 210 9 *2*
- Betriebsratszusammensetzung 210 15 *2*
- Rechtskraft (Betriebsratswahl) 60 84 *3*
- Sprecherausschuß 590 1 *3*
- Tarifvertrag 600 4 *17*
- Tarifvertrag (Organisation) 210 3 *2*
- Verleiherlaubnis 140 3 *61*
- Wahlanfechtung (Beteiligte) 210 19 *14*
- Zuordnung (Tarifvertrag) 210 3 *4*

Nebenintervention
- Beschlußverfahren 60 83 *8*
- Beschwerde 60 78 *4*
- persönliches Erscheinen 60 51 *5*
- Revisionseinlegung 60 74 *3*
- sofortige Beschwerde 60 70 *6*
- Verbandsklage 600 9 *22*
- Zustellung 60 50 *6*

Nebenpflichten
- Kündigungsgrund 430 1 *290*
- Nachweis 510 Einl *10*

Nebentätigkeit
- Abmahnungserfordernis 430 1 *305*
- Altersteilzeit 130 8 *6*
- Annahmeverzug 430 11 *6*
- Arbeitnehmerbegriff 230 611 *59*
- Arbeitnehmerüberlassung 140 9 *29*
- Arbeitsunfähigkeit 230 611 *1014*
- Auskunftsanspruch 230 611 *1021*
- Ausschlußfristen (Ablieferung von Vergütung) 230 225 *44*
- Befristung 230 620 *52*
- Datenschutz 160 28 *9*
- Doppelarbeitsverhältnis 230 611 *1012*
- Entgeltfortzahlung 280 3 *63*
- Gleichbehandlungsgebot (BeschFG) 180 2 *7*
- Grundrechte 10 2 *33*
- Grundrechte (Beamte) 10 12 *6*
- Grundsätze 230 611 *1009*
- Handelsvertreter 390 92 b
- Inhaltskontrolle 230 611 *563*
- Karenzentschädigung 390 74 c *3*
- Kündigungsschutz 430 1 *47*
- Mutterschutz 500 1 *3*
- Unterlassung 230 611 *1014*
- Verbot 10 12 *32*
- Vergütung (Abführung) 230 611 *1013*
- verhaltensbedingte Kündigung 430 1 *361*
- Vertragsstrafe 230 345 *26*
- Wichtiger Grund 230 626 *130*
- Zeugnis 230 630 *6*

Nebenverdienst
- Annahmeverzug 230 615 *95*

Negative Koalitionsfreiheit
- Begriff 10 9 *14*

Negativprognose
- Krankheit 430 1 *195*
- Kündigung (Grundsätze) 430 1 *125*

2675

Sachverzeichnis

Fette Zahlen = Kennziffern

- personenbedingte Kündigung **430** 1 *177*
- verhaltensbedingte Kündigung **430** 1 *296*

Netscape
- Überwachungseinrichtung **210** 87 *62*

Nettovergütung
- Grundsätze **230** 611 *704*

Neue Formel
- Gleichheitssatz **10** 3 *33*

Neueinstellung
- Altersteilzeit **130** 3 *12*
- Befristung **180** 1 *31*
- Befristungsgrund (Hochschule) **400** 57 b *20*
- untertarifliche Arbeitsbedingungen (Nachwirkung) **600** 4 *76*

Neutrales Mitglied
- Abberufung **490** 11 *2*
- Oberlandesgericht **490** 8 *14*
- Vermittlungsausschuß **490** 8 *6*
- Vorschlagsrecht **490** 8 *2*

Neutralität
- Arbeitskampf **10** 9 *123*
- Neutralitätsausschuß (Bundesanstalt) **540** 146 *19*
- wirtschaftspolitische **10** 9 *82*

Nichtigkeit
- Arbeitsvertragsschluß **230** 611 *454*
- Aufsichtsratsbeschluß **50** 108 *21*
- Betriebsratswahl **210** 19 *15*
- Schriftform **230** 127 *26*
- Schriftform (§ 623 BGB) **230** 623 *29*

Nichtigkeitsklage
- Zulässigkeit **60** 79 *5*

Nichtigkeitsverfahren
- Gemeinschaftsrecht **20** 234 *5*

Nichtorganisierte
- siehe *Außenseiter*

Nichtverlängerungsmitteilung
- Künstler **230** 620 *111*
- Schriftform **230** 623 *8*

Nichtzulassungsbeschwerde
- siehe auch *Divergenzbeschwerde*
- siehe auch *Grundsatzbeschwerde*
- Anwaltszwang (Beschlußverfahren) **60** 92 a *2*
- aufschiebende Wirkung **60** 72 a *25*
- Begründung **60** 72 a *22*
- Berufungsverwerfung **60** 66 *21*
- Berufungszulassung **60** 64 *7*
- Beschlußverfahren **60** 92 a *1*
- Beschwerde (Hinweis) **60** 91 *1*
- Betriebsratsmitglied (Kündigung) **210** 103 *14*
- ehrenamtliche Richter **60** 72 a *29*
- Einlegung **60** 72 a *18*
- Fünf-Monats-Frist **60** 69 *10*
- Kosten **60** 72 a *33*
- Prozeßkostenhilfe **60** 72 a *21*
- Rechtskraft **60** 72 a *31*
- Rechtsmittelbelehrung **60** 9 *31*
- Rechtswegbestimmung **60** 48 *13*
- Revisionsfrist **60** 74 *12*
- Streitwertfestsetzung **60** 72 a *34*
- Tarifvertrag (LAG-Bezirk) **600** 9 *27*
- Urteilsabschrift **60** 72 a *20*
- Verfassungsbeschwerde **60** 72 a *32*
- Verwerfung **60** 72 a *27*
- Vorabentscheidungsverfahren **20** 234 *25*
- Wiederaufnahme **60** 79 *3*
- Zwangsvollstreckung **60** 72 a *25*

Niederkunft
- Vergütungsfortzahlung **230** 616 *6*

Niederlassung
- Ausland **230** 611 *213*
- Internationales Arbeitsrecht **290** 34 *11*

Niederlegung
- Zustellung **60** 50 *7*

Normenkontrolle
- Richtervorlage **10** Einl. *82*
- Vorabentscheidungsverfahren (Konkurrenz) **20** 234 *39*

Notar
- Betriebsübergang **230** 613 a *14*

Notdienst
- Arbeitskampf **10** 9 *176;* **210** 74 *15*
- Arbeitskampf (Urteilsverfahren) **60** 2 *17*
- Jugendliche **420** 16 *15*
- Urlaubsentgelt **250** 11 *14*

Notfall
- Direktionsrecht **230** 611 *926;* **430** 2 *19*
- Jugendliche (Beschäftigung) **420** 21 *2*
- Mitbestimmung **210** 87 *7*

Nötigung
- Wichtiger Grund **230** 626 *161*

Notstand
- Arbeitskampf **10** 9 *42*

Notwehr
- Darlegungs- und Beweislast **430** 1 *336*

Nutzungsvertrag
- Provision **390** 87 b *6*

Oberassistent
- Befristung **400** 57 a *10*

Oberingenieur
- Befristung **400** 57 a *10*

Oberlandesgericht
- Divergenzbeschwerde **60** 72 a *14*
- neutrales Mitglied (Montan-MitbestG) **490** 8 *14*

Obhutspflicht
- Arbeitgeber **230** 611 *895*

Offenbarungspflicht
- siehe auch *Einstellung*
- siehe auch *Fragerecht*
- Persönlichkeitsrecht **10** 2 *96*

Offene Handelsgesellschaft
- siehe *OHG*

Offensichtliche Gesetzwidrigkeit
- Rechtswegbestimmung **60** 48 *9*

Öffentliche Bekanntmachung
- Mahnverfahren **60** 46 a *6*

Öffentliche Stelle
- Datenschutz **160** 1 *4*

Öffentliche Zustellung
- Beschwerde **60** 78 *2*
- Einlassungsfrist **60** 47 *6*
- Nichtigkeitsklage **60** 79 *8*
- Zuständigkeit **60** 50 *5*

Öffentlicher Dienst
- Abschlußgebot **230** 611 *438*
- Alters-/Hinterbliebenenversorgung (Wehrdienst) **80** 14 b *1*
- Ämterzugang **10** 3 *7*
- Arbeitszeit (Abweichung) **110** 7 *16;* **15** *6*
- Arbeitszeit (hoheitliche Aufgaben) **110** 19 *1*
- Arzt (Weiterbildung) **25** 3 *3*
- Auskunft (Arbeitnehmer) **230** 630 *120*
- Ausländerfeindlichkeit **230** 626 *139*
- außerdienstliches Verhalten **10** 2 *81*
- außerordentliche Kündigung **230** 626 *94*
- Befristung **230** 620 *73*
- Befristung (BeschFG) **180** 1 *20*
- Beschäftigungszugang (Gemeinschaftsrecht) **20** 39 *32*
- Beteiligungsrechte (BetrVG) **210** 74 Einl. *10*
- betriebliche Altersversorgung **200** 17 *16*
- betriebliche Altersversorgung (Geltungsbereich) **200** 18 *1*

magere Zahlen = §§ bzw. Art.; kursive Zahlen = Randnummern

Sachverzeichnis

- betriebliche Übung 230 611 *279*
- Betriebsübergang 230 613 a *15*
- Betriebsverfassung (Abgrenzung) 210 126 *2*
- Datenschutz 160 2 *1*
- Datenverarbeitung 160 12 *1*
- Einstellungsanspruch (Wehrdienst) 80 11 a *1*
- Gleichbehandlungsgebot (BeschFG) 180 2 *54*
- Gleichbehandlungsgrundsatz (arbeitsrechtlicher) 10 3 *31*
- Gleichheitssatz 10 3 *31*
- Grundrechte 10 Einl. *8*
- herrschendes Unternehmen 50 15 *5*
- Kostenerstattung (Reisekosten) 60 12 a *6*
- Kündigungserklärung 230 620 *176*
- Kündigungserklärungsfrist 230 626 *260*
- Kurzarbeit 230 611 *944*
- Meinungsfreiheit 10 5 *38*
- Nebentätigkeitsvergütung 230 611 *1013*
- parteipolitische Betätigung 230 626 *137*
- Richtlinie (Gemeinschaftsrecht) 20 Vorb. *9*
- Rückzahlungsklausel 230 611 *656*
- Schriftform (Betriebliche Übung) 230 127 *39*
- sexuelle Belästigung (Fortbildung) 190 7 *1*
- Sprecherausschuß 590 1 *6*
- Streik 10 9 *177*
- Verfassungstreue 10 2 *97*
- Zeuge 60 58 *15*

Öffentlichkeit
- Ausschluß 60 52 *10*
- Berufungsverfahren 60 64 *23*
- Beschwerde gegen Ordnungsmittel 340 *181*
- Betriebsratssitzung 210 30 *3*
- Einigungsstelle 210 76 *18*
- Gerichtsverhandlungen 340 *169*
- Grundsätze 60 52 *3*
- Güteverhandlung 60 52 *17*
- Ordnungsbefugnisse außerhalb der Sitzung 340 *180*
- Ordnungsmaßnahmen 340 *177*
- Persönlichkeitsrecht 10 2 *42*
- Protokollieren bei Ordnungsmittel 340 *182*
- Rechtshilfe 60 13 *7*
- Revisionsgrund 60 73 *29*
- Schweigepflicht 340 *174*
- Sitzungspolizei 340 *176*
- Straftaten in der Sitzung 340 *183*
- Ungebühr 340 *178*
- Urteilsverkündung 340 *173*
- Versammlung der leitenden Angestellten 590 15 *9*
- Verschwiegenheit 230 611 *1001*
- Vollstreckung der Ordnungsmittel 340 *179*
- Zutrittverweigerungsrecht 340 *175*

Öffentlich-rechtliches Dienstverhältnis
- Arbeitsgerichtsbarkeit 60 2 *11*

Öffnungsklausel
- gesetzliche 10 9 *60*
- soziale Angelegenheiten 210 87 *17*
- Tarifvertrag 10 9 *64*; 600 4 *48*

OHG
- Arbeitgeber 230 611 *227*
- Kündigungsschutzklage 430 4 *20*
- Organvertreter (Kündigungsschutz) 430 14 *6*
- Parteifähigkeit 60 10 *7*
- Prozeßvertretung 60 11 *2*

Opfergrenze
- Anpassung (BetrAVG) 200 16 *22*

Optionsvertrag
- Begriff 230 611 *337*

Orchester
- Tendenzbetrieb 210 118 *14*

Ordensmitglied
- Arbeitnehmerbegriff 230 611 *165*

Ordensschwester
- Betriebsverfassung 210 5 *27*

Ordentliche Kündigung
- Erziehungsgeld (Kündigungsverbot) 170 18 *1*

Ordnungsgeld
- Beschlußverfahren 60 85 *4*
- Beschwerde 60 78 *2*
- Betriebsrat 60 85 *2*
- ehrenamtliche Richter 60 27 *2*
- persönliches Erscheinen 60 51 *11*
- Pflichtverletzung (Arbeitgeber) 210 23 *28*
- Zeuge 60 58 *15*

Ordnungshaft
- Beschwerde 60 78 *2*
- persönliches Erscheinen 60 51 *12*

Ordnungsprinzip
- Rechtsquellen 230 611 *302*

Ordre-public
- Begriff 230 611 *216*
- Freizügigkeit 20 39 *24*

Organentnahme 10 2 *108*

Organspende
- Entgeltfortzahlung 280 3 *58*

Organvertreter
- siehe auch Geschäftsführer
- alternative Gesellschaft 230 611 *23*
- Anstellungsvertrag (MitbestG) 470 31 *11*
- Arbeitgeber (Rechtsweg) 60 2 *21*
- Arbeitnehmer 230 611 *23*
- arbeitnehmerähnliche Person 230 611 *139*
- Arbeitnehmerbegriff 230 611 *161*
- Arbeitnehmerbegriff (BetrVG) 210 5 *24*
- Arbeitsgerichtsbarkeit 60 5 *11*
- Beschäftigungsverhältnis 545 7 *3, 20*
- Beschäftigungsverhältnis (Vermutung) 545 7 *43*
- betriebliche Altersversorgung 200 17 *6, 11*
- ehrenamtliche Richter 60 *22*
- Erfindung 230 612 *20*
- Freizügigkeit (Gemeinschaftsrecht) 20 39 *6*
- Geschlechtsdiskriminierung 230 611 a *7*
- Gewinnbeteiligung (Berechnung) 230 611 *731*
- Gleichbehandlungsgrundsatz 230 611 *864*
- Haftung 230 611 *1095*
- Haftungsausschluß (SGB VII) 570 104 *19*; 105 *7*
- Insolvenz 410 113 *5*
- Klagefrist 430 13 *8*
- Konzern 430 14 *5*
- Kündigungsfrist 230 621 *5*; 622 *14*
- Kündigungsschutz 430 14 *3*
- Massenentlassung 430 17 *10*
- Prozeßvertretung 60 11 *2*
- Rechtsweg 60 48 *5*
- Rechtswegprüfung 60 2 *9*
- Regreß (SGB VII) 570 111
- ruhendes Arbeitsverhältnis 430 14 *5*
- Tarifvertrag 600 1 *84*
- Unfallversicherung (freiwillige) 570 *6*
- Weiterarbeit (§ 625 BGB) 230 625 *5*
- Wettbewerbsverbot 390 60 *4*
- Wettbewerbsverbot (nachvertragliches) 390 74 *8*
- Widerruf (außerordentliche Kündigung) 230 626 *26*
- Zeugnis 230 630 *9*

Örtliche Zuständigkeit
- siehe auch Gerichtsstand
- Arbeitnehmerentsendung 30 *8*
- Außendienstmitarbeiter 230 611 *929*
- Berufungsinstanz 60 65 *5*
- Beschlußverfahren 60 82 *1*
- Entschädigungsanspruch (Gleichberechtigung) 60 61 b *7*
- Erfüllungsort 230 611 *929*

2677

Sachverzeichnis

Fette Zahlen = Kennziffern

- gemeinsame Einrichtung 60 48 *19*
- Gesamtbetriebsrat 210 50 *13*
- Konzernbetrieb 210 56 *3*
- Kündigungsschutzklage 430 4 *13*
- Mahnverfahren 60 46 a *3*
- Rechtswegbestimmung 60 48 *7*
- Tariffähigkeit 60 97 *3*
- Tarifvertrag 60 48 *17*; 600 1 *119*
- Tarifzuständigkeit 60 97 *3*
- Verbandsklage 600 9 *19*
- Vorsitzendenzuständigkeit 60 55 *11*
- Zurückverweisung (Beschlußverfahren) 60 88 *1*

Ortskraft
- Internationales Arbeitsrecht 290 34 *23*

Ortszuschlag
- Entgeltfortzahlung 280 4 *30*

OT-Mitgliedschaft
- Beschlußverfahren (Zuständigkeit) 60 2 a *10*
- Tariffähigkeit 60 97 *2*
- Tarifvorrang 210 77 *49*

Outsourcing
- Betriebsübergang 230 613 a *37*

Pacht
- Arbeitsverhältnis (Abgrenzung) 230 611 *33*
- Betriebsübergang 230 613 a *46*
- Rückfall (Betriebsübergang/Fortführung) 230 613 a *54*

Paginierung
- Schriftform 230 127 *16*

Palette 280 5 *60*

Paraphe
- Berufungseinlegung 60 66 *3*
- persönliches Erscheinen 60 51 *5*

Parität
- Arbeitskampf 10 9 *114*

Parkplatz
- Verkehrssicherheit 230 611 *896*

Parlamentsfraktionen
- Befristung 230 620 *127*

Partei
- ungebührliches Verhalten 340 *178*

Partei (politische)
- Tendenzbetrieb 210 118 *8*

Parteifähigkeit
- Beschlußverfahren 60 10 *13*
- Mahnverfahren 60 46 a *2*
- Nichtigkeitsklage 60 79 *8*
- Urteilsverfahren 60 10 *3*
- Verbandsklage 600 9 *8*
- Zwischenurteil 60 10 *23*

Parteipolitik
- Diskriminierungsverbot 10 3 *76*

Parteipolitische Betätigung
- Betriebsratsausschluß 210 23 *5*
- Betriebsverfassung 210 74 *21*
- Betriebsversammlung 210 45 *5*
- Kündigungsgrund (Berufsausbildung) 150 15 *5*
- Meinungsfreiheit 10 5 *34*
- Offenbarungspflicht (Mitgliedschaft) 230 611 *399*
- Pflichtverletzung (Arbeitgeber) 210 23 *26*
- Sprecherausschuß 590 2 *21*
- verhaltensbedingte Kündigung 430 1 *348*
- wichtiger Grund 230 626 *134*

Parteivernehmung
- Beweismittel 60 58 *36*
- Rechtshilfe 60 13 *6*
- Restitutionsklage 60 79 *11*

Partnerschaftsgesellschaft
- Arbeitgeber 230 611 *225*
- Kündigungsschutzklage 430 4 *20*

- Organvertreter (Kündigungsschutz) 430 14 *6*
- Parteifähigkeit 60 10 *7*
- Prozeßvertretung 60 11 *2*

Passivlegitimation
- Arbeitgeber 230 611 *224*

Patent
- Betriebsübergang 230 613 a *12*
- Betriebsübergang (Aktiva) 230 613 a *23*

Pauschalhonorar
- Teilvergütung (Kündigung) 230 628 *12*

Pauschalierung
- Gleichheitssatz 10 3 *47*
- Schadenersatz 230 628 *118*

Pause
- siehe auch Ruhepause/-zeit
- Aushang (JArbSchG) 420 50 *3*
- betriebliche Übung 230 611 *284*
- Mitbestimmung 210 87 *25*
- Mutterschutz 500 2 *7*
- Pausenraum (Jugendliche) 420 11 *7*
- Tarifvertrag (Abweichung) 110 7 *8*
- Unfallversicherung 570 104 *11*

Pension
- Einkommensanrechnung (Rente) 560 Einl. *19*

Pensionskasse
- Abfindung (BetrAVG) 200 3 *15*
- Abfindung (Zulässigkeit) 200 3 *6*
- Abfindungshöhe (BetrAVG) 200 3 *28*
- Abtretung 200 1 *63*
- Abwicklung (Insolvenz) 200 8 *2*
- Anpassung 200 16 *12*, *57*
- Begriff 200 1 *60*
- Beleihung 200 1 *63*
- Insolvenzsicherung 200 7 *1*
- Insolvenzsicherung (BetrAVG) 200 7 *22*
- Mitbestimmung 210 87 *71*
- Rente (Berücksichtigung) 200 2 *76*
- Schadenersatz 200 1 *61*
- Überschußverwendung 200 16 *77*
- Übertragung 200 4 *10*
- Versorgungsanwartschaftshöhe 200 2 *49*
- Versorgungszusage 200 1 *64*
- Vorschaltzeit 200 1 *64*
- vorzeitige Inanspruchnahme 200 6 *19*

Pensions-Sicherungs-Verein
- siehe auch Insolvenzsicherung (BetrAVG)
- Übertragung 200 4 *13*
- Urteilsverfahren 60 2 *33*

Personalabbau
- Arbeitslosengeld (Erstattung durch Arbeitgeber) 540 147 a *23*

Personalakte
- Abmahnung 210 83 *6*
- Begriff (BDSG) 160 27 *6*
- Begriff (BetrVG) 210 83 *2*
- Betriebsratsmitglied (Hinzuziehung) 210 83 *7*
- Beurteilung 230 630 *98*
- Datenschutz 210 83 *8*
- Datenspeicherung 160 28 *23*
- Einsichtsrecht 10 2 *103*
- Einsichtsrecht (BDSG) 160 34 *3*
- Einsichtsrecht (BetrVG) 210 83 *4*
- Entfernungsanspruch 10 2 *102*
- Inhalt 210 83 *2*
- Persönlichkeitsrecht 10 2 *90*
- Schadenersatz 230 611 *891*
- Schwerbehindertenvertretung 530 22 Anhang *13*
- Sprecherausschuß 590 26 *3*
- Vertraulichkeit 10 2 *103*
- Vorlage (ArbGG) 60 56 *6*
- Weitergabe 210 83 *5*

2678

magere Zahlen = §§ bzw. Art.; kursive Zahlen = Randnummern

Sachverzeichnis

Personalausschuß
- Arbeitnehmervertreter 50 107 *20*

Personalauswahlverfahren
- Datenschutz 160 28 *7*

Personalbedarfsplanung
- Mitbestimmung 210 92 *5*

Personalberatungsunternehmen
- Einstellung 210 99 *19*

Personalfragebogen
- *siehe auch Einstellung*
- *siehe auch Fragerecht*
- Begriff 230 611 *314*
- Datenschutz 160 28 *4*
- Gesamtbetriebsrat 210 50 *6*
- Mitbestimmung 210 94 *2*
- Persönlichkeitsrecht 10 2 *92*
- Unterrichtungspflicht (BetrVG) 210 99 *21*
- Vernichtung 230 611 *318*

Personalplanung
- Befristungsgrund 230 620 *89*
- Begriff 210 92 *1*
- Beteiligungsrechte 210 92 *6*
- Datenschutz 160 28 *23*
- Gesamtbetriebsrat 210 50 *6*
- Konzernbetriebsrat 210 58 *6*
- Ordnungswidrigkeit 210 121 *4*
- Sprecherausschuß 590 25 *2*
- Wirtschaftsausschuß 210 106 *5*

Personalrabatt
- Gemeinschaftsrecht 20 141 *3*
- Mitbestimmung 210 87 *72*
- Vergütung 230 611 *773*

Personalrat
- Befristung (Zustimmung) 230 620 *59*
- Beteiligungsrechte (Demokratieprinzip) 210 74 Einl. *10*
- Diskriminierung (Freizügigkeit) 20 39 *39*
- Drittmittelwegfall (Kündigung) 400 57 d *7*
- Eingliederung (SchwbG) 530 22 Anhang *2*
- Einstellung (SchwbG) 530 14 *10*
- Kündigungsschutz 430 15 *7*
- Leiharbeitnehmer 140 14 *30*
- Schwerbehindertenvertretung 530 22 Anhang *14*
- Schwerbehindertenverzeichnis 530 14 *5*
- Umsetzung (Nachtarbeit) 110 6 *23*
- Zustimmungsverweigerung 210 74 Einl. *38*

Personalratsmitglied
- Kündigungsschutz 430 15 *34*
- Kündigungsschutzklage 430 13 *11*
- neues Arbeitsverhältnis 430 16 *1*
- Unfallversicherung 570 104 *11*

Personalreserve
- Kündigung 430 1 *241*
- Schadenersatz 230 628 *85*

Personalstruktur
- Sozialauswahl 430 1 *515*

Personenbedingte Kündigung
- Abgrenzung 430 1 *169*
- Abmahnung 430 1 *139*
- Änderungskündigung 430 2 *50*
- Betriebsratsanhörung 210 102 *9*
- Darlegungs- und Beweislast 430 1 *271*
- Gewissenskonflikt 10 4 *25*
- Interessenabwägung 430 1 *183*
- Krankheit 430 1 *188*
- Selbstschädigung 230 611 *910*
- Sozialauswahl 430 1 *464*
- Sperrzeit 540 144 *15*
- Umzugskosten 230 611 *644*
- Voraussetzungen 430 1 *175*
- Widerspruchsgründe 430 1 *542*

Personenschaden
- Arbeitskollege 230 611 *1050*
- Haftungsausschluß (SGB VII) 570 104 *24*
- Leiharbeitnehmer 140 Einl. *46*

Persönliche Verhinderung
- Arbeitszeitmodelle 110 7 *43*

Persönliches Erscheinen
- Arbeitsgerichte (Grundsätze) 60 51 *3*
- Berufungsverfahren 60 64 *23*
- Beschlußverfahren 60 80 *3*
- Beteiligte 60 83 *2*
- Kostenerstattung 60 12 a *6*

Persönlichkeitskerntheorie 10 2 *3*

Persönlichkeitsprofil
- Datenschutz 160 28 *7*

Persönlichkeitsrecht
- Abwehrfunktion 10 2 *52*
- Anrede 10 2 *47*
- Auskünfte 10 2 *114*
- Ausschlußfrist 600 4 *97*
- Ausschlußfristen 230 225 *46*
- außerdienstliches Verhalten 10 2 *81*
- Beschäftigungspflicht 230 611 *825*
- Betriebsverfassung 10 2 *68*; 210 75 *9*
- Deliktsrecht 10 2 *76*
- Dokumentationen 10 2 *46*
- Ehrschutz 10 2 *48*
- Einschränkbarkeit 10 2 *57*
- Einzelfälle 10 2 *80*
- Foto 10 2 *43*
- Fürsorgepflicht 10 2 *72*
- Geschlechterdiskriminierung 10 2 *78*
- Gesetzgebung 10 2 *67*
- Gestaltungsrechte 10 2 *75*
- Grundrechtskollision 10 2 *65*
- Grundrechtsverzicht 10 Einl. *64*
- Homosexualität 10 2 *75*
- Informationelle Selbstbestimmung 10 2 *45*
- Informeller Mitarbeiter 10 2 *46*
- Intimsphäre 10 2 *44*
- Juristische Personen 10 2 *51*
- Kommunikation 10 2 *40*
- Konkurrenz 10 2 *36*
- Kündigung 10 2 *80*
- Name 10 2 *47*
- Öffentlichkeit 10 2 *42*
- positives Handeln (Arbeitgeber) 10 2 *73*
- Pressefreiheit 10 5 *70*
- Privat-/Sozialsphäre 10 2 *61*
- Privatsphäre 10 2 *39*
- Prozeßrecht 10 2 *79*
- Rechtsprechung 10 2 *69*
- Resozialisierung 10 2 *49*
- Sanktionen 10 2 *74*
- Schadenersatz 230 611 *891*
- Schmerzensgeld 10 2 *77*; 230 611 *1115*
- Schutz 230 611 *888*
- Schutzpflicht 10 2 *53*
- Schwangerschaft 10 2 *41*
- Sexualität 10 2 *41*
- Sozialsphäre 10 2 *62*
- Sprecherausschuß 590 27 *1*
- Tarifvertrag 10 2 *56*
- Titel 10 2 *47*
- Tod 10 2 *50*
- Tonband 10 2 *44*
- Verdachtskündigung 10 2 *87*

Pfändung
- Abfindung 430 10 *14*
- Annahmeverzug 230 615 *86*; 430 11 *5*
- Arbeitsleistung 230 613 *13*
- Arbeitsvergütung 230 611 *671*

2679

Sachverzeichnis

Fette Zahlen = Kennziffern

- Aufrechnung 230 611 *666*
- Ausbildungsvergütung 150 10 *2*
- Auslösung 230 611 *766*
- Bedienungsgeld 230 611 *742*
- Belehrungspflicht (Arbeitgeber) 230 611 *901*
- Betriebsrat 60 85 *2*
- Drittwiderspruchsklage 60 62 *18*
- Fragerecht 230 611 *369*
- Freistellungsanspruch 230 611 *1054*
- Karenzentschädigung 390 74 b *8*
- Schadenersatz 230 628 *113*
- Schadenersatz (Rechtsweg) 60 3 *5*
- Schadenersatzanspruch 230 611 *1035*
- Urlaubsabgeltung 250 7 *107*
- Urlaubsentgelt 250 11 *51*
- Urlaubsgeld 250 11 *48*
- verhaltensbedingte Kündigung 430 1 *356*
- Verzicht 230 611 *685*
- Vorschuß 230 614 *24*
- Wichtiger Grund 230 626 *189*

Pflege
- Arbeitszeit (Abweichung) 110 7 *15*
- Entgeltfortzahlung (Berufsausbildung) 150 12 *8*
- häusliche (MuSchG) 500 15 *1*
- Pflegekraft (Arbeitnehmer) 230 611 *99*
- Ruhezeit 110 5 *8*
- Samstagsarbeit (Jugendliche) 420 16 *4*
- Tendenzbetrieb 210 118 *11*
- Vergütungsfortzahlung 230 616 *13*

Pflegekind
- Grundrechte 10 6 *6*

Pflegemutter
- Mutterschutz 10 6 *19*

Pflegeversicherung
- Altersteilzeit 130 3 *10*
- Arbeitnehmerüberlassung 140 Einl. *65*
- Beschäftigungsverhältnis 545 7 *42*
- Erstattungspflicht (Wettbewerbsverbot) 390 74 c *13*
- Geringfügig Beschäftigte 545 8 *30*

Pförtner
- Arbeitnehmer 230 611 *99*

PGH-Mitglied
- Arbeitsverhältnis 230 611 *27*

Pharmaberater
- Arbeitnehmer 230 611 *97*

Photo
- Persönlichkeitsrecht 10 2 *43*

Pilot
- Arbeitnehmer 230 611 *97*
- leitende Angestellte 210 5 *41*

Plakette
- Glaubensfreiheit 10 4 *22*
- Kündigungsgrund (Berufsausbildung) 150 15 *5*
- Meinungsfreiheit 10 5 *34*

Politische Betätigung
- *siehe parteipolitische Betätigung*

Popularbeschwerde
- Betriebsverfassung 210 84 *4*

Pornographie
- sexuelle Belästigung 190 2 *10*

Porto
- Kostenerstattung 60 12 a *5*

Positive Koalitionsfreiheit
- Begriff 10 9 *14*

Positive Vertragsverletzung
- Verjährung 230 225 *8*

Postlagerung
- Kündigungserklärung 430 4 *36*

Postschließfach
- Kündigungserklärung 430 4 *36*

Postunternehmen
- Arbeitsgerichtsbarkeit 60 5 *14*
- Beamte (BetrVG) 210 5 *9*
- Beschlußverfahren (Zuständigkeit) 60 2 a *5*
- Betriebsverfassung 210 1 *6*
- Gruppenschutz (BetrVG) 210 10 *4*
- Rechtsweg 60 3 *7*; 48 *5*
- Sprecherausschuß (Beamte) 590 1 *1*
- Übergangsmandat (Betriebsrat) 210 21 *8*
- Urlaub 250 13 *64*
- Zustellung 60 50 *1*

Postzustellungsurkunde
- *siehe auch Zustellung*
- Kündigungserklärung 430 4 *38*

Potestativbedingung
- Kündigungserklärung 230 620 *173*

Präklusion
- *siehe auch Rechtskraft*
- Beschlußverfahren 60 84 *3*
- Betriebsratsmitglied (Kündigung) 430 15 *51*

Praktikant
- Arbeitnehmer (BetrVG) 210 5 *10*
- Begriff 150 19 *3*
- Betriebsratsfähigkeit 210 1 *14*
- Entgeltfortzahlung 280 1 *12*
- Jugend-/Auszubildendenvertretung 210 60 *2*
- Mutterschutz 500 1 *3*
- Probezeit 150 13 *3*
- Rechtsstatus 230 611 *210*
- Tarifvertrag 600 1 *85*

Praktikum
- Ausbildungsvergütung (Fortzahlung) 150 12 *2*

Praktische Konkordanz
- Grundrechte 10 Einl. *71*
- Persönlichkeitsrecht 10 2 *66*

Prämie
- Begriff 230 611 *590*
- Billigkeitskontrolle 230 611 *575*
- Entgeltfortzahlung 280 4 *26*
- Gemeinschaftsrecht 20 141 *3*
- Geschlechtsdiskriminierung 230 612 *51*
- Mitbestimmung 210 87 *97*
- Mitbestimmung (leistungsabhängige) 210 87 *125*
- Nachweispflicht 510 2 *16*
- Urlaubsentgelt 250 11 *10*
- Verjährung 230 225 *5*

Präsidium
- Arbeitsgerichte 60 6 a *2*
- Vertretungsregelung 60 *19*

Prediger
- Beschäftigungsverhältnis 545 7 *12*

Presse
- Gerichtsverhandlungen 340 *169*
- Mitbestimmungsrechte 210 118 *17*

Pressefreiheit
- *siehe auch Fernsehen*
- *siehe auch Journalist*
- *siehe auch Medien*
- *siehe auch Rundfunk*
- *siehe auch Tendenzunternehmen*
- Abwägungsgebot 10 5 *67*
- Abwehrrecht 10 5 *46*
- Ansprüche Dritter 10 5 *69*
- Anstellungsbedingungen 10 5 *74*
- Aussperrung 10 5 *87*
- Befristungsgrund 230 620 *112*
- Berichterstattung (wahrheitswidrige) 10 5 *57*
- Bestandsschutz 10 5 *78*
- Betriebsverfassung 10 5 *79*
- Chiffregeheimnis 10 5 *46*
- Druckerzeugnisse 10 5 *55*
- Informationsbeschaffung 10 5 *54*

magere Zahlen = §§ bzw. Art.; kursive Zahlen = Randnummern   **Sachverzeichnis**

- innere 10 5 *76*
- Interview (fiktives) 10 5 *57*
- Kritik (Arbeitskampf) 10 5 *86*
- Lebensführung 10 5 *77*
- Leserbrief 10 5 *59*
- Nebentätigkeit 10 5 *77*
- Neutralitätspflicht (staatliche) 10 5 *61*
- Notausgabe 10 5 *85*
- Personenkreis 10 5 *59*
- Persönlichkeitsrecht 10 5 *70*
- Polemik 10 5 *56*
- Rechtsprechung 10 5 *49*
- Redaktionsgeheimnis 10 5 *54*
- Schutzpflicht 10 5 *47*
- Streik 10 5 *62*
- subjektive Meinungsäußerung 10 5 *56*
- Tarifautonomie 10 5 *80*
- Werkszeitung 10 5 *52*
- Zensur 10 5 *60*

Primärrecht
- Gemeinschaftsrecht 20 Vorb. *3*

Privatautonomie
- Gewissensfreiheit 10 4 *66*
- Glaubensfreiheit 10 4 *30*
- Internationales Arbeitsrecht 290 34 *2*
- Schutzpflicht 10 2 *27*

Privatdienstvertrag
- Befristung 400 57 b *2*
- Begriff 400 57 e *2*

Privatdozent
- Arbeitnehmer 230 611 *153*

Privatschule
- Tendenzbetrieb 210 118 *12*

Privatsphäre
- Grundrechte 10 2 *15*
- Grundrechtsschutz (Schranken) 10 2 *61*
- Öffentlichkeit (ArbGG) 60 52 *11*
- Öffentlichkeit bei Gerichtsverhandlungen 340 171 *b*
- Persönlichkeitsrecht 10 2 *39*

Privaturkunde
- Beweiskraft 60 58 *28*

Probearbeitsverhältnis
- Befristung (BeschFG) 180 1 *45*
- Befristungsgrund 230 620 *80*
- Begriff 230 611 *183*
- Einfühlungsverhältnis (Abgrenzung) 230 611 *186*
- Einstellung (BetrVG) 210 99 *5*
- Kündigungsfrist 230 622 *28*
- Schwangerschaft 500 9 *22*
- Schwerbehinderte 530 20 *8*
- Weiterarbeit (§ 625 BGB) 230 625 *3*
- Wettbewerbsverbot (nachvertragliches) 390 74 *3*
- Wichtiger Grund 230 626 *207*
- Zeugnis 230 630 *6*

Probezeit
- Anrechnung (Wehrdienst) 80 6 *8*
- Befristung 180 1 *29*
- Berufsausbildung 150 13 *2*
- Berufsausbildungsvertrag 150 4 *4*
- Betriebsratsfähigkeit 210 1 *13*
- Kündigung (Berufsausbildung) 150 15 *3*
- Nichtigkeit (späteres Arbeitsverhältnis) 230 612 *3*
- Praktikant 150 13 *3*
- Stufenausbildung 150 13 *3*

Produktograph
- Mitbestimmung 210 87 *48*

Prokura
- Arbeitnehmervertreter 220 76 *32*
- Arbeitsgerichtsbarkeit 60 5 *11*
- Betriebsübergang 230 613 a *78*
- Betriebsverfassung 210 5 *33*
- Erteilung 390 48 *3*
- Handelsregister 390 54 *6*
- Handlungsvollmacht 390 54 *1*
- Kündigungserklärung 230 620 *178*
- Kündigungsschutz 430 14 *6*
- Minderjährige 390 48 *1*
- Nachweis 390 48 *8*
- Sprecherausschuß (Beteiligung) 590 31 *4*
- Sprecherausschuß (Vereinbarung) 590 28 *24*
- Titularprokura 430 14 *10*
- Umfang 390 48 *7*
- Wichtiger Grund 230 626 *201*
- Widerruf 390 48 *10*
- Zeugnis 230 630 *68*

Promotion
- Befristung 400 57 b *5*
- Befristungsdauer (Anrechnung) 400 57 c *15*

Propagandist
- Arbeitnehmer 230 611 *119*

Prostituierte
- Arbeitnehmer 230 611 *14*

Protokoll
- Augenschein 60 58 *35*
- Beweiswürdigung 60 58 *49*
- Einspruch 60 59 *23*
- Güteverhandlung 60 54 *11*
- Öffentlichkeit 60 52 *6*

Protokollnotiz
- Betriebsvereinbarung (Ablösung) 210 77 *75*
- Tarifvertragsauslegung 600 1 *16*

Provision
- Abdingbarkeit 390 87 a *12*
- Abdingbarkeit (Handlungsgehilfe) 390 65 *9*
- Abrechnung 390 87 c *1*
- Abtretung 390 65 *10*
- Änderungskündigung 430 2 *66*
- Annahmeverzug 230 615 *76*
- Anscheinsbeweis 390 87 *17*
- Arbeitnehmer 390 65 *6*
- Arbeitsunfähigkeit 390 65 *9*
- Ausschlußfristen 230 225 *44*
- Begriff 230 611 *725*
- Betriebsrat 390 87 b *3*
- Betriebsübergang 230 613 a *70*
- Beweislast 390 87 *17*
- Bezirksprovision 390 65 *1*
- Bezugsentgelt 390 87 b *4*
- Buchauszug 390 87 c *4*
- Delkredereprovision 390 86 b *1*
- Durchsetzung 390 87 a *10*
- Einsichtsrecht 390 87 c *5*
- Entgeltfortzahlung 280 4 *37*
- Entstehen 390 87 a *2*
- Fälligkeit 390 87 a *22*
- fehlende Vereinbarung 390 87 b *2*
- Gebrauchsüberlassungsvertrag 390 87 b *6*
- Geschäftsablehnung 390 87 *11*
- Geschäftsabschluß 390 87 *8*
- Geschäftsausführung 390 87 a *2*
- gleichartige Geschäfte 390 87 *18*
- Handelsvertreter 390 87 *2*
- Handlungsgehilfe 390 65 *1*
- Handlungsgehilfe (Fälligkeit) 230 614 *9*
- Höhe 390 87 b *1*
- Inkassoprovision 390 87 *38*
- Insolvenzgeld 390 87 a *13*
- Jahressollvorgabe 390 65 *5*
- Kappungsgrenze 390 87 *7*
- Karenzentschädigung 390 74 *31*
- Karenzentschädigung (Berechnung) 390 74 b *9*
- Kausalität 390 87 *12*

2681

Sachverzeichnis

Fette Zahlen = Kennziffern

- Konzernunternehmen 390 87 2
- Kreditwürdigkeit 390 87 a 20
- Kündigungserschwerung 230 622 103
- Mitbestimmung 210 87 97
- Mitbestimmung (leistungsabhängige) 210 87 127
- Nachweispflicht 510 2 16
- Neukunden 390 87 19
- Nichtausführen 390 87 a 14
- Nichtleistung 390 87 a 10
- Nutzungsvertrag 390 87 b 6
- Pfändung 390 65 10
- Provisionssatz (Mitbestimmung) 210 87 101
- Rabatt 390 87 b 5
- Rückgewähr 390 87 a 11
- Sittenwidrigkeit 230 611 463
- Skonto 390 87 b 5
- Stornogefahrmitteilungen 390 87 10
- Teilprovision 390 87 a 8
- Teilvergütung (Kündigung) 230 628 17
- Topfvereinbarung 390 87 15
- Überhangprovision 390 87 7
- Umsatzprovision 390 65 2
- Unmöglichkeit 390 87 a 18
- Untervertreter (Entstehen) 390 87 a 2
- unzumutbares Geschäft 390 87 a 19
- Urlaubsentgelt 250 11 15
- Urteilsverfahren 60 2 8
- Verjährung 390 88 1
- Verjährung (Unterbrechung) 230 225 17
- Vermittlungsprovision 390 65 1
- Verrechnungsgarantie 390 65 3
- Vertragsende 390 87 31
- Verzug 390 87 a 23
- Vorgänger 390 87 37
- Vorschuß 390 87 a 5
- Vorschuß (Handlungsgehilfe) 230 614 19
- Wegfall 390 87 a 9
- wichtiger Grund (Äquivalenzstörung) 230 626 195
- Widerruf 390 87 4
- Zahlungsunfähigkeit 390 87 a 20
- Zahlungsverweigerung 390 87 a 10

Prozeßbevollmächtigter
- siehe auch Rechtsanwalt
- Beschlußverfahren 60 80 3
- Grundsätze 60 11 4
- nachträgliche Klagezulassung 430 5 5
- Nichtigkeitsklage 60 79 8
- Richterablehnung 60 49 9
- Zurückweisung (Berufungsverfahren) 60 64 23

Prozeßfähigkeit
- Amtsprüfung 60 10 22
- Beschlußverfahren 60 80 3
- Mahnverfahren 60 46 a 2
- Parteifähigkeit 230 113 7
- Zwischenurteil 60 10 23

Prozeßförderungspflicht
- verspätetes Vorbringen 60 56 21

Prozeßführungsbefugnis
- Begriff 60 10 19

Prozeßgericht
- Vollstreckungsgericht 60 62 15

Prozeßkostenhilfe
- Arbeitsgerichte 60 11 a 1
- Ausschlußfrist 230 225 63
- Berufungseinlegung 60 66 6
- Beschwerde 60 78 2
- Betriebsrat 210 40 4
- Gleichheitssatz 10 3 13
- Mahnverfahren 60 46 a 25
- Nichtzulassungsbeschwerde 60 72 a 21
- Rechtsweg 60 48 3

- Revisionseinlegung 60 74 8
- Verjährung (Hemmung) 230 225 12
- Zwangsvollstreckung 60 62 7

Prozeßstandschaft
- Beschlußverfahren 60 81 11
- Betriebsrat 210 112 46
- gewillkürte (Prozeßführungsbefugnis) 60 10 21
- gewillkürte (Rechtsweg) 60 3 9
- Prozeßführungsbefugnis 60 10 20
- Rechtsweg 60 3 8
- Tarifvertrag 600 4 36

Prozeßverschleppung
- Richterablehnung 60 49 21

Prozeßverwirkung
- siehe auch Verwirkung
- Kündigungsschutzklage 430 7 5

Prozeßvollmacht
- siehe auch Prozeßbevollmächtigter
- Einspruch 60 59 23
- Kündigungserklärung 230 620 179
- Prokura 390 48 7
- Verbandsvertreter 60 11 18
- Versäumnisurteil 60 59 14

Prüfungsausschuß
- Abschlußprüfung 150 36 1
- Berufung 150 37 4
- Verfahren 150 38 1
- Zusammensetzung 150 37 1

Psychologischer Test
- Einstellung 230 611 424
- Persönlichkeitsrecht 10 2 94

Punktetabelle
- Abwägungshilfe 430 1 506
- Auswahlrichtlinie (Abs. 4) 430 1 530
- Auswahlrichtlinie (BetrVG) 210 95 15
- gerichtliches 430 1 467

Qualifikation
- Betriebsübergang 230 613 a 26
- Ungleichbehandlung 180 2 38

Qualitätszirkel
- Mitbestimmung 210 96 7

Quartal
- Kündigungsfrist (Änderung) 230 622 97

Quittung
- Arbeitsvergütung 230 611 603

Quote
- Arbeitskampf 10 9 251
- Frauenförderung (Zulässigkeit) 10 3 93
- starre 230 611 a 18

Rabatt
- siehe auch Personalrabatt
- Provision 390 87 b 5

Radio
- Mitbestimmung 210 87 19

Rahmeninteressenausgleich 210 112 4
Rahmensozialplan 210 112 15
Rangprinzip
- Rechtsquellen 230 611 302

Rationalisierungsmaßnahmen
- betriebsbedingte Kündigung 430 1 416
- Sperrzeit 540 144 19

Raucher
- Beschwerde 210 84 5
- Betriebsverfassung 210 75 10
- Beweislast 230 618 22
- Grundrechtskollision 10 2 123
- Jugendliche 420 31 20
- Medizinische Vorsorge und Rehabilitation 280 9 19
- Mitbestimmung 210 87 19

magere Zahlen = §§ bzw. Art.; kursive Zahlen = Randnummern

Sachverzeichnis

- Rauchverbot 10 2 *123*
- Schutzpflicht (Arbeitgeber) 230 618 *18*
- Verschulden (EntgeltfortzG) 280 3 *56*
- Wichtiger Grund 230 626 *97*

Reallohnbezogene Obergrenze
- Anpassungsverpflichtung 200 16 *32*

Rechenschaftspflicht
- Arbeitsverhältnis 230 611 *32*

Rechnungslegung
- Gewinnbeteiligung 230 611 *733*
- Verjährung (Unterbrechung) 230 225 *17*

Rechtfertigung
- Darlegungs- und Beweislast 230 626 *302*; 430 1 *328*
- mittelbare Diskriminierung 20 141 *18*; 230 611 a *16*

Rechtliches Gehör
- Einigungsstelle 210 76 *18*
- Nichtigkeitsklage 60 79 *8*
- Rechtsweg 60 48 *5*
- Zurückverweisung 60 68 *3*

Rechtsantragsstelle
- nachträgliche Klagezulassung 430 5 *8*

Rechtsanwalt
- *siehe auch Prozeßbevollmächtigter*
- Arbeitnehmer 230 611 *103*
- arbeitnehmerähnliche Person 230 611 *139*; 600 12 a *4*
- Arbeits-/Dienstvertrag 230 611 *15*
- Arbeitsgerichtsbarkeit 60 5 *10*
- Assessor 60 11 *9*
- Beiordnung 60 11 a *4*
- Beschlußverfahren 60 80 *3*
- Beschwerde (Beschlußverfahren) 60 89 *4*
- Betriebsrat (Kosten) 210 40 *4*
- Betriebsrat (Sachverständige) 210 80 *32*
- Bürovorsteher 60 11 *9*
- Einigungsstelle (Vergütung) 210 76 a *4*
- Einigungsstellenbeisitzer 210 76 *9*
- Kosten (Beteiligter) 210 40 *19*
- Kostenerstattung 60 12 a *5*
- Kündigungserklärung 430 4 *32*
- Mandantenschutzklausel 390 74 *5*
- nachträgliche Klagezulassung 430 5 *5*
- Nichtzulassungsbeschwerde (Beschlußverfahren) 60 92 a *2*
- Prozeßvertretung 60 11 *8*
- Rechtsbeschwerdeverfahren 60 92 *3*
- Referendar 60 11 *9*
- Revisionsbegründung 60 74 *14*
- Stationsreferendar 60 11 *9*
- Syndikusanwalt (Prozeßvertretung) 60 11 *8*
- Untervollmacht 60 11 *9*
- Versäumnisurteil 60 59 *17*
- Zustimmungserklärung (Sprungrevision) 60 76 *4*

Rechtsauskunft
- *siehe auch Rechtsrat*
- Ausschlußfrist 600 4 *108*
- Betriebsrat 210 80 *7*

Rechtsbeistand
- Kostenerstattung 60 12 a *5*
- Prozeßvertretung 60 11 *5*

Rechtsberatung
- Koalition 10 9 *36*
- Nebenpflicht 230 611 *902*

Rechtsbeschwerde
- absolute Revisionsgründe 60 93 *1*
- Begründung 60 94 *2*
- Begründungsfrist 60 94 *2*
- Beschlußverfahren (Insolvenz) 410 126 *11*
- Bindung (Zulassung) 60 92 *2*
- Divergenz 60 92 *2*

- Frist 60 94 *1*
- grundsätzliche Bedeutung 60 92 *2*
- neuer Tatsachenvortrag 60 96 *1*
- Rücknahme 60 94 *5*
- Schrift 60 94 *1*
- Verfahrensfehler/-mängel 60 93 *1*
- Vertretungszwang 60 95 *1*
- Verwerfung 60 94 *4*
- Zulassung 60 92 *1*

Rechtsfortbildung
- Großer Senat 60 45 *6*
- Grundrechte 10 Einl. *44*

Rechtshängigkeit
- Beschlußverfahren 60 80 *2*
- Rechtsweg 60 48 *6*

Rechtshilfe
- Grundsätze 60 13 *1*
- Öffentlichkeit 60 52 *5*
- Versäumnisurteil 60 59 *2*
- Vorsitzender 60 53 *8*

Rechtsirrtum
- Arbeitnehmerbegriff 230 611 *123*
- Darlegungs- und Beweislast 230 626 *304*
- Gleichbehandlungsgebot (BeschFG) 180 2 *68*
- Gleichbehandlungsgrundsatz 230 611 *837*
- Kündigungsgrund 430 1 *292*
- Schadenersatz (außerordentliche Kündigung) 230 628 *53*

Rechtskonsolotent
- Prozeßvertretung 60 11 *5*

Rechtskraft
- *siehe auch Präklusion*
- Auflösungsurteil 430 9 *2*
- Beschlußverfahren 60 84 *3*
- Beschwerde (Beschlußverfahren) 60 91 *3*
- Betriebsratsmitglied (Kündigung) 210 103 *14*
- Betriebsübergang 230 613 a *163*
- Einspruch 60 59 *27*
- Insolvenzsicherung (BetrAVG) 200 7 *2*
- Mahnantrag 60 46 a *12*
- Nichtzulassungsbeschwerde 60 72 a *31*
- Tariffähigkeit/-zuständigkeit 60 97 *3*
- Verbandsklage 600 9 *29*
- Verweisungsbeschluß 60 48 *8*

Rechtsmißbrauch
- Arbeitsunfähigkeit 280 3 *8*
- Ausschlußfristen 230 225 *66*
- Befristung 230 620 *82*
- Druckkündigung 430 1 *282*
- Geschlechtsdiskriminierung (Bewerbung) 230 611 a *36*
- Insolvenzsicherung (BetrAVG) 200 7 *64*
- Kopplungsgeschäfte (BetrVG) 210 74 Einl. *38*
- Kündigungserklärungsfrist 230 626 *284*
- Mankovereinbarung 230 611 *1067*
- Richterablehnung 60 49 *21*
- Schriftform 230 127 *46*
- Schriftform (623 BGB) 230 623 *31*
- Tarifvertrag 600 4 *93*
- Überzahlung 230 611 *619*
- Urlaub 250 1 *26*
- Verjährung 230 225 *25*
- Zugangsvereitelung 430 4 *42*

Rechtsmittelbelehrung
- Anschlußberufung 60 9 *33*
- Anschlußrevision 60 9 *33*
- Berufung 60 9 *29*
- Berufungsfrist 60 66 *9*
- Beschlußverfahren 60 84 *3*
- Beschwerde 60 78 *11*
- Beschwerde (Beschlußverfahren) 60 9 *29*
- fehlende/fehlerhafte 60 9 *36*

2683

Sachverzeichnis

Fette Zahlen = Kennziffern

- Form/Inhalt 60 9 *34*
- Hauptfürsorgestelle 530 18 *2*
- Heilung 60 9 *39*
- Kostenniederschlagung 60 9 *40*
- Mahnbescheid 60 9 *30*
- Nichtzulassungsbeschwerde 60 9 *31*
- Rechtsmittelzulassung 60 9 *36*
- Revision 60 9 *29*
- Revisionsfrist 60 74 *11*
- Revisionszulassung 60 72 *20*
- Schlichtungsausschuß 60 9 *34*
- Sprungrevision 60 9 *32*
- Unterschrift 60 9 *34*
- Urteilsverkündung 60 9 *38*
- Versäumnisurteil 60 9 *30*
- Vollstreckungsbescheid 60 9 *30*
- Wiedereinsetzungsantrag 60 9 *37*

Rechtsmittelstreitwert 60 12 *15*

Rechtsnachfolge
- *siehe auch Betriebsübergang*
- Arbeitsgerichtsbarkeit 60 3 *3*
- Ausschlußfrist 230 225 *68*

Rechtspfleger
- Arbeitsgerichte 60 9 *24*
- Mahnantrag 60 46 a *10*
- Vollstreckungsbescheid 60 46 a *19*

Rechtsprechung
- Gleichheitssatz 10 Einl. *32*; 2 *20*; 3 *18*
- Gleichheitssatz (Verstoß) 10 3 *53*
- Grundrechte 10 Einl. *12*
- Grundrechtsprüfung 10 Einl. *44*
- Körperliche Unversehrtheit (Schutzpflicht) 10 2 *113*
- Persönlichkeitsrecht 10 2 *69*
- Pressefreiheit 10 5 *49*
- Rundfunkfreiheit 10 5 *97*
- Schutzpflicht 10 2 *30*
- Strukturelle Unterlegenheit 10 2 *34*
- Übermaßverbot 10 Einl. *28*
- Verfassungsbeschwerde 10 Einl. *84*
- verfassungsgeleitete Auslegung 10 Einl. *80*
- verfassungskonforme Auslegung 10 Einl. *81*
- Verfassungsmäßige Ordnung 10 2 *19*
- Vertrauensschutz 10 3 *19*

Rechtsquelle
- Arbeitsvertrag 230 611 *270*
- Ausschlußfrist (Reichweite) 600 4 *95*
- Betriebliche Übung 230 611 *276*
- Betriebsvereinbarung 230 611 *267*
- Europäische Menschenrechtskonvention 230 611 *246*
- Europäische Sozialcharta 230 611 *246*
- Gemeinschaftsrecht 230 611 *248*
- Gesamtzusage 230 611 *273*
- Gesetz 230 611 *257*
- Grundsätze 230 611 *246*
- Internationale Arbeitsorganisation 230 611 *247*
- Internationaler Pakt über wirtschaftliche, soziale und kulturelle Rechte 230 611 *246*
- Rechtsverordnung 230 611 *263*
- Satzung 230 611 *265*
- Tarifvertrag 230 611 *266*
- Verfassung 230 611 *256*
- Verhältnis zueinander 230 611 *301*
- Völkerrecht 230 611 *246*

Rechtsrat
- *siehe auch Rechtsauskunft*
- Auflösungsverschulden 230 628 *115*
- nachträgliche Klagezulassung 430 5 *7*

Rechtssatz
- Divergenzbeschwerde 60 72 a *15*

Rechtsschein
- Tarifbindung 600 3 *8*

Rechtsschutzinteresse
- Arbeitspflicht (Durchsetzung) 230 611 *980*
- Beschlußverfahren 60 81 *8*
- Betriebsratsausschluß 210 23 *9*
- Einigungsstelle (Einsetzung) 60 98 *2*
- Einwirkungspflicht 600 1 *69*
- Kündigungsschutzprozeß 430 4 *88*
- Mahnverfahren 60 46 a *2*
- Rechtsbeschwerde 60 96 *1*
- Schulungsveranstaltung 210 37 *28*
- Tarifzuständigkeit/-fähigkeit 60 97 *3*

Rechtsschutzstelle
- nachträgliche Klagezulassung 430 5 *8*

Rechtsschutzversicherung
- Kostenerstattung 60 12 a *16*

Rechtssicherheit
- Gemeinschaftsrecht 20 Vorb. *3*

Rechtsstaatsprinzip
- Tarifvertrag 600 1 *147*

Rechtsverordnung
- Baugewerbe 30 1 *5*
- Rechtsquelle 230 611 *263*
- Tarifvertrag 600 1 *131*

Rechtswahl
- Arbeitsort 290 34 *7*
- Betriebssitz 290 34 *8*
- Einschränkungen 290 34 *13*
- Entsendung 290 34 *9*
- Grenzarbeitnehmer 290 34 *14*
- Internationales Arbeitsrecht (Grundsätze) 230 611 *211*
- nachträgliche 290 34 *5*
- Niederlassung 290 34 *11*
- objektive Anknüpfung 290 34 *7*
- Staatsangehörigkeit 290 34 *15*
- Tarifvertrag 290 34 *6*
- zweites Arbeitsverhältnis 290 34 *10*

Rechtswahlfreiheit
- *siehe auch Ausland*
- *siehe auch Internationales Arbeitsrecht*
- Voraussetzungen 290 34 *4*

Rechtsweg
- *siehe auch Beschlußverfahren (Zuständigkeit)*
- *siehe auch Urteilsverfahren (Zuständigkeit)*
- Aufrechnung 230 611 *668*
- Berufungsinstanz 60 65 *2*
- Bindungswirkung 340 17 *a*
- Einfirmenvertreter 390 92 a *2*
- Entscheidung 340 *17*
- Kosten 60 48 *10*
- Meistbegünstigung (Berufungsverfahren) 60 65 *10*
- Prüfung 60 2 *5*
- Schadenersatz (Datenverarbeitung) 160 7 *1*
- sofortige Beschwerde 60 78 *3*
- sofortige Beschwerde (BAG) 60 70 *5*
- Verbandsklage 600 9 *17*
- Verfahren 60 48 *3*
- Verweisungsbeschluß 340 17 *b*
- weitere sofortige Beschwerde 60 48 *13*
- Zurückverweisung (Beschlußverfahren) 60 88 *1*

Redakteure
- arbeitnehmerähnliche Person 230 611 *139*
- Pressefreiheit 10 5 *59*
- Tendenzloyalität 10 5 *75*
- Tendenzträger 210 118 *20*
- Unabhängigkeit 10 5 *50*

Redaktionsgeheimnis
- Pressefreiheit 10 5 *54*

2684

magere Zahlen = §§ bzw. Art.; kursive Zahlen = Randnummern

Sachverzeichnis

Redaktionsrichtlinien
- Pressefreiheit 10 5 *76*

Redaktionsstatut
- freiwilliges 10 5 *81*
- Pressefreiheit 10 5 *76*
- Rechtsweg 60 48 *5*

Redaktionsversehen
- Tarifvertragsauslegung 600 1 *16*

Reeder
- Haftungsausschluß 570 107 *1*
- Unfallversicherung 570 *3*

Referendar
- *siehe auch Stationsreferendar*
- Arbeitnehmer 230 611 *103*
- Arbeitsgerichte 60 9 *21*
- Freizügigkeit 20 39 *6*
- Güteverhandlung 60 54 *7*
- Prozeßvertretung 60 11 *9*
- Urkundsbeamte 60 9 *21*

Regaleinrichter
- Arbeitnehmer 230 611 *119*

Regelbeispiel
- Eingruppierung 600 1 *17*

Regelungsabrede
- Arbeitsvertrag (Verhältnis) 210 77 *109*
- Aufhebungsvertrag 210 77 *113*
- bedingte 210 77 *46*
- befristete 210 77 *46*
- Begriff 210 77 *26*
- Betriebsänderung 210 77 *48*
- Betriebsratsuntergang 210 77 *135*
- Betriebsübergang (Weitergeltung) 230 613 a *100*
- Einigungsstelle 210 77 *30*
- Grundrechtsbindung 10 Einl. *59*
- Inhalt 210 77 *32*
- Interessenausgleich 210 77 *48*; *112 9*
- Klagebefugnis 10 9 *73*; 210 23 *34*; 600 4 *39*
- Kündigung 210 77 *130*
- Kündigung (Zustimmung) 210 102 *42*
- Kurzarbeit 230 611 *946*
- Nachwirkung 210 77 *130*
- Öffnungsklausel 210 77 *74*
- Sprecherausschuß 590 28 *2*
- Sprecherausschuß (Anhörung) 590 2 *4*
- Standortsicherungsvertrag 210 77 *33*
- Tarifvertrag 210 77 *71*
- tarifwidrige 210 77 *50*
- Überwachung 210 80 *5*
- Umwandlung (Betriebsvereinbarung) 210 77 *38*

Regelungslücke
- verfassungskonforme Auslegung 10 2 *31*

Regieassistent
- Arbeitnehmer 230 611 *113*

Regiebetrieb
- Betriebsverfassung 210 126 *3*

Regisseur
- Arbeitnehmer 230 611 *113*
- Befristungsgrund 230 620 *116*

Registergericht
- neutrales Mitglied (Montan-MitbestG) 490 11 *2*

Regreß
- Haftungsausschluß (SGB VII) 570 110 *3*
- Verjährung (SGB VII) 570 *113*

Rehabilitation
- Anzeigepflicht 280 9 *33*
- Krankengeld 550 44 *11*
- medizinische (EntgeltfortzG) 280 9 *8*
- Nachweispflicht 280 9 *35*
- Sonderzuwendung 280 9 *28*
- Tarifvertrag (Abdingbarkeit) 250 13 *44*
- Urlaub 250 10 *1, 17 f.*
- Urlaubsanrechnung 280 9 *27*
- Urlaubsgewährung 250 7 *35*

Rehabilitationszentrum
- Arbeitnehmerbegriff 210 5 *10*

Reinigungsarbeiten
- Sonn-/Feiertagsarbeit 110 10 *19*

Reinigungsdienst
- Betriebsübergang 230 613 a *28*

Reinigungskraft
- Arbeitnehmer 230 611 *97*

Reisebedarf
- Begriff (LadSchlG) 440 2 *2*
- Tankstelle 440 6 *2*

Reisebegleiter
- Internationales Arbeitsrecht 290 34 *11*

Reisekosten
- *siehe Fahrtkosten*
- Kostenerstattung 60 12 a *6*

Reisezeit
- Arbeitszeit 110 2 *33*

Religion
- *siehe auch Glaubensfreiheit*
- Datenerhebung 160 28 *9*
- Datenschutz 160 27 *1*
- Diskriminierungsverbot 10 3 *76*
- Fragerecht 230 611 *386*

Rentenreformgesetz 1999
- Ruhegeld (Auswirkungen) 200 Einl. *9*

Rentenversicherung
- Abfindung (Versorgungsanwartschaften) 200 3 *18*
- Altersteilzeit 130 3 *8*
- Anrechnungsverbot (Ausland) 200 5 *25*
- Anrechnungsverbot (Schwerbehinderte) 530 45 *3*
- Arbeitnehmerüberlassung 140 Einl. *66*
- Berufsausbildungsverhältnis 150 3 *8*
- Erstattungspflicht (Wettbewerbsverbot) 390 74 c *13*
- Geringfügig Beschäftigte 545 8 *27*
- Nachversicherung (Urteilsverfahren) 60 2 *28*
- Nachweis (Geringfügig Beschäftigte) 510 2 *23*
- nachwirkender Tarifvertrag 600 4 *84*
- Pflichtversicherung (Grundrechte) 10 2 *24*
- Versorgungsanwartschaftshöhe 200 2 *71*
- Zuschußpflicht 230 611 *903*

Rentnerfirmen 200 4 *17*

Repetitor
- arbeitnehmerähnliche Person 230 611 *139*

Resozialisierung
- Persönlichkeitsrecht 10 2 *49*

Restaurant
- Betriebsübergang 230 613 a *27*
- Betriebsübergang (Ähnlichkeit der Tätigkeit) 230 613 a *33*
- Betriebsübergang (Unterbrechung) 230 613 a *36*

Restitutionsklage 60 79 *10*

Restmandat
- *siehe auch Übergangsmandat*
- Betriebsrat 210 21 *6*
- Betriebsübergang 230 613 a *110*
- Kosten (Übernahme durch Arbeitgeber) 210 40 *1*

Revision
- Anschlußrevision 60 74 *34*
- Antrag 60 74 *19*
- Aufklärungsrüge 60 73 *21*
- Begründung/-sfrist 60 74 *14*
- Beweisrüge 60 73 *22*
- Einlegung 60 74 *2*
- Ermessen 60 73 *14*
- Frist 60 74 *11*
- Klageänderung 60 74 *20*
- Meistbegünstigung 60 72 *7*
- neue Tatsachen 60 73 *3*

2685

Sachverzeichnis

Fette Zahlen = Kennziffern

- Prozeßvergleich 60 73 *19*
- Prozeßvoraussetzungen (Streit) 60 10 *22*
- Rechtsänderung 60 73 *4*
- Rechtsmittelbelehrung 60 9 *29*
- Rechtsmittelbelehrung (fehlerhafte) 60 9 *36*
- Rechtsverletzung 60 73 *5*
- Revisionsbeschwerde 60 77 *1*
- Revisionsgründe (absolute) 60 73 *24*
- Revisionsschrift 60 74 *4*
- Revisionsurteil 60 75 *6*
- Rücknahme 60 74 *32*
- schriftliches Verfahren 60 75 *2*
- Schwerbehindertenanerkennung 60 73 *4*
- Tarifvertrag (LAG-Bezirk) 600 9 *27*
- Terminsbestimmung 60 74 *28*
- typischer Arbeitsvertrag 230 611 *273*
- Urteil 60 75 *2*
- Verfahrensfehler 60 73 *20*
- Verjährung 230 225 *2, 5*
- Verkündungstermin 60 75 *2*
- Verspätung (Überprüfung) 60 67 *14*
- Verwerfung 60 74 *29*
- Verzicht 60 74 *32*
- Vorbehaltsurteil 60 72 *4*
- Wichtiger Grund 230 626 *309*
- Wiederaufnahmegründe 60 73 *4*
- Zulassung (Grundsätze) 60 72 *3*
- Zustellung 60 50 *3*
- Zustimmungserklärung (Sprungrevision) 60 76 *3*
- Zweites Versäumnisurteil 60 72 *6*
- Zwischenurteil 60 72 *4*

Revisionszulassung
- Entscheidungsgründe (Beschränkung) 60 72 *23*
- Tenor (Aufnahme) 60 72 *22*

Revue
- Tendenzbetrieb 210 118 *14*

Rhetorik
- Schulungs-/Bildungsveranstaltung 210 37 *17*

Richter
- Aussagegenehmigung 60 58 *15*
- Erziehungsgeld 170 2 *3*

Richter auf Probe
- Vorsitzender 60 18

Richter kraft Auftrag
- Vorsitzender 60 18

Richterablehnung
- Berufung 60 64 *23*
- Beschlußverfahren 60 80 *3*
- Entscheidung (Kammer) 60 49 *27*
- Gründe 60 49 *5*
- Nichtigkeitsklage 60 79 *7*
- Rechtsmißbrauch 60 49 *21*
- Rechtsmittel 60 49 *28*
- Revisionsgrund 60 73 *26*
- Selbstablehnung 60 49 *22*
- Streitwert 60 49 *30*
- Verfahren 60 49 *14*
- Verfassungsbeschwerde 60 49 *28*
- Wiederaufnahmegrund 60 49 *24*
- Zurückverweisung 60 49 *24*

Richterrecht
- Arbeitskampf 10 9 *92*
- Betriebsverfassung 210 75 *5*
- Internationales Arbeitsrecht 290 34 *15*
- Rechtsquelle 230 611 *298*
- soziale Angelegenheiten 210 87 *11*
- Tarifvertrag (Inhalt) 600 1 *160*

Richtervorlage 10 Einl. *82*

Richtigkeitsgewähr
- Bezugnahme auf Tarifvertrag 600 3 *46*
- Tarifvertrag 10 9 *65*; 600 2 *10*
- Tarifvertrag (Gleichheitssatz) 10 3 *27*

Richtlinie
- Arbeitnehmerentsendung 30 1 *2*
- Arbeitnehmerentsendung (Text) 30 1 *7*
- Beendigung (SprAuG) 590 28 *29*
- Begriff 20 Vorb. *4*
- Begriff (SprAuG) 590 28 *13*
- Betriebsübergang (Überblick) 230 613 a *1*
- Freizügigkeit 20 39 *1*
- Gleichbehandlung 20 141 *25*
- öffentlicher Dienst 20 Vorb. *9*
- Rechtsquelle 230 611 *248*
- Sozialauswahl (KSchG) 430 1 *520*
- Staatshaftung 20 Vorb. *11*
- Wirkung 20 Vorb. *7*
- Zustandekommen (SprAuG) 590 28 *24*

Risikoschwangerschaft
- Mutterschutzlohn 500 11 *6*

Rohstoff
- Betriebsübergang 230 613 a *12*

Rosenmontag
- betriebliche Übung 230 611 *278*
- Urlaub 250 3 *33*

Rotes Kreuz
- Arbeitnehmer 230 611 *167*
- arbeitnehmerähnliche Person 230 611 *140*
- Arbeitnehmerbegriff (BetrVG) 210 5 *27*
- Arbeitnehmerüberlassung 140 1 *55*
- Arbeitsgerichtsbarkeit 60 5 *3*
- Pflichtplatzberechnung 530 12 *13*
- Tendenzbetrieb 210 118 *11*
- Wahlberechtigung 210 7 *4*

Routinevorsprung
- Sozialauswahl 430 1 *483*

Rubrum
- Beschluß 60 84 *2*

Rückdeckungsversicherung
- Insolvenzsicherung (BetrAVG) 200 7 *15*

Rückgruppierung
- korrigierende 600 1 *51*

Rücknahme
- Änderungskündigung 430 2 *73*
- Kündigung 230 620 *230*

Rücksichtnahme
- Nebenpflicht (Arbeitnehmer) 230 611 *992*

Rücktritt
- Aufhebungsvertrag 230 620 *194*
- Vorvertrag 230 611 *338*
- Wettbewerbsverbot (nachvertragliches) 390 74 *49*

Rückwirkung
- Allgemeinverbindlichkeit 600 5 *18*
- Altersgrenze 560 41 *27*
- Ausschlußfristen 230 225 *48*
- betriebliche Altersversorgung 200 30 a *2*
- Betriebsverfassung 210 75 *5*
- Einigungsstelle 210 76 *27*
- Ruhegeld 200 Einl. *41*
- Ruhegeld (Teilzeitbeschäftigte) 20 141 *22*
- Tarifbindung 600 3 *23*
- Tariflohnerhöhung (Anrechnung) 210 87 *116*
- Tarifvertrag 600 4 *25*

Rückzahlungsklausel
- *siehe auch Ausbildungskosten*
- Ausbildungsvergütung (Übersicht) 230 611 *652*
- Ausschlußfrist 600 4 *98*
- Darlegungs- und Beweislast 230 611 *658*
- Kündigungserschwerung 230 622 *104*
- Sonderzuwendung 230 611 *808*
- Tarifvertrag 230 611 *653*; 600 1 *45*
- Teilnichtigkeit 230 611 *557*
- Überzahlung 230 611 *614*
- Umzugskosten 230 611 *642*
- Vertragsstrafe 230 345 *28*

magere Zahlen = §§ bzw. Art.; kursive Zahlen = Randnummern

Sachverzeichnis

Rückzahlungsklauseln
- Berufsfreiheit 10 12 *32*

Rufbereitschaft
- Abrufarbeit (Abgrenzung) 180 4 *15*
- Arbeitnehmerbegriff 230 611 *85*
- Begriff 230 611 *956*
- Begriff (ArbZG) 110 2 *53*
- Jugendliche 420 4 *3*
- Mitbestimmung 210 87 *29*
- Ruhezeit 110 5 *3*
- Ruhezeit (Abweichung) 110 15 *6*
- Sonn-/Feiertagsarbeit 110 9 *1*
- Tarifvertrag (Abweichung) 110 7 *13*
- Urlaubsentgelt 250 11 *14*
- Vergütung 230 611 *956*

Rufschädigung
- Wichtiger Grund 230 626 *144*

Ruhegeld
- *siehe auch Anpassung (BetrAVG)*
- *siehe auch Direktversicherung*
- *siehe auch Insolvenzsicherung (BetrAVG)*
- *siehe auch Pensionskasse*
- *siehe auch Unterstützungskasse*
- *siehe auch Versorgungsanwartschaft*
- *siehe auch Versorgungszusage*
- Abfindung 200 1 *6*
- Abfindung (BetrAVG) 200 3 *8*
- Altersgrenze 200 1 *7*
- Altersgrenzen (Gemeinschaftsrecht) 200 Einl. *40*
- Altersrente (Wegfall) 200 6 *34*
- Altersteilzeit 130 3 *10*
- Anpassung 200 16 *7*
- Anrechnungsverbot 200 5 *12*
- Arbeitsunfähigkeit 200 1 *8*
- Auflösungsurteil 430 10 *10*
- Aufrechnung 230 611 *664*
- Ausgleichsquittung 230 611 *605*
- Ausgleichsquittung (Auslegung) 230 611 *606*
- Ausschlußfrist 600 4 *97*
- Ausschlußfristen 230 225 *46*
- Ausstrahlung 200 Einl. *44*
- Auszehrungsverbot 200 5 *4*
- Berechnung (vorzeitige Inanspruchnahme) 200 6 *25*
- Betriebsstillegung (Übertragung) 200 4 *17*
- Betriebstreue 200 Einl. *11*
- Betriebsübergang 230 613 a *69*
- Bezeichnung (Bedeutung) 200 1 *4*
- Billigkeitskontrolle (Ermessensleistungen) 230 611 *575*
- Diskriminierung (Entgeltgleichheit) 200 Einl. *37*
- Diskriminierung (Freizügigkeit) 20 39 *43*
- Ehedauer 200 2 *7*
- Eigentumsschutz 10 14 *22*
- Eigenvorsorge (Abgrenzung) 200 1 *13*
- Entreicherung 230 611 *614*
- Familie 200 1 *10*
- Gegenleistung 200 Einl. *11*
- Gehaltsumwandlung 200 1 *13*
- gemeinsame Einrichtung (Günstigkeitsvergleich) 600 4 *70*
- Gemeinschaftsrecht 20 141 *3*; 200 30 a *3*
- Gemeinschaftsrecht (Protokoll zu Art. 119 EGV) 20 141 *22*
- Geringfügig Beschäftigte 545 8 *4*
- Geschlechtsdiskriminierung 230 612 *59*
- Gewinnbeteiligung 200 1 *6*
- Gleichbehandlungsgebot (BeschFG) 180 2 *53, 58*
- Haupternährerklausel 200 1 *9*
- Höchstbegrenzungsklausel 200 6 *33*
- Inhaltskontrolle 230 611 *554, 556*
- Insolvenzsicherung (Ausland) 200 Einl. *46*
- Insolvenzsicherung (BetrAVG) 200 7 *6*
- Invalidität 200 1 *6*
- Karenzentschädigung 390 74 *7*
- Lebensalter 200 1 *6*
- Leibrente 200 1 *6*
- Minderjährige 230 113 *8*
- Mindestdauerklausel 200 1 *9*
- Mitbestimmung 210 87 *97*
- mittelbare Diskriminierung 200 30 a *4*
- Nachweispflicht 510 2 *16*
- öffentlicher Dienst 200 18 *1*
- persönlicher Geltungsbereich 200 17 *2*
- Rentenreformgesetz 1999 200 Einl. *9*
- Rentnerfirmen 200 4 *17*
- Rückwirkung (Gemeinschaftsrecht) 200 Einl. *41*
- Schadenersatz (Auflösungsverschulden) 230 628 *96*
- Scheidung 200 2 *7*
- Schenkung 200 1 *6*
- Selbstmord 200 2 *7*
- Sparplan 200 1 *6*
- Spätehenklausel 200 1 *9*
- Sprecherausschuß 590 28 *4*
- Tantieme 200 1 *6*
- Teilzeit (mittelbare Diskriminierung) 20 141 *22*
- Teilzeitarbeit 180 2 *46*
- Todesfall 200 1 *6*
- Treupflichtverletzung (Widerruf) 200 Einl. *29*
- Überversorgung (Widerruf) 200 Einl. *35*
- Urteilsverfahren 60 2 *31*
- Verjährung 200 30 a *15*; 230 225 *5*
- Versorgungszweck 200 1 *6*
- vorzeitige Inanspruchnahme 200 6 *3*
- Wehr-/Ersatzdienst 80 14 b *1*
- Wettbewerbsverstoß 390 74 *51*
- Widerruf 200 Einl. *28*
- Widerruf (Vorbehalt) 200 Einl. *36*
- Wiedereinstellung (MuSchG) 500 10 *5*
- Wiederverheiratungsklausel 200 1 *9*
- wirtschaftliche Notlage (Widerruf) 200 Einl. *34*

Ruhen
- Arbeitslosengeld 540 143 *3*
- Arbeitslosengeld (Entlassungsentschädigung) 540 143 a *21*
- Arbeitsverhältnis (Sozialauswahl) 430 1 *476*
- Krankengeld (Begriff) 550 49 *3*

Ruhendes Arbeitsverhältnis
- Erziehungsurlaub 170 15 *26*

Ruhepause
- *siehe auch Pausen*
- Begriff 110 4 *1*
- Beschäftigung 110 4 *8*
- Dauer 110 4 *4*
- Jugendliche 110 4 *10*; 420 11 *2*
- Lage 110 4 *6*
- Mitbestimmung 110 4 *12*

Ruhezeit
- Arbeitnehmerentsendung 30 *7*
- Arbeitsbereitschaft 110 5 *3*
- Ausgleichszeitraum 110 5 *7*
- Begriff 110 5 *1*
- Bereitschaftsdienst 110 5 *13*
- besondere Gewerbe 110 5 *8*
- Jugendliche 110 5 *16*; 420 13 *2*
- Jugendliche (Tarifvertrag) 420 21 a *5*
- Kraftfahrer 110 5 *14*
- Mitbestimmung 110 5 *18*
- Notfall 110 14 *1*
- Pflegeeinrichtung 110 5 *8*
- Rufbereitschaft 110 5 *3*
- Tarifvertrag (Abweichung) 110 5 *17*; 7 *9*
- Verkürzung 110 5 *5*

Sachverzeichnis

Fette Zahlen = Kennziffern

Rundfunk
- siehe auch Fernsehen
- siehe auch Journalist
- siehe auch Medien
- siehe auch Pressefreiheit
- siehe auch Redakteur
- Abwehrrecht 10 5 96
- allgemeine Gesetze 10 5 100
- Arbeitnehmer 230 611 110
- Arbeitnehmerbegriff 10 5 103
- Arbeitskampf 10 5 108
- Befristungsgrund 230 620 116
- Beschäftigungsverhältnis 545 7 12
- Direktionsrecht 10 5 105
- Einschränkbarkeit 10 5 98
- Finanzierung 10 5 93
- Gestaltungsfreiraum 10 5 97
- Gründung 10 5 92
- Inhalt 10 5 90
- Kinderarbeit 420 6 5
- Mitbestimmung 10 5 106
- Programmfreiheit 10 5 101
- Programmgestaltender Mitarbeiter 10 5 104
- Richterrecht 10 5 89
- Ruhezeit 110 5 12
- Schutzpflicht 10 5 97
- Tarifvertrag 10 5 107
- Tendenzbetrieb 210 118 15

Sachbezüge
- siehe auch Naturalvergütung
- Annahmeverzug 230 615 78
- Entgeltfortzahlung 280 4 25
- Erziehungsurlaub 170 15 33
- Karenzentschädigung 390 74 31
- Karenzentschädigung (Berechnung) 390 74 b 9
- Mitbestimmung 210 87 97
- Mutterschutzlohn 500 11 9
- Sprecherausschuß 590 28 4
- Urlaubsgeld 250 11 19
- Wehrdienst 80 3 4

Sachgruppenvergleich
- siehe auch Günstigkeitsprinzip
- Tarifvertrag 600 4 66

Sachkunde
- Betriebsübergang 230 613 a 25

Sachlicher Grund
- siehe auch Widerspruchsrecht
- Befristung 230 620 39
- Befristungsdauer 230 620 41
- Betriebsübergang (Umgehungsgeschäft) 230 613 a 139
- Gleichbehandlungsgrundsatz 230 611 853

Sachschaden
- Arbeitskollege 230 611 1050
- Haftungsausschluß 570 104 24
- Leiharbeitnehmer 140 Einl. 47

Sachverständige
- Ablehnung 60 49 4, 16
- Aufsichtsrat 50 109 5
- Beschwerde (Ablehnung) 60 49 28
- Beschwerde (Entschädigung) 60 58 27
- Beschwerde (Ordnungsmittel) 60 78 2
- Betriebsrat (Hinzuziehung) 210 80 31
- Betriebsrat (Vorschuß) 210 40 14
- Betriebsversammlung 210 80 33
- Betriebsversammlung (Teilnahme) 210 42 4
- Beweismittel 60 58 23
- Einigungsstelle 210 76 17
- Einigungsstelle (Wirtschaftsausschuß) 210 109 4
- Entschädigung 60 9 27
- Gesamtbetriebsrat 210 51 8
- Güteverhandlung 60 54 8
- Restitutionsklage 60 79 13
- sachverständiger Zeuge 60 58 23
- sofortige Beschwerde (Befangenheit) 60 78 3
- Sozialplan 210 112 38
- ungebührliches Verhalten 340 178
- Vernehmung (Ablehnung) 60 49 10
- Verschwiegenheit (BetrVG) 210 79 11
- vorbereitende Ladung 60 56 9
- Wirtschaftsausschuß 210 108 8

Saisonarbeit
- Arbeitszeit 110 15 4
- Befristung 230 620 11
- Befristungsgrund 230 620 125
- Begriff 430 23 3
- Betrieb (BetrVG) 210 4 3
- Betriebsrat (Mitgliederzahl) 210 9 2
- Betriebsratsfähigkeit 210 1 13
- Einstellungsanspruch 230 611 447
- Massenentlassung 430 22 1

Saisonbetrieb
- Betriebsübergang 230 613 a 36

Samstagsarbeit
- Binnenschiffahrt (Jugendliche) 420 20 4
- Jugendliche 420 16 2
- Jugendliche (Tarifvertrag) 420 21 a 7
- Jugendliche (Verordnungsermächtigung) 420 21 b 2
- Teilzeitarbeit 180 2 47

Sanierung
- Änderungskündigung 430 2 65
- Betriebsübergang 230 613 a 149

Satzung
- Arbeitsdirektor 490 13 10
- Aufsichtsrat (AktG) 50 107 2
- Aufsichtsrat (MitbestG) 470 25 6
- Rechtsquelle 230 611 265
- Revision 60 73 9
- Unternehmensmitbestimmung (Erweiterung) 220 Einl. 7
- Untersuchungsgrundsatz 60 46 15

Schadenersatz
- Andere Erwerbstätigkeit 250 8 13
- Anfechtung 230 611 509
- Arbeitskampf (Urteilsverfahren) 60 2 18
- Arbeitslosengeld 540 143 4
- Arbeitslosengeld (Anrechnung) 540 143 a 4
- Arbeitsschutz (BGB) 230 618 36
- Auflösungsurteil 430 10 21
- Aufrechnung 230 611 662
- Aufsichtsrat 50 110 21
- Aufsichtsratsmitglied 50 116 13
- Ausschlußfrist (unerlaubte Handlungen) 600 4 97
- Ausschlußfrist (Urlaub) 600 4 106
- Ausschlußfristen 230 225 44
- außerordentliche Kündigung (Begründung) 230 626 300
- außerordentliche Kündigung (Grundsätze) 230 628 41
- Berufsausbildung (vorzeitige Beendigung) 150 16 1
- Beschäftigungspflicht 230 615 110
- Besteuerung 230 628 106
- Beweiswürdigung (Kausalität) 60 58 54
- Datenverarbeitung 160 7 1
- Datenverarbeitung (Beweislast) 160 8 1
- Detektivkosten 230 611 989
- Dienstwagen 230 611 784
- Diskriminierungsverbot (BetrVG) 210 75 11
- Druckkündigung 430 1 286
- ehrenamtliche Richter 60 6 5

magere Zahlen = §§ bzw. Art.; kursive Zahlen = Randnummern

Sachverzeichnis

- Ehrschutz 230 611 *891*
- Einstellung 230 611 *334*
- Entschädigung (Urteil) 60 61 *13*
- Erziehungsurlaub 170 15 *24*
- Geringfügig Beschäftigte 545 8 *21*
- Geschlechtsdiskriminierung (Klagefrist) 60 61 b *2*
- geschlechtsneutrale Ausschreibung 230 611 b *4*
- Graphologisches Gutachten 230 611 *891*
- Handlungsvollmacht 390 54 *11*
- Handlungsvornahme (Urteil) 60 61 *9*
- Insolvenz 230 628 *108;* 410 113 *31*
- Insolvenzsicherung (BetrAVG) 200 7 *20*
- Kostenerstattung 60 12 a *9*
- Krankengeld (Ruhen) 550 49 *12*
- Leiharbeitnehmer 140 10 *38*
- Maßregelungsverbot 230 612 a *24*
- Nachweispflicht 510 Einl *9*
- Nebentätigkeit (Altersteilzeit) 130 8 *6*
- Nichtleistung 230 611 *985*
- Pauschalierung 230 628 *118*
- Personalakte 230 611 *891*
- Persönlichkeitsrecht 10 2 *74;* 230 611 *891*
- Presse 10 5 *69*
- Rückgriff 570 110 *2*
- Schätzung (Auflösungsverschulden) 230 628 *125*
- schuldrechtlicher Teil 600 1 *71*
- Schwangerschaft (unterlassene Mitteilung) 500 5 *1*
- sexuelle Belästigung 190 2 *13*
- Sexuelle Belästigung 230 611 *891*
- Sicherheitsüberprüfung 230 611 *892*
- Sozialversicherung 230 628 *107*
- Sperrzeit 540 144 *11*
- Sprecherausschuß 590 2 *18*
- Streik 10 9 *232*
- Telefon (heimliches Mithören) 230 611 *891*
- Übergewicht 230 611 *891*
- Überwachung 230 611 *891*
- Überzahlung 230 611 *617*
- Unfallversicherung 570 104 *25*
- ungerechtfertigte Kündigung 430 1 *23*
- Urlaubsanspruch 250 7 *61*
- Verfahrensaussetzung (SGB VII) 570 108 *5*
- Verschwiegenheit 230 611 *1004*
- Verschwiegenheit (BetrVG) 210 79 *19*
- Vertragsstrafe 230 345 *5;* 628 *119*
- Vertragsstrafe (Mindestschaden) 230 345 *40*
- Wettbewerbsverbot 390 61 *3*
- Wettbewerbsverbot (außerordentliche Kündigung) 390 60 *7*
- Zeugnis 230 630 *121*
- Zurückbehaltungsrecht 230 611 *974*

Schadensabwendung
- Nebenpflicht (Arbeitnehmer) 230 611 *1029*

Schadensfreiheitsrabatt
- Haftung 230 611 *1136*

Scheck
- Arbeitsvergütung 230 611 *599*
- Arbeitsverhältnis (Rechtsweg) 60 2 *23*

Scheidung
- betriebliche Altersversorgung 200 2 *7*
- Kündigungsgrund 430 1 *253*
- Wichtiger Grund 230 626 *188*

Scheingeschäft
- Arbeitsverhältnis 230 611 *427*
- Beschäftigungsverhältnis 545 7 *26*

Scheinkaufmann
- Prokura 390 48 *1*

Scheinselbständigkeit
- Arbeitnehmerbegriff (Abgrenzung) 230 611 *119*
- Arbeitnehmerüberlassung 140 1 *52*

- Beschäftigungsverhältnis 545 7 *39*
- betriebliche Altersversorgung 200 17 *5*

Scheinurteil
- Unterschrift 60 60 *10*
- Wiederaufnahme 60 79 *4*

Schenkung
- Ruhegeld 200 1 *6*

Schichtarbeit
- Änderungskündigung 430 2 *61*
- Arbeitskampf 10 9 *205*
- Aufsichtsbehörde 110 15 *1*
- Betriebsversammlung 210 44 *3*
- Binnenschiffahrt (Jugendliche) 420 20 *3*
- Direktionsrecht 230 611 *939*
- Feiertagsvergütung 280 2 *22*
- Feiertagsvergütung (Tarifvertrag) 280 2 *37*
- Gestaltung 110 6 *1*
- Jugendliche 420 12 *3*
- Jugendliche (Tarifvertrag) 420 21 a *6*
- Jugendliche (Verordnungsermächtigung) 420 21 b *2*
- Mitbestimmung 110 6 *30;* 210 87 *28*
- Schichtplan (Bestimmungsrecht) 210 74 Einl. *11*
- Sonn-/Feiertagsarbeit 110 9 *5*
- Sonn-/Feiertagsarbeit (Abweichung) 110 12 *5*
- Tarifvertrag (Abweichung) 110 7 *8*
- Umsetzung (Nachtarbeit) 110 6 *15*
- Urlaubsdauer 250 3 *29*
- Zulage (Teilzeitarbeit) 180 2 *43*

Schickschuld
- Arbeitsvergütung 230 611 *600*

Schiebungsvertrag
- Verleiherlaubnis 140 3 *49*

Schiedsgericht
- Allgemeinverbindlichkeit 600 5 *20*
- Arbeitsgerichte 60 3 *1*
- Arbeitsgerichtsbarkeit 60 101 ff.
- Vorabentscheidungsverfahren 20 234 *16*

Schiedsklausel
- Arbeitsgerichte 60 3 *1*

Schiffahrtsvertreter 390 92 c

Schlafräume
- Arbeitsschutz 230 618 *24*

Schlägerei
- Entgeltfortzahlung 280 3 *60*

Schlechtleistung
- Arbeitskampf 10 9 *289*
- Begriff 230 611 *967*
- verhaltensbedingte Kündigung 430 1 *362*
- Wichtiger Grund 230 626 *145*

Schlechtwettergeld
- Betriebsratsmitglied 210 37 *8*

Schlepper
- Mindestlohn 30 1 *23*

Schlichtung
- Arbeitskampf 10 9 *315*
- Ausschuß (Klagefrist) 430 4 *7*
- Güteverhandlung 60 54 *3*

Schlichtungsausschuß
- Klagefrist 150 15 *11*
- Rechtsmittelbelehrung 60 9 *34*

Schlichtungsstelle
- Beschwerde 210 86 *1*
- Kirche 10 4 *57*
- Kündigungsschutz 430 15 *8*
- tarifliche 210 76 *33*
- Vorabentscheidungsverfahren 20 234 *17*
- Wirtschaftsausschuß 210 109 *4*

Schlüssel
- Hinweispflicht 230 611 *898*

Schmerzensgeld
- Arbeitsschutz 230 618 *38*

2689

Sachverzeichnis

Fette Zahlen = Kennziffern

- Persönlichkeitsrecht 10 2 77; 230 611 *1115*
- Presse 10 5 *69*
- sexuelle Belästigung 190 2 *13*

Schmiergeld
- *siehe auch Bestechlichkeit*
- Abmahnungserfordernis 430 1 *305*
- Grundsätze 230 611 *1007*
- Herausgabe 230 611 *32*
- verhaltensbedingte Kündigung 430 1 *363*
- Wichtiger Grund 230 626 *146*

Schmutzzulage
- Entgeltfortzahlung 280 4 *28*
- Teilzeitarbeit 180 2 *43*

Schneeverwehung
- Vergütungsfortzahlung 230 616 *5*

Schönheitsoperation
- Krankheit 280 3 *13*

Schonungszeit
- Vergütungsfortzahlung 230 616 *14*

Schreibmaschine
- Schriftform 230 127 *19*

Schriftform
- Abmahnung 230 626 *51*
- Abwicklungsvertrag 230 623 *14*
- Änderungsangebot 230 623 *26*
- Änderungskündigung 230 623 *7*
- Änderungsvertrag 230 623 *13*
- Anfechtung 230 623 *11*
- Anforderungen (623 BGB) 230 623 *26*
- Angebots-/Annahmeerklärung 230 127 *21*
- Arglist 230 127 *55*
- Aufhebung (gesetzliche) 230 127 *31*
- Aufhebung (rechtsgeschäftliche) 230 127 *37*
- Aufhebung (Tarifvertrag/Betriebsvereinbarung) 230 127 *32*
- Aufhebungsvertrag (623 BGB) 230 623 *12*
- Auflösende Bedingung 230 623 *17*
- Ausschlußfrist 600 4 *105*
- Auswahlrichtlinien 210 95 *5*
- Befristung (623 BGB) 230 623 *17*
- Befristung (Arzt) 25 3 *5*
- Befristung (BeschFG) 180 1 *30*
- Beglaubigungsvermerk 230 127 *19*; 623 *26*
- Berufsausbildungsvertrag 230 127 *26*
- Berufsbildung (§ 623 BGB) 230 630 *28*
- Berufung/-begründung (Einlegung) 230 127 *19*
- betriebliche Übung 230 611 *280*
- Betriebsvereinbarung 210 77 *24*; 230 127 *17*
- Betriebsvereinbarung (Rechtsfolge) 230 127 *30*
- Betriebsvereinbarung (Verhältnis/§ 623 BGB) 230 623 *23*
- Beweislast 230 127 *19*
- Beweislast (vereinbarte) 230 127 *45*
- Bezugnahme auf Tarifvertrag (623 BGB) 230 623 *19*
- Briefwechsel 230 127 *43*
- Darlegungs- und Beweislast (623 BGB) 230 623 *34*
- Darlegungs- und Beweislast (gesetzliche) 230 127 *24*
- deklaratorische 230 127 *27*
- Eingliederungsvertrag 230 623 *10*
- Einschreiben 230 127 *35*
- einseitige Rechtsgeschäfte 230 127 *14*
- Erfüllung 230 127 *59*
- Existenzgefährung 230 127 *56*
- Faksimile 230 127 *19*
- Freie Mitarbeit (§ 623 BGB) 230 623 *4*
- Fürsorgepflicht 230 127 *58*
- Gemeindeordnung 230 127 *5*
- Geringfügig Beschäftigte 545 8 *15*
- gewillkürte 230 127 *40*
- Grundsätze 230 127 *13*
- Information (Arbeitgeber) 210 80 *23*
- Insolvenz 410 113 *20*
- Insolvenz (623 BGB) 230 623 *4*
- Interessenausgleich 210 112 *5*
- Interessenausgleich (Insolvenz) 410 125 *4*
- Internationales Arbeitsrecht 290 34 *21*
- Kenntnis (bei Verletzung) 230 127 *53*
- Kommunalverfassung 230 127 *48*
- konstitutive 230 127 *27*
- Kündigungserklärung (623 BGB) 230 623 *7*
- Lossagung 230 623 *9*
- Mutterschutz (623 BGB) 230 623 *6*
- Nachweispflicht 510 2 *1*
- Nebenabrede 230 127 *29*
- Nichtigkeit 230 127 *26*
- Nichtigkeit (§ 623 BGB) 230 623 *29*
- Nichtverlängerungsmitteilung 230 623 *8*
- qualifizierte Schriftformklausel 230 127 *38*
- Rechtsmißbrauch 230 127 *46*
- Rechtsmißbrauch (623 BGB) 230 623 *31*
- Schreibmaschine 230 127 *19*
- Schriftsatzkündigung 230 127 *19*
- Schriftsatzkündigung (623 BGB) 230 623 *26*
- Seeschiffahrt (623 BGB) 230 623 *5*
- Sprache 230 127 *14*
- Stempel 230 127 *19*
- Tarifvertrag 230 127 *17*; 600 1 *10*
- Tarifvertrag (Inhalt) 600 1 *35*
- Tarifvertrag (Rechtsfolge) 230 127 *27*
- Tarifvertrag (Verhältnis/§ 623 BGB) 230 623 *23*
- Teilkündigung 230 623 *7*
- Telefax 230 127 *19*
- Telegramm 230 127 *19*
- Umdeutung (623 BGB) 230 623 *30*
- Unterschrift 230 127 *18*
- Urkunde 230 127 *14*
- Urkundeneinheit 230 127 *14*
- Vereinbarung 230 127 *33*
- Vergleich 230 127 *23*
- Vergleich (§ 623 BGB) 230 623 *25*
- Vertrag 230 127 *16*
- Vertragsschluß 230 611 *429*
- Wettbewerbsverbot (nachvertragliches) 390 74 *24*
- Zeugnis 230 630 *28*
- zweiseitige Rechtsgeschäfte 230 127 *21*

Schriftliches Verfahren
- Anhörungstermin 60 83 *11*
- Urteilsverfahren 60 46 *10*

Schriftliches Vorverfahren
- Urteilsverfahren 60 46 *8*

Schriftsatzkündigung
- Beglaubigungsvermerk 230 127 *19*
- Schriftform (623 BGB) 230 623 *26*

Schuldanerkenntnis
- Entgeltfortzahlung 280 12 *9*
- Sittenwidrigkeit 230 611 *463*
- Tarifvertrag 600 4 *87*

Schuldbeitritt
- Ausschlußfristen 230 225 *58*
- Rechtsweg 60 3 *6*

Schulden
- Datenschutz 160 28 *9*
- Nebenpflicht (Arbeitnehmer) 230 611 *1016*
- Wichtiger Grund 230 626 *189*

Schuldübernahme
- Haftung 230 613 a *127*

Schüler
- Arbeitnehmerbegriff (BetrVG) 210 5 *22*
- Betriebspraktikum 150 19 *4*
- Haftungsausschluß 570 106 *1*
- Jugend-/Auszubildendenvertretung 210 60 *2*

magere Zahlen = §§ bzw. Art.; kursive Zahlen = Randnummern

Sachverzeichnis

Schulungs-/Bildungsveranstaltung
- Arbeitnehmervertreter 470 26 *5*
- Ausschlußfristen 230 225 *46*
- Beschlußverfahren 210 37 *28*
- Beschlußverfahren (Zuständigkeit) 60 2 a *7*
- Beteiligter 60 83 *8*
- ehrenamtliche Richter 60 26 *3*
- einstweilige Verfügung 60 85 *5*
- Erforderlichkeit 210 37 *16*
- Erholungsurlaub 250 7 *35*
- Erziehungsurlaub 170 15 *35*
- Freistellung 210 37 *22*
- Gegnerunabhängigkeit 600 2 *6*
- Gemeinschaftsrecht 20 141 *3*
- Gesamtbetriebsrat 210 51 *9*
- Gewerkschaft (Veranstalter) 210 40 *12*
- Kostennachweis 210 40 *13*
- Kostenübernahme 210 40 *9*
- örtliche Zuständigkeit 60 82 *3*
- Rechtskraft 60 84 *3*
- Teilnehmergebühren 210 40 *12*
- Teilzeitbeschäftigte (Zuschläge) 230 611 *723*
- Themen (Bildung) 210 37 *24*
- Themen (Schulung) 210 37 *17*
- Vergütung 210 37 *21*
- Wahlvorstand 210 20 *10*
- Wirtschaftsausschuß 210 107 *13*

Schumannsche Formel 10 Einl. *87*

Schutzfrist
- Eigenkündigung 500 10 *2*
- Entbindung 500 6 *5*

Schutzgesetz
- Kündigungsschutz (allgemeiner) 430 1 *23*

Schutzkleidung
- Aufwendungsersatz 230 611 *822*

Schutzpflicht
- *siehe auch Schutzpflicht (Arbeitsschutz)*
- allgemeine 230 611 *887*
- Arbeitsschutz 10 2 *120*
- Begriff 10 Einl. *38*
- Berufsfreiheit 10 12 *20*
- Ehe 10 6 *3, 9*
- Familie 10 6 *3, 9*
- Gegendarstellung 10 2 *67*
- Gewissensfreiheit 10 4 *62*
- Glaubensfreiheit 10 4 *15*
- Gleichberechtigung 10 3 *83*
- Gleichheitssatz 10 3 *11*
- Grundrechte 10 Einl. *33*
- Handlungsfreiheit 10 2 *14*
- Handlungspflicht (Persönlichkeitsrecht) 10 2 *73*
- Körperliche Unversehrtheit 10 2 *111*
- Menschenwürde 10 1 *10*
- Persönlichkeitsrecht 10 2 *53*
- Pressefreiheit 10 5 *47*
- Privatautonomie 10 2 *27*
- Rundfunkfreiheit 10 5 *97*
- Untermaßverbot 10 Einl. *38*

Schutzpflicht (Arbeitsschutz)
- Arbeitsmittel 230 618 *13*
- Arbeitsräume 230 618 *7*
- Fürsorgepflicht 230 618 *2*
- Grenzen 230 618 *17*
- Überanstrengung 230 618 *16*
- Unfallverhütungsvorschriften 230 618 *12*
- Wohn-/Schlafräume 230 618 *24*

Schutzrechte
- Betriebsübergang (Aktiva) 230 613 a *23*

Schutzschrift
- Begriff 60 62 *39*

Schwangerschaft
- *siehe auch Mutterschaftslohn und -geld*
- Akkord 230 611 *588*
- Anfechtung 230 611 *483;* 500 9 *21*
- Annahmeverzug (Angebot) 230 615 *41*
- Annahmeverzug (Nachweispflicht) 230 615 *19*
- Arbeitsbefreiung 500 2 *10*
- Arbeitskampf 500 9 *13*
- Arbeitsort 500 1 *5*
- Arbeitsplatzgestaltung 500 2 *2*
- ärztliche Bescheinigung 500 9 *8*
- Aufbewahrungspflicht 500 19 *4*
- Aufhebungsvertrag 500 9 *21*
- Auflösungsantrag 500 9 *20*
- Auflösungsverschulden (Schadenersatz) 230 628 *76*
- Aufsichtsbehörden 500 20 *1*
- Auskunftspflicht (Arbeitgebers) 500 19 *2*
- Befristung 180 1 *6;* 230 620 *54;* 500 9 *22*
- Beginn (Grundrechte) 10 6 *20*
- Bekanntgabe 500 5 *5*
- Benachrichtigungspflicht 500 5 *4*
- Beschäftigungsverbot 500 3 *2*
- Beschäftigungsverbot (Entbindung) 500 6 *2*
- Betriebsratsamt 210 24 *6*
- Datenschutz 160 28 *8*
- Eigenkündigung 500 9 *21*
- Eigenkündigung (Benachrichtigung) 500 9 *15*
- Eigenkündigung (Schutzfrist) 500 10 *2*
- Entbindungsgeld 500 15 *1*
- Entbindungstermin 500 5 *2*
- Fragerecht 230 611 *380;* 500 5 *6*
- Fristüberschreitung 500 9 *8*
- Gastwirtschaft 500 8 *6*
- Geschlechtsdiskriminierung 230 611 a *12*
- Gesetzesauslage 500 18 *2*
- Höchstarbeitszeit 110 3 *15*
- Klagefrist 430 4 *58*
- Klagefrist (Insolvenz) 410 113 *36*
- Krankheit 280 3 *11*
- Kündigungserklärungsfrist 230 626 *288*
- Kündigungsschutz 500 9 *3*
- Kündigungsschutz (Insolvenz) 410 113 *27*
- Künstler 500 8 *8*
- Kurzarbeit (Massenentlassung) 430 19 *2*
- Landwirtschaft 500 8 *7*
- Leiharbeitsverhältnis 140 Einl. *36*
- Leistungen (Krankenversicherung) 500 15 *1*
- leitende Angestellte 430 14 *16*
- Massenentlassung 430 17 *3*
- Mehrarbeit 500 8 *2*
- Minderjährige (Aufhebungsvertrag) 230 113 *10*
- Mitteilung 500 5 *2*
- Mitteilung (Bewerber) 210 99 *20*
- Mutterschutzlohn (Risikoschwangerschaft) 500 11 *6*
- Nachtarbeit 110 6 *27;* 500 8 *5*
- Offenbarungspflicht 230 611 *398*
- Pause 500 2 *7*
- persönlicher Geltungsbereich 500 1 *2*
- Persönlichkeitsrecht 10 2 *41*
- Prämie 230 611 *592*
- Schadenersatz (unterlassene Mitteilung) 500 5 *1*
- Schutzfrist 500 6 *5*
- Sitzgelegenheit 500 2 *6*
- Sonn-/Feiertagsarbeit 500 8 *9*
- Sozialauswahl 430 1 *472*
- Stillzeit 500 7 *2*
- Untersuchungen 500 16 *2*
- Urlaubsübertragung 250 7 *72*
- Vorlagepflicht des Arbeitgebers 500 19 *3*
- Zeugnis 500 5 *3*

Schwangerschaftsabbruch
- Entbindung 500 6 *2*

Sachverzeichnis

Fette Zahlen = Kennziffern

- Entgeltfortzahlung 280 3 *108*
- Loyalitätspflichtverletzung 10 4 *45*
- Urlaub 250 9 *11*

Schwarzarbeit
- Amtshilfe 140 18 *18*
- Wichtiger Grund 230 626 *133*

Schwarzes Brett
- Betriebsrat 210 40 *17*

Schweigen
- Vertragsänderung 230 611 *523*

Schweigepflicht
- *siehe Verschwiegenheit*

Schwerbehinderte
- *siehe auch Gleichgestellte*
- *siehe auch Schwerbehindertenvertretung*
- *siehe auch Werkstatt für Behinderte*
- Abschlußgebot 230 611 *434*
- Änderungskündigung 530 15 *7*
- Anfechtung 230 611 *482;* 530 15 *8*
- Anrechnung (Pflichtplätze) 530 12 *17*
- Anrechnungsverbot (Arbeitsvergütung) 530 45 *2*
- Antragsverfahren (Hauptfürsorgestelle) 530 17 *1*
- Arbeitnehmerbegriff (BetrVG) 210 5 *28*
- Arbeitsamt (Verzeichnis) 530 14 *4*
- Arbeitskampf 530 21 *7*
- arbeitsplatzbezogene Behinderung 530 4 *5*
- Aufhebungsvertrag 530 15 *8*
- auflösende Bedingung 530 15 *8*
- Auflösungsverschulden (Schadenersatz) 230 628 *76*
- Ausgleichsabgabe 530 12 *22*
- Ausgleichsfonds 530 12 *26*
- Auslandtätigkeiten 530 4 *7*
- außerordentliche Kündigung 530 21 *2*
- Aussperrung 10 9 *263*
- Ausweis 530 4 *14*
- Befristung 180 1 *6;* 230 620 *55;* 530 15 *8*
- Begriff 530 4 *2*
- Behinderungsgrad 530 4 *6*
- berufliche Weiterentwicklung 530 14 *12*
- Berufsausbildung (Kündigung) 150 15 *1*
- Berufsunfähigkeit 530 22 *1*
- Beschäftigungspflicht 530 44 *1*
- Betriebsratsmitglied (Kündigungsausspruch) 430 15 *32*
- Betriebsratsmitglied (Kündigungserklärungsfrist) 210 103 *10*
- Betriebsratsmitglied (Kündigungsschutz) 430 15 *9*
- Betriebsstillegung 530 19 *2*
- Bundesnachrichtendienst (Zuständigkeit) 60 8 *5*
- Datenschutz 160 28 *11*
- Direktionsrecht 530 15 *8*
- Diskriminierungsverbot (GG) 10 3 *79*
- Eingliederung 530 22 Anhang *2*
- Eingliederung (Betriebsrat) 210 80 *13*
- Einstellungsanspruch 530 12 *2*
- Entziehung (Schwerbehindertenschutz) 530 39 *5*
- Erlöschen (Schwerbehindertenschutz) 530 38 *2*
- Erwerbsunfähigkeit 530 22 *1*
- Finalprinzip 4 *3*
- Fortbildung 150 49 *1*
- Fragerecht 10 3 *82;* 230 611 *377*
- Freizügigkeit (Gemeinschaftsrecht) 20 39 *30*
- Hauptfürsorgestelle (Insolvenz) 530 19 *7*
- Hauptfürsorgestelle (Kündigung) 530 15 *2*
- Hausgewerbetreibende 530 49 *6*
- Heimarbeit 530 49 *2*
- Herzinfarkt 530 4 *5*
- Internationales Arbeitsrecht 290 34 *18*
- Jugendliche 420 1 *21;* 530 4 *6*
- Kenntnis (Kündigung) 530 15 *6*
- Kirche 10 4 *46*
- Klagefrist 430 4 *58*
- Klagefrist (Insolvenz) 410 113 *36*
- Knappschaftsausgleich 530 20 *5*
- Kündigungserklärungsfrist 230 626 *288;* 530 21 *6*
- Kündigungserklärungsfrist (Betriebsratsmitglied) 230 626 *287*
- Kündigungsfrist 230 622 *115;* 530 16 *1*
- Kündigungsschutz 530 15 *1*
- Kündigungsschutz (Insolvenz) 410 113 *26*
- Kurzarbeit (Massenentlassung) 430 19 *2*
- leitende Angestellte 430 14 *16*
- Massenentlassung 430 17 *3;* 530 19 *3*
- Mehrarbeit 530 46 *1*
- Minderleistungsklauseln 530 45 *6*
- Mitteilung (Bewerber) 210 99 *20*
- neuer Arbeitsplatz (Einrichtung) 530 14 *11*
- Offenbarungspflicht 230 611 *397*
- Persönlichkeitsrecht 10 2 *46*
- Pflichtplatz (Heimarbeit) 530 49 *3*
- Pflichtplatzberechnung 530 12 *10*
- Probearbeitsverhältnis 530 20 *8*
- Restitutionsklage 60 79 *17*
- Schwerstbehinderte 530 12 *8*
- Sozialauswahl 430 1 *487*
- Sozialplan 530 20 *5*
- Sozialplanleistung 210 112 *27*
- Umdeutung (Kündigung) 230 620 *221*
- Urlaubsabgeltung 250 7 *94*
- Urlaubsgeld 250 11 *49*
- Urlaubsübertragung 250 7 *73*
- Verschleißerscheinung 530 4 *5*
- Wartezeit (Kündigung) 530 20 *2*
- Wegfall (Behinderung) 530 4 *15*
- Wiedereinstellung 530 20 *6*
- Witterung 530 20 *6*
- Zusatzurlaub 530 47 *1*
- Zuständigkeit 530 4 *12*
- Zustimmungsfiktion 530 21 *4*
- Zustimmungsverweigerungsgrund (BetrVG) 530 14 *10*

Schwerbehindertenversammlung 530 22 Anhang *15*

Schwerbehindertenvertretung
- Amtspflichtverletzung 530 22 Anhang *9*
- Arbeitszeitausgleich 530 22 Anhang *17*
- Aufgaben 530 22 Anhang *10*
- Ausschußteilnahme 210 32 *2*
- Aussetzung (Betriebsratsbeschluß) 210 35 *1*
- Beschlußverfahren (Zuständigkeit) 60 2 a *3*
- Beschwerden 530 22 Anhang *10*
- Betriebsausschuß 210 27 *6*
- Betriebsratssitzung (konstituierende) 210 29 *1*
- Betriebsratssitzung (Teilnahme) 210 32 *2*
- Freistellung 530 22 Anhang *17*
- Hauptfürsorgestelle (Insolvenz) 530 19 *7*
- Jugend-/Auszubildendenvertretung (Sitzung) 210 65 *16*
- Kleinbetrieb 530 22 Anhang *5*
- Konzernbetriebsrat 210 59 *4*
- Mehrheitswahl 530 22 Anhang *7*
- Monatsgespräch 210 74 *6*
- Personalakte 530 22 Anhang *13*
- personelle Maßnahmen 530 22 Anhang *12*
- Pflichtverletzung (Arbeitgeber) 210 23 *27*
- Raumausstattung 530 22 Anhang *19*
- Sachmittel 530 22 Anhang *19*
- Schwerbehinderung 530 22 Anhang *7*
- Sitzungsteilnahme 530 22 Anhang *14*
- Stufenvertretungen 530 22 Anhang *20*
- Verschwiegenheit 530 22 Anhang *18*
- Verzeichnis 530 14 *5*

magere Zahlen = §§ bzw. Art.; kursive Zahlen = Randnummern

Sachverzeichnis

- Voraussetzungen 530 22 Anhang *5*
- Wahl 530 22 Anhang *6*
- Wahlschutz/-kosten 530 22 Anhang *8*
- Wirtschaftsausschuß 210 32 *2;* 108 *9*

Schwerstbehinderte
- Beschäftigungspflicht 530 12 *8*

Schwesterngestellung
- Dienstverschaffungsvertrag 230 611 *36*

Scientology
- Arbeitsgerichtsbarkeit 60 5 *3*
- Betriebsverfassung 210 118 *30*
- Fragerecht 230 611 *391*
- Glaubensfreiheit 10 4 *35*
- Wichtiger Grund 230 626 *187*

Seebetriebsrat 210 116

Seeschiffahrt
- Arbeitnehmerbegriff 230 611 *149*
- außerordentliche Kündigung 230 626 *7*
- Berufsbildung 150 2 *3*
- Betriebsbegriff 430 24 *4*
- Betriebsübergang 230 613 a *22*
- Betriebsverfassung 210 114
- Ersatzruhetag 110 12 *4*
- Haftungsausschluß 570 107 *1*
- Heuer (Fälligkeit) 230 614 *12*
- Heuerzahlung 230 611 *596*
- Jugendliche 420 61
- Kapitän (Kündigung) 230 622 *122*
- Klagefrist 430 4 *58*
- Kündigungserklärungsfrist 230 626 *251*
- Kündigungsfrist 230 622 *119*
- Nachweispflicht 510 1 *4*
- Schadensersatz (Kündigung) 230 628 *6*
- Schriftform (623 BGB) 230 623 *5*
- Seeschiffahrtsassistenz 30 1 *23*
- Sprecherausschuß 590 33 *1*
- Unfallversicherung 570 2 *12*
- Unternehmensmitbestimmung 470 34
- Verordnungsermächtigung (BetrVG) 210 126 *1*
- Wartezeit (KSchG) 430 24 *5*

Seeschiffahrtsassistenz
- Mindestlohn 30 1 *23*

Sekte
- *siehe auch Scientology*
- Glaubensfreiheit 10 4 *10*

Sekundärrecht
- Gemeinschaftsrecht 20 Vorb. *4*

Selbstablehnung
- *siehe Befangenheit*
- *siehe Richterablehnung*

Selbständige
- *siehe auch freie Mitarbeit*
- betriebliche Altersversorgung 200 17 *9*
- Jugendarbeitsschutz 420 1 *6*

Selbstbeurlaubung
- Abmahnungserfordernis 430 1 *346*
- Arbeitsunfähigkeit 250 9 *18*
- Heimarbeiter 250 12 *16*
- Kündigungsgrund 250 7 *13*
- Urlaub (Anspruch) 80 4 *5*
- verhaltensbedingte Kündigung 430 1 *354*
- Wichtiger Grund 230 626 *175*
- Zulässigkeit 250 7 *12*

Selbstmord
- außerordentliche Kündigung 230 626 *183*
- betriebliche Altersversorgung 200 2 *7*
- Entgeltfortzahlung (Versuch) 280 3 *61*

Selbstschädigung
- Kündigung 230 611 *910*

Seminar
- *siehe auch Schulungs-/Bildungsveranstaltung*
- sexuelle Belästigung 190 1 *1*

Sequester
- Sprecherausschuß 590 32 *4*

Sexualität
- Persönlichkeitsrecht 10 2 *41*

Sexualleben
- Persönlichkeitsrecht 10 2 *82*

Sexuelle Belästigung
- Ablehnung 190 2 *11*
- Abmahnung 190 3 *4*
- Abmahnungserfordernis 430 1 *305*
- Arbeitgebermaßnahme 190 4 *1*
- Begriff 190 2 *3*
- Bekanntgabepflicht 190 7 *2*
- Benachteiligungsverbot 190 4 *4*
- Beschwerde 190 3 *1*
- Betriebsrat 190 3 *2*
- Dienstvergehen 190 2 *13*
- Diskriminierungsverbot (BetrVG) 210 75 *7*
- Fortbildung (öffentlicher Dienst) 190 7 *1*
- Freistellung 190 3 *4*
- Gehaltskürzung 190 3 *4*
- Hausverbot 190 3 *4*
- Kündigung 190 3 *4*
- Leistungsverweigerungsrecht 190 4 *3*
- Persönlichkeitsrecht 10 2 *86*
- Pflichtverletzung 190 2 *13*
- Pornographie 190 2 *10*
- Schadensersatz 230 611 *891*
- Schadensersatz/Schmerzensgeld 190 2 *13*
- Schutz 230 611 *888*
- Schutzmaßnahmen 190 2 *1*
- Sperrzeit (Arbeitslosengeld) 190 3 *3*
- strafbare Handlungen 190 2 *5*
- verhaltensbedingte Kündigung 430 1 *348*
- Wichtiger Grund 230 626 *94*

Sexuelle Nötigung
- Wichtiger Grund 230 626 *162*

Sexueller Mißbrauch
- Annahmeverzug 230 615 *63*
- Wichtiger Grund 230 626 *162*

Sicherheitsbedenken
- Kündigungsgrund 430 1 *263*

Sicherheitsleistung
- Zwangsvollstreckung 60 62 *10*

Sicherheitsüberprüfung
- Schadensersatz 230 611 *892*

Sicherheitszulage
- Teilzeitarbeit 180 2 *45*

Sicherungseigentum
- Betriebsübergang 230 613 a *61*

Sic-non-Fall
- Rechtswegprüfung 60 2 *5*

Silvester
- Teilzeitarbeit 180 2 *59*

Sistierung
- Zeuge 60 56 *15*

Sittengesetz 10 2 *26*

Sittenwidrige Kündigung
- Aids 430 13 *23*
- Annahmeverzug 430 11 *2*
- Auflösungsantrag 430 13 *26*
- Darlegungs- und Beweislast 430 13 *27*
- grundlose 430 13 *24*
- Intimsphäre 430 13 *23*
- Klagefrist 430 13 *23*
- Nichtigkeit 430 13 *21*
- Verwirkung 430 13 *25*
- Voraussetzungen 430 13 *21*
- Wartezeit (KSchG) 430 13 *24*

Sittenwidrigkeit
- Begriff 230 611 *458*
- Einzelfälle 230 611 *463*

2693

Sachverzeichnis

Fette Zahlen = Kennziffern

- faktisches Arbeitsverhältnis 230 611 *171*
- Gehaltsverzicht 230 611 *685*
- Mankovereinbarung 230 611 *1067*
- Teilrichtigkeit 230 611 *464*
- Wettbewerbsverbot (nachvertragliches) 390 74 a *20*

Sittlichkeitsdelikte
- Wichtiger Grund 230 626 *162*

Sitztheorie
- (BetrVG 1952) 220 Einl. *5*

Sitzungsniederschrift
- Betriebsausschuß 210 27 *8*
- Betriebsratssitzung 210 34 *2*
- Sprecherausschuß 590 13 *1*

Skonto
- Provision 390 87 b *5*

Smog
- Vergütungsfortzahlung 230 616 *5*

Sofortige Beschwerde
- Abberufung (Arbeitnehmervertreter) 220 76 *84*
- Berufung (Rechtsweg) 60 65 *11*
- Berufungsverwerfung 60 66 *21*
- nachträgliche Klagezulassung 430 5 *32*
- Nebenintervention 60 70 *6*
- Notfrist 60 78 *7*
- Rechtsweg (BAG) 60 70 *5*
- Rechtsweg (LAG) 60 48 *11*
- Revisionsbeschwerde 60 77 *1*
- Statthaftigkeit 60 78 *3*
- Versäumnisurteil 60 59 *20*
- Wiedereinsetzung 60 78 *7*
- Zustellung 60 50 *3*
- Zwangsvollstreckung 60 62 *11, 17*

Software
- Mitbestimmung 210 87 *55*

Soldaten
- Erziehungsgeld 170 2 *3*
- Mutterschutz 500 1 *3*
- Nachweispflicht 510 1 *3*

Sonderurlaub
- Arbeitspflicht 230 611 *976*
- Billigkeitskontrolle 230 611 *576*
- Entgeltfortzahlung 280 3 *31*
- Feiertagsvergütung 280 2 *20*
- Mitbestimmung 210 87 *43*

Sondervermögen
- Grundrechte 10 Einl. *8*

Sonderzuwendung
- Annahmeverzug 230 615 *76*
- Anspruch 230 611 *789*
- Arbeitgeberwechsel 230 611 *801*
- Arbeitskampf 10 9 *196*
- Arbeitslosengeld 540 143 *6*
- Auflösungsurteil 430 10 *3*
- Ausscheiden 230 611 *798*
- Begriff (EntgeltfortzG) 280 4 a *7*
- betriebliche Übung 230 611 *284*
- Betriebsratsmitglied 210 37 *8*
- Betriebsübergang 230 613 a *73*
- Erziehungsurlaub 170 15 *32*
- Fehlzeiten 230 611 *802*
- Freiwilligkeitsvorbehalt 230 611 *531*
- Geringfügig Beschäftigte 180 2 *55*; 545 8 *10*
- Geringfügig Beschäftigte (Gemeinschaftsrecht) 20 141 *9*
- Geschlechtsdiskriminierung 230 612 *51*
- Gleichbehandlungsgrundsatz 230 611 *862*
- Gleichbehandlungsverstoß 180 2 *67*
- Gleichheitssatz 10 3 *65*
- Grundsätze 230 611 *786*
- Höhe 230 611 *797*

- Information (Arbeitgeber) 210 80 *20*
- Insolvenz (Betriebsübergang) 230 613 a *129*
- Karenzentschädigung 390 74 *31*
- Karenzentschädigung (Berechnung) 390 74 b *9*
- Kürzungsgrundlage 280 4 a *3*
- Kürzungsmöglichkeit 280 4 a *3*
- Leistungszweck 230 611 *793*
- Nachweispflicht 510 2 *17*
- Rückzahlung (Berufsausbildung) 150 5 *6*
- Rückzahlungsklausel (Tarifvertrag) 600 1 *45*
- Schadenersatz (Auflösungsverschulden) 230 628 *96*
- Sprecherausschuß 590 28 *4*
- Stichtag 230 611 *793*
- Streitwert 60 12 *16*
- Streitwert (Eingruppierung) 60 64 *9*
- Teilzeitarbeit 180 2 *45, 58*
- übliche Vergütung 230 612 *40*
- Urlaubsentgelt 250 11 *17*
- Verjährung 230 225 *5*
- Vertragsstrafe 230 345 *2*
- Wehrdienst 80 6 *7*
- Widerrufsvorbehalt 210 77 *96*
- Wiedereinstellung (MuSchG) 500 10 *5*

Sonntagsarbeit
- Arbeitsbereitschaft 110 9 *1*
- Arbeitszeitgrenze 110 11 *4*
- Aufsichtsbehörde (Bewilligung) 110 13 *4*
- Ausgleich 110 11 *1*
- Ausnahmen 110 10 *1*
- Begriff 110 9 *1*
- Bereitschaftsdienst 110 9 *1*
- Beschäftigungssicherung 110 13 *14*
- Betriebsratsmitglied (Entgelt) 210 37 *8*
- Betriebsversammlung 210 44 *11*
- Bildungsmaßnahmen 110 9 *1*
- Binnenschiffahrt (Jugendliche) 420 20 *4*
- Ersatzruhetag 110 11 *5*
- Garantie 110 1 *9*
- Jugendliche 110 9 *10*; 420 17 *2*
- Jugendliche (Tarifvertrag) 420 21 a *9*
- Jugendliche (Verordnungsermächtigung) 420 21 b *1*
- Kraftfahrer 110 9 *8*
- Mindestruhezeit 110 11 *8*
- Mitbestimmung 110 9 *12*
- Mutterschutz 110 9 *9*
- Notfall 110 14 *1*
- Produktionsunterbrechung 110 10 *27*
- Rufbereitschaft 110 9 *1*
- Ruhezeit 110 5 *3*
- Schichtarbeit 110 9 *5*
- Schwangerschaft 500 8 *9*
- Tarifvertrag 110 12 *2*
- Urlaub 110 11 *2*
- Urlaubsentgelt 250 11 *14*
- Zuschlag 230 611 *716*

Sonntagsruhe
- Ladenschluß 440 3 *10*
- Ladenschluß (Ausnahmen) 440 11 *1*
- Verkaufssonntage (LadSchlG) 440 14 *1*

Sonntagsverkauf
- Mitbestimmung 210 87 *27*

Sonntagszuschlag
- Begriff 230 611 *716*

Soraya
- Persönlichkeitsrecht 10 2 *77*

Sorgerecht
- Erziehungsgeld 170 1 *8*
- Erziehungsgeld (fehlendes) 170 1 *13*

Sorgfaltspflicht
- Aufsichtsratsmitglied 50 116 *3*

magere Zahlen = §§ bzw. Art.; kursive Zahlen = Randnummern

Sachverzeichnis

Sortiment
- Betriebsübergang 230 613 a *13*

Sozial gerechtfertigte Kündigung
- Arbeitslosengeld (Erstattung durch Arbeitgeber) 540 147 a *16*

Sozialauswahl
- Abdingbarkeit 430 1 *465*
- Altersgruppen 430 1 *515*
- Altersteilzeit 130 8 *1*
- Amtsprüfung 430 1 *466*
- Änderungskündigung 430 2 *56*
- Arbeitslosengeld (Erstattung durch Arbeitgeber) 540 147 a *17*
- arbeitsplatzbezogene 430 1 *482*
- Arbeitsunfall 430 1 *498*
- Auskunftspflicht 430 1 *508*
- Auskunftspflicht (Arbeitnehmer/Sozialdaten) 430 1 *491*
- außerordentliche Kündigung 230 626 *120*
- Auswahlgesichtspunkte 430 1 *488*
- Auswahlrichtlinie 210 95 *4*
- Auswahlrichtlinie (Kündigung) 210 95 *15*
- Auswahlrichtlinien 430 1 *524*
- befristet Beschäftigte 430 1 *473*
- berechtigte betriebliche Bedürfnisse 430 1 *512*
- Berufsaussichten 430 1 *500*
- Betriebsbezug 430 1 *479*
- Betriebsratsanhörung 210 102 *9*
- Betriebsratsmitglied 430 1 *471*
- Betriebsstillegung 430 1 *469*
- Betriebsübergang 430 1 *477*
- Betriebsübergang (Maßregelungsverbot) 230 612 a *14*
- Betriebsübergang (Sanierung) 230 613 a *154*
- Betriebsvereinbarung 430 1 *521*
- Betriebszugehörigkeit 430 1 *492*
- Darlegungs- und Beweislast 430 1 *536*
- Darlegungs- und Beweislast (berechtigte betriebliche Bedürfnisse) 430 1 *519*
- Datenschutz 160 4 *3*
- Datenweitergabe 160 28 *29*
- Doppelverdienst 430 1 *499*
- Drittmittelwegfall (Hochschule) 400 57 d *2*
- Ehegattenverdienst 430 1 *499*
- Einstellungsanspruch (Tarifvertrag) 600 1 *106*
- Einzelfallwertung 430 1 *507*
- Entgeltfortzahlung 280 8 *14*
- Erkundigungspflicht (Arbeitgeber) 430 1 *468*
- Erziehungsurlaub 430 1 *472*
- Fehlzeiten 430 1 *503*
- Gemeinschaftsbetrieb 430 1 *480*
- Gemeinschaftsbetrieb (UmwG) 610 322 *6*
- Gesundheit 430 1 *498*
- Grobe Fehlerhaftigkeit 430 1 *534*
- Grundrechte 10 12 *37*
- horizontale Vergleichbarkeit 430 1 *481*
- Insolvenz 410 113 *21*; 125 *5*
- Insolvenz (Beschlußverfahren) 410 126 *4*
- Kenntnis (Arbeitgebers) 430 1 *468*
- Krankheit 430 1 *512*
- Kundenkontakte 430 1 *512*
- Kündigungsarten 430 1 *464*
- Lebensalter 430 1 *495*
- Leistung 430 1 *502*
- Personalstruktur 430 1 *515*
- Personenkreis 430 1 *471*
- Pflege 430 1 *496*
- Prüfungsablauf 430 1 *514*
- Punkteschema 430 1 *506*
- Punkteschema (Abs. 4) 430 1 *530*
- Rationalisierungsschutz 430 1 *474*
- Rechtsfolge (fehlerhafte) 430 1 *470*
- Richtlinien (Abs. 4) 430 1 *520*
- Routinevorsprung 430 1 *483*
- Rüge 430 1 *466*
- Ruhendes Arbeitsverhältnis 430 1 *476*
- Schwangere 430 1 *472*
- Schwerbehinderte 430 1 *487*
- Tarifvertrag (Abs. 4) 430 1 *521*
- Teilzeitkräfte 430 1 *485*
- Überprüfungsmöglichkeit (Abs. 4) 430 1 *532*
- Umwandlung 230 613 a *176*; 610 323 *5*
- Unkündbarkeit (gesetzliche) 430 1 *471*
- Unkündbarkeit (tarifliche) 430 1 *474*
- Unterhaltsverpflichtung 430 1 *496*
- Unternehmensbezug 430 1 *479*
- Vergleichbarkeit 430 1 *471*
- Vergleichbarkeit (Abs. 4) 430 1 *535*
- verhaltensbedingte Gründe 430 1 *504*
- Vermögen 430 1 *501*
- Versetzung 230 611 *934*; 430 1 *484*
- vertikale Vergleichbarkeit 430 1 *486*
- Wartezeit (KSchG) 430 1 *471*
- Wehrdienst 80 2 *5*
- Wehrpflichtige 430 1 *471*
- Weiterbeschäftigung 430 15 *41*
- Wertungsspielraum 430 1 *507*
- Widerspruchsgrund (Kündigung) 210 102 *18*
- Widerspruchsrecht (Widerspruchsgründe) 230 613 a *89*
- Zivildienstleistende 430 1 *471*
- Zustimmungsverweigerung 430 1 *484*
- Zustimmungsverweigerung (Versetzung) 210 99 *29*

Soziale Belange
- Urlaubsgewährung 250 7 *26*

Soziale Gründe
- Befristungsgrund 230 620 *103*

Soziale Mächtigkeit
- Koalition 10 9 *9*

Soziale Schutzbedürftigkeit
- Beschäftigungsverhältnis 545 7 *17*

Sozialeinrichtung
- Betriebsvereinbarung (freiwillige) 210 88 *4*
- Dotierung 210 87 *73*
- Gesamtbetriebsrat 210 50 *5*
- Konzernbetriebsrat 210 58 *5*
- Kürzung 210 87 *75*
- Lohnverwendungsabrede 230 611 *683*
- Mitbestimmung 210 87 *68*
- Rechtspersönlichkeit 210 87 *80*
- Sprecherausschuß 590 25 *2*
- Streichung 210 87 *75*
- Verwaltung 210 87 *78*

Soziales Jahr
- Arbeitnehmer (BetrVG) 210 5 *3*
- Betriebsratsfähigkeit 210 1 *14*

Sozialgeheimnis
- Arbeitnehmerüberlassung 140 18 *16*

Sozialhilfe
- Anrechung (Leiharbeitnehmer) 140 10 *56*
- Erziehungsgeld 170 8 *1*
- Freizügigkeit 20 39 *12*

Sozialkasse
- Entsendegesetz 30 1 *17*

Sozialplan
- Anschlußarbeitsverhältnis 210 112 *33*
- Arbeitslosengeld (Anrechnung) 540 143 a *2*
- Arbeitslosigkeit 210 112 *33*
- Arbeitsmarkt (Aussichten) 210 112 *33*
- Aufhebungsvertrag 210 112 *39*
- Aufklärungspflicht (Arbeitgeber) 210 112 *25*
- Auflösungsurteil 430 9 *45*
- Auslandseinsatz 210 1 *4*

2695

Sachverzeichnis

Fette Zahlen = Kennziffern

- Ausschlußfrist **230** 225 *44;* **600** 4 *97*
- Ausschlußfristen (tarifliche) **230** 225 *33*
- Beschlußverfahren **210** 112 *44*
- Betriebsänderung **210** 112 *14*
- Betriebsaufspaltung **210** 112 *22*
- Betriebsaufspaltung (Haftung) **210** 112 *38*
- Betriebsübergang **210** 112 *37*
- Betriebszugehörigkeit **210** 112 *31*
- Differenzierungen **210** 112 *25*
- Eingliederungssozialplan **210** 112 *33*
- Einigungsstelle **210** 112 *21*
- Ermessensrichtlinien **210** 112 *31*
- Gesamtbetriebsrat (Belegschaftsstärke) **210** 50 *3*
- Geschäftsgrundlage **210** 112 *41*
- Geschäftsgrundlage (Rechtsfolgen) **210** 112 *46*
- Gleichbehandlungsgrundsatz **210** 112 *24*
- Grundsätze **210** 112 *12*
- Insolvenz **210** 112 *42*
- Konzern (Haftung) **210** 112 *38*
- Konzern (Umstrukturierung) **210** 112 *18*
- Kündigung **210** 112 *40*
- Kündigungsschutzklage **210** 112 *23*
- Kündigungsschutzklage (Verzicht) **230** 612 a *15*
- Kündigungsverzicht **430** 1 *15*
- leitende Angestellte **210** 112 *19*
- Masseschuld **210** 112 *43*
- Nachteilsausgleich (Anrechenbarkeit) **210** 113 *2*
- Neugründung **210** 112 *17*
- Prognose **210** 112 *33*
- Prokurist **390** 48 *7*
- Rahmensozialplan **210** 112 *15*
- Schwerbehinderte **530** 20 *5*
- Spaltung (Haftung) **230** 613 a *172*
- Sperrzeit **540** 144 *19*
- Sprecherausschuß **590** 32 *19*
- Teilzeitarbeit **180** 2 *58*
- Teilzeitarbeit (Abfindung) **180** 2 *46*
- Tendenzbetrieb **210** 118 *18*
- Transfermaßnahmen **210** 112 *33*
- Umwandlung (nachwirkende Haftung) **210** 112 *38*
- Volumen (Rechtsstreitigkeiten) **210** 112 *46*
- Weiterbeschäftigung **210** 112 *36*
- Widerruf (Insolvenz) **210** 112 *43*
- Widerspruch **210** 112 *37*
- Zumutbarkeit **210** 112 *34*
- Zuschuß (Interessenausgleich) **210** 111 *25*

Sozialsphäre
- Grundrechtsschutz (Schranken) **10** 2 *62*

Sozialstaatsprinzip
- Abwägungsaspekt **10** Einl. *79*
- Gleichheitssatz **10** 3 *11*
- Tarifvertrag **600** 1 *148*

Sozialversicherung
- *siehe auch Arbeitslosenversicherung*
- *siehe auch Krankenversicherung*
- *siehe auch Rentenversicherung*
- *siehe auch Unfallversicherung*
- Abfindung **430** 10 *16*
- Anpassung (BetrAVG) **200** 16 *34*
- Arbeitnehmerbegriff **230** 611 *124*
- Arbeitnehmerbegriff (Indiz) **230** 611 *59*
- Arbeitnehmerüberlassung **140** Einl. *62*
- Arbeitnehmerüberlassung (Meldepflicht) **140** 12 *15*
- Arbeitsdirektor (Arbeitgebervertreter) **490** 13 *28*
- Arbeitskampf (Anwartschaft) **10** 9 *207*
- Arbeitskampf (Regelungen) **10** 9 *127*
- Arbeitsverhältnis (AÜG) **140** 10 *12*
- Aufklärung **230** 611 *1145*
- Auflösungsurteil (Beiträge) **430** 10 *4*
- Beitragsabführung **230** 611 *711*
- Beschäftigungsverbot **500** 3 *7*
- Beschäftigungsverhältnis **545** 7 *28*
- Beschäftigungsverhältnis (Nichtzahlung) **545** 7 *16*
- Betriebsübergang **230** 613 a *81*
- Entgeltfortzahlung **280** 4 *29*
- Entgeltfortzahlung (Anspruchsübergang) **280** 6 *31*
- Gleichbehandlungsgebot (BeschFG) **180** 2 *53*
- Mutterschutzlohn **500** 11 *2*
- Nichtigkeit (Meldepflicht) **230** 611 *455*
- Pflichtversicherung (Grundrechte) **10** 2 *24*
- Schadenersatz **230** 628 *107*
- Schadenersatz (Beitragsabführung) **230** 611 *899*
- Verfassungsmäßige Ordnung **10** 2 *24*

Sozialversicherungsausweis
- Leistungsverweigerungsrecht **280** 7 *21*

Sozialversicherungsnachweis
- Erfüllungsort **230** 611 *1144*

Sozialwidrigkeit
- Begriff **430** 1 *106*

Sozialzulage
- Begriff **230** 611 *715*

Spaltung
- *siehe auch Umwandlung*
- Begriff **610** 321 *4*
- Betrieb/-steil (Zuordnung) **610** 324 *5*
- Betriebsübergang **230** 613 a *164*
- Betriebsübergang (Grundsätze) **610** 324 *1*
- Gemeinschaftsbetrieb (UmwG) **610** 322 *1*
- Haftung **230** 613 a *164*
- Interessenausgleich **210** 112 *2*
- Interessenausgleich (Zuordnung) **610** 323 *9*
- Kündigungsschutz **230** 613 a *176;* **610** 323 *3*
- Kündigungsverbot **610** 324 *8*
- Mitbestimmung **610** 325 *12*
- Sicherungsvereinbarung **610** 325 *14*
- Sozialplan **210** 112 *38*
- Übergangsmandat **230** 613 a *171;* **610** 321 *4; 323 7*
- Umwandlung (UmwG) **610** 321 *1*
- Wettbewerbsverbot (nachvertragliches) **390** 74 *58*

Sparkasse
- Grundrechte **10** Einl. *8*

Sparplan
- Ruhegeld **200** 1 *6*

Spätehenklausel
- Grundrechte **10** 6 *14*
- Ruhegeld **200** 1 *9*

Sperrabrede
- Wettbewerbsverbot (nachvertragliches) **390** 75 f *2*

Sperrfrist
- Massenentlassung **430** 18 *4*
- Verfahren (Massenentlassung) **430** 20 *2*
- Verleiherlaubnis **140** 3 *33*

Sperrzeit
- Anschlußarbeitsverhältnis **540** 144 *26*
- Betriebsübergang **540** 144 *27*
- Darlegungs- und Beweispflicht **540** 144 *37*
- Dauer **540** 144 *38*
- Gründe (Einzelfälle) **540** 144 *5*
- Härtefall **540** 144 *45*
- Kausalität **540** 144 *18*
- sexuelle Belästigung **190** 3 *3*
- Vergleichstext **540** 144 *29*
- Verschulden **540** 144 *24*
- wichtiger Grund **540** 144 *31*

Spesen
- Auflösungsurteil **430** 10 *3*
- Entgeltfortzahlung **280** 4 *27*
- Karenzentschädigung **390** 74 b *9*

Spesenbetrug
- Betriebsratsmitglied **430** 15 *26*

magere Zahlen = §§ bzw. Art.; kursive Zahlen = Randnummern **Sachverzeichnis**

- Verdachtskündigung 230 626 *212*
- wichtiger Grund 230 626 *157*

Spezialitätsprinzip
- Rechtsquellen 230 611 *302*

Sphärentheorie
- Betriebsrisiko 230 615 *131*

Spielhalle
- Jugendliche 420 14 *17*
- Sonn-/Feiertagsarbeit 110 10 *8*

Spitzenorganisation
- siehe auch Arbeitgeberverband
- siehe auch Gewerkschaft
- siehe auch Koalition
- siehe auch Tarifvertragspartei
- Allgemeinverbindlichkeit 600 12 *1*
- Bildungsveranstaltung 210 37 *28*
- Haftung 600 2 *36*
- Kündigung (Tarifvertrag) 600 2 *34*
- Mitteilungspflicht 600 7 *4*
- Parteifähigkeit 60 10 *11*
- Tariffähigkeit 600 2 *32*
- Tariffähigkeit/-zuständigkeit 60 97 *4*
- Verbandsklage 600 9 *9*
- vertrauensvolle Zusammenarbeit 210 2 *4*

Sport
- Arbeitnehmerbegriff 230 611 *115*
- Berufsfreiheit 10 12 *33*
- Beschäftigungszugang (Gemeinschaftsrecht) 20 39 *29*
- Freizügigkeit 20 39 *6*
- Samstagsarbeit (Jugendliche) 420 16 *14*
- Sonn-/Feiertagsarbeit 110 10 *10*
- Urlaubsentgelt 250 11 *10*

Sportreporter
- Arbeitnehmer 230 611 *113*

Sportstätte
- Mitbestimmung 210 87 *71*

Sportunfall
- personenbedingte Kündigung 430 1 *205*
- Verschulden (EntgeltfortzG) 280 3 *51*

Sprache
- Diskriminierungsverbot 10 3 *75*

Sprachkenntnisse
- Datenschutz 160 28 *19*
- Freizügigkeit 20 39 *30*

Sprecher
- Arbeitnehmer 230 611 *114*

Sprecherausschuß
- siehe auch Sprecherausschuß (Beteiligung)
- siehe auch Sprecherausschußmitglied
- siehe auch Sprecherausschußvereinbarung
- Amtszeit 590 8 *12*
- Arbeitgeberverband 590 2 *10*
- Auflösung 590 9 *1*
- Ausstrahlung 590 1 *8*
- Behinderungsverbot 590 2 *15*
- Benachteiligungs-/Begünstigungsverbot 590 2 *17*
- Beschlüsse 590 13 *1*
- Beschlußverfahren (Zuständigkeit) 60 2 a *8*
- Betriebsbegriff 590 1 *2*
- Betriebsrat (Zusammenarbeit) 590 2 *13*
- Betriebsstillegung/-zusammenschluß 590 8 *13*
- Betriebsübergang 590 8 *14*
- Einspruch (leitender Angestellter) 590 31 *12*
- Ersatzmitglied 590 9 *1*
- freiwillige 590 37 *3*
- Friedenspflicht 590 2 *20*
- Geheimhaltungspflicht 590 29 *2*
- Gesamtsprecherausschuß 590 19 *1*
- Geschäftsordnung 590 13 *1*
- Gewerkschaft 590 2 *10*
- Gleichbehandlungsgrundsatz 590 27 *1*
- Konzernsprecherausschuß 590 24 *10*
- Kosten 590 13 *4*
- Kündigungsschutz 590 2 *16*
- Luftfahrt 590 33 *2*
- Mitgliederzahl 590 8 *8*
- Monatsgespräch 210 74 *7*
- parteipolitische Betätigung 590 2 *21*
- Persönlichkeitsschutz 590 27 *1*
- Post 590 1 *1*
- Religionsgemeinschaft 590 1 *6*
- Richtlinien 590 28 *13*
- Schulungsveranstaltung 590 13 *6*
- Schwerbehinderte 530 17 *2*
- Seeschiffahrt 590 33 *1*
- Sitzungen 590 12 *1*
- Sitzungsniederschrift 590 13 *1*
- Tarifvertrag 590 Einl. *3*
- Territorialprinzip 590 1 *7*
- Umwandlung 610 325 *1*
- Unternehmenssprecherausschuß 590 20 *1*
- Vereinbarungen 590 28 *1*
- Versammlung der leitenden Angestellten 590 15 *3*
- Versetzung 590 2 *16*
- vertrauensvolle Zusammenarbeit 590 2 *1*
- Wahl (Zuordnungsverfahren) 210 18 a *1*
- Wahlvorschriften 590 8 *2*
- wirtschaftliche Angelegenheiten 590 32 *3*

Sprecherausschuß (Beteiligung)
- Abfindung 590 32 *19*
- allgemeine Arbeitsbedingungen 590 30 *7*
- Arbeitsbedingungen 590 28 *3*
- Aufhebungsvertrag 590 26 *1*
- Beschlußverfahren (Zuständigkeit) 60 2 a *8*
- Betriebsänderung 590 32 *15*
- Betriebsvereinbarung 590 2 *4*
- Beurteilungsgrundsätze 590 30 *9*
- Bruttogehaltslisten 590 25 *7*
- Einigungsstelle 590 2 *5*
- Einstellung 590 31 *3*
- Erörterungsrecht 590 25 *5*
- Gehaltsgestaltung 590 30 *3*
- höherrangiges Recht 590 28 *11*
- Initiativrecht 590 25 *4*
- Kündigung 590 31 *8*
- Personalakte 590 26 *3*
- Personalangelegenheiten 590 25 *2*
- personelle Veränderungen 590 31 *4*
- Regelungsabrede 590 2 *4*
- Richtlinie 590 28 *13*
- Sozialplan 590 32 *19*
- Unterrichtungsrecht 590 25 *4*
- Vereinbarungen 590 28 *1*
- Weiterbeschäftigungsanspruch 590 31 *10*
- Widerspruch 590 31 *10*
- wirtschaftliche Angelegenheiten 590 32 *5*

Sprecherausschußmitglied
- Arbeitsbefreiung 590 13 *2*
- Ausschluß 590 9 *1*
- Beschlußverfahren 60 2 a *8*
- Erlöschen (Mitgliedschaft) 590 9 *3*
- Geheimhaltungspflicht 590 29 *2*
- Gesamtsprecherausschuß 590 19 *9*
- Schadenersatz 590 2 *18*
- Schweigepflicht 590 25 *2*
- Weiterbeschäftigungsanspruch 590 2 *19*

Sprecherausschußvereinbarung
- Abschluß 590 28 *24*
- Arbeitsbedingungen 590 28 *3*
- Beendigung 590 28 *30*
- Betriebsübergang 590 28 *34*
- Schranken 590 28 *11*
- Wirkung 590 28 *17*

Sachverzeichnis

Fette Zahlen = Kennziffern

Sprechstunde
- Arbeitsvergütung 210 39 *5*
- Arbeitszeit 210 39 *2*
- Freistellung (erhöhte) 210 38 *2*
- Genehmigung 210 39 *5*
- Gesamtbetriebsrat 210 51 *9*
- Jugend-/Auszubildendenvertretung 210 69 *1*
- Leiharbeitnehmer 140 14 *7*
- Sachverständige 210 39 *3*
- Übergangsmandat 610 321 *8*

Sprungrechtsbeschwerde
- Rechtsmittelbelehrung 60 9 *31*
- Zulässigkeit 60 96 a *1*

Sprungrevision
- Berufungseinlegung 60 76 *8*
- Bindung 60 76 *6*
- Einlegung 60 76 *8*
- Rechtsmittelbelehrung 60 9 *31*
- Verfahrensmängel 60 76 *11*
- Voraussetzungen 60 76 *5*
- Vorsitzendenzuständigkeit (Überschreitung) 60 55 *4*
- Wahlmöglichkeit 60 76 *3*
- Zulassung 60 76 *2*
- Zurückverweisung 60 76 *12*
- Zustimmungserklärung 60 76 *3*

Staatsangehörigkeit
- Betriebsratswahl 210 7 *4*
- Datenschutz 160 27 *1*
- Freizügigkeit 20 39 *1*
- Internationales Arbeitsrecht 290 34 *15*
- Rechtswahl 290 34 *15*

Staatshaftung
- Richtlinie 20 Vorb. *11*

Staatsrichtung
- Grundrechte 10 Einl. *16*

Staatszugehörigkeit
- Diskriminierungsverbot 10 3 *73*

Stabsstelle
- Betriebsübergang 230 613 a *9*

Standesrecht
- Versäumnisurteil 60 59 *17*

Ständiger Ausschuß
- Aufsichtsrat (MitbestG) 470 27 *8*

Standortsicherungsvertrag
- Regelungsabrede 210 77 *33*

Starre Erfolgsquoten
- Zulässigkeit 10 3 *94*

Stasi
- *siehe MfS*

Stationierungsstreitkräfte
- Arbeitsgerichte 60 1 *7*
- Betriebsratsmitglied (Kündigung) 430 15 *7*
- Erziehungsgeld 170 1 *14*
- Kündigungsschutz (allgemeiner) 430 1 *12*
- Kündigungsschutzklage 430 4 *19*
- Tarifbindung 600 3 *19*
- Tarifvertrag 600 2 *25*
- Zeugnis 230 630 *139*

Stationsreferendar
- Prozeßvertretung 60 11 *9*
- Zustellung 60 50 *15*

Statische Verweisung
- Allgemeinverbindlichkeit 600 5 *17*
- Betriebsvereinbarung 210 77 *93*
- Bezugnahme auf Tarifvertrag 600 3 *43*
- Schriftform 600 1 *11*
- Tarifkonkurrenz/-pluralität 600 4 *116*

Statute
- Beweis 60 58 *3*
- Revision 60 73 *9*

Stechuhr
- Mitbestimmung 210 87 *48*

Stellenausschreibung
- *siehe auch Einstellung*
- Begriff 230 611 *308*
- Sprecherausschuß 590 28 *6*
- Tendenzbetrieb 210 118 *24*
- Zustimmungsverweigerung 210 99 *34*; 230 611 *312*

Stellenbeschreibung
- Mitbestimmung 210 94 *3*
- Sprecherausschuß 590 30 *10*

Stellenplan
- betriebsbedingte Kündigung 430 1 *419*

Stellensuche
- Freizeitgewährung 230 629 *13*
- Freizügigkeit 20 39 *15*
- Gemeinschaftsrecht 20 39 *15*
- Vergütung 230 629 *25*

Stellvertretung
- Beschäftigungsverhältnis 545 7 *15*
- Betriebsrat (Ausschlußfrist) 230 225 *46*
- Betriebsratsvorsitzender 210 26 *6*
- Dienstsiegel 230 127 *5*
- Handlungsgehilfe 390 75 h *1*
- Information (Arbeitgeber) 210 80 *21*
- Insolvenz 410 113 *17*
- Kündigungserklärung 230 127 *20*; 620 *174*
- Kündigungsgegenklage 430 7 *3*
- Leiharbeitsverhältnis 140 10 *3*
- Minderjährige 230 113 *5*
- Tarifvertrag 600 1 *7*
- Vertragsschluß 230 611 *430*

Stempel
- Schriftform 230 127 *19*

Stempelkartenbetrug
- Betriebsratsmitglied 430 15 *26*
- Verdachtskündigung 230 626 *212*
- verhaltensbedingte Kündigung 430 1 *359*
- Wichtiger Grund 230 626 *158*

Stempeluhr
- Überwachungseinrichtung 210 87 *62*

Sterbebeihilfe
- Tarifvertrag 600 1 *124*

Sterbehilfe
- Zulässigkeit 10 2 *117*

Sterilisation
- Entgeltfortzahlung 280 3 *107*
- Urlaub 250 9 *11*

Steuerberater
- Arbeitnehmer 230 611 *104*
- Mandantenschutzklausel 390 74 *5*
- Prozeßvertretung 60 11 *5*

Steuergeheimnis
- Arbeitnehmerüberlassung 140 18 *16*
- Öffentlichkeit (ArbGG) 60 52 *14*

Steuerklasse
- Sozialplanabfindung 210 112 *23*

Steuern
- *siehe Besteuerung*

Stichtag
- Altersteilzeit 130 2 *5*
- Gleichheitssatz 10 3 *48*
- Sonderzuwendung 230 611 *793*
- Sozialplan 210 112 *25*

Stiefkind
- Erziehungsurlaub 170 15 *6*
- Grundrechte 10 6 *6*

Stiftung
- Prozeßvertretung 60 11 *2*

Stillzeit
- Beschäftigungsverbot 500 6 *9*
- Personenkreis 500 7 *2*

magere Zahlen = §§ bzw. Art.; kursive Zahlen = Randnummern

Sachverzeichnis

Stimmbindungsvertrag
- Arbeitnehmervertreter 220 Einl. *8*

Stimmbote
- Aufsichtsrat (AktG) 50 108 *5*
- Aufsichtsratsmitglied (MitbestG) 470 25 *10*
- Zweitstimme (MitbestG) 470 29 *8*

Stipendium
- Erziehungsgeld 170 2 *7*

Stoppuhr
- Mitbestimmung 210 87 *101*

Stornogefahr
- Mitteilung 390 87 *10*
- Provisionsanspruch 390 87 a *10*

Strafanzeige
- Ausschlußfrist 600 4 *97*
- Betriebsratsausschluß 210 23 *7*
- verhaltensbedingte Kündigung 430 1 *343*
- Verschwiegenheit 230 611 *1001*
- Wichtiger Grund 230 626 *89, 90*

Strafgefangene
- Arbeitnehmer (BetrVG) 210 5 *3*
- Arbeitnehmerbegriff 230 611 *156*
- Arbeitsgerichtsbarkeit 60 5 *4*
- Berufsbildung 150 1 *6*
- Beschäftigungsverhältnis 545 7 *7*
- Kündigungsschutz 430 1 *58*
- Wehrdienst 80 15 *3*

Straftat
- Aufwendungsersatz 230 611 *824*
- Ausschlußfrist 600 4 *104*
- personenbedingte Kündigung 430 1 *265*
- Restitutionsklage 60 79 *14*
- Urteil (Personalakte) 10 2 *102*
- verhaltensbedingte Kündigung 430 1 *364*
- verhaltensbedingte Kündigung (Leistungsstörung) 430 1 *293*
- Wichtiger Grund 230 626 *148*
- Zeugnis 230 630 *89*

Strafurteil
- Verdachtskündigung 230 626 *217*

Strafverfahren
- Verdachtskündigung 230 626 *214*

Strafversprechen
- Vertragsstrafe 230 345 *1*

Straßenverkehr
- Unfallversicherung 570 110 *7*

Streik
- siehe auch Arbeitskampf
- Ankündigung 10 9 *143*
- Annahmeverzug (Streikpersonal) 230 615 *19*
- Anwesenheitsprämie 10 9 *197*
- Anwesenheitsprämie (Maßregelungsverbot) 230 612 a *19*
- Arbeitnehmervertreter 50 110 *30*
- Arbeitsniederlegung (kollektive) 10 9 *158*
- Arbeitspflicht (Befreiung) 10 9 *206*
- Arten 10 9 *141*
- Außenseiter 10 9 *148*
- Auszubildende 10 9 *145*; 150 3 *9*
- Beamte 10 9 *178*
- Beendigung 10 9 *227*
- Beginn 10 9 *153*
- Begriff 10 9 *140*
- Beihilfen 10 9 *198*
- Benachteiligung 10 9 *149*
- Beschäftigungsverhältnis 545 7 *29*
- Beteiligte 10 9 *145*
- Betriebsfortführung 10 9 *211*
- Betriebsratsausschluß 210 23 *5*
- Betriebsstillegung 10 9 *221*
- einstweilige Verfügung 10 9 *235*
- Einzelarbeitsverhältnis 10 9 *83*
- Entgeltfortzahlung 280 3 *33*
- Erhaltungsarbeit 10 9 *164*
- Feiertagslohn 10 9 *192*
- Firmentarif 10 9 *151*
- Freischicht 10 9 *205*
- Gegner 10 9 *115*
- Gleitzeit 10 9 *185*
- Gratifikation 10 9 *196*
- Haftungsausschluß (SGB VII) 570 104 *11*
- Information (Gegner) 10 9 *154*
- Kirche 10 4 *53*
- Krankheit 10 9 *157*
- Kundgabe 10 9 *154*
- Kündigung 10 9 *208*
- Leiharbeitnehmer 140 11 *29*
- Leistungsverweigerung 10 9 *288*
- Lohnrisiko 10 9 *219*
- Maßregelungsverbot 10 9 *149*
- Maßregelungsverbot (Zulässigkeit) 10 9 *210*
- Mitbestimmung 210 74 Einl. *13*
- Mutterschaftsgeld 10 9 *191*
- nichtorganisierte 10 9 *148*
- Nichtstreikende 10 9 *218*
- Normalarbeitsverhältnis 10 9 *147*
- Notdienst 10 9 *176*
- Notdienstvereinbarung 10 9 *173*
- öffentlicher Dienst 10 9 *177*
- Pressefreiheit 10 5 *62*
- rechtswidriger 10 9 *229*
- Risiko 10 9 *220*
- Schadenersatz 10 9 *232*
- Sonderzahlung 10 9 *196*
- Sozialleistungen 10 9 *195*
- Sozialversicherung 10 9 *107*
- Staat (Arbeitgeber) 10 9 *177*
- Stillegung 10 9 *221*
- Streikarbeit 10 9 *160*
- Streikaufruf 10 9 *153*
- Streikbeschluß 10 9 *153*
- Streikbruchprämie 10 9 *212*
- Streikrecht 10 9 *148*
- Streikteilnahme (Erklärung) 10 9 *157*
- Streikunterstützung 10 9 *186*
- Suspendierung 10 9 *183*
- Teilnahmerecht 10 9 *148*
- Unterlassungsanspruch 10 9 *230*
- Unterstützung (Abtretungsverbot) 230 611 *674*
- Urabstimmung 10 9 *144*
- Urlaub 10 9 *157*
- Urlaubsentgelt 250 11 *43*
- Warnstreik 10 9 *141*
- Zulagen 10 9 *194*
- Zulässigkeit (allgemeine) 10 9 *152*
- Zurückbehaltungsrecht 10 9 *292*

Streikbruchprämie
- Maßregelungsverbot 230 612 a *16*
- Mitbestimmung 210 74 Einl. *13*
- Tarifvertrag 600 1 *44*
- Verjährung 230 225 *5*

Streikunterstützung
- Begünstigte 10 9 *186*

Streitgegenstand
- Kündigungsschutzklage 430 4 *78*

Streitgenosse
- Revisionseinlegung 60 74 *3*
- Richterablehnung 60 49 *6*
- Zeuge 60 58 *14*
- Zustellung 60 50 *5*

Streithelfer
- persönliches Erscheinen 60 51 *5*

Streitkräfte
- siehe auch Stationierungsstreitkräfte

Sachverzeichnis

Fette Zahlen = Kennziffern

- Geschlechtsdiskriminierung 230 611 a 20

Streitverkündung
- Beschlußverfahren 60 83 8
- Verjährung (Unterbrechung) 230 225 16

Streitwert
- Abfindung 60 12 24
- Abmahnung 60 12 24
- Änderungskündigung 60 12 20; 430 2 71
- Annahmeverzug 230 615 123
- Arbeitspapiere 60 12 24
- Auskunftsanspruch 60 12 24
- Beschlußverfahren 60 12 24
- Beschlußverfahren (Insolvenz) 410 126 12
- Bindung (LAG) 60 61 3
- Bruttoforderung 60 12 24
- Eingruppierung 60 12 22
- Festsetzung (Beschlußverfahren) 60 84 2
- Festsetzung (Urteil) 60 61 4
- Feststellungsklage 60 12 22
- Gebührenstreitwert 60 12 15
- Kündigungsschutzklage 60 12 16
- nichtvermögensrechtliche Streitigkeiten 60 12 24
- Nichtzulassungsbeschwerde 60 72 a 34
- Rechtsmittelstreitwert 60 12 15
- Richterablehnung 60 49 30
- Rückstände 60 12 22
- Weiterbeschäftigung 60 12 19; 430 4 103
- wiederkehrende Leistungen 60 12 22
- Zeugnis 60 12 24; 230 630 140
- Zustimmungsersetzung 60 12 24
- Zustimmungsverweigerung 60 12 24

Streitwertrevision 60 72 14

Strengbeweis
- Begriff 60 58 7

Streßinterview
- Datenschutz 160 28 7
- Einstellung 230 611 425

Strohmann
- Arbeitsvertrag (Abschluß) 230 611 427

Strukturelle Unterlegenheit
- Grundsätze 10 2 28

Student
- Arbeitnehmerbegriff (BetrVG) 210 5 22
- Befristung 230 620 53
- Erziehungsurlaub (Anspruch) 170 15 4
- Gleichbehandlungsgebot (BeschFG) 180 2 53
- Haftungsausschluß 570 106 1
- Jugend-/Auszubildendenvertretung 210 60 2
- praktisches Jahr (Berufsbildung) 150 2 4

Studium
- Annahmeverzug 230 615 49
- Annahmeverzug (Böswilligkeit) 230 615 106
- Karenzentschädigung 390 74 c 12
- Wichtiger Grund 230 626 202

Stufenausbildung
- Begriff 150 26 1
- Kurzvertrag 150 26 3
- Probezeit 150 13 3

Stufenklage
- Annahmeverzug 230 615 125
- Beschwer 60 64 8
- Provision 390 87 c 3
- Verjährung (Unterbrechung) 230 225 17
- Zurückverweisung 60 68 7

Stunden-Hotel
- Betriebsübergang 230 613 a 33

Stundung
- Arbeitsvergütung (Nebenpflicht) 230 611 1032

Substantiierung
- Ausschlußfrist 600 4 104

Subunternehmer
- Arbeitnehmer 230 611 120
- Beschäftigungsverhältnis 545 7 50
- Haftung (Baugewerbe) 30 1 5
- Urlaubskasse (Haftung) 30 1 a 1

Subvention
- Handlungsfreiheit 10 2 12

Superrevisionsinstanz
- Bundesverfassungsgericht 10 Einl. 14

Surrogat
- Urlaubsabgeltung 250 7 86

Suspendierung
- siehe auch Freistellung
- Annahmeverzug 230 615 13
- Arbeitskampf 10 9 183
- Außerordentliche Kündigung 230 611 829
- außerordentliche Kündigung (Abgrenzung) 230 626 25
- Außerordentliche Kündigung (milderes Mittel) 230 626 60
- Beschäftigungspflicht 230 611 829
- Beschäftigungsverhältnis 545 7 29
- Dienstwagen 230 611 783
- Mitbestimmung 210 87 43; 99 14
- Stellensuche 230 629 15
- Urlaubsentgelt 250 11 40
- Weiterbeschäftigungsanspruch 430 4 98
- Wettbewerbsverbot 390 60 5
- Zulässigkeit 230 620 191

Syndikusanwalt
- Prozeßvertreter 60 11 8

Tabletten
- Verschulden (EntgeltfortzG) 280 3 56

Tagebuch
- Grundrechtsschutz (Schranken) 10 2 63

Tagegeld
- Mitbestimmung 210 87 98

Tankstelle
- Ladenschluß 440 6 1
- Reisebedarf 440 6 2

Tankwart
- Arbeitnehmer 230 611 97

Tantieme
- siehe auch Gewinnbeteiligung, Provision
- Arbeitsunfähigkeit 390 65 9
- Auflösungsurteil 430 10 3
- Entgeltfortzahlung 230 611 735
- Mitbestimmung 210 87 127
- Nachweispflicht 510 2 16
- Sprecherausschußvereinbarung 590 28 4
- Verjährung 230 225 5

Tarifarchiv 600 11 1

Tarifausschuß
- Allgemeinverbindlichkeit 600 5 26

Tarifautonomie
- Arbeits- und Wirtschaftsbedingungen 10 Einl. 52
- Begriff 600 1 126
- Berufsfreiheit 10 12 41
- Gemeinschaftsrecht 20 Vorb. 3
- Gesetzgebung 10 9 75
- Grenzen 10 Einl. 51; 9 55
- Grundrechte (Gestaltungsfreiraum) 10 Einl. 49
- Grundrechtsverzicht 10 Einl. 67
- Kernbereich 10 Einl. 55

Tarifbindung
- Allgemeinverbindlichkeit 600 5 2
- Aufteilungsmodell 600 3 7
- Befristung 180 1 21
- Beginn 600 3 20
- Begriff 10 9 66
- Beschäftigung-/Qualifizierungsgesellschaft 600 4 20
- Beschlußverfahren (Zuständigkeit) 60 2 a 10

magere Zahlen = §§ bzw. Art.; kursive Zahlen = Randnummern   **Sachverzeichnis**

- Betriebsnorm 600 3 *37*
- Ende 600 3 *29*
- Firmentarifvertrag 600 3 *17*
- Gastmitglied 600 3 *6*
- Gemeinsame Einrichtung 600 3 *27*
- Gemeinschaftsbetrieb 600 3 *26*
- Gewerkschaft (Zusammenschluß) 600 3 *16*
- Gleichbehandlungsgrundsatz 230 611 *861*
- Insolvenz 600 3 *12*
- Kündigungsfrist 230 622 *48*
- Mitgliedschaft 600 3 *5*
- Nachwirkung 600 3 *31*
- Rechtsschein 600 3 *8*
- Rückwirkung 600 3 *23*
- Stationierungsstreitkräfte 600 3 *19*
- Tarifvertragsänderung 600 3 *36*
- Tarifvertragsende 600 3 *35*
- Tarifvorbehalt 210 77 *53*
- Teilkündigung 600 3 *36*
- Tod 600 3 *33*
- Unterlassungsanspruch (Gewerkschaften) 10 9 *73*; 60 81 *10*; 210 23 *34*; 600 4 *39*
- Unterstützungskasse 600 3 *17*
- Verbandsaustritt 600 4 *80*
- Wegfall 600 3 *39*

Tarifeinheit
- Begriff 10 9 *70*; 600 4 *111*

Tariffähigkeit
- Arbeitgeber 600 2 *23*
- Arbeitskampfbereitschaft 10 9 *52*
- außerordentliche Kündigung 600 1 *80*
- Beginn 600 2 *18*
- Begriff 60 97 *2*
- Beschäftigungsgesellschaft 600 2 *24*
- Beschlußverfahren (Zuständigkeit) 60 2 a *10*
- Betriebsübergang 600 2 *31*
- Durchsetzungsmacht 10 9 *49*
- Ende 600 2 *20*
- Feststellung 600 2 *45*
- Firmentarifvertrag 600 2 *28*
- Gestaltungsfähigkeit 10 9 *48*
- Grundsätze 10 9 *47*
- Insolvenz 600 2 *29*
- Internationales Arbeitsrecht 290 34 *25*
- Konzern 600 2 *24*
- Liquidation 600 2 *21*
- Mächtigkeit 10 9 *49*
- Nichtzulassungsbeschwerde 60 92 a *1*
- öffentlicher Dienst 600 2 *25*
- örtliche Zuständigkeit (Beschwerde) 60 82 *3*
- örtliche Zuständigkeit (Rechtsbeschwerde) 60 97 *3*
- Spitzenorganisation 600 2 *32*
- Tarifwilligkeit 10 9 *51*
- Übersendungspflicht 60 63 *4*
- Umwandlung 600 2 *30*
- Unterverbände 600 2 *18*
- Verbandsklage 600 9 *3*

Tarifforderung
- Koalitionsfreiheit 10 9 *53*

Tarifkommission
- Arbeitsbefreiung 210 37 *3*
- Tarifvertragsabschluß 600 1 *7*

Tarifkonkurrenz
- Begriff 10 9 *70*; 600 4 *109*
- Öffnungsklausel 210 77 *74*

Tariflohnerhöhung
- Anrechenbarkeit (Mitbestimmung) 210 87 *111*
- betriebliche Übung 230 611 *633*
- Gleichbehandlungsgrundsatz 230 611 *859*
- Grundsätze 230 611 *627*

Tarifordnung 600 10 *1*

Tarifpluralität
- Begriff 600 4 *110*
- Betriebsübergang 230 613 a *106*

Tarifpraxis
- Tarifvertragsauslegung 600 1 *19*

Tarifregister
- Einrichtung 600 6 *1*
- Verordnungsermächtigung 600 11 *1*

Tarifsammlung
- Arbeitsgerichte 600 6 *9*
- Internet 600 6 *9*

Tarifsperre
- Betriebsvereinbarung 210 77 *52*

Tariftreueerklärung 30 6 *1*

Tarifübung
- Tarifvertragsauslegung 600 1 *19*

Tarifvertrag
- siehe auch *Tarifautonomie*
- siehe auch *Tarifbindung*
- siehe auch *Tariffähigkeit/-zuständigkeit*
- siehe auch *Tarifvertrag*
- siehe auch *Tarifvertrag (Geltungsbereich)*
- siehe auch *Tarifvertrag (Inhalt)*
- siehe auch *Tarifvertrag (mehrgliedriger)*
- siehe auch *Tarifvertragspartei*
- Abschlußfreiheit 10 9 *53*
- Abschlußnorm 600 1 *101*
- Abtretung 600 4 *87*
- Allgemeinverbindlichkeit 10 9 *68*; 600 5 *2*
- Änderung (Tarifbindung) 600 3 *36*
- Änderungskündigung 600 1 *80*
- Anfechtung 600 1 *9*
- Aufhebungsvertrag 600 1 *76*
- Aufhebungsvertrag (Schriftform) 600 1 *12*
- auflösende Bedingung 600 1 *75*
- Aufrechnung 600 4 *87*
- Ausgleich 10 9 *44*
- Ausgleichsquittung 230 611 *604*
- Auslage (Betrieb) 600 8 *5*
- Ausschlußfrist (fehlender Aushang) 600 4 *108*
- außerordentliche Kündigung 600 1 *81*
- autonomes Recht 600 1 *132*
- Beendigung (Tarifbindung) 600 3 *35*
- Beendigungsnorm 600 1 *108*
- Bekanntgabe 600 8 *1*
- Bekanntgabe (Allgemeinverbindlichkeit) 600 5 *30*
- Bekanntgabe (Ausschlußfrist) 230 225 *49*
- Bekanntgabe (öffentliche) 600 6 *1*
- Betätigungsgarantie 10 9 *44*
- Betriebsnorm 600 1 *111*
- Betriebsübergang (Weitergeltung) 230 613 a *95*
- Betriebsverfassung 10 9 *63*; 210 75 *5*
- Betriebsverfassungsnorm 600 1 *116*
- Beweis 60 58 *3*
- Billigkeitskontrolle 600 1 *156*
- Dienstordnungs-Angestellte 600 1 *133*
- Dissens 600 1 *8*
- Durchführungsklage 600 4 *38*
- Durchführungspflicht 10 9 *43*; 600 1 *66*
- Durchsetzung 10 9 *71*
- Eigenverantwortung 10 9 *44*
- Eingriffe (Gesetz) 10 9 *58*
- Einwirkungspflicht 10 9 *73*; 600 1 *69*
- Erfüllung 10 9 *71*
- Erfüllungsmängel 10 9 *71*
- Friedenspflicht 10 9 *73*; 600 1 *63*
- Geltung 10 9 *66*
- Gemeinsame Einrichtung (Begriff) 600 4 *40*
- Gemeinsame Einrichtung (Zulässigkeit) 600 1 *122*
- Gemeinschaftsrecht 20 141 *2*; 600 1 *150*

2701

Sachverzeichnis

Fette Zahlen = Kennziffern

- Gemeinwohl 10 9 *61*
- Geschäftsgrundlage 600 1 *81*
- Geschlechtsdiskriminierung 230 611 a *6*; 612 *50*
- Gleichberechtigung 600 1 *127*
- Gleichheitssatz 600 1 *127*
- Grenzen 10 9 *55*
- Grundrechte 10 9 *55*
- Grundsatzbeschwerde 60 72 a *7*
- Günstigkeitsprinzip 600 4 *55*
- Inhaltsfreiheit 10 9 *55*
- Inhaltskontrolle (Forderung) 10 9 *53*
- Inhaltsnormen 600 1 *92*
- Interessenausgleich 10 9 *44*
- Internationales Arbeitsrecht 290 34 *3, 19*
- Kartellwirkung 10 9 *43*
- Koalitionsfreiheit 600 1 *138*
- Kündigung 600 1 *78*
- Kündigung (Spitzenorganisation) 600 2 *34*
- Mitteilungspflicht 600 7 *4*
- mittelbare Diskriminierung 600 1 *127*
- Nachweispflicht 510 2 *22*
- Nachwirkung 600 4 *73*
- Nachwirkungszeitraum (Änderung) 600 4 *74*
- Neuabschluß (Form) 600 1 *10*
- normative Wirkung 600 4 *1*
- normativer Teil 10 9 *43*
- Normsetzungsprärogative 10 9 *46*
- obligatorischer Teil 10 9 *43*
- Öffnungsklausel 10 9 *60*; 600 4 *48*
- Ordnungsfunktion 10 9 *45*
- Privatrecht 10 9 *43*
- Prozeßstandschaft 600 4 *36*
- prozessuale Normen 600 1 *118*
- Rechtsnorm 10 9 *43*
- Rechtsquelle 230 611 *266*
- Rechtsverordnung 600 1 *131*
- Regelungskompetenz (fehlende) 600 1 *97*
- Regelungsmacht (Tarifautonomie) 600 1 *126*
- Revisionsinstanz (Nachprüfung) 60 73 *7*
- Revisionszulassung 600 9 *27*
- Richtigkeitsgewähr 10 9 *65*; 600 2 *10*
- Rückwirkung (Tarifbindung) 600 3 *23*
- Rückwirkung (Tarifinhalt) 600 4 *25*
- Schriftform 230 127 *17*; 600 1 *10*
- schuldrechtlicher Teil 600 1 *56*
- Schutzpflicht (Verfassung) 10 9 *74*
- Staat (Einfluß) 10 9 *44*
- Staat (Eingriff) 10 9 *58*
- Stationierungsstreitkräfte 600 2 *25*
- Stellvertretung 600 1 *7*
- Tarifeinheit 600 4 *111*
- Tarifkommission 600 1 *7*
- Tarifkonkurrenz 600 4 *109*
- Tarifpluralität 600 4 *110*
- Tarifregister 600 *1*
- Tariftreueerklärung 30 6 *1*
- Tarifzuständigkeit 600 2 *39*
- Tod (Arbeitnehmer) 600 4 *9*
- Übersendungspflicht 600 7 *2*
- Überwachung (Betriebsrat) 210 80 *4*
- Umwandlung 230 613 a *168*
- Unfallverhütungsvorschrift 600 1 *134*
- Unterschrift 60 1 *6*
- unzulässige Rechtsausübung 600 4 *93*
- Urteilsverfahren 60 2 *12*
- Verbandsaustritt 10 Einl. *57*
- Verbandsklage 600 9 *6*
- Verfassungsbeschwerde 600 9 *36*
- Vergleich 600 4 *89*
- Verhandlungsanspruch 10 9 *53*
- Verhandlungskommission 10 9 *53*
- Vertragsfreiheit 10 9 *44*
- Vertragsparität 600 1 *2*
- Vertragsschluß 600 1 *6*
- Verwaltungsakt 600 1 *131*
- Verwaltungsvorschriften 600 1 *131*
- Verwirkung 600 4 *92*
- Verzicht 600 4 *85*
- Vollmacht 600 1 *7*
- Vorbehalt (Betriebsvereinbarung) 210 77 *52*
- Vorrang (Betriebsvereinbarung) 210 77 *49*
- Vorvertrag 600 1 *2, 58*

Tarifvertrag (Auslegung)
- *siehe auch Auslegung*
- Bezugnahme auf Tarifvertrag 600 3 *43*
- Eingruppierung 600 1 *17*
- Feststellungsklage 600 1 *27*
- Grundsatz 600 1 *14*
- Rechtskonforme 600 1 *20*
- Regelungslücke 600 1 *21*
- Revisionsinstanz 600 1 *27*
- schuldrechtlicher Teil 600 1 *24*
- Tarifauskunft 600 1 *27*
- Tarifpraxis 600 1 *19*
- Tarifübung 600 1 *19*
- Urteilsverfahren 60 2 *13*

Tarifvertrag (Geltungsbereich)
- Abschlußnormen 600 4 *24*
- Allgemeinverbindlichkeit 600 5 *10*
- Arbeitnehmerbegriff 600 1 *84*
- Arbeitsort 600 4 *16*
- Ausland 600 4 *15*
- Auslegung 600 4 *13*
- Berufsausbildung 600 1 *85*
- Beschäftigungs-/Qualifizierungsgesellschaft 600 4 *20*
- Betrieb (Herausnahme) 600 2 *40*
- Betriebsvereinbarung (Tarifvorrang) 210 77 *49*
- Bezugnahme auf Tarifvertrag 600 3 *48*
- fachlicher 600 4 *18*
- Feststellungsklage 600 3 *51*
- Gleichbehandlungsgrundsatz 230 611 *835*
- Gleichheitssatz 10 3 *28*
- Handwerk 600 4 *20*
- Kündigungsfrist 230 622 *72*
- Mischbetrieb 600 4 *19*
- Nachwirkung 600 4 *79*
- persönlicher 600 4 *22*
- räumlicher 600 4 *15*
- Rückwirkung 600 4 *25*
- Tarifeinheit 600 4 *111*
- Tarifkonkurrenz 600 4 *109*
- Tarifpluralität 600 4 *110*
- Tarifzuständigkeit 600 4 *12*
- Urteilsverfahren 60 2 *14*
- Vorruhestand 600 4 *21*
- Wechsel 600 4 *30*
- zeitlicher 600 4 *24*

Tarifvertrag (Inhalt)
- Abschlußgebot 230 611 *440*
- Abtretungsverbot 230 611 *674*
- Altersgrenze 560 41 *17*
- Altersgrenze (Übergangsbestimmungen) 560 41 *29*
- Altersteilzeit 130 2 *10*
- Annahmeverzug 600 1 *29*
- Anzeige-/Nachweispflicht (EntgeltfortzG) 280 5 *68*
- arbeitnehmerähnliche Person 600 12 a *3*
- Arbeitnehmerbegriff 230 611 *49*
- Arbeits- und Wirtschaftsbedingungen 10 Einl. *52*
- Arbeitsvergütung 600 1 *93*
- Arbeitsverhinderung 600 1 *30*
- Arbeitszeit 110 2 *29*

magere Zahlen = §§ bzw. Art.; kursive Zahlen = Randnummern   **Sachverzeichnis**

- Arbeitszeit (Abweichung) 110 7 *4*
- Ausschlußfrist 600 4 *94*
- Ausschlußfristen (Reichweite) 230 225 *32*
- außerdienstliches Verhalten 10 2 *81*
- Befristung 180 1 *17*; 230 620 *157*
- Befristung (Arzt) 25 3 *11*
- Befristung (Hochschule) 400 57 a *20*
- Benachteiligungsverbot 600 1 *140*
- Berufsfreiheit 10 12 *24, 41*; 600 1 *139*
- Besetzungsregelung 600 1 *31*
- betriebliche Altersversorgung 200 17 *22*
- Betriebsratsbeteiligung 210 1 *10*
- Betriebsverfassung (Organisation) 210 3 *1*
- Darlehen 600 1 *91*
- Datenschutz 160 Einl. *10*
- Differenzierungsklausel 600 1 *32*
- Diskriminierungsverbot 10 Einl. *58*
- Dritte (schuldrechtlicher Teil) 600 1 *60*
- Effektivklausel 600 1 *33*
- Eingruppierung 600 1 *48*
- Entgeltfortzahlung 280 4 *38*
- Entgeltfortzahlung (Abdingbarkeit) 280 12 *8*
- Entgeltfortzahlung (Heimarbeit) 280 10 *16*
- Formvorschriften 230 127 *7*; 600 1 *35*
- Formvorschriften (Aufhebung) 230 127 *32*
- Formvorschriften (Rechtsfolge) 230 127 *27*
- Freistellung (Betriebsrat) 210 38 *5*
- Generalklausel 600 4 *6*
- Gesetze 600 1 *153*
- Gewerkschaftsbeiträge 600 1 *37*
- Gleichberechtigung 600 1 *140*
- Gleichheitssatz 10 3 *26*; 600 1 *140*
- Gleichheitssatz (Verstoß) 10 3 *58*
- gleichwertige Arbeit 600 1 *140*
- Grundrechte 10 Einl. *21*
- Grundrechte (Arbeitgeber) 600 1 *142*
- Grundrechtsbindung 10 Einl. *46*
- Günstigkeitsprinzip 600 4 *55*
- Jahreswagen 600 1 *91*
- Klagerücknahme 600 4 *88*
- Kündigungsschutz 600 1 *38*
- Kündigungsschutz (KSchG) 430 23 *12*
- Luftfahrt (Betriebsverfassung) 210 117 *3*
- Maßregelungsverbot 600 1 *44*
- Mitbestimmungserweiterung (BetrVG) 210 74 Einl. *4*
- Nachtarbeit 110 6 *29*
- NachweisG (Abweichung) 600 1 *35*
- Nebentätigkeit 230 611 *1013*; 626 *131*
- Normenklarheit 600 1 *147*
- Öffnungsklausel 600 4 *48*
- örtliche Zuständigkeit 600 1 *119*
- Prozeßstandschaft 600 4 *36*
- Rechtswahl 290 34 *6*
- Regelungslücke (höherrangiges Recht) 600 1 *168*
- Regelungsmacht 10 Einl. *50*
- Revision 60 73 *11*
- Richterrecht 600 1 *160*
- Richtigkeitsgewähr 10 3 *27*
- Rückzahlungsklausel 230 611 *653*; 600 1 *45*
- Ruhezeit (Abweichung) 110 5 *17*
- Rundfunkfreiheit 10 5 *107*
- Schriftformerfordernis (Verhältnis/§ 623 BGB) 230 623 *23*
- Sonderzuwendung (Kürzung) 280 4 a *25*
- Sonderzuwendung (Rückzahlung) 230 611 *810*
- Sozialauswahl 430 1 *521*
- Sprecherausschüsse 590 Einl. *3*
- Sterbebeihilfe 600 1 *124*
- Teilzeitarbeit 600 1 *46*
- Umwandlung (Mitbestimmungsbeibehaltung) 610 325 *18*
- unbestimmter Rechtsbegriff 600 4 *6*
- unmittelbare Wirkung 600 4 *31*
- Unternehmensmitbestimmung (BetrVG 1952) 220 Einl. *7*
- Unwirksamkeit 600 1 *162*
- Urlaub (Abdingbarkeit) 250 13 *6*
- Urlaub (Heimarbeit) 250 12 *35*
- Urlaub (Jugendliche) 420 19 *18*
- Urlaubsabgeltung 250 7 *87*
- Urlaubsübertragung 250 7 *82*
- Verbandsklage 600 9 *7*
- Vergleich 600 4 *89*
- Vergütungsfortzahlung 230 616 *19*
- Verjährung (Verkürzung) 230 225 *24*
- Vertragsstrafe 230 345 *29*
- Vertrauensleute 600 1 *36*
- Verwirkung 600 4 *92*
- Verzicht 600 4 *85*
- Völkerrecht 600 1 *152*
- Vorstellungskosten 600 1 *95*
- Werksmietwohnung 600 1 *91*
- Wettbewerbsverbot (nachvertragliches) 390 75 d *6*
- Wiederaufleben 600 1 *164*
- Wiedereinstellungsklausel 600 1 *53*
- Willkürverbot 10 Einl. *58*
- Zölibatsklausel 10 6 *15*
- Zuständigkeitsregelung 60 48 *17*
- Zustimmungsverweigerungsgrund 210 99 *25*
- zwingende Wirkung 600 4 *34*

Tarifvertrag (mehrgliedriger)
- Allgemeinverbindlichkeit 600 5 *14*
- Konzern 600 2 *24*
- Tarifbindung 600 3 *18*
- Tarifvertragspartei 600 1 *5*
- Verbandsklage 600 9 *9*

Tarifvertragspartei
- *siehe auch Arbeitgeberverband*
- *siehe auch Gewerkschaft*
- *siehe auch Koalition*
- Anfechtungsklage (Allgemeinverbindlichkeit) 600 5 *41*
- Betriebsvereinbarung (Klagebefugnis) 10 9 *73*; 60 81 *10*; 210 23 *34*; 600 4 *39*
- Gast-/Fördermitgliedschaft 600 2 *14*
- Haftung 600 1 *72*
- Koalitionsbegriff 600 2 *3*
- Liquidation 600 2 *21*
- mehrgliedriger Tarifvertrag 600 1 *5*
- OT-Mitgliedschaft 600 2 *14*
- Tarifbindung 600 3 *5*
- Tariffähigkeit (Beginn/Ende) 600 2 *18*

Tarifvorbehalt
- Betriebsübergang 210 77 *68*
- Grundsatz 210 77 *52*
- Nachwirkung 600 4 *77*

Tarifvorrang
- Betriebsverfassung 10 9 *64*
- Grundsatz 210 77 *49*
- soziale Angelegenheiten 210 87 *14*

Tarifwilligkeit
- Koalitionen 10 9 *9*
- Tarifvertragspartei 600 2 *12*

Tarifzensur
- Grundrechte 10 Einl. *48*
- Zulässigkeit 10 9 *77*

Tarifzuständigkeit
- außerordentliche Kündigung 600 1 *80*
- Begriff 60 97 *2*
- Beschlußverfahren (Zuständigkeit) 60 2 a *10*
- Betriebsübergang 230 613 a *105*
- fehlende 600 2 *43*

Sachverzeichnis

Fette Zahlen = Kennziffern

- Feststellung 600 2 *45*
- Firmentarifvertrag 600 2 *42*
- Geltungsbereich (Tarifvertrag) 600 4 *12*
- Nichtzulassungsbeschwerde 60 92 a *1*
- örtliche Zuständigkeit 60 82 *3;* 97 *3*
- Schiedsverfahren 600 2 *41*
- Übersendungspflicht 60 63 *4*
- Verbandsklage 600 9 *3*
- Verbandstarif 600 2 *39*

Taschengeld
- Beschäftigungsverhältnis 545 7 *26*

Tatbestand
- Berufungsurteil 60 69 *2*
- Beschlußverfahren (Berichtigung) 60 80 *2*
- Beweiswürdigung 60 58 *49*
- Bezugnahme 60 69 *6*
- Inhalt 60 60 *3*
- Revisionsgericht (Bindung) 60 73 *2*
- Revisionsgrund 60 73 *30*
- Revisionsurteil 60 75 *6*

Tatbestandsberichtigung
- Beschlußverfahren 60 84 *2*
- Revision 60 73 *2*

Tätigkeitsbericht
- Mitbestimmung 210 87 *23*

Tätigkeitsbeschreibung
- Nachweispflicht 510 2 *14*

Tätlichkeit
- Abmahnung 230 626 *47;* 430 1 *305*
- Betriebsratsausschluß 210 23 *5*
- Darlegungs- und Beweislast 430 1 *337*
- verhaltensbedingte Kündigung 430 1 *366*
- Wichtiger Grund 230 626 *95*
- Wichtiger Grund (Schuldfähigkeit) 230 626 *159*

Taxifahrer
- Arbeitnehmer 230 611 *97*

Technische Einrichtung
- Kassiererin (Kontrollen) 230 626 *154*
- Mitbestimmung 210 87 *48*

Technischer Rentner
- Insolvenzsicherung 200 7 *12*

Teilarbeitsunfähigkeit 280 3 *26*

Teilkündigung
- Änderungskündigung 430 2 *7*
- Begriff 230 620 *205*
- Schriftform 230 623 *7*
- Tarifbindung 600 3 *36*
- Tarifvertrag 600 1 *79*
- Unzulässigkeit 230 611 *525*
- Widerrufsvorbehalt 430 2 *8*

Teilprovision 390 87 a *8*

Teilrente
- Altersrente 560 Einl: *8*
- Teilzeitanspruch 560 Einl. *21*

Teilurlaub
- Abgeltung 250 5 *17, 20, 28*
- Arbeitgeberwechsel 250 6 *7*
- Dauer 250 5 *12, 21*
- Entstehen 250 5 *6, 18*
- Erfüllung 250 5 *15*
- Fälligkeit 250 5 *10, 20*
- gekürzter 250 5 *11*
- Heimarbeiter 250 12 *30*
- Individualvereinbarungen 250 13 *59*
- Krankheit 250 5 *9*
- Rundung 250 5 *14, 35*
- Tarifvertrag 250 13 *24*
- Übertragung 250 5 *16, 23, 28*
- Urlaubsentgelt 250 5 *11*
- Urlaubsübertragung 250 7 *75*
- Zusammenhängende Gewährung 250 7 *39*

Teilurteil
- Berufung 60 64 *2*
- Handlungsvornahme 60 61 *11*
- Revision 60 72 *4*
- Streitwert 60 61 *4*
- vorläufige Vollstreckbarkeit 60 62 *2*
- Zurückverweisung 60 68 *4*

Teilvergütung
- außerordentliche Kündigung 230 628 *8*
- Darlegungs- und Beweislast 230 628 *121*
- Interessenwegfall 230 628 *30*
- Vorleistung 230 628 *37*

Teilversammlung
- leitende Angestellte 590 15 *4*
- Zulässigkeit 210 42 *9*

Teilzeit
- siehe auch Diskriminierung (Geschlecht)
- siehe auch Gleichbehandlungsgebot (BeschFG)
- siehe auch Gleichberechtigung
- siehe auch mittelbare Diskriminierung
- siehe auch Überstundenzuschlag
- Abrufarbeit 180 4 *6*
- Änderungskündigung 430 2 *63*
- Annahmeverzug 430 11 *7*
- Anrechnung (BetrAVG) 200 5 *27*
- Arbeitnehmerzahl (KSchG) 430 23 *16*
- Arbeitszeitmodell 110 7 *32*
- Arbeitszeitveränderung 180 3 *6*
- Arzt (Weiterbeschäftigung) 25 3 *9*
- Begriff (BeschFG) 180 2 *11*
- Entgeltfortzahlung 280 4 *14*
- Erziehungsgeld 170 2 *2*
- Erziehungsurlaub 170 18 *6*
- Erziehungsurlaub (während) 170 15 *16*
- Feiertag (Zeitfaktor) 280 2 *36*
- Feiertagsvergütung 280 2 *9*
- Freizügigkeit 20 39 *6*
- Geschlechtsdiskriminierung 230 612 *56*
- Gleichbehandlungsgrundsatz (BeschFG) 180 2 *2*
- Gleichheitssatz 10 3 *65*
- Karenzentschädigung 390 74 b *11*
- Kleinbetrieb (Kündigungsfrist) 230 622 *40*
- Massenentlassung 430 17 *6*
- Nachweispflicht 510 1 *2*
- Pflichtplatzberechnung 530 12 *12*
- Ruhegeld (mittelbare Diskriminierung) 20 141 *22*
- Sozialauswahl 430 1 *485*
- Sozialzulagen 230 611 *715*
- Stellensuche 230 629 *7*
- Tarifvertrag (Abdingbarkeit) 600 1 *46*
- Teilrente 560 Einl. *21*
- Überstundenzuschläge 230 611 *723*
- Unterrichtung (Arbeitsplatz) 180 3 *4*
- Urlaubsanspruch 250 1 *22*
- Urlaubsdauer 250 3 *32*
- Zulagen 230 611 *711*

Telearbeit
- Arbeitnehmer 230 611 *101*
- Arbeitnehmerbegriff (BetrVG) 210 5 *23*

Telefax
- siehe auch Form, Schriftform, Telekopie
- Ausschlußfrist 600 4 *105*
- Berufungsbegründung 60 66 *15*
- Berufungseinlegung 60 66 *4*
- Betriebsrat 210 40 *16*
- Einspruch 60 59 *23*
- Kündigungsschutzklage 430 4 *64*
- Mahnantrag 60 46 a *7*
- Revision 60 74 *14*
- Schriftform 230 127 *19*
- Schriftform (vereinbarte) 230 127 *42*

magere Zahlen = §§ bzw. Art.; kursive Zahlen = Randnummern

Sachverzeichnis

Telefon
- Betriebsrat (Ausstattung) 210 40 *16*
- Beweisverbot 60 58 *43*
- Datenerfassung (Mitbestimmung) 210 87 *62*
- Datenspeicherung 160 28 *21*
- Gesamtbetriebsrat 210 50 *5*
- Kündigung 430 4 *26*
- Mitbestimmung 210 87 *19*
- Persönlichkeitsschutz 10 2 *100*
- Schadensersatz (heimliches Mithören) 230 611 *891*
- Verwertungsverbot 10 2 *79*

Telefonaufschaltanlage
- Abhören 10 2 *100*

Telegramm
- Einspruch 60 59 *23*
- Kündigung 430 4 *39*
- Schriftform 230 127 *19*
- Schriftform (vereinbarte) 230 127 *42*

Telekommunikation
- Datenschutz 160 28 *22*

Telekopie
- *siehe auch Telefax*
- Berufungsbegründung 60 66 *15*
- Berufungseinlegung 60 66 *4*
- Einspruch 60 59 *23*
- Kündigungsschutzklage 430 4 *64*
- Mahnantrag 60 46 a *7*
- Revision 60 74 *14*

Tendenzbetrieb
- *siehe auch Kirche*
- außerdienstliches Verhalten 10 2 *81*; 230 611 *1018*; *626 124*
- Begriff 210 118 *5*
- Beschlußverfahren (Feststellungsinteresse) 60 81 *2*
- Betriebsänderung 210 118 *18*
- Betriebsratsanhörung 210 118 *26*
- Betriebsübergang 230 613 a *14*
- Betriebsverfassung 210 118 *1*
- Bruttolohnliste 210 80 *27*; 118 *22*
- Fragerecht 230 611 *386*
- Jahresbericht 210 118 *21*
- Konzern (MitbestG) 470 5 *15*
- Konzern (Tendenzschutz) 220 81 *3*
- Kündigungsschutz 430 1 *266*
- Kündigungsschutz (Betriebsverfassungsorgane) 430 15 *3*
- Meinungsfreiheit 10 5 *38*
- Nachteilsausgleich 210 118 *18*
- Personalplanung 210 92 *7*
- personelle Angelegenheiten 210 118 *24*
- politische Betätigung 230 626 *136*
- Pressefreiheit 10 5 *58*
- Religionsgemeinschaften 210 118 *28*
- soziale Angelegenheiten 210 118 *23*
- Sprecherausschuß 590 32 *13*
- Tendenzträger 210 118 *20*
- Umwandlung 610 325 *6*
- Unternehmensmitbestimmung (BetrVG 1952) 220 81 *1*
- Unternehmensmitbestimmung (MitbestG) 470 1 *9*
- verhaltensbedingte Kündigung 430 1 *367*
- Wirtschaftsausschuß 210 118 *17*

Tendenzunternehmen
- *siehe Tendenzbetrieb*

Tenor
- Revisionszulassung 60 72 *22*

Terminsbestimmung
- Vorsitzender 60 53 *9*

Terminsverlegung
- Glaubhaftmachung 60 58 *6*

Testamentsvollstrecker
- Kündigungserklärung 230 620 *180*
- Prozeßführungsbefugnis 60 10 *20*

Teuerungsausgleich
- Anpassung (BetrAVG) 200 16 *30*

Theater
- Kinderarbeit 420 6 *2*
- Sonn-/Feiertagsarbeit 110 10 *8*
- Tendenzbetrieb 210 118 *14*

Therapeut
- Arbeitnehmer 230 611 *98*

Titel
- Persönlichkeitsrecht 10 2 *47*

Titularprokurist
- leitende Angestellte (BetrVG) 210 5 *33*

Tochterunternehmen
- Montanindustrie 490 1 *15*

Tod
- Arbeitsverhältnis 230 620 *183*

Todesstrafe 10 2 *109*

Tonband
- Beweisverbot 60 58 *43*
- Persönlichkeitsrecht 10 2 *44*
- Verwertungsverbot 10 2 *79*

Topfvereinbarung
- Provision 390 87 *15*

Torkontrolle
- Mitbestimmung 210 87 *20*
- Persönlichkeitsschutz 10 2 *101*

Totgeburt
- Begriff 500 6 *3*

Traineeprogramm
- Mitbestimmung 210 96 *7*

Trainer
- *siehe auch Sport*
- Arbeitnehmer 230 611 *115*

Transferentschädigung
- Sittenwidrigkeit 230 611 *463*

Transfermaßnahmen
- Sozialplan 210 112 *33*

Transplantation
- Entgeltfortzahlung 280 3 *21*

Transsexualität
- Anfechtung 230 611 *485*
- Zeugnis (Namensangabe) 230 630 *114*

Trennungsentschädigung
- betriebliche Übung 230 611 *284*

Treu und Glauben
- *siehe auch Rechtsmißbrauch*
- Ausschlußfrist 600 4 *108*
- Kündigung 430 13 *30*
- Kündigungsgegenklage 430 7 *3*
- Revision 60 73 *12*

Treuepflicht
- Aufsichtsratsmitglied 50 116 *7*
- Kündigung 430 1 *292*

Treuhand
- Betriebsübergang 230 613 a *47*

Trinkgeld
- Anrechnung 230 611 *743*
- Betriebsratsmitglied 210 37 *8*
- Entgeltfortzahlung 280 4 *31*
- Urlaubsentgelt 250 11 *15*

Tronc
- Begriff 230 611 *740*

Trotzkündigung
- Klagefrist 430 4 *56*

Truckverbot
- Aufrechnung 230 611 *665*
- Begriff 230 611 *767*

Trunksucht
- wichtiger Grund 230 626 *180*

2705

Sachverzeichnis

Fette Zahlen = Kennziffern

Tucholsky-Zitat 10 5 *27*
Turnusarbeitsverhältnis
- Begriff 180 5 *17*
Tutor
- Befristung 400 57 a *14*
TV-Mindestlohn
- Text 30 1 *20*

Überanstrengung
- Schutzpflicht (Arbeitgeber) 230 618 *16*
Überarbeit
- Begriff 230 611 *717*
Überbetrieblichkeit
- Koalition 10 9 *8*
Überbrückungshilfe
- Ruhegeld 200 1 *6*
Überbrückungsmaßnahmen
- personenbedingte Kündigung 430 1 *182*
Überforderungsklausel
- Altersteilzeit 130 3 *26*
Übergangsgeld
- Anrechnungsverbot (Schwerbehinderte) 530 45 *4*
- Gemeinschaftsrecht 20 141 *4*
- Geschlechtsdiskriminierung 230 612 *57*
- Krankengeld (Ruhen) 550 49 *15*
- Teilzeitarbeit 180 2 *44, 58*
Übergangsmandat
- siehe auch Restmandat
- Beschlußverfahren 610 321 *9*
- Betriebsauf-/abspaltung 610 321 *6*
- Betriebsrat 210 21 *7*
- Betriebsrat (Beteiligungsrechte) 610 321 *8*
- Betriebsratsanhörung 210 102 *1*
- Betriebsspaltung 210 111 *14*
- Betriebsübergang 230 613 a *111*
- Kosten (Übernahme durch Arbeitgeber) 210 40 *1*
- Spaltung 230 613 a *171*; 610 323 *7*
- Zuordnungstarifvertrag 210 3 *5*
Übergewicht
- Schadenersatz 230 611 *891*
Überhangprovision 390 87 *7*
Überlassungsfrist
- Verleihererlaubnis (Versagungsgrund) 140 3 *44*
Überlassungsverhältnis (AÜG)
- Beendigung 140 12 *11*
- fehlende Erlaubnis 140 9 *5*
- Grundsätze 140 12 Einl. *15*
- Inhalt 140 12 *6*
- Unterrichtungspflicht 140 12 *13*
- Vertragsurkunde 140 12 *3*
Überlegungsfrist
- Änderungskündigung 430 2 *41*
- nachträgliche Klagezulassung 430 5 *11*
Übermaßverbot
- Begriff 10 Einl. *27*
- Berufsfreiheit 10 12 *21*
- Gleichheitssatz 10 3 *33*
- Kündigung 430 1 *123*
- Persönlichkeitsrecht 10 2 *59*
- Privatautonomie 10 2 *28*
- Schutzpflicht 10 Einl. *38*
- Tarifvertrag 10 Einl. *50*
Übernachtungskosten
- Kostenerstattung 60 12 a *6*
- Übernachtungsgeld (Mitbestimmung) 210 87 *98*
- Vorstellungskosten 230 611 *325*
Übernahmeangebot
- Betriebsübergang 230 613 a *30*
Überraschende Klausel
- Inhaltskontrolle 230 611 *555*
Überschußbeteiligung
- Versorgungsanwartschaftshöhe 200 2 *30*

Überschußverwendung
- Anpassung (BetrAVG) 200 16 *77*
Übersetzer
- Arbeitnehmer 230 611 *114*
Überstunden
- siehe auch Überstundenzuschlag
- Abgeltung 230 611 *951*
- Abrufarbeit 180 4 *16*
- Ankündigungsfrist 230 626 *113*
- Annahmeverzug 230 615 *95*
- Anspruch auf 230 611 *948*
- Arbeitnehmerentsendung 30 *7*
- Arbeitszeit 110 7 *29*
- Ausschlußfrist 600 4 *97*
- Begriff 230 611 *948*
- Berufsausbildung 150 10 *6*
- Betriebsnorm 600 1 *114*
- Betriebsratsmitglied (Entgelt) 210 37 *8*
- Betriebsversammlung 210 44 *11*
- Entgeltfortzahlung 280 4 *4, 11, 24, 44*
- Feiertagsvergütung 280 2 *34*
- Freizeitausgleich 230 611 *951*
- Jugendliche 420 8 *1*
- Jugendliche (Notfall) 420 21 *4*
- Mitbestimmung 210 87 *34*
- Mutterschutzlohn 500 11 *9*
- personenbedingte Kündigung 430 1 *218*
- Pflichtverletzung (Arbeitgeber) 210 23 *26*
- Rufbereitschaft 230 611 *956*
- Schwangerschaft 500 8 *2*
- Schwerbehinderte 530 46 *1*
- Urlaubsentgelt (Tarifvertrag) 250 13 *48*
- Urlaubsentgelt (Zeitfaktor) 250 11 *11, 31*
- Vergütung 230 611 *717*; 612 *18*
- Vergütung (Pflicht) 230 611 *951*
- Vergütung (Sittenwidrigkeit) 230 611 *463*
- Vergütung (Wahlmöglichkeit) 230 611 *575*
- verhaltensbedingte Kündigung 430 1 *357*
- Wahlvorstand 210 20 *12*
- Weiterarbeit (§ 625 BGB) 230 625 *10*
- Wichtiger Grund 230 626 *113*
Überstundenzuschlag
- Altersteilzeit 130 3 *4*
- Arbeitszeitmodelle 110 7 *38*
- Ausschlußfristen 230 225 *44*
- Betriebsratsmitglied (freigestelltes) 210 38 *12*
- Gleichbehandlungsgebot (BeschFG) 180 2 *28, 42*
- Teilzeitarbeit 180 2 *58*
Übertragung
- Versorgungsanwartschaft 200 4 *1*
Überversorgung
- Ruhegeld 200 Einl. *37*
Überwachung
- Gesamtbetriebsrat 210 50 *5*
- Mitbestimmung 210 87 *48*
- Persönlichkeitsschutz 10 2 *99*
- Pflichtverletzung (Arbeitgeber) 210 23 *26*
- Schadenersatz 230 611 *891*
Überzahlung
- Ausschlußfristen 230 225 *44*; 600 4 *98*
- Ausschlußfristen (Beginn) 230 225 *49*
- Ausschlußfristen (Rechtsmißbrauch) 230 225 *67*
- Bruttobetrag 230 611 *618*
- Entreicherung 230 611 *610*
- Rückzahlungsverpflichtung 230 611 *610*
- Verjährung 230 225 *6*
Ultima-ratio
- Änderungskündigung 430 1 *553*
- Arbeitskampf 10 9 *109*
- außerordentliche Kündigung 230 626 *44*
- Berufsausbildung 150 15 *4*
- betriebsbedingte Kündigung 430 1 *425*

magere Zahlen = §§ bzw. Art.; kursive Zahlen = Randnummern **Sachverzeichnis**

- Betriebsbuße 230 626 *57*
- Druckkündigung 430 1 *281*
- Insolvenz 410 113 *12*
- Kündigung (Grundsätze) 430 1 *121*
- Tarifvertrag (Kündigung) 600 1 *80*

Umdeutung
- Abmahnung (Kündigung) 230 626 *52*
- Auflösungsantrag 430 13 *20*
- außerordentliche Kündigung 230 626 *292*
- Berufung 430 13 *17*
- Betriebsratsanhörung 230 626 *294*
- Betriebsvereinbarung 210 77 *45*
- Drei-Wochen-Frist 430 13 *18*
- Klagefrist 430 6 *4*
- Kündigungserklärung 230 620 *216*
- Kündigungsfrist 230 622 *26*; 430 13 *29*
- Kündigungsschutzprozeß 430 13 *19*
- Schriftform (623 BGB) 230 623 *30*

Umgruppierung
- Änderungskündigung 430 2 *66*
- Arbeitnehmer (Zustimmungsverweigerung) 210 99 *47*
- Begriff 230 611 *624*
- ehrenamtliche Richter 60 26 *3*
- Gesamtbetriebsrat 210 50 *6*
- Mitbestimmung 210 99 *12*
- Mitbestimmung(Verfahren) 210 99 *19*
- Sprecherausschuß 590 31 *4*
- Zwangsgeld (BetrVG) 210 101 *2*

Umkleiden
- Arbeitszeit 230 611 *937*
- Arbeitszeit (ArbZG) 110 2 *32*
- Vergütungspflicht 230 611 *749*

Umlage
- Gleichheitssatz 10 3 *63*

Umsatzbeteiligung
- Handlungsgehilfe 390 65 *2*
- Urlaubsentgelt 250 11 *15*

Umschüler
- Arbeitnehmer (BetrVG) 210 5 *10*
- Betriebsratsfähigkeit 210 1 *14*
- Jugend-/Auszubildendenvertretung 210 60 *2*
- Mutterschutz 500 1 *3*

Umschulung
- Begriff 150 47 *1*
- Kostenübernahme 230 611 *650*
- personenbedingte Kündigung 430 1 *182*
- Sozialplan 210 112 *28*
- Weiterbeschäftigung 430 1 *564*
- Widerspruchsgrund (Kündigung) 210 102 *21*
- Zustimmung (Arbeitnehmer) 430 1 *567*

Umsetzung
- Altersteilzeit 130 3 *14*
- Beschäftigungsverbot 500 3 *4*
- Nachtarbeit 110 6 *15*

Umwandlung
- Altersversorgung 230 613 a *175*
- Arbeitsgerichtsbarkeit 60 3 *4*
- Aufsichtsrat (Statusverfahren) 50 96 *6*
- Betrieb (BetrVG) 210 4 *6*
- Betriebsvereinbarung 230 613 a *170*
- Formen (UmwG) 610 321 *1*
- formwechselnde (UmwG) 610 324 *4*
- Haftungsausschluß 230 613 a *122*
- Kündigungsschutz (Gemeinschaftsbetrieb) 610 322 *4*
- Sprecherausschuß 610 325 *1*
- Tariffähigkeit 600 2 *30*
- Tarifvertrag 230 613 a *168*
- Wettbewerbsverbot (nachvertragliches) 390 74 *57*
- Zuordnung 230 613 a *165*

Umwandlung (UmwG)
- Sozialplan 210 112 *38*

Umweltschutz
- Betriebsversammlung 210 45 *2*

Umzug
- Kündigungserklärung 430 4 *41*

Umzugskosten
- Ausland 230 611 *640*
- Grundsätze 230 611 *639*
- Mitbestimmung 210 87 *98*
- Schadenersatz (Auflösungsverschulden) 230 628 *98*
- Sozialplan 210 112 *29*

Unabdingbarkeit
- Erziehungsurlaub 170 15 *14*

Unbestimmter Rechtsbegriff
- Revision 60 73 *12*

Unbezahlter Urlaub
- Beschäftigungsverhältnis 545 7 *29*

Unentschuldigtes Fehlen
- Feiertagsvergütung 280 2 *48*

Unerlaubte Handlung
- *siehe auch Schadenersatz*
- Ausschlußfristen 230 225 *45*
- Verjährung (Hemmung) 230 225 *13*

Unfallverhütung
- Schulungs-/Bildungsveranstaltung 210 37 *17*
- Tarifvertrag 600 1 *134*

Unfallversicherung
- *siehe auch Haftungsausschluß (SGB VII)*
- Anrechnungsverbot (BetrAVG) 200 5 *36*
- Anrechnungsverbot (Schwerbehinderte) 530 45 *3*
- Antrag 570 2 *1*
- Arbeitnehmerüberlassung 140 18 *8*
- Arbeitnehmerüberlassung (legale) 140 Einl. *70*
- Arbeitsberührung 570 2 *14*
- Arbeitskollegenhaftung 570 105 *1*
- Arbeitslose 570 2 *13*
- Arbeitsunfall 570 2 *8*
- Befreiung 570 *5*
- Berufsausbildungsverhältnis 150 3 *8*
- Berufsbildung 570 2 *7*
- Berufskrankheit 570 104 *14*
- Beschäftigungsverhältnis 545 7 *42*
- Betriebsbegriff 570 105 *5*
- Betriebssport 570 104 *11*
- Eingliederungsverhältnis 570 2 *15*
- Einkommensanrechnung (Rente) 560 Einl. *19*
- faktisches Arbeitsverhältnis 570 2 *4*
- Fischerei 570 *3*
- Forderungsübergang 570 104 *25*
- freiwillige Versicherung 570 *6*
- Geltendmachung 230 611 *1145*
- Geringfügig Beschäftigte 545 8 *29*
- Haftungsausschluß 570 104 *4*
- Hausgewerbetreibende 570 2 *11*
- Heimarbeiter 570 2 *5*
- Imkerei 570 *3*
- Jagdausübungsberechtigte 570 *3*
- Kommanditisten 570 2 *10*
- Landwirtschaft 570 2 *9*
- mißglückter Arbeitsversuch 570 2 *4*
- Pause 570 104 *11*
- Rückgriff 570 110 *2*
- Seeschiffahrt 570 2 *12*
- Staatsangehörigkeit 570 2 *1*
- Stellenbewerber 570 2 *19*
- Straßenverkehr 570 110 *7*
- Streik 570 104 *11*
- Versicherungsfall 570 *7*
- Vertrauensschutz 570 2 *2*
- Wegeunfall 570 104 *12*
- Zwischenmeister 570 2 *11*

Sachverzeichnis

Fette Zahlen = Kennziffern

Unfruchtbarkeit
- Entgeltfortzahlung 280 3 *22*

Unkündbarkeit
- Änderungskündigung 230 622 *108*; 430 2 *1*
- Änderungskündigung (außerordentliche) 230 626 *230*
- Arbeitslosengeld (Anrechnung) 540 143 a *14*
- Auslauffrist 230 626 *228*
- außerordentliche Kündigung (Abdingbarkeit) 230 626 *235*
- außerordentliche Kündigung (Auslauffrist) 230 626 *74*
- Grundrechte 10 12 *43*
- Insolvenz 410 113 *10*
- Kündigungsfrist 230 622 *3*
- Kündigungsgegenklage 430 7 *3*
- Lebenszeitanstellung 230 624 *9*
- Sozialauswahl (gesetzliche) 430 1 *471*
- Sozialauswahl (tarifliche) 430 1 *474*
- Sperrzeit 540 144 *12*
- tarifliche (Zulässigkeit) 230 622 *106*; 600 1 *41*
- Umdeutung 230 626 *296*
- vertragliche (Zulässigkeit) 230 622 *111*

Unmöglichkeit
- Arbeitspflicht 230 615 *4*
- Beendigungstatbestand 230 620 *187*
- Provision 390 87 a *18*

Unpünktlichkeit
- verhaltensbedingte Kündigung 430 1 *369*
- Wichtiger Grund 230 626 *170*

Unschuldsvermutung
- Verdachtskündigung 230 626 *211*

Unterbrechung
- Betriebsübergang 230 613 a *30*
- Betriebsübergang (Geschäftstätigkeit) 230 613 a *35*

Unterhalt
- Freizügigkeit 20 39 *31*
- Grundrechte 10 6 *5*

Unterhaltsgeld
- Karenzentschädigung 390 74 c *13*
- Krankengeld 550 44 *3*
- Krankengeld (Ruhen) 550 49 *15*

Unterhaltspflicht
- Auflösungsurteil 430 10 *10*
- außerordentliche Kündigung 230 626 *68*
- Erziehungsgeld 170 9 *1*
- Gleichbehandlungsgebot (BeschFG) 180 2 *53*
- Haftung 230 611 *1113*
- Insolvenz 410 125 *5*; 126 *4*
- Sozialauswahl 430 1 *496*
- verhaltensbedingte Kündigung 430 1 *324*

Unterkunft
- Kosten (Berufsausbildung) 150 5 *12*

Unterlassungsanspruch
- Betriebsänderung 210 111 *24*; 112 *8*
- Betriebsverfassung 210 74 Einl. *28*
- einstweilige Verfügung (Beschlußverfahren) 60 85 *5*
- einstweilige Verfügung (BetrVG) 210 74 Einl. *29*
- Gewerkschaften (tarifwidrige Vereinbarungen) 10 9 *73*; 60 81 *10*; 210 23 *34*; 600 4 *39*
- personelle Einzelmaßnahmen 210 101 *8*
- Persönlichkeitsrecht 10 2 *74*
- tarifwidrige Betriebsvereinbarung/Regelungsabrede 210 77 *50*
- Wettbewerbsverbot (nachvertragliches) 390 74 *44*
- Zwangsgeld (BetrVG) 210 23 *4*

Untermaßverbot
- Begriff 10 Einl. *38*
- Berufsfreiheit 10 12 *21*
- Handlungsfreiheit 10 2 *14*

- Kündigungsschutz 10 12 *35*
- Privatautonomie 10 2 *28*
- Tarifvertrag 10 Einl. *50*

Unternehmen
- abhängiges (AktG) 50 15 *6*
- Abhängigkeit (MitbestG) 470 5 *5*
- Abhängigkeitsbegriff 50 17 *2*
- Abhängigkeitsvermutung 50 17 *8*
- Anteilsmehrheit 50 16 *1*
- Begriff 230 611 *241*
- Begriff (UmwG) 610 321 *3*
- Beherrschung 50 17 *3*
- Entherrschungsvertrag 50 17 *9*
- Gemeinschaftsunternehmen 50 17 *10*
- Gleichbehandlungsgrundsatz 230 611 *847*
- herrschendes 50 15 *3*
- herrschendes (MitbestG) 470 5 *3*
- Kündigungsschutz (KSchG) 430 23 *4*
- Mehrheitsbeteiligung (Begriff) 50 16 *1*
- Sozialauswahl 430 1 *479*
- Stimmbindungsvertrag 50 17 *9*
- Stimmenmehrheit 50 16 *1*
- Teilkonzern (MitbestG) 470 5 *18*
- Weiterbeschäftigung 430 1 *548*

Unternehmensmitbestimmung
- siehe auch Arbeitnehmervertreter
- siehe auch Aufsichtsrat
- siehe auch Aufsichtsratsmitglied
- siehe auch Montan-Mitbestimmung
- Arbeitnehmerzahl (BetrVG 1952) 220 76 *4*
- Arbeitnehmerzahl (MitbestG) 470 1 *3*
- Ausstrahlung 470 1 *7*
- Berufsfreiheit 10 12 *39*
- Beschlußverfahren (Zuständigkeit) 60 2 a *9*
- Erweiterung (BetrVG) 220 Einl. *7*
- Familiengesellschaft (BetrVG 1952) 220 76 *9*
- Gegnerunabhängigkeit 600 2 *6*
- Genossenschaft (BetrVG 1952) 220 85 *1*
- Kirche 10 4 *55*
- Kommanditgesellschaft 470 4 *1*
- Konzernbetriebsrat 210 58 *9*
- öffentliche Hand (BetrVG 1952) 220 Einl. *11*
- Seeschiffahrt 470 *34*
- Sitztheorie (BetrVG 1952) 220 Einl. *5*
- Tendenzbetriebe (BetrVG 1952) 220 81 *1*
- Tendenzunternehmen 470 1 *9*
- Tochterunternehmen (ausländisches) 470 1 *7*
- Umwandlung (Beibehaltung) 610 325 *2*
- Verfassungsmäßige Ordnung 10 2 *23*
- Verfassungsrecht 470 Einl. *3*
- Versicherungsverein 470 1 *5*
- Verwaltungssitz 470 1 *3*
- Verwaltungssitz (BetrVG 1952) 220 Einl. *5*
- Wirtschaftsgenossenschaft (BetrVG 1952) 220 77 *22*

Unternehmenssprecherausschuß
- Behinderungsverbot 590 2 *15*
- Betriebsübergang 590 8 *14*
- Errichtung 590 20 *1*
- Konzernsprecherausschuß (Auflösung) 590 24 *10*

Unternehmerentscheidung
- Änderungskündigung 430 2 *52*
- Arbeitsdichte 430 1 *389*
- Darlegungs- und Beweislast 430 1 *454*
- Darlegungs- und Beweislast (gestaltende) 430 1 *421*
- Darlegungs- und Beweislast (selbstbindende) 430 1 *401*
- gestaltende 430 1 *410*
- Gleichbehandlungsgebot (BeschFG) 180 2 *50*
- greifbare Formen 430 1 *422*
- Grundrechte 10 Einl. *54*

magere Zahlen = §§ bzw. Art.; kursive Zahlen = Randnummern

Sachverzeichnis

- Rechtskontrolle 430 1 *429*
- Tarifautonomie 10 12 *43*
- Voraussetzungen 430 1 *400*

Unternehmerrisiko
- Arbeitnehmerbegriff 230 611 *92*
- Beschäftigungsverhältnis 545 7 *9*
- Beschäftigungsverhältnis (Vermutung) 545 7 *55*

Unterordnungskonzern
- Begriff 50 18 *2*
- Sprecherausschuß 590 24 *2*

Unterschlagung
- Wichtiger Grund 230 626 *154*

Unterschrift
- Paraphe 60 66 *3*
- Revisionsurteil 60 75 *8*
- Schriftformerfordernis 230 623 *26*
- Urkundeneinheit 230 127 *16*
- Urteil 60 60 *10*
- Voraussetzungen (Schriftform) 230 127 *18*

Unterstützungskasse
- Abfindung (BetrAVG) 200 3 *17*
- Anpassung 200 16 *12*
- Begriff 200 1 *66*
- Beitragsbemessungsgrundlage (Insolvenz) 200 10 *25*
- Beitragspflicht 200 10 *10*
- Betriebsübergang 230 613 a *73*
- Insolvenzsicherung (BetrAVG) 200 7 *23*
- Insolvenzsicherung (Höhe) 200 7 *56*
- Konzernbetriebsrat 210 58 *5*
- Mitbestimmung 210 87 *70*
- rückgedeckte (Begriff) 200 4 *20*
- Übertragung 200 4 *12*
- Unverfallbarkeit 200 1 *69*
- Vermögensübergang 200 9 *16*
- Versorgungsanwartschaftshöhe 200 2 *62*
- Versorgungszusage 200 1 *70*
- Vorschaltzeit 200 1 *70*
- vorzeitige Inanspruchnahme 200 6 *21*

Untersuchung
- Nebenpflicht (Arbeitnehmer) 230 611 *1031*

Untersuchungsgrundsatz
- ausländisches Recht 60 58 *3*
- Beschlußverfahren 60 80 *1*
- Beschlußverfahren (Insolvenz) 410 126 *9*
- Beteiligte 60 83 *1*
- Beteiligtenmitwirkung 60 83 *2*
- Einigungsstelle 60 98 *4*
- Feststellungslast 60 83 *4*
- Rechtsbeschwerde (Rüge) 60 94 *2*
- Sachaufklärung (Rechtsbeschwerde) 60 96 *1*
- Säumnis 60 83 *1*
- Urteilsverfahren 60 46 *15*
- Verfahrensfehler (Rechtsbeschwerde) 60 93 *1*
- verspätetes Vorbringen 60 83 *1*

Untersuchungshaft
- Beschäftigungsverhältnis 545 7 *29*
- Kündigung 430 4 *41*
- Vergütungsfortzahlung 230 616 *6*
- Wichtiger Grund 230 626 *173*

Untervertreter
- Provision 390 87 a *2*

Untreue
- Annahmeverzug 230 615 *22*
- Verdachtskündigung 230 626 *212*
- Wichtiger Grund 230 626 *157*

Unverbindlichkeit
- bedingtes Wettbewerbsverbot 390 74 *22*
- Wettbewerbsverbot (nachvertragliches) 390 74 a *1*

Unverfallbarkeit
- Abfindung (BetrAVG) 200 3 *8*
- Entgeltumwandlung 200 1 *78*

Unvermögen
- Grundsätze 230 611 *959*

Unzeit
- außerordentliche Kündigung 230 627 *9*
- Schadenersatz 230 627 *11*

Unzulässige Rechtsausübung
- *siehe auch Rechtsmißbrauch*
- *siehe auch Treu und Glauben, Verwirkung*
- Ausschlußfrist 600 4 *108*

Unzumutbare Belastung
- Arbeitslosengeld (Erstattung durch Arbeitgeber) 540 147 a *32*

Unzumutbarkeit
- Auflösungsantrag (Arbeitnehmer) 430 9 *12*

Urabstimmung
- Arbeitskampf 10 9 *144*

Urheberrecht
- Urteilsverfahren 60 2 *43*

Urkunde
- Beweismittel 60 58 *28*
- Beweiswürdigung 60 58 *49*
- Formvorschriften 230 127 *14*
- öffentliche 60 58 *28*
- Paginierung 230 127 *16*
- Schriftform (§ 623 BGB) 230 623 *27*
- Urkundeneinheit 230 127 *16*
- Urkundenprozeß 60 46 *11*
- Vermutungswirkung 230 127 *25*
- Vorlegung (Vorsitzender) 60 56 *6*
- Zeugenaussage (früherer Rechtsstreit) 60 58 *33*

Urkundenfälschung
- Annahmeverzug 230 615 *22*
- Restitutionsklage 60 79 *12*

Urkundsbeamte
- Nichtigkeitsklage 60 79 *7*
- Referendar 60 9 *21*

Urkundsbeamter
- Geschäftsstelle 60 7 *3*
- Zustellung 60 50 *5*

Urlaub
- *siehe auch Urlaubsabgeltung*
- *siehe auch Urlaubsdauer*
- *siehe auch Urlaubsentgelt*
- *siehe auch Urlaubsgeld (zusätzliches)*
- *siehe auch Urlaubsgewährung*
- *siehe auch Urlaubsübertragung*
- *siehe auch Wartezeit (BUrlG)*
- Abdingbarkeit (Grundsätze) 250 13 *1*
- Abgeltung (Abfindung) 250 13 *17*
- Abgeltung (Wehr-/Ersatzdienst) 80 4 *8*
- Abkauf 250 13 *38*
- Abtretung 250 1 *30*
- Annahmeverzug 250 1 *15*
- Arbeitgeberwechsel 250 6 *4*
- Arbeitnehmerähnliche Personen 250 2 *4*
- Arbeitskampf 10 9 *199*; 250 1 *46*
- Arbeitsleistung 250 1 *11*
- Arbeitsunfähigkeit 250 9 *1, 8*
- Arbeitsunfähigkeit (Nachweis) 250 9 *13*
- Arbeitszeitmodelle 110 7 *44*
- Aufrechnung 250 1 *34*
- Ausgleichszeitraum (Arbeitszeit) 110 3 *12*
- Ausschlußfrist 600 4 *96, 106*
- Ausschlußfristen 230 225 *44*
- Bahnunternehmen 250 13 *64*
- Baugewerbe (Entsendegesetz) 30 1 *17*
- Bauwirtschaft 250 13 *62*
- Befristung 250 7 *3*
- Berufsausbildungsvertrag 150 4 *5*
- Beschäftigungsverbot (MuSchG) 500 3 *5*
- Betriebsübergang 250 1 *37*

2709

Sachverzeichnis

Fette Zahlen = Kennziffern

- Betriebsübergang (Haftung) 230 613 a *118*
- Betriebsversammlung (Teilnahme) 210 42 *3*
- Bezugnahme auf Tarifvertrag 600 3 *45*
- Dauer 250 3 *7*
- Doppelanspruch 250 6 *1*
- Doppelarbeitsverhältnis 250 1 *24*
- Erfüllung 250 1 *31*
- Erholungszweck 250 1 *9*
- Erteilung 250 7 *4*
- Erwerbstätigkeit 250 8 *3*
- Erwerbstätigkeit (Tarifvertrag) 250 13 *40*
- Erziehungsurlaub 170 15 *31*
- faktisches Arbeitsverhältnis 230 611 *172*
- Fälligkeit 250 1 *27*
- Feiertagsvergütung 280 2 *18*
- Freistellungsanspruch 250 1 *13*
- Fürsorgepflicht 250 1 *8*
- Gegenleistung 250 13 *8*
- Geringfügig Beschäftigte 250 1 *23*
- Gewohnheitsrecht 250 1 *8*
- Gleichgestellte (Heimarbeit) 250 12 *7*
- Günstigkeitsprinzip 250 13 *8*
- Günstigkeitsvergleich 250 13 *11*
- Hausgewerbetreibende 250 12 *6, 9*
- Heimarbeiter 250 12 *5*
- Heimarbeitnehmerähnliche Personen 250 12 *8*
- Heimarbeitsausschuß 250 12 *38*
- ILO-Übereinkommen Nr. 132 250 7 *57*
- Individualvereinbarungen 250 13 *57*
- Kinderarbeit 420 19 *4*
- Krankengeld (unbezahlter) 550 44 *4*
- Krankheit (Anzeige-/Nachweispflicht) 250 13 *42*
- Kündigung (Zugang) 230 620 *213*
- Kündigungserklärung 430 4 *41*
- Kürzung (BErzGG) 170 17 *3*
- Kürzung (Wehr-/Ersatzdienst) 80 4 *3*
- Leiharbeitnehmer (Urkunde) 140 11 *14*
- Leistungsverweigerungsrecht 80 4 *5*
- Lohngewerbetreibende 250 12 *10*
- Mitbestimmung 210 87 *42*
- Nachgewährung 250 9 *19*
- Nachweispflicht 510 2 *20*
- Pflichtplatzberechnung 530 12 *12*
- Postunternehmen 250 13 *64*
- Rechtsmißbrauch 250 1 *26*
- Ruhezeit 110 5 *3*
- Schonzeit 250 10 *3*
- Selbstbeurlaubungsrecht 80 4 *5*
- Sonn-/Feiertagsarbeit (Anrechnung) 110 11 *2*
- Sprecherausschuß 590 28 *5*
- tarifliches Vorrangprinzip 250 13 *1*
- Tarifvertrag (Abänderbarkeit) 250 13 *6*
- Teilzeit 250 1 *22*
- Tod 250 1 *33*
- Übertragung (Wehr-/Ersatzdienst) 80 4 *7*
- ungünstigere Regelungen (Tarifvertrag) 250 13 *10*
- Urlaubsbescheinigung 250 6 *18*
- Urlaubsjahr (Tarifvertrag) 250 13 *35*
- Urlaubszweck 250 8 *5*
- Vererblichkeit 250 1 *29*
- Verfall 250 7 *60*
- Vorsorge- und Rehabilitationsmaßnahmen 250 10 *4*
- Wehrdienst (Ausland) 80 4 *2*
- Weiterarbeit (§ 625 BGB) 230 625 *10*
- Wiedereinstellung (MuSchG) 500 10 *5*
- Zeitpunkt 250 7 *6*
- Zusatzurlaub (Schwerbehinderte) 530 47 *1*
- Zwischenmeister 250 12 *11*

Urlaubsabgeltung
- Abfindung 250 13 *17, 37*
- Abtretung 250 7 *107*
- Andere Erwerbstätigkeit 250 8 *9*
- Arbeitslosengeld 540 143 *12*
- Arbeitsunfähigkeit 250 7 *103*
- Aufrechnung 250 7 *107*
- Ausgleich zwischen Arbeitgebern 250 6 *13*
- Ausschlußfrist 250 7 *112*; 600 4 *97*
- Ausschlußfristen 230 225 *44*
- Betriebsübergang (Haftung) 230 613 a *118*
- Erwerbsunfähigkeit 250 7 *104*
- Erziehungsurlaub 170 17 *16*
- Geldanspruch 250 7 *96*
- Geringfügig Beschäftigte 180 2 *55*
- Heimarbeiter 250 12 *33*
- ILO-Übereinkommen Nr. 132 250 7 *100*
- Individualvereinbarungen 250 13 *58*
- Krankengeld 550 49 *6*
- Kürzung 250 6 *10*
- laufendes Arbeitsverhältnis (Tarifvertrag) 250 13 *38*
- Mutterschutzlohn 500 11 *10*
- Neues Arbeitsverhältnis 250 6 *9*
- Pfändbarkeit 250 7 *107*
- Schadenersatz 250 7 *108*
- Surrogat 250 7 *86*
- Tarifvertrag (Abdingbarkeit) 250 13 *37*
- Teilurlaub 250 5 *28*
- Tod 250 7 *91*
- ungünstigere Regelungen (Tarifvertrag) 250 13 *10*
- Vererblichkeit 230 613 *6*; 250 7 *106*
- Verjährung 250 7 *110*
- Voraussetzungen 250 7 *90*
- Wehr-/Ersatzdienst 80 4 *8*
- Zeitraum 250 7 *97*

Urlaubsanschrift
- Urlaubsgewährung 250 7 *44*

Urlaubsantrag
- Urlaubsliste 250 7 *21*

Urlaubsbescheinigung
- Begriff 250 6 *14*
- Erfüllungsort 230 611 *1144*

Urlaubsdauer
- Abdingbarkeit 250 3 *36*
- Abweichende Arbeitszeit 250 3 *23*
- Arbeitsfreier Werktag 250 3 *20*
- Arbeitskampf 250 3 *34*
- Ausscheiden nach Wartezeit 250 5 *25*
- Betriebszugehörigkeit 250 13 *20*
- Fünf-Tage-Woche 250 3 *15*
- Geringfügig Beschäftigte 180 2 *55*
- Heimarbeiter 250 12 *15*
- Jugendliche 420 19 *7*
- Krankheitsbedingte Urlaubskürzung (Tarifvertrag) 250 13 *43*
- Kurzarbeit 250 3 *35*
- Kürzung 250 5 *25*
- Lebensalter 250 13 *20*
- Rollierendes Arbeitszeitsystem 250 3 *28*
- Rosenmontag 250 3 *33*
- Schichtarbeit 250 3 *29*
- Sechs-Tage-Woche 250 3 *13*
- Sonn- und Feiertage 250 3 *21*
- Tagesprinzip 250 3 *9, 24*
- Tarifvertrag (Abdingbarkeit) 250 13 *7, 20*
- Tarifvertrag (Heimarbeit) 250 12 *39*
- Teilzeit 250 3 *32*
- Umfang 250 3 *7*
- Umrechnung 250 3 *17*
- Umrechnung (Jugendliche) 420 19 *9*
- Umverteilung der Arbeitszeit 250 3 *26*

Urlaubsentgelt
- 13. Monatsgehalt 250 11 *17*
- Abschlag 250 11 *10*

magere Zahlen = §§ bzw. Art.; kursive Zahlen = Randnummern

Sachverzeichnis

- Akkord- und Prämienlohn 250 11 *9*
- Andere Erwerbstätigkeit 250 8 *12*
- Arbeitnehmerähnliche Personen 250 11 *23*
- Arbeitsausfall 250 11 *42*
- Arbeitskampf 250 11 *43*
- Arbeitsmodelle (Zeitfaktor) 250 11 *32*
- Arbeitsversäumnis 250 11 *40*
- Arbeitszeitmodelle 110 7 *44*
- Arbeitszeitmodelle (Tagesverdienst) 250 11 *25*
- Aufrechnung 250 11 *51*
- Aufwendungsersatz 250 11 *21*
- Ausgleichszahlungen 250 11 *13*
- Auslösung 230 611 *759*
- Auslösungen 250 11 *21*
- Ausschlußfrist 250 11 *57*
- Baugewerbe (Entsendegesetz) 30 1 *17*
- Berechnung des Geldfaktors 250 11 *7*
- Berechnungszeitraum 250 11 *22*
- Bereitschaftsdienst 250 11 *14*
- Betriebsratsmitglied 250 11 *13*
- Erlaßvertrag 250 11 *54*
- Erschwerniszulage 250 11 *14*
- Fälligkeit 250 11 *45*
- Feiertagsarbeit 250 11 *14*
- Gefahrenzulage 250 11 *14*
- Geld- und Zeitfaktor 250 11 *5*
- Geldfaktor (Tarifvertrag) 250 13 *47*
- Gratifikation 250 11 *17*
- Heimarbeiter 250 12 *20*
- Individualvereinbarungen 250 13 *58*
- Kurzarbeit 250 11 *38*
- Lebensstandardprinzip 250 11 *6*
- Notdienst 250 11 *14*
- Pfändbarkeit 250 11 *51*
- Prämie 250 11 *10*
- Provisionen 250 11 *15*
- Referenz- und Lohnausfallprinzip 250 11 *4*
- Referenzprinzip (Veränderung durch Tarifvertrag) 250 13 *48*
- Referenzzeitraum 250 11 *22*
- Rückforderung (Tarifvertrag) 250 13 *30*
- Rückforderungsverbot 250 5 *29*
- Rückgewähr (Tarifvertrag) 250 13 *41*
- Rufbereitschaft 250 11 *14*
- Sachbezüge 250 11 *19*
- Sonntagsarbeit 250 11 *14*
- Sportler (Prämien) 250 11 *10*
- Suspendierung 250 11 *40*
- Tagesverdienst (Umrechnung) 250 11 *25*
- Tarifvertrag (Abdingbarkeit) 250 13 *45*
- Tarifvertrag (Heimarbeit) 250 12 *39*
- Teilurlaub 250 5 *11*
- Teilzeitarbeit 180 2 *45, 58*
- Trink- und Bedienungsgelder 250 11 *16*
- Trinkgeld 230 611 *743*
- Tronc 230 611 *741*
- Überstundenzuschläge (Tarifvertrag) 250 13 *48*
- Umsatzbeteiligung 250 11 *15*
- Verdiensterhöhungen 250 11 *33*
- Verdienstkürzungen 250 11 *36*
- Verdienstveränderungen (Tarifvertrag) 250 13 *49*
- Vererbbarkeit 250 11 *50*
- Verjährung 250 11 *56*
- Vermögenswirksame Leistungen 250 11 *20*
- Verwirkung 250 11 *55*
- Verzicht 230 611 *685*; 250 11 *53*
- Weihnachtsgeld 250 11 *17*
- Zeitfaktor (Tarifvertrag) 250 13 *50*
- Zeitfaktor (Berechnung) 250 11 *29*
- zusätzliches Urlaubsgeld 250 11 *18*
- Zuschläge und Zulagen 250 11 *14*
- Zuwendungen 250 11 *17*

Urlaubserteilung
- Freistellungserklärung 250 7 *5*

Urlaubsgeld
- Auflösungsurteil 430 10 *3*
- Ausschlußfrist 250 11 *49*
- Betriebsratsmitglied 210 37 *8*
- Erziehungsurlaub 250 11 *48*
- Geringfügig Beschäftigte 180 2 *55*; 545 8 *10*
- Mitbestimmung 210 87 *97*
- Schwerbehinderte 250 11 *49*
- Tarifvorbehalt 210 77 *56*
- Teilzeitarbeit 180 2 *45*
- übliche Vergütung 230 612 *40*
- Urlaubsentgelt 250 11 *18*
- Wehrdienst 80 1 *9*
- zusätzliches 250 11 *47*

Urlaubsgewährung
- Andere Erwerbstätigkeit 250 8 *8*
- Annahmeverweigerungsrecht 250 7 *17*
- Arbeitnehmerbegriff 230 611 *59*
- Arbeitsfreistellung 230 615 *60*
- Arbeitsverhältnis (AÜG) 140 10 *28*
- Berufsschule 420 19 *13*
- Betriebliche Belange 250 7 *23*
- Betriebsvereinbarung 250 7 *46*
- Darlegungs- und Beweislast 250 7 *11*
- Erwerbsunfähigkeit 250 7 *34*
- Feststellungsklage 250 7 *52*
- formelle Anforderungen (Tarifvertrag) 250 13 *36*
- Gerichtliche Durchsetzung 250 7 *48*
- Heimarbeiter 250 12 *16*
- Jugendliche 420 19 *12*
- Krankheit 250 7 *32*
- Kündigungsfrist 250 7 *20*
- Leistungsklage 250 7 *48*
- Leistungsverweigerungsrecht 250 7 *22, 27*
- Rehabilitationsmaßnahme 250 7 *28*
- Schonungszeiten 250 7 *29*
- Tarifvertrag 250 13 *32*
- Tarifvertrag (Heimarbeit) 250 12 *39*
- Unmöglichkeit 250 7 *36*
- Urlaubsanschrift 250 7 *44*
- Wehrdienst 80 4 *5*
- Wichtiger Grund 230 626 *206*
- Widerruf 250 7 *43*
- Wunsch 250 7 *16*
- Zeitliche Festlegung 250 7 *15*
- zusammenhängende (Tarifvertrag) 250 13 *33*
- Zusammenhängende Gewährung 250 7 *37*
- Zwangsvollstreckung 250 7 *50*

Urlaubsgrundsätze
- Mitbestimmung 210 87 *44*

Urlaubsjahr
- Bahn-/Postunternehmen 250 13 *64*
- Jugendliche 420 19 *17*
- Tarifvertrag (Abdingbarkeit) 250 13 *7*

Urlaubskasse
- Auskunfts-/Beratungspflicht 230 611 *907*
- Baugewerbe (Entsendegesetz) 30 1 *17*
- Bauwirtschaft 250 13 *63*
- Haftung (Generalunternehmer) 30 1 a *1*

Urlaubskonto 250 7 *51*

Urlaubsliste
- Mitbestimmung 210 87 *45*
- Urlaubsantrag 250 7 *21*
- Urlaubsgewährung 250 7 *10*

Urlaubsplan
- Gesamtbetriebsrat 210 50 *5*

Urlaubsüberschreitung
- Wichtiger Grund 230 626 *175*

Urlaubsübertragung
- Arbeitszeitänderung 250 7 *65*

2711

Sachverzeichnis

Fette Zahlen = Kennziffern

- Beschäftigungsverbote **250** 7 *72*
- Betriebliche Gründe **250** 7 *67*
- Erziehungsurlaub **170** 17 *11*
- Form **250** 7 *76*
- Gründe **250** 7 *63*
- Krankheit **250** 7 *69, 78*
- Mehrere Arbeitgeber **250** 7 *74*
- Tarifvertrag **250** 7 *82*
- Tarifvertrag (Abdingbarkeit) **250** 13 *35*
- Vollzug **250** 7 *64*
- Wehr-/Ersatzdienst **80** 4 *7*
- Zusatzurlaub **530** 47 *3*

Urteil
- Abfassung **60** 60 *12*
- Absetzen (Verfahrensrüge) **60** 73 *31*
- Berufungsfrist (Zustellung) **60** 66 *9*
- ehrenamtliche Richter (Verkündung) **60** 60 *10*
- Entscheidungsgründe (Mitteilung) **60** 60 *9*
- formelle Beschwer **60** 61 *8*
- Grundsatzbeschwerde (verspätete Absetzung) **60** 72 a *9*
- Grundurteil **60** 61 *14*
- Handlungsvornahme **60** 61 *8*
- Inhalt **60** 60 *2*
- Kostenniederschlagung **60** 12 *12*
- Restitutionsklage **60** 79 *16*
- Revisionsgrund **60** 60 *15*
- Revisionszulassung (Tenor) **60** 72 *21*
- Scheinurteil (Unterschrift) **60** 60 *10*
- Sprungrevision (Zulassung) **60** 76 *3*
- Streitwertfestsetzung **60** 61 *2*
- Tatbestand **60** 60 *3*
- Übersendung (Berufungsverfahren) **60** 64 *23*
- Übersendungspflicht (Tarifvertragssachen) **60** 63 *2*
- Unterschrift **60** 60 *10*
- Verfahrensrüge **60** 60 *15*
- Verkündung **60** 60 *5*
- Verkündungstermin **60** 60 *6*
- Vorabentscheidungsverfahren **20** 234 *35*
- vorläufige Vollstreckbarkeit **60** 60 *2*
- Zurückverweisung (Fünf-Monats-Frist) **60** 60 *15*
- Zustellung **60** 9 *5*; 50 *13*

Urteilsberichtigung
- Revisionszulassung **60** 72 *21*
- sofortige Beschwerde **60** 78 *3*

Urteilsverfahren
- siehe auch *Urteilsverfahren (Zuständigkeit)*
- siehe auch *Vorsitzender*
- Amtsgerichtsverfahren **60** 46 *6*
- Anerkenntnis **60** 46 *16*
- Auslagen **60** 12 *4*
- ausländisches Recht **60** 46 *15*
- Behandlungsgrundsatz **60** 46 *14*
- Beschleunigungsgrundsatz (Inhalt) **60** 46 *19*
- Beschlußverfahren (Abgrenzung) **60** 46 *3*
- Dispositionsmaxime **60** 46 *16*
- Einlassungsfrist **60** 47 *2*
- Einleitung **60** 46 *22*
- Erledigung der Hauptsache **60** 46 *16*
- Feststellungsklage **60** 46 *27*
- früher erster Termin **60** 46 *8*
- Gebührenverzeichnis **60** 12 *2*
- Gestaltungsklage **60** 46 *29*
- Gewohnheitsrecht **60** 46 *15*
- Kammerverhandlung **60** 57 *1*
- Klageabschrift **60** 46 *22*
- Klageänderung **60** 46 *16*
- Klagearten **60** 46 *25*
- Klageform **60** 46 *23*
- Klagerücknahme **60** 46 *16*
- Kompetenzkonflikt **60** 48 *15*
- Kosten **60** 12 *2*
- Ladung **60** 46 *18*
- Ladungsfrist **60** 47 *9*
- Landgerichtsverfahren **60** 46 *7*
- Leistungsklage **60** 46 *26*
- Mündlichkeit **60** 46 *12*
- Parteifähigkeit **60** 10 *3*
- persönliches Erscheinen **60** 51 *4*
- Prozeßfähigkeit **60** 10 *15*
- Rechtswegbestimmung **60** 48 *2*
- Satzung **60** 46 *15*
- Schiedsgerichtsverfahren **60** 46 *4*
- schriftliches Verfahren **60** 46 *10*
- schriftliches Vorverfahren **60** 46 *8*
- Untersuchungsgrundsatz **60** 46 *15*
- Urkundenprozeß **60** 46 *11*
- vereinfachtes Verfahren **60** 46 *9*
- Versäumnisverfahren **60** 59 *2*
- verspätetes Vorbringen **60** 56 *13*
- Verzicht **60** 46 *16*
- Vorabentscheidungsverfahren **20** 234 *29*
- Wechselprozeß **60** 46 *11*
- Wiedereröffnung **60** 46 *13*
- Zustellung **60** 50 *2*

Urteilsverfahren (Zuständigkeit)
- siehe auch *Rechtsweg*
- Abtretung **60** 3 *6*
- Allgemeinverbindlichkeit **60** 2 *14*
- Aufrechnung **60** 2 *51*
- Beschlußverfahren (Abgrenzung) **60** 2 *3*
- Betriebsübergang **60** 3 *7*
- Bürgschaft **60** 3 *6*
- Durchgriffshaftung **60** 2 *21*
- Einzelfälle (Übersicht) **60** 2 *10*
- Einzelrechtsnachfolge **60** 3 *5*
- gemischte Verträge (Abgrenzung) **60** 2 *6*
- Gesamtrechtsnachfolge **60** 3 *4*
- Insolvenzverwalter **60** 3 *8*
- Nachlaßverwalter **60** 3 *8*
- Prozeßstandschaft **60** 3 *8*
- Prüfungszeitpunkt **60** 2 *4*
- Rechtsnachfolge **60** 3 *3*
- Scheck **60** 46 *11*
- Schiedsgutachten **60** 4 *4*
- Schiedsverfahren **60** 4 *1*
- Schlüssigkeit **60** 2 *5*
- Schuldbeitritt **60** 3 *6*
- Tarifvertrag **60** 4 *3*
- Testamentsvollstrecker **60** 3 *8*
- Umwandlung **60** 3 *4*
- Verbandsklage **600** 9 *17*
- Vergleichsverwalter **60** 3 *8*
- Vermögensübernahme **60** 3 *6*
- Wechsel **60** 46 *11*
- Widerklage **60** 2 *50*
- Zusammenhangsklage **60** 2 *44*
- Zwangsverwalter **60** 3 *8*

Urteilsverkündung
- Berufungsverfahren **60** 64 *23*
- Öffentlichkeit **60** 52 *18*
- Rechtsmittelbelehrung **60** 9 *38*

Verband der Gewerkschaftsangestellten
- Koalition **600** 2 *7*

Verbandsklage
- Bindungswirkung **600** 9 *29*
- Feststellungsinteresse **600** 9 *15*
- Parteifähigkeit **600** 9 *8*
- Rechtsweg **600** 9 *17*
- Tariffähigkeit **600** 9 *3*
- Tarifvertrag **600** 9 *1*
- Tarifzuständigkeit **600** 9 *3*
- Verfahren **600** 9 *20*

magere Zahlen = §§ bzw. Art.; kursive Zahlen = Randnummern   **Sachverzeichnis**

Verbandsvertreter
- Beglaubigung 60 11 *16*
- Beschlußverfahren 60 11 *22*
- Beschwerde 60 89 *4*
- Beschwerdeverfahren 60 11 *23*
- Bundesarbeitsgericht 60 11 *21*
- DGB-Rechtsschutz GmbH 60 11 *10*
- Einigungsstellenbeisitzer 210 76 *9*
- Kostenerstattung 60 12 a *5, 14*
- Landesarbeitsgericht 60 11 *19*
- Prozeßvertretung 60 11 *10*
- Prozeßvollmacht 60 11 *18*
- Rechtsbeschwerdeverfahren 60 11 *24*
- Syndikusanwalt 60 11 *13*
- Versäumnisurteil 60 11 *17*; 59 *17*
- Verschuldenszurechnung 60 11 *16*
- Vollmachtseinschränkung 60 11 *13*
- Wirtschaftsausschuß 210 108 *9*
- Zeugnisverweigerungsrecht 60 11 *16*
- Zustellung 60 50 *15*
- Zustimmungserklärung (Sprungrevision) 60 76 *4*

Verbesserungsvorschlag
- Mitbestimmung 210 87 *130*

Verbleiberecht
- Gemeinschaftsrecht 20 39 *19*

Verdächtigung
- Wichtiger Grund 230 626 *196*

Verdachtskündigung
- Abgrenzung 430 1 *370*
- Anhörung 230 626 *71, 213*
- Berufsausbildung 150 15 *4*
- Betriebsratsmitglied (Zustimmungsersetzungsverfahren) 210 103 *14, 15*
- Betrug 230 626 *212*
- Einstellungsanspruch 230 611 *444*
- Ermittlungsverfahren 230 626 *219*
- Grundsätze 230 626 *208*
- Krankfeiern 230 626 *212*
- Kündigungserklärungsfrist 230 626 *273*
- Persönlichkeitsrecht 10 2 *87*
- Spesenbetrug 230 626 *212*
- Stempelkartenbetrug 230 626 *212*
- Strafurteil 230 626 *217*
- Unschuldsvermutung 230 626 *211*
- Untreue 230 626 *212*
- Verfassungstreue 230 626 *212*
- Wiedereinstellung 230 626 *219*

Verderbliche Waren
- Sonn-/Feiertagsarbeit 110 10 *15*

Verdichtung
- *siehe Arbeitsdichte*

Verdienstausfall
- Entgeltfortzahlung 280 6 *8*
- Vorstellungskosten 230 611 *326*

Verdienstsicherungsklausel
- Begriff 230 611 *589*

Verein
- Arbeitnehmerbegriff 230 611 *166*
- Beschäftigungsverhältnis 545 7 *27*
- Datenschutz 160 2 *2*
- Kündigungserklärungsfrist 230 626 *259*
- Kündigungsschutz 430 14 *6*
- Parteifähigkeit 60 10 *9*

Vereinbarung
- Erziehungsurlaub 170 15 *3*

Vereinigungsfreiheit
- Freiwilligkeit 10 9 *1*
- Grundrechte 10 9 *1*
- Vereinigungsbegriff 10 9 *2*

Verfahrensrüge
- Berücksichtigung 60 74 *25*

- Fünf-Monats-Frist 60 73 *31*
- Rechtsbeschwerde 60 94 *2*

Verfassungsbeschwerde
- Berufungsverwerfung 60 66 *23*
- greifbare Gesetzwidrigkeit 60 70 *7*
- Großer Senat 60 45 *8*
- Nichtzulassungsbeschwerde 60 72 a *32*
- Richterablehnung 60 49 *28*
- Tarifvertrag 600 9 *36*
- Urteile 10 Einl. *84*
- Vorabentscheidungsverfahren 20 234 *30*

Verfassungsfeindlichkeit
- personenbedingte Kündigung 430 1 *263*

Verfassungskonforme Auslegung
- Grundrechte 10 Einl. *44*

Verfassungsmäßige Ordnung
- Begriff 10 2 *16*
- Besichtigungs-/Betretungsrechte 10 2 *23*
- Persönlichkeitsrecht 10 2 *59*
- Pflichtmitgliedschaft 10 2 *24*
- Preisgestaltung 10 2 *23*
- Rechtsfortbildung 10 2 *21*
- Rechtsprechung 10 2 *19*
- Sozialversicherung 10 2 *24*
- Übermaßverbot 10 2 *18*
- Unternehmensmitbestimmung 10 2 *23*
- vorkonstitutionelles Gewohnheitsrecht 10 2 *21*

Verfassungsschutz
- Datenweitergabe 10 2 *92*

Verfassungstreue
- *siehe auch parteipolitische Betätigung*
- außerdienstliches Verhalten 430 1 *348*
- Datenschutz 160 28 *9*
- Fragerecht 10 2 *97*
- Verdachtskündigung 230 626 *212*
- wichtiger Grund 230 626 *137*

Verfrühungsschaden
- Auflösungsverschulden 230 628 *81*

Verfügung
- Vorsitzender 60 53 *6*

Verfügungsgrund 60 62 *35*

Verführungssituation
- außerordentliche Kündigung 230 626 *154*

Vergeltung
- sittenwidrige Kündigung 430 13 *22*

Vergewaltigung
- Wichtiger Grund 230 626 *162*

Vergleich
- Arbeitsgerichtsverfahren 60 57 *6*
- Arbeitslosengeld 540 143 *7*
- Arbeitslosengeld (Anrechnung) 540 143 a *7*
- Arbeitsschutz 230 619 *2*
- Arbeitsverhältnis (Rechtsweg) 60 2 *23*
- Ausgleichsklausel 230 611 *608*
- Ausschlußfristen (außergerichtlicher) 230 225 *44*
- außergerichtlicher (Beschlußverfahren) 60 83 a *2*
- Befristungsgrund 230 620 *108*
- Beschlußverfahren 60 83 a *1*
- Beschwerdeverfahren (Beschlußverfahren) 60 90 *2*
- Einigungsstellenbesetzung 60 98 *4*
- Entgeltfortzahlung 280 12 *10*
- Erbe 230 613 *7*
- Gerichtskosten 60 12 *5*
- Güteverhandlung (Vorschlag) 60 54 *10*
- Handlungsvollmacht 390 54 *9*
- Insolvenzsicherung (BetrAVG) 200 7 *27*
- Insolvenzsicherung (Vermögensübergang) 200 9 *21*
- Krankengeld (Ruhen) 550 49 *11*
- Kündigungsschutz 430 4 *72*
- Massenentlassung 430 17 *14*

2713

Sachverzeichnis

Fette Zahlen = Kennziffern

- persönliches Erscheinen 60 51 *2*
- Rechtsbeschwerde 60 95 *1*
- Revision 60 73 *19*
- Schiedsgericht 60 107
- Schriftform 230 127 *23*
- Schriftform (§ 623 BGB) 230 623 *25*
- Sperrzeit 540 144 *20*
- Sperrzeit (Bindung) 540 144 *29*
- Tarifvertrag 600 4 *89*
- Verbandsklage 600 9 *24*
- Vertragsstrafe 230 345 *8*
- Zeugnis (Aufnahme) 230 630 *60*
- Zurückverweisung (Prozeßvergleich) 60 68 *6*
- Zustellung 60 50 *4*
- Zwangsvollstreckung (BetrVG) 210 23 *35*

Vergleichsgruppe
- Gleichheitssatz 10 3 *35*
- mittelbare Diskriminierung 20 141 *16*

Vergleichsverfahren
- Kündigung 430 13 *10*
- Kündigungsfrist 410 113 *39*

Vergleichsverwalter
- Sprecherausschuß 590 32 *4*

Vergütungserwartung
- Anfechtung 230 612 *11*
- Beweislast 230 612 *34*
- Eheversprechen 230 612 *32*
- Erbeinsetzung 230 612 *30*
- fehlgeschlagene 230 612 *21*
- Verjährung 230 612 *28*
- Wahlrecht 230 612 *27*

Verhaltensbedingte Kündigung
- Altersteilzeit 130 8 *2*
- Änderungskündigung 430 2 *51*
- Arbeitsunfähigkeit 280 5 *44*
- Betriebsratsanhörung 210 102 *9*
- Darlegungs- und Beweislast 430 1 *328*
- Grundsätze 430 1 *286*
- Interessenabwägung 430 1 *319*
- Leiharbeitsverhältnis 140 Einl. *43*
- Lohnabtretung 230 611 *678*
- Negativprognose 430 1 *296*
- neues Arbeitsverhältnis 430 12 *8*
- Rechtsirrtum 430 1 *293*
- Selbstbeurlaubung 250 7 *13*
- Sozialauswahl 430 1 *464*
- Sozialauswahl (verhaltensbedingte Gründe) 430 1 *504*
- Sperrzeit 540 144 *16*
- Straftat 430 1 *295*
- Umzugskosten 230 611 *644*
- Verschulden 230 626 *43*
- vorwerfbares Verhalten 430 1 *289*
- Widerspruchsgründe 430 1 *542*

Verhaltensbereich
- Abmahnung 230 626 *47*

Verhältnismäßigkeit
- *siehe auch Übermaßverbot*
- *siehe auch Ultima-ratio*
- *siehe auch Untermaßverbot*
- Arbeitskampf 10 9 *107*
- Betriebsverfassung 210 75 *5*
- Gemeinschaftsrecht 20 Vorb. *3*
- Sprecherausschußkosten 590 13 *4*

Verhandlungsanspruch
- Tarifvertragspartei 10 9 *53*

Verhandlungsgebühr
- Güteverhandlung 60 54 *5*

Verhandlungsgrundsatz
- Urteilsverfahren 60 46 *14*

Verjährung
- Änderungskündigung 430 8 *3*
- Annahmeverzug 230 615 *81*
- Auskunftsklage 390 87 c *1*
- Ausschlußfrist (Abgrenzung) 600 4 *94*
- Beginn 230 225 *9*
- Einrede 230 225 *1*
- Gewinnbeteiligung 230 611 *734*
- Hemmung 230 225 *10*
- Hinweis auf (Richterablehnung) 60 49 *17*
- Insolvenzsicherung (BetrAVG) 200 10 a *3*
- Karenzentschädigung 390 74 *34*; 74 b *6*
- Klage 230 225 *17*
- Kündigungsschutzklage 430 4 *91*
- Lohnberechnung 230 225 *25*
- Mahnbescheid 60 46 a *13*; 230 225 *17*
- Musterprozeß 230 225 *25*
- Provision 390 88 *1*
- Prozeßkostenhilfe 230 225 *12*
- Rechtsmißbrauch 230 225 *25*
- regelmäßige (Übersicht) 230 225 *8*
- Revision 230 225 *2*
- Ruhegeld 200 30 a *15*
- Schadenersatz 230 628 *112*
- Schadenersatz (Datenverarbeitung) 160 7 *1*
- Überlegungsfrist 230 225 *27*
- Überzahlung 230 611 *619*
- Unerlaubte Handlung (Hemmung) 230 225 *13*
- Unfallversicherung 570 113
- Unterbrechung 230 225 *14*
- Urlaubsabgeltung 250 7 *110*
- Urlaubsentgelt 250 11 *56*
- Verkürzung 230 225 *24*
- vierjährige 230 225 *7*
- Vorschuß 230 614 *29*
- Wettbewerbsverbot (Handlungsgehilfe) 390 61 *14*
- zweijährige (Übersicht) 230 225 *5*

Verkaufsfahrer
- Arbeitnehmer 230 611 *119*

Verkaufsstelle
- Begriff 440 1 *8*
- Feiertagsruhe 440 2 *1*
- genossenschaftliche 440 1 *20*
- Reisebedarf 440 2 *2*
- Samstagsarbeit (Jugendliche) 420 16 *5*

Verkehrsbetrieb
- Ruhezeit 110 5 *10*
- Sonn-/Feiertagsarbeit 110 10 *14*

Verkehrssicherungspflicht
- Einstellung 230 611 *345*

Verkehrsunfall
- *siehe auch Haftungsausschluß (SGB VII)*
- Haftung 230 611 *1127*
- Vergütungsfortzahlung 230 616 *6*
- Verschulden (EntgeltfortzG) 280 3 *53*

Verkündungstermin
- Beschlußverfahren 60 84 *2*
- Revisionszulassung 60 72 *21*
- schriftliches Verfahren 60 83 *11*
- Versäumnisurteil 60 59 *2*
- Zulässigkeit 60 60 *6*

Verlag
- Pressefreiheit 10 5 *59*
- Tendenzbetrieb 210 118 *14*

Verlängerungsklausel
- Kündigungsausschluß 230 627 *12*
- Montanindustrie 490 1 *23*

Verleiher
- *siehe auch Arbeitnehmerüberlassung*
- *siehe auch Entleiher*
- *siehe auch Leiharbeitnehmer*
- *siehe auch Verleiherlaubnis*
- Anzeigepflicht 140 7 *13*

magere Zahlen = §§ bzw. Art.; kursive Zahlen = Randnummern **Sachverzeichnis**

- Arbeitsschutz 140 11 *30*
- fehlende Arbeitserlaubnis (Straftat) 140 15 *1*
- Jugendarbeitsschutz 420 3 *4*
- Leistungsstörungen 140 Einl. *26*
- Sozialversicherung (Meldepflicht) 140 12 *15*

Verleiherlaubnis
- Arbeitsverhältnis (Entleiher) 140 10 *3*
- Auflage (Nichterfüllung) 140 5 *10*
- Ausgleichsanspruch (Rückname) 140 4 *12*
- Auslandssachverhalte 140 3 *63*
- Baugewerbe 140 1 b *7*
- Erlöschen 140 2 *20*
- Erteilung 140 2 *4*
- grenzüberschreitende Arbeitnehmerüberlassung 140 3 *52*
- Klage 140 2 *22*
- Kosten 140 2 a *1*
- Nachwirkung 140 2 *13*
- Rechtslage (Änderung) 140 5 *16*
- Rücknahme 140 4 *3*
- Überlassungsverhältnis 140 12 *12*
- Unwirksamkeit 140 9 *5*
- Verfahren/Rechtsbehelf 140 3 *76*
- Verhältnismäßigkeitsgrundsatz 140 5 *11*
- Versagungsgründe 140 3 *1*
- Versagungsgründe (nachträgliche) 140 5 *13*
- wichtiger Grund (Fehlen) 140 10 *37*
- Widerruf 140 5 *1*

Verletztengeld
- Krankengeld 550 49 *18*

Verlöbnis
- Vergütungserwartung 230 612 *32*

Verlustbeteiligung
- Arbeitsvergütung 230 612 *7*

Vermittler
- Betriebsratswahl 210 18 a *3*

Vermittlungsausschuß
- Aufsichtsrat (MitbestG) 470 27 *8*
- neutrales Mitglied 490 8 *6*

Vermittlungsgehilfe 390 75 g *1*

Vermittlungsprovision
- Handlungsgehilfe 390 65 *1*

Vermögen
- Auflösungsurteil 430 10 *10*
- Gerichtsstand 60 1 *12*
- Schutz (Nebenpflicht) 230 611 *895*
- Sozialauswahl 430 1 *501*
- Zwangsvollstreckung 60 62 *7*

Vermögensbildung
- Arbeitslosengeld (Anrechnung) 540 143 a *6*
- Arbeitsvergütung 230 611 *813*
- Auskunfts-/Beratungspflicht 230 611 *907*
- Ausschlußfristen 230 225 *44*
- Betriebsratsmitglied 210 37 *8*
- Betriebsvereinbarung (freiwillige) 210 88 *5*
- Entgeltfortzahlung 280 4 *32*
- Geringfügig Beschäftigte 180 2 *55*
- übliche Vergütung 230 612 *40*
- Urlaubsentgelt 250 11 *20*

Vermögensübergang
- Insolvenzsicherung (BetrAVG) 200 9 *16*

Vermögensübernahme
- Haftung 230 613 a *126*
- Rechtsweg 60 3 *6*

Vermögensübertragung
- *siehe auch Umwandlung*
- Betrieb/-steil (Zuordnung) 610 324 *5*
- Betriebsübergang 230 613 a *164*
- Betriebsübergang (Grundsätze) 610 324 *1*
- Interessenausgleich 210 112 *2*
- Interessenausgleich (Zuordnung) 610 323 *9*
- Kündigungsschutz 230 613 a *176*

- Kündigungsverbot 610 324 *8*
- Umwandlung (UmwG) 610 321 *1*
- Wettbewerbsverbot (nachvertragliches) 390 74 *58*

Vermögenswirksame Leistungen
- *siehe Vermögensbildung*

Verordnung
- Begriff (Gemeinschaftsrecht) 20 Vorb. *4*
- Gleichheitssatz 10 3 *24*
- Revision 60 73 *8*

Verpflegung
- Berufsausbildung (Kosten) 150 5 *12*
- Kostenerstattung 60 12 a *6*
- Vorstellungskosten 230 611 *326*

Verpflichtungserklärung
- *siehe auch MfS*
- Fragerecht 230 611 *387*

Verrechnungsgarantie
- Handlungsgehilfe 390 65 *3*

Verrichtungsgehilfe
- Haftung (Arbeitgeber) 230 611 *1090*

Versäumnisurteil
- *siehe auch zweites Versäumnisurteil*
- Berufung 60 64 *12*
- Berufungsverfahren 60 64 *23*
- Beweisaufnahme 60 59 *3*
- echtes (Begriff) 60 59 *5*
- Einlassungsfrist 60 59 *16*
- Einspruch 60 59 *21*
- Einspruchsfrist 60 9 *11*
- Einspruchsverfahren 60 59 *28*
- Entscheidung nach Aktenlage 60 59 *6*
- Erfüllungsort 60 59 *10*
- Gerichtsstandsvereinbarung 60 59 *10*
- Güteverhandlung 60 54 *20*
- Kosten 60 59 *33*
- Ladungsfrist 60 59 *16*
- persönliches Erscheinen 60 51 *16*
- Rechtsmittelbelehrung 60 59 *25*
- Reisekosten 60 59 *17*
- Revision 60 72 *4*
- Säumnis (Begriff) 60 59 *3*
- sofortige Beschwerde 60 59 *20*
- sofortige Beschwerde (LAG) 60 78 *3*
- Standesrecht 60 59 *17*
- unechtes (Begriff) 60 59 *5*
- Verbandsklage 600 9 *23*
- Verbandsvertreter 60 11 *17*
- Verhandeln (zur Sache) 60 59 *3*
- Vertagungsantrag 60 59 *17*
- Vollstreckungsbescheid 60 46 a *23*
- Voraussetzungen 60 59 *2*
- Vorsitzender 60 55 *9*
- Wiederaufnahme 60 79 *3*
- Zurückverweisung 60 68 *5*
- Zurückweisung 60 59 *12*

Verschleiß
- Befristungsgrund 230 620 *90*
- Schwerbehinderung 530 4 *5*

Verschmelzung
- *siehe auch Umwandlung*
- Betrieb/-steil (Zuordnung) 610 324 *5*
- Betriebsübergang 230 613 a *164*
- Betriebsübergang (Grundsätze) 610 324 *1*
- Haftung 230 613 a *174*
- Interessenausgleich 210 112 *2*
- Interessenausgleich (Zuordnung) 610 323 *9*
- Kündigungsschutz 230 613 a *176*; 610 323 *3*
- Kündigungsverbot 610 324 *8*
- Montanindustrie 490 1 *18*
- Unternehmensmitbestimmung 610 325 *2*
- Wettbewerbsverbot (nachvertragliches) 390 74 *58*

Sachverzeichnis

Fette Zahlen = Kennziffern

Verschulden
- Abmahnung 230 626 *54*
- außerordentliche Kündigung 230 626 *42*
- Entgeltfortzahlung 280 3 *46*
- Kündigungsschutzklage 430 5 *2*
- persönliches Erscheinen (Zurechnung) 60 51 *10*
- Sperrzeit 540 144 *24*

Verschwiegenheit
- siehe auch Betriebs-/Geschäftsgeheimnis
- Abänderbarkeit 230 611 *999*
- Arbeitsvertrag 210 79 *16*
- Aufsichtsratsmitglied 50 116 *10*
- Ausnahmen (BetrVG) 210 79 *13*
- Betriebsratsausschluß 210 23 *5*
- Betriebsratssitzung 210 30 *3*
- Betriebsverfassungsorgane 210 79 *2*
- Betriebsversammlung 210 42 *8*
- Bewerbungsunterlagen 230 611 *346*
- Bruttolohnliste 210 80 *30*
- Dauer (außerordentliche Kündigung) 230 626 *103*
- Einigungsstelle 210 76 *13*
- Gewerkschaftsbeauftragter 210 31 *3*
- Gewissensfreiheit 10 4 *71*
- innerbetriebliche Mißstände 230 626 *101*
- Insolvenzsicherung (BetrAVG) 200 15 *2*
- Kündigung 230 620 *232*
- Nebenpflicht (Arbeitnehmer) 230 611 *995*
- Öffentlichkeit 230 611 *1001*
- Öffentlichkeit (ArbGG) 60 52 *16*
- Personalakteneinsicht 210 83 *7*
- Persönlichkeitsschutz 210 79 *16*
- Sachverständige (BetrVG) 210 80 *31*
- Satzung (Aufsichtsrat) 50 116 *11*
- Schadenersatz 230 611 *1004*
- Schwerbehindertenvertretung 530 22 Anhang *18*
- Sittenwidrigkeit 230 611 *463*
- Sprecherausschußmitglied 590 25 *2*
- Strafanzeige 230 611 *1001*
- Straftat (BetrVG) 210 120 *2*
- Unterlassungspflicht 230 611 *1004*
- Vertragsstrafe 230 345 *24*
- Wehrdienst 80 1 *6*
- Wettbewerbsverbot (nachvertragliches) 390 74 *18*

Versetzung
- Arbeitnehmer (Zustimmungsverweigerung) 210 99 *46*
- Arbeitsort 430 2 *20*
- Arbeitszeit 110 2 *27*
- Auslandseinsatz (Mitbestimmung) 210 1 *4*
- Auszubildende 210 99 *17*
- Baugewerbe 210 99 *17*
- Begriff (BetrVG) 210 99 *13*
- Berufsausbildung (Mitbestimmung) 150 9 *4*
- Beschäftigungsverbot (MuSchG) 500 3 *4*
- Betriebsratsmitglied 210 24 *8*; 430 15 *16*
- Betriebsratswahl 210 20 *5*
- Dienstreise 210 99 *16*
- ehrenamtliche Richter 60 26 *3*
- Entfernungsverlangen 210 104 *4*
- Gesamtbetriebsrat 210 50 *6*
- Konzern 230 611 *243*
- Konzernbetriebsrat 210 58 *6*
- Mitbestimmung(Verfahren) 210 99 *19*
- mittelbare Diskriminierung 20 141 *14*
- Monatsfrist 210 99 *16*
- Ordnungswidrigkeit (BetrVG) 210 121 *4*
- sexuelle Belästigung 190 3 *4*
- Sozialauswahl 230 611 *934*; 430 1 *484*
- Sozialplan 210 112 *29*
- Sprecherausschuß 590 31 *4*
- Sprecherausschußmitglied 590 2 *16*
- Suspendierung 210 99 *14*
- Tendenzbetrieb 210 118 *25*
- Übergangsmandat 230 613 a *171*
- Umgruppierung 230 611 *624*
- Umzugskosten 230 611 *640*
- Versetzungsvorbehalt 230 611 *933*
- vorläufige (BetrVG) 210 100 *1*
- Zustimmungserfordernis 210 103 *6*
- Zustimmungsverweigerung 430 1 *551*
- Zwangsgeld (BetrVG) 210 101 *2*

Versicherung
- Haftung (Pflichtversicherung) 230 611 *1048*

Versicherungsmißbrauch
- Insolvenzsicherung (BetrAVG) 200 7 *64*

Versicherungsverein
- Unternehmensmitbestimmung (BetrVG 1952) 220 77 *18*
- Unternehmensmitbestimmung (MitbestG) 470 1 *5*

Versicherungsvertreter
- Arbeitnehmerbegriff 230 611 *117*
- Begriff 390 92
- Beschäftigungsverhältnis (Vermutung) 545 7 *43*
- Bezirksvertreterprovision 390 87 *26*
- Geschäftsausführung 390 87 a *4*

Versorgungsamt
- Schwerbehinderte 530 4 *12*

Versorgungsanwartschaft
- siehe auch Direktversicherung
- siehe auch Insolvenzsicherung (BetrAVG)
- siehe auch Pensionskasse
- siehe auch Ruhegeld
- siehe auch Unterstützungskasse
- Abänderbarkeit 200 Einl. *16*
- Abfindung (BetrVG) 200 3 *4, 15*
- Abgeordnete 200 1 *30*
- Änderungen 200 1 *41*
- Änderungen (nach Ausscheiden) 200 2 *64*
- Änderungskündigung 200 Einl. *25*
- Anpassung 200 16 *4*
- Ausgleichsquittung 230 611 *605*
- Ausgleichsquittung (Auslegung) 230 611 *606*
- Auskunftspflicht 200 2 *78*
- außerordentliche Kündigung 200 1 *36*
- Auszehrungsverbot 200 5 *5*
- Begriff 200 1 *17*
- Bergmannversorgungsschein 200 1 *30*
- Besitzstand 200 Einl. *27*
- Betriebstreue 200 Einl. *11*
- Betriebsübergang 230 613 a *73*
- Betriebsübergang (Insolvenz) 230 613 a *130*
- Betriebsvereinbarung (Kürzung) 210 77 *76*
- Betriebsvereinbarung (Verteilungsschlüssel) 210 77 *128*
- Betriebszugehörigkeit 200 1 *26*
- Drei-Stufen-Modell 200 Einl. *26*
- Dynamik 200 Einl. *21*
- Dynamik (Berechnung) 200 2 *18*
- Ehedauer 200 2 *7*
- Eigentumsschutz 10 14 *22*
- Entgeltpunktnachweis 200 2 *74*
- Ersatzdienst 200 1 *28*
- Gegenleistung 200 Einl. *11*
- Geringfügig Beschäftigte 545 8 *4*
- Gesamtversorgungssystem 200 2 *70*
- Gesamtversorgungssystem (Berechnung) 200 2 *20*
- Gleichbehandlungsgebot (BeschFG) 180 2 *58*
- Gleichberechtigung 200 30 a *7*
- Günstigkeitsprinzip 200 Einl. *26*
- Hinterbliebenenleistungen (Berechnung) 200 2 *21*
- Höchsteintrittsalter 200 1 *48*

magere Zahlen = §§ bzw. Art.; kursive Zahlen = Randnummern

Sachverzeichnis

- Insolvenzschutz 200 7 *40*
- Insolvenzsicherung (BetrAVG) 200 7 *6, 53*
- Invaliditätsleistungen (Berechnung) 200 2 *21*
- Konzern (Wechsel) 200 1 *27*
- Mindestalter 200 1 *34*
- mittelbare Diskriminierung 200 30 a *7*
- nachträglicher Erwerb 200 2 *77*
- Näherungsverfahren 200 2 *71*
- NVA 200 1 *28*
- persönlicher Geltungsbereich 200 17 *2*
- Rente (Berücksichtigung) 200 2 *71*
- Schadenersatz (Auflösungsverschulden) 230 628 *96*
- Scheidung 200 2 *7*
- Selbstmord 200 2 *7*
- Sozialplan 210 112 *29*
- Teilabfindung (BetrAVG) 200 3 *16*
- Teilanspruchsberechnung 200 2 *66*
- Teilanwartschaft 200 Einl. *27*
- Übertragung 200 4 *4*
- Übertragung (Zustimmung) 200 4 *15*
- Umwandlung 230 613 a *175*
- unmittelbare Versorgungszusage (Berechnung) 200 2 *10*
- Unterbrechung (Betriebszugehörigkeit) 200 1 *25*
- Urteilsverfahren 60 2 *31*
- Verbleibebedingung 200 1 *19*
- Versorgungsleistung 200 2 *15*
- Versorgungsregelung (Änderung) 200 2 *67*
- Versorgungszusage 200 1 *20*
- Vertrauensschutz 200 Einl. *23*
- Verzicht 200 3 *5*
- Vordienstzeit 200 1 *23*
- Vorruhestand 200 1 *40*
- Vorschaltzeit 200 1 *24*
- vorzeitige Inanspruchnahme 200 6 *3*
- Wanderarbeitnehmer 200 1 *29*
- Wartezeit (Ende) 200 1 *47*
- Wehrdienst 200 1 *28*
- Wehr-/Ersatzdienst 80 14 b *1*
- Zusatzraten 200 Einl. *27*

Versorgungsbetrieb
- Sonn-/Feiertagsarbeit 110 10 *16*

Versorgungskrankengeld
- Ruhen 550 49 *15*

Versorgungszusage
- Wiederverheiratungsklausel 10 6 *14*

Versorgungszusage
- siehe auch Ruhegeld
- siehe auch Versorgungsanwartschaft
- Änderung 200 1 *41*
- Anpassung 200 16 *7*
- Beendigung (Arbeitsverhältnis) 200 1 *36*
- Begriff 200 1 *11*
- Beitragsbemessungsgrundlage (Insolvenz) 200 10 *19*
- Beitragsorientierte Leistungszusage 200 1 *80*
- Bestandsdauer 200 1 *20*
- betriebliche Übung 200 1 *45*
- Betriebsübergang 200 1 *44*
- Betriebsvereinbarung 200 1 *22*
- Direktversicherung 200 1 *57*
- Entgeltumwandlung 200 1 *72*
- Geringfügig Beschäftigte 545 8 *4*
- Getrenntlebensklausel 10 6 *14*
- Gleichbehandlungsgrundsatz 200 1 *45*
- Insolvenzsicherung 200 7 *14*
- Mitteilung 200 11 *4*
- mittelbare/unmittelbare 200 1 *5*
- Pensionskasse 200 1 *64*
- Rechtsgrundlage (andere) 200 1 *43*

- Ruhegeld (Inhalt) 200 1 *5*
- Schuld-/Vertragsübernahme 200 1 *44*
- Spätehreklausel 10 6 *14*
- Tarifvertrag 200 1 *22*
- Unterstützungskasse 200 1 *70*
- Vorruhestand 200 1 *40*

Verspätetes Vorbringen
- Verfahrensbeschleunigung 60 9 *9*

Verspätung
- Berufungsverfahren 60 67 *4*
- Beschlußverfahren 60 83 *3*
- Beschlußverfahren (Beschwerde) 60 87 *2*
- Beschwerdeverfahren (Beschlußverfahren) 60 90 *2*
- Einspruch 60 59 *24*
- Fürsorgepflicht (richterliche) 60 56 *15*
- Glaubhaftmachung 60 56 *16*
- Konkurrenzen 60 56 *19*
- Kündigungsverfahren 60 61 a *11*
- Rechtsmittel 60 56 *17*
- Überprüfung (BAG) 60 67 *14*
- Voraussetzungen 60 56 *13*
- Zurückverweisung (Revisionsurteil) 60 75 *18*
- Zurückweisung 60 56 *13*

Vertagung
- Kammerverhandlung 60 57 *4*
- Versäumnisurteil (Antrag) 60 59 *17*

Verteidigung
- Arbeitszeit 110 15 *10*

Verteilungsschlüssel
- Betriebsvereinbarung 210 77 *128*
- Lohngrundsätze 210 87 *113*

Vertrag zu Gunsten Dritter
- Beschäftigungsverhältnis (AÜG) 140 Einl. *55*

Vertragliche Einheitsregelung
- siehe auch Gesamtzusage
- Änderungskündigung (Betriebsrat) 430 2 *29*

Vertragsamateur
- Arbeitnehmer 230 611 *115*

Vertragsanbahnung
- siehe Einstellung

Vertragsänderung
- Änderungsvorbehalt 230 611 *528*
- Anrechnungsvorbehalt 230 611 *542*
- Freiwilligkeitsvorbehalt 230 611 *531*
- Widerrufsvorbehalt 230 611 *535*

Vertragsstrafe
- Abtretung 230 345 *38*
- Aus-/Fortbildung 230 345 *28*
- Ausschlußfristen 230 225 *44*
- außerordentliche Kündigung 230 345 *18*; 626 *240*
- Belohnung 230 345 *7*
- Berufsausbildung 150 5 *17*; 230 345 *5*
- Berufsbildung 230 345 *14*
- Bestimmtheitsgrundsatz 230 345 *15*
- Betriebsbuße (Abgrenzung) 230 345 *6*
- Betriebsvereinbarung 210 77 *83*; 230 345 *31*
- Blaumachen 230 345 *27*
- Darlegungs- und Beweislast 230 345 *41*
- Einwirkungspflicht 600 1 *69*
- Erfüllungsort 230 345 *38*
- Herabsetzung 230 345 *35*
- Höhe (angemessene) 230 345 *17*
- Inhaltskontrolle 230 345 *13*; 611 *556*
- Kündigungserschwerung 230 345 *16*; 622 *102*
- Leiharbeitnehmer (Urkunde) 140 11 *20*
- Lohnverwirkungsabrede (Abgrenzung) 230 611 *686*
- Minderjährige 230 113 *8*
- Mindestschaden 230 345 *40*
- Nebentätigkeit 230 345 *26*
- Schadenersatz (Arbeitgeber) 230 628 *95*

2717

Sachverzeichnis

Fette Zahlen = Kennziffern

- Schadenersatz (Auflösungsverschulden) **230** 628 *119*
- Schadenspauschalierung (Abgrenzung) **230** 345 *5*
- Schlechtleistung **230** 345 *25*
- Sonderzuwendung **230** 345 *2*
- Strafversprechen (selbständiges) **230** 345 *2*
- Strafversprechen (unselbständiges) **230** 345 *1*
- Tarifvertrag **230** 345 *29*
- Tarifvertragsbruch **600** 1 *70*
- Vergleich **230** 345 *8*
- Verschulden **230** 345 *1*
- Verschwiegenheit **230** 345 *24*
- Verwirkung **230** 345 *32*
- Verwirkungsabrede (Abgrenzung) **230** 345 *4*
- Weiterarbeit (§ 625 BGB) **230** 625 *18*
- Wettbewerbsverbot **230** 345 *21*
- Wettbewerbsverbot (nachvertragliches) **390** 75 c *2*

Vertragstypenwahl 230 611 *49*
Vertragsverstoßverfahren
- Gemeinschaftsrecht **20** 234 *5*

Vertrauensarzt
- Persönlichkeitsrecht **10** 2 *93*

Vertrauensbereich
- Abmahnung **230** 626 *49*; **430** 1 *132*

Vertrauensleute
- Betriebsverfassung **210** 2 *8*
- Schulung **210** 37 *18*
- Tarifvertrag **600** 1 *36*

Vertrauensschaden
- Haftung **230** 611 *1110*

Vertrauensschutz
- Befristung **230** 620 *82*
- Betriebsvereinbarung **210** 77 *80*

Vertrauensvolle Zusammenarbeit
- Betriebsratssitzung (konstituierende) **210** 29 *1*
- Betriebsverfassung **210** 2 *1*
- Informationspflicht (Arbeitgeber) **210** 80 *18*
- Kopplungsgeschäfte **210** 74 Einl. *38*
- Sprecherausschuß **590** 2 *1*

Vertretung
- siehe auch Stellvertretung
- Befristungsgrund **230** 620 *86*

Vertriebsberechtigung
- Betriebsübergang **230** 613 a *31*

Verwahrung
- Arbeitgeber **230** 611 *895*
- Mankohaftung **230** 611 *1057*

Verwalter
- Professorenstelle (Arbeitnehmer) **230** 611 *153*

Verwaltung
- fiskalische (Gleichbehandlung) **10** 3 *31*
- Gleichheitssatz **10** 3 *23*
- Grundrechtsprüfung **10** Einl. *44*

Verwaltungsakt
- Betriebsübergang **230** 613 a *58*
- soziale Angelegenheiten **210** 87 *12*
- Tarifvertrag **600** 1 *131*

Verwaltungsaufgabe
- Betriebsübergang **230** 613 a *15*

Verwaltungsvorschrift
- Revision **60** 73 *8*
- Tarifvertrag **600** 1 *131*

Verwerfungsmonopol
- Bundesverfassungsgericht **10** Einl. *14*

Verwirkung
- siehe auch Rechtsmißbrauch
- Anfechtung **230** 611 *472*
- Aufsichtsratsbeschluß (fehlerhafter) **50** 108 *22*
- Grundsätze **230** 611 *688*
- Kündigung **430** 1 *168*
- Kündigungsgegenklage **430** 7 *5*
- Nachwirkung **600** 4 *92*
- Sittenwidrige Kündigung **430** 13 *25*
- Tarifvertrag **600** 4 *92*
- Urlaubsentgelt **250** 11 *55*
- Vertragsstrafe **230** 345 *4, 32*
- Wichtiger Grund **230** 626 *41*
- Zeugnis **230** 630 *106*

Verzeihung
- außerordentliche Kündigung **230** 626 *84*
- Wichtiger Grund **230** 626 *41*

Verzicht
- Annahmeverzug **230** 615 *84*
- Arbeitsvergütung **230** 611 *685*
- außerordentliche Kündigung (Abdingbarkeit) **230** 626 *237*
- Berufung **60** 64 *18*
- Berufungsverfahren **60** 67 *2*
- Beschlußverfahren **60** 80 *3*
- Betriebsübergang **230** 613 a *83*
- Entgeltfortzahlung **280** 12 *9*
- Gerichtskosten (Urteil) **60** 12 *5*
- Gleichbehandlungsgrundsatz **230** 611 *840*
- Grundrechte **10** Einl. *62*
- Güteverhandlung **60** 54 *14*
- Kündigung **430** 1 *166*
- Kündigung (Insolvenz) **410** 113 *15*
- Kündigungsfrist (tarifliche) **230** 622 *48*
- Kündigungsschutz **430** 1 *15*
- Kündigungsschutzklage **430** 7 *2*
- Revision **60** 74 *32*
- Tarifvertrag **600** 4 *85*
- Urlaubsentgelt **250** 11 *53*
- Verbandsklage (Urteil) **600** 9 *23*
- Verjährung **230** 225 *25*
- Versorgungsanwartschaft **200** 3 *5*
- Vorsitzender (Urteil) **60** 55 *8*
- Wettbewerbsverbot (nachvertragliches) **390** 75 a *1*

Verzögerung
- siehe Verspätung

Verzögerungsgebühr
- persönliches Erscheinen **60** 51 *12*

Verzug
- Provision **390** 87 a *23*

Videoaufnahme
- Persönlichkeitsschutz **10** 2 *99*
- Verwertungsverbot **10** 2 *79*

Vierteljahresbericht
- Arbeitgeber **210** 110 *3*

Völkerrecht
- Rechtsquelle **230** 611 *246*
- Tarifvertrag (Inhalt) **600** 1 *152*

Volksfest
- Sonn-/Feiertagsarbeit **110** 10 *13*

Volkshochschuldozent
- Arbeitnehmer **230** 611 *107*

Volkszählungsurteil 10 2 *64*

Vollbeweis
- Begriff **60** 58 *5*

Vollmacht
- siehe auch Stellvertretung
- Handelsvertreter **390** 91
- Kündigungsschutzklage **430** 4 *63*
- Tarifvertrag **600** 1 *7*
- Vertragsschluß **230** 611 *430*

Vollstreckungsbeamte
- Arbeitsgerichtsbarkeit **60** 9 *18*

Vollstreckungsbescheid
- Form **60** 46 a *7*
- Grundsätze **60** 46 a *17*
- Güteverhandlung **60** 54 *3*
- Rechtsmittelbelehrung **60** 9 *30*

magere Zahlen = §§ bzw. Art.; kursive Zahlen = Randnummern **Sachverzeichnis**

- Verjährung (Unterbrechung) 230 225 *22*
- Zustellung 60 50 *13*

Vollstreckungsgegenklage
- Einwirkungspflicht 600 1 *69*
- Handlungsvornahme 60 61 *13*
- Sicherheitsleistung 60 62 *10*

Vollstreckungsklausel
- Beschlußverfahren 60 85 *3*

Volontäre
- Arbeitnehmer (BetrVG) 210 5 *10*
- Begriff 150 19 *2*
- Betriebsratsfähigkeit 210 1 *14*
- Entgeltfortzahlung 280 1 *12*
- Jugend-/Auszubildendenvertretung 210 60 *2*
- Kündigungsschutz 430 1 *56*
- Minderjährige 230 113 *6*
- Mutterschutz 500 1 *3*
- Rechtsstatus 230 611 *210*
- Tarifvertrag 600 1 *85*
- Tendenzträger 210 118 *20*
- Wettbewerbsverbot (nachvertragliches) 390 82 a *1*

Vorabentscheidungsverfahren
- acte-clair 20 234 *28*
- Beschlußverfahren 20 234 *18*
- Einigungsstelle 20 234 *17*
- Gemeinschaftsrecht 20 234 *6*
- Generalanwalt 20 234 *35*
- Gerichtsvorlage 20 234 *14*
- Instanzgericht 20 234 *29*
- Normenkontrolle (Konkurrenz) 20 234 *39*
- Schiedsgericht 20 234 *16*
- Schlichtungsstelle 20 234 *17*
- Urteil 20 234 *35*
- Verfahrensgang 20 234 *32*
- Verfassungsbeschwerde 20 234 *30*
- Vertragsauslegung 20 234 *8*
- Vorlagebefugnis 20 234 *18*
- Vorlagepflicht 20 234 *23*
- Wiederholung 20 234 *22*

Vorausabtretung
- Zulässigkeit 230 611 *675*

Vorbehalt
- Änderungskündigung 430 2 *39*
- Ausschlußfrist 600 4 *100*
- Befristung 230 620 *65*

Vorbehaltsurteil
- Berufung 60 64 *2*
- Revision 60 72 *4*
- Streitwert 60 61 *4*
- Urteilsverfahren 60 2 *51*
- Wiederaufnahme 60 79 *4*

Vorbereitungsdienst
- Wehrdienst 80 *9*

Vorbereitungshandlung
- Wettbewerbsverbot 390 60 *11*
- wichtiger Grund 230 626 *128*

Vordienstzeit
- Versorgungsanwartschaft 200 1 *23*

Vorfragenkompetenz
- Einigungsstelle 210 76 *35*

Vorführung
- persönliches Erscheinen 60 51 *12*
- Zeuge 60 58 *15*

Vorgabezeit
- Akkord 230 611 *585*
- Mitbestimmung 210 87 *101*

Vorgesellschaft
- Parteifähigkeit 60 10 *4*

Vorhaltekosten
- Schadenersatz 230 628 *85*

Vorlagebeschluß
- Großer Senat 60 45 *4*

Vormund
- Arbeitsverhältnis 230 113 *4*
- Ermächtigung (Minderjährige) 230 113 *14*

Vormundschaftsgericht
- Berufsausbildung 150 3 *5*
- Ermächtigung (Minderjährige) 230 113 *14*
- Prokura 390 48 *1*

Vorname
- Mitbestimmung (Geschäftsbrief) 210 87 *21*

Vorruhestand
- Ausschlußfristen 230 225 *46*
- Tarifvertrag (Geltungsbereich) 600 4 *21*
- Urteilsverfahren 60 2 *28*
- Verjährung 230 225 *5*
- Versorgungsanwartschaft 200 1 *40*

Vorsatz
- *siehe auch Verschulden*
- Haftung (Arbeitnehmer) 230 611 *1042*

Vorschaltzeit
- Direktversicherung 200 1 *58*
- Pensionskasse 200 1 *64*
- Unterstützungskasse 200 1 *70*
- Versorgungsanwartschaft 200 1 *24*

Vorschlagswesen
- Mitbestimmung 210 87 *128*

Vorschuß
- Arbeitsvergütung 230 614 *19*
- Arbeitsverhältnis 230 611 *32*
- Aufwendungsersatz 230 611 *823*
- Ausbildungsvergütung 150 11 *2*
- Ausschlußfristen 230 225 *44*
- Darlehen (Abgrenzung) 230 611 *637*
- Mahnverfahren 60 46 a *24*
- Provision 390 87 a *5*
- Rückzahlung 230 614 *26*
- Teilvergütung (Kündigung) 230 628 *37*
- Verjährung 230 225 *5*

Vorsitzender
- (Alleinentscheidung) Beschlußverfahren 60 80 *3*
- Ablehnungsgründe 60 49 *2*
- Alleinentscheidung 60 9 *9*; 55 *13*
- Alleinentscheidungskompetenz 60 53 *7*
- amtliche Auskunft 60 56 *7*
- Anerkenntnis 60 55 *8*
- Aufklärungspflicht 60 56 *5*
- Ausschließungsgründe 60 49 *6*
- Aussetzung 60 55 *12*
- beratender Ausschuß 60 *18*
- Beschluß 60 53 *6*
- Bestellung 60 *18*
- Fürsorgepflicht 60 53 *9*
- Klagerücknahme 60 55 *6*
- Krankheit 60 *19*
- Landesarbeitsgericht 60 *36*
- mehrere Arbeitsgerichte 60 *18*
- mündliche Verhandlung 60 53 *9*
- Neutralitätspflicht 60 56 *5*
- örtliche Zuständigkeit 60 55 *11*
- Rechtshilfe 60 53 *8*
- Richter auf Probe 60 *18*
- Richter kraft Auftrag 60 *18*
- Sachverständigenladung 60 56 *9*
- Säumnis 60 55 *9*
- Sitzungsordnung 60 53 *9*
- Terminsbestimmung 60 53 *9*
- Urkundenvorlegung 60 56 *6*
- Verfügung 60 53 *6*
- Verzichtsurteil 60 55 *8*
- Vollstreckungsbescheid (Einspruch) 60 46 a *22*
- Zeugenladung 60 56 *9*
- Zwangsvollstreckung (einstweilige Einstellung) 60 55 *10*

2719

Sachverzeichnis

Fette Zahlen = Kennziffern

Vorsorge
- medizinische (EntgeltfortzG) 280 9 6
- Urlaub 250 10 4

Vorsorge- und Rehabilitationsmaßnahmen
- Bewilligung und Durchführung 250 10 7

Vorstand
- siehe auch Organvertreter
- Abberufung (Aufsichtsrat) 50 110 19
- Amtszeit (MitbestG) 470 37 7
- Anstellungsvertrag (MitbestG) 470 31 11
- Arbeitsdirektor 490 13 1
- Arbeitsdirektor (MitbestG) 470 33 4
- Aufsichtsrat (Bestellung) 490 12 1
- Aufsichtsratsmitgliederwechsel 50 106 1
- Aufsichtsratssitzung (Teilnahme) 50 109 4
- Aufsichtsratszusammensetzung 50 96 8
- Berichtspflicht 50 110 9
- Bestellung (Aufsichtsrat) 50 110 19
- Bestellung (MitbestG) 470 31 3
- Inkompatibilität 50 104 1
- Kündigungsschutz 430 14 3
- Prozeßvertretung 60 11 2
- Überwachung (Aufsichtsrat) 50 110 2
- Vertretung (Aufsichtsrat) 50 112 3
- Vorsitzender (MitbestG) 470 31 10
- Weisungsrecht (Obergesellschaft) 470 32 4
- Zustimmungsvorbehalt 50 110 12

Vorstellungskosten
- Erstattungspflicht 230 629 27
- Schadenersatz 230 628 92
- Tarifvertrag 600 1 95
- Übernahme 230 611 319
- Urteilsverfahren 60 2 28
- Verjährung 230 225 5
- Zuschuß (Arbeitsamt) 230 611 328

Vorstrafen
- Anfechtung 230 611 486
- Datenerhebung 160 28 9
- Fragerecht 230 611 370
- Offenbarungspflicht 230 611 396
- verhaltensbedingte Kündigung 430 1 370

Vorteilsannahme
- Grundsätze 230 611 1007

Vorteilsausgleichung
- Schadenersatz (Auflösungsverschulden) 230 628 94

Vorübergehende Verhinderung
- Dauer 230 616 15
- Vergütungsfortzahlung 230 616 2

Vorvertrag
- Begriff 230 611 331
- Einstellungsanspruch 230 611 443
- Tarifvertrag 600 1 2, 58
- Urteilsverfahren 60 2 28
- Wettbewerbsverbot 390 74 13

Wahlanfechtung
- Anwaltskosten 210 20 10
- Arbeitnehmervertreter 220 76 48
- Ausschüsse 210 19 1
- Berechtigung 210 19 12
- Beschlußverfahren 210 19 10
- Beteiligte 210 19 14
- Betriebsausschuß 210 19 7
- Betriebsrat (Mitgliederzahl) 210 9 4
- Betriebsratsausschuß 210 23 15
- Betriebsratskosten (Übernahme durch Arbeitgeber) 210 40 1
- Betriebsratsmitglied 210 19 1
- Betriebsratsvorsitzender 210 19 1
- Betriebsteil 210 18 9
- Delegierte 470 21 1
- Einleitungszeitpunkt 210 13 2
- Folgen 210 19 8
- Freistellung 210 38 15
- Frist 210 19 11
- Gründe 210 19 2
- Gruppenschutz 210 10 5
- Jugend-/Auszubildendenvertretung 210 63 3
- Kündigungsschutz 210 103 5
- Neuwahl 210 13 7
- Nichtigkeit 210 19 15
- Nichtigkeit (BetrVG 1952) 220 76 53
- Öffentlichkeit 210 18 3
- Sprecherausschuß 590 8 8
- Stimmabgabe 210 19 5
- Stimmauszählung 210 18 3
- Wahlbehinderung 210 20 8
- Wahlvorschlag 210 14 14
- Wahlvorstand 210 16 11
- Wahlvorstand (Maßnahmen) 210 18 9
- Zuordnungsverfahren 210 18 a 7

Wahlausschreiben
- Sitzverteilung 210 12 4
- Wahlanfechtung 210 19 5
- Zeitpunkt 210 13 2

Wählbarkeit
- siehe auch Betriebsratswahl
- Sprecherausschuß 590 8 6

Wahlbehinderung
- (BetrVG 1952) 220 76 55

Wahlberechtigung
- siehe auch Betriebsratswahl
- Sprecherausschuß 590 8 5

Wahlbewerber
- siehe auch Betriebsratswahl
- Kündigungsschutz 430 15 10
- Kündigungsschutz (Beginn) 210 103 4
- Kündigungsschutz (Kleinbetrieb) 430 15 1
- Kündigungsschutz (nachwirkender) 430 15 35
- Kündigungsschutz (Wahlmängel) 430 15 18
- neues Arbeitsverhältnis 430 16 1

Wählerliste
- Jugend-/Auszubildendenvertretung 210 61 1
- Sprecherausschuß 590 8 5
- Wahlanfechtung 210 19 3

Wahlkosten
- Arbeitnehmervertreter 470 20 1
- Arbeitnehmervertreter (BetrVG 1952) 220 76 54
- Sprecherausschuß 590 8 8

Wahlmänner
- Arbeitnehmervertreter (BetrVG 1952) 220 76 65

Wahlniederschrift
- Betriebsratswahl 210 18 3

Wahlordnung
- Arbeitnehmervertreter (BetrVG 1952) 220 76 39, 67
- Verordnungsermächtigung (BetrVG 1952) 220 87 1

Wahlschutz
- Arbeitnehmervertreter 470 20 1
- Sprecherausschuß 590 8 8

Wahlvorschlag
- Betriebsratswahl 210 14 14
- Betriebsversammlung 210 17 5
- Gleichheitssatz 10 3 12
- Jugend-/Auszubildendenvertretung 210 63 2
- Kündigungsschutz 430 15 11

Wahlvorstand
- Anfechtungsberechtigung 210 19 12
- Antragsbefugnis 60 81 10
- Arbeitnehmervertreter 470 18 11
- Arbeitsgericht (Bestellung) 210 16 9
- Arbeitsgericht (Betriebsversammlung) 210 17 7

2720

magere Zahlen = §§ bzw. Art.; kursive Zahlen = Randnummern   **Sachverzeichnis**

- Arbeitszeit 210 20 *12*
- Auflösung 210 16 *10*
- Aufwendungsersatz 210 16 *10*
- Behinderungsverbot 210 20 *2*
- Bekanntgabe (Betriebsratswahl) 210 18 *3*
- Bestellung 210 16 *1*
- Bestellung (fehlende) 210 23 *19*
- Beteiligter (Beschlußverfahren) 60 83 *8*
- Betriebsausschuß (Bestellung) 210 16 *3*
- Betriebsrat (Mitgliederzahl) 210 9 *1*
- Betriebsratssitzung 210 29 *1*
- Betriebsteilzuordnung 210 18 *6*
- Betriebsversammlung (Wahl) 210 17 *1*
- Ersatzmitglied 210 16 *8*
- Gewerkschaftsbeauftragter 210 16 *6*
- Gruppenschutz 210 16 *5*
- Jugend-/Auszubildendenvertretung 210 63 *5*
- Kündigungsschutz 430 15 *10*
- Kündigungsschutz (Beginn) 210 103 *4*
- Kündigungsschutz (Kleinbetrieb) 430 15 *1*
- Kündigungsschutz (nachwirkender) 430 15 *35*
- Kündigungsschutz (Wahlmängel) 430 15 *18*
- Lohnausfall 210 20 *11*
- Mitgliederzahl 210 16 *4*
- neues Arbeitsverhältnis 430 16 *1*
- Rechtsstellung 210 16 *10*
- Rücktritt 210 16 *10*
- Schulung 210 20 *10*
- Sitzverteilung 210 12 *3*
- Sprecherausschuß 590 8 *2*
- Stimmenauszählung 210 18 *3*
- Übergangsmandat 610 321 *8*
- Überstunden 210 20 *12*
- Vermittler 210 18 a *3*
- Wahlanfechtung 210 16 *11*
- Wahlausschreiben 210 18 *2*
- Wahlbeeinflussung 210 20 *6*
- Wahlniederschrift 210 18 *3*
- Wahlschutz 210 20 *4*
- Zuordnung (leitende Angestellte) 210 18 a *2*

Währungsunion
- Tarifautonomie 10 9 *84*

Waisenrente
- Einkommensanrechnung 560 Einl. *18*

Wallfahrtsort
- Arbeitszeit 440 17 *4*
- Ladenschluß 440 10 *1*

Walzwerk
- Montanindustrie 490 1 *16*

Wandel des Arbeitslebens
- Arbeitskampf 10 9 *285*

Wanderarbeitnehmer
- Aufenthaltsrecht 20 39 *13*
- Diskriminierungsverbot (Gemeinschaftsrecht) 20 39 *37*
- Versorgungsanwartschaft 200 1 *29*
- Wehrdienst 80 6 *10*

Warenangebot
- Betriebsübergang 230 613 a *13*

Warenautomat
- Ladenschluß 440 7 *1*

Warenzeichen
- Betriebsübergang (Aktiva) 230 613 a *23*

Warnfunktion
- Abmahnung 430 1 *301*

Warnstreik
- Auszubildende 150 3 *9*
- Begriff 10 9 *141*

Wartezeit (BetrAVG)
- Gleichberechtigung 200 30 a *4*
- Rechtsmißbrauch 200 1 *47*

- Versorgungsanwartschaftshöhe 200 2 *14*
- vorzeitige Inanspruchnahme 200 6 *14*

Wartezeit (BUrlG)
- Abdingbarkeit 250 4 *4*
- Arbeitskampf 250 4 *12*
- Ausscheiden nach Ablauf 250 5 *25*
- Beschäftigungsverbot 250 4 *12*
- Erziehungsurlaub 250 4 *12*
- Fristbeginn 250 4 *5*
- Heimarbeiter 250 12 *29*
- Individualvereinbarungen 250 13 *59*
- Krankheit 250 4 *6, 9*
- Sonn- und Feiertag 250 4 *7*
- Tarifvertrag 250 13 *23*
- Tarifvertrag (Heimarbeit) 250 12 *39*
- Teilurlaub 250 5 *11, 22*
- Unterbrechungen 250 4 *10*
- Wehrdienst 250 4 *12*
- Zusatzurlaub 530 47 *3*

Wartezeit (EFZG)
- Entgeltfortzahlung 280 3 *68*
- Fortzahlungsanspruch 280 8 *17*
- Tarifvertrag (EntgeltfortzG) 280 4 *60*

Wartezeit (KSchG)
- Arbeitsverhältnis (AÜG) 140 10 *36*
- Ausbildungsverhältnis (vorheriges) 150 3 *3*
- außerordentliche Kündigung 430 13 *6*
- Betriebs- oder Unternehmensbezug 430 1 *86*
- Darlegungs- und Beweislast 430 1 *104*
- Grundsätze 430 1 *65*
- Insolvenz 410 113 *21*
- Klagefrist 430 4 *3*
- Klagefrist (Insolvenz) 410 113 *35*
- Luftverkehr 430 24 *5*
- Massenentlassung 430 17 *6*
- Rechtsmißbrauch 430 1 *92*
- Schiffahrt 430 24 *5*
- Schwerbehinderte 530 20 *2*
- Sonderkündigungsschutz 430 1 *83*
- Sonderkündigungsschutz (SchwbG) 530 20 *2*
- Treuwidrigkeit 430 13 *31*
- Übergangsregelung 430 23 *21*
- Unterbrechungen 430 1 *77*
- Wehrdienst 80 6 *7*
- Wiedereinstellung (MuSchG) 500 10 *5*
- Zusammenrechnen 430 1 *71*

Waschzeit
- Arbeitszeit 110 2 *32*; 230 611 *751*

Wechsel
- Arbeitsvergütung 230 611 *599*
- Wechselprozeß 60 46 *11*

Wechselschicht
- Entgeltfortzahlung 280 4 *12*
- Entgeltfortzahlung (Tarifvertrag) 280 4 *58*
- Zulage (Begriff) 230 611 *713*

Wegegeld
- Betriebsratsmitglied 210 37 *8*
- Entgeltfortzahlung 280 4 *33*

Wegerisiko
- Annahmeverzug 230 615 *19*
- Arbeitnehmer 230 611 *965*
- Berufsausbildung 150 12 *6*
- Betriebsrisiko 230 615 *142*

Wegeunfall
- Begriff 570 104 *12*
- Haftungsausschluß 570 104 *21*

Wegezeit
- Arbeitszeit 110 2 *32*; 230 611 *938*
- Begriff 230 611 *747*
- Jugendliche 420 4 *4*

Wehrdienst
- *siehe auch Ersatzdienst*

2721

Sachverzeichnis

Fette Zahlen = Kennziffern

- siehe auch Zivildienst
- Alters- und Hinterbliebenenversorgung 80 14 b 1
- Arbeitnehmerbegriff 80 15 1
- Ausbildungszeit 80 6 8
- Ausbildungszeit (Wehrübung) 80 10 1
- Ausland 80 1 1
- außerordentliche Kündigung 80 2 8
- Auszubildende 80 2 15
- Befristung 80 1 11; 180 1 6
- Befristung (Grund) 230 620 86
- Benachteiligungsverbot (Begriff) 80 6 3
- Berufszugehörigkeit 80 6 6
- Beschädigung 80 12 4
- Betriebsratsfähigkeit 210 1 14
- Betriebsratsmitglied 80 1 8; 210 24 6
- Betriebsübergang 80 1 10
- Betriebszugehörigkeit 80 1 8
- Betriebszugehörigkeit (Rückkehr) 80 6 6
- Bewährungszeit 80 6 9
- Darlegungs- und Beweislast (Kündigung) 80 2 6
- Diskriminierung (Freizügigkeit) 20 39 38
- Einstellungsanspruch (öffentlicher Dienst) 80 11 a 1
- Entgeltfortzahlung 280 3 43
- Entwicklungshelfer 80 1 3
- Ersatzanspruch (Arbeitgeber) 80 10 3
- Ersatzanspruch (Wehrerfassung/Musterung) 80 14 3
- Ersatzkraft (Kündigung) 80 2 9
- Ersatzkraft (Vergütung) 80 1 12
- europäische Gemeinschaft 80 1 1
- Fragerecht 230 611 385
- Grenzschutzdienstpflichtige 80 1 3
- Handelsvertreter 80 8 1
- Heimarbeiter 80 7 1
- Hinterbliebenenversorgung 80 14 b 1
- Jubiläumszuwendung 80 6 7
- Kleinbetrieb (außerordentliche Kündigung) 80 2 9
- Kleinbetrieb (Kündigungsverbot) 80 2 2
- Krankheit 80 1 10
- Kündigungsschutz (Insolvenz) 410 113 23
- Kündigungsschutzklage 80 2 14
- Kündigungsverbot 80 2 1
- Kündigungsverbot (Handelsvertreter) 80 8 5
- Musterung 80 14 1
- Probezeit 80 6 8
- Probezeit (Wehrübung) 80 10 1
- ruhendes Arbeitsverhältnis 80 1 5
- Sachbezüge 80 3 4
- Sonderzuwendung 80 6 7; 230 611 796
- Sozialauswahl 80 2 5; 430 1 471
- Urlaub (BUrlG) 80 4 1
- Urlaubsgeld 80 1 9
- Urlaubsgewährung 80 4 5; 250 7 59
- Urlaubskürzung 80 4 3
- Verschwiegenheit 80 1 6
- Versorgungsanwartschaft 200 1 28
- Versorgungsanwartschaft (Höhe) 200 2 11
- Vorbereitungsdienst 80 9
- Wahlberechtigung 80 6 7
- Wanderarbeitnehmer 80 6 10
- Wartezeit (BUrlG) 250 4 12
- Wartezeit (KSchG) 80 6 7
- Wehrdienstbeschädigung 80 12 4
- Wehrerfassung 80 14 1
- Wehrübung (freiwillige) 80 10 1
- Werk-/dienstwohnung 80 3 2
- Wettbewerbsverbot 80 1 6
- Wichtiger Grund 230 626 109
- Wochenendübung 80 10 1
- Zivildienstleistende 80 1 3

Wehrerfassung
- Arbeitsvergütung 80 14 1

Wehrübung
- Ausbildungszeit 80 11 1
- Benachteiligungsverbot 80 6 4
- Ersatzanspruch des Arbeitgebers 80 11 3
- freiwillige 80 10 1
- Probezeit 80 11 1
- Urlaub 80 4 11

Weihnachten
- Teilzeitarbeit 180 2 59

Weisung
- Beschäftigungsverhältnis 545 7 10

Weiterarbeit
- siehe auch Weiterbeschäftigung
- Arzt (Weiterbildung) 25 3 13
- Berufsausbildung 150 5 3

Weiterarbeit (§ 625 BGB)
- Ausschlußklausel 230 625 2
- Beendigung (Arbeitsverhältnis) 230 625 6
- Darlegungs- und Beweislast 230 625 23
- Vertragsstrafe 230 625 18
- vorläufige 230 625 16
- Weiterarbeit (§ 625 BGB) 230 625 7

Weiterbeschäftigung
- siehe auch Weiterarbeit (§ 625 BGB)
- Abschlußprüfung (nach) 150 17 2
- Änderungskündigung (Annahme) 430 2 44
- Änderungskündigung (Betriebsrat) 430 2 28
- Änderungskündigung (Kündigungsschutzklage) 430 4 99
- Annahmeverzug 230 615 10
- Annahmeverzug (Entbindung) 230 615 74
- Arbeitsbedingungen (geänderte) 430 1 563
- Arbeitsplatz (anderer) 430 1 562
- Arbeitsplatz (freier) 430 1 442, 554
- Arbeitsplatz (vergleichbarer) 430 1 444
- Bedenkzeit 430 1 545
- Beförderungsstelle 430 1 556
- Befristung 230 620 131
- Befristung (Hochschule) 400 57 b 43
- Beschäftigungsverhältnis 545 7 3, 37
- betriebsbedingte Kündigung 430 1 438
- Betriebsratsbeteiligung 430 1 450
- Betriebsratsmitglied 210 24 4; 430 15 46
- Darlegungs und Beweislast 430 1 569
- Darlegungslast (betriebsbedingte Kündigung) 430 1 458
- Darlegungslast (verhaltensbedingte Kündigung) 430 1 328
- einstweilige Verfügung 430 4 102
- Entbindung (BetrVG) 210 102 37
- Entgeltfortzahlung 280 8 33
- faktisches Arbeitsverhältnis 230 611 173
- Feiertagsvergütung 280 2 16
- Fortbildung 430 1 564
- Freikündigung 430 1 558
- Gemeinschaftsbetrieb (UmwG) 610 322 6
- Hilfsantrag 430 4 96
- Insolvenz 410 125 4
- Jugendvertreter 210 78 a 3
- Konzern 430 1 548
- Kündigungsschutzprozeß 430 4 94
- personenbedingte Kündigung 430 1 180
- Persönlichkeitsrecht 10 2 83
- Rückabwicklung 430 4 101
- Schwerbehinderter 530 19 4
- Sozialauswahl 430 15 41
- Sozialplan 210 112 36
- Sprecherausschuß 590 31 10
- Sprecherausschußmitglied 590 2 19
- Streitwert 60 12 19; 430 4 103

magere Zahlen = §§ bzw. Art.; kursive Zahlen = Randnummern

Sachverzeichnis

- Suspendierung 430 4 *98*
- Umschulung 430 1 *564*
- Umwandlung 610 323 *4*
- Unternehmen 430 1 *548*
- Urlaub 250 1 *36*
- Urteilsverfahren 60 2 *25*
- Vergütung 230 612 *10*
- verhaltensbedingte Kündigung 430 1 *296*
- Wahlrecht (BetrVG) 210 7 *1*
- Wettbewerbsverbot 390 60 *5*
- Widerspruch (Betriebsrat) 210 102 *31*
- Widerspruchsgrund (Kündigung) 210 102 *20*
- Zumutbarkeit 230 615 *102*
- Zustimmungsersetzung 430 1 *559*

Weiterbildung
- Befristungsgrund 230 620 *126*
- Befristungsgrund (Hochschule) 400 57 b *4*
- Kosten (Berufsausbildung) 150 5 *16*
- Kosten (Teilvergütung) 230 628 *40*
- Mitbestimmung 210 98 *11*

Weitere Beschwerde
- LAG 60 78 *12*
- nachträgliche Klagezulassung 430 5 *32*
- weitere sofortige Beschwerde (Rechtsweg) 60 48 *13*

Wellenstreik
- Lohnrisiko 10 9 *122*

Werbung
- Koalitionsfreiheit 10 9 *27*
- Rundfunkfreiheit 10 5 *91*

Werkarzt
- Persönlichkeitsrecht 10 2 *93*

Werkbus
- Annahmeverzug 230 615 *19*

Werkdienstwohnung
- *siehe auch Werkswohnung*
- Betriebsübergang 230 613 a *77*
- Mitbestimmung 210 87 *85*
- Urteilsverfahren 60 2 *24*
- Wehrdienst 80 3 *2*

Werklieferungsvertrag
- arbeitnehmerähnliche Person 600 12 a *4*

Werksausweis
- Mitbestimmung 210 87 *20*

Werksbesetzung
- Urteilsverfahren 60 2 *17*

Werkstudent
- Arbeitnehmer 150 19 *4*; 230 611 *97*

Werkstatt für Behinderte
- Arbeitnehmerbegriff (BetrVG) 210 5 *28*
- Grundsätze 530 58 *2*

Werkstattrat 530 58 *18*
- Beschlußverfahren (Zuständigkeit) 60 2 a *4*

Werkswohnung
- *siehe auch Werkdienstwohnung*
- Abmahnung 230 626 *204*
- Betriebsübergang 230 613 a *77*
- Mitbestimmung 210 87 *83*
- Sprecherausschuß 590 28 *5*
- Tarifvertrag 600 1 *91*
- Urteilsverfahren 60 2 *24*
- Verbandsklage 600 9 *31*
- Wehrdienst 80 3 *2*
- Wichtiger Grund 230 626 *204*
- Zurückbehaltungsrecht 230 611 *670*

Werkszeitung 10 5 *52*
- Datenschutz 160 28 *35*

Werktag
- Begriff 110 3 *2*

Werkvertrag
- Arbeitnehmerüberlassung (Abgrenzung) 140 1 *20*
- Arbeitsvertrag (Abgrenzung) 230 611 *17*
- Tarifvertrag 600 1 *84*

Werkzeug
- Betriebsübergang 230 613 a *12*
- Schutzpflicht (Arbeitgeber) 230 618 *13*

Wertgleichheit
- Entgeltumwandlung 200 1 *76*

Wettbewerb
- Handlungsfreiheit 10 2 *12*

Wettbewerbsabrede
- Abschluß 390 74 *9*
- faktischer Arbeitsvertrag 390 74 *11*
- Formbedürftigkeit 390 74 *24*
- Handelsvertreter 390 90 a
- Inhalt 390 74 *15*
- Urkundenaushändigung 390 74 *27*
- Zeitpunkt 390 74 *13*

Wettbewerbsverbot
- *siehe auch Wettbewerbsverbot (nachvertragliches)*
- Arbeitnehmer 390 60 *3*
- Arbeitsvergütung 390 61 *3*
- Arbeitsvertragsschluß 390 60 *12*
- Aufsichtsratsmitglied 50 116 *8*
- Ausgleichsquittung 230 611 *605*
- Auskunft 390 61 *13*
- Auslagenersatz 390 61 *11*
- Berufsausbildung 390 60 *2*
- Berufsfreiheit 10 12 *32*
- Beschäftigungsverhältnis 545 7 *53*
- Beteiligung 390 60 *14*
- Betriebsübergang 230 613 a *80*
- Darlegungs- und Beweislast 430 1 *334*
- Darlehen 390 60 *14*
- Eintrittsrecht 390 61 *10*
- Einwilligung 390 60 *16*
- Ende 230 611 *1003*
- Geschäftsbereich 390 60 *9*
- Handelsgewerbe 390 60 *9*
- Handlungsgehilfe 390 60 *2*
- Inhaltskontrolle 230 611 *556*
- Konkurrenztätigkeit (Handlungsgehilfe) 390 60 *13*
- Minderjährige 230 113 *8*
- Nebenpflicht (Arbeitnehmer) 230 611 *1005*
- Rechtsfolgen 390 61 *1*
- Ruhestandsverhältnis 390 60 *8*
- Sprecherausschuß 590 28 *5*
- Suspendierung 390 60 *5*
- Unterlassung (Urteilsverfahren) 60 2 *28*
- verhaltensbedingte Kündigung 430 1 *305*
- Verjährung 390 61 *14*
- Vertragsbruch 390 60 *12*
- Vorbereitungshandlung 390 60 *11*
- Wehrdienst 80 1 *6*
- Weiterbeschäftigung 390 60 *5*
- Wichtiger Grund 230 626 *125*
- Zeitpunkt 390 60 *15*
- Zurückbehaltungsrecht 230 611 *974*

Wettbewerbsverbot (nachvertragliches)
- *siehe auch Karenzentschädigung*
- *siehe auch Wettbewerbsverbot*
- Abdingbarkeit 390 75 d *1*
- Annahmeverzug 230 615 *106*
- Arbeitnehmerbegriff 390 74 *4*
- Arbeitslosengelderstattung 390 74 c *13*
- Aufhebungsvertrag 390 74 *52*
- Ausgleichsquittung 390 74 *53*
- Auskunftsvereinbarung 390 75 a *9*
- außerordentliche Kündigung 390 75 *2*
- Auszubildende 390 74 *6*
- bedingtes 390 74 *21*

2723

Sachverzeichnis

Fette Zahlen = Kennziffern

- Befristung 390 74 *3*
- berechtigtes Arbeitgeberinteresse 390 74 a *2*
- Betriebs-/Geschäftsgeheimnis 390 74 *19*
- Betriebsübergang 390 74 *54*
- Betriebsvereinbarung (Abweichung) 390 75 d *7*
- Drittschutz 390 74 a *4*
- Drittverpflichtung 390 74 a *18*
- Ehrenwort 390 74 a *17*
- Formbedürftigkeit 390 74 *24*
- Fortkommenserschwerung 390 74 a *5*
- Fragerecht 230 611 *387*
- freie Mitarbeit 390 74 *8*
- geheimes 390 75 f *1*
- Geringbesoldung 390 74 a *15*
- Gewerbegehilfe 390 83 *1*
- Handelsvertreter 390 74 *8*; 90 a
- Höchstlaufzeit 390 74 a *7*
- Insolvenz 390 74 *59*
- Karenzentschädigung 390 74 *29*
- Karenzentschädigung (Verzicht) 390 75 a *6*
- Leistungsstörungen 390 74 *46*
- Lossagungsrecht 390 75 *2*
- Mandantenschutzklausel 390 74 *5*
- Minderjährige 390 113 *8*; 390 74 a *16*
- Nichtigkeit 390 74 *28*
- Nichtigkeitsgründe 390 74 *14*
- Offenbarungspflicht 230 611 *394*
- ordentliche Kündigung 390 75 *5*
- Organvertreter 390 74 *8*
- örtliche Geltung 390 74 a *6*
- Probearbeitsverhältnis 390 74 *3*
- Rücktritt 390 74 *49*
- Ruhegeld 390 74 *51*
- Ruhestand 390 74 *7*
- Schutzschrift 60 62 *39*
- Schweigepflicht (Abgrenzung) 390 74 *18*
- Sittenwidrigkeit 390 74 a *20*
- Sperrabreden 390 75 f *2*
- Tarifvertrag (Abweichung) 390 75 d *6*
- tätigkeitsbezogenes 390 74 *16*
- Umgehungsvereinbarungen 390 75 a *8*
- Umwandlung 390 74 *57*
- Unterlassungsanspruch 390 74 *44*
- unternehmensbezogenes 390 74 *16*
- Unverbindlichkeit 390 74 *22*; 74 a *1*
- Urkundenaushändigung 390 74 *27*
- Vereinbarungszeitpunkt 390 74 *13*
- Vertragsstrafe 230 345 *21*; 390 75 c *2*
- Verzicht (Arbeitslosengeld) 390 74 c *13*
- Verzicht des Arbeitgebers 390 75 a *1*
- Verzichtszeitpunkt 390 75 a *5*
- Volontär 390 82 a *1*
- Vorvertrag 230 611 *335*
- Wahlrecht 390 74 *36*
- Wettbewerbsabrede 390 74 *9*

Wichtiger Grund
- Abberufung (Aufsichtsratsmitglied) 50 103 *8*
- Abkehrwille 230 626 *119*
- AB-Maßnahme 230 626 *192*
- Abwägungsgesichtspunkte 230 626 *63*
- Abwerbung 230 626 *87*
- Alkoholkrankheit 230 626 *169*
- Alkoholmißbrauch 230 626 *163*
- Alkoholverbot 230 626 *98*
- Änderungskündigung 230 626 *59*
- Anzeige 230 626 *89*
- Anzeigepflicht (Krankheit) 230 626 *140*
- Arbeitserlaubnis 230 626 *190*
- Arbeitslosengeld (Anrechnung) 540 143 a *17*
- Arbeitsplatzwechsel 230 626 *194*
- Arbeitsschutz 230 626 *88*
- Arbeitsschutz (Arbeitnehmer) 230 626 *198*
- Arbeitsunfähigkeit (Nebentätigkeit) 230 626 *132*
- Arbeitsverweigerung 230 626 *103*
- Ausländerfeindlichkeit 230 626 *93*
- außerdienstliches Verhalten 230 626 *122*
- Beleidigung 230 626 *150*
- Beleidigung (Arbeitnehmer) 230 626 *196*
- Berufsausbildung (Insolvenz) 410 113 *6*
- Berufsausbildung (Kündigung) 150 15 *4*
- Beschäftigungsmöglichkeit (anderweitige) 230 626 *58*
- Beschäftigungspflicht 230 626 *197*
- Betriebsbesetzung 230 626 *117*
- Betriebsbuße 230 626 *57*
- Betriebseinstellung 230 626 *120*
- Betriebsfrieden 230 626 *93*
- Betriebs-/Geschäftsgeheimnis 230 626 *99*
- Betriebsrat (Entlassungsverlangen) 230 626 *222*
- Betriebsratsmitglied 430 15 *24*
- Betriebsrisiko 230 626 *121*
- Betriebsstillegung (Unkündbarkeit) 230 626 *75*
- Betriebsübergang (Zurechnung) 230 613 a *79*
- Betrug 230 626 *157*
- Beweiswürdigung 230 626 *310*
- Darlegungs- und Beweislast 230 626 *301*
- Datenschutzbeauftragter 160 36 *5*
- Diebstahl 230 626 *154*
- Drogen 230 626 *167*
- Druckkündigung 230 626 *220*
- Eheschließung 230 626 *203*
- Ehrenamt 230 626 *184*
- Erpressung 230 626 *161*
- Fahrerlaubnis 230 626 *178*
- Feiertagsarbeit 230 626 *111*
- Franchise (Vorbereitung) 230 626 *129*
- Freiheitsstrafe 230 626 *173*
- Geschäftsschädigung 230 626 *144*
- Gewissenskonflikt 230 626 *108*
- Gleichbehandlungsgrundsatz 230 626 *245*
- Grundsätze 230 626 *33*
- Gruppenarbeitsverhältnis 230 626 *72*
- Handelsvertreter 390 89 a
- Handlungsvollmacht (Entzug) 390 54 *11*
- Insolvenz 230 626 *120*
- Job-Sharing 230 626 *73*
- Kinderbetreuung 230 626 *110*
- Kirche 230 626 *185*
- Kirchenaustritt 230 626 *188*
- Konkurrenztätigkeit 230 626 *125*
- Körperverletzung 230 626 *150*
- Körperverletzung (Arbeitskollege) 230 626 *159*
- Krankfeiern 230 626 *142*
- Krankheit 230 626 *179*
- Krankheit (Arbeitnehmer) 230 626 *199*
- Kündigungserklärung (Zeitpunkt) 230 626 *77*
- Kündigungserklärungsfrist 230 626 *246*
- Lohnpfändung 230 626 *189*
- Nachschieben (Kündigungsgründe) 230 626 *78*
- Nachschieben (Kündigungsschutzprozeß) 230 626 *291*
- Nachweispflicht (Arbeitsunfähigkeit) 230 626 *141*
- Nebentätigkeit 230 626 *130*
- Nötigung 230 626 *161*
- politische Betätigung 230 626 *134*
- Probezeit 230 626 *207*
- Prognoseprinzip 230 626 *38*
- Prokura 230 626 *201*
- Prokura (Entzug) 390 48 *11*
- Provision (Äquivalenzstörung) 230 626 *195*
- Prüfungsschema 230 626 *62*
- Rauchverbot 230 626 *97*
- Rechtsirrtum 230 626 *65*

magere Zahlen = §§ bzw. Art.; kursive Zahlen = Randnummern

Sachverzeichnis

- Revision 60 73 *12*
- Revisionsverfahren 230 626 *309*
- Rufschädigung 230 626 *144*
- Scheidung 230 626 *188*
- Schlechtleistung 230 626 *145*
- Schmiergeldannahme 230 626 *146*
- Schulden 230 626 *189*
- Schwarzarbeit 230 626 *133*
- Scientology 230 626 *187*
- Selbstbeurlaubung 230 626 *175*
- Selbstmordversuch 230 626 *183*
- sexuelle Belästigung 190 3 *4*; 230 626 *94*
- Sexuelle Nötigung 230 626 *162*
- Sexueller Mißbrauch 230 626 *162*
- Sittlichkeitsdelikt 230 626 *150*
- Sittlichkeitsdelikte 230 626 *162*
- Sozialplan 210 112 *40*
- Spesenbetrug 230 626 *157*
- Stempelkartenbetrug 230 626 *157*
- Strafanzeige 230 626 *90*
- strafbare Handlungen 230 626 *148*
- Streik (rechtswidriger) 230 626 *103*
- Studium 230 626 *202*
- Suspendierung 230 611 *829*
- Tarifvertragskündigung 600 1 *80*
- Tätlichkeit 230 626 *95*
- Tendenzbetrieb 230 626 *136*
- Tod (Arbeitgeber) 230 626 *191*
- Überstundenverweigerung 230 626 *113*
- Ultima-ratio 230 626 *44*
- Umwandlung 230 613 a *166*
- unentschuldigtes Fehlen 230 626 *172*
- Unpünktlichkeit 230 626 *170*
- Unterschlagung 230 626 *154*
- Untersuchungshaft 230 626 *173*
- Untreue 230 626 *157*
- Urlaubsüberschreitung 230 626 *175*
- Urlaubsverweigerung 230 626 *206*
- Verdächtigung 230 626 *196*
- Verdachtskündigung 230 626 *208*
- Verfassungsfeindlichkeit 230 626 *137*
- Vergewaltigung 230 626 *162*
- Vergütungsrückstand 230 626 *200*
- Verleiherlaubnis 140 10 *37*
- Verschulden 230 626 *42*
- Verschwiegenheit (BetrVG) 210 79 *19*
- Verzicht (Abmahnung) 230 626 *83*
- Wehrdienst (ausländischer) 230 626 *109*
- Werkswohnung 230 626 *204*
- Zahlungsverzug 230 614 *16*
- Zeitablauf 230 626 *252*
- Zurückbehaltungsrecht 230 626 *112*
- Zustimmungsersetzungsverfahren (Präjudizwirkung) 230 626 *311*
- Zustimmungsverweigerung 210 99 *45*

Widerantrag
- Zulässigkeit 60 81 *5*

Widerklage
- Berufungsinstanz 60 65 *9*
- Berufungsverfahren 60 67 *2*
- Einlassungsfrist 60 47 *6*
- Gerichtsstand 60 48 *16*
- Güteverhandlung 60 54 *3*
- Kostenerstattung 60 12 a *10*
- Kündigungsschutzklage 430 4 *56*
- Ladungsfrist 60 47 *10*
- Revisionsverfahren 60 74 *20*
- Urteilsverfahren 60 2 *50*

Widerruf
- Abmahnung 230 626 *54*
- Aufhebungsvertrag 230 620 *194*
- Direktversicherung 200 1 *52*

- Eigenkündigung (MuSchG) 500 9 *15*
- Feststellungsklage 430 2 *23*
- Persönlichkeitsrecht 10 2 *74*
- Provision 390 87 *4*
- Teilkündigung 430 2 *8*
- Urlaubsgewährung 250 7 *44*
- Verteilungsgrundsätze 210 87 *113*
- Vorbehalt 430 2 *22*
- wirtschaftliche Notlage (BetrAVG) 200 7 *37*

Widerrufsvorbehalt
- Arbeitsvergütung 230 611 *691*
- Begriff 230 620 *205*
- Betriebsvereinbarung 210 77 *101*
- Billigkeitskontrolle 230 611 *576*
- Dienstwagen 230 611 *781*
- Grundrechte 10 2 *33*
- Grundsätze 230 611 *535*
- Sonderzuwendung 210 77 *96*
- Verleiherlaubnis 140 2 *11*
- Versorgungsanwartschaft 200 Einl. *13*

Widerspruch
- Arrest 60 62 *27*
- Betriebsübergang (Sozialplan) 210 112 *37*
- Datennutzung/-übermittlung (Gemeinschaftsrecht) 160 28 *36*
- Hauptfürsorgestelle 530 18 *4*
- Kleinbetrieb (Sozialplan) 210 112 *37*
- Kündigung (KSchG) 430 1 *543*
- Mahnbescheid 60 46 a *14*
- Weiterarbeit (§ 625 BGB) 230 625 *14*

Widersprüchliches Verhalten
- siehe auch Rechtsmißbrauch
- siehe auch Treu und Glauben
- siehe auch Verwirkung
- Kündigungserklärungsfrist 230 626 *252*

Widerspruchsrecht
- siehe auch Betriebsübergang
- Abfindung 230 613 a *91*
- Betriebsübergang 230 613 a *84*
- Betriebsveräußerer (Weiterbeschäftigung) 230 613 a *88*
- Drei-Wochen-Frist 230 613 a *87*
- Frist (Umwandlung) 610 323 *12*
- Gründe 230 613 a *89*
- kollektive Ausübung 230 613 a *92*
- Schweigen 230 613 a *86*
- Sozialauswahl 430 1 *478*
- Umwandlung 230 613 a *167*; 610 323 *10*

Wiederaufnahme
- Beschlußverfahren 60 80 *3*
- Richterablehnung 60 49 *24*
- Tariffähigkeit/-zuständigkeit 60 97 *3*
- Verfahren 60 79 *18*
- Zwangsvollstreckung 60 62 *9*

Wiedereingliederungsverhältnis
- siehe auch Eingliederung/-svertrag
- Arbeitnehmerbegriff (BetrVG) 210 5 *28*
- Arbeitsverhältnis (Abgrenzung) 230 611 *42*
- Entgeltfortzahlung 280 1 *14*
- Mutterschutz 500 1 *3*

Wiedereinsetzung
- Berufungsbegründung 60 66 *13*
- Beschlußverfahren 60 80 *3*
- Beschwerdefrist 60 89 *4*
- Einspruch 60 59 *24*
- Kündigungserklärungsfrist 230 626 *282*
- nachträgliche Klagezulassung 430 5 *24*
- Rechtsbeschwerde 60 94 *2*
- Rechtsmittelbelehrung 60 9 *37*
- Revisionsbegründungsfrist 60 74 *17*
- Revisionsbeschwerde 60 77 *1*

2725

Sachverzeichnis

Fette Zahlen = Kennziffern

- sofortige Beschwerde 60 78 *7*
- Zwangsvollstreckung 60 62 *9*

Wiedereinstellung
- betriebsbedingte Kündigung 430 1 *437*
- Betriebsübergang 230 613 a *30*
- Entbindung 500 10 *4*
- Klagefrist 230 613 a *147*
- Kündigungsfrist (Prognosefehler) 230 613 a *145*
- Prognosefehler (Kündigungsfrist) 230 620 *231*
- Sachlage (Änderung) 430 1 *158*
- Schwerbehinderte 530 20 *6*
- Tarifvertrag 600 1 *53*
- Verdachtskündigung 230 626 *219*
- Verleiherlaubnis (Versagung) 140 3 *31*

Wiedereröffnung
- mündliche Verhandlung 60 46 *13*

Wiederholungskündigung
- Klagefrist 430 4 *56*
- Zugang 430 4 *30*

Wiederkehrende Leistungen
- Ausschlußfrist 600 4 *104*

Wiederverheiratungsklausel
- Grundrechte 10 6 *14*
- Ruhegeld 200 1 *9*

Willenserklärung
- Revision 60 73 *17*

Willensmängel
- Kündigungsgegenklage 430 7 *3*

Willkürverbot
- Gleichbehandlungsgebot (BeschFG) 180 2 *19*
- Gleichheitssatz 10 3 *33*
- Tarifvertrag 10 Einl. *58*

Winterausfallgeld
- Krankengeld 550 49 *15*

Wirksamkeitsvoraussetzung
- Betriebsverfassung 210 74 Einl. *19*

Wirtschaftliche Abhängigkeit
- Beschäftigungsverhältnis 545 7 *16*

Wirtschaftliche Einheit
- siehe auch Betriebsübergang
- Art des Unternehmens 230 613 a *12*
- Betriebsübergang 230 613 a *5*
- Prüfungskriterien 230 613 a *10*

Wirtschaftliche Notlage
- Versorgungsanwartschaft 200 Einl. *34*

Wirtschaftsausschuß
- Abberufung 210 107 *10*
- Amtszeit 210 107 *6*
- Aufgaben 210 106 *3*
- Aufgabenübertragung 210 107 *15*
- Benachteiligungs-/Behinderungsverbot 210 107 *14*
- Berichtspflicht 210 108 *111*
- Beschlußverfahren 210 107 *19*
- Beteiligungstatbestände 210 106 *7*
- Bildung 210 106 *2*
- Eignung 210 107 *4*
- Einigungsstelle 210 109 *1*
- Ersatzmitglied 210 107 *11*
- Gesamtbetriebsrat 210 107 *5*
- Geschäftsführung 210 108 *2*
- Gewerkschaftsbeauftragter 210 108 *9*
- Jahresabschluß (Erläuterung) 210 108 *12*
- Konzernbetriebsrat 210 58 *7*
- Kosten 210 107 *13*
- Kosten (Übernahme durch Arbeitgeber) 210 40 *1*
- Kündigungsschutz 430 15 *8*
- Leiharbeitnehmer 140 14 *29*
- Öffentlichkeit 210 108 *5*
- Pflichtverletzung (Arbeitgeber) 210 23 *27*
- Rücktritt 210 107 *9*
- Sachverständige 210 108 *8*
- Schulungs-/Bildungsveranstaltung 210 107 *13*
- Schwerbehindertenvertretung 210 108 *9*
- Spaltung 610 325 *15*
- Tätigkeitsbericht 210 43 *7*
- Tendenzbetrieb 210 118 *17*
- Verbandsvertreter 210 108 *9*
- Vierteljahresbericht 210 110 *6*
- Zusammensetzung 210 107 *1*

Wirtschaftsgenossenschaft
- Aufsichtsrat (MitbestG) 470 29 *5*
- Unternehmensmitbestimmung 220 77 *22*

Wirtschaftsprüfer
- leitende Angestellte 210 5 *41*
- Mandantenschutzklausel 390 74 *5*

Wirtschaftsrisiko
- Änderungskündigung 430 2 *64*
- Grundsätze 230 615 *126*
- Sittenwidrigkeit 230 611 *462*

Wissenschaftliche Hilfskraft
- Befristung 400 57 a *13*
- Befristung (Voraussetzungen) 400 57 b *28*
- Befristungsdauer 400 57 c *21*

Wissenschaftlicher Mitarbeiter
- Befristung 400 57 a *9*

Wissenschaftliches Personal
- Befristung (Zulässigkeit) 400 57 f *Anh.*

Witterung
- Annahmeverzug 230 615 *35*
- Betriebsrisiko 230 615 *140*

Witwen-/Witwerrente
- Einkommensanrechnung 560 Einl. *18*

Wohngeld
- Erziehungsgeld 170 8 *1*

Wohnortwechsel
- Sperrzeit 540 144 *35*

Wohnraum
- siehe auch Werk-/dienstwohnung
- Arbeitsschutz 230 618 *24*
- Mitbestimmung 210 87 *83*

Wohnsitz
- Diskriminierungsverbot (Gemeinschaftsrecht) 20 39 *35*

Wohnung
- Freizügigkeit 20 39 *22*

Wunsch
- Befristungsgrund 230 620 *99*

Zahlungsverweigerung
- Provision 390 87 a *10*

Zeitfaktor
- Feiertagsvergütung 280 2 *33*

Zeitgeringfügigkeit
- Begriff 545 8 *13*

Zeitschriften
- Ladenschluß 440 5 *1*

Zeitstudien
- Mitbestimmung 210 87 *124*

Zeitungen
- Ladenschluß 440 5 *1*
- Ladenschluß (Rechtsverordnung) 440 12 *1*

Zeitungsanzeige
- Schadenersatz 230 628 *90*

Zeitungszusteller
- Arbeitnehmer 230 611 *97*
- Jugendliche 420 1 *12*

Zeitversäumnis
- Kostenerstattung 60 12 a *6*

Zensur
- Pressefreiheit 10 5 *60*
- Verbot 10 5 *65*

Zeuge
- Anschrift (Vorsitzender) 60 56 *5*

magere Zahlen = §§ bzw. Art.; kursive Zahlen = Randnummern

Sachverzeichnis

- Aussage 60 58 *15*
- Aussage (früherer Rechtsstreit) 60 58 *33*
- Beschwerde (Ordnungsmittel) 60 78 *2*
- Beweisthema 60 56 *10*
- Beweiswürdigung 60 58 *53*
- Einigungsstelle 210 76 *17*
- Entschädigung 60 58 *22*
- Erscheinungspflicht 60 58 *15*
- Gegenzeuge 60 56 *15*
- Glaubwürdigkeit (LAG) 60 73 *22*; 74 *27*
- Güteverhandlung 60 54 *8*
- Kommanditist 60 58 *14*
- Öffentlichkeit 60 52 *4*
- Ordnungsgeld 60 58 *15*
- Ordnungsgeld (Beweisthema) 60 56 *10*
- Richterablehnung 60 49 *10*
- sachverständiger 60 58 *23*
- schriftliche Aussage 60 58 *15*
- sofortige Beschwerde (Zeugnisverweigerung) 60 70 *6*
- Streitgenosse 60 58 *14*
- ungebührliches Verhalten 340 *178*
- Unterlagen 60 58 *15*
- Vereidigung 60 58 *17*
- Vereidigung (Referendar) 60 9 *21*
- verspätetes Vorbringen 60 56 *15*
- verspätetes Vorbringen (Berufungsverfahren) 60 67 *12*
- Verzicht 60 58 *21*
- vorbereitende Ladung 60 56 *9*
- Vorführung 60 58 *15*
- Zeugnisverweigerungsrecht 60 58 *16*
- Zwischenurteil (Berufung) 60 64 *3*

Zeugnis
- Abschlußprüfung 150 34 *4*
- Anfechtung 230 630 *111*
- Anscheinsbeweis 230 630 *161*
- Arbeitsbücher 230 630 *7*
- Aufhebungsvertrag 230 630 *26*
- Ausgleichsquittung 230 611 *605*; 630 *105*
- Ausschlußfrist 230 630 *107*
- Ausschlußfristen 230 225 *44*
- Aussteller 230 630 *10*
- Beendigungsgründe 230 630 *57*
- Befristung 230 630 *27*
- Berichtigung 230 630 *110*
- Berichtigung (Anspruch) 230 630 *127*
- Berufsausbildung 150 8 *1*
- Beschädigung 230 630 *114*
- Beurteilungsspielraum 230 630 *70*
- Bildungsmaßnahmen 230 630 *51*
- Codes 230 630 *81*
- Codes (Darlegungs- und Beweislast) 230 630 *155*
- Darlegungs- und Beweislast 230 630 *147*
- Datum 230 630 *32*
- Ehrlichkeit 230 630 *92*
- einfaches 230 630 *63*
- Eingruppierung 230 630 *65*
- Einheitlichkeit 230 630 *40*
- Form (gefaltetes) 230 630 *34*
- Führung 230 630 *86*
- Gefälligkeitszeugnis 230 630 *112*
- Geschlechtsdiskriminierung 230 611 a *6*
- Handlungsgehilfe 390 *73*
- Holschuld 230 630 *95*
- Inhalt 230 630 *39*
- Insolvenz 230 630 *13*
- Klageantrag 230 630 *136*
- Krankheit 230 630 *91*
- Kündigung 230 630 *22*
- Kündigungsschutzprozeß 230 630 *22*
- Leistungsbeurteilung 230 630 *82*
- Nebentätigkeit 230 630 *6*
- Organvertreter 230 630 *9*
- Persönlichkeitsrecht 10 2 *104*
- Probearbeitsverhältnis 230 630 *6*
- Prokura 230 630 *68*
- Prozeßvergleich 230 630 *60*
- qualifiziertes 230 630 *69*
- Rückdatierung 230 630 *144*
- Schadenersatz 230 630 *121*
- Schriftform 230 630 *28*
- Stationierungsstreitkräfte 230 630 *139*
- Straftat 230 630 *89*
- Streitwert 60 12 *24*; 230 630 *140*
- Tod (Arbeitgeber) 230 630 *15*
- Transsexuelle (Namensangabe) 230 630 *114*
- ungefaltetes 230 630 *37*
- ungehöriges 230 630 *4*
- Urteilsverfahren 60 2 *28*
- Verlust 230 630 *114*
- Verwirkung 230 630 *106*
- Vollständigkeit 230 630 *45*
- Vollstreckung 230 630 *141*
- vorläufiges 230 630 *25*
- Wahlrecht 230 630 *17*
- Wahrheit 230 630 *52*
- Widerruf 230 630 *111*
- Widerruf (Darlegungs- und Beweislast) 230 630 *163*
- Wohlwollen 230 630 *61*
- Zeitdauer (Arbeitsverhältnis) 230 630 *5*
- Zeugnissprache 230 630 *68*
- Zwischenzeugnis 230 630 *25*
- Zwischenzeugnis (Anspruch) 230 630 *101*

Zeugnisverweigerungsrecht 60 58 *16*

Zielvereinbarung
- Mitbestimmung 210 87 *100*

Zielvorgaben
- Frauenförderung (Zulässigkeit) 10 3 *95*

Zimmersprechanlage
- Beweisverbot 60 58 *43*

Zinsen
- Annahmeverzug 230 615 *109*
- Arbeitnehmerdarlehen 230 611 *637*
- Ausschlußfristen 230 225 *45*
- Bruttobetrag 230 611 *707*
- Insolvenzsicherung (BetrAVG) 200 10 a *2*

Zirkus
- Tendenzbetrieb 210 118 *14*

Zitiergebot
- Befristung (Hochschule) 400 57 b *31*

Zivildienst
- siehe auch Ersatzdienst
- siehe auch Wehrdienst
- Arbeitsplatzschutz 80 1 *3*
- Sozialauswahl 430 1 *471*

Zivilrecht
- Grundrechte (Schutzfunktion) 10 Einl. *40*

Zölibatsklausel
- Tarifvertrag 10 6 *15*
- Zulässigkeit 10 6 *12*

Züchtigungsverbot
- Jugendliche 420 31 *18*

Zugang
- Kündigungserklärung 230 620 *209*

Zulage
- mittelbare Diskriminierung 20 141 *14*

Zulagen
- Arbeitskampf 10 9 *194*
- Auflösungsurteil 430 10 *3*
- Entgeltfortzahlung 280 4 *21*
- Geschlechtsdiskriminierung 230 612 *51*
- Gleichbehandlungsgebot (BeschFG) 180 2 *42*

2727

Sachverzeichnis

Fette Zahlen = Kennziffern

- Information (Arbeitgeber) 210 80 *20*
- Karenzentschädigung 390 74 b *9*
- Mitbestimmung 210 77 *58*
- Mutterschutzlohn 500 11 *9*
- Nachweispflicht 510 2 *16*
- Teilzeit 230 611 *711*
- Übersicht 230 611 *711*
- Widerrufsvorbehalt 230 611 *538*

Zumutbarkeit
- Sozialplan 210 112 *34*
- Umschulungs-/Fortbildungsmaßnahmen 430 1 *565*

Zurückbehaltungsrecht
- Arbeitskampf 10 9 *292*
- Arbeitsschutz 230 618 *30*
- Arbeitsvergütung 230 614 *17*
- Arbeitsverhältnis (Grundsätze) 230 611 *974*
- Grundsätze 230 611 *670*
- Handelsvertreter 390 88 a *1*
- Karenzentschädigung 390 74 c *24*
- Nachweis 510 Einl *12*
- Persönlichkeitsrecht 10 2 *74*
- verhaltensbedingte Kündigung 430 1 *346*
- Wichtiger Grund 230 626 *112*

Zurückverweisung
- Anerkenntnisurteil 60 68 *9*
- Berufungsverfahren 60 68 *3*
- Beschlußverfahren 60 88 *1*
- Beschlußverfahren (Rechtsbeschwerde) 60 91 *2*
- Beschwerde 60 78 *10*
- Endurteil (anstatt Versäumnisurteil) 60 68 *4*
- nachträgliche Klagezulassung 60 68 *4*
- Öffentlichkeit 60 52 *20*
- Prozeßvergleich 60 68 *6*
- Rechtsbeschwerdeverfahren 60 96 *2*
- Revisionsurteil 60 75 *15*
- Richterablehnung 60 49 *24*
- Sprungrevision 60 76 *12*
- Stufenklage 60 68 *7*
- Teilurteil 60 68 *4*

Zurückweisung
- Kündigungserklärung 230 620 *174*
- Prozeßbevollmächtigter 60 51 *14*

Zusammenhangsklage
- Urteilsverfahren 60 2 *44*

Zusatzurlaub
- Betriebsratsmitglied (freigestelltes) 210 38 *12*
- Heimarbeiter 530 49 *5*
- Mitbestimmung 210 87 *43*

Zusatzversorgung
- Altersteilzeit 130 3 *4*
- Anrechnungsverbot (Schwerbehinderte) 530 45 *3*
- Auskunfts-/Beratungspflicht 230 611 *907*
- Ausschlußfrist 600 4 *97*
- Gleichbehandlungsgebot (BeschFG) 180 2 *54*
- Nebenpflicht 230 611 *900*
- Öffentlicher Dienst 200 18 *1*
- Pflichtversicherungszeiten 200 18 *9*
- Übertragung 200 4 *10*

Zuschläge
- *siehe auch mittelbare Diskriminierung*
- *siehe auch Teilzeit*
- Arbeitskampf 10 9 *194*
- betriebliche Übung 230 611 *284*
- Entgeltfortzahlung (Heimarbeiter) 280 10 *10*
- Geringfügig Beschäftigte 180 2 *55*
- Nachweispflicht 510 2 *16*
- übliche Vergütung 230 612 *40*

Zustellung
- *siehe auch öffentliche Zustellung*
- Amtszustellung 60 50 *3*
- Arrest 60 62 *29*
- Begriff 60 50 *2*
- Beistand 60 50 *10*
- Berufungsfrist 60 66 *9*
- Berufungsverfahren 60 64 *23*
- Beschluß (Beschlußverfahren) 60 50 *13*
- Beschlußverfahren 60 80 *3*
- Darlegungs- und Beweislast 60 50 *16*
- Deutsche Post AG 60 50 *1*
- Drittschuldner 60 50 *9*
- Empfänger 60 50 *6*
- Ersatzzustellung 60 50 *7*
- fehlerhafte 60 50 *12*
- Frist 60 50 *14*
- Gerichtspersonen 60 50 *17*
- Geschäftslokal 60 50 *8*
- Mahnbescheid 60 46 a *13*
- Niederlegung 60 50 *7*
- öffentliche (Zugang) 230 620 *212*
- Parteibetrieb 60 50 *4*
- Personen (Arbeitsgerichtsbarkeit) 60 9 *18*
- Prokurist 390 48 *7*
- Revisionsurteil 60 75 *10*
- Stationsreferendar 60 50 *15*
- Telefax 60 50 *11*
- Terminsbevollmächtigter 60 50 *10*
- Unterbevollmächtigter 60 50 *10*
- Urkunde 60 50 *11*
- Urkundsbeamter 60 50 *5*
- Urteile 60 50 *13*
- Verbandsvertreter 60 11 *16*
- vereinfachte 60 50 *16*
- Versäumnisurteil 60 59 *14*
- Verweigerung 60 50 *6*
- Vollstreckungsbescheid 60 50 *13*

Zustimmung
- Tätigkeit im Erziehungsurlaub 170 15 *17*
- Übertragung (Versorgungsanwartschaft) 200 4 *15*

Zustimmungsersetzung
- Antrag 60 81 *1*
- Antragsbefugnis 60 81 *10*
- außerordentliche Kündigung (Präjudizwirkung) 230 626 *311*
- Beschwer 60 89 *3*
- Beteiligter 60 83 *7*
- Betriebsratsmitglied (gerichtliche) 210 103 *13*
- Betriebsratsmitglied (Kündigung) 430 15 *29*
- Einzelmaßnahmen (gerichtliche) 210 99 *41*
- Entscheidung (Betriebsrat) 210 99 *37*
- Gestaltungsantrag 60 81 *2*
- Kündigung (Mitbestimmungserweiterung) 210 102 *44*
- Kündigungserklärungsfrist 230 626 *286*
- Rechtskraft 60 84 *3*
- Rechtsschutzbedürfnis 60 81 *8*
- Streitwert 60 12 *24*

Zustimmungsfiktion
- Schwerbehinderte 530 21 *4*

Zustimmungsverweigerung
- Befristung 230 620 *60*
- geschlechtsneutrale Ausschreibung 230 611 b *4*
- Gründe (BetrVG) 210 99 *23*
- Leiharbeitnehmer 140 14 *25*
- Schwerbehinderte 530 14 *10*
- Sozialauswahl 430 1 *484*
- Streitwert 60 12 *24*
- Untertarifliche Arbeitsbedingungen (Nachwirkung) 600 4 *76*
- vorläufige Einzelmaßnahmen 210 100 *1*
- Weiterbeschäftigung (freier Arbeitsplatz) 430 1 *559*

Zustimmungsvorbehalt
- Aufsichtsrat 50 110 *12*

magere Zahlen = §§ bzw. Art.; kursive Zahlen = Randnummern   **Sachverzeichnis**

- Aufsichtsrat (MitbestG) 470 25 *14*
Zutrittsrecht
- Arbeitskampf 10 9 *34*
- Betriebsverfassung 210 2 *5*
- Tendenzbetrieb 210 118 *21*
Zwangsarbeiter
- Beschäftigungsverhältnis 545 7 *7*
- Rechtsweg 60 5 *4*
Zwangsernährung 10 2 *110*
Zwangsgeld
- Betriebsrat 60 85 *2*
- Betriebsverfassung (Arbeitgeber) 210 23 *28*
- Entfernungsverlangen 210 104 *5*
- Handlungsvornahme (BetrVG) 210 23 *33*
- personelle Einzelmaßnahmen 210 101 *1*
- Unterlassungsanspruch (BetrVG) 210 23 *34*
- Untersagungsverfügung (AÜG) 140 6 *10*
- Wirtschaftsausschuß 210 109 *6*
Zwangssterilisation 10 2 *110*
Zwangsversteigerung
- Betriebsübergang 230 613 a *64*
Zwangsverwaltung
- Betriebsübergang 230 613 a *64*
Zwangsvollstreckung
- Amtsgericht 60 62 *14*
- Ausschließung (vorläufige Vollstreckbarkeit) 60 62 *4*
- Berufungsverfahren 60 64 *23*
- Beschlußverfahren 60 84 *2*
- Beschlußverfahren (Tenor) 60 85 *1*
- Beschwerde (Beschlußverfahren) 60 87 *1*
- Betriebsverfassung 210 23 *31*
- Bruttobetrag 230 611 *706*
- Einspruch 60 59 *27*
- Einstellung 60 62 *9*
- Einstellung (Revision) 60 74 *31*
- Erfüllung 60 62 *18*
- Gerichtsvollzieher 60 62 *13*
- Glaubhaftmachung (Ausschließungsgründe) 60 62 *8*
- Handlungsvornahme 60 61 *9*
- Insolvenzsicherung (BetrAVG) 200 10 *26*
- Körperliche Unversehrtheit 10 2 *113*
- Kostenerstattung 60 12 a *3*
- Nachteil 60 62 *7*
- Nichtzulassungsbeschwerde 60 72 a *25*
- Ordnungsmittel 340 *179*
- Pfändung 60 62 *18*
- Prozeßgericht 60 62 *15*
- Rechtsbehelfe 60 62 *16*
- Schiedsgericht 60 109
- Sicherheitsleistung 60 62 *10*
- sofortige Beschwerde 60 62 *11*; 78 *3*

- Tariffähigkeit/-zuständigkeit 60 97 *3*
- Urkunden (Zustellung) 60 50 *4*
- Urlaub 250 7 *50*
- Verjährung (Unterbrechung) 230 225 *16*
- Vollstreckungsbescheid 60 46 a *19*
- Vorsitzender (einstweilige Einstellung) 60 55 *10*
- Zeugnis 230 630 *141*
Zweckbefristung
- 5-Jahres-Zeitraum 230 624 *10*
- Klagefrist 180 1 *69*
- Nachweispflicht 510 2 *12*
- Weiterarbeit (§ 625 BGB) 230 625 *6*
- Zulässigkeit (BeschFG) 180 1 *27*
Zweites Versäumnisurteil
- *siehe auch Versäumnisurteil*
- Berufung 60 59 *32*
- Schlüssigkeit 60 64 *12*
Zweitstimme
- Aufsichtsratsvorsitzender 470 29 *3*
- Stimmbote 470 29 *8*
Zwischenbeschluß
- Antragsänderung 60 81 *7*
- Beteiligter 60 83 *10*
- Großer Senat 60 45 *8*
Zwischenfeststellungsklage
- Revisionsverfahren 60 74 *20*
Zwischenmeister
- Entgeltfortzahlung 280 10 *10*
- Feiertagsvergütung 280 11 *3*
- Unfallversicherung 570 2 *11*
- Urlaub 250 12 *11*
- Urlaub (Erstattungsansprüche) 250 12 *27*
Zwischenprüfung
- Berufsausbildung 150 42 *1*
- Gegenstand 150 35 *1*
Zwischenurteil
- Anfechtbarkeit 60 9 *16*
- Berufung 60 64 *2*
- Beschwerde 60 78 *4*
- internationale Zuständigkeit 60 1 *15*
- Klagerücknahme 60 55 *7*
- Prozeßvoraussetzungen 60 10 *23*
- Revision 60 72 *4*
- Streitwert 60 61 *4*
- vorläufige Vollstreckbarkeit 60 62 *2*
- Wiederaufnahme 60 79 *4*
Zwischenverdienst
- Annahmeverzug 230 615 *94*
Zwölftelung
- Erziehungsurlaub 170 17 *17*
- Grundsätze (Urlaub) 250 5 *3*
- Tarifvertrag 250 13 *22*
- Zusatzurlaub 530 47 *4*